Damrau · Tanck (Hrsg.)

Praxiskommentar Erbrecht

Praxiskommentar Erbrecht

Herausgegeben von

Prof. Dr. Jürgen Damrau
Konstanz

Dr. Manuel Tanck
Rechtsanwalt, Fachanwalt für Erbrecht
Mannheim

Redaktion

Dr. Michael Bonefeld
Rechtsanwalt, Fachanwalt für Erbrecht, Fachanwalt für Familienrecht
München

Dr. Christopher Riedel, LL.M.
Rechtsanwalt und Steuerberater, Fachanwalt für Steuerrecht
Düsseldorf

Dr. Manuel Tanck
Rechtsanwalt, Fachanwalt für Erbrecht
Mannheim

5. Auflage

zerb verlag

Hinweis:
Die Ausführungen und Formulierungsbeispiele in diesem Buch wurden mit Sorgfalt und nach bestem Wissen erstellt, sie stellen jedoch lediglich Anregungen für die Lösung typischer Fallgestaltungen dar. Autoren und Verlag übernehmen keine Haftung für die Richtigkeit und Vollständigkeit der in dem Buch enthaltenen Ausführungen und Formulierungsmuster.

Bibliografische Information der Deutschen Nationalbibliothek

Die Deutsche Nationalbibliothek verzeichnet diese Publikation in der Deutschen Nationalbibliografie; detaillierte bibliografische Daten sind im Internet über http://dnb.d-nb.de abrufbar.

Die Deutsche Bibliothek – CIP Einheitsaufnahme

Damrau/Tanck (Hrsg.)
Praxiskommentar Erbrecht, 5. Auflage 2026
zerb verlag, Bonn
ISBN 978-3-95661-162-9

Juristische Fachmedien Bonn GmbH
Rochusstr. 2–4
53123 Bonn

Satz: Cicero Computer GmbH, Bonn
Druck: Druckerei C.H. Beck, Nördlingen

Vorwort zur 5. Auflage

Mit der Neuauflage des Praxiskommentar Erbrecht geht das Praktiker-Werk nunmehr in die 5. Runde. Die zahlreichen Gerichtsentscheidungen der letzten fünf Jahre und eine Vielzahl von Aufsätzen in der erbrechtlichen Literatur habe eine Neuauflage des Werkes erforderlich gemacht. Auch zahlreiche Anregungen der Leserschaft und ein reger kollegialer Austausch fließen in die Kommentierungen mit ein.

Mit der 5. Auflage des „Damrau" hat sich auch das Autorenteam erneuert. Mit dabei ist für die
§§ 1942 bis 1959 Herr RA Dr. Michael Hörmann
§§ 2050 bis 2057a Frau RAin Dr. Eva Kreienberg
§§ 2087 bis 2099 Herr RA Dr. Bernd Kissling
§§ 2100 bis 2146 Herr RA Dr. Julian Klinger
§§ 2265 bis 2272 Frau RiOLG Dr. Verena van der Auwera
§§ 2371 bis 2385 Frau RAin Dr. Anke Warlich

Wir begrüßen die neu hinzugekommenen Autorinnen und Autoren ganz herzlich und bedanken uns für ihren tatkräftigen Einsatz und ihre Mühen, den Praxiskommentar Erbrecht für unsere Leserschaft immer aktuell und praxisnah zu gestalten. Gedankt sei auch den ausgeschiedenen Kolleginnen und Kollegen, die von der ersten Stunde an bis heute diese Arbeit geleistet haben.

Ein weiterer Dank gilt unserer Leserschaft, für deren Wünsche und Hinweise sowie der Unterstützung durch den Verlag und seiner Mitarbeiter. Gerade die positiven Rückmeldungen unserer Leser bekräftigen uns in unserem Ansinnen, ein Werk „aus der Praxis für die Praxis" zu schaffen und dieses Werk stets weiterzuentwickeln. Daher sind wir auch für kritische Anmerkungen weiterhin dankbar.

Oktober 2025
Konstanz, Mannheim, München, Düsseldorf

Prof. Dr. Jürgen Damrau
Dr. Manuel Tanck
Dr. Michael Bonefeld
Dr. Christopher Riedel, LL.M.

Inhaltsübersicht

Autorenverzeichnis

Dr. Michael Bonefeld
Rechtsanwalt, Fachanwalt für Erbrecht, Fachanwalt für Familienrecht, München

Dr. Hanspeter Daragan
Rechtsanwalt, Fachanwalt für Steuerrecht, Bremen

Dr. Rainer Deininger, LL.M. (Univ. Kapstadt)
Rechtsanwalt, Fachanwalt für Steuerrecht, Schondorf a.A.

Dr. Thomas R. Gleumes
Rechtsanwalt, Fachanwalt für Erbrecht, Fachanwalt für Steuerrecht, Kempen

Uwe Gottwald
Rechtsanwalt, Vorsitzender Richter am Landgericht a.D., Vallendar

Monika B. Hähn
Rechtsanwältin und Notarin, Fachanwältin für Erbrecht, Fachanwältin für Familienrecht, Fachanwältin für Handels- und Gesellschaftsrecht, Lübbecke

Dr. Michael Hörmann
Rechtsanwalt, Fachanwalt für Handels- und Gesellschaftsrecht, Traunstein

Jaane Kind
Rechtsanwältin, Fachanwältin für Erbrecht, Mannheim

Dr. Bernd Kissling
Rechtsanwalt, Darmstadt und Heidelberg

Dr. Julian Klinger
Rechtsanwalt, München

Dr. Eva Kreienberg
Rechtsanwältin, Fachanwältin für Erbrecht, Kaiserslautern

Dr. Dietmar Kurze
Rechtsanwalt, Fachanwalt für Erbrecht, Berlin

Nina Lenz-Brendel
Rechtsanwältin, Fachanwältin für Erbrecht, Wirtschaftsmediatorin, Mannheim

Franz Linnartz
Rechtsanwalt, Fachanwalt für Erbrecht, Fachanwalt für Steuerrecht, Koblenz

Dr. Pierre Plottek
Rechtsanwalt und Notar, Fachanwalt für Erbrecht, Bochum

Dr. Christopher Riedel, LL.M.
Rechtsanwalt, Fachanwalt für Steuerrecht, Steuerberater, Düsseldorf

Dr. Stephan Rißmann
Rechtsanwalt, Fachanwalt für Erbrecht, Berlin

Julia Roglmeier, LL.M.
Rechtsanwältin, Fachanwältin für Erbrecht, Fachberaterin für Unternehmensnachfolge, Wirtschaftsmediatorin, München

Michael Rudolf
Rechtsanwalt, Fachanwalt für Erbrecht, Angelbachtal

Dr. Bernd Schmalenbach
Rechtsanwalt, Fachanwalt für Erbrecht, Fachanwalt für Steuerrecht, Sindelfingen

Ursula Seiler-Schopp
Rechtsanwältin und Notarin, Fachanwältin für Erbrecht, Speyer

Dr. Christoph Syrbe
Vorsitzender Richter am Oberlandesgericht, Koblenz

Dr. Manuel Tanck
Rechtsanwalt, Fachanwalt für Erbrecht, Mannheim

Elmar Uricher
Rechtsanwalt, Konstanz

Dr. Verena van der Auwera
Richterin am Oberlandesgericht, München

Dr. Anke Warlich, LL.M. Eur.
Rechtsanwältin, Fachanwältin für Steuerrecht, Rösrath

Bearbeiterverzeichnis

Im Einzelnen haben bearbeitet:

§§ 1922–1931
Dr. Manuel Tanck

§§ 1932–1941
Ursula Seiler-Schopp

§§ 1942–1959
Dr. Michael Hörmann

§§ 1960–1966
Dr. Thomas Gleumes

§§ 1967–2017
Uwe Gottwald

§§ 2018–2031
Dr. Bernd Schmalenbach

§§ 2032–2048
Stephan Rißmann

§ 2049
Monika B. Hähn

§§ 2050–2057a
Dr. Eva Kreienberg

§§ 2058–2063
Dr. Christoph Syrbe

§§ 2064–2086
Ursula Seiler-Schopp/Michael Rudolf

§§ 2087–2099
Dr. Bernd Kissling

§§ 2100–2146
Dr. Julian Klinger

§§ 2147–2191
Franz Linnartz

§§ 2192–2196
Dr. Hanspeter Daragan

§§ 2197–2228
Dr. Michael Bonefeld

§§ 2229–2247
Dr. Pierre Plottek

§ 2248
Julia Roglmeier, LL.M.

§§ 2249–2252
Dr. Rainer Deininger, LL.M.

§§ 2253–2263
Julia Roglmeier, LL.M.

§§ 2265–2272
Dr. Verena van der Auwera

§§ 2274–2302
Jaane Kind

§§ 2303–2314
Dr. Christopher Riedel, LL.M.

§§ 2315–2324
Nina Lenz-Brendel

§ 2325
Dr. Christopher Riedel, LL.M.

§§ 2326–2332
Nina Lenz-Brendel

§§ 2333–2338
Dr. Christopher Riedel, LL.M.

§§ 2339–2352
Dr. Dietmar Kurze

§§ 2353–2370
Elmar Uricher

§§ 2371–2385
Dr. Anke Warlich

Literaturverzeichnis

Kommentare

Alternativkommentar zum Bürgerlichen Gesetzbuch, Band 6: Erbrecht, §§ 1922–2385, 1991 (zit.: AK/*Bearbeiter*)

Bamberger/Roth/Hau/Poseck, Bürgerliches Gesetzbuch: BGB, 5. Auflage 2023 (zit.: Bamberger/Roth/*Bearbeiter*)

Bassenge/Roth, FamFG/RPflG, 12. Auflage 2009

Beck'scher Online-Kommentar Bürgerliches Gesetzbuch, hrsg. v. Hau/Poseck (zit.: BeckOK BGB/*Bearbeiter*)

Beck'scher Online Großkommentar zum Bürgerlichen Gesetzbuch, hrsg. v. Gsell/Krüger/Lorenz/Reymann (zit.: BeckOGK/*Bearbeiter*)

Bumiller/Harders/Schwamb, Freiwillige Gerichtsbarkeit: FamFG, 13. Auflage 2022

Burandt/Rojahn, Erbrecht, 4. Auflage 2022

Daragan/Halaczinsky/Riedel, Praxiskommentar ErbStG und BewG, 4. Auflage 2023

Demharter, Grundbuchordnung, 33. Auflage 2023

Erman, Handkommentar zum BGB, hrsg. v. Grunewald/Maier-Reimer/Westermann, 17. Auflage 2023

Graß, Landwirtschaftserbrecht – Höfeordnung, BGB-Landguterbrecht und GrdstVG-Zuweisungsverfahren, 12. Auflage 2024

Grüneberg, Bürgerliches Gesetzbuch, 84. Auflage 2025

Juris PraxisKommentar BGB, hrsg. von Rüßmann (Gesamthrsg.), (zit.: jurisPK-BGB/*Bearbeiter*)

Korintenberg, Gerichts- und Notarkostengesetz, 22. Auflage 2022

Meincke/Hannes/Holtz, Erbschaftsteuer- und Schenkungsteuergesetz, Kommentar, 18. Auflage 2021

Moench/Weinmann/Kien-Hümbert, Erbschaft- und Schenkungsteuergesetz, Loseblatt, 107. EL. September 2025 (zit.: Moench/*Bearbeiter*)

Münchener Kommentar zum BGB (zit.: MüKo/*Bearbeiter*)
Band 11: Erbrecht, 9. Auflage 2022 Band 12: Internationales Privatrecht I, Europäisches Kollisionsrecht, Einführungsgesetz (Art. 1–26 EGBGB), 9. Auflage 2024 Band 13: Internationales Privatrecht II, Internationales Wirtschaftsrecht, Einführungsgesetz (Art. 50–253 EGBGB), 9. Auflage 2025

Münchener Kommentar zur ZPO (zit.: MüKo-ZPO/*Bearbeiter*), 6. Auflage 2020 ff.

Musielak/Borth/Frank, Familiengerichtliches Verfahren: FamFG, 7. Auflage 2022

Musielak/Voit, Zivilprozessordnung: ZPO, 21. Auflage 2024

NomosKommentar BGB, Band 5: Erbrecht, hrsg. von Kroiß/Horn, 6. Auflage 2021 (zit.: NK-BGB/*Bearbeiter*)

Reimann/Bengel/Dietz/Sammet, Testament und Erbvertrag, 8. Auflage 2023

Schäfer, Gesellschaft bürgerlichen Rechts und Partnerschaftsgesellschaft, 9. Auflage 2023

Schmidt, Einkommensteuergesetz: EStG, 43. Auflage 2024

Schulze/Dörner/Ebert u.a., Bürgerliches Gesetzbuch, 12. Auflage 2024

Soergel, Kommentar zum Bürgerlichen Gesetzbuch mit Einführungsgesetz und Nebengesetzen, Erbrecht, 14. Auflage 2021

Staudinger, Kommentar zum Bürgerlichen Gesetzbuch: BGB, Buch 5: Erbrecht, Neubearb. 2022

Stein/Jonas, Kommentar zur Zivilprozessordnung, 23. Auflage 2014–2018 ff.

Sternal, FamFG, 21. Auflage 2023
Stöber, Zwangsversteigerungsgesetz, 22. Auflage 2019
Thomas/Putzo, Zivilprozessordnung, 45. Auflage 2024
Troll/Gebel/Jülicher/Gottschalk, Erbschaft- und Schenkungsteuergesetz, Kommentar (Loseblatt), 70. EL, Stand 15. April 2025
Viskorf, Grunderwerbsteuergesetz: GrEStG, 21. Auflage 2024
Winkler, Beurkundungsgesetz, 21. Auflage 2023
Zimmermann, Praxiskommentar Erbrechtliche Nebengesetze, 2. Auflage 2017
Zöller, Zivilprozessordnung, 35. Auflage 2024

Lehrbücher, Handbücher, Monographien

Baumgärtel/Laumen/Prütting, Handbuch der Beweislast im Privatrecht, Band 2, 5. Auflage 2023 (zit. Baumgärtel/*Bearbeiter*)
Bengel/Reimann/Holtz/Röhl, Handbuch der Testamentsvollstreckung, 8. Auflage 2023
Bonefeld/Daragan/Tanck/Riedel, Arbeitshilfen im Erbrecht, 3. Auflage 2010
Bonefeld/Kroiß/Lange, Die Erbrechtsreform, 2010
Bonefeld/Kroiß/Tanck, Der Erbprozess, 6. Auflage 2023
Bonefeld/Wachter, Der Fachanwalt für Erbrecht, 4. Auflage 2024
Brox/Walker, Erbrecht, 28. Auflage 2018
Crezelius, Unternehmenserbrecht, 2. Auflage 2009
Damrau, Der Minderjährige im Erbrecht, 4. Auflage 2025
Ebeling/Geck, Handbuch der Erbengemeinschaft, Loseblatt, Stand 65. EL 2025
Ebenroth, Erbrecht, 1992
Eberl-Borges, Die Erbauseinandersetzung, 2000
Ellenberger/Bunte, Bankrechts-Handbuch, 6. Auflage 2022
Frieser/Sarres/Stückemann/Tschichoflos, Handbuch des Fachanwalts Erbrecht, 7. Auflage 2017
Groll/Steiner, Praxis-Handbuch Erbrechtsberatung, 6. Auflage 2023
Hausmann, Internationales Erbrecht, Loseblatt, 128. Auflage 2024
Herzog, Die Erbenhaftung, 2. Auflage 2024
Horn/Kroiß, Testamentsauslegung, 2. Auflage 2019
Jayme/Hausmann, Internationales Privat- und Verfahrensrecht (Textausgabe), 22. Auflage 2024
Kegel/Schurig, Internationales Privatrecht, 9. Auflage 2004
Kerscher/Krug/Spanke, Das erbrechtliche Mandat, 6. Auflage 2019
Kerscher/Riedel/Lenz, Pflichtteilsrecht in der anwaltlichen Praxis, 3. Auflage 2002
Kipp/Coing, Erbrecht, 14. Auflage 1990
Klingelhöffer, Pflichtteilsrecht, 4. Auflage 2014
Kössinger/Najdecki/Zintl, Handbuch der Testamentsgestaltung, 7. Auflage 2025
Krätzschel/Falkner/Döbereiner, Nachlassrecht, 12. Auflage 2022
Krug/Rudolf/Kroiß/Bittler, Anwaltformulare Erbrecht, 7. Auflage 2023
Lange, Erbrecht, 3. Auflage 2022
Lange/Kuchinke, Erbrecht, 5. Auflage 2001
Leipold, Erbrecht, 23. Auflage 2022
Mayer/Bonefeld/Tanck, Testamentsvollstreckung, 5. Auflage 2022
Mayer/Geck, Der Übergabevertrag, 3. Auflage 2013

Mayer/Süß/Riedel/Bittler, Handbuch Pflichtteilsrecht, 5. Auflage 2024
Münchener Anwaltshandbuch Erbrecht, hrsg. von Scherer, 6. Auflage 2024 (zit. MAH-Erbrecht/*Bearbeiter*)
Muscheler, Die Haftungsordnung der Testamentsvollstreckung, 1994
Muscheler, Erbrecht, Bd. I und II, 2010
Riedel, Immobilien in der Erbrechtspraxis, 2. Auflage 2026
Rißmann, Die Erbengemeinschaft, 4. Auflage 2024
Röthel, Erbrecht, 18. Auflage 2020
Roglmeier/Sikora/Krug, Anwaltformulare Testamente, 7. Auflage 2025
Rott/Kornau/Zimmermann, Praxishandbuch Testamentsvollstreckung, 3. Auflage 2022
Schöner/Stöber, Grundbuchrecht, 16. Auflage 2020
Schulze/Grziwotz/Lauda, Bürgerliches Gesetzbuch, Vertrags- und Prozessformularbuch, 5. Auflage 2024 (zit.: GF-BGB/*Bearbeiter*)
Siebert, Nachlasspflegschaft, 7. Auflage 2023
Süß, Erbrecht in Europa, 5. Auflage 2025
Uricher, Erbrecht, Testamentsgestaltung, Vertragsgestaltung, Prozessführung, 5. Auflage 2023
Weirich, Erben und Vererben, 6. Auflage 2010
Winkler, Der Testamentsvollstrecker nach bürgerlichem, Handels- und Steuerrecht, 23. Auflage 2020
Zimmermann, Erbschein, Erbscheinsverfahren, Europäisches Nachlasszeugnis, 4. Auflage 2022
Zimmermann, Die Nachlasspflegschaft, 6. Auflage 2023
Zimmermann, Die Testamentsvollstreckung, 6. Auflage 2023

Bürgerliches Gesetzbuch

vom 2.2.2002, BGBl I, 42, BGBl III 400-2

Zuletzt geändert durch Gesetz zur Änderung der Regelungen über die zulässige Miethöhe bei Mietbeginn und zur Änderung anderer Gesetze vom 17.7.2025, BGBl. I Nr. 162

Buch 5. Erbrecht

Abschnitt 1. Erbfolge

§ 1922 Gesamtrechtsnachfolge

(1) Mit dem Tod einer Person (Erbfall) geht deren Vermögen (Erbschaft) als Ganzes auf eine oder mehrere andere Personen (Erben) über.
(2) Auf den Anteil eines Miterben (Erbteil) finden die sich auf die Erbschaft beziehenden Vorschriften Anwendung.

Literatur

Bonefeld, Das Einzelkonto im Erbrecht, ZErb 2003, 369; *Deusch*, Der digitale Nachlass vor dem BGH und die Praxisfolgen, ZEV 2018, 687; *Dieckmann*, Zur Auswirkung eines Erbverzichts oder Pflichtteilsverzichts auf die nachehelichen Unterhaltsansprüche eines (früheren) Ehegatten, NJW 1980, 2777; *Gergen/Görög*, Inwieweit sind Erben an Urheberrecht gebunden?, ZErb 2016, 253; *Haas*, Ist das Pflichtteilsrecht verfassungswidrig?, ZEV 2000, 249; *Harder*, Das Valutaverhältnis beim Vertrag zugunsten Dritter auf den Todesfall, FamRZ 1976, 418; *Herzog*, Facebook und der digitale Nachlass, ZErb 2017, 205; *Herzog*, Der digitale Nachlass – ein bisher kaum gesehenes und häufig missverstandenes Problem, NJW 2013, 3745; *Heyden*, Die erbrechtliche Nachfolge in Anteile an Partnerschaftsgesellschaften, ZEV 1998, 161; *Johannsen*, Die Nachfolge in kaufmännische Unternehmen und Beteiligungen an Personengesellschaften beim Tode ihres Inhabers, FamRZ 1980, 1074; *Kallmann*, Rechtsprobleme bei der Organtransplantation, FamRZ 1969, 572; *Karczewski*, Die Totenfürsorge: ein unbekanntes Rechtsinstitut, ZEV 2017, 129; *Keim*, Die Reform des Erb- und Verjährungsrechts und ihre Auswirkungen auf die Gestaltungspraxis, ZEV 2008, 161; *Klingelhöffer*, Urheberrecht und Erbrecht, ZEV 1999, 421; *Lange*, Pflichtteilsrecht und Pflichtteilsentziehung – zugleich Anmerkung zu BVerfG – 1 BvR 1644/00 und 1 BvR 188/03, ZErb 2005, 205; *Lange/Holtwiesche*, Digitaler Nachlass – eine Herausforderung für Wissenschaft und Praxis, ZErb 2016, 125 und 157; *Lange/Kretschmann*, Die Nachfolge von Todes wegen in einen Personengesellschaftsanteil nach dem MoPeG – ein erster Überblick, ZEV 2021, 545; *Lübke*, Die Vererbung von Personengesellschaftsanteilen nach dem MoPeG – Gesetzlicher Rahmen und Gestaltungsaufgaben, DNotZ 2023, 896; *Mäurer*, Änderungsbedarf im Waffenrecht, ZRP 2009, 118; *J. Mayer*, Die Auswirkungen der Erbrechtsreform auf die Kautelarpraxis, ZEV 2010, 2; *Naczinsky*, Möglichkeiten der Nachlassbeteiligten im Hinblick auf den digitalen Nachlass, ZEV 2021, 227; *Reimann*, „Letztwillige" Verfügungen über den menschlichen Körper?, NJW 1973, 2240; *Rohner*, Gesetzliche Fortführungsmöglichkeiten einer Apotheke nach dem Tod des Erlaubnisinhabers, ZEV 2003, 15; *Roth*, Probleme des postmortalen Zugangs von Willenserklärungen – Ein Beitrag zum Anwendungsbereich des § 130 II BGB, NJW 1992, 791; *Sarres/Afraz*, Auskunftsansprüche gegenüber Vertragserben sowie gegenüber der Erblasser-Bank bei lebzeitigen Zuwendungen des Erblassers, ZEV 1995, 433; *Stein*, Der Schutz von Ansehen und Geheimsphäre Verstorbener, FamRZ 1986, 7; *Stöcker*, Miterbenrechte bei Betriebsaufgabe im Licht der Entstehungsgeschichte des § 13 HöfeO neuer Fassung, MDR 1979, 6; *Thelen*, Kryptowerte in der notariellen Erbrechtspraxis, RNotZ 2023, 425; *Volland/Link*, Die fehlgeschlagene qualifizierte Nachfolgeklausel, RFamU 2024, 63; *Winkler*, Rechtsfragen im Zusammenhang mit dem Erbfall eines Jägers, ZErb 2010, 218; *Zimmermann*, Rechtsfragen zum Thema „Friedhof und Bestattung", ZEV 1997, 440.

Übersicht:

A. Erbrechtliche Grundsätze

I. Allgemeines zum Erbrecht

1. Universalsukzession (Von-Selbst-Erwerb)

§ 1922 BGB enthält den Grundsatz, dass mit dem Tod des Erblassers und dem dadurch ausgelösten Erbfall das Vermögen des Erblassers durch **Von-Selbst-Erwerb** auf den oder die Erben übergeht, und zwar sowohl bei der gesetzlichen als auch bei der gewillkürten Erbfolge. Man spricht insoweit auch von einer **Universalsukzession** bzw. einer Gesamtrechtsnachfolge. Nur in Ausnahmefällen kommt es zu einer Aufspaltung des Erblasservermögens und dadurch zum Eintritt einer Sondererbfolge, wenn bspw. gesellschaftsrechtliche Regelungen dies vorgeben (vgl. hierzu Rdn 59 ff.), oder wenn es zur Anwendung der HöfeO kommt (vgl. hierzu Rdn 69 ff.). 1

2. Todeszeitpunkt

Für die Frage, wann der Tod des Erblassers als das für die Auslösung des Erbfalls maßgebliche Ereignis eingetreten ist, ist nach heute gesicherter medizinischer Kenntnis auf den Eintritt des **Gehirntodes** abzustellen.[1] Bei einem **Verschollenen** wird vermutet, dass er in dem Zeitpunkt gestorben ist, der in der Todeserklärung festgestellt wurde (§§ 9 Abs. 1, 44 Abs. 2 VerschG). Wird die Todeserklärung später wieder auf- 2

1 BayObLG NJW-RR 1999, 1309; OLG Frankfurt NJW 1997, 3099.

gehoben, kann der fälschlich für tot Erklärte sein Vermögen gem. § 2031 BGB zurückverlangen. Liegen die Sterbezeiten mehrerer Personen in einem gemeinsamen Zeitraum, so ist entsprechend der Regelung in § 11 VerschG von einem **gleichzeitigen** Todeszeitpunkt auszugehen.[2]

3 Bedeutung erlangt die Frage des genauen **Todeszeitpunkts** dann, wenn in dem für den Tod maßgeblichen Zeitraum weitere Personen verstorben sind, die bspw. als Erben oder selbst als Erblasser in Betracht kommen. Relevant wird dies insbesondere bei Ehepartnern, die bspw. aufgrund eines Unfalls (z.B. Flugzeugabsturz) versterben (§ 11 VerschG). In solchen Fällen wird, sofern testamentarisch unter den Ehepartnern nichts anderes geregelt ist, jeder Ehepartner von seinen gesetzlichen Erben beerbt und eine gegenseitige Erbeinsetzung als gegenstandslos angesehen.[3]

3. Begriff „Erbe"

4 Erbe ist, wen der Erblasser durch Verfügung von Todes wegen zur Erbfolge berufen hat oder wer kraft Gesetzes zum gesetzlichen Erben berufen ist. **Erbschaftskäufer** (§ 2371 BGB) und **Erbteilskäufer** (§ 2033 BGB) werden durch entsprechende Übertragung der Rechtsposition nicht Erben und können daher auch keinen auf sie lautenden **Erbschein** beantragen.[4] Der kraft Gesetzes oder laut letztwilliger Verfügung als Erbe Bedachte erhält seine Rechtsstellung im Erbfall, d.h. mit dem Tod des Erblassers, auch wenn er erst später hiervon Kenntnis erlangt. Schlägt er die Erbschaft aus (§§ 1942 ff. BGB) oder wird seine Erbeinsetzung wirksam angefochten (§§ 2078 ff. BGB), verliert er seine Rechtsstellung als Erbe rückwirkend zum Eintritt des Erbfalls. Gleiches gilt, wenn er nach § 2344 BGB für erbunwürdig erklärt wird.

4. Darlegungs- und Beweislast

5 Die **Darlegungs-** und **Beweislast** für den Tod des Erblassers und den Zeitpunkt wird i.d.R. durch die Sterbeurkunde belegt (§§ 54, 60 PStG). Ferner hat derjenige, der eine Erbenstellung behauptet, die Voraussetzungen darzulegen und zu beweisen, aus denen sich ein Erbrecht ergibt. Im Falle der gesetzlichen Erbfolge ist dies seine Verwandtschaft zum Erblasser, im Falle der gewillkürten Erbfolge das Vorliegen einer wirksamen Verfügung von Todes wegen.[5] Die Verwandtschaft zum Erblasser wird sich i.d.R. aus den **Personenstandsurkunden**, bspw. aus dem Familienbuch, ergeben und so nachweisen lassen (§§ 54 ff. PStG).[6] Der Nachweis einer letztwilligen Verfügung von Todes wegen, aus der sich das Erbrecht ergibt, erfolgt i.d.R. durch Vorlage der handschriftlichen bzw. notariellen Urkunde.

II. Familienerbrecht und gesetzliche Erbfolge

6 Bei der gesetzlichen Erbfolge, die grundsätzlich gegenüber der gewillkürten Erbfolge subsidiär ist, gilt der Grundsatz der **Verwandtenerbfolge**. Die gesetzliche Erbfolge tritt ein, wenn keine wirksame Verfügung von Todes wegen vorliegt oder der abschließend als Erbe in einer letztwilligen Verfügung Eingesetzte in Folge von Ausschlagung oder Erbunwürdigkeitserklärung entfällt (§§ 1953, 2344 BGB). Zu beachten ist dabei, dass keine **abschließende** Verfügung von Todes wegen vorliegt, wenn ein Ersatzerbe

---

2 OLG Köln NJW-RR 1992, 1480; BayObLG NJW-RR 1999, 1309; a.A. OLG Hamm FamRZ 1995, 1606 = NJW-RR 1996, 70. Vgl. auch Art. 32 EuErbVO, wenn für die Beerbung zweier Personen unterschiedliche Rechte anzuwenden sind.

3 Vgl. RGZ 149, 200.

4 RGZ 64, 173.

5 Vgl. zu den Anforderungen an den Nachweis der Abstammung LG Mainz Rpfleger 1989, 25.

6 Vgl. zu den Einsichts- und Auskunftsrechten gegenüber dem Standesamt OLG Brandenburg NJW-RR 1999, 660.

kraft ausdrücklicher letztwilliger Regelung oder durch gesetzliche Vermutungsregelung (§§ 2068, 2069 BGB) vorhanden ist. Die Verwandtenerbfolge und die darauf basierenden Erbenordnungen beruhen auf dem Grundsatz, dass Verwandte, die mit dem Erblasser einen näheren Vorfahren gemeinsam haben, diejenigen Verwandten von der Erbfolge ausschließen, die lediglich durch entferntere Stammeseltern mit dem Erblasser verbunden sind (vgl. ausführlich hierzu §§ 1924–1929 BGB). Nicht unter die Verwandtenerbfolge fällt das Erbrecht des **Ehegatten.** Dieser erbt nicht innerhalb einer bestimmten Erbenordnung, sondern durch sog. Sondererbrecht (hierzu ausführlich vgl. § 1931 Rdn 1 ff.). Der Fiskus erbt erst dann, wenn kein Ehegatte vorhanden ist und kein Verwandter des Erblassers innerhalb der Frist des § 1964 BGB ermittelt werden konnte.

III. Testierfreiheit und verfassungsrechtliche Garantie

Das Erbrecht unterliegt ebenso wie das Eigentum der verfassungsrechtlichen Garantie 7
des § 14 Abs. 1 S. 1 GG. Von der **verfassungsrechtlichen Garantie** umfasst ist sowohl das Recht des Erblassers, sein Vermögen zu vererben, als auch das Recht des Erben, Vermögen durch die Erbfolge zu erwerben.[7] Von den Grundprinzipien des Erbrechts gehören die Privaterbfolge und die Testierfreiheit zu einem unantastbaren Wesensgehalt des Erbrechts (Art. 19 Abs. 2 GG).[8] Der erbrechtlichen Garantie unterliegt des Weiteren nicht nur die gewillkürte Erbfolge, sondern auch die gesetzliche Erbfolge.[9] **Inhalt** und **Schranken** des Erbrechts kann der Gesetzgeber nach Art. 14 Abs. 1 S. 2 GG bestimmen. So wird die **Testierfreiheit** durch das sie begrenzende **Pflichtteilsrecht** eingeschränkt. Das Pflichtteilsrecht selbst genießt nach h.M. über Art. 14 GG i.V.m. Art. 6 GG ebenfalls verfassungsrechtlichen Bestandsschutz.[10] Das BVerfG hat mit Beschl. v. 19.4.2005 festgestellt, dass den Abkömmlingen eine unentziehbare und bedarfsunabhängige Teilhabe am elterlichen Vermögen zusteht[11] und hat damit den „Pflichtteilsanspruch" der Erbrechtsgarantie des Art. 14 Abs. 1 S. 1 GG i.V.m. Art. 6 GG unterstellt.[12]

IV. Der digitale Nachlass

1. Allgemeines

Während die Vererblichkeit von Musik-, Film- und E-Book Dateien und auch die 8
Vererblichkeit von Kryptowährungen[13] grundsätzlich als unproblematisch angesehen werden, ist die Rechtslage für E-Mail-Konten und Konten in sozialen Netzwerken nicht unumstritten. Der BGH[14] hat mit Urteil v. 12.7.2018 in Bezug auf die Frage der Vererblichkeit eines Facebook-Benutzerkontos hierzu eine grundlegende Entscheidung getroffen. In dem zugrunde liegenden Fall ging es darum, ob die Eltern als Erben eines verstorbenen minderjährigen Kindes vom Betreiber des sozialen Netzwerks den Zugang zu dem Netzwerkkonto und dessen Kommunikationsinhalten verlangen konnten.

---

7 BVerfG NJW 1999, 1853.
8 BVerfG NJW 1995, 2977.
9 BVerfG NJW 1995, 2977.
10 BGHZ 98, 226; BGHZ 109, 306; vgl. zur geschichtlichen Entwicklung *Haas*, ZEV 2000, 249 ff.
11 BVerfGE 112, 332.
12 Vgl. *Hölscher*, in: Mayer/Süß/Riedel/Bittler, Handbuch Pflichtteilsrecht, § 1 Rn 6; *Lange*, ZErb 2005, 205.
13 Vgl. dazu *Thelen*, RNotZ 2023, 425.
14 BGH NJW 2018, 3178.

2. Zur Vererblichkeit von Social Media Accounts

9 Für die Frage der Vererblichkeit eines Social Media Accounts gelten grundsätzlich die zivilrechtlichen Regelungen über die Gesamtrechtsnachfolge. Soweit es um die Vererblichkeit des Vermögens des Erblassers geht, erfasst die Gesamtrechtsnachfolge grundsätzlich alle geldwerten Rechte und Rechtsverhältnisse des Erblassers. Das zwischen dem Betreiber eines sozialen Netzwerks und dem Erblasser bestehende Schuldverhältnis wird grundsätzlich dem vererblichen Vermögensbereich zugeordnet.[15]

3. Keine entgegenstehenden Rechte Dritter

10 Einer Annahme der Vererblichkeit eines Social Media Accounts steht auch ein etwaiges Persönlichkeitsrecht der Kommunikationspartner des jeweiligen Kontoinhabers nicht entgegen. Wie bei der Verfassung eines Schriftstückes, muss der Absender damit rechnen, dass dieses nicht nur vom Empfänger gelesen wird. Der BGH führt in der genannten Entscheidung aus, dass jedem Nutzer eines sozialen Netzwerks bewusst ist, dass die versendete Nachricht von ihm nicht mehr kontrolliert werden kann.

4. Kein Verstoß gegen das TKG oder datenschutzrechtliche Vorschriften

11 Ein Verstoß gegen das Fernmeldegeheimnis bzw. das Telekommunikationsrecht (Art. 10 GG, § 88 TKG) sieht der BGH nicht. Soweit der Erbe in die vertraglichen Rechtsverhältnisse des Erblassers einrückt, ist er kein „anderer" i.S.d. § 88 Abs. 3 TKG. Soweit also der entsprechende Telekommunikationsanbieter verpflichtet wird, den Zugang zu dem Account des Erblassers zu gewähren, liegt kein Verstoß gegen das Fernmeldegeheimnis vor.

12 Ebenfalls verneint hat der BGH einen Verstoß gegen datenschutzrechtliche Vorschriften.[16]

Dem Erben steht daher ein Anspruch gegenüber dem Telekommunikationsbetreiber zu, dass ihm die Zugangsdaten zum Account des Erblassers eröffnet werden. Der Erbe hat grundsätzlich Anspruch auf einen Zugang zu dem Account des Erblassers und zu dessen Inhalten. Ist der Betreiber verurteilt, dem Erben Zugang zu dem vollständigen Benutzerkonto zu gewähren, so ist damit nicht allein der Zugang zu den Inhalten des Accounts, sondern auch der Zugang zu dem Konto selbst gemeint.[17]

Zur Frage, ob durch vertragliche Vereinbarung bzw. Regelungen in AGB's eine solche Vererblichkeit ausgeschlossen werden kann, vgl. MüKo/*Leipold*, § 1922 Rn 44 ff.

B. Umfang des Nachlasses

I. Gesamtrechtsnachfolge und Vererblichkeit des Nachlasses

13 Der Grundsatz der Gesamtrechtsnachfolge regelt, dass das Vermögen des Erblassers insgesamt auf seine Erben übergeht. Der Übergang des Nachlasses vollzieht sich dabei automatisch (**Von-Selbst-Erwerb**). So bedarf es grundsätzlich keiner gesonderten Übergabe oder Besitzergreifung. Ebenso bedarf es keiner gesonderten Auflassung, so dass das Eigentum an Grundstücken auf den Erben übergeht, ohne dass eine Eintragung im Grundbuch erforderlich ist, denn das Grundbuch wird durch den Erbfall unrichtig. Dem Erben steht dann ein Berichtigungsanspruch zu. Die Gesamtrechtsnachfolge tritt – bis auf wenige Ausnahmen (**Sondererbfolge**, vgl. Rdn 59) – hinsichtlich des gesamten Nachlasses und des gesamten Vermögens des Erblassers ein. Neben der Sonderrechtsnachfolge sind auch Besonderheiten bei bestimmten Nachlassgegen-

15 MüKo/*Leipold*, § 1922 Rn 33.

16 Vgl. hierzu MüKo/*Leipold*, § 1922 Rn 40 ff.

17 Vgl. zur Auslegung eines Vollstreckungstitels gegen den Betreiber eines sozialen Netzwerks BGH NJW 2021, 160.

ständen zu berücksichtigen, so bspw. bei der Vererbung von Apotheken (vgl. Rdn 14) oder Waffen (vgl. Rdn 58). Ausgehend von einem speziellen Vermögensbegriff des Erbrechts ist im Zweifel eine **Vererblichkeit** der Vermögenswerte anzunehmen.[18] Letztlich ist dies jedoch durch Auslegung der die Erbfolge regelnden Vorschrift zu ermitteln.[19] Der gesetzliche Ausschluss der Übertragbarkeit eines Rechts kann dabei als Indiz gegen eine Vererblichkeit des Rechts sprechen, ebenso, wenn es sich um ein höchstpersönliches Recht des Erblassers handelt.

1. Apotheken/Arztpraxen

a) Apotheken

Auch wenn der Übergang einer Apotheke grundsätzlich durch Universalsukzession 14 in den Nachlass des Erblassers erfolgt, so gelten für die weitere Abwicklung Sondervorschriften nach dem Apothekengesetz (ApoG). Nach § 13 Abs. 1 ApoG steht dem Erben die Möglichkeit zu, die **Apotheke** für zwölf Monate durch einen Apotheker **verwalten** zu lassen. Dieser führt die Apotheke auf Rechnung und im Namen der Erben. Als weitere Sonderregel sieht § 9 ApoG die Möglichkeit vor, dass die erbberechtigten Kinder oder der erbberechtigte Ehegatte die Apotheke **verpachten** (§ 9 Abs. 1 ApoG). Steht dem Erben kein Recht zur Verpachtung zu und besitzt er selbst keine **Erlaubnis** zum Betrieb der Apotheke, so muss diese nach Ablauf der zwölf Monate verkauft werden.

Den erbberechtigten Kindern steht gem. § 9 Abs. 1 S. 1 Nr. 2 ApoG eine **Verpachtung** 15 der Apotheke bis zu dem Zeitpunkt zu, in dem das jüngste der Kinder das 23. Lebensjahr vollendet hat. Wird vor Vollendung des 23. Lebensjahres durch eines der Kinder der **Beruf** des **Apothekers** ergriffen, dann kann die Frist verlängert werden bis zu dem Zeitpunkt, in dem die Voraussetzungen für die Erlaubnis zur Führung einer Apotheke vorliegen. Dem überlebenden Ehegatten steht bis zu einer eventuellen **Wiederverheiratung**[20] das Recht zur Verpachtung der Apotheke zu (§ 9 Abs. 1 S. 1 Nr. 3 ApoG). Falls der Erblasser kein Testament hinterlassen hat und es zum Eintritt der gesetzlichen Erbfolge kommt, muss die Erbengemeinschaft i.R.d. ordnungsgemäßen Verwaltung gem. §§ 754, 2038 BGB die Verpachtung der Apotheke mit Stimmenmehrheit entscheiden. Zu beachten gilt es hierbei, dass wenn ein Miterbe die Voraussetzung des § 9 Abs. 1 S. 1 Nr. 2 oder Nr. 3 ApoG nicht erfüllt, das Recht zur Verpachtung der Erbengemeinschaft entfällt.[21] Dem kann nur abgeholfen werden, wenn derjenige Miterbe, bei dem die Voraussetzungen nicht vorliegen, seinen Anteil auf die übrigen Miterben überträgt.

Begünstigt nach § 9 Abs. 1 S. 1 Nr. 2 ApoG sind grundsätzlich nur die Kinder, auch 16 die adoptierten Kinder des Erblassers. Nicht unter die Vorschrift fallen die Enkel des Erblassers.

b) Arztpraxen

Auch hinsichtlich von Arztpraxen gilt es im Erbfall Besonderheiten zu beachten, wenn 17 wegen Überversorgung in bestimmten Gebieten eine Zulassungssperre durch den Landesausschuss der Ärzte und Krankenkassen nach § 103 Abs. 1, 3a SGB V verhängt wurde.

---

18 MüKo/*Leipold*, § 1922 Rn 19 ff.

19 BGHZ 70, 227.

20 Inwieweit die Regelung im Hinblick auf die Entscheidung des BVerfG v. 22.3.2004, FamRZ 2004, 765 verfassungskonform ist, ist fraglich.

21 Vgl. hierzu *Rohner*, ZEV 2003, 15.

2. Auftragsverhältnis/Auskunftsansprüche

18 Die Auskunftspflicht nach § 666 BGB beinhaltet grundsätzlich die Pflicht zur Mitteilung über den jeweiligen Stand des Geschäftes in seinem Zusammenhang als Ganzes,[22] während der Anspruch auf Rechnungslegung die gesamte Dauer der Geschäftsführung umfasst.[23]

Die Ansprüche des Erblassers aus einem **Auftragsverhältnis** gehen grundsätzlich auf die Erben über. Im Einzelnen betrifft dies den Anspruch auf **Auskunft** und **Rechnungslegung** nach § 666 BGB, die Herausgabeverpflichtung nach § 667 BGB und ggf. die Verpflichtung zur Abgabe der eidesstattlichen Versicherung gem. §§ 259, 260 BGB.[24] Etwas anderes gilt nur, wenn die Ansprüche auf den Erblasser selbst beschränkt waren.[25] Ob ein Auftragsverhältnis oder ein Gefälligkeitsverhältnis vorliegt, hängt vom konkreten Einzelfall ab.[26] War für den Auftragnehmer erkennbar, dass der Auftraggeber ein wesentliches Interesse an der Durchführung des Auftrags hatte, ist von einem Rechtsbindungswillen und nicht von einer Gefälligkeit auszugehen.[27] Dabei spricht nach Ansicht des OLG Karlsruhe[28] ein besonderes persönliches Vertrauensverhältnis zwischen dem Auftraggeber und dem Auftragnehmer nicht gegen einen Auftrag i.S.v. § 662 BGB.[29] Das OLG Köln[30] verneint hingegen ein Auftragsverhältnis, wenn ein naher Angehöriger mit Vollmacht Bankgeschäfte für einen Verwandten im Rahmen einer regelmäßigen Versorgung tätigt.

Die Verpflichtung zur Ausführung eines Auftrags (§ 673 S. 1 BGB) oder Geschäftsbesorgungsvertrags (§ 675 Abs. 1 BGB) erlischt allerdings mit dem Tod der verpflichteten Person, ebenso die Verpflichtung aus einem Maklervertrag.[31] Rechte und Pflichten aus einem Anwaltsvertrag gehen bei Tod des Mandanten auf den Erben über.[32]

3. Arbeits- und dienstrechtliche Verhältnisse

19 Persönliche **Arbeits-** und **Dienstverhältnisse** gehen grundsätzlich nicht auf die Erben über. Anders ist dies beim Tod eines Werkunternehmers; hier ist davon auszugehen, dass die Pflicht zur Erstellung des Werkes auf die Erben übergeht. Dies gilt wiederum dann nicht, wenn der **Werkvertrag** auf die Person des Unternehmers selbst abgestellt ist. Verstirbt der Arbeitgeber, so geht die Verpflichtung, ein **Arbeitszeugnis** zu erteilen oder zu berichtigen, auf den Erben über.[33] Verstirbt der Arbeitnehmer, so ist nach zwischenzeitlicher Auffassung des BAG der **Urlaubsabgeltungsanspruch** vererblich.[34] Ferner kann auch in Tarifverträgen vereinbart werden, dass zugunsten der Erben ein Abfindungsanspruch für nicht erfüllte Urlaubsansprüche besteht.[35] Ebenso könnte in einem Tarifvertrag auch die Vererblichkeit eines über den gesetzlichen Urlaubsanspruch hinausgehenden Anspruchs ausgeschlossen werden.[36] Verstirbt der Arbeit-

---

22 BGHZ 192, 1 ff.
23 OLG Naumburg ZEV 2024, 708.
24 BGHZ 104, 369 = NJW 1988, 867.
25 BGH NJW-RR 1990, 131.
26 Vgl. zur Bevollmächtigung des Ehepartners OLG Celle ZEV 2023, 330.
27 Grüneberg/*Sprau*, Vor § 662 Rn 4.
28 OLG Karlsruhe FamRZ 2017, 1873.
29 Vgl. auch OLG Naumburg ZEV 2024, 708.
30 OLG Köln FamRZ 2018, 61.
31 BGH NJW 1965, 964.
32 Vgl. hierzu *Knodel*, MDR 2006, 121.
33 ArbG Münster, Urt. v. 10.4.1990 – 3 CA 2109/89, n.v.
34 BAG NJW 2019, 2046.
35 BAG FamRZ 1986, 1079.
36 Vgl. MüKo/*Leipold*, § 1922 Rn 70.

nehmer vor dem Zeitpunkt der Auflösung eines Arbeitsverhältnisses, so fällt ein **Abfindungsanspruch** wegen Verlustes des Arbeitsplatzes grundsätzlich in den Nachlass.[37] Haben Arbeitnehmer und Arbeitgeber einen **Aufhebungsvertrag** geschlossen, in dem dem Arbeitnehmer bei Inanspruchnahme eines vorgezogenen Altersruhegelds auch eine Abfindung zustehen soll, so ist der Abfindungsanspruch i.d.R. nur dann entstanden und vererblich, wenn der Arbeitnehmer das vereinbarte Ende des Arbeitsverhältnisses erlebt.[38] Der Anspruch eines Arbeitnehmers auf **Insolvenzgeld** steht nach § 165 Abs. 4 SGB III auch dem Erben zu. Vertragliche **Ruhegelder**, bei denen die Verpflichtung des Arbeitgebers mit dem Tod des Erblassers endet, fallen nur dann in den Nachlass, wenn sie in der Person des Erblassers bereits entstanden sind.[39] Dies sind i.d.R. die zu Lebzeiten des Erblassers fällig gewordenen rückständigen Einzelbeträge. Etwas anderes gilt, wenn der Rentenanspruch kapitalisiert wird (kapitalisierte Vergleichsquote). In diesem Fall haben die Erben Anspruch auf Zahlung des Restbetrags.[40] Ob allerdings eine entsprechende kapitalisierte oder eine reine Rentenvereinbarung vorliegt, ist durch Auslegung zu ermitteln.[41] Wird der Arbeitnehmer ohne Einwilligung in eine **Gruppenunfallversicherung** mit einbezogen, so stehen die Versicherungsleistungen den Erben zu.[42] Abfindungen aus einem arbeitsrechtlichen Vergleich gehen dann auf die Erben über, wenn der Erblasser durch sein Ausscheiden bereits eine Gegenleistung erbracht hat.[43] Läuft gegen den Erblasser ein Zwangspensionierungsverfahren und verstirbt er vor dessen Abschluss, fallen die zuvor einbehaltenen Dienstbezüge in den Nachlass.[44]

4. Bankrechtliche Ansprüche

Die Forderungsrechte des Erblassers aus Giro-, Spar- und Depotkonten gehen, wenn 20
keine Verfügung zugunsten Dritter auf den Todesfall vorliegt, auf die Erben über und fallen in den Nachlass.[45] Im Hinblick auf **Einzelkonten** ist die Rechtslage grundsätzlich unstreitig. Der Erbe tritt in alle Rechte und Pflichten des Erblassers mit der Bank ein.[46] War der Erblasser verheiratet, so stellt sich allerdings auch beim Einzelkonto die Problematik der Nachlasszugehörigkeit, wenn Ehepartner im Innenverhältnis eine **Bruchteilsgemeinschaft** – auch stillschweigend – vereinbart haben.[47] Bei **Oder-Konten** wird grundsätzlich von einer Gesamtgläubigerschaft nach §§ 428, 430 BGB ausgegangen, wenn keine andere Vereinbarung unter den Kontoinhabern vorliegt. Mangels gegenteiliger Vereinbarung fällt dann die Hälfte des Guthabens, auch der Passiva, in

37 BAG DB 1988, 864 für außergerichtliche Abfindungsvereinbarung und BAG BB 1970, 261 für den gerichtlichen Vergleich.

38 BAG NJW 2001, 389; vgl. zur Frage, welchen Zeitpunkt der Arbeitnehmer erlebt haben muss, damit ein Anspruch aus einer Vereinbarung über eine Frühpensionierung als vererblich angesehen werden kann, *Hansen*, NZA 1985, 609.

39 Vgl. dazu MüKo/*Leipold*, § 1922 Rn 78.

40 BGH WM 1983, 43.

41 BGHZ 69, 369.

42 BAG DB 1990, 1975.

43 LAG Niedersachsen LAGReport 2003, 96.

44 VG Frankfurt ZBR 1987, 53.

45 Vgl. zur Frage der Fortführung der Erblasserkonten durch den Nacherben BGHZ 131, 60; BGH NJW 2000, 1258.

46 BGH NJW 1989, 1601. Zum Nachweis der Rechtsnachfolge darf die Bank nicht zwingend die Vorlage eines Erbscheins verlangen, wenn das Erbrecht auch durch andere Weise eindeutig nachgewiesen werden kann, vgl. BGH ZEV 2014, 41.

47 Siehe *Bonefeld*, ZErb 2003, 369; BGH NJW 2002, 3702.

den Nachlass.[48] Wird im Rahmen der Eröffnung des Oder-Kontos die Regelung getroffen, dass der überlebende Ehepartner berechtigt ist, das Konto aufzulösen oder auf sich umzuschreiben, liegt ein Vertrag zugunsten Dritter auf den Todesfall vor.[49] Bei einem **Und-Konto** befindet sich der Anteil des Erblassers an der gemeinschaftlichen Einlage (§ 747 BGB) im Nachlass. Im Falle des Ablebens eines **Rechtsanwalts** oder **Notars** gehen die Forderungen gegenüber der Bank auf den von der Landesjustizverwaltung bestellten Abwickler bzw. Notariatsverweser über.[50]

21 Der gegenüber der Bank bestehende **Auskunftsanspruch** fällt grundsätzlich ebenfalls in den Nachlass. Es handelt sich hierbei um einen Anspruch des Nachlasses (§ 2039 BGB) und nicht um einen Anspruch der Erbengemeinschaft, so dass jeder einzelne Miterbe berechtigt ist, Auskunft gegenüber der Bank einzuholen. Einer Zustimmung der übrigen Miterben bedarf es nicht. Allerdings ist die Bank verpflichtet, Auskunft an alle Miterben zu erteilen (§ 2039 BGB). Hat der Erblasser **Vollmacht** über den Tod hinaus hinsichtlich einzelner Bankkonten erteilt, so besteht seitens des Bevollmächtigten die Verpflichtung zur Auskunft und **Rechnungslegung.**[51] Machen die Erben in Bezug auf Kontoverfügungen Rückforderungsansprüche gegen den Bevollmächtigten nach § 812 Abs. 1 S. 1 Alt. 1 BGB geltend, so hat der Abhebende entgegen dem sonst geltenden Grundsatz das Vorliegen des Rechtsgrunds zu beweisen[52] (zur Möglichkeit, den Anspruch auf Auskunft und Rechnungslegung auf die Person des Erblassers zu beschränken, vgl. Rdn 18). Jeder der Erben[53] kann die postmortal erteilte Vollmacht grundsätzlich widerrufen und eine Sperrung der Konten vornehmen lassen. Widerruft ein Miterbe die Vollmacht, darf die kontoführende Bank nur mit Zustimmung aller Erben Verfügungen über das Konto ausführen.[54]

5. Dingliche Ansprüche

22 Neben dem Eigentum sind grundsätzlich auch das Erbbaurecht (§ 1 Abs. 1 ErbbauRG), das Dauerwohnrecht und das Dauernutzungsrecht (§§ 33 Abs. 1, 31 Abs. 3 WEG), die Hypotheken-, Grund- und Rentenschuld vererblich (**beschränkt dingliche Rechte**). Ebenso vererblich sind Reallasten.[55] Etwas anderes gilt nur, wenn die einzelne Leistung nicht übertragbar ist (§ 1111 Abs. 2 BGB). Nicht vererblich sind beschränkt persönliche Dienstbarkeiten nach § 1090 Abs. 2 BGB[56] und der **Nießbrauch** (§ 1061 BGB), wobei ein vom Nießbrauchsberechtigten geschlossener Mietvertrag auf die Erben übergeht.[57] Ebenso wenig vererblich ist ein dingliches Vorkaufsrecht (§§ 514, 1098 Abs. 1 BGB). Die Vererblichkeit eines Dauerwohn- und Dauernutzungsrechts

48 OLG Celle FamRZ 1982, 63; vgl. zur Beweislast bei Abtretung einer Sparbuchforderung OLG Koblenz ZErb 2003, 381 und BGH FamRZ 1993, 1311.

49 OLG Bamberg ZEV 2019, 155.

50 Vgl. zum Schutz des Erben bei Auszahlung vom Sparkonto des Erblassers an Dritte OLG Düsseldorf, Urt. v. 30.11.1994 – U 245/93, n.v.

51 LG Itzehoe ZErb 1999, 29; AG Bad Mergentheim ZErb 2003, 54; Grüneberg/*Grüneberg*, Vor § 662 Rn 7.

52 OLG Bamberg JurBüro 2003, 145.

53 BGH, Urt. v. 24.9.1959 – II ZR 46/59.

54 LG Aachen ZEV 2018, 519.

55 Vgl. zum Fortbestand einer Reallast, wenn die Reallast auch die Kosten von Beerdigung und Grabpflege sichern soll, BayObLGZ 1983, 113, 117.

56 BGHZ 22, 220.

57 BGHZ 109, 111. Vgl. zur Frage, wann ein Sonderkündigungsrecht nach § 1056 Abs. 2 BGB besteht BGH NJW 2011, 61.

sowie des Erbbaurechts können nicht abgedungen werden. Vererblich ist auch der **Besitz** gem. § 857 BGB, und zwar in der Form, in der er für den Erblasser bestand.[58]
Die Vererblichkeit dinglicher Rechte kann auch nicht dadurch ausgeschlossen werden, 23
dass sie auflösend bedingt durch den Tod des Berechtigten bestellt werden.[59] Ebenso vererblich sind **sachenrechtliche Anwartschaften**, Aneignungsrechte und die Erwerbsaussicht des Finders.[60] Auf eine Kenntnis vom Erbfall kommt es ebenso wenig an wie auf die Kenntnis vom Bestehen des Besitzverhältnisses selbst.[61] Die Eigentumsvermutung des § 1006 BGB steht den Erben aus dem Erbfall ebenso zu wie zuvor dem Erblasser.[62]

Nicht in den Nachlass fallen die landesrechtlichen **Altenteilsrechte** gem. Art. 96 24
EGBGB und ein dingliches Vorkaufsrecht, sofern nicht ein anderes bestimmt ist.[63]

6. Erbrechtliche Positionen

War der Erblasser selbst Miterbe einer **Erbengemeinschaft**, so fällt sein Anteil in 25
seinen Nachlass. Sind die Miterben aufgrund erbvertraglicher Bindung oder aufgrund eines bindenden gemeinschaftlichen Testaments durch unentgeltliche Verfügungen des Vertragspartners oder des überlebenden Ehepartners, an denen kein lebzeitiges Eigeninteresse bestand, geschädigt, stehen ihnen Ansprüche nach § 2287 BGB zu. Hierbei handelt es sich jedoch nicht um einen Anspruch des Nachlasses, sondern um einen bereicherungsrechtlichen Anspruch jedes einzelnen Miterben.[64] Entsprechendes gilt für den Fall des § 2326 BGB, wenn ein Miterbe Ansprüche auf Pflichtteilsergänzung geltend macht. Nicht in den Nachlass fällt die **Vorerbschaft**, wenn der Vorerbe verstirbt, da diese auf den Nacherben übergeht. In den Eigennachlass des Vorerben fallen dann aber ggf. **Verwendungs-** und **Erhaltungsersatzansprüche** nach den §§ 2124 Abs. 2, 2125 Abs. 2 BGB.

7. Familienrechtliche Positionen

a) Allgemeines

Rechte aus **familienrechtlichen Beziehungen** des Erblassers, wie bspw. das Recht auf 26
Scheidung oder Aufhebung der Ehe, die elterliche Sorge oder die Unterhaltspflicht nach § 1601 BGB (vgl. auch § 1615 BGB) sind grundsätzlich nicht vererblich. Gleiches gilt für das Recht des nicht verheirateten Vaters, seine Vaterschaft anzuerkennen oder die bereits anerkannte Vaterschaft anzufechten.[65] Ebenso wenig vererblich ist der Name. Das **Namensrecht** endet mit dem Tod des Erblassers.[66] Der Anspruch auf Rechenschaftslegung, wenn der Erblasser unter **Betreuung** stand, fällt in den Nachlass.[67]

b) Unterhaltsansprüche

Die Unterhaltsansprüche von Verwandten erlöschen gleichfalls mit dem Tod des Erb- 27
lassers. Lediglich für bereits zu Lebzeiten des Erblassers fällige und rückständige

58 BGH NJW 2020, 3376.
59 BGHZ 52, 269.
60 MüKo/*Leipold*, § 1922 Rn 90.
61 BGH BB 1953, 903.
62 BGH NJW 1993, 1935.
63 OLG Hamm Rpfleger 1989, 948.
64 Vgl. BGHZ 78, 1.
65 Vgl. zur Nichtvererblichkeit des Rechts auf Rücknahme eines Adoptionsantrags BayObLG NJW-RR 1996, 1092. Zur Feststellung der Vaterschaft nach dem Tod des Erblassers vgl. § 1924 Rdn 14 ff.
66 BGHZ 8, 324.
67 OLG Stuttgart NJW 1999, 1564.

Unterhaltsansprüche haftet der Nachlass. Der nacheheliche **Unterhaltsanspruch** des **geschiedenen Ehegatten** geht hingegen als Nachlassverbindlichkeit auf die Erben über. Dies gilt auch für eine unselbstständige Unterhaltsvereinbarung (Altersunterhalt) im Rahmen einer Scheidungsvereinbarung.[68] Der Unterhaltsanspruch ist als Nachlassverbindlichkeit aber gem. § 1586b BGB der Höhe nach auf den fiktiven Pflichtteilsanspruch des ehemaligen Ehepartners begrenzt. Dabei gilt, dass Pflichtteilsergänzungsansprüche bei der Berechnung der Höchstgrenze des Unterhalts zu berücksichtigen sind.[69] Die Einrede nach § 2328 BGB steht den Erben, die selbst pflichtteilsberechtigt sind, nicht zu.[70] Maßgebend für die Höhe des Haftungsanspruchs ist der kleine Pflichtteilsanspruch (§ 1931 Abs. 1 und 2 BGB).[71] Der Anspruch aus § 1586b BGB ist selbst vererblich.[72] Er entfällt, wenn der überlebende Ehepartner entsprechend § 2346 Abs. 1 und 2 BGB auf sein Pflichtteilsrecht verzichtet hat.[73] Für den Anspruch aus § 1586b BGB haftet der Erbe.[74] Ist die Unterhaltspflicht auf die Erben übergegangen, ist für beide Parteien die Abänderungsklage möglich, wenn wesentliche Änderungen bei den für die Unterhaltsbemessung maßgebenden Umständen eintreten.[75] Gegenüber den Erben steht dem Unterhaltsberechtigten ein Auskunftsanspruch hinsichtlich des tatsächlichen und fiktiven Nachlasses zu.[76]

c) Versorgungsausgleich

28 Nach § 31 VersAusglG ist der Ausgleichsanspruch gegenüber den Erben geltend zu machen, wenn ein Ehegatte nach Rechtskraft der Scheidung, aber vor Rechtskraft der Entscheidung über den Wertausgleich nach den §§ 9–19 VersAusglG verstirbt.[77] Den Erben steht ein Anspruch auf Ausgleich nicht zu, § 31 Abs. 1 S. 2 VersAusglG.

d) Zugewinnausgleich

29 Der Anspruch auf **Zugewinnausgleich** ist nach § 1378 Abs. 3 BGB grundsätzlich vererblich. Im Nachlass befindet sich der Zugewinnausgleichsanspruch, wenn er nach rechtskräftiger Scheidung bereits entstanden war, nicht wenn lediglich ein Scheidungsantrag rechtshängig ist.[78] Im Falle des gleichzeitigen Versterbens (§ 11 VerschG) scheidet ein Anspruch auf Zugewinnausgleich aus.[79]

8. Gestaltungsrechte

30 Bei der Frage der Vererblichkeit von Gestaltungsrechten gilt, dass diese grundsätzlich auf die Erben übergehen, soweit sie nicht höchstpersönlich sind. Mit dem jeweiligen Rechtsverhältnis gehen nach § 1922 BGB das Recht auf **Wandlung** und **Minderung** (§ 437 BGB) und das Recht auf **Kündigung** und **Rücktritt** auf die Erben über. Das Vorkaufsrecht kann nach § 473 BGB vererblich gestellt werden.[80] Das zeitlich beschränkte Vorkaufsrecht ist nach § 473 S. 2 BGB im Zweifel vererblich. Ebenso vererblich ist das Recht zur **Annahme** und **Ausschlagung** einer Erbschaft. Das Recht

68 OLG Koblenz NJW-RR 2010, 303.
69 BGH NJW 2001, 828; BGH FamRZ 2007, 3207.
70 BGH FamRZ 2007, 3207.
71 Grüneberg/*v. Pückler*, § 1586b Rn 6.
72 BGH FamRZ 1985, 164.
73 *Dieckmann*, NJW 1980, 2777.
74 OLG Nürnberg NJW-RR 1996, 395.
75 OLG Zweibrücken FamRZ 2007, 399.
76 AG Bad Homburg FamRZ 2007, 1771.
77 OLG Stuttgart NJW 2014, 3522; OLG Bremen NJW-RR 2015, 1093.
78 Staudinger/*Kunz*, § 1922 Rn 358; BGH NJW 1995, 1832.
79 BGHZ 72, 85.
80 OLG Hamm ZEV 2019, 307.

auf **Anfechtung** gem. §§ 119 ff. BGB ist vererblich, es sei denn, es wurde ausschließlich dem Erblasser vorbehalten, bspw. bei der Anfechtung eines Adoptionsvertrags.[81] Ebenso vererblich sind das Recht zur Genehmigung eines Handelns eines vollmachtslosen Vertreters – und zwar auch bei Vorliegen des § 181 BGB,[82] das Recht zum Widerruf nach § 178 BGB, das Wahlrecht nach § 263 BGB und die Bestimmungsrechte der §§ 315, 316 BGB. Keine Auswirkung nach § 130 Abs. 2 BGB hat auf die Wirksamkeit von Willenserklärungen die Tatsache, dass der Erblasser vor dem Zugang der Willenserklärung verstirbt.[83] Der Erbe ist so wie der Erblasser nach § 873 Abs. 2 BGB gebunden, wenn das einzutragende Recht vererblich war.[84] Wurde zugunsten des Erblassers bereits eine Eintragungsbewilligung erteilt, ist nach dem Ableben des Erblassers der Erbe einzutragen.[85]

9. Handelsvertreterprovisionen

Handelsvertreterprovisionen sind grundsätzlich vererblich und gehen auf den Erben über. Allerdings gilt es i.R.d. Geltendmachung der Provision die §§ 87–89 HGB zu berücksichtigen.[86] Nach § 89b Abs. 4 S. 2 HGB ist der Ausgleichsanspruch grundsätzlich innerhalb eines Jahres nach Beendigung des Vertragsverhältnisses geltend zu machen. Die Erklärung muss in der genannten Frist dem Unternehmer zugehen. Eine Bezifferung des Anspruchs innerhalb der Frist bedarf es nicht.[87] Endet das Vertragsverhältnis durch Tod des Handelsvertreters, so müssen die Erben den Anspruch gegenüber dem Unternehmer geltend machen. Für den Erben beginnt die Frist erst dann zu laufen, wenn er die Erbschaft angenommen hat und die Erbverhältnisse geklärt sind – sprich: er sich erbrechtlich legitimieren kann.[88] 31

10. Kapitalgesellschaften

Aktien sind nach h.M. frei vererblich.[89] Eine Vererblichkeit kann auch grundsätzlich nicht ausgeschlossen werden (vgl. zur Einzugsmöglichkeit § 237 AktG). Gleiches gilt für Geschäftsanteile an einer GmbH.[90] Diese sind ebenfalls frei vererblich (§ 15 Abs. 1 GmbHG). Ist ein Minderjähriger Alleinerbe eines Geschäftsanteils, dann kann sein gesetzlicher Vertreter seine Rechte wahrnehmen, § 1852 Nr. 1 BGB findet keine Anwendung.[91] Mehrere Erben erben **GmbH-Anteile** in gesamthänderischer Bindung.[92] Nach überwiegender Meinung kann auch die Vererblichkeit von GmbH-Anteilen nicht ausgeschlossen werden.[93] Zulässig ist jedoch die Aufnahme einer sog. **Einziehungsklausel und Abtretungsverpflichtung** im Gesellschaftervertrag, die vorsieht, dass im Falle des Todes eines Gesellschafters dessen Anteil von den übrigen Gesellschaftern eingezogen werden kann oder von den Erben auf einen Dritten zu übertragen ist.[94] Allerdings ist ein solcher Ausschluss des Erben nur binnen einer kurzen Frist 32

81 BGH FamRZ 1969, 479; BGH NJW 1951, 308.
82 OLG Hamm MDR 1979, 277.
83 Vgl. *Harder*, FamRZ 1976, 418; *Roth*, NJW 1992, 791.
84 *Jungs*, Rpfleger 1996, 14.
85 LG Düsseldorf MDR 1981, 153; vgl. zur Anfechtung und den Rechten nach dem AnfechtungsG BGH NJW 1996, 3006.
86 BGHZ 24, 214.
87 BGHZ 50, 86.
88 BGH NJW 1979, 651; vgl. zum Umfang der Provision BGHZ 24, 223.
89 *Perzborn*, RNotZ 2017, 405.
90 *Wachter*, Der GmbH-Geschäftsanteil im Erbfall, S. 12 ff.; *Ivo*, ZEV 2006, 252 m.w.N.
91 Vgl. dazu *Damrau*, Der Minderjährige im Erbrecht, Rn 331.
92 BGHZ 92, 386.
93 *Wachter*, Der GmbH-Geschäftsanteil im Erbfall, S. 12 ff.
94 BGH NJW-RR 1996, 1377; OLG Düsseldorf NJW-RR 1987, 732.

nach Eintritt des Erbfalls zulässig.[95] Bei der Frage, ob die Einziehung bzw. Abtretung unentgeltlich erfolgen kann, gilt das zum Ausschluss von Abfindungsansprüchen bei Anteilen an Personengesellschaften Ausgeführte entsprechend (vgl. Rdn 60 ff.).[96] Die Anordnung einer Testamentsvollstreckung ist grundsätzlich zulässig, sofern in der Satzung keine entgegenstehenden Regelungen aufgenommen wurden.[97] In die Gesellschafterliste wird ein Testamentsvollstreckervermerk jedoch nicht aufgenommen.[98] Verstirbt der alleinige Geschäftsführer und Mitgesellschafter, ist für die Einberufung einer Gesellschafterversammlung zur Bestellung eines neuen Geschäftsführers ein Notgeschäftsführer zu bestellen.[99]

11. Persönlichkeitsrechte (Schadensersatz, Schmerzensgeld)

a) Persönlichkeitsschutz

33 Auch wenn die Persönlichkeitsrechte grundsätzlich regelmäßig mit dem Tod des Erblassers erlöschen, erkennen die Rspr. und die h.M. in der Lit. einen postmortalen **Persönlichkeitsschutz** an, welcher durch **Unterlassungsklage** geltend gemacht werden kann.[100] Der Schutz der Persönlichkeit erstarkt so zum Schutz des Andenkens Verstorbener. Bei der Geltendmachung geht es nicht um eigene Rechte des Erben, sondern um die des Verstorbenen, welche gewissermaßen treuhänderisch durch den Erben wahrgenommen werden. Offengelassen wurde vom BVerfG allerdings die Frage, ob Angehörige des Verstorbenen Unterlassungsansprüche aus eigenem oder aus dessen fortbestehendem Recht geltend machen können.[101] Ein postmortaler Persönlichkeitsschutz ist gegeben, wenn das Lebensbild des Verstorbenen durch **Verunglimpfungen** oder in ähnlicher Weise grob verletzt wird. Angenommen wurde dies bspw. im sog. „Mephisto-Fall", in dem ein Verstorbener als Negativfigur eines Romans ohne hinreichende Verschlüsselung dargestellt wurde.[102] Auch die **Schmähkritik** an einem Schriftsteller[103] und die Verwendung der Namen Verstorbener für Werbeaussagen[104] können den postmortalen Persönlichkeitsschutz verletzen. Eine **Geldentschädigung** wegen Verletzung des **allgemeinen Persönlichkeitsrechts** des Erblassers wird allerdings in diesen Fällen grundsätzlich nicht zugebilligt.[105] Aufgrund seiner ideellen Bestandteile (Genugtuungsfunktion) ist der Anspruch an die Person des Berechtigten bzw. Verletzten gebunden und wegen seines höchstpersönlichen Charakters nicht vererblich.[106] Das gilt auch, wenn der Anspruch bereits zu Lebzeiten durch den Erblasser selbst anhängig gemacht wurde.[107] Eine Vererblichkeit eines Anspruchs auf Geldentschädigung wegen Verletzung des Persönlichkeitsrechtes besteht nur dann, wenn ein rechtskräftiges Urteil noch zu Lebzeiten des Betroffenen ergangen ist.[108] Den

95 BGHZ 105, 213.
96 BGH DStR 1997, 336; BGHZ 22, 187; BGHZ 98, 48; BGH NJW 1989, 2685.
97 OLG Frankfurt ZEV 2008, 606.
98 BGH NJW 2015, 1303.
99 OLG Karlsruhe ErbR 2023, 318; OLG Köln FGPrax 2019, 219.
100 Vgl. MüKo/*Leipold*, § 1922 Rn 170 m.w.N.
101 BVerfG NJW 1971, 1645.
102 BGHZ 50, 133.
103 BVerfG NJW 1993, 1462.
104 OLG Köln NJW 1999, 1969.
105 BGH NJW 1974, 1371.
106 BGHZ 201, 45; BGH NJW 2017, 800. Vgl. aber zur Reform des § 1922 BGB und zur geplanten Vererblichkeit eines Entschädigungsanspruches in Geld wegen einer Persönlichkeitsverletzung *Hamdan/Hamdan*, NJW 2025, 1927.
107 BGH ZEV 2017, 660.
108 BGH NJW 2022, 868; vgl. zum Referentenentwurf vom 15.5.2024, der eine Vererblichkeit bei Persönlichkeitsverletzung vorsieht, *Grziwotz*, ZRP 2024, 173 und *Schopp*, ZUM 2024, 850.

Erben steht ein Schadensersatzanspruch nur zu, wenn Persönlichkeitsrechte des Verstorbenen durch kommerzielle Verwertung beeinträchtigt werden.[109] Ist kein abweichender Wille des Erblassers erkennbar, so wird das Recht, den Persönlichkeitsschutz wahrzunehmen, den **Angehörigen** des Erblassers zugesprochen. Dies sind i.d.R. der Ehegatte, die Kinder, falls solche nicht vorhanden sind die Eltern oder die Geschwister und nach Einführung des Lebenspartnerschaftsgesetzes auch der überlebende Ehepartner einer eingetragenen Lebenspartnerschaft. Das Recht des Erben wird von der h.M. als subsidiär angesehen.[110] Allerdings kann der Erblasser dem Erben auch die Befugnis zur Wahrnehmung seines postmortalen Persönlichkeitsschutzes überlassen.[111]

b) Schmerzensgeld/Anspruch auf Hinterbliebenengeld

Aufgrund der Aufhebung des § 847 Abs. 1 S. 2 BGB aF[112] sind **Schmerzensgeldansprüche** in vollem Umfang vererblich, und zwar auch dann, wenn der verletzte Erblasser zu Lebzeiten nicht den Willen begründet haben sollte, Schmerzensgeld zu fordern.[113] Ist der Erblasser kurz nach dem Unfall verstorben, ohne das Bewusstsein wiederzuerlangen, dann besteht kein Anspruch auf Schmerzensgeld aus übergangenem Recht.[114] Tritt der Tod des Erblassers ein Jahr nach dem Unfallzeitpunkt ein, ist der Schmerzensgeldanspruch auf diesen Zeitraum beschränkt.[115] 34

Ansprüche aus §§ 844, 845 BGB sind hingegen Ansprüche der Hinterbliebenen, nicht des Erblassers selbst.[116] Ein Anspruch auf Schmerzensgeld für einen sog. **„Schockschaden"** wegen des Todes eines Angehörigen wird erst in schweren Fällen einer Psychose oder pathologischen Neurose zugesprochen.[117] Nach § 844 Abs. 3 BGB hat der Aufgrund einer Tötung Ersatzpflichtige dem Hinterbliebenen eine angemessene Entschädigung in Geld zu leisten. Zu den Hinterbliebenen gehören diejenigen Personen, die mit dem Erblasser in einem besonderen persönlichen Näheverhältnis standen. Ein solches wird vermutet, wenn es sich um den Ehepartner, Lebenspartner, die Eltern oder Kinder des Verstorbenen handelt. Ansprüche nach § 844 Abs. 3 BGB stehen den Hinterbliebenen unabhängig von einer Erbenstellung zu.[118] 35

12. Schenkungen

Zugunsten des Erblassers **vollzogene Schenkungen** befinden sich grundsätzlich im Nachlass des Erblassers. Lediglich im Rahmen eines wirksamen Schenkungsversprechens bleibt durch Auslegung zu prüfen, ob die bei Eintritt des Erbfalls noch nicht erfüllte Leistungspflicht ausschließlich dem Erblasser zugutekommen sollte.[119] Nicht im Nachlass befindet sich die im Kausalverhältnis zustande kommende Schenkung bei einem Vertrag zugunsten Dritter auf den Todesfall, wenn ein **Bezugsberechtigter** vorhanden ist (§§ 328, 331 BGB). Vereinbart der Erblasser mit der Bank, dass nach dem Tode der Verkaufserlös von Wertpapieren an einen begünstigten Dritten auszuzahlen ist, bedarf dies nicht der Form des § 2301 Abs. 1 BGB. Der Formmangel wird 36

109 BGH NJW 2000, 2201.
110 Vgl. zur Problematik *Stein*, FamRZ 1986, 7, 15 ff.
111 BGH NJW 1990, 1986.
112 BGBl I 1990, 478.
113 BGH NJW 1995, 783; BGHZ 120, 1; BGHZ 138, 388.
114 KG NZV 2002, 38; a.A. aber OLG Karlsruhe, welches in einem solchen Fall einen Schmerzensgeldanspruch von 3.000 DM zugesprochen hat, OLGR 1997, 20.
115 LG Münster, Urt. v. 11.10.1989 – 16 O 279/89, n.v.
116 Vgl. hierzu BGH NJW 1979, 760.
117 KG NZV 2002, 38.
118 MüKo/*Leipold*, § 1922 Rn 84.
119 Vgl. Soergel/*Stein*, § 1922 Rn 42.

geheilt, wenn der Begünstigte den Anspruch gegenüber der Bank erwirbt, sofern ihm seitens der Erben vorher kein Widerruf zugegangen ist.[120] Eine **nicht vollzogene Schenkung** von Todes wegen kann aber nach dem Tod des Erblassers durch Handlung einer vom Erblasser bevollmächtigten Person nicht geheilt werden.[121] Zu den Einzelheiten eines Schenkungsversprechens des Erblassers von Todes wegen vgl. im Übrigen § 2301 Rdn 1 ff. Die mit der Schenkung zusammenhängende Pflicht des Beschenkten aus § 528 Abs. 1 BGB auf Rückübertragung wird grundsätzlich als vererblich angesehen.[122] Das **Rückforderungsrecht** des Schenkers wurde allerdings in der Vergangenheit zunächst als unvererblich betrachtet.[123] Die Tatsache, dass Schenkungen des Erblassers zu Lebzeiten gehäuft zu einer Vermögenslosigkeit des Erblassers führen, hat zwischenzeitlich zu einer Änderung in der Rspr. geführt, da zunehmend der **Sozialhilfeträger**, der den Rückforderungsanspruch nach § 528 BGB auf sich übergeleitet hat (§ 93 SGB XII), diesen durch den Tod des Schenkers nicht mehr geltend machen konnte. So hat der BGH entschieden, dass der Überleitungsanspruch nicht erlischt, wenn er bereits auf den Sozialhilfeträger übergeleitet worden war. Erweitert wurde die Rspr. dahingehend, dass der Anspruch auf Rückforderung nach § 528 BGB auch dann nicht mit dem Tod des Erblassers erlischt, wenn der Sozialhilfeträger bereits in Vorlage getreten war.[124] Zwischenzeitlich wird generell davon ausgegangen, dass der Anspruch aus § 528 BGB vererblich ist, wenn der Schenker fremde Hilfe, bspw. die Sozialhilfe, in Anspruch genommen hat.[125]

13. Schuldrechtliche Positionen

37 Ansprüche oder Verpflichtungen aus Schuldverhältnissen des Erblassers sind grundsätzlich vererblich und gehen auf den Nachlass über. Dies betrifft die **Haupt- und Nebenleistungspflichten**, aber auch vorvertragliche Verpflichtungen.[126] Gleiches gilt ebenso für gesetzliche Schuldverhältnisse.[127] (Zu den mit dem jeweiligen Schuldverhältnis übergehenden Gestaltungsrechten vgl. Rdn 30). Mit dem Hauptanspruch vererbt werden auch die Rechte auf **Auskunftserteilung**,[128] der Anspruch auf **Rechnungslegung**[129] und das Recht auf Abgabe einer **eidesstattlichen** Versicherung gem. § 259 Abs. 2 BGB.[130] Eine Vererblichkeit ist allerdings ausgeschlossen, wenn sich aus dem Schuldverhältnis ergibt, dass die Rechte und Pflichten höchstpersönlich sind, bspw. bei einem Partnerschaftsvermittlungsvertrag, dieser erlischt grundsätzlich mit dem Tod des Kunden.[131] Angenommen wird dies auch, wenn durch die Rechtsnachfolge der Inhalt des Schuldverhältnisses verändert wird, weil das Vertragsverhältnis durch spezielle Kenntnisse, Fähigkeiten oder durch die persönliche Beziehung des Erblassers bestimmt war.[132] Als Indiz für eine Vererblichkeit wird auch auf die Abtretbarkeit und Pfändbarkeit einer Rechtsposition abzustellen sein.

---

120 BGH WM 1976, 1130.
121 BGH NJW 1988, 2731.
122 BGH NJW-RR 1991, 2558.
123 OLG Frankfurt NJW 1994, 1805; OLG Düsseldorf FamRZ 1984, 887, 890.
124 BGHZ 123, 264; BGHZ 125, 283.
125 BGH NJW 1995, 2287.
126 OLG Oldenburg VersR 1998, 220; siehe auch BGH NJW 1995, 2551.
127 BGH BB 1953, 903; BGH NJW 1987, 1703.
128 BGHZ 107, 104.
129 BGH NJW 1985, 3068.
130 BGHZ 104, 369.
131 AG Dortmund VuR 1993, 336.
132 Vgl. BGH NJW-RR 1990, 131.

Wird eine Vererblichkeit ausgeschlossen, so trifft dies i.d.R. die Hauptleistungspflichten und Nebenpflichten. Nicht ausgeschlossen ist das Recht der Erben, einen schuldrechtlichen Vertrag anzufechten. Für **Hilfsrechte** bleibt zu prüfen, ob sie in den Fällen der Schlechterfüllung notwendig sind, um eventuelle Schadensersatzansprüche durchsetzen zu können.[133] In einem solchen Fall steht der Anspruch aus dem Hilfsrecht dem Erben auch dann zu, wenn die Hauptpflicht des Vertrags höchstpersönlich war und mit dem Erbfall erloschen ist. 38

Der Erbe tritt auch in die Verpflichtungen des Erblassers ein (Passiva), bspw. in **Darlehensverträge**, aber auch in **Bürgschaftsverpflichtungen**.[134] 39

Die **bereicherungsrechtlichen** Ansprüche wegen **Zweckverfehlung**, die aufgrund einer Leistung des Erblassers im Hinblick auf den späteren Erwerb des Gegenstandes bestehen, sind vererblich, und zwar auch dann, wenn der bezweckte Erfolg aufgrund des Versterbens des Leistenden nicht eintreten kann.[135] 40

Die nach dem Erbfall fällig werdenden **Wohngeldschulden** sind (jedenfalls auch) Eigenverbindlichkeiten des Erben (Nachlasserbenschulden), wenn ihm das Halten der Wohnung als ein Handeln bei der Verwaltung des Nachlasses zugerechnet werden kann, was dann anzunehmen ist, wenn er die Erbschaft angenommen hat oder die Ausschlagungsfrist abgelaufen ist.[136] 41

14. Totenfürsorge und Leichnam

a) Recht zur Totenfürsorge

Das Rechtsinstitut der **Totenfürsorge** beinhaltet das Recht und die Pflicht der nächsten Angehörigen, über den Leichnam zu bestimmen und die Art der Bestattung, den Bestattungsort, die Grabgestaltung und die Grabpflege festzulegen. Das Totenfürsorgerecht beinhaltet auch das Entscheidungsrecht über den Zugang anderer Angehöriger zum Leichnam des Verstorbenen.[137] Nach h.M. steht das Recht zur Totenfürsorge grundsätzlich nicht den Erben, sondern den nahen Angehörigen des Erblassers zu.[138] Sind mehrere Angehörige vorhanden, so steht das Recht dem Ehegatten bzw. dem Lebenspartner einer eingetragenen Lebenspartnerschaft, danach den Kindern, sukzessive den Eltern und Geschwistern des Erblassers zu.[139] Zu beachten gilt es, dass auch hier der Wille des Erblassers vorrangig ist, der mit allen zulässigen Beweismitteln und auch als konkludenter Wille ermittelt werden kann.[140] Vertreten wird aber auch die Ansicht, dass das Recht zur Totenfürsorge den nahen Angehörigen nur dann zusteht, wenn gesetzliche Erbfolge eingetreten ist, sodass stets zu prüfen ist, ob mit der Entziehung des gesetzlichen Erbteils durch letztwillige Verfügung nicht gleichzeitig auch ein Entzug des Rechts zur Totenfürsorge enthalten ist.[141] Das Recht zur Totenfürsorge wird i.Ü. auch durch das öffentlich-rechtliche Friedhofs- und Bestattungsrecht bestimmt,[142] wobei es für das zivilrechtliche Totenfürsorgerecht in erster Linie auf den Willen des Verstorbenen ankommt und die öffentlich-rechtlichen Bestimmungen nur 42

133 Siehe auch BGH NJW 1989, 1601; BGHZ 104, 369.
134 BGH MDR 1976, 1013.
135 BGH NJW 2013, 2015.
136 BGH ZErb 2013, 245.
137 LG Bielefeld NJW-RR 2016, 1304.
138 BGH ZEV 2012, 559; BGH FamRZ 1978, 15; BGHZ 1961, 238; OLG Oldenburg NJW-RR 1990, 1416; OLG Karlsruhe MDR 1990, 443.
139 RGZ 154, 269; OLG Frankfurt OLGE 14, 247.
140 *Karczewski*, ZEV 2017, 129.
141 *Zimmermann*, ZEV 1997, 440; a.A. OLG Zweibrücken FamRZ 1993, 1493; OLG Frankfurt NJW-RR 1989, 1159.
142 Vgl. bspw. OVG Münster ZEV 1997, 464.

Anhaltspunkte dafür geben, wer als Totenfürsorgeberechtigter anzusehen ist, wenn sich ein Wille des Erblassers nicht ermitteln lässt.[143]

43 Der Erblasser kann grundsätzlich auch Dritte, die nicht Angehörige sind und die auch nicht zu Erben bestimmt sind, mit der Wahrnehmung dieser Aufgaben betrauen.[144] Ergibt sich, dass das Totenfürsorgerecht dem langjährigen Lebensgefährten des Erblassers zusteht, kann dieser die **Umbettung** des Erblassers auch entgegen den von den Eltern des Erblassers vorgenommenen Beerdigungsmaßnahmen verlangen.[145] Ansonsten unterliegt auch die Umbettung eines bereits beerdigten Erblassers dem Recht zur Wahrnehmung der Totenfürsorge, allerdings mit erheblichen Einschränkungen. Aus der Würde des Toten, der Totenehrung und dem sittlichen Empfinden der Allgemeinheit folgt der Grundsatz, dass eine Umbettung und eine damit verbundene Störung der Totenruhe nicht zulässig ist, wenn es lediglich um die Beilegung von „Verwandtenzank" geht.[146] Eine Umbettung ist daher nur zulässig, wenn ganz besondere Gründe vorliegen, die eine Umbettung erforderlich machen, und diese deshalb dem mutmaßlichen Willen des Erblassers entspricht.[147] Nicht ausreichend ist dabei der **Wegzug von Angehörigen** und eine dadurch erschwerte Pflege.[148] Angenommen wird ein wichtiger Grund hingegen bei unerlaubter **Entwendung** einer **Urne**[149] oder dem Wunsch der Witwe, mit ihrem Ehemann gemeinsam beerdigt zu werden,[150] ebenso, wenn der Erblasser den Wunsch hatte, an einem anderen Ort beerdigt zu werden.[151] Für die Frage der Zulässigkeit einer Umbettung ist es unerheblich, ob es sich um eine Urne mit Überresten oder um einen bestatteten Leichnam handelt.[152] Die **Darlegungs-** und **Beweislast** für die besonderen Umstände trägt derjenige, der eine Umbettung beantragt.[153]

b) Aneignungsrecht

44 Neben dem Recht zur Totenfürsorge spielt das mit dem Leichnam in Verbindung stehende **Aneignungsrecht** eine besondere Rolle. Das Aneignungsrecht betrifft den **Leichnam** des Erblassers, der grundsätzlich als herrenlose Sache i.S.v. § 90 BGB angesehen wird. Der **Leichnam** geht nicht in das Eigentum der Erben über. Soweit der Erblasser auch hier keine anderweitigen Verfügungen getroffen hat, steht das Recht auf Aneignung den nahen Angehörigen zu. Das **Aneignungsrecht** beschränkt sich jedoch auf die Verwandten des Erblassers,[154] und zwar ebenso wie bei der Totenfürsorge in der Reihenfolge, dass zunächst der Ehegatte bzw. der Lebenspartner einer eingetragenen Lebenspartnerschaft, danach die Kinder und dann die Eltern des Erblassers aneignungsberechtigt sind. Unter das Aneignungsrecht fällt die Entscheidungsbefugnis, ob der Erblasser **obduziert** werden darf.[155] Gleiches gilt im Hinblick auf die Frage von **Organtransplantationen** nach § 4 Abs. 1 und 2 TPG.[156] Bei gleichrangig

143 *Karczewski*, ZEV 2017, 129.
144 BGH FamRZ 1992, 657 = NJW-RR 1992, 834.
145 OLG Karlsruhe NJW 2001, 2980.
146 RGZ 154, 269; KG FamRZ 1969, 414.
147 BGH FamRZ 1978, 15.
148 KG FamRZ 1969, 414; OLG Karlsruhe MDR 1990, 443.
149 OLG Schleswig NJW-RR 1987, 72; a.A. LG Kiel FamRZ 1986, 56.
150 LG München FamRZ 1982, 849.
151 LG Gießen FamRZ 1995, 295.
152 RGZ 154, 269, 273; OLG Karlsruhe MDR 1990, 443.
153 OLG Zweibrücken FamRZ 1993, 1493.
154 *Kallmann*, FamRZ 1969, 572.
155 Vgl. BGH FamRZ 1978, 15; *Reimann*, NJW 1973, 2240.
156 Vgl. hierzu auch BVerfG NJW 1999, 3403.

berechtigten Angehörigen ist eine mehrheitliche Entscheidung zur Frage der Obduktion notwendig.[157]

Auch bei der Frage von **Organentnahmen** gilt der Grundsatz, dass der Erblasser berechtigt ist, über seinen Tod hinaus Verfügungen über seinen Körper zu treffen.[158] Ungeklärt ist in diesem Zusammenhang die Frage, ob zur **Feststellung** der **Vaterschaft** nach dem Ableben des Erblassers ein Einverständnis des Verstorbenen bzw. der Angehörigen notwendig ist. Hier wird nach bisheriger Rspr. das Recht auf Klärung der Abstammung einem postmortalen Persönlichkeitsrecht des Erblassers übergeordnet.[159] Schmerzensgeldansprüche können dem Totenfürsorgeberechtigten aber nicht zustehen, wenn er von den Ärzten nicht hinreichend über die Folgen einer Obduktion für den Leichnam aufgeklärt wurde.[160] 45

Vom Aneignungsrecht erfasst sind auch **künstliche** Körperteile des Erblassers, wie bspw. künstliche Gelenke, Herzschrittmacher oder Zahnkronen.[161] Künstliche Hilfsmittel, wie Brillen oder ein Hörgerät, die nicht fest mit dem Körper verbunden sind, gehören zum Nachlass.[162] 46

15. Unternehmen (einzelkaufmännisches)

Das **einzelkaufmännische Unternehmen** bzw. ein Handelsgeschäft ist nach § 22 HGB vererblich und fällt in den Nachlass.[163] Auch gewerbliche Unternehmen, wie bspw. ein Handwerksbetrieb des Erblassers, sind vererblich.[164] Die Firma selbst bzw. der Name geht grundsätzlich mit dem einzelkaufmännischen Unternehmen auf die Erben über. Er kann hiervon auch nicht getrennt „vererbt" werden. Ebenso wenig kann die Kaufmannseigenschaft vererbt werden; sie muss in der Person des Inhabers vorliegen (§ 1 Abs. 2 HGB). Nach § 52 Abs. 3 HGB erlischt mit dem Tod des Inhabers nicht eine erteilte Prokura, es sei denn, der Prokurist wird Allein- oder Miterbe.[165] Eine Fortführung des Unternehmens in ungeteilter Erbengemeinschaft ist zeitlich nicht befristet.[166] Wollen die Erben die Haftung auf den Nachlass begrenzen, müssen sie die Fortführung des Geschäfts vor dem Ablauf von drei Monaten nach dem Zeitpunkt, in welchem sie Kenntnis von dem Anfall der Erbschaft erlangt haben, einstellen (§ 27 Abs. 2 HGB). Ist der Erbe **minderjährig** oder sind einzelne Miterben noch minderjährig, so kann das Unternehmen durch den gesetzlichen Vertreter fortgeführt werden; eine familiengerichtliche Genehmigung ist nicht erforderlich,[167] wohl aber die Bestellung eines Ergänzungspflegers, wenn ein Beschluss über die Fortführung des Erwerbsgeschäftes erfolgt und die Eltern selbst Miterben sind oder wenn sie gleichzeitig andere minderjährige Miterben vertreten oder wenn gradlinige Verwandte an der Erbengemeinschaft beteiligt sind.[168] Durch das Minderjährigenhaftungsbeschränkungsgesetz[169] 47

157 *Stein*, FamRZ 1986, 7, 16.
158 OLG München NJW 1976, 1805; vgl. auch *Thiele*, NwVZ 2000, 405, zur Frage der Nichtigkeit von Verfügungen einer Körperspende zum Zweck der Plastination und deren Ausstellung.
159 OLG München FamRZ 2001, 126.
160 OLG Karlsruhe ZErb 2001, 187.
161 Vgl. hierzu MüKo/*Leipold*, § 1922 Rn 187.
162 MüKo/*Leipold*, § 1922 Rn 187.
163 *Johannsen*, FamRZ 1980, 1074; *Langenfeld*, BWNotZ 1981, 51.
164 BGH LM Nr. 1 und 7 zu § 1922.
165 BGH NJW 1959, 2114.
166 BGH NJW 1951, 311; BGHZ 92, 259; OLG Hamm NZG 1999, 588.
167 BGHZ 92, 259. Vgl. dazu *Damrau*, Der Minderjährige im Erbrecht, Rn 296.
168 *Damrau*, Der Minderjährige im Erbrecht, Rn 300 ff.
169 BGBl I 1998, 2487.

besteht eine Haftungsbeschränkungsmöglichkeit für den Minderjährigen nach § 1629a Abs. 4 BGB.

16. Versicherungen und Verträge zugunsten Dritter

a) Lebensversicherungen

48 Bei Lebensversicherungen hat der Erblasser i.d.R. einen Bezugsberechtigten, zumeist den Ehepartner, benannt, der im Falle, dass der Tod vor Ende der Ablaufleistung eintritt, die Versicherungssumme erhält. Ist ein solcher **Bezugsberechtigter** benannt, so sind Ansprüche aus Lebensversicherungen nicht Nachlassbestandteil.[170] Ist hingegen kein Bezugsberechtigter benannt, fallen die Leistungen aus Lebensversicherungen grundsätzlich in den Nachlass, was auch dann gilt, wenn das Bezugsrecht zur Sicherung von Darlehensansprüchen an eine Bank abgetreten ist.[171] Ist kein Bezugsberechtigter namentlich benannt und handelt es sich um eine **Kapitallebensversicherung** auf den Todesfall, dann fällt die Versicherungssumme auch dann nicht in den Nachlass, wenn Zahlung an „die Erben" vereinbart ist (§ 160 Abs. 2 VVG). In diesem Falle erhalten die Erben die Lebensversicherung als Bezugsberechtigte außerhalb des sonstigen Nachlasses.[172]

49 Ist der überlebende Ehepartner als Bezugsberechtigter benannt und wurde die Ehe vor dem Erbfall **geschieden**, so ist nach h.M. § 2077 BGB nicht entsprechend anwendbar (vgl. § 2077 Rdn 29). Unter Umständen steht den Erben aber ein Rückforderungsanspruch gegenüber dem Berechtigten zu, wenn das zugrunde liegende Valutaverhältnis aufgrund Wegfalls der Geschäftsgrundlage entfallen ist, weil bspw. der Fortbestand der Ehe Grundlage für die Zuwendung war.[173] Das im Valutaverhältnis zugrunde liegende Rechtsgeschäft kann auch dann entfallen, wenn die Erben vor Auszahlungsbegehren des Bezugsberechtigten und vor Zustandekommen des im Valutaverhältnis zugrunde liegenden Rechtsverhältnisses mit dem Bezugsberechtigten die Zuwendung wirksam **widerrufen** haben.[174] Nach § 162 Abs. 2 VVG entfällt die Bezugsberechtigung, wenn der Erblasser von dem als Bezugsberechtigter Vorgesehenen ermordet wurde. In einem solchen Fall fällt der Anspruch aus der Lebensversicherung in den Nachlass.[175]

b) Sonstige Versicherungen

50 Sonstige Versicherungsverhältnisse gehen grundsätzlich dann auf den Erben über, wenn er Träger des versicherten Risikos wird. Dies ist bspw. bei einer **Kfz-Haftpflichtversicherung** oder bei einer **Hausratsversicherung** der Fall.[176] Dient das Versicherungsverhältnis dagegen zur Abdeckung persönlicher Risiken des Erblassers selbst, wie die **Berufshaftpflichtversicherung** eines Steuerberaters oder Rechtsanwalts, so wird der Übergang auf die Erben verneint. Ob im Zweifelsfall die Vererblichkeit vorliegt bzw. unter den Parteien vereinbart war, ist durch Auslegung zu ermitteln.

---

170 BGHZ 130, 377.
171 BGH NJW 1996, 2230.
172 OLG Schleswig ZEV 1995, 115.
173 BGHZ 128, 125.
174 Vgl. BGH, Urt. v. 21.5.2008 – IV ZR 238/06, ZErb 2008, 355; BGH, Urt. v. 14.7.1976 – IV ZR 36/75, n.v.; OLG Celle, Urt. v. 22.12.1992 – 22 U 298/91, n.v.; zur Frage, inwieweit eine Schadensersatzpflicht der Versicherung begründet sein kann, vgl. OLG München, Urt. v. 8.5.2009 – 25 U 4318/08.
175 OLG Hamm NJW-RR 1987, 1170.
176 BGH NJW-RR 1993, 1048.

c) Sparbuch auf den Todesfall

Die zwischen dem Erblasser einer Spareinlage und dem Kreditinstitut getroffene Vereinbarung, dass mit dem Tode des Gläubigers die Rechte aus der Spareinlage auf einen Dritten übergehen, kann ohne Beteiligung des Dritten durch eine Vereinbarung zwischen dem Gläubiger und dem Kreditinstitut aufgehoben werden. Dies gilt auch dann, wenn die Vereinbarung als unwiderruflich bezeichnet ist und der Dritte sie mitunterzeichnet hat.[177] 51

17. Urheberrechte und gewerblicher Rechtsschutz

Urheberrechte, gewerbliche Schutzrechte und Markenrechte haben als **Immaterialgüterrechte** Bezug zum Persönlichkeitsrecht.[178] Da bei diesen Rechten i.d.R. ein wirtschaftliches Interesse im Hinblick auf deren **Verwertung** vorliegt, wird grundsätzlich davon ausgegangen, dass diese Rechte auf den Erben und nicht auf die nächsten Angehörigen übergehen.[179] Die Rechte der Erben können allerdings dadurch eingeschränkt werden, dass der Erblasser die Nutzungsrechte bereits einem Dritten übertragen[180] oder durch eine Auflage in einer letztwilligen Verfügung gebunden hat.[181] Auch bei Markenrechten gilt, dass diese zwar auf die Erben übergehen können, im Zweifel aber dem Geschäftsbetrieb folgen, an dem sie entstanden sind (§ 27 MarkenG). Die wissenschaftlichen Materialien eines Hochschullehrers stehen aber aufgrund der freien und eigenverantwortlichen Leistung im Eigentum des Erblassers (§§ 950, 985 BGB) und gehen auf die Erben über, wobei aber der Hochschule ein Recht zum Besitz i.S.v. § 986 BGB zustehen kann.[182] 52

18. Verschwiegenheitspflichten und Unterlassungspflichten

Nach h.M. enden gesetzliche und vertragliche **Verschwiegenheitspflichten** nicht mit dem Tod des Erblassers.[183] Auch wenn die Verschwiegenheitspflichten nach dem Tod des Erblassers weiter bestehen, gelten sie nicht gegenüber den Erben, wenn sie sich auf vermögensrechtliche Positionen des Erblassers beziehen. Da die Erben das **Vermögensrecht** des Erblassers übernommen haben, stehen ihnen auch die Auskunfts- und Einsichtsrechte, welche der Erblasser hatte, zu. Schwieriger gestaltet sich die Frage, ob diejenigen Verschwiegenheitspflichten, die das **Persönlichkeitsrecht** des Erblassers betreffen, den Erben gegenüber weiter Bestand haben. Zu unterscheiden ist in diesem Fall, ob die Verschwiegenheitspflicht ausschließlich persönliche Belange des Erblassers betrifft oder ob sie auch vermögensrelevante Auswirkungen haben kann. So kann nach Ansicht des BGH[184] den Erben dann ein Einsichtsrecht in **Krankenunterlagen** zuzugestehen sein, wenn dies entsprechende wirtschaftliche Belange rechtfertigen, was der Fall sein kann, wenn es um Schadensersatzansprüche gegen einen Arzt geht.[185] 53

Von der **Schweigepflicht** ist ein Arzt nur dann entbunden, wenn dies dem tatsächlichen oder mutmaßlichen Willen des Erblassers entspricht. Dies ist unabhängig von etwaigen ärztlichen Standesregeln zu prüfen.[186] Lässt sich ein solcher Wille nicht ermitteln, so kann ein Arzt bei entsprechender Darlegung, warum er sich gehindert sieht, Informati- 54

177 Saarländisches OLG FamRZ 2013, 972.
178 Vgl. auch *Klingelhöffer*, ZEV 1999, 421.
179 *Fromm*, NJW 1966, 1244.
180 OLG Düsseldorf GRUR 1991, 759.
181 BGHZ 15, 249, 259.
182 BGHZ 112, 243.
183 BGH NJW 1983, 2627.
184 BGH NJW 1983, 2627.
185 Vgl. zur Reichweite des Anspruchs *Hess*, ZEV 2006, 479; BVerfG NJW 2006, 1116.
186 Vgl. BayVerfGH, Entscheidung v. 26.5.2011 – Vf 45-VI-10.

onen offenzulegen, und warum er einem Schutz des Persönlichkeitsrechts des Erblassers Vorrang einräumt, den Anspruch verweigern.[187] *Stein*[188] weist zu Recht darauf hin, dass bei einem solchen Auseinanderfallen von Auskunftsanspruch und dem Recht, von der Verschwiegenheit zu entbinden, eine rechtspolitisch nicht wünschenswerte Situation auftreten kann, wenn nahe Angehörige eine Entbindung von der Schweigepflicht erklären müssten, damit der oder die Erben vermögensrechtliche Ansprüche geltend machen können. Es ist daher vielmehr der Ansicht *Steins* zu folgen, dass ausschließlich auf den Auskunftsanspruch abzustellen ist und eine Vererblichkeit vorliegt, wenn vermögensrechtliche Positionen betroffen sind und ein tatsächlicher oder mutmaßlicher Wille des Erblassers zur Entbindung von der Schweigepflicht angenommen werden kann.[189] Geht es um die Klärung der Testierfreiheit des Verstorbenen, ist im Rahmen des mutmaßlichen Willens des Erblassers von einer Befreiung von der Schweigepflicht auszugehen.[190]

55 Neben der Verschwiegenheitspflicht eines Arztes können auch bspw. die von Rechtsanwälten[191] und Notaren[192] sowie Banken betroffen sein.[193] Im Grundsatz gilt hier auch, dass hinsichtlich des vermögensrechtlichen Anspruchs die Möglichkeit zur Entbindung von der Schweigepflicht auf den Erben übergeht, während hinsichtlich der persönlichen Intimsphäre des Mandanten auf den mutmaßlichen Willen abzustellen ist.

56 Schwierigkeiten in der Praxis stellen sich bspw. bei der Frage, inwieweit ein Arzt über die **Testierfähigkeit** seines Patienten aussagen darf. Die h.M. geht in einem solchen Fall davon aus, dass es im Interesse des Erblassers war, Klarheit über die Erbfolge zu schaffen, und dass es seinem mutmaßlichen Willen entspricht, dass der die Testierfähigkeit anzweifelnde gesetzliche Erbe Auskunft verlangen kann.[194] Soll der Anspruch hingegen lediglich der Strafverfolgung einer gegen den Erblasser gerichteten Tat dienen, so geht der BGH davon aus, dass ein solcher den nahen Angehörigen und nicht den Erben zusteht.[195] Besteht Streit über die Auslegung eines Testaments, so stellt sich die Frage, inwieweit der Notar berechtigt ist, über die Schilderung der Umstände, die zur Testamentserrichtung geführt haben, Auskunft zu erteilen.[196]

19. Vollmachten

57 Stirbt der **Bevollmächtigte**, so wird im Zweifel davon ausgegangen, dass die **Vollmacht** erlischt (§§ 673, 675 BGB). Anders beim Tod des **Vollmachtgebers.** Hier wird davon ausgegangen, dass die Vollmacht im Zweifel bestehen bleibt und gegenüber dem Erben Wirkung entfaltet.[197] Dabei ist nach § 168 BGB für die Frage der Fortdauer der Vollmacht das zugrunde liegende Rechtsgeschäft zu beachten und bei Vorliegen eines

---

187 Vgl. hierzu krit.: *Bosch*, FamRZ 1983, 1098.

188 Soergel/*Stein*, § 1922 Rn 54.

189 *Stein*, FamRZ 1986, 7, 10.

190 BGHZ 91, 392.

191 OLG Koblenz AnwBl 1983, 328.

192 BGH NJW 1975, 39.

193 BGHZ 107, 104; *Sarres/Afraz*, ZEV 1995, 433.

194 BGHZ 91, 392; BayObLG NJW-RR 1991, 1287; OLG Düsseldorf NJW 1959, 821.

195 BGH NJW 1983, 2627. Zur Frage des Einsichtsrechts des Patienten in psychiatrische Behandlungen in seine Krankenakte vgl. BGH JZ 1989, 440.

196 Vgl. OLG Köln Rpfleger 1985, 494. Zur Frage, inwieweit Einsichtsrechte in Krankenunterlagen des Verstorbenen bei Krankenkassen und Sozialversicherungen bestehen, BSG DB 1986, Beil. 12, S. 20 = BSGE 59, 76.

197 OLG Zweibrücken DNotZ 1983, 104.

Geschäftsbesorgungsvertrages die Auslegungsregel des § 672 BGB zu beachten.[198] Die Rspr. hat für die Beurteilung, ob die Vollmacht mit dem Tod des Vollmachtgebers erlischt, den Auslegungsgrundsatz entwickelt, dass je mehr der Auftragsgegenstand auf die Person des Vollmachtgebers zugeschnitten ist, desto eher von einem Erlöschen des Auftragsverhältnisses auszugehen ist.[199] Bei Vorsorgevollmachten wird daher angenommen, dass diese in der Regel mit dem Tod des Vollmachtgebers erlöschen.[200] Handelt es sich um eine Vollmacht, die erst ab dem Zeitpunkt des Todes zur Abwicklung von Nachlassangelegenheiten erteilt wurde, liegt eine **postmortale Vollmacht** vor. Wird die Vollmacht über den Tod hinaus erteilt, spricht man von einer transmortalen Vollmacht. Wurde eine postmortale Vollmacht erteilt, vertritt der Vollmachtsinhaber ab dem Zeitpunkt des Todesfalls den Erben und nicht den Erblasser.[201] Nimmt der Bevollmächtigte Verfügungen hinsichtlich der Erblasserkonten vor, ist die Bank nicht verpflichtet, die Erben zu informieren bzw. deren Zustimmung einzuholen.[202] Hinsichtlich des Anspruchs auf Auskunft, Rechnungslegung und Herausgabe aus dem der Vollmacht i.d.R. zugrunde liegenden Auftragsverhältnis vgl. Rdn 18 und 21). Das Recht auf Auskunfts- und Rechnungslegung kann darauf beschränkt werden, dass dieses nur gegenüber dem Erblasser besteht und nicht auf dessen Erben übergeht.[203] Die Vollmacht kann seitens des Erblassers mit Wirkung für die Erben **nur widerruflich** erteilt werden, es sei denn, die Erben sind selbst an der entsprechenden Vereinbarung beteiligt.[204] Ansonsten kann die Vollmacht durch den Erben jederzeit widerrufen werden.[205] Dies kann jedoch nicht aus dem Verhalten des Erben geschlossen werden.[206] Ist einem **Alleinerben** postmortale bzw. transmortale Vollmacht erteilt, so ist deren Wirksamkeit nach dem Tod des Erblassers strittig. Teilweise wird eine Wirksamkeit angenommen, weil es sich lediglich um eine Legitimation handelt.[207] Die a.A. lehnt eine Wirksamkeit ab, da der Erbe durch die Vollmacht nicht mehr und nicht weniger Befugnisse hat als durch seine alleinige Erbenstellung.[208] Wird dagegen ein **Vermächtnisnehmer** bevollmächtigt, den Gegenstand auf sich zu übertragen, so wird dies grundsätzlich als wirksam und zulässig angesehen.[209]

20. Besonderheiten bei der Vererbung von Waffen

War der Erblasser Eigentümer einer oder mehrerer Waffen, so gehen diese als Sachen 58
i.S.v. § 90 BGB auf die Erben über und befinden sich im Nachlass. Ob die Erben die **Waffen** unter waffenrechtlichen Gesichtspunkten erwerben und besitzen dürfen, regelt das WaffG. Nach § 20 Abs. 1 WaffG muss der Erbe innerhalb eines Monats die Ausstellung einer Waffenbesitzkarte für die im Nachlass befindlichen erlaubnispflichtigen Waffen oder die Eintragung in eine bereits bestehende Waffenbesitzkarte beantragen. Für den Vermächtnisnehmer oder den durch Auflage Begünstigten beginnt diese Frist mit dem Erwerb der Schusswaffen.

---

198 OLG Karlsruhe ZEV 2024, 248.
199 OLG München ZEV 2014, 615; OLG Hamm ZEV 2003, 470.
200 MüKo/*Schubert*, § 168 Rn 44; Staudinger/*Schilken*, § 168 Rn 26; kritisch dazu *Zimmer*, ZEV 2014, 617.
201 Soergel/*Stein*, § 1922 Rn 57.
202 BGHZ 127, 239.
203 BGH NJW-RR 1990, 131.
204 BGH FamRZ 1976, 694; BGH NJW 1975, 382.
205 BGHZ 87, 19, 25.
206 BGH NJW 1995, 953 = ZEV 1995, 190.
207 LG Bremen Rpfleger 1993, 235.
208 Soergel/*Stein*, § 1922 Rn 59.
209 OLG Köln NJW-RR 1992, 1357.

Nach § 20 Abs. 3 WaffG sind Schusswaffen durch ein Blockiersystem zu sichern, wenn der Erbe kein Bedürfnis nach den §§ 8 oder 13 ff. WaffG geltend machen kann.[210]

II. Sonderrechtsnachfolge und Sonderregelungen

1. Genossenschaften

59 Die Mitgliedschaft in einer eingetragenen **Genossenschaft** ist grundsätzlich unvererblich – wobei der verstorbene Genosse nicht mit dem Tod, sondern mit dem Schluss des Geschäftsjahres, in dem er verstorben ist, als ausgeschieden gilt (§ 77 Abs. 1 GenG). Es ist daher ohne praktische Bedeutung, ob der Erbe ein „erlöschendes Mitgliedschaftsrecht zur Abwicklung" oder ein „sterbendes Recht" erwirbt. Das Statut der eingetragenen Genossenschaft kann allerdings die Fortsetzung der Mitgliedschaft durch den Erben eines Genossen zulassen.[211] Dabei kann die Fortsetzung von persönlichen Voraussetzungen des Erben abhängig gemacht werden, ebenso kann das Statut vorsehen, dass bei mehreren Erben die Mitgliedschaft endet, wenn sie nicht binnen einer bestimmten Frist auf einen Miterben übertragen wird (§ 77 Abs. 1 und 2 GenG). Ist ein Erbe bzw. Miterbe bereits selbst Mitglied der Genossenschaft, so kann wegen des Verbots der **Doppelmitgliedschaft** nur eine Saldierung der Geschäftsanteile vorgenommen werden.[212]

2. Gesellschaftsrechtliche Nachfolge

a) BGB-Gesellschaft

aa) Fortführung mit den übrigen Gesellschaftern

60 Nach § 723 Abs. 1 Nr. 1 BGB führt mit der Einführung des MoPeG[213] der Tod eines Gesellschafters bei der **BGB-Gesellschaft** nicht mehr zu deren Auflösung, sondern zu einem Ausscheiden des Gesellschafters, sofern im Gesellschaftsvertrag nicht etwas anderes geregelt wurde. Der Anteil des verstorbenen Gesellschafters wächst den übrigen Gesellschaftern an. Auf die Erben geht lediglich der sog. **Abfindungsanspruch** des Erblassers über, und zwar gem. der im Gesellschaftsvertrag vereinbarten Höhe, es sei denn, er wurde, was in diesem Fall als zulässig erachtet wird, im Gesellschaftsvertrag insgesamt ausgeschlossen.[214] Für die nicht rechtsfähige GbR[215] gelten allerdings die §§ 740 ff. BGB, wonach der Tod eines Gesellschafters zu deren Auflösung führt (§ 740a BGB).

bb) Die einfache bzw. allgemeine Nachfolgeklausel

61 Anstelle der Fortsetzung mit den verbleibenden Gesellschaftern kann der Gesellschaftsvertrag auch die **„Vererblichkeit"** der Anteile an der Gesellschaft vorsehen.[216] Dies kann durch sog. Nachfolgeklausel oder aber durch Eintrittsklausel geschehen.[217] Bei der **Nachfolgeklausel** geht der Gesellschaftsanteil grundsätzlich auf die Erben über und die Gesellschaft wird mit den Erben fortgeführt. Es liegt hier ein rein erbrechtlicher Übergang vor. Der Erblasser hat auch die Möglichkeit, letztwillig denjenigen als Erben zu bestimmen, der die Nachfolge in der Gesellschaft antreten soll.

---

210 Vgl. hierzu auch *Mäurer*, ZRP 2009, 118; vgl. zu den Rechtsfolgen für einen Jagdpachtvertrag *Winkler*, ZErb 2010, 218.
211 OLG Frankfurt Rpfleger 1977, 316.
212 Soergel/*Stein*, § 1922 Rn 78.
213 Vgl. *Lübke*, DNotZ 2023, 896.
214 BGHZ 22, 187.
215 Z.B. die Ehegatteninnengesellschaft.
216 BGHZ 68, 255.
217 Vgl. zur Abgrenzung BGHZ 68, 225.

Nach h.M. findet bei mehreren Erben der Übergang der Gesellschafterstellung aber ausnahmsweise nicht mit gesamthänderischer Bindung, sondern im Wege der Singularsukzession (**Sondererbfolge**) i.H.d. jeweiligen Erbquote statt.[218] Die h.M. will so die Vereinbarkeit von Erbrecht und Gesellschaftsrecht herstellen. Jeder Erbe rückt danach in Höhe seiner Erbquote in die Gesellschafterstellung ein und erhält einen eigenen Gesellschaftsanteil (§ 711 Abs. 2 BGB).[219] Wollen die Erben im Falle eines Eintrittes ihre Haftung beschränken, so kann jeder Erbe gegenüber den anderen Gesellschaftern beantragen, dass ihm die Stellung eines Kommanditisten eingeräumt wird (§ 724 Abs. 1 BGB). Wird der Antrag nicht angenommen, steht dem Erben ein Sonderkündigungsrecht zu (§ 724 Abs. 2 BGB). Das Recht auf Umwandlung und das Sonderkündigungsrecht steht dem Erben innerhalb von drei Monaten nach dem Zeitpunkt zu, zu dem er von dem Anfall der Erbschaft Kenntnis erlangt hat. Anders als § 131 HGB[220] ist § 724 BGB aber dispositiv und kann im Gesellschaftsvertrag abbedungen werden. Die Frage, ob die Eltern ihr minderjähriges Kind bei der Geltendmachung der Rechte aus § 724 BGB vertreten können, wenn sie selbst, ein anderes Kind oder ein Verwandter in gerader Linie an der Gesellschaft beteiligt sind, ist umstritten. *Damrau*[221] sieht darin ein nur rechtlich vorteilhaftes Rechtsgeschäft, was der BGH aber bislang verneint hat.[222] Wird der Minderjährige aufgrund Erbfolge Gesellschafter, so kann er bei Volljährigkeit kündigen und die Haftung beschränken (§§ 725 Abs. 4, 1629a BGB).[223] 62

cc) Die qualifizierte Nachfolgeklausel

Sieht der Gesellschaftsvertrag hingegen eine sog. **qualifizierte Nachfolgeklausel** vor, bei der der Anteil nur auf einzelne oder einen bestimmten Erben übergeht, erfolgt der Übergang des Gesellschaftsanteils unmittelbar nur auf den bevorzugten Erben bzw. Miterben.[224] Die Folge ist, dass nur der aufgrund Gesellschaftsvertrags zugelassene Miterbe im Wege der unmittelbaren Sondererbfolge in die gesellschaftsrechtliche Position des Erblassers einrückt.[225] Insoweit hat die qualifizierte Nachfolgeklausel grundsätzlich die Wirkung einer **Teilungsanordnung**,[226] mit der Folge, dass der qualifizierte Nachfolger den übrigen Miterben einen **Wertausgleich** schuldet, da davon ausgegangen wird, dass der Wert des Gesellschaftsanteils grundsätzlich zum Nachlass gehört. Ist die Erbquote des in die Gesellschaft eintretenden Miterben höher, so dass sie dem Wert des Gesellschaftsanteils im Verhältnis zum gesamten Nachlass entspricht, oder wurde dem in die Gesellschaft eintretenden Miterben zusätzlich der Anteil durch Vorausvermächtnis zugewandt, so scheidet ein Wertausgleich aus.[227] 63

Auch wenn bei der qualifizierten Nachfolgeklausel nur ein einzelner Miterbe oder bestimmte Miterben in die Gesellschaft nachrücken, besteht grundsätzlich kein Abfindungsanspruch gegenüber der Gesellschaft selbst, da der Wert des Anteils grundsätzlich dem Nachlass zuzurechnen ist. 64

---

218 BGH NJW 1999, 571; BGHZ 98, 48; BGHZ 68, 225.

219 Eine familiengerichtliche Genehmigung nach §§ 1643, 1852 BGB ist nicht vorgesehen, vgl. *Damrau*, Der Minderjährige im Erbrecht, Rn 314.

220 Vgl. § 131 Abs. 5 HGB, der aber die Möglichkeit vorsieht, im Falle der Umwandlung in einen nicht vollhaftenden Anteil, den Gewinnanteil zu verändern.

221 *Damrau*, Der Minderjährige im Erbrecht, Rn 316.

222 BGHZ 68, 225.

223 *Damrau*, Der Minderjährige im Erbrecht, Rn 322.

224 BGHZ 68, 225.

225 Vgl. zu den Korrekturmöglichkeiten einer fehlgeschlagenen qualifizierten Nachfolgeklausel *Volland/Link*, RFamU 2024, 63.

226 BGHZ 68, 225.

227 BayObLG DNotZ 1981, 702.

dd) Eintrittsklausel

65 Erhalten einzelne Miterben oder nur ein bestimmter Erbe im Gesellschaftsvertrag das Recht, bei Tod eines Gesellschafters in die Gesellschaft einzutreten, so liegt eine sog. **Eintrittsklausel** vor.[228] In einem solchen Fall wird die Gesellschaft grundsätzlich unter den übrigen Gesellschaftern fortgesetzt. Der Erbe hat aber das Recht, in die Gesellschaft einzutreten, und zwar durch Rechtsgeschäft unter Lebenden und nicht kraft Erbrechts. Handelt es sich um den Alleinerben, so steht ihm i.d.R. der Abfindungsanspruch (§ 738 BGB) zu. Bei der sog. Eintrittsklausel ist darauf zu achten, dass, wenn der Abfindungsanspruch nicht ausgeschlossen ist, dieser sich im Nachlass befindet und bei Vorhandensein mehrerer Erben der Abfindungsanspruch dem Eintrittsberechtigten grundsätzlich nur in Höhe seiner Erbquote zusteht, falls der Erblasser ihm diesen nicht durch Vorausvermächtnis insgesamt zugewandt hat.

b) Der Gesellschaftsanteil an einer OHG oder KG

66 Der Tod des Gesellschafters einer **OHG** oder der Tod eines Komplementärs einer **KG** führt nicht zur Auflösung der Gesellschaft, sondern zum Ausscheiden des Verstorbenen aus der Gesellschaft (§§ 130 Abs. 1 Nr. 1, 161 Abs. 2 HGB). Beim Tod eines Kommanditisten wird die Gesellschaft allerdings mit den Erben im Wege der Sondererbfolge fortgesetzt, sofern keine abweichenden gesellschaftsvertraglichen Regelungen vorliegen (§ 177 HGB). Wird bei Ausscheiden des verstorbenen Gesellschafters die Gesellschaft unter den übrigen Gesellschaftern fortgesetzt, so befindet sich der Abfindungsanspruch grundsätzlich im Nachlass des Erblassers, sofern keine anderweitige Regelung im Gesellschaftsvertrag vorgesehen ist. Hier gilt das oben zur BGB-Gesellschaft Gesagte (vgl. Rdn 60 ff.). Haben die Gesellschafter jedoch die Auflösung der Gesellschaft vertraglich vereinbart, so befindet sich der Anteil des verstorbenen Gesellschafters an der Liquidationsgesellschaft im gesamthänderisch gebundenen Nachlass. Ansonsten kann auch bei einer OHG oder KG eine einfache Nachfolgeklausel, eine qualifizierte Nachfolgeklausel oder eine sog. Eintrittsklausel vereinbart sein. Insoweit gilt das oben zur BGB-Gesellschaft Gesagte entsprechend (vgl. Rdn 60 ff.). Das Haftungsproblem zwischen der unbeschränkten gesellschaftsrechtlichen Haftung bei der Vererbung von OHG-Anteilen oder Komplementäranteilen und der auf den Nachlass beschränkbaren Erbenhaftung wird über das Umwandlungsbegehren und das Sonderkündigungsrecht der Erben nach § 131 HGB geregelt, der nicht dispositiv ist (§ 131 Abs. 5 HGB).

c) Partnerschaftsgesellschaften

67 Nach § 9 Abs. 1 PartGG gilt für **Partnerschaftsgesellschaften** das Gleiche wie für die OHG oder KG (insoweit wird auf § 130 HGB verwiesen). Die Partnerschaftsgesellschaft wird beim Tod eines Gesellschafters nicht aufgelöst, sondern unter den übrigen Gesellschaftern fortgeführt – den Erben steht lediglich ein Abfindungsanspruch zu.[229] Anders als bei den sonstigen Personengesellschaften gilt es bei Partnerschaftsgesellschaften zu beachten, dass die Gesellschafterstellung ausschließlich **Angehörigen der freien Berufe** vorbehalten ist (§ 1 Abs. 1 und 2 PartGG). Sieht der Gesellschaftsvertrag eine Nachfolgeklausel vor und wird der Anteil dadurch vererblich gestellt (§ 9 Abs. 4 PartGG), so ist dies nur wirksam, wenn der Nachfolger im Zeitpunkt des Erbfalls über die nach dem Berufsrecht erforderlichen Qualifikationen verfügt (§ 9 Abs. 4 PartGG i.V.m. § 1 Abs. 1 PartGG). Im Fall einer Rechtsanwaltspartnerschaftsgesellschaft sind dies etwa die Voraussetzungen nach § 4 BRAO. Liegen diese Voraussetzun-

228 BGH DNotZ 1967, 387.
229 Vgl. hierzu *Heyden*, ZEV 1998, 161.

gen vor, kann auch im Wege der sog. Eintrittsklausel eine Nachfolge stattfinden. Nach § 9 Abs. 4 S. 3 PartGG findet § 131 HGB allerdings nur insoweit Anwendung, als der Erbe der Beteiligung befugt ist, seinen Austritt aus der Partnerschaft zu erklären.

d) Stille Gesellschaft

Beim Tod eines stillen Gesellschafters gilt § 234 Abs. 2 HGB. Danach kommt es nicht 68
zur Auflösung der Gesellschaft, sondern wird der Anteil vererblich und geht, wie bei einem Kommanditanteil, auf die Erben über.[230] Ist der künftige Anspruch auf Auszahlung des Auseinandersetzungsguthabens ganz oder teilweise vom Erblasser abgetreten worden, geht die Verpflichtung ebenfalls auf die Erben über und der Abtretungsempfänger erwirbt den Auseinandersetzungsanspruch in Höhe des abgetretenen Betrages, sobald die Voraussetzungen für das Entstehen des Anspruchs in der Person des Erben erfüllt sind.[231]

3. Sondererbfolge aufgrund höferechtlicher Vorschriften

a) HöfeO

aa) Allgemeines

Im Hinblick auf die Vererbung von **land-** und **forstwirtschaftlichen** Betrieben gilt in 69
vielen Bundesländern eine von den Vorschriften der §§ 1922 ff. BGB abweichende Regelung. Die in den Bundesländern Niedersachsen, Hamburg, Nordrhein-Westfalen und Schleswig-Holstein geltende HöfeO sieht im Hinblick auf landwirtschaftliche Betriebe eine sog. Nachlassspaltung dergestalt vor, dass das **Hofesvermögen** nach der HöfeO einer Sondererbfolge unterliegt, das hofesfreie Vermögen nach den Vorschriften des BGB-Erbrechts (§§ 1922 ff. BGB) vererbt wird. Ziel und Zweck der Regelung ist, dass die wirtschaftliche Einheit des landwirtschaftlichen Betriebes, vor dem Hintergrund agrarpolitischer Interessen, nicht im Rahmen einer Erbteilung zerschlagen wird.

bb) Voraussetzungen

Erfasst werden vom Geltungsbereich der HöfeO land- und forstwirtschaftliche Be- 70
triebe, die über eine **Hofstelle** verfügen und die einen Wirtschaftswert von mindestens 10.000 EUR haben (§ 1 Abs. 1 S. 1 HöfeO). Landwirtschaft i.S.d. HöfeO ist dabei auch ein Gartenbaubetrieb, der überwiegend in Gewächshäusern betrieben wird.[232] Ferner ist nach der HöfeO für die Sondererbfolge maßgebend, dass der **Hoferbenvermerk** in der Höferolle eingetragen ist. Der Erblasser hat so die Möglichkeit, durch Löschung des Hoferbenvermerks zu erklären, dass kein Hof i.S.d. HöfeO vorliegt und eine Sondererbfolge nach Höferecht nicht mehr stattfinden soll (§ 1 Abs. 4 HöfeO).

cc) Hoferben

Die gesetzlichen Hoferben sind in § 5 HöfeO geregelt. Erben erster Ordnung sind die 71
Abkömmlinge des Erblassers. Als Erblasser zweiter Ordnung sieht die HöfeO den Ehegatten vor, Hoferben dritter Ordnung sind die Eltern des Erblassers. Erben vierter Ordnung sind die Geschwister des Erblassers bzw. deren Abkömmlinge. Nach § 6 Abs. 1 S. 1 Nr. 1 HöfeO ist zunächst derjenige Hoferbe, dem der Erblasser die **Bewirtschaftung** des Hofes im Zeitpunkt des Erbfalls **auf Dauer übertragen** hatte.[233] Anderweitige testamentarische Anordnungen sind nach § 7 Abs. 2 HöfeO unwirksam.[234] Wurde der Hof nicht auf Dauer zur Bewirtschaftung einem Abkömmling überlassen,

---

230 BGH WM 1962, 1084.
231 BGH FamRZ 2001, 353.
232 BGHZ 134, 146.
233 BGH NJW 1980, 2582.
234 Vgl. hierzu auch BGHZ 125, 153.

so ist in zweiter Linie derjenige zum Hoferben berufen, dem der Erblasser durch Ausbildung oder Art und Umfang seiner Beschäftigung auf dem Hof die Hoferbeneigenschaft quasi zugesprochen hat. Ist dies bei mehreren Abkömmlingen der Fall, so gilt das sog. **Ältestenrecht** (§ 6 Abs. 1 S. 1 Nr. 2 und S. 2 HöfeO). Das Erbrecht des Ehegatten richtet sich nach § 6 Abs. 2, § 5 Nr. 2 HöfeO. Liegen die Voraussetzungen des § 1933 BGB vor, so wird der Ehegatte jedoch auch nach dem Hoferbrecht ausgeschlossen. Das Hoferbrecht der Eltern richtet sich nach § 6 Abs. 3 und 4, § 5 Nr. 3 HöfeO.

dd) Abfindung

72 Diejenigen Abkömmlinge, die nicht Hoferbe werden, erhalten nach § 12 HöfeO einen **Abfindungsanspruch**. Grundlage für die Höhe der Abfindung ist nach der zum 1.1.2025 in Kraft getretenen Neuregelung der Hofeswert nach § 12 Abs. 2 HöfeO. Dieser bemisst sich nach § 12 Abs. 2 S. 2 HöfeO auf 60 Prozent des zuletzt für den Hof festgestellten Grundsteuerwertes des Betriebs der Land- und Forstwirtschaft. Wird die Hofstelle innerhalb von 20 Jahren nach Eintritt des Erbfalls veräußert, so haben die weichenden Erben einen sog. **Nachabfindungsanspruch** nach § 13 Abs. 1 und 4 HöfeO.[235] Ein Nachabfindungsanspruch kann auch dann gegeben sein, wenn der Hoferbe Versicherungsleistungen für ein zerstörtes Hofgebäude erhält.[236] Auch bei der Veräußerung von Milchkontingenten besteht ein Nachabfindungsanspruch.[237] Zu beachten gilt es, dass der Hoferbe aber auch die Möglichkeit hat, innerhalb von zwei Jahren nach Veräußerung des Hofes einen sog. **Ersatzbetrieb** zu erwerben (§ 13 Abs. 2 und 6 HöfeO). In einem solchen Fall scheidet ein Nachabfindungsanspruch aus. Ferner scheidet ein Nachabfindungsanspruch in der Person desjenigen Abkömmlings aus, der einen **Erbverzicht** erklärt hat.[238]

ee) Hoferbe durch letztwillige Verfügung

73 Bestimmt der Erblasser nach § 7 HöfeO den Hoferben durch letztwillige Verfügung, so kann er grundsätzlich nur einen Abkömmling bzw. eine Person als Hoferben bestimmen. Ferner ist darauf zu achten, dass die **Wirtschaftsfähigkeit** des Hoferben gegeben ist (§ 7 Abs. 1 S. 2 HöfeO). Auf eine Wirtschaftsfähigkeit kann nur verzichtet werden, wenn eine sog. Verwaisung des Hofes vorliegt, d.h. dass mangels Altersreife und mangels Ehegatte kein Hoferbe vorhanden wäre.[239]

b) Zuweisung nach dem Grundstückverkehrsgesetz

74 In den Bundesländern Bayern, Berlin, Saarland und in den neuen Bundesländern bestehen keine gesetzlichen Sonderregelungen im Höferecht. Allerdings gilt es §§ 13 ff. GrdstVG zu beachten, wonach der landwirtschaftliche Betrieb nach gesetzlicher Erbfolge nur einem Miterben zugewiesen werden kann. Die übrigen Miterben erhalten dann auf Grundlage des Ertragswerts einen Abfindungsanspruch. Die Vorschrift verstößt insoweit weder gegen Art. 14 GG noch gegen Art. 3 Abs. 1 GG.[240]

c) Bremisches Höfegesetz, Hessische Landgüterordnung

75 Im Bundesland Bremen gilt das Bremische Höfegesetz i.d.F. v. 23.2.1971, in Hessen gilt die sog. Hessische Landgüterordnung i.d.F. v. 30.8.1970.

235 Vgl. *Stöcker*, MDR 1979, 6.
236 BGH NJW 1991, 2836.
237 BGHZ 135, 292.
238 BGHZ 134, 152.
239 BGHZ 32, 288.
240 BVerfG NJW 1995, 405.

d) Badisches Hofgütergesetz, Rheinland-Pfalz

76 In Baden-Württemberg gilt für Teile des ehemaligen Landes Baden das sog. Badische Hofgütergesetz i.d.F. v. 12.7.1949. Das Württembergische Gesetz über das Anerbenrecht wurde jedoch zum 31.12.2000 aufgehoben.[241] In Rheinland-Pfalz gilt das Gesetz über die Höfeordnung vom 18.12.1981, welches im Wesentlichen mit der HöfeO übereinstimmt.

4. Mietrechtliche Besonderheiten

a) Tod des Vermieters

77 Mit dem Tod des Vermieters endet das Mietverhältnis grundsätzlich nicht. Gem. § 1922 BGB tritt an die Stelle des Vermieters dessen Erbe. Treten mehrere Erben an die Stelle des Vermieters, so erfolgt die Verwaltung des Mietobjekts gemeinschaftlich nach § 2038 BGB. Die **Kündigung** eines Mietverhältnisses kann allerdings mit Stimmenmehrheit erfolgen, wenn die Kündigung eine Maßnahme der ordnungsgemäßen Verwaltung darstellt.[242] Für die Erbauseinandersetzung gilt es allerdings zu beachten, dass § 566 BGB auf die Übernahme einer vermieteten Immobilie keine Anwendung finden soll.[243]

b) Tod des Mieters

78 Grundsätzlich ist sowohl der Erbe als auch der Vermieter berechtigt, das Mietverhältnis unter Einhaltung der gesetzlichen Frist außerordentlich zu kündigen, wenn der Mieter verstirbt (§§ 564, 580 BGB). Die Vorschrift gilt allerdings bei **Mietverhältnissen** über **Wohnraum** dann nicht, wenn nach § 563 BGB ein Ehegatte, Lebenspartner oder Familienangehöriger bzw. Haushaltsangehöriger von seinem **Eintrittsrecht** Gebrauch macht (vgl. Rdn 79). Kündigt der Erbe das Mietverhältnis nicht, so besteht es grundsätzlich fort. Sowohl Mieter als auch Vermieter können eine vereinbarte Befristung durch das Sonderkündigungsrecht durchbrechen. Bei Wohnraummietverhältnissen gilt allerdings die Besonderheit des § 573 BGB, wonach ein Vermieter das Mietverhältnis über Wohnraum nur kündigen kann, wenn ein berechtigtes Interesse (z.B. Eigenbedarf) vorliegt.[244] Dies soll auch dann gelten, wenn der Erbe nicht in der Wohnung gewohnt hat.[245] Nach § 564 BGB ist das Mietverhältnis innerhalb eines Monats zu kündigen, nachdem vom Tod des Mieters Kenntnis erlangt wurde sowie davon, dass ein Eintritt in das Mietverhältnis oder dessen Fortsetzung nicht erfolgt ist.[246] Kündigt der Erbe das Mietverhältnis nicht innerhalb der Frist des § 564 S. 2 BGB, handelt es sich bei den aus dem Mietverhältnis entstehenden Verbindlichkeiten auch um Nachlasserbenschulden.[247]

c) Eintrittsrecht nach § 563 BGB bei Wohnraummietverhältnissen

79 Das **Eintrittsrecht** des § 563 BGB geht grundsätzlich dem Sonderkündigungsrecht (§§ 564, 580 BGB) vor. Für den überlebenden Ehegatten, Lebenspartner, Familienangehörigen oder Haushaltsangehörigen ist § 563 BGB nur dann von Bedeutung, wenn er nicht bereits Mitmieter gewesen ist, da er ansonsten das Mietverhältnis nach § 563a BGB fortsetzen kann. Nach § 563 BGB treten in erster Linie der überlebende Ehegatte oder Lebenspartner und in zweiter Linie die sonstigen Familienangehörigen oder

---

241 Vgl. hierzu ausführlich Soergel/*Stein*, § 1922 Rn 106.

242 BGH ZEV 2010, 36.

243 Vgl. AG Köln ZEV 2023, 261; aA *Grunewald*, ZEV 2023, 643.

244 OLG Hamburg NJW 1984, 60.

245 BGH NJW 1997, 1695.

246 Vgl. zur Aussetzung eines Räumungsrechtsstreits wegen Tod eines mitmietenden Ehegatten LG München WuM 1993, 686.

247 BGH ZErb 2013, 245.

Haushaltsangehörigen mit Rückwirkung auf den Todeszeitpunkt in das Mietverhältnis[248] ein, es sei denn, es wurde binnen eines Monats gegenüber dem Vermieter erklärt, dass er das Mietverhältnis nicht fortsetzen will (§ 563 Abs. 3 S. 1 BGB). Für jeden Eintrittsberechtigten läuft eine gesonderte **Ablehnungsfrist**, die mit Kenntnis vom Tod des Erblassers bzw. Mieters gesondert zu laufen beginnt. Waren der Verstorbene und die privilegierte Person Mitmieter, kann bei einem Wohnraummietverhältnis, unabhängig von der Erbenstellung, das Mietverhältnis allein fortgesetzt werden. Dem Vermieter steht dann kein außerordentliches Kündigungsrecht zu. Das Eintrittsrecht nach § 563 BGB besteht unabhängig von der Erbenstellung und unabhängig davon, welche Verfügung von Todes wegen der Erblasser hinterlassen hat. Eine entgegenstehende letztwillige Bestimmung ist unwirksam.[249]

d) Ansprüche des Vermieters, Erbschein

80 Das Versterben des Erblassers in einer von ihm angemieteten Wohnung ist keine Überschreitung des vertragsmäßigen Gebrauchs, so dass dem Vermieter gegenüber dem Rechtsnachfolger des Erblassers auch kein **Schadensersatzanspruch** zusteht für die Reinigung und Befreiung von Leichengeruch.[250] Für den Nachweis der Rechtsnachfolge genügt nach Ansicht des LG Köln grundsätzlich auch das privatschriftliche Testament des Erblassers.[251] Der Vermieter darf daher dem Erben den Zutritt zur Wohnung nicht mit der Begründung verweigern, dass dieser zunächst einen Erbschein vorzulegen hat.

5. Öffentlich-rechtliche Positionen

a) Allgemeines

81 Öffentlich-rechtliche Positionen, die durch Verwaltungsakt dem Erblasser zugesprochen wurden, unterliegen nur teilweise erbrechtlichen Regelungen. Bspw. sind dies § 8 GüKG, § 19 PBefG, § 46 GewO, § 4 HandwO, § 10 GastG, § 28 FahrlG. Diese durch **Verwaltungsakt** zugesprochenen Erlaubnisse gehen grundsätzlich nicht auf die Erben über. Vielmehr besteht die Berechtigung der Person eines privilegierten Hinterbliebenen nur dann, wenn er die vom Gesetz geforderten Voraussetzungen mitbringt. Hatte der Erblasser Antrag auf Erlass einer einstweiligen Anordnung gegen ein Nachbarbauvorhaben wegen Verletzung höchstpersönlicher Rechte gestellt, so erledigt sich mit seinem Tod das Hauptsacheverfahren; die Erben treten lediglich hinsichtlich der Kosten in den Prozess ein.[252]

Anders dagegen bspw. nach § 8 Abs. 4 WHG hinsichtlich der Frage einer Gewässerbenutzung oder die Landesbauordnungen hinsichtlich der Bewilligung einer **Baugenehmigung.** Solche Positionen gehen auf die Erben des Erblassers über. Sie stehen mit der Funktion des Erben bzw. mit der Person des Erblassers nicht in einem unmittelbaren Zusammenhang. Ferner treffen die Erben Erstattungspflichten des Erblassers aufgrund eines öffentlich-rechtlichen **Erstattungsanspruchs.**[253] Auch der bauaufsichtliche Beseitigungsanspruch ist von den Gesamtrechtsnachfolgern zu erfüllen.[254] Des Weiteren gehen **Erschließungsbeiträge** grundsätzlich auf die Erben über.[255] **Zwangsgelder**, auch

248 Das Eintrittsrecht umfasst auch den Anspruch auf Kautionsrückzahlung, vgl. AG Düsseldorf FamRZ 2012, 816.

249 Soergel/*Stein*, § 1922 Rn 84.

250 AG Bad Schwartau NZM 2002, 215.

251 LG Köln NJWE-MietR 1996, 269.

252 Hess.VGH ZfBR 1989, 42.

253 BGHZ 72, 56.

254 BVerwG NJW 1971, 1624.

255 OVG Bremen NVwZ 1985, 917.

wenn sie bereits gegen den Erblasser festgesetzt sind, gehen hingegen nicht auf die Erben über und können diesen gegenüber auch nicht neu festgesetzt werden.[256]

b) Versorgungsansprüche

War der Erblasser **Beamter**, so erlischt das Beamtenverhältnis mit seinem Tod. Nach 82 § 17 Abs. 1 BeamtenVG erhalten die Erben noch die Bezüge für den Sterbemonat (zum Anspruch beim Zwangspensionierungsverfahren vgl. Rdn 19). Die in §§ 18 ff. BeamtenVG geregelte **Hinterbliebenenversorgung**, wie bspw. Sterbegeld, Witwengeld oder Witwenabfindung, stehen hingegen nicht den Erben, sondern den privilegierten Personen zu.[257] **Beihilfeansprüche** werden zwischenzeitlich als vererblich angesehen. Mit dem Tod des Beihilfeberechtigten tritt der Erbe in dessen Rechtsstellung ein.[258] Etwaige Fristen für die Geltendmachung (z.B. Jahresfrist nach § 17 Abs. 3 BhVO SL) gelten auch für den Rechtsnachfolger.[259] Eine Sonderregelung für den Übergang von sozialrechtlichen Ansprüchen findet sich in den §§ 56–59 SGB I. Ansprüche aus **Versichertenrenten** (§ 102 Abs. 6 SGB VI) oder Ansprüche auf Nachzahlung des **Wohngeldes**[260] gehen auf diejenigen Personen über, die mit dem Erblasser zur Zeit des Todes in einem Haushalt gelebt haben oder von ihm wesentlich unterhalten wurden. Man spricht insoweit auch von einer Sozialrechtserbfolge. Sind mehrere Berechtigte vorhanden, so stehen die Ansprüche zunächst dem Ehegatten zu (§ 56 Abs. 1 Nr. 1 und 1a SGB I). Hiervon kann der Erblasser auch nicht durch letztwillige Verfügung abweichen.[261]

c) Steuerrechtliche Besonderheiten

Steuerrechtliche Verbindlichkeiten einschließlich Versäumnis- und Verspätungszu- 83 schläge und Hinterziehungszinsen gehen grundsätzlich auf die Erben nach § 1922 BGB, § 45 AO über.[262] Nicht vererblich ist hingegen ein gegen den Erblasser bereits festgesetztes Zwangsgeld. Nach dem Ableben des Erblassers ist ein Steuerbescheid nicht an den Erblasser, sondern an jeden Erben zu richten; er ist nichtig, wenn er an den Erblasser selbst adressiert ist, es sei denn, die Erben haben sich auf den Bescheid eingelassen.[263] Da die steuerrechtliche Rechtsnachfolge das gesamte Steuerverhältnis betrifft, geht auch das Recht, zwischen getrennter Veranlagung und Zusammenveranlagung zu wählen, auf die Erben über.[264]

III. Übergang prozessrechtlicher Positionen

1. Allgemeines

Der Tod einer Prozesspartei führt grundsätzlich nicht zu einer Beendigung des Prozes- 84 ses, vielmehr tritt nach § 239 ZPO eine Unterbrechung des Verfahrens bis zur Aufnahme durch den Erben ein. Dies gilt im **Zivilprozess** wie auch für das Mahn- oder Kostenfestsetzungsverfahren, nicht hingegen in Strafverfahren, die gegen den Erblasser gerichtet sind, oder bei Disziplinarverfahren. Ein **Strafverfahren** ist durch förmlichen Beschluss einzustellen.[265] Allerdings steht den Erben die Möglichkeit zu, Forderungen

256 OVG Münster NJW 1980, 415.
257 BVerwG FamRZ 1966, 234.
258 BVerwG NVwZ 2010, 1568.
259 VG des Saarlandes, Urt. v. 21.7.2017 – 6 K 835/14, juris.
260 BVerwGE 30, 123.
261 BVerfG NJW 1966, 195.
262 BFH NJW 2000, 239.
263 BFH NVwZ 1994, 98.
264 BFH NJW 1980, 1184; BFH ZEV 1998, 198.
265 BGH NJW 1999, 3644.

nach dem Strafentschädigungsgesetz zu beanspruchen.[266] Ein Strafantragsrecht steht hingegen nicht den Erben, sondern den nahen Angehörigen zu (§ 77 StGB). Hatte der Erblasser **Prozesskostenhilfe** beantragt, so endet mit seinem Tod das Bewilligungsverfahren, da dieses ausschließlich die persönlichen Verhältnisse des Erblassers erfasst.[267] Sowohl für privat- als auch für öffentlich-rechtliche Rechtsstreitigkeiten gilt, dass ein Prozess auch dann nicht von selbst endet, wenn es sich bei dem geltend gemachten Anspruch um einen höchstpersönlichen Anspruch des Erblassers handelt. Das Verfahren endet durch Erledigterklärung der Erben. Anders im Falle des § 619 ZPO. Danach ist bei Tod eines Ehegatten die Hauptsache als erledigt anzusehen; das Gericht entscheidet dann über die Kosten gem. § 93a ZPO durch Beschluss.[268]

2. Tod im Zivilprozess

a) Allgemeines

85 Die §§ 239, 246, 325 ZPO regeln die Nachfolge in das Prozessverhältnis bei Tod einer Partei. Eine analoge Anwendung der Vorschriften auf Verfahren nach dem FamFG[269] wird kritisch gesehen.[270] Stirbt eine Prozesspartei zwischen Rechtshängigkeit und Rechtskraft der Entscheidung, so erfolgt ein gesetzlicher Parteiwechsel; der Erbe tritt in die Rechtsstellung des verstorbenen Erblassers ein.[271] Liegt im Hinblick auf den Streitgegenstand eine sog. **Sondererbfolge** vor, so wird der Sonderrechtsnachfolger Partei i.S.d. §§ 293 ff. ZPO.[272] Für die eintretende Partei gelten im Übrigen dieselben **Beweislastregelungen** wie für den Erblasser selbst.[273] Hinsichtlich noch nicht abgelaufener prozessualer Fristen gilt, dass diese bei Aufnahme des Rechtsstreits durch den Erben neu beginnen (§ 249 ZPO). Neben dem Tod einer Partei kommt es auch beim Tod eines Streitgehilfen gem. § 69 ZPO zur Unterbrechung, nicht aber bei unselbstständigen Streithelfern gem. § 67 ZPO.[274] Ist der Erblasser Beklagter und verstirbt er vor Eintritt der Rechtshängigkeit, scheidet ein Eintritt der Erben in die prozessuale Situation aus.[275] War der Erblasser hingegen Kläger und verstirbt er vor Zustellung der Klage, so sind seine Erben als Kläger in den Rechtsstreit eingetreten. Die h.M. will aber entsprechend §§ 86, 246 ZPO verfahren, damit sich der Prozessvertreter vergewissern kann, ob die Erben mit ihm als Prozessvertreter die Angelegenheit fortführen wollen.[276]

b) Rechtsnachfolger

86 Rechtsnachfolger i.S.d. § 239 ZPO ist grundsätzlich der Erbe nach § 1922 BGB. Im Falle des Vorliegens einer Erbengemeinschaft ist jeder einzelne Miterbe **Rechtsnachfolger.**[277] Wird der Rechtsstreit nur durch einen Miterben auf Klägerseite fortgeführt, so muss er grundsätzlich Leistung an alle Miterben verlangen (§ 2039 BGB). Auf Beklagtenseite kann der einzelne Miterbe den Rechtsstreit allein fortführen, wenn er

---

266 BGH NJW 1999, 3644; a.A. BGH NStZ 1983, 179.
267 OLG Hamm MDR 1977, 409.
268 OLG Stuttgart FamRZ 1982, 193.
269 Der Tod eines Beteiligten kann ggf. ein wichtiger Grund im Sinne von § 21 FamFG sein, vgl. Staudinger/*Kunz*, § 1922 Rn 654.
270 Staudinger/*Kunz*, § 1922 Rn 654.
271 BGHZ 104, 1.
272 BGHZ 69, 395.
273 BGH NJW-RR 1994, 323.
274 OLG Celle NJW 1969, 515.
275 *Bonefeld/Kroiß/Tanck*, Erbprozess, § 1 Rn 3.
276 Soergel/*Stein*, § 1922 Rn 122.
277 OLG Frankfurt MDR 1966, 153.

gem. den §§ 1967, 2058 BGB als Gesamtschuldner haftet.[278] Auch der Sonderrechtsnachfolger, wie bspw. der Nacherbe im Prozess des Vorerben, der Zessionar einer auf den Todesfall abgetretenen Forderung,[279] der Bezugsberechtigte einer Lebensversicherung[280] oder der Eigentümer beim Tod eines Nießbrauchsberechtigten, fällt unter § 239 ZPO und ist Rechtsnachfolger i.S.d. Vorschrift.[281]

Hat der Erblasser für seinen Nachlass **Testamentsvollstreckung** angeordnet, dann ist eine Aufnahme durch die Erben im Falle eines Aktivprozesses ausgeschlossen, da die der Verwaltung unterliegenden Nachlassforderungen nur durch den Testamentsvollstrecker geltend gemacht werden können (§ 2212 BGB). Der Gegner kann in diesem Fall den Testamentsvollstrecker durch Anzeige seiner Fortsetzungsabsicht in den Prozess hineinziehen.[282] Liegt ein Passivprozess vor, dann steht § 243 ZPO einer Aufnahme des Prozesses durch die Erben nicht entgegen (§ 2213 BGB). 87

Haben die Erben einer **Einzelfirma** alle Aktiva und Passiva des Firmenvermögens auf eine GmbH und Co.KG **übertragen**, findet § 239 ZPO keine Anwendung und der Rechtsstreit, der durch den Tod des früheren Einzelfirmeninhabers unterbrochen wurde, kann durch die GmbH und Co.KG nicht aufgenommen werden.[283] 88

c) Tod des Testamentsvollstreckers und des gesetzlichen Vertreters

Beim Tod eines **Testamentsvollstreckers** oder Nachlassinsolvenzverwalters wird § 241 ZPO analog angewandt.[284] Bei Wegfall des Testamentsvollstreckeramtes kommen wiederum die §§ 239, 246 ZPO analog zur Anwendung. Beim Tod eines **gesetzlichen Vertreters** oder **Prozesspflegers** nach §§ 57, 58 ZPO wird das Verfahren unterbrochen, wenn kein anderer gesetzlicher Vertreter vorhanden ist.[285] § 241 ZPO findet nach Abs. 3 Anwendung auf Nachlassverwaltungen. 89

d) Tod des Vorerben

Verstirbt der **Vorerbe** während eines Prozesses, so tritt Unterbrechung nach § 242 ZPO ein. 90

e) Tod des Anwalts

Verstirbt während des Prozesses der **Anwalt**, so tritt nach § 242 ZPO Unterbrechung des Verfahrens ein. 91

3. Tod im verwaltungsgerichtlichen Verfahren

Für verwaltungsgerichtliche Verfahren und für Verfahren vor den Sozialgerichten gelten die §§ 239 ff. ZPO entsprechend.[286] 92

4. Tod im Zwangsvollstreckungsverfahren

In **Zwangsvollstreckungsverfahren** finden die §§ 239 ff. ZPO keine Anwendung.[287] Liegt gegen den Erblasser bereits eine Vollstreckungsklausel vor, so kann diese auf die Erben umgeschrieben werden (§§ 727, 750, 795 ZPO). Da der Gläubiger in diesem Fall nur in den Nachlass vollstrecken kann, ist der Einwand nach § 780 ZPO aus- 93

278 BGH NJW 1964, 2301.
279 BGH NJW 1965, 1913.
280 OLG Stuttgart NJW 1956, 1073.
281 Vgl. Zöller/*Greger*, § 239 ZPO Rn 9.
282 BGHZ 104, 1.
283 BGH DB 1981, 365.
284 *Bonefeld/Kroiß/Tanck*, Erbprozess, § 1 Rn 13.
285 *Bonefeld/Kroiß/Tanck*, Erbprozess, § 1 Rn 10.
286 BSG NJW 1991, 1909.
287 OLG Frankfurt Rpfleger 1975, 44.

nahmsweise entbehrlich. Ist der Erblasser nach § 260 Abs. 2 BGB auf Abgabe der eidesstattlichen Versicherung verurteilt worden, kann der Titel auf die Erben umgeschrieben werden.[288] Ansonsten muss der Erbe darauf achten, dass ein Vorbehalt der beschränkten Erbenhaftung nach § 780 ZPO geltend gemacht wird, damit der Gläubiger nicht in das Eigenvermögen der Erben vollstrecken kann.[289] Wurde bereits vor dem Erbfall mit der Vollstreckung begonnen, bedarf es keiner Klauselumschreibung (§§ 778 Abs. 1, 779 Abs. 1 ZPO).

IV. Erbfall und Insolvenzrecht

94 Verstirbt der Erblasser nach Eingang des Insolvenzantrages, wird das Verfahren in das Nachlassinsolvenzverfahren übergeleitet.[290] Verstirbt ein Insolvenzschuldner nach dem Ablauf der Wohlverhaltensphase und ist eine Restschuldbefreiung noch nicht erteilt worden, ist der Anspruch auf Erteilung der Restschuldbefreiung vererblich.[291] Der Anspruch eines Erben auf Stellung eines Nachlassinsolvenzantrages ist grundsätzlich nicht vererblich. Die Antragsberechtigung nach § 317 InsO ist auch nicht auf den Erbeserben entsprechend anwendbar.[292]

§ 1923 Erbfähigkeit

(1) Erbe kann nur werden, wer zur Zeit des Erbfalls lebt.
(2) Wer zur Zeit des Erbfalls noch nicht lebte, aber bereits gezeugt war, gilt als vor dem Erbfall geboren.

Literatur

Dubischar, Die untersagte Vorteilsannahme und § 14 HeimG, DNotZ 1993, 419; *Kieser*, Letztwillige Verfügungen zugunsten des Heimträgers von Heimmitarbeitern oder sonstigen Personen nach § 14 HeimG, ZErb 2002, 33; *Koos*, Die Genehmigungsbedürftigkeit der Erbeinsetzung von Angehörigen des öffentlichen Dienstes aus zivilrechtlicher Sicht, ZEV 1997, 435; *Leipold*, Schutz der Testierfreiheit vor geldgierigen Berufsbetreuern: ein neues Urteil und ein neues Gesetz (§ 30 BtOG), ZEV 2021, 485; *Müller*, Zur Wirksamkeit lebzeitiger und letztwilliger Zuwendungen des Betreuten an seinen Betreuer, ZEV 1998, 219; *Müller-Engels*, Vormundschafts- und Betreuungsrechtsreform 2023: Wissenswertes für den Erbrechtler, ErbR 2022, 666; *Niemann*, Testierverbot in Pflegefällen, ZEV 1998, 419; *Rossak*, Letztwillige Verfügungen von Heimbewohnern zugunsten des Heimträgers oder von Heimmitarbeitern, ZEV 1996, 41; *Scherer/Feick*, Die GbR als Erbin – Thesen und Gestaltungsmöglichkeiten, ZEV 2003, 341; *Schwalm*, Die „werdende" Stiftung von Todes wegen als rechtspraktisches und rechtstheoretisches Problem, ZStV 2021, 10; *Tersteegen*, Letztwillige Verfügung zugunsten des Heimträgers – Inkrafttreten des Wohn- und Teilhabegesetzes – WTG NRW, RNotZ 2009, 222; *Ulmer*, Die höchstrichterlich „enträtselte" Gesellschaft bürgerlichen Rechts, ZIP 2001, 585; *Wochner*, Stiftungen und stiftungsähnliche Körperschaften als Instrumente dauerhafter Vermögensbindung, MittRhNotK 1994, 89; *Ziegert*, Verstoß gegen die Testierverbote des § 14 HeimG durch Zuwendungen an heimfremde Dritte, ZErb 2003, 166.

Übersicht:

288 OLG München NJW-RR 1987, 649.
289 Vgl. hierzu *Krug*, ZErb 1999, 1.
290 BGHZ 157, 350; MüKo/*Leipold*, § 1922 Rn 227.
291 AG Leipzig NZI 2014, 316; vgl. hierzu MüKo/*Leipold*, § 1922 Rn 227.
292 AG Dresden ZErb 2012, 63.

A. Erbfähigkeit

1 Erbfähig sind grundsätzlich die zur Zeit des Erbfalls lebenden natürlichen Personen und die in diesem Zeitpunkt existierenden juristischen Personen, soweit sie im Zeitpunkt des Erbfalls rechtsfähig waren. Für **Stiftungen**, die erst nach dem Tode des Stifters genehmigt werden, gilt nach § 80 Abs. 2 S. 2 BGB für die Zuwendung die Stiftung als bereits mit dem Tode entstanden.[1] Erbfähig ist nach den §§ 124, 161 Abs. 2 HGB die **OHG** bzw. **KG**.[2] Eine Erbfähigkeit der **GbR** ist in der Lit. und Rspr. in der Vergangenheit abgelehnt worden.[3] Hatte der Erblasser eine GbR zur Erbin bestimmt, so führte dies dazu, dass die Mitglieder der Gesellschaft Erben wurden.[4] Nach der Entscheidung des BGH v. 29.1.2001[5] zur Rechtsfähigkeit der (Außen-) GbR wurde in der Lit. überwiegend eine Erbfähigkeit der GbR angenommen. Nach der zwischenzeitlichen Einführung des § 705 Abs. 2 BGB durch das MoPeG dürfte die Erbfähigkeit für die rechtsfähige GbR auch unstreitig sein.[6] Die Rechtsfähigkeit einer Erbengemeinschaft selbst wird von der Rspr. abgelehnt.[7] Nach dem Verweis in § 7 Abs. 2 PartGG kann auch die **Partnerschaft** freier Berufe erbfähig sein, ebenso eine Gemeinschaft der Wohnungseigentümer (§ 9a Abs. 1 WEG).[8] Bei einem nicht rechtsfähigen **Verein** vertritt die h.M. die Auffassung, dass die Mitglieder in ihrer gesamthänderischen Verbundenheit erben, wobei nur der Vorstand zur Ausschlagung berechtigt ist.[9]

B. Leben zum Zeitpunkt des Erbfalls

2 Erben können grundsätzlich nur diejenigen Personen sein, die zum Zeitpunkt des Todes des Erblassers leben (zum Erbrecht des nasciturus vgl. Rdn 3). Im Falle der **Vor-** und **Nacherbschaft** ist hinsichtlich der Person des Nacherben auf den Tod des Vorerben abzustellen. Verstirbt eine zum Nacherben bestimmte Person vor dem Vorerben, so vererbt sie selbst im Zweifel eine **Anwartschaft** (§ 2108 Abs. 2 BGB). Bestimmt der Erblasser zum Nacherben seine ehelichen Kinder, so sind damit auch diejenigen Kinder gemeint, die im Zeitpunkt des Todes des Erblassers noch nicht

---

1 Vgl. zur strittigen Frage der „werdenden" Stiftung *Schwalm*, ZStV 2021, 10.
2 MüKo/*Leipold*, § 1923 Rn 42.
3 Vgl. BayObLG ZEV 1998, 387; Staudinger/*Otte*, § 1923 Rn 31.
4 Soergel/*Stein*, § 1923 Rn 8 a.E.
5 BGHZ 146, 341 = NJW 2001, 1056 „Weißes Ross".
6 Vgl. MüKo/*Leipold*, § 1923 Rn 43.
7 BGH NJW 2002, 2289 = ZErb 2002, 1621.
8 MüKo/*Leipold*, § 1932 Rn 42.
9 Staudinger/*Otte*, § 1923 Rn 2; Soergel/*Stein*, § 1923 Rn 8; a.A. RG JW 1938, 2273, wonach jedes einzelne Vereinsmitglied Erbe ist mit der Verpflichtung, das Ererbte auf den Verein zu übertragen.

geboren oder gezeugt sind, aber bis zum Tode des Vorerben noch geboren werden.[10] Problematisch wird das Kriterium des Überlebens in den Fällen, in denen der Tod des Erblassers und des Bedachten aufgrund eines gleichen Ereignisses erfolgte und der Todeszeitpunkt nicht ermittelt werden kann[11] (hierzu vgl. auch § 1922 Rdn 2).

C. Erbfähigkeit des nasciturus

I. Allgemeines

3 Nach der Fiktion des § 1923 Abs. 2 BGB gilt auch der bereits **Erzeugte** als vor dem Erbfall geboren, wenn er nach dem Erbfall lebend zur Welt kommt. Bei ihm erfolgt der Anfall der Erbschaft allerdings erst mit der Geburt (§ 1942 BGB). Für den **nasciturus** ist in diesen Fällen bis zur Geburt eine Pflegschaft nach den §§ 1912, 1960 BGB anzuordnen. Zwischenzeitlich kann nach Ansicht der Rspr. eine Ausschlagung der Erbschaft des nasciturus durch die Eltern auch vor der Geburt erfolgen.[12] Eine Genehmigung ist nach Ansicht des LG Osnabrück nicht erforderlich.[13] Das LG Berlin verneint hingegen eine Ausschlagungsmöglichkeit vor der Geburt.[14] Im Fall einer **Totgeburt** gilt der zum Zeitpunkt des Erbfalls Nächstberufene als Erbe (§ 2094 BGB). Ein zum Zeitpunkt des Todes noch nicht Erzeugter ist im Zweifel als Nacherbe anzusehen (§ 2101 Abs. 1 BGB). Bis zur Geburt sind dann die gesetzlichen Erben Vorerben (§ 2105 BGB).

II. Anwendung des Abs. 2 auf In-Vitro-Fertilisation und künstliche Insemination

4 Die h.M. wendet Abs. 2 auch auf die Fälle der **künstlichen Insemination** an.[15] In den Fällen der **In-Vitro-Fertilisation** wird teilweise angenommen, dass ein Erzeugtsein i.S.d. § 1923 BGB erst vorliegt, wenn die befruchtete Eizelle im Mutterleib eingepflanzt ist.[16] Nach *Leipold* genügt hingegen, wenn die Eizelle zum Zeitpunkt des Erbfalls bereits befruchtet war, aber erst nach dem Erbfall in den Mutterleib implantiert wird.[17] Ebenso soll Abs. 2 Anwendung finden, wenn die Eizelle zu Lebzeiten des Mannes mit dessen Samen imprägniert, der Befruchtungsvorgang aber erst nach seinem Tod vollendet wird.[18] Auch wenn die Verwendung von Samen und Eizellen bereits verstorbener Personen nach §§ 4, 1 Embryonenschutzgesetz verboten ist, besteht nach Auffassung von *Leipold* ein gesetzliches Erbrecht.[19]

D. Zuwendungs- und Begünstigungsverbote

I. Erbunfähigkeit (relative) kraft gesetzlicher Bestimmungen

5 Kraft besonderer gesetzlicher Bestimmungen scheiden bestimmte Personen oder Einrichtungen als Zuwendungsempfänger von Erbschaften aus. Letztwillige Verfügungen zugunsten des Heimträgers oder Heimbediensteter sind nach den jeweiligen landesrechtlichen Regelungen (siehe dazu Rdn 10 ff.) unter den genannten Voraussetzungen unwirksam. Ein **Notar** kann als Urkundenperson nicht erben, wenn er bei der Beurkundung der letztwilligen Verfügung mitgewirkt hat (§ 7 BeurkG), ebenso sein Ange-

---

10 OLG Zweibrücken FamRZ 1997, 1364.

11 Vgl. OLG Hamm NJW-RR 1996, 70.

12 OLG Oldenburg NJW-RR 1994, 651; OLG Düsseldorf Rpfleger 1993, 157.

13 LG Osnabrück Rpfleger 1993, 342.

14 LG Berlin Rpfleger 1990, 362.

15 Vgl. MüKo/*Leipold*, § 1923 Rn 21 ff.; Soergel/*Stein*, § 1923 Rn 6; a.A. *Schumacher*, FamRZ 1987, 313.

16 Vgl. *Lange/Kuchinke*, § 4 III 2b.

17 MüKo/*Leipold*, § 1923 Rn 21 f.

18 MüKo/*Leipold*, § 1923 Rn 21 f.

19 Vgl. hierzu ausführlich MüKo/*Leipold*, § 1923 Rn 23 f.

höriger. Gleiches gilt für **Vertrauenspersonen** i.S.d. § 24 BeurkG. Im Beamtenrecht besteht das Verbot der Annahme von Belohnungen (§ 71 BBG). Die Verbotsnorm umfasst auch die Zuwendung durch letztwillige Verfügung. Für Berufsbetreuer besteht seit der Reform des Vormundschafts- und Betreuungsrechtes ein sog. Begünstigungsverbot.[20]

Angestellte dürfen Zuwendungen zwar nur mit Zustimmung ihres Arbeitgebers entgegennehmen (§ 10 BAT),[21] allerdings handelt es sich hierbei nicht um eine Verbotsnorm i.S.v. § 134 BGB, vgl. Rdn 7. Anders die Regelung in der Berufsordnung der Ärzte. So wird z.B. in § 32 der Berufsordnung der hessischen Ärztekammer (BO-Ä) eine Verbotsnorm gesehen, die allerdings bei verfassungskonformer Auslegung nicht zu einer Nichtigkeit der Testierung durch den Erblasser führen soll.[22] Unter bestimmten Umständen kann die lebzeitige Übertragung von Grundstücken eines Patienten an seinen **Arzt** aber sittenwidrig (§ 138 BGB) und somit unwirksam sein, wenn zwischen dem von dem Arzt verfolgten Zweck und den negativen Folgen für den Patienten ein unerträgliches Missverhältnis liegt.[23] Auch die Zuwendung an einen gesetzlichen Betreuer können je nach Einzelfall eine Sittenwidrigkeit nach § 138 BGB begründen.[24] 6

II. Zuwendungsverbote nach Beamten- und Angestelltenrecht

Der Verstoß gegen ein Verbotsgesetz einer **beamten-** oder **tarifrechtlichen** Bestimmung führt nach Ansicht des BGH aber nicht zu einer Unwirksamkeit des Zuwendungsgeschäfts.[25] In der genannten Entscheidung hat der BGH bei einem Verstoß gegen § 10 Abs. 1 BAT eine Anwendung von § 134 BGB verneint mit der Folge, dass die Zuwendung an den Bedachten wirksam war. Der BGH begründet seine Auffassung u.a. damit, dass dem Verbotszweck des § 10 Abs. 1 BAT durch andere Maßnahmen bspw. disziplinarrechtlicher Art Genüge getan ist. Der BGH vertritt insoweit die Auffassung, dass § 134 BGB für ein Rechtsgeschäft, das gegen ein gesetzliches Verbot verstößt, nicht ausnahmslos die Nichtigkeit anordnet. Die Rechtsfolge der Nichtigkeit ist vielmehr davon abhängig, dass sich aus dem Verbotsgesetz nichts anderes ergibt. Da sich nach Ansicht des BGH § 10 Abs. 1 BAT nicht gegen beide Adressaten des Rechtsgeschäfts richtet, ist vorliegend von einer Anwendung des § 134 BGB abzusehen. Die zu § 10 BAT ergangene Entscheidung ist nach Meinung der Lit. auch auf § 71 BBG anzuwenden.[26] Es ist daher davon auszugehen, dass die mangelnde Zustimmung des Arbeitgebers nicht zu einer Unwirksamkeit des Zuwendungsgeschäfts führt.[27] 7

III. Zuwendungsverbote nach Beurkundungsgesetz

Nach § 27 BeurkG gelten die §§ 7, 16 Abs. 3 S. 2, 24 Abs. 2, 26 Abs. 1 Nr. 2 BeurkG für Personen, die in einer Verfügung von Todes wegen bedacht oder zum Testamentsvollstrecker ernannt wurden. Danach ist gem. §§ 7, 27 BeurkG eine letztwillige Verfügung, die dem **Notar** oder seinem **Ehepartner** bzw. sonstigen **Angehörigen** i.S.d. § 7 BeurkG einen rechtlichen Vorteil verschafft, unwirksam. Bestimmt der Erblasser in seiner letztwilligen Verfügung den **Sozius** eines Notars zum Testamentsvollstrecker, so folgt hieraus nicht unmittelbar ein rechtlicher Vorteil für den beurkundenden Notar, 8

20 *Müller-Engels*, ErbR 2022, 666.
21 Vgl. BAG MDR 1985, 169 für die Zuwendung eines Vermächtnisses an eine Altenpflegerin ohne deren Kenntnis.
22 OLG Frankfurt a.M. BWNotZ 2024, 143.
23 OLG Karlsruhe NJW 2001, 2804.
24 OLG Celle NJW-RR 2024, 278.
25 BGHZ 143, 283.
26 Soergel/*Stein*, § 1923 Rn 13.
27 A.A. früher BayObLG NJW 1995, 3260.

so dass eine Anwendung von §§ 7, 27 BeurkG in diesem Fall nicht greift.[28] Wird der Notar hingegen auf Ersuchen des Erblassers durch das Nachlassgericht zum Testamentsvollstrecker bestimmt, so ist dies auch dann wirksam, wenn der Notar den Wunsch des Erblassers, nach Möglichkeit ihn zu berufen, mit beurkundet hat.[29] Bestimmt der Erblasser im Anschluss an eine notarielle Beurkundung den beurkundenden Notar in einer privatschriftlichen letztwilligen Verfügung zum Testamentsvollstrecker, liegt kein Verstoß gegen §§ 7, 27 BeurkG vor.[30] Gleiches gilt, wenn der Erblasser dem Notar nach der Beurkundung in einem verschlossenen Umschlag die von ihm privatschriftlich errichtete letztwillige Verfügung übergibt, in der er den beurkundenden Notar zum Testamentsvollstrecker eingesetzt hat, und der Notar den Umschlag mit der notariellen Verfügung in amtliche Verwahrung gibt.[31]

9 Nach § 24 Abs. 2 BeurkG sind letztwillige Verfügungen zugunsten von Personen, die nach § 24 Abs. 1 BeurkG zur Verständigung mit behinderten Beteiligten hinzugezogen werden, unwirksam. Gleiches gilt gem. § 16 Abs. 3 BeurkG für den **Dolmetscher** und für **Zeugen** bzw. den Bürgermeister im Falle der Errichtung eines Nottestaments (§§ 2249 Abs. 1, 2250 Abs. 3, 2251 BGB). Ist der an der Errichtung eines Nottestaments mitwirkende Zeuge mit einer bedachten Person gem. § 7 Nr. 3 BeurkG verwandt oder verschwägert, so ist die Zuwendung an diese Person ebenfalls unwirksam.

IV. Zuwendungsverbote nach den Heimgesetzen der Länder

10 Das Heimrecht ist aufgrund der Föderalismusreform in die Gesetzgebungskompetenz der Bundesländer übergegangen (Heimgesetze der Bundesländer).[32] Zwischenzeitlich haben alle Bundesländer hiervon Gebrauch gemacht. Die Vorschrift des § 14 HeimG a.F. wurde dabei sinngemäß übernommen.[33] Aufgrund der Tatsache, dass es in vereinzelten landesrechtlichen Regelungen Abweichungen gibt, ist immer der konkret anzuwendende Gesetzestext heranzuziehen. Für die nachfolgenden Ausführungen wird die **Altregelung des § 14 HeimG** zugrunde gelegt, ebenso die in der Vergangenheit zu § 14 HeimG ergangene Rechtsprechung.

§ 14 HeimG Leistungen an Träger und Beschäftigte

(1) Dem Träger ist es untersagt, sich von oder zugunsten von Bewohnerinnen und Bewohnern oder den Bewerberinnen und Bewerbern um einen Heimplatz Geld- oder geldwerte Leistungen über das nach § 5 vereinbarte Entgelt hinaus versprechen oder gewähren zu lassen.

(2) Dies gilt nicht, wenn

1. *andere als die in § 5 aufgeführten Leistungen des Trägers abgegolten werden,*
2. *geringwertige Aufmerksamkeiten versprochen oder gewährt werden,*
3. *Leistungen im Hinblick auf die Überlassung eines Heimplatzes zum Bau, zum Erwerb, zur Instandsetzung, zur Ausstattung oder zum Betrieb des Heims versprochen oder gewährt werden,*
4. *(weggefallen)*

(3) …

(4) (weggefallen)

---

28 BGHZ 134, 230 = NJW 1997, 946; a.A. OLG Oldenburg NJW-RR 1990, 1350, das in dem Fall, dass die Testamentsvollstreckervergütung in die Sozietätseinkünfte fließt und den Notar beteiligt, eine Beurkundung für unwirksam hält.

29 OLG Stuttgart DNotZ 1990, 430.

30 OLG Köln ZErb 2018, 94.

31 OLG Bremen FamRZ 2016, 1505.

32 Vgl. die Auflistung bei MüKo/*Leipold*, Vor § 2064 Rn 35.

33 KG ZEV 2018, 526.

(5) Der Leitung, den Beschäftigten oder sonstigen Mitarbeiterinnen oder Mitarbeitern des Heims ist es untersagt, sich von oder zugunsten von Bewohnerinnen und Bewohnern neben der vom Träger erbrachten Vergütung Geld- oder geldwerte Leistungen für die Erfüllung der Pflichten aus dem Heimvertrag versprechen oder gewähren zu lassen. Dies gilt nicht, soweit es sich um geringwertige Aufmerksamkeiten handelt.

...

1. Allgemeines

11 Nach § 14 Abs. 1 HeimG ist es dem **Träger** eines Heims untersagt, sich über das nach § 5 HeimG vereinbarte Entgelt hinaus von Heimbewohnern oder -bewerbern Geld oder geldwerte Leistungen versprechen oder gewähren zu lassen. Ausnahmen hiervon sind in § 14 Abs. 2 HeimG geregelt. Danach findet die Vorschrift keine Anwendung, wenn andere als die in § 5 HeimG aufgeführten Leistungen abgegolten werden, es sich also um geringwertige Aufmerksamkeiten handelt, lediglich Sicherheiten für die Erfüllung der Verpflichtungen aus dem Heimvertrag geleistet werden oder Leistungen im Hinblick auf die Überlassung eines Heimplatzes zum Bau, Erwerb oder zur Instandsetzung bzw. zum Betrieb des Heims gewährt werden. Nach § 14 Abs. 5 HeimG ist es des Weiteren dem **Leiter, Beschäftigten** oder einem **sonstigen Mitarbeiter** des Heims untersagt, sich von Heimbewohnern Geld oder geldwerte Leistungen für die Erfüllung der Pflichten aus dem Heimvertrag versprechen oder gewähren zu lassen. Eine Ausnahme gilt nur für geringwertige Aufmerksamkeiten. § 14 Abs. 1 und 5 HeimG gelten für Zuwendungen durch letztwillige Verfügungen, sofern sie mit Kenntnis des Heimträgers bzw. Heimmitarbeiters getroffen werden.[34] § 14 HeimG ist eine Verbotsnorm i.S.d. § 134 BGB[35] – ebenso die jeweiligen Regelungen der Landesheimgesetze.[36]

2. Heim i.S.d. HeimG

12 Der Anwendungsbereich des HeimG wird in § 1 HeimG bestimmt. Danach liegt ein **Heim** i.S.d. Vorschrift vor, wenn es sich um eine Einrichtung handelt, die zum Zwecke der Unterbringung alte, pflegebedürftige oder behinderte volljährige Menschen nicht nur vorübergehend aufnimmt,[37] und die Einrichtung in ihrem Bestand von Wechsel und Zahl ihrer Bewohner unabhängig ist. Die Unterbringung umfasst neben der Überlassung von **Unterkunft** auch die Gewährung von **Verpflegung** und **Betreuung**. Keine Rolle spielt es, ob es sich bei der Einrichtung um eine öffentlich-rechtliche, freie, gemeinnützige oder gewerblich tätige handelt. Die Einrichtung muss **entgeltlich** betrieben werden; eine bestimmte Mindestzahl an Bewohnern ist für den Begriff des Heims nicht erforderlich. Nach Ansicht des OLG Oldenburg[38] findet § 14 HeimG auf nicht in der Bundesrepublik Deutschland gelegene Heime keine Anwendung. Ferner findet das HeimG keine Anwendung bei einer rein familiären Betreuung, bei Betreuung, der ein persönliches Bezugsverhältnis zugrunde liegt, auf Wohngemeinschaften, Tageseinrichtungen und Krankenhäuser. Wer allerdings familienfremde Personen auf unbestimmte Zeit gegen Entgelt in seinem Haus aufnimmt und ihnen Verpflegung und Betreuung gewährt, fällt dann unter § 1 HeimG, wenn er die Absicht

---

34 KG NJW-RR 1999, 2.

35 Vgl. KG ZEV 2018, 461; AG Frankenthal, Beschl. v. 23.8.2018 – 2n VI 436/17.

36 So z.B. § 12 WTG, vgl. KG ZEV 2018, 526.

37 OLG Saarbrücken OLGR 1998, 92.

38 OLG Oldenburg FamRZ 1999, 1312.

hat, dies zukünftig wieder zu tun.[39] Auf Angestellte eines **Pflegedienstes**, die den Erblasser in dessen Haus gepflegt haben, findet § 14 HeimG keine Anwendung.[40]

3. Heimträger (§ 14 Abs. 1 HeimG)

13 Heimträger des Heims ist diejenige natürliche oder juristische Person, die das Heim betreibt. Unter **Betreiber** eines Heims versteht man denjenigen, auf dessen Rechnung und in dessen Namen die Einrichtung unterhalten wird und den die Verantwortung für den Betrieb der Einrichtung trifft.[41] Der Heimträger darf sich nach § 14 Abs. 1 HeimG keine Leistungen, die über das vereinbarte Entgelt hinausgehen, versprechen oder gewähren lassen. Nach § 4 HeimG ist das Entgelt im Heimvertrag anzugeben und darf nicht im Missverhältnis zu den vertraglichen Leistungen des Trägers stehen.

4. Heimmitarbeiter

14 § 14 Abs. 5 HeimG gilt für den **Leiter** eines Heims, unabhängig davon, ob er Angestellter oder Beamter ist. **Beschäftigter** ist, wer zum Träger des Heims in einem Arbeits- oder Dienstverhältnis steht und insoweit weisungsgebunden ist. **Mitarbeiter** eines Heims sind auch diejenigen Personen, die aufgrund eines Vertrags ihre berufliche Tätigkeit im Heim ausüben, bspw. Ärzte, Krankengymnasten, aber auch freiwillige Helfer.[42]

5. Dritte Personen

15 Die Rspr. hat des Weiteren den Anwendungsbereich des § 14 HeimG auch auf **dritte Personen** oder Einrichtungen analog erweitert, wenn es dem Schutzzweck der Norm entsprach. So hat das OLG Düsseldorf im Jahre 1997 entschieden, dass die Einsetzung der minderjährigen Kinder eines Heimleiters zu Erben bzw. Nacherben gegen § 14 HeimG verstößt.[43] Wird die Einrichtung in der Rechtsform einer GmbH betrieben, so ist nach Ansicht des BayObLG die Einsetzung des **Geschäftsführers** und alleinigen **Gesellschafters** der **GmbH** zum Alleinerben und die Einsetzung seiner Ehefrau zur Ersatzerbin nach § 14 HeimG unwirksam.[44] Für eine analoge Anwendung genügt es auch, wenn der Heimträger und der Erbe zwar verschiedene juristische Personen sind, in der Öffentlichkeit aber als zusammengehörig auftreten.[45] Verneint wurde allerdings eine Unwirksamkeit nach § 14 HeimG in dem Fall, in dem eine Bewohnerin den ehemaligen Heimleiter eines in der Rechtsform einer GmbH betriebenen Altenheims zum Alleinerben eingesetzt hat, wobei die Geschäftsführerin und Mitgesellschafterin der GmbH dessen Ehefrau war.[46] Gleiches gilt für den Fall, dass der in einem Seniorenheim lebende Erblasser die Stadt, in der sich das Heim befindet, zur Alleinerbin eingesetzt hat, auch dann, wenn die Stadt mit der Auflage belegt wurde, das Vermögen nach freiem Ermessen für soziale Maßnahmen, bspw. die Unterstützung des Seniorenheims, zu verwenden.[47]

16 In den Fällen der mittelbaren Zuwendung kommt es nach Ansicht des Gerichts für eine analoge Anwendung des § 14 HeimG darauf an, dass es sich bei der Zuwendung,

---

39 BayObLG NJW-RR 1999, 1454.
40 OLG Düsseldorf NJW 2001, 2338; ebenso wenig auf Betreuungsverhältnisse BayObLG 1998, 2369.
41 BayObLG FamRZ 2000, 1176.
42 BayObLG FamRZ 2001, 1171; zum Zivildienstleistenden vgl. Grüneberg/*Weidlich*, § 1937 Rn 19.
43 OLG Düsseldorf FamRZ 1998, 192.
44 BayObLG FamRZ 2000, 1126.
45 VG Würzburg ZEV 2008, 601.
46 BayObLG ZEV 2002, 121.
47 BayObLG FGPrax 2000, 119.

wenn auch über Umwege, als Zuwendung des Erblassers an einen vom Verbot erfassten Adressaten handelt – ob die Zuwendung also als **Leistung an** den **Verbotsadressaten** gesehen werden kann.[48] Nicht relevant für die Anwendung von § 14 HeimG ist die Position des jeweiligen Heimmitarbeiters, d.h., der Heimmitarbeiter muss mit dem Erblasser nicht in einem unmittelbaren Kontakt stehen. So hat das OLG Frankfurt die Einsetzung der Ehefrau eines Pförtners des Heims als nichtig angesehen.[49]

6. Versprechen/gewähren lassen

Der Begriff setzt voraus, dass der Heimträger noch zu Lebzeiten des Heimbewohners **Kenntnis** über die ihn begünstigende letztwillige Verfügung erlangt.[50] Gleiches gilt bei Einräumung eines Bezugsrechts nach den §§ 328, 331 BGB.[51] Nach Ansicht des BGH greift § 14 Abs. 1 HeimG auch ein, wenn der Heimbewohner die letztwillige Verfügung vor seiner Aufnahme in dem Heim errichtet hat und der Heimträger hiervon später Kenntnis erhält bzw. sich damit einverstanden erklärt.[52] Ein **Einvernehmen** liegt im Übrigen vor, wenn dem Heim die letztwillige Verfügung zu Lebzeiten des Heimbewohners bekannt geworden ist und der Heimbewohner aus dem Verhalten des Heimträgers schließen kann, dass dieser mit der letztwilligen Zuwendung einverstanden ist.[53] Hinsichtlich der Kenntnis von der letztwilligen Verfügung ist auf den **„Vertreter"** des Heims oder auf das **Wissen** eines **Mitarbeiters** abzustellen, wobei der Mitarbeiter seitens des Heimträgers Ansprechpartner für die Heimbewohner gewesen sein muss, was dann der Fall ist, wenn dieser Einfluss auf die Lebenssituation der Heimbewohner ausüben kann.[54] Auf eine gesetzliche oder rechtsgeschäftliche Vertretungsmacht kommt es grundsätzlich nicht an. Maßgeblich ist, inwieweit der Heimmitarbeiter mit Aufgaben bedacht wurde, die den Heimträger in dem jeweiligen Bereich repräsentieren.[55] Nach Auffassung des OLG Stuttgart reicht es jedoch für eine Anwendung des § 14 HeimG nicht aus, wenn der Landesverband, dem der Heimträger angehört, von der letztwilligen Verfügung Kenntnis erlangt.[56] 17

Erfährt der Heimträger bzw. der entsprechende verantwortliche Heimmitarbeiter zu Lebzeiten des Heimbewohners von der letztwilligen Verfügung nichts, so findet § 14 HeimG keine Anwendung.[57] Zu prüfen bleibt aber, ob dann nicht noch eine zustimmungspflichtige Zuwendung vorliegt, die bspw. unter § 10 BAT fällt[58] (vgl. Rdn 7). 18

7. Einsetzung des Heimträgers als Nacherben

Keine Anwendung findet § 14 HeimG auf den Fall, dass ein naher Angehöriger des Heimbewohners den Heimträger zum Nacherben einsetzt und dieser nach dem Tod des Angehörigen und zu Lebzeiten des Heimbewohners von der Erbeinsetzung Kenntnis erlangt.[59] 19

---

48 Vgl. hierzu *Ziegert*, ZErb 2003, 166.
49 OLG Frankfurt FamRZ 2001, 1172.
50 BayObLG ZEV 2001, 121.
51 BGH ZEV 1996, 147.
52 BGH NJW-RR 1995, 1272; a.A. OLG Frankfurt NJW-RR 1994, 212.
53 OLG Frankfurt ZEV 2001, 364.
54 BayObLG FamRZ 2001, 1171 für den Heimleiter und OLG Karlsruhe ZEV 1996, 146 für die Oberschwester.
55 KG NJW-RR 1999, 2.
56 OLG Stuttgart RdLH 2013, 142.
57 BayObLG NJW-RR 2001, 295.
58 Vgl. BAG MDR 1985, 169 für die vermächtnisweise Zuwendung an eine Altenpflegerin im öffentlichen Dienst, wobei § 10 BAT zwischenzeitlich nicht mehr zur Unwirksamkeit des Zuwendungsgeschäfts führt.
59 BGH ZErb 2012,144.

8. Beweislastverteilung

20 § 14 Abs. 5 HeimG setzt einen unmittelbaren Zusammenhang zwischen Leistung und Erfüllungspflichten des Heimmitarbeiters bzw. dessen nahen Angehörigen voraus. Nach h.M. wird jedoch ein solcher Zusammenhang vermutet, sofern er nicht widerlegt werden kann.[60] Die **Feststellungslast** trägt daher der Begünstigte,[61] wenn das Nachlassgericht i.R.d. Amtsermittlung zu keinem anderen Ergebnis kommt.

V. Begünstigungsverbot nach dem BtOG

21 Mit der Reform des Vormundschaft- und Betreuungsrechtes wurde mit § 30 BtOG erstmals ein Begünstigungsverbot für Betreuer normiert. Danach ist es dem Betreuer untersagt, von dem von ihm Betreuten Geld oder geldwerte Leistungen anzunehmen. Dies gilt auch für Zuwendungen durch testamentarische Verfügungen. Anders als die heimgesetzlichen Verbote, handelt es sich bei § 30 BtOG nicht um ein Verbotsgesetz[62] im Sinne von § 134 BGB, sondern um eine berufsrechtliche Regelung, mit der Folge, dass ein Verstoß nicht zur Unwirksamkeit der letztwilligen Verfügung führt.

§ 1924 Gesetzliche Erben erster Ordnung

(1) Gesetzliche Erben der ersten Ordnung sind die Abkömmlinge des Erblassers.
(2) Ein zur Zeit des Erbfalls lebender Abkömmling schließt die durch ihn mit dem Erblasser verwandten Abkömmlinge von der Erbfolge aus.
(3) An die Stelle eines zur Zeit des Erbfalls nicht mehr lebenden Abkömmlings treten die durch ihn mit dem Erblasser verwandten Abkömmlinge (Erbfolge nach Stämmen).
(4) Kinder erben zu gleichen Teilen.

Literatur

Bausch, Der Begriff des Abkömmlings in gesetz- und rechtsgeschäftlicher Praxis, FamRZ 1980, 413; *Bestelmeyer*, Ist eine Gleichstellungsvereinbarung nach Art. 12 § 10a NichtehelichenG auch zwischen dem Erblasser und Abkömmlingen seines nichtehelichen Kindes zulässig?, FamRZ 1999, 970; *Böhm*, Die Neuregelung des Erbrechts nichtehelicher Kinder, NJW 1998, 15; *Bosch*, Die gescheiterte Adoption, FamRZ 1978, 656; *Bühler*, Hinweise in Einzelfragen zum neuen Adoptionsrecht, BWNotZ 1977, 129; *Deichfuß*, Recht des Kindes auf Kenntnis seiner blutmäßigen (genetischen) Abstammung?, NJW 1988, 113; *Ebenroth/Frank*, Zur Reform des Anspruchs eines nichtehelichen Kindes auf vorzeitigen Erbausgleich nach §§ 1934d, 1934e BGB, ZEV 1996, 167; *Eidenmüller*, Der Auskunftsanspruch des Kindes gegen seine Mutter auf Benennung des leiblichen Vaters, JuS 1998, 789; *Enders*, Das Recht auf Kenntnis der eigenen Abstammung, NJW 1989, 881; *Frank*, Recht auf Kenntnis der genetischen Abstammung, FamRZ 1988, 113; *Frank/Helms*, Der Anspruch des nichtehelichen Kindes gegen seine Mutter auf Nennung des leiblichen Vaters, FamRZ 1997, 1258; *Gaul*, Die Neuregelung des Abstammungsrechts durch das Kindschaftsrechtsreformgesetz, FamRZ 1997, 1441; *Helms*, Vaterschaftsanfechtung durch den Erzeuger des Kindes, FamRZ 1997, 914; *Hölscher*, Die Erwachsenenadoption im Erbrecht, ErbR 2022, 106; *Kemp*, Bemerkungen zum gesetzlichen Erbrecht bei der Adoption nach neuem Recht, MittRhNotK 1977, 137; *Kirchmeier*, Zivilrechtliche Fragen der homologen und heterologen Insemination de lege lata et ferenda, FamRZ 1998, 1281; *Leipold*, Neue Erbchancen für „alte" nichteheliche Kinder: der Europäische Gerichtshof für Menschenrechte und der BGH beseitigen die Diskriminierung, ZEV 2017, 489; *Müller*, Erbrechtliche Konsequenzen der Adoption im internationalen Privatrecht, NJW 1985, 2056; *Mutschler*, Interessenausgleich im Abstammungsrecht – Teilaspekt der Kindschaftsrechtsreform, FamRZ 1996, 1181; *Niemeyer*, Anspruch des nichtehelichen Kindes gegen seine Mutter auf Auskunft über seinen Vater, FUR

60 BGHZ 110, 235; OLG Frankfurt ZEV 2001, 364 m. Anm. *Rossak*.
61 Vgl. *Kieser*, ZErb 2002, 33.
62 *Leipold*, ZEV 2021, 485.

1998, 41; *Olsen*, Die gesetzliche Erbfolge, Jura 1998, 135; *Quantius*, Die Elternschaftsanfechtung durch das künstlich gezeugte Kind, FamRZ 1998, 1145; *Ratzewill/Steiger*, Erbrechtliche Gleichstellung der vor dem 1.7.1949 geborenen nichtehelichen Kinder – Steht der Gesetzgeber in der Pflicht?, FamRZ 1997, 268; *Rauscher*, Die erbrechtliche Stellung nicht in der Ehe geborener Kinder nach Erbrechtsgleichstellungsgesetz und Kindschaftsrechtsreformgesetz, ZEV 1998, 41; *Rohlfing*, Die Neuregelung des Erbrechts nichtehelicher Kinder durch das Erbrechtsgleichstellungsgesetz, Forum Familien Recht 1998, 6; *Schmitt-Kammler*, Zur erbrechtlichen Problematik der Verwandten- und Stiefkinderadoption nach § 1556 BGB, FamRZ 1978, 570; *Strätz*, Rechtspolitische Gesichtspunkte des gesetzlichen Erbrechts und Pflichtteilsrecht nach 100 Jahren BGB, FamRZ 1998, 1553; *Weber*, Der Auskunftsanspruch des Kindes und/oder des Scheinvaters auf namentliche Benennung des leiblichen Vaters gegen die Kindesmutter, FamRZ 1996, 1254; *Wieser*, Zur Feststellung der nichtehelichen Vaterschaft nach neuem Recht, NJW 1998, 2023; *Wittmann*, Adoption und Erbrecht, Rpfleger 1978, 277; *Zimmermann*, Das neue Kindschaftsrecht, DNotZ 1998, 404.

Übersicht: Rdn

A. Allgemeines

Zu einer gesetzlichen Erbfolge und zur sog. **Verwandtenerbfolge** kommt es, wenn der Erblasser nicht durch Verfügung von Todes wegen über seinen Nachlass verfügt hat. Die gesetzliche Erbfolge sieht vor, dass der nächste Verwandte und ggf. der Ehegatte des Erblassers zum Erben berufen wird. Der **Ehepartner** ist allerdings kein Erbe erster Ordnung, er erbt vielmehr aufgrund eines Sondererbrechts, welches gleichberechtigt und gleichrangig neben dem der Verwandten besteht und umso größer ist, je entfernter der Verwandtschaftsgrad der übrigen gesetzlichen Erben zum Erblasser ist. Der gesetzliche Erbteil des Ehegatten (§ 1931 BGB) hängt des Weiteren vom **Güterstand**, in welchem der Erblasser mit dem Ehepartner verheiratet gewesen ist, ab. Der **Staat** erbt nach § 1936 BGB schließlich nur dann, wenn weder ein Ehepartner noch Verwandte der Erbenordnung vorhanden sind. 1

Das Verwandtenerbrecht regelt die gesetzliche Erbfolge nach **Ordnungen** (Parentelen). Nach § 1930 BGB ist ein Verwandter dann nicht zur Erbfolge berufen, solange ein Verwandter einer vorhergehenden Ordnung vorhanden ist. Insoweit gilt der Grundsatz, dass vorrangige Erbenordnungen nachrangige ausschließen. Die Erben erster Ordnung sind nach Abs. 1 die Abkömmlinge des Erblassers. Auch innerhalb der Erben erster Ordnung gilt das sog. **Repräsentationsprinzip** (Abs. 2), wonach ein zum Zeitpunkt des Erbfalls lebender Abkömmling durch ihn mit dem Erblasser verwandte Abkömmlinge von der Erbfolge ausschließt. Nach Abs. 3 gilt das sog. **Eintrittsprinzip**, wonach ein entfernterer Abkömmling erst dann an die Stelle des näheren Abkömmlings (der direkt mit dem Erblasser verwandt ist) tritt, wenn dieser 2 zum Zeitpunkt des Erbfalls weggefallen ist. Insoweit gilt eine **Erbfolge** nach **Stämmen.**[1]

3 Ein Wegfall nach Abs. 3 liegt auch in den Fällen vor, in denen der Abkömmling so zu behandeln ist, als wenn er den Erbfall nicht erlebt hätte, bspw. bei **Ausschlagung** nach § 1953 BGB, in den Fällen, in denen er für **erbunwürdig** erklärt wurde (§ 2344 BGB), wenn er nach § 1938 BGB persönlich enterbt ist (zur Vorversterbensfiktion und zum Pflichtteilsrecht bei Enterbung und zur Frage des Eintrittsrechts entfernter Abkömmlinge vgl. § 2309 Rdn 9) oder wenn er nach §§ 2346 ff. BGB einen **Erbverzicht** für sich erklärt hat. Im letzteren Fall treten seine Abkömmlinge nur dann an seine Stelle, wenn sich der Erbverzicht nicht auch auf die Abkömmlinge erstreckt, § 2349 BGB. Hat ein nichteheliches Kind vor dem 1.4.1998 einen vorzeitigen Erbausgleich erhalten, so sind auch seine Abkömmlinge von der Erbfolge ausgeschlossen (§§ 1934d und 1934e BGB a.F.).

B. Gesetzliche Erben erster Ordnung

I. Abkömmlinge

4 Abkömmlinge des Erblassers sind die mit ihm in gerader absteigender Linie verwandten Personen, seine Kinder, Enkel und Urenkel. Maßgebend für die ehelichen, nichtehelichen und adoptierten Kinder ist die rechtliche Abstammung[2] nach dem jeweils geltenden Familienrecht.[3] Änderungen im Familienrecht wirken sich daher auch unmittelbar auf das Erbrecht aus.[4]

II. Kinder nicht verheirateter Eltern (nichteheliche Kinder)

5 Unter einem **nichtehelichen** Kind versteht man den Abkömmling des Vaters. Nach der Mutter wurden „nichteheliche“ Kinder rechtlich immer wie eheliche behandelt. Für Erbfälle seit dem 1.4.1998 ist ein nichteheliches Kind grundsätzlich neben ehelichen Abkömmlingen voll erbberechtigt. Seit dem **Erbrechtsgleichstellungsgesetz** v. 16.12.1997[5] hat das nichteheliche Kind die gleiche erbrechtliche Stellung erlangt wie ein eheliches Kind und die Sonderregelungen über den Erbersatzanspruch nach §§ 1934a-1934e BGB wurden gestrichen.[6] Seit dem zweiten Erbrechtsgleichstellungsgesetz (Art. 12 § 10 Abs. 2 S. 1 NEhlG zum 12.4.2011) sind nichteheliche Abkömmlinge auch dann den ehelichen Abkömmlingen gleichgestellt, wenn sie vor dem 1.7.1949 geboren wurden.[7] Nicht erbberechtigt waren allerdings nach wie vor nichteheliche Kinder, wenn sie vor dem 1.7.1949 geboren wurden und der Erbfall vor dem 29.5.2009 eingetreten ist.[8] Der BGH hält nunmehr aufgrund teleologischer Erweiterung auch ein Erb- und Pflichtteilsrecht nichtehelicher und vor dem 1.7.1949 geborener Kinder für zulässig und geboten, wenn eine Versagung des Erbrechts einen Verstoß gegen die Grundsätze der EMRK darstellt.[9] Konkret ist daher im Einzelfall zu prüfen, ob die vom EGMR[10] und vom BGH aufgestellten Kriterien zum Diskriminierungsverbot im

---

1 MüKo/*Leipold*, § 1924 Rn 2.
2 MüKo/*Leipold*, § 1924 Rn 3.
3 *Gaul*, FamRZ 1997, 1441.
4 Zur Problematik bei künstlicher Fortpflanzung vgl. Rdn 23.
5 BGBl I, S. 2968.
6 Vgl. *Rauscher*, ZEV 1998, 41.
7 Vgl. *Lange*, ErbR 2013, 183; BVerfG NJW 2013, 2103.
8 BVerfG NJW 2013, 2103; BGHZ 191, 229; OLG München ZErb 2013, 60; BVerfGE 44, 1; *Ratzewill/Steiger*, FamRZ 1997, 268.
9 BGH ZEV 2017, 510.
10 EGMR ZEV 2009, 510; ZEV 2014, 491; ZEV 2017, 507.

Verhältnis zum Vertrauensschutz anderer Beteiligter eine Ungleichbehandlung rechtfertigen.[11]

III. Abstammung – Feststellung der Vaterschaft

1. Allgemeines

Nach § 1591 BGB ist die Mutter eines Kindes die Frau, die das Kind geboren hat. Im Falle einer Leihmutterschaft ist die rechtliche Mutter diejenige, die die befruchtete Eizelle austrägt.[12] Die Wunschmutter kann daher nur im Wege der Adoption die rechtliche Mutter des Kindes werden.[13] 6

Die Abstammung eines Kindes vom Vater begründet sich nach § 1592 BGB, wenn der Mann im Zeitpunkt der Geburt des Kindes mit der Mutter verheiratet ist, er die Vaterschaft anerkannt hat oder die Vaterschaft gerichtlich festgestellt wird (§ 1592 Nr. 3 BGB). Eine Vaterschaft kann nur festgestellt werden, wenn keine förmliche Vaterschaft besteht; diese ist ggf. zuvor anzufechten (vgl. Rdn 16). Eine inzidente Prüfung der Vaterschaft in einem Erbprozess oder im Erbscheinsverfahren wird grundsätzlich als nicht zulässig angesehen.[14]

2. Vaterschaft bei bestehender Ehe, §§ 1592 Nr. 1, 1593 BGB

Vater eines Kindes ist der Mann, der im Zeitpunkt der Geburt mit der Mutter verheiratet ist, § 1592 Nr. 1 BGB. Stirbt der Vater vor der Geburt des Kindes und wird das Kind innerhalb von 300 Tagen nach dem Tod des Ehemannes der Mutter geboren, so gilt dieser ebenfalls als Vater (§ 1593 BGB). Die Vaterschaft bei bestehender Ehe besteht nicht, wenn aufgrund einer Anfechtung rechtskräftig festgestellt wird, dass der Mann nicht der Vater des Kindes ist (§ 1599 BGB). Wird ein Kind nach Anhängigkeit eines Scheidungsantrages geboren, finden §§ 1592 Nr. 1 und 1593 BGB keine Anwendung, wenn ein Dritter bis zum Ablauf eines Jahres nach Rechtskraft des dem Scheidungsantrag stattgebenden Beschlusses die Vaterschaft anerkennt, § 1599 Abs. 2 BGB.[15] 7

3. Vaterschaft kraft Anerkennung, § 1592 Nr. 2 BGB

Für nichteheliche Kinder erfolgt die Vater-Kind-Zuordnung durch Anerkennung gem. § 1592 Nr. 2 BGB. Nähere Voraussetzungen enthalten die §§ 1594–1598 BGB. Die Anerkennung ist ein einseitiges Rechtsgeschäft, dessen Wirkung von der Zustimmung der Mutter (§ 1595 Abs. 1 BGB) und wenn dieser das Sorgerecht nicht zusteht, des Kindes selbst (§ 1595 Abs. 2 BGB), abhängig ist. Die Anerkennung ist so lange schwebend unwirksam, wie noch ein anderer Mann als Vater des Kindes gilt. Erst mit erfolgreicher Anfechtung der Vaterschaft des Schein-Vaters wird die Anerkennung des neuen Vaters wirksam.[16] § 1597a BGB regelt das Verbot der missbräuchlichen Anerkennung einer Vaterschaft. 8

4. Gerichtliche Feststellung der Vaterschaft, § 1592 Nr. 3 BGB

Eine Begründung der Vaterschaft durch gerichtliche Feststellung (§ 1592 Nr. 3 BGB) kann nur erfolgen, wenn keine Vaterschaft durch Anerkennung oder kraft Ehe besteht, 9

---

11 *Leipold*, ZEV 2017, 489; ausführlich dazu auch MüKo/*Leipold*, Einl. ErbR Rn 107 ff.

12 Grüneberg/*Siede*, § 1591 Rn 1; vgl. auch Rdn 23.

13 BGH FamRZ 2019, 892. Ein Verstoß gegen das Diskriminierungsverbot wird darin nicht gesehen, vgl. EGMR, Urt. v. 12.11.2024 - 46808/16.

14 OLG Frankfurt FamRZ 2017, 835.

15 Vgl. dazu Grüneberg/*Siede*, § 1599 Rn 10 f.

16 Vgl. dazu MüKo/*Leipold*, § 1924 Rn 16 ff.

§ 1600d BGB.[17] Besteht eine rechtliche Vaterschaft, muss diese zuvor durch Anfechtung beseitigt werden (vgl. Rdn 16).[18]

10 Seit Einführung des FamFG am 1.9.2009 sind die Verfahren in Abstammungssachen (vorher Kindschaftssachen) in den §§ 169 ff. FamFG geregelt. Zuständig sind nach § 111 Nr. 3 FamFG für Abstammungssachen die Familiengerichte.

11 Die Antragsbefugnis in Abstammungsverfahren ergibt sich aus § 172 FamFG. Antragsbefugt sind das Kind, die Mutter und der Vater. Zu beachten sind allerdings auch die Beteiligungsrechte nach § 7 FamFG. Im postmortalen Vaterschaftsfeststellungsverfahren sind die Kindesmutter, die Ehefrau, die Kinder und die Eltern des verstorbenen Mannes als Beteiligte hinzuzuziehen.[19] Das Verfahren wird nach § 171 FamFG durch einen Antrag eingeleitet. Die inhaltlichen Voraussetzungen ergeben sich aus § 171 Abs. 2 FamFG. Die örtliche Zuständigkeit folgt aus § 170 FamFG.

12 Ist die Person, gegen die das Verfahren zu richten wäre, vor Rechtskraft der Entscheidung verstorben, so hat das Gericht die übrigen Beteiligten darauf hinzuweisen, dass das Verfahren nur fortgesetzt wird, wenn ein Beteiligter innerhalb einer Frist von einem Monat dies durch Erklärung gegenüber dem Gericht verlangt. Verlangt kein Beteiligter innerhalb der vom Gericht gesetzten Frist die Fortsetzung des Verfahrens, gilt dieses als in der Hauptsache erledigt (§ 181 FamFG).

13 Die Wirkungen der durch das Familiengericht getroffenen Entscheidung sind in § 182 FamFG aufgeführt, die Wirksamkeit des Beschlusses des Familiengerichts ergibt sich aus § 184 FamFG. Gegen die Entscheidungen in Abstammungssachen ist die Beschwerde gegeben. Auch ist die Wiederaufnahme des Verfahrens nach § 185 FamFG unter dessen Voraussetzungen möglich.

14 Die **Feststellung** der Vaterschaft kann auch **nach dem Tod des Erblassers** erfolgen.[20] Auf entsprechenden Antrag nach § 171 FamFG hat das Familiengericht den Sachverhalt von Amts wegen zu ermitteln. Eine Frist für den Antrag existiert nicht, allerdings ist für den Fall, dass eine bestehende rechtliche Vaterschaft zuvor angefochten werden muss, die Frist des § 1600b BGB zu beachten. Im Fall einer für die Abstammung notwendigen Exhumierung treten das postmortale Persönlichkeitsrecht und die Achtung der Totenruhe hinter dem Recht des Kindes auf Kenntnis der eigenen Abstammung zurück.[21]

15 Aufgrund der Rechtsausübungssperre des § 1600d Abs. 5 BGB können die Rechte aus dem Vaterschaftsverhältnis erst nach rechtskräftiger gerichtlicher Feststellung geltend gemacht werden. Für die Verjährung erbrechtlicher Ansprüche gilt, dass aufgrund der Rechtsausübungssperre ein Herausschieben des Verjährungsbeginns abgeleitet wird, weil es vor der Vaterschaftsfeststellung an einer Realisierungsmöglichkeit fehlt.[22] Für den Pflichtteilsergänzungsanspruch gegen den Beschenkten nach § 2329 BGB, bei dem die Verjährung stichtaggenau mit dem Erbfall beginnt, soll es aber nach Auffassung des BGH[23] für den Verjährungsbeginn nicht auf die rechtskräftige Vaterschaftsfeststellung ankommen.[24]

---

17 Vgl. zur Vaterschaftsfeststellung nach Adoption des Kindes BGH NJW 2024, 2979.
18 MüKo/*Leipold*, § 1924 Rn 19.
19 OLG Celle FamRZ 2017, 910.
20 OLG München FamRZ 2001, 126.
21 BGH FamRZ 2015, 39.
22 BGH FamRZ 2017, 900.
23 BGH ZEV 2020, 101.
24 MüKo/*Leipold*, § 1924 Rn 23.

5. Anfechtung der Vaterschaft

Die Anfechtung der Vaterschaft ist in § 169 Nr. 4 FamFG geregelt. Die weiteren Voraussetzungen ergeben sich nach §§ 170 ff. FamFG. Hier ist insbesondere auch das Anfechtungsrecht des Dritten nach § 1600 Abs. 1 Nr. 2 BGB, § 7 FamFG zu beachten. Eine inzidente Feststellung in einem Erbprozess oder Erbscheinverfahrens wird grundsätzlich als nicht zulässig angesehen.[25] Eine Anfechtung der Vaterschaft kann grundsätzlich auch durch einen Ergänzungspfleger erfolgen, wenn sie dem Wohl des Kindes dient.[26] Für die Anfechtung der Vaterschaft ist die Frist von zwei Jahren des § 1600b BGB zu beachten. Die Frist beginnt mit dem Zeitpunkt, in dem der Berechtigte von den Umständen erfährt, die gegen die Vaterschaft sprechen. 16

C. Erbrecht adoptierter Kinder

I. Adoption bis zum 31.12.1976

Nach dem bis zum 31.12.1976 geltendem Recht wurde die Verwandtschaft des angenommenen Kindes zu den natürlichen Eltern[27] und deren Verwandten nicht aufgehoben. Das adoptierte Kind behielt sein volles Erbrecht gegenüber seinen Blutsverwandten (§ 1764 BGB a.F.). Zusätzlich erhielt das adoptierte Kind ein Erbrecht nach dem Annehmenden, es sei denn, es wurde nach § 1767 Abs. 1 BGB a.F. im Adoptionsvertrag ausgeschlossen. Ein Erbrecht zu den Verwandten des Annehmenden entstand nicht (§ 1763 BGB a.F.). Der Annehmende selbst erhielt gegenüber dem Adoptivkind kein Erbrecht (§ 1759 BGB a.F.). Eine Volljährigen-Adoption war grundsätzlich nur ausnahmsweise möglich. Wurde bei einer Volljährigen-Adoption das Erbrecht gegenüber dem Annehmenden im Adoptionsvertrag ausgeschlossen, dann hat diese Regelung nach wie vor Bestand.[28] 17

II. Adoptionen ab dem 1.1.1977

Das seit dem 1.1.1977 geltende Adoptionsrecht unterscheidet zwischen **Minderjährigen- und Volljährigen-Adoptionen.** 18

Für **minderjährige Kinder** gilt grundsätzlich die sog. **Volladoption.** D.h., dass das minderjährige Kind grundsätzlich Erbe erster Ordnung nach dem Annehmenden und sein Verwandtschaftsverhältnis zu seiner natürlichen Familien aufgelöst wird.[29] Es besteht daher keine gesetzliche Erbfolge des adoptierten Kindes zu den leiblichen Eltern und den bisherigen Verwandten (§ 1755 BGB). Das minderjährige adoptierte Kind wird in die Familie des Annehmenden vollständig eingegliedert und erlangt gegenüber den Verwandten (Eltern, Großeltern) ebenfalls ein volles Erbrecht (§ 1754 BGB). Eine Ausnahme besteht in den Fällen der **Verwandten-, Verschwägerten-** und **Stiefkindadoption** (§§ 1755 Abs. 2, 1756 Abs. 1 und 2 BGB).

Bei der **Stiefkindadoption** (§ 1755 Abs. 2 BGB a.F.), bei der ein nichteheliches Kind eines verheirateten Elternteils von dessen Ehepartner bis zum 1.7.1998 angenommen wurde, ist ein gesetzliches Erbrecht nach diesem Elternteil und dessen Vorfahren nicht erloschen, weil das Verwandtschaftsverhältnis nur zu dem außerhalb der Ehe stehenden anderen Elternteil erloschen ist.[30] Zwischenzeitlich gilt § 1755 Abs. 2 BGB sowohl für nichteheliche als auch eheliche Stiefkinder. Es bleibt also in diesen Fällen bei einem Erbrecht nach dem Blutsverwandten des adoptierten Kindes. Dies gilt jedoch ausdrücklich nur für die Annahme des Stiefkindes durch den (neuen) Ehepartner des 19

---

25 KG ZEV 2017, 91; OLG Frankfurt NJW-RR 2017, 519.
26 Saarländisches OLG FamRZ 2018, 832.
27 Zur Frage der Verfassungsmäßigkeit OLG Schleswig FamRZ 2012, 1005.
28 Zum Übergangsrecht vgl. unten Rdn 22 und MüKo/*Leipold*, § 1924 Rn 30.
29 Kritisch hierzu *Wetzel*, ZEV 2011, 401.
30 Grüneberg/*Weidlich*, § 1924 Rn 18.

leiblichen Elternteils. Eine Privilegierung auch der Adoption durch den nichtehelichen Lebenspartner ist nicht vorgesehen.

Hinweis

Das BVerfG hat mit Beschl. v. 26.3.2019[31] festgestellt, dass § 1755 Abs. 2 BGB in der derzeit geltenden Fassung gegen Art. 3 Abs. 1 GG verstößt, da es Kinder, deren einer Elternteil in nichtehelicher Lebensgemeinschaft lebt, gegenüber Kindern, deren einer Elternteil neu verheiratet ist, benachteiligt. Allein ein Abstellen auf eine zwischen dem Elternteil und dem Stiefelternteil bestehende oder nicht bestehende Ehe ist verfassungswidrig. Der Gesetzgeber ist verpflichtet, bis zum 31.3.2020 eine Neuregelung zu treffen – bis zu diesem Zeitpunkt sind alle betroffenen Verfahren auszusetzen, vgl. *Löhnig*, NZFam 2024, 247 zu dem Eckpunktepapier einer längst überfälligen Reform des Abstammungsrechtes.

Bei einer Verwandtenadoption oder Verschwägertenadoption zweiten oder dritten Grades (also z.B. durch den Onkel oder die Tante) erlischt das Verwandtschaftsverhältnis des Kindes nur zu seinen Eltern, nicht aber z.B. zu seinen Großeltern (§ 1756 Abs. 1 BGB). Das adoptierte Kind wird insoweit gesetzlicher Erbe erster Ordnung nach seinen beiden leiblichen Großelternpaaren und nach dem durch die Adoption vermittelten Großelternpaar.

20 In Fällen der **Halbwaisenadoption**, in denen der Ehegatte ein aus der durch Tod aufgelösten Vorehe stammendes Kind annimmt, bleibt das Verwandtschaftsverhältnis zu den Verwandten des vorverstorbenen leiblichen Elternteils erhalten, wenn der verstorbene Elternteil das elterliche Sorgerecht zum Zeitpunkt seines Todes hatte (§ 1756 Abs. 2 BGB).[32] Gleiches gilt nach § 9 Abs. 7 S. 2 LPartG bei Adoption eines Kindes des Lebenspartners.

21 Bei der **Adoption Volljähriger** bleibt das Verwandtschaftsverhältnis zu den Blutsverwandten grundsätzlich bestehen (§ 1770 Abs. 2 BGB) mit der Folge, dass über das Adoptivkind Vermögen zwischen Adoptiveltern und leiblichen Eltern übergehen kann.[33] Gegenüber den Verwandten des Annehmenden entsteht jedoch kein Erbrecht (§ 1770 Abs. 1 BGB).[34] Auf Antrag können jedoch für die Adoption des Volljährigen die Regeln der Volladoption eines Minderjährigen zugesprochen werden (§ 1772 BGB). Allerdings kann ein entsprechender Antrag nicht nachträglich gestellt werden.[35]

III. Anzuwendende Vorschriften

22 Adoption nach **altem Recht**: Erfolgte eine Adoption vor dem 1.1.1977, so sind die Übergangsregelungen des Art. 12 des AdoptG zu beachten. Verstarb der Erblasser vor dem 1.1.1977, so bestimmen sich nach Art. 12 § 1 Abs. 4 AdoptG die erbrechtlichen Verhältnisse nach altem Recht. Verstarb der Erblasser nach dem 31.12.1976 und war der Angenommene am 1.1.1977 bereits volljährig, gelten gem. Art. 12 § 1 Abs. 1 AdoptG die neuen Regelungen über die Volljährigen-Adoption. War der Adoptierte am 1.1.1977 noch minderjährig, so galt bis 31.12.1976 für alle Erbfälle das alte Recht, nach dem 31.12.1976 dann das neue Recht der Minderjährigen-Adoption (Art. 12 § 2 Abs. 1 und 2 AdoptG).

31 ZErb 2019, 147.

32 MüKo/*Leipold*, § 1924 Rn 27; LG Wuppertal FamRZ 2009, 1183.

33 Vgl. dazu und zur Hinweispflicht des Beraters *Hölscher*, ErbR 2022, 106.

34 MüKo/*Leipold*, § 1924 Rn 28.

35 OLG Frankfurt FamRZ 2009, 356.

IV. Sonderfragen bei nicht natürlich gezeugten Kindern

Die Fälle einer **homologen Insemination** (Übertragung von Sperma des Mannes in das Fortpflanzungsorgan der Ehefrau) und die Fälle einer homologen **In-Vitro-Fertilisation** (Befruchtung einer Eizelle außerhalb des Mutterleibes), in denen es zu einer künstlichen Befruchtung kommt, werden einer natürlichen Zeugung gleichgestellt, so dass hier keine erbrechtlichen Besonderheiten bestehen.[36] Auch in Fällen der **künstlichen Fertilisation**, bei denen eine Eizelle einer anderen Frau befruchtet und diese der Wunschmutter eingesetzt wird, gilt die das Kind Austragende als Mutter (§ 1591 BGB). 23

§ 1925 Gesetzliche Erben zweiter Ordnung

(1) Gesetzliche Erben der zweiten Ordnung sind die Eltern des Erblassers und deren Abkömmlinge.
(2) Leben zur Zeit des Erbfalls die Eltern, so erben sie allein und zu gleichen Teilen.
(3) [1]Lebt zur Zeit des Erbfalls der Vater oder die Mutter nicht mehr, so treten an die Stelle des Verstorbenen dessen Abkömmlinge nach den für die Beerbung in der ersten Ordnung geltenden Vorschriften. [2]Sind Abkömmlinge nicht vorhanden, so erbt der überlebende Teil allein.
(4) In den Fällen des § 1756 sind das angenommene Kind und die Abkömmlinge der leiblichen Eltern oder des anderen Elternteils des Kindes im Verhältnis zueinander nicht Erben der zweiten Ordnung.

Literatur

Dittmann, Adoption und Erbrecht, Rpfleger 1978, 277; *Hölscher*, Die Erwachsenenadoption im Erbrecht, ErbR 2022, 106; *Kemp*, Die Übergangs- und Schlußvorschriften des Gesetzes über die Annahme als Kind (AdoptG) vom 2.7.1976 (BGBl I 1976, 1749), MittRhNotK 1976, 373; *Nägele*, Auswirkungen des § 1525 Abs. 4 BGB auf die Erbfolge, BWNotZ 1978, 79.

Übersicht: Rdn

A. Allgemeines

Sind keine Abkömmlinge und somit keine Erben erster Ordnung vorhanden, so sind nach Abs. 1 Erben der zweiten Ordnung die **Eltern** des Erblassers und **deren Abkömmlinge**. Im Einzelnen sind dies der Vater und die Mutter, sukzessive die Geschwister bzw. die Neffen und Nichten des Erblassers. 1

36 *Quantius*, FamRZ 1998, 1145; *Kirchmeier*, FamRZ 1998, 1281.

B. Rangfolge

I. Beide Elternteile leben noch

2 Die Rangfolge innerhalb der Erben zweiter Ordnung regeln die Abs. 2 und 3. Leben danach noch **beide Eltern** des Erblassers, so erben diese allein zu jeweils gleichen Teilen. Die Eltern des Erblassers erben unabhängig davon, ob zwischen ihnen noch eine **Ehe** besteht oder bestand.

II. Ein Elternteil ist vorverstorben

3 Nach Abs. 3 treten an die Stelle eines verstorbenen Elternteils dessen ehelichen und nichtehelichen Abkömmlinge[1] nach den für die Beerbung der ersten Ordnung geltenden Vorschriften. Ist **ein Elternteil verstorben** und sind keine weiteren Abkömmlinge vorhanden, so erbt der überlebende Elternteil allein (Abs. 3). **Halbgeschwister** und deren Abkömmlinge treten nur an die Stelle desjenigen Elternteils, den sie gemeinsam mit dem Erblasser hatten.[2] Wurde der Erblasser als **Minderjähriger** adoptiert, so treten die Abkömmlinge der Adoptiveltern nach Abs. 3 an deren Stelle (§ 1754 BGB). Bei einer **Volljährigen-Adoption**, bei der keine verwandtschaftliche Beziehung zwischen dem adoptierten Erblasser und dessen Adoptivgeschwistern besteht (§ 1770 BGB), haben die Adoptivgeschwister kein Eintrittsrecht. Die Adoptivgeschwister gelten in diesem Falle als nicht vorhanden i.S.v. Abs. 3 S. 2.[3]

III. Beide Elternteile sind vorverstorben

4 Hat der Erblasser keine Eltern hinterlassen, dann erben die **Geschwister** des Erblassers und zwar nach der **väterlichen** und **mütterlichen** Linie bzw. deren Abkömmlinge jeweils nach Stämmen. Eine Unterscheidung nach Linien ist nur dann notwendig, wenn nicht alle Geschwister das gleiche Elternpaar haben. Erben dritter Ordnung sind allerdings so lange von der Erbfolge ausgeschlossen, wie auch nur ein Abkömmling eines Elternteils vorhanden ist. Dieser Abkömmling erbt dann innerhalb der zweiten Ordnung allein.[4]

C. Beerbung von Adoptivkindern

I. Minderjährigen-Adoption

5 Das Erbrecht der **Adoptiveltern** und deren Abkömmlinge unterscheidet sich danach, ob eine Minderjährigen- oder eine Volljährigen-Adoption vorliegt bzw. in welchen Fällen eine Altadoption übergeleitet wurde.[5] Zu unterscheiden ist insoweit die Gesetzeslage vor dem 1.1.1977 und das ab dem 1.1.1977 geltende Recht. Nach § 1759 BGB a.F., welcher für Erbfälle des Angenommenen vor dem 1.1.1977 Anwendung findet, steht den **Adoptiveltern** kein gesetzliches Erbrecht zu (für Erbfälle bis zum 31.12.1976, wenn das adoptierte Kind am 1.1.1977 noch minderjährig war, vgl. Art. 12 § 1 Abs. 4, § 2 Abs. 1 AdoptG). Demzufolge können auch Abkömmlinge der Adoptiveltern nach Abs. 3 nicht an deren Stelle treten (§ 1763 BGB a.F.). Nach altem Recht sind daher lediglich die **leiblichen** Eltern und deren Abkömmlinge zur Erbfolge berufen.

6 Nach dem 31.12.1976 gilt für die **Minderjährigen-Adoption**, dass das adoptierte Kind nach § 1754 BGB die rechtliche Stellung eines gemeinschaftlichen Kindes der Adoptiveltern erlangt. Die Adoptiveltern und deren Abkömmlinge sind danach gesetzliche Erben zweiter Ordnung des als minderjährig Angenommenen. Nach § 1755 Abs. 1 BGB erlischt das Verwandtschaftsverhältnis zu den leiblichen Eltern und grundsätzlich

1 MüKo/*Leipold*, § 1925 Rn 5.
2 Grüneberg/*Weidlich*, § 1925 Rn 2.
3 BayObLG FamRZ 1994, 853.
4 LG Bochum Rpfleger 1989, 509.
5 MüKo/*Leipold*, § 1925 Rn 6.

auch zu deren Abkömmlingen (mit Ausnahme der Verwandtenadoption und in Fällen der Halbwaisenadoption, vgl. Rdn 8 und 9). Die leiblichen Eltern und deren Abkömmlinge scheiden daher grundsätzlich als Erben zweiter Ordnung aus.

II. Volljährigen-Adoption

Liegt eine **Volljährigen-Adoption** vor, so bleibt bei Erbfällen nach dem 31.12.1976 grundsätzlich das Verwandtschaftsverhältnis des Angenommenen zu seinen leiblichen Eltern bestehen (§ 1770 Abs. 2 BGB). Lediglich in den Fällen einer Volljährigen-Adoption mit „starker“ Wirkung erlischt das Verwandtschaftsverhältnis zu den leiblichen Eltern. Da in Fällen der Volljährigen-Adoption auch die Adoptiveltern erbberechtigt sind, geht das Vermögen auf vier Elternteile über, sofern sie noch leben. Leibliche Eltern und Adoptiveltern sind dann gesetzliche Erben zweiter Ordnung.[6] Wurde bei Altadoptionen ein Erbrecht des Kindes ausgeschlossen (§ 1767 BGB a.F.) und dies nach Art. 12 § 1 Abs. 5, § 3 Abs. 2 AdoptG auf das neue Recht übergeleitet, dann steht auch den Adoptiveltern kein Erbrecht zu (Art. 12 § 1 Abs. 5 Hs. 2 AdoptG).[7] Sind die leiblichen Eltern des adoptierten Erblassers verstorben, dann steht deren Abkömmlingen ein Erbrecht zu (§ 1770 Abs. 2 BGB). Sie sind eintrittsberechtigt nach Abs. 3.[8] Anders hingegen bei den Abkömmlingen bzw. Verwandten der Adoptiveltern. Zwischen ihnen und dem adoptierten Erblasser besteht kein Verwandtschaftsverhältnis (§ 1770 Abs. 1 BGB), so dass diesen auch kein Eintrittsrecht nach Abs. 3 zukommt. In diesen Fällen tritt der überlebende Adoptivelternteil an die Stelle des verstorbenen Ehepartners (Abs. 3 S. 2).[9] Liegt eine Adoption durch eine Einzelperson vor, erbt diese neben den leiblichen Eltern zu 1/2-Anteil.[10] 7

III. Verwandtenadoption

§ 1925 Abs. 4 sieht für die Fälle der **Verwandtenadoption**, bei denen das adoptierte minderjährige Kind mit den Annehmenden im zweiten oder dritten Grad verwandt ist, eine klarstellende Regelung vor. War der Erblasser von den Großeltern adoptiert worden, so könnten theoretisch seine leiblichen Eltern und deren sonstige Abkömmlinge nach Abs. 3 an die Stelle der Großeltern treten. Nach § 1756 Abs. 1 BGB ist aber das Erbrecht der leiblichen Eltern in diesem Fall ausgeschlossen, so dass auch deren Abkömmlingen (Geschwister des Erblassers) grundsätzlich kein Eintrittsrecht nach Abs. 3 zusteht. Dies macht Abs. 4 noch einmal deutlich. Wird ein Neffe oder eine Nichte durch Onkel oder Tante angenommen, dann sind Erben zweiter Ordnung die Adoptiveltern und deren Abkömmlinge. Leibliche Geschwister des adoptierten Erblassers treten wegen fehlender Verwandtschaft nicht nach Abs. 3 an die Stelle der leiblichen Eltern. 8

IV. Stiefkind-/Halbwaisenadoption

Bei einer **Stiefkind-** bzw. **Halbwaisen**adoption, bei der ein Ehegatte das Kind des anderen Ehegatten annimmt, wenn dieser die elterliche Sorge hatte (§ 1756 Abs. 2 BGB), erlischt das Verwandtschaftsverhältnis zu den Verwandten des anderen Eltern- 9

6 Vgl. zur Anwendung der Vorschrift der Volljährigen-Adoption der Adoptierten vor Inkrafttreten des AdoptG Soergel/*Stein*, § 1924 Rn 26 und 27.
7 Vgl. auch *Dittmann*, Rpfleger 1978, 277 ff.; *Kemp*, MittRhNotK 1976, 373 ff.
8 OLG Zweibrücken Rpfleger 1997, 24.
9 Umstritten ist, ob dieser in diesem Fall zu 1/2 oder 1/3 erbt, vgl. dazu *Hölscher*, ErbR 2022, 106.
10 MüKo/*Leipold*, § 1925 Rn 9; a.A. Staudinger/*Werner*, § 1925 Rn 9, der hier lediglich von einem Erbteil von 1/3 ausgeht.

teils grundsätzlich nicht; § 1925 Abs. 4 stellt insoweit klar, dass ein Eintrittsrecht der Abkömmlinge des erstverstorbenen Elternteils der früheren Ehe nicht besteht.[11]

§ 1926 Gesetzliche Erben dritter Ordnung

(1) Gesetzliche Erben der dritten Ordnung sind die Großeltern des Erblassers und deren Abkömmlinge.
(2) Leben zur Zeit des Erbfalls die Großeltern, so erben sie allein und zu gleichen Teilen.
(3) [1]Lebt zur Zeit des Erbfalls von einem Großelternpaar der Großvater oder die Großmutter nicht mehr, so treten an die Stelle des Verstorbenen dessen Abkömmlinge. [2]Sind Abkömmlinge nicht vorhanden, so fällt der Anteil des Verstorbenen dem anderen Teil des Großelternpaars und, wenn dieser nicht mehr lebt, dessen Abkömmlingen zu.
(4) Lebt zur Zeit des Erbfalls ein Großelternpaar nicht mehr und sind Abkömmlinge der Verstorbenen nicht vorhanden, so erben die anderen Großeltern oder ihre Abkömmlinge allein.
(5) Soweit Abkömmlinge an die Stelle ihrer Eltern oder ihrer Voreltern treten, finden die für die Beerbung in der ersten Ordnung geltenden Vorschriften Anwendung.

Übersicht: Rdn

A. Erben dritter Ordnung

1 Nach Abs. 1 sind die gesetzlichen Erben der dritten Ordnung die **Großeltern** des Erblassers und deren Abkömmlinge. Innerhalb der Rangordnung erben die Großeltern allein und zu gleichen Teilen, wenn im Zeitpunkt des Erbfalls alle noch leben. Jeder Großelternteil erbt bei Vorliegen des Abs. 2 zu 1/4-Anteil. Grundsätzlich gehören zu den Erben dritter Ordnung nach einem nichtehelich geborenen Kind auch die väterlichen Großeltern (und deren Abkömmlinge), wenn die Vaterschaft förmlich festgestellt wurde.

B. Rangfolge

2 Innerhalb der Erben dritter Ordnung schließen die Großeltern Abkömmlinge aus. Ein **Eintrittsrecht** der Abkömmlinge besteht nur dann, wenn ein Großelternteil nach Abs. 3 weggefallen ist. In diesem Fall treten an seine Stelle seine Abkömmlinge.[1] Hinterlässt der vorverstorbene Großelternteil keine Abkömmlinge, so fällt sein Anteil dem anderen Teil des Großelternpaars zu, falls dieser ebenfalls nicht mehr lebt, dessen Abkömmlingen. Hinsichtlich der Großelternpaare ist eine einheitliche Betrachtung vorzunehmen. Das Eintrittsrecht der Abkömmlinge eines Großelternteils erfolgt jeweils nach **Stämmen.** Sind weder in der großväterlichen noch in der großmütterlichen Linie Abkömmlinge vorhanden, dann geht der Erbteil auf das andere Großelternpaar nach Abs. 4 und deren Abkömmlinge über.

---

11 Vgl. MüKo/*Leipold*, § 1925 Rn 15, Bamberger/Roth/*Müller-Christmann*, § 1925 Rn 1; a.A. *Lange/Kuchinke*, § 14 IV 2 b.
1 Grüneberg/*Weidlich*, § 1926 Rn 2.

C. Konkurrenz zum Ehegattenerbrecht

§ 1926 BGB steht in Konkurrenz zu § 1931 BGB. Ein **Ehegatte** des Erblassers ist gem. § 1931 Abs. 1 S. 1 BGB neben den Großeltern zur Hälfte als gesetzlicher Erbe berufen. § 1931 Abs. 1 S. 2 BGB bestimmt allerdings, dass den Anteil eines weggefallenen Großelternteils, der nach § 1926 BGB grundsätzlich dessen Abkömmlingen zufallen würde, in diesem Fall der überlebende Ehegatte des Erblassers erhält. Nach § 1931 Abs. 2 BGB erbt der überlebende Ehegatte daher bei Nichtvorhandensein von Großeltern die ganze Erbschaft. Ferner gilt es zu berücksichtigen, dass im Falle des Vorliegens des Güterstandes der **Zugewinngemeinschaft** der überlebende Ehegatte ein weiteres Viertel (§§ 1931 Abs. 3, 1971 Abs. 1 BGB) erhält. In diesem Fall würde sich seine Erbquote neben den Großeltern auf 3/4 belaufen. Gleiches gilt auch für den Partner einer eingetragenen **Lebenspartnerschaft**. Hier steht dem Partner nach § 10 Abs. 1 S. 1 LPartG neben Großeltern ein hälftiger Anteil am Nachlass zu. Gem. § 6 LPartG i.V.m. § 1371 Abs. 1 BGB erhöht sich diese Quote um ein weiteres Viertel, wenn die Partner der eingetragenen Lebenspartnerschaft in **Zugewinngemeinschaft** lebten[2] (vgl. auch § 1931 Rdn 35 ff.). 3

D. Adoptierte Kinder

Bei der Beerbung von angenommenen Kindern i.R.d. Erbfolge dritter Ordnung ist ebenfalls zwischen Erbfällen vor dem 1.7.1977 und Erbfällen nach dem 31.12.1976 zu unterscheiden. So steht den **Adoptivgroßeltern** und deren Abkömmlingen bei Erbfällen vor dem 1.7.1977 kein Erbrecht zu (§§ 1759, 1763 BGB a.F.). 4

Bei Erbfällen nach dem 31.12.1976 ist wiederum zwischen der Minderjährigen- und der Volljährigen-Adoption zu unterscheiden. War das Kind **minderjährig**, so wird es durch die Familie des Annehmenden beerbt (§§ 1754, 1755 BGB). In diesem Fall sind die Adoptivgroßeltern Erben dritter Ordnung. Die leiblichen Großeltern, zu denen das Verwandtschaftsverhältnis gem. § 1755 BGB erloschen ist, scheiden hingegen als Erben dritter Ordnung aus. Bei der **Volljährigen-Adoption** blieb das Verwandtschaftsverhältnis zu den leiblichen Eltern bestehen (§ 1770 Abs. 2 BGB), sofern keine Adoption mit starker Wirkung vorlag. Nach § 1770 Abs. 1 BGB wird aber in diesen Fällen zwischen den Eltern des Annehmenden und dem Adoptierten kein Verwandtschaftsverhältnis begründet, so dass die Großeltern und deren Abkömmlinge keine Erben dritter Ordnung gegenüber dem adoptierten Kind sind. Es erben daher nicht die Eltern des Annehmenden, sondern nur die leiblichen Großeltern des Adoptierten und deren Abkömmlinge. 5

Liegt ein Fall der **Verwandtenadoption** vor, was der Fall ist, wenn die Annehmenden und das minderjährige Kind im zweiten oder dritten Grad verwandt sind, bleibt das Verwandtschaftsverhältnis zu den leiblichen Großeltern bestehen. Nach § 1756 Abs. 1 BGB erlischt nur das Verwandtschaftsverhältnis zu den leiblichen Eltern. Nach § 1756 Abs. 2 BGB kann es so zu einem Verwandtschaftsverhältnis zu drei Großelternpaaren kommen.[3] Alle drei Großelternpaare sind dann Erben dritter Ordnung, wobei die Adoptiveltern, auch wenn sie mehrfach verwandt sind, nicht doppelt berücksichtigt werden.[4] Auch in Fällen der **Stiefkindadoption** kann das Kind drei Großelternpaare haben, die dann gesetzliche Erben dritter Ordnung werden, da in diesen Fällen das Verwandtschaftsverhältnis zu den Verwandten des anderen Elternteils, der die elterliche Sorge hatte und verstorben ist, nicht erlischt (§ 1756 Abs. 2 BGB). 6

---

2 Grüneberg/*Weidlich*, § 1931 Rn 2.
3 MüKo/*Leipold*, § 1926 Rn 7.
4 MüKo/*Leipold*, § 1926 Rn 8; Bamberger/Roth/*Müller-Christmann*, § 1926 Rn 6; a.A. Soergel/*Stein*, § 1926 Rn 6.

§ 1927 Mehrere Erbteile bei mehrfacher Verwandtschaft

[1]Wer in der ersten, der zweiten oder der dritten Ordnung verschiedenen Stämmen angehört, erhält den in jedem dieser Stämme ihm zufallenden Anteil. [2]Jeder Anteil gilt als besonderer Erbteil.

Übersicht: Rdn

A. Allgemeines

1 Ist jemand innerhalb derselben Erbenordnung mehrfach mit dem Erblasser verwandt, was bspw. bei **Verwandtenheirat** oder **-adoption** der Fall sein kann, steht ihm innerhalb der Erbenordnung der Erbteil aus jedem der einzelnen Verwandtschaftsverhältnisse zu. Voraussetzung ist, dass eine Zugehörigkeit zu verschiedenen Stämmen innerhalb derselben Erbenordnung besteht – bei verschiedenen Erbenordnungen gilt § 1930 BGB. Innerhalb der Erbenordnung führt aber die Durchführung des Stammeserbrechts zur Anerkennung eines **mehrfachen Erbrechts** aufgrund der Zugehörigkeit zu mehreren Stämmen. Die mehrfache Verwandtschaft kann zunächst eine Zugehörigkeit zu verschiedenen Ordnungen begründen. Dies ist bspw. der Fall, wenn der Bruder des Erblassers dessen Tochter geheiratet hat. Dann gehört das aus dieser Ehe entstammende Kind sowohl der ersten als auch der zweiten Erbenordnung an. Gem. § 1930 BGB erbt es jedoch als Angehöriger der ersten Ordnung.[1]

B. Zugehörigkeit zu mehreren Stämmen (S. 1)

2 Ein Verwandter kann zu mehreren Stämmen gehören, wenn er aus einer Ehe zwischen Verwandten stammt, bspw. von **Geschwisterkindern** (Cousin und Cousine), oder wenn er von einem Verwandten als Kind angenommen wurde, sofern das bisherige Verwandtschaftsverhältnis bestehen bleibt (S. 1). Geschwisterkinder sind bspw. in der Vater- und Mutterlinie mit dem Erblasser, also dem Urgroßvater oder der Urgroßmutter verwandt und gehören insoweit zu den Erben erster Ordnung.

3 Die **Adoption** eines nichtehelichen Kindes durch die Mutter oder den Vater führt nicht zu mehrfacher Verwandtschaft.[2] Bei der Adoption eines Verwandten ist eine mehrfache Verwandtschaft dann möglich, wenn der Erblasser ein Enkelkind angenommen hat, denn dann ist es als ein Adoptivkind unmittelbar und als Enkel über sein Elternteil mit dem Erblasser verwandt und gehört in beiden Fällen den Erben erster Ordnung an. Auch wenn ein Kind von seiner Tante bzw. von seinem Onkel angenommen worden ist, gehört es über die Linie des leiblichen und die des Adoptivelternteils zu den gesetzlichen Erben der ersten Ordnung des Großvaters.[3]

C. Selbstständige Erbteile i.S.d. S. 2

4 Hinsichtlich der über die Mehrfachverwandtschaft erhaltenen Erbteile gilt eine getrennte Betrachtungsweise, da es sich um jeweils **selbstständige Erbteile** handelt. Dies hat zur Folge, dass der Erbe jeden Erbteil gesondert ausschlagen kann (§ 1951 Abs. 1 BGB), das Vermächtnis und die Auflage nur den Anteil belasten, für den sie angeordnet sind, der Erbe über jeden Anteil i.S.d. § 2033 BGB getrennt verfügen kann und sich

---

1 Staudinger/*Werner*, § 1927 Rn 3.
2 Grüneberg/*Weidlich*, § 1927 Rn 2.
3 Staudinger/*Werner*, § 1927 Rn 6.

die Haftung für Nachlassverbindlichkeiten für jeden Anteil selbstständig beurteilt (§ 2007 BGB). Die Behandlung als selbstständiger Erbteil gilt auch hinsichtlich einer Ausgleichungspflicht nach den §§ 2050 ff. BGB oder der Berechnung eines Pflichtteils (§ 2303 BGB).

§ 1928 Gesetzliche Erben vierter Ordnung

(1) Gesetzliche Erben der vierten Ordnung sind die Urgroßeltern des Erblassers und deren Abkömmlinge.
(2) Leben zur Zeit des Erbfalls Urgroßeltern, so erben sie allein; mehrere erben zu gleichen Teilen, ohne Unterschied, ob sie derselben Linie oder verschiedenen Linien angehören.
(3) Leben zur Zeit des Erbfalls Urgroßeltern nicht mehr, so erbt von ihren Abkömmlingen derjenige, welcher mit dem Erblasser dem Grade nach am nächsten verwandt ist; mehrere gleich nahe Verwandte erben zu gleichen Teilen.

Übersicht: Rdn

A. Allgemeines

I.R.d. Erben vierter Ordnung ist hinsichtlich der gesetzlichen Erbfolgeregelung eine Vereinfachung erfolgt. Damit es nicht zu einer Zersplitterung des Vermögens kommt, wurde von dem **Parentel-System** Abstand genommen. I.R.d. Erben vierter Ordnung gilt das sog. **Gradual-System**. Danach bestimmt sich das gesetzliche Erbrecht nicht mehr nach Linien und Stämmen, sondern nach einem sog. Kopfsystem. 1

B. Erbfolge

Die **Urgroßeltern** erben nach Abs. 2 bspw. zu gleichen Teilen, unabhängig davon, zu welchem Stamm sie gehören. An die Stelle eines verstorbenen Urgroßelternteils treten nicht dessen Abkömmlinge, vielmehr erhöht sich die Erbquote der noch lebenden Urgroßeltern zu gleichen Teilen. Erst wenn kein Urgroßelternteil mehr am Leben ist, kommen deren Abkömmlinge zum Zuge. Erbe ist dann zunächst derjenige Abkömmling mit dem nächsten Verwandtschaftsgrad, wobei mehrere Verwandte gleichen Grades zu gleichen Teilen erben. Der Grad der Verwandtschaft bestimmt sich nach der Anzahl der Geburten, die zwischen dem Erblasser und dem Verwandten bestehen (§ 1589 Abs. 3 BGB). Insoweit gilt es zu beachten, dass der Grad der Verwandtschaft nicht mit der Ordnung der Erbschaft identisch ist. Sind mehrere Verwandte gleichen Verwandtschaftsgrades vorhanden, so bestimmt sich der Erbteil nach Köpfen, ohne Rücksicht darauf, ob eine voll- oder halbbürtige Verwandtschaft vorliegt. Da § 1927 BGB i.R.d. Erben vierter Ordnung keine Anwendung findet, bleibt auch eine **Mehrfachverwandtschaft** unberücksichtigt. Hinsichtlich einer Beerbung bei Adoption vgl. die Ausführungen zu § 1926 BGB. 2

C. Ausschluss der Erben vierter Ordnung

Erben vierter Ordnung sind bei Vorhandensein eines **Ehepartners** oder bei Vorhandensein eines Partners einer eingetragenen **Lebenspartnerschaft** (§ 10 Abs. 2 LPartG) von der gesetzlichen Erbfolge ausgeschlossen. 3

§ 1929 Fernere Ordnungen

(1) Gesetzliche Erben der fünften Ordnung und der ferneren Ordnungen sind die entfernteren Voreltern des Erblassers und deren Abkömmlinge.
(2) Die Vorschrift des § 1928 Abs. 2, 3 findet entsprechende Anwendung.

1 In der fünften bzw. auch in der höheren Erbenordnung gilt, wie schon in der vierten Erbenordnung, das **Gradual-System** und somit das Erbrecht nach Kopfteilen. Sind Verwandte niedriger Erbenordnung nicht vorhanden, dann fällt das gesetzliche Erbrecht an die Angehörigen der fünften bzw. entfernteren Ordnung, ohne dass eine Begrenzung vorgesehen ist. Auch der entfernteste Verwandte geht so dem Fiskus als gesetzlichem Erben vor. § 1929 BGB erkennt damit das Verwandtschaftsrecht ohne Grenzen an. Zur Begrenzung kommt es in der Praxis allerdings dadurch, dass das Verwandtschaftsverhältnis einer entfernten Ordnung oftmals nicht mehr nachgewiesen werden kann und dann ein gesetzliches Erbrecht des Fiskus entsteht (§ 1936 BGB; vgl. zur Erbenermittlung in diesem Fall die §§ 1964, 1965 BGB). Auch bei den Erben fernerer Ordnungen verdrängt ein **Ehepartner** oder ein Partner einer eingetragenen **Lebenspartnerschaft** alle weiteren Verwandten von der Erbfolge.

§ 1930 Rangfolge der Ordnungen

Ein Verwandter ist nicht zur Erbfolge berufen, solange ein Verwandter einer vorhergehenden Ordnung vorhanden ist.

Übersicht: Rdn

A. Allgemeines

1 § 1930 BGB bestimmt, dass die **niedrigere** Erbenordnung der **höheren** Erbenordnung **vorgeht**. Ist also bspw. ein Abkömmling des Erblassers zur Erbfolge berufen, dann sind die Eltern des Erblassers und deren Abkömmlinge als Erben zweiter Ordnung von der Erbfolge ausgeschlossen. Auf den Grad der Verwandtschaft und somit auf die Verwandtschaftsnähe kommt es nicht an. Auch der Urenkel schließt daher die Eltern des Erblassers von der gesetzlichen Erbfolge (zweite Erbenordnung) aus.

B. Vorhandensein eines Verwandten

2 Ein **Verwandter** i.S.d. § 1930 BGB ist dann vorhanden, wenn er zum Zeitpunkt des Erbfalls lebt (§ 1923 Abs. 1 BGB) oder bereits gezeugt ist und später lebend geboren wird (§ 1923 Abs. 2 BGB). Voraussetzung ist, dass einer Berufung zum gesetzlichen Erben kein Hindernis entgegensteht, d.h., dass der Verwandte also nicht vor oder nach dem Erbfall als Erbberechtigter **weggefallen** ist. Stirbt der Verwandte nach dem Erbfall, dann hat dies auf die Erbfolge keinen Einfluss mehr. Im Gegensatz dazu ist ein Verwandter, der einen wirksamen Erbverzicht erklärt hat (§ 2346 Abs. 1 S. 2 BGB), der wegen eines vorzeitigen Erbausgleichs nicht mehr erbberechtigt ist (§ 1934 EGBGB), der gem. § 2344 Abs. 2 BGB für erbunwürdig erklärt wurde, oder derjenige, der die Erbfolge ausgeschlagen hat (§ 1923 Abs. 2 BGB), nicht mehr vorhanden i.S.v. § 1930 BGB. Gleiches gilt auch für den Fall, dass er durch eine Verfügung von Todes wegen enterbt wurde, was bspw. durch sog. Negativtestament geschehen kann (§ 1938 BGB). Wichtig ist in diesem Zusammenhang, dass der Verwandte zum Zeitpunkt

des Erbfalls lebt, nicht notwendigerweise hingegen zu dem Zeitpunkt des späteren Ereignisses, welches zu einer Berufung als Erbe führt.[1]

§ 1931 Gesetzliches Erbrecht des Ehegatten

(1) [1]Der überlebende Ehegatte des Erblassers ist neben Verwandten der ersten Ordnung zu einem Viertel, neben Verwandten der zweiten Ordnung oder neben Großeltern zur Hälfte der Erbschaft als gesetzlicher Erbe berufen. [2]Treffen mit Großeltern Abkömmlinge von Großeltern zusammen, so erhält der Ehegatte auch von der anderen Hälfte den Anteil, der nach § 1926 den Abkömmlingen zufallen würde.
(2) Sind weder Verwandte der ersten oder der zweiten Ordnung noch Großeltern vorhanden, so erhält der überlebende Ehegatte die ganze Erbschaft.
(3) Die Vorschrift des § 1371 bleibt unberührt.
(4) Bestand beim Erbfall Gütertrennung und sind als gesetzliche Erben neben dem überlebenden Ehegatten ein oder zwei Kinder des Erblassers berufen, so erben der überlebende Ehegatte und jedes Kind zu gleichen Teilen; § 1924 Abs. 3 gilt auch in diesem Falle.

Literatur

Battes, Die Änderung erbrechtlicher Vorschriften im Zusammenhang mit der Reform des Scheidungsrechts, FamRZ 1977, 433; *Bonefeld*, Praxistipps zum Zugewinnausgleich und Pflichtteil I, ZErb 2002, 154; *ders.*, Eingetragene Lebenspartnerschaft und Erbrecht, ZErb 2001, 1; *ders.*, Weitere Änderungen des Lebenspartnerschaftsgesetzes, ZErb, 2001, 80; *Bosch*, Ist das geltende Ehegatten-Erbrecht bei kinderloser Ehe formbedürftig?, FamRZ 1983, 227; *Dörner*, Erbrechtliche Qualifikation des § 1371 Abs. 1 BGB durch den EuGH: Konsequenzen und neue Fragen, ZEV 2018, 305; *Finger*, Die registrierte Lebenspartnerschaft, MDR 2001, 199; *Geißler*, Zugewinnausgleich im Todesfall – Ein Vergleich zwischen erbrechtlichem und güterrechtlichem Ausgleich, BWNotZ 1990, 38; *Grziwotz*, Die Lebenspartnerschaft zweier Personen gleichen Geschlechts, DNotZ 2001, 280; *ders.*, Erbrechtliche und erbschaftsteuerrechtliche Probleme des nichtehelichen Zusammenlebens, ZEV 1994, 267; *Hausmann*, Ausgleichsansprüche für Ehegattenmitarbeit nach § 242 BGB, ZEV 1995, 129; *Langenfeld*, Der Vertrag der eingetragenen Lebenspartner, ZEV 2002, 8; *Lehmann*, Der eheliche Güterstand der DDR-Flüchtlinge in erbrechtlicher Sicht, BB 1977, 441; *Leipold*, Die neue Lebenspartnerschaft aus erbrechtlicher Sicht, insbesondere bei zusätzlicher Eheschließung, ZEV 2001, 218; *Lenz*, Der Ausbildungsanspruch des Stiefabkömmlings gemäß § 1371 Abs. 4 BGB, ZErb 2000, 110; *Mankowski*, Das erbrechtliche Viertel nach § 1371 Abs. 1 BGB im deutschen und europäischen Internationalen Privatrecht, ZEV 2014, 121; *Mayer*, Das Gesetz zur Beendigung der Diskriminierung gleichgeschlechtlicher Gemeinschaften: Lebenspartnerschaften, ZEV 2001, 169; *Odersky*, Die Erbquote des Ehegatten und deren Kinder in den Fällen des § 1931 Abs. 4 BGB, Rpfleger 1973, 239; *Pranke*, Der Erbteil der Witwe neben ehelichen und nichtehelichen Kindern nach § 1931 Abs. 4 BGB, BWNotZ 1976, 166; *Rieger*, Das Vermögensrecht der eingetragenen Lebenspartnerschaft, FamRZ 2001, 1497; *Schäfer*, Die Mehrehe in der gesetzlichen Erbfolge, ErbR 2019, 610; *Schotten*, Zur Anwendbarkeit des § 1371 Abs. 1 BGB bei ausländischem Erb- und deutschem Güterrechtsstatut, MittRhNotK 1987, 18; *Schwab*, Eingetragene Lebenspartnerschaft, FamRZ 2001, 385; *Süß*, Der deutsch-französische Güterstand der Wahl-Zugewinngemeinschaft als erbrechtliches Gestaltungsmittel, ZErb 2010, 281; *v. Olshausen*, Gesetzliches Ehegattenerbrecht neben Großeltern und deren Abkömmlingen im Güterstand der Zugewinngemeinschaft, FamRZ 1981, 633; *Werner*, Zugewinnausgleich bei gleichzeitigem Tod der Ehegatten, FamRZ 1976, 249.

1 Grüneberg/*Weidlich*, § 1930 Rn 2.

Übersicht: Rdn

A. Allgemeines

1 Bei dem gesetzlichen Erbrecht des Ehegatten nach § 1931 BGB handelt es sich um ein **Sondererbrecht** des Ehegatten,[1] welches nicht in die bestehenden Erbenordnungen eingegliedert ist und mit diesen konkurriert. Insoweit steht den Abkömmlingen auch kein Eintrittsrecht hinsichtlich des Ehegattenerbteils zu, wenn der Ehegatte beim Erbfall weggefallen ist. Die Höhe des Ehegattenerbteils richtet sich zum einen nach dem Güterstand, in dem der Ehegatte mit dem Erblasser verheiratet war, und zum

1 Mit dem Gesetz zur Einführung des Rechts auf Eheschließung für Personen gleichen Geschlechts vom 20.7.2017 (BGBl 2017 I, S. 2787) gelten für Ehe gleichen Geschlechts die gleichen erbrechtlichen Regelungen.

anderen nach der Frage, neben welchen Verwandten der Erbenordnung er zum gesetzlichen Erben berufen ist. Des Weiteren muss der Ehegatte zum **Zeitpunkt des Todes** des Erblassers **leben**, d.h., ihn **überlebt** haben. Liegt ein Fall des gleichzeitigen Todes vor, so findet eine gegenseitige Beerbung der Ehepartner untereinander nicht statt (vgl. § 1922 Rdn 3). Beide Ehepartner werden dann von ihren Verwandten beerbt. In diesen Fällen scheidet auch ein Ausgleich des Zugewinnanspruchs aus.[2] Nach h.M. findet § 1931 BGB auf nichteheliche Lebensgemeinschaften keine Anwendung.[3] Für eingetragene Lebenspartnerschaften gilt § 10 LPartG (vgl. Rdn 35 ff.).

B. Bestehen der Ehe

I. Wirksame Ehe

Die Vorschrift des § 1931 BGB setzt voraus, dass zum Zeitpunkt des Erbfalls zwischen 2 dem überlebenden Ehepartner und dem Erblasser eine Ehe bestand (vgl. Rdn 3) und die Voraussetzungen des § 1933 BGB nicht vorlagen.[4] Beweisbelastet für das Vorliegen einer **wirksamen Ehe** ist grundsätzlich der überlebende Ehepartner. Behauptet hingegen jemand, die Ehe sei aufhebbar (§ 1318 Abs. 5 BGB), so trägt er hinsichtlich der Aufhebungsgründe die Beweislast. Eine wirksame Ehe liegt nicht vor, wenn die Ehe geschieden wurde, bei einer Nichtehe i.S.d. § 1310 Abs. 1 BGB oder wenn die Ehe aufgehoben wurde (§§ 1313 ff. BGB).

II. Nichtehe, Doppelehe, Aufhebbarkeit

Eine **Nichtehe** liegt vor, wenn die Ehe bspw. nicht vor einem Standesbeamten ge- 3 schlossen wurde. Zu den Nichtehen zählen auch die sog. „hinkenden" Ehen, bei denen die Eheschließung zwar nach ausländischem Recht gültig ist, nicht aber nach deutschem Recht.[5] Ist offenkundig, dass die Ehe nach § 1314 Abs. 2 BGB aufhebbar wäre, so muss der Standesbeamte die Eheschließung verweigern (§ 1310 Abs. 1 S. 3 BGB). Nach § 1316 Abs. 1 Nr. 1, Abs. 3 BGB ist die zuständige **Verwaltungsbehörde** verpflichtet, einen Antrag auf Aufhebung der Ehe zu stellen. Zuständig sind einzelne oder alle Bezirksregierungen, so bspw. in Nordrhein-Westfalen,[6] Rheinland-Pfalz,[7] Niedersachsen.[8] Zuständig für Baden-Württemberg ist das Regierungspräsidium Tübingen.[9] Bei Verstößen gegen die §§ 1304, 1306, 1307 und § 1314 Abs. 2 Nr. 1 und 5 BGB ist der Antrag zu stellen, wenn nicht ausnahmsweise besondere Gründe entgegenstehen.[10] Bei einem Verstoß gegen § 1303 Satz 1 BGB muss die Verwaltungsbehörde den Antrag auf Aufhebung stellen. Ein Dritter kann den Antrag nicht erzwingen. Ansonsten hat die Ehe so lange Bestand, wie sie nicht durch Urteil aufgehoben wurde (§ 1313 BGB).[11] Dies gilt bspw. auch für den Fall einer **Doppelehe.**[12] Verstirbt der

2 BGHZ 72, 85.
3 OLG Celle FamRZ 1982, 63; OLG Frankfurt NJW 1982, 1885; KG FamRZ 1979, 503 und vgl. im Übrigen zu den erbrechtlichen und erbschaftsteuerlichen Problemen der nichtehelichen Lebensgemeinschaft *Grziwotz*, ZEV 1994, 267.
4 MüKo/*Leipold*, § 1931 Rn 6.
5 Vgl. BVerfG FamRZ 1983, 251.
6 VO v. 26.5.1998, GVBl., S. 391.
7 VO v. 3.7.1998, GVBl., S. 197.
8 RdEl. v. 21.9.1998, MBl., S. 1334.
9 Vgl. *Krug/Zwissler*, Familien- und Erbrecht, S. 43.
10 BGH NJW-RR 1994, 264.
11 Zur Frage des Umgangs mit Mehrehen im Erbrecht, wenn § 1318 Abs. 5 BGB keine Anwendung findet, *Schäfer*, ErbR 2019, 610.
12 Vgl. MüKo/*Leipold*, § 1931 Rn 14.

Erblasser vor Abschluss eines Eheaufhebungsverfahrens, so wird er von zwei Ehepartnern beerbt.[13]

III. Feststellung der Aufhebbarkeit nach dem Tod

4 Eine Aufhebbarkeit der Ehe kann nach dem Tod eines Ehepartners grundsätzlich nicht mehr festgestellt und begehrt werden.[14] Dies gilt auch für die Verwaltungsbehörde, da die Ehe durch den Tod eines Ehepartners selbst aufgelöst wurde (§ 1317 Abs. 3 BGB). Für den **bösgläubigen Ehegatten**, der bei Verstoß gegen die §§ 1304, 1306, 1307, 1311 BGB[15] oder im Fall des § 1314 Abs. 2 Nr. 1 BGB die Aufhebbarkeit der Ehe bei Eheschließung kannte, erfolgt nach § 1318 Abs. 5 BGB ein **Ausschluss** des gesetzlichen Ehegattenerbrechts nach § 1931 BGB. In diesen Fällen ist es nicht erforderlich, dass der Erblasser selbst einen Aufhebungsantrag gestellt hatte. So können daher bspw. in Fällen der **Geschäftsunfähigkeit** oder Geistesstörung des Erblassers zum Zeitpunkt der Eheschließung die gesetzlichen Erben i.R.d. Erbscheinsverfahrens einen Ausschluss des Ehegattenerbrechts des überlebenden Ehegatten feststellen lassen. Insoweit dürfte auch eine Feststellungsklage zulässig sein. Die Beweislast dafür, dass eine Aufhebbarkeit der Ehe bestand, und für die Bösgläubigkeit des überlebenden Ehegatten trägt allerdings derjenige, der sich in diesen Fällen auf den Ausschluss des Ehegattenerbrechts beruft.[16]

C. Höhe der Erbquote

I. Allgemeines

5 Die Höhe der Erbquote des überlebenden Ehegatten bestimmt sich zum einen danach, in welchem **Güterstand** der überlebende Ehepartner mit dem Erblasser verheiratet gewesen ist, und zum anderen danach, neben welchen Verwandten (erster, zweiter oder weiterer Ordnungen) er zur gesetzlichen Erbfolge berufen ist. So regelt Abs. 1 und 2 allg., wie hoch die Erbquote neben den Verwandten des Erblassers ist. In einem ersten Schritt ist daher unabhängig vom Güterstand die Erbquote des überlebenden Ehepartners zu bestimmen. Danach ist in einem weiteren Schritt zu prüfen, ob sich die Erbquote gem. Abs. 3 i.V.m. § 1371 Abs. 1 BGB im Falle, dass die Eheleute im gesetzlichen Güterstand der **Zugewinngemeinschaft** verheiratet gewesen sind, erhöht, oder ob sich die Erbquote im Falle, dass die Eheleute im Güterstand der **Gütertrennung** verheiratet gewesen sind, nach Abs. 4 modifiziert. Bei Gütergemeinschaft verbleibt es hingegen bei Abs. 1 und 3.[17]

II. Feststellung des Güterstandes

6 Der gesetzliche Güterstand der Zugewinngemeinschaft gilt für Eheschließungen seit dem 1.7.1958 und wurde durch das Gleichberechtigungsgesetz[18] eingeführt.[19] Jeder Ehegatte hatte jedoch die Möglichkeit, den seit dem 1.4.1953 bestehenden und bis zum 1.7.1958 geltenden nicht kodifizierten Güterstand der Gütertrennung durch einseitige, notariell beurkundete Erklärung fortbestehen zu lassen. Die Erklärung musste bis zum 30.6.1958 in notariell beurkundeter Form gegenüber dem AG, in dessen Bezirk

13 MüKo/*Leipold*, § 1931 Rn 14.
14 MüKo/*Leipold*, § 1931 Rn 9.
15 Vgl. aber zu den Voraussetzungen einer Heilung nach § 1315 Abs. 2 Nr. 2 BGB in den Fällen des § 1311 BGB MüKo/*Leipold*, § 1931 Rn 10.
16 Baumgärtel/*Laumen*, § 1318 Rn 6.
17 Vgl. zur Wahlzugewinngemeinschaft nach § 1519 BGB Rdn 32 ff.
18 BGBl 1957 I, S. 609.
19 Vgl. zu dem davor geltenden nicht kodifizierten Güterstand der Gütertrennung *Krug/Zwissler*, S. 53 und 54.

die Ehegatten ihren Wohnsitz hatten, abgegeben werden (Art. 8 Abs. 1 Nr. 3 GleichberechtigungsG v. 8.6.1957). Es galt dann **ohne** weitere **ehevertragliche Vereinbarung** der Güterstand der Gütertrennung. Ist sich der überlebende Ehepartner nicht sicher, ob der Erblasser oder auch er von dieser Möglichkeit Gebrauch gemacht haben, so kann beim AG des damaligen Wohnsitzes oder beim Geburtsstandesamt nachgefragt werden, ob eine entsprechende Erklärung abgegeben wurde.

III. Höhe der allgemeinen Erbquote (Abs. 1 und Abs. 2)

Nach Abs. 1 ist der Ehepartner neben Verwandten der ersten Ordnung zu 1/4 als Erbe 7 berufen. Neben Verwandten der zweiten Ordnung steht dem überlebenden Ehepartner eine gesetzliche Erbquote von 1/2 zu. Dies gilt auch dann, wenn die Verwandten zweiter Ordnung nur Abkömmlinge eines Elternteils des Erblassers sind.[20] Steht der überlebende Ehepartner in Konkurrenz zu Erben dritter Ordnung, so erbt er neben Großeltern ebenfalls zu 1/2 Erbanteil. Allerdings gilt es zu beachten, dass i.R.d. Erben dritter Ordnung die Abkömmlinge der Großeltern als gesetzliche Erben neben dem Ehepartner ausgeschlossen sind. Die Erbquote des Ehepartners erhöht sich des Weiteren nach Abs. 1 S. 2 um die Anteile, die nach § 1926 BGB den Abkömmlingen der Großeltern zufallen würden.[21]

IV. Höhe der Erbquote bei Zugewinngemeinschaft

1. Allgemeines

Waren die Ehepartner im gesetzlichen Güterstand verheiratet, dann kann der überle- 8 bende Ehepartner zwischen der **erbrechtlichen Lösung** (§ 1371 Abs. 2 BGB) und der **güterrechtlichen Lösung** wählen. Die erbrechtliche Lösung beinhaltet eine pauschale Erhöhung des nach § 1931 BGB ermittelten Erbteils gem. § 1371 Abs. 1 BGB um ein weiteres Viertel. Die güterrechtliche Lösung sieht hingegen eine Ausschlagung nach § 1371 Abs. 3 BGB vor, mit der Möglichkeit der Geltendmachung des konkreten Zugewinnausgleichs und des sog. „kleinen" Pflichtteilsanspruchs.[22] Innerhalb der güterrechtlichen Lösung steht dem überlebenden Ehepartner aber kein Wahlrecht dahingehend zu, dass er zwischen dem kleinen Pflichtteil zzgl. des konkreten Zugewinnausgleichs und einem sog. großen Pflichtteilsanspruch wählen kann, der sich aus der Hälfte der nach Abs. 1 i.V.m. § 1371 Abs. 1 BGB erhöhten Erbquote berechnen würde.[23]

2. Erbrechtliche Lösung

a) Pauschale Erhöhung um ein Viertel

Nach § 1931 Abs. 3 i.V.m. § 1371 Abs. 1 BGB erhöht sich die nach Abs. 1 ermittelte 9 Erbquote **pauschal** um ein weiteres Viertel, und zwar unabhängig davon, ob der überlebende Ehepartner einen Anspruch auf Zugewinnausgleich gehabt hätte, und unabhängig davon, aus welchen Gründen die Ehe geschlossen wurde und wie lang sie bestand.[24] Erbt der Ehepartner daher neben Verwandten der ersten Ordnung, so beläuft sich seine Erbquote auf 1/2, erbt er neben Verwandten der zweiten Ordnung, so beläuft sich seine Erbquote auf 3/4.

Str. ist hingegen die Höhe der Erbquote des Ehepartners, wenn er neben **Großeltern** 10 zur gesetzlichen Erbfolge gelangt und ihm bereits nach Abs. 1 S. 2 über die Hälfte der

---

20 OLG Celle FamRZ 2003, 560.

21 Vgl. MüKo/*Leipold*, § 1931 Rn 28; Staudinger/*Werner*, § 1931 Rn 24 zur Berechnung, wenn ein Großelternteil ohne Abkömmling zu hinterlassen entfällt.

22 BGHZ 42, 182.

23 BGHZ 42, 182.

24 OLG Bamberg OLGR 1999, 265.

Erbschaft zusteht. Die h.M. geht hierbei davon aus, dass der gesetzliche Erbteil i.S.v. § 1371 Abs. 1 BGB nur die hälftige Erbquote i.S.v. Abs. 1 S. 1 ist.[25] Eine a.A. will hingegen als gesetzlichen Erbteil i.S.v. § 1371 Abs. 1 BGB den nach Abs. 1 S. 2 erhöhten Erbteil des Ehepartners zugrunde legen.[26] Für die h.M. spricht, dass über eine pauschale Erhöhung der Erbquote nicht ein Ausschluss der Beteiligung von Großeltern erfolgen sollte, sondern lediglich ein Ausgleich für einen möglichen Zugewinn geschaffen wurde. Für die Berechnung der Erbquote des überlebenden Ehepartners bei Vorhandensein von Großeltern ist daher zunächst die Erbquote nach Abs. 1 S. 1 zu bestimmen (1/2), diese ist um das pauschale Viertel zu erhöhen (ergibt 3/4) und dann sind erst diejenigen Erbteile, die eigentlich auf die Abkömmlinge der Großeltern fallen würden, hinzuzuaddieren. So ist gewährleistet, dass der noch lebende Großelternteil seine Erbquote auch beim gesetzlichen Güterstand erhält.[27]

11 Der pauschal erhöhte Erbteil ist **kein besonderer** bzw. selbstständiger **Erbteil**, sondern ein einheitlicher.[28] Hinsichtlich des Ausbildungsanspruchs eines Stiefabkömmlings ist er allerdings wie ein gesonderter Erbteil zu behandeln (vgl. Rdn 13).

b) Güterrechtsstatut

12 Strittig ist, ob die Vorschriften der § 1931 Abs. 3 i.V.m. § 1371 BGB international privatrechtlich als erbrechtlich oder güterrechtlich zu qualifizieren sind.[29] Teilweise wird von einer erbrechtlichen und güterrechtlichen Doppelqualifikation ausgegangen. Eine Erbteilserhöhung erfolgt danach nur, wenn deutsches Güterrecht und deutsches Erbrecht zur Anwendung kommen.[30] Nach Auffassung des OLG München[31] findet hingegen eine Erbteilserhöhung z.B. bei Zusammentreffen deutschen Güterrechtsstatuts und iranischen Erbstatuts statt. Der BGH hat schließlich in seiner Entscheidung vom 13.5.2015 die Vorschrift des § 1371 Abs. 1 BGB güterrechtlich qualifiziert.[32] Für Erbfälle seit dem 17.8.2015 kommt die Frage hinzu, inwieweit die Einstufung des § 1371 Abs. 1 BGB erbrechtlich erfolgt und damit vom Zugriff der EuErbVO erfasst wird.[33] Der EuGH[34] hat in seinem Urt. v. 1.3.2018, anders als der BGH, klargestellt, dass § 1371 Abs. 1 BGB erbrechtlich zu qualifizieren ist und vom Anwendungsbereich der EuErbVO erfasst wird.[35] Der erhöhte Erbteil ist daher im Europäischen Nachlasszeugnis auszuweisen.[36]

Vgl. im Übrigen zum anwendbaren Güterrecht nach dem Inkrafttreten der Europäischen Güterrechtsverordnung ab dem 29.1.2019 Rdn 40.

c) Ausbildungsanspruch des Stiefabkömmlings (§ 1371 Abs. 4 BGB)

aa) Voraussetzung

13 I.R.d. erbrechtlichen Lösung ist bei der Erhöhung des gesetzlichen Erbteils des überlebenden Ehepartners zu beachten, dass der zusätzliche Erbteil (pauschale Zugewinn)

---

25 Staudinger/*Werner*, § 1931 Rn 37; MüKo/*Leipold*, § 1931 Rn 43; Grüneberg/*Weidlich*, § 1931 Rn 7 f.
26 Erman/*Schlüter*, § 1931 Rn 25.
27 Vgl. hierzu MüKo/*Leipold*, § 1931 Rn 43.
28 MüKo/*Leipold*, § 1931 Rn 44.
29 Vgl. zum Streitstand ausführlich *Mankowski*, ZEV 2014, 121.
30 OLG Köln ZEV 2012, 205; OLG Frankfurt ZEV 2010, 253; OLG Stuttgart ZEV 2005, 443.
31 OLG München ZErb 2012, 220; vgl. hierzu auch *Süß*, MittBayNot 2013, 74.
32 BGH ZEV 2015, 409. Vgl. auch zur Anwendung für Erbfälle vor dem 17.8.2015 OLG München ZEV 2019, 631.
33 *Vollmer*, ZErb 2012, 227.
34 EuGH NJW 2018, 1377.
35 Vgl. zu den Konsequenzen *Dörner*, ZEV 2018, 305; *Süß*, DNotZ 2018, 742; *Weber*, DNotZ 2018, 1356.
36 *Dutta*, IPRax 2015, 32; MüKo/*Leipold*, § 1931 Rn 34.

durch einen **Ausbildungsanspruch** eines **Stiefabkömmlings** nach § 1371 Abs. 4 BGB, bei dem es sich um ein gesetzliches Vermächtnis handelt, belastet sein kann. Der zusätzliche Erbteil nach § 1371 Abs. 1 BGB kann daher nach § 1371 Abs. 4 BGB eine Ausbildungsfinanzierungspflicht der vom Erblasser stammenden Kinder mit sich bringen. Ein Ausbildungsanspruch nach § 1371 Abs. 4 BGB ist allerdings ausgeschlossen, wenn der überlebende Ehepartner Testamentserbe oder Vermächtnisnehmer wird.[37] Berechtigt nach § 1371 Abs. 4 BGB sind die Abkömmlinge des verstorbenen Ehegatten, die nicht aus der durch den Tod aufgelösten Ehe stammten, sofern sie im konkreten Fall zur Erbschaft berufen sind.[38] Voraussetzung ist demnach, dass zwischen den Stiefabkömmlingen und den überlebenden Ehegatten eine Erbengemeinschaft aufgrund gesetzlichen Erbrechts besteht. Ferner ist Voraussetzung für den Anspruch, dass eine **Ausbildungsbedürftigkeit** vorliegt, der Abkömmling also außer Stande ist, seine Ausbildung mit eigenen Mitteln zu finanzieren.

bb) Umfang

Der **Umfang** des Ausbildungsanspruchs bestimmt sich nach den §§ 1602, 1610 BGB. 14
Er umfasst neben dem Ausbildungsanspruch auch die **Lebenshaltungskosten.**[39] Anders hingegen im Rahmen einer Schulausbildung. Hier bezieht sich der Anspruch nur auf die Übernahme der unmittelbaren Ausbildungskosten.[40] Eigenes **Vermögen** eines Stiefabkömmlings schließt im Übrigen eine Bedürftigkeit aus und ist vorrangig zu verwerten. Der Grundsatz, dass der Vermögensstamm nicht zu **verwerten** ist (§ 1602 Abs. 2 BGB), findet keine Anwendung,[41] so dass das ererbte Vermögen eingesetzt werden muss.[42] Eine zumutbare Erwerbstätigkeit schließt einen Anspruch nach § 1371 Abs. 4 BGB aus.[43] In dem Fall, dass noch ein leistungsfähiger leiblicher Elternteil des Stiefabkömmlings vorhanden ist, beschränkt sich der Anspruch auf den Umfang und den Teil der Ausbildungskosten, den der Erblasser zu tragen gehabt hätte.[44] Der Anspruch richtet sich auf eine **Geldleistung**, wobei der Abkömmling keinen Anspruch auf Zahlung der gesamten Ausbildungskosten im Voraus hat.[45] Anderes gilt nur dann, wenn ein besonderer Grund vorliegt, bspw. dass der verpflichtete Ehegatte verschwenderisch lebt und ein Vermögensverfall zu befürchten ist.[46] Der Anspruch nach § 1371 Abs. 4 BGB entsteht mit der **Bedürftigkeit** des Stiefabkömmlings, also nicht unmittelbar mit dem Erbfall, wenn der Stiefabkömmling zum Zeitpunkt des Todes noch über Eigenvermögen verfügt, später aber dann bedürftig wird.[47] Steht mehreren Abkömmlingen ein Ausbildungsanspruch zu, so ist eine proportionale Beteiligung vorzunehmen.

cc) Durchsetzung und Prozessuales

Der Anspruch des Stiefabkömmlings ist **unpfändbar** (§ 850a Nr. 6 ZPO), hat unter- 15
haltsrechtlichen Charakter und verjährt nach drei Jahren (§§ 139, 195, 197 Abs. 2

---

37 MüKo/*Koch*, § 1371 Rn 55.
38 Vgl. zum Ausbildungsanspruch *Lenz*, ZErb 2000, 110, 111.
39 Grüneberg/*Siede*, § 1371 Rn 9.
40 Vgl. *Lenz*, ZErb 2000, 110, 111.
41 MüKo/*Koch*, § 1371 Rn 68, 69.
42 Zur Frage, ob eine Verwertung wegen Unwirtschaftlichkeit nicht zu erfolgen hat, vgl. *Johannsen*, FamRZ 1961, 964 und *Böhmer*, FamRZ 1961, 48.
43 MüKo/*Koch*, § 1371 Rn 67.
44 Grüneberg/*Siede*, § 1371 Rn 9.
45 MüKo/*Koch*, § 1371 Rn 72, Rn 73.
46 *Meyer*, Der Ausbildungsanspruch, S. 107 und 108.
47 Vgl. *Lenz*, ZErb 2000, 110, 112.

BGB).[48] Die örtliche Zuständigkeit bestimmt sich nach § 28 ZPO bzw. §§ 12, 13 ZPO. Da es kein familienrechtlicher Anspruch ist, ist eine ausschließliche sachliche Zuständigkeit des FamG nicht gegeben.[49]

3. Güterrechtliche Lösung bei Erbeinsetzung

a) Zugewinnausgleich und Pflichtteil

16 I.R.d. gesetzlichen Güterstands der Zugewinngemeinschaft muss der überlebende Ehepartner sich mit einer sog. pauschalen Abgeltung eines möglichen Zugewinnausgleichsanspruchs nicht abfinden lassen. Ihm steht nach § 1371 Abs. 3 BGB die Möglichkeit zu, den Erbteil (sei es der kraft gesetzlicher Erbfolge oder der testamentarisch zugewandte Erbteil) innerhalb der Frist des § 1944 BGB auszuschlagen und seinen **konkreten Zugewinnausgleichsanspruch** nach den Regeln der §§ 1372–1390 BGB sowie einen sog. **„kleinen"** Pflichtteil geltend zu machen.[50] Normzweck des § 1371 Abs. 3 BGB ist, dass der Ehegatte einen Pflichtteilsanspruch entgegen dem bei Ausschlagung ansonsten üblichen Verlust behält, wenn er seinen Zugewinnausgleichsanspruch realisieren will. Dem Pflichtteil steht nicht entgegen, dass die Eheleute längere Zeit getrennt gelebt haben, da nur eine wirksame Eheschließung, nicht aber das Bestehen einer ehelichen Lebensgemeinschaft vorausgesetzt wird.[51] Allerdings gilt es zu berücksichtigen, dass der Zugewinnausgleich einer Teilhabe an dem während der Ehe erwirtschafteten Vermögen dienen soll, so dass eine ungewöhnlich lange Trennungszeit i.R.d. Gesamtwürdigung eines Zugewinnausgleichs dann zu berücksichtigen ist (§ 1381 BGB), wenn der Erblasser sein Endvermögen bspw. erst nach der Trennung und ohne jegliches Zutun des Ehepartners erwirtschaftet hat, da in einem solchen Fall jegliche innere Beziehung des Vermögens zur ehelichen Lebensgemeinschaft fehlt.[52] Der Grund für das Scheitern der Ehe ist hingegen kein Anlass, eine Ausgleichsforderung wegen grober Unbilligkeit nach § 1381 BGB zu versagen.[53] Zu berücksichtigen ist i.R.d. (taktischen) Ausschlagung nach § 1371 Abs. 3 BGB insbesondere die Anrechnung nach § 1380 Abs. 1 BGB, die Stundungsmöglichkeit nach § 1382 BGB und das Leistungsverweigerungsrecht des Erben nach § 1381 BGB.[54]

b) Ausschlagung von Erbteil und Vermächtnis, § 1371 Abs. 2 BGB

17 Damit es zur **güterrechtlichen Lösung** kommt, muss der überlebende Ehepartner nicht nur den **Erbteil** ausschlagen, sondern es darf ihm auch kein Vermächtnis zustehen, d.h., dieses muss ebenfalls ausgeschlagen werden. So scheidet ein Zugewinnausgleichsanspruch aus, wenn dem Ehepartner durch Vermächtnis ein Nachlassgegenstand oder ein Nutzungsrecht zugewandt wurde, und zwar unabhängig davon, welchen Wert dieses Vermächtnis hat.[55] Dem überlebenden Ehegatten steht daher die güterrechtliche Lösung nur dann zu, wenn er neben der Erbeinsetzung auch jedwede **Vermächtniszuwendung** ausgeschlagen hat, auch wenn es sich um eine geringwertige Zuwendung handelt.[56]

48 Bamberger/Roth/*J. Mayer*, § 1371 Rn 50.
49 Soergel/*Lange*, § 1371 Rn 59.
50 MüKo/*Leipold*, § 1931 Rn 45.
51 OLG Schleswig OLGR 2000, 241.
52 BGH FamRZ 2002, 606 = NJW-RR 2002, 865; a.A. OLG Bamberg FamRZ 1990, 408.
53 OLG Bamberg FamRZ 1990, 408.
54 Vgl. hierzu *Bonefeld*, ZErb 2002, 154.
55 AG Tecklenburg FamRZ 1997, 1013.
56 *Bonefeld*, ZErb 2002, 154.

c) Nachlassverbindlichkeit und „kleiner" Pflichtteil

Bei dem auszugleichenden Zugewinnausgleichsanspruch handelt es sich um eine **Nachlassverbindlichkeit**, die insbesondere Vermächtnissen und Pflichtteilsansprüchen vorgeht,[57] was aus Sicht der Haftungsreihenfolge für Nachlassverbindlichkeiten nicht unbedeutend ist. Allerdings berechnet sich der sog. „kleine" Pflichtteilsanspruch aus dem um den Zugewinnausgleichsanspruch reduzierten Nachlass. 18

d) Prozessuales bei der güterrechtlichen Lösung

Bei der Geltendmachung des „kleinen" Pflichtteils und des konkreten Zugewinnausgleichsanspruchs ist für die Geltendmachung des Zugewinnausgleichsanspruchs das **FamG** zuständig. Für den Pflichtteilsanspruch gilt hingegen der besondere **Gerichtsstand der Erbschaft** nach § 27 Abs. 1 ZPO oder der allg. Gerichtsstand (§§ 12, 13 ZPO), da § 27 ZPO keinen ausschließlichen Gerichtsstand begründet.[58] Macht der Ehepartner zunächst einen vermeintlich „großen" Pflichtteilsanspruch klageweise geltend, so ist die Verjährung des Zugewinnausgleichsanspruchs dadurch nicht gehemmt.[59] Auch die im Rahmen einer Klage auf Rückgängigmachung einer fälschlicherweise erfolgten Erbauseinandersetzung erhobene Widerklage auf Zustimmung zum Teilungsplan unterbricht die Verjährung des Zugewinnausgleichsanspruchs des Ehegatten auch dann nicht, wenn zur Begründung der Widerklage auf den Zugewinnausgleichsanspruch Bezug genommen wird.[60] 19

4. Güterrechtliche Lösung bei Enterbung

Wurde der überlebende Ehegatte von der Erbfolge ausgeschlossen und ihm auch kein Vermächtnis zugewandt, dann kann er nur den Zugewinnausgleich i.V.m. dem „kleinen" Pflichtteil geltend machen. Ein **Wahlrecht** zwischen „kleinem" und „großem" Pflichtteil **besteht** auch in diesem Fall **nicht**.[61] Der „kleine" Pflichtteil berechnet sich nach der nicht erhöhten Erbquote des Abs. 1 und 2 und der Zugewinnausgleichsanspruch ist so geltend zu machen, wie wenn die Ehe nicht durch Tod aufgelöst worden wäre (§§ 1373 ff. BGB). Da für die Anrechnung nach § 1380 BGB eine Vermutung besteht, wenn die Zuwendung den Wert von Gelegenheitsgeschenken übersteigt, kann eine Enterbung des Ehepartners zur Reduzierung seiner Ansprüche sinnvoll sein.[62] 20

5. Verjährung

Hinsichtlich der **Verjährung** des Zugewinnausgleichsanspruchs gelten die allg. Verjährungsvorschriften. Nach § 195 BGB verjährt der Anspruch innerhalb von drei Jahren. Die Frist beginnt mit dem Schluss des Jahres, in dem der Anspruch entstanden ist und der Gläubiger von den anspruchbegründenden Umständen Kenntnis erlangt (§ 199 BGB). Nach § 1378 Abs. 3 BGB entsteht die Ausgleichsforderung mit der Beendigung des Güterstandes. Neben dem Erbfall muss der überlebende Ehepartner wohl aber auch Kenntnis von der enterbenden Verfügung haben, da der Zugewinnausgleichsanspruch nur dann besteht, wenn der Ehepartner nicht Erbe (oder Vermächtnisnehmer) geworden ist. 21

---

57 BGHZ 37, 64.

58 Zöller/*Vollkommer*, § 27 Rn 1.

59 OLG Hamm, Urt. v. 15.10.1981 - UF 252/81 E, n.v.

60 BGH NJW 1993, 2439; vgl. zur Frage der Prozesskostenhilfe für Klage auf Zugewinnausgleich, wenn der Erblasser während des Scheidungsverfahrens verstirbt, OLG Zweibrücken FamRZ 1997, 683.

61 BGHZ 42, 182.

62 Vgl. zur sog. „taktischen" Enterbung *Bonefeld*, ZErb 2002, 154, 155.

6. Berechnung des Zugewinnausgleichs

a) Zeitpunkt für die Berechnung des Zugewinnausgleichs

22 Endet der Güterstand durch Tod, so ist für die Berechnung des Zugewinnausgleichs i.R.d. güterrechtlichen Lösung der **Zeitpunkt** des **Erbfalls** maßgebend. Str. ist allerdings die Bestimmung des Stichtages, wenn der Erblasser während eines rechtshängigen Scheidungsverfahrens verstirbt. Die h.M. wendet in einem solchen Fall § 1384 BGB analog an, wenn der Scheidungsprozess zum Erfolg geführt hätte.[63] Die a.A. verneint mangels Regelungslücke eine analoge Anwendung des § 1384 BGB, so dass auch im Falle eines rechtshängigen Scheidungsprozesses auf den Zeitpunkt des Erbfalls als Stichtag abzustellen ist.[64]

b) Beweislast für Anfangs-/Endvermögen

23 Nach § 1377 Abs. 3 BGB wird vermutet, sofern die Eheleute kein Verzeichnis erstellt haben (§ 1377 Abs. 1 BGB), dass das Endvermögen des Erblassers zum Stichtag der Berechnung seinen Zugewinn darstellt und ein Anfangsvermögen nicht vorhanden war. Diese Vermutung gilt auch zugunsten bzw. zu Lasten der Erben des Ehegatten und kann gem. § 292 ZPO widerlegt werden. Der auf Ausgleich in Anspruch genommene Erbe hat daher grundsätzlich die **Darlegungs-** und **Beweislast** für den Bestand und den Wert des Anfangsvermögens.[65]

63 BGHZ 99, 304 = NJW 1987, 1764.

64 OLG Celle FamRZ 1984, 55; OLG Köln FamRZ 1985, 933.

65 BGHZ 107, 236; BGH FamRZ 1991, 1166.

Möglichkeiten des Ehegatten bei gesetzlicher oder testamentarischer Erbfolge						
Ehegatte ist der gesetzliche Erbe		Ehegatte ist gewillkürter Erbe		Ehegatte ist Vermächtnisnehmer		Ehegatte ist enterbt
schlägt nicht aus	schlägt aus	schlägt nicht aus	schlägt aus	schlägt nicht aus	schlägt aus	güterrechtliche Lösung
erbrechtliche Lösung	güterrechtliche Lösung	keine pauschale Erhöhung, da keine gesetzliche Erbfolge ggf. Aufstockung auf „großen" Pflichtteil	güterrechtliche Lösung	ggf. Aufstockung auf „großen" Pflichtteil	güterrechtliche Lösung	
pauschale Erhöhung des Erbteils um 1/4	konkreter Zugewinn und „kleiner" Pflichtteil		konkreter Zugewinn und kleiner Pflichtteil		konkreter Zugewinn und kleiner Pflichtteil	konkreter Zugewinn und kleiner Pflichtteil
§§ 1931 Abs. 1, 1371 Abs. 1 BGB	§§ 1931 Abs. 1 und 2, 1371 Abs. 3 BGB	§§ 2305, 2307, §§ 1931 Abs. 1, 1371 Abs. 1 BGB	§§ 1931 Abs. 1 und 2, 1371 Abs. 3 BGB	§§ 2305, 2307, §§ 1931 Abs. 1, 1371 Abs. 1 BGB	§ 1371 Abs. 2 BGB	§ 1371 Abs. 2 BGB

V. Höhe der Erbquote bei Gütertrennung

24 Zu einer Modifizierung des nach Abs. 1 ermittelten Erbteils des überlebenden Ehegatten kommt es bei Vorliegen einer **Gütertrennung** nur dann, wenn neben dem überlebenden Ehegatten ein oder zwei Kinder zu gesetzlichen Erben berufen sind. In einem solchem Fall erben die Kinder und der Ehegatte zu gleichen Teilen. Konkret heißt dies, dass bei Vorhandensein eines Kindes jeder zu 1/2 und beim Vorhandensein von zwei Kindern jeder zu 1/3 zur Erbfolge berufen ist. Sind mehr als zwei Kinder vorhanden, verbleibt es bei der in Abs. 1 vorgesehenen Regelung, wonach dem Ehepartner 1/4 Erbteil zusteht.

Erbanteil des Ehegatten

Erbanteil des Ehegatten beim Güterstand der	**Anzahl der noch lebenden Kinder (Stämme)**			**Keine Erben erster Ordnung vorhanden, aber Erben zweiter Ordnung bzw. Großeltern vorhanden; beachte Abs. 1 S. 2, falls ein Großelternteil vorverstorben ist**	**Keine Erben erster und zweiter Ordnung vorhanden, Großeltern bereits verstorben**
	1	2	>2		
– Zugewinngemeinschaft	1/2	1/2	1/2	3/4	1/1
– Gütertrennung	1/2	1/3	1/4	1/2	1/1
– Gütergemeinschaft	1/4	1/4	1/4	1/2	1/1

VI. Ansprüche aus einer Ehegatten-Innengesellschaft

1. Allgemeines

25 Geht es um die Frage, welche Ansprüche dem Ehepartner am Nachlass des verstorbenen Erblassers zustehen, so ist zu prüfen, inwieweit dem überlebenden Ehepartner Ansprüche aus einer **Ehegatten-Innengesellschaft** zustehen können. Grundsätzlich erfolgt ein vermögensrechtlicher Ausgleich über die Regeln des Zugewinns, im Erbfall also entweder über den konkreten Zugewinnausgleichsanspruch oder die pauschalierte Erhöhung des Erbteils nach § 1371 Abs. 1 BGB. Beim gesetzlichen Güterstand der Zugewinngemeinschaft ist ein Ausgleichsanspruch aufgrund **gesellschaftsrechtlicher** Regelungen jedoch nicht grundsätzlich ausgeschlossen.[66] Der BGH hat hinsichtlich des Verhältnisses zwischen Zugewinnausgleichsanspruch und einem Anspruch aufgrund einer Ehegatten-Innengesellschaft lediglich festgestellt, dass die Folgen, die zur Begründung eines gesellschaftsrechtlichen Anspruchs geführt haben, vorwiegend bei Gütertrennung auftreten.[67] Ansprüche aus dem güterrechtlichen Zugewinnausgleich und Ansprüche aufgrund Gesellschaftsrechts können daher grundsätzlich nebeneinander bestehen.[68]

---

66 Nach Auffassung des BGH ist für einen Ausgleichsanspruch aus einer Ehegatteninnengesellschaft an das Güterrechtsstatut und nicht an das Vertragsstatut anzuknüpfen, wenn eine Ehegattengesellschaft im Ausland begründet wird, vgl. BGH NZG 2015, 1073.

67 BGHZ 142, 137; BGH DNotZ 2024, 703; OLG Brandenburg NZG 2022, 452; KG NJW 2017, 3246.

68 Vgl. *Krug*, ZErb 2002, 15.

Die Ansprüche des Ehepartners richten sich auf ein Auseinandersetzungsguthaben bei Beendigung bzw. Auflösung der Ehegatten-Innengesellschaft durch Tod eines Ehegatten.[69] Je nachdem, welchem Ehegatten ein Ausgleichsanspruch zusteht, kann das Auseinandersetzungsguthaben **Nachlassverbindlichkeit,**[70] aber auch **Nachlassforderung** sein. Als Nachlassverbindlichkeit ist das Auseinandersetzungsguthaben i.R.d. Pflichtteilsberechnung zu berücksichtigen und führt grundsätzlich dazu, dass sich der Nettonachlass, aus dem sich der Pflichtteilsanspruch berechnet, verringert. Im Hinblick auf die Auseinandersetzung der Erbengemeinschaft gilt es zu berücksichtigen, dass der Ausgleichsanspruch als Aktiva bzw. Passiva des Nachlasses vor der Erbteilung bzw. Auseinandersetzung der Erbengemeinschaft einzufordern bzw. auszugleichen ist. 26

2. Voraussetzungen der Ehegatten-Innengesellschaft

Kommt es zu einer eigentumsmäßigen Zuordnung von Vermögen bei einem Ehegatten, die über ein **übliches Maß** hinausgeht und die sich im Hinblick auf finanzielle **Beiträge** und **Arbeitsleistungen** des anderen Ehegatten begründet, so ist zu prüfen, inwieweit die Beteiligten davon ausgegangen sind, an dem Vermögenszuwachs zu partizipieren. Eine Ehegatten-Innengesellschaft ist dann zu verneinen, wenn ein Ehegatte durch seine Leistungen bewusst und gezielt das Vermögen des anderen gefördert hat und die so geschaffenen Vermögenswerte nach dem übereinstimmenden Willen der Partner rechtlich und wirtschaftlich nur diesem allein verbleiben sollen.[71] Gegen einen auf Gründung einer Ehegatteninnengesellschaft gerichteten Rechtsbindungswillen der Ehegatten kann daher sprechen, dass die dingliche Zuordnung des Geschäftsvermögens zu nur einem der Ehegatten dem Zweck diente, gemeinsam aufgebautes oder zu schaffendes Vermögen den Gläubigern des anderen Ehegatten vorzuenthalten.[72] Ist dies nicht der Fall und haben die Eheleute auch keine ausdrückliche Abrede über einen Vermögensausgleich getroffen, so kann zwischen den Ehegatten stillschweigend eine Innengesellschaft nach gesellschaftsrechtlichen Regelungen begründet worden sein. Für das Vorliegen einer stillschweigend vereinbarten Innengesellschaft fordert die Rspr., dass die Eheleute durch ihre beiderseitigen Leistungen einen über den typischen Rahmen der ehelichen Lebensgemeinschaft hinausgehenden Zweck verfolgen, indem sie etwa durch Einsatz von Vermögenswerten und Arbeitsleistungen Vermögen aufbauen oder gemeinsam berufliche Tätigkeiten ausüben.[73] 27

Indizien für eine nach gesellschaftsrechtlichen Grundsätzen zu bewertende Zusammenarbeit ergeben sich nach Ansicht der Rspr. bspw. aus **Planung, Umfang** und **Dauer** der Vermögensbildung sowie aus Absprachen über die Verwendung und Wiederanlage erzielter Erträge.[74] Ist ein entsprechender Zweck nicht gegeben und dient der Einsatz von Arbeit und Vermögen nur dem Bestreben, die Verwirklichung der ehelichen Lebensgemeinschaft zu schaffen, so scheidet eine konkludente Ehegatten-Innengesellschaft aus.[75] Dies wird bspw. angenommen, wenn durch den gemeinsamen Einsatz von Vermögen und Arbeit ein Familienheim geschaffen wurde.[76] So reicht 28

69 Vgl. zum Anspruch auf Zustimmung zur gemeinsamen Einkommensteuerveranlagung BGH ZErb 2004, 67.

70 BGH NJW 1990, 573.

71 *Hausmann*, ZEV 1995, 129.

72 BGH DNotZ 2024, 703. Vgl. auch OLG Koblenz RNotZ 2023, 246, zur möglichen Annahme einer Ehegatten-Innengesellschaft, wenn aus haftungsrechtlichen Gesichtspunkten nur ein Ehepartner als Eigentümer einer Immobilie im Grundbuch eingetragen wird.

73 BGHZ 142, 137; BGHZ 8, 249.

74 BGH NJW 2003, 2982.

75 BGH FamRZ 1975, 35; BGHZ 31, 197.

76 BGH FamRZ 1975, 35; BGHZ 31, 197.

auch die Besorgung von Geldmitteln und die Stellung **dinglicher Sicherheiten** für einen Geschäftsbetrieb des anderen Ehepartners ohne weitere Beteiligung des Ehepartners an Aufbau und Führung des Geschäfts nicht zur Annahme einer konkludent zustande gekommenen Innengesellschaft aus.[77] Besteht der Zweck der gemeinsamen Tätigkeit im Wesentlichen in der **Sicherung** des **Lebensunterhalts**, so steht dies einer Annahme einer Innengesellschaft aber nicht entgegen.[78] Haben die Ehegatten über Jahre hinweg planvoll und zielstrebig gemeinsam am Aufbau eines Vermögens (bspw. einer Immobilie) mitgearbeitet, um auch im Alter aus dessen Erträgen leben zu können und um daraus weiteres Vermögen zu bilden, so liegt die Annahme einer Ehegatten-Innengesellschaft nahe.[79] Bedeutend ist in diesem Zusammenhang aber auch, dass es sich nicht um eine untergeordnete, sondern um eine gleichgeordnete Tätigkeit unter beiderseitiger Betätigung an Gewinn und Verlust der Ehepartner handeln muss.[80] **Gleichwertig** müssen die Leistungen bzw. Beiträge nicht sein, sondern maßgebend ist vielmehr eine gleichberechtigte Mitarbeit bzw. Beteiligung. Insoweit kann eine Ehegatten-Innengesellschaft auch dann vorliegen, wenn ein Ehegatte die Betriebseinrichtung zur Verfügung stellt und der andere aufgrund seiner Sachkunde die kaufmännische Leitung übernimmt.[81] Ob die Ehegatten ihr Zusammenwirken selbst als gesellschaftsrechtliche Beziehung qualifizieren, ist unerheblich.[82]

3. Umfang des Anspruchs bei Abwicklung der Ehegatten-Innengesellschaft

29 Der Anspruch, der sich aus der Beendigung einer Ehegatten-Innengesellschaft ergibt, besteht in der Form eines **schuldrechtlichen Zahlungsanspruchs** i.H.d. Auseinandersetzungsguthabens.[83] Endet die Ehegatten-Innengesellschaft mit dem Tod des Erblassers, so ist als Stichtag für die Festlegung der Höhe des Ausgleichsanspruchs der Eintritt des Erbfalls maßgebend. Zu diesem Zeitpunkt ist eine Bestandsaufnahme und eine Vermögensbewertung vorzunehmen. Eine Verwertung der im Eigentum des anderen Ehegatten stehenden Vermögensgegenstände kann der ausgleichsberechtigte Ehepartner aber nicht verlangen. Ihm steht nur ein auf Geld gerichteter Auseinandersetzungsanspruch zu. Schwierigkeiten bestehen auch in der Festlegung des **Anteils** des überlebenden Ehegatten bzw. dessen Beteiligung am Gesellschaftsvermögen. Liegt eine Vereinbarung vor, was im Falle einer stillschweigend geschlossenen Innengesellschaft i.d.R. nicht der Fall sein wird, so ist die Höhe der Beteiligung durch ergänzende Vertragsauslegung zu bestimmen. Ergeben sich aus den Umständen keine Hinweise auf eine bestimmte Verteilungsabsicht, so ist ohne Rücksicht auf Art und Größe des Beitrags eine gleich hohe Beteiligung jedes Gesellschafters anzunehmen.[84]

4. Prozessuales

30 Zuständig für den Ausgleichsanspruch ist nach den §§ 111 Nr. 10, 112 Nr. 3 und 266 Abs. 1 Nr. 3 FamFG das FamG. *Krug* geht hingegen von der Zuständigkeit des **allg. Prozessgerichts** aus, da es sich bei Streitigkeiten im Rahmen des Rechtsverhältnisses

77 BGH FamRZ 1987, 907.
78 BGH FamRZ 1990, 973.
79 BGHZ 142, 137.
80 OLG Brandenburg NZG 2022, 452.
81 BGH FamRZ 1968, 569.
82 BGHZ 31, 197, 201; vgl. zur Frage, wann ein Ehegatte Anspruch auf Zustimmung zur gemeinsamen Einkommensteuerveranlagung bei Vorliegen einer Ehegatten-Innengesellschaft hat und ob und in welchem Umfang der andere Ehegatte am steuerlichen Vorteil zu beteiligen ist, BGH NJW 2003, 2982.
83 BGHZ 8, 256; BGHZ 142, 137.
84 BGH FamRZ 1990, 973.

einer Ehegatten-Innengesellschaft nicht um güterrechtliche Streitigkeiten handelt.[85] Hinsichtlich der Höhe der Beteiligung ist derjenige beweisbelastet, der mehr als die Hälfte für sich aus dem Gesellschaftsvermögen beansprucht.[86]

5. Ansprüche bei Rückabwicklung ehebezogener Zuwendungen

Abzugrenzen ist der Ausgleichsanspruch aufgrund einer Ehegatten-Innengesellschaft 31 von dem Rückforderungsanspruch aus einer **ehebezogenen Zuwendung** für den Fall, dass ein Wegfall der Geschäftsgrundlage vorliegt. Ein Rückforderungsanspruch aus einem ehebezogenen Rechtsgeschäft kann sich bei Scheitern der Ehe aufgrund Wegfalls der Geschäftsgrundlage ergeben, wenn die Beibehaltung der durch die Zuwendung herbeigeführten Vermögenslage dem benachteiligten Ehegatten nicht zumutbar ist.[87] Da ehebezogene Zuwendungen von ihrem begrifflichen Ansatz her auf die Fälle zugeschnitten sind, bei denen die persönliche Bindung der Ehepartner im Vordergrund steht, dürften solche Ansprüche bei Auflösung der Ehe durch Tod eines Ehepartners weniger in Konkurrenz zu Ansprüchen aus einer Ehegatten-Innengesellschaft stehen. Die Grundsätze des Wegfalls der Geschäftsgrundlage schließen daher Ansprüche aus einer Ehegatten-Innengesellschaft grundsätzlich nicht aus.[88]

Maßgebend für die Abgrenzung zwischen einer ehebezogenen Zuwendung und der Annahme einer Ehegatten-Innengesellschaft ist die Zielvorstellung der Ehepartner im Hinblick auf die Vermögensbildung. Eine Ehegatten-Innengesellschaft ist insbesondere dann anzunehmen, wenn die Zielsetzung der Ehepartner über den Zweck der Verwirklichung der ehelichen Lebensgemeinschaft hinausgeht und beide die Vorstellung haben, das gemeinsam geschaffene Vermögen soll wirtschaftlich auch den beiden Ehepartnern zustehen.[89]

D. Güterstand der deutsch-französischen Wahl-Zugewinngemeinschaft

Das Abkommen über den Güterstand der Wahl-Zugewinngemeinschaft zwischen der 32 Bundesrepublik Deutschland und der Republik Frankreich ist am 1.5.2013 in Kraft getreten (§ 1519 BGB; WZGA). Der Güterstand der Wahl-Zugewinngemeinschaft kann von Ehegatten vereinbart werden, deren Güterrecht dem Sachrecht eines der Vertragsstaaten unterliegt.[90] Damit kann der Güterstand auch zwischen zwei deutschen Ehepartner vereinbart werden.[91] Gleiches gilt auch für eingetragene Lebenspartner.[92]

Im Erbfall bestimmt sich die Zugewinnausgleichsforderung dann nach Art. 12 WZGA. 33 Danach kann der überlebende Ehegatte unabhängig von seiner erbrechtlichen Stellung den Ausgleich des Zugewinns fordern.[93] Der Ehegattenerbteil ist dann ausschließlich nach § 1931 BGB zu beurteilen.[94] Der Zugewinnausgleich stellt eine Nachlassverbindlichkeit dar, die nicht als Erwerb i.S.d. §§ 3 und 7 ErbStG gilt (§ 5 Abs. 3 ErbStG).

Nach Art. 12 Abs. 3 WZGA entsteht die Ausgleichsforderung mit der Beendigung des 34 Güterstandes und ist danach vererblich und übertragbar. Die derzeit h.M.[95] geht daher,

85 Vgl. *Krug*, ZErb 2002, 15, 16.
86 BGHZ 142, 137.
87 BGHZ 127, 48.
88 BGHZ 142, 137.
89 Vgl. zur Abgrenzung auch *Krug*, ZErb 2002, 15.
90 Vgl. hierzu *Süß*, ZErb 2010, 281; *Meyer*, FamRZ 2010, 612.
91 MüKo/*Leipold*, § 1931 Rn 59; *Becker*, JA 2019, 94.
92 MüKo/*Leipold*, § 1931 Rn 59.
93 Zu etwaigen pflichtteilsreduzierenden Auswirkungen vgl. *Jäger*, DNotZ 2010, 804.
94 MüKo/*Leipold*, § 1931 Rn 60.
95 *Süß*, ZErb 2010, 281; *Jünemann*, ZEV 2013, 353; *Dutta*, FamRZ 2011, 1829; kritisch MüKo/*Leipold*, § 1931 Rn 61 ff.

anders als bei der Zugewinnausgleichsforderung nach den §§ 1373 ff. BGB,[96] davon aus, dass die Ausgleichsforderung in den Nachlass des verstorbenen Ehegatten fällt und von seinen Erben geltend gemacht werden kann.

E. Erbrecht des Partners einer eingetragenen Lebenspartnerschaft

35 *§ 10 LPartG Erbrecht*

(1) [1]Der überlebende Lebenspartner des Erblassers ist neben Verwandten der ersten Ordnung zu einem Viertel, neben Verwandten der zweiten Ordnung oder neben Großeltern zur Hälfte der Erbschaft gesetzlicher Erbe. [2]Treffen mit Großeltern Abkömmlinge von Großeltern zusammen, so erhält der Lebenspartner auch von der anderen Hälfte den Anteil, der nach § 1926 des Bürgerlichen Gesetzbuchs den Abkömmlingen zufallen würde. [3]Zusätzlich stehen ihm die zum lebenspartnerschaftlichen Haushalt gehörenden Gegenstände, soweit sie nicht Zubehör eines Grundstücks sind, und die Geschenke zur Begründung der Lebenspartnerschaft als Voraus zu. [4]Ist der überlebende Lebenspartner neben Verwandten der ersten Ordnung gesetzlicher Erbe, so steht ihm der Voraus nur zu, soweit er ihn zur Führung eines angemessenen Haushalts benötigt. [5]Auf den Voraus sind die für Vermächtnisse geltenden Vorschriften anzuwenden. [6]Gehört der überlebende Lebenspartner zu den erbberechtigten Verwandten, so erbt er zugleich als Verwandter. [7]Der Erbteil, der ihm aufgrund der Verwandtschaft zufällt, gilt als besonderer Erbteil.

(2) [1]Sind weder Verwandte der ersten noch der zweiten Ordnung noch Großeltern vorhanden, erhält der überlebende Lebenspartner die ganze Erbschaft. [2]Bestand beim Erbfall Gütertrennung und sind als gesetzliche Erben neben dem überlebenden Lebenspartner ein oder zwei Kinder des Erblassers berufen, so erben der überlebende Lebenspartner und jedes Kind zu gleichen Teilen; § 1924 Abs. 3 des Bürgerlichen Gesetzbuchs gilt auch in diesem Fall.

(3) [1]Das Erbrecht des überlebenden Lebenspartners ist ausgeschlossen, wenn zur Zeit des Todes des Erblassers

1. *die Voraussetzungen für die Aufhebung der Lebenspartnerschaft nach § 15 Abs. 2 Nr. 1 oder 2 gegeben waren und der Erblasser die Aufhebung beantragt oder ihr zugestimmt hatte oder*
2. *der Erblasser einen Antrag nach § 15 Abs. 2 Nr. 3 gestellt hatte und dieser Antrag begründet war.*

[2]In diesen Fällen gilt § 16 entsprechend.

(4) Lebenspartner können ein gemeinschaftliches Testament errichten. [2]Die §§ 2266 bis 2272 des Bürgerlichen Gesetzbuchs gelten entsprechend.

(5) Auf eine letztwillige Verfügung, durch die der Erblasser seinen Lebenspartner bedacht hat, ist § 2077 des Bürgerlichen Gesetzbuchs entsprechend anzuwenden.

(6) [1]Hat der Erblasser den überlebenden Lebenspartner durch Verfügung von Todes wegen von der Erbfolge ausgeschlossen, kann dieser von den Erben die Hälfte des Wertes des gesetzlichen Erbteils als Pflichtteil verlangen. [2]Die Vorschriften des Bürgerlichen Gesetzbuchs über den Pflichtteil gelten mit der Maßgabe entsprechend, dass der Lebenspartner wie ein Ehegatte zu behandeln ist.

(7) Die Vorschriften des Bürgerlichen Gesetzbuchs über das Inventar für eine zum Gesamtgut gehörende Erbschaft und über den Erbverzicht gelten entsprechend.

---

96 *Jünemann*, ZEV 2013, 353; BGH NJW 1995, 1832. Beim gesetzlichen Güterstand der Zugewinngemeinschaft steht der Zugewinn nach § 1371 Abs. 2 BGB nur dem überlebenden Ehepartner zu.

I. Allgemeines und Anwendbarkeit

Das LPartG findet aufgrund der Tatsache, dass gleichgeschlechtliche Partner seit dem 1.10.2017 die Ehe eingehen können, nur noch Anwendung auf Lebenspartnerschaften, die vor dem 1.10.2017 in der Bundesrepublik Deutschland begründet wurden, oder für im Ausland begründete Lebenspartnerschaften, soweit für diese deutsches Recht zur Anwendung kommt.[97] 36

Das gesetzliche Erbrecht des Partners einer eingetragenen **Lebenspartnerschaft** bestimmt sich nach § 10 LPartG und ist mit dem eines Ehepartners identisch. Gleiches gilt für den **Güterstand nach § 6 LPartG.** Ebenso wie § 1931 BGB setzt § 10 Abs. 3 LPartG voraus, dass eine wirksame Partnerschaft nach § 1 LPartG besteht und diese nicht gem. § 15 LPartG aufgehoben worden ist. Eingetragene Lebenspartner können nach § 7 S. 2 LPartG, § 1519 BGB auch die deutsch-französische Wahl-Zugewinngemeinschaft vereinbaren.[98]

II. Höhe des Erbteils des eingetragenen Lebenspartners

Der Partner einer eingetragenen Lebenspartnerschaft erbt neben Verwandten der ersten Ordnung zu 1/4 und neben Verwandten der zweiten Ordnung oder neben Großeltern zur Hälfte. Treffen mit Großeltern Abkömmlinge von Großeltern zusammen, so erhält der Lebenspartner auch von der anderen Hälfte den Anteil, der nach § 1926 BGB den Abkömmlingen zufallen würde. 37

III. Erhöhung des Erbteils nach § 6 LPartG

Nach § 6 S. 2 LPartG gelten die Vorschriften der §§ 1364–1390 BGB entsprechend, wenn die Lebenspartner in Zugewinngemeinschaft leben. Neben Erben erster Ordnung erhält der überlebende Lebenspartner dann eine Erbquote von 1/2 und neben Verwandten der zweiter Ordnung 3/4. 38

IV. Ausschluss des Partnererbrechts

Eine dem § 1933 BGB entsprechende Regelung enthält § 10 Abs. 3 LPartG. Danach ist das Erbrecht des überlebenden Lebenspartners einer eingetragenen Lebenspartnerschaft ausgeschlossen, wenn zur Zeit des Todes die Voraussetzung für die **Aufhebung** der **Lebenspartnerschaft** nach § 15 Abs. 2 Nr. 1 oder Nr. 2 LPartG gegeben waren und der Erblasser die Aufhebung beantragt oder ihr zugestimmt hatte, oder der Erblasser einen Antrag nach § 15 Abs. 2 Nr. 3 LPartG gestellt hat und dieser begründet war. 39

F. Die Europäische Güterrechtsverordnung

Am 17.12.2018 hat der deutsche Gesetzgeber das Gesetz zum Internationalen Güterrecht und zur Änderung von Vorschriften des Internationalen Privatrechts verabschiedet,[99] welches zum 29.1.2019 in Kraft getreten ist. Nach Art. 69 Abs. 3 EU-GüVO gelten die Kollisionsnormen der EU-GüVO für Ehegatten, die **ab dem 29.1.2019** die **Ehe schließen**[100] oder eine **Rechtswahl** treffen.[101] Wählbar ist das Recht des Staates, in dem die künftigen Ehegatten oder einer von ihnen ihren/seinen gewöhnlichen Aufenthalt haben/hat (Art. 22 Abs. 1 lit. a) EU-GüVO), oder das Recht des Staates, 40

97 Nach § 20a LPartG können Lebenspartner die Umwandlung der Lebenspartnerschaft in eine Ehe beantragen.

98 *Jäger*, DNotZ 2010, 804.

99 BGBl I 2018, S. 2573.

100 Für davor geschlossene Ehen gelten Art. 14, 15 EGBGB.

101 *Döbereiner*, MittBayNot 2018, 405.

dessen Staatsangehörigkeit einer der Ehepartner zum Zeitpunkt der Rechtswahl besitzt (Art. 22 Abs. 1 lit. b) EU-GüVO).[102]
Für das Güterrecht von Partnern eingetragener **Lebenspartnerschaften** gelten ab dem 29.1.2019 die Regelungen der EU-PartVO.

§ 1932 Voraus des Ehegatten

(1) [1]Ist der überlebende Ehegatte neben Verwandten der zweiten Ordnung oder neben Großeltern gesetzlicher Erbe, so gebühren ihm außer dem Erbteil die zum ehelichen Haushalt gehörenden Gegenstände, soweit sie nicht Zubehör eines Grundstücks sind, und die Hochzeitsgeschenke als Voraus. [2]Ist der überlebende Ehegatte neben Verwandten der ersten Ordnung gesetzlicher Erbe, so gebühren ihm diese Gegenstände, soweit er sie zur Führung eines angemessenen Haushalts benötigt.
(2) Auf den Voraus sind die für Vermächtnisse geltenden Vorschriften anzuwenden.

Literatur
Braga, Das ehegüterrechtliche Erbrecht des überlebenden Ehegatten, FamRZ 1957, 334; *Eigel*, Der Voraus des überlebenden Ehegatten, MittRhNotK 1983, 1; *Erle*, Der Pkw als Hausrat, ZEV 2016, 240; *Grziwotz*, Die Lebenspartnerschaft zweier Personen gleichen Geschlechts, DNotZ 2001, 280; *Harder*, Gibt es gesetzliche Vermächtnisse?, NJW 1988, 2716; *Holler*, Wandlungen des Ehegattenerbrechts, 2021, S. 72 ff.; *Leipold*, Die neue Lebenspartnerschaft aus erbrechtlicher Sicht, insbesondere bei zusätzlicher Eheschließung, ZEV 2001, 218; *Mayer*, Das Gesetz zur Beendigung der Diskriminierung gleichgeschlechtlicher Gemeinschaften – Lebenspartnerschaften, ZEV 2001, 169; *Ripfel*, Der gesetzliche Voraus des überlebenden Ehegatten, BWNotZ 1965, 265; *Schwab*, Eingetragene Lebenspartnerschaft, FamRZ 2001, 385; *Tappmeier*, Zur Funktion der erbrechtlichen Auslegungsvorschriften des BGB (Diss. 1987); *Walter*, Das gesetzliche Erbrecht in der eingetragenen Lebenspartnerschaft, FPR 2005, 279.

Übersicht: Rdn

102 Vgl. zu den Formanforderungen nach der EU-GüVO DNotI-Report 1/2019, S. 2.

A. Allgemeines

I. Normzweck

1 Gem. § 1932 BGB hat der überlebende Ehegatte Anspruch auf den **Voraus.** Nach der Definition ist der Voraus das **Vermächtnis,** das dem überlebenden Ehegatten vor dem gesetzlichen Erbteil zusteht, sofern die Eheleute einen **gemeinschaftlichen Haushalt** geführt haben. Dieser Anspruch ist eine Folge der ehelichen Lebensgemeinschaft. Der Längstlebende soll durch den Tod des erstversterbenden Ehegatten nicht dazu gezwungen werden, seine Lebensverhältnisse zu ändern. Der Sinn und Zweck des Voraus besteht vielmehr darin, dem überlebenden Ehegatten die **Fortsetzung des Haushalts** in der bisherigen Weise zu ermöglichen. Hierbei erhält der überlebende Ehegatte nicht etwas zusätzlich, sondern er darf bestimmte Gegenstände behalten. Zum einen geht es um den Schutz der **wirtschaftlichen Existenz;** zum anderen wird dabei ein Eingriff in den Persönlichkeitsbereich des längerlebenden Ehegatten vermieden. Die Gegenstände, die seinen sozialen Status prägen, sollen ihm belassen werden. Der Tod des Ehegatten hat ohnehin einen Schock und Schmerz ausgelöst. Hier soll nicht noch ein Verlust der vertrauten Gegenstände hinzukommen, wodurch der Schmerz womöglich noch gesteigert wird. Aus diesem Grunde sind auch die **Hochzeitsgeschenke** vom Voraus umfasst, ohne dass das Gesetz auf die wirtschaftliche Komponente abstellt.[1] Der Anspruch auf den Voraus wird ergänzt durch die mietrechtliche Vorschrift gem. § 563 BGB. Diese regelt das **Eintrittsrecht des Ehegatten,** der mit dem Mieter einen gemeinsamen Haushalt führt. Bei der Regelung des § 563 BGB handelt es sich jedoch nicht um eine erbrechtliche, sondern um eine schuldrechtliche Vorschrift im Gegensatz zur Regelung des § 1932 BGB, die rein erbrechtlicher Natur ist. Der Ehegatte hat nur dann Anspruch auf den Voraus, wenn er **gesetzlicher Erbe** wird. Durch letztwillige Verfügung kann der Voraus entzogen werden.

Die wirtschaftliche Bedeutung des Voraus ist jedoch deutlich geringer geworden. Dies liegt daran, dass Haushaltsgegenstände, insbesondere Möbel, zur Wegwerfware geworden sind.

II. Interessen der Abkömmlinge versus überlebendem Ehegatten

2 Neben den Interessen des überlebenden Ehegatten dürfen jedoch auch die Interessen anderer Familienangehöriger, vor allem die der Abkömmlinge, nicht außer Acht gelassen werden. Auch diese sind mit den Haushaltsgegenständen emotional verbunden und ggf. auf diese angewiesen.

Neben Verwandten der ersten Ordnung ist das Recht des überlebenden Ehegatten auf den Voraus jedoch eingeschränkt. Er hat nur einen Anspruch auf die Haushaltsgegenstände sowie Hochzeitsgeschenke, wenn er diese zur **Führung eines angemessenen Haushalts** benötigt. Durch diese Regelung werden auch die Interessen der Abkömmlinge gewahrt. Unerheblich ist hierbei, ob die Abkömmlinge im Zeitpunkt des Eintritts des Erbfalls noch im ehelichen Haushalt leben.

3 Die vom Voraus umfassten Gegenstände können einen erheblichen Teil der Erbschaft ausmachen. Bei einfachen Verhältnissen können diese unter Umständen sogar den gesamten Nachlass darstellen. Die Wirkung des § 1932 BGB besteht somit darin, den

1 MüKo/*Leipold*, § 1932 Rn 1, 15.

Anteil des überlebenden Ehegatten bei einem geringen Nachlass bis zu einem **faktischen Alleinerbrecht** neben Verwandten der zweiten Ordnung aufzuwerten.

III. Anwendbarkeit des § 1932 BGB auf die nichteheliche Lebensgemeinschaft

4 Eine **analoge Anwendung** des § 1932 BGB kommt nach h.M. nicht in Betracht.[2] Allerdings hat sich bereits der 57. Deutsche Juristentag 1988 für eine Ausweitung der Vorschrift ausgesprochen. Es bleibt die Reaktion des Gesetzgebers abzuwarten. Im Hinblick darauf, dass der nichteheliche Lebenspartner auch in den Schutzbereich des § 563 BGB einbezogen ist, ist eine analoge Anwendung nicht ganz von der Hand zu weisen und daher vom Gesetzgeber in Erwägung zu ziehen.

IV. Anwendbarkeit des § 1932 BGB auf die eingetragene Lebenspartnerschaft

5 Gem. § 10 Abs. 1 S. 4 LPartG steht auch dem überlebenden **Lebenspartner**, dessen Lebenspartnerschaft nicht gem. § 20a LPartG in eine Ehe umgewandelt worden ist, ein Recht auf den Voraus zu. Der Voraus umfasst neben den zum lebenspartnerschaftlichen Haushalt gehörenden Gegenständen auch die Geschenke zur Begründung der Lebenspartnerschaft. Der Umfang des Vermächtnisses hängt davon ab, welche Verwandten neben dem Lebenspartner als gesetzliche Erben in Betracht kommen. Die Regelungen des LPartG (§ 10 Abs. 1 S. 2 bzw. Abs. 1 S. 3 LPartG) entsprechen denen des Abs. 1 S. 1 bzw. S. 2.

6 Im Unterschied zu § 1932 BGB ist gem. § 10 LPartG der Anspruch auf den Voraus nicht ausdrücklich davon abhängig gemacht, dass der längstlebende Lebenspartner zugleich Erbe wird. Dies kann jedoch aus der Formulierung des § 10 Abs. 1 S. 2 LPartG „zusätzlich“ sowie aus der Gesetzesbegründung entnommen werden. Daraus folgt, dass dem überlebenden Lebenspartner kein Anspruch auf den Voraus zusteht, wenn sein Erbrecht wegen eines begründeten Antrages des Erblassers auf Aufhebung der Lebenspartnerschaft wegfällt.[3] Dies gilt auch dann, wenn der Lebenspartner der Aufhebung der Lebenspartnerschaft zugestimmt hat.[4]

B. Tatbestand

I. Gesetzliches Erbrecht

7 Der überlebende Ehegatte hat nur dann Anspruch auf den Voraus i.S.v. § 1932 BGB, wenn er zum **gesetzlichen Erben** berufen ist. Die Dauer der Ehe spielt keine Rolle. Somit scheidet die Anwendbarkeit des § 1932 BGB dann aus, wenn die Ehe vor Eintritt des Erbfalls aufgelöst oder die Regelung des § 1933 BGB eingreift oder ein **Erbverzicht** erklärt worden ist bzw. eine **Erbunwürdigkeitserklärung** entgegensteht.[5] Ein Anspruch auf den Voraus besteht auch dann nicht, wenn der Erblasser dies ausdrücklich für den gesamten Voraus verfügt.[6] Der Anspruch auf den Voraus entfällt auch in den Fällen, in denen eine übermäßige Beschwerung der Erbengemeinschaft durch andere Vermächtnisse erfolgte.[7] Der Voraus stellt eine Nachlassverbindlichkeit dar, die vor der Auseinandersetzung befriedigt werden soll. Der Ehegatte ist somit Nachlassgläubi-

---

2 MüKo/*Leipold*, § 1932 Rn 3; Soergel/*Fischinger*, § 1932 Rn 3.

3 *Walter*, FPR 2005, 279; *Leipold*, ZEV 2001, 218, 220; *Grziwotz*, DNotZ 2001, 280, 298; *Schwab*, FamRZ 2001, 385, 395; *Mayer*, ZEV 2001, 169, 173.

4 NK-BGB/*Kroiß*, § 1932 Rn 13.

5 MüKo/*Leipold*, § 1932 Rn 4.

6 Staudinger/*Werner* (2017), § 1932 Rn 30.

7 BeckOGK/*Tegelkamp*, § 1932 BGB Rn 12.

ger und hat daher ggf. Kürzungen wegen zu hoher Nachlassverbindlichkeiten hinzunehmen.[8] Das Recht auf den Voraus besteht unabhängig vom Güterstand.

Abs. 2 verweist auf die für Vermächtnisse geltenden Vorschriften. Hieraus ergibt sich, dass der überlebende Ehegatte die Erbschaft annehmen, jedoch den Voraus **ausschlagen** kann (§§ 2176, 2180 BGB).[9] Umgekehrt ist es nach h.M. jedoch nicht möglich, die Erbschaft auszuschlagen und nur den Voraus anzunehmen.[10] Nach a.A. hingegen ist eine **Ausschlagung der Erbschaft** unter Annahme des Voraus möglich, da gegensätzliche Interessen nicht entgegenstehen würden. Dies würde auch bei einem Vorausvermächtnis für zulässig erachtet. Im Übrigen stünde auch der Wortlaut des Gesetzes nicht entgegen, da der Wortlaut dahingehend ausgelegt werde könne, dass der Ehegatte nur zum gesetzlichen Erben berufen sein müsse.[11] Dieser zweitgenannten Auffassung kann jedoch nicht gefolgt werden. Der Voraus ist abhängig vom gesetzlichen Erbrecht und besteht nur, wenn der Ehegatte auch gesetzlicher Erbe ist. Dafür spricht entgegen der zweitgenannten Ansicht auch der Wortlaut des § 1932 BGB, aufgrund dessen gerade davon ausgegangen wird, dass der überlebende Ehegatte gesetzlicher Erbe wird, d.h. die Erbschaft auch angenommen hat. 8

II. Kein Anspruch auf den Voraus; Verfügung von Todes wegen

1. Enterbung und Erbeinsetzung, Ausschlagung

Der überlebende Ehegatte hat keinen Anspruch auf den Voraus, wenn er enterbt oder aus einem sonstigen Grund als Erbe weggefallen ist und i.d.R. auch dann nicht, wenn er **testamentarischer Erbe** auf Ableben des Erstversterbenden wurde.[12] Im Falle der letztwilligen Verfügung von Todes wegen hat der Erblasser den Nachlassteil des überlebenden Ehegatten abschließend bestimmt. Dies gilt auch dann, wenn der gesetzliche Erbteil zugewandt wurde. Auf der anderen Seite sind keine Argumente dagegen erkennbar, dass der Erblasser dem Ehegatten neben einem Erbteil auch den Voraus in der gesetzlichen Höhe zuwenden kann. Nach einer im Vordringen befindlichen Ansicht kann in der Zuwendung des gesetzlichen Erbteils im Wege einer letztwilligen Verfügung unter Umständen auch eine Zuwendung des Voraus liegen, und zwar für den Fall, dass es der **Wille des Erblassers** ist, seinem überlebenden Ehegatten dieselbe Stellung zukommen zu lassen, als wenn dieser gesetzlicher Erbe wäre.[13] Wird dieser Gedanke konsequent umgesetzt, steht dem Ehegatten auch im Falle des § 2066 BGB, d.h. dann, wenn der Erblasser in seinem Testament seine gesetzlichen Erben ohne nähere Bestimmung eingesetzt hat, der Voraus zu.[14] Es ist zweifelhaft, ob der Ehegatte den testamentarischen oder erbvertraglichen Erbteil nach § 1948 BGB ausschlagen kann, um so die gesetzliche Erbfolge herbeizuführen mit der Konsequenz, den Voraus zu erlangen. Wenn jedoch in der Verfügung von Todes wegen zugleich die Entziehung des Voraus liegt, dann kann der Ehegatte daran durch Ausschlagung nichts ändern. Ist dagegen in der Verfügung von Todes wegen nicht eine Entziehung des Voraus zu sehen, ist die Vorgehensweise über § 1948 BGB nicht erforderlich. Hat der Erblasser 9

8 Staudinger/*Werner* (2017), § 1932 Rn 27; Erman/*Lieder*, § 1932 Rn 14; MüKo/*Leipold*, § 1932 Rn 18.

9 MüKo/*Leipold*, § 1932 Rn 4; Soergel/*Fischinger*, § 1932 Rn 20; Staudinger/*Werner* (2017), § 1932 Rn 9.

10 Soergel/*Fischinger*, § 1932 Rn 20; Staudinger/*Werner* (2017), § 1932 Rn 9, 23.

11 MüKo/*Leipold*, § 1932 Rn 4; BeckOGK/*Tegelkamp*, § 1932 BGB Rn 13.

12 BGHZ 73, 29, 33.

13 MüKo/*Leipold*, § 1932 Rn 5.

14 MüKo/*Leipold*, § 1932 Rn 5; Soergel/*Fischinger*, § 1932 Rn 6; Staudinger/*Otte*, 2019, § 2066 Rn 4; *Tappmeier*, S. 146 ff., 194; *Schlüter/Röthel*, § 11 Rn 6; a.A. Staudinger/*Werner* (2017), § 1932 Rn 11; Grüneberg/*Weidlich*, Rn 2; *Eigel*, MittRhNotK 1983, 1, 4.

seinen Ehegatten zum Alleinerben eingesetzt, benötigt er den Voraus ohnehin nicht. Nach Ansicht des BGH ist in einem derartigen Fall der Voraus bei der Pflichtteilsberechnung der gesetzlichen Erben nicht gemäß der Vorschrift des § 2311 Abs. 1 S. 2 BGB in Abzug bringen.[15] Daraus wird gefolgert, dass dem Ehegatten das Recht zusteht, die testamentarische Zuwendung auszuschlagen und den gesetzlichen Erbteil nebst Voraus anzunehmen, was wirtschaftlich vorteilhaft sein kann, und zwar für den Fall, dass der Voraus den wesentlichen Teil des Nachlasses umfasst.

2. Entziehung des Voraus

10 Konsequenz aus der Tatsache, dass der Erblasser durch Berufung des Ehegatten zum testamentarischen Erben bzw. durch Enterbung den Anfall des Voraus verhindern kann, ist, dass er im Rahmen seiner **Testierfreiheit** auch das Recht hat, nur den Voraus durch Verfügung von Todes wegen zu entziehen.[16] Eine Entziehung ist deshalb möglich, weil der Voraus nicht den Charakter eines Pflichtteilsrechts hat. Weiter ist es dem Erblasser gestattet, über einzelne Gegenstände zu verfügen. Hierdurch kann er den Voraus schmälern. Die Entziehung des Voraus kann daher durch ausdrückliche Bestimmung bzw. durch anderweitige Verfügung über die zum Voraus gehörenden Gegenstände erfolgen. Bei einem Ausschluss von der gesetzlichen Erbfolge ist auch der Voraus entzogen.

III. Anspruchsumfang in personeller Hinsicht

11 Nur wenn der Ehegatte nicht Alleinerbe ist, sondern sich als **gesetzlicher Erbe** in einer **Erbengemeinschaft** befindet, kann er den Voraus verlangen. Die dabei in Betracht kommenden Fälle sind in Abs. 1 aufgeführt.

12 Erbt der Ehegatte neben Verwandten der zweiten Ordnung oder Großeltern, erhält er den Voraus uneingeschränkt. Sind weder Verwandte der zweiten Ordnung noch Großeltern vorhanden, so erbt der überlebende Ehegatte gem. § 1931 Abs. 2 BGB ohnehin allein. In den Fällen, in denen der überlebende Ehegatte neben Abkömmlingen zur Erbfolge gelangt, erhält er den Voraus nur eingeschränkt, d.h. nur dann, wenn er die dem Voraus unterliegenden Gegenstände zur **Führung eines angemessenen Haushalts** benötigt. Kommt der Ehegatte gem. § 2088 BGB als gesetzlicher Erbe zum Zuge, steht ihm der Voraus ebenfalls zu, es sei denn, der letztwilligen Verfügung ist ein anderer Wille des Erblassers zu entnehmen. Ist der Ehegatte kraft Gesetzes zum Erben berufen, während der Erblasser durch letztwillige Verfügung dritte Personen anstelle der berufenen Verwandten zu Miterben bestimmt hat, so hat der überlebende Ehegatte in dem Umfang Anspruch auf den Voraus, in dem ihm dieser neben den Verwandten als gesetzliche Erben zustehen würde. In diesem Falle ist der Wille des Erblassers darauf gerichtet, seinem Ehegatten das zu belassen, was er von Gesetzes wegen erhalten würde.[17]

IV. Anspruchsumfang in materieller Hinsicht (gegenständlicher Umfang)

1. Begriff „Haushaltsgegenstände"

a) Ehelicher Haushalt

13 Nur dann, wenn es zu einem gemeinsamen häuslichen Leben gekommen ist, kann von Gegenständen, die zum **ehelichen Haushalt** gehören, gesprochen werden. Leben die Ehegatten getrennt, endet damit jedoch nicht die **Zuordnung** zum ehelichen Haushalt.[18] In diesem Fall zählen all die Gegenstände, die zum früheren gemeinsamen

---

15 BGHZ 73, 29.

16 MüKo/*Leipold*, § 1932 Rn 7.

17 MüKo/*Leipold*, § 1932 Rn 9.

18 KG OLGE 24, 80; MüKo/*Leipold*, § 1932 Rn 10.

Haushalt gehört haben, zum Voraus.[19] Desgleichen sind die an die Stelle der ursprünglichen Gegenstände getretenen Ersatzstücke hierzu zu rechnen. Diejenigen Gegenstände, die von den Ehegatten nach der Trennung angeschafft werden, fallen nicht unter den Voraus, insbesondere nicht solche Gegenstände, die der getrennt lebende Ehegatte für seinen eigenen neuen Haushalt angeschafft hat.[20] Können sich die Ehegatten über die **Hausratsverteilung bei Getrenntleben** nicht einigen, so entscheidet gem. § 1361a Abs. 3 BGB das zuständige Gericht hierüber. Soweit demgemäß einem Ehegatten diverse Gegenstände zum Gebrauch überlassen werden, obwohl er nicht Eigentümer bzw. Alleineigentümer ist, handelt es sich dennoch, obwohl die Ehegatten getrennt leben, um Gegenstände des ehelichen Haushalts. Dies bedeutet, dass sie beim Tod des Ehegatten, der Eigentümer ist, dem Voraus unterliegen.[21]

Auch in den Fällen, in denen die Eheleute nicht im Güterstand der **Gütergemeinschaft** 14
gelebt haben, ist zu beachten, dass der Hausrat regelmäßig im **Miteigentum** stand.[22] Dies bedeutet, dass auch dann, wenn kein Anspruch auf den Voraus gegeben ist, regelmäßig Ansprüche des überlebenden Ehegatten gegen die Erbengemeinschaft gegeben sind.

Vom Voraus werden die Gegenstände, die ein Ehegatte nur zu dem Zweck erworben 15
hat, einen geplanten ehelichen Haushalt zu begründen, nicht umfasst. Dies bedeutet, dass der gemeinschaftliche Haushalt im Falle des Eintritts des Erbfalls schon begründet gewesen sein muss. Gegenstände gehören auch dann nicht mehr zum ehelichen **Haushalt**, wenn der Haushalt im gegenseitigen Einvernehmen **aufgelöst** worden ist. Zum Voraus zählen auch nicht die Gegenstände, die ein getrennt lebender Ehegatte als sein Alleineigentum an sich genommen hat. Gem. § 1361a Abs. 1 BGB steht dieses Recht jedem Ehegatten zu, und zwar auch gegen den Willen des anderen Ehegatten.

b) Zugehörigkeit zum Haushalt

Ob die Gegenstände zum Haushalt gehören, ist abhängig davon, welche **Funktion** sie 16
haben. Alle Sachen, die typischerweise zum **gemeinsamen Lebensbereich** gerechnet werden, d.h. die dem Haushalt während der Ehe gedient haben, sind als zum Haushalt zugehörig anzusehen. Dies gilt unabhängig davon, ob sie nur von einem Ehegatten benutzt werden, wie z.B. der Fernsehsessel oder der Bierkrug. Zum Haushalt gehören insbesondere die nachfolgenden Gegenstände: Möbel, Bettwäsche, Tischwäsche, Geschirr, Küchengeräte, Waschmaschine, Fernseher, Radio, Stereoanlage, Schallplatten, CDs, DVDs, allg. Literatur. Unter den Begriff der Haushaltsgegenstände fallen hingegen nicht die Gegenstände, die ein Ehegatte zu **beruflichen Zwecken** oder für ein spezielles Hobby benötigt. Hierunter ist bspw. Fachliteratur zu zählen. Gleichfalls nicht unter den Begriff der Haushaltsgegenstände fallen solche Sachen, die für **wissenschaftliche oder künstlerische Tätigkeiten** verwendet werden, bzw. die **persönlichen Sachen** eines Ehegatten, wie die Kleidung, Schmuck, Kosmetika etc.[23] Für den Fall jedoch, dass persönliche Gegenstände gemeinsam genutzt werden, wie z.B. die Kamera, sollten diese zu den Haushaltsgegenständen gerechnet werden. Für die Beurteilung, ob Gegenstände zum Haushalt gehören, kommt es auf deren Wert nicht an. Daher gehören auch das Tafelsilber, wertvolle Teppiche sowie wertvolle Bilder zum Haushalt. Gehören hingegen Teppiche oder Bilder zu einer **Kunstsammlung** eines Ehegatten, unterfallen sie nicht dem Voraus. Zusammenfassend kann daher gesagt

---

19 KG OLGE 24, 80; MüKo/*Leipold*, § 1932 Rn 10.
20 BeckOGK/*Tegelkamp*, § 1932 BGB Rn 21.
21 MüKo/*Leipold*, § 1932 Rn 10.
22 BGH NJW 1991, 2283.
23 *Ripfel*, BWNotZ 1965, 265, 268.

werden, dass dasjenige, was in der gemeinsamen Ehewohnung aufbewahrt wird, nicht zwangsläufig zum ehelichen Haushalt gehören muss. Wird der Pkw gemeinsam genutzt bzw. dient der Pkw in erster Linie familiären Zwecken, handelt es sich ebenfalls um einen Haushaltsgegenstand.[24] Bei einem Fahrzeug, das jedoch rein beruflich genutzt wird, ist nicht von einem Haushaltsgegenstand auszugehen. Dieses fällt daher nicht unter den Voraus nach § 1932 BGB.[25] Aufgrund der sehr häufig bestehenden emotionalen Bindung von Haustieren als Famililenmitglieder zählen diese zu den zum Haushalt gehörenden Gegenständen.[26]

c) Grundstückszubehör, Grundstück

17 **Grundstücke** und **grundstücksgleiche Rechte**, wie das Erbbaurecht und das Wohnungseigentum, unterfallen nicht der Vorschrift des § 1932 BGB. Dies gilt selbst dann, wenn sie als Ehewohnung dienen.[27] Ein Grundstück kann nur dann zum Voraus gehören, wenn es ein Hochzeitsgeschenk war. Weiterhin sind Gegenstände, die **Grundstückszubehör** sind (§ 97 BGB [Zubehör] und § 98 BGB [gewerbliches und landwirtschaftliches Inventar]), ausdrücklich ausgenommen. Dies dient dazu, die wirtschaftliche Einheit zwischen dem Grundstück und dessen Zubehör zu beachten.

d) Art der Rechte

18 Bei den Rechten, die vom Voraus umfasst sind, handelt es sich in aller Regel um das Eigentum an beweglichen körperlichen Sachen. Der Vorschrift des § 1932 BGB unterfallen auch Anwartschaftsrechte, Mietrechte an Haushaltsgegenständen, Miteigentumsrechte, schuldrechtliche Forderungen auf derartige Sachen, Schadensersatzansprüche wegen Entziehung oder Beschädigung von Haushaltsgegenständen,[28] vertragliche Ansprüche, Herausgabe- oder Abwehransprüche.[29] Ob der Erblasser Allein-, Mit- oder Gesamthandseigentümer war, spielt grundsätzlich keine Rolle, es sei denn, der Gegenstand fällt aufgrund einer derartigen Bindung nicht in den Nachlass, wie bspw. das Gesamtgut an der ehelichen Gütergemeinschaft. Der Voraus umfasst den Anteil des Erblassers, soweit dieser Mitberechtigter oder Miteigentümer war.

19 Nicht zum Voraus gehört jedoch das Miet- oder Mitmietrecht an der ehelichen Wohnung. Insoweit handelt es sich nicht um eine auf dem Erbrecht beruhende Sondererbfolge. Der Übergang vollzieht sich außerhalb des Erbgangs kraft Gesetzes (§ 563 BGB). Eines Anspruchs gem. § 1932 BGB bedarf es nicht.

2. Hochzeitsgeschenke

20 Bei den **Hochzeitsgeschenken** handelt es sich um unentgeltliche Zuwendungen anlässlich der Eheschließung. Diese unterfallen sämtlich dem Voraus. Hierbei spielt es keine Rolle, ob diese Haushaltsgegenstände sind oder Grundstückszubehör darstellen. Die Hochzeitsgeschenke stehen in aller Regel im Miteigentum beider Ehegatten.[30] In diesem Fall fällt die Miteigentumshälfte des Erblassers unter den Voraus i.S.v. § 1932

---

24 AG Erfurt FamRZ 2002, 848; KG FamRZ 2003, 1927; OLG Düsseldorf NJW 2007, 1001; OLG Frankfurt NJW 2015, 2346; ebenso *Erle*, ZEV 2016, 240.

25 MüKo/*Leipold*, § 1932 Rn 11; Staudinger/*Werner* 2017, § 1932 Rn 15.

26 Vgl. OLG Schleswig NJW 1998, 3127; AG Bad Mergentheim NJW 1997, 3033, wonach Tiere als Hausrat im Sinne der HausratsVO anzusehen sind; zwar nicht für Einstufung als Haushaltsgegenstand, aber für entsprechende Anwendung von § 1568b BGB Staudinger/*Weinreich*, § 1568b Rn 13 m,w.N.

27 Soergel/*Fischinger*, § 1932 Rn 13.

28 *Braga*, FamRZ 1957, 334, 337.

29 BeckOGK/*Tegelkamp*, § 1932 Rn 30.

30 KG Recht 07 Nr. 1452.

BGB. § 1932 BGB kommt jedoch auch dann zur Anwendung, wenn der Erblasser Alleineigentümer war.[31] Dies ist dann der Fall, wenn ein Gegenstand ausdrücklich nur einem Ehegatten geschenkt worden ist.[32] War der Erblasser der Beschenkte, so ist der entsprechende Gegenstand an den längstlebenden Ehegatten zu übereignen. Zuwendungen, die anlässlich der Hochzeit von den Eltern eines Teiles im Rahmen ihrer durch § 1624 BGB bestimmten **Ausstattungspflicht** gemacht werden, sind keine Hochzeitsgeschenke i.S.v. § 1932 BGB.[33]

3. Einschränkung des Voraus gem. Abs. 1 S. 2 bei Abkömmlingen

Abs. 1 S. 2 regelt, dass der überlebende Ehegatte neben Verwandten der ersten Ordnung den Voraus nur erhält, soweit er die diesem unterfallenden Gegenstände zur Führung eines **angemessenen Haushalts** benötigt. Hierbei ist auf den Zeitpunkt des Erbfalls abzustellen.[34] Es handelt sich demnach um eine Frage des Einzelfalls. Um zu bestimmen, ob Angemessenheit gegeben ist, ist die bisherige Haushaltsführung zugrunde zu legen. Die durch den Tod eintretende Veränderung ist mit zu berücksichtigen.[35] Der Voraus ist von Gesetzes wegen nicht auf die wirtschaftlich unbedingt notwendigen Gegenstände beschränkt. Dem Längstlebenden soll es ermöglicht werden, den Haushalt mit den vertrauten Gegenständen weiterzuführen. Es ist auch unerheblich, ob es dem überlebenden Ehegatten möglich wäre, die benötigten Gegenstände aus eigenen Mitteln zu beschaffen, denn es findet keine **Abwägung** zwischen den Interessen des überlebenden Ehegatten und den Interessen der ebenfalls erbenden Abkömmlinge statt.[36] Weiter ist zu berücksichtigen, dass die Gegenstände, die nicht dem Voraus unterliegen, in den Nachlass fallen. Daran ist der Ehegatte bei der Auseinandersetzung ebenfalls zu beteiligen. Bei der Bemessung des Voraus ist daher die Höhe des Ehegattenerbteils zu berücksichtigen. Erhält der Längstlebende einen geringeren Erbteil, ist er dementsprechend beim Voraus großzügiger zu behandeln.[37] Man wird zum Voraus auch Gegenstände, insbesondere Mobiliar, in untervermieteten Räumlichkeiten zählen müssen, da ansonsten eine Untervermietung scheitert. Mit diesem Scheitern verschlechtert sich gleichzeitig der bisherige Lebenszuschnitt.[38] 21

C. Rechtsnatur/Rechtsfolgen

I. Gesetzliches Vorausvermächtnis

Gem. Abs. 2 sind auf den Voraus die für Vermächtnisse geltenden Vorschriften anzuwenden. Daraus folgt, dass es sich beim Voraus um ein **gesetzliches Vorausvermächtnis** handelt.[39] Dies bedeutet, dass der überlebende Ehegatte die dem Voraus unterfallenden Gegenstände **ohne Anrechnung** auf seinen Erbteil vorweg erhält. Eine Sonderrechtsnachfolge liegt jedoch nicht vor. Die zum Voraus zählenden Rechte fallen in den Nachlass. Der Ehegatte hat einen Anspruch auf Übertragung gegenüber der Erbengemeinschaft (Abs. 2 i.V.m. § 2174 Abs. 2 BGB). Zum Erwerb des Eigentums an den vom Voraus erfassten Sachen sind daher die **Einigung** zwischen der Erbengemeinschaft 22

31 MüKo/*Leipold*, § 1932 Rn 15.
32 BGHZ 8, 249; BGH FamRZ 1954, 136.
33 MüKo/*Leipold*, § 1932 Rn 15; BeckOK BGB/*Müller-Christmann*, § 1932 Rn 9; Erman/*Lieder*, § 1932 Rn 11; a.A. *Eigel*, MittRhNotK 1983, 1, 7: für Ausstattung, die zur Hochzeit gegeben wurde.
34 *Ripfel*, BWNotZ 1965, 268.
35 Soergel/*Fischinger*, § 1932 Rn 15.
36 BeckOK BGB/*Müller-Christmann*, § 1932 Rn 11; Soergel/*Fischinger*, § 1932 Rn 15; Staudinger/*Werner* (2017), § 1932 Rn 20; a.A. MüKo/*Leipold*, § 1932 Rn 16.
37 MüKo/*Leipold*, § 1932 Rn 16.
38 Soergel/*Fischinger*, § 1932 Rn 15.
39 BGHZ 73, 29, 33; a.A. *Harder*, NJW 1988, 2716.

und dem überlebenden Ehegatten und die **Übergabe** oder Übergabesurrogat erforderlich. Oft befinden sich die Sachen jedoch schon im Besitz des Ehegatten, so dass zur Erfüllung des Anspruchs die Einigung, die auch durch **konkludentes Verhalten** erklärt werden kann, genügt.[40] Ist der Ehegatte Erbschaftsbesitzer, umfasst die Auskunftsverpflichtung auch die Gegenstände des Voraus.[41]

II. Nachlassverbindlichkeit

23 Da es sich bei dem Anspruch auf den Voraus um ein Vorausvermächtnis handelt, stellt dieser eine **Nachlassverbindlichkeit** (§ 1967 Abs. 2 BGB) dar, die bei der Auseinandersetzung vorweg zu befriedigen ist. Für diese Nachlassverbindlichkeit haften die Miterben als Gesamtschuldner. Da der Voraus keinen Pflichtteilscharakter hat, ist er bei der **Nachlassinsolvenz** sowie bei der Dürftigkeitseinrede gem. § 1991 Abs. 4 BGB gleichrangig mit den Vermächtnissen zu erfüllen.[42] Der Voraus geht jedoch, obwohl er Vermächtnis ist, den Pflichtteilsrechten der Eltern des Erblassers und dessen Abkömmlingen insoweit vor, als er nach § 2311 Abs. 1 S. 2 BGB vom Bestand des Nachlasses als pflichtteilsmindernd abgezogen werden kann.[43] Der Anspruch auf den Voraus, der bereits entstanden ist, ist vererblich und veräußerlich.

III. Stellung der Nacherben

24 Daraus, dass Abs. 2 auf das Vermächtnisrecht verweist, folgt, dass sich das Recht des **Nacherben** gem. § 2110 Abs. 2 BGB im Zweifel nicht auf den Voraus erstreckt. Gem. § 2373 S. 1 BGB ist der Voraus beim Verkauf eines Erbteils im Zweifel nicht als mitverkauft anzusehen.[44] Ganz zweifelsfrei ist davon allerdings nicht auszugehen, da die vorgenannten Vorschriften jeweils von einem zugewendeten Vorausvermächtnis sprechen.[45]

D. Verfahrensfragen

25 Die Durchsetzung des Voraus erfolgt vor dem Prozessgericht, nicht vor dem Nachlassgericht oder im Rahmen eines Hausratsverfahrens. Es gibt kein besonderes Teilungsverfahren nach dem FamFG.

§ 1933 Ausschluss des Ehegattenerbrechts

[1]Das Erbrecht des überlebenden Ehegatten sowie das Recht auf den Voraus ist ausgeschlossen, wenn zur Zeit des Todes des Erblassers die Voraussetzungen für die Scheidung der Ehe gegeben waren und der Erblasser die Scheidung beantragt oder ihr zugestimmt hatte. [2]Das Gleiche gilt, wenn der Erblasser berechtigt war, die Aufhebung der Ehe zu beantragen, und den Antrag gestellt hatte. [3]In diesen Fällen ist der Ehegatte nach Maßgabe der §§ 1569 bis 1586b unterhaltsberechtigt.

Literatur

Battes, Die Änderung erbrechtlicher Vorschriften im Zusammenhang mit der Reform des Scheidungsrechts, FamRZ 1977, 433; *Bengel*, Zu einer partiellen Verfassungswidrigkeit des § 1933 Satz 1 BGB, Anm. zu BGH, Urt. v. 13.7.1994, IV ZR 294/93, ZEV 1994, 360; *Bock*, Die Änderung erbrechtlicher

40 KG FamRZ 1960, 71.
41 MüKo/*Leipold*, § 1932 Rn 17.
42 MüKo/*Leipold*, § 1932 Rn 18.
43 BGHZ 73, 29.
44 Staudinger/*Werner* (2017), § 1932 Rn 22.
45 MüKo/*Leipold*, § 1932 Rn 19.

Vorschriften durch das 1. EheRG und die Auswirkungen auf die Rechtsstellung des überlebenden Ehegatten, MittRhNotK 1977, 205; *Czubayko*, Der Tod im Scheidungsverfahren – Auswirkungen auf §§ 1933, 2268 BGB nach altem und neuem Scheidungsrecht, ZEV 2009, 551; *Dieckmann*, Kein nachehelicher Unterhaltsanspruch gegen den Erben nach Erb- oder Pflichtteilsverzicht, FamRZ 1999, 1029; *ders.*, Zu den Auswirkungen eines Erb- und Pflichtteilsverzichts auf die nachehelichen Unterhaltsansprüche eines (früheren) Ehegatten, NJW 1980, 2777; *ders.*, Erbrechtliche Fragen familienrechtlicher Reformgesetze im Spiegel neuerer Lehrbücher, FamRZ 1979, 389; *Grziwotz*, Pflichtteilsverzicht und nachehelicher Unterhalt, FamRZ 1991, 1258; *Horndasch*, Tod und Unterhalt, NJW 2015, 2168; *Lenz*, Verlust des Ehegattenerbrechts bei Zustimmung zur Scheidung, NJW-Spezial 2014, 4; *Mayer*, Das Gesetz zur Beendigung der Diskriminierung gleichgeschlechtlicher Gemeinschaften – Lebenspartnerschaften, ZEV 2001, 169; *Münch*, Infiziert der Ehevertrag erbrechtliche Verzichte oder Verfügungen?, ZEV 2008, 571; *Pentz*, Nachehelicher Unterhalt trotz Pflichtteilsverzichts, FamRZ 1998, 1344; *v. Dickhuth-Harrach*, Erbrecht und Erbrechtsgestaltung eingetragener Lebenspartner, FamRZ 2001, 1660; *Zopfs*, Die Verfassungswidrigkeit des einseitigen Erbausschlusses in § 1933 BGB, ZEV 1995, 309.

Übersicht: Rdn

A. Allgemeines

I. Normzweck

§ 1933 BGB wurde durch das 1. EheRG neu gefasst. Mit dem jetzigen Inhalt gilt § 1933 BGB für alle nach dem 30.6.1977 eingetretenen Erbfälle.[1] Mit dem 1. EheRG hat sich auch der **Normzweck** der vorbezeichneten Vorschrift entscheidend geändert. Das Scheidungsrecht hat sich dahingehend gewandelt, dass vom **Verschuldensprinzip** Abstand genommen und zum **Zerrüttungsprinzip** übergegangen wurde. Mit diesem Übergang war jedoch der vorbezeichneten Regelung in der bisherigen Form der Boden entzogen worden. Die Vorschrift sollte zunächst ersatzlos gestrichen werden, was jedoch aufgrund Intervention des Bundesrates scheiterte. Der Gesetzgeber hat dennoch am **Ausschluss des Ehegattenerbrechts** festgehalten, diesen jedoch beschränkt, und zwar auf den Fall, dass der Erblasser entweder einen begründeten Scheidungsan- 1

1 *Battes*, FamRZ 1977, 440; *Bock*, MittRhNotK 1977, 212.

trag gestellt oder aber einem solchen Antrag zugestimmt hat. Dem gleichgestellt wurde der Antrag auf Aufhebung der Ehe. Der Gesetzgeber ging dabei davon aus, dass dem überlebenden Ehegatten für den Fall, dass die Scheidung bereits beantragt worden ist, keine Berechtigung mehr zustehe, Erbe des Erstversterbenden zu werden. Das gesetzliche Erbrecht entspreche in dieser Situation nicht dem mutmaßlichen Willen des Erblassers.[2] Es wurde jedoch dahingehend argumentiert, dass, wenn die vorgenannte Begründung tatsächlich zutreffen würde, das gesetzliche Erbrecht für beide Ehegatten entfallen müsse. Diese Folge sieht allerdings § 1933 BGB gerade nicht vor. Vielmehr verliert nur der Scheidungsgegner im Falle des Todes dessen, der die Scheidung beantragt hat, sein Erbrecht. Verstirbt hingegen der gegnerische Ehegatte, wird er vom scheidungswilligen Ehegatten dennoch beerbt.[3] Nach berechtigter Kritik wird hier das Prinzip der **Gegenseitigkeit der Erbberechtigung** verlassen.[4] Es wurde zu Recht eingewandt, dass es äußerst zweifelhaft ist, dass durch einseitigen Scheidungsantrag dem Erbrecht die innere Berechtigung entzogen wird. Solange nämlich der Scheidungsgegner an der Ehe festhält, besteht noch immer eine geringe Chance, dass die Ehe unter Umständen vielleicht doch bestehen bleibt, auch wenn die Voraussetzungen für die Scheidung der Ehe zunächst vorgelegen haben.

2 In den Fällen, in denen jedoch beide Ehegatten die Scheidung betreiben, d.h. im Falle des S. 1 Alt. 1, bestehen gegen den gegenseitigen Ausschluss des Erbrechts keine verfassungsrechtlichen Bedenken.[5] Gegen den einseitigen Verlust des Erbrechts auf Seiten des Scheidungsgegners (S. 1 Alt. 1) werden dagegen im Schrifttum erhebliche verfassungsrechtliche Bedenken vorgebracht.[6] Sowohl der BGH als auch das BVerfG haben diese Frage bisher offengelassen.[7]

3 Die entsprechenden Bestimmungen gelten auch für die gewillkürte Erbfolge, §§ 2077, 2268 BGB für das Testament bzw. § 2279 BGB für den Erbvertrag. Bei diesen Vorschriften handelt es sich allerdings nur um Auslegungsregeln. Dies bedeutet, dass sie nur eine widerlegliche Vermutung für die Unwirksamkeit der Verfügung von Todes wegen statuieren.

II. Sinn und Zweck des Unterhaltsanspruchs gem. S. 3

4 Mit der Neufassung des § 1933 BGB wurde Satz 3 eingefügt. Dieser stellt den Ehegatten, der sein Erbrecht verloren hat, dem geschiedenen Ehegatten gleich. Der überlebende Ehegatte soll demgemäß, obwohl er sein Erbrecht verloren hat, nicht schlechter stehen, als er bei einer Scheidung stehen würde. Es wurde die Ansicht vertreten, dass der längstlebende Ehegatte im Rahmen seines **Unterhaltsanspruchs** mindestens so viel erhalten würde, wie er erhalte, wenn er auf den Pflichtteil gesetzt wäre.[8] Diese Auffassung ist jedoch unzutreffend, da dem Überlebenden nur dann ein Unterhaltsanspruch zusteht, wenn er selbst nicht in der Lage ist, sich zu unterhalten. Im Gegensatz hierzu stünde ihm der Pflichtteil unabhängig hiervon zu.

---

2 *Battes*, FamRZ 1977, 433, 437; MüKo/*Leipold*, § 1933 Rn 2.

3 MüKo/*Leipold*, § 1933 Rn 2.

4 *Battes*, FamRZ 1977, 433, 437; *Dieckmann*, FamRZ 1979, 389, 396.

5 BVerfG FamRZ 1995, 536.

6 MüKo/*Leipold*, § 1933 Rn 3 m.w.N; gegen Verfassungswidrigkeit z.B. auch OLG Koblenz BeckRS 2007, 03449; OLG Zweibrücken OLGZ 1983, 160, 162 f.; Staudinger/*Werner*, (2017) § 1933 Rn 3.

7 *Battes*, FamRZ 1977, 433, 437; *Bengel*, ZEV 1994, 360; *Zopfs*, ZEV 1995, 309; BGHZ 111, 329, 333 f. und BGHZ 128, 125, 135.

8 BT-Drucks 7/650, S. 275.

B. Tatbestand

Ist der Erblasser während eines Scheidungsverfahrens verstorben, ist der „Noch-Ehegatte“ von der gesetzlichen Erbfolge ausgeschlossen, wenn der Erblasser die Scheidung beantragt oder ihr zugestimmt hat. Dies gilt jedoch nur, wenn die rechtlichen Voraussetzungen für eine Scheidung gegeben sind. 5

Für solche Verfahren, die seit dem 1.9.2009, d.h. dem Inkrafttreten des FamFG, eingeleitet wurden, sind die Voraussetzungen anhand der §§ 124, 133 Abs. 1 Nr. 1 bis 3 FamFG i.V.m. §§ 1564 ff. BGB zu prüfen. Altverfahren sind gem. Art. 111 FGG-RG nach altem Recht zu beurteilen.

Der Rechtsanwalt bedarf zur wirksamen Einreichung eines Scheidungsantrages gemäß § 114 Abs. 5 S. 1 FamFG einer besonderen, auf das Verfahren gerichteten Vollmacht. Diesbezüglich reichen eine allgemeine Prozessvollmacht oder eine Generalvollmacht nicht aus.[9] 6

I. Rechtshängiges Scheidungsverfahren

1. Scheidungsantrag durch den Erblasser

Vor seinem Tod muss der Erblasser, nicht hingegen sein Ehegatte, die Scheidung beantragt haben. Eine erbrechtliche Wirkung erlangt die Antragstellung (§§ 121, 124, 133, 134 FamFG) jedoch erst mit Rechtshängigkeit. **Rechtshängigkeit** tritt hingegen durch Zustellung an den Antragsgegner ein (§ 124 FamFG i.V.m. §§ 253 Abs. 1, 261 Abs. 1 ZPO). Wenn sich dies auch nicht eindeutig aus dem Wortlaut ergibt, ist nach h.M. im Falle des § 1933 BGB **auf die Zustellung abzustellen**. Diese hat **vor** dem **Erbfall** zu erfolgen.[10] Dies bedeutet somit, dass der Scheidungsantrag vor Eintritt des Erbfalls zugestellt sein muss. Nach einer Ansicht würde es der Zielsetzung des § 1933 BGB entsprechen, wenn die Einreichung entsprechend der Vorschrift des § 167 ZPO als ausreichend angesehen würde.[11] Nach h.M. hingegen, der auch zu folgen ist, findet für den Fall, dass eine Zustellung nach dem Erbfall erfolgt, eine Rückdatierung auf den Zeitpunkt der Einreichung nicht statt.[12] Es geht nämlich nicht um die Wahrung einer Frist i.S.v. § 167 ZPO und auch nicht um die Hemmung bzw. den Neubeginn der Verjährung. Nur in diesem Fall käme eine Rückdatierung in Frage. Im Übrigen ist die Regelung des § 1933 BGB aufgrund ihrer Zielsetzung auch eher eng auszulegen. Eine analoge Anwendung kommt somit ebenfalls nicht in Betracht. Im Übrigen ist auch die Regelung des § 131 FamFG zu beachten. Danach ist die Antragsschrift im Falle des Todes eines Ehegatten nicht mehr zuzustellen. Auch aus diesem Grund muss eine Zustellung vor Eintritt des Erbfalls erfolgen. Im Rahmen der erbrechtlichen Beratung ist daher zu beachten, dass die erbrechtlichen Folgen erst mit Zustellung des Scheidungsantrages eintreten. Ggf. sind daher noch andere Wege, wie bspw. der Rücktritt vom Erbvertrag, zu empfehlen.[13] Eine öffentliche Zustellung ist ausreichend. 7

---

9 OLG Brandenburg FamRZ 2023, 1156.

10 BGHZ 111, 329; OLG Köln FamRZ 2012, 1755; BayObLGZ 1990, 20 = FamRZ 1990, 666; OLG Saarbrücken FamRZ 1983, 1274; *Brüggemann*, FamRZ 1977, 1, 6; Staudinger/*Werner*, 2017, § 1933 Rn 5; Grüneberg/*Weidlich* § 1933 Rn 2; *Lenz*, NJW-Spezial 2014, 4; Soergel/*Fischinger*, § 1933 Rn 7.

11 Jauernig/*Stürner*, § 167 Rn 1; HK-BGB/*Hoeren*, § 1933 Rn 3; dahin tendierend auch Soergel/*Stein*, § 1933 Rn 4; *Bock*, MittRhNotK 1977, 205, 207; *Schumann*, in: FS für Lüke, 1997, S. 767, 782 ff.; Soergel/*Fischinger*, § 1933 Rn 7.

12 BGHZ 111, 329, 333; BayObLGZ 1990, 20 = FamRZ 1990, 666.

13 Zur Anwaltshaftung, wenn dies unterblieben ist, auch gegenüber in den Schutzbereich des Anwaltsvertrages einbezogenen Kindern des Erblassers, BGH NJW 1995, 51 = ZEV 1994, 358 (*Bengel*); dazu *Bartsch*, FamRZ 1995, 1339; *Schlitt/Seiler*, NJW 1996, 1325.

Eine Berufung auf Rechtshängigkeit ist dann treuwidrig, wenn die Zustellung erschlichen wurde.[14]

8 Hinsichtlich der Zulässigkeit des **zugestellten Scheidungsantrages** hat das FamFG strengere formelle Voraussetzungen eingeführt. Die Antragschrift muss gem. der Vorschrift des § 133 Abs. 1 FamFG zwingende Angaben enthalten. Bei Fehlen der Angaben hat das Gericht hierauf hinzuweisen und deren Behebung zu verlangen. Diese Angaben gehören zwar nicht zum schlüssigen Vortrag des Rechtsbegehrens, bei Unvollständigkeit unter der Voraussetzung, dass eine Behebung gefordert wurde, kann das Fehlen jedoch dennoch Sachlagen ergeben, aufgrund derer der Antrag als unzulässig oder unbegründet abzuweisen ist.[15] Die Erklärungen gem. § 133 Abs. 1 Nr. 2 FamFG gehören nach überwiegender Ansicht jedoch nicht zu den Voraussetzungen der Scheidung i.S.v. § 1933 BGB.[16] Auf die Zulässigkeit des zugestellten Scheidungsantrages kommt es, soweit es sich um heilbare Mängel handelt, bei der Beurteilung gem. § 1933 BGB demgemäß nicht an.[17] Ein Ausschluss des Ehegattenerbrechts erfolgt auch dann, wenn der Erblasser seinen Scheidungsantrag nicht beim örtlich zuständigen FamG eingereicht hat. Ebenfalls ausreichend ist die Erhebung einer Widerklage, d.h. das Stellen eines Anschlussantrages in der mündlichen Verhandlung oder die Zustellung einer Widerklage.[18]

9 Ein Antrag auf Prozesskostenhilfe (jetzt Verfahrenskostenhilfe, § 76 FamFG) ist zur Herbeiführung der Folgen gem. § 1933 BGB hingegen nicht ausreichend.[19] Stellt der überlebende Ehegatte den Scheidungsantrag und hat sich der Erblasser passiv verhalten, bleibt das Erbrecht des überlebenden Ehegatten bestehen.[20] Die Wirkungen des § 1933 BGB werden auch nicht ausgelöst, sofern der Antragsteller geschäftsunfähig war und das Verfahren nicht durch den gesetzlichen Vertreter geführt wurde, was § 125 Abs. 2 S. 2 FamFG vorsieht. Gleiches gilt, wenn die erforderliche Genehmigung des Familien- oder Betreuungsgerichts nicht vorlag. Im Falle der Geschäftsunfähigkeit des Antragsgegners ist eine Zustellung unwirksam, sofern der Antragsgegner nicht vertreten ist. Dies führt dazu, dass § 1933 BGB nicht eingreift.

10 Auch ein vor einem ausländischen Gericht gestellter Scheidungsantrag ist ausreichend. Dieser muss allerdings einem inländischen Antrag funktionell gleichwertig sein.[21] Sind die materiellen Scheidungsvoraussetzungen nach dem deutschen IPR nach deutschem Recht zu beurteilen, ist dies für die Prüfung des § 1933 BGB sowie für die Prüfung nach § 2077 BGB maßgeblich. Dies gilt auch dann, wenn das ausländische Gericht ein anderes materielles Recht zugrunde legt.[22]

2. Zustimmung zur Scheidung

11 Die **Zustimmung** des Erblassers zur Scheidung setzt voraus, dass das Scheidungsverfahren vom längstlebenden Ehegatten eingeleitet und der Antrag dem Erblasser zuge-

---

14 OLG Stuttgart FamRZ 2007, 502.

15 Musielak/Borth/Frank/*Borth*, § 133 FamFG Rn 2; *Czubayko*, ZEV 2009, 551.

16 MüKo/*Leipold*, § 1933 Rn 13; *Lenz*, NJW-Spezial 2014, 4; OLG Hamm NZFam 2014, 472; OLG Köln NJW 2013, 2831; OLG Stuttgart ZEV 2012, 208 Rn 43, 44.

17 MüKo/*Leipold*, § 1933 Rn 6; OLG Hamm FamRZ 2014, 1110 Rn 48 = BeckRS 2013, 17780.

18 BayObLG FamRZ 1975, 514.

19 BeckOK BGB/*Müller-Christmann*, § 1933 Rn 5 m.w.N.

20 OLG Düsseldorf MDR 2011, 1363 ff.

21 OLG Stuttgart ZEV 2012, 208; OLG Hamm ErbR 2014, 335 m.Anm. *Stahmer* = NZFam 2014, 472 m.Anm. *Lauck*: Unterbrechung des Liechtensteinischen Scheidungsverfahrens steht dem Erbrechtsverlust nicht entgegen; OLG Hamm FamRZ 2014, 1110 Rn 48 = BeckRS 2013, 17780 betr. Scheidungsklage in Spanien.

22 OLG Stuttgart FGPrax 2011, 306.

stellt worden ist.[23] Für den Fall, dass der Erblasser ebenfalls Scheidungsantrag gestellt hat, dieser aber vor dem Erbfall noch nicht zugestellt worden ist, kann dieser Antrag als Zustimmung anzusehen sein. Dies gilt jedoch nur dann, sofern die Wirksamkeitsvoraussetzungen der Zustimmung erfüllt sind. Ist der Erblasser geschäftsunfähig, kann ihn ein Betreuer mit dem Aufgabenkreis „Rechtsangelegenheiten" bei der Zustimmungserklärung vertreten. Hat ein Betreuer einen Scheidungsantrag gestellt und ist dieser mangels betreuungsrechtlicher Genehmigung nicht wirksam, kann dieser Antrag in eine Zustimmung zum Scheidungsantrag des Ehegatten umgedeutet werden.[24] Einer Genehmigung des Familien- oder Betreuungsgerichts bedarf es für die Zustimmungserklärung allerdings nicht.

Richtigerweise hat die Zustimmung Doppelnatur. Sie ist zum einen Willenserklärung und zum anderen Prozesshandlung[25] und kann in mehrfacher Weise erklärt werden, und zwar zu Protokoll der Geschäftsstelle oder in der mündlichen Verhandlung.

Ob eine Erklärung als Zustimmung zur Scheidung i.S.v. §§ 1566 Abs. 1, 1933 S. 1, 2077 12
Abs. 1 S. 2 BGB, § 134 Abs. 1, 2 S. 2 FamFG auszulegen ist, richtet sich nach den für die **Auslegung** entwickelten Rechtsgrundsätzen, die auch für die Auslegung von Prozesshandlungen mit Erklärungswert gelten. Entscheidend ist der Wille der Beteiligten, wie er aus dem Wortlaut der Erklärung i.V.m. der Erklärungs- und Handlungssituation erkennbar wird. Hat der Erblasser in dem von seinem Ehegatten anhängig gemachten Scheidungsverfahren in der mündlichen Verhandlung zur Niederschrift des FamG eine Erklärung (vorliegend: „Ich möchte grundsätzlich nicht geschieden werden, sehe aber ein, dass ich mich nicht wehren kann.") abgegeben, deren Zweck darin bestand, eine streitige Auseinandersetzung über die Voraussetzungen der Scheidung zu vermeiden und eine Scheidung auf der Basis des Einverständnisses sicherzustellen, um sich, von der Scheidungsproblematik entlastet, den erforderlichen Folgeregelungen zuwenden zu können, und ist die Erklärung von den an dem Scheidungsverfahren Beteiligten auch so verstanden worden, so ist sie i.S.v. §§ 1566 Abs. 1, 1933 S. 1, 2077 Abs. 1 S. 2 BGB als Zustimmung zur Scheidung aufzufassen.

Erklärt der spätere Erblasser, er halte die Ehe für gescheitert und trete der Scheidung nicht entgegen, ist dies ebenfalls ausreichend.[26] Dies ist allerdings umstritten.

Desgleichen kann die **Zustimmung per Schriftsatz** des Prozessbevollmächtigten er- 13
folgen. Aufgrund der Vorschrift des § 134 FamFG genügt eine schriftliche Erklärung der Partei an das Gericht, auch wenn diese nicht anwaltlich vertreten ist.[27] Die Abgabe der Erklärung im Schriftsatz des Bevollmächtigten entspricht nach h.M. den formalen Anforderungen.[28] Wird die Zustimmung in einem vorangegangenen Verfahrenskostenhilfeverfahren erklärt, wird dies als ausreichend akzeptiert.[29] Bei anderen als den vorge-

---

23 LG Ravensburg BWNotZ 1981, 116.

24 MüKo/*Leipold*, § 1933 Rn 8; OLG Celle NJW 2013, 2912.

25 So auch Staudinger/*Werner*, 2017, § 1933 Rn 7; *ders.*, ZEV 2003, 327; *Lenz*, NJW-Spezial 2014, 4.

26 OLG Köln ZEV 2003, 326; OLG Frankfurt NJW-RR 1990, 136; OLG Saarbrücken FamRZ 1992, 109 = Rpfleger 1991, 504 (insoweit gekürzt) bei einer Erklärung, in der grundsätzliche Scheidungsunwilligkeit, aber auch die Einsicht geäußert wurde, sich nicht gegen die Scheidung wehren zu können; zur Auslegung vgl. auch den Fall von BayOblG NJW-RR 1996, 650, 651; HK-BGB/*Hoeren*, § 1933 Rn 4; BeckOK BGB/*Müller-Christmann*, § 1933 Rn 6; *Werner*, ZEV 2003, 327, 327 f.; Staudinger/*Werner*, 2017, § 1933 Rn 7; a.A. OLG Düsseldorf DNotZ 2012, 221, 222; OLG Stuttgart NJW 1979, 662; *Ridder*, in: Scherer, Anwaltshandbuch Erbrecht, § 11 Rn 183; Soergel/*Fischinger*, § 1933 Rn 13.

27 OLG Stuttgart OLGZ 1993, 263; OLG Köln MDR 2013, 724 ff.

28 OLG Frankfurt ZEV 1997, 426; OLG Zweibrücken NJW 1995, 601; OLG Stuttgart OLGZ 1993, 263; BayObLG FamRZ 1993, 96.

29 OLG Zweibrücken NJW 1995, 601 ff.

nannten Einverständniserklärungen treten die Rechtsfolgen des § 1933 BGB nicht ein.[30] Eine Zustimmung, die lediglich dem anderen Ehegatten gegenüber erklärt worden ist, reicht demnach nicht aus.[31] Nach a.A. genügt eine dem anderen Ehegatten gegenüber erklärte formlose Zustimmung.[32] Der Auffassung, wonach eine formlose Zustimmung genügt, kann jedoch nicht gefolgt werden. Die Zustimmung wird in § 1933 BGB wie auch in § 2077 BGB dem Scheidungsantrag gleichgestellt. Da dieser nicht formlos gestellt werden kann, kann auch eine Zustimmung zu einem gestellten Scheidungsantrag nicht formlos erfolgen. Schweigen auf den Scheidungsantrag des Ehegatten ist ebenfalls unerheblich. Die Unterzeichnung einer Scheidungsfolgenvereinbarung ist ebenfalls nicht ausreichend, um als Zustimmung gewertet werden zu können.[33] Wurde eine Zustimmung im **Prozesskostenhilfe- bzw. Verfahrenskostenhilfeverfahren** erklärt, wird diese mit Rechtshängigkeit des Scheidungsverfahrens wirksam.[34] Nach überwiegender richtiger Ansicht ist das Erbrecht des überlebenden Ehegatten auch dann ausgeschlossen, sofern eine Zustimmung des Erblassers erfolgt ist, die auf § 1566 Abs. 2 BGB gestützt war.[35] Wird die Zustimmung bis zum Schluss der mündlichen Verhandlung widerrufen (§§ 134 Abs. 2 FamFG), entfallen damit die Rechtsfolgen des § 1933 BGB. Ist ein eigener Scheidungsantrag nicht wirksam gestellt worden, kann dieser in eine Zustimmungserklärung umzudeuten sein.[36] Wie bereits ausgeführt, kann sich eine Zustimmung auch im Wege der Auslegung ergeben.

3. Ende des Scheidungsverfahrens

14 Endet das Scheidungsverfahren vor dem Erbfall ohne **Scheidungsbeschluss**, kommt § 1933 BGB nicht zum Zuge. Dabei ist es unerheblich, ob eine Antragsrücknahme erfolgt ist oder der Antrag rechtskräftig abgewiesen wurde.[37] Irrelevant ist die bloße Möglichkeit der Rücknahme.[38] Wurde eine Zustimmung bereits erklärt, verliert diese, wenn der Antragsteller seinen Scheidungsantrag zurücknimmt, ihre Wirkung.[39] Die Rechtsfolgen des § 1933 BGB treten hingegen ein, wenn eine nicht rechtskräftige Abweisung bzw. wenn ein nicht rechtskräftiger Ausspruch der Scheidung erfolgt und es dem Erblasser aufgrund seines Todes nicht mehr möglich war, Rechtsmittel einzulegen.[40] Nach einer Mindermeinung soll hingegen § 1933 BGB im Falle nicht rechtskräftiger Entscheidung keine Anwendung finden, denn es sei der Wille des Erblassers, die Auflösung der Ehe herbeizuführen, und dieser Wille sei nicht durch Erklärung im Verfahren kundgetan worden, sondern der Schluss werde vielmehr aus dem Vorverfahren gezogen.[41] Dieser Mindermeinung kann jedoch nicht gefolgt werden. Solange die Entscheidung nicht rechtskräftig ist, konnte der Erblasser noch Rechtsmittel einlegen. Damit wirkt die Antragstellung (Klageerhebung) durch den Erblasser fort. Die ergangene Entscheidung stellt keinen ihm zurechenbaren actus

---

30 BGHZ 128, 125: Erklärung in einer außergerichtlichen Unterhaltsvereinbarung.
31 BGH NJW 1995, 1082; OLG Düsseldorf NJW-RR 2011, 1642; Grüneberg/*Weidlich*, § 1933 Rn 3; LG Düsseldorf Rpfleger 1980, 187; MüKo/*Leipold*, § 1933 Rn 9.
32 *Bock*, MittRhNotK 1977, 208.
33 OLG Zweibrücken OLGZ 1983, 160; siehe BGHZ 128, 125 = ZEV 1995, 150.
34 OLG Zweibrücken NJW 1995, 601.
35 LG Tübingen BWNotZ 1986, 22; MüKo/*Leipold*, § 1933 Rn 8; Soergel/*Fischinger*, § 1933 Rn 12; a.A. Soergel/*Stein*, § 1933 Rn 6.
36 OLG Zweibrücken NJW 1995, 601, 602.
37 MüKo/*Leipold*, § 1933 Rn 15.
38 OLG Rostock FamRZ 2011, 762.
39 *Bock*, MittRhNotK 1977, 208.
40 MüKo/*Leipold*, § 1933 Rn 15; Soergel/*Fischinger*, § 1933 Rn 11.
41 Staudinger/*Werner* (2017), § 1933 Rn 6.

contrarius dar. Die Rechtsfolge des § 1933 BGB, d.h. der Ausschluss des Ehegattenerbrechts, greift ein, sofern der Erblasser Rechtsmittel gegen ein abweisendes Urteil eingelegt hat bzw. wenn er mit seinem Scheidungsantrag obsiegt hat, jedoch vor Eintritt der Rechtskraft verstorben ist. Anders ist die Rechtslage nur dann zu beurteilen, wenn seitens des Erblassers vor seinem Tod noch auf ein mögliches Rechtsmittel verzichtet wurde.
Ist die Scheidung hingegen rechtskräftig, entfallen das Ehegattenerbrecht, der Voraus sowie das Pflichtteilsrecht. § 1933 BGB findet keine Anwendung.

Wurde das Scheidungsverfahren ausgesetzt bzw. ein **Aussetzungsantrag** gestellt, greift 15
§ 1933 BGB ein. Dies gilt auch für eine rein abstrakt mögliche Versöhnung.
Wird das Scheidungsverfahren nicht weiter betrieben, wird die Rechtshängigkeit hierdurch nicht beseitigt.[42] Betreibt der Erblasser ein eingeleitetes Verfahren über einen langen Zeitraum hinweg nicht weiter, so ist dieses Verhalten einer Klagerücknahme gleichzustellen.[43] Das längere Nichtbetreiben gilt als Ausdruck der endgültigen Aufgabe des Scheidungswillens mit der Folge, dass die Vorschrift des § 1933 BGB nicht anwendbar ist.[44] Als endgültige Aufgabe des Scheidungswillens ist es zu verstehen, wenn das Scheidungsverfahren 21 Jahre nicht betrieben wird. § 1933 BGB findet dann keine Anwendung.[45]

Als Todeszeitpunkt gilt im Erbrecht der **Eintritt des Gesamthirntodes**. Nimmt der 16
Ehegatte des Erblassers seinen begründeten Scheidungsantrag, dem der Erblasser zugestimmt hat, vor Eintritt des Herz- und Kreislaufstillstandes, aber nach Eintritt des Gehirntodes beim Erblasser zurück, so hat dies auf die Anwendbarkeit des S. 1 keinen Einfluss mehr.[46]

Wird ein Scheidungsantrag **vor** dem Erbfall **zurückgenommen**, bedeutet dies die 17
Beseitigung der Wirkungen des § 1933 BGB. Der Rechtsstreit ist als nicht anhängig geworden anzusehen.[47] Auch eine Zustimmung verliert in diesem Falle ihre Wirkung. Wird ein Scheidungsantrag erst **nach** dem Erbfall zurückgenommen, hat dies auf die Anwendbarkeit von § 1933 BGB keinen Einfluss mehr.[48] Nimmt ein Bevollmächtigter aufgrund einer über den Tod hinausgehenden Vollmacht den Scheidungsantrag nach dem Tod des Erblassers zurück, ist dies ebenfalls bedeutungslos.[49] Nimmt der andere Ehegatte seinen Scheidungsantrag nach Eintritt des Erbfalls zurück, wird hierdurch die an die Zustimmung des anderen Ehegatten geknüpfte Wirkung des § 1933 BGB nicht beseitigt.[50] Das Erbrecht des überlebenden Ehegatten ist ausgeschlossen.

II. Voraussetzungen für die Scheidung

Für den Ausschluss des Ehegattenerbrechts ist weiterhin erforderlich, dass zur Zeit 18
des Todes des Erblassers die **Voraussetzungen für die Scheidung der Ehe** gegeben waren. Der Scheidungsantrag muss begründet gewesen sein. Dies ist für alle seit dem

42 BGH NJW-RR 1993, 898; OLG Köln FamRZ 2012, 1755.
43 OLG Düsseldorf FamRZ 1991, 1107; OLG Saarbrücken MDR 2011, 50; OLG Düsseldorf FamRZ 2018, 139.
44 OLG Zweibrücken ZErb 2011, 21 ff.
45 OLG Saarbrücken FamRZ 2011, 760.
46 OLG Frankfurt NJW 1997, 3099.
47 BGH FamRZ 1974, 648, 649 f.; OLG Frankfurt ZEV 1997, 426.
48 OLG Frankfurt ZEV 1997, 426; LG Tübingen BWNotZ 1986, 22; OLG Stuttgart FamRZ 2007, 502; OLG Naumburg NJW-RR 2015, 1100 = FamRZ 2015, 1931.
49 BeckOGK/*Tegelkamp*, § 1933 BGB Rn 17 m.w.N.
50 OLG Naumburg NJW-RR 2015, 1100 = FamRZ 2015, 1931; OLG Frankfurt NJW 1997, 3099 (zugleich zum vor Herz- und Kreislaufstillstand eingetretenen Gesamthirntod als maßgeblichem Zeitpunkt).

1.9.2009 eingeleiteten Verfahren anhand der §§ 124, 133 Abs. 1 Nr. 1 bis 3 FamFG i.V.m. §§ 1564 ff. BGB zu prüfen. Im Rahmen eines Erbscheinsverfahrens bzw. im Rahmen eines Zivilprozesses ist daher als **Vorfrage** zu klären, ob der Scheidungsantrag erfolgreich gewesen wäre. Hierbei gelten die **allg. Beweisregeln.**[51] Der Sachverhalt, auch im Hinblick darauf, ob die Scheidungsvoraussetzungen im Zeitpunkt des Erbfalls vorliegen, ist im Rahmen des Erbscheinsverfahrens von Amts wegen zu ermitteln, § 26 FamFG. Ggf. ist auch Beweis zu erheben.[52] Handelt es sich um einen Zivilprozess über das Erbrecht, gilt die Verhandlungsmaxime (Beibringungsgrundsatz). Es gelten nicht die für das Scheidungs- oder Aufhebungsverfahren geltenden besonderen Regelungen wie insbesondere die Vorschrift des § 113 Abs. 4 FamFG. Die Voraussetzungen für eine Scheidung können sich entweder aus dem Grundtatbestand des § 1565 BGB ergeben oder aufgrund der Vermutungen des § 1566 Abs. 1 und 2 BGB vorliegen. Ist § 1566 Abs. 1 oder Abs. 2 BGB zu bejahen, ist eine Versöhnung unerheblich.[53] In den Fällen, in denen es auf das Scheitern der Ehe ankommt (§ 1565 Abs. 1 S. 2 BGB), muss das Gericht auch substantiiertem Vortrag bezüglich einer Versöhnung vor dem Erbfall nachgehen und ggf. Beweis hierüber erheben.[54] Dass die bloße abstrakte Möglichkeit einer Versöhnung besteht, beseitigt die Wirkungen von § 1933 BGB hingegen nicht.[55] Im Falle des § 1566 Abs. 1 BGB muss aber der Antragsgegner innerhalb des Scheidungsverfahrens wirksam seine Zustimmung zur Scheidung erklärt haben.[56] Derjenige, der sich auf den Wegfall des gesetzlichen Erbrechts beruft (bzw. auf die Unwirksamkeit einer letztwilligen Verfügung gem. § 2077 Abs. 1 S. 2 BGB), muss dies auch beweisen.[57] Auch wenn demjenigen, der sich auf § 1933 BGB bzw. § 2077 BGB beruft, ein Erbschein erteilt wurde, ändert dies nichts an der **Beweislastregelung.**[58] Darzulegen und zu beweisen sind demgemäß, dass die Scheidung seitens des Erblassers beantragt wurde oder er seine Zustimmung erteilt hat. Weiter ist zu beweisen, dass die Voraussetzungen für die Scheidung der Ehe vorlagen. § 1565 Abs. 2 BGB greift für den Fall ein, dass die Ehegatten im Zeitpunkt des Eintritts des Erbfalls noch nicht ein Jahr getrennt gelebt haben. Durch das FamFG sind die besonderen Voraussetzungen des Scheidungsantrages bei der einverständlichen Scheidung nach § 630 Abs. 1 Nr. 2 und 3 ZPO a.F., d.h. übereinstimmende Erklärungen bzw. eine Einigung über die Scheidungsfolgen, entfallen. Damit hat sich das Problem erledigt, ob diese Erfordernisse zu den gem. § 1933 S. 1 BGB erforderlichen Voraussetzungen der Scheidung zu rechnen sind. Gem. § 133 Abs. 1 Nr. 2 FamFG ist bei allen Scheidungsanträgen lediglich eine Erklärung darüber erforderlich, ob eine Regelung über die elterliche Sorge, den Umgang und die Unterhaltspflicht gegenüber minderjährigen Kindern sowie hinsichtlich der durch die Ehe begründeten Unterhaltspflicht, desgleichen bzgl. der Rechtsverhältnisse an der Ehewohnung und am Hausrat getroffen wurde. Der Inhalt der Einigung muss dem Gericht nicht mitgeteilt werden. Aufgrund des Gesetzeszwecks sind demgemäß die Erklärungen nach § 133 Abs. 1 Nr. 2 FamFG nicht zu den Scheidungsvoraussetzungen i.S.v. § 1933 BGB zu rechnen.[59] Nach allg. Ansicht ist bei der Prüfung des § 1933

51 MüKo/*Leipold*, § 1933 Rn 10.
52 OLG Frankfurt NJW 2002, 3011.
53 OLG Hamm ErbR 2014, 335 Rn 41.
54 BGH NJW-Spezial 2008, 679 = BeckRS 2008, 18077.
55 OLG Rostock FamRZ 2011, 762.
56 BGHZ 128, 125.
57 OLG Bremen FamRZ 1986, 833; BayObLG Rpfleger 1987, 358; BayObLG FamRZ 1992, 1349; zum Nachweis des Getrenntlebens bei einem im Wachkoma liegenden Ehegatten OLG Frankfurt NJW 2002, 3033.
58 BGHZ 128, 125.
59 OLG Stuttgart ZEV 2012, 208; OLG Köln NJW 2013, 2831; OLG Hamm NZFam 2014, 472.

BGB die **Härteklausel** des § 1568 BGB zu beachten.[60] Nach a.A. komme es auf die Härteklausel des § 1568 BGB hingegen nicht an.[61] Der erstgenannten Ansicht ist hier zu folgen, da es auf den Erfolg des Scheidungsantrages ankommt. Somit ist auch das Nichteingreifen des § 1568 BGB zu prüfen. Die Beweislast trägt der überlebende Ehegatte.

Für den Fall, dass die Ehegatten beim Erbfall noch kein Jahr getrennt gelebt haben, ist entscheidend, ob dem Erblasser zumutbar war, das Trennungsjahr abzuwarten. Hat der überlebende Ehegatte seinen Scheidungsantrag in Kenntnis der tödlich verlaufenden Krankheit des Erblassers zurückgenommen, ist dem Erblasser das Abwarten der Frist nicht zumutbar.[62]

III. Rechtshängige Aufhebungsklage

Das Erbrecht des überlebenden Ehegatten bzw. das Recht auf den Voraus ist auch 19
dann ausgeschlossen, wenn der Erblasser berechtigt war, die **Aufhebung der Ehe** zu beantragen, und den Antrag auch gestellt hat. Eine solche **Aufhebungsklage** muss zu Lebzeiten des Erblassers durch Zustellung rechtshängig geworden und darf im Zeitpunkt des Eintritts des Erbfalls nicht zurückgenommen worden sein. Das Aufhebungsbegehren kann entweder durch Widerklage oder aber auch i.V.m. einem Scheidungsantrag geltend gemacht werden. Wurde seitens des überlebenden Ehegatten Aufhebungsklage erhoben, wird damit dessen Erbrecht nicht beseitigt.[63] Die Berechtigung, die Aufhebung der Ehe zu beantragen, richtet sich nach §§ 1314 ff. BGB.

Verstirbt der Ehegatte vor Erlass eines rechtskräftigen Urteils, ist das Aufhebungsverfahren gem. § 131 FamFG in der Hauptsache als erledigt anzusehen. Nach dem Tod kann ein Aufhebungsantrag nicht mehr gestellt werden.

Ob einer der Ehegatten den Aufhebungsgrund gekannt oder verschuldet hat, spielt für § 1933 BGB keine Rolle.[64]

Im Falle, dass ein Verstoß gegen die §§ 1304, 1306, 1307 oder 1311 BGB vorliegt, oder 20
wenn der überlebende Ehegatte im Fall des § 1314 Abs. 2 Nr. 1 BGB die Aufhebbarkeit der Ehe bei der Eheschließung gekannt hatte, hat der überlebende Ehegatte gem. § 1318 Abs. 5 BGB kein gesetzliches Erbrecht. Dies bedeutet, dass für den Fall, dass der überlebende Ehegatte somit die Aufhebbarkeit seiner Ehe wegen Bigamie, Verwandtschaft, Geschäftsunfähigkeit, Formverstoßes oder Geistesstörung bereits bei Eheschließung, kannte, er kein gesetzliches Erbrecht hat. Nicht unter § 1318 Abs. 5 BGB fällt hingegen die (potenzielle) Aufhebbarkeit nach der Vorschrift des § 1314 Abs. 5 BGB (Scheinehe). Stellt der Erblasser somit in einer solchen Situation, obwohl ein Aufhebungsgrund vorliegt, keinen Antrag auf Aufhebung der Ehe und macht diesen rechtshängig, so behält der überlebende Ehegatte sein gesetzliches Erbrecht.[65]

C. Rechtsfolgen

I. Ausschluss des Erbrechts sowie des Rechts auf den Voraus

Liegen die Voraussetzungen des § 1933 BGB vor, so entfallen das gesetzliche Erbrecht 21
des überlebenden Ehegatten, das Recht auf den Voraus sowie das Pflichtteilsrecht. Daraus folgt, dass die Erbfolge so zu beurteilen ist, als sei die Ehe im Zeitpunkt des Eintritts des Erbfalls bereits rechtskräftig aufgelöst. § 1934 BGB bleibt allerdings unberührt. Liegt eine Verfügung von Todes wegen vor, ist deren Bestand nach § 2077

---

60 BayObLG Rpfleger 1987, 358; Soergel/*Fischinger*, § 1933 Rn 17.
61 Soergel/*Loritz/Uffmann*, § 2077 Rn 9.
62 OLG Koblenz FamRZ 2007, 590.
63 MüKo/*Leipold*, § 1933 Rn 17.
64 MüKo/*Leipold*, § 1933 Rn 19.
65 So auch OLG Brandenburg BeckRS 2020, 4931.

BGB zu beurteilen. Handelt es sich um ein gemeinschaftliches Testament, greift die Vorschrift des § 2077 BGB i.V.m. § 2268 BGB ein bzw. beim Erbvertrag § 2077 BGB i.V.m. § 2279 BGB. Diese Vorschriften stellen jedoch nur **Auslegungsregeln** dar. Es findet keine Verteilung der Haushaltsgegenstände gem. § 1568b BGB, § 200 Abs. 2 Nr. 2 FamFG statt. Mit dem Tod des Ehegatten gilt das anhängige Verfahren als in der Hauptsache erledigt, § 208 FamFG.
Das Eintrittsrecht in das Mietverhältnis an der Ehewohnung (§ 563 Abs. 1 BGB) bleibt unberührt.

22 Ist das Erbrecht des Ehegatten gemäß § 1933 BGB ausgeschlossen, scheidet gemäß § 6 Abs. 2 Nr. 2 HöfeO in der zweiten Hoferbenordnung der Ehegatte als Hoferbe aus. Unabhängig davon, ob es sich um einen Alleineigentümerhof des Erblassers oder um einen Ehegattenhof handelt, tritt diese Rechtsfolge ein.[66]

II. Anspruch auf Zugewinnausgleich

23 Haben die Ehegatten im gesetzlichen **Güterstand der Zugewinngemeinschaft** gelebt, hat der überlebende Ehegatte gegen die Erben einen Anspruch auf **Zugewinnausgleich** gem. § 1371 Abs. 2 BGB. Entsprechend der Vorschrift des § 1384 BGB ist für die Berechnung des Zugewinns der Zeitpunkt der Rechtshängigkeit des Scheidungsantrages maßgeblich.[67]

III. Versorgungsausgleich

24 Der überlebende Ehegatte hat keinen Anspruch auf **Versorgungsausgleich**. Da die Ehe zum Zeitpunkt des Erbfalls noch bestand, erhält der überlebende Ehegatte die Versorgungsansprüche eines verwitweten Ehegatten.

IV. Unterhaltsanspruch

25 Nach S. 3 steht dem überlebenden Ehegatten gegen die Erben, unabhängig vom Güterstand, ein **Unterhaltsanspruch** zu, der sich nach den §§ 1569 ff. BGB richtet. Es muss demgemäß ein Unterhaltstatbestand vorliegen. Auf die Leistungsfähigkeit des Erblassers kommt es hingegen nicht an (§ 1586b Abs. 1 S. 2 BGB). Die Erben haften jedoch nur begrenzt auf den **fiktiven Pflichtteil** (§ 1586b Abs. 1 S. 3 BGB), wobei ein Anspruch auf Pflichtteilsergänzung mit zu berücksichtigen ist.[68] Hat der überlebende Ehegatte auf sein gesetzliches Erbrecht (ohne Pflichtteilsvorbehalt) oder seinen Pflichtteil verzichtet, entfällt ein Unterhaltsanspruch. Ebenso bei einer Pflichtteilsentziehung. § 1586b BGB setzt das Bestehen eines Pflichtteilsrechts voraus.[69] Erfolgte jedoch ein Verzicht auf den Erbteil, nicht hingegen auf den Pflichtteil, führt der Pflichtteilsvorbehalt zur Erhaltung des „fiktiven Pflichtteils" i.S.v. § 1586b Abs. 1 S. 3 BGB.[70] Dies führt dazu, dass ein Unterhaltsanspruch in den Grenzen des § 1586b Abs. 2 BGB besteht. Demgemäß bleiben güterrechtliche Erhöhungen gem. §§ 1931 Abs. 3, 1371 Abs. 1 BGB (Zugewinngemeinschaft) bzw. § 1371 Abs. 4 BGB (Gütertrennung) unbe-

66 BeckOGK/*Tegelkamp*, § 1933 Rn 35 m.w.N.
67 BGHZ 99, 304 = NJW 1987, 1764.
68 BGH ZEV 2007, 584; BGH ZEV 2001, 113; BGH NJW 2003, 1769.
69 LG Ravensburg ZEV 2008, 598, 599; *Dieckmann*, FamRZ 1999, 1029; a.A. *Grziwotz*, FamRZ 1991, 1258; *Pentz*, FamRZ 1998, 1344; BeckOGK/*Tegelkamp*, § 1933 Rn 38; als Begründung wird angeführt, dass die unterhaltsrechtlichen Konsequenzen vom verzichtenden Ehegatten im Zeitpunkt der Abgabe des Verzichts i.d.R. nicht bedacht würden. Da der BGH hierüber noch keine Entscheidung getroffen hat, sollte aus haftungsrechtlichen Gründen immer eine Regelung getroffen werden, ob § 1586b BGB gelten soll oder nicht.
70 *Dieckmann*, NJW 1980, 2777 ff.

rücksichtigt. Der fiktive Pflichtteil, d.h. die Obergrenze für den Unterhaltsanspruch, liegt demgemäß bei 1/8.

Ob bzw. wie sich ein gegenständlich beschränkter Pflichtteilsverzicht auswirkt, ist völlig ungeklärt.[71]

V. Totenfürsorge

Dem überlebenden Ehegatten steht nach wie vor das Recht zur Totenfürsorge zu. 26
§ 1933 BGB ist nicht, auch nicht analog, anwendbar.[72]

D. Angrenzende Rechtsfragen – Prinzip des sichersten Weges – Achtung Haftungsfalle

Dass, wie bereits (vgl. Rdn 7) dargelegt, die Zustellung des Scheidungsantrages erfor- 27
derlich ist, um die erbrechtlichen Folgen herbeizuführen, ist beim Beratungsgespräch zwischen Anwalt und Mandant zu berücksichtigen. Unter Umständen ist daher darauf zu achten, dass neben dem Scheidungsantrag noch andere Wege zu empfehlen sind.[73] Erhält demgemäß ein Rechtsanwalt den Auftrag, ein von seinem Mandanten erstrebtes Ziel zu erreichen, muss er anhand des ihm unterbreiteten und womöglich auf seine Frage hin ergänzten Sachverhaltes prüfen, ob und ggf. auf welchem Weg das Ziel zu erreichen ist. Bedenken, zu denen die Rechtslage Anlass gibt, sind zu erörtern. Weitere Schritte sind von der aufgrund der Erörterung getroffenen Entscheidung des Mandanten abhängig zu machen. Der Anwalt hat demgemäß dann, wenn mehrere Wege in Betracht kommen, **den sichersten zur Wahrung der Interessen seines Auftraggebers** zu wählen.

Wenn ein lebensgefährlich erkrankter Erblasser ein durch Erbvertrag mit Rücktritts- 28
klausel begründetes Alleinerbrecht seiner getrennt lebenden Ehefrau zugunsten seiner Kinder ausschließen will, kommen zwei Maßnahmen in Betracht. Zum einen kann ein Scheidungsverfahren eingeleitet werden, zum anderen kann der Erblasser von dem im Erbvertrag vorbehaltenen Rücktrittsrecht Gebrauch machen. In Ansehung dessen, dass der Weg über das Scheidungsverfahren mit dem Risiko der nicht rechtzeitigen Zustellung des Scheidungsantrages des erkrankten Erblassers belastet ist, muss der Anwalt, um jede vermeidbare Schädigung des Mandanten auszuschließen, nicht nur den Scheidungsantrag auf den Weg bringen, sondern auch einen Notar zur Beurkundung der Rücktrittserklärung einschalten.

In den **Schutzbereich** des **Anwaltsvertrages** sind bei dieser Sachlage auch die – zu 29
begünstigenden – Kinder des Erblassers einbezogen. Ist den ausdrücklichen Erklärungen oder dem schlüssigen Verhalten der Parteien des Anwaltsvertrages ein entsprechender Wille zu entnehmen, können grundsätzlich Schutzrechte Dritter entstehen, wenn die zu schützende Personengruppe objektiv abgrenzbar ist. Dies ist hier der Fall. Für den Anwalt war der Wille des Erblassers, die Erbeinsetzung seiner Kinder anstelle von deren Mutter zu sichern, zweifelsfrei erkennbar. Der Annahme, das Interesse der Kinder an der Erbenstellung sei in den Schutz des Vertrages einbezogen gewesen, steht die fehlende Kenntnis des Anwalts von der Anzahl der Kinder nicht entgegen.[74]

E. Ausschluss des Erbrechts des Lebenspartners

I. Aufhebung der Lebenspartnerschaft

Auch im Lebenspartnerschaftsgesetz findet sich eine dem § 1933 BGB ähnliche Rege- 30
lung. Gem. § 10 Abs. 3 S. 1 Nr. 1 LPartG ist das Erbrecht des überlebenden Lebens-

---

71 *Münch*, ZEV 2008, 571, 575.
72 LG Leipzig FamRZ 2005, 1124.
73 BGH NJW 1995, 51 = ZEV 1994, 358.
74 BGH, Urt. v. 13.7.1994 – IV ZR 294/93, n.v.

partners ausgeschlossen, wenn zur Zeit des Todes des Erblassers die Voraussetzungen für die **Aufhebung der Lebenspartnerschaft** nach § 15 Abs. 2 S. 1 Nr. 1 oder 2 LPartG gegeben waren und der Erblasser die Aufhebung beantragt oder ihr zugestimmt hatte. Das Gleiche gilt, wenn der Erblasser einen Antrag nach § 15 Abs. 2 S. 1 Nr. 3 LPartG (unzumutbare Härte) gestellt hatte und dieser begründet war (§ 10 Abs. 3 S. 1 Nr. 2 LPartG). Die in § 15 Abs. 2 LPartG bestimmte Frist von 12 bzw. 36 Monaten muss jedoch in den Fällen des § 10 Abs. 3 Nr. 1 LPartG abgelaufen sein.[75] In den Fällen, in denen nur der Erblasser die Aufhebung der eingetragenen Lebenspartnerschaft beantragt hat, führt dies zum einseitigen Ausschluss des Erbrechts. Dies bedeutet, dass der Antragsteller den anderen Lebenspartner weiterhin beerbt. Auch hier bestehen verfassungsrechtliche Bedenken.[76]

31 In § 10 Abs. 3 LPartG fehlt hingegen eine dem § 1933 S. 2 BGB entsprechende Regelung. Hierbei dürfte es sich um ein gesetzgeberisches Versehen handeln.[77] Liegt ein nach § 15 Abs. 2 S. 2 LPartG rechtshängiger und begründeter Aufhebungsantrag zum Zeitpunkt des Erbfalls vor, ist das gesetzliche Erbrecht des überlebenden Partners entsprechend der Vorschrift des § 10 Abs. 3 S. 1 LPartG ausgeschlossen.[78]

II. Widerruf

32 Nach § 15 Abs. 3 LPartG können die Lebenspartner ihre Anträge auf Aufhebung der Lebenspartnerschaft so lange widerrufen, solange die Lebenspartnerschaft noch nicht aufgehoben ist. Erfolgt ein derartiger **Widerruf**, bleibt das Erbrecht bestehen. Auch wenn einer der Lebenspartner eine Erklärung nach § 15 Abs. 2 S. 1 Nr. 1 LPartG vor Ablauf von zwölf Monaten widerruft, tritt die vorbezeichnete Folge ein, d.h., das Erbrecht bleibt bestehen. Wurde eine übereinstimmende Aufhebungserklärung abgegeben und wird der Widerruf erst nach Ablauf von zwölf Monaten erklärt, lebt das Erbrecht beider Lebenspartner dennoch wieder auf, denn in diesen Fällen ist nach § 15 Abs. 3 LPartG die Aufhebung der Partnerschaft erst 36 Monate nach Abgabe der übereinstimmenden Erklärung möglich.[79] Das Erbrecht dessen, der seine Erklärung widerruft, entfällt nämlich erst mit Ablauf der Frist des § 15 Abs. 2 S. 1 Nr. 2 LPartG.

III. Rechtsfolgen

33 Rechtsfolge der Aufhebung der Lebenspartnerschaft ist, dass das gesetzliche Erbrecht des überlebenden Partners entfällt (§ 10 Abs. 3 S. 1 LPartG). Desgleichen entfällt das Recht auf den Voraus. Somit ist die Erbfolge so zu beurteilen, als ob die Partnerschaft im Zeitpunkt des Eintritts des Erbfalls bereits aufgehoben gewesen wäre. Entsprechend der Vorschrift des S. 3 verweist auch § 10 Abs. 3 S. 2 LPartG auf die Vorschrift des § 16 LPartG (**nachpartnerschaftlicher Unterhalt**). Dieser Anspruch richtet sich gegen die Erben.

IV. Gewillkürte Erbfolge

34 Für die gewillkürte Erbfolge gilt § 10 Abs. 5 LPartG i.V.m. § 2077 Abs. 1 BGB.

---

75 MüKo/*Duden*, LPartG § 10 Rn 4; *Mayer*, ZEV 2001, 169, 172.

76 *Leipold*, ZEV 2001, 218, 219; *v. Dickhuth-Harrach*, FamRZ 2001, 1660, 1664.

77 MüKo/*Leipold*, § 1933 Rn 32.

78 Soergel/*Wellenhofer*, LPartG § 1 Rn 7; BeckOK BGB/*Müller-Christmann*, § 1933 Rn 15; a.A. Burandt/Rojahn/*Braun*, LPartG § 10 Rn. 19.

79 *V. Dickhuth-Harrach*, FamRZ 2001, 1660, 1664; a.A. *Mayer*, ZEV 2001, 169, 172, im Hinblick darauf, dass die Voraussetzungen einer Aufhebung zunächst vorgelegen haben.

F. Verfahrensfragen

Derjenige, der sich auf den Ausschluss des Ehegattenerbrechts bzw. des Voraus beruft, 35 hat die Voraussetzungen des § 1933 BGB zu beweisen. Dies sind i.d.R. die Verwandten, die das Ehegattenerbrecht bestreiten. Zum einen ist darzulegen und zu beweisen, dass der Erblasser Scheidungsantrag gestellt bzw. seine Zustimmung zum gestellten Scheidungsantrag des überlebenden Ehegatten wirksam erteilt hat. Im Übrigen hat er den Beweis für das Vorliegen der materiell-rechtlichen Voraussetzungen für eine Scheidung zu erbringen. Die Voraussetzungen des § 1568 BGB hat demgegenüber der überlebende Ehegatte darzulegen und zu beweisen.

§ 1934 Erbrecht des verwandten Ehegatten

[1]Gehört der überlebende Ehegatte zu den erbberechtigten Verwandten, so erbt er zugleich als Verwandter. [2]Der Erbteil, der ihm aufgrund der Verwandtschaft zufällt, gilt als besonderer Erbteil.

Literatur

Leipold, Die neue Lebenspartnerschaft aus erbrechtlicher Sicht, insbesondere bei zusätzlicher Eheschließung, ZEV 2001, 218; *v. Dickhuth-Harrach*, Erbrecht und Erbrechtsgestaltung eingetragener Lebenspartner, FamRZ 2001, 1660.

Übersicht: Rdn

A. Allgemeines

S. 1 hat lediglich **klarstellende Funktion**. Diese Vorschrift spricht, wie auch § 1927 1 BGB, eine Selbstverständlichkeit aus. Aufgrund der Vorschrift des § 1931 Abs. 1 S. 2 und Abs. 2 BGB hat die Regelung geringe praktische Bedeutung.

B. Tatbestand bzw. Anwendungsbereich

Gem. § 1307 S. 1 BGB darf eine Ehe zwischen Verwandten in gerader Linie sowie 2 zwischen vollbürtigen und halbbürtigen Geschwistern nicht geschlossen werden. Aufgrund dieser Vorschrift ist ein Zusammentreffen von **Ehegattenerbrecht** und **Verwandtenerbrecht** nach der ersten Ordnung ausgeschlossen. Ein derartiger Fall (jedoch nur theoretisch) ist nur möglich, wenn das Eheverbot zum einen nicht beachtet worden wäre und zum anderen eine Aufhebung der Ehe nicht erfolgt ist. In den Fällen, in denen der Ehegatte der dritten Ordnung, d.h. als Abkömmling von Großeltern des Erblassers, oder einer ferneren Ordnung angehört, schließt er sich gem. § 1931 Abs. 1 S. 2 oder Abs. 2 BGB von der **Verwandtenerbfolge** aus (z.B. bei einer Ehe zwischen Cousin und Cousine).[1] In diesem Falle steht dem überlebenden Ehegatten ein **einheitlicher Ehegattenerbteil** zu. Das Erbrecht als Angehöriger der vierten oder einer höheren Ordnung entfällt wegen des Alleinerbrechts des Ehegatten nach § 1931 Abs. 2 BGB. Unter die Vorschrift des § 1934 BGB fallen demgemäß nur solche Ehen, die seitens des überlebenden **Ehegatten mit Onkel oder Tante** bzw. **Großonkel oder Großtante** geschlossen wurden. Nur bei dieser Konstellation kann der überlebende

1 Ebenso BeckOGK/*Tegelkamp*, § 1934 Rn 6.

Ehegatte auf der einen Seite als Ehegatte und zugleich als Erbe zweiter Ordnung berufen sein. Als Erbe zweiter Ordnung ist er dann berufen, wenn der Erblasser keine Abkömmlinge hinterlässt. Ist der Neffe bzw. die Nichte vorverstorben, kommt wieder § 1931 Abs. 1 S. 2 BGB zum Zuge, denn Tante bzw. Onkel sind Abkömmlinge von Großeltern des Erblassers.

C. Rechtsfolgen

3 Ist der überlebende Ehegatte zugleich erbberechtigter Verwandter, so fallen **Ehegattenerbteil** und **Verwandtenerbteil** nebeneinander an. Die Nichte, die mit einem Onkel (= Erblasser) im Güterstand der Zugewinngemeinschaft verheiratet ist, erhält für den Fall, dass nur ein Neffe des Erblassers vorhanden ist, zum einen den Ehegattenerbteil von $3/4$ (§ 1931 Abs. 1 und 3 BGB, § 1371 Abs. 1 BGB). Daneben erhält sie nochmals $1/8$ als Erbin der zweiten Ordnung (§ 1925 Abs. 1 und 3 BGB). Es handelt sich jeweils um **besondere Erbteile.** Daraus folgt, dass der Ehegatte seinen Erbteil als Ehegatte ausschlagen, jedoch den Verwandtenerbteil annehmen kann. Ist eine Ausschlagung des Ehegattenerbteils erfolgt, kann der überlebende Ehegatte, wenn die Ehegatten im Güterstand der Zugewinngemeinschaft gelebt haben, den güterrechtlichen Zugewinnausgleich verlangen.[2]

Da es sich um zwei getrennt anfallende Erbteile handelt, wird das Verwandtenerbrecht von den Ausschlusswirkungen des § 1933 BGB nicht erfasst.[3]

D. Anwendbarkeit auf das Erbrecht des Lebenspartners

4 § 10 Abs. 1 S. 6, 7 LPartG enthält eine entsprechende Reglung i.S.v. § 1934 BGB. Auch hier sind Konstellationen möglich, die zu einer Erbberechtigung sowohl als Lebenspartner als auch als Verwandter führen können. Es sind Lebenspartnerschaften zwischen Onkel und Neffe, Tante und Nichte, ebenso zwischen zwei Cousinen oder zwei Cousins zulässig. Derartige Fälle führen dazu, dass der Lebenspartner zugleich zu den gesetzlich erbberechtigten Verwandten gehört. Dies kann – im Gegensatz zur Ehe – auch bei einer Lebenspartnerschaft zwischen Cousinen oder Cousins eintreten, da der überlebende Lebenspartner die Abkömmlinge vorverstorbener Großeltern nicht ausschließt, solange noch ein Großelternteil lebt. Sind jedoch beide Großeltern verstorben, führt eine Lebenspartnerschaft, wie dies auch in der Ehe der Fall ist, nicht zu besonderen Erbteilen. Vielmehr entsteht ein einheitlicher Erbteil als Lebenspartner/in, wenn es sich um eine eingetragene Lebenspartnerschaft unter Cousin und Cousine handelt.

Wenn Verwandte eine Lebenspartnerschaft eingehen können, steht dem überlebenden Partner somit sowohl ein **Verwandtenerbteil** als auch ein **Lebenspartnererbteil** zu.

§ 1935 Folgen der Erbteilserhöhung

Fällt ein gesetzlicher Erbe vor oder nach dem Erbfall weg und erhöht sich infolgedessen der Erbteil eines anderen gesetzlichen Erben, so gilt der Teil, um welchen sich der Erbteil erhöht, in Ansehung der Vermächtnisse und Auflagen, mit denen dieser Erbe oder der wegfallende Erbe beschwert ist, sowie in Ansehung der Ausgleichungspflicht als besonderer Erbteil.

---

2 MüKo/*Leipold*, § 1934 Rn 3 m.w.N.

3 Soergel/*Firschinger*, § 1934 Rn 2.

Übersicht: Rdn

A. Allgemeines

Mit der Regelung des § 1935 BGB soll verhindert werden, dass der **Begünstigte** durch die Erhöhung seines gesetzlichen Erbteils infolge des Wegfalls eines gesetzlichen Erben benachteiligt wird. Eine **Benachteiligung** wäre dann gegeben, wenn der Teil, um welchen sich der Erbteil erhöht, mit Vermächtnissen, Auflagen oder einer Ausgleichungspflicht belastet ist. Diese Belastungen würden sich dann auf den gesamten Erbteil auswirken. Dass diese negative Folge nicht eintritt, wird dadurch erreicht, dass die **Erhöhung des Erbteils** in Bezug auf die Vermächtnisse, Auflagen, desgleichen in Bezug auf die Ausgleichungspflicht, als **besonderer Erbteil** behandelt wird. Im Gegenzug wird dadurch verhindert, dass der Vermächtnisnehmer oder Auflagenbegünstigte auf den gesamten Erbteil zurückgreifen kann, auch wenn lediglich der ursprüngliche Erbteil mit einem Vermächtnis beschwert war. Zusammengefasst verhindert § 1935 BGB zum einen eine nicht gerechtfertigte Beschwerung des Erben und zum anderen eine nicht gerechtfertigte Begünstigung des Vermächtnisnehmers etc. 1

B. Tatbestand

I. Wegfall des gesetzlichen Erben vor dem Erbfall

Vor dem Erbfall kann ein gesetzlicher Erbe genau genommen nicht wegfallen, denn vor dem Erbfall kann niemand gesetzlicher Erbe sein. Mit **„Wegfall vor dem Erbfall"** ist der Wegfall derjenigen Personen gemeint, die für den Fall als gesetzliche Erben berufen gewesen wären, dass der Erbfall vor dem Wegfall eingetreten wäre.[1] Unter Wegfall fällt hierbei das **Vorversterben** des gesetzlichen Erben, der **Erbverzicht** gem. § 2346 BGB, die **Enterbung** gem. § 1938 BGB, der **Ausschluss des Ehegattenerbrechts** gem. § 1933 BGB oder im Wege der Eheauflösung, desgleichen der **vorzeitige Erbausgleich**, der vor dem 1.4.1998 rechtsgültig zustande gekommen ist (Art. 227 Abs. 1 Nr. 2 EGBGB; § 1934e BGB a.F.).[2] 2

II. Wegfall des gesetzlichen Erben nach dem Erbfall

Hierunter fallen Ereignisse, die das gesetzliche Erbrecht entfallen lassen und hierbei auf den Erbfall zurückwirken. Ein gesetzlicher Erbe kann danach nach dem Erbfall durch **Ausschlagung** (§ 1953 BGB) oder durch **Erbunwürdigkeitserklärung** (§ 2344 BGB) in Wegfall geraten. Ein Wegfall nach dem Erbfall liegt auch dann vor, wenn eine zur Zeit des Erbfalls bereits erzeugte Person (§ 1923 Abs. 2 BGB) nicht lebend geboren wird.[3] Von einem Wegfall ist hingegen nicht auszugehen, wenn ein gesetzlicher Erbe nach Eintritt des Erbfalls verstirbt, da der Erbteil bereits erlangt wurde und dessen 3

1 MüKo/*Leipold*, § 1935 Rn 2.
2 BeckOK BGB/*Müller-Christmann*, § 1935 Rn 2.
3 MüKo/*Leipold*, § 1935 Rn 3.

Tod hieran auch nichts mehr ändert. Ist die Ausschlagungsfrist noch nicht abgelaufen, geht das Ausschlagungsrecht auf den Erben über.

III. Erhöhung des Erbteils

4 Weitere Voraussetzung ist, dass sich infolge des Wegfalls eines gesetzlichen Erben der **Erbteil** eines anderen gesetzlichen Erben **erhöht**. Zu einer Erhöhung kommt es dann, wenn derjenige gesetzliche Erbe, dem die Erhöhung zugutekommt, bereits vor dem Wegfall zum gesetzlichen Erben berufen war, allerdings zu einer geringeren Quote. Der gesetzliche Erbteil eines Verwandten kann sich innerhalb der ersten drei Erbfolgeordnungen entweder durch Wegfall des Ehegatten oder aber durch Wegfall eines anderen erbberechtigten Verwandten, der derselben Ordnung angehört, erhöhen. Die Erhöhung des Erbteils des Ehegatten richtet sich nach § 1931 Abs. 1 und 2 BGB. Lebten die Ehegatten beim Eintritt des Erbfalls im Güterstand der Gütertrennung, kann sich der gesetzliche Erbteil des überlebenden Ehegatten auch durch Wegfall eines Kindes sowie seines gesamten Stammes (§ 1931 Abs. 4 BGB) erhöhen, da durch dessen Wegfall die Zahl der erbberechtigten Kinder reduziert wird. Gem. § 10 Abs. 1 S. 1 LPartG erhöht sich der gesetzliche Erbteil des eingetragenen Lebenspartners durch Wegfall sämtlicher Abkömmlinge bzw. Großeltern des Erblassers unter Hinterlassung von Abkömmlingen. Desgleichen erhöht sich der gesetzliche Erbteil des Lebenspartners im Falle der Vereinbarung von Gütertrennung durch Wegfall eines Kindes.
Unter die Vorschrift des § 1935 BGB fällt nicht, wenn einem gesetzlichen Erben bereits mehrere Erbteile anfallen. Dies ist zum einen bei mehrfacher Verwandtschaft (§ 1927 S. 2 BGB) der Fall bzw. im Falle von § 1934 S. 2 BGB, § 10 Abs. 1 S. 7 LPartG, wenn nämlich der Ehegatte oder eingetragene Lebenspartner zugleich als Verwandter gesetzlicher Erbe wird.[4]

IV. Wegfall eines eingesetzten Erben

5 § 1935 BGB gilt seinem Wortlaut nach nur dann, wenn ein gesetzlicher Erbe wegfällt und sich dadurch der Erbteil eines anderen zum gesetzlichen Erben Berufenen erhöht. Sind in einem Testament die gesetzlichen Erben bedacht, greift die Auslegungsregel des § 2066 BGB ein. Bei Wegfall von Erben vor oder nach dem Erbfall führt dies ebenfalls zu einer Erbteilserhöhung mit den Konsequenzen des § 1935 BGB.[5] Greift jedoch § 2094 BGB ein, d.h., dass der Erbteil eines eingesetzten Erben infolge Wegfalls dem oder den anderen eingesetzten Erben infolge Anwachsung zufällt, ordnet § 2095 BGB dieselbe Rechtsfolge an, die auch in § 1935 BGB vorgesehen ist, d.h., dass der erhöhte Erbteil als besonderer Erbteil gilt. In den Fällen, in denen § 2088 BGB eingreift, nämlich dann, wenn der Erblasser einen Erben eingesetzt sowie die Einsetzung auf einen Bruchteil der Erbschaft beschränkt und gleichzeitig die Anwachsung gem. § 2094 Abs. 2 und 3 BGB ausgeschlossen hat, kann der Wegfall eines testamentarischen Erben auch dazu führen, dass sich der Erbteil des gesetzlichen Erben erhöht. In einem solchen Fall findet § 1935 BGB **analoge Anwendung**, da es sich um dieselbe Interessenlage handelt.[6]

C. Rechtsfolgen

I. Einheitlicher Erbteil, besonderer Erbteil

6 Die **Erhöhung des Erbteils** wird nur in den ausdrücklich in § 1935 BGB genannten Fällen (**Vermächtnisse, Auflagen, Ausgleichungspflicht**) als **besonderer Erbteil** be-

---

4 MüKo/*Leipold*, § 1935 Rn 4.
5 MüKo/*Leipold*, § 1935 Rn 6.
6 MüKo/*Leipold*, § 1935 Rn 6; Staudinger/*Werner* (2017), § 1935 Rn 9, 18; BeckOGK/*Tegelkamp*, § 1935 Rn 24.

handelt. Dies bedeutet, dass dann, wenn es um die Annahme oder Ausschlagung der Erbschaft geht bzw. um die Haftung für Nachlassverbindlichkeiten, von einer **Einheit von Erbteil und Erhöhung** auszugehen ist. Der Erbteil kann nur insgesamt angenommen oder ausgeschlagen werden. Auch bzgl. der Nachlassverbindlichkeiten haftet der gesamte und nicht nur der ursprüngliche Erbteil.[7]

II. Vermächtnisse, Auflagen

Gäbe es die Regelung des § 1935 BGB nicht, würde der Erbe, obwohl nur der Teil, 7
um welchen sich sein Erbteil erhöht, mit Auflagen oder Vermächtnissen beschwert ist, dennoch mit seinem gesamten Erbteil, d.h. auch mit dem ursprünglichen Erbteil, für die Erfüllung der Vermächtnisse haften. Mit dem Wegfall des Beschwerten entfallen nämlich weder das Vermächtnis noch die Auflage. Im umgekehrten Fall, d.h., wenn der ursprüngliche Erbteil mit einem Vermächtnis beschwert ist, müsste der Erbe ohne die Regelung des § 1935 BGB auch den erhöhten Erbteil dafür verwenden, um das angeordnete Vermächtnis zu erfüllen. § 1935 BGB führt dazu, dass die angeordneten Vermächtnisse und Auflagen nur aus dem Erbteil erfüllt werden müssen, der jeweils belastet ist. Dies führt auch dazu, dass auch nur bezüglich des beschwerten Anteils nach § 1992 BGB vorgegangen werden kann, da nur dieser durch Vermächtnis oder Auflage überschuldet ist. Auf den jeweiligen Anteil beschränken sich auch die Rechtsfolgen einer Inventarerrichtung bzw. deren Unterlassung, § 2007 S. 2 BGB.

Beispiel
Der Erblasser E hinterlässt zwei Söhne A und B. Sohn B wird mit einem Geldvermächtnis i.H.v. 2.000 EUR beschwert. Für den Fall, dass B vor A verstirbt und keine Abkömmlinge hinterlässt, wächst dem A der Erbteil des B an. A muss jedoch in diesem Fall das Vermächtnis, obwohl ihm der Anteil des B angewachsen ist, insoweit nicht erfüllen, als der zugefallene Erbteil nicht zur Zahlung von 2.000 EUR ausreicht.

III. Ausgleichungspflicht

Ist eine **Ausgleichungspflicht** nach den Regeln der §§ 2050 ff. BGB angeordnet, so ist 8
in den Fällen, in denen ein Abkömmling vor oder nach dem Erbfall wegfällt, wegen der ihm gemachten Zuwendungen der an seine Stelle tretende Abkömmling zur Ausgleichung verpflichtet (§ 2051 BGB). War dieser Abkömmling bereits erbberechtigt, erhöht sich somit sein Erbteil. In diesen Fällen greift § 1935 BGB ein. Dies bedeutet, dass die Erbteile im Hinblick auf die Ausgleichungspflicht gesondert zu behandeln sind. Die Konsequenzen der Regelung des § 1935 BGB zeigen sich in der Vorschrift des § 2056 BGB, wonach die Zuwendung nicht aus dem ursprünglichen Erbteil ausgeglichen werden muss. Nach § 2056 S. 2 BGB bleiben dann der Wert der Zuwendung und der mit der Ausgleichungspflicht beschwerte Anteil außer Ansatz.

D. Verfahrensfragen

Den begünstigten Erben trifft die Beweislast für das Erreichen der Erbteilsgrenze.[8] 9
Liegt ein Erbschaftskauf gemäß § 2373 BGB vor gilt Folgendes: Ein dem Verkäufer nach Abschluss des Kaufs zugefallener Anteil gilt im Zweifel als nicht mitverkauft.[9]

7 MüKo/*Leipold*, § 1935 Rn 7.
8 Staudinger/*Werner* (2017), § 1935 Rn 19; Soergel/*Fischinger*, § 1935 Rn 7.
9 Soergel/*Fischinger*, § 1935 Rn 9.

§ 1936 Gesetzliches Erbrecht des Staates

[1]Ist zur Zeit des Erbfalls kein Verwandter, Ehegatte oder Lebenspartner des Erblassers vorhanden, erbt das Land, in dem der Erblasser zur Zeit des Erbfalls seinen letzten Wohnsitz oder, wenn ein solcher nicht feststellbar ist, seinen gewöhnlichen Aufenthalt hatte. [2]Im Übrigen erbt der Bund.

Literatur

Dörner, Der Zugriff des Staates auf erbenlose Nachlässe – Fiskuserbrecht oder hoheitliche Aneignung?, IPRax 2012, 235; *Dutta*, Das neue Internationale Erbrechtsverfahrensgesetz, ZEV 2015, 493; *Heckel*, Das Fiskuserbrecht im Internationalen Privatrecht, 2006; *Lorenz*, Staatserbrecht bei deutsch-österreichischen Erbfällen, Rpfleger 1993, 433; *Ludyga*, Das gesetzliche Erbrecht des Fiskus gem. § BGB, ZEV 2023, 409; *Mayer*, Fiskuserbrecht und Erbenermittlung: Probleme des „erbenlosen Nachlasses", ZEV 2010, 445; *Schnelling*, Grundlagen der Fiskalerbschaft, NJW 2023, 2749.

Übersicht: Rdn

A. Allgemeines

1 § 1936 BGB regelt das gesetzliche **Noterbrecht des Staates**, d.h., dass der Staat nur als Letzter in der gesetzlichen Erbfolgeordnung ein privates gesetzliches Erbrecht hat. Diese Vorschrift hat in erster Linie **Ordnungsfunktion**. Es soll vermieden werden, dass ein Nachlass herrenlos ist.[1] Weiterhin soll eine ordnungsgemäße Nachlassabwicklung gewährleistet sein.[2] Aus volkswirtschaftlicher Sicht hat das Noterbrecht des Fiskus keine Bedeutung. § 1936 BGB betrifft nur das **gesetzliche Erbrecht des Fiskus**. Davon unberührt bleibt die Einsetzung des Staates zum testamentarischen Erben.[3]

B. Tatbestand

I. Deutsches Erbrecht

2 Die Vorschrift des § 1936 BGB findet nur Anwendung, wenn nach den Regeln des Internationalen Privatrechts **deutsches Erbrecht** gilt. Nach bisher geltendem Recht war in erster Linie die Staatsangehörigkeit des Erblassers maßgeblich. Seit Inkrafttreten der EuErbVO, die für Erbfälle nach dem 16.8.2015 anzuwenden ist, entscheidet in erster Linie der gewöhnliche Aufenthalt des Erblassers zum Zeitpunkt seines Todes über das anwendbare Recht. Der Erblasser hat jedoch hiervon abweichend auch die Möglichkeit der Rechtswahl. Es ist ihm gestattet, durch Verfügung von Todes wegen das Recht seiner Staatsangehörigkeit zu wählen.[4] Kommt ausländisches Erbrecht zur Anwendung, gilt dies auch bei einem erbenlosen Nachlass. Gem. §§ 21 Abs. 1, 22 EuErbVO gilt ausländisches Erbrecht, sofern der Erblasser eine Rechtswahl zugunsten seiner ausländischen Staatsangehörigkeit getroffen hat oder er zum Zeitpunkt seines

1 VGH Mannheim NVwZ-RR 2017, 796.

2 Ebenso BGH NJW 2012, 453, 454 Rn 7; BGH NJW 2016, 156 Rn 9; OLG München FGPrax 2011, 187, 188; BGH NJW 2019, 988; *Ludyga*, ZEV 2023, 409.

3 MüKo/*Leipold*, § 1936 Rn 2.

4 MüKo/*Leipold*, § 1936 Rn 4.

Todes seinen gewöhnlichen Aufenthalt in einem ausländischen Staat hatte. Dies gilt unabhängig davon, ob es sich bei dem ausländischen Staat um einen Mitgliedstaat oder einen Drittstaat handelt. Nach Art. 21 Abs. 2 EuErbVO kann auch dann, wenn der Erblasser seinen gewöhnlichen Aufenthalt in Deutschland hatte, ausländisches Erbrecht Anwendung finden, sofern der Erblasser zu einem anderen Staat eine offensichtlich engere Bindung hatte. In den Fällen, in denen **ausländisches Erbrecht** zur Anwendung gelangt, greift die Vorschrift des § 1936 BGB **nicht** ein. Sieht das ausländische Erbrecht ein gesetzliches Erbrecht des Staates vor, ist dieses auch vom deutschen Staat anzuerkennen.[5] Kommt ausländisches Erbrecht zur Anwendung, so ist für Erbfälle ab dem 17.8.2015 die Regelung in § 32 IntErbRVG i.V.m. Art. 33 EuErbVO zu beachten. Danach kann im Einzelfall ein Fiskus-Aneignungsrecht bestehen.[6]

II. Voraussetzungen des Erbanfalls

Nur dann, wenn weder ein Verwandter noch ein Lebenspartner oder Ehegatte vorhanden ist, ist der Staat zum gesetzlichen Erben berufen. D.h., dass selbst das Erbrecht der entferntesten Verwandten dem Erbrecht des Staates vorgeht. Es handelt sich lediglich um ein Noterbrecht. „Vorhanden sein“ bedeutet in diesem Zusammenhang, dass **Erbfähigkeit und Erbberechtigung** vorliegen. Daraus folgt, dass ein Vorhandensein zu verneinen ist, wenn die Verwandten und der Ehegatte bzw. Lebenspartner einen Erbverzicht erklärt haben, enterbt sind, ein vorzeitiger Erbausgleich erfolgt ist (ein derartiger vorzeitiger Erbausgleich muss vor dem 1.4.1998 rechtsgültig zustande gekommen sein, Art. 227 Abs. 1 Nr. 2 EGBGB), eine Erbunwürdigkeitserklärung vorliegt oder die Ausschlagung erklärt worden ist und die vorbezeichneten Personen aus den vorgenannten Gründen nicht gesetzliche Erben werden,[7] desgleichen bei Ehe- oder Partnerschaftsauflösung (§ 1933 BGB, § 15 LPartG). Das gesetzliche Staatserbrecht ist auch dann ausgeschlossen, wenn die Rechte nicht mehr vorhandener Erben durch Nachfolgeorganisationen wahrgenommen werden (REG Art. 10). 3

Hat der Erblasser nur über einen Teil des Nachlasses testamentarisch verfügt, beschränkt sich die gesetzliche Erbfolge des Staates lediglich auf einen Bruchteil. Dies gilt auch dann, wenn einzelne Erben weggefallen sind und eine Anwachsung nicht erfolgt. 4

Gem. § 2105 BGB kann der Fiskus auch als **Vorerbe** berufen sein, gesetzlicher **Nacherbe** kann er jedoch gem. § 2104 S. 2 BGB nicht sein. Kraft Gesetzes ist der Staat für den Fall Vorerbe, dass es der Erblasser unterlassen hat, einen Vorerben zu bestimmen und keine gesetzlichen Erben vorhanden sind. Auch eine Berufung des Fiskus zum **Vermächtnisnehmer** ist nicht möglich, § 2149 S. 2 BGB. Das gesetzliche Erbrecht kann nicht dadurch ausgeschlossen werden, dass der Erblasser lediglich eine Negativverfügung verfasst, ohne gleichzeitig einen Erben zu bestimmen. Dies ergibt sich aus dem Wortlaut des § 1938 BGB, der lediglich regelt, dass ein Verwandter, der Ehegatte oder der Lebenspartner von der gesetzlichen Erbfolge ausgeschlossen werden kann. Nach Landesrecht kann dem Staat im Hinblick auf den Nachlass einer verpflegten oder unterstützten Person über die Vorschrift des § 1936 BGB hinaus ein Erbrecht zustehen (siehe Erlasse und Kommentierung zu Art. 139 EGBGB).[8] 5

---

5 KG ZEV 2011, 132 = IPRax 2012, 255 (bejaht für das Fiskuserbrecht nach dem Recht der UdSSR); zust. *Dörner*, IPRax 2012, 235, 237; KG Rpfleger 1985, 299, 300 = IPRax 1986, 41 (verneint für das schwedische Fiskuserbrecht); *Firsching*, IPRax 1986, 25; siehe auch *Firsching*, FS Kralik, 1986, S. 371; *Heckel*, S. 125.

6 *Dutta*, ZEV 2015, 493.

7 MüKo/*Leipold*, § 1936 Rn 6.

8 MüKo/*Leipold*, § 1936 Rn 12.

6 Auch gegenüber dem Staatserbrecht gilt der Vorrang der gewillkürten Erbfolge. Sämtliche eingesetzten Erben gehen dem Staat stets vor. Enthält eine letztwillige Verfügung lediglich Vermächtnisse und Auflagen, wird der Staat gesetzlicher Erbe, sofern Erben fehlen bzw. diese durch letztwillige Verfügung von der Erbfolge ausgeschlossen wurden. Der Staat erbt auch dann, wenn aus dem Testament der Wille des Erblassers hervorgeht, dass im Falle des Vorversterbens der eingesetzten Erben keiner aus der Verwandtschaft etwas erben soll.[9]

7 Die Erbschaft geht auch auf den Fiskus im Wege des **Von-Selbst-Erwerbs** über. Eine Geltendmachung des Erbrechts durch den Staat ist allerdings erst dann möglich, wenn das Nachlassgericht festgestellt hat, dass keine weiteren Erben vorhanden sind. Diesbzgl. gelten die Vorschriften gem. §§ 1964 ff. BGB. Wenn das Nachlassgericht am Ende des Ermittlungsverfahrens feststellt, dass ein anderer Erbe als der Fiskus nicht vorhanden ist (§ 1964 Abs. 1 BGB), wird damit die Vermutung begründet, dass der Fiskus gesetzlicher Erbe sei (§ 1964 Abs. 2 BGB). Nach § 1942 Abs. 2 BGB kann der Fiskus die ihm als gesetzlichem Erben angefallene Erbschaft nicht ausschlagen. Desgleichen kann er keinen Erbverzicht abgeben bzw. für erbunwürdig erklärt werden.[10]

8 Dem Beschluss des Nachlassgerichts kommt eine rechtsgestaltende Wirkung dergestalt, dass der Fiskus nun allen gegenüber für immer Erbe ist, nicht zu. Sind etwaige Erben noch nicht ermittelt, tritt zugunsten von diesen kein Rechtsverlust ein. Wird nach Ergehen des Feststellungsbeschlusses ein Erbschein beantragt, ist diesem Antrag in jedem Fall nachzugehen. Ist der Antrag form- und inhaltsrichtig, hat das Nachlassgericht einen entsprechenden Erbschein zu erteilen, sofern er von dem bis dahin unbekannten Erben gestellt wurde. Der Feststellungsbeschluss ist gem. § 48 Abs. 1 FamFG aufzuheben.[11]

Das Erbrecht des Staates wird so lange vermutet, wie der Feststellungbeschluss Bestand hat. Diese Vermutung ist stets widerlegbar. Der Beweis des Gegenteils kann sowohl im Zivilprozess als auch im Erbscheinsverfahren geführt werden. Beim Feststellungsbeschluss handelt es sich um eine Entscheidung nach § 38 FamFG mit Sachbericht und Rechtsgründen.[12] Dies bedeutet demgemäß, dass aus dem Feststellungsbeschluss keine das Staatserbrecht konstitutiv begründende noch andere Erben konstitutiv ausschließende Wirkungen folgen.[13]

C. Rechtsfolgen

I. Fiskus als Erbberechtigter

9 Der Wortlaut des § 1936 BGB wurde modernisiert und bringt daher nunmehr klar zum Ausdruck, dass für den Fall der gesetzlichen Staatserbfolge das Bundesland erbberechtigt ist, in welchem der Erblasser zur Zeit seines Todes seinen letzten Wohnsitz hatte. Ist ein solcher nicht vorhanden, ist der gewöhnliche Aufenthalt maßgeblich. Sofern deutsches Erbrecht Anwendung findet, kommt es auf die Staatsangehörigkeit nicht an. Der Erblasser kann auch mehrere Wohnsitze haben. Bestanden diese in verschiedenen Bundesländern, so sind diese zu unter sich gleichen Teilen berufen. Die Regelung des § 1936 BGB enthält diesbzgl. keine ausdrückliche Bestimmung mehr, aber dieser Schluss ergibt sich bereits aus § 1936 S. 1 BGB, da die Voraussetzungen für

9 OLG Düsseldorf FGPrax 2015, 30.
10 MüKo/*Leipold*, § 1936 Rn 11.
11 *Mayer*, ZEV 2010, 445 ff.
12 *Ludyga*, ZEV 2023, 409, 413.
13 *Muscheler*, ErbR, Rn 1647; *Schnelling*, NJW 2023, 2749 Rn 20.

jedes Bundesland erfüllt sind.[14] Kommen mehrere Länder zum Zuge, bilden sie eine Erbengemeinschaft.[15]

Der **Bund** wird gesetzlicher Erbe, wenn sich eine Zugehörigkeit zu einem Bundesland nicht ermitteln lässt, d.h., wenn der Erblasser keinen Wohnsitz in einem Bundesland hatte, aber eine Rechtswahl zugunsten des deutschen Erbrechts getroffen hat.[16] Aus den jeweiligen landesrechtlichen Vorschriften kann sich ergeben, dass eine Körperschaft, Stiftung bzw. Anstalt des öffentlichen Rechts anstelle des Fiskus zum Erben berufen ist (siehe Kommentierungen zu Art. 138 EGBGB). 10

Ein Ausschluss des Erbrechts des Staates erfolgt nicht deswegen, weil der Erblasser neben der deutschen Staatsangehörigkeit noch eine weitere besaß. Gem. Art. 22 EuErbVO kann eine Person, die mehrere Staatsangehörigkeiten besitzt, das Recht eines der Staaten wählen, denen sie im Zeitpunkt der Rechtswahl oder im Zeitpunkt ihres Todes angehört. 11

II. Inhalt des Erbrechts

Wie jeder andere Erbe auch wird der Staat **Gesamtrechtsnachfolger**. Es handelt sich nicht um ein hoheitliches Aneignungs- bzw. Okkupationsrecht des Staates.[17] Als Gesamtrechtsnachfolger tritt er in alle vererblichen Rechte und Pflichten des Erblassers ein. Hierunter fallen auch Urheberrechte, Patentrechte, Verlagsrechte, Rechte an Geschmacks- und Gebrauchsmustern sowie alle sonstigen Verpflichtungen.[18] 12

Es besteht auch die Möglichkeit, den erbenden Staat polizeirechtlich als Zustandsstörer in Anspruch zu nehmen.[19] Stellt sich im Nachhinein heraus, dass der Staat nicht Erbe geworden ist, hat er aber den Nachlass zunächst als vermeintlicher gesetzlicher Erbe in Besitz genommen, treffen den Fiskus die Ansprüche aus §§ 2018, 2021, 812 Abs. 1, 818 BGB als Erbschaftsbesitzer. Diese umfassen auch den Anspruch auf Verzinsung.[20] Die Erbschaft ist grundsätzlich nicht auf das in Deutschland belegene Vermögen beschränkt. Befindet sich demgemäß auch Vermögen außerhalb Deutschlands in einem anderen Mitgliedstaat, kann ein Aneignungsrecht des ausländischen Staates gem. Art. 33 EuErbVO bestehen.

Vom Erbrecht ausgenommen sind solche Rechte, denen **Sondervorschriften** entgegenstehen, bspw. § 159 VVG. Es gibt kein Bezugsrecht des Staates aus einer Kapitallebensversicherung, wenn die Leistung lt. Versicherungsvertrag an die Erben ohne nähere Bezeichnung gehen soll. Sind neben dem Fiskus weitere Erben als Miterben berufen, steht ihnen das Bezugsrecht alleine zu. Nur wenn der Fiskus gesetzlicher Alleinerbe wird, geht die Versicherungssumme auf ihn über. Auch bei Entschädigungsansprüchen ergeben sich Besonderheiten aus den Rückerstattungsgesetzen.[21] In diesem Falle ist das Erbrecht des Fiskus, ausgenommen eine Berufung aufgrund letztwilliger Verfügung von Todes wegen, ausgeschlossen. Die Rechte nicht mehr vorhandener Erben werden durch Nachfolgeorganisationen, sog. Treuhandgesellschaften, wahrgenommen. Die gegen den Staat gerichteten **vererblichen Ansprüche** (nach dem BEG, LAG, RepG und dem SGB) erlöschen, wenn der Staat gesetzlicher Erbe wird. Bestand zum Zeitpunkt des Todes des Erblassers noch eine Einkommensteuerschuld, erlischt diese 13

---

14 MüKo/*Leipold*, § 1936 Rn 15.
15 MüKo/*Leipold*, § 1936 Rn 15.
16 MüKo/*Leipold*, § 1936 Rn 13, 17.
17 BGH NJW 2016, 156 Rn 9; OLG München FGPrax 2011, 187, 188.
18 MüKo/*Leipold*, § 1936 Rn 19, 21.
19 VGH Hessen ZEV 2014, 330.
20 BGH NJW 2016, 156 m. Anm. *Reimann* (auch zu den anzuwendenden Verjährungsregeln); zur Höhe LG Münster ErbR 2018, 721 m.Anm. *Wolter*.
21 NK-BGB/*Kroiß*, § 1936 Rn 3.

für den Fall, dass der Staat Erbe wird.[22] Dies hindert jedoch nicht automatisch die Inanspruchnahme des zusammenveranlagten Ehegatten.

14 Oft sieht der Gesellschaftsvertrag einer OHG oder einer KG die Fortsetzung der Gesellschaft mit den Erben eines Gesellschafters bzw. Komplementärs vor. Die Auslegung wird in den meisten Fällen allerdings ergeben, dass das gesetzliche Staatserbrecht damit nicht gemeint ist. Dass dem Fiskus kein Ausschlagungsrecht zusteht, ist allerdings kein Grund dafür, die Nachfolge des Staates als gesetzlichen Erben abzulehnen. Allerdings kann der Staat sein Verbleiben in der Gesellschaft davon abhängig machen, dass ihm eine Kommanditistenstellung eingeräumt wird (§ 139 HGB).[23]

15 Hat der Erblasser keinen Erben bestimmt, sondern lediglich Vermächtnisse und Auflagen im Rahmen einer letztwilligen Verfügung angeordnet, und kommt der Staat als Erbe in Betracht, kann er hiermit belastet sein. Wurde testamentarisch angeordnet, der Nachlass solle einem wohltätigen Zweck zugeführt werden, kann hierin eine Zweckauflage zu sehen sein, die den Fiskus bindet.[24]

16 Bzgl. der **Haftung für Nachlassverbindlichkeiten** und deren Beschränkung[25] gelten die allg. Vorschriften. Dem Staat steht auch die Dürftigkeitseinrede zu.[26] Besonderheiten ergeben sich für die Inventarfrist. Eine solche kann dem Fiskus als gesetzlichem Erben nicht gesetzt werden (§ 2011 S. 1 BGB). Er ist jedoch den Nachlassgläubigern gegenüber zur Auskunft verpflichtet, § 2011 S. 2 BGB. Eine Verletzung der Auskunftspflicht führt lediglich zu einem Schadenersatzanspruch wegen Nichterfüllung, hingegen nicht zur endgültig unbeschränkten Haftung. Ein Vorbehalt der **beschränkten Erbenhaftung** ist nicht erforderlich, wenn der Fiskus gesetzlicher Erbe ist (§ 780 Abs. 2 ZPO).[27] Auch die Forderungen und Verbindlichkeiten des Erblassers aus Steuerschuldverhältnissen gehen auf den Staat als gesetzlichen Erben über. Ist ein Einkommensteueranspruch noch offen, erlischt dieser durch Vereinigung von Forderung und Schuld (Konfusion), und zwar unabhängig davon, ob der Bund oder ein Bundesland gesetzlicher Erbe wurde.[28] Stehen demgemäß noch Steuerfestsetzungen aus, sind diese nicht mehr vorzunehmen. Hiervon ausgenommen ist jedoch ein bereits eröffnetes Nachlassinsolvenzverfahren. In diesem Falle leben die Steuerforderungen rückwirkend wieder auf.[29]

Eine **Nachlasspflegschaft** kann dann nicht mehr angeordnet werden, sobald der Staat als gesetzlicher Erbe festgestellt ist, da sich der Gläubiger in diesem Fall ab Feststellung direkt an den Staat wenden und seine Ansprüche geltend machen kann.[30]

17 § 1936 BGB findet bei **Auflösung eines Vereins** oder der Entziehung der Rechtsfähigkeit analoge Anwendung, wenn die Voraussetzungen des § 45 Abs. 3 letzter Hs. BGB vorliegen (§ 46 S. 1 BGB). Dies gilt auch bei **Erlöschen einer Stiftung** (§ 88 S. 2 BGB).

22 BFH NJW-RR 2006, 1232.
23 MüKo/*Leipold*, § 1936 Rn 22.
24 OLG Düsseldorf FGPrax 2015, 30.
25 BGH NJW 2019, 988 Rn 11 (zu Wohngeldschulden); VGH Baden-Württemberg BeckRS 2017, 117504 Rn 47: keine generelle Haftungsbeschränkung; VGH Baden-Württemberg BeckRS 2017, 117504 Rn 44: keine Haftungsbeschränkung gegenüber nach dem Tod des Erblassers entstandenen Abwassergebühren und Grundsteuerforderungen, da dies keine Nachlassverbindlichkeiten, sondern Eigenverbindlichkeiten des Fiskuserben sind.
26 OLG Oldenburg ErbR 2015, 689.
27 Dazu BGH ZEV 2017, 453: keine Beschwer des Klägers durch einen gleichwohl ausgesprochenen Vorbehalt.
28 BFH NJW-RR 2006, 1232.
29 BayLfSt ZEV 2014, 388.
30 OLG Hamm FamRZ 2017, 924 f. = BeckRS 2016, 122636.

Für den Fall, dass der Bund Erbe wird, ist für die Abwicklung des Nachlasses die Bundesanstalt für Immobilienaufgaben zuständig. Wird hingegen ein Bundesland Erbe, sind für die Abwicklung des Nachlasses die Finanzbehörden bzw. Liegenschaftsämter zuständig.[31] 18

§ 1937 Erbeinsetzung durch letztwillige Verfügung

Der Erblasser kann durch einseitige Verfügung von Todes wegen (Testament, letztwillige Verfügung) den Erben bestimmen.

Literatur

Dawirs, Das letztwillig angeordnete Schiedsverfahren – Gestaltungsmöglichkeiten, 2014; *Haas*, Letztwillige Schiedsverfügungen i.S. des § 1066 ZPO, ZEV 2007, 49; *Harder*, Das Schiedsverfahren im Erbrecht, 2007; *Keim*, Die Grenzen letztwilliger Schiedsklauseln, NJW 2017, 2652; *Lange*, Letztwillige Schiedsklauseln in der jüngsten Rechtsprechung, ZEV 2017, 1; *ders.*, Kann die Verjährung des Pflichtteilsanspruchs verlängert werden?, ZEV 2003, 433; *Limmer*, Anmerkung zu Urteil des VG Würzburg v. 3.6.2008, W 1 K 08.638, ZEV 2008, 603; *Ludyga*, Vererben im Betreuten Wohnen – Zur Bedeutung der „Landesheimgesetze" in der testamentarischen Gestaltungspraxis, ZEV 2014, 177; *Ludyga*, Letztwillige Verfügungen von alten und pflegebedürftigen Menschen zugunsten eines ambulanten Pflegedienstes, NZS 2013, 201; *Ott*, Beschränkungen des elterlichen Verwaltungsrechts durch den Erblasser, NJW 2014, 3473; *ders.*,Vormundbenennung durch letztwillige Verfügung, BWNotZ 2014, 138; *Pawlytta*, Erbrechtliches Schiedsgericht und Pflichtteilsrecht, ZEV 2003, 89; *Schiffer*, Erbrechtliche Gestaltung: Letztwillige Schiedsklauseln – Möglichkeiten und Hinweise, BB Beil. Nr. 5 v. 27.4.1995, S. 3; *Schlichting*, Schuldrechtsmodernisierung im Erbrecht, ZEV 2002, 478; *Schulze*, Letztwillig eingesetzte Schiedsgerichte, MDR 2000, 314; *Schwab/Walter*, Schiedsgerichtsbarkeit, 7. Auflage 2005; *Stallknecht*, Schiedsklausel in Verfügungen von Todes wegen, RNotZ 2019, 433, 449; *Wegmann*, Die Schiedsgerichtsbarkeit in Nachlasssachen, ZEV 2003, 20; *R. Werner*, Das Schiedsverfahren als Instrument zur Lösung erbrechtlicher Streitigkeiten, ZEV 2011, 506.

Übersicht: Rdn

31 *Schnelling*, NJW 2023, 2749 Rn 10.

A. Allgemeines

I. Testierfreiheit

1 Der Grundsatz der **Testierfreiheit** ist im Gesetz nicht geregelt. Auch bzgl. des Verhältnisses der gesetzlichen zur testamentarischen Erbfolge enthält das Gesetz keine Regelung. Die §§ 1937–1941 BGB nennen die wichtigsten **Verfügungen**, die der Erblasser treffen kann. Daraus folgt, dass diese Regelungen somit die gesetzliche Verankerung der Testierfreiheit darstellen. Diese Regelungen betreffen teilweise die Form und teilweise den Inhalt des Rechtsgeschäfts, mit welchem der Erblasser bestimmen kann, welches Schicksal sein Vermögen nach seinem Tod erleiden soll. Dem Erblasser soll somit die Möglichkeit eingeräumt sein, nach seinen persönlichen Wünschen und Vorstellungen die Erbfolge zu regeln.[1] Ebenso wie das Eigentumsgrundrecht und auch der Grundsatz der Privatautonomie dient die Testierfreiheit somit der Selbstbestimmung des Einzelnen.[2] Der Testierfreiheit wurden durch den Gesetzgeber zwei Schranken gesetzt. Die eine Schranke stellt das Verbot sittenwidriger Verfügungen dar, die andere Schranke bildet das Pflichtteilsrecht.

II. Vorrang der gewillkürten Erbfolge

2 Gem. § 1937 BGB kann der Erblasser durch **Testament** seinen Erben bestimmen. Zusammen mit der Regelung des § 1938 BGB, der **Enterbung**, sowie der Vorschrift des § 1941 BGB, der die vertragliche **Erbeinsetzung** regelt, ergibt sich hieraus der Vorrang der gewillkürten Erbfolge vor der **gesetzlichen Erbfolge**. Nur dann, wenn der Erblasser keine letztwillige Verfügung von Todes wegen getroffen hat, tritt die gesetzliche Erbfolge ein. Der Erblasser muss auch persönlich handeln, d.h., er kann

1 BVerfG NJW 2005, 1561.
2 BVerfG FamRZ 2009, 1039 m.w.N.

die Ausübung seiner Testierfreiheit nicht einem Dritten überlassen. Dabei unterliegt er dem erbrechtlichen Typenzwang.

III. Sinn und Zweck des § 1937 BGB

In § 1937 BGB werden die Begriffe Testament, Verfügung von Todes wegen und letztwillige Verfügung klargestellt bzw. voneinander abgegrenzt.[3] 3

B. Begriffe der Verfügung von Todes wegen, Testament, letztwillige Verfügung

I. Verfügung von Todes wegen als Oberbegriff

Aus § 1937 BGB ergibt sich, dass der Terminus **„Verfügung von Todes wegen"** den Oberbegriff zu Testament und Erbvertrag darstellt.[4] Bei der Verfügung von Todes wegen handelt es sich um eine rechtsgeschäftliche Anordnung, die erst beim Tod wirksam wird und in einer bestimmten erbrechtlichen Form erfolgt.[5] Hierin liegt der Unterschied zu einem **Rechtsgeschäft unter Lebenden**, das ebenfalls erst mit dem Tod Wirkungen entfalten kann (siehe hierzu § 2301 BGB). Auch im bürgerlich-rechtlichen Sprachgebrauch außerhalb des Erbrechts kennt man den Begriff der **Verfügung.** Hiermit hat die Verfügung von Todes wegen jedoch nichts zu tun. Sie stellt auch keinen Unterfall der Verfügung im vorgenannten Sinne dar. In diesem Falle würde es sich um ein Rechtsgeschäft handeln, das die bestehende Rechtslage unmittelbar verändert, z.B. durch eine Übertragung oder Belastung. Die Rechtslage zu Lebzeiten des Erblassers bleibt durch eine Verfügung von Todes wegen jedoch unberührt. Im Übrigen ist in den Verfügungen von Todes wegen der Rechtsgrund für eine Zuwendung aus dem Vermögen des Erblassers bereits enthalten. Eines Verpflichtungsgeschäfts, welches bereicherungsrechtliche Ansprüche ausschließt, bedarf es daher nicht. Aus der Unterscheidung zwischen Verfügungen von Todes wegen und Verfügungen unter Lebenden[6] folgt, dass die allg. Vorschriften über Verfügungsgeschäfte, z.B. § 185 BGB, daher nicht anwendbar sind.[7] 4

II. Testament, letztwillige Verfügung

1. Einzeltestament

Beim Testament handelt es sich um eine einseitige Verfügung von Todes wegen, d.h. eine Verfügung durch einseitige nicht empfangsbedürftige Willenserklärung des Erblassers. Der Inhalt der Verfügung, d.h., ob es sich um eine Erbeinsetzung, eine Vermächtniszuwendung, eine Enterbung etc. handelt, ist für den Begriff des Testaments unbedeutend, da die Regelung des § 1937 BGB die Begriffe Testament und letztwillige Verfügung gleichsetzt. Im Folgenden verwendet das Gesetz hingegen den Begriff des Testaments für die äußere Einheit der Verfügung, während die einzelnen **Anordnungen** als letztwillige Verfügungen bezeichnet werden. Mit der Bezeichnung letztwillige Verfügung kann auch das gesamte Testament gemeint sein.[8] Seitens des Gesetzgebers wurde hier eine gewisse Unschärfe in Kauf genommen.[9] 5

Das Gesetz spricht von „letztwilliger" Verfügung. Hieraus geht hervor, dass der letzte **Wille** maßgeblich ist, sofern er in der erforderlichen **Form** erklärt worden ist, und 6

---

3 BeckOK BGB/*Müller-Christmann*, § 1937 Rn 2; MüKo/*Leipold*, § 1937 Rn 3; BeckOGK/*Tegelkamp*, § 1937 BGB Rn 5.

4 BGH DRiZ 1971, 26, 27.

5 MüKo/*Leipold*, § 1937 Rn 4.

6 BGH NJW 1995, 1087, 1088 = ZEV 1995, 221.

7 MüKo/*Leipold*, § 1937 Rn 5.

8 MüKo/*Leipold*, § 1937 Rn 6.

9 Vgl. Mot. bei *Mugdan*, V 3; Prot. bei *Mugdan*, V 710; ebenso OLG Nürnberg ZEV 2021, 96 Rn 35 zur Errichtung eines Testaments in mehreren Urkunden.

auch dass die Verfügung durch den Erblasser jederzeit bis zu seinem Tode frei widerrufen werden kann (§ 2253 Abs. 1 BGB).[10] Hierin unterscheidet sich das Testament vom Erbvertrag. Bei diesem sind die vertragsmäßigen Verfügungen grundsätzlich bindend. Der potenzielle Erbe erwirbt zu Lebzeiten des Erblassers auch kein etwa aufgrund des Testaments entstehendes **Anwartschaftsrecht**. Er hat lediglich eine tatsächliche Aussicht auf Erlangung einer Vermögensmasse in der Zukunft. Widerruft der Erblasser sein Testament und testiert neu, kann sich diese in Luft auflösen.

2. Gemeinschaftliches Testament

7 Auch das gemeinschaftliche Testament von Ehegatten (§ 2265 BGB) und eingetragenen Lebenspartnern (§ 10 Abs. 4 LPartG) zählt zu den Testamenten. Es stellt jedoch eine Zwischenform dar. Das gemeinschaftliche Testament kann **einseitige Verfügungen** beider Ehegatten enthalten, aber auch wechselbezügliche (§ 2270 BGB). Die **wechselbezüglichen Verfügungen** können nach dem Tod des erstverstorbenen Ehegatten vom Längstlebenden nicht mehr frei widerrufen werden (§ 2271 Abs. 2 BGB). Der Begriff der letztwilligen Verfügung trifft daher nur eingeschränkt zu.

3. Vertragsmäßige Verfügungen

8 Nicht zu den letztwilligen Verfügungen gehören vertragsmäßige bindende Verfügungen in einem Erbvertrag.[11] Ein Erbvertrag kann allerdings auch einseitige Verfügungen enthalten, die dann wie testamentarische Verfügungen zu behandeln sind (vgl. § 2299 Abs. 2 BGB). Diese stehen den letztwilligen Verfügungen gleich.

4. Patientenverfügung

9 Die Patientenverfügung fällt nicht unter den Begriff des Testaments i.S.d. § 1937 BGB, da sie Anordnungen enthält, wie in einem bestimmten Krankheitsstadium verfahren werden soll. Sie entfaltet daher ihre Wirkung bereits vor dem Erbfall. Eine Patientenverfügung muss gemäß § 1901a Abs. 1 S. 1 BGB schriftlich erfolgen.

C. Inhalt eines Testaments

I. Typenzwang und Wahlfreiheit

10 Das Gesetz zählt in den §§ 1937–1940 BGB nur die wichtigsten Inhalte letztwilliger Verfügungen auf. Diese Regelungen haben jedoch keinen abschließenden Charakter.[12] Auch das vierte Buch des BGB (Familienrecht) nennt zahlreiche weitere Anordnungen, die durch letztwillige Verfügungen getroffen werden können. Aus der Einzelaufzählung ergibt sich allerdings, dass Verfügungen beliebigen Inhalts nicht getroffen werden können. Es sind nur solche Verfügungen möglich, die entweder ihrer Art nach ausdrücklich im Gesetz geregelt sind, oder aber solche, die aufgrund Auslegung oder Analogie dem Gesetz als zulässig zu entnehmen sind.[13] Nach Ansicht des RG[14] „unterliege der Inhalt letztwilliger Verfügungen keinen anderen als den sich aus dem Gesetz ergebenden Einschränkungen". Diese Formulierung ist missverständlich. Vielmehr kann von einem **Typenzwang** gesprochen werden.[15] Auf Grund des Typenzwangs ist es z.B. nicht möglich, einer anderen Person als dem oder den Erben einen Gegenstand mit dinglicher Wirkung zuzuwenden. Im Erbrecht gilt das **Prinzip der Gesamtrechts-**

10 MüKo/*Leipold*, § 1937 Rn 7.
11 BGH DRiZ 1971, 26, 27.
12 OLG Frankfurt NJW 1950, 607; Soergel/*Fischinger*, § 1937 Rn 3.
13 MüKo/*Leipold*, § 1937 Rn 10.
14 RGZ 100, 76, 77.
15 MüKo/*Leipold*, § 1937 Rn 10 BeckOGK/*Tegelkamp*, § 1937 BGB Rn 23; *Kipp/Coing*, § 20 I; Staudinger/*Otte* (2017), Vor §§ 1937–1941 Rn 14.

nachfolge. Ein Vermächtnis ist nur mit obligatorischer, nicht jedoch mit dinglicher Wirkung zugelassen (§ 2174 BGB). Es ist nicht möglich, einen Pflichtteilsanspruch aufgrund anderer als den in den §§ 2333 ff. BGB genannten Gründen auszuschließen.
Dem Erblasser ist es selbst überlassen zu bestimmen, welche und wie viele letztwillige 11
Verfügungen er in sein Testament aufnehmen möchte. Ein Testament muss nicht unbedingt eine **Erbeinsetzung** enthalten. Der Erblasser kann auch lediglich **Vermächtnisse** anordnen oder letztwillige Verfügungen mit auflösenden oder aufschiebenden Bedingungen verknüpfen (vgl. hierzu §§ 2074, 2075 BGB).[16]

II. Erbrechtliche Anordnungen

1. Einsetzung zum Erben

Der Erblasser kann eine oder mehrere Personen zu seinem/seinen Erben bestimmen. 12
Des Weiteren ist es möglich, eine Person zum **Vorerben** und dessen Abkömmlinge oder sonstige dritte Personen zu **Nacherben** einzusetzen (§ 2100 BGB). Für den Fall, dass eine zum Erben bestimmte Person – gleichviel aus welchem Grunde – nicht zur Erbfolge gelangt, können **Ersatzerbenregelungen** (§ 2096 BGB) getroffen werden. Der Erblasser ist weiter berechtigt, durch Testament einen Verwandten und/oder seinen Ehegatten von der Erbfolge auszuschließen (§ 1938 BGB, vgl. § 1938 Rdn 1 ff.). Die im Wege einer letztwilligen Verfügung bedachten Personen müssen individualisierbar sein. Aber auch dann, wenn der Erblasser formuliert, Erbe soll A oder B sein, kann der Erbe feststehen. Dies ist dann der Fall, wenn die Auslegung ergibt, dass die zuletzt genannte Person Ersatzerbe sein soll.[17]

2. Rechtswahl

Aufgrund der Regelung des Art. 22 Abs. 1 EuErbVO kann der Erblasser das Recht 13
des Staates wählen, dem er im Zeitpunkt der Rechtswahl oder des Erbfalls angehört. Diese Rechtswahl ist nur hinsichtlich des gesamten Nachlasses möglich. Art. 22 Abs. 2 EuErbVO schreibt vor, dass die Rechtswahl ausdrücklich in einer Erklärung in Form einer Verfügung von Todes wegen erfolgen oder sich aus den Bestimmungen einer solchen Verfügung ergeben muss. Die Vorschrift des Art. 24 Abs. 2 EuErbVO lässt eine auf die Zulässigkeit und die materielle Wirksamkeit von Verfügungen von Todes wegen beschränkte Rechtswahl zugunsten des Rechts der Staatsangehörigkeit ausdrücklich zu. Daneben regelt Art. 25 Abs. 3 EuErbVO, dass es den Parteien eines Erbvertrags erlaubt ist, hinsichtlich der Zulässigkeit, der materiellen Wirksamkeit und der Bindungswirkungen eines Erbvertrags das Recht der Staatsangehörigkeit einer der Parteien zu wählen. Die EuErbVO ist am 16.8.2012 in Kraft getreten und gilt für alle Erbfälle ab dem 17.8.2015.

Das vor dem 17.8.2015 maßgebliche Kollisionsrecht ist entscheidend für die Frage, ob der Erblasser eine **wirksame Rechtswahl** getroffen hat oder nicht, sofern diese vor dem 17.8.2015 erfolgte. Hat der Erblasser eine Rechtswahl getroffen oder eine Verfügung von Todes wegen errichtet und geschah dies noch vor dem Stichtag, so kann die Rechtswahl eine **Rechtswirkung** auch nach dem 17.8.2015 entfalten, sofern

1. der Erblasser rechtlich einwandfrei eine Rechtswahl getroffen hat oder eine Verfügung von Todes wegen hat errichten lassen, und das nach den zum Zeitpunkt der Rechtswahl geltenden IPR-Vorschriften seines Heimatlandes oder Ortes seines gewöhnlichen Aufenthalts, oder
2. wenn die Rechtswahl oder die Verfügung von Todes wegen rechtlich einwandfrei aufgrund der in Kapitel III der VO enthaltenen Kollisionsnormen ist.

---

16 BayObLGZ 1993, 248, 251.
17 BayObLG NJW 1999, 1118; BayObLG NJW 1999, 1119.

Art 25 Abs. 2 EGBGB gab dem Erblasser die Möglichkeit, in seinem Testament zu regeln, dass für alle im Inland gelegenen Grundstücke deutsches Erbrecht zur Anwendung kommen soll. Eine derartige Rechtswahl musste nicht mit einer Erbeinsetzung verbunden sein. Vielmehr war auch eine isolierte Anordnung möglich.

3. Vermächtnis

14 Neben einer Erbeinsetzung kann der Erblasser den Erben oder einen Dritten durch Zuwendung eines Vermächtnisses (§ 1939 BGB) begünstigen.

4. Auflage

15 Nach § 1940 BGB können Erben und Vermächtnisnehmer mit einer Auflage beschwert werden.

5. Voraus des Ehegatten/Dreißigster

16 Gem. § 1932 BGB stehen dem Ehegatten, sofern er gesetzlicher Erbe ist, gewisse Gegenstände als Voraus zu (vgl. § 1932 Rdn 13 ff.) Dieses Recht auf den Voraus kann durch letztwillige Verfügung entzogen werden.[18] Gleiches gilt für den sog. Dreißigsten i.S.d. § 1969 BGB.[19]

6. Teilungsanordnung, Auseinandersetzungsverbot, Testamentsvollstreckung

17 Im Wege der Teilungsanordnung kann der Erblasser bestimmen, welcher der Erben welche Gegenstände erhalten soll (§ 2048 BGB). Daneben besteht die Möglichkeit, ein Auseinandersetzungsverbot (§ 2044 BGB) zu verfügen bzw. einen Testamentsvollstrecker zu bestimmen. Die Aufgaben des Testamentsvollstreckers ergeben sich aus dem Gesetz bzw. sind per Testament zu regeln. Mit den vorgenannten Anordnungen ist der Erblasser in der Lage, auf die Nachlassauseinandersetzung Einfluss zu nehmen.

7. Pflichtteil

18 Nach den Vorschriften der §§ 2333 ff. BGB hat der Erblasser die Möglichkeit, bei Vorliegen bestimmter Umstände den Pflichtteil zu entziehen. Auch eine Beschränkung des Pflichtteilsrechts unter den Voraussetzungen des § 2338 BGB ist zulässig. Auch dem eingetragenen Lebenspartner kann gem. § 10 Abs. 6 S. 2 LPartG der Pflichtteil entzogen werden.

Wird der Pflichtteil entzogen, ist der Kernsachverhalt im Testament anzugeben, der die Pflichtteilsentziehung rechtfertigt.[20]

8. Bedingungen

19 Seitens des Erblassers können die verfügten Zuwendungen an Bedingungen geknüpft werden. Hierbei werden aufschiebende oder auflösende Bedingungen unterschieden (vgl. die Kommentierungen zu §§ 2074, 2075).

9. Widerruf

20 Testamentarische Verfügungen sind jederzeit vom Erblasser widerrufbar (§ 2253 BGB). Wurden Vermächtnisse und Auflagen hingegen vertragsmäßig verfügt, ist eine Aufhebung nur mit Zustimmung des anderen Vertragspartners gem. § 2291 BGB durch Testament möglich. Wurde ein Erbvertrag geschlossen, ist eine Aufhebung desselben durch die Errichtung eines gemeinschaftlichen Testaments möglich (§ 2292 BGB). Dies gilt sowohl für Ehegatten als auch Lebenspartner nach dem Lebenspartnerschaftsge-

18 MüKo/*Leipold*, § 1937 Rn 17.
19 MüKo/*Leipold*, § 1937 Rn 17.
20 BGH ZEV 2011, 370.

setz. Ist eine der vertragschließenden Parteien verstorben, kann der Überlebende vom geschlossenen Erbvertrag durch Errichtung eines Testaments zurücktreten (§ 2297 BGB).

10. Verjährung

21 Die Erleichterung bzw. Erschwerung der Verjährung gem. §§ 202 Abs. 1 bzw. 202 Abs. 2 BGB kann nicht durch Verfügung von Todes wegen erfolgen, und zwar etwa dahingehend, dass die Verjährung für einen Pflichtteilsanspruch verlängert würde.[21] Der Begriff des Rechtsgeschäfts in § 202 BGB erfasst lediglich eine vertragliche Vereinbarung zwischen Gläubiger und Schuldner. Hierunter fällt jedoch nicht die Verfügung von Todes wegen. Allenfalls möglich wäre es, dem Pflichtteilsberechtigten im Wege des Vermächtnisses einen Anspruch auf Abschluss einer Vereinbarung dahingehend, dass die Verjährungsfrist zur Geltendmachung des Pflichtteils verlängert wird, zuzuwenden.

III. Familienrechtliche Anordnungen

22 Daneben können in einem Testament auch familienrechtliche Anordnungen getroffen werden.

1. Vormundschaft

23 Haben Eltern ihre minderjährigen Kinder zu Erben eingesetzt, können sie gem. § 1782 BGB durch letztwillige Verfügung einen **Vormund** benennen.[22] Es ist weiterhin möglich, bestimmte Personen vom Amt des Vormunds auszuschließen, ebenso Regelungen zu treffen, wenn mehrere Vormünder berufen sind. Gem. § 1856 BGB haben die Eltern die Möglichkeit, den Vormund von bestimmten Verpflichtungen zu befreien.

2. Vermögenssorge

24 Hat der Erblasser einen Minderjährigen zum Erben berufen, ist er gem. § 1638 BGB in der Lage, dessen Eltern von der Verwaltung des Nachlasses auszuschließen.[23] Er hat darüber hinaus das Recht, nach § 1811 BGB einen Pfleger zu bestimmen und ihn von gewissen Beschränkungen zu befreien. Diese kann bei gleichzeitiger Anordnung einer Testamentsvollstreckung dem Testamentsvollstrecker übertragen werden. Dem Erblasser steht auch das Recht zu, den Eltern bzw. dem Vormund Verwaltungsanordnungen zu erteilen (§ 1639 BGB bzw. § 1803 BGB). Auch Regelungen in Bezug auf das anzufertigende Vermögensverzeichnis durch die Eltern sind möglich (§ 1640 Abs. 2 Nr. 2 BGB).

3. Ausschließung der fortgesetzten Gütergemeinschaft

25 Gem. § 1509 BGB hat jeder Ehegatte für den Fall, dass die Ehe durch den Tod eines Ehegatten aufgelöst wird, die Möglichkeit, die **Fortsetzung der Gütergemeinschaft** durch letztwillige Verfügung auszuschließen. Desgleichen können ehegemeinschaftliche Abkömmlinge von der fortgesetzten Gütergemeinschaft ausgeschlossen (§ 1511 BGB) bzw. deren Anteile gem. § 1512 BGB herabgesetzt werden. Die letztwillige Verfügung kann auch Anordnungen gem. §§ 1513–1515 BGB enthalten. Für die eingetragene Lebenspartnerschaft gilt § 7 S. 2 LPartG.

4. Vorbehaltsgut

26 Lebt die vom Erblasser zum Erben oder Vermächtnisnehmer bestimmte Person im Güterstand der Gütergemeinschaft oder fortgesetzten Gütergemeinschaft, ist der Erb-

21 *Lange*, ZEV 2003, 433; *Schlichting*, ZEV 2002, 478, 480.
22 *Ott*, BWNotZ 2014, 138.
23 *Ott*, NJW 2014, 3473.

lasser in der Lage, durch letztwillige Verfügung zu regeln, dass die Zuwendung von Todes wegen **Vorbehaltsgut** sein soll (§ 1418 Abs. 2 Nr. 2 BGB). Gem. § 7 S. 2 LPartG gelten diese Bestimmungen auch für die eingetragene Lebenspartnerschaft.

IV. Stiftungen/Gründung von Gesellschaften

27 Die Errichtung einer Stiftung von Todes wegen ist gem. § 83 BGB gestattet. Daneben können die Erben verpflichtet werden, eine Gesellschaft zu gründen.

V. Vertrag zugunsten Dritter

28 § 332 BGB regelt, dass, wenn bei einem Vertrag zugunsten Dritter der Versprechensempfänger, sofern er sich die Befugnis vorbehalten hat, einen anderen Leistungsempfänger zu bestimmen, einen solchen bestimmen will, dies durch letztwillige Verfügung erfolgen kann. Gleiches regelt die Bestimmung des § 159 Abs. 1 VVG für die Bestimmung des Bezugsberechtigten bei einer Kapitallebensversicherung.

VI. Erteilung einer postmortalen Vollmacht

29 Diese wird mit Zugang beim Adressaten wirksam (§§ 130 Abs. 2, 167 Abs. 1 BGB). Durch derartige Vollmachten ist es möglich, die Zeit zwischen Eintritt des Erbfalls und Erteilung des Erbscheins zu überbrücken.

VII. Entbindung von der Schweigepflicht

30 Der Erblasser kann letztwillig Personen von der ihm gegenüber obliegenden Verschwiegenheitspflicht entbinden. Bspw. kann der behandelnde Arzt von der Schweigepflicht entbunden werden.

VIII. Schiedsgerichtsklausel

1. Zulässigkeit einer Schiedsklausel

31 Sowohl in der Rspr. als auch in der Lit. wird die Schiedsgerichtsklausel in einem Testament für zulässig erachtet.[24] Dass die Anordnung einer Schiedsgerichtsklausel in einem Testament zulässig ist, ist allgemein anerkannt.[25] Die Zulässigkeit der Schiedsklausel wird in § 1066 ZPO vorausgesetzt. Da die Vorschrift wortgleich mit § 1048 ZPO a.F. übereinstimmt, ist daraus zu schließen, dass auch der Gesetzgeber bei der Reform des Rechts der Schiedsgerichtsbarkeit im Jahre 1999 hiervon ausgegangen ist. Die Formulierung in § 1066 ZPO „in gesetzlich statthafter Weise" ist damit so zu verstehen, dass hierdurch auf die allgemeinen Wirksamkeitsvoraussetzungen einer letztwilligen Verfügung, d.h. Testierfähigkeit, Form, Bezug genommen wird. Im Übrigen ergibt sich die Zulässigkeit der letztwilligen Schiedsklausel unmittelbar aus § 1066 BGB. Letztwillige Schiedsklauseln sind nicht der Form des § 1031 ZPO unterworfen.[26]

2. Einsetzung eines Schiedsgerichts in einem Erbvertrag

32 Über § 2299 BGB kann die Einsetzung eines Schiedsgerichts auch in einem Erbvertrag angeordnet werden. Eine vertragsmäßige Bindung hingegen ist gem. § 2278 Abs. 2 BGB nicht möglich. Handelt es sich um Streitigkeiten zwischen den Erbvertragsparteien, gelten die Vorschriften der §§ 1025 ff. ZPO unmittelbar.[27] Im Übrigen ist die

---

24 RGZ 100, 76, 77; OLG Hamm NJW-RR 1991, 455, 456; MüKo/*Leipold*, § 1937 Rn 30 m.w.N.

25 ZB RGZ 100, 76; OLG Hamm NJW-RR 1991, 455; BeckOK BGB/*Müller-Christmann*, § 1937 Rn 8; MüKo/*Leipold*, § 1937 Rn 30; Staudinger/*Otte*, 2017, Vor § 1937 Rn 6; Stein/Jonas/*Schlosser*, ZPO § 1066 Rn 3; *Lange*, ErbR, Kap. 7 Rn 54 ff.

26 MüKoZPO/*Münch*, § 1066 Rn 5 m.w.N.

27 OLG Hamm NJW-RR 1991, 455, 456; *Haas*, ZEV 2007, 49, 51 f.; Stein/Jonas/*Schlosser*, ZPO § 1066 Rn 3; MüKoZPO/*Münch*, § 1066 Rn 4 m.w.N.

Form des § 1031 ZPO einzuhalten.[28] Nach Ansicht von *Leipold* könne dies jedoch nur gelten, wenn im Erbvertrag für Streitigkeiten zwischen den Erbvertragsparteien unter Lebenden eine Schiedsvereinbarung getroffen werde, während für die Einsetzung des Schiedsgerichts für Streitigkeiten nach dem Erbfall gemäß § 1066 ZPO die Erbvertragsform genüge und § 1031 ZPO nicht zur Anwendung komme.[29] Wurde hingegen ein Vermächtnisnehmer vertragsmäßig bedacht und wird nachträglich ein Schiedsgericht eingesetzt, ist ungeklärt, ob hierin eine Beeinträchtigung i.S.v. § 2289 BGB liegt.[30]

3. Rechtsnatur

Das Gesetz sagt nichts über die Rechtsnatur der Schiedsklausel. Nach der Rspr. des 33 RG ist die Schiedsklausel zwar zulässig, die Frage der Rechtsnatur hat das RG jedoch offengelassen.[31] Stimmen in der Lit. gehen davon aus, dass es sich bei der Schiedsgerichtsklausel um eine **Auflage** handelt.[32] Nach weiterer Ansicht handele es sich bei einer Schiedsklausel um eine Verfügung „sonstigen Inhalts“.[33] Diese sei nicht unter die Rechtsinstitute der §§ 1937–1941 BGB zu fassen. Die Bestimmung der Rechtsnatur hat nur für § 2278 Abs. 2 BGB Bedeutung. Eine Schiedsklausel kann nur dann mit bindender Wirkung angeordnet werden, wenn es sich ihrer Rechtsnatur nach um eine Auflage handelt. Im anderen Fall bleibt nur eine bedingte Erbeinsetzung.[34] Nach hier vertretener Auffassung handelt es sich nicht um eine Auflage, sondern um eine Anordnung sui generis, da mit der Schiedsgerichtsklausel keine Leistungsverpflichtung auferlegt wird. Es wird lediglich die Zuständigkeit, wenn auch ausschließliche Zuständigkeit, des Schiedsgerichts begründet. Eine derartige Anordnung kann mit der Benennung eines Vormunds verglichen werden.

4. Arten von Streitigkeiten

Dem Schiedsgericht kann der Erblasser Entscheidungskompetenz über folgende Rege- 34 lungsmaterien zuweisen:

- die **Erbenfeststellung** im Falle eines Streites unter Erbprätendenten, gleichgültig, ob es sich um gesetzliche oder gewillkürte Erbfolge handelt; der Erblasser braucht keine Erbeinsetzung vorgenommen zu haben; es würde reichen, lediglich ein Schiedsgericht zur Feststellung der gesetzlichen Erbfolge einzusetzen, ausgenommen ist das Erbscheinsverfahren selbst, ebenso das Beschwerdeverfahren,[35]
- Eintritt oder Ausfall einer **Bedingung,**
- die **Erbauseinandersetzung,**[36]
- Fragen der **Ausgleichungspflicht** unter Abkömmlingen nach §§ 2050 ff. BGB,[37]
- Feststellungsklage über Modalitäten der Erbteilung, um diese vorzubereiten und zur Vermeidung der Erbteilungsklage,

---

28 OLG Hamm NJW-RR 1991, 455, 456.

29 MüKo/*Leipold*, § 1937 Rn 32 m.w.N.

30 Bejahend: OLG Hamm NJW-RR 1991, 455, 456; MüKo/Leipold, § 1937 Rn 32; a.A. OLG Celle 9.11.2015 – 6 W 204/15, ErbR 2016, 268 Rn 5, m. krit. Anm *Wendt*, ErbR 2016, 248; Groll/Steiner/*Grötsch*, Erbrechtsberatung-HdB, § 35 Rn 35.36; *Lange*, ZEV 2017, 1 (5); wohl auch *Gockel*, Anmerkung zu OLG Frankfurt a.M. 4.5.2012, ZErb 2013, 272 (273).

31 RGZ 100, 76.

32 *Schiffer*, BB Beil. Nr. 5 v. 27.4.1995, S. 3.

33 *Walter*, MittRhNotK 1984, 69.

34 *Walter*, MittRhNotK 1984, 69.

35 BayObLG FamRZ 2001, 873 = ZEV 2001, 352.

36 BGH NJW 1959, 1493.

37 *Stallknecht*, RNotZ 2019, 433, 437; a.A. LG Duisburg ZEV 2022, 103 m. zust. Anm. *Burchard*; Musielak/Voit/*Voit*, ZPO, § 1066 Rn 3; *Sänger*, ZPO, § 1066 Rn 3.

- Streitigkeiten über ein Vorausvermächtnis oder eine Teilungsanordnung,[38]
- Streitigkeiten zwischen Erben und Vermächtnisnehmern, die ihren Grund in der Verfügung von Todes wegen haben,
- **Auslegung** einer Verfügung von Todes wegen,[39]
- Wirksamkeit der **Anfechtung** einer letztwilligen Verfügung,[40]
- Streitigkeiten betr. die **Erbunwürdigkeit,**
- Streitigkeiten zwischen **Vorerben** und **Nacherben,**[41]
- Streitigkeiten zwischen Erben, Vermächtnisnehmern und Testamentsvollstrecker (wer zum Testamentsvollstrecker bestimmt ist, welche Kompetenzen ihm zustehen) nicht aber über die **Entlassung** eines **Testamentsvollstreckers,**[42]
- Streitigkeiten, ob jemand wirksam zum Testamentsvollstrecker ernannt wurde bzw. ob das Amt des Testamentsvollstreckers noch besteht,[43]
- Streitigkeiten im Pflichtteilsrecht, die der Regelungsbefugnis des Erblassers unterfallen, z.B. die Verteilung der Pflichtteilslast unter Miterben bzw. Vermächtnisnehmern,[44]
- Streitigkeiten über Vermächtnisse und Auflagen.[45]

35 Was nicht in der Verfügungsmacht des Erblassers steht, kann auch nicht der Entscheidung durch ein Schiedsgericht unterstellt werden. Im Umkehrschluss könnten daher nur solche Streitigkeiten der Schiedsgerichtsbarkeit unterstellt werden, die der Testierfreiheit des Erblassers unterfallen.[46] Die Rechtsprechung hat hieraus den Schluss gezogen, dass Ansprüche des Pflichtteilsberechtigten der Schiedsgerichtsbarkeit entzogen seien.[47] Nach a.A.[48] können jedoch auch die Pflichtteilsberechtigten gebunden werden. Dieser zweitgenannten Ansicht ist auch zu folgen, da die prozessrechtliche Seite von der materiell-rechtlichen zu trennen ist. Der Erblasser ist zwar nicht in der Lage, über das Pflichtteilsrecht zu disponieren. Auf der anderen Seite ist es jedoch möglich, dass ein Schiedsgericht verbindlich über die Frage entscheiden kann, wer Erbe geworden ist. Dann muss es auch möglich sein, dass das Schiedsgericht, wenn es der Wille des Erblassers ist, über das Pflichtteilsrecht entscheidet. Ebenfalls nicht der Schiedsgerichtsbarkeit können Streitigkeiten von Nachlassgläubigern unterworfen werden, de-

---

38 Zur Auslegung letztwilliger Verfügungen durch das Schiedsgericht vgl. *Kipp/Coing*, S. 136.

39 OLG Karlsruhe, Beschl. v. 26.11.2007 – 10 Sch 6/07; Beck RS 2009, 29357; *Schwab/Walter*, Kap. 32 Rn 25 f.; *Reimann*, Länderbericht Deutschland, 2020, 1 (14); *Stallknecht*, RNotZ 2019, 433, 437; MüKo/*Leipold*, § 1937 Rn 33; *Haas*, ZEV 2007, 49, 53; *Werner*, ZEV 2011, 506, 509; Groll/Steiner/*Grötsch*, Erbrechtsberatung-HdB Rn 35.40; *Lange*, ErbR § 31 Rn 59.

40 Ebenso *Schiffer*, BB 1995, Beil. Nr. 5 v. 27.4.1995, 5; *Happe*, Schiedsgerichtsklauseln im Testament, in: Böckstiegel, Schiedsgerichtsbarkeit in gesellschaftsrechtlichen und erbrechtlichen Angelegenheiten, 1996, 89; *Lange/Kuchinke*, ErbR, § 32 II 4b; Grüneberg/*Weidlich*, § 2065 Rn 14; BeckOGK/*Tegelkamp*, § 1966 Rn 30.

41 *Stallknecht*, RNotZ 2019, 437.

42 BGH ZEV 2017, 412; MüKo/*Leipold*, § 1937 Rn 38 m.w.N.

43 Bengel/Reimann/Holtz/Röhl/*Haas*, § 5 Rn 507.

44 *Keim*, NJW 2017, 2653 f.

45 Bejahend OLG München ZEV 2018, 87.

46 BeckOK BGB/*Müller-Christmann*, § 1937 Rn 8; MüKo/*Leipold*, § 1937 Rn 34 f. m.w.N.; Staudinger/*Otte*, 2017, Vor § 1937 Rn 8; BeckOGK/*Tegelkamp*, § 1937 Rn 31.

47 BGH NJW 2017, 2115; zustimmend *Wendt*, ErbR 2017, 470; OLG München ZEV 2016, 334 = FamRZ 2016, 1310 (m. abl. Anm. *Schlosser*); BayObLGZ 1956, 186, 189; *Schiffer*, BB 1995, Beilage Nr. 5, 5; LG Heidelberg ZEV 2014, 310 = ErbR 2014, 400 (m. zust. Anm. *Wendt*); *Schulze*, MDR 2000, 314, 316; *Haas*, ZEV 2007, 49, 51; MüKo/*Leipold*, § 1937 Rn 36; Staudinger/*Otte*, 2017, Vor § 1937 Rn 8a.

48 *Pawlytta*, ZEV 2003, 89; *Wegmann*, ZEV 2003, 20, 21; *R. Werner*, ZEV 2011, 506, 508; Zöller/*Geimer*, § 1066 Rn 18; *Dawirs*, S. 51 ff., 56.

ren Ansprüche nicht auf der Verfügung von Todes wegen beruhen, bzw. Streitigkeiten, ob ein Gegenstand zum Nachlass gehört.[49]

Einem Schiedsgericht können Aufgaben des Nachlassgerichts hingegen nicht übertra- 36 gen werden, wie das Erbscheinsverfahren,[50] desgleichen keine Streitigkeiten über die Entlassung eines Testamentsvollstreckers.[51] Hierbei geht es um Rechte von Beteiligten, über die der Erblasser selbst nicht verfügen kann.

5. Bindung des Schiedsgerichts an das materielle Recht

Inwieweit das Schiedsgericht an das materielle Recht gebunden ist oder nach Billigkeit 37 zu entscheiden hat, hängt vom Inhalt der Schiedsklausel ab. Das Schiedsgericht kann auch über solche Fragen entscheiden, die sich nicht komplett aus dem materiellen Recht oder dem Testament ergeben. Hierunter fällt z.B. die Entscheidung über die Auseinandersetzung des Nachlasses[52] oder die Bestimmung eines Gattungs- bzw. Zweckvermächtnisses.[53] Gem. § 2065 BGB kann die Gültigkeit einer letztwilligen Verfügung bzw. deren Inhalt nicht einem Dritten überlassen werden. Eine Entscheidung aus Ermessens- oder Billigkeitsgesichtspunkten durch das Schiedsgericht scheidet somit ebenfalls aus (vgl. § 2065 Rdn 1 ff.).

6. Person des Schiedsrichters

Es kann nur eine Person Schiedsrichter sein, die nicht gleichzeitig Partei ist. Der 38 Testamentsvollstrecker scheidet als Schiedsrichter nicht von vornherein aus. Er ist nur dann ausgeschlossen, wenn es um Streitigkeiten geht, bei denen er als Testamentsvollstrecker, d.h. als **Partei kraft Amtes**, tätig werden muss oder wenn seine Rechtsstellung (z.B. die wirksame Ernennung) streitig ist (vgl. § 2065 Rdn 3).[54] Für den Fall, dass es um die Entlassung des Testamentsvollstreckers geht oder um die Frage, wer antragsberechtigt ist, kann dies ebenfalls nicht von einem Schiedsgericht entschieden werden.[55]

7. Schiedsgutachter

Die Schiedsklausel bzw. Schiedsbestimmung, auf die die Vorschriften des Schiedsge- 39 richtsverfahrens Anwendung finden, sind von einer rein **schiedsgutachterlichen** Tätigkeit nach §§ 315 ff. BGB, bei der etwa bestimmte Bewertungsgrundlagen festgelegt werden, abzugrenzen. Ein Schiedsgutachter widmet sich lediglich Teilaspekten und soll nicht den gesamten Rechtsstreit entscheiden. Im Rahmen von § 319 BGB kann die Entscheidung des Schiedsgutachters noch von staatlichen Gerichten überprüft werden. Schiedsgutachten erwachsen nicht in Rechtskraft. Inhalt von Schiedsgutachten können sein:

- Bestimmung eines Vermächtnisses nach billigem Ermessen
- Bestimmung einer Auflage nach billigem Ermessen
- Entscheidungen über die Teilung des Nachlasses nach billigem Ermessen (§ 2048 Abs. 2 BGB),

49 BayObLGZ 1956, 186, 189; *Schiffer*, BB Beil. Nr. 5 v. 27.4.1995, S. 3.

50 *Lange*, ZEV 2017, 1.

51 BGH NJW 2017, 2112; OLG Karlsruhe ZEV 2009, 466; RGZ 133, 128; *Otte*, FS des Rheinischen Notariats, 1998, S. 241, 253; *Harder*, S. 142 ff.; *Selzener*, ZEV 2010, 285; *R. Werner*, ZEV 2011, 506, 510; *Kipp/Coing*, § 70IV, § 78III 4; a.A. *Schiffer*, BB Beil. Nr. 5 v. 27.4.1995, S. 3, 5; *Grunsky*, FS H. P. Westermann, 2008, S. 255, 264; *Geimer*, FS Schlosser, 2005, S. 197, 207; *Muscheler*, ZEV 2009, 317; *Schwab/Walter*, Kap. 32 Rn 26.

52 BGH NJW 1959, 1493.

53 MüKo/*Leipold*, § 1937 Rn 39.

54 Näher hierzu BGHZ 41, 23; BayObLGZ 1956, 186, 189.

55 RGZ 133, 128.

- die Benennung des Vermächtnisnehmers aufgrund der Vorschrift des § 2151 BGB
- Festlegung eines Übernahmepreises[56]
- Entscheidung, ob eine Auflage erfüllt worden ist.[57]

40 In der Verfügung von Todes wegen sollte eindeutig klargestellt werden, ob ein Schiedsrichter nur hinsichtlich einzelner Bewertungsfragen entscheiden soll, dann handelt es sich um eine reine Schiedsgutachterbestimmung, oder ob für die gesamten Streitigkeiten der ordentliche Gerichtsweg ausgeschlossen sein soll und dem Verfahren über die Schiedsgerichtsbarkeit unterstellt ist. Wird dennoch eine Klage vor dem ordentlichen Gericht erhoben, steht der beklagten Partei gemäß § 1023 Abs. 1 ZPO die Schiedseinrede zu.

IX. Rechtsgeschäft unter Lebenden in einem Testament

41 Auch Rechtsgeschäfte unter Lebenden können in das Testament aufgenommen werden. Da sie ihre Rechtsnatur durch die Aufnahme in ein Testament nicht verändern, müssen auch die sonstigen Wirksamkeitsvoraussetzungen erfüllt sein, insbesondere die Formvorschriften. Handelt es sich um eine empfangsbedürftige Willenserklärung, kann der Zugang auch noch nach dem Tod des Erblassers erfolgen. Ausreichend ist hierbei die Kenntnisnahme bei Testamentseröffnung oder für den Fall, dass der Erklärungsempfänger nicht anwesend ist, dessen Benachrichtigung durch das Nachlassgericht gem. § 348 Abs. 3 S. 1 FamFG. Mit der Aufnahme in das Testament gilt die Erklärung als abgegeben. Aus diesem Grund kann der Erblasser eine postmortale Vollmacht per Testament erteilen.[58] Eine Schenkung kann ebenfalls in einem Testament widerrufen werden,[59] gleichsam kann ein Zeuge von seiner Verschwiegenheitspflicht entbunden werden.[60] Der Erblasser ist in der Lage, auch das Angebot zum Abschluss eines Schenkungsvertrages abzugeben (vgl. hierzu § 2301 Rdn 1 ff.).

42 Handelt es sich um **nicht empfangsbedürftige** Willenserklärungen, kann der Erblasser diese ebenfalls in einem Testament wirksam abgeben, allerdings dürfen Formerfordernisse oder Sinn und Zweck bestimmter Vorschriften nicht entgegenstehen.[61] Der Erblasser kann daher keine Erklärung dahingehend in einem notariellen Testament abgeben, dass er die Vaterschaft anerkenne, jedoch das Bekanntwerden dieser Erklärung der Testamentseröffnung unterstellt. Ein Anerkenntnis in Form einer geheimen Erklärung ist nicht zugelassen, eine derartige Erklärung entspricht nicht den förmlichen Anforderungen. Die Urkunde muss zum einen notariell abgegeben werden. Zum anderen müssen sofort nach Errichtung der Urkunde beglaubigte Abschriften der Anerkenntniserklärung an den Standesbeamten, die Mutter und das Kind übersandt werden.[62] Hierzu ist der beurkundende Notar auch dann verpflichtet, wenn die Erklärung zunächst geheim bleiben sollte.[63] Die §§ 8 ff. BeurkG sind einzuhalten. Jedoch sind die Mitteilungen gem. § 1597 Abs. 2 BGB auf die Anerkennungserklärung zu beschränken.[64]

---

56 Kölner Formularbuch Erbrecht/*Stöhr*, Kap. 9 Rn 634.
57 BeckOGK/*Tegelkamp*, § 1937 Rn 39.
58 OLG Köln Rpfleger 1992, 299; OLG Köln NJW 1950, 702; LG Siegen NJW 1950, 226.
59 RGZ 170, 380, 383.
60 BGH NJW 1960, 550.
61 MüKo/*Leipold*, § 1937 Rn 46.
62 Soergel/*Fischinger*, § 1937 Rn 7.
63 OLG Hamm FamRZ 1985, 1078.
64 Soergel/*Fischinger*, § 1937 Rn 7.

X. Regelungen über die Bestattung

Der Erblasser kann in seinem Testament Regelungen über seine **Bestattung** sowie im Hinblick auf eventuelle Organentnahmen treffen. Handelt es sich hierbei nicht um Auflagen, fallen diese nicht unter den Begriff der Verfügung von Todes wegen. Im Übrigen ist es auch nicht sinnvoll, Regelungen über die Bestattung in ein Testament aufzunehmen, da dieses i.d.R. frühestens vier bis sechs Wochen nach Eintritt des Erbfalls eröffnet wird. 43

D. Erbeinsetzung

I. Bestimmung von Erben

Dem Erblasser ist es gestattet, eine oder mehrere Personen zu seinen Erben einzuset- 44
zen. Ist das Testament wirksam, geht diese **Erbeinsetzung** der gesetzlichen Erbfolge vor. Schon allein durch die Einsetzung von Erben werden die gesetzlichen Erben verdrängt. Eines ausdrücklichen Ausschlusses bedarf es nicht. In der positiven Einsetzung einer Person zum Erben zugleich eine ausschließende Anordnung nach § 1938 BGB zu sehen, d.h. dass man von zwei Verfügungen ausgeht, macht i.d.R. keinen Sinn.[65] Wie sich aus dem Wortlaut ergibt, betrifft die Vorschrift des § 1938 BGB allein den Fall, dass ein gewillkürter Erbe nicht eingesetzt wird. Die Frage, ob aus dem Testament auch eine Enterbung zu entnehmen ist, kann sich dann stellen, wenn die positive Erbeinsetzung unwirksam sein sollte. Hat der Erblasser hingegen eine Person nur zu einem Bruchteil eingesetzt, verbleibt es im Übrigen bei der gesetzlichen Erbfolge.

Auch wenn der Erblasser Personen bestimmt, die zu seinen gesetzlichen Erben gehö- 45
ren, werden diese **testamentarische Erben.** Sowohl die Erbschaft als gesetzlicher Erbe als auch die Erbschaft als testamentarischer Erbe kann ausgeschlagen werden (vgl. § 1948 Rdn 1 ff.). Weist der Erblasser in seinem Testament auf die gesetzliche Erbfolge hin, ist es eine Frage der **Auslegung,** ob dies lediglich deklaratorischen Charakter hat oder ob es sich um eine Erbeinsetzung handelt.[66] Zur Beantwortung dieser Frage kann die Vorschrift des § 2066 BGB nicht herangezogen werden. Hier werden lediglich der Personenkreis sowie die Erbteile für den Fall geklärt, dass die gesetzlichen Erben ohne nähere Bestimmung eingesetzt werden. Macht sich der Erblasser das Ergebnis der gesetzlichen Erbfolge zu eigen, z.B. wenn er formuliert, „der Nachlass soll an die gesetzlichen Erben fallen" oder „der Nachlass soll nach der gesetzlichen Erbfolgeordnung vererbt werden",[67] handelt es sich um eine Erbeinsetzung. Hiervon ist bei der Formulierung „bezüglich des übrigen Nachlasses verbleibt es bei den gesetzlichen Bestimmungen" nicht auszugehen.[68] Bedeutung hat diese Frage insbesondere beim gemeinschaftlichen Testament oder beim Erbvertrag, da eine Erbeinsetzung Bindungswirkung entfalten kann. Wird der Pflichtteil zugewendet, ist hierin im Zweifel keine Erbeinsetzung zu sehen (vgl. § 2304 BGB). Sonderformen der Erbeinsetzung bilden die Ersatzerbenbestimmungen bzw. die Bestimmung zum Nacherben.

II. Einsetzung auf bestimmte Gegenstände

Im BGB gilt das **Prinzip der Gesamtrechtsnachfolge** (§ 1922 BGB). Eine Erbeinset- 46
zung auf bestimmte Gegenstände, ohne dass die bedachte Person Gesamtrechtsnachfolger wird, ist daher grundsätzlich unzulässig. Ausnahmen hiervon sind die Fälle der **Sonderrechtsnachfolge.** Hierunter fallen die Fälle im Bereich des Höferechts,

65 Anders oder jedenfalls missverständlich BGHZ 189, 171, 176 Rn 21 f. = NJW 2011, 1878, 1879.
66 MüKo/*Leipold*, § 1937 Rn 50.
67 BayObLGZ 1964, 94, 97.
68 BayObLGZ 1965, 53 = NJW 1965, 916.

desgleichen die Vererbung von Anteilen an einer OHG oder KG. Auch findet man eine Sonderrechtsnachfolge von Todes wegen außerhalb des Erbrechts, z.B. der Übergang eines Wohnraum-Mietverhältnisses auf den Ehegatten oder Lebenspartner gem. § 563 BGB bzw. der Übergang der Ansprüche aus Lebensversicherungsverträgen auf den Bezugsberechtigten.[69]

47 Auch bei einer **Vermächtniszuwendung** kommt es nicht zu einer Gesamtrechtsnachfolge. Hier erhält die bedachte Person lediglich einen schuldrechtlichen Anspruch gegen den Erben, ohne Gesamtrechtsnachfolger zu sein. Ob letztendlich eine Erbeinsetzung oder lediglich eine Vermächtniszuwendung vorliegt, ist eine Frage der Auslegung.[70]

III. Gegenstand

48 Ein Erbe kann nur bzgl. des eigenen Nachlasses bzw. bei der Gütergemeinschaft hinsichtlich des Gesamtgutes bestimmt werden. Auch die Bestimmung eines Nacherben ist hiervon nicht ausgenommen, da der Nacherbe Erbe des Erblassers, nicht hingegen Erbe des Vorerben wird (vgl. § 2100 Rdn 1 ff.).

IV. Begründung der Erbeinsetzung

49 Der Erblasser ist in der Bestimmung der Erben frei; eine Begründung für die Einsetzung einer bestimmten Person ist nicht erforderlich. Eine Erbeinsetzung ist nur dann unzulässig, wenn sie gegen die guten Sitten oder gegen ein bindend gewordenes gemeinschaftliches Testament bzw. einen bindend gewordenen Erbvertrag verstößt. Auch das Pflichtteilsrecht hindert den Erblasser nicht, nach seinem Belieben zu testieren. Es gibt dem Pflichtteilsberechtigten nur einen schuldrechtlichen Anspruch gegen den Erben.

50 Im Übrigen ist § 14 HeimG zu beachten. Hierbei handelt es sich um ein Verbotsgesetz i.S.v. § 134 BGB. Die Regelung stellt keine unverhältnismäßige Einschränkung der Testierfreiheit dar.

Grundsätzlich kann jede natürliche Person als Erbe benannt werden. Es gibt jedoch Personen, die aufgrund ihrer Position gegenüber dem Erblasser nicht zu Erben bestimmt werden können. Das Heimgesetz des Bundes ist in den Ländern durch landesrechtliche Vorschriften abgelöst worden, die aber weitgehend inhaltsgleiche Regelungen enthalten.[71] Lediglich vereinzelt finden sich in den landesrechtlichen Regelungen Abweichungen. Daher sollte stets der konkret anzuwendende Gesetzestext herangezogen werden (aktuelle Übersicht unter www.dnoti.de).

51 Nach § 14 HeimG bzw. der landesrechtlichen Vorschriften ist eine Verfügung von Heimbewohnern zugunsten von **Heimmitarbeitern**[72] oder des Heimträgers unwirksam.[73] Das Gleiche gilt auch, wenn beispielsweise Verwandte des Heimmitarbeiters als Nacherben eingesetzt werden.[74] Nach einer Entscheidung des BGH ist jedoch eine Zuwendung an einen Heimträger wirksam, sofern die Zuwendung durch einen Angehörigen des Heimbewohners erfolgt, und zwar dergestalt, dass der Heimbewohner zum Vorerben und der Heimträger zum Nacherben eingesetzt wird, wobei der Heimträger hiervor nach dem Tod des Erblasser, aber vor dem Tod des Heimbewoh-

---

69 MüKo/*Leipold*, § 1922 Rn 205.
70 MüKo/*Leipold*, § 1937 Rn 51.
71 *Ludyga*, ZEV 2014, 177.
72 Vgl. zur Einsetzung des Pförtners OLG Frankfurt ZErb 2001, 106.
73 OLG Düsseldorf FamRZ 1998, 192; *Rossak*, ZEV 1996, 41; *Kieser*, ZErb 2002, 33.
74 OLG Düsseldorf FamRZ 1998, 192.

ners Kenntnis erlangt.[75] Durch die Regelung des § 14 HeimG bzw. der entsprechenden landesrechtlichen Vorschriften soll die Ausnutzung der Arg- und Wehrlosigkeit alter und pflegebedürftiger Personen verhindert werden.[76] Selbst wenn das Testament schon vor Einzug in das Heim errichtet worden ist, ist jede Zuwendung durch letztwillige Verfügung verboten.[77] Sofern jedoch seitens des Heimbewohners eine Verfügung des ausgeschlossenen Personenkreises ausdrücklich gewollt ist, hat der Erblasser die Möglichkeit, eine Ausnahmegenehmigung nach § 14 Abs. 6 HeimG bzw. der entsprechenden Regelung in den landesrechtlichen Vorschriften zu beantragen. Eine etwaige Ausnahmegenehmigung wird durch die Heimaufsichtsbehörde erteilt.[78] Die Vorschrift des § 14 HeimG findet auf Angestellte eines ambulanten Pflegedienstes keine Anwendung.[79]

Allerdings kann auch hier Sittenwidrigkeit zu bejahen sein. Dies ist dann der Fall, wenn der Pflegedienst seine Stellung und ein persönliches Vertrauensverhältnis zum Erblasser dazu verwendet, den Erblasser übermäßig zu beeinflussen.[80]

Haben Eltern ein behindertes Kind, das auf Kosten der Sozialhilfe untergebracht ist, 52
und soll dieses Kind zum Erben berufen werden, wird häufig die Anordnung einer unbefreiten Vor- und Nacherbfolge verbunden mit einer Dauertestamentsvollstreckung gewählt, um hierdurch den Zugriff des Sozialhilfeträgers auf den Nachlass zu verhindern. Diese sind nicht sittenwidrig.[81]

§ 1938 Enterbung ohne Erbeinsetzung

Der Erblasser kann durch Testament einen Verwandten, den Ehegatten oder den Lebenspartner von der gesetzlichen Erbfolge ausschließen, ohne einen Erben einzusetzen.

Übersicht: Rdn

A. Allgemeines

Der Erblasser muss in seinem Testament keinen Erben bestimmen. Gem. § 1938 BGB 1
ist es ihm gestattet, lediglich zu verfügen, dass ein Verwandter und/oder der Ehegatte/Lebenspartner von der gesetzlichen Erbfolge ausgeschlossen ist (negatives Testament). Das BGB konnte das negative Testament zulassen, da es die **gesetzliche** und die **gewillkürte Erbfolge** nicht als einander ausschließende Gegensätze auffasst, sondern die gesetzlichen Erben insoweit zum Zuge kommen lässt, als der Erblasser keine

75 BGH NJW 2012, 155. Diese Entscheidung ist auf erhebliche Kritik gestoßen, siehe hierzu BeckOGK/*Tegelkamp*, § 1937 Rn 43, 44 m.w.N.
76 BGHZ 110, 235.
77 KG FamRZ 1998, 1542.
78 Aufgrund der Föderalismusreform ist das Heimrecht in die Gesetzgebungskompetenz der Länder übergegangen. Näher hierzu bzw. zu etwaigen Ausnahmegenehmigungen *Tanck*, in: Tanck/Krug/Süß, § 10 Rn 5 ff. m.w.N.
79 OLG Düsseldorf NJW 2001, 2338.
80 *Ludyga*, NZS 2013, 201, 206.
81 BGH NJW 2011, 1586; BGH ZEV 2017, 267.

positive Erbeinsetzung verfügt.[1] Diese Bestimmung führt zu einer Erweiterung der **Testierfreiheit.** Der Erblasser muss sich nicht darüber äußern, wer den freigewordenen Erbteil erhalten soll. Eine Enterbung kann jedoch in einem gemeinschaftlichen Testament nicht wechselbezüglich, d.h. nach dem Tode des Erstversterbenden bindend, getroffen werden.[2] Eine derartige Verfügung kann auch in einem Erbvertrag nicht vertragsmäßig bindend verfügt werden (§ 2278 Abs. 2 BGB). Ggf. ist jedoch der Ausschluss der Vertragspartei in einen Erbverzicht umzudeuten.[3] Das Gesetz spricht von **Ausschluss von der gesetzlichen Erbfolge.** Synonym hierzu ist der Begriff der **Enterbung.** Dieser wird jedoch umgangssprachlich oft weiter ausgelegt. Hiervon ist in der Alltagssprache auch der Entzug des Pflichtteilsrechts mit umfasst.[4]

B. Enterbung, ohne dass gleichzeitig ein Erbe eingesetzt wird

I. Ausschluss des gesetzlichen Erbrechts

2 Das gesetzliche Erbrecht des Staates gem. § 1936 BGB kann ohne Erbeinsetzung nicht ausgeschlossen werden, nur das gesetzliche Erbrecht des Ehegatten/Lebenspartners oder eines Verwandten. In den Fällen, in denen der Erblasser demnach seine gesetzlichen Erben pauschal von der Erbfolge ausschließt, ohne eine oder mehrere Personen zu Erben zu berufen, ist der **Fiskus** zum gesetzlichen Erben berufen.[5] Eine Auslegung ist diesbzgl. nicht erforderlich.[6] Nach a.A.[7] ist ein Testament, das den Ausschluss der gesetzlichen Erben enthält, nur für den Fall wirksam, dass die Auslegung ergibt, dass das Staatserbrecht hierdurch nicht betroffen ist. Dieser Ansicht kann jedoch nicht gefolgt werden. Eine Auslegung ist gerade nicht erforderlich. Dies ergibt sich bereits aus der Vorschrift des § 1936 BGB. Für den Fall, dass weder ein Verwandter, ein Lebenspartner noch ein Ehegatte vorhanden ist, ist der Staat zum Erben berufen. Auf den Willen des Erblassers bzw. eine sich hierauf stützende Auslegung kommt es nicht an.

3 Hat der Erblasser letztwillig dahingehend verfügt, dass jegliche Forderungen von Verwandten, mit denen seit Jahrzehnten keinerlei Kontakt mehr besteht, ausgeschlossen sind, kann die Auslegung ergeben, dass hierin eine Enterbung zu sehen ist.[8] Die Enterbung muss nicht begründet werden.[9] Eine Enterbung muss zwar nicht ausdrücklich erklärt werden, allerdings ist bei einem stillschweigenden Ausschluss Zurückhaltung geboten. Aus dem Testament muss sich zweifelsfrei ergeben, dass ein Ausschließungswille des Erblassers vorliegt.[10]

4 Ergeben sich aus den landesrechtlichen Vorschriften Erbrechte, ist die Frage, ob diese überhaupt bzw. durch negatives Testament ausgeschlossen werden können, nach Landesrecht zu beurteilen.[11]

5 Werden Personen von der Erbfolge ausgeschlossen, deren Rechte gegenüber dem beim Tod des Erblassers lebenden Erben im Rang nachgehen, kann dies dann Bedeutung

1 MüKo/*Leipold*, § 1938 Rn 1.
2 BayObLG FamRZ 1993, 240.
3 Soergel/*Fischinger*, § 1938 Rn 5.
4 OLG Düsseldorf ZEV 1995, 410; OLG Hamm NJW 1972, 2132; BeckOK BGB/*Müller-Christmann*, § 1938 Rn 2.
5 OLG Düsseldorf FGPrax 2015, 30 (hier mit Zweckauflage zugunsten wohltätiger Organisationen).
6 MüKo/*Leipold*, § 1938 Rn 2.
7 Soergel/*Fischinger*, § 1938 Rn 4 unter Verweis auf Soergel/*Stein*, § 1938 Rn 1.
8 OLG Hamm FamRZ 2012, 1091.
9 BGH NJW 1965, 584.
10 BayObLGZ 1965, 166, 174; BayObLG FamRZ 1992, 986; OLG Hamm ZEV 2012, 314; OLG München NJW-RR 2013, 329.
11 MüKo/*Leipold*, § 1938 Rn 2.

haben, wenn der im Rang vorgehende Berechtigte ausschlägt. Mit der **Ausschlagung** fällt dieser mit Wirkung auf den Erbfall weg.

II. Umfang

6 Das Erbrecht kann in vollem Umfang, aber auch nur zu einem Bruchteil ausgeschlossen werden. Erstrecken kann sich die Enterbung auf alle gesetzlichen Erben, auf alle Verwandten[12] oder auch nur auf einzelne Personen. Erfolgte eine Zuwendung in Höhe eines Erbteils, der unter dem gesetzlichen Erbteil liegt, kann hinsichtlich der Differenz eine Ausschließung von der gesetzlichen Erbfolge liegen.[13] Es ist entweder eine ausdrückliche Erklärung im Testament erforderlich oder die Enterbung kann durch Auslegung ermittelt werden.[14] I.d.R. ist eine **Entziehung des Pflichtteils** auch als Enterbung auszulegen.[15] Zwingend ist dies allerdings nicht. Es besteht auch die Möglichkeit, dass der Erblasser lediglich den Zweck verfolgte, den Erben von einer Ausschlagung der Erbschaft abzubringen.[16] Auch dann, wenn der Erblasser einem Pflichtteilsberechtigten den Pflichtteil entzogen hat, diese Pflichtteilsentziehung jedoch gem. § 2333 BGB unwirksam ist, wird die Auslegung regelmäßig dazu führen, dass eine Enterbung des Pflichtteilsberechtigten gewollt ist, wenn dieser nicht einmal den Pflichtteil erhalten sollte.[17] Wird einem Pflichtteilsberechtigten lediglich der Pflichtteil zugewandt, ist hierin regelmäßig der Ausschluss von der gesetzlichen Erbfolge zu sehen (vgl. § 2304 BGB). Wird einem gesetzlichen Erben lediglich ein Vermächtnis zugewandt, ist es eine Frage der Auslegung, ob hierin gleichzeitig von einer Enterbung auszugehen ist. Generell ist Vorsicht geboten, von einer **stillschweigenden Ausschließung** auszugehen.[18] Es kann nämlich der Wille des Erblassers sein, dass die bedachte Person die Zuwendung neben ihrem Erbteil erhält. Auch besteht die Möglichkeit, dass sich der Zuwendungsempfänger die Zuwendung auf seinen gesetzlichen Erbteil anrechnen lassen muss. Dieses Problem stellt sich jedoch nur dann, wenn der Erblasser nicht bzgl. seines gesamten Nachlasses eine Regelung getroffen hat, sondern die berufenen Personen nur bzgl. eines Bruchteils eingesetzt worden sind. Erfolgte eine Erbeinsetzung bzgl. des gesamten Nachlasses, ist hieraus schon der Verlust des gesetzlichen Erbrechts zu entnehmen.[19] Ist der Nachlass aufgrund angeordneter Vermächtnisse und Auflagen erschöpft, liegt hierin nicht automatisch ein Ausschluss der gesetzlichen Erben, da die Vermächtnisse auch ausgeschlagen werden können.[20] Ein Grund, weshalb der Erblasser eine Enterbung vornimmt, ist nicht erforderlich.[21] Im Hinblick auf eine Irrtumsanfechtung gem. § 2078 BGB kann die Angabe eines Grundes im Testament Bedeutung haben. Eine derartige Begründung kann Indiz dafür sein, dass der Grund Ursache der Ausschlussanordnung war. Die Enterbung mit Bedingungen zu verknüpfen, ist zulässig.[22]

---

12 Bsp. zur Auslegung in diesem Sinne: OLG Hamm ZEV 2012, 314.
13 Staudinger/*Otte* 2017§ 1938 Rn 7.
14 BayObLG FamRZ 1992, 986.
15 BayObLG FamRZ 1996, 826, 828.
16 BayObLG ZEV 2000, 280; BeckOGK/Tegelkamp, § 1938 Rn 16.
17 BeckOK BGB/*Müller-Christmann*, § 1938 Rn 7.
18 Für eine stillschweigende Enterbung z.B. OLG Stuttgart BWNotZ 1981, 141; BayObLG FamRZ 1992, 986; keine Ausschließung: OLG Darmstadt OLGE 14, 314.
19 MüKo/*Leipold*, § 1938 Rn 3.
20 BayObLG MDR 1979, 847.
21 BGH NJW 1965, 584.
22 BeckOK BGB/*Müller-Christmann*, § 1938 Rn 2; MüKo/*Leipold*, § 1938 Rn 4; a.A. Staudinger/*Otte*, (2017) § 1938 Rn 6a.

7 Für den Fall, dass ein gemeinschaftliches Testament lediglich Anordnungen für den Fall des Todes des Längstlebenden enthält, nicht jedoch eine Regelung für den Fall des Todes des erstversterbenden Ehegatten, kann aus der getroffenen Anordnung ein Ausschluss der gesetzlichen Erben für den ersten Todesfall nicht entnommen werden.[23]

8 Enthält ein Übergabevertrag eine Klausel dahingehend, dass eine Anrechnung auf den Pflichtteil erfolgt, kann hieraus nicht ohne weiteres der Schluss gezogen werden, dass es dem Willen des Erblassers entspricht, dass dem Beteiligten allenfalls der Pflichtteil verbleiben und er somit enterbt sein soll.[24]

III. Rechtsfolgen

9 Das Gesetz sagt nichts darüber, wie sich der Ausschluss eines Verwandten oder des Ehegatten/Lebenspartners von der gesetzlichen Erbfolge letztendlich auswirkt. Aus Sinn und Zweck der gesetzlichen Regelung ist jedoch zu entnehmen, dass die gesetzliche Erbfolge so zu beurteilen ist, als sei der Ausgeschlossene beim Erbfall nicht vorhanden.

10 Ist der Ehegatte von der gesetzlichen Erbfolge ausgeschlossen, erhöhen sich die gesetzlichen Erbteile der Verwandten. Werden Verwandte einer bestimmten **Ordnung** ausgeschlossen, kommen die Verwandten der nächsten Ordnung zum Zuge. Sind sowohl der Ehegatte als auch die Verwandten ausgeschlossen, ist der Fiskus als Erbe berufen. Erfolgte durch den Erblasser ein Ausschluss eines Verwandten, so treten an dessen Stelle innerhalb der ersten drei Ordnungen dessen Abkömmlinge, es sei denn, der Erblasser hat auch diese von der Erbfolge ausdrücklich ausgeschlossen. Ist der Erste des Stammes ausgeschlossen, kann die Auslegung ergeben, dass die Abkömmlinge ebenfalls ausgeschlossen sind. Dies stellt aber nicht den Regelfall dar.[25] Im Zweifel ist davon auszugehen, dass nur die ausdrücklich genannte Person ausgeschlossen sein soll.[26] Dies ist dann nicht der Fall, wenn der Erblasser ein Gesamtziel verfolgt. Ist in einem Berliner Testament angeordnet, dass dasjenige Kind, das nach dem Tode des Erstversterbenden den Pflichtteil verlangt, auch nach dem Tode des Längstlebenden nur den Pflichtteil erhalten soll, ist davon auszugehen, dass es dem Willen des Erblassers entspricht, dass der gesamte Stamm nur den Pflichtteil erhalten soll. Hat der Erblasser einen Verwandten enterbt und fällt dessen Erbteil an seine Abkömmlinge, kann es Wille des Erblassers sein, dass die Verwaltung des den Abkömmlingen zufallenden Erbteils dem enterbten Verwandten gleichfalls entzogen sein soll.[27]

11 Aus pflichtteilsrechtlicher Sicht ist der entferntere Abkömmling aufgrund einer Verfügung von Todes wegen von der Erbfolge ausgeschlossen,
- wenn eine negative Verfügung i.S.v. § 1938 BGB vorliegt, die sich auch auf den entfernteren Abkömmling erstreckt, oder
- wenn ein entfernterer Abkömmling nicht zur gesetzlichen Erbfolge gelangt, weil eine andere Person positiv zum Erben berufen wurde.

23 OLG München NJW-RR 2013, 329.
24 *Litzenburger,* ZEV 2023, 32; *Lotte*, DNotZ 2023, 305 gegen OLG Brandenburg ZEV 2023, 30.
25 BGH JZ 1959, 444; BayObLG FamRZ 1989, 1006.
26 OLG Köln BeckRS 2015, 899 = FamRZ 2015, 1529; BayObLG FamRZ 1989, 1006; Erman/*Lieder*, § 1938 Rn 2; MüKo/*Leipold*, § 1938 Rn 9; Prütting/Wegen/Weinreich/Zimmer, Rn 5 f.; Staudinger/*Otte*, 2017, § 1938 Rn 10; aA *Scherer*, ZEV 1999, 41, der der h.M. zu Unrecht Willkürlichkeit vorwirft.
27 BayObLGZ 1964, 263.

Dies ergibt sich auch aus der Vorschrift des § 2309 BGB. Die Vorschrift geht grundsätzlich von einem Pflichtteilsrecht der entfernteren Abkömmlinge aus.[28]

12 Wurde der überlebende Ehegatte von der gesetzlichen Erbfolge ausgeschlossen, verliert er damit auch den **Voraus** gem. § 1932 BGB. Gleiches gilt für den eingetragenen Lebenspartner.[29] Gehört die enterbte Person zu dem in § 2303 BGB genannten Personenkreis, steht ihr ein **Pflichtteilsanspruch** zu. Wurde der mit dem Erblasser im gesetzlichen Güterstand lebende Ehegatte enterbt, kann er Ausgleich des Zugewinns sowie den sog. **kleinen Pflichtteil** verlangen. Der enterbte eingetragene Lebenspartner hat ebenfalls einen Anspruch auf Ausgleich des Zugewinns, sofern die Lebenspartner im Güterstand der Zugewinngemeinschaft gelebt haben (§ 6 LPartG i.V.m. § 1371 Abs. 2 BGB). Daneben steht ihm der Anspruch auf den (kleinen) Pflichtteil (§ 10 Abs. 6 LPartG) zu.

13 In den Fällen, in denen ein nichteheliches Kind nicht ausdrücklich von der Erbfolge ausgeschlossen wird, der Erblasser seinen Nachlass jedoch vollständig einem anderen Erben zuwendet, ist von einem konkludenten Ausschluss des nichtehelichen Kindes auszugehen.[30]

C. Enterbung, wenn keine wirksame Erbeinsetzung vorliegt

14 Wurde eine Person zum Erben eingesetzt, führt dies gleichzeitig dazu, dass die gesetzlichen Erben von der Erbfolge ausgeschlossen sind. Fraglich ist, ob dieser Ausschluss der gesetzlichen Erben auch dann wirksam bleibt, wenn die Erbeinsetzung unwirksam ist. Zur Beantwortung dieser Frage kann die Vorschrift des § 2085 BGB nicht herangezogen werden, da keine zwei verschiedenen Verfügungen vorliegen. Die negative Folge der Enterbung stellt lediglich die Kehrseite der Erbeinsetzung dar.[31] Nach a.A.[32] findet die Vorschrift des § 2085 BGB auf das Verhältnis zwischen Erbeinsetzung und Ausschließung der gesetzlichen Erben Anwendung. Voraussetzung für die Anwendbarkeit ist jedoch, dass zwei selbstständige Verfügungen, d.h. eine Erbeinsetzung sowie eine Ausschließung, vorliegen. Da dies jedoch nicht im Zweifel angenommen werden kann, sondern sich aufgrund besonderer Anhaltspunkte aus dem Testament ergeben muss, wobei eine ausdrückliche Ausschließung im Testament hierfür nicht ausreichend ist, wirkt sich die Vorschrift des § 2085 BGB im Ergebnis nicht aus. Wird demgemäß eine Ausschließung bejaht, ist die Anwendung der Auslegungsregel des § 2085 BGB nicht mehr erforderlich.[33]

Grundsätzlich wird man davon ausgehen können, dass die Enterbung der gesetzlichen Erben wegfällt, wenn die Erbeinsetzung entfällt.[34] Aus den Umständen kann sich jedoch ein anderer Erblasserwille ergeben. Für den Fall, dass der Erblasser unwirksam eine karitative Einrichtung zu seinem Erben benannt hat, kann sich aus der Tatsache,

---

28 BGH NJW 2011, 1878, 1879 ff.; MüKo/*Leipold*, § 1938 Rn 7 m.w.N.; a.A. *Bestelmeyer*, FamRZ 1997, 1124, 1130, danach ist § 2309 BGB auf die Enterbung des näheren Abkömmlings nicht anwendbar, da das Gesetz keine Vorversterbensfiktion kenne.

29 MüKo/*Leipold*, § 1938 Rn 10.

30 BGH ZEV 2006, 263; MüKo/*Leipold*, § 1938 Rn 3.

31 OLG Brandenburg ZEV 2023, 218; MüKo/*Leipold*, § 1938 Rn 11, 12.

32 RGZ 134, 277, 282; RG WarnR 1942 Nr. 23; OLG Karlsruhe FamRZ 1967, 691, 693; OLG Zweibrücken FGPrax 1996, 152; OLG Frankfurt FamRZ 1997, 1433, 1435; BayObLG ZEV 2001, 24, 26; BGH RdL 1966, 319, 320 geht mit der Formulierung, der Ausschluss durch Einsetzung eines anderen Erben bleibe selbst bei Nichtigkeit der Einsetzung wirksam, wenn er für alle Fälle gewollt war, ebenfalls nicht vom Regel-Ausnahme-Verhältnis des § 2085 BGB aus.

33 MüKo/*Leipold*, § 1938 Rn 11.

34 OLG Hamm ZEV 2012, 266, 267; MüKo/*Leipold*, § 1938 Rn 12.

dass diese Organisation das gesamte Vermögen erhalten sollte, ein Indiz dafür ergeben, dass die gesetzlichen Erben in jedem Falle enterbt sein sollen.[35]

§ 1939 Vermächtnis

Der Erblasser kann durch Testament einem anderen, ohne ihn als Erben einzusetzen, einen Vermögensvorteil zuwenden (Vermächtnis).

Übersicht: Rdn

A. Allgemeines

I. Normzweck

1 Sinn und Zweck der Vorschrift des § 1939 BGB ist, den Begriff des Vermächtnisses in Abgrenzung zur Erbeinsetzung klarzustellen. Des Weiteren wird mit der Regelung des § 1939 BGB die Zulässigkeit des Vermächtnisses bejaht. § 1939 BGB wird durch § 1941 BGB ergänzt, der bestimmt, dass eine Vermächtnisanordnung auch in einem Erbvertrag möglich ist. Die näheren Einzelheiten des Vermächtnisses sind in den §§ 2147–2191 BGB geregelt.

II. Bedeutung

2 Als Mittel erbrechtlicher Gestaltung kommt dem Vermächtnis eine große Bedeutung zu. Der Erblasser kann natürlichen oder juristischen Personen etwas zuwenden, ohne dass diese Mitglied der Erbengemeinschaft werden. Hierdurch können Konflikte innerhalb der Erbengemeinschaft vermieden werden. Am häufigsten werden Geld und Wertgegenstände im Wege des Vermächtnisses solchen Personen zugewandt, die nicht zur Familie des Erblassers gehören. Da das Vermächtnis flexibler gestaltet werden kann, nimmt die Bedeutung gerade auf dem Gebiet der Unternehmensnachfolge bzw. der Nachfolge in Unternehmensbeteiligungen zu.

B. Begriff des Vermächtnisses

I. Unterscheidung Erbeinsetzung und Vermächtnis

3 § 1939 BGB unterscheidet zwischen Erbeinsetzung und Vermächtnis. Der entscheidende Unterschied liegt darin, dass der Erbe Gesamtrechtsnachfolger des Erblassers

35 OLG Brandenburg ZEV 2023, 218; OLG München ZEV 2001, 153.

ist. Mit dem Erbfall rückt er in die Rechtsstellung des Erblassers ein, in alle Rechte und Pflichten (**Von-Selbst-Erwerb**). Dem Vermächtnisnehmer hingegen steht gem. § 1939 BGB i.V.m. §§ 1940, 2174 BGB ein Anspruch auf den zugewendeten Gegenstand zu. Dies bedeutet also, dass ihm der Gegenstand nicht bereits mit dem Erbfall zufällt. Der Vermächtnisnehmer rückt demgemäß nicht in die Rechtsstellung des Erblassers ein. Er ist nicht Gesamtrechtsnachfolger, sondern er hat lediglich einen Anspruch auf Erwerb gegen den Beschwerten (§ 2174 BGB). Dieser Anspruch entsteht entweder mit dem Erbfall (§ 2176 BGB) oder nach dem Erbfall (§§ 2177 ff. BGB). Nach den Vorschriften des BGB hat das Vermächtnis obligatorische (**Damnationslegat**), nicht hingegen dingliche Wirkung (**Vindikationslegat**). Handelt es sich nach ausländischem Recht um ein dingliches Vermächtnis, war dieses nach bislang h.M. bzgl. inländischer Grundstücke lediglich mit obligatorischer Wirkung zu behandeln.[1] Allerdings hat der EuGH in seinem Urteil v. 12.10.2017[2] – dahingehend entschieden, dass es die EuErbVO verbiete, die dinglichen Wirkungen eines Vindikationslegats (hier nach dem aufgrund Rechtswahl anwendbaren polnischen Recht) hinsichtlich einer in einem anderen Mitgliedstaat (hier Deutschland) belegenen Immobilie deshalb abzulehnen, weil die Rechtsordnung des Belegenheitsstaates das Institut eines Vermächtnisses mit unmittelbarer dinglicher Wirkung nicht kenne; somit kann nicht eine Auflassung durch die Erben an den Vermächtnisnehmer als Voraussetzung der Eigentumseintragung verlangt werden.[3]

Neben der Erbeinsetzung unterscheidet sich das Vermächtnis auch von der Auflage. 4
Diese kann zwar ebenfalls einen anderen begünstigen, der Begünstigte erwirbt allerdings kein Recht auf die Leistung (§ 1940 BGB). Hat der Erblasser die Leistung an den Bedachten zur Bedingung einer anderen Verfügung gemacht, liegt ein Vermächtnis nicht vor.[4] Zusammenfassend kann man das Vermächtnis daher als Verfügung von Todes wegen definieren, wodurch der Erblasser dem Zuwendungsempfänger einen Anspruch auf Leistung gegen den Beschwerten, dies kann der Erbe oder ein Vermächtnisnehmer sein, zuwendet. Sowohl die Zuwendung des Vorteils als auch der Anspruch des Begünstigten, desgleichen die Verfügung des Erblassers, wonach das Vermächtnis angeordnet wird, wird im allgemeinen Sprachgebrauch als Vermächtnis bezeichnet. Ob im Einzelfall eine Erbeinsetzung gegeben ist oder ein Vermächtnis, ist eine Frage der Auslegung. Auslegungshilfe kann hier § 2087 BGB sein. Handelt es sich jedoch um eine Einsetzung auf bestimmte Vermögensgruppen, kann diese Verfügung als Erbeinsetzung auszulegen sein. Maßgeblich ist, ob der Erblasser wollte, dass der Bedachte wirtschaftlich in seine Stellung eintritt bzw. ob er dem Bedachten die Regelung seines Nachlasses überlassen wollte. Ist eine letztwillige Verfügung inhaltlich mehrdeutig, ist jedoch gleichzeitig eindeutig ein Vermächtnis angeordnet, ist diese Verfügung gleichwohl auslegungsbedürftig. Wurde das „Barvermögen auf der Bank“ vermächtnisweise zugewandt, kann davon auch das Wertpapierdepot mitumfasst sein.[5] Der Bedachte hat jedoch vor dem Erbfall keinen Rechtsanspruch. Dies gilt auch dann, wenn es sich um ein erbvertraglich bindendes Vermächtnis handelt. Auch ein **Anwartschaftsrecht** besteht nicht.[6] Neben der Erbeinsetzung und der Auflage ist das Vermächtnis auch von einer Zuwendung durch ein Rechtsgeschäft unter Lebenden bzw. der Bestimmung

1 BGH NJW 1995, 58.
2 C-218/16, BeckRS 2017, 12760.
3 Näher hierzu MüKo/*Leipold*, § 1939 Rn 4, 5.
4 MüKo/*Leipold*, § 1939 Rn 2.
5 BGH WM 1975, 1259.
6 BGHZ 12, 115.

eines Bezugsberechtigten aufgrund eines Vertrages zugunsten Dritter auf den Todesfall abzugrenzen.
Der Vermächtnisnehmer muss seinen Anspruch geltend machen. Der Vermächtnisanspruch kann seitens des Vermächtnisnehmers auch ausgeschlagen werden. Des Weiteren hat er die Möglichkeit, hierauf zu verzichten.

5 Vom **Anfall** des Vermächtnisses ist dessen **Fälligkeit** zu unterscheiden. In den Fällen, in denen der Erblasser nichts anderes bestimmt hat, ist das Vermächtnis mit seinem Anfall auch gleichzeitig fällig. Fallen der Zeitpunkt des Anfalls und der der Fälligkeit auseinander, sollte geregelt werden, ob der Vermächtnisnehmer nach Anfall des Vermächtnisses Sicherung seines Anspruchs – z.B. durch Eintragung einer Auflassungsvormerkung – verlangen kann.

6 In der Regel ist der Erbe oder die Erbengemeinschaft mit dem Vermächtnis beschwert. Der Erblasser kann jedoch auch einen Miterben oder einen anderen Vermächtnisnehmer beschweren.

II. Rechtsübergang

7 Wie bereits unter Rdn 4 näher dargestellt, wird der bedachten Person nur ein Anspruch zugewendet, sie tritt nicht automatisch in die Rechtsstellung des Erblassers ein. Hieraus folgt, dass der Erblasser im Wege des Vermächtnisses keine neuen Rechtsfolgen an einzelnen Nachlassgegenständen begründen kann. Er ist bspw. nicht in der Lage, zu bewirken, dass mit Eintritt des Erbfalls eine Forderung erlassen ist. Er kann lediglich per Testament einen Anspruch auf Erlass der Forderung zuwenden. Ein Erlassvertrag unter Lebenden hingegen ist möglich (§ 397 BGB). Im Übrigen kann der Erblasser ein dingliches Recht an einem Nachlassgegenstand nicht bewirken. Ebenso wenig kann eine Unterbeteiligung an einem Gesellschaftsanteil unmittelbar zur Entstehung gebracht werden.[7] Auch hier gilt, dass dem Bedachten lediglich ein Anspruch zugewendet werden kann. Das unwirksame dingliche Vermächtnis wird daher entweder in ein Vermächtnis gemäß § 1939 BGB oder in eine Teilungsanordnung umgedeutet werden können.[8]

III. Vorausvermächtnis

8 Der Erbe ist zwar nicht Vermächtnisnehmer, aber dies schließt nicht aus, dass ihm der Erblasser neben seinem Erbteil noch ein Vermächtnis, ein sog. **Vorausvermächtnis** (§ 2150 BGB), zuwenden kann. Ob eine Teilungsanordnung oder ein Vorausvermächtnis seitens des Erblassers gewollt war, ist Auslegungsfrage.

C. Gegenstand des Vermächtnisses

I. Allgemeines

9 Alles, was Inhalt einer Leistung sein kann, kann auch Gegenstand eines Vermächtnisses sein. Nach den allg. Definitionen zu den Begriffen Anspruch und Leistung (§§ 194, 241 BGB) kann eine **Leistung** in einem Tun oder Unterlassen bestehen, wobei eine weitere Eingrenzung in Bezug auf den Inhalt des Tuns oder Unterlassens nicht erforderlich ist. § 1939 BGB spricht zwar von der **Zuwendung eines Vermögensvorteils.** In dieser Formulierung ist jedoch keine Eingrenzung des Gegenstands der Zuwendung zu sehen. Der Begriff des Vermögensvorteils ist zum einen weit auszulegen, zum anderen ist er auch auf **mittelbare Vermögensvorteile** zu erstrecken.[9] Ein derartiger Vorteil ist bspw. darin zu sehen, dass ein Erbe verpflichtet ist, von der ihm zustehenden Verfügungsmacht, z.B. ein Grundstück zu belasten, keinen Gebrauch zu machen.

7 BGHZ 50, 316 = NJW 1968, 2003.
8 BeckOGK/*Tegelkamp*, § 1939 Rn 7, 14.
9 OLG Hamm FamRZ 1994, 1210, 1212.

Es ist nicht entscheidend, ob der zugewandte Gegenstand für den Bedachten einen Vermögenswert darstellt. Auch solche Stücke (Erinnerungsstücke, Gebrauchsrechte), die keinen Geldwert haben, können vermächtnisweise zugewandt werden. Das Vorliegen einer Bereicherung im wirtschaftlichen Sinne ist nicht erforderlich. Auch der Anspruch auf Abschluss eines Vertrages oder das Recht zum entgeltlichen Erwerb eines Grundstückes kann einen Vermögensvorteil darstellen.[10] Des Weiteren ist es nicht erforderlich, dass der Bedachte den Vorteil auf Dauer erhält. Dem Erben kann die Verfügungsbefugnis allerdings nicht durch Vermächtnis entzogen werden. Dies kann der Erblasser nur durch die Anordnung einer Testamentsvollstreckung erreichen. Nicht übertragbare, dem Erblasser gehörende höchstpersönliche Rechte, wie z.B. das Nießbrauchsrecht oder eine beschränkt persönliche Dienstbarkeit, können nicht Gegenstand eines Vermächtnisses sein. Es besteht allerdings die Möglichkeit, diese im Wege des Verschaffungsvermächtnisses zuzuwenden.[11]

II. Unentgeltlichkeit

Der Anspruch auf die Leistung fällt dem Vermächtnisnehmer ohne Gegenleistung 10
an. Das Vermächtnis ist insoweit **unentgeltliche Zuwendung**. Dieser unentgeltliche Erwerb eines Anspruchs braucht hingegen nicht auf den vermachten Gegenstand ausgedehnt zu werden. D.h. die Zuwendung selbst muss nicht unentgeltlich sein. So kann bspw. ein Anspruch auf Abschluss eines Vertrages zugewandt werden, der seinem Inhalt nach jedoch entgeltlicher oder unentgeltlicher Natur sein kann. Ob der entgeltliche Vertrag wirtschaftlich für den Vermächtnisnehmer vorteilhaft ist, spielt für die Zulässigkeit des Vermächtnisses keine Rolle.[12]

III. Einzelne Gegenstände

Alles, was durch Leistung übertragen oder begründet werden kann, kann vermächtnis- 11
weise vermacht werden. Dies kann sein: ein Geldbetrag, Übertragung einer beweglichen oder unbeweglichen Sache, Zuwendung eines Nießbrauchs oder eines Wohnungsrechts, Anspruch auf dingliche Sicherung eines Rechts, Übernahmerecht, die Aufhebung eines dinglichen Rechts, Anspruch auf Erlass einer Forderung, Zuwendung von Gesellschaftsanteilen, Anspruch auf Abschluss eines schuldrechtlichen Vertrages (Kaufvertrag oder Mietvertrag) oder die Versorgung einer Person.[13]

IV. Eigenes Vermögen

Der Erblasser kann zwar grundsätzlich i.R.d. Testierfreiheit über sein eigenes Ver- 12
mögen Verfügungen treffen. Dies schließt allerdings nicht aus, dass der vermachte Gegenstand im Zeitpunkt des Eintritts des Erbfalls nicht zum Nachlass gehört. Das zugewandte Vermächtnis kann auch auf Verschaffung gerichtet sein (**Verschaffungsvermächtnis**). Der Bezug zum Vermögen des Erblassers besteht darin, dass die Beschaffung des zugewandten Gegenstands aus Mitteln des Nachlasses zu erfolgen hat. Hat der Erblasser den Vermächtnisgegenstand zu Lebzeiten an einen Dritten veräußert, entfällt das Vermächtnis in der Regel.[14] Allerdings kann die Auslegung ergeben, dass der Erlös, der sich noch im Nachlass befindet, vermacht sein soll.

---

10 BGH NJW 1979, 917; BGH NJW 2001, 2883; BayObLG FamRZ 2004, 59.
11 MAH-Erbrecht/*Schlitt*, § 13 Rn 97.
12 Näher hierzu MüKo/*Leipold*, § 1939 Rn 12 m.w.N.
13 MüKo/*Leipold*, § 1939 Rn 13.
14 BGH NJW 1959, 2252.

V. Bestimmung im Testament

13 Der Gegenstand des Vermächtnisses muss im Testament nicht abschließend bestimmt sein. Auch **Wahlvermächtnisse** (§ 2154 BGB), **Gattungsvermächtnisse** (§ 2155 BGB) bzw. **Zweckvermächtnisse** (§ 2156 BGB) sind zugelassen. Bei den vorgenannten Vermächtnissen obliegt die Bestimmung des vermachten Gegenstands dem Beschwerten, dem Bedachten oder einem Dritten.

VI. Weitere Arten von Vermächtnissen

14 Neben den oben (siehe Rdn 13) aufgezählten Vermächtnisarten sowie dem Verschaffungsvermächtnis (vgl. Rdn 12) und dem Vorausvermächtnis unterscheidet man weiterhin: (1) **Stückvermächtnis**, d.h. ein bestimmter Gegenstand ist vermacht (§ 2169 BGB); (2) **Forderungsvermächtnis**, d.h. der zugewendete Vermögensvorteil ist eine Forderung des Erblassers (§ 2173 BGB); (3) **Universalvermächtnis** (= der gesamte nach Begleichung der Nachlassverbindlichkeiten verbleibende Nachlass soll dem Zuwendungsempfänger zustehen); (4) **Quotenvermächtnis** (= ein Bruchteil des verbleibenden Nachlasses ist vermacht);[15] (5) **Pflichtteilsvermächtnis** (= ein Geldbetrag i.H.d. Pflichtteils ist zugewandt); (6) **Untervermächtnis** (§§ 2186, 2187 BGB); (7) **Ersatzvermächtnis** (§ 2190 BGB); (8) **Nachvermächtnis** (§ 2191 BGB); (9) **Pflegevergütungsvermächtnis.** Vgl. hierzu die Kommentierung bei den einschlägigen gesetzlichen Vorschriften.

D. Gesetzliche Vermächtnisse

15 Das Gesetz kennt als gesetzliche Vermächtnisse den **Voraus** gem. § 1932 BGB sowie den **Dreißigsten** (§ 1969 BGB). Es handelt sich deswegen um gesetzliche Vermächtnisse, da ebenfalls ein Anspruch auf eine Leistung, und zwar aus dem Nachlass, gewährt wird. Eine Erbenstellung wird hierdurch nicht begründet. Die Vorschriften über die Vermächtnisse sind hierauf entsprechend anwendbar. § 1371 Abs. 4 BGB (Ausbildungsanspruch) sowie der Anspruch aus § 1963 BGB stellen hingegen keine gesetzlichen Vermächtnisse dar.[16]

E. Person des Vermächtnisnehmers

16 Jede natürliche oder juristische Person kann Vermächtnisnehmer sein, gem. § 1923 Abs. 2 BGB auch der nasciturus. Gem. § 2178 BGB kann auch eine noch nicht erzeugte Person zum Vermächtnisnehmer bestimmt werden. Das Vermächtnis fällt dann allerdings erst mit der Geburt an. Auch eine Gesamthandsgemeinschaft kann zum Vermächtnisnehmer eingesetzt werden.

F. Beispiele

17
- Zahlung einer Geldsumme;[17]
- Leistung persönlicher Dienste wie Pflegedienste;
- Zuwendung von Hausrat;
- Einräumung eines dinglichen Vorkaufsrechtes für ein Nachlassgrundstück; wird dieses ausgeübt, ist der Erwerb nicht grunderwerbsteuerfrei;[18]
- Einräumung eines Ankaufsrechtes;
- Einräumung eines Übernahmerechtes; dies kann entweder Teilungsanordnung oder Vorausvermächtnis sein;[19]

---

15 *Roth*, NJW-Spezial 2017, 39.
16 MüKo/*Leipold*, § 1939 Rn 16 m.w.N.
17 BGH WM 1970, 480.
18 BFH ZEV 2009, 49.
19 BGH NJW 1959, 2252; BFH ZErb 2008, 351.

- Einräumung eines Nießbrauchsrechtes; hier bestehen sehr viele Ausgestaltungsmöglichkeiten wie z.B. Bruchteils- oder Quotennießbrauch, Nießbrauch an einem Erbteil, Nießbrauch am Nachlass;
- Zuwendung einer Rente;
- Erlass einer Forderung;
- Zuwendung eines GmbH-Anteils;
- Anerkennung oder Sicherung einer Schuld;
- Anspruch auf Befreiung von einer Verbindlichkeit;
- Anspruch auf Stundung einer Verbindlichkeit;
- Anspruch auf Verzicht auf die Ausübung von Gestaltungsrechten oder Einreden.

§1940 Auflage

Der Erblasser kann durch Testament den Erben oder einen Vermächtnisnehmer zu einer Leistung verpflichten, ohne einem anderen ein Recht auf die Leistung zuzuwenden (Auflage).

Übersicht: Rdn

A. Allgemeines

1 Der Erblasser hat die Möglichkeit, mit einer Auflage das Verhalten des Bedachten zu beeinflussen und hierdurch bestimmte Ziele zu fördern. Die Vorschrift des §1940 BGB definiert den Begriff der Auflage und bestimmt deren Zulässigkeit im Testament. Auflagen können auch per Erbvertrag oder im gemeinschaftlichen Testament jeweils mit bindender Wirkung angeordnet werden (§§1941 Abs. 1, 2270, 2278 BGB). Die Einzelheiten zur Auflage regeln die §§2192–2196 BGB. Wurde eine Testamentsvollstreckung angeordnet, obliegt dem Testamentsvollstrecker auch die Ausführung der Auflagen.[1]

B. Begriff der Auflage – Abgrenzung zu Vermächtnis, Empfehlung, Bedingung

I. Begriff, Abgrenzung zum Vermächtnis

2 Bei der Auflage handelt es sich um eine Verfügung von Todes wegen, durch die ein Erbe oder ein Vermächtnisnehmer zu einer Leistung verpflichtet wird, ohne dass der Begünstigte ein Recht auf diese Leistung hat. Es handelt sich somit nicht um eine letztwillige Zuwendung. Dadurch, dass die begünstigte Person keinen Anspruch erhält, unterscheidet sich die Auflage vom Vermächtnis. Ob es sich um ein Vermächtnis oder eine Auflage handelt, ist u.U. durch Auslegung zu ermitteln. Wollte der Erblasser den Zugriff Dritter auf die Begünstigung verhindern, kann dies für eine Auflage

1 Zur Verfügungsbefugnis des Testamentsvollstreckers bei einer Zweckauflage OLG München ZEV 2017, 325; zur Durchsetzung einer gegenüber einem Vermächtnisnehmer angeordneten Auflage OLG Karlsruhe ZEV 2017, 429 Ls. = BeckRS 2017, 111901.

sprechen.[2] In den Fällen, in denen die begünstigten Personen nicht genau umschrieben sind, wird man wohl eher eine Auflage denn ein Vermächtnis annehmen. Da ein Recht auf eine Leistung nicht zugewendet ist, scheiden Schadensersatzansprüche wegen Nichterfüllung der Auflage gegen den Beschwerten oder den Testamentsvollstrecker aus.[3] Eine begünstigte Person braucht auch nicht genannt zu sein. Dies ist bspw. dann der Fall, wenn dem Erben zur Auflage gemacht wird, das Grab des Erblassers zu pflegen, einen Garten zu pflegen, eine Büste aufzustellen, eine private Sammlung zu öffnen, bestimmte Sachen instand zu halten oder die Tiere des Erblassers zu pflegen. Trifft der Erblasser eine Verfügung zugunsten der Tiere, kann dies entweder als Einsetzung einer Tierschutzorganisation zum Erben oder als **Zweckauflage** i.S.d. § 2193 BGB auszulegen sein.[4]

II. Abgrenzung zur Empfehlung

3 Dadurch, dass durch die Auflage eine rechtliche Verpflichtung begründet wird, unterscheidet sie sich von einem bloßen Wunsch oder einer **Empfehlung**.[5] Der Wortlaut ist hierbei nicht entscheidend, vielmehr ist es eine Frage der Auslegung, ob der Erblasser lediglich einen Wunsch geäußert hat oder ob es sich um eine Auflage handelt.[6]

III. Abgrenzung zur Bedingung

4 Die Auflage ist mit einer Verpflichtung verbunden. Im Gegensatz hierzu kann der Erblasser eine Anordnung von einem bestimmten Verhalten abhängig machen. Bei derartigen **Bedingungen** ist es dem Bedachten freigestellt, ob er die Bedingung erfüllt oder nicht. Auch die Erfüllung oder Nichterfüllung einer Auflage kann zusätzlich von einer aufschiebenden oder auflösenden Bedingung einer anderen Verfügung abhängig gemacht werden.

C. Inhalt einer Auflage

5 Inhalt einer Auflage kann jegliches Tun oder Unterlassen sein.[7] Es ist weder erforderlich, dass die Leistung einer anderen Person zugutekommt, noch muss es sich um eine vermögenswerte Leistung handeln. Möglich ist auch eine Leistung, die für die beschwerte Person selbst von Vorteil ist.[8] Es kann sich auch um Leistungen handeln, die der Allgemeinheit bzw. einem bestimmten Zweck zugutekommen. Nach geltender Rspr. ist es auch möglich, dass der Erblasser den Erben oder Vermächtnisnehmer zu einer Leistung bzgl. solcher Gegenstände verpflichtet, die außerhalb des diesem Zugewendeten liegen.[9] Nur der **Vollziehungsberechtigte** (§ 2194 BGB) kann die Durchsetzung einer Auflage erzwingen.

D. Unwirksamkeit

6 Aufgrund des § 138 Abs. 1 BGB (Sittenwidrigkeit), desgleichen wegen Unmöglichkeit oder Verbotswidrigkeit der angeordneten Leistung, kann eine Auflage unwirksam sein. Liegt Unmöglichkeit vor, ist zu prüfen, ob dem Willen des Erblassers dadurch Rechnung getragen werden kann, dass die Art der Vollziehung abgewandelt wird.[10] Die Tatsache, dass eine Auflage bei verständiger Würdigung töricht oder zwecklos

2 KG ZEV 1998, 306; dazu *Vorwerk*, ZEV 1998, 297.
3 MüKo/*Leipold*, § 1940 Rn 2.
4 BayObLG NJW 1988, 2742.
5 OLG Koblenz NJW-RR 1986, 1039, 1040.
6 MüKo/*Leipold*, § 1940 Rn 3.
7 BGH ZEV 2009, 459, 460 (*Kroppenberg*); OLG Koblenz NJW-RR 1986, 1039, 1040.
8 MüKo/*Leipold*, § 1940 Rn 4.
9 BGH FamRZ 1985, 278, 279.
10 BGHZ 42, 327 = NJW 1965, 688.

erscheint, macht sie nicht unwirksam. Ggf. kann es sittenwidrig sein, ein derartiges Verhalten vom Verpflichteten zu verlangen. Hier ist es eine Frage der Auslegung, ob es sich überhaupt um eine Auflage handelt.
Im Einzelfall ist die Grenze zur Sittenwidrigkeit überschritten, sofern im Wege der Auflage ein Betretungsverbot für eine Immobilie für eine mit dem Erben in enger persönlicher Beziehung stehende Person angeordnet ist.[11]

Aufgrund einer analogen Anwendung des § 2302 BGB kann im Wege einer Auflage 7
die Verpflichtung zur Errichtung einer Verfügung von Todes wegen bzw. die Verpflichtung zu deren Unterlassung nicht begründet werden. Unter Umständen führt in diesen Fällen eine Umdeutung dazu, dass eine unwirksame Auflage als Anordnung einer **Vor- und Nacherbschaft**[12] oder als ein **Nachvermächtnis**[13] anzusehen ist.

Verpflichtungen, die wegen ihres höchstpersönlichen Charakters nicht Inhalt eines 8
Schuldverhältnisses sein können, können demgemäß auch nicht wirksamer Inhalt einer Auflage sein. Hierunter fällt beispielsweise die Verpflichtung ein Kind anzunehmen oder eine bestimmte Person zu heiraten.[14] Eine Umdeutung in eine Bedingung wird allerdings in der Regel ebenfalls scheitern, weil die gleichen Rechtsgrundsätze der Wirksamkeit derartiger Bedingungen entgegenstehen.

E. Arten von Auflagen

Als Auflage können u.a. angeordnet werden: Geld- oder Sachleistungen zugunsten 9
eines bestimmten Personenkreises; Geld- oder Sachleistungen für bestimmte Zwecke; Durchführung der Grabpflege; Errichtung eines Grabmals; Durchführung der Beerdigung inklusive der Kostentragungspflicht; das Grab des Erblassers nach seiner Beschreibung auszugestalten und zu pflegen;[15] Verpflichtung, in einer bestimmten Art und Weise mit dem Leichnam des Erblassers umzugehen (z.B. Organentnahmen, Übergabe an die Anatomie); Aufstellen einer Büste oder Hängenlassen eines bestimmten Bildes; Instandhaltung von Gebäuden und Parkanlagen; Leihgaben für Museen oder Ausstellungen; Veröffentlichung von Schriften des Erblassers; Pflege von Tieren; Verpflichtung, einen Dritten nicht zum Prokuristen einer GmbH zu bestellen;[16] Verpflichtung, bestimmte Verfügungen über Nachlassgegenstände zu unterlassen[17] bzw. die Zustimmung Dritter einzuholen;[18] Errichtung einer unselbstständigen Stiftung; Verpflichtung, hinterlassenes Geld anzulegen, und zwar bis zu dem Zeitpunkt, in dem eine bestimmte Zinssumme erreicht ist; Verpflichtung, einer bestimmten Person Vollmacht zu erteilen;[19] Auflage, in eine Gesellschaft einzutreten oder das Unternehmen des Erblassers fortzuführen; Verpflichtung, eine Grundschuld abzulösen;[20] Ab-

11 LG Bochum ErbR 2022, 423.
12 OLG Schleswig ZEV 2015, 471; OLG Hamm NJW 1974, 60; BayObLG FamRZ 1983, 839; BayObLG FamRZ 1986, 608, 609.
13 LG Hamburg JurBüro 1971, 567.
14 NK-BGB/*Kroiß*, § 1940 Rn 6 m.w.N.
15 BFH NJW 1968, 1847 f. Dazu BGH ZEV 2021, 521 Rn 18 ff. m.Anm. *Horn*: Kosten der Grabpflege, zu der die Erben durch Auflage verpflichtet wurden, führen nicht zur Kürzung eines Pflichtteilsanspruchs.
16 OLG Koblenz NJW-RR 1986, 1039.
17 BayObLG FamRZ 1986, 608; MüKo/*Leipold*, § 1940 Rn 6.
18 OLG Köln FamRZ 1990, 1402.
19 BayObLG FamRZ 1986, 613.
20 OLG Karlsruhe NJW-RR 2004, 1307; MüKo/*Leipold*, § 1940 Rn 6.

schluss eines Gesellschaftsvertrages im Rahmen der Erbauseinandersetzung zur Fortführung des Unternehmens;[21] Nachlasswerte für wohltätige Zwecke zu verwenden.[22]

10 Wird ein Vermächtnisnehmer testamentarisch mit der Grabpflege belastet, handelt es sich hierbei um eine höchstpersönliche Auflage. Dies bedeutet, dass diese mit dem Tod des Vermächtnisnehmers nicht auf seine Erben übergeht.[23]

11 **Hinweis**
Die Anordnung einer Auflage begründet lediglich eine Leistungsverpflichtung, die Begründung, Aufhebung oder Belastung eines Rechts an einem Nachlassgegenstand ist daher nicht unmittelbar möglich. Wurde daher im Wege der Auflage angeordnet, dass über bestimmte Gegenstände nicht oder nur eingeschränkt verfügt werden darf, wirkt diese Auflage nur obligatorisch, nicht hingegen dinglich.[24] Die Verfügungsmacht des Beschwerten wird dadurch nicht entzogen oder beschränkt. Als Folge, dass die Auflage nicht zu einer dinglichen Beschränkung der Verfügungsmacht des Beschwerten führt, kann die Auslegung dazu führen, dass die Anordnung einer Testamentsvollstreckung gewollt war, wenn der Wille des Erblassers darauf gerichtet war, eine dementsprechende Beschränkung anzuordnen.[25]

§ 1941 Erbvertrag

(1) Der Erblasser kann durch Vertrag einen Erben einsetzen, Vermächtnisse und Auflagen anordnen sowie das anzuwendende Erbrecht wählen (Erbvertrag).
(2) Als Erbe (Vertragserbe) oder als Vermächtnisnehmer kann sowohl der andere Vertragschließende als ein Dritter bedacht werden.

Übersicht: Rdn

A. Allgemeines

1 Neben dem Testament bildet der Erbvertrag die zweite Art der Verfügung von Todes wegen. Das Testament ist jederzeit frei widerruflich, während der Erbvertrag die Vertragsparteien grundsätzlich bindet. Das gemeinschaftliche Testament unter Ehegatten fällt nicht unter die Vorschrift des § 1941 BGB. Es handelt sich hierbei um eine Zwischenform zwischen Einzeltestament und Erbvertrag, da hierin sowohl einseitige

---

21 BGH ZEV 2007, 340 m.Anm. *Langenfeld*. Zulässig ist auch die Auflage, als Erbe persönlich haftender Gesellschafter einer bestehenden OHG zu werden und zu bleiben, BGH ZEV 2009, 459, 460 m.Anm. *Kroppenberg*.
22 OLG Düsseldorf ErbR 2015, 27.
23 AG München ErbR 2024, 314.
24 MüKo/*Leipold*, § 1940 Rn 7 m.w.N.
25 BayObLG FamRZ 1996, 636.

als auch wechselbezügliche Verfügungen mit bindender Wirkung getroffen werden können. Die Bindung tritt jedoch erst nach dem Tode des erstversterbenden Ehegatten ein. § 1941 BGB stellt den Begriff des Erbvertrages klar und regelt darüber hinaus, was zulässiger Inhalt eines Erbvertrages ist. Die Einzelheiten zum Erbvertrag finden sich in den §§ 2274 ff. BGB.

B. Rechtsnatur des Erbvertrages

Beim Erbvertrag handelt es sich um eine Verfügung von Todes wegen, die in vertrag- 2
licher Form errichtet wird (**Doppelnatur**, d.h. Vertrag und Verfügung von Todes wegen). Der Erbvertrag hat rein erbrechtlichen Charakter und ist ein zweiseitiges Rechtsgeschäft von Todes wegen. Er ist eine vertragliche Vereinbarung, in der mindestens eine Person vertraglich bindend eine Person zum Erben eingesetzt hat bzw. ein Vermächtnis oder eine Auflage angeordnet wurde.[1] Es liegt weder ein schuldrechtlicher noch ein gegenseitiger Vertrag vor, da im Erbvertrag keine Verpflichtungen, insbesondere nicht die Verpflichtung zur Errichtung einer letztwilligen Verfügung, übernommen werden. Vielmehr werden die erbrechtlichen Regelungen bereits getroffen. Der Erbvertrag hat verfügenden Charakter. Auch wenn ein Dritter in einem Erbvertrag bedacht wird, handelt es sich nicht um einen Vertrag zugunsten Dritter.[2] Der Erblasser geht nämlich keine Verpflichtung gegenüber dem Dritten ein. Enthält ein Erbvertrag Leistungspflichten, so ist von einem Rechtsgeschäft unter Lebenden auszugehen, das auch dann, wenn es zusammen mit einer letztwilligen Verfügung in einer Urkunde enthalten ist, nicht Bestandteil des Erbvertrages ist.[3] Die Verfügungen von Todes wegen wirken nicht auf die **Rechtlage unter Lebenden**. Es liegt daher im Erbvertrag keine sachenrechtliche Verfügung vor. Durch einen Erbvertrag bleibt die Freiheit des Erblassers, durch Rechtsgeschäft unter Lebenden zu verfügen, gem. § 2286 BGB grundsätzlich unangetastet, jedoch wird der Erblasser durch den Abschluss eines Erbvertrages in seiner Testierfreiheit eingeschränkt. Ein Ehevertrag kann ebenfalls mit einem Erbvertrag verbunden werden. Es werden jedoch zwei verschiedene Verträge abgeschlossen, die nur in einer Urkunde zusammengefasst sind. Eine falsche Bezeichnung macht aus einem Erbvertrag keinen Ehevertrag.[4] Wird der Erbvertrag mit einem anderen Vertrag verbunden, kann darin ein **einheitliches Rechtsgeschäft** i.S.v. § 139 BGB zu sehen sein.[5]

C. Rolle des Vertragspartners

Die Rolle des Vertragspartners besteht darin, die letztwilligen Verfügungen des Erblas- 3
sers in vertraglich bindender Form anzunehmen. Eine Verfügung von Todes wegen braucht er nicht zu errichten. In den Fällen, in denen auch der Vertragspartner Verfügungen von Todes wegen errichtet, handelt es sich um einen **zweiseitigen** oder **gemeinschaftlichen Erbvertrag** (§ 2298 BGB). Gem. § 1941 Abs. 2 BGB kann sowohl der andere Vertragspartner als auch ein Dritter zum Erben oder Vermächtnisnehmer eingesetzt werden. Von einem gegenseitigen Vertrag spricht man, wenn beide Vertragspartner letztwillige Verfügungen treffen und sich dabei gegenseitig bedenken.

D. Inhalt des Erbvertrages

Der Erbvertrag kann sowohl **vertragsmäßige** als auch **einseitige Verfügungen** enthal- 4
ten.

---

1 BGHZ 26, 204.
2 BGHZ 12, 115 = NJW 1954, 633.
3 BGHZ 36, 65, 70 (Verbindung).
4 LG München I FamRZ 1978, 364.
5 BGH FamRZ 1966, 445; offenlassend BGHZ 29, 129, 131.

I. Vertragsmäßige Verfügungen

1. Allgemeines

5 Vertragsmäßig bindend können nur Erbeinsetzungen, Vermächtnisse, Auflagen und die Wahl des anzuwendenden Rechts getroffen werden, § 2278 Abs. 2 BGB (= **numerus clausus** der vertragsmäßig vorzunehmenden Verfügungen). Sind derartige Verfügungen in einem Erbvertrag enthalten, bedeutet dies im Umkehrschluss jedoch nicht, dass sie vertragsmäßig getroffen worden sind. Es kann sich auch um einseitige Verfügungen handeln.[6] Vielmehr ist der erklärte Wille entscheidend. Damit jedoch ein wirksamer Erbvertrag vorliegt, muss wenigstens eine vertragsmäßige Verfügung enthalten sein.[7] Abs. 1 spricht nur von der positiven Erbeinsetzung. Daraus folgt, dass für den Fall, dass ein gesetzlicher Erbe ausgeschlossen wird, ohne eine Erbeinsetzung zu verfügen, diese Verfügung nicht in vertragsmäßiger Form erfolgen kann.[8]

2. Rechtswahl

6 Durch das Gesetz zum Internationalen Erbrecht und zur Änderung von Vorschriften zum Erbschein sowie zur Änderung sonstiger Vorschriften vom 29.6.2015 erfolgte eine Neufassung von § 1941 BGB. In den Katalog der Verfügungen, die vertragsmäßig getroffen werden können, wurde die Wahl des anzuwendenden Rechts aufgenommen. Dadurch, dass die Rechtswahl nunmehr bindend getroffen werden kann, sollte Rechtssicherheit geschaffen werden.[9] Weiterhin wurden die §§ 2278 Abs. 2, 2291 Abs. 1 S. 1 BGB durch die Rechtswahl ergänzt. Durch die Nennung der Rechtswahl in § 2291 Abs. 1 S. 1 BGB wird es dem Erblasser ermöglicht, eine solche Verfügung mit Zustimmung des anderen Vertragsschließenden durch Testament aufzuheben. In einem gemeinschaftlichen Testament kann aufgrund der Neufassung des § 2270 Abs. 3 BGB die Rechtswahl auch in Gestalt einer wechselbezüglichen Verfügung getroffen werden. Trotz der Aufnahme der Rechtswahl in den Katalog der vertragsmäßigen Verfügungen ist eine Rechtswahl nur in den engen Grenzen der EuErbVO und nicht unbegrenzt möglich.

II. Einseitige Verfügungen

7 Jede der vertragschließenden Parteien kann auch einseitige Verfügungen treffen. Es handelt sich dann um Verfügungen in einem Erbvertrag, nicht hingegen um Verfügungen durch den Erbvertrag. Diese sind nicht vertraglich bindend und damit jederzeit widerruflich. Alle Verfügungen, die in einem Testament getroffen werden können, können auch in einem Erbvertrag getroffen werden (vgl. § 1937 Rdn 10 ff.).

E. Abgrenzung zu anderen Verträgen

8 Beim vertraglichen **Erbverzicht** gem. §§ 2346, 2352 BGB handelt es sich nicht um einen Erbvertrag. Er enthält keine Verfügungen von Todes wegen. Es ist jedoch möglich, einen Erbverzicht mit einem Erbvertrag zu verbinden.[10] Vom Erbvertrag ebenfalls zu unterscheiden sind Verträge über den Nachlass eines noch lebenden Dritten (§ 311b Abs. 4 BGB). Der **Hofübergabevertrag** hat zwar Auswirkungen auf das Erbrecht, ist seiner Rechtsnatur nach jedoch ein Rechtsgeschäft unter Lebenden. Auch gesell-

---

6 RGZ 116, 321, 323; BGHZ 26, 204, 208 f.; BGH NJW 1961, 120.

7 MüKo/*Leipold*, § 1941 Rn 6; OLG Hamm ErbR 2021, 608 (daher kein Erbvertrag, wenn eine gegenseitige Erbeinsetzung mit bedingungslosem Abänderungsvorbehalt vereinbart wurde); Staudinger/*Kanzleiter*, 2019, Einl. §§ 2274 ff. Rn 9; BeckOGK/*Tegelkamp*, § 1941 Rn 18.

8 OLG München NJW-RR 2006, 82.

9 Ohne gesetzliche Regelung wäre die Möglichkeit einer bindenden Rechtswahl zweifelhaft gewesen; dazu *Döbereiner*, DNotZ 2014, 323, 332 ff.

10 BGHZ 22, 364, 367 f.

schaftsrechtliche Nachfolgeregelungen sind keine Erbverträge, auch wenn sie erst im Todesfall ihre volle Wirkung entfalten.

F. Arten von Erbverträgen

Im Hinblick auf die Art der Zuwendung werden Erbeinsetzungs-, Vermächtnis- sowie 9 Auflagenverträge unterschieden. Bzgl. der Person gibt es einseitige und zweiseitige Verträge. Unter Bezugnahme auf Abs. 2 kann nach der bedachten Person zwischen Erbverträgen zugunsten des Vertragspartners und solchen zugunsten eines Dritten unterteilt werden.

G. Auslegung

Obwohl der Erbvertrag notariell beurkundet ist, ist eine Auslegung möglich.[11] Der 10 Auslegung sind aber durch die Formbedürftigkeit der Erklärung Grenzen gesetzt. Wurde die Annahme nicht ausdrücklich erklärt, kann diese durch Auslegung festgestellt werden. Ob eine ausdrücklich nicht als vertragsmäßig bezeichnete Verfügung dennoch als vertragsmäßig gewollt anzusehen ist, kann ebenfalls Gegenstand der Auslegung sein.[12] In einem Fall, in dem Partner einer nichtehelichen Lebensgemeinschaft eines der eigenen Kinder zum Schlusserben berufen haben, hat das OLG München[13] im Wege der Auslegung entschieden, dass eine vertragsmäßige Verfügung auch dann vorliegen kann, wenn diese nicht ausdrücklich als vertragsmäßig bezeichnet worden ist. Im entschiedenen Fall lebte das Kind mehrere Jahre mit den nichtehelichen Lebenspartnern in einem Haushalt und hatte gerade zu dem vorverstorbenen Lebenspartner eine enge persönliche Bindung. Der überlebende Vertragspartner war somit an die Erbeinsetzung des Kindes gebunden. Im Zweifel unterliegt auch die Frage, ob die letztwillige Verfügung von Ehegatten als gemeinschaftliches Testament oder Erbvertrag anzusehen ist, der Auslegung.[14] Für die Auslegung der in einem Erbvertrag enthaltenen letztwilligen Verfügungen gelten die Testamentsregeln.

---

11 OLG Saarbrücken NJW-RR 1994, 844.
12 BayObLG NJW-RR 2003, 293.
13 OLG München ZErb 2015, 17 = BeckRS 2014, 20883.
14 OLG Hamm FamRZ 2005, 2100.

Abschnitt 2. Rechtliche Stellung des Erben

Titel 1. Annahme und Ausschlagung der Erbschaft, Fürsorge des Nachlassgerichts

§ 1942 Anfall und Ausschlagung der Erbschaft

(1) Die Erbschaft geht auf den berufenen Erben unbeschadet des Rechts über, sie auszuschlagen (Anfall der Erbschaft).
(2) Der Fiskus kann die ihm als gesetzlichem Erben angefallene Erbschaft nicht ausschlagen.

Literatur

Blomeyer, Die vorweggenommene Auseinandersetzung der in gemeinschaftlichem Testament bedachten Kinder nach dem Tod des einen Elternteils, FamRZ 1974, 421; *Brakebusch/Bestelmeyer/Leve*, Nochmals – Erbrechtliche Fragen nach dem Einigungsvertrag, Rpfleger 1994, 233; *Buchholz*, Insichgeschäft und Erbschaftsausschlagung – Überlegungen zu einem Problem des § 1643 Abs. 2 BGB, NJW 1993, 1161; *Christ*, Ausschlagung und Abfindung als Erbschaftsteuerinstrument, ZEV 1995, 446; *Coing*, Die gesetzliche Vertretungsmacht der Eltern bei der Ausschlagung einer Erbschaft, NJW 1985, 6; *Damrau*, Die Verpflichtung zur Ausschlagung der Erbschaft, ZEV 1995, 425; *Deutsches Institut für Vormundschaftswesen*, Ausschlagung der Erbschaft durch das nichteheliche Kind (Nachlass überschuldet) (…), Gutachten, DAVorm 1989, 767; *Deutsches Institut für Vormundschaftswesen*, Beginn der Ausschlagungsfrist nach § 1944 BGB durch Kenntnis des nichtehelichen Kindes von seiner gesetzlichen Erbenstellung nach dem Kindsvater, Gutachten aus DAVorm 1993, 1099; *Deutsches Institut für Vormundschaftswesen*, Form der Erbausschlagung durch den Amtspfleger (§ 1945 BGB), Gutachten aus DAVorm 1990, 347; *Edenfeld*, Zum Ausschlagungsrecht des Schlusserben bei einem Berliner Testament, ZEV 1996, 313; *Engeler*, Zur Auslegung des § 1643 Abs. 2 BGB, FamRZ 1972, 7; *Felix*, Ausschlagung statt Erbauseinandersetzung zur Vermeidung der Einkommensteuer, DStZ 1991, 50; *Flick*, Die Erbausschlagung als Instrument zur nachträglichen Gestaltung einer verunglückten Erbfolge, DStR 2000, 1816; *Frohn*, Ausschlagung schon vor dem Erbfall?, Rpfleger 1997, 340; *ders.*, Die Erbausschlagung unter dem Vorbehalt des Pflichtteils, Rpfleger 1982, 56; *Gothe*, Erbschaftsausschlagung und Anfechtung der Erbschaftsannahme, MittRhNotK 1998, 193; *Heinrich/Heinrich*, Das Ausschlagungsrecht des Erbeserben, Rpfleger 1999, 201; *Heldrich*, Schranken der elterlichen Vertretungsmacht bei der Ausschlagung einer Erbschaft, in: FS Lorenz, 1991, S. 97; *Hermann*, Erbausschlagung bei Auslandsberührung, ZEV 2002, 259; *Jaspersen*, Vollstreckung nach Anordnung der Nachlassverwaltung, Rpfleger 1995, 243; *Johannsen*, Die Rechtsprechung des BGH auf dem Gebiete des Erbrechts, WM 1972, 918 und WM 1973, 549; *Kapp*, Die Erbausschlagung in aus zivilrechtlicher und erbschaftsteuerlicher Sicht, BB 1980, 117; *Keim*, Unterschätzte Risiken bei der lenkenden Ausschlagung werthaltiger Nachlässe – Beispiele aus der Rechtsprechung, ZEV 2020,393; *Kerscher/Tanck*, Die taktische Ausschlagung des Pflichtteilsberechtigten, ZAP 1997, 689 (Fach 12 S. 34); *Klüsener*, Vormundschaftsgerichtliche Genehmigung nach § 1822 BGB, Rpfleger 1993, 133; *Kramer*, Anfechtung der Erbausschlagung durch einen in der Bundesrepublik lebenden Erben bei Nachlassvermögen in der DDR, EWiR 1992, 1053; *Lange*, Die Ausschlagung des Pflichtteilsberechtigten nach § 2306 BGB; Voraussetzungen, Durchführung(sfehler) und (unbeabsichtigte) Folgen, ZEV 2022, 313; *Lange*, Die Irrtumsanfechtung bei Annahme und Ausschlagung einer Erbschaft, ZEV 2023, 270; *Lehmann/Hahn*, ZEV-Report Zivilrecht, ZEV 2016, 185; *Leipold*, Die internationale Zuständigkeit für die Ausschlagung der Erbschaft nach EuErbVO und IntErbRVG, ZEV 2015, 553; *Lorenz*, Internationale und interlokale Zuständigkeit deutscher Nachlassgerichte zur Entgegennahme von Erbausschlagungserklärungen, ZEV 1994, 146; *ders.*, Erbausschlagung im deutsch-deutschen Verhältnis, DStR 1994, 584; *Lüke*, Die ausgeschlagene Erbschaft, JuS 1978, 254; *Malitz/Benninghoven*, Erbschaftsausschlagung und Rechtsirrtum, ZEV 1998, 415; *Mansfeld/Moselle*, Noch einmal: Die ausgeschlagene Erbschaft, JuS 1979, 426; *Mensch*, Erbschaftsausschlagung für Minderjährige bei positivem Nachlassvermögen, BWNotZ 2013, 144; *Muscheler*, § 1948 BGB und die Strategie der Ausschlagung, ZEV 2024,1; *Noack*, Vollstreckung gegen vom Titel nicht betroffene Dritte, JurBüro 1976, 1147; *Pohl*, Mängel bei der Erbschaftsannahme und Erbschaftsausschlagung, AcP 177 (1977), 52; *Priester*, Der vermeintliche Erbe als GmbH-Gesellschafter, GmbHR 1984, 193; *Reichel*, Aktiv- und Passivprozesse, in: FS Thon, 1911, S. 101; *Rugullis*, Erbausschlagung für Minderjährige und § 181 BGB, ZEV 2022, 625; *Scherer*, Die Fortführung des Zivilprozesses durch den Scheinerben, JR 1994, 401; *Siebert*, Die taktische Ausschlagung, ZEV 2010, 454; *Siebert*, Der Nachlasspfleger und die Ausschlagung des vorausgegangenen Nachlasses, ZEV 2023,362; *Stumpf*, Der vermeintliche Erbe des Arbeitgebers, in: FS Brackmann, 1977, S. 299; *Tiedtke*, Zur Bindung des überlebenden Ehegatten an das gemeinschaftliche Testament bei Ausschlagung der Erbschaft (…), FamRZ 1991, 1259; *Tischer*, Erbausschlagung und Zugewinnausgleich in der Erbschaftsteuerplanung, BB 1999, 557; *Trittel*, Zu Fragen des nach der deutschen Wiedervereinigung geltenden Übergangserbrechts, DNotZ 1992, 450; *van de Loo*, Die letztwillige Verfügung von Eltern behinderter Kinder, NJW 1990, 2852; *Walter*, Annahme und Ausschlagung der Erbschaft, ZEV 2008, 319; *Weithase*, Zurückweisung einer geringfügigen Erbschaft, Rpfleger 1988, 434; *Westphal*, Dürftigkeitseinrede anstatt Erbausschlagung, Rpfleger 1997, 199; *Wintermantel*, Die Folgen der Anfechtung gemäß § 2079 BGB und die Ausschlagung des überlebenden Ehegatten beim gegenseitigen gemeinschaftlichen Testament oder Ehegatten-Erbvertrag (…), BWNotZ 1993, 120; *Zimmermann*, Der Erbe unter Betreuung, ZEV 2013, 315; *ders.*, Einkommensteuerliche Risiken aus der Erbausschlagung gegen Abfindung, ZEV 2001, 5.

Übersicht: Rdn

A. Allgemeines

1 Annahme und Ausschlagung der Erbschaft sind in der Praxis von besonderer Bedeutung. Mit den §§ 1942 ff. BGB stellt das Gesetz dem Erben ein vom Erblasserwillen unabhängiges Entscheidungs- und **Gestaltungsinstrumentarium** zur Verfügung,[1] das dem Erben im zeitlichen Rahmen des § 1944 BGB das Letztentscheidungsrecht über die erbrechtliche Vermögensnachfolge zuweist. Im Einzelfall muss die Ausübung dieser Gestaltungsfreiheit sorgfältig durchdacht werden. Bzgl. der Rechte und Pflichten des Erben während des Laufes der Ausschlagungsfrist gem. § 1944 BGB (Schwebezeit) vgl. § 1959 BGB (vgl. § 1959 Rdn 1 ff.).

I. Grundsatz des Von-Selbst-Erwerbes

2 Der **Anfall der Erbschaft** vollzieht sich nach § 1942 Abs. 1 BGB i.V.m. § 1922 Abs. 1 BGB als sog. Von-Selbst-Erwerb, ohne dass es einer weiteren Erklärung oder Kenntnisnahme des Erben bedürfte. Dem Erben bleibt jedoch eine **Ausschlagungsmöglichkeit** nach Kenntniserlangung von dem Anfall der Erbschaft. Damit kombiniert das Gesetz Elemente des Gläubigerschutzes und der Rechtssicherheit auf der einen Seite und des Schutzes des Erben auf der anderen Seite.[2]

1 Z.B. Staudinger/*Otte*, § 1942 Rn 4 ff.

2 MüKo/*Leipold*, § 1942 Rn 3; *Lange/Kuchinke*, § 8 I 1 ff. auch mit weiteren Angaben zur Rechtsgeschichte und Rechtsvergleichung.

II. Struktur der Vermögenszuordnung

3 Die strukturelle Zuordnung der Erbschaft zum Vermögen des bzw. der Erben ist für die Zeit bis zur Annahme der Erbschaft und für den Zeitraum danach verschieden. Bis zur Annahme der Erbschaft stellt die Erbschaft ein **Sondervermögen** des vorläufigen Erben dar, danach wird es – abgesehen von Beschränkungen durch Nacherbschaft, Nachlassverwaltung oder Testamentsvollstreckung – zum Eigenvermögen des endgültigen Erben, sodass auch Gläubiger des Erben nun auf den Nachlass zugreifen können[3] (vgl. näher § 1958 Rdn 1 f.). Bis zur Annahme der Erbschaft können überdies Fürsorgemaßnahmen des Nachlassgerichts angezeigt sein (§§ 1960–1962 BGB).

III. Rechtsstatus des vorläufigen Erben

4 Der **Rechtsstatus des vorläufigen Erben** wird unterschiedlich beurteilt. Nach zutreffender h.M. ist auch der vorläufige Erbe wirklicher Erbe nach dem Erblasser. Seine Rechtsnachfolge ist für den Fall der Ausschlagung aber auflösend bedingt.[4] Andere sehen den vorläufigen Erben dagegen nur als Erbschaftsverwalter an[5] (zur Struktur der Vermögenszuordnung vgl. Rdn 3). Die praktischen Auswirkungen dieses Meinungsstreites sind gering, da das System der §§ 1942 ff. BGB für die Schwebezeit der vorläufigen Erbschaft in jedem Fall die maßgeblichen Sonderregelungen zur Verfügung stellt.

B. Tatbestand

I. Anfall der Erbschaft

5 Die Erbschaft fällt dem berufenen Erben grundsätzlich mit Eintritt des Erbfalls (Tod des Erblassers) an. Der Erbschaftsanfall vollzieht sich kraft Gesetzes von selbst, sodass es auf das Wissen und Wollen des Erben nicht ankommt. Der „berufene Erbe“ ist der durch Testament oder Erbvertrag benannte Erbe (§ 1937 BGB) oder der gesetzliche Erbe (§§ 1923 ff. BGB). Dabei unterscheidet man zunächst den vorläufigen und den endgültigen Erben. Der **vorläufige Erbe** ist derjenige Erbe, für den die Erbschaft noch nicht als angenommen i.S.v. § 1943 BGB gilt. Der **endgültige Erbe** ist derjenige Erbe, der die Erbschaft angenommen hat oder für den die Erbschaft nach § 1943 BGB als angenommen gilt. Der vorläufige Erbe kann sich noch auf besondere gesetzliche Schutzinstrumente berufen (so z.B. §§ 207, 211, 1953 Abs. 2, 1958, 1995 Abs. 2 BGB oder §§ 239 Abs. 5, 778 ZPO).[6] Der endgültige Erbe kann eine Beschränkung seiner Haftung dagegen nur noch in eingeschränktem Maße herbeiführen (so kann der Erbe z.B. die Nachlassverwaltung (§§ 1975, 1981 BGB), die Nachlassinsolvenz (§§ 1975, 1980 BGB) oder die Unzulänglichkeitseinrede (§ 1990 BGB) – prozessual über § 780 ZPO – geltend machen).

6 Zu einem zeitlichen **Auseinanderfallen von Erbfall und Erbschaftsanfall** kommt es bei Berufung eines im Zeitpunkt des Erbfalls bereits gezeugten, aber erst nach dem Erbfall lebend geborenen Kindes (**nasciturus**). Der Anfall der Erbschaft erfolgt erst mit der Geburt des Kindes, wirkt aber auf den Zeitpunkt des Erbfalls zurück (vgl. § 1923 Abs. 2 BGB). Dasselbe gilt für eine erst nach dem Tode des Erblassers als rechtsfähig anerkannte **Stiftung** (§§ 83, 84 BGB). Der Anfall der Erbschaft an eine **ausländische juristische Person**, die ihren Sitz außerhalb der Europäischen Union hat, könnte grundsätzlich gem. Art. 86 EGBGB von einer Genehmigung abhängig gemacht werden (derzeit nicht der Fall). Auch eine solche nachträgliche Genehmigung

---

3 Erman/*Schmidt*, § 1942 Rn 5; Soergel/*Stein*, § 1942 Rn 7.

4 Z.B. *Brox/Walker*, Erbrecht, § 22 Rn 21; MüKo/*Leipold*, § 1942 Rn 3; Grüneberg/*Weidlich*, § 1942 Rn 2.

5 *V. Lübtow*, Erbrecht, S. 747 ff.; w. Nachw. auch bei *Lange/Kuchinke*, § 8 I 4, Fn 14.

6 Grüneberg/*Weidlich*, § 1942 Rn 2; Staudinger/*Otte*, § 1942 Rn 13.

würde nach vorzugswürdiger Ansicht als vor dem Erbfall erteilt gelten,[7] sodass die Erbschaft rückwirkend mit dem Erbfall anfällt. In der Praxis ergeben sich jedoch auch nach den in der Lit. vertretenen Gegenauffassungen regelmäßig keine Unterschiede, da die Ausschlagungsfrist erst mit Kenntnis von der Genehmigung beginnen soll (vgl. § 1944 Rdn 5).

7 Keine Rückwirkung kommt dagegen der **Nacherbschaft** zu. Die Erbschaft fällt dem Nacherben erst mit Eintritt des Nacherbfalls an. Bis zu diesem Zeitpunkt ist der Vorerbe (wahrer) Erbe des Erblassers, sodass für eine Rückwirkung weder Platz ist noch rechtliche Notwendigkeit besteht.[8]

II. Auslegung testamentarischer Verfügungen

8 Im Einzelfall können Formulierungen in Testamenten zu Auslegungsproblemen führen. Testamentarische Klauseln, die eine **Bedingung** oder **Befristung** des Erbschaftsanfalls zum Inhalt – außerhalb der gesetzlichen Institute wie Vor- und Nacherbschaft – haben, sind grundsätzlich unzulässig, da die §§ 1942 ff. BGB zwingendes Gesetzesrecht darstellen (vgl. Rdn 1). Der Erblasser kann den Anfall der Erbschaft damit weder zeitlich hinausschieben noch von einer Erklärung des eingesetzten Erben abhängig machen.[9] Die Klausel, dass der Erbe berufen ist, „wenn oder soweit er nicht ausschlägt“, ist dagegen schlicht unerheblich und stellt nur eine überflüssige Wiederholung der gesetzlichen Vorschriften dar.[10]

III. Ausschlagungsvorbehalt

9 Unabhängig vom Berufungsgrund ist grundsätzlich jeder vorläufige Erbe zur Ausschlagung der Erbschaft berechtigt. Hiervon ausgenommen sind der Fiskus als gesetzlicher Erbe (vgl. Rdn 11) und Stiftungen, die durch Erbeinsetzung gegründet wurden.[11] Durch die Ausschlagung beseitigt der Berufene den vorläufigen Erbanfall. Die Ausschlagung ist damit eine **einseitige Gestaltungserklärung** und als zwingendes Gesetzesrecht nicht beschränkbar.[12] Die Ausübung des Ausschlagungsrechts steht grundsätzlich im freien Ermessen des vorläufigen Erben. Das Ausschlagungsrecht erlischt durch die ausdrückliche oder konkludente Annahme der Erbschaft (§ 1943 BGB).

C. Sonderregelungen

I. Ausschlagung Vermächtnis/Pflichtteil

10 Für die Ausschlagung eines Vermächtnisses sind die §§ 2176–2180 BGB zu beachten, die z.T. abweichende Regelungen enthalten (§§ 2174 ff. BGB). Nicht ausgeschlagen werden kann der Pflichtteilsanspruch (§ 2317 BGB), allerdings kann mit den Erben ein **Erlassvertrag** geschlossen werden.[13]

II. Ausschlagung durch den Fiskus

11 Ist der **Fiskus** als gesetzlicher Erbe gem. § 1936 BGB berufen, so steht ihm das Ausschlagungsrecht nicht zu (§ 1942 Abs. 2 BGB).[14] Durch diese Zwangserbschaft wird sichergestellt, dass stets – etwa auch im Falle einer Kettenausschlagung mehrerer Erben

---

7 MüKo/*Leipold*, § 1942 Rn 9; a.A. KGJ 50, 71, 73; Staudinger/*Otte*, § 1942 Rn 6.
8 MüKo/*Leipold*, § 1942 Rn 11.
9 Erman/*Schmidt*, § 1942 Rn 4; Grüneberg/*Weidlich*, § 1942 Rn 1; MüKo/*Leipold*, § 1942 Rn 8; a.A. RGRK/*Johannsen*, § 1942 Rn 1, der auf § 2105 BGB verweist; Staudinger/*Otte*, § 1942 Rn 5a, der auf den Einzelfall abstellen will.
10 Grüneberg/*Weidlich*, § 1942 Rn 1; näher: MüKo/*Leipold*, § 1942 Rn 8.
11 RGRK/*Johannsen*, § 1942 Rn 4.
12 MüKo/*Leipold*, § 1942 Rn 13; *Walter*, ZEV 2008, 319.
13 Soergel/*Stein*, § 1942 Rn 10.
14 Erman/*Schmidt*, § 1942 Rn 6; MüKo/*Leipold*, § 1942 Rn 12.

bzw. Ersatzerben – überhaupt ein Rechtsnachfolger das Erbe übernimmt. Zu seinem Schutz hat der Fiskus jedoch die Vorteile der §§ 1966, 2011 BGB i.V.m. § 780 Abs. 2 ZPO. Das Ausschlagungsverbot erstreckt sich nicht auf das Recht zur Ausschlagung einer im Nachlass befindlichen Erbschaft.[15]

III. Ausschlagung bei Insolvenz des vorläufigen Erben/des Nachlasses

Auch in der **Insolvenz des vorläufigen Erben** stehen die Annahme und die Ausschla- 12
gung der Erbschaft (und eines Vermächtnisses) stets im freien Ermessen des vorläufigen Erben. Die Ausschlagung unterliegt damit nicht der Insolvenzanfechtung der §§ 129 ff. InsO.[16] § 83 Abs. 1 InsO anerkennt, dass Annahme und Ausschlagung allein in die persönliche Entscheidungsmacht des Schuldners fallen; dabei spielt es keine Rolle, ob die Erbschaft vor oder nach Insolvenzeröffnung anfällt. Gleiches gilt für die **Anfechtung** nach §§ 1 ff. AnfG.[17] In der **Insolvenz des Nachlasses** (Nachlassinsolvenz) können jedoch benachteiligende Rechtshandlungen des vorläufigen Erben – als Träger der Masse und damit als Schuldner – nach § 131 InsO angefochtenen werden.[18]

IV. Ausschlagung des Sozialhilfeempfängers

Schließlich kann auch der Sozialhilfeträger die Entscheidung über die Erklärung der 13
Annahme oder der Ausschlagung nicht nach § 93 SGB XII an sich ziehen.[19] Denn auch ein sozialhilfeberechtigter Erbe ist befugt, als Ausdruck der „negativen Erbfreiheit“, die ihm zugefallene Erbschaft auszuschlagen.[20] Allerdings ist nicht ausgeschlossen, dass die Ausschlagung der Erbschaft zum Nachteil des Sozialhilfeträgers im konkreten Einzelfall als sittenwidrig i.S.d. § 138 BGB beurteilt wird.[21] In diesem Kontext hatte die obergerichtliche Rechtsprechung zumindest die Genehmigungsfähigkeit der Ausschlagung gem. § 1822 Nr. 2 BGB aufgrund Sittenwidrigkeit verneint.[22]

D. Verfahrensfragen/Grundbuch

In verfahrensrechtlicher Hinsicht bekommen schließlich die §§ 239, 778 ff. ZPO Be- 14
deutung. Insoweit darf auf die Ausführungen zu § 1958 BGB verwiesen werden (vgl. § 1958 Rdn 2 und 6).

Soweit es um die verfahrensrechtliche Frage der Wirksamkeit einer Erbausschlagung geht, so kann diese im Regelfall angesichts der Möglichkeit einer vorherigen Annahme durch den Ausschlagenden nicht im grundbuchrechtlichen Verfahren durch Auslegung entschieden werden.[23]

---

15 BGH NJW 2024, 1963.

16 HK-InsO/*Kayser/Thole*, § 83 Rn 6, § 129 Rn 24; MüKo/*Leipold*, § 1942 Rn 14.

17 Soergel/*Stein*, § 1942 Rn 7 a.E.; *Klüsener*, Rpfleger 1993, 133, 134; a.A. *van de Loo*, NJW 1990, 2852, 2856.

18 BGH NJW 1969, 1349; Erman/*Schmidt*, § 1942 Rn 5.

19 Soergel/*Stein*, § 1942 Rn 7 a.E.; *Klüsener*, Rpfleger 1993, 133, 134; a.A. *van de Loo*, NJW 1990, 2852, 2856.

20 LG Neuruppin ZErb 2018, 157, 158.

21 LSG Bayern ZEV 2016, 43 m. Anm. *Litzenburger*.

22 OLG Hamm ZEV 2009, 471 m. Anm. *Leipold*; OLG Stuttgart ZEV 2002, 367 m. Anm. *Mayer*; a.A. LG Aachen ZEV 2005, 120.

23 OLG Zweibrücken FGPrax 2022, 203.

§ 1943 Annahme und Ausschlagung der Erbschaft

Der Erbe kann die Erbschaft nicht mehr ausschlagen, wenn er sie angenommen hat oder wenn die für die Ausschlagung vorgeschriebene Frist verstrichen ist; mit dem Ablauf der Frist gilt die Erbschaft als angenommen.

Übersicht: Rdn

A. Allgemeines

1 Die **Annahme** führt zum Verlust des Ausschlagungsrechts und beendet damit zugleich die Schwebephase zwischen Anfall und endgültiger Zuordnung der Erbschaft zum Vermögen des Bedachten, also den Zeitraum der sog. vorläufigen Erbenstellung (vgl. § 1942 Rdn 2–4). Die Annahme ist nicht legal definiert. § 1943 BGB ist nur zu entnehmen, dass zwischen der tatsächlichen Annahmeerklärung und einer Annahmefiktion zu unterscheiden ist.

B. Tatbestand

I. Annahmeerklärung

2 Die Annahmeerklärung ist eine **formfreie Willenserklärung** des vorläufigen Erben, mit der er zum Ausdruck bringt, endgültiger Erbe sein zu wollen.[1] Die Annahme kann deswegen ausdrücklich oder stillschweigend (konkludent) erfolgen. Die Annahmeerklärung kann an **irgendeine Person** gerichtet sein und ist **nicht empfangsbedürftig.** Eine Erklärung gegenüber Beteiligten – etwa Gläubigern, Miterben oder irgendein Nachlassgericht – wird bei stillschweigenden Annahmeerklärungen jedoch mit größerer Sicherheit auf den Annahmewillen schließen lassen können.[2]

II. Konkludente Annahmeerklärung

3 Bei der konkludenten Annahme muss nach allg. Auslegungsgrundsätzen und unter Zugrundelegung eines verobjektivierten Empfängerhorizontes auf das Vorliegen eines Annahmewillens bei dem Erben geschlossen werden können.[3] Der vorläufige Erbe nimmt die Erbschaft an, wenn sein Verhalten zum Ausdruck bringt, dass er endgültig Erbe ist und bleiben will („pro herede gestio"). Dagegen können bloße Fürsorgehandlungen, die in der Schwebezeit geboten sind, nicht als Annahmeerklärung aufgefasst werden.[4] Im Einzelfall kann hier eine Einordnung schwierig sein. Die folgende Tabelle

---

1 MüKo/*Leipold*, § 1943 Rn 3; z.T. abw. *Lange/Kuchinke*, § 8 II 2.

2 Grüneberg/*Weidlich*, § 1943 Rn 2; Soergel/*Stein*, § 1943 Rn 3; enger MüKo/*Leipold*, § 1943 Rn 3, der aus teleologischen Gründen eine Erklärung gegenüber einem Nachlassbeteiligten fordert; OLG Hamm BeckRS 2015, 17604.

3 Soergel/*Stein*, § 1943 Rn 4; *Lange/Kuchinke*, § 8 II 3.

4 Grüneberg/*Weidlich*, § 1943 Rn 2 m.w.N. zur Rspr.; *Walter*, ZEV 2008, 319.

fasst die in der Lit.[5] und Rspr.[6] dargestellten Standardsituationen zusammen, wobei in der Praxis aber stets die Umstände des Einzelfalls entscheidend sein sollen:[7] Bei Zweifeln am Erklärungsgehalt wird eine Annahmeerklärung regelmäßig zu verneinen sein.[8]

Konkludente Annahmeerklärung:	Ja	Nein
Abgabe von Verkaufsangebot für Nachlassgrundstück[9]	x	
Anbieten eines Nachlassgrundstücks über einen Makler[10]	x	
Angemessene Fürsorgemaßnahmen (§ 1959 BGB) für den Nachlass (z.B. Kontensperrung, Antrag auf Testamentseröffnung oder -vollstreckung, Geltendmachung von Leistung aus Versicherungsverträgen des Erblassers)		x
Ansichbringen oder Verheimlichen von Nachlassgegenständen (anders § 571 Abs. 2 schweizerisches ZGB mit Straffunktion)		x
Antrag auf Erbscheinserteilung	x	
Antrag auf Erlass eines Gläubigeraufgebots (str.)	x	
Antrag auf Grundbuchberichtigung	x	
Antrag auf Nachlassinsolvenz	x	
Antrag auf Nachlassverwaltung		x
Aufnahme (aktiv/passiv) eines Prozesses des Erblassers (§ 239 ZPO) (str., anders wohl, wenn der vorläufige Erbe bloß als Prozessstandschafter des Erben Leistung an diesen verlangt)	x	
Begleichung der Beerdigungskosten		x
Erhebung der Erbschaftsklage (Erbauseinandersetzung)	x	
Erhebung einer Auskunftsklage		x
Erklärung eines (unwirksamen) Erbverzichts für einen Miterben	x	
Erklärung eines Erben: Ich bin gesetzlicher Erbe und verzichte auf Herausgabe des Nachlasses und bin wegen aller Erbansprüche befriedigt[11]	x	
Erklärungen über den Nachlass beim Nachlassgericht Antrag auf Nachlassinsolvenz	x	x
Erlass von Nachlassschulden	x	
Für Dritte erkennbare Einmischung in Erbschaftsangelegenheiten (arg. ex. § 571 Abs. 2 schweizerisches ZGB), z.B. Geltendmachung des Erbschaftsanspruchs (§ 2018 BGB)	x	
Rechtsgeschäftliche Erklärung des vorläufigen Erben als Versicherungsnehmer gegenüber Lebensversicherung unter Hinweis auf Testament	x	
Verfolgen abhanden gekommener Nachlassgegenstände		x

5 Z.B. MüKo/*Leipold*, § 1943 Rn 5; *Lange/Kuchinke*, § 8 II 3; Soergel/*Stein*, § 1943 Rn 5 ff.; Zöller/*Greger*, § 239 ZPO Rn 17.

6 BayObLG MittBayNot 2005, 237; OLG Celle OLGZ 1965, 30; BayObLG FamRZ 1988, 213; OLG Oldenburg NJW-RR 1995, 141; OLG Köln OLGZ 1980, 235 = MDR 1980, 493; OLG Köln NJW-RR 2015, 73; OLG Hamm BeckRS 2015, 17604.

7 BayObLG FamRZ 1988, 213, 214.

8 OLG Köln MDR 1980, 493; MüKo/*Leipold*, § 1943 Rn 5.

9 OLG Oldenburg NJW-RR 1995, 141.

10 OLG Oldenburg NJW-RR 1995, 141.

11 KG OLGE 30, 167, 168 für einen Verzicht auf angenommenes Erbe.

Konkludente Annahmeerklärung:	Ja	Nein
Verkauf/Übertragung des eigenen Erbteils oder der ganzen Erbschaft	x	
Verkauf/Übertragung/Verwenden von Nachlassgegenständen, es sei denn, es sind angemessene Fürsorgemaßnahmen (str.)	x	
Verschenken verderblicher oder sperriger Nachlassgegenstände		x
Vorläufige Fortführung eines Handelsgeschäftes des Erblassers (str., z.T. wird bzgl. Arbeits- und Dienstverträgen mit dem Schutz des Arbeitnehmers argumentiert und eine Annahmeerklärung angenommen)		x
Abschluss eines Aufteilungsvertrages mit Miterben	x	

4 Für die konkludente Annahme ist es unerheblich, ob ein **Annahmewille** vorliegt. Ist somit nach den dargestellten Grundsätzen eine Erklärung oder sonstige Willensbetätigung des Erben als Annahmeerklärung auszulegen und hätte dies der Erbe erkennen können (Erklärungsfahrlässigkeit), so bleibt dem endgültigen Erben die Anfechtung seiner Erklärung nach §§ 119 ff., 1954 BGB. Bei Annahme gegenüber Abwesenden kommt schließlich auch der Widerruf nach § 130 Abs. 1 S. 2 BGB in Betracht.[12]

5 Neben der Anfechtung (§§ 119 ff., 1954 BGB) kommen grundsätzlich auch die allg. Regeln für die **Nichtigkeit** einer **Willenserklärung** nach §§ 116–118, 134 BGB zur Anwendung. Deren Voraussetzungen werden jedoch in der Praxis kaum erfüllt sein. Da die Annahmeerklärung nicht empfangsbedürftig ist, scheiden die Fälle des § 116 S. 2 und § 117 Abs. 2 BGB von vornherein aus. Auch Verbotsgesetze i.S.d. § 134 BGB sind kaum ersichtlich.[13] § 138 BGB ist auf die Annahme ebenfalls nicht anwendbar, zum einen kann die Annahme als solche in Ausübung des Erbrechts kaum sittenwidrig sein, zum anderen wird die Anwendbarkeit von § 138 BGB durch die speziellen Regeln der §§ 2078 ff. BGB zur Erbunwürdigkeit verdrängt.[14]

III. Annahme durch Fristablauf

6 Das Gesetz setzt den Ablauf der Ausschlagungsfrist gem. § 1944 BGB der Erklärung der Annahme gleich. Strittig ist, ob es sich hierbei um eine Fiktion auf Grundlage von Tatsachen oder um eine Auslegungsregel im Rahmen der konkludenten Annahmeerklärung handelt. Relevanz kommt dieser Unterscheidung bei der Frage zu, ob die Annahme durch Fristablauf Geschäftsfähigkeit des vorläufigen Erbens voraussetzt oder die Anfechtung der Annahmefiktion möglich ist. Letztere Fragestellung wird jedoch durch die gesetzliche Bezugnahme des § 1956 BGB auf die Annahmeanfechtung auch für die Annahme durch Fristablauf teilweise entschärft.

IV. Subjektive Annahmefähigkeit

7 **Über die Annahme** selbst kann nur der Erbe, nicht der Testamentsvollstrecker, Nachlassverwalter oder Nachlasspfleger entscheiden.[15] Insbesondere können auch der Insolvenzverwalter oder die Sozialbehörden nicht die Entscheidung über die Annahme an sich ziehen (vgl. § 1942 Rdn 12 und 13). Das Recht auf Annahme ist auch nicht pfändbar.[16] Die Annahme als (wenn auch nicht empfangsbedürftige) Willenserklärung setzt die volle Geschäftsfähigkeit des Annehmenden voraus.[17]

12 MüKo/*Leipold*, § 1943 Rn 10.
13 Vgl. zu § 14 HeimG, § 70 BBG, § 43 BRRG u. § 10 BAT: Soergel/*Stein*, § 1943 Rn 7; insgesamt: MüKo/*Leipold*, § 1943 Rn 11.
14 Näher *Pohl*, AcP 177, 52, 65 ff.
15 MüKo/*Leipold*, § 1943 Rn 7.
16 OLG München NJW 2015, 2128.
17 MüKo/*Leipold*, § 1943 Rn 11; Schulze/Dörner/Ebert/*Hoeren*, § 1943 Rn 1.

V. Stellvertretung/Genehmigungserfordernisse bei der Annahmeerklärung

1. Rechtsgeschäftliche Vertretung

Bei der Erklärung der Annahme ist rechtsgeschäftliche Vertretung nach den allg. Vorschriften der §§ 164 ff. BGB zulässig.[18] Die Bevollmächtigung ist formlos möglich,[19] in der Praxis kann daher auch die Vertretung durch den **Anschein einer Vertretung** erfolgen. Aufgrund des Rechtsgedankens des § 181 BGB kommen als Stellvertreter aber Testamentsvollstrecker, Nachlasspfleger oder Nachlassverwalter nicht in Betracht, wohl aber Ergänzungspfleger,[20] Betreuer und Abwesenheitspfleger[21] (zum Vertretungsverbot des Insolvenzverwalters (§ 83 InsO) und Sozialhilfeträgers vgl. § 1942 Rdn 12 und 13; für Eheleute im Güterstand der Gütergemeinschaft vgl. §§ 1432 und 1455 Nr. 1 BGB). 8

2. Gesetzliche Vertretung

Nach den allg. Regeln kommt auch gesetzliche Vertretung in Betracht: Für den minderjährigen vorläufigen Erben gelten die allg. Vorschriften der §§ 104 ff., 111 BGB i.V.m. § 1629 Abs. 1 BGB. Erben, die im Zeitpunkt der Annahmeerklärung das 18. Lebensjahr noch nicht vollendet haben, bedürfen also der **Einwilligung** ihrer **Eltern**; wegen § 111 BGB ist eine nachträgliche Genehmigung nicht ausreichend. Allerdings wird im Einzelfall eine Genehmigung in eine Annahmeerklärung des gesetzlichen Vertreters umgedeutet werden können.[22] Hinsichtlich der Ausschlagung muss, sofern eine juristische Person Erbe geworden ist, die Ausschlagung durch den Vertreter in vertretungsberechtigter Zahl erfolgen.[23] Die Grundsätze der Anscheins- und Duldungsvollmacht finden dabei keine Anwendung.[24] 9

Das Vertretungsrecht der Eltern zur Erklärung der Annahme für das Kind ist auch nicht ausgeschlossen, wenn die Eltern neben dem Kind zu Erben berufen sind. Wegen der Nicht-Empfangsbedürftigkeit der Annahmeerklärung steht § 181 BGB insoweit nicht entgegen.[25] Soweit eine **Ergänzungspflegschaft** für den vorläufigen Erben angeordnet ist (§ 1809 BGB), ist der Pfleger zur Vertretung (Einwilligung) berufen. 10

Ob die **Geschäftsfähigkeit des Erben** bzw. das Einwilligungserfordernis der Eltern auch **bei** der **Fiktion der Annahme** durch Fristablauf (Hs. 2) erforderlich ist, hängt dogmatisch davon ab, ob es sich bei Hs. 2 um eine Fiktion auf der Grundlage von Tatsachen oder um eine bloße Auslegungsregel für (stillschweigende) Willenserklärungen handelt. Die wohl h.M. folgt schon wegen des Wortlautes von Hs. 2 zu Recht der ersten Auffassung.[26] Konsequenterweise muss eine Annahme durch Fristablauf dann unabhängig von der Geschäftsfähigkeit des Erben bzw. Einwilligung der Eltern eintreten.[27] Der Schutzbedürftigkeit Geschäftsunfähiger wird dadurch hinreichend Rechnung getragen, dass für den Beginn der Ausschlagungsfrist auf die Kenntnis des gesetz- 11

---

18 Soergel/*Stein*, § 1943 Rn 6 m.w.N.

19 Erman/*J. Schmidt*, § 1943 Rn 7.

20 Vgl. dazu BGH NJW 2016, 3032 entgegen früherer h.M.: Nur der Ergänzungspfleger ist nach § 1909 Abs. 1 S. 2 BGB a.F. zur Annahme oder Ausschlagung berechtigt, wenn der Erblasser verfügt hat, dass die Eltern das Vermögen nicht verwalten sollen.

21 Grüneberg/*Weidlich*, § 1943 Rn 4; MüKo/*Leipold*, § 1943 Rn 8.

22 Soergel/*Stein*, § 1943 Rn 6.

23 Burandt/Rojahn/*Najdecki*, § 1943 Rn 10.

24 Burandt/Rojahn/*Najdecki*, § 1943 Rn 10; OLG Bremen NJW-RR 2015, 1096.

25 *Damrau*, Der Minderjährige im Erbrecht, Rn 40 m.w.N.

26 Staudinger/*Otte*, § 1943 Rn 15; *Pohl*, AcP 177, 52, 58 ff.; Soergel/*Stein*, § 1943 Rn 8; nicht eindeutig BGH ZErb 2000, 232, 234.

27 So i.E. auch Soergel/*Stein*, § 1943 Rn 8; wohl auch Staudinger/*Otte*, § 1943 Rn 15; dagegen BGH ZErb 2000, 232, 234.

lichen Vertreters von der Berufung des Geschäftsunfähigen abzustellen ist. Eine Genehmigung des **Familien- bzw. Betreuungsgerichts** ist aber in jedem Fall nicht erforderlich.[28] Bei **Eheleuten** ist die Zustimmung des Ehegatten für die Annahme einer Erbschaft durch den anderen Ehegatten nicht notwendig (§ 1432 Abs. 1 S. 1 BGB).[29]

C. Verfahrensfragen

I. Beweislast

12 Die Darlegungs- und Beweislast für die Annahmeerklärung trifft die Nachlassgläubiger, wenn diese in Verfolgung ihrer Ansprüche gegen den Erben vorgehen (§ 1958 BGB). Das gilt auch, wenn gegen den Erben ein unterbrochener Prozess fortgesetzt (§ 239 ZPO), aufgrund von Nachlassverbindlichkeiten in das Vermögen des Erben vollstreckt (§ 778 ZPO) oder wegen persönlicher Ansprüche gegen den Erben in den Nachlass vollstreckt werden soll. Bei der fingierten Annahme durch Ablauf der Ausschlagungsfrist (§§ 1943, 1944 BGB) erstreckt sich diese **Darlegungs- und Beweislast** auch auf die zugrunde liegenden Umstände für den Fristbeginn. Gegenbeweislich kann der vermeintliche Erbe seine Ausschlagung darlegen und beweisen.[30] Den Erben dagegen trifft nicht die Darlegungs- und Beweislast für seine Annahme, wenn er Nachlassansprüche geltend macht; das zum einen, weil für ihn das Prinzip des Von-Selbst-Erwerbs streitet, zum anderen liegt in dieser Geltendmachung gerade auch eine stillschweigende Annahme. Gleiches gilt für die Beantragung eines Erbscheins. Dagegen muss der Erbe seine Annahme darlegen und beweisen, wenn er zum Ausschluss von Nachlassgläubigern das Aufgebotsverfahren betreiben will (§§ 989, 991 Abs. 3 ZPO).[31]

II. Zulässigkeit der Feststellungsklage

13 Wenn die Voraussetzungen des § 256 ZPO – insbesondere das rechtliche Interesse – vorliegen, kann gegen den Erben Feststellungsklage erhoben werden, um feststellen zu lassen, dass eine wirksame Annahme – sei sie ausdrücklich oder konkludent – die Wirksamkeit einer widersprechenden Ausschlagung ausschließt.[32] Dabei muss jedoch die Möglichkeit der Anfechtung der Annahmeerklärung bedacht werden (§§ 1954 ff. BGB), für die jedoch den Erben die entsprechende Darlegungs- und Beweislast trifft.

§ 1944 Ausschlagungsfrist

(1) Die Ausschlagung kann nur binnen sechs Wochen erfolgen.
(2) [1]Die Frist beginnt mit dem Zeitpunkt, in welchem der Erbe von dem Anfall und dem Grund der Berufung Kenntnis erlangt. [2]Ist der Erbe durch Verfügung von Todes wegen berufen, beginnt die Frist nicht vor Bekanntgabe der Verfügung von Todes wegen durch das Nachlassgericht. [3]Auf den Lauf der Frist finden die für die Verjährung geltenden Vorschriften der §§ 206, 210 entsprechende Anwendung.
(3) Die Frist beträgt sechs Monate, wenn der Erblasser seinen letzten Wohnsitz nur im Ausland gehabt hat oder wenn sich der Erbe bei dem Beginn der Frist im Ausland aufhält.

---

28 BayObLG Rpfleger 1996, 455; Erman/*J. Schmidt*, § 1943 Rn 7; Soergel/*Stein*, § 1942 Rn 6.
29 Erman/*J. Schmidt*, § 1943 Rn 7; Soergel/*Stein*, § 1943 Rn 6.
30 OLG Düsseldorf MDR 1978, 142 f.; insgesamt Soergel/*Stein*, § 1943 Rn 9.
31 Soergel/*Stein*, § 1943 Rn 9.
32 RG JW 1906, 569.

Übersicht: Rdn

A. Allgemeines

Die Ausschlagungsfrist des § 1944 BGB ist die wesentliche Beschränkung der Gestaltungsmöglichkeiten des vorläufigen Erben bei der Ausschlagung der Erbschaft. Sie ist nicht auf die Ausschlagung von Vermächtnissen anwendbar.[1] Die Ausschlagungsfrist ist im Interesse der Gläubiger kurz bemessen, gleichwohl kann sich im Wege der Aneinanderreihung von Ausschlagungen durch nachfolgende Erben (sog. **Kettenausschlagung**) auch ein längerer Zeitraum ergeben.[2] So einfach die **Ausschlagungsfristen** von sechs Wochen (Abs. 1) bzw. sechs Monaten (Abs. 3) abzulesen sind, so schwer ist in der Praxis die Bestimmung des Zeitpunktes, in dem die Ausschlagungsfrist zu laufen beginnt. § 1944 BGB ist zwingendes Recht und kann weder durch Rechtsgeschäft noch durch Verfügungen des Erblassers oder Entscheidung des Nachlassgerichts verkürzt oder verlängert werden, auch eine Wiedereinsetzung in den vorherigen Stand ist nicht möglich;[3] im Einzelfall kann eine Verfügung des Erblassers allenfalls als eine aufschiebend bedingte Erbeinsetzung ausgelegt werden.[4] 1

B. Tatbestand

I. Fristbeginn durch Kenntniserlangung

Die Ausschlagungsfrist beginnt mit positiver Kenntnisnahme durch den vorläufigen Erben von (1.) dem Anfall der Erbschaft (Abs. 2 S. 1 Alt. 1) und (2.) dem Berufungsgrund (Abs. 2 S. 1 Alt. 2). Kenntnis bedeutet zuverlässiges Erfahren der Umstände, anhand derer von einem vorläufigen Erben objektiv Überlegungen zur Annahme oder Ausschlagung einer Erbschaft erwartet werden dürfen. Für eine positive Kenntnis kann es teilweise noch nicht einmal ausreichen, dass dem Erben eine entsprechende Mitteilung des Nachlassgerichts zugeht.[5] Fahrlässige Unkenntnis steht der Kenntnis nicht gleich. Im Falle gesetzlicher Erbfolge ist Kenntnis vom Berufungsgrund dann anzunehmen, wenn dem Erben die Familienverhältnisse bekannt sind und er nach den 2

1 OLG München ZErb 2017, 285, 286; Müko/*Rudy*, § 2180 Rn 4.
2 MüKo/*Leipold*, § 1944 Rn 3.
3 OLG Jena BeckRS 2015, 17770.
4 Soergel/*Stein*, § 1944 Rn 2 und 19; Erman/*J. Schmidt*, § 1944 Rn 2.
5 OLG Zweibrücken NJW-RR 2006, 1594; BayObLGZ 1968, 68, 74; KG FamRZ 2024, 1055, wonach bei einem lange abgebrochenen Kontakt zum Erblasser allein die Übersendung eines Testaments noch nicht zur Kenntnis von der Stellung als gesetzlicher Erbe führt; Erman/*J. Schmidt*, § 1944 Rn 3; Soergel/*Stein*, § 1944 Rn 8.

Gesamtumständen und seiner subjektiven Sicht keine begründete Vermutung hat oder haben kann, dass eine ihn ausschließende letztwillige Verfügung vorhanden ist.[6] Unterliegt der vorläufige Erbe einem Tatsachen- oder Rechtsirrtum, so kann der Fristbeginn gehindert sein.[7] Einem Rechtsirrtum gleichgestellt ist die Kenntnis des vorläufigen Erben vom Vorliegen einer letztwilligen Verfügung, deren Auslegung zwischen den Beteiligten streitig ist.[8] Ein Rechtsirrtum ist jedoch dann auszuschließen, wenn die Rechtslage bei objektiver Beurteilung unzweifelhaft ist. Der Erbe darf sich für die wahre Rechtslage also nicht blind stellen.[9] Ist die Auslegung eines Testaments streitig, so kann im Einzelfall nicht bereits ein richterlicher Hinweis, sondern erst eine entsprechende Begründung des Gerichts über die Erbrechtslage zur positiven Kenntnis des vorläufigen Erben führen.[10] Ebenfalls soll die Unfähigkeit zur Kenntnisnahme infolge körperlichen oder geistigen Verfalls des vorläufigen Erben die Frist nicht in Gang setzen.[11] Der **relevante Zeitpunkt** für die Kenntnis ist das Ende der Ausschlagungsfrist, eine zu Beginn der Ausschlagungsfrist gewonnene Kenntnis kann daher im Verlauf der Frist wieder entfallen.[12] Bei **Miterben** läuft die Frist für jeden vorläufigen Miterben gesondert.[13] Nach § 1951 BGB können die Ausschlagungsfristen ebenfalls unterschiedlich laufen, wenn und soweit der vorläufige Erbe in Bezug auf **mehrere Erbteile** berufen ist[14] (vgl. auch § 1951 Rdn 1 ff.).

3 Bei einem gesetzlich vertretenen Erben ist in bestimmten Fällen nicht dessen Kenntnisnahme, sondern die seines **gesetzlichen Vertreters** entscheidend, wobei bei mehreren gesetzlichen Vertretern – insbesondere den Eltern – nach überzeugender Ansicht die Kenntnis bei beiden von ihnen erforderlich ist; die Frist beginnt erst in dem Zeitpunkt, zu dem der letzte der beiden Kenntnis erlangt.[15] Für den Fristbeginn ist also zu unterscheiden:

Fristbeginn bei Kenntniserlangung durch	**gesetzlichen Vertreter**	**oder Erben**
Geschäftsunfähiger (minderjähriger) Erbe	x	
Geschäftsfähiger Erbe		x
Abwesenheitspflegschaft für geschäftsunfähigen Erben	x	
Vermögenssorgebetreuung für geschäftsunfähigen Erben	x	

6 OLG Schleswig ZEV 2016, 698; KG ErbR 2024, 140.
7 BGH ZEV 2000, 401; OLG Zweibrücken NJW-RR 2006, 1594; OLG München ZEV 2006, 554; BayObLG FamRZ 1994, 264, 265; OLG Hamm OLGZ 1969, 288, 290; Erman/*J. Schmidt*, § 1944 Rn 3; weiter MüKo/*Leipold*, § 1944 Rn 13.
8 OLG München ZEV 2006, 554.
9 OLG München ZEV 2006, 554; MüKo/*Leipold*, § 1944 Rn 13; Soergel/*Stein*, § 1944 Rn 8.
10 OLG München ZEV 2006, 554.
11 Soergel/*Stein*, § 1944 Rn 12.
12 OLG Hamm NJW 1969, 1355; MüKo/*Leipold*, § 1944 Rn 14.
13 Grüneberg/*Weidlich*, § 1944 Rn 2; Staudinger/*Otte*, § 1944 Rn 29, einschließlich Hemmung des Fristablaufs.
14 Soergel/*Stein*, § 1944 Rn 3.
15 OLG Hamburg MDR 1984, 54; BayObLG Rpfleger 1984, 403; OLG Hamm NJW 1959, 2215; Grüneberg/*Weidlich*, § 1944 Rn 6; MüKo/*Leipold*, § 1944 Rn 15; auch *Damrau*, Der Minderjährige, Rn 50 gegen die Anwendbarkeit von § 166 BGB und mit dem überzeugenden Argument, dass bei der heute auch nach der Trennung grds. andauernden gemeinschaftlichen Vertretung das Kind sonst benachteiligt wäre; a.A. Soergel/*Stein*, § 1944 Rn 12 für Kenntniserlangung bei einem der gesetzlichen Vertreter.

Fristbeginn bei Kenntniserlangung durch	gesetzlichen Vertreter	oder Erben
Abwesenheitspflegschaft für geschäftsfähigen Erben	x	x
Vermögenssorgebetreuung für geschäftsfähigen Erben	x	x

In den Fällen der **gewillkürten Stellvertretung** nach §§ 164 ff. BGB genügt der h.M. entweder die Kenntnisnahme des Erben oder des Stellvertreters, wobei sich die Bevollmächtigung auch und gerade auf die Annahme oder Ausschlagung des Erbes beziehen muss.[16] Bislang offengelassen ist, ob es auf die Kenntnis des Verfahrensbevollmächtigten ankommt.[17] Liegt bei den vorstehenden Vertretungskonstellationen die Kenntnisnahme durch den Vertreter oder den Erben vor, so ist die früher ablaufende Frist entscheidend. 4

In Bezug auf ein gezeugtes, aber noch nicht geborenes Kind (**nasciturus**) erfolgt die tatbestandliche Kenntnisnahme erst mit der Geburt des Kindes. Das folgt aus dem Rechtsgedanken des § 1923 Abs. 2 BGB.[18] Für **Stiftungen** (soweit diese zur Ausschlagung überhaupt berechtigt sind) beginnt die tatbestandliche Kenntnis frühestens mit Kenntnis von der Anerkennung als rechtsfähig nach dem Erbfall (§ 84 BGB; vgl. auch § 1942 Rdn 6).[19] Bei der **Nacherbschaft** beginnt der Lauf der Ausschlagungsfrist erst mit Kenntnis des Eintritts des Nacherbfalls.[20] Das ergibt sich aus § 2142 Abs. 1 BGB, der insoweit die allg. Regeln der Ausschlagung modifiziert, und auch daraus, dass der Nacherbe vorher keine Kenntnis von seiner Erbenstellung hat (arg. §§ 2100, 2139 BGB). Bei der **Kettenausschlagung** (siehe Rdn 1) beginnt die Frist ebenfalls erst mit Kenntnisnahme von der Ausschlagung des vorhergehenden Erben, allerdings nicht erst mit der Mitteilung des Nachlassgerichts hiervon nach § 1953 Abs. 3 BGB.[21] 5

1. Kenntniserlangung von dem Anfall der Erbschaft

Die Kenntnis von dem Anfall der Erbschaft erfordert bei dem Erben positive Kenntnis über den Eintritt des Erbfalls – also den Tod des Erblassers – und über seine Erbenstellung. In der Praxis können diese Umstände für die gesetzliche Erbfolge regelmäßig dann bejaht werden, wenn der vorläufige Erbe um den Tod des Erblassers, die Verwandtschaftsverhältnisse und das gesetzliche Erbrecht weiß.[22] Kenntnis vom **gesetzlichen Erbrecht** liegt vor, wenn der vorläufige Erbe nach den Gesamtumständen keine begründete Vermutung haben kann oder hat, dass eine letztwillige Verfügung vorhanden sei.[23] Andererseits kann selbst bei einem nahen Angehörigen des Erblassers die nötige Kenntnis von seiner Berufung als gesetzlicher Erbe fehlen, wenn die Familienbande seit längerer Zeit abgerissen sind und dieser deshalb ohne realen Hintergrund nur über die Existenz einer Verfügung von Todes wegen mutmaßen kann. Bei **gewillkürter Erbfolge** muss der vorläufige Erbe um seine Einsetzung wissen, zumindest darf er die Möglichkeit des Vorliegens eines Testaments nicht ohne begründete Zweifel 6

16 BayObLG NJW 1953, 1431 f.; Erman/*J. Schmidt*, § 1944 Rn 9; andere wollen darauf abstellen, ob der Stellvertreter gerade auch zur Ermittlung des Erbfalls beauftragt ist (vgl. Soergel/*Stein*, § 1944 Rn 13; a.A. Staudinger/*Otte*, § 1944 Rn 15) oder mit Willen des Erben nach außen hin zuständig aufgetreten ist, vgl. MüKo/*Leipold*, § 1944 Rn 16 m. Ablehnung von § 166 BGB.

17 OLG München ZEV 2006, 554.

18 Erman/*J. Schmidt*, § 1942 Rn 3 und § 1944 Rn 9 m.w.N.; Soergel/*Stein*, § 1944 Rn 16.

19 MüKo/*Leipold*, § 1944 Rn 3.

20 MüKo/*Leipold*, § 1944 Rn 3.

21 KG OLGE 11, 225, 227; MüKo/*Leipold*, § 1944 Rn 3.

22 Erman/*J. Schmidt*, § 1944 Rn 4.

23 OLG Zweibrücken NJW-RR 2006, 1594 m.w.N.

ausschließen können.[24] Bei Vermächtnisnehmern fällt das **Vermächtnis** mit dem Erbfall (§ 2176 BGB) an.

2. Kenntniserlangung von dem Berufungsgrund

7 Abs. 2 S. 1 sieht neben der Kenntnis des Anfalls der Erbschaft auch ausdrücklich die Kenntnis des vorläufigen Erben vom Grund der Berufung vor. Berufungsgrund kann eine letztwillige Verfügung in Form des Testaments, gemeinschaftlichen Testaments oder Erbvertrags sowie die gesetzliche Erbfolge i.S.v. § 1948 BGB sein (str., vgl. zum Tatbestandsmerkmal des „Berufungsgrundes" die Nachw. bei § 1948 Rdn 1), wobei die gewillkürte Erbfolge das gesetzliche Erbrecht ausschließt. Es genügt also nicht, dass der vorläufige Erbe aufgrund des Verwandtschaftsverhältnisses grds. gesetzlicher Erbe ist. Vielmehr muss er positive Kenntnis davon besitzen, ob er aufgrund gesetzlicher oder gewillkürter Erbfolge zum Erben berufen ist. Er muss Kenntnis von dem konkreten einschlägigen Berufungsgrund (Gesetz, letztwillige Verfügung oder Erbvertrag) haben.[25] Liegt also eine letztwillige Verfügung vor, nimmt der vorläufige Erbe jedoch an, gesetzlicher Erbe zu sein, oder umgekehrt (der gesetzliche Erbe vermutet, aufgrund einer wirksamen Verfügung zum Erben berufen zu sein), so beginnt die Ausschlagungsfrist nicht zu laufen.[26] Kenntnis des genauen Umfangs seines Erbteils, der genauen rechtlichen Qualifizierung als Erbvertrag oder Testament oder weiterer Einzelheiten sind aber nicht erforderlich,[27] dagegen ist es sehr wohl ausschlaggebend, dass der vorläufige Erbe bei Vorliegen mehrerer (überholter) Verfügungen Kenntnis von der wirksamen letztwilligen Verfügung besitzt. Letztlich liegt die Intention der ausdrücklichen Hervorhebung des Berufungsgrundes in Abs. 2 nämlich darin, im Interesse des vorläufigen Erben zu garantieren, dass dieser im Rahmen seiner Überlegungen zur Annahme oder Ausschlagung der Erbschaft die wahren Gesamtumstände kennt. Aus diesem Grund beginnt die Ausschlagungsfrist auch dann nicht zu laufen, wenn der vorläufige Erbe zwar gesetzlicher Erbe geworden ist, aber von einem falschen Verwandtschaftsverhältnis ausgeht.[28]

8 Auch hier ist ein verständlicher **Tatsachen- und/oder Rechtsirrtum** beachtlich, ein nicht „von vornherein von der Hand zu weisender" Irrtum über die Art oder Wirksamkeit der Berufung schließt positive Kenntnis von dem Berufungsgrund daher aus.[29] **Irrtümer** des vorläufigen Erben über Einzelheiten des Nachlasses – etwa dessen Überschuldung – werden in Lit. und Rspr. sehr unterschiedlich beurteilt.[30] Hier werden die Umstände des Einzelfalls entscheidend sein.[31] Die Anerkennung solcher Irrtümer sollte ausgehend von dem Grundsatz, dass die Kenntnis von Einzelheiten i.R.d. Berufungsgrundes nicht erforderlich ist, jedoch sehr restriktiv gehandhabt werden. Ein gesteigertes Schutzbedürfnis besteht auch deshalb nicht, da die Annahme oder Ausschlagung in diesem Falle der Anfechtung unterliegen kann. Für den Regelungsbereich des § 2306 BGB (**Pflichtteil**) gelten insoweit Besonderheiten (vgl. Rdn 17).

---

24 BayObLG NJW 1953, 1431; Erman/*J. Schmidt*, § 1944 Rn 4.
25 OLG Schleswig ZEV 2016, 698.
26 MüKo/*Leipold*, § 1944 Rn 4.
27 MüKo/*Leipold*, § 1944 Rn 6; Grüneberg/*Weidlich*, § 1944 Rn 4.
28 Zum Ganzen ausführlich MüKo/*Leipold*, § 1944 Rn 4 ff.
29 BGH ZErb 2000, 232, 233; BGH WM 1968, 542, 544 = Rpfleger 1968, 183; Erman/*J. Schmidt*, § 1944 Rn 5; MüKo/*Leipold*, § 1944 Rn 13.
30 Für deren Unbeachtlichkeit etwa: MüKo/*Leipold*, § 1944 Rn 11, 12; für deren Beachtlichkeit etwa: BayObLG FamRZ 1994, 264; Erman/*J. Schmidt*, § 1944 Rn 7; diff. Soergel/*Stein*, § 1944 Rn 9 a.E.
31 Staudinger/*Otte*, § 1944 Rn 6 f.

II. Fristbeginn durch Bekanntgabe des Testaments

Unabhängig von der tatsächlichen Kenntnis vom Inhalt einer letztwilligen Verfügung bestimmt Abs. 2 S. 2, dass die Ausschlagungsfrist frühestens mit der Bekanntgabe der letztwilligen Verfügung beginnt. Eine frühere Kenntnis des Inhalts der letztwilligen Verfügung löst die Frist nicht aus.[32] Nach § 348 FamFG steht es dem Nachlassgericht frei, zwischen einem Verkündungstermin und der schriftlichen Bekanntgabe zu wählen. Demnach beginnt die Ausschlagungsfrist im Falle der Eröffnung von Testamenten oder Erbverträgen frühestens mit der **mündlichen oder schriftlichen (stillen) Bekanntgabe** der Verfügung durch das Nachlassgericht.[33] 9

Dem Wortlaut des neu gefassten § 1944 BGB ist nicht zu entnehmen, ob es für den Fristbeginn auf die Bekanntgabe gegenüber dem konkreten Ausschlagungsberechtigten ankommt. Richtigerweise muss dies bejaht werden. Zur alten Rechtslage hatte der BGH bereits entschieden, dass für den Fristbeginn durch Verkündung ein Verkündungstermin stattzufinden habe, zu welchem der vorläufige Erbe auch geladen sein musste;[34] nur auf diese Weise könne die Abs. 2 S. 2 a.F. immanente **Unterrichtungsfunktion** Wirkung entfalten und dem vorläufigen Erben eine ausreichend gesicherte Kenntnisnahme vom Anfall der Erbschaft und Grund der Berufung ermöglichen. Überträgt man diesen Rechtsgedanken auf Abs. 2 S. 2 n.F. so kann die ausreichende Unterrichtung nur durch die amtliche Mitteilung des Testamentsinhalts gegenüber dem vorläufigen Erben erfolgen, sodass die Ausschlagungsfrist frühestens mit der schriftlichen oder bei festgesetzten Verkündungstermin und Ladung des Ausschlagungsberechtigten mit der mündlichen Testamentsbekanntgabe gegenüber dem vorläufigen Erben beginnt.[35] Ein Abstellen auf die amtliche Bekanntgabe setzt jedoch voraus, dass diese auch tatsächlich stattfinden kann, andernfalls ist auf die tatsächliche Kenntnis abzustellen. Dies ist dann der Fall, wenn der vorläufige Erbe selbst im Besitz der letztwilligen Verfügung ist und diese unter Verstoß gegen § 2259 BGB nicht abliefert oder die Testamentsurkunde unauffindbar oder vernichtet ist.[36] In diesem Fall löst die Kenntnis gem. Abs. 2 S. 1 und im letzteren Fall zusätzlich Wissen um die Unmöglichkeit der Bekanntgabe die Anfechtungsfrist aus.[37] Ist nur noch eine Ausfertigung der letztwilligen Verfügung vorhanden (§ 46 BeurkG), beginnt die Ausschlagungsfrist mit Bekanntgabe der Ausfertigung.[38] Weitere Voraussetzung ist, dass für die Bekanntgabe der letztwilligen Verfügung ein inländisches Gericht zuständig ist.[39] Verfügungen auf den zweiten Todesfall, welche mit der Bekanntgabe eines gemeinschaftlichen Testaments gemäß § 349 Abs. 1 FamFG zwingend erfolgen müssen, gelten im Hinblick auf die Verfügungen des zweiten Todesfalls nicht als amtlich bekannt gemacht.[40] 10

III. Hemmung und Ablaufhemmung der Ausschlagungsfrist

Die Berechnung der Ausschlagungsfrist richtet sich nach §§ 187 Abs. 1, 188, 193 BGB. Gem. Abs. 3 unter Verweis auf die allg. Verjährungsvorschriften der §§ 206 und 210 BGB kann der Fristablauf jedoch gehemmt sein. Der Erblasser kann in seiner letztwil- 11

32 BGHZ 112, 229, 233 ff. = NJW 1991, 169; OLG Düsseldorf ErbR 2023, 844.
33 Eingehend MüKo/*Leipold*, § 1944 Rn 17.
34 BGHZ 112, 229, 233 ff. = NJW 1991, 169.
35 MüKo/*Leipold*, § 1944 Rn 18; Erman/*J. Schmidt*, § 1944 Rn 5.
36 MüKo/*Leipold*, § 1944 Rn 22; Staudinger/*Otte*, § 1944 Rn 21.
37 MüKo/*Leipold*, § 1944 Rn 22; Staudinger/*Otte*, § 1944 Rn 21, der jedoch auf die Kenntnis der Nichteröffnung verzichtet.
38 Erman/*J. Schmidt*, § 1944 Rn 5, auch zu öffentlichen Verfügungsurkunden.
39 Ähnlich MüKo/*Leipold*, § 1944 Rn 23.
40 Grüneberg/*Weidlich*, § 1944 Rn 4; MüKo/*Leipold*, § 1944 Rn 21.

ligen Verfügung über die Anwendung der Verjährungsvorschriften nicht disponieren, auch Abs. 3 ist zwingendes Recht.

1. Hemmung bei höherer Gewalt (§ 206 BGB)

12 Nach der entsprechenden Anwendung von § 206 BGB i.V.m. § 209 BGB wird in die laufende Ausschlagungsfrist derjenige Zeitraum nicht eingerechnet, in dem der vorläufige Erbe aufgrund höherer Gewalt an der Erklärung der Ausschlagung gehindert ist. Die Hinderungsgründe müssen vor dem Ende der Ausschlagungsfrist eingesetzt haben. Im Ergebnis verlängert sich daher die Ausschlagungsfrist um den Zeitraum der höheren Gewalt.[41]

13 Ist der vorläufige Erbe aufgrund höherer Gewalt bereits gehindert, von dem Anfall der Erbschaft und dem Berufungsgrund Kenntnis zu nehmen, so hindert dies schon den Beginn des Laufes der Ausschlagungsfrist. Wird der Hinderungsgrund beseitigt, so bedarf es nicht erneut der Erfüllung der Voraussetzungen für den Fristbeginn nach Abs. 2.[42]

14 Unter den Begriff der **„höheren Gewalt"** fallen Ereignisse, die auch bei äußerster, billigerweise zu erwartender Sorgfalt nicht vorausgesehen und verhindert werden konnten; nach wie vor soll auch der Stillstand der Rechtspflege diesen Tatbestand erfüllen.[43] Als „höhere Gewalt" sind in Bezug auf ausschlagungsspezifische Umstände z.B. Verzögerungen bei ordnungsgemäß und rechtzeitig beantragter **Entscheidung des Familien- bzw. Betreuungsgerichts** nach §§ 1643 Abs. 1, 1851 BGB anerkannt.[44] In der Praxis ist dabei zu beachten, dass der Zugang der Ausschlagungserklärung beim Nachlassgericht und die Beantragung der Genehmigung des Familien- bzw. Betreuungsgerichts durch den gesetzlichen Vertreter binnen der Ausschlagungsfrist erfolgen müssen.[45] Ist die Genehmigung des Familien- bzw. Betreuungsgerichts dann dem gesetzlichen Vertreter mittels Genehmigungsbescheid mit Rechtskraftzeugnis bekannt gemacht (§§ 40 Abs. 2, 46 FamFG),[46] verbleibt dem gesetzlichen Vertreter für die Vorlage der Genehmigung beim Nachlassgericht noch der Zeitraum zwischen Antragstellung auf Genehmigung und ursprünglichem Fristablauf.[47] Eine weitere Verlängerung der Frist durch den zusätzlichen Zeitraum der Übermittlung der Genehmigung an das Nachlassgericht kommt nicht in Betracht.[48]

2. Ablaufhemmung bei nicht voll Geschäftsfähigen (§ 210 BGB)

15 Nach § 210 Abs. 1 S. 1 und 2 BGB analog beginnt bei einem nach Kenntnis vom Anfall der Erbschaft geschäftsunfähig gewordenen oder bei einem in der Geschäftsfähigkeit beschränkten vorläufigen Erben, der während der Ausschlagungsfrist nicht durchweg gesetzlich vertreten gewesen ist (Eltern, Vormund, Betreuer oder Pfleger), das Recht zur Ausschlagung mit dem Zeitpunkt erneut, in dem der Erbe unbeschränkt geschäftsfähig oder der Mangel der Vertretung behoben wird.[49] Das gilt auch dann, wenn der

41 BGH ZErb 2000, 232, 234; Grüneberg/*Ellenberger*, § 206 Rn 2.

42 Erman/*J. Schmidt*, § 1944 Rn 11.

43 Vgl. zu den allg. Umständen höherer Gewalt z.B. Grüneberg/*Ellenberger*, § 206 Rn 1 und 4 ff.; vgl. auch Brandenburgisches OLG ZErb 2015, 188, 189.

44 OLG Karlsruhe BeckRS 2024, 17512; BayObLG FamRZ 1983, 834, 835 f.; Saarländisches OLG ZErb 2011, 246 f.; Erman/*J. Schmidt*, § 1944 Rn 11; Soergel/*Stein*, § 1944 Rn 21; a.A. RGZ 118, 145, 147.

45 OLG Karlsruhe BeckRS 2024, 17512; *Damrau*, Der Minderjährige, Rn 42 ff.

46 NK-BGB/*Ivo*, § 1944 Rn 24; KG BeckRS 2016, 9173.

47 Brandenburgisches OLG ZErb 2015, 188, 189.

48 MüKo/*Leipold*, § 1944 Rn 25; Staudinger/*Otte*, § 1944 Rn 26.

49 Soergel/*Stein*, § 1944 Rn 20.

gesetzliche Vertreter nur für einen kürzeren Zeitraum als den der Ausschlagungsfrist fehlte.[50] Das Fehlen des gesetzlichen Vertreters muss aber innerhalb der Ausschlagungsfrist vorgelegen haben. § 210 Abs. 1 BGB soll verhindern, dass eine nicht voll geschäftsfähige Person Rechtsnachteile erleidet, weil kein gesetzlicher Vertreter für eine rechtzeitige Wahrnehmung der Rechte sorgen kann. Ein tatbestandliches **Fehlen des gesetzlichen Vertreters** ist deshalb nicht schon bei Krankheit oder Unkenntnis des gesetzlichen Vertreters gegeben, sondern nur für den Fall des wirklichen Fehlens.[51] War der vorläufige Erbe bereits im Zeitpunkt der Kenntnisnahme vom Erbanfall geschäftsunfähig und war er nicht ausreichend gesetzlich vertreten oder erfolgte die Kenntnisnahme nicht durch den gesetzlichen Vertreter, so ist Abs. 2 S. 3 nicht anwendbar, da die Frist mangels positiver Kenntnis überhaupt noch nicht begonnen hat. Entsteht der Mangel in der Geschäftsunfähigkeit dagegen erst nach wirksamer Kenntnisnahme, so bedarf es dagegen keiner erneuten Kenntnisnahme.[52] § 210 Abs. 2 BGB ist nicht entsprechend anwendbar.[53] Stirbt der Erbe vor Fristablauf, ist § 1952 Abs. 2 BGB einschlägig.

IV. Auslandsfrist

Die Sechs-Monats-Frist ist einschlägig, wenn der **Erblasser** seinen letzten Wohnsitz 16
im Ausland hatte (Abs. 3 Alt. 1). Der Wohnsitz bestimmt sich nach den §§ 7 ff. BGB, mit der Maßgabe, dass der Erblasser ausschließlich dort seinen räumlichen Lebensschwerpunkt gehabt haben muss, § 7 Abs. 2 BGB (mehrere Wohnsitze) ist deswegen unanwendbar.[54] Liegen diese Voraussetzungen vor, ist es jedoch unschädlich, wenn der Erblasser im Inland verstirbt. Bei sog. Grenzpendlern bestimmt sich die internationale Zuständigkeit in Erbsachen seit dem 17.8.2015 nach Art. 4 ff. EuErbVO und damit grds. nach dem letzten gewöhnlichen Aufenthalt des Erblassers.[55] Ferner gilt die Sechs-Monats-Frist, wenn der **Erbe** sich bei Fristbeginn im Ausland aufhält (Abs. 3 Alt. 2). Abs. 3 ist außerdem in den Fällen der gesetzlichen Stellvertretung anwendbar, wenn der **gesetzliche Stellvertreter** – oder bei mehreren Stellvertretern zumindest einer von ihnen – sich im Ausland aufhält oder seinen Wohnsitz im Ausland hat.[56] Dagegen soll nach h.M. bei **gewillkürter Stellvertretung** in diesen Fällen nur auf den Erben selbst abgestellt werden.[57] Ferner ist die Ausschlagung einer Erbschaft erbrechtlich und nicht sachenrechtlich zu qualifizieren.[58] Ist ein ausländisches Erbstatut anwendbar, so unterliegt die Ausschlagung dem ausländischen Recht auch dann, wenn sich die Nachlassgrundstücke in Deutschland befinden und sich der Eigentumserwerb der Erben an diesen Grundstücken nach deutschem Recht richtet.[59]

50 Grüneberg/*Ellenberger*, § 210 Rn 4.
51 Grüneberg/*Ellenberger*, § 210 Rn 3.
52 MüKo/*Leipold*, § 1944 Rn 26.
53 Staudinger/*Otte*, § 1944 Rn 7.
54 Soergel/*Stein*, § 1944 Rn 4.
55 KG FGPrax 2016, 181.
56 *Damrau*, Der Minderjährige, Rn 42 m.w.Bsp.; MüKo/*Leipold*, § 1944 Rn 29.
57 Staudinger/*Otte*, § 1944 Rn 5.
58 OLG Köln NJW-RR 2015, 908.
59 OLG Köln NJW-RR 2015, 908; zur internationalen Zuständigkeit für die Ausschlagung der Erbschaft nach EuErbVO und IntErbRVG vgl. *Leipold*, ZEV 2015, 553.

C. Sonderregelungen

I. Vermächtnis/Pflichtteil

17 Für die Ausschlagung eines Vermächtnisses ist § 1944 BGB nicht anwendbar.[60] Besonderheiten ergeben sich auch bei Pflichtteilsberechtigten (§§ 2303, 2306 BGB). Hier stellt das Gesetz in konsequenter Fortführung des Erfordernisses der Kenntnis vom Berufungsgrund klar, dass die Frist für die Ausschlagung des Erbteils erst dann beginnt, wenn der vorläufige Erbe zuverlässige Kenntnis von den Beschränkungen und/oder Beschwerungen erlangt.[61] Auf die Kenntnis von der Größe des zugedachten Erbteils kommt es nach § 2306 Abs. 1 BGB nicht an.[62] Schließlich kann es auch an einer zuverlässigen Kenntnis fehlen, wenn der vorläufige Erbe einem verständlichen Irrtum über die Wirksamkeit der Beschwerung – etwa dem Vermächtnis – unterliegt.[63]

II. Nacherbschaft

18 Gem. § 2142 BGB ist der Nacherbe bereits im Zeitpunkt des Erbfalls zur Ausschlagung berechtigt, aber nicht verpflichtet.[64] Da jedoch gem. Abs. 2 S. 1 die Ausschlagungsfrist erst mit Kenntnis vom Anfall beginnt und dem Nacherben die Erbschaft erst mit Eintritt des Nacherbfalls anfällt, besteht für den (vorläufigen) Nacherben die Möglichkeit, ab dem Erbfall bis sechs Wochen nach Kenntnis vom Nacherbfall die Nacherbschaft auszuschlagen. Das Ausschöpfen dieser langen Ausschlagungsfrist ist jedoch dann nicht ratsam, wenn durch die Ausschlagung Pflichtteilsansprüche erhalten werden sollen, da diese einer dreijährigen Verjährungsfrist ab (Vor-)Erbfall unterliegen.[65]

D. Verfahrensfragen

I. Beweislast

19 Bestreitet der (ursprüngliche) vorläufige Erbe den endgültigen Erbschaftsanfall oder beansprucht ein Dritter die Erbenstellung in Folge der (angeblichen) **Ausschlagung der Erbschaft** des ursprünglich vorläufigen Erben, muss dieser die Voraussetzungen der wirksamen Ausschlagungserklärung – einschließlich einer etwaigen Hemmung des Ablaufes der Ausschlagungsfrist[66] – darlegen und beweisen. Zum Beweis der negativen Tatsache gegenüber dem Nachlassgericht, zu einem bestimmten Zeitpunkt keine Kenntnis vom Erbfall gehabt zu haben, sodass eine Ausschlagung noch möglich sei, genügt grds. die Darlegung dieses Umstandes. Hat das Nachlassgericht abweichende Kenntnisse, so muss es dem Erben Möglichkeit zur Stellungnahme geben.[67] Außerhalb des Erbscheinsverfahrens ist das Nachlassgericht grds. nicht befugt, über die Wirksamkeit und insbesondere die Rechtzeitigkeit einer Ausschlagung der Erbschaft zu entscheiden.[68] Im Erbscheinsverfahren hat das Nachlassgericht die Wirksamkeit der Ausschlagung von Amts wegen zu ermitteln.[69] Die Beweislast für den Verlust des Ausschlagungsrechts durch Annahmeerklärung oder Verstreichenlassen der Ausschlagungsfrist hat derjenige zu beweisen, der sich auf die **Annahme der Erbschaft** beruft.[70] Beispielsweise muss der Pflichtteilsberechtigte i.R.d. Geltendmachung seines Pflicht-

60 Erman/*J. Schmidt*, § 1944 Rn 2.
61 BGH WM 1968, 542, 543 = Rpfleger 1968, 183.
62 Ausf. MüKo/*Leipold*, § 1944 Rn 8.
63 BGH ZErb 2000, 232, 234.
64 OLG München ZErb 2011, 45 ff.
65 Ausführlich *Keim*, RNotZ 2006, 602.
66 BGH ZErb 2000, 232, 234.
67 OLG Naumburg OLG-Report 2006, 974.
68 OLG München, Beschl. v. 25.2.2010 – 31 Wx 20/10, BeckRS 2010, 05269.
69 OLG Zweibrücken NJW-RR 2006, 1594.
70 MüKo/*Leipold*, § 1944 Rn 32.

teilsanspruches oder sonstige Nachlassgläubiger beweisen, dass der Anspruchsgegner endgültig Erbe geworden ist, während den Erben in einem Verfahren gegen den Erbschaftsbesitzer die Beweislast für seine Erbenstellung trifft. In Bezug auf die Sechs-Monats-Frist des Abs. 3 ist deren Ausnahmecharakter zu beachten; derjenige, der sich auf diese beruft, muss deren Voraussetzungen daher darlegen und beweisen.[71]

II. Nachweis von gerichtlichen und behördlichen Genehmigungen

Für den Nachweis der **Genehmigungen des Betreuungs- bzw. Familiengerichts** ist 20
für die Wahrung der Ausschlagungsfrist lediglich auf den wirksamen Zugang der Ausschlagungserklärung bei dem Nachlassgericht und die Beantragung der Genehmigung bei dem Betreuungs- bzw. Familiengericht abzustellen (vgl. Rdn 14 und § 1945 Rdn 6). In Bezug auf Stiftungen ist Voraussetzung eines Erbrechts die Genehmigung nach § 84 BGB; auch bei ausländischen juristischen Personen kann nach Art. 86 EGBGB eine **behördliche Genehmigung** erforderlich sein (vgl. § 1942 Rdn 6). In diesen Fällen beginnt die Ausschlagungsfrist nach h.M. in der Lit. nicht zu laufen, bevor die juristische Person Kenntnis von der erfolgten Genehmigung der zuständigen Behörde erhalten hat.[72] Diese Ansicht überzeugt schon deswegen, weil es dogmatisch nicht verständlich ist, wenn die Ausschlagungsfrist beginnt, ohne dass die juristische Person insoweit schon die notwendige Rechtsfähigkeit erlangt hat.

§ 1945 Form der Ausschlagung

(1) Die Ausschlagung erfolgt durch Erklärung gegenüber dem Nachlassgericht; die Erklärung ist zur Niederschrift des Nachlassgerichts oder in öffentlich beglaubigter Form abzugeben.
(2) Die Niederschrift des Nachlassgerichts wird nach den Vorschriften des Beurkundungsgesetzes errichtet.
(3) [1]Ein Bevollmächtigter bedarf einer öffentlich beglaubigten Vollmacht. [2]Die Vollmacht muss der Erklärung beigefügt oder innerhalb der Ausschlagungsfrist nachgebracht werden.

Literatur

Coing, Die gesetzliche Vertretungsmacht der Eltern bei der Ausschlagung einer Erbschaft, NJW 1985, 6; *Dieterlen*, Die vertragliche Verpflichtung zur Ausschlagung einer Erbschaft, 1998, Diss. Konstanz 1997; *Ivo*, Die Erbschaftsausschlagung für das minderjährige Kind, ZEV 2002, 309; *Lehmann/Hahn*, ZEV-Report Zivilrecht, ZEV 2016, 185; *Leipold*, Die internationale Zuständigkeit für die Ausschlagung der Erbschaft nach EuErbVO und IntErbRVG, ZEV 2015, 553; *Mensch*, Erbschaftsausschlagung für Minderjährige bei positivem Nachlassvermögen, BWNotZ 2013, 144; *Rugullis*, Erbausschlagung für Minderjährige und § 181 BGB, ZEV 2022, 625; *Zimmermann*, Der Erbe unter Betreuung, ZEV 2013, 316, 317.

Übersicht:

71 Soergel/*Stein*, § 1944 Rn 7.
72 Staudinger/*Otte*, § 1944 Rn 16; MüKo/*Leipold*, § 1944 Rn 3, je m.w.N.; a.A. KGJ 50, 71 ff.

A. Allgemeines

1 Anders als die nicht formbedürftige Annahmeerklärung (§ 1943 BGB) stellt § 1945 BGB an die Erklärung der Ausschlagung erhebliche Anforderungen. Das Gesetz trägt damit dem Schutzbedürfnis des Ausschlagenden Rechnung, sich voreilig eines Erbes zu entledigen, und sorgt im Interesse des Rechtsverkehrs für Rechtssicherheit über die Wirksamkeit der Ausschlagung. Die Ausschlagungserklärung ist als **form- und amtsempfangsbedürftige Willenserklärung,** nicht Erbe sein zu wollen, ausgestaltet.[1] Davon kann die schuldrechtliche **Verpflichtung zur Ausschlagung** durch den Erben (§ 517 BGB) unterschieden werden. Diese ist formlos möglich, sofern der Vertrag nach dem Erbfall geschlossen wird,[2] sonst gilt § 311b Abs. 5 BGB. Dabei darf sich die Verpflichtung nach h.M. jedoch nur auf den gesetzlichen Erbteil oder eine gleich große Quote aufgrund einer Verfügung von Todes wegen beziehen.[3] Die Änderung der Quote nach Abschluss des Vertrages ist unschädlich.[4] Die Erfüllung eines solchen Vertrages durch Erklärung der Ausschlagung bedarf jedoch wieder der Form des § 1945 BGB.

B. Tatbestand

I. Form der Ausschlagungserklärung

2 Als Form schreibt Abs. 1 Hs. 2 die Niederschrift des Nachlassgerichts oder die öffentliche Beglaubigung der Ausschlagungserklärung vor. Die **Niederschrift** des Nachlassgerichts wird durch Abs. 2 dahin konkretisiert, dass für die Niederschrift die Vorschriften des Beurkundungsgesetzes und damit vor allem die §§ 8 ff. BeurkG gelten. Zuständig beim Nachlassgericht ist der Rechtspfleger (§§ 3 Nr. 1 f. RPflG). Die öffentliche **Beglaubigung** ist von einem Notar vorzunehmen (dabei muss es nicht zwingend ein deutscher Notar sein, Art. 11 EGBGB).[5] Hier gelten vor allem die §§ 40 ff. BeurkG. Die öffentliche Beglaubigung kann durch die notarielle Beurkundung ersetzt werden, da diese ein „Mehr" der öffentlichen Beglaubigung darstellt (§§ 128, 129 BGB). Auch wenn die Ausschlagungserklärung der Form des § 29 GBO entspricht, reicht es nicht, diese und den Erbvertrag vorzulegen, damit das Grundbuch auf den Ersatzerben berichtigt wird, da die Einhaltung der Frist dann nicht in der Form des § 29 GBO nachgewiesen wurde.[6] Die Ausschlagungserklärung muss gegenüber dem Nachlassge-

1 Grüneberg/*Weidlich*, § 1945 Rn 1; *Brox/Walker*, Erbrecht, § 22 Rn 3.
2 RG HRR 1929, Nr. 292; OLG München OLGE 26, 288; Soergel/*Stein*, § 1945 Rn 2 und 15; näher *Damrau*, ZEV 1995, 425, 426 ff. m. Bsp.; a.A. *Dieterlen*, S. 18 ff., die notarielle Beurkundung verlangt.
3 BGHZ 104, 279, 284 f.; *Blomeyer*, FamRZ 1974, 421, 425; abw. noch RGZ 98, 330, 332 ff.
4 *Blomeyer*, FamRZ 1974, 421, 425 m. Rechtssicherheitserwägungen.
5 Vgl. MüKo/*Leipold*, § 1945 Rn 12.
6 Burandt/Rojahn/*Najdecki*, § 1945 Rn 3; OLG München RNotZ 2016, 683; OLG Hamm ZEV 2017, 455.

richt grds. in deutscher Sprache erfolgen.[7] Dies kann auch gelten, wenn der Erbe im Ausland lebt und deutsches Erbrecht als Erbstatut anzuwenden ist.[8] Zwar unterliegt die Ausschlagungserklärung dem **Formzwang**, dies bedeutet jedoch nicht, dass die Willenserklärung ausdrücklich das Wort „Ausschlagung" zum **Inhalt** haben muss. Es genügt, dass der Erklärung entnommen werden kann, dass der vorläufige Erbe nicht Erbe sein möchte. Deshalb ist es möglich, i.R.d. Auslegung auch anderen Erklärungen gegenüber dem Nachlassgericht Ausschlagungscharakter zuzusprechen, wenn die Auslegung einer formgerechten Erklärung zu einer gewollten Ausschlagungserklärung kommt.[9] Eine Auslegung orientiert sich an den allg. Auslegungsgrundsätzen für empfangsbedürftige Willenserklärungen, mithin am Empfängerhorizont (§ 157 BGB), wobei Umstände außerhalb der Urkunde insoweit aber unbeachtlich sein sollen.[10] Folgende Beispiele können unterschieden werden:

Konkludente Ausschlagungserklärung	Ja	Nein
Erklärung eines Miterben, der nur in Bezug auf einen anderen Miterben das Testament als wirksam anerkennt, obwohl er die Nichtigkeit des Testaments kennt[11]		x
Erklärung eines Erben, er wolle nur einen bestimmten Nachlassgegenstand nicht haben (andere widersprüchliche oder unklare Erklärungen sind im Einzelfall zu beurteilen)		x
Erklärung eines Erben: Ich bin gesetzlicher Erbe und verzichte auf Herausgabe des Nachlasses und bin wegen aller Erbansprüche befriedigt.[12]		x
Erklärung eines Erben, er sei wegen aller Erbansprüche befriedigt[13]	x	
Erklärung des Erben, er wolle von dem Testament (gegen dessen Wirksamkeit Bedenken bestanden) keinen Gebrauch machen[14]		x

Wie bei der Annahmeerklärung kommen auch bei der Ausschlagungserklärung grds. 3
die allg. Regeln über die Willenserklärung zur Anwendung. Die unvollständige Beurkundung der Ausschlagungserklärung kann zur Nichtigkeit der Ausschlagungserklärung gem. § 125 BGB führen.[15] Die Anwendbarkeit von § 116 S. 2 BGB und § 117 Abs. 1 BGB ist allerdings abzulehnen, da das empfangszuständige Nachlassgericht materiell unbeteiligt ist und der Schutzbereich dieser Normen daher nicht berührt wird.[16] Auch Verstöße gegen **Verbotsgesetze** (§ 134 BGB) sind praktisch nicht gegeben. Anwendbar bleiben damit allenfalls die Fälle mangelnder Ernstlichkeit (§ 118 BGB). In Betracht kommt dagegen ein Verstoß gegen die **guten Sitten** (§ 138 BGB), wenn ein Sozialhilfeempfänger eine Erbschaft ausschlägt, um weiterhin Sozialleistun-

7 OLG Schleswig NJW-RR 2015, 1224; OLG Köln NJW-RR 2014, 1037; str., vgl. hierzu Erman/*J. Schmidt*, § 1945 Rn 10a.

8 OLG Schleswig NJW-RR 2015, 1224; OLG Köln NJW-RR 2014, 1037; str., vgl. hierzu auch Erman/*J. Schmidt*, § 1945 Rn 10a.

9 BayObLG NJW 1967, 1135; Erman/*J. Schmidt*, § 1945 Rn 7; Soergel/*Stein*, § 1945 Rn 4.

10 OLG Düsseldorf FGPrax 2009, 27; BayObLG FamRZ 1992, 1106; Soergel/*Stein*, § 1945 Rn 4; für eine zurückhaltende Heranziehung von Umständen außerhalb der Urkunde MüKo/*Leipold*, § 1945 Rn 4.

11 BayObLG NJW 1967, 1135.

12 KG OLGE 30, 167, 168 für einen Verzicht.

13 Siehe aber KG OLGE 30, 167, 168.

14 OLG München DNotZ 1937, 706, 708.

15 BayObLG FGPrax 2005, 71.

16 Soergel/*Stein*, § 1945 Rn 3; a.A. *Pohl*, AcP 177, 52, 65 ff.

gen beziehen zu können.[17] Der Rechtsgedanke der Verwirkung wird auf die Erklärung der Ausschlagung kaum anwendbar sein, da bei den hierfür einschlägigen Konstellationen wohl regelmäßig eine stillschweigende Annahmeerklärung anzunehmen sein wird.[18]

II. Empfangsbedürftigkeit und Empfangszuständigkeit

4 Die Ausschlagungserklärung ist **gegenüber dem Nachlassgericht** zu erklären (Abs. 1 Hs. 2; § 343 FamFG) und muss daher in der notwendigen Form dem Nachlassgericht zugehen. Für den Zugang der Ausschlagungserklärung gelten die allg. Vorschriften über den Zugang von Willenserklärungen, insbesondere gilt § 130 Abs. 1 S. 1 und 2, Abs. 2 BGB (§ 130 Abs. 3 BGB). Die Ausschlagungserklärung wird nicht wirksam, wenn dem Nachlassgericht vorher oder gleichzeitig ein Widerruf zugeht (§ 130 Abs. 1 S. 2 BGB). Der Widerruf bedarf nicht der Form der Ausschlagung selbst und keiner familien- bzw. betreuungsgerichtlichen Genehmigung.[19] Das Nachlassgericht ist i.d.R. das AG, in dessen Bezirk der Erblasser zum Zeitpunkt des Erbfalls seinen gewöhnlichen Aufenthalt hatte oder das Gericht, in dessen Bezirk der Ausschlagende seinen gewöhnlichen Aufenthalt hat (§§ 343, 344 Abs. 7 FamFG).[20] Sind nach Art. 4 ff. EuErbVO die Gerichte eines anderen EU-Mitgliedstaates zuständig, so ist bei Geltung deutschen Erbrechts die Ausschlagung in der dortigen Gerichtssprache unter Einhaltung der Form des deutschen Rechts abzugeben.[21] Die Ausschlagungserklärung wird mit dem Zugang beim zuständigen ausländischen Gericht wirksam und fristwahrend.[22] Tritt die internationale Zuständigkeit der Gerichte des Aufenthaltsstaates des Erklärenden nach Art. 13 EuErbVO hinzu, genügt für die Form der Erklärung die Wahrung der Ortsform oder die Form des anwendbaren Rechts in der Sprache des zuständigen Gerichts.[23] Die Ausschlagungserklärung ist dann mit dem Zugang beim zuständigen Gericht wirksam und fristwahrend.[24]

5 Nach der h.M. ist die Ausschlagungserklärung auch dann zugegangen, wenn sie bei einem örtlich **unzuständigen AG** eingereicht wird und dort bearbeitet oder weitergereicht, zumindest aber nicht zurückgereicht wird (§ 2 Abs. 3 FamFG).[25] In der Praxis sollte gleichwohl darauf geachtet werden, die Ausschlagungserklärung bei dem zuständigen AG anzubringen, um anderen Beteiligten die Kenntnisnahme von der Ausschlagung zu erleichtern.

6 Wichtig ist schließlich, dass der **Zugang der Ausschlagungserklärung** innerhalb der nach § 1944 BGB anwendbaren Ausschlagungsfrist erfolgen muss. Grds. kommt es für die **Fristwahrung** auf den Zugang bei dem zuständigen Nachlassgericht an, jedoch gilt die Ausschlagungsfrist nach h.M. auch dann als gewahrt, wenn nach den vorbe-

---

17 Wird jedoch überwiegend verneint, vgl. dazu MüKo/*Leipold*, § 1945 Rn 3, 39; vgl. auch LSG Bayern ZEV 2016, 43.

18 Näher Soergel/*Stein*, § 1943 Rn 8.

19 Soergel/*Stein*, § 1945 Rn 2.

20 Krug/Rudolf/Kroiß/Bittler/*Kroiß*, § 7 Rn 149; Staudinger/*Otte*, § 1945 Rn 14, 16a.

21 Hierzu ausführlich *Leipold*, ZEV 2015, 553 ff.

22 *Leipold*, ZEV 2015, 553, 558.

23 *Leipold*, ZEV 2015, 553; zu beratungsrechtlichen Risiken in diesem Zusammenhang siehe auch *Lehmann/Hahn*, ZEV 2016, 185, 188.

24 *Leipold*, ZEV 2015, 553, 559.

25 BGH WM 1977, 1145; BGHZ 36, 197, 199 f.; Erman/*J. Schmidt*, § 1945 Rn 9; Krug/Rudolf/Kroiß/Bittler/*Kroiß*, § 7 Rn 152 ff.; MüKo/*Leipold*, § 1945 Rn 15, a.A. KG OLGZ 1976, 167, 168 f.; einschr. auch Soergel/*Stein*, § 1945 Rn 10; Staudinger/*Otte*, § 1945 Rn 17; zur Möglichkeit des Ersuchens um Rechtshilfe vgl. Staudinger/*Otte*, § 1945 Rn 16a m.w.N. und Soergel/*Stein*, § 1945 Rn 10 a.E. m.w.N.

zeichneten Kriterien ein Zugang der Ausschlagung auch bei einem unzuständigen oder ersuchten Gericht bejaht werden kann.[26] Eine Ausschlagungserklärung, die jedoch in einer fremden Sprache ohne Übersetzung in die deutsche Sprache bei dem zuständigen deutschen Nachlassgericht eingereicht wird, wahrt nicht die Ausschlagungsfrist.[27] Kommt die Ausschlagungserklärung auf dem Weg vom eigentlich unzuständigen AG zum zuständigen Nachlassgericht abhanden, so hindert dies also nicht die Wirksamkeit der Ausschlagung. Einer Hemmung der Ausschlagungsfrist für diesen Fall wegen höherer Gewalt nach § 1944 Abs. 2 S. 3 BGB i.V.m. § 206 BGB bedarf es daher in aller Regel nicht.

III. Stellvertretung bei der Ausschlagungserklärung

1. Rechtsgeschäftliche Vertretung

7 Der vorläufige Erbe kann sich bei der Erklärung der Ausschlagung vor dem Nachlassgericht oder dem Notar grds. nach den allg. Vorschriften der §§ 164 ff. BGB vertreten lassen (arg. Abs. 3), nicht aber einen sonst Ermächtigten im eigenen Namen auftreten lassen.[28] Anscheins- und/oder Duldungsbevollmächtigte kommen nicht in Betracht,[29] da Abs. 3 für **Bevollmächtigte** bei der Erklärung der Ausschlagung die Vorlage einer öffentlich beglaubigten Vollmacht vorschreibt. Entgegen §§ 167 Abs. 2, 182 Abs. 2 BGB kann eine Erklärung des Stellvertreters auch nur in der Form des Abs. 3 (öffentliche Beglaubigung) erfolgen.[30] Für die Ausschlagung ausreichend ist auch eine Generalvollmacht/Vorsorgevollmacht, soweit diese der Form des Abs. 1 genügt.[31] Für die Einholung der Genehmigung des Familien- bzw. Betreuungsgerichts und deren Vorlage beim Nachlassgericht genügt die schriftliche (aus Nachweiszwecken) Vollmacht der gesetzlichen Vertreter des Erben.[32] Die Vollmacht zur Ausschlagung ist der Niederschrift beizufügen oder innerhalb der Ausschlagungsfrist nachzureichen (Abs. 3 S. 2; § 13 BeurkG). Eine **Zurückweisung** der Erklärung wegen fehlender Vollmacht (§ 174 BGB) kommt daher ebenso wenig in Frage wie eine **nachträgliche** Genehmigung der Erklärung eines vollmachtlosen Vertreters (§ 180 BGB).[33] Aufgrund des Rechtsgedankens des § 181 BGB kommen als Stellvertreter auch hier Testamentsvollstrecker, Nachlasspfleger oder Nachlassverwalter nicht in Betracht[34] (vgl. § 1943 Rdn 8). Zum Vertretungsverbot des Insolvenzverwalters (§ 83 InsO) vgl. § 1942 Rdn 12.

2. Gesetzliche Vertretung

a) Einwilligung des gesetzlichen Vertreters

8 Geschäftsunfähige oder nur beschränkt geschäftsfähige Erben bedürfen zur wirksamen Ausschlagung einer Erbschaft der gesetzlichen Vertretung (§§ 104 ff. BGB). Insoweit ist die **Einwilligung** des gesetzlichen Vertreters erforderlich, die nachträgliche Genehmigung ist nicht ausreichend (§ 111 S. 1 BGB). Auch für ein Nachreichen der schriftlichen Einwilligung ist kein Raum, da § 111 S. 2 BGB auf amtsempfangsbedürftige

26 MüKo/*Leipold*, § 1945 Rn 14 m.w.N.
27 OLG Köln NJW-RR 2014, 1037.
28 Erman/*J. Schmidt*, § 1945 Rn 1.
29 Vgl. auch OLG Bremen NJW-RR 2015, 1096.
30 BayObLG NJW 1958, 260; Erman/*J. Schmidt*, § 1945 Rn 7.
31 OLG Zweibrücken m. Anm. *Litzenburger* = FD-ErbR 2007, 247647 m. Anm. *Müller* = DNotZ 2008, 384, wobei die Bevollmächtigung allerdings nicht so weit reicht, nach Versterben beider Ehegatten die Bindungswirkung eines gemeinschaftlichen Testaments aufzuheben.
32 Näher *Damrau*, Der Minderjährige, § 5 Rn 44, 45.
33 MüKo/*Leipold*, § 1945 Rn 34.
34 MüKo/*Leipold*, § 1945 Rn 40.

Willenserklärungen nicht anwendbar ist.[35] Eine nachträgliche Genehmigung kann jedoch nach allg. Auslegungsgrundsätzen in eine eigene Ausschlagungserklärung des gesetzlichen Vertreters **umzudeuten** sein,[36] wenn diese noch fristgerecht erklärt wird. Die gesetzlichen Vertreter haben sich dem Nachlassgericht in der Form des § 1945 BGB gegenüber zu erklären, § 182 Abs. 2 BGB ist unanwendbar,[37] im Übrigen gilt § 130 BGB auch hier. Bei mehreren gesetzlichen Vertretern – insbesondere den Eltern – muss sich jeder von ihnen erklären[38] (vgl. auch § 1944 Rdn 2 f.). Ist ein Elternteil durch Verfügung von Todes wegen von der elterlichen Vermögensverwaltung für ererbtes Vermögen des Kindes ausgeschlossen, so ist eine durch ihn im Namen des Kindes erklärte Ausschlagung mangels Vertretungsmacht unwirksam.[39]

9 Richtigerweise kann der gesetzliche Vertreter von der Vertretung wegen der Gefahr einer **Interessenkollision** nach **§ 181 BGB** ausgeschlossen sein.[40] Das gilt für den Betreuer (§ 1824 Abs. 2 BGB) und aufgrund seit der am 1.1.2023 in Kraft getretenen Reform des Vormundschafts- und Betreuungsrechts[41] geltenden Verweisungen auf das Betreuungsrecht entsprechend für den Vormund (§ 1789 Abs. 2 S. 2 BGB), die Eltern (§ 1629 Abs. 2 S. 1 BGB) oder Pfleger (§§ 1813, 1789 Abs. 2. S. 2, 1824 BGB). Die Anwendbarkeit von § 181 BGB wird von der wohl h.M. allerdings bestritten.[42] Das dort verwendete Argument, dass der Minderjährige durch das Genehmigungserfordernis (z.B. § 1643 Abs. 2 BGB) seitens des Familien- bzw. Betreuungsgerichts ausreichend geschützt sei, trägt jedoch nicht. Gerichtliche Genehmigung und gesetzliche Vertretung sind zu trennen.[43] Insbesondere ist es danach dem gesetzlichen Vertreter nach § 181 BGB nicht möglich, die Ausschlagung für den vorläufigen Erben zu erklären, wenn eine andere von ihm vertretene Person ersatzweise Erbe werden würde (Doppelvertretung). Eine Vertretung ist auch ausgeschlossen, wenn der gesetzliche Vertreter selbst Ersatzerbe wird (Selbstkontrahieren). In diesen Fällen wäre dann ein Pfleger zu bestellen.[44]

10 Allerdings wird das Familien- bzw. Betreuungsgericht dem gesetzlichen Vertreter nach § 1789 Abs. 2 S. 3 BGB in derartigen Fällen sowieso regelmäßig die Vertretung entziehen und eine **Pflegschaft** bestellen.[45] Dem vorgenannten Streitstand wird daher in der Praxis weniger Bedeutung zukommen. Soweit ein gesetzlicher Vertreter von der Nachlassverwaltung ausgeschlossen ist, hindert dies nicht automatisch eine Vertretung i.R.d. Ausschlagungserklärung.[46] Das Familien- bzw. Betreuungsgericht wird ferner in Konstellationen der §§ 1629 Abs. 2 S. 3, 1789 Abs. 2 S. 3, 1809 BGB einen Pfleger bestellen. In der Praxis ist dabei zu beachten, dass der **Pfleger** ebenfalls der **Genehmigung des Betreuungsgerichtes** bedarf, wenn er ausschlagen will (§§ 1813 Abs. 1, 1799 Abs. 1, 1851 Nr. 1 BGB).

35 Grüneberg/*Ellenberger*, § 111 Rn 2 ff.
36 Soergel/*Stein*, § 1945 Rn 5.
37 Staudinger/*Otte*, § 1945 Rn 21.
38 OLG Frankfurt NJW 1962, 52; OLG Hamm NJW 1959, 2215 f.; MüKo/*Leipold*, § 1945 Rn 35.
39 BGH NJW 2016, 3032.
40 Näher *Buchholz*, NJW 1993, 1161 ff. m.w.N.
41 Gesetz vom 4.5.21, BGBl I S. 882.
42 BayObLGZ 1983, 213 = Rpfleger 1983, 482; *Coing*, NJW 1985, 6; MüKo/*Leipold*, § 1945 Rn 36; Staudinger/*Otte*, § 1945 Rn 8; *Ivo*, ZEV 2002, 309; *Rugullis*, ZEV 2022, 625, der eine analoge Anwendung von § 181 BGB ablehnt.
43 Näher *Buchholz*, NJW 1993, 1161 ff. m.w.N.
44 Vgl. auch OLG Hamm ZEV 2014, 248.
45 Staudinger/*Otte*, § 1945 Rn 8 m.w.N.; *Coing*, NJW 1985, 6, 7 ff.
46 OLG Karlsruhe FamRZ 1965, 573, 574 f.

b) Genehmigung des Familien- bzw. Betreuungsgerichts

11 Der gesetzliche Vertreter – beide Elternteile (§ 1629 Abs. 1 BGB), der Vormund, Pfleger oder Betreuer – eines vorläufigen Erben bedarf für die Erklärung der Ausschlagung der Genehmigung des Familien- bzw. Betreuungsgerichts (§§ 1643 Abs. 1, 1799 Abs. 1, 1813, 1851 Nr. 1 BGB).[47] Ausnahmsweise bedürfen die Eltern keiner familiengerichtlichen Genehmigung, wenn der Anfall an das Kind erst **infolge der Ausschlagung eines sorgeberechtigten Elternteils** i.S.d. § 1643 Abs. 3 S. 1 BGB erfolgt. Damit bedarf also die Ausschlagung der familiengerichtlichen Genehmigung, wenn ein Elternteil und das Kind als Miterben berufen sind[48] oder ein nichtsorgeberechtigter Elternteil ausschlägt.[49] Ebenfalls bedarf es der familiengerichtlichen Genehmigung, wenn ein Elternteil für sich und nur einen Teil der Kinder die Erbschaft ausschlägt.[50] Hierbei ist es unerheblich, ob Hinweise auf eine gezielte Bevorzugung oder Benachteiligung einzelner Kinder bestehen.[51] Der BGH lehnt allerdings eine teleologische Reduktion des Anwendungsbereichs des § 1643 Abs. 3 S. 2 BGB für den Fall ab, dass ein als gewillkürter Erbe berufener Elternteil für sich im eigenen Namen und als vertretungsberechtigter Elternteil für das als Ersatzerbe eingesetzte Kind die gewillkürte Erbschaft bei werthaltigem Nachlass ausschlägt, um die gesetzliche Erbfolge zu ermöglichen.[52] Entgegen dem gesetzlichen Wortlaut ist die familiengerichtliche Genehmigung notwendig, wenn die Ausschlagung (wie gesetzlich intendiert) nicht aufgrund wirtschaftlicher Nachteiligkeit der Annahme, sondern aus „altruistischen Gründen“ erfolgt, also insbesondere wenn die Erbschaft einem Elternteil oder den Geschwistern des Ausschlagenden zufallen soll.[53] Nicht verkannt werden darf jedoch, dass die Eltern in anderen Fällen auch grds. persönliche Beweggründe für die Ausschlagung für sich und das Kind verfolgen dürfen, wie bspw. die Ausschlagung einer Erbschaft aufgrund eines Zerwürfnisses mit dem Erblasser.[54] Maßstab für die Entscheidung des Familiengerichts ist allein das Kindesinteresse.[55]

C. Sonderregelungen

I. Vermächtnis/Pflichtteil/Ehe

12 Für die Ausschlagung eines Vermächtnisses gilt § 2180 Abs. 2 S. 1 BGB. Der Pflichtteil kann nicht ausgeschlagen werden (vgl. § 1942 Rdn 10), jedoch ist ein schuldrechtlicher, formfreier Verzicht auf den Pflichtteilsanspruch möglich. Dem Ehegatten steht das Ausschlagungsrecht für seinen Erbteil unabhängig vom gewählten Güterstand persönlich zu (§ 1432 BGB und § 1455 Nr. 1 BGB).

II. Ausschlagung bei Insolvenz des vorläufigen Erben

13 Die Ausschlagungserklärung ist ebenso wie die Annahmeerklärung nicht durch Gläubiger anfechtbar; befindet sich der Erbe in der **Insolvenz** und fällt ihm eine Erbschaft

47 Wegen der Wirkung des § 1957 Abs. 1 BGB als Ausschlagung bedarf der gesetzliche Vertreter zur Anfechtung der Erbschaftsannahme einer Genehmigung des Familien- bzw. Betreuungsgerichts in den Fällen, in denen auch die Ausschlagung genehmigungsbedürftig wäre (vg. § 1945 Rn 11); zur Anfechtung der Erbschaftsannahme des Betreuten BGH NJW 2020, 2959.

48 OLG Frankfurt FamRZ 1969, 658 f.; Erman/*J. Schmidt*, § 1945 Rn 8; *Mensch*, BWNotZ 2013, 144 ff.

49 Ausführlich *Ivo*, ZEV 2002, 309; vgl. auch BGH NJW 2016, 3032.

50 OLG Hamm ZEV 2014, 248.

51 OLG Hamm ZEV 2014, 248.

52 BGH v. 4.9.2024 – IV ZB 37/23.

53 AG Lingen (Ems), Beschl. v. 15.12.2006, FD-ErbR 2007, 213895; Erman/*J. Schmidt*, § 1945 Rn 8; Soergel/*Stein*, § 1945 Rn 6; *Engeler*, FamRZ 1972, 7, 8 f.

54 Vgl. *Ivo*, ZEV 2002, 309.

55 OLG Celle ZErb 2013, 128 f.; *Zimmermann*, ZEV 2013, 316, 317 m.w.N.

an, so kann er persönlich und nicht der Insolvenzverwalter diese ausschlagen (§ 83 Abs. 1 InsO; vgl. § 1942 Rdn 12).[56]

III. Höferecht

14 Im Höferecht ist die Ausschlagung des Hofes nach § 11 HöfeO dem Landwirtschaftsgericht gegenüber zu erklären, die Ausschlagung des gesamten Nachlasses jedoch gegenüber dem Nachlassgericht.[57]

D. Verfahrensfragen

I. Verfahren vor dem Nachlassgericht

15 Die erforderlichen Erklärungen und Genehmigungen sind innerhalb der Ausschlagungsfrist dem Nachlassgericht vorzulegen; etwaige Formfehler (z.B. fehlende öffentliche Beglaubigung) können bis zum Ablauf der Ausschlagungsfrist **geheilt** werden.[58] Das Nachlassgericht ist rechtlich nicht verpflichtet, auf Formfehler hinzuweisen, wird jedoch – schon um eine mögliche Hemmung der Ausschlussfrist zu vermeiden – aufgrund der gerichtlichen Obliegenheitspflichten verfahrensrechtliche **Hinweise** geben. Es besteht u.U. auch eine Verpflichtung des Nachlassgerichts, Erben von Amts wegen zu ermitteln (vgl. § 1953 Rdn 10). Die **Vollmacht** eines rechtsgeschäftlichen Vertreters ist dem Nachlassgericht innerhalb der Ausschlagungsfrist in der erforderlichen Form vorzulegen.[59] Die **familien- bzw. betreuungsgerichtliche Genehmigung** muss dem Nachlassgericht mit dem Nachweis, dass diese den gesetzlichen Vertretern bekannt gemacht wurde (§ 1828 BGB), vorgelegt werden, wobei es auf die Reihenfolge nicht ankommt.[60] Ist der gesetzliche Vertreter des vorläufigen Erben das Jugendamt als Amtsvormund, wird der Form des § 1945 BGB genügt, wenn der Beauftragte die Ausschlagung im Namen des Mündels erklärt und diese Erklärung mit dem Dienstsiegel der Behörde dem Nachlassgericht vorlegt.[61]

II. Entscheidungen des Nachlassgerichts

16 Das Nachlassgericht wird dem Erben regelmäßig nicht bestätigen, dass seine Ausschlagung wirksam oder unwirksam ist bzw. war, das muss und darf es nur im Erbscheinsverfahren.[62] Außerhalb des Erbscheinverfahrens ist das Nachlassgericht nämlich grds. nicht befugt, über die Wirksamkeit einer Ausschlagung der Erbschaft zu entscheiden.[63] Es besteht auch kein Bedürfnis dafür, ohne ausdrückliche gesetzliche Regelung einen derartigen feststellenden Beschluss des Gerichts der Freiwilligen Gerichtsbarkeit über die Wirksamkeit der Ausschlagung zuzulassen, denn er bindet weder die Beteiligten noch andere Gerichte und begründet auch keine Rechtsvermutung wie etwa der Erbschein (§§ 2365 ff. BGB).[64] Allerdings hat das Nachlassgericht dem Ausschlagenden bei Vorlage der öffentlich beglaubigten Ausschlagungserklärung auf Antrag eine **Empfangsbestätigung** und bei Niederschrift der Erklärung ein entsprechendes Zeugnis

---

56 Vgl. HK-InsO/*Kayser/Thole*, § 83 Rn 6.

57 Erman/*J. Schmidt*, § 1945 Rn 9; Staudinger/*Otte*, § 1945 Rn 15.

58 Erman/*J. Schmidt*, § 1945 Rn 10; Soergel/*Stein*, § 1945 Rn 12 f.; zu weiteren Einzelheiten: *Haegerle*, Rpfleger 1969, 365 ff.

59 Soergel/*Stein*, § 1945 Rn 8.

60 BayObLG FamRZ 1983, 834; Soergel/*Stein*, § 1945 Rn 6; RGRK/*Johannsen*, § 1945 Rn 4.

61 LG Kiel Rpfleger 1990, 420; LG Braunschweig Rpfleger 1987, 456; Soergel/*Stein*, § 1945 Rn 12; vgl. auch NK-BGB/*Ivo*, § 1945 Rn 7.

62 BayObLG FamRZ 1985, 1290 f.; OLG München ZErb 2010, 121 f.; Soergel/*Stein*, § 1945 Rn 13.

63 OLG München, Beschl. v. 25.2.2010 – 31 Wx 20/10, BeckRS 2010, 05269 unter Abwendung von BayObLGZ 1968, 68.

64 Vgl. BayObLGZ 1985, 244/251.

auszustellen.[65] Erst im Streitfall hat das Prozessgericht die Wirksamkeit der Ausschlagung inzidenter zu prüfen. Für die Verwahrung des Originals der Ausschlagungserklärung ist das Nachlassgericht zuständig.[66]

Auch das Familien- oder Betreuungsgericht prüft nicht, ob bspw. die Ausschlagungsfrist bereits abgelaufen war und/oder ob die Ausschlagung noch fristgerecht erklärt werden kann; diese sind auf die Prüfung der Interessen des Kindes oder Betroffenen beschränkt.[67] 17

III. Verfahrenskosten

Die Kosten i.R.d. Ausschlagungserklärung für die Beglaubigung fallen dem vorläufigen Erben und nicht dem Nachlass zur Last.[68] Als Kostennormen kommen §§ 24, 102 f., 121 GNotKG in Betracht. Im Einzelfall kann die Protokollierung günstiger sein, wenn mehrere Erben ausschlagen. 18

§ 1946 Zeitpunkt für Annahme oder Ausschlagung

Der Erbe kann die Erbschaft annehmen oder ausschlagen, sobald der Erbfall eingetreten ist.

Übersicht: Rdn

A. Allgemeines

Die Norm des § 1946 BGB hat im Wesentlichen klarstellende Funktion; schon §§ 1942 f., 1944 Abs. 2 S. 1 BGB machen deutlich, dass Annahme und Ausschlagung erst nach dem Eintritt des Erbfalls erfolgen können. Eine Annahmeerklärung vor dem Erbfall ist wirkungslos, vor dem Erbfall kann lediglich im Wege des Erbverzichts gegenüber dem Erblasser (§ 2346 BGB) vorgegangen werden. Nach § 311b Abs. 5 BGB sind ferner schuldrechtliche Verträge zwischen den Erben vor Eintritt des Erbfalls möglich (vgl. § 1945 Rdn 1). 1

B. Tatbestand

Eintritt des Erbfalls und Anfall der Erbschaft fallen regelmäßig zusammen, jedoch sind Konstellationen – etwa beim nasciturus, der Stiftung oder der Nacherbschaft – denkbar, bei denen diese Zeitpunkte auseinanderfallen können. § 1946 BGB verdeutlicht für die zeitliche Ausübung dabei Folgendes: 2

- Annahme und Ausschlagung können **nicht vor Eintritt des Erbfalls** erfolgen, obwohl Dispositionen der Erben vor dem Erbfall in gewissen Grenzen möglich sind (z.B. nach § 311b Abs. 5 BGB,[1] ferner nach § 2346 BGB[2]), aber

---

65 Erman/*J. Schmidt*, § 1945 Rn 13; Soergel/*Stein*, § 1945 Rn 11.
66 OLG Hamm ZErb 2011, 109 f.
67 BayObLG FamRZ 1969, 434, 436 = BayObLGZ 1969, 14, 18; MüKo/*Leipold*, § 1945 Rn 38; Erman/*J. Schmidt*, § 1945 Rn 8.
68 RGRK/*Johannsen*, § 1945 Rn 8.
1 Vgl. hierzu *Damrau*, ZEV 1995, 425.
2 Vgl. Grüneberg/*Weidlich*, § 1946 Rn 1.

- Annahme und Ausschlagung **vor Anfall der Erbschaft** (§ 1942 Abs. 1 BGB) und damit vor Beginn der Ausschlagungsfrist (§ 1944 BGB) sind zulässig.[3]

C. Sonderregelungen

3 In Bezug auf den **nasciturus** muss nach dem Rechtsgedanken des § 1923 Abs. 2 BGB anerkannt werden, dass dessen (zukünftige) gesetzliche Vertreter nach Eintritt des Erbfalls schon vor der Geburt die **Ausschlagung** mit Genehmigung des FamG (vgl. hierzu § 1945 BGB) erklären können.[4] Eine **Annahme** ist dagegen erst mit der Geburt des Kindes möglich, da aus Gründen der Rechtssicherheit erst dann feststeht, ob der nasciturus rechtsfähig wird und damit andere mögliche Erben von der Erbfolge ausschließen kann.[5]

4 Für den **Nacherben** ist die Sondervorschrift des § 2142 BGB zu beachten. Der Nacherbe kann die Erbschaft nach dem Erbfall aber vor Eintritt des Nacherbfalls ausschlagen. Der Ersatzerbe (§ 2096 BGB) kann die Erbschaft bereits vor Wegfall des Ersteingesetzten ausschlagen.[6] Für den **Schlusserben** im Rahmen eines Berliner Testaments nach § 2269 BGB ist eine Ausschlagung erst nach dem Tod des zweiten Ehegatten möglich, da er lediglich dessen Erbe ist.[7] Für den **Pflichtteilsberechtigten** gilt ferner § 2306 Abs. 1 S. 2 BGB.

§ 1947 Bedingung und Zeitbestimmung

Die Annahme und die Ausschlagung können nicht unter einer Bedingung oder einer Zeitbestimmung erfolgen.

Literatur

Keim, Die Erbausschlagung – eine undankbare Aufgabe für den Notar, RNotZ 2006, 602; *Specks*, Zur Zulässigkeit der Erbschaftsausschlagung unter einer Gegenwartsbedingung, ZEV 2007, 356.

Übersicht: Rdn

A. Allgemeines

1 Die Vorschrift soll eine sichere Aussage darüber ermöglichen, ob die Erbschaft dem Erben endgültig angefallen ist, und damit Rechtssicherheit für die Abwicklung des Nachlasses gewährleisten. Dieser Intention würde es entgegenstehen, wenn die Annahme oder Ausschlagung an eine Bedingung geknüpft sein könnte, deren Eintritt

3 MüKo/*Leipold*, § 1946 Rn 2; zu einer möglichen Verpflichtung zur Ausschlagung vgl. Erman/*J. Schmidt*, § 1946 Rn 3.

4 OLG Stuttgart NJW 1993, 2250; OLG Oldenburg FamRZ 1994, 847; Erman/*J. Schmidt*, § 1946 Rn 2; Soergel/*Stein*, § 1946 Rn 2; a.A. LG Berlin Rpfleger 1990, 362.

5 Soergel/*Stein*, § 1946 Rn 2 a.E.

6 MüKo/*Leipold*, § 1946 Rn 2.

7 BGH NJW 1998, 543 = FamRZ 1998, 103; Erman/*J. Schmidt*, § 1946 Rn 2 a.E.; Soergel/*Stein*, § 1946 Rn 2; a.A. OLG Düsseldorf FamRZ 1996, 1567, 1569 = Rpfleger 1997, 381, 382; näher *Edenfeld*, ZEV 1996, 313.

vom Rechtsverkehr nicht ohne Weiteres festgestellt werden kann. Damit würde die Schwebephase „vorläufige Erbschaft" nur durch einen ebenfalls unsicheren Zustand ersetzt und eine endgültige Aussage über die Zuordnung der Erbschaft wiederum unmöglich. Zur Unwirksamkeit der Erklärung führen deshalb Bedingungen, die die Ausschlagung von einem zukünftigen ungewissen Ereignis abhängig machen.

B. Tatbestand

Dem vorgenannten Regelungszweck stehen **Befristungen** und rechtsgeschäftliche **Bedingungen** entgegen. Unzulässig sind dabei jedoch nur rechtsgeschäftliche, sog. echte Bedingungen. Gemeint sind damit inhaltliche Bedingungen i.S.v. § 158 BGB, die die Wirksamkeit der Erklärung (Annahme oder Ausschlagung) an den Eintritt eines bestimmten zukünftigen Umstandes knüpfen. Bloße Motive (Beweggründe) sind insoweit unbeachtlich und unschädlich. Auch reine Rechtsbedingungen sind zulässig. Rechtsbedingungen sind solche, die an objektive Voraussetzungen für das Erbrecht anknüpfen, die im Zeitpunkt der Erklärung für den Erklärenden aber nur subjektiv unsicher sind. Letztere beeinträchtigen die Rechtssicherheit nicht, da ein Schwebezustand objektiv nicht eintritt.[1] 2

Die Abgrenzung von Motiven, Rechtsbedingungen und schädlichen Bedingungen kann im Einzelfall problematisch sein. Eine schädliche Bedingung liegt etwa vor, wenn für den Fall ausgeschlagen wird, dass der Nachlass nicht überschuldet ist.[2] Eine zulässige **Rechtsbedingung** liegt dagegen vor bei Annahme für den Fall, Erbe zu sein oder dass ein zuvor Berufener ausschlägt.[3] Auch die Annahme oder Ausschlagung der Erbschaft für den Fall eines bestimmten Berufungsgrundes (§ 1948 BGB) ist als Rechtsbedingung (Gegenwartsbedingung) zulässig, da ein unsicherer Schwebezustand hier objektiv nicht eintreten kann.[4] 3

I. Ausschlagung zugunsten Dritter

Schlägt der vorläufige Erbe zugunsten eines bestimmten Dritten aus, so ist zu ermitteln, ob dies nur als unbeachtliches Motiv oder als unzulässige Bedingung zu verstehen ist.[5] Ausschlagungserklärungen zugunsten Dritter sind möglich, wenn deren Benennung bloßes Motiv für die Ausschlagung ist. Ausschlagungserklärungen zugunsten Dritter sind nach §§ 158, 1947 BGB jedoch insgesamt unwirksam, wenn sie nur gelten sollen, wenn der begünstigte Dritte die Erbschaft auch erhält oder deren Annahme erklärt.[6] Ausschlagungen zugunsten eines Dritten, wenn dieser ohnehin Erbe ist oder wird (§ 1953 Abs. 2 BGB), sind dagegen zulässig, sog. **Gegenwartsbedingung**.[7] Dabei wird jedoch zu beachten sein, dass der Dritte gerade für den ausgeschlagenen Erbteil zum Erben berufen sein muss. 4

II. Sonderfälle der „bedingten Ausschlagung"

Unter dem Begriff der bedingten Ausschlagung werden Fallgruppen diskutiert, bei denen streitig ist, ob noch von Rechtsbedingungen ausgegangen werden kann oder nicht. Diese Fallgruppen haben in der rechtsanwaltlichen Beratung besondere Bedeutung. Strebt der die Ausschlagung erklärende vorläufige Erbe die Entstehung eines 5

1 MüKo/*Leipold*, § 1947 Rn 3; Staudinger/*Otte*, § 1947 Rn 2.
2 Z.B. Staudinger/*Otte*, § 1947 Rn 2; weitere Beispiele bei *Walter*, ZEV 2008, 319.
3 Vgl. allg. BayObLG Rpfleger 1982, 69; RG JW 1933, 2067/Nr. 5; MüKo/*Leipold*, § 1947 Rn 3.
4 Erman/*J. Schmidt*, § 1947 Rn 3; Staudinger/*Otte*, § 1947 Rn 3; MüKo/*Leipold*, § 1947 Rn 4.
5 BayObLG Rpfleger 1982, 69; OLG Hamm Rpfleger 1981, 402; OLG Hamm ZEV 1998, 225; ausf. *Specks*, ZEV 2007, 356; *Walter*, ZEV 2008, 319.
6 BayObLG Rpfleger 1982, 69; Erman/*J. Schmidt*, § 1947 Rn 4; MüKo/*Leipold*, § 1947 Rn 6.
7 MüKo/*Leipold*, § 1947 Rn 6; Staudinger/*Otte*, § 1947 Rn 6.

Pflichtteilsanspruchs – etwa nach §§ 1371 Abs. 3, 2305 oder § 2306 Abs. 1 S. 2 BGB – an, so kann für ihn im Zeitpunkt der Ausschlagung unsicher sein, ob wirklich ein Pflichtteilsanspruch erwächst. Hier wird die Ausschlagung unter dem **Vorbehalt des Pflichtteils** von weiten Teilen der Lit. für zulässig gehalten.[8] Diese Ansicht der Lit. überzeugt. Mit Blick auf den Schutzzweck der Norm des § 1947 BGB führt die Unsicherheit aus der Unkenntnis rechtlicher Voraussetzungen für die Entstehung eines Pflichtteilsanspruchs nicht zu einem objektiv unsicheren Schwebezustand. Deswegen wird man bei einer auf die Entstehung eines Pflichtteilsanspruchs bedingten Ausschlagung von einer zulässigen Gegenwartsbedingung ausgehen können.

6 So liegt der Fall insbesondere bei § 1371 Abs. 3 BGB, wenn unsicher ist, ob der **gesetzliche Güterstand** gewählt war oder ein Ehevertrag bestand. Auch der Fall, dass der Wert des dem Erklärenden hinterlassenen Erbteils (§ 2306 Abs. 1 S. 2 BGB a.F.) unbekannt war, gehört hierher.[9] Und auch der Fall, dass die Auslegung eines **Ehegattentestaments** dahingehend unklar ist, ob ein Berliner Testament (§ 2269 BGB) vorliegt oder der Erblasser den Ehegatten nur zum Vorerben einsetzen wollte,[10] liegt entsprechend. In diesem Fall wird für den Ehegatten daher zu Recht die insoweit bedingte Ausschlagung (§ 1371 Abs. 3 BGB) angeraten.[11] Ähnlich liegt die Problematik schließlich in den Fällen, in denen der die Ausschlagung erklärende vorläufige Erbe ein **Vermächtnis** erlangen will. Ist hier die Auslegung der letztwilligen Verfügung dahingehend unsicher, ob ein Vorausvermächtnis oder eine Teilungsanordnung vorliegt, und stellt sich später heraus, dass nur eine Teilungsanordnung gewollt war, so wäre dies für den Erklärenden ungünstig. Auch in diesen Fällen ist eine insoweit bedingte Ausschlagung wegen des Vorliegens einer bloßen Rechtsbedingung zulässig.

7 Die **Grenze zur schädlichen Bedingung** wird in den Fällen der bedingten Ausschlagung regelmäßig dann überschritten sein, wenn die Ausschlagung nur für den Fall erklärt wird, dass „ich den Pflichtteil erhalte" oder „ich das Vermächtnis bekomme".[12] Insoweit hängt der Eintritt der Bedingung nämlich noch von der zukünftigen Erfüllungshandlung des endgültigen Erben ab. In der Praxis sollte deswegen bei der **Formulierung** der bedingten Ausschlagung die Rechtsbedingung, scil. die rechtliche Unsicherheit im Zeitpunkt der Erklärung, genau bezeichnet werden.[13] Auch die Formulierung der Ausschlagung ist sorgsam zu wählen, denn es ist im Einzelfall festzustellen, wie eine Ausschlagung mit der Formulierung „aus allen Berufungsgründen" auf den Pflichtteilsanspruch gem. § 2306 Abs. 1 BGB wirkt.[14]
Des Weiteren sind die Fälle der bedingten Ausschlagung unter dem Gesichtspunkt des § 1950 BGB nicht unbedenklich (vgl. § 1950 Rdn 3).

C. Rechtsfolge

8 Die bedingte oder befristete Annahme oder Ausschlagung ist insgesamt unwirksam. Eine teilweise Unwirksamkeit nur der Bedingung nach § 139 BGB wird in diesen

---

8 Für § 2306 Abs. 1 S. 2 BGB a.F. offengelassen BayObLG FGPrax 2005, 71; MüKo/*Leipold*, § 1950 Rn 5, der sich ebenfalls für eine zulässige Gegenwartsbedingung ausspricht; *Lange/Kuchinke*, § 8 VI 1 d für die Fälle d. § 1371 Abs. 3 und § 2306 Abs. 1 S. 2 BGB; *Frohn*, Rpfleger 1982, 56, 57; diff. Soergel/*Stein*, § 1950 Rn 1 a.E.; dagegen Staudinger/*Otte*, § 1947 Rn 10a; Mayer/Süß/Riedel/Bittler/*Berkefeld*, § 10 Rn 251; OLG Hamm anerkennt zumindest ein Anfechtungsrecht, vgl. OLG Hamm Rpfleger 1981, 402, 403.

9 Zu dieser Problematik für Erbfälle vor dem 1.1.2010 vgl. 2. Aufl. Rn 6.

10 Vgl. hierzu z.B. OLG Düsseldorf Rpfleger 1997, 381 ff.

11 Krug/Rudolf/Kroiß/Bittler/*Bittler*, § 17 Rn 49, 55.

12 So i.E. wohl auch Soergel/*Stein*, § 1950 Rn 1 a.E.

13 Formulierungsbeispiele bei *Keim*, RNotZ 2006, 602.

14 OLG Schleswig ZEV 2015, 109.

Fällen kaum angenommen werden können.[15] Derartige Erklärungen können im Einzelfall jedoch als Annahme und Verpflichtung zur Übertragung des Erbteils auf den Begünstigten ausgelegt werden (§§ 2033, 2371, 2385 BGB), scheitern aber dann häufig am Formmangel. Im Fall der Unwirksamkeit von Annahme oder Ausschlagung muss in der Praxis bedacht werden, dass über § 1943 BGB die **Erbschaft** jetzt letztlich **endgültig anfällt.** Es bleiben dann nur etwaige Anfechtungsrechte (§ 1954 BGB).

D. Sonderregelungen

Der **Erbverzicht** bietet schließlich mit § 2350 Abs. 1 BGB u.U. mehr Gestaltungsfrei- 9
heit. Für das **Vermächtnis** gilt die Sonderregelung des § 2180 Abs. 2 BGB.

§ 1948 Mehrere Berufungsgründe

(1) Wer durch Verfügung von Todes wegen als Erbe berufen ist, kann, wenn er ohne die Verfügung als gesetzlicher Erbe berufen sein würde, die Erbschaft als eingesetzter Erbe ausschlagen und als gesetzlicher Erbe annehmen.
(2) Wer durch Testament und durch Erbvertrag als Erbe berufen ist, kann die Erbschaft aus dem einen Berufungsgrund annehmen und aus dem anderen ausschlagen.

Literatur

Holzhauer, Die Teilbarkeit von Annahme und Ausschlagung im System des Erbrechts, Erbrechtliche Untersuchungen, 1973.

Übersicht: Rdn

A. Allgemeines

Schon § 1944 Abs. 2 BGB macht deutlich, dass der Grund der Berufung für Annahme 1
und Ausschlagung wesentliche Bedeutung hat. § 1948 BGB regelt insoweit konsequent, dass Berufungen zum gewillkürten oder gesetzlichen Erben getrennt angenommen oder ausgeschlagen werden können. In dieser Regelung spiegelt sich auch die erhebliche gestalterische Funktion von Annahme und Ausschlagung wider (vgl. § 1942 Rdn 1). Das **Tatbestandsmerkmal des Berufungsgrundes** prägt das gesamte Recht der Ausschlagung, ohne dass dies bei den einzelnen Normen – insbesondere § 1944 BGB – näher konkretisiert wird. Der Umfang wird deswegen unterschiedlich beurteilt. Auf Grund einer systematischen Auslegung ist es vorzugswürdig, § 1948 BGB die Legaldefinition für den „Berufungsgrund" – insbesondere i.S.d. §§ 1944, 1949 BGB – zu entnehmen und dabei auf den konkreten Erbtatbestand abzustellen. Danach sind zunächst das gesetzliche und das gewillkürte Erbrecht (Verfügung von Todes wegen), unterteilt in einseitige (Testament) und zweiseitige Verfügungen (Erbvertrag), unter-

15 Vgl. MüKo/*Leipold*, § 1947 Rn 4.

schiedliche Berufungsgründe.[1] Bei dem **gesetzlichen Erbrecht** bilden die konkreten Erbrechte aufgrund von Ehe oder Verwandtschaft nochmals verschiedene Berufungsgründe.[2] Liegen **mehrere Testamente** oder mehrere Erbverträge vor, so liegen auch hierin unterschiedliche Berufungsgründe.[3]

B. Tatbestand

I. Wahlrecht zwischen gesetzlichem und gewillkürtem Erbrecht (Abs. 1)

1. Tatbestandsvoraussetzungen

2 Das Wahlrecht zwischen gesetzlichem Erbrecht aufgrund der §§ 1922 ff. BGB und gewillkürtem Erbrecht – sei es aufgrund Testaments oder Erbvertrages – beruht auf Abs. 1. Das Wahlrecht ist dahin ausgestaltet, dass wahlweise (nur) das gewillkürte Erbrecht ausgeschlagen werden kann, welches nach § 1937 BGB vorrangig ist. Voraussetzung des Wahlrechts nach Abs. 1 ist, dass der Erklärende aufgrund der §§ 1922 ff. BGB Erbe wird, wenn er die Berufung aufgrund Testaments oder Erbvertrages ausschlägt. Diese Voraussetzung ist jedoch nur selten erfüllt. Vor allem wegen des Vorranges der letztwilligen Verfügung (§ 1937 BGB) kann eine **Auslegung des Erblasserwillens** ergeben, dass der Erbe nicht gesetzlicher Erbe werden sollte.[4] In der Praxis bedeutsam sind ferner § 2069 BGB, wonach die **Abkömmlinge** an die Stelle des Ausschlagenden treten, und § 2094 BGB, wonach der Erbteil des Ausschlagenden den **Miterben** anwächst. Des Weiteren sind §§ 2096, 2102 Abs. 1 BGB zu beachten. Standardfall des Abs. 1 bleibt daher die Ausschlagung des kinderlosen Alleinerben. In der Praxis stellt eine **Ausschlagung** nur des **gewillkürten Teils** daher ein beachtliches **Risiko** dar und bedarf der sorgfältigen Prüfung, da das gesetzliche Erbrecht nach §§ 1922 ff. BGB nur in Ausnahmefällen an die Stelle des ausgeschlagenen gewillkürten Erbteils tritt. Erschwerend kommt hinzu, dass eine Ausschlagung des gewillkürten Erbrechts in Erwartung der gesetzlichen Erbschaft unbeachtlicher Motivirrtum für den Fall ist, dass ein Dritter tatsächlich gesetzlicher Erbe wird. Eine Anfechtung (§ 1954 BGB) ist insoweit ausgeschlossen.[5]

2. Rechtsfolgen/Vorteile der Ausübung des Wahlrechts

3 In der Rechtsfolge der Ausübung des Wahlrechts steht die Berufung zum gesetzlichen Erben, die als Vorteile den Erhalt des Voraus nach § 1932 BGB oder von Ausgleichsansprüchen nach § 2050 BGB mit sich bringen kann.[6] Beim **Ehegattentestament** kann der Überlebende seine Bindung nach § 2271 Abs. 2 BGB (wechselseitige Verfügung) beseitigen.[7] Im Übrigen bleiben jedoch etwa Vermächtnisse oder Auflagen im Zweifel wirksam (§§ 2161, 2192 BGB). Für die **Pflichtteilslast** gelten §§ 2320, 2324 BGB. Bedeutung hat das Wahlrecht ferner, wenn Belastungen durch den Erblasser nur für den eingesetzten Erben gelten oder für die Fälle des § 2095 BGB (besonderer Erbteil bei Anwachsung).[8]

---

1 BGH ZErb 2000, 232, 233; BayObLG NJW 1953, 1431 f.; Erman/*J. Schmidt*, § 1948 Rn 1; MüKo/*Leipold*, § 1944 Rn 4; Staudinger/*Otte*, § 1944 Rn 8; RGRK/*Johannsen*, § 1949 Rn 1; a.A. z.B. Soergel/*Stein*, § 1944 Rn 10; vgl. auch die Abgrenzung bei § 1949 Rdn 2 und § 1951 Rdn 2; i.E. kommen jedoch beide Auffassungen meist zu gleichen Ergebnissen.

2 MüKo/*Leipold*, § 1944 Rn 7; *Kipp/Coing*, § 88 II 2.

3 MüKo/*Leipold*, § 1944 Rn 7.

4 So für ein gemeinschaftliches Testament OLG Brandenburg ZEV 2023, 308 m. Anm. *Leipold*; OLG Düsseldorf ErbR 2023, 844.

5 MüKo/*Leipold*, § 1948 Rn 2.

6 A.A. Staudinger/*Otte*, § 1948 Rn 8; Soergel/*Stein*, § 1948 Rn 3.

7 Erman/*J. Schmidt*, § 1948 Rn 3; Soergel/*Stein*, § 1948 Rn 3 m.w.N.; a.A. KG NJW-RR 1991, 330.

8 Erman/*J. Schmidt*, § 1948 Rn 3.

Auch § 2085 BGB (teilweise Unwirksamkeit) ist bei einer Ausschlagung anwendbar[9] und bekommt erhebliche Bedeutung, wenn das Testament für weitere Erben Bestand hat und damit mittelbar das gesetzliche Erbrecht des Ausschlagenden und der Miterben beeinflusst. Im Vergleich zwischen dem zugewendeten Erbteil und dem gesetzlichen Erbteil eines Miterben ist bei Ausübung des Wahlrechts deswegen zu bedenken, dass der gesetzliche Erbteil nicht größer als der ausgeschlagene zugewendete Erbteil sein kann, da die anderen eingesetzten Miterben den Ausschlagenden aufgrund der Verfügung des Erblassers insoweit verdrängen (**Enterbung durch Erbeinsetzung**).[10] Vor diesem Hintergrund werden – bei entsprechender Auslegung des Erblasserwillens – der Lenkungsfunktion der Ausschlagung deutliche Grenzen gesetzt. Danach kann sich eine Ausschlagung des zugewendeten Erbteils vor allem dann lohnen, wenn keine gewillkürten Miterben vorhanden sind und der gesetzliche Erbteil den gewillkürten Erbteil (wertmäßig) übersteigt, ferner dann, wenn die eingangs aufgezeigten Rechtsfolgen im Einzelfall vorteilhaft sind oder der Erbe anderen (gesetzlichen) Miterben ihren Erbteil zukommen lassen will, was ansonsten wegen § 1950 BGB nicht möglich ist. 4

Ob im Einzelfall **erbschaftsteuerliche Vorteile** erreicht werden können – etwa durch Ausschöpfung der Steuerfreibeträge der zum Zuge kommenden (Mit-)Erben –, hängt wesentlich vom Wert des Nachlasses ab.[11] 5

II. Wahlrecht zwischen testamentarischem und erbvertraglichem Erbrecht (Abs. 2)

Das Wahlrecht zwischen testamentarischem und erbvertraglichem Erbrecht ergibt sich aus Abs. 2. Voraussetzung ist hier kein gesetzliches Erbrecht. Ob die gestalterische Erklärung allerdings Vorteile bringt, ist im Einzelfall sorgfältig zu prüfen. 6

Die wesentliche Wirkung liegt in § 2289 BGB (Aufhebungswirkung).[12] Im Widerspruch zum Erbvertrag stehende testamentarische Verfügungen sind danach relativ unwirksam, kommen aber wieder zur Anwendung, wenn der Erbvertrag – etwa über die Ausschlagung nach Abs. 2 – später wegfällt und dahin auszulegen war, dass die vorherigen Testamente nicht widerrufen werden sollten. Belastungen und Beschränkungen werden auch über Abs. 2 kaum umgangen werden können, §§ 2161, 2192 BGB finden auch hier Anwendung. Kein Fall des Abs. 2 ist es schließlich, wenn der Erklärende aus mehreren Erbverträgen oder mehreren Testamenten wählen will.[13] 7

C. Verfahrensfragen

§ 1948 BGB macht deutlich, dass für die Formulierung von Ausschlagung und Annahme als rechtsgestaltende Erklärung in der Praxis Vorsicht geboten ist. Insbesondere im Hinblick auf die Auslegungsregel des § 1949 Abs. 2 BGB ist eine trennscharfe Erklärung erforderlich, um Auslegungsschwierigkeiten zu vermeiden. 8

9 Soergel/*Stein*, § 1948 Rn 3.
10 MüKo/*Leipold*, § 1948 Rn 6; näher *Holzhauer*, S. 85 ff.
11 Soergel/*Stein*, § 1948 Rn 3; auch *Tischer*, BB 1999, 557 ff.
12 Erman/*J. Schmidt*, § 1948 Rn 4; MüKo/*Leipold*, § 1948 Rn 9.
13 MüKo/*Leipold*, § 1948 Rn 11.

§ 1949 Irrtum über den Berufungsgrund

(1) Die Annahme gilt als nicht erfolgt, wenn der Erbe über den Berufungsgrund im Irrtum war.
(2) Die Ausschlagung erstreckt sich im Zweifel auf alle Berufungsgründe, die dem Erben zur Zeit der Erklärung bekannt sind.

Übersicht: Rdn

A. Allgemeines

1 Der Irrtum über den Berufungsgrund nach § 1949 BGB ist von den konkurrierenden Anfechtungsregeln der §§ 1954 ff. BGB i.V.m. §§ 119 ff. BGB zu unterscheiden (zu den Konkurrenzen vgl. Rdn 6). § 1949 BGB erfordert **keine Anfechtungserklärung.**[1] Der Irrtum über den Berufungsgrund kann daher insbesondere durch entgegengesetzte Erklärung, d.h. Annahme statt Ausschlagung oder Ausschlagung statt Annahme, geltend gemacht werden. Damit finden auch die allg. Anfechtungsregeln der §§ 119 ff. BGB – einschließlich der **Schadensersatzpflicht** des Anfechtenden nach § 122 BGB – für § 1949 BGB **keine** Anwendung.[2] Nach h.M. gilt Abs. 1 entsprechend für die Ausschlagung.[3]

B. Tatbestand

I. Irrtum über den Berufungsgrund (Abs. 1)

2 Der Irrtum über den Berufungsgrund ist das unbewusste Auseinanderfallen zwischen dem vorgestellten und dem tatsächlichen Berufungsgrund. Das **Tatbestandsmerkmal des „Berufungsgrundes"** wird z.T. weiter verstanden als in §§ 1944, 1948 BGB; für einen Irrtum über den Berufungsgrund i.S.d. § 1949 BGB soll schon ein Irrtum über die Anknüpfungstatsachen des Erbrechts und damit über die Art und Weise der konkreten Berufung ausreichen, wenn dadurch die Identität des Tatbestandes in Frage gestellt wird.[4] Andere wollen auch i.R.d. § 1949 BGB auf die Definition des Berufungsgrundes nach §§ 1944, 1948 BGB zurückgreifen[5] (vgl. auch die Abgrenzung bei § 1948 Rdn 1). Letztere Auffassung überzeugt wegen ihrer systematischen Anknüpfung und der Vermeidung von Abgrenzungsproblemen zugunsten der Rechtssicherheit sowie dem Schutz der Nachlassgläubiger. In der Praxis hat dieser Streitstand allerdings kaum Konsequenzen.[6] Nach h.M. ist auch eine unrichtige Vorstellung über die rechtlichen Verhältnisse des vorgestellten Berufungsgrundes (**Rechtsirrtum**) i.R.d. § 1949 BGB beachtlich.[7] Folgende Fälle sollen beispielhaft dargestellt werden (vgl. auch § 1948 Rdn 1):

---

1 Grüneberg/*Weidlich*, § 1949 Rn 1.
2 Soergel/*Stein*, § 1949 Rn 3.
3 Soergel/*Stein*, § 1949 Rn 1; Jauernig/*Stürner*, § 1949 Rn 2.
4 Erman/*J. Schmidt*, § 1949 Rn 2; wohl auch Soergel/*Stein*, § 1949 Rn 2, § 1944 Rn 10.
5 MüKo/*Leipold*, § 1949 Rn 2; Staudinger/*Otte*, § 1949 Rn 6.
6 Soergel/*Stein*, § 1949 Rn 2.
7 MüKo/*Leipold*, § 1949 Rn 2; Grüneberg/*Weidlich*, § 1949 Rn 3; Staudinger/*Otte*, § 1949 Rn 6.

Irrtum über den Berufungsgrund (Abs. 1)	Ja	Nein
Erbe stellt sich vor, aufgrund Verwandtschaft berufen zu sein, ist aber tatsächlich als Ehegatte berufen	x	
Erbe stellt sich vor, gesetzlicher Erbe zu sein, erbt rechtstatsächlich aber im Wege letztwilliger Verfügung	x	
Erbe stellt sich vor, aufgrund von Testament Nr. 1 zu erben, er erbt jedoch aufgrund von Testament Nr. 2 (oder Erbvertrages)	x	
Irrtum über nicht wesentliche Einzelheiten eines Erbvertrages (eines Testaments)		x

Kein Irrtum in diesem Sinne liegt vor, wenn der Erbe sich keinerlei Gedanken über den Berufungsgrund macht. Bei Stellvertretung gelten insoweit die zu § 1944 BGB dargelegten Grundsätze (vgl. § 1944 Rdn 3 f.).[8] Auch die stillschweigende Annahme (§ 1943 BGB) kann mangels Kenntnis des Berufungsgrundes und damit mangels Auslösung der Ausschlagungsfrist kein Fall des Abs. 1 sein. 3

Als **Rechtsfolge** des Irrtums sieht Abs. 1 vor, dass die **Annahme** als nicht erfolgt gilt und damit nichtig ist. Bei der entsprechenden Anwendung von Abs. 1 auf die **Ausschlagung** ist in der Rechtsfolge das Kenntnismoment besonders zu beachten. Gem. Abs. 2 ist der Irrtum über den Berufungsgrund auch für die Ausschlagung relevant. Hiernach bezieht sich eine erklärte Ausschlagung nämlich nur auf bekannte Berufungsgründe. Ist dagegen der ausschlaggebende Berufungsgrund nicht bekannt, so kann er auch nicht von der Ausschlagung umfasst sein. Trotz erklärter Ausschlagung oder Annahme ist damit bei nachträglicher Kenntnis vom wahren Berufungsgrund noch die Annahme oder Ausschlagung der Erbschaft nach den allgemeinen Vorschriften möglich.[9] 4

II. Auslegungsregel (Abs. 2)

Die Auslegungsregel des Abs. 2 dient der Rechtssicherheit in der Nachlassabwicklung und bestimmt, dass eine pauschale Ausschlagung der Erbschaft im Zweifel alle dem Ausschlagenden **bekannten Berufungsgründe** erfasst. Erklärt beispielsweise der gewillkürte vorläufige Alleinerbe, der durch die Ausschlagung der Erbschaft aufgrund letztwilliger Verfügung zugleich auch unmittelbarer gesetzlicher Erbe wäre, die Ausschlagung, so ist im Zweifel davon auszugehen, dass sich die Ausschlagung auf beide Berufungsgründe bezieht, wenn er beide Berufungsgründe kennt. Das Gesetz vermutet damit grundsätzlich eine vollständige Loslösung von der Erbschaft.[10] Fällt die Erbschaft aber zukünftig erst in Folge weiterer Ereignisse – etwa Ausschlagungen ersatzweise berufener Erben (**Kettenausschlagung**) – an, gilt Abs. 2 mangels gesicherter Kenntnis des „Ersatzberufungsgrundes" im Ausschlagungszeitpunkt nicht.[11] Abs. 2 deckt entsprechend den Fall ab, dass dem Ausschlagenden unbekannte Berufungsgründe – auch im Irrtumsfalle – im Zweifel nicht von der Ausschlagung erfasst sind.[12] Macht sich der Erklärende über den Berufungsgrund keinerlei Gedanken, ergreift die 5

8 Vgl. auch Soergel/*Stein*, § 1949 Rn 3.
9 Vgl. MüKo/*Leipold*, § 1949 Rn 6 f.; Staudinger/*Otte*, § 1949 Rn 5.
10 MüKo/*Leipold*, § 1949 Rn 8; Grüneberg/*Weidlich*, § 1949 Rn 3 ist für eine Einzelfallbetrachtung; a.A. Soergel/*Stein*, § 1949 Rn 8.
11 MüKo/*Leipold*, § 1944 Rn 10, der darauf hinweist, dass eine Auslegung der Ausschlagungserklärung im Einzelfall aber auch diesen Fall abdecken kann.
12 Soergel/*Stein*, § 1949 Rn 5.

Ausschlagung alle Berufungsgründe.[13] Wie bei Abs. 1 ist der Erklärende in diesem Fall auch i.R.d. Abs. 2 nicht schutzwürdig.

C. Sonderregelungen

6 Die Irrtumsregelung des § 1949 BGB ist nach vorzugswürdiger Ansicht neben der Irrtumsanfechtung nach § 1954 BGB anwendbar **(Anwendungskonkurrenz)**.[14]

D. Verfahrensfragen

7 Die Darlegungs- und **Beweislast** trifft nach allg. Regeln denjenigen, der sich auf den Irrtum beruft.[15]

§ 1950 Teilannahme; Teilausschlagung

[1]Die Annahme und die Ausschlagung können nicht auf einen Teil der Erbschaft beschränkt werden. [2]Die Annahme oder Ausschlagung eines Teils ist unwirksam.

Übersicht: Rdn

A. Allgemeines

1 Die Norm des § 1950 BGB stellt – anknüpfend an §§ 1942 f. BGB – klar, dass teilweise Annahmen oder Ausschlagungen grundsätzlich unwirksam sind. Diese Norm sichert damit auch das Prinzip der Universalsukzession (§ 1922 BGB) und ist deswegen durch den Erblasser auch nicht abdingbar.

B. Tatbestand

2 In Abgrenzung zu dem Wahlrecht der Berufungsgründe (§ 1948 BGB) und der Erbteile (§ 1951 BGB) stellt § 1950 BGB mit dem **Tatbestandsmerkmal des „Teils der Erbschaft"** auf die dinglichen Nachlassgegenstände oder Bruchteile ab.[1] § 1950 BGB verhindert damit, dass sich ein Erbe die besten Erbschaftsgegenstände heraussucht (cherry-picking) und den Rest – insbesondere die Nachlassschulden – anderen überlässt. Die Angabe von Motiven für Annahme oder Ausschlagung, die auf den Anfall bestimmter Nachlassgegenstände (oder des Pflichtteils) abstellen, ist unbeachtlich und unschädlich.[2]

---

13 Soergel/*Stein*, § 1949 Rn 5 a.E.; diff. *Pohl*, AcP 177, 52, 71.

14 MüKo/*Leipold*, § 1954 Rn 2; z.T. wird § 1949 BGB zu der Anfechtung nach § 1954 BGB i.V.m. den allg. Regeln als spezielle Norm angesehen, die die Anfechtung ausschließt, vgl. Soergel/*Stein*, § 1954 Rn 1; Staudinger/*Otte*, § 1954 Rn 2.

15 Soergel/*Stein*, § 1949 Rn 1.

1 Staudinger/*Otte*, § 1950 Rn 2; diff. MüKo/*Leipold*, § 1950 Rn 3 f.; vgl. auch die Abgrenzung bei § 1951 Rdn 2.

2 Krit. Staudinger/*Otte*, § 1950 Rn 7.

I. Sonderfall der „bedingten Ausschlagung"

3 I.R.d. § 1950 BGB sind auch die Fälle der bedingten Ausschlagung – insbesondere die Ausschlagung unter **Vorbehalt des Pflichtteils** (§ 1371 Abs. 3 und § 2306 Abs. 1 S. 2 BGB) – erneut zu diskutieren (vgl. § 1947 Rdn 5 ff.). Eine weit verbreitete Ansicht spricht sich in diesen Fällen auch für die Anwendbarkeit von § 1950 BGB aus und lässt die bedingte Ausschlagung – neben § 1947 BGB – hieran scheitern.[3] Dieses wird richtigerweise in der Lit. und Rspr. mit überzeugenden Argumenten bestritten.[4] Das **Pflichtteilsrecht** ist ein Anspruch und damit kein tatbestandlicher Teil der Erbschaft.[5] Im Übrigen geht es bei der bedingten Ausschlagung nicht um Teile der Erbschaft, sondern um die Erbenstellung selbst.[6] Die bedingte Ausschlagung in Bezug auf die Entstehung eines Pflichtteilsrechts oder bspw. eines Vermächtnisses ist daher auch nach § 1950 BGB wirksam. Beide Auffassungen werden jedoch in der Regel zu der Wirksamkeit der Erklärung nach § 1950 BGB kommen, wenn die Erlangung des Pflichtteils ohnehin nur bloßes Motiv der Erklärung war.

II. Rechtsfolge

4 In der Rechtsfolge erklärt S. 2 teilweise Annahmen oder Ausschlagungen für unwirksam. In der Praxis ist besonders zu berücksichtigen, dass über § 1943 BGB in diesen Fällen dann letztlich die **ganze Erbschaft anfällt**.[7]

C. Sonderregelungen

I. Vermächtnis/Pflichtteil

5 Über § 2180 Abs. 3 BGB greift § 1950 BGB auch für das Vermächtnis.

II. Höferecht

6 Der Hof ist Teil der Erbschaft i.S.d. § 1950 BGB. Der Hoferbe, der auch zumindest Miterbe des übrigen Nachlasses ist, kann daher nicht den Hof annehmen und den Rest ausschlagen.[8] Umgekehrt kann der Hoferbe aber nach § 11 S. 1 HöfeO den Anfall des Hofes ausschlagen, ohne die Erbschaft in das übrige Vermögen auszuschlagen.

III. Sonstiges

7 Als Sonderregelungen sind ferner § 1951 Abs. 1–3 BGB und § 1952 Abs. 3 BGB zu berücksichtigen. Für den ausschlagenden **Ehegatten** ist ferner § 1371 Abs. 3 BGB zu beachten, wonach Zugewinnausgleich trotz Erbausschlagung verlangt werden kann. Für den **Miterben** gilt ferner § 2033 BGB. Bei der erbrechtlichen Nachfolge in **Personengesellschaften** (sog. erbrechtliche Lösung[9]) erwirbt der Erbe den Gesellschaftsanteil zusammen mit den anderen Bestandteilen der Erbschaft und kann diese nur einheitlich ausschlagen oder annehmen.[10]

---

3 Offengelassen BayObLG FGPrax 2005, 71; *Lange/Kuchinke*, § 8 VI 1d; RGRK/*Johannsen*, § 1950 Rn 1; Staudinger/*Otte*, § 1950 Rn 6 hält die Heranziehung von § 1950 BGB für nicht erforderlich.

4 OLG Hamm Rpfleger 1981, 402, 403 m. Verw. auf RGZ 93, 1, 9; MüKo/*Leipold*, § 1950 Rn 5; *Frohn*, Rpfleger 1982, 56, 57.

5 MüKo/*Leipold*, § 1950 Rn 5.

6 OLG Hamm Rpfleger 1981, 402, 403.

7 Grüneberg/*Weidlich*, § 1950 Rn 2.

8 A.A. MüKo/*Leipold*, § 1950 Rn 9.

9 Vgl. allg. BGHZ 108, 187 ff.; *Brox/Walker*, Erbrecht, § 44 Rn 11 b).

10 MüKo/*Leipold*, § 1950 Rn 10.

§ 1951 Mehrere Erbteile

(1) Wer zu mehreren Erbteilen berufen ist, kann, wenn die Berufung auf verschiedenen Gründen beruht, den einen Erbteil annehmen und den anderen ausschlagen.
(2) [1]Beruht die Berufung auf demselben Grund, so gilt die Annahme oder Ausschlagung des einen Erbteils auch für den anderen, selbst wenn der andere erst später anfällt. [2]Die Berufung beruht auf demselben Grund auch dann, wenn sie in verschiedenen Testamenten oder vertragsmäßig in verschiedenen zwischen denselben Personen geschlossenen Erbverträgen angeordnet ist.
(3) Setzt der Erblasser einen Erben auf mehrere Erbteile ein, so kann er ihm durch Verfügung von Todes wegen gestatten, den einen Erbteil anzunehmen und den anderen auszuschlagen.

Übersicht: Rdn

A. Allgemeines

1 Ausgehend von der Unteilbarkeit der Ausschlagung (§ 1950 BGB) wird mit § 1951 BGB die Teilbarkeit mehrerer Erbteile statuiert und damit das Wahlrecht des § 1948 BGB erweitert.

B. Tatbestand

I. Wahlrecht mehrerer Erbteile (Abs. 1)

2 Die Norm des Abs. 1 gibt dem Erben ein Wahlrecht für einen von mehreren Erbteilen, die auf verschiedenen Berufungsgründen beruhen. Damit kombiniert Abs. 1 die Begriffe des „Erbteils“ und des „Berufungsgrundes“. In Teilen der Lit. und Rspr. werden diese Merkmale zu Recht zu einem einheitlichen Tatbestandsmerkmal (**Teil des Nachlasses**) vermengt, da die Abgrenzung der Berufungsgründe als sehr kompliziert gilt.[1] Grundsätzlich ist von dem Erbteil i.S.d. § 1951 BGB der in § 1950 BGB gebrauchte Begriff des „Teils der Erbschaft“ zu unterscheiden. Ferner entspricht der Berufungsgrund i.S.d. § 1951 BGB grundsätzlich dem des § 1948 BGB.[2]
Im Einzelnen ist die Abgrenzung str. und soll im Überblick wie folgt dargestellt werden:

Mehrere Erbteile i.S.d. Abs. 1	Ja	Nein
Gesetzliche Erbenstellung durch Verwandtschaft und Ehe (§ 1934 BGB)	x	
Gesetzliche Erbenstellung durch mehrfache Verwandtschaft (§ 1927 BGB)	x	
Erbenstellung aufgrund Testaments und gesetzlicher Erbenstellung	x	
Erbenstellung aufgrund Erbvertrages und gesetzlicher Erbenstellung	x	
Erbenstellung aufgrund Testaments und Erbvertrages	x	
Erbenstellung aufgrund mehrerer Testamente des Erblassers (str.)	x	

1 *Lange/Kuchinke*, § 8 VI 3e.
2 Grüneberg/*Weidlich*, § 1951 Rn 1; MüKo/*Leipold*, § 1951 Rn 5 verweist auf § 1944; *Kipp/Coing*, § 88 II 2; a.A. Soergel/*Stein*, § 1951 Rn 4.

Mehrere Erbteile i.S.d. Abs. 1	Ja	Nein
Erbenstellung aufgrund mehrerer Erbverträge mit dem Erblasser (str.)	x	
Verfügungen des Erblassers i.S.v. Abs. 3, etwa durch Beschränkung eines Bruchteils des Erbes mit Auflagen oder Vermächtnis	x	
Erbenstellung und Nacherbenstellung[3]	x	
Hof i.S.d. HöfeO (§ 1950 BGB)		x
Gesellschaftsanteile (erbrechtliche Lösung bei Personengesellschaften)		x
Anwachsung (§§ 2094, 2095, 2279 BGB)		x
Erhöhung des Erbteils nach § 1935 BGB		x

In der Lit. und Rspr. werden die dargestellten Konstellationen z.T. unterschiedlich 3 beurteilt.[4] Eine Annahme oder Ausschlagung erfasst daher mangels mehrerer Erbteile auch immer den erhöhten oder angewachsenen Erbteil.[5]

Verschiedene Berufungsgründe i.S.d. Abs. 1	Ja	Nein
Gesetzliche Erbenstellung durch Verwandtschaft und Ehe (§ 1934 BGB; str.)	x	
Gesetzliche Erbenstellung durch mehrfache Verwandtschaft (§ 1927 BGB; str.)	x	
Erbenstellung aufgrund Testaments und Gesetzes (§ 1948 BGB)	x	
Erbenstellung aufgrund Erbvertrages und Gesetzes	x	
Erbenstellung aufgrund Testaments und Erbvertrages (§ 1948 BGB)	x	
Mehrere Testamente eines Erblassers (Abs. 2 S. 2)		x
Erbenstellung aufgrund mehrerer Erbverträge des Erblassers mit unterschiedlichen Personen	x	
Erbenstellung aufgrund eines Testaments, das den Erben unter verschiedenen Voraussetzungen durch mehrere Nacherbschaften beschränkt		x
Ein Testament eines Erblassers (ohne Verfügung nach Abs. 3)		x
Ein Erbvertrag mit dem Erblasser		x
Mehrere Erbverträge mit dem Erblasser (Abs. 2 S. 2)		x
Verfügung von Todes wegen nach Abs. 3	x	

In den Fällen, in denen sowohl **mehrere Erbteile** als auch **verschiedene Berufungsgründe** vorliegen, erweitert sich das Wahlrecht des Erben bzw. die Teilbarkeit des Nachlasses auf den so abgrenzbaren **Teil des Nachlasses.** 4

II. Erstreckungswirkung (Abs. 2 S. 1)

Soweit nur ein einheitlicher Berufungsgrund vorliegt, stellt Abs. 2 S. 1 klar, dass die 5 Ausschlagung bzw. die Annahme auch den anderen Erbteil erfasst. Erweiternd stellt Abs. 2 S. 1 fest, dass das auch dann gilt, wenn dieser dem Erben erst später – etwa als

3 KG FGPrax 2005, 128.

4 Vgl. bspw. auch den Überblick bei Erman/*J. Schmidt*, § 1951 Rn 6 m.w.N.; Soergel/*Stein*, § 1951 Rn 2; Grüneberg/*Weidlich*, § 1951 Rn 1 f.

5 Erman/*J. Schmidt*, § 1951 Rn 3; Grüneberg/*Weidlich*, § 1951 Rn 1; Soergel/*Stein*, § 1951 Rn 3; krit. *Lange/Kuchinke*, § 8 VI 3e.

Ersatz- oder Nacherbe – anfällt.[6] Beschränkt der vorläufige Erbe seine Erklärung dagegen ausdrücklich auf einen Erbteil, so entfaltet diese zwar keine Wirkung für den anderen Erbteil, jedoch stellt dies gem. § 1950 BGB eine unwirksame Teilannahme oder -ausschlagung dar.[7] In der Praxis ist zu beachten, dass nach § 1943 BGB dann regelmäßig die **gesamte Erbschaft anfallen** wird. Im Einzelfall kann dann allenfalls die Anfechtung nach § 1956 BGB eröffnet sein.

III. Wahlrecht mehrerer Erbteile aufgrund Testaments (Abs. 3)

6 Über Abs. 3 hat es der Erblasser in der Hand, die Teilbarkeit des Nachlasses und damit das **Wahlrecht** des Erben auszuweiten. Er kann mehrere Erbteile i.S.v. Abs. 1 bilden und deren getrennte Annahme oder Ausschlagung gestatten. Z.T. wird in der Aufteilung selbst schon die stillschweigende Gestattung gesehen,[8] zumindest, wenn sich keine Interessen des Erblassers erkennen lassen, die gegen eine Teilausschlagung sprechen.[9]

C. Sonderregelungen

7 Liegen die Voraussetzungen von Abs. 1 oder Abs. 3 vor, kann der Erbe getrennt annehmen oder ausschlagen. Dabei findet die Regelung des § 1949 Abs. 2 BGB hier dann entsprechende Anwendung.[10]

§ 1952 Vererblichkeit des Ausschlagungsrechts

(1) Das Recht des Erben, die Erbschaft auszuschlagen, ist vererblich.
(2) Stirbt der Erbe vor dem Ablauf der Ausschlagungsfrist, so endigt die Frist nicht vor dem Ablauf der für die Erbschaft des Erben vorgeschriebenen Ausschlagungsfrist.
(3) Von mehreren Erben des Erben kann jeder den seinem Erbteil entsprechenden Teil der Erbschaft ausschlagen.

Übersicht: Rdn

A. Allgemeines

1 Das Ausschlagungsrecht ist als **höchstpersönliches Recht** nicht rechtsgeschäftlich übertragbar und kann auch mit einer Veräußerung des Erbteils oder einer Verfügung

6 Grüneberg/*Weidlich*, § 1951 Rn 4.
7 MüKo/*Leipold*, § 1951 Rn 10.
8 MüKo/*Leipold*, § 1951 Rn 7 m.w.N.
9 KG NJW-RR 2005, 592.
10 Staudinger/*Otte*, § 1951 Rn 9.

über einen Erbteil (§§ 2033 ff. BGB) nicht an einen Erwerber übergehen.[1] Hinzu käme, dass eine solche Handlung regelmäßig als stillschweigende Annahmeerklärung zu werten wäre. Das Ausschlagungsrecht des Erben geht nach § 1952 BGB jedoch auf den **Erbeserben** (Erbe des Erben) über. Grundlage dieses Überganges ist das gewillkürte oder gesetzliche Erbrecht des Erbeserben.

B. Tatbestand

I. Ausschlagungsszenarien

Folgende Ausschlagungsszenarien sind nach Abs. 1 denkbar:[2] 2

- Der Erbeserbe kann beide Erbschaften annehmen,
- der Erbeserbe kann die Erbschaft des Erben annehmen und die vorherige Erbschaft ausschlagen oder
- der Erbeserbe kann die Erbschaft des Erben ausschlagen und wird schon deswegen nicht Erbe der vorherigen Erbschaft.

Nicht möglich ist also Ausschlagung der zweiten Erbschaft und Annahme der vorherigen Erbschaft. 3 Erklärt der Erbeserbe zunächst ausdrücklich die Annahme oder Ausschlagung der ersten Erbschaft, so liegt darin regelmäßig aber die stillschweigende Annahme der zweiten **Erbschaft.**[3] Schlägt der Erbeserbe jedoch ausdrücklich die zweite Erbschaft aus, so wird die Erklärung bzgl. der ersten Erbschaft unwirksam.[4] Verfügungen des vorläufigen Erben über die erste oder zweite Erbschaft können unter den Voraussetzungen des § 1959 Abs. 2 BGB auch dem endgültigen Erben gegenüber Wirksamkeit haben. Nimmt der Erbe die Erbschaft bereits an, so kann der Erbeserbe die Ausschlagung der vorherigen Erbschaft nicht mehr erklären.[5]

II. Ausschlagungsfrist

Stirbt der Erbe vor Kenntnisnahme vom Anfall der Erbschaft und des Berufungsgrundes (§ 1944 Abs. 1 BGB), 4 so läuft die Ausschlagungsfrist auch für den Erbeserben noch nicht und beginnt erst mit dessen Kenntnisnahme.[6] Teilweise Kenntnisse von Umständen des § 1944 Abs. 1 BGB durch den vorverstorbenen Erben muss sich der Erbeserbe nicht zurechnen lassen. Grundsätzlich sind die Ausschlagungsfristen der ersten und zweiten Erbschaft selbstständig und laufen getrennt.[7] Läuft die Ausschlagungsfrist für den vorverstorbenen Erben bereits, so muss der Erbeserbe unabhängig von seiner Kenntnis aber in den Lauf der Frist eintreten.[8] Nach Abs. 2 läuft die Ausschlagungsfrist des Erbeserben für die erste Erbschaft dann aber mindestens bis zum Ende der Ausschlagungsfrist für das zweite Erbe (§ 1944 Abs. 1, Abs. 3 Alt. 2 BGB).

III. Alleiniger Erbeserbe

Schlägt der alleinige Erbeserbe (**Alleinerbeserbe**) die vorherige Erbschaft aus, fällt der 5 Nachlass über § 1953 Abs. 1 und 2 BGB den nächstberufenen Erben nach dem Erben an.[9] Das kann, soweit nicht § 1949 Abs. 2 BGB eingreift, erneut der ausschlagende

1 MüKo/*Leipold*, § 1952 Rn 1; näher *v. Lübtow*, JZ 1969, 502 f.
2 MüKo/*Leipold*, § 1952 Rn 5.
3 Erman/*J. Schmidt*, § 1952 Rn 3; Staudinger/*Otte*, § 1952 Rn 2; diff. MüKo/*Leipold*, § 1952 Rn 5 f., a.A. Soergel/*Stein*, § 1952 Rn 2 mangels entsprechender Erfahrungssätze nur für die Annahme.
4 Erman/*J. Schmidt*, § 1952 Rn 3.
5 Soergel/*Stein*, § 1952 Rn 1.
6 Erman/*J. Schmidt*, § 1952 Rn 4.
7 Erman/*J. Schmidt*, § 1952 Rn 4.
8 Erman/*J. Schmidt*, § 1952 Rn 5; Soergel/*Stein*, § 1952 Rn 4.
9 BayObLG NJW 1953, 1431 f.; Staudinger/*Otte*, § 1952 Rn 6.

Erbeserbe sein, etwa als Ersatzerbe oder nächstberufener gesetzlicher Erbe. Durch eine Ausschlagung der ersten Erbschaft kann den Gläubigern des ersten Nachlasses auch ein Zugriff auf die zweite Erbschaft verwehrt werden, andernfalls könnten die Gläubiger des ersten Nachlasses auch auf den zweiten Nachlass in der Hand des Erbeserben zugreifen.[10]

IV. Mehrere Erbeserben

6 Gem. Abs. 3 kann ein jeder **Miterbeserbe** den auf ihn anfallenden Erbteil – sowohl des zweiten als auch des vorherigen Erbes – ausschlagen. Für die gesamthänderische Verbundenheit der Mit(erbes)erben (§§ 2032 ff. BGB) wird man deswegen den Erstnachlass nicht zum Gesamthandsvermögen der Zweiterbschaft zählen können und zwei getrennte Erbengemeinschaften annehmen müssen.[11] Für die Ausschlagung der zweiten Erbschaft eines Miterbeserben gilt § 1953 Abs. 2 BGB i.V.m. §§ 1922 ff. BGB. Schlagen alle Miterben die erste Erbschaft aus, so fällt die Erbschaft wie bei Ausschlagung durch den Alleinerbeserben dem Nächstberufenen nach dem Erben zu. Problematisch ist dagegen die Ausschlagung (nur) der vorherigen Erbschaft durch einen einzelnen oder einige der Miterbeserben. Es stellt sich die Frage, ob in diesem Falle die Nächstberufenen nach dem ursprünglichen Erben den Erbteil erlangen oder dieser mit der ganz h.M. den Miterbeserben anwächst.[12]

V. Vor-/Nacherbschaft

7 Für die Vor-/Nacherbschaft (§§ 2100 ff. BGB) kann man im Wesentlichen drei Konstellationen unterscheiden:
- die Vorerbschaft nach dem ersten Erben,
- die Nacherbschaft nach dem ersten Vorerben und
- die Erbschaft nach dem ersten Erben als Vorerben (ererbte Vorerbschaft).

8 Im **ersten Fall** kann der Erbeserbe als Vorerbe ein eigenes Ausschlagungsrecht geltend machen, ohne dass ein Fall des § 1952 BGB vorliegen würde. Ein etwaiger berufener Ersatzerbe (§ 2102 BGB) hätte ein eigenes neues Ausschlagungsrecht. Auch im **zweiten Fall** handelt es sich nicht um einen Fall des § 1952 BGB. Der Nacherbe hat ebenfalls ein eigenes Ausschlagungsrecht (vgl. § 1942 Rdn 9). Im **dritten Fall** einer ererbten Vorerbschaft erbt der Erbeserbe über § 1952 BGB jedoch ein Ausschlagungsrecht des vorherigen Erben. Der Erbeserbe kann somit innerhalb der Ausschlagungsfrist den Anfall der Vorerbschaft ausschlagen, ohne selbst als Nacherbe bestimmt worden zu sein.[13] Diese Ausschlagung hat auch Wirkung für und gegen den Nacherben,[14] deswegen haftet der Erbeserbe ggf. gegenüber dem Nacherben nach §§ 2130 f. BGB.[15]

C. Sonderregelungen

I. Vermächtnis/Pflichtteil/Ehe

9 Für das **Vermächtnis** gilt § 1952 BGB entsprechend (§ 2180 Abs. 3 BGB).[16] Der ausschlagende Erbeserbe kann den **Pflichtteil** des vorherigen Erben nach § 2306 Abs. 1 S. 2 BGB verlangen, wenn dessen Voraussetzungen bei dem vorherigen Erben vorgelegen

---

10 Staudinger/*Otte*, § 1952 Rn 6.
11 Vgl. näher MüKo/*Leipold*, § 1952 Rn 12 f.; Staudinger/*Otte*, § 1952 Rn 7.
12 MüKo/*Leipold*, § 1952 Rn 18; RGRK/*Johannsen*, § 1953 Rn 11 f.; krit. Soergel/*Stein*, § 1953 Rn 5; vgl. auch BayObLG NJW 1953, 1431.
13 BGHZ 44, 152, 153 ff.; Erman/*J. Schmidt*, § 1952 Rn 8; ausführlich Staudinger/*Otte*, § 1952 Rn 11 f.; *Bosch*, FamRZ 1965, 607 m. Hinw. auf praktische Auswirkungen.
14 Staudinger/*Otte*, § 1952 Rn 11; Grüneberg/*Weidlich*, § 1952 Rn 5.
15 Soergel/*Stein*, § 1952 Rn 3; a.A. Staudinger/*Otte*, § 1952 Rn 11.
16 Staudinger/*Otte*, § 1952 Rn 13.

hätten. Im Sonderfall, dass der Erbeserbe Alleinerbeserbe seines **Ehegatten** im gesetzlichen Güterstand ist und ausschlägt, hat er i.R.d. güterrechtlichen Lösung Anspruch auf Zugewinnausgleich und den kleinen Pflichtteil (§§ 1371 Abs. 3, 2303 Abs. 2 BGB). Anders liegt der Fall jedoch, wenn der ausschlagende Ehegatte nur Miterbeserbe ist. Dann ist nach h.M., da dies nicht der Konzeption des § 1371 BGB entspricht, nur die erbrechtliche Lösung gangbar, ein anteiliger kleiner Pflichtteil steht ihm nicht zu.[17] Andernfalls würden in der Hand des Miterbeserben ungerechtfertigterweise Elemente der erbrechtlichen Lösung (Erbrecht) und der güterrechtlichen Lösung (Zugewinnausgleich) kombiniert.

II. Haftungsbeschränkung

Haftungsbeschränkungen der Erben (z.B. Nachlassverwaltung oder Nachlassinsolvenz) müssen im Falle einer Miterbeserbengemeinschaft (vgl. Rdn 6) für den Erst- und Zweitnachlass jeweils gesondert beantragt werden. Gläubigern des Erstnachlasses kann so der Zugriff auf den Zweitnachlass verwehrt werden, nicht aber andersherum.[18] 10

D. Erbschaftsteuer

Die Ausschlagung nur der vorherigen Erbschaft kann auch aus erbschaftsteuerlichen Gründen sinnvoll sein, insbesondere um über nächstberufene Erben nach dem vorherigen Erblasser mehrere oder erhöhte Freibeträge zu nutzen.[19] 11

§ 1953 Wirkung der Ausschlagung

(1) Wird die Erbschaft ausgeschlagen, so gilt der Anfall an den Ausschlagenden als nicht erfolgt.
(2) Die Erbschaft fällt demjenigen an, welcher berufen sein würde, wenn der Ausschlagende zur Zeit des Erbfalls nicht gelebt hätte; der Anfall gilt als mit dem Erbfall erfolgt.
(3) [1]Das Nachlassgericht soll die Ausschlagung demjenigen mitteilen, welchem die Erbschaft infolge der Ausschlagung angefallen ist. [2]Es hat die Einsicht der Erklärung jedem zu gestatten, der ein rechtliches Interesse glaubhaft macht.

Übersicht: Rdn

---

17 MüKo/*Leipold*, § 1952 Rn 17; Erman/*J. Schmidt*, § 1952 Rn 7; Staudinger/*Otte*, § 1952 Rn 9.
18 Vgl. näher MüKo/*Leipold*, § 1952 Rn 15.
19 Staudinger/*Otte*, § 1952 Rn 6; näher *Kapp*, BB 1980, 117 ff.

A. Allgemeines

1 Zweck der Regelung ist es, den Nachlass über den unmittelbaren Von-Selbst-Erwerb auch bei der Ausschlagung nie ohne Rechtsnachfolger zu lassen.[1] Diese Wirkung beschränkt sich jedoch auf die Erbenstellung als solche (arg. § 1959 BGB). Im Übrigen ist § 1959 BGB für Interimsgeschäfte des vorläufigen Erben zu beachten.

B. Tatbestand

I. Fiktionen von Abs. 1 und Abs. 2

2 Den vorbezeichneten Schutzzweck erreicht § 1953 BGB über **zwei Fiktionen:** (1.) Nach Abs. 1 wird im Fall einer Ausschlagung der Anfall der Erbschaft bei dem Ausschlagenden ex tunc als nicht erfolgt behandelt. (2.) Schlägt der Erbe aus, so fällt die Erbschaft an denjenigen, der Erbe wäre, wenn der Ausschlagende nicht gelebt hätte (Abs. 2). Der Anfall der Erbschaft an den Nächstberufenen gilt ex tunc als mit dem Erbfall erfolgt (Abs. 2 S. 2). Nach Abs. 2 kommen für die **Bestimmung des Nächstberufenen** im Grundsatz die letztwilligen Verfügungen des Erblassers oder die §§ 1922 ff. BGB zur Anwendung. Maßgeblicher Zeitpunkt ist der des Erbfalls selbst. Schlägt bspw. ein Alleinerbe aus, der Abkömmlinge hat, so fällt die Erbschaft seinen Abkömmlingen bei gewillkürter Erbschaft gem. § 2069 BGB und bei gesetzlicher Erbfolge gem. § 1924 Abs. 3 BGB zu. In Betracht kommt aber auch Ersatzerbschaft gem. § 2102 BGB, Erbteilserhöhung bei gesetzlichen Miterben gem. § 1935 BGB, Anwachsung bei gewillkürten Miterben gem. § 2094 BGB und Erstarkung der Vorerbschaft zur Vollerbschaft gem. § 2142 Abs. 2 BGB. Unter Umständen kann der ausschlagende vorläufige Erbe erneut berufen sein. Seine Ausschlagungserklärung wird bei entsprechender Auslegung aber regelmäßig auch diesen Erbschaftsanfall mit abdecken (arg. § 1948 BGB).

3 Der ersatzweise berufene Erbe muss im Zeitpunkt des Todes des Erblassers erbfähig gewesen sein, er braucht aber den Zeitpunkt des Anfalls der Erbschaft – also den Zeitpunkt der Ausschlagung – nicht zu erleben.[2] In diesem Fall treten dann die Erben des ersatzweise berufenen Erben ein. Die Ausschlagungsfrist für die nachfolgenden Erben beginnt erst, wenn bei ihnen die Voraussetzungen des § 1944 Abs. 2 BGB vorliegen.

II. Auswirkungen der Ausschlagung auf Verfügungen des Ausschlagenden

4 Ein Zwischenerwerb des vorläufigen Erben findet nicht statt, dieser ist nie Gesamtrechtsnachfolger gewesen, haftet nicht für Nachlassverbindlichkeiten und Rechtsbeziehungen zwischen ihm und dem Erblasser bleiben unberührt (keine Konfusion).[3] Bei **Verfügungen** über Nachlassgegenstände ist der ausschlagende vorläufige Erbe – abgesehen von den Fällen des § 1959 Abs. 2 und 3 BGB – Nichtberechtigter.[4] Der vorläufige Erbe behält den Besitz an Nachlassgegenständen so lange, wie er die tatsächliche Verfügungsgewalt über die Sache ausübt, die Ausschlagung ändert noch nichts.[5] Wenn der nach Abs. 2 berufene Erbe Besitz an Nachlassgegenständen erhält (§ 857 BGB), wird die Inbesitznahme von Nachlassgegenständen durch den vorläufigen Erben wegen § 1959 BGB auch nicht nach § 858 BGB rückwirkend zur verbotenen Eigenmacht. Nachlassgegenstände sind damit dem endgültigen Erben gegenüber auch

---

1 MüKo/*Leipold*, § 1953 Rn 1.

2 RGZ 95, 97, 98; Erman/*J. Schmidt*, § 1953 Rn 1; RGRK/*Johannsen*, § 1953 Rn 3; Soergel/*Stein*, § 1953 Rn 1.

3 Grüneberg/*Weidlich*, § 1953 Rn 2.

4 MüKo/*Leipold*, § 1953 Rn 2.

5 MüKo/*Leipold*, § 1953 Rn 4; Staudinger/*Otte*, § 1953 Rn 7.

nicht i.S.d. § 935 BGB abhandengekommen, so dass gutgläubiger Erwerb möglich ist[6] (vgl. zum gutgläubigen Erwerb: §§ 857, 892, 932 ff., 2366, 2367 BGB).

C. Sonderregelungen

I. Vermächtnis/Pflichtteil/Ehe

Für das **Vermächtnis** sind Abs. 1 und Abs. 2 analog anwendbar (§ 2180 Abs. 3 BGB). 5 Soweit dem vorläufigen Erben ein Vorausvermächtnis hinterlassen wurde (§ 2150 BGB), bleibt dieses trotz der Ausschlagung des Erbteils wirksam. Ausnahmen bestehen dann, wenn das Vorausvermächtnis auf die Annahme der Erbschaft bedingt ist.[7] Ein seinen gewillkürten Erbteil ausschlagender Pflichtteilsberechtigter ist nur in Ausnahmefällen (§§ 2306 Abs. 1 und 1371 Abs. 3 BGB) mit einem von der Erbfolge ausgeschlossenen Pflichtteilberechtigten gem. § 2303 BGB gleichzusetzen. Steht ihm allerdings ein Pflichtteilsanspruch zu, so besitzt er auch das Auskunftsrecht gem. § 2314 BGB gegen den nächstberufenen Erben oder ursprüngliche Miterben.[8] Unabhängig von einem Pflichtteilsanspruch kann er jedoch **Pflichtteilsergänzungsansprüche** nach § 2305 BGB geltend machen.[9]

II. Höferecht

Soweit ein nach Höferecht berufener Hoferbe den Hof ausschlägt, den übrigen Nach- 6 lass jedoch annimmt (§ 11 HöfeO), fällt der Hof rückwirkend dem ersatzweise berufenen Hoferben an, der sich nach §§ 5, 6 HöfeO ermittelt.

D. Verfahrensfragen

I. Verfahren vor dem Nachlassgericht

Das Nachlassgericht soll nach Abs. 3 S. 1 die nachfolgenden Erben über die Ausschla- 7 gung informieren. Schon aus einem Vergleich des jeweiligen Wortlauts von Abs. 3 S. 1 und 2 folgt, dass das Nachlassgericht hierzu nicht verpflichtet ist. Allerdings wird das Nachlassgericht den Rahmen pflichtgemäßen Ermessens schnell überschreiten, wenn die Information unterbleibt. Abs. 3 soll verfahrensrechtlich die Kenntnisnahmemöglichkeiten nach § 1944 Abs. 1 BGB absichern und durchsetzen. Die **Informationsobliegenheit** gilt auch gegenüber gesetzlichen Vertretern, deren Ausschlagungserklärung dazu führt, dass der Vertretene – insbesondere also das Kind – Erbe wird.[10]

Einsichtnahme in die Ausschlagungserklärung ist nach Abs. 3 S. 2 i.V.m. § 294 ZPO 8 bei glaubhaft gemachtem, rechtlichem Interesse zu gewähren. Gem. § 31 FamFG kann der Einsichtsbegehrende auch zur eidesstattlichen Versicherung zugelassen werden. Voraussetzung ist ein rechtliches Interesse, was über die Anforderungen an ein berechtigtes Interesse oder bloßes wirtschaftliches Interesse hinausgeht. Die Einsichtnahme muss gerade für die weiteren Folgen der Rechtsverhältnisse von Bedeutung sein können. Einsichtsberechtigt sind z.B. die nachfolgenden Erben, Miterben, Testamentsvollstrecker oder Nachlassgläubiger.[11] Rechtsmittel gegen die Ablehnung der Einsichtnahme ist die befristete Beschwerde gem. §§ 58 Abs. 1, 61, 63 Abs. 1 FamFG.

---

6 BGH NJW 1969, 1349; Erman/*J. Schmidt*, § 1953 Rn 5; MüKo/*Leipold*, § 1953 Rn 4; *Lüke*, JuS 1978, 254, 256; *Mansfeld/Moselle*, JuS 1979, 426 f.; a.A. *Lange/Kuchinke*, § 5 III 4.

7 MüKo/*Leipold*, § 1953 Rn 6.

8 MüKo/*Leipold*, § 1953 Rn 7; a.A OLG Celle ZEV 2006, 557 m. abl. Anm. *Damrau*.

9 Grüneberg/*Weidlich*, § 2305 Rn 5.

10 MüKo/*Leipold*, § 1953 Rn 15 f.

11 Erman/*J. Schmidt*, § 1953 Rn 9; MüKo/*Leipold*, § 1953 Rn 19 f.; m. geringeren Anforderungen: Soergel/*Stein*, § 1953 Rn 6, der berechtigte wirtschaftliche und gesellschaftliche Interessen ausreichen lassen will.

9 Ein von dem vorläufigen Erben erwirkter Erbschein ist auf Verlangen des endgültigen Erben an das Nachlassgericht zurückzureichen (§ 2362 BGB). Denn dieser ist durch den Eintritt des ersatzweise berufenen (endgültigen) Erben unrichtig geworden.

II. Erbenermittlung/Fürsorgepflichten des Nachlassgerichts

10 Nach § 26 FamFG ist das Nachlassgericht überdies verpflichtet, die ersatzweise berufenen Personen von Amts wegen zu **ermitteln.**[12] **Gebühren** fallen nicht an (arg. ex § 1 Abs. 1 GNotKG). Das Nachlassgericht muss über das Ergebnis der Ermittlungen nicht förmlich entscheiden.[13] In der Praxis bedient sich das Gericht in komplizierten oder auslandsbezogenen Fällen oft professioneller Erbensucher. Dem Nachlassgericht obliegt ferner, die notwendigen **Fürsorgemaßnahmen** für den Nachlass zu treffen und z.B. einen Nachlasspfleger zu bestellen, wenn die Voraussetzungen vorliegen (§§ 1960, 1965 BGB; § 344 Abs. 4 FamFG).

III. Sonstiges/Rechtsfolgen

11 Gegen den ausschlagenden vorläufigen Erben ist eine **Erbunwürdigkeitsklage** (§ 2342 BGB) nicht zulässig, dem vorläufigen Erben fehlt schon die Passivlegitimation. Eine Erbunwürdigkeit kann auch tatbestandlich nicht vorliegen, da es schon an einer Erbenstellung fehlt.[14] Durch die Ausschlagung treten die endgültigen Erben nicht im Wege einer **Rechtsnachfolge** gem. § 265 ZPO an die Stelle des vorläufigen Erben, so dass Urteile, die der vorläufige Erbe in Rechtsstreitigkeiten bzgl. des Nachlasses erstritten hat, nicht auch den endgültigen Erben binden.[15] Denn nach Abs. 2 ist der endgültige Erbe von selbst unmittelbar in die Rechtsposition des Erblassers – ohne Zwischenerwerb des vorläufigen Erben – eingetreten. Durch die Ausschlagung verliert der vorläufige Erbe die Stellung als Schuldner und damit auch das Antragsrecht für eine **Nachlassinsolvenz.**[16] Geschäfte des vorläufigen Erben bis zur Ausschlagung bleiben i.R.d. § 1959 BGB auch nach der Ausschlagung wirksam. In der Nachlassinsolvenz können diese Geschäfte jedoch nach den §§ 129 ff. InsO angefochten werden, wobei für die subjektiven Tatbestandsmerkmale auf die Person des vorläufigen Erben abzustellen ist.[17]

E. Erbschaftsteuer

12 Mit dem Tod des Erblassers entsteht die Verpflichtung zur Zahlung der Erbschaftsteuer auch für den vorläufigen Erben, mit der Ausschlagung kann er sich aber rückwirkend seiner Steuerpflicht entledigen. Soweit der vorläufige Erbe eine Entschädigung oder Abfindung für die Ausschlagung seines Erbteils erhält, unterliegt auch diese mit dem Zeitpunkt der Ausschlagung der Erbschaftsteuer (§ 3 Abs. 2 Nr. 4 i.V.m. § 9 Abs. 1 Nr. 1 ErbStG).[18]

---

12 MüKo/*Leipold*, § 1953 Rn 15; z.T. folgt eine solche Erbenermittlungspflicht auch aus Landesrecht, etwa Soergel/*Stein*, § 1953 Rn 6 und § 1945 Rn 13 m. Verw. auf § 37 Abs. 1 BayAGGVG.
13 BayObLG FamRZ 1985, 1290; MüKo/*Leipold*, § 1945 Rn 40.
14 Soergel/*Stein*, § 1953 Rn 2.
15 BGHZ 106, 359, 364 f.
16 OLG Koblenz Rpfleger 1989, 510.
17 Noch zur KO: BGH NJW 1969, 1349.
18 Zu einkommensteuerlichen Fragen auch *Zimmermann*, ZEV 2001, 5 f.

§ 1954 Anfechtungsfrist

(1) Ist die Annahme oder die Ausschlagung anfechtbar, so kann die Anfechtung nur binnen sechs Wochen erfolgen.
(2) [1]Die Frist beginnt im Falle der Anfechtbarkeit wegen Drohung mit dem Zeitpunkt, in welchem die Zwangslage aufhört, in den übrigen Fällen mit dem Zeitpunkt, in welchem der Anfechtungsberechtigte von dem Anfechtungsgrund Kenntnis erlangt. [2]Auf den Lauf der Frist finden die für die Verjährung geltenden Vorschriften der §§ 206, 210, 211 entsprechende Anwendung.
(3) Die Frist beträgt sechs Monate, wenn der Erblasser seinen letzten Wohnsitz nur im Ausland gehabt hat oder wenn sich der Erbe bei dem Beginn der Frist im Ausland aufhält.
(4) Die Anfechtung ist ausgeschlossen, wenn seit der Annahme oder der Ausschlagung 30 Jahre verstrichen sind.

Übersicht: Rdn

A. Allgemeines

1 Die §§ 1954 ff. BGB regeln Teilbereiche für die Anfechtung von Annahme- oder Ausschlagungserklärung. Die Anfechtungsgründe selbst stammen aus den §§ 119 ff. BGB des Allgemeinen Teils des BGB. Die §§ 1954 ff. BGB enthalten daher vor allem Verfahrensvorgaben für die Anfechtung.

B. Anfechtungsgründe (§§ 119 ff. BGB)

I. Anfechtungstatbestände

1. Anfechtung wegen Inhalts- und Eigenschaftsirrtum

2 Als Anfechtungsgrund i.R.d. §§ 1954 ff. BGB ist zunächst der **Inhalts- und Eigenschaftsirrtum** nach § 119 BGB anwendbar. § 119 BGB ermöglicht die Anfechtung wegen eines Irrtums in der Erklärungshandlung (§ 119 Abs. 1 Alt. 2 BGB), wenn also der äußere Erklärungstatbestand nicht dem wirklich Gewollten des Erklärenden entspricht. Bei dem Irrtum über den Erklärungsinhalt (§ 119 Abs. 1 BGB) irrt der Erklärende über die Bedeutung und Tragweite seiner Erklärung.[1] Bei dem Eigenschaftsirrtum (§ 119 Abs. 2 BGB) irrt der Erklärende nicht über die Erklärung und

1 MüKo/*Leipold*, § 1954 Rn 4 ff.; vgl. zu Einzelh. des § 119 BGB z.B. Grüneberg/*Ellenberger*, § 119 Rn 7 ff. m.w.N.

dessen Inhalt, sondern über verkehrswesentliche und wertbildende Eigenschaften des Geschäftsgegenstandes seiner Erklärung, d.h. hier des Nachlasses.[2] Diesem Anfechtungsgrund kommt in der Praxis der Anfechtung von Annahme oder Ausschlagung die größte Bedeutung zu.

3 Voraussetzung für einen Anfechtungsgrund ist ferner, dass der Irrtum ursächlich für die Erklärung war (§ 119 Abs. 1 Hs. 2, Abs. 2 BGB, **Kausalität**), der Erbe also bei Kenntnis der wahren Umstände anders gehandelt hätte. Hieran kann es fehlen, wenn der Erbe durch die erklärte Ausschlagung wirtschaftlich gar nicht schlechter steht, als er ohne die erklärte Ausschlagung stünde.[3] In der Lit. wird z.T. als weitere Voraussetzung der Anfechtung nach § 1954 BGB gefordert, dass dem Erben die Erbschaft auch bei fehlender Überschuldung unzumutbar sein muss,[4] dieses widerspricht jedoch dem System der §§ 119 ff. BGB und ist mit der h.M. abzulehnen.[5] Von dem Inhalts- und Eigenschaftsirrtum nach § 119 BGB ist schließlich der unbeachtliche **Motiv-** oder **Rechtsirrtum** – einschließlich Rechtsfolgenirrtum – abzugrenzen, bei dem sich der Erklärende lediglich über die Beweggründe oder rechtlichen Folgen seiner Erklärung geirrt hat.[6] Im Einzelfall kann diese Abgrenzung problematisch sein, zumal der BGH einen Irrtum über die Rechtsfolgen dann als relevanten Inhaltsirrtum ansieht, wenn das vorgenommene Rechtsgeschäft wesentlich andere als die beabsichtigten Rechtsfolgen erzeugt. Demgegenüber ist nach dem BGH von einem (unbeachtlichen) Motivirrtum auszugehen, wenn ein Irrtum über die nächstberufene Person vorliegt, da dann, auch wenn die Vorstellung über die nächstberufene Person Hauptgrund für die Erklärung war, lediglich die mittelbaren Rechtsfolgen der Ausschlagung betroffen sein sollen.[7]

2. Anfechtung wegen falscher Übermittlung

4 Der Anfechtungsgrund des § 120 BGB eröffnet die Anfechtung für den Fall, dass die Erklärung unrichtig übermittelt wurde.[8] Die Voraussetzungen dieses Anfechtungsgrundes werden in der Praxis schon wegen der Form der Anfechtung nach § 1955 BGB kaum vorliegen.

3. Anfechtung wegen Täuschung oder Drohung

5 Schließlich stellt § 123 BGB ein Anfechtungsrecht für den Fall dar, dass der Erklärende durch vorsätzliche und widerrechtliche Vorspiegelung, Entstellung oder Verschweigen von Tatsachen zur Abgabe der Erklärung bewogen wurde (§ 123 Abs. 1 Alt. 1 BGB). Außerdem besteht ein Anfechtungsrecht, wenn der Erklärende durch vorsätzliches und widerrechtliches Inaussichtstellen eines künftigen Übels in eine Zwangslage versetzt wurde und dadurch zu der Erklärung gebracht wurde (§ 123 Abs. 1 Alt. 2 BGB).[9] Die Bedeutung dieser Anfechtungsgründe i.R.d. §§ 1954 ff. BGB ist ebenfalls eher gering.

---

2 MüKo/*Leipold*, § 1954 Rn 11 ff.
3 BGH NJW 1988, 2597, 2599; Soergel/*Stein*, § 1954 Rn 4.
4 *Weithase*, Rpfleger 1988, 434, 441 f.
5 Soergel/*Stein*, § 1954 Rn 4.
6 MüKo/*Leipold*, § 1954 Rn 3; Schulze/Dörner/Ebert/*Hoeren*, § 1954 Rn 5.
7 BGH NJW 2023, 1725 zur sog. „lenkenden Ausschlagung".
8 Vgl. zu Einzelh. des § 120 BGB z.B. Grüneberg/*Ellenberger*, § 120 Rn 3 m.w.N.
9 Vgl. zu Einzelh. des § 123 BGB z.B. Grüneberg/*Ellenberger*, § 123 Rn 15 ff. m.w.N.

II. Überblick über Irrtumskonstellationen

Im Überblick lassen sich die verschiedenen Anfechtungsgründe wie folgt darstellen:[10] 6

Anfechtungsgrund	Relevante Norm
Stillschweigende Annahme (§ 1943 BGB) in Unkenntnis des Ausschlagungsrechts[11] (arg. ex. § 1956 BGB)	§ 119 Abs. 1 BGB
Irrtum über Verhalten, das als stillschweigende Annahme verstanden wurde	§ 119 Abs. 1 BGB
Versäumung der Anfechtungsfrist (arg. § 1956 BGB)[12]	§ 119 Abs. 1 BGB
Versäumung der Ausschlagungsfrist in irrtümlicher Annahme, diese beginne erst mit Erhalt des Erbscheins[13]	§ 119 Abs. 1 BGB
Irrtum über die Zuständigkeit des i.R.d. Ausschlagung angegangen Nachlassgerichts (arg. § 1956 BGB)	§ 119 Abs. 1 BGB
Verwechslung von Erbschaften, Berufungsgründen oder Erbteilen	§ 119 Abs. 1 BGB
Irrige Vorstellung des unter Beschwerungen als Alleinerbe eingesetzten Pflichtteilsberechtigten, er dürfe die Erbschaft nicht ausschlagen, um seinen Anspruch auf den Pflichtteil nicht zu verlieren[14]	§ 119 Abs. 1 BGB
Irrtum über die unmittelbaren und wesentlichen Wirkungen der Ausschlagung (z.B. Irrtum über die Wirkung der Ausschlagung bzgl. einer Anwachsung[15] oder des Pflichtteilsanspruchs[16])	§ 119 Abs. 1 BGB
Irrtum über Erbteilsquote (arg. §§ 2047 Abs. 1, 2060 BGB)[17]	§ 119 Abs. 2 BGB
Der Pflichtteilsberechtigte kann wegen Irrtums über Beschränkungen und Beschwerungen die Ausschlagung des Erbteils oder Vermächtnisses anfechten (§§ 2308 Abs. 1, 2306 BGB).	§ 119 Abs. 2 BGB
Irrtum des Erben über das Bestehen einer Beschränkung des Erbteils durch Vermächtnis, Auflage oder Nacherbfolge (§ 2308 Abs. 1 BGB)[18]	§ 119 Abs. 2 BGB

10 Vgl. bspw. auch MüKo/*Leipold*, § 1954 Rn 5 f.; Erman/*J. Schmidt*, § 1954 Rn 3 ff.

11 BayObLG MDR 1983, 937.

12 OLG Hamm FamRZ 1985, 1185.

13 OLG Schleswig ZEV 2016, 82.

14 BGH WM 2006, 2043; vgl. auch BGH NJW 2016, 2954.

15 OLG Düsseldorf ZErb 2018, 16, 18; OLG Frankfurt ZEV 2017, 515, 517 m. Anm. *Kollmeyer* und *Ivo*.

16 OLG Düsseldorf BeckRS 2016, 114217.

17 OLG Hamm NJW 1966, 1080, 1081.

18 Analog BGHZ 106, 359 ff. für Vermächtnis; BayObLG FamRZ 1997, 188, 190; dagegen OLG Stuttgart MDR 1983, 751, 752, sehr str.

Anfechtungsgrund	Relevante Norm
Irrige Annahme der Überschuldung des Nachlasses; nach h.M. jedoch nur, wenn Irrtum nicht auf der Bewertung der Nachlassgegenstände beruht, sondern auf der Zugehörigkeit von Nachlassgegenständen (Aktiva) und/oder Nachlassverbindlichkeiten (Passiva) zur Erbschaft als die wertbildenden Faktoren.[19] Es liegt auch ein Irrtum der Erben über die verkehrswesentliche Eigenschaft des Nachlasses vor, wenn nach Durchführung eines Zivilverfahrens feststeht, dass Forderungen entgegen der Vorstellung der Erben nicht verjährt sind und der Nachlass nunmehr überschuldet ist.[20] Die Anfechtung der ausdrücklichen Ausschlagung des Nachlasses unabhängig von der „Höhe des Erbteils" ist aber dann nicht mehr möglich, wenn erst im Nachhinein werthaltige Gegenstände des Nachlasses bekannt werden.[21]	§ 119 Abs. 2 BGB
Irrtum über die Zugehörigkeit bestimmter Rechte zum Nachlass (z.B. Bestehen eines Schmerzensgeldanspruchs eines bei einem Flugzeugabsturz getöteten Fluggastes)[22]	§ 119 Abs. 2 BGB
Irrtum über das Bestehen und nicht bloß über die Bewertung von öffentlich-rechtlichen Ansprüchen gegen den Nachlass, z.B. nach LAG oder Steuerrecht[23]	§ 119 Abs. 2 BGB
Irrtum über die Existenz eines weiteren Miterben bzw. die Zusammensetzung der Erbengemeinschaft und damit über das Bestehen von etwaigen Zustimmungspflichten,[24] unbeachtlich aber der Irrtum über bloße Eigenschaften eines Mit-, Nach- oder Ersatzerben	§ 119 Abs. 2 BGB
Irrige Annahme des Nacherben, durch seine Ausschlagung entfalle die Anordnung der Vor- und Nacherbschaft insgesamt und die Vorerbin erlange die unbeschränkte Stellung als Vollerbin[25]	unbeachtlicher Motivirrtum
Ausdrückliche Annahme bei Irrtum über das Bestehen des Ausschlagungsrechts[26]	unbeachtlicher Motivirrtum
Irrtum des Ausschlagenden über die Bereitschaft zur Annahme der Erbschaft durch den nachfolgenden Erben[27]	unbeachtlicher Motivirrtum

19 BGHZ 106, 359 ff.; BayObLG NJW-RR 1993, 780 f.; BayObLG NJW-RR 1995, 904 ff.; OLG Zweibrücken, Beschl. v. 14.8.2024 – 8 W 102/23; KG ErbR 2024, 140; vgl. auch OLG Karlsruhe FGPrax 2023, 225 zum Irrtum über den Bestand der im Insolvenzverfahren über das Vermögen des Erblassers angemeldeten Forderungen; vgl. auch OLG Frankfurt a.M. v. 24.7.2024 – 21 W 146/23, wonach die Überschuldung keine verkehrswesentliche Eigenschaft sein soll, aber die irrtümliche Vorstellung über eine Überschuldung im Rahmen der Kausalitätsprüfung zu berücksichtigten sei.
20 OLG München NJW-RR 2015, 1418.
21 OLG Düsseldorf BeckRS 2008, 21441; OLG Düsseldorf ZEV 2005, 255.
22 OLG Düsseldorf NJW-RR 2017, 647.
23 BayObLG NJW-RR 1999, 590; a.A. KG NJW 1969, 191.
24 BGH NJW 1997, 392, 394.
25 LG München FamRZ 2000, 1328.
26 BayObLG NJW-RR 1995, 904 ff.; zweifelnd MüKo/*Leipold*, § 1954 Rn 6.
27 OLG Stuttgart MDR 1983, 751.

Anfechtungsgrund	Relevante Norm
Irrtum über erbschaftsteuerliche, pflichtteilsrechtliche oder güterrechtliche Folgen der Annahme oder Ausschlagung;[28] z.T. wird § 119 Abs. 1 BGB angewandt, wenn der Ausschlagende annahm, dass Pflichtteilsansprüche erwachsen würden	unbeachtlicher Motivirrtum
Irrtum über politische und rechtliche Entwicklungen in Bezug auf Nachlassgegenstände,[29] bzgl. der ehemaligen DDR[30]	unbeachtlicher Motivirrtum
Irrtum über den späteren Wegfall der Überschuldung des Nachlasses[31]	unbeachtlicher Motivirrtum
Irrtum über die Eigenschaften bzw. die Eignung des Testamentsvollstreckers oder eines Nacherben („wie“ der Person); dagegen ist der Irrtum darüber, wer diese Person ist, nach § 119 Abs. 2 BGB beachtlich („ob“ der Person); die Abgrenzung ist problematisch und im Einzelfall str.	unbeachtlicher Motivirrtum
Irrtum darüber, dass die Ausschlagung einer Erbschaft vor dem 3.10.1990 auch Vermögen auf dem Gebiet der damaligen DDR erfasst[32]	unbeachtlicher Motivirrtum
Ausschlagender geht zutreffend davon aus, es trete die gesetzliche Erbfolge ein, irrt sich aber über die vom Gesetz nächstberufene Person;[33] der Irrtum über die Person des Nächstberufenen wird z.T. auch nach § 119 Abs. 1 BGB behandelt (sehr str.), wenn der Ausschlagende seinen Erbteil auf einen bestimmten Miterben übertragen wollte (zweifelnd)	unbeachtlicher Motivirrtum
Irrtum über den Wert des Erbteils, eines Nachlassgegenstandes oder des Nachlasses[34]	unbeachtlicher Motivirrtum
Irrtum über die Zahlung einer Abfindung oder Entschädigung für die Ausschlagung oder über die Wirksamkeit des Entgeltversprechens	unbeachtlicher Motivirrtum
Irrtum darüber, die Erbschaft falle durch Ausschlagung einer bestimmten Person zu, kann nicht angefochten werden;[35] auch dann nicht, wenn diese Rechtsfolge bloß aufgrund der Unwirksamkeit der Ausschlagungserklärung eines Miterbens nicht eintritt[36]	unbeachtlicher Motivirrtum

C. Tatbestand des § 1954 BGB

I. Anfechtungsfristen

Die Anfechtungsfrist und der Beginn der Anfechtungsfrist bestimmen sich abweichend von §§ 121, 124 BGB durch die spezielleren Regelungen des § 1954 BGB.[37] Die Anfechtungsfrist beträgt sechs Wochen (Abs. 1 Hs. 2), bei Auslandsbezug sechs Monate (Abs. 3). Die **Frist beginnt** im Fall einer Anfechtung wegen Drohung mit dem Wegfall 7

28 OLG Hamm Rpfleger 1981, 402, 403 = MDR 1981, 1017, zweifelnd; vgl. z.B. BayObLG NJW-RR 1995, 904, 906.
29 BVerfG DtZ 1994, 312.
30 OLG Frankfurt MDR 1991, 771.
31 LG Berlin NJW 1975, 2104.
32 OLG Naumburg VIZ 2000, 247.
33 OLG Düsseldorf FamRZ 1997, 905; OLG Düsseldorf NJW-RR 1998, 150, 151.
34 OLG Stuttgart ZErb 2009, 297; OLG Düsseldorf ZErb 2008, 397; BayObLG FamRZ 1996, 59.
35 BGH NJW 2023, 1725.
36 OLG München FGPrax 2009, 274; OLG Hamm ZErb 2011, 271 f.
37 Schulze/Dörner/Ebert/*Hoeren*, § 1954 Rn 12.

der Zwangslage (Abs. 2 S. 1), im Übrigen – und damit in der Praxis überwiegenden Zahl der Fälle – mit **Kenntnis des Anfechtungsgrundes.** Erforderlich ist positive Kenntnis, fahrlässiges Nichtwissen reicht nicht aus. Für diese Kenntnis ist eine Kenntnis des Anfechtungsrechts nicht erforderlich, es genügt die Kenntnis der das Anfechtungsrecht begründenden tatsächlichen Gründe. Zu beachten ist, dass bei gesetzlichen Stellvertretern in Bezug auf die Kenntnis von den Anfechtungsgründen nach § 166 Abs. 1 BGB auf den Wissenshorizont des Vertreters abzustellen ist.[38] Hat der Erbe die Erbschaft durch Versäumen der Ausschlagungsfrist angenommen (§ 1943 BGB), so beginnt die Ausschlagungsfrist schon mit Kenntnis von der Annahmewirkung und nicht erst mit Kenntnis der Anfechtungsmöglichkeit.[39] Wurde ein Notar zur Einreichung die Ausschlagungserklärung beim Nachlassgericht bevollmächtigt, kommt es auf die Kenntnis des Notars (§ 166 Abs. 1 BGB) von der Versäumung der Ausschlagungsfrist an.[40]

8 Für den Lauf der Anfechtungsfrist finden die **Verjährungsregeln** der §§ 206, 210, 211 BGB entsprechende Anwendung. Für §§ 206, 210 BGB wird auf die Ausführungen zu § 1944 BGB Bezug genommen (vgl. § 1944 Rdn 11 ff.). Stirbt der Ausschlagungsberechtigte vor Ablauf der Anfechtungsfrist, so endet die Anfechtungsfrist analog § 211 BGB frühestens sechs Wochen nach Annahme der Erbschaft durch seinen Erben. Das Ausschlagungsrecht ist damit Bestandteil der Erbmasse.[41]

9 Das Anfechtungsrecht ist ausgeschlossen, wenn seit Annahme oder Ausschlagung 30 Jahre verstrichen sind (Abs. 4).

II. Anfechtungsberechtigte

10 Zur Erklärung der Anfechtung sind diejenigen berechtigt, die auch die Annahme oder Ausschlagung erklären können (vgl. § 1943 Rdn 7 ff. und § 1945 Rdn 7 ff.). Ein gesetzlicher Vertreter kann die **Anfechtung der Ausschlagung** auch dann erklären, wenn das Familien- bzw. Betreuungsgericht der Ausschlagung zugestimmt hat, da die Zustimmung keine Pflicht zur Ausschlagung statuiert. Der gesetzliche Vertreter bedarf wegen § 1957 Abs. 1 BGB für die **Anfechtung der Annahme** aber einer Genehmigung des Familien- bzw. Betreuungsgerichts in den Fällen, in denen auch die Ausschlagung genehmigungsbedürftig wäre[42] (vgl. § 1945 Rdn 11). Ein gesetzlich vertretenes Kind kann auch nach Eintritt der Volljährigkeit anfechten, wenn in der Person des gesetzlichen Vertreters ein Anfechtungsgrund vorlag.[43]

D. Sonderregelungen

I. Erbrechtsinterne Konkurrenzen

11 Bei Anfechtung der Versäumung der Ausschlagungsfrist lässt § 1956 BGB die Anfechtung zu, obwohl eine Willenserklärung nicht vorliegt (vgl. hierzu § 1956 Rdn 1 ff.). Für Irrtümer über den Berufungsgrund ist schließlich auch § 1949 BGB einschlägig (zum Konkurrenzverhältnis vgl. § 1949 Rdn 6).

---

38 Grüneberg/*Weidlich*, § 1954 Rn 2.
39 OLG Hamm Rpfleger 1985, 364, 365; BayObLG NJW-RR 1993, 780, 781; Soergel/*Stein*, § 1954 Rn 10.
40 OLG Celle BeckRS 2009, 29050.
41 Grüneberg/*Weidlich*, § 1954 Rn 7.
42 MüKo/*Leipold*, § 1955 Rn 6.
43 Zweifelnd, vgl. OLG Karlsruhe NJW-RR 1995, 1349; MüKo/*Leipold*, § 1954 Rn 20; ebenso bei rechtsgeschäftlicher Stellvertretung: Soergel/*Stein*, § 1954 Rn 9.

II. Sonstige Konkurrenzen

Neben der Anfechtung nach §§ 1954 ff. BGB ist ein **Widerruf** – abgesehen von den Fällen des § 130 BGB – nicht möglich.[44] Auch für die Anwendung des Wegfalls der Geschäftsgrundlage auf die Annahme- oder Ausschlagungserklärung (§ 313 BGB) ist kein Raum.[45] Kein Fall des Abs. 1 ist schließlich die Gläubigeranfechtung im Insolvenzverfahren nach § 129 InsO oder nach §§ 1 ff. AnfG (vgl. § 1942 Rdn 12). 12

III. Anfechtung der Anfechtung

Von der Anfechtung der Annahme- oder Ausschlagungserklärung ist die **Anfechtung** der entsprechenden **Anfechtungserklärung** zu unterscheiden. Diese ist nach h.M. nach den allg. Vorschriften des Anfechtungsrechts der §§ 119 ff., 121, 124, 142 BGB möglich.[46] Allerdings wird verbreitet darauf hingewiesen, dass sich Form und Frist der Anfechtung nach §§ 1954 f. BGB zu richten haben.[47] Diese Auffassung überzeugt sowohl aus dogmatischer Sicht, da auch die Anfechtung der Anfechtung letztlich erbrechtliche Wirkungen hat, als auch aus Gründen der Rechtssicherheit.[48] In der Lit. wird die Anfechtung der Anfechtung ferner auch wegen Irrtums über die unmittelbaren Rechtsfolgen der Anfechtung (§ 1957 BGB) für zulässig gehalten.[49] Dies ist abzulehnen, da es sich um einen unbeachtlichen Rechtsfolgenirrtum handelt.[50] 13

E. Verfahrensfragen

I. Beweislast

Nach allg. **Beweislastregeln** hat derjenige den Anfechtungsgrund, die Anfechtungserklärung und den Anfechtungszeitpunkt darzulegen und zu beweisen, der die Anfechtung geltend macht. Wer dagegen den Ausschluss der Anfechtung – also die Versäumung der Anfechtungsfrist als rechtsvernichtenden Einwand – behauptet, muss den Zeitpunkt der Kenntnisnahme des Anfechtungsgrundes durch den Anfechtungsberechtigten bzw. Wegfall der Zwangslage darlegen und beweisen.[51] 14

II. Verfahren vor dem Nachlassgericht

Das Nachlassgericht (§ 1955 BGB) prüft, ob die vorgetragenen Anfechtungsgründe beachtlich sind, nicht dagegen, ob die Anfechtung auch noch auf andere Umstände gestützt werden könnte.[52] Der Anfechtende kann innerhalb der Anfechtungsfrist weitere Anfechtungsgründe vortragen[53] und seine Beweggründe auch noch im Nachlassverfahren erläutern.[54] Werden andere als die in der ursprünglichen Anfechtungserklärung genannten Gründe geltend gemacht, sind diese als neue Anfechtungserklärungen zu werten, deren Rechtzeitigkeit nach dem Zeitpunkt ihrer Abgabe zu beurteilen ist.[55] Als Kostennormen kommt KV Nr. 12410 GNotKG in Betracht. 15

---

44 Soergel/*Stein*, § 1945 Rn 2 und § 1954 Rn 1.
45 Soergel/*Stein*, § 1954 Rn 5 m.w.N.
46 OLG Hamm ZErb 2009, 137; BayObLG MDR 1980, 492; BGH ZEV 2015, 468.
47 OLG Hamm ZErb 2009, 137; *Lange/Kuchinke*, § 8 VII 2 j; Soergel/*Stein*, § 1954 Rn 12.
48 Ausführlich OLG Hamm ZErb 2009, 137; Schulze/Dörner/Ebert/*Hoeren*, § 1954 Rn 11.
49 *Lange/Kuchinke*, § 8 Anm. VII 2 j; Soergel/*Stein*, § 1954 Rn 12.
50 MüKo/*Leipold*, § 1957 Rn 1.
51 Staudinger/*Otte*, § 1954 Rn 24; MüKo/*Leipold*, § 1954 Rn 24.
52 BGH NJW-RR 2016, 198.
53 Soergel/*Stein*, § 1954 Rn 8.
54 OLG Schleswig ZEV 2016, 82.
55 BGH NJW-RR 2016, 198.

§ 1955 Form der Anfechtung

[1]Die Anfechtung der Annahme oder der Ausschlagung erfolgt durch Erklärung gegenüber dem Nachlassgericht. [2]Für die Erklärung gelten die Vorschriften des § 1945.

Übersicht: Rdn

A. Allgemeines

1 Die Formvorschrift des § 1955 BGB ist lex specialis zu § 143 BGB. Für die Form der Erklärung sind nach S. 2 die Vorgaben von § 1945 BGB einzuhalten. Die damit erforderliche Erklärung gegenüber dem Nachlassgericht soll wegen der Bedeutung der Anfechtung für Dritte Rechtsklarheit schaffen.

B. Tatbestand

2 Gem. S. 1 ist die Anfechtung von Annahme und Ausschlagung gegenüber dem Nachlassgericht zu erklären. Die örtliche **Empfangszuständigkeit** ergibt sich aus §§ 343, 344 Abs. 7 FamFG. Die Anfechtung kann ausdrücklich oder konkludent (§ 133 BGB) erklärt werden. Der Anfechtungswille muss jedoch eindeutig aus der Anfechtungserklärung hervorgehen.[1] Soweit Anhaltspunkte vorliegen, kann die Anfechtung der Annahme damit ausnahmsweise auch in einer verspäteten Erbausschlagung liegen.[2] S. 2 regelt mit Verweis auf § 1945 BGB aber auch die **Formerfordernisse** der Anfechtungserklärung. In der Praxis muss daher berücksichtigt werden, dass die Anfechtung durch bloßen Anwaltsschriftsatz nicht wirksam ist. Die Anfechtungserklärung muss noch nicht begründet werden,[3] ist aber bedingungs- und befristungsfeindlich (arg. §§ 1947, 1957 Abs. 1 BGB). Beim „Nachschieben" von Anfechtungsgründen handelt es sich um neue Anfechtungserklärungen, deren Rechtzeitigkeit nach dem Zeitpunkt ihrer Abgabe zu beurteilen ist.[4] Diese müssen ebenfalls jeweils den geltenden Form- und Fristvorschriften genügen.[5] Ein Widerruf der Anfechtung kommt nach allg. Grundsätzen nicht in Betracht, wohl aber die **Anfechtung der Anfechtung**[6] (ausf. hierzu siehe § 1954 Rdn 13).

C. Verfahrensfragen

3 Die **Beweislast** für die Einhaltung der Form- und Fristerfordernisse trifft grundsätzlich denjenigen, der sich auf die Anfechtung beruft. Allerdings wird in den Fällen des § 1945 Abs. 3 BGB – Vorlage der Vollmachtsurkunde – derjenige für beweisverpflichtet gehalten, der zu seinen Gunsten rechtsvernichtend eine verspätete Nachreichung der Vollmachtsurkunde behauptet.[7] Dem Nachlassgericht obliegen die **Mitteilungspflichten** nach § 1957 Abs. 2 BGB.

1 OLG Schleswig ZEV 2016, 82.
2 OLG Karlsruhe ZEV 2007, 380; OLG Zweibrücken DNotZ 2006, 698.
3 BayObLG FamRZ 1994, 848; a.A. MüKo/*Leipold*, § 1955 Rn 3; OLG Schleswig ZEV 2016, 82; vgl. auch BGH NJW-RR 2016, 198.
4 BGH NJW-RR 2016, 198.
5 OLG Hamm ZErb 2016, 76, 80.
6 OLG Hamm FGPrax 2009, 119; Schulze/Dörner/Ebert/*Hoeren*, § 1955 Rn 3.
7 Soergel/*Stein*, § 1955 Rn 1 a.E.

§ 1956 Anfechtung der Fristversäumung

Die Versäumung der Ausschlagungsfrist kann in gleicher Weise wie die Annahme angefochten werden.

Übersicht: Rdn

A. Allgemeines

1 Für die Anfechtung der Versäumung der Ausschlagungsfrist verweist § 1956 BGB auf sämtliche Anfechtungsmöglichkeiten und -fristen des § 1954 BGB. Denn **Versäumung** der Ausschlagungsfrist steht der Erklärung der Annahme gleich (§ 1943 BGB). Damit wird in bedeutsamer Abweichung zu den allg. Regeln die Anfechtbarkeit einer Fiktion bzw. eines Rechtsfolgenirrtums zugelassen, da eine Willenserklärung in diesem Fall nicht gegeben ist.[1]

B. Tatbestand

2 Als Anfechtungsgrund kommen hier grundsätzlich die §§ 119 und 123 BGB in Betracht (vgl. allg. § 1954 Rdn 2 ff.).

I. Anfechtung wegen Eigenschaftsirrtums

3 Der Eigenschaftsirrtum gem. § 119 Abs. 2 BGB beruht auf der unrichtigen Beurteilung verkehrswesentlicher Eigenschaften, also bspw. über den Bestand des Nachlasses. Soweit dieser Irrtum kausal für den Fristablauf gewesen ist, kann der Ausschlagungsberechtigte hierauf die Anfechtung stützen. Das **Kausalitätskriterium** erfordert hier jedoch, dass nur die bewusste Fristversäumnis beachtlich sein kann, weil ansonsten nicht davon ausgegangen werden kann, dass die Fehlvorstellung über die verkehrswesentliche Eigenschaft den Willen zur Fristversäumnis und damit zur Ausschlagung bewirkt hat.[2]

II. Anfechtung wegen Inhalts- oder Erklärungsirrtums

4 Sowohl der Inhaltsirrtum (§ 119 Abs. 1 Alt. 1 BGB) als auch der Erklärungsirrtum (§ 119 Abs. 1 Alt. 2 BGB) können die Anfechtung des Fristablaufs rechtfertigen. Anders als beim Eigenschaftsirrtum liegt der Anfechtungsgrund nicht in einer fehlerhaften Beurteilung der Realität, sondern in einem Irrtum über die Erklärung selbst. Zu beachten ist hierbei aber, dass eine Willenserklärung nur fiktiv durch den Ablauf der Ausschlagungsfrist erfolgt, so dass nur eine analoge Anwendbarkeit des § 119 Abs. 1 BGB in Betracht kommt, wobei die beiden Tatbestandsalternativen richtigerweise als Einheit behandelt werden können.[3] Demnach liegt ein Anfechtungsgrund vor, wenn der Ausschlagungsberechtigte durch den Fristablauf nicht die Annahme erklären wollte.

---

1 MüKo/*Leipold*, § 1956 Rn 1.
2 MüKo/*Leipold*, § 1956 Rn 9; Staudinger/*Otte*, § 1956 Rn 4; a.A. Soergel/*Stein*, § 1956 Rn 2.
3 MüKo/*Leipold*, § 1956 Rn 7.

5 Hierunter können jedenfalls die Fälle subsumiert werden, in denen der Ausschlagungsberechtigte die **Ausschlagungsfrist bewusst verstreichen lässt**, weil er bspw. annimmt, dass
- der Fristablauf eine Annahmefiktion begründe;[4]
- er die Erbschaft bereits wirksam ausgeschlagen habe, etwa weil er über die Amtszuständigkeit irrt,[5] er die Ausschlagung unter Verstoß gegen § 1947 BGB oder ohne eine notwendige familiengerichtliche Genehmigungen erklärt hat.[6]

6 Problematischer sind die Fälle, in denen der Ausschlagungsberechtigte im Irrtum über das Bestehen der Ausschlagungsfrist ist und diese damit **unbewusst verstreichen** lässt. Dieses unbewusste Verstreichenlassen führt jedoch dazu, dass ein Ansatzpunkt für die irrtumsbedingte Anfechtung fehlt. Dennoch lässt die h.M. auch die Anfechtung des unbewussten Fristablaufs zu, wobei der kausale Irrtum dadurch ersetzt wird, dass im Zeitpunkt des Endes der Ausschlagungsfrist überhaupt ein vernünftiger Beweggrund zur Ausschlagung (z.B. Überschuldung des Nachlasses) vorhanden war, der nach der allgemeinen Lebenserfahrung regelmäßig zur Ausschlagung führt.[7] Zu beachten ist jedoch, dass in diesen Fällen zunächst genau zu prüfen ist, ob die Ausschlagungsfrist überhaupt schon begonnen hat (vgl. § 1944 Rdn 1 ff.).
Die erforderliche Kausalität liegt vor, wenn weder der Irrende selbst noch ein unparteiischer Beobachter unter objektiver Würdigung der Gesamtumstände ohne den Irrtum die Annahme erklärt oder die Abgabe einer wirksamen Ausschlagungserklärung versäumt hätte.[8] Es ist auf den Zeitpunkt des Fristablaufs abzustellen.[9]

III. Anfechtung wegen Täuschung oder Drohung

7 Bei einer Anfechtung der Fristversäumung nach § 123 BGB ist darauf abzustellen, ob der vorläufige Erbe durch arglistige Täuschung oder Drohung dazu genötigt wurde, die Ausschlagung nicht fristgemäß zu erklären, ohne dass es darauf ankommt, ob er die Frist bewusst oder unbewusst hat verstreichen lassen.[10]

C. Sonderregelungen/Verfahrensfragen

8 **Form** und **Frist** der Anfechtung nach § 1956 BGB richten sich schließlich ebenfalls nach §§ 1954, 1955 BGB.[11] Die von den gesetzlichen Vertretern für den vorläufigen Erben eingeholten **Genehmigungen von Familien- oder Betreuungsgericht** (vgl. § 1945 Rdn 11) für eine Erklärung der Ausschlagung decken auch die Anfechtungserklärung nach § 1956 BGB ab.[12] Eine **Anfechtung der Anfechtung** nach § 1956 BGB analog wegen Versäumung der Anfechtungsfrist ist mangels Analogiefähigkeit der speziellen Norm des § 1956 BGB abzulehnen.[13]

---

4 Grüneberg/*Weidlich*, § 1945 Rn 1 ff.
5 OLG Zweibrücken NJW-RR 2006, 1594; BayObLG NJW-RR 1994, 586.
6 BayObLG Rpfleger 1994, 168; BayObLG FamRZ 1983, 834; MüKo/*Leipold*, § 1956 Rn 9.
7 OLG Köln MDR 1980, 493; LG Bonn Rpfleger 1985, 148 m. abl. Anm. *Stein*; MüKo/*Leipold*, § 1956 Rn 9; Staudinger/*Otte*, § 1956 Rn 3.
8 BGH ZEV 2015, 468, 469 m.w.N.
9 BGH ZEV 2015, 468, 469 m.w.N.
10 MüKo/*Leipold*, § 1956 Rn 5.
11 A.A. BGH ZEV 2015, 468, der die Frist des § 121 BGB anwendet.
12 OLG Celle ZErb 2013, 128 f.; Erman/*J. Schmidt*, § 1956 Rn 4.
13 MüKo/*Leipold*, § 1956 Rn 11; a.A. BayObLG FamRZ 1983, 834.

§ 1957 Wirkung der Anfechtung

(1) Die Anfechtung der Annahme gilt als Ausschlagung, die Anfechtung der Ausschlagung gilt als Annahme.
(2) [1]Das Nachlassgericht soll die Anfechtung der Ausschlagung demjenigen mitteilen, welchem die Erbschaft infolge der Ausschlagung angefallen war. [2]Die Vorschrift des § 1953 Abs. 3 Satz 2 findet Anwendung.

Übersicht: Rdn

A. Allgemeines

1 Mit § 1957 BGB weist das Gesetz gegenüber § 142 Abs. 1 BGB eine spezielle Norm auf, wonach die Anfechtung nach §§ 1954 ff. BGB nicht nur kassatorische, sondern auch gestaltende Bedeutung hat.[1] Dies soll Rechtsklarheit und Rechtssicherheit schaffen.[2]

B. Tatbestand

2 Nach Abs. 1 stellt die Anfechtung der Annahme eine Ausschlagung und die Anfechtung der Ausschlagung eine Annahme dar. Mit dieser zwingenden und nicht anfechtbaren Rechtsfolge wird dem Erklärenden die Möglichkeit genommen, innerhalb der Ausschlagungsfrist nochmals gestaltend tätig zu werden.[3] Aufgrund dieser zwingenden Rechtsfolge bedarf auch die Anfechtung der Annahme ggf. einer betreuungsgerichtlichen Genehmigung.[4] Bzgl. der Mitteilungsobliegenheiten des Nachlassgerichts nach Abs. 2 wird auf die Ausführungen zu § 1953 Abs. 3 BGB verwiesen (vgl. § 1953 Rdn 7 ff.).

C. Sonderregelungen

I. Schadensersatzpflichten

3 In der Rechtsfolge der Anfechtung ist besonders auf die Schadensersatzpflicht des Anfechtenden über den auch hier anwendbaren § 122 BGB hinzuweisen. Die Schadensersatzpflicht besteht gegenüber jedem, der auf die Wirksamkeit von Annahme oder Ausschlagung vertraut hat.[5] Als zu ersetzender **Vertrauensschaden** kommen etwa Prozesskosten eines Nachlassgläubigers aus einem Prozess gegen den die Annahme erklärt habenden Erben oder vergebliche Vollstreckungskosten in Betracht.[6]

II. Sonstiges

4 § 1957 BGB gilt auch für die Anfechtung der Annahme bzw. Ausschlagung der **Nacherbschaft**, selbst wenn der Nacherbfall noch nicht eingetreten ist (§ 2142 BGB) und

---

1 Soergel/*Stein*, § 1954 Rn 1 und § 1957 Rn 1.
2 Grüneberg/*Weidlich*, § 1957 Rn 2.
3 MüKo/*Leipold*, § 1957 Rn 1 für Fiktionswirkung; Staudinger/*Otte*, § 1957 Rn 1 für unwiderlegliche Vermutung; a.A. *Lange/Kuchinke*, § 8 VII 2 j.
4 BayObLG FamRZ 1983, 834.
5 Staudinger/*Otte*, § 1957 Rn 4; a.A. MüKo/*Leipold*, § 1957 Rn 4 m. wenig überzeugendem Unmittelbarkeitserfordernis.
6 MüKo/*Leipold*, § 1957 Rn 4 m.w.N.

für die Anfechtung der **Fristversäumnis** (§ 1956 BGB).[7] Im Fall der Anfechtung der Ausschlagung durch den Erben kann dieser gegen den ersatzweise berufenen Erben als **Erbschaftsbesitzer** nach §§ 2018 ff. BGB vorgehen, dessen Recht zum Besitz rückwirkend entfällt.[8]

§ 1958 Gerichtliche Geltendmachung von Ansprüchen gegen den Erben

Vor der Annahme der Erbschaft kann ein Anspruch, der sich gegen den Nachlass richtet, nicht gegen den Erben gerichtlich geltend gemacht werden.

Übersicht: Rdn

A. Allgemeines

1 Der vorläufige Erbe ist mit dem Anfall der Erbschaft bereits Träger von Rechten und Pflichten aus der Erbschaft, obwohl er diese im Laufe der für ihn geltenden Ausschlagungsfrist noch ausschlagen kann. Materiellrechtlich zählt das Nachlassvermögen daher schon zum Vermögen des **vorläufigen Erben** und macht ihn grundsätzlich insoweit auch **aktiv-** und **passivlegitimiert** (vgl. § 2014 BGB). Bereits aus Gründen der strukturellen Vermögenszuordnung (vgl. § 1942 Rdn 3) ist die Erbschaft aber den Zugriffen persönlicher Gläubiger des vorläufigen Erben entzogen. Die Norm des § 1958 BGB hat deswegen vor allem verfahrensrechtliche Bedeutung und schützt den vorläufigen Erben vor **Passivprozessen** wegen Ansprüchen gegen den Nachlass, um dem vorläufigen Erben die Ausschlagungsfrist auch als Überlegungsfrist zu sichern.[1] § 1958 BGB hat jedoch auch prozessökonomische Bedeutung und soll im öffentlichen Interesse Prozesse gegen ggf. falsche Parteien vermeiden.[2]

B. Tatbestand

2 Gem. § 1958 BGB ist **Klageerhebung** eines Nachlassgläubigers gegen den vorläufigen Erben unzulässig. Die aktive Aufnahme eines durch den Tod des Erblassers gem. § 239 Abs. 1 ZPO **unterbrochenen Verfahrens** wird dagegen durch § 239 Abs. 5 ZPO i.V.m. § 1958 BGB untersagt. Die Unterbrechung des Prozesses kann demnach durch den Erben erst nach Annahme der Erbschaft beendet werden. Allerdings dürfte die Aufnahme eines Prozesses durch den vorläufigen Erben regelmäßig als Annahme der Erbschaft zu werten sein (vgl. § 1943 Rdn 3). Wurde der Erblasser jedoch durch einen **Prozessbevollmächtigten** vertreten, so tritt nicht einmal Unterbrechung ein (§ 246 ZPO). Vielmehr besteht die Prozessvollmacht über den Tod des Erblassers hinaus fort (§ 86 ZPO), sodass der Prozessbevollmächtigte das Verfahren für und gegen den endgültigen Erben fortführt.[3]

---

7 Erman/*J. Schmidt*, § 1957 Rn 1.

8 MüKo/*Leipold*, § 1957 Rn 2; Staudinger/*Otte*, § 1957 Rn 5; a.A. Soergel/*Stein*, § 1957 Rn 2, der jedoch zumindest § 2027 BGB für anwendbar hält.

1 Grüneberg/*Weidlich*, § 1959 Rn 1.

2 Staudinger/*Mešina*, § 1958 Rn 3; MüKo/*Leipold*, § 1958 Rn 1.

3 Staudinger/*Mešina*, § 1958 Rn 8; MüKo/*Leipold*, § 1958 Rn 15.

§ 1958 schützt den vorläufigen Erben vor Leistungs-, Feststellungs-, Gestaltungs- und Widerklagen.[4] Einstweilige Maßnahmen zum Schutz **absoluter Rechte**, wie sie gegenüber jedem Dritten zulässig wären, der das Recht zu achten hätte, werden durch § 1958 BGB aber nicht gehindert.[5] Gem. § 2213 Abs. 2 und § 1960 Abs. 3 BGB findet § 1958 BGB im Falle der Testamentsvollstreckung oder Nachlasspflegschaft keine Anwendung; dem Kläger (Gläubiger) steht es frei, die Nachlasspflegschaft gem. § 1961 BGB zu beantragen, wenn er die Annahme der Erbschaft nicht abwarten möchte oder der Erbe unbekannt ist (§ 246 ZPO).[6] Wegen der formalisierten Zwangsvollstreckung wird jedoch der Titel später auf die bekannten Erben nach §§ 727 f. ZPO umgeschrieben werden müssen.[7] 3

Die Norm des § 1958 BGB stellt nach ganz h.M. eine im Zeitpunkt der letzten mündlichen Verhandlung **von Amts wegen** zu beachtende Prozessvoraussetzung dar.[8] Dagegen hält ein Teil der Lit. § 1958 BGB für dispositiv und will den vorläufigen Erben auf diesen Schutz verzichten lassen können.[9] Diese Auffassung überzeugt nicht, da der Schutz des Nachlasses auch dem Schutz des endgültigen Erben dient und nutzlose Prozesse nicht vermieden werden (Prozessökonomie). 4

C. Sonderregelungen

I. Verjährung

Da § 1958 BGB es den Nachlassgläubigern auch verwehrt, einen Neubeginn der Verjährungsfrist (§ 212 BGB) herbeizuführen, hemmt § 211 BGB (vgl. § 1954 Rdn 8) für die Schwebezeit die Verjährung. 5

II. Zwangsvollstreckung

Im Zwangsvollstreckungsverfahren wird der Schutz des vorläufigen Erben vor Zugriffen aufgrund von Nachlassverbindlichkeiten (§ 1967 Abs. 2 BGB) durch § 778 ZPO gewährt, soweit die **Vollstreckung** gegen den Erblasser noch **nicht begonnen** hatte. Der Nachlassgläubiger muss in diesem Fall zunächst eine Nachlasspflegschaft beantragen sowie Titelumschreibung auf den Nachlasspfleger (§ 1961 BGB) oder – soweit ein verwaltender Testamentsvollstrecker vorhanden ist – auf diesen (§§ 749, 727 ZPO) beantragen.[10] Hat die **Vollstreckung** gegen den Erblasser aber bereits zu dessen Lebzeiten **begonnen**, so wird das Zwangsvollstreckungsverfahren fortgesetzt (§ 779 Abs. 1 ZPO). Die **Eigengläubiger des vorläufigen Erben** können vor Annahme der Erbschaft nicht in den Nachlass vollstrecken, sie sind insoweit auf das Eigenvermögen des vorläufigen Erben beschränkt (§ 778 Abs. 2 ZPO). Gegen danach unzulässige Zwangsvollstreckungsmaßnahmen kann sich der vorläufige Erbe nach §§ 766, 771 ZPO, aber auch dessen Eigengläubiger mit der Erinnerung gem. § 766 ZPO zur Wehr setzen.[11] Eine **Titelumschreibung** nach § 727 ZPO auf den Erben ist erst nach Annahme der Erbschaft oder Ablauf der Ausschlagungsfrist möglich.[12] Eine vorher er- 6

4 Grüneberg/*Weidlich*, § 1958 Rn 1; differenzierend MüKo/*Leipold*, § 1958 Rn 2 ff.: will auch hier zwischen Erblasserschulden, Erbfallschulden und Nachlasserbenschulden (vgl. § 1967 BGB) unterscheiden und Letztere durch § 1958 BGB nicht ausgeschlossen sehen.

5 Erman/*J. Schmidt*, § 1958 Rn 4.

6 Soergel/*Stein*, § 1958 Rn 5.

7 Staudinger/*Mešina*, § 1958 Rn 9.

8 Grüneberg/*Weidlich*, § 1958 Rn 1.

9 *Brox/Walker*, Erbrecht, § 22 Rn 17.

10 Erman/*J. Schmidt*, § 1958 Rn 8; Soergel/*Stein*, § 1958 Rn 6; näher *Jaspersen*, Rpfleger 1995, 243 ff., 246.

11 Soergel/*Stein*, § 1958 Rn 6.

12 Zöller/*Seibel*, § 727 ZPO Rn 14.

folgte Titelumschreibung kann der vorläufige Erbe im Wege der §§ 732, 768 ZPO angehen.[13]

D. Verfahrensfragen

7 Der Kläger hat für die Zulässigkeit eines Prozesses gegen den Erben (**Passivprozess** des Erben) die Annahme der Erbschaft darzulegen und zu beweisen. Ein bereits laufender Prozess des Erblassers wird nach § 239 Abs. 1 ZPO **unterbrochen**, wenn der Kläger diesen Beweis nicht führen kann. Nach **rückwirkender Ausschlagung der Erbschaft** ist die Klage gegen den vermeintlichen Erben nicht erledigt, sondern von Anfang an unbegründet. § 1958 BGB findet im Zeitpunkt der Klageerhebung keine Anwendung.[14] **Aktivprozessen** des vorläufigen Erben steht § 1958 BGB nicht entgegen (vgl. § 1959 Rdn 15). In diesen Fällen sind Gläubiger des Nachlasses zwar an einer Widerklage gehindert, können jedoch aufrechnen oder Zurückbehaltungsrechte geltend machen.[15] Das **Nachlassinsolvenzverfahren** wird durch § 1958 BGB nicht gehindert (§ 316 InsO). Bei der Inventarerrichtung gilt § 1995 Abs. 2 BGB, die Frist kann also erst ab der Annahme zu laufen beginnen. Die Vorteile der Inventarerrichtung – insbesondere § 2009 BGB – gelten auch zugunsten des endgültigen Erben. Dagegen haftet im Fall des § 2005 Abs. 1 BGB alleine auch der untreue vorläufige Erbe.[16]

§ 1959 Geschäftsführung vor der Ausschlagung

(1) Besorgt der Erbe vor der Ausschlagung erbschaftliche Geschäfte, so ist er demjenigen gegenüber, welcher Erbe wird, wie ein Geschäftsführer ohne Auftrag berechtigt und verpflichtet.
(2) Verfügt der Erbe vor der Ausschlagung über einen Nachlassgegenstand, so wird die Wirksamkeit der Verfügung durch die Ausschlagung nicht berührt, wenn die Verfügung nicht ohne Nachteil für den Nachlass verschoben werden konnte.
(3) Ein Rechtsgeschäft, das gegenüber dem Erben als solchem vorgenommen werden muss, bleibt, wenn es vor der Ausschlagung dem Ausschlagenden gegenüber vorgenommen wird, auch nach der Ausschlagung wirksam.

Übersicht: Rdn

A. Allgemeines

1 Mit der Ausschlagung entfällt die Erbenstellung gem. § 1953 rückwirkend auf den Zeitpunkt des Erbfalls. Aus diesem Grunde regelt § 1959 BGB die **Wirkung der**

13 *Brox/Walker*, Erbrecht, § 22 Rn 17.
14 AG Northeim NJW-RR 2007, 9.
15 MüKo/*Leipold*, § 1958 Rn 6; Staudinger/*Mešina*, § 1958 Rn 6.
16 *Boehmer*, S. 24.

rechtsgeschäftlichen Tätigkeit des vorläufigen Erben. Allerdings ist der vorläufige Erbe weder zur **Verwaltung der Erbschaft** verpflichtet, noch trifft ihn die Pflicht zur Beantragung der Nachlassinsolvenz (§ 316 Abs. 1 InsO i.V.m. § 1980 BGB) oder zur Errichtung des Inventars (§ 1994 BGB). Will der vorläufige Erbe die Nachlassfürsorge aber nicht dem Nachlassgericht (§ 1960 BGB) überlassen, so kann er verwaltend tätig werden.[1] Für diesen Fall stellt § 1959 BGB klar, dass Rechtsgeschäfte des vorläufigen Erben, der nicht endgültiger Erbe wird, auch nach der Ausschlagung unter **Berücksichtigung der Interessen** der Beteiligten nicht zwangsläufig unwirksam sind. Für dingliche Rechtsgeschäfte (Verfügungen) aber gilt Abs. 2. In der Praxis ist ferner zu beachten, dass die Verwaltungshandlung des vorläufigen Erben als **stillschweigende Annahmeerklärung** gewertet werden kann (vgl. § 1943 Rdn 3), dann ist § 1959 BGB schon tatbestandlich nicht anwendbar.[2]

B. Tatbestand

I. Geschäftsführung ohne Auftrag (Abs. 1)

Der vorläufige Erbe, der die Ausschlagung oder die Anfechtung der Annahme erklärt (§§ 1943, 1957 BGB), ist dem endgültigen Erbe gegenüber für erbschaftsbezogene Geschäftsbesorgungen in der Zeit seiner vorläufigen Erbenstellung nach den Grundsätzen zur Geschäftsführung ohne Auftrag nach §§ 677 ff. BGB berechtigt und verpflichtet (Abs. 1). Das gilt auch dann, wenn sich der vorläufige Erbe irrtümlich für den endgültigen Erben hält; § 687 Abs. 1 BGB ist nicht anwendbar.[3] **Erbschaftsbezogene Geschäfte** sind alle tatsächlichen und rechtsgeschäftlichen Handlungen, die im Zusammenhang mit dem Nachlass stehen,[4] z.B.: 2

Erbschaftsbezogenes Geschäft	Ja	Nein
Abschluss von Verträgen im Zusammenhang mit der Beerdigung	x	
Abwicklung/Erfüllung von Verträgen des Erblassers und Nachlassverbindlichkeiten	x	
Abschluss von Verträgen zur Verwaltung des Nachlasses	x	
Fortführung eines Unternehmens des Erblassers	x	
Aktivprozesse des vorläufigen Erben betr. den Nachlass		x
Tatsächliche Handlungen, z.B. Reparaturen von Nachlassgegenständen	x	

Im Einzelfall wird die Abgrenzung zu **stillschweigenden** Annahmeerklärungen und damit die Anwendbarkeit von § 1959 BGB problematisch sein. Das gilt insbesondere bei Aktivprozessen des vorläufigen Erben betr. den Nachlass. Deswegen wird in diesem Fall ein erbschaftsbezogenes Geschäft regelmäßig tatbestandlich auszuschließen sein (vgl. auch § 1959 Rdn 15). Die Voraussetzung eines **Fremdgeschäftsführungswillens** bei dem vorläufigen Erben braucht i.R.d. entsprechenden Anwendung der §§ 677 ff., 1959 BGB nicht vorzuliegen.[5] Der vorläufige Erbe hat bei erbschaftsbezogenen Geschäften aber den Anforderungen des § 677 BGB zu genügen. Er muss die Interessen und den **mutmaßlichen Willen** des ihm bekannten endgültigen Erben, des Testamentsvollstreckers oder des Nachlasspflegers wahren. Allerdings wird der vorläufige Erbe den endgültigen Erben nur selten kennen. Regelmäßig ist daher bei 3

1 Vgl. allg. Erman/*J. Schmidt*, § 1959 Rn 1; Soergel/*Stein*, § 1959 Rn 1; *Kipp/Coing*, § 90 III 1.
2 Soergel/*Stein*, § 1959 Rn 1 a.E.
3 Erman/*J. Schmidt*, § 1959 Rn 2 f.
4 Soergel/*Stein*, § 1959 Rn 3; MüKo/*Leipold*, § 1959 Rn 3 für eine grundsätzlich weite Auslegung dieses Begriffs, auch für tatsächliche Handlungen i.R.d. erbschaftsbezogenen Geschäfte.
5 Soergel/*Stein*, § 1959 Rn 4; MüKo/*Leipold*, § 1959 Rn 4.

objektivierter Betrachtung auf die Interessen eines verständigen und sorgsamen Erben abzustellen; der vorläufige Erbe kann sich – im Falle eines schuldhaften Verstoßes hiergegen – dem endgültigen Erbe gegenüber auch schadensersatzpflichtig machen.[6] Wird der vorläufige Erbe zum endgültigen Erben (vgl. § 1943 BGB), werden durchgeführte Geschäfte rückwirkend seine eigenen Geschäfte.[7] Nach § 684 S. 2 BGB kann der endgültige Erbe die Geschäftsführung des vorläufigen Erben auch genehmigen.

4 **Erbschaftsbezogene Verpflichtungsgeschäfte** bleiben wirksam und berechtigen und verpflichten grds. nur den vorläufigen Erben.[8] Der vorläufige Erbe ist gerade nicht Vertreter des endgültigen Erben, da Abs. 1 keine Vertretungsmacht einräumt.[9] Allerdings kann der vorläufige Erbe bei interessensgerechter Geschäftsführung (vgl. Rdn 3) nach §§ 683, 670 BGB Aufwendungsersatz oder bei notwendiger Fortführung eine Handelsgewerbes sogar Befreiung von Verbindlichkeiten verlangen.[10] Im Einzelfall kann sogar ein Anspruch des vorläufigen Erben auf Genehmigung nach § 177 Abs. 1 BGB bestehen.[11] Der Aufwendungsersatzanspruch des vorläufigen Erben stellt eine Nachlassverbindlichkeit dar (§ 1967 Abs. 2 BGB) und ist in der Nachlassinsolvenz als Masseschulden gem. § 324 Abs. 1 Nr. 6 InsO zu berücksichtigen. **Vergütungsansprüche** bestehen nach h.M. nur, wenn die Geschäftsbesorgung für den vorläufigen Erben berufseinschlägig war (§§ 670, 683 BGB).[12]

5 **Herausgabeansprüche** nach §§ 681, 667 BGB gegen den vorläufigen Erben sind Ansprüche des Nachlasses.[13]

II. Unaufschiebbare Verfügungen (Abs. 2)

6 Im Unterschied zu Abs. 1 stellt Abs. 2 auf **Verfügungen** und damit richtigerweise lediglich auf dinglich wirkende Rechtsgeschäfte ab, die – bei Vorliegen der Voraussetzungen des Abs. 2 – gegen Dritte und den endgültigen Erben wirksam bleiben.[14] Über Abs. 2 wird der endgültige Erbe schuldrechtlich nicht gebunden. Unter Verfügungen werden allgemein Übertragungen, Belastungen, Inhaltsänderungen und die Aufhebung von Rechten verstanden. Auch Verfügungen i.d.S. sind
(1) die Annahme einer Leistung als Erfüllung (§§ 362 ff. BGB),
(2) die Ausübung von Gestaltungsrechten wie Kündigung oder Anfechtung oder
(3) die Erfüllung fälliger Nachlassverbindlichkeiten durch den vorläufigen Erben.[15]

7 Die Verfügung darf nach Abs. 2 nicht ohne Nachteil für den Nachlass verschoben werden können. Die Verfügung muss demnach **unaufschiebbar** sein. In diesem Fall gibt Abs. 2 dem vorläufigen Erben eine Verfügungsbefugnis i.S.d. § 185 BGB. Damit wird verhindert, dass der vorläufige Erbe ansonsten wegen § 1953 Abs. 1 BGB immer Nichtberechtigter sein würde und der Dritte nur gutgläubig erwerben könnte. Wann

---

6 OLG Celle MDR 1970, 1012, 1013; MüKo/*Leipold*, § 1959 Rn 4; Staudinger/*Mešina*, § 1959 Rn 5; vgl. zu den Schadensersatzansprüchen: Grüneberg/*Retzlaff*, § 678 Rn 4 m.w.N.

7 Erman/*J. Schmidt*, § 1959 Rn 1 ff.

8 Erman/*J. Schmidt*, § 1959 Rn 8.

9 Erman/*J. Schmidt*, § 1959 Rn 5; Soergel/*Stein*, § 1959 Rn 7; a.A. *Siber*, S. 112.

10 MüKo/*Leipold*, § 1959 Rn 4; Soergel/*Stein*, § 1959 Rn 7.

11 Soergel/*Stein*, § 1959 Rn 7, auch zu Einzelfragen der Unternehmensfortführung oder des Arbeitsrechts; näher *Stumpf*, in: FS Brackmann, S. 299 ff.

12 BGH NJW 1976, 748, 749; Soergel/*Stein*, § 1959 Rn 5.

13 Erman/*J. Schmidt*, § 1959 Rn 4.

14 Erman/*J. Schmidt*, § 1959 Rn 6, 8; Soergel/*Stein*, § 1959 Rn 9.

15 MüKo/*Leipold*, § 1959 Rn 6; z.T. ist str., ob im Fall (3.) auch Abs. 3 zur Anwendung kommt, so *Kipp/Coing*, § 90 III 3 c; dagegen Staudinger/*Mešina*, § 1959 Rn 11; krit. MüKo/*Leipold*, § 1959 Rn 11; im Fall (1.) wird es entscheidend darauf ankommen, ob der finalen Leistungstheorie (Erfüllungstheorie) – vgl. dazu z.B. Grüneberg/*Grüneberg*, § 362 Rn 2 ff. m.w.N. – gefolgt wird.

eine Verfügung unaufschiebbar i.S.v. Abs. 2 ist, wird unterschiedlich beurteilt. Die h.M. folgt einer objektiven Betrachtung für den Zeitpunkt der Verfügung und will nur geringfügige und vorübergehende Wertminderungen für den Nachlass noch nicht für ausreichend halten und im Zweifel eine Unaufschiebbarkeit verneinen.[16] I.d.S. sollten z.B. Erfüllungsannahmen wegen drohenden **Annahmeverzuges**, die Zahlung von Beerdigungskosten oder die Veräußerung verderblicher Ware anerkannt werden.[17]

Erfüllungsleistungen an den vorläufigen Erben gehen nicht im Wege der **dinglichen** 8 **Surrogation** in das Nachlassvermögen über. Insoweit besteht ein beachtlicher Unterschied zu § 2019 BGB.[18] Der endgültige Erbe müsste insoweit seinen Herausgabeanspruch aus Geschäftsführung ohne Auftrag (Abs. 1) geltend machen.

Im Übrigen gelten die allgemeinen Vorschriften der §§ 932 ff. und 892 f. BGB für den 9 **gutgläubigen Erwerb**. Bezugspunkt des guten Glaubens muss dabei nicht nur das Eigentum des vorläufigen Erben, sondern auch die Endgültigkeit seiner Rechtsstellung sein. Mit anderen Worten scheitert der gutgläubige Erwerb, wenn der Erwerber die Ausschlagungsberechtigung des vorläufigen Erben kennt.[19] Ein gutgläubiger Erwerb wird durch § 935 Abs. 1 BGB nicht ausgeschlossen, da es insoweit an einem tatbestandlichen Abhandenkommen fehlt. Der vorläufige Erbe ist berechtigter unmittelbarer **Besitzer.** Bei Vorliegen eines Erbscheins gilt § 2366 BGB (öffentlicher Glaube).[20] In Bezug auf weitere besitzrechtliche Fragestellungen wird auf § 1953 BGB (vgl. § 1953 Rdn 4 a.E.) verwiesen.

III. Einseitige empfangsbedürftige Rechtsgeschäfte (Abs. 3)

Schließlich bestimmt Abs. 3, dass einseitige empfangsbedürftige Erklärungen, die dem 10 vorläufigen Erben gegenüber vorgenommen werden müssen, auch nach der Ausschlagung wirksam bleiben. Rechtshandlungen müssen insbesondere dann bereits gegenüber einem vorläufigen Erben erklärt werden, wenn sie fristgebunden sind.[21] Dabei kommt es nicht darauf an, ob der Erklärende die Vorläufigkeit des Erbrechts kennt oder nicht.[22] Voraussetzung ist aber, dass der vorläufige Erbe der richtige Adressat der Erklärung ist, also keine Nachlassverwalter oder Testamentsvollstrecker bestellt sind. Es kommen z.B. folgende Erklärungen in Betracht.[23]

Einseitige empfangsbedürftige Rechtsgeschäfte nach Abs. 3	Ja	Nein
Kündigung und Rücktritt	x	
Anfechtungen, Genehmigungen oder Widerruf	x	
Annahme von dem Erblasser gegenüber gemachten Vertragsangeboten (str.)	x	
Erfüllung von Nachlassforderungen (arg. Abs. 2)		x
Annahme einer Leistung als Erfüllung (§§ 362 ff. BGB; arg. Abs. 2)	x	x
Forderungsanmeldungen nach § 1974 Abs. 1 BGB	x	

16 OLG Düsseldorf ZEV 2000, 64, 65; MüKo/*Leipold*, § 1959 Rn 6; ferner *Lüke*, JuS 1978, 254, 255.
17 Vgl. LAG Berlin MDR 1985, 169; Soergel/*Stein*, § 1959 Rn 10.
18 Vgl. Soergel/*Stein*, § 1959 Rn 9; MüKo/*Leipold*, § 1959 Rn 2.
19 MüKo/*Leipold*, § 1959 Rn 8; Staudinger/*Mešina*, § 1959 Rn 13 ff.; *Lange/Kuchinke*, § 8 V 2.
20 Soergel/*Stein*, § 1959 Rn 11.
21 MüKo/*Leipold*, § 1959 Rn 9.
22 Erman/*J. Schmidt*, § 1959 Rn 10.
23 Erman/*J. Schmidt*, § 1959 Rn 10; Soergel/*Stein*, § 1959 Rn 12.

Einseitige empfangsbedürftige Rechtsgeschäfte nach Abs. 3	Ja	Nein
Verpflichtende Willenserklärungen auf Abschluss eines Vertrages über Nachlassgegenstände		x
Ausübung von Vorkaufsrechten	x	

11 Eine Einschränkung gilt für die Mahnung gegenüber dem vorläufigen Erben zur Begründung des **Schuldnerverzuges.** Zwar ist auch diese wirksam, entfaltet jedoch bis zur Annahme der Erbschaft mangels Fürsorgepflicht (§ 287 BGB) des vorläufigen Erben für den Nachlass nicht bereits die Wirkungen des Schuldnerverzuges.[24] Dagegen wird der **Gläubigerverzug** durch ein Leistungsangebot dem vorläufigen Erben gegenüber sogleich wirksam.[25] Eine dem vorläufigen Erben gegenüber gesetzte Frist zur Inventarerrichtung (§ 1994 BGB) wird durch die Ausschlagung wirkungslos.[26]

12 Bei der **Aufrechnung** (§§ 387 ff. BGB) sind die Strukturen der Vermögenszuordnung zu beachten und das Eigenvermögen des vorläufigen Erben von dem gesonderten Nachlassvermögen des vorläufigen Erben zu trennen. Abs. 3 erfasst daher nur die Forderungen, die gegen den Nachlass gerichtet sind oder zum Nachlass gehören.[27] Nicht gegeneinander aufgerechnet werden können deswegen Forderungen des Nachlasses gegen den vorläufigen Erben mit Forderungen des vorläufigen Erben gegen den Nachlass.

C. Sonderregelungen

13 Die Ausgleichsregelungen des Abs. 1 konkurrieren nicht mit den Ansprüchen gegen den **Erbschaftsbesitzer** nach §§ 2018 ff. BGB, denn der vorläufige Erbe besitzt nicht (rückwirkend) als Erbschaftsbesitzer,[28] wohl aber gelten §§ 2018 ff. BGB bei einer Anfechtung nach §§ 2078 f., 142 BGB. Der endgültige Erbe kann von dem Ausschlagenden jedoch nach § 2027 Abs. 2 BGB **Auskunft** über Erbschaftsgegenstände verlangen.[29] Im Einzelfall sollen auch die §§ 280 ff. BGB (**Leistungsstörung**) anwendbar sein, wogegen Ansprüche aus **unerlaubter Handlung** (§ 823 BGB) bei Vorliegen der Voraussetzungen des § 1959 BGB gerechtfertigt und **Bereicherungsansprüche** (§ 812 BGB) mit Rechtsgrund erfolgt und damit ausgeschlossen sind.[30] **Herausgabeansprüche** nach § 985 BGB sind dagegen eröffnet, nicht aber die Regeln des Eigentümer-Besitzer-Verhältnisses (§§ 986 ff. BGB) für den Zeitpunkt vor der Ausschlagung, da dem vorläufigen Erben insoweit ein Recht zum Besitz anzuerkennen ist.[31] Im **Versicherungsrecht** ist anerkannt, dass der vorläufige Erbe nicht Repräsentant gegenüber einer Versicherung des Erblassers ist.[32] Eine leistungsschädliche Obliegenheitsverletzung seitens des vorläufigen Erben wirkt daher nicht gegen den endgültigen Erben. Der vorläufige Erbe ist auch nicht Erfüllungs-, Verrichtungsgehilfe oder Stellvertreter des endgültigen Erben, so dass eine generelle **Zurechnung** von Handlungen oder Willenserklärungen ausscheidet.[33]

---

24 MüKo/*Leipold*, § 1959 Rn 6, 11, § 1958 Rn 18.
25 Staudinger/*Mešina*, § 1959 Rn 19; a.A. *Lange/Kuchinke*, § 50 II 3.
26 MüKo/*Leipold*, § 1953 Rn 2.
27 Grüneberg/*Weidlich*, § 1958 Rn 4; zweifelnd Erman/*J. Schmidt*, § 1958 Rn 10.
28 Erman/*J. Schmidt*, § 1953 Rn 5; Soergel/*Stein*, § 1953 Rn 4 und § 1959 Rn 1.
29 Erman/*J. Schmidt*, § 1953 Rn 4.
30 Soergel/*Stein*, § 1959 Rn 8.
31 MüKo/*Leipold*, § 1959 Rn 2.
32 BGH LM Nr. 2 zu § 61 VVG; Erman/*J. Schmidt*, § 1959 Rn 5.
33 MüKo/*Leipold*, § 1959 Rn 1; Staudinger/*Mešina*, § 1959 Rn 1.

D. Verfahrensfragen

I. Beweislast

Für die Ansprüche im Zusammenhang mit der Geschäftsführung ohne Auftrag (Abs. 1) – Aufwendungsersatz, Herausgabe oder Auskunft usw. – ist derjenige für die jeweiligen tatbestandlichen Voraussetzungen darlegungs- und beweisverpflichtet, der diese Ansprüche geltend macht.[34] Bei Abs. 2 muss derjenige die Voraussetzungen – insbesondere die Unaufschiebbarkeit – beweisen, der sich auf die Wirksamkeit der Verfügung beruft.[35] 14

II. Aktivprozesse des vorläufigen Erben

In der Lit. wird darüber gestritten, ob der vorläufige Erbe **Aktivprozesse** für den Nachlass aufnehmen kann. Z.T. wird dies nur bei Vorliegen der Voraussetzungen von Abs. 2 zugelassen oder dann, wenn der Aktivprozess im Interesse der endgültigen Erben ist und als berechtigte Geschäftsführung ohne Auftrag aufgefasst werden kann.[36] Vorzugswürdig erscheint jedoch die Auffassung, dem vorläufigen Erben als vorübergehendem Träger der Nachlassrechte grundsätzlich das eigene Prozessführungsrecht zuzubilligen, da §§ 1958 und 1959 BGB nicht entgegenstehen und dies dem Prinzip des (wenn auch vorläufigen) Von-Selbst-Erwerbs entspricht.[37] Im Ergebnis wird dieser Streit jedoch kaum praktische Bedeutung haben, da die aktive Prozessführung regelmäßig eine stillschweigende Annahmeerklärung ist. In Ergänzung zu §§ 1958, 1959 BGB ist anerkannt, dass rechtskräftige Entscheidungen in Aktiv- oder Passivprozessen des vorläufigen Erben keine **Bindungswirkung** für und gegen den endgültigen Erben haben (§§ 265, 325 ZPO).[38] 15

III. Insolvenz des vorläufigen Erben/des Nachlasses

In der Nachlassinsolvenz ist § 1959 BGB unanwendbar (§§ 316 Abs. 1, 80 InsO). Für den vorläufigen wie für den endgültigen Erben besteht im Fall der Nachlassverwaltung oder Nachlassinsolvenz auch eine Haftung nach § 1978 BGB.[39] In der Insolvenz über das Vermögen des vorläufigen Erben ist die Trennung der Vermögensmassen zu beachten, so dass einseitige empfangsbedürftige Rechtsgeschäfte nach Abs. 3 noch ihm gegenüber vorzunehmen sind.[40] 16

§ 1960 Sicherung des Nachlasses; Nachlasspfleger

(1) ¹Bis zur Annahme der Erbschaft hat das Nachlassgericht für die Sicherung des Nachlasses zu sorgen, soweit ein Bedürfnis besteht. ²Das Gleiche gilt, wenn der Erbe unbekannt oder wenn ungewiss ist, ob er die Erbschaft angenommen hat.
(2) Das Nachlassgericht kann insbesondere die Anlegung von Siegeln, die Hinterlegung von Geld, Wertpapieren und Kostbarkeiten sowie die Aufnahme eines Nachlassverzeichnisses anordnen und für denjenigen, welcher Erbe wird, einen Pfleger (Nachlasspfleger) bestellen.
(3) Die Vorschrift des § 1958 findet auf den Nachlasspfleger keine Anwendung.

---

34 RGRK/*Johannsen*, § 1959 Rn 15.
35 RGRK/*Johannsen*, § 1959 Rn 15.
36 Staudinger/*Mešina*, § 1959 Rn 21; Soergel/*Stein*, § 1959 Rn 5.
37 MüKo/*Leipold*, § 1959 Rn 12.
38 BGHZ 106, 359 ff. = BGH NJW 1989, 2885 ff.; Soergel/*Stein*, § 1959 Rn 2 und 5; Staudinger/*Mešina*, § 1959 Rn 21; dagegen MüKo/*Leipold*, § 1959 Rn 13 für die Fälle d. Abs. 2.
39 Vgl. zu Einzelheiten Grüneberg/*Weidlich*, § 1978 Rn 2 ff.
40 Soergel/*Stein*, § 1959 Rn 13.

Literatur

Behr, Zwangsvollstreckung in den Nachlass, Rpfleger 2002, 2; *Bestelmeyer*, Vergütungsfähigkeit von Mitarbeiterstunden im Bereich der Nachlasspflegschaft, Rpfleger 2024, 581; *Bredemeyer*, Einwirkungsmöglichkeiten für den Nachlasspfleger am Beispiel der Lebensversicherung, ZEV 2014, 287; *Deutsch*, Digitales Sterben: Das Ende im Web 2.0, ZEV 2014, 287; *Dinkelaker*, Grundlagen der Vermögensverwaltung in der Nachlasspflegschaft, NLPrax 2024, 1; *ders.*, Die Auswirkungen der Reform des Vormundschafts- und Betreuungsrechts auf die Nachlasspflegschaft ab 2023 – Teil 1, NLPrax 2022, 45; *Doddek/Clasen*, Bankguthaben und Lebensversicherungen im Inland erfolgreich ermitteln, EE 2008, 14; *Fröhler*, Leitfaden Nachlasspflegschaften, BWNotZ 2014, 70; *Gleumes/Lauk*, Die Vergütung des berufsmäßigen Nachlasspflegers, NLPrax 2020, 93; *dies.*, Aktuelle Entwicklungen bei der Vergütung des berufsmäßigen Nachlasspflegers, BWNotZ 2015, 12; *Haas*, Die Durchsetzung des Pflichtteilsanspruchs im Fall einer angeordneten Nachlasspflegschaft, ZEV 2009, 270; *Hepting*, Die personenstandsrechtliche Antragsbefugnis eines vom Nachlasspfleger beauftragten Erbenermittlers, ZEV 1999, 302; *Holzer*, Das Aufgebot der Nachlassgläubiger nach dem FamFG, ZEV 2014, 583; *Jacoby*, Die Tilgung der Bestattungskosten vom Nachlasskonto, WM 2003, 368; *Kroiß*, „Erben und Nachlass gesucht". Nachlasssicherung durch das Nachlassgericht, ErbR 2013, 110; *Kuleisa*, Rückzahlungspflicht bei entnommener Vergütung durch den Nachlasspfleger?, ZVI 2016, 135; *Lange*, Gesellschafterbeschlüsse mit unbekannten oder unerreichbaren Gesellschaftern in der GmbH, NJW 2016, 1852; *Lauk*, Umgang mit Wertsachen im Nachlass, NLPrax 2023, 79; *Marotzke*, Antrag auf Erteilung eines Erbscheins und Nachlasspflegschaft, ZEV 2005, 111; *Mayer*, Fiskuserbrecht und Erbenermittlung: Probleme des „erbenlosen Nachlasses", ZEV 2010, 445; *Metzner/Schmidt*, Die Rechte des Nachlasspflegers bei der Gesellschafterversammlung und GmbH-Listeneinreichung, NLPrax 2023, 1; *Möller*, Fragen der gesetzlichen Betreuung im Rahmen der Nachlasspflegschaft, NLPrax 2021, 1; *Muscheler*, Die Haftung des Nachlasspflegers einzelnen Gläubigern gegenüber und die Haftung für den Nachlasspfleger, ErbR 2024, 742; *Osthold*, Das Aufgebotsverfahren, eine öffentliche Verheimlichung, ErbR 2016, 670; *Ott-Eulberg*, Die Nachlasspflegschaft als taktisches Mittel zur Durchsetzung von Pflichtteils- und Pflichtteilsergänzungsansprüchen, ZErb 2000, 222; *Overkamp*, Die Verwaltung des Unternachlasses durch einen Nachlasspfleger, NLPrax 2022, 7; *Pinkernell/Filenius*, Das Vererben von Fondsbeteiligungen: Rechte und Pflichten für Erben und Erblasser, ErbR 2017, 201; *Primozic*, Kann der Nachlaßpfleger zum Nachlaß gehörende Pflichtteilsansprüche geltend machen?, NJW 2000, 711; *Progl*, Zur Theorie und Praxis der Vergütungsvereinbarung zwischen Nachlasspfleger und Erbe, ZErb 2011, 230; *Purps*, Erbenermittlung – ein dorniger Weg, ErbR 2018, 488; *ders.*, „Schuster bleib bei deinen Leisten": Nachlasspflegschaft und Erbenermittlung – Anreize für opportunistisches Unterlassen, ErbR 2021, 174; *Reinhold*, Die Rolle von Nachlasspflegern im Polizei- und Ordnungsrecht, NLPrax 2023, 73; *Rudolf/Eckhart*, Zur Frage der Anwendbarkeit der 15-Monats-Frist des § 2 Satz 1 VBVG auf den Vergütungsanspruch eines Nachlasspflegers, ZErb 2006, 112; *Schäfer*, Zeitgemäße Vergütung des berufsmäßigen Nachlasspflegers, NLPrax 2024, 20; *Schäuble*, Die Löschung von Grundpfandrechten verstorbener Berechtigter, ZEV 2013, 589; *Schmitz*, Arbeitsrechtliche Bezüge in Nachlasspflegschaften, NLPrax 2019, 57; *ders.*, Vermächtniserfüllung durch den Nachlasspfleger?, NLPrax 2020, 1; *Schulz*, Schadensersatzansprüche des Vermieters bei „typischen" Nachlasswohnungen, NLPrax 2020, 99; *ders.*, Die Abwicklung von Beihilfeansprüchen im Nachlass, NLPrax 2020, 11; *ders.*, Die Auswahl des Nachlasspflegers durch das Nachlassgericht, NLPrax 2019, 117; *ders.*, Anordnungsvoraussetzungen der Nachlasspflegschaft, NLPrax 2019, 1; *Schulz/Schmitz*, Die Kontoführung des Nachlasspflegers, ZEV 2015, 80; *Siebert*, Der Nachlasspfleger und die Ausschlagung des vorausgegangenen Nachlasses, ZEV 2023, 362; *ders.*, Hinterlegung von Nachlasswerten als (vor-)letzte Maßnahme, Rpfleger 2018, 517; *ders.*, Erbenermittlung als Aufgabe für Rechtspfleger, Nachlasspfleger und Erbenermittler; *Tidow*, Die Möglichkeit der Selbstbefriedigung des Sicherungsnachlaßpflegers gem. § 1960 BGB aus dem Nachlaß, FamRZ 1990, 1060; *Völkl*, Erste Praxisfälle zur Europäischen Erbrechtsverordnung (EuErbVO), AnwZert ErbR 4/2018 Anm. 2; *Wirich/Fuchs*, Bankgeschäfte des Nachlasspflegers, Nachlassverwalters und Testamentsvollstreckers in der Schweiz, BWNotZ 2015, 105; *Ziegltrum*, Sicherungs- und Prozeßpflegschaft, 1986; *Zimmermann*, Die Regelung der Nachlasspflegschaft ab dem Jahr 2023, ZEV 2022, 580; *ders.*, Das Europäische Nachlasszeugnis für Nachlasspfleger, Rpfleger 2017, 2; *ders.*, Vermögensverwaltung durch Nachlasspfleger und Betreuer, ZEV 2014, 76; *ders.*, Der Nachlasspfleger im Zivilprozess, ZEV 2011, 631; *ders.*, Das neue Nachlassverfahren nach dem FamFG, ZEV 2009, 53; *ders.*, Die Auswahl von Testamentsvollstreckern, Nachlasspflegern und Nachlassverwaltern durch das Nachlassgericht, ZEV 2007, 313; *ders.*, Die Nachlasssachen in der FGG-Reform, FGPrax 2006, 189; *ders.*, Die Vergütung des

Nachlasspflegers seit 1.7.2005, ZEV 2005, 473; *ders.*, Probleme der Teil-Nachlasspflegschaft, FGPrax 2004, 198.

Übersicht:

A. Allgemeines/Normzweck

1 Nach der Regelung des § 1922 Abs. 1 BGB geht mit dem Tod einer Person deren Vermögen als Ganzes auf eine oder mehrere andere Personen über. Für die **Sicherung** und **Verwaltung** des Nachlasses ist ab diesem Zeitpunkt grundsätzlich der Erbe verantwortlich. Es gibt jedoch Fälle, in denen Erbfall und tatsächliche Übernahme bzw. Verwaltung der Erbschaft durch den bzw. die Erben zeitlich auseinanderfallen. Beispielhaft verwiesen sei auf die Fälle, dass ein gezeugtes, aber noch nicht geborenes Kind zum Erben berufen ist oder dass der Erbe die Erbschaft noch nicht angenommen hat und sich deswegen nicht um den Nachlass kümmern muss. Während solcher Schwebezeiten bis zur tatsächlichen Übernahme des Nachlasses durch die Erben ist der Nachlass der Gefahr unberechtigter Eingriffe durch Dritte schutzlos ausgeliefert. Vor diesem Hintergrund ist mit § 1960 BGB eine Regelung geschaffen worden, die das Nachlassgericht verpflichtet, Maßnahmen zur Sicherung und zum Erhalt des Nachlasses zu ergreifen. Das Gesetz lässt allerdings eine entsprechende Nachlasssicherung nur zu, wenn neben weiteren Voraussetzungen ein spezifisches Sicherungsbedürfnis gegeben ist.[1] Die Anordnung von Sicherungsmitteln durch das Nachlassgericht gem. § 1960 BGB setzt somit voraus, dass die Erbrechtslage aus bestimmten tatsächlichen oder rechtlichen Gründen unsicher ist und dass kumulativ ein Fürsorgebedürfnis besteht.[2]

B. Tatbestand

I. Ungewissheit über die Erbfolge

1. Allgemeines

2 Voraussetzung für die Anordnung von **Sicherungsmaßnahmen** nach § 1960 BGB ist eine bestehende Ungewissheit hinsichtlich der tatsächlichen Erbfolge.[3] Dabei ist es unerheblich, ob lediglich eine Person zum Alleinerben oder mehrere Personen zu Miterben berufen sind. Mit dem Begriff „Erbe“ ist, wie § 1922 Abs. 1 BGB deutlich

---

1 Landesrechtliche Vorschriften, nach denen das Nachlassgericht auch unter anderen als den in § 1960 Abs. 1 BGB genannten Voraussetzungen Sicherungsmaßnahmen von Amts wegen anordnen kann, bleiben gem. Art. 140 EGBGB unberührt, vgl. *Mayer*, ZEV 2010, 445.

2 OLG Brandenburg v. 28.11.2022 – 3 W 79/22, NLPrax 2023, 18; OLG Frankfurt v. 26.9.2019 – 21 W 65/19, NLPrax 2020, 16; OLG Rostock v. 8.7.2020 – 3 W 110/19, NLPrax 2021, 20.

3 OLG Hamm v. 23.10.2023 – 10 W 96/23, NLPrax 2024, 23.

macht, sowohl der Allein- als auch der Miterbe gemeint. Das hat zur Folge, dass das Vorliegen der Voraussetzungen des § 1960 BGB auch bei Vorhandensein mehrerer Erben zu prüfen ist und Sicherungsmaßnahmen ggf. nur bezogen auf einen (mehrere) Miterbenanteil(e) etwa in Gestalt einer sog. Teilnachlasspflegschaft angeordnet werden[4] (vgl. Rdn 16).

Ob die tatsächliche Erbfolge ungewiss ist, hat das Nachlassgericht zu prüfen.[5] Dabei 3 ist ein Hinweis auf anhängige gerichtliche Auseinandersetzungen nicht ausreichend.[6] Das Gesetz zählt die Fälle, in denen die tatsächliche Erbfolge als ungewiss angesehen wird, in Abs. 1 S. 1 und 2 auf: Es sind dies die fehlende Annahme der Erbschaft, die Unbekanntheit des Erben sowie die Ungewissheit darüber, ob der Erbe die Erbschaft angenommen hat.

2. Fehlende Erbschaftsannahme

Erst im Zeitpunkt der Erbschaftsannahme ist der Schwebezustand beendet, der eine 4 mögliche Nachlassgefährdung verursachen kann. Die Anordnung von Sicherungsmaßnahmen kann nur erfolgen, wenn die Annahme der Erbschaft aus der Sicht des Nachlassgerichts nicht feststeht. Die Annahme kann sowohl durch ausdrückliche Erklärung des Erben erfolgen wie auch durch schlüssiges Verhalten, sog. pro herede gestio.[7] Das Verhalten des Erben muss den eindeutigen Willen erkennen lassen, die Erbschaft anzunehmen (abzugrenzen ist hiervon etwa der bloße Wille, die Verwaltung der Erbschaft zu übernehmen; siehe näher zum Begriff der Erbschaftsannahme § 1942 Rdn 5 und § 1943 Rdn 1 f.). Zu beachten ist § 1943 Hs. 2 BGB, wonach die Erbschaft als angenommen gilt, wenn die für die Ausschlagung vorgeschriebene Frist abgelaufen ist (im Hinblick auf die in § 1944 Abs. 2 BGB genannten subjektiven Merkmale kann die Bestimmung des Fristbeginns und damit die Berechnung der Annahmefrist zur Ungewissheit über die Erbschaftsannahme führen, siehe dazu auch noch Rdn 5).

3. Ungewissheit über die Erbschaftsannahme

Ungewissheit über die Erbschaftsannahme ist gegeben, wenn die Auslegung des Ver- 5 haltens eines Erben bei der **Erbschaftsannahme** pro herede gestio Schwierigkeiten bereitet, wenn Zweifel hinsichtlich der Wirksamkeit einer erklärten **Annahme,**[8] **Anfechtung der Annahme**[9] oder hinsichtlich der **Wirksamkeit einer Ausschlagung** bestehen.[10] Dasselbe gilt, wenn keine Klarheit darüber besteht, ob die Ausschlagungsfrist der §§ 1943, 1944 BGB verstrichen und es damit zu einer Fiktion der Erbschaftsannahme gekommen ist.

4. Unbekannter Erbe

Das Unbekanntsein des Erben ist praktisch ein besonders bedeutsamer Grund für die 6 Anordnung von Sicherungsmaßnahmen nach § 1960 BGB. Unbekannt ist der Erbe, wenn nicht mit zumindest hoher Wahrscheinlichkeit feststeht, wer Erbe ist, sei es aus

4 Siehe *Schulz*, NLPrax 2019, 1 ff.; *Tidow*, Rpfleger 1991, 400 ff., *Zimmermann*, FGPrax 2004, 198 ff.

5 Siehe BayObLG v. 16.7.2002 – 1Z BR 84/02, ZEV 2003, 202.

6 Vgl. OLG Düsseldorf v. 21.10.1994 – 3 Wx 232/93, ZEV 1995, 111 m. Anm. *Zimmermann*.

7 Nach OLG Celle v. 5.1.2022 – 6 W 199/21, ZEV 2022, 219 führt die Entlastungserklärung einer Miterbin gegenüber dem Betreuungsgericht zur Annahme einer Erbschaft.

8 OLG Rostock v. 8.7.2020 – 3 W 110/19, NLPrax 2021, 20.

9 OLG Rostock v. 8.7.2020 – 3 W 110/19, NLPrax 2021, 20. Die formgerechte Anfechtungserklärung bezüglich einer vorausgegangenen Erbausschlagung erfordert bei Abgabe der Erklärung in öffentlich beglaubigter Form den fristgerechten Eingang der Originalurkunde beim Nachlassgericht, vgl. OLG Bamberg v. 21.3.2022 – 2 W 35/21, FamRZ 2022, 1062.

10 KG Berlin OLGE 43, 388 f.

tatsächlichen oder rechtlichen Gründen.[11] Die Anordnung der Nachlasspflegschaft darf nicht von der Durchführung umfangreicher und zeitraubender Ermittlungen des Gerichts abhängig gemacht werden, da es sich bei der Nachlasspflegschaft um eine vorläufige Sicherungsmaßnahme handelt.[12]

5. Beurteilungsstand

7 Ob Ungewissheit über die Erbfolge besteht, ist vom Standpunkt des Nachlassgerichts bzw. des im Beschwerdeverfahren an dessen Stelle tretenden Beschwerdegerichts aus zu beurteilen. Maßgebend ist der Kenntnisstand im Zeitpunkt der Entscheidung über die Sicherungsmaßnahme.[13]

6. Fallgruppen

8 Der Erbe ist nicht unbekannt i.S.d. Abs. 1 S. 2, wenn nach den klaren tatsächlichen Verhältnissen im Zeitpunkt der gerichtlichen Entscheidung über den Antrag auf Bestellung eines Nachlasspflegers mit hoher Wahrscheinlichkeit feststeht, wer Erbe ist.[14] Das gilt auch dann, wenn vor einem anderen Gericht Klage auf Feststellung des Erbrechts erhoben worden ist[15] oder wenn ein Erbschein noch nicht erteilt worden ist.[16] Auch wenn das **Erbscheinsverfahren** noch schwebt, die Person aber feststeht und die Annahme der Erbschaft konkludent durch Beantragung des Erbscheins erklärt hat, ist der Erbe bekannt.[17] Sofern ein Erbschein erteilt ist, schließt schon dessen Vermutungswirkung i.d.R. das Unbekanntsein des Erben aus.[18] Ist ein erteilter Erbschein wieder eingezogen worden, so kann der Erbe unbekannt sein.[19] Liegt dem Nachlassgericht ein wohlbegründeter Antrag auf Einziehung des Erbscheins vor, hat es vor der Bestellung des Nachlasspflegers zu prüfen, ob die Voraussetzungen für die Einziehung vorliegen.[20]

9 Unbekannt ist der Erbe, wenn ungewiss ist, ob der zum Erben Berufene den Erblasser überlebt hat. Auch dann ist von einem Unbekanntsein auszugehen, wenn mehrere Personen als Erbe in Betracht kommen und der Tatrichter sich nicht ohne umfängliche Ermittlungen überzeugen kann, wer von ihnen Erbe geworden ist,[21] etwa weil Ver-

---

11 OLG Brandenburg v. 28.11.2022 – 3 W 79/22, NLPrax 2023, 18; OLG Frankfurt v. 26.9.2019 – 21 W 65/19, NLPrax 2020, 16; OLG München v. 16.8.2018 – 31 Wx 145/18, ZEV 2018, 704.

12 BGH v. 17.7.2012 – IV ZB 23/11, ZEV 2013, 36; OLG Frankfurt v. 26.9.2019 – 21 W 65/19, NLPrax 2020, 16.

13 BGH v. 17.7.2012 – IV ZB 23/11, ZEV 2013, 36; OLG München v. 16.8.2018 – 31 Wx 145/18, ZEV 2018, 704; OLG Hamm v. 30.7.2014 – I-10 W 112/14, FamRZ 2015, 2196; OLG Hamm v. 28.10.2010 – I-15 W 302/10, FGPrax 2011, 84; OLG Köln v. 28.6.2021 – 2 Wx 184/21, NLPrax 2022, 14; OLG Frankfurt v. 26.9.2019 – 21 W 65/19, NLPrax 2020, 16; OLG Karlsruhe FGPrax 2005, 32; OLG Rostock v. 8.7.2020 – 3 W 110/19, NLPrax 2021, 20.

14 KG Berlin v. 24.2.1998 – 1 W 364/98, ZEV 1998, 260 m.w.N.; OLG Brandenburg v. 28.11.2022 – 3 W 79/22, NLPrax 2023, 18; OLG Frankfurt v. 23.11.2004 – 20 W 91/04, OLGReport Frankfurt 2005, 442 ff.; OLG Karlsruhe v. 3.11.2009 – 2 WF 140/09, FamRZ 2010, 672; OLG München v. 10.10.2005 – 31 Wx 068/05, Rpfleger 2006, 17.

15 OLG Frankfurt OLGReport Frankfurt 2005, 442 ff.

16 KG Berlin ZEV 1998, 260 ff.; OLG Frankfurt FamRZ 1994, 265 f.; OLG Frankfurt OLGReport Frankfurt 2005, 442 ff.; OLG München NJW-RR 2006, 80 ff.

17 OLG Oldenburg Rpfleger 1966, 18 f.

18 BayObLGZ 1962, 299 ff., 307; BayObLG ZEV 2003, 202, hier zur Aufhebung einer Nachlasspflegschaft nach Erteilung des Erbscheins.

19 BayObLGZ 1962, 299 ff., 307.

20 OLG München v. 18.6.2020 – 31 Wx 553/19, NLPrax 2020, 109.

21 BGH v. 17.7.2012 – IV ZB 23/11, ZEV 2013, 36; OLG Frankfurt OLGReport Frankfurt 2005, 442 ff.; BayObLG NJOZ 2004, 3080 ff.

wandte bekannt sind, aber nicht bekannt ist, ob gleich nahe oder nähere Verwandte vorhanden sind.[22] Gleiches gilt, wenn die Verwandtschaft einer Person mit dem Erblasser zweifelhaft ist, z.B. vor der **Anerkennung** oder gerichtlichen Feststellung der **Vaterschaft** eines nichtehelichen Kindes,[23] oder wenn im Zeitraum des Erbfalls der Erbe bereits gezeugt, jedoch noch nicht geboren ist.[24] Des Weiteren kann der Erbe unbekannt sein, wenn keine Klarheit darüber besteht, ob eine **Verfügung von Todes** wegen getroffen wurde. Dasselbe gilt, wenn deren Wirksamkeit ernsthaft zweifelhaft ist, so z.B., wenn mehrere sich widersprechende Testamente vorliegen und nicht eindeutig geklärt werden kann, welches gültig ist, oder weil die Testierfähigkeit des Erblassers in Frage steht[25] oder Erbunwürdigkeitsklage erhoben worden ist[26] (**Erbprätendentenstreit**). Bloße Zweifel an der Gültigkeit eines Testaments genügen allerdings genau so wenig wie die Möglichkeit einer Testamentsanfechtung bzw. einer Anfechtung wegen Erbunwürdigkeit. Ist die Anfechtung ernsthaft angekündigt und nur wegen laufender strafrechtlicher Ermittlungen[27] oder der noch ausstehenden, aber sicheren gerichtlichen Anerkennung der Vaterschaft[28] noch nicht erhoben, so kann diese Möglichkeit der Anfechtung für ein Unbekanntsein des Erben ausreichen. Ein Erbe ist auch dann „ungewiss" im Sinne des § 1960 Abs. 1 S. 2 BGB, wenn zwar alle potentiellen Miterben bekannt sind, hinsichtlich eines Miterben aber die Fortsetzung eines gegen ihn bereits eingeleiteten Erbunwürdigkeitsverfahrens bei noch laufenden strafrechtlichen Ermittlungen wegen einer möglichen Fälschung des Testaments ernsthaft angekündigt ist.[29]

Ein Unbekanntsein i.S.d. Abs. 1 S. 2 liegt nicht schon deshalb vor, weil allein der 10
Aufenthalt des Erben ungewiss ist. In diesem Fall kommt die Bestellung eines Abwesenheitspflegers nach § 1911 BGB in Betracht.[30] Zu beachten ist allerdings, dass bei unbekanntem Aufenthalt des Erben i.d.R. auch eine Ungewissheit über die Erbschaftsannahme besteht und aus diesem Grunde nachlasssichernde Maßnahmen zulässig sind. Nicht unbekannt i.S.d. Abs. 1 S. 2 ist der Erbe, wenn bei Anordnung einer **Nacherbschaft** die als Nacherbe bestimmte Person nicht bekannt ist, der Nacherbfall jedoch noch nicht eingetreten ist.[31] Denn bis zu diesem Zeitpunkt ist der Vorerbe Rechtsnachfolger des Erblassers und hat für die Sicherung des Nachlasses zu sorgen.

II. Sicherungsbedürfnis

Nicht in allen Fällen, in denen Unklarheit über den endgültigen Erben besteht, können 11
staatliche **Fürsorgemaßnahmen** angeordnet werden. Voraussetzung ist zusätzlich das Vorliegen eines entsprechenden Sicherungsbedürfnisses, das auf der einen Seite staatliches Einschreiten begründet, auf der anderen Seite aber auch begrenzt.[32] Ob ein Siche-

22 Siehe auch KG Berlin OLGE 42, 131 f. zur Frage, inwieweit außergerichtlicher Vergleich mehrerer Erbanwärter die Ungewissheit hinsichtlich der Erbenstellung beseitigt.
23 BayObLG ZEV 1998, 485 f.; OLG Schleswig FamRZ 2011, 1898 ff.
24 Siehe Mot. V, S. 543.
25 BGH v. 17.7.2012 – IV ZB 23/11, ZEV 2013, 36; OLG Brandenburg v. 10.2.2020 – 3 W 137/19, NLPrax 2020, 61; OLG Karlsruhe FamRZ 2004, 222; OLG Frankfurt OLGReport Frankfurt 2005, 442 ff.; OLG Köln v. 28.6.2021 – 2 Wx 184/21, NLPrax 2022, 14; BGH ZEV 2013, 36 ff.
26 BayObLG NJOZ 2004, 3080 ff.
27 BayObLG NJW-RR 2002, 1159; OLG Karlsruhe v. 16.1.2023 – 14 W 112/22 (Wx), NLPrax 2023, 23.
28 OLG Schleswig FamRZ 2011, 1898 ff.
29 OLG Karlsruhe v. 16.1.2023 – 14 W 112/22 (Wx), NLPrax 2023, 23.
30 OLG Köln v. 15.10.2010 – I-2 Wx 156/10, ZEV 2011, 193; *Mayer*, ZEV 2010, 445.
31 Vgl. OLG Oldenburg Rpfleger 1966, 18 f.
32 OLG Hamm v. 23.10.2023 – 10 W 96/23, NLPrax 2024, 23.

rungsbedürfnis besteht, hat das Nachlassgericht einzelfallbezogen zu entscheiden. Dabei sind für die Beurteilung die Interessen des endgültigen Erben an einer Sicherung und Verwaltung des Nachlasses maßgebend. Ohne Bedeutung sind insoweit die Interessen der Nachlassgläubiger (siehe aber die Sonderregelung des § 1961 BGB).[33] Deren Interessen wird durch die Möglichkeit Rechnung getragen, einen Antrag auf Anordnung der Nachlassverwaltung gem. §§ 1975, 1981 Abs. 2 BGB zu stellen.[34]

12 Ob ein Fürsorgebedürfnis besteht, ist vom Standpunkt des Nachlassgerichts bzw. des im Beschwerdeverfahren an dessen Stelle tretenden Beschwerdegerichts aus zu beurteilen. Maßgebend ist der Kenntnisstand im Zeitpunkt der Entscheidung über die Sicherungsmaßnahme.[35] Ein Fürsorgebedürfnis besteht, wenn ohne das Eingreifen des Nachlassgerichts der Bestand des Nachlasses gefährdet wäre.[36] Dies ist jedenfalls dann zu bejahen, wenn zum Zeitpunkt der Anordnung über den Sicherungsanlass hinaus konkrete Anhaltspunkte für eine weitergehende Gefährdung des Nachlasswertes vorliegen, z.B. indem das Aktivvermögen durch Wertverlust, bestehende Dauerschuldverhältnisse (Mietverträge, Telekommunikationsverträge etc.), Diebstahl, sonstige strafbare Handlungen usw., Unterlassen der Geltendmachung von Ansprüchen oder Forderungen oder das Fehlen ordnungsgemäßer Verwaltung schrumpft.[37] Ein Sicherungsbedürfnis ist aber auch **ohne** eine **konkrete Gefährdung** des Nachlasses anzunehmen, wenn der Erbe unbekannt ist und dieser ohne Ermittlung durch das Nachlassgericht bzw. durch einen Nachlasspfleger niemals Kenntnis vom Anfall der Erbschaft erhalten würde.[38]

In einem solchen Fall ist vorrangiger Zweck der Fürsorgemaßnahmen die Erbenermittlung.

13 An einem **Fürsorgebedürfnis** fehlt es, wenn der Nachlass von dem Ehegatten, den Eltern oder Abkömmlingen des Erblassers ordnungsgemäß verwaltet wird und missbräuchliche Verfügungen vor Erbscheinserteilung ausgeschlossen sind.[39] Ein Fürsorgebedürfnis wird auch zu verneinen sein, wenn ein zur Vermögenssorge **Bevollmächtigter** vorhanden ist, dessen Vollmacht über den Tod des Erblassers hinaus wirkt und nicht widerrufen worden ist.[40] Dies gilt auch dann, wenn lediglich ein einzelner Miterbe für seine Person eine vom Erblasser erteilte transmortale Vollmacht widerruft.[41] Anders liegt der Fall, wenn der Bevollmächtigte selbst zum Kreis der potenziellen

33 Vgl. OLG Dresden ZErb 2010, 367 f., das die Anordnung, die Kosten eines Bestattungsunternehmers von einem Nachlasskonto zu begleichen, für unzulässig hielt; OLG Hamm v. 23.10.2023 – 10 W 96/23, NLPrax 2024, 23.

34 OLG Hamm v. 23.10.2023 – 10 W 96/23, NLPrax 2024, 23.

35 KG Berlin Rpfleger 1982, 184; OLG Hamm v. 23.10.2023 – 10 W 96/23, NLPrax 2024, 23; v. 28.10.2010 – I-15 W 302/10, FGPrax 2011, 84 m.w.N.; OLG Karlsruhe FGPrax 2005, 32 f.

36 KG Berlin NJWE-FER 1999, 184 f.; OLG Hamm v. 28.10.2010 – I-15 W 302/10, FGPrax 2011, 84; OLG Karlsruhe FGPrax 2005, 32 f.

37 OLG Brandenburg v. 28.11.2022 – 3 W 79/22, NLPrax 2023, 18; *Tidow*, Rpfleger, 1991, 400.

38 OLG Hamm v. 30.7.2014 – 10 W 112/14, ZEV 2015, 364 m.w.M.; OLG München v. 16.8.2018 – 31 Wx 145/18, ZEV 2018, 704 (daran ändert der Umstand nichts, dass in Bayern die Erben von Amts wegen zu ermitteln sind, § 37 Abs. 1 S. 1 AGGVG); *Siebert*, ZEV 2019, 688; vgl. auch *Schulz*, NLPrax 2019, 1 ff., der die Hinterlegung von Nachlassgeldern ohne jegliche Erbenermittlungstätigkeit als rechtswidrig einstuft.

39 Vgl. OLG Düsseldorf FamRZ 1998, 583 f.

40 Vgl. BGH NJW 1969, 1245 ff.; OLG München v. 16.8.2018 – 31 Wx 145/18, ZEV 2018, 704 (Sicherungsbedürfnis bei Widerruf der Vollmacht durch den Nachlasspfleger); KG Berlin NJWE-FER 1999, 184 f.; OLG Karlsruhe FGPrax 2005, 32 f.

41 OLG Köln v. 28.6.2021 – 2 Wx 184/21, NLPrax 2022, 14.

Erben gehört und Zweifel an seiner Zuverlässigkeit und Neutralität bestehen[42] oder wenn Zweifel an der Wirksamkeit der Vollmacht[43] selbst bestehen. Wenn der Nachlass nach Art und Umfang eine ungewöhnlich schwierige und bedeutsame Verwaltung erfordert, die nach den Umständen der vom Erblasser bestimmte Bevollmächtigte nicht gewährleisten kann, ist ebenfalls von einem Fürsorgebedürfnis auszugehen.[44]

An einem Sicherungsbedürfnis wird es i.d.R. fehlen, wenn **Nachlassverwaltung** ange- 14 ordnet worden ist oder wenn ein vom Erblasser gem. § 2197 BGB bestimmter und vertrauenswürdiger **Testamentsvollstrecker** im Amt ist,[45] dessen Aufgabe es ist, den Nachlass zu verwalten,[46] und dessen Überwachung durch staatliche Fürsorgemaßnahmen einer Missachtung des Erblasserwillens gleichkäme.[47] Solange Zweifel an einer wirksamen Anordnung der Testamentsvollstreckung bestehen,[48] die Person des Testamentsvollstreckers ungewiss ist,[49] der Testamentsvollstrecker sein Amt noch nicht angenommen hat (§ 2202 Abs. 2 BGB) oder wenn die Neutralität des Testamentsvollstreckers zweifelhaft ist,[50] kann ein Fürsorgebedürfnis bestehen.[51] Ein Fürsorgebedürfnis kann auch für den Fall gegeben sein, dass der Nachlasspfleger Rechte der unbekannten Erben gegenüber dem Testamentsvollstrecker wahrnehmen soll.[52] Ein Sicherungsbedürfnis kann auch während des **Nachlassinsolvenzverfahrens** bestehen, wenn der Nachlasspfleger Rechte und Pflichten des noch nicht feststehenden Erben-Insolvenzschuldners wahrnimmt.[53]

Ist ein **Minderjähriger** ohne Eltern zum Erben berufen, so fehlt es an einem Bedürfnis 15 i.S.d. Abs. 1 S. 1 im Hinblick darauf, dass sich die Fürsorge des zu bestellenden Vormunds auch auf den angefallenen Nachlass erstreckt.[54] Kann eine Sicherung des Nachlasses auf andere und einfachere Weise erreicht werden, etwa durch Antrag auf einstweilige Verfügung (§ 938 ZPO), so fehlt es auch in diesem Fall an einem Sicherungsbedürfnis. Zu beachten ist allerdings, dass gerichtliche Anordnungen im Wege des einstweiligen Rechtsschutzes nur inter partes wirken und deshalb gegenüber einem den Nachlass gefährdenden Dritten keine Wirkung entfalten.[55] Auf der anderen Seite

42 OLG Schleswig FamRZ 2011, 1898 ff.; OLG Stuttgart v. 22.5.2015 – 8 W 147/15, FamRZ 2016, 494; vgl. umfassend *Everts*, NJW 2010, 2318 ff.; *Roth*, NJW-Spezial 2010, 231.

43 OLG Frankfurt v. 26.9.2019 – 21 W 65/19, NLPrax 2020, 16.

44 OLG Karlsruhe Rpfleger 2003, 585 ff.

45 Siehe KG Berlin MDR 1972, 1036; LG Stuttgart ZEV 2009, 396 ff.; anderes gilt jedoch dann, wenn die Wirksamkeit der Ernennung des Testamentsvollstreckers von der noch nicht geklärten Testierfähigkeit des Erblassers abhängt, siehe BayObLG FamRZ 2002, 109 f.; vgl. auch Mot. V, S. 547, wonach Ausschluss des Sicherungsbedürfnisses bei Vorhandensein eines Testamentsvollstreckers nicht in jedem Fall für angemessen erachtet wird.

46 Zur Abhängigkeit eines möglichen Fürsorgebedürfnisses von dem Aufgabenbereich des Testamentsvollstreckers siehe *Ziegltrum*, Sicherungs- und Prozeßpflegschaft, S. 66 f.

47 Siehe *Tidow*, Rpfleger 1991, 400 ff.

48 OLG Düsseldorf v. 7.9.2012 – I-3 Wx 141/12, FGPrax 2012, 260.

49 OLG Stuttgart v. 22.5.2015 – 8 W 147/15, FamRZ 2016, 494.

50 BGH ZEV 2013, 36 ff.

51 Siehe dazu *Damrau*, ZEV 1996, 81 ff., hier auch mit praktischem Vorschlag zur Überbrückung dieses Zeitraums, sowie *Damrau*, in: FS Lange, S. 797 ff.

52 OLG Düsseldorf v. 10.12.2009 – I-3 Wx 218/09, FamRZ 2010, 1474; dazu *Bestelmeyer*, FamRZ 2011, 145, der statt der Bestellung eines Nachlasspflegers die Bestellung eines Pflegers für unbekannte Beteiligte (§ 1913 BGB) fordert; so auch *Schulz*, NLPrax 2019, 1 ff.

53 OLG Stuttgart ZEV 2012, 549 f.; so auch OLG Hamm v. 11.3.2014 – I-15 W 316/13, ZErb 2014, 164.

54 Vgl. *Tidow*, Rpfleger 1991, 400 ff.

55 Siehe *Tidow*, Rpfleger 1991, 400 ff.

führen nicht schon die dem Betreuer obliegenden Abwicklungsverpflichtungen beim Tod des Betreuten zur Verneinung des Sicherungsbedürfnisses.[56]

III. Mehrheit von Erben

16 Gem. der Regelung des § 1922 Abs. 2 BGB finden die sich auf die Erbschaft beziehenden Vorschriften auf den Erbteil eines **Miterben** entsprechende Anwendung. Das hat zur Folge, dass das Nachlassgericht bei mehreren Erben das Vorliegen der Voraussetzungen des § 1960 BGB im Hinblick auf einen jeden Erbteil zu prüfen hat[57] und Sicherungsmaßnahmen i.d.R. allein auf den betroffenen Erbteil zu beschränken sind.[58] Eine Ausdehnung auf den übrigen Nachlass kann nur erfolgen, wenn und soweit die Sicherungsmaßnahmen lediglich einheitlich getroffen werden können (z.B. Siegelung).[59] Für das Sicherungsmittel der Nachlasspflegschaft als Personenpflegschaft kommt in diesen Fällen von Anfang an nur die Anordnung einer **Teilnachlasspflegschaft** in Betracht.[60] Dem Nachlasspfleger sind keine weitergehenden Befugnisse einzuräumen, als sie der vertretene (unbekannte) Erbe selbst hätte, wenn er ermittelt wäre und seine Rechte am Nachlass selbst wahrnehmen könnte. Dies gilt auch für die Anordnung einer Teilnachlasspflegschaft zum Zweck der Erbauseinandersetzung.[61] Gehört zum Nachlass ein Grundstück, so ist es bis zur Nachlassteilung von den Erben gemeinsam zu verwalten, § 2038 BGB. Ist ein Mit(erbes)erbe unbekannt, so ist für seinen Erbteil im Bedarfsfalle ein Nachlasspfleger zu bestellen, der dann bei der Verwaltung des Nachlasses mit den übrigen bekannten Erben den unbekannten Erben vertritt.[62] Wurde zunächst wegen Unbekanntsein der Erben eine Nachlasspflegschaft angeordnet und werden im Laufe der Pflegschaft Erben ermittelt, ist die Nachlasspflegschaft durch Teilaufhebung auf die Erbteile der noch unbekannten Erben zu beschränken, sobald ein Teilerbschein erlassen worden ist.[63]

IV. Ausländernachlässe

17 Die deutschen Nachlassgerichte sind für Maßnahmen der Nachlasssicherung zuständig, wenn eine allgemeine Zuständigkeit nach Art. 4 ff. EuErbVO gegeben ist. Das ist insbesondere dann der Fall, wenn der ausländische Erblasser seinen gewöhnlichen Aufenthalt zum Zeitpunkt des Todes im Inland hatte, vgl. Rdn 139 ff.
Die internationale Zuständigkeit der deutschen Nachlassgerichte zur Durchführung von einstweiligen Maßnahmen einschließlich Sicherungsmaßnahmen ergibt sich darüber hinaus aus Art. 19 EuErbVO, vgl. Rdn 141 ff. Nachlasssichernde Maßnahmen kommen auch dann in Betracht, wenn das ausländische Recht derartige Maßnahmen nicht kennt.[64]

56 *Deinert*, ZfF 1997, 76 ff.; a.A. *Jörg*, BWNotZ 1994, 31 f.
57 OLG Düsseldorf v. 21.10.1994 – 3 Wx 232/93, ZEV 1995, 111 m. Anm. *Zimmermann*.
58 BayObLG OLGE 5, 229 f.; OLG Köln v. 4.1.1989 – 2 Wx 39/88, FamRZ 1989, 435.
59 OLG Köln v. 4.1.1989 – 2 Wx 39/88, FamRZ 1989, 435; *Krätzschel*, in: Krätzschel/Falkner/Döbereiner, Nachlassrecht, § 41 Rn 14.
60 OLG Hamm v. 30.7.2014 – 10 W 112/14, FamRZ 2015, 2196; OLG Schleswig v. 6.6.2014 – 3 Wx 27/14, ZErb 2014, 228; OLG Köln v. 28.6.2021 – 2 Wx 184/21, NLPrax 2022, 14; v. 15.10.2010 – I-2 Wx 156/10, ZEV 2011, 193.
61 OLG Hamm v. 30.7.2014 – 10 W 112/14, FamRZ 2015, 2196; *Schulz*, NLPrax 2019, 1; *Zimmermann*, FGPrax 2004, 198 ff.; a.A. KG Berlin v. 13.11.1970 – 1 W 7814/70, NJW 1971, 565.
62 OLG Köln v. 15.10.2010 – I-2 Wx 156/10, ZEV 2011, 193.
63 *Schulz*, NLPrax 2019, 1.
64 BGHZ 49, 1 ff.

C. Rechtsfolgen

I. Maßnahmen zur Nachlasssicherung

1. Allgemeines

Liegen die Voraussetzungen für die Anordnung von Sicherungsmaßnahmen vor, besteht also Unsicherheit hinsichtlich der Erbfolge und ist ein Sicherungsbedürfnis gegeben, so ist das Nachlassgericht zur Sicherung des Nachlasses verpflichtet. Umgekehrt besteht auch eine Verpflichtung des Nachlassgerichts zur Aufhebung von Sicherungsmaßnahmen, wenn deren Anordnungsvoraussetzungen weggefallen sind.[65] Beantragt der Erbe die Aufhebung der Sicherungsmaßnahme, kann darin die Annahme der Erbschaft gesehen werden.[66] 18

In Abs. 2 werden die wichtigsten **Sicherungsmittel** genannt. Hierbei handelt es sich um die Anlegung von Siegeln, die Hinterlegung von Wertsachen, die Aufnahme eines Nachlassverzeichnisses sowie die Anordnung einer Nachlasspflegschaft.[67] Aus dem Gesetzestext wird deutlich, dass die Aufzählung nicht abschließend ist. Bei der Auswahl des Sicherungsmittels hat das Nachlassgericht Ermessen, wobei sich dessen Ausübung in erster Linie an den Interessen des/der Erben zu orientieren hat. Insoweit spielen etwa die Kosten der Nachlasssicherung, der Wert des Nachlasses wie auch Grad und Art der Gefährdung des Nachlasses eine Rolle. 19

Der **Umfang** der nachlasssichernden Maßnahmen ist in Abhängigkeit von dem Sicherungsbedürfnis zu bestimmen.[68] Die Maßnahmen erstrecken sich auf alle Gegenstände, die der Erblasser in Besitz gehabt hatte.[69] Einwände dritter Personen, die Rechte an Gegenständen des Nachlasses geltend machen, bleiben unberücksichtigt, sofern die Berechtigung nicht offensichtlich ist.[70] Diese haben die Möglichkeit, ihre Ansprüche im Wege der Klage gegen einen nach Abs. 2 bestellten oder einen nach § 1961 BGB zu bestellenden Nachlasspfleger vor dem Prozessgericht geltend zu machen. 20

Zuständig für die Anordnung von Sicherungsmaßnahmen ist das Nachlassgericht bzw., sofern landesrechtlich etwas anderes bestimmt ist, die an dessen Stelle tretende Behörde. 21

2. Anlegung von Siegeln

Die Anlegung von Siegeln wird durch das Nachlassgericht angeordnet.[71] In der Praxis findet diese Maßnahme häufig Anwendung bei der Versiegelung der Wohnung des Erblassers. Zweckmäßig ist die Siegelung auch, wenn sich Nachlassgegenstände an verschiedenen Orten befinden und eine tatsächliche Inbesitznahme aufgrund der räumlichen Entfernung nicht schnell genug möglich ist.[72] 22

Die **Durchführung** der **angeordneten Siegelung** kann gem. § 35 Abs. 4 S. 2 FamFG i.V.m. § 892 ZPO notfalls mit Gewalt durchgesetzt werden.[73] Für die Anwendung von Gewalt bedarf es jedoch einer Anordnung des Nachlassgerichts. Eine richterliche Entscheidung ist, sofern nicht Gefahr im Verzug ist, auch erforderlich, wenn zur Durchführung der Sicherungsmaßnahme Räume Dritter betreten werden müssen und 23

---

65 MüKo/*Leipold*, § 1960 Rn 36.

66 Müko/*Leipold*, § 1960 Rn 36; Staudinger/*Mesina*, § 1960 Rn 13.

67 Ausführlich hierzu: *Kroiß*, ErbR 2013, 110 ff.

68 *Krätzschel*, in: Krätzschel/Falkner/Döbereiner, Nachlassrecht, § 41 Rn 14.

69 Vgl. MüKo/*Leipold*, § 1960 Rn 35.

70 Vgl. dazu KG Berlin OLGZ 1982, 398 ff.

71 Eingehend zum Siegelungsverfahren *Krätzschel*, in: Krätzschel/Falkner/Döbereiner, Nachlassrecht, § 41 Rn 20 ff.

72 Siehe MAH ErbR/*Benninghoven*, § 53 Rn 12.

73 MüKo/*Leipold*, § 1960 Rn 33; i. Erg. auch *Krätzschel*, in: Krätzschel/Falkner/Döbereiner, Nachlassrecht, § 41 Rn 25, jedoch m. Verw. auf § 90 FamFG.

diese den Zutritt verweigern.[74] Die Anordnung von Sicherungsmaßnahmen allein schließt nicht die Befugnis zum Betreten fremder Räume ein.

3. Hinterlegung von Geld, Wertpapieren und Kostbarkeiten

24 Die Hinterlegung nach § 1960 BGB richtet sich nach den landesrechtlichen Hinterlegungsgesetzen.[75] Die für die Hinterlegung früher geltende Hinterlegungsordnung ist mit Gesetz vom 23.11.2007 zum 1.12.2010 außer Kraft getreten.

25 Die amtliche Inverwahrnahme kommt bspw. bei Bargeld, Sparbüchern,[76] Schmuck, Edelmetallen, Wertpapieren oder sonstigen kleineren Wertgegenständen in Betracht. Werden solche Gegenstände bei der Ausführung der Siegelung (vgl. Rdn 22 f.) vorgefunden, sind diese von dem die Siegelung vornehmenden Beamten zu verzeichnen und in die amtliche Aufbewahrung zu verbringen.

Erfährt das Nachlassgericht auf anderem Wege vom Vorhandensein solcher Wertgegenstände und stellt ein Bedürfnis zur Sicherung fest, so kann es dem Besitzer die Herausgabe an das Nachlassgericht aufgeben. Die Durchführung seiner Anordnungen kann das Nachlassgericht mit Gewalt nach § 35 FamFG erzwingen.[77]

4. Aufnahme eines Nachlassverzeichnisses

26 Die Aufnahme eines Nachlassverzeichnisses ist zweckmäßig, wenn bis zur Feststellung des wirklichen Erben Veränderungen des Nachlasses unvermeidlich sind.[78]

27 Im Hinblick auf Zweck und Inhalt ist das **Nachlassverzeichnis** gem. Abs. 2 vom **Nachlassinventar** nach §§ 1993 f. BGB sowie vom **Bestandsverzeichnis**, das ein Pflichtteilsberechtigter gem. §§ 260, 2314 BGB vom Erben verlangen kann, zu unterscheiden. Das Nachlassverzeichnis dient der Sicherung des Nachlasses, es genügt deshalb eine Aufstellung über die im Nachlass vorhandenen Aktiva.[79] Das schließt allerdings die Aufnahme vorhandener Verbindlichkeiten nicht aus. In der Praxis bestimmt sich die Form nach § 2001 BGB.[80]

28 In das Nachlassverzeichnis kann entsprechend § 2010 BGB jeder Einsicht verlangen, der ein rechtliches Interesse daran glaubhaft machen kann.[81]

5. Sonstige Sicherungsmaßnahmen

29 Das Nachlassgericht ist nicht auf die in Abs. 2 beispielhaft („kann insbesondere") genannten Sicherungsmaßnahmen beschränkt. Darüber hinaus können sonstige Maßnahmen ergriffen werden, die dem Zweck der Sicherung und Erhaltung des Nachlasses dienlich sind. So können etwa **Konten** des Erblassers **gesperrt** werden,[82] um damit zum einen das Risiko eines Missbrauchs von über den Tod hinaus wirkenden Vollmachten zu begrenzen wie auch einen unkontrollierten Geldabfluss zu vermeiden. Des Weiteren kann die Bestellung eines Hauswächters oder die Veräußerung verderblicher Sachen angeordnet werden.[83] Das Nachlassgericht kann auch Ermittlungen hinsicht-

---

74 Siehe *Krätzschel*, in: Krätzschel/Falkner/Döbereiner, Nachlassrecht, § 41 Rn 25.

75 Z.B. in BaWü: Hinterlegungsgesetz v. 11.5.2010, GBl 2010, 398; in Bayern: Hinterlegungsgesetz v. 23.11.2010, BVBl. 2010, 738.

76 Vgl. OLG Naunburg v. 3.1.2022 – 2 VA 1/21, FGPrax 2022, 178.

77 Vgl. *Krätzschel*, in: Krätzschel/Falkner/Döbereiner, Nachlassrecht, § 41 Rn 39; i. Erg. auch *Kroiß*, ErbR 2013, 110 ff., jedoch m. Verw. auf §§ 88 ff. FamFG.

78 MAH ErbR/*Benninghoven*, § 53 Rn 16.

79 *Krätzschel*, in: Krätzschel/Falkner/Döbereiner, Nachlassrecht, § 41 Rn 50.

80 *Krätzschel*, in: Krätzschel/Falkner/Döbereiner, Nachlassrecht, § 41 Rn 50; *Kroiß*, ErbR 2013, 110 ff.

81 MüKo/*Leipold*, § 1960 Rn 33; Grüneberg/*Weidlich*, § 1960 Rn 3.

82 KG Berlin Rpfleger 1982, 184.

83 *Kroiß*, ErbR 2013, 110 ff.

lich einer Verfügung von Todes wegen anstellen[84] und Erben ermitteln, wie auch Ermittlungen hinsichtlich des Nachlassbestandes einleiten und die **Einholung von eidesstattlichen Versicherungen** unbeteiligter Dritter oder der Erbanwärter anordnen.[85]

Problematisch ist die Praxis der Nachlassgerichte, einem Angehörigen des Erblassers oder einem Dritten bestimmte Nachlassgelder im Beschlusswege zur Begleichung von angefallenen oder zum Ausgleich bereits verauslagter Beerdigungskosten oder zur anderweitigen zweckgebundenen Verwendung zu überlassen.[86] Eine solche Vorgehensweise ist vom Regelungsbereich des § 1960 nicht gedeckt, da es sich insoweit nicht um Sicherungsmaßnahmen handelt.[87] Derartige Maßnahmen des Nachlassgerichts lassen sich auch nicht auf §§ 1885, 1888 Abs. 1, 1867 BGB stützen, da es i.d.R. an der insoweit erforderlichen **Dringlichkeit**[88] fehlt.[89] Das Nachlassgericht hat einen Nachlasspfleger zu bestellen. Die Anordnung des Nachlassgerichts ist dennoch als wirksamer (nicht nichtiger) gerichtlicher Beschluss unabhängig von ihrer materiellen Richtigkeit sowohl für die unbekannten Erben wie auch für das angewiesene Geldinstitut verbindlich.[90] Dem Geldinstitut steht ein Beschwerderecht nicht zu.[91] 30

Unzulässig sind **Zwangsmaßnahmen** gegen nicht herausgabebereite Dritte, die im Besitz von Nachlassgegenständen sind und Rechte an diesen Gegenständen behaupten,[92] oder die Stellung eines Antrags auf Eröffnung des Nachlassinsolvenzverfahrens.[93] In diesen Fällen muss ein Nachlasspfleger bestellt werden, der Herausgabeklage zu erheben bzw. die Eröffnung des Nachlassinsolvenzverfahrens zu beantragen hat. 31

II. Nachlasspflegschaft

1. Allgemeines

a) Bedeutung und Zweck des Sicherungsmittels

In der Praxis besitzt das Sicherungsmittel der Nachlasspflegschaft die größte Bedeutung.[94] Wie die anderen Sicherungsmittel auch dient sie den Interessen des endgültigen Erben, nicht aber dem Schutz von Vermögensinteressen Dritter.[95] Ihrer Zwecksetzung nach ist sie in der Hauptsache auf die Sicherung und Erhaltung des Nachlasses ausge- 32

---

84 RGZ 69, 271 ff.

85 OLG Celle FamRZ 1959, 33 f.; MüKo/*Leipold*, § 1960 Rn 34.

86 Vgl. *Krätzschel*, in: Krätzschel/Falkner/Döbereiner, Nachlassrecht, § 41 Rn 42; *Bestelmeyer*, Rpfleger 2011, 211; *Kroiß*, ErbR 2013, 110 ff.

87 OLG Dresden v. 8.6.2010 – 17 W 510/10, ZErb 2010, 367; insoweit zustimmend *Bestelmeyer*, Rpfleger 2011, 211.

88 § 1867 BGB ist eine eng auszulegende Ausnahmevorschrift für Eilfälle, vgl. BayObLG v. 15.5.2002 – 3Z BR 163/00, FGPrax 2002, 191; BayObLG v. 15.3.1990 – BReg 3 Z 23/90, FamRZ 1990, 1154.

89 OLG Dresden v. 8.6.2010 – 17 W 510/10, ZErb 2010, 367 m. Hinw. auf die fehlende Dringlichkeit; Grüneberg/*Weidlich*, § 1960 Rn 3; a.A. *Bestelmeyer*, Rpfleger 2011, 211; *Schulz*, NLPrax 2019, 1 ff.

90 OLG Hamburg v. 13.2.2017 – 2 W 64/15, FamRZ 2018, 63; OLG Rostock v. 25.10.2012 – 3 W 155/12, FuR 2013, 602.

91 OLG Rostock v. 25.10.2012 – 3 W 155/12, FuR 2013, 602. Vgl. auch OLG Hamburg v. 13.2.2017 – 2 W 64/15, FamRZ 2018, 63; OLG Hamm v. 10.7.2014 – I-15 W 73/14, ZErb 2014, 316 jeweils m. Hinw. auf das Rechtsmittel der Erinnerung nach § 11 Abs. 2 S. 1 RPflG.

92 MüKo/*Leipold*, § 1960 Rn 35 m.w.N.

93 BGH v. 18.2.2009, ZEV 2009, 352.

94 *Muscheler*, ErbR 2024, 742.

95 BGH NJW 2005, 756 ff.; OLG Dresden ZErb 2010, 367 f.; OLG Hamm v. 23.10.2023 – 10 W 96/23, NLPrax 2024, 23.

richtet.[96] Außerhalb dieses Zwecks liegen die Ausführung des Erblasserwillens,[97] wie auch die Befriedigung von Nachlassgläubigern (siehe Rdn 79).

b) Rechtsnatur der Nachlasspflegschaft

33 Nach der herrschenden Vertretertheorie ist der Nachlasspfleger weder Vertreter des Nachlasses (im Sinne eines selbstständigen Sondervermögens) noch treuhänderische Amtsperson, sondern **gesetzlicher Vertreter** der (noch unbekannten) Erben.[98] Bei der Nachlasspflegschaft handelt es sich ihrer Rechtsnatur nach um eine Personalpflegschaft in dem Sinne, dass der Pfleger als gesetzlicher Vertreter der Pflegebefohlenen,[99] hier also der noch nicht feststehenden endgültigen Erben, erscheint.[100] Inhaltlich ist sie im Hinblick auf die Sorge für den Nachlass eine Art Vermögenspflegschaft. Bei der Wahrnehmung seiner Hauptaufgabe, den Nachlass zu sichern und zu erhalten, ist der Nachlasspfleger gesetzlicher Vertreter des oder der Erben.[101] Der Nachlasspfleger ist nicht etwa Vertreter des Nachlasses oder treuhänderische Amtsperson.[102] Tritt der Nachlasspfleger in Ausübung seines Amtes auf, dann geschieht dies ausschließlich in Wahrnehmung seiner Aufgaben als gesetzlicher Vertreter der Erben.[103]

c) Anwendung der Vorschriften des Betreuungsrechts

34 Auf die Nachlasspflegschaft als eine sonstige Pflegschaft (§ 1885 BGB) findet neben §§ 1960–1962 BGB nach § 1888 Abs. 1 BGB Betreuungsrecht (§§ 1814 ff. BGB) entsprechende Anwendung, soweit sich aus dem Gesetz nichts anderes ergibt.[104]

d) Stellung des Erben bei Nachlasspflegschaft

35 Durch die Anordnung der Nachlasspflegschaft wird die Stellung des betroffenen Erben nicht beeinträchtigt, denn der Nachlasspfleger besitzt keine verdrängende Vertretungsmacht.[105] Der Erbe behält seine **Verpflichtungs-** und **Verfügungsfähigkeit**. Verpflichten sich Nachlasspfleger und Erbe hinsichtlich ein und desselben Nachlassgegenstandes, so sind beide Verpflichtungen wirksam. Im Falle jeweiliger Verfügungen über denselben Nachlassgegenstand gilt grundsätzlich das sachenrechtliche Prioritätsprinzip, wonach die frühere Verfügung wirksam ist.[106] Allerdings sind die Grundsätze über den gutgläubigen Erwerb zu beachten.

e) Verhältnis zu anderen Pflegschaften

aa) Prozesspflegschaft

36 Die Nachlasspflegschaft auf Antrag gem. § 1961 BGB stellt gleichfalls eine Nachlasspflegschaft dar. Auch die Nachlasspflegschaft nach § 1961 BGB kann nur in den Fällen des Abs. 1 angeordnet werden. Im Übrigen unterscheiden sich die beiden Rechtsinstitute jedoch vor allem darin, dass die Nachlasspflegschaft nach § 1960 BGB von Amts

---

96 BGHZ 49, 1 ff.; BGH NJW 1983, 226 f.; BGH NJW 1981, 2299 f.

97 MüKo/*Leipold*, § 1960 Rn 37; Grüneberg/*Weidlich*, § 1960 Rn 11.

98 Vgl. BGH v. 17.5.2023 – IV ZR 344/22, ZEV 2024, 25; v. 16.3.2022 – IV ZB 27/21, NLPrax 2022, 25; v. 8.12.2004 – IV ZR 199/03, ZEV 2005, 109 m.w.N.

99 Siehe Mot. V, S. 548 und RGZ 135, 306 f.

100 BGH v. 8.12.2004 – IV ZR 199/03, ZEV 2005, 109.

101 BGH NJW 2005, 756 ff.; BGH NJW 1983, 226 f.; BGHZ 94, 312 ff.; BGH v. 26.10.1967 – VII ZR 86/65, BGHZ 49, 1.

102 BGH NJW 2005, 756 ff.

103 BSG HVBG-INFO 2003, 1269.

104 *Dinkelaker*, NLPrax 2024, 1; *ders.* NLPrax 2022, 45; *Zimmermann*, ZEV 2022, 580.

105 MüKo/*Leipold*, § 1960 Rn 55; Schulz/*Schulz*, HdB Nachlasspflegschaft, § 9 Rn 8; *Fröhler*, BWNotZ 2014, 70, 72.

106 MüKo/*Leipold*, § 1960 Rn 55.

wegen angeordnet wird, während die Nachlasspflegschaft gem. § 1961 BGB einen Antrag des Berechtigten auf Bestellung eines Nachlasspflegers zum Zwecke der gerichtlichen Geltendmachung eines gegen den Nachlass gerichteten Anspruchs voraussetzt. Allerdings hat auch bei der Nachlasspflegschaft auf Antrag der Nachlasspfleger die Interessen des Nachlasses bzw. der Erben zu wahren und darf sich, sofern die Pflegschaft nicht zulässigerweise allein die Erledigung eines Rechtsstreits zum Inhalt hatte, nicht auf die Befriedigung des antragstellenden Nachlassgläubigers beschränken (siehe § 1961 Rdn 17 f.).

bb) Pflegschaft für ein ungeborenes Kind

Die Nachlasspflegschaft ist ihrer Hauptzwecksetzung nach auf die Sicherung und Erhaltung des Nachlasses u.a. für den Fall ausgerichtet, dass der Erbe unbekannt ist. Unbekannt i.S.d. Abs. 1 kann auch ein zum Erben berufener nasciturus sein (siehe Rdn 9). Die Pflegschaft für ein ungeborenes Kind dient nach § 1810 BGB der Wahrung seiner künftigen Rechte, soweit diese einer Fürsorge bedürfen. Beide Rechtsinstitute haben einen gemeinsamen Anwendungsbereich, wenn ein ungeborenes Kind zum Erben berufen ist. Trotz ihrer unterschiedlichen Zweckrichtung schließen sich die jeweiligen Pflegschaften jedoch nicht aus, sondern können nebeneinander angeordnet werden.[107] Aus praktischen Gründen ist es möglich, dass das Nachlassgericht den bestellten Pfleger gleichzeitig zum Nachlasspfleger bestellt.[108] 37

cc) Abwesenheitspflegschaft

Die Abwesenheitspflegschaft i.S.d. § 1884 BGB ist auf die Fürsorge der vermögensrechtlichen Angelegenheiten von bekannten, jedoch abwesenden volljährigen Personen ausgerichtet. Eine Überschneidung mit der Nachlasspflegschaft ist etwa denkbar, wenn die abwesende Person zum Erben berufen ist und die Erbschaftsannahme nicht gewiss ist. Dies wird zumindest dann der Fall sein, wenn bei Eintritt des Erbfalls für den Abwesenden weder eine Lebens- noch eine Todesvermutung spricht. In einem solchen Fall kommt nur die Anordnung einer Nachlasspflegschaft in Betracht.[109] 38

dd) Pflegschaft für unbekannte Beteiligte

Die Pflegschaft gem. § 1882 BGB betrifft die Fürsorge für einen bei einer Angelegenheit unbekannten Beteiligten. Für den Fall des Unbekanntseins des Erben regelt § 1960 BGB einen besonderen Fall der Pflegschaft für unbekannte Beteiligte, insoweit geht diese Regelung der Pflegschaft nach § 1882 BGB als lex specialis vor.[110] Fehlt es an einer Voraussetzung des § 1960 BGB, dann kann bei Vorliegen der maßgebenden Voraussetzungen die Anordnung einer Pflegschaft für unbekannte Beteiligte nach § 1882 BGB in Betracht kommen;[111] das ist etwa der Fall, wenn Ungewissheit darüber besteht, wer unter mehreren Personen als Erbe anzusehen ist. So gehört es nicht zu den Aufgaben eines Nachlasspflegers, zu klären, wer von mehreren Erbanwärtern der wirkliche Erbe ist.[112] Hier kann bei Unbekanntsein von möglicherweise zur gesetzlichen Erbfolge berufenen Verwandten des Erblassers eine Pflegschaft nach § 1882 BGB in Betracht kommen.[113] 39

---

107 Vgl. MüKo/*Leipold*, § 1960 Rn 43.
108 Siehe Mot. V, S. 553.
109 OLG Hamm v. 30.7.2014 – 10 W 112/14, FamRZ 2015, 2196; vgl. auch MüKo/*Leipold*, § 1960 Rn 42 m.w.N.
110 Siehe BayObLG BWNotZ 1978, 162 f.
111 LG Düsseldorf DNotZ 1963, 564 ff.
112 BGH NJW 1983, 226 f.
113 BGH NJW 1983, 226 f.

40 Die Regelung des § 1882 S. 2 BGB ergänzt § 1960 BGB. Während vor dem Nacherbfall nur die Anordnung einer Pflegschaft für den Nacherben gem. § 1882 S. 2 BGB in Betracht kommt,[114] wird diese mit Eintritt des Nacherbfalls unzulässig. Ab diesem Zeitpunkt ist jedoch bei Vorliegen der Voraussetzungen eine Nachlasspflegschaft nach § 1960 BGB anzuordnen.

ee) Nachlassverwaltung

41 Nach der Legaldefinition des § 1975 BGB ist die Nachlassverwaltung eine Nachlasspflegschaft zum Zweck der Befriedigung der Gläubiger. Demgegenüber ist die Nachlasspflegschaft des § 1960 BGB auf die Wahrung der Interessen des oder der Erben ausgerichtet, insbesondere dient sie der Sicherung und dem Erhalt des Nachlasses.[115]

2. Anordnung der Nachlasspflegschaft

42 Eine Nachlasspflegschaft ist anzuordnen, wenn ihre Voraussetzungen gegeben sind, insbesondere auch ein Bedürfnis zur Sicherung der Erbschaft besteht. Das Erfordernis des Bedürfnisses begrenzt nicht nur die Anordnung der Pflegschaft selbst, sondern bestimmt auch den Umfang der Sicherungsmaßnahme, und zwar sowohl hinsichtlich der Auswahl des Sicherungsmittels als auch hinsichtlich dessen Inhalts. Bezogen auf die Nachlasspflegschaft bedeutet das, dass diese nur angeordnet werden kann, wenn andere Sicherungsmittel nicht ausreichen. Zugleich folgt daraus auch, dass der Nachlasspfleger auf die Besorgung bestimmter Angelegenheiten oder die Verwaltung einzelner Nachlassgegenstände beschränkt werden kann, wenn damit dem Bedürfnis zur Sicherung des Nachlasses ausreichend Rechnung getragen wird.[116] Eine solche **Beschränkung** ist etwa dann gegeben, wenn die Nachlasspflegschaft auf die Wahrnehmung der Erbenrechte gegenüber nur einem Nachlassgläubiger, der die Begleichung einer bestimmten Geldschuld fordert, begrenzt ist.[117]

43 Die **Anordnung der Nachlasspflegschaft** erfolgt durch – zu begründenden[118] – **Beschluss** (§ 38 FamFG) des örtlich zuständigen Nachlassgerichts (§ 1962 BGB; §§ 23a Abs. 1 Nr. 2, Abs. 2 Nr. 2 GVG; §§ 342 Abs. 1 Nr. 2, 343–345 FamFG). Sie wird durch Bekanntgabe an den Nachlasspfleger gem. § 40 Abs. 1 FamFG wirksam. Zum Verfahren vgl. Rdn 133 ff.

Im Bestellungsbeschluss wird u.a. festgelegt, für welchen Wirkungskreis der Nachlasspfleger bestellt wird und ob er berufsmäßig tätig ist. Der umfassende Wirkungskreis lautet „Sicherung und Verwaltung des Nachlasses sowie Ermittlung der unbekannten Erben". Während sich aus dem Beschluss ergeben muss, dass eine **Teilnachlasspflegschaft** angeordnet ist, kann der Wirkungskreis ohne entsprechende Eingrenzung bestimmt werden.[119]

---

114 RG LZ 1919, 1247.

115 Siehe zur Abgrenzung zwischen Nachlassverwaltung und Nachlasspflegschaft auch BayObLGZ 1976, 167 ff.

116 BayObLGZ 1960, 93 ff.; KG Berlin NJW 1965, 1719.

117 BayObLGZ 1960, 93 ff.

118 Eine floskelhafte Begründung ist nicht ausreichend. Vielmehr bedarf es einer einzelfallbezogenen Begründung des Vorliegens der gesetzlichen Voraussetzungen mit Rechtsmittelbelehrung (§ 39 FamFG): OLG Köln v. 8.5.2019 – 2 Wx 141/19, NLPrax 2019, 140; v. 6.12.2017 – 2 Wx 253/17, FGPrax 2018, 83 m. Anm. *Bestelmeyer*; v. 2.11.2010 – 2 Wx 150/10, FGPrax 2011, 85 f.

119 A.A. OLG Frankfurt v. 14.8.2024 – 20 W 135/24 m. abl. Anm. *Bestelmeyer*.

3. Auswahl und Bestellung des Nachlasspflegers

a) Auswahl

44 Die Auswahl des Nachlasspflegers durch das Nachlassgericht erfolgt nach Eignungsgesichtspunkten (siehe § 1816 Abs. 1 BGB).[120] Das Nachlassgericht ist in seiner Entscheidung frei, es ist insbesondere nicht an eine etwaige Anordnung des Erblassers gebunden. Der Nachlasspfleger muss eine natürliche Person[121] sowie geeignet und zuverlässig sein. Mangelnde Eignung des Nachlasspflegers kann sich bspw. aus einer möglichen Interessenkollision ergeben. So ist etwa die Bestellung eines Verwandten zum Nachlasspfleger problematisch, wenn dieser im Fall der Ergebnislosigkeit der Erbenermittlungen selbst als Erbe in Betracht kommt. Auch der Bestellung des ehemaligen Betreuers des Erblassers zum Nachlasspfleger steht regelmäßig ein Interessenkonflikt entgegen, da der Nachlasspfleger eventuelle Schadensersatzansprüche gegen den Betreuer wegen schuldhafter Pflichtverletzung bei der Amtsführung (§ 1826 BGB) zu prüfen hat.[122] Bedenklich ist auch die Bestellung eines Nachlassgläubigers.[123]

45 In der Praxis werden häufig Rechtsanwälte zu Nachlasspflegern ernannt, die den Gerichten bereits durch ihre bisherige Tätigkeit als Nachlasspfleger bekannt sind. Der als Nachlasspfleger bestellte Rechtsanwalt ist trotzdem **privater Vertreter** der endgültigen Erben. Insoweit ist der anwaltliche Nachlasspfleger grundsätzlich nicht an die berufsrechtlichen Regelungen für Rechtsanwälte gebunden und unterliegt als Nachlasspfleger nicht der Aufsicht durch die Rechtsanwaltskammern.[124] Bei Nutzung des Kanzleibriefbogens und Unterzeichnung mit dem Zusatz „Rechtsanwalt", kann für den anwaltlichen Nachlasspfleger jedoch das Umgehungsverbot des § 12 BORA greifen.[125] Des Weiteren kann sich für den anwaltlichen Nachlasspfleger die Beachtung von zwingenden Formvorschriften, z.B. die aktive Nutzungspflicht des anwaltlichen Nachlasspflegers zum elektronischen Rechtsverkehr (beA), ergeben.[126] Zulässig ist die Auswahl und Bestellung mehrerer Pfleger,[127] was dann sinnvoll sein kann, wenn hinsichtlich eines Nachlassgegenstandes eine besondere Sachkunde erforderlich ist. Kommt es zwischen den Nachlasspflegern zu Meinungsverschiedenheiten, hat das Nachlassgericht zu entscheiden.[128] Das Gericht kann bei seiner Ermessensentschei-

---

120 Siehe dazu näher *Dinkelaker*, NLPrax 2022, 45, 47 f.; *Schulz*, NLPrax 2019, 117 (mit Checkliste); *Zimmermann*, ZEV 2007, 313 ff.

121 *Dinkelaker*, NLPrax 2022, 45, 47; *Schulz*, NLPrax 2019, 117.

122 Vgl. *Zimmermann*, Betreuung und Erbrecht, Rn 744 ff. m.w.N.

123 BayObLG NJW-RR 1992, 967 f.

124 *Schulz*, in: Groll/Steiner, Praxis-HdB Erbrechtsberatung, Rn 23.5.

125 Vgl. zur vergleichbaren Situation eines anwaltlichen Insolvenzverwalters: BGH v. 6.7.2015-AnwZ (Brfg) 24/14, NJW 2015, 3241.

126 Vgl. zur Abgabe von bestimmenden Schriftsätzen (z.B. Einreichung einer Beschwerdeschrift): BGH v. 31.1.2023 – XIII ZB 90/22, FamRZ 2023, 719 (anwaltlicher Verfahrenspfleger); v. 24.11.2022 – IX ZB 11/22, Rpfleger 2023, 248 (anwaltlicher Insolvenzverwalter). Dies gilt jedoch nicht bei verfahrenseinleitenden Anträgen (z.B. Einreichung eines Vergütungsantrags), vgl. BGH v. 31.5.2023 – XII ZB 428/22, Rpfleger 2024, 146 (anwaltlicher Berufsbetreuer). Dies gilt seit Einführung des besonderen elektronischen Steuerberaterpostfachs (beSt) auch für den als Nachlasspfleger bestellten Steuerberater.

127 Siehe dazu OLG Oldenburg FGPrax 1998, 108.

128 OLG München ZErb 2011, 196 ff.

dung z.B. auch miteinbeziehen, ob der auszuwählende Nachlasspfleger eine Haftpflichtversicherung gegen Vermögensschäden abgeschlossen hat.[129]

46 Die Entscheidung des Nachlassgerichts hinsichtlich der **Auswahl des Nachlasspflegers** ist im Hinblick auf die Eignung in vollem Umfang gerichtlich überprüfbar.[130] Angemessenheit und Zweckmäßigkeit der Auswahl sind der gerichtlichen Kontrolle jedoch entzogen. Gegen die Auswahl des Pflegers ist das Rechtsmittel der Beschwerde zulässig; beschwerdeberechtigt sind die Erbanwärter[131] und der ausgewählte Pfleger,[132] nicht jedoch der Testamentsvollstrecker.[133]

b) Bestellung des Pflegers

47 Die Nachlasspflegschaft beginnt mit der Bekanntgabe des Bestellungsbeschlusses an den Nachlasspfleger (§ 1888 Abs. 1 BGB i.V.m. § 287 Abs. 1 FamFG).[134] Ein Termin zur persönlichen Verpflichtung erfolgt nur beim ehrenamtlichen Nachlasspfleger (§§ 1888 Abs. 1, 1861 Abs. 2 BGB). Unzulässig ist die Bestellung eines Nachlasspflegers unter einer **Bedingung** oder **Befristung**.[135] Gem. § 1885 BGB darf die Bestellung erst erfolgen, wenn sich der Nachlasspfleger zur Übernahme der Pflegschaft bereit erklärt hat.[136] Die Erklärung ist formfrei.

48 Der Nachlasspfleger erhält eine Bestellungsurkunde (§§ 1885, 1888 Abs. 1 BGB, § 290 Abs. 1 FamFG), aus welcher der angeordnete Wirkungskreis ersichtlich ist.[137] Da der Nachlasspfleger gesetzlicher Vertreter der unbekannten Erben ist, handelt es sich bei der Bestellungsurkunde nicht um eine Vollmachtsurkunde i.S.v. §§ 172 ff. BGB.[138] Diese hat rein verfahrensrechtlichen Charakter mit der Folge, dass einer in der Bestellungsurkunde fehlerhaften Beschreibung des Aufgabenbereichs des Nachlasspflegers keine Bedeutung zukommt.[139]

49 Lagen die materiell-rechtlichen Voraussetzungen für die Anordnung einer Nachlasspflegschaft nicht vor, so ist die Bestellung des Nachlasspflegers gleichwohl wirksam.[140] Die Anordnung der Nachlasspflegschaft kann allerdings aufgehoben werden, § 47 FamFG.

---

129 Nach §§ 1915 Abs. 1 S. 1, 1837 Abs. 2 S. 3 BGB a.F. konnte das Nachlassgericht dem Nachlasspfleger den Abschluss einer Vermögensschadenshaftpflichtversicherung „aufgeben". In der Neufassung des BGB ab 1.1.2023 i.d.F. des Gesetzes zur Reform des Vormundschafts- und Betreuungsrechts vom 4.5.2021 (BGBl 2021 I 882) ist eine entsprechende Vorschrift nicht mehr enthalten. Hierfür wurde eine Versicherungspflicht für Berufsbetreuer eingeführt (§ 23 Abs. 1 Nr. 3 BtOG), die jedoch nicht für Nachlasspfleger gilt.

130 BayObLG NJW-RR 1992, 967 f.

131 LG Heidelberg NJW 1955, 469 f.

132 BayObLG NJW-RR 1992, 967 f.

133 KG Berlin OLGE 40, 133 f.

134 OLG Brandenburg v. 19.6.2023 – 3 U 64/21, NLPrax 2023, 93.

135 *Ziegltrum*, Sicherungs- und Prozeßpflegschaft, S. 111.

136 *Dinkelaker*, NLPrax 2022, 45.

137 Zur Identitätsprüfung des Nachlasspflegers durch Banken vgl. BGH v. 20.4.2021 – XI ZR 511/19, NLPrax 2021, 88.

138 BGH v. 30.3.2010 – XI ZR 184/09, FamRZ 2010, 968.

139 Vgl. MüKo/*Leipold*, § 1960 Rn 48.

140 BGH v. 8.12.2004 – IV ZR 199/03, ZEV 2005, 109 m.w.N.

4. Rechtsstellung und Aufgaben des Nachlasspflegers

a) Vertretung des Erben

Mit der Bestellung wird der Nachlasspfleger **gesetzlicher Vertreter** des oder der Erben.[141] Durch die Anordnung der Nachlasspflegschaft verliert der Erbe weder seine Verpflichtungsfähigkeit noch seine Verfügungsmacht (siehe schon Rdn 35). 50

Der Umfang der Vertretungsmacht bestimmt sich nach dem durch das Nachlassgericht angeordneten Wirkungskreis, der auch in der Bestellungsurkunde aufgenommen wird. Als umfassender Wirkungskreis wird grundsätzlich die „Sicherung und Verwaltung des Nachlasses sowie Ermittlung der unbekannten Erben" angeordnet. Möglich ist jedoch, dass das Nachlassgericht bei der Bestellung die Vertretungsmacht einschränkt (vgl. z.B. § 1961 Rdn 18).[142] 51

Die Pflegschaft als solche sowie einzelne Tätigkeiten, die den persönlichen Einfluss des Pflegers erfordern, sind nicht übertragbar.[143] Soweit das nicht der Fall ist, kann sich der Pfleger Hilfspersonen bedienen und Aufgaben anderen Personen übertragen (zur Beauftragung eines gewerblichen Erbenermittlers vgl. Rdn 77). 52

Als gesetzlicher Vertreter des Erben kann der Nachlasspfleger für den Nachlass aktiv Prozesse führen.[144] Im Hinblick auf Abs. 3, wonach die Vorschrift des § 1958 BGB auf den Nachlasspfleger keine Anwendung findet, steht dem Nachlasspfleger auch die **passive Prozessführungsbefugnis** zu.[145] Die Klage eines Nachlassgläubigers ist gegen die unbekannten Erben vertreten durch den Nachlasspfleger zu richten.[146] Der Prozessführungsbefugnis steht nicht entgegen, dass die Nachlasspflegschaft nicht eigens zu diesem Zweck angeordnet wurde (siehe Rdn 36). Wurde der Prozess durch den Tod des Erblassers gem. § 246 ZPO ausgesetzt, endet die Aussetzung dadurch, dass der Gegner seine Absicht, das Verfahren gegen den Nachlasspfleger fortzusetzen, dem Gericht anzeigt und das Gericht die Anzeige von Amts wegen zustellt.[147] Die Stellung als gesetzlicher Vertreter des oder der Erben schließt nicht aus, dass der Nachlasspfleger persönlich die Rolle einer Prozesspartei wahrnimmt und als Kläger zum Nachlass gehörige Rechte einklagt.[148] Das ist zur Vermeidung eines unzulässigen In-sich-Prozesses sogar geboten, wenn die in Anspruch genommene Gegenpartei selbst als Erbe in Betracht kommt.[149] Da auch derjenige, der möglicherweise der wahre Erbe ist, verpflichtet ist, Nachlassgegenstände auf Verlangen des Nachlasspflegers herauszugeben, solange sein Erbrecht gegenüber dem Nachlasspfleger nicht rechtskräftig festgestellt ist, ist in derartigen Fällen eine Feststellungswiderklage gegen den Nachlasspfleger persönlich auf Feststellung seines Erbrechts zulässig.[150] 53

In einem von dem Nachlasspfleger als gesetzlichem Vertreter geführten Rechtsstreit steht der Erbe nach § 53 ZPO einer nicht prozessfähigen Person gleich. Er kann also selbst keine **Prozesshandlungen** vornehmen, ihm gegenüber können auch solche nicht 54

---

141 Vgl. BGH v. 17.5.2023 – IV ZR 344/22, ZEV 2024, 25; v. 16.3.2022 – IV ZB 27/21, NLPrax 2022, 25; BGH v. 8.12.2004 – IV ZR 199/03, ZEV 2005, 109.

142 BGH v. 26.10.1967 – VII ZR 86/65, BGHZ 49, 1; KG Berlin v. 13.5.1965 – 1 W 1104/65, NJW 1965, 1719.

143 OLG Bremen v. 2.4.1998 – 1 W 99/97, ZEV 1999, 322 m.w.N.; *Mayer*, ZEV 2010, 445.

144 Vgl. OLG Brandenburg v. 19.6.2023 – 3 U 64/21, NLPrax 2023, 93. Umfassend zur Stellung des Nachlasspflegers im Zivilprozess *Zimmermann*, ZEV 2011, 631.

145 OLG Schleswig v. 30.11.2021 – 3 U 14/21, FamRZ 2022, 1064.

146 Zur Möglichkeit einer Rubrumsberichtigung vgl. OLG Koblenz v. 11.6.2019 – 8 W 201/19, ZErB 2022, 195; OLG Schleswig v. 30.11.2021 – 3 U 14/21, FamRZ 2022, 1064.

147 BGH v. 12.12.2024 – IX ZR 40/23, BeckRS 2024, 35893.

148 BGH NJW 1983, 226 f.

149 BGH NJW 1983, 226 f.; vgl. auch OLG Brandenburg v. 19.6.2023 – 3 U 64/21, NLPrax 2023, 93.

150 OLG Stuttgart v. 23.6.2022 – 19 U 135/21.

vorgenommen werden. Gleichwohl bleibt der Erbe Partei des Rechtsstreits. Ein in einem von dem Nachlasspfleger geführten Rechtsstreit ergangenes Urteil wirkt daher gem. § 325 Abs. 1 ZPO für und gegen den vertretenen endgültigen Erben. Will der inzwischen bekannte Erbe aus dem vom Nachlasspfleger erstrittenen Urteil vollstrecken, so ist die **Vollstreckungsklausel** ohne Anwendung der §§ 727, 730 ZPO auf ihn umzustellen.[151] Im Hinblick auf die ausdrückliche Regelung in § 780 Abs. 2 ZPO ist der **Vorbehalt einer beschränkten Haftung** für Urteile gegen den Nachlasspfleger nicht notwendig. Wird die Nachlasspflegschaft während eines anhängigen Rechtsstreits aufgehoben, so treten die Erben in den Rechtsstreit ein, ohne dass es einer Aussetzung oder Unterbrechung des Verfahrens bedarf. Denn ihre Stellung als Partei wird weder durch die Anordnung noch durch die Aufhebung der Nachlasspflegschaft berührt.[152]

55 Für den Rechtsstreit, den der Nachlasspfleger für den unbekannten Erben führt, kann **Prozesskostenhilfe** gem. den §§ 114 ff. ZPO beantragt und bewilligt werden.[153] Ein entsprechender Antrag ist vom Nachlasspfleger zu stellen. Für die Frage der Unfähigkeit, die Kosten der Prozessführung aufzubringen, ist nicht auf die – nicht feststellbaren – Vermögensverhältnisse unbekannter Erben, sondern auf den Bestand des Nachlasses abzustellen.[154] Hierfür ist entscheidend, dass eine Anknüpfung an die Vermögensverhältnisse des Erben einer Rechtsverweigerung gleichkäme, da es dem Nachlasspfleger bei unbekanntem Erben unmöglich ist, Angaben über dessen Vermögensverhältnisse zu machen.[155] Abzulehnen ist die Auffassung des LG Kleve, wonach die Gewährung von Prozesskostenhilfe wegen Mutwilligkeit dann nicht in Betracht komme, wenn die beabsichtigte Rechtsverfolgung des die unbekannten Erben vertretenden Nachlasspflegers nicht geeignet ist, die Überschuldung des Nachlasses zu beseitigen.[156] Das LG Kleve führt zur Begründung an, dass die Realisierung der eingeklagten Forderung wirtschaftlich nur den Nachlassgläubigern zugutekomme, in deren Interesse der Nachlasspfleger aber gerade nicht tätig werde. Insoweit verkennt das Gericht jedoch, dass der Nachlasspfleger Mittel für den Nachlass erstreitet, die zur Abdeckung der Pflegschaftskosten (Gerichtskosten, Nachlasspflegervergütung) verwendet werden können. Dadurch kann die Staatskasse entlastet werden.[157]

56 Des Weiteren wird nicht beachtet, dass die Sicherung des Nachlasses vordringlichste Aufgabe des Nachlasspflegers ist. Hierzu gehört die Einforderung von Forderungen, die notfalls gerichtlich durchzusetzen ist. Dies gilt insbesondere in den praktisch häufigen Fällen, in denen der Nachlasspfleger zur Unterbrechung einer drohenden Verjährung eine Forderung rechtshängig machen muss, bevor die Vermögensverhältnisse des Nachlasses in der Gesamtheit ermittelt worden sind. Für die Gewährung von Prozesskostenhilfe kann es dann nur auf die Wertverhältnisse des Nachlasses zum Zeitpunkt der Antragstellung ankommen. Ermittelt der Nachlasspfleger später weitere Vermögensgegenstände oder zieht durch weitere Gerichtsverfahren Mittel in den Nachlass, die die Nachlassüberschuldung beseitigen, kann die Entscheidung über Pro-

151 MüKo/*Leipold*, § 1960 Rn 79; Grüneberg/*Weidlich*, § 1960 Rn 17.
152 BayObLG FamRZ 1991, 230 f.
153 Ausführlich dazu *Elzer*, Rpfleger 1999, 162.
154 BVerfG v. 23.2.1998 – 1 BvR 1842/97, ZEV 1998, 98; BGH v. 13.4.1989 – V ZR 263/86, BGHR ZPO § 114 S 1/Nachlaßpfleger 1; BGH v. 4.5.1964 – VII ZR 208/62, NJW 1964, 1418; OLG Saarbrücken v. 21.1.2010 – 9 W 357/09, FamRZ 2010, 1358; OVG Berlin v. 6.7.1999 – 6 M 39.99, ZEV 2000, 66; BFH v. 3.12.1971 – III S 2/70, BStBl II 1972, 350; a.A. OVG Hamburg v. 21.2.1996 – Bs IV 67/96, FamRZ 1997, 180.
155 BVerfG v. 23.2.1998 – 1 BvR 1842/97, ZEV 1998, 98.
156 LG Kleve v. 29.1.2013 – 4 O 275/12, juris.
157 Vgl. Schulz/*Schulz*, HdB Nachlasspflegschaft, § 3 Rn 155.

zesskostenhilfe später überprüft und ggf. nach § 124 Nr. 3 ZPO aufgehoben werden. Eine grundsätzliche Verweigerung von Prozesskostenhilfe bei einem überschuldeten Nachlass für die Konstellation, dass die zum Zeitpunkt der Beantragung bestehende Nachlassüberschuldung auch bei Obsiegen im Rechtsstreit nicht beseitigt werden würde, verstößt gegen den mit dem Rechtsstaatsprinzip verbürgten Anspruch auf effektiven Rechtsschutz.[158] Will der inzwischen ermittelte Erbe den Prozess anstelle des Nachlasspflegers fortführen und war auf Antrag des Nachlasspflegers Prozesskostenhilfe bewilligt worden, so bedarf es keines neuen Prozesskostenhilfeantrags.[159] Das Gericht hat jedoch von Amts wegen das Vorliegen der Voraussetzungen für Prozesskostenhilfe erneut zu prüfen und dabei nunmehr die Vermögensverhältnisse des Erben zugrunde zu legen.[160]

Für die Eröffnung und Durchführung eines Nachlassinsolvenzverfahrens ist ein Antrag auf Prozesskostenhilfe grundsätzlich ohne weitere Sachprüfung zurückzuweisen.[161] Prozesskostenhilfe für das Antragsverfahren kann ebenfalls nicht bewilligt werden.[162] Dies gilt auch bei der Beantragung durch den Nachlasspfleger.[163] 57

b) Überschreitung der Vertretungsmacht

Die im Rahmen seines Wirkungskreises vorgenommenen Handlungen des Nachlasspflegers wirken für und gegen den bzw. die Erben. Für die Wirksamkeit ist es unerheblich, ob der Nachlasspfleger bei einem Vertrag mit einem Dritten pflichtgemäß gehandelt hat oder nicht.[164] War dem Dritten der **Missbrauch** der **Vertretungsmacht** bekannt, oder hätte er dies bei sorgfältiger Prüfung erkennen können, dann kann ihm die Geltendmachung seiner Rechte aus dem Rechtsgeschäft nach den Grundsätzen von Treu und Glauben verwehrt sein.[165] 58

Auch für den Nachlasspfleger gilt die Regelung des § 181 BGB. Schließt der Nachlasspfleger gleichwohl als Vertreter mit sich selbst im eigenen Namen einen Vertrag, so hängt dessen Wirksamkeit gem. § 177 Abs. 1 BGB von der Genehmigung des Vertretenen, in diesem Fall des Erben, ab. Der Erbe kann zu einer entsprechenden Genehmigung unter Umständen nach Treu und Glauben verpflichtet sein,[166] für eine derartige Verpflichtung reicht es aber nicht, dass der Nachlasspfleger aus vernünftigen Erwägungen heraus gehandelt hat.[167] 59

c) Verfügungen über Nachlassgegenstände

Als gesetzlicher Vertreter des oder der Erben ist der Nachlasspfleger im Rahmen des angeordneten Wirkungskreises auch zu Verfügungen über Nachlassgegenstände befugt.[168] Die Verfügungsbefugnis ist nach außen unbeschränkt,[169] sofern das Nachlassgericht bei der Anordnung der Pflegschaft keine Vorgaben gemacht hat und soweit 60

158 Vgl. dazu BVerfG v. 23.2.1998 – 1 BvR 1842/97, ZEV 1998, 98.
159 KG Berlin v. 29.5.1969 – 1 AR 30/69, NJW 1969, 2207.
160 BGH NJW 1964, 1418 f.; *Elzer*, Rpfleger 1999, 162.
161 AG Göttingen v. 9.5.2017 – 74 IN 79/17, ZEV 2017, 456; LG Coburg v. 19.10.2016 – 41 T 109/16, ErbR 2017, 282; LG Kassel v. 25.6.2014 – 3 T 170/14, NZI 2014, 697.
162 AG Göttingen v. 9.5.2017 – 74 IN 79/17, ZEV 2017, 456; a.A. LG Göttingen ZInsO 2000, 619.
163 Vgl. LG Coburg v. 19.10.2016 – 41 T 109/16, ErbR 2017, 282.
164 BGH v. 26.10.1967 – VII ZR 86/65, BGHZ 49, 1.
165 BGH v. 26.10.1967 – VII ZR 86/65, BGHZ 49, 1; MüKo/*Leipold*, § 1960 Rn 54.
166 RGZ 110, 214 ff.
167 Vgl. RGZ 110, 214 ff.
168 OLG Karlsruhe v. 16.1.2023 – 14 W 112/22, NLPrax 2023, 23.
169 Zur Sittenwidrigkeit einer Grundstücksveräußerung durch einen Nachlasspfleger siehe OLG Naumburg v. 30.11.1998 – 11 U 193/98, BeckRS 1998, 31024105.

sich aus den Regelungen des Betreuungsrechts nichts anderes ergibt (siehe zum Erfordernis gerichtlicher Genehmigung §§ 1888 Abs. 1, 1848 ff. BGB sowie Rdn 87), etwa wenn bei einer Nachlasspflegschaft für unbekannte Nacherben der Nachlasspfleger der Abweichung von einer testamentarischen Verwaltungsanordnung des Erblassers zustimmen will und die beabsichtigte Maßnahme dem Mündelinteresse widerspricht.[170] Zwar soll der Nachlasspfleger den Nachlass primär in seinem ursprünglichen Zustand erhalten. Die Erhaltung kann in der Regel aber nicht gegenständlich, sondern muss wertbezogen verstanden und beurteilt werden.[171] Daher kann auch die **Veräußerung eines Nachlassgegenstandes** erforderlich werden, etwa wenn dieser zu einer Mehrbelastung des Nachlasses führt oder wenn die Veräußerung zur Schadensabwendung erforderlich ist.[172] Eine Veräußerung kann insbesondere auch geboten sein, um liquide Mittel zu erzielen.[173] Der Erlös aus der Veräußerung von Nachlassgegenständen gehört kraft dinglicher Surrogation zum Nachlass und unterliegt daher als Massebestandteil auch einem Nachlassinsolvenzverfahren.[174] Der Nachlasspfleger hat Wertverschlechterungen zu verhindern, wenn aufgrund konkreter Umstände der begründete Verdacht einer Verschlechterung des Nachlasses abzusehen ist.[175] Dem Nachlasspfleger ist bei Erfüllung der ihm obliegenden Aufgaben ein Ermessensspielraum eröffnet.[176]

d) Aufgaben und Pflichten des Nachlasspflegers

aa) Allgemeines

61 Das Gesetz enthält nur wenige Vorschriften, die dem Nachlasspfleger ausdrücklich **Aufgaben** und **Pflichten** zuweisen. Im Hinblick auf die Fülle von möglichen, zweckmäßigen Tätigkeiten i.R.d. Nachlasspflegschaft ist eine vollständige gesetzliche Regelung auch kaum möglich.[177] Die Aufgaben und Pflichten des Nachlasspflegers ergeben sich aus dem Zweck der Pflegschaft, die wesentlich der Sicherung und dem Erhalt des Nachlasses für den wirklichen Erben dient.[178]
Er hat nach außen grundsätzlich unbeschränkte Vertretungsmacht und Verfügungsbefugnis.[179] In diesem Zusammenhang hat der Nachlasspfleger den Nachlass zu erhalten, zu verwalten und die Vermögensinteressen der noch festzustellenden Erben wahrzunehmen. Maßgebend hierfür ist nach objektiven Kriterien vor allem das wirtschaftlich und finanziell Vernünftige.[180]

bb) Nachlassverwaltung, Nachlasssicherung und Nachlassverwahrung

62 Das Aufgabenspektrum des Nachlasspflegers bzgl. der Nachlasssicherung und -verwaltung ist groß;[181] bei der Vornahme von Handlungen hat er sich von Zweckmäßig-

170 LG München Rpfleger 2002, 363 ff.
171 OLG Braunschweig v. 20.4.2020 – 3 W 37/20, FGPrax 2020, 131.
172 OLG Karlsruhe v. 16.1.2023 – 14 W 112/22, NLPrax 2023, 23.
173 OLG Frankfurt v. 6.12.2019 – 21 W 142/19, FGPrax 2020, 85.
174 OLG Bamberg v. 17.5.2023 – 3 U 250/22, ErbR 2023, 961.
175 OLG Düsseldorf v. 21.2.2019 – I-3 Wx 8/19, FGPrax 2019, 133, 134.
176 OLG Karlsruhe v. 16.1.2023 – 14 W 112/22, NLPrax 2023, 23.
177 Mot. V, S. 549.
178 BGH v. 20.9.2023, – IV ZR 344/22, NLPrax 2024, 29.
179 BGH v. 20.9.2023, – IV ZR 344/22, NLPrax 2024, 29; v. 17.5.2023 – IV ZR 344/22, ZEV 2024, 25; v. 16.3.2022 – IV ZB 27/21, NLPrax 2022, 25; v. 8.12.2004 – IV ZR 199/03, ZEV 2005, 109 m.w.N.
180 BGH v. 20.9.2023, – IV ZR 344/22, NLPrax 2024, 29; v. 17.5.2023 – IV ZR 344/22, ZEV 2024, 25; v. 16.3.2022 – IV ZB 27/21, NLPrax 2022, 25; OLG Hamm v. 7.4.2017 – 15 W 136/17, NLPrax 2019, 33.
181 BFH v. 3.4.2008 – V R 62/05, BStBl II 2008, 900; vgl. umfassend dazu *Schulz*, HdB Nachlasspflegschaft, § 3 Nachlasssicherung und -verwaltung von A-Z.

keitsgesichtspunkten leiten zu lassen.[182] Dabei hat er seine Entscheidungen pflichtgemäß zu treffen, im Falle eines Pflichtverstoßes haftet er gegenüber dem vertretenen Erben (vgl. § 1826 BGB).[183]

63 Voraussetzung für die Nachlasssicherung und -verwaltung ist zunächst, dass der Nachlasspfleger den Nachlass in **Besitz** nimmt (dabei übt der Nachlasspfleger das Besitzergreifungsrecht des Erben an dessen Stelle aus, so dass verbotene Eigenmacht des Nachlasspflegers nicht in Betracht kommt). Hat bereits eine andere Person Besitz am Nachlass ergriffen, etwa ein Miterbe, so muss der Nachlasspfleger für die von ihm vertretenen unbekannten Miterben die Herausgabe des Mitbesitzes durch Klage geltend machen. Umstritten ist, ob sich ein diesbezüglicher Anspruch aus § 2018 BGB[184] oder unmittelbar aus dem Recht des Nachlasspflegers und damit aus § 1960 BGB ergibt.[185] Nach der Rspr. kann der Nachlasspfleger die Rolle der Prozesspartei persönlich wahrnehmen und die zum Nachlass gehörenden Rechte einklagen.[186] Das ist durch die Stellung als gesetzlicher Vertreter des oder der Erben nicht ausgeschlossen.[187] Der Anspruch etwa auf Herausgabe leitet sich in diesem Fall nicht vom Erben ab, sondern folgt unmittelbar aus der Rechtsstellung als Nachlasspfleger (Partei kraft Amtes).[188] Deshalb kann der Nachlasspfleger auch gegen Personen vorgehen, die vorgeben, Erbe zu sein, deren Erbrecht aber noch nicht endgültig geklärt ist.[189] Demgegenüber kann sich der Erbanwärter grundsätzlich nicht auf sein Erbrecht berufen, dieses hat vielmehr hinter das Fürsorgeinteresse zurückzutreten.[190]

64 Allerdings ist die Rechtsposition des Nachlasspflegers insoweit nicht unbegrenzt. Ein **Herausgabeanspruch** steht ihm nicht zu, wenn das Erbrecht des Erbanwärters rechtskräftig festgestellt ist sowie hinsichtlich von Wohnräumen, die dem Erbanwärter überlassen worden sind und die er selbst nutzt.[191] Insofern tritt die dem Nachlassgericht und dem von ihm bestellten Nachlasspfleger obliegende Fürsorge für den Nachlass hinter das verfassungsrechtlich geschützte Interesse des (möglichen) Erben an seiner Wohnung (Art. 13 GG) zurück. Dies entspricht der sonstigen Zurückhaltung der Rechtsordnung hinsichtlich der Zulässigkeit von Eingriffen in die Wohnung zum Zweck vorläufigen Rechtsschutzes (vgl. § 940a ZPO).[192]

65 Dem Herausgabeverlangen des Nachlasspflegers kann der Einwand des Rechtsmissbrauchs entgegengehalten werden, wenn die Voraussetzungen der Nachlasspflegschaft nicht vorliegen.[193]

66 Gegen Personen, die Nachlassgegenstände in Besitz haben, hat der Nachlasspfleger einen **Auskunftsanspruch** aus § 260 BGB; zur Auskunft verpflichtet sind entsprechend § 2027 BGB darüber hinaus auch solche Personen, die Nachlassgegenstände in

182 BGH v. 26.10.1967 – VII ZR 86/65, BGHZ 49, 1.
183 BGH v. 26.10.1967 – VII ZR 86/65, BGHZ 49, 1.
184 OLG Brandenburg v. 19.6.2023 – 3 U 64/21, NLPrax 2023, 93.
185 Vgl. MüKo/*Leipold*, § 1960 Rn 62 m.w.N. und dem Hinw. auf die praktische Bedeutungslosigkeit des Streits über die Anspruchsgrundlagen.
186 BGHZ 94, 312 ff.; BGH NJW 1983, 226 f. m. Anm. *Dieckmann*, FamRZ 1983, 582.
187 BGH NJW 1983, 226 f. m. Anm. *Dieckmann*, FamRZ 1983, 582.
188 BGH NJW 1983, 226 f. m. Anm. *Dieckmann*, FamRZ 1983, 582.
189 BGH NJW 1983, 226 f.; BGH NJW 1981, 2299 f.; KG Berlin NJW-RR 2006, 1145 f.; OLG Hamm NJOZ 2006, 2151 f.
190 BGH NJW 1981, 2299 f.
191 BGH NJW 1981, 2299 f.
192 Vgl. BGH NJW 1981, 2299 f.
193 Siehe MüKo/*Leipold*, § 1960 Rn 63; zustimmend: *Hartung*, Rpfleger 1991, 279 ff.

Besitz gehabt haben. Gegen Versicherer steht dem Nachlasspfleger ein Anspruch auf Auskunft über die Identität des Bezugsberechtigten zu.[194]

67 Der genaue Inhalt der Verwaltungstätigkeit ist Sache der im Einzelfall zu beurteilenden Zweckmäßigkeit. In Betracht kommen etwa die Kündigung von Mietverträgen, die Auflösung einer Wohnung wie auch die Fortführung eines Betriebs.

68 War der Erblasser **Gesellschafter einer GmbH**, steht dem Nachlasspfleger ein Teilnahmerecht an der Gesellschafterversammlung zu.[195] Zur Ausübung von Gesellschafterrechten ist der Nachlasspfleger in die Gesellschafterliste nach § 40 GmbHG aufzunehmen.[196] I.R.d. Nachlassverwaltung kann der Nachlasspfleger auch Verbindlichkeiten eingehen, für welche die Erben unbeschränkt, aber beschränkbar haften.

69 Bei einer **Lebensversicherung** des Erblassers **mit Bezugsrecht** hat der Nachlasspfleger die Befugnis, den dem Lebensversicherer anlässlich der Einräumung eines widerruflichen Bezugsrechts stillschweigend erteilten Auftrag zur Übermittlung des Schenkungsangebots an den Begünstigten nach dem Tode des Versicherungsnehmers, zu widerrufen.[197] Teilweise wird dem Nachlasspfleger diese Berechtigung abgesprochen, da diese Vorgehensweise die vom Erblasser intendierte Rechtsnachfolge durchkreuze. Dies ist im Rahmen der Nachlasspflegschaft aber gerade unbeachtlich.

70 Der Nachlasspfleger muss eine **leerstehende Immobilie** nicht zwingend vermieten, weil die Vermietung zu einer Beschränkung der Verfügungs- und Verwertungsmöglichkeiten der Erben führt, zumal einer lediglich befristeten Vermietung von Wohnraum die Norm des § 575 BGB entgegen steht, deren Umgehung von einem rechtmäßig handelnden Nachlasspfleger nicht erwartet werden kann.[198]

71 Die Pflichten des Nachlasspflegers in **Vermögensangelegenheiten** ergeben sich aus §§ 1885, 1888 Abs. 1, 1838 ff. BGB.[199] Die Verwahrung von zum Nachlass gehörenden Geldern auf einem Treuhandkonto des Nachlasspflegers oder einem Unterkonto zu seinem Geschäftskonto ist unzulässig.[200] Neue Konten sind durch den Nachlasspfleger auf „unbekannte Erben" zu eröffnen.[201] Den Nachlasspfleger trifft keine generelle Pflicht zur Umschichtung von nicht mündelsicheren Kapitalanlagen des Erblassers in mündelsichere.[202] Nach Einholung einer Risikobewertung durch ein Kreditinstitut

---

194 OLG Hamm v. 23.11.2018 – 20 U 72/18, NJW-Spezial 2019, 104 = NLPrax 2019, 20.

195 OLG Brandenburg v. 2.1.2024 – 7 W 66/23, NLPrax 2024, 37; OLG Karlsruhe v. 27.4.2022 – 1 W 71/21, NLPrax 2022, 62; vgl. auch *Metzner/Schmidt*, NLPrax 2023, 1.

196 KG Berlin v. 23.11.2022 – 22 W 50/22, NLPrax 2023, 29 m. Anm. *Knittel*.

197 OLG Saarbrücken v. 6.6.2024 – 5 U 28/24, NLPrax 2024, 35; *Bredemeyer*, ZEV 2014, 287. Zur Abtretung der Versicherungsleistung durch den Bezugsberechtigten an den Nachlasspfleger vgl. LG Kassel v. 17.3.2023 – 3 T 514/22, NLPrax 2023, 32 m. Anm. *Schulz*. Zur Schriftformklausel bzgl. des Widerrufs einer Drittbegünstigung bezogen auf das Deckungsverhältnis bei einer Verfügung zugunsten Dritter vgl. OLG Dresden v. 1.7.2021 – 8 U 276/21, NJW-RR 2021, 1573. Zur Beweislast für fehlenden Rechtsgrund im Valutaverhältnis vgl. OLG Saarbrücken v. 2.3.2022 – 5 U 64/21, ErbR 2022, 729. Zum unwiderruflichen Bezugsrecht vgl. OLG Stuttgart v. 20.2.2020 – 7 U 283/19, NLPrax 2020, 65. Zum Auskunftsanspruch des Nachlasspflegers vgl. OLG Hamm v. 23.11.2018 – 20 U 72/18, NLPrax 2019, 20.

198 OLG Hamm v. 30.11.2022 – I-15 W 260/18, NLPrax 2023, 62.

199 Ausführlich dazu *Dinkelaker*, NLPrax 2024, 1. Zum Umgang mit Wertsachen im Nachlass vgl. *Lauk*, NLPrax 2023, 79. Zur Identitätsprüfung des Nachlasspflegers durch Banken vgl. BGH v. 20.4.2021 – XI ZR 511/19, NLPrax 2021, 88.

200 OLG Bremen v. 20.9.2021 – 5 W 14/21, ZEV 2022, 53.

201 Als Treuhandkonten geführte Girokonten sind nicht zulässig, vgl. OLG Frankfurt v. 25.9.2019 – 20 W 175/18, NLPrax 2021, 47; *Schulz*, NLPrax 2019, 16, 18 f.

202 OLG Braunschweig v. 20.4.2020 – 3 W 37/20, NLPrax 2020, 71; OLG Düsseldorf v. 21.2.2019 – 3 Wx 8/19, ZEV 2019, 471 m. Anm. *Schulz* = NLPrax 2019, 89 = ZErb 2019, 124; OLG Hamm v. 7.4.2017 – 15 W 136/17, NLPrax 2019, 33.

kann der Nachlasspfleger ggf. Verkaufsaufträge mit Stop-Loss-Order erteilen. Hierzu bedarf es der nachlassgerichtlichen Genehmigung.[203]

Der Nachlasspfleger hat sicherzustellen, dass in den Nachlass fallende **Ansprüche nicht verjähren.**[204] Für den Beginn der Verjährungsfrist kommt es auf die Kenntnis der maßgebenden Umstände in der Person des Nachlasspflegers an.[205] 72

Auch hat der Nachlasspfleger zu kontrollieren, ob **unberechtigte Verfügungen** vor oder nach dem Tod des Erblassers stattgefunden haben. Hat beispielsweise das Kreditinstitut des Erblassers auf Weisung eines Bestattungsunternehmens oder einer Ordnungsbehörde eine Auszahlung von Kontoguthaben zur Begleichung von Bestattungskosten vorgenommen, besteht insoweit ein Rückforderungsanspruch der unbekannten Erben, den der Nachlasspfleger einfordern kann.[206] 73

Sofern der Erblasser zu Lebzeiten unter gesetzlicher **Betreuung** stand, hat der Nachlasspfleger zu prüfen, ob gegen den ehemaligen Betreuer Schadensersatzansprüche wegen schuldhafter Pflichtverletzung bei der Amtsführung (§ 1826 BGB) bestehen.[207] 74

Solange – mangels Sonderrechtsnachfolger – auch nur die abstrakte Möglichkeit besteht, dass ein natürlicher Erbe vorhanden ist und noch ermittelt wird, kann ein Nachlasspfleger die Auszahlung der **Rente** nicht beanspruchen, wenn der Fiskus im Rahmen der gesetzlichen Erbfolge (vgl. §§ 1922 f., 1964 BGB) als Erbe in Betracht kommt.[208] 75

Die **Berichts- und Abrechnungspflichten** des Nachlasspflegers ergeben sich aus §§ 1885, 1888 Abs. 1, 1835, 1863, 1865 BGB.[209] Der Nachlasspfleger soll innerhalb von drei Monaten nach dessen Bestellung einen **Antrittsbericht** einreichen (§ 1863 BGB) und diesem ein **Nachlassverzeichnis** beifügen, welches mit der Versicherung der Richtigkeit und Vollständigkeit zu versehen ist (§ 1835 Abs. 1 S. 1 BGB). Regelmäßig ist das Nachlassverzeichnis auf den Todestag des Erblassers zu erstellen.[210] Anschließend hat der Nachlasspfleger dem Nachlassgericht **jährliche Rechnungslegungen** einzureichen (§ 1865 BGB). 76

---

203 *Schulz*, NLPrax 2019, 69: Musterantrag auf Erteilung einer Stop-Loss Genehmigung zum Wertpapierverkauf.

204 BGH v. 20.9.2023, – IV ZR 344/22, NLPrax 2024, 29 m. abl. Anm. *Schulz*; v. 17.5.2023 – IV ZR 344/22, ZEV 2024, 25. Zur materiellen Ausschlussfrist, deren Ablauf zum Erlöschen des Beihilfeanspruchs führt, vgl. OVG Münster v. 10.12.2020 – 1 E 723/20, NLPrax 2021, 35; VG Stuttgart v. 22.8.2024 – 10 K 2867/22, BeckRS 2024, 32474; *Schulz*, NLPrax 2020, 11.

205 BGH v. 17.5.2023 – IV ZR 344/22, ZEV 2024, 25.

206 LG Bonn v. 12.8.2009 – 5 S 43/09, ZErb 2009, 337; LG Itzehoe v. 21.3.2001 – 2 O 211/00, FamRZ 2001, 1486; OLG Rostock v. 25.10.2012 – 3 W 155/12, FuR 2013, 602; OLG Saarbrücken v. 12.9.2000 – 7 U 972/99-240, FamRZ 2001, 1487; vgl. im Übrigen allg. zu den verschiedenen denkbaren Fallgestaltungen: *Jacoby*, WM 2003, 368.

207 Vgl. *Möller*, NLPrax 2022, 1,6; z.B. bei Veräußerung von Grundbesitz unter Wert, vgl. BGH v. 28.8.2024 – XII ZR 62/22, Rpfleger 2025, 53; bei Delegation von Beihilfeabrechnungen auf einen externen Dienstleister, vgl. LG Berlin v. 26.1.2022 – 8 S 15/21, Rpfleger 2022, 324; bei verspätetem Rentenantrag, vgl. LG Bonn v. 23.8.2018, – 19 O 149/16, NLPrax 2019, 143; bei Zahlungen des Betreuers nach dem Tod des Betreuten außerhalb der Notgeschäftsführung, vgl. LG Arnsberg v. 9.11.2016 – I-3 S 45/16, n.v.

208 LSG Berlin-Brandenburg v. 18.9.2019 – L 16 R 74/18, NLPrax 2019, 153.

209 Vgl. *Dinkelaker*, NLPrax 2022, 45, 49.

210 Vgl. Schulz/*Hamberger*, Praxishandbuch Nachlasspflegschaft, § 5 Rn 21; *Dinkelaker*, NLPrax 2024, 1; *ders.*, NLPrax 2022, 45, 49; a.A. *Muscheler*, ErbR 2024, 742, 747 (mit Hinweis auf die abweichende herrschende Praxis der Nachlassgerichte): „Stichtag ist der Zeitpunkt der Bestellung des Nachlasspflegers".

cc) Erbenermittlung

77 Sofern vom Nachlassgericht im Wirkungskreis aufgenommen, ist die Erbenermittlung eine der zentralen Aufgaben des Nachlasspflegers und kann sogar seine Hauptaufgabe sein.[211] Dies gilt auch in den Bundesländern, in denen eine gerichtliche Erbenermittlungspflicht besteht.[212] Dazu kann sich der Nachlasspfleger eines gewerblichen Erbenermittlers bedienen,[213] sofern er zunächst selbst alles Erforderliche und Zumutbare unternommen hat.[214] Nur ausnahmsweise ist die Einschaltung eines Ermittlers ohne vorangegangene eigene Bemühungen des Nachlasspflegers zulässig. Eine solche Ausnahmesituation ist bei erforderlichen Ermittlungen im Ausland sowie bei Sachverhalten der Auswanderung oder Flucht anzunehmen.[215] Der Nachlasspfleger darf den Erbenermittler nur in der Weise einschalten, dass er selbst noch „Herr des Verfahrens" bleibt. Es ist ihm verwehrt, sich zu verpflichten, die Erbenermittlung nicht mehr selbst zu betreiben, oder den Erbenermittler davon freizustellen, ihn regelmäßig über den Stand seiner Ermittlungen dem Ergebnis nach zu informieren.[216] Die Einschaltung eines Erbenermittlers ist dem Nachlassgericht zuvor anzuzeigen; der nachlassgerichtlichen Genehmigung bedarf es nicht.[217]

78 Der Nachlasspfleger hat zur Erbenermittlung ein gem. § 62 Abs. 1 S. 2 PStG erforderliches rechtliches Interesse an der Einsicht in Personenstandsbücher.[218] Im Rahmen der Erbenermittlung kann der Nachlasspfleger auch Anträge auf Todeserklärungen Verschollener (siehe §§ 16 Abs. 2 Buchst. b, 40 VerschG)[219] oder auf Feststellung der Todeszeit Verstorbener stellen. Im Hinblick auf § 16 Abs. 3 VerschG ist dafür die Genehmigung des Nachlassgerichts erforderlich.[220]

dd) Gläubigerbefriedigung

79 Die Erfüllung von Nachlassverbindlichkeiten gehört nicht zu den eigentlichen Aufgaben des Nachlasspflegers, denn die Nachlasspflegschaft dient grundsätzlich nicht der

---

211 OLG Braunschweig v. 18.12.2020 – 3 W 28/20, 3 W 29/20, 3 W 33/20, 3 W 96/20, ZErb 2021, 75; OLG Hamm v. 30.7.2014 – 10 W 112/14, FamRZ 2015, 2196; KG v. 13.11.1970 – 1 W 7814/70, Rpfleger 1971, 106.

212 *Siebert*, Rpfleger 2018, 517 m.w.N; *Mayer*, ZEV 2010, 445 m.w.N.

213 OLG Düsseldorf v. 5.3.2014 – I-3 Wx 192/13, ErbR 2014, 493; OLG Schleswig FGPrax 2005, 129 f.; OLG Frankfurt v. 3.12.1999 – 20 W 445/97, Rpfleger 2000, 161; OLG Bremen v. 2.4.1998 – 1 W 99/97, ZEV 1999, 322; *Purps*, ErbR 2021, 174; a.A. *Hepting*, ZEV 1999, 302 und *Holl*, Rpfleger 2008, 285, 286 f.; ausführlich dazu *Mayer*, ZEV 2010, 445 sowie *Niewerth/Neun/Schnieders*, Rpfleger 2009, 121 und *Siebert*, Rpfleger 2018, 517; einem ohne Beauftragung durch das Nachlassgericht tätigen gewerblichen Erbenermittler steht kein Anspruch auf gerichtliche Ermächtigung zur Einsicht in das Personenstandsregister und zur Beschaffung von Urkunden und Auskünften zu, siehe LG Berlin Rpfleger 2000, 393 f. Auch ein Einsichtsrecht in Gerichtsakten steht dem Erbenermittler nicht zu, KG v. 11.6.2019 – 19 W 46/19, ZEV 2019, 598. Einem solchen Erbenermittler stehen, sofern keine Honorarvereinbarung mit dem Erben oder dem Nachlasspfleger zustande kommt, Vergütungsansprüche weder aus GoA noch aus ungerechtfertigter Bereicherung zu, BGH NJW-RR 2006, 656; BGH ZEV 2000, 33.

214 LG Berlin ZEV 2012, 413; vgl. auch OLG Frankfurt v. 3.12.1999 – 20 W 445/97, Rpfleger 2000, 161.

215 OLG Düsseldorf v. 5.3.2014 – I-3 Wx 192/13, ErbR 2014, 493.

216 OLG Düsseldorf v. 5.3.2014 – I-3 Wx 192/13, ErbR 2014, 493; *Holl*, Rpfleger 2008, 285; *Mayer*, ZEV 2010, 445; *Niewerth/Neun/Schnieders*, Rpfleger 2009, 121.

217 OLG Düsseldorf v. 5.3.2014 – I-3 Wx 192/13, ErbR 2014, 493; OLG Frankfurt v. 3.12.1999 – 20 W 445/97, Rpfleger 2000, 161.

218 OLG Schleswig FGPrax 2005, 129; OLG Bremen v. 2.4.1998 – 1 W 99/97, ZEV 1999, 322.

219 Zum Rechtsgrund für das Antragsrecht des Nachlasspflegers BayObLGZ 1958, 341 ff.

220 OLG Köln FamRZ 1967, 58 f.; *Krätzschel*, in: Krätzschel/Falkner/Döbereiner, Nachlassrecht, § 41 Rn 113.

Befriedigung der Nachlassgläubiger. Wesentlicher Zweck ist vielmehr die Sicherung des Nachlasses.[221] Das bedeutet jedoch nicht, dass der Nachlasspfleger überhaupt nicht zur Begleichung von Nachlassverbindlichkeiten berechtigt ist. Zutreffender Ansicht nach ist von der Zulässigkeit der **Gläubigerbefriedigung** auszugehen, wenn dadurch Schäden, unnötige Prozesskosten oder sonstige Kosten für den Nachlass vermieden werden.[222] In diesem Rahmen besteht die Befugnis zur Erfüllung von Nachlassverbindlichkeiten unabhängig von der Größe des Nachlasses.[223] So kann die Veräußerung eines zum Nachlass gehörenden Grundstücks geboten und daher nachlassgerichtlich zu genehmigen sein, wenn dadurch die Zwangsversteigerung wegen unstreitiger Nachlassverbindlichkeiten vermieden werden kann.[224] Unter Umständen ist die Liquidierung des gesamten Nachlasses durch den Nachlasspfleger gerechtfertigt.[225] Auch die **Vermächtniserfüllung** ist dem Nachlasspfleger grundsätzlich möglich.[226] Grabpflegekosten sind keine Nachlassverbindlichkeiten i.S.v. § 1968 BGB.[227]

Gem. § 2012 Abs. 1 S. 2 BGB ist der Nachlasspfleger den Nachlassgläubigern gegen- 80
über zur **Auskunft über den Bestand des Nachlasses** verpflichtet.[228] Eine **Inventarfrist** kann ihm allerdings nach § 2012 Abs. 1 S. 1 BGB nicht gesetzt werden. Auf die Beschränkung der Erbenhaftung kann der Nachlasspfleger nicht verzichten (§ 2012 Abs. 1 S. 3 BGB). Dem Nachlasspfleger stehen die **Einreden der §§ 2014 f. BGB** zu, wobei die maßgebenden Fristen gem. § 2017 BGB mit der Bestellung des Nachlasspflegers beginnen. Im Prozess führen diese Einreden zu einer Verurteilung unter dem **Vorbehalt der beschränkten Erbenhaftung** (§§ 305 Abs. 1, 780 ZPO). Die Zwangsvollstreckung darf während der Einredezeit nur zur Sicherung, nicht mehr zur Befriedigung des Gläubigers führen (§§ 782, 783, 785 ZPO).

Im Rahmen seines Aufgabenbereichs kann der Nachlasspfleger das **Aufgebot der** 81
Gläubiger beantragen (§ 455 Abs. 2 FamFG). Er ist gem. § 317 Abs. 1 InsO berechtigt, ein **Nachlassinsolvenzverfahren** zu beantragen, aber anders als der Erbe und der Nachlassverwalter nicht dazu verpflichtet.[229] Zur möglichen Haftung des Nachlasspflegers bei unterlassener Beantragung eines Nachlassinsolvenzverfahrens vgl. Rdn 168. Im Nachlassinsolvenzverfahren nimmt der Nachlasspfleger Rechte und Pflichten des noch nicht feststehenden Erben-Insolvenzschuldners wahr.[230]

Steuerschulden muss der Nachlasspfleger gem. § 34 Abs. 1 AO tilgen.[231] Ein Verstoß 82
hiergegen kann zu einer persönlichen Haftung des Nachlasspflegers (§§ 34 Abs. 1, 69 AO) führen.

221 BGH v. 8.12.2004 – IV ZR 199/03, ZErb 2005, 131; OLG München v. 7.1.2010 – 31 Wx 154/09, ZErb 2010, 54.

222 OLG München v. 7.1.2010 – 31 Wx 154/09, ZErb 2010, 54 m.w.N.; BayObLG v. 28.8.1996 – 1Z BR 166/96, FamRZ 1997, 314; für eine generelle Verpflichtung zur Gläubigerbefriedigung *Draschka*, Rpfleger 1992, 281 ff.

223 Richtig *Haas*, ZEV 2009, 270 ff.

224 BGH v. 26.10.1967 – VII ZR 86/65, BGHZ 49, 1; OLG München v. 7.1.2010 – 31 Wx 154/09, ZErb 2010, 54.

225 BGH v. 26.10.1967 – VII ZR 86/65, BGHZ 49, 1.

226 Ausführlich dazu *Schmitz*, NLPrax 2020, 1.

227 BGH v. 26.5.2021 – IV ZR 174/20, FamRZ 2021, 1243.

228 BGH v. 8.12.2004 – IV ZR 199/03, ZEV 2005, 109. Nachlassgläubiger haben ein Einsichtsrecht in die Nachlassakte(n), vgl. OLG Karlsruhe v. 11.3.2010 – 20 WF 20/10, FamRZ 2010, 711.

229 BGH v. 8.12.2004 – IV ZR 199/03, ZEV 2005, 109 m.w.N.; LG Kleve v. 29.1.2013 – 4 O 275/12, juris.

230 OLG Hamm v. 11.3.2014 – I-15 W 316/13, ZErb 2014, 164; OLG Stuttgart ZEV 2012, 549 f.

231 Zur Steuerfestsetzung gegen unbekannte Erben vgl. BFH v. 17.6.2020 – II R 40/17, NLPrax 2021, 41.

ee) Grenzen der Aufgabenwahrnehmung

83 Der Nachlasspfleger ist gesetzlicher Vertreter des oder der Erben und hat als solcher die Hauptaufgabe der Sicherung und Erhaltung des Nachlasses (vgl. Rdn 63 ff.). Hiervon ausgehend bestimmen sich die Grenzen der Aufgabenwahrnehmung. Außerhalb des Aufgabenbereichs des Nachlasspflegers liegen damit **Geschäfte** mit **höchstpersönlichem Charakter.**[232] So gehört es nicht zu den Aufgaben des Nachlasspflegers, die erbrechtliche Stellung des Erben zu gestalten. Es ist deshalb ausgeschlossen, dass der Nachlasspfleger für die unbekannten Erben die Erbschaft annimmt oder ausschlägt.[233] Darüber hinaus kann der Nachlasspfleger nicht ein Testament anfechten[234] oder die Erbunwürdigkeit einer Person geltend machen.[235] Auch die Vertretung des Erben im **Erbscheinsverfahren** liegt außerhalb des Aufgabenbereichs des Nachlasspflegers.[236] Außerhalb der Vertretungsmacht des Nachlasspflegers liegt deshalb die Einlegung von Rechtsmitteln gegen solche Beschlüsse, die im Erbscheinsverfahren desjenigen Erblassers ergehen, für dessen unbekannte Erben der Nachlasspfleger bestellt wurde.[237]

84 Unterschiedlich beurteilt wird demgegenüber die Frage, ob der Nachlasspfleger berechtigt ist, für die unbekannten Erben eine dem Erblasser noch vor dessen Tod angefallene – unter Umständen überschuldete – Erbschaft (sogenannter Unternachlass), die dieser selbst weder (ausdrücklich oder konkludent) angenommen noch ausgeschlagen hat, auszuschlagen.[238] Nach Auffassung des BGH[239] soll der Nachlasspfleger nicht berechtigt sein, mit Wirkung für die unbekannten Erben eine in den Nachlass des Erblassers gefallene weitere Erbschaft auszuschlagen. Das Recht zur Ausschlagung der Erbschaft sei ein allein dem Erben bzw. seinen Rechtsnachfolgern, den Erbeserben, persönlich zustehendes Recht. Danach wäre dem Nachlasspfleger auch die Annahme einer Erbschaft verwehrt. Diese Auffassung ist abzulehnen.[240] Es ist allgemein anerkannt, dass nicht nur gesetzliche Vertreter, sondern sogar rechtsgeschäftliche Vertreter (gem. § 1945 Abs. 3 BGB) Erbausschlagungen erklären können.[241] Das Ausschlagungsrecht hat keinen höchstpersönlichen Charakter.[242] Die Ausschlagung bedarf jedoch gem. §§ 1885, 1888 Abs. 1, 1851 Nr. 1 BGB der nachlassgerichtlichen Genehmigung.[243] Sofern der Erblasser bereits zu Lebzeiten die Erbschaft angenommen oder ausgeschlagen hat, ist der Nachlasspfleger berechtigt, einen Erbschein zu beantragen sowie dessen Erteilung oder Ablehnung mit einer Beschwerde anzufechten.[244]

---

232 Siehe zur Frage, ob deswegen auch Geltendmachung von zum Nachlass gehörenden Pflichtteilsansprüchen des Erblassers ausgeschlossen ist, – verneinend – *Primozic*, NJW 2000, 711 f.
233 BGH v. 16.3.2022 – IV ZB 27/21, NLPrax 2022, 25 m.w.N.
234 OLG Hamburg OLGE 21, 308 f.
235 Siehe MüKo/*Leipold*, § 1960 Rn 74.
236 Grüneberg/*Weidlich*, § 1960 Rn 11.
237 BayObLG v. 17.8.1990 – BReg. 1a Z 36/89, FamRZ 1991, 230; OLG Braunschweig v. 8.7.2020 – 3 W 19/20, ZEV 2020, 565.
238 Überblick über den Meinungsstand bei BGH v. 16.3.2022 – IV ZB 27/21, NLPrax 2022, 25.
239 BGH v. 16.3.2022 – IV ZB 27/21, NLPrax 2022, 25.
240 Zu den Folgefragen/ -problemen der BGH-Rechtsprechung für die Vergangenheit und die Zukunft vgl. *Overkamp*, NLPrax 2022, 7.
241 Vgl. *Schulz* in: Groll/Steiner, Praxis-HdB Erbrechtsberatung, § 23 Rn 23.6; *Bestelmeyer*, FG-Prax 2022, 126; *Overkamp*, NLPrax 2022, 7.
242 *Siebert*, ZEV 2023, 362.
243 Vgl. BayObLG v. 17.8.1990 – BReg. 1a Z 36/89, FamRZ 1991, 230; Grüneberg/*Weidlich*, § 1960 Rn 11.
244 BayObLG v. 17.8.1990 – BReg. 1a Z 36/89, FamRZ 1991, 230.

Zu den Aufgaben des Nachlasspflegers gehört es ebenfalls nicht, letztwillige Verfügungen des Erblassers auszuführen.[245] Er ist jedoch bei längerer Dauer der Pflegschaft und eindeutiger Rechtslage berechtigt, Vermächtnisse und Auflagen zu erfüllen.[246] Darüber hinaus obliegt dem Nachlasspfleger auch nicht die Klärung der Frage, wer von mehreren **Erbanwärtern** der wirkliche Erbe ist. Das bleibt den Erbanwärtern überlassen.[247] Der Nachlasspfleger für die unbekannten Erben eines Erbteils ist nicht befugt, über den Erbteil als solchen zu verfügen.[248] Er hat auch nicht die Befugnis, unter den Miterben eine Auseinandersetzung durchzuführen, und zwar auch dann nicht, wenn die Erben ihn darum ersuchen.[249] Der Teilnachlasspfleger hat die Befugnis, mit Genehmigung des Nachlassgerichts (§§ 1885, 1888 Abs. 1 i.V.m. § 1851 Nr. 1 BGB) an der **Auseinandersetzung der Erbengemeinschaft** mitzuwirken oder eine solche herbeizuführen.[250] 85

Die **Beantragung einer Nachlassverwaltung** gehört nach h.M. ebenfalls nicht zu dem Aufgabenbereich des Nachlasspflegers.[251] Dadurch kann ein gegenüber der Nachlasspflegschaft erhöhter Schutz des oder der Erben nicht erreicht werden und eine Interessenwahrung der Nachlassgläubiger kommt i.R.d. Nachlasspflegschaft nicht in Betracht. 86

In bestimmten Fällen ist der Nachlasspfleger insofern beschränkt, als er für die Erledigung von Angelegenheiten die **Genehmigung** des **Nachlassgerichts** benötigt.[252] Maßgebend sind insoweit die Vorschriften der §§ 1848 ff. BGB, welche gem. § 1888 Abs. 1 BGB auf die Nachlasspflegschaft entsprechend anzuwenden sind.[253] Für die Genehmigungsbedürftigkeit ist es unerheblich, welche wirtschaftliche Bedeutung das Geschäft im Einzelfall hat. Genehmigungsbedürftig sind insbesondere viele Handlungen des Nachlasspflegers im Bereich der Kontoverwaltung sowie Verfügungen über Rechte und Wertpapiere (§§ 1848 f. BGB),[254] Rechtsgeschäfte über Grundstücke (§ 1850 BGB),[255] erbrechtliche Rechtsgeschäfte (§ 1851 BGB), handels- und gesellschaftsrecht- 87

---

245 MüKo/*Leipold*, § 1960 Rn 73; ihre Ausführung „ist nur Nebensache“, Mot. V, S. 548.

246 MüKo/*Leipold*, § 1960 Rn 73 m.w.N.; *Schmitz*, NLPrax 2020, 1.

247 BGH NJW 1983, 226 f.

248 LG Aachen Rpfleger 1991, 314.

249 OLG Düsseldorf ZEV 2012, 364 f.

250 OLG Frankfurt v. 26.9.2019 – 21 W 65/19, NLPrax 2020, 16; v. 8.3.2019 – 21 W 123/18, NLPrax 2020, 27; OLG Hamm v. 30.7.2014 – 10 W 112/14, ZEV 2015, 364; KG v. 13.11.1970 – 1 W 7814/70, Rpfleger 1971, 106.

251 BayObLGZ 1976, 167 ff.; Grüneberg/*Weidlich*, § 1960 Rn 11; vgl. auch *Schulz*, NLPrax 2021, 61 m.w.N.

252 Vgl. BGH v. 26.10.1967 – VII ZR 86/65, BGHZ 49, 1.

253 Siehe zu Einzelheiten bei der Genehmigung *Fiala/Müller/Braun*, Rpfleger 2002, 389 ff.; zu nachlassgerichtlichen Genehmigungen im Bereich der Kontenverwaltung vgl. *Schulz/Schmitz*, ZEV 2005, 80 ff; nach OLG Karlsruhe v. 16.1.2023 – 14 W 112/22 (Wx), NLPrax 2023, 23 handelt es sich bei dem Verkauf eines Fahrzeugs aus dem Nachlass gem. §§ 1888 Abs. 1, 1849 Abs. 1 S. 1 Nr. 1, Abs. 4 BGB um ein genehmigungsbedürftiges Rechtsgeschäft.

254 Die Auflösung eines Kontos ist gem. § 1849 Abs. 1 Nr. 1 BGB genehmigungspflichtig, vgl. OLG Frankfurt v. 25.9.2019 – 20 W 175/18, NLPrax 2021, 47. Zur Genehmigung einer Anlage von Nachlassvermögen in Fonds vgl. OLG Saarbrücken v. 8.6.2022 – 5 W 12/22, NLPrax 2022,80.

255 Zur nachlassgerichtlichen Genehmigung eines Grundstücksverkaufs vgl. OLG Brandenburg v. 19.12.2023 – 3 W 61/23, FGPrax 2024, 124 m. Anm. *Bestelmeyer* = NLPrax 2023, 122; v. 4.12.2023 – 3 W 64/23, NLPrax 2023, 124; v. 27.3.2023 – 3 W 17/23, ErbR 2023, 646; OLG Hamm v. 7.4.2017 – 15 W 135/17, NLPrax 2019, 30. Zu den Genehmigungsvoraussetzungen für die Löschung einer Grundschuld vgl. OLG Hamm v. 23.7.2021 – I-15 W 479/20, NLPrax 2022, 35. Zur Genehmigungsfähigkeit der Veräußerung von Grundbesitz vgl. auch *Bestelmeyer*, Rpfleger 2023, 634, 647 m.w.N; *ders.*, FGPrax 2018, 85.

liche Rechtsgeschäfte (§ 1852 BGB), Verträge über wiederkehrende Leistungen (§ 1853 BGB) und der Abschluss von außergerichtlichen Vergleichen (§ 779 BGB), wenn der Wert 6.000 EUR übersteigt (§ 1854 Nr. 6 BGB). Für die Erteilung der Genehmigung ist gem. § 1962 BGB das Nachlassgericht zuständig.

88 Die Genehmigung kann nach § 1855 BGB nur gegenüber dem Nachlasspfleger oder einer von diesem bevollmächtigten Person abgegeben werden. Sie bedarf nicht der Form des zu genehmigenden Geschäfts. Die Genehmigung erfolgt durch Beschluss (§ 38 FamFG), der mit einer Rechtsbehelfsbelehrung zu versehen ist. Der Beschluss, der die Genehmigung eines Rechtsgeschäfts zum Gegenstand hat, wird erst mit Rechtskraft wirksam (§ 40 Abs. 2 S. 1 FamFG). Dies ist mit der Entscheidung auszusprechen (§ 40 Abs. 2 S. 2 FamFG). Der Genehmigungsbeschluss ist dem Nachlasspfleger bekanntzugeben (§ 41 Abs. 1 FamFG). Anschließend hat der Nachlasspfleger den Beschluss dem Vertragspartner mitzuteilen (vgl. §§ 1855, 1856 Abs. 1 S. 2 BGB). Soweit die Interessen der unbekannten Erben betroffen werden, ist ein Verfahrenspfleger zu bestellen, der deren Interessen im Genehmigungsverfahren vertritt und ggf. Rechtsmittel einlegen kann (§§ 340 Nr. 1, 276 Abs. 1 S. 1 FamFG).[256] Auch diesem ist der Genehmigungsbeschluss zuzustellen (§ 41 Abs. 3 FamFG).[257] Die versäumte Bestellung eines Verfahrenspflegers hindert aber nach h.M. nicht den Eintritt der formellen Rechtskraft der erteilten Genehmigung, da diese mit Ablauf der Beschwerdefrist (§ 63 Abs. 2 Nr. 2 FamFG) für den letzten formell Beteiligten eintritt.[258]

89 Einseitige Rechtsgeschäfte ohne nachlassgerichtliche Genehmigung sind unwirksam (§ 1858 BGB). Im Übrigen ist das Rechtsgeschäft bei einer fehlenden nachlassgerichtlichen Genehmigung bis zu deren Mitteilung an den Vertragspartner schwebend unwirksam (z.B. Grundstückskaufverträge).

90 Gem. § 58 S. 2 SGB I kann der Fiskus als gesetzlicher Erbe fällige Ansprüche auf Geldleistungen, die nicht nach den §§ 56 und 57 SGB I einem Sonderrechtsnachfolger zustehen und damit grundsätzlich nach den Vorschriften des BGB vererbt werden, nicht geltend machen (vgl. § 1966 Rdn 10). Diese gesetzliche Regelung hat nach der Rspr. des BSG wiederum zur Folge, dass ein nach §§ 1960, 1961 BGB eingesetzter Nachlasspfleger für den Fall des Nichtvorhandenseins von Sonderrechtsnachfolgern den Versicherungsträger nicht auf die Auszahlung rückständiger Rentenbeträge in Anspruch nehmen kann, wenn der Fiskus als möglicher gesetzlicher Erbe in Betracht kommt.[259]

5. Aufsicht durch das Nachlassgericht

91 Der Nachlasspfleger führt sein Amt selbstständig und in eigener Verantwortung.[260] Bei seiner Tätigkeit untersteht er gem. § 1862 Abs. 1, 3 BGB der Aufsicht des Nachlassgerichts. Neben den oben genannten Zustimmungserfordernissen, die auch der Aufsicht dienen, beinhaltet die **Aufsicht** vor allem die Überwachung der Tätigkeit des Nachlasspflegers dahingehend, ob er bei seiner Tätigkeit die gesetzlichen Vorgaben sowie den gerichtlich bestimmten Rahmen der Nachlasspflegschaft beachtet. Die **Zweckmäßigkeit** des Verhaltens des Pflegers ist gerichtlich **nicht überprüfbar**.[261] Der Nachlasspfleger hat Vorschriften über die Geldanlage zu beachten (§§ 1839 ff. BGB).

---

256 OLG Brandenburg v. 19.12.2023 – 3 W 61/23, NLPrax 2023, 122; OLG Hamm v. 7.9.2010 – 15 W 111/10, ZEV 2011, 191 m. abl. Anm. *Leipold*.
257 Grüneberg/*Weidlich*, § 1960, Rn 14.
258 OLG Hamm v. 7.9.2010 – 15 W 111/10, ZEV 2011, 191; Grüneberg/*Weidlich*, § 1960 Rn 14 m.w.N.
259 BSG v. 13.9.1994 – 5 RJ 44/093, BeckRS 1994, 30750884.
260 BayObLG FamRZ 1997, 314 ff.
261 OLG Hamm v. 13.1.2011 – 15 W 632/10, ZErb 2011, 164.

Zudem bedürfen bestimmte Verfügungen und Rechtsgeschäfte des Nachlasspflegers zu deren Wirksamkeit der nachlassgerichtlichen Genehmigung (§§ 1848 ff. BGB). Das Nachlassgericht kann im Rahmen seiner Aufsicht Anordnungen in Gestalt von Geboten und Verboten erlassen. Es kann den Nachlasspfleger durch Festsetzung eines Zwangsgeldes zur Befolgung seiner Anordnungen zwingen (vgl. § 1862 Abs. 3 BGB).[262]

Lehnt das Nachlassgericht ein aufsichtsrechtliches Einschreiten gegen den Nachlass- 92 pfleger ab, so sind die Nachlassgläubiger nicht beschwerdeberechtigt.[263] Ein Recht zur **Beschwerde** kann jedoch dem Erben zustehen, sofern durch die Entscheidung des Nachlassgerichts der Bestand des Nachlasses und damit die Rechtsstellung des Erben betroffen ist.[264]

6. Vergütung und Aufwendungsersatz

Für die Bestimmung der Höhe der Pflegschaftsvergütung kommt es auf mehrere 93 Differenzierungen an: Wurde der Pfleger ehrenamtlich oder berufsmäßig tätig? Ist der Nachlass mittellos oder vermögend? Im Übrigen ist zwischen Vergütung und Auslagenersatz zu unterscheiden.[265]

a) Vergütung

Gem. § 1888 Abs. 2 BGB wird die Nachlasspflegschaft **entgeltlich** geführt, wenn das 94 Nachlassgericht bei der Bestellung[266] des Pflegers feststellt, dass der Nachlasspfleger die Nachlasspflegschaft **berufsmäßig** führt. Ob das der Fall ist, bestimmt sich nach § 1888 Abs. 2 S. 1 BGB, § 1 Abs. 1 VBVG.[267] Für die Bemessung der Vergütungshöhe ist dann ausschlaggebend, ob der Nachlass **mittellos oder vermögend** ist (§ 1888 Abs. 2 BGB).[268] Maßgeblicher Zeitpunkt für die Beurteilung der Mittellosigkeit des Nachlasses ist grundsätzlich nicht der Todestag des Erblassers, sondern der Zeitpunkt der Entscheidung der letzten Tatsacheninstanz.[269]

Für die Beurteilung ist grundsätzlich vom verfügbaren **Aktivvermögen** ohne Abzüge 95 der Verbindlichkeiten auszugehen.[270] Ein Schonvermögen gem. § 1880 Abs. 2 BGB, § 90 SGB XII ist für die Frage der Mittellosigkeit ohne Relevanz.[271] Ein mittelloser Nachlass liegt demnach vor, wenn der Nachlass unter Außerachtlassung bestehender Nachlassverbindlichkeiten nicht über hinreichende Mittel zur Bezahlung der Vergü-

---

262 OLG Köln v. 9.12.2020 – 2 Wx 293/20, NLPrax 2021, 25.

263 KG Berlin JW 1938, 1453 ff.

264 BayObLGZ 1996, 192 ff.

265 Vgl. die Übersicht bei Schulz/*Gleumes*, HdB Nachlasspflegschaft, § 7 Rn 2.

266 Eine nachträgliche rückwirkende Feststellung der Berufsmäßigkeit ist unzulässig, vgl. BGH v. 30.4.2014 – XII ZB 190/13, Rpfleger 2014, 501 (für den Umgangspfleger); BGH v. 12.2.2014 – XII ZB 46/13, Rpfleger 2014, 374 (für den Ergänzungspfleger); BGH v. 29.1.2014 – XII ZB 372/13, NJW-RR 2014, 769 (für den Betreuer); BGH v. 8.1.2014 – XII ZB 354/13, NJW 2014, 863 (für den Betreuer). Dies gilt auch bei Nachlasspflegschaft, vgl. OLG Frankfurt v. 2.2.2021 – 20 W 183/19; FGPrax 2021, 222; OLG Hamm v. 22.8.2019 – 15 W 197/18, NLPrax 2020, 32; *Bestelmeyer*, FGPrax 2014, 93.

267 Siehe dazu *Gleumes/Lauk*, BWNotZ 2015, 12 ff.; *Zimmermann*, ZEV 2005, 473 ff.

268 Vgl. OLG Schleswig v. 7.5.2012 – 3 Wx 113/11, ZErb 2012, 187.

269 OLG Brandenburg v. 22.10.2019 – 3 W 57/19, NLPrax 2020, 35; OLG Düsseldorf v. 8.11.2019 – 3 Wx 62/18, NLPrax 2020, 38; OLG Naumburg v. 31.5.2018 – 2 Wx 80/16, NLPrax 2019, 99; OLG Karlsruhe v. 31.10.2014 – 14 Wx 56/13, BeckRS 2014, 124348.

270 OLG Brandenburg v. 22.10.2019 – 3 W 57/19, NLPrax 2020, 35 (Nachlassgrundstücke mit wertübersteigenden dinglichen Belastungen); OLG Hamm ZEV 2010, 637 ff.

271 OLG Düsseldorf v. 8.11.2019 – 3 Wx 62/18, NLPrax 2020, 38; OLG München v. 8.3.2006 – 33 Wx 131/05 u. 132/05, Rpfleger 2006, 405; *Zimmermann*, ZEV 2005, 473 ff.

tung des Nachlasspflegers verfügt.[272] Der Verbrauch der Nachlassmittel zur Zahlung von Nachlassverbindlichkeiten durch den Nachlasspfleger führt nicht zur Mittellosigkeit.[273]

96 Der berufsmäßige Nachlasspfleger **mittelloser Nachlässe** erhält aus der Staatskasse eine Vergütung nach §§ 1885, 1888 Abs. 2 S. 1 BGB i.V.m. §§ 1 Abs. 3, 3 Abs. 1 VBVG. Die Vergütung ist grundsätzlich nach Zeitaufwand und Stundensatz abzurechnen.[274] Die Höhe der Vergütung bestimmt sich pauschal nach den Stundensätzen des § 3 Abs. 1 VBVG.

97 Handelt es sich um einen **vermögenden Nachlass**, so bestimmt sich die Höhe des Stundensatzes des berufsmäßigen Nachlasspflegers gem. §§ 1885, 1888 Abs. 2 S. 2 BGB nach dessen Fachkenntnissen sowie dem Umfang und der Schwierigkeit der zu führenden Geschäfte.[275] Eine Bemessung des Stundensatzes, die sich an der geografischen Lage des Nachlasspflegerbüros orientiert (sog. **Ballungsraumerwägungen**), ist abzulehnen, da es an einer gesetzlichen Grundlage fehlt.[276]

98 Das Nachlassgericht bzw. das an seine Stelle tretende Gericht der ersten Beschwerde hat den Stundensatz nach pflichtgemäßem Ermessen festzusetzen und die Vergütung nach dem konkreten Zeitaufwand zu bemessen.[277] Der Nachlasspfleger hat dem Vergütungsantrag eine Zeitaufstellung beizufügen. Ausreichend ist eine stichwortartige Bezeichnung der jeweiligen Tätigkeit unter Verwendung von Oberbegriffen.[278] Der im Rahmen der Vergütung zu berücksichtigende Zeitaufwand muss dabei nicht minutengenau belegt werden. Ausreichend ist, dass die Angaben die Feststellung der ungefähren Größenordnung ermöglichen und Grundlage einer ggf. durch Schätzung entsprechend § 287 ZPO sein können.[279]

99 Der Zeitaufwand für vor der Bestellung als Nachlasspfleger und nach Aufhebung der Nachlasspflegschaft erbrachte Tätigkeiten ist grundsätzlich nicht vergütungsfähig.[280] Dies gilt jedoch nicht für solche Tätigkeiten, die zwingend zu einem ordnungsgemäßen Abschluss des Amtes erforderlich sind. Hierzu zählen insbesondere der Abschlussbericht, die Schlussrechnungslegung sowie die Herausgabe des Nachlasses.[281]

---

272 OLG Hamm v. 11.3.2014 – I-15 W 316/13, ZErb 2014, 164.

273 Vgl. OLG Brandenburg v. 22.10.2019 – 3 W 57/19, NLPrax 2020, 35; OLG Düsseldorf v. 25.9.2012 – I-3 Wx 308/11, FamRZ 2013, 815.

274 BayObLG ZEV 2000, 410 ff.

275 Z.B. OLG Düsseldorf v. 8.11.2019 – 3 Wx 62/18, NLPrax 2020, 38 m.w.N.; OLG Hamm v. 11.3.2014 – I-15 W 316/13, ZErb 2014, 164 m.w.N.

276 Für eine Differenzierung der Stundensätze nach dem Standort des Büros: OLG Frankfurt v. 22.8.2024 – 21 W 61/24, Rpfleger 2025, 101; v. 25.8.2020 – 21 W 105/20, NLPrax 2020, 130; OLG Hamburg v. 27.1.2023 – 2 W 51/22, FamRZ 2024, 730. Dagegen *Bestelmeyer*, FGPrax 2017, 38; *ders.* Rpfleger 2016, 694, 709.

277 OLG Schleswig v. 27.6.2013 – 3 Wx 5/13, Rpfleger 2014, 22 m.w.N.; OLG Jena v. 14.6.2013 – 6 W 430/12, Rpfleger 2013, 683; OLG Düsseldorf v. 25.9.2012 – I-3 Wx 308/11, FamRZ 2013, 815; OLG Brandenburg v. 27.9.2010 – 6 Wx 2/10, ZEV 2010, 637.

278 OLG Düsseldorf v. 27.11.2019 – I-3 Wx 189/19, NLPrax 2020, 41; OLG Hamm v. 30.11.2022 – I-15 W 260/18, NLPrax 2023, 62.

279 BGH v. 14.3.2018 – IV ZB 16/17, ZEV 2018, 394 (Nachlassverwalter); OLG Düsseldorf v. 27.11.2019 – I-3 Wx 189/19, NLPrax 2020, 41 (Nachlasspfleger); OLG Hamm v. 5.2.2024 – 6 WF 235/23, Rpfleger 2024, 464 (Umgangspfleger: Abrechnung in 15-Minuten-Intervallen); v. 30.11.2022 – I-15 W 260/18, NLPrax 2023, 62 (Nachlasspfleger: Abrechnung in 5-Minuten-Intervallen).

280 OLG Düsseldorf v. 27.11.2019 – I-3 Wx 189/19, NLPrax 2020, 41 m. Anm. *Schulz* zu Ausnahmen vergütungsfähiger Tätigkeiten nach Aufhebung.

281 OLG Hamm v. 17.9.2021 – 15 W 344/19, openJur 2022, 18975.

Bei einem nicht für die gesamte Vergütung des Nachlasspflegers ausreichenden Aktivnachlass (sog. **teilmittelloser Nachlass**) ist die Vergütungsfestsetzung nach einem gespaltenen Vergütungssatz vorzunehmen.[282] Soweit liquide Nachlassmittel vorliegen, bemisst sich die Vergütung des Nachlasspflegers wie bei einem vermögenden Nachlass. Eine Minderung des Nachlasses durch **Gerichtskosten**[283] oder Anerkennung eines **Schonvermögens**[284] ist nicht vorzunehmen, da der Vergütung des Nachlasspflegers insoweit der Vorrang zukommt. 100

Darüber hinaus kann der Nachlasspfleger eine ergänzende Festsetzung gegen die Staatskasse verlangen, insoweit allerdings lediglich zu den Stundensätzen bei Mittellosigkeit.

Fachkenntnisse des Nachlasspflegers können insbesondere durch Berufsausbildung und Fortbildungsmaßnahmen sowie durch praktische Tätigkeit erworben werden.[285] Dies gilt sowohl beim mittellosen als auch beim vermögenden Nachlass.[286] Bei einem zum Nachlasspfleger bestellten Rechtsanwalt stehen dessen Fachkenntnisse außer Zweifel.[287] 101

Im Rahmen der Stundensatzbemessung ist daneben an die **Schwierigkeit** der Pflegschaft anzuknüpfen. In der Rspr. hat sich eine Staffelung von einfacher, mittlerer und schwieriger Abwicklung durchgesetzt.[288] Von einer **einfachen** Pflegschaft wird man nur ausnahmsweise sprechen können, etwa wenn nur ein ganz geringer Nachlass vorhanden ist, der Wirkungskreis des Nachlasspflegers deutlich eingeschränkt ist oder der Nachlass vor Entfaltung einer umfangreichen Tätigkeit an die Erben herausgegeben werden kann, z.B. weil im Zuge der Nachlasssicherung durch den Pfleger ein Testament aufgefunden wurde.[289] Eine **mittelschwere** Abwicklung als Normalfall ist 102

---

282 BGH v. 29.6.2021 – IV ZB 16/20, NLPrax 2021, 111 m.H. zu den unterschiedlichen Meinungen; v. 29.6.2021 – IV ZB 36/20, FamRZ 2021, 1575; OLG Braunschweig v. 23.8.2021 – 3 W 24/20, BeckRS 2021, 54080.

283 BGH v. 24.7.2024 – IV ZB 8/23, ZEV 2024, 742 m. Anm. *Muscheler.*

284 OLG Düsseldorf v. 8.11.2019 – 3 Wx 62/18, NLPrax 2020, 38.

285 Vgl. Schulz/*Gleumes*, HdB Nachlasspflegschaft, § 7 Rn 40. Ausführlich hierzu auch OLG Frankfurt v. 10.3.2023 – 20 W 226/21, NLPrax 2023, 49 (Bankkaufmann); v. 22.6.2018 – 21 W 40/18, NLPrax 2019, 40. Zu den Vergütungsstundensätzen bei Aus- und Fortbildung vgl. auch OLG Hamm v. 1.7.2021 – I-15 W 214/21 (Altenpfleger); OLG Braunschweig v. 1.11.2018 – 1 W 144/16, NLPrax 2019 35 (Dipl.-Kaufmann); OLG Karlsruhe v. 2.12.2020 – 11 W 143/19, NLPrax 2021, 106 m. Anm. *Lauk* (Dipl.-Rechtspfleger); OLG Stuttgart v. 10.1.2013 – 8 W 13/13, BWNotZ 2013, 51 m. Anm. *Lauk* (Dipl.-Rechtspfleger); OLG Frankfurt v. 10.3.2023 – 21 W 143/22, NLPrax 2023, 56 (Dipl.-Sozialpädagoge); OLG Oldenburg v. 2.4.2024 – 2 W 25/24, NLPrax 2024, 45 (Dipl.-Sozialpädagoge); OLG Köln v. 10.2.2021 – I-2 Wx 294/20, Rpfleger 2021, 586 (Notargehilfe/Notarassistent).

286 BGH v. 12.4.2017 – XII ZB 86/16, Rpfleger 2017, 450 (Berufsbetreuer); OLG Schleswig v. 12.11.2020, 3 Wx 14/20, n.v.; a.A. OLG Hamm v. 15.12.2022 – I-10 W 79/22, NLPrax 2023 (staatlich geprüfter Landwirt).

287 OLG Braunschweig v. 1.2.2023 – 3 W 885/22, ZEV 2023, 813; OLG Hamm v. 11.3.2014 – I-15 W 316/13, ZErb 2014, 164; OLG Jena v. 14.6.2013 – 6 W 430/12, Rpfleger 2013, 683; v. 14.6.2013 – 6 W 397/12, BeckRS 2013, 10362; OLG Nürnberg v. 7.1.2021 – 1 W 3353/20, openJur 2021, 45332.

288 Umfangreich dazu OLG Köln v. 10.2.2021 – I-2 Wx 294/20, Rpfleger 2021, 586; vgl. auch OLG Frankfurt v. 10.3.2023 – 20 W 226/21, NLPrax 2023, 49; v. 22.6.2018 – 21 W 40/18, NLPrax 2019, 40; v. 24.4.2015 – 21 W 45/15, Rpfleger 2015, 651; OLG Hamburg v. 27.1.2023 – 2 W 51/22, FamRZ 2024, 730; OLG Karlsruhe v. 11.3.2015 – 11 Wx 11/15, NJW 2015, 2051; OLG Oldenburg v. 2.4.2024 – 2 W 25/24, NLPrax 2024, 45.

289 OLG Frankfurt v. 22.6.2018 – 21 W 40/18, NLPrax 2019, 40 m.w.N.; OLG Jena v. 14.6.2013 – 6 W 430/12, Rpfleger 2013, 683 m.w.N.; OLG Hamm v. 11.3.2014 – I-15 W 316/13, ZErb 2014, 164: einfacher Schwierigkeitsgrad, wenn der Nachlasspfleger lediglich mit der Auflösung zweier Konten und der Rückführung geleisteter Riester-Zuschläge befasst war.

gegeben, sofern sich der Nachlass aus Bargeld, Bankguthaben und beweglichem Vermögen zusammensetzt und nicht in ungewöhnlichem Maße mit Verbindlichkeiten belastet ist.[290] Kriterien, die es rechtfertigen, von einer **schweren** Pflegschaft zu sprechen, können sein: das Auftauchen komplexer Rechtsfragen im Zusammenhang mit der Abwicklung des Nachlasses bzw. der Erbenermittlung (z.B. umfangreiche Erbenermittlung in der dritten Erbordnung, Erben im Ausland, schwierige Urkundenlage), größere Haftungsgefahren bei großem, differenziert angelegtem Vermögen, problematische Immobilien, Gesellschaftsanteile, Auslandsvermögen, ausstehende Steuererklärungen, Verbindlichkeiten in erheblichem oder unübersichtlichem Umfang, Wertpapieranlagen, die Verwaltung nicht hinterlegungsfähigen Vermögens (Mietshaus, Handelsgeschäft) oder etwa die Beteiligung des Erblassers an einer Erbengemeinschaft.[291] Die Klassifizierung der Nachlasspflegschaft als einfach, mittelschwer oder schwierig findet als Gesamteinordnung statt, sodass die Nachlasspflegertätigkeit insgesamt mit einem einheitlichen Stundensatz zu vergüten ist.[292]

103 Der unter Berücksichtigung der Fachkenntnisse des jeweiligen Pflegers und der Schwierigkeit der Pflegschaft ermittelte individuelle **Stundensatz gilt einheitlich für alle Tätigkeiten** über die gesamte Dauer der Pflegschaft.[293] Einheitliche Leitlinien hinsichtlich der **Höhe der Stundensätze** haben sich in der Rechtsprechung noch nicht herausgebildet.[294] Nach Ansicht des Gesetzgebers können die Stundensätze des § 3 Abs. 1 VBVG nicht auf alle Fälle der Pflegschaft übertragen werden. Insbesondere bei Nachlasspflegern können die auf die Vormundschaft zugeschnittenen Stundensätze zu einer unangemessen niedrigen Vergütung führen[295] und so die Bereitschaft zur Übernahme der Pflegschaft mindern.[296] Sie sind daher bei einem Rechtsanwalt und auch sonst bei entsprechender Qualifikation des Pflegers i.d.R. deutlich zu überschreiten, denn es besteht **kein schutzwürdiges Interesse des Erben**, dass der Nachlasspfleger Leistungen zu einem besonders günstigen Stundensatz erbringt.[297] Vor diesem Hintergrund erscheinen selbst von der Rspr. maximal angesetzte Stundensätze für Rechtsanwälte und ähnlich qualifizierte Nachlasspfleger in Höhe von 110 EUR bei mittlerem Schwierigkeitsgrad[298] bzw. 175 EUR bei hoher Schwierigkeit der Pflegschaftsgeschäfte[299] zu niedrig. Die Stundensatzhöhe ist so zu bemessen, dass der be-

---

290 OLG Frankfurt v. 22.6.2018 – 21 W 40/18, NLPrax 2019, 40 m.w.N.; v. 24.4.2015 – 21 W 45/15, Rpfleger 2015, 651 m.w.N.; OLG Hamburg v. 27.1.2023 – 2 W 51/22, FamRZ 2024, 730; OLG Nürnberg v. 7.1.2021 – 1 W 3353/20, openJur 2021, 45332.

291 OLG Frankfurt v. 10.3.2023 – 20 W 226/21, NLPrax 2023, 49; v. 22.6.2018 – 21 W 40/18, NLPrax 2019, 40 m.w.N.; OLG Hamm v. 30.11.2022 – I-15 W 260/18, NLPrax 2023, 62; OLG Jena v. 14.6.2013 – 6 W 430/12, Rpfleger 2013, 683 m.w.N.

292 OLG Frankfurt v. 10.3.2023 – 20 W 226/21, NLPrax 2023, 49; OLG Hamm v. 30.11.2022 – I-15 W 260/18, NLPrax 2023, 62.

293 KG Berlin v. 27.2.2020 – 19 W 144/19, NLPrax 2020, 135; OLG Brandenburg v. 23.12.2021 – 3 W 83/21, BeckRS 2021, 57995.

294 OLG Hamm v. 11.3.2014 – I-15 W 316/13, ZErb 2014, 164; vgl. auch die Rspr.-Übersicht zur Stundensatzhöhe bei Schulz/*Gleumes*, HdB Nachlasspflegschaft, § 7 Rn 51 sowie *Gleumes/Lauk*, NLPrax 2020, 93, 95 f.

295 BT-Drucks 15/4874, S. 27.

296 OLG Jena v. 14.6.2013 – 6 W 430/12, Rpfleger 2013, 683.

297 OLG Jena v. 14.6.2013 – 6 W 430/12, Rpfleger 2013, 683; OLG Düsseldorf v. 21.4.2010 – 3 Wx 7/10, FamRZ 2011, 141.

298 OLG Düsseldorf v. 18.4.2017 – I-3 Wx 101/16, NLPrax 2019, 49 m. Anm. *Gleumes*; v. 17.1.2014 – I-3 Wx 130/13, BeckRS 2014, 10139; v. 25.9.2012 – I-3 Wx 308/11, FamRZ 2013, 815; OLG Hamm v. 13.1.2011 – I-15 W 632/10, 15 W 632/10, ZErb 2011, 164.

299 KG Berlin v. 27.2.2020 – 19 W 144/19, Rpfleger 2020, 663.

rufsmäßige Nachlasspfleger nicht nur eine kostendeckende Vergütung erhält,[300] sondern mit seiner Tätigkeit Gewinn erzielen kann.[301] Sie hat sich an branchenüblichen Sätzen zu orientieren.[302] Das OLG Hamburg[303] hält den Ansatz von durchschnittlichen Stundensätzen erbrechtlich spezialisierter Rechtsanwälte, die sich regelmäßig im Bereich von 200 bis 300 EUR bewegen, für unangemessen, da dem Stundensatz des Nachlasspflegers eine Mischkalkulation zugrunde liege, die auch einfache Tätigkeiten des Büropersonals umfasse. Die ausgeurteilten Stundensätze, die seit der gesetzlichen Einführung einer Stundensatzvergütung im Jahr 2005 auf gleichem Niveau stagnieren,[304] sind an die allgemeine **Steigerung der Lebenshaltungskosten** anzupassen.[305]

Vergütungsempfehlungen, die zu einer Vereinheitlichung der Nachlasspflegervergütung führen sollen, hat der Bund Deutscher Nachlasspfleger (BDN) e.V. als Berufsverband der Nachlasspfleger herausgegeben.[306] Die dort herausgearbeiteten Kriterien für die Einstufung der Qualifikation des Nachlasspflegers sowie der Schwierigkeit der Pflegschaft finden Beachtung in der Rechtsprechung der Beschwerdegerichte.[307] Die in den Vergütungsempfehlungen ausgearbeiteten Stundensätze sind jedoch inflationsbedingt anzupassen. Für einen als Berufsnachlasspfleger tätigen Rechtsanwalt ist danach ein Stundensatz von 120 EUR für eine einfache, 150 EUR für eine mittelschwere und 180 EUR für eine schwierige Nachlasspflegschaft angemessen.[308] 104

Tätigkeiten, die nicht den persönlichen Einfluss des Pflegers erfordern, sind grundsätzlich übertragbar.[309] Werden Tätigkeiten im Rahmen der Pflegschaftsbearbeitung durch das **Personal des Nachlasspflegers** erbracht, so ist der entstandene Zeitaufwand nach h.M. mit dem nach obigen Grundsätzen ermittelten pauschalen Stundensatz zu vergü- 105

300 Eine lediglich kostendeckende Vergütung macht für einen berufsmäßigen Nachlasspfleger, der seinen wesentlichen Lebensunterhalt mit der Bearbeitung von Pflegschaften bestreitet, keinen Sinn; vgl. aber OLG Frankfurt v. 24.4.2015 – 21 W 45/15, Rpfleger 2015, 651; OLG Jena v. 14.6.2013 – 6 W 397/12, BeckRS 2013, 10362 m.w.N.

301 Vgl. OLG Hamm v. 22.8.2019 – 15 W 197/18, NLPrax 2020, 32 „die mit der Tätigkeit verbundene Gewinnerzielungsabsicht"; *Schäfer*, NLPrax 2024, 20.

302 Hierzu tendierend OLG Karlsruhe v. 31.10.2014 – 14 Wx 56/13, BeckRS 2014, 124348 (Stundensatz von lediglich 80 EUR bei selbst einfacher Tätigkeit des anwaltlichen Nachlasspflegers nicht mehr angemessen, weil sie erheblich unter den üblichen Stundensätzen für anwaltliche Tätigkeiten liegt); so auch MüKo/*Leipold*, § 1960 Rn 94. Nach einer Studie des Soldan Instituts betrug im Jahr 2005 der durchschnittliche Stundenlohn eines Rechtsanwalts 182 EUR (Soldan Institut, AnwBl 2006, 473). Nach LG Frankenthal v. 13.1.2011 – 4 O 303/10, NJOZ 2012, 2022 und OLG Koblenz v. 26.4.2010 – 5 U 1409/09, Rpfleger 2010, 545 sind anwaltliche Stundensätze i.H.v. 250 EUR üblich; vgl. auch *Förster*, in: Förster, Anwaltliche Vergütung in Erbsachen, § 2 Rn 64 (angemessener Stundensatz zwischen 200 und 500 EUR im erbrechtlichen Mandat).

303 OLG Hamburg v. 27.1.2023 – 2 W 51/22, FamRZ 2024, 730.

304 Stundensatz i.H.v. 110,00 EUR für einen anwaltlichen Nachlasspfleger bei mittelschwerer Pflegschaft: OLG Zweibrücken v. 21.11.2007 – 3 W 201/07, Rpfleger 2008, 137; OLG Bamberg v. 9.8.2023 – 7 W 26/23, ZErb 2023, 465.

305 KG Berlin v. 27.2.2020 – 19 W 144/19, NLPrax 2020, 135 (Anpassung an die „allgemeine Lohnentwicklung"); OLG Frankfurt v. 22.8.2024 – 21 W 61/24, Rpfleger 2025, 101 m. Anm. *Bestelmeyer*; OLG Jena v. 24.5.2023 – 6 W 136/23, n.v.; OLG Köln v. 26.6.2024 – 2 Wx 94/24, FGPrax 2024, 176 m. Anm. *Bestelmeyer*; *Schäfer*, NLPrax 2024, 20; vgl. auch *Bestelmeyer*, Rpfleger 2024, 723, 736 f.

306 Standpunkte des Bund Deutscher Nachlasspfleger (BDN) e.V. zur Bemessung der Vergütung von Nachlasspflegern, NLPrax 2020, 102.

307 Z.B. OLG Oldenburg v. 2.4.2024 – 2 W 25/24, NLPrax 2024, 45.

308 *Schäfer*, NLPrax 2024, 20.

309 OLG Bremen v. 2.4.1998 – 1 W 99/97, ZEV 1999, 322 m.w.N.; *Mayer*, ZEV 2010, 445.

ten.[310] Dies setzt allerdings voraus, dass der Nachlasspfleger seine Tätigkeit leitend und eigenverantwortlich ausübt. Dann muss es ihm freistehen, solche Tätigkeiten auf fremde Dienstleister (z.B. Erbenermittler, Rechtsanwalt, Steuerberater, etc.) oder eigene Mitarbeiter zu übertragen.

106 Hat das Nachlassgericht nicht festgestellt, dass der Nachlasspfleger die Pflegschaft berufsmäßig führt, so erhält dieser bei einem **mittellosen Nachlass** keine Vergütung (§§ 1885, 1888 Abs. 1 1875 Abs. 1, 1876 S. 1 BGB). Bei einem **vermögenden Nachlass** kann das Nachlassgericht gem. § 1876 S. 2 BGB dem ehrenamtlichen Pfleger gleichwohl eine **angemessene Vergütung** bewilligen. Hierfür ist Voraussetzung, dass Umfang und Schwierigkeit der dem Pfleger übertragenen Geschäfte eine Vergütung rechtfertigen.[311] Das Nachlassgericht setzt die Vergütung nach seinem Ermessen unter Berücksichtigung aller Umstände des Einzelfalls fest.[312] Insbesondere in Fällen, in denen die Feststellung der Berufsmäßigkeit versehentlich unterblieben ist, erscheint es angezeigt, die Vergütung nach den Grundsätzen zu bemessen, die ein berufsmäßiger Nachlasspfleger erhalten würde.[313] Abzulehnen sind insoweit die Auffassungen des OLG Frankfurt[314] und des OLG München,[315] wonach bei der Bemessung der Vergütung weder die Kosten für ein Büro bzw. eine Kanzlei noch etwaig anfallende Umsatzsteuer zu berücksichtigen seien und sich der festzusetzende Stundensatz der Höhe nach an § 3 VBVG zu orientieren habe. Die Vergütungsfrist des § 2 VBVG gilt hier nicht.[316]

107 Der Vergütungsanspruch des Nachlasspflegers **entsteht** dem Grunde nach kraft Gesetzes unmittelbar mit der Ausübung jeder einzelnen vergütungspflichtigen Tätigkeit, die im Vertrauen auf die erfolgte Bestellung entfaltet wurde (§§ 1885, 1888 Abs. 2 S. 1 BGB i.V.m. § 3 Abs. 1 VBVG), also quasi stundenweise und taggenau.[317] Die Vergütung kann dementsprechend einmalig oder für bestimmte Zeitabschnitte bewilligt werden.[318] Die Beantragung von **Abschlagzahlungen** auf die Vergütung ist bis zur Höhe der bereits verdienten Beträge möglich (§ 3 Abs. 4 VBVG);[319] dagegen kommt die

---

310 Ausführlich dazu: *Bestelmeyer*, Rpfleger 2024, 581; *Gleumes*, in: Krug/Rudolf/Kroiß/Bittler, AF Erbrecht, § 6 Rn 188 ff. Für den Ansatz von Mitarbeiterstunden: KG Berlin v. 27.2.2020 – 19 W 165/19, NLPrax 2020, 137; OLG Hamburg v. 27.1.2023 – 2 W 51/22, FamRZ 2024, 730; OLG Hamm v. 30.11.2022 – I-15 W 260/18, NLPrax 2023, 62. Gegen eine differenzierte Abrechnung nach Nachlasspfleger-/ Mitarbeiterstunden auch: *Gleumes/Lauk*, NLPrax 2020, 93; *Schulz*, in: Groll/Steiner, Praxis-HdB Erbrechtsberatung, Rn 23.98. Für die Berücksichtigung eines hälftigen Mitarbeiterstundensatzes: OLG Köln v. 21.11.2023 – I-2 Wx 171/23, ErbR 2024, 224. A.A. OLG Frankfurt v. 12.4.2024 – 21 W 9/24, Rpfleger 2024, 613; ausführlich dagegen: *Bestelmeyer*, Rpfleger 2024, 581.

311 Siehe BT-Drucks 13/7158, S. 27: Begr. zum Entwurf eines Gesetzes zur Änderung des Betreuungsrechts sowie weiterer Vorschriften (BtÄndG).

312 Vgl. OLG Düsseldorf v. 19.2.2014 – I-3 Wx 292/11, ZErb 2014, 136; OLG Frankfurt v. 2.2.2021 – 20 W 183/19; FGPrax 2021, 222; OLG Hamm v. 22.8.2019 – 15 W 197/18, NLPrax 2020, 32.

313 Vgl. BayObLG v. 1.2.1995 – 3Z BR 186/94, FamRZ 1995, 692 (Betreuung: übliche Bürokosten und Umsatzsteuer); OLG Düsseldorf v. 19.2.2014 – I-3 Wx 292/11, ZErb 2014, 136; OLG Hamm v. 22.8.2019 – 15 W 197/18, Rpfleger 2020, 409 (Nachlasspfleger); v. 22.8.2019 – 15 W 197/18, NLPrax 2020, 32: „Schließlich hat der Senat berücksichtigt, dass der Nachlasspfleger hinsichtlich der aus seiner Tätigkeit folgenden Vergütung steuerpflichtig sein wird"; OLG Karlsruhe v. 1.3.2007 – 11 Wx 74/06, FamRZ 2007, 1270 (Betreuung). So auch Staudinger/*Mesina*, § 1960 Rn 34j.

314 OLG Frankfurt v. 2.2.2021 – 20 W 183/19; ZEV 2021, 629 m. abl. Anm. *Zimmermann*.

315 OLG München v. 30.1.2024 – 33 Wx 152/23, Rpfleger 2024, 399 m. abl. Anm. *Bestelmeyer*.

316 OLG Hamm v. 22.8.2019 – 15 W 197/18, NLPrax 2020, 32.

317 OLG Düsseldorf v. 19.2.2014 – I-3 Wx 292/11, ZErb 2014, 136 m.w.N.; OLG Köln v. 30.1.2013 – 2 Wx 265/12, FamRZ 2013, 1837.

318 BayObLG FamRZ 1994, 266 f.

319 Grüneberg/*Weidlich*, § 1960 Rn 22.

Festsetzung eines **Vorschusses** für noch nicht erbrachte Arbeit **nicht** in Betracht. Nach §§ 1885, 1888 Abs. 2 S. 1 BGB i.V.m. § 2 Abs. 2 S. 1 VBVG **erlischt** der Vergütungsanspruch, wenn er nicht binnen 15 Monaten ab der Entstehung beim Nachlassgericht geltend gemacht wird.[320] Gewahrt wird die **Ausschlussfrist** nur durch Einreichung eines Vergütungsantrags, der es dem Nachlassgericht ermöglicht, die zutreffende Vergütungshöhe zu prüfen und festzustellen.[321] Die Frist ist von Amts wegen zu beachten und im Falle ihrer Versäumung einer Wiedereinsetzung nicht zugänglich.[322] Im Einzelfall kann einer Verfristung jedoch § 242 BGB entgegengehalten werden.[323] Das Nachlassgericht kann auf Antrag des Nachlasspflegers die Ausschlussfrist verlängern, §§ 1885, 1888 Abs. 2 S. 1 BGB i.V.m. § 2 Abs. 2 S. 2 VBVG i.V.m. § 1877 Abs. 5 BGB.[324] Der **Fristverlängerungsantrag**, der keinen Formvorschriften unterliegt,[325] muss vor Fristablauf beim Nachlassgericht eingehen. Ob das Nachlassgericht Fristverlängerung auch ohne jeweiligen konkreten Antrag, sondern pauschal für alle zukünftigen Pflegschaften eines Nachlasspflegers bei dem Gericht gewähren kann, ist umstritten.[326]

Eine **fehlerhafte Anordnung** der Nachlasspflegschaft steht der Festsetzung der Vergü- 108
tung nicht entgegen.[327] Die Festsetzung der Vergütung kann nicht mit der Begründung abgelehnt werden, die Voraussetzungen einer Nachlasspflegschaft hätten nicht vorgelegen[328] bzw. deren Anordnung sei nicht erforderlich gewesen[329] oder der Aufgabenkreis des Pflegers sei zu weit gefasst gewesen.[330]

Die **Festsetzung** der **Vergütung** erfolgt durch zu begründenden[331] Beschluss des 109
Nachlassgerichts auf Antrag[332] des Pflegers, des Erben oder, wenn das Nachlassgericht eine Vergütung für angemessen hält, von Amts wegen (siehe § 292 FamFG). Unklare

---

320 OLG Köln v. 30.1.2013 – 2 Wx 265/12, FamRZ 2013, 1837 m.w.N.; OLG Bremen v. 15.3.2012 – 5 W 19/11, BtPrax 2012, 122 = NJW-Spezial 2012, 328; OLG Zweibrücken v. 30.4.2007 – 3 W 49/07, Rpfleger 2007, 471; Grüneberg/*Weidlich*, § 1960 Rn 22; *Zimmermann*, Nachlasspflegschaft, Rn 757; a.A. *Rudolf/Eckhard*, ZErb 2006, 112 ff.

321 BGH v. 24.10.2012 – IV ZB 13/12, ZEV 2013, 84 m.w.N.; OLG Düsseldorf v. 19.2.2014 – I-3 Wx 292/11, ZErb 2014, 136 m.w.N.

322 OLG Düsseldorf v. 19.2.2014 – I-3 Wx 292/11, ZErb 2014, 136.

323 Vgl. BGH v. 24.10.2012 – IV ZB 13/12, ZEV 2013, 84; ausführlich dazu OLG Düsseldorf v. 19.2.2014 – I-3 Wx 292/11, ZErb 2014, 136.

324 Z.B. Fristverlängerung bis drei Monate nach Aufhebung der Nachlasspflegschaft, vgl. OLG Düsseldorf v. 18.4.2017 – I-3 Wx 101/16, NLPrax 2019, 49 m. Anm. *Gleumes*; OLG Hamm v. 30.11.2022 – I-15 W 260/18, NLPrax 2023, 62; OLG Nürnberg v. 7.1.2021 – 1 W 3353/20, openJur 2021, 45332.

325 OLG Bremen v. 15.3.2012 – 5 W 19/11, BtPrax 2012, 122 = NJW-Spezial 2012, 328.

326 Dafür: OLG Bremen v. 15.3.2012 – 5 W 19/11, BtPrax 2012, 122 = NJW-Spezial 2012, 328, wonach eine mündliche Abrede zwischen Nachlassgericht und Pfleger dahingehend möglich ist, dass Fristverlängerung im Voraus für sämtliche übernommenen Angelegenheiten beantragt wird; krit. *Zimmermann*, FamRZ 2014, 165.

327 OLG Düsseldorf v. 21.4.2010 – 3 Wx 7/10, FamRZ 2011, 141; KG Berlin v. 10.7.2007 – 1 W 454/03, FamRZ 2008, 81 m.w.N; OLG München v. 27.11.2023 – 11 W 1289/23 e, NLPrax 2024, 51.

328 OLG Frankfurt FamRZ 1995, 442 f.

329 BayObLG FamRZ 1990, 801.

330 BayObLG FamRZ 1999, 1603.

331 Die Begründung hat einzelfallbezogen und nicht nur formelhaft zu erfolgen, vgl. OLG Celle v. 31.8.2018 – 6 W 8/18, FGPrax 2018, 82; v. 29.11.2017 – 6 W 190/17, ErbR 2018, 237.

332 Für den als Nachlasspfleger bestellten Rechtsanwalt oder Steuerberater besteht bzgl. des Vergütungsantrags nicht die Verpflichtung, einen solchen elektronisch zu übermitteln, vgl. BGH v. 31.5.2023 – XII ZB 428/22, Rpfleger 2024, 146 (anwaltlicher Berufsbetreuer); LG Hildesheim v. 12.7.2022 – 5 T 163/22, Rpfleger 2022, 566 (anwaltlicher Berufsbetreuer).

Anträge sind durch das Nachlassgericht auszulegen; die erforderlichen Tatsachen sind von Amts wegen (§ 26 FamFG) zu ermitteln.[333] Bei vorhandenem Vermögen richtet sich die Vergütungsfestsetzung gegen die Erben (§§ 1885, 1888 Abs. 1 BGB, § 292 Abs. 1 Nr. 3 FamFG). Insoweit sind die bereits festgestellten Erben oder die in Betracht kommenden Erbprätendenten[334] (§ 292 Abs. 4 FamFG) und/oder ein Verfahrenspfleger[335] zu beteiligen. Bei Mittellosigkeit richtet sich die Festsetzung der Vergütung gegen die Staatskasse (§ 292 Abs. 1 Nr. 1 FamFG). Zu Beteiligen ist in diesem Fall der Bezirksrevisor. Die Wirksamkeit des Beschlusses tritt bereits mit dessen Bekanntgabe und nicht erst mit Rechtskaraft ein, da es sich nicht um die Genehmigung eines Rechtsgeschäfts handelt (vgl. §§ 40 Abs. 1, 2, 41 FamFG). Aus der Befugnis des Nachlassgerichts zur Festsetzung der Vergütung ergibt sich jedoch keine Pflicht, den Nachlasspfleger vor dem Verfall seines Vergütungsanspruchs gem. § 2 Abs. 2 S. 1 VBVG zu bewahren (vgl. Rdn 107); der Berechtigte muss diesen Anspruch selbst gerichtlich geltend machen.[336]

110 **Einwendungen** seitens des Nachlassgerichts oder der Erben bezüglich einer **unzweckmäßigen oder mangelhaften Amtsführung** des Nachlasspflegers sind im Vergütungsfestsetzungsverfahren grundsätzlich unbeachtlich.[337] Über etwaige aus der Amtsführung des Nachlasspflegers entstandene Gegenansprüche auf Schadensersatz oder Herausgabe hat nicht das Nachlassgericht, sondern ein Prozessgericht (etwa im Rahmen einer Schadensersatz- oder Vollstreckungsgegenklage) zu befinden.[338] Nur in zwei Ausnahmefällen besteht eine Auswirkung im Vergütungsfestsetzungsverfahren, nämlich zum einen bei einer schweren, zur Verwirkung des Vergütungsanspruchs führenden Pflichtverletzung des Nachlasspflegers, wie etwa der Veruntreuung von Vermögen, zum anderen dann, wenn der Umfang der Tätigkeit des Pflegers bei pflichtgemäßem Verhalten wesentlich geringer anzusetzen gewesen wäre.[339] Letzteres ist der Fall bei Tätigkeiten, die nicht dem Wirkungskreis der Nachlasspflegschaft unterfallen.[340] Eine Vergütungskürzung ist auch bei nachteiligen Verfahrensweisen des Nachlasspflegers angezeigt, die gerade der Sicherstellung der für die Pflegervergütung erfor-

333 OLG Zweibrücken v. 8.9.2022 – 6 W 49/22, NLPrax 2022, 82.
334 OLG Celle v. 31.8.2018 – 6 W 8/18, FGPrax 2018, 82.
335 OLG Köln v. 6.12.2017 – 2 Wx 253/17, FGPrax 2018, 83 m. Anm. *Bestelmeyer*.
336 KG Berlin FamRZ 2006, 225.
337 OLG Brandenburg v. 24.10.2022 – 3 W 115/22, BeckRS 2022, 39892; v. 23.12.2021 – 3 W 83/21, BeckRS 2021, 57995; OLG Düsseldorf v. 29.7.2021 – 3 Wx 87/20, FGPrax 2022, 77 (Vergütungsfestsetzung gegen die Staatskasse); v. 20.1.2021 – I-3 Wx 236/19, NLPrax 2021, 104; OLG Frankfurt v. 10.3.2023 – 20 W 226/21, NLPrax 2023, 49; OLG Hamm v. 30.11.2022 – I-15 W 260/18, NLPrax 2023, 62; v. 11.3.2014 – I-15 W 316/13, ZErb 2014, 164; v. 13.1.2011 – I-15 W 632/10, 15 W 632/10, ZErb 2011, 164 m.w.N.; OLG München v. 27.11.2023 – 11 W 1289/23 e, NLPrax 2024, 51; OLG Nürnberg v. 7.1.2021 – 1 W 3353/20, openJur 2021, 45332; OLG Schleswig v. 1.7.2011 – 3 Wx 19/11, FamRZ 2012, 143; OLG Zweibrücken v. 21.11.2007 – 3 W 201/07, NJW-RR 2008, 369 = Rpfleger 2008, 137.
338 OLG München v. 27.11.2023 – 11 W 1289/23 e, NLPrax 2024, 51; OLG Schleswig v. 1.7.2011 – 3 Wx 19/11, FamRZ 2012, 143.
339 OLG Braunschweig v. 1.2.2023 – 3 W 885/22, ZEV 2023, 813; OLG Düsseldorf v. 29.7.2021 – 3 Wx 87/20, FGPrax 2022, 77 (Vergütungsfestsetzung Gegen die Staatskasse); v. 20.1.2021 – I-3 Wx 236/19, NLPrax 2021, 104;; OLG Hamm v. 30.11.2022 – I-15 W 260/18, NLPrax 2023, 62; OLG Köln v. 21.11.2023 – I-2 Wx 171/23, ErbR 2024, 224 (keine Vergütung von Tätigkeiten, die nicht unter den angeordneten Wirkungskreis fallen); OLG München v. 27.11.2023 – 11 W 1289/23 e, NLPrax 2024, 51; OLG Nürnberg v. 7.1.2021 – 1 W 3353/20, openJur 2021, 45332.
340 OLG Köln v. 21.11.2023 – I-2 Wx 171/23, ErbR 2024, 224.

derlichen Mittel aus dem Nachlass dienen soll.[341] Der Vorbehalt der beschränkten Erbenhaftung gilt im Vergütungsfestsetzungsverfahren nicht.[342]

Ab dem Zeitpunkt der Rechtskraft des Vergütungsbeschlusses ist die festgesetzte Vergütung gem. § 291 BGB i.V.m. § 288 Abs. 1 S. 2 BGB – auch ohne Verzug des Schuldners – mit fünf Prozentpunkten über dem jeweiligen Basiszinssatz zu verzinsen.[343] Die **Verzinsung** kann dementsprechend nur nachträglich beantragt werden.[344] 111

Gegen die Festsetzung der Vergütung ist die **Beschwerde** statthaft, sofern der Beschwerdewert 600 EUR übersteigt oder das Rechtsmittel wegen grundsätzlicher Bedeutung zugelassen wird (siehe § 61 Abs. 1, 2 FamFG). Beschwerdebefugt ist derjenige, der durch den Beschluss in seinen Rechten beeinträchtigt wird (§ 59 Abs. 1 FamFG): der Nachlasspfleger, der Erbe,[345] Miterbe, Erbprätendent, der Testamentsvollstrecker des oder der Erben,[346] der Verfahrenspfleger der „unbekannten Erben", die Staatskasse (Bezirksrevisor) bei Zahlungsverpflichtung,[347] der Vermächtnisnehmer, wenn sein Vermächtnis gefährdet wird, der Nachlassinsolvenzverwalter,[348] der Pflichtteilsberechtigte, soweit die Kosten der Nachlasspflegschaft den Pflichtteil mindern.[349] Der Nachlassgläubiger ist nicht beschwerdebefugt.[350] 112

Bis zur Erfüllung seines Vergütungsanspruchs steht dem Nachlasspfleger ein **Zurückbehaltungsrecht** an dem von ihm verwalteten Nachlassvermögen zu. Weder eine Beantragung noch eine wirksame Festsetzung oder ein rechtskräftiger Festsetzungsbeschluss sind Voraussetzung für das Bestehen dieses Sicherungsrechts.[351] 113

Der Festsetzungsbeschluss des Nachlassgerichts ist **Vollstreckungstitel** (§§ 292, 86 Abs. 1 Nr. 1 FamFG). Zur Vollstreckung benötigt der Nachlasspfleger eine vollstreckbare Ausfertigung mit Vollstreckungsklausel nach §§ 724, 725 ZPO gegen die Erben.[352] Die Vollstreckung ist nicht auf den Nachlass beschränkt, sondern kann auch in das Eigenvermögen der Erben erfolgen.[353] 114

Die Vergütung des Nachlasspflegers gehört im Nachlassinsolvenzverfahren zu den Masseverbindlichkeiten nach § 324 Abs. 1 Nr. 4 InsO.[354] Die Entnahme der rechtskräftig festgestellten Nachlasspflegervergütung unterliegt nicht der Insolvenzanfechtung gem. §§ 130, 131, 133 Abs. 1 InsO.[355] Mangels Insolvenzantragspflicht des Nachlass- 115

---

341 OLG Naumburg v. 31.5.2018 – 2 Wx 80/16, NLPrax 2019, 99.

342 OLG Hamm v. 31.8.2016 – 15 W 273/16, FGPrax 2017, 38 m. Anm. *Bestelmeyer*.

343 BayObLG v. 5.3.2004 – 1Z BR 84/03, FamRZ 2004, 1995.

344 OLG Hamm v. 12.11.2002 – 15 W 150/02, FGPrax 2003, 73; *Zimmermann*, ZEV 2005, 473 m.w.N.

345 OLG Köln v. 14.4.2005 – 2 Wx 43/04, Rpfleger 2005, 625: jedoch nur bis zur Eröffnung des Nachlassinsolvenzverfahrens; BayObLG v. 8.2.2000 – 1Z BR 150/99, Rpfleger 2000, 331; OLG Köln v. 17.2.1999 – 2 Wx 62/98, Rpfleger 1999, 397 m.w.N.

346 OLG Köln v. 17.2.1999 – 2 Wx 62/98, Rpfleger 1999, 397 m.w.N.

347 Vgl. BayObLG v. 17.11.2000 – 3Z BR 294/00, FamRZ 2001, 379.

348 Vgl. dazu auch OLG Köln v. 14.4.2005 – 2 Wx 43/04, Rpfleger 2005, 625.

349 OLG Köln v. 17.2.1999 – 2 Wx 62/98, Rpfleger 1999, 397.

350 OLG Hamm v. 11.3.2014 – 15 W 316/13, FGPrax 2014, 165.

351 *Schulz*, in: Groll/Steiner, Praxis-HdB Erbrechtsberatung, Rn 23.106.

352 Vgl. AG Essen v. 7.2.2008 – 120 M 195/08, FamRZ 2008, 1977.

353 In diese Richtung tendierend OLG Hamm v. 31.8.2016 – 15 W 273/16, FGPrax 2017, 38 m. zustimmender Anm. *Bestelmeyer*; vgl. auch *Schulz*, in: Groll/Steiner, Praxis-HdB Erbrechtsberatung, Rn 23.107; a.A. OLG Celle v 28.6.2016 – 6 W 81/16, Rpfleger 2017, 95 m abl. Anm. v. *Bestelmeyer*.

354 BGH v. 15.12.2005 – IX ZA 3/04, FamRZ 2006, 411; LG Göttingen v. 22.2.2019 – 1 S 30/17, NLPrax 2019, 162.

355 BGH v. 15.12.2005 – IX ZA 3/04, FamRZ 2006, 411; LG Göttingen v. 22.2.2019 – 1 S 30/17, NLPrax 2019, 162.

pflegers besteht auch kein Rückzahlungsanspruch des Insolvenzverwalters aus § 826 BGB.[356]

116 Anstelle oder in Ergänzung zu einer gesetzlichen Vergütung, kann der Nachlasspfleger mit den ermittelten Erben eine **außergerichtliche Vergütungsvereinbarung** schließen.[357] Diese kann jedoch nicht Grundlage für eine Festsetzung durch das Nachlassgericht sein.[358]

b) Aufwendungsersatz

117 Neben der Vergütung kann der **berufsmäßige Nachlasspfleger** gem. §§ 1885, 1888 Abs. 2 S. 1 BGB i.V.m. § 4 Abs. 1 VBVG, § 1877 Abs. 1 BGB Ersatz seiner **Aufwendungen** (Kopien 0,15 EUR/Seite, Porto, Telefon, Fahrtkosten 0,42 EUR/km, Urkunden, Archiv- und Verwaltungsgebühren etc.) verlangen.[359] Während beim berufsmäßigen[360] Nachlasspfleger die Kosten für eine allgemeine **Vermögensschadenhaftpflichtversicherung** keine erstattungsfähigen Aufwendungen darstellen, können solche für eine Einzelfallversicherung bei erhöhten Risiken als Aufwendungen anerkannt werden.[361] Auch die Kosten einer Haus- und Grundbesitzerhaftpflichtversicherung für ein im mittellosen Nachlass vorhandenes Grundstück sind keine dem berufsmäßigen Nachlasspfleger aus der Staatskasse zu erstattenden Aufwendungen.[362] Es gilt eine Erlöschensfrist von 15 Monaten (§§ 1885, 1888 Abs. 2 S. 1 BGB i.V.m. § 2 Abs. 2 VBVG); Fristverlängerungsantrag ist möglich.

118 Gem. §§ 1885, 1888 Abs. 2 S. 1 BGB i.V.m. § 4 Abs. 2 VBVG i.V.m. § 1877 Abs. 3 BGB gelten als Aufwendungen auch solche Dienste des Nachlasspflegers, die zu seinem Gewerbe oder zu seinem Beruf gehören (sog. **berufsspezifische Dienstleistungen**).[363] Dies gilt dann, wenn ein Laie in gleicher Lage vernünftigerweise einen entsprechenden Auftrag erteilt hätte. Als Tätigkeiten kommen die Prozessführung, das Fertigen von Steuererklärungen,[364] die Vertretung im Gläubigeraufgebots-, Insolvenzeröffnungs- oder Insolvenzverfahren sowie die Prüfung von Grundstückskaufverträgen[365] in Betracht. Der anwaltliche Nachlasspfleger kann sich selbst für die unbekannten Erben mandatieren und seine gesetzlichen Gebühren nach dem RVG berechnen und dem Nachlass als Auslagen entnehmen. Das Selbstkontrahierungsverbot des § 181 BGB steht dem nicht entgegen, weil von einer stillschweigenden Gestattung auszugehen ist.[366] Der Anwalt kann die Prozessgebühren aber nicht nach § 11 RVG gegen die unbekannten Erben als eigene Partei festsetzen lassen.[367] Entsprechendes gilt für den als Nachlasspfleger bestellten Steuerberater in Steuerangelegenheiten des Nachlasses (Abrechnung nach StBVV).

---

356 LG Göttingen v. 22.2.2019 – 1 S 30/17, NLPrax 2019, 162.

357 Vgl. OLG Düsseldorf v. 19.2.2014 – I-3 Wx 292/11, ZErb 2014, 136.

358 Insoweit zutreffend: OLG Celle v. 30.5.2011 – 6 W 120/11, ZEV 2011, 647 m. Anm. *Rudolf*; a.A. für die Vereinbarung einer „angemessenen Vergütung" OLG Düsseldorf v. 19.2.2014 – I-3 Wx 292/11, ZErb 2014, 136.

359 Ausführlich hierzu Schulz/*Gleumes*, HdB Nachlasspflegschaft, § 7 Rn 57 ff.

360 Anders beim ehrenamtlichen Nachlasspfleger, vgl. § 1875 Abs. 1, 2 BGB.

361 Vgl. *Schulz*, in: Groll/Steiner, Praxis-HdB Erbrechtsberatung, Rn 23.17, 23.194.

362 BGH v. 12.11.2024 – IV ZB 7/24, ZEV 2025, 26.

363 Ausführlich hierzu Schulz/*Gleumes*, HdB Nachlasspflegschaft, § 7 Rn 60 ff.

364 Vgl. BGH v. 19.7.2023 – XII ZB 115/23, NLPrax 2023, 127: keine Abrechnung von berufsspezifischen Dienstleistungen bei Anfertigung von einfachen Einkommensteuererklärungen durch Berufsbetreuer.

365 OLG Bremen v. 21.10.2020 – 5 W 14/20, NLPrax 2021, 57 (Verfahrenspfleger); OLG Rostock v. 22.4.2021 – 3 W 70/18, ZEV 2021, 688.

366 *Zimmermann*, Die Nachlasspflegschaft, Rn 639.

367 OLG München v. 24.4.2018 – 31 Wx 366/16, ZEV 2018, 460.

Sofern Aufwendungen bereits bei der Bemessung der Vergütung berücksichtigt worden sind, kommt insoweit ein Aufwendungsersatzanspruch nicht in Betracht.[368]
Es gilt die Erlöschensfrist des § 2 Abs. 2 VBVG;[369] Fristverlängerungsantrag ist möglich.

119 Auch der **ehrenamtlich tätige Nachlasspfleger** erhält Ersatz seiner konkret entstandenen Aufwendungen gem. §§ 1885, 1888 Abs. 1, 1877 Abs. 1–3 BGB. Hierzu gehören gem. § 1877 Abs. 2 Nr. 1 BGB auch Aufwendungen für eine Vermögensschaden-Haftpflichtversicherung. Alternativ kann er gem. § 1878 BGB eine **jährliche Aufwandspauschale** verlangen, die er binnen sechs Monaten nach Ablauf eines Jahres geltend machen muss.

120 Bei **Mittellosigkeit** des Nachlasses, oder wenn dem Nachlasspfleger nicht die Vermögenssorge übertragen worden ist, erfolgt die **Festsetzung** auf Antrag **gegen die Staatskasse** (§ 1879 BGB, § 292 Abs. 1 Nr. 1 Alt. 2 FamFG).[370] Aufwendungen eines Nachlasspflegers, dessen Wirkungskreis die Sicherung und Verwaltung des Nachlasses umfasst, können bei einem **vermögenden Nachlass** auch dann nicht durch das Nachlassgericht festgesetzt werden, wenn der entsprechende Antrag durch den Nachlasspfleger nach Aufhebung der Nachlasspflegschaft gestellt wurde.[371] Der Nachlasspfleger ist aber berechtigt, die zur Erfüllung seiner Aufwendungsersatzansprüche erforderlichen Geldmittel dem Nachlass zu entnehmen bzw. bei Beendigung der Nachlasspflegschaft nach § 1890 BGB vom herauszugebenden Nachlassvermögen abzuziehen.[372] Bei Streit zwischen dem Nachlasspfleger und dem endgültigen Erben hat das Prozessgericht zu entscheiden.[373]

121 Für die Erfüllung des Anspruchs auf Vergütung, Aufwendungsersatz wie auch Aufwandsentschädigung haften allein die Erben, nicht auch derjenige, welcher die Nachlasspflegerbestellung beantragt hat.[374] Es handelt sich um **Nachlassverbindlichkeiten** im Sinne von Erbfallschulden nach § 1967 Abs. 2 Alt. 2 BGB, für die die Erben als **Gesamtschuldner** haften.[375]

7. Entlassung des Nachlasspflegers und Aufhebung der Nachlasspflegschaft

a) Entlassung des Nachlasspflegers

122 Das Nachlassgericht kann (auch bei fortbestehender Nachlasspflegschaft) den ursprünglich bestellten Nachlasspfleger (auch gegen dessen Willen) entlassen (§§ 1885, 1888 Abs. 1, 1868 BGB).[376] Eine solche Maßnahme ist dann zulässig, wenn die Fortführung des Amtes das Interesse der vom Nachlasspfleger vertretenen Erben gefährden würde. Hier genügt die objektive Gefährdung, auf ein Verschulden des Nachlasspfle-

---

368 BayObLG v. 21.2.1996 – 1Z BR 29/96, FamRZ 1997,185.

369 BGH v. 1.2.2023 – XII ZB 104/22, Rpfleger 2023, 476 (Verfahrenspfleger).

370 OLG Frankfurt v. 10.3.2023 – 20 W 226/21, NLPrax 2023, 49.

371 OLG Frankfurt v. 23.7.2024 – 20 W 142/24, juris m.w.N.; v. 10.3.2023 – 20 W 226/21, NLPrax 2023, 49; OLG Hamm v. 4.6.2020 – I-15 W 24/20, FamRZ 2021, 464; v. 23.4.2020 – I-10 W 4/19 u. I-10 W 26/19, NLPrax 2020, 79; OLG München v. 24.4.2018 – 31 Wx 366/16, ZEV 2018, 460; a.A. *Zimmermann*, Die Nachlasspflegschaft, Rn 820 (Festsetzung gem. § 292 FamFG analog).

372 OLG Frankfurt v. 23.7.2024 – 20 W 142/24, juris; v. 10.3.2023 – 20 W 226/21, NLPrax 2023, 49; OLG München v. 24.4.2018 – 31 Wx 366/16, ZEV 2018, 460.

373 OLG Frankfurt v. 23.7.2024 – 20 W 142/24, juris; v. 10.3.2023 – 20 W 226/21, NLPrax 2023, 49; OLG Hamm v. 4.6.2020 – I-15 W 24/20, FamRZ 2021, 464; OLG München v. 24.4.2018 – 31 Wx 366/16, ZEV 2018, 460.

374 OLG Düsseldorf Rpfleger 2002, 227.

375 OLG Frankfurt v. 10.3.2023 – 20 W 226/21, NLPrax 2023, 49 m.w.N.

376 Zur Beendigung des Amts des Nachlasspflegers aus persönlichen Gründen vgl. *Schmitz*, NLPrax 2023, 90.

gers kommt es nicht an.[377] Verstöße gegen die Abrechnungsehrlichkeit, d.h. die vorsätzlich falsche Abrechnung des Nachlasspflegers stellen einen wichtigen Entlassungsgrund dar (§ 1868 Abs. 1 S. 2 BGB). Die Entlassung des Nachlasspflegers kommt aber nur in Betracht, wenn weniger einschneidende Maßnahmen des Aufsicht führenden Nachlassgerichts erfolglos geblieben sind oder im konkreten Fall nicht ausreichend erscheinen.[378] Die Entlassung ist ultima ratio. Der Entlassungsbeschluss ist ihm zuzustellen (§§ 40, 41 Abs. 1 FamFG). Der entlassene Nachlasspfleger hat die von ihm in Besitz genommenen Nachlassgegenstände herauszugeben.[379]

123 Wird der Nachlasspfleger entlassen und besteht die Nachlasspflegschaft fort, so ist analog § 1908c BGB ein neuer Nachlasspfleger zu bestellen. Dasselbe gilt im Falle des Todes des Nachlasspflegers.

b) Aufhebung der Nachlasspflegschaft

124 Die Nachlasspflegschaft endet gem. § 1886 Abs. 2BGB grundsätzlich erst mit ihrer Aufhebung durch Beschluss des Nachlassgerichts und wird mit dessen Bekanntmachung an den Nachlasspfleger wirksam (§ 40 Abs. 1 FamFG).[380] Anderes gilt nur dann, wenn die Nachlasspflegschaft auf die Besorgung einer bestimmten einzelnen Angelegenheit beschränkt wurde. In diesem Fall endet die Nachlasspflegschaft gem. § 1887 Abs. 2 BGB mit der Erledigung der Angelegenheit. Eines Beschlusses bedarf es dann nicht.

125 Das Nachlassgericht ist verpflichtet, die Nachlasspflegschaft bei Wegfall ihrer Voraussetzungen aufzuheben. Das ist der Fall, wenn der Grund ihrer Anordnung nicht mehr besteht, so etwa, wenn eine Person als Erbe sicher festgestellt worden ist, wenn die Erbschaft angenommen wurde oder wenn das Sicherungsbedürfnis entfallen ist, weil etwa kein Nachlass mehr vorhanden ist. Die Aufhebung der Nachlasspflegschaft hat auch nach Erteilung eines Erbscheins zu erfolgen; hierfür spricht im Regelfall die Vermutung des § 2365 BGB, denn im Hinblick auf diese Vermutung ist der Erbe nicht unbekannt.[381]

126 Sind die Voraussetzungen der Anordnung der Nachlasspflegschaft nicht bezogen auf alle Erben entfallen, so kommt die Aufhebung nur als **Teilaufhebung** in Betracht, im Übrigen bleibt eine Teilnachlasspflegschaft bestehen.[382]

127 Die Aufhebung der Nachlasspflegschaft hat zur Folge, dass der Pfleger seine Stellung als gesetzlicher Vertreter der Erben verliert und damit zugleich auch seine Prozessführungsbefugnis erlischt. Ein im Zeitpunkt der Aufhebung anhängiger Rechtsstreit kann von den Erben unmittelbar ohne Aussetzung oder Unterbrechung des Verfahrens unter formloser Änderung des Rubrums fortgeführt werden.[383]

128 Der Nachlasspfleger hat dem **Nachlassgericht** die Bestellungsurkunde zurückzugeben (§§ 1885, 1888 Abs. 1 BGB, § 290 Abs. 3 FamFG). Anknüpfend an die letzte Verwaltungsabrechnung hat er dem Gericht **Schlussrechnung** zu legen, wenn die Erben dies nach seinem Hinweis binnen sechs Wochen verlangen oder, wenn die Erben unbekannt bleiben, spätestens sechs Monate nach Aufhebung der Nachlasspflegschaft (§§ 1885, 1888 Abs. 1, 1872 Abs. 2, 3 BGB).[384] Eine Rechnungsprüfung durch das Nachlassgericht erfolgt bei der Beteiligung bekannter Erben nur, wenn diese die Prüfung inner-

---

377 OLG Frankfurt OLGReport Frankfurt 2005, 405; Grüneberg/*Weidlich*, § 1960 Rn 19 m.w.N.
378 BayObLG Rpfleger 1983, 253; OLG Frankfurt v. 26.11.2021 – 21 W 145/21, NLPrax 2022, 16.
379 OLG Brandenburg v. 8.8.2007 – 13 U 81/06, ZErb 2008, 48.
380 RGZ 106, 46 ff.
381 BayObLG ZEV 2003, 202.
382 OLG Frankfurt v. 8.3.2019 – 21 W 123/18, NLPrax 2020, 27.
383 OLG Hamburg OLGE 41, 81 f.
384 *Dinkelaker*, NLPrax 2022. 45,51 f.

halb von sechs Wochen nach Zugang der durch das Nachlassgericht übersandten Schlussrechnung verlangen (§§ 1885, 1888 Abs. 1, 1873 Abs. 3 BGB).

Im Verhältnis zu den **Erben** ist der Nachlasspfleger zur Herausgabe des seiner Verwaltung unterliegenden Nachlassvermögens verpflichtet (§§ 1885, 1888 Abs. 1 i.V.m. § 1872 Abs. 1 BGB).[385] Die Herausgabepflicht bezieht sich auf sämtliche Nachlassgegenstände, die er in Besitz hat (Sparbücher, Schmuck, Wohnungsschlüssel etc.). Bei einer Erbengemeinschaft erfolgt die Übergabe gemeinschaftlich an alle Erben oder an einen von sämtlichen Erben benannten Bevollmächtigten. Insoweit unterliegt der Nachlasspfleger nicht mehr den Anweisungen des Nachlassgerichts, im Streitfall müssen die Erben ihre Ansprüche auf dem Prozessweg verfolgen.[386] Über Kontoguthaben können die Erben nach Legitimation bei der Bank oder Sparkasse verfügen. 129

Können sich die Erben nicht einigen und scheitert deswegen die Herausgabe des Nachlasses, kann der Nachlasspfleger diesen bei der Hinterlegungsstelle des Amtsgerichts hinterlegen (vgl. §§ 372 ff. BGB i.V.m. den HinterlG der Länder). Nicht hinterlegungsfähige Nachlassgegenstände kann er gem. § 383 BGB versteigern lassen und den Erlös hinterlegen. Sind Wohnungsschlüssel herauszugeben, kann der ehemalige Nachlasspfleger gem. § 303 BGB nach Verzugseintritt den Besitz aufgeben. Der Besitzaufgabe hat gem. § 303 S. 2 BGB die Androhung vorauszugehen. 130

Der Nachlasspfleger ist nach Auffassung des OLG Dresden auch **Erbteilserwerbern** gegenüber herausgabepflichtig.[387] Aufgabe des Nachlasspflegers sei es, den Nachlass für die wahren Berechtigten zu verwalten und zu sichern. Diese Auffassung ist abzulehnen, da sie mit der Rechtsstellung des Nachlasspflegers als gesetzlicher Vertreter der unbekannten Erben nicht vereinbar ist.[388] 131

III. Nichtvorliegen der Tatbestandsvoraussetzungen

Sind die Voraussetzungen nach Abs. 1 und 2 für die Anordnung von Sicherungsmaßnahmen nicht gegeben, so sind diese unzulässig. Sofern gleichwohl eine Sicherungsmaßnahme angeordnet wird, ist diese nicht unwirksam, sondern lediglich aufhebbar.[389] Im Falle einer Nachlasspflegschaft bleiben die seitens des Nachlasspflegers getätigten Rechtsgeschäfte wirksam (§ 47 FamFG); darüber hinaus bleibt bis zur Aufhebung der Nachlasspflegschaft auch die Prozessführungsbefugnis des Nachlasspflegers erhalten.[390] 132

D. Verfahrensfragen

I. Zuständigkeit

1. Sachliche, örtliche und funktionelle Zuständigkeit

Die **sachliche Zuständigkeit** des Amtsgerichts als **Nachlassgericht** ergibt sich aus § 23a Abs. 1 Nr. 2, Abs. 2 Nr. 2 GVG i.V.m. § 342 FamFG. Anderen Abteilungen des Amtsgerichts und deren Beschwerdegerichten steht keine generelle Befugnis zu, die Entscheidung des Nachlassgerichts zu überprüfen.[391] Eine solche Befugnis besteht nur 133

---

385 OLG Brandenburg v. 8.8.2007 – 13 U 81/06, ZErb 2008, 48. Siehe ausführlich dazu *Zieglturm*, Sicherungs- und Prozeßpflegschaft, S. 219 ff.

386 KG Berlin FamRZ 1969, 446 f.

387 OLG Dresden v. 13.1.1999 – 13 U 2283/98, ZEV 2000, 402 m. Anm. *Damrau*; im Ergebnis zustimmend MüKo/*Leipold*, § 1960 Rn 39.

388 So auch *Zimmermann*, ZEV 2011, 631.

389 BGH v. 26.10.1967 – VII ZR 86/65, BGHZ 49, 1; vgl. auch OLG Köln v. 15.10.2010 – I-2 Wx 156/10, ZEV 2011, 193.

390 OLG Köln FamRZ 1997, 1176 f.

391 OLG Köln v. 15.10.2010 – I-2 Wx 156/10, ZEV 2011, 193 (zur Bindung des Grundbuchamts an die Bestellung eines Nachlasspflegers durch das Nachlassgericht).

im Ausnahmefall, wenn der Gesetzesverstoß so schwerwiegend ist, dass die Voraussetzungen für die Nichtigkeit der Entscheidung vorliegen.[392]

134 Die **örtliche Zuständigkeit des Nachlassgerichts** bestimmt sich nach §§ 343 f. FamFG.

Unter Beachtung der EuErbVO[393] richtet sich die örtliche Zuständigkeit für Sterbefälle ab dem 17.8.2015 nach dem **gewöhnlichen Aufenthaltsort** des Erblassers.[394] Dementsprechend ist gem. § 343 Abs. 1 FamFG das Nachlassgericht zuständig, in dessen Bezirk der Erblasser im Zeitpunkt seines Todes seinen gewöhnlichen Aufenthalt hatte. Es ist somit nicht das Nachlassgericht zuständig, in dessen Bereich der Erblasser verstarb. In der Praxis erweist sich die Feststellung des letzten gewöhnlichen Aufenthalts oft als problematisch. So kann bei einem unter gesetzlicher Betreuung stehenden dementen Erblasser der letzte gewöhnliche Aufenthalt das Pflegeheim sein, auch wenn der Betreuer das Aufenthaltsbestimmungsrecht ausgeübt hat.[395]

135 In der EuErbVO findet sich keinerlei Definition des letzten gewöhnlichen Aufenthalts des Verstorbenen, weder in Art. 21 noch in Art. 4. Die Erwägungsgründe 23 und 24 geben Auslegungshilfen. Der letzte gewöhnliche Aufenthalt ist vertragsautonom zu bestimmen, auch im Rahmen des § 343 Abs. 1 FamFG.[396] Hatte der Erblasser zur Zeit des Erbfalls keinen gewöhnlichen Aufenthalt im Inland, ist gem. § 343 Abs. 2 FamFG das Gericht zuständig, in dessen Bezirk der Erblasser seinen letzten gewöhnlichen Aufenthalt im Inland hatte. Ist eine Zuständigkeit nach § 343 Abs. 1 und 2 FamFG nicht gegeben, ist das Amtsgericht Schöneberg in Berlin gem. § 343 Abs. 3 FamFG zuständig, wenn der Erblasser Deutscher ist oder sich Nachlassgegenstände im Inland befinden. Das Amtsgericht Schöneberg in Berlin kann die Sache aus wichtigem Grund an ein anderes Nachlassgericht verweisen. Die Abgabeverfügung ist für dieses Gericht bindend. Ein wichtiger Grund liegt etwa vor, wenn der Nachlass hauptsächlich aus Grundstücken besteht, die in dem Bezirk des anderen Gerichts belegen sind.[397]

Sofern sich eine Zuständigkeit aus § 343 FamFG ergibt, gilt diese auch für im Ausland befindliche Nachlassgegenstände.[398]

136 **Neben** dem Nachlassgericht des letzten gewöhnlichen Aufenthaltsortes kann für eine Maßnahme der Nachlasssicherung auch ein **weiteres Amtsgericht** zuständig sein, wenn sich in seinem Bezirk ein zu sichernder Nachlassgegenstand befindet. Gem. § 344 Abs. 4 FamFG ist jedes Gericht zuständig, in dessen Bezirk das Bedürfnis für die Sicherung besteht;[399] auch soll das Amtsgericht, das Sicherungsmaßnahmen trifft, gem. § 356 Abs. 2 FamFG dem nach § 343 Abs. 1 FamFG zuständigen Gericht Mitteilung machen.

137 Für Maßnahmen der Nachlasssicherung **funktionell** ist gem. § 3 Nr. 2 Buchst. c RpflG grundsätzlich der Rechtspfleger zuständig, soweit sich nicht aus dem Richtervorbehalt des § 16 Abs. 1 Nr. 1 RpflG ein anderes ergibt. Letzteres ist nicht der Fall, wenn

---

392 Vgl. OLG Köln v. 15.10.2010 – I-2 Wx 156/10, ZEV 2011, 193.

393 ABl EU L 201 v. 27.7.2012, S. 107.

394 Bei Sterbefällen bis zum 16.8.2015 richtete sich nach damaliger Rechtslage die örtliche Zuständigkeit des Nachlassgerichts nach dem Wohnsitz des Erblassers, z.B. OLG Rostock v. 10.12.2012 – 3 W 150/12, FamRZ 2013, 1506.

395 OLG München v. 9.2.2023 – 33 UH 4/23e, NJW-RR 2023, 583.

396 Vgl. die Rspr.-Übersicht bei *Völkl*, AnwZert ErbR 4/2018 Anm. 2.

397 OLG Brandenburg v. 2.12.2005 – 1 AR 70/05, FGPrax 2006, 222; v. 28.11.2005 – 1 AR 60/05, FGPrax 2006, 221.

398 MüKo/*Leipold*, § 1960 Rn 3.

399 OLG Rostock v. 10.12.2012 – 3 W 150/12, FamRZ 2013, 1506.

es sich bei dem Erblasser um einen ausländischen Staatsangehörigen handelt. Die funktionelle Zuständigkeit verbleibt beim Rechtspfleger.[400]

Entscheidet ein **örtlich unzuständiges** Gericht, so ist diese Entscheidung gem. § 2 Abs. 3 FamFG nicht unwirksam. Das gilt in entsprechender Anwendung dieser Vorschrift auch bei Fehlen der sachlichen und funktionellen Zuständigkeit; in diesen Fällen sind die Entscheidungen wirksam, aber anfechtbar.[401] 138

2. Internationale Zuständigkeit

Da die Zuständigkeitsregeln der EuErbVO dem nationalen Recht vorgehen, sind die deutschen Nachlassgerichte für Maßnahmen der Nachlasssicherung dann zuständig, wenn eine allgemeine Zuständigkeit nach Art. 4 ff. EuErbVO gegeben ist.[402] Das ist insbesondere dann der Fall, wenn der Erblasser seinen gewöhnlichen Aufenthalt zum Zeitpunkt des Todes im Inland hatte (Art. 4 EuErbVO). Die internationale Zuständigkeit ist von Amts wegen in jeder Lage des Verfahrens zu beachten.[403] 139

Eine subsidiäre internationale Zuständigkeit deutscher Gerichte kann sich aus Art. 10 EuErbVO ergeben, wenn der Erblasser seinen gewöhnlichen Aufenthalt im Zeitpunkt seines Todes nicht in einem Mitgliedstaat hatte, sich **in Deutschland** jedoch **Nachlassvermögen** befindet und der Erblasser die deutsche Staatsangehörigkeit im Zeitpunkt seines Todes besaß oder, wenn dies nicht der Fall ist, der Erblasser seinen vorhergehenden gewöhnlichen Aufenthalt in Deutschland hatte, sofern die Änderung dieses gewöhnlichen Aufenthalts zum Zeitpunkt der Anrufung des Gerichts nicht länger als fünf Jahre zurückliegt. Passiva zählen nicht zum Nachlassvermögen im Sinne des Art. 10 Abs. 2 EuErbVO.[404] 140

Daneben können gem. Art. 19 EuErbVO bei deutschen Nachlassgerichten die Sicherungsmaßnahmen des deutschen Rechts beantragt werden. Dies gilt auch für die von Amts wegen anzuordnenden Sicherungsmaßnahmen.[405] Sinn und Zweck von Art. 19 EuErbVO bestehen gerade darin, den Nachlassgerichten ohne zeitaufwendige Ermittlungen und rechtliche Prüfung zu ermöglichen, Sicherungsmaßnahmen nach nationalem Recht zu treffen.[406] 141

Sofern eine internationale Zuständigkeit der deutschen Nachlassgerichte gegeben ist, bestimmt sich die örtliche Zuständigkeit nach den allg. Regeln der §§ 343 f. FamFG.[407] Ihrer Natur nach wird sich die Nachlasssicherung auf im Inland belegene Gegenstände beschränken.[408] 142

Die Fragen, ob und welche Sicherungsmaßnahme zu ergreifen ist, sind nach deutschem Recht zu beantworten.[409] Dementsprechend ist die Anordnung einer Nachlasspflegschaft auch dann möglich, wenn das für die Beerbung geltende Recht eine solche nicht 143

400 Bis 2022 war streitig, ob bei einem Ausländernachlass funktionell der Richter zuständig war. Ab 2023 besteht hier Rechtspflegerzuständigkeit, da § 14 Abs. 1 Nr. 10 RPflG aufgehoben wurde. Vgl. zur alten Rechtslage AG Tostedt v. 23.2.2012 – 7 VI 591/11, juris.

401 *Bumiller/Harders*, § 2 FamFG Rn 25 f.

402 OLG Frankfurt v. 14.8.2024 – 20 W 135/24 m. Anm. *Bestelmeyer*.

403 OLG Frankfurt v. 14.8.2024 – 20 W 135/24 m. Anm. *Bestelmeyer*; v. 8.11.2018 – 20 W 242/18, BeckRS 2018, 41275.

404 OLG München v. 12.6.2024 – 33 Wx 270/23 e, NLPrax 2024, 27.

405 MüKo/*Leipold*, § 1960 Rn 9; Staudinger/*Mesina*, § 1960 Rn 4.

406 Staudinger/*Mesina*, § 1960 Rn 4.

407 MüKo/*Leipold*, § 1960 Rn 10.

408 Staudinger/*Mesina*, § 1960 Rn 4.

409 OLG Frankfurt v. 14.8.2024 – 20 W 135/24 m. Anm. *Bestelmeyer*; OLG Köln v. 9.12.2020 – 2 Wx 293/20, NLPrax 2021, 25.

kennt.[410] Dies gilt auch dann, wenn sich die Beerbung nach ausländischem Recht richtet. Besonderheiten im ausländischen Recht sind ggf. durch Modifizierung der Anwendung von Sicherungsmaßnahmen umzusetzen. Folgt der Erbfall z.B. ausländischem Recht und sieht dieses Recht nicht vor, dass dem Erben mit der Annahme die Erbschaft überantwortet wird, dann kann das deutsche Nachlassgericht auch bei bekanntem Erben über die Annahme hinaus für den Nachlass sorgen, wenn dafür ein Bedürfnis besteht.[411]

144 Der Anordnung von Sicherungsmaßnahmen dürfen keine Staatsverträge entgegenstehen.[412] Im Anwendungsbereich des deutsch-türkischen Konsularvertrags[413] besteht hinsichtlich des in der Türkei belegenen unbeweglichen Vermögens des Erblassers keine internationale Zuständigkeit deutscher Nachlassgerichte, so dass insoweit auch keine Sicherungsmaßnahmen angeordnet werden können.[414]

II. Einleitung des Verfahrens

145 Das Verfahren ist seitens des Nachlassgerichts **von Amts wegen** einzuleiten.[415] Gestellte Anträge sind als Anregung zur Einleitung des Verfahrens (§ 24 Abs. 1 FamFG) auszulegen.[416] Wird dem Nachlassgericht der Tod einer Person durch Anzeige des Standesbeamten oder sonst zuverlässig bekannt, so hat das Nachlassgericht zu prüfen, ob Anlass für eine Sicherung des Nachlasses nach § 1960 BGB besteht. Ist der Tod nicht hinreichend nachgewiesen, etwa weil eine Todesanzeige bzw. eine Sterbeurkunde nicht vorliegt, so ist auch hierüber von Amts wegen eine Klärung herbeizuführen (auch insoweit ist das Gericht zur Prüfung der Voraussetzungen seines Tätigwerdens verpflichtet).[417] Für seine Ermittlungen kann das Nachlassgericht andere Gerichte um Rechtshilfe ersuchen.[418] Ein Antrag seitens eines Erbanwärters oder eines Nachlassgläubigers ist i.R.d. § 1960 BGB nicht erforderlich (vgl. zur Nachlasspflegschaft auf Antrag die Kommentierung zu § 1961 BGB, insbesondere § 1961 Rdn 9 ff.).

146 Die Entscheidung über die Anordnung von Sicherungsmaßnahmen bzw. deren Ablehnung wie auch die Entscheidung über die Aufhebung von Sicherungsmaßnahmen ergehen in Form eines **Beschlusses.**
Erbprätendenten können Beteiligte des Anordnungsverfahrens i.S.v. § 7 Abs. 2 Nr. 2 FamFG sein. Deren notwenige Aufwendungen (z.B. Rechtsanwaltsgebühren) können daher als Kosten i.S.v. § 80 FamFG gegen den unterlegenen Beschwerdeführer festgesetzt werden.[419]

III. Rechtsmittel

1. Statthaftigkeit und Frist der Beschwerde

147 Rechtsmittel gegen Verfügungen des Nachlassgerichts ist die Beschwerde nach § 58 FamFG. Die Beschwerdefrist beträgt einen Monat, § 63 Abs. 1 FamFG. Sie ist zulässig, wenn der Beschwerdewert 600 EUR übersteigt, § 61 Abs. 1 FamFG, oder das Nach-

410 BGH v. 26.10.1967 – VII ZR 86/65, BGHZ 49, 1.
411 MüKo/*Leipold*, § 1960 Rn 11 m.w.N.
412 Vgl. dazu Schulz/*Hamberger*, HdB Nachlasspflegschaft, § 1 Rn 72.
413 Konsularvertrag zwischen der Türkischen Republik und dem Deutschen Reich vom 28.5.1929, RGBl 1930, 747; RGBl 1931, 538; BGBl II 1952, 608.
414 OLG Karlsruhe v. 17.6.2013 – 14 Wx 84/11, ZEV 2014, 158. Zur möglichen Nachlassspaltung vgl. OLG Hamm v. 21.3.2019 – 10 W 31/17, BeckRS 2019, 8475.
415 KG Berlin OLGE 7, 132 f.; OLG Hamm v. 23.10.2023 – 10 W 96/23, NLPrax 2024, 23.
416 OLG Hamm v. 23.10.2023 – 10 W 96/23, NLPrax 2024, 23.
417 Siehe *Krätzschel*, in: Krätzschel/Falkner/Döbereiner, Nachlassrecht, § 41 Rn 1.
418 RGZ 69, 271 ff.
419 OLG Bremen v. 30.8.2017 – 5 W 10/17, 5 W 11/17, ZEV 2018, 25.

lassgericht die Beschwerde zugelassen hat, § 61 Abs. 2 FamFG. Beschwerdegericht ist gem. § 119 Abs. 1 Nr. 1 Buchst. b GVG das OLG.[420] Nach Erledigung in der Hauptsache kann eine Feststellungsentscheidung nach § 62 FamFG ergehen.[421]

2. Beschwerdeberechtigung nach § 59 FamFG

a) Gegen die Anordnung einer Nachlasspflegschaft

Gem. § 59 Abs. 1 FamFG steht jedem die Beschwerde zu, dessen Recht durch eine Verfügung beeinträchtigt ist. Eine Beschwerdeberechtigung nach § 59 Abs. 1 FamFG setzt eine Beeinträchtigung der subjektiven Rechte des Beschwerdeführers voraus. Diese können privatrechtlicher oder öffentlichrechtlicher Natur sein; nur wirtschaftliche, rechtliche oder sonstige berechtigte Interessen genügen nicht.[422] Beschwerdebefugt sind danach gegen die Anordnung von Sicherungsmaßnahmen die **Erbanwärter** des Nachlasses[423] wie auch der **Erwerber eines Erbteils**, auf den bezogen Sicherungsmaßnahmen angeordnet wurden.[424] Erforderlich ist, dass der Erbprätendent sein Erbrecht schlüssig behauptet.[425] Eine **Beschwerdebefugnis** steht auch dem **Testamentsvollstrecker** hinsichtlich der Anordnung einer Nachlasspflegschaft zu,[426] nicht aber bezogen auf die Auswahl des Nachlasspflegers.[427] Der Testamentsvollstrecker kann eine Beschwerde auch mit dem Ziel erheben, lediglich eine Beschränkung des Aufgabenkreises des Nachlasspflegers zu erreichen.[428] Zwar wird durch die Anordnung einer Nachlasspflegschaft nicht in die Befugnisse des Testamentsvollstreckers eingegriffen, jedoch bildet die Anordnung die Grundlage für die Vergütung des Nachlasspflegers und verursacht damit eine Kostenbelastung des Nachlasses und also eine Beeinträchtigung eines Rechts, zu dessen Wahrung der Testamentsvollstrecker berufen ist.[429] 148

Gegen die Anordnung einer Nachlasspflegschaft steht auch dem Nachlasspfleger ein Beschwerderecht zu, sofern er geltend machen will, ohne gesetzlichen Grund zur Wahrnehmung fremder Angelegenheiten herangezogen worden zu sein.[430] Keine Beschwerdeberechtigung steht **Nach-** oder **Ersatzerben** zu, wenn der Nach- bzw. Ersatzerbfall noch nicht eingetreten ist.[431] 149

Gegen die Anordnung der Nachlasspflegschaft steht dem Inhaber einer über den Tod hinaus erteilten **Generalvollmacht** des Erblassers kein Beschwerderecht zu.[432] 150

Gegen die Anordnung einer Teilnachlasspflegschaft steht den bereits bekannten Erben keine Beschwerdeberechtigung zu.[433] 151

Das gegen die Anordnung einer Nachlasspflegschaft gerichtete Rechtsmittelverfahren ist in der Hauptsache **erledigt**, wenn die Pflegschaft wegen Wegfalls des Grundes 152

---

420 Z.B. OLG Jena v. 14.6.2013 – 6 W 397/12, BeckRS 2013, 10362.
421 OLG Frankfurt v. 25.9.2019 – 20 W 175/18, NLPrax 2021, 47.
422 OLG München v. 6.8.2024 – 33 Wx 104/24 e, Rpfleger 2024, 767 m.w.N.
423 OLG Brandenburg v. 28.11.2022 – 3 W 79/22, NLPrax 2023, 18; OLG Frankfurt v. 8.11.2018 – 20 W 242/18, NLPrax 2019, 75 m.w.N.
424 OLG Stuttgart OLGZ 1971, 463 f.
425 OLG Frankfurt v. 8.11.2018 – 20 W 242/18, BeckRS 2018, 41275; OLG Stuttgart OLGZ 1971, 463.
426 KG Berlin OLGZ 1973, 106 ff.
427 KG Berlin OLGE 40, 133 f.
428 KG Berlin OLGZ 1973, 106 ff.
429 OLG Dresden ZBlFG 6, 370 f.; KG Berlin OLGZ 1973, 106 ff.
430 OLG Frankfurt FamRZ 1994, 265 f.
431 BayObLGZ 5, 398 ff.
432 OLG München v. 26.2.2010 – 31 Wx 16/10, ZErb 2010, 120; BayObLG ZEV 2001, 123; BayObLG ZEV 2004, 460.
433 OLG München v. 6.8.2024 – 33 Wx 104/24 e, Rpfleger 2024, 767.

aufgehoben wird. Alsdann entfällt das Rechtsschutzbedürfnis für eine Sachentscheidung in dem Rechtsmittelverfahren.[434]

b) Gegen die Ablehnung der Anordnung oder die Aufhebung einer Nachlasspflegschaft

153 Eine Beschwerdebefugnis nach § 59 Abs. 1 FamFG gegen Beschlüsse, durch welche die Anordnung einer Nachlasspflegschaft abgelehnt oder eine Pflegschaft aufgehoben wird, besteht grundsätzlich für den Erbprätendenten.[435] Erforderlich ist, dass der Erbprätendent sein Erbrecht schlüssig behauptet.[436] **Beschwerdeberechtigt** ist auch ein Kind, wenn es nach dem Tod des Erblassers die Vaterschaftsfeststellung betreibt und deren Erfolg wahrscheinlich ist.[437] Nachlassgläubiger sind grundsätzlich nicht beschwerdebefugt.[438] Gleichfalls nicht beschwerdeberechtigt sind die Erben der nachverstorbenen Witwe des Erblassers. Deren Rechte sind nicht berührt, weil es sich bei dem Nachlass des Erblassers und dem seiner nachverstorbenen Witwe um zwei rechtlich getrennte Vermögensmassen handelt.[439] Lehnte es das Nachlassgericht ab, den Aufgabenkreis des Nachlasspflegers dergestalt zu erweitern, dass dieser eine Entscheidung über die einem Gläubiger zustehende Forderung treffen konnte, so war Letzterer zur Beschwerde befugt.[440]

154 Gegen die Aufhebung der Nachlasspflegschaft steht dem Nachlasspfleger selbst keine Beschwerdebefugnis zu,[441] ein Beschwerderecht steht ihm jedoch gegen die nachträgliche Beschränkung seiner Befugnisse sowie gegen seine Entlassung bei Fortdauer der Nachlasspflegschaft zu.

c) Sonstige Fälle der Beschwerdeberechtigung

155 Zur Beschwerdeberechtigung gegen die **Auswahl des Nachlasspflegers** siehe Rdn 46. Für Beschwerden gegen die **Vergütungsfestsetzung** siehe Rdn 112. Gegen einen **Entlassungsbeschluss** ist der Nachlasspfleger beschwerdebefugt.[442] Hebt das Beschwerdegericht die Entlassung auf, so ist der Nachlasspfleger rückwirkend (ex tunc) im Amt geblieben und muss nicht wieder neu bestellt werden.[443] Der zwischenzeitlich bestellte Pfleger ist mit Wirkung ex nunc zu entlassen.[444] Für die Beschwerde gegen einen Beschluss des Nachlassgerichts, mit welchem dem Nachlasspfleger für die (unbekannten) Erben die **nachlassgerichtliche Genehmigung zum Rücktritt von einem Grundstückskaufvertrag** gem. §§ 1888 Abs. 1, 1848 ff. BGB erteilt wird, fehlt dem Vertragspartner/Erklärungsempfänger in der Regel die Beschwerdeberechtigung gem. § 59 Abs. 1 FamFG.[445]

---

434 OLG Frankfurt v. 15.8.1994 – 20 W 369/94, FamRZ 1995, 442.

435 BayObLG v. 16.7. 2002 – 1Z BR 84/02, ZEV 2003, 202; OLG Frankfurt v. 8.11.2018 – 20 W 242/18, NLPrax 2019, 75; OLG Karlsruhe v. 16.1.2023 – 14 W 112/22 (Wx), NLPrax 2023, 23; v. 2.5.2003 – 14 Wx 3/03, FamRZ 2004, 222; OLG Köln v. 28.6.2021 – 2 Wx 184/21, NLPrax 2022, 14.

436 OLG Frankfurt v. 8.11.2018 – 20 W 242/18, BeckRS 2018, 41275; OLG Stuttgart OLGZ 1971, 463.

437 BayObLG ZEV 1998, 485 ff.

438 KG Berlin v. 17.6.1999 – 1 W 6809/98, NJWE-FER 2000, 15 f.; OLG Hamm v. 23.10.2023 – 10 W 96/23, NLPrax 2024, 23; anders aber i.R.d. § 1961 BGB.

439 OLG Stuttgart OLGZ 1971, 463 ff.

440 BayObLG FamRZ 1997, 314 ff.

441 Vgl. MüKo/*Leipold*, § 1960 Rn 126.

442 OLG Frankfurt v. 26.11.2021 – 21 W 145/21, NLPrax 2022, 16.; MüKo/*Leipold*, § 1960 Rn 126.

443 OLG Frankfurt v. 26.11.2021 – 21 W 145/21, NLPrax 2022, 16 mit krit. Anm. v. *Lauk*.

444 OLG Frankfurt v. 26.11.2021 – 21 W 145/21, NLPrax 2022, 16 mit krit. Anm. v. *Lauk*.

445 OLG Karlsruhe v. 26.7.2023 – 14 W 49/23, NLPrax 2023, 114.

Ein Nachlasspfleger – dessen Wirkungskreis die Sicherung und Verwaltung des Nachlasses umfasst – ist nicht beschwerdeberechtigt gegen Beschlüsse, die im **Erbscheinsverfahren** desjenigen Erblassers ergehen, für dessen unbekannte Erben er bestellt ist.[446] Eine Beschwerdeberechtigung des Nachlasspflegers besteht jedoch gegen Beschlüsse, die im Erbscheinsverfahren eines sog. Unternachlasses ergehen.[447] 156

IV. Gebühren und Kosten

Die Verfahrensgebühren bestimmen sich nach § 115 GNotKG sowie KV Nr. 12310 ff. und Nr. 23500, 23502 GNotKG.[448] 157

Die **Kosten** der **Nachlasssicherung** fallen dem Nachlass oder bei Beschränkung auf einzelne Miterbenanteile dem jeweiligen Miterben zur Last (§ 24 GNotKG). Für die Kosten einer angeordneten Nachlasspflegschaft, wozu auch die Vergütung eines bestellten Nachlasspflegers gehört, haftet gem. § 24 GNotKG allein der Erbe.[449] Er kann die **Haftung** nach den allg. Vorschriften auf den Nachlass beschränken. Die Kostenhaftung des Erben aus § 24 GNotKG verdrängt eine eventuell nach § 22 GNotKG bestehende Antragstellerhaftung.[450] Für die Entstehung der Kostenpflicht ist es unerheblich, ob die Sicherungsmaßnahme materiell-rechtlich gerechtfertigt war.[451] 158

Auch bei angeordneter **Teilnachlasspflegschaft** haften sämtliche Erben für die Kosten der Nachlasspflegschaft. Im Hinblick auf die vorzunehmende Zuordnung dieser Nachlassverbindlichkeit zu den einzelnen Miterben ist lediglich im Innenverhältnis ein Ausgleich vorzunehmen[452] 159

E. Gestaltungshinweise

Der Erblasser hat nicht unmittelbar die Möglichkeit, die Anordnung von nachlasssichernden Maßnahmen auszuschließen. Er kann aber insoweit mittelbar einwirken, als er durch Verfügung von Todes wegen Testamentsvollstreckung anordnet oder eine Person mit einer über den Tod hinaus wirkenden Vertretungsmacht ausstattet. Dadurch kann die Sicherung des Nachlasses gewährleistet werden mit der Folge, dass es an einem Fürsorgebedürfnis für nachlasssichernde Maßnahmen i.S.d. Abs. 1 fehlt. 160

F. Haftungsfragen

I. Haftung des Nachlassgerichts

Das Nachlassgericht ist bei Vorliegen der Voraussetzungen des Abs. 1 und 2 zur Nachlasssicherung verpflichtet. Im Falle schuldhafter **Amtspflichtverletzung** bei der Durchführung der Sicherungsmaßnahmen, etwa der Auswahl[453] oder der Beaufsichtigung[454] des Nachlasspflegers, haftet der Staat den Erben nach Art. 34 GG, § 839 BGB. Auch mögliche Ansprüche der Erben wegen fehlerhafter Anordnung einer Nachlasspflegschaft oder deren nicht rechtzeitiger Aufhebung sind einem gerichtlichen Amtshaftungsprozess vorbehalten.[455] Eine Haftung gegenüber den Nachlassgläubigern 161

---

446 BayObLG v. 17.8.1990 – BReg. 1a Z 36/89, FamRZ 1991, 230; OLG Braunschweig v. 8.7.2020 – 3 W 19/20, NLPrax 2020, 113 m.w.N.; *Zimmermann*, ZEV 2011, 631, 632.

447 BayObLG v. 17.8.1990 – BReg. 1a Z 36/89, FamRZ 1991, 230.

448 Ausführlich zu den Kosten unter der Geltung des GNotKG etwa *Kroiß*, ZEV 2013, 413, 417; *Schneider*, JurBüro 2013, 544, 556 f.; *Zimmermann*, FamRZ 2013, 1264, 1269 f.

449 OLG Düsseldorf Rpfleger 2002, 227.

450 Bormann/Diehn/Sommerfeldt/*Sommerfeldt*, § 24 GNotKG Rn 1.

451 KG Berlin DJZ 1903, 202.

452 OLG München v. 6.8.2024 – 33 Wx 104/24 e, Rpfleger 2024, 767.

453 *Schulz*, in: Groll/Steiner, Praxis-HdB Erbrechtsberatung, Rn 23.17; Siebert/*Siebert*, Nachlasspflegschaft, Rn 110.

454 *Muscheler*, ErbR 2024, 742, 744.

455 OLG München v. 27.11.2023 – 11 W 1289/23 e, NLPrax 2024, 51.

kommt nicht in Betracht (siehe für die Nachlassverwaltung die insoweit abweichende Regelung des § 1985 Abs. 2 BGB).

II. Haftung des Nachlasspflegers

162 Für vorsätzliche oder fahrlässige **Pflichtverletzungen** i.R.d. gesetzlichen Schuldverhältnisses (siehe Rdn 50) haftet der Nachlasspfleger den Erben über die allg. deliktischen Bestimmungen hinaus entsprechend §§ 1888 Abs. 1, 1826 BGB.[456] Der Anspruch fällt in den Nachlass[457] und muss im Prozesswege geltend gemacht werden.

163 Um eine Haftung auszuschließen, hat der Nachlasspfleger diejenige Sorgfalt anzuwenden, die von einem verständigen Menschen zu erwarten ist. Dabei ist darauf abzustellen, welcher Wissensstand und welche Sorgfalt nach den Lebensumständen, dem Lebenskreis und der Rechts- und Geschäftserfahrung des jeweiligen Pflegers vorausgesetzt werden kann.[458] Der Maßstab der geforderten Sorgfalt wird damit gegenüber dem objektiven Maßstab des § 276 Abs. 2 BGB eingeschränkt.[459] Für die Haftung des Nachlasspflegers ist es unerheblich, ob das Nachlassgericht die von ihm getätigten Geschäfte nach §§ 1888 Abs. 1, 1855 ff. BGB genehmigt hat.[460]

164 Eine Inanspruchnahme des Nachlasspflegers auf **Schadensersatz** kann gegen Treu und Glauben verstoßen. Das kann etwa dann in Betracht kommen, wenn sich der Nachlasspfleger über die ihm obliegenden Pflichten hinaus für die Interessen der Erben eingesetzt und dadurch dem Nachlass erhebliche Werte erhalten hat, die ansonsten verloren gewesen wären.[461]

165 Tätigt ein Nachlasspfleger unberechtigt für sich **Entnahmen** aus dem Nachlass, so steht der Bejahung von Untreue gem. § 266 StGB nicht entgegen, dass der Nachlasspfleger während seiner Tätigkeit möglicherweise Aufwendungsersatzansprüche für steuer- und rechtsberatende Leistungen erworben hat.[462]

166 Im Hinblick darauf, dass der Nachlasspfleger lediglich die Interessen des zukünftigen Erben zu wahren hat, kommt eine Haftung gegenüber **Nachlassgläubigern** nur im Falle der Verletzung der Auskunftspflicht gem. § 2012 Abs. 1 S. 2 BGB sowie im Falle unerlaubter Handlung in Betracht. Die Anwendung der für den Nachlassverwalter geltenden Regelung des § 1985 Abs. 2 BGB ist mit der ganz h.M. abzulehnen.[463] Dem steht bereits die Systematik des Gesetzes insofern entgegen, als eine Verantwortung gegenüber den Nachlassgläubigern zwar für den Nachlassverwalter, aber gerade nicht für den Nachlasspfleger ausdrücklich bestimmt worden ist. Für den Nachlassgläubiger

---

456 OLG Hamm NJW-RR 1995, 1159 ff.; OLG Dresden ZEV 2000, 402 ff. m. Anm. *Damrau*, hier wird eine Haftung des Nachlasspflegers auch gegenüber nicht bekannten Erbteilserwerbern bejaht. Umfassend zu Haftungsfragen: *Muscheler*, ErbR 2024, 742. Zur Haftung des Nachlasspflegers bei vorschneller Beauftragung eines Erbenermittlers LG Berlin v. 14.9.2011 – 23 O 613/10, ZEV 2012, 413 m. Anm. *Forkert*. Zu den Haftungsrisiken und der Notwendigkeit einer speziellen Vermögensschaden-Haftpflichtversicherung für Nachlasspfleger Schulz/*Schulz*, HdB Nachlasspflegschaft, § 30 Rn 1 ff.

457 OLG Dresden ZEV 2000, 402 ff. m. Anm. *Damrau*.

458 OLG Hamm NJW-RR 1995, 1159 ff.

459 Siehe dazu hinsichtlich des über § 1915 Abs. 1 S. 1 BGB entsprechend anwendbaren § 1833 BGB BGH v. 18.9.2003 – XII ZR 13/01, ZErb 2004, 95; BGH v. 5.5.1983 – III ZR 57/82, FamRZ 1983, 1220; BGH v. 15.1.1964 – IV ZR 106/63, FamRZ 1964, 199; OLG Schleswig v. 6.12.1996 – 1 U 91/96, FamRZ 1997, 1427.

460 Vgl. BGH v. 18.9.2003 – XII ZR 13/01, ZErb 2004, 95; BGH v. 5.5.1983 – III ZR 57/82, FamRZ 1983, 1220; BGH v. 15.1.1964 – IV ZR 106/63, FamRZ 1964, 199.

461 BGH FamRZ 1975, 576 f. bezogen auf den Nachlassverwalter.

462 BGH v. 7.5.1997 – 1 StR 638/96, NStZ-RR 1997, 298 f.

463 BGH v. 8.12.2004 – IV ZR 199/03, ZEV 2005, 109 m.w.N.; Grüneberg/*Weidlich*, § 1960 Rn 18; MüKo/*Leipold*, § 1960 Rn 80.

besteht die Möglichkeit, den Erben, der für ein Verschulden des Nachlasspflegers über § 278 BGB einzustehen hat, in Anspruch zu nehmen. Die Haftung des Erben kann allerdings, anders als bei § 1982 Abs. 2 BGB, auf den Nachlass beschränkt werden.

Der Nachlasspfleger begeht keine schuldhafte Pflichtverletzung, wenn er unstreitige Ansprüche des Vermächtnisnehmers nicht befriedigt, sofern die Möglichkeit besteht, dass ein Pflichtteilsberechtigter durch die Befriedigung des Anspruchs gem. § 2322 BGB überlastet wäre.[464] 167

Der Nachlasspfleger ist gem. § 317 Abs. 1 InsO berechtigt, ein **Nachlassinsolvenzverfahren** zu beantragen, aber anders als der Erbe und der Nachlassverwalter nicht dazu verpflichtet.[465] Unterlässt der Nachlasspfleger pflichtwidrig die Beantragung des Nachlassinsolvenzverfahrens, kann er zwar nicht den Nachlassgläubigern, jedoch dem Erben gegenüber zum Schadensersatz verpflichtet sein.[466] 168

Gem. § 31 Abs. 6 ErbStG ist ein Nachlasspfleger zur Abgabe der Erbschaftsteuererklärung verpflichtet. Nach § 32 Abs. 2 S. 1 ErbStG ist der Steuerbescheid dem Nachlasspfleger bekannt zu geben, dieser hat für die Bezahlung der Erbschaftsteuer zu sorgen und auf Verlangen des FA aus dem Nachlass Sicherheit zu leisten (§ 32 Abs. 2 S. 2 ErbStG i.V.m. § 32 Abs. 1 S. 2 und 3 ErbStG). Der Nachlasspfleger ist berechtigt, im Namen der unbekannten Erben Rechtsmittel gegen den Steuerbescheid einzulegen, er ist allerdings nicht Beteiligter i.S.v. § 57 FGO.[467] Soweit die Nichtzahlung der Steuer auf grob fahrlässiger oder vorsätzlicher Pflichtverletzung beruht, haftet der Nachlasspfleger dem FA gegenüber für die Erbschaftsteuer gem. §§ 34 Abs. 1, 69 AO. Daneben besteht eine verschärfte Haftung gem. § 20 Abs. 6 S. 2 ErbStG bei Auskehrung von Nachlass an im Ausland lebende Erben. 169

Als gesetzlicher Vertreter der unbekannten Erben hat der Nachlasspfleger gem. § 34 Abs. 1 AO deren steuerliche Pflichten zu erfüllen und insbesondere dafür zu sorgen, dass die Steuern aus den Mitteln entrichtet werden, die er verwaltet. Kommt er dieser Verpflichtung vorsätzlich oder grob fahrlässig nicht nach, so haftet er dafür (vgl. §§ 34 Abs. 1, 69 AO). 170

III. Haftung der Erben

Der Nachlasspfleger ist gesetzlicher Vertreter des oder der Erben (siehe dazu Rdn 50). I.R.d. dadurch begründeten gesetzlichen Schuldverhältnisses (siehe Rdn 50) haben der Erbe bzw. die Erben gem. § 278 BGB für ein Verschulden des Nachlasspflegers einzustehen. Dies gilt jedoch nur insoweit, als die Erfüllung von Pflichten des Erben auch in den Aufgabenbereich des Nachlasspflegers fällt. Bei den hieraus resultierenden Verbindlichkeiten handelt es sich um Nachlassverbindlichkeiten i.S.d. § 1967 Abs. 2 BGB, so dass die Erben ihre Haftung auf den Nachlass beschränken können. Soweit die Erben in Anspruch genommen werden, besteht grundsätzlich eine Rückgriffsmöglichkeit gegen den Nachlasspfleger. 171

Der Erbe haftet jedoch nicht für den Umstand, dass der Nachlasspfleger trotz Vorliegen eines Insolvenzgrundes die Durchführung eines Nachlassinsolvenzverfahrens nicht beantragt hat. Die Grundsätze des § 278 BGB kommen insoweit nicht zum Tragen.[468] 172

---

464 OLG Nürnberg v. 29.11.2016 – 6 U 2145/15, BeckRS 2016, 122391.

465 BGH v. 8.12.2004 – IV ZR 199/03, ZEV 2005, 109 m.w.N.; LG Kleve v. 29.1.2013 – 4 O 275/12, juris.

466 BGH v. 19.5.2011 – IX ZB 74/10, ZEV 2011, 544; BGH v. 8.12.2004 – IV ZR 199/03, NJW 2005, 756.

467 BFH/NV 2005, 704.

468 BGH v. 8.12.2004 – IV ZR 199/03, ZEV 2005, 109.

§ 1961 Nachlasspflegschaft auf Antrag

Das Nachlassgericht hat in den Fällen des § 1960 Abs. 1 einen Nachlasspfleger zu bestellen, wenn die Bestellung zum Zwecke der gerichtlichen Geltendmachung eines Anspruchs, der sich gegen den Nachlass richtet, von dem Berechtigten beantragt wird.

Literatur

Siehe die Literaturhinweise zu § 1960 BGB.

Übersicht: Rdn

A. Allgemeines

1 Die Regelung des § 1961 BGB steht in einem engen Zusammenhang mit der Bestimmung des § 1958 BGB. Danach kann ein Anspruch, der sich gegen den Nachlass richtet, vor der Annahme der Erbschaft nicht gegen den Erben gerichtlich geltend gemacht werden. Eine Klage des Nachlassgläubigers gegen den Erben vor dem Zeitpunkt der Erbschaftsannahme wäre deshalb mangels passiver **Prozessführungsbefugnis** als unzulässig abzuweisen.[1] Im Hinblick darauf gibt § 1961 BGB dem Nachlassgläubiger die Möglichkeit, unter den hier genannten Voraussetzungen die Bestellung eines Nachlasspflegers zu beantragen (sog. Forderungspflegschaft),[2] für den nach § 1960 Abs. 3 BGB die Beschränkung des § 1958 BGB nicht gilt. Damit kann der Nachlassgläubiger seine gegen den Nachlass gerichteten Ansprüche bereits vor der Erbschaftsannahme durch Klage gegen den Nachlasspfleger als Vertreter des endgültigen Erben verfolgen. § 1961 BGB soll mithin den Nachlassgläubigern die Rechtsverfolgung erleichtern.[3] Dasselbe gilt, wie aus dem Verweis des § 1961 BGB auf die Fälle des § 1960 Abs. 1 BGB deutlich wird, wenn der Erbe unbekannt und der Nachlassgläubiger aus diesem Grund nicht in der Lage ist, die Person des Erben und damit den Klagegegner zu bestimmen.

2 § 1961 BGB eröffnet die Möglichkeit der gerichtlichen Verfolgung von gegen den Nachlass gerichteten Ansprüchen vor dem Zeitpunkt der Erbschaftsannahme auch in den Fällen, in denen die gerichtliche Geltendmachung bereits gegenüber dem Erblasser

1 MüKo/*Leipold*, § 1961 Rn 1.

2 Siehe *Schulz*, NLPrax 2019, 1 ff. Alternative Bezeichnungen: Klag- oder Klagepflegschaft, vgl. *Krätzschel*, in: Krätzschel/Falkner/Döbereiner, Nachlassrecht, § 41 Rn 144, oder Prozesspflegschaft, vgl. Schulz/*Hamberger*, Handbuch Nachlasspflegschaft, § 1 Rn 21.

3 KG Berlin NJW 1971, 565.

erfolgt war. Gem. § 239 Abs. 1 ZPO wird im Falle des Todes einer Partei das **Verfahren** grundsätzlich bis zu dessen Aufnahme durch die Rechtsnachfolger **unterbrochen**, der Erbe ist allerdings nach § 239 Abs. 5 ZPO vor der Annahme der Erbschaft zur Fortsetzung des Rechtsstreits nicht verpflichtet. Hier hilft die Regelung des § 243 ZPO; danach ist bei der Unterbrechung des Verfahrens durch den Tod einer Partei für den Fall der Bestellung eines Nachlasspflegers die Vorschrift des § 241 ZPO anzuwenden. Dies hat zur Folge, dass das unterbrochene Verfahren (auch) durch Anzeige des Gegners an den Nachlasspfleger aufgenommen werden kann (§§ 243, 241 Abs. 1 ZPO).[4]

Über den Zweck der Ermöglichung einer frühzeitigen Rechtsverfolgung durch den Nachlassgläubiger hinaus hat die nach § 1961 BGB entstandene Nachlasspflegschaft die Fürsorge des Nachlasses zum Inhalt[5] und dient insoweit auch dem Interesse des Erben. Ihrem Wesen nach unterscheidet sich die Nachlasspflegschaft aufgrund von § 1961 BGB damit nicht von der nach § 1960 BGB (vgl. hierzu § 1960 Rdn 32 f., 36). 3

B. Tatbestand

Die Anordnung einer Nachlasspflegschaft auf Antrag setzt zunächst einen der Fälle des § 1960 Abs. 1 BGB voraus. Des Weiteren ist ein Antrag des Berechtigten erforderlich. Darüber hinaus muss die Bestellung zum Zweck der gerichtlichen Geltendmachung eines gegen den Nachlass gerichteten Anspruchs beantragt werden. Schließlich muss ein rechtliches Interesse des Nachlassgläubigers an der Bestellung gegeben sein. 4

I. Verweis auf § 1960 Abs. 1 BGB

Die Bestellung eines Nachlasspflegers nach Maßgabe des § 1961 BGB ist auf die Fälle des § 1960 Abs. 1 BGB (siehe dazu § 1960 Rdn 2 ff.) beschränkt. Eine Nachlasspflegschaft kommt mithin nur in Betracht, solange die Erbschaft noch nicht angenommen worden ist (§ 1960 Abs. 1 S. 1 BGB) oder wenn der Erbe unbekannt oder wenn ungewiss ist, ob er die Erbschaft angenommen hat (§ 1960 Abs. 1 S. 2 BGB). Hierbei ist aber die besondere Situation des dem Erben fernstehenden Gläubigers zu berücksichtigen, dem regelmäßig umfangreiche Nachforschungen nach Unterlagen zum Nachweis der Erbfolge nicht zugemutet werden können.[6] Dies ist etwa der Fall, wenn weder dem Nachlassgläubiger noch dem Nachlassgericht Erkenntnisse über die Person des Erben bekannt sind. Entsprechende Unsicherheit besteht schon dann, wenn die beschaffbaren Unterlagen zu keiner zweifelsfreien Würdigung der Erbrechtslage führen oder wenn mehrere Erbprätendenten über die Erbenstellung streiten. Steht allerdings nach den tatsächlichen Verhältnissen mit hoher Wahrscheinlichkeit fest, wer Erbe ist, kommt die Anordnung einer Nachlasspflegschaft nicht in Betracht, auch wenn ein Erbschein nicht erteilt ist.[7] 5

Unter Berücksichtigung der Zielsetzung des § 1961 BGB ist davon auszugehen, dass der Erbe auch dann unbekannt ist, wenn dem Antragsteller entweder wegen Weitläufigkeit und Schwierigkeit der erbrechtlichen Verhältnisse in tatsächlicher und rechtlicher Hinsicht die Beschaffung der Unterlagen für einen Erbschein nicht zugemutet werden kann oder solange nicht diejenigen Tatsachen bekannt sind, die der Nachlassgläubiger zur sachgemäßen Verfolgung seiner Rechte kennen muss.[8] Dies ist bspw. der 6

4 Siehe hierzu näher Zöller/*Greger*, § 243 Rn 3.
5 MüKo/*Leipold*, § 1961 Rn 2 m.w.N.
6 OLG Brandenburg v. 28.11.2022 – 3 W 79/22, NLPrax 2023, 18; KG Berlin v. 17.6.1999 – 1 W 6809/98, NJWE-FER 2000, 15; v. 24.2.1998 – 1 W 364/98, ZEV 1998, 260 m.w.N.
7 OLG Brandenburg v. 28.11.2022 – 3 W 79/22, NLPrax 2023, 18 m. Anm. *Schulz*.
8 Vgl. BayObLG v. 11.1.1984 – 1 Z 51/83, Rpfleger 1984, 102; LG Oldenburg v. 7.12.1981 – 5 T 389/81, Rpfleger 1982, 105 m.w.N.

Fall, wenn Ungewissheit über die Wirksamkeit einer Ausschlagung besteht, die erst im weiteren Verlauf eines Erbscheinsverfahrens, dessen Dauer nicht abzusehen ist, geklärt werden kann.[9] Bloße Zweifel an der Richtigkeit eines erteilten Erbscheins genügen nicht. Das gilt auch dann, wenn der Gläubiger davon ausgeht, seine diesbezüglichen Zweifel könnten vom Prozessgericht mit der Folge einer Klagabweisung geteilt werden.[10]

7 Sind bei **mehreren Erben** nicht alle bekannt, so kann der Antrag auf Bestellung eines Nachlasspflegers insoweit beschränkt werden, als es um die Pflegschaft bezogen auf die Erbteile der unbekannten Erben geht. In diesem Fall wird dann seitens des Nachlassgerichts eine Teilnachlasspflegschaft[11] angeordnet.

8 Die Frage, ob die Voraussetzungen zur Anordnung der Pflegschaft vorliegen, hat das Nachlassgericht im Wege der Amtsermittlung zu klären (siehe § 26 FamFG).[12]

II. Antrag des Berechtigten

9 Die **Forderungspflegschaft** des § 1961 BGB wird nur auf **Antrag** des Berechtigten angeordnet. Der Antrag muss nicht schriftlich gestellt werden, er kann nach § 25 FamFG auch zu Protokoll der Geschäftsstelle des zuständigen Gerichts oder der Geschäftsstelle eines AG erfolgen. Nach § 10 Abs. 2 FamFG kann sich der Nachlassgläubiger auch durch einen Bevollmächtigten vertreten lassen. Zur Vereinheitlichung der Prozessordnungen wurde die Möglichkeit der Bevollmächtigung allerdings auf Beschäftigte des Beteiligten (Nr. 1), volljährige Familienangehörige, Personen mit der Befähigung zum Richteramt, andere Beteiligte (Nr. 2) und Notare (Nr. 3) beschränkt.

10 Der Antragsteller ist **Berechtigter** i.S.d. § 1961 BGB, wenn er die Geltendmachung eines gegen den Nachlass gerichteten Anspruchs behauptet. Der Anspruch muss nicht glaubhaft gemacht werden.[13] Das Nachlassgericht hat nach § 26 FamFG von Amts wegen zu klären, ob der behauptete Anspruch seinem Inhalt nach der Anspruch eines Nachlassgläubigers ist.[14] Das ist dann der Fall, wenn sich der **Anspruch** gegen den Nachlass richtet, d.h., gegen den Erben oder die Erbengemeinschaft als solche.[15] In Betracht kommen neben sonstigen Nachlassschulden auch Ansprüche aufgrund von Pflichtteilsrechten, Vermächtnissen, Auflagen oder auch Beerdigungskosten.[16] Zu den berechtigenden Ansprüchen zählt ebenfalls der Anspruch des Miteigentümers auf Zwangsversteigerung des Grundbesitzes zwecks Aufhebung der Gemeinschaft.[17] Auch die Staatskasse kann wegen ihr zu erstattender Kosten als Berechtigte die Nachlasspflegschaft beantragen.[18]

11 Hauptanwendungsfall in der Praxis sind die sog. **Mieterpflegschaften**, bei denen der Vermieter die Bestellung eines Nachlasspflegers beantragt, um das Mietverhältnis mit

---

9 LG Oldenburg v. 7.12.1981 – 5 T 389/81, Rpfleger 1982, 105.

10 LG Verden v. 16.8.1950 – 2 T 180/50, MDR 1951, 34.

11 *Krätzschel*, in: Krätzschel/Falkner/Döbereiner, Nachlassrecht, § 41 Rn 146; näher hierzu *Zimmermann*, FGPrax 2004, 198 ff.

12 *Krätzschel*, in: Krätzschel/Falkner/Döbereiner, Nachlassrecht, § 41 Rn 148.

13 OLG Hamm v. 11.3.2014 – I-15 W 316/13, ZErb 2014, 164.

14 KG Berlin v. 17.6.1999 – 1 W 6809/98, NJWE-FER 2000, 15; *Krätzschel*, in: Krätzschel/Falkner/Döbereiner, Nachlassrecht, § 41 Rn 148.

15 KG Berlin NJW 1971, 565 f.

16 *Krätzschel*, in: Krätzschel/Falkner/Döbereiner, Nachlassrecht, § 41 Rn 148.

17 *Krätzschel*, in: Krätzschel/Falkner/Döbereiner, Nachlassrecht, § 41 Rn 148 m.w.N.

18 OLG Jena FGPrax 2007, 70 ff.

seinem verstorbenen Mieter beenden und abwickeln zu können. Diese sind vom Gericht anzuordnen, ohne dass ihm insoweit ein Ermessen zusteht.[19]

An einem gegen den Nachlass gerichteten Anspruch fehlt es z.B. dann, wenn einzelne Miterben sich aus der **Gesamthandsgemeinschaft** ergebende Ansprüche gegen andere, noch nicht feststehende Miterben durchsetzen wollen.[20] Hier richtet sich der Anspruch nicht gegen den Nachlass, sprich die Erbengemeinschaft, sondern gegen die Miterben.[21] Ist jedoch ein Miterbe verstorben und sind seine Erben unbekannt, kann jeder Miterbe im Hinblick auf seinen **Auseinandersetzungsanspruch** die Bestellung eines Nachlasspflegers für die unbekannten Erben des Miterben beantragen.[22] Bei der Geltendmachung der Nichtigkeit des Erblassertestaments durch einen gesetzlichen Erben geht es nicht um einen gegen den Nachlass gerichteten Anspruch.[23] 12

III. Zweck der gerichtlichen Geltendmachung

Die Bestellung muss zum Zweck der gerichtlichen Geltendmachung beantragt werden. 13
Die **gerichtliche Geltendmachung** braucht allerdings nicht das vorrangige Ziel des Nachlassgläubigers zu sein. Es genügt, wenn er seinen Anspruch zunächst außergerichtlich zu befriedigen sucht und erst in zweiter Linie eine gerichtliche Geltendmachung in Betracht zieht.[24] Die Anordnung einer Pflegschaft ist dagegen ausgeschlossen, wenn vor der Bestellung des Nachlasspflegers feststeht, dass der Nachlassgläubiger nicht gerichtlich vorgehen will.[25] Unter den Begriff der gerichtlichen Geltendmachung fallen auch die Vornahme einer **Zwangsvollstreckungsmaßnahme**[26] oder die Einleitung eines Arrestverfahrens durch Stellung eines Arrestantrages.[27] Im Zusammenhang mit der Vornahme einer Zwangsvollstreckungsmaßnahme ist für eine Pflegerbestellung danach zu unterscheiden, ob die Zwangsvollstreckung schon begonnen hat oder erst eingeleitet werden soll. Stirbt der Erblasser vor Beginn der Zwangsvollstreckung, scheitert die notwendige Klauselerteilung gegen den Erben an § 1958 BGB, wenn dieser die Erbschaft noch nicht angenommen hat. Insofern ermöglicht die Pflegerbestellung nach § 1961 BGB dem Gläubiger die Zwangsvollstreckung. Zur Fortsetzung einer schon gegen den Erblasser begonnenen Zwangsvollstreckung bedarf es hingegen keiner Klausel gegen den Erben (§ 779 Abs. 1 ZPO). Soweit die Zuziehung des Schuldners bei Vollstreckungshandlungen notwendig ist, sieht § 779 Abs. 2 ZPO die Bestellung eines besonderen Vertreters vor. Bei bereits begonnener Zwangsvollstreckung ist

19 OLG Brandenburg, 13.4.2021 – 3 W 35/21, BeckRS 2021, 10140; OLG Zweibrücken v. 7.5.2015 – 8 W 49/15, ZEV 2015, 633 (auch bei nicht vorhandenem Nachlassvermögen bzw. dürftigem Nachlass); OLG Köln v. 10.12.2010 – 2 Wx 198/10, ZEV 2011, 582; OLG München v. 20.3.2012 – 31 Wx 81/12, FGPrax 2012, 118 (Umfang des anzuordnenden Wirkungskreises); *Schulz*, NLPrax 2019, 1, 5 m.w.N. zur Rspr.

20 OLG Düsseldorf v. 27.3.2019 – 3 Wx 51/19, NLPrax 2019, 132; KG Berlin NJW 1971, 565 f.

21 OLG Düsseldorf v. 27.3.2019 – 3 Wx 51/19, NLPrax 2019, 132; KG Berlin NJW 1971, 565 f.

22 OLG Braunschweig v. 23.10.2019 – 1 W 26/19, NLPrax 2020, 20; OLG Hamm v. 22.1.2008 – 15 W 270/07, ZErb 2008, 209; KG Berlin v. 3.10.1980 – 1 W 3322/80, OLGZ 1981, 151.

23 MüKo/*Leipold*, § 1961 Rn 7 m.w.N.

24 OLG Brandenburg, 13.4.2021 – 3 W 35/21, BeckRS 2021, 10140; OLG Hamm v. 11.3.2014 – I-15 W 316/13, ZErb 2014, 164; OLG München v. 18.12.2013 – 31 Wx 490/13, FamRZ 2014, 968; OLG München v. 20.11.2013 – 31 Wx 413/13, FamRZ 2014, 966; OLG Köln v. 10.12.2010 – 2 Wx 198/10, ZEV 2011, 582 m.w.N.; BayObLG v. 23.7.2002 – 1Z BR 39/01, FamRZ 2003, 562; insoweit erscheint die Bezeichnung als Forderungspflegschaft vorzugswürdig, *Schulz*, NLPrax 2019, 1, 5.

25 *Krätzschel*, in: Krätzschel/Falkner/Döbereiner, Nachlassrecht, § 41 Rn 149.

26 OLG München v. 20.11.2013 – 31 Wx 413/13, FamRZ 2014, 966; OLG Rostock v. 10.12.2012 – 3 W 150/12, FamRZ 2013, 1506; OLG Brandenburg v. 2.12.2005 – 1 AR 70/05, FamRZ 2006, 1862.

27 RGZ 60, 179, 182.

für die Bestellung eines Nachlasspflegers selbst dann kein Raum, wenn dem Gläubiger Nachlassgegenstände, in die er vollstrecken könnte, nicht bekannt sind.[28]

IV. Rechtsschutzinteresse

14 I.R.d. § 1961 BGB ist im Unterschied zu § 1960 BGB nicht gesondert das Vorliegen eines Bedürfnisses zur Nachlasssicherung (siehe hierzu § 1960 Rdn 11 ff.) zu prüfen.[29] Der Anordnung steht dementsprechend nicht entgegen, dass kein sicherungsbedürftiger Nachlass existiert oder der Nachlass aller Voraussicht nach dürftig ist.[30]

15 Allerdings muss ein **Rechtsschutzinteresse** gegeben sein, d.h., der antragstellende Nachlassgläubiger muss ein berechtigtes Interesse an der erstrebten Anordnung einer Nachlasspflegschaft haben.[31] Ein solches Interesse ist auf jeden Fall zu verneinen, wenn offenkundig keine Forderung existiert oder die Rechtsverfolgung aus sonstigen Gründen offensichtlich unbegründet oder mutwillig ist.[32] Im Übrigen kommt es darauf an, ob der Nachlassgläubiger zum Zweck der gerichtlichen Geltendmachung seines Anspruchs eines Nachlasspflegers bedarf.[33] Der Nachlassgläubiger kann bei unklarer Erbfolge nicht auf die Stellung eines Erbscheinsantrags und damit auf die Klärung der Erbfolge im Rahmen des Erbscheinsverfahrens verwiesen werden, denn nach § 792 ZPO steht das Recht, einen Erbschein zu beantragen, nur dem Gläubiger einer titulierten Nachlassverbindlichkeit zu.[34] Ein Rechtsschutzinteresse liegt nicht vor, wenn ein verwaltender Testamentsvollstrecker vorhanden ist (vgl. § 2213 Abs. 1 S. 1, 2 BGB),[35] es sei denn, dieser ist verhindert oder es werden Pflichtteilsansprüche geltend gemacht (§ 2213 Abs. 1 S. 3 BGB).[36]

C. Rechtsfolgen

I. Anordnung der Nachlasspflegschaft

16 Sofern die Voraussetzungen des § 1961 BGB gegeben sind, muss eine Nachlass(klage)pflegschaft angeordnet werden.[37] Das folgt ohne Weiteres aus dem Wortlaut des § 1961 BGB, der im Unterschied zu § 1960 Abs. 2 BGB dem Nachlassgericht kein Ermessen einräumt, sondern formuliert, das Nachlassgericht „hat" einen Nachlasspfleger zu bestellen. Die Anordnung kann auch auf eine **Teilnachlasspflegschaft** beschränkt werden.[38]

---

28 OLG München v. 20.11.2013 – 31 Wx 413/13, FamRZ 2014, 966.

29 OLG Bamberg v. 21.3.2022 – 2 W 35/21, FamRZ 2022, 1062; OLG Zweibrücken v. 7.5.2015 – 8 W 49/15, ZEV 2015, 633; OLG München v. 18.12.2013 – 31 Wx 490/13, FamRZ 2014, 968; OLG München v. 20.11.2013 – 31 Wx 413/13, FamRZ 2014, 966; BayObLG v. 23.7.2002 – 1Z BR 39/01, FamRZ 2003, 562.

30 OLG Brandenburg, 13.4.2021 – 3 W 35/21, BeckRS 2021, 10140; OLG München v. 20.3.2012 – 31 Wx 81/12, FGPrax 2012, 118; OLG Zweibrücken v. 7.5.2015 – 8 W 49/15, ZEV 2015, 633.

31 OLG Zweibrücken v. 7.5.2015 – 8 W 49/15, ZEV 2015, 633; OLG München v. 18.12.2013 – 31 Wx 490/13, FamRZ 2014, 968; BayObLG v. 23.7.2002 – 1Z BR 39/01, FamRZ 2003, 562; KG Berlin v. 3.10.1980 – 1 W 3322/80, OLGZ 1981, 151.

32 OLG München v. 18.12.2013 – 31 Wx 490/13, FamRZ 2014, 968; BayObLG v. 23.7.2002 – 1Z BR 39/01, FamRZ 2003, 562.

33 MüKo/*Leipold*, § 1961 Rn 10.

34 OLG Bamberg v. 21.3.2022 – 2 W 35/21, FamRZ 2022, 1062.

35 MüKo/*Leipold*, § 1961 Rn 10.

36 BGH v. 4.6.2014 – IV ZR 348/13, ZEV 2014, 543 Rn 10.

37 Siehe nur OLG Zweibrücken v. 7.5.2015 – 8 W 49/15, ZEV 2015, 633; *Krätzschel*, in: Krätzschel/Falkner/Döbereiner, Nachlassrecht, § 41 Rn 147.

38 Siehe dazu OLG Hamm Rpfleger 1987, 416; *Zimmermann*, FGPrax 2004, 198 ff.

II. Inhalt der Nachlasspflegschaft

17 Bei der nach § 1961 BGB angeordneten Nachlasspflegschaft handelt es sich um eine umfassende Pflegschaft gewissermaßen im Sinne eines „Vollmandats". Der Nachlasspfleger hat also nicht nur die Vertretung der Erben gegenüber dem seinen behaupteten Anspruch (außer-)gerichtlich geltend machenden Nachlassgläubiger, der die Pflegschaft beantragt hat, wahrzunehmen. Vielmehr hat er den Nachlass in vollem Umfang unter Berücksichtigung aller beteiligten Interessen, insbesondere auch des oder der Erben und der übrigen Nachlassgläubiger, zu verwalten.[39] Damit unterscheiden sich die Aufgaben des nach § 1961 BGB bestellten Nachlasspflegers nicht von denen des Nachlasspflegers, der auf der Grundlage von § 1960 Abs. 1 und 2 BGB bestellt worden ist (zu den Aufgaben des Nachlasspflegers siehe näher § 1960 Rdn 61 ff.).

18 Die Nachlasspflegschaft kann auf die Angelegenheit der Vertretung der Erben gegenüber dem Nachlassgläubiger, der die Pflegschaft zwecks gerichtlicher Geltendmachung seines gegen den Nachlass gerichteten Anspruchs beantragt hat, beschränkt werden. Eine solche Singularisierung der Pflegschaft durch das Nachlassgericht ist zulässig.[40] Die Nachlasspflegschaft kann jedoch nicht auf einzelne Teile abzuwickelnder Vertragsverhältnisse beschränkt werden. So kann bei anstehender Räumung der Mietwohnung der Wirkungskreis nicht auf die Beendigung des Mietverhältnisses beschränkt werden, da die Rückgabe der Mietsache sonst nicht durchgesetzt werden könnte.[41] Der Wirkungskreis muss lauten „Beendigung und Abwicklung des Mietverhältnisses".[42]

III. Ende der Nachlasspflegschaft

19 Aus dem Wesen der aufgrund § 1961 BGB angeordneten Nachlasspflegschaft als einer umfassenden Pflegschaft (vgl. Rdn 17) folgt notwendig, dass diese nicht ohne Weiteres mit dem Abschluss der (außer-)gerichtlichen Geltendmachung des Anspruchs durch den Gläubiger, der die Nachlasspflegschaft beantragt hat, endet.[43] Die Nachlasspflegschaft dauert vielmehr so lange fort, bis sie gem. §§ 1812 Abs. 1, 1962 BGB durch das Nachlassgericht aufgehoben wird,[44] wobei das Nachlassgericht die Frage der Aufhebung unter Berücksichtigung der Gesamtsituation des Nachlasses und aller diesbezüglichen Interessen und nicht nur allein im Hinblick auf die Erledigung des für die Pflegschaft ursprünglich maßgebenden Anlasses zu prüfen hat.

20 War die Pflegschaft ihrem Inhalt nach auf die Interessenwahrnehmung in einer **singulären Angelegenheit** beschränkt (vgl. Rdn 18), so endet die Pflegschaft nach § 1812 Abs. 2 BGB von selbst mit der Erledigung dieser einzelnen Angelegenheit.[45]

D. Verfahrensfragen

I. Zuständigkeit

21 Für die Anordnung einer Nachlasspflegschaft aufgrund von § 1961 BGB ist nach § 23a Abs. 1 Nr. 2, Abs. 2 Nr. 2 GVG i.V.m. § 342 FamFG das AG als Nachlassgericht

---

39 MüKo/*Leipold*, § 1961 Rn 12; *Krätzschel*, in: Krätzschel/Falkner/Döbereiner, Nachlassrecht, § 41 Rn 152.

40 BayObLG v. 1.3.1960 – BReg. 2 Z 216/59, BayObLGZ 1960, 93 = MDR 1960, 674; MüKo/*Leipold*, § 1961 Rn 11; *Krätzschel*, in: Krätzschel/Falkner/Döbereiner, Nachlassrecht, § 41 Rn 153.

41 Vgl. OLG Zweibrücken v. 7.5.2015 – 8 W 49/15, ZEV 2015, 633; OLG München v. 20.3.2012 – 31 Wx 81/12, ZErb 2012, 126 (siehe dort auch die Lösungsvorschläge für den Fall der Nachlassüberschuldung).

42 OLG Hamm v. 22.6.2010 – I-15 W 308/10, ZErb 2010, 269.

43 Vgl. MüKo/*Leipold*, § 1961 Rn 12.

44 RGZ 106, 46, 48; RGZ 154, 110, 114.

45 BayObLGZ 22, 111; BayObLG FamRZ 1988, 321 Nr. 169; MüKo/*Leipold*, § 1961 Rn 12.

sachlich zuständig. Die örtliche Zuständigkeit bestimmt sich nach § 343 FamFG (siehe zur Zuständigkeit § 1960 Rdn 133 ff.).

22 Fraglich ist, ob über § 343 FamFG hinaus für die Anordnung einer Nachlasspflegschaft gem. § 1961 BGB auch die **außerordentliche Zuständigkeit** des AG am Ort des Fürsorgebedürfnisses nach § 344 Abs. 4 FamFG gegeben ist.[46] Zum Teil wird eine Zuständigkeit des Gerichts der Fürsorge mit der Begründung abgelehnt, die Pflegschaft nach § 1961 BGB diene nicht, wie von § 344 Abs. 4 FamFG gefordert, der Sicherung des Nachlasses.[47] Diese Auffassung ist abzulehnen; auch wenn nach § 1961 BGB nur bestimmten Personen die Möglichkeit zur Beantragung einer **Forderungspflegschaft** eingeräumt ist, so handelt es sich bei dieser Pflegschaft ihrem Inhalt nach – nicht anders als bei § 1960 BGB – um eine umfassende Nachlasspflegschaft, der Nachlassgläubiger hat ein „Vollmandat". Die Pflegschaft nach § 1961 BGB hat nicht nur die Interessenwahrnehmung gegen den die Pflegschaft beantragenden Nachlassgläubiger zum Gegenstand, sondern ist unter Berücksichtigung der Interessen aller Beteiligten, auch der Erben, wahrzunehmen (siehe Rdn 17). Damit hat diese Pflegschaft, wie von § 344 Abs. 4 FamFG vorausgesetzt, auch den Zweck der Nachlasssicherung zum Inhalt. Eine an den Ort des Fürsorgebedürfnisses anknüpfende Zuständigkeit ist deshalb zu bejahen.[48]

II. Rechtsmittel

23 Wird der **Antrag** auf Bestellung eines Nachlasspflegers durch das Nachlassgericht **abgelehnt**, so steht dem Nachlassgläubiger gegen diese Entscheidung die Beschwerde nach § 58 FamFG zu.[49] Nach § 59 Abs. 2 FamFG ist die **Beschwerdeberechtigung** auf den Antragsteller beschränkt. Teilweise wird mit Hinweis auf die Verfahrensökonomie – und entgegen dieser – die Beschwerdebefugnis der Nachlassgläubiger bejaht, die einen Antrag zwar noch nicht gestellt haben, diesen aber im Zeitpunkt der Beschwerdeeinlegung noch wirksam stellen können.[50] Die Beschwerdeberechtigung greift auch für **Miterben**, die wegen der Ungewissheit über die Existenz und Identität eines etwaigen weiteren Erben ohne die Einrichtung einer Teilnachlasspflegschaft auf eine nicht absehbare Zeit gehindert wären, ihren Erbauseinandersetzungsanspruch gem. § 2042 Abs. 1 BGB zu verfolgen.[51]

24 Fallen die Voraussetzungen für die Anordnung einer Nachlasspflegschaft im Laufe des Beschwerdeverfahrens weg, weil das Beschwerdegericht weitere Ermittlungen durchgeführt hat, sind dem Gläubiger nicht die Kosten des Beschwerdeverfahrens aufzuerlegen.[52]

---

46 Hierfür etwa OLG Rostock v. 10.12.2012 – 3 W 150/12, FamRZ 2013, 1506 (m. Hinw. auf die abweichende h.M.); OLG Düsseldorf v. 15.12.1953 – 3 W 333/53, JMBl. NRW 1954, 83; MüKo/*Leipold*, § 1961 Rn 2; dagegen Grüneberg/*Weidlich*, § 1960 Rn 8; *Krätzschel*, in: Krätzschel/Falkner/Döbereiner, Nachlassrecht, § 41 Rn 145 m.w.N.; *Behr*, Rpfleger 2002, 2, 3; zur Ablehnung tendiert OLG Hamm v. 22.1.2008 – 15 W 270/07, ZErb 2008, 209.

47 Vgl. Grüneberg/*Weidlich*, § 1960 Rn 8; *Behr*, Rpfleger 2002, 2, 3.

48 I.E. wie hier OLG Rostock v. 10.12.2012 – 3 W 150/12, FamRZ 2013, 1506; OLG Düsseldorf v. 15.12.1953 – 3 W 333/53, JMBl. NRW 1954, 83; MüKo/*Leipold*, § 1961 Rn 2; Staudinger/*Mesina*, § 1960 Rn 3; *Zimmermann*, Nachlasspflegschaft, Rn 102.

49 OLG Bamberg v. 21.3.2022 – 2 W 35/21, FamRZ 2022, 1062; OLG Brandenburg v. 28.11.2022 – 3 W 79/22, NLPrax 2023, 18; OLG Karlsruhe v. 17.6.2013 – 14 Wx 84/11, ZEV 2014, 128; OLG Rostock v. 10.12.2012 – 3 W 150/12, FamRZ 2013, 1506; KG Berlin v. 17.6.1999 – 1 W 6809/98, NJWE-FER 2000, 15.

50 Vgl. BGH v. 10.12.1992 – V ZB 3/92, BGHZ 120, 396 = NJW 1993, 662 m.w.N.

51 OLG Hamm v. 30.7.2014 – 10 W 112/14, ZEV 2015, 364.

52 *Schulz*, NLPrax 2023, 21, 23.

Gegen die Anordnung der Nachlasspflegschaft hat nach § 59 Abs. 1 FamFG jeder, dessen Recht durch die Anordnung beeinträchtigt ist, das Recht zur Beschwerde. 25

Wird die **Aufhebung** der Nachlasspflegschaft **abgelehnt**, so besteht nach § 59 Abs. 1 FamFG ein Beschwerderecht für jeden, der dadurch in seinem Recht betroffen ist. **Gegen die Aufhebung der Nachlasspflegschaft** stand dem Nachlassgläubiger, der die Pflegschaft beantragt hat, ein Beschwerderecht nach §§ 75 S. 1, 57 Abs. 1 Nr. 3 FGG a.F. zu. Dasselbe galt für die Erben. Diese Beschwerderechte ergeben sich nun ebenfalls aus § 59 Abs. 1 FamFG.[53] Kein Beschwerderecht hat der Nachlasspfleger.[54] 26

Gegen die **Festsetzung** der **Vergütung** des Nachlasspflegers steht einem Nachlassgläubiger eine Beschwerdebefugnis nicht zu.[55] 27

Zuständig für die Entscheidung über die Beschwerde ist gem. § 119 Abs. 1 Nr. 1 Buchst. a, b GVG das OLG.[56] 28

III. Kosten

Für die Kosten, die durch die Anordnung der Nachlasspflegschaft entstehen, haften gem. § 24 GNotKG allein die Erben nach Maßgabe der Vorschriften des BGB über Nachlassverbindlichkeiten (§§ 1967 ff. BGB). Damit gilt auch § 1975 BGB, wonach sich die Haftung des Erben für die Nachlassverbindlichkeiten auf den Nachlass beschränkt, wenn zum Zweck der Befriedigung der Nachlassgläubiger eine Nachlassverwaltung angeordnet ist. 29

Im Hinblick darauf, dass nach § 24 GNotKG nur die Erben in der **Kostenhaftung** sind, treffen den Nachlassgläubiger, der die Anordnung der Nachlasspflegschaft beantragt hat, keine Kosten.[57] Das hat zur Konsequenz, dass von dem Nachlassgläubiger bei Antragstellung auch kein Kostenvorschuss (§ 12 GNotKG) gefordert werden kann.[58] 30

§ 1962 Zuständigkeit des Nachlassgerichts

Für die Nachlasspflegschaft tritt an die Stelle des Familiengerichts oder Betreuungsgerichts das Nachlassgericht.

Literatur

Müller, Abwesenheits-, Nachlasspflegschaft und Pflegschaft für unbekannte Beteiligte, NJW 1956, 652; siehe auch die Literaturhinweise zu § 1960 BGB.

Übersicht: Rdn

53 OLG Hamm v. 11.3.2014 – I-15 W 316/13, ZErb 2014, 164 m.w.N.
54 OLG Zweibrücken v. 8.2.1989 – 3 W 190/88, FamRZ 1989, 772.
55 OLG Hamm v. 11.3.2014 – I-15 W 316/13, ZErb 2014, 164.
56 Ausführlich dazu *Zimmermann*, ZEV 2009, 53 ff.
57 OLG Düsseldorf v. 6.11.2001 – 10 W 124/01, Rpfleger 2002, 227.
58 OLG Schleswig v. 24.11.2011 – 3 Wx 36/11, FamRZ 2012, 814; OLG Hamm v. 22.6.2010 – I-15 W 308/10, ZErb 2010, 269; OLG Hamm v. 5.1.2010 – I-15 W 383/09, ZErb 2010, 115–116; OLG Düsseldorf v. 6.11.2001 – 10 W 124/01, Rpfleger 2002, 227.

A. Allgemeines

1 Auf die Nachlasspflegschaft finden als eine besondere Art der Pflegschaft grundsätzlich die Bestimmungen der §§ 1882 ff. BGB über die sonstige Pflegschaft Anwendung, die in § 1888 Abs. 1 BGB wiederum die entsprechende Geltung der Vorschriften des Betreuungsrechts anordnen. Die daraus an sich folgende Zuständigkeit des Betreuungsgerichts auch für die Nachlasspflegschaft wird durch § 1962 BGB verhindert. Danach tritt für die Nachlasspflegschaft an die Stelle des Betreuungsgerichts das Nachlassgericht.[1] Insofern regelt § 1885 BGB klarstellend, dass das Nachlassgericht die Pflegschaft anordnet, einen geeigneten Pfleger auswählt und diesen bestellt, nachdem er sich zur Übernahme des Amtes bereit erklärt hat.

B. Rechtsfolgen

I. Zuständigkeit

2 Zur sachlichen, örtlichen und internationalen Zuständigkeit des Nachlassgerichts sowie zur funktionalen Zuständigkeit vgl. § 1960 Rn 105 ff.

3 Unter den Voraussetzungen des § 4 FamFG kann das Nachlassgericht die Pflegschaft an ein anderes Nachlassgericht abgeben. Praktische Bedeutung wird der Abgabemöglichkeit insbesondere für den Fall beigemessen, dass der Nachlass wesentlich aus Grundstücken besteht, die außerhalb des Gerichtsbezirks gelegen sind, in welchem der Erblasser zur Zeit des Erbfalls seinen gewöhnlichen Aufenthalt hatte.[2]

II. Folgen der Nichtbeachtung nachlassgerichtlicher Zuständigkeit bei der Erteilung von Genehmigungen

4 Wird eine gem. §§ 1848 ff., 1888 Abs. 1, 1960 BGB erforderliche **Genehmigung** anstelle des Nachlassgerichts durch das unzuständige Familien- oder Betreuungsgericht erteilt, so vermag diese dem genehmigungsbedürftigen Rechtsgeschäft keine Wirksamkeit zu verleihen.[3] Umstritten ist, ob eine Umdeutung der familien- oder betreuungsgerichtlichen Genehmigung in eine nachlassgerichtliche Genehmigung dann möglich ist, wenn dasselbe Gericht zuständig wäre.[4] Eine solche Umdeutung ist zumindest dann abzulehnen, wenn sich die Genehmigungsfrage für den Nachlassrichter wesentlich anders darstellt als für den Familien- oder Betreuungsrichter.[5]

§ 1963 Unterhalt der werdenden Mutter eines Erben

[1]Ist zur Zeit des Erbfalls die Geburt eines Erben zu erwarten, so kann die Mutter, falls sie außerstande ist, sich selbst zu unterhalten, bis zur Entbindung angemessenen Unterhalt aus dem Nachlass oder, wenn noch andere Personen als Erben berufen sind, aus dem Erbteil des Kindes verlangen. [2]Bei der Bemessung des Erbteils ist anzunehmen, dass nur ein Kind geboren wird.

Literatur

Bömelburg, Das Schicksal von Unterhaltsansprüchen nach dem Tode des Unterhaltsschuldners unter Berücksichtigung der sich aus § 1586b BGB ergebenden Besonderheiten, FF 2008, 144; *Dütz*, Das Zurückbehaltungsrecht des § 273 Abs. 1 BGB bei Erbauseinandersetzungen, NJW 1967, 1105; *Krüger/*

1 Vgl. OLG Frankfurt v. 23.7.2024 – 20 W 142/24 –, juris.
2 Siehe OLG Brandenburg v. 2.12.2005 – 1 AR 70/05, FamRZ 2006, 1862; OLG Brandenburg v. 28.11.2005 – 1 AR 60/05, FamRZ 2006, 1862.
3 MüKo/*Leipold*, § 1962 Rn 3 m.w.N.
4 Vgl. MüKo/*Leipold*, § 1962 Rn 3 m.w.N.
5 Staudinger/*Mesina*, § 1962 Rn 3 m.w.N.

Tegelkamp, Familienrechtliche Rechtspositionen im Erbfall, ErbR 2012, 34; *Scholz*, Der Anspruch der werdenden Mutter eines nichtehelichen Kindes gegen den Nachlass des Kindsvaters, 1981; *Stöcker*, Der Unterhaltsanspruch der Mutter des noch nicht geborenen Erben nach § 1963 BGB – ein überholtes Rechtsinstitut, ZblJugR 1981, 125.

Übersicht: Rdn

A. Allgemeines

Die Vorschrift des § 1963 BGB räumt zwar der werdenden Mutter eines **nasciturus** einen gesetzlichen Anspruch auf Unterhalt aus dem Nachlass bzw. Erbteil des zu erwartenden Erben ein (zur Anspruchsberechtigung siehe Rdn 3 ff.). Ihrer Zweckrichtung nach dient die Regelung des § 1963 BGB jedoch dem Schutz des gezeugten, aber noch nicht geborenen Erben: „Das Kind soll in der Mutter geschützt werden, indem für diese gesorgt wird."[1] § 1963 BGB ist in engem Zusammenhang mit der Bestimmung des § 1923 Abs. 2 BGB zu sehen,[2] wonach derjenige, der zur Zeit des Erbfalls noch nicht lebte, aber bereits gezeugt war, als vor dem Erbfall geboren gilt (siehe zur Erbfähigkeit des nasciturus § 1923 Rdn 3). Die wirtschaftliche Sicherung und insoweit ungestörte Entwicklung dieses künftigen Erben bis zum Zeitpunkt der Geburt zu gewährleisten, ist Ziel des § 1963 BGB. 1

Die Bestimmung des § 1963 BGB hat seit dem Inkrafttreten des Bürgerlichen Gesetzbuchs kaum praktische Relevanz erlangt.[3] Sie ist inhaltlich unverändert geblieben, allein die ursprüngliche Formulierung eines Anspruchs auf „standesmäßigen Unterhalt" in S. 1 wurde ersetzt durch die Worte „angemessenen Unterhalt".[4] 2

B. Tatbestand

Der Anspruch der werdenden Mutter auf **Unterhalt** nach S. 1 ist von dem Vorliegen zweier Voraussetzungen abhängig. Zum einen muss zur Zeit des Erbfalls die Geburt eines Erben zu erwarten sein, zum anderen muss die werdende Mutter außerstande sein, sich selbst zu unterhalten, es muss also Bedürftigkeit gegeben sein. 3

I. Zur Zeit des Erbfalls zu erwartende Geburt eines Erben

Ein **Unterhaltsanspruch** nach S. 1 kommt nur in Betracht, wenn zur Zeit des Erbfalls – Tod des Erblassers – die Geburt eines Erben zu erwarten ist. Das setzt im Hinblick auf die Regelung des § 1923 Abs. 2 BGB zunächst voraus, dass das ungebo- 4

1 Siehe Mot. V, S. 489.

2 Vgl. MüKo/*Leipold*, § 1963 Rn 1.

3 MüKo/*Leipold*, § 1963 Rn 1; Staudinger/*Mesina*, § 1963 Rn 1, 4; *Stöcker*, ZblJugR 1981, 125 spricht von einem „toten Rechtsinstitut".

4 Durch Art. 1 Nr. 41 FamilienrechtsänderungsG v. 11.8.1961, BGBl I, S. 1221.

rene Kind bereits gezeugt ist (nasciturus), weil es ansonsten an der Erbfähigkeit fehlen würde.

5 Des Weiteren muss der nasciturus eine Erbenstellung innehaben. Diese kann auf Gesetz beruhen, sie kann sich aber auch aus gewillkürter Erbfolge ergeben.

6 Die **Erbenstellung** muss im Zeitpunkt des Todes des Erblassers unmittelbar bestehen, anderenfalls kann S. 1 erst bei Wegfall eines zunächst zur Erbfolge Berufenen, sofern dieses Ereignis zeitlich vor der Geburt liegt, eingreifen. Relevanz erlangt diese Konstellation vor allem in den Fällen der Ausschlagung (§ 1953 BGB), der Einsetzung als Ersatzerbe (§ 2096 BGB) und der Erbunwürdigkeitserklärung (§ 2344 BGB). Mit Eintritt eines dieser Ereignisse vor der Geburt kann S. 1 bei Vorliegen der Voraussetzungen im Übrigen Wirkung entfalten.[5]

7 Fraglich ist, ob für die Anwendbarkeit des S. 1 auch eine bloße **Pflichtteilsberechtigung** des nasciturus genügt. Entgegen der Auffassung, die eine direkte[6] oder analoge[7] Anwendung von S. 1 bejaht, ist diese Frage zu verneinen.[8] Entscheidender Gesichtspunkt hierfür ist, dass der Erbe mit dem Erbfall bzw. der mit einer Erbenstellung ausgestattete nasciturus nach der Geburt Rechtsnachfolger in das gesamte Vermögen des Erblassers wird, während der Pflichtteilsberechtigte lediglich einen schuldrechtlichen Anspruch erwirbt. Diese unterschiedlichen Rechtspositionen schließen eine Anwendung des auf die werdende Mutter eines Erben bezogenen S. 1 auf den Fall des nasciturus, der künftig lediglich pflichtteilsberechtigt ist, aus.

8 Die werdende Mutter eines künftigen **Vermächtnisnehmers** hat gleichfalls keinen Unterhaltsanspruch gegen den Nachlass.[9]

9 Eine Sonderregelung findet sich bei der Einsetzung des **nasciturus als Nacherbe**. Für den Fall, dass im Zeitpunkt des Nacherbfalls der Nacherbe bereits gezeugt, jedoch noch nicht geboren ist, hat die werdende Mutter gem. § 2141 BGB in entsprechender Anwendung des S. 1 einen Unterhaltsanspruch. Dasselbe gilt dann, wenn der Nacherbfall erst mit der Geburt des Kindes eintritt (§§ 2101 Abs. 1 S. 1, 2106 Abs. 2 S. 1 BGB).[10]

II. Bedürftigkeit der werdenden Mutter

10 Die Regelung des S. 1 setzt weiter voraus, dass die werdende Mutter außerstande ist, sich selbst zu unterhalten. Das Gesetz verwendet hier dieselbe Formulierung wie in § 1602 Abs. 1 BGB bezogen auf die Unterhaltsberechtigung zwischen Verwandten in gerade Linie. Für die Frage der **Bedürftigkeit** i.S.v. § 1963 BGB ist deshalb von denselben Voraussetzungen auszugehen, bei deren Vorliegen Bedürftigkeit nach § 1602 Abs. 1 BGB gegeben ist.

11 Danach liegt Bedürftigkeit nur vor, wenn die werdende Mutter vermögenslos ist, d.h., sich weder aus Vermögenseinkünften noch aus dem Vermögensstamm unterhalten kann und nicht in der Lage ist, ihre Arbeitskraft zu verwerten, sprich, kein Einkommen aus Erwerbstätigkeit hat.[11] Ansprüche auf nachrangig zu gewährende **Sozialleistungen** wie z.B. Arbeitslosengeld II (§§ 19 ff. SGB II) oder Sozialhilfe nach dem SGB XII schließen die Bedürftigkeit im Hinblick darauf nicht aus, dass diese Leistungen dem

---

5 Vgl. Grüneberg/*Weidlich*, § 1963 Rn 1.

6 *Stöcker*, ZblJugR 1981, 125 ff., der vom Begriff des Erben alle Personen umfasst wissen will, die überhaupt etwas aus dem Nachlass – sei es als Erbe, Pflichtteilsberechtigter oder Vermächtnisnehmer – erhalten; zustimmend *Krüger/Tegelkamp*, ErbR 2012, 34, 36.

7 Staudinger/*Mesina*, § 1963 Rn 3.

8 Wie hier etwa Erman/*Westermann*, § 1963 Rn 3; MüKo/*Leipold*, § 1963 Rn 3.

9 Siehe etwa Erman/*Westermann*, § 1963 Rn 3; MüKo/*Leipold*, § 1963 Rn 3; Staudinger/*Mesina*, § 1963 Rn 3; a.A. *Stöcker*, ZblJugR 1981, 125 ff.

10 Vgl. MüKo/*Leipold*, § 1963 Rn 3.

11 Siehe näher zur Bedürftigkeit Grüneberg/*von Pückler*, § 1602 Rn 2 ff.

Subsidiaritätsprinzip unterliegen[12] (zur Frage, ob im Falle der Leistungsgewährung Anspruch aus S. 1 auf den Leistungsträger übergeht, siehe Rdn 29).

C. Rechtsfolgen

I. Unterhaltsanspruch der werdenden Mutter

Liegen die Voraussetzungen des S. 1 vor, so hat die werdende Mutter einen Anspruch auf angemessenen Unterhalt aus dem Nachlass oder aus dem Erbteil des Kindes bis zur Entbindung. Dieser Anspruch steht nicht nur der werdenden Mutter eines ehelichen Kindes, sondern, wie die unterschiedslose Formulierung des Gesetzes deutlich macht, jeder Mutter eines zu erwartenden Erben zu, also auch im Falle nichtehelicher Vaterschaft.[13] Eine Geltendmachung durch den Leibesfruchtpfleger (§ 1912) kommt nicht in Betracht, da nicht künftige Rechte der Leibesfrucht in Frage stehen.[14] 12

1. Wesen des Anspruchs

Bei dem Anspruch aus S. 1 handelt es sich um einen **gesetzlichen Unterhaltsanspruch** der Mutter. Dieser ist trotz seines Zwecks (siehe Rdn 1 ff.) als Nachlassverbindlichkeit in Gestalt einer Erbfallschuld i.S.v. § 1967 Abs. 2 BGB, also einer Verbindlichkeit, die aus Anlass des Erbfalls entsteht, einzuordnen.[15] 13

Auch wenn es an einer ausdrücklichen Verweisung fehlt, so sind gleichwohl im Hinblick auf den Charakter des Anspruchs als eines Unterhaltsanspruchs die allg. Vorschriften zur Unterhaltspflicht zwischen Verwandten (§§ 1601 ff. BGB) grundsätzlich anwendbar.[16] Das gilt etwa für die Regelung des § 1610 BGB über das zu bestimmende Maß des Unterhalts (siehe dazu Rdn 15 ff.) wie auch für die Bestimmungen des § 1612 Abs. 1 und 3 BGB, wonach der Unterhalt durch Entrichtung einer monatlich im Voraus zu zahlenden **Geldrente** zu gewähren ist, und des § 1614 Abs. 1 BGB, der einen Verzicht auf zukünftigen Unterhalt ausschließt. Hingegen ist die Anwendbarkeit von § 1613 BGB betreffend die Beschränkung der Geltendmachung von Unterhalt für die Vergangenheit abzulehnen.[17] Maßgebend hierfür sind die Gesichtspunkte, dass der Unterhaltsanspruch letztlich im Interesse des nasciturus besteht[18] und der in § 1613 BGB zum Ausdruck gelangende Vertrauensschutzgedanke bezogen auf den Anspruch aus S. 1 nicht zum Tragen kommen kann.[19] 14

2. Inhalt und Grenzen des Anspruchs

Der Anspruch aus S. 1 ist auf die Gewährung angemessenen Unterhalts bis zur Entbindung aus dem Nachlass oder, wenn noch andere Personen als Erben berufen sind, aus dem Erbteil des Kindes gerichtet. 15

Für den Begriff des **angemessenen Unterhalts** ist auf § 1610 Abs. 1 BGB abzustellen. Danach bestimmt sich das Maß des zu gewährenden Unterhalts nach der Lebensstellung des Bedürftigen, die Höhe des Nachlasses bzw. des Erbteils des Ungeborenen ist mithin als solche nicht maßgebend. Der angemessene Unterhalt umfasst die Kosten für den täglichen Lebensunterhalt, darüber hinaus auch die Kosten für ärztliche Behandlung während der Schwangerschaft, und zwar unabhängig davon, ob diese mit 16

12 Siehe etwa zur Sozialhilfe § 2 Abs. 2 SGB XII; vgl. auch BGH v. 25.2.1987 – IV b ZR 36/86, NJW 1987, 1551, 1553.
13 Siehe nur Grüneberg/*Weidlich*, § 1963 Rn 1.
14 Grüneberg/*Weidlich*, § 1963 Rn 2.
15 BGH v. 17.12.1952 – V BLw 91/52, NJW 1953, 343.
16 Allg. Auffassung, siehe nur MüKo/*Leipold*, § 1963 Rn 6.
17 Grüneberg/*Weidlich*, § 1960 Rn 2; Staudinger/*Mesina*, § 1960 Rn 6.
18 MüKo/*Leipold*, § 1963 Rn 6.
19 Vgl. auch Soergel/*Stein*, § 1963 Rn 5.

der Schwangerschaft im Zusammenhang steht, wie auch die Kosten für die Entbindung selbst.[20]

17 Zeitlich besteht der Anspruch „bis zur Entbindung", ist also grundsätzlich auf den Zeitraum zwischen dem Erbfall und der Geburt des Kindes begrenzt. **Nach der Entbindung** entstehende Kosten – z.B. Wochenbettkosten[21] und die infolge der Entbindung etwa durch Krankheit entstehenden Kosten[22] – können nicht über den Unterhaltsanspruch aus S. 1 geltend gemacht werden. Entsteht die Erbenstellung des werdenden Kindes erst zu einem Zeitpunkt nach dem Tod des Erblassers, wie etwa im Fall des Wegfalls eines zunächst berufenen Erben (siehe Rdn 6), so besteht der Anspruch ab diesem Zeitpunkt bis zur Entbindung.

18 Ferner ist der Unterhaltsanspruch auf die Höhe des Nachlasses oder – bei mehreren Erben – des Erbteils des Kindes beschränkt. Das wird unmittelbar aus dem Gesetz deutlich, wonach der Unterhalt (nur) aus dem Nachlass oder dem Erbteil des Kindes verlangt werden kann. S. 1 regelt insoweit einen speziellen Fall der beschränkten Erbenhaftung. Die für den Fall der Berufung mehrerer Erben erfolgende Anknüpfung an den Erbteil des Kindes dient allein der rechnerischen Bestimmung der für den Unterhaltsanspruch zur Verfügung stehenden Haftungsmasse, nicht etwa setzt das Gesetz z.B. eine erfolgte Auseinandersetzung voraus.[23]

19 Im Zusammenhang mit dieser Anknüpfung ist die Regelung des S. 2 zu beachten. Danach ist bei der Bemessung des Erbteils stets anzunehmen, dass nur ein Kind geboren wird. Eine Mehrlingsgeburt führt auch nachträglich nicht zu einer Erhöhung des Unterhaltsanspruchs.[24]

20 Der Unterhaltsanspruch aus S. 1 unterliegt gem. § 195 BGB der regelmäßigen **Verjährung**. Er verjährt mithin nach drei Jahren, wobei für den Verjährungsbeginn § 199 Abs. 1 BGB maßgebend ist.

3. Schuldner des Anspruchs

21 Schuldner des Unterhaltsanspruchs ist für den Fall, dass der nasciturus Alleinerbe wird, das Kind. Dieses haftet beschränkt auf den Nachlass (siehe Rdn 18). Vor der Geburt kann der Anspruch jedoch nur gegen einen nach § 1960 BGB oder nach § 1961 BGB auf Antrag der werdenden Mutter bestellten Nachlasspfleger geltend gemacht werden.[25] Darüber hinaus ist gem. § 2213 Abs. 1 S. 1 BGB die Geltendmachung gegen einen Testamentsvollstrecker möglich.

22 Sofern der **künftige Erbe** lediglich auf einen Erbteil berufen ist, richtet sich der Anspruch gegen die Gesamtheit der Erben, die Erbengemeinschaft, die mit dem gesamten Nachlass haftet.[26] Soweit Unterhalt geleistet worden ist, wird dieser auf den Nachlass oder, bei mehreren Erben, auf den Erbteil des Kindes angerechnet.

23 Gegenüber dem gesetzlichen Unterhaltsanspruch aus S. 1 ist die Geltendmachung eines **Zurückbehaltungsrechts** nach § 273 BGB ausgeschlossen.[27] Ebenfalls ausgeschlossen ist nach § 394 S. 1 BGB die Möglichkeit der Aufrechnung,[28] denn der Unterhaltsanspruch ist gem. § 850b Abs. 1 Nr. 2 ZPO unpfändbar.[29]

---

20 Siehe nur Staudinger/*Mesina*, § 1963 Rn 5.
21 MüKo/*Leipold*, § 1963 Rn 5; Grüneberg/*Weidlich*, § 1963 Rn 2; Staudinger/*Mesina*, § 1963 Rn 5.
22 Staudinger/*Mesina*, § 1960 Rn 5.
23 Siehe nur Soergel/*Stein*, § 1963 Rn 5.
24 MüKo/*Leipold*, § 1963 Rn 8; Grüneberg/*Weidlich*, § 1960 Rn 2; Staudinger/*Mesina*, § 1963 Rn 7.
25 Siehe nur Grüneberg/*Weidlich*, § 1963 Rn 3.
26 Grüneberg/*Weidlich*, § 1963 Rn 3.
27 Grüneberg/*Weidlich*, § 1960 Rn 3; *Dütz*, NJW 1967, 1105.
28 Grüneberg/*Weidlich*, § 1963 Rn 3.
29 Grüneberg/*Weidlich*, § 1960 Rn 3.

II. Rückforderung geleisteten Unterhalts

Eine Verpflichtung zur **Rückerstattung** geleisteten Unterhalts kann bestehen, wenn die erwartete Geburt eines Erben nicht eintritt. Hinsichtlich der Anspruchsgrundlagen ist zu unterscheiden. 24

Wurde die Schwangerschaft nur vorgetäuscht oder seitens der werdenden Mutter wissentlich eine falsche Abstammung behauptet, so kommen **Schadensersatzansprüche** aus § 823 Abs. 2 BGB i.V.m. § 263 StGB und § 826 BGB in Betracht.[30] Darüber hinaus besteht eine verschärfte Haftung nach Maßgabe der §§ 292, 812 Abs. 1 S. 1 Alt. 1, 818 Abs. 4, 819 Abs. 1, 989 BGB. 25

In den Fällen der irrtümlichen Annahme einer Schwangerschaft oder des Vorliegens einer Erbberechtigung steht den Erben ein bereicherungsrechtlicher Anspruch aus Leistungskondiktion gem. § 812 Abs. 1 S. 1 Alt. 1 BGB zu, wobei der Entreicherungseinwand nach § 818 Abs. 3 BGB beachtlich ist. Die Regelung des § 814 BGB hindert die Kondiktion nicht, denn die Leistung von Unterhalt an eine aus S. 1 nicht berechtigte Frau/werdende Mutter entspricht für den Erben nicht einer auf den Anstand zu nehmenden Rücksicht.[31] 26

Wird das Kind nicht lebend geboren und ist während der Schwangerschaft Unterhalt nach S. 1 geleistet worden, so ist eine Rückforderung desselben ausgeschlossen.[32] Bis zum Tod des Fötus haben die einschlägigen Voraussetzungen vorgelegen, sofern auch Bedürftigkeit gegeben war. S. 1 fordert nicht, dass das Kind lebend geboren wird, sondern spricht allein davon, dass die Geburt eines Erben zu erwarten ist. Die Geltendmachung rückständigen Unterhalts ist für diesen Fall allerdings ausgeschlossen.[33] 27

III. Verhältnis zu anderen Ansprüchen/Leistungen

Der Unterhaltsanspruch aus S. 1 kann mit einem Unterhaltsanspruch der Mutter nach § 1615n BGB i.V.m. § 1615l Abs. 1 BGB für die Dauer von sechs Wochen vor der Geburt zusammentreffen. Bei diesem Anspruch handelt es sich um eine **Nachlassverbindlichkeit** i.S.d. § 1967 Abs. 1 BGB, für die die Erben des verstorbenen Vaters haften. Wird das ungeborene Kind Alleinerbe, kann die Frage des Verhältnisses der vorstehend genannten Unterhaltsansprüche zueinander im Hinblick darauf dahingestellt bleiben, dass das Kind allein Rechtsnachfolger wird und mit dem Nachlass für die der Höhe nach identischen Ansprüche haftet (§ 1615l Abs. 3 S. 1 BGB ordnet entsprechende Anwendung der Vorschriften über die Unterhaltspflicht zwischen Verwandten an, damit gilt u.a. auch der für den Anspruch aus S. 1 maßgebende § 1610 BGB, siehe Rdn 14 und 16). Sind neben dem ungeborenen Kind auch andere Personen als **Miterben** berufen, so ist von der Subsidiarität des Anspruchs aus S. 1 gegenüber dem Unterhaltsanspruch nach §§ 1615n, 1615l Abs. 1 BGB auszugehen. Maßgebend hierfür ist der Gesichtspunkt, dass das Gesetz in § 1615l Abs. 3 S. 2 BGB eine vorrangige Verpflichtung des Vaters im Verhältnis zu unterhaltsverpflichteten Verwandten der Mutter bestimmt. Der Anspruch ist als Entschädigungsanspruch eigener Art konzipiert, auf den die allgemeinen Regeln der Übertragbarkeit und Vererblichkeit anzuwenden sind.[34] Es ist kein Grund ersichtlich, die Konkurrenz mit dem Anspruch aus S. 1 anders zu beurteilen. 28

---

30 Grüneberg/*Weidlich*, § 1963 Rn 1.

31 Erman/*Westermann*, § 1963 Rn 8; Grüneberg/*Weidlich*, § 1963 Rn 1; Staudinger/*Mesina*, § 1963 Rn 11.

32 So auch MüKo/*Leipold*, § 1963 Rn 10; Staudinger/*Mesina*, § 1963 Rn 11; i. Erg. Grüneberg/*Weidlich*, § 1963 Rn 1 (Ausschluss des Rückforderungsrechts wegen § 814 BGB – Mutterschutz als Anstandspflicht); a.A. Soergel/*Stein*, § 1963 Rn 6 (Anspruch aus § 812 Abs. 1 S. 2, 2. Fall).

33 MüKo/*Leipold*, § 1963 Rn 10; Grüneberg/*Weidlich*, § 1963 Rn 1.

34 *Bömelburg*, FF 2008, 144 ff.

29 Im Verhältnis zu Ansprüchen auf **Sozialleistungen**, die durch das **Subsidiaritätsprinzip** gekennzeichnet sind, wie etwa der Anspruch auf Sozialhilfe (siehe § 2 SGB XII), ist der Anspruch aus S. 1 vorrangig (siehe schon Rdn 11). Sofern der Sozialhilfeträger Leistungen erbracht hat, greift grundsätzlich die cessio legis des § 94 Abs. 1 S. 1 SGB XII ein. Danach geht, wenn der Hilfeempfänger für die Zeit, für die Hilfe gewährt wird, nach Bürgerlichem Recht einen Unterhaltsanspruch hat, dieser bis zur Höhe der geleisteten Aufwendungen auf den Träger der Sozialhilfe über. Fraglich ist, ob der Übergang des Anspruchs aus S. 1 gem. § 94 Abs. 1 S. 4 SGB XII ausgeschlossen ist. Danach findet ein Übergang von Unterhaltsansprüchen gegen Verwandte ersten Grades einer schwangeren Hilfeempfängerin nicht statt. Diese Ausschlussregelung kann allerdings im Hinblick darauf nicht zur Anwendung kommen, dass der Anspruch aus S. 1 seinem Wesen nach nicht ein familienrechtlich begründeter Anspruch auf Verwandtenunterhalt, sondern ein besonderer gesetzlicher Unterhaltsanspruch erbrechtlicher Natur ist.

D. Verfahrensfragen

30 Die Regelung des § 1958 BGB hindert die gerichtliche Geltendmachung des Anspruchs aus S. 1 gegen den Erben vor dem Zeitpunkt der Annahme der Erbschaft. Eine grundsätzlich mögliche Annahme der Erbschaft durch den gesetzlichen Vertreter nach Eintritt des Erbfalls scheidet vor der Geburt des Erben aus, weil ungewiss ist, ob dieser lebend geboren wird und damit nach § 1 BGB **Rechtsfähigkeit** erlangt. Eine gerichtliche Geltendmachung des Anspruchs aus S. 1 vor der Geburt des Erben ist deshalb nur gegen einen nach §§ 1960, 1961 BGB bestellten Nachlasspfleger oder gem. § 2213 Abs. 1 S. 1 BGB gegen einen Testamentsvollstrecker, dem auch die Verwaltung des Nachlasses zusteht (wegen § 2213 Abs. 1 S. 2 BGB), möglich.[35] In den jeweiligen Fällen kommt § 1958 BGB nicht zur Anwendung (§§ 1960 Abs. 3, 2213 Abs. 2 BGB). Die Dreimonatseinrede des § 2014 BGB kann nicht erhoben werden.[36]

31 Bei Vorliegen der einschlägigen Voraussetzungen kommt auch eine **einstweilige Verfügung** nach § 940 ZPO in Betracht.[37] Im Hinblick darauf, dass diese Verfügung auf Erfüllung gerichtet ist, ist der Verfügungsgrund, den der Gläubiger darzulegen und glaubhaft zu machen hat, nur gegeben, wenn der Gläubiger auf die sofortige Erfüllung dringend angewiesen ist.

32 Der Unterhaltsanspruch ist in Form einer **Leistungsklage** im ZPO-Verfahren (und nicht als Unterhaltssache nach § 231 FamFG) geltend zu machen.[38] Dabei ist der begehrte Betrag wegen § 253 Abs. 2 Nr. 2 ZPO genau zu beziffern. Zuständig ist grundsätzlich das Gericht des Wohnorts des Beklagten (§§ 12, 13 ZPO). Unter den erweiterten Voraussetzungen des § 28 ZPO, wenn also mehrere Erben noch als Gesamtschuldner haften oder sich der Nachlass zumindest noch teilweise im Bezirk des nach § 27 ZPO bezeichneten Gerichts befindet, kann auch der besondere Gerichtsstand der Erbschaft nach § 27 ZPO gegeben sein.

33 Die werdende Mutter trägt die **Darlegungs-** und **Beweislast** für alle den Anspruch aus S. 1 begründenden Voraussetzungen. Dazu gehören das Vorliegen einer Schwangerschaft, die Erbberechtigung des nasciturus sowie ihre Bedürftigkeit.
Die Vollstreckung des Anspruchs findet nach den allg. Vorschriften der ZPO statt.

35 Grüneberg/*Weidlich*, § 1960 Rn 3.
36 Grüneberg/*Weidlich*, § 1963 Rn 3 und § 2014 Rn 1.
37 Grüneberg/*Weidlich*, § 1963 Rn 3.
38 *Krüger/Tegelkamp*, ErbR 2012, 34, 36.

E. Steuerrechtliche Fragen

Der Unterhaltsanspruch nach S. 1 unterliegt nicht der Erbschaftsteuer. Insoweit liegt 34
kein steuerpflichtiger Vorgang i.S.v. § 1 ErbStG vor.

§ 1964 Erbvermutung für den Fiskus durch Feststellung

(1) Wird der Erbe nicht innerhalb einer den Umständen entsprechenden Frist ermittelt, so hat das Nachlassgericht festzustellen, dass ein anderer Erbe als der Fiskus nicht vorhanden ist.
(2) Die Feststellung begründet die Vermutung, dass der Fiskus gesetzlicher Erbe sei.

Literatur

Frohn, Feststellung des Fiskalerbrechts und „Erbenaufgebot", Rpfleger 1986, 37; *Gutbrod*, Rechtsfragen der Erbenermittlung, ZEV 1994, 337; *Holl*, Das Erbrecht des Staates, Rpfleger 2008, 285; *Hoppe*, „Herrenloses" Eigentum im Zugriff des Staates – Verfassungsrechtliche Anforderungen an staatliche Erbenermittlung als Eigentumsvermittlung (Art. 14 Abs. 1 GG), DVBl 2009, 865; *Kranenberg*, Überschuldeter Nachlass: Der Fiskus ist doch Erbe, oder?, ErbStB 2013, 321; *Ludyga*, Das gesetzliche Erbrecht des Fiskus gem. § 1936 BGB, ZEV 2023, 409; *Mayer*, Fiskuserbrecht und Erbenermittlung: Probleme des „erbenlosen Nachlasses", ZEV 2010, 445; *Niewerth/Neun/Schnieders*, Zulässigkeit der Einschaltung professioneller Erbenermittler, Rpfleger 2009, 121; *Purps*, „Schuster bleib bei deinen Leisten": Nachlasspflegschaft und Erbenermittlung – Anreize für opportunistisches Unterlassen, ErbR 2021, 174; *Siebert*, Hinterlegung von Nachlasswerten als (vor-)letzte Maßnahme, Rpfleger 2018, 517; *Zimmermann*, Die Nachlasssachen in der FGG-Reform, FGPrax 2006, 189.

Übersicht:

A. Allgemeines

Weil jeder Mensch einen Ehegatten, Lebenspartner oder Verwandte hat und insbeson- 1
dere der Grad der Verwandtschaft gem. § 1928 BGB nicht begrenzt ist, dürfte es – außer in den Fällen einer negativen Testierung oder einer aktiven Einsetzung des Staates als Erben – eigentlich kein **gesetzliches Erbrecht** des Staates (§ 1936 BGB) geben. § 1964 BGB stellt deswegen klar, dass es nur dann zu einer Feststellung des **Fiskuserbrechts** kommen kann, wenn der Erbe nicht binnen einer den Umständen entsprechenden Frist ermittelt worden ist.

§ 1964 BGB wie auch die Bestimmung des § 1965 BGB regeln das Verfahren zur 2
Feststellung der gesetzlichen Erbenstellung des Fiskus durch das Nachlassgericht und daran anknüpfende Rechtsfolgen.[1] Die Voraussetzungen, unter denen der Fiskus gesetzlicher Erbe werden kann, und welcher Fiskus diese Rechtsstellung erlangt, sind in § 1936 BGB bestimmt. Den Vorschriften der §§ 1964 ff. BGB kommt Bedeutung nur für den Fall zu, dass der Fiskus **gesetzlicher** Erbe ist. Sie finden keine Anwendung, wenn der Erblasser von der Möglichkeit der Erbeinsetzung des Fiskus durch letztwillige Verfügung Gebrauch gemacht hat. Das wird ohne Weiteres deutlich aus den

1 Zu wertungs- und verfassungsrechtlichen Problemen des Verfahrens vgl. *Mayer*, ZEV 2010, 445.

Regelungen des Abs. 2 und § 1966 BGB, die jeweils von der Stellung des Fiskus als einem gesetzlichen Erben sprechen.

3 § 1964 BGB regelt in Abs. 1 die Voraussetzungen, unter denen die nachlassgerichtliche Feststellung ergehen kann, dass ein anderer Erbe als der Fiskus nicht vorhanden ist, und bestimmt in Abs. 2 die an die Feststellung anknüpfende Vermutungswirkung der Stellung des Fiskus als gesetzlicher Erbe. Die Vorschrift des § 1965 BGB stellt in Ergänzung zu Abs. 1 das verfahrensrechtliche Erfordernis auf, dass der nachlassgerichtlichen Feststellung eine öffentliche Aufforderung zur Anmeldung der Erbrechte vorauszugehen hat. Die Regelung des § 1966 BGB schließlich befasst sich mit der Rechtsposition des Fiskus vor und nach der Feststellung über dessen Erbrecht.

B. Tatbestand

4 Voraussetzung für die Feststellung nach Abs. 1 ist, dass der Erbe nicht innerhalb einer den Umständen entsprechenden **Frist** ermittelt wird. In Ergänzung dazu regelt § 1965 Abs. 1 S. 1 BGB, dass der Feststellung eine **öffentliche Aufforderung** zur Anmeldung der Erbrechte vorauszugehen hat (siehe insoweit Kommentierung zu § 1965).

5 Nach der Regelung des § 26 FamFG hat das Nachlassgericht die Ermittlungen von Amts wegen vorzunehmen und die geeignet erscheinenden Beweise aufzunehmen.[2] Das Gericht muss neben der Ermittlung des Erben[3] den letzten Wohnsitz oder gewöhnlichen Aufenthaltsort und die Staatsangehörigkeit des Erblassers klären.[4] Der letzte Wohnsitz bzw. gewöhnliche Aufenthaltsort des Erblassers entscheidet darüber, welcher Fiskus letztlich zum Erben berufen ist (§ 1936 BGB). Die Staatsangehörigkeit ist zu ermitteln, weil das Feststellungsverfahren nur zulässig durchgeführt werden kann, wenn die §§ 1964–1966 BGB zur Anwendung kommen. Hierzu muss das Erbrecht der Bundesrepublik Deutschland anwendbar sein. Die Art und Weise der Ermittlungen wie auch deren Umfang liegen im pflichtgemäßen Ermessen des Nachlassgerichts.[5] Dem Gericht sind keine bestimmten Maßnahmen vorgeschrieben, es kann etwa Beteiligte und sonstige Personen wie auch Behörden befragen oder in Adressbüchern nach namensgleichen Personen recherchieren.[6] Auch die Vorladung von Beteiligten und Zeugen ist möglich.[7] Über §§ 29 Abs. 2, 30 Abs. 1 FamFG finden die zivilprozessualen Vorschriften zur Beweisaufnahme entsprechend Anwendung.

6 Umfang und Dauer der Erbenermittlung stehen im pflichtgemäßen Ermessen des Nachlassgerichts.[8] Wesentliches Kriterium für die Intensität der Ermittlungen ist der Umfang bzw. Wert des Nachlasses.[9] Analog der Regelung des § 1965 Abs. 1 S. 2 BGB

---

2 OLG Karlsruhe v. 3.11.2009 – 2 WF 140/09, FamRZ 2010, 672. Siehe als landesgesetzliche Sonderregelung z.B. § 41 LFGG BaWü; siehe auch Art. 37 Abs. 1 AGGVG Bayern; vgl. *Mayer*, ZEV 2010, 445.

3 Vgl. OLG Braunschweig v. 18.12.2020 – 3 W 28/20, 3 W 29/20, 3 W 33/20, 3 W 96/20, ZErb 2021, 75; OLG Celle v. 40.4.2021 – 6 W 60/21, NLPrax 2021, 72 m. Anm. *Lauk*; *Holl*, Rpfleger 2008, 285, 286.

4 MüKo/*Leipold*, § 1964 Rn 6.

5 OLG Braunschweig v. 18.12.2020 – 3 W 28/20, 3 W 29/20, 3 W 33/20, 3 W 96/20, ZErb 2021, 75; *Mayer*, ZEV 2010, 445; *Niewerth/Neun/Schnieders*, Rpfleger 2009, 121.

6 Siehe näher *Frohn*, Rpfleger 1986, 37 ff.; zu rechtlichen Fragen bei der Einschaltung von Erbenermittlern durch die Nachlassgerichte siehe *Gutbrod*, ZEV 1994, 337 ff.; *Mayer*, ZEV 2010, 445; *Niewerth/Neun/Schnieders*, Rpfleger 2009, 121 ff.

7 *Krätzschel*, in: Krätzschel/Falkner/Döbereiner, Nachlassrecht, § 42 Rn 10.

8 OLG Celle v. 40.4.2021 – 6 W 60/21, NLPrax 2021, 72 m. Anm. *Lauk*; KG v. 12.12.2022 – 19 W 180/22; ErbR 2023, 806.

9 OLG Braunschweig v. 18.12.2020 – 3 W 28/20, 3 W 29/20, 3 W 33/20, 3 W 96/20, ZErb 2021, 75 m.w.N.; OLG München v. 5.5.2011 – 31 Wx 164/11, ZErb 2011, 173.

können weitreichende Ermittlungen unterbleiben, wenn diese im Verhältnis zum Wert des Nachlasses unverhältnismäßig hohe Kosten auslösen würden.[10] Von der Pflicht der Erbenermittlung an sich entbinden allerdings auch Überschuldung oder Geringwertigkeit des Nachlasses nicht.[11] Es müssen zumindest Anfragen an Sterberegister, Eheregister und Geburtenregister der feststellbaren Lebensmittelpunkte des Erblassers gerichtet werden.[12] Vor diesem Hintergrund ist die Praxis von Nachlassgerichten, innerhalb kürzester Zeit das Fiskuserbrecht festzustellen, als äußerst bedenklich zu sehen.[13]

Vor **erschöpfender Durchführung** der Ermittlungen kann eine Feststellung nach Abs. 1 grundsätzlich nicht ergehen.[14] **Schadensersatzansprüche** aufgrund einer zu frühzeitigen Feststellung wegen nicht erschöpfender Ermittlungen dürften allerdings im Hinblick darauf kaum in Betracht kommen, dass die Feststellung lediglich die Vermutung des Abs. 2 begründet und nicht zu einem Ausschluss tatsächlich vorhandener Erben führt[15] (siehe Rdn 11). Eine Feststellung kann nicht ergehen, soweit auch nur ein einziger **Erbe ermittelt** worden[16] ist. Insbesondere kann kein partielles Fiskuserbrecht oder Teil-Fiskuserbrecht für ungeklärte Erbstämme festgestellt werden.[17] Gleiches gilt, wenn ein Erbe vorhanden ist, dessen Aufenthaltsort jedoch unbekannt ist,[18] oder wenn zwischen zwei Personen ein gerichtliches Verfahren über die Erbberechtigung anhängig ist.[19] 7

Die Ermittlungen haben während einer den Umständen entsprechenden **Frist** zu erfolgen. Damit überlässt es das Gesetz dem Nachlassgericht, orientiert am konkreten Einzelfall und insoweit vor allem unter Berücksichtigung des Nachlasses die Dauer der Frist festzulegen.[20] 8

Das **Feststellungsverfahren** nach §§ 1964 f. BGB hat nach h.M. unabhängig davon, ob Nachlass vorhanden oder dieser überschuldet ist, zu erfolgen.[21] Hierfür spricht vor allem das Interesse der Nachlassgläubiger, die wegen § 1966 BGB Ansprüche gegen den Fiskus erst geltend machen können, wenn die Feststellung nach Abs. 1 getroffen worden ist.[22] 9

C. Rechtsfolgen

Ist das Feststellungsverfahren unter Beachtung des § 1965 BGB durchgeführt worden, ohne dass Erben ermittelt werden konnten, hat das Nachlassgericht gem. Abs. 1 die Feststellung zu treffen, dass ein anderer Erbe als der Fiskus nicht vorhanden ist. Die 10

10 OLG Braunschweig v. 18.12.2020 – 3 W 28/20, 3 W 29/20, 3 W 33/20, 3 W 96/20, ZErb 2021, 75 m.w.N.
11 OLG Celle v. 40.4.2021 – 6 W 60/21, NLPrax 2021, 72 m. Anm. *Lauk*; OLG München v. 5.5.2011 – 31 Wx 164/11, ZErb 2011, 173.
12 OLG Celle v. 40.4.2021 – 6 W 60/21, NLPrax 2021, 72 m. Anm. *Lauk*; KG v. 12.12.2022 – 19 W 180/22; ErbR 2023, 806.
13 Vgl. *Czubayko*, ErbR 2021, 508; *Lauk*, NLPrax 2022, 20, 23; *Lauk*, NLPrax 2021, 72, 74 f.; *Lauk/Novakovic*, NLPrax 2020, 55; *Purps*, ErbR 2021, 174.
14 Vgl. *Bestelmeyer*, Anm. zu LG Stade 9 T 290/01 und 9 T 53/02, Rpfleger 2004, 568.
15 *Krätzschel*, in: Krätzschel/Falkner/Döbereiner, Nachlassrecht, § 42 Rn 10; *Holl*, Rpfleger 2008, 285.
16 OLG Braunschweig v. 17.12.2021 – 3 W 48/21, NLPrax 2022, 20.
17 OLG Braunschweig v. 17.12.2021 – 3 W 48/21, NLPrax 2022, 20.
18 In einem solchen Fall kann die Bestellung eines Abwesenheitspflegers (§ 1911 BGB) beim Betreuungsgericht angeregt werden, vgl. *Krätzschel*, in: Krätzschel/Falkner/Döbereiner, Nachlassrecht, § 42 Rn 9.
19 Siehe auch Staudinger/*Mesina*, § 1964 Rn 10.
20 Ausführlich dazu *Niewerth/Neun/Schnieders*, Rpfleger 2009, 121, 124.
21 Vgl. ausführlich zum Meinungsstand OLG München v. 5.5.2011 – 31 Wx 164/11, ZErb 2011, 173.
22 Siehe LG Düsseldorf Rpfleger 1981, 358; *Lange/Kuchinke*, § 38 V 2b, Fn 195, S. 998.

Feststellung erfolgt durch Beschluss nach § 38 FamFG, nachdem das Aufforderungsverfahren des § 1965 BGB durchgeführt wurde.[23] Welcher Fiskus Erbe ist, bestimmt sich nach § 1936 BGB. Danach ist grundsätzlich der Fiskus desjenigen Bundeslandes Erbe, in welchem der Erblasser zum Zeitpunkt seines Todes seinen Wohnsitz oder gewöhnlichen Aufenthalt hatte. Bei Auslandsdeutschen wird gem. § 1936 Abs. 2 BGB der Bundesfiskus Erbe (siehe im Einzelnen Kommentierung zu § 1936).

11 Ihrer Wirkung nach begründet die Feststellung gem. Abs. 2 lediglich die – widerlegbare – **Vermutung**, dass der Fiskus gesetzlicher Erbe sei.[24] Damit wird durch den **Feststellungsbeschluss** weder ein Erbrecht begründet noch werden Erbrechte unmittelbar vorrangiger Erben ausgeschlossen.[25] Der Feststellungsbeschluss hat also keine rechtsbegründende Wirkung und schließt weder eine anderweitige Feststellung des tatsächlichen Erben im Wege des Zivilprozessverfahrens noch die Erteilung eines Erbscheins mit abweichender Erbfolge aus.[26] Gelingt dem Erben die Erteilung des beantragten Erbscheins, ist der Feststellungsbeschluss gem. § 48 Abs. 1 FamFG wegen Unrichtigkeit aufzuheben.[27] Hintergrund dieses Konzepts einer bloßen Vermutungswirkung ist das in § 1929 BGB niedergelegte unbegrenzte Verwandtensystem, wonach es nahezu ausgeschlossen ist, dass es keinen Erben einer entfernteren Ordnung gibt.[28] Bezogen auf die Vermutungswirkung verschafft der Feststellungsbeschluss dem Fiskus die „im Rechtsverkehr erforderliche Legitimation" für den Nachlass.[29] Allerdings genießt der Feststellungsbeschluss nicht den im Interesse der Verkehrssicherheit zugunsten des rechtsgeschäftlichen Erwerbs durch Dritte in § 2366 BGB anerkannten öffentlichen Glauben eines Erbscheins.[30] Damit wird der rechtsgeschäftliche Erwerb eines gutgläubigen Dritten nicht geschützt.[31] Diese fehlende Wirkung des Feststellungsbeschlusses kann dadurch überwunden werden, dass der Fiskus nach § 2353 BGB beim Nachlassgericht die Erteilung eines Erbscheins beantragt.

12 Im Erbscheinsverfahren obliegt dem Fiskus der Nachweis der in § 352 FamFG geforderten Angaben.[32] Im Rahmen des Erbscheinsantrags ist eine Bezugnahme auf den Feststellungsbeschluss zwar möglich aber nicht ausreichend, da weitere Angaben erforderlich sind, die aus dem Feststellungsbeschluss nicht hervorgehen.[33] Insbesondere sind Angaben zu machen, ob sich seit Ergehen des Feststellungsbeschlusses neue Erkenntnisse ergeben haben.[34] Die **Erteilung** eines **Erbscheins** ist etwa für Grundbucheintragungen erforderlich, da der Feststellungsbeschluss nach Abs. 1 den im

23 Muster eines Feststellungsbeschlusses bei *Krätzschel*, in: Krätzschel/Falkner/Döbereiner, Nachlassrecht, § 42 Rn 23.

24 Vgl. BayObLG v. 22.7.1983 – BReg 1 Z 49/83, BayObLGZ 1983, 204; OLG Celle v. 22.3.2023 – 6 W 31/23, ZEV 2023, 443; *Holl*, Rpfleger 2008, 285; *Ludyga*, ZEV 2023, 409.

25 BGH v. 23.11.2011 – IV ZB 15/11, ZEV 2012, 150; OLG Dresden v. 25.3.1999 – 7 U 256/99, Rpfleger 1999, 323; ausführlich zu den Wirkungen des Feststellungsbeschlusses *Mayer*, ZEV 2010, 445.

26 BGH v. 23.11.2011 – IV ZB 15/11, ZEV 2012, 150; OLG Celle v. 22.3.2023 – 6 W 31/23, ZEV 2023, 443; vgl. auch *Mayer*, ZEV 2010, 445 zur Beweispflicht des Erbprätendenten.

27 Vgl. OLG Dresden v. 25.3.1999 – 7 U 256/99, Rpfleger 1999, 323.

28 OLG Dresden v. 25.3.1999 – 7 U 256/99, Rpfleger 1999, 323; *Holl*, Rpfleger 2008, 285; *Mayer*, ZEV 2010, 445 m.w.N.

29 *Holl*, Rpfleger 2008, 285, 289.

30 *Bestelmeyer*, Anm. zu LG Stade 9 T 290/01 und 9 T 53/02, Rpfleger 2004, 568.

31 OLG Dresden v. 25.3.1999 – 7 U 256/99, Rpfleger 1999, 323: keine Verkehrsschutzwirkungen.

32 *Bestelmeyer*, Anm. zu LG Stade 9 T 290/01 und 9 T 53/02, Rpfleger 2004, 568; *Frohn*, Rpfleger 1986, 37, 42; a.A. *Krätzschel*, in: Krätzschel/Falkner/Döbereiner, Nachlassrecht, § 42 Rn 24.

33 OLG Braunschweig v. 18.12.2020 – 3 W 28/20, 3 W 29/20, 3 W 33/20, 3 W 96/20, ZErb 2021, 75.

34 OLG Braunschweig v. 18.12.2020 – 3 W 28/20, 3 W 29/20, 3 W 33/20, 3 W 96/20, ZErb 2021, 75.

Grundbuchverfahren erforderlichen Erbschein nicht ersetzt. Nach § 35 Abs. 1 S. 1 GBO kann Nachweis der Erbfolge nur durch Erbschein oder Europäisches Nachlasszeugnis geführt werden.[35]

Die Feststellung nach Abs. 1 ist weiter Grundlage für die Aushändigung des Nachlasses an den Fiskus. Nach § 1942 Abs. 2 BGB kann der Fiskus die ihm als gesetzlichem Erben angefallene Erbschaft nicht ausschlagen, obwohl er wie jeder andere Erbe auch Gesamtrechtsnachfolger ist.[36] Damit fällt auch der **überschuldete Nachlass** zwangsläufig an.[37] Hinter § 1942 Abs. 2 BGB steht die Ordnungsfunktion des § 1936 BGB, der durch die Anerkennung eines gesetzlichen Erbrechts des Fiskus herrenlose Nachlässe vermeiden und eine ordnungsgemäße Nachlassabwicklung sicherstellen will.[38] 13

Eine möglicherweise zur Sicherung des Nachlasses angeordnete Nachlasspflegschaft ist aufzuheben. Schließlich hat die Feststellung nach § 1966 BGB die Begründung der aktiven und passiven Prozessführungsbefugnis des Fiskus zur Folge (siehe § 1966 Rdn 5). 14

Wird der Feststellungsbeschluss später aufgehoben, z.B. wegen **nichterschöpfender Ermittlung** der Erben, so entfällt die Vermutungswirkung.[39] Ist aufgrund der Feststellung eine Eintragung im Grundbuch erfolgt, so ist der Nachweis der Aufhebung des Feststellungsbeschlusses zur Widerlegung der Vermutung des § 891 BGB ausreichend.[40] Denn damit ist der Erwerbsgrund widerlegt,[41] die Erben müssen nicht beweisen, dass kein anderer Erwerbsgrund vorlag.[42] 15

D. Verfahrensfragen

Sachlich zuständig ist gem. § 23a Abs. 1 Nr. 2, Abs. 2 Nr. 2 GVG i.V.m. § 342 FamFG das AG als Nachlassgericht. Die **örtliche** Zuständigkeit bestimmt sich nach §§ 343, 344 Abs. 4 FamFG. Funktionell ist gem. § 3 Nr. 2 Buchst. c RPflG der Rechtspfleger zuständig.[43] 16

Bei Sachverhalten mit Auslandsberührung ist das Verfahren nach §§ 1964 ff. BGB nur bei gegebener **internationaler** Zuständigkeit, die sich nach den Bestimmungen der EuErbVO richtet, zulässig. In der Praxis wird die Zuständigkeit der deutschen Nachlassgerichte vor allem dann bestehen, wenn der Erblasser zum Zeitpunkt seines Todes seinen gewöhnlichen Aufenthalt im Inland hatte (Art. 4 EuErbVO). Die örtliche Zuständigkeit des deutschen Nachlassgerichts bestimmt sich dann nach §§ 342 f. FamFG. 17

Das Verfahren nach §§ 1964 ff. BGB kommt auch dann zur Anwendung, wenn sich die Beerbung aufgrund des internationalen Privatrechts (vgl. Art. 21 ff. EuErbVO) nach ausländischem Recht beurteilt[44] und wenn das ausländische Erbrecht bei Erbenlo- 18

---

35 Siehe hierzu OLG Dresden v. 25.3.1999 – 7 U 256/99, Rpfleger 1999, 323; OLG Düsseldorf v. 28.2.2020 – 3 Wx 12/19, ZEV 2020, 559; OLG Frankfurt MDR 1984, 145; BayObLG MDR 1987, 762.

36 VGH München v. 15.7.2003 – 12 B 99.1700, FamRZ 2004, 489. Dagegen besteht eine Ausschlagungsberechtigung des Fiskus hinsichtlich einer im Nachlass befindlichen Erbschaft eines Vorverstorbenen, BGH v. 24.4.2024 – IV ZB 23/23, ZErb 2024, 259.

37 VGH München v. 15.7.2003 – 12 B 99.1700, FamRZ 2004, 489.

38 VGH München v. 15.7.2003 – 12 B 99.1700, FamRZ 2004, 489; *Hoppe*, DVBl 2009, 365.

39 OLG Dresden v. 25.3.1999 – 7 U 256/99, Rpfleger 1999, 323.

40 OLG Dresden v. 25.3.1999 – 7 U 256/99, Rpfleger 1999, 323; OLG Dresden v. 12.8.1999 – 7 U 1531/99, VIZ 2000, 55.

41 OLG Dresden v. 12.8.1999 – 7 U 1531/99, VIZ 2000, 55.

42 OLG Dresden v. 25.3.1999 – 7 U 256/99, Rpfleger 1999, 323.

43 OLG Braunschweig v. 17.12.2021 – 3 W 48/21, NLPrax 2022, 20.

44 MüKo/*Leipold*, § 1964 Rn 20.

sigkeit ein gesetzliches Erbrecht des Staates vorsieht.[45] Sieht das ausländische Erbrecht hingegen ein hoheitliches Aneignungsrecht vor, so gilt dieses nicht für die in Deutschland belegenen Nachlassgegenstände. In diesen Fällen kann Nachlassspaltung eintreten.[46]

19 Das Nachlassgericht wird gem. § 26 FamFG **von Amts wegen** tätig. Das Verfahren kann jedoch durch Anregung seitens des Fiskus oder eines Nachlassgläubigers[47] eingeleitet werden.

20 Abgeschlossen wird das Verfahren durch **Feststellungsbeschluss** i.S.d. Abs. 1, der gem. § 38 Abs. 3 S. 1 FamFG grundsätzlich zu begründen ist.[48] Danach muss der Beschluss regelmäßig einen Sachbericht und Rechtsgründe enthalten.[49] Sofern die Voraussetzungen für die Feststellung des Fiskuserbrechts nicht gegeben sind, ergeht eine Einstellungsverfügung. Hat der Fiskus einen Antrag auf Feststellung nach Abs. 1 gestellt, so hat bei Nichtvorliegen der Voraussetzungen die Ablehnung der Feststellung durch Beschluss zu erfolgen.[50]

21 Bei seiner Entscheidung ist das Nachlassgericht an ein bereits ergangenes rechtskräftiges Feststellungsurteil zwischen dem Fiskus und Erbanwärtern über deren Erbrecht gebunden (siehe § 1966 Rdn 12).

22 Gegen den Beschluss nach § 1964 BGB, durch den festgestellt wird, dass ein anderer Erbe als der Fiskus nicht vorhanden ist, ist die befristete **Beschwerde** gem. § 58 Abs. 1, § 63 Abs. 1, 3 FamFG eröffnet, die innerhalb eines Monats nach der schriftlichen Bekanntgabe des Beschlusses einzulegen ist.[51] Der Lauf dieser Beschwerdefrist ist unabhängig davon, ob der angefochtene Beschluss mit der nach § 39 FamFG vorgesehenen Rechtsmittelbelehrung versehen ist. Fehlt diese, so kommt lediglich eine Wiedereinsetzung in den vorigen Stand gem. § 17 FamFG in Betracht.[52] Beschwerdeberechtigt ist jeder Erbanwärter sowie der Fiskus.[53] Nachlassgläubiger werden durch einen solchen Beschluss nicht in ihren Rechten beeinträchtigt und sind folglich nicht beschwerdebefugt.[54] Bei der Feststellung eines Landesfiskus sind sowohl der Bundesfiskus als auch ein anderer Landesfiskus beschwerdeberechtigt.[55]

23 Gegen die Ablehnung der Feststellung nach Abs. 1 ist der Nachlassgläubiger, der den Fiskus als gesetzlichen Erben in Anspruch nehmen will, zur Beschwerde nach § 59 Abs. 1 FamFG befugt.[56] Dasselbe gilt für den Fiskus.[57]

24 Ob das dem Nachlassgericht bzgl. Umfang und Dauer der Ermittlungen eingeräumte Ermessen der vollen Überprüfung durch das Beschwerdegericht unterliegt, ist umstrit-

45 MüKo/*Leipold*, § 1964 Rn 21.
46 Staudinger/*Mesina*, § 1960 Rn 11.
47 Vgl. OLG München v. 5.5.2011 – 31 Wx 164/11, ZErb 2011, 173.
48 OLG Braunschweig v. 18.12.2020 – 3 W 28/20, 3 W 29/20, 3 W 33/20, 3 W 96/20, ZErb 2021, 75; KG v. 12.12.2022 – 19 W 180/22; ErbR 2023, 806.
49 Zum Inhalt des Beschlusses ausführlich: OLG Braunschweig v. 18.12.2020 – 3 W 28/20, 3 W 29/20, 3 W 33/20, 3 W 96/20, ZErb 2021, 75.
50 *Krätzschel*, in Krätzschel/Falkner/Döbereiner, Nachlassrecht, § 42 Rn 20.
51 BGH v. 23.11.2011 – IV ZB 15/11, ZEV 2012, 150; *Mayer*, ZEV 2010, 445.
52 BGH v. 23.11.2011 – IV ZB 15/11, ZEV 2012, 150.
53 BGH v. 23.11.2011 – IV ZB 15/11, ZEV 2012, 150; KG v. 4.1.2011 – 1 W 471/10, FGPrax 2011, 124; *Mayer*, ZEV 2010, 445.
54 OLG Celle v. 22.3.2023 – 6 W 31/23, ZEV 2023, 443.
55 Vgl. *Mayer*, ZEV 2010, 445 m.w.N.
56 OLG München v. 5.5.2011 – 31 Wx 164/11, ZErb 2011, 173; BayObLG v. 12.12.1957 – BReg. 1 Z 24/57, NJW 1958, 260; *Mayer*, ZEV 2010, 445.
57 BayObLG v. 12.12.1957 – BReg. 1 Z 24/57, NJW 1958, 260; *Mayer*, ZEV 2010, 445.

ten.[58] Bei Ermessensnichtgebrauch durch das Nachlassgericht ist dem Beschwerdegericht jedenfalls die Ausübung eigenen Ermessens eröffnet.[59]

Abgesehen von der Möglichkeit der Beschwerde gegen den Feststellungsbeschluss kann der Erbanwärter ein Erbscheinsverfahren (weiter) durchführen oder Feststellungsklage gegen den Fiskus erheben.[60] 25

Das Verfahren zur Feststellung des Erbrechts des Fiskus ist gebührenfrei.[61] 26

E. Angrenzende Rechtsgebiete und -fragen

Fällt das Vermögen eines Vereins mit dessen Auflösung nach § 45 Abs. 3 BGB oder einer Stiftung mit deren Erlöschen nach § 87c S. 1 und 2 BGB an den Fiskus, so finden gem. § 46 S. 1 BGB bzw. §§ 87c Abs. 2 S. 1, 46 S. 1 BGB die Regelungen der §§ 1964, 1966 BGB entsprechende Anwendung. Eine Erbenermittlung und damit zusammenhängend eine Aufforderung nach § 1965 BGB kommen der Natur der Sache nach nicht in Betracht.[62] 27

Die Feststellung der Fiskalerbschaft führt nicht zu einem Erlöschen des Anfechtungsrechts des Finanzamtes.[63] Für einen Duldungsbescheid gemäß § 191 Abs. 1 S. 2 AO fehlt es zwar grundsätzlich an einem vollstreckbaren Schuldtitel i.S.d. § 2 AnfG, wenn der Anspruch aus dem Steuerschuldverhältnis erloschen ist. Im Falle einer Fiskalerbschaft bewirkt der Akzessorietätsgrundsatz des § 2 AnfG jedoch nicht, dass das Anfechtungsrecht erlischt und der Duldungsanspruch untergeht. Die Steuerschuld gilt in diesem Fall als fortbestehend. 28

§ 1965 Öffentliche Aufforderung zur Anmeldung der Erbrechte

(1) [1]Der Feststellung hat eine öffentliche Aufforderung zur Anmeldung der Erbrechte unter Bestimmung einer Anmeldungsfrist vorauszugehen; die Art der Bekanntmachung und die Dauer der Anmeldungsfrist bestimmen sich nach den für das Aufgebotsverfahren geltenden Vorschriften. [2]Die Aufforderung darf unterbleiben, wenn die Kosten dem Bestand des Nachlasses gegenüber unverhältnismäßig groß sind.

(2) [1]Ein Erbrecht bleibt unberücksichtigt, wenn nicht dem Nachlassgericht binnen drei Monaten nach dem Ablauf der Anmeldungsfrist nachgewiesen wird, dass das Erbrecht besteht oder dass es gegen den Fiskus im Wege der Klage geltend gemacht ist. [2]Ist eine öffentliche Aufforderung nicht ergangen, so beginnt die dreimonatige Frist mit der gerichtlichen Aufforderung, das Erbrecht oder die Erhebung der Klage nachzuweisen.

Literatur

Frohn, Feststellung des Fiskalerbrechts und „Erbenaufgebot“, Rpfleger 1986, 37; *Gottwald*, Fristen im Erbrecht: Fristsetzung durch das Nachlassgericht und durch Beteiligte, ZEV 2006, 347; *Ludyga*, Das gesetzliche Erbrecht des Fiskus gem. § 1936 BGB, ZEV 2023, 409; *Weißler*, Das Nachlaßverfahren, Bd. 1, 1920.

---

58 Vgl. OLG Celle v. 20.4.2021 – 6 W 60/21, ErbR 2021, 806 m. Anm. *Lauk*. Überblick zum Meinungsstand: OLG Braunschweig v. 18.12.2020 – 3 W 28/20, 3 W 29/20, 3 W 33/20, 3 W 96/20, ZErb 2021, 75.

59 OLG Braunschweig v. 18.12.2020 – 3 W 28/20, 3 W 29/20, 3 W 33/20, 3 W 96/20, ZErb 2021, 75.

60 BGH v. 23.11.2011 – IV ZB 15/11, ZEV 2012, 150.

61 Vgl. *Krätzschel*, in: Krätzschel/Falkner/Döbereiner, Nachlassrecht, § 42 Rn 25.

62 Siehe auch *Krätzschel*, in: Krätzschel/Falkner/Döbereiner, Nachlassrecht, § 42 Rn 26.

63 BFH v. 24.4.2024 – VII R 57/20, BStBl II 2024, 706.

Übersicht: Rdn

A. Bedeutung der Vorschrift

1 Die Regelung des § 1965 BGB steht in einem engen Zusammenhang mit § 1964 BGB. Bevor ein Feststellungsbeschluss mit der Vermutungswirkung des § 1964 Abs. 2 BGB (siehe § 1964 Rdn 10) ergehen kann, hat das Nachlassgericht gem. § 1964 Abs. 1 BGB Ermittlungen dahingehend durchzuführen, ob ein dem Fiskus vorrangiger Erbe vorhanden ist. Führen diese Ermittlungen nicht zum Erfolg, d.h., kann – wie § 1964 Abs. 1 BGB sagt – „ein anderer Erbe als der Fiskus" innerhalb der an den Umständen des Einzelfalls orientierten **Ermittlungsfrist** nicht gefunden werden, so hat das Nachlassgericht vor der Feststellung i.S.d. § 1964 BGB öffentlich zur Anmeldung von Erbrechten aufzufordern.[1]

2 § 1965 BGB stellt damit eine weitere Voraussetzung für die Feststellung nach § 1964 Abs. 1 BGB auf. Ihrer primären Zwecksetzung nach ist die öffentliche Aufforderung zur Anmeldung von Erbrechten nicht anders als § 1964 BGB darauf ausgerichtet, dem Nachlassgericht die Feststellung, dass ein anderer Erbe als der Fiskus nicht vorhanden ist, zu ermöglichen.[2] Darüber hinaus wird mit der **öffentlichen Aufforderung** auch der (nachrangige) Zweck der Erbenermittlung verfolgt.[3] Im Hinblick darauf, dass die öffentliche Aufforderung zur Anmeldung der Erbrechte im Fall unterbliebener Anmeldung nicht zu einem Ausschluss von Erbrechten (siehe § 1964 Rdn 11) oder zu sonstigen Rechtsnachteilen führt, handelt es sich nicht um ein Aufgebotsverfahren i.S.d. §§ 433 ff. FamFG.

3 Während Abs. 1 nähere Anforderungen hinsichtlich der öffentlichen Aufforderung zur Anmeldung der Erbrechte bestimmt (siehe Rdn 4 ff.), regelt Abs. 2, unter welchen Voraussetzungen ein angemeldetes Erbrecht gleichwohl unberücksichtigt bleibt (vgl. Rdn 10 f.).

B. Öffentliche Aufforderung zur Anmeldung der Erbrechte

4 Die öffentliche Aufforderung zur Anmeldung der Erbrechte darf erst nach erfolgloser Durchführung der Erbenermittlung und Verstreichen der Frist des § 1964 Abs. 1 BGB erfolgen.[4] Erfolgt die öffentliche Aufforderung vor diesem Zeitpunkt, so ist die später ergehende Entscheidung des Nachlassgerichts formell fehlerhaft (zu Rechtsmitteln gegen Entscheidungen des Nachlassgerichts i.R.d. § 1964 Abs. 1 BGB siehe § 1964 Rdn 22 f.).

5 Auch wenn die **öffentliche Aufforderung** zur Anmeldung der Erbrechte im Hinblick darauf, dass es weder zum Ausschluss von Erbrechten noch zu sonstigen Rechtsnachteilen kommt,[5] kein Aufgebotsverfahren i.S.d. §§ 433 ff. FamFG darstellt, finden gem. Abs. 1 S. 1 Hs. 2 die für das Aufgebotsverfahren geltenden Vorschriften insoweit Anwendung, als es um die Art der Bekanntmachung und die Dauer der Anmeldungsfrist geht (siehe bezogen auf das Erbscheinsverfahren die vergleichbare Bestimmung des § 352d FamFG). Danach hat gem. § 435 Abs. 1 S. 1 FamFG die **öffentliche Bekannt-**

1 Siehe zu dem Fall, dass Aufforderung erst nach erfolglosem Abschluss der Ermittlungsphase ergeht, *Frohn*, Rpfleger 1986, 37 ff.
2 KG v. 7.1.1997 – 1 W 6011/95, ZEV 1997, 118.
3 KG v. 7.1.1997 – 1 W 6011/95, ZEV 1997, 118; *Gottwald*, ZEV 2006, 347.
4 Siehe *Frohn*, Rpfleger 1986, 37; Muster für die öffentlichen Aufforderung zur Anmeldung der Erbrechte bei *Krätzschel*, in: Krätzschel/Falkner/Döbereiner, Nachlassrecht, § 42 Rn 12.
5 Es ergeht kein Ausschließungsbeschluss, vgl. Grüneberg/*Weidlich*, § 1965 Rn 2.

machung zur Anmeldung der Erbrechte durch Anheftung an die Gerichtstafel und durch einmalige Einrückung in den elektronischen Bundesanzeiger zu erfolgen. Darüber hinaus kann die Bekanntmachung gem. § 435 Abs. 1 S. 2 FamFG zusätzlich in einem elektronischen Informations- und Kommunikationssystem erfolgen. Das Nachlassgericht kann außerdem nach § 435 Abs. 2 FamFG anordnen, dass die Einrückung noch in andere Blätter und wiederholt stattfindet. Die Anmeldungsfrist beläuft sich gem. § 437 FamFG auf mindestens sechs Wochen, wobei die Frist am Tag nach der Einrückung der Bekanntmachung zur Anmeldung der Erbrechte in dem Bundesanzeiger beginnt (die §§ 187 ff. BGB, §§ 99, 222, 224 Abs. 2, Abs. 3 und 225 ZPO gelten entsprechend). Die Frist ist nach § 16 Abs. 2 FamFG i.V.m. § 224 Abs. 2 ZPO verlängerbar.[6]

Mit der öffentlichen Aufforderung zur Anmeldung der Erbrechte endet die Pflicht 6
des Nachlassgerichts zur eigenen Ermittlung von Erben. Es sind jetzt Anmeldung und Nachweis abzuwarten.[7]

Erfolgt die Anmeldung eines Erbrechts innerhalb der **Anmeldungsfrist**, kann ein 7
Feststellungsbeschluss nach § 1964 Abs. 1 BGB vorerst nicht ergehen. Vielmehr ist das auf drei Monate befristete Verfahren des Abs. 2 abzuwarten (siehe Rdn 10 f.). Wird die Anmeldungsfrist versäumt, so kann eine Anmeldung gleichwohl erfolgen, solange ein Feststellungsbeschluss noch nicht ergangen ist. Es verkürzt sich allerdings die Nachweisfrist des Abs. 2, denn diese beginnt mit dem Ende der Anmeldungsfrist zu laufen. Werden keine Erbrechte angemeldet und ist die Anmeldungsfrist abgelaufen, so kann der Feststellungsbeschluss i.S.d. § 1964 Abs. 1 BGB sofort ergehen.

Nach Abs. 1 S. 2 darf die öffentliche **Aufforderung** zur Anmeldung der Erbrechte 8
unterbleiben, wenn die Kosten dem Bestand des Nachlasses gegenüber unverhältnismäßig groß sind. Ob das der Fall ist, hat das Nachlassgericht anhand des Einzelfalles zu entscheiden.[8] Die Voraussetzungen dafür liegen nur ausnahmsweise vor, etwa dann, wenn der Nachlass überschuldet ist oder keine die Kosten deckende Masse vorhanden ist.[9] Maßgeblich sind die (geringen) Kosten der öffentlichen Aufforderung, die letztlich die Erben zu tragen haben, nicht aber der Arbeitsaufwand für das Nachlassgericht oder die Kosten des gesamten Feststellungsverfahrens.[10]

Unterbleibt die Aufforderung, kann die Feststellung i.S.d. § 1964 Abs. 1 BGB nach 9
Abschluss der (erfolglosen) Ermittlung anderer Erben ohne Abwarten der Nachweisfrist des Abs. 2 erfolgen. Soweit dem Nachlassgericht allerdings ein möglicher Erbe bekannt geworden ist oder sich ein solcher gemeldet hat, hat das Nachlassgericht den Erbanwärter zum Nachweis seines Erbrechts oder der Erhebung einer Klage gegen den Fiskus aufzufordern, wobei die gerichtliche Aufforderung die dreimonatige Nachweisfrist in Gang setzt (siehe Abs. 2 S. 2, vgl. auch Rdn 11).

C. Nichtberücksichtigung eines angemeldeten Erbrechts

Nach der Regelung des Abs. 2 S. 1 bleibt ein Erbrecht unberücksichtigt, wenn nicht 10
dem Nachlassgericht binnen drei Monaten nach dem Ablauf der Anmeldungsfrist

---

6 Vgl. *Gottwald*, ZEV 2006, 347.

7 Vgl. *Krätzschel*, in: Krätzschel/Falkner/Döbereiner, Nachlassrecht, § 42 Rn 13.

8 Insoweit ist jedoch strittig, ob es sich um eine Ermessensentscheidung des Nachlassgerichts handelt. Überblick zum Meinungsstand: OLG Braunschweig v. 18.12.2020 – 3 W 28/20, 3 W 29/20, 3 W 33/20, 3 W 96/20, ZErb 2021, 75.

9 OLG Braunschweig v. 18.12.2020 – 3 W 28/20, 3 W 29/20, 3 W 33/20, 3 W 96/20, ZErb 2021, 75 m.w.N.; *Ludyga*, ZEV 2023, 409.

10 OLG Braunschweig v. 18.12.2020 – 3 W 28/20, 3 W 29/20, 3 W 33/20, 3 W 96/20, ZErb 2021, 75; KG v. 12.12.2022 – 19 W 180/22; ErbR 2023, 806.

nachgewiesen wird, dass das Erbrecht besteht oder dass es gegen den Fiskus im Wege der Klage geltend gemacht ist.

11 Der Lauf der **Drei-Monats-Frist** beginnt unabhängig vom Zeitpunkt der Anmeldung eines Erbrechts nach Ablauf der Anmeldefrist des Abs. 1 S. 1.[11] Dementsprechend verkürzt sich die Drei-Monats-Frist, wenn ein Erbrecht erst nach Ablauf der Anmeldefrist, jedoch vor Erlass eines Festsetzungsbeschlusses angemeldet worden ist. Im Fall des Abs. 2 S. 2 beginnt die dreimonatige Frist mit der gerichtlichen Aufforderung zum Nachweis. Die gerichtliche Aufforderung bedarf keiner bestimmten Form. Um Unklarheiten über den Fristbeginn auszuschließen, sollte die Aufforderung förmlich zugestellt werden.[12] Der Erbanwärter hat innerhalb der dreimonatigen Frist das Bestehen des Erbrechts oder dessen gerichtliche Geltendmachung gegen den Fiskus nachzuweisen. Entgegen dem Wortlaut des Abs. 2 S. 1 reicht der Nachweis einer Verwandtschaft mit dem Erblasser aus, wenn damit auch wegen der möglichen Existenz vorrangiger Erben nicht der Nachweis des Erbrechts geführt ist. Mit dem Nachweis der Verwandtschaft ist auf jeden Fall ein anderer Erbe vorhanden (siehe § 1929 BGB), womit ein Feststellungsbeschluss nach § 1964 Abs. 1 BGB ausgeschlossen ist.[13] Für den Nachweis seiner Erbberechtigung ist der Erbanwärter nicht auf den Beweis durch öffentliche Urkunden beschränkt, er kann sich vielmehr aller zulässigen Beweismittel bedienen. Das Nachlassgericht ist nicht zur Ermittlung von Amts wegen verpflichtet,[14] denn dem Erbanwärter obliegt der Nachweis. Ob die dargebrachten Beweise zum Nachweis des Erbrechts genügen, unterliegt der Prüfung des Nachlassgerichts.[15] Ein Anerkenntnis des Fiskus ist nicht möglich.[16]

12 Eine weitere Möglichkeit des Erbanwärters, die Nichtberücksichtigung des Erbrechts zu verhindern, besteht in dem Nachweis, dass das Erbrecht gegen den Fiskus im Wege der Klage geltend gemacht ist.[17] Hierauf hat das Nachlassgericht zu verweisen, wenn die beigebrachten Beweise nicht für ausreichend erachtet werden.

13 Die gerichtliche Geltendmachung hat im Wege der **positiven Feststellungsklage** zu erfolgen. Diese erübrigt sich, wenn der Fiskus seinerseits gegen den Erbanwärter bereits eine negative Feststellungsklage erhoben hat.[18] Die Abweisung einer solchen Klage durch Sachurteil beinhaltet die Feststellung über das Erbrecht des obsiegenden Prozessgegners des Fiskus. Ist eine Klage rechtshängig, so hat das Nachlassgericht das Verfahren nach §§ 1964 ff. BGB bis zur Beendigung des Rechtsstreits zwischen Erbanwärter und Fiskus auszusetzen.[19] Denn ein Feststellungsbeschluss i.S.d. § 1964 Abs. 1 BGB kann nicht ergehen.[20]

14 Wird im Rahmen eines **streitigen Verfahrens** zwischen Erbanwärter und Fiskus ein Erbrecht des Erbanwärters rechtskräftig festgestellt, so bindet diese Entscheidung das

---

11 *Gottwald*, ZEV 2006, 347.

12 *Krätzschel*, in: Krätzschel/Falkner/Döbereiner, Nachlassrecht, § 42 Rn 14; *Frohn*, Rpfleger 1986, 37 ff.

13 Siehe auch *Frohn*, Rpfleger 1986, 37 ff.

14 MüKo/*Leipold*, § 1965 Rn 5; Staudinger/*Mesina*, § 1965 Rn 9; a.A. *Frohn*, Rpfleger 1986, 37 ff.; Erman/*Schlüter*, § 1965 Rn 1.

15 *Gottwald*, ZEV 2006, 347.

16 Siehe *Krätzschel*, in: Krätzschel/Falkner/Döbereiner, Nachlassrecht, § 42 Rn 18.

17 *Gottwald*, ZEV 2006, 347 ff.

18 Siehe *Krätzschel*, in: Krätzschel/Falkner/Döbereiner, Nachlassrecht, § 42 Rn 16; siehe zum Umfang der Rechtskraft des eine negative Feststellungsklage abweisenden Urteils RGZ 74, 121 ff.

19 *Krätzschel*, in: Krätzschel/Falkner/Döbereiner, Nachlassrecht, § 42 Rn 19; *Frohn*, Rpfleger 1986, 37 ff.

20 Siehe *Frohn*, Rpfleger 1986, 37 ff., 40 Fn 40.

Nachlassgericht (siehe § 1964 Rn 18).[21] Anderes gilt für den Fall, dass der Fiskus in einem solchen Verfahren obsiegt und die Erbberechtigung des Erbanwärters verneint wird. Hier ist das Nachlassgericht nicht gehindert, einen Feststellungsbeschluss nach § 1964 Abs. 1 BGB im Hinblick auf das Vorhandensein anderer Erben abzulehnen.

Der Erbe haftet grundsätzlich nicht für die Kosten des Verfahrens zur Feststellung 15
des Erbrechts des Fiskus (Gebühr und Veröffentlichungskosten der Aufforderung zur Anmeldung der Erbrechte), weil das Verfahren nicht in seinem Interesse geführt wird, sondern die Feststellung des Fiskalerbrechts ermöglichen soll.[22]

§ 1966 Rechtsstellung des Fiskus vor Feststellung

Von dem Fiskus als gesetzlichem Erben und gegen den Fiskus als gesetzlichen Erben kann ein Recht erst geltend gemacht werden, nachdem von dem Nachlassgericht festgestellt worden ist, dass ein anderer Erbe nicht vorhanden ist.

Literatur

Frohn, Feststellung des Fiskalerbrechts und „Erbenaufgebot", Rpfleger 1986, 37; *Ludyga*, Das gesetzliche Erbrecht des Fiskus gem. § 1936 BGB, ZEV 2023, 409.

Übersicht: Rdn

A. Allgemeines

Die Bestimmung des § 1966 BGB zieht aus dem Erfordernis des in §§ 1964 ff. BGB 1
geregelten **Feststellungsverfahrens** Konsequenzen hinsichtlich der Rechtsstellung des Fiskus. Sie wirkt in zweifacher Richtung. Zum einen wird bezweckt, den Fiskus vor einer vorzeitigen, sprich vor Erlass eines Feststellungsbeschlusses i.S.d. § 1964 Abs. 1 BGB erfolgenden Inanspruchnahme durch Nachlassgläubiger zu schützen. Insoweit wird den Gläubigern zugemutet, ihre Forderungsbegehren für die Dauer der Erbenermittlung zurückzustellen.[1] Zum anderen gelangt in § 1966 BGB der gesetzgeberische Wille zum Ausdruck, dass der Fiskus den Nachlass nicht an sich ziehen können soll, bevor nicht die Feststellung nach § 1964 Abs. 1 BGB ergangen ist.[2]

Ihrem sachlichen Anwendungsbereich nach ist § 1966 BGB auf die Regelung der 2
Rechtsstellung des Fiskus als eines gesetzlichen Erben beschränkt. Soweit der Fiskus den Erblasser aufgrund gewillkürter Erbfolge beerbt, hat § 1966 BGB keine Bedeutung. In diesem Fall kann der Fiskus mit dem Nachlass verbundene Ansprüche sofort geltend machen und hinsichtlich Nachlassverbindlichkeiten auch sofort in Anspruch genommen werden. Sachlich bedeutungslos ist § 1966 BGB auch insoweit, als gegen den Fiskus als Erbschaftsbesitzer (§ 2018 BGB) nach den Vorschriften der §§ 2018 ff. BGB Ansprüche geltend gemacht werden. Diese Ansprüche und ihre Geltendmachung sind nicht von einer Feststellung gem. §§ 1964 f. BGB abhängig.

---

21 Siehe *Frohn*, Rpfleger 1986, 37 ff.

22 KG v. 7.1.1997 – 1 W 6011/95, ZEV 1997, 118.

1 BGH v. 20.9.2023 – IV ZR 344/22, NLPrax 2024, 29; OLG Schleswig OLG-Report 1998, 358.

2 BGH v. 20.9.2023 – IV ZR 344/22, NLPrax 2024, 29; Staudinger/*Mesina*, § 1966 Rn 1 m. Hinw. auf Mot. V, S. 380.

3 Solange die Rechtsausübung durch und gegen den Fiskus als gesetzlichen Erben gem. § 1966 BGB ausgeschlossen ist, kommt bei Unbekanntsein des (endgültigen) Erben die **Bestellung eines Nachlasspflegers** nach § 1960 oder § 1961 in Betracht. Auf diesen ist § 1966 BGB nicht anzuwenden.[3]

B. Tatbestand

4 § 1966 BGB bestimmt die rechtlichen Folgen hinsichtlich der Rechtsstellung des Fiskus unter Anknüpfung an die nachlassgerichtliche Feststellung, dass ein anderer Erbe nicht vorhanden ist. Der **Feststellungsbeschluss** nach § 1964 Abs. 1 BGB mit der Vermutungswirkung des § 1964 Abs. 2 BGB stellt mithin zeitlich und sachlich die für die Rechtsstellung des Fiskus als gesetzlichem Erben maßgebende Zäsur dar.

C. Rechtsfolgen

5 Die rechtliche Folge der Feststellung nach § 1964 Abs. 1 BGB wird in § 1966 BGB dahin bestimmt, dass erst ab diesem Zeitpunkt von dem Fiskus als gesetzlichem Erben und gegen den Fiskus als gesetzlichen Erben ein Recht geltend gemacht werden kann. Daraus folgt zugleich, dass bis zu diesem Zeitpunkt weder seitens des Fiskus noch gegen diesen ein Recht geltend gemacht werden kann.

6 Unter dem **Begriff** des Rechts i.S.v. § 1966 BGB sind zunächst die mit der Stellung des Fiskus als gesetzlichem Erben verbundenen Rechte und Pflichten (Rechte gegen den Fiskus) zu verstehen.

7 Erfasst wird darüber hinaus auch die Erbberechtigung des Fiskus als gesetzlichem Erben als solche.[4] Sachlich begründet ist die Einbeziehung der Erbberechtigung des Fiskus in § 1966 BGB unter dem Gesichtspunkt, dass der Gesetzgeber mit §§ 1964 f. BGB ein besonderes Verfahren zur Feststellung der Erbberechtigung des Fiskus normiert hat, das durch die Zulassung eines **Feststellungsprozesses** über diese Frage unter Umständen mit Bindungswirkung für das Nachlassgericht ausgehöhlt würde. Auch die Regelung des § 1965 Abs. 2 BGB der von der Zulässigkeit einer die Erbberechtigung des Erbprätendenten betreffenden Feststellungsklage ausgeht, steht insoweit nicht entgegen, als es hier um das Erbrecht des Erbanwärters geht.[5] Die Einbeziehung der Erbberechtigung hat zur Folge, dass der Fiskus bis zu einem Feststellungsbeschluss nach § 1964 Abs. 1 BGB seine Rechtsposition als gesetzlicher Erbe nicht im Wege einer Feststellungsklage geltend machen kann. Aus demselben Grund ist auch eine negative Feststellungsklage des Erbanwärters gegen den Fiskus des Inhalts, dass dieser nicht gesetzlicher Erbe ist, ausgeschlossen.[6] Denn dann müsste im Falle der Klageabweisung durch Sachurteil zwangsläufig die Erbberechtigung des Fiskus festgestellt werden, was allerdings nach dem oben Gesagten ausgeschlossen ist.

8 Nicht wegen § 1966 BGB unzulässig ist hingegen die Klage eines Erbprätendenten gegen den Fiskus, mit welcher Ersterer die Feststellung seines Erbrechts begehrt (die Zulässigkeit einer solchen Klage ist durch § 1965 Abs. 2 BGB vorausgesetzt). Die Erbberechtigung des Erbprätendenten ist kein Recht gegen den Fiskus als gesetzlichen Erben i.S.d. § 1966 BGB. Aus dem gleichen Grund ist auch eine negative Feststellungsklage des Fiskus hinsichtlich der Erbberechtigung eines Erbanwärters nicht durch § 1966 BGB ausgeschlossen.[7]

---

3 BGH v. 20.9.2023 – IV ZR 344/22, NLPrax 2024, 29 m. Hinw. auf Staudinger/*Mesina*, § 1966 Rn 2.

4 Staudinger/*Mesina*, § 1966 Rn 3; a.A. z.B. MüKo/*Leipold*, § 1966 Rn 3 m. Hinw. auf § 1965 Abs. 2 BGB.

5 Vgl. Staudinger/*Mesina*, § 1966 Rn 3.

6 Staudinger/*Mesina*, § 1966 Rn 3; a.A. *Frohn*, Rpfleger 1986, 37 ff.

7 Vgl. Staudinger/*Mesina*, § 1966 Rn 3 m. Hinw. auf Mot. V, S. 556.

9 Der Begriff der Geltendmachung eines Rechts umfasst, wie bereits der im Vergleich zu § 1958 BGB abweichende Wortlaut deutlich macht, sowohl die **außergerichtliche** wie auch die **gerichtliche** Geltendmachung.[8] Diese sind bis zur Feststellung nach § 1964 Abs. 1 BGB sowohl für den Fiskus wie auch für Dritte gegen den Fiskus ausgeschlossen. Auch insoweit geht § 1966 BGB über die Regelung des § 1958 BGB hinaus, der nur die gerichtliche Geltendmachung eines Anspruchs gegen den Erben vor dem Zeitpunkt der Annahme der Erbschaft hindert.
Solange die Feststellung des § 1964 Abs. 1 BGB nicht getroffen ist, begründet § 1966 BGB außergerichtlich ein **Leistungsverweigerungsrecht**, hat also insoweit materiellrechtliche Wirkung.[9] Im Falle der gerichtlichen Geltendmachung eines Rechts i.S.v. § 1966 BGB handelt es sich bei der Frage des Vorliegens eines Feststellungsbeschlusses um eine von Amts wegen zu prüfende Sachurteilsvoraussetzung.[10] Ist der Beschluss noch nicht ergangen, so fehlt es an der **Prozessführungsbefugnis** des Klägers bzw. Beklagten. Klagen sind als unzulässig abzuweisen.[11]

10 Abweichend von § 1966 BGB kann der Fiskus als gesetzlicher Erbe auch nach der Feststellung gem. § 1964 Abs. 1 BGB fällige Ansprüche auf **Sozialleistungen** in Form von Geldleistungen, die nach den insoweit maßgebenden Regelungen der §§ 59 S. 2, 58 S. 1 SGB I grundsätzlich vererblich sind, nicht geltend machen. Nach § 58 S. 2 SGB I hat der Gesetzgeber den Fiskus als gesetzlichen Erben generell von der Geltendmachung rückständiger Geldleistungen ausgeschlossen.[12]

D. Verfahren

11 § 1966 BGB schließt eine Klage des Fiskus auf Feststellung seiner Erbberechtigung als gesetzlicher Erbe aus (siehe Rdn 7). Dasselbe gilt für die negative Feststellungsklage eines Erbanwärters gegen den Fiskus (siehe Rdn 7).

12 Vor der Feststellung nach § 1964 Abs. 1 BGB nicht ausgeschlossen ist die Feststellungsklage eines Erbanwärters gegen den Fiskus bzgl. seiner Erbberechtigung, wie die Regelung des § 1965 Abs. 2 S. 1 BGB deutlich macht. Wird in einem solchen Verfahren rechtskräftig die Erbenstellung des Erbanwärters festgestellt, so ist das Nachlassgericht im Verfahren nach §§ 1964 f. BGB daran gebunden.

8 MüKo/*Leipold*, § 1966 Rn 1; Staudinger/*Mesina*, § 1966 Rn 1.
9 MüKo/*Leipold*, § 1966 Rn 1.
10 MüKo/*Leipold*, § 1966 Rn 1; Staudinger/*Mesina*, § 1966 Rn 4.
11 MüKo/*Leipold*, § 1966 Rn 1; Staudinger/*Mesina*, § 1966 Rn 4; *Ludyga*, ZEV 2023, 409.
12 BSG v. 13.9.1994 – 5 RJ 44/93, BeckRS 1994, 30750884.

Titel 2. Haftung des Erben für die Nachlassverbindlichkeiten

Untertitel 1. Nachlassverbindlichkeiten

Vorbemerkung zu §§ 1967–2017 BGB

Literatur

Bartsch, Fälle zur Erbenhaftung, ZErb 2010, 345; *Baumann*, Vonselbsterwerb, Erbenhaftung und Ausschlagung, ErbR 2020, 300; *Biermann*, Der digitale Nachlass im Spannungsfeld zwischen Erbrecht und Datenschutz, ZErb 2017, 210; *Bisle*, Testamentsvollstreckung im Handels- und Gesellschaftsrecht, DStR 2013, 1037; *Blankenstein*, Zahlungspflichten bei Maßnahmen der Instandhaltung, Instandsetzung, modernisierenden Instandsetzung, Modernisierung und baulichen Veränderung, Wohnungseigentümer 2011, 87; *Bömelburg*, Das Schicksal von Unterhaltsansprüchen nach dem Tode des Unterhaltschuldners unter Berücksichtigung der sich aus § 1886b BGB ergebenden Besonderheiten, FF 2008, 144; *Bonifacio*, Die Haftung des Erben als Hausgeldschuldner nach dem WEG, MDR 2006, 244; *Bredemeyer*, Das kaufmännische Einzelunternehmen im Nachlass, ZErb 2013, 294; *Bredemeyer/Tews*, Erbteilung durch dingliche Abschichtung, ZEV 2012, 352; *Burgard*, Die Haftung des Erben für Delikte des Testamentsvollstreckers, FamRZ 2000, 1269; *Busch*, Fachanwaltsklausur Erbrecht: Die Haftung des Erben, ZFE 2008, 457; *Christmann*, Die Geltendmachung der Haftungsbeschränkung zugunsten Minderjähriger, ZEV 1999, 416; 2000, 45; *Conradis*, Sozialhilferegress: Kostenersatz durch den Erben, § 102 SGB XII, § 35 SGB II, ZEV 2005, 379; *Damrau*, Grabpflegekosten sind Nachlassverbindlichkeiten, ZEV 2004, 456; *Doering-Striening*, Sozialhilferegress und Gestaltungsfreiheit, ASR 2008, 179; *Dötsch*, Beschränkte Erbenhaftung für Hausgeldschulden?, ZMR 2006, 902; *Drasdo*, Erbenhaftung für Wohnungseigentumsschulden, NJW-Spezial, 2021, 545; *ders.*, Tod des Pflegeleistungsempfängers beendet Heimvertrag, NVwZ 2011, 1181; *ders.*, Der Fiskus als Erbe von Wohnungseigentum, NJW-Spezial 2009, 433; *Dressler*, Zur Reichweite der Erbenhaftung für den Geschiedenenunterhalt nach § 1586b BGB, NJW 2003, 637; *Eich*, Beschränkung der Erbenhaftung, ErbStB 2006, 228; *Emmerich*, Die Haftung des Gesellschaftererben nach § 128 HGB, ZHR 150, 193; *Gehm*, Haftung von Erben für Steuern, PU 2020, 20.11.2019; *ders.*, Steuerhinterziehung durch Erben und Zuwendungsempfänger, NWB 2018, 2695; *Gluth*, Die Erbenhaftung bei Nachlassverwaltung, AO-StB 2003, 20; *Goebel*, Der Schuldner verstirbt: Was nun?, FoVo 2016, 121; *ders.*, Gerichtliche Anträge nach dem Erbfall des Schuldners, FoVo 2016, 127; *ders.*, Die Kosten der Auskunft aus der Nachlassakte, FoVo 2016, 6; *Gomille*, Information als Nachlassgegenstand, ZUM 2018, 660; *Gotzen*, Das Verhältnis zwischen § 74 SGB XII und den Vorschriften über die Beschränkung der Erbenhaftung, ZfF 2011, 249; *Graf*, Möglichkeiten der Haftungsbeschränkung für Nachlassverbindlichkeiten, ZEV 2000, 125; *Grosse*, Die Erbenhaftung nach § 35 SGB II, info also 2013, 3; *Große-Wilde*, Die Rechtsprechung zum Erbrecht 2011/2012, MDR 2012, 1013; *Grziwotz*, Bestattungskosten und Erbenhaftung, FamRB 2012, 226; *Gschwendtner*, Keine Haftungsbeschränkung für Minderjährige im Steuerfestsetzungsverfahren, HFR 2004, 2; *Habersack*, Erbenhaftung und Konvaleszenz, JZ 1991, 70; *Hagen*, Steuer- und zivilrechtliche Aspekte der Gesamtrechtsnachfolge durch Erbfall, StBp 2003, 332; *Hahn*, Die gegenständlich beschränkte Erbeinsetzung, ZEV 2016, 360; *Hartman*, Die Einrede der Dürftigkeit des Nachlasses im Steuerrecht, ZEV 2009, 324; *Herfs*, Haftung des Erben als Nachfolger eines Kommanditisten, DB 1991, 1713; *ders.*, Haftung des Erben als Nachfolger eines Komplementärs bei Umwandlung eines Komplementäranteils in einen Kommanditanteil, DB 1991, 2121; *Herzog*, Nachlasshaftung und Nachlassinsolvenz (1. Teil), ErbR 2013, 70; (2. Teil), ErbR 2013, 104; *dies.*, Haftung des Erben für Miet- und WEG-Schulden, NZM 2013, 175; *Joachim/Janzen*, Gehören Erbschaftsteuerschulden zu den Nachlassverbindlichkeiten, ZEV 2018, 74; *Joachim/Klinger*, Vorbehalt der beschränkten Erbenhaftung als Regeressfalle, NJW-Spezial 2005, 5841; *Johannen*, Die Nachfolge in kaufmännische Unternehmen und Beteiligungen an Personengesellschaften beim Tode ihres Inhabers, FamRZ 1980, 1074; *Jülicher*, Erbfall und Sozialhilferegress, FÜR 2006, 148; *Jünemann*, Praktische Konsequenzen der Abschichtung von Miterben, ZEV 2012, 65; *Kleffmann*, Die Entwicklung des Unterhaltsrechts im Jahr 2007, FuR 2008, 124; *Klinger/Ruby*, Das Aufgebot der Nachlassgläubiger – eine unbekannte Haftungsfalle, NJW-Spezial 2005, 61; *Krauß*, Gestaltungsmöglichkeiten im Konfliktbereich zwischen Erbrecht und Sozialrecht, FAErbR 2005, 24; *Kulke*, Anwendbarkeit des § 312 I BGB auf Bürgschaftsverträge bei

Erberwartung des einkommens- und vermögenslosen Bürgen, ZEV 2000, 298; *Lintz*, Haftung von Miterben bei Verstoß eines Miterben gegen die Behaltensfrist des § 28a ErbStG, ZEV 2022, 576; *Loose*, Beschränkte Erbenhaftung für von einem Nachlassverwalter verursachte Steuerschulden, ErbR 2016, 627; *ders.*, Geltendmachung der Erbschaftsteuer im Nachlassinsolvenzverfahren, DB 2016, 1343; *Lorenz*, Erbstatut, Erberwerbsstatut und Erbenhaftung im deutsch-österreichischen Verhältnis: le mort saisit le vif contra hereditas iacens und die Folgen, IPRax 2004, 536; *Luttermann*, Die Erbenhaftung bei Kommanditanteilen, ZErb 2008, 139; *Mock*, Anwendbarkeit des § 139 HGB auf die GbR, NZG 2004, 118; *Mörschner*, Zu den berufsspezifischen Besonderheiten, die der Erbrechtsanwalt bei der Nachlassabwicklung zu beachten hat, wenn der Erblasser Arzt war, ErbR 2015, 676; *Monschau*, Die beschränkte Erbenhaftung im Zivilprozess, AGS 2004, 308; *Muscheler*, Die Grundlagen des deutschen Erbrechts, JA 2004, 494; *Niedenführ*, Haftung des Erben für Wohngeld, NZM 2000, 641; *Odersky*, Erbrecht – Aktuelle Entwicklungen im Juni 2008 bis Mai 2009, notar 2009, 296; *Olzen*, Die Erbenhaftung, Jura 2001, 520; *Ott*, Schwarzkonten im Erbfall, ErbBstg 2007, 245; *Roth*, Haftungsbeschränkungsmaßnahmen des Erben auf den Nachlass, NJW-Spezial 2023, 103; *ders.*, Kostentragungspflicht bei Erfüllung von Vermächtnissen, NJW-Spezial 2018, 295; *Roth/Goratsch*, Beschränkung der Erbenhaftung wegen Erbschaftsteuer, NJW-Spezial 2024, 615; *Rotter*, Die Übertragung von Vermögen außerhalb der Erbschaft durch Vermächtnis, NWB 2016, 2595; *Rugullis*, Das Konkurrenzverhältnis zwischen Nachlassverwaltung und Nachlassinsolvenzverfahren, ZErb 2008, 35; *ders.*, Nachlassverwaltung und Nachlassinsolvenzverfahren – ein verfahrensrechtlicher Vergleich, ZEV 2007, 117; *Ruschmeier*, Bestattungskosten nach § 74 SBG XII, NDV 2010, 42; Beerdigungskosten bei Vor- und Nacherbschaft, MDR 2010, 57; *Schäfer*, Das bedingte Austrittsrecht nach § 139 HGB in der BbR, NJW 2005, 3665; *Schaub*, Die Rechtsnachfolge von Todes wegen im Handelsregister bei Einzelunternehmen und Personenhandelsgesellschaften, ZEV 1994, 71; *Scherer/Feick*, Die GbR als Erbin – Thesen und Gestaltungsmöglichkeiten, ZEV 2003, 341; *Schindler*, § 1586b BGB im Unterhaltsrecht und Pflichtteilsrecht, ZFE 2007, 453; *ders.*, Erbrecht und Unterhalt – Probleme der §§ 1586b und 1579 Nr. 7 BGB, FÜR 2006, 121; *Schlarmann/Hamann*, Fortführung der Wirtschaftlichkeitsprüfung nach dem Tod des Vertragsarztes, MedR 2016, 955; *Schönenberg-Wessel/Kaufmann*, Der überschuldete Nachlass, BtPrax 2021, 180; *Schönert*, Grenzen der Beschränkbarkeit der Erbenhaftung auf den Nachlass, BWNotZ 2008, 81; *Schörnig*, Die Bedeutung des § 139 HGB bei der Gesellschafternachfolge, ZEV 2001, 129; *Schreiber*, Die Haftung des Erben für Nachlassverbindlichkeiten, Jura 2010, 117; *Schuhmann*, Der Erbe und die Nachlassverbindlichkeiten, ErbR 2011, 105; *Sick*, Die Haftung des Erben nach § 1967 BGB und das Problem der Haftungsbeschränkung auf den Nachlass, Zerb 2010, 325; *Siebert*, Die Entwicklung des Erbrechts im Jahr 2010, NJW 2011, 897; *Siegmann*, Nochmals: Haftung des Erben für Wohngeld, NZM 2000, 995; *Spatscheck/Spilker*, Unternehmensnachfolge aus steuerstrafrechtlicher Sicht, DStR 2018, 1800; *Storz*, Unter welchen Voraussetzungen können Nachlassgläubiger bei Vorhandensein eines verwaltenden Testamentsvollstreckers die Nachlassverwaltung beantragen?, ZEV 2010, 549; 117; *Vallender*, Doppelinsolvenz: Erben- und Nachlassinsolvenz, NZI 2005, 318; *Weber*, Erbenhaftung, DVP 2014, 10; *Weidlich*, Testamentsvollstreckung an einem einzelkaufmännischen Unternehmen, NJW 2011, 641; *Wellenhofer*, Erbrecht: Haftung des Erben für Verbindlichkeiten aus einem Mietverhältnis, JuS 2020, 78; *Werkmüller*, Haftungsbeschränkung und Schadensersatz beim Tod des Verkäufers im schwebenden M&A-Prozess, ZEV 2007, 16; *Wessels*, Zwangsvollstreckungsrechtliche Fragestellungen im Erbrecht, ZFE 2005, 191; *Widmann*, Die Erbenhaftung für Verbindlichkeiten aus dem Mietverhältnis des Erblassers, MDR 2013, 1073; *ders.*, Die Bestattungspflicht und Bestattungskostentragungspflicht in der höchstrichterlichen Rechtsprechung, MDR 2012, 617; *Wolf*, Die Haftung des Gesellschaftererben für Verbindlichkeiten einer Personenhandelsgesellschaft, DB 2003, 1423; *Zimmermann*, Der Nachlasspfleger im Zivilprozess, ZEV 2011, 631.

Übersicht: Rdn

A. Systematische Einordnung

Das fünfte Buch des BGB – Erbrecht – gliedert sich in insgesamt sieben Abschnitte. Im zweiten Abschnitt, zu dem die Erbenhaftung gehört, ist die rechtliche Stellung des Erben geregelt. Während der 1. Titel – Annahme und Ausschlagung der Erbschaft, Fürsorge des Nachlassgerichts – noch ohne Untertitel auskommt, ist der 2. Titel – Haftung des Erben für Nachlassverbindlichkeiten – (§§ 1967–2017 BGB) in insgesamt fünf Untertitel gegliedert: 1

- Nachlassverbindlichkeiten, §§ 1967–1969 BGB;
- Aufgebot der Nachlassgläubiger, §§ 1970–1974 BGB;
- Beschränkung der Haftung des Erben, §§ 1975–1992 BGB;
- Inventarerrichtung, unbeschränkte Haftung des Erben, §§ 1993–2013 BGB und
- Aufschiebende Einreden, §§ 2014–2017 BGB.

Daneben ergänzt eine große Anzahl von Bestimmungen, überwiegend des BGB, den 2. Titel.[1] Die zahlreichen Sondervorschriften werden an geeigneter Stelle angesprochen und vertieft erörtert. Zum 2. Abschnitt, der rechtlichen Stellung des Erben, gehören weiter der Titel 3 – Erbschaftsanspruch – sowie der Titel 4 – Mehrheit von Erben. 2

B. Grundsätze der Regelung der Erbenhaftung im BGB

I. Allgemeines

Nach § 1967 Abs. 1 BGB „haftet" der Erbe „für die Nachlassverbindlichkeiten". Damit übernimmt der Erbe nicht nur das Vermögen des Erblassers (§ 1922 BGB), sondern auch dessen Verbindlichkeiten. Die Bestimmung legt damit den Grundsatz der (zunächst) unbeschränkten Haftung des Erben fest. Jeder Erbe hat jedoch das Recht, diese Haftung auf den Nachlass zu beschränken. Zur Beschränkung der Haftung kann es aber auch durch eine Handlung eines Nachlassgläubigers kommen. Zugleich mit der Normierung der unbeschränkten Haftung des Erben regelt § 1967 Abs. 1 BGB die Frage, womit er haftet. Bis zur Beschränkung der Haftung haben die Gläubiger Zugriff auf das gesamte Vermögen des Erben, zu dem dessen Eigenvermögen und der Nachlass gehört. 3

Bei der Erbenhaftung ist zunächst zu unterscheiden zwischen der Zeit vor und nach Annahme der Erbschaft. Vor der Annahme der Erbschaft kann ein gegen den Nachlass gerichteter Anspruch nicht gegen den Erben gerichtlich geltend gemacht werden (§ 1958 BGB). Die Zwangsvollstreckung in den Nachlass richtet sich nach den §§ 778 Abs. 1, 779 ZPO. Nach der Annahme der Erbschaft hat der Erbe einige bestimmte aufschiebende Einreden, die ihm die Möglichkeit eröffnen sollen, über die Annahme der Erbschaft nachzudenken. Es sind dies: 4

- die Dreimonatseinrede nach § 2014 BGB sowie
- die Einrede des Aufgebotsverfahrens nach § 2015 BGB.

In einigen Fällen ist die Haftung des Erben kraft Gesetzes von Anfang an auf den Nachlass beschränkt: 5

- bei der Erstattung der Betreuerkosten für den Erblasser (§ 1881 S. 2 BGB i.V.m. § 102 Abs. 3 und 4 SGB XII);[2]
- bei der Haftung für den Ersatz der Kosten der Sozialhilfe (§ 102 SGB XII).[3]

---

1 Vgl. im Einzelnen Staudinger/*Kunz*, (2020) Vor §§ 1967–2017 Rn 2.

2 Vgl. LG Koblenz FamRZ 2009, 1710; LG Koblenz FamRZ 2007, 2008; Thüringer OLG FamRZ 2006, 645 = FGPrax 2006, 70 = Rpfleger 2006, 323; BayObLGZ 2004, 390 = FamRZ 2005, 1590 = NJW-RR 2005, 1315 = FGPrax 2005, 120 = Rpfleger 2005, 427 =BtPrax 2005, 151; OLG Frankfurt NJW 2004, 373 = BtPrax 2004, 37; OLG Frankfurt Rpfleger 2004, 220.

3 Vgl. SG Karlsruhe, Urt. v. 27.8.2009 – S 1 SO 1039/09; SG Frankfurt/Main, Urt. v. 28.11.2008 – S 36 SO 212/05.

6 Der Erbe kann, hiervon unabhängig, seine Haftung auf den Nachlass beschränken, in dem er:
- die Anordnung der Nachlassverwaltung (§§ 1975 ff. BGB);
- die Eröffnung des Nachlassinsolvenzverfahrens beantragt (§§ 315 ff. InsO)[4] oder
- die Nachlassgläubiger im Aufgebotsverfahren zur Anmeldung ihrer Forderungen auffordern lässt (§§ 1970 ff. BGB) und schließlich
- die Zwangsversteigerung des zum Nachlass gehörenden Grundstücks beantragt (§§ 175 Abs. 1 S. 1, 179 ZVG; was nur dann in Betracht kommt, wenn der Nachlassgläubiger für seine Forderung ein Recht auf Befriedigung aus einem zum Nachlass gehörenden Grundstück besitzt und die zusätzlichen Voraussetzungen des § 179 ZVG vorliegen.

7 Unter bestimmten Voraussetzungen kann der Erbe u.U. seine Haftung allein dadurch beschränken, dass er sich auf bestimmte Tatsachen beruft:
- darauf, dass der Nachlass dürftig ist, § 1990 Abs. 1 BGB, d.h. es fehlt an einer die Kosten der Nachlassverwaltung oder des Nachlassinsolvenzverfahrens deckende Masse. Der Erbe ist in diesem Falle verpflichtet, den Nachlass zum Zwecke der Befriedigung der Gläubiger im Wege der Zwangsvollstreckung herauszugeben, § 1990 Abs. 1 S. 2 BGB.
- auf die fünfjährige Säumnis eines Nachlassgläubigers, § 1974 BGB oder
- der Miterbe – darauf, dass er die Einrede des ungeteilten Nachlasses geltend macht (§ 2059 Abs. 1 BGB). Diese Einrede entfällt mit der Teilung des Nachlasses.

8 Der Erbe kann aber sein Recht zur Beschränkung der Haftung auch verlieren, z.B.
- allen Gläubigern gegenüber durch die Versäumung der Inventarfrist (§ 1994 Abs. 1 S. 2 BGB) sowie durch die absichtlich herbeigeführte erhebliche Unvollständigkeit des Inventars oder Aufnahme einer nicht bestehenden Nachlassverbindlichkeit in das Inventar, und zwar in Benachteiligungsabsicht (§ 2005 Abs. 1 S. 1 BGB);
- einzelnen Gläubigern gegenüber durch die Verweigerung der das Inventar bekräftigenden eidesstattlichen Versicherung (§ 2006 Abs. 3 BGB) sowie im Falle des Prozesses gegen ihn, wenn er sich die Möglichkeit der Beschränkung seiner Haftung im Urteil nicht vorbehalten ließ (§ 780 Abs. 1 ZPO) und auch
- allen bzw. einzelnen Gläubigern gegenüber durch den Verzicht auf das Recht zur Haftungsbeschränkung.

II. Vereinbarungen betreffend die Erbenhaftung

9 Der Erbe kann einerseits auf die Beschränkung bzw. die Beschränkbarkeit seiner Haftung **verzichten**, und zwar nach der überwiegenden Meinung ohne den Abschluss eines Vertrages, sondern einseitig.[5]

10 **Vorsicht bei Vereinbarungen: Erlässt** der Nachlassgläubiger dem Erben einen Teil der Schuld und bewilligt er ihm wegen des Restes Ratenzahlung, geht die beiderseitige Absicht im allg. dahin, den Nachlassgläubiger, der sich mit einer geringeren Forderung zufrieden gibt und diese obendrein stundet, insoweit möglichst sicherzustellen. Daher liegt in einem solchen Falle ein konkludent erklärter Verzicht des Erben auf die Beschränkbarkeit der Erbenhaftung in der Tat nahe.[6] Gleiches gilt dann, wenn ein Prozessbevollmächtigter des Erben gegenüber dem Vermächtnisnehmer erklärt, dass

---

4 Vgl. *Herzog*, Nachlasshaftung und Nachlassinsolvenz (1. Teil), ErbR 2013, 70; (2. Teil), ErbR 2013, 104.

5 Staudinger/*Kunz*, (2020) Vor §§ 1967–2017 Rn 16 m.w.N.

6 BGH NJW 1992, 2694 = WM 1992, 2020 = DB 1992, 2236 = FamRZ 1992, 1409 = MDR 1992, 1186.

der Vermächtnisanspruch „völlig unstreitig sei und dass überhaupt kein Risiko zu sehen sei, warum dieser Anspruch nicht erfüllt werden solle“.[7]

Der Erbe kann seine **Haftung** aber auch durch **Vereinbarungen** mit **allen** oder **einzelnen Gläubigern beschränken**. In dieser Vereinbarung liegt der Verzicht des Gläubigers auf sein Recht, auf das Vermögen des Erben Zugriff zu nehmen. Dies ist auch dann noch möglich, wenn der Erbe selbst bereits sein Recht, seine Haftung (einseitig) zu beschränken, verloren hat.[8] 11

III. Geltendmachung der Haftungsbeschränkung im Zivilprozess

Der wegen einer Nachlassverbindlichkeit gerichtlich in Anspruch genommene Erbe 12
hat stets darauf zu achten, dass er nicht ohne einen Vorbehalt betreffend die Haftungsbeschränkung verurteilt wird. Geschieht dies, weil er etwa keinen entsprechenden Antrag gestellt hat, verliert der Erbe das Recht, seine Haftung für den festgestellten Anspruch auf den Nachlass zu beschränken oder sich insoweit auf eine bereits eingetretene Haftungsbeschränkung zu berufen (§ 780 Abs. 1 ZPO). Bei der Zwangsvollstreckung wird die Haftungsbeschränkung nur dann berücksichtigt, wenn

- sich der Erbe auf die Haftungsbeschränkung beruft (§ 781 ZPO) und
- wenn sie ihm im Urteil vorbehalten ist (§ 781 Abs. 1 ZPO).[9]

Nur ausnahmsweise ist es dem Erben möglich, den Vorbehalt im Urteil auch noch 13
nachträglich zu erlangen. Dazu muss er entweder Berufung (§ 511 ZPO) einlegen, die Gehörsrüge (§ 321a ZPO) geltend machen oder Urteilsergänzung (321 ZPO) beantragen.[10] Der verurteilte Erbe kann ein Rechtsmittel ausschließlich mit dem Ziel einlegen, die beschränkte Erbenhaftung geltend zu machen.[11] Der erstmals im Berufungsrechtszug erhobene Vorbehalt der beschränkten Erbenhaftung ist unabhängig von § 531 Abs. 2 ZPO zuzulassen, wenn die Voraussetzungen für seine Aufnahme unstreitig gegeben sind.[12] Die Einrede der Dürftigkeit des Nachlasses ist auch dann im Berufungsverfahren zuzulassen, wenn die Dürftigkeit des Nachlasses streitig ist, sofern das Berufungsgericht den Vorbehalt der beschränkten Erbenhaftung ausspricht, ohne dessen sachlichrechtliche Voraussetzungen zu prüfen.[13] Die Revisionszulassung kann auf die Aufnahme des Vorbehalts der beschränkten Erbenhaftung beschränkt werden.[14]

Ein **Rechtsanwalt**, dessen Mandant als Erbe wegen einer Nachlassverbindlichkeit in 14
Anspruch genommen wird, ist grundsätzlich verpflichtet, den Vorbehalt der beschränkten Erbenhaftung in den Titel aufnehmen zu lassen.[15] Der Rechtsanwalt muss in solchen Fällen für seinen Mandanten stets den sicheren Weg einschlagen und darf sich nicht darauf verlassen, dass das Gericht Hinweise erteilt oder eine dem Mandanten günstige Auslegung vornimmt.[16]

---

7 OLG München ZEV 1998, 100 m. Anm. *Weber*.

8 Str. Staudinger/*Kunz*, (2020) Vor §§ 1967–2017 Rn 17.

9 Vgl. *Gottwald/Mock*, Zwangsvollstreckung, § 780 Rn 3.

10 OLG Koblenz ZEV 1997, 253 = NJW-RR 1997, 1160.

11 *Gottwald/Mock*, Zwangsvollstreckung, § 780 Rn 16.

12 BGH NJW-RR 2010, 664 = MDR 2010, 649 = ZErb 2010, 212 = ZEV 2010, 314 = ZFE 2010, 238 = FamRZ 2010, 636.

13 OLG Celle ZEV 2010, 409 = FamRZ 2010, 1273; vgl. auch die Anm. v. *Schindler*, ZEV 2010, 410.

14 BGH NJW-RR 2010, 664 = MDR 2010, 649 = ZErb 2010, 212 = ZEV 2010, 314 = ZFE 2010, 238 = FamRZ 2010, 636.

15 BGH NJW 1992, 2694 = FamRZ 1992, 1409 = MDR 1992, 1186 m. ausführlichen Erörterungen zur Berechnung des Schadens; BGH NJW 1991, 2839; ZEV 2002, 162 = NJW 2002, 1414 = FamRZ 2002, 609; ZErb 2002, 165 zur Frage der Verjährung nach altem Recht.

16 OLG Hamm JurBüro 1995, 557.

15 Nach § 780 Abs. 2 ZPO ist ein Vorbehalt der beschränkten Erbenhaftung in folgenden Fällen **entbehrlich**:
- bei einer Verurteilung des Fiskus als gesetzlichen Erben (§ 1936 BGB);
- bei einer Verurteilung eines Nachlassverwalters, eines Nachlasspflegers oder eines den Nachlass verwaltenden Testamentsvollstreckers (hierunter wird man auch den seltenen Fall einbeziehen, dass ein Nachlassinsolvenzverwalter wegen einer Nachlassverbindlichkeit verklagt und verurteilt wird).

16 Der **Vorbehalt ist überflüssig**, wenn das **Prozessgericht** selbst über die **Haftungsbeschränkung entscheidet.**[17] Dann ist für das Verhältnis unter den Parteien mit rechtskräftiger Wirkung entschieden, ob die Haftung für die Klageforderung auf den Nachlass beschränkt ist oder nicht. Das ist dann der Fall, wenn
- das Gericht die vom Erben geltend gemachte Beschränkung der Erbenhaftung geprüft, verneint und den Erben dementsprechend ohne Vorbehalt verurteilt hat;
- das Gericht die vom Erben geltend gemachte Haftungsbeschränkung geprüft und bejaht hat und feststeht, dass keine Haftungsmasse mehr vorhanden, der Nachlass z.B. erschöpft ist. Das Gericht weist alsdann die Klage ab;
- das Gericht die vom Erben geltend gemachte Beschränkung der Erbenhaftung geprüft und bejaht hat oder nur auf „Leistung aus dem Nachlass" geklagt wurde; das Gericht verurteilt dann „zur Leistung aus dem Nachlass".[18] Hierbei handelt es sich keineswegs um einen Vorbehalt i.S.v. § 780 Abs. 1 ZPO, sondern es ist die gleiche Situation geschaffen, die durch eine haftungsbeschränkende Klage nach § 785 ZPO ebenfalls hergestellt wird.

17 Steht nach Prüfung des Gerichts nicht nur die Haftungsbeschränkung auf den Nachlass fest, sondern ebenfalls die gegenständliche Begrenzung des Nachlasses, kann das Gericht – auf entsprechenden Antrag – den Erben zu Duldung der Zwangsvollstreckung in bestimmte Gegenstände verurteilen.[19]

IV. Möglichkeiten der Nachlassgläubiger

18 Auch die **Nachlassgläubiger** haben im Falle des Eintritts des Erbfalls ihres Schuldners Möglichkeiten, zum Zwecke der Sicherung der Befriedigung ihrer Ansprüche Druck auf den Erben auszuüben. Sie können bereits vor der Annahme der Erbschaft
- eine gegen den Erblasser begonnene Zwangsvollstreckung nach § 779 ZPO fortsetzen und insoweit beantragen, dass das Vollstreckungsgericht für den Erben einen besonderen Vertreter bestellt (§ 1960 BGB) oder
- die Nachlassverwaltung beantragen, um eine noch nicht titulierte Forderung gegenüber dem Nachlasspfleger prozessual geltend zu machen.

19 Hat der Erbe die Erbschaft angenommen, kann dieser selbst prozessual in Anspruch genommen werden. Zudem kann jeder Nachlassgläubiger
- beim Nachlassgericht beantragen, dass dem Erben eine Frist zur Errichtung eines Nachlassinventars gesetzt wird (§§ 1994, 2001 BGB);
- beim Nachlassgericht die Anordnung der Nachlassverwaltung beantragen (§ 1981 BGB) oder
- beim Insolvenzgericht die Eröffnung des Nachlassinsolvenzverfahrens beantragen (§§ 317, 319 InsO), was voraussetzt, dass der Nachlass zahlungsunfähig oder überschuldet ist.

---

17 BGH FamRZ 1989, 1070 = NJW-RR 1989, 1226.
18 OLG Celle NJW-RR 1988, 133.
19 *Gottwald/Mock*, Zwangsvollstreckung, § 780 Rn 7 u. 8.

C. Erbenhaftung in der anwaltlichen Praxis – Beratungshinweise

Für den Rechtsanwalt steht stets die Beratung in Bezug auf die Erbenhaftung im Mittelpunkt seiner Tätigkeit bei der Beratung des Erben. Betroffen sind vor allem diejenigen Fälle, in denen es um unternehmensrechtliche oder gesellschaftsrechtliche Fragen geht. Die Beratung hat hier bei dem potenziellen Erben einzusetzen und Lösungsmöglichkeiten schon für die Lebzeiten zu treffen. Aber auch bei Erbfällen, in denen keine gesellschafts- oder unternehmensrechtliche Probleme auftreten, kann nur eine sehr sorgfältige Beratung des Mandanten diesen vor unliebsamen Haftungsfolgen bewahren. Insbesondere gilt das bei der Entstehung von Nachlasserbschulden (§ 1978 BGB), bei der Abwicklung des Nachlasses (Wegfall der Beschränkungseinreden aus § 2059 Abs. 1 S. 1 BGB nach der Teilung), bei der Erfüllung von Obliegenheiten des Inventarrechts (§§ 1994, 2005 BGB) und bei der Insolvenzantragspflicht nach § 1980 Abs. 1 BGB. 20

In allen Fällen gilt es, den möglichen Eintritt einer Schadensersatzverpflichtung oder der unbeschränkten Haftung zu vermeiden. Dies trifft besonders im Falle der gerichtlichen Inanspruchnahme des Erben wegen Nachlassverbindlichkeiten zu. Die Bestimmung des § 780 ZPO verlangt hier, von Ausnahmefällen in dessen Abs. 2 abgesehen, vom anwaltlichen Berater des beklagten Erben die Stellung des Antrags auf Aufnahme des Haftungsbeschränkungsvorbehalts, um den Eintritt der unbeschränkten Haftung zu vermeiden. Die Nichtbeachtung z.B. dieser einfachen Regel, die verschiedene Beschränkungsvorbehalte erfasst, führt nicht nur zu einer unbeschränkten Haftung des Erben, sondern kann auch zur Haftung des anwaltlichen Beraters führen. In einer Art Checkliste wird hier vorgeschlagenen, wie der Anwalt vorgehen soll. Dabei wird sogleich darauf hingewiesen, dass solcherlei Checklisten nicht vollständig sein können und jeder Fall besonderer Überlegungen bedarf. 21

Checkliste 22

I. Prüfung der Voraussetzungen der Haftung als Erbe
- Ist der **Mandant als Erbe** berufen? (Alleinerbe, Vorerbe, Nach- oder Miterbe)
- Ist die **Erbschaft angenommen**? (§ 1958 BGB)
- Wann ist der Erblasser verstorben?
- Wurde ein Testament eröffnet?
- Ist die Annahme der Erbschaft ausdrücklich erklärt?
- Kann eine Annahme der Erbschaft angefochten werden?
- Liegt eine Nachlassverbindlichkeit vor? (Handelt es sich dabei um eine Erblasserschuld, Erbfallschuld oder eine Nachlassverwaltungsschuld?)

II. Besonderheiten vor der Annahme der Erbschaft

Vor der Annahme der Erbschaft sind insbesondere zu beachten:
- § 1958 BGB als Schutzvorschrift des vorläufigen Erben;
- Möglichkeit der Pflegerbestellung durch das Nachlassgericht in Eilfällen (§ 1961 BGB);
- Möglichkeiten des Vorgehens gegen den verwaltenden Testamentsvollstrecker nach § 2213 Abs. 2 BGB;
- Möglichkeit der Stellung eines Insolvenzantrags (§ 316 InsO).

III. Verteidigungsmöglichkeiten des in Anspruch genommenen Erben

Der Erbe hat zahlreiche Möglichkeiten, seine Haftung zu beschränken. Im Einzelnen gilt Folgendes:

1. Vorläufige Haftungsbeschränkung
- **Dreimonatseinrede** gem. § 2014 BGB (**Achtung**: Vorbehalt nach § 780 ZPO erforderlich);

- **Aufgeboteinrede** gem. § 2015 BGB bis ein Jahr nach Annahme der Erbschaft (**Achtung**: Vorbehalt nach § 780 ZPO erforderlich);
- Geltendmachung des **Leistungsverweigerungsrechts aus** § 2059 Abs. 1 BGB bis zur Teilung des Nachlasses bei Miterben (**Achtung:** Vorbehalt nach § 780 ZPO erforderlich).

Unter bestimmten Umständen kann der Nachlassgläubiger auch gegen den Testamentsvollstrecker vorgehen (§ 2213 BGB). Stets kann daran gedacht werden, zur Klärung der Nachlassverhältnisse das Aufgebotsverfahren einzuleiten bzw. eine Inventarerrichtung zu fordern.

2. Endgültige Haftungsbeschränkung gegenüber allen Nachlassgläubigern
- Anordnung der Nachlassverwaltung (§ 1975 BGB);
- Eröffnung des Nachlassinsolvenzverfahrens (§§ 1975, 1980 BGB);
- Nachweis der Dürftigkeit des Nachlasses (§§ 1990, 1991 BGB).

3. Endgültige Haftungsbeschränkung gegenüber einzelnen Nachlassgläubigern
- Verschweigung (§ 1974 BGB; beachte: Frist von fünf Jahren Nacherbfall);
- Ausschluss im Aufgebotsverfahren (§ 1973 BGB);
- Überschuldungseinrede (§ 1990 BGB; nur gegenüber Vermächtnisnehmern und Auflagenbegünstigten);
- Vereinbarung einer Haftungsbeschränkung mit einem einzelnen oder mehreren einzelnen Gläubigern.

4. Beschränkung des Umfangs der Haftung
- Beschränkung auf die dem Erbteil entsprechenden Teilschuld nach § 2060 Nr. 1–3 BGB u. § 2061 BGB.

5. Beschränkung der Haftung durch Berufung auf die kraft Gesetzes gegenständlich beschränkte Haftung
- bei Minderjährigen (§ 1629a BGB; Vorbehalt nach § 780 ZPO erforderlich);
- Haftung mit dem Wert des Nachlasses nach § 102 SGB XII u. § 1881 S. 2 BGB, kein Vorbehalt nach § 780 ZPO erforderlich.

IV. Geltendmachung von Ansprüchen und ihre Durchsetzung nach Annahme der Erbschaft

Im Falle der Annahme der Erbschaft ist die gerichtliche Geltendmachung von Ansprüchen ohne Einschränkung möglich bis der Erbe, sofern es sich um Nachlassverbindlichkeiten handelt, Maßnahmen zur Haftungsbeschränkung ergreift. Dabei ist zu beachten, dass
- die Berufung des Erben auf § 2014 BGB nicht den Verzugseintritt hindert und auch nicht die Verurteilung, eine Sicherungsvollstreckung bleibt möglich;
- die Eröffnung des Nachlassinsolvenzverfahrens den Zinslauf unberührt lässt (§§ 39, 327 InsO);
- die Klärung der Nachlassverhältnisse durch einen Inventarantrag nach § 1994 BGB sehr zweckmäßig ist.

Bei Miterben ist ein Zugriff auf deren „Eigenvermögen" vor der Teilung des Nachlasses grundsätzlich nicht möglich (§ 2059 Abs. 1 S. 1 BGB), allein möglich bleibt die **Pfändung des Miterbenanteils nach §§ 857, 859 Abs. 2, Abs. 5 ZPO**, der allerdings nach dem Wortlaut des Gesetzes eigentlich Bestandteil des Eigenvermögens ist.

Der Nachlassgläubiger kann seine Rechte uneingeschränkt geltend machen:
- im Falle der **Fristversäumnis** einer Inventarerrichtung (§ 1994 BGB),
- bei **Inventaruntreue** (§ 2005 BGB),
- bei **Verweigerung der eidesstattlichen Versicherung** dem Nachlassgläubiger gegenüber (§ 2006 Abs. 3 BGB),
- bei **Fehlen eines Vorbehalts (§ 780 ZPO)** in dem gegen den Erben gerichteten Titel (das kann auch ein Vergleich sein),

- bei Verzicht auf die Haftungsbeschränkung gegenüber dem Nachlassgläubiger,
- bei Nachlasserbschulden und
- beim Vorliegen von dinglichen Ansprüchen.

§ 1967 Erbenhaftung, Nachlassverbindlichkeiten

(1) Der Erbe haftet für die Nachlassverbindlichkeiten.
(2) Zu den Nachlassverbindlichkeiten gehören außer den vom Erblasser herrührenden Schulden die den Erben als solchen treffenden Verbindlichkeiten, insbesondere die Verbindlichkeiten aus Pflichtteilsrechten, Vermächtnissen und Auflagen.

Literatur
App, Übergang von Forderungen und Verbindlichkeiten auf andere Personen, KKZ 2010, 103; *Böhm*, Darlehen bei Tod des Darlehensnehmers, ZEV 2002, 337; *Deinert*, Betreuervergütung und Staatsregress nach dem Tod des Betreuten, FamRZ 2002, 374; *Dobler*, Zur Möglichkeit des Erben einer Eigentumswohnung, die Haftung für Wohngeldschulden zu beschränken, ZEV 2000, 153; *Eich*, Beschränkung der Erbenhaftung, ErbStB 2006, 228; *Geldmacher*, Wann haftet der Erbe mit seinem eigenen Vermögen?, MK 2020, 24; *Gottwald*, Fortsetzung des Mietverhältnisses mit überlebenden (Mit-)Mietern oder Erben, EE 2014, 33; *ders.*, Tod des Mieters: Kündigungsrecht des Vermieters, EE 2014, 17; *ders.*, Tod des Mieters: Folgen für das Mietverhältnis, EE 2013, 211; *Hambitzer*, Zur Bindungswirkung von Unterhaltsvereinbarungen gem. § 1586b BGB gegenüber Erben, FamRZ 2001, 201; *Hoepfner*, Grundzüge der Erbenhaftung, Jura 1982, 169; *Kobor*, Einkommensteuerschulden des Erblassers als Nachlassverbindlichkeiten gem. § 10 Abs. 5 Nr. 1 ErbStG, FR 2012, 1075; *Krüger/Tegelkamp*, Familienrechtliche Rechtspositionen im Erbfall, ErbR 2012, 34; *Kuleisa*, Der insolvente Nachlass – Die Haftung des Erben und die Befugnisse des Testamentsvollstreckers, ZVI 2013, 173; *Lettmann*, Die Beschränkung der Erbenhaftung, RNotZ 2002, 537; *Milatz/Knepel*, Vom Erblasser herrührende Steuerschulden für das Todesjahr sind Nachlassverbindlichkeiten, DStR 2012, 2527; *Müller*, Die Kosten der Bestattung im Zivil- und Steuerrecht, DStZ 2000, 329; *Ott*, Schwarzkonten im Erbfall, ErbBstg 2007, 245; *Roth/Wozniak*, Das Nachlassinsolvenzverfahren als effizientes Mittel zur Auseinandersetzung zersplitteter Erbengemeinschaften, ZEV 2021, 489; *Sahrmann*, Abziehbarkeit von Einkommensteuerschulden des Erblassers für dessen Todesjahr als Nachlassverbindlichkeiten, FR 2012, 1104; *Schmid*, Dürftigkeitseinrede beim Tod des Wohnungseigentümers und des Mieters, ZErb 2013, 321; *Schönert*, Grenzen der Beschränkbarkeit der Erbenhaftung auf den Nachlass, BWNotZ 2008, 81; *Scholl*, Vom Erblasser herrührende Steuerschulden für das Todesjahr als Nachlassverbindlichkeiten – Aufteilung von Abschlusszahlungen bei Zusammenveranlagung von im selben Jahr verstorbenen Ehegatten, StB 2012, 403; *Schürmann*, Konflikte zwischen Bestattungspflicht und Kostentragungspflicht, FamRB 2022, 500; *Schwartmann/Vogelheim*, Die Beschränkung der öffentlichen Altlastenhaftung des Erben, ZEV 2001, 101; *dies.*, Die bodenschutzrechtliche Zustandshaftung für geerbte Grundstücke, ZEV 2001, 343; *Woitkewitsch*, Beerdigungskosten bei Vor- und Nacherbschaft, MDR 2010, 57.
Weitere Literaturhinweise siehe Vorbemerkung zu §§ 1967–2017.

Übersicht: Rdn

A. Allgemeines

1 Die Vorschrift des § 1967 BGB bestimmt (zunächst) ohne jede Einschränkung, dass der Erbe für die Nachlassverbindlichkeiten haftet. Sie manifestiert damit den Grundsatz der unbeschränkten Erbenhaftung, die solange fortbesteht, bis es aufgrund einer Maßnahme des Erben (nach den §§ 1975 ff. BGB) oder eines Nachlassgläubigers zu einer Haftungsbeschränkung – auf den Nachlass – kommt.[1] Mit der Entscheidung für den Grundsatz der unbeschränkten Erbenhaftung wird zugleich bestimmt, womit der Erbe – ohne Beschränkung – haftet: mit **seinem gesamten Vermögen** (das sich aus dem Nachlass und seinem Eigenvermögen zusammensetzt).

2 Während die §§ 1967–2017 BGB die Haftung des Erben – als Alleinerben – regeln, werden – für den viel häufiger in Betracht kommenden Fall der Miterbengemeinschaft – in den §§ 2058–2063 BGB sowie in § 15 HöfeO ergänzende Vorschriften normiert, die die Miterben betreffen. Hinzukommen betreffend die Regelung der Erbenhaftung Sondervorschriften für die Anordnung der Vor- und Nacherbfolge in den §§ 2144–2146 BGB.

3 In § 1967 Abs. 1 BGB heißt es, dass „der Erbe für die **Nachlassverbindlichkeiten haftet**". Mit dieser Feststellung will der Gesetzgeber nicht etwa den Gegensatz von Schuld und Haftung wiederaufleben lassen, sondern nur klar zum Ausdruck bringen, dass der Erbe schuldet und haftet.[2] Die Bezeichnung „Haftung" deutet jedoch zweierlei an; einmal, dass die Verbindlichkeit, jedenfalls i.d.R., in der Person des Erblassers begründet worden ist, und dass der Erbe in sie und für sie nur mit dem Erbfall eintritt, und zum anderen, dass der Erbe in unterschiedlichem Umfang und in verschiedener Weise für diese Verbindlichkeiten einstehen muss, dass seine Haftung unbeschränkt, beschränkbar oder schwächer und stärker beschränkt sein kann.[3] Durch die Beschränkung der Haftung erhält das Einstehen des Erben für die Erfüllung der Verbindlichkeit einen anderen Inhalt als das Einstehen des Erblassers.

4 Bei der **Haftung des Erben** für die Nachlassverbindlichkeiten stehen einander gegenüber das Interesse der Nachlassgläubiger, das des Erben und das seiner eigenen Gläubiger. Dabei steht das **Interesse der Nachlassgläubiger** im Vordergrund. Sie können Befriedigung aus dem Nachlass fordern und verdrängen in diesem Umfang den Erben und dessen Eigengläubiger.[4] Das **Interesse des Erben** verlangt, dass er zwar mit dem zugewonnenen Nachlass, nicht aber mit seinem eigenen Vermögen haftet. Die **Gläubiger des Erben** treten demgegenüber in den Hintergrund; sie können auch nach dem Erbfall Befriedigung aus dem Eigenvermögen des Erben vor den Nachlassgläubigern verlangen, Befriedigung aus dem Nachlass aber erst nach den Nachlassgläubigern.

B. Tatbestand der Norm

I. Allgemeines

5 Während § 1967 Abs. 1 BGB den Grundsatz der unbeschränkten Erbenhaftung festlegt, bestimmt § 1967 Abs. 2 BGB den Begriff der Nachlassverbindlichkeiten, und zwar unvollständig.[5] Es wird dort lediglich zwischen den „von dem Erblasser herrührenden Schulden" (sog. **Erblasserschulden**) und denjenigen unterschieden, die den Erben als

---

1 MüKo/*Küpper*, § 1967 Rn 1.
2 Erman/*Horn*, § 1967 Rn 1, 2.
3 Grüneberg/*Weidlich*, Einführung zu § 1967 Rn 2 u. 3.
4 MüKo/*Küpper*, Vor § 1967 Rn 1 u. 2.
5 MüKo/*Küpper*, § 1967 Rn 2.

solchen treffen (sog. **Erbfallschulden**). Eine weitere Gruppe von Verbindlichkeiten tritt hinzu, nämlich die der Erbschaftsverwaltungs- oder Nachlasskosten (sog. **Nachlasserbenschulden**). Eine Verbindlichkeit des Erben, die nicht eine Nachlassverbindlichkeit ist, wird im allg. als Eigenverbindlichkeit oder Erbenschuld bezeichnet.[6] Auf derartige Verbindlichkeiten finden die Bestimmungen über Nachlassverbindlichkeiten keine Anwendung. Zu beachten ist, dass auch die Eigengläubiger des Erben auf den Nachlass zugreifen können, wenn nicht die Nachlassverwaltung (vgl. § 1984 Abs. 2 BGB, § 784 Abs. 2 ZPO) angeordnet bzw. das Nachlassinsolvenzverfahren eröffnet ist. Einschränkungen hinsichtlich der Möglichkeiten des Zugriffs der Eigengläubiger auf den Nachlass ergeben sich für die erste Zeit nach dem Erbfall auch aus § 783 ZPO.[7]

II. „Vom Erblasser herrührende Schulden" (Erblasserschulden)

6 Als **Erblasserschulden** werden diejenigen Verbindlichkeiten angesehen, die schon vor dem Eintritt des Erbfalls in der Person des Erblassers entstanden waren, darüber hinaus solche, die zwar erst nach dem Erbfall voll entstehen, deren wesentliche Entstehungsgrundlagen schon vor dem Erbfall gesetzt waren.[8] Für die Schulden des Erblassers haftet der Erbe selbstverständlich nur, soweit diese überhaupt vererblich sind.[9] Voraussetzung zur Einordnung der Verbindlichkeiten des Erblassers in die Gruppe der Erblasserschulden ist deshalb stets, dass die einzelne Verbindlichkeit vererblich ist.[10] Alle **nichtvererblichen Verbindlichkeiten scheiden** deshalb aus dem **Kreis der Nachlassverbindlichkeiten aus.** Dazu zählen u.a.:

7 **Gesetzliche Unterhaltspflichten gegenüber Verwandten** (§ 1615 BGB) und dem **Ehegatten** (§ 1360a Abs. 3 BGB) oder dem Lebenspartner (§ 5 S. 1 LPartG). Sie erlöschen grundsätzlich mit dem Tod des Verpflichteten bzw. Berechtigten. Nur soweit der Anspruch auf Erfüllung oder auf Schadensersatz wegen Nichterfüllung für die Vergangenheit oder auf solche im Voraus zu bewirkenden Leistungen gerichtet ist, die bereits zur Zeit des Todes des Verpflichteten fällig sind, gilt etwas anderes. Auch der Unterhaltsanspruch des nichtehelichen Kindes (§ 1615a BGB) erlischt mit dem Tod des Verpflichteten.

8 Vererblich dagegen ist der Anspruch auf Unterhalt der **geschiedenen** und der ihnen gleichgestellten Ehegatten sowie des Lebenspartners (§ 1586b BGB; § 16 Abs. 2 S. 2 LPartG). Das gilt auch dann, wenn Erblasser und sein Ehegatte für den Fall der Scheidung eine unselbstständige Unterhaltsvereinbarung (z.B. Altersunterhalt) treffen.[11] § 1586b Abs. 1 S. 3 BGB, auf den § 16 Abs. 2 LPartG Bezug nimmt, begrenzt allerdings die Haftung auf den fiktiven Pflichtteil des Berechtigten (geschiedenen Ehegatten oder Lebenspartner nach Aufhebung der Lebenspartnerschaft (§ 15 LPartG). Denn die Vererblichkeit des Unterhaltsanspruchs soll den Lebensbedarf des geschiedenen Ehegatten über den Tod des Verpflichteten hinaus „in ähnlicher Weise sicherstellen, wie dies bei Fortbestand der Ehe durch erbrechtliche Ansprüche erreicht worden wäre".[12]

9 Auch das langjährige Bestehen einer **nichtehelichen** Lebensgemeinschaft zwischen dem Erblasser und einem Dritten lässt nach der Rspr. des BFH[13] mangels ausdrückli-

6 Grüneberg/*Weidlich*, § 1968 Rn 1.
7 Vgl. *Gottwald/Mock*, Zwangsvollstreckung, § 783 Rn 1 u. 2.
8 Grüneberg/*Weidlich*, § 1967 Rn 2.
9 Staudinger/*Kunz* (2020), § 1967 Rn 22.
10 Grüneberg/*Weidlich*, § 1967 Rn 2.
11 OLG Koblenz OLGR 2009, 821.
12 BGHZ 146, 114 = NJW 2001, 828; vgl. BT-Drucks 7/650, S. 152; vgl. auch OLG Koblenz FamRZ 2003, 261 = ZEV 2003, 111.
13 BFH NJW 1989, 1696.

cher Vereinbarung eines Austauschverhältnisses keine dem Dritten gegenüber bestehende Erblasserschuld in Form von Unterhalts- oder Versorgungsansprüchen entstehen.

10 Sonstige **vermögensrechtliche Pflichten familienrechtlicher** Natur sind je nach dem Normzweck der sie begründenden Vorschrift **passiv vererblich oder unvererblich.** Die Verpflichtungen des Vaters, der Mutter des Kindes die Kosten der Entbindung und Unterhalt aus Anlass der Geburt zu zahlen (§ 1615l BGB), erklärt das Gesetz ausdrücklich für vererblich (§§ 1615l Abs. 3 S. 5 u. 1615n BGB). Vererbliche Erblasserschuld ist auch die Zugewinnausgleichforderung des überlebenden Ehegatten in den Fällen des § 1371 Abs. 2 u. 3 BGB. Gleiches gilt für das Versprechen einer Ausstattung (§ 1624 BGB). Der Anspruch auf den schuldrechtlichen Versorgungsausgleich geht allerdings mit dem Tode des Verpflichteten unter.[14]

11 Verbindlichkeiten, die zu vermögensbezogenen Leistungen verpflichten, sind im Zweifel vererblich.[15] Nicht vererblich sind im Zweifel die Verpflichtungen des Beauftragten zur Besorgung des ihm übertragenen Geschäfts (§ 673 BGB) und des Dienstverpflichteten zur Leistung persönlicher Dienste (§ 613 BGB).[16] Die aus diesen Schuldverhältnissen hervorgegangenen Verpflichtungen (etwa auf Herausgabe des Erlangten oder einer Überzahlung) sind dagegen vererblich, so die Pflicht des Erblassers aus § 667 BGB, den Verbleib des durch eine Vermögensverwaltung Erlangten darzulegen. Außerdem entsteht für den Erben u.U. eine Anzeige- und Notbesorgungspflicht (§ 673 S. 2 BGB). Die **Verpflichtung aus einem Werkvertrag** erlischt mit dem Tode des Unternehmers, wenn die Verpflichtung zur Herstellung auf dessen besonderer Fähigkeit oder künstlerischer Eignung beruht. Das gilt auch für die Verpflichtung des Autors aus dem Verlagsvertrag, wie überhaupt Verbindlichkeiten, bei denen es auf die **Person des Ausführenden ankommt** und die nach der Natur der Leistung nur von dem Erblasser, von den Erben oder überhaupt nicht erfüllt werden können, mit dem Erbfall erlöschen. Passiv unvererblich ist schließlich im Zweifel das schenkweise Versprechen einer wiederkehrenden Leistung (§ 520 BGB). **Ausnahmsweise** können auch solche Verbindlichkeiten vererblich sein, die sich nur auf durch Dritte (m. Ausnahme eines Gesamtrechtsnachfolgers) nicht ausführbare oder auf **nichtvermögenswerte Leistungen** richten.[17] Als Bsp. können hier angeführt werden die **Pflicht zur Abgabe einer Willenserklärung, zur Auskunftserteilung**[18] sowie **einzelne Unterlassenspflichten.**[19]

12 Ob **öffentlich-rechtliche Verbindlichkeiten** auf den Erben übergehen, richtet sich grundsätzlich nach dem öffentlichen Recht, dem die Verbindlichkeit angehört.[20] Im allg. ist dies der Fall. Nur wenn sie höchstpersönlicher Natur sind oder ihr Übergang auf den Erben gesetzlich ausgeschlossen ist, gilt etwas anderes.[21] Von Bedeutung ist die **Vererblichkeit** von **Steuerschulden**[22] mit der Ausnahme von Zwangsgeldern, jedoch einschließlich von Hinterziehungszinsen- und sonstigen Zinsaufschlägen. Ungeachtet des restriktiven Wortlauts des § 45 Abs. 1 S. 1 AO leitet der BFH in ständiger Rechtsprechung aus dieser Bestimmung her, dass **der Erbe** als Gesamtrechtsnachfolger

---

14 MüKo/*Küpper*, § 1967 Rn 8.
15 Staudinger/*Kunz* (2020), § 1967 Rn 32.
16 Staudinger/*Kunz* (2020), § 1967 Rn 25.
17 Staudinger/*Kunz* (2020), § 1967 Rn 40 ff. m.w.N.
18 OLG München NJW-RR 1987, 649; BGHZ 104, 369 = NJW 1988, 2729, Verpflichtung zur Abgabe der eidesstattlichen Versicherung nach § 259 ZPO.
19 OLG Hamm FamRZ 1995, 700 = DNotZ 1995, 315.
20 BeckOK BGB/*Lohmann*, § 1967 Rn 15.
21 Staudinger/*Kunz* (2020), § 1967 Rn 51.
22 Vgl. BFHE 168, 206 = HFR 1992, 519.

grundsätzlich in einem umfassenden Sinne sowohl in materieller als auch in verfahrensrechtlicher Hinsicht in die **abgabenrechtliche Stellung des Erblassers eintritt.**[23]

Die Nachversteuerungspflicht des Erblassers i.S.d. § 2 Abs. 2 S. 1 AuslInvG geht als 13
steuerrechtliche Rechtsposition auf den Erben über. Der Vererblichkeit der **Hinzurechnungsbesteuerungspflicht** stehen Prinzipien und grundlegende Wertungen des Einkommensteuerrechts nicht entgegen.[24] Der Erbe kann einen vom Erblasser nicht ausgenutzten **Verlustabzug** nach § 10d EStG nicht bei seiner eigenen Veranlagung zur Einkommensteuer geltend machen.[25] Die auf den Erben entsprechend seiner Erbquote entfallenden Abschlusszahlungen für die vom Erblasser herrührende Einkommensteuer des Todesjahres, einschließlich der Kirchensteuer und Solidaritätszuschlag, sind als Nachlassverbindlichkeiten nach der Änderung der Rechtsprechung des BFH als Nachlassverbindlichkeiten gem. § 10 Abs. 5 Nr. 1 ErbStG abzugsfähig.[26] Durch den nunmehr zulässigen Abzug der Einkommensteuerschulden des Erblassers als Nachlassverbindlichkeiten wirkt sich die auf das Todesjahr entfallende Einkommensteuer unmittelbar auf die Höhe der festzusetzenden Erbschaftsteuer aus. Aus der Sicht des Beraters ist es deshalb unbedingt zu vermeiden, dass Erbschaftsteuerbescheide, die vom Erblasser herrührende Steuerschulden nicht berücksichtigen, bestandskräftig werden. Erbschaftsteuerschulden des Erben gehören nicht zu den Nachlassverbindlichkeiten, sondern sind von jedem Erben grundsätzlich persönlich zu tragen.[27]

Das gilt auch für die aufgrund eines Vermächtnisses, eines geltend gemachten Pflicht- 14
teilsanspruchs oder die aufgrund sonstiger Erwerbstatbestände des § 3 Abs. 1 und 2 ErbStG geschuldete Erbschaftsteuer, weil diese nicht auf der Gesamtrechtsnachfolge beruht.[28] Die insoweit anfallende Erbschaftsteuer ist keine Nachlassverbindlichkeit i.S.d. § 325 InsO, § 1967 BGB. Die Erbschaftsteuer für den Vorerbfall ist nach dem Tod des Vorerben regelmäßig gegen den Nacherben und nur ausnahmsweise gegen den Erben des Vorerben festzusetzen. Denn die Erbschaftsteuer ist eine Verbindlichkeit, die den Vorerben als solchen trifft, und somit als Erbfallschuld eine Nachlassverbindlichkeit im Sinne der Bestimmung, die allerdings nach dem insoweit konstitutiv wirkenden § 10 Abs. 8 ErbStG bei der Bemessung der Erbschaftsteuer des Vorerben nicht abzugsfähig ist.[29] Erstattungszinsansprüche nach § 233a Abs. 1 S. 1 AO (hier: Erstattungszinsen zur Einkommensteuer) sind nur dann Teil des erbschaftsteuerrechtlichen Erwerbs i.S.d.§ 10 Abs. 1 S. 1 ErbStG, wenn sie bereits im Erwerbszeitpunkt im abgabenrechtlichen Sinne entstanden sind. Sind die die Erstattungszinsen auslösenden Einkommensteuerbescheide erst nach dem Erbfall wirksam geworden, sind die Zinsansprüche nicht mehr in der Person des Erblassers, sondern bereits originär in der Person des Erben als dessen Gesamtrechtsnachfolger entstanden. Insoweit handelt es sich nicht um einen derivativen Erwerb des Erben vom Erblasser. Nach dem Tod des Erblassers entstandene Nachzahlungszinsen zur Einkommensteuer sind – unabhängig davon, ob sie i.S.d. § 10 Abs. 5 Nr. 1 ErbStG vom Erblasser „herrühren“ – nicht als Nachlassverbindlichkeiten zu berücksichtigen, weil es insoweit an einer wirtschaftli-

23 BFHE 260, 1 = ZEV 2018, 157; BFH GS BFHE 220, 129 = ZErb 2008, 129 f.

24 FG Nürnberg EFG 2009, 1188.

25 BFH GS BFHE 220, 129 = ZErb 2008, 129 f.

26 BFHE 238, 233 = ZErb 2012, 270; vgl. hierzu auch die im Wesentlichen inhaltsgleichen weiteren Entscheidungen des BFH v. 4.7.2012 (II R 19/11; II R 18/11; II R 50/11; II R 26/11 sowie II R 38/10).

27 OLG Koblenz GuT 2012, 186.

28 BFHE 252, 389 = ZIP 2016, 880.

29 BFHE 256, 43 = ZEV 2016.

chen Belastung zum Erwerbszeitpunkt fehlt.[30] Auch die **Einkommensteuer** für Einkünfte, die der Erbe aus dem Nachlass erzielt, ist keine Nachlassverbindlichkeit.[31]

15 Die aus Maßnahmen des Nachlassverwalters bzw. des Nachlassinsolvenzverwalters herrührenden Verbindlichkeiten, auch soweit sie nicht rechtsgeschäftlich begründet werden, sondern sich aus dem Gesetz, bspw. dem EStG, ergeben, stellen sog. Erbschaftsverwaltungskosten und damit Nachlassverbindlichkeiten i.S.d. § 1967 BGB dar.[32] Auch bei dem Arzneimittelregress handelt es sich nach der ständigen Rechtsprechung des BSG um einen besonderen Typus eines öffentlich-rechtlichen verschuldensunabhängigen Schadensersatzanspruchs, durch den der Schaden ausgeglichen werden soll, der einer Krankenkasse entstanden ist, weil ein Vertragsarzt zu ihren Lasten rechtlich unzulässige Arzneimittelverordnungen vorgenommen hat. Er gehört zu den Nachlassverbindlichkeiten im Sinne der Bestimmung. Der Umstand, dass die Ursache für das Entstehen des Ersatzanspruchs in der besonderen vertragsärztlichen Pflichtenposition des Erblassers (als Vertragsarzt) zu sehen ist, reicht für die Annahme einer „Höchstpersönlichkeit" nicht aus.[33] Allerdings ist die **Rückzahlungsverpflichtung** des Erblassers wegen **überbezahlten Ruhegehaltes** als Beamter Nachlassverbindlichkeit.[34]

16 Im Unterschied dazu ist allerdings das nach dem Tod des Erblassers gezahlte Altersruhegeld keine Nachlassverbindlichkeit, auch keine Nachlasserbenschulden.[35] Eine **Abwasserbeitragsschuld**, die nach dem Tod des Erblassers entsteht, ist keine reine Nachlassverbindlichkeit, sondern eine eigene Verbindlichkeit des Erben, die insoweit nicht der Haftungsbeschränkung der §§ 1975, 1990 BGB unterliegt.[36] Das gilt auch für die Pflicht zur Leistung einer **Vorauszahlung auf den Sanierungsausgleichsbetrag**, wenn diese erst nach dem Tod des Erblassers durch Verwaltungsakt festgesetzt wird.[37] Auch der Umstand, dass eine Miterbengemeinschaft im Weg der Universalsukzession in die Eigentümerstellung des Erblassers eingetreten ist, hat nicht zur Folge, dass es sich bei der Gebührenschuld (Abfallgebühren) allein deswegen auch um eine Nachlassverbindlichkeit im Sinne der Bestimmung handelt. Ist die Gebührenschuld erst nach dem Erbfall entstanden, handelt es sich um eine eigene Schuld der Miterben, für die jeder Erbe voll in Anspruch genommen werden kann.[38] Ist der Erbe nach dem Tod des Erblassers nach § 1922 BGB Erbbauberechtigter an einem Grundstück geworden, ist er in diesem Zeitpunkt Gebührenschuldner und Abgabepflichtiger für die ab diesem Zeitpunkt entstandenen Gebühren geworden. Die Ansprüche aus dem Abgabenschuldverhältnis richten sich daher insoweit gegen ihn als Erben und nicht gegen den Nachlass. In einem solchen Fall liegt demnach keine Nachlassverbindlichkeit im Sinne der Bestimmung vor.[39]

17 Das gilt auch für eine sich aus der Zustandsverantwortlichkeit ergebende Verpflichtung (Altlasten), da die sich aus der Zustandshaftung ergebende Handlungspflicht des Rechtsnachfolgers gem. § 1922 BGB erst nach dem Erbfall originär und neu entsteht.[40] Das gilt auch dann, wenn es um die Inanspruchnahme wegen einer nach dem Erbfall

---

30 FG München EFG 2018, 303 = ZEV 2018, 161.
31 BFHE 168, 206 = NJW 1993, 350.
32 FG Rheinland-Pfalz EFG 2016, 122.
33 LSG Niedersachsen-Bremen GesR 2018, 175 = MedR 2018, 527.
34 BVerwGE 37, 314 = DÖD 1971, 141.
35 LSG für das Saarland, Urt. v. 25.4.2006 – L 5 V 3/05; KG NJW 1977, 471 = FamRZ 1977, 349.
36 Thüringer OVG LKV 2009, 476 = FamRZ 2009, 1866; VG Halle ZEV 2011, 92.
37 VG Koblenz, Urt. v. 10.12.2007 – 4 K 209/07.KO.
38 BayVGH ZEV 2018, 546 = ErbR 2018, 666.
39 BayVGH ZEV 2018, 547 = NJW-Spezial 2018, 583.
40 OVG Sachsen-Anhalt ZEV 2016, 409 = FamRZ 2017, 326.

eingetretenen Störung als Zustandsstörer geht.[41] Die Verpflichtung des Erblassers, überzahltes Wohngeld zurückzuzahlen, geht bei dessen Ableben auf den Erben über.[42] Gleiches gilt für den Erstattungsanspruch eines Rentenversicherungsträgers wegen überzahlter Beitragszuschüsse gem. § 106 SGB VI als öffentlich-rechtliche Nachlassverbindlichkeit.[43]

Nicht vererblich sind **Geldstrafen und Geldbußen.**[44] Sie dürfen nicht in den Nachlass vollstreckt werden (§ 459c Abs. 3 StPO; § 101 OWiG). **Vererblich** dagegen sind „die gegen den Erblasser erkannten **Nebenfolgen einer Straftat** oder **Ordnungswidrigkeit**, die zu einer Geldzahlung verpflichten".[45] 18

Eine Sonderstellung nimmt die Rückforderung an den Erblasser geleisteter Sozialhilfe von den Erben ein. Nach dem Tod des Sozialhilfeempfängers ist der Erbe zum Ersatz der innerhalb von zehn Jahren vor dem Erbfall geleisteten Sozialhilfe verpflichtet, falls diese zuvor rechtmäßig gewährt wurde (§ 102 SGB XII).[46] Daneben haften auch die Erben des vorverstorbenen Ehegatten.[47] Die Ersatzforderung ist Nachlassverbindlichkeit. Allerdings ist die Haftung des Erben von vornherein gesetzlich auf den Wert des Nachlasses beschränkt (§ 102 Abs. 2 SGB XII). Zur Berechnung des Wertes des Nachlasses sind von den vorhandenen Aktiva zunächst die Nachlassverbindlichkeiten einschließlich der Beerdigungskosten (§ 1968 BGB) abzuziehen.[48] Nicht abgezogen werden können die nachrangigen Verbindlichkeiten wie Pflichtteilsansprüche und Vermächtnisansprüche. Der so festgestellte Betrag ist um einen Freibetrag in Höhe des zweifachen Grundbetrages nach § 85 Abs. 1 SGB XII zu reduzieren (§ 102 Abs. 3 Nr. 1 SGB XII). Dieser Freibetrag ist dem Erben stets zu belassen.[49] Der Betrag ist allerdings ohne Rücksicht auf die Zahl der Erben nur einmal abzusetzen.[50] Möglicherweise sind noch weitere Freibeträge nach § 102 Abs. 3 Nr. 2 und 3 SGB XII zu berücksichtigen. Im Rahmen der Erbenhaftung kann nicht berücksichtigt werden, dass der nämliche Ersatzbetrag für den Erblasser selbst zugriffsfreies Schonvermögen gewesen wäre.[51]

Die Befugnis zur Inanspruchnahme der Erben durch den Sozialhilfeträger kann sich aus § 102 SGB XII ergeben. **Daneben** besteht aber auch die Möglichkeit, die Rücknahme und **Erstattung von zu Unrecht gewährter Sozialhilfe** im Wege der allgemeinen Erbenhaftung nach § 1967 BGB zu realisieren.[52] Die durchzusetzende Verpflichtung zur Rückgewähr von zu Unrecht erhaltener Hilfe gehört als sog. Erblasserschuld zu den Nachlassverbindlichkeiten im Sinne der vorgenannten Bestimmung. Erstattungspflichten wegen zu Unrecht gewährter Sozialhilfe sind mithin auch dann „Erblasserschulden", wenn sie als rechtliche Verpflichtung deshalb erst nach dem Erbfall entstanden sind, weil die Rücknahme des Bewilligungsbescheids, die Voraussetzung für das Entstehen der Erstattungspflicht ist, aus tatsächlichen Gründen erst nach dem 19

41 VG Hannover ZEV 2015, 669.
42 BayVGH FEVS 58, 76; BVerwGE 52, 16 = MDR 1977, 782.
43 Hessisches LSG ZEV 2018, 286.
44 BeckOK BGB/*Lohmann*, § 1967 Rn 15.
45 Staudinger/*Kunz* (2020), § 1967 Rn 54 m.w.N.
46 LSG Niedersachsen-Bremen ZEV 2018, 283; BVerwGE 78, 165 = DÖV 1988, 733; BayVGH FEVS 55, 211 = FamRZ 2004, 488.
47 BVerwGE 118, 313 = NJW 2003, 3792.
48 OVG Koblenz NwVZ 2002, 1009 = ZFSH/SGB 2003, 25; OVG Münster NJW 2002, 695 = FEVS 53, 378.
49 OLG Düsseldorf NJW-RR 2002, 1660 = FamRZ 2002, 1658.
50 OVG Münster NJW 2002, 695 = FEVS 53, 378.
51 OVG Münster NJW 2002, 695 = FEVS 53, 378; OVG Koblenz NwVZ 2002, 1009 = ZFSH/SGB 2003, 35.
52 VG München, Urt. v. 27.2.2007 – M 6b K 03.765.

Erbfall ausgesprochen werden kann. Denn die Rechtswidrigkeit der Hilfegewährung und die – wesentlich im Verhalten der Begünstigten wurzelnden – tatsächlichen Voraussetzungen für den Wegfall etwaigen Vertrauensschutzes lasteten von Anfang an auf dem Rechtsverhältnis zwischen Sozialhilfeträger und dem Hilfeempfänger.[53]

20 Da die Vorschrift des § 1967 BGB nur voraussetzt, dass die **Verbindlichkeiten vom Erblasser „herrühren"**, gehen nicht nur die schon vor dem Erbfall bereits begründeten Pflichten auf den Erben über, sondern grundsätzlich alle vermögensrechtlichen Beziehungen, auch die „unfertigen", noch werdenden und schwebenden Rechtsbeziehungen des Erblassers, also auch bedingte, befristete oder künftige Bindungen und Lasten.[54] Mithin sind Erblasserschulden auch die erst in der Person des Erben entstandenen Verbindlichkeiten, die als solche des Erblassers hätten entstehen müssen, wenn dieser nicht vor der endgültigen Entstehung gestorben wäre. Dem entspricht es, dass nach § 153 BGB, soweit nicht ein anderer Wille des Antragenden anzunehmen ist, auch die Bindungslage aus einem vom Erblasser einem anderen gemachten Antrag auf den Erben übergeht. Bindung oder Belastung muss dabei in der Person des Erblassers entstanden sein. Der Erblasser kann i.d.R. die Erben nur über sich selbst als seine Rechtsnachfolger, nicht aber sie allein belasten, wenn er nicht die Form der letztwilligen Verfügung wählt oder die Erben an dem betreffenden Rechtsgeschäft beteiligt.

21 **Kosten eines Rechtsstreits**, die noch in der Person des Erblassers entstanden sind und den die Erben aufgenommen haben, rühren vom Erblasser her. Sie sind deshalb **Erblasserschulden.**[55] Dazu gehört auch der Regressanspruch der Staatskasse aufgrund erstatteter **Betreuervergütung,**[56] sonstiger **Betreuungskosten**[57] sowie Gerichtskosten.[58] Diejenigen Verbindlichkeiten aus **unerlaubten Handlungen** des Erblassers sind Erblasserschulden, deren nachteilige Folgen sich erst nach dem Erbfall eingestellt haben.[59] Das gilt auch für die **Gefährdungshaftung**: erleidet der Erblasser den Herztod am Steuer seines Kraftfahrzeugs und entsteht durch das führerlos gewordene Fahrzeug ein Schaden, so liegt ebenfalls eine Erblasserschuld vor.[60]

22 Bei einer **deliktischen Unterlassung** des Erblassers kommt es darauf an, ob dem Erben die Fortsetzung derselben zugerechnet werden kann oder nicht. Kann sie ihm nicht zugerechnet werden, dürfte das Verhalten des Erblassers (die Unterlassung) als alleinige, über seinen Tod hinauswirkende Ursache zu behandeln und deshalb eine reine Nachlassverbindlichkeit anzunehmen sein.[61] Gleiches gilt für die Haftung aus zum Nachlass gehörenden Gefahrenquellen.[62] Die Verbindlichkeiten aus einem **Dauerschuldverhältnis,** das von dem Erblasser begründet wurde und dessen Tod überdauert hat, stammen auch insoweit von dem Erblasser, als sie nach dem Termin entstehen, zu dem der Erbe frühestens den Vertrag hätte kündigen können.[63] **Wohn- und Hausgeldschulden** rühren aus der Verwaltung der Eigentumswohnung und des gemeinschaftlichen Eigentums her. Schuldet bereits der Erblasser der Gemeinschaft der Woh-

---

53 VG Regensburg, Urt. v. 24.7.2003 – RO 8 K 02.00733.

54 OLG Düsseldorf ZEV 2016, 382 = ErbR 2016, 385; BGHZ 80, 205 = NJW 1981, 1446; BGH WM 1987, 10 = NJW 1987, 890; BGH NJW 1991, 2528; OLG Zweibrücken MDR 1992, 166.

55 BGHZ 54, 204 = NJW 1970, 1742; Grüneberg/*Weidlich*, § 1967 Rn 3.

56 BGH ZEV 2014, 613 = ZErb 2014, 307; LG Koblenz FamRZ 2009, 1710; FamRZ 2007, 2008.

57 OLGR München 2006, 100 = NJW-RR 2005, 1531.

58 LG Koblenz FamRZ 2006, 1482.

59 BGHZ 76, 279 = NJW 1980, 1623; BGH FamRZ 1991, 55 = NJW-RR 1991, 75; BGH v. 6.7.1990 – LwZR 8/89; LG Dortmund, Urt. v. 6.2.2015 – 3 O 129/14, juris.

60 OLG Hamm MDR 1995, 695 = NJW 1995, 2930.

61 Staudinger/*Kunz* (2020), § 1967 Rn 63 m.w.N.

62 Staudinger/*Kunz* (2020), § 1967 Rn 75.

63 Staudinger/*Kunz* (2020), § 1967 Rn 80.

nungseigentümer (§ 10 Abs. 6 S. 1 WEG) ganz oder teilweise Hausgeld (die Zahlungen gemäß einem Wirtschaftsplan), einen Beitrag zu einer Sonderumlage (in der Regel eine Deckungssonderumlage, ein Nachtragshaushalt, ggf. aber auch eine Sonderumlage für eine Baumaßnahme oder einen Kauf) oder die Zahlung einer Abrechnungsspitze (die aus einer Einzelabrechnung geschuldete Zahlung), geht die Schuld nach §§ 1922 Abs. 1, 1967 Abs. 1 BGB unmittelbar mit dem Erbfall auf seinen Erben über. Es handelt sich dabei um Nachlassverbindlichkeiten. Diese Fälle sind nicht problematisch.

Etwas anderes gilt für nach dem Erbfall fällig werdende oder durch einen Beschluss der Wohnungseigentümergemeinschaft begründete Wohngeldschulden. Sie sind (jedenfalls auch) Eigenverbindlichkeiten des Erben, wenn ihm das Halten der Wohnung als ein Handeln bei der Verwaltung des Nachlasses zugerechnet werden kann. Hiervon ist in der Regel spätestens dann auszugehen, wenn er die Erbschaft angenommen hat oder die Ausschlagungsfrist abgelaufen ist und ihm faktisch die Möglichkeit zusteht, die Wohnung zu nutzen.[64] Mit dieser Entscheidung hat der BGH nunmehr zu der bisher in der Rechtsprechung und Literatur kontrovers erörterten Problematik Stellung bezogen. Entgegen der bisherigen Rechtsprechung, die unter bestimmten Voraussetzungen eine Nachlassverbindlichkeit angenommen hat und nimmt,[65] ist nunmehr maßgeblich, ob das Halten der Wohnung (Behalten des Wohnungseigentums) als ein Handeln bei der Verwaltung des Nachlasses zugerechnet werden kann. Davon sei in der Regel auszugehen, wenn der Erbe die Erbschaft angenommen habe oder die Ausschlagungsfrist abgelaufen ist. Mit dieser Entscheidung hat der BGH ein mehr an Klarheit und damit Rechtssicherheit geschaffen. Es ist allerdings zu berücksichtigen, dass es vom Regelfall auch Ausnahmen gibt und geben kann.[66] 23

Nur in solchen, vom Erben darzulegenden und zu beweisenden Ausnahmefällen kann ein passives Verhalten des Erben im Hinblick auf eine zum Nachlass gehörende Eigentumswohnung nicht als Maßnahme ihrer Verwaltung anzusehen. Das kann der Fall sein, wenn der Erbe aufgrund einer Belastung der Wohnung keine Handlungsoptionen im Hinblick auf ihre Nutzung hat, keine Nutzungen aus ihr zieht und auch nicht ziehen kann und will. Gehört eine Eigentumswohnung allerdings zum Nachlass, weil sie der Testamentsvollstrecker für den Erben mit Nachlassmitteln erworben hat, sind die Hausgeldschulden, die während der Dauer der Testamentsvollstreckung fällig werden, Nachlassverbindlichkeiten.[67] 24

Rückt der **Erbe eines Mieters** von Wohnraum nach § 564 S. 1 BGB in den Mietvertrag zwischen Vermieter und Erblasser ein und kündigt er diesen weder nach § 564 S. 2 BGB noch nach § 580 BGB, sind auch die auf die Zeit nach dem frühestmöglichen Kündigungstermin entfallenden Mietzinsansprüche des Vermieters Nachlassverbindlichkeiten.[68] Dies hat der BGH insoweit bestätigt als er erkannt hat, dass dies jedenfalls dann der Fall ist, wenn das Mietverhältnis innerhalb der in § 564 S. 2 BGB bestimmten Frist beendet wird.[69] Hat allerdings der Erbe nach dem Erbfall selbst mit dem Vermieter einen (neuen) Mietvertrag abgeschlossen, sind die künftigen Mietzinsansprüche im Regelfall Eigenverbindlichkeiten des Erben. Der Vermieter kann den Erben durch die Ausübung des außerordentlichen Kündigungsrechts (§§ 564 S. 2, 580 BGB) dazu 25

64 BGH MDR 2013, 1045 = ZErb 2013, 245 = FamRB 2013, 254 m. Anm. *Abramenko* = ErbR 2013, 391 m. Anm. *Herzog* = IMR 2013, 374 m. Anm. *Briesemeister* = ZEV 2014, 35 m. Anm. *Küpper* = ZEV 2013, 612 m. Anm. *Joachim* = ZfIR 2013, 814 m. Anm. *Bonifacio*.

65 Vgl. OLG Schleswig-Holstein MDR 2014, 38 = ZEV 2014, 33.

66 Vgl. OLG Schleswig-Holstein MDR 2014, 38 = ZEV 2014, 33.

67 BGH NJW 2012, 316 = ZErb 2012, 118.

68 KG NJW 2006, 2561 = ZMR 2006, 526.

69 BGH NJW 2013, 933 = NZM 2013, 185.

zwingen, mit ihm selbst zu kontrahieren, und muss sich nicht damit zufrieden geben, dass dieser kraft Gesetzes in den Vertrag mit dem Erblasser einrückt. Der Erbe kann auch durch konkludentes Verhalten persönlich in den Vertrag mit dem Vermieter eintreten; z.B. indem er in die Wohnung des Erblassers einzieht.

26 Unterlässt der Erbe es, das Mietverhältnis mit Wirkung für und gegen den Nachlass zu kündigen, haftet er u.U. den – übrigen – Nachlassgläubigern nach § 1978 BGB wegen der von ihm nicht verhinderten Belastung des Nachlasses mit Verbindlichkeiten.

27 Kommt es bei einem **Wohnraummietverhältnis** mit dem Erblasser durch Familienangehörige oder Lebenspartner zu einer Fortsetzung des Mietverhältnis mit diesem Personenkreis (§§ 563, 563a BGB) und wird dies auch nicht durch eine Erklärung nach § 563 Abs. 3 BGB ungeschehen gemacht, dann sind die Mietzinsansprüche keine Nachlassverbindlichkeiten.[70] Das gilt auch dann, wenn die Person, die Erbe ist, das Mietverhältnis nicht in der Eigenschaft als Erbe, sondern als Familienangehöriger oder Lebenspartner des Erblassers nach § 563 BGB oder § 563a BGB fortsetzt. Die Personen, die nach § 563 BGB in das Mietverhältnis eingetreten sind oder mit denen es nach § 563a BGB fortgesetzt wird, haften neben dem Erben für die bis zum Tod des Mieters entstandenen Verbindlichkeiten als Gesamtschuldner. Im Verhältnis zu diesen Personen haftet der Erbe allein, soweit nichts anderes bestimmt ist. Hat der Mieter die Miete für einen nach seinem Tod liegenden Zeitraum im Voraus entrichtet, sind die Personen, die nach § 563 BGB in das Mietverhältnis eingetreten sind oder mit denen es nach § 563a BGB fortgesetzt wird, verpflichtet, dem Erben dasjenige herauszugeben, was sie infolge der Vorausentrichtung der Miete ersparen oder erlangen (§ 563b BGB).

Hat der verstorbene Mieter jahrzehntlang keine Schönheitsreparaturen durchgeführt, handelt es sich bei dem Schadensersatzanspruch des Vermieters gegen den Erben um eine Nachlassverbindlichkeit.[71]

28 War der **Erblasser Vermieter** (oder Verpächter), setzt der Erbfall allein für keine der Vertragsparteien einen Kündigungsgrund. Der Erbe hat den Vertrag – als Vermieter (oder Verpächter) – als Nachlassverbindlichkeit zu erfüllen.

29 Aus einer **Bürgschaft** haftet der Erbe des Bürgen auch in denjenigen Fällen, in denen die gesicherte Forderung erst nach dem Erbfall entsteht.[72]

30 Schließlich zählen zu den Erblasserschulden auch diejenigen Verbindlichkeiten, die erst nach dem Erbfall im Namen des Erblassers kraft einer postmortalen **Vollmacht** begründet wurden.[73]

III. Den Erben „als solchen treffende Verbindlichkeiten" (Erbfallschulden)

31 Die den Erben als solchen treffenden Verbindlichkeiten werden gemeinhin als Erbfallschulden[74] bezeichnet. Mit dieser Gruppe sollen alle diejenigen Verbindlichkeiten erfasst werden, die aus Anlass des Erbfalls und in Bezug auf den Nachlass entstehen. Das sind solche Verbindlichkeiten, die erst mit dem Erbfall entstehen, den Erblasser also zu seinen Lebzeiten noch gar nicht getroffen haben. Dazu gehören, teilweise bereits bspw. in Abs. 2 aufgezählt:

70 Staudinger/*Kunz* (2020), § 1967 Rn 86.
71 LG Berlin Grundeigentum 2004, 1455.
72 Staudinger/*Kunz* (2020), § 1967 Rn 89.
73 Staudinger/*Kunz* (2020), § 1967 Rn 91 m.w.N., insbesondere auch zur Frage der Prokura nach § 52 Abs. 3 HGB.
74 Grüneberg/*Weidlich*, § 1967 Rn 6.

Verbindlichkeiten aus **Pflichtteilsrechten** (§§ 2303 ff., 2317 BGB) einschließlich derjenigen nach § 2325 BGB,[75] aus Vermächtnissen und Auflagen (§§ 2147 ff., 2192 ff. BGB),[76] aus Vorausvermächtnissen (§ 2150 BGB).[77] Ferner die Verbindlichkeiten aus den gesetzlichen Vermächtnissen wie dem Voraus des Ehegatten (§ 1932 BGB), dem Dreißigsten (§ 1969 BGB) und dem Ausbildungsanspruch der Stiefkinder (§ 1371 Abs. 4 BGB). Weiterhin Verbindlichkeiten aus dem Unterhaltsanspruch der werdenden Mutter eines Erben nach § 1963 BGB sowie denjenigen für die standesgemäße Beerdigung (§ 1968 BGB).[78] Verbindlichkeiten aus dem Anspruch aus einem in einem Übergabevertrag nach § 17 HöfeO vereinbarten Altenteil.[79] Die Kosten für die laufende Grabpflege nach erstmaliger Herrichtung der Grabstätte sind nach h.M. keine Beerdigungskosten i.S.d. § 1968 BGB und deshalb keine Nachlassverbindlichkeiten.[80] 32

Auch diejenigen Verbindlichkeiten, die dadurch entstanden sind, dass der Erbe seiner Verpflichtung nachgekommen ist, in bestimmten Fällen den Tod des Erblassers anzuzeigen und u.U. die Geschäfte des Erblassers fortzuführen, bis an seine Stelle ein anderer Geschäftsführer ernannt worden ist (§§ 673, 727, 1894, 2218 BGB; § 137 HGB) und solche aus der **Todeserklärung** (§ 34 Abs. 2 VerschG). Schließlich Verbindlichkeiten betreffend die **Erbschaftsteuer** (§ 9 Abs. 1 Nr. 1 ErbStG).[81] Demgegenüber sind **Realsteuern und Gebühren**, die auf Nachlassgegenständen lasten und die der Erbe schuldet, der den belasteten Gegenstand erhält, Eigenverbindlichkeiten des Erben.[82] 33

IV. Erbschaftsverwaltungs- oder Nachlasskostenschulden

Die sog. **Nachlasskosten- und Nachlassverwaltungsschulden** werden als eine **Untergruppe der Erbfallschulden**[83] angesehen. Sie sind ursächlich durch den Erbfall entstanden, aber zeitlich erst nach dessen Eintritt.[84] Dazu gehören insbesondere die Kosten der Nachlassverwaltung (Haftungsbeschränkungsmaßnahme nach §§ 1975 ff. BGB), der Nachlassinsolvenz als Haftungsbeschränkungsmaßnahme (§§ 1975 ff. BGB, §§ 215 ff. InsO), der Eröffnung einer Verfügung von Todes wegen (§§ 2260, 2300 BGB),[85] des Gläubigeraufgebots (§ 1970 BGB),[86] der Errichtung des Nachlassinventars (§§ 1993 ff. BGB), der Nachlasssicherung, insbesondere der Nachlasspflegschaft (§§ 1960, 1961 BGB; dies auch dann, wenn sich die Pflegschaft nur auf einen Anteil der unbekannten Erben am Nachlass bezieht[87]), die Verbindlichkeiten aus der Verwaltung des Nachlasses, die aus der Verwaltungstätigkeit des Nachlassverwalters, des Nachlasspflegers, des Nachlassinsolvenzverwalters und des Testamentsvollstreckers, einschließlich deren Ansprüche auf Vergütung[88] sowie die in ordnungsgemäßer Ver- 34

75 BGHZ 80, 206.
76 BeckOK BGB/*Lohmann*, § 1967 Rn 17.
77 Grüneberg/*Weidlich*, § 1967 Rn 6.
78 OLG München NJW 1974, 704 = VersR 1974, 811.
79 BeckOK BGB/*Lohmann*, § 1967 Rn 17.
80 OLG Köln ErbR 2015, 101 = ZEV 2015, 355; Schleswig-Holsteinisches OLG ZEV 2010, 196 = ZErb 2010, 90; a.A. *Damrau*, ZEV 2004, 456.
81 Ausführlich: Staudinger/*Kunz* (2020), § 1967 Rn 110–116; BFH NJW 1993, 350 = BB 1993, 717.
82 Staudinger/*Kunz* (2020), § 1967 Rn 121.
83 MüKo/*Küpper*, § 1967 Rn 18.
84 Grüneberg/*Weidlich*, § 1967 Rn 8 u. 9; Erman/*Horn*, § 1967 Rn 7.
85 OLG Köln ZEV 2015, 355 = ErbR 2015, 101.
86 OLG Düsseldorf ZEV 2017, 456 = MDR 2017, 950.
87 OLG Sachsen-Anhalt, Beschl. v. 6.11.2013 – 2 Wx 64/13 und 2 Wx 65/13.
88 Staudinger/*Kunz* (2020), § 1967 Rn 143 ff.

waltung des Nachlasses vom vorläufigen Erben[89] oder vom Vorerben[90] begründeten Verpflichtungen sowie Aufwendungsersatzansprüche.

35 Zu den Nachlassverwaltungsschulden und damit als Erbfallschulden zu qualifizieren gehören auch die Einkommensteuerbeträge, die auf einen Aufgabegewinn aus der Auflösung einer Betriebsaufspaltung entfallen, weil der Lebenssachverhalt, der zum Entstehen des Aufgabegewinns führte, bereits von dem Erblasser angelegt worden war, ohne ein Zutun der Erben entstand und durch die Erben insbesondere auch nicht verhindert werden konnte.[91]

V. Nachlasserbenschulden

36 Im Gesetz nicht erwähnt sind die Verbindlichkeiten, die der Erbe bei der **Verwaltung des Nachlasses**, etwa bei der **Fortführung** eines zum Nachlass gehörenden **Handelsunternehmens** oder eines **sonstigen Betriebes** eingeht. Es ist von größter praktischer Bedeutung, ob es sich hierbei um **Nachlassverbindlichkeiten** oder nur (z.B.) auch um **Eigenverbindlichkeiten** des Erben handelt.[92] Im ersten Fall kann sich der Erbe durch Herbeiführung der Haftungsbeschränkung seiner Haftung entziehen, im zweiten haftet er überhaupt nur mit seinem Eigenvermögen (bis zur Separation allerdings auch mit dem Nachlass), während bei Annahme einer Nachlassverbindlichkeit, die auch Eigenverbindlichkeit ist, den Gläubigern solcher Schulden auch im Falle der Separation der Zugriff auf Nachlass wie Eigenvermögen des Erben offen steht. Dabei ist ein solcher Erbe noch schlechter gestellt als der unbeschränkt haftende, weil er sich gegenüber einer Forderung, die auch Eigenverbindlichkeit ist, nicht einmal auf § 2013 BGB berufen kann. Es war lange Zeit streitig, wie derartige Verbindlichkeiten zu behandeln sind.

37 Durchgesetzt hat sich in Rspr. und Lit. diejenige Auffassung, die solchen Schulden eine **Doppelstellung** als Nachlassverbindlichkeit und Eigenschuld zuspricht. Man nennt sie **Nachlasserbenschulden.**

38 Nachlasserbenschulden sind **alle Verpflichtungen** des vorläufigen und des endgültigen Erben sowie des Vorerben aus Verträgen, die diese in **ordnungsgemäßer Verwaltung des Nachlasses** abgeschlossen haben, wobei es gleichgültig ist, ob dem Vertragspartner bekannt war, dass der Erbe für den Nachlass handelt.[93] Begründet der Erbe durch Verträge, die sich auf die **ordnungsgemäße Verwaltung des Nachlasses** beziehen, **Nachlasserbenschulden**, so wird die aus einer Pflichtverletzung des Erben entstandene Schadensersatzverpflichtung ebenfalls eine Nachlasserbenschuld. Gleiches gilt nach überwiegender Meinung aber auch in dem Fall, dass der Erbe eine reine (etwa noch vom Erblasser begründete) Nachlassverbindlichkeit verletzt und dadurch dem Nachlassgläubiger ersatzpflichtig wird. Hier hat der Erbe durch eigenes Handeln den Grund für die Entstehung der Schadensersatzpflicht gesetzt.[94]

39 Die **Entstehung** einer Nachlasserbenschuld setzt, abgesehen vom Fall des Verstoßes gegen eine Handlungspflicht, stets ein Handeln des Erben bei der Verwaltung des Nachlasses voraus, sei es ein rechtsgeschäftliches Handeln, sei es durch die Führung von Aktiv- oder Passivprozessen oder den in die Tat umgesetzten Entschluss, vorübergehend als Fahrzeug- oder Tierhalter an die Stelle des Erblassers zu treten. Fehlt es

89 BeckOK BGB/*Lohmann*, § 1967 Rn 18.
90 BGHZ 32, 60.
91 FG Düsseldorf NZI 2024, 334 = ErbR 2024, 386.
92 Erman/*Horn*, § 1967 Rn 9; Grüneberg/*Weidlich*, § 1967 Rn 8–10.
93 MüKo/*Küpper*, § 1967 Rn 26; Staudinger/*Kunz* (2020), § 1967 Rn 166–170; Erman/*Horn*, § 1967 Rn 9.
94 MüKo/*Küpper*, § 1967 Rn 28.

an einem solchen Verwaltungshandeln, können Verbindlichkeiten in der Person des Erben nur insoweit entstehen, als er Träger des Nachlasses ist. Wird der Nachlass von einem Nachlasspfleger, Nachlassverwalter oder Testamentsvollstrecker verwaltet, so begründet deren Handeln nur Nachlassverbindlichkeiten.[95] Führt der Erbe einen zum Erwerb eines Kfz geschlossenen Darlehensvertrag des Erblassers für einen längeren Zeitraum nach dem Erbfall weiter, indem er die Darlehensverbindlichkeiten bedient und das Kfz als eigenes nutzt, sind die Verbindlichkeiten, die der Darlehensgeber bei Gesamtfälligstellung des Darlehens nach einer Kündigung geltend machen kann, zumindest dann als Nachlasserbenschulden anzusehen, wenn das Kfz zur Sicherung der Darlehensrückzahlung an den Darlehensnehmer sicherungsübereignet wurde und dem Darlehensgeber nach vollständiger Rückzahlung ein Anspruch auf Rückübereignung zusteht.[96]

Der Erbe kann vereinbaren, dass er für die Erfüllung einer im Rahmen ordnungsgemä- 40
ßer Verwaltung eingegangenen Verbindlichkeit nur mit dem Nachlass haftet.[97]

Keine Nachlassverbindlichkeiten sind die **Eigenschulden des Erben.** Für sie haftet 41
der Erbe nicht in dieser seiner Eigenschaft; es handelt sich vielmehr um Verbindlichkeiten, die vor oder nach dem Erbfall in der Person des Erben entstanden sind und die ihn als Träger seines Eigenvermögens berühren. Allerdings wird nicht vorausgesetzt, dass es an jedem Zusammenhang mit dem Nachlass fehlt. Eine Eigenschuld des Erben stellt auch der Ersatzanspruch der Nachlassgläubiger gegen ihn wegen fehlerhafter Verwaltungsmaßnahmen dar (§§ 1978, 1979 BGB), und auch die Verpflichtung aus einer vom Erben im Zusammenhang mit der Verwaltung des Nachlasses begangenen unerlaubten Handlung oder aus unverantwortlichen Kreditgeschäften des Vorerben in Bezug auf den Nachlass. Die **Eigenverbindlichkeiten** des Erben unterscheiden sich dadurch von den Nachlassverbindlichkeiten, dass für diese der Nachlass stets haftet, während den Gläubigern der Eigenschulden der Zugriff auf den Nachlass nach der Vermögenssonderung (Nachlassabsonderung) verwehrt ist (§ 1984 Abs. 2 BGB). Umgekehrt steht den Nachlassgläubigern nach der Vermögenssonderung nur noch der Nachlass als Haftungsobjekt zur Verfügung, während der Erbe seinen Eigengläubigern mit seinem sonstigen Vermögen unbeschränkt haftet.

Wegen der **Kosten eines Zivilprozesses** ist zu unterscheiden: handelt es sich um Kosten 42
eines Prozesses, den der Erblasser geführt hat und die diesem nach § 91 Abs. 1 ZPO auferlegt wurden, handelt es sich um reine Nachlassverbindlichkeiten. Hat der Erbe den Prozess des Erblassers fortgesetzt und sind diesem die Kosten des Rechtsstreits nach § 91 Abs. 1 ZPO auferlegt, so haftet er dafür persönlich und unbeschränkbar selbst dann, wenn er wegen einer Nachlassverbindlichkeit unter dem Vorbehalt der beschränkten Haftung verurteilt wurde. Denn die Prozesskosten beruhen auf den Rechtshandlungen des Erben, der den Rechtsstreit schließlich in eigenem Interesse geführt hat.[98] Nach der h.M. allerdings sind die Kosten des Rechtsstreits nicht nur Eigenschulden des Erben, sondern zugleich Nachlassverbindlichkeiten, also Nachlasserbenschulden,[99] jedenfalls dann, wenn sich die Prozessführung des Erben im Rahmen ordnungsgemäßer Verwaltung des Nachlasses hielt.[100] Will der Erbe für die bis zum

95 MüKo/*Küpper*, § 1967 Rn 31.
96 AG Köln ErbR 2015, 642 = FamRZ 2016, 578.
97 BeckOK BGB/*Lohmann*, § 1967 Rn 19.
98 Staudinger/*Kunz* (2020), § 1967 Rn 186 ff.
99 Staudinger/*Kunz* (2020), § 1967 Rn 186 ff.
100 BeckOK BGB/*Lohmann*, § 1967 Rn 20.

Erbfall entstandenen Kosten nicht haften, muss im Tenor klargestellt werden, dass sich der Vorbehalt auch auf die bis zum Tod entstandenen Kosten erstreckt.[101]

VI. Haftung für Geschäftsverbindlichkeiten

43 In der Praxis ist es von großer Bedeutung, ob und inwieweit der Erbe für **Geschäftsverbindlichkeiten**[102] haftet. Dabei ist zu unterscheiden, ob es um Verbindlichkeiten einer **Einzelfirma** oder **Personengesellschaft** geht.

1. Verbindlichkeiten aus dem Betrieb einer Einzelfirma

44 Für den **Erben eines Einzelkaufmannes** ergibt sich die Haftung – auch – für die Geschäftsverbindlichkeiten des Erblassers zunächst aus § 1967 BGB. Es ist zwischen der erbrechtlichen und der handelsrechtlichen Haftung streng zu unterscheiden.[103] Diese Haftung wird durch die Bestimmung des § 27 HGB wesentlich modifiziert, wenn der Erbe das Handelsgeschäft des Erblassers unter der bisherigen Firma mit oder ohne einen den Übergang andeutenden Zusatz fortführt. Dann folgt aus den §§ 25, 27 HGB grundsätzlich eine unbeschränkbare Haftung des Erben für die früheren Verbindlichkeiten. Dabei ist zu unterscheiden, ob das Geschäft unter der bisherigen Firma oder unter einer neuen Firma durch den Erben fortgeführt wird.

45 Führt der Erbe das vollkaufmännische Unternehmen unter der bisherigen Firma mit oder ohne Beifügung eines das Nachfolgeverhältnis andeutenden Zusatzes über die **Dreimonatsfrist** des § 27 Abs. 2 HGB hinaus fort, so haftet er für alle im Unternehmen des Erblassers begründeten Verbindlichkeiten unbeschränkt,[104] d.h. wie für seine eigenen Verbindlichkeiten mit seinem ganzen, auch nicht zum Nachlass gehörenden Vermögen,[105] wenn er die Geschäftstätigkeit nicht innerhalb von drei Monaten ab Kenntnis vom Anfall der Erbschaft (§ 27 Abs. 2 HGB) wieder einstellt.[106] Haftungsbeschränkungsmaßnahmen des Bürgerlichen Gesetzbuches betreffen dann nur die sonstigen Nachlassverbindlichkeiten; gegenüber den früheren Geschäftsverbindlichkeiten des Erblassers sind sie ohne Wirkung.

46 Die Fortführung des Handelsunternehmens muss **nicht persönlich** erfolgen. Es genügt, wenn sie im Namen des Erben durch einen anderen geschieht, etwa durch einen Bevollmächtigten[107] oder einen gesetzlichen Vertreter.[108] Eine Fortführung durch den Erben liegt dagegen nicht vor, wenn vor Ablauf der Frist des § 27 Abs. 2 HGB Nachlassverwaltung angeordnet oder das Nachlassinsolvenzverfahren eröffnet wird. Gleiches gilt für den Testamentsvollstrecker, der nicht als Bevollmächtigter der Erben, sondern im eigenen Namen das Unternehmen fortführt. Er handelt zwar für Rechnung des Nachlasses, aber nicht im Namen des Erben. Eine Fortführung ist allerdings auch dann gegeben, wenn der Erbe vor Ablauf der Frist des § 27 Abs. 2 HGB das Unternehmen veräußert oder verpachtet, nachdem er es zunächst selbst fortgeführt hat.[109] Nur wenn der Erbe das Unternehmen alsbald veräußert oder verpachtet, ohne es vorher selbst betrieben zu haben, fehlt es an den Voraussetzungen des § 27 HGB. Diese liegen selbst dann vor, wenn der Erbe vor Ablauf der Dreimonatsfrist zwar die

101 LG Leipzig ZEV 1999, 234 m. Anm. *Damrau*.
102 Vgl. Erman/*Horn*, § 1967 Rn 10 ff.
103 BeckOK BGB/*Lohmann*, § 1967 Rn 21.
104 Staudinger/*Kunz* (2020), § 1967 Rn 229.
105 Erman/*Horn*, § 1967 Rn 10.
106 BeckOK BGB/*Lohmann*, § 1967 Rn 21.
107 BGHZ 30, 391 = DB 1959, 1192.
108 MüKo/*Küpper*, § 1967 Rn 59.
109 MüKo/*Küpper*, § 1967 Rn 59.

bisherige Firma aufgibt, den Betrieb aber nicht einstellt.[110] Bei Fortführung durch den Erben haftet dieser nach § 27 HGB für die früheren Verbindlichkeiten. Dazu zählen nicht nur die vom Erblasser begründeten, sondern auch solche Geschäftsschulden, die vom vorläufigen Erben oder vom Vorerben herrühren.[111]

Die **unbeschränkte handelsrechtliche Haftung** des § 27 HGB für frühere Geschäftsverbindlichkeiten **trifft den Erben allerdings nicht**, wenn er den Betrieb des (unter der bisherigen Firma fortgeführten) Unternehmens **vor Ablauf von drei Monaten** seit Kenntnis vom Erbfall und darüber hinaus bis zum Ende der Ausschlagungsmöglichkeit (§ 27 Abs. 2 S. 3 HGB) **einstellt** (§ 27 Abs. 2 HGB). Einer solchen Einstellung ist die Fortführung des Unternehmens vor Ablauf der Dreimonatsfrist durch Nachlassverwalter oder Nachlassinsolvenzverwalter gleichzustellen. 47

Nach **überwiegender Auffassung**[112] kann der Erbe aber auch bei Fortführung des Unternehmens unter der bisherigen Firma über drei Monate hinaus sich die Möglichkeit der Beschränkung der Haftung erhalten, wenn er entsprechend § 25 Abs. 2 HGB durch einseitige Erklärung die unbeschränkte handelsrechtliche Haftung ablehnt und diese Erklärung vor Fristablauf in das Handelsregister eingetragen und bekannt gemacht oder dem Gläubiger vom Erben in einer anderen Form mitgeteilt wird. Stellt der Erbe rechtzeitig ein oder macht er innerhalb der Frist des § 25 Abs. 2 HGB bekannt, dass er die unbeschränkte handelsrechtliche Haftung ablehne, so verbleibt es bei der Erbenhaftung nach dem Bürgerlichen Gesetzbuch. 48

Unberührt bleibt aber die Haftung des Erben für die von ihm nach dem Erbfall im Betrieb des fortgeführten Unternehmens eingegangenen neuen Verbindlichkeiten.[113] Für sie haftet er stets mit seinem eigenen Vermögen, wenn er nicht bei Abschluss der Rechtsgeschäfte zum Ausdruck bringt, dass er nur eine auf den Nachlass beschränkte Haftung eingehen wolle.[114] Die Bestimmungen der §§ 25 ff. HGB gehen im Interesse des Vertrauensschutzes im Handelsverkehr von der Zusammengehörigkeit der Aktiven und Passiven eines Unternehmens aus und legen deshalb demjenigen, der es nach außen hin fortsetzt, grundsätzlich auch die Haftung für die Schulden des Unternehmens auf.[115] Diese Haftung des Nachfolgers, die grundsätzlich eine persönliche und unbeschränkte ist, wird ohne Lücke sowohl für den Erwerb unter Lebenden (§ 25 HGB) als auch für den Erwerb von Todes wegen (§ 27 HGB) festgelegt. Der Erbe, der das Geschäft fortführt, verpflichtet deshalb auch den Nachlass.[116] 49

Führt der Erbe das einzelkaufmännische Unternehmen des Erblassers **unter einer neuen Firma** (§ 17 Abs. 1 HGB), etwa unter seinem eigenen Namen, weiter, bleibt es bei der bürgerlich-rechtlichen Haftung desselben für die früheren Verbindlichkeiten. Die §§ 25 Abs. 3, 27 HGB verweisen insoweit auf einen **besonderen Verpflichtungsgrund**. Ein solcher ist einmal die bürgerlichrechtliche (beschränkbare) Haftung des Erben für Nachlassverbindlichkeiten. Daneben kann eine persönliche Haftung des Erben nach allgemeinen Bestimmungen des bürgerlichen Rechts (etwa durch Schuldübernahme, Schuldbeitritt, Schuldversprechen) oder des Handelsrechts (durch Bekanntmachung der Übernahme der Verbindlichkeiten in handelsüblicher Weise, etwa durch Zeitungsanzeigen, Rundschreiben, Erklärungen gegenüber dem Handelsregister) begründet werden. Der Erbe haftet dann aufgrund des von ihm zusätzlich geschaf- 50

110 MüKo/*Küpper*, § 1967 Rn 59.
111 MüKo/*Küpper*, § 1967 Rn 60.
112 Vgl. MüKo/*Küpper*, § 1967 Rn 62 m.w.N.
113 Erman/*Horn*, § 1967 Rn 12.
114 MüKo/*Küpper*, § 1967 Rn 63.
115 BGHZ 32, 60 = NJW 1960, 959.
116 BGHZ 32, 60 = NJW 1960, 959.

fenen Verpflichtungstatbestandes für die Erblasserschulden mit Nachlass und Eigenvermögen, d.h. im Ergebnis wie für Nachlasserbenschulden. Das alles gilt nicht für Verbindlichkeiten aus Rechtsgeschäften, die der Erbe nach dem Erbfall bei Fortführung des Betriebes eingegangen ist. Für die hieraus entstehenden neuen Verpflichtungen haftet der Erbe persönlich. Fraglich kann nur sein, ob gleichzeitig auch der Nachlass haftet. Das ist der Fall, wenn die Fortführung des Betriebes unter einer neuen Firma vom Standpunkt eines sorgfältigen Verwalters zur ordnungsgemäßen Verwaltung des Nachlasses zu rechnen ist. Das kann stets nur nach dem Einzelfall entschieden werden.

2. Gesellschafteranteile an einer OHG

51 Die Haftung für Verbindlichkeiten eines OHG-Gesellschafters ist ähnlich der Haftung bei der Fortführung der Einzelfirma. Es muss unterschieden werden, ob die Gesellschaft durch den Erbfall aufgelöst wird oder ob sie – mit dem Erben oder auch ohne ihn – fortgesetzt wird.[117]

52 Grundsätzlich wird die OHG durch den Tod eines Gesellschafters nicht aufgelöst, sondern mit den verbliebenen Gesellschaftern fortgesetzt, sofern der Gesellschaftsvertrag nichts anderes bestimmt (§ 131 Nr. 1 HGB). Die Erben treten nicht kraft Gesetzes in die Gesellschaft ein. Wird die **Gesellschaft nicht aufgelöst** und mit dem Erben des verstorbenen Gesellschafters fortgeführt, haftet der Erbe für alle vor und nach dem Erbfall entstandenen Gesellschaftsverbindlichkeiten persönlich und unbeschränkt gem. §§ 128, 130 HGB.[118] Er kann sich im Hinblick auf § 130 HGB gegenüber den Altgläubigern nicht auf die beschränkte Erbenhaftung berufen.

53 Der **Erbe** kann die **unbeschränkbare Haftung abwenden**, wenn er innerhalb der Dreimonatsfrist des § 139 Abs. 3 HGB aus der Gesellschaft **ausscheidet** oder die **Stellung eines Kommanditisten erlangt** oder wenn innerhalb dieser Frist die Gesellschaft **aufgelöst** wird (§ 139 Abs. 4 HGB).[119] Dann haftet er für die bis dahin, d.h. bis zu den genannten Ereignissen entstandenen Gesellschaftsschulden, nur nach erbrechtlichen Bestimmungen des Bürgerlichen Gesetzbuches.[120]

54 Wird die Gesellschaft durch den Tod des Erblassers oder zu irgendeiner Zeit vor dem Ablauf der Dreimonatsfrist des § 139 Abs. 3 HGB aufgelöst, ist der Erbe Mitglied der Abwicklungsgesellschaft. Er haftet für die Verbindlichkeiten der OHG nach erbrechtlichen Grundsätzen.[121] Dabei macht es keinen Unterschied, ob diese vor oder nach dem Erbfall entstanden sind.[122] Gem. § 139 Abs. 4 HGB haftet er daneben nicht nach gesellschaftsrechtlichen Grundsätzen.

55 Wird der Erbe aufgrund der Annahme seines Antrags durch die übrigen Gesellschafter (§ 139 Abs. 1 HGB) mit dem Kapitalanteil des Erblassers Kommanditist, haftet er für die nach Einräumung der Kommanditistenstellung entstandenen Verbindlichkeiten wie ein (sonstiger) Kommanditist, d.h. persönlich und unbeschränkbar, nur i.R.d. §§ 171, 172 u. 173 HGB.[123]

---

117 Staudinger/*Kunz* (2020), § 1967 Rn 236.
118 BeckOK BGB/*Lohmann*, § 1967 Rn 22.
119 BeckOK BGB/*Lohmann*, § 1967 Rn 22.
120 Erman/*Horn*, § 1967 Rn 14; Staudinger/*Kunz* (2020), § 1967 Rn 238.
121 BGH NJW 1982, 45 = WM 1981, 1127.
122 Erman/*Horn*, § 1967 Rn 14; MüKo/*Küpper*, § 1967 Rn 64.
123 BeckOK BGB/*Lohmann*, § 1967 Rn 22; Staudinger/*Kunz* (2020), § 1967 Rn 243.

3. Verbindlichkeiten des Kommanditisten einer KG

Die Haftung des Erben eines Kommanditisten ist umstritten.[124] Der Tod eines Kommanditisten hat die Auflösung der Gesellschaft nicht zur Folge (§ 177 HGB). Deshalb fällt der Gesellschaftsanteil des Kommanditisten an seine(n) Erben.[125] Für die im Zeitpunkt des Erbfalls **bestehenden Geschäftsschulden** (Altschulden) haftet der eintretende Erbe mit dem Kommanditanteil, aber auch mit dem Nachlass bis zur Höhe der rückständigen Haftsumme.[126] Für **Einlageverpflichtungen** des Erblassers haftet der Erbe eines Kommanditisten aber nur nach erbrechtlichen Grundsätzen, also beschränkbar, wenn der Erbfall erst nach Auflösung der Gesellschaft eingetreten ist.[127] Für die **nach dem Erbfall begründeten Verbindlichkeiten** scheidet eine Haftung mit dem Nachlass aus, weil sie vom Erben nicht durch die Verwaltung des Nachlasses begründet worden sind. 56

Ein Kommanditist, der dadurch zum **Alleininhaber des Gesellschaftsvermögens** wird, dass er die Beteiligung seines einzigen, persönlich haftenden Mitgesellschafters **erbt**, haftet für die bisherigen Gesellschaftsverbindlichkeiten unter den Voraussetzungen des § 27 HGB. Liegen diese Voraussetzungen nicht vor, dann ist die Haftung – vom Privatvermögen des Erblassers abgesehen – in entsprechender Anwendung des § 419 Abs. 2 BGB a.F. auf den Bestand des übergegangenen Gesellschaftsvermögens beschränkt.[128]

4. Verbindlichkeiten des BGB-Gesellschafters

Keine Besonderheiten gelten, wenn der Erblasser Mitglied einer Gesellschaft bürgerlichen Rechts war. Wird diese durch den Tod des Gesellschafters aufgelöst (§ 727 BGB), tritt der Erbe in die Abwicklungsgesellschaft ein. Für die Verbindlichkeiten des Erblassers haftet er nach erbrechtlichen Grundsätzen mit der Möglichkeit der Haftungsbeschränkung.[129] Ist die Auflösung der Gesellschaft im Falle des Todes eines Gesellschafters durch eine sog. erbrechtliche Nachfolgeklausel geregelt, tritt der Erbe in vollem Umfang in die Rechte und Pflichten des Erblassers ein. Der Erbe haftet aber auch dann für Nachlassverbindlichkeiten, auch soweit diese aus einer Gesellschafterhaftung des Erblassers (§ 128 HGB analog) herrühren, wenn er nicht in die Gesellschafterstellung einrückt.[130] Das gilt auch dann, wenn der Gesellschaftsvertrag eine qualifizierte Fortsetzungsklausel enthält, die dazu führt, dass der Gesellschaftsanteil des Erblassers „am Nachlass vorbei" im Wege der Einzelrechtsnachfolge auf den Sohn übertragen worden ist.[131] Für Altschulden haftet er mit seinem Anteil am Gesellschaftsvermögen und außerdem – an Stelle des weggefallenen Gesellschafters – so lange mit dem Eigenvermögen, bis die Haftung auf der Nachlass beschränkt wurde. Für neue Verbindlichkeiten haftet er wie jeder andere Gesellschafter mit dem Gesellschaftsvermögen und persönlich.[132] 57

VII. Haftungsfragen für den Berater

Die Beratung des Erben in Bezug auf die mögliche Geltendmachung von Maßnahmen der Haftungsbeschränkung ist sehr schwierig. In besonders kurzer Zeit muss sich der 58

124 Erman/*Horn*, § 1967 Rn 15.
125 MüKo/*Küpper*, § 1967 Rn 70.
126 BGHZ 108, 187 = FamRZ 1989, 1168.
127 BGH NJW 1995, 3314 = ZEV 1995, 422.
128 BGHZ 113, 132 = WM 1991, 224.
129 MüKo/*Küpper*, § 1967 Rn 73.
130 LG Köln, Urt. v. 21.6.2013 – 2 O 667/05.
131 LG Köln, Urt. v. 21.6.2013 – 2 O 667/05.
132 MüKo/*Küpper*, § 1967 Rn 74.

Berater darüber klar sein, welche Maßnahmen zu ergreifen sind. Ein Unterlassen kann zur Haftung des Beratenden führen. Die Probleme sind so zahlreich, dass sie nicht vollständig als spezielle Haftungsfragen angesprochen werden können. Es soll anhand einiger Bsp. – ohne Anspruch auf Vollständigkeit – aufgezeigt werden, wo besondere Haftungsrisiken liegen.

1. Mietverhältnis

59 Hatte der Erblasser ein Mietverhältnis über Wohnraum, sind die Spezialregelungen der §§ 563–564 BGB u. § 580 BGB zu beachten. Unterlässt der Erbe es, das Mietverhältnis mit Wirkung für und gegen den Nachlass zu kündigen, haftet er u.U. den – übrigen – Nachlassgläubigern nach § 1978 BGB wegen der von ihm nicht verhinderten Belastung des Nachlasses mit Verbindlichkeiten. Darauf ist der Mandant hinzuweisen.

2. Vorbehalt der beschränkten Erbenhaftung im Urteil

60 Ein Rechtsanwalt, dessen Mandant als Erbe wegen einer Nachlassverbindlichkeit in Anspruch genommen wird, ist grundsätzlich verpflichtet, den Vorbehalt der beschränkten Erbenhaftung in den Titel aufnehmen zu lassen.[133] Er hat den Mandanten, der als Erbe wegen Nachlassverbindlichkeiten in Anspruch genommen wird, über die Bedeutung und Wirkung einer Haftungsbeschränkung sowie die Möglichkeiten zu deren Realisierung zu belehren und weiter abzuklären, ob in einem Titel gegen den Erben der erforderliche Vorbehalt aufgenommen werden soll, da sich eine Haftungsbeschränkung im Zwangsvollstreckungsverfahren nur bei einem Vorbehalt im Urteil auswirkt.[134] Der Rechtsanwalt muss in solchen Fällen für seinen Mandanten stets den sicheren Weg einschlagen und darf sich nicht darauf verlassen, dass das Gericht Hinweise erteilt oder eine dem Mandanten günstige Auslegung vornimmt.[135] Wenn der Rechtsanwalt die Einschränkung der Erbenhaftung auf den Nachlass des Erblassers nur im Hinblick auf die Hauptsache, nicht aber auch in Bezug auf die Kosten und Auslagen beantragt, liegt hierin ein schuldhaftes Versäumnis. Denn ein Vorbehalt in der Hauptsache führt nicht ohne weiteres auch zu einer Beschränkung der Erbenhaftung im Kostenpunkt.[136] Ein unterbliebener Hinweis auf eine Haftungsbeschränkung und die insofern nicht erhobenen Einreden stellen keine Pflichtverletzung des Rechtsanwaltes dar, wenn es sich bei der Forderung nicht um eine Nachlassverbindlichkeit, sondern um eine Eigenverbindlichkeit des Erben handelt.[137]

61 Besteht das pflichtwidrige Verhalten eines Rechtsanwalts darin, dass er es im Prozess, in dem gegen seinen Mandanten als Erben eine Nachlassverbindlichkeit geltend gemacht wird, unterlässt, die **Dürftigkeitseinrede** zu erheben, so beginnt die Verjährung eines dadurch ausgelösten Schadensersatzanspruchs gegen ihn jedenfalls insoweit nicht bereits mit Erlass des ersten Gerichtsurteils, als der Regressanspruch sich aus erst später durch Klageerweiterung in den Prozess eingeführten – weiteren – Forderungen gegen den Nachlass ergibt.[138]

---

133 BGH NJW 1992, 2694 = FamRZ 1992, 1409, ausführliche Erörterungen zur Berechnung des Schadens; BGH NJW 1991, 2839; BGH ZEV 2002, 162 = NJW 2002, 1414; BGH ZErb 2002, 165.

134 Brandenburgisches OLG, Urt. v. 8.11.2006 – 13 U 40/06; KG Berlin KGR Berlin 2006, 42 = ZErb 2006, 61.

135 OLG Hamm JurBüro 1995, 557.

136 AG Hannover GI 1997, 171.

137 Brandenburgisches OLG, Urt. v. 8.11.2006 – 13 U 40/06.

138 BGH ZEV 2002, 162 = NJW 2002, 1414; OLGR Bamberg 2000, 231.

§ 1968 Beerdigungskosten

Der Erbe trägt die Kosten der Beerdigung des Erblassers.

Literatur

Ahrens, Der Leichnam – rechtlich betrachtet, ErbR 2007, 146; *Balke*, Die Erstattung von Beerdigungskosten, SVR 2023, 41; *ders.* Die Erstattungsfähigkeit von Beerdigungskosten, SVR 2009, 132; *Billig*, Abziehbare Nachlassverbindlichkeiten im Zusammenhang mit der Bestattung des Erblassers und dessen Grabstätte, UVR 2021, 92; *Ebert*, Aktuelle Fragen des Friedhofs- und Bestattungsrechts, KommunalPraxis spezial 2009, 169; *Fritz*, Fragen zum Bestattungsrecht, BWNotZ 1992, 137; *Gottwald*, Beerdigungskosten: Erstattung von Beerdigungskosten für eine „Sozialbestattung" aus GoA, EE 2023, 203; *Gotzen*, Entwicklung der Rechtsprechung zu § 74 SGB XII, ZfF 2018, 121; *ders.*, Zivilrechtliche Ansprüche auf Ersatz von Bestattungskosten, insbesondere aus GoA, im Kontext des § 74 SGB XII, ZfF 2012, 241; *ders.*, Alea iacta est – das Urteil des BSG vom 29.9.2009 zu § 74 SGB XII, ZfF 2010, 25; *Grosse/Gunkel*, Die Erbenhaftung nach § 35 SGB II, info also 2013, 3; *Grziwotz*, Beiträge für die Beratungspraxis Bestattung und Kostentragung, FamRB 2024, 501; *ders.*, Hinweise für die Praxis – Ausschlagung der Erbschaft und Bestattungskosten, MittBayNot 2012, 333; *Gummels*, Erbfallkosten: Bestattungskosten, Grabpfleg & Co.: Mit Erbfallkosten die Erbschaftsteuer reduzieren, ErbBstg 2023, 315; *Heinemann*, Das Recht der Totensorge für gefallene Wehrmachtssoldaten, NZWehrr 2017, 45; *Jacoby*, Die Tilgung der Bestattungskosten vom Nachlasskonto, WM 2003, 368; *Jahreis*, Die Totenfürsorge und Haftung für die Beerdigungskosten durch den Erben, AnwZert ErbR 19/2020 Anm. 1; *Joachim/Lange*, Zivilrechtliche Aspekte der Sterbegeldversicherung, ZEV 2012, 126; *Karczewski*, Die Totenfürsorge: ein unbekanntes Rechtsinstitut, ZEV 2017, 129; *Kellner*, Anspruch der Bestattungspflichtigen auf Übernahme ihrer Kosten als Sozialhilfeleistung, VR 2024, 342; *ders.*, Die Übernahme von Bestattungskosten als Leistung der Sozialhilfe, VR 2023, 121; *Kurze*, Totenfürsorge und Kostentragung im Bestattungsrecht, ErbR 2016, 299; *Kurze/Goertz*, Bestattungsrecht in der Praxis, 2. Aufl. 2016; *Löhnig*, Wer zahlt die Grabpflegekosten, JA 2021, 869; *Maximini*, Die Sternenkinder unter dem Himmel des § 74 SGB XII, ZFSH/SGB 2021, 48; *Müller*, Wann übernimmt das Sozialamt die Bestattungskosten, HGZ 2013, 79; *ders.*, Die Kosten der Bestattung im Zivil- und Steuerrecht, DStZ 2000, 329; *Othmer*, Der Ärger nach dem Tod – Bestattungskosten im Sozialhilferecht (§ 74 SGB XII), ZFSH/SGB 2016, 535; *Paul*, Wer ist Verpflichteter im Sinne des § 74 des SGB XII (Teil II) und unter welchen Voraussetzungen kann es ihm nicht zugemutet werden, die Bestattungskosten zu tragen?, Teil I: ZfF 2004, 292; Teil II: ZfF 2006, 103; *Peters*, Anspruchsausschließendes Rangverhältnis mehrerer potenziell Bestattungspflichtiger im Sinne des § 74 SGB XII?, SGb 2022, 541; *Reetz*, Erstattung von Beerdigungskosten, FamFR 2010, 79; *Ruschmeier*, Bestattungskosten nach § 74 SGB XII, NDV 2010, 42; *Sass*, Totenfürsorge- und Bestattungsrecht – ausgewählte Praxisprobleme und Gestaltungsempfehlungen, ErbStB 2020, 331; *Schenk*, Die Totensorge – ein noch immer kaum beachtetes Rechtsinstitut, ZfL 2007, 112; *Schürmann*, Konflikte zwischen Bestattungspflicht und Kostentagungspflicht, FamRB 2022, 500; *Sprange*, Unzumutbarkeit der Kostenübernahme nur in Härtefällen, SuP 2010, 656; *Stelter*, Praxisleitfaden zur Behandlung von Beerdigungskosten im Rahmen von Hofüberlassungsverträgen, NWB 2018, 2054; *Trésoret/Seifert*, Rechtsprechung zu § 74 SGB XII, SozSich 2012, 433; *Wallner*, Bestattungen von Amts wegen, KommunalPraxis BY 2013, 59; *Widmann*, Zur Bedeutung des § 1968 BGB als Anspruchsgrundlage, FamRZ 1988, 351; *Woitkewitsch*, Beerdigungskosten bei Vor- und Nacherbschaft, MDR 2010, 57; *Zimmermann*, Rechtsfragen zu Friedhof und Bestattung, ZEV 1997, 440.

Weitere Literatur siehe Vorbemerkung zu §§ 1967–2017.

Übersicht: Rdn

A. Allgemeines

I. Regelungsgehalt der Bestimmung

1 Bezüglich der Bestattung Verstorbener ist im Wesentlichen zwischen drei rechtlichen Komplexen zu unterscheiden: der öffentlich-rechtlichen Bestattungspflicht, der privatrechtlichen Totenfürsorge und der Kostentragungspflicht betreffend die Kosten der Beerdigung. Der Regelungsgehalt des § 1968 BGB beschränkt sich darauf, dem Erben die Kosten der Beerdigung des Erblassers aufzuerlegen. Derjenige, der die Beerdigung vorgenommen hat, hat nach § 1968 BGB gegenüber dem Erben einen Anspruch auf Ersatz der verauslagten Kosten. Für den Erben ist die dadurch begründete Verbindlichkeit eine Nachlassverbindlichkeit i.S.v. § 1967 Abs. 2 BGB.[1] Im Nachlassinsolvenzverfahren ist sie Masseverbindlichkeit nach § 324 Abs. 1 Nr. 2 InsO.

II. Totenfürsorge

2 Zur Totenfürsorge (vgl. § 1922 Rdn 43, 44) gehört die Bestimmung der **Bestattungsart** und des **Ortes der letzten Ruhestätte** sowie im Einzelfall die Entscheidung über eine Umbettung der Leiche oder der Urne. Maßgebend ist in erster Linie der **Wille des Verstorbenen.**[2] Ihm steht es zu, die Einzelheiten der Bestattung selbst zu bestimmen. Dieses Recht wird als Ausfluss des Persönlichkeitsrechts und als eine Ausprägung der natürlichen Handlungsfreiheit angesehen. Wenn und soweit ein erkennbarer Wille des Verstorbenen nicht vorliegt, sind nach einem ungeschriebenen gewohnheitsrechtlichen Rechtsgrundsatz die **nächsten Angehörigen des Verstorbenen** berechtigt und verpflichtet, über die Art der Bestattung zu entscheiden und den Ort der letzten Ruhestätte auszuwählen.[3] Unter den nächsten Angehörigen gebührt i.d.R. dem **Ehegatten** der Vorrang.[4] Die Reihenfolge, in der die Angehörigen zur Ausübung der Totenfürsorge berufen sind, wurde nach § 2 Abs. 3 FeuerBestattG geregelt. Diese – bis 2007 geltende – Regelung wurde in der Zwischenzeit in zahlreiche landesrechtliche Bestattungsgesetze übernommen. Manche Länder haben in ihren Bestattungsgesetzen auch den Kreis der Totenfürsorgeberechtigten um die Lebensgefährten (eingetragene Lebenspartner und/oder „einfache" Lebensgefährten) erweitert. Der Wille der Kinder setzt sich demgegenüber gegenüber den übrigen Angehörigen durch.[5] Eine etwaige Erbenstellung des/der Angehörigen ist unerheblich. Ist ein Angehöriger zum Betreuer des Erblassers bestellt (gewesen), steht ihm das Recht der Totenfürsorge vorrangig zu.[6] Allerdings hat der Betreuer als solcher grundsätzlich kein Recht zur Totenfürsorge betreffend den betreuten Verstorbenen.

3 Hat der Verstorbene jemanden mit der Wahrnehmung dieser Belange betraut, ist diese Person berechtigt, die Totenfürsorge wahrzunehmen, auch wenn sie nicht zum Kreis der sonst berufenen Angehörigen gehört.[7] Der Wille des Verstorbenen hat absolute Priorität.[8] Bei der Ermittlung des **Willens des Verstorbenen** kommt es nicht nur auf dessen ausdrückliche Willensbekundung, etwa in einer letztwilligen Verfügung, an; vielmehr genügt es, wenn aus den Umständen ein bestimmter Wille des Erblassers mit

---

1 Staudinger/*Kunz*, (2020) § 1968 Rn 2.

2 OLG Frankfurt a.M. NJW-RR 1989, 1159; vgl. ausführlich: *Kurze/Goertz*, Bestattungsrecht in der Praxis, S. 35 ff.

3 VG Regensburg, ZKF 2024, 72; BGH NJW-RR 1992, 834 = MDR 1992, 588; LG Nürnberg-Fürth ErbR 2018, 658.

4 OLG Schleswig NJW-RR 1987, 72; MüKo/*Küpper*, § 1968 Rn 7.

5 MüKo/*Küpper*, § 1968 Rn 7.

6 LG München II ZErb 2013, 16.

7 BGH NJW 2012, 1651 = ZErb 2012, 142.

8 BGH NJW 2012, 1651 = ZErb 2012, 142; BGH NJW-RR 1992, 834 = FamRZ 1992, 657; OLG Karlsruhe MDR 1990, 443.

Sicherheit erschlossen werden kann.[9] Die Umbettung einer einmal beigesetzten Leiche kann nur aus ganz besonderen Gründen angezeigt sein, etwa dann, wenn mit der Umbettung die Würde des Verstorbenen besser gewahrt und seinem mutmaßlichen Willen besser Rechnung getragen wird.[10] Der Streit um eine Umbettung sollte tunlichst vermieden werden, da die Totenruhe gestört wird. Die zahlreichen Entscheidungen hierzu zeigen, dass dieser Frage erhöhte Bedeutung zukommt[11] (vgl. § 1922 Rdn 44).

III. Anordnungen des Erblassers

Im **Hinblick auf die Art und Weise** sowie die **näheren Umstände seiner Beerdigung** 4
kann der Erblasser Anordnungen auch in der Form einer **Auflage** (§§ 1940, 2192 ff. BGB) treffen. Mit Hilfe solcher Auflagen kann der Erbe oder ein Vermächtnisnehmer verpflichtet werden, den Leichnam in einer bestimmten Art und Weise beerdigen zu lassen.[12] Die Anordnung kann aber nur dann verwirklicht werden, wenn der Verpflichtete zu dem Kreis derjenigen gehört, die die Totenfürsorge ausüben können.[13] Führt nun die bestattungsberechtigte Person die Beerdigung des Erblassers nach dessen Anordnungen und Weisungen aus, kann er vom Erben auch insoweit Ersatz verlangen, als die Kosten das vom Gesetz bestimmte Maß überschreiten, denn die Anordnung hat die Wirkung eines Vermächtnisses.[14]

B. Tatbestand der Norm

I. Anspruchsberechtigte

Anspruchsberechtigt ist derjenige, der die Beerdigung vorgenommen und hierfür Aus- 5
lagen gehabt hat. Sind die Beerdigungskosten durch die Beauftragung seitens eines zur Totenfürsorge verpflichteten aber nicht erbberechtigten Verwandten entstanden, kann dieser von dem (den) Erben Befreiung von der Verbindlichkeit bzw. Ersatz der aufgewandten Kosten verlangen.[15] Hat z.B. der Bestattungsunternehmer die vereinbarte Vergütung von seinem Auftraggeber (noch) nicht erhalten, kann er nach h.M. nach § 1968 BGB gegen den (die) Erben vorgehen.[16] Hat der **Nachlasspfleger** oder ein **Testamentsvollstrecker** das Bestattungsunternehmen beauftragt, entsteht von Anfang an eine Nachlassverbindlichkeit.[17] Der Anspruch kann auch einem Miterben zustehen, der die Beerdigung ausgerichtet und die Kosten gezahlt hat. Sein Anspruch richtet sich gegen die Miterben und ist im Innenverhältnis beschränkt, soweit sein Anteil betroffen ist. Auch einem Alleinerben kann im Einzelfall der Anspruch zustehen. Er kann den Anspruch aber „nicht gegen sich selbst“, sondern gegen einen Nachlassverwalter oder im Nachlassinsolvenzverfahren gegen den Nachlassinsolvenzverwalter[18] geltend machen.

---

9 BGH NJW-RR 1992, 834 = FamRZ 1992, 657.

10 BeckOK BGB/*Lohmann*, § 1968 Rn 2.

11 Ausführlich u.a. MüKo/*Küpper*, § 1968 Rn 7; KG FamRZ 1969, 414; OLG München NJW 1974, 703; OLG Oldenburg NJW-RR 1990, 1416 = FamRZ 1990, 1273; OLG Karlsruhe MDR 1990, 443; BGH NJW-RR 1992, 834 = FamRZ 1992, 657.

12 Staudinger/*Kunz*, (2020) § 1968 Rn 24.

13 MüKo/*Küpper*, § 1968 Rn 8.

14 Staudinger/*Kunz*, (2020) § 1968 Rn 25.

15 Saarländisches OLG Saarbrücken, MDR 2009, 1341 = OLGR Saarbrücken 2009, 954; BeckOK BGB/*Lohmann*, § 1968 Rn 1.

16 Staudinger/*Kunz*, (2020) § 1968 Rn 38 m.w.N.

17 Staudinger/*Kunz*, (2020) § 1968 Rn 39.

18 Staudinger/*Kunz*, (2020) § 1968 Rn 36.

II. Anspruchsgegner

6 Der Anspruch richtet sich gegen den Erben – im Falle des Alleinerben gegen diesen allein und im Falle der Miterben gegen die einzelnen Miterben als Gesamtschuldner.[19] Auch der Nacherbe haftet für die Kosten der Beerdigung des Erblassers. Für die Kosten der Beerdigung des Vorerben haftet nicht der Nacherbe als solcher, sondern die – mit diese u.U. allerdings identische – Person, die den Vorerben beerbt.[20] Sind die beiden erwachsenen Kinder des geschiedenen Erblassers nach dem Landesrecht gleichermaßen bestattungspflichtig und lässt ein Kind die Beerdigung durchführen, dann hat es gegen das andere Kind einen Anspruch aus Innenausgleich nach den Regelungen der GoA. Dass das andere Kind möglicherweise nicht einverstanden mit der Beerdigung war, ist unerheblich, da die Bestattungspflicht eine öffentlich-rechtliche Pflicht ist.[21]

7 Die Einrede des § 1629a BGB (Minderjährige) findet nur auf solche Verbindlichkeiten Anwendung, die die Eltern im Rahmen ihrer gesetzlichen Vertretungsmacht oder sonstige vertretungsberechtigte Personen im Rahmen ihrer Vertretungsmacht durch Rechtsgeschäft oder eine sonstige Handlung mit Wirkung für das Kind begründet haben. § 1629a BGB findet keine Anwendung auf die durch Gesetz begründete Bestattungspflicht bzw. die daran anknüpfende Haftung des Kindes für die Bestattungskosten, die einer Gemeinde in Erfüllung ihrer subsidiären Bestattungspflicht entstanden sind.[22]

8 Der Anspruch des Geschäftsherrn ist beschränkt auf den nach § 74 SGB XII übernahmefähigen Betrag. Übernahmefähig durch den Sozialhilfeträger und damit erstattungsfähig sind die erforderlichen Bestattungskosten. Sozialhilferechtlich erforderliche Bestattungskosten müssen eine würdige Beerdigung, die sich an den ortsüblichen angemessenen Bestattungen orientiert, umfassen.[23]
Als erforderlich anerkannt werden im Einzelnen:[24]
- die Kosten für die Leichenschau und Leichenbeförderung,
- öffentliche Gebühren, Waschen, Ankleiden und Betten der Leiche,
- ein einfacher Sarg,
- einfacher Blumenschmuck,
- die Trauerfeier im Beerdigungsinstitut,
- Kosten für Sargträger und die Überführung auf den Friedhof,
- das erstmalige Herrichten des Grabes,
- ein Grabstein oder eine einfache Grabplatte mit Namen.

9 Hat der Erbe die Erbschaft wirksam ausgeschlagen, kann von ihm keine Kostenerstattung nach § 1968 BGB verlangt werden, da die Erbenstellung Voraussetzung des Anspruchs auf Erstattung der Kosten nach § 1968 BGB ist.[25] In diesen Fällen können jedoch demjenigen, der die Bestattung veranlasst hat, Ansprüche nach den Grundsätzen der Geschäftsführung ohne Auftrag zustehen.[26] Auch der Nacherbe haftet für die Kosten der Beerdigung des Erblassers.

10 Die Rechtsfolgen einer Ausschlagung der Erbschaft führen indes nicht dazu, dass die Gebührenpflicht eines Bestattungspflichtigen i.S.d. Bestattungsgesetzes NRW rück-

---

19 BGH NJW 1962, 791; AG Bottrop ZEV 2010, 583.
20 Staudinger/*Kunz*, (2020) § 168 Rn 43.
21 LG Heilbronn ZErb 2023, 194.
22 VG Lüneburg ZKF 2022, 239.
23 LG Heilbronn ZErb 2023, 194.
24 Ausführlich: AG Brandenburg FamRZ 2025, 725; LG Heilbronn ZErb 2023, 194.
25 BGH NJW 2012, 1651 = ZErb 2012, 142.
26 AG Niebüll, Urt. v. 14.9.2022 – 10 C 319/21, juris; AG Schorndorf NJW-Spezial 2016, 680.

wirkend wieder entfällt. Denn dieser Umstand hat keine Auswirkungen auf das öffentlich-rechtliche Verhältnis zur Friedhofsverwaltung. Gemäß § 8 Abs. 1 S. 1 BestG NRW ist der Kläger als volljähriges Kind der Verstorbenen bestattungspflichtig. Dieser gesetzlichen Verpflichtung ist er auch nachgekommen. Das öffentlich-rechtliche Benutzungsverhältnis entsteht dadurch allein mit der tätig werdenden Person; andere Bestattungspflichtige werden hingegen weder berechtigt noch verpflichtet. Insbesondere präjudizieren die Regelungen über die Bestattungspflicht nicht die in anderen Vorschriften – etwa § 1968 BGB – enthaltenen Regelungen über die Pflicht zur Tragung der Begräbniskosten. Dementsprechend sind die jeweiligen pflichtigen Personenkreise auch nicht deckungsgleich. Während § 8 Abs. 1 BestG NRW die Sorgepflicht für die Bestattung auf die engeren Angehörigen beschränkt, kommen als nach bürgerlichem Recht kostentragungspflichtige Personen die Erben in Betracht. Der Bestattungspflichtige kann der Gebührenpflicht deshalb nicht dadurch entgehen, dass er die Erbschaft ausschlägt, da dies die gebührenrechtlich allein relevante Inanspruchnahme nicht tangiert.[27]

III. Andere Verpflichtete

§ 1968 BGB entfaltet keine Sperrwirkung für andere Ansprüche auf Übernahme der Bestattungskosten, da die Vorschrift keine abschließende Regelung für die Erstattung von Beerdigungskosten trifft.[28] Im Falle der durch eine unerlaubte Handlung verursachten Tötung hat der Ersatzpflichtige nach § 844 Abs. 1 BGB, § 10 Abs. 1 StVG[29] bzw. nach § 115 Abs. 1 S. 1 Nr. 1 VVG der Versicherer auch die Kosten der Beerdigung nach § 10 Abs. 1 S. 2 StVG, § 844 BGB zu tragen.[30] Der Umfang der Verpflichtung bestimmt sich ohne Rücksicht auf die Person des Kostentragungspflichtigen stets nach § 1968 BGB.[31] Sind die Beerdigungskosten vom Erben nicht zu erlangen, haften die **Unterhaltspflichtigen** des Erblassers (§§ 1360a Abs. 3, 1361 Abs. 4 S. 4, 1615 Abs. 2, 1615m, 1615n BGB; §§ 5, 12 Abs. 2 S. 2 LPartG).[32] Ein Anspruch auf Ersatz der Bestattungskosten nach den Grundsätzen der Geschäftsführung ohne Auftrag gemäß §§ 670, 677, 683 BGB **gegen den totenfürsorgeberechtigten und -verpflichteten Angehörigen** kann demjenigen zustehen, der die Beerdigung eines Verstorbenen veranlasst, auch wenn der **Totenfürsorgeberechtigte nicht Erbe** ist. § 1968 BGB entfaltet gegenüber einem solchen Anspruch keine Sperrwirkung, da § 1968 BGB keine abschließende Regelung für die Erstattung der Beerdigungskosten darstellt.[33] 11

Veranlasst ein Nichterbe die Bestattung des Erblassers, ohne dass der Erbe bekannt wäre, hat die Bank des Erblassers einen Aufwendungsersatzanspruch aus Geschäftsführung ohne Auftrag gegen die unbekannten Erben, wenn sie die Beerdigungskosten begleicht. Der Anspruch ist jedoch auf die erforderlichen Kosten beschränkt. Erforderlich sind jedenfalls die Kosten, die bei einer hoheitlich angeordneten Bestattung anfallen würden.[34] 12

Die erforderlichen Kosten einer Bestattung sind durch den **Träger der Sozialhilfe** (zur Zuständigkeit vgl. § 97 Abs. 3 SGB XII) zu übernehmen, soweit dem hierzu 13

27 VG Münster FamRZ 2011, 927 = ZEV 2011, 604; vgl. auch BVerwG ZEV 2011, 91.
28 Staudinger/*Kunz*, (2020) § 1968 Rn 45; BGH FamRZ 2012, 633.
29 LG Darmstadt, Urt. v. 17.7.2023 – 3 O 304/21, juris; LG Dessau-Roßlau MDR 2022, 433.
30 LG Konstanz, Urt. v. 19.10.2023 – C 6 O 325/20, juris.
31 LG Bielefeld VersR 2015, 1157.
32 BeckOK BGB/*Lohmann*, § 1968 Rn 1.
33 BGH NJW 2012, 1651 = ZErb 2012, 142 = ZEV 2012, 559.
34 LG Stuttgart, Urt. v. 18.8.2023 – 14 O 54/22, juris.

Verpflichteten nicht zugemutet werden kann, die Kosten zu tragen (§ 74 SGB XII).[35] Dem (selbst aufstockend Grundsicherung beziehenden) Angehörigen der Verstorbenen (hier des Bruders) ist die Übernahme der Bestattungskosten nicht im Sinne von § 74 SGB XII zumutbar, nachdem er das Erbe wegen deutlicher Überschuldung (zum Zeitpunkt des Todes standen einem Guthaben von 1.078,04 EUR ca. 44.000 EUR Verbindlichkeiten gegenüber) ausgeschlagen hatte und danach keinerlei Informationen mehr hinsichtlich des aktuellen Kontostandes (einschließlich möglicher Gutschriften) sowie eines dennoch bestehenden möglichen Anspruches auf Übernahme der Bestattungskosten durch den Nachlasspfleger erhalten hatte.[36]

14 Wer im Sinne des § 74 SGB XII verpflichtet ist, ist in § 74 SGB XII nicht ausdrücklich geregelt. Das Bundesverwaltungsgericht hat als Verpflichteten denjenigen angesehen, „der der Kostentragungspflicht von vornherein nicht ausweichen kann, weil sie ihn rechtlich notwendig trifft". Konsens ist in Rechtsprechung und Literatur weitgehend, dass es sich um eine rechtliche Verpflichtung zur Tragung der Kosten handeln muss. Es genügt nicht eine übernommene Besorgung und Finanzierung einer Bestattung aus einem Pietätsgefühl oder einem Gefühl der persönlichen Nähe hinaus oder die rein zivilrechtliche Kostenverpflichtung aus einem mit einem Bestattungsunternehmen abgeschlossenen Bestattungsvertrag. Die Verpflichtung kann aus erbrechtlichen, unterhaltsrechtlichen oder landesrechtlichen Bestattungspflichten hergeleitet werden.[37] Der Wunsch von Eheleuten, nebeneinander bestattet zu werden, ist unter Berücksichtigung von Art. 6 Abs. 1 GG durch den Sozialhilfeträger zu respektieren.[38] Bei der Frage, ob die Kosten für die grundsätzlich zu berücksichtigenden Gestaltungswünsche des Betroffenen noch nicht die Grenze der Angemessenheit überschreiten, können die Kosten einer durchschnittlichen Bestattung als Richtlinie gelten.

15 Von § 74 SGB XII sind nur die Bestattungskosten selbst erfasst. Dies betrifft nur die Kosten, die unmittelbar der Bestattung (unter Einschluss der ersten Grabherrichtung) dienen bzw. mit der Durchführung der Bestattung untrennbar verbunden sind, nicht jedoch solche für Maßnahmen, die nur anlässlich des Todes entstehen, also nicht final auf die Bestattung selbst ausgerichtet sind (etwa Todesanzeigen, Danksagungen, Leichenschmaus, Anreisekosten, Bekleidung). Als Bestattungskosten erfasst sind folglich alle Kosten, die aus öffentlich-rechtlichen Vorschriften resultierend notwendigerweise entstehen, damit die Bestattung überhaupt durchgeführt werden kann oder darf, sowie die, die aus religiösen Gründen unerlässlicher Bestandteil der Bestattung sind.[39]

16 Die Notwendigkeit der Kosten ist im Einzelfall zu ermitteln und zu beurteilen; es ist hierbei eine den Individualitätsgrundsatz berücksichtigende Entscheidung unter Beachtung religiöser Bekenntnisse (Art. 4 GG) mit Rücksicht auf die auch nach dem Tod zu beachtende Menschenwürde und den angemessenen Wünschen der Bestattungspflichtigen (§ 9 Abs. 2 SGB XII) und ggf. des Verstorbenen (§ 9 Abs. 1 SGB XII) zu treffen. § 74 SGB XII erfasst dabei nur die Bestattungskosten selbst, also die Kosten,

35 Ausführlich zu den Voraussetzungen des § 74 SGB XII vgl. BSG, Urt. v. 29.9.2009 – B 8 SO 23/08 R; LSG für das Land Nordrhein-Westfalen, ZFE 2009, 157 = FEVS 60, 524; Urt. v. 29.10.2008 – L 12 SO 3/08; Schleswig-Holsteinisches LSG ASR 2009, 178; zur Verweisung auf Ansprüche gegen Miterben: SG Freiburg, Urt. v. 19.6.2008 – S 6 SO 1867/07; LSG Hamburg SAR 2007, 27 = ZFSH/SGB 2007, 29; OVG Koblenz FEVS 56, 476; vgl. auch *Zimmermann*, ZEV 1997, 440; OVG Münster NJW 1998, 2154 = FamRZ 1998, 1058; BVerfGE 114, 57 = ZEV 2001, 447.

36 LSG Baden-Württemberg FamRZ 2024, 1067; SG München, SAR 2024, 38.

37 LSG Mecklenburg-Vorpommern, Urt. v. 2.5.2024 – L 9 SO 18/19, juris; siehe auch ausführlich: BSG Urt. v. 12.12.2023 – B 8 SO 20/22, juris.

38 LSG Nordrhein-Westfalen NZFam 2024, 1055; LSG Nordrheinwestfalen, Urt. v. 23.5.2024 – L 9 SO 49/23, juris.

39 OVG Nordrhein-Westfalen, Beschl. v. 13.3.2024 – 12 A 1649/22, juris.

die unmittelbar der Bestattung dienen bzw. mit ihrer Durchführung unmittelbar verbunden und angemessen sind, nicht dagegen solche Kosten, die lediglich anlässlich des Todes entstehen, also nicht final auf die Bestattung selbst ausgerichtet sind.[40] Auch die erhebliche Dauer eines Widerspruchsverfahrens hat keine die Verjährungshemmung beendende Wirkung. § 204 Abs. 2 S. BGB findet neben dem insoweit abschließenden § 53 VwVfG (juris: VwVfG BR) keine Anwendung.[41] Auch wenn nach dem landesrechtlichen Bestattungsrecht zwischen bestattungsverpflichteten Verwandten keine Rangfolge besteht, kann im Rahmen des § 74 SGB XII verpflichtet nur sein, wer zugleich Erbe ist.[42] Die Verwaltungsbehörde hat bei mehreren Kostenersatzpflichtigen (Geschwistern) einen auszuwählen. Der Auswahl steht nur das Willkürverbot und offenbare Unbilligkeiten entgegen. Die Ermessensentscheidung bedarf keiner Begründung[43]

Zur Begleichung der anfallenden Bestattungskosten hat der Bestattungspflichtige vor- 17
rangig den Nachlass zu verwenden. Zumutbar i.S.d. § 74 SGB XII ist der Einsatz des gesamten Nachlasses.[44] Die Übernahme von Bestattungskosten aus Sozialhilfemitteln setzt eine rechtliche Verpflichtung des Antragstellers zur Bestattung voraus; eine bloße sittliche Verpflichtung genügt nicht.[45] Im Rahmen von § 74 SGB XII sind neben dem Nachlass auch diejenigen Geldzuflüsse als für die Bestattungskosten einzusetzende Eigenmittel zu berücksichtigen, die dem Verpflichteten unmittelbar mit Rücksicht auf den Todesfall zufließen.[46] Für den Anspruch nach § 74 SGB XII ist keine Kenntnis des Trägers der Sozialhilfe vor Entstehen des Bedarfs notwendig. Zur Geltendmachung des Anspruchs bedarf es deshalb eines Antrags, der nicht fristgebunden ist.[47] Der Nachlasspfleger für unbekannte Erben hat keine Vertretungsmacht zur Geltendmachung eines Anspruchs auf Übernahme der Bestattungskosten nach § 74 SGB XII, der an die Sozialhilfebedürftigkeit des zur Tragung dieser Kosten Verpflichteten anknüpft.[48] Nach § 74 SGB XII zu übernehmen sind nur die Kosten, die unmittelbar der Bestattung unter Einschluss der ersten Grabherrichtung dienen bzw. mit der Durchführung der Bestattung untrennbar verbunden sind. Hierzu gehören grundsätzlich auch die Kosten für eine nach der Bestattung erfolgte Errichtung eines Grabsteins. Maßstab für die erforderlichen Beerdigungskosten ist eine einfache, aber würdige Art der Bestattung, die den örtlichen Verhältnissen entspricht.[49]

Die Kosten der **Bestattung eines Seemanns** als Besatzungsmitglied eines Schiffes hat 18
der Reeder zu tragen, wenn ein Besatzungsmitglied im Zusammenhang mit seiner Tätigkeit oder deren Folgen verstorben ist (§ 79 Abs. 2 SeeArbG). Derjenige, der zum Schadensersatz wegen Tötung des Erblassers verpflichtet ist, hat dem/den Erben die Beerdigungskosten zu ersetzen (vgl. § 7 Abs. 1 S. 2 ProdHaftG; § 5 Abs. 1 S. 2 HaftpflG; § 35 Abs. 1 S. 2 LuftVG; § 28 Abs. 1 S. 2 AtomG). Der zum Schadensersatz Verpflichtete hat auch **dem Dienstherrn** eines getöteten Beamten in Höhe des gezahl-

40 BSG, Urt. v. 12.12.2023 – B 8 SO 20/22, juris.
41 OVG Bremen, Beschl. v. 9.6.2023 – 1 LA 10/22, juris.
42 Bayerisches LSG FamRZ 2022, 1893.
43 VG Bayreuth, Urt. v. 5.3.2020 – B 9 K 18.1301, juris.
44 SG Karlsruhe SAR 2010, 53.
45 SG Karlsruhe BWGZ 2013, 262 = FamRZ 2013, 1337; SG Oldenburg, Urt. v. 2.12.2011 – S 21 SO 231/09.
46 LSG Land Nordrhein-Westfalen, Urt. v. 20.8.2012 – L 20 SO 302/11.
47 JurisPK-SGB XII/*Greiser*, § 74 SGB XII Rn 14, 15.
48 Hessisches LSG, Beschl. v. 7.5.2013 – L 6 SO 93/10; LSG Berlin-Brandenburg, Urt. v. 20.3.2013 – L 23 SO 97/11.
49 SG Mainz NJW-Spezial 2018, 520.

ten Sterbegeldes (§ 18 BeamtVG) Schadensersatz zu leisten (§ 87a BBG).[50] Der **Hofübernehmer** ist dem Erben gegenüber auch dann verpflichtet, die Beerdigungskosten für den Übergeber und dessen Ehepartner (wohl auch Lebenspartner) zu tragen, wenn der Hof das Hauptvermögen darstellte und das Altenteil die vollständige Versorgung des Übergebers und seines Ehegatten (Lebenspartners) sichern sollte.[51] Dabei gehört zu einer im Übergabe- und Altenteilvertrag versprochenen „freien und standesmäßigen Beerdigung" grundsätzlich auch die Errichtung eines den wirtschaftlichen Verhältnissen des Hofes entsprechenden Grabsteins.[52]

19 Hat jemand, ohne Erbe zu sein, als naher Angehöriger eines infolge eines Unfalls Verstorbenen i.R.d. Totenfürsorge dessen Beerdigung ausgerichtet und die Beerdigungskosten getragen, steht ihm gegen den Erben und auch gegen den Unfallschädiger ein Anspruch auf Erstattung seiner Aufwendungen nach den Regeln der Geschäftsführung ohne Auftrag zu.[53]

IV. Zu ersetzende Beerdigungskosten

20 Dem früheren Wortlaut des Gesetzes entsprechend hatte der Erbe die Kosten einer **„standesgemäßen Beerdigung"** zu tragen. Er muss also über das unbedingt Notwendige hinaus die Kosten für alles das auf sich nehmen, was nach den in den Kreisen des Erblassers herrschenden Auffassungen und Gebräuchen zu einer würdigen und angemessenen Bestattung gehört.[54] An dem hierzu Erforderlichen findet die Verpflichtung des Erben aber auch ihre Grenze, und er ist nicht verpflichtet, schlechthin alle Kosten, die für die nach der Bestimmung der Angehörigen vorgenommene Bestattung des Erblassers aufgewandt wurden oder aufzuwenden sind, zu tragen. Durch Art. 33 Nr. 31 EGInsO wurde mit Wirkung vom 1.1.1999 das Wort „standesmäßigen" in § 1968 BGB gestrichen. Nach allg. Auffassung fand diese Änderung lediglich zum Zwecke der Anpassung der Vorschrift an andere Bestimmungen statt und sollte der Inhalt und die Tragweite der Norm nicht angetastet werden. Auf die Rspr. des RG, BGH und den anderen Gerichten zu dem „alten" § 1968 BGB kann zurückgegriffen werden.[55] Die Verpflichtung des Erben zur Erstattung der Kosten der Beerdigung ist auf den Aufwand beschränkt, der durch die Lebensstellung des Erblassers angemessen ist. Es kommt stets auf die Lebensstellung des Erblassers und nicht auch auf die der Hinterbliebenen an.[56] Zu den Beerdigungskosten zählen auch die Kosten der Feuerbestattung, die der Erdbestattung gleichgestellt ist.[57]

21 Zu den zu **ersetzenden Beerdigungskosten** sind – über die eigentlichen Kosten der Bestattung oder Feuerbestattung – zu rechnen: die Kosten für Traueranzeigen und Danksagungen,[58] die Herrichtung der Grabstätte,[59] die Erstausstattung des Grabes mit

---

50 BGH FamRZ 1977, 246 = NJW 1977, 802.

51 SchlHOLG RdL 1963, 154.

52 OLG Celle RdL 1968, 74.

53 OLG Saarbrücken VersR 1964, 1257.

54 BGHZ 61, 238 = FamRZ 1973, 620 = NJW 1973, 2103; BGHZ 32, 72.

55 Grüneberg/*Weidlich*, § 1968 Rn 2; BeckOK BGB/*Lohmann*, § 1968 Rn 4; MüKo/*Küpper*, § 1968 Rn 4.

56 OLG Saarbrücken MDR 2009, 1341 = OLGR Saarbrücken 2009, 954; OLG Düsseldorf NJW-RR 1995, 1161 = ZEV 1994, 372; OLG Hamm NJW-RR 1994, 155; OLG Karlsruhe MDR 1970, 48.

57 Grüneberg/*Weidlich*, § 1968 Rn 3; vgl. auch § 1 des Gesetzes über die Feuerbestattung.

58 Staudinger/*Kunz*, (2020) BGB § 1968 Rn 21 m.w.N.

59 OLG München NJW 1974, 703 = MDR 1974, 231.

Blumen und Kränzen,[60] die Errichtung eines angemessenen Grabsteins,[61] der Vorbereitung und Durchführung der Beerdigung[62] sowie die Kosten für die Ausrichtung einer landesüblichen kirchlichen und/oder bürgerlichen Leichenfeier,[63] deren Sinn es ist, der Bestattung einen den Verhältnissen und der Stellung des Erblassers angemessenen gesellschaftlichen Rahmen zu verleihen.

Zu den von dem Erben **nicht zu ersetzenden Beerdigungskosten** wurden z.B. gezählt: 22
Reisekosten eines Angehörigen zum Zwecke der **Teilnahme an der Beerdigung,**[64] die nur dann ausnahmsweise zu ersetzen sind, wenn ein naher Angehöriger andernfalls wegen der Bedürftigkeit gehindert wäre, an den Beerdigungsfeierlichkeiten teilzunehmen[65] der die Reisekosten in Erfüllung einer öffentlich-rechtlichen Pflicht zur Durchführung der Beerdigung entstanden sind.[66] Nicht zu ersetzen sind weiter: die Kosten eines **Doppelgrabes,**[67] Kosten für **Trauerkleidung**[68] und für die **Grabpflege.**[69] Soweit in neuerer Zeit ganz vereinzelt andere Auffassungen vertreten werden, kann diesen nicht gefolgt werden.[70] Zu Unrecht werden Regelungsgehalte steuerrechtlicher Natur (§ 10 Abs. 5 Nr. 3 ErbStG) unter dem allgemeinen Vorwand der Einheit der Rechtsordnung auf das Zivilrecht (§ 1968 BGB) übertragen, wobei bereits im Ansatz verkannt wird, dass das Steuer- und das Zivilrecht in zahlreichen Fällen andere Ziele verfolgen. Die unterschiedliche Zielsetzung rechtfertigt damit zugleich eine unterschiedliche Behandlung.[71] Mehrkosten einer Beerdigung des Erblassers, welche aufgrund einer eigenmächtigen Entscheidung eines von mehreren Inhabern des Rechts zur Totenfürsorge über den Ort der Bestattung entstehen, sind nicht zu Lasten des Nachlasses nach § 1968 BGB auszugleichen.[72]

Die Kosten der **Exhumierung** und/oder Umbettung können bei Vorliegen ausreichen- 23
der Gründe zu ersetzen sein.[73] Auch in den Fällen, in denen eine Beerdigung des Erblassers nicht erfolgen kann (Flugzeugabsturz oder dergleichen) können Kosten entstehen, die dem Erben in entsprechender Anwendung des § 1968 BGB aufzuerlegen sind. Das gilt für die Kosten für Todesanzeigen und Danksagungen ebenso wie für diejenigen die durch die Durchführung einer Trauerfeier entstanden sowie solche, die für die Errichtung eines Gedenkmals angefallen sind.[74]

60 OLG Düsseldorf NJW-RR 1995, 1161 = ZEV 1994, 372.
61 OLG Düsseldorf NJW-RR 1995, 1161 = ZEV 1994, 372; OLG Karlsruhe VersR 1956, 542; OLG Celle RdL 1968, 74; OLG München NJW 1974, 703.
62 Z.B. Reisekosten: OLG Karlsruhe MDR 1970, 48 = VersR 1970, 261; z.B. Verdienstausfall: OLG Hamm DAR 1956, 217.
63 Staudinger/*Kunz*, (2020) § 1968 Rn 18 m.w.N.; AG Grimma NJW-RR 1997, 1027.
64 OVG Lüneburg NVwZ 2017, 930; Staudinger/*Kunz*, (2020) § 1968 Rn 20.
65 BGHZ 32, 72; OLG Karlsruhe MDR 1970, 48.
66 OLG Karlsruhe MDR 1970, 48.
67 OLG Celle r+s 1997, 160.
68 MüKo/*Küpper*, § 1968 Rn 4; Staudinger/*Kunz*, (2020) § 1968 Rn 19.
69 BGH ZErb 2021, 313; LG Bonn, Urt. v. 20.3.2020 – 13 O 136/19, juris; Schleswig-Holsteinisches OLG, Urt. v. 6.10.2009 – 3 U 98/08; a.A. LG Heidelberg FamRZ 2012, 153 = ZEV 2011, 583 für den Fall, dass dem Nutzungsberechtigten nach der örtlichen Friedhofssatzung entsprechende Unterhaltspflichten auferlegt sind; der Erbe kann allerdings für die Kosten der Grabpflege haften, wenn der Erblasser eine entsprechende Verbindlichkeit bereits zu seinen Lebzeiten begründet oder sie durch Vermächtnis oder Auflagen diesem auferlegt hat.
70 Vgl. vor allem *Damrau*, ZEV 2004, 456 und ihm folgend AG Neuruppin ZEV 2007, 597.
71 Vgl. im Einzelnen: Schleswig-Holsteinisches OLG, Urt. v. 6.10.2009 – 3 U 98/08.
72 OLG Sachsen-Anhalt ErbR 2022, 239.
73 OLG Karlsruhe NJW 1954; OLG München NJW 1974, 703.
74 Staudinger/*Kunz*, (2020) § 1968 Rn 10.

§ 1969 Dreißigster

(1) [1]Der Erbe ist verpflichtet, Familienangehörigen des Erblassers, die zur Zeit des Todes des Erblassers zu dessen Hausstand gehören und von ihm Unterhalt bezogen haben, in den ersten 30 Tagen nach dem Eintritt des Erbfalls in demselben Umfang, wie der Erblasser es getan hat, Unterhalt zu gewähren und die Benutzung der Wohnung und der Haushaltsgegenstände zu gestatten. [2]Der Erblasser kann durch letztwillige Verfügung eine abweichende Anordnung treffen.
(2) Die Vorschriften über Vermächtnisse finden entsprechende Anwendung.

Literatur

Bosch, Lebensgefährte als Familienangehörige im Sinne des § 1969 BGB, FamRZ 1983, 275; *Brocker*, Unterhalt und Erbrecht, NZFam 2014, 980; *Coester*, Die rechtliche Stellung des überlebenden Ehegatten, Jura 2010, 105; *Eberhardt/Ehrnsperger*, Das 30-Tage-Wohnrecht des überlebenden Ehegatten gemäß § 1969 BGB, ZEV 2013, 653; *Gemmer*, Testamentsgestaltung: Der Zuwendungsverzicht: ein geeignetes Mittel zur Wahrung der Testierfreiheit, ErbBstg 2022, 226; *Goetz*, Erbrechtliche Ansprüche außerhalb des Familienerbrechts, FamRZ 1985, 987; *Grziwotz*, Die nichteheliche Lebensgemeinschaft, MDR 2018, 907; *Herzog*, Haftung des Erben für Miet- und WEG-Schulden, NZM 2013, 178; *Koutses*, Nichteheliche Lebensgemeinschaft und das Erbrecht, FPR 2001, 41; *Roth/Maulbetsch*, Das Erbrecht der nichtehelichen Lebensgemeinschaft, NJW-Spezial 2023, 423; *Schwenzer*, Gesetzliche Regelung der Rechtsprobleme nichtehelicher Lebensgemeinschaften, JZ 1988, 781; *van Venrooy*, Zum Umgang mit dem „Dreißigsten" (§ 1969 Abs. 1 Satz 1 BGB), MDR 2010, 1030.

Übersicht:

A. Allgemeines

1 Der sog. Dreißigste ist eine alte deutsche Einrichtung.[1] Zweck der Regelung ist es, den Familienangehörigen des Erblassers, die zum Zeitpunkt seines Todes seinem Hausstand angehört und von ihm Unterhalt bezogen haben, für die ersten 30 Tage nach dem Erbfall eine gesicherte Position im Hinblick auf Unterhalt und Mietverhältnis zu sichern. Ihnen soll damit Zeit für die notwendige Umstellung der bisherigen Lebensführung gewährt werden. Der Anspruch dient damit dem Schutz der vom Erblasser abhängig gewesenen Personen.[2] Seine Weiterführung ist bis hin in die jüngste Mietrechtsgesetzgebung zu beobachten (vgl. §§ 563, 563b BGB). Die Bestimmung ist auf das Nutzungsrecht des Ehegatten oder Haushaltsangehörigen eines verstorbenen Nießbrauchers entsprechend anwendbar.[3] Die Vorschriften über Vermächtnisse sind nach Abs. 2 der Vorschrift entsprechend anwendbar. Der Erblasser kann durch letztwillige Verfügung abweichende Anordnungen treffen, etwa den Anspruch erweitern oder verringern, einen Vorrang anordnen (§ 2189 BGB) oder einen anderen als den Erben beschweren (§ 2147 BGB). In einem Erbvertrag kann der Dreißigste vertragsmäßig erweitert (§ 2278 Abs. 2 BGB), aber nur einseitig verringert oder entzogen werden (§§ 2278 Abs. 2, 2299 BGB).

---

1 Staudinger/*Kunz* (2020), § 1969 Rn 3.
2 BeckOK BGB/*Lohmann*, § 1969 Rn 1.
3 AG Rüdesheim, Beschl. v. 27.10.2014 – 3 C 382/14, juris.

B. Rechtsfolgen

I. Voraussetzungen des Anspruchs

Anspruchsberechtigt sind **Familienangehörige** des Erblassers, die mit diesem zusammen in häuslicher Gemeinschaft gelebt und von ihm Unterhalt bezogen haben. Das sind der **Ehegatte** des Erblassers,[4] **Verwandte** und **Verschwägerte** unabhängig welchen Grades sowie sonstige Personen wie Pflegekinder oder – in Ausnahmefällen auch – Freunde, die der Erblasser als zur Familie gehörig angesehen und behandelt hat.[5] Auch der Partner einer eheähnlichen (nichtehelichen) Lebensgemeinschaft[6] ist in diesem Sinne „familienangehörig".[7] Dazu gehören kraft gesetzlicher Regelung auch gleichgeschlechtliche Lebenspartner (§ 11 Abs. 1 LPartG). Da zwischen gleich- und verschiedengeschlechtlichen Lebensgemeinschaften kein juristischer Unterschied gemacht wird, werden sie i.S.d. § 1969 BGB sämtlich gleich behandelt. 2

Nicht zu den Familienangehörigen im vorgenannten Sinn gehören **Angestellte**, die nicht aufgrund ihrer persönlichen Beziehung zum Erblasser, sondern aufgrund eines Dienstvertrages zu dessen Hausstand gehörten. Gleiches gilt für solche Personen, die überwiegend aus wirtschaftlichen Gründen mit dem Erblasser zusammenlebten.[8] Der Familienangehörige muss im Zeitpunkt des Todes des Erblassers zu dessen Hausstand (vgl. § 1619 BGB) gehört, also in dessen Haus oder Wohnung seinen Lebensmittelpunkt gehabt haben. Ein nur vorübergehender Aufenthalt im Haushalt des Erblassers reicht nicht aus. Allerdings schadet eine vorübergehende Abwesenheit (etwa zu Studienzwecken oder auf Reisen) nicht.[9] Der getrennt lebende Ehegatte (vgl. § 1567 BGB) gehört nicht mehr zum Hausstand des Erblassers.[10] Der Erblasser muss dem Familienangehörigen tatsächlich Unterhalt gewährt haben. Ob ein Unterhaltsanspruch nach gesetzlichen Vorschriften bestand, ist unerheblich.[11] 3

II. Inhalt, Umfang und Dauer des Anspruchs

Der Erbe hat Unterhalt in demselben Umfang zu gewähren, wie der Erblasser es getan hat, und die Nutzung der Wohnung und der Haushaltsgegenstände zu gestatten.[12] Die Frist beginnt mit dem auf den Todestag folgenden Tag (§§ 187 Abs. 1, 188 Abs. 1 BGB). Der Todestag wird mithin nicht mitgezählt.[13] Bei einer Todeserklärung entfällt der Anspruch, da die Frist des § 9 VerschG nicht gewahrt werden kann. Der Unterhalt ist grundsätzlich in Natur zu gewähren. Nur wenn der **Haushalt** entgegen § 1969 BGB vor Ablauf der Frist von 30 Tagen aufgelöst wird, kommt ein Anspruch auf Geld in Betracht.[14] Der Anspruch endet dann, wenn der Unterhaltsberechtigte freiwillig aus der Wohnung auszieht. 4

Auch die Benutzung der Wohnung und der Haushaltsgegenstände hat der Erbe in demselben Umfange zu gestatten, wie es zuvor der Erblasser getan hat. War der Erblasser nicht Eigentümer, sondern nur Mieter der Wohnung, sind die §§ 563, 564 BGB zu beachten. Nach § 563 BGB tritt der **Ehegatte** oder **Lebenspartner**, der mit dem Mieter einen gemeinsamen Haushalt führt, mit dem Tode des Mieters automatisch 5

---

4 Staudinger/*Kunz* (2020), § 1969 Rn 9.
5 BeckOK BGB/*Lohmann*, § 1969 Rn 2.
6 Zum Begriff: BGHZ 121, 116 = NJW 1993, 999; BVerfGE 87, 234.
7 OLG Düsseldorf NJW 1983, 1566; BeckOK BGB/*Lohmann*, § 1969 Rn 2.
8 Etwa Mitglieder einer Wohngemeinschaft; BeckOK BGB/*Lohmann*, § 1969 Rn 2.
9 Staudinger/*Kunz* (2020), § 1969 Rn 17.
10 Staudinger/*Kunz* (2020), § 1969 Rn 10.
11 Grüneberg/*Weidlich*, § 1969 Rn 2.
12 AG Rheinbach ZEV 2013, 682; BeckOK BGB/*Lohmann*, § 1969 Rn 4.
13 Staudinger/*Kunz* (2020), § 1969 Rn 19.
14 BeckOK BGB/*Lohmann*, § 1969 Rn 5.

in das Mietverhältnis ein. Das Gleiche ordnet § 563 Abs. 2 BGB unter bestimmten Voraussetzungen in Bezug auf die Kinder, andere Familienangehörige und sonstige Personen an, die mit dem Mieter einen auf Dauer angelegten gemeinsamen Haushalt führen. Sind mehrere Personen i.S.d. § 563 BGB gemeinsam Mieter, wird das Mietverhältnis mit den überlebenden Mietern fortgesetzt (§ 563a BGB). Wenn Familienangehörige, die eigentlich nach § 1969 BGB von dem Erben die Gestattung der Weiterbenutzung der Wohnung verlangen könnten, selbst nach den §§ 563, 563a BGB Nachmieter des Erblassers werden, bedarf es einer Gestattung des Erben zur Weiterbenutzung der Wohnung nicht. Die Haftung für die Mietverbindlichkeiten in diesen Fällen ist in § 563b BGB geregelt. Danach haften diejenigen Personen, die in das Mietverhältnis eintreten oder mit denen es fortgesetzt wird für die Altverbindlichkeiten des Erblassers zusammen mit dem Erben als Gesamtschuldner. Im Innenverhältnis allerdings haftet der Erbe für diese Verbindlichkeiten (§ 563b Abs. 1 S. 2 BGB).

III. Rechtsnatur und Durchsetzung des Anspruchs

6 Die Bestimmung gewährt **kein dingliches** Nutzungsrecht, sondern nur ein vermächtnisähnliches Forderungsrecht gegen den Erben im Hinblick auf Wohnung und Hausratsgegenstände (§ 1969 Abs. 2 BGB i.V.m. § 2174 BGB).[15] Sie begründet eine Nachlassverbindlichkeit (Erbfallschuld) i.S.v. § 1967 Abs. 1 BGB, für die die allg. Vorschriften über die Erbenhaftung gelten.[16] Solange der Erbe nicht in Anspruch genommen werden kann (§ 1958 BGB), ist gem. §§ 1960, 1961 BGB ein Nachlasspfleger zu bestellen. Der Anspruch aus § 1969 BGB ist grundsätzlich weder pfändbar noch übertragbar (§§ 399, 400, 850b Abs. 1 Nr. 2 und Abs. 2, 851 ZPO). Gegen ihn kann weder aufgerechnet werden (§ 394 BGB), noch kann ein Zurückbehaltungsrecht geltend gemacht werden. Die aufschiebenden Einreden der §§ 2014, 2015 BGB sind nach Sinn und Zweck der Vorschrift ebenfalls ausgeschlossen.[17] Ein Verzicht ist nach dem Erbfall (entgegen § 1614 BGB) möglich, da auch reine Vermächtnisse ausgeschlagen werden können.[18]

7 Der Anspruch kann allerdings vom Erblasser mittels **letztwilliger Verfügung** dem Berechtigten entzogen oder nach Inhalt und Umfang abweichend vom Gesetz bestimmt werden. Bei einer Erweiterung ist ein gewöhnliches Vermächtnis (§ 1939 BGB) gegeben. Der Erblasser kann an der Stelle des Erben auch eine oder mehrere andere Personen mit einer entsprechenden Verpflichtung beschweren (§ 2174 BGB). Die Entziehung oder Verringerung stellt kein Vermächtnis dar und kann nur einseitig angeordnet werden.[19]

IV. Beweislast

8 Darlegungs- und **beweispflichtig** für die tatsächlichen Voraussetzungen des § 1969 BGB sowie für Art und Umfang der Unterhaltsleistungen des Erblassers ist der Anspruchssteller. Wer sich auf eine abweichende letztwillige Verfügung des Erblassers beruft, ist für deren Wirksamkeit beweispflichtig.[20]

---

15 Staudinger/*Kunz* (2020), § 1969 Rn 25, 26.
16 BeckOK BGB/*Lohmann*, § 1969 Rn 6.
17 Staudinger/*Kunz* (2020), § 1969 Rn 24.
18 Grüneberg/*Weidlich*, § 1969 Rn 2.
19 Staudinger/*Kunz* (2020), § 1969 Rn 15.
20 BeckOK BGB/*Lohmann*, § 1969 Rn 7.

Untertitel 2. Aufgebot der Nachlassgläubiger

Vorbemerkung zu §§ 1970–1974 BGB

Literatur

Du Carrois, Der überschuldete Nachlass, Rpfleger 2009, 197; *Gottwald*, Fristen im Erbrecht, ZEV 2006, 293; *Heinemann*, Das neue Aufgebotsverfahren nach dem FamFG, NotBZ 2009, 300; *Holzer*, Das Aufgebot der Nachlassgläubiger nach dem FamFG, ZEV 2014, 583; *Joachim/Klinger*, Vorbehalt der beschränkten Erbenhaftung als Regressfalle, NJW Spezial 2005, 541; *König*, Das Aufgebotsverfahren nach den FamFG, RNotZ 2020, 485; *Lessing*, Das Aufgebotsverfahren, RpflStud 2004, 97; *Osthold*, Instrumente im Recht der Erbenhaftung – Teil 2: Das Aufgebotsverfahren, eine öffentliche Verheimlichung, ErbR 2016, 670; *Pyhrr*, Der Aufgebotsbeschluss zum Ausschluss der Nachlassgläubiger, ErbR 2023, 582; Schönenberg-Wessel/Kaufmann, Der überschuldete Nachlass, BtPrax 2021, 180.

Den Regeln dieses Untertitels ist gemeinsam, dass dem Interesse des Erben, sein Eigenvermögen vor dem Zugriff unbekannter Nachlassgläubiger unter bestimmten Voraussetzungen zu bewahren, ein besonderer Schutz eingeräumt wird.[1] Im Einzelnen befassen sich die Bestimmungen des Untertitels mit zwei unterschiedlichen Fällen der Haftungsbeschränkung gegenüber einzelnen Nachlassgläubigern: dem **Ausschluss des Gläubigers im Aufgebotsverfahren** (§ 1973 BGB) sowie der **Geltendmachung der Forderung** gegenüber dem Erben später als fünf Jahre nach dem Eintritt des Erbfalls (§ 1974 BGB). Das BGB beschränkt sich darauf, in § 1970 BGB die grundsätzliche Zulässigkeit des Aufgebots anzuordnen. In den §§ 1971 bis 1973 BGB sind alsdann die materiell-rechtlichen Folgen des Aufgebots geregelt. Das Verfahren des Aufgebots ist dem Verfahren der freiwilligen Gerichtsbarkeit zugeordnet (§ 23a Abs. 2 Nr. 7 GVG). Mit dem Verfahren wird der Erlass eines Ausschließungsbeschlusses (§§ 439 ff., 460 FamFG) erstrebt, durch den das Zugriffsrecht derjenigen Gläubiger, die sich nicht melden, beschränkt wird. 1

Das Aufgebotsverfahren, geregelt in den §§ 433–441 und 454–465 FamFG, hat daneben den Zweck, dem Erben einen Überblick über den Stand des Nachlasses zu verschaffen und u.U. dem Nachlassverwalter oder -pfleger sowie dem Testamentsvollstrecker die notwendigen Unterlagen zur Verteilung der Nachlassmasse zu verschaffen.[2] Die Gleichstellung mit einem ausgeschlossenen Gläubiger nach § 1974 BGB will Nachteile vermeiden, die dadurch entstehen können, dass dem Erben Nachlassverbindlichkeiten erst lange nach dem Erbfall bekannt werden.[3] Die Wirkungen der §§ 1973, 1974 BGB werden im Falle der Miterben zugunsten derselben ergänzt und modifiziert durch § 2060 Nr. 1 und 2 BGB (weitere Einzelheiten: vgl. § 2045 BGB – Aufschub der Auseinandersetzung – und § 2061 BGB – Zulässigkeit des Privataufgebots). Es führt bei Miterben nach Teilung zur Quotenhaftung, § 2060 BGB. 2

Das Aufgebot des Nachlassgläubigers ist nicht zu verwechseln mit der gerichtlichen Aufforderung zur Anmeldung unbekannter Erben nach den §§ 1965, 2353 BGB und betrifft alle Gläubiger, ob bekannt oder unbekannt, und alle Ansprüche, ob rechtshängig oder bereits rechtskräftig festgestellt. 3

Das Aufgebotsverfahren

- bietet dem Erben die Möglichkeit, sich über die Notwendigkeit der Haftungsbeschränkung zu unterrichten,
- gibt dem Erben die Erschöpfungseinrede, § 1973 BGB,

1 Staudinger/*Dobler*, Vorbem. §§ 1970–1974 Rn 1.
2 MüKo/*Küpper*, § 1970 Rn 1.
3 MüKo/*Küpper*, § 1974 Rn 1.

- sichert den Erben gegen den Rückgriff, § 1980 BGB und
- verwandelt die Gesamthaftung der Erben in eine Kopfteilhaftung nach § 2060 BGB.

Durch den Ausschließungsbeschluss werden die Nachlassgläubiger der Erschöpfungseinrede unterworfen und im Nachlassinsolvenzverfahren benachteiligt, § 1973 Abs. 1 S. 2 BGB, § 327 Abs. 2 InsO. Die Kosten des Verfahrens hat nach § 22 Abs. 1 GNotKG der Antragsteller zu tragen; stellt der Testamentsvollstrecker den Antrag, ist Kostenschuldner nur der Nachlass. Nach § 324 Abs. 1 Nr. 4 InsO sind die Kosten im Nachlassinsolvenzverfahren Masseschuld. Nach § 454 Abs. 2 S. 1 FamFG ist örtlich zuständig das Amtsgericht, dem die Angelegenheiten des Nachlassgerichts obliegen. Das ist das Nachlassgericht, in dessen Bezirk der Erblasser zur Zeit des Erbfalls seinen letzten gewöhnlichen Aufenthalt hatte (§ 343 Abs. 1 FamFG). Hatte der Erblasser im Zeitpunkt seines Todes keinen gewöhnlichen Aufenthalt im Inland, ist das Gericht zuständig, in dessen Bezirk der Erblasser seinen letzten gewöhnlichen Aufenthalt im Inland hatte (§ 343 Abs. 2 FamFG). Bei Ungewissheit über die Zuständigkeit wird das zuständige Gericht nach § 454 Abs. 2 S. 2 FamFG bestimmt.

§ 1970 Anmeldung der Forderungen

Die Nachlassgläubiger können im Wege des Aufgebotsverfahrens zur Anmeldung ihrer Forderungen aufgefordert werden.

Literatur

Bartsch, Fälle zur Erbenhaftung, ZErb 2010, 345; *Schreiber*, Die Haftung des Erben für Nachlassverbindlichkeiten, Jura 2010, 117; *Zimmermann*, Das neue FamFG; Verfahren in Betreuungs-, Unterbringungs- und Nachlasssachen, ZAP Fach 11, 1021 *ders.*, Das private Gläubigeraufgebot durch Miterben, ZErb 2011, 259.

Weitere Literaturhinweise siehe Vorbemerkung zu §§ 1970–1974.

Übersicht:

A. Allgemeines

1 Das **Aufgebot** soll dem Erben zunächst eine zuverlässige Übersicht über die Verschuldung und damit zusammen mit dem Inventar über den Stand des Nachlasses geben.[1] Auf dieser Grundlage soll er sich entscheiden können, ob er eine amtliche Nachlassliquidation durch Nachlassverwaltung oder Nachlassinsolvenzverfahren beantragt oder den Nachlass in Selbstverwaltung behält und ein Inventar nach den §§ 2001, 2002 BGB errichtet.[2]

2 Das Aufgebot soll den Erben als Träger seines Eigenvermögens gegenüber unbekannten Nachlassgläubigern dadurch sichern, dass er den ausgeschlossenen Gläubigern nur mit dem Nachlassüberschuss haftet, der nach der Befriedigung der nicht ausgeschlossenen Gläubiger verbleibt (sog. Ausschlusseinrede, § 1973 BGB). Daher kann der unbe-

---

1 MüKo/*Küpper*, § 1970 Rn 1.

2 Grüneberg/*Weidlich*, § 1970 Rn 1.

schränkbar haftende Erbe die **Ausschlusseinrede** nicht erheben (§ 2013 Abs. 1 BGB) und das Verfahren nicht beantragen, § 455 Abs. 1 FamFG (vgl. aber § 460 Abs. 2 FamFG). Haftet der Erbe nur einzelnen Nachlassgläubigern unbeschränkbar, z.B. nach § 2006 Abs. 3 BGB, § 780 Abs. 1 ZPO, so behält er das Antragsrecht, erwirbt ihnen gegenüber aber keine Ausschlusseinrede. Das Aufgebot soll damit dem Erben ermöglichen, einen objektiv zulänglichen Nachlass, ohne Nachlassabsonderung in Selbstverwaltung gefahrlos abzuwickeln.

Es soll einen Nachlasspfleger, Nachlassverwalter oder Testamentsvollstrecker so über die Forderungen gegen den Nachlass unterrichten, dass sie das Nachlassvermögen an die Gläubiger ordnungsgemäß verteilen können.[3] Für die Zwecke des **Aufgebotsverfahrens** verlängert sich die Drei-Monats-Frist des § 2014 BGB bis zur Beendigung des Verfahrens (§ 2015 BGB). Der Erbe kann daher immer noch im Prozess den Vorbehalt der beschränkten Haftung geltend machen (§§ 305, 782 ZPO).[4] Der Erbe kann aber mit dem Aufgebotsverfahren seine Haftung nicht allg., nicht gegenüber allen Gläubigern auf den Nachlass beschränken.[5] 3

B. Tatbestand der Norm

I. Aufgebotsverfahren

Das **Verfahren** selbst ist im Gesetz über das Verfahren in Familiensachen und in den Angelegenheiten der freiwilligen Gerichtsbarkeit (FamFG) geregelt (§§ 433–451 und 454–464 FamFG). Sachlich zuständig ist nach § 23a Abs. 1 Nr. 2, Abs. 2 Nr. 7 GVG stets das Amtsgericht. Das Verfahren ist ein Verfahren der freiwilligen Gerichtsbarkeit. Die örtliche Zuständigkeit richtet sich für das Aufgebot von Nachlassgläubigern nach § 454 Abs. 2 FamFG. Die örtliche Zuständigkeit wird danach ausschließlich dem als Nachlassgericht zuständigen Amtsgericht zugewiesen. Sind die Angelegenheiten des Nachlassgerichts einer anderen Behörde als einem Amtsgericht übertragen, ist das Amtsgericht zuständig, in dessen Bezirk die Behörde ihren Sitz hat (§ 454 Abs. 2 S. 2 FamFG). Zur Bestimmung der örtlichen Zuständigkeit ist deshalb auf § 343 FamFG zurückzugreifen. Daraus folgt, dass regelmäßig das Amtsgericht, in dessen Bezirk der Erblasser zur Zeit des Erbfalls seinen gewöhnlichen Aufenthalt hatte, örtlich zuständig ist. Hatte der Erblasser im Zeitpunkt seines Todes keinen gewöhnlichen Aufenthalt im Inland, ist das Gericht zuständig, in dessen Bezirk der Erblasser seinen letzten gewöhnlichen Aufenthalt im Inland hatte, § 343 Abs. 2 FamFG. Damit wird zugleich die funktionelle Zuständigkeit des Nachlassgerichts beim jeweiligen Amtsgericht anzunehmen sein. Eine Zuweisung zum Nachlassgericht lässt sich auch dem (aus § 990 ZPO weitgehend entnommenen) Text des § 454 Abs. 2 FamFG nicht entnehmen. Die Gesetzesbegründung schweigt zu dieser Problematik. Der systematische Zusammenhang spricht indes eindeutig für die funktionelle Zuständigkeit des Nachlassgerichts.[6] Die funktionelle Zuständigkeit des Rechtspflegers beim Nachlassgericht folgt aus § 3 Nr. 1c RPflG. 4

Das Aufgebotsverfahren setzt einen **Antrag** voraus (§ 434 Abs. 1 FamFG). Der Antrag kann schriftlich oder zu Protokoll der Geschäftsstelle gestellt werden (§§ 23, 25 FamFG). **Antragsberechtigt** (§ 455 Abs. 1 FamFG) ist **jeder Erbe** (Alleinerbe, Miterbe, Vor- und Nacherbe), sofern er nicht für die Nachlassverbindlichkeiten unbe- 5

3 MüKo/*Küpper*, § 1970 Rn 1; BeckOK BGB/*Lohmann*, § 1970 Rn 1.
4 Erman/*Horn*, Vor § 1970 Rn 5.
5 Grüneberg/*Weidlich*, § 1970 Rn 2.
6 Für das früher geltende Recht bereits streitig; wie hier: Staudinger/*Kunz* (2020), § 1970 Rn 3; LG Köln MDR 2003, 714.

schränkt haftet.[7] Das Gericht darf die Prüfung der Antragsbefugnis des Erben nicht von der Vorlage eines Erbscheins abhängig machen. Die Antragsbefugnis ist bereits dann anzunehmen, wenn nach der Verwertung präsenter Erkenntnisquellen die Erbenstellung des Antragstellers als wahrscheinlich erscheint.[8] Dabei ist das prüfende Aufgebotsgericht nicht gehalten, zum Zwecke der Prüfung der Zulässigkeit des Antrags Beweiserhebungen durchzuführen, die zur abschließenden Feststellung der Erbfolge erforderlich wären.[9] Die Einschränkung des § 455 Abs. 1 FamFG, wonach nur der noch nicht unbeschränkbar haftende Erbe antragsberechtigt ist, ergibt sich aus dem Zweck des Aufgebots, dem Erben über die Höhe des Schuldenstandes zuverlässige Kenntnis und dadurch die Grundlage für seine Entschließung zu verschaffen, ob er die Beschränkung der Haftung herbeiführen will. § 2013 Abs. 1 BGB schließt deshalb für den Fall der unbeschränkten Haftung die Anwendung des § 1973 BGB aus. Haftet der Erbe nur einzelnen Gläubigern gegenüber unbeschränkt (etwa nach § 2006 Abs. 3 BGB), steht das dem Antragsrecht nicht entgegen, da die Durchführung des Aufgebotsverfahrens hier durchaus noch einen Sinn hat, indem nämlich der Erbe den übrigen Gläubigern gegenüber die Ausschlusswirkung herbeiführen kann. Ebenso verhält es sich trotz allg. unbeschränkbarer Haftung des Erben dann, wenn der Nachlassverwalter oder der Testamentsvollstrecker das Aufgebotsverfahren betreiben.[10] Dann haben sie nämlich ein erhebliches Interesse an der Unterrichtung über den Stand des Nachlasses, weswegen ihr Antragsrecht nicht dadurch ausgeschlossen ist, dass der Erbe allg. unbeschränkt haftet.[11] Das Rechtsschutzbedürfnis für ein Aufgebotsverfahren zum Zweck der Ausschließung von Nachlassgläubigern (§§ 1970 ff. BGB) darf jedenfalls grundsätzlich nicht mit der Begründung verneint werden, das Verfahren werde nur wegen einer geringfügigen Forderung eines Gläubigers betrieben, die deutlich unter den Kosten des Aufgebotsverfahrens liegt. Sinn und Zweck des Aufgebotsverfahrens besteht gerade darin aufzuklären, ob und in welcher Höhe (weitere) Nachlassverbindlichkeiten bestehen.[12]

6 **Antragsberechtigt** sind weiter der **Nachlasspfleger**, der **Nachlassverwalter** und der **verwaltende Testamentsvollstrecker** (§ 455 Abs. 2 FamFG),[13] Erbe und Testamentsvollstrecker allerdings erst nach Annahme der Erbschaft, nicht jedoch während des Insolvenzverfahrens (§ 455 Abs. 3 FamFG), das mit seiner Eröffnung das Aufgebotsverfahren beendet (§ 457 Abs. 2 FamFG).[14] Das von einem Miterben beantragte Aufgebot kommt auch den anderen Erben zustatten (§ 460 Abs. 1 FamFG). Der schon allg. unbeschränkt haftende Miterbe kann noch das Aufgebot zur Herbeiführung der Teilhaftung beantragen (§ 460 Abs. 2 FamFG). Beim Erbschaftskauf sind nach § 463 FamFG sowohl der Käufer als auch der Erbe antragsberechtigt. Das Antragsrecht der vorgenannten Personen ist nicht befristet.

7 Die **Aufgebotsfrist** muss mindestens sechs Wochen seit dem Tag, an dem das Aufgebot erstmalig in einem Informations- und Kommunikationssystem oder im elektronischen Bundesanzeiger veröffentlich wird, betragen (§ 437 FamFG), soll aber nach § 458 Abs. 2 FamFG sechs Monate nicht übersteigen. Die Anmeldung ist nur bis zum im Aufgebot angegebenen Anmeldezeitpunkt (§ 434 Abs. 2 S. 2 Nr. 2 FamFG) rechtzeitig,

---

7 Grüneberg/*Weidlich*, § 1970 Rn 6; BeckOK BGB/*Lohmann*, § 1970 Rn 7.
8 OLG Hamm ZErb 2012, 87 = FGPrax 2012, 90.
9 OLG Hamm ZErb 2012, 87 = FGPrax 2012, 90.
10 MüKo/*Küpper*, § 1970 Rn 11.
11 Staudinger/*Kunz* (2020), § 1970 Rn 15.
12 OLG Hamm FamRZ 2020, 589.
13 Staudinger/*Kunz* (2020), § 1970 Rn 15, 16.
14 Erman/*Horn*, § 1970 Rn 2.

wobei allerdings auch eine Anmeldung nach dem Anmeldezeitpunkt als rechtzeitig fingiert wird, wenn sie bis zum Erlass des Ausschließungsbeschlusses und nicht bis zum Eintritt der Rechtskraft desselben eingegangen ist.[15] Erlassen ist der Ausschließungsbeschluss nach der Legaldefinition des § 38 Abs. 3 S. 3 FamFG, wenn der fertig abgefasste und unterschriebene Beschluss an die Geschäftsstelle zur Veranlassung der Bekanntgabe übergeben worden ist. Das Aufgebot ist sämtlichen dem Gericht angezeigten Nachlassgläubigern nach § 15 Abs. 1, 2 FamFG bekanntzugeben. Zu diesem Zweck ist dem Antrag ein Verzeichnis der bekannten Nachlassgläubiger beizufügen (§ 456 FamFG). Trotz Aufgebotsverfahrens kann dem Erben eine Inventarfrist gesetzt werden. Eine **Frist** innerhalb der der **Erbe das Aufgebot beantragen muss**, ist im Gesetz nicht vorgesehen.[16] Die Einrede des Aufgebotsverfahrens steht dem Erben allerdings nur dann zu, wenn der Antrag innerhalb eines Jahres nach Annahme der Erbschaft gestellt und er in der Form des § 2015 BGB zugelassen worden ist.

§ 458 Abs. 1 FamFG schreibt als **Inhalt des Aufgebots** vor, dass den Nachlassgläubi- 8
gern, die sich nicht melden, als Rechtsnachteil anzudrohen ist, dass sie unbeschadet des Rechts, vor den Verbindlichkeiten aus Pflichtteilsrechten, Vermächtnissen und Auflagen berücksichtigt zu werden, von dem Erben nur insoweit Befriedigung erlangen können, als sich nach Befriedigung der nicht ausgeschlossenen Gläubiger noch ein Überschuss ergibt. In einem Aufgebot ist gemäß § 434 Abs. 2 S. 2 FamFG unter anderem anzugeben, dass etwaige Ansprüche bei dem (Aufgebots-)Gericht anzumelden sind; fehlt diese Angabe, liegt ein Verfahrensfehler vor, der die Aufhebung des Aufgebotsbeschlusses zur Folge hat.[17] Die **Anmeldung einer Forderung**, die dem Gericht gegenüber zu erfolgen hat (§ 459 Abs. 2 FamFG), muss Gegenstand und Grund der Forderung enthalten.[18] Urkundliche Beweisstücke sind in Urschrift oder in Abschrift beizufügen (§ 459 Abs. 1 FamFG). Im Aufgebotsverfahren zur Ausschließung von Nachlassgläubigern ist eine Wiedereinsetzung in den vorigen Stand gegen die Versäumung des Anmeldezeitpunkts nicht möglich.[19] Im Falle der öffentlichen Zustellung eines Ausschließungsbeschlusses gem. § 441 FamFG i.V.m. §§ 186–188 ZPO bedarf es keines Bewilligungsbeschlusses im Sinne des § 186 Abs. 1 ZPO.[20]

Das **Aufgebotsverfahren endet** durch den Eintritt der Rechtskraft des Ausschlie- 9
ßungsbeschlusses (§ 439 Abs. 1 FamFG, § 2015 Abs. 3 BGB), durch Rechtskraft des den Antrag auf Erlass des Ausschließungsbeschlusses zurückweisenden Beschlusses (§ 2015 Abs. 3 BGB) oder durch Eröffnung des Nachlassinsolvenzverfahrens (§ 457 Abs. 2 FamFG), weshalb nach § 457 Abs. 1 FamFG das Aufgebot nicht erlassen werden soll, wenn die Eröffnung des Nachlassinsolvenzverfahrens beantragt ist. Das Gericht prüft die formellen und sachlichen Voraussetzungen von Amts wegen. Es kann Ermittlungen durchführen, eine Glaubhaftmachung nach § 31 FamFG anordnen, Beweise erheben und die Sache in einem Termin (§ 32 Abs. 1 S. 1 FamFG) erörtern. Aufgrund der Ausgestaltung des Aufgebotsverfahrens als Anmeldeverfahren bedarf es **keines Aufgebotstermins**. Die Entscheidung ergeht im Beschlussverfahren. Ein gesonderter Antrag auf Erlass des Ausschließungsbeschlusses ist neben dem Antrag nach §§ 434, 455, 456 FamFG nicht erforderlich. Der Beschluss wird erst mit seiner Rechtskraft

---

15 OLG Düsseldorf NJW-RR 2012, 841 = FamRZ 2012, 1330; MüKo-FamFG/*Dörndorfer*, § 438 Rn 7.

16 BeckOK BGB/*Lohmann*, § 1970 Rn 8, OLG Düsseldorf FamRZ 2020, 1595; BGH NJW 2016, 3664.

17 OLG Braunschweig FamRZ 2022, 978.

18 BeckOK BGB/*Lohmann*, § 1970 Rn 11.

19 BGH ZEV 2017, 37 = ZErb 2017, 54; MüKo-FamFG/*Dörndorfer*, § 439 Rn 10.

20 OLG Braunschweig FamRZ 2022, 978; abweichend OLG München ZEV 2016, 195.

(abweichend von § 40 Abs. 1 FamFG) wirksam (§ 439 Abs. 2 FamFG). Der Erlassvermerk nach § 38 Abs. 3 S. 3 FamFG ist keine Wirksamkeitsvoraussetzung für den Ausschließungsbeschluss.[21] Der Ausschließungsbeschluss ist i.S.d. § 438 FamFG erlassen, sobald er in fertig abgefasster und unterschriebener Form an die Geschäftsstelle zur Bekanntgabe übergeben worden ist.[22] Der Ausschließungsbeschluss ist öffentlich zuzustellen. Für die Durchführung der öffentlichen Zustellung gelten die §§ 186–188 ZPO entsprechend (§ 441 FamFG). Der Ausschließungsbeschluss ist nach den §§ 58 ff. FamFG mit der Beschwerde anfechtbar, wobei die Bestimmung des § 61 Abs. 1 FamFG (Wert des Beschwerdegegenstandes mehr als 600 EUR) keine Anwendung findet (§ 439 Abs. 3 FamFG). Auch der nicht antragstellende Miterbe, dessen Erbteil der Testamentsvollstreckung unterliegt, ist befugt, den Ausschließungsbeschluss mit der befristeten Beschwerde anzufechten.[23] Dagegen ist der das Aufgebot nach § 434 FamFG anordnende Beschluss nicht anfechtbar, da es sich nicht um eine Endentscheidung nach § 58 FamFG handelt, sondern um eine Zwischenentscheidung. Allerdings ist der die Anordnung des Aufgebots zurückweisende Beschluss – als Endentscheidung – nach § 58 FamFG anfechtbar.

10 Die Gerichtskosten des Aufgebotsverfahrens richten sich nach KV Nr. 15212 GNotKG bei einem Satz der Gebühr nach Tabelle A von 0,5. Das Verfahren betreffend die Zahlungssperre des § 480 FamFG und ein anschließendes Aufgebotsverfahren sowie das Verfahren über die Aufhebung der Zahlungssperre nach § 482 FamFG gelten zusammen als ein Verfahren. Die Gerichtskosten schuldet nach § 22 Abs. 1 GNotKG der Antragsteller. Der Geschäftswert richtet sich nach § 36 GNotKG. Er wird in der Regel mit einem Bruchteil (regelmäßig 15 %) der Summe der Verbindlichkeiten festgesetzt.[24] Die **Kosten des Aufgebotsverfahrens** sind Nachlassverbindlichkeiten und werden in der Nachlassinsolvenz nach § 324 Abs. 1 Nr. 4 InsO als Masseschulden berücksichtigt, weil das Aufgebotsverfahren allen Gläubigern zugutekommt.[25]

11 Die **Voraussetzungen für das Aufgebotsverfahren sind entfallen,** wenn der Erbe während des Verfahrens die Beschränkbarkeit der Haftung verliert. In diesem Fall wird der Antrag durch Beschluss zurückgewiesen. Hat das Gericht in Unkenntnis des Verlustes der Beschränkbarkeit der Haftung des Erben einen Ausschließungsbeschluss erlassen, ist dieser nach h.M. nach § 2013 Abs. 1 S. 1 BGB unwirksam.[26] Das gilt allerdings dann nicht, wenn der Nachlassverwalter oder der verwaltende Testamentsvollstrecker den Antrag gestellt haben. Ist ein Ausschließungsbeschluss durch das AG erlassen worden, obwohl bereits bei der Stellung des Antrags die unbeschränkbare Haftung des Erben bestand, dann kann dieser Beschluss nur durch Erhebung einer Beschwerde beseitigt werden. Es gelten die Vorschriften der §§ 58 ff. FamFG.

12 Durch die Unterlassung der Stellung des Antrages im Aufgebotsverfahren können sich sowohl der Erbe als auch der Nachlassverwalter den Nachlassgläubigern gegenüber schadensersatzpflichtig machen; nicht dagegen der Nachlasspfleger.[27]

13 Auch der Erbe kann sich **schadensersatzpflichtig** machen, wenn er einen ihm bekannten Gläubiger schuldhaft nicht in dem Verzeichnis aufgeführt und dieser infolge der

---

21 OLG Frankfurt FGPrax 2018, 188.
22 BGH ZEV 2017, 37 = ZErb 2017, 54.
23 OLG Frankfurt ErbR 2017, 1597 = MDR 2017, 1058.
24 OLG Hamm FGPrax 2012, 265 = FamRZ 2013, 399 zu § 30 Abs. 1 KostO.
25 BeckOK BGB/*Lohmann*, § 1970 Rn 13.
26 MüKo/*Küpper*, § 1970 Rn 12.
27 Staudinger/*Kunz* (2020), § 1970 Rn 12.

unterlassenen Bekanntmachung des Aufgebots die Anmeldung der Forderung versäumt.[28]

II. Vom Aufgebot betroffene Nachlassgläubiger

Nachlassgläubiger sind diejenigen Gläubiger, denen zu Beginn der Aufgebotsfrist (§§ 437, 458 Abs. 1 FamFG) eine Forderung – sei sie auch noch bedingt, betagt oder erst dem Grunde nach entstanden – gegen den Nachlass zusteht.[29] Erfasst werden grundsätzlich alle Nachlassverbindlichkeiten gem. § 1967 BGB. Auch Gläubiger, die bereits einen rechtskräftigen Titel gegen den Erblasser oder gegen den Erben erlangt haben, müssen ihre Forderung anmelden.[30] Auf die Frage, ob der Erbe die Forderung kannte, kommt es nicht an. Das Aufgebotsverfahren dient nicht nur der Ermittlung unbekannter Gläubiger, sondern auch der Feststellung derjenigen Gläubiger, die vorrangig aus dem Nachlass zu befriedigen sind.[31] 14

Nicht betroffen sind: 15

- die **Eigengläubiger** des Erben;[32]
- die in § 1971 BGB genannten **dinglich berechtigten Gläubiger** (Pfandgläubiger gem. §§ 1204, 1273 BGB, Aus- und Absonderungsberechtigte gem. §§ 47, 50, 51 InsO, Gläubiger gem. § 10 ZVG) und **Vormerkungsberechtigte** (§§ 883 ff. BGB) in Ansehung dieser Rechte;
- **Pflichtteilsberechtigte**, **Vermächtnisnehmer** und **Auflagenbegünstigte** (nachlassbeteiligte Gläubiger, § 1972 BGB);
- **Gläubiger**, deren Forderung erst nach der **öffentlichen Bekanntmachung** des Aufgebots (§ 435 FamFG) **dem Grunde nach entstehen**; denn ihnen kann eine Anmeldung innerhalb der schon in Lauf gesetzten Frist nicht zugemutet werden;[33]
- **Gläubiger**, mit Forderungen aus Rechtsgeschäften, die nach Erlass des Aufgebots mit einem Nachlasspfleger oder einem verwaltenden Testamentsvollstrecker abgeschlossen wurden oder die nach Erlass des Ausschlussurteils entstanden sind;[34]
- **der Alleinerbe**, der das Aufgebot selbst beantragt hat.[35]

Gläubiger, denen der Erbe (ohnehin) **unbeschränkt haftet**, verlieren diese Rechtsstellung nicht, wenn sie ihre Forderung nicht anmelden (§ 2013 Abs. 1 S. 1 BGB). Wenn das Aufgebotsverfahren von einem Nachlassverwalter oder einem verwaltenden Testamentsvollstrecker betrieben wird, ist die Anmeldung jedoch erforderlich, um das Recht auf Befriedigung aus dem Nachlass zu wahren und insoweit die Zurücksetzung hinter die nicht ausgeschlossenen Gläubiger zu vermeiden.[36] Gibt es mehrere Erben, muss die Forderung angemeldet werden, um die nur anteilige Haftung gem. § 2060 Nr. 1 BGB zu vermeiden.[37] 16

Hat ein **Miterbe** den Antrag gestellt, müssen die anderen Miterben ihre Forderungen gegen den Erblasser/Nachlass anmelden. Gleiches gilt für den antragstellenden Miterben selbst, weil sich die übrigen Miterben gegenüber jedem Gläubiger auf die Ausschlusswirkung des Urteils berufen können (§ 460 Abs. 1 FamFG).[38] 17

---

28 Staudinger/*Kunz* (2020), § 1970 Rn 22.
29 MüKo/*Küpper*, § 1970 Rn 15.
30 BeckOK BGB/*Lohmann*, § 1970 Rn 2; MüKo/*Küpper*, § 1970 Rn 15.
31 MüKo/*Küpper*, § 1970 Rn 15.
32 Staudinger/*Kunz* (2020), § 1970 Rn 24.
33 Staudinger/*Kunz* (2020), § 1970 Rn 29.
34 Str. Grüneberg/*Weidlich*, § 1970 Rn 4; Staudinger/*Kunz* (2020), § 1970 Rn 29 und 30.
35 Staudinger/*Kunz* (2020), § 1970 Rn 25 m. einer Abgrenzung betr. Miterben.
36 MüKo/*Küpper*, § 1970 Rn 11; § 1972 Rn 7.
37 Staudinger/*Kunz* (2020), § 1970 Rn 21; BeckOK BGB/*Lohmann*, § 1970 Rn 4.
38 Staudinger/*Kunz* (2020), § 1970 Rn 27, 28.

III. Wirkungen des Aufgebots

18 Die **Wirkung des Aufgebots** besteht **in erster Linie** in der in § 1973 BGB festgelegten Wirkung des **Ausschließungsbeschlusses** (ausführlich: Kommentierung zu § 1973). Daneben sind die Bestimmungen der §§ 327 Abs. 3, 328 Abs. 2 InsO zu beachten. Nach dem Erlass des Ausschlussurteils kennt der Erbe die angemeldeten und die dinglich gesicherten Forderungen sowie Verbindlichkeiten aus Pflichtteilsrechten, Vermächtnissen und Auflagen. Nunmehr ist in der Lage, sich zu entscheiden, ob er zu Maßnahmen der Haftungsbeschränkung schreiten muss oder nicht.

19 Hat ein Gläubiger seine Forderung nicht angemeldet, ist diese nunmehr einredebehaftet: dem Erben steht die **Verschweigungseinrede** zu (§ 1973 Abs. 1 S. 1 BGB). Gegenüber den ausgeschlossenen Gläubigern haftet der Erbe nur mit dem Nachlass, und zwar nach Bereicherungsgrundsätzen. Die ausgeschlossenen Gläubiger bleiben ein für alle Mal vom Zugriff auf das Eigenvermögen des Erben ausgeschlossen. Unter den Voraussetzungen der §§ 2015, 2016 Abs. 1 und 2 BGB hat der Erbe die Aufgeboteinrede, die ihm erlaubt, Befriedigung der Nachlassgläubiger für die Verfahrensdauer, aber nur mit verfahrensrechtlicher Wirkung zu verweigern.[39] Jeder Miterbe kann bis zur Beendigung des Verfahrens die Auseinandersetzung verweigern.[40] Jeder Miterbe haftet nach § 2061 Nr. 1 BGB nach der Teilung des Nachlasses gegenüber einem ausgeschlossenen Gläubiger nur für den Teil der Nachlassschuld, der seinem Erbteil entspricht; das Aufgebot erstreckt sich insoweit auch auf die Gläubiger des § 1972 BGB und die, denen der Miterbe endgültig unbeschränkt haftet.[41]

§ 1971 Nicht betroffene Gläubiger

[1]Pfandgläubiger und Gläubiger, die im Insolvenzverfahren den Pfandgläubigern gleichstehen, sowie Gläubiger, die bei der Zwangsvollstreckung in das unbewegliche Vermögen ein Recht auf Befriedigung aus diesem Vermögen haben, werden, soweit es sich um die Befriedigung aus den ihnen haftenden Gegenständen handelt, durch das Aufgebot nicht betroffen. [2]Das Gleiche gilt von Gläubigern, deren Ansprüche durch eine Vormerkung gesichert sind oder denen im Insolvenzverfahren ein Aussonderungsrecht zusteht, in Ansehung des Gegenstands ihres Rechts.

Übersicht: Rdn

A. Allgemeines

1 Die Bestimmungen der §§ 1971, 1972 BGB zählen Gruppen von Nachlassgläubigern auf, die von dem Aufgebot des Erben nicht betroffen werden. Die Gründe für die einzelnen Regelungen sind unterschiedlich. § 1971 BGB beruht auf der **grundsätzlichen Erwägung,** dass die dort genannten Berechtigten als **dingliche Gläubiger oder Zugriffsberechtigte** sich vornehmlich an den (einen) Gegenstand des Nachlasses halten können. Insoweit ist eine Anmeldung der Forderung entbehrlich.[1] Wäre dies nicht der Fall, so wäre ihre dingliche Sicherung letztlich im Erbfall wertlos. Die dinglichen Sicherungen sind dem Erben im Regelfall bekannt, weil sie nach sachenrechtlichen

---

39 BeckOK BGB/*Lohmann*, § 1970 Rn 14.
40 § 2045 BGB; Staudinger/*Kunz* (2020), § 1970 Rn 37.
41 MüKo/*Küpper*, § 1970 Rn 16; BeckOK BGB/*Lohmann*, § 1970 Rn 17.
1 MüKo/*Küpper*, §§ 1970, 1971 Rn 1.

Grundsätzen gestellt werden (Eintragung im Grundbuch etc.). Entscheidend ist, dass hier lediglich die dinglichen Rechte betroffen sind und nicht die ihnen zugrunde liegenden (persönlichen) Forderungsrechte. Die persönlichen Forderungen müssen angemeldet werden,[2] andernfalls werden sie vom Ausschlussurteil betroffen. Für sie also gilt die Privilegierung des § 1971 BGB nicht. Die Anmeldung der persönlichen Forderung ist dann zu empfehlen, wenn der Gläubiger sein Sicherungsrecht erst nach dem Erbfall etwa im Wege der Zwangsvollstreckung, Vollziehung eines Arrestes oder einer einstweiligen Verfügung erlangt hat. Die Ausnahmeregelungen der §§ 1971, 1972 BGB sind nicht abschließend (vgl. § 1970 Abs. 2 BGB).[3]

B. Von dem Aufgebot nicht betroffene Gläubiger

Von den Wirkungen des Aufgebotsverfahrens nimmt § 1971 BGB folgende Gläubiger im Einzelnen aus: 2

- **Pfandgläubiger**; das sind diejenigen Gläubiger, deren Forderung durch ein vertragliches Pfandrecht gesichert ist;[4]
- solche **Gläubiger**, die im **Insolvenzverfahren** einem **Pfandgläubiger gleichgestellt** sind; das sind die Inhaber eines **Pfändungspfandrechts** oder eines **gesetzlichen Pfandrechts** (§ 50 Abs. 1 InsO) sowie die in § 51 InsO genannten sonstigen **Absonderungsberechtigten** (etwa Sicherungseigentümer);
- **Gläubiger**, die bei der **Zwangsvollstreckung** in das **unbewegliche Vermögen** ein Recht auf **Befriedigung** aus diesem Vermögen haben – welche Gläubiger das im Einzelfall sind, ergibt sich aus § 10 ZVG (sog. **Realberechtigte**);
- **Gläubiger**, deren **Ansprüche durch eine Vormerkung** (§§ 883, 884 BGB) gesichert sind, in Ansehung des Gegenstands ihres Rechtes; das können sein Gläubiger mit einem Anspruch auf Einräumung oder Aufhebung eines Rechtes an einem Grundstück oder an einem das Grundstück belastenden Recht oder auf Änderung des Inhalts oder des Ranges eines solchen Rechts;[5]
- **Gläubiger**, denen im **Insolvenzverfahren** ein **Aussonderungsrecht** zusteht, in Ansehung des Gegenstandes; ein solches Aussonderungsrecht hat im Insolvenzverfahren derjenige, der aufgrund eines dinglichen oder persönlichen Rechts geltend machen kann, dass ein Gegenstand nicht zur Insolvenzmasse gehört (§ 47 InsO);[6] der Anspruch auf Herausgabe eines nicht zum Nachlass gehörenden Gegenstandes braucht also im Aufgebotsverfahren nicht angemeldet zu werden.

Aus dem Wortlaut der Bestimmung folgt eindeutig, dass die Gläubiger des § 1971 BGB nur insoweit nicht vom **Aufgebotsverfahren** betroffen werden, als es um den Gegenstand geht, auf den sich ihr Recht bezieht. Etwa zugrunde liegende obligatorische Forderungen müssen angemeldet werden.[7] Der Erbe kann andererseits weder vor noch während oder nach dem Aufgebotsverfahren den nach § 1971 BGB bevorrechtigten Gläubigern die Befriedigung aus den ihnen im Einzelfall haftenden Gegenständen mit den aufschiebenden Einreden der §§ 2014 und 2015 BGB verweigern (§ 2016 Abs. 2 BGB). Hat allerdings der Gläubiger das Recht i.S.d. § 1971 BGB erst nach dem Erbfall im Wege der Zwangsvollstreckung oder des Arrests erlangt, dann kann der Erbe die vorgenannten Einreden geltend machen (§ 2016 Abs. 2 BGB).[8] 3

2 Staudinger/*Kunz* (2020), § 1971 Rn 2.
3 Staudinger/*Kunz* (2020), § 1970 Rn 1.
4 BeckOK BGB/*Lohmann*, § 1971 Rn 2.
5 BeckOK BGB/*Lohmann*, § 1971 Rn 2.
6 Staudinger/*Kunz* (2020), § 1971 Rn 8 m. Hinw. zum Ersatzaussonderungsrecht d. § 48 InsO.
7 BeckOK BGB/*Lohmann*, § 1971 Rn 3.
8 Staudinger/*Kunz* (2020), § 1971 Rn 13.

4 Die Bestimmung des § 1971 BGB wird in Bezug auf solche Nachlassgläubiger, die wegen einer persönlichen Forderung ein Recht auf Befriedigung aus einem Nachlassgrundstück haben, durch § 175 ZVG ergänzt.[9] Da der Erbe ihnen gegenüber den tatsächlichen Umfang seiner Haftung erst dann beurteilen kann, wenn feststeht, in welcher Höhe der betreffende Gläubiger aus dem Grundstück befriedigt wird und inwieweit er ausfällt, hat er das Recht, nach Annahme der Erbschaft die Zwangsversteigerung zu beantragen (§ 175 Abs. 1 S. 1 ZVG). Beantragt der Erbe die **Zwangsversteigerung** des Grundstücks (§ 175 Abs. 1 ZVG), um festzustellen, ob und wie weit der Anspruch des Gläubigers gedeckt ist, kann der Gläubiger verlangen, dass bei der Feststellung des geringsten Gebotes (§ 44 ZVG) nur die seinem Anspruch vorgehenden Rechte berücksichtigt werden (§§ 174, 176 ZVG). Sieht er davon ab und wird sein Recht in das geringste Gebot aufgenommen, kann ihm im Hinblick auf § 52 Abs. 1 S. 1 ZVG die Befriedigung aus dem übrigen Nachlass und dem Eigenvermögen des Erben verweigert werden (§ 179 ZVG).[10] Der Gläubiger kann also entweder nur sein dingliches Recht geltend machen (§§ 52 Abs. 1 S. 1, 179 ZVG) oder gem. §§ 52 Abs. 1 S. 2, 174, 179 ZVG seinen Ausfall feststellen lassen, um dann seine persönliche Ausfallforderung, die nicht unter § 1971 BGB fällt, aus dem sonstigen Nachlass und/oder dem Eigenvermögen des Erben zu befriedigen.[11] Die Bestimmung des § 175 ZVG findet keine Anwendung, wenn der Nachlassgläubiger im Aufgebotsverfahren ausgeschlossen ist, wenn er nach § 1974 BGB oder § 1989 BGB einem solchen ausgeschlossenen Gläubiger gleich zu erachten ist und wenn der Erbe bereits unbeschränkbar haftet. Der spätere Eintritt der unbeschränkten Haftung ist unbeachtlich.[12] Das **Antragsrecht** nach § 175 Abs. 1 ZVG steht – außer dem Erben – jedem zu, der das Aufgebot beantragen kann; dies allerdings nur so lange, wie dem Erben zugleich das Recht zur Haftungsbeschränkung zusteht (§ 175 Abs. 2 BGB i.V.m. Abs. 1 S. 2 ZVG).

§ 1972 Nicht betroffene Rechte

Pflichtteilsrechte, Vermächtnisse und Auflagen werden durch das Aufgebot nicht betroffen, unbeschadet der Vorschrift des § 2060 Nr. 1.

Übersicht: Rdn

A. Allgemeines

1 Die Bestimmung wurde als notwendig angesehen, weil der Zweck des Aufgebots, dem Erben über die Nachlassverbindlichkeiten zuverlässige Kenntnis zu verschaffen, bei Pflichtteilsrechten, Vermächtnissen und Auflagen regelmäßig entfalle. Es bedürfe deshalb keines Aufgebotsverfahrens, weil der Erbe nach den Vorstellungen des Gesetzgebers im Regelfall bei Eröffnung des Testaments von der letztwilligen Verfügung Kenntnis erlange.[1] Die praktischen Folgen dieser Regelung sind, was aufzuzeigen ist, gering.

---

9 BeckOK BGB/*Lohmann*, § 1971 Rn 4.
10 Staudinger/*Kunz* (2020), § 1971 Rn 17, 18.
11 BeckOK BGB/*Lohmann*, § 1971 Rn 4.
12 Staudinger/*Kunz* (2020), § 1971 Rn 16; MüKo/*Küpper*, §§ 1971, 1972 Rn 4.
1 Staudinger/*Kunz* (2020), § 1972 Rn 1.

B. Rechtliche Folgen des Nichtbetroffenseins

2 Nach § 1972 BGB werden durch das Aufgebot Pflichtteilsrechte (§§ 2303 ff. BGB), Vermächtnisse (§§ 2147 ff. BGB) und Auflagen (§§ 2192 ff. BGB) nicht betroffen. Die rechtliche Stellung dieser sog. nachlassbeteiligten Gläubiger ist schwächer als diejenige anderer – ausgeschlossener – Nachlassgläubiger. Denn obwohl ihre Ansprüche aus Pflichtteilsrechten, Vermächtnissen und Auflagen im Aufgebotsverfahren nicht ausgeschlossen werden, braucht der Erbe sie, wenn die Voraussetzungen des § 1990 BGB erfüllt sind (bei Vermächtnissen und Auflagen genügen bereits die Voraussetzungen des § 1992 BGB), erst im Range nach den anderen Nachlassgläubigern – selbst wenn diese im Aufgebotsverfahren ausgeschlossen sind – zu befriedigen (§ 1991 Abs. 4 BGB; § 327 Abs. 3 InsO).[2] Pflichtteilsrechte, Vermächtnisse und Auflagen können damit nur gegenüber einem nicht durch andere Verbindlichkeiten überschuldeten Nachlass geltend gemacht werden. Hatte der Erbe die in § 1972 BGB genannten Verbindlichkeiten zuvor bereits erfüllt, müssen die anderen Nachlassgläubiger dies nur dann hinnehmen, wenn der Erbe den Umständen nach annehmen durfte, dass der Nachlass zur Berichtigung aller Nachlassverbindlichkeiten ausreichen würde; § 1979 BGB.[3] Die übrigen Nachlassgläubiger müssen diese Befriedigung als für Rechnung des Nachlasses erfolgt gegen sich gelten lassen (§ 1979 BGB). Sie können die Erfüllung nach § 322 InsO oder § 5 AnfG wie unentgeltliche Verfügungen anfechten bzw. durch den Insolvenzverwalter anfechten lassen.[4] Im **Nachlassinsolvenzverfahren** werden Verbindlichkeiten aus Pflichtteilsrechten, Vermächtnissen und Auflagen nachrangig – noch nach den Forderungen des § 39 Abs. 1 InsO – erfüllt (§ 327 Abs. 1 InsO; vgl. auch §§ 322, 328 InsO).

3 Die Bedeutung des § 1972 BGB liegt im Wesentlichen darin, dass nachlassbeteiligte Gläubiger – anders als ausgeschlossene Gläubiger – ggf. den Erben für seine Verwaltung persönlich haftbar machen können (§§ 1978, 1979 BGB). Gegenüber den ausgeschlossenen Nachlassgläubigern ist nämlich die Haftung auf Bereicherungsgrundsätze beschränkt (§ 1973 Abs. 1 S. 1, Abs. 2 BGB; § 328 Abs. 2 InsO).[5] § 1972 BGB lässt die Vorschrift des § 2060 Nr. 1 BGB unberührt. Nach ihr haften Miterben nach der Teilung des Nachlasses nur für den ihrem Erbteil entsprechenden Teil einer Nachlassverbindlichkeit, wenn der Gläubiger im Aufgebotsverfahren ausgeschlossen worden ist. Insoweit wirkt der **Ausschließungsbeschluss** (§§ 439–441 FamFG) auch zum Nachteil der Gläubiger des § 1972 BGB. Die Anmeldung der Forderung im Aufgebotsverfahren erhält die gesamtschuldnerische Haftung der Miterben über die Teilung hinaus.[6]

4 Die Anmeldung der Forderung kann für die Gläubiger des § 1972 BGB auch deshalb sinnvoll sein, weil diese – anders als die Gläubiger des § 1971 BGB – nach fünfjähriger Säumnis im Verhältnis zueinander wie ausgeschlossene Gläubiger behandelt werden (vgl. § 1974 Abs. 3 BGB, der § 1972 BGB nicht erwähnt).[7] Erbersatzansprüche, die es in Bezug auf die Erbfälle vor dem 1.4.1998 noch stets geben kann (Art. 227 Abs. 1 Nr. 1 EGBGB) werden nach §§ 1934b Abs. 2, 1972 BGB wie Pflichtteilsrechte vom Aufgebot nicht betroffen.[8]

---

2 MüKo/*Küpper*, §§ 1971, 1972 Rn 5.
3 Staudinger/*Kunz* (2020), § 1972 Rn 3.
4 MüKo/*Küpper*, §§ 1971, 1972 Rn 5.
5 MüKo/*Küpper*, §§ 1971, 1972 Rn 5.
6 BeckOK BGB/*Lohmann*, § 1972 Rn 3.
7 Staudinger/*Kunz* (2020), § 1972 Rn 5.
8 Staudinger/*Kunz* (2020), § 1972 Rn 7.

§ 1973 Ausschluss von Nachlassgläubigern

(1) [1]Der Erbe kann die Befriedigung eines im Aufgebotsverfahren ausgeschlossenen Nachlassgläubigers insoweit verweigern, als der Nachlass durch die Befriedigung der nicht ausgeschlossenen Gläubiger erschöpft wird. [2]Der Erbe hat jedoch den ausgeschlossenen Gläubiger vor den Verbindlichkeiten aus Pflichtteilsrechten, Vermächtnissen und Auflagen zu befriedigen, es sei denn, dass der Gläubiger seine Forderung erst nach der Berichtigung dieser Verbindlichkeiten geltend macht.
(2) [1]Einen Überschuss hat der Erbe zum Zwecke der Befriedigung des Gläubigers im Wege der Zwangsvollstreckung nach den Vorschriften über die Herausgabe einer ungerechtfertigten Bereicherung herauszugeben. [2]Er kann die Herausgabe der noch vorhandenen Nachlassgegenstände durch Zahlung des Wertes abwenden. [3]Die rechtskräftige Verurteilung des Erben zur Befriedigung eines ausgeschlossenen Gläubigers wirkt einem anderen Gläubiger gegenüber wie die Befriedigung.

Literatur

Busch, Fachanwaltsklausur Erbrecht: Die Haftung des Erben, ZFE 2008, 457; *Eich*, Beschränkung der Erbenhaftung, ErbStB 2006, 228; *Eichhorn*, Der Erbfall im Wohnungseigentum – Auswirkungen und Reaktionen, ZfIR 2017, 223; *Herzog*, Nachlasshaftung und Nachlassinsolvenz (1. Teil), ErbR 2013, 70; (2. Teil), ErbR 2013, 104; *Holzer*, Das Aufgebot der Nachlassgläubiger nach dem FamFG, ZEV 2014, 583; *Kuleisa*, Rückzahlungspflicht bei entnommener Vergütung durch den Nachlasspfleger, ZVI 2016, 135; *Lettmann*, Die Beschränkung der Erbenhaftung, RNotZ 2002, 537; *Lissner*, Am Ende bleiben nur die Schulden, ZInsO 2017, 2253; *Marotzke*, Insolvenzantragspflicht des Erben und anderer Nachlassgläubiger, ZInsO 2023, 2365; *Monschau*, Die beschränkte Erbenhaftung im Zivilprozess, AGS 2004, 308; *Roth*, Haftungsbeschränkungsmaßnahmen des Erben auf den Nachlass, NJW-Spezial 2023, 103; *Schönenberg-Wessel/Kaufmann*, Der überschuldete Nachlass, BtPrax 2021, 180; *Schönert*, Grenzen der Beschränkbarkeit der Erbenhaftung auf den Nachlass, BWNotZ 2008, 81; *Schreiber*, Die Haftung des Erben für Nachlassverbindlichkeiten, Jura 2010, 117; *Schuhmann*, Der Erbe und die Nachlassverbindlichkeiten, ErbR 2011, 105; *Sick*, Die Haftung des Erben nach § 1967 BGB und das Problem der Haftungsbeschränkung auf den Nachlass, ZErb 2010, 325; *Weiß*, Das Nachlassinsolvenzverfahren/Erbrecht für Insolvenzverwalter – Teil 3: Haftungsbeschränkungen nach §§ 1970 ff. BGB, ZInsO 2017, 2306.

Übersicht: Rdn

A. Allgemeines

1 Die Vorschrift setzt den Erlass eines **Ausschließungsbeschlusses** voraus und regelt die Rechtsfolgen desselben und deren Geltendmachung durch den Erben. In einem Aufgebot ist gem. § 434 Abs. 2 S. 2 FamFG unter anderem anzugeben, dass etwaige Ansprüche bei dem (Aufgebots-)Gericht anzumelden sind; fehlt diese Angabe, liegt ein Verfahrensfehler vor, der die Aufhebung des Aufgebotsbeschlusses zur Folge hat.[1] Der im Aufgebotsverfahren ergangene Ausschließungsbeschluss (§ 439 FamFG) führt

1 OLG Braunschweig FamRZ 2022, 978.

nicht zu einem Erlöschen der Forderungen der ausgeschlossenen Gläubiger.[2] Lediglich die Haftung des Erben wird – auf eine eher eigenartige Weise[3] – beschränkt. Der Erbe, der sein Recht zur Beschränkung der Haftung auf den Nachlass bis zum Erlass des Ausschließungsbeschlusses noch nicht verloren hatte (§ 2013 Abs. 1 S. 2 BGB), haftet nur noch mit dem Nachlass.

Nicht ausgeschlossene Forderungen – mit Ausnahme der noch nicht erfüllten Forderungen der nachlassbeteiligten Gläubiger des § 1972 BGB – werden vorrangig erfüllt. Dem ausgeschlossenen Gläubiger bleibt nur der Rest, der nach Befriedigung der übrigen Gläubiger verbleibt. Der Erbe haftet nach **Bereicherungsrecht** (§§ 818, 819 BGB). Er ist dem ausgeschlossenen Gläubiger auch nicht gem. §§ 1978, 1979 BGB für den Bestand des Nachlasses verantwortlich. Auf die Ausschluss- und Erschöpfungseinrede des § 1973 BGB kann sich der Erbe auch dann berufen, wenn er später gem. § 1994 oder § 2005 BGB sein Recht zur Beschränkung der Haftung auf den Nachlass verliert (§ 2013 Abs. 1 S. 2 BGB). 2

Entsprechend anwendbar ist § 1973 BGB, wenn das Nachlassinsolvenzverfahren durch Verteilung der Masse oder durch einen **Insolvenzplan** beendet worden ist (§ 1989 BGB). Gem. § 2060 Nr. 1 BGB haftet jeder Miterbe nach der Teilung des Nachlasses nur für den seinem Erbteil entsprechenden Teil der Nachlassverbindlichkeit, wenn der Gläubiger – auch der Gläubiger des § 1972 BGB wie derjenige Gläubiger, dem der Miterbe unbeschränkt haftet – im Aufgebotsverfahren ausgeschlossen ist. 3

B. Tatbestand

I. Wirkung der Ausschließung

Da die ausgeschlossene Forderung nicht untergeht, sondern nur die Haftung des Erben für sie beschränkt wird, kann der Nachlassgläubiger sie in gewissen Grenzen noch geltend machen. Macht der Erbe z.B. einen Anspruch geltend, kann der ausgeschlossene Nachlassgläubiger die Einrede des nichterfüllten Vertrages (§§ 320, 322 BGB) erheben.[4] Der Gläubiger kann sie auch weiterhin zur **Aufrechnung** gegen Nachlassforderungen verwenden.[5] § 390 S. 1 BGB steht nicht entgegen, wenn die Voraussetzungen des § 1973 BGB im Zeitpunkt des Entstehens der Aufrechnungslage noch nicht erfüllt waren.[6] Wenn die einmal erworbene Aufrechnungsbefugnis sogar im Insolvenzverfahren Bestand hat (vgl. §§ 94 ff. InsO), bleibt sie auch in der Haftungsbeschränkung des § 1973 BGB unberührt. Der Gläubiger bleibt berechtigt, Nachlassverwaltung oder die Eröffnung des Nachlassinsolvenzverfahrens zu beantragen (§ 317 Abs. 1 InsO).[7] Nach wie vor kann der Gläubiger nach h.M. auch die Bestimmung einer Inventarfrist beantragen (§ 1994 BGB).[8] Die Verjährung der ausgeschlossenen Forderung wird allerdings durch § 1973 BGB nicht gehemmt.[9] 4

II. Umfang des Leistungsverweigerungsrechts

Der Erbe kann die Befriedigung des ausgeschlossenen Gläubigers verweigern, soweit der Nachlass durch die Befriedigung der nicht ausgeschlossenen Gläubiger (Abs. 1 S. 1) sowie derjenigen ausgeschlossenen Gläubiger, zu deren Befriedigung er rechtskräftig 5

---

2 Grüneberg/*Weidlich*, § 1973 Rn 3.
3 Staudinger/*Kunz* (2020), § 1973 Rn 1.
4 Erman/*Horn*, § 1973 Rn 2; Grüneberg/*Weidlich*, § 1973 Rn 3.
5 Grüneberg/*Weidlich*, § 1973 Rn 3.
6 Erman/*Horn*, § 1973 Rn 2.
7 BeckOK BGB/*Lohmann*, § 1973 Rn 3.
8 MüKo/*Küpper*, § 1973 Rn 2; a.A. Staudinger/*Kunz* (2020), § 1973 Rn 73a.
9 Staudinger/*Kunz* (2020), § 1973 Rn 78.

verurteilt worden ist (Abs. 2 S. 3),[10] erschöpft wird. Nur Forderungen nachlassbeteiligter Gläubiger (§ 1972 BGB), die noch nicht erfüllt worden sind, dürfen nicht vorrangig berücksichtigt werden (Abs. 1 S. 2).[11] Mehrere ausgeschlossene Gläubiger kann der Erbe in beliebiger Reihenfolge befriedigen.[12]

6 Das **Leistungsverweigerungsrecht** nach Abs. 1 S. 1 reicht so weit, wie die Forderung des ausgeschlossenen Gläubigers den Wert des nach Abs. 2 S. 1 herauszugebenden Nachlassüberschusses übersteigt. Im Hinblick auf die Herausgabe dieses Überschusses haftet der Erbe nach den Grundsätzen der ungerechtfertigten Bereicherung (Abs. 2 S. 1).[13] Die sog. Überschusshaftung besagt, dass der **Umfang der Haftung** nach § 818 BGB zu bestimmen ist. Bei der **Ermittlung des Nachlassüberschusses** ist zunächst vom **Aktivbestand** des Nachlasses auszugehen.

7 **Hinzuzurechnen** sind die tatsächlich gezogenen Nutzungen sowie das, was der Erbe aufgrund zum Nachlass gehörender Rechte oder als Ersatz für die Zerstörung, Beschädigung oder Entziehung eines Nachlassgegenstands erzielt hat (§ 818 Abs. 1 BGB),[14] ferner auch diejenigen Verbindlichkeiten und Lasten, die dem Erben gegenüber dem Erblasser oblagen und infolge Konfusion oder Konsolidation erloschen sind; denn der Erbe ist insoweit durch die Befreiung von Verbindlichkeiten auf Kosten des Nachlasses bereichert.[15]

8 Vom **Aktivbestand sind abzuziehen**: im umgekehrten Fall wie oben die durch **Konfusion** und Konsolidation erloschenen Forderungen und Rechte des Erben gegenüber dem Erblasser;[16] die Forderungen der nicht ausgeschlossenen Gläubiger; die Forderungen aus Pflichtteilsrechten, Erbersatzansprüchen, Vermächtnissen und Auflagen, aber nur, soweit sie bereits vor der Geltendmachung des Anspruchs des ausgeschlossenen Gläubigers berichtigt waren (Abs. 1 S. 2 Hs. 2).[17] Die Forderungen der anderen ausgeschlossenen Gläubiger nur, soweit sie bereits berichtigt waren, wobei nach Abs. 2 S. 3 die rechtskräftige Verurteilung des Erben zur Befriedigung eines ausgeschlossenen Gläubigers einem anderen ausgeschlossenen Gläubiger gegenüber wie eine Befriedigung wirkt.[18] Ferner sind abzuziehen alle den Nachlasswert steigernden Aufwendungen des Erben aus seinem Eigenvermögen.[19] Für Schenkungen aus dem Nachlass gilt, dass sie nicht abgezogen werden können, wenn Aufwendungen aus dem Eigenvermögen dadurch erspart wurden.[20]

9 Der maßgebliche **Zeitpunkt** für die Feststellung, ob dem Erben ein Überschuss bleibt und somit ein Bereicherungsanspruch des/der ausgeschlossenen Gläubiger(s) entstanden ist, ist der des Erlasses des Ausschließungsbeschlusses.[21] Spätere Änderungen – Erweiterung der Bereicherung oder auch deren Verringerung – sind zu berücksichtigen, wenn nicht eine verschärfte Haftung des Erben entgegensteht.[22] Im Prozess gegen den Erben entscheidet schließlich der Zeitpunkt der letzten mündlichen Verhandlung.

---

10 Zu den Einzelheiten vgl. Staudinger/*Kunz* (2020), § 1973 Rn 17 ff.
11 Zu den Einzelheiten vgl. Staudinger/*Kunz* (2020), § 1973 Rn 17–31.
12 MüKo/*Küpper*, § 1973 Rn 3.
13 MüKo/*Küpper*, § 1973 Rn 4.
14 MüKo/*Küpper*, § 1973 Rn 5; Staudinger/*Kunz* (2020), § 1973 Rn 15.
15 Staudinger/*Kunz* (2020), § 1973 Rn 27; Erman/*Horn*, § 1973 Rn 3.
16 Erman/*Horn*, § 1973 Rn 3.
17 Staudinger/*Kunz* (2020), § 1973 Rn 27.
18 MüKo/*Küpper*, § 1973 Rn 5.
19 Erman/*Horn*, § 1973 Rn 3.
20 Staudinger/*Kunz* (2020), § 1973 Rn 28.
21 Staudinger/*Kunz* (2020), § 1973 Rn 37; a.A. Zeitpunkt der Rechtshängigkeit des vom Gläubiger geltend gemachten Anspruchs: MüKo/*Küpper*, § 1973 Rn 5; Erman/*Horn*, § 1973 Rn 3.
22 Staudinger/*Kunz* (2020), § 1973 Rn 38.

Wird der Erbe verurteilt, weil zu diesem Zeitpunkt noch ein Überschuss vorhanden ist, ist schlussendlich der Beginn der Zwangsvollstreckung dafür maßgebend, ob ein solcher noch vorhanden ist.[23]

III. Besondere Haftungstatbestände

Wichtig ist, dass eine **persönliche Haftung des Erben** wegen seines Umgangs mit dem Nachlass (§§ 1978–1980 BGB) gegenüber den ausgeschlossenen Gläubigern lediglich nach **Maßgabe des Bereicherungsrechts besteht**.[24] Nach Erlass des Ausschließungsbeschlusses setzt eine **verschärfte Haftung** des Erben erst dann ein, wenn der Anspruch eines ausgeschlossenen Gläubigers rechtshängig geworden ist (§ 818 Abs. 4 BGB) oder der Erbe von ihm anderweitig Kenntnis erlangt hat (§ 819 Abs. 1 BGB). Ab diesem Zeitpunkt haftet der Erbe dem ausgeschlossenen Gläubiger auch für schuldhaft nicht gezogene Nutzungen (§§ 292 Abs. 2, 987 Abs. 2 BGB) und nach Maßgabe der §§ 292 Abs. 1, 989 BGB auf Schadensersatz; Verwendungen kann der Erbe nur unter den Voraussetzungen des § 994 Abs. 2 BGB zum Abzug bringen. 10

In der Zeit, in der ein ausgeschlossener Gläubiger seine Forderung nicht geltend macht (Abs. 1 S. 2 Hs. 2), darf der Erbe stets so verfahren, als wären andere Gläubiger als die angemeldeten oder nicht betroffenen nicht vorhanden.[25] Sobald jedoch ein ausgeschlossener Gläubiger seine Forderung geltend macht, hat der Erbe ihn vor den bis dahin noch nicht berichtigten Verbindlichkeiten aus Pflichtteilsrechten, Erbersatzansprüchen, Vermächtnissen und Auflagen zu befriedigen. **Führt die Verletzung dieser Rangordnung** durch den Erben zu einem Verlust der nach Abs. 2 herauszugebenden Bereicherung, kann der Erbe dem Ausgeschlossenen persönlich haftbar sein wegen Kenntnis von der geltend gemachten Forderung (§ 819 Abs. 1 BGB), ab Rechtshängigkeit der Forderung (§ 818 Abs. 4 BGB) und u.U. außerdem wegen positiver Forderungsverletzung (§ 280 Abs. 1 BGB).[26] Dies gilt jedoch nicht, wenn der Erbe den Umständen nach annehmen durfte, dass der Nachlass zur Befriedigung aller Nachlassverbindlichkeiten ausreiche.[27] 11

Nimmt der Erbe einen ihm bekannten Gläubiger schuldhaft nicht in das dem **Aufgebotsantrag** beizufügende Gläubigerverzeichnis (§ 456 FamFG) auf, und versäumt dieser Gläubiger wegen der unterlassenen Bekanntgabe des Aufgebots (§ 15 Abs. 1 und 2 FamFG) die Anmeldung der Forderung, haftet der Erbe nach den Grundsätzen der positiven Forderungsverletzung (§ 280 Abs. 1 BGB). Diesem Gläubiger gegenüber kann er sich nicht auf den Ausschluss berufen.[28] 12

IV. Vollstreckungspreisgabe und Abwendungsbefugnis

Einen Überschuss hat der Erbe zum Zwecke der Befriedigung des Gläubigers im Wege der Zwangsvollstreckung herauszugeben (Abs. 2 S. 1). Dieser Satz regelt lediglich die Art der Befriedigung des Gläubigers. I.d.R. erhält der Gläubiger – falls sich die Parteien nicht auf eine Leistung an Erfüllungs statt (§ 364 Abs. 1 BGB) einigen – die ihm übergebenen Nachlassgegenstände nicht zu Eigentum, sondern lediglich zum Zwecke der Verwertung.[29] Ähnlich wie in § 7 AnfG hat hier der Erbe die **Zwangsvollstreckung** in den Gegenstand **zu dulden**. Die Pflicht zur „Herausgabe“ umfasst gem. §§ 260, 261 13

---

23 MüKo/*Küpper*, § 1973 Rn 5; Erman/*Horn*, § 1973 Rn 3; Grüneberg/*Weidlich*, § 1973 Rn 3; a.A. Staudinger/*Kunz* (2020), § 1973 Rn 39.
24 Staudinger/*Kunz* (2020), § 1973 Rn 38.
25 Staudinger/*Kunz* (2020), § 1973 Rn 40.
26 Staudinger/*Kunz* (2020), § 1973 Rn 52, 53.
27 Erman/*Horn*, § 1972 Rn 2.
28 Staudinger/*Kunz* (2020), § 1970 Rn 58, 59.
29 Erman/*Horn*, § 1973 Rn 4.

BGB auch die Pflicht zur Vorlage eines Bestandsverzeichnisses sowie ggf. zur Abgabe der eidesstattlichen Versicherung bzgl. der Richtigkeit des Verzeichnisses.[30] Die Herausgabe der und damit die Zwangsvollstreckung in die noch vorhandenen Nachlassgegenstände kann der Erbe durch Zahlung ihres Wertes abwenden (Abs. 2 S. 3). Entscheidend ist der Wert in demjenigen Zeitpunkt, in dem der Erbe von seinem Wahlrecht Gebrauch macht.[31] Durch die zur Abwendung der „Herausgabe" erfolgte Zahlung des Wertes des Gegenstandes wird nach h.M. dessen Zugehörigkeit zum Nachlass nicht aufgehoben.[32] Gegenüber anderen Gläubigern kann der Erbe sich nur in Höhe des objektiven Wertes des Nachlassgegenstandes auf die Herausgabe oder die Ablösung der Herausgabe berufen.[33]

V. Geltendmachung der Ausschluss- oder Erschöpfungseinrede

14 Die Ausschluss- und Erschöpfungseinrede ist ein bürgerlichrechtliches **Leistungsverweigerungsrecht** und kann **außergerichtlich**, im **Erkenntnisverfahren** oder im Wege der Vollstreckungsgegenklage geltend gemacht werden.[34] Der Erbe kann auf die Geltendmachung der Einrede verzichten. Sie geht durch Versäumung des Vorbehalts im Urteil verloren (Ausnahme: § 780 Abs. 2 ZPO).[35] Der Vorbehalt im Urteil kann bei Versäumung im Wege der Urteilsergänzung (§ 321 ZPO) oder auf ein Rechtsmittel (nicht Revision) nachgeholt werden.[36] Macht der Erbe die Einrede außergerichtlich geltend, steht es ihm frei, dem ausgeschlossenen Gläubiger gegenüber die Erschöpfung des Nachlasses darzutun oder den Nachlassrest freiwillig an ihn an Zahlungs statt herauszugeben. Ist der Gläubiger mit diesem Vorgehen einverstanden, kommt es nicht zu einer Verwertung und Befriedigung nach Abs. 2.

15 Wird der Erbe im **Erkenntnisverfahren** durch den Gläubiger in Anspruch genommen, bleibt ihm – falls er noch nicht unbeschränkbar haftet – der Nachweis, dass der Nachlass völlig erschöpft ist. Gelingt dem Erben dieser Nachweis, ist die Klage nach h.M. als zurzeit unzulässig mit der Kostenfolge des § 91 Abs. 1 S. 1 ZPO abzuweisen.[37] Stellt sich im Prozess des ausgeschlossenen Gläubigers heraus, dass noch ein Nachlassrest vorhanden ist, führt die im Prozess geltend gemachte Einrede zur **Beschränkung der Haftung** nach § 1973 BGB. Das Gericht kann dann auf Antrag des Gläubigers den Erben zur Zahlung bei Vermeidung der Zwangsvollstreckung in den Nachlassrest oder in näher bezeichnete Gegenstände verurteilen.[38] Das Gericht muss aber die Voraussetzungen der Erschöpfung des Nachlasses im Erkenntnisverfahren nicht prüfen, sondern hat den allg. Vorbehalt der Haftungsbeschränkung auf den entsprechenden Antrag des beklagten Erben hin in das Urteil (§§ 305, 780 ZPO) aufzunehmen.[39] Der Erbe kann dann in der Zwangsvollstreckung wegen des Vorbehalts die Einrede geltend

---

30 Staudinger/*Kunz* (2020), § 1973 Rn 35.

31 Erman/*Horn*, § 1973 Rn 3.

32 Staudinger/*Kunz* (2020), § 1973 Rn 64; a.A. MüKo/*Küpper*, § 1973 Rn 6.

33 BeckOK BGB/*Lohmann*, § 1973 Rn 8.

34 Erman/*Horn*, § 1973 Rn 5.

35 Grüneberg/*Weidlich*, § 1973 Rn 5.

36 Erman/*Horn*, § 1973 Rn 5.

37 Erman/*Horn*, § 1973 Rn 6; Grüneberg/*Weidlich*, § 1973 Rn 4; BGH NJW 1954, 635; a.A. Staudinger/*Kunz* (2020), § 1973 Rn 85; wohl auch: BeckOK BGB/*Lohmann*, § 1973 Rn 9, beide geben zu bedenken, dass die Frage der Erschöpfung des Nachlasses dem Zwangsvollstreckungsverfahren vorzubehalten und nicht im Erkenntnisverfahren zu prüfen sei; der beklagte Erbe sei deshalb unter Vorbehalt zu verurteilen; die ihm nachteilige Kostenfolge könne der Erbe durch ein Anerkenntnis unter Vorbehalt der beschränkten Haftung vermeiden (§ 93 ZPO).

38 Erman/*Horn*, § 1973 Rn 7; MüKo/*Küpper*, § 1973 Rn 8.

39 Erman/*Horn*, § 1973 Rn 8.

machen, und zwar durch die Erhebung der Einwendungsklage nach den §§ 767, 785 ZPO. So schützt er sich vor der Zwangsvollstreckung in sein Eigenvermögen.

16 Von Bedeutung für den **Gläubiger** ist dann, dass der Erbe zur Mitwirkung bei der Vollstreckung in den Nachlass verpflichtet ist und deshalb die zum Nachlass gehörenden Gegenstände zu bezeichnen und u.U. an Eides statt zu versichern (§§ 259, 260 BGB) hat.[40]

VI. Beweislast

17 Darlegungs- und **beweispflichtig** für die Voraussetzungen des § 1973 BGB ist grundsätzlich der Erbe.[41] Der Erbe hat nachzuweisen, dass ein Aufgebotsverfahren stattgefunden hat, das die Forderung des Gläubigers betraf. Hinsichtlich der Frage der Erschöpfung des Nachlasses ist der Erbe für den Anfangsbestand und für alle Abzüge, die er vornehmen möchte, beweispflichtig.[42] Ein gem. §§ 1993, 1994 BGB errichtetes Inventar begründet die Vermutung, dass weitere als die in ihm angegebenen Gegenstände nicht vorhanden waren (§ 2009 BGB). Der Gläubiger hat die Beweislast für die Zugänge und Surrogate.[43]

VII. Ergänzende Regelungen und entsprechende Anwendung der Bestimmung

18 Nach § 1989 BGB ist die Bestimmung entsprechend anzuwenden, wenn ein Nachlassinsolvenzverfahren durch Verteilung der Masse oder durch einen Insolvenzplan beendet wurde. Nach § 2060 Nr. 1 BGB haftet jeder Miterbe nach der Teilung nur für den seinem Erbteil entsprechenden Teil einer Nachlassverbindlichkeit, wenn der Gläubiger im Aufgebotsverfahren ausgeschlossen worden ist. Das Aufgebot bezieht sich insoweit auch auf die in § 1972 BGB bezeichneten Gläubiger sowie auf diejenigen Gläubiger, denen gegenüber der Miterbe unbeschränkt haftet.[44]

§ 1974 Verschweigungseinrede

(1) [1]Ein Nachlassgläubiger, der seine Forderung später als fünf Jahre nach dem Erbfall dem Erben gegenüber geltend macht, steht einem ausgeschlossenen Gläubiger gleich, es sei denn, dass die Forderung dem Erben vor dem Ablauf der fünf Jahre bekannt geworden oder im Aufgebotsverfahren angemeldet worden ist. [2]Wird der Erblasser für tot erklärt oder wird seine Todeszeit nach den Vorschriften des Verschollenheitsgesetzes festgestellt, so beginnt die Frist nicht vor dem Eintritt der Rechtskraft des Beschlusses über die Todeserklärung oder die Feststellung der Todeszeit.

(2) Die dem Erben nach § 1973 Abs. 1 Satz 2 obliegende Verpflichtung tritt im Verhältnis von Verbindlichkeiten aus Pflichtteilsrechten, Vermächtnissen und Auflagen zueinander nur insoweit ein, als der Gläubiger im Falle des Nachlassinsolvenzverfahrens im Range vorgehen würde.

(3) Soweit ein Gläubiger nach § 1971 von dem Aufgebot nicht betroffen wird, finden die Vorschriften des Absatzes 1 auf ihn keine Anwendung.

---

40 MüKo/*Küpper*, § 1973 Rn 8.
41 Grüneberg/*Weidlich*, § 1973 Rn 4.
42 BeckOK BGB/*Lohmann*, § 1973 Rn 10.
43 BeckOK BGB/*Lohmann*, § 1973 Rn 10.
44 MüKo/*Küpper*, § 1973 Rn 10.

Literatur

Busch, Fachanwaltsklausur Erbrecht: Die Haftung des Erben, ZFE 2008, 457; *Eich*, Beschränkung der Erbenhaftung, ErbStB 2006, 228; *Eichhorn*, Der Erbfall im Wohnungseigentum – Auswirkungen und Reaktionen, ZfIR 2017, 223; *Germmer*, Erbenhaftung: Die „ungewisse" Erbschaft: Fluch oder Segen, ErbBstg 2024, 142; *Gottwald*, Beschwer bei Ausspruch über den Vorbehalt der beschränkten Erbenhaftung, EE 2021, 41; *ders.*, Anwaltshaftung in der erbrechtlichen Beratung – die wichtigsten „Stolpersteine" (Teil 1), EE 2020, 113–117; (Teil 2), EE 2020, 132; (Teil 3), EE 2020, 150, (Teil 4) EE 2020, 169; *Herzog*, Nachlasshaftung und Nachlassinsolvenz (1. Teil), ErbR 2013, 70; (2. Teil), ErbR 2013, 104; *Kuleisa*, Rückzahlungspflicht bei entnommener Vergütung durch den Nachlasspfleger, ZVI 2016, 135; *Lettmann*, Die Beschränkung der Erbenhaftung, RNotZ 2002, 537; *Marotzke*, Insolvenzantragspflicht des Erben und anderer Nachlassbeteiligter, ZInsO 2023, 2365; *Monschau*, Die beschränkte Erbenhaftung im Zivilprozess, AGS 2004, 308; *Roth*, Haftungsbeschränkungmaßnahmen des Erben auf den Nachlass, NJW-Spezial 2023, 103; *Schönert*, Grenzen der Beschränkbarkeit der Erbenhaftung auf den Nachlass, BWNotZ 2008, 81; *Schreiber*, Die Haftung des Erben für Nachlassverbindlichkeiten, Jura 2010, 117; *Schuhmann*, Der Erbe und die Nachlassverbindlichkeiten, ErbR 2011, 105; *Sick*, Die Haftung des Erben nach § 1967 BGB und das Problem der Haftungsbeschränkung auf den Nachlass, ZErb 2010, 325; *Weiß*, Das Nachlassinsolvenzverfahren/Erbrecht für Insolvenzverwalter – Teil 3: Haftungsbeschränkungen nach §§ 1970 ff. BGB, ZInsO 2017, 2306.

Übersicht: Rdn

A. Allgemeines

1 Die **„Verschweigungseinrede"** soll den Erben gegen die Nachteile schützen, die daraus entstehen können, dass ihm Nachlassverbindlichkeiten erst lange Zeit nach dem Erbfall bekannt werden.[1] Das wird dadurch erreicht, dass Gläubiger, die ihre Forderung später als fünf Jahre nach dem Erbfall geltend machen, wie ausgeschlossene Gläubiger (§ 1973 BGB) behandelt werden.[2] Die Einrede setzt nicht voraus, dass ein Aufgebotsverfahren nach §§ 1970 ff. BGB stattgefunden hat, bleibt aber auch nach durchgeführtem Aufgebot der Nachlassgläubiger anwendbar. Mit Rücksicht auf die Regelverjährung gem. § 195 BGB schwindet die Bedeutung dieser Norm, weil die meisten Forderungen vor Ablauf der fünfjährigen Frist bereits verjährt sein dürften. Lediglich die §§ 196 und 197 BGB beinhalten Verjährungszeiten, die über den Zeitraum von fünf Jahren hinausgehen (zehn bzw. 30 Jahre).

2 Hat ein Aufgebotsverfahren stattgefunden, so werden die angemeldeten Ansprüche durch die Anmeldung gegenüber dem Zeitablauf gewahrt (Abs. 1 S. 1 Hs. 2). Gegenüber einem nicht angemeldeten Anspruch ist der Erbe schon durch den rechtskräftigen (§§ 45, 439 Abs. 2 FamFG) Ausschließungsbeschluss geschützt (§ 1973 BGB). Gegenüber den nach § 1971 BGB vom Aufgebot nicht betroffenen Gläubigern greift auch die Verschweigungswirkung des § 1974 BGB nicht durch (vgl. Abs. 3). Wenn ein Aufgebotsverfahren stattgefunden hat, beschränkt sich somit die praktische Bedeutung des § 1974 BGB im Wesentlichen auf die Gläubiger aus Pflichtteilsrechten, Erbersatzansprüchen, Vermächtnissen und Auflagen, die von dem Aufgebotsverfahren nach § 1972 BGB nicht betroffen werden, wohl aber nach § 1974 BGB von der Ausschlusswirkung der Verschweigung. Bedeutung hat § 1974 BGB auch gegenüber Forderungen, die erst nach Beginn der Anmeldefrist im Aufgebotsverfahren oder nach Erlass des

1 OLG Koblenz ErbR 2018, 640; MüKo/*Küpper*, § 1974 Rn 1.
2 BeckOK BGB/*Lohmann*, § 1973 Rn 1.

Ausschließungsbeschlusses begründet worden sind und somit vom Ausschließungsbeschluss nicht betroffen werden[3]

B. Tatbestand

I. Voraussetzungen der Ausschlusswirkung

3 Die Einrede kann nur geltend gemacht werden, wenn die Säumnisfrist von fünf Jahren abgelaufen ist. Die Frist beginnt mit dem Eintritt des Erbfalls und ist nach den §§ 187 Abs. 1, 188 BGB zu berechnen. Ist der Erblasser z.B. am 5.6.2018 verstorben, endet die Frist mit Ablauf des 5.6.2023. Die Vorschriften über die **Hemmung** der Verjährung (§§ 203, 206, 207 BGB) sind nicht anwendbar, weil es sich nicht um eine Verjährungs-, sondern um eine Ausschlussfrist handelt.[4] Wird der Erblasser für tot erklärt oder wird seine Todeszeit nach den Vorschriften des Verschollenheitsgesetzes festgestellt, beginnt die Frist nicht vor Rechtskraft des entsprechenden Beschlusses (Abs. 1 S. 2). Dies deshalb, weil der Gläubiger andernfalls je nach Feststellung des Todeszeitpunkts nicht in der Lage wäre, seine Forderung binnen der Frist von fünf Jahren nach dem Erbfall geltend zu machen.[5] Im Übrigen ist nicht Voraussetzung, dass der Gläubiger seine Forderung innerhalb der Fünf-Jahres-Frist geltend machen konnte, weshalb auch gegenüber einer erst nach dem Ablauf der Frist entstandenen Forderung die Verschweigungseinrede erhoben werden kann.[6]

4 Das **Verschweigen** der Forderung liegt dann vor, wenn diese innerhalb der Frist von fünf Jahren weder gerichtlich noch außergerichtlich gegenüber dem Erben geltend gemacht worden ist. Eine Forderung wird auch dann gegenüber dem Erben geltend gemacht, wenn der Gläubiger sich an den Nachlasspfleger, Nachlassverwalter oder den Testamentsvollstrecker wendet.[7] Ausreichend ist schließlich die Geltendmachung gegenüber einem vorläufigen Erben, der die Erbschaft später ausgeschlagen hat (§ 1953 BGB).[8]

5 Die **Säumnis** tritt allerdings dann nicht ein und das Unterlassen der Geltendmachung schadet dem Gläubiger dann nicht, wenn und soweit er nach § 1971 BGB nicht von einem Aufgebotsverfahren betroffen würde (Abs. 3), die Forderung im Aufgebotsverfahren angemeldet worden ist (Abs. 1 S. 1) und die Forderung dem Erben vor Ablauf der Säumnisfrist bekannt geworden ist (Abs. 1 S. 1).

6 Nicht von dem Aufgebotsverfahren betroffen nach § 1971 BGB werden die mit dinglichen Sicherungsrechten an einzelnen Nachlassgegenständen ausgestatteten ab- und aussonderungsberechtigten Gläubiger, soweit sie keine darüber hinaus gehenden Forderungen gelten machen. Die **Anmeldung** im **Aufgebotsverfahren** ist auch für die in § 1972 BGB benannten Rechte wichtig, um den Eintritt der Rechtsfolgen des Abs. 2 auszuschließen. Zur Kenntnis des Erben von der Forderung i.S.d. Abs. 1 S. 1 genügt das Wissen, dass der Anspruch besteht oder zumindest tatsächlich behauptet wird. Fahrlässige Unkenntnis steht der Kenntnis nicht gleich.[9] Die Kenntnis des Nachlasspflegers, des Nachlass- und Insolvenzverwalters sowie des Testamentsvollstreckers und dem vorläufigen Erben wird dem Erben zugerechnet.[10]

---

3 Staudinger/*Kunz* (2020), § 1974 Rn 2.
4 Staudinger/*Kunz* (2020), § 1974 Rn 4.
5 Staudinger/*Kunz* (2020), § 1974 Rn 6 und 7.
6 Staudinger/*Kunz* (2020), § 1974 Rn 8 und 9.
7 BeckOK BGB/*Lohmann*, § 1974 Rn 3.
8 Grüneberg/*Weidlich*, § 1974 Rn 2.
9 Staudinger/*Kunz* (2020), § 1974 Rn 16.
10 MüKo/*Küpper*, § 1974 Rn 3; a.A. betreffend den vorläufigen Erben: Staudinger/*Kunz* (2020), § 1974 Rn 18.

7 Die Einrede ist ausgeschlossen, wenn der Erbe unbeschränkt haftet (§ 2013 Abs. 1 S. 1 BGB). Tritt die unbeschränkte Haftung erst nach **Fristablauf** gem. § 1994 Abs. 1 S. 2 oder § 2005 Abs. 1 BGB ein, bleibt die Verschweigungseinrede jedoch erhalten (§ 2013 Abs. 1 S. 2 BGB).

II. Wirkung der Verschweigung

8 Die Rechtsfolgen der Verschweigung entsprechen im Wesentlichen denjenigen eines im Aufgebotsverfahren ergangenen Ausschließungsbeschlusses (§ 1973 BGB; im Einzelnen vgl. § 1973 Rdn 4 ff.). Der Erbe haftet nur noch nach Bereicherungsrecht. Eine besondere Regelung trifft allerdings Abs. 2: Die **Verschweigungseinrede** kann – anders als die Ausschluss- und Erschöpfungseinrede des § 1973 BGB – grundsätzlich auch gegenüber nachlassbeteiligten Gläubigern des § 1972 BGB erhoben werden (Abs. 2). Für das Verhältnis dieser Gläubiger untereinander gilt § 327 InsO entsprechend. Verbindlichkeiten gegenüber Pflichtteilsberechtigten sind gem. § 327 Abs. 1 InsO vor den Verbindlichkeiten aus den vom Erblasser angeordneten Vermächtnissen zu erfüllen. An dieser Rangordnung ändert sich durch die Verschweigungseinrede grundsätzlich nichts (§ 327 Abs. 3 S. 2 InsO). Ausgeschlossene und gem. § 1974 BGB diesen gleichstehende Verbindlichkeiten werden lediglich erst nach denjenigen Verbindlichkeiten erfüllt, mit denen sie ohne die Beschränkung gleichen Rang hätten (§ 327 Abs. 3 S. 1 InsO).

III. Beweislast

9 Der Gläubiger, der den Erben nach dem Ablauf der Säumnisfrist über die Bereicherung hinaus in Anspruch nehmen will, muss darlegen und **beweisen**, dass er entweder den Anspruch innerhalb der Frist geltend gemacht, ihn im Aufgebotsverfahren angemeldet hat oder dass der Anspruch dem Erben in sonstiger Weise bekannt geworden ist.[11] Liegen die Voraussetzungen des § 1974 BGB vor, hat der Gläubiger auch die Voraussetzungen einer verschärften Haftung (§§ 818 Abs. 4, 819 Abs. 1 Fall 1 BGB) zu beweisen.[12] Der Erbe muss den Fristablauf sowie ggf. die Erschöpfung des Nachlasses oder sonst den Wegfall der Bereicherung beweisen. Haftet der Erbe allen oder einzelnen Gläubigern gegenüber unbeschränkt, muss er ggf. beweisen, dass die unbeschränkte Haftung erst nach Ablauf der Frist eingetreten ist.[13]

Untertitel 3. Beschränkung der Haftung des Erben

Vorbemerkung zu §§ 1975–1992 BGB

Literatur

App, Die Erbschaft im Insolvenzverfahren – kurzer Überblick, KKZ 2003, 201; *Bartsch*, Fälle zur Erbenhaftung, ZErb 2010, 345; *Bisle*, Testamentsvollstreckung im Handels- und Gesellschaftsrecht, DStR 2013, 1037; *Blankenstein*, Zahlungspflichten bei Maßnahmen der Instandhaltung, Instandsetzung, modernisierenden Instandsetzung, Modernisierung und baulichen Veränderung, Wohnungseigentümer 2011, 87; *Bredemeyer*, Das kaufmännische Einzelunternehmen im Nachlass, ZErb 2013, 294; *Bredemeyer/Tews*, Erbteilung durch dingliche Abschichtung, ZEV 2012, 352; *Busch*, Fachanwaltsklausur Erbrecht: Die Haftung des Erben, ZFE 2008, 457; *Drasdo*, Tod des Pflegeleistungsempfängers beendet Heimvertrag, NVwZ 2011, 1181; *du Carrois*, Der überschuldete Nachlass, Rpfleger 2009, 197; *Eberl-Borges*, Verfügungsgeschäfte der Erbengemeinschaft im Rahmen der Nachlassverwaltung, NJW 2006,

11 Staudinger/*Kunz* (2020), § 1974 Rn 134.
12 BeckOK BGB/*Lohmann*, § 1974 Rn 7.
13 BeckOK BGB/*Lohmann*, § 1974 Rn 7.

1313; *Eich*, Beschränkung der Erbenhaftung, ErbStB 2006, 228; *Flume*, Zur Ausübung des Vorkaufsrechts an einem Grundstück durch den Erben, zu dessen Gunsten eine Auflassungsvormerkung eingetragen ist, nachdem die Nachlassverwaltung angeordnet wurde, JZ 2000, 1159; *Fröhler*, Leitfaden Nachlasspflegschaften, BWNotZ 2014, 70; *Fromm*, Nachlassverwaltung: Eine Bedrohung für mittelständische Unternehmen im Nachlass, ZEV 2006, 298; *Funke/Roth*, Haftungseinreden des Erben und ihre Folgen, NJW-Spezial 2014, 487; *Geldmacher*, Wann haftet der Erbe mit seinem eigenen Vermögen, MK 2020, 24; *Gluth*, Die Erbenhaftung bei Nachlassverwaltung, AO-StB 2003, 20; *Gotzen*, Das Verhältnis zwischen § 74 SGB XII und den Vorschriften über die Beschränkung der Erbenhaftung, ZfF 2011, 249; *Grosse*, Die Erbenhaftung nach § 35 SGB II, info also 2013, 3; *Große-Wilde*, Die Rechtsprechung zum Erbrecht 2011/2012, MDR 2012, 1013; *Grziwotz*, Bestattungskosten und Erbenhaftung, FamRB 2012, 226; *Hermreck*, Das Nachlassinsolvenzverfahren, NJW-Spezial 2017, 149; *Herzog*, Nachlasshaftung und Nachlassinsolvenz (1. Teil), ErbR 2013, 70; (2. Teil), ErbR 2013, 104; *dies.*, Haftung des Erben für Miet- und WEG-Schulden, NZM 2013, 175; *Horn*, Grundsätze der Erbenhaftung, NJW 2022, 2454; *Joachim*, Die Haftung der Erben, ZEV 2005, 99; *Jünemann*, Praktische Konsequenzen der Abschichtung von Miterben, ZEV 2012, 65; *Kronthaler*, Unternehmerische Tätigkeit i.S.d. UStG bei Testamentsvollstreckung und Nachlassverwaltung aus privatem Anlass; ZEV 2007, 46; *Küpper*, Zur Erbenhaftung im Nachlasskonkurs bei fahrlässiger Gläubigerbefriedigung, ZEV 2000, 238; *Kunz*, Der Erbe als Januskopf in System der Erbenhaftung, ErbR 2020, 318; *Lettmann*, Die Beschränkung der Erbenhaftung, RNotZ 2002, 537; *Linnartz*, Die Dürftigkeitseinrede des Erben nach § 1990 BGB, AnwZert ErbR 1/2020 Anm. 2; Lissner, Spezielle Fragen im Bereich des Nachlassinsolvenzrechts, Zerb 2025, 88; *Luttermann*, Die Erbenhaftung bei Kommanditanteilen, ZErb 2008, 139; *Marquardt*, Restschuldbefreiung für „geerbte" Deliktsforderungen – Entschuldung oder „Sippenhaft", ZInsO 2023, 2251; *Marotzke*, Insolvenzantragspflicht des Erben und anderer Nachlassbeteiligter, ZInsO 2023, 2365; *ders.*, Sonderinsolvenz und Nachlassverwaltung über das Vermögen einer erloschenen Personengesellschaft, ZInsO 2009, 590; *ders.*, Zur Möglichkeit des Erben einer Eigentumswohnung, die Haftung für Wohngeldschulden zu beschränken, ZEV 2000, 153; *ders.*, Dingliche Surrogation nach § 2041 BGB auch für den Anwendungsbereich des § 1990 BGB, EWiR 1989, 989; *Möller*, So beschränkt der Erbe seine Haftung, EE 2020, 13; *Monschau*, Die beschränkte Erbenhaftung im Zivilprozess, AGS 2004, 308; *Münzberg*, Zur Erbenhaftung gegenüber Wohngeldschulden und die Vollstreckungsfolgen der Dürftigkeitseinrede, Rpfleger 2000, 216; *Muscheler*, Haftung des Nachlasspflegers der Gesamtgläubigergemeinschaft gegenüer, ErbR 2025, 183; ders., Die Erfüllung einer verjährten Nachlassverbindlichkeit auf Kosten Dritter, ZEV 2020, 324; *Neukirchen*, Der Vorbehalt der beschränkten Erbenhaftung in notariellen Vollstreckungstiteln, RNotZ 2016, 228; *Nöll*, Nachlassverwaltung vs. Nachlasspflegschaft: das bessere Verfahren bei Erbausschlagung und Erbprätendentenstreit, ZEV 2015, 612; *Olzen*, Die Erbenhaftung, Jura 2001, 520; *Paulus*, Grundlagen des neuen Insolvenzrechts-Sonderverfahren, DStR 2005, 160; *Robrecht*, Prozessunterbrechung durch Eröffnung des Nachlassinsolvenzverfahren, KTS 2003, 385; *Roth*, Das Nachlassinsolvenzverfahren als Königsweg zur Auseinandersetzung streitiger Erbengemeinschaften und Pflichtteilsansprüche, ZEV 2023, 208; *ders.*, Haftungsbeschränkungsmaßnamen des Erben auf den Nachlass, NJW-Spezial 2023, 103; *ders.*, Geltendmachung der Verwaltungskosten des Fiskuserben im Nachlassinsolvenzverfahren, ZEV 2021, 7; *Roth/Wozniak*, Das Nachlassinsolvenzverfahren als effizientes Mittel zur Auseinandersetzung zersplitteter Erbengenmeinschaften, ZEV 2021, 489; *ders.*, Die Erbschaftsteuerforderung im Nachlassinsolvenzverfahren, ErbStB 2020, 263; *ders.*, Praxis der Nachlassverwaltung, NJW-Spezial 2018, 487; *ders.*, Die Eröffnungsgründe im Nachlassinsolvenzverfahren, ZInsO 2009, 2265; *Rugullis*, Das Konkurrenzverhältnis zwischen Nachlassverwaltung und Nachlassinsolvenzverfahren, ZErb 2008, 35; *ders.*, Nachlassverwaltung und Nachlassinsolvenzverfahren: ein Rechtsfolgenvergleich, ZEV 2007, 156; *ders.*, Nachlassverwaltung und Nachlassinsolvenzverfahren – ein verfahrensrechtlicher Vergleich, ZEV 2007, 117; *Ruschmeier*, Bestattungskosten nach § 74 SBG XII, NDV 2010, 42; *Sarres*, Mietschulden aus ungekündigtem Mietverhältnis und Nachlassverwaltung, EE 2020, 40; *Schindler*, Pflichtteil und (Nachlass-)Insolvenz, ZInsO 2007, 484; *Schmerbach*, Tod des Schuldners im Verbraucherinsolvenzverfahren, NZI 2008, 353; *Schönenberg-Wessel/Kaufmann*, Der überschuldete Nachlass, BtPrax 2021, 180; *Schönert*, Grenzen der Beschränkbarkeit der Erbenhaftung auf den Nachlass, BWNotZ 2008, 81; *Scholz*, Nachlass- und Eigengläubigerschutz in der Erbeninsolvenz de lege lata und de lege lata ferenda, KTS 2022, 1; *Schreiber*, Die Haftung des Erben für Nachlassverbindlichkeiten, Jura 2010, 117; *Schuhmann*, Der Erbe und die Nachlassverbindlichkeiten, ErbR 2011, 105; *Sick*, Die Haftung des Erben nach § 1967 BGB und das Problem der Haftungsbeschränkung auf den Nachlass, ZErb 2010, 325; *Siebert*, Die Entwicklung des Erbrechts im Jahr 2010, NJW 2011, 897; Sonnenberg, Nachlasspfleger und Nachlassinsolvenzverwalter (Herakles und Iolaos**)Iolaos, griechische Heldenfigur, Neffe, Gefährte und Wagenlenker des Herakles), ZVI 2025, 209; *Stein*, Dürftigkeit des Nachlasses und Pflichtteilsrechtsanspruch oder Pflichtteilsergänzungsanspruch, ZEV 1996, 73; *Sticherling*, Zur Anordnung einer Nachlassverwaltung und zur Vergütung des Nachlassverwalters aus dem Nachlass, Rpfleger 2009, 459; *Thien*, Das Nachlassinsolvenzverfahren in der Praxis, ErbR 2022, 771; *Vallender*, Doppelinsolvenz: Erben- und Nachlassinsolvenz, NZI 2005, 318; *v. Proff*, (Nachlass-)Insolvenz, Nachlassverwaltung und Testamentsvollstreckung an Personengesellschaftsanteilen, NJW 2018, 828; *Wacker*, Rechtsprobleme der Durchsetzung finanzieller Forderungen von Selbstverwaltungskörperschaften bei Erhebung der Dürftigkeitseinrede nach § 1990 BGB, NWVBl 2021, 97; *Weber*, Erbenhaftung, DVP 2014, 10; *Weidlich*, Testamentsvollstreckung an einem einzelkaufmännischen Unternehmen, NJW 2011, 641; *Wesche*, Der Schuldner als Erbe oder Erblasser, KKZ 2020, 9; *Widmann*, Die Bestattungspflicht und Bestattungskostentragungspflicht in der höchstrichterlichen Rechtsprechung, MDR 2012, 617; *Woitkewitsch*, Beerdigungskosten bei Vor- und Nacherbschaft, MDR 2010, 57; *Wolf*, Die Haftung des Gesellschaftererben für Verbindlichkeiten einer Personenhandelsgesellschaft, DB 2003, 1423; *Zimmermann*, Neue Rechtsprechung zur Vergütung von Betreuern und Nachlasspflegern, FamRZ 2018, 734; *ders.*, Der Nachlasspfleger im Zivilprozess, ZEV 2011, 631; *ders.*, Probleme der Nachlassverwaltervergütung, ZEV 2007, 519.

A. Allgemeines

1 Die Bestimmungen des Untertitels 3 betreffen die Beschränkung der Haftung des Erben. Was damit im Grundsatz gemeint ist, wurde in der Einführung zu den §§ 1967–2017 BGB im Einzelnen angeführt. Während sich die Bestimmungen des Untertitels 2 mit zwei Fällen der Beschränkung der Haftung des Erben einzelnen Nachlassgläubigern gegenüber (§§ 1973, 1974 BGB) befassen, bestimmt der Untertitel 3 (§§ 1975–1992 BGB), unter welchen Voraussetzungen die Haftung des Erben allen Gläubigern gegenüber beschränkt werden kann. Es wird ein wichtiger Grundsatz der Haftungsbeschränkung festgelegt: Regelmäßig ist deren Voraussetzung die amtliche Sonderung des Nachlasses (*separatio bonorum*) vom Eigenvermögen des Erben.[1]

2 Regelmäßige Voraussetzung für eine Haftungsbeschränkung allen Gläubigern gegenüber ist nach § 1975 BGB die Herbeiführung einer Nachlassverwaltung oder eines Nachlassinsolvenzverfahrens. Zu beachten ist allerdings, dass eine Beschränkung der Haftung auf den Nachlass gegenüber dinglichen oder ihnen gleichgestellten Ansprüchen, welche vom Aufgebot nach § 1971 nicht betroffen würden (im Einzelnen vgl. § 1971 Rdn 2 und 3), grundsätzlich nicht in Betracht kommt. Gegenüber akzessorischen dinglichen Sicherungsrechten gilt dies jedenfalls dann, wenn der Gläubiger diese bereits vom Erblasser erworben hat. Hat er sie erst nach dem Erbfall erlangt, ist zu unterscheiden: In dem Fall, in dem der Nachlassgläubiger das Sicherungsrecht durch Rechtsgeschäft vom Erben erlangt hat und der Erbe sich dabei nicht ausdrücklich sein Recht zur Beschränkung der Haftung vorbehalten hat, verliert er sein Haftungsbeschränkungsrecht, kann das Sicherungsrecht u.U. kondizieren. Hat der Nachlassgläubiger das Sicherungsrecht nach dem Erbfall im Wege der Zwangsvollstreckung oder durch Vollziehung von Arrest bzw. einstweiliger Verfügung erlangt, kann der Erbe sich auch diesem gegenüber auf das Recht zur Haftungsbeschränkung berufen.[2] Die Nachlassverwaltung setzt dabei i.d.R. einen zureichenden Nachlass und das Nachlassinsolvenzverfahren einen nicht zureichenden, d.h. zahlungsunfähigen oder überschuldeten Nachlass voraus. Deckt der Nachlass weder die Kosten einer Nachlassverwaltung noch eines Nachlassinsolvenzverfahrens, kann nach §§ 1990, 1991 BGB eine **Haftungsbeschränkung auch ohne eines der vorgenannten Verfahren** herbeigeführt werden.

3 Eine besondere Art der beschränkten Haftung, nämlich eine dem § 1973 BGB entsprechende, ist in § 1989 BGB bestimmt. Diese Vorschrift betrifft den Fall, dass das Nach-

1 MüKo/*Küpper*, § 1975 Rn 1.
2 Staudinger/*Dobler*, Vorbem. §§ 1975–1992 Rn 2.

lassinsolvenzverfahren durch Verteilung der Masse oder Insolvenzplan beendet ist und der Erbe hinterher noch für Nachlassverbindlichkeiten in Anspruch genommen wird.

Der **Errichtung eines Inventars**, die lediglich die Sonderung des Nachlasses vom Eigenvermögen auf dem Papier bedeutet, hat das Gesetz **keine haftungsbeschränkende Wirkung beigelegt**. Sie wahrt dem Erben allein die Möglichkeit der Haftungsbeschränkung, während ein Verstoß gegen die Inventarpflicht (§ 1994 BGB) das Recht zur Beschränkung der Erbenhaftung vernichtet und sie damit zur endgültig unbeschränkten, also unbeschränkbaren, werden lässt. 4

B. Überblick

Die **amtliche Nachlasssonderung durch Nachlassverwaltung** bei zulänglichem, aber unübersichtlichem Nachlass und durch Eröffnung des Nachlassinsolvenzverfahrens bei Überschuldung oder (drohender) Zahlungsunfähigkeit (§ 320 InsO) **macht** auch den **Nachlass** des Alleinerben mit Rückwirkung auf den Erbfall **zu einem Sondervermögen**, das durch den Abwicklungszweck dinglich gebunden ist. 5

Folgende **Besonderheiten** sind zu beachten: 6

- Mit der Anordnung der Nachlassverwaltung oder Eröffnung des Nachlassinsolvenzverfahrens geht das Recht zur Verwaltung und Verfügung über den Nachlass vom Erben auf den Verwalter (Nachlass- oder Insolvenzverwalter) über (§§ 1984 Abs. 1, 1985 BGB; § 80 Abs. 1 InsO). Er hat die Nachlasssachen in Besitz zu nehmen und zu verwerten (§§ 148, 159 InsO).
- Die Nachlassgläubiger können nur noch ihre Ansprüche gegen den Verwalter geltend machen (§ 1984 Abs. 1 S. 3 BGB), der die Nachlassschulden aus dem Nachlass zu berichtigen hat (§ 1985 Abs. 1 BGB), und Befriedigung aus dem Nachlass verlangen (§ 27 InsO).
- Vollstreckungsmaßnahmen der Eigengläubiger des Erben werden rückwirkend aufgehoben, wenn sie noch nicht zur Pfandverwertung geführt haben.
- Der Nachlass dient ausschließlich der Befriedigung der Nachlassgläubiger unter Ausschluss der Eigengläubiger (§ 325 InsO), die während der amtlichen Abwicklung nicht in den Nachlass vollstrecken können (§ 1984 Abs. 2 BGB; §§ 3, 38 Abs. 1, 325 InsO).
- Die Vereinigung von Rechten und Pflichten, Rechten und Lasten gilt rückwirkend als nie erfolgt (§ 1976 BGB; § 326 Abs. 1 InsO).
- Für die Aufrechnung besteht zwischen Nachlass und Eigenvermögen, ebenfalls rückwirkend auf den Erbfall, keine Gegenseitigkeit (§§ 387, 1977 BGB).
- Die Prozessführungsbefugnis geht auf den Verwalter über, während der Erbe Träger der Nachlassrechte und -pflichten bleibt.
- Die Verfügungsmacht des Erben über Nachlassgegenstände und die Befriedigung der Eigengläubiger durch Vollstreckung in den Nachlass dagegen können nicht rückwirkend beseitigt werden.

Die Haftung des Erben beschränkt sich nicht von selbst auf den Nachlass, sobald die gesetzlichen Voraussetzungen hierfür vorliegen. Vielmehr muss der Erbe die Initiative ergreifen. Was er im Einzelnen tun kann, ist durch die konkrete Situation vorgegeben und soll bei den einzelnen Bestimmungen erörtert werden. 7

§ 1975 Nachlassverwaltung; Nachlassinsolvenz

Die Haftung des Erben für die Nachlassverbindlichkeiten beschränkt sich auf den Nachlass, wenn eine Nachlasspflegschaft zum Zwecke der Befriedigung der Nachlassgläubiger (Nachlassverwaltung) angeordnet oder das Nachlassinsolvenzverfahren eröffnet ist.

Literatur

Büttner, Erteilung der Restschuldbefreiung für die Erben?, ZInsO 2013, 588; *Busch*, Fachanwaltsklausur Erbrecht: Die Haftung des Erben, ZFE 2008, 457; *Drasdo*, Erbenhaftung für Wohnungseigentumsschulden, NJW-Spezial 2021, 545; *Fischinger*, Zur Stellung der Nachlassgläubiger, wenn der Erbe beim Erbfall insolvent ist, ZInsO 2013, 365; *Fröhler*, Rechtliche Grundlagen und praktische Probleme bei der Führung von Nachlasspflegschaften, BWNotZ 2011, 2; *Gehm*, Haftung von Erben für Steuern, PU 2020, 20.11.2019; *Gottwald*, Beschwer bei Ausspruch über den Vorbehalt der beschränkten Erbenhaftung, EE 2021, 41; *ders.*, Anwaltshaftung in der erbrechtlichen Beratung – die wichtigsten „Stolpersteine" (Teil 1), EE 2020, 113–117; (Teil 2), EE 2020, 132; (Teil 3), EE 2020, 150; (Teil 4) EE 2020, 169; *Jünemann*, Nachlassinsolvenz, ZErb 2011, 59; *Kampf*, Tod in der Insolvenz – eine Herausforderung für die Verfahrensbeteiligten, ZVI 2018, 3; *Lang/Rasche*, Rechtsnachfolge von Todes wegen in GbR-Anteile nach Inkrafttreten des MoPeG, DB 2024, 1122; *Lissner*, Spezielle Fragen im Bereich des Nachlassinsolvenzrechts, ZErb, 2025, 88; *Lüdeking/Samari*, Dauertestamentsvollstreckung über den Anteil eines persönlich haftenden Gesellschafters nach dem MoPeG, ZGR 2024, 717; *Marotzke*, Die insolvenz- und restrukturierungsrechtliche Behandlung geerbter Verbindlichkeiten aus Vorsatzdelikten, ZInsO 2023, 2673; *ders.*, Vererbte Unternehmen und bestandgefährdende Erbfallschulden als Bewährungsprobe des Sta RUG, ZInsO 2022, 688; *Muscheler*, Haftung des Nachlasspflegers der Gesamtgläubigergemeinschaft gegenüber, ErbR 2025, 183; *Paus*, Einkommenssteuerpflicht des Erben auch bei Nachlassverwaltung, DStZ 1993, 82; *Poertzgen*, Die Insolvenzverschleppungshaftung gem. § 1980 BGB, ZInsO 2013, 517; *Reinert*, Der Vergütungsanspruch des berufsmäßigen Nachlasspflegers (zugleich Anm. zu OLG Düsseldorf, Beschl. v. 8.11.2019 – I-3-Wx 62/18 und OLG Braunschweig, Beschl. v. 1.11.2018 – 1 W 144/16), AnwZert ErbR 9/2020 Anm. 2; *Roth*, Die Erbschaftsteuerforderung im Nachlassinsolvenzverfahren, ErbStB 2020, 263; *ders.*, Praxis der Nachlassverwaltung, NJW-Spezial 2018, 487; *ders.*, Die Eröffnungsgründe im Nachlassinsolvenzverfahren, ZInsO 2009, 2265; *Schwartmann*, Die Beschränkung der öffentlich-rechtlichen Altlastenhaftung des Erben, ZEV 2001, 101; *Sonnenberg*, Nachlasspfleger und Nachlassinsolvenzverwalter (Herakles und Iolaos), ZVI 2025, 209.
Weitere Literaturhinweise siehe Vorbemerkung zu §§ 1975–1992.

Übersicht:

A. Allgemeines

1 Die Vorschrift bestimmt, dass sich die Haftung auf den Nachlass beschränkt, wenn die **Nachlassverwaltung** angeordnet oder das **Nachlassinsolvenzverfahren** eröffnet ist. Damit legt das Gesetz einen wichtigen Grundsatz der Haftungsbeschränkung fest: die amtliche Nachlassabsonderung. Die Verwaltung des Nachlasses wird dem Erben im Falle der Nachlassverwaltung und des (fremdverwalteten) Nachlassinsolvenzverfahrens völlig entzogen und in die Hand des Nachlass- bzw. Insolvenzverwalters gelegt. Andererseits können die Nachlassgläubiger Befriedigung nur aus dem Nachlass suchen. Ist die Nachlassverwaltung angeordnet, können die Nachlassgläubiger ihre Ansprüche grundsätzlich nur gegen den Nachlassverwalter geltend machen (§ 1984 Abs. 1 S. 3 BGB). Das Gleiche gilt, wenn das Nachlassinsolvenzverfahren eröffnet ist.[1] Maßregeln der Zwangsvollstreckung, die zugunsten von Nachlassgläubigern in das Eigenvermögen des Erben erfolgt sind, sind auf den Antrag des Erben, der die Möglichkeiten, seine Haftung zu beschränken noch nicht verloren hat, aufzuheben (§ 784 Abs. 1 ZPO). Andererseits ist die Zwangsvollstreckung in den Nachlass zugunsten

1 Staudinger/*Kunz* (2020), § 1975 Rn 5, 6.

eines Eigengläubigers des Erben ausgeschlossen und kann auch der Nachlassverwalter die Aufhebung von Zwangsvollstreckungsmaßnahmen, die vor Anordnung der Nachlassverwaltung zugunsten von Eigengläubigern in den Nachlass erfolgt sind, aufheben lassen (§ 784 Abs. 2 ZPO).

Im eröffneten Nachlassinsolvenzverfahren schützen die Bestimmungen der §§ 89 und 321 InsO den Nachlass.[2] Zur weiteren Durchführung der durch die Nachlassverwaltung oder das Nachlassinsolvenzverfahren bewirkten Sonderung des Nachlasses vom Eigenvermögen des Erben macht § 1976 BGB die infolge des Erbfalls eingetretene Vereinigung von Recht und Verbindlichkeit rückgängig (vgl. auch § 326 InsO). Forderungen, die durch Aufrechnung erloschen sind, leben nach Maßgabe des § 1977 BGB wieder auf.[3] Bei der Eigenverwaltung (§§ 270 ff. InsO) gelten für das „eigenverwaltete" Insolvenzverfahren – soweit die § 270 ff InsO nicht anderes bestimmen – die allgemeinen Vorschriften. Das bedeutet für das Nachlassinsolvenzverfahren, dass die Anordnung der Eigenverwaltung außer in der Frage der Verwaltungs- und Verfügungszuständigkeit nichts am Charakter des Verfahrens ändert.[4] 2

Die haftungsbeschränkende Wirkung der Nachlassverwaltung und des Nachlassinsolvenzverfahrens kann nur eintreten, wenn der Erbe das Recht zur Beschränkung seiner Haftung noch nicht verloren hat. Deshalb schließt § 2013 Abs. 1 S. 1 BGB die Anwendung des § 1975 BGB völlig aus, wenn der Erbe bereits gegenüber sämtlichen Nachlassgläubigern unbeschränkbar haftend geworden ist. Hat der Erbe sein Haftungsbeschränkungsrecht nur gegenüber einzelnen Nachlassgläubigern verloren, so entfällt die haftungsbeschränkende Wirkung der Nachlassverwaltung usw. nur diesen Gläubigern gegenüber. Das Recht des Erben, die Anordnung einer Nachlassverwaltung zu beantragen (§§ 1981 Abs. 1, 2062 BGB), wird hierdurch nicht berührt (§ 2013 Abs. 2 BGB). Gemäß § 2013 Abs. 1 S. 2 Hs. 2 BGB verliert er dieses Recht jedoch im Fall allgemein unbeschränkbarer Haftung. Gleichwohl kann er u.U. auch dann noch die Eröffnung eines Nachlassinsolvenzverfahrens beantragen (§§ 316 Abs. 1, 317, 320 InsO), um seine Eigengläubiger am Zugriff auf den Nachlass zu hindern. Freilich ändert die Verfahrenseröffnung dann nichts mehr an der unbeschränkten Haftung des Erben für die Nachlassverbindlichkeiten.[5] 3

B. Tatbestand

I. Nachlassverwaltung

Das Gesetz definiert die **Nachlassverwaltung** als „eine **Nachlasspflegschaft** zum Zwecke der Befriedigung der Nachlassgläubiger" (§ 1975 BGB). Soweit im Gesetz nichts anderes bestimmt ist und soweit der besondere Zweck der Einrichtung nicht entgegensteht, finden die Vorschriften der Pflegschaft (§§ 1915 ff. BGB) Anwendung.[6] Der besondere Zweck der Befriedigung der Gläubiger unterscheidet die Nachlassverwaltung von der in den §§ 1960, 1961 BGB geregelten Nachlasspflegschaft. Mit der Anordnung der Nachlassverwaltung verliert der Erbe die Befugnis, den Nachlass zu verwalten und über Gegenstände des Nachlasses zu verfügen (§ 1984 Abs. 1 S. 1 BGB). Diese Befugnis geht auf den Nachlassverwalter über (§ 1985 BGB). Der Nachlassverwalter ist nicht der gesetzliche Vertreter des Erben, sondern Träger eines öffentlichen Amts (so die sog. Amtstheorie).[7] 4

2 Staudinger/*Kunz* (2020), § 1975 Rn 6.
3 Staudinger/*Kunz* (2020), § 1975 Rn 7.
4 Staudinger/*Kunz* (2020), § 1975 Rn 9, 10.
5 Staudinger/*Kunz* (2020), § 1975 Rn 11.
6 MüKo/*Küpper*, § 1975 Rn 3; Staudinger/*Kunz* (2020), § 1975 Rn 18.
7 MüKo/*Küpper*, § 1975 Rn 3.

5 Voraussetzungen der Anordnung der Nachlassverwaltung sind ein zulässiger Antrag eines Antragsberechtigten an das Nachlassgericht (§ 1981 BGB) sowie eine den Kosten entsprechende Masse (§ 1982 BGB) und erfolgt durch Beschluss des Nachlassgerichts. Antragsberechtigt ist der Erbe unter der Voraussetzung, dass dieser noch nicht allen Nachlassgläubigern gegenüber unbeschränkbar haftend geworden ist oder auf den innerhalb von zwei Jahren seit der Annahme der Erbschaft gestellten Antrag, falls Grund zu der Annahme besteht, dass die Befriedigung der Nachlassgläubiger aus dem Nachlass durch das Verhalten oder die Vermögenslage des Erben gefährdet ist (§ 1981 Abs. 2 BGB). Miterben können den Antrag nur gemeinschaftlich stellen Ihrem Antrag ist nur dann stattzugeben, wenn der Nachlass noch nicht geteilt ist. Über einen Erbteil findet die Nachlassverwaltung nicht statt (Rechtsgedanke des § 316 Abs. 3 InsO). Dass ein verwaltender Testamentsvollstrecker vorhanden ist, steht der Anordnung der Nachlassverwaltung nicht entgegen. Die Wirkungen der angeordneten Nachlassverwaltung ergeben sich aus den §§ 1975–1979, 1984 ff., 2000 BGB sowie den §§ 241 Abs. 3, 246 Abs. 1, 784 ZPO. Die Rechtsstellung des Nachlassverwalters ist in den §§ 1984–1987 BGB geregelt. Die Nachlassverwaltung endet mit der Eröffnung des Nachlassinsolvenzverfahrens (§ 1988 Abs. 1 BGB) oder durch Aufhebungsbeschluss des Nachlassgerichts.[8] Die Kosten der Nachlassverwaltung sind Nachlassverbindlichkeiten, für die der Erbe haftet (§ 24 Nr. 5 GNotKG).

6 Die durch die Anordnung der Nachlassverwaltung eingetretene Beschränkung der Haftung des Erben auf den Nachlass bleibt auch nach Aufhebung der Nachlassverwaltung erhalten.[9]

II. Nachlassinsolvenz

7 Auch die Eröffnung des Nachlassinsolvenzverfahrens führt zur Haftungssonderung.[10] Das in der Insolvenzordnung geregelte Verfahren ist an die Stelle des Nachlasskonkurses und Nachlassvergleichsverfahrens getreten. Das Nachlassinsolvenzverfahren ist eines der Sonderinsolvenzverfahren. Es betrifft ausschließlich den Nachlass und nicht etwa (auch) das Eigenvermögen des Erben. Schuldner des Nachlassinsolvenzverfahrens im Sinne der Bestimmungen der Insolvenzordnung ist der Erbe in seiner Eigenschaft als Träger des Nachlasses.[11] **Zuständig zur Entscheidung** über die Eröffnung des Nachlassinsolvenzverfahrens ist nicht das Nachlassgericht,[12] sondern das **Insolvenzgericht** (§ 315 InsO), das ist das AG (§ 2 InsO) in dessen Bezirk der Erblasser zum Zeitpunkt seines Todes seinen allg. Gerichtsstand hatte (§ 315 S. 1 InsO). Lag jedoch der Mittelpunkt einer selbstständigen wirtschaftlichen Tätigkeit des Erblassers an einem anderen Ort, so ist das Insolvenzgericht zuständig, in dessen Bezirk dieser Ort liegt (§ 316 S. 2 InsO). Die Zuständigkeit ist ausschließlich.

8 **Antragsberechtigt** ist nach § 317 InsO jeder Erbe, nach AG Dresden[13] jedoch nicht der Erbeserbe. Damit sind der vorläufige Erbe, der beschränkt oder wieder unbeschränkt haftende Erbe, der Vorerbe, solange der Nacherbfall noch nicht eingetreten ist, danach der Nacherbe, aber auch der Ersatzerbe, antragsberechtigt. Bei Abweisung eines Nachlassinsolvenzantrages mangels Masse sind dem antragstellenden Erben einschränkungslos die Kosten aufzuerlegen.[14] Der die Erbschaft ausschlagende Erbe ist

8 Zu den Aufhebungsgründen: Erman/*Horn*, § 1975 Rn 4, auch § 1988 Rn 2 und 3.
9 BGH NJW 1954, 635 = JZ 1954, 332; BeckOK BGB/*Lohmann*, § 1975 Rn 6.
10 OLG Bamberg FamRZ 2024, 71.
11 Staudinger/*Kunz* (2020), § 1975 Rn 29.
12 OLG Köln ZEV 2000, 240 = Rpfleger 2000, 174.
13 AG Dresden ZErb 2012, 63 = ZEV 2011, 548 m. abl. Anm. *Küpper*, ZEV 2011, 549.
14 AG Hannover ErbR 2021, 901; a.A. AG Göttingen NZI 2017, 575.

nicht mehr antragsberechtigt. Seine Antragsberechtigung entfällt ex tunc und damit ist sein Insolvenzantrag unzulässig.[15] Ein Erbe, der die Versäumung der Ausschlagungsfrist angefochten hat, ist auch nicht mehr antragsberechtigt, auch wenn die Wirksamkeit der Anfechtung noch nicht feststeht.[16] Eine Ausschlagung nach der Eröffnung des Nachlassinsolvenzverfahrens berührt allerdings das Verfahren nicht mehr. Der Nachweis der Erbenstellung obliegt als Zulässigkeitsvoraussetzung dem Antragsteller. Eine Amtsermittlungspflicht des Nachlassinsolvenzgerichts besteht insoweit nicht.[17]

Zum Nachweis der Erbenstellung ist grundsätzlich die Vorlage eines Erbscheins erforderlich.[18] Für ausreichend wird auch entsprechend § 35 Abs. 1 GBO ein öffentliches Testament nebst Niederschrift über die Eröffnung bzw. eine notariell beurkundete eidesstattliche Versicherung gehalten.[19] Im Falle der Erbenmehrheit können die Miterben den Antrag gemeinsam stellen. Jeder einzelne Miterbe ist jedoch auch antragsberechtigt, hat aber im Falle der Einzelantragstellung den Eröffnungsgrund glaubhaft zu machen (§ 317 Abs. 2 InsO). Hat der Erbe die Erbschaft verkauft, tritt der Käufer an seine Stelle (§ 330 Abs. 1 InsO). 9

Antragsberechtigt sind weiterhin der Nachlassverwalter oder ein anderer Nachlasspfleger, ein verwaltender Testamentsvollstrecker – sofern ihm die Verwaltung des gesamten Nachlasses zusteht, § 2209 BGB – und jeder Nachlassgläubiger (§ 317 InsO; mit der Einschränkung, dass der Antrag des Nachlassgläubigers zwei Jahre nach Annahme der Erbschaft unzulässig ist, § 319 InsO). Zu den Nachlassgläubigern zählen auch Miterbengläubiger, der Pflichtteilsberechtigte, der Vermächtnisnehmer sowie der Vollzugsberechtigte aus Auflagen. Der Gläubiger hat seine Forderung gegen den Nachlass und den Eröffnungsgrund glaubhaft zu machen[20] und muss ein rechtliches Interesse an der Eröffnung des Nachlassinsolvenzverfahrens haben. Bei der Gütergemeinschaft ist unter bestimmten Voraussetzungen auch der Ehegatte des Erben (§ 318 InsO) antragsberechtigt. Dies dürfte auch für die Lebenspartnerschaft gelten, so dass auch der Lebenspartner des Erben antragsberechtigt ist.[21] 10

Das Nachlassgericht ist nicht berechtigt, einen Antrag auf Eröffnung des Nachlassinsolvenzverfahrens zu stellen.[22] Es hat gem. § 1960 Abs. 2 BGB lediglich die Aufgabe der Nachlasssicherung im engeren Sinne. Sobald darüber hinaus die Rechtsverteidigung zugunsten des Nachlasses erforderlich wird, muss das Nachlassgericht einen Nachlasspfleger bestellen (der den Antrag auf Eröffnung des Nachlassinsolvenzverfahrens stellen kann). Der Eröffnungsantrag eines Nachlasspflegers ist zulässig, wenn er eine Überschuldung des Nachlasses in substantiierter, nachvollziehbarer Form darlegt; eine Schlüssigkeitsprüfung im technischen Sinne ist nicht erforderlich.[23] Sein Antragsrecht nach § 317 InsO hat der Nachlasspfleger ausschließlich im Interesse des Erben zur Sicherung und Erhaltung des Nachlasses, nicht aber auch im Interesse der Nachlassgläubiger wahrzunehmen.[24] Für den Nachweis der Erbenstellung genügt die Vorlage eines Erbscheins, nicht jedoch die Vorlage allein des Testaments.[25] 11

15 OLG Koblenz Rpfleger 1989, 510.
16 BGH ZInsO 2011, 1352 = FamRZ 2011, 1292.
17 LG Köln ZInsO 2003, 720 = NZI 2003, 501.
18 LG Köln ZInsO 2003, 720 = NZI 2003, 501.
19 MüKo-InsO/*Siegmann*, 3. Aufl. 2014, § 317 Rn 2; BGH NJW 2005, 2779; OLG Hamm FamRZ 2012, 585; OLG München FamRZ 2012, 1248; LG Lüneburg FamRZ 2009, 2038.
20 BGH ZInsO 2011, 1352 = FamRZ 2011, 1292.
21 Str., dafür wohl: Staudinger/*Kunz* (2020), § 1975 Rn 34 m.w.N.
22 BGH FamRZ 2009, 872 = ZEV 2009, 352.
23 BGH ZInsO 2007, 887 = ZErb 2007, 385.
24 BGHZ 161, 281 = NZI 2005, 162.
25 LG Köln ZInsO 2003, 720 = NZI 2003, 501.

12 **Eröffnungsgründe** (§ 16 InsO) sind die **Zahlungsunfähigkeit** und die **Überschuldung** (§ 320 S. 1 InsO) des Nachlasses. Das Vorliegen der Zahlungsunfähigkeit wird unter Anwendung des § 17 Abs. 2 InsO geprüft. Dabei ist nur auf die im Nachlass vorhandenen Mittel abzustellen. Der Begriff der Überschuldung ist aus § 19 Abs. 2 InsO zu entnehmen. Danach ist der Nachlass überschuldet, wenn bei der Gegenüberstellung der Aktiva und Passiva die Verbindlichkeiten den Wert des Nachlasses übersteigen. Zum Ansatz kommen dabei grundsätzlich Liquidationswerte.[26] Gehört zum Nachlass ein Unternehmen, ist allerdings bei der Bewertung der Fortführungswert anzusetzen, wenn die Fortführung nach den Umständen überwiegend wahrscheinlich ist. Der Erbe, Testamentsvollstrecker, Nachlassverwalter und der Nachlasspfleger können auch bei drohender Zahlungsunfähigkeit Insolvenzantrag stellen (§ 320 S. 2 InsO). Der Erbe – nach Annahme der Erbschaft – und der Nachlassverwalter sind bei Vorliegen der Eröffnungsgründe der Zahlungsunfähigkeit oder Überschuldung zur Stellung des Antrags verpflichtet (§§ 1980, 1985 Abs. 2 BGB). Für den Erben gilt dies auch dann, wenn ein Erbprätendentenstreit schwebt und deswegen die Nachlasspflegschaft angeordnet ist.[27]

13 Neben dem Vorliegen eines Eröffnungsgrunds setzt die Eröffnung auch des Nachlassinsolvenzverfahrens das Vorhandensein einer die Kosten des Verfahrens entsprechenden Masse bzw. die Leistung eines entsprechenden Kostenvorschusses voraus (§ 26 InsO). Über einen Erbteil findet ein Insolvenzverfahren nicht statt (§ 316 Abs. 3 InsO). Der Eröffnung steht nicht entgegen, dass mehrere Erben vorhanden sind und diese den Nachlass bereits unter sich aufgeteilt haben (§ 316 Abs. 2 InsO). Schließlich wird die Eröffnung des Nachlassinsolvenzverfahrens auch nicht dadurch ausgeschlossen, dass der Erbe die Erbschaft noch nicht angenommen hat (§ 316 Abs. 1 InsO).

14 Mit der Eröffnung des Nachlassinsolvenzverfahrens geht das Recht des Erben, den Nachlass zu verwalten und über ihn zu verfügen, auf den **Nachlassinsolvenzverwalter** über (§§ 80 ff. InsO). Art. 76 Verordnung (EU) Nr. 650/2012 des Europäischen Parlaments und des Rates vom 4.7.2012 über die Zuständigkeit, das anzuwendende Recht, die Anerkennung und Vollstreckung von Entscheidungen und die Annahme und Vollstreckung öffentlicher Urkunden in Erbsachen sowie zur Einführung eines Europäischen Nachlasszeugnisses steht der Ausstellung eines Europäischen Nachlasszeugnisses für einen Nachlassinsolvenzverwalter nicht entgegen. Der Nachlassinsolvenzverwalter ist Antragsberechtigter im Sinne des Art. 63 EUV.[28]

15 Zur **Insolvenzmasse** gehört der gesamte Nachlass einschließlich der gem. §§ 1976, 1977 BGB als nicht erloschen geltenden Rechtsverhältnisse, der Ersatzansprüche gegen den Erben gem. §§ 1978, 1979 BGB und der Anfechtungsansprüche gegen den Erben etwa wegen der vorzeitigen Erfüllung von Pflichtteilsansprüchen, Vermächtnissen oder Auflagen (§ 322 InsO). Das Eigenvermögen des Erben gehört hingegen nicht zur Insolvenzmasse. Im Insolvenzverfahren über einen Nachlass können nur Nachlassverbindlichkeiten geltend gemacht werden (§ 325 InsO), so dass nur die Nachlassgläubiger und nicht die Eigengläubiger des Erben teilnahmeberechtigt sind. Die Nachlassverbindlichkeiten sind den allg. Regeln entsprechend zur Tabelle anzumelden (§§ 174 ff. InsO).

16 **Masseverbindlichkeiten**, also aus der Insolvenzmasse vorweg zu berichtigende Verbindlichkeiten (§ 53 InsO), sind die in §§ 54, 55 und 324 InsO genannten Verbindlichkeiten. Im Rang nach den „normalen“ Nachlassverbindlichkeiten werden die Verbindlichkeiten gem. § 39 InsO, danach die Verbindlichkeiten gegenüber ausgeschlossenen

26 BayObLG NJW-RR 1999, 590.
27 BGHZ 161, 281 = NZI 2005, 162.
28 OLG Frankfurt FamRZ 2021, 1075.

(§ 1973 BGB) oder diesen nach § 1974 BGB gleichstehenden Gläubigern, danach Pflichtteilsansprüche und danach Vermächtnisse und Auflagen berichtigt (§ 327 InsO). Für **Aus- und Absonderungsrechte** gelten die allg. Bestimmungen der §§ 49 ff., 165 ff. InsO. Maßnahmen der Zwangsvollstreckung, die nach dem Erbfall erfolgt sind, begründen kein Recht zur abgesonderten Befriedigung (§ 321 InsO).

Der Erlös aus dem Verkauf von Nachlassgegenständen ist im Falle einer Alleinerbschaft bei der Durchführung eines Nachlassinsolvenzverfahrens in analoger Anwendung des § 2041 BGB im Wege der dinglichen Surrogation dem Nachlassvermögen zuzurechnen. Verfügungen aus dem Surrogat können daher seitens des Insolvenzverwalters angefochten werden.[29] Durch eine Hinterlegung eines Geldbetrags bei der Hinterlegungsstelle wird eine Beteiligtenstellung im Hinterlegungsverfahren geschaffen. Diese fällt nicht in die Insolvenzmasse, sondern ist entsprechend § 47 InsO außerhalb des Insolvenzverfahrens geltend zu machen. Zu den herausgabefähigen Positionen gehört auch die Herausgabe der Beteiligtenstellung im Hinterlegungsverfahren. Der Nachlassinsolvenzverwalter ist auch zur Abgabe der Erklärung in Form einer Zustimmung zur Auszahlung eines beim Amtsgericht hinterlegten Betrags passivlegitimiert. Denn die durch die Hinterlegung eingeräumte Berechtigtenstellung fällt in den Nachlass des Verstorbenen.[30] 17

Die Zwangsvollstreckung in sein sonstiges Vermögen kann der Erbe gem. §§ 767, 781, 784 Abs. 1, 785 ZPO abwehren. Endet das Nachlassinsolvenzverfahren mit der **Verteilung der Masse** (§§ 196 ff. InsO) oder mit einem **Insolvenzplan** (§§ 217 ff. InsO), haftet der noch nicht unbeschränkt haftende Erbe gem. §§ 1973, 1989 BGB nach Bereicherungsrecht. 18

C. Hinweise für den Berater

I. Nachlassverwaltung

Die Nachlassverwaltung dient vor allem dem Interesse des Erben. Er kann mit ihr sein Haftungsrisiko bei einem unübersichtlichen Nachlass begrenzen. Er kann weiterhin zur Entledigung lästiger Auseinandersetzung mit den Nachlassgläubigern die Nachlassverwaltung wählen. Gegenüber der Ausschlagung ist die Nachlassverwaltung stets das flexiblere Instrument. Sie ist auch zulässig bei überschuldetem Nachlass und oftmals die Vorstufe zur Nachlassinsolvenz. Eine wichtige Konsequenz für den Erben, darauf bleibt hinzuweisen, ist es, dass nach Eintritt der Haftungssonderung der Erbe rückwirkend als Verwalter fremden Vermögens behandelt wird. Damit besteht eine grundsätzliche Haftung des Erben für von ihm zu vertretende Nachlassverwendung (§ 1978 BGB). Ein Nachlassgläubiger kann sich über die Nachlassverwaltung auch den Zugriff auf den Nachlass unter grundsätzlichem Ausschluss des Erben sichern. Nachlassgläubiger können weiterhin wegen ihrer Forderungen die Zwangsvollstreckung in den Nachlass betreiben. 19

II. Nachlassinsolvenz

Bei der Nachlassinsolvenz ist zu beachten, dass das Verfahren der nachträglichen Vermögens- und Haftungssonderung von Nachlass und Eigenvermögen des Erben bei unzureichendem Nachlass und der Abwicklung eines insolventen Nachlasses dient. Die Haftungsbeschränkung für den Erben ist eine regelmäßige, aber keine notwendige Folge der Eröffnung des Nachlassinsolvenzverfahrens. Sie fehlt, wenn der Erbe sein Recht zur Haftungsbeschränkung verloren hat (§ 2013 BGB). Durch die Dürftigkeitseinrede des § 1990 BGB kann grundsätzlich auch noch bei unzulänglicher Masse eine 20

29 OLG Bamberg FamRZ 2024, 71.
30 LG Leipzig ZVI 2023, 303.

Haftungsbeschränkung erreicht werden. Bei der Vertretung eines Erben ist zu beachten, dass für diesen mit dem Eintritt der materiellen Nachlassinsolvenz grundsätzlich eine Antragspflicht nach § 1980 BGB entsteht. Verletzt er diese Pflicht, haftet er den Nachlassgläubigern für den dadurch entstandenen Schaden.

§ 1976 Wirkung auf durch Vereinigung erloschene Rechtsverhältnisse

Ist die Nachlassverwaltung angeordnet oder das Nachlassinsolvenzverfahren eröffnet, so gelten die infolge des Erbfalls durch Vereinigung von Recht und Verbindlichkeit oder von Recht und Belastung erloschenen Rechtsverhältnisse als nicht erloschen.

Literatur

Bosak, Konfusion, JA 2009, 596; *Büttner*, Erteilung der Restschuldbefreiung für die Erben, ZInsO 2011, 588; *Dinstühler*, Die Beerbung des Vormerkungsverpflichteten durch den Vormerkungsberechtigten, MittRhNotK 2000, 427; *Fischinger*, Zur Stellung der Nachlassgläubiger, wenn der Erbe beim Erbfall insolvent ist, ZInsO 2013, 365; *Fröhler*, Rechtliche Grundlagen und praktische Probleme bei der Führung von Nachlasspflegschaften, BWNotZ 2011, 2; *Gottwald*, Beschwer bei Ausspruch über den Vorbehalt der beschränkten Erbenhaftung, EE 2021, 41; *ders.*, Anwaltshaftung in der erbrechtlichen Beratung – die wichtigsten „Stolpersteine“ (Teil 1), EE 2020, 113–117; (Teil 2), EE 2020, 132; (Teil 3), EE 2020, 150, (Teil 4) EE 2020, 169; *Jünemann*, Nachlassinsolvenz, ZErb 2011, 59; *Lissner*, Spezielle Fragen im Bereich des Nachlassinsolvenzrechts, ZErb, 2025, 88; *Poertzgen*, Die Insolvenzverschleppungshaftung gem. § 1980 BGB, ZInsO 2013, 517; *Polonius*, Der Insolvenzverwalter als Erbe, ZVI 2018, 90; *Roth*, Die Eröffnungsgründe im Nachlassinsolvenzverfahren, ZInsO 2009, 2265; *Smid*, Eintragung des Sperrvermerks nach § 32 InsO, DZWIR 2025, 333.
Weitere Literaturhinweise siehe Vorbemerkung zu §§ 1975–1992.

A. Allgemeines

1 Die Bestimmung ist im Zusammenhang mit der nach § 1975 BGB durch die Anordnung der Nachlassverwaltung oder Eröffnung des Nachlassinsolvenzverfahrens herbeigeführten Sonderung des Nachlasses vom Eigenvermögen zu sehen.[1] Der Grund für die **Vermögenssonderung** ist, dass den Nachlassgläubigern die Befriedigung aus dem ungeschmälerten Nachlass möglich bleiben soll. Da die mit dem Anfall der Erbschaft eingetretene Vereinigung von Nachlass und Eigenvermögen des Erben rückgängig gemacht werden soll, bestimmt § 1976 BGB, dass die infolge der Konfusion (Vereinigung von Recht und Forderung) oder Konsolidation (Vereinigung von Recht und Belastung) erloschen Rechtsverhältnisse kraft Gesetzes rückwirkend als weiterhin vorhanden, „nicht erloschen gelten“.[2] Die Rechtsfolge tritt automatisch ein.[3] Dadurch steht der Nachlass den Nachlassgläubigern (wieder) vollständig zur Verfügung.

2 Der Rechtsgedanke des § 1976 BGB gilt immer dann, wenn der Bestand des Nachlasses im Zeitpunkt des Erbfalls Grundlage der Berechnung einer Forderung gegen diesen ist. Ähnliche Bestimmungen sind enthalten in § 1991 BGB (dürftiger oder mit Vermächtnissen und/oder Auflagen überschwerter Nachlass), § 2143 BGB (Eintritt der Nacherbfolge), § 2175 BGB (Vermächtnis einer dem Erblasser gegen den Erben zustehenden Forderung) und § 2377 BGB (Erbschaftskauf).[4] In den Fällen der §§ 1991, 2175 und 2377 BGB wird die Vereinigung von Recht und Verbindlichkeit jedoch nur

1 MüKo/*Küpper*, § 1976 Rn 1; vgl. BFH ZEV 2016, 343.
2 Schleswig-Holsteinisches FG ZEV 2016, 404; Staudinger/*Kunz* (2020), § 1976 Rn 1.
3 „Fiktion“: vgl. OLG Hamm ZEV 2013, 341.
4 BeckOK BGB/*Lohmann*, § 1976 Rn 2.

mit relativer Wirkung – im Verhältnis zu dem jeweilig Betroffenen – rückgängig gemacht.[5] Ist Verwaltungstestamentsvollstreckung angeordnet, findet eine Vereinigung von Recht und Verbindlichkeit oder Belastung nicht statt,[6] weshalb es einer (entsprechenden) Anwendung des § 1976 BGB nicht bedarf.[7]

Für die Berechnung der **Erbschaftsteuer** gelten die infolge des Anfalls durch Vereinigung von Recht und Verbindlichkeit oder von Recht und Belastung erloschenen Rechte auch dann nicht als erloschen, wenn es an den Voraussetzungen des § 1976 BGB fehlt. Die Vereinigungswirkung ist deshalb hier nicht zu berücksichtigen (§ 10 Abs. 3 ErbStG).[8] Auch wenn die Haftung des Erben endgültig unbeschränkbar geworden ist, bleibt die Bestimmung anwendbar (§ 2013 Abs. 1 S. 1 BGB).[9] 3

B. Rechtsfolgen der Fiktion im Einzelnen

Die durch Konfusion oder Konsolidation erloschenen Rechtsverhältnisse werden rückwirkend so behandelt, als seien sie nicht erloschen.[10] Das fiktive Wiederaufleben tritt – anders als nach § 1991 Abs. 2 BGB – nicht nur im Verhältnis zu den Nachlassgläubigern, sondern schlechthin ein.[11] **Sicherungen** einer erloschenen Forderung durch **Bürgschaften** oder **Pfandrechte** gelten deshalb als fortbestehend.[12] Das gilt auch für eine Auflassungsvormerkung, die infolge des Erlöschens des Auflassungsanspruchs durch Konfusion untergeht. Sie lebt im Falle der Absonderung wieder auf.[13] Hat ein **Hypothekengläubiger** das belastete Grundstück geerbt, wird die Hypothek mit dem Erbfall gem. §§ 1163 Abs. 1 S. 2, 1177 BGB zu einer Eigentümergrundschuld. Sie gilt nun wieder als (Fremd-)Hypothek, aus der der Gläubiger die Zwangsvollstreckung betreiben kann.[14] War sie zwischenzeitlich allerdings gelöscht worden und hatte der Erbe ein Grundpfandrecht zugunsten eines Dritten neu bestellt, so kann nach Anordnung der Nachlassverwaltung die wieder einzutragende Hypothek nur mit Rang nach dem Grundpfandrecht des Dritten im Grundbuch eingetragen werden.[15] Als fortbestehend geltende Pfandrechte behalten ihren alten Rang. 4

Gilt eine **Forderung des Erben** als **nicht erloschen**, kann er sie als **Nachlassgläubiger** geltend machen,[16] er kann sie z.B. gegen den Nachlassverwalter[17] geltend machen oder im Nachlassinsolvenzverfahren anmelden (§ 235 InsO).[18] Allerdings kann die Bestimmung des § 1976 BGB eine Prokura nicht wieder zum Aufleben bringen, die dadurch erloschen war, dass der Prokurist den Geschäftsinhaber beerbt hat.[19] 5

Waren der Erblasser und der Erbe **Miteigentümer eines Grundstücks**, so findet § 1976 BGB auf die beim Erbfall erfolgte Vereinigung beider Miteigentumsanteile entsprechende Anwendung.[20] Eine Zwangsvollstreckung, die gegen den Nachlass ge- 6

5 Staudinger/*Kunz* (2020), § 1976 Rn 2.
6 BGHZ 48, 214.
7 BeckOK BGB/*Lohmann*, § 1976 Rn 2.
8 Erman/*Horn*, § 1976 Rn 1.
9 Grüneberg/*Weidlich*, § 1976 Rn 1.
10 BeckOK BGB/*Lohmann*, § 1976 Rn 3.
11 MüKo/*Küpper*, § 1976 Rn 4.
12 Staudinger/*Kunz* (2020), § 1976 Rn 4.
13 BGH NJW 1981, 447 = MDR 1981, 305.
14 Grüneberg/*Weidlich*, § 1976 Rn 3.
15 Staudinger/*Kunz* (2020), § 1976 Rn 4; BeckOK BGB/*Lohmann*, § 1976 Rn 3.
16 Staudinger/*Kunz* (2020), § 1976 Rn 5.
17 BGHZ 48, 214.
18 BeckOK BGB/*Lohmann*, § 1976 Rn 4.
19 Staudinger/*Kunz* (2020), § 1976 Rn 6.
20 Staudinger/*Kunz* (2020), § 1976 Rn 8.

richtet ist, ist deshalb nur in die vom Erblasser herrührende ideelle Grundstückshälfte zulässig. Gegen die Zwangsvollstreckung eines Nachlassgläubigers in die andere ideelle Grundstückshälfte kann der Erbe, sofern er dem Gläubiger gegenüber nicht unbeschränkt haftet, nach § 784 ZPO vorgehen. Auch für den Fall, dass der Erblasser und der Erbe Miteigentümer ein und desselben beweglichen Gegenstandes waren, gilt zunächst, dass § 1976 BGB Anwendung findet. Kommt es hier zur Pfändung des Gegenstandes, stellt sich die Frage, ob diese Pfändung als „minus" auch die Pfändung eines Miteigentumsanteils beinhaltet. Dies dürfte zu bejahen sein.[21]

7 Offengelassen hat der BGH die Frage, ob § 1976 BGB auch dann Anwendung findet, wenn ein ererbter und ein von dem Erben bereits vorher innegehabter Anteil an einer **Personengesellschaft** sich in der Hand des Erben vereinigen.[22] Mit Einschränkungen hat sich *Kunz* dafür ausgesprochen.[23] Die Rechtsfolgen des § 1976 BGB treten auch dann ein, wenn der Erbe unbeschränkt haftet, denn § 1976 BGB wird in § 2013 Abs. 1 S. 1 BGB nicht erwähnt.[24] Das hat zur Folge, dass auch der endgültig unbeschränkt haftende Erbe die ihm gegen den Nachlass zustehenden Ansprüche geltend machen kann (§ 326 InsO).

8 Mit dem Anfall der Erbschaft erwirbt der Erbe die rechtliche **Verfügungsmacht** über den Nachlass. Durch die Anordnung der Nachlassverwaltung bzw. die Eröffnung des Nachlassinsolvenzverfahrens verliert er diese zwar wieder (§ 1984 BGB; § 80 InsO), jedoch nicht rückwirkend[25] und auch nicht ohne Ausnahme (vgl. §§ 270 ff. InsO). Verfügungen, die der Erbe zwischen dem Erbfall und der Nachlasssonderung über Nachlassgegenstände vorgenommen hat, behalten also ihre Wirkung.[26] Das Gleiche gilt für Verfügungen eines Nichtberechtigten, die gem. § 185 Abs. 2 BGB durch **Konvaleszenz** wirksam geworden sind.[27]

§ 1977 Wirkung auf eine Aufrechnung

(1) Hat ein Nachlassgläubiger vor der Anordnung der Nachlassverwaltung oder vor der Eröffnung des Nachlassinsolvenzverfahrens seine Forderung gegen eine nicht zum Nachlass gehörende Forderung des Erben ohne dessen Zustimmung aufgerechnet, so ist nach der Anordnung der Nachlassverwaltung oder der Eröffnung des Nachlassinsolvenzverfahrens die Aufrechnung als nicht erfolgt anzusehen.
(2) Das Gleiche gilt, wenn ein Gläubiger, der nicht Nachlassgläubiger ist, die ihm gegen den Erben zustehende Forderung gegen eine zum Nachlass gehörende Forderung aufgerechnet hat.

Übersicht:

21 Staudinger/*Kunz* (2020), § 1976 Rn 8 m.w.N.
22 BGHZ 113, 132 = NJW 1991, 844.
23 Staudinger/*Kunz* (2020), § 1976 Rn 9 m.w.N.
24 MüKo/*Küpper*, § 1976 Rn 3.
25 OLG Braunschweig OLGE 19, 231.
26 Staudinger/*Kunz* (2020), § 1976 Rn 10; Erman/*Horn*, § 1976 Rn 2.
27 BeckOK BGB/*Lohmann*, § 1976 Rn 5; Grüneberg/*Weidlich*, § 1976 Rn 5.

A. Allgemeines

1 Die Vorschrift des § 1977 BGB ist ebenso wie diejenige des § 1976 BGB in einem engen Zusammenhang mit der Absonderung des Nachlasses vom Eigenvermögen des Erben zu sehen.[1] Mit dem Erbfall wird der (Allein-)Erbe persönlicher Schuldner aller gegen den Nachlass gerichteten Forderungen und zugleich Inhaber aller zum Nachlass gehörenden Ansprüche. Damit stehen sie in einem Gegenseitigkeitsverhältnis auch zu den nicht zum Nachlass gehörenden Forderungen des Erben ans sie. Eigengläubiger des Erben können damit ebenso gegen eine Nachlassforderung aufrechnen wie Nachlassgläubiger gegen eine Eigenforderung des Erben.[2]

2 Auf diese Weise können sich die Nachlassgläubiger des Erben, solange der Erbe ihnen gegenüber noch ohne Beschränkung auf den Nachlass haftet, ohne Mitwirkung des Erben aus dem Eigenvermögen desselben befriedigen.[3] Folge der amtlichen Absonderung des Nachlasses ist, dass das Eigenvermögen des Erben einerseits und der Nachlass andererseits voneinander getrennt werden. Die Vorschrift des § 1977 BGB ordnet nun an, dass Aufrechnungen, die zu einer Befriedigung des Gläubigers aus der „falschen" Vermögensmasse geführt haben, als nicht erfolgt und die gem. § 389 BGB erloschenen Forderungen einschließlich ihrer Nebenrechte (Pfandrechte, Bürgschaft) als wiederhergestellt gelten. Dabei dient Abs. 1 dem **Schutz des Erben**, der eine Eigenforderung gegen seinen Willen verloren hat, und Abs. 2 dem **Schutz der Nachlassgläubiger** vor einer Verringerung des Nachlasses zugunsten eines Eigengläubigers des Erben[4] (ähnliche Schutzzwecke verfolgen die Bestimmungen der §§ 783, 784 ZPO).

B. Tatbestand

I. Zeitpunkt der Aufrechnung

3 Die Bestimmung setzt eine **Aufrechnung** nach dem Erbfall und vor der amtlichen Absonderung des Nachlasses durch Anordnung der Nachlassverwaltung oder Eröffnung des Nachlassinsolvenzverfahrens voraus.[5] Erklärt ein Eigengläubiger des Erben die Aufrechnung gegen eine Nachlassforderung nach der amtlichen Absonderung, bleibt diese wirkungslos (§§ 1975, 1984 Abs. 1 S. 3, Abs. 2 BGB; § 80 InsO).[6] Ein Nachlassgläubiger kann nur dann gegen eine Forderung, die zum Eigenvermögen des Erben zählt, aufrechnen, wenn ihm der Erbe auch mit seinem eigenen Vermögen haftet.[7] Ein Eigengläubiger des Erben kann nach der amtlichen Absonderung niemals gegen eine zum Nachlass gehörende Forderung aufrechnen.[8]

4 Der **Erbe** kann gegenüber einem Eigengläubiger nach der amtlichen Vermögenssonderung nicht mehr mit einer zum Nachlass gehörenden Forderung aufrechnen, weil ihm insoweit die Verfügungsbefugnis fehlt (§ 1984 Abs. 1 S. 1 BGB; § 80 InsO). Der Erbe kann mit einer Forderung aus dem Eigenvermögen stets gegen eine solche eines Nach-

---

1 BeckOK BGB/*Lohmann*, § 1977 Rn 1.
2 Staudinger/*Kunz* (2020), § 1977 Rn 1.
3 MüKo/*Küpper*, § 1977 Rn 1.
4 MüKo/*Küpper*, § 1977 Rn 1.
5 Staudinger/*Kunz* (2020), § 1977 Rn 2.
6 Erman/*Horn*, § 1977 Rn 2.
7 Staudinger/*Kunz* (2020), § 1977 Rn 4 und 11.
8 Staudinger/*Kunz* (2020), § 1977 Rn 4 und 11.

lassgläubigers aufrechnen.[9] Rechnet der Erbe mit einer Eigenforderung auf, steht ihm gegen den Nachlass bzw. die Insolvenzmasse ein Aufwendungsersatzanspruch nach Bereicherungsrecht zu (§§ 683, 684, 1978 Abs. 3 BGB).[10]

II. Rechtsfolge des § 1977 BGB

5 Die Rechtsfolge des § 1977 BGB ist in beiden Regelungsalternativen gleich: die **Aufrechnungswirkung** wird infolge der Anordnung der Nachlassverwaltung bzw. der Eröffnung des Nachlassinsolvenzverfahrens mit rückwirkender Kraft aufgehoben. Dabei handelt es sich um eine kraft Gesetzes eintretende Regelungsfolge. Die nach § 389 BGB erloschenen Forderungen leben mitsamt ihren **Nebenrechten** (Bürgschafts- oder Pfandrechten) wieder auf.[11] Darauf, wann die Forderungen entstanden sind, kommt es nicht an, wenn nur die Aufrechnung nach dem Erbfall und vor der amtlichen Nachlasssonderung erfolgt ist.[12]

III. Aufrechnung durch Nachlassgläubiger (Abs. 1)

6 Hat ein Nachlassgläubiger die Aufrechnung erklärt, treten die oben beschriebenen Wirkungen ein. Die Aufrechnung ist als nicht erfolgt anzusehen, sobald die Nachlasssonderung eintritt. Nur wenn der Erbe der Aufrechnung zugestimmt hat, bleibt diese wirksam. Zu Recht wird dabei darauf abgestellt, dass in der Zustimmung zur Aufrechnung eine Verfügung des Erben über die zu seinem Eigenvermögen gehörende Forderung zu sehen ist.[13] Auch hier erwirbt der Erbe einen Ersatz- (§ 1979 BGB) oder Bereicherungsanspruch gegen den Nachlass, den er dann auch im Nachlassinsolvenzverfahren geltend machen kann.[14]

7 Die Bestimmung des Abs. 1 findet jedoch **keine Anwendung**, wenn der Erbe sein Recht zur **Beschränkung** der Haftung auf den Nachlass **gegenüber allen Gläubigern** verloren hat (§ 2013 Abs. 1 S. 1 BGB). Haftet der Erbe auch mit seinem Eigenvermögen für die Erfüllung der Nachlassverbindlichkeiten, besteht kein Grund, den durch die Aufrechnung verursachten Verlust einer Eigenforderung des Erben wieder rückgängig zu machen. Haftet der Erbe nicht generell, sondern nur (oder auch) im Verhältnis zu demjenigen Gläubiger unbeschränkt, der aufgerechnet hatte, ist Abs. 1 ebenfalls nicht anwendbar.[15] Sinn und Zweck des Abs. 1 verlangen insoweit eine einschränkende Auslegung des § 2013 Abs. 2 BGB. Anders aber, wenn die unbeschränkbare Haftung gegenüber anderen – nicht von der Aufrechnung betroffenen – Personen besteht. Dann ist Abs. 1 anwendbar.[16]

IV. Aufrechnung durch Eigengläubiger (Abs. 2)

8 Die Aufrechnung, die ein Eigengläubiger des Erben vor der Nachlasssonderung gegenüber einer Nachlassforderung erklärt hat, ist ebenfalls als nicht erfolgt anzusehen. Das ist unproblematisch und unstreitig für den Fall, dass der Erbe der Aufrechnung **nicht zugestimmt** hatte. Die wohl h.M. behandelt diesen Fall wie einen solchen, in dem die Aufrechnung von dem Erben ausgegangen ist und wendet auch den Abs. 2 auf diese

---

9 MüKo/*Küpper*, § 1977 Rn 3; Grüneberg/*Weidlich*, § 1977 Rn 3; Staudinger/*Kunz* (2020), § 1977 Rn 12; a.A. Erman/*Horn*, § 1977 Rn 2.

10 MüKo/*Küpper*, § 1977 Rn 3.

11 Staudinger/*Kunz* (2020), § 1977 Rn 3; MüKo/*Küpper*, § 1977 Rn 9; Grüneberg/*Weidlich*, § 1977 Rn 1; Erman/*Horn*, § 1977 Rn 1.

12 Staudinger/*Kunz* (2020), § 1977 Rn 3.

13 Staudinger/*Kunz* (2020), § 1977 Rn 5; MüKo/*Küpper*, § 1977 Rn 2.

14 MüKo/*Küpper*, § 1977 Rn 2.

15 Staudinger/*Kunz* (2020), § 1977 Rn 6.

16 BeckOK BGB/*Lohmann*, § 1977 Rn 4; Grüneberg/*Weidlich*, § 1977 Rn 5.

Fälle nicht an.[17] Die Zustimmung des Erben zu der von seinem **Eigengläubiger** gegen eine Nachlassforderung erklärten **Aufrechnung** enthält eine Verfügung über diese Forderung, die durch die spätere Nachlasssonderung nicht mehr berührt werden kann. Hinzu kommt, dass in der Zustimmung zur Aufrechnung seitens des Erben stets eine vertragliche – einvernehmliche – Aufhebung der gegenseitigen Forderungen zu sehen ist, die nicht unter § 1977 BGB fallen würde. Kein Grund, die Sache anders zu beurteilen, kann die unterschiedliche Zielrichtung von Abs. 1 und Abs. 2 sein, da die Rechtsfolge die gleiche ist und Abs. 2 nicht nur die Bestandsminderung des Nachlasses verhindern will.[18] Allerdings muss der Erbe, der durch seine Zustimmung zur Aufrechnung eine endgültige Befreiung von einer Eigenverbindlichkeit auf Kosten des Nachlasses verschafft hat, den Nachlassgläubigern nach § 1978 Abs. 1 BGB und § 812 BGB Ersatz leisten. Im Falle des § 1978 Abs. 2 BGB ist der Ersatzanspruch gegen den Erben durch den Nachlassinsolvenzverwalter geltend zu machen.[19]

9 Abs. 2 gilt auch dann, wenn der Erbe allen Nachlassgläubigern gegenüber unbeschränkt haftet.[20] Dem Wortlaut des § 2013 Abs. 1 S. 1 BGB nach findet § 1977 BGB bei unbeschränkter Haftung des Erben zwar keine Anwendung. Hätte die durch die Aufrechnung des Eigengläubigers des Erben bewirkte Verkürzung des Nachlasses Bestand, würden die Nachlassgläubiger jedoch durch den Eintritt der unbeschränkten Haftung – die ihren Interessen dienen soll – im Verhältnis zu den Eigengläubigern des Erben und zum Erben selbst benachteiligt. Deshalb muss auch hier von einer Geltung des Abs. 2 ausgegangen werden.[21]

V. Problem: Verjährung

10 Ziel der Rechtsfolge des § 1977 BGB – die Aufrechnung als nicht erfolgt anzusehen – ist es, die durch die Aufrechnung erloschenen Forderungen wieder durchsetzbar zu machen. Dieses Ziel würde vereitelt, wenn hinsichtlich – einer oder beider – Forderungen während der Zeit zwischen der Erklärung der Aufrechnung und der amtlichen Vermögenssonderung die Verjährungsfrist abgelaufen ist. Die Forderung(en) könnte(n) wegen des Eintritts der Verjährung nicht mehr durchgesetzt werden, falls sich die Beteiligten auf die Einrede der Verjährung berufen würden.

11 *Kunz*[22] schlägt mit überzeugender Begründung vor, die Bestimmung des § 205 BGB entsprechend anzuwenden und für die Zeit zwischen der Erklärung der Aufrechnung und dem Eintritt der Vermögenssonderung eine Hemmung der Verjährung anzunehmen. Kraft Gesetzes ist die Aufrechnung auflösend bedingt in § 1977 BGB. Diesen Sonderfall, der wegen § 388 S. 2 BGB bei Parteihandlungen nicht auftreten dürfte, habe der Gesetzgeber bei den Verjährungsvorschriften nicht berücksichtigt. Wenn schon nach § 205 BGB das Bestehen eines vertraglichen Leistungsverweigerungsrechts verjährungshemmend wirke, müsse dies erst recht für den Fall gelten, dass die von der Verjährung bedrohte Forderung wegen ihres Erlöschens nicht mehr geltend gemacht werden könne.[23]

---

17 Staudinger/*Kunz* (2020), § 1977 Rn 9 m.w.N.; a.A. MüKo/*Küpper*, § 1977 Rn 6; BeckOK BGB/*Lohmann*, § 1977 Rn 5; Erman/*Horn*, § 1977 Rn 3.

18 Anders aber MüKo/*Küpper*, § 1977 Rn 6.

19 Staudinger/*Kunz* (2020), § 1977 Rn 9.

20 BeckOK BGB/*Lohmann*, § 1977 Rn 6; MüKo/*Küpper*, § 1977 Rn 7; Grüneberg/*Weidlich*, § 1977 Rn 5.

21 Staudinger/*Kunz* (2020), § 1977 Rn 8.

22 Staudinger/*Kunz* (2020), § 1977 Rn 14.

23 Staudinger/*Kunz* (2020), § 1977 Rn 14.

§ 1978 Verantwortlichkeit des Erben für bisherige Verwaltung, Aufwendungsersatz

(1) [1]Ist die Nachlassverwaltung angeordnet oder das Nachlassinsolvenzverfahren eröffnet, so ist der Erbe den Nachlassgläubigern für die bisherige Verwaltung des Nachlasses so verantwortlich, wie wenn er von der Annahme der Erbschaft an die Verwaltung für sie als Beauftragter zu führen gehabt hätte. [2]Auf die vor der Annahme der Erbschaft von dem Erben besorgten erbschaftlichen Geschäfte finden die Vorschriften über die Geschäftsführung ohne Auftrag entsprechende Anwendung.
(2) Die den Nachlassgläubigern nach Absatz 1 zustehenden Ansprüche gelten als zum Nachlass gehörend.
(3) Aufwendungen sind dem Erben aus dem Nachlass zu ersetzen, soweit er nach den Vorschriften über den Auftrag oder über die Geschäftsführung ohne Auftrag Ersatz verlangen könnte.

Literatur
Büttner, Erteilung der Restschuldbefreiung für die Erben, ZInsO 2011, 588; *Busch*, Im Dschungel der Nachlassinsolvenz – Kosten und Nutzen für den Erben (1. Teil), ErbR 2012, 335; (2. Teil), ErbR 2012, 558; *Fischinger*, Zur Stellung der Nachlassgläubiger, wenn der Erbe beim Erbfall insolvent ist, ZInsO 2013, 365; *Fröhler*, Rechtliche Grundlagen und praktische Probleme bei der Führung von Nachlasspflegschaften, BWNotZ 2011, 2; *Gottwald*, Beschwer bei Ausspruch über den Vorbehalt der beschränkten Erbenhaftung, EE 2021, 41; *ders.*, Anwaltshaftung in der erbrechtlichen Beratung – die wichtigsten „Stolpersteine“ (Teil 1), EE 2020, 113–117; (Teil 2), EE 2020, 132; (Teil 3), EE 2020, 150, (Teil 4) EE 2020, 169; *Jünemann*, Nachlassinsolvenz, ZErb 2011, 59; *Kuleisa*, Rückzahlungspflicht bei entnommener Vergütung durch den Nachlasspfleger?, ZVI 2016, 135; *Osthold*, Das Haftungsregime des § 1978 Abs. 1 S. 1 BGB, ZEV 2015, 444; *Poertzgen*, Die Insolvenzverschleppungshaftung gem. § 1980 BGB, ZInsO 2013, 517; *Schmidt/Zimmermann*, Nachlassabwicklung in Deutschland, FamRZ 2023, 575.
Weitere Literaturhinweise siehe Vorbemerkung zu §§ 1975–1992.

Übersicht: Rdn

A. Allgemeines

1 Die Bestimmung des § 1978 BGB hat den Zweck, im Interesse der Gläubiger den Erben für die „Verwaltung des Nachlasses“ haftbar zu machen. Insoweit regelt sie – wie §§ 1976 und 1977 BGB – die Folgen der amtlichen Absonderung des Nachlasses vom Eigenvermögen des Erben. Der Nachlass soll den Nachlassgläubigern möglichst ungeschmälert zur Verfügung stehen.[1] Verfügungen, die der Erbe bis zur amtlichen Nachlasssonderung über Nachlassgegenstände vorgenommen hat, haben zwar Bestand, weshalb der Zweck der Erhaltung des ungeschmälerten Nachlasses von vornherein nicht völlig erreicht wird. Das hätte nur dadurch erreicht werden können, dass Verfügungen über Nachlassgegenstände, die der Erbe vor der Eröffnung des Nachlassinsolvenzverfahrens wirksam getroffen hat, mit Anordnung der Nachlassverwaltung

1 Staudinger/*Kunz* (2020), § 1978 Rn 1, 2.

oder Eröffnung des Insolvenzverfahrens unwirksam würden. Der Erbe wird jedoch so behandelt, als habe er den Nachlass von der Annahme der Erbschaft an im Auftrag der Nachlassgläubiger verwaltet (Abs. 1 S. 1); für die Zeit vor Annahme der Erbschaft gelten die Grundsätze der Geschäftsführung ohne Auftrag (Abs. 1 S. 2). Die aus der Verwaltung resultierenden **Erstattungs-** und **Ersatzansprüche** gelten als zum Nachlass gehörend (Abs. 2), können also nicht von einzelnen Nachlassgläubigern geltend gemacht werden.[2] Der Erbe seinerseits kann wie ein Beauftragter oder ein Geschäftsführer ohne Auftrag Erstattung der mit der Verwaltung des Nachlasses verbundenen Aufwendungen verlangen (Abs. 3). Haftet der Erbe allen Nachlassgläubigern gegenüber unbeschränkbar, findet die Bestimmung keine Anwendung (§ 2013 Abs. 1 S. 1 BGB). Dass der Erbe nur einzelnen Nachlassgläubigern gegenüber unbeschränkbar haftet, steht der Anwendung der Vorschrift nicht entgegen (§ 2013 Abs. 2 BGB). Entsprechend anwendbar ist § 1978 BGB bei Dürftigkeit oder Überschwerung des Nachlasses (§§ 1990, 1991, 1992 BGB).

B. Tatbestand

I. Verantwortlichkeit des Erben

Der Erbe wird mit der Anordnung der Nachlassverwaltung bzw. der Eröffnung des 2 Nachlassinsolvenzverfahrens so behandelt, als wenn er von der Annahme der Erbschaft an die Verwaltung des Nachlasses für die Nachlassgläubiger als Beauftragter zu führen gehabt hätte (Abs. 1 S. 1). Der rechtskräftige Beschluss über die Eröffnung des Insolvenzverfahrens ist vom Prozessgericht grundsätzlich auch dann als gültig hinzunehmen, wenn er verfahrensfehlerhaft ergangen ist; denn als in dem dafür vorgesehenen Verfahren ergangener hoheitlicher Akt beansprucht er Geltung gegenüber jedermann, sofern der Entscheidung nicht ausnahmsweise ein Fehler anhaftet, der zur Nichtigkeit führt.[3] Es handelt sich dabei um eine persönliche Haftung des Erben, für die er mit seinem persönlichen – dem Eigenvermögen – und nicht etwa mit dem Nachlass einzustehen hat. Von der Haftung nach § 1978 BGB ist zu unterscheiden die Verpflichtung des Erben, den Gläubigern einer Nachlassverbindlichkeit wegen deren Verletzung u.U. Schadensersatz leisten zu müssen.[4] Für Handlungen und rechtsgeschäftliche Verfügungen, die der Erbe vor dem Erbfall vorgenommen hat, haftet er nicht nach § 1978 BGB.[5] Die Haftung nach § 1978 BGB wird durch § 1979 BGB gemildert und durch § 1980 BGB verschärft.

II. Verantwortlichkeit bis zur Annahme der Erbschaft

Abs. 1 differenziert zwischen der **Verantwortlichkeit** des Erben **bis zur Annahme** 3 (Abs. 1 S. 2) und **nach Annahme der Erbschaft** (Abs. 1 S. 1). Für die Zeit bis zur Annahme der Erbschaft (§ 1943 BGB) gelten die Vorschriften über die Geschäftsführung ohne Auftrag entsprechend (Abs. 1 S. 2), jedoch nur dann, wenn der Erbe die Erbschaft – später – letztendlich tatsächlich angenommen hat. Die entsprechende Anwendung[6] der §§ 677 ff. BGB bedeutet, dass der Erbe das objektive Interesse der Gesamtheit der Nachlassgläubiger zu wahren hat. Auf den wirklichen oder den mutmaßlichen Willen einzelner Gläubiger kommt es nicht an.[7] Obwohl der Erbe vor Annahme der Erbschaft zur Fürsorge für den Nachlass grundsätzlich nur berechtigt, nicht aber verpflichtet ist, hat er **Vollstreckungsmaßnahmen eines Eigengläubigers**

2 BeckOK BGB/*Lohmann*, § 1978 Rn 1.
3 BGH ErbR 2014, 229 = NJW 2014, 391 = MDR 2014, 114.
4 MüKo/*Küpper*, § 1978 Rn 2.
5 Staudinger/*Kunz* (2020), § 1978 Rn 6.
6 Vgl. OLG Celle MDR 1970, 1012.
7 MüKo/*Küpper*, § 1978 Rn 3.

in den Nachlass abzuwehren (vgl. §§ 782, 783 ZPO). Lässt er Vollstreckungsmaßnahmen zu, haftet er mindestens in Höhe der durch die Befreiung von der Verbindlichkeit entstandenen Bereicherung,[8] wenn nicht sogar eine Schadensersatzpflicht nach dem Recht der Geschäftsführung ohne Auftrag besteht.[9] Der Erbe ist gem. §§ 259, 666, 681 BGB zur **Rechenschaft** verpflichtet. Der Erbe, der die Erbschaft ausgeschlagen hat, haftet den Nachlassgläubigern nicht nach § 1978 BGB, sondern (nur) dem endgültigen Erben nach § 1959 BGB.[10]

III. Verantwortlichkeit ab Annahme der Erbschaft

4 Vom Zeitpunkt der Annahme der Erbschaft an ist der Erbe zur **Verwaltung** des Nachlasses verpflichtet.[11] Von diesem Zeitpunkt an wird der Erbe so behandelt, als habe er den Nachlass im Auftrag der Nachlassgläubiger verwaltet. Verwaltung bedeutet hierbei die gesamte tatsächliche und rechtliche Verfügung über den Nachlass, die ihrem Zweck nach zu dessen Erhaltung dienen soll. Dabei ist es aber nicht ausgeschlossen, dass der Erbe (einzelne) Nachlassgläubiger befriedigt und/oder Gegenstände des Nachlasses veräußert.[12]

5 Die Vorschriften über den **Auftrag** (§§ 662 ff. BGB) gelten entsprechend, soweit sie nicht (wie etwa § 664 Abs. 1 S. 1 BGB und § 669 BGB) mit der rechtsgeschäftlichen Übernahme der Geschäftsbesorgung wesentlich zusammenhängen.[13] Anwendbar sind insbesondere die §§ 664 Abs. 1 S. 2 und 3, 666, 667 und 668 BGB. Der Erbe hat den Nachlassgläubigern Auskunft über den Stand des Nachlasses zu erteilen und Rechenschaft abzulegen,[14] Belege zu erteilen, ein Nachlassverzeichnis vorzulegen und eventuell die eidesstattliche Versicherung abzugeben (§§ 259, 260, 666 BGB). Zu persönlichen Zwecken entnommene Nachlassgelder muss der beschränkt haftende Erbe nach § 667 BGB ohne Rücksicht auf Verschulden ersetzen und herausgeben.[15]

6 Er hat den Nachlass und alles, was er aus dessen Verwaltung erlangt hat, an den Nachlass- oder den Nachlassinsolvenzverwalter herauszugeben. Die **Herausgabepflicht** bezieht sich auf die Nutzungen.[16] Für die verbrauchten Nutzungen hat er Ersatz zu leisten.[17] Auch Gegenstände, die ohne Zutun des Erben an die Stelle von Nachlassgegenständen getreten sind, gehören bereits rechtlich zum Nachlass und sind deshalb herauszugeben.[18] Schwieriger zu beurteilen ist der rechtsgeschäftliche Erwerb mit Mitteln des Nachlasses oder sonstigen Rechtshandlungen. Bei **rechtsgeschäftlichem Erwerb** ist eine dingliche Surrogation nicht vorgesehen und findet auch grundsätzlich nicht statt. Grundsätzlich hat der Erbe deshalb einen mit Nachlassmitteln angeschafften Gegenstand nicht nach § 1978 BGB herauszugeben, sondern nur Ersatz zu leisten.[19] Die wohl h.M.[20] lässt es indes zu, dass der Erbe mit Willen für den Nachlass erwirbt mit der Folge, dass der durch das Rechtsgeschäft erworbene Gegen-

---

8 Staudinger/*Kunz* (2020), § 1978 Rn 7.
9 MüKo/*Küpper*, § 1978 Rn 3; Erman/*Horn*, § 1978 Rn 2.
10 OLG Celle MDR 1970, 1012; BeckOK BGB/*Lohmann*, § 1978 Rn 3.
11 Staudinger/*Kunz* (2020), § 1978 Rn 9.
12 Staudinger/*Kunz* (2020), § 1978 Rn 10.
13 MüKo/*Küpper*, § 1978 Rn 4.
14 OLG Köln NJW-RR 1989, 528.
15 BGH ZEV 2008, 237.
16 NK-BGB/*Krug*, § 1978 Rn 16 und 17.
17 Staudinger/*Kunz* (2020), § 1978 Rn 15.
18 BeckOK BGB/*Lohmann*, § 1978 Rn 4; MüKo/*Küpper*, § 1978 Rn 6.
19 MüKo/*Küpper*, § 1978 Rn 6a.
20 Sehr ausführlich, allerdings nur mit z.T. überzeugender Begründung und weiteren zahlreichen Nachw.: Staudinger/*Kunz* (2020), § 1978 Rn 16 und 17.

stand Nachlassbestandteil wird. Ob der Erbe tatsächlich mit einem solchen Willen, für den Nachlass zu handeln, im Einzelfall tätig geworden ist, dürfte indes schwer zu beurteilen sein. Je nach dem Ergebnis kann im Insolvenzverfahren über das Eigenvermögen des Erben dem Verwalter ein Aussonderungsrecht hinsichtlich der derart erworbenen Gegenstände zustehen oder auch nicht.[21] Verwendet der Erbe **Geld**, das zum Nachlass gehörte, hat er dies zurückzuerstatten und zu verzinsen (§ 668 BGB).[22]

Da das Gesetz von einem umfassenden Verwaltungsbegriff ausgeht, ist der Umfang 7
der Verantwortlichkeit des Erben sehr weitgehend.[23] Und da die Pflicht des Erben sich vor allem auf den Erhalt des Nachlasses bezieht, haftet er, wenn er dem Nachlass durch seine Maßnahmen selbst oder durch das **Unterlassen** von **Erhaltungsmaßnahmen** Schaden zufügt. Nicht verantwortlich ist er für die Ausschlagung einer zum Nachlass gehörenden weiteren Erbschaft oder Vermächtnisforderung.[24] Die Pflicht zur Berichtigung von Nachlassverbindlichkeiten richtet sich nach § 1979 BGB, diejenige zur Stellung des Antrags auf Eröffnung des Nachlassinsolvenzverfahrens nach § 1980 BGB. Liegen die Voraussetzungen des § 1979 BGB nicht vor, hat der Erbe i.d.R. das Aufgebot der Nachlassgläubiger zu beantragen und muss auch von den aufschiebenden Einreden der §§ 2014, 2015 BGB Gebrauch machen.[25] Weiterhin muss er der Zwangsvollstreckung der Eigengläubiger in den Nachlass entgegentreten, entweder durch freiwillige Befriedigung oder eine Intervention nach § 783 ZPO bzw. durch Beantragung einer Nachlassverwaltung oder derjenigen der Eröffnung des Nachlassinsolvenzverfahrens. Seine Verantwortlichkeit nach § 1978 BGB endet mit der Anordnung der Nachlassverwaltung bzw. der Eröffnung des Nachlassinsolvenzverfahrens.[26]

Der Erbe hat nach § 276 Abs. 1 BGB **Vorsatz** und **Fahrlässigkeit** zu vertreten.[27] 8
Hinsichtlich des Verschuldens eines Erfüllungsgehilfen gilt § 278 BGB.[28] Überträgt der Erbe nur einzelne Verwaltungsmaßnahmen auf einen Dritten, hat er lediglich ein ihm bei der Übertragung zur Last fallendes Verschulden zu vertreten.[29] Gehört zum Nachlass ein Unternehmen, darf dem fortführungswilligen Erben die Eingehung vertretbarer unternehmerischer Risiken nicht ohne Weiteres als Fahrlässigkeit angelastet werden.[30] Für das Verschulden seines gesetzlichen Vertreters hat der Erbe ebenfalls nach § 278 BGB einzustehen, das gilt für den Nachlasspfleger oder Testamentsvollstrecker derart eingeschränkt, dass er insoweit nur mit dem Nachlass haftet.[31] Nachlass- und Nachlassinsolvenzverwalter haften den Nachlassgläubigern gegenüber unmittelbar (§ 1985 Abs. 2 BGB; § 60 InsO).[32]

Die **Herausgabe-** und **Ersatzansprüche** der Nachlassgläubiger stehen dem Nachlass, 9
d.h. dem Erben als Träger des Nachlasses zu (Abs. 2). Sie richten sich gegen den Erben persönlich, der sie aus seinem Eigenvermögen zu erfüllen hat (Abs. 1).[33] Das bedeutet, dass sie während der Dauer der Nachlassverwaltung oder des Nachlassinsolvenzver-

21 Staudinger/*Kunz* (2020), § 1978 Rn 19.
22 MüKo/*Küpper*, § 1978 Rn 7.
23 MüKo/*Küpper*, § 1978 Rn 8.
24 Staudinger/*Kunz* (2020), § 1978 Rn 24.
25 MüKo/*Küpper*, § 1978 Rn 8.
26 Staudinger/*Kunz* (2020), § 1978 Rn 25.
27 NK-BGB/*Krug*, § 1978 Rn 30.
28 BeckOK BGB/*Lohmann*, § 1978 Rn 5.
29 Staudinger/*Kunz* (2020), § 1978 Rn 12.
30 OLG Düsseldorf ZEV 1996, 466 = FamRZ 1996, 1302.
31 BeckOK BGB/*Lohmann*, § 1978 Rn 5; Erman/*Horn*, § 1978 Rn 4.
32 MüKo/*Küpper*, § 1978 Rn 9.
33 BGH NJW 1992, 2694 = FamRZ 1992, 1409; BGH NJW-RR 1989, 1226.

fahrens nur vom Verwalter geltend gemacht werden können (§ 1985 BGB; § 80 InsO).[34] Die Zugehörigkeit der Ansprüche zum Nachlass ist stets von Bedeutung, wenn es auf die Feststellung des Wertes des Nachlasses ankommt: so bei der Berechnung des Nachlasswertes etwa i.R.d. §§ 1980, 1982, 1988 Abs. 2, 1990 BGB oder des § 320 InsO sind sie mit zu berücksichtigen, bei der Frage, ob eine die Kosten des Insolvenzverfahrens deckende Masse vorhanden ist, sowie bei der Frage der Überschuldung. Sind sie nicht uneinbringlich, können sie die Dürftigkeit des Nachlasses ausschließen.[35]

IV. Aufwendungsersatzansprüche des Erben

10 Der Verantwortlichkeit des Erben auf der einen entsprechen seiner Ersatzansprüche auf der anderen Seite.[36] Nach Abs. 3 sind dem Erben **Aufwendungen** aus dem Nachlass zu ersetzen, soweit er nach den Vorschriften über den Auftrag oder die Geschäftsführung ohne Auftrag Ersatz verlangen könnte. Nach h.M. ist es nicht erforderlich, dass die Aufwendungen mit Fremdgeschäftsführerwillen erfolgt sind.[37] Die Ansprüche auf Aufwendungsersatz befinden sich im Eigenvermögen des Erblassers und können deshalb von Eigengläubigern des Erben gepfändet werden.[38]

11 Für Aufwendungen aus der Zeit **vor der Annahme der Erbschaft** folgen die Ansprüche des Erben aus §§ 683, 684 BGB, für Aufwendungen aus der Zeit nach Annahme der Erbschaft aus § 670 BGB,[39] soweit der Erbe sie zur Verwaltung des Nachlasses den Umständen nach für erforderlich halten durfte. Für erforderlich halten darf er bei hinreichender Erfolgsaussicht auch die Fortführung eines zum Nachlass gehörenden Unternehmens. Der **Aufwendungsersatzanspruch** ist zu verzinsen (§ 256 BGB).[40] Ggf. umfasst er die Befreiung von Verbindlichkeiten, die der Erbe zum Zwecke der Verwaltung des Nachlasses eingegangen ist (§ 257 BGB).[41] Die Ersatzpflicht ist Nachlassverbindlichkeit. Alle Ansprüche sind gegen den Nachlassverwalter oder den Nachlassinsolvenzverwalter geltend zu machen. Im Nachlassinsolvenzverfahren stellen sie Masseverbindlichkeiten dar (§ 324 Abs. 1 Nr. 1 InsO).[42] Außerhalb eines amtlichen Verfahrens (etwa im Falle der §§ 1990, 1992, 1991 BGB) ist der Erbe berechtigt, seine Ansprüche vor Vollstreckungspreisgabe des Nachlasses (§ 1990 Abs. 1 S. 2 BGB) selbst zu befriedigen. Ersatzansprüche für Aufwendungen zur Berichtigung einer Nachlassverbindlichkeit sind in § 1979 BGB gesondert geregelt (vgl. im Einzelnen dort). Ein Anspruch auf eine gesonderte **Verwaltervergütung bzw. ein Honorar** steht dem Erben nicht zu (§ 662 BGB).[43]

12 Im Nachlassinsolvenzverfahren steht dem Erben wegen der nach §§ 1978, 1979 BGB aus dem Nachlass zu ersetzenden Aufwendungen kein Zurückbehaltungsrecht zu (§ 323 InsO). Die Verwertung der Masse soll nicht verzögert werden. Weil auch die Nachlassverwaltung ohne vermeidbare Verzögerungen abgewickelt werden soll, hat der Erbe nach h.M. trotz Fehlens einer ausdrücklichen Bestimmung auch kein Zurückbehaltungsrecht gegenüber dem Nachlassverwalter.[44]

---

34 MüKo/*Küpper*, § 1978 Rn 10.
35 BeckOK BGB/*Lohmann*, § 1978 Rn 6.
36 Staudinger/*Kunz* (2020), § 1978 Rn 26.
37 Staudinger/*Kunz* (2020), § 1978 Rn 26.
38 Staudinger/*Kunz* (2020), § 1978 Rn 37.
39 BeckOK BGB/*Lohmann*, § 1978 Rn 7; MüKo/*Küpper*, § 1978 Rn 11.
40 Staudinger/*Kunz* (2020), § 1978 Rn 37.
41 MüKo/*Küpper*, § 1978 Rn 12.
42 Grüneberg/*Weidlich*, § 1978 Rn 5.
43 BGHZ 122, 297 = NJW 1993, 1851.
44 H.M.: MüKo/*Küpper*, § 1978 Rn 14; BeckOK BGB/*Lohmann*, § 1978 Rn 8; zweifelnd: Staudinger/*Kunz* (2020), § 1978 Rn 30 ff. m. ausführlicher Darstellung der Problematik.

V. Verjährung

Die Verjährung richtet sich nach den §§ 195, 199 BGB. 13

§ 1979 Berichtigung von Nachlassverbindlichkeiten

Die Berichtigung einer Nachlassverbindlichkeit durch den Erben müssen die Nachlassgläubiger als für Rechnung des Nachlasses erfolgt gelten lassen, wenn der Erbe den Umständen nach annehmen durfte, dass der Nachlass zur Berichtigung aller Nachlassverbindlichkeiten ausreiche.

Literatur

Siehe Vorbemerkung zu §§ 1975–1992 und § 1978.

Übersicht:

A. Allgemeines

1 Der Erbe, der **Nachlassverbindlichkeiten tilgt**, besorgt den **Nachlass betreffende Geschäfte**, gleichgültig, ob er dabei eigene oder Mittel aus dem Nachlass verwendet.[1] Die Vorschrift des § 1979 BGB bestimmt nun, unter welchen Voraussetzungen derjenige Erbe, der Nachlassverbindlichkeiten aus eigenen Mitteln beglichen hat, Ersatz seiner Aufwendungen verlangen kann, und derjenige Erbe, der Nachlassverbindlichkeiten aus Mitteln des Nachlasses beglichen hat, von Schadensersatzansprüchen der übrigen Nachlassgläubiger aus § 1978 Abs. 1 BGB, freigestellt ist. Sie ergänzt deshalb § 1978 BGB. Nach §§ 670, 1978 Abs. 3 BGB könnte der Erbe Aufwendungen zur Begleichung einer Nachlassverbindlichkeit nur dann ersetzt verlangen, wenn er sie den Umständen nach im Interesse aller Nachlassgläubiger für erforderlich halten durfte (vgl. § 1978 Rdn 10–12). § 1979 BGB lässt demgegenüber ausreichen, dass der Erbe im Einzelfall davon ausgehen durfte, dass der Nachlass zur Berichtigung aller Nachlassverbindlichkeiten ausreiche. Ist das der Fall, kann der Erbe Aufwendungsersatz verlangen, wenn er eigene Mittel eingesetzt hat; hat er Nachlassmittel verwandt, haben die übrigen Gläubiger auch bei Unzulänglichkeit des Nachlasses keine Erstattungsansprüche. Diese Regelung dient dem Schutz des Erben.[2] Dass die Erfüllung einer einzelnen Nachlassverbindlichkeit nur unter bestimmten Voraussetzungen als für Rechnung des Nachlasses erfolgt gilt, liegt auch im Interesse der Gesamtheit der Nachlassgläubiger.[3]

2 Nicht anwendbar ist § 1979 BGB, wenn der Erbe allen Nachlassgläubigern gegenüber unbeschränkt haftet (§ 2013 Abs. 1 S. 1 BGB). Bei **unbeschränkter Haftung** tritt der Erbe auch nicht gem. § 326 Abs. 2 InsO in die Rechtsstellung des Gläubigers ein.[4] Dass der Erbe nur einzelnen Gläubigern gegenüber unbeschränkt haftet, schließt die

1 MüKo/*Küpper*, § 1979 Rn 1.
2 BeckOK BGB/*Lohmann*, § 1979 Rn 1.
3 Erman/*Horn*, § 1979 Rn 1.
4 Staudinger/*Dobler* (2020), § 1979 Rn 3.

Anwendung des § 1979 BGB dagegen nicht aus (§ 2013 Abs. 2 BGB). Bei dürftigem oder überschwertem Nachlass (§§ 1990, 1992 BGB) verweist § 1991 BGB ebenfalls auf § 1979 BGB. Gem. § 1985 Abs. 2 BGB gilt § 1979 BGB entsprechend für den Nachlassverwalter.[5]

B. Tatbestand

I. Voraussetzungen

3 Eine als für Rechnung des Nachlasses erfolgt geltende Tilgung von Schulden des Erblassers setzt lediglich voraus, dass der Erbe davon ausgehen durfte, dass genügend Nachlassmasse zur Erfüllung aller Nachlassverbindlichkeiten vorhanden ist.[6] Der Erbe braucht sich demgegenüber nicht zu fragen, ob die Tilgung im Einzelfall den Interessen des Gläubigers entsprach. Das Wissen des **Testamentsvollstreckers** um die Unzulänglichkeit des Nachlasses braucht sich der Erbe nicht zurechnen zu lassen.[7]

4 Stets müssen es die Umstände des Einzelfalls gewesen sein, die den Erben zu der Annahme berechtigt haben, der Nachlass reiche aus. Der Erbe hat insoweit eine eigene **Prüfungspflicht.**[8] Ihn trifft daher die Pflicht, vor einer Zahlung an Nachlassgläubiger sorgfältig zu prüfen, einerseits welche Nachlassverbindlichkeiten vorhanden sind und in Zukunft noch entstehen können, sowie andererseits welche Nachlassaktiva zum Nachlass gehören und welchen Erlös er aus der Verwertung der Aktiva erlangen wird.[9] Hierzu wird es in aller Regel einer möglichst vollständigen Sichtung des Nachlasses, eingehender Durcharbeitung der Unterlagen des Erblassers, Rückfragen z.B. bei Angehörigen und möglichen Vertragspartnern und auch sonstiger Ermittlungen bedürfen. Auf derartige mühevolle und oft auch kostspielige Vorarbeiten, die im allg. sogar kaum Aufschub dulden, wird selbst dann nicht völlig verzichtet werden können, wenn der Erbe zu dem Erblasser in engen Beziehungen stand und deshalb von vornherein mit den Verhältnissen vertraut ist. Auch wenn es sich sonst um (scheinbar) klare und übersichtliche Verhältnisse handelt, ist es im allg. geboten, dass der Erbe die Nachlassaktiva und -passiva vollständig erfasst und bewertet und mindestens in groben Zügen aufzeichnet. Hat der Erbe Grund zu der Annahme, dass Nachlassverbindlichkeiten vorhanden sind, die ihm trotz aller gebotenen Klärungsversuche noch nicht bekannt geworden sind (§ 1980 Abs. 2 S. 2 BGB), dann muss er grundsätzlich auch das Aufgebot der Nachlassgläubiger beantragen.[10] Ohne ein solches Vorgehen, dessen Einzelheiten je nach den Umständen durch die Gebote des Einzelfalls bestimmt werden, darf der Erbe nicht von der Zulänglichkeit des Nachlasses ausgehen; ohne sie darf er demgemäß keine Nachlassverbindlichkeiten berichtigen (§ 1979 BGB). Leistet er gleichwohl, dann handelt er pflichtwidrig und haftet den dadurch benachteiligten Gläubigern nach § 1978 BGB.[11]

5 Auch **rechtskräftiges Urteil gegen den Nachlass** zur Erfüllung von Nachlassverbindlichkeiten entbindet den Erben nicht von seiner Prüfungspflicht.[12] Ist zweifelhaft, ob alle Schulden beglichen werden können, muss der Erbe vielmehr die Eröffnung des Nachlassinsolvenzverfahrens beantragen, um so die Einzelzwangsvollstreckung zu

---

5 BeckOK BGB/*Lohmann*, § 1979 Rn 2.

6 Staudinger/*Dobler* (2020), § 1979 Rn 3; vgl. auch BGHZ 66, 217 = NJW 1976, 1398 zu § 419 BGB a.F.

7 Staudinger/*Dobler* (2020), § 1979 Rn 4.

8 MüKo/*Küpper*, § 1979 Rn 3; Erman/*Horn*, § 1979 Rn 3.

9 BGH NJW 1985, 140 = FamRZ 1984, 1004.

10 BGH NJW 1985, 140 = FamRZ 1948, 1004.

11 Staudinger/*Dobler* (2020), § 1979 Rn 6.

12 Erman/*Horn*, § 1979 Rn 3.

verhindern (vgl. §§ 89, 88, 321 InsO).[13] Vermächtnisse, Auflagen und die Ansprüche ausgeschlossener und diesen gleichgestellter Gläubiger (§§ 1973, 1974 BGB) bleiben bei der Prüfung der Zulänglichkeit des Nachlasses außer Betracht.[14]

II. Rechtsfolgen

6 Bei Vorliegen der Voraussetzungen des § 1979 BGB, wenn der Erbe also von der Zulänglichkeit des Nachlasses ausgehen durfte, kann er dann, wenn er Nachlassverbindlichkeiten mit Mitteln des Nachlasses beglichen hat, nicht auf die Rückerstattung der Mittel aus dem Nachlass in Anspruch genommen werden.[15] Hat er mit eigenen Mitteln gezahlt, kann er in voller Höhe Ersatz verlangen.[16] Der Anspruch besteht nur, wenn und soweit die Schuld tatsächlich beglichen worden ist, und nur in Höhe des tatsächlich aufgewandten Betrages.[17] Die rechtskräftige Verurteilung steht der Zahlung nicht gleich. Sind die Voraussetzungen des § 1979 BGB erfüllt, kommt es nicht darauf an, ob die berichtigte Verbindlichkeit ausgeschlossen oder in sonstiger Weise nachrangig war.[18]

7 **Fehlen** die Voraussetzungen des § 1979 BGB, ist der Erbe ersatzpflichtig.[19] Die Nachlassgläubiger und damit der Nachlass brauchen die Berichtigung nicht als für Rechnung des Nachlasses erfolgt gelten zu lassen.[20] Hat der Erbe die Forderung mit Mitteln des Nachlasses beglichen, ist er den Gläubigern gem. § 1978 BGB schadensersatzpflichtig.[21] Er haftet jedoch nur so weit, wie vor- und gleichrangige Gläubiger im Nachlassinsolvenzverfahren weniger erhalten, als sie erhalten hätten, wenn die Zahlungen unterblieben wären.[22] Im Nachlassinsolvenzverfahren tritt der Erbe gem. § 326 Abs. 2 InsO an die Stelle des von ihm befriedigten Gläubigers, wenn er den aufgewandten Betrag dem Nachlass zurückgezahlt hat.[23] Hat der Erbe die Schuld aus **eigenen Mitteln** getilgt, gilt ebenfalls § 326 Abs. 2 InsO. Außerhalb des Nachlassinsolvenzverfahrens hat der Erbe nur einen Bereicherungsanspruch nach §§ 684 Abs. 3, 1978 BGB gegen den Nachlass.[24]

III. Beweislast

8 Die Darlegungs- und **Beweislast** für diejenigen Umstände, die dazu geführt haben sollen, dass Zulänglichkeit angenommen werden durfte, trägt nach allg. Auffassung sowohl im Aktiv- als auch im Passivprozess der Erbe.[25] Da es sich bei der Ersatzpflicht um eine Eigenverbindlichkeit des Erben handelt, sind die §§ 780 ff. ZPO nicht anwendbar. Wird der Erbe gem. §§ 1978, 1979 BGB auf Schadensersatz in Anspruch genommen, muss der Anspruchsteller den Schaden nach Grund und Höhe darlegen und beweisen.[26]

---

13 MüKo/*Küpper*, § 1979 Rn 3; BeckOK BGB/*Lohmann*, § 1979 Rn 3.
14 MüKo/*Küpper*, § 1979 Rn 3; Erman/*Horn*, § 1979 Rn 3; a.A. Staudinger/*Dobler* (2020), § 1979 Rn 6 ff. m.w.N.
15 Staudinger/*Dobler* (2020), § 1979 Rn 10.
16 BeckOK BGB/*Lohmann*, § 1979 Rn 4.
17 Staudinger/*Dobler* (2020), § 1979 Rn 10.
18 BeckOK BGB/*Lohmann*, § 1979 Rn 4.
19 Erman/*Horn*, § 1979 Rn 4.
20 BeckOK BGB/*Lohmann*, § 1979 Rn 5.
21 Erman/*Horn*, § 1979 Rn 4.
22 BeckOK BGB/*Lohmann*, § 1979 Rn 5.
23 Erman/*Horn*, § 1979 Rn 4; Staudinger/*Dobler* (2020), § 1979 Rn 16.
24 MüKo/*Küpper*, § 1979 Rn 5.
25 BGH NJW 1985, 140 = FamRZ 1984, 1004.
26 OLG Düsseldorf ZEV 2000, 236 = FamRZ 2000, 1332.

IV. Anfechtung der Berichtigung einer Nachlassverbindlichkeit

9 Die Befriedigung eines Nachlassgläubigers aus Nachlassmitteln ist, auch wenn sie unter der Verletzung des § 1979 BGB erfolgt, wirksam.[27] Rechtliche Beziehungen zwischen dem zu Unrecht befriedigten Nachlassgläubiger und den dadurch benachteiligten übrigen Nachlassgläubigern, die den zu Unrecht befriedigten Gläubiger zur Herausgabe verpflichten würden, bestehen nicht.[28] Unabhängig von den Voraussetzungen des § 1979 BGB kann ein **Anfechtungsrecht** zugunsten der Gesamtheit der Nachlassgläubiger (§§ 129 ff. InsO; §§ 1 ff. AnfG) oder des einzelnen Nachlassgläubigers gegeben sein. Die Bestimmung des § 1979 BGB wurde durch die Vorschriften über die Gläubiger- und die Insolvenzanfechtung ergänzt. Handelt es sich bei den durch den Erben erfüllten Forderungen um Pflichtteilsansprüche, Vermächtnisse oder Auflagen, ist die Leistung des Erben anfechtbar.[29] Nach § 322 InsO ist sie das in gleicher Weise wie unentgeltliche Leistungen; im Regelfall also nach § 134 InsO. Entsprechendes gilt nach den §§ 5, 11 Abs. 2 AnfG für die Anfechtung außerhalb des Nachlassinsolvenzverfahrens. Im Nachlassinsolvenzverfahren steht das Anfechtungsrecht dem Nachlassinsolvenzverwalter zu (vgl. § 129 Abs. 1 InsO). Ist die Nachlassverwaltung angeordnet, soll nach wohl h.M. lediglich der Nachlassverwalter anfechtungsberechtigt sein.[30]

V. Entsprechende Anwendung

10 Nach § 1985 Abs. 2 S. 1 BGB ist der Nachlassverwalter im Hinblick auf die Verwaltung des Nachlasses den Nachlassgläubigern verantwortlich. Dabei ordnet § 1985 Abs. 2 S. 2 BGB an, dass u.a. die Bestimmung des § 1979 BGB entsprechende Anwendung findet. Eine entsprechende Anwendung des § 1979 BGB ordnet weiterhin § 1991 Abs. 1 BGB in den Fällen der §§ 1990, 1992 BGB an.

§ 1980 Antrag auf Eröffnung des Nachlassinsolvenzverfahrens

(1) [1]Hat der Erbe von der Zahlungsunfähigkeit oder der Überschuldung des Nachlasses Kenntnis erlangt, so hat er unverzüglich die Eröffnung des Nachlassinsolvenzverfahrens zu beantragen. [2]Verletzt er diese Pflicht, so ist er den Gläubigern für den daraus entstehenden Schaden verantwortlich. [3]Bei der Bemessung der Zulänglichkeit des Nachlasses bleiben die Verbindlichkeiten aus Vermächtnissen und Auflagen außer Betracht.
(2) [1]Der Kenntnis der Zahlungsunfähigkeit oder der Überschuldung steht die auf Fahrlässigkeit beruhende Unkenntnis gleich. [2]Als Fahrlässigkeit gilt es insbesondere, wenn der Erbe das Aufgebot der Nachlassgläubiger nicht beantragt, obwohl er Grund hat, das Vorhandensein unbekannter Nachlassverbindlichkeiten anzunehmen; das Aufgebot ist nicht erforderlich, wenn die Kosten des Verfahrens dem Bestand des Nachlasses gegenüber unverhältnismäßig groß sind.

Literatur
Siehe Vorbemerkung zu §§ 1975–1992 und § 1975.

27 MüKo/*Küpper*, § 1979 Rn 7.
28 Staudinger/*Dobler* (2020), § 1979 Rn 18.
29 Staudinger/*Dobler* (2020), § 1979 Rn 18.
30 MüKo/*Küpper*, § 1979 Rn 7; NK-BGB/*Krug*, § 1979 Rn 11; a.A. m. ausführlicher Begründung: Staudinger/*Dobler* (2020), § 1979 Rn 20.

Übersicht: Rdn

A. Allgemeines

1 Die Bestimmung ergänzt die Vorschriften zur Haftung des Erben (§§ 1978, 1979 BGB), gelegentlich der Verwaltung des Nachlasses. Dem Erben wird die Pflicht auferlegt, **unverzüglich** (vgl. § 121 BGB) das **Nachlassinsolvenzverfahren** zu beantragen, sobald er Kenntnis von der Zahlungsunfähigkeit oder der Überschuldung des Nachlasses erlangt (im Einzelnen vgl. § 1975 Rdn 6, 7). Kommt er dieser Verpflichtung nicht nach, ist er den Gläubigern gegenüber schadensersatzpflichtig.[1] Damit will auch diese Bestimmung sicherstellen, dass der vorhandene Nachlass bei Beschränkung der Haftung auf den Nachlass den Nachlassgläubigern vollständig zur Verfügung steht; sie soll außerdem zur möglichst gleichmäßigen Befriedigung der Gläubiger bei Unzulänglichkeit des Nachlasses beitragen.[2] Der Erbe hat daneben auch das Recht, das Nachlassinsolvenzverfahren (§ 317 InsO) und die Nachlassverwaltung zu beantragen.[3] **Antragsberechtigt** i.S.d. § 317 InsO sind der Erbe, nach AG Dresden[4] nicht der Erbeserbe, Miterben,[5] der verwaltende Testamentsvollstrecker, Nachlassverwalter und Nachlasspfleger. Daneben auch Nachlassgläubiger, jedoch nur innerhalb einer Frist von zwei Jahren ab Annahme der Erbschaft (§ 319 InsO) (im Einzelnen vgl. § 1975 Rdn 6).

2 Bei einer Gesamtrechtsnachfolge durch Erbschaft besteht keine Notwendigkeit und keine gesetzliche Grundlage dafür, neben dem Nachlassinsolvenzverfahren noch ein zweites, weiteres Verfahren, wie die Anfechtung von Rechtsgeschäften des Erblassers durch den Insolvenzverwalter des Erben nach § 134 InsO, zuzulassen, da – für den Fall, dass der Nachlass überschuldet sein sollte – über eine Nachlassinsolvenz gewährleistet werden kann, dass die Vermögenswerte des Erblassers vorrangig dessen Gläubigern zur Verfügung stehen.[6]

3 Auch ein Nachlassinsolvenzverfahren über den Nachlass eines im Jahre 1945 verstorbenen Erblassers wegen Zahlungsunfähigkeit ist zulässig.[7] Ist der Antrag auf Eröffnung des Nachlassinsolvenzverfahrens gemäß § 26 InsO mangels einer die Verfahrenskosten deckenden Masse abgewiesen worden, kann der Erbe die Befriedigung eines Nachlassgläubigers insoweit verweigern, als der Nachlass nicht ausreicht (Dürftigkeitseinrede, § 1990 BGB). Wird der Erbe dennoch auf Zahlung in Anspruch genommen, ist das Gericht nicht gehalten, im Urteilstenor lediglich diese Einrede zur Feststellung der Unzulänglichkeit des Nachlasses im Zwangsvollstreckungsverfahren aufzunehmen, sondern kann auch eine klageabweisende Entscheidung treffen.[8]

---

1 NK-BGB/*Krug*, § 1980 Rn 2.
2 BeckOK BGB/*Lohmann*, § 1980 Rn 1; Erman/*Horn*, § 1980 Rn 1.
3 Staudinger/*Dobler*, (2020) § 1980 Rn 1.
4 ZVI 2011, 325 = ZErb 2012, 63 = ZEV 2011, 548; a.A. vgl. *Küpper*, ZEV 2011, 549.
5 Mit der Einschränkung, dass der einzelne Miterbe den Eröffnungsgrund glaubhaft machen muss, § 317 Abs. 2 InsO.
6 LG München ZInsO 2024, 1176.
7 AG Regensburg ZEV 2021, 511.
8 AG Erfurt ErbR 2022, 751.

4 Es fehlt an der für Verfahrenskostenhilfe hinreichende Aussicht auf Erfolg eines Nachlassinsolvenzantrags, wenn der Nachlass offensichtlich dürftig ist.[9] Die Erfolgsaussicht des Nachlassinsolvenzantrages kann nicht damit bejaht werden, dass anstatt auf die Eröffnung des Nachlassinsolvenzverfahrens auf das Interesse des antragstellenden Erben an einer Abweisungsentscheidung gemäß § 26 InsO abgestellt wird, die ihm die Erhebung der Dürftigkeitseinrede aus § 1990 BGB gegenüber den Nachlassgläubigern erleichtert.[10]

B. Tatbestand

I. Keine Antragspflicht

5 **Keine Antragspflicht** besteht

- für den **vorläufigen (werdenden) Erben;**[11] nach Ablauf der Ausschlagungsfrist, mit deren Versäumung die Erbschaft nach § 1943 BGB als angenommen gilt, oder nach Annahme der Erbschaft ist der Erbe trotz eines schwebenden Erbprätendentenstreits und deswegen angeordneter Nachlasspflegschaft verpflichtet, einen Insolvenzantrag zu stellen.[12]
- wenn der Erbe allen Gläubigern gegenüber **unbeschränkbar** haftet (§ 2013 Abs. 1 S. 1 BGB). Haftet der Erbe nur einzelnen Gläubigern gegenüber unbeschränkt, bleibt es hingegen bei der Antragspflicht (§ 2013 Abs. 2 BGB);
- wenn ein **inländischer** Gerichtsstand für die Eröffnung des Nachlassinsolvenzverfahrens nicht besteht;[13]
- wenn diese dem Erben durch Vereinbarung mit den Nachlassgläubigern erlassen worden ist,[14] wobei jeder der Nachlassgläubiger nur mit Wirkung gegen sich selbst handeln kann;[15]
- wenn die **Unzulänglichkeit** des Nachlasses auf Vermächtnissen und Auflagen beruht (Abs. 1 S. 3),[16] gegenüber ausgeschlossenen und ihnen gleichgestellten Gläubigern (§§ 1973, 1974, 1989 BGB);
- wenn die Überschuldung nur auf ihren Forderungen beruht;[17] bei Dürftigkeit des Nachlasses, da der Erbe diesen nach § 1990 Abs. 1 S. 2 BGB den Nachlassgläubigern zur Befriedigung bereitstellen kann.[18]

6 Ist **Nachlassverwaltung** angeordnet, treffen Antrags- und Schadensersatzpflichten den Nachlassverwalter (§ 1985 Abs. 2 S. 2 BGB). Diese Regelung sollte der Berater des Erben beachten und im Zweifelsfall für den Fall unklarer Nachlassverhältnisse dem Erben die Empfehlung erteilen, möglichst frühzeitig einen Antrag auf Anordnung der Nachlassverwaltung zu stellen.[19] Für Nachlasspfleger und Testamentsvollstrecker gilt

---

9 AG Hannover ErbR 2021, 904.

10 AG Hannover ErbR 2021, 904; a.A.: LG Göttingen ZInsO 2000, 609.

11 OLG Köln ZInsO 2012, 2254 = ZVI 2012, 462; *Marotzke*, ZInsO 2011, 2105; BGHZ 161, 281 = NZI 2005, 162.

12 BGHZ 161, 281 = NZI 2005, 162.

13 Erman/*Horn*, § 1980 Rn 2; Staudinger/*Dobler*, (2020) § 1980 Rn 5 – Es werden Zweifel an dieser Auffassung im Geltungsbereich der EG-Verordnung über Insolvenzverfahren angemeldet.

14 OLG München ZEV 1998, 100.

15 Staudinger/*Dobler*, (2020) § 1980 Rn 6.

16 Vgl. aber Staudinger/*Dobler*, (2020) § 1980 Rn 2, danach soll eine Ausnahme für nicht verjährte Erbersatzansprüche, die ohnehin nur noch aus Erbfällen von vor dem 1.4.1998 geltend gemacht werden können, gemacht werden.

17 H.M., Erman/*Horn*, § 1980 Rn 2; MüKo/*Küpper*, § 1980 Rn 6; BeckOK BGB/*Lohmann*, § 1980 Rn 2; a.A. wohl: Staudinger/*Dobler*, (2020) § 1980 Rn 3.

18 Staudinger/*Dobler*, (2020) § 1980 Rn 7.

19 NK-BGB/*Krug*, § 1980 Rn 9.

§ 1980 BGB nicht, es bleibt vielmehr **der Erbe** nach § 1980 BGB verpflichtet.[20] Das Antragsrecht aus § 317 Abs. 1 InsO hat der Nachlasspfleger ausschließlich im Interesse des Erben zur Sicherung und Erhaltung des Nachlasses, nicht aber auch im Interesse der Nachlassgläubiger wahrzunehmen. Machen Nachlasspfleger oder Testamentsvollstrecker von ihrem Antragsrecht (§ 317 Abs. 1 InsO) schuldhaft keinen Gebrauch, können sie deshalb jedoch ihrerseits dem Erben schadensersatzpflichtig[21] sein.

II. Voraussetzungen der Haftung

Die Vorschrift legt die Verpflichtung, ab Kenntnis der Zahlungsunfähigkeit oder Überschuldung des Nachlasses unverzüglich Insolvenzantrag zu stellen, dem „Erben" auf.[22] Darunter ist – wie allgemein im Erbrecht – jeder endgültige Erbe zu verstehen. Im Unterschied dazu wird derjenige Erbe, der die Erbschaft noch nicht angenommen hat, als „vorläufiger Erbe" bezeichnet. Vorläufig ist damit die Erbenstellung bis zur Annahme der Erbschaft (§ 1943 BGB). Bis dahin steht noch nicht fest, dass der Berufene auch endgültig Erbe wird. Während dieses Zeitraums braucht er sich um den Nachlass grundsätzlich nicht zu kümmern. Es handelt sich deshalb in diesem Stadium um einen „werdenden Erben". Für diesen gilt die Insolvenzantragspflicht nicht, weil es einen Erben i.S.d. Abs. 1 S. 1 (noch) nicht gibt.[23] Der Schwebezustand wird durch die Annahme der Erbschaft beendet, der „werdende" wird zum endgültigen Erben. Seine durch die Annahme begründetet Pflichtenstellung, einschließlich der Insolvenzantragspflicht aus Abs. 1 S. 1 wird nicht dadurch wieder in Frage gestellt bzw. obsolet, dass andere (Erbprätendenten) seine Erbenstellung in Zweifel ziehen. Der Erbe wird dadurch nicht etwa erneut zum „werdenden" Erben.[24] 7

Voraussetzung der Haftung ist, dass der Nachlass zahlungsunfähig oder überschuldet ist. **Zahlungsunfähigkeit** liegt vor, wenn die fälligen Zahlungspflichten nicht erfüllt werden (§ 17 Abs. 2 S. 1 InsO). Sie ist i.d.R. anzunehmen, wenn der Schuldner seine Zahlungen eingestellt hat (§ 17 Abs. 2 S. 2 InsO). Dabei ist stets auf den Nachlass und nicht auf das Eigenvermögen des Erben abzustellen. Die **drohende Zahlungsunfähigkeit** kann ebenfalls Grund für die Eröffnung des Nachlassinsolvenzverfahrens sein (§ 320 S. 2 InsO); sie begründet jedoch keine Antragspflicht.[25] 8

Überschuldet ist der Nachlass (§ 19 Abs. 2 S. 1 InsO), wenn das Vermögen des Schuldners (hier: der Nachlass) die bestehenden Verbindlichkeiten (hier: die Nachlassverbindlichkeiten) nicht deckt. Es ist also eine Gegenüberstellung der Aktiva und der Passiva des Nachlasses vorzunehmen. Zu den Aktiva gehören die nach §§ 1976, 1977 BGB wiederauflebenden Rechte sowie Ansprüche gegen den Erben aus §§ 1978, 1979 BGB.[26] Zu den Passiva gehören grundsätzlich alle Nachlassverbindlichkeiten. Diejenigen aus Vermächtnis, Auflagen sowie die im Aufgebotsverfahren ausgeschlossenen oder ihnen nach § 1974 BGB gleichstehenden sind nicht zu berücksichtigen. Dies gilt allerdings lediglich hinsichtlich der Insolvenzantragspflicht, nicht auch bezüglich der Frage, ob tatsächlich Überschuldung im Einzelfall gegeben ist (§ 320 InsO).[27] Etwas anderes gilt, wenn zum Nachlass ein Unternehmen gehört. Nach § 19 Abs. 2 S. InsO ist bei der Bewertung des Vermögens des Schuldners (hier: Nachlasses) jedoch die 9

20 BGHZ 161, 281 = NZI 2005, 162.
21 BeckOK BGB/*Lohmann*, § 1980 Rn 3.
22 Grüneberg/*Weidlich*, § 1980 Rn 3.
23 BGHZ 161, 281.
24 BGHZ 161, 281.
25 NK-BGB/*Krug*, § 1980 Rn 3.
26 BeckOK BGB/*Lohmann*, § 1980 Rn 2.
27 Erman/*Horn*, § 1980 Rn 3.

Fortführung des Unternehmens zugrunde zu legen, wenn diese nach den Umständen überwiegend wahrscheinlich ist. Das muss stets bedacht werden.

10 Neben der objektiv vorliegenden Zahlungsunfähigkeit oder der Überschuldung des Nachlasses muss der Erbe davon auch **Kenntnis** erlangt oder infolge Fahrlässigkeit nicht erlangt haben (Abs. 2 S. 1). Als Fahrlässigkeit gilt es insbesondere, wenn der Erbe das Aufgebot der Nachlassgläubiger (§ 1970 BGB) nicht beantragt hat, obwohl er Grund hatte, das Vorhandensein unbekannter Nachlassverbindlichkeiten anzunehmen (Abs. 2 S. 2 Hs. 1). Der Erbe ist nur dann nicht verpflichtet, das Aufgebotsverfahren einzuleiten, wenn die Verfahrenskosten im Verhältnis zum Bestand des Nachlasses unverhältnismäßig hoch sind (Abs. 2 S. 2 Hs. 2). Dann muss er sich jedoch in anderer Weise über den Bestand des Nachlasses informieren. Eine Zahlungseinstellung für den Nachlass wird im Regelfall dafür sprechen, dass dem Erben die Zahlungsunfähigkeit oder Überschuldung bekannt gewesen ist.

11 Schließlich muss es der Erbe unterlassen haben, **unverzüglich** (vgl. § 121 Abs. 1 S. 1 BGB), d.h. ohne schuldhaftes Zögern, die Eröffnung des Nachlassinsolvenzverfahrens zu beantragen. Ob der Antrag unverzüglich und somit ohne schuldhaftes Zögern (§ 121 BGB) erfolgt ist, ist stets Tatfrage.[28] In jedem Fall bedeutet das, dass der Erbe nur dann schuldhaft zögern kann, wenn er die Erbschaft angenommen hat.[29] Der Erbe ist auch nach der Anordnung der Nachlassverwaltung antragsberechtigt. Sein Antragsrecht tritt selbstständig neben dasjenige des Nachlassverwalters.[30] **Miterben** sind je für sich antragsberechtigt (§ 317 Abs. 1 InsO). Eine Haftung kommt daher nur in Betracht, wenn kein Miterbe einen Antrag stellt oder wenn ein Miterbe, der sich an einem Antrag nicht beteiligt hat, im Rahmen seiner Anhörung (§ 317 Abs. 2 S. 2 InsO) das Verfahren verzögert. In diesem Fall haften die Miterben, in deren Person die Voraussetzungen des § 1980 BGB erfüllt sind, als Gesamtschuldner.[31]

12 Der (Mit-)Erbe, der zur Kenntniserlangung über den Nachlassbestand Auskunftsklage gegen Miterben erheben und infolge derer Zwangsvollstreckungsmaßnahmen einleiten musste, verletzt seine Pflicht zur unverzüglichen Beantragung der Eröffnung des Nachlassinsolvenzverfahrens dann (zumindest fahrlässig) nicht, wenn er diese zeitnah – auch durch Überweisung des fälligen Kostenvorschusses – veranlasst.[32] Die eventuell schuldhaft verspätete Stellung des Insolvenzantrags durch den Nachlasspfleger ist dem Erben nicht zuzurechnen.[33]

13 **Der Umfang des Schadens** richtet sich nach den §§ 249 ff. BGB,[34] bemisst sich also nach der Differenz zwischen demjenigen Betrag, den der Gläubiger tatsächlich erhalten hat, und dem, was er erhalten hätte, wenn der Antrag rechtzeitig gestellt worden wäre.[35] Der Anspruch richtet sich gegen den Erben oder die Miterben als Gesamtschuldner (§§ 823 Abs. 2, 1980 Abs. 1 BGB, §§ 421 ff., 840 Abs. 1 BGB).[36] Im Nachlassinsolvenzverfahren gehört der Anspruch zur Masse (vgl. § 328 Abs. 2 InsO) und wird – während der Dauer des Nachlassinsolvenzverfahrens – vom Nachlassinsolvenzverwalter geltend gemacht.[37]

28 Staudinger/*Dobler*, (2020) § 1980 Rn 13.
29 MüKo/*Küpper*, § 1980 Rn 7; Erman/*Horn*, § 1980 Rn 4.
30 Staudinger/*Dobler*, (2020) § 1980 Rn 14.
31 Staudinger/*Dobler*, (2020) § 1980 Rn 16.
32 AG Erfurt ErbR 2022, 751.
33 BGHZ 161, 281.
34 BGH NJW 1985, 140 = FamRZ 1984, 1004.
35 Staudinger/*Dobler*, (2020) § 1980 Rn 16; Erman/*Horn*, § 1980 Rn 5.
36 Erman/*Horn*, § 1980 Rn 5.
37 BeckOK BGB/*Lohmann*, § 1980 Rn 6; Grüneberg/*Weidlich*, § 1980 Rn 6.

III. Beweislast

14 Als Anspruchsteller tragen die Nachlassgläubiger nach den allg. Regeln die Darlegungs- und Beweislast für die Voraussetzungen und den Umfang des Schadensersatzanspruchs.[38] Es ist deshalb vom Nachlassgläubiger oder Insolvenzverwalter darzulegen und – im Streitfalle – zu beweisen, dass der **Nachlass überschuldet** oder **Zahlungsunfähigkeit** eingetreten war, der Erbe davon **Kenntnis hatte** oder aufgrund bestimmter Umstände Kenntnis hätte haben müssen, der Schaden im geltend gemachten **Umfange** eingetreten und die unterlassene Antragstellung für den konkret geltend gemachten Schaden **kausal** geworden ist. Hat der Erbe kein Aufgebot der Nachlassgläubiger beantragt, werden die Kausalität des Unterlassens für die Unkenntnis des Erben sowie Fahrlässigkeit nur dann vermutet, wenn Grund für die Annahme bestand, dass unbekannte Nachlassgläubiger vorhanden waren; diese Voraussetzung hat ebenfalls der Gläubiger zu beweisen. Gelingt dem Gläubiger der Beweis, kann der Erbe die Vermutung entkräften, indem er nachweist, dass er auch durch das Aufgebot keine Kenntnis von der Überschuldung erlangt hätte oder dass die Verfahrenskosten unverhältnismäßig hoch gewesen wären.[39]

IV. Entsprechende Anwendung

15 Auch i.R.d. §§ 1990, 1991 BGB ist die Vorschrift des § 1980 BGB entsprechend anzuwenden. Deshalb ist davon auszugehen, dass der Erbe, der sich auf die Einrede des § 1990 BGB beruft, nach § 1980 BGB entsprechend haftet, wenn der Nachlass noch nicht dürftig war, als der Erbe die Zahlungsunfähigkeit (oder Überschuldung) erkannte oder hätte erkennen müssen.[40] Nach § 1985 Abs. 2 BGB ist die Vorschrift des § 1980 BGB auf den Nachlassverwalter entsprechend anwendbar. Daraus schließt die h.M. im Gegenschluss, dass der nach den § 1960 oder § 1961 BGB bestellte Nachlasspfleger und der Testamentsvollstreckung den Nachlassgläubigern gegenüber nicht nach § 1980 BGB zur Antragstellung verpflichtet ist.[41] Da die Stellung des Insolvenzantrags durch den nach den § 1960 oder § 1961 BGB bestellten Nachlasspfleger im Einzelfall im Interesse des Erben liegen kann,[42] insbesondere weil diesem durch das Unterlassen Nachteile drohen, haftet er dem Erben gegenüber, §§ 1833, 1915 BGB (Nachlasspfleger) und §§ 2216 Abs. 1, 2219 BGB (Testamentsvollstrecker).[43]

V. Verjährung

16 Die Verjährung der Ansprüche nach § 1980 BGB richtet sich nach den §§ 195, 199 BGB. Es gilt die **dreijährige Verjährungsfrist** des § 195 BGB, deren Beginn sich nach § 199 BGB richtet.[44]

---

38 Staudinger/*Dobler*, (2020) § 1980 Rn 18.

39 Staudinger/*Dobler*, (2020) § 1980 Rn 18; BeckOK BGB/*Lohmann*, § 1980 Rn 7; NK-BGB/*Krug*, § 1980 Rn 14.

40 MüKo/*Küpper*, § 1980 Rn 12.

41 BGHZ 161, 281 = NZI 2005, 162 = ZEV 2005, 21 = NJW 2005, 756 = FamRZ 2005, 446 = Rpfleger 2005, 194 = ZInsO 2005, 375 = MDR 2005, 512; MüKo/*Küpper*, § 1980 Rn 11; Staudinger/*Dobler*, (2020) § 1980 Rn 20; Erman/*Horn*, § 1980 Rn 5.

42 KG OLGZ 75, 161.

43 Erman/*Horn*, § 1980 Rn 5.

44 Staudinger/*Dobler*, (2020) § 1980 Rn 21 auch ausführlich zu der Problematik von Altfällen, für die § 197 Abs. 1 Nr. 2 BGB ab dem 1.1.2002 eine Verjährung von 30 Jahren bestimmt hatte.

§ 1981 Anordnung der Nachlassverwaltung

(1) Die Nachlassverwaltung ist von dem Nachlassgericht anzuordnen, wenn der Erbe die Anordnung beantragt.
(2) [1]Auf Antrag eines Nachlassgläubigers ist die Nachlassverwaltung anzuordnen, wenn Grund zu der Annahme besteht, dass die Befriedigung der Nachlassgläubiger aus dem Nachlass durch das Verhalten oder die Vermögenslage des Erben gefährdet wird. [2]Der Antrag kann nicht mehr gestellt werden, wenn seit der Annahme der Erbschaft zwei Jahre verstrichen sind.

Literatur
Siehe Vorbemerkung zu §§ 1975–1992 und § 1975.

Übersicht: Rdn

A. Allgemeines

1 Die Bestimmung des § 1981 BGB ergänzt die Vorschriften in Bezug auf die Voraussetzungen und Wirkungen der Nachlassverwaltung. Sie statuiert das Antragserfordernis. Dadurch unterscheidet sich die Nachlassverwaltung – als Nachlasspflegschaft zum Zwecke der Befriedigung der Nachlassgläubiger (§ 1975 BGB) – von der Nachlasspflegschaft, die von Amts wegen zur Sicherung des Nachlasses angeordnet wird (§ 1960 BGB). Die Bestimmung legt weiter den Kreis der Antragsberechtigten – unvollständig – fest.[1] **Antragsberechtigt** sind **der Erbe** (Abs. 1) sowie unter bestimmten Voraussetzungen auch **Nachlassgläubiger** (Abs. 2). Ergänzt wird § 1981 BGB durch § 1982 BGB (Ablehnung der Eröffnung mangels Masse) und § 1983 BGB (Pflicht zur Veröffentlichung der Anordnung).

2 Die Nachlassverwaltung endet niemals von selbst, sondern nur infolge der Aufhebung durch das Nachlassgericht oder durch die Eröffnung des Nachlassinsolvenzverfahrens.[2] Nicht geregelt ist die **Rücknahme** des Antrages. Während § 13 Abs. 2 InsO für den Antrag im Nachlassinsolvenzverfahren bestimmt, dass dieser zurückgenommen werden kann bis zur Eröffnung des Insolvenzverfahrens oder seiner rechtskräftigen Zurückweisung, fehlt im Bürgerlichen Gesetzbuch eine entsprechende Regelung. Nach zutreffender Auffassung[3] ist die genannte Bestimmung der Insolvenzordnung entsprechend für den Antrag auf Anordnung der Nachlassverwaltung anzuwenden; ebenso auch die Kostenfolge bei Rücknahme des Antrags in § 106 Abs. 3 InsO.

1 MüKo/*Küpper*, § 1981 Rn 1.
2 Staudinger/*Dobler*, (2020) § 1975 Rn 27.
3 Staudinger/*Dobler*, (2020) § 1981 Rn 2.

B. Tatbestand

I. Antrag des Erben

3 Der Erbe kann die Anordnung der Nachlassverwaltung jederzeit – insbesondere ohne Einhaltung der Zwei-Jahres-Frist des Abs. 2 – beantragen.[4] Voraussetzung ist nur, dass er noch nicht allen Nachlassgläubigern unbeschränkt haftet (§ 2013 Abs. 1 S. 2 BGB). Er behält es, solange er nur einzelnen Nachlassgläubigern gegenüber unbeschränkbar haftet (§ 2013 Abs. 2 BGB). Die haftungsbeschränkende Wirkung der Nachlassverwaltung (§ 1975 BGB) tritt in diesen Fällen aber nur gegenüber den übrigen Nachlassgläubigern ein.[5] **Miterben** können den Antrag nur gemeinsam und nur bis zur Teilung des Nachlasses stellen (§ 2062 BGB).[6] Nach h.M. entfällt das Antragsrecht aller Miterben, sobald auch nur ein Miterbe allen Nachlassgläubigern gegenüber unbeschränkbar haftet.[7]

4 Der Antrag kann auch schon **vor** der **Annahme** der Erbschaft gestellt werden.[8] Ob in der Stellung des Antrags die Annahme der Erbschaft liegt, hängt davon ab, ob der Erbe erkennbar endgültig die Verantwortung für den Nachlass übernimmt oder ob es sich um eine reine Vorsichtsmaßnahme handelt.[9] Auch die Überschuldung des Nachlasses hindert nicht die Anordnung der Nachlassverwaltung.[10] Der durch das Nachlassgericht bestellte Nachlassverwalter hat allerdings in diesem Fall unverzüglich das Nachlassinsolvenzverfahren zu beantragen und mit dessen Eröffnung endet die Nachlassverwaltung kraft Gesetzes (§§ 1980, 1985 Abs. 2 S. 2, 1988 Abs. 1 BGB). Der Erbe, der bei erkennbarer Überschuldung nicht die Eröffnung des Nachlassinsolvenzverfahrens beantragt, sondern die Anordnung der Nachlassverwaltung, kann sich den Nachlassgläubigern gegenüber nach § 1980 BGB schadensersatzpflichtig machen. Auch die Eröffnung eines Insolvenzverfahrens über das Vermögen des Erben (einschließlich der Erbschaft) lässt das Antragsrecht des Erben unberührt.[11] Der Erbe braucht seinen Antrag – anders als ein Nachlassgläubiger – nicht zu begründen.[12] Voraussetzung für die Zulassung des Antrags ist schließlich, dass eine die Kosten des Verfahrens deckende Masse vorhanden ist oder ein entsprechender Vorschuss gezahlt wird (§ 1982 BGB).[13]

II. Weitere Antragsberechtigte

5 **Antragsberechtigt** sind des Weiteren der **Erbschaftskäufer** (§ 2383 BGB) anstelle des Erben;[14] und neben ihm der Erbe wie ein Nachlassgläubiger in den entsprechenden Fällen des § 330 Abs. 2 InsO;[15] der **Nacherbe** (§ 2144 Abs. 1 BGB),[16] **der Erbeserbe,**[17] der verwaltende **Testamentsvollstrecker** (vgl. auch § 317 Abs. 1 InsO);[18] und der Ehegatte, der Erbe ist, sowie der Ehegatte, der nicht Erbe ist, aber das Gesamtgut allein oder mit seinem Ehegatten gemeinschaftlich verwaltet, wenn der Nachlass zum **Ge-**

---

4 Staudinger/*Dobler*, (2020) § 1981 Rn 10.
5 Erman/*Horn*, § 1981 Rn 2.
6 OLG Brandenburg ErbR 2021, 615; Erman/*Horn*, § 1981 Rn 2; MüKo/*Küpper*, § 1981 Rn 3.
7 MüKo/*Küpper*, § 1981 Rn 3; a.A. Staudinger/*Dobler*, (2020) § 1981 Rn 4.
8 Grüneberg/*Weidlich*, § 1981 Rn 3, a.A. Staudinger/*Dobler*, (2020) § 1981 Rn 11.
9 MüKo/*Küpper*, § 1981 Rn 2; Grüneberg/*Weidlich*, § 1981 Rn 3.
10 MüKo/*Küpper*, § 1981 Rn 2.
11 Staudinger/*Dobler*, (2020) § 1981 Rn 9 m.w.N.
12 Staudinger/*Dobler*, (2020) § 1981 Rn 13.
13 BeckOK BGB/*Lohmann*, § 1981 Rn 2.
14 Staudinger/*Dobler*, (2020) § 1981 Rn 14.
15 Erman/*Horn*, § 1981 Rn 3.
16 Grüneberg/*Weidlich*, § 1981 Rn 3.
17 Thüringer OLG Rpfleger 2008, 641 = ZErb 2008, 420.
18 MüKo/*Küpper*, § 1981 Rn 4.

samtgut einer Gütergemeinschaft gehört (§ 318 Abs. 1 InsO entsprechend).[19] Nicht antragsberechtigt hingegen ist der nach § 1960 oder § 1961 BGB bestellte Nachlasspfleger.[20] Auch der Insolvenzverwalter des – vor dem Tod des Erblassers eröffneten und nach dessen Tod – übergeleiteten Nachlassinsolvenzverfahrens ist nicht berechtigt, einen Antrag auf Nachlassverwaltung hinsichtlich des zu Lebzeiten des Schuldners insolvenzfreien Vermögens zu stellen.[21]

III. Antrag eines Nachlassgläubigers (Abs. 2)

6 Die Anordnung der Nachlassverwaltung wegen eines Antrags eines Nachlassgläubigers setzt voraus, dass Grund zu der Annahme besteht, dass die Befriedigung der Nachlassgläubiger aus dem Nachlass durch das Verhalten oder die Vermögenslage des Erben gefährdet wird (Abs. 2 S. 2) und noch nicht zwei Jahre seit der Annahme der Erbschaft verstrichen sind (Abs. 2 S. 2).

7 Antragsberechtigt ist außerdem jeder Nachlassgläubiger,[22] auch der Gläubiger, der zugleich Miterbe ist,[23] und der nach § 1973 BGB angeschlossene Gläubiger oder einem diesem gleichstehenden Gläubiger, § 1974 BGB.[24] Die Nachlassgläubiger sind auch dann antragsberechtigt, wenn der Erbe unbeschränkt haftet. § 2013 Abs. 1 S. 1 BGB schließt ausdrücklich nur das Antragsrecht des Erben aus. Sinn der Nachlassverwaltung bei unbeschränkter Haftung des Erben ist es, Eigengläubigern des Erben den Zugriff auf den Nachlass zu verwehren.[25] Vermächtnis- und Auflagegläubiger stehen den übrigen Nachlassgläubigern gleich.[26]

8 Der Antrag eines Nachlassgläubigers kann – im Gegensatz zu dem unbefristeten Antragsrecht des Erben – nach Ablauf von **zwei Jahren** nach Annahme der Erbschaft nicht mehr gestellt werden. Diese zeitliche Grenze entspricht derjenigen des § 319 InsO und erklärt sich daraus, dass eine Trennung von Eigenvermögen des Erben und Nachlass umso schwieriger wird, je mehr Zeit seit der Annahme der Erbschaft vergangen ist.[27] Auch hier ist nicht Voraussetzung, dass der Erbe die Erbschaft bereits angenommen hat.[28]

9 Weiterhin ist Voraussetzung der Anordnung auf einen Antrag eines Nachlassgläubigers, dass dessen Befriedigung gefährdet ist, und zwar entweder durch das **Verhalten des Erben** oder durch die **schlechte Vermögenslage des Erben**. Ein die Anordnung der Nachlassverwaltung **rechtfertigendes Verhalten des Erben** liegt etwa in der Verschleuderung von Nachlassgegenständen, in der voreiligen Befriedigung einzelner Gläubiger oder in Gleichgültigkeit[29] oder Verwahrlosung.[30] Dabei kommt es auf ein Verschulden des Erben nicht an.[31] Entsprechendes Verhalten des verwaltenden **Testamentsvollstreckers** ist dem Erben zuzurechnen, wenn er schuldhaft Gegenmaßnah-

---

19 Erman/*Horn*, § 1981 Rn 3; BeckOK BGB/*Lohmann*, § 1981 Rn 4.
20 BayObLGZ 1976, 167; Staudinger/*Dobler*, (2020) § 1981 Rn 14.
21 OLG München FamRZ 2014, 1735 = ZInsO 2014, 1343.
22 MüKo/*Küpper*, § 1981 Rn 5.
23 Erman/*Horn*, § 1981 Rn 4.
24 Staudinger/*Dobler*, (2020) § 1981 Rn 17.
25 Staudinger/*Dobler*, (2020) § 1981 Rn 16.
26 Staudinger/*Dobler*, (2020) § 1981 Rn 18.
27 Erman/*Horn*, § 1981 Rn 4.
28 Staudinger/*Dobler*, (2020) § 1981 Rn 21.
29 BayObLG NJW-RR 2002, 871 = FamRZ 2002, 252.
30 MüKo/*Küpper*, § 1981 Rn 6; Staudinger/*Dobler*, (2020) § 1981 Rn 22; BeckOK BGB/*Lohmann*, § 1981 Rn 6.
31 BayObLGZ 32, 336.

men zum Schutze der Nachlassgläubiger – etwa einen Antrag auf Entlassung des Testamentsvollstreckers nach § 2227 BGB – unterlässt.[32]

10 Die **schlechte Vermögenslage des Erben** (nicht: des Nachlasses) begründet ein Antragsrecht der Nachlassgläubiger, wenn die Gefahr besteht, dass Eigengläubiger des Erben Zugriff auf den Nachlass nehmen.[33] Die Gesamtheit der Nachlassgläubiger muss vom Verhalten oder der schlechten Vermögenslage des Erben betroffen sein.[34] Die Gefahr, dass ein bestimmter einzelner Anspruch nicht erfüllt wird, reicht nicht aus.[35] Bei Miterben müssen die Voraussetzungen des Abs. 2 in der Person mindestens eines der Miterben erfüllt sein.[36]

11 Der den Antrag stellende Nachlassgläubiger hat die Forderung und ihre Gefährdung glaubhaft zu machen.[37] Allerdings ist dadurch nicht § 26 FamFG eingeschränkt. Das Nachlassgericht hat nach dieser Bestimmung von Amts wegen die erforderlichen Ermittlungen anzustellen und die notwendigen Beweise zu erheben. Der Eintritt in diese Ermittlungen setzt aber voraus, dass der Nachlassgläubiger allg. Anhaltpunkte mitteilt, die für die Gefährdung der Nachlassgläubiger sprechen.[38]

12 Die Aufhebung der Nachlassverwaltung im Falle der Zweckerreichung kommt jedenfalls dann in Betracht, wenn ein am ursprünglichen Ausgangsverfahren materiell Beteiligter einen entsprechenden Antrag gestellt hat. Denn den gesetzlichen Regelungen lässt sich nicht entnehmen, dass eine Aufhebung der Nachlassverwaltung auch im Falle der Zweckerreichung nur für den Fall in Betracht kommt, dass der ursprüngliche Antragsteller den Antrag stellt.[39] Vom Nachlassverwalter selbst kann die Aufhebung der Anordnung der Nachlassverwaltung nicht beantragt werden.[40] Hat das Gericht die Nachlassverwaltung aufgehoben mit der Folge, dass diese beendet wurde, kann eine Nachlassverwaltung erneut angeordnet werden, wenn ein Anordnungsgrund besteht. Der Antrag auf Anordnung der Nachlassverwaltung setzt voraus, dass der Antragsteller das Bestehen einer Nachlassforderung glaubhaft macht, da die Gefährdung der Befriedigung des Nachlassgläubigers voraussetzt, dass überhaupt eine Forderung besteht.[41]

IV. Verfahren

13 **Zuständig** für die **Anordnung** der **Nachlassverwaltung** ist – vorbehaltlich abweichender landesrechtlicher Regelungen (Art. 147 EGBGB) – das **Nachlassgericht**. Die Nachlassverwaltung gehört zu den in § 342 Abs. 1 FamFG aufgezählten Nachlasssache im Sinne des Verfahrens der freiwilligen Gerichtsbarkeit (§ 342 Abs. 1 Nr. 8 FamFG). Funktionell zuständig für die Anordnung und Aufhebung der Nachlassverwaltung ist der **Rechtspfleger** (§§ 3 Nr. 2c, 16 Abs. 1 Nr. 1 RPflG). Die Anordnung der Nachlassverwaltung erfolgt durch Beschluss des Nachlassgerichts (§§ 38, 359 FamFG), der den Beteiligten nach § 41 FamFG bekanntzumachen ist. Das Nachlassgericht hat nach

---

32 I.E. str.: vgl. u.a. Staudinger/*Dobler*, (2020) § 1981 Rn 23; Erman/*Horn*, § 1981 Rn 5; MüKo/*Küpper*, § 1981 Rn 6.

33 KG ErbR 2023, 713; Staudinger/*Dobler*, (2020) § 1981 Rn 22.

34 Grüneberg/*Weidlich*, § 1981 Rn 6.

35 BeckOK BGB/*Lohmann*, § 1981 Rn 6.

36 Staudinger/*Dobler*, (2020) § 1981 Rn 22.

37 KGR Berlin 2005, 73 = ZEV 2005, 114; Erman/*Horn*, § 1981 Rn 4.

38 Staudinger/*Dobler*, § 1981 Rn 24.

39 BGH ZEV 2017, 513 = ZErb 2017, 324; OLG Celle ZEV 2017, 95; OLG Hamm ZEV 2017, 264; a.A. OLG Düsseldorf ZEV 2016, 701 mit der Auffassung, dass eine Aufhebung auch ohne Antrag in Betracht komme; a.A. insoweit OLG Köln ZErb 2015, 62; OLG Hamm ZErb 2010, 271.

40 OLG Köln ZErb 2015, 62, streitig, vgl. Staudinger/*Dobler*, (2020) § 1988 Rn 10.

41 KG ErbR 2023, 713.

§ 26 FamFG zu prüfen, ob der jeweilige Antragsteller zur Stellung des Antrags auch berechtigt ist[42] und ob die Voraussetzungen des § 23 Abs. 1 FamFG gegeben sind. Dabei muss der Erbe seine Erbenstellung nachvollziehbar dartun, was durch die Vorlage eines Erbscheins oder der letztwilligen Verfügung geschehen kann.[43] Das Nachlassgericht prüft im Regelfall nicht, ob der Erbe das Recht zur Beschränkung der Haftung bereits verloren hat. Hat das Nachlassgericht jedoch dem Erben eine Inventarfrist gesetzt und ist diese abgelaufen, muss es den Nachweis der Inventarerrichtung oder des Vorliegens von Hinderungsgründen (§ 1996 BGB) prüfen.[44]

14 Stellt ein Nachlassgläubiger den Antrag (Abs. 2), hat er seine Forderung sowie die Gläubigergefährdung **glaubhaft zu machen** (§ 31 FamFG). Wie stets im Verfahren der Freiwilligen Gerichtsbarkeit hat das Gericht – Nachlassgericht – den Sachverhalt im Bedarfsfall ohnehin umfassend von Amts wegen aufzuklären (§ 26 FamFG). Die Anordnung der Nachlassverwaltung ist dem örtlich zuständigen FA durch Übersendung einer Beschlussausfertigung anzuzeigen (§ 34 Abs. 2 Nr. 2 ErbStG; § 7 ErbStDV).

15 Als Nachlassverwalter kann jede für das Amt **geeignete Person** bestellt werden.[45] Eine Pflicht zur Annahme des Amts besteht nicht (Abs. 3). Die **Auswahl** hat nach pflichtgemäßem Ermessen zu erfolgen.[46] Der Erbe kann nicht Nachlassverwalter sein, da – wegen der Notwendigkeit der Trennung von Nachlass und Eigenvermögen – die Gefahr eines Interessenkonflikts besteht.[47] Es können mehrere Nachlassverwalter bestellt werden (das wurde früher mit der analogen Anwendung des § 79 KO begründet; nach dem ersatzlosen Wegfall dieser Bestimmung i.R.d. Reform des Insolvenzrechts werden deshalb Bedenken laut,[48] wenn die Verwaltung mehrere Geschäftszweige umfasst; dabei ist jeder der Verwalter für seinen Geschäftsbereich allein zuständig und verantwortlich).[49] Es können sowohl der verwaltende Testamentsvollstrecker als auch der Zwangsverwalter eines zum Nachlass gehörenden Grundstücks zum Nachlassverwalter bestellt werden,[50] auch ein Nachlassgläubiger (bei diesen besteht ähnlich wie bei dem Erben die Gefahr eines Interessenkonflikts, der vermieden werden sollte). Der bestellte Nachlassverwalter wird wie ein Vormund verpflichtet (§ 1789 BGB).

V. Rechtsmittel der Beteiligten

16 Das **„richtige“ Rechtsmittel** hängt vom Inhalt der Entscheidung und dem/den Antragsteller/n ab:

- Wird der Antrag auf Anordnung der Nachlassverwaltung zurückgewiesen, steht (nur) dem **Antragsteller** die Beschwerde zu (§§ 58 Abs. 1, 59 Abs. 2 FamFG i.V.m. § 11 Abs. 1 RPflG); mehrere **Miterben** können die Beschwerde nur gemeinsam einlegen, vgl. § 2062 BGB.[51] Dem übergangenen Miterben steht grundsätzlich die Beschwerde gegen einen die Nachlassverwaltung anordnenden Beschluss zu. Das Beschwerderecht ist jedoch an die Fristen des § 63 Abs. 3 S. 1 FamFG gebunden.[52]

---

42 MüKo/*Küpper*, § 1981 Rn 7.
43 BeckOK BGB/*Lohmann*, § 1981 Rn 7.
44 MüKo/*Küpper*, § 1981 Rn 7.
45 MüKo/*Küpper*, § 1981 Rn 8.
46 Grüneberg/*Weidlich*, § 1981 Rn 7.
47 Staudinger/*Dobler*, (2020) § 1981 Rn 29.
48 Vgl. hierzu Staudinger/*Dobler*, (2020) § 1981 Rn 31.
49 MüKo/*Küpper*, § 1981 Rn 8.
50 BeckOK BGB/*Lohmann*, § 1981 Rn 7.
51 Staudinger/*Dobler*, (2020) § 1981 Rn 38; MüKo/*Küpper*, § 1981 Rn 9; Erman/*Horn*, § 1981 Rn 7 m.w.N. auch auf die a.A.
52 OLG Brandenburg ErbR 2021, 615.

- Ist die Nachlassverwaltung auf Antrag des **Alleinerben** oder **aller Miterben** angeordnet worden, ist die Beschwerde unzulässig, § 359 Abs. 1 FamFG (das Beschwerdeverbot darf nicht dadurch umgangen werden, dass alsbald nach der Anordnung die Aufhebung der Nachlassverwaltung beantragt und gegen den ablehnenden Beschluss Beschwerde eingelegt wird);[53] der Grundsatz wird durchbrochen, wenn die Anordnung der Nachlassverwaltung unzulässig war.[54]
- Ist die Nachlassverwaltung auf Antrag eines **Nachlassgläubigers** angeordnet worden, steht dem Erben – bei Miterben jedem Erben – sowie dem verwaltenden Testamentsvollstrecker die sofortige Beschwerde (diese kann nur darauf gestützt werden, dass die Voraussetzungen der Nachlassverwaltung zzt. der Anordnung nicht vorgelegen haben);[55] kein Beschwerderecht haben die übrigen Nachlassgläubiger.
- Hat das **Nachlassgericht** die Nachlassverwaltung **aufgehoben**, stehen dem Antragsteller und jedem der Beteiligten, jedem einzelnen Miterben,[56] auch dem potenziellen Erben,[57] die durch den Beschluss in ihren Rechten beeinträchtigt sind, die Beschwerde zu, §§ 58 Abs. 1, 59 Abs. 1 FamFG,[58] nicht jedoch dem Nachlassverwalter selbst.[59] Die erfolgreiche Beschwerde gegen eine die Nachlassverwaltung wegen Zweckerreichung aufhebende Entscheidung des Nachlassgerichts führt nicht dazu, dass das Amt des Verwalters und die Nachlassverwaltung wieder aufleben; dazu bedarf es vielmehr der erneuten Anordnung der Nachlassverwaltung und der erneuten Bestellung eines Nachlassverwalters, was erfordert, dass die Voraussetzungen für die erneute Anordnung der Nachlassverwaltung und die erneute Bestellung eines Nachlassverwalters vorliegen.[60]
- Gegen die Ablehnung des Antrages auf Aufhebung der Nachlassverwaltung steht die Beschwerde nach den §§ 58 Abs. 1, 59 Abs. 2 FamFG jedem zu, der durch die Aufhebung in seinen Rechten beeinträchtigt ist. Das ist nicht der beantragende Nachlassgläubiger, weil er durch das Bestehen der Nachlassverwaltung nicht beeinträchtigt ist.
- Wird der **Nachlassverwalter** gegen seinen Willen entlassen, steht ihm die Beschwerde gem. §§ 58 Abs. 1, 59 Abs. 1 FamFG zu.
- Ist dem Nachlassverwalter die gerichtliche Genehmigung zur Stellung des Antrags auf Teilungsversteigerung eines Grundstücks erteilt worden, ist die gegen diese Entscheidung eingelegte Beschwerde bereits unzulässig, da der Nachlassverwalter – anders als der Nachlasspfleger – keiner gerichtlichen Genehmigung für den Antrag auf Teilungsversteigerung zur Aufhebung der Gemeinschaft bedarf.[61]

Grundsätzlich ist es im Hinblick auf das in Betracht kommende **Rechtsmittel** gleich, 17 ob der Richter oder der Rechtspfleger gehandelt hat (§ 11 Abs. 1 RPflG). Eine Abweichung hiervon ist jedoch dann gegeben, wenn ein Rechtsmittel – hätte der Richter gehandelt – nach allg. Regeln nicht gegeben ist (§ 11 Abs. 2 RPflG). Dann ist grund-

53 Staudinger/*Dobler*, (2020) § 1981 Rn 35.
54 Vgl. LG Aachen NJW 1960, 46; ausführlich: Staudinger/*Dobler*, § 1981 Rn 36.
55 BayObLGZ 1966, 75 = FamRZ 1967, 173 zu § 359 Abs. 2 FamFG i.V.m. § 11 Abs. 1 RPflG; Grüneberg/*Weidlich*, § 1981 Rn 8; BeckOK BGB/*Lohmann*, § 1981 Rn 8.
56 OLG Düsseldorf ZEV 2016, 701 = ErbR 2016, 711.
57 OLG Karlsruhe FamRZ 2004, 222.
58 Staudinger/*Dobler*, (2020) § 1981 Rn 39.
59 RGZ 151, 62; OLG Jena Rpfleger 1998, 427.
60 OLG Düsseldorf ZEV 2016, 701 = ErbR 2016, 711; a.A. OLG Hamm NJW-RR 2010, 1595.
61 OLG Frankfurt ErbR 2024, 550.

sätzlich die befristete (oder sofortige) Erinnerung nach § 11 Abs. 2 RPflG gegeben. Das wäre stets denkbar in den Fällen in denen § 359 FamFG das Rechtsmittel ausschließt.

VI. Kosten

18 Für eine Nachlassverwaltung werden Jahresgebühren erhoben (KV Nr. 12311 GNotKG). Diese werden erstmals bei Anordnung und später jeweils zu Beginn eines Kalenderjahres fällig (§ 8 GNotKG). Der Geschäftswert bestimmt sich nach dem Wert des betroffenen Vermögens (§ 64 Abs. 1 GNotKG). Ein Schuldenabzug findet nicht statt (§ 38 GNotKG). Bei der Nachlassverwaltung ist immer der gesamte Nachlass (ohne unpfändbares Vermögen) maßgeblich, nicht etwa nur der Anteil eines Miterben. Die Mindestgebühr beträgt 10 EUR. Im Übrigen je angefangene 5.000 EUR des Nachlasswerts mindestens 200 EUR.

19 Die Kosten der Nachlassverwaltung sind Nachlassverbindlichkeiten (§ 24 GNotKG) und im Nachlassinsolvenzverfahren Masseverbindlichkeiten gem. § 324 Abs. 1 Nr. 4 InsO. Einen Vorschuss kann das Nachlassgericht nach § 14 Abs. 1 GNotKG (außer in den Fällen des § 1982 BGB) nur dann anfordern, wenn tatsächliche Anhaltspunkte für eine Gefährdung des Kosteneingangs im konkreten Fall vorliegen.[62]

20 Ist der Antrag auf Anordnung der Nachlassverwaltung von einem Gläubiger gestellt, ist der Geschäftswert der Betrag der Forderung,[63] höchstens jedoch der Betrag des Wertes des von der Verwaltung betroffenen Vermögens (§ 64 Abs. 2 GNotKG). Nur dann, wenn der Antrag auf Anordnung der Nachlassverwaltung abgelehnt oder vor der Entscheidung über denselben zurückgenommen wird, ist § 64 Abs. 2 GNotKG einschlägig. Das folgt daraus, dass bei Anordnung der Nachlasspflegschaft Jahresgebühren erhoben werden (siehe oben Rdn 18), weshalb für die einmalige Verfahrensgebühr der KV Nr. 12310 GNotKG nur die Antragsrücknahme bzw. -zurücknahme in Betracht kommen. Diese hat in diesen Fällen der antragstellende Gläubiger nach § 22 Abs. 1 GNotKG zu tragen. Im Übrigen sind die Kosten der Nachlassverwaltung Nachlassverbindlichkeiten und fallen damit dem Erben zur Last (§ 24 Nr. 5 GNotKG). Die Jahresgebühr schuldet stets der Erbe und nie der antragstellende Gläubiger, weshalb von ihm auch kein Vorschuss verlangt werden kann.

§ 1982 Ablehnung der Anordnung der Nachlassverwaltung mangels Masse

Die Anordnung der Nachlassverwaltung kann abgelehnt werden, wenn eine den Kosten entsprechende Masse nicht vorhanden ist.

Übersicht: Rdn

A. Allgemeines

1 Gemäß § 26 Abs. 1 S. 1 InsO spricht die Vorschrift von einer „den Kosten entsprechenden Masse“. Nach allg. Auffassung wird hier der Kostendeckungsgrundsatz angesprochen.[1]

62 OLG München FamRZ 2019, 730.
63 OLG Celle ZEV 2020, 762.
1 Staudinger/*Dobler*, (2020) § 1982 Rn 2.

B. Tatbestand

I. Prüfungsumfang des Nachlassgerichts

2 Das Nachlassgericht kann nach § 1982 BGB die Anordnung der Nachlassverwaltung ablehnen, wenn der Nachlass (als Masse) die **Kosten** der Nachlassverwaltung nicht deckt. Dies ist dann der Fall, wenn die Summe der im Nachlass vorhandenen Geldbeträge und die Verwertung der nicht in Geld bestehenden Nachlassgegenstände nicht einen Betrag erreichen, der die Kosten des Verfahrens der Nachlassverwaltung deckt. Ob dies der Fall ist, hat das Nachlassgericht von Amts wegen zu ermitteln (§ 26 FamFG), Wert des Nachlasses sowie die Höhe der Verfahrenskosten gegenüberzustellen und nach seinem Ermessen abschließend zu entscheiden. Ein geringer Überschuss ist ausreichend.[2] Die Anordnung der Nachlassverwaltung kann nicht in Ermangelung einer die Kosten entsprechenden Masse abgelehnt werden, wenn ein ausreichender Geldbetrag vorgeschossen wird (entspr. § 26 Abs. 1 S. 2 InsO).[3] Dieser geleistet Vorschuss ist in entsprechender Anwendung der §§ 53, 209 Abs. 1 Nr. 1 InsO zurückzuerstatten, wenn sich nachträglich herausstellen sollte, dass der Nachlass die Verfahrenskosten deckt. Gleiches gilt dann, wenn das Missverhältnis zwischen Kosten und Masse durch kostensenkende Maßnahmen behoben werden kann[4]

3 An **Verfahrenskosten** müssen berücksichtigt werden: die Gerichtskosten der Nachlassverwaltung (§§ 8, 64 GNotKG; KV Nr. 12311 GNotKG) (vgl. § 1981 Rdn 18–20), die Auslagen für Bekanntmachungen (§ 1983 BGB) und die Vergütung des Nachlassverwalters (§ 1987 BGB). Dem steht der Wert des Nachlasses (Aktiva u. Passiva) gegenüber; wobei zu den Aktiva auch Ersatzansprüche gegen den Erben nach den §§ 1978–1980 BGB gehören. Der Erbe kann zum Zwecke der Beurteilung des Wertes des Nachlasses ein Inventar vorlegen, welches allerdings für das Nachlassgericht nicht bindend ist.[5]

4 Die Masse deckt die Kosten dann nicht, wenn die Summe der im Nachlass vorhandenen Geldbeträge und eine Verwertung der nicht in Geld bestehenden Nachlassgegenstände kein die Kosten der Nachlassverwaltung deckendes Ergebnis versprechen.[6] Dies hat das Nachlassgericht nach § 26 FamFG von Amts wegen zu ermitteln. Stellt sich das Fehlen einer kostendeckenden Masse erst im Laufe des Verfahrens heraus, kann die Nachlassverwaltung gem. § 1988 Abs. 2 BGB aufgehoben werden. Leistet der Antragsteller einen die Verfahrenskosten deckenden Vorschuss, darf die Anordnung der Nachlassverwaltung nicht mangels Masse abgelehnt[7] und eine bereits angeordnete Nachlassverwaltung nicht aufgehoben werden.[8]

II. Rechtsfolgen

5 Wird die Nachlassverwaltung angeordnet, hat das die Wirkungen des § 1975 BGB. Die Haftung des Erben beschränkt sich auf den Nachlass. Mit der Entscheidung des Nachlassgerichts ist der Nachweis der Dürftigkeit des Nachlasses i.S.v. § 1990 BGB geführt.[9]

6 Wird die Anordnung der Nachlassverwaltung wegen § 1982 BGB abgelehnt oder die bereits angeordnete Nachlassverwaltung aufgehoben, erwirbt der Erbe die haftungsbe-

---

2 BeckOK BGB/*Lohmann*, § 1982 Rn 1; Grüneberg/*Weidlich*, § 1982 Rn 1.
3 Staudinger/*Dobler*, (2020) § 1982 Rn 4.
4 Staudinger/*Dobler*, (2020) § 1982 Rn 4.
5 Staudinger/*Dobler*, (2020) § 1982 Rn 6.
6 Staudinger/*Dobler*, (2020) § 1982 Rn 6.
7 Grüneberg/*Weidlich*, § 1982 Rn 1.
8 BeckOK BGB/*Lohmann*, § 1982 Rn 1.
9 BGH NJW-RR 1989, 1227.

schränkenden Einreden der §§ 1990, 1991 BGB.[10] An die Ablehnung der Anordnung der Nachlassverwaltung wegen § 1982 BGB durch das Nachlassgericht ist das Prozessgericht gebunden, weshalb es ebenfalls von der Dürftigkeit des Nachlasses ausgehen muss.[11]

III. Rechtsmittel

7 Im Hinblick auf die Möglichkeiten der Einlegung von Rechtsmitteln kann auf § 1981 Rdn 16, 17 Bezug genommen werden. Ergänzend gilt: Es fehlt an der erforderlichen Beschwer i.S.d. § 59 FamFG, wenn der Antragsteller nach Zurückweisung seines Antrags auf Anordnung der Nachlassverwaltung im Wege der Beschwerde den bisherigen Antrag nur eingeschränkt und lediglich mit dem Ziel weiterverfolgt, die Nachlassverwaltung mangels Masse abzulehnen.[12]

§ 1983 Bekanntmachung

Das Nachlassgericht hat die Anordnung der Nachlassverwaltung durch das für seine Bekanntmachungen bestimmte Blatt zu veröffentlichen.

Übersicht: Rdn

A. Allgemeines

1 Die Bestimmung ordnet die **öffentliche Bekanntmachung** der Anordnung der Nachlassverwaltung im Interesse des Schutzes des Rechtsverkehrs an. Dies ist notwendig, weil mit der Anordnung der Nachlassverwaltung der Verlust der Verfügungsbefugnis des Erben einhergeht und § 1984 BGB i.V.m. §§ 81, 82 InsO im Hinblick auf die vom Erben vorgenommenen Verfügungen auf die Gutglaubensvorschriften verweisen. Es soll schließlich verhindert werden, dass der Nachlassschuldner mit befreiender Wirkung leisten kann (§ 1984 BGB i.V.m. § 82 InsO).

B. Tatbestand

I. Öffentliche Bekanntmachung

2 Die Vorschrift sieht in Anlehnung an die Regelung der Insolvenzordnung (§ 30 Abs. 1 S. 1 InsO) vor, dass der Beschluss, durch den die Nachlassverwaltung angeordnet wird, zu **veröffentlichen** ist. Zu veröffentlichen sind die Tatsache der Anordnung der Nachlassverwaltung, Name und letzter gewöhnlicher Aufenthalt des Erblassers sowie Name und Anschrift des Nachlassverwalters.[1] Der Name des Erben braucht nicht angegeben zu werden.[2] Es genügt eine einmalige Veröffentlichung. Welches Blatt „für die Bekanntmachungen des Nachlassgerichts bestimmt ist", ist landesrechtlich geregelt (vgl. § 486 Abs. 2 FamFG). Meist handelt es sich um eine überregionale und doch örtlich gebundene Tageszeitung. Die einmalige Veröffentlichung genügt, sofern nicht

10 Staudinger/*Dobler*, (2020) § 1982 Rn 8.
11 BeckOK BGB/*Lohmann*, § 1982 Rn 2.
12 OLG Frankfurt ErbR 2016, 466 = FamRZ 2016, 1798.
1 BeckOK BGB/*Lohmann*, § 1983 Rn 1.
2 Staudinger/*Dobler*, (2020) § 1983 Rn 1.

durch Landesgesetz der Justizverwaltung die Befugnis beigelegt ist, Anweisungen über die Bekanntmachung in mehreren Blättern zu veröffentlichen, und davon Gebrauch zu machen (vgl. § 482 FamFG).[3] Die Veröffentlichung im Internet (wie im Insolvenzverfahren) ist nicht vorgesehen und auch die Einrückung im Bundesanzeiger ist rechtlich nicht geboten[4]

II. Wirkung der Veröffentlichung

3 Die Veröffentlichung der Anordnung der Nachlassverwaltung ist keine **Wirksamkeitsvoraussetzung** für den Eintritt derselben.[5] Nach h.M. wird die Anordnung der Nachlassverwaltung wirksam mit der **Bekanntmachung** (§§ 40, 41 Abs. 1, 15 FamFG) an den/die Erben, den Testamentsvollstrecker oder den Nachlasspfleger.[6] Der Zeitpunkt der Veröffentlichung ist vor allem im Hinblick auf die Frage, ob ein Nachlassschuldner noch mit befreiender Wirkung an den Erben leisten kann, von Bedeutung. War ihm zum Zeitpunkt seiner Leistung nicht bekannt, dass die Nachlassverwaltung angeordnet war, wird der Schuldner befreit. Hat der Schuldner vor der öffentlichen Bekanntmachung der Eröffnung geleistet, so wird vermutet, dass er die Eröffnung nicht kannte (§ 1984 Abs. 1 S. 2 BGB i.V.m. § 82 Abs. 1 S. 2 InsO). Diese widerlegbare Vermutung hat der Nachlassverwalter zu Fall zu bringen, will er nochmalige Leistung an den Nachlass erreichen.

III. Vermerk im Grundbuch

4 Im Hinblick auf die Eintragung der Anordnung der Nachlassverwaltung in das Grundbuch ist einiges umstritten; Einigkeit besteht indes darüber, dass deren Eintragung zulässig und auch notwendig ist, weil sonst die sich aus § 1984 BGB ergebende Verfügungsbeschränkung des Erben gutgläubigen Dritten gegenüber nicht wirken würde.[7] Zu den Einzelheiten wird auf § 1984 Rdn 6, 7 Bezug genommen, weil die Problematik sich im Rahmen dieser Bestimmung stellt.

§ 1984 Wirkung der Anordnung

(1) [1]Mit der Anordnung der Nachlassverwaltung verliert der Erbe die Befugnis, den Nachlass zu verwalten und über ihn zu verfügen. [2]Die Vorschriften der §§ 81 und 82 der Insolvenzordnung finden entsprechende Anwendung. [3]Ein Anspruch, der sich gegen den Nachlass richtet, kann nur gegen den Nachlassverwalter geltend gemacht werden.
(2) Zwangsvollstreckungen und Arreste in den Nachlass zugunsten eines Gläubigers, der nicht Nachlassgläubiger ist, sind ausgeschlossen.

Literatur
Siehe Vorbemerkung zu §§ 1975–1992 und § 1975.

Übersicht: Rdn

3 Staudinger/*Dobler*, (2020) § 1983 Rn 2.
4 Staudinger/*Dobler*, (2020) § 1983 Rn 2.
5 Grüneberg/*Weidlich*, § 1983 Rn 1.
6 Staudinger/*Dobler*, (2020) § 1983 Rn 2, § 1984 Rn 2.
7 MüKo/*Küpper*, § 1984 Rn 2.

A. Allgemeines

I. Grundsatz

1 Im Anschluss an die Bestimmungen der Insolvenzordnung regelt die Vorschrift die unmittelbaren Folgen der Anordnung der Nachlassverwaltung; und zwar die materiell- und verfahrensrechtlichen Folgen der Anordnung der Nachlassverwaltung für Erben, Nachlassgläubiger sowie die Eigengläubiger des Erben. Ergänzt wird die Vorschrift durch die Bestimmungen der §§ 1975–1977 und 2000 BGB sowie der §§ 241, 246, 784 ZPO.[1] Während § 1984 BGB die Beschränkungen des Erben und der anderen Beteiligten regelt, wird die Rechtsstellung des Nachlassverwalters in § 1985 BGB festgelegt. Hat der Erbe sein **Haftungsbeschränkungsrecht verloren** (§ 1994 Abs. 1 S. 2 oder § 2005 BGB), **finden** die §§ 1976, 1977 Abs. 2, 1984–1988 BGB (gleichwohl) **Anwendung**, während die §§ 1976, 1977 Abs. 1, 1978–1980 BGB und § 784 Abs. 1 ZPO **keine Anwendung finden.**[2]

II. Zeitpunkt

2 Nach dem Wortlaut des Gesetzes tritt die **Wirkung** des § 1984 BGB „mit der Anordnung der Nachlassverwaltung“ (Abs. 1 S. 1) ein. Die Wirksamkeit der Anordnung wird in der Vorschrift schlicht unterstellt. Nach der h.M. wird die **Anordnung der Nachlassverwaltung mit der Bekanntmachung** an den oder die Erben, den Testamentsvollstrecker oder den für unbekannte Erben bestimmten Nachlasspfleger wirksam (§§ 15, 40, 41 FamFG).[3] Bei mehreren Miterben treten die Rechtsfolgen des § 1984 BGB bereits mit der ersten Bekanntgabe an einen von ihnen ein.[4] Sollen allerdings alle Miterben nach § 2038 Abs. 1 S. 2 Hs. 2 BGB restlos ausgeschlossen werden, muss an alle Miterben bekannt gegeben werden.[5] Die Bestellung des Nachlassverwalters wird mit dessen förmlicher Verpflichtung nach den §§ 1915, 1789 BGB wirksam. Es entsteht zugleich das gesetzliche Schuldverhältnis zwischen dem/den Erben und dem Nachlassverwalter[6] und beginnen die vom Gesetz festgelegten Rechte und Pflichten desselben.[7]

B. Rechtsfolgen

I. Allgemeine Folgen

3 Der Erbe verliert mit dem Zeitpunkt der Wirksamkeit der Anordnung der Nachlassverwaltung **die Befugnis**, den **Nachlass zu verwalten** und über den **Nachlass zu verfügen** (Abs. 1 S. 1). Das gilt auch für den Testamentsvollstrecker, dessen Amt zwar bestehen bleibt, dessen Verwaltungs- und Verfügungsbefugnisse jedoch ebenfalls erlöschen; seine Befugnisse erhält er nach Aufhebung der Nachlassverwaltung in vorherigem Umfange wieder.[8] Die auf den Nachlass bezogenen Aufträge sowohl des Erblas-

1 MüKo/*Küpper*, § 1984 Rn 1.
2 Staudinger/*Dobler*, (2020) § 1984 Rn 1.
3 Staudinger/*Dobler*, (2020) § 1984 Rn 2; BeckOK BGB/*Lohmann*, § 1984 Rn 2; Erman/*Horn*, § 1984 Rn 2.
4 Staudinger/*Dobler*, (2020) § 1984 Rn 3; BeckOK BGB/*Lohmann*, § 1984 Rn 2.
5 Staudinger/*Dobler*, (2020) § 1984 Rn 3.
6 BGHZ 17, 108.
7 BVerfG NJW 1960, 811, 29/58.
8 MüKo/*Küpper*, § 1984 Rn 2.

sers als auch des Erben erlöschen mit der Anordnung der Nachlassverwaltung (vgl. §§ 115 Abs. 1, 116 S. 1 InsO).[9] Mit dem Auftrag erlischt auch eine von dem Auftraggeber erteilte Vollmacht. Es finden insoweit jedoch die den Auftrag als fortbestehend fingierenden Regeln der §§ 672 S. 2, 674 BGB entsprechende Anwendung (vgl. auch § 115 Abs. 2 und 3 InsO).[10] Bei der Vollmacht sind stets auch die §§ 169–173 BGB zu beachten. **Höchstpersönliche** Rechte, auch solche mit Bezug zum Nachlass, werden nicht betroffen. Diese kann der Erbe weiterhin ausüben. Zu diesen Rechten gehören z.B. auch Angelegenheiten, die die Rechtsstellung des Erblassers in seiner Eigenschaft als Gesellschafter eines Fonds unmittelbar berühren. Der Nachlassverwalter ist nicht befugt, persönliche Mitgliedschaftsrechte eines Gesellschafter-Erben in der Weise geltend zu machen, dass die Gesellschafterstellung des Erblassers bzw. des Erben beendet wird.[11] Die Anordnung der Nachlassverwaltung hat nicht zur Folge, dass die im Zuge der Nachlassverwaltung angefallenen Steuern ausschließlich mit Steuerbescheid gegenüber dem Nachlassverwalter festgesetzt werden dürfen. Vielmehr sind einkommensteuerrechtliche Ansprüche des Finanzamts, die aus Erträgen des Nachlassvermögens resultieren, gegen den Erben und nicht gegen den Nachlass zu richten[12]

Das, was der Erbe an Befugnissen verliert, geht so auf den Nachlassverwalter über. 4
Dieses wird im Gesetz zwar nicht eigens bestimmt, aber ist stets so angenommen worden, da es z.B. in den §§ 1985 Abs. 1, 1986 BGB konkludent vorausgesetzt wird. Im Einzelfall kann das auch ein „Mehr" sein, wenn nämlich der Erbe Vorerbe ist. Nach wohl h.M. ist § 2115 S. 2 BGB auch auf den Nachlassverwalter anwendbar.[13] Dem Erben bleibt, trotz des Verlustes des Verwaltungsrechts betreffend den Nachlass, das Recht, das **Aufgebot** der Nachlassgläubiger (§§ 1970 ff. BGB) ebenso erhalten wie das Recht zur **Inventarerrichtung** (§ 1993 BGB).[14] Die für die Nachlasspflegschaft in §§ 1915, 1812 BGB geregelte nachlassgerichtliche Genehmigungspflicht für Verfügungen über bestimmte, zum Nachlass gehörende Rechte findet gemäß § 1975 BGB entgegen einer von Teilen der Literatur vertretenen Ansicht auch auf die Nachlassverwaltung Anwendung.[15]

II. Einzelne materiell-rechtliche Folgen

Verfügungen, die der Erbe nach der Anordnung der Nachlassverwaltung über Nach- 5
lassgegenstände trifft, sind gem. § 1984 Abs. 1 S. 2 BGB i.V.m. § 81 Abs. 1 S. 1 InsO unwirksam.[16] Die **Unwirksamkeit** besteht für und gegen jeden (absolut) und nicht nur relativ im Verhältnis zu den Nachlassgläubigern.[17] Sie kann nicht nur vom Nachlassverwalter, sondern – soweit Zwecke der Nachlassverwaltung berührt werden – von jedermann geltend gemacht werden,[18] so z.B. vom Schuldner einer nach der Anordnung vom Erben an einen Dritten abgetretenen Nachlassforderung gegenüber dem Erwerber.[19] Grundbuchanträge des Erben, die nach der Anordnung beim Grundbuchamt eingehen, sind zurückzuweisen, sofern es sich nicht um schlichte Berichtigungsan-

9 Staudinger/*Dobler*, (2020) § 1984 Rn 4.
10 Staudinger/*Dobler*, (2020) § 1984 Rn 4.
11 OLG Frankfurt/Main, Urt. v. 18.11.2011 – 19 U 68/11; vgl. auch BGHZ 47, 293; BGHZ 98, 48; OLG Hamm OLGZ 1993, 147 = Rpfleger 1993, 382.
12 Sächsisches FG, Urt. v. 31.8.2023 – 4 K 581/20, juris, ZEV 2024, 496 (red. Leitsatz).
13 OLG Braunschweig OLGZ 1988, 392; Staudinger/*Dobler*, (2020) § 1984 Rn 6 m.w.N.
14 Staudinger/*Dobler*, (2020) § 1984 Rn 7.
15 OLG Hamburg ZEV 2020, 343.
16 Erman/*Horn*, § 1984 Rn 3; Grüneberg/*Weidlich*, § 1984 Rn 2.
17 BGHZ 46, 221 = NJW 1967, 568; Erman/*Horn*, § 1984 Rn 3; MüKo/*Küpper*, § 1984 Rn 3.
18 MüKo/*Küpper*, § 1984 Rn 3.
19 RGZ 83, 184.

träge handelt.[20] Die Unwirksamkeit ist – obwohl absolut – begrenzt, denn ein Miterbe kann nach § 2033 BGB noch über seinen Anteil am Nachlass verfügen, da dies sowohl die Stellung des Nachlassverwalters als auch der Nachlassgläubiger nicht berührt.[21] Der Nachlassverwalter kann Verfügungen des Erben, die nach § 1984 Abs. 1 S. 1 BGB i.V.m. § 81 Abs. 1 S. 1 InsO unwirksam sind, im Nachhinein entsprechend § 185 Abs. 2 S. 1 BGB genehmigen mit der Folge, dass sie rückwirkend wirksam werden. Das gilt auch, wenn der Nachlassverwalter die entsprechenden Gegenstände freigibt.[22]

6 Der **gutgläubige lastenfreie Erwerb** von **Grundstücksrechten** ist möglich, wenn die Anordnung der Nachlassverwaltung nicht im Grundbuch eingetragen ist und dem Erwerber entweder die Anordnung der Nachlassverwaltung oder die Zugehörigkeit des Grundstücks zum Nachlass unbekannt war. Denn die den öffentlichen Glauben des Grundbuchs betreffenden §§ 892, 893 BGB werden von § 1984 Abs. 1 S. 2 BGB i.V.m. § 81 Abs. 1 S. 2 InsO nicht berührt.[23]

7 Zur **Ausschließung** des derart möglichen **gutgläubigen Erwerbs** ist anerkannt, dass die Anordnung der Nachlassverwaltung im Grundbuch eingetragen werden kann; ebenso wie z.B. die Eröffnung des Insolvenzverfahrens (§ 32 InsO), wenn es auch eine entsprechende gesetzliche Regelung nicht gibt und § 1984 BGB nicht auf § 32 InsO verweist.[24] Entsprechend der Regelung des § 32 InsO ist die Anordnung der Nachlassverwaltung bei allen Nachlassgrundstücken zu vermerken, als deren Eigentümer der Erblasser oder der Erbe eingetragen sind.[25] Im Übrigen auch bei den für den Erblasser oder den Erben eingetragenen Rechten an Grundstücken, wenn nach der Art des Rechts bei der Unterlassung der Eintragung Beeinträchtigungen der Nachlassgläubiger zu befürchten wären.[26] Die Eintragung erfolgt auf Antrag oder behördliches Ersuchen (§§ 13, 38 GBO). Zur Stellung des Antrags ist der Nachlassverwalter berechtigt (§ 13 Abs. 1 S. 2 GBO) und im Regelfall, wegen des ansonsten drohenden gutgläubigen Erwerbs, verpflichtet.[27] Das Nachlassgericht kann ihn zur Stellung des Antrags anhalten (§§ 1837, 1915 BGB).[28] Nach der h.M. ist allerdings das Nachlassgericht weder berechtigt noch verpflichtet, das Grundbuchamt von Amts wegen um die Eintragung der Anordnung der Nachlassverwaltung im Grundbuch zu ersuchen (§ 38 GBO).[29] Ist aufgrund eines Ersuchens des Nachlassgerichts an das Grundbuchamt eine Eintragung vorgenommen worden, führt das nicht zur Unrichtigkeit des Grundbuchs; ein Amtswiderspruch (§ 53 GBO) darf nicht eingetragen werden.[30]

8 Bei **beweglichen Sachen** kommt ein gutgläubiger Erwerb aufgrund einer Verfügung des Erben bzw. seines Stellvertreters nicht in Betracht, weil § 81 Abs. 1 S. 2 InsO, der in Abs. 1 S. 2 für entsprechend anwendbar erklärt wird, nur auf die §§ 892, 893 BGB,

20 Grüneberg/*Weidlich*, § 1984 Rn 2.
21 Grüneberg/*Weidlich*, § 1984 Rn 1.
22 Staudinger/*Dobler*, (2020) § 1984 Rn 10.
23 Grüneberg/*Weidlich*, § 1984 Rn 3; Erman/*Horn*, § 1984 Rn 3; MüKo/*Küpper*, § 1984 Rn 3.
24 Staudinger/*Dobler*, (2020) § 1984 Rn 12; MüKo/*Küpper*, § 1983 Rn 2; BeckOK BGB/*Lohmann*, § 1983 Rn 2.
25 MüKo/*Küpper*, § 1983 Rn 2.
26 Staudinger/*Dobler*, (2020) § 1984 Rn 12.
27 MüKo/*Küpper*, § 1984 Rn 2.
28 Grüneberg/*Weidlich*, § 1983 Rn 2; BeckOK BGB/*Lohmann*, § 1983 Rn 2.
29 MüKo/*Küpper*, § 1983 Rn 2; BeckOK BGB/*Lohmann*, § 1983 Rn 2; a.A. Erman/*Horn*, § 1983 Rn 2; Staudinger/*Dobler*, (2020) § 1984 Rn 13 m. bisweilen überzeugender Begründung.
30 Grüneberg/*Weidlich*, § 1983 Rn 2; Erman/*Horn*, § 1983 Rn 2.

nicht jedoch auf die §§ 135 Abs. 2, 932 ff., 1032, 1207 BGB oder § 16 Abs. 2 WG verweist.[31]

Nach wohl h.M. soll gutgläubiger Erwerb jedoch möglich sein, wenn dem Erwerber die **Zugehörigkeit** zum Nachlass ohne grobe Fahrlässigkeit unbekannt geblieben ist.[32] Der Zweiterwerber, der von demjenigen erwirbt, der den Nachlassgegenstand vom Erben oder dessen Stellvertreter erworben hat (Ersterwerber), kann sich dagegen auf den guten Glauben an die Berechtigung des Ersterwerbers berufen, weil er selbst nicht vom Erben erwirbt.[33] In diesen Fällen hindert § 935 Abs. 1 BGB den Erwerb nur dann, wenn der Gegenstand vom Nachlassverwalter bereits in Besitz genommen war, denn dieser hat mit der Anordnung der Nachlassverwaltung lediglich ein Recht zum Besitz, nicht den Besitz selbst (wie etwa der Erbe nach § 857 BGB).[34] Dasselbe gilt, wenn der Erbe bereits vor der Anordnung der Nachlassverwaltung freiwillig den Besitz auf einen anderen übertragen hat, der (erst) nach der Anordnung der Nachlassverwaltung über den Gegenstand gegenüber einem gutgläubigen Dritten verfügt.[35] 9

Aus der entsprechenden Anwendung des § 81 Abs. 3 InsO folgt, dass vermutet wird, dass die am Tage des Wirksamwerdens der Anordnung der Nachlassverwaltung vorgenommenen Verfügungen des Erben nach Inkrafttreten der Nachlassverwaltung vorgenommen sind. Demjenigen, der vom Erben derart unwirksam erworben hat, ist die Gegenleistung aus dem Nachlass zurückzugewähren (§ 81 Abs. 3 S. 1 InsO entsprechend), soweit dieser noch bereichert ist.[36] 10

Nach Anordnung der Nachlassverwaltung können Nachlassforderungen nur noch durch Leistung an den Nachlassverwalter erfüllt werden, die Ansprüche nur (noch) gegen den Nachlassverwalter geltend gemacht werden.[37] Der Schuldner wird jedoch befreit, wenn ihm die Anordnung der Nachlassverwaltung zur Zeit der Leistung nicht bekannt war (§ 82 S. 1 InsO entsprechend). Hat er vor der **öffentlichen Bekanntmachung** der Anordnung (§ 1983 BGB) geleistet, wird vermutet, dass er die Anordnung nicht kannte (§ 82 S. 2 InsO entsprechend). Dann muss der Nachlassverwalter die positive Kenntnis des Schuldners von der Anordnung nachweisen. Erfolgte die Leistung dagegen nach der öffentlichen Bekanntmachung, muss der Leistende nachweisen, dass ihm die Anordnung nicht bekannt war.[38] 11

III. Verfahrensrechtliche Folgen der Anordnung der Nachlassverwaltung

1. Prozessführungsbefugnis des Erben/Nachlassverwalters

Mit der Anordnung der Nachlassverwaltung, verliert der Erbe zugleich mit dem Recht, über den Nachlass zu verfügen, auch die aktive und die passive **Prozessführungsbefugnis.**[39] Allein der Nachlassverwalter kann zum Nachlass gehörende Ansprüche gerichtlich durchsetzen, ist gesetzlicher Prozessstandschafter.[40] Dabei erstrecken sich seine Befugnisse nur auf das Nachlassvermögen und nicht auch auf die persönlichen 12

31 Nach der h.M. gilt der Ausschluss des Gutglaubenserwerbs auch im Bereich dieser Norm: Staudinger/*Dobler*, (2020) § 1984 Rn 14.
32 MüKo/*Küpper*, § 1984 Rn 3; BeckOK BGB/*Lohmann*, § 1984 Rn 4; a.A. Staudinger/*Dobler*, (2020) § 1984 Rn 15.
33 MüKo/*Küpper*, § 1984 Rn 3a; Erman/*Horn*, § 1984 Rn 3; differenzierend: Staudinger/*Dobler*, § 1984 Rn 16.
34 RGZ 101, 224; Erman/*Horn*, § 1984 Rn 3.
35 Erman/*Horn*, § 1984 Rn 3.
36 MüKo/*Küpper*, § 1984 Rn 4.
37 OLG Celle MDR 2009, 989 = ZErb 2009, 267.
38 Staudinger/*Dobler*, (2020) § 1984 Rn 18; BeckOK BGB/*Lohmann*, § 1984 Rn 5.
39 MüKo/*Küpper*, § 1984 Rn 5; Erman/*Horn*, § 1984 Rn 4.
40 OLG Frankfurt/Main, Urt. v. 18.11.2011 – 19 U 68/11.

Rechtsbeziehungen des Erblassers in die der Erbe mit dem Erbfall einrückt. Diese Beschränkung der Befugnisse des Nachlassverwalters betrifft z.B. auch die Beteiligung des Erblassers an einem Medienfonds.[41] Ansprüche gegen den Nachlass können nur noch gegen den Nachlassverwalter geltend gemacht werden (Abs. 1 S. 3).[42] Die Klage des Erben gegen einen Nachlassschuldner ist als unzulässig abzuweisen. Sie wirkt nicht verjährungshemmend nach § 204 Abs. 1 Nr. 1 BGB.[43] Geht die Klagebefugnis durch Aufhebung der Nachlassverwaltung wieder auf den Erben über, findet insoweit keine Rückwirkung statt.[44]

13 Gleichfalls unzulässig ist die gegen den Erben gerichtete Klage eines Nachlassgläubigers, wenn der Erbe nicht bereits unbeschränkt haftet und die Klage ausdrücklich auf Befriedigung aus dem Eigenvermögen des Erben gerichtet ist.[45] Zum Zeitpunkt der Anordnung der Nachlassverwaltung bereits laufende Prozesse werden gem. §§ 241 Abs. 3, 246 ZPO unterbrochen oder – falls ein Prozessbevollmächtigter bestellt worden war – auf Antrag des Bevollmächtigten durch gerichtlichen Beschluss ausgesetzt. Die Unterbrechung endet, wenn der Nachlassverwalter dem Gegner von seiner Bestellung Anzeige macht oder der Gegner seine Absicht, das Verfahren fortzusetzen, dem Gericht angezeigt und das Gericht diese Anzeige von Amts wegen zugestellt hat (§ 241 Abs. 1 ZPO).

14 Der Erbe kann indes eine Nachlassforderung auch bei Bestehen der Nachlassverwaltung als Kläger geltend machen, wenn der Nachlassverwalter ihn dazu ermächtigt hat, den **Aktivprozess** im eigenen Namen für den Nachlass zu führen und er ein eigenes schutzwürdiges Interesse an der Prozessführung hat,[46] was i.d.R. bereits deshalb vorliegt, weil der Erbe nach wie vor Träger des materiellen Rechts ist.[47] Im Einzelfall kann die Prozessstandschaft jedoch unwirksam sein.[48]

15 Da der Nachlassverwalter nur die den Nachlass betreffenden Prozesse zu führen hat, ist § 241 ZPO nicht anwendbar, wenn es sich um eine nichtvermögensrechtliche Streitigkeit handelt (Abs. 1 S. 3).[49] Der **Auskunftsanspruch** eines **Pflichtteilsberechtigten** (§ 2314 BGB) kann daher auch während der Nachlassverwaltung gegen den Erben geltend gemacht werden.[50] Gleiches gilt dann auch für diejenigen Ansprüche, deren Erfüllung „aus dem Nachlass“ zwar möglich ist, aber nicht verlangt wird, weil es sich etwa um eine Nachlasserbenschuld handelt und der Gläubiger nicht die erbrechtliche, sondern die persönliche Haftung des Erben geltend macht.[51]

2. Zwangsvollstreckungen und Arreste in den Nachlass

16 Vor Anordnung der Nachlassverwaltung begonnene **Zwangsvollstreckungsmaßnahmen** der Nachlassgläubiger bleiben unberührt oder werden fortgesetzt. Eine Titelumschreibung nach § 727 ZPO ist nicht erforderlich, weil es hier nicht um den Beginn (§ 750 Abs. 1 ZPO), sondern um die Fortsetzung der (bereits begonnenen) Zwangsvollstreckung geht.[52] Nach Anordnung der Zwangsverwaltung können Nachlassgläu-

41 OLG Frankfurt/Main, Urt. v. 18.11.2011 – 19 U 68/11.
42 OLG Celle MDR 2009, 989 = ZErb 2009, 267.
43 BGHZ 46, 221 zu § 209 Abs. 1 BGB a.F. = NJW 1967, 568.
44 BGHZ 46, 221 = NJW 1967, 568.
45 Erman/*Horn*, § 1984 Rn 4; BeckOK BGB/*Lohmann*, § 1984 Rn 6; MüKo/*Küpper*, § 1984 Rn 6.
46 BGHZ 35, 180.
47 BGHZ 38, 382.
48 Vgl. BGHZ 38, 382.
49 Staudinger/*Dobler*, (2020) § 1984 Rn 21; BeckOK BGB/*Lohmann*, § 1984 Rn 6.
50 OLG Celle MDR 1960, 402.
51 Staudinger/*Dobler*, (2020) § 1984 Rn 23.
52 Staudinger/*Dobler*, (2020) § 1984 Rn 26; Erman/*Horn*, § 1984 Rn 5.

biger aufgrund eines gegen den Erben erwirkten Titels die Zwangsvollstreckung in den Nachlass betreiben. Sie bedürfen allerdings wegen § 750 Abs. 1 ZPO einer vollstreckbaren Ausfertigung gegen den Nachlassverwalter. Der Titel ist deshalb entsprechend § 727 ZPO umzuschreiben.[53]

Vor Anordnung der Nachlassverwaltung sind Zwangsvollstreckungsmaßnahmen der Eigengläubiger, derjenigen Gläubiger, die nicht Nachlassgläubiger sind, nicht ausgeschlossen. Sie sind ab dem Zeitpunkt der Annahme der Erbschaft zulässig (§ 778 Abs. 2 ZPO).[54] Ist die Nachlassverwaltung nach dem Beginn der Zwangsvollstreckung angeordnet, kann der Nachlassverwalter nach § 784 Abs. 2 ZPO die Aufhebung der vor Anordnung erfolgten Zwangsvollstreckungsmaßnahme verlangen.[55] Der Nachlassverwalter muss zu diesem Zweck die Klagen nach § 785 ZPO erheben. Er hat in diesem Prozess darzulegen und zu beweisen, dass der Gegenstand der Zwangsvollstreckung zum Nachlass gehört und der Gläubiger kein Nachlassgläubiger ist.[56] Neben dieser Klage kann der Nachlassverwalter mit der Vollstreckungserinnerung nach § 766 ZPO nur solche Maßnahmen der Zwangsvollstreckung rügen, die nach der Anordnung der Nachlassverwaltung eingeleitet wurden.[57] 17

Nach Anordnung der Zwangsverwaltung sind Zwangsvollstreckungsmaßnahmen der Eigengläubiger, also derjenigen Gläubiger, die nicht Nachlassgläubiger sind, ausgeschlossen (Abs. 2), was von Amts wegen zu beachten ist.[58] Hat das Gericht einem Eigengläubiger des Erben zu Unrecht die **Vollstreckungsklausel** gegen den Nachlassverwalter erteilt und vollstreckt dieser in den Nachlass, kann der Nachlassverwalter nicht nach den §§ 784 Abs. 2, 785 ZPO die Aufhebung der Zwangsvollstreckungsmaßnahmen verlangen, denn er ist durch die gegen ihn gerichtete Vollstreckungsklausel daran gehindert. Der Zwangsverwalter muss in diesem Fall nach § 732 ZPO oder nach § 768 ZPO gegen die Klausel vorgehen.[59] 18

Auch wenn der Erbe unbeschränkt haftet, haben die Eigengläubiger die aufgezeigten Beschränkungen hinzunehmen. Die Anordnung der Nachlassverwaltung beschränkt sie auf den Überschuss, der nach Befriedigung bzw. Sicherstellung der Nachlassgläubiger übrigbleibt.[60] Den Eigengläubigern des Erben bleibt die Möglichkeit, gem. §§ 829, 844 ZPO den künftigen Anspruch des Erben gegen den Nachlassverwalter aus §§ 1890, 1915, 1975 BGB auf Herausgabe des Überschusses zu pfänden.[61] 19

Gegen Zwangsvollstreckungsmaßnahmen der Nachlassgläubiger in sein Eigenvermögen kann der Erbe nach den §§ 780, 781, 784 Abs. 1, 785 ZPO – wenn sie schon erfolgt sind – mit der **Vollstreckungsabwehrklage** nach § 767 ZPO[62] und – soweit sie erst erfolgen sollen – nach §§ 767, 781 ZPO, also nur aufgrund eines Vorbehalts nach § 780 ZPO, vorgehen.[63] 20

---

53 BeckOK BGB/*Lohmann*, § 1984 Rn 7; Staudinger/*Dobler*, § 1984 Rn 27.
54 *Gottwald/Mock*, Zwangsvollstreckung, § 778 Rn 7.
55 *Gottwald/Mock*, Zwangsvollstreckung, § 784 Rn 4.
56 *Gottwald/Mock*, Zwangsvollstreckung, § 784 Rn 7.
57 *Gottwald/Mock*, Zwangsvollstreckung, § 784 Rn 7; differenzierend: Staudinger/*Dobler*, (2020) § 1984 Rn 29, der die Zulässigkeit der Erinnerung dann nicht ausschließen will, wenn sie sich dagegen richtet, dass der Gläubiger ohne eine gegen den Nachlassverwalter gerichtete Klausel die Zwangsvollstreckung betreibt.
58 Staudinger/*Dobler*, (2020) § 1984 Rn 28.
59 Staudinger/*Dobler*, (2020) § 1984 Rn 28.
60 Grüneberg/*Weidlich*, § 1984 Rn 6; BeckOK BGB/*Lohmann*, § 1984 Rn 8.
61 Staudinger/*Dobler*, (2020) § 1984 Rn 30.
62 Staudinger/*Dobler*, (2020) § 1984 Rn 31.
63 Erman/*Horn*, (2020) § 1984 Rn 5.

§ 1985 Pflichten und Haftung des Nachlassverwalters

(1) Der Nachlassverwalter hat den Nachlass zu verwalten und die Nachlassverbindlichkeiten aus dem Nachlass zu berichtigen.
(2) [1]Der Nachlassverwalter ist für die Verwaltung des Nachlasses auch den Nachlassgläubigern verantwortlich. [2]Die Vorschriften des § 1978 Abs. 2 und der §§ 1979, 1980 finden entsprechende Anwendung.

Literatur
Siehe Vorbemerkung zu §§ 1975–1992 und § 1975.

Übersicht: Rdn

A. Allgemeines

1 Die Bestimmung regelt die Aufgaben (Abs. 1) sowie die Verantwortlichkeit (Abs. 2) des Nachlassverwalters. Die Regelung beschränkt sich dabei darauf, die wichtigsten Aufgaben, die Verwaltung des Nachlasses und die Berichtigung der Nachlassverbindlichkeiten, zu benennen. Die Vorschrift wird durch zahlreiche Bestimmungen ergänzt (z.B. § 2012 BGB; § 991 ZPO; § 317 InsO und § 175 ZVG). Bereits hier ist auf einen bedeutenden und wichtigen Unterschied zwischen der Rechtsstellung des Nachlassverwalters und der eines nach den §§ 1960, 1961 BGB bestellten Nachlasspflegers hinzuweisen: Im Gegensatz zu dem Letztgenannten hat der Nachlassverwalter, der (auch) ein Nachlasspfleger ist (vgl. § 1975 BGB; § 780 Abs. 2 ZPO, § 317 InsO), die vordringliche Aufgabe, für die Befriedigung der Nachlassgläubiger zu sorgen. Weitgehend entspricht die Stellung des Nachlassverwalters derjenigen des Nachlassinsolvenzverwalters (§§ 80 ff., 60 ff., 63 InsO).

2 Der Nachlassverwalter ist, anders als der Nachlasspfleger, der gesetzlicher Vertreter des Erben ist,[1] ein **amtlich bestelltes Organ** zur Verwaltung einer fremden Vermögensmasse mit eigener Parteistellung.[2] Seine Stellung gleicht derjenigen eines (Nachlass-)Insolvenzverwalters.[3] Die Verwaltungs- und Verfügungsbefugnisse, die der Erbe mit der Anordnung der Nachlassverwaltung verliert (§ 1984 BGB), gehen auf den Nachlassverwalter über. Der Nachlassverwalter ist im Rahmen seines Aufgabenbereichs allein aktiv und passiv prozessführungsbefugt. Inhaber des Nachlasses bleibt jedoch der Erbe. Den Rechtsstreit führt der Nachlassverwalter gleichwohl nicht im Namen des Erben als dessen Vertreter, sondern stets „als Nachlassverwalter über den Nachlass des am … in … – seinem letzten gewöhnlichen Aufenthalt – verstorbenen

1 Grüneberg/*Weidlich*, § 1985 Rn 1.
2 KGR Berlin 2006, 231 = ZErb 206, 98; RGZ 135, 307.
3 RGZ 135, 307; BGHZ 38, 281; OLG Braunschweig OLGZ 1988, 392; Staudinger/*Dobler*, § 1985 Rn 2; BeckOK BGB/*Lohmann*, § 1985 Rn 1.

Erblassers". Er ist damit Partei des Rechtsstreits und ihm werden – im Unterliegensfalle – die Kosten des Rechtsstreits nach § 91 Abs. 1 S. 1 ZPO auferlegt. Die Kostentragungspflicht ist aber als solche keine persönliche Schuld des Nachlassverwalters, sondern Nachlassverbindlichkeit (vgl. § 1967 Rdn 25). Im Prozess des Nachlassverwalters kann der Erbe als Zeuge vernommen werden.[4]

Im Hinblick insbesondere auf die bzgl. der Betreuung in Bezug genommenen Regelungen (§§ 1975, 1888 BGB) gilt im Einzelnen Folgendes: Der **Nachlassverwalter** kann nicht als Berechtigter in das **Grundbuch** eingetragen werden,[5] verpflichtet und berechtigt durch seine Rechtshandlungen als Nachlassverwalter den Erben.[6] Der Nachlassverwalter 3

- ist vom Nachlassgericht nach § 1885 BGB zu verpflichten und erhält von diesem seine **Bestallung**; in Abweichung von § 1785 BGB besteht keine Verpflichtung das Amt des Nachlassverwalters zu übernehmen;
- hat nach § 1987 BGB einen Anspruch auf eine **Vergütung**;
- ist vom Nachlassgericht zu überwachen und hat diesem nach § 1835 BGB ein Verzeichnis des Nachlasses einzureichen und nach § 1865 BGB **Rechnung zu legen**;[7]
- kann nicht auf die Beschränkung der Haftung des Erben **verzichten** (§ 2012 BGB);
- ist berechtigt, das **Aufgebot** der Nachlassgläubiger (§ 455 Abs. 2 FamFG) und die Eröffnung des Nachlassinsolvenzverfahrens (§ 317 Abs. 1 InsO) zu beantragen;
- ist nicht zur Errichtung eines **Inventars** verpflichtet (§ 2012 BGB);
- ist zu **Schenkungen** nur i.R.d. § 1836 BGB (Pflicht- und Anstandsschenkungen) befugt;
- darf den Nachlass nicht für sich verwenden (§ 1836 BGB);
- kann durch das Gericht **entlassen** werden, wenn Gründe hierfür nach § 1868 BGB vorliegen;[8] z.B. wenn er es trotz Mahnungen und der Androhung seiner Entlassung unterlässt, die fälligen jährlichen Rechenschaftsberichte und Rechnungslegungen vorzulegen;[9]
- bedarf zur Vornahme der in §§ 1848 ff. BGB genannten Rechtsgeschäfte die Genehmigung des Nachlassgerichts – auch bei Volljährigkeit des Erben –;
- darf nicht **selbstkontrahieren** (§§ 181, 1884 Abs. 2 BGB)
- kann durch Festsetzung von **Zwangsgeldern** zur Befolgung der gerichtlichen Anordnungen angehalten werden (§ 1862 Abs. 3 BGB);
- kann, wenn nach seiner Bestellung Umstände eingetreten sind, aufgrund deren ihm die Ausübung seines Amtes nicht mehr zugemutet werden kann, auf eigenen Antrag entlassen werden (§ 1868 Abs. 4 BGB) und
- hat bei Beendigung des Amtes an den neuen Verwalter oder den Erben herauszugeben, was er aus der Verwaltung erlangt hat.

B. Tatbestand

I. Rechte und Pflichten zur Verwaltung des Nachlasses

Der Nachlassverwalter hat den Nachlass zu verwalten und die Nachlassverbindlichkeiten aus dem Nachlass zu berichtigen (Abs. 1). Dabei wird die Pflicht zur Verwaltung 4

4 Staudinger/*Dobler*, (2020) § 1985 Rn 4.

5 OLG Hamm MDR 1988, 865 = Rpfleger 1989, 17; BGH DNotZ 1961, 485; BeckOK BGB/*Lohmann*, § 1985 Rn 1.

6 RGZ 80, 416.

7 BeckOK BGB/*Lohmann*, § 1985 Rn 2.

8 Vgl. BayObLG RPflG 1988, 26 = FamRZ 1988, 545; LG Detmold RPflG 1989, 241; OLG Karlsruhe Justiz 1989, 436.

9 Staudinger/*Dobler* (2020) § 1985 Rn 20; BayObLG Rpfleger 1988, 264.

des Nachlasses maßgeblich beeinflusst, ja überlagert von der Pflicht, die Nachlassverbindlichkeiten zu berichtigten (vgl. § 1975 BGB).[10] Die Art und Weise der Verwaltung bestimmt der Nachlassverwalter dabei im Einzelfall nach seinem pflichtgemäßen **Ermessen**. Soweit zur Tilgung der Schulden erforderlich, hat er den Nachlass zu verwerten.[11] Soweit dies mit dem Zweck der Berichtigung der Nachlassverbindlichkeiten vereinbar ist, hat der Nachlassverwalter auch die Interessen des Erben wahrzunehmen und dessen Wünsche zu berücksichtigen.[12] Der Nachlassverwalter ist verpflichtet, die Eintragung der Anordnung der Nachlassverwaltung in das Grundbuch zu beantragen (vgl. § 1984 Rdn 7). Ist jemand zu Unrecht im Grundbuch eingetragen, kann ihn der Verwalter auf die Bewilligung einer Grundbuchberichtigung in Anspruch nehmen.[13]

II. Die Inbesitznahme des Nachlasses

5 Der Nachlassverwalter hat den Nachlass i.d.R. alsbald in **Besitz** zu nehmen (Umkehrschluss aus § 1986 Abs. 1 BGB). Durch die Besitzergreifung erlangt er unmittelbaren, der Erbe den mittelbaren Besitz.[14] Der Nachlassverwalter darf den Besitz nicht eigenmächtig ergreifen. Dies gilt nicht nur im Verhältnis zu Dritten, die keine Erbenstellung innehaben, sondern lediglich unberechtigte Besitzer sind. Der Nachlassverwalter ist gegenüber diesem Personenkreis auf die Geltendmachung der **Herausgabeklage** angewiesen. Ob dies auch im Verhältnis zum Erben gilt, ist umstritten. Nach bisher wohl h.M. ist der die Nachlassverwaltung anordnende Beschluss mangels vollstreckbaren Inhalts kein Vollstreckungstitel i.S.v. § 794 Nr. 3 ZPO.[15] Nach einer wohl im Vordringen befindlichen Auffassung handelt es sich bei dem Anordnungsbeschluss um einen vollstreckbaren Titel, wonach deshalb der Nachlassverwalter aufgrund einer vollstreckbaren Ausfertigung des Anordnungsbeschlusses die Herausgabe von im Gewahrsam des Erben befindlicher Sachen, deren Zugehörigkeit zum Nachlass außer Streit steht, im Wege der Zwangsvollstreckung durchsetzen kann.[16] Das soll sich aus einer analogen Anwendung des § 148 Abs. 2 InsO ergeben. Die analoge Anwendung dieser Vorschrift ist indes wegen ungleicher Verhältnisse in Insolvenz und Nachlassverwaltung[17] nicht vertretbar. Hinzukommt, dass es in den wenigsten Fällen vergleichbarer Art unstreitig sein dürfte, dass der Gegenstand zum Nachlass gehört. Im Gegenteil. Der Erbe wird im Zweifel vortragen, der Gegenstand gehöre zum Eigenvermögen. Der Nachlassverwalter ist bei dem „störrischen“ Erben deshalb auf die Möglichkeit, nach den §§ 259, 666, 1978 f. BGB vom Erben Auskunft, Rechenschaft, Vorlage eines Bestandsverzeichnisses und Abgabe der eidesstattlichen Versicherung zu verlangen, angewiesen. Gegen die Herausgabeklage kann sich der Beklagte nicht damit verteidigen, er sei Testamentserbe, falls der Nachlassverwalter auf den Antrag eines durch einen Erbschein ausgewiesenen gesetzlichen Erben ordnungsgemäß durch das Gericht

---

10 Grüneberg/*Weidlich*, § 1985 Rn 5; Erman/*Horn*, § 1985 Rn 4.
11 Grüneberg/*Weidlich*, § 1985 Rn 6.
12 RGZ 72, 260.
13 BGH FamRZ 2001, 155 = ZEV 2001, 32 – allerdings im Hinblick auf den nach § 1960 BGB bestellten Nachlasspfleger.
14 MüKo/*Küpper*, § 1985 Rn 3.
15 MüKo/*Küpper*, § 1985 Rn 3; LG Stuttgart BWNotZ 1978, 164.
16 Erman/*Horn*, § 1985 Rn 2; BeckOK BGB/*Lohmann*, § 1985 Rn 3; zweifelhaft hinsichtlich der Analogie, jedoch für das Ergebnis: Staudinger/*Dobler* (2020), § 1985 Rn 13; a.A. Grüneberg/*Weidlich*, § 1985 Rn 3; MüKo/*Küpper*, § 1985 Rn 3.
17 Vgl. Staudinger/*Dobler* (2020), § 1985 Rn 13.

bestellt wurde.[18] Gegenüber dem Herausgabeverlangen des Nachlassverwalters hat der Erbe kein Zurückbehaltungsrecht wegen etwaiger Ansprüche aus §§ 1978, 1979 BGB.[19]

III. Dem Recht der Nachlassverwaltung unterliegende Gegenstände

Die Nachlassverwaltung erstreckt sich entsprechend ihrem Zweck, die Nachlassverbindlichkeiten zu berichtigen, auf den **gesamten Nachlass** und damit auf das Nachlassvermögen.[20] Die Nachlassverwaltung betrifft allerdings nicht die persönlichen Rechtsbeziehungen des Erblassers, in die der Erbe mit dem Erbfall eingerückt ist,[21] höchstpersönliche Rechte sowie Gegenstände ohne Verkehrswert,[22] das gesamte **unpfändbare Vermögen** (§ 36 InsO; § 811 ZPO), wobei die Frage der Unpfändbarkeit nach der Person des Erben – nicht derjenigen des Erblassers – zu beurteilen ist,[23] und die im Wege der **Sondererbfolge** übergegangenen Gesellschaftsanteile an einer Personengesellschaft, soweit es um die Mitgliedsrechte geht.[24] 6

Gehört ein Erwerbsgeschäft zum Nachlass, wird dies grundsätzlich von der Nachlassverwaltung mit umfasst.[25] Wie ein Testamentsvollstrecker kann der Nachlassverwalter handwerkliche, aber auch forst- und landwirtschaftliche Betriebe weiterführen. Lediglich eine Firma, in der der Name des Erben enthalten ist, ist von der Verwaltung ausgenommen.[26] 7

Ausgeschlossen von der Verwaltung ist grundsätzlich auch die im Gesellschaftsvertrag als vererblich ausgestaltete Mitgliedschaft des Erblassers in einer Personengesellschaft, soweit es sich um persönliche Rechtsbeziehungen handelt, in die der Erbe eingetreten ist.[27] Der Verwalter kann deshalb nicht die ererbten Mitgliedschaftsrechte ausüben und auch nicht die Rechte des Gesellschaftererben bei der Geschäftsführung wahrnehmen.[28] Dementsprechend kann er auch nicht an der Verfügung über ein zum Gesellschaftsvermögen gehörendes Grundstück mitwirken.[29] Er ist weiter nicht befugt, die Feststellung zu begehren, dass der Gesellschaftsvertrag nichtig oder wirksam angefochten worden sei, denn ein entsprechendes Urteil berührt den Status der Gesellschaft selbst und hat entsprechende rechtliche Auswirkungen auf den weiteren Bestand der Mitgliedschaft der einzelnen Gesellschafter.[30] Er ist vielmehr darauf beschränkt, zur Befriedigung der Nachlassgläubiger den Anspruch des Gesellschaftererben auf den Gewinnanteil und das Auseinandersetzungsguthaben geltend zu machen, u.U. nach Ausübung eines ihm nach h.M. zustehenden fristlosen Kündigungsrechts.[31] Dem Nachlassverwalter steht, wenn zum Nachlass die Geschäftsanteile einer GmbH gehören, kein Sonderkündigungsrecht betreffend einen (wirksam abgeschlossenen) Ge- 8

---

18 Staudinger/*Dobler* (2020), § 1985 Rn 14; MüKo/*Küpper*, § 1985 Rn 3.
19 BeckOK BGB/*Lohmann*, § 1985 Rn 3.
20 MüKo/*Küpper*, § 1985 Rn 4.
21 BGHZ 47, 293 = NJW 1967, 1961; BayObLG NJW-RR 1991, 361 = FamRZ 1991, 485.
22 Grüneberg/*Weidlich*, § 1985 Rn 4.
23 MüKo/*Küpper*, § 1985 Rn 4.
24 BGHZ 47, 293 = NJW 1967, 1961; BGHZ 91, 132 = NJW 1984, 2104.
25 MüKo/*Küpper*, § 1985 Rn 5.
26 BGHZ 32, 103 = NJW 1960, 1008.
27 Erman/*Horn*, § 1985 Rn 3; MüKo/*Küpper*, § 1985 Rn 5a; Staudinger/*Dobler* (2020), § 1985 Rn 20, 21.
28 Grüneberg/*Weidlich*, § 1985 Rn 4.
29 BayObLGZ 1990, 306 = NJW-RR 1991, 361.
30 BGHZ 47, 293 = NJW 1967, 1961; BayObLGZ 1990, 306 = NJW-RR 1991, 361.
31 MüKo/*Küpper*, § 1985 Rn 5a; wohl eingeschränkt: Staudinger/*Dobler* (2020), § 1985 Rn 21 m.w.N.

schäftsführeranstellungsvertrag zu. Für ein derartiges Sonderkündigungsrecht ist keine Rechtsgrundlage ersichtlich.[32]

9 In den Fällen, in denen die Mitgliedschaft nicht kraft Erbrechts, sondern aufgrund **gesellschaftsvertraglich** bestimmter Anwachsung auf den Erben übergegangen ist, ist der Nachlass nicht an der Gesellschaft beteiligt. Der Nachlassverwalter kann deshalb insoweit auch keine Befugnisse geltend machen.[33]

10 Der Nachlassverwalter ist berechtigt, eine vom Erblasser erteilte und über dessen Tod hinaus reichende Generalvollmacht, soweit diese nicht ohnehin erloschen ist, zu widerrufen[34] und dann von dem Bevollmächtigten die Urkunde der Vollmacht herausverlangen.

IV. Berichtigung der Nachlassverbindlichkeiten

11 Die zentrale **Aufgabe** des Nachlassverwalters ist die **Berichtigung der Nachlassverbindlichkeiten.**[35] Soweit es zweckerforderlich ist,[36] hat der Nachlassverwalter den Nachlass zu Geld zu machen. An Weisungen des Erben ist er dabei nicht gebunden. Er hat sorgfältig zu prüfen, welche Nachlassverbindlichkeiten vorhanden sind und in Zukunft noch entstehen könnten und welche Mittel nach einer Verwertung des Nachlasses voraussichtlich zur Verfügung stehen. Nach einer möglichst vollständigen Sichtung des Nachlasses, eingehender Durcharbeitung der Unterlagen des Erblassers, Rückfragen bei Angehörigen und möglichen Vertragspartners und weiteren Ermittlungen sind die Nachlassaktiva und -passiva vollständig zu erfassen und zu bewerten und mindestens in groben Zügen aufzuzeichnen.[37] Ohne eine solche Prüfung darf er nicht von der Zulänglichkeit des Nachlasses ausgehen[38] und deshalb auch keine Nachlassverbindlichkeiten berichtigen.[39] Die Berichtigung der Nachlassverbindlichkeiten durch den Nachlassverwalter müssen die Nachlassgläubiger als für Rechnung des Nachlasses erfolgt gegen sich gelten lassen.

12 Hat er Grund zu der Annahme, dass Nachlassverbindlichkeiten vorhanden sind, die ihm bei seinen Ermittlungen noch nicht bekannt waren, muss er das Aufgebot der Nachlassgläubiger (§ 1970 BGB) beantragen,[40] selbst wenn mit der Ablehnung der Eröffnung mangels Masse zu rechnen ist.[41] Erfüllen darf er eine Nachlassverbindlichkeit erst dann, wenn er den Umständen nach annehmen darf, dass der Nachlass zur Berichtigung aller Nachlassverbindlichkeiten ausreicht (§ 1985 Abs. 2 S. 2 i.V.m. § 1979 BGB); andernfalls kann er zu Schadensersatz verpflichtet sein.[42] Ggf. muss er von den aufschiebenden Einreden der §§ 2014, 2015 BGB Gebrauch machen.

13 Nicht zu den Aufgaben des Nachlassverwalters gehört die Verteilung des Nachlasses oder die Auseinandersetzung unter Miterben. Auch eine gerichtliche Auseinandersetzung ist während der Dauer der Nachlassverwaltung als dem Zweck der Nachlassverwaltung zuwiderlaufend ausgeschlossen. Ebenso wenig gehört die Errichtung des Inventars i.S.v. §§ 1993 f. BGB zum Aufgabenkreis des Verwalters; er hat vielmehr den Nachlassgläubigern über den Bestand des Nachlasses Auskunft zu erteilen (§ 2012

32 OLG Celle ZEV 2018, 26.
33 MüKo/*Küpper*, § 1985 Rn 7.
34 KG NJW 1971, 566.
35 NK-BGB/*Krug*, § 1985 Rn 14.
36 MüKo/*Küpper*, § 1985 Rn 8; Grüneberg/*Weidlich*, § 1985 Rn 6.
37 BGH NJW 1985, 140 = FamRZ 1984, 1004.
38 Staudinger/*Dobler* (2020), § 1985 Rn 28.
39 BGH NJW 1985, 140 = FamRZ 1984, 1004.
40 Staudinger/*Dobler* (2020), § 1985 Rn 29; Grüneberg/*Weidlich*, § 1985 Rn 7.
41 LG Stuttgart Rpfleger 1984, 416 = OLGZ 1984, 304.
42 Staudinger/*Dobler* (2020), § 1985 Rn 28 und 29.

Abs. 1 S. 2 und Abs. 2 BGB). Da sich die Nachlassverwaltung nicht auf die persönliche Rechtsstellung des Erben bezieht, kann der Nachlassverwalter auch nicht auf die Beschränkung der Haftung verzichten (§ 2012 Abs. 1 S. 3 BGB).[43]

V. Pflichten und Aufgaben des Nachlassgerichts

Der Nachlassverwalter unterliegt der **Aufsicht** des Nachlassgerichts. Dieses darf allerdings nur dann einschreiten, wenn Pflichtwidrigkeiten des Nachlassverwalters zu befürchten sind (vgl. § 1862 Abs. 1 S. 1, Abs. 3 S. 3 BGB). In reinen Zweckmäßigkeitsfragen darf deshalb das Nachlassgericht dem Nachlassverwalter keine Weisungen erteilen.[44] 14

Die **Entlassung** des Nachlassverwalters setzt in entsprechender Anwendung des § 1868 BGB voraus, dass die Fortführung des Amts die Interessen des Erben und/ oder der Nachlassgläubiger gefährden würde. Dabei macht es keinen Unterschied, ob diese Art Gefährdung wegen eines pflichtwidrigen Verhaltens des Nachlassverwalters oder wegen dessen persönlicher Ungeeignetheit anzunehmen ist, oder diesen ein Verschulden trifft.[45] Die Entlassung des Nachlassverwalters ist stets „ultima ratio". Sie kann u.a. berechtigt sein bei beharrlicher und langdauernder Nichtvorlage des Nachlassverzeichnisses oder auch der Nichtvornahme der Rechnungslegung.[46] 15

Den Antrag auf Entlassung kann nur der **Erbe**, nicht auch ein Nachlassgläubiger stellen.[47] Daher kann auch nur der Erbe, der den Antrag gestellt hat, und nicht der/ die Nachlassgläubiger gegen einen den Antrag auf Entlassung des Nachlassverwalters ablehnenden Beschluss des Nachlassgerichts Beschwerde einlegen (§§ 58, 59 Abs. 2 FamFG). Dem Nachlassgläubiger bleibt stets unbenommen, die Entlassung des Nachlassverwalters beim Nachlassgericht durch die Anzeige von pflichtwidrigen Handlungen anzuregen. Das Nachlassgericht muss dann i.R.d. Amtsermittlung (§ 26 FamFG) tätig werden und den Sachverhalt von Amts wegen aufklären, was die Entlassung ebenfalls zur Folge haben könnte. 16

VI. Die Haftung des Nachlassverwalters

Der Nachlassverwalter haftet dem **Erben** gegenüber wie andere Nachlasspfleger nach den §§ 1826, 1888 BGB für **jedes** Verschulden persönlich.[48] Wenn sich jedoch der Nachlassverwalter über die ihm gesetzlich obliegenden Pflichten hinaus für die Interessen des Erben eingesetzt und diesem dadurch erhebliche Nachlasswerte erhalten hat, die sonst verloren gegangen wären, kann es gegen Treu und Glauben verstoßen, wenn der Erbe den Nachlassverwalter für von diesem verschuldete Verluste voll haftbar machen will.[49] Hat ein Miterbe seinen Erbteil auf eine andere Person übertragen, so kann dieser anstelle des Veräußerers etwaige Schadensersatzansprüche gegen den Nachlassverwalter erheben.[50] 17

Der Nachlassverwalter ist **auch den Nachlassgläubigern gegenüber** verantwortlich (Abs. 2), und zwar aufgrund des bestehenden gesetzlichen Schuldverhältnisses. Anders als der nach § 1960 oder § 1961 BGB bestellte Nachlasspfleger haftet er auch ihnen 18

---

43 MüKo/*Küpper*, § 1985 Rn 10.

44 OLG Frankfurt a.M. FamRZ 1998, 636 = FGPrax 1998, 64.

45 Staudinger/*Dobler* (2020), § 1985 Rn 36; a.A. LG Detmold Rpfleger 1989, 241.

46 BayObLG FamRZ 1988, 543 = Rpfleger 1988, 264.

47 OLG Frankfurt a.M. FamRZ 1998, 636 = FGPrax 1998, 64; Staudinger/*Dobler* (2020), § 1985 Rn 36; a.A. OLG Karlsruhe NJW-RR 1989, 1095; Erman/*Horn*, § 1985 Rn 2.

48 BGH FamRZ 1984, 970 = Rpfleger 1984, 1004.

49 BGH FamRZ 1975, 576.

50 Vgl. auch: OLG Dresden ZEV 2000, 402, hier ging es um Ansprüche gegen einen nach § 1960 BGB bestellten Pfleger.

gegenüber für jeden durch schuldhafte Pflichtverletzung entstandenen Schaden,[51] selbstverständlich nicht mit dem Nachlass, sondern mit seinem eigenen Vermögen.[52] Da die den Nachlassgläubigern gegen den Nachlassverwalter erwachsenden Ersatzansprüche als zum Nachlass gehörend betrachtet werden (§§ 1978 Abs. 2, 1985 Abs. 2 S. 2 BGB), können diese ihre Ersatzansprüche erst nach der Aufhebung der Nachlassverwaltung geltend machen.[53]

19 Soweit Ansprüche aus einem **Steuerschuldverhältnis** infolge vorsätzlicher oder grob fahrlässiger Verletzung der dem Nachlassverwalten obliegenden Pflichten (vgl. § 34 AO) nicht oder nicht rechtzeitig festgesetzt oder erfüllt werden, haftet der Nachlassverwalter nach § 69 AO. Diese Haftung umfasst auch die infolge der Pflichtverletzung zu zahlenden Säumniszuschläge.[54]

20 Auch die als „Nachlassrichter" tätige Person – Richter oder Rechtspfleger – kann für schuldhafte **Amtspflichtverletzungen** gelegentlich der Aufsicht bei der Nachlassverwaltung verantwortlich sein (§ 839 BGB i.V.m. Art. 34 GG).[55] Der Anspruch richtet sich gegen den Staat.

VII. Ende der Nachlassverwaltung

21 Die **Nachlassverwaltung endet** mit der **Eröffnung des Nachlassinsolvenzverfahrens** (§ 1988 Abs. 1 BGB), sonst mit der **Aufhebung des Verfahrens** mangels Masse (§ 1988 Abs. 2 BGB) oder wegen **Zweckerreichung** (§ 1919 BGB). Außer im Falle der Eröffnung des Nachlassinsolvenzverfahrens setzt damit die Beendigung der Nachlassverwaltung einen gerichtlichen Aufhebungsbeschluss voraus. Nach Berichtigung der bekannten Nachlassverbindlichkeiten und ggf. Leistung von Sicherheiten für Gläubiger streitiger, bedingter oder noch nicht fälliger Forderungen muss der Nachlassverwalter den verbliebenen Nachlass an den/die Erben ausantworten (§ 1986 BGB).[56] Die Verteilung des Nachlasses unter mehreren Miterben gehört nicht zu den Aufgaben des Nachlassverwalters.[57]

VIII. Verjährung

22 Schadensersatzansprüche gegen den Nachlassverwalter verjähren nach den §§ 195, 199 BGB in der regelmäßigen Verjährungsfrist.

§ 1986 Herausgabe des Nachlasses

(1) Der Nachlassverwalter darf den Nachlass dem Erben erst ausantworten, wenn die bekannten Nachlassverbindlichkeiten berichtigt sind.
(2) [1]Ist die Berichtigung einer Verbindlichkeit zur Zeit nicht ausführbar oder ist eine Verbindlichkeit streitig, so darf die Ausantwortung des Nachlasses nur erfolgen, wenn dem Gläubiger Sicherheit geleistet wird. [2]Für eine bedingte Forderung ist Sicherheitsleistung nicht erforderlich, wenn die Möglichkeit des Eintritts der Bedingung eine so entfernte ist, dass die Forderung einen gegenwärtigen Vermögenswert nicht hat.

51 BGH FamRZ 1984, 1004 = Rpfleger 1984, 516.
52 MüKo/*Küpper*, § 1985 Rn 11.
53 OLG Hamburg OLGE 41, 82.
54 Staudinger/*Dobler* (2020), § 1985 Rn 40.
55 RGZ 88, 264.
56 BeckOK BGB/*Lohmann*, § 1985 Rn 6.
57 RGZ 72, 260; Staudinger/*Dobler* (2020), § 1985 Rn 11.

A. Allgemeines

Die Vorschrift nennt die Herausgabe des Nachlasses an den Erben (Ausantwortung) und versteht darunter die Herausgabe aller Nachlassgegenstände einschließlich der sich auf den Nachlass beziehenden Schriftstücke und Akten.[1] Sie regelt dabei nicht, wann der Nachlassverwalter den Nachlass an den Erben herausgeben muss, sondern lediglich, wann er hierzu im Verhältnis zu den Nachlassgläubigern als Gesamtheit berechtigt ist.[2] Ziel der Bestimmung ist es, eine vorzeitige Herausgabe an den Erben zu verhindern.[3] Nicht geregelt wird schließlich das Recht bzw. die Pflicht des Nachlassverwalters, nach Beendigung der Nachlassverwaltung den Nachlass(rest) an einen Nachlassinsolvenzverwalter oder einen neuen Nachlassverwalter herauszugeben (siehe § 1988 Abs. 1 und 2 BGB). War Testamentsvollstreckung angeordnet, ist der Nachlass an den Testamentsvollstrecker herauszugeben[4] 1

B. Tatbestand

Der in der Vorschrift geregelten **Berechtigung des Nachlassverwalters** („darf"), den Nachlassrest an den Erben herauszugeben, entspricht nicht auf der anderen Seite ein Herausgabeanspruch des Erben gegen den Nachlassverwalter. Dies ist erst nach der Beendigung der Nachlassverwaltung der Fall, die nicht mit der Berichtigung der Nachlassverbindlichkeiten eintritt, sondern erst mit der Aufhebung durch das Nachlassgericht (§ 1988 Abs. 2 BGB) oder durch Eröffnung des Nachlassinsolvenzverfahrens (§ 1988 Abs. 1 BGB). 2

Nach der Beendigung der Nachlassverwaltung, nicht etwa erst nach deren Aufhebung durch das Nachlassgericht, hat der Nachlassverwalter den Nachlass und das aus der Verwaltung desselben Erlangte an den Erben – im Falle des § 1988 Abs. 1 BGB an den Nachlassinsolvenzverwalter – herauszugeben und Schlussrechnung zu legen (§§ 1865, 1888, 1975 BGB). An mehrere Erben hat er gemeinschaftlich herauszugeben. Die Verteilung an die Miterben hat er nicht vorzunehmen.[5] Auf Verlangen eines Miterben hat er zu hinterlegen (§ 2039 BGB). Der Anspruch des Erben auf Herausgabe des Nachlassrestes ist wie jede andere Forderung auch abtretbar und pfändbar. Gegenüber dem Herausgabeanspruch des Erben kann der Nachlassverwalter wegen seiner Ansprüche auf Aufwendungsersatz (§§ 1888, 1877 BGB) sowie seines Vergütungsanspruchs (§ 1987 BGB) ein Zurückbehaltungsrecht nach § 273 BGB geltend machen, was ihm allerdings gegenüber dem Nachlassinsolvenzverwalter entsprechend § 323 InsO versagt ist.[6] 3

Der Nachlassrest darf nicht vor Berichtigung aller bekannten Nachlassverbindlichkeiten an den Erben herausgegeben werden. Bestehen Zweifel, ob weitere Nachlassverbindlichkeiten bestehen, ist der Nachlassverwalter gem. §§ 1980 Abs. 2 S. 2, 1985 Abs. 2 S. 2 BGB verpflichtet, ein Aufgebotsverfahren zum Zwecke der Ausschließung von Nachlassgläubigern durchzuführen (§ 1970 BGB). War Testamentsvollstreckung angeordnet, ist der Nachlass an den Testamentsvollstrecker herauszugeben. Hat der Nachlassverwalter den Nachlass vorzeitig zurückgegeben und melden sich weitere Nachlassgläubiger, muss er den Nachlass zurückfordern, um auch diese Gläubiger befriedigen zu können.[7] Ist die Berichtigung einer Verbindlichkeit zzt. nicht durch- 4

1 BeckOK BGB/*Lohmann*, § 1986 Rn 1.
2 Staudinger/*Dobler* (2020), § 1986 Rn 1.
3 MüKo/*Küpper*, § 1986 Rn 1.
4 BeckOK BGB/*Lohmann*, 74. Ed. 1.5.2025, § 1986 Rn 1.
5 RGZ 72, 260.
6 Staudinger/*Dobler* (2020), § 1986 Rn 3.
7 Staudinger/*Dobler* (2020), § 1986 Rn 7.

führbar, etwa weil eine aufschiebende Bedingung noch nicht eingetreten oder ein Nachlassgläubiger nicht auffindbar ist, ist vor Herausgabe des Nachlasses Sicherheit zu leisten (Abs. 2; vgl. auch § 52 Abs. 2 BGB). Die **Sicherheitsleistung** erfolgt nach §§ 232 ff. BGB; daneben kommt auch eine **Hinterlegung** nach § 372 BGB in Betracht.[8] Sicherheit ist auch für vom Nachlassverwalter – nicht: vom Erben – bestrittene Forderungen zu leisten.[9] Ist im Fall einer bedingten Forderung die Möglichkeit des Bedingungseintritts so fernliegend, dass der Forderung kein gegenwärtiger Vermögenswert zukommt, braucht keine Sicherheit geleistet zu werden (Abs. 2 S. 2; vgl. auch § 191 Abs. 2 InsO; § 916 Abs. 2 ZPO).

5 Meldet sich nach **Aufhebung der Nachlassverwaltung** noch ein unbefriedigter Nachlassgläubiger, so ist bzgl. der Haftung zu unterscheiden:

- Haftete der Erbe schon **vor Anordnung** der Nachlassverwaltung unbeschränkbar, dauert die unbeschränkte Haftung fort.[10]
- Einem im **Aufgebotsverfahren** ausgeschlossenen oder ihm gleichstehenden Gläubiger haftet der Erbe nur nach Maßgabe der §§ 1973, 1974 BGB.[11]
- Erfolgte die **Aufhebung der Nachlassverwaltung** aus dem in § 1988 Abs. 2 BGB genannten Grund (Fehlen einer kostendeckenden Masse) oder deckt der Nachlass die Kosten einer nochmaligen Nachlassverwaltung nicht, so ist der Erbe gem. § 1990 Abs. 1 S. 1 BGB berechtigt, die Befriedigung eines Nachlassgläubigers zu verweigern, soweit der Nachlass unter Berücksichtigung des § 1991 BGB nicht ausreicht.[12]
- Gegenüber **Verbindlichkeiten aus Vermächtnissen und Auflagen** kann der Erbe u.U. auch dann nach den §§ 1990, 1991 BGB verfahren, wenn der Nachlass nicht dürftig ist, § 1992 BGB.[13]

6 Nach der h.M. haftet der Erbe nach der Aufhebung der Nachlassverwaltung auch außerhalb des unmittelbaren Anwendungsbereichs der §§ 1973, 1974, 1990 und 1992 BGB stets nur noch mit dem Nachlass. Diese Haftungsbeschränkung ist analog §§ 1990, 1991 BGB geltend zu machen.[14]

§ 1987 Vergütung des Nachlassverwalters

Der Nachlassverwalter kann für die Führung seines Amts eine angemessene Vergütung verlangen.

Literatur

Felix, Vergütung und Aufwendungsersatz im neuen Betreuungs- und Vormundschaftsrecht, Rpfleger 2023, 193; *Holzer*, Anmerkung zu einer Entscheidung des OLG Brandenburg v. 18.7.2022 (3 W 97/21) – Zum Ermessen des Gerichts bei Festsetzung der Nachlassverwaltervergütung, FGPrax 22, 224; *Reinert*, Der Vergütungsanspruch des berufsmäßigen Nachlasspflegers, AnwZert ErbR 9/2020 Anm. 2; *Sticherling*, Zur Anordnung der Nachlassverwaltung und zur Vergütung des Nachlassverwalters aus dem Nachlass, Rpfleger 2009, 459; *Zimmermann*, Neue Rechtsprechung zur Vergütung von Betreuern und Nachlasspflegern, FamRZ 2018, 734; *ders.*, Probleme der Nachlassverwaltervergütung, ZEV 2007, 519.

---

8 MüKo/*Küpper*, § 1986 Rn 2; Grüneberg/*Weidlich*, § 1986 Rn 2.
9 Erman/*Horn*, § 1986 Rn 4.
10 BeckOK BGB/*Lohmann*, § 1986 Rn 3.
11 Erman/*Horn*, § 1986 Rn 3.
12 Staudinger/*Dobler* (2020), § 1986 Rn 9.
13 Staudinger/*Dobler* (2020), § 1986 Rn 9.
14 BeckOK BGB/*Lohmann*, § 1986 Rn 3; Erman/*Horn*, § 1986 Rn 3; Staudinger/*Dobler*, § 1986 Rn 10.

Übersicht:

A. Allgemeines

Abweichend von Regelungen über den Vormund oder Pfleger (§§ 1875, 1888 BGB) soll der Nachlassverwalter nach § 1987 BGB stets einen Anspruch auf eine **angemessene Vergütung** haben. Grund für die Regelung ist im Wesentlichen die Tatsache, dass das Amt des Nachlassverwalters mehr im privaten als im öffentlichen Interesse ausgeübt wird und die Übernahme der Nachlassverwaltung folgerichtig auch nicht zur Staatsbürgerpflicht gemacht wurde.[1] Freiwillig, davon ging man (wohl zu Recht) aus, würde niemand das Amt übernehmen, wenn er keine Vergütung hierfür erhielte. Deshalb erachtete der Gesetzgeber es für notwendig, den Nachlassverwalter wie den Insolvenzverwalter zu behandeln.[2] Auch der Testamentsvollstrecker hat einen Vergütungsanspruch (§ 2221 BGB). Der Nachlassverwalter hat schließlich noch einen Anspruch auf Erstattung von Aufwendungen und auf Vorschuss.[3] 1

Der Vergütungsanspruch des Nachlassverwalters entfällt nur dann,[4] wenn 2

- er überhaupt nicht tätig war;
- er wegen Pflichtwidrigkeit entlassen wurde;
- er auf seine Vergütung wirksam verzichtet hat oder
- er die Vergütung z.B. durch Untreue (Rechtsgedanke des § 654 BGB) oder anderer schwerer Pflichtverletzungen verwirkt hat.

B. Tatbestand

I. Angemessenheit und (damit) Höhe der Vergütung

Der Höhe nach soll die Vergütung des Nachlassverwalters „angemessen" sein.[5] Das ist dann der Fall, wenn sie unter Berücksichtigung aller Umstände des Falles der Billigkeit entspricht.[6] Zu berücksichtigen und nach den Grundsätzen der **Billigkeit** abzuwägen sind insbesondere der Wert der Nachlassmasse,[7] die nutzbaren Fachkenntnisse des Nachlassverwalters, Umfang, Bedeutung und Schwierigkeit der Verwaltergeschäfte,[8] die Dauer der Verwaltung, das Maß der mit den Verwaltergeschäften verbundenen Verantwortung und der Erfolg der Tätigkeit des Nachlassverwalters.[9] Eine überaus kurze Dauer der Verwaltung, schwerwiegende Mängel der Amtsführung, Erfolglosigkeit der Berichtigung der Nachlassverbindlichkeiten, eine Vergütung für eine vorgehende Tätigkeit als Nachlasspfleger sowie die kostenträchtige und unnötige Inanspruchnahme anwaltlicher Beratung sind im Einzelfall geeignet, den Vergütungsanspruch zu mindern.[10] Die Vergütung kann ganz versagt werden, wenn der Verwalter 3

1 MüKo/*Küpper*, § 1987 Rn 1.
2 Staudinger/*Dobler* (2020), § 1987 Rn 1.
3 OLG Zweibrücken OLGR 2007, 472 = Rpfleger 2007, 396; BeckOK BGB/*Lohmann*, § 1987 Rn 1.
4 BeckOGK/*Herzog*, § 1987 Rn 3 m.w.N.
5 OLG Zweibrücken OLGR 2007, 472 = Rpfleger 2007, 396
6 BayObLG JurBüro 1986, 90 = Rpfleger 1985, 402.
7 BayObLG Rpfleger 1991, 253 = MDR 1991, 443.
8 NK-BGB/*Krug*, § 1987 Rn 3.
9 BayObLGZ 1953, 50; 1972, 156; BayObLG JurBüro 1986, 90 = Rpfleger 1985, 402; OLG Hamm Rpfleger 1966, 180; PfälzOLG Zweibrücken OLG-Rp 1997, 205.
10 BayObLG JurBüro 1986, 90 = Rpfleger 1985, 402; Staudinger/*Dobler*, § 1987 Rn 7.

nicht tätig geworden oder wenn er aus dem Amt wegen Pflichtwidrigkeit entlassen worden ist.[11]

4 Für die Höhe der Vergütung des (berufsmäßigen) Nachlasspflegers – und entsprechend für die des Nachlassverwalters – gilt bei einem vermögenden Nachlass gem. den §§ 1960, 1888 Abs. 2 S. 2 BGB, dass sie sich abweichend von den Stundensätzen des § 3 VBVG nach den Umständen des einzelnen Falles anhand der dort aufgeführten Kriterien, wie den für die Führung der Pflegschaftsgeschäfte nutzbaren Fachkenntnissen des Pflegers, sowie nach der Schwierigkeit der Pflegschaftsgeschäfte bestimmt. Dass auf diese Weise der Nachlassverwalter unter Umständen zu einer höheren Vergütung kommt als ein nach §§ 1960 oder 1961 BGB bestellter Nachlasspfleger ist durchaus gerechtfertigt, weil die Nachlassverwaltung sich von der Nachlasspflegschaft sowohl durch ihren besonderen Zweck (§ 1975 BGB) als auch durch das mit diesem speziellen Zweck verbundene höhere Haftungsrisiko des Verwalters (§ 1985 Abs. 2 BGB) unterscheidet.[12] Demgemäß hat das Nachlassgericht – im Beschwerdeverfahren das an seine Stelle tretende Beschwerdegericht – nach pflichtgemäßem Ermessen zu entscheiden, welche Stundensätze anzusetzen sind. Den Gerichten steht dabei ein weiter Ermessensspielraum zu.[13]

5 Grundsätzlich sind im Rahmen der Ausübung des Ermessens die Umstände des Einzelfalls zu berücksichtigen. Dabei kommt dem Bruttowert des Nachlasses, dem Umfang und der Schwierigkeit sowie die Dauer der Tätigkeit, das Maß der Verantwortung sowie nutzbare Fachkenntnisse des Nachlassverwalters und auch der Erfolg der Tätigkeit, besondere Bedeutung zu.[14] So hat das LG Münster[15] z.B. einem Rechtsanwalt, der als Nachlassverwalter tätig war, im Regelfall den doppelten Stundensatz des BVormVG zugebilligt. Das OLG Frankfurt hat einen Stundensatz von 100 EUR,[16] das Saarländische OLG für einen Rechtsanwalt 125 EUR (netto)[17] und auch das OLG Frankfurt für eine mittelschwere Pflegschaft einen solchen von 100 EUR für angemessen erachtet.[18] Das OLG Brandenburg hat bei mittlerem Schwierigkeitsgrad einen Stundensatz von 110 EUR und bei einer schwierigen Abwicklung von 130 EUR für angemessen erachtet. Dabei hat es eine „schwierige Abwicklung" angenommen, weil zum Nachlass ein Erbbaurecht gehörte, die Einkommensteuerpflicht des Erbbauzinses zu klären war, ein beträchtliches Aktivvermögen vorhanden war, darunter mehrere Grundstücke und es diverse rechtliche Auseinandersetzungen gab, zahlreiche Gläubiger befriedigt werden mussten und es eine hohe Anzahl an (potentiellen) Erben gab[19] Demgegenüber hat das Schleswig-Holsteinische OLG die Bemessung des Stundensatzes eines Nachlassverwalters mit nutzbarer Ausbildung entsprechend § 3 Abs. 1 S. 2 Nr. 1 VBVG wie bei einem entsprechend ausgebildeten Berufsnachlasspfleger gem. den §§ 1987, 1915 a.F., 1836 BGB mit 45 EUR im Normalfall einfacher Abwicklung über 65 EUR bei mittlerem Schwierigkeitsgrad bis hin zu 85 EUR bei schwieriger Abwicklung als angemessen und ausreichend erachtet. Nur im Einzelfall bei ausnahmsweise ganz leichter

---

11 RGZ 154, 117; Erman/*Horn*, § 1987 Rn 2.
12 OLG Celle FamRZ 2023, 796.
13 OLG Frankfurt FamRZ 2017, 1881 = Rpfleger 2017, 1884; Schleswig-Holsteinisches OLG Rpfleger 2017, 34; Saarländisches OLG Rpfleger 2015, 341, je m.w.N.
14 BeckOGK/*Herzog*, § 1987 Rn 9.
15 Rpfleger 2003, 369 m. ausführlicher Begründung.
16 OLG Frankfurt FamRZ 2017, 1881 = Rpfleger 2017, 1884.
17 Saarländisches OLG Rpfleger 2015, 341.
18 OLG Frankfurt NJW-RR 2015, 1487.
19 OLG Brandenburg FamRZ 2022, 1962.

Aufgabenstellung sei ein noch niedrigerer Satz denkbar.[20] Schließlich ist bei der Nachlassverwaltervergütung, die nicht gegen die Staatskasse festgesetzt werden kann (§ 1879 BGB), deshalb auf fiskalische Interessen (an einer möglichst niedrigen Vergütung) keine Rücksicht zu nehmen.[21]

Dagegen sind die **Bestimmungen der Vergütung des Insolvenzverwalters** sowie 6 desjenigen **Berufsverbandes**, dem der Nachlassverwalter angehört, weder direkt noch entsprechend anwendbar.[22] Auch sie können indes bei einer vergleichenden Betrachtung mit herangezogen werden.[23] Wird der Nachlassverwalter nach Beendigung der Nachlassverwaltung Nachlassinsolvenzverwalter, darf bei der Bemessung der Nachlassverwaltervergütung die Insolvenzverwaltervergütung nicht abgezogen oder sonst wie angerechnet werden.[24]

Über die Aufwendungen des Nachlassverwalters entscheidet das **Prozessgericht** und 7 nicht das Nachlassgericht. Die Festsetzung einer Pauschalvergütung (Vergütung zzgl. eventueller Aufwendungen) durch das Nachlassgericht ist deshalb unzulässig.[25] Materiell-rechtliche Einwendungen sind vor dem Prozessgericht geltend zu machen.

II. Festsetzung der Vergütung – Verfahren

Das Nachlassgericht setzt die Vergütung gem. § 168 Abs. 1, 5 FamFG auf Antrag des 8 Erben oder des Nachlassverwalters oder – wenn es die Festsetzung für angemessen hält – von Amts wegen fest. **Zuständig** zur **Festsetzung der Vergütung** des Nachlassverwalters ist das **Nachlassgericht** (§§ 1975, 1813, 1808 Abs. 1, 1962 BGB i.V.m. §§ 340, 292, 292a FamFG). **Funktionell zuständig** ist der **Rechtspfleger** (§§ 3 Nr. 2, 16 Abs. 1 Nr. 1 RPflG). Die Ausschlussfrist des § 2 S. 1 VBVG gilt nicht für die Vergütung des Nachlassverwalters.[26]

Die Bemessung der Höhe der Vergütung steht im **pflichtgemäßen Ermessen** des 9 Nachlassgerichts. Es kann eine Vergütung für bestimmte Zeitabschnitte oder für die gesamte Dauer der Verwaltung festsetzen. Die Festsetzung setzt einen **Antrag** des Nachlassverwalters voraus. Dieser ist gehalten, die für die Festsetzung maßgeblichen Umstände darzutun. Im Übrigen gilt der Amtsermittlungsgrundsatz (§ 26 FamFG).

Gegen den die Vergütung festsetzenden Beschluss steht den Beteiligten die sofortige 10 Beschwerde zu (§§ 58, 59 ff. FamFG). Voraussetzung ist die Erreichung eines Beschwerdewertes von 600 EUR oder die Zulassung der Beschwerde durch das Nachlassgericht (§ 61 FamFG). Die sofortige Beschwerde ist binnen einer Frist von einem Monat einzulegen (§ 63 Abs. 1 S. 1 FamFG). Ist der Beschwerdewert nicht erreicht und die sofortige Beschwerde nicht zugelassen, dann ist das Rechtsmittel der befristeten Rechtspflegererinnerung gegeben (§ 11 Abs. 2 RPflG). Über diese entscheidet der Richter des Nachlassgerichts, dessen Entscheidung unanfechtbar ist. Beschwerdeberechtigt sind der Erbe, der Nachlassverwalter, der Testamentsvollstrecker und der Nachlassgläubiger, dessen Befriedigung durch die festgesetzte Vergütung beeinträchtigt ist (§ 59 FamFG).[27] Die Rechtsbeschwerde (§ 70 FamFG) ist nur statthaft, wenn

---

20 Schleswig-Holsteinisches OLG ZErb 2016, 298; vgl. auch Schleswig-Holsteinisches OLG ZErb 2012, 187 = MDR 2012, 1351.

21 KGR Berlin 2006, 231 = ZErb 2006, 98.

22 BayObLGZ 1972, 156; BayObLGZ 1953, 50; BayObLG Rpfleger 1985, 402 = JurBüro 1986, 90; OLG Hamm Rpfleger 1966, 180.

23 BayObLG JurBüro 1986, 90 = Rpfleger 1985, 402.

24 BayObLGZ 1972, 156 = MDR 1972, 692.

25 PfälzOLG Zweibrücken Rpfleger 1980, 103.

26 BGH MDR 2018, 679 = ErbR 2018, 338; vgl. auch: Staudinger/*Dobler* (2020), § 1987 Rn 19; a.A. Saarländisches OLG NJW-RR 2014, 844.

27 Grüneberg/*Weidlich*, § 1987 Rn 3.

das Beschwerdegericht sie wegen der grundsätzlichen Bedeutung der Sache zugelassen hat (§ 70 Abs. 1 FamFG). Die Dürftigkeitseinrede des § 1990 BGB kann auch im Festsetzungsverfahren geltend gemacht werden.[28]

11 Der Einwand einer mangelhaften Geschäftsführung ist im Vergütungsfestsetzungsverfahren regelmäßig nicht zu berücksichtigen. Falls sich aus der eingewandten mangelhaften Geschäftsführung Ersatzansprüche gegen den Nachlasspfleger ergeben, müssen diese in einem Rechtsstreit vor den ordentlichen Gerichten geltend gemacht werden[29]

12 Der **Festsetzungsbeschluss des Nachlassgerichts** ist ein **Vollstreckungstitel** i.S.d. FamFG, aus dem nach dem FamFG die Zwangsvollstreckung in entsprechender Anwendung der Regeln der ZPO betrieben werden kann (§§ 86 Abs. 1 Nr. 1, 95 Abs. 1 Nr. 1 FamFG), weshalb die Durchsetzung des festgesetzten Vergütungsanspruchs im Wege der Zwangsvollstreckung und nicht im Prozesswege erfolgt.[30] Hat der Erbe im Festsetzungsverfahren Einwendungen erhoben und das Nachlassgericht über dieselben nicht entschieden, kann der Erbe diese Einwendungen mit der Vollstreckungsgegenklage geltend machen.[31] Bei der Einrede der Verjährung handelt es sich um eine im Festsetzungsverfahren berücksichtigungsfähige Einwendung. Die Verjährungsfrist für den Vergütungsanspruch aus § 1987 BGB richtet sich nach den allgemeinen Vorschriften. Der Vergütungsanspruch des Nachlassverwalters entsteht nicht mit der Ausübung seiner jeweiligen Amtstätigkeit, sondern wie bei einem Insolvenzverwalter wird er erst mit der Erledigung der zu vergütenden Tätigkeit fällig. Ein Vergütungsantrag bewirkt keine Hemmung der Verjährung, wenn er dem Gericht nicht die erforderliche „Prüfung und Feststellung der zutreffenden Vergütungshöhe ermöglicht, sondern der Nachlassverwalter sich darauf beschränkt, die „Festsetzung einer angemessenen Vergütung gemäß § 1987 BGB“ zu beantragen.[32]

III. Aufwendungsersatz

13 Nach den §§ 669, 670, 1877, 1888 BGB hat der Nachlassverwalter außerdem Anspruch auf **Erstattung** von **Aufwendungen**. Dieser Aufwendungsersatzanspruch ist von dem Vergütungsanspruch streng zu unterscheiden. Der Nachlassverwalter kann für die zwecks Führung der Verwaltung zu machenden Aufwendungen, einen Vorschuss und Ersatz verlangen, wenn er sie den Umständen nach für erforderlich halten darf.[33] Zu den Aufwendungen gehören u.a. Reisekosten, Porti, Kommunikationskosten sowie Kosten zur Beschaffung von Urkunden (z.B. eines Erbscheins). Als Aufwendungen gelten auch solche Dienste des Verwalters, die zu seinem Beruf oder Gewerbe gehören.[34] Ein Rechtsanwalt, der in seiner Eigenschaft als Nachlassverwalter einen den Nachlass betreffenden Rechtsstreit geführt hat, kann dafür Gebühren nach den Vorschriften des RVG verlangen. Voraussetzung hierfür ist, dass ein nichtanwaltlicher Verwalter in vergleichbarer Situation üblicherweise einen Rechtsanwalt herangezogen hätte, weil die erforderlichen Tätigkeiten eine für den Beruf des Rechtsanwalts spezifische Tätigkeit darstellen. Bei der Prüfung der Frage, ob gegen den Nachlass noch eine Forderung aus einem Urteil besteht und dies der Aufhebung der Nachlassverwaltung entgegensteht, handelt es sich um eine Angelegenheit, die den Kernbereich einer anwaltlichen Tätigkeit ausmacht und für die ein nichtanwaltlicher Verwalter üblicher-

28 OLGR München 2006, 474 = Rpfleger 2006, 405.
29 OLG Brandenburg NLPrax 2024, 55.
30 OLG Celle FGPrax 2021, 175.
31 MüKo/*Küpper*, § 1987 Rn 3.
32 OLG Celle FGPrax 2021, 175.
33 Staudinger/*Dobler* (2020), § 1987 Rn 12.
34 BeckOK BGB/*Lohmann*, § 1987 Rn 5.

weise einen Rechtsanwalt beauftragt hätte.[35] Aufwendungen sind außerdem die Kosten einer angemessenen Versicherung gegen Schäden (§ 1878 Abs. 3 BGB).

Da für den Aufwendungsersatzanspruch ausschließlich der **Nachlass** und nicht die Staatskasse – auch nicht bei mittellosem Nachlass und nicht subsidiär[36] – haftet, entscheidet nach Grund und Höhe ausschließlich das Prozessgericht.[37] Die Regelung des § 1879 BGB, nach welcher der Vormund eines mittellosen Mündels Vorschuss und Ersatz seiner Aufwendungen von der Staatskasse verlangen kann, ist auf den Nachlassverwalter nicht entsprechend anwendbar.[38] Deswegen kann der Nachlassverwalter auch keine pauschale Aufwandsentschädigung (§ 1878 BGB) geltend machen und kann sein Aufwendungsersatzanspruch auch nicht nach § 1877 Abs. 4 BGB erlöschen.[39] 14

Im **Nachlassinsolvenzverfahren** ist der Anspruch des Nachlassverwalters auf Vergütung und Ersatz seiner Aufwendungen **Masseverbindlichkeit** nach § 324 Abs. 1 Nr. 4, 6 InsO. 15

IV. Entnahmerecht des Nachlassverwalters

Die **festgesetzte Vergütung** und den ihm zustehenden **Aufwendungsersatz** kann der Nachlassverwalter – ebenso wie der nach § 1960 BGB bestellte Nachlasspfleger – aus dem **Nachlass entnehmen.**[40] Nach h.M. steht ihm wegen der noch nicht festgesetzten Vergütung hinsichtlich des an den Erben zurückzugebenden Nachlasses ein Zurückbehaltungsrecht nach § 273 BGB zu.[41] In den Fällen der §§ 1990, 1992 BGB kann der Nachlassverwalter sich wegen seiner Vergütung und wegen seines Aufwendungsersatzanspruchs vorab befriedigen.[42] Gegenüber dem Herausgabeanspruch des Nachlassinsolvenzverwalters kann er sich allerdings nicht auf ein Zurückbehaltungsrecht berufen.[43] Der Nachlassverwalter kann ggf. vorher Abschlagszahlungen nach §§ 1813, 1808 Abs. 1 und 3 BGB verlangen, wenn seine Vergütung noch nicht abschließend berechnet und geltend gemacht werden kann; hierzu muss er den angefallenen Zeitaufwand ermitteln und anmelden[44] 16

§ 1988 Ende und Aufhebung der Nachlassverwaltung

(1) Die Nachlassverwaltung endigt mit der Eröffnung des Nachlassinsolvenzverfahrens.
(2) Die Nachlassverwaltung kann aufgehoben werden, wenn sich ergibt, dass eine den Kosten entsprechende Masse nicht vorhanden ist.

Übersicht: Rdn

35 OLG Brandenburg NLPrax 2024, 55.
36 BGH MDR 2018, 679 = ErbR 2018, 338.
37 Staudinger/*Dobler* (2020), 1987 Rn 7 und 8.
38 Staudinger/*Dobler* (2020), § 1987 Rn 14; a.A. Grüneberg/*Weidlich*, § 1987 Rn 4.
39 Staudinger/*Dobler* (2020), § 1987 Rn 14.
40 BeckOK BGB/*Lohmann*, § 1987 Rn 4.
41 Staudinger/*Dobler* (2020), § 1987 Rn 15.
42 Staudinger/*Dobler* (2020), § 1987 Rn 16.
43 Staudinger/*Dobler* (2020), § 1987 Rn 16.
44 OLG Zweibrücken ZEV 2007, 528.

A. Allgemeines

1 Die Nachlassverwaltung endet nicht automatisch, sondern grundsätzlich nur durch die förmliche Aufhebung seitens des Nachlassgerichts, die erfolgen muss, wenn der Grund (§§ 1975, 1962, 1888, 1812 Abs. 1 BGB) weggefallen ist. Die Befriedigung der Nachlassgläubiger und die Herausgabe des (Rest-)Nachlasses an den/die Erben führt für sich allein betrachtet nicht zu einer Beendigung der Nachlassverwaltung, weil es sich hier nicht um eine Pflegschaft zur Besorgung einer einzelnen Angelegenheit (§§ 1888 Abs. 1, 1812 Abs. 2 BGB) handelt. Gleiches gilt für alle übrigen Gründe, die eine Aufhebung der Nachlassverwaltung rechtfertigen können. Lediglich die Regelung des Abs. 2 macht von diesem Grundsatz eine Ausnahme, denn mit der Eröffnung des Nachlassinsolvenzverfahrens endet die Nachlassverwaltung ohne Weiteres. Wegen des Übergangs der Verwaltungs- und Verfügungsbefugnisse vom Nachlassverwalter auf den Insolvenzverwalter konnte diese Ausnahme getroffen werden.[1]

B. Tatbestand

I. Beendigung durch Eröffnung des Nachlassinsolvenzverfahrens

2 Mit der Eröffnung des Nachlassinsolvenzverfahrens endet die Nachlassverwaltung, ohne dass ein Aufhebungsbeschluss ergehen muss.[2] Es genügt der Erlass eines Insolvenzeröffnungsbeschlusses. Daneben bedarf es keines besonderen Aufhebungsbeschlusses des Nachlassgerichts. Der Eröffnungsbeschluss muss nur erlassen, noch nicht rechtskräftig geworden sein. Die Beendigung steht dann unter der Bedingung, dass es nicht zur Aufhebung des Eröffnungsbeschlusses kommt.[3] Ab diesem Zeitpunkt ist der Nachlassinsolvenzverwalter allein befugt, das zum Nachlass gehörende Vermögen zu verwalten und darüber zu verfügen (§ 80 Abs. 1 InsO). Der Nachlassverwalter hat – wenn er nicht selbst zum Nachlassinsolvenzverwalter ernannt worden ist – den Nachlass an den Nachlassinsolvenzverwalter herauszugeben. Ein Zurückbehaltungsrecht gegenüber dem Insolvenzverwalter z.B. bzgl. seiner Vergütungsansprüche steht ihm nicht zu.[4] Rechtshandlungen, die der Nachlassverwalter nach Eröffnung des Nachlassinsolvenzverfahrens vornimmt, sind unwirksam.[5] An ihn kann auch nicht mehr mit befreiender Wirkung geleistet werden.

3 Ob die §§ 81, 82 InsO keine Anwendung finden ist streitig. Die h.M. und zutreffende Ansicht dürfte die Anwendung bejahen, weil nicht ersichtlich ist, warum der Gutglaubensschutz bei Verfügungen des Erben gelten soll, wenn das Verfügungsrecht vom Erben auf den Insolvenzverwalter übergeht, nicht aber bei Verfügungen des Nachlassverwalters, wenn dessen Verfügungsrecht auf den Nachlassinsolvenzverwalter übergeht.[6] Das Amt des Nachlassverwalters endet unmittelbar mit der Eröffnung des Nachlassinsolvenzverfahrens und nicht etwa erst mit dem Eintritt der Rechtskraft des Eröffnungsbeschlusses. An der Haftungslage des Erben (§ 1975 BGB) ändert die Eröffnung des Nachlassinsolvenzverfahrens nichts, außer dass er jetzt der Schuldner des Insolvenzverfahrens ist. Das Verfahren der Nachlassverwaltung lebt bei der Einstellung oder der Beendigung des Nachlassinsolvenzverfahrens nicht mehr auf, auch

---

1 MüKo/*Küpper*, § 1988 Rn 1.
2 Grüneberg/*Weidlich*, § 1988 Rn 1.
3 BeckOGK/*Herzog*, § 1988 Rn 5.
4 Staudinger/*Dobler* (2020), § 1987 Rn 16.
5 Grüneberg/*Weidlich*, § 1988 Rn 1.
6 BeckOGK/*Herzog*, § 1988 Rn 7; a.A. BeckOK BGB/*Lohmann*, § 1988 Rn 1.

wenn die Voraussetzungen weiterhin gegeben sein sollten.[7] Die Haftungsbeschränkung des Erben wirkt über die Regeln der Nachlassverwaltung fort.[8]

II. Beendigung in sonstigen Fällen

Von der Ausnahme des Abs. 1 abgesehen, endet die Nachlassverwaltung erst mit ihrer förmlichen Aufhebung durch das Nachlassgericht (§§ 1888, 1812, 1975, 1962 BGB).[9] Aufhebungsgrund ist nach Abs. 2 das Fehlen einer die Kosten der Nachlassverwaltung deckenden Masse.[10] Diese Vorschrift entspricht § 26 Abs. 1 InsO. Entsprechend § 26 Abs. 1 S. 2 InsO kann die Aufhebung der Nachlassverwaltung durch Zahlung eines Kostenvorschusses abgewendet werden.[11] Abgesehen von diesem gesetzlich geregelten Fall (Abs. 2) ist die Nachlassverwaltung grundsätzlich aufzuheben, wenn ihr Zweck erreicht ist. Deshalb kommen im Einzelfall folgende (weitere) Aufhebungsgründe in Betracht: 4

- die **Zweckerreichung** (§ 1812 Abs. 1 BGB) nach **Befriedigung** oder **Sicherstellung** aller bekannten Nachlassgläubiger, §§ 1812 Abs. 1, 1975 BGB i.V.m. § 1986 BGB;[12]
- die **Zustimmung** aller bekannten Nachlassgläubiger sowie des Erben;[13]
- die **Erschöpfung des Nachlasses**, so dass weitere Aufgaben nicht mehr erfüllt werden können;[14]
- die **wirksame Ausschlagung** der Erbschaft durch denjenigen Erben, der die Anordnung der Nachlassverwaltung beantragt hatte und der Nachberufene die Aufhebung des Verfahrens betreibt;[15]
- der **Wechsel in der Person des Erben**, wenn die Nachlassverwaltung auf Antrag eines Nachlassgläubigers angeordnet wurde und in der Person des „neuen“ Erben die Voraussetzungen des § 1981 Abs. 2 S. 1 BGB nicht vorliegen, andernfalls das Verfahren nicht aufzuheben ist; auch bei Eintritt des Nacherbfalls;[16]
- der Eintritt des **Nacherbfalls**;[17]
- wenn das Nachlassgericht die Anordnung nachträglich für unwirksam hält;[18]
- wenn sich die der rechtskräftigen Entscheidung zugrunde liegende Sach- und Rechtslage maßgeblich geändert hat.[19]

Keine Aufhebungsgründe sind der Tod des Erben, die Rücknahme des Antrags nach Anordnung der Nachlassverwaltung[20] und der Antrag des Erben oder eines Nachlassgläubigers.[21] 5

III. Verfahren der Aufhebung

Ebenso wie für die Anordnung der Nachlassverwaltung ist der Rechtspfleger des Nachlassgerichts für die Aufhebung derselben funktionell zuständig (§§ 3 Nr. 2c, 16 6

---

7 MüKo/*Küpper*, § 1988 Rn 2.
8 MüKo/*Küpper*, § 1988 Rn 2.
9 Grüneberg/*Weidlich*, § 1988 Rn 2.
10 OLG Hamm ZErb 2010, 271 = NJW-RR 2010, 1595.
11 MüKo/*Küpper*, § 1988 Rn 3.
12 OLG Hamm ZEV 2017, 264 = FamRZ 2017, 1085.
13 BayObLGZ 1976, 167.
14 KG JW 1935, 2159; MüKo/*Küpper*, § 1988 Rn 4.
15 Staudinger/*Dobler* (2020), § 1988 Rn 12.
16 Staudinger/*Dobler* (2020), § 1988 Rn 13.
17 H.M. vgl. BeckOGK/*Herzog*, § 1988 Rn 13; MüKo/*Küpper*, § 1988 Rn 4; differenzierend: Staudinger/*Dobler* (2020), § 1988 Rn 14.
18 BeckOGK/*Herzog*, § 1988 Rn 13 m.w.N.
19 OLG Celle ErbR 2017, 280.
20 Grüneberg/*Weidlich*, § 1988 Rn 3.
21 MüKo/*Küpper*, § 1988 Rn 5.

Abs. 1 Nr. 1 RPflG). Gem. § 1981 Abs. 1 BGB ist die Nachlassverwaltung, die eine Nachlasspflegschaft zum Zweck der Befriedigung der Nachlassgläubiger darstellt (§ 1975 BGB), von dem Nachlassgericht anzuordnen, wenn der Erbe die Anordnung beantragt. Außerdem ist nach § 1981 Abs. 2 BGB die Nachlassverwaltung auf Antrag eines Nachlassgläubigers anzuordnen, wenn Grund zur Annahme besteht, dass die Befriedigung der Nachlassgläubiger aus dem Nachlass durch das Verhalten oder die Vermögenslage des Erben gefährdet wird. Gem. § 48 Abs. 1 S. 2 FamFG kann in Verfahren, die – wie hier – nur auf Antrag eingeleitet werden, die Aufhebung oder Abänderung nur auf Antrag erfolgen. Davon unberührt bleibt jedoch die Bestimmung des § 1988 Abs. 2 BGB, weshalb das Nachlassgericht in diesem Fall die Nachlassverwaltung von Amts wegen aufheben kann. Im Übrigen wird die Frage, ob und ggf. durch wen bei einer Nachlassverwaltung im Falle der Zweckerreichung ein Aufhebungsantrag gestellt werden muss, in Rechtsprechung und Schrifttum unterschiedlich beurteilt. Der BGH hat nunmehr erkannt, dass eine Aufhebung der Nachlassverwaltung im Falle der Zweckerreichung durch Befriedigung der Nachlassgläubiger jedenfalls dann in Betracht kommt, wenn ein am ursprünglichen Ausgangsverfahren materiell Beteiligter einen entsprechenden Antrag gestellt hat.[22] Nach der Auffassung des OLG Hamm bezieht sich die Vorschrift des § 48 Abs. 1 S. 2 FamFG aber von vornherein nicht auf den Fall einer Erledigung des Verfahrenszwecks durch die Erfüllung aller bekannten Nachlassverbindlichkeiten. In diesem Fall verbleibe es vielmehr bei der materiellen Regelung des § 1919 BGB (i.V.m. § 1975 BGB).[23] Soweit die Anordnung der Nachlassverwaltung im Grundbuch eingetragen wurde, dürfte das Nachlassgericht verpflichtet sein, nach deren Aufhebung das zuständige Grundbuchamt um die Löschung der entsprechenden Eintragung zu ersuchen.[24] Antragsbefugt ist danach neben dem ursprünglichen Antragsteller auch ein am ursprünglichen Ausgangsverfahren materiell Beteiligter.[25] Der Nachlassverwalter selbst ist nicht befugt, einen Aufhebungsantrag zu stellen.[26] Der aufhebende Beschluss ist ebenso wie der anordnende Beschluss nach §§ 15, 41 FamFG bekannt zu machen.

7 Gegen die **Ablehnung der Aufhebung** steht dem/den Erben die Beschwerde zu (§§ 58, 59 FamFG; § 11 Abs. 1 RPflG).[27] Jeder Miterbe ist allein beschwerdeberechtigt.[28] Gegen die **Aufhebung der Nachlassverwaltung** steht den Erben (bei Miterben: jedem einzelnen Miterben) ebenfalls die Beschwerde (§§ 58, 59 FamFG; § 11 Abs. 1 RPflG) zu.[29] Die erfolgreiche Beschwerde gegen eine die Nachlassverwaltung wegen Zweckerreichung aufhebende Entscheidung des Nachlassgerichts führt nicht dazu, dass das Amt des Verwalters und die Nachlassverwaltung wieder aufleben; dazu bedarf es vielmehr der erneuten Anordnung der Nachlassverwaltung und der erneuten Bestellung eines Nachlassverwalters, was erfordert, dass die Voraussetzungen für die erneute Anordnung der Nachlassverwaltung und die erneute Bestellung eines Nachlassverwalters vorliegen.[30] Auch die Nachlassgläubiger haben ein Beschwerderecht, da sie durch die Aufhebung der Nachlassverwaltung in ihren Rechten beeinträchtigt sind (§ 59

22 BGH ZEV 2017, 513 = ZErb 2017, 324 m. ausführlicher Darstellung der unterschiedlichen Auffassungen.
23 OLG Hamm ZEV 2017, 264 = FGPrax 2017, 130; so auch OLG Düsseldorf ZEV 2016, 701 m. zust. Anm. *Küpper* = ErbR 2016, 711.
24 Staudinger/*Dobler* (2020), § 1988 Rn 19.
25 BGH ZEV 2017, 513 = ZErb 2017, 324.
26 OLG Köln ZErb 2015, 62 = ErbR 2015, 100.
27 Staudinger/*Dobler* (2020), § 1988 Rn 9.
28 Grüneberg/*Weidlich*, § 188 Rn 4; OLG Frankfurt JZ 1953, 53 = NJW 1952, 1291.
29 OLG Düsseldorf ZEV 2016, 701 = ErbR 2016, 711.
30 OLG Düsseldorf ZEV 2016, 701 = ErbR 2016, 711.

FamFG); das gilt selbst dann, wenn die Nachlassverwaltung nicht auf den Antrag eines Nachlassgläubigers hin angeordnet wurde.[31] Der Nachlassverwalter ist nicht beschwerdebefugt.[32] Die Aufhebung wird mit Bekanntgabe des Aufhebungsbeschlusses an den Nachlassverwalter wirksam (§ 15 FamFG). Die öffentliche Bekanntmachung des Aufhebungsbeschlusses ist nicht vorgeschrieben. Hebt das Beschwerdegericht den Aufhebungsbeschluss auf und ordnet es erneut Nachlassverwaltung an, ist der Verwalter neu auszuwählen und zu verpflichten (§§ 1791, 1915 BGB).[33]

IV. Wirkungen der Aufhebung

Mit der **Eröffnung des Nachlassinsolvenzverfahrens** (Abs. 1), mit der **Aufhebung der Nachlassverwaltung** durch das Nachlassgericht und **mit der Entlassung** durch das Nachlassgericht, für die über §§ 1888, 1962, 1975 BGB die Vorschrift des § 1868 BGB entsprechend gilt, endet das Amt des Nachlassverwalters.[34] Gegen seine **Entlassung** steht dem Nachlassverwalter gem. §§ 58, 59 Abs. 1 FamFG die Beschwerde zu.[35] Die Erben – Miterben auch einzeln – können Beschwerde nach §§ 58, 59 FamFG einlegen, wenn die Entlassung des Nachlassverwalters abgelehnt wird.[36] Ein Nachlassgläubiger ist demgegenüber nicht beschwerdebefugt, wenn das Nachlassgericht seinem „Antrag“ auf Entlassung des Nachlassverwalters nicht nachkommt, denn er ist nicht in seinen Rechten beeinträchtigt (§ 59 Abs. 1 FamFG) und zur Antragstellung nicht befugt, weil die Entlassung von Amts wegen (§ 26 FamFG) zu erfolgen hat und deshalb auch eine Beschwerdeberechtigung der Nachlassgläubiger nach § 59 Abs. 2 FamFG fehlt. 8

Nach Aufhebung der Nachlassverwaltung (oder seiner Entlassung) ist der Nachlassverwalter zur Schlussrechnung und zur Herausgabe des Nachlasses an den Erben (§§ 1975, 1960, 1813, 1872 BGB) verpflichtet.[37] Die Pflicht zur Herausgabe des verwalteten Vermögens erstreckt sich auch auf die zum Nachlass gehörenden Urkunden sowie die Akten, die der Verwalter angelegt hatte.[38] Verfügungen, die der Nachlassverwalter nach Aufhebung der Nachlassverwaltung (oder nach Eröffnung des Nachlassinsolvenzverfahrens) noch vornimmt, sind unwirksam. 9

Nach **Beendigung der Nachlassverwaltung** haftet der Erbe, der sein Recht zur Beschränkung der Haftung auf den Nachlass zuvor noch nicht verloren hatte, nur noch mit dem Nachlass. Die Haftungsbeschränkung ist analog §§ 1990, 1991 BGB geltend zu machen.[39] Unberührt bleibt das Recht des Erben und eines Nachlassgläubigers, unter den Voraussetzungen des § 1981 Abs. 2 BGB erneut die Anordnung der Nachlassverwaltung zu beantragen.[40] Der Antrag eines Nachlassgläubigers auf Anordnung der Nachlassverwaltung setzt voraus, dass dieser das Bestehen einer Nachlassforderung glaubhaft macht, da die Gefährdung der Befriedigung des Nachlassgläubigers voraussetzt, dass überhaupt eine Forderung besteht. Der Nachlassgläubiger hat hinreichend glaubhaft zu machen, dass die Forderungen, die ihm zustehen und die noch nicht erfüllt sind, gefährdet sind.[41] 10

---

31 OLG Hamm ZErb 2010, 271 = ErbR 2010, 328; MüKo/*Küpper*, § 1988 Rn 8.
32 OLG Jena Rpfleger 1998, 427.
33 Staudinger/*Dobler* (2020), § 1988 Rn 17.
34 BeckOK BGB/*Lohmann*, § 1988 Rn 6; Grüneberg/*Weidlich*, § 1988 Rn 4.
35 MüKo/*Küpper*, § 1988 Rn 8.
36 MüKo/*Küpper*, § 1988 Rn 8.
37 Staudinger/*Dobler* (2020), § 1988 Rn 20.
38 KG NJW 1971, 566.
39 MüKo/*Küpper*, § 1988 Rn 6.
40 KG ErbR 2023, 713.
41 KG ErbR 2023, 713.

§ 1989 Erschöpfungseinrede des Erben

Ist das Nachlassinsolvenzverfahren durch Verteilung der Masse oder durch einen Insolvenzplan beendet, so findet auf die Haftung des Erben die Vorschrift des § 1973 entsprechende Anwendung.

Literatur

Busch, Fachanwaltsklausur Erbrecht: Die Haftung des Erben, ZFE 2008, 457; *Eich*, Beschränkung der Erbenhaftung, ErbStB 2006, 228; *Holzer*, Das Aufgebot der Nachlassgläubiger nach dem FamFG, ZEV 2014, 583; *Lettmann*, Die Beschränkung der Erbenhaftung, RNotZ 2002, 537; *Lissner*, Am Ende bleiben nur die Schulden, ZInsO 2017, 2253; *Olzen*, Die Erbenhaftung, Jura 2001, 520; *Rugullis*, Nachlassverwaltung und Nachlassinsolvenzverfahren – ein verfahrensrechtlicher Vergleich, ZEV 2007, 117; *Schönert*, Grenzen der Beschränkbarkeit der Erbenhaftung auf den Nachlass, BWNotZ 2008, 81.

Übersicht: Rdn

A. Allgemeines

1 Das Gesetz enthält keine allg. Regelung darüber, wie der Erbe nach der Beendigung des Nachlassinsolvenzverfahrens haftet. Die Bestimmung enthält deshalb eine (spezielle) Regelung der Haftung des Erben nach Beendigung des Nachlassinsolvenzverfahrens durch Verteilung der Masse (§§ 196 ff., 200 InsO) oder durch einen Insolvenzplan (§§ 217 ff. InsO). Nur in diesen (beiden) Fällen soll der Erbe den nicht befriedigten Nachlassgläubigern wie ausgeschlossenen Gläubigern haften (Hs. 2 i.V.m. § 1973 BGB). Diese Regelung beruht darauf, dass in beiden Verfahren ein Gläubigeraufgebot stattgefunden hat.[1] Die Bestimmung wird als „Erschöpfungseinrede" bezeichnet.[2] An der so bestimmten Haftung ändert sich – falls nicht abweichende Vereinbarungen zwischen dem Erben und einem Nachlassgläubiger getroffen werden – nichts mehr. Nach § 2000 S. 3 BGB kann dem Erben nach Abschluss des Insolvenzverfahrens durch Verteilung der Masse oder durch Insolvenzplan keine Inventarfrist mehr gesetzt werden.[3] Die Bestimmung findet allerdings **keine Anwendung**, wenn der Erbe bereits vor Eröffnung des Nachlassinsolvenzverfahrens unbeschränkt für die Nachlassverbindlichkeiten gehaftet hat (§ 2013 Abs. 1 S. 1 BGB). Haftet der Erbe nur einzelnen Gläubigern gegenüber unbeschränkt, bleibt im Verhältnis zu den anderen Gläubigern § 1989 BGB anwendbar. Ergänzt wird § 1989 BGB durch § 2060 Nr. 3 BGB: Miterben haften nicht nur auf den Nachlass beschränkt, sondern außerdem nur für den ihrem Erbteil entsprechenden Teil der Nachlassforderung.[4]

1 MüKo/*Küpper*, § 1989 Rn 1.
2 BeckOGK/*Herzog*, § 1989 Rn 2, 3.
3 MüKo/*Küpper*, § 1989 Rn 1.
4 Staudinger/*Dobler* (2020), § 1989 Rn 30.

Berechtigt zur Erhebung der Einrede sind der Alleinerbe, jeder Miterbe allein und unabhängig von den anderen Miterben sowie der verwaltende Testamentsvollstrecker.[5] 2
Als Gläubiger i.S.d. § 1989 BGB kommen in Betracht,
- solche, die gar nicht und solche, die nur z.T., nämlich nach der Quote Befriedigung erlangt haben;
- solche, die ihre Ansprüche überhaupt nicht angemeldet, also am Nachlassinsolvenzverfahren nicht teilgenommen haben, bzw. solche, die ihre Anmeldung zurückgenommen haben;
- Gläubiger, die ihre im Prüftermin bestrittene Forderung nicht weiterverfolgt oder dies nicht rechtzeitig (§ 189 Abs. 3 InsO) betrieben haben und
- Gläubiger mit aufschiebend bedingten Forderungen, die bei der Schlussverteilung unberücksichtigt bleiben, weil die Möglichkeit des Bedingungseintritts allzu entfernt war (§ 191 Abs. 2 InsO).[6]

B. Tatbestand

I. Keine Anwendbarkeit des § 1989 BGB

Die Bestimmung gilt im Übrigen nur dann, wenn das Nachlassinsolvenzverfahren durch Verteilung der Masse (§ 196 InsO) oder durch einen Insolvenzplan (§ 217 InsO) beendet wurde. Gemeint ist damit die Beendigung durch denjenigen Aufhebungsbeschluss des Insolvenzgerichts, der gem. § 200 InsO auf die Schlussverteilung oder gem. § 258 InsO auf die Rechtskraft der Bestätigung des Insolvenzplans hin erfolgt. Wird das Nachlassinsolvenzverfahren auf eine andere Weise beendet, ist § 1989 BGB nicht anwendbar. Das gilt in den Fällen, in denen: 3
- der **Eröffnungsbeschluss** auf eine sofortige Beschwerde hin wieder aufgehoben wird (§§ 6, 34 Abs. 3 InsO). Denn dann entfallen rückwirkend sämtliche mit der Eröffnung verbundenen Rechtswirkungen. Die Eröffnung gilt als nicht erfolgt. Der Erbe haftet wieder nach den allg. Grundsätzen;[7]
- das **Nachlassinsolvenzverfahren** gem. § 207 InsO mangels Masse eingestellt worden ist. In diesen Fällen kann sich der Erbe auf die Dürftigkeit des Nachlasses berufen (§§ 1990, 1991 BGB). § 1973 BGB gilt dann nur gegenüber ausgeschlossenen und diesen gleichstehenden (§ 1974 BGB) Gläubigern;[8]
- bei Einstellung des Verfahrens wegen Masseunzulänglichkeit (§ 211 InsO);[9]
- bei Einstellung des Verfahrens, weil der Erbe als Schuldner glaubhaft macht, dass kein Eröffnungsgrund mehr vorliegt (§ 212 InsO); es besteht dann die gleiche Haftungslage wie vor der Eröffnung des Verfahrens (§§ 215, 201 Abs. 1 InsO);[10]
- das **Nachlassinsolvenzverfahren** nach den §§ 213 ff. InsO **mit Zustimmung aller Gläubiger eingestellt** wurde. In einem solchen Fall findet § 1990 BGB nur dann Anwendung, wenn der Nachlass dürftig ist oder ein Fall des § 1992 BGB vorliegt.[11] Gegenüber denjenigen Gläubigern, die an dem Verzicht teilgenommen haben, können sich Haftungsbeschränkungen aus Vereinbarungen ergeben, auf denen der Verzicht beruht. Sie treten an die Stelle der sonstigen Regelungen;[12]
- ein **Gläubiger** nach § 1971 BGB von einem **Aufgebot nicht betroffen** würde.[13]

---

5 BeckOGK/*Herzog*, § 1989 Rn 6.
6 BeckOGK/*Herzog*, § 1989 Rn 10.
7 Staudinger/*Dobler* (2020), § 1989 Rn 2.
8 BeckOK BGB/*Lohmann*, § 1989 Rn 2.
9 BeckOGK/*Herzog*, § 1989 Rn 17.
10 BeckOGK/*Herzog*, § 1989 Rn 17.
11 Staudinger/*Dobler* (2020), § 1989 Rn 4.
12 BeckOK BGB/*Lohmann*, § 1989 Rn 2.
13 Staudinger/*Dobler* (2020), § 1989 Rn 5.

II. Beendigung durch Verteilung der Masse und Rechtsfolgen

4 Das Nachlassinsolvenzverfahren ist dann **beendet**, wenn es nach der Schlussverteilung (§§ 196 ff. InsO) durch einen förmlichen Beschluss des Insolvenzgerichts aufgehoben wird (§ 200 Abs. 1 S. 1 InsO). Der Beschluss und der Grund der Aufhebung sind öffentlich bekannt zu machen (§ 200 Abs. 2 S. 1 InsO). Die §§ 31–33 InsO gelten entsprechend (§ 200 Abs. 2 S. 2 InsO). Erst mit der Aufhebung des Insolvenzverfahrens endet der dem Erben bereits durch § 1975 BGB und § 784 Abs. 1 ZPO gewährte Schutz des Eigenvermögens. Nach Aufhebung des Insolvenzverfahrens kann der Erbe die Befriedigung der noch nicht (voll) befriedigten Nachlassgläubiger oder derjenigen, die sich am Nachlassinsolvenzverfahren nicht beteiligt haben, verweigern, soweit der Nachlass durch das Nachlassinsolvenzverfahren erschöpft wird. Der Erbe braucht die Nachlassgläubiger deshalb weder aus seinem Eigenvermögen noch aus solchen Nachlassgegenständen zu befriedigen, derentwegen eine Nachtragsverteilung gem. § 203 InsO stattfinden muss.

5 Sind alle bei der **Schlussverteilung** zu berücksichtigenden Gläubiger voll befriedigt worden, kommt eine Haftung des Erben ohnehin nur gegenüber solchen Nachlassgläubigern in Betracht, deren Forderungen von der Schlussverteilung nicht betroffen und in das Schlussverzeichnis nicht einzusetzen waren. Das sind meist die Nachlassgläubiger, die ihre Forderungen im Nachlassinsolvenzverfahren nicht angemeldet oder ihre Anmeldung zurückgenommen haben. Auch diese Nachlassgläubiger kann der Erbe entsprechend § 1973 BGB auf den ihm vom Nachlassinsolvenzverwalter überlassenen Nachlassrest verweisen.[14]

6 I.d.R. wird es nach der Durchführung des Nachlassinsolvenzverfahrens allerdings kein zum Nachlass gehörendes Vermögen mehr geben, so dass die Haftung des Erben praktisch entfällt. **Darlegungs-** und **beweispflichtig** dafür, dass dies der Fall ist, ist der Erbe.[15] Vollstreckt ein Gläubiger aus einem Auszug aus der Tabelle (§ 201 Abs. 2 InsO) in das Eigenvermögen des Erben, kann dieser nach §§ 767, 781, 785 ZPO Vollstreckungsgegenklage erheben; eines Vorbehaltes nach § 780 ZPO bedarf es dazu nicht.[16]

III. Beendigung durch einen Insolvenzplan und Rechtsfolgen

7 Ebenso wie das Nachlassinsolvenzverfahren nicht durch Verteilung endet, endet es auch nicht durch den **Insolvenzplan**. Ebenso wie nach der Verteilung ist auch hier ein Aufhebungsbeschluss notwendig (§ 258 Abs. 1 InsO). Sobald die Bestätigung des Insolvenzplans rechtskräftig ist, beschließt das Insolvenzgericht die Aufhebung. Der Beschluss und der Grund der Aufhebung sind öffentlich bekannt zu machen. Der Schuldner, der Insolvenzverwalter und die Mitglieder des Gläubigerausschusses sind vorab über den Zeitpunkt des Wirksamwerdens der Aufhebung (§ 9 Abs. 1 S. 3 InsO) zu unterrichten. § 200 Abs. 2 S. 2 InsO gilt entsprechend.

8 Nach der Aufhebung des Nachlassinsolvenzverfahrens kann sich der Erbe gegenüber denjenigen Nachlassgläubigern, für und gegen die der Insolvenzplan Wirkung entfaltet, nicht stets und auch nicht ohne Weiteres auf § 1989 BGB berufen, denn die Ansprüche der Nachlassgläubiger gegen den Erben werden für die Zukunft im Regelfall auch durch den Inhalt des Insolvenzplans bestimmt.[17] Ob der Erbe nur mit dem Nachlass oder auch mit dem Eigenvermögen haftet, ist durch Auslegung zu ermitteln. Einem Insolvenzplan werden die Nachlassgläubiger im Regelfall nur dann (mit Mehr-

14 Staudinger/*Dobler* (2020), § 1989 Rn 10.
15 BeckOK BGB/*Lohmann*, § 1989 Rn 3.
16 Grüneberg/*Weidlich*, § 1989 Rn 1.
17 Staudinger/*Dobler* (2020), § 1989 Rn 14.

heit) zustimmen, wenn der Erbe auch bereit ist, sein Eigenvermögen z.T. einzusetzen, um auf der anderen Seite den Nachlass zu seiner freien Verfügung zu erhalten. Gleichwohl ist im Zweifel, falls die Auslegung nicht zu einem eindeutigen Ergebnis führt, davon auszugehen, dass der Erbe sich auch gegenüber den am Insolvenzplan beteiligten Gläubigern auf § 1989 BGB berufen kann.

Gegenüber denjenigen Nachlassgläubigern, die ihre Forderung im Nachlassinsolvenzverfahren nicht angemeldet haben, findet die Bestimmung des § 254 Abs. 1 S. 3 InsO nach h.M. keine Anwendung.[18] Das bedeutet, dass der rechtskräftig bestätigte Insolvenzplan ihnen gegenüber keine Wirkung zeitigt. Gegenüber diesen Gläubigern bestimmt sich also die Haftung des Erben nicht nach dem Insolvenzplan, sondern allein nach der entsprechenden Anwendung des § 1973 BGB. Im Ergebnis wird damit die Nichtanmeldung im Nachlassinsolvenzverfahren der Nichtanmeldung im Aufgebotsverfahren gleichgestellt.[19] 9

IV. Rechtsfolgen der Verweisung auf § 1973 BGB

Die erste Alternative des § 1989 BGB setzt voraus, dass die **Insolvenzmasse verteilt** und das Nachlassinsolvenzverfahren aufgehoben ist. In diesem Fall bedeutet die entsprechende Anwendung des § 1973 Abs. 1 S. 1 BGB, dass der Erbe die Befriedigung der (im Nachlassinsolvenzverfahren) noch nicht (vollständig) befriedigten Nachlassgläubiger verweigern kann, soweit der Nachlass durch das Nachlassinsolvenzverfahren (einschließlich einer eventuell erfolgten Nachtragsverteilung) erschöpft wird (sog. Erschöpfungseinrede). 10

Die zweite Alternative des § 1989 BGB setzt voraus, dass ein **wirksamer Insolvenzplan** zustande gekommen und das Nachlassinsolvenzverfahren aufgehoben ist. In diesem Fall kann der Erbe die Befriedigung der von § 1989 BGB betroffenen Nachlassgläubiger verweigern, soweit der Nachlass durch die Befriedigung der nicht durch § 1989 BGB betroffenen Nachlassgläubiger erschöpft wird.[20] Hat der Erbe die Erfüllung des Insolvenzplans (auch) mit dem Eigenvermögen übernommen, sind diejenigen Nachlassgläubiger, für und gegen die der Insolvenzplan Wirkung entfaltet, durch § 1989 BGB nicht betroffen, da der Erbe insoweit (durch den Insolvenzplan) auf die Einrede aus dieser Bestimmung verzichtet hat. Der Erbe kann in diesem Fall diejenigen Nachlassmittel, die zur Befriedigung der aus dem Insolvenzplan begünstigten Nachlassgläubiger notwendig sind und aufgebracht werden, in entsprechender Anwendung des § 1973 Abs. 2 S. 1 und 3 BGB von dem Nachlassüberschuss, mit dem er den übrigen durch § 1989 BGB betroffenen Nachlassgläubigern noch haftet, abziehen.[21] Die durch § 1989 BGB betroffenen Gläubiger hat der Erbe vor Verbindlichkeiten aus Pflichtteilsrechten, Erbersatzansprüchen, Vermächtnissen und Auflagen zu befriedigen. Dies gilt nur dann nicht, wenn der Nachlassgläubiger seine Forderung erst nach der Berichtigung der nämlichen Verbindlichkeiten erhoben und geltend gemacht hat.[22] 11

Die **Herausgabe** des **Überschusses** geschieht nach § 1973 Abs. 2 S. 1 BGB grundsätzlich in der Weise, dass der Erbe die Zwangsvollstreckung in den Nachlass(rest) duldet oder ihn an Zahlungs- oder Erfüllungs statt freiwillig dem damit einverstandenen Nachlassgläubiger herausgibt.[23] Der Erbe kann auch hier die Herausgabe der eventuell noch vorhandenen Nachlassgegenstände durch Zahlung ihres Wertes abwenden 12

18 Staudinger/*Dobler* (2020), § 1989 Rn 18 m.w.N.
19 Staudinger/*Dobler* (2020), § 1989 Rn 18 m.w.N.
20 Staudinger/*Dobler* (2020), § 1989 Rn 22.
21 BeckOK BGB/*Lohmann*, § 1989 Rn 4.
22 Staudinger/*Dobler* (2020), § 1989 Rn 32.
23 Staudinger/*Dobler* (2020) § 1989 Rn 24.

(§ 1973 Abs. 2 S. 2 BGB). Die Berechnung des Überschusses folgt auch hier den Regeln des Bereicherungsrechts.[24]

13 Zu beachten ist, dass ein Nachlassgläubiger im Falle des § 1989 BGB nicht die Zwangsversteigerung eines Grundstücks beantragen kann (§ 175 Abs. 2 ZVG).[25]

V. Vollstreckung

14 Wenn ein Nachlassgläubiger nach der Beendigung des Insolvenzverfahrens aus einem Auszug aus der Insolvenztabelle nach § 201 Abs. 2 InsO in das Eigenvermögen des Erben die Zwangsvollstreckung betreibt, kann dieser – ohne einen Vorbehalt nach § 780 ZPO nachweisen zu müssen – dagegen im Wege der Vollstreckungsabwehrklage (§§ 785, 781, 767 ZPO) vorgehen. Das gilt auch dann, wenn ein Nachlassgläubiger nach Beendigung des Nachlassinsolvenzverfahrens in einen der Nachtragsverteilung nach § 203 InsO unterliegenden Gegenstand des Nachlasses die Zwangsvollstreckung betreibt.

§ 1990 Dürftigkeitseinrede des Erben

(1) [1]Ist die Anordnung der Nachlassverwaltung oder die Eröffnung des Nachlassinsolvenzverfahrens wegen Mangels einer den Kosten entsprechenden Masse nicht tunlich oder wird aus diesem Grund die Nachlassverwaltung aufgehoben oder das Insolvenzverfahren eingestellt, so kann der Erbe die Befriedigung eines Nachlassgläubigers insoweit verweigern, als der Nachlass nicht ausreicht. [2]Der Erbe ist in diesem Falle verpflichtet, den Nachlass zum Zwecke der Befriedigung des Gläubigers im Wege der Zwangsvollstreckung herauszugeben.
(2) Das Recht des Erben wird nicht dadurch ausgeschlossen, dass der Gläubiger nach dem Eintritt des Erbfalls im Wege der Zwangsvollstreckung oder der Arrestvollziehung ein Pfandrecht oder eine Hypothek oder im Wege der einstweiligen Verfügung eine Vormerkung erlangt hat.

Literatur

Adam, Erbauseinandersetzung – Praxisrelevante Hintergründe und Muster einer Erbteilungsklage, MDR 2014, 1060; *Beuermann*, Der Staat als Erbe des mittellosen Mieters – Fluch oder doch ein Segen für Vermieter? Grundeigentum 2018, 434; *Bittner*, Die Einrede der beschränkten Haftung auf das Volljährigkeitsvermögen aus § 1629a, FamRZ 2000, 325; *Blankenstein*, Zahlungspflichten bei Maßnahmen der Instandhaltung, Instandsetzung, modernisierenden Instandsetzung, Modernisierung und baulichen Veränderung, Wohnungseigentümer 2011, 87; *Busch*, Im Dschungel der Nachlassinsolvenz – Kosten und Nutzen für den Erben (1. Teil), ErbR 2012, 335; (2. Teil), ErbR 2012, 358; *ders.*, Schnittstellen zwischen Insolvenz- und Erbrecht, ZVI 2011, 77; *ders.*, Fachanwaltsklausur Erbrecht: Die Haftung des Erben, ZFE 2008, 457; *Christmann*, Die Geltendmachung der Haftungsbeschränkung zugunsten Minderjähriger, ZEV 1999, 416; *Dötsch*, Durchsetzung von Hausgeldansprüchen – Zwangsvollstreckung, ZWE 2015, 157; *Dusch*, Die Dürftigkeitseinrede für Nachlassschulden im Steuerrecht, DStR 2013, 844; *Eich*, Beschränkung der Erbenhaftung, ErbStB 2006, 228; *Eichhorn*, Der Erbfall im Wohnungseigentum – Auswirkungen und Reaktionen, ZfIR 2017, 223; *Fischinger*, Zur Stellung der Nachlassgläubiger, wenn der Erbe beim Erbfall insolvent ist, ZInsO 2013, 365; *Gemmer*, Erbenhaftung: Die „ungewisse" Erbschaft: Fluch oder Segen ErbBstg 2024, 142; *Gottwald*, Beschwer bei Ausspruch über den Vorbehalt der beschränkten Erbenhaftung, EE 2021, 41; *ders.*, Anwaltshaftung in der erbrechtlichen Beratung – die wichtigsten „Stolpersteine" (Teil 1), EE 2020, 113–117; (Teil 2), EE 2020, 132; (Teil 3), EE 2020, 150, (Teil 4) EE 2020, 169; *Gotzen*, Das Verhältnis zwischen § 74 SGB XII und den Vorschriften über die Beschränkung der Erbenhaftung, ZfF 2011, 249; *Graf*, Möglichkeiten der Haftungsbeschränkung für

---

24 Staudinger/*Dobler* (2020), § 1989 Rn 25.
25 BeckOGK/*Herzog*, § 1989 Rn 40.

Nachlassverbindlichkeiten, ZEV 2000, 125; *Große-Wilde*, Die Rechtsprechung zum Erbrecht, MDR 2018, 1165; *Hartman*, Die Einrede der Dürftigkeit des Nachlasses im Steuerrecht, ZEV 2009, 324; *Herzog*, Haftung des Erben für Miet- und WEG-Schulden, NZM 2013, 175; *Holzer*, Das Aufgebot der Nachlassgläubiger nach dem FamFG, ZEV 2014, 583; *Horn*, Grundsätze der Erbenhaftung, NJW 2022, 2454; *Joachim/Lange*, Haftungsbeschränkung des Erben für bodenschutzrechtliche Sanierungspflichten, ZEV 2011, 53; *Küpper*, Zur Schuldnerstellung bei der Nachlassinsolvenz sowie zum Nachweis der Unzulänglichkeit des Nachlasses, Rpfleger 2001, 260; *Lettmann*, Die Beschränkung der Erbenhaftung, RNotZ 2002, 537; *Linnartz*, Die Dürftigkeitseinrede des Erben nach § 1990 BGB, AnwZert ErbR 1/2020 Anm. 2; *Marotzke*, Insolvenzantragspflicht des Erben und anderer Nachlassbeteiligter, ZInsO 2023, 2365; *ders.*, Zur Möglichkeit des Erben einer Eigentumswohnung, die Haftung für Wohngeldschulden zu beschränken, ZEV 2000, 153; *Möller*, So beschränkt der Erbe seine Haftung, EE 2020, 13; *Monschau*, Die beschränkte Erbenhaftung im Zivilprozess, AGS 2004, 308; *Neukirchen*, Der Vorbehalt der beschränkten Erbenhaftung in notariellen Vollstreckungstiteln, RNotZ 2016, 228; *Nöll*, Die massenhafte Abwicklung überschuldeter Nachlässe durch Nachlasspfleger und Fiskalerben – bürgernahe Insolvenzpraxis oder staatlich organisierte Insolvenzverschleppung, ZInsO 2012, 814; *Olzen*, Die Erbenhaftung, Jura 2001, 520; *Osthold*, Instrumente im Recht der Erbenhaftung, ErbR 2016, 610; *Polonius*, Der Insolvenzverwalter als Erbe, ZVI 2018, 90; *Roth*, Haftungsbeschränkungsmaßnahmen der Erben auf den Nachlass NJW-Spezial 2023, 103; *ders.*, Praxis der Nachlassverwaltung, NJW-Spezial 2018, 487; *ders.*, Neues zum notariellen Nachlassverzeichnis, NJW-Spezial 2011, 231; *Rugullis*, Das Konkurrenzverhältnis zwischen Nachlassverwaltung und Nachlassinsolvenzverfahren, ZErb 2008, 35; *Schindler*, Zulassung der Einrede der Dürftigkeit des Nachlasses im Berufungsverfahren, ZEV 2010, 410; *Schmidt/Zimmermann*, Abhandlungen: Nachlassabwicklung in Deutschland, FamRZ 2023, 575; *Schneider*, Keine Aufrechnung im Kostenfestsetzungsverfahren bei Erhebung der Dürftigkeitseinrede, ErbR 2016, 78; *Schönert*, Grenzen der Beschränkbarkeit der Erbenhaftung auf den Nachlass, BWNotZ 2008, 81; *Steiner*, Aufrechnungserklärungen gegenüber dem Testamentsvollstrecker, ZEV 2016, 24; *Storz*, Unter welchen Voraussetzungen können Nachlassgläubiger bei Vorhandensein eines verwaltenden Testamentsvollstreckers die Nachlassverwaltung beantragen?, ZEV 2010, 549; *Vallender*, Doppelinsolvenz: Erben- und Nachlassinsolvenz, NZI 2005, 318; *Wacker*, Rechtsprobloeme der Durchsetzung finanzieller Forderungen von Selbsverwaltungskörperschaften bei Erhebung der Dürftigkeitseinrede nach § 1990 BGB, NWVBl 2021, 97; *Weiß*, Das Nachlassinsolvenzverfahren/Erbrecht für Insolvenzverwalter – Teil 3: Haftungsbeschränkungen nach §§ 1970 ff. BGB, ZInsO 2017, 2306; *Wesche*, Der Schuldner als Erbe oder Erblasser, KKZ 2020, 9; *Westphal/Behr*, Zwangsvollstreckung in den Nachlass – ein Hürdenlauf ohne Ende, Rpfleger 2002, 509; *Wolf*, Die Haftung des Gesellschaftererben für Verbindlichkeiten einer Personenhandelsgesellschaft, DB 2003, 1423.

Übersicht: Rdn

A. Allgemeines

Mit der sog. **Dürftigkeitseinrede** steht dem Erben ein relativ einfacher Weg der Haftungsbeschränkung allen Nachlassgläubigern gegenüber zur Verfügung. Die Notwendigkeit der Bereitstellung einer weiteren Möglichkeit zur Haftungsbeschränkung er- 1 gibt sich daraus, dass die in § 1975 BGB vorgesehenen Mittel hierzu versagen, wenn eine den Verfahrenskosten entsprechende Nachlassmasse nicht vorhanden ist. Das Gesetz mutet dem Erben in diesen Fällen nicht zu, einen Vorschuss aus dem Eigenvermögen leisten zu müssen (als Vorschuss i.S.v. § 26 Abs. 1 S. 2 InsO im Nachlassinsolvenzverfahren oder als Vorschuss zur Anordnung der Nachlassverwaltung), um die Beschränkung der Haftung auf den Nachlass zu erreichen.[1] Daher haftet der Erbe auch bei einem dürftigen Nachlas nicht mit seinem privaten (Eigen-)Vermögen für die Schulden des Erblassers. Im Hinblick auf die Sicherung seines Eigenvermögens ist er also nicht gezwungen die Erbschaft auszuschlagen, sondern kann den Weg der Erhebung der Dürftigkeitseinrede gehen.

2 Der Erbe kann zur Abwendung der persönlichen Haftung stattdessen die Dürftigkeit des Nachlasses einwenden und den Nachlassgläubigern den Nachlass zur Befriedigung zur Verfügung stellen. Auch in diesem Fall tritt die Beschränkung der Haftung auf den Nachlass ein.[2] Die Einrede der beschränkten Haftung kann unter vier verschiedenen Voraussetzungen geltend gemacht werden, als Dürftigkeitseinrede, Unzulänglichkeitseinrede, Erschöpfungseinrede und Einrede der Überschwerung. Die Einreden können nur gegenüber solchen Forderungen erhoben werden, für die allgemein eine Haftungsbeschränkung auf den Nachlass in Betracht kommt. Das sind lediglich die „reinen" Nachlassverbindlichkeiten, wie die vom Erblasser herrührenden Schulden (Erblasserschulden) gem. § 967 Abs. 2 Hs. 1 BGB und die Erbfallschulden, nämlich die originären Erbfallschulden wie Pflichtteils- und Vermächtnisansprüche, Ansprüche auf Vollziehung einer Auflage sowie die Nachlasskosten- und bestimmte Nachlassverwaltungsschulden, wie z.B. die Kosten der Testamentseröffnung oder der Nachlassverwaltung.[3] Nachlasserbenschulden, diejenigen Verbindlichkeiten, die sowohl Nachlass- als auch Eigenschulden sind, berechtigen ebenso wenig zur Einredeerhebung wie reine Eigenverbindlichkeiten[4]

3 Die ersten drei Einreden werden von § 1990 BGB, die letzte wird von § 1992 BGB erfasst. Die **Dürftigkeitseinrede** setzt nur Dürftigkeit des Aktivbestandes i.S.d. Abs. 2, aber keine Überschuldung des Nachlasses voraus.[5] Mit ihr verfolgt der Erbe das Ziel, den Zugriff der Nachlassgläubiger lediglich auf sein Eigenvermögen abzuwehren (Haftungssonderung ohne Bildung von Sondervermögen). Die **Unzulänglichkeitseinrede** setzt nicht nur einen dürftigen, sondern auch einen überschuldeten Nachlass voraus.[6] Mit ihr darf der Erbe die volle Befriedigung der Nachlassgläubiger, vor allem auch der nachlassbeteiligten Gläubiger (§ 1991 Abs. 4 BGB), aus dem Nachlass verweigern.[7] Sie steht auch dem verwaltenden Testamentsvollstrecker zu.[8]

4 Die **Erschöpfungseinrede** setzt voraus, dass überhaupt keine Nachlassgegenstände mehr vorhanden, auch keine Ersatzansprüche gegen den Erben nach §§ 1978, 1979, 1991 Abs. 1 BGB gegeben sind.[9] Mit ihr kann der Erbe schon die Klageabweisung des Gläubigers erreichen (vgl. § 1973 Rdn 15). Die Einrede der Überschwerung gegenüber **Vermächtnis- und Auflagegläubigern** setzt nicht voraus, dass der Nachlass dürftig,

1 BeckOK BGB/*Lohmann*, § 1990 Rn 1; MüKo/*Küpper*, § 1990 Rn 1.
2 Grüneberg/*Weidlich*, § 1990 Rn 1.
3 BeckOGK/*Herzog*, BGB § 1990 Rn 9.
4 BeckOGK/*Herzog*, BGB § 1990 Rn 10.
5 Staudinger/*Dobler* (2020), § 1990 Rn 2.
6 Staudinger/*Dobler* (2020), § 1990 Rn 2 m. einer ausführlichen Darstellung auch abweichender Auffassungen.
7 Erman/*Horn*, Vor §§ 1990–1992 Rn 2.
8 Thüringer OLG OLG-NL 2003, 89.
9 Grüneberg/*Weidlich*, § 1990 Rn 1.

dass er aber durch Vermächtnisse und Auflagen – und nur durch sie – überschuldet ist.

Die Bestimmung des § 1991 BGB regelt dagegen im Einzelnen, was zu gelten hat, 5
wenn der Erbe von seinem Recht nach § 1990 BGB Gebrauch macht. Zumeist werden die derart dürftigen Nachlässe durch die Erben ausgeschlagen. Insoweit führt das Fehlen einer amtlichen Liquidation des Nachlasses in der Praxis zu einer – meist unnötigen – Belastung der Nachlassgerichte und stellt stets auch eine Belastung für die Nachberufenen dar.[10]

Ob die **Erhebung der Einreden** im Ergebnis wie die Nachlassverwaltung oder das 6
Nachlassinsolvenzverfahren zu einer Trennung zwischen Nachlass und Eigenvermögen des Erben führt, ist umstritten. Eine Literaturansicht geht davon aus, dass durch die Erhebung der Einrede eine solche Vermögenstrennung ebenfalls herbeigeführt werde.[11] Die wohl h.M. in der Literatur,[12] das OLG München[13] und die finanzgerichtliche Rechtsprechung[14] lehnen dies allerdings mit der Begründung ab, die Einrede diene lediglich der Abwehr des Zugriffs von Nachlassgläubigern auf das Eigenvermögen des Erben und habe nicht dessen Absonderung vom Nachlass zur Folge[15] Die Einrede bewirke nur, dass eine Vollstreckung des Nachlassgläubigers in das Eigenvermögen des Erben unmöglich werde.[16] Die infolge des Erbfalls eingetretene Vermögenszuordnung als solche bleibe durch die Erhebung der Dürftigkeitseinrede unberührt.[17] Allenfalls sei von einer fiktiven bilanziellen Trennung von Nachlass und Eigenvermögen zu sprechen[18] Dieser Ansicht ist mit der Begründung zu folgen,[19] dass die Beschränkung der Haftung infolge der Dürftigkeitseinrede – im Unterschied zu Nachlassverwaltung und -insolvenz – nur relativ[20] erfolgt, d.h. lediglich gegenüber dem Gläubiger wirkt, gegenüber dem sie geltend gemacht wurde. Eine Trennung der Vermögensmassen würde und müsste demgegenüber aber gegen jedermann gelten[21]

Der Erbe bleibt dagegen – anders als in den Fällen der Nachlassverwaltung und des 7
Nachlassinsolvenzverfahrens – weiterhin für die Verwaltung des Nachlasses zuständig. Er ist jedoch jedem Nachlassgläubiger gegenüber, der ihn in Anspruch nimmt, nach den §§ 1978 Abs. 1, 1979, 1991 BGB verantwortlich. Hat der Erbe das Recht, seine Haftung auf den Nachlass zu beschränken, allen Gläubigern gegenüber **bereits verloren**, sind §§ 1990 ff. BGB nicht anwendbar (§ 2013 Abs. 1 S. 1 BGB); haftet der Erbe nur einzelnen Gläubigern gegenüber unbeschränkt, sind die Einreden der §§ 1990 f. BGB diesen Gläubigern gegenüber ausgeschlossen. Die Berufung auf die Einreden des § 1990 BGB kann wegen Rechtsmissbrauchs (§ 242 BGB) ausgeschlossen sein.[22] Eine durch die Nachlassverwaltung ausgelöste Haftungsbeschränkung bleibt nach Aufhebung der Nachlassverwaltung bestehen. Der Erbe kann auch dann noch die Haftungsbeschränkungen der §§ 1990, 1991 BGB in analoger Anwendung geltend machen,

---

10 Grüneberg/*Weidlich*, § 1990 Rn 1.
11 BFH ZEV 2008, 249.
12 BeckOK/*Lohmann*, § 1990 Rn 2.
13 MDR 2025, 321 m.Anm. *Mensch*, ZflR 2025, 105.
14 BeckOGK/*Herzog* BGB § 1990 Rn 39.
15 Grüneberg/*Weidlich* BGB § 1990 Rn 6.
16 *Hartmann* ZEV 2009, 324.
17 BGH NJW 1991, 844.
18 *Herzog* ErbR 2013, 70.
19 Abweichend: Vorauflage.
20 MüKo/*Küpper*, § 1991 Rn 5.
21 OLG München, Urt. v. 9.12.2024 - 19 U 1039/24 –, juris mit ausführlicher und überzeugender Begründung.
22 VG München, Urt. v. 21.6.2012 – M 15 K 11.5270.

wenn die Nachlassverwaltung nicht aus den in § 1990 Abs. 1 BGB genannten Gründen beendet wurde, der Nachlass also bei Beendigung der Nachlassverwaltung nicht dürftig war.[23]

B. Tatbestand

I. Voraussetzungen der Dürftigkeitseinrede

8 Die Dürftigkeitseinrede setzt voraus, dass eine die Kosten der Nachlassverwaltung oder des Nachlassinsolvenzverfahrens deckende Masse fehlt (§ 1982 BGB; § 26 Abs. 1 InsO)[24] und deshalb die Anordnung der Nachlassverwaltung oder die Eröffnung des Nachlassinsolvenzverfahrens nicht „tunlich" ist oder dass aus diesem Grund die Nachlassverwaltung aufgehoben (§ 1988 Abs. 2 BGB) oder das Insolvenzverfahren eingestellt (§ 207 Abs. 1 InsO) ist (Abs. 1 S. 1). Die Überschuldung des Nachlasses ist – im Gegensatz zu § 1992 BGB – nicht Voraussetzung zur Anwendung des § 1990 BGB.[25] Es ist ausreichend, dass die Nachlassaktiva so gering sind, dass die Kosten der genannten Verfahren nicht gedeckt sind; sprich nicht vorgeschossen werden können.[26]

9 **Darlegungs-** und **beweispflichtig** für die Dürftigkeit des Nachlasses ist der Erbe.[27] Dies kann er durch die Vorlage entsprechender Entscheidungen des Nachlass- bzw. Insolvenzgerichts tun. Eine Verpflichtung hierzu besteht jedoch nicht.[28] Er kann dies aber auch auf andere Weise, z.B. durch eine Inventarerrichtung nach § 2006 BGB dartun, dass eine die Kosten der Verfahren deckende Masse nicht vorhanden ist.[29] Der Erbe hat jedenfalls grundsätzlich zu allen zzt. des Erbfalls vorhandenen Nachlassgegenständen und deren Verbleib vorzutragen.[30] Hat das Nachlassgericht mangels Masse die Nachlassverwaltung aufgehoben (§ 1988 Abs. 2 BGB) oder das Insolvenzgericht das Nachlassinsolvenzverfahren eingestellt (§ 207 Abs. 1 InsO), hat die nämliche Entscheidung Tatbestandswirkung für das Gericht, das über die Einrede zu entscheiden hat. Es ist an diese Entscheidung gebunden mit der Folge, dass ein weiterer Vortrag des Erben nicht erforderlich ist.[31] Das gilt auch dann, wenn die Anordnung der Nachlassverwaltung (§ 1982 BGB) oder die Eröffnung des Nachlassinsolvenzverfahrens mangels Masse abgelehnt (§ 26 Abs. 1 InsO) worden ist (§ 1982 BGB). Die Bindungswirkung muss jedoch dann entfallen, wenn nach der Ablehnung der Eröffnung der Verfahren oder nach der Anordnung der Nachlassverwaltung weitere Nachlassaktiva auftauchen. Denn in diesen Fällen kann – erneut – ein Antrag auf Anordnung der Nachlassverwaltung bzw. Eröffnung des Nachlassinsolvenzverfahrens gestellt werden.[32]

10 Der **maßgebliche Zeitpunkt** für die Feststellung, ob die Anordnung der Nachlassverwaltung oder die Eröffnung des Nachlassinsolvenzverfahrens nicht tunlich und ob der Nachlass unzulänglich ist, ist der Zeitpunkt der Entscheidung über die Einrede,[33] Es kommt weder auf den Zeitpunkt des Erbfalls noch auf denjenigen der erstmaligen

---

23 FG Berlin-Brandenburg, Urt. v. 1.3.2012 – 10 K 1037/06 B.
24 AG Erfurt ErbR 2022, 751.
25 MüKo/*Küpper*, § 1990 Rn 2.
26 Grüneberg/*Weidlich*, § 1990 Rn 2; Erman/*Horn*, § 1990 Rn 1.
27 BeckOK BGB/*Lohmann*, § 1990 Rn 4; Staudinger/*Dobler* (2020), § 1990 Rn 6.
28 OLG Düsseldorf Rpfleger 2000, 115 = NJWE-FER 2000, 95 = ZEV 2000, 155.
29 Staudinger/*Dobler* (2020), § 1990 Rn 6.
30 BeckOK BGB/*Lohmann*, § 1990 Rn 4.
31 BGH NJW-RR 1989, 1226 = FamRZ 1989, 1070; BayObLG ZEV 2000, 151 = FamRZ 2000, 909; abweichend im Sinne lediglich einer Beweiserleichterung: OLG Düsseldorf ZEV 2000, 155.
32 Staudinger/*Dobler* (2020), § 1990 Rn 6.
33 KGR Berlin 2003, 207 = NJW-RR 2003, 941 = WM 2003, 1996; BGHZ 85, 274 = NJW 1983, 1485 = FamRZ 1983, 377; BeckOK BGB/*Lohmann*, § 1990 Rn 5; MüKo/*Küpper*, § 1990 Rn 4.

Geltendmachung des Anspruchs[34] oder der Einrede[35] an. Auch wenn die Einrede zunächst unbegründet war, aber infolge nachfolgender Veränderungen begründet wurde, hat das Gericht sie zu beachten.[36]

Neben der Beschränkbarkeit der Haftung (siehe oben Rdn 6) setzt § 1990 BGB voraus, dass der Erbe dem Nachlassgläubiger nur mit dem Nachlass haftet. Nach § 1967 Abs. 1 BGB haftet der Erbe für die Nachlassverbindlichkeiten grundsätzlich unbeschränkt, d.h. nicht nur mit dem Nachlass, sondern auch mit dem eigenen Vermögen. Er kann seine Haftung aber auf den Nachlass beschränken (§§ 1975 ff. BGB). Voraussetzung der Beschränkung der Haftung auf den Nachlass ist ganz allgemein, dass der Erbe als Prozesspartei wegen einer (reinen) Nachlassverbindlichkeit (§ 1967 BGB) in Anspruch genommen wird.[37] Handelt es sich dagegen (auch) um eine Eigenverbindlichkeit des Erben, kommt eine Haftungsbeschränkung nicht in Betracht. (Zu den Nachlassverbindlichkeiten im Einzelnen vgl. § 1967 Rdn 5–32.) Bei dem Bereicherungsanspruch gegen den Erben wegen nach dem Tod des Berechtigten geleisteter Rentenzahlungen handelt es sich nicht um eine Nachlassverbindlichkeit i.S.d. § 1967 BGB.[38] Soweit der Erbe für eine Nachlassschuld auch mit seinem Eigenvermögen einzustehen hat, im Falle der Nachlasserbenschuld (vgl. § 1967 Rdn 26 ff.), hilft ihm die Berufung auf § 1990 BGB nicht.[39] Die Tatsache, dass der Erbe durch die Anordnung eines Quotenvermächtnisses bedacht ist, steht der Dürftigkeitseinrede des Erben nicht entgegen.[40] Der Erbe kann gegenüber dem pflichtteilsberechtigten Nichterben sowohl die verlangte Einholung eines Wertgutachtens i.S.d. § 2314 Abs. 1 S. 2 BGB[41] als auch die eines notariellen Nachlassverzeichnisses nach § 2314 Abs. 1 S. 3 BGB gem. § 1990 Abs. 1 S. 1 BGB verweigern, wenn ein Aktivnachlass, aus dem die Kosten für den Notar entnommen werden können, nicht vorhanden ist.[42] Die Beitragsschuld gem. § 6 Abs. 1 S. 1 KAG des Landes Sachsen-Anhalt ist keine Nachlassverbindlichkeit i.S.d. § 1967 BGB, sondern eine eigene Verbindlichkeit des Grundstückeigentümers, die insoweit der Haftungsbeschränkung nach § 1990 BGB unterliegt, als sowohl die sachliche als auch die persönliche Beitragspflicht erst nach dem Tode des Erblassers entstanden sind.[43] 11

II. Prozessuale Durchsetzung der Dürftigkeitseinrede

Beantragt der Nachlassgläubiger im Prozess gegen den Erben lediglich eine auf den Nachlass **beschränkte Verurteilung**, ist das Prozessgericht bereits nach § 308 Abs. 1 ZPO daran gebunden. Kommt es zu dem Ergebnis, dass die Klage begründet ist, hat es – ohne die Prüfung des § 1990 BGB, auch wenn sich der Erbe darauf beruft – der Klage stattzugeben. Es ist dabei gehalten, in dem Urteil klar und eindeutig zum Ausdruck zu bringen, das aus ihm – außer wegen der Kosten – nur in den Nachlass vollstreckt werden darf.[44] Beantragt der Nachlassgläubiger im Prozess gegen den Erben 12

34 So die ältere Rspr. des BGH: VersR 1965, 688.
35 So aber Staudinger/*Dobler*, § 1990 Rn 7.
36 OLG Düsseldorf ZEV 1996, 466 = FamRZ 1996, 1302.
37 BayVGH ErbR 2018, 666; BGH MDR 2013, 1045 = WuM 2013, 555 = ZErb 2013, 245 = FamRZ 2013, 1476 = ZNotP 2013, 258 = NZM 2013, 735 = ZEV 2013, 609.
38 AG Bad Segeberg NJW-RR 2012, 213 = FamRZ 2012, 1092.
39 MüKo/*Küpper*, § 1990 Rn 5.
40 BGH ZEV 2011, 189.
41 BGHZ 107, 200 = WM 1989, 919 = NJW 1989, 2887 = FamRZ 1989, 856 = MDR 1989, 800.
42 Schleswig-Holsteinisches OLG ZErb 2010, 301 = ZEV 2011, 31 = NotBZ 2011, 107 = FamRZ 2011, 148.
43 VG Halle ZEV 2011, 92.
44 Staudinger/*Dobler* (2020), § 1990 Rn 11.

dessen Verurteilung ohne jede Beschränkung, hat die Dürftigkeitseinrede so lange unbeachtet zu bleiben, bis der Erbe sie geltend macht. Die Einrede der Dürftigkeit des Nachlasses ist im Berufungsverfahren auch dann zuzulassen, wenn die Dürftigkeit des Nachlasses streitig ist, sofern das Berufungsgericht den Vorbehalt der beschränkten Erbenhaftung ausspricht, ohne dessen sachlich-rechtliche Voraussetzungen zu prüfen.[45]

13 Zur Erhebung der Dürftigkeitseinrede sind berechtigt:[46] Der Alleinerbe, jeder Miterbe allein und unabhängig von den anderen Miterben und auch nach Teilung, ein nach § 1960 BGB berufener Nachlasspfleger, der verwaltende Testamentsvollstrecker, der Insolvenzverwalter und bei bestehender Gütergemeinschaft durch den mitverwaltenden Ehegatten des Erben, falls die Erbschaft in das Gesamtgut fällt. Die Berechtigten sind nicht gehalten, die Einrede bereits **im Prozess** zu erheben.[47] Sie können sie sich auch dadurch erhalten, dass sie sich die Beschränkung der Haftung nach § 780 ZPO im Urteil vorbehalten lassen. Wird dies unterlassen, verlieren sie mit der vorbehaltlosen Verurteilung zugleich die Einrede des § 1990 BGB. Das gilt auch für den Fall eines vorbehaltlosen Prozessvergleichs.[48] Einem Erben ist die Dürftigkeitseinrede auch dann versagt, wenn er zusagt, an Stelle eines testamentarisch vermachten Wohnrechts eine Kapitalbetragsabfindung sowie eine näher konkretisierte Rente zu erbringen und keinen Vorbehalt hinsichtlich der Leistungsfähigkeit erklärt.[49] Begehrt der Erbe im Prozess, ohne sich ausdrücklich auf § 1990 BGB zu berufen, einen Vorbehalt nach § 780 ZPO, wird das Gericht diesen grundsätzlich und ohne weitere Prüfung erteilen. Eine Ausnahme ist dann zu machen, wenn das Gericht in der Lage ist, festzustellen, dass der Erbe zumindest dem klagenden Nachlassgläubiger gegenüber das Recht zur Haftungsbeschränkung verloren hat. Der Rechtsstreit ist jetzt hinsichtlich der Haftungsbeschränkung entscheidungsreif. Der Erbe ist ohne den Vorbehalt des § 780 ZPO zu verurteilen, wenn die Klage im Übrigen begründet ist.[50]

14 Macht der verklagte Erbe im Prozess des Nachlassgläubigers **die Einrede** des § 1990 BGB geltend, besteht für den klagenden Nachlassgläubiger ein berechtigtes Interesse an einer möglichst schnellen Entscheidung des Prozessgerichts. Denn ihm droht Gefahr, dass andere Gläubiger ihm zuvorkommen, entweder mit Vollstreckungsmaßnahmen oder wegen § 1991 Abs. 3 BGB. Macht ein Erbe gegenüber einem Nachlassgläubiger die Einrede des Abs. 1 S. 1 geltend, so steht es grundsätzlich im Ermessen des Tatrichters, ob er die Frage des Haftungsumfangs bereits sachlich aufklärt und entscheidet oder ob er sich mit dem Ausspruch des Vorbehalts gem. § 780 Abs. 1 ZPO begnügt und die sachliche Klärung dem Zwangsvollstreckungsverfahren und den dortigen Rechtsbehelfen überlässt.[51] Sind in diesem Prozess lediglich die tatsächlichen Voraussetzungen der durch den Erben erhobenen Einrede des § 1990 BGB streitig und steht fest, dass der Erbe aus einer Nachlassverbindlichkeit zu Recht in Anspruch genommen wird, ist das Prozessgericht verpflichtet, ein stattgebendes Urteil mit dem Vorbehalt des § 780 ZPO zu erlassen.[52] Dadurch wird die Entscheidung über die Dürftigkeit des Nachlasses in das Verfahren der §§ 781, 785 ZPO verschoben.

45 OLG Celle ZEV 2010, 409 = FamRZ 2010, 1273.
46 BeckOGK/*Herzog*, BGB § 1990 Rn 5.
47 Staudinger/*Dobler* (2020), § 1990 Rn 12.
48 BGH NJW 1991, 2839 = WM 1991, 1812 = FamRZ 1991, 1286.
49 OLG Oldenburg, FamRZ 2007, 504 = NJW-RR 2007, 876 = ZErb 2007, 57.
50 Staudinger/*Dobler* (2020), § 1990 Rn 12; vgl. auch: BGH FamRZ 1989, 1070 = NJW-RR 1989, 1226.
51 LG Neuruppin ErbR 2017, 358 = FamRZ 2017, 926.
52 BGH NJW 1983, 2378 = FamRZ 1983, 692; BGH NJW 1993, 850 = FamRZ 1993, 422.

Liegen die **Voraussetzungen** der Dürftigkeitseinrede unstreitig vor oder hat der Erbe sie im Prozess nachgewiesen und ist der Rechtsstreit auch im Übrigen entscheidungsreif, hat das Gericht die Verurteilung des Erben auszusprechen, dass „die Haftung des Beklagten auf den Nachlass beschränkt ist". Die Haftungsbeschränkung bleibt in der Zwangsvollstreckung solange unberücksichtigt, bis der Erbe sich darauf beruft. Die Beschränkung der Vollstreckung des Urteils auf bestimmte Gegenstände des Nachlasses setzt einen geänderten Antrag des Nachlassgläubigers voraus (§ 264 Nr. 2 ZPO).[53] Eine Ausnahme wird dann zuzulassen sein, wenn es unstreitig ist, dass andere Nachlassgegenstände nicht vorhanden sind.[54] 15

Dem Erben steht gegenüber dem Anspruch eines Nachlassgläubigers auf Erstattung der **Prozesskosten** eines Rechtsstreits über Nachlassverbindlichkeiten nicht die Einrede nach § 1990 BGB zu; auch dann nicht, wenn das Urteil unter dem Vorbehalt nach § 780 ZPO erlassen ist.[55] 16

III. Voraussetzungen der Unzulänglichkeitseinrede

Weitergehend als die Dürftigkeitseinrede setzt die Unzulänglichkeitseinrede voraus, dass einerseits sämtliche Voraussetzungen der Dürftigkeitseinrede gegeben sind und andererseits, dass der Nachlass derart überschuldet ist, dass er nicht einmal zur Berichtigung der Nachlassverbindlichkeit ausreicht, gegen die die Einrede erhoben wird.[56] 17

Der **maßgebliche Zeitpunkt** für die Feststellung, ob und ggf. inwiefern der Nachlass zur Befriedigung des anspruchstellenden Nachlassgläubigers nicht ausreicht, ist der Zeitpunkt der Entscheidung über die Einrede.[57] Es kommt weder auf den Zeitpunkt des Erbfalls noch auf denjenigen der erstmaligen Geltendmachung des Anspruchs[58] oder der Einrede[59] an. Auch wenn die Einrede zunächst unbegründet war, aber infolge nachfolgender Veränderungen begründet wurde, hat das Gericht sie zu beachten.[60] Neben den (noch) vorhandenen Nachlassgegenständen sind mögliche Ersatzansprüche der Gläubiger gegen den Erben aus der Verwaltung des Nachlasses zu berücksichtigen. Weiter auch die infolge Aufhebung von Konfusion und Konsolidation bestehenden Ansprüche und Rechte des Nachlasses gegen den Erben. Demgegenüber sind die Aufwendungsersatzansprüche des Erben und dessen Ansprüche gegen den Erblasser abzusetzen (§ 1991 Abs. 1, 2 BGB). 18

Die **prozessuale** Geltendmachung der Erschöpfungseinrede geschieht in derselben Weise wie die der Dürftigkeitseinrede. Es gelten insoweit die gleichen Grundsätze (vgl. oben Rdn 12–15). 19

IV. Voraussetzungen und Rechtsfolgen der Erschöpfungseinrede

Der Erbe, der die Erschöpfung des Nachlasses behauptet, muss (auch) dartun, dass er das Nachlassvermögen restlos zur Bezahlung von Nachlassschulden verwandt hat und verwenden durfte; der bloße Nachweis, dass von dem ursprünglich vorhandenen Nachlass nichts mehr vorhanden ist, genügt nicht.[61] Die Nachlassgläubiger dürfen 20

---

53 Staudinger/*Dobler* (2020), § 1990 Rn 14.

54 OLG Rostock OLGE 30, 189.

55 OLG Köln NJW 1952, 1145; Staudinger/*Dobler* (2020), § 1990 Rn 16.

56 Staudinger/*Dobler* (2020), § 1990 Rn 18.

57 KGR Berlin 2003, 207 = NJW-RR 2003, 941 = WM 2003, 1996; BGHZ 85, 274 = NJW 1983, 1485 = FamRZ 1983, 377.

58 So die ältere Rspr. des BGH: VersR 1965, 688.

59 So aber Staudinger/*Dobler* (2020), § 1990 Rn 19; OLG Oldenburg FamRZ 2001, 155 = ZEV 2001, 32.

60 BayObLGZ 8, 122.

61 Staudinger/*Dobler* (2020), § 1990 Rn 19.

gegen den Erben auch keine Ersatzansprüche aus der Verwaltungsverantwortlichkeit haben.[62] Hat der **Erbe im Prozess** des Nachlassgläubigers die **völlige Erschöpfung des Nachlasses nachgewiesen** oder ist sie unstreitig (geworden), dann ist die Klage abzuweisen.[63] Der Erbe hat aber andererseits keinen Anspruch darauf, dass das Gericht ihm den Nachweis der völligen Erschöpfung des Nachlasses bereits im Hauptprozess gestattet.[64]

21 Im Übrigen kann auch die Erschöpfungseinrede zum Vorbehalt der Haftungsbeschränkung nach § 780 ZPO führen.

V. Dürftigkeits- und Unzulänglichkeitseinrede in der Zwangsvollstreckung

22 Grundsätzlich kann der zu einer Leistung verurteilte Erbe in der **Zwangsvollstreckung** die Einreden des Abs. 1 S. 1 nur dann geltend machen, wenn ihm die Beschränkung seiner Haftung im Urteil vorbehalten wurde (§ 780 Abs. 1 ZPO). Davon macht lediglich § 780 Abs. 2 ZPO in den dort näher bestimmten Fällen eine Ausnahme.[65] Der Vorbehalt ist weiter dann entbehrlich, wenn das Prozessgericht selbst über die Haftungsbeschränkung entschieden hat.[66] § 780 ZPO regelt lediglich die Frage, ob in der Zwangsvollstreckung die Haftungsbeschränkung geltend gemacht wird und nicht die Art und Weise, also das Verfahren der Geltendmachung.[67] Letzteres ist in den §§ 781, 785 ZPO geregelt. Nach § 781 ZPO bleibt die Beschränkung der Haftung bei der Zwangsvollstreckung gegen den Erben unberücksichtigt, bis aufgrund derselben gegen die Zwangsvollstreckung von dem Erben Einwendungen erhoben werden. Kann der Erbe die Haftungsbeschränkung (noch) geltend machen (§ 780 Abs. 1 ZPO) und macht er sie geltend (§ 781 ZPO), dann werden sie nach den Vorschriften der §§ 767, 769, 770 ZPO erledigt (§ 785 ZPO).[68]

23 Die Einreden des § 1990 BGB gehen allerdings noch weiter. Sie ermöglichen nicht nur – wie aufgezeigt – die Abwehr der künftigen Zwangsvollstreckungsmaßnahmen. Nach Abs. 2 ist die Berufung auf die Einreden auch dann noch möglich, wenn der Nachlassgläubiger nach dem Erbfall im Wege der Zwangsvollstreckung aber auch der **Vollziehung** eines **Arrestes** ein Pfandrecht an beweglichen Sachen, Hypothek oder eine Vormerkung (Sicherungshypothek nach den §§ 866, 867, 932 ZPO) erlangt hat.[69] Ausgenommen sind die rechtsgeschäftlich bestellten Sicherungen (§§ 884, 1137 Abs. 1 S. 2, 1211 Abs. 1 S. 2 BGB), gleich ob sie vom Erblasser oder erst vom Erben bestellt wurden.[70] Die Bestimmung des Abs. 2 will mit dieser Regelung verhindern, dass der Erbe, dem die Herbeiführung von Nachlassverwaltung oder Nachlassinsolvenzverfahren nicht möglich ist, schlechter gestellt wird als bei amtlicher Nachlasssonderung.

24 Sind wegen einer Nachlassverbindlichkeit Vollstreckungsmaßnahmen in das nicht zum Nachlass gehörende Vermögen **(Eigenvermögen)** des Erben erfolgt, kann dieser deren Aufhebung in entsprechender Anwendung des § 784 ZPO verlangen.[71] Haftet aller-

62 Erman/*Horn*, § 1990 Rn 5.
63 OLG Celle NJW-RR 1988, 133; BGH ZEV 2000, 274 = NJWE-FER 2000, 211.
64 BGH NJW 1954, 635; OLG Oldenburg FamRZ 2001, 179 = ZEV 2001, 359; a.A. OLG München OLGE 24, 67; siehe ausführlich Staudinger/*Dobler* (2020), § 1990 Rn 22.
65 *Gottwald/Mock*, Zwangsvollstreckung, § 780 Rn 7.
66 BGH MDR 1990, 47 = NJW-RR 1989, 1226 = FamRZ 1989, 1070; *Gottwald/Mock*, Zwangsvollstreckung, § 780 Rn 8.
67 *Gottwald/Mock*, Zwangsvollstreckung, § 780 Rn 1.
68 Im Einzelnen vgl. *Gottwald/Mock*, Zwangsvollstreckung, § 785 Rn 2 ff.
69 BeckOGK/*Herzog*, BGB § 1990 Rn 68; MüKo/*Küpper*, § 1990 Rn 6; Erman/*Horn*, § 1990 Rn 9.
70 Staudinger/*Dobler* (2020), § 1990 Rn 25, der eine Ausnahme dann gelten lassen will, wenn der Erbe die endgültige Leistung nach §§ 813 Abs. 1, 814 BGB kondizieren könnte.
71 BeckOGK/*Herzog* BGB § 1990 Rn 70; Grüneberg/*Weidlich*, § 1990 Rn 6.

dings der Erbe wegen schlechter Verwaltung des Nachlasses nach § 1991 Abs. 1 BGB auch mit dem Eigenvermögen, kann der Nachlassgläubiger auch dieses in Anspruch nehmen. Dabei kann der Nachlassgläubiger auch auf gem. § 1991 Abs. 2 BGB nicht erloschen geltende Ansprüche des Erblassers (Nachlasses) gegen den Erben zugreifen.[72] Haben die Nachlassgläubiger dagegen in den Nachlass vollstreckt, folgt schon aus § 1991 Abs. 3 BGB, dass diese Vollstreckungsmaßnahmen grundsätzlich auch gegenüber den Einreden des § 1990 BGB Bestand haben sollen. Der Erbe kann insoweit die Aufhebung nur dann verlangen, wenn sie ihn an der Einhaltung der Rangfolge des § 1991 Abs. 4 BGB oder der Geltendmachung seiner Ersatzforderungen (§ 1978 Abs. 3 BGB) gegen den Nachlass hindern.[73]

Nicht geregelt ist, ob der Erbe auch den Zwangsvollstreckungsmaßnahmen seiner **Eigengläubiger** in den Nachlass nach Abs. 1 widersprechen kann. Es stellt sich hier die Frage der analogen Anwendung des § 784 Abs. 2 ZPO. Die Frage wird unterschiedlich beantwortet. Eine Auffassung meint, dass wegen des völligen Schweigens des Gesetzgebers zu dieser Konstellation der Schluss zu ziehen sei, dass eine Analogie nicht in Betracht komme.[74] Im Übrigen wird das Bedürfnis der analogen Anwendung deshalb abgelehnt mit der Begründung, dass in den Fällen, in denen ein Eigengläubiger des Erben aus dem Nachlass Befriedigung erlangt habe, der Erbe auf Kosten des Nachlasses ungerechtfertigt bereichert sei. Dem Nachlass stünde jetzt ein Anspruch gegen den Erben zu. Auf diesen könnten die Nachlassgläubiger zugreifen.[75] Eine andere Auffassung betrachtet den Erben im Fall des § 1990 BGB selbst als „Verwalter des dürftigen Nachlasses". Er müsse deshalb auch wie ein Nachlassverwalter nach § 784 Abs. 2 ZPO vorgehen können.[76] Man wird mit der Begründung der Auffassungen von *Küpper*[77] und *Dobler*[78] eine analoge Anwendung ablehnen müssen. Zusätzlich ist anzuführen, dass bei der klaren Gesetzeslage die für eine Analogie notwendige Lücke, mithin eine planwidrige Nichterfassung im Gesetz, fehlen dürfte. 25

Die Einreden des § 1990 BGB sind nicht auf den Erben persönlich beschränkt. Sie können auch durch den **Nachlasspfleger** und den **Testamentsvollstrecker** geltend gemacht werden; nicht dagegen durch den Nachlassverwalter.[79] Ferner stehen sie bei in Gütergemeinschaft lebenden Ehegatten dem Gesamtgutverwalter und im Gesamtinsolvenzverfahren (§ 331 InsO) dem Insolvenzverwalter zu.[80] 26

C. Rechtsfolgen

I. Herausgabe des Nachlasses

Steht dem Erben eine der Einreden des § 1990 BGB zu und erhebt er diese Einreden in der gebotenen Weise, beschränkt sich seine Haftung auf den Nachlass. Er kann die Befriedigung des Gläubigers insoweit verweigern, als der Nachlass nicht ausreicht (Abs. 1 S. 1). In diesem Fall ist er jedoch verpflichtet, den Nachlass zum Zwecke der Befriedigung des Gläubigers im Wege der Zwangsvollstreckung herauszugeben (Abs. 1 S. 2). Nach weitaus h.M. bedeutet die Formulierung des Gesetzes, dass der Erbe 27

72 Staudinger/*Dobler* (2020), § 1990 Rn 26.
73 Grüneberg/*Weidlich*, § 1990 Rn 6; MüKo/*Küpper*, § 1990 Rn 6.
74 MüKo/*Küpper*, § 1990 Rn 7.
75 Staudinger/*Dobler* (2020), § 1990 Rn 28.
76 Erman/*Horn*, § 1990 Rn 9 – m. der weiteren Begründung, dass Anspruch der Nachlassgläubiger dann nichts wert sei, wenn Erbe kein pfändbares Eigenvermögen habe; Grüneberg/*Weidlich*, § 1990 Rn 7; BeckOK BGB/*Lohmann*, § 1990 Rn 10.
77 MüKo/*Küpper*, § 1990 Rn 7.
78 Staudinger/*Dobler* (2020), § 1990 Rn 28.
79 MüKo/*Küpper*, § 1990 Rn 10.
80 Grüneberg/*Weidlich*, § 1990 Rn 5.

verpflichtet ist, die **Zwangsvollstreckung in den Nachlass zu dulden**[81] und nicht etwa, dem Nachlassgläubiger die Nachlassgegenstände zu übereignen.[82] Steht der allein als Vollstreckungsobjekt noch in Betracht kommende Nachlassgegenstand fest, ist zugleich von Amts wegen gem. Abs. 1 S. 2 die Duldung der Zwangsvollstreckung in diesen Gegenstand im Urteil selbst zu bestimmen.[83] Das Recht, die Pflicht zur Herausgabe durch Zahlung des Wertes abzuwenden (§ 1973 Abs. 2 S. 2 BGB), ist in § 1990 BGB allerdings nicht vorgesehen, weshalb dies auch grundsätzlich nicht möglich ist. Gegenüber Vermächtnis- und Auflagegläubigern steht dem Erben das Recht jedoch zu (§ 1992 S. 2 BGB).

28 Bei Vorliegen der Voraussetzungen des § 1990 BGB kann der Erbe auch den Weg der **„Vollstreckungspreisgabe ohne Rechtsstreit"**,[84] der freiwilligen Herausgabe des Nachlasses, wählen. Als Gegenstand der freiwilligen Herausgabe kommt zunächst vor allem Geld in Betracht. Der Nachlassgläubiger kann sich aus dem Geld auch ohne Zwangsvollstreckung befriedigen, da die Pfändung und Ablieferung an den Gerichtsvollzieher (§ 815 ZPO) überflüssig wäre. Aber auch auf andere Gegenstände als Geld kann sich natürlich die freiwillige Herausgabe beziehen. Dabei ist es nicht ausgeschlossen und wird es der Regelfall sein, dass die Gegenstände an Erfüllungs statt (§ 364 Abs. 1 BGB) herausgegeben werden. Der Erbe unterliegt bei seinen Handlungen insoweit der Verwalterhaftung nach § 1991 Abs. 1 BGB. Es besteht deshalb stets die Gefahr, dass ihm (später) von anderen Nachlassgläubigern entgegengehalten wird, er habe den ein oder anderen Gegenstand oder auch die Gesamtheit des Nachlasses „unter Wert" an den einen Nachlassgläubiger herausgegeben. Der Erbe wird, will er dieser Haftung entgehen, zweckmäßigerweise mit dem Übernehmer eine Vereinbarung dahingehend treffen, dass dieser die ihm übergebenden Gegenstände im Wege der **öffentlichen Versteigerung** verwertet und den Überschuss an den Nachlass auskehrt.[85]

29 Die freiwillige Herausgabe kann auch durch die **Verpfändung einzelner Nachlassgegenstände** geschehen.[86] Die freiwillige Herausgabe zum Zwecke der Befriedigung des Nachlassgläubigers „im Wege der Zwangsvollstreckung" ist jedoch nur möglich, wenn zuvor ein Titel (etwa nach den §§ 794 Abs. 1 Nr. 5, 796a ff. ZPO) geschaffen worden ist.[87]

30 Herauszugeben ist der „Nachlass". Im Einzelnen bestimmt sich das, was als Nachlass hier in Frage kommt, und wieweit der Erbe für die Erfüllung seiner Herausgabepflicht haftet, nicht – wie bei § 1973 Abs. 2 S. 1 BGB – nach Bereicherungsrecht, sondern nach den strengeren Maßstäben der §§ 1978–1980, 1991 Abs. 1 BGB.[88] Nach der h.M. ist der Erbe auch verpflichtet, unpfändbare Gegenstände (§ 811 ZPO) herauszugeben.[89] Nach der Auffassung von *Dobler*[90] sind **unpfändbare Gegenstände** nicht von der Pflicht zur Herausgabe umfasst. Dieser Auffassung ist zu folgen, weil der Gesetzeswortlaut dagegenspricht: nach ihm ist der „Nachlass zum Zwecke der Befriedigung des Gläubigers im Wege der Zwangsvollstreckung herauszugeben". Eine Zwangsvoll-

81 LG Neuruppin ErbR 2017, 358 = FamRZ 2017, 926; Staudinger/*Dobler*, § 1990 Rn 29; BeckOK BGB/*Lohmann*, § 1990 Rn 11.
82 BeckOGK/*Herzog* BGB § 1990 Rn 57.
83 LG Neuruppin ErbR 2017, 358 = FamRZ 2017, 926.
84 MüKo/*Küpper*, § 1990 Rn 17.
85 Staudinger/*Dobler* (2020), § 1990 Rn 30; MüKo/*Küpper*, § 1990 Rn 17; BeckOK BGB/*Lohmann*, § 1990 Rn 12.
86 Staudinger/*Dobler* (2020), § 1990 Rn 30.
87 BeckOK BGB/*Lohmann*, § 1990 Rn 12.
88 BeckOK BGB/*Lohmann*, § 1990 Rn 11.
89 BeckOGK/*Herzog*, BGB § 1990 Rn 57, 57.1; BeckOK BGB/*Lohmann*, § 1990 Rn 11.
90 Staudinger/*Dobler* (2020), § 1990 Rn 32.

streckung, die nach den Regeln der Zivilprozessordnung nicht zulässig ist, darf deshalb auch hier nicht erfolgen. Dem steht nicht entgegen, dass nach den Vorstellungen des Gesetzgebers der Erbe den Nachlass vollständig herauszugeben habe, weil es sich um eine private Abwicklung des gesamten Nachlasses handele. Die Ablieferung auch der nicht pfändbaren Gegenstände sei der „Preis" hierfür. Allerdings dürfte sich der Meinungsstreit in der Praxis kaum auswirken, da § 811 ZPO die freiwillige Herausgabe nicht untersagt.

II. Auskunft und Rechnungslegung

Der Erbe ist nach den §§ 1990 Abs. 1, 260 BGB verpflichtet, dem Nachlassgläubiger ein Verzeichnis über den Bestand des Nachlasses vorzulegen und dieses u.U. durch eidesstattliche Versicherung zu bekräftigen. Auch ist er nach den §§ 259, 260, 666, 681 S. 2, 1978 Abs. 1, 1991 Abs. 1 BGB hierzu verpflichtet und darüber hinaus noch dazu, über seine Verwaltung des Nachlasses **Rechenschaft** abzulegen und dem Gläubiger eine die geordnete Zusammenstellung der Einnahmen bzw. Ausgaben enthaltende Rechnung mitzuteilen sowie ggf. Belege vorzulegen, ferner u.U die eidesstattliche Versicherung des § 259 Abs. 2 BGB abzugeben.[91] Voraussetzung dieser Verpflichtungen des Erben ist es, dass dieser dem Nachlassgläubiger die Befriedigung im Hinblick auf die Dürftigkeits- bzw. Unzulänglichkeitseinrede verweigert. (vgl. Abs. 1 S. 2). Ein Gebrauchmachen des Erben von seinem Recht, die Haftung zu beschränken, liegt schon dann vor, wenn er die Befriedigung des Nachlassgläubigers unter Hinweis auf seine beschränkte Haftung außergerichtlich oder gerichtlich ganz oder teilweise verweigert.[92] In den Fällen, in denen der Erbe die Dürftigkeitseinrede bereits gegenüber der Klage des Nachlassgläubigers auf Erfüllung der Nachlassverbindlichkeit geltend macht, kann der Nachlassgläubiger seinen Anspruch auf **Auskunft** über den **Stand des Nachlasses** verlangen, und zwar im Wege der Klageerweiterung. Dies sollte jedoch nur hilfsweise unter dem Vorbehalt geschehen, dass der Erbe hinsichtlich der Nachlassverbindlichkeit verurteilt und ihm dabei die Berechtigung zur Erhebung der Dürftigkeitseinrede nicht aberkannt wird.[93] 31

Die Verpflichtung des Erben ein **Vermögensverzeichnis** vorzulegen und die **eidesstattliche Versicherung** nach § 807 ZPO abzugeben, erstreckt sich grundsätzlich auf dessen gesamtes Vermögen; besteht also immer dann, wenn der Nachlassgläubiger in das gesamte Vermögen (Nachlass und Eigenvermögen) vollstrecken darf, sich somit der Titel darauf bezieht. Ist dies nicht der Fall und lässt der zu vollstreckende Titel lediglich die Zwangsvollstreckung in den Nachlass zu (z.B. im Fall der Beschränkung der Haftung auf den Nachlass), dann besteht auch lediglich die Pflicht des Erben, das Verzeichnis und die eidesstattliche Versicherung beschränkt auf den Nachlass vorzulegen bzw. abzugeben.[94] Der Nachlassgläubiger kann dem Erben auch im Falle der Geltendmachung der Einreden nach § 1990 BGB eine Inventarfrist (§ 1994 BGB) bestimmen lassen und u.U. die eidesstattliche Versicherung des § 2006 BGB verlangen. Damit erhält er jedenfalls die Chance, über die Anwendung der §§ 1994 Abs. 1 S. 2, 2005 Abs. 1, 2006 Abs. 3, 2013 Abs. 1 S. 1 BGB auf das Eigenvermögen des Erben (wieder) zugreifen zu können.[95] 32

91 Staudinger/*Dobler* (2020), § 1990 Rn 33.
92 MüKo/*Küpper*, § 1990 Rn 16.
93 Staudinger/*Dobler* (2020), § 1990 Rn 33.
94 Erman/*Horn*, § 1990 Rn 8; Grüneberg/*Weidlich*, § 1990 Rn 13.
95 BGH NJW 1992, 2694 = FamRZ 1992, 1409.

III. Wirkung der Einrede auf die Haftung und persönliche Schuld

33 Wie auch § 1973 BGB berührt die Bestimmung des Abs. 1 S. 1 nicht die Nachlassverbindlichkeit als solche, sondern führt allein zu einer Beschränkung der Haftung des Erben für dieselbe. Verweigert der Erbe gegenüber einem Nachlassgläubiger die Leistung zu Recht nach Abs. 1 S. 1, dann gerät er auch persönlich nicht in Verzug mit derselben. Das gilt auch für den Verzug des Nachlasses.[96]

IV. Verjährung

34 Die **Verjährung** der gegen den Nachlass gerichteten Ansprüche wird auch durch die Erhebung der Einreden aus § 1990 BGB nicht gehemmt. Nach § 205 BGB ist die Verjährung gehemmt, solange der Schuldner „aufgrund einer Vereinbarung mit dem Gläubiger vorübergehend zur Verweigerung der Leistung berechtigt ist". Da die Einreden des § 1990 BGB nicht auf einer Vereinbarung zwischen Erben und Nachlassgläubiger, sondern auf dem Gesetz beruhen, kommt eine Hemmung nach § 205 BGB allein deshalb nicht in Betracht.[97]

V. Aufrechnung

35 Nachlassgläubiger können nicht gegen eine Eigenforderung des Erben **aufrechnen,** obwohl § 1977 BGB nicht für anwendbar erklärt wird, da der Erbe sonst praktisch unbeschränkt haften würde.[98] Eine Ausnahme soll nach *Dobler*[99] dann gelten, wenn ohne Weiteres feststeht, bis zu welchem Betrag das Leistungsverweigerungsrecht des Abs. 1 S. 1 nicht eingreift, z.B. weil sich die Beteiligten über den Wert des Nachlasses einig sind.[100] Gegen eine an ihn gerichtete Nachlassforderung kann ein Nachlassgläubiger auch dann aufrechnen, wenn seiner Forderung die Einrede des § 1990 BGB entgegensteht.[101] § 390 BGB schließt zwar die Aufrechnung mit einer einredebehafteten Forderung aus. Doch gilt dies nicht für die haftungsbeschränkende Einrede des § 1990 BGB. Denn selbst im Nachlassinsolvenzverfahren bleiben Aufrechnungsbefugnisse, die Nachlassgläubigern gegenüber Nachlassforderungen zustehen, grundsätzlich unberührt (§§ 94, 95 InsO).[102] Nicht behindert durch § 1990 BGB wird die Aufrechnung eines Eigengläubigers des Erben gegen eine Nachlassforderung und auch nicht eine entsprechende Maßnahme der Zwangsvollstreckung sowie die Aufrechnung eines Nachlassgläubigers.[103]

VI. Besonderheiten bei Miterben

36 **Miterben** können sich auch auf die **Einreden des** § 1990 BGB **berufen.** Bis zur Teilung des Nachlasses kann aber jeder Miterbe schon unabhängig von § 1990 BGB die Berichtigung einer Nachlassverbindlichkeit aus dem Vermögen, das er außer seinem Anteil am Nachlass hat, nach der Vorschrift des § 2059 Abs. 1 BGB verweigern. Dieses Leistungsverweigerungsrecht entfällt indes mit der Teilung des Nachlasses. Erst ab dem Zeitpunkt der Teilung des Nachlasses erlangen die §§ 1990–1992 BGB auch bei Miterben ihre Bedeutung in der Praxis. Ein Miterbe kann sich nach der Teilung des Nachlasses nur dann auf § 1990 BGB berufen, wenn ein Antrag auf Eröffnung des Nachlassinsolvenzverfahrens nicht bereits wegen Fehlens eines Eröffnungsgrunds nach § 320

---

96 Staudinger/*Dobler* (2020), § 1990 Rn 36.
97 Staudinger/*Dobler* (2020), § 1990 Rn 39.
98 BGHZ 35, 317 = NJW 1961, 1966 = FamRZ 1962, 60.
99 Staudinger/*Dobler* (2020), § 1990 Rn 41 m. Hinw. auf OLG Stuttgart VersR 1959, 117.
100 A.A. BGHZ 35, 317 = NJW 1961, 1966 = FamRZ 1962, 60.
101 Grüneberg/*Weidlich*, § 1990 Rn 14.
102 H.M., Staudinger/*Dobler* (2020), § 1990 Rn 42.
103 H.M., Staudinger/*Dobler* (2020), § 1990 Rn 28 und 43.

InsO, sondern „wegen Fehlens einer den Kosten entsprechenden Masse“ aussichtslos wäre.[104] Die Herausgabepflicht des einzelnen in Anspruch genommenen Miterben bezieht sich dann auf das, was dieser aus dem Nachlass nach dessen Teilung erhalten hat.[105] Die Teilung des Nachlasses schließt nicht aus, dass einzelne Gegenstände weiterhin der gesamthänderischen Bindung unterliegen. Die Herausgabepflicht bezieht sich – falls ein Gegenstand derart gebunden ist – (zusätzlich) auf den Anteil des Miterben am ungeteilten Nachlass, der nach § 859 Abs. 2 BGB pfändbar ist,[106] und auf die noch (stets) gesamthänderisch gebundenen Nachlassgegenstände.[107]

VII. Entsprechende Anwendbarkeit der §§ 1990 f. BGB

Die Bestimmungen der §§ 1990, 1991 BGB **finden entsprechende Anwendung:**[108] 37

- auf die Haftung des persönlich nicht verpflichteten Ehegatten für eine Gesamtgutsschuld, die nicht vor der Teilung des Gesamtguts der allg. Gütergemeinschaft berichtigt worden ist (§ 1480 S. 2 BGB);
- auf die Haftung des überlebenden Ehegatten für eine Gesamtgutsschuld, die diesen nur infolge des Eintritts der fortgesetzten Gütergemeinschaft trifft (§ 1489 Abs. 2 BGB; in diesem Fall sind die gesamten Vorschriften über die Haftung des Erben anwendbar; nicht nur die §§ 1990, 1991 BGB);
- auf die Haftung der Abkömmlinge bei der fortgesetzten Gütergemeinschaft für Gesamtgutsverbindlichkeiten, die bei der Teilung nicht berücksichtigt worden sind (§ 1504 BGB);
- auf die Haftung des Käufers eines Erbteils nach Ausübung des Vorkaufsrechts der Miterben (§ 2036 BGB);
- auf die Haftung des Vorerben nach Eintritt der Nacherbfolge (§ 2145 BGB);
- auf die Haftung des Vermächtnisnehmers für die ihm auferlegten Vermächtnisse und Auflagen (§ 2187 Abs. 3 BGB; jedoch nur nach der Maßgabe des § 1992 S. 2 BGB);
- auf die Haftung des volljährig Gewordenen für die vor dem Eintritt der Volljährigkeit begründeten Verbindlichkeiten (§ 1629a Abs. 1 S. 2 BGB);
- auf die Haftung des Berechtigten für Wertausgleich nach § 7 des Gesetzes zur Regelung offener Vermögensfragen v. 29.9.1990;
- bei der Sondererbfolge nach §§ 56, 57 SGB I;
- nach Durchführung der Nachlassverwaltung;[109]
- auf die Pflicht des Erben, ein notarielles Nachlassverzeichnis einzuholen, was dann nicht gilt, wenn der Pflichtteilsberechtigte bereit ist, die Notarkosten für das Verzeichnis zu übernehmen und im Voraus zu entrichten,[110] und
- auf den Erben, der nach dem Tod des Betreuten für die Nachlassverbindlichkeiten, zu denen auch der Aufwendungsersatzanspruch des ehrenamtlich Betreuten gehört, im Vergütungsfestsetzungsverfahren bis zum Schluss der letzten Tatsacheninstanz die Einrede geltend machen kann.[111]

---

104 Vgl. ausführlich Staudinger/*Dobler* (2020), § 1990 Rn 45.

105 Str., wie hier Staudinger/*Dobler* (2020), § 1990 Rn 46; a.A. OLG Düsseldorf FamRZ 1996, 444 = ZEV 1996, 72.

106 *Gottwald/Mock*, Zwangsvollstreckung, § 859 Rn 16 ff.

107 Staudinger/*Dobler* (2020), § 1990 Rn 45.

108 Vgl. BeckOGK/*Herzog*, BGB § 1990 Rn 239.

109 BGH NJW 1954, 635 = JZ 1954, 332.

110 OLG München ZEV 2017, 460 = ErbR 2017, 557 = NotBZ 2017, 466 = ZErb 2017, 363 = FamRZ 2017, 2076 = MittBayNot 2018, 166.

111 LG Koblenz, Beschl. v. 26.9.2005 – 2 T 259/05.

§ 1991 Folgen der Dürftigkeitseinrede

(1) Macht der Erbe von dem ihm nach § 1990 zustehenden Recht Gebrauch, so finden auf seine Verantwortlichkeit und den Ersatz seiner Aufwendungen die Vorschriften der §§ 1978, 1979 Anwendung.
(2) Die infolge des Erbfalls durch Vereinigung von Recht und Verbindlichkeit oder von Recht und Belastung erloschenen Rechtsverhältnisse gelten im Verhältnis zwischen dem Gläubiger und dem Erben als nicht erloschen.
(3) Die rechtskräftige Verurteilung des Erben zur Befriedigung eines Gläubigers wirkt einem anderen Gläubiger gegenüber wie die Befriedigung.
(4) Die Verbindlichkeiten aus Pflichtteilsrechten, Vermächtnissen und Auflagen hat der Erbe so zu berichtigen, wie sie im Falle des Insolvenzverfahrens zur Berichtigung kommen würden.

Literatur
Siehe Literaturhinweise zu § 1990.

Übersicht:

A. Allgemeines

1 Die Vorschrift bestimmt im Einzelnen, was zu gelten hat, wenn der Erbe die Einrede des § 1990 BGB geltend macht. Dabei bestimmen die Abs. 1 und 2 die Berechnung des Nachlassbestands. Anders als in § 1973 BGB wird hier nicht von einer Bereicherungshaftung sondern der sog. „Verwalterhaftung“ des Erben ausgegangen.[1] Das ist deshalb so, weil in den Fällen des § 1973 BGB (nach Aufgebotsverfahren) der Erbe nach der Befriedigung der Nachlassgläubiger von einem Nachlassrest ausgehen kann, während in den Fällen des § 1990 BGB stets von einem „dürftigen“ Nachlass auszugehen ist, dessen Gläubiger noch nicht befriedigt sind und die auch im Regelfall nicht vollständig befriedigt werden können. Wie zu verfahren ist, wenn bestimmte Nachlassgläubiger (sog. Titelgläubiger und am Nachlass beteiligte Personen) vorhanden sind, regeln im Einzelnen die Abs. 3 und 4.

B. Tatbestand

I. Verantwortlichkeit des Erben (sog. Verwalterhaftung) und Aufwendungsersatz (Abs. 1)

1. Verwalterhaftung

2 Die Bestimmung stellt zunächst klar, dass der Erbe denjenigen Nachlassgläubigern gegenüber, denen er die haftungsbeschränkenden Einreden des § 1990 BGB entgegen-

1 BeckOGK/*Herzog*, § 1991 Rn 1.

hält, der **verschuldensunabhängigen Verwalterhaftung**[2] ausgesetzt ist (§ 1978 BGB). Sie verweist insoweit auf zwei Bestimmungen, die ansonsten lediglich im Falle der Anordnung der Nachlassverwaltung und im eröffneten Nachlassinsolvenzverfahren gelten würden, die Vorschriften der §§ 1978, 1979 BGB. Der Erbe haftet demnach, wie wenn er seit Annahme der Erbschaft die Verwaltung als Beauftragter der Nachlassgläubiger zu führen gehabt hätte (§§ 662 ff., 1978 Abs. 1 S. 1 BGB); für die Zeit bis zur Annahme der Erbschaft haftet er wie ein Geschäftsführer ohne Auftrag (§ 1978 Abs. 1 S. 2 BGB). Die derart festgelegte Verantwortung der Erben gegenüber den Nachlassgläubigern dauert bis zur vollständigen Herausgabe des Nachlasses (§ 1990 Abs. 1 S. 2 BGB) an.[3] § 1980 BGB gilt ebenfalls entsprechend. Dass diese Vorschrift in Abs. 1 nicht erwähnt wird, beruht auf einem Redaktionsversehen.[4]

3 Die **Nachlassgläubiger** können ihre **Ansprüche aus Verwalterhaftung** (§§ 1991 Abs. 1, 1978 Abs. 1, 1980 Abs. 1 S. 2 BGB) gegen den Erben in unterschiedlicher Weise geltend machen:

- Sie können gegenüber der im **Erkenntnisverfahren** oder im Rahmen einer Vollstreckungsabwehrklage seitens des Erben erhobenen Einrede aus § 1990 BGB darlegen, dass der Nachlass wegen dieser Ansprüche weder dürftig noch überschuldet sein kann. Trifft dies zu, ist dem Erben die Möglichkeit der Beschränkung nach § 1990 BGB verwehrt.[5]
- Sie können gegenüber der **Vollstreckungsabwehrklage** des Erben (§§ 780, 781, 785 ZPO) einwenden, dass die mit ihr begehrte Beschränkung der Vollstreckbarkeit des Titels auf den Nachlass mit Rücksicht auf das Bestehen des Anspruchs aus der Verwalterhaftung treuwidrig (§ 242 BGB „dolo facit-Einrede") ist und deshalb nicht in Betracht kommt;[6] das führt im Erfolgsfall zu einer Abweisung der Vollstreckungsabwehrklage als unbegründet, weil dem Nachlassgläubiger gegen den Erben – und zwar dessen Eigenvermögen – der Anspruch zusteht. Die Nachlassgläubiger müssen Ansprüche des Nachlasses gegen den Erben zu diesem Zweck nicht pfänden und sich zur Einziehung überweisen lassen, sondern als eigenes Recht einklagen.[7]
- Sie können den Erben auch in einem eigenen Prozess auf Schadensersatz in Anspruch nehmen, was wegen der aufgezeigten Möglichkeiten meist nicht notwendig sein wird.

2. Anspruch des Erben auf Aufwendungsersatz

4 Der Erbe kann nach Abs. 1 nach Maßgabe der §§ 1978 Abs. 3, 1979 BGB **Ersatz** seiner **Aufwendungen** verlangen.[8] Er kann (deshalb) nicht – anders als im Fall des § 1973 BGB – alles in Anrechnung bringen, was er aus eigenen Mitteln zur Befriedigung aufgewandt hat.[9] Voraussetzung ist, dass der Erbe den Umständen nach annehmen durfte, dass der Nachlass zur Berichtigung aller Nachlassverbindlichkeiten ausreiche (§ 1979 BGB). Auch die sonstigen Aufwendungen des Erben sind nach Auftrags- bzw. Geschäftsführungsrecht zu ersetzen. Für die Zeit ab Annahme der Erbschaft nach

2 BGH ZEV 2008, 237; BGH FamRZ 1992, 1409 = NJW 1992, 2694.
3 Staudinger/*Dobler* (2020), § 1991 Rn 3; BeckOK BGB/*Lohmann*, § 1991 Rn 1.
4 BGH FamRZ 1992, 1409 = NJW 1992, 2694.
5 Staudinger/*Dobler* (2020), § 1991 Rn 10.
6 BGH NJW-RR 1989, 1226 = FamRZ 1989, 1070; BGH FamRZ 1992, 1409 = NJW 1992, 2694.
7 BGH FamRZ 1992, 1409 = NJW 1992, 2694; BeckOK BGB/*Lohmann*, § 1991 Rn 1; Staudinger/*Dobler* (2020), § 1991 Rn 10.
8 BeckOGK/*Herzog*, § 1991 Rn 23, 24.
9 Staudinger/*Dobler* (2020), § 1991 Rn 12.

§ 670 BGB und für die Zeit vor Annahme der Erbschaft nach den §§ 670, 683 BGB vgl. *Lohmann*.[10]

5 Der Erbe kann sich seine Aufwendungen, soweit sie ersatzfähig sind, „aus dem Nachlass" **entnehmen** (§ 1978 Abs. 3 BGB). Da der Erbe die Nachlassgläubiger in den Fällen des § 1990 BGB grundsätzlich in der ihm beliebenden Reihenfolge befriedigen darf, kann ihm kein Nachlassgläubiger verwehren, dass er an erster Stelle sich selbst wegen seiner Aufwendungen berücksichtigt.[11] Wenn im Nachlass ein seinen Aufwendungsersatzansprüchen entsprechender Geldbetrag vorhanden ist, kann der Erbe diesen Betrag trotz § 1990 Abs. 1 S. 2 BGB zurückbehalten. Auch hinsichtlich anderer Nachlassgegenstände als Geld kann der Erbe wegen der Aufwendungen, die ihm nach § 1991 Abs. 1 BGB i.V.m. § 1978 Abs. 3 BGB aus dem Nachlass zu ersetzen sind, ein **Zurückbehaltungsrecht** nach § 273 BGB geltend machen.[12]

3. Darlegungs- und Beweislast

6 Darlegungs- und **beweispflichtig** für die Dürftigkeit des Nachlasses ist stets der Erbe (vgl. § 1990 Rdn 8). Demgegenüber müssen die Nachlassgläubiger darlegen und beweisen, ob und in welchem Umfang der Erbe gem. § 1991 Abs. 1 BGB i.V.m. §§ 1978, 1979 BGB persönlich haftet. Die Voraussetzungen eines Anspruchs auf Ersatz von Aufwendungen oder eines anderen Anspruchs, der gem. Abs. 2 als nicht erloschen gilt, hat allerdings dann wieder der Erbe darzulegen und zu beweisen.[13]

II. Berechnung des herauszugebenden Nachlasses

1. Ansprüche gegen den Erben aus Verwalterhaftung, Surrogation

7 Zum Nachlass gehören etwa bestehende Ansprüche gegen den Erben aus **Verwalterhaftung** (§ 1978 Abs. 2 BGB),[14] Ansprüche gegen den Erben als Empfänger anfechtbar erlangter Nachlassgegenstände[15] sowie **Surrogate**, die ohne Zutun des Erben an die Stelle von Nachlassgegenständen getreten sind.[16] Die Ansprüche aus der Verwalterhaftung sind, weil sie als zum Nachlass gehörend betrachtet werden, den Aktiva des Nachlasses zuzuschlagen.[17] Durch die Addition kann es im Einzelfall sein, dass der Nachlass (jetzt) die Kosten einer Nachlassverwaltung bzw. eines Nachlassinsolvenzverfahrens decken würde. Er wäre dann nicht (mehr) dürftig und es würde die Einrede der Dürftigkeit und u.U. auch diejenige der Unzulänglichkeit entfallen. Möglich ist auch, dass eine Überschuldung entfiele. Das wird stets zu beachten sein, wenn es auch in der Praxis selten vorkommen dürfte; nicht zuletzt deshalb, weil die Aufklärung zur Vorbereitung der Ansprüche aus Verwalterhaftung aufwändig ist. Hat der Erbe mit Mitteln des Nachlasses andere Vermögenswerte erworben, gehören diese jedoch nicht zum Nachlass.[18] Im Falle des § 1990 BGB sieht das Gesetz keine dingliche Surrogation vor. Auch eine entsprechende Anwendung des Surrogationsgrundsatzes im Wege der Rechtsanalogie kommt nicht Betracht, weil das Gesetz durch die Verweisung auf das Auftragsrecht (Abs. 1 i.V.m. § 1978 BGB) eine abweichende, dem Schuldrecht angehörende Regelung trifft.[19]

---

10 BeckOK BGB/*Lohmann*, § 1991 Rn 3.
11 BGHZ 85, 274 = NJW 1983, 1485; BGHZ 122, 297 = NJW 1993, 1851; BGH NJW 1995, 596.
12 Str., RGZ 139, 199; ausführlich: Staudinger/*Dobler* (2020), § 1991 Rn 13.
13 BeckOK BGB/*Lohmann*, § 1991 Rn 4.
14 Grüneberg/*Weidlich*, § 1991 Rn 1.
15 LG Köln ZIP 1989, 1385.
16 BGHZ 46, 221 = NJW 1967, 568.
17 BeckOGK/*Herzog*, § 1991 Rn 4.
18 Staudinger/*Dobler* (2020), § 1991 Rn 4.
19 BGH NJW-RR 1989, 1226 = FamRZ 1989, 1070.

2. Aufhebung der Konfusion bzw. der Konsolidation (Abs. 2)

8 Nach Abs. 2 gelten im Verhältnis zu demjenigen Gläubiger, dem gegenüber sich der Erbe auf § 1990 BGB beruft, die infolge des Erbfalls durch Vereinigung von Recht und Verbindlichkeit oder von Recht und Belastung erloschenen Rechtsverhältnisse als nicht erloschen. Damit entspricht die Bestimmung derjenigen des § 1976 BGB. Anders als in den Fällen des § 1976 BGB handelt es sich hier lediglich um die rechnerische Ermittlung des herauszugebenden Nachlasses, nicht um die tatsächliche Wiederherstellung erloschener Rechtsverhältnisse.[20] Darüber hinaus erfolgt das Erlöschen relativ, also nur im Verhältnis des Erben zu demjenigen Nachlassgläubiger, dem die Einrede des § 1990 BGB entgegengehalten wird. Die infolge des Erbfalls eingetretene Vermögenszuordnung als solche bleibt unberührt.[21] Eigengläubiger des Erben können also nicht dessen (frühere) Ansprüche gegen den Nachlass pfänden.[22] Allerdings kann der Erbe Nachlassgläubigern, denen er seine Rechte nach § 1990 BGB gegenüber geltend macht, wiederauflebende eigene Ansprüche gegen den Nachlass als Passivposten in Rechnung stellen. Ihm steht dabei kein Zurückbehaltungsrecht zu.[23]

3. Aufrechnung

9 Auffallend ist, dass die Bestimmung des § 1991 BGB nicht auf den § 1977 BGB Bezug nimmt und ihn für entsprechend anwendbar erklärt, obwohl eine solche Aufrechnung den Nachlassbestand schmälern könnte. Damit ist aber nichts über den Bestand einer Aufrechnung bei Geltendmachung der beschränkten Haftung gesagt. Im Einzelnen gilt Folgendes:

10 Die **Aufrechnung** eines Nachlassgläubigers mit einer ihm gegen den Nachlass zustehenden Forderung gegen eine Eigenforderung des Erben kann der Erbe unter Hinweis auf seine auf den Nachlass beschränkte Haftung zurückweisen;[24] denn andernfalls könnten sich Nachlassgläubiger trotz der beschränkten Haftung aus dem Eigenvermögen des Erben befriedigen.[25] Eine Zustimmung des Erben zu der erklärten Aufrechnung lässt diese jedoch wirksam werden, weil der Erbe auf die Einrede des § 1990 BGB verzichten kann.[26] Hat allerdings ein Eigengläubiger des Erben gegen eine zum Nachlass gehörende Forderung aufgerechnet, hat die Aufrechnung Bestand.[27] Das gilt auch, wenn ein Nachlassgläubiger mit einer ihm gegen den Nachlass zustehenden Forderung gegen eine Nachlassforderung die Aufrechnung erklärt. Sie ist trotz § 390 S. 1 BGB möglich, weil der Nachlassgläubiger nicht schlechter stehen darf als im Nachlassinsolvenzverfahren.[28]

III. Reihenfolge der Gläubigerbefriedigung

1. Grundsatz

11 Sind **mehrere Nachlassgläubiger** vorhanden, braucht der Erbe – solange er von der Zulänglichkeit des Nachlasses ausgehen darf – keine bestimmte Reihenfolge bei der Berichtigung von Nachlassverbindlichkeiten einzuhalten (§ 1979 BGB).[29] Er kann also alle Nachlassgläubiger, auch die Minderberechtigten, nach freiem Belieben befriedi-

20 MüKo/*Küpper*, § 1991 Rn 5.
21 BeckOK BGB/*Lohmann*, § 1991 Rn 6.
22 Staudinger/*Dobler* (2020), § 1991 Rn 14.
23 Staudinger/*Dobler* (2020), § 1991 Rn 14.
24 BeckOGK/*Herzog*, § 1991 Rn 27; BGHZ 35, 317 = NJW 1961, 1966.
25 MüKo/*Küpper*, § 1991 Rn 6.
26 MüKo/*Küpper*, § 1991 Rn 6.
27 Grüneberg/*Weidlich*, § 1991 Rn 2.
28 Grüneberg/*Weidlich*, § 1991 Rn 2.
29 MüKo/*Küpper*, § 1991 Rn 7.

gen[30] bzw. deren Befriedigung im Wege der Zwangsvollstreckung zulassen. Ist diese Annahme nicht mehr gerechtfertigt, hat der Erbe die Eröffnung des Nachlassinsolvenzverfahrens zu beantragen (§ 1980 BGB), es sei denn, dass die Überschuldung nur auf Vermächtnissen und Auflagen oder Ansprüchen nach den §§ 1973, 1974 BGB beruht (§ 1980 Abs. 1 S. 3 BGB). Konnte der Erbe erkennen, dass der Nachlass nicht ausreicht, alle Gläubiger zu befriedigen, gelten §§ 1978, 1979 BGB uneingeschränkt, solange die Voraussetzungen des § 1990 BGB nicht erfüllt sind, der Nachlass also noch nicht dürftig ist. Verletzt der Erbe die Pflicht, die Eröffnung des Nachlassinsolvenzverfahrens zu beantragen (§ 1980 BGB), macht er sich Gläubigern gegenüber schadensersatzpflichtig (§ 1980 Abs. 1 S. 2 BGB), soweit diese weniger erhalten, als sie bei Durchführung eines Nachlassinsolvenzverfahrens bekommen hätten.[31] Ist der Nachlass aufgrund der Befriedigung verschiedener Nachlassgläubiger dürftig geworden, ist das Recht des Erben, sich auf § 1990 BGB zu berufen, nicht ausgeschlossen. Der Erbe muss in diesen Fällen jedoch aus seinem Eigenvermögen denjenigen Betrag an den Nachlass leisten, der nötig ist, die nicht befriedigten Nachlassgläubiger so zu stellen, wie sie für den Fall des rechtzeitigen Antrags auf Eröffnung des Insolvenzverfahrens gestanden hätten.[32]

2. Befriedigung bei dürftigem Nachlass

12 Liegen die Voraussetzungen des § 1990 BGB vor, entfällt die Verpflichtung des Erben, Nachlassverwaltung oder die Eröffnung des Nachlassinsolvenzverfahrens zu beantragen. Der Erbe hat nun bei der Befriedigung der Nachlassgläubiger die Ausnahmebestimmungen der Abs. 3 und 4 zu beachten.[33] Nach Abs. 3 wirkt die **rechtskräftige Verurteilung** des Erben zur Befriedigung eines Nachlassgläubigers einem anderen Nachlassgläubiger gegenüber wie eine Befriedigung (vgl. insoweit die ähnliche Bestimmung des § 1973 Abs. 2 S. 3 BGB). Der titulierte Betrag gilt als nicht mehr im Nachlass vorhanden. Nach der h.M. ist derjenige Nachlassgläubiger, der den Titel gegen den Erben erwirkt hat, vor den übrigen Nachlassgläubigern zu befriedigen.[34] Um dies sicherzustellen ist der Erbe ggf. auch zur Abwehr von Vollstreckungsmaßnahmen anderer Gläubiger verpflichtet (§ 784 Abs. 1 ZPO).[35] Eine Ausnahme gilt für nachlassbeteiligte Gläubiger: deren Forderungen sind auch im Falle einer rechtskräftigen Verurteilung nach § 1991 Abs. 4 nachrangig zu erfüllen. Der Erbe ist bezüglich seiner eigenen Forderungen gegen den Nachlass einem Gläubiger, der ein rechtskräftiges Urteil erstritten hat, gleichzustellen. Die entsprechende Anwendung des Abs. 3 wird befürwortet, auf **Forderungen des Erben** wegen seiner Ansprüche gegen den Nachlass, in Bezug auf den **Nachlasspfleger** und den Testamentsvollstrecker wegen deren Ansprüche auf Vergütung, Gebühren und Auslagenersatz.[36]

13 Verbindlichkeiten aus **Pflichtteilsrechten, Vermächtnissen** und Auslagen sind wie im Nachlassinsolvenzverfahren erst nach den übrigen Forderungen und nach den Forderungen ausgeschlossener und diesen gleichgestellten Gläubiger zu erfüllen (§ 1991 Abs. 4 BGB i.V.m. § 327 Abs. 1 und 3 InsO).[37] Danach gehen Pflichtteilsrechte

---

30 BeckOGK/*Herzog*, § 1991 Rn 30.

31 BeckOK BGB/*Lohmann*, § 1991 Rn 8.

32 MüKo/*Küpper*, § 1991 Rn 7.

33 MüKo/*Küpper*, § 1991 Rn 8.

34 BeckOGK/*Herzog*, § 1991 Rn 31; BGHZ 122, 197; MüKo/*Küpper*, § 1991 Rn 8; Grüneberg/*Weidlich*, § 1991 Rn 4; a.A. Staudinger/*Dobler* (2020), § 1991 Rn 17.

35 BeckOGK/*Herzog*, § 1991 Rn 31.

36 BeckOGK/*Herzog*, § 1991 Rn 33, 34; Erman/*Horn*, § 1991 Rn 4; BeckOK BGB/*Lohmann*, § 1991 Rn 9; im Hinblick auf die Analogie eher zweifelnd: Staudinger/*Dobler* (2020), § 1991 Rn 20.

37 BeckOGK/*Herzog*, § 1991 Rn 36.

solchen aus Vermächtnissen und Auflagen vor. Mehrere Gläubiger derselben Untergruppe sind verhältnismäßig zu befriedigen; säumige Gläubiger allerdings sind erst nach der Befriedigung der gleichen Rangklasse rangierenden Forderungen zu befriedigen (§ 327 Abs. 3 InsO).[38] Das gilt allerdings nur, soweit der Erblasser letztwillig nichts anderes angeordnet hat.[39] Diese Regelung gilt auch für Pflichtteilsergänzungsansprüche alten Rechts[40] und für Erbersatzansprüche, soweit diese wegen des Übergangsrechts noch geltend gemacht werden können.[41]

Der Erbe kann all diesen Gläubigern die Einrede des § 1990 BGB schon dann entgegenhalten, wenn der Nachlass für sie nach einer Befriedigung derjenigen Gläubiger, die ihnen im Insolvenzverfahren vorgehen würden, nicht mehr ausreichen würde. Eine Befriedigung braucht noch nicht erfolgt zu sein. Die durch diese Bestimmung vorgenommene Zurücksetzung greift auch dann ein, wenn sie bereits eine rechtskräftige Verurteilung des Erben (Abs. 3) erwirkt haben.[42] Die Rangfolge richtet sich streng nach § 327 Abs. 1 Nr. 1 und 2 InsO. Aber auch die Sonderregelungen in § 327 Abs. 2 und 3 InsO sind hier zu beachten.[43] 14

Für **Verstöße** gegen Abs. 4 bei voreiliger Befriedigung nachlassbeteiligter Gläubiger haftet der Erbe den anderen – vorrangigen – Gläubigern nach Maßgabe der §§ 1978 Abs. 1, 1979 BGB auf den Ausfall. Der Erbe hat bei der Befriedigung der Nachlassgläubiger ab dem Moment, wo er von der Unzulänglichkeit des Nachlasses ausgehen muss, folgende Reihenfolge zu beachten:[44] 15

- Zunächst kann er eigene Forderungen gegen den Nachlass befriedigen (Abs. 3 analog);
- sodann muss er die Gläubiger befriedigen, die einen rechtskräftigen Titel gegen ihn erlangt haben (Abs. 3);
- dann die ausgeschlossenen Gläubiger oder die diesen gleichstehenden Gläubiger (§§ 1973 f. BGB) und
- erst zum Schluss die nachlassbeteiligten Gläubiger (Abs. 4), und zwar in der sich aus § 327 InsO ergebenden Reihenfolge.

Der **Erbe** selbst kann u.U. seine Leistung an einen Nachlassgläubiger nach den §§ 813, 814 kondizieren, soweit er sie nach den §§ 1990 Abs. 1, 1991 Abs. 4 BGB hätte verweigern dürfen.[45] 16

§ 1992 Überschuldung durch Vermächtnisse und Auflagen

[1]Beruht die Überschuldung des Nachlasses auf Vermächtnissen und Auflagen, so ist der Erbe, auch wenn die Voraussetzungen des § 1990 nicht vorliegen, berechtigt, die Berichtigung dieser Verbindlichkeiten nach den Vorschriften der §§ 1990, 1991 zu bewirken. [2]Er kann die Herausgabe der noch vorhandenen Nachlassgegenstände durch Zahlung des Wertes abwenden.

38 BeckOGK/*Herzog*, § 1991 Rn 36.
39 BeckOGK/*Herzog*, § 1991 Rn 37.
40 BGHZ 85, 274.
41 Staudinger/*Dobler* (2020), § 1991 Rn 21.
42 Grüneberg/*Weidlich*, § 1991 Rn 5.
43 Staudinger/*Dobler* (2020), § 1991 Rn 21.
44 BeckOGK/*Herzog*, § 1991 Rn 38.
45 OLG Stuttgart NJW-RR 1989, 1283; Staudinger/*Dobler* (2020), § 1991 Rn 22; BeckOK BGB/*Lohmann*, § 1991 Rn 10.

Literatur

Bartsch, Fälle zur Erbenhaftung, ZErb 2010, 345; *Blankenstein*, Zahlungspflichten bei Maßnahmen der Instandhaltung, Instandsetzung, modernisierenden Instandsetzung, Modernisierung und baulichen Veränderung, Wohnungseigentümer 2011, 87; *Damrau*, Wann muss bei beeinträchtigenden Schenkungen (§§ 2288, 2287 BGB) der Miterbe, wann der Beschenkte in Anspruch genommen werden?, ZEV 2016, 413; *Sibert*, Vermächtnis: Das Vor- und Nachvermächtnis sowie das Untervermächtnis in der erbrechtlichen Praxis, EE 2024, 65.

Weitere Literaturhinweise siehe § 1990.

Übersicht:

A. Allgemeines

1 Für die Fälle, dass die Überschuldung des Nachlasses auf Vermächtnissen und Auflagen beruht (sog. Überschwerung, auch Überbeschwerung genannt), trifft § 1992 BGB eine Sonderregelung. Es wird dem Erben die Möglichkeit eröffnet, in diesen Fällen auch ohne Trennung des Nachlasses vom Eigenvermögen (Separation) seine Haftung nach Maßgabe der §§ 1990, 1991 BGB zu beschränken und zwar auch dann, wenn eine die Kosten des Insolvenzverfahrens deckende Masse vorhanden ist. Zum einen berücksichtigt diese Regelung den mutmaßlichen Willen des Erblassers, der – als er die Vermächtnisse und Auflagen verfügte – davon ausgegangen ist, dass der Nachlass auch zur Befriedigung derselben ausreichen werde und es nicht notwendig würde, ein Nachlassinsolvenzverfahren zu eröffnen.[1] Weiter wird die auch in anderen Bestimmungen zum Ausdruck kommende schwächere Stellung[2] gerade der **Vermächtnisnehmer** und **Auflageberechtigten** berücksichtigt. Diese drückt sich darin aus, dass Vermächtnisse und Auflagen gegenüber anderen Nachlassverbindlichkeiten rangmäßig zurückgesetzt (§ 327 InsO; § 1973 BGB) werden, dass eine Leistung an einen Vermächtnisnehmer oder Auflageberechtigten vor Eröffnung des Nachlassinsolvenzverfahrens in gleicher Weise anfechtbar ist wie eine unentgeltliche Verfügung des Erben (§ 322 InsO), dass ihnen – außerhalb des Nachlassinsolvenzverfahrens – selbst im **Aufgebotsverfahren** ausgeschlossene und diesen gleichstehende Nachlassgläubiger **vorgehen** (§§ 1973 Abs. 1 S. 2, 1974 BGB), dass der Erbe nicht verpflichtet ist, die Eröffnung des Nachlassinsolvenzverfahrens zu beantragen, wenn die Überschuldung nur auf Vermächtnissen und Auflagen beruht (§ 1980 Abs. 1 S. 3 BGB) und dass – außerhalb des Insolvenzverfahrens – die Erfüllung nach § 5 AnfG anfechtbar ist wie eine **unentgeltliche** Verfügung.

2 Insgesamt gesehen ist die sog. **Überschwerungseinrede** des § 1992 BGB in der Hand des Erben ein besonderes Mittel – ohne die Eröffnung des Nachlassinsolvenzverfahrens beantragen und ein solches durchführen zu müssen –, den Nachlass unter „bestmöglicher“ Schonung des Andenkens des Erblassers liquidieren zu können.[3] Die Einrede des § 1992 BGB kann nicht nur der Erbe, sondern auch der Nachlassverwalter,

---

1 Staudinger/*Dobler* (2020), § 1992 Rn 1; MüKo/*Küpper*, § 1992 Rn 1.

2 BeckOGK/*Herzog*, § 1992 Rn 6.

3 BGHZ 85, 274 = NJW 1983, 1485.

der Testamentsvollstrecker und der Nachlasspfleger geltend machen.[4] Grund für die unterschiedliche Behandlung des Nachlassverwalters in Bezug auf § 1990 BEG ist, dass der Nachlassverwalter im Falle der Überschuldung einen Antrag auf Eröffnung des Nachlassinsolvenzverfahrens zu stellen hat (§§ 1985, 1980 Abs. 1 S. 1 BGB) und bei der Bemessung der Überschuldung nach § 1980 Abs. 1 S. 2 BGB Vermächtnisse und Auflagen unberücksichtigt zu bleiben haben. Deshalb ist der Nachlassverwalter im Falle der Überschuldung aufgrund von Vermächtnissen und Auflagen ebenso wie bei Dürftigkeit nicht zur Stellung eines Insolvenzantrags verpflichtet. Anders als bei Dürftigkeit ist aber die Nachlassverwaltung bei Überschuldung durch Vermächtnisse und Auflagen nicht aufzuheben.[5] Sind die Voraussetzungen des § 1992 BGB erfüllt, ist der Erbe nicht gezwungen, nach dieser Vorschrift vorzugehen. Ihm steht es frei, stattdessen die Eröffnung des Nachlassinsolvenzverfahrens zu beantragen.[6]

B. Tatbestand

I. Keine unbeschränkte Haftung allen Nachlassgläubigern gegenüber

3 Der Erbe kann sich nur auf § 1992 BGB berufen, wenn er das Recht zur Haftungsbeschränkung allen Nachlassgläubigern gegenüber nicht verloren hat (§ 2013 BGB). Es schadet allerdings nicht, wenn er nur einzelnen Nachlassgläubigern gegenüber unbeschränkbar haftet. Im Hinblick auf die übrigen Nachlassgläubiger kann er sich auch dann auf § 1992 BGB berufen.[7] Da es sich um eine Einrede handelt, ist deren Erhebung erforderlich. Die Einrede ist nicht fristgebunden und der Erbe kann auch auf sie verzichten. Sie kann allerdings nur erhoben werden, solange der Erbe seine Haftungsbeschränkungsmöglichkeit nicht verloren hat. Die Überschwerungseinrede kann und sollte bereits außergerichtlich und muss im Erkenntnisverfahren erhoben werden; entschieden wird über sie regelmäßig erst im Rahmen der Zwangsvollstreckung. Dabei sind die prozessualen Besonderheiten zu beachten; diese ergeben sich – wie auch sonst bei der Beschränkung der Erbenhaftung – aus den §§ 780, 781, 785, 767 ZPO. Es gelten die gleichen Regeln wie bei § 1990 BGB. Insbesondere ist dem Erben die Überschwerungseinrede nach § 780 Abs. 1 ZPO vorzubehalten. Dies gilt für Urteile wie für andere Titel, etwa eine vollstreckbare Urkunde im Rahmen eines Vermächtniserfüllungsvertrages.[8]

II. Gegner der Überschwerungseinrede

4 Die Einrede kann nur gegenüber Vermächtnisnehmern und Auflageberechtigten geltend gemacht werden.[9] Auf Pflichtteilsansprüche und Erbersatzansprüchen (Übergangsrecht, Art. 227 Abs. 1 Nr. 1 EGBGB) oder Ansprüchen aus Schenkungsversprechen von Todes wegen ist die Bestimmung nicht entsprechend anwendbar.[10] Das folgt daraus, dass die Entstehung von Pflichtteils- und Erbersatzansprüchen nicht vom Willen des Erblassers abhängt, sondern die Folge einer gesetzlichen Anordnung ist.[11] In diesen Fällen ist bei vorliegender Überschuldung die Eröffnung des Nachlassinsolvenzverfahrens zu beantragen, falls der Nachlass nicht dürftig ist[12]

4 BeckOGK/*Herzog*, § 1992 Rn 7; MüKo/*Küpper*, § 1992 Rn 3.
5 BeckOGK/*Herzog*, § 1992 Rn 7.1.
6 BeckOK BGB/*Lohmann*, § 1992 Rn 2.
7 MüKo/*Küpper*, § 1992 Rn 2; Grüneberg/*Weidlich*, § 1992 Rn 1.
8 BeckOGK/*Herzog*, § 1992 Rn 46, 47.
9 MüKo/*Küpper*, § 1992 Rn 4; BeckOK BGB/*Lohmann*, § 1992 Rn 2.
10 BeckOGK/*Herzog* § 1992 Rn 14.
11 Staudinger/*Dobler* (2020), § 1992 Rn 6.
12 BeckOGK/*Herzog*, § 1992 Rn 15.

III. Überschuldung des Nachlasses

5 Bei der **Überschuldung** ist zweierlei zu beachten und auch str.; zum einen, ob die Überschuldung des Nachlasses Voraussetzung der Anwendung des § 1992 BGB ist und zum anderen, ob die Überschuldung (ausschließlich) auf Vermächtnissen und Auflagen beruhen muss. Nach wohl h.M. gilt für Ersteres, dass die **Überschuldung** vorliegen muss.[13] Dem ist zu folgen, denn dafür spricht schon der eindeutige Wortlaut des Gesetzes.

6 Im zweiten Fall ist es h.M., dass die **Überschuldung nur auf Vermächtnissen und Auflagen beruht.**[14] Die Bestimmung findet gem. § 2187 Abs. 3 BGB analoge Anwendung, wenn ein Vermächtnisnehmer mit Vermächtnissen und/oder Auflagen beschwert ist[15] Auch für diese Auffassung spricht zunächst schon allein der klare Wortlaut des Gesetzes. Der Erbe kann sich nach § 1992 BGB gegenüber Vermächtnissen und Auflagen auch dann, wenn die Voraussetzungen des § 1990 BGB nicht vorliegen, auf die §§ 1990, 1991 BGB berufen, wenn die Überschuldung auf diesen letztwilligen Verbindlichkeiten „beruht". Ist dies nicht der Fall, wäre also der Nachlass auch ohne die Vermächtnisse und Auflagen überschuldet, ist der Erbe verpflichtet, unverzüglich die Eröffnung des Nachlassinsolvenzverfahrens zu beantragen (vgl. § 1980 Abs. 1 S. 1 BGB); auf § 1992 BGB kann er sich dann nicht berufen,[16] weil die Eröffnung des Insolvenzverfahrens (ebenfalls) zur Folge hat, dass sich die Haftung des Erben für die Nachlassverbindlichkeiten – also auch die Haftung für Ansprüche aus Vermächtnissen und Auflagen – auf den Nachlass beschränkt (§ 1975 BGB). Eine entsprechende Anwendung des § 1992 BGB kommt nur dann in Betracht, wenn außer den Vermächtnissen und Auflagen nur die Forderungen ausgeschlossener und diesen gleichstehenden Gläubiger nicht berücksichtigt werden könnten (§§ 1973, 1974 BGB); denn solchen Gläubigern gegenüber ist der Erbe ebenfalls nicht verpflichtet, die Eröffnung des Nachlassinsolvenzverfahrens zu beantragen.[17]

IV. Maßgebender Zeitpunkt – Darlegungs- und Beweislast

7 Wie bei § 1990 BGB kommt als maßgeblicher Zeitpunkt für die Beurteilung der Frage, ob der Nachlass überschwert ist, der Zeitpunkt der letzten mündlichen Tatsachenverhandlung im Verfahren über die Geltendmachung des Anspruchs in Betracht und nicht der Zeitpunkt der Geltendmachung (Erhebung) der Einrede (vgl. hierzu § 1990 Rdn 9). Im Streitfall ist es Sache des Erben darzulegen und zu beweisen, dass der Nachlass überschuldet ist und diese Überschuldung auf Vermächtnissen und Auflagen beruht.[18]

C. Rechtsfolgen/Durchführung der Haftungsbeschränkung

8 Der Erbe ist, auch wenn die Voraussetzungen des § 1990 BGB nicht vorliegen – wenn also der Nachlass die Kosten einer Nachlassverwaltung oder die Eröffnung eines

13 MüKo/*Küpper*, § 1992 Rn 5; BeckOK BGB/*Lohmann*, § 1992 Rn 4; a.A. Staudinger/*Dobler* (2020), § 1992 Rn 2, der anstelle der Überschuldung fordert, dass ernsthafte Möglichkeit besteht, dass nicht eine auf den Nachlass begrenzte Zwangsvollstreckung zu einer vollständigen Befriedigung aller Gläubiger führen würde.

14 BeckOGK/*Herzog*, § 1992 Rn 23; MüKo/*Küpper*, § 1992 Rn 5; Staudinger/*Dobler* (2020), § 1992 Rn 3; BeckOK BGB/*Lohmann*, § 1992 Rn 4; OLG München ZEV 1998, 100; a.A. Erman/*Horn*, § 1992 Rn 2 m.w.N.

15 BeckOGK/*Herzog*, § 1992 Rn 13.

16 BeckOK BGB/*Lohmann*, § 1992 Rn 4; Staudinger/*Dobler* (2020), § 1992 Rn 3.

17 Staudinger/*Dobler* (2020), § 1992 Rn 4; BeckOK BGB/*Lohmann*, § 1992 Rn 4; MüKo/*Küpper*, § 1992 Rn 5.

18 BeckOK BGB/*Lohmann*, § 1992 Rn 5; *Weber*, ZEV 1998, 101.

Nachlassinsolvenzverfahrens deckt – berechtigt, die Berichtigung der Vermächtnisse und Auflagen nach §§ 1990, 1991 BGB zu bewirken.[19] Er hat ihnen gegenüber ein Leistungsverweigerungsrecht insoweit, als ihnen nur der Nachlass und nicht auch das Eigenvermögen des Erben haftet und der Nachlass auch nur insoweit, als er ausreicht und nicht erschöpft ist. Dieser ist nach § 1990 Abs. 1 S. 2 zum Zwecke der Befriedigung herauszugeben.[20] Hat der **Vermächtnisnehmer** oder der Auflageberechtigte die Zwangsvollstreckung in das Eigenvermögen des Erben betrieben, kann dieser dem mit der Einrede aus § 1992 BGB entgegentreten und zwar in der gleichen Art und Weise wie im Falle der Dürftigkeitseinrede des § 1990 BGB. Die Bestimmung des § 780 Abs. 1 ZPO findet Anwendung, weshalb der Erbe sich auch gegenüber den Vermächtnis- und Auflagegläubigern die Beschränkung seiner Haftung im Urteil vorbehalten lassen muss.[21] Bei der Befriedigung der Vermächtnis- und Auflagegläubiger ist die im Nachlassinsolvenzverfahren vorgesehene Rangfolge einzuhalten (§ 1991 Abs. 4 BGB i.V.m. § 329 Abs. 1 InsO: Pflichtteilsansprüche vor Verbindlichkeiten aus Vermächtnissen und Auflagen). Ein pflichtteilsvertretendes Vermächtnis (§ 2307 BGB) ist als Pflichtteil zu behandeln. Ihm gegenüber kann deshalb § 1992 BGB nicht eingewandt werden.[22] Der Anspruch aus einem Titel (§ 1991 Abs. 4 BGB) genießt keine Sonderstellung.[23]

Lautet das Urteil auf Duldung der Zwangsvollstreckung in **bestimmte Nachlassgegenstände**, kann sich der Erbe im Urteil die Abwendung der Zwangsvollstreckung durch Zahlung des Wertes dieser Gegenstände vorbehalten lassen.[24] Die Wertbestimmung richtet sich dabei wie bei § 1973 BGB nach dem Zeitpunkt der ersten Geltendmachung des Abfindungsrechts.[25] Der Erbe kann auch verlangen, dass ihm im Falle der Verurteilung die Befugnis eingeräumt wird, die Zwangsvollstreckung gegen Zahlung des festgesetzten Betrages abzuwenden.[26] Vollstreckungsmaßnahmen in sein Eigenvermögen kann der Erbe, der sich die Beschränkung der Haftung auf den Nachlass hat vorbehalten lassen (§ 780 Abs. 1 ZPO), gem. §§ 781, 784, 785 Abs. 1 ZPO aufheben lassen. 9

Soweit der Nachlass nicht ausreicht, kann der Erbe die Berichtigung der Forderung verweigern. Er ist dann verpflichtet, den noch vorhandenen Nachlass an den anspruchstellenden Gläubiger herauszugeben (vgl. § 1991 Rdn 7 ff.). **Was** zu dem **herauszugebenden Nachlass gehört**, richtet sich nach § 1991 BGB. Zusätzlich gewährt S. 2 dem Erben das Recht, die Herausgabe der noch vorhandenen Nachlassgegenstände durch Zahlung des Wertes abzuwenden. Reicht der Nachlass zur Berichtigung eines solchen Anspruchs nicht aus, wandelt dieser sich in einen anteilig gekürzten Geldanspruch um. Der Gläubiger ist berechtigt, gegen Zahlung der Differenz die Herausgabe des zugewandten Gegenstandes in Natur zu verlangen.[27] 10

Im Hinblick auf die Aufrechnung gelten grundsätzlich die Ausführungen zu § 1991 BGB (vgl. § 1991 Rdn 9 und 10). Die **Aufrechnung** der Forderung eines Vermächtnisgläubigers gegen eine Eigenforderung des Erben ist ausgeschlossen, sobald die Voraussetzungen des § 1992 BGB vorliegen, weil der Erbe andernfalls doch eigenes Vermögen 11

19 BeckOGK/*Herzog*, § 1992 Rn 29; BeckOK BGB/*Lohmann*, § 1992 Rn 6.
20 BeckOGK/*Herzog*, § 1992 Rn 31.
21 Staudinger/*Dobler* (2020), § 1992 Rn 9.
22 MüKo/*Küpper*, § 1992 Rn 6.
23 Staudinger/*Dobler* (2020), § 1992 Rn 10.
24 BeckOK BGB/*Lohmann*, § 1992 Rn 6.
25 MüKo/*Küpper*, § 1992 Rn 7.
26 Staudinger/*Dobler* (2020), § 1992 Rn 11.
27 BGH NJW 1964, 2298 = MDR 1964, 667.

zur Befriedigung des Vermächtnisses oder der Auflage einsetzen müsste.[28] Gegen eine Nachlassforderung können Vermächtnisgläubiger hingegen weiterhin aufrechnen, denn eine Aufrechnung wäre sogar nach Eröffnung des Nachlassinsolvenzverfahrens noch möglich.[29]

Untertitel 4. Inventarerrichtung, unbeschränkte Haftung des Erben

Vorbemerkung zu §§ 1993–2013 BGB

Literatur

App, Zur Sicherung des Erben gegen (unerwartete) Nachlassforderungen, DAVorm 2000, 543; *Bornewasser/Klinger*, Können Miterben untereinander Auskunft über den Nachlassbestand verlangen?, NJW-Spezial 2004, 349; *Geldmacher*, Wann haftet der Erbe mit seinem eigenen Vermögen, MK 2020, 24; *Görk*, Rechtsbehelfsbelehrungen für notarielle Kostenberechnungen, DNotZ 2013, 883; *Heinemann*, Aufgabenübertragung auf Notare, FGPrax 2013, 139; *Holzer*, Das Aufgebot der Nachlassgläubiger nach dem FamFG, ZEV 2014, 583; *Horn*, Grundsätze der Erbenhaftung, NJW 2022, 2454; *Kuhn/Trappe*, Der Anspruch auf ein notarielles Nachlassverzeichnis gemäß § 2314 Abs. 1 S. 3 BGB, ZEV 2011, 347; *Osthold*, Instrumente im Recht der Erbenhaftung, ErbR 2016, 610; *Peter*, Die Anwendung der ErbVO und ihrer Durchführungsvorschriften ab 17.8.2015, MDR 2015, 309; *Preuß*, Das Gesetz zur Übertragung von Aufgaben im Bereich der freiwilligen Gerichtsbarkeit auf Notare, DNotZ 2013, 740; *Reinert*, Rechtliche Anforderungen an die Errichtung eines Inventars gemäß § 1993 BGB und die Verlängerung der Inventarfrist, AnwZert ErbR 11/2020; *Sagmeister*, Das notarielle Nachlassverzeichnis, MittBayNot 2013, 519; *Schmidt*, Zur Unternehmensnachfolge bei Tod eines GmbH-Gesellschafters, EWiR 1987, 251; *Schönenberg-Wessel/Kaufmann*, Der überschuldete Nachlass, BtPrax 2021, 180; *Schreinert*, Das notarielle Nachlassverzeichnis, RNotZ 2008, 61; *Sikora*, Das GNotKG in der notariellen Praxis, (Teil I) MittBayNot 2013, 349; (Teil II) MittBayNot 2013, 446; *van Venrooy*, Zum Sinn eines Nachlassinventars, AcP 186, 356; *Weidlich*, Notarielles Nachlassverzeichnis – Grundsätze und prozessuale Durchsetzung, ErbR 2013, 134; *Weimar*, Risiken bei der Inventarerrichtung für den Erben, MDR 1979, 726; *Weiß*, Das Nachlassinsolvenzverfahren/Erbrecht für Insolvenzverwalter – Teil 3: Haftungsbeschränkungen nach §§ 1970 ff. BGB, ZInsO 2017, 2306; *Zimmermann*, Die neue Übertragung von Aufgaben der Gerichte auf Notare, FamRZ 2014, 11.

1 Der vierte Unterabschnitt regelt im Einzelnen die **Errichtung** des **Inventars** und die unbeschränkte Haftung des Erben in den Fällen, in denen er durch Fristversäumnis und Inventarvergehen (Inventaruntreue und Verweigerung der eidesstattlichen Versicherung) das Recht auf Beschränkung seiner Haftung verliert. Nicht geregelt sind allerdings einige weitere Fälle des Verlustes der Beschränkung der Haftung wie z.B. der fehlende Vorbehalt im Urteil (§ 780 Abs. 1 ZPO), der Verzicht auf die Geltendmachung der beschränkten Haftung, die Haftung für Nachlasserbenschulden (vgl. § 1967 Rdn 26 ff.) und diejenige für die Geschäftsschulden des Erblassers unter den besonderen Voraussetzungen der §§ 27, 139 HGB.

2 Das Gesetz definiert in § 1993 BGB das Inventar als **„Verzeichnis des Nachlasses“** und die Einreichung dieses Verzeichnisses bei dem Nachlassgericht als Inventarerrichtung. Durch die Errichtung des Inventars kann der Erbe im Verhältnis zu den Nachlassgläubigern die Vermutung begründen, dass zum Zeitpunkt des Erbfalls weitere – als die angegebenen – Nachlassgegenstände nicht vorhanden gewesen seien. Die Vermutung stützt sich auf § 2009 BGB, der voraussetzt, dass das Inventar „rechtzeitig“, das bedeutet vor dem Ablauf einer dem Erben nach den §§ 1994 ff. BGB gesetzten Inventarfrist, errichtet wurde. Diese Vollständigkeitsvermutung erlangt praktische Bedeutung vor

28 BeckOK BGB/*Lohmann*, § 1992 Rn 8.
29 MüKo/*Küpper*, § 1992 Rn 8.

allem in denjenigen Fällen, in denen die Haftung auf den Nachlass nach den Vorschriften der §§ 1973–1975, 1989, 1990–1992 BGB beschränkt wurde.[1]

Im Inventar sollen die beim Eintritt des Erbfalls vorhandenen Nachlassgegenstände (Aktiva) und Nachlassverbindlichkeiten (Passiva) **vollständig** angegeben werden. Es soll nach § 2001 Abs. 2 BGB außerdem eine Beschreibung der Nachlassgegenstände, soweit eine solche zur Bestimmung des Wertes erforderlich ist, und die Angabe des Wertes enthalten. Maßgebender Zeitpunkt ist der Erbfall. Eine Schätzung des Wertes durch einen Sachverständigen ist nicht vorgesehen; empfiehlt sich aber bei größeren Nachlässen, wenn die bei der Aufnahme mitwirkende Person (§ 2002 BGB) nicht über die notwendige Sachkunde verfügt. 3

Die **Errichtung des Inventars** hat weder die Wirkung einer Haftungsbeschränkung noch die einer Haftungssonderung. Sie ist hierfür auch keine notwendige Voraussetzung.[2] Das Inventar verhütet aber, wenn es rechtzeitig und richtig errichtet ist (§§ 1994 Abs. 1 S. 1, 2005 Abs. 1 BGB), dass der Erbe sein Recht zur Haftungsbeschränkung endgültig verliert. Der Erbe ist deshalb wohl berechtigt, aber nicht verpflichtet, ein Inventar zu errichten. 4

Für den Erben ist die Errichtung eines Inventars ein Mittel, sich die Möglichkeit der Haftungsbeschränkung zu erhalten.[3] Nach der Errichtung kann ihm, abgesehen von dem Ausnahmefall des § 2005 Abs. 2 BGB, keine Inventarfrist mehr gesetzt werden, durch deren Versäumung er das Recht zur Haftungsbeschränkung verlieren würde. Für den Erben schafft die Errichtung des Inventars weiterhin die Vermutung der Vollständigkeit gegenüber den Nachlassgläubigern. Ihm ist deshalb die Rechenschaftspflicht erleichtert (§§ 1973, 1974, 1978, 1991 Abs. 1 BGB) und die Möglichkeit gegeben, sich vor allem im Zusammenhang mit dem Gläubigeraufgebot von der Ersatzpflicht aus nicht rechtzeitigem Insolvenzantrag zu entlasten (§ 1980 BGB). Es schafft im Verhältnis zwischen dem Erben und den Nachlassgläubigern die negative Vermutung, dass beim Erbfall keine weiteren Nachlassgegenstände vorhanden gewesen sind als die im Inventar verzeichneten (§ 2009 BGB). 5

Dem Interesse der Nachlassgläubiger dient die Errichtung des Inventars[4] wie folgt: auf Antrag eines Nachlassgläubigers kann dem Erben durch das Nachlassgericht eine Inventarfrist gesetzt werden (§ 1994 Abs. 1 S. 1 BGB). Versäumt der Erbe diese Frist (§ 1994 Abs. 1 S. 2 BGB) oder begeht er eine Inventaruntreue (§ 2005 Abs. 1 BGB), so haftet er allen Nachlassgläubigern gegenüber unbeschränkbar (§ 2006 Abs. 3 BGB). Verweigert der Erbe einem Nachlassgläubiger die eidesstattliche Bekräftigung des Inventars, so haftet er dem einzelnen Gläubiger gegenüber unbeschränkbar (§ 2006 Abs. 3 BGB). Die Einrede des § 2014 BGB reicht nicht über die Errichtung des Inventars hinaus. Aus dem Inventar gewinnen die Nachlassgläubiger eine Übersicht über den Bestand des Nachlasses und wissen, in welche Gegenstände sie die Zwangsvollstreckung betreiben können, ohne das Eigenvermögen des Erben anzugreifen, und wofür sie den Erben bei Veränderungen im Bestand des Nachlasses ersatzpflichtig machen können (§ 1978 BGB). Schließlich gibt den Nachlassgläubigern das Inventar die Möglichkeit der Abwägung, ob für sie ein Antrag auf Eröffnung des Nachlassinsolvenzverfahrens oder auf Anordnung der Nachlassverwaltung in Betracht kommt.[5] 6

1 Staudinger/*Dobler*, § 1993 Rn 1.
2 Erman/*Horn*, Vor § 1993 Rn 1; Grüneberg/*Weidlich*, Vor § 1993 Rn 1.
3 Erman/*Horn*, Vor § 1993 Rn 2.
4 Erman/*Horn*, Vor § 1993 Rn 3.
5 MüKo/*Küpper*, Vor § 1993 Rn 2.

§ 1993 Inventarerrichtung

Der Erbe ist berechtigt, ein Verzeichnis des Nachlasses (Inventar) bei dem Nachlassgericht einzureichen (Inventarerrichtung).

Literatur

Adam, Erbauseinandersetzung – Praxisrelevante Hintergründe und Muster einer Erbteilungsklage, MDR 2014, 1060; *Roth*, Ordnungsgemäßes Nachlassverzeichnis des Testamentsvollstreckers, NJW-Spezial 2023, 295; *Zimmer*, Die Aufnahme des Nachlassverzeichnisses durch den Notar, NotBZ 2005, 208.
Siehe auch Literaturhinweise Vorbemerkung zu §§ 1993–2013 BGB und Vorbemerkung zu §§ 1967–1969 BGB.

A. Begriff – Aufnahme und Errichtung des Inventars

1 Das Inventar i.S.d. §§ 1993–2013 BGB ist nach der gesetzlichen Systematik kein Instrument der direkten Haftungsbeschränkung: Errichtet der Erbe ein solches Inventar, führt das nicht etwa unmittelbar dazu, dass sich die Haftung des Erben für Nachlassverbindlichkeiten auf den Nachlass beschränkt. Vielmehr ermöglicht das Inventar dem Erben lediglich das Recht, eine solche Haftungsbeschränkung zu erreichen bzw. sich zu erhalten, soweit sie an anderer Stelle im Gesetz vorgesehen ist. Der Bestimmung ist das Recht des Erben zu entnehmen, jederzeit – auch ohne dazu durch einen Gläubigerantrag veranlasst zu sein – freiwillig ein Inventar zu errichten. Weil das Inventar dem Erben keine unmittelbare Haftungsbeschränkung verschaffen kann, umgekehrt aus dem Inventar dem Erben aber auch Gefahren und Nachteile drohen (insbesondere der Eintritt einer „nicht mehr beschränkbaren Haftung", wenn dem Erben Inventarverfehlungen zur Last fallen), ist das Nachlassinventar wohl eher eine „Angriffswaffe der Gläubiger" als hilfreiches „Abwehrinstrument" des Erben.[1] Es kommt in der forensischen Praxis deshalb auch eher selten vor. Entscheidende Bedeutung hat für den Erben lediglich die „Abwehrfunktion" der Inventarerrichtung: Durch die Errichtung eines Inventars kann sich der Erbe die Möglichkeit der (an anderer Stelle im Gesetz geregelten) Haftungsbeschränkung erhalten, ihren Verlust also „abwenden" (§ 2000 S. 3 BGB). Hat der Erbe ein Inventar freiwillig oder rechtzeitig innerhalb einer ihm nach § 1994 Abs. 1 gesetzten Frist errichtet, kann ihm – abgesehen vom Sonderfall des § 2005 Abs. 2 BGB – keine (weitere) Inventarfrist mehr gesetzt werden, durch deren Versäumung der Erbe das Recht zur Haftungsbeschränkung verlieren würde. Ist für den Erben eine Inventarfrist gem. § 1994 Abs. 1 BGB bestimmt worden, ist es für eine Haftungsbeschränkung sogar notwendige Voraussetzung, dass der Erbe frist- und formgerecht (§§ 2002, 2003 BGB) ein Inventar errichtet (§ 1994 Abs. 1 S. 2, § 2013 Abs. 1).[2]

2 Ein Inventar ist ein „Verzeichnis des Nachlasses", das beim Nachlassgericht eingereicht (errichtet) wird (§ 1993 BGB). Dabei sollen nach § 2001 BGB in dem Inventar die bei dem Eintritt des Erbfalls vorhandenen Nachlassgegenstände und die Nachlassverbindlichkeiten vollständig angegeben werden. Darüber hinaus soll das Inventar eine Beschreibung der Nachlassgegenstände und – soweit eine solche zur Bestimmung des Wertes erforderlich ist – die Angabe des Wertes der Nachlassgegenstände enthalten. **Errichtet ist das Inventar** dann, wenn es beim Nachlassgericht eingereicht wurde (§ 1993 BGB). Die Aufnahme (Anfertigung bzw. Abfassung) eines Inventars bedeutet deshalb noch nicht seine Errichtung.[3] Folglich hat die Aufnahme des Inventars seiner

1 BeckOGK/*Herzog*, BGB § 1993 Rn 1.
2 BeckOGK/*Herzog*, BGB § 1993 Rn 5.
3 Staudinger/*Dobler* (2020), § 1993 Rn 7.

„Errichtung" vorauszugehen. Sie erfolgt durch den Erben unter Hinzuziehung einer zuständigen Behörde oder eines zuständigen Beamten oder Notars (§ 2002 BGB). Das Unterlassen dieser Art der Aufnahme hat zur Folge, dass in der späteren Einreichung des Inventars keine wirksame Errichtung zu sehen ist. Der Erbe muss aber nicht selbst unter Hinzuziehung des genannten Personenkreises das Inventar aufnehmen. Er kann auch bei dem zuständigen Nachlassgericht den Antrag stellen, dass dieses einen Notar bestimmt, der das Inventar aufnimmt (§ 2003 Abs. 1 S. 1 BGB). Wichtig ist, dass allein durch die Stellung dieses Antrags eine dem Erben gesetzte Inventarfrist gewahrt wird (§ 2003 Abs. 1 S. 3 BGB).

Auch das von einem Notar im Auftrag des Nachlassgerichts aufgenommene Inventar 3
ist erst mit seiner Einreichung bei dem Nachlassgericht errichtet. Das ist vor allem wichtig in Bezug auf den Zeitpunkt des Eintritts der Vollständigkeitsvermutung des § 2009 BGB, die nach § 2003 Abs. 3 BGB von der aufzunehmenden Stelle zu besorgen ist.[4] Nachteilig ist für den Erben, dass er mit Errichtung des Inventars die aufschiebende Dreimonatseinrede des § 2014 Hs. 2 BGB verliert. Außerdem birgt die Inventarerrichtung für den Erben die Gefahr, dass er trotz Inventarerrichtung unbeschränkt haftet, wenn die Gläubiger im Anschluss daran die eidesstattliche Versicherung gem. § 2006 BGB verlangen, der Erbe hierzu aber nicht bereit ist (§ 2006 Abs. 3 BGB), oder der Erbe bei der Errichtung des Inventars eine Verfehlung i.S.d. § 2005 Abs. 1 begangen hat.[5]

Die Einreichung des Inventars ist dann **entbehrlich**, wenn sich beim Nachlassgericht 4
bereits ein den Bestimmungen des §§ 2002, 2003 BGB entsprechendes Inventar befindet. Der Erbe kann auf dieses Inventar Bezug nehmen (§ 2004 BGB) und die Einreichung durch die Erklärung ersetzen, dass das Inventar als von ihm eingereicht gelten soll.[6]

Miterben sind selbstständig und unabhängig voneinander zur Aufnahme und Errich- 5
tung des Inventars befugt. Es gibt allerdings keine Pflicht dahingehend, dass der eine Miterbe bei der Errichtung des Inventars eines anderen Miterben mitwirken muss.[7] Die Errichtung des Inventars durch einen der Miterben kommt auch den anderen Miterben zugute, es sei denn, deren Haftung sei bereits unbeschränkt (§ 2063 BGB).[8] Das von dem Miterben errichtete Inventar muss sich stets auf den gesamten Nachlass beziehen.[9] Auch **Bevollmächtigte des Erben** können ein Inventar aufnehmen und errichten.[10] Das Nachlassgericht kann das Inventar in den Fällen der Bevollmächtigung nicht deshalb zurückweisen, weil keine Vollmachtsurkunde (mit) vorgelegt wird.[11] Die gleichzeitige Einreichung einer Vollmachtsurkunde ist allerdings zu empfehlen, da der Erbe im Streitfall ohnehin die Erteilung der Vollmacht nachweisen muss.[12] Sollte es zum Streit über eine wirksam erteilte Vollmacht kommen, ist darüber in dem Prozess zu entscheiden, in dem die Wirksamkeit und/oder Unwirksamkeit des Inventars geltend gemacht wird.[13] Die Inventarerrichtung durch einen Vertreter ohne Vertretungs-

---

4 Staudinger/*Dobler* (2020), § 1993 Rn 9.
5 BeckOGK/*Herzog*, § 1993 Rn 8.
6 BeckOK BGB/*Lohmann*, § 1993 Rn 3.
7 MüKo/*Küpper*, § 1993 Rn 3.
8 Grüneberg/*Weidlich*, § 1993 Rn 1.
9 BeckOGK/*Herzog*, § 1993 Rn 17.
10 Grüneberg/*Weidlich*, § 1993 Rn 1; MüKo/*Küpper*, § 1993 Rn 6.
11 Staudinger/*Dobler* (2020), § 1993 Rn 15.
12 MüKo/*Küpper*, § 1993 Rn 6.
13 Staudinger/*Dobler* (2020), § 1993 Rn 15.

macht ist als unzulässig zu erachten; auch dann, wenn das Nachlassgericht den Mangel der Vertretungsmacht nicht beanstandet hat.[14]

6 Jeder **Ehegatte** oder auch **Lebenspartner** kann ohne Mitwirkung des anderen ein Inventar über eine ihm selbst angefallene Erbschaft errichten. Das versteht sich für den Güterstand der Gütertrennung von selbst und folgt für denjenigen der Zugewinngemeinschaft aus § 1364 BGB (§ 6 S. 2 LPartG). Auch ein in Gütergemeinschaft lebender Ehegatte besitzt das Recht zur Errichtung des Inventars, und zwar unabhängig davon, ob die Erbschaft zum Vorbehalts-, Sonder- oder zum Gesamtgut gehört.[15] Gehört die Erbschaft zum Gesamtgut, kann der das Gesamtgut allein verwaltende Ehegatte das Inventar errichten, wenn die Erbschaft ihm angefallen ist und auch, wenn der andere Ehegatte Erbe ist. Auch derjenige Ehegatte, der das Gesamtgut nicht verwaltet, kann über eine ihm selbst angefallene Erbschaft ohne Zustimmung des anderen (verwaltenden) Ehegatten ein Inventar errichten (§ 1432 Abs. 2 BGB). Sind die Ehegatten gemeinschaftlich zur Verwaltung des Gesamtguts befugt (§§ 1450 ff. BGB), ist jeder Ehegatte berechtigt, ein Inventar über eine ihm und/oder dem anderen Ehegatten angefallene Erbschaft zu errichten, es sei denn, dass die dem anderen Ehegatten (allein) angefallene Erbschaft zu dessen Sonder- oder Vorbehaltsgut gehört (§§ 1455 Nr. 3, 2008 Abs. 1 S. 3 BGB).[16]

7 Der **Nachlasspfleger** kann als gesetzlicher Vertreter des Erben für diesen ein Inventar errichten, wenn das von seinem Aufgabenbereich nach den §§ 1960, 1961 BGB umfasst ist.[17] Seine Inventaruntreue wirkt nach h.M. aber nicht gegen den Erben.[18] Die Vollständigkeitsvermutung wirkt nicht für ein solches vom Nachlasspfleger „untreu" errichtetes Inventar. **Testamentsvollstrecker** und Nachlassverwalter können kraft ihres Amts ein Inventar errichten. Dies gilt aber nur dann als vom Erben eingereicht, wenn er nach § 2004 BGB Bezug nimmt. Der Erbe hat dem Testamentsvollstrecker bei der Aufnahme des Inventars behilflich zu sein.[19]

B. Verfahren

8 **Zuständig** für die Entgegennahme des Inventars ist das **Nachlassgericht.** Durch die Anordnung in § 1993 BGB ist die Entgegennahme des Inventars eine dem Nachlassgericht i.S.d. § 342 Abs. 1 Nr. 9 FamFG zugewiesene Aufgabe. Die örtliche Zuständigkeit richtet sich damit nach § 342 FamFG. Nach § 342 Abs. 1 FamFG, der im Regelfall in Betracht kommen wird, ist örtlich zuständig dasjenige AG, in dessen Bezirk der Erblasser seinen **letzten gewöhnlichen Aufenthalt** hatte (§ 343 Abs. 1 FamFG). Die sachliche Zuständigkeit für die Entgegennahme des Inventars folgt aus § 23a Abs. 1 Nr. 2, Abs. 2 Nr. 2 GVG (Amtsgericht), funktionell ist der Rechtspfleger zuständig, § 3 Nr. 2 lit. c RPflG. Das Inventar ist offen einzureichen.[20] Eine gesetzliche Frist, innerhalb derer das Inventar errichtet werden müsste, gibt es nicht. Der Erbe bleibt zur Inventarerrichtung berechtigt, bis eine vom Nachlassgericht gesetzte Frist abgelaufen ist. Ist dem Erben eine Inventarfrist gesetzt worden, reicht zur Fristwahrung die Einreichung bei dem Nachlassgericht, das die Frist gesetzt hatte, und zwar auch dann, wenn dieses seine (örtliche) Zuständigkeit zu Unrecht angenommen hatte, in Wirklichkeit also nicht zuständig war. Der Einreichende kann vom Nachlassgericht

14 Staudinger/*Dobler* (2020), § 1993 Rn 15.
15 MüKo/*Küpper*, § 1993 Rn 4.
16 MüKo/*Küpper*, § 1993 Rn 4.
17 BeckOGK/*Herzog*, § 1993 Rn 26; MüKo/*Küpper*, § 1993 Rn 6.
18 Staudinger/*Dobler* (2020), § 1993 Rn 16 m. w. Einzelh.
19 Staudinger/*Dobler* (2020), § 1993 Rn 17.
20 BeckOGK/*Herzog*, § 1993 Rn 40.

eine Empfangsbestätigung verlangen, ein Nachlassgläubiger die Einsicht (§ 2010 BGB) oder Erteilung einer Abschrift des Inventars verlangen (§ 13 Abs. 3 FamFG). Die **freiwillige Errichtung** ist auch noch dann möglich, wenn Nachlassverwaltung angeordnet oder das Nachlassinsolvenzverfahren eröffnet worden ist.[21] Weigert sich das Nachlassgericht, das Inventar entgegenzunehmen, steht dem Erben die einfache Beschwerde zu (§§ 58 ff. FamFG; § 11 Abs. 1 RPflG).[22]

Im Hinblick auf die **Kosten** des Inventars gilt: Für die Entgegennahme eines Inventars 9
durch das Nachlassgericht wird eine Festgebühr von 16 EUR erhoben (KV Nr. 12410 Nr. 6 GNotKG). Der Antrag des Erben, einen Notar mit der amtlichen Aufnahme des Nachlassinventars zu beauftragen, löst eine gerichtliche Festgebühr von 44 EUR aus (KV Nr. 12412 GNotKG). Der Notar erhält für die Aufnahme des Nachlassinventars eine Gebühr nach dem 2-fachen Satz der Gebührentabelle B (KV Nr. 23500 GNotKG). Der zugrunde liegende Wert bestimmt sich nach dem Wert des Nachlasses ohne Berücksichtigung von Zinsen und Verbindlichkeiten (§§ 115, 37 Abs. 1, 38 GNotKG). Die Gebühr fällt neben der Gebühr des Gerichts nach KV Nr. 12412 GNotKG an. Für die Kosten des Gerichts, die durch die Entgegennahme des Nachlassinventars oder einer Erklärung nach § 2004 BGB entstehen, haftet nach § 23 Nr. 4d GNotKG derjenige, der die Erklärung, die Anzeige oder das Nachlassinventar abgegeben hat. Für die Gerichtkosten der Errichtung des Nachlassinventars haftet nach § 24 Nr. 4 GNotKG der Erbe nach den Vorschriften des BGB über Nachlassverbindlichkeiten. Für die Kosten des Notars, die durch die Errichtung des Nachlassinventars entstehen, haften nur die Erben, und zwar nach den Vorschriften des BGB über Nachlassverbindlichkeiten (§ 31 Abs. 2 GNotKG).

Die Kostenschuld des Erben wird durch § 31 Abs. 2 GNotKG nicht begründet, son- 10
dern setzt eine Haftung für die Kosten nach § 29 oder § 30 GNotKG voraus und regelt bezüglich dieser Kosten die Beschränkung der Haftung nach den Regeln des BGB über Nachlassverbindlichkeiten. Im Nachlassinsolvenzverfahren sind diese Kosten Masseverbindlichkeiten (§ 324 Abs. 1 Nr. 5 InsO). Diejenigen Kosten allerdings, die bei der **Aufnahme des Inventars** durch die Zuziehung der zuständigen Behörde oder des Notars (§ 2002 BGB) entstehen, sind zugleich Nachlassverbindlichkeiten und Eigenschulden des Erben. Sie werden nach § 29 Nr. 1 GNotKG vom Erben geschuldet. Der Notar erhält bei seiner Zuziehung eine Gebühr nach der Tabelle B nach dem Wert des Nachlasses, wobei Nebengegenstände, wie z.B. Zinsen, ebenso unberücksichtigt bleiben wie Verbindlichkeiten (§§ 115, 37 Abs. 1, 38 GNotKG; KV Nr. 23502 GNotKG). Das gilt auch, wenn das Nachlassgericht die Aufnahme des Inventars einem Notar übertragen (§ 2003 Abs. 1 BGB) hat.

Der Wert eines Nachlassverzeichnisses, welches den gesamten Nachlass erfasst, richtet 11
sich nach dem Wert sämtlicher Nachlassgegenstände (§ 115 S. 1 GNotKG). Ein im Zeitpunkt des Versterbens des Erblassers noch in seinem Eigentum stehendes Grundstück gehört zum Nachlass und ist mit seinem Verkehrswert in Ansatz zu bringen (§ 46 GNotKG). Es kommt nicht darauf an, ob der Erblasser noch vor seinem Tod beabsichtigt hatte, das Grundstück zu veräußern.[23] Bei der Berechnung des Wertes des Nachlassverzeichnisses findet ein Abzug von Verbindlichkeiten des Nachlasses nicht statt (§ 38 Abs. 2 GNotKG). Auch ein Abzug der Verbindlichkeiten nach § 102 Abs. 1 S. 2 GNotKG bis zur Hälfte des Vermögens kommt nicht in Betracht, weil die Erstellung eines notariellen Nachlassverzeichnisses in dieser Vorschrift nicht aufgeführt ist.[24]

21 Staudinger/*Dobler* (2020), § 1993 Rn 27.
22 BeckOGK/*Herzog*, § 1993 Rn 41.
23 LG Cottbus NotBZ 2016, 354.
24 LG Cottbus NotBZ 2016, 354.

§ 1994 Inventarfrist

(1) [1]Das Nachlassgericht hat dem Erben auf Antrag eines Nachlassgläubigers zur Errichtung des Inventars eine Frist (Inventarfrist) zu bestimmen. [2]Nach dem Ablauf der Frist haftet der Erbe für die Nachlassverbindlichkeiten unbeschränkt, wenn nicht vorher das Inventar errichtet wird.
(2) [1]Der Antragsteller hat seine Forderung glaubhaft zu machen. [2]Auf die Wirksamkeit der Fristbestimmung ist es ohne Einfluss, wenn die Forderung nicht besteht.

Literatur

Gemmer, Erbenhaftung: Die „ungewisse" Erbschaft: Fluch oder Segen, ErbStg 2024, 142; *Gottwald*, Fristen im Erbrecht: Fristsetzung durch das Nachlassgericht und durch Beteiligte, ZEV 2006, 347; *Polonius*, Der Insolvenzverwalter als Erbe, ZVI 2018, 90; *Zimmer*, Die Aufnahme des Nachlassverzeichnisses durch den Notar, NotBZ 2005, 208.
Weitere Literaturhinweise siehe Vorbemerkung zu §§ 1993–2013.

Übersicht: Rdn

A. Allgemeines

1 Die Bestimmung fügt dem § 1993 BGB eine weitere gesetzliche Definition – und zwar diejenige der Inventarfrist – hinzu: „Das Nachlassgericht hat dem Erben auf Antrag eines Nachlassgläubigers zur Errichtung des Inventars eine Frist (Inventarfrist) zu setzen." (Abs. 1). Sie ist damit eine **richterliche**, keine gesetzliche **Frist.**[1] Durch die Inventarfrist wird dem Erben eine „Pflicht" zur Errichtung des Inventars gesetzt, wenngleich er zur Errichtung desselben nicht gezwungen werden kann.[2] Sinn und Zweck dieser Bestimmung ist es, den Nachlassgläubigern, in denjenigen Fällen, in denen der Erbe ihnen nur noch mit dem Nachlass haftet (vgl. §§ 1973–1975, 1989, 1990–1992 BGB), zu ermöglichen, den ursprünglichen Bestand des Nachlasses zuverlässig festzustellen.[3] Das Inventar erleichtert so auch die Zwangsvollstreckung in Gegenstände des Nachlasses sowie die Inanspruchnahme des Erben (§§ 1978–1980 BGB) bei eventuell festgestellten Änderungen im Nachlassbestand. Die Inventarfrist stellt sich aus der Sicht des Nachlassgläubigers auch als ein „Druckmittel" dar, den Erben zur Erhaltung des Nachlasses zu veranlassen. Die Nachlassgläubiger haben aber nicht nur in den Fällen, in denen der Erbe bereits beschränkt haftet, ein Interesse an der Errichtung des Inventars, sondern bereits in der Zeit davor. So kann das Inventar durchaus zur Vorbereitung der Entscheidung dienen, die Nachlassverwaltung (§ 1981 Abs. 2 BGB) oder auch die Eröffnung des Nachlassinsolvenzverfahrens zu beantragen

1 *Gottwald*, ZEV 2006, 347; Erman/*Horn*, § 1994 Rn 1.
2 RGZ 129, 243; Grüneberg/*Weidlich*, § 1994 Rn 1.
3 Staudinger/*Dobler* (2020), § 1994 Rn 2.

(§§ 317, 319 InsO). Weiter ordnet die Bestimmung die Rechtsfolge für den Fall an, dass der Erbe die Inventarfrist versäumt. Dabei wird deutlich, dass es sich für den Erben bei der Inventarerrichtung um eine Obliegenheit handelt.[4]

B. Tatbestand

I. Voraussetzungen der Fristbestimmung

Die Inventarfrist wird nur auf **Antrag eines Nachlassgläubigers** gesetzt (Abs. 1 S. 1). 2
Der Antrag kann schriftlich oder zu Protokoll der Geschäftsstelle des Nachlassgerichts (§ 25 FamFG) erklärt werden. Der Antrag eines Nachlassgläubigers auf Bestimmung einer Inventarfrist muss die Person benennen, die das Inventar errichten soll. Hierfür genügt die Angabe „den Erben" nicht.[5] Antragsberechtigt ist grundsätzlich jeder Nachlassgläubiger i.S.v. § 1967 BGB,[6] auch der Pflichtteilsberechtigte, der Vermächtnisnehmer und der Auflageberechtigte[7] sowie der Pfandgläubiger, der die Nachlassforderung gepfändet hat. Eine Inkassovollmacht berechtigt nicht zur Vertretung in einer Nachlasssache vor Gericht, weshalb der gestellte Antrag unzulässig ist.[8] Nach dem Erbfall fällig werdende oder durch Beschluss neu begründete Wohngeldschulden sind keine reinen Eigenschulden des Erben, sondern entweder Nachlasserbenschulden – also bei der Verwaltung des Nachlasses entstandene Verbindlichkeiten, die eine Doppelstellung haben, nämlich sowohl Eigenverbindlichkeiten des Erben als auch (soweit sie auf ordnungsgemäßer Verwaltung des Nachlasses beruhen) Nachlassverbindlichkeiten darstellen – oder (ausnahmsweise) reine Nachlassverbindlichkeiten. Dann aber ist die Wohnungseigentümergemeinschaft Nachlassgläubigerin i.S.d. Abs. 1 S. 1 und damit zur Antragstellung befugt.[9]

Ein **Pflichtteilsberechtigter**, der nicht Erbe ist, hat außerdem einen klagbaren An- 3
spruch aus § 2314 BGB auf Auskunft über den Bestand des Nachlasses durch Vorlage eines Bestandsverzeichnisses (§ 260 BGB), das ggf. durch eidesstattliche Versicherung zu bekräftigen ist (§ 260 Abs. 2 BGB). Dieser Anspruch wird nicht dadurch ausgeschlossen, dass der Pflichtteilsberechtigte auch dem Erben eine Inventarfrist setzen lassen kann (§§ 1994 Abs. 1 S. 1, 2006 Abs. 1 BGB).[10] Hat der Erbe (bereits) ein Inventar nach §§ 1993, 1994 BGB vorgelegt, kann der Pflichtteilsberechtigte auf eidesstattliche Versicherung der Richtigkeit dieses Inventars klagen.[11] Daneben kann er auch einen Antrag nach § 2006 BGB (Abgabe der eidesstattlichen Versicherung) stellen.[12] Klage auf Vorlage eines gesonderten Bestandsverzeichnisses bedarf es (dann) nicht.[13]

Ob auch ein nach §§ 1973, 1974 BGB **ausgeschlossener Nachlassgläubiger** antragsbe- 4
rechtigt ist, ist sehr umstritten. Die (wohl) h.M. gesteht ihnen ein solches Antragsrecht zu Recht zu.[14] Zwar kann im Verhältnis zu einem ausgeschlossenen Gläubiger durch Versäumung der Inventarfrist oder durch Inventaruntreue keine unbeschränkte Haftung mehr eintreten (§ 2013 Abs. 1 S. 2 BGB). Sinn und Zweck der Inventarfrist er-

---

4 BeckOGK/*Herzog*, § 1994 Rn 3.
5 OLG Rostock ZEV 2023, 314.
6 MüKo/*Küpper*, § 1994 Rn 3; BeckOK BGB/*Lohmann*, § 1994 Rn 2.
7 Staudinger/*Dobler* (2020), § 1994 Rn 5; Grüneberg/*Weidlich*, § 1994 Rn 3.
8 OLG Rostock ZEV 2023, 314.
9 Schleswig-Holsteinisches OLG MDR 2014, 38 = ZEV 2014, 33 m. Anm. *Küpper*; vgl. auch BGH MDR 2013, 1045 = ZErb 2013, 245.
10 OLG Zweibrücken FamRZ 1990, 230.
11 BeckOK BGB/*Lohmann*, § 1994 Rn 6; Staudinger/*Dobler* (2020), § 1994 Rn 6.
12 Staudinger/*Dobler* (2020), § 1994 Rn 6.
13 BeckOGK/*Herzog*, § 994 Rn 7; BeckOK BGB/*Lohmann*, § 1994 Rn 2.
14 MüKo/*Küpper*, § 1994 Rn 3; BeckOK BGB/*Lohmann*, § 1994 Rn 3; a.A. Staudinger/*Dobler* (2020), § 1994 Rn 8.

schöpfen sich jedoch nicht in der Rechtsfolge der unbeschränkten Haftung bei Inventarverfehlungen. Sie dient auch dazu, den Nachlassgläubigern die Verfolgung ihrer Ansprüche gegen den Nachlass zu erleichtern (siehe oben Rdn 1). Dieser Zweck gilt auch im Verhältnis zu einem nach § 1973 BGB ausgeschlossenen Nachlassgläubigern. Er bleibt z.B. berechtigt, Nachlassverwaltung oder Eröffnung des Nachlassinsolvenzverfahrens zu beantragen. Das Inventar kann ihm die Entscheidung zur Antragstellung in diesen Verfahren erleichtern. Er hat Anspruch darauf, vor den Pflichtteils- und Vermächtnisgläubigern sowie Auflagenbegünstigten aus dem Nachlass befriedigt zu werden (§ 1973 Abs. 1 S. 2 BGB). Der Erbe hat ihm den nach Befriedigung der nicht ausgeschlossenen Nachlassgläubiger verbliebenen Nachlass herauszugeben (§ 1973 Abs. 2 BGB). Diese dem ausgeschlossenen Nachlassgläubiger verbliebenen Rechte unnötig einzuschränken besteht kein Anlass. Der Gegenauffassung ist allerdings einzuräumen, dass der klare und eindeutige Wortlaut der §§ 1973, 2013 Abs. 1 S. 2 BGB dem entgegensteht.[15]

5 **Umstritten** ist auch, ob **ein Nachlassgläubiger**, der **zugleich Miterbe** ist, **antragsbefugt** ist. Dies wird verneint mit der Begründung, der Miterbe sei selbst in der Lage, sich die erforderlichen Informationen zu verschaffen.[16] Mit dem Antrag auf amtliche Inventaraufnahme könne ein (gesetzlicher) Miterbe von den übrigen potenziellen Miterben keine Auskunft über den Nachlass erlangen.[17] Er sei berechtigt und ggf. sogar verpflichtet, selbst ein Inventar zu erstellen und dessen Richtigkeit an Eides statt zu versichern. Die Inventarfrist könnte daher nur dazu dienen, die unbeschränkte Haftung der anderen Erben herbeizuführen. Diese sei aber gerade im Verhältnis zu einem Miterbengläubiger jedoch ausdrücklich ausgeschlossen (§ 2063 Abs. 2 BGB). Nur zum Zwecke der Herbeiführung der Haftungsfolgen könne die Errichtung eines Inventars überdies nicht verlangt werden.[18] Dem steht indes entgegen, dass das Gesetz für den Nachlassgläubiger-Miterben keine Ausnahme macht und auch dieser ein begründetes Interesse an der Antragstellung haben kann.[19] Gerade die Praxis zeigt, dass Miterben in zahlreichen Fällen dem Nachlass eben nicht so nahe stehen, wie das Gesetz es vermutet. Oft ist es so, dass der Miterbe hinsichtlich der Kenntnis vom Nachlass mit einem Pflichtteilsberechtigten vergleichbar ist. Damit gibt das Inventar auch ihm die Möglichkeit, nach dem Erbfall die strategisch richtigen Entscheidungen treffen zu können, die er ohne diese Möglichkeit, weil er nicht die Mittel des Pflichtteilsberechtigten hat (§ 2314 BGB), in diesem Maße jedenfalls nicht hat. Man wird also auch dem Nachlassgläubiger-Miterben ein Antragsrecht zubilligen müssen.[20]

6 Der Miterbe, der nicht zugleich Nachlassgläubiger ist, ist nicht antragsberechtigt.[21] Sowohl für den Miterben als auch den ausgeschlossenen Nachlassgläubiger wird durch das Nachlassgericht aber stets in diesen Fällen besonders sorgfältig zu prüfen sein, ob nicht etwa das Rechtsschutzbedürfnis für einen entsprechenden Antrag fehlt: Dient der Antrag ersichtlich nur dazu, den Erben über eine etwaige Säumnis der Inventarfrist in eine unbeschränkte Haftung gegenüber anderen Nachlassgläubigern zu führen, ist der Antrag als rechtsmissbräuchlich abzulehnen.[22]

15 So vor allem: Staudinger/*Dobler* (2020), § 1994 Rn 8.
16 KG Rpfleger 1979, 136 = DNotZ 1980, 163.
17 OLG Düsseldorf ZEV 2015, 100 = ErbR 2014, 498.
18 KG Rpfleger 1979, 136 = FamRZ 1980, 505; BeckOK BGB/*Lohmann*, § 1994 Rn 4; Staudinger/*Dobler* (2020), § 1994 Rn 8.
19 MüKo/*Küpper*, § 1994 Rn 3.
20 BeckOGK/*Herzog*, § 1994 Rn 5, 6.
21 BeckOGK/*Herzog*, § 1994 Rn 8.
22 BeckOGK/*Herzog*, § 1994 Rn 8.

II. Verfahren

1. Zulässigkeit des Antrages

7 Der Antrag ist schriftlich oder zu Protokoll der Geschäftsstelle (§ 25 FamFG) des zuständigen Nachlassgerichtes (§ 343 FamFG) zu stellen. Der Antragsteller hat den Antragsgegner als Beteiligten zu benennen,[23] wobei die Bezeichnung als „Erbe" nicht genügt.[24] Auch der Antrag, der sich gegen einen Antragsgegner richtet, der nicht Erbe ist, ist unzulässig.[25] Er hat seine Forderung gem. § 31 FamFG glaubhaft zu machen (Abs. 2 S. 1).[26] Versicherung an Eides statt ist zulässig (§ 31 FamFG). Die Frage, ob eine Forderung glaubhaft gemacht ist, hat das Nachlassgericht nach seinem freien Ermessen zu entscheiden. Der Erbe, dem die Frist gesetzt werden soll, hat einen Anspruch auf rechtliches Gehör[27] und ist mit Zuleitung des Antrags zur Stellungnahme aufzufordern.[28] Die **Pflicht zur Glaubhaftmachung**, die den im Verfahren der freiwilligen Gerichtsbarkeit geltenden § 26 FamFG (Grundsatz der Amtsermittlung) durchbricht, bezieht sich allein auf die Forderung und nicht etwa (auch) auf die Erbeneigenschaft des Antragsgegners. Wer Erbe ist, muss das Nachlassgericht unter Anwendung des § 26 FamFG von Amts wegen prüfen und feststellen.[29] Auch ist es auf die Wirksamkeit der Fristbestimmung ohne Einfluss, wenn die Forderung nicht besteht (Abs. 2 S. 2). Bleibt allerdings die Erbeneigenschaft nach Ausschöpfung aller Beweismittel zweifelhaft, muss der Antrag auf Bestimmung der Inventarfrist zurückgewiesen werden.[30] Die **Frist** kann auch dem Erben gesetzt werden, der die Erbschaft noch nicht angenommen hat und sie noch ausschlagen kann.[31]

8 Hat der Erbe die Erbschaft ausgeschlagen, muss das Nachlassgericht die Wirksamkeit der Ausschlagung prüfen und den Antrag ggf. ablehnen.[32] Die Bestimmung der Inventarfrist ist allerdings nicht ausgeschlossen, wenn ein Streit über das Erbrecht besteht. Sie hängt auch nicht von der Erteilung eines Erbscheins ab. Das Verfahren der Fristsetzung nach § 1994 BGB muss nicht ausgesetzt werden, bis in dem Erbscheinsverfahren geklärt ist, ob der Antragsgegner Erbe geworden ist.[33] Bei Miterben braucht die Inventarfrist nicht gegenüber sämtlichen Miterben beantragt und bestimmt zu werden (vgl. § 2063 BGB). Der Antrag auf Bestimmung der Inventarfrist ist **nicht an eine Frist gebunden**. Der Nachlassgläubiger, der eine Fristsetzung ins Auge fasst, sollte sie alsbald beantragen, denn die Nachprüfung des Bestands und der Vollständigkeit des Nachlasses ist sicher nur zeitnah zum Erbfall möglich. Verzichten die Beteiligten über Jahre hinweg auf die Errichtung des Inventars in gegenseitiger Rücksichtnahme und ist die Errichtung des Inventars nicht mehr möglich, soll sich der Erbe dem betroffenen Nachlassgläubiger gegenüber nach einer Entscheidung des RG nicht mehr berufen können.[34]

---

23 LG Bochum Rpfleger 1991, 154.
24 OLG Rostock ZEV 2023, 314.
25 BeckOGK/*Herzog*, § 1994 Rn 16.
26 BayObLGZ 1992, 162 = NJW-RR 1992, 1159.
27 OLG Düsseldorf FamRZ 2018, 1355.
28 BayObLGZ 1992, 162 = NJW-RR 1992, 1159.
29 LG Krefeld MDR 1970, 766.
30 Staudinger/*Dobler* (2020), § 1994 Rn 10.
31 BeckOGK/*Herzog*, § 1994 Rn 19.
32 BayObLG FamRZ 1994, 264 = NJW-RR 1994, 202; AG Oldenburg Rpfleger 1990, 21 = NdsRpfl 1990, 5.
33 Staudinger/*Dobler* (2020), § 1994 Rn 13.
34 RG DR 1939, 381 = HRR 1939 Rn 369.

9 Der **Antrag** auf **Bestimmung einer Inventarfrist** ist als **unzulässig zurückzuweisen**[35]
- während der Dauer der Nachlassverwaltung oder eines Nachlassinsolvenzverfahrens (§ 2000 S. 2 BGB);
- wenn der Antrag von einer hierzu nicht berechtigten Person gestellt wurde;
- wenn er gegen den Fiskus als gesetzlichem Erben gerichtet ist (§ 2011 BGB);
- wenn er gegen einen Nachlassinsolvenzverwalter oder einen Testamentsvollstrecker gerichtet ist;[36]
- wenn er gegen einen Nachlasspfleger oder einen Nachlassverwalter gerichtet ist (§ 2012 BGB);
- wenn das Nachlassinsolvenzverfahren durch Verteilung der Masse oder durch einen Insolvenzplan beendet worden ist;[37]
- wenn der Erbe bereits ein den Bestimmungen der §§ 2002, 2003 BGB entsprechendes Inventar errichtet hat, weil bei Unvollständigkeit eine Frist zur Ergänzung gesetzt werden kann, sofern der Erbe nicht bereits unbeschränkbar haftend geworden ist (§ 2005 BGB),[38] und
- wenn das bereits bei dem Nachlassgericht befindliche Inventar von einem anderen errichtet ist und dem Erben lediglich „zustatten" kommt (§§ 2008 Abs. 1 S. 3, 2063 Abs. 1, 2144 Abs. 2 oder 2383 Abs. 2 BGB).[39]

10 Der **Bestimmung einer Inventarfrist** steht indes nicht entgegen, wenn die Anordnung der Nachlassverwaltung bzw. die Eröffnung des Nachlassinsolvenzverfahrens mangels einer die Kosten des Verfahrens deckenden Masse abgelehnt wurden.[40]

2. Entscheidung über den Antrag – Rechtsmittel

11 Die **Inventarfrist** wird durch Beschluss des Nachlassgerichts (§ 38 FamFG) bestimmt. Funktionell zuständig ist der Rechtspfleger. Der Beschluss ist den Beteiligten zuzustellen (§ 1995 Abs. 1 S. 2 BGB). Die Frist beginnt mit der Zustellung an den Erben, da sie nur an ihn gerichtet ist (§§ 15, 40 Abs. 1 FamFG). Die Frist soll mindestens **einen Monat, höchstens drei Monate** betragen. Bei Stillstand der Rechtspflege oder mangelnder Geschäftsfähigkeit des Erben ist die Frist wie eine Verjährungsfrist gehemmt (§§ 203 Abs. 1, 206, 1997 BGB). Stirbt der Erbe vor Ablauf der Frist, endet die Frist nicht vor dem Ablauf der für die Erbschaft des Erben vorgeschriebenen Ausschlagungsfrist (§ 1998 BGB). Die Anordnungsverfügung ist dem oder den Erben sowie allen Nachlassgläubigern zuzustellen. Einzelheiten regeln §§ 1995–2000 BGB.

12 **Gegen einen Beschluss,** durch den gegen den Erben eine Inventarfrist bestimmt wird, steht diesem sowie jedem Nachlassgläubiger, nicht lediglich dem antragstellenden, die Beschwerde zu (§ 360 Abs. 1 FamFG; § 11 Abs. 1 RPflG). Die Beschwerde ist binnen einer Frist von einem Monat einzulegen (§ 63 Abs. 1 FamFG). Die Frist beginnt für die Nachlassgläubiger – die nur die zu lange Dauer der Frist rügen können[41] – mit dem Zeitpunkt, in welchem der Beschluss demjenigen Nachlassgläubiger zugestellt worden ist, der den Antrag gestellt hatte (§§ 15, 360 Abs. 1 FamFG). Für den Erben beginnt die Frist gem. §§ 15, 40 Abs. 1, 63 Abs. 3 FamFG mit dem Zeitpunkt, in dem ihm der Beschluss zugestellt worden ist. Der Erbe kann geltend machen, dass er

35 Vgl. auch: BeckOGK/*Herzog*, § 1994 Rn 18.
36 BeckOK BGB/*Lohmann*, § 1994 Rn 7.
37 Staudinger/*Dobler* (2020), § 1994 Rn 17.
38 Saarländisches OLG Saarbrücken, Beschl. v. 25.06.2025 – 5 W 33/25, juris; Staudinger/*Dobler* (2020), § 1994 Rn 17.
39 Staudinger/*Dobler* (2020), § 1994 Rn 17.
40 OLG Stuttgart FamRZ 1995, 57 = NJW 1995, 1227.
41 MüKo/*Küpper*, § 1994 Rn 9; Staudinger/*Dobler* (2020), § 1994 Rn 26.

nicht Erbe[42] und/oder der Antragsteller nicht Nachlassgläubiger ist, die Frist zu kurz bemessen sei oder ein Inventar bereits eingereicht sei. Die Beschwerde hat keine aufschiebende Wirkung. Das bedeutet, dass die Inventarfrist trotz Einlegung des Rechtsmittels weiterläuft, was der Rechtsmittelführer, insbesondere der Erbe zu beachten hat. Es steht ihm allerdings frei, beim Beschwerdegericht einen Antrag auf Aussetzung der Vollziehung des angefochtenen Beschlusses zu erwirken (§ 64 Abs. 3 FamFG). Das Beschwerdegericht kann den Beschluss, mit welchem eine Frist zur Inventarerstellung gesetzt worden ist, auch nach Ablauf der Frist aufheben, so dass eine gesetzte Frist ihre Wirkung verliert.[43] Gegen die Ablehnung der Fristbestimmung steht dem antragstellenden Nachlassgläubiger die **Beschwerde** zu (§ 58 FamFG; § 11 Abs. 1 RPflG).[44]

3. Besonderheiten – weiteres Verfahren

Das **Nachlassgericht** kann die einmal gesetzte **Inventarfrist nicht zurücknehmen**, 13
auch wenn es z.B. nachträglich zu dem Ergebnis kommt, dass der Antragsteller kein Nachlassgläubiger und/oder der Antragsgegner kein Erbe ist und auch wenn der Erbe später die Erbschaft ausschlägt.[45] Die Inventarfrist wird wirkungslos, wenn die Nachlassverwaltung angeordnet oder das Nachlassinsolvenzverfahren eröffnet worden ist. Sie kann auf Antrag des Erben verlängert (§ 1995 Abs. 3 BGB) und in bestimmten Fällen unverschuldeter Säumnis des Erben auch neu bestimmt werden (§ 1996 BGB). Für die Bestimmung und für die **Verlängerung der Inventarfrist** fällt eine Festgebühr von 27 EUR gem. KV Nr. 12411 Nr. 2 GNotKG an. Kostenschuldner ist der Antragsteller (§ 22 GNotKG). Ist die Entscheidung des Nachlassgerichts grob fehlerhaft zustande gekommen, können weder für das Verfahren erster noch für das Verfahren zweiter Instanz Gerichtskosten erhoben werden.[46] Der Erbe haftet gem. § 24 Nr. 4 GNotKG ebenfalls, jedoch nur nach den Vorschriften über die Nachlassverbindlichkeiten. Die Erstattungsfähigkeit von außergerichtlichen Kosten richtet sich nach §§ 80 ff. FamFG. Die Kosten einer erfolglosen Beschwerde sollen dem Beschwerdeführer auferlegt werden, § 84 FamFG.

4. Wahrung der Frist

Die **Inventarfrist** wird durch **rechtzeitiges Einreichen** eines den Vorschriften der 14
§§ 2001, 2002 BGB entsprechenden Inventars (§ 1993 BGB), durch einen Antrag auf amtliche Aufnahme des Inventars (§ 2003 Abs. 1 S. 2 BGB) innerhalb der Frist oder durch Bezugnahme auf ein bei dem Nachlassgericht befindliches Inventar (§ 2004 BGB) innerhalb der Frist gewahrt.[47] Hat ein Miterbe bereits ein Inventar eingereicht, kommt dieses ohne Weiteres allen übrigen Miterben zugute (§ 2063 Abs. 1 BGB). Es ist nicht einmal eine Bezugnahmeerklärung notwendig.[48] Gleiches gilt im Verhältnis der in Gütergemeinschaft lebenden Ehegatten zueinander (§ 2008 Abs. 1 S. 3 BGB), im Verhältnis zwischen Vorerben und Nacherben (§ 2144 Abs. 2 BGB) und im Verhältnis zwischen Erbschaftsverkäufer und Erbschaftskäufer (§ 2383 BGB). Ob die Einrei-

42 MüKo/*Küpper*, § 1994 Rn 9; a.A. Staudinger/*Dobler* (2020), § 1994 Rn 23, er verneint dies mit der Begründung, dass derjenige, der nicht Erbe sei, die ihm (gleichwohl) gesetzte Frist ohne Gefahr ungenutzt verstreichen lassen könne, weil ihm keinerlei Rechtsnachteile entstünden.

43 OLG Rostock ZEV 2023, 314.

44 Staudinger/*Dobler* (2020), § 1994 Rn 29.

45 MüKo/*Küpper*, § 1994 Rn 8.

46 OLG Düsseldorf FamRZ 2018, 1355.

47 Staudinger/*Dobler* (2020), § 1994 Rn 31; BeckOK BGB/*Lohmann*, § 1994 Rn 11.

48 MüKo/*Küpper*, § 1994 Rn 11.

chung des Inventars bei Gericht rechtzeitig ist, ergibt sich stets aus den Nachlassakten. Auf die **Feststellungslast**, die der Erbe trägt, kommt es deshalb im Regelfall nicht an.

C. Rechtsfolgen

15 Die Folge der Versäumung der ihm gesetzten Inventarfrist ist, dass der Erbe für die Nachlassverbindlichkeiten unbeschränkbar haftet mit den sich aus § 2013 Abs. 1 BGB ergebenden Folgen. Auf ein Verschulden des Erben kommt es grundsätzlich nicht an.[49] Unter den Voraussetzungen des § 1996 Abs. 1 BGB – höhere Gewalt oder unverschuldete Unkenntnis der Anordnungsverfügung – kann dem Erben jedoch eine neue Inventarfrist gesetzt werden. Nicht voll geschäftsfähige Erben werden durch §§ 1997 und 1999 sowie § 1629a BGB geschützt. Gibt es mehrere Erben, haftet nur derjenige Erbe unbeschränkt, der die ihm gesetzte Frist versäumt hat.[50] Ein verspätet eingereichtes Inventar wendet die Folgen der Fristversäumnis nicht mehr ab.[51]

16 Die unbeschränkte Haftung tritt grundsätzlich gegenüber allen Nachlassgläubigern ein, nicht nur gegenüber demjenigen, der die Inventarfrist hatte setzen lassen. Keine Rolle spielt die Unterscheidung von Erblasser- und Erbfallschulden.[52] Nach h.M. verliert der Erbe das Recht zur Haftungsbeschränkung auch gegenüber denjenigen Nachlassgläubigern, deren Forderung erst nach Fristablauf entsteht.[53] Kein Verlust der Haftungsbeschränkung tritt allerdings gegenüber solchen Nachlassgläubigern ein, denen gegenüber der Erbe schon vorher, z.B. durch Ausschluss im Aufgebotsverfahren (§ 1973 BGB) oder infolge gleichstehender Säumnis (§ 1974 BGB) die Beschränkung seiner Haftung erlangt hatte.

17 Einzelheiten ergeben sich aus § 2013 BGB: Der Erbe kann nicht mehr die Anordnung der **Nachlassverwaltung** beantragen; eine **Haftungsbeschränkung** nach §§ 1973, 1974 BGB kann der Erbe nicht mehr herbeiführen bzw. kann nicht mehr eintreten; ein **Nachlassinsolvenzverfahren** bleibt möglich, führt aber nicht mehr zu einer Haftungsbeschränkung[54] und auch nicht zu einer Unterbrechung des Verfahrens gem. § 240 ZPO, wenn der Erbe für Nachlassverbindlichkeiten unbeschränkt haftet;[55] die Einreden der **Dürftigkeit** und der Überschwerung des Nachlasses (§§ 1990, 1992 BGB) sind ausgeschlossen; die aufschiebenden Einreden der §§ 2014, 2015 BGB (vgl. § 2016 Abs. 1 BGB) und das Recht, das Aufgebot der Nachlassgläubiger (§ 991 Abs. 1 ZPO) oder die Zwangsversteigerung eines zum Nachlass gehörenden Grundstücks (§ 175 Abs. 2 ZVG) zu beantragen, sind ebenfalls ausgeschlossen.

18 Nicht erfasst von den dargestellten **Wirkungen der Fristversäumnis** wird das Verhältnis der Miterben untereinander (§ 2063 Abs. 2 BGB) sowie dasjenige des Vorerben zum Nacherben (§ 2144 Abs. 3 BGB). Hier wirkt sich aus, dass jeder Miterbe und auch der Vorerbe selbst in der Lage ist, ein Inventar zu errichten und sich über den Bestand des Nachlasses zu informieren. Der Verlust des Rechts des Erben, die Haftung zu beschränken, tritt kraft Gesetzes (ipso iure) mit der Säumnis ein.[56] Das Nachlassgericht ist deshalb nicht verpflichtet, eine entsprechende Feststellung zu treffen.[57] Ob die Inventarfrist gewahrt worden ist, entscheidet im Streitfall nicht das Nachlassgericht,

---

49 Staudinger/*Dobler* (2020), § 1994 Rn 33.
50 BeckOK BGB/*Lohmann*, § 1994 Rn 13.
51 Grüneberg/*Weidlich*, § 1994 Rn 1.
52 MüKo/*Küpper*, § 1994 Rn 13.
53 Staudinger/*Dobler* (2020), § 1994 Rn 35.
54 LG Karlsruhe, Beschl. v. 2.4.2014 – 20 T 19/13, juris.
55 LG Karlsruhe, Beschl. v. 2.4.2014 – 20 T 19/13, juris.
56 MüKo/*Küpper*, § 1994 Rn 14.
57 Staudinger/*Dobler* (2020), § 1994 Rn 37.

sondern das Prozessgericht;[58] und zwar in dem Prozess zwischen Nachlassgläubiger und dem/den Erben. Die Darlegungs- und Beweislast trägt, wie sich aus Abs. 1 S. 2 ergibt, der Erbe. Das Prozessgericht ist an Feststellungen und rechtliche Wertungen, die das Nachlassgericht etwa zur Erbenstellung oder zur Wirksamkeit einer Ausschlagung getroffen haben mag, nicht gebunden.[59] Auch wenn der Erbe die Frist zur Errichtung des Inventars in dem Glauben versäumt, er sei nicht Erbe, verliert er gleichwohl das Recht der Haftungsbeschränkung.[60] Der Erbe kann sich auch nicht darauf berufen, es seien keine Werte vorhanden.

Die **Folgen** der Fristversäumnis können schließlich auch geschäftsunfähige und in ihrer Geschäftsfähigkeit beschränkte Erben zu tragen haben.[61] Das Gesetz versucht, diesen Personenkreis durch einige Maßnahmen zu schützen: Die Zustellung der Fristsetzung ist an den gesetzlichen Vertreter vorgeschrieben (§ 170 ZPO); das Nachlassgericht soll dem Familiengericht von der Fristsetzung Mitteilung machen (§ 1999 S. 1 BGB); ist der geschäftsunfähige oder in seiner Geschäftsfähigkeit beschränkte Erbe ohne einen gesetzlichen Vertreter, beginnt die Frist erst mit der Bestellung eines solchen und Zustellung an diesen zu laufen (§§ 210 Abs. 1 S. 2, 1995, 1997 BGB). Der **Minderjährige**, der die Haftungsbeschränkung derart verloren hat, kann sich nach Eintritt der Volljährigkeit auf § 1929a Abs. 1 BGB berufen. 19

D. Andere erzwingbare Auskunfts- und Rechenschaftspflichten

Neben der nicht **erzwingbaren „Pflicht“** zur Errichtung des Inventars nach § 1994 BGB bestehen für den Erben erzwingbare Auskunfts- und Rechenschaftspflichten, die gegen diesen durchgesetzt werden können, und zwar: nach den §§ 259, 261, 666, 681, 1978 Abs. 1, 1991 Abs. 1 BGB; nach den §§ 259, 261, 1973, 1990 Abs. 1 BGB; nach § 2314 BGB gegenüber einem Pflichtteilsberechtigten und einem Erbersatzberechtigten (§ 1934b Abs. 2 BGB); nach § 2121 BGB gegenüber dem Nacherben; nach den §§ 2215, 2218 BGB die Verpflichtung des Testamentsvollstreckers zur Auskunftserteilung; nach den §§ 259, 260, 2174 BGB gegenüber dem Vermächtnisnehmer als stillschweigend mit vermacht, beim sog. Quotenvermächtnis oder ähnlichen Zuwendungen.[62] **Nachlassgläubiger** haben weiter **eigene erzwingbare Auskunftsrechte**: nach § 2011 S. 2 BGB gegenüber dem Fiskus als gesetzlichem Erben und nach § 2012 BGB gegenüber Nachlasspfleger und Nachlassverwalter. 20

§ 1995 Dauer der Frist

(1) [1]Die Inventarfrist soll mindestens einen Monat, höchstens drei Monate betragen. [2]Sie beginnt mit der Zustellung des Beschlusses, durch den die Frist bestimmt wird.
(2) Wird die Frist vor der Annahme der Erbschaft bestimmt, so beginnt sie erst mit der Annahme der Erbschaft.
(3) Auf Antrag des Erben kann das Nachlassgericht die Frist nach seinem Ermessen verlängern.

58 MüKo/*Küpper*, § 1994 Rn 14.
59 Erman/*Horn*, § 1994 Rn 3.
60 Staudinger/*Dobler* (2020), § 1994 Rn 38.
61 MüKo/*Küpper*, § 1994 Rn 14.
62 BGH WM 1978, 377.

A. Allgemeines

1 Die Vorschrift ergänzt die (allg.) Regelung des § 1994 BGB über die Fristbestimmung zur Errichtung des Inventars. Sie begrenzt das pflichtgemäße Ermessen des Nachlassgerichts bei der Bestimmung der Inventarfrist. Ein Verstoß gegen die in aufgeführten Mindest- und Höchstgrenzen führt nicht zur Unwirksamkeit der gesetzten Frist, sondern begründet nur ein Beschwerderecht des Erben oder der Nachlassgläubiger (§§ 58, 360 FamFG i.V.m. § 11 Abs. 1 RPflG).[1] Bestimmt das Nachlassgericht ohne vorherige Anhörung des Erben die gesetzliche Mindestfrist, beruht die Fristbestimmung auf einem Ermessensfehler.[2] Zur Dauer der Inventarfrist sind die Regelungen in § 1995 BGB nicht abschließend: Weitere Einzelheiten werden in § 1996 BGB (Bestimmung einer neuen Inventarfrist bei unverschuldeter Säumnis), § 1997 BGB (Hemmung des Fristablaufs) und § 1998 BGB (Tod des Erben vor Fristablauf) geregelt sowie außerdem in § 2008 Abs. 1 S. 2 BGB (Fristdauer bei einem in Gütergemeinschaft verheirateten Erben).[3]

B. Tatbestand

2 Die **Frist zur Errichtung** des Inventars **beginnt** – abgesehen von der Ausnahme in Abs. 2 – mit der **Zustellung** des Beschlusses, durch den die Fristbestimmung erfolgt, an den Erben (§ 40 FamFG); bei mehreren Erben läuft die Frist für jeden gesondert mit der Zustellung an ihn.[4] Die nach Abs. 1 S. 2, Abs. 2 BGB erforderliche Zustellung erfolgt nach den für die Zustellung von Amts wegen nach der Zivilprozessordnung geltenden Bestimmungen der §§ 166–190 ZPO. Deshalb reicht eine wirksame Ersatzzustellung nach den §§ 178 ff. ZPO aus. Der Gefahr, dass der Erbe deshalb von der Fristsetzung ohne sein Verschulden keine Kenntnis verlangt, begegnet § 1996 Abs. 1 S. 2 BGB durch die Möglichkeit, unter bestimmten Voraussetzungen die Bestimmung einer neuen Inventarfrist zu erreichen. Fehlt dem Erben die Prozessfähigkeit, ist nach § 170 ZPO an seinen gesetzlichen Vertreter zuzustellen. Die Berechnung der Frist erfolgt nach den §§ 187 Abs. 1, 188 Abs. 2 und 3 ZPO.[5] Verstößt das Nachlassgericht bei der Fristbestimmung gegen die Regelung des Abs. 1 S. 1, hat dieser Verstoß nicht die Folge der Unwirksamkeit der Fristbestimmung. Es handelt sich demnach um eine Ordnungsvorschrift.[6] Trotz einer fehlerhaften Fristbestimmung kann daher die unbeschränkbare Haftung nach § 1994 Abs. 1 S. 2 BGB eintreten, wenn der Erbe das Inventar nicht fristgerecht errichtet. Der Erbe ist bei einer fehlerhaften Fristbestimmung auf die Einlegung der Beschwerde nach den §§ 58 ff. FamFG angewiesen.[7] Bei zu langer Frist ist der Nachlassgläubiger zur Einlegung der Beschwerde berechtigt.

3 Nach Abs. 2 beginnt eine Frist, die **vor Annahme** der Erbschaft (§§ 1943 ff. BGB) bestimmt worden ist, entsprechend dem Rechtsgedanken des § 1958 BGB erst mit der Annahme der Erbschaft zu laufen. Damit soll dem Antragsteller der Nachweis der Annahme der Erbschaft erspart werden.[8] Bei mehreren Erben kommt es darauf an, wann der einzelne Miterbe angenommen hat.[9] Schlägt der Erbe wirksam aus, kommt es nicht zu einer für den Fristbeginn wesentlichen Annahme, so dass ihm keine Inven-

1 MüKo/*Küpper*, § 1995 Rn 1.
2 BayObLGZ 1992, 162 = NJW-RR 1992, 1159; BayObLGZ 1993, 88 = FamRZ 1993, 1367.
3 BeckOGK/*Leiß*, § 1995 Rn 3.
4 LG Kaiserslautern DAVorm 1973, 625.
5 Staudinger/*Dobler* (2020), § 1995 Rn 8.
6 BeckOGK/*Leiß*, § 1995 Rn 8.
7 BeckOGK/*Leiß*, § 1995 Rn 8.
8 MüKo/*Küpper*, § 1995 Rn 3.
9 Staudinger/*Dobler* (2020), § 1995 Rn 6.

tarfrist mehr gesetzt werden kann und eine wirksam bereits gesetzte Frist wirkungslos wird.[10]

Nach Abs. 3 kann der Erbe beim Nachlassgericht die Verlängerung der Inventarfrist beantragen. Die Verlängerung setzt denknotwendig – anders als die Bewilligung einer neuen Frist nach § 1996 BGB – voraus, dass die ursprüngliche Frist noch nicht abgelaufen ist. Das Gericht entscheidet nach freiem Ermessen über den Antrag. Die verlängerte Frist beginnt gem. § 190 BGB mit dem Ablauf der vorherigen Frist.[11] Stellt der Erbe rechtzeitig vor Ablauf der Inventarfrist einen Verlängerungsantrag, so trifft das Nachlassgericht jedenfalls dann, wenn der Erbe offenkundig von falschen rechtlichen Voraussetzungen ausgeht, eine erweiterte Hinweispflicht. Es muss nach Möglichkeit sicherstellen, dass der Erbe noch vor Fristablauf Gelegenheit erhält, in Kenntnis der Rechtsauffassung des Gerichts das Inventar vorzulegen.[12] Es kann dabei über die Höchstfrist des Abs. 1 hinausgehen und ist auch nicht an den Antrag gebunden.[13] Die Entscheidung des Nachlassgerichts über die Fristverlängerung unterliegt nach § 360 Abs. 2 FamFG i.V.m. § 11 Abs. 1 RPflG der sofortigen Beschwerde, und zwar unabhängig davon, ob dem Antrag stattgegeben wurde oder nicht. Es kann auch ein Nachlassgläubiger wegen der Fristverlängerung sofortige Beschwerde einlegen, mit der Begründung, die dem Erben verlängerte Frist sei zu lang.[14] Eine Verkürzung der Frist ist nicht zulässig,[15] ebenso wenig wie die Rücknahme der Fristsetzung durch das Nachlassgericht. 4

Auf Grund der Bestimmungen des § 1997 BGB (Hemmung des Fristablaufs) und des § 1998 BGB (Tod des Erben vor Fristablauf) kann eine automatische Verlängerung der Frist stattfinden. Dazu bedarf es dann weder eines Antrages noch einer Entscheidung des Nachlassgerichts. 5

§ 1996 Bestimmung einer neuen Frist

(1) War der Erbe ohne sein Verschulden verhindert, das Inventar rechtzeitig zu errichten, die nach den Umständen gerechtfertigte Verlängerung der Inventarfrist zu beantragen oder die in Absatz 2 bestimmte Frist von zwei Wochen einzuhalten, so hat ihm auf seinen Antrag das Nachlassgericht eine neue Inventarfrist zu bestimmen.
(2) Der Antrag muss binnen zwei Wochen nach der Beseitigung des Hindernisses und spätestens vor dem Ablauf eines Jahres nach dem Ende der zuerst bestimmten Frist gestellt werden.
(3) Vor der Entscheidung soll der Nachlassgläubiger, auf dessen Antrag die erste Frist bestimmt worden ist, wenn tunlich gehört werden.

Übersicht: Rdn

10 AG Oldenburg Rpfleger 1990, 21 = NdsRpfleger 1990, 5.
11 BeckOGK/*Leiß*, § 1995 Rn 12.
12 OLG Hamm ZErb 2010, 244 = FGPrax 2010, 193.
13 KG Rpfleger 1985, 193; OLG Düsseldorf Rpfleger 1997, 216 = FamRZ 1997, 846.
14 MüKo/*Küpper*, § 1995 Rn 4.
15 Staudinger/*Dobler* (2020), § 1995 Rn 11.

A. Allgemeines

1 Die Vorschrift will den Erben gegen die **unverschuldete Versäumung** der nach den §§ 1994 und 1995 BGB gesetzten Inventarfrist schützen. Denn ein Verschulden ist im Hinblick auf die Fristversäumung nicht notwendig (vgl. § 1994 Rdn 13). Die Vorschrift gewährt dem Erben eine Art „Wiedereinsetzung in den vorigen Stand"[1] (vgl. auch: § 233 ZPO, § 17 FamFG), die darin besteht, dass ihm eine neue Frist gesetzt wird. Durch die Bestimmung dieser neuen Frist werden zugleich die dem Erben nachteiligen Folgen der ursprünglichen Frist beseitigt.[2] Dem Nachlassgericht ist i.R.d. Antrags ein Ermessen wie in § 1995 Abs. 3 BGB nicht eingeräumt. Bei Vorliegen der Voraussetzungen der Norm hat es eine neue Frist zu bestimmen.[3]

B. Tatbestand

I. Voraussetzungen der Bestimmung einer neuen Frist

2 Die unverschuldete Verhinderung muss die Errichtung des Inventars innerhalb der Frist und die Stellung des Verlängerungsantrages nach § 1995 Abs. 3 BGB unmöglich gemacht haben, auch ein Antrag nach § 2003 BGB auf amtliche Aufnahme des Inventars darf nicht möglich gewesen sein. Schuldlose Unkenntnis von der Anordnung der Frist kommt in der Praxis insbesondere bei Ersatzzustellung oder der öffentlichen Zustellung in Betracht. Im Übrigen gelten für die betreffenden Feststellungen der unverschuldeten Verhinderung nach ganz h.M. die gleichen Maßstäbe wie bei der Wiedereinsetzung nach § 17 FamFG, § 233 ZPO, weshalb im Zweifel auf die zu diesen Normen entwickelte Kasuistik Bezug genommen werden kann.[4] Ein Verschulden der gesetzlichen Vertreter oder eines Zustellungsbevollmächtigten muss sich der Erbe zurechnen lassen (vgl. die §§ 170–172 ZPO).[5] Vorab ist allerdings stets zu prüfen, ob die abgelaufene „Erstfrist" wirksam bestimmt worden war, weil nur in diesem Fall überhaupt eine zweite Frist in Betracht kommt.[6]

3 Für den Erben ist es wichtig, es gar nicht zu einer Versäumung der Frist kommen zu lassen. Dabei hilft ihm die gesetzliche Regelung. Er kann nämlich die Versäumung der Frist zur Errichtung des Inventars stets durch einen Antrag beim Nachlassgericht auf amtliche Aufnahme des Inventars vermeiden (§ 2003 Abs. 1 S. 1 BGB). Dass ein Dritter den Nachlass in Besitz hat, stellt keinen Wiedereinsetzungsgrund dar, weil der Erbe entweder gegen den Dritten gerichtlich vorgehen und zugleich Verlängerungsantrag (§ 1995 Abs. 3 BGB) stellen oder die amtliche Aufnahme des Inventars (§ 2003 Abs. 1 S. 1 BGB) beantragen kann.

4 Schließlich muss der **Antrag** auf Bestimmung einer **neuen Frist** innerhalb von zwei Wochen nach Behebung des Hindernisses, spätestens vor Ablauf eines Jahres nach Ende der zuerst bestimmten Frist gestellt werden (Abs. 2; vgl. § 234 ZPO, § 18 Abs. 1 FamFG). Dabei kommt es nicht darauf an, ob es sich um die Versäumung einer nach den §§ 1994, 1995 oder nach § 1996 BGB selbst bestimmten Frist handelt. Die Bestimmung lässt damit eine neuerliche Wiedereinsetzung durch wiederholte Bestimmung einer Frist zu.[7] In jedem Fall ist die Wiedereinsetzung nach Ablauf der Jahresfrist des Abs. 2 ausgeschlossen.[8]

---

1 BeckOGK/*Herzog*, § 1996 Rn 2; RGZ 54, 121.
2 MüKo/*Küpper*, § 1996 Rn 1; Staudinger/*Dobler*, § 1996 Rn 1.
3 BayObLGZ 1993, 88 = NJW-RR 1993, 782.
4 BeckOGK/*Herzog*, § 1996 Rn 5, 5.1, 6.
5 BeckOGK/*Herzog*, § 1996 Rn 7.
6 BeckOGK/*Herzog*, § 1996 Rn 3; BayObLGZ 1993, 88.
7 BeckOK BGB/*Lohmann*, § 1996 Rn 3.
8 Staudinger/*Dobler* (2020), § 1996 Rn 13.

II. Verfahren

5 Das Verfahren vor dem zuständigen Nachlassgericht (§§ 342 Abs. 1 Nr. 9, 343 FamFG) richtet sich nach den Bestimmungen des FamFG. Vor der Entscheidung über den Antrag ist dem Nachlassgläubiger, auf dessen Antrag die erste Frist bestimmt worden war, **rechtliches Gehör** zu gewähren (Abs. 3). Nach einhelliger Auffassung steht diese Anhörung nicht im Ermessen des Nachlassgerichts, sondern hat nach Art. 103 Abs. 1 GG in jedem Fall zu erfolgen.[9] Beteiligter ist nach § 7 Abs. 1 FamFG zunächst der Antragsteller. Nach § 345 Abs. 4 Nr. 4 FamFG ist im Verfahren betreffend die Bestimmung oder Verlängerung einer Inventarfrist der Erbe, dem die Frist bestimmt wird, auf seinen Antrag als Muss-Beteiligter nach §§ 345 Abs. 4 S. 3, 7 Abs. 2 Nr. 2 FamFG hinzuzuziehen.[10]

6 Für die Bemessung der neuen Inventarfrist gilt § 1995 Abs. 1 S. 1 BGB; ihre Dauer ist also vom Nachlassgericht nach pflichtgemäßem Ermessen zu bestimmen.[11] Die Entscheidung des Nachlassgerichts betreffend die Fristverlängerung ist mit der Beschwerde nach § 58 FamFG anfechtbar. Ein Beschwerderecht hat der Erbe, für den die Frist verlängert wurde, mit dem Ziel der weiteren Verlängerung und jeder Nachlassgläubiger (soweit es nicht der ursprüngliche Antragsteller ist, muss § 1994 Abs. 2 S. 1 BGB erfüllt sein).[12] Die Zurückweisung des Antrags durch das Nachlassgericht ist durch den Antragsteller ebenfalls nach § 58 FamFG mit der sofortigen Beschwerde anfechtbar. Das Beschwerderecht folgt insoweit bereits aus § 59 Abs. 2 FamFG. Für die Nachlassgläubiger beginnt die Beschwerdefrist beginnt für diejenigen, denen die Entscheidung des Nachlassgerichts bekanntgegeben wurde mit der Bekanntgabe nach § 63 Abs. 3 FamFG. Für die übrigen Nachlassgläubiger, die nicht Beteiligte des Verlängerungsverfahrens waren, beginnt die Frist für die Entscheidung, durch die die Inventarfrist verlängert wurde, mit der Bekanntmachung an denjenigen Nachlassgläubiger, der den Antrag auf die Bestimmung der Inventarfrist gestellt hat (§ 360 Abs. 2 FamFG). Das Prozessgericht ist an rechtskräftige Entscheidungen des Nachlassgerichts über die Bestimmung oder die Ablehnung der Bestimmung einer neuen Frist gebunden.[13] Eine weitergehende Bindung tritt nicht ein.[14] Die Bestimmung einer neuen Frist löst die Festgebühr in Höhe von 27 EUR nach Nr. 12411 KV-GNotKG aus.

§ 1997 Hemmung des Fristablaufs

Auf den Lauf der Inventarfrist und der im § 1996 Abs. 2 bestimmten Frist von zwei Wochen finden die für die Verjährung geltenden Vorschriften des § 210 entsprechende Anwendung.

A. Allgemeines

1 Die Vorschrift trifft Regelungen über die Hemmung des Ablaufs der Inventarfrist und der zweiwöchigen Wiedereinsetzungsfrist des § 1996 Abs. 2 BGB. Sie ergänzt damit die §§ 1995 und 1996 BGB. Hemmung der genannten Frist tritt bei Fehlen eines gesetzlichen Vertreters (§ 210 BGB) ein.

9 „Muss" statt „soll"; MüKo/*Küpper*, § 1996 Rn 4; Staudinger/*Dobler* (2020), § 1996 Rn 10.
10 OLG Düsseldorf FamRZ 2018, 1355.
11 BeckOGK/*Herzog*, § 1996 Rn 10.
12 Bassenge/Roth/*Bassenge*, FamFG/RPflG, § 360 FamFG Rn 9.
13 MüKo/*Küpper*, § 1996 Rn 4.
14 BeckOK BGB/*Lohmann*, § 1996 Rn 3.

B. Tatbestand

2 „Inventarfrist" im Sinne dieser Bestimmung ist die ursprüngliche Inventarfrist (§§ 1994 Abs. 1 S. 1, 1995 Abs. 1 und 2 BGB),[1] die auf Antrag verlängerte Frist (§ 1995 Abs. 3 BGB), die neu bestimmte Frist (§ 1996 Abs. 1 BGB) und die bei unabsichtlicher Unrichtigkeit oder Unvollständigkeit neu bestimmte Frist (§ 2005 Abs. 2 BGB). Eine **Hemmung** der Jahresfrist des § 1996 Abs. 2 BGB ist nicht vorgesehen.

3 Die **Verweisung auf § 210 BGB** besagt, dass die Inventarfristen im o.a. Sinn gehemmt sind, wenn während des Laufs der Fristen der Erbe geschäftsunfähig oder in der Geschäftsfähigkeit beschränkt wird, ohne dass ein gesetzlicher Vertreter vorhanden ist oder wenn sein gesetzlicher Vertreter während des Laufs der Fristen wegfällt.[2] Die Hemmung dauert nicht nur bis zur Beseitigung des Mangels, sondern führt zu einer Verschiebung des Endes der Frist nach Maßgabe des § 210 Abs. 1 BGB.[3] Zu bedenken ist, dass die Frist erst gar nicht zu laufen beginnt, wenn der Mangel bereits zum Zeitpunkt der Zustellung des nämlichen Beschlusses vorgelegen hat, weil die erforderliche Zustellung (§ 170 ZPO) nicht möglich ist.

4 Die **Frist endet** nach § 210 Abs. 1 S. 1 BGB frühestens ein Jahr nach Behebung des Mangels, wenn sie sechs Monate und mehr betragen hat. Diese Alternative dürfte in der Praxis nicht vorkommen, da regelmäßig kürzere Fristen gesetzt werden. Die Frist endet nicht vor dem Ablauf ihrer vollen Dauer seit der Behebung des Mangels, wenn sie kürzer als sechs Monate war (§ 210 Abs. 1 S. 2 BGB). Trotz der Bestimmung des § 1999 BGB kann es vorkommen, dass ein gesetzlicher Vertreter die Inventarfrist versäumt. Gegen die dem Erben dann drohenden Nachteile gibt es keinen gesetzlichen Schutz. Vor einer unbeschränkten Haftung – auch mit dem Neuerwerb – soll die entsprechende Anwendung des § 1629a BGB schützen, von der der Minderjährige nach Eintritt der Volljährigkeit Gebrauch machen kann.[4]

§ 1998 Tod des Erben vor Fristablauf

Stirbt der Erbe vor dem Ablauf der Inventarfrist oder der in § 1996 Abs. 2 bestimmten Frist von zwei Wochen, so endigt die Frist nicht vor dem Ablauf der für die Erbschaft des Erben vorgeschriebenen Ausschlagungsfrist.

A. Allgemeines

1 Die Vorschrift will den Erbeserben (Erben eines Erben) schützen und überträgt deshalb die Regelung des § 1952 Abs. 2 BGB auf die Inventarfrist des § 1995 BGB und die Wiedereinsetzungsfrist des § 1996 Abs. 2 BGB. Stirbt der Erbe vor dem Ablauf der Inventarfrist oder der Wiedereinsetzungsfrist, muss sich der Erbeserbe zunächst nicht um die Haftungsbeschränkung kümmern, sondern hat Gelegenheit, sich im Hinblick auf die Annahme (oder Ausschlagung) der Erbschaft zu entscheiden und seine Entscheidung vorzubereiten.[1] Nach der gesetzlichen Wertung soll damit verhindert werden, dass der Erbe zur „transmittierten Erbschaft ein Inventar errichten muss, bevor er sich darüber im Klaren ist, ob er seine eigene Erbschaft annehmen will. Erst wenn eine entsprechende Ausschlagungsmöglichkeit nicht mehr besteht, soll sich der

---

1 Staudinger/*Dobler* (2020), § 1997 Rn 2; BeckOK BGB/*Lohmann*, § 1997 Rn 1.
2 MüKo/*Küpper*, § 1997 Rn 1.
3 Staudinger/*Dobler* (2020), § 1997 Rn 4.
4 Vgl. im Einzelnen: Staudinger/*Dobler* (2020), § 1997 Rn 5.
1 MüKo/*Küpper*, § 1998 Rn 1.

Erbeserbe mit der Frage auseinandersetzen müssen, ob und wie er seine Haftung für die „transmittierte" (zweite) Erbschaft beschränken will.[2]

B. Tatbestand

§ 1998 BGB gilt für sämtliche Inventarfristen aus §§ 1995, 1996 und 2005 Abs. 2 BGB. 2
Und damit auch sowohl für die ursprüngliche Inventarfrist als auch für eine etwa nach § 1995 Abs. 3 BGB verlängerte Inventarfrist und auch für „neue" Fristen gem. § 1996 Abs. 1 BGB oder § 2005 Abs. 2 BGB) sowie außerdem für die zweiwöchige Wiedereinsetzungsfrist des § 1996 Abs. 2, 3 BGB.[3] Die genannten Fristen enden nicht vor dem Ablauf der Ausschlagungsfrist (§ 1944 BGB). Auf die Kenntnis des Laufs der Frist seitens des Erbeserben kommt es nicht an.[4] Sind **mehrere (Mit-)Erbeserben** vorhanden, ist jeder derselben zur Erfüllung der Inventarfrist aus dem Erbe gleichermaßen verpflichtet. Die dem Erblasser gesetzte Frist kann – wegen der Übernahme der Regel des § 1952 Abs. 2 BGB – für jeden der Erbeserben unterschiedlich laufen (§ 1944 BGB). Die Errichtung des Inventars durch einen der (Mit-)Erbeserben kommt den anderen Erbeserben zugute.[5] Schließlich kann auch der Erbeserbe die Fristverlängerung nach § 1995 Abs. 3 BGB und die Bestimmung einer neuen Frist nach § 1996 Abs. 1 BGB beantragen.[6] Voraussetzung ist selbstverständlich, dass die Voraussetzungen der Normen in seiner Person vorliegen.

C. Rechtsfolgen

Die Säumnis eines Erbeserben führt grundsätzlich zu seiner unbeschränkten Haftung 3
(§§ 1994 Abs. 1 S. 2, 2013 BGB). Nach einer in der Literatur vertretenen Auffassung soll diese Rechtsfolge allerdings nur insoweit gelten, als der Erbeserbe mit der „zweiten" Erbschaft (also derjenigen Erbschaft, die ihm, dem Erbeserben, unmittelbar angefallen ist) für die Nachlassverbindlichkeiten der – in der zweiten Erbschaft enthaltenen – „ersten" Erbschaft unbeschränkbar haftet.[7] Mit seinem Eigenvermögen soll der Erbeserbe dagegen nur dann unbeschränkt haften, wenn ihm auch bezüglich der „zweiten" Erbschaft eine Inventarfrist gesetzt worden ist (und er auch diese versäumt hat) oder er sonst aus einem anderen Grund in Bezug auf die zweite Erbschaft unbeschränkt haftet.[8] Diese – sich nicht unmittelbar aus dem Gesetz ergebende – Einschränkung der Haftung des Erbeserben ist angezeigt.[9]

§ 1999 Mitteilung an das Gericht

[1]Steht der Erbe unter elterlicher Sorge oder unter Vormundschaft, so soll das Nachlassgericht dem Familiengericht von der Bestimmung der Inventarfrist Mitteilung machen. [2]Fällt die Nachlassangelegenheit in den Aufgabenkreis eines Betreuers des Erben, tritt an die Stelle des Familiengerichts das Betreuungsgericht.

A. Allgemeines

Die **Versäumung** der **Inventarfrist** durch den gesetzlichen Vertreter wird durch das 1
Gesetz dem Erben zugerechnet, und zwar so, als hätte er sie selbst versäumt. Durch

2 BeckOGK/*Leiß*, § 1998 Rn 3.
3 BeckOGK/*Leiß*, § 1998 Rn 4.
4 Staudinger/*Dobler* (2020), § 1998 Rn 1.
5 Staudinger/*Dobler* (2020), § 1998 Rn 2; BeckOGK/*Leiß*, § 1998 Rn 7.
6 Erman/*Horn*, § 1998 Rn 1.
7 BeckOGK/*Leiß*, § 1998 Rn 8.
8 MüKo/*Küpper*, § 1998 Rn 3.
9 BeckOGK/*Leiß*, § 1998 Rn 9 mit ausführlicher Begründung.

die Vorschrift soll derjenige Erbe, der unter elterlicher Sorge (meist: Minderjährige), unter Vormundschaft steht oder für den eine Betreuung angeordnet ist, vor einer eventuellen Fristversäumnis seitens seines Vertreters (Sorgeberechtigten, Vormunds oder Betreuers) geschützt werden.

B. Tatbestand

2 Gemäß § 1888 Abs. 1 BGB ist die Bestimmung auch anwendbar, wenn der Erbe unter Pflegschaft steht. Für die Mitteilung an einen Betreuer enthält § 1999 S. 2 BGB die Einschränkung, dass hier die Mitteilungspflicht nur greift, wenn die Nachlassangelegenheit in den Aufgabenkreis des Betreuers fällt.[1] Steht der Erbe unter elterlicher Sorge oder unter Vormundschaft, soll das Nachlassgericht dem Familiengericht von der Bestimmung der Inventarfrist Mitteilung machen.

3 Die Mitteilung des Nachlassgerichts hat unverzüglich zu erfolgen und muss die Dauer und – nach Möglichkeit – auch den Beginn der Inventarfrist angeben. Mitteilungsadressaten sind im Fall des § 1999 S. 1 BGB das Familien- (§§ 23a Abs. 1 Nr. 1, 23b GVG, §§ 151 ff. FamFG) und im Fall des § 1999 S. 2 BGB das Betreuungsgericht (§§ 23a Abs. 1 Nr. 2, Abs. 2 Nr. 1, 23c GVG, §§ 105, 271 ff. FamFG).[2] Das Familien- bzw. Betreuungsgericht muss auf die Mitteilung hin von Amts wegen tätig werden (§§ 1802 Abs. 2 Abs. 2, 1862, 1667 BGB). Erforderlichenfalls sind die Eltern, der Vormund oder der Betreuer zur Inventarerrichtung – z.B. in der Form des § 2003 BGB – anzuhalten.[3] Fällt nun die Nachlassangelegenheit in den Aufgabenkreis eines Betreuers des Erben, ist die Mitteilung an das Betreuungsgericht zu richten. Die Vorschrift ist reine Ordnungsvorschrift.[4] Ob die Mitteilung an das Familien- bzw. Betreuungsgericht erfolgt oder nicht, hat auf die Wirksamkeit der Frist, deren Beginn und Ablauf keinen Einfluss.[5]

4 Durch diese Vorschrift kann der **Schutz des Minderjährigen** vor Überschuldung nicht erreicht werden. Das hat der Gesetzgeber erkannt und die Bestimmung des § 1629a BGB durch das Minderjährigenhaftungsbeschränkungsgesetz eingeführt. Sie dient dem Zweck, die Überschuldung des Minderjährigen zu vermeiden und erreicht dies, indem die Haftung des Minderjährigen auf den Bestand des bei Eintritt der Volljährigkeit vorhandenen Vermögens beschränkt wird.[6] § 1629a BGB geht den allg. Vorschriften der §§ 2005 Abs. 1 S. 1 und 2, 2006 Abs. 3 BGB als die neuere und speziellere Regelung vor.[7] Der volljährig gewordene Erbe haftet für Nachlassschulden auch dann nicht mit dem Neuerwerb, wenn er – etwa weil sein gesetzlicher Vertreter die Inventarfrist hat verstreichen lassen – erbrechtlich unbeschränkt haftet.

§ 2000 Unwirksamkeit der Fristbestimmung

[1]Die Bestimmung einer Inventarfrist wird unwirksam, wenn eine Nachlassverwaltung angeordnet oder das Nachlassinsolvenzverfahren eröffnet wird. [2]Während der Dauer der Nachlassverwaltung oder des Nachlassinsolvenzverfahrens kann eine Inventarfrist nicht bestimmt werden. [3]Ist das Nachlassinsolvenzverfahren

1 BeckOGK/*Leiß*, § 1999 Rn 3.
2 Staudinger/*Dobler* (2020), § 1999 BGB Rn 2.
3 BeckOGK/*Leiß*, § 1999 Rn 4.
4 BeckOGK/*Leiß*, § 1999 Rn 5.
5 Erman/*Horn*, § 1999 Rn 2.
6 Staudinger/*Dobler* (2020), § 1997 Rn 5, § 1999 Rn 3.
7 BeckOK BGB/*Lohmann*, § 1999 Rn 2.

durch Verteilung der Masse oder durch einen Insolvenzplan beendet, so bedarf es zur Abwendung der unbeschränkten Haftung der Inventarerrichtung nicht.

Übersicht: Rdn

A. Allgemeines

Mit der Fassung dieser Vorschrift hat der Gesetzgeber seiner Auffassung, dass die 1 Nachlassgläubiger während einer Nachlassverwaltung und im eröffneten Nachlassinsolvenzverfahren **kein schutzwürdiges Interesse** daran hätten, dass der Erbe ein Inventar des Nachlasses errichtet, deutlichen Ausdruck verliehen. Dies scheint auch überzeugend, denn mit der Anordnung der Nachlassverwaltung oder der Eröffnung des Nachlassinsolvenzverfahrens geht die Verantwortung für den Nachlass auf den Nachlass- oder Nachlassinsolvenzverwalter über. Der Nachlassverwalter ist kraft Amtes verpflichtet, ein Verzeichnis des Nachlasses aufzunehmen (§§ 1888 Abs. 1, 1835 Abs. 1. BGB), und hat nach § 2012 Abs. 2 BGB den Nachlassgläubigern Auskunft über den Bestand des Nachlasses zu erteilen. Gleiches gilt für den Insolvenzverwalter, der ein Verzeichnis der einzelnen Gegenstände der Insolvenzmasse (§ 151 Abs. 1 InsO) und ein Gläubigerverzeichnis (§ 152 InsO) aufzustellen und in der Geschäftsstelle des Insolvenzgerichts zur Einsicht der Beteiligten niederzulegen hat (§ 154 InsO).[1] Die unbeschränkte Haftung des Erben können die Nachlassgläubiger nun wegen § 1975 BGB nicht mehr erreichen. Eine Gefährdung der Nachlassgläubiger durch ein Verhalten des Erben oder die Vermögenslage desselben ist nicht zu befürchten.[2]

B. Tatbestand

Nach dem Wortlaut des § 2000 S. 2 BGB ist nur ausgeschlossen, dass eine Inventarfrist 2 gesetzt wird. Dem steht nicht entgegen, dass der Erbe trotz angeordneter Nachlassverwaltung oder eröffnetem Nachlassinsolvenzverfahren freiwillig ein Inventar errichtet. Ein Interesse daran kann der Erbe z.B. haben, um die Vermutungswirkung des § 2009 BGB herbeizuführen.[3] Die Bestimmung regelt von der Einsicht ausgehend, dass es der Inventarfrist in den aufgezeigten Fällen nicht bedarf, insgesamt drei Fallkonstellationen im Zusammenhang mit der Inventarfrist:

- Die bereits erfolgte Bestimmung einer Frist wird unwirksam, wenn eine Nachlassverwaltung angeordnet oder das Nachlassinsolvenzverfahren eröffnet wird (S. 1),
- während der Dauer der Nachlassverwaltung oder des Nachlassinsolvenzverfahrens darf eine Inventarfrist nicht gesetzt werden (S. 2) und

1 BeckOGK/*Leiß*, § 2000 Rn 3.

2 MüKo/*Küpper*, § 2000 Rn 1; Grüneberg/*Weidlich*, § 2000 Rn 1; BeckOK BGB/*Lohmann*, § 2000 Rn 1; differenzierend zu Recht Staudinger/*Dobler* (2020), § 2000 Rn 1, der u.a. ausführt, der Erbe könne die Inbesitznahme des Nachlasses durch den jeweiligen Verwalter verhindern, zumindest es versuchen, u.i.E. den Nachlass verschleiern; hiergegen hätten Verwalter keine Mittel.

3 BeckOGK/*Leiß*, § 2000 Rn 4.

– ist das Nachlassinsolvenzverfahren durch Verteilung der Masse oder durch einen Insolvenzplan beendet, bedarf es zur Abwendung der unbeschränkten Haftung der Inventarerrichtung nicht (S. 3).

C. Rechtsfolgen

I. S. 1

3 Die bereits bestimmte Inventarfrist wird von Gesetzes wegen unwirksam mit dem Zeitpunkt der Anordnung der Nachlassverwaltung oder der Eröffnung des Nachlassinsolvenzverfahrens. Diese Rechtsfolge tritt *ipso iure* (von selbst) ein, und zwar ohne dass es z.B. eines Beschlusses des Nachlassgerichts bedarf.[4] Beim Nachlassinsolvenzverfahren steht dem nicht entgegen, dass u.U. eine Eigenverwaltung (durch den Erben) in Betracht kommen kann.[5]

4 Die **Wirkungen** treten nur dann ein, wenn die Frist bei Anordnung bzw. Verfahrenseröffnung auch noch läuft. War diese versäumt, dann kann der Erbe sein Recht zur Haftungsbeschränkung nicht wieder zurückerlangen.

II. S. 2

5 Ebenfalls unwirksam wird eine während der Dauer von Nachlassverwaltung oder Nachlassinsolvenzverfahren angeordnete Inventarfrist. Der Erbe braucht sich eigentlich um diese gesetzte Frist nicht zu kümmern, da sie von Gesetz wegen keinerlei Wirkungen entfalten und verursachen kann. Auch diese Rechtswirkung tritt *ipso iure* ein, weshalb eine Aufhebungsbeschluss des Nachlassgerichts nicht erforderlich ist.[6] Dem Erben wird man gleichwohl ein **Beschwerderecht** nach § 58 FamFG gegen die einmal (zu Unrecht) gesetzte Frist einräumen müssen, um den Anschein der Wirksamkeit, der von der Fristsetzung ausgeht, auszuräumen.[7] Daraus, dass die Vorschrift nicht nach dem Adressaten der Fristsetzung unterscheidet, wird gefolgert, dass auch dem Nachlassverwalter (insoweit vgl. auch § 2012 BGB) und dem Nachlassinsolvenzverwalter keine Inventarfrist gesetzt werden kann, also jegliche Fristsetzung unwirksam ist.[8] Endet das Insolvenzverfahren auf eine andere Weise oder ist die Nachlassverwaltung ordnungsgemäß durchgeführt, so kann dem Erben auf den Antrag eines Nachlassgläubigers eine neue Frist gesetzt werden mit der Folge, dass er unbeschränkbar haftet, wenn er sie versäumt.[9]

III. S. 3

6 Hier wird – zunächst – angeordnet, dass den Erben in den genannten Fällen keine Inventarobliegenheit mehr trifft. Der Erbe braucht also kein Inventar zu errichten, um sich sein Haftungsbeschränkungsrecht dauerhaft zu erhalten. Grund ist, dass der Erbe in diesen Fällen aufgrund der §§ 1989, 1973 BGB beschränkt haftet.[10] Nach Beendigung der Nachlassverwaltung oder wenn das Nachlassinsolvenzverfahren aus sonstigen, in S. 3 BGB nicht beschriebenen Fällen, z.B. durch Einstellung mangels Masse, beendet wird, ist dagegen eine erneute Inventarfristsetzung nicht ausgeschlossen.[11] Die Formulierung des Gesetzes ist hier auszulegen. Gemeint dürfte damit sein, dass der Erbe in dem Fall, dass eine Frist trotz des Vorliegens der Voraussetzungen

---

4 BeckOGK/*Leiß*, § 2000 Rn 6.
5 Staudinger/*Dobler* (2020), § 2000 Rn 3.
6 BeckOGK/*Leiß*, § 2000 Rn 8.
7 Staudinger/*Dobler* (2020), § 2000 Rn 4.
8 Staudinger/*Dobler* (2020), § 2000 Rn 4.
9 OLG Stuttgart FamRZ 1995, 57 = NJW 1995, 1227.
10 MüKo/*Küpper*, § 2000 BGB Rn 4.
11 BeckOGK/*Leiß*, § 2000 Rn 10.

der Vorschrift gesetzt wird, diese nicht zu beachten braucht. Auch diese Fristsetzung ist wie in S. 2 unwirksam.[12] Das schließt allerdings nicht aus, dass sich der Erbe auf ein vom Verwalter errichtetes Inventar berufen kann (§ 2004 BGB).[13]

IV. Entsprechende Anwendung auf die Fälle der Inventaruntreue (§ 2005 BGB) und der eidesstattlichen Versicherung (§ 2006 BGB)?

1. Inventaruntreue, § 2005 BGB

Liegen die unter den Rdn 3–6 genannten Voraussetzungen vor, kann der Erbe sein 7
Recht zur Beschränkung der Haftung nicht (mehr) durch den fruchtlosen Ablauf einer Inventarfrist nach § 1994 Abs. 1 S. 2 BGB verlieren. Hatte der Erbe aber bereits vor dem Zeitpunkt der Anordnung der Nachlassverwaltung bzw. vor der Eröffnung des Nachlassinsolvenzverfahrens (freiwillig oder auf Antrag eines Nachlassgläubigers) ein Inventar errichtet und sich gelegentlich der Errichtung einer Inventaruntreue nach § 2005 Abs. 1 BGB schuldig gemacht, hat er das Recht zur Haftungsbeschränkung verloren. Daran wird durch eine eventuell später stattfindende Trennung des Nachlasses vom Eigenvermögen des Erben nichts geändert.[14] Erfolgt die Errichtung des Inventars durch den Erben während der angeordneten Nachlassverwaltung (freiwillig oder auf Verlangen des Nachlassverwalters als Verzeichnis nach den §§ 260, 1978 BGB) oder während des eröffneten Nachlassinsolvenzverfahrens, kann nach der wohl h.M. auch eine Inventaruntreue nicht zum Verlust des Rechts der Haftungsbeschränkung führen.[15]

2. Eidesstattliche Versicherung, § 2006 BGB

Auch die Abgabe der eidesstattlichen Versicherung nach § 2006 BGB soll nach einer 8
verbreiteten Auffassung[16] in den Fällen des § 2000 BGB nicht von dem Erben verlangt werden können. Nach einer anderen – im Vordringen befindlichen – Auffassung soll das Vorliegen der Voraussetzungen des § 2000 BGB die Möglichkeit eines Nachlassgläubigers, die eidesstattliche Versicherung vom Erben mit den Folgen des § 2006 Abs. 3 BGB zu verlangen, nicht ausschließen.[17]
Anders als die Verweigerung der eidesstattlichen Versicherung nach § 2006 BGB hat die Verweigerung der eidesstattlichen Versicherung, die vom Erben aufgrund der §§ 260 Abs. 2, 1978 Abs. 1 BGB, § 153 Abs. 2 InsO verlangt werden kann, nicht den Verlust des Rechts zur Beschränkung der Haftung zur Folge.[18]

§ 2001 Inhalt des Inventars

(1) In dem Inventar sollen die bei dem Eintritt des Erbfalls vorhandenen Nachlassgegenstände und die Nachlassverbindlichkeiten vollständig angegeben werden.
(2) Das Inventar soll außerdem eine Beschreibung der Nachlassgegenstände, soweit eine solche zur Bestimmung des Wertes erforderlich ist, und die Angabe des Wertes enthalten.

---

12 Staudinger/*Dobler* (2020), § 2000 Rn 5.
13 MüKo/*Küpper*, § 2000 Rn 4.
14 MüKo/*Küpper*, § 2000 Rn 5; Staudinger/*Dobler*, § 2000 Rn 8.
15 MüKo/*Küpper*, § 2000 Rn 5 m.w.N.; BeckOK BGB/*Lohmann*, § 2000 Rn 3; BeckOGK/*Leiß*, § 2000 Rn 13, 14 mit weiteren Ausführungen; a.A. Staudinger/*Dobler* (2020), § 2000 Rn 8; jurisPK-BGB/*Klink*, § 2000 Rn 6.
16 MüKo/*Küpper*, § 2000 Rn 6; Bamberger/Roth/*Lohmann*, § 2000 Rn 3.
17 Staudinger/*Dobler* (2020), § 2000 Rn 9 m. ausführlicher Begründung; jurisPK-BGB/*Klink*, § 2000 Rn 6; ebenso und ausführlich: BeckOGK/*Leiß*, § 2000 Rn 15–17.
18 Staudinger/*Dobler* (2020), § 2000 Rn 10.

A. Allgemeines

1 Die Vorschrift bestimmt den Inhalt des Inventars. Bereits aus ihrem Wortlaut ist zu schließen, dass es sich hier um eine reine Ordnungsvorschrift handelt, deren Verletzung keinen Rechtsnachteil nach sich zieht,[1] also nicht den Verlust des Rechts zur Beschränkung der Haftung. Die **Unvollständigkeit** des **Inventars** kann zum Zwecke der Ergänzung zu einer neuen Inventarfrist (§ 2005 Abs. 2 BGB) führen und, wenn diese beabsichtigt ist, zum Eintritt der unbeschränkten Haftung nach § 2005 Abs. 1 BGB.[2] Fehlende oder lediglich auf Schätzung beruhende Angaben zum Wert von Nachlassgegenständen und die unzureichende Beschreibung einzelner Nachlassgegenstände im Nachlassinventar können – für sich gesehen und ohne Hinzutreten weiterer Umständen – **nicht** die Annahme einer Gefährdung der Nachlassgläubiger i.S.v. § 1980 Abs. 2 S. 1 BGB begründen.[3] Die Bestimmungen der §§ 2002, 2003 BGB führen allerdings in der Praxis weitgehend zu einer Befolgung der Vorschrift über den Inhalt des Inventars, da entweder die Mitwirkung amtlicher Personen angeordnet ist oder die Aufnahme amtlich erfolgt.

B. Tatbestand

2 Das Inventar soll zunächst die **Nachlassgegenstände** (Sachen und Rechte; Aktiva) enthalten, die **im Zeitpunkt des Erbfalls vorhanden** waren (Abs. 1). Auf diesen Zeitpunkt bezieht sich die Vermutung der Vollständigkeit des Inventars in § 2009 BGB; auch die Rechenschaftspflichten der §§ 666, 1978 Abs. 1, 1991 Abs. 1 BGB beginnen im Zeitpunkt des Erbfalls. Veränderungen in Bezug auf die Nachlassgegenstände, die nach dem Erbfall eingetreten sind, haben deshalb außer Betracht zu bleiben. Es kann sich allerdings als zweckmäßig erweisen, diese aufzunehmen, da der Erbe sie ohnehin nachzuweisen hat, wenn er die Haftungsbeschränkung durch Rechenschaftslegung herbeiführen will (§§ 1978, 1991 BGB).[4] **Rechte**, die infolge des Erbfalls zur Vereinigung von Recht und Verbindlichkeit oder von Recht und Belastung erloschen sind, sind aufzunehmen, weil sie im Falle der Anordnung der Nachlassverwaltung, der Eröffnung des Nachlassinsolvenzverfahrens oder der Dürftigkeit des Nachlasses als nicht erloschen gelten (§§ 1976, 1991 Abs. 2 BGB).[5] Gleiches gilt für durch **Aufrechnung** erloschene Forderungen, soweit die Aufrechnung nach § 1977 Abs. 1 BGB unwirksam werden könnte.[6]

3 Umstritten ist, ob die **Mitgliedschaft** des Erblassers an einer **Personengesellschaft** zum Nachlass gehört und stets im Inventar aufgeführt werden muss.[7] Das ist dann anzunehmen, wenn es sich um einen Anteil an einer schon beim Erbfall oder durch diesen innerhalb der Frist des § 139 Abs. 3 HGB aufgelösten Gesellschaft handelt, weil ein solcher Anteil in den Nachlass fällt.[8] Im Übrigen wird man es für ausreichend halten müssen, Gewinn- und Auseinandersetzungsansprüche im Inventar aufzuführen.[9] Gegenstände, die der Erbe bereits zu Lebzeiten vom Erblasser erhalten hat, und Ausgleichsansprüche der Erben untereinander nach §§ 2050 ff. BGB gehören nicht zum Nachlass und sind daher nicht aufzunehmen.[10] Außer den Nachlassgegenständen

---

1 Staudinger/*Dobler* (2020), § 2001 Rn 1; BeckOK BGB/*Lohmann*, § 2001 Rn 1.
2 MüKo/*Küpper*, § 2001 Rn 1.
3 BayObLG NJW-RR 2002, 288 = FamRZ 2002, 1737.
4 Staudinger/*Dobler* (2020), § 2001 Rn 2; MüKo/*Küpper*, § 2001 Rn 2.
5 BeckOK BGB/*Lohmann*, § 2001 Rn 2.
6 Staudinger/*Dobler* (2020), § 2001 Rn 2.
7 MüKo/*Küpper*, § 2001 Rn 2.
8 BGH NJW 1982, 45; BGH NJW 1982, 170 = FamRZ 1982, 141.
9 Zur Problematik vgl. auch BGHZ 108, 87; BGHZ 98, 48 = FamRZ 1986, 799.
10 BeckOK BGB/*Lohmann*, § 2001 Rn 2.

hat das Inventar auch sämtliche Nachlassverbindlichkeiten (Passiva) anzugeben.[11] Für die Nachlassverbindlichkeiten ist – anders als bei den Aktiva – der Zeitpunkt der Errichtung des Inventars und nicht derjenige des Erbfalls maßgeblich.[12] Deshalb sind auch die nach dem Erbfall entstandenen Nachlassverbindlichkeiten anzugeben, wie z.B. die Kosten für die Beerdigung (§ 1968 BGB) oder für die Inventarerrichtung selbst. Aufzuführen sind alle Nachlassverbindlichkeiten i.S.v. § 1967 BGB sowie die durch Konfusion und Konsolidation erloschenen Verbindlichkeiten, die wieder aufleben können (§§ 1976, 1991 Abs. 2 BGB).[13]

Das Inventar soll außerdem eine **Beschreibung der Nachlassgegenstände**, soweit sie 4 zur Bestimmung des Wertes erforderlich ist, und die Angabe des Wertes enthalten (Abs. 2). Die Beschreibung des einzelnen Nachlassgegenstandes ist nur vorzunehmen, falls dies für die Bestimmung des Wertes erforderlich ist. Die Wertangaben sind ebenso wie die Angaben zum Bestand auf den Zeitpunkt des Erbfalls zu beziehen. Ein Sachverständiger muss nicht eingeschaltet werden.[14] Der Erbe, der das Inventar selbst errichtet (§ 2002 BGB), ist deshalb auch befugt, die Wertangabe der Gegenstände des Nachlasses nach freiem Ermessen zu schätzen. Der nach § 2002 BGB zugezogene Beamte ist berechtigt, Bedenken oder seine abweichende Ansicht zu vermerken. Eine entsprechende Amtspflicht besteht jedoch nicht.[15] Bei der amtlichen Erstellung des Inventars (§ 2003 BGB) hat der aufnehmende Beamte die Schätzung selbst vorzunehmen und nur, wenn er dazu nicht in der Lage ist, eine Person zur Schätzung hinzuzuziehen.[16] Eine vergleichende Art der Darstellung von Aktiva und Passiva (Bilanz) hat der Erbe nicht zu erstellen. Der Erbe hat das Inventar, das er aufgestellt hat, zu unterzeichnen.[17] Für **Miterben** gilt, dass das von einem Miterben errichtete Inventar den gesamten Nachlass umfassen muss und sich nicht auf den Miterbenanteil beschränken kann (§ 2063 BGB).[18] Der Nacherbe hat zu inventarisieren, was er aus der Erbschaft erlangt, einschließlich der ihm gegen den Vorerben als solchen zustehenden Ansprüche (§ 2144 Abs. 1 BGB). Umstritten ist dabei, ob für die Errichtung des selbstständigen Inventars des Nacherben auf den Zeitpunkt des Erbfalls oder des Nacherbfalls abzustellen ist. Die wohl h.M. vertritt die Auffassung, insoweit auf den Bestand des Nachlasses zum Zeitpunkt des Erbfalls abzustellen, weil es der Vorerbe in diesen Fällen versäumt hat, durch Errichtung eines eigenen Inventars für haftungsrechtliche Klarheit zu sorgen.[19]

§ 2002 Aufnahme des Inventars durch den Erben

Der Erbe muss zu der Aufnahme des Inventars eine zuständige Behörde oder einen zuständigen Beamten oder Notar zuziehen.

A. Allgemeines

Diese Bestimmung betrifft die **Aufnahme**, nicht die Errichtung des Inventars durch 1 den Erben (zur Unterscheidung vgl. § 1993 Rdn 1). Dieser hat, will oder muss er ein

11 BeckOGK/*Leiß*, § 2001 Rn 11.
12 BGHZ 32, 60 = NJW 1960, 959.
13 Staudinger/*Dobler* (2020), § 2001 Rn 3.
14 BeckOGK/*Leiß*, § 2001 Rn 8.
15 BeckOK BGB/*Lohmann*, § 2001 Rn 3.
16 Staudinger/*Dobler* (2020), § 2001 Rn 5.
17 RGZ 77, 247.
18 Grüneberg/*Weidlich*, § 2001 Rn 1.
19 BeckOGK/*Deppenkemper*, § 2144 Rn 36.

Inventar errichten, grundsätzlich **zwei Möglichkeiten:** Er kann das **Inventar selbst aufnehmen** (§ 2002 BGB) oder die **amtliche Aufnahme des Inventars** beantragen (§ 2003 BGB). Aber auch die Aufnahme des Inventars durch den Erben erfordert (zwingend) eine amtliche Mitwirkung („muss zur Aufnahme …"). Damit ist klargestellt, dass ein privat, ohne amtliche Mitwirkung, aufgenommenes Inventar keine Wirkung hat.[1] Das BGB lässt damit ein reines Privatinventar nicht zu. Um die Inventarfrist zu wahren und die Vermutung des § 2009 BGB auszulösen, ist es deshalb nicht ausreichend, wenn der Erbe ein von ihm nach § 2314 BGB errichtetes Inventar beim Nachlassgericht einreicht oder ein Verzeichnis, das der Testamentsvollstrecker nach § 2215 BGB gefertigt hat.[2] Die Vorschrift will durch das Erfordernis der Mitwirkung einer amtlichen Person sicherstellen, dass das Inventar eine brauchbare Grundlage für die Beurteilung des Bestandes des Nachlasses bietet.[3]

2 Die Amtsperson hat den Erben über die Vorschrift des § 2001 BGB zu belehren. Im Übrigen ist ihre Tätigkeit aber auf die Rolle des Beistandes beschränkt und ihr obliegt insbesondere nicht die Prüfung der Angaben des Erben auf ihre sachliche Richtigkeit.[4] Bei der Aufnahme des Inventars trifft den Erben nur insoweit eine Erkundigungsobliegenheit, als er konkrete Anhaltspunkte für weitere Nachlassgegenstände hat und die in Betracht kommenden Ermittlungen nach Umfang, Erfolgsaussichten und Kosten zumutbar sind. Nur vage Anhaltspunkte dafür, dass es weiteres zum Nachlass gehörendes Vermögen gibt, begründen keine Ermittlungspflicht.[5] Anders als bei der amtlichen Aufnahme des Inventars, wo bereits mit der Stellung des Antrags die Inventarfrist des § 1994 BGB gewahrt wird, ist es hier so, dass weder die Aufnahme des Inventars selbst noch allein die Hinzuziehung der Amtsperson zu diesem Zweck die Inventarfrist wahrt.[6] Dies geschieht erst durch dessen Errichtung, nämlich die Einreichung des Inventars bei dem Nachlassgericht (§ 1993 BGB).

B. Tatbestand

3 Die **Aufnahme des Inventars ist eine Sache des Erben**. Sie kann in der Weise geschehen, dass der Erbe selbst unter Beistand der Amtsperson oder diese selbst die Urkunde nach den Angaben des Erben aufnimmt. Notwendig ist in beiden Fällen die Unterschrift des Erben.[7] Die Unterschrift der Amtsperson ist zweckmäßig und üblich, nicht jedoch Wirksamkeitserfordernis für die Aufnahme.[8] Für den Fall, dass das Inventar (auch) die Unterschrift der Amtsperson enthält, bedeutet dies die Beurkundung der Aufnahme. Das Gesetz enthält hier keine Formvorschriften. Für Notare als Amtspersonen gelten die Bestimmungen des Beurkundungsgesetzes (§§ 36–38 BeurkG).

4 Der Erbe muss eine **„zuständige Behörde"** oder einen „zuständigen Beamten oder Notar" hinzuziehen (§ 2002 BGB). Für die Wirksamkeit des Inventars kommt es auf die Mitwirkung jedenfalls der sachlich zuständigen Behörde und Beamten oder des Notars an. Verletzungen der Bestimmungen betreffend die örtliche Zuständigkeit sind unerheblich.[9] Streitig ist, welche Rechtsfolgen damit verbunden sind, wenn seitens

1 MüKo/*Küpper*, § 2002 Rn 1.
2 BeckOGK/*Leiß*, § 2002 Rn 3.
3 Staudinger/*Dobler* (2020), § 2002 Rn 1.
4 MüKo/*Küpper*, § 2002 Rn 1.
5 OLG Hamm FamRZ 2010, 2022.
6 OLG Hamm NJW 1962, 53.
7 A.A. Staudinger/*Dobler* (2020), § 2002 Rn 2, der die Auffassung vertritt, die Unterschrift der das Inventar aufnehmenden Amtsperson sei ausreichend; empfiehlt gleichwohl auch in diesem Fall die Unterschrift des Erben.
8 MüKo/*Küpper*, § 2002 Rn 2.
9 Staudinger/*Dobler* (2020), § 2002 Rn 3.

des Erben eine sachlich unzuständige Behörde hinzugezogen wurde. Nach der wohl zutreffenden h.M. ist eine Unwirksamkeit nur dann anzunehmen, wenn es sich um einen Fall offensichtlicher Unzuständigkeit handelt.[10] Bei schuldhaft verspäteter Mitwirkung der Amtsperson kann Amtshaftung nach § 839 BGB i.V.m. Art. 34 GG eintreten.[11]

Die Inventarfrist ist, wenn sie wegen verspäteter Mitwirkung nicht eingehalten werden konnte, auf Antrag zu verlängern (vgl. die §§ 1995 Abs. 3, 1996 Abs. 1 BGB).[12] In allen Ländern ist der Notar aufgrund Bundesrechts zuständig (§ 20 Abs. 1 BNotO; § 66 Abs. 1 Nr. 2 BeurkG). Die Zuständigkeit der übrigen Organe ergibt sich im Übrigen aus Landesrecht (Art. 147, 148 EGBGB). Es sind dies im Wesentlichen die Urkundsbeamten der Geschäftsstelle des Amtsgerichts sowie Gerichtsvollzieher.[13] Nach wohl h.M. handelt es sich bei der Zuständigkeit des Notars nicht um eine ausschließliche Zuständigkeit, weshalb außer den Notaren auch andere – in landesrechtlichen Vorschriften benannte – öffentliche Stellen zur Inventarerrichtung hinzugezogen werden können.[14] 5

Beim eigenhändigen Inventar beschränkt sich die amtliche Mitwirkung auf eine unterstützende und beratende Funktion. Die Mitwirkung der öffentlichen Stelle ist nach der gesetzlichen Regelung also als „Beistandsleistung" gedacht (z.B.: Aufklärung und Belehrung über den Inhalt von § 2001 Abs. 1 und 2 BGB), nicht aber hat die Behörde zu prüfen, ob die Angaben, die der Erbe im eigenhändigen Inventar macht, vollständig und sachlich richtig sind, oder Wertangaben zu machen. Trotz amtlicher Mitwirkung bleibt beim eigenhändigen Inventar allein der Erbe dafür verantwortlich, ein solches Inventar aufzunehmen, seine inhaltliche Richtigkeit herbeizuführen und das Inventar beim Nachlassgericht einzureichen. Die zugezogene Amtsstelle hat keine Ermittlungspflicht.[15] 6

Die **Einreichung des Inventars** muss nicht unmittelbar durch den Erben geschehen. Sie kann deshalb u.a. auch durch die beigezogene Amtsperson erfolgen. Die Mitwirkung eines Notars bei Aufnahme des Inventars löst eine volle Gebühr nach KV Nr. 23502 GNotKG aus und erfasst nur diejenigen Fälle, in denen das Inventar privatschriftlich erstellt wird und die „Urkundsperson" lediglich beratend tätig wird und hierüber einen Vermerk auf der privatschriftlichen Aufstellung anbringt (§ 39 BeurkG) oder dieser eine Niederschrift über ihre Mitwirkung beifügt (§§ 36, 37 BeurkG). In Abgrenzung ist die Gebühr des Notars für die Aufnahme des Verzeichnisses (§ 2003 Abs. 1 BGB) aus KV Nr. 23500 GNotKG zu entnehmen. Die Gebühren berechnen sich beide nach dem Wert des Nachlasses, §§ 115, 38 GNotKG, wobei Nebengegenstände, wie z.B. Zinsen etc., ebenso unberücksichtigt bleiben wie die Verbindlichkeiten (§§ 37 Abs. 1, 38 GNotKG). Kostenschuldner sind gegenüber dem Notar nach § 31 Abs. 2 GNotKG die Erben. Sie können für diese Kosten einwendungsweise geltend machen, nur mit dem Nachlass zu haften.[16] 7

10 Wie hier: BeckOGK/*Leiß*, § 2002 Rn 11, 12 mit ausführlicher Begründung.
11 Erman/*Horn*, § 2002 Rn 4.
12 MüKo/*Küpper*, § 2002 Rn 4.
13 BeckOGK/*Leiß*, § 2002 Rn 8.1.
14 BeckOGK/*Leiß*, § 2002 Rn 8, 8.1, 9 und 10.
15 BeckOGK/*Leiß*, § 2002 Rn 14, 15.
16 BeckOGK/*Leiß*, § 2002 Rn 20.

§ 2003 Amtliche Aufnahme des Inventars

(1) [1]Die amtliche Aufnahme des Inventars erfolgt auf Antrag des Erben durch einen vom Nachlassgericht beauftragten Notar. [2]Durch die Stellung des Antrags wird die Inventarfrist gewahrt.
(2) Der Erbe ist verpflichtet, die zur Aufnahme des Inventars erforderliche Auskunft zu erteilen.
(3) Das Inventar ist von dem Notar bei dem Nachlassgericht einzureichen.

Literatur
Pelikan, Beurkundungs- und Berufsrecht, notar 2014, 160; *Schüßler/Najdekci*, Gesetz zur Übertragung von Aufgaben im Bereich der freiwilligen Gerichtsbarkeit auf Notare, ErbR 2014, 367; *Zimmer*, Die Aufnahme des Nachlassverzeichnisses durch den Notar, NotBZ 2005, 208.
Weitere Literaturhinweise siehe Vorbemerkung zu §§ 1993–2013.

A. Allgemeines

1 Die amtliche Aufnahme des Inventars erfolgt auf Antrag des Erben durch einen vom Nachlassgericht beauftragten Notar. Die amtliche Aufnahme unterscheidet sich von der „Eigenaufnahme" durch den Erben nach § 2002 BGB vor allem dadurch, dass hier bereits die Antragstellung die Inventarfrist wahrt (§ 2003 Abs. 1 S. 3 BGB). Damit erhält der Erbe eine größere Sicherheit, auch kurzentschlossen eine ihm gesetzte Inventarfrist zu wahren.[1] Zugleich bietet diese Art der Aufnahme dem Erben den Vorteil, dass er selbst nichts tun, sondern lediglich Auskunft erteilen muss (Abs. 2). Andererseits ist zu bedenken, dass im Unterschied zur „Eigenaufnahme" wesentlich höhere Kosten entstehen. Für die Entgegennahme eines Inventars durch das Nachlassgericht wird eine Festgebühr von 16 EUR erhoben (KV Nr. 12410 Nr. 6 GNotKG). Der Antrag des Erben, einen Notar mit der amtlichen Aufnahme des Nachlassinventars zu beauftragen, löst eine gerichtliche Festgebühr von 44 EUR aus (KV Nr. 12412 GNotKG). Der Notar erhält für die Aufnahme des Nachlassinventars eine Gebühr nach dem 2-fachen Satz der Gebührentabelle B (KV Nr. 23500 GNotKG). Der zugrunde liegende Wert bestimmt sich nach dem Wert des Nachlasses ohne Berücksichtigung von Zinsen und Verbindlichkeiten (§§ 115, 37 Abs. 1, 38 GNotKG).[2] Die Gebühr fällt neben der Gebühr des Gerichts nach KV Nr. 12412 GNotKG an.[3] Errichtet ist auch das amtlich aufgenommene Inventar erst mit dessen Einreichung beim Nachlassgericht (§ 1993 BGB). Nach Abs. 3 ist der Notar verpflichtet, das Inventar beim Nachlassgericht einzureichen.

B. Tatbestand

2 Die „amtliche" Aufnahme des Inventars nach dieser Bestimmung erfordert stets einen **Antrag** des Erben. Ein Vermächtnisnehmer oder sonstiger Nachlassgläubiger kann den Antrag nicht stellen. Weil aber ein Miterbe für den gesamten Nachlass ein Inventar errichten kann, ist er auch befugt, den Antrag nach § 2003 BGB zu stellen.[4] Im Übrigen können – neben dem Erben und Miterben – auch diejenigen Personen den Antrag stellen, die einen solchen nach § 1993 BGB stellen können, u.a. der gesetzliche oder gewillkürte Vertreter des Erben (Miterben), der Ehegatte und der Lebenspartner (im Einzelnen vgl. § 1993 Rdn 5, 6). Bei Miterben ist ausreichend, dass ein Mitglied der Erbengemeinschaft den Antrag stellt. Ist dies der Fall, ist diese Verfahrensform auch

1 BeckOGK/*Leiß*, § 2003 Rn 3.
2 LG Cottbus NotBZ 2016, 354.
3 Vgl. zu den Kosten auch die Ausführungen zu § 1993 BGB.
4 Staudinger/*Dobler* (2020), § 2003 Rn 3.

für die anderen Miterben verbindlich.[5] Unzulässig ist allerdings ein vom Miterben gestellter Antrag, der allein darauf gerichtet ist, dass sich ein Miterbe von seinen Miterben Auskunft über den Umfang des Nachlasses verschafft, den er nicht selbst in Besitz hat.[6] Hat nicht der Erbe/Miterbe oder eine sonstige berechtigte Person den Antrag gestellt, sondern ein Nichtberechtigter, und hat das Nachlassgericht gleichwohl die amtliche Aufnahme eines Inventars angeordnet, ist das darauf errichtete Inventar formwirksam. Als „errichtet" i.S.d. § 1993 BGB gilt es jedoch erst dann, wenn der Erbe hierzu die Erklärung abgibt, dass das Inventar als von ihm eingereicht gelten solle (§ 2004 BGB).[7]

Der Antrag ist bei dem **örtlich zuständigen** Nachlassgericht zu stellen (§ 343 FamFG). 3
Dies gilt auch dann, wenn das Landesrecht nach Art. 148 EGBGB die Zuständigkeit des Nachlassgerichts zur Aufnahme des Inventars ausgeschlossen hat, wie z.B. Bayern (§ 8 AGGVG).[8] Das Nachlassgericht ist verpflichtet, die Aufnahme des Inventars auf einen Notar zu übertragen. Die Auswahl des Notars liegt in seinem Ermessen.[9] Die Zuständigkeit des Notars richtet sich nach Landesrecht. Der Verstoß gegen die Zuständigkeit hat nur dann die Unwirksamkeit zur Folge, wenn das sachlich unzuständige Organ das Inventar aufnimmt.[10] Der Mangel der örtlichen Zuständigkeit hingegen ist unbeachtlich.[11]

Die **Aufnahme** des **Inventars** selbst nimmt der Notar vor. Seine Amtstätigkeit er- 4
schöpft sich nicht in einer Beurkundung, sondern er – anders als bei der Mitwirkung gem. § 2002 BGB – trägt die Verantwortung für die Richtigkeit des Inventars und nicht der Erbe. Der Notar hat selbst nach Maßgabe des § 2001 BGB den anzugebenden Nachlassbestand zu ermitteln und die Aufnahme der Verbindlichkeiten steht in seinem freien Ermessen. Er kann auch Dritte zur Auskunft heranziehen. Den Erben hat er persönlich anzuhören. Dieser hat ihm die zur Aufnahme des Inventars erforderlichen Auskünfte zu erteilen. Auch Miterben, die den Antrag nach Abs. 1 nicht gestellt haben, kann der Notar um Auskunft ersuchen.[12] Diese Auskunftspflicht nach Abs. 2 ist zwar nicht erzwingbar, der Erbe verwirkt jedoch u.U. das Recht zur Haftungsbeschränkung (§ 2005 Abs. 1 S. 2 BGB), wenn er die Erteilung der Auskunft verweigert oder absichtlich in erheblichem Maße verzögert.[13] Wegen der Pflicht zur Auskunft kann von dem Erben die Vorlage eines Nachlassverzeichnisses verlangt werden (§ 260 BGB); diese Vorlage kann aber ebenso wenig wie die Auskunftserteilung selbst erzwungen werden.[14] Grundlage und Ergebnis seiner Feststellungen hat der aufnehmende Notar in einer von ihm unterzeichneten Urkunde niederzulegen. Das Inventar ist schließlich von dem Notar bei dem Nachlassgericht einzureichen (Abs. 3). Auch das amtlich aufgenommene Inventar ist erst mit der Einreichung desselben beim Nachlassgericht errichtet, § 1993 BGB. Gegen die Verzögerung des Notars ist die Aufsichtsbeschwerde möglich.[15] Gegen die Ablehnung des Antrags auf amtliche Aufnahme des Inventars steht dem Antragsteller die Beschwerde nach den §§ 58 ff. FamFG, § 11 Abs. 1 RPflG zu.

---

5 BeckOGK/*Leiß*, § 2003 Rn 6.
6 OLG Düsseldorf NJW-RR 2014, 1476.
7 Staudinger/*Dobler* (2020), § 2003 Rn 4.
8 Grüneberg/*Weidlich*, § 2003 Rn 1.
9 OLG Stuttgart Justiz 2020, 211.
10 Differenzierend allerdings: BeckOGK/*Leiß*, § 2003 Rn 13.
11 Staudinger/*Dobler* (2020), § 2003 Rn 8.
12 BeckOGK/*Leiß*, § 2003 Rn 16.
13 BeckOGK/*Leiß*, § 2003 Rn 15.
14 Staudinger/*Dobler* (2020), § 2003 Rn 9.
15 Grüneberg/*Weidlich*, § 2003 Rn 3.

§ 2004 Bezugnahme auf ein vorhandenes Inventar

Befindet sich bei dem Nachlassgericht schon ein den Vorschriften der §§ 2002, 2003 entsprechendes Inventar, so genügt es, wenn der Erbe vor dem Ablauf der Inventarfrist dem Nachlassgericht gegenüber erklärt, dass das Inventar als von ihm eingereicht gelten soll.

A. Allgemeines

1 Die **Bezugnahme** auf ein bereits beim Nachlassgericht befindliches **Inventar** stellt – neben dem vom Erben selbst errichteten (§§ 1993, 2002 BGB) und dem amtlich aufgenommenen (§ 2003 BGB) Inventar – die **dritte Möglichkeit** der Inventarerrichtung für den Erben dar.[1] Voraussetzung ist, dass das vorhandene Inventar entweder der Vorschrift des § 2002 BGB oder des § 2003 BGB entspricht. Gleichgültig ist, ob bereits eine Inventarfrist dem Erben bestimmt wurde.[2] Läuft allerdings eine Inventarfrist, ist auch die Bezugnahme fristgebunden.[3] Nicht geregelt ist der Fall, dass ein von einer anderen Person – einem Miterben, einem Vorerben, einem Erbschaftskäufer oder -verkäufer – errichtetes Inventar kraft Gesetzes auch zugunsten des Erben wirkt (§§ 2063, 2144 Abs. 2, 2383 Abs. 2 BGB). Eine Bezugnahme ist dann nicht erforderlich. Das gilt auch für den Fall, dass der Erbe selbst oder ein gesetzlicher oder rechtsgeschäftlicher Vertreter des Erben (z.B. der Nachlasspfleger) bereits ein Inventar eingereicht hat.[4]

2 In den Anwendungsbereich der Bestimmung fallen vielmehr diejenigen Inventare, die von einem **Erbschaftsbesitzer,** von einem **Erben**, der die Erbschaft später ausgeschlagen bzw. die Annahme der Erbschaft angefochten hat, von einem auftragslosen Geschäftsführers, von einem nicht ausgewiesenen Bevollmächtigten, von einem Testamentsvollstrecker, von einem Nachlassverwalter oder Nachlassinsolvenzverwalter und schließlich auch von dem Nachlassgericht selbst errichtet wurden.[5] Es kann nicht Bezug genommen werden auf ein reines „Privatinventar", auf Bestandsverzeichnisse nach den §§ 2012, 2027 und 2038 BGB, sofern diese nicht den Vorschriften der §§ 2002, 2003 BGB entsprechen.[6]

B. Tatbestand

3 Die Bezugnahme erfolgt durch **formlose Erklärung** gegenüber dem Nachlassgericht. Ist dem Erben eine Inventarfrist gesetzt, muss die Erklärung dem Nachlassgericht innerhalb der Frist zugehen. Insbesondere bei Fristsetzung ist es tunlich, die Erklärung dem zuständigen Nachlassgericht (§ 343 FamFG) gegenüber entweder schriftlich oder zu Protokoll der Geschäftsstelle abzugeben (§ 25 FamFG). Sie kann auch durch einen Bevollmächtigten erfolgen.[7] Die Vollmachtsurkunde kann nachgereicht werden.[8]

C. Rechtsfolgen

4 Mit dem Eingang der Bezugserklärung, d.h. der Erklärung, dass ein bereits beim Nachlassgericht befindliches Inventar als von ihm eingereicht gelten soll, beim zustän-

---

1 BeckOGK/*Leiß*, § 2004 Rn 2; Saarländisches OLG Saarbrücken, Beschl. v. 25.6.2025 – 5 W 33/25, juris.

2 Str., wie hier: Staudinger/*Dobler* (2020), § 2004 Rn 1 m.w.N.

3 Palandt/*Weidlich*, § 2004 Rn 1.

4 MüKo/*Küpper*, § 2004 Rn 1.

5 Staudinger/*Dobler* (2020), § 2004 Rn 7; BeckOK BGB/*Lohmann*, § 2004 Rn 1.

6 MüKo/*Küpper*, § 2004 Rn 1.

7 BeckOK BGB/*Lohmann*, § 2004 Rn 2.

8 Staudinger/*Dobler* (2020), § 2004 Rn 8; MüKo/*Küpper*, § 2004 Rn 2.

digen Nachlassgericht hat der Erbe „ein Nachlassinventar errichtet“, das die gesetzlichen Folgen eines Inventars nach den Vorschriften der §§ 2002 und 2003 BGB auslöst. Durch die Bezugnahme auf das (ihm fremde) Inventar kann der Erbe sich einer Inventaruntreue schuldig machen, wenn er die Unrichtigkeit kennt (§ 2005 Abs. 1 S. 1 BGB).[9] Hält der Erbe das in Bezug genommene Inventar gutgläubig für richtig, dürfte eine Inventaruntreue nicht vorliegen. Ihm dürfte daher analog § 2005 Abs. 2 BGB eine neue Inventarfrist zur Errichtung eines richtigen Inventars oder zur Ergänzung des in Bezug genommenen Inventars gesetzt werden können.[10]

§ 2005 Unbeschränkte Haftung des Erben bei Unrichtigkeit des Inventars

(1) [1]Führt der Erbe absichtlich eine erhebliche Unvollständigkeit der im Inventar enthaltenen Angabe der Nachlassgegenstände herbei oder bewirkt er in der Absicht, die Nachlassgläubiger zu benachteiligen, die Aufnahme einer nicht bestehenden Nachlassverbindlichkeit, so haftet er für die Nachlassverbindlichkeiten unbeschränkt. [2]Das Gleiche gilt, wenn er im Falle des § 2003 die Erteilung der Auskunft verweigert oder absichtlich in erheblichem Maße verzögert.
(2) Ist die Angabe der Nachlassgegenstände unvollständig, ohne dass ein Fall des Absatzes 1 vorliegt, so kann dem Erben zur Ergänzung eine neue Inventarfrist bestimmt werden.

Literatur

App, Zur Sicherung des Erben gegen (unerwartete) Nachlassforderungen, DAVorm 2000, 543; *Schönert*, Grenzen der Beschränkbarkeit der Erbenhaftung auf den Nachlass, BWNotZ 2008, 81; *van Venrooy*, Zum Sinn eines Nachlassinventars, AcP 186, 356.

Übersicht: Rdn

A. Allgemeines

1 Die Bestimmung behandelt zunächst (Abs. 1) zwei weitere Fälle, in denen der Erbe allen Nachlassgläubigern gegenüber **unbeschränkbar haften** kann. Insoweit wird § 1994 Abs. 1 S. 2 BGB ergänzt, der die gleiche Folge an die Versäumung der Inventarfrist knüpft. Grund für die Regelung ist die Überlegung, dass das Inventar nur dann seinen Zweck, die Nachlassgläubiger über den Bestand des Nachlasses zu informieren, erfüllt, wenn es inhaltlich richtig ist, dass die Beteiligten, insbesondere die Nachlassgläubiger auf den Inhalt vertrauen und ihre Maßnahmen darauf abstellen können. Dabei wird davon ausgegangen, dass auch die amtliche Mitwirkung bei der Aufnahme des Inventars (§ 2002 BGB) oder die amtliche Aufnahme des Inventars selbst (§ 2003 BGB) die inhaltliche Richtigkeit des Inventars nicht gewährleisten können, wenn die

9 BeckOGK/*Leiß*, § 2004 Rn 10.
10 Staudinger/*Dobler* (2020), § 2004 Rn 9, 10; BeckOK BGB/*Lohmann*, § 2004 Rn 2; MüKo/*Küpper*, § 2004 Rn 3.

Angaben des Erben nicht zutreffen oder unvollständig sind.[1] Der Erbe soll durch diese Regelung zur Abgabe von vollständigen und richtigen Angaben veranlasst werden. Beide Tatbestände des Abs. 1 S. 1 sollen davor schützen, dass den Gläubigern ein zu geringer Bestand des Nachlasses vorgespiegelt wird.[2] Die Rechtsfolgen, die an die Verfehlungen des Erben in Abs. 1 S. 1 geknüpft werden, gelten sowohl für das freiwillige als auch für das innerhalb der gesetzten Frist (erzwungene) erstellte Inventar.[3] Demgegenüber setzt die Anwendung des Abs. 1 S. 2 eine dem Erben gesetzte Inventarfrist voraus. Alle Tatbestände des § 2005 BGB gelten nur für ein Inventar i.S.d. §§ 2002, 2003 BGB.[4] Nach Abs. 2 kann dem Erben für den Fall, dass die Unvollständigkeit des Inventars auf einem fahrlässigen oder gänzlich schuldlosen Verhalten des Erben beruht, eine neue Inventarfrist bestimmt werden, die auch die erste sein kann.[5] Auch **Miterben** können eine Inventaruntreue begehen. Sie können ihr Recht zur Beschränkung der Haftung allerdings lediglich bezogen auf den ihrem ideellen Erbteil entsprechenden Teil jeder Nachlassverbindlichkeit verlieren.[6] Ergänzt werden die gesetzlichen Regelungen zur Richtigkeitsgewähr für Nachlassinventare (§§ 2002, 2003 BGB) neben der Regelung in § 2005 BGB außerdem durch die Bestimmung in § 2006 BGB: Danach hat der Nachlassgläubiger die Möglichkeiten, auf eine eidesstaatliche Versicherung des Erben zur Vollständigkeit des Inventars hinzuwirken, wenn er daran zweifelt, dass die Angaben des Erben im Inventar korrekt sind.[7]

B. Tatbestand

2 Der Erbe verliert sein Recht zur Beschränkung der Haftung in drei Fällen:[8] wenn er

- absichtlich eine erhebliche Unvollständigkeit der im Inventar enthaltenen Angabe bzgl. der Nachlassgegenstände (§ 2001 BGB) herbeiführt (Inventaruntreue: Abs. 1 S. 1 Alt. 1);
- in der Absicht, die Nachlassgläubiger zu benachteiligen, die Aufnahme einer nicht bestehenden Nachlassverbindlichkeit bewirkt (Inventaruntreue: Abs. 1 S. 1 Alt. 2) und
- im Falle des § 2003 BGB die Erteilung der Auskunft verweigert oder absichtlich in erheblichem Maße verzögert (Fristversäumung: Abs. 1 S. 2).

I. Absichtlich unvollständige Angabe der Nachlassgegenstände

3 Voraussetzung ist zunächst, dass eine **objektiv** erhebliche **Unvollständigkeit** vorliegt. Der Erbe muss demnach (subjektiv) Nachlassgegenstände in erheblichem Umfang – also von erheblichem Wert – verschweigen.[9] Eine unrichtige Beschreibung der vollständig aufgeführten Nachlassgegenstände, unrichtige Wertangaben (vgl. § 2001 Abs. 2 BGB) oder die Nennung tatsächlich nicht vorhandener Nachlassgegenstände erfüllen den Tatbestand nicht. Absicht bedeutet mehr als nur Vorsatz.[10] Der Erbe muss mit der Unvollständigkeit einen über das Inventar hinausgehenden Zweck – z.B. die Schädigung von Nachlassgläubigern, Täuschung der Steuerbehörden, Benachteiligung eines

---

1 MüKo/*Küpper*, § 2005 Rn 1; Staudinger/*Dobler* (2020), § 2005 Rn 1; BeckOK BGB/*Lohmann*, § 2005 Rn 1.
2 BeckOGK/*Leiß*, § 2005 Rn 2.
3 Staudinger/*Dobler* (2020), § 2005 Rn 1; Grüneberg/*Weidlich*, § 2005 Rn 1.
4 BeckOK BGB/*Lohmann*, § 2005 Rn 1.
5 Grüneberg/*Weidlich*, § 2005 Rn 5.
6 Staudinger/*Dobler* (2020), § 2005 Rn 2.
7 BeckOGK/*Leiß*, § 2005 Rn 4.
8 Vgl.: BeckOGK/*Leiß*, § 2005 Rn 5–13.
9 MüKo/*Küpper*, § 2005 Rn 2; Erman/*Horn*, § 2005 Rn 2.
10 Staudinger/*Dobler*, § 2005 Rn 4; Erman/*Horn*, § 2005 Rn 2.

Miterben – verfolgt haben.[11] Eine Benachteiligungsabsicht in Bezug auf die Nachlassgläubiger ist allerdings nicht erforderlich.[12]

II. Aufnahme nicht bestehender Nachlassverbindlichkeiten

Zwar bezieht sich die Vermutung der Vollständigkeit und Richtigkeit des Inventars im Verhältnis zu den Nachlassgläubigern (§ 2009 BGB) nicht auf die Nachlassverbindlichkeiten (Passiva; vgl. § 2009 Rdn 3). Nimmt der Erbe jedoch tatsächlich nicht bestehende Nachlassverbindlichkeiten in das Inventar auf, ist dies geeignet, den Nachlassgläubigern eine Überschuldung des Nachlasses vorzuspiegeln und sie hierdurch z.B. zum Abschluss eines für sie nachteiligen Vergleichs zu bewegen.[13] Der Erbe muss in der Absicht gehandelt haben, die Nachlassgläubiger zu benachteiligen. Zum subjektiven Element dieses Tatbestands, der sog. „Gläubigerbenachteiligungsabsicht", wird es als ausreichend angesehen, wenn der Erbe bei seinem Handeln weiß, dass er mit aller Wahrscheinlichkeit Gläubiger benachteiligen wird.[14] Nimmt der Erbe wissentlich eine bestehende Nachlassverbindlichkeit nicht auf, führt dies nicht zum Verlust des Rechts zur Haftungsbeschränkung.[15] 4

Weitere Folgen: Abgesehen von dem Verlust des Rechts zur Haftungsbeschränkung macht sich der Erbe, wenn die vorgenannten Voraussetzungen vorliegen, u.U. nach § 283 Abs. 1 Nr. 4 StGB wegen Bankrotts strafbar. Ihm droht in diesen Fällen im Nachlassinsolvenzverfahren die Versagung der gerichtlichen Bestätigung des Insolvenzplans nach § 250 Nr. 2 InsO. 5

III. Verweigerung und Verzögerung der Auskunft

Der **Erbe verliert** sein **Haftungsbeschränkungsrecht** auch dann, wenn er die amtliche Aufnahme des Inventars gem. § 2003 BGB beantragt hat und die Erteilung der erforderlichen Auskunft (§ 2003 Abs. 2 BGB) verweigert oder absichtlich in erheblichem Maße verzögert. Ungeschriebene Voraussetzung ist insoweit, dass dem Erben Inventarfrist gesetzt worden ist (§ 1994 Abs. 1 BGB) und diese Frist bereits zu laufen begonnen hat.[16] Nach der h.M. wird dieser Fall nicht als ein Fall der Inventaruntreue, sondern der Fristversäumung (§ 1994 BGB) angesehen.[17] Denn der Antrag auf amtliche Aufnahme des Inventars gem. § 2003 Abs. 1 BGB wahrt zunächst die Inventarfrist (§ 2003 Abs. 1 S. 2 BGB). Dadurch nun, dass der Erbe die erforderlichen Auskünfte nicht oder nur verzögert erteilt, könnte er die Errichtung des Inventars (gleichwohl) verhindern oder erschweren. Er soll deshalb so behandelt werden, als wenn er die Errichtung des Inventars innerhalb der gesetzten Frist unterlassen hätte. Es wird deshalb verlangt, dass die Auskunft noch zur Zeit des Ablaufs der (durch die Antragstellung zunächst gewahrten) Frist verweigert bzw. erheblich über diesen Zeitraum hinaus verzögert wird.[18] 6

Nach dem Zweck der Regelung **tritt die unbeschränkte Haftung dann nicht ein,** wenn sich die Auskunftsverweigerung auf unwesentliche Punkte bezieht, so z.B. auf 7

11 Staudinger/*Dobler*, § 2005 Rn 4; BeckOK BGB/*Lohmann*, § 2005 Rn 2; Erman/*Horn*, § 2005 Rn 2.
12 MüKo/*Küpper*, § 2005 Rn 2.
13 Staudinger/*Dobler* (2020), § 2005 Rn 4; BeckOK BGB/*Lohmann*, § 2005 Rn 3.
14 BeckOGK/*Leiß*, § 2005 Rn 12.
15 Staudinger/*Dobler* (2020), § 2005 Rn 9; BeckOK BGB/*Lohmann*, § 2005 Rn 3; MüKo/*Küpper*, § 2005 Rn 2.
16 BeckOK BGB/*Lohmann*, § 2005 Rn 5; Staudinger/*Dobler*, § 2005 Rn 7.
17 MüKo/*Küpper*, § 2005 Rn 2. BeckOGK/*Leiß*, § 2005 Rn 13.
18 Staudinger/*Dobler* (2020), § 2005 Rn 7.

das Verschweigen nicht wesentlicher zum Nachlass gehörender Gegenstände;[19] die von dem Erben zunächst verweigerte oder verzögerte Auskunft deshalb nicht erforderlich (§ 2003 Abs. 2 BGB) ist, weil sie – vor dem Ablauf der dem Erben gesetzten Inventarfrist – in hinreichender Weise von anderer Seite (z.B. anderer Erbe, Ehefrau des Erben) erteilt wurde;[20] der Erbe selbst rechtzeitig ein Inventar aufgenommen (§ 2002 BGB) und beim Nachlassgericht eingereicht hat;[21] ein Dritter ein Inventar errichtet hat, das dem Erben zustattenkommt (etwa: §§ 2008 Abs. 1 S. 3, 2063 Abs. 1, 2144 Abs. 2 und 2383 Abs. 2 BGB).[22]

IV. Anwendungsbereich – maßgeblicher Zeitpunkt – Haftung für andere Personen

8 Die Tatbestände des Abs. 1 S. 1 finden auch dann Anwendung, wenn der Erbe das Inventar gem. § 2004 BGB durch Bezugnahme auf ein bereits vorhandenes, in der beschriebenen Weise unrichtiges Inventar errichtet und dabei in der in Abs. 1 vorausgesetzten Absicht handelt.[23] In den Fällen des Abs. 1 S. 1 tritt der **Verlust der Beschränkung** der Haftung im Zeitpunkt der Einreichung des „ungetreuen" Inventars ein. Eine Berichtigung des unrichtigen oder unvollständigen Inventars nach seiner Einreichung (§ 1993 BGB) und (auch) vor Ablauf der Inventarfrist ist nicht möglich, weil der zur Inventarerrichtung aufgrund Fristsetzung verpflichtete Erbe sonst besser stünde als der das Inventar freiwillig errichtende Erbe.[24]

9 Der Erbe haftet für das Verschulden seines **gesetzlichen Vertreters** oder seines **Bevollmächtigten** gem. § 278 BGB wie für eigenes Verschulden,[25] auch bei freiwilliger Inventarerrichtung. Inventarverfehlungen des **Nachlasspflegers**, des **Nachlassverwalters**, des Nachlassinsolvenzverwalters und des **Testamentsvollstreckers** muss sich der Erbe nicht zurechnen lassen;[26] ebenso wenig wie diejenigen solcher Personen, deren Inventar ihm gem. §§ 2008 Abs. 1 S. 3, 2063 Abs. 1, 2144 Abs. 2, 2383 Abs. 2 BGB (auch ohne Bezugnahme, § 2004 BGB) zustattenkommt.[27] Ein von dem vorgenannten Personenkreis ungetreu errichtetes Inventar ist nicht geeignet, die Inventarfrist zu wahren.[28] Jedenfalls soll es dem Erben zustattenkommen, wenn ein solches Inventar vor dem Ablauf einer nach Abs. 2 gesetzten Frist ergänzt wird.[29]

V. Fristsetzung zur Ergänzung des Inventars (Abs. 2)

10 Ist das Inventar **unvollständig**, ohne dass die Voraussetzungen des Abs. 1 erfüllt sind, kann dem Erben eine neue (oder im Falle eines unrichtigen freiwilligen Inventars eine erste)[30] Inventarfrist zur Vervollständigung seiner bisherigen Angaben gesetzt werden (Abs. 2). Im Grunde ist es selbstverständlich, dass die Voraussetzungen des Abs. 1 nicht vorliegen dürfen, da der Erbe in diesem Fall sein Recht zur Haftungsbeschränkung bereits verloren hätte. Die Nachlassgläubiger haben dann auch kein Interesse

---

19 Staudinger/*Dobler* (2020), § 2005 Rn 6; MüKo/*Küpper*, § 2005 Rn 2; BeckOK BGB/*Lohmann*, § 2005 Rn 5.

20 MüKo/*Küpper*, § 2005 Rn 2; BeckOK BGB/*Lohmann*, § 2005 Rn 5; Staudinger/*Dobler* (2020), § 2005 Rn 7.

21 Staudinger/*Dobler* (2020), § 2005 Rn 7.

22 Staudinger/*Dobler* (2020), § 2005 Rn 7.

23 BeckOK BGB/*Lohmann*, § 2005 Rn 4.

24 Grüneberg/*Weidlich*, § 2005 Rn 4; MüKo/*Küpper*, § 2005 Rn 3.

25 Staudinger/*Dobler* (2020), § 2005 Rn 10; Erman/*Horn*, § 2005 Rn 5.

26 Staudinger/*Dobler* (2020), § 2005 Rn 10.

27 Erman/*Horn*, § 2005 Rn 5; Staudinger/*Dobler* (2020), § 2005 Rn 11; BeckOK BGB/*Lohmann*, § 2005 Rn 6.

28 Erman/*Horn*, § 2005 Rn 5; a.A. BeckOK BGB/*Lohmann*, § 2005 Rn 6.

29 Staudinger/*Dobler* (2020), § 2005 Rn 11.

30 Staudinger/*Dobler* (2020), § 2005 Rn 13.

mehr an einer eventuellen Vervollständigung des Inventars. Die **Bestimmung der Frist** kann nur auf **Antrag eines Nachlassgläubigers** erfolgen.[31] Da es sich um eine Inventarfrist handelt, finden die §§ 1994 ff. BGB entsprechende Anwendung.[32] Die Frist kann auch einem Erben gesetzt werden, dem das von einem anderen Erben errichtete Inventar zugutegekommen ist (vgl. § 2063 Abs. 1 BGB). Gegen die **Entscheidungen des Nachlassgerichts** steht den Beteiligten das Rechtsmittel der **Beschwerde** zu (§§ 58 ff., 360 FamFG).

C. Rechtsfolgen

Die **Inventaruntreue** nach Abs. 1 hat ebenso wie die Versäumung der Frist nach Abs. 2 die unbeschränkte Haftung des Erben zur Folge (§ 1994 Abs. 1 S. 2 BGB). 11
Diese Sanktion tritt nach ganz h.A. bereits unmittelbar zu dem Zeitpunkt ein, zu dem der Erbe das ungetreu errichtete Inventar beim Nachlassgericht einreicht. Nach seiner Einreichung kann das ungetreu errichtete Inventar deshalb nicht mehr berichtigt werden, und zwar auch nicht im Rahmen des § 2006 Abs. 2 BGB und auch unabhängig davon, ob eine dem Erben gesetzte Inventarfrist bereits abgelaufen ist.[33] Die Entscheidung über den Verlust der beschränkten Haftung steht nicht dem Nachlassgericht, sondern allein dem Prozessgericht zu. Dabei ist auch eine Klage auf Feststellung der unbeschränkten Erbenhaftung möglich.[34] Macht ein Nachlassgläubiger im Prozess die unbeschränkte Haftung des Erben geltend, hat er die Voraussetzungen des § 2005 BGB darzulegen und zu beweisen.[35] Hat das Nachlassgericht im Antragsverfahren nach Abs. 2 zu prüfen, ob ein Fall des Abs. 1 vorliegt (denn dann darf es keine – neue – Frist zur Ergänzung setzen), und kommt es dabei zu einem Ergebnis, dann bindet dies das Prozessgericht nicht.[36]

§ 2006 Eidesstattliche Versicherung

(1) Der Erbe hat auf Verlangen eines Nachlassgläubigers zu Protokoll des Nachlassgerichts an Eides statt zu versichern, dass er nach bestem Wissen die Nachlassgegenstände so vollständig angegeben habe, als er dazu imstande sei.
(2) Der Erbe kann vor der Abgabe der eidesstattlichen Versicherung das Inventar vervollständigen.
(3) [1]Verweigert der Erbe die Abgabe der eidesstattlichen Versicherung, so haftet er dem Gläubiger, der den Antrag gestellt hat, unbeschränkt. [2]Das Gleiche gilt, wenn er weder in dem Termin noch in einem auf Antrag des Gläubigers bestimmten neuen Termin erscheint, es sei denn, dass ein Grund vorliegt, durch den das Nichterscheinen in diesem Termin genügend entschuldigt wird.
(4) Eine wiederholte Abgabe der eidesstattlichen Versicherung kann derselbe Gläubiger oder ein anderer Gläubiger nur verlangen, wenn Grund zu der Annahme besteht, dass dem Erben nach der Abgabe der eidesstattlichen Versicherung weitere Nachlassgegenstände bekannt geworden sind.

---

31 Allg.M., MüKo/*Küpper*, § 2005 Rn 5.
32 Staudinger/*Dobler* (2020), § 2005 Rn 13; MüKo/*Küpper*, § 2005 Rn 4.
33 BeckOGK/*Leiß*, § 2005 Rn 19.
34 MüKo/*Küpper*, § 2005 Rn 3.
35 MüKo/*Küpper*, § 2005 Rn 3; Staudinger/*Dobler* (2020), § 2005 Rn 20.
36 Staudinger/*Dobler* (2020), § 2005 Rn 20.

Übersicht: Rdn

A. Allgemeines

1 Das rechtzeitig errichtete Inventar begründet im Verhältnis des Erben zu den Nachlassgläubigern die Vermutung, dass zum Zeitpunkt des Erbfalls weitere Nachlassgegenstände als die angegebenen nicht vorhanden waren (§ 2009 BGB). Die Vollständigkeit und Richtigkeit des Inventars werden andererseits durch die Bestimmungen der §§ 2002, 2003 BGB nicht gewährleistet. Deshalb gibt die Bestimmung den Nachlassgläubigern das Recht, von dem Erben zu verlangen, dass dieser zu Protokoll des Nachlassgerichts **an Eides statt versichert**, dass er nach bestem Wissen die Nachlassgegenstände so vollständig angegeben hat, als er dazu imstande war (Abs. 1). Die Vorschrift tritt neben die §§ 259 und 260 BGB nach denen die Nachlassgläubiger die eidesstattliche Versicherung verlangen könnte.[1] Da dieser Anspruch durch Erhebung einer Klage – im Verweigerungsfall – durchgesetzt werden müsste, gibt die Vorschrift den Nachlassgläubigern ein einfaches Verfahren zur Erlangung der eidesstattlichen Versicherung an die Hand. Da die Abgabe der eidesstattlichen Versicherung aber – im Gegensatz zu den o.a. Fällen – nicht im Klageweg erzwingbar ist,[2] knüpft die Bestimmung an den Verlust des Rechts auf Beschränkung der Haftung an, wobei dieser Verlust auf den antragstellenden Nachlassgläubiger beschränkt wird (Abs. 3 S. 1).[3]

B. Tatbestand

I. Voraussetzungen der Pflicht zur Abgabe der eidesstattlichen Versicherung

2 Zunächst ist erforderlich, dass der Erbe entweder selbst (§ 2002 BGB), durch einen Vertreter, durch amtliche Aufnahme (§ 2003 BGB) oder auch durch Bezugnahme (§ 2004 BGB) ein **Inventar formgültig errichtet hat.**[4] Dabei kommt es nicht darauf an, ob ihm zuvor nach § 1994 BGB eine Inventarfrist gesetzt wurde.[5] Weiter muss ein Nachlassgläubiger die **Abgabe der eidesstattlichen Versicherung** durch den Erben verlangen. Verlangen kann die Abgabe jeder Nachlassgläubiger, also auch diejenigen Nachlassgläubiger, denen anderweitig ein erzwingbares Auskunftsrecht (etwa nach § 2314 BGB oder den §§ 259, 260, 1973, 1990 BGB) zusteht.[6] Es kann sich auch um einen nach den §§ 1973, 1974 BGB ausgeschlossenen oder säumigen Nachlassgläubiger handeln.[7] Das Verlangen können nicht stellen der Nachlass- und der Nachlassinsolvenzverwalter.[8] Der Antrag muss von einem Nachlassgläubiger bei dem Nachlassge-

1 Staudinger/*Dobler* (2020), § 2006 Rn 1.
2 RGZ 129, 239.
3 BeckOGK/*Leiß*, § 2006 Rn 4.
4 BeckOGK/*Leiß*, § 2006 Rn 4.
5 Staudinger/*Dobler* (2020), § 2006 Rn 3; MüKo/*Küpper*, § 2006 Rn 2.
6 BayObLGZ 22, 188; MüKo/*Küpper*, § 2006 Rn 2.
7 BeckOGK/*Leiß*, § 2006 Rn 8, 9; Erman/*Horn*, § 2006 Rn 3.
8 Staudinger/*Dobler* (2020), § 2006 Rn 4.

richt gestellt werden.[9] Ein vollstreckbarer Titel ist nicht notwendig.[10] Der Nachlassgläubiger muss seine Forderung glaubhaft machen (§ 31 FamFG). Die Notwendigkeit der Glaubhaftmachung erstreckt sich allerdings nicht auf die Erbenstellung.[11]

3 **Negative Voraussetzung** ist, dass der Erbe die eidesstattliche Versicherung noch nicht abgegeben hat. Ein wiederholter Antrag ist dann, wenn der Erbe die eidesstattliche Versicherung bereits abgegeben hat, nur zulässig, wenn Grund zu der Annahme besteht, dass dem Erben nach Abgabe der eidesstattlichen Versicherung weitere Nachlassgegenstände bekannt geworden sind (Abs. 4). Hat der Erbe die eidesstattliche Versicherung (einem Nachlassgläubiger gegenüber) verweigert, können andere Nachlassgläubiger ohne weitere Voraussetzungen seine erneute Ladung veranlassen.[12]

4 Die Verpflichtung zur Abgabe der eidesstattlichen Versicherung trifft nur den Erben und keine andere Person, auch nicht den Nachlasspfleger oder einen Nachlassverwalter. Während der Dauer einer Nachlassverwaltung oder eines Nachlassinsolvenzverfahrens kann die eidesstattliche Versicherung nicht verlangt werden (vgl. § 2000 S. 1 und 2 BGB).[13] Im **Nachlassinsolvenzverfahren** kann das Insolvenzgericht dem Erben auf Antrag des Insolvenzverwalters aufgeben, die Vollständigkeit der Vermögensübersicht eidesstattlich zu versichern (§ 153 Abs. 2 InsO). Die Verweigerung dieser eidesstattlichen Versicherung hat keinen Verlust des Haftungsbeschränkungsrechts zur Folge.

II. Verfahren zur Abgabe der eidesstattlichen Versicherung

5 Die eidesstattliche Versicherung ist „zu Protokoll des Nachlassgerichts" zu geben. **Zuständig** ist deshalb grundsätzlich das **Nachlassgericht** (§§ 342 Abs. 1 Nr. 9, 343 FamFG). In Baden-Württemberg richtet sich die örtliche Zuständigkeit nach § 342 Abs. 1 FamFG i.V.m. § 3a ZuVOJu (Zuständigkeitsverordnung Justiz – BW v. 24.8.2017). Nachlassgerichte sind danach diejenigen Amtsgerichte, bei denen das Familiengericht angesiedelt ist. Funktionell zuständig ist der Rechtspfleger (§ 3 Nr. 2c RPflG). Terminbestimmung kann sowohl von dem Nachlassgläubiger, der den Antrag gestellt hatte, als auch von dem betroffenen Erben beantragt werden (§ 361 S. 1 FamFG).[14] Zu dem Termin sind beide Teile zu laden; die Anwesenheit des Gläubigers ist nicht erforderlich (§ 361 S. 2 und 3 FamFG). Für die Eidesleistung gelten die §§ 478–480 und 483 ZPO entsprechend (§ 361 S. 4 FamFG). Danach ist der Eid in der Person des Erben zu leisten.

6 Wenn der Nachlassgläubiger die Forderung nicht schon mit Antragstellung glaubhaft gemacht hat (was regelmäßig der Fall sein dürfte), hat er dies spätestens im Termin zur Abgabe der eidesstattlichen Versicherung nachzuholen (vgl. § 1994 Abs. 2 S. 1 BGB). Die übrigen Voraussetzungen des § 2006 BGB, insbesondere die Erbenstellung des Antragsgegners, hat das Nachlassgericht von Amts wegen zu ermitteln (§ 26 FamFG).[15] Über den Verlauf des Termins ist ein **Protokoll** anzufertigen (§ 28 Abs. 4 FamFG). Jedermann, der ein berechtigtes Interesse geltend machen kann, kann Einsichtnahme in das Protokoll bzw. die Erteilung einer beglaubigten Abschrift desselben verlangen (§ 13 FamFG).

---

9 Staudinger/*Dobler* (2020), § 2006 Rn 6; a.A. wohl MüKo/*Küpper*, § 2006 Rn 2, der an den Erben gerichtetes Verlangen eines Nachlassgläubigers ausreichen lässt und Erben in diesem Fall m. Hinw. auf § 361 FamFG ein „verlängertes" Antragsrecht zugesteht.
10 MüKo/*Küpper*, § 2006 Rn 2.
11 Staudinger/*Dobler* (2020), § 2006 Rn 6.
12 Erman/*Horn*, § 2006 Rn 5; Grüneberg/*Weidlich*, § 2006 Rn 5.
13 H.M. vgl. BeckOGK/*Leiß*, § 2006 Rn 7.
14 MüKo/*Küpper*, § 2006 Rn 4; Erman/*Horn*, § 2006 Rn 6.
15 BeckOK BGB/*Lohmann*, § 2006 Rn 6; MüKo/*Küpper*, § 2006 Rn 2.

7 Die **Versicherung** lautet ihrem **Inhalt** nach, „dass er nach bestem Wissen die Nachlassgegenstände so vollständig angegeben habe, als er dazu imstande sei" (Abs. 1 S. 1). Es kommt dabei auf den Zeitpunkt der Abgabe der Versicherung an. Zu diesem Zeitpunkt erklärt der Erbe, dass das Inventar nicht weniger Nachlassgegenstände hat (Aktiva), als er angeben könnte.[16] Gegenstand der eidesstattlichen Versicherung ist ausschließlich der Bestand der Aktiva des Nachlasses und nicht etwa im Inventar enthaltene Beschreibungen oder Wertangaben.[17] Ist das Inventar nicht von dem Erben selbst aufgenommen, ist der Inhalt der Versicherung dahingehend zu ändern, dass deutlich wird, dass die Vollständigkeit eines anderen Inventars durch den Erben versichert wird.[18] Gegen die Terminsbestimmung ist ein Rechtsmittel nicht gegeben;[19] auch nicht gegen einen Vertagungsbeschluss,[20] da es sich nicht um eine Endentscheidung i.S.d. § 58 Abs. 1 FamFG handelt. Eine wiederholte Abgabe der eidesstattlichen Versicherung kann derselbe Nachlassgläubiger oder ein anderer Nachlassgläubiger nach § 2006 Abs. 4 BGB nur verlangen, wenn Grund zu der Annahme besteht, dass dem Erben nach der Abgabe der eidesstattlichen Versicherung weitere Nachlassgegenstände bekannt geworden sind.

8 Die **Kosten** des Verfahrens der eidesstattlichen Versicherung, die sich nach KV Nr. 15212 GNotKG berechnen, trägt gem. § 22 Abs. 1 GNotKG der Antragsteller (vgl. auch § 261 Abs. 3 BGB).[21]

C. Rechtsfolgen

I. Abgabe der eidesstattlichen Versicherung

9 Die Abgabe der eidesstattlichen Versicherung durch den Erben führt zunächst zur Vermeidung der ihm drohenden Folgen des Verlustes des Rechts der Haftungsbeschränkung (Abs. 3 S. 1). Außerdem ist er ab jetzt weitgehend davor geschützt, später noch einmal die eidesstattliche Versicherung abgeben zu müssen (Abs. 4). Auch das nicht „eidesstattlich versicherte Inventar" trägt die Vermutung des § 2009 BGB. Die Abgabe kann diese **Vermutung** deshalb lediglich **„bestärken"**, nicht mehr und nicht weniger. Auch hier bezieht sich die Vermutung nur auf die vollständige Angabe der Nachlassgegenstände, nicht auf Wertangaben oder Beschreibungen und nicht auf die Nachlassverbindlichkeiten.[22] Der Erbe ist berechtigt, das Inventar vor Abgabe der eidesstattlichen Versicherung von sich aus **zu vervollständigen** (Abs. 2). Ist die unbeschränkte Haftung bereits eingetreten, ändert die Berichtigung allerdings daran nichts mehr.[23] Von Bedeutung ist sie dann nur noch für die Frage der eventuellen Strafbarkeit des Erben nach den § 156 StGB.[24]

10 Die **vorsätzliche wahrheitswidrige Abgabe** der eidesstattlichen Versicherung ist nach den §§ 15, 156 StGB strafbar. Es wird zusätzlich angenommen, dass dieser Fall der Verweigerung der eidesstattlichen Versicherung gleichzustellen ist und der Erbe deshalb in entsprechender Anwendung des Abs. 3 gegenüber dem antragstellenden Nachlassgläubiger das Recht zu Haftungsbeschränkung verliert.[25] In diesem Fall können die übrigen Nachlassgläubiger den Erben eine Frist zur Ergänzung des Inventars

16 Staudinger/*Dobler*, § 2006 Rn 10.
17 BeckOGK/*Leiß*, § 2006 Rn 13.
18 MüKo/*Küpper*, § 2006 Rn 7.
19 MüKo/*Küpper*, § 2006 Rn 4; Staudinger/*Dobler* (2020), § 2006 Rn 9.
20 OLG Hamm Rpfleger 1995, 161.
21 MüKo/*Küpper*, § 2006 Rn 7.
22 Grüneberg/*Weidlich*, § 2006 Rn 3.
23 Erman/*Horn*, § 2006 Rn 5.
24 BeckOK BGB/*Lohmann*, § 2006 Rn 10.
25 Staudinger/*Dobler* (2020), § 2006 Rn 16.

bestimmen lassen (§ 2005 Abs. 2 BGB). Läuft diese Frist ab, ohne dass der Erbe eine Ergänzung vorgenommen hat, verliert er allen Nachlassgläubigern gegenüber das Recht zur Haftungsbeschränkung.[26]

II. Verweigerung der eidesstattlichen Versicherung

Die **Verweigerung** der eidesstattlichen Versicherung führt zur unbeschränkten Haftung des Erben demjenigen Nachlassgläubiger gegenüber, der die Eidesleistung verlangt hatte (Abs. 3 S. 1). Sie betrifft auch nur diejenige Forderung, die der Nachlassgläubiger in seinem Antrag angegeben hatte.[27] Darüber hinaus wird angenommen, dass die Weigerung auch den Wegfall der Vollständigkeitsvermutung des § 2009 BGB zur Folge hat.[28] Die **Weigerung** kann **schriftlich oder zu Protokoll** des Nachlassgerichts, aber auch unmittelbar gegenüber dem Nachlassgläubiger, der den Antrag gestellt hat, erklärt werden.[29] Im Falle der Weigerung des Erben haben weder die Nachlassgläubiger noch das Nachlassgericht die Möglichkeit, die eidesstattliche Versicherung zu erzwingen.[30] Einer Weigerung steht es gleich, wenn der Erbe weder in dem Termin noch in einem auf Antrag des Gläubigers bestimmten neuen Termin erscheint, es sei denn, dass der Erbe sein Ausbleiben genügend entschuldigt (Abs. 3 S. 2). Ob der Erbe sein Ausbleiben genügend entschuldigt hat, hat (zunächst) das Nachlassgericht, das den Erben zum Termin zur Abgabe der eidesstattlichen Versicherung geladen hatte, zu entscheiden. Kommt es zu dem Ergebnis, dass dies nicht der Fall ist, ist die Sache für das Nachlassgericht erledigt. Kommt es zu dem Ergebnis, dass eine genügende Entschuldigung des Erben vorliegt, beraumt es einen neuen Termin an. Str. ist, ob die Entscheidung des Nachlassgerichts, z.B. Annahme einer genügenden Entschuldigung, mit der Folge der Abgabe einer eidesstattlichen Versicherung, in einem erneut anberaumten Termin für das **Prozessgericht bindend** ist. Da die Annahme des Entschuldigungsgrundes nicht in Rechtskraft erwächst und auch keine Gestaltungswirkungen zeitigt, sondern lediglich ein Element der Begründung der Entscheidung des Nachlassgerichts ist, wird die Bindungswirkung zu versagen sein.[31] 11

§ 2007 Haftung bei mehreren Erbteilen

[1]Ist ein Erbe zu mehreren Erbteilen berufen, so bestimmt sich seine Haftung für die Nachlassverbindlichkeiten in Ansehung eines jeden der Erbteile so, wie wenn die Erbteile verschiedenen Erben gehörten. [2]In den Fällen der Anwachsung und des § 1935 gilt dies nur dann, wenn die Erbteile verschieden beschwert sind.

Übersicht: Rdn

26 Staudinger/*Dobler* (2020), § 2006 Rn 16.
27 BeckOK BGB/*Lohmann*, § 2006 Rn 11.
28 Staudinger/*Dobler* (2020), § 2006 Rn 20.
29 Staudinger/*Dobler* (2020), § 2006 Rn 17; missverständlich: MüKo/*Küpper*, § 2006 Rn 6, der wohl zulassen will, dass sie allen Nachlassgläubigern gegenüber erklärt werden kann.
30 BeckOGK/*Leiß*, § 2006 Rn 24.
31 Wie hier: OLG Hamm FamRZ 1995, 698; Staudinger/*Dobler* (2020), § 2006 Rn 21; BeckOK BGB/*Lohmann*, § 2006 Rn 11; a.A. MüKo/*Küpper*, § 2006 Rn 6; Erman/*Horn*, § 2006 Rn 6.

A. Allgemeines

1 Die Vorschrift ist angelehnt an diejenige des § 1951 BGB über die **Berufung des Erben** zu mehreren Erbteilen. Sie knüpft an die dortigen Unterscheidungen an und bestimmt, im Falle der Berufung des Erben zu mehreren Erbteilen, dass sich seine Haftung für die Nachlassverbindlichkeiten in Ansehung eines jeden der Erbteile so bestimmt, wie wenn die Erbteile verschiedenen Erben gehören (S. 1) und in den Fällen der Anwachsung (§ 2095 BGB) und der Erhöhung eines gesetzlichen Erbteils (§ 1935 BGB) dies nur gelten soll, wenn die Erbteile verschieden beschwert sind (S. 2). Zweck der Vorschrift ist es, dem hinsichtlich eines zunächst erworbenen Erbteils bereits unbeschränkbar haftenden Erben in Bezug auf den neu hinzuerworbenen Erbteil eine völlig neue Haftungssituation zu eröffnen.[1]

B. Tatbestand

I. Berufung zu mehreren Erbteilen (S. 1)

2 Ist der Erbe zu mehreren Erbteilen berufen, bestimmt sich seine Haftung für die Nachlassverbindlichkeiten in Ansehung eines jeden Erbteils so, wie wenn die Erbteile verschiedenen Erben gehörten. Haftet nun ein Erbe bereits unbeschränkt, kann sich für ihn bei dem neuerlichen Erwerb eines weiteren Erbteils i.S.d. S. 1 eine völlig neue Situation ergeben, und zwar die Möglichkeit der Beschränkung der Haftung für den nunmehr neu erworbenen Erbteil zu erreichen. Dabei ist es gleichgültig, ob der Verlust der Haftungsbeschränkung auf einer Fristversäumung nach § 1994 BGB oder einer Inventaruntreue i.S.d. § 2005 BGB beruht.[2] In der Praxis erlangt die unterschiedliche Behandlung der verschiedenen Erbteile Bedeutung vor allem bei der Miterbengemeinschaft.[3] Vor der Teilung des Nachlasses haftet der Miterbe nach § 2059 Abs. 1 S. 2 BGB nur hinsichtlich des Teils der Nachlassverbindlichkeiten unbeschränkt, der dem Erbteil entspricht, bzgl. dessen der Erbe sein Recht zur Haftungsbeschränkung verloren hat.[4]

3 Auf den zu **mehreren Erbteilen** berufenen Alleinerben ist § 2059 Abs. 1 BGB nach h.M. analog anwendbar.[5] Da eine „Teilung" des Nachlasses (§ 2059 Abs. 1 S. 1 BGB) bei nur einem (Allein-)Erben nicht in Betracht kommt, soll die Beschränkungsmöglichkeit fortbestehen, solange sie nicht aus anderen Gründen entfällt.[6] Die Bestimmung ist allerdings dann nicht anwendbar, wenn die unbeschränkbare Haftung des Erben erst dann eintritt, wenn er die mehreren Erbteile bereits endgültig erworben hat.[7]

II. Anwachsung und Erhöhung von Erbteilen (S. 2)

4 S. 2 erfasst auch die „unechten" Fälle der Berufung zu mehreren Erbteilen, nämlich die Fälle der **Anwachsung** gem. §§ 2094, 2095 BGB nach Wegfall eines eingesetzten Erben und der Erhöhung nach § 1935 BGB bei Wegfall eines gesetzlichen Erben.[8] Die Haftungsbeschränkung hinsichtlich der Anwachsung oder der Erhöhung des Anteils kann dann, wenn der Erbe mit seinem ursprünglichen Anteil bereits unbeschränkt haftet, nur gegenüber Vermächtnisnehmern und Auflagenberechtigten herbeigeführt werden, und zwar nur dann, wenn der ursprüngliche Erbteil einerseits und die Erhöhung oder Anwachsung andererseits unterschiedlich mit Vermächtnissen oder Aufla-

---

1 MüKo/*Küpper*, § 2007 Rn 1.
2 Staudinger/*Dobler* (2020), § 2007 Rn 1.
3 BeckOGK/*Leiß*, § 2007 Rn 7.
4 Staudinger/*Dobler* (2020), § 2007 Rn 56.
5 BeckOGK/*Leiß*, § 2007 Rn 8; MüKo/*Küpper*, § 2007 Rn 2; BeckOK BGB/*Lohmann*, § 2007 Rn 2; a.A. m. umfangreicher Begründung: Staudinger/*Dobler* (2020), § 2007 Rn 2–4 m.w.N.
6 BeckOK BGB/*Lohmann*, § 2007 Rn 2.
7 Staudinger/*Dobler* (2020), § 2007 Rn 11.
8 BeckOGK/*Leiß*, § 2007 Rn 11.

gen beschwert ist.[9] Anderen Nachlassgläubigern gegenüber gilt die Erhöhung oder Anwachsung nicht als besonderer Erbteil.

Voraussetzung für die Anwendung des S. 2 ist nach seinem Wortlaut, dass die in der Hand eines Erben zusammenfallenden Erbteile in unterschiedlicher Weise mit Vermächtnissen und Auflagen beschwert sind. Die Möglichkeit, sich gegenüber Auflagenberechtigten und Vermächtnisnehmern das Haftungsbeschränkungsrecht zu erhalten, greift also nur, wenn der ursprüngliche Erbteil einerseits und die Erhöhung oder Anwachsung andererseits unterschiedlich mit Vermächtnissen oder Auflagen beschwert sind.[10] Nach dem jetzigen Stand der Lit. ist die Vorschrift insoweit deshalb zu lesen: „In den Fällen der Anwachsung und des § 1935 BGB gilt dies nur, soweit der hinzutretende Teil mit anderen Lasten (Vermächtnis und Auflage) beschwert ist."[11] 5

§ 2008 Inventar für eine zum Gesamtgut gehörende Erbschaft

(1) [1]Ist ein in Gütergemeinschaft lebender Ehegatte Erbe und gehört die Erbschaft zum Gesamtgut, so ist die Bestimmung der Inventarfrist nur wirksam, wenn sie auch dem anderen Ehegatten gegenüber erfolgt, sofern dieser das Gesamtgut allein oder mit seinem Ehegatten gemeinschaftlich verwaltet. [2]Solange die Frist diesem gegenüber nicht verstrichen ist, endet sie auch nicht dem Ehegatten gegenüber, der Erbe ist. [3]Die Errichtung des Inventars durch den anderen Ehegatten kommt dem Ehegatten, der Erbe ist, zustatten.
(2) Die Vorschriften des Absatzes 1 gelten auch nach der Beendigung der Gütergemeinschaft.

Literatur

Grziwotz, Die Lebenspartnerschaft zweier Personen gleichen Geschlechts, DNotZ 2001, 280; *Leipold*, Die neue Lebenspartnerschaft aus erbrechtlicher Sicht, insbesondere bei zusätzlicher Eheschließung, ZEV 2001, 218; *Schwab*, Eingetragene Lebenspartnerschaft, FamRZ 2001, 385.

Übersicht: Rdn

A. Allgemeines

1 Die Bestimmung regelt Elemente der Inventarerrichtung einschließlich der Inventarfrist in dem besonderen Fall, dass Ehegatten im vertraglichen Güterstand der Gütergemeinschaft (§§ 1415–1518 BGB) leben. Dabei werden die Besonderheiten des ehelichen Güterstandes berücksichtigt, sowohl hinsichtlich der haftungsrechtlichen Aspekte als auch in Bezug auf die einbezogenen Personen. Sinn und Zweck der Regelung ist es, in Ergänzung weiterer materiell-rechtlicher Bestimmungen zu verhindern, dass der das Gesamtgut (mit-)verwaltende Ehegatte die ihm zur Verfügung stehenden Mittel

9 Staudinger/*Dobler* (2020), § 2007 Rn 17; MüKo/*Küpper*, § 2007 Rn 3; Erman/*Horn*, § 2007 Rn 1.
10 BeckOGK/*Leiß*, § 2007 Rn 12.
11 MüKo/*Küpper*, § 2007 Rn 3.

der Haftungsbeschränkung dadurch verliert, dass der Ehegatte, der Erbe ist, eine für ihn bestimmte Inventarfrist versäumt (§ 1994 Abs. 1 S. 2 BGB) oder eine sonstige Inventarverfehlung i.S.d. §§ 2005 Abs. 1, 2006 Abs. 3 BGB begeht.[1] Seit dem Inkrafttreten des Lebenspartnerschaftsgesetzes wird in der Lit. die Frage gestellt, ob Lebenspartner die Möglichkeit haben, durch einen Lebenspartnerschaftsvertrag eine der Gütergemeinschaft entsprechende Vermögensgemeinschaft einzugehen.[2] Ist den Lebenspartnern die Möglichkeit nach § 7 S. 2 LPartG eröffnet, dann gelten für sie die nachfolgenden Ausführungen entsprechend.[3] Da seit dem 1.10.2017 nach § 1353 BGB die Ehe auch von zwei Personen gleichen Geschlechts geschlossen werden kann, wird diese Problematik allenfalls für diejenigen Lebenspartner relevant, die nicht von dem Recht Gebrauch gemacht haben, die Lebenspartnerschaft gem. § 20a LPartG in eine Ehe umzuwandeln.

B. Tatbestand

I. Haftung des Ehegatten des Erben bei der Gütergemeinschaft

2 Die Regelung des § 2008 BGB ist nicht bzw. wenig verständlich, wenn die Haftungssituation der Ehegatten, die im vertraglichen Güterstand der Gütergemeinschaft leben, im Erbfall nicht gegenwärtig ist. Es soll deshalb ein kurzer Überblick gegeben werden. Anders bei Ehegatten, die im gesetzlichen Güterstand der Zugewinngemeinschaft leben, hat die Erbenstellung des einen Ehegatten durchaus Auswirkungen auf die Haftung des anderen Ehegatten im Güterstand der Gütergemeinschaft. Ist ein Ehegatte Erbe, so kann die Haftung für die Nachlassverbindlichkeiten nicht nur ihn, sondern auch den anderen Ehegatten, der nicht Erbe ist, treffen. Denn aus dem Gesamtgut (§ 1416 BGB) können sich i.d.R. die Gläubiger beider Ehegatten befriedigen (§ 1437 Abs. 1 BGB bei Verwaltung durch nur einen Ehegatten; § 1459 Abs. 1 BGB bei gemeinschaftlicher Verwaltung des Gesamtguts). Das gilt dann auch unabhängig davon, ob der Nachlass zum Gesamtgut gehört, wenn der Ehegatte bereits bei Eintritt der Gütergemeinschaft als Erbe haftbar war. Hat der Ehegatte die Erbschaft **während der Gütergemeinschaft** erworben und verwaltet der Ehegatte, der nicht Erbe ist, das Gesamtgut mit, haftet das Gesamtgut für die durch den Erbschaftserwerb entstehenden Verbindlichkeiten nur dann, wenn die Erbschaft als Gesamtgut und nicht etwa als Vorbehaltsgut (§ 1418 Abs. 2 Nr. 1 und 2 BGB) oder als Sondergut (§§ 1439, 1461 BGB) erworben wurde.

3 Sind Nachlassverbindlichkeiten zugleich **Gesamtgutsverbindlichkeiten**, haftet für sie auch der Ehegatte, der nicht Erbe ist,[4] als Mitinhaber des Gesamtguts mit diesem im Falle der Allein- bzw. Mitverwaltung auch persönlich als Gesamtschuldner. Während die Haftung im ersten Fall auch nach Beendigung des Gesamtguts bestehen bleibt (§§ 1475, 1480, 1498 BGB), erlischt die persönliche Mithaftung bei Beendigung der Gütergemeinschaft (§§ 1437 Abs. 2 S. 2, 1441 Nr. 2, 1459 Abs. 2 S. 2, 1463 Nr. 2 BGB). Diese Art der **Mithaftung** desjenigen Ehegatten, der nicht Erbe ist, zeigt, dass dieser stets ein erhebliches Interesse daran hat, diese Mithaftung auf den Nachlass zu beschränken. Das einfachste Mittel der Haftungsbeschränkung in diesem Fall, nämlich die Ausschlagung der Erbschaft (§§ 1942 ff. BGB), steht dem nicht erbenden Ehegatten nicht zu (§§ 1432 Abs. 1 S. 1, 1455 Nr. 1 BGB).

---

1 Staudinger/*Dobler*, § 2008 Rn 11.

2 Dafür sind u.a.: *Leipold*, ZEV 2001, 218; *Schwab*, FamRZ 2001, 385; dagegen ist u.a.: *Grziwotz*, DNotZ 2001, 280.

3 BeckOGK/*Leiß*, BGB § 2007 Rn 9.

4 Vgl. im Einzelnen: Staudinger/*Dobler* (2020), § 2008 Rn 2–5.

Der **Ehegatte**, der **nicht Erbe** ist und das Gesamtgut allein oder mit dem anderen Ehegatten gemeinschaftlich verwaltet, kann jedoch dann, wenn der Nachlass zum Gesamtgut gehört, unabhängig von der **Zustimmung** des anderen **Ehegatten** die folgenden Rechte wahrnehmen: das Aufgebot der Nachlassgläubiger beantragen (§ 462 FamFG; § 1973 BGB), die Eröffnung des Nachlassinsolvenzverfahrens beantragen (§ 318 InsO; vgl. §§ 1975, 1989 BGB), die Anordnung der Nachlassverwaltung beantragen (§ 1975 BGB) und schließlich sich auf die haftungsbeschränkenden Einreden (§§ 1973, 1974, 1989, 1990–1992, 2014 und 2015 BGB) berufen. Diese Rechte stehen dem anderen Ehegatten aber dann nicht zu, wenn der Nachlass zum Vorbehalts- oder Sondergut gehört.[5] In diesen Fällen ist der andere Ehegatte darauf angewiesen, dass der andere Ehegatte, der Erbe selbst, die Mittel der Haftungsbeschränkung geltend macht. Das ist auch dann der Fall, wenn der Nachlass zwar zum Gesamtgut gehört, der Ehegatte des erbenden Ehegatten diesen aber nicht (mit)verwaltet.[6] Nicht anwendbar ist die Bestimmung demgegenüber, wenn 4
- entweder die Erbschaft zum Vorbehalts- oder Sondergut des erbenden Ehegatten zählt (dann besteht wegen §§ 1439, 1461 BGB auch keine Haftung des Gesamtguts) oder
- der erbende Ehegatte das Gesamtgut allein verwaltet. In diesen Fällen verbleibt es bei den allgemeinen inventarrechtlichen Bestimmungen, weshalb eine etwaige Inventarfrist ausschließlich dem erbenden Ehegatten zu setzen ist und sich die Folgen etwaiger Inventarverfehlungen allein aus dessen Verhalten ergeben.[7]

Ein Inventar des Nachlasses kann der Erbe stets (§§ 1432 Abs. 2, 1455 Nr. 3 BGB) und sein nicht erbender Ehegatte dann errichten, wenn der Nachlass zum Gesamtgut gehört und er diesen entweder allein oder mitverwaltet (§ 1455 Nr. 3 BGB). 5

II. Schutzwirkung des § 2008 BGB – Rechtsfolgen

Statt dem mithaftenden Ehegatten – wie dem Miterben – die Möglichkeit einzuräumen, die Haftung durch eigenes Verhalten zu beschränken, geht die Bestimmung den Weg, dass eine **Inventarfrist** für **ungültig** erklärt wird, wenn sie nicht auch ihm gegenüber erfolgt ist (Abs. 1 S. 1). Die Anwendung des § 2008 BGB setzt demnach voraus:[8] Bei dem Erben muss es sich um einen Ehegatten handeln, der in Gütergemeinschaft (§§ 1415–1418 BGB) lebt, die Erbschaft muss zum Gesamtgut (§ 1416 BGB) gehören und die Verwaltung des Gesamtguts muss dem nicht erbenden Ehegatten entweder allein (§§ 1422 ff. BGB) oder gemeinschaftlich mit dem erbenden Ehegatten (§§ 1450 ff. BGB) zustehen. Liegen diese Voraussetzungen vor, dann hat das Nachlassgericht die Inventarfrist auch gegenüber dem nicht erbenden Ehegatten zu bestimmen. Damit ist klar, dass es nicht ausreicht, wenn diesem allein die Frist gesetzt wird. Die nur dem nicht erbenden Ehegatten gesetzte Inventarfrist ist unwirksam.[9] 6

Nach Abs. 1 S. 1 ist die Bestimmung einer **Inventarfrist nur dann wirksam**, wenn sie gegenüber beiden Ehegatten erfolgt.[10] Das Nachlassgericht hat das von Amts wegen (§ 26 FamFG) zu berücksichtigen und auch dann beiden Ehegatten gegenüber die Inventarfrist zu bestimmen, wenn der Nachlassgläubiger dies nur gegenüber dem erbenden Ehegatten beantragt hat. Die Fristsetzung ist jedem der Ehegatten förmlich zuzustellen, wobei sie für jeden mit der Zustellung an ihn, also möglicherweise unter- 7

5 Staudinger/*Dobler* (2020), § 2008 Rn 6.
6 Staudinger/*Dobler* (2020), § 2008 Rn 8 und 9.
7 BeckOGK/*Leiß*, § 2007 Rn 6.
8 Vgl. auch MüKo/*Küpper*, § 2008 Rn 2.
9 Erman/*Horn*, § 2008 Rn 3.
10 BeckOGK/*Leiß*, § 2007 Rn 10.

schiedlich, zu laufen beginnt.[11] Demgegenüber braucht die Dauer der Frist beiden gegenüber nicht gleich zu sein.[12] Die Fristsetzung an den nicht erbenden Ehegatten setzt allerdings voraus, dass eine solche gegenüber dem Erben (noch) zulässig ist.[13] Die Fristbestimmung ist deshalb unzulässig, wenn der erbende Ehegatte bereits ein Inventar errichtet hat (§§ 2002, 2003 BGB) oder ihm ein durch einen Miterben errichtetes Inventar zustattenkommt (§ 2063 Abs. 1 BGB).[14] Hatte das Nachlassgericht bereits dem Erben eine Inventarfrist gesetzt, bevor die Erbschaft Bestandteil des durch den anderen Ehegatten (mit)verwalteten Gesamtguts wurde, gilt: Hatte der Erbe diese Frist bereits bei Eintritt der Voraussetzungen des Abs. 1 S. 1 versäumt, hat der Erbe das Recht zur Haftungsbeschränkung endgültig verloren, und zwar auch im Hinblick auf die Mithaftung des Ehegatten. War die Frist zu dem nämlichen Zeitpunkt noch nicht versäumt, muss auch gegenüber dem anderen Ehegatten nunmehr eine Frist bestimmt werden, andernfalls die ursprünglich bestimmte Frist unwirksam wird.[15] Die Verlängerung (§ 1995 Abs. 3 BGB) oder die **Bestimmung einer neuen Inventarfrist** können beide Ehegatten beantragen. Als Betroffenem steht selbstverständlich auch dem nicht erbenden Ehegatten die Beschwerde nach § 58 FamFG gegen die Fristbestimmung zu.[16]

III. Durch den nicht erbenden Ehegatten errichtetes Inventar

8 Beide Ehegatten sind berechtigt, ohne Mitwirkung des anderen ein Inventar über eine jedem von beiden angefallene Erbschaft zu errichten, die nicht in das Sonder- oder Vorbehaltsgut des anderen fällt (§ 1455 Nr. 3 BGB). Dieses Inventar kommt dem jeweils anderen Ehegatten zustatten, ohne dass dieser nach § 2004 BGB Bezug nehmen müsste.[17] Beide Ehegatten können das Inventar auch gemeinsam errichten. Damit kann jeder Ehegatte die Inventarsäumnis des jeweils anderen Ehegatten durch sein rechtzeitig eingereichtes Inventar abwenden.[18] Auf diese Weise kann der Ehegatte eines bereits unbeschränkbar haftenden Erben durch die Errichtung eines Inventars diesem das bereits verwirkte Recht zur Haftungsbeschränkung wieder verschaffen, es sei denn, der erbende Ehegatte hat vor Eintritt der güterrechtlichen Voraussetzungen bereits eine Inventarverfehlung begangen.[19]

IV. Weitere Gründe des Verlustes des Rechts zur Beschränkung der Haftung

9 Die **Inventaruntreue** – als Institut des Verlustes der Möglichkeit der Haftungsbeschränkung – ist in § 2008 BGB nicht erwähnt. Nach allg. Auffassung gilt für sie jedoch das zur Fristversäumnis Geregelte entsprechend.[20] Jeder Ehegatte kann die vom anderen begangene Inventarverfehlung (Fristversäumnis oder Inventaruntreue) durch ein fristgerechtes und richtiges Inventar abwenden.[21] Inventaruntreue mit der Haftungsfolge des § 2005 Abs. 1 BGB kommt (nur) dann in Betracht, wenn beide Ehegatten das Inventar ungetreu errichten oder der Erbe das Inventar ungetreu errichtet,

11 BeckOGK/*Leiß*, § 2007 Rn 12; Staudinger/*Dobler* (2020), § 2008 Rn 16.
12 MüKo/*Küpper*, § 2008 Rn 2; Grüneberg/*Weidlich*, § 2008 Rn 1.
13 Staudinger/*Dobler* (2020), § 2008 Rn 17.
14 MüKo/*Küpper*, § 2008 Rn 2.
15 A.A. Staudinger/*Dobler* (2020), § 2008 Rn 18.
16 MüKo/*Küpper*, § 2008 Rn 2.
17 BeckOGK/*Leiß*, § 2007 Rn 15.
18 Grüneberg/*Weidlich*, § 2008 Rn 2.
19 Staudinger/*Dobler* (2020), § 2008 Rn 23.
20 Staudinger/*Dobler* (2020), § 2008 Rn 25 ff.; MüKo/*Küpper*, § 2008 Rn 3; BeckOK BGB/*Lohmann*, § 2008 Rn 3.
21 Grüneberg/*Weidlich*, § 2008 Rn 2.

während der andere Ehegatte untätig bleibt.[22] Eine Inventaruntreue des Ehegatten schadet dem Erben nicht.[23] Hat der Ehegatte das Inventar ungetreu errichtet, ist dem Erben in analoger Anwendung des § 2005 Abs. 2 BGB eine Frist zur Vervollständigung des Inventars zu setzen, bevor die unbeschränkte Haftung eingreift.[24]

Auch die **Verweigerung der eidesstattlichen Versicherung** kann zum Verlust des Rechts der Haftungsbeschränkung gegenüber dem beantragenden Nachlassgläubiger führen (§ 2006 Abs. 3 BGB). Ausdrücklich ist nicht geregelt, wer im Falle des § 2008 BGB zur Abgabe der eidesstattlichen Versicherung verpflichtet ist. Es wird allerdings überwiegend davon ausgegangen, dass diese Verpflichtung beide Ehegatten gleichermaßen trifft.[25] Deshalb sind zur Abgabe der eidesstattlichen Versicherung (§ 2006 BGB) beide Ehegatten zu laden,[26] weil der andere Ehegatte stets ebenfalls als Beteiligter nach § 345 Abs. 4 Nr. 5 FamFG hinzuzuziehen ist. Die von einem Ehegatten abgegebene eidesstattliche Versicherung kommt auch dem anderen Ehegatten zugute.[27] 10

Schließlich kann der Erbe sein Recht zur Haftungsbeschränkung auch dann verlieren, wenn er die amtliche Aufnahme des Inventars beantragt hat und hernach die ihm nach § 2003 Abs. 2 BGB obliegende **Auskunftspflicht verletzt** (vgl. § 2005 Rdn 6). Das setzt voraus, dass eine Inventarfrist bestimmt wurde (vgl. § 2005 Rdn 1). Ist diese Fristbestimmung nach dem Eintritt der güterrechtlichen Voraussetzungen des § 2008 BGB erfolgt und liegen die Voraussetzungen des Verlustes vor, verliert auch der nicht erbende Ehegatte das Recht zur Haftungsbeschränkung, wenn auch ihm gegenüber die Inventarfrist bestimmt war.[28] Es kommt auch in diesen Fällen die vom Ehegatten des Erben erteilte Auskunft dem erbenden Ehegatten zustatten. Die Verweigerung der Auskunft durch den Ehegatten, der nicht Erbe ist, wirkt demgegenüber nicht zu Lasten des erbenden Ehegatten.[29] 11

Der erbende Ehegatte kann auch unter den Voraussetzungen des § 2008 BGB auf sein Recht, die Haftungsbeschränkung geltend zu machen, **verzichten**. Ein derartiger Verzicht kann sich aber auf die Haftung des Gesamtguts und damit auch auf diejenige des (mit)verwaltenden Ehegatten nur dann erstrecken, wenn Letzterer zustimmt (§§ 1438 Abs. 1, 1460 Abs. 1 BGB).[30] Das gilt allerdings dann nicht, wenn der Verzicht bereits vor dem Eintritt der Voraussetzungen des § 2008 BGB erfolgte.[31] Hat der wegen einer Nachlassverbindlichkeit als Erbe verurteilte Ehegatte es im Prozess versäumt, sich die Beschränkung der Haftung im Urteil vorbehalten zu lassen, berührt das den anderen Ehegatten grundsätzlich nicht, da er gegenüber der auf Leistung oder Duldung der Zwangsvollstreckung gerichteten Klage (§ 740 ZPO) die Beschränkung der Haftung geltend machen kann.[32] Ist allerdings die Gütergemeinschaft erst nach Rechtshängigkeit der Nachlassverbindlichkeit entstanden, wirkt die Prozessführung des erbenden Ehegatten auch zu Lasten des anderen, nicht erbenden Ehegatten.[33] 12

22 Staudinger/*Dobler* (2020), § 2008 Rn 26.
23 BeckOK BGB/*Lohmann*, § 2008 Rn 3.
24 MüKo/*Küpper*, § 2008 Rn 3.
25 H.M., wie hier: Staudinger/*Dobler* (2020), § 2008 Rn 29; MüKo/*Küpper*, § 2008 Rn 3; BeckOK BGB/*Lohmann*, § 2008 Rn 4.
26 BeckOK BGB/*Lohmann*, § 2008 Rn 4.
27 Staudinger/*Dobler* (2020), § 2008 Rn 29.
28 Staudinger/*Dobler* (2020), § 2008 Rn 28.
29 Staudinger/*Dobler* (2020), § 2008 Rn 28.
30 Staudinger/*Dobler* (2020), § 2008 Rn 30; MüKo/*Küpper*, § 2008 Rn 4.
31 Staudinger/*Dobler* (2020), § 2008 Rn 30.
32 Allg.M.: Staudinger/*Dobler* (2020), § 2008 Rn 31; MüKo/*Küpper*, § 2008 Rn 4.
33 Staudinger/*Dobler* (2020), § 2008 Rn 31.

V. Besonderheiten bei Beendigung der Gütergemeinschaft und der fortgesetzten Gütergemeinschaft

13 Die Vorschriften des Abs. 1 gelten auch nach der Beendigung der Gütergemeinschaft (Abs. 2). Grund dieser Bestimmung ist es, dass auch in diesen Fällen die gesamtschuldnerische Haftung der Ehegatten unverändert fortbestehen kann (§§ 1437 Abs. 2, 1459 Abs. 2 BGB) und zwar u.U. auch noch nach der Auseinandersetzung des Gesamtguts.[34] Diese **endet durch Aufhebung** (§§ 1447 ff., 1469 f. BGB), durch **Auflösung** der **Ehe,** durch den **Tod eines Ehegatten** (§ 1482 BGB) oder **durch Beendigung der fortgesetzten Gütergemeinschaft** (§§ 1492 ff. BGB). Bis zur Auseinandersetzung bleibt der Ehegatte zur (Mit-)Verwaltung berechtigt und verpflichtet (§ 1472 Abs. 1 BGB). Insbesondere bleibt er berechtigt, ein Inventar über eine dem anderen Ehegatten angefallene Erbschaft zu errichten (§§ 155 Nr. 3, 1450, 1472 Abs. 1 BGB). Bis zur Auseinandersetzung der Gütergemeinschaft gelten die Regelungen des § 2008 BGB daher fort.[35] Ist die Ehe durch den Tod des Ehegatten, der nicht Erbe ist, aber das Gesamtgut (mit-)verwaltet hat, aufgelöst, kann eine wirksame Frist nur dann bestimmt werden, wenn die Fristsetzung auch gegenüber dem Erben des verstorbenen Ehegatten erfolgt. Sie läuft weiter, wenn sie bereits dem Erblasser gegenübergestellt war.[36] Anders ist es dagegen, wenn die Gütergemeinschaft nach dem Tod des nicht erbenden Ehegatten fortgesetzt wird. Die Inventarfrist braucht nur dem überlebenden erbenden Ehegatten gegenüber bestimmt zu werden. Denn die Erben des verstorbenen Ehegatten sind von der (Mit-)Verwaltung des Gesamtguts und damit auch von der Errichtung eines Inventars ausgeschlossen (§ 1487 Abs. 1 BGB).

§ 2009 Wirkung der Inventarerrichtung

Ist das Inventar rechtzeitig errichtet worden, so wird im Verhältnis zwischen dem Erben und den Nachlassgläubigern vermutet, dass zur Zeit des Erbfalls weitere Nachlassgegenstände als die angegebenen nicht vorhanden gewesen seien.

Literatur

Bartsch, Fälle zur Erbenhaftung, ZErb 2010, 345; *Büttner*, Erteilung der Restschuldbefreiung für die Erben, ZInsO 201, 588; *Fischinger*, Zur Stellung der Nachlassgläubiger, wenn der Erbe beim Erbfall insolvent ist, ZInsO 2013, 365; *Fröhler*, Rechtliche Grundlagen und praktische Probleme bei der Führung von Nachlasspflegschaften, BWNotZ 2011, 2; *Herzog*, Nachlasshaftung und Nachlassinsolvenz (1. Teil), ErbR 2013, 70; (2. Teil), ErbR 2013, 104; *Jünemann*, Nachlassinsolvenz, ZErb 2011, 59; *Olzen*, Die Erbenhaftung, Jura 2001, 520; *Poertzgen*, Die Insolvenzverschleppungshaftung gem. § 1980 BGB, ZInsO 2013, 517; *Schönert*, Grenzen der Beschränkbarkeit der Erbenhaftung auf den Nachlass, BWNotZ 2008, 81; *Schreiber*, Die Haftung des Erben für Nachlassverbindlichkeiten, Jura 2010, 117; *Sick*, Die Haftung des Erben nach § 1967 BGB und das Problem der Haftungsbeschränkung auf den Nachlass, ZErb 2010, 325; *van Venrooy*, Zum Sinn eines Nachlassinventars, AcP 186, 356.

Übersicht: Rdn

34 BeckOGK/*Leiß*, § 2008 Rn 8.
35 BeckOK BGB/*Lohmann*, § 2008 Rn 6.
36 Staudinger/*Dobler* (2020), § 2008 Rn 34.

A. Allgemeines

1 Zweck der Regelung, die die gesetzliche Vermutung der Vollständigkeit des rechtzeitig errichteten Inventars begründet, ist es, Streitigkeiten vorzubeugen und dem Erben Veranlassung zu geben, möglichst bald ein Inventar zu errichten.[1] Wird nämlich das Inventar „rechtzeitig" errichtet, wird im Verhältnis zwischen dem Erben und den Nachlassgläubigern vermutet, dass zur Zeit des Erbfalls weitere als die angegebenen Nachlassgegenstände nicht vorhanden gewesen seien (§ 2009 BGB).[2] Bedeutung hat die Vorschrift in der Praxis in denjenigen Fällen, in denen der Erbe seine Haftung nach den §§ 1973, 1974, 1989, 1990, 1991 oder 1992 BGB beschränken will. Im Streitfall muss er dann darlegen und beweisen, dass der Nachlass zur Befriedigung des Gläubigers nicht ausreicht (vgl. § 1973 Rdn 17) oder dass es an einer die **Kosten** der **Nachlassverwaltung** oder des Nachlassinsolvenzverfahrens deckenden Masse fehlt (vgl. § 1990 Rdn 8, 9). I.R.d. Zwangsvollstreckung muss der Erbe ggf. beweisen, dass ein bestimmter Gegenstand nicht zum Nachlass, sondern zu seinem Eigenvermögen gehört (§§ 780, 781, 784, 785 ZPO). Diese **Beweisführung** kann und sollte sich der Erbe dadurch erleichtern, dass er rechtzeitig ein ordnungsgemäßes Inventar errichtet. Denn das Inventar begründet nach § 2009 BGB die Vermutung, dass weitere als die im Inventar genannten Gegenstände im Zeitpunkt des Erbfalls nicht vorhanden waren. Auch wenn sich die Vermutung nur auf den Zeitpunkt des Erbfalls bezieht, hilft sie dem Erben auch bei der Beweisführung betreffend den späteren Bestand des Nachlasses.[3] Schließlich wird auch die Haftung des Erben aus § 1978 BGB auf die im Inventar angegebenen Gegenstände beschränkt (vgl. § 1978 Rdn 1 ff.). Weiterhin dient die Vermutung als mögliche Grundlage für die Rechenschaftspflichten aus §§ 1978 und 1991 BGGB und zum Beweis, dass ein Vollstreckungsgegenstand nicht zum Nachlass (sondern z.B. zum Eigenvermögen des Erben) gehört, §§ 781, 784, 785 ZPO.[4]

B. Tatbestand

I. Voraussetzungen der Vermutung

2 **Voraussetzung der Vollständigkeitsvermutung** ist, dass das Inventar **rechtzeitig,** also vor Ablauf einer eventuell bestimmten Inventarfrist (§ 1994 BGB) oder ohne vorher erfolgte Fristbestimmung (§ 1993 BGB) **errichtet** wurde.[5] Der Erbe muss ein Inventar (zum Begriff des Inventars vgl. § 1993 Rdn 1) in der Form der §§ 2002, 2003 BGB errichtet haben. Fehlen die in § 2001 BGB zusätzlich verlangten Beschreibungen und Wertangaben, wird das Inventar nicht unwirksam.[6] Auch etwaige Unvollständigkeiten führen, wie sich aus § 2005 Abs. 2 BGB ergibt, nicht zwingend zu einer „Unwirksamkeit" des Inventars.[7] Das Inventar darf allerdings nicht derart mangelhaft sein, dass es zu den Zwecken, die mit der Inventarerrichtung verfolgt werden, gänzlich ungeeignet ist.[8] Rechtzeitig errichtet ist ein Inventar, das entweder freiwillig (§ 1993 BGB) oder innerhalb der vom Nachlassgericht gesetzten Inventarfrist (§ 1994 BGB) errichtet worden ist. Nicht vorausgesetzt ist, dass der Erbe die Vollständigkeit des Inventars durch eine eidesstattliche Versicherung nach § 2006 BGB bekräftigt hat (vgl. § 2006 Rdn 2). Die Abgabe der eidesstattlichen Versicherung schließt den Nachweis

---

1 Staudinger/*Dobler* (2020), § 2009 Rn 1.
2 BeckOGK/*Leiß*, § 2009 Rn 2.
3 BeckOGK/*Leiß*, § 2009 Rn 3; Staudinger/*Dobler* (2020), § 2009 Rn 1.
4 BeckOGK/*Leiß*, § 2009 Rn 3.
5 BeckOGK/*Leiß*, § 2009 Rn 4, 5.
6 MüKo/*Küpper*, § 2009 Rn 2.
7 BeckOK BGB/*Lohmann*, § 2009 Rn 2; Erman/*Horn*, § 2009 Rn 3; Grüneberg/*Weidlich*, § 2009 Rn 2.
8 Staudinger/*Dobler* (2020), § 2009 Rn 7.

der Unvollständigkeit nicht aus. Durch die Verweigerung der eidesstattlichen Versicherung erlischt jedoch die Vollständigkeitsvermutung des § 2009 BGB gegenüber dem Nachlassgläubiger, der ihre Abnahme beantragt hat (vgl. § 2006 Rdn 11).[9]

II. Inhalt und Wirkung der Vermutung

3 Die Vermutung hat allein den in § 2009 BGB angegebenen Inhalt. Sie gilt also nur hinsichtlich der **Aktiva** des Nachlasses, erstreckt sich nicht auf etwaige Angaben über deren Wert und/oder auf die Bezeichnung von Nachlassverbindlichkeiten.[10] Sie bezieht sich nur auf die zum Zeitpunkt des Erbfalls vorhanden gewesenen Nachlassgegenstände, nicht auf einen etwaigen Zuwachs.[11] Die Vermutung hat auch einen lediglich negativen Inhalt, indem angenommen wird, dass weitere Nachlassgegenstände (Aktiva) als die im Inventar angegebenen nicht vorhanden gewesen seien. Eine positive Rechtsvermutung für die Zugehörigkeit der angegebenen Gegenstände zum Nachlass wird dagegen nicht begründet.[12] Über den Beweiswert der durch die Vermutung nicht gedeckten Angaben entscheidet der Richter aufgrund freier Beweiswürdigung (§ 286 ZPO).

4 Die Vermutung gilt nur im „Verhältnis zwischen dem Erben und den Nachlassgläubigern". Damit **gilt sie nicht** gegenüber den **Eigengläubigern** des Erben, den **Erbschaftsbesitzern**, den **Nacherben**, den **Erbschaftskäufern**, dem **Testamentsvollstrecker** und den **Miterben**, es sei denn, diese sind zugleich Nachlassgläubiger.[13] Nach *Dobler*[14] soll sie auch gegenüber einem **Nachlass- und Nachlassinsolvenzverwalter** gelten, die zugleich die praktische Bedeutung dieser Auffassung als nur gering ansieht, da der Erbe in den hier maßgeblichen Fällen ohnehin nicht beweisbelastet ist und deshalb auch nicht auf die Beweiserleichterung angewiesen ist. Die durch die Vermutung bewirkte **Beweiserleichterung** des Erben ist insbesondere bei der Vollstreckungsgegenklage des § 785 ZPO von Bedeutung. Die Vermutung ist eine reine Tatsachenvermutung, die durch den Beweis des Gegenteils entkräftet werden kann (§ 292 ZPO).[15] Der Gegenbeweis hat – positiv – zum Inhalt, dass bestimmte, im Inventar nicht aufgeführte Nachlassgegenstände doch zum Nachlass gehören.[16] Gelingt dieser Beweis, wird die Vermutung der Vollständigkeit im Übrigen nicht entkräftet.[17] Hat der Erbe eine **Inventaruntreue** (§ 2005 Abs. 1 BGB) begangen, bleibt die Vermutung wirkungslos (vgl. § 2005 Rdn 11). Verweigert der Erbe die eidesstattliche Versicherung des Inventars, dann entfällt die Vermutung demjenigen Nachlassgläubiger gegenüber, der den Antrag gestellt hatte (vgl. § 2006 Rdn 11).

§ 2010 Einsicht des Inventars

Das Nachlassgericht hat die Einsicht des Inventars jedem zu gestatten, der ein rechtliches Interesse glaubhaft macht.

9 Staudinger/*Dobler* (2020), § 2009 Rn 8.
10 BeckOGK/*Leiß*, § 2009 Rn 9.
11 MüKo/*Küpper*, § 2009 Rn 3; Staudinger/*Dobler* (2020), § 2009 Rn 3.
12 BeckOGK/*Leiß*, § 2009 Rn 10; Staudinger/*Dobler* (2020), § 2009 Rn 3.
13 Erman/*Horn*, § 2009 Rn 2; MüKo/*Küpper*, § 2009 Rn 4.
14 Vgl. ausführlich Staudinger/*Dobler* (2020), § 2009 Rn 3; vgl. auch: BeckOGK/*Leiß*, § 2009 Rn 11.
15 MüKo/*Küpper*, § 2009 Rn 5; Staudinger/*Dobler* (2020), § 2009 Rn 5.
16 BeckOGK/*Leiß*, § 2009 Rn 13.
17 MüKo/*Küpper*, § 2009 Rn 5.

A. Allgemeines

Die Bestimmung enthält eine Anweisung an das Nachlassgericht, als Gericht der freiwilligen Gerichtsbarkeit, jedem, der ein rechtliches Interesse glaubhaft macht, die Einsicht in das Inventar zu gestatten. Die an einem Erbfall beteiligten Personen und sonstige Betroffene sollen zur Erleichterung des weiteren Vorgehens durch das Inventar Kenntnis von dem Bestand des Nachlasses erhalten. Keine Voraussetzung für das Einsichtsrecht ist, dass der Erbe sich gegenüber dem Nachlassgläubiger bereits auf die beschränkte Haftung berufen hat.[1] 1

B. Tatbestand

Voraussetzung des Einsichtsrechts ist, dass der Antragsteller ein rechtliches Interesse an der Einsichtnahme glaubhaft macht. Das rechtliche Interesse muss sich dabei, anders als das berechtigte Interesse des § 13 Abs. 2 S. 1 FamFG, auf ein vorhandenes Recht stützen.[2] Es ist stets anzunehmen bei **Nachlassgläubigern** (einschließlich der Steuerbehörden), bei **Miterben**, bei **Nachlassverwaltern** und **Testamentsvollstreckern**.[3] Das Recht des Nachlassgläubigers auf Einsicht entfällt dann, wenn er befriedigt ist oder ihm die geschuldete Leistung in einer den Annahmeverzug begründenden Weise angeboten wurde.[4] Bei **nur berechtigtem Interesse** kann das Nachlassgericht nach § 13 Abs. 2 S. 1 FamFG Einsicht gewähren. Ob die Voraussetzungen vorliegen, entscheidet das Nachlassgericht nach pflichtgemäßem Ermessen. Es wird nicht zuletzt aus Gründen des Datenschutzes sehr zurückhaltend mit der Gewährung der Einsicht aus nur berechtigtem Interesse sein. Zuständig zur Gewährung der Einsicht und zur Erteilung einer Abschrift ist der Rechtspfleger (§ 3 Nr. 2c RPflG). 2

Die **Erteilung einer einfachen** oder **beglaubigten Abschrift** ist in § 2010 BGB nicht geregelt. Sie ist nach § 13 Abs. 3 FamFG möglich und setzt ein berechtigtes Interesse voraus (§ 13 Abs. 2 S. 1 FamFG). Die Kosten von mindestens 10 EUR trägt der zur Akteneinsicht Berechtigte nach KV Nr. 25102 GNotKG. 3

Wegen des **Einsichtsrechts** ist die Einreichung eines **versiegelten Inventars** unzulässig.[5] Das versiegelt eingereichte Inventar ist gleichwohl wirksam.[6] Nach *Leiß*[7] sei in diesen Fällen allerdings von einer inhaltlichen Unwirksamkeit der Inventarerrichtung auszugehen und müsse sich der Erbe so behandeln lassen, als hätte er überhaupt kein Inventar errichtet. Das sei aber nicht in jedem Fall zwingend und vielmehr im Zweifel anzunehmen, dass dem Nachlassgericht die Öffnung eines verschlossenen Inventars jedenfalls dann freistehen soll, wenn ein Berechtigter i.S.d. § 2010 BGB die Einsicht verlange, da das Inventar sonst seinen Zweck verfehlen würde. 4

Funktionell zuständig für die Entscheidung über das Einsichtsrecht und die Erteilung von Abschriften des Inventars ist der **Rechtspfleger** (§ 3 Nr. 2c RPflG). Das rechtliche bzw. berechtigte Interesse ist glaubhaft zu machen (§ 13 Abs. 2 S. 1 FamFG). Ist dies geschehen (§ 31 FamFG), auch durch Abgabe einer eidesstattlichen Versicherung, hat das Nachlassgericht den Anspruch auf Einsicht zwingend zu erfüllen.[8] Gegen die Verweigerung bzw. Beschränkung der Einsicht in das Inventar oder der Erteilung einer 5

---

1 BeckOGK/*Leiß*, § 2010 Rn 3.
2 BeckOGK/*Leiß*, § 2010 Rn 2; MüKo/*Küpper*, § 2010 Rn 1.
3 BeckOGK/*Leiß*, § 2009 Rn 2.
4 MüKo/*Küpper*, § 2010 Rn 1.
5 MüKo/*Küpper*, § 2010 Rn 4.
6 Vgl. Staudinger/*Dobler* (2020), § 1993 Rn 21.
7 BeckOGK/*Leiß*, § 2010 Rn 8, 9 mit ausführlicher Begründung.
8 BeckOGK/*Leiß*, § 2010 Rn 5.

Abschrift des Inventars durch einen Beschluss des Nachlassgerichts (Rechtspfleger) ist die Beschwerde nach den §§ 58 ff. FamFG gegeben.[9]

§ 2011 Keine Inventarfrist für den Fiskus als Erben

[1]Dem Fiskus als gesetzlichem Erben kann eine Inventarfrist nicht bestimmt werden. [2]Der Fiskus ist den Nachlassgläubigern gegenüber verpflichtet, über den Bestand des Nachlasses Auskunft zu erteilen.

Übersicht: Rdn

A. Allgemeines

1 Der Fiskus kann die ihm als gesetzlichem Erbe angefallene Erbschaft nicht ausschlagen (§ 1942 Abs. 2 BGB). Das hat den Zweck, dass der Nachlass nicht herrenlos wird (vgl. § 1942 Rdn 1 ff.). Deshalb schützt das Gesetz den Fiskus anderweitig vor den Gefahren, die sich aus dem Anfall der Erbschaft hinsichtlich der Haftung wegen Nachlassverbindlichkeiten ergeben können. Den Schutz verwirklicht der Gesetzgeber an mehreren Stellen: Gegen den Fiskus als gesetzlichen Erben kann ein Recht erst geltend gemacht werden, wenn vom Nachlassgericht festgestellt worden ist, dass ein anderer Erbe nicht vorhanden ist (vgl. § 1966 BGB); der Fiskus kann sich als gesetzlicher Erbe auf die Beschränkung seiner Haftung auch dann berufen, wenn sie ihm im Urteil nicht vorbehalten ist (§ 780 Abs. 2 ZPO),[1] und dem Fiskus als gesetzlichem Erben kann eine Inventarfrist nicht gesetzt werden (§ 2011 S. 1 BGB). Die neue (alte) – aber amtliche – Überschrift des § 2011 BGB ist zumindest missverständlich. Denn entgegen der möglichen Auslegung dieser Überschrift gilt auch diese Vorschrift, wie die anderen benannten, nur dann, wenn der Fiskus **gesetzlicher Erbe** ist. Für den Fall, dass ihm etwas im Wege der gewillkürten Erbfolge zugewandt wird, gelten die allg. Bestimmungen.[2] Auf Körperschaften, Stiftungen und Anstalten des öffentlichen Rechts, die gem. Art. 138 EGBGB nach Landesrecht anstelle des Fiskus gesetzlicher Erbe werden, ist § 2011 BGB ebenfalls anwendbar.[3] Gleiches gilt, wenn der Fiskus gem. Art. 139 EGBGB gesetzlicher Erbe einer verpflegten oder unterstützten Person wird.[4]

B. Tatbestand

I. Keine Inventarfrist (S. 1)

2 Da dem Fiskus keine Inventarfrist gesetzt werden kann, kann er sein **Recht** auf **Haftungsbeschränkung** auch nicht durch Versäumung der Inventarfrist verlieren. Lebensfremd dürfte es sein anzunehmen, der Fiskus würde durch seine Vertreter im Einzelfall ein Inventar – mit Rücksicht auf die Vermutung des § 2009 BGB – erstellen.[5]

9 BeckOGK/*Leiß*, § 2010 Rn 6.
1 *Gottwald/Mock*, Zwangsvollstreckung, § 780 ZPO Rn 7 f.
2 Staudinger/*Dobler* (2020), § 2011 Rn 5.
3 MüKo/*Küpper*, § 2011 Rn 4.
4 BeckOK BGB/*Lohmann*, § 2011 Rn 1.
5 So Staudinger/*Dobler* (2020), § 2011 Rn 1–3, die für den Fall der Vorlage eines unwirksamen Inventars durch den Fiskus dessen Pflicht annimmt, die eidesstattliche Versicherung auf Verlangen abzugeben, und (konsequent) weiter die Auffassung vertritt, dass der Fiskus sich auch einer Inventaruntreue schuldig machen könne.

Das **Recht zur Haftungsbeschränkung** muss der Fiskus wie jeder andere Erbe auch **geltend machen**. Er muss also die Nachlassverwaltung oder die Eröffnung des Nachlassinsolvenzverfahrens beantragen, das Aufgebotsverfahren betreiben oder sich auf die Dürftigkeit des Nachlasses berufen.[6] Wird gegen den Fiskus als gesetzlichen Erben, was in der Praxis eher selten ist, die Zwangsvollstreckung betrieben, bleibt die Beschränkung seiner Haftung so lange unberücksichtigt, bis er Einwendungen geltend macht (§ 780 ZPO; nach § 15 Nr. 3 EGZPO bleiben etwaige landesrechtliche Vorschriften, die ihn davon befreien, unberührt). Wie bereits dargestellt, sind ihm die Einwendungen auch dann gestattet, wenn das Urteil, aus dem die Zwangsvollstreckung betrieben wird, keinen Vorbehalt enthält (§ 780 Abs. 2 ZPO).

II. Auskunftspflicht des Fiskus (S. 2)

Als Ersatz dafür, dass er ein Inventar nicht errichten muss, hat das Gesetz dem Fiskus 3 die Verpflichtung auferlegt, den Nachlassgläubigern über den Bestand des Nachlasses Auskunft zu erteilen (§ 2011 S. 2 BGB). **Inhaltlich geht die Auskunftspflicht** dahin, dass der Fiskus ein Verzeichnis über den Nachlass (§ 260 BGB) vorlegen muss.[7] Anders als das Inventar betrifft das Verzeichnis über den Nachlass den gegenwärtigen Bestand desselben und nicht den Bestand zum Zeitpunkt des Erbfalls.[8] Sollten – im Ausnahmefall – die Voraussetzungen des § 260 Abs. 2 BGB vorliegen, ist auch der Fiskus, dann vertreten durch den Leiter der ihn vertretenden Behörde, verpflichtet, die eidesstattliche Versicherung zu leisten.[9] Eine Rechenschaftspflicht kann sich u.U. nach den §§ 666, 1978 BGB ergeben.[10] Der Auskunftsanspruch besteht erst nach Feststellung des Erbrechts des Fiskus (§§ 1964, 1966 BGB) und kann deshalb erst danach geltend gemacht werden.[11] Eine Verletzung der Auskunftspflicht führt nicht zum Verlust des Rechts der Haftungsbeschränkung.[12] Verweigert der Fiskus, was ebenfalls selten vorkommen dürfte, die Auskunft, dann muss der Nachlassgläubiger vor dem Prozessgericht Klage auf Erteilung der Auskunft erheben.[13] Die Regelung der Auskunftspflicht in S. 2 wird allgemein als nicht abschließend verstanden, sodass sich aus §§ 1978, 1991, 666 weitergehende Auskunfts- bzw. Rechenschaftspflichten ergeben können.[14]

§ 2012 Keine Inventarfrist für den Nachlasspfleger und Nachlassverwalter

(1) [1]Einem nach den §§ 1960, 1961 bestellten Nachlasspfleger kann eine Inventarfrist nicht bestimmt werden. [2]Der Nachlasspfleger ist den Nachlassgläubigern gegenüber verpflichtet, über den Bestand des Nachlasses Auskunft zu erteilen. [3]Der Nachlasspfleger kann nicht auf die Beschränkung der Haftung des Erben verzichten.
(2) Diese Vorschriften gelten auch für den Nachlassverwalter.

6 MüKo/*Küpper*, § 2011 Rn 2.
7 BeckOGK/*Leiß*, § 2011 Rn 6.
8 MüKo/*Küpper*, § 2011 Rn 3; BeckOK BGB/*Lohmann*, § 2011 Rn 3.
9 Staudinger/*Dobler* (2020), § 2011 Rn 6; MüKo/*Küpper*, § 2011 Rn 3.
10 Erman/*Horn*, § 2011 Rn 3.
11 BeckOGK/*Leiß*, § 2011 Rn 7; Staudinger/*Dobler* (2020), § 2011 Rn 6; MüKo/*Küpper*, § 2011 Rn 3.
12 Staudinger/*Dobler* (2020), § 2011 Rn 6.
13 MüKo/*Küpper*, § 2011 Rn 3; BeckOK BGB/*Lohmann*, § 2011 Rn 2.
14 BeckOGK/*Leiß*, § 2011 Rn 9.

Übersicht: Rdn

A. Allgemeines

1 Ebenso wie § 2011 BGB dient die Bestimmung dem Schutz des Erben und trägt dem Gedanken Rechnung, dass der Erbe sein Recht zur Haftungsbeschränkung nur durch eigene Handlungen (oder Unterlassungen) verlieren können soll und nicht durch diejenigen eines Nachlasspflegers (Abs. 1) oder Nachlassverwalters (Abs. 2). Schutzbedürftig ist der Erbe während der Dauer des Bestehens der Nachlasspflegschaft oder Nachlassverwaltung, weil er selbst nicht „Herr" des Nachlasses ist. Das Gesetz sorgt in zweifacher Weise dafür, dass der Erbe bei andauernder Nachlasspflegschaft oder Nachlassverwaltung sein Recht zur Haftungsbeschränkung nicht verliert: Dem Nachlasspfleger und dem Nachlassverwalter können Inventarfristen nicht bestimmt werden (Abs. 1 S. 1, Abs. 2) und Nachlasspfleger und Nachlassverwalter können auf die Beschränkung der Haftung des Erben nicht verzichten (Abs. 1 S. 3, Abs. 2). Ergänzt werden diese materiell-rechtlichen Bestimmungen durch die prozessuale Regelung in § 780 Abs. 2 ZPO, wonach sich der Erbe selbst dann noch auf seine beschränkte Haftung berufen kann, wenn ihm das in einem etwaigen Urteil gegen den Nachlasspfleger bzw. -verwalter nicht vorbehalten worden ist.[1] Dabei ist auch berücksichtigt, dass beide Verwalter kraft ihres Amtes gegenüber dem Nachlassgericht verpflichtet sind, ein Nachlassverzeichnis aufzunehmen (§§ 1802, 1915 Abs. 1, 1975 BGB).

B. Tatbestand

I. Keine Inventarfristen

2 Wie dem Fiskus als gesetzlichem Erben kann dem Nachlasspfleger und dem Nachlassverwalter während der Dauer der **Nachlasspflegschaft** oder **Nachlassverwaltung** eine Inventarfrist nicht bestimmt werden. Eine ihnen gleichwohl bestimmte Inventarfrist wäre kraft Gesetzes unwirksam.[2] Damit können der Nachlasspfleger und Nachlassverwalter das Recht des Erben zur Haftungsbeschränkung nicht verlieren (§§ 1994 Abs. 1 S. 2, 2005 Abs. 1 S. 2 BGB). Das gilt auch für die Dauer des **Nachlassinsolvenzverfahrens.**[3] Gegenüber dem Erben kann während der Dauer einer nach § 1960 oder § 1961 BGB angeordneten Nachlasspflegschaft eine Inventarfrist bestimmt werden – diese beginnt allerdings nicht vor der Annahme der Erbschaft zu laufen (§ 1995 Abs. 2 BGB). Während der Dauer der Nachlassverwaltung und des Nachlassinsolvenzverfahrens kann dem Erben eine Inventarfrist dagegen nicht bestimmt werden (§ 2000 S. 2 BGB). Eine vor der Anordnung der Nachlassverwaltung bestimmte Inventarfrist wird mit der Anordnung der Nachlassverwaltung bzw. der Eröffnung des Nachlassinsolvenzverfahrens unwirksam.[4] Der Erbe bleibt allerdings auch während der Dauer der Nachlassverwaltung oder des Nachlassinsolvenzverfahrens berechtigt, ein Inventar (freiwillig) zu errichten.[5] Haben der Nachlassverwalter oder der Nachlassinsolvenzverwalter, entgegen ihrer jeweiligen Berechtigung, ein Inventar errichtet, ist dies wirkungslos; allerdings kann sich der Erbe dieses Inventar nach § 2004 BGB zu eigen

1 BeckOGK/*Leiß*, § 2012 Rn 3.
2 BeckOGK/*Leiß*, § 2012 Rn 4.
3 Staudinger/*Dobler* (2020), § 2012 Rn 4.
4 BeckOGK/*Leiß*, § 2012 Rn 5; Staudinger/*Dobler* (2020), § 2012 Rn 5.
5 Staudinger/*Dobler* (2020), § 2012 Rn 9.

machen. Das Verzeichnis des Nachlassverwalters und dasjenige des Nachlassinsolvenzverwalters (§ 151 InsO) sind kein Inventar.

II. Kein Verzicht auf das Recht der Haftungsbeschränkung des Erben

Die Vorschrift stellt schlicht fest, dass weder Nachlasspfleger noch der Nachlassverwalter auf die Beschränkung der Haftung des Erben **verzichten** kann. Dabei geht das Gesetz davon aus, dass der Erbe selbst auf das Recht der Haftungsbeschränkung verzichten kann. Das kann er nach einhelliger Auffassung sowohl vertraglich als auch durch eine **einseitige Erklärung** gegenüber dem begünstigten Nachlassgläubiger (vgl. Vorbem. zu §§ 1967–2017 Rdn 9 ff.). Das ist allein deshalb so, weil er sich auch verurteilen lassen kann, ohne den Vorbehalt geltend zu machen. Lässt sich allerdings der Nachlasspfleger oder der Nachlassverwalter, ohne den Vorbehalt geltend zu machen, verurteilen, dann kann sich der Erbe gleichwohl (noch) auf sein Recht zur Haftungsbeschränkung berufen (§ 780 Abs. 2 ZPO).[6] 3

III. Auskunftspflicht der Verwalter

Wie in § 2011 S. 2 BGB der Fiskus sind Nachlasspfleger und Nachlassverwalter im Hinblick auf die Befreiung von der Pflicht, ein Inventar zu errichten, den Nachlassgläubigern gegenüber zur Auskunft über den gegenwärtigen Bestand des Nachlasses verpflichtet (Abs. 1 S. 2, Abs. 2). Im Hinblick auf diese Pflicht sind der Nachlasspfleger und der Nachlassverwalter verpflichtet, den Nachlassgläubigern ein Verzeichnis über den Nachlass (zum gegenwärtigen Zeitpunkt) vorzulegen (§ 260 Abs. 1 BGB). Liegen die Voraussetzungen des § 260 Abs. 2 und 3 BGB vor, dann besteht die Verpflichtung der beiden Verwalter, die Vollständigkeit des erstellten Verzeichnisses **an Eides statt zu versichern**.[7] Diese Pflicht kann durch Klage vor dem **Prozessgericht** erzwungen werden und ist, falls ein die Klage stattgebendes vollstreckbares Urteil erstritten wird, nach den §§ 888, 889 ZPO zu vollstrecken.[8] Zur Abgabe der eidesstattlichen Versicherung nach § 807 ZPO im Falle der unvollständigen Befriedigung der Nachlassgläubiger ist der Nachlassverwalter nicht verpflichtet.[9] Nachlasspfleger und Nachlassverwalter (vgl. § 1985 Abs. 2 BGB) sind im Falle der schuldhaften Verletzung der Auskunftspflicht den Nachlassgläubigern gegenüber persönlich zum Schadensersatz verpflichtet.[10] Der Erbe hat für die Verletzung der Auskunftspflicht nicht einzustehen, auch nicht über § 278 BGB.[11] Soweit der Erbe aus § 2314 auskunftspflichtig ist, bleibt diese eigene materielle Auskunftspflicht des Erben durch den in § 2012 Abs. 1 S. 2 BGB verankerten Anspruch unberührt.[12] 4

§ 2013 Folgen der unbeschränkten Haftung des Erben

(1) [1]Haftet der Erbe für die Nachlassverbindlichkeiten unbeschränkt, so finden die Vorschriften der §§ 1973 bis 1975, 1977 bis 1980, 1989 bis 1992 keine Anwendung; der Erbe ist nicht berechtigt, die Anordnung einer Nachlassverwaltung zu beantragen. [2]Auf eine nach § 1973 oder nach § 1974 eingetretene Beschränkung der

---

6 Staudinger/*Dobler* (2020), § 2012 Rn 3; MüKo/*Küpper*, § 2012 Rn 1.
7 BeckOGK/*Leiß*, § 2012 Rn 9; Staudinger/*Dobler* (2020), § 2012 Rn 11; MüKo/*Küpper*, § 2012 Rn 2.
8 *Gottwald/Mock*, Zwangsvollstreckung, § 888 Rn 4, § 889 Rn 3; BGH NJW 1995, 463.
9 MüKo/*Küpper*, § 2012 Rn 2; Staudinger/*Dobler* (2020), § 1985 Rn 26.
10 Staudinger/*Dobler* (2020), § 2012 Rn 10; Erman/*Horn*, § 2012 Rn 2; BeckOK BGB/*Lohmann*, § 2012 Rn 2.
11 Staudinger/*Dobler* (2020), § 2012 Rn 10.
12 BeckOGK/*Leiß*, § 2012 Rn 10.

Haftung kann sich der Erbe jedoch berufen, wenn später der Fall des § 1994 Abs. 1 Satz 2 oder des § 2005 Abs. 1 eintritt.
(2) Die Vorschriften der §§ 1977 bis 1980 und das Recht des Erben, die Anordnung einer Nachlassverwaltung zu beantragen, werden nicht dadurch ausgeschlossen, dass der Erbe einzelnen Nachlassgläubigern gegenüber unbeschränkt haftet.

Literatur
Bartsch, Fälle zur Erbenhaftung, ZErb 2010, 345; *Büttner*, Erteilung der Restschuldbefreiung für die Erben, ZInsO 2001, 588; *Fischinger*, Zur Stellung der Nachlassgläubiger, wenn der Erbe beim Erbfall insolvent ist, ZInsO 2013, 365; *Fröhler*, Rechtliche Grundlagen und praktische Probleme bei der Führung von Nachlasspflegschaften, BWNotZ 2011, 2; *Herzog*, Nachlasshaftung und Nachlassinsolvenz (1. Teil), ErbR 2013, 70; (2. Teil), ErbR 2013, 104; *Isekeit/Weiß*, Das Nachlassinsolvenzverfahren – Grundzüge des Insolvenzrechts für Erbrechtler, ZErb 2016, 249; *Jünemann*, Nachlassinsolvenz, ZErb 2011, 59; *Neukirchen*, Der Vorbehalt der beschränkten Erbenhaftung in notariellen Vollstreckungstiteln, RNotZ 2016, 28; *Osthold*, Instrumente im Recht der Erbenhaftung – Teil 2: Das Aufgebotsverfahren, eine öffentliche Verheimlichung?, ErbR 2016, 670; *Poertzgen*, Die Insolvenzverschleppungshaftung gem. § 1980 BGB, ZInsO 2013, 517; *Roth*, Haftungsbeschränkungsmaßnahmen des Erben auf den Nachlass, NJW-Spezial 2023, 103; *Sämisch*, Die analoge Anwendung der §§ 93, 334 InsO auf den unbeschränkt haftenden Erben im Nachlassinsolvenzverfahren, ZInsO 2014, 25; *Schöneberg-Wessel/Kaufmann*, Der überschuldete Nachlass, BtPrax 2021, 180; *Schönert*, Grenzen der Beschränkbarkeit der Erbenhaftung auf den Nachlass, BWNotZ 2008, 81; *Schreiber*, Die Haftung des Erben für Nachlassverbindlichkeiten, Jura 2010, 117; *Sick*, Die Haftung des Erben nach § 1967 BGB und das Problem der Haftungsbeschränkung auf den Nachlass, ZErb 2010, 325; *Weiß*, Das Nachlassinsolvenzverfahren/Erbrecht für Insolvenzverwalter – Teil 3: Haftungsbeschränkungen nach §§ 1970 ff. BGB, ZInsO 2017, 2306.

Übersicht: Rdn

A. Allgemeines

1 Zum **Verständnis der Terminologie** ist klarzustellen, dass, wenn der Gesetzgeber in dieser Vorschrift von der **„unbeschränkten Haftung“** des Erben spricht, er die **„unbeschränkbare Haftung“** des Erben meint.[1] Ausgehend davon versucht nun die Bestimmung eine zusammenfassende Aufzählung der Rechtsfolgen zu geben, die der Verlust des Rechts zur Haftungsbeschränkung mit sich bringt. Daneben soll wohl auf den Unterschied der Rechtsstellung des beschränkt haftenden und des unbeschränkbar haftenden Erben hingewiesen werden. Mit *Küpper*[2] ist festzustellen, dass das geplante

1 So zu Recht: Staudinger/*Dobler* (2020), § 2013 Rn 1 (vgl. auch: Staudinger/*Dobler*, § 1993 Rn 2); wohl auch: MüKo/*Küpper*, § 2013 Rn 1.
2 MüKo/*Küpper*, § 2013 Rn 1.

Vorhaben wenig gelungen erscheint. Mit *Dobler*[3] kann das allg. auf die kurze Formel gebracht werden: „Der Eintritt der unbeschränkbaren Haftung raubt dem Erben alle Rechtsbehelfe, die ihm das Gesetz sonst gewährt, um die beschränkte Haftung herbeizuführen." Im wirtschaftlichen Ergebnis bedeutet das, dass der Erbe für Nachlassverbindlichkeiten „endgültig" sowohl mit dem Nachlass als auch seinem Eigenvermögen haftet, er also seine Haftung für Nachlassverbindlichkeiten nicht mehr auf den Nachlass eingrenzen und so sein Eigenvermögen schonen kann.[4]

Dabei wird zwischen den Fällen des Verlustes des Rechts zur Haftungsbeschränkung **allen** Nachlassgläubigern gegenüber und demjenigen nur **einzelnen** Nachlassgläubigern gegenüber unterschieden. 2

B. Tatbestand

I. Verlust des Rechts zur Haftungsbeschränkung allen Nachlassgläubigern gegenüber (Abs. 1 S. 1)

Der Erbe haftet **allen Nachlassgläubigern** gegenüber **unbeschränkbar** in den Fällen 3
- des § 1994 Abs. 1 S. 2 BGB (Ablauf der Inventarfrist) und
- des § 2005 Abs. 1 S. 1 und 2 BGB (Inventaruntreue, Verweigerung oder Verzögerung der Auskunftspflicht).

Für diese Fälle ordnet Abs. 1 S. 1 an: den Ausschluss der §§ 1973 und 1974 BGB (Regelung der Folgen des Ausschlusses von Nachlassgläubigern im Aufgebotsverfahren bzw. im Falle fünfjähriger Säumnis, eingeschränkt durch Abs. 1 S. 2); den Ausschluss des § 1975 BGB (Nachlassverwaltung und -insolvenzverfahren); den Ausschluss des § 1977 BGB (Wirkung auf eine Aufrechnung); den Ausschluss der §§ 1978–1980 BGB (Aufwendungsersatz des Erben, Verantwortlichkeit des Erben für die Verwaltung des Nachlasses bis zur Anordnung der Nachlassverwaltung und der Eröffnung des Nachlassinsolvenzverfahrens); den Ausschluss des § 1989 BGB (Erschöpfungseinrede des Erben, Haftungserleichterung); den Ausschluss der §§ 1990–1992 BGB (haftungsbeschränkende Einreden des Erben). Die Aufzählung in Abs. 1 ist nicht vollständig. Nicht erwähnt sind die folgenden Folgen der unbeschränkbaren Haftung des Erben: das Recht, das **Aufgebot** der Nachlassgläubiger zu beantragen (es sei denn, der Erbe haftet nur einzelnen Nachlassgläubigern gegenüber unbeschränkbar, vgl. § 991 Abs. 1 ZPO); das Recht, im Fall des § 175 ZVG die **Zwangsversteigerung** des Nachlassgrundstücks zu beantragen (§ 175 Abs. 2 ZVG), es sei denn, der Erbe haftet nur einzelnen Nachlassgläubigern gegenüber unbeschränkbar;[5] der Ausschluss der Einreden der §§ 2014, 2015 BGB, die durch § 2016 Abs. 1 BGB ausgeschlossen sind (vgl. § 2016 Rdn 2 und 3) sowie die Möglichkeit des Erben, nach § 270 InsO die Eigenverwaltung im Nachlassinsolvenzverfahren zu erwirken;[6] trotz angeordneter Nachlassverwaltung oder eröffnetem Nachlassinsolvenzverfahren kann der Erbe die Zwangsvollstreckung in sein sonstiges Vermögen (Eigenvermögen) nicht verhindern (§ 784 Abs. 1 ZPO).[7]

1. Ausschluss der §§ 1973 und 1974 BGB

Ein unbeschränkbar haftender Erbe ist gem. § 455 Abs. 1 FamFG nicht mehr berechtigt, das Aufgebot zum Zwecke der Ausschließung von Nachlassgläubigern zu beantragen. Er verliert die **Ausschließungseinrede** des § 1973 BGB und die **Verschweigungseinrede** des § 1974 BGB. Der **Ausschluss** gilt nach Abs. 1 S. 2 nur, wenn das 4

3 Staudinger/*Dobler* (2020), § 2013 Rn 1.
4 BeckOGK/*Leiß*, § 2012 Rn 3.
5 Staudinger/*Dobler* (2020), § 2013 Rn 11.
6 Staudinger/*Dobler* (2020), § 2013 Rn 11.
7 Staudinger/*Dobler* (2020), § 2013 Rn 5; BeckOK BGB/*Lohmann*, § 2013 Rn 4.

Ausschlussurteil nach dem Eintritt der unbeschränkbaren Haftung ergangen oder die fünfjährige Frist erst danach abgelaufen ist.[8] Eine bereits vorher eingetretene Beschränkung der Haftung des Erben wird durch eine spätere Inventarverfehlung nicht mehr berührt.[9] Diese Regelung geht davon aus, dass der Erbe mit dem Ausschlussurteil bzw. dem Ablauf der Frist des § 1974 BGB ein festes Recht erworben hat, das durch Inventarverfehlungen nicht verloren gehen kann. Nur diejenige des § 2006 Abs. 3 BGB soll diese Folge nicht haben, weil diese Vorschrift in Abs. 1 S. 2 nicht erwähnt ist.[10] Ergänzt wird Abs. 1 S. 1 für den in § 1973 BGB verankerten Ausschluss durch eine verfahrensrechtliche Bestimmung: § 455 Abs. 1 FamFG. Nach dieser Vorschrift kann der Erbe ein Aufgebotsverfahren i.S.d. § 454 FamFG (Aufgebot von Nachlassgläubigern) nur beantragen, wenn er nicht für die Nachlassverbindlichkeiten unbeschränkt haftet.[11]

2. Ausschluss des § 1975 BGB

5 Der **Ausschluss besagt nicht**, dass die Nachlassverwaltung nicht mehr angeordnet und das Nachlassinsolvenzverfahren nicht mehr eröffnet werden kann. Beide Verfahren können aber bei unbeschränkbarer Haftung des Erben **nicht mehr zu einer Haftungsbeschränkung führen.**[12] Die Verfahren entfalten, falls sie stattfinden, ihre Trennungswirkung zugunsten der Nachlassgläubiger. Der unbeschränkbar haftende Erbe kann die Nachlassverwaltung nicht mehr beantragen (Abs. 1 S. 1 Hs. 2). Allerdings behält er das Recht, die Eröffnung des Nachlassinsolvenzverfahrens zu beantragen. Der Erbe haftet also auch bei Anordnung der Nachlassverwaltung und der Eröffnung des Nachlassinsolvenzverfahrens mit seinem Eigenvermögen, auf das die Nachlassgläubiger zugreifen können. Wird neben dem Nachlassinsolvenzverfahren auch ein Insolvenzverfahren über das Eigenvermögen des Erben eröffnet, können die Nachlassgläubiger ihre Forderungen auch in diesem Verfahren geltend machen und werden dann wie absonderungsberechtigte Gläubiger behandelt (§ 331 Abs. 1 InsO).[13] Vollstreckungsrechtliche Konsequenz der unbeschränkten Haftung des Erben ist in diesem Zusammenhang, dass der Erbe nicht mehr verlangen kann, Zwangsvollstreckungsmaßnahmen aufzuheben, die zugunsten der Nachlassgläubiger in sein nicht zum Nachlass gehörendes Vermögen erwirkt worden sind, § 784 Abs. 1 ZPO.[14]

3. Ausschluss des § 1977 BGB

6 Die Aufrechnung eines Nachlassgläubigers gegen eine dem Erben persönlich zustehende Forderung hat entgegen § 1977 Abs. 1 BGB Bestand, weil die Nachlassgläubiger einen unbeschränkten Zugriff auf das Eigenvermögen des Erben haben. Der Ausschluss ist nach h.M. auf die Vorschrift des § 1977 Abs. 1 BGB beschränkt.[15]

4. Ausschluss der §§ 1978 bis 1980 BGB

7 Durch den Ausschluss dieser Normen wird einerseits die Verantwortlichkeit des unbeschränkbar haftenden Erben für die bis zur Anordnung der Nachlassverwaltung oder die Eröffnung des Nachlassinsolvenzverfahrens erforderliche Verwaltung des Nachlasses und für die Unterlassung des Antrags auf Eröffnung des Insolvenzverfahrens

8 BeckOGK/*Leiß*, § 2012 Rn 6.
9 Staudinger/*Dobler* (2020), § 2013 Rn 2.
10 MüKo/*Küpper*, § 2013 Rn 3.
11 BeckOGK/*Leiß*, § 2012 Rn 7.
12 BeckOGK/*Leiß*, § 2012 Rn 8.
13 Staudinger/*Dobler* (2020), § 2013 Rn 5.
14 BeckOGK/*Leiß*, § 2012 Rn 8.
15 Staudinger/*Dobler* (2020), § 2013 Rn 6.

verneint. Das ist vor dem Hintergrund zu sehen, dass den Nachlassgläubigern, die ohnehin jetzt auch auf das Eigenvermögen des Erben zugreifen können, die Zuerkennung von Ersatzansprüchen keine zusätzliche Zugriffsmöglichkeit bieten. Andererseits kann der Erbe auch keine Ansprüche auf Aufwendungsersatz geltend machen.

5. Ausschluss des § 1989 BGB

Mit dem Ausschluss dieser Bestimmung wird dem Erben die Haftungserleichterung (Bezugnahme auf § 1973 BGB) genommen, die dort nach Beendigung des Nachlassinsolvenzverfahrens durch Verteilung der Masse oder den Insolvenzplan vorgesehen ist. 8

6. Ausschluss der §§ 1990 bis 1992 BGB

Dass der unbeschränkbar haftende Erbe die Einreden dieser Vorschriften nicht geltend machen kann, ist eine schlichte Folge der unbeschränkbaren Haftung. 9

II. Verlust des Rechts zur Haftungsbeschränkung nur einzelnen Nachlassgläubigern gegenüber (Abs. 2)

Im Unterschied zu Abs. 1 sind hier diejenigen Fälle angesprochen, in denen der Erbe nur einzelnen Gläubigern gegenüber unbeschränkbar haftet. Das ist dann der Fall, wenn er sich weigert, die Richtigkeit eines von ihm erstellten Inventars an **Eides statt** zu versichern (§ 2006 Abs. 1 BGB), wenn er sich die Beschränkung seiner Haftung nicht gem. § 780 Abs. 1 ZPO hat **vorbehalten** lassen oder wenn er auf die Beschränkung **verzichtet** hat. Es treten grundsätzlich dieselben Folgen ein wie bei der unbeschränkbaren Haftung gegenüber allen Nachlassgläubigern mit dem Unterschied, dass dies immer nur im Verhältnis zu den einzelnen Nachlassgläubigern gilt. Gegenüber den anderen Nachlassgläubigern, denen gegenüber er sein Recht zur Haftungsbeschränkung nicht verloren hat, kann der Erbe die Beschränkung seiner Haftung (ganz normal) geltend machen.[16] 10

Der Erbe bleibt berechtigt, das **Aufgebot** der Nachlassgläubiger zu beantragen (§ 455 Abs. 1 FamFG; § 1970 BGB), nach §§ 1973 oder 1974 BGB zu verfahren, seine Haftung durch Nachlassverwaltung oder Nachlassinsolvenzverfahren zu beschränken (§ 1975 BGB) oder die Einreden der §§ 1990–1992 BGB zu erheben.[17] 11

Da im Verhältnis zu den übrigen Gläubigern nach wie vor zwischen dem **Eigenvermögen** des Erben und dem Nachlass unterschieden werden muss, bleiben die §§ 1977–1980 BGB anwendbar. 12

Umstritten ist, ob im Rahmen eines Nachlassinsolvenzverfahrens (§§ 315 ff. InsO) einem Antrag des Erben, der sein Recht zur Haftungsbeschränkung nur gegenüber einzelnen Nachlassgläubigern verloren hat, auf Eigenverwaltung (§ 270 InsO) stattgegeben werden oder ihm dieses Recht ganz allg. aberkannt werden soll. Die wohl h.M. vertritt die Auffassung, dass der Erbe, wenn er das Haftungsbeschränkungsrecht nach § 2006 Abs. 3 BGB verloren, sich also dem Verdacht unredlichen Handelns ausgesetzt hat, von der Eigenverwaltung ausgeschlossen bleiben soll;[18] in den übrigen Fällen (Verzicht auf das Recht der Haftungsbeschränkung einzelnen Nachlassgläubigern gegenüber und § 780 Abs. 1 ZPO) soll er die Chance erhalten, mit Erfolg einen Antrag auf Eigenverwaltung zu stellen.[19] 13

---

16 BeckOGK/*Leiß*, § 2012 Rn 16.
17 BeckOGK/*Leiß*, § 2012 Rn 17; BeckOK BGB/*Lohmann*, § 2013 Rn 5.
18 BeckOGK/*Leiß*, § 2012 Rn 11.
19 Staudinger/*Dobler* (2020), § 2013 Rn 10; BeckOGK/*Leiß*, § 2012 Rn 18; BeckOK BGB/*Lohmann*, § 2013 Rn 5.

III. Besonderheiten bei Miterben

14 **Miterben** können das Recht zur Haftungsbeschränkung lediglich durch Inventarverfehlungen (§§ 1994 Abs. 2 S. 2, 2005 Abs. 1, 2006 Abs. 3 BGB) und nur hinsichtlich einer ihrem ideellen Erbteil entsprechenden Quote einzelner (§ 2006 Abs. 3 BGB) oder sämtlicher Nachlassverbindlichkeiten verlieren.[20] Der Miterbe, dessen unbeschränkbare Haftung auf einer Inventarverfehlung beruht, ist den Nachlassgläubigern bis zur Höhe der Teilbeträge, für die er im Fall des Nachlassinsolvenzverfahrens nur mit dem Nachlass haftet, für von ihm zu vertretende Schädigungen des Nachlasses persönlich verantwortlich (ebenso im Fall des § 2059 Abs. 1 S. 2 BGB). Entsprechendes muss dann gelten, wenn der unbeschränkbar haftende Miterbe dem Nachlassgläubiger nach der Teilung des Nachlasses nach § 2061 Abs. 1 S. 2 BGB ohnehin nur noch teilschuldnerisch haftet.[21] Für die Haftung der Miterben untereinander enthält § 2063 Abs. 2 BGB eine weitere Sonderregelung.

IV. Beweislast

15 Den Eintritt der unbeschränkten Haftung hat der Nachlassgläubiger zu **beweisen**, der den Erben vor dem Prozessgericht in Anspruch nimmt.[22] Er hat im Einzelnen darzulegen und zu beweisen, dass und wodurch der Erbe sein Recht zur Haftungsbeschränkung verloren hat. Er muss also z.B. vortragen und unter Beweis stellen, bei § 1994 Abs. 1 S. 1 Hs. 2 BGB, dass dem Erben eine Frist zur Errichtung des Inventars gesetzt wurde und diese abgelaufen ist.[23] Er muss weiter die Voraussetzungen der Inventarverfehlungen (§ 2005 Abs. 1 BGB) sowie diejenigen der Verweigerung der eidesstattlichen Versicherung ihm gegenüber (§ 2006 Abs. 3 BGB) darlegen und beweisen. Demgegenüber hat der Erbe die rechtzeitige Errichtung des Inventars darzulegen und zu beweisen.[24] Der Beweis kann entweder schon im Erkenntnisverfahren vor dem **Prozessgericht** geführt werden, um so eine Verurteilung ohne den Vorbehalt des § 780 ZPO zu erreichen.[25] Der Nachlassgläubiger kann den Beweis aber auch noch im Verfahren der Zwangsvollstreckung führen, wenn der Erbe Einwendungen nach den §§ 781 ff. ZPO geltend macht.[26] Der Erbe, der sich auf eine Beschränkung seiner Haftung beruft, muss darlegen und beweisen, dass und auf welche Weise er diese herbeigeführt hat.[27]

Untertitel 5. Aufschiebende Einreden

Vorbemerkung zu §§ 2014–2017 BGB

Literatur

Adam, Erbauseinandersetzung – Praxisrelevante Hintergründe und Muster einer Erbteilungsklage, MDR 2014, 1060; *Bartsch*, Fälle zur Erbenhaftung, ZErb 2010, 345; *Büttner*, Erteilung der Restschuldbefreiung für die Erben, ZInsO 201, 588; *Eich*, Beschränkung der Erbenhaftung, ErbStB 2006, 228; *Fischinger*, Zur Stellung der Nachlassgläubiger, wenn der Erbe beim Erbfall insolvent ist, ZInsO 2013, 365; *Fröhler*, Rechtliche Grundlagen und praktische Probleme bei der Führung von Nachlasspflegschaften, BWNotZ 2011, 2; *Gemmer*, Erbenhaftung: Die „ungewisse" Erbschaft: Fluch oder Segen, Bstg 2024, 142; *Gottwald*,

20 Staudinger/*Dobler* (2020), § 2013 Rn 12.
21 Staudinger/*Dobler* (2020), § 2013 Rn 12 m.w.N.
22 MüKo/*Küpper*, § 2013 Rn 5.
23 BeckOGK/*Leiß*, § 2012 Rn 21.
24 MüKo/*Küpper*, § 2013 Rn 5; BeckOK BGB/*Lohmann*, § 2013 Rn 6.
25 Staudinger/*Dobler* (2020), § 2013 Rn 14; BeckOK BGB/*Lohmann*, § 2013 Rn 6.
26 Staudinger/*Dobler* (2020), § 2013 Rn 14.
27 MüKo/*Küpper*, § 2013 Rn 5.

Anwaltshaftung in der erbrechtlichen Beratung – die wichtigsten Stolpersteine, EE 2020, 113; *Herzog*, Nachlasshaftung und Nachlassinsolvenz (1. Teil), ErbR 2013, 70; (2. Teil), ErbR 2013, 104; *Holzer*, Das Aufgebot der Nachlassgläubiger nach dem FamFG, ZEV 2014, 583; *Jünemann*, Nachlassinsolvenz, ZErb 2011, 59; *Kroiß*, Die Zwangsvollstreckung in den Nachlass, RpflStud 2020, 141; *Lettmann*, Die Beschränkung der Erbenhaftung, RNotZ 2002, 537; *Mock*, Vollstreckungsbeginn nach Tod des Erblassers, EE 2020, 117; *Olzen*, Die Erbenhaftung, Jura 2001, 520; *Osthold*, Instrumente im Recht der Erbenhaftung, ErbR 2016, 610; *Poertzgen*, Die Insolvenzverschleppungshaftung gem. § 1980 BGB, ZInsO 2013, 517; *Schreiber*, Die Haftung des Erben für Nachlassverbindlichkeiten, Jura 2010, 117; *Sick*, Die Haftung des Erben nach § 1967 BGB und das Problem der Haftungsbeschränkung auf den Nachlass, ZErb 2010, 325; *Wesche*, Der Schuldner als Erbe oder Erblasser, KKZ 2020, 9; *Weiß*, Das Nachlassinsolvenzverfahren/Erbrecht für Insolvenzverwalter – Teil 3: Haftungsbeschränkungen nach §§ 1970 ff. BGB, ZInsO 2017, 2306; *Wessels*, Zwangsvollstreckungsrechtliche Fragestellungen im Erbrecht, ZFE 2005, 191; vgl. im Übrigen auch die Literaturhinweise bei der Vorbemerkung zu §§ 1975–1992.

Ohne Wissen und Willen des Erben wird der Erwerb der Erbschaft nach dem Tod des Erblassers vollzogen, sog. Vonselbsterwerb (§§ 1922, 1942 BGB; vgl. § 1922 Rdn 1). Bis zur Annahme der Erbschaft besteht ein Schwebezustand. Der Erbe ist „vorläufiger Erbe“. Erst die Annahme der Erbschaft bewirkt, dass der Annehmende **endgültig Erbe** wird und die Erbschaft auch nicht mehr ausschlagen kann (§ 1943 Alt. 1 BGB); mit dem Ablauf der für die Ausschlagung vorgeschriebenen Frist, gilt die Erbschaft als angenommen (§ 1943 Alt. 2 BGB). Da die Frist zur Ausschlagung der Erbschaft nur kurz bemessen ist (grundsätzlich: sechs Wochen; § 1944 Abs. 1 BGB), muss sich der Erbe recht bald – nach Kenntnis von dem Anfall der Erbschaft – entscheiden, ob er die Erbschaft annimmt oder ausschlägt. Mit der Annahme der Erbschaft – der Beendigung des Schwebezustandes – endet der weitgehende Schutz des vorläufigen Erben (§ 1958 BGB; § 788 ZPO). Ab diesem Zeitpunkt können die Nachlassgläubiger gegen den Erben vorgehen und ihn mit seinem Nachlass und Eigenvermögen in Anspruch nehmen. Aber auch die übrigen Gläubiger des Erben können nun – über das Eigenvermögen hinaus – in den Nachlass vollstrecken. In dieser kurzen Zeit hat sich der Erbe zumeist noch nicht einen Überblick über Aktiva und Passiva des Nachlasses verschaffen können und muss doch alsbald entscheiden, ob und ggf. wie er seine Haftung für die Nachlassverbindlichkeiten beschränken will (oder muss). 1

Hier setzen die **aufschiebenden Einreden** der §§ 2014 und 2015 BGB an und verschaffen dem Erben die Zeit und damit auch die Möglichkeit, den Bestand des Nachlasses festzustellen und seine Entscheidungen in Ruhe zu treffen, weil er die „Angriffe“ der Nachlassgläubiger für einen bestimmten Zeitraum abwenden kann. Die beiden Bestimmungen gewähren jeweils ein materielles **Leistungsverweigerungsrecht**, wobei dasjenige des § 2014 BGB vom Zeitpunkt des Erbfalls bis zum Ablauf von drei Monaten nach der Annahme der Erbschaft bzw. bis zur Errichtung des Inventars und des § 2015 BGB den Erben unter bestimmten Voraussetzungen auch während der gesamten Dauer des Aufgebotsverfahrens (§§ 1970 ff. BGB) vor einer Inanspruchnahme durch die Nachlassgläubiger schützt.[1] Dieser Schutz des materiellen Rechts wird prozessual „flankiert“ und ergänzt durch die §§ 305, 780, 782, 783 ZPO und damit zu einem umfassenden Schutz ausgebaut.[2] Die Geltendmachung der Einreden ist nicht nur ein Recht des Erben, sondern gegenüber den Nachlassgläubigern auch seine Pflicht (§§ 1978, 1979 BGB).[3] Hat der Erbe sein Recht zur Haftungsbeschränkung bereits verloren, ist der Schutz sinn- und zwecklos und er wird dem Erben auch nicht mehr gewährt (§ 2016 Abs. 1 BGB). 2

1 Staudinger/*Dobler* (2020), Vorbem. zu §§ 2014–2017 Rn 1.
2 Staudinger/*Dobler* (2020), Vorbem. zu §§ 2014–2017 Rn 6.
3 Staudinger/*Dobler* (2020), Vorbem. zu §§ 2014–2017 Rn 2.

§ 2014 Dreimonatseinrede

Der Erbe ist berechtigt, die Berichtigung einer Nachlassverbindlichkeit bis zum Ablauf der ersten drei Monate nach der Annahme der Erbschaft, jedoch nicht über die Errichtung des Inventars hinaus, zu verweigern.

Übersicht: Rdn

A. Allgemeines

1 Wie bereits in den Vorbemerkungen dargelegt, gibt (auch) die **Dreimonatseinrede** des § 2014 BGB dem Erben eine weitere Überlegungsfrist („Schonfrist"), innerhalb derer er den Nachlass sichten und entscheiden kann, ob er seine persönliche Haftung beschränken, also Nachlassverwaltung oder die Eröffnung des Nachlassinsolvenzverfahrens beantragen soll. Das Recht, die Berichtigung einer Nachlassverbindlichkeit innerhalb der ersten drei Monate nach der Annahme der Erbschaft zu verweigern, bewirkt schließlich auch zum Schutz der Nachlassgläubiger, dass der Nachlass nicht zugunsten einzelner Gläubiger geschmälert wird, sondern für ein etwa erforderliches Nachlassinsolvenzverfahren erhalten bleibt, das der möglichst gleichmäßigen Befriedigung aller Nachlassgläubiger dient.[1] Damit ist es Ziel und Zweck der Bestimmung, die Schaffung irreversibler Tatsachen zu vermeiden und eine Gleichbehandlung der Nachlassgläubiger für den Fall der Nachlassinsolvenz sicherzustellen. Dadurch kann die Erhebung der Einrede zur Pflicht des Erben werden, um eine Haftung des Erben nach §§ 1978, 1980 BGB zu vermeiden.[2]

B. Tatbestand

I. Voraussetzungen der Einrede

2 Neben dem Erben und Miterben sind zur Erhebung der Einrede berechtigt der nach § 1960 BGB oder nach § 1975 BGB bestellte **Nachlasspfleger** und der **Nachlassverwalter** sowie der verwaltende **Testamentsvollstrecker** und der das Gesamtgut (mit)verwaltende **Ehegatte** bei der Gütergemeinschaft (§ 1489 Abs. 2 BGB).[3] Die Einrede kann auch schon vor Annahme der Erbschaft geltend gemacht werden.[4] Die Erhebung der Einrede durch den Erben ist nach h.M. die Annahme der Erbschaft, in deren Folge er die Möglichkeit der Ausschlagung der Erbschaft verliert.[5] Die Annahme der Erbschaft (oder der Ablauf der Ausschlagungsfrist, vgl. § 1943 Alt. 2 BGB) bewirkt lediglich den Beginn der Drei-Monats-Frist, die nach §§ 187 Abs. 1, 188 Abs. 2 und 3 BGB berechnet wird. Bei Miterben ist die Frist jeweils gesondert zu berechnen. Wird vor Annahme der Erbschaft ein Nachlasspfleger bestellt, beginnt die Frist mit dessen Bestellung, § 2017 BGB.[6] Wenn vor Fristablauf die Eröffnung des Nachlassinsolvenz-

---

1 BeckOK BGB/*Lohmann*, § 2014 Rn 1.
2 BeckOGK/*Herzog*, § 2014 Rn 1.
3 MüKo/*Küpper*, § 2014 Rn 2; Staudinger/*Dobler* (2020), Vorbem. zu §§ 2014–2017 Rn 3; BeckOK BGB/*Lohmann*, § 2014 Rn 2.
4 Str.: so: Staudinger/*Dobler* (2020), § 2014 Rn 2; BeckOK BGB/*Lohmann*, § 2014 Rn 2; vgl. auch: BeckOGK/*Herzog*, § 2014 Rn 21.
5 BeckOGK/*Herzog*, § 2014 Rn 22.
6 BeckOK BGB/*Lohmann*, § 2014 Rn 3.

verfahrens beantragt worden ist, bleibt die Beschränkung der Zwangsvollstreckung bis zur rechtskräftigen Entscheidung über den Antrag aufrechterhalten (§ 782 S. 2 ZPO). Der Erbe hat nicht nur das Recht, die Einrede geltend zu machen, sondern ggf. auch eine Pflicht hierzu. Er macht sich gegenüber dem Nachlassverwalter, dem Nachlassinsolvenzverwalter bzw. den Nachlassgläubigern nach §§ 1991 Abs. 1, 1978 Abs. 1 S. 1, Abs. 2 BGB schadensersatzpflichtig, wenn er es unterlässt, die Einrede zu erheben, obwohl es zumindest nicht auszuschließen, ggf. eher wahrscheinlich ist, dass der Nachlass nicht zur Befriedigung aller Nachlassgläubiger ausreicht.[7]

Mit der **Errichtung des Inventars** (§§ 1993, 1994 BGB) **endet die Frist** des § 2014 BGB, weil der Erbe aufgrund des Inventars einen ausreichenden Überblick über den Bestand des Nachlasses hat und nicht (mehr) des Schutzes bedarf (Hs. 2). Dabei kommt es nicht darauf an, ob das Inventar freiwillig oder aufgrund einer Fristsetzung errichtet wurde und ob eine Inventarverfehlung vorliegt.[8] Bei **Miterben** ist es so, dass die Errichtung des Inventars des einen Miterben den anderen Miterben nicht ohne Weiteres die Einrede des § 2014 BGB nimmt. Das ist nur dann der Fall, wenn der Miterbe sich auf das Inventar des anderen Miterben bezieht.[9] 3

Die **Dreimonatseinrede** ist ausgeschlossen, wenn der Erbe allgemein oder gegenüber demjenigen Gläubiger, der den Anspruch geltend macht, unbeschränkt haftet (§ 2016 Abs. 1 BGB); gegenüber Forderungen, die sofort zu befriedigen sind, wie dem Anspruch der werdenden Mutter des Erben (§ 1963 BGB), dem Dreißigsten (§ 1969 BGB), den Anzeige- und Notbesorgungspflichten aus §§ 673 S. 2, 727 Abs. 2 S. 1, 1894 Abs. 1 und § 2218 BGB, die den Erben als solchen treffen, und den Vorlegungspflichten des Erben nach §§ 809–811 BGB.[10] Der **Erbe verliert die Einrede**, wenn er sich die Beschränkung der Haftung auf den Nachlass nicht im Urteil vorbehalten lässt (§§ 305, 780 Abs. 1 ZPO). Eines Vorbehaltes bedarf es nicht, wenn die Vollstreckung aus einem gegen den Erblasser erwirkten Titel begonnen oder fortgesetzt wird (§§ 778, 779 ZPO).[11] In den Fällen des § 780 Abs. 2 ZPO ist ein Vorbehalt ebenfalls nicht erforderlich.[12] 4

II. Wirkungen der Einrede

Die Wirkung der Einrede des § 2014 BGB ist im BGB nicht näher geregelt. Man muss bei den Einreden hinsichtlich ihrer prozessualer und den **materiell-rechtlichen Wirkungen** unterscheiden. Für den Prozess bestimmt § 305 ZPO, dass durch die Geltendmachung der Einrede eine unter dem Vorbehalt der beschränkten Haftung ergehende Verurteilung des Erben nicht ausgeschlossen wird. Damit ist klargestellt, dass der endgültige Erbe, auch wenn die Einrede erhoben wird, unter dem Vorbehalt der beschränkten Haftung verurteilt wird (§§ 305 Abs. 1, 780 Abs. 1 ZPO). Das unterscheidet die Stellung des vorläufigen Erben (§ 1958 BGB), gegen den ein Urteil betreffend den Nachlass nicht ergehen darf, von dem endgültigen Erben. Die Geltendmachung der Einrede führt, ohne Prüfung der Begründetheit, zur Aufnahme des Beschränkungsvorbehaltes nach § 780 Abs. 1 ZPO. Eines besonderen Vorbehalts der Einrede bedarf es nicht.[13] 5

7 BeckOGK/*Herzog*, § 2014 Rn 17.
8 Staudinger/*Dobler* (2020), § 2014 Rn 3.
9 Staudinger/*Dobler* (2020), § 2014 Rn 3.
10 MüKo/*Küpper*, § 2014 Rn 3.
11 BeckOK BGB/*Lohmann*, § 2014 Rn 6.
12 *Gottwald/Mock*, Zwangsvollstreckung, § 780 Rn 7, 8.
13 MüKo/*Küpper*, § 2014 Rn 4.

6 Wird die **Zwangsvollstreckung** aus dem Urteil betrieben (vgl. § 781 ZPO), kann der Erbe im Wege der Vollstreckungsgegenklage verlangen, dass die Zwangsvollstreckung für die Dauer der Drei-Monats-Frist auf vorläufige Maßnahmen beschränkt wird, die auch zur Vollziehung eines Arrests zulässig wären (§§ 785, 782 S. 1, 930–932 ZPO). Das auf die Vollstreckungsgegenklage hin ergehende Urteil muss die kalendermäßig bestimmte Frist, auf die sich die Zulässigkeit nur der Sicherungsvollstreckung bezieht, aussprechen.[14] Erst nach dem Ablauf dieser Frist können die Pfandgegenstände verwertet werden.

7 Wird vor **Ablauf der Drei-Monats-Frist** die Eröffnung des Nachlassinsolvenzverfahrens beantragt, ist auf Antrag die Beschränkung bis zur rechtskräftigen Entscheidung über die Eröffnung des Insolvenzverfahrens aufrecht zu erhalten; also eine Fristverlängerung möglich, § 782 S. 2 ZPO.[15] Wird das Nachlassinsolvenzverfahren eröffnet, begründen nach Eintritt des Erbfalls erfolgte Maßnahmen der Zwangsvollstreckung kein Recht auf abgesonderte Befriedigung (§ 321 InsO). Eine Beschränkung auf vorläufige Maßnahmen kann der Erbe – solange er nicht unbeschränkt für Nachlassverbindlichkeiten haftet – auch von Eigengläubigern verlangen, die in Nachlassgegenstände vollstrecken (§ 783 ZPO).[16]

8 Ob die Geltendmachung der **Einrede** auch **materiell-rechtliche Wirkungen** hat, ist umstritten.[17] Mit der wohl h.M.[18] ist davon auszugehen, dass ihr keine materiellrechtlichen Wirkungen zukommen. Trotz ihrer Geltendmachung gerät der Erbe also in Verzug und kann dann u.U. zur Zahlung von Verzugszinsen, Vertragsstrafen und Schadensersatz verpflichtet sein.[19] Zu Recht werden damit dem Erben die Folgen der Unübersichtlichkeit des Nachlasses und das Risiko der nicht rechtzeitigen Erfüllung einzelner Forderungen auferlegt.[20]

9 Die **Verjährung** wird durch die Dreimonatseinrede nicht gehemmt (§ 205 BGB).[21] Zu beachten sind jedoch die Bestimmungen des § 204 BGB (Hemmung der Verjährung durch Rechtsverfolgung) und des § 211 BGB (Ablaufhemmung in Nachlassfällen).

10 Der Nachlassgläubiger kann auch trotz der Einrede mit seiner Forderung gegen eine Nachlassforderung oder eine Eigenforderung des (Allein-)Erben **aufrechnen**; § 390 S. 1 BGB steht nicht entgegen.[22] Schließlich wird auch ein Zurückbehaltungsrecht, das dem Nachlassgläubiger wegen seiner Forderung gegen einen an ihn gerichteten Anspruch des Nachlasses hat, nicht durch die Geltendmachung der Einrede ausgeschlossen.[23]

III. Verfahren und Beweislast

11 In Prozessen zwischen dem Nachlassgläubiger und dem Erben, der noch keine Maßnahmen zur Haftungsbeschränkung getroffen hat und dem (noch) die aufschiebenden Einreden der §§ 2014, 2015 BGB zustehen, kann die Frage der **Kostentragung** nach einem **Anerkenntnis** (§ 93 ZPO) des beklagten Erben eine Rolle spielen. Insbesondere für das Vorgehen des Nachlassgläubigers ist dies entscheidend, weil er u.U., trotz

14 BeckOK BGB/*Lohmann*, § 2014 Rn 7; Staudinger/*Dobler* (2020), § 2014 Rn 13.
15 *Gottwald/Mock*, Zwangsvollstreckungsrecht, § 782 Rn 5.
16 *Gottwald/Mock*, Zwangsvollstreckungsrecht, § 783 Rn 1–3.
17 Zum Meinungsstand ausführlich: Staudinger/*Dobler* (2020), § 2014 Rn 8, 9 m.w.N.
18 MüKo/*Küpper*, § 2014 Rn 5; BeckOK BGB/*Lohmann*, § 2014 Rn 8; a.A. u.a. Staudinger/*Dobler* (2020), § 2014 Rn 8, 9 m.w.N.
19 OLG Hamm, Urt. v. 22.7.2010 – I-28 U 218/09, 28 U 218/09.
20 RGZ 79, 206; MüKo/*Küpper*, § 2014 Rn 5.
21 Staudinger/*Dobler* (2020), § 2014 Rn 10.
22 Staudinger/*Dobler* (2020), § 2014 Rn 11.
23 Staudinger/*Dobler* (2020), § 2014 Rn 12.

Obsiegens in der Sache, zur Kostentragung verpflichtet werden kann. Fraglich ist zumeist, bei einem (sofortigen) Anerkenntnis des Erben unter Vorbehalt der beschränkten Haftung (§§ 305, 780 ZPO), ob dieser Veranlassung zur Klageerhebung gegeben hat. Das ist immer dann der Fall, wenn der Erbe vorprozessual seine Leistungspflicht grundsätzlich bestritten hat,[24] etwa in der irrigen Vorstellung, dass er nicht Erbe geworden sei.[25] Kann der Erbe sich tatsächlich auf die aufschiebenden Einreden berufen und weigert er sich, dem Nachlassgläubiger gegenüber die Pfändung zu ermöglichen bzw. an der Errichtung eines Vollstreckungstitels mitzuwirken, gibt er keinen Anlass zur Klageerhebung und kann mit der Kostenfolge des § 93 ZPO sofort unter Vorbehalt der Haftungsbeschränkung anerkennen.[26]

Im Prozess des Nachlassgläubigers gegen den Erben muss der Nachlassgläubiger zur 12 Begründung der Passivlegitimation des Erben darlegen und beweisen, dass er die Erbschaft angenommen hat. Falls die Annahme der Erbschaft durch Ablauf der Ausschlagungsfrist erfolgt sein soll (§§ 1943, 1944 BGB), hat er darzulegen und zu beweisen, dass der Erbe zu einem bestimmten Zeitpunkt von dem Anfall der Erbschaft und dem Grund der Berufung Kenntnis erlangt hat.[27] Dann lässt sich ohne Weiteres feststellen, ob die Drei-Monats-Frist noch läuft. Demgegenüber obliegt dem Erben der Nachweis für seine Behauptung, er habe fristgerecht ausgeschlagen (vgl. § 1944 Rdn 1 ff.).

Der Nachlassgläubiger hat darzutun und zu **beweisen**, dass die Drei-Monats-Frist 13 vorzeitig durch Errichtung eines Inventars (Hs. 2) oder durch Verlust des Rechts zur Haftungsbeschränkung (§ 2016 Abs. 1 BGB) geendet hat.[28]

§ 2015 Einrede des Aufgebotsverfahrens

(1) Hat der Erbe den Antrag auf Einleitung des Aufgebotsverfahrens der Nachlassgläubiger innerhalb eines Jahres nach der Annahme der Erbschaft gestellt und ist der Antrag zugelassen, so ist der Erbe berechtigt, die Berichtigung einer Nachlassverbindlichkeit bis zur Beendigung des Aufgebotsverfahrens zu verweigern.

(2) (weggefallen)

(3) Wird der Ausschließungsbeschluss erlassen oder der Antrag auf Erlass des Ausschließungsbeschlusses zurückgewiesen, so ist das Aufgebotsverfahren erst dann als beendet anzusehen, wenn der Beschluss rechtskräftig ist.

Übersicht: Rdn

A. Allgemeines

Im Hinblick auf den Sinn und Zweck der Regelung gelten die Ausführungen in den 1 Vorbemerkungen und zu § 2014 BGB entsprechend. Hier soll dem Erben vor allem

24 OLG Köln NJW-RR 1994, 767 = OLGR 1994, 115.
25 Staudinger/*Dobler* (2020), § 2014 Rn 14.
26 Vgl. auch OLG München JurBüro 1995, 659 = OLGR 1995, 213.
27 Staudinger/*Dobler* (2020), § 2014 Rn 15.
28 MüKo/*Küpper*, § 2014 Rn 7; BeckOK BGB/*Lohmann*, § 2014 Rn 10.

die Gelegenheit zur Feststellung der **Nachlassverbindlichkeiten** gegeben werden. Zur Erhebung der Einrede sind grundsätzlich alle berechtigt, die auch zur Erhebung der Einrede des § 2014 BGB und in Bezug auf das Aufgebot antragsberechtigt sind. Das sind Allein- und Miterben, wenn sie nicht unbeschränkt für die Nachlassverbindlichkeiten haften,[1] ab Annahme der Erbschaft. Weiterhin ein nach § 1960 BGB berufender Nachlasspfleger, ein Nachlassverwalter und der verwaltende Testamentsvollstrecker.[2] Die Vorschrift gibt ihm die spezielle Einrede des schwebenden Aufgebotsverfahrens und dient damit – über die allg. Zwecke hinaus – dem besonderen Zweck **der Sicherstellung der gleichmäßigen Befriedigung** der Nachlassgläubiger, indem sie es dem Erben ermöglicht, vor Klärung des endgültigen Schuldenstandes die **Vorwegbefriedigung** einzelner Nachlassgläubiger **zu verhindern.**[3] Auf diese Weise wird zugleich ein späteres Nachlassinsolvenzverfahren vorbereitet.[4] Der Erbe kann u.U. verpflichtet sein, das Aufgebot der Nachlassgläubiger zu beantragen (vgl. §§ 1978 Abs. 1, 1979, 1980 Abs. 2 S. 2 BGB) und dann während dieses Verfahrens die Einrede des Aufgebotsverfahrens geltend machen. Die Einrede schützt damit ebenso wie diejenige des § 2014 BGB nicht hauptsächlich den Erben vor der Aufzehrung seines Eigenvermögens für die Nachlassverbindlichkeiten, sondern vorrangig die Interessen der Nachlassgläubiger auf Befriedigung aus dem Nachlass.[5]

2 Der Antrag auf Durchführung des Aufgebotsverfahrens ist nicht befristet (§§ 454 ff. FamFG). Der Erbe ist deshalb in der Lage durch die Geltendmachung der Einrede des § 2015 BGB, die Befriedigung der Gläubiger zu verschleppen.[6] Zur Verhinderung dieser Möglichkeit der Verschleppung ordnet § 2015 BGB an, dass die Einrede nur geltend gemacht werden kann, wenn der Antrag auf Einleitung des Aufgebotsverfahrens der Nachlassgläubiger innerhalb eines Jahres nach Annahme der Erbschaft gestellt ist (Abs. 1 Hs. 1).[7] Die Einrede kann dann nicht wirksam erhoben werden, wenn der in Anspruch genommene Erbe vorbehaltslos verurteilt wurde (§§ 305, 782 ZPO).[8]

B. Tatbestand

I. Voraussetzungen der Einrede des Aufgebotsverfahrens

3 Voraussetzung der Geltendmachung der Einrede ist zunächst, dass der Antrag auf Einleitung des Aufgebotsverfahrens der Nachlassgläubiger innerhalb eines Jahres nach Annahme der Erbschaft gestellt und der Antrag zugelassen ist (Abs. 1 Hs. 1). Es genügt dabei, dass der Antrag innerhalb der Jahresfrist gestellt wird. Für die Zulassung des Antrags (§ 434 Abs. 2 FamFG) gilt die Jahresfrist nicht; sie kann auch noch später erfolgen.[9] Die Einrede kann nicht vor der Zulassung erhoben werden. Auf Antrag wird dem Erben im Erkenntnisverfahren allerdings gleichwohl die Beschränkung der Haftung auf den Nachlass vorbehalten (§ 780 ZPO). Erst das mit der Vollstreckungsgegenklage nach §§ 782, 783, 785 ZPO befasste Gericht hat die sachlichen Voraussetzungen des § 2015 BGB zu prüfen. Schon vor Zulassung des Antrags können gem. §§ 767, 769, 785 ZPO einstweilige Anordnungen getroffen werden.[10] Bei Bestellung eines Nachlasspflegers vor der Annahme der Erbschaft beginnt der Lauf der Frist mit der

1 BeckOGK/*Herzog*, § 2015 Rn 11.
2 BeckOGK/*Herzog*, § 2015 Rn 10.
3 Staudinger/*Dobler* (2020), § 2015 Rn 1.
4 BeckOK BGB/*Lohmann*, § 2015 Rn 1.
5 BeckOGK/*Herzog*, § 2015 Rn 6.
6 MüKo/*Küpper*, § 2015 Rn 1.
7 BeckOGK/*Herzog*, § 2015 Rn 7.
8 BeckOGK/*Herzog*, § 2015 Rn 13.
9 MüKo/*Küpper*, § 2015 Rn 2; BeckOK BGB/*Lohmann*, § 2015 Rn 2.
10 Staudinger/*Dobler* (2020), § 2015 Rn 3.

Bestellung (§2017 BGB). Die **Einrede** ist – ebenso wie diejenige des §2014 BGB – **ausgeschlossen**, wenn der Erbe sein Recht zur Haftungsbeschränkung bereits verloren hat (§2016 Abs. 1 BGB); gegenüber Forderungen, die sofort zu befriedigen sind, wie dem Anspruch der werdenden Mutter des Erben (§1963 BGB), dem **Dreißigsten** (§1969 BGB), den Anzeige- und Notbesorgungspflichten aus §§673 S. 2, 727 Abs. 2 S. 1, 1894 Abs. 1 und §2218 BGB, die den Erben als solchen treffen, und den Vorlegungspflichten des Erben nach §§809–811 BGB.[11] Anders als die Einrede des §2014 BGB verliert der Erbe die Einrede des §2015 BGB nicht durch die ordnungsgemäße Inventarerrichtung.[12]

II. Dauer der Einrede

4 Liegen die Voraussetzungen für die Geltendmachung der Einrede vor, kann sie grundsätzlich bis zur Beendigung des Aufgebotsverfahrens erhoben werden. Der Erbe ist also im Regelfall berechtigt, die Berichtigung der Nachlassverbindlichkeiten bis zur Beendigung des Aufgebotsverfahrens zu verweigern. Das **Aufgebotsverfahren endet** mit rechtskräftiger Zurückweisung des Antrags auf Erlass des Ausschließungsbeschlusses oder mit rechtskräftigem Erlass desselben (§439 FamFG). Der Beschluss kann ohne Rücksicht auf das Erreichen eines Beschwerdewertes (§439 Abs. 3 FamFG) nach den Bestimmungen der §§58 ff. FamFG angefochten werden.
Das Aufgebotsverfahren endet schließlich auch mit der Eröffnung des Nachlassinsolvenzverfahrens (§457 Abs. 2 FamFG).

III. Wirkungen der Einrede

5 Zu den **Wirkungen der Einrede** kann auf die Ausführungen zu §2014 BGB Bezug genommen werden (vgl. §2014 Rdn 5 ff.). In dem auf die Einwendungsklage nach §785 ZPO ergehenden Urteil kann allerdings – im Unterschied zu §2014 BGB – das Ende der Schonfrist nicht nach dem Kalender bestimmt werden, sondern – wegen Abs. 3 – nur allg. die Beendigung des Aufgebotsverfahrens angegeben werden.[13] Auch ist hier die Inventarerrichtung ohne Einfluss auf den Ablauf der Frist.[14] Ist im Aufgebotsverfahren ein Ausschlussurteil ergangen, können diejenigen Nachlassgläubiger, denen die Geltendmachung ihrer Ansprüche vorbehalten war, gegen den Erben vorgehen. Das gilt auch für die Eigengläubiger des Erben, die jetzt auch in den Nachlass vollstrecken können, weil auch der Schutz des §783 ZPO, der auf §782 ZPO Bezug nimmt, nicht andauert. Es liegt nun in der Hand des Erben, Maßnahmen zur Beschränkung seiner Haftung zu ergreifen. Gegen die im Aufgebotsverfahren wirksam ausgeschlossenen Nachlassgläubiger steht dem Erben die Einrede des §1973 BGB zu.

§2016 Ausschluss der Einreden bei unbeschränkter Erbenhaftung

(1) Die Vorschriften der §§2014, 2015 finden keine Anwendung, wenn der Erbe unbeschränkt haftet.
(2) Das Gleiche gilt, soweit ein Gläubiger nach §1971 von dem Aufgebot der Nachlassgläubiger nicht betroffen wird, mit der Maßgabe, dass ein erst nach dem Eintritt des Erbfalls im Wege der Zwangsvollstreckung oder der Arrestvollziehung erlangtes Recht sowie eine erst nach diesem Zeitpunkt im Wege der einstweiligen Verfügung erlangte Vormerkung außer Betracht bleibt.

11 MüKo/*Küpper*, §2014 Rn 3.
12 BeckOK BGB/*Lohmann*, §2015 Rn 4.
13 BeckOK BGB/*Lohmann*, §2015 Rn 5.
14 MüKo/*Küpper*, §2015 Rn 4.

Übersicht: Rdn

A. Allgemeines

1 Die Bestimmung regelt für zwei Fälle den Ausschluss der Einreden der §§ 2014, 2015 BGB, und zwar für die Fälle, in denen der Erbe bereits unbeschränkbar haftet (Abs. 1), und für die Pfandgläubiger und anderen dinglich berechtigten Nachlassgläubiger, die Befriedigung aus den ihnen haftenden Gegenständen suchen. Im Hinblick auf die erste Gruppe knüpft das Gesetz an die Tatsache an, dass der Erbe, der unbeschränkbar, also auch mit seinem Eigenvermögen, den Nachlassgläubigern haftet, keine Zeit und Gelegenheit braucht, die Verhältnisse des Nachlasses zu erkunden und dann über eventuell geltend zu machende Maßnahmen zur Beschränkung der Haftung nachzudenken. Ihm nützt der Schutz der Einreden nichts und er hat deshalb auch kein Interesse an diesem Schutz. Die zweite Gruppe ist nach § 1971 BGB von dem Aufgebotsverfahren nicht betroffen und hat, soweit die dinglichen Ansprüche geltend gemacht werden, eine Sonderstellung.[1]

B. Tatbestand

I. Ausschluss des unbeschränkt haftenden Erben (Abs. 1)

2 Der Erbe, der unbeschränkt haftet, kann sich nicht mehr auf §§ 2014, 2015 BGB berufen. Dabei ist es unerheblich, weshalb der Erbe unbeschränkt haftet. Der Eintritt der unbeschränkten Haftung kann sich ergeben aus der Fristversäumnis nach § 1994 Abs. 1 BGB, der Inventarverfehlung nach § 2005 Abs. 1 BGB, der Verweigerung der eidesstattlichen Versicherung nach § 2006 Abs. 3 BGB und einem Verzicht des Erben auf das Recht zur Haftungsbeschränkung sowie dem Nichterwirken eines Vorbehaltes nach § 780 ZPO. Haftet der Erbe nur einzelnen Gläubigern gegenüber unbeschränkt (wie z.B. im Falle der Verweigerung der eidesstattlichen Versicherung, § 2006 Abs. 3 BGB), gilt der Ausschluss der §§ 2014, 2015 BGB nur diesen Gläubigern gegenüber.[2] **Nachlassverwalter** und **verwaltender Testamentsvollstrecker** sind unabhängig davon, ob der Erbe unbeschränkbar haftet, berechtigt, das Aufgebot der Nachlassgläubiger zu beantragen (vgl. § 1970 Rdn 6). Sie können die Einreden der §§ 2014, 2015 BGB deshalb auch bei unbeschränkbarer Haftung des Erben geltend machen.[3]

II. Ausschluss der Einreden gegenüber dinglich berechtigten Nachlassgläubigern (Abs. 2)

3 Der **Ausschluss der Einreden** der §§ 2014, 2015 BGB gegenüber dieser Gruppe der Nachlassgläubiger setzt voraus, dass sie Befriedigung aus denen ihnen haftenden Gegenständen suchen, also ihre dinglichen (nicht obligatorischen) Ansprüche geltend machen. Sie werden auch nicht von dem Aufgebot betroffen (§ 1971 BGB). Das Gleiche gilt für **Nachlassgläubiger**, die vor dem Erbfall dingliche Rechte an Gegenständen des Nachlasses im Wege der Zwangsvollstreckung oder der Arrestvollziehung erlangt haben (Abs. 2). Wichtig ist, dass auf den Zeitpunkt des Erwerbs des Rechts abgestellt wird. So wird die Forderungspfändung erst mit Zustellung des Pfändungs- und Überweisungsbeschlusses an den Drittschuldner wirksam (§ 829 Abs. 3 ZPO). Wurde also der Pfändungs- und Überweisungsbeschluss vor Eintritt des Erbfalls erlassen und nach

1 BeckOK BGB/*Lohmann*, § 2016 Rn 1, 2.
2 Staudinger/*Dobler* (2020), § 2016 Rn 1; BeckOK BGB/*Lohmann*, § 2016 Rn 1.
3 BeckOGK/Herzog BGB § 2016 Rn 10; Staudinger/*Dobler* (2020), § 2016 Rn 2; MüKo/*Küpper*, § 2016 Rn 1.

dessen Eintritt dem Drittschuldner zugestellt, kann sich der Erbe dem pfändenden Nachlassgläubiger gegenüber auf die Einreden der §§ 2014, 2015 BGB berufen und die Beschränkung der Zwangsvollstreckung auf Sicherungsmaßnahmen verlangen (§§ 782, 783, 785 ZPO). Das entspricht der Regelung im Nachlassinsolvenzverfahren. Dort gewähren Sicherungsrechte, die erst nach dem Erbfall im Wege der Zwangsvollstreckung erwirkt worden sind, kein Recht auf abgesonderte Befriedigung (§ 321 InsO) und sind der Dürftigkeitseinrede des Erben ausgesetzt (§ 1990 Abs. 2 BGB).[4] Schließlich kann sich der Erbe auch gegenüber den **Vormerkungsgläubigern** nicht auf die Einreden der §§ 2014, 2015 BGB berufen, denn auch sie werden von dem Aufgebot nicht betroffen (§ 1971 BGB).[5] Auch hier darf die dingliche Sicherung nicht nach dem Erbfall erlangt worden sein. Anders nur, wenn die Vormerkung nach dem Erbfall aufgrund einer Bewilligung des Erben (§ 885 BGB) eingetragen wurde und sich dieser das Recht zur Beschränkung der Haftung nicht vorbehalten hat.[6]

§ 2017 Fristbeginn bei Nachlasspflegschaft

Wird vor der Annahme der Erbschaft zur Verwaltung des Nachlasses ein Nachlasspfleger bestellt, so beginnen die in § 2014 und in § 2015 Abs. 1 bestimmten Fristen mit der Bestellung.

Übersicht: Rdn

A. Allgemeines

Die Regelung befasst sich allein mit dem Beginn des Laufs der Fristen der §§ 2014, 2015 BGB. Das Gesetz setzt es als selbstverständlich voraus, dass Nachlasspfleger, Nachlassverwalter und Testamentsvollstrecker die aufschiebenden Einreden geltend machen können und regelt insoweit keine Einzelheiten, weshalb die Anwendbarkeit der Bestimmung im Einzelfall der Auslegung bedarf.[1] Die Bestimmung modifiziert die Fristen des § 2014 BGB (drei Monate ab Annahme der Erbschaft durch den Erben) und des § 2015 Abs. 1 BGB (ein Jahr ab der Annahme der Erbschaft durch den Erben) dahingehend, dass diese im Falle der Pflegerbestellung nach den §§ 1960 ff. BGB bereits ab seiner Bestellung zu laufen beginnen, wenn der Nachlasspfleger (zumindest auch) zur Verwaltung des Nachlasses (nicht nur zur Sicherstellung) berufen ist.[2] 1

B. Tatbestand

I. Nachlasspfleger (§§ 1960, 1961 BGB)

Die Vorschrift unterscheidet nicht zwischen dem **Nachlasspfleger**, der zur **Sicherung** oder **Verwaltung** des **Nachlasses** bestellt ist. Nach § 1960 Abs. 3 BGB kann ein Anspruch gegen den Nachlass entgegen der für den Erben geltenden Vorschrift des § 1958 2

4 Staudinger/*Dobler* (2020), § 2016 Rn 4.
5 BeckOGK/*Herzog*, § 2016 Rn 13, 14.
6 Vgl. Staudinger/*Dobler* (2020), § 2016 Rn 5; MüKo/*Küpper*, § 2016 Rn 2.
1 BeckOGK/*Herzog*, BGB § 2017 Rn 2, 2.1; Staudinger/*Dobler* (2020), § 2017 Rn 1.
2 BeckOGK/*Herzog*, BGB § 2017 Rn 2.

BGB auch schon vor Annahme der Erbschaft gerichtlich geltend gemacht werden.[3] Auf Antrag eines Gläubigers muss sogar eigens zum Zwecke der gerichtlichen Durchsetzung eines gegen den Nachlass gerichteten Anspruchs ein Nachlasspfleger bestellt werden (§ 1961 BGB). Ist nun ein Nachlasspfleger ausschließlich zur Sicherung des Nachlasses bestellt, findet § 2017 BGB keine Anwendung mit der Folge, dass die Frist der §§ 2014, 2015 BGB mit der Annahme der Erbschaft durch den Erben beginnt.[4] Für den Nachlasspfleger, der zur Verwaltung des Nachlasses bestellt worden ist, beginnen die Fristen der §§ 2014, 2015 BGB bereits mit seiner Bestellung.[5]

3 Die Einschränkung, dass der Nachlasspfleger zur Verwaltung bestellt sein muss, gilt nicht für die Frage, ob er sich auf die Einreden berufen kann, sondern nur in Bezug auf die Frage, ob der Fristbeginn nach § 2017 BGB modifiziert wird.[6] Allerdings kann der nur sichernde Nachlasspfleger die Einrede des § 2015 BGB nicht durch einen eigenen Antrag erlangen, da nur dem verwaltenden Nachlasspfleger ein eigenes Antragsrecht zusteht (§ 455 Abs. 2 FamFG). Er kann sich aber in dem Fall auf § 2015 BGB berufen, in dem er nur für einen Miterben bestellt ist und ein anderer Miterbe durch seinen Antrag das Aufgebotsverfahren eingeleitet hat (§ 460 Abs. 1 S. 1 FamFG).[7]

4 Der Nachlasspfleger ist bestellt, wenn ihm die Anordnung der Nachlasspflegschaft bekannt gemacht ist (§ 15 FamFG). Es soll dadurch verhindert werden, dass die Nachlassgläubiger ihre Forderungen über einen längeren Zeitraum hinweg nicht durchsetzen können. Da der verwaltende Nachlasspfleger verpflichtet ist, den Bestand des Nachlasses zu ermitteln, und dazu auch das Aufgebot der Nachlassgläubiger beantragen kann (§ 455 Abs. 2 FamFG), kann er auch feststellen, ob der Nachlass zur Befriedigung aller Gläubiger ausreicht; es gibt keinen Grund, den Fristbeginn weiter aufzuschieben.[8] Der Erbe muss sich den Fristablauf zurechnen lassen.[9] Das kann dazu führen, dass die Fristen der Schonungseinreden zum Zeitpunkt der Annahme der Erbschaft bereits abgelaufen sind.[10]

II. Nachlassverwalter (§ 1975 BGB)

5 Auch ein vor Annahme der Erbschaft bestellter Nachlassverwalter (§ 1975 BGB) ist Nachlasspfleger. Auf ihn findet die Vorschrift des § 2017 BGB ebenfalls Anwendung. Auch hier ist an den Zeitpunkt der Bekanntgabe an den Nachlassverwalter anzuknüpfen (§§ 15, 40 FamFG). Hat der Erbe allerdings bereits vor der Anordnung der Nachlassverwaltung die Erbschaft angenommen, gelten die seither laufenden Fristen nach den allg. Regeln und findet § 2017 BGB keine Anwendung.[11] Waren die Einreden bereits bei der Bestellung des Nachlassverwalters verfristet, kann dieser sie – wie der Erbe – nicht mehr geltend machen.

III. Testamentsvollstrecker

6 Die Bestimmung des § 2017 BGB ist nach allg. Auffassung nicht anwendbar, wenn ein Testamentsvollstrecker sein Amt früher annimmt als der Erbe die Erbschaft (§ 2202

---

3 BeckOGK/*Herzog*, BGB § 2017 Rn 3.

4 Str., wie hier: Staudinger/*Dobler*, § 2017 Rn 2; MüKo/*Küpper*, § 2017 Rn 1.

5 Staudinger/*Dobler*, § 2017 Rn 3; MüKo/*Küpper*, § 2017 Rn 1.

6 BeckOGK/*Herzog*, BGB § 2017 Rn 2.1.

7 BeckOGK/*Herzog*, § 2017 Rn 2.2.

8 Staudinger/*Dobler* (2020), § 2017 Rn 3; BeckOK BGB/*Lohmann*, § 2017 Rn 1.

9 BeckOGK/*Herzog*, § 2017 Rn 10.

10 BeckOGK/*Herzog*, § 2017 Rn 11.

11 MüKo/*Küpper*, § 2017 Rn 2.

BGB),[12] da er vor der Annahme der Erbschaft durch den Erben in Bezug auf ein Aufgebotsverfahren nicht zur Antragstellung berechtigt ist (§ 455 Abs. 3 FamFG).[13] Der Testamentsvollstrecker kann also die Einreden der §§ 2014, 2015 BGB gesetzlichen Fristen geltend machen. Diese beginnen – auch für ihn – mit der Annahme der Erbschaft durch den Erben oder – in dem Fall, dass bereits zuvor ein verwaltender Nachlasspfleger bestellt wurde – mit dessen Bestellung nach § 2017 BGB. Der Testamentsvollstrecker wäre vor der Annahme der Erbschaft durch den Erben auch gar nicht in der Lage, das Aufgebot der Nachlassgläubiger zu beantragen (§ 455 Abs. 3 FamFG). Da sowohl der Nachlassverwalter als auch der Testamentsvollstrecker ihre Rechte von dem Erben herleiten, können sie die Einreden nach den §§ 2014, 2015 BGB dann nicht geltend machen, wenn der Erbe bereits unbeschränkbar haftet.[14]

12 Staudinger/*Dobler* (2020), § 2017 Rn 4; MüKo/*Küpper*, § 2017 Rn 3; BeckOK BGB/*Lohmann*, § 2017 Rn 3.

13 BeckOGK/*Herzog*, § 2017 Rn 14.

14 MüKo/*Küpper*, § 2017 Rn 4.

Titel 3. Erbschaftsanspruch

§ 2018 Herausgabepflicht des Erbschaftsbesitzers

Der Erbe kann von jedem, der aufgrund eines ihm in Wirklichkeit nicht zustehenden Erbrechts etwas aus der Erbschaft erlangt hat (Erbschaftsbesitzer), die Herausgabe des Erlangten verlangen.

Literatur

Lange, Wann verjährt ein Anspruch aus § 2018 BGB?, JZ 2013, 598; *Löhnig*, Das Anspruchssystem des Erbe-Erbschaftsbesitzer-Verhältnisses, JA 2018, 648; *Maurer*, Das Rechtsverhältnis zwischen Erbe und Erbschaftsbesitzer. Der Erbschaftsanspruch, Diss., 1999; *Muscheler*, Der Erbschaftsanspruch, ErbR 2009, 38–50 und 76–89; *Olzen*, Der Erbschaftsanspruch, Jura 2001, 223; *Richter*, Das Verhältnis des Erbschaftsanspruches zum Eigentumsanspruch aus prozessualer Sicht, JuS 2008, 97; *Sarres*, Erbrechtliche Auskunftsansprüche, 2017; *ders.*, Die Auskunftspflichten des Testamentsvollstreckers, ZEV 2000, 90; *ders.*, Auskunftsansprüche gegen den Erbschaftsbesitzer, ZEV 1998, 298; *ders.*, Auskunftsberechtigungen zum tatsächlichen Nachlass, ZEV 2020, 464 *Schmitz*, Die Verteilung der Beweislast in den Fällen des § 2018 BGB, ErbR 2017, 11; *Tiedke*, Beweislast beim Anspruch des Erben gegen den Erbschaftsbesitzer, DB 1999, 2352; *Vollkommer*, Der übergangene Miterbe, FamRZ 1999, 350; *Zeising*, Verschärfte Haftung des Erbschaftsbesitzers bei schwebendem Erbscheinerteilungsverfahren, ZErb 2009, 172.

Übersicht: Rdn

A. Allgemeines

1 Die Vorschriften der §§ 2018–2031 BGB behandeln den Erbschaftsanspruch des berechtigten Erben gegenüber dem Erbschaftsbesitzer, der zu Unrecht ein Erbrecht für sich in Anspruch nimmt. Da die Rechtsverfolgung des Erben alleine mit den Mitteln des Schuldrechtes und des Sachenrechtes nicht ausreicht, gewährt ihm das Gesetz mit dem Erbschaftsanspruch nach §§ 2018 ff. ein zusätzliches Instrument, um seine Rechte durchzusetzen. Die §§ 2018 ff. BGB stellen dem wahren Erben hierfür nach heute h.M. einen **einheitlichen Gesamtanspruch**[1] zur Verfügung, der **neben etwaigen Einzelansprüchen** (Einzelansprüche sind bspw. der Eigentumsherausgabeanspruch nach § 985 BGB oder der Besitzentziehungsanspruch nach § 861 BGB, aber auch der Bereicherungsanspruch nach § 812 Abs. 1 S. 1 BGB) gegen den Erbschaftsbesitzer besteht. Die §§ 2018 ff. BGB dienen somit vorrangig dem Schutz des wahren Erben gegenüber dem Erbschaftsbesitzer, schützen aber auch **den gutgläubigen Erbschaftsbesitzer,** indem sie einen gerechten Interessenausgleich zwischen dem Erben und dem gutgläubigen, unverklagten Erbschaftsbesitzer gewährleisten. Dem Erbschaftsbesitzer gleichgestellt ist nach § 2030 BGB derjenige, der die Erbschaft von ihm durch Vertrag erworben hat.

B. Tatbestand

I. Allgemeines

2 Der Erbschaftsanspruch gem. § 2018 BGB stellt einen **besonderen erbrechtlichen Herausgabeanspruch** dar. Voraussetzung für das Bestehen des Herausgabeanspruchs des berechtigten Erben ist, dass ein unberechtigter Dritter (Erbschaftsbesitzer) aufgrund eines nicht bestehenden Erbrechts etwas aus der Erbschaft erlangt hat. Neben der objektiven Voraussetzung, einen Vermögensvorteil aus der Erbschaft erlangt zu haben, muss zusätzlich eine subjektive Komponente hinzukommen, nämlich die Anmaßung des Erbrechts (siehe Rdn 7 ff.).

II. Kreis der Anspruchsberechtigten (Gläubiger)

1. Erbe, Miterbe, Vor- und Nacherbe

3 Anspruchs- und klageberechtigt ist zunächst der **wahre Erbe.** Der **Miterbe** kann vor der Auseinandersetzung der Erbengemeinschaft gegenüber Dritten nur Leistung an alle verlangen bzw. Hinterlegung für alle, § 2039 S. 2 BGB, oder aber, dass an einen Verwahrer abgeliefert wird.[2] Von einem anderen Miterben kann er entsprechend seinem Erbteil die Einräumung von Mitbesitz verlangen.[3] Dieser Anspruch steht ihm dann zu, wenn der Miterbe bzw. die anderen Miterben entweder sein Erbrecht generell bestreiten oder mehr, als ihrem Erbteil entspricht, aus der Erbschaft erlangt haben.[4] Der Anspruch des Miterben aus § 2018 BGB ist nicht auf Auseinandersetzung oder Feststellung des Miterbenrechtes gerichtet, der Auseinandersetzungsanspruch und der Erbschaftsanspruch können aber in objektiver Klagehäufung geltend gemacht werden.[5] Der **Nacherbe** erlangt den bereits für den **Vorerben** entstandenen Erbschaftsanspruch mit dem Nacherbfall (§§ 2100, 2139 BGB), und mit Eintritt des Nacherbfalls endet

---

1 BGH FamRZ 2004, 537.
2 Staudinger/*Raff*, § 2018 Rn 2 m.w.N.
3 Soergel/*Dieckmann*, § 2018 Rn 1.
4 MüKo/*Helms*, § 2018 Rn 11 m.w.N.; BGH ZEV 2004, 378, OLG Köln FamRZ 2018, 61.
5 MüKo/*Helms*, § 2018 Rn 11 m.w.N.

die Anspruchsberechtigung des Vorerben. Darüber hinaus steht der Erbschaftsanspruch dem Gläubiger eines Pfandrechts oder Pfändungspfandrechts am Erbteil zu.[6]

2. Erbteilserwerber und der Erbschaftskäufer

4 Anspruchsberechtigt sind auch der Erbteilserwerber nach § 2033 Abs. 1 BGB sowie der Erbschaftskäufer nach § 2371 BGB, Letzterer erst nach Abtretung des Anspruchs vom Verkäufer.[7]

3. Nachlassverwalter, Testamentsvollstrecker, Nachlassinsolvenzverwalter, Nachlasspfleger

5 Der **Nachlassverwalter** nach § 1984 BGB, der verwaltende **Testamentsvollstrecker** nach §§ 2211, 2212 BGB sowie der **Nachlassinsolvenzverwalter** nach § 80 Abs. 1 InsO sind während Ihrer Amtszeit statt des Erben zur Erhebung des Erbschaftsanspruchs berechtigt. Der **Nachlasspfleger** als gesetzlicher Vertreter des unbekannten Erben hat bereits aufgrund seines Rechts zum Besitz und zur Verwaltung gem. § 1960 BGB die Befugnis, die Nachlassgegenstände vom Erbanwärter herauszuverlangen, und ist daher nicht auf die Geltendmachung des Erbschaftsanspruchs angewiesen.[8] Er muss deshalb nicht einmal die Nichtberechtigung des Erbanwärters nachweisen, er kann vielmehr die Herausgabe der Nachlassgegenstände auch dem wahren Erben gegenüber durchsetzen.[9] Um dem Nachlasspfleger aber auch die Möglichkeit einzuräumen, Nutzungen und Surrogate herauszufordern, ist ihm auch das Recht einzuräumen, den Erbschaftsanspruch geltend zu machen.[10] Andernfalls müsste der Herausgabeanspruch des Nachlasspflegers analog gem. § 2019 BGB auf Surrogate erweitert werden[11] sowie auf Ansprüche nach §§ 2020 und 2012.[12] Somit unterscheiden sich die unterschiedlichen Auffassungen im Ergebnis nicht mehr voneinander und dem Nachlasspfleger stehen die Vorschriften über der Erbschaftsanspruch als Ansprüche zur Verfügung.

III. Erbschaftsbesitzer als Anspruchsgegner (Schuldner)

6 Anspruchsgegner ist der **Erbschaftsbesitzer**, der aufgrund eines ihm in Wirklichkeit nicht zustehenden (Mit-)Erbrechts etwas aus der Erbschaft erlangt hat. Mehrere Erbschaftsbesitzer haften hierbei als Gesamtschuldner.[13] Der Anspruch beinhaltet sowohl ein subjektives (unberechtigte Anmaßung eines Erbrechtes) als auch ein objektives Element (Erlangung eines Vermögensvorteils aus der Erbschaft).

1. Erbrechtsanmaßung

7 Während in objektiver Hinsicht vorausgesetzt wird, dass der Anspruchsgegner „etwas" erlangt hat, muss in subjektiver Hinsicht der Vermögensvorteil durch **Anmaßung** eines dem Anspruchsgegner **nicht oder nicht in diesem Umfang**[14] zustehenden **Erb- oder Miterbenrechts** erlangt sein. Erbschaftsbesitzer ist demnach, wer Erbschaftsgegenstände aufgrund einer **Erbrechtsanmaßung** erlangt hat und auch weiterhin beansprucht. Ausreichend für die Erbrechtsanmaßung ist eine Besitzergreifung, die erkennen lässt, dass der Ergreifende etwas tun will, was nur dem Erben zusteht.[15] Erteilt der Miterbe nicht freiwillig Auskunft, verfügt er ohne Rechnungslegung über

6 Soergel/*Dieckmann*, § 2018 Rn 2.
7 Soergel/*Dieckmann*, § 2018 Rn 2.
8 BGH NJW 1972, 1752.
9 BGH NJW 1972, 1752; BGH NJW 1983, 226; a.A. Soergel/*Dieckmann*, § 2018 Rn 1.
10 Soergel/*Dieckmann*, § 2018 Rn 3.
11 So BGH NJW 1983, 226, 227.
12 *Lange/Kuchinke*, § 40 II 1 Fn 22.
13 OLG Oldenburg FamRZ 1998, 1468; OLG Düsseldorf FamRZ 1992, 600.
14 Soergel/*Dieckmann*, § 2018 Rn 6.
15 Staudinger/*Raff*, § 2018 Rn 23.

Nachlassaktien und behauptet er nachträglich eine tatsächlich nicht erfolgte Nachlassauseinandersetzung, so kann dieses Gesamtverhalten eine Erbrechtsanmaßung begründen.[16] Der Erbschaftsbesitzer kann sich seiner Stellung nachträglich nicht mehr dadurch entziehen, dass er sich nunmehr kein Erbrecht mehr anmaßt.[17] Der Erbschaftsbesitzerkann sich dem Herausgabeanspruch des § 2018 BGB also nicht mehr dadurch entziehen, dass er nach zunächst erfolgter Erbrechtsanmaßung die Herausgabe nunmehr ohne Angabe von Gründen oder unter Berufung auf ein anderes Recht verweigert.[18] Umgekehrt ist es ausreichend, dass jemand etwas zunächst ohne Erbrechtsanmaßung aus der Erbschaft erlangt und erst später für sich als Erbe in Anspruch nimmt.[19] Er ist dann von Anfang an als Erbschaftsbesitzer anzusehen. Ein Kausalzusammenhang zwischen Erbrechtsanmaßung und Erlangung des Nachlassgegenstandes ist somit nicht erforderlich. Auch derjenige, der die Stellung eines Vorerben behauptet, ist Erbschaftsbesitzer i.S.d. § 2018 BGB.[20] Ob der Erbschaftsbesitzer gutgläubig oder bösgläubig war, spielt für den Anspruch nach § 2018 BGB keine Rolle, sondern lediglich im Hinblick auf den Umfang seiner Haftung.

2. Miterbe

8 Als Gegner des Erbschaftsanspruchs kommt auch der **Miterbe** des Anspruchsstellers in Betracht. Wenn der Miterbe für sich die Alleinerbenstellung in Anspruch nimmt und deshalb Alleinbesitz begründet, ist er bzgl. des ihm nicht zustehenden Erbteils Erbschaftsbesitzer. Eine Erbrechtsanmaßung kann z.B. darin liegen, dass der Miterbe Aktien aus dem Nachlass dem eigenen Vermögen einverleibt,[21] Ebenso die eigenmächtige Nachlassabwicklung durch einen Miterben.[22] Der Erbschaftsanspruch richtet sich hier auf Herstellung des der erbrechtlichen Mitberechtigung entsprechenden Besitzstandes, also auf Einräumung des Mitbesitzes.[23] Unter den Miterben können die Ansprüche aus §§ 2018 u. 2042 BGB in objektiver Klagehäufung geltend gemacht werden. Der Miterbe ist auch dann Erbschaftsbesitzer, wenn er zwar keinen Alleinbesitz für sich in Anspruch nimmt, aber einen höheren als seinen Erbteil beansprucht und dementsprechend aufgrund eines zu weit gehenden Miterbrechts Nachlassgegenstände in Besitz genommen hat.[24] Nimmt der Miterbe hingegen ohne die Erbrechtsanmaßung einer Alleinerbenstellung den Nachlass in Besitz, fehlt es an dem subjektiven Element des Erbschaftsanspruchs.[25] Hieran fehlt es auch, wenn die Miterben gesamthänderisch Mitbesitz beanspruchen und einer der Miterben lediglich einen höheren Erbteil beansprucht.[26]

3. Anfechtbare Erwerbstitel

9 Wird durch **Anfechtung** bzw. **Erbunwürdigkeitserklärung** das Erbrecht rückwirkend nach §§ 142, 2078, 2079, 2344 BGB entzogen, so greift ebenfalls die Haftung aus

16 OLG Koblenz, Urt. v. 24.9.2007 – 12 U 1126/06, ZErb 2008, 168.
17 BGH FamRZ 1985, 693; BGH FamRZ 1985, 1019.
18 MüKo/*Helms*, § 2018 Rn 15.
19 BGH NJW 1985, 3068, 3069.
20 OLG Bremen OLGR 2002, 187 ff.
21 OLG Koblenz, Urt. v. 24.9.2007 – 12 U 1126/06, ZErb 2008, 168; OLG Hamm, Urt. v. 22.7.2014 – I-10 U 17/14, BeckRS 2014, 18338.
22 OLG Saarbrücken, Zerb 2022, 231.
23 Staudinger/*Raff*, § 2018 Rn 35.
24 MüKo/*Helms*, § 2018 Rn 11.
25 KG OLGE 5, 231, 232; KG OLGE 7, 137.
26 MüKo/*Helms*, § 2018 Rn 19.

§§ 2018 ff. BGB ein.[27] Es spielt dabei keine Rolle, ob sich der von der Anfechtung Betroffene trotz der Beseitigung seiner Erbenstellung noch ein Erbrecht anmaßt oder nicht.[28] Erbschaftsbesitzer ist nach erfolgreicher Anfechtung auch der bisherige Alleinerbe, der nun nur noch Miterbe ist. Erbschaftsbesitzer ist auch, wer nach erfolgreicher Anfechtung der Ausschlagung der Erbschaft diese zunächst als Nächstberufener in Besitz genommen hatte. Beim Tode des Erbschaftsbesitzers geht die Verpflichtetenstellung des Erbschaftsanspruchs als Erblasserschuld auf seine Erben über, es bedarf keiner zusätzlichen Erbrechtsanmaßung.[29] Erbschaftsbesitzer ist auch der Nachlassschuldner, der die Erfüllung mit dem Hinweis auf seine Erbschaft verweigert.[30]

4. Keine Erbrechtsanmaßung

Wer sich kein Erbrecht anmaßt (d.h. wer für sich kein Erbrecht in Anspruch nimmt), 10
ist nicht Erbschaftsbesitzer, auch wenn er Erbschaftsgegenstände besitzt. Der Erbschaftsanspruch besteht somit nicht gegenüber demjenigen, der etwas aus der Erbschaft erlangt hat, ohne sich auf irgendein Recht oder einen Titel zu berufen, wie z.B. der Dieb. Er besteht auch nicht gegenüber demjenigen, der als **vermeintlicher Vermächtnisnehmer** durch den Scheinerben den „vermachten" Gegenstand ausgehändigt bekommen hat.[31] Behauptet der Besitzer **Übereignungen zu Lebzeiten** des Erblassers oder **Schenkungen von Todes** wegen, so greift § 2018 BGB ebenfalls nicht ein.[32] Erbschaftsbesitzer ist auch nicht, wer die Nachlassgegenstände wegen der ihm gegen den Verstorbenen bzw. gegen den Nachlass zustehenden Forderungen zurückbehält;[33] er ist Erbschaftsbesitzer, wenn er behauptet, selbst Erbe zu sein.[34] In diesem Fall stehen dem Erben die Ansprüche aus §§ 857, 1007 BGB u. § 2027 Abs. 2 BGB bei der Durchsetzung seiner Ansprüche zu. Für den Herausgabeanspruch des Nacherben gegen den **Vorerben** können nicht die Regeln über den Erbschaftsanspruch angewandt werden. Der (befreite) Vorerbe maßt sich nämlich kein Erbrecht an, sondern ist während der Dauer der Vorerbschaft Eigentümer des Nachlasses.[35] Deshalb trägt der Nacherbe die Beweislast für die während der Dauer der Vorerbschaft eingetretenen Surrogationsvorgänge und die Vorschriften über den Erbschaftsanspruch finden keine Anwendung. Selbst wenn der Vorerbe den Eintritt der Nacherbfolge zu Unrecht bestreitet, kommt die Geltendmachung des Erbschaftsanspruchs nicht in Betracht, denn die schärfere Haftungsregelung des § 2130 BGB verdrängt als lex specialis die §§ 2018 ff. BGB.[36] Ebenso wenig Erbschaftsbesitzer ist der **vorläufige Erbe**, der später die Erbschaft ausgeschlagen hat. Er haftet für den Zeitraum bis zur Ausschlagung nach § 1959 BGB als Geschäftsführer ohne Auftrag. Behält der Vorerbe allerdings nach der Ausschlagung Gegenstände ein, weil er nunmehr die Wirksamkeit der Ausschlagung bestreitet, dann maßt er sich ein Erbrecht an und wird somit zum Erbschaftsbesitzer.[37] Gegen den **Nachlass- und Insolvenzverwalter** sowie den **Testamentsvollstrecker** und **Nachlasspfleger** ist der Erbschaftsanspruch nicht begründet,

27 Soergel/*Dieckmann*, § 2018 Rn 9; OLG Koblenz, Urt. v. 6.5.2014 – 3 U 1272/13, BeckRS 2014, 10097.
28 BGH FamRZ 1985, 693; BGH FamRZ 1985, 1019.
29 BGH FamRZ 1985, 693; BGH FamRZ 1985, 1019.
30 Soergel/*Dieckmann*, § 2018 Rn 11 m.w.N.
31 Staudinger/*Raff*, § 2018 Rn 18.
32 Soergel/*Dieckmann*, § 2018 Rn 4.
33 Staudinger/*Raff*, § 2018 Rn 20.
34 Staudinger/*Raff*, § 2018 Rn 17.
35 BGH NJW 1983, 2874 f.
36 BGH NJW 1983, 2874, 2875; a.A. RGRK/*Kregel*, § 2018 Rn 6.
37 MüKo/*Helms*, § 2018 Rn 21.

da sie sich kein Erbrecht anmaßen, sondern kraft ihres Amtes besitzen.[38] Der berechtigte Erbe hat gegen diese Personengruppe nur die Möglichkeit, die ihm zustehenden Einzelansprüche geltend zu machen. Zu denken ist an den dinglichen Herausgabeanspruch des § 985 BGB sowie die Ansprüche aus §§ 861, 1007 BGB. Auch Schadensersatzansprüche bei rechtswidrigen und schuldhaften Eingriffen durch den Testamentsvollstrecker in das Eigentum oder den Besitz des Erben gem. § 823 BGB sind denkbar, sowie Ansprüche auf Rückgewähr des ohne Rechtsgrund erlangten Besitzes, § 812 BGB. Bestreiten Testamentsvollstrecker oder Nachlasspfleger die Erbenstellung des berechtigten Erben, besteht für ihn die Möglichkeit, über eine Feststellungsklage nach § 256 ZPO seine Erbenstellung feststellen zu lassen.[39]

IV. Das aus der Erbschaft Erlangte

1. Erlangtes

11 Aus der Erbschaft muss „etwas" erlangt sein. Erlangt ist jeder **Vermögensvorteil**, der entweder aus dem Nachlass stammt oder entsprechend § 2019 BGB aus Nachlassmitteln erlangt wurde. Erlangt werden kann somit zunächst jede Art von **Besitz**, unmittelbarer oder mittelbarer, Eigen- oder Fremdbesitz.[40] Es muss aber kein Besitz erlangt worden sein, ausreichend ist jeder Vermögensvorteil, der in Natur oder wertmäßig herausgegeben werden kann.[41] Eine **Buchrechtsstellung** bei Grundstücken oder sonstige grundbuchrechtliche Stellungen können ebenso erlangt sein wie die Annahme von **Leistungen** der Nachlassschuldner oder die durch Aufrechnung mit einer Nachlassforderung erzielte **Schuldbefreiung** des Erbschaftsbesitzers.[42] Aus der Erbschaft erlangt ist auch das **Anerkenntnis** eines Nachlassschuldners, das sich der Erbschaftsbesitzer verschafft hat. Als erlangt gilt zudem, was schon **vor dem Erbfall** erlangt und aufgrund der Erbanmaßung einbehalten wurde, z.B. ein vom Erblasser gewährtes Darlehen, dessen Rückzahlung jetzt verweigert wird,[43] oder dem Erblasser gehörende Sachen oder Grundstücke, die der Erbschaftsbesitzer ohne Einverständnis des Erblassers an sich brachte.[44] Geschah dies mit dem Willen des Erblassers, greift nicht § 2018 BGB ein, sondern evtl. der Pflichtteilsergänzungsanspruch nach § 2325 BGB. Nicht erlangt ist eine Vollmacht des Erblassers für den vermeintlichen Erben über den Tod hinaus. Hier hat der tatsächliche Erbe allerdings die Möglichkeit, die Vollmacht zu widerrufen. Ebenfalls nicht aus der Erbschaft erlangt ist die an einen Miterben ausgezahlte Lebensversicherung.[45]

2. Aus der Erbschaft

12 Der Erbschaftsbesitzer muss den **Vermögensvorteil** gerade **aus der Erbschaft** erlangt haben. Hierfür ist ausreichend, dass der Erblasser lediglich im Besitz der Sache war, Eigentum des Erblassers ist nicht erforderlich.[46] Auch vom Erblasser lediglich gemietete oder ihm anvertraute Gegenstände können vom Erbschaftsbesitzer aus der Erbschaft erlangt werden.

---

38 Staudinger/*Raff*, § 2018 Rn 59.
39 Staudinger/*Raff*, § 2018 Rn 59.
40 Soergel/*Dieckmann*, § 2018 Rn 17.
41 Staudinger/*Raff*, § 2018 Rn 75.
42 Soergel/*Dieckmann*, § 2018 Rn 17.
43 KG OLGZ 1974, 17, 18.
44 Staudinger/*Raff*, § 2018 Rn 76.
45 OLG Koblenz NJW-RR 2015, 72.
46 Staudinger/*Raff*, § 2018 Rn 85.

V. Einwendungen und Einreden des Erbschaftsbesitzers

Neben der Möglichkeit, die Tatbestandsvoraussetzungen des § 2018 BGB (Erbrecht des Erben, Erbrechtsanmaßung des Erbschaftsbesitzers, Nachlassgegenstand etc.) zu bestreiten, kann der Erbschaftsbesitzer sich auch gegenüber dem Gesamtanspruch des § 2018 BGB mit allen **Einzeleinreden** und **Einzeleinwendungen** aus dem Verhältnis zum Erblasser oder zum Erben verteidigen.[47] Er kann bspw. bzgl. eines herausverlangten Gegenstands einwenden, er habe diesen vom Erblasser gekauft oder gemietet und somit ein Recht zum Besitz. Es kommen also sowohl dingliche als auch obligatorische Rechte in Betracht, die dem Herausgabeanspruch des Erben entgegengesetzt werden können. 13

Darüber hinaus gewähren ihm auch die Vorschriften über den Erbschaftsanspruch selbst die Möglichkeit zur Erhebung von Einwendungen. Neben dem **Entreicherungseinwand** nach §§ 818 Abs. 3, 2021 BGB kann der Erbschaftsbesitzer auch ein **Zurückbehaltungsrecht** wegen gemachter **Verwendungen** geltend machen (§§ 1000, 2022 Abs. 1 S. 2 BGB), ihm steht darüber hinaus auch ein Zurückbehaltungsrecht gem. § 273 Abs. 1 BGB zu. Das Zurückbehaltungsrecht aus § 273 Abs. 1 BGB wird nicht durch die Vorschrift des § 2022 BGB verdrängt. Hat der Erbschaftsbesitzer die **Kosten der Beerdigung des Erblassers** zunächst selbst getragen, steht ihm ein Zurückbehaltungsrecht nach § 273 Abs. 1 BGB gegenüber dem Erben zu, da diese Kosten nach § 1968 BGB vom Erben zu tragen sind.[48] Ein Zurückbehaltungsrecht aus §§ 1000, 2022 Abs. 1 S. 2 BGB, besteht, wenn der Erbschaftsbesitzer **Nachlassverbindlichkeiten** erfüllt hat.[49] Dem Erbschaftsbesitzer, der **Vermächtnisnehmer** oder **Pflichtteilsberechtigter** ist, steht kein Zurückbehaltungsrecht wegen des bestehenden Pflichtteils- oder Vermächtnisanspruchs zu.[50] Zu begründen ist dies damit, dass dem Erben durch die Erfüllung des Herausgabeanspruchs die Möglichkeit eingeräumt werden soll, die Erbschaftsregulierung und somit die Auszahlung der Vermächtnisse und Pflichtteile vorzunehmen. Wird allerdings durch die Ausübung des Zurückbehaltungsrechts die wirtschaftlich sinnvolle Abwicklung des Nachlasses nicht gefährdet, bestehen keine Bedenken, dem Vermächtnisnehmer oder Pflichtteilsberechtigten ein Zurückbehaltungsrecht einzuräumen.[51] Ist der Erbschaftsbesitzer selbst Vermächtnisnehmer und besitzt er gerade den ihm vermachten Gegenstand bereits, so resultiert hieraus sein Recht zum Besitz. Für den Entreicherungseinwand trägt der Erbschaftsbesitzer die Darlegungs- und Beweislast. 14

Zu beachten ist, dass die Berufung auf ein Recht zum Besitz gem. § 986 BGB dann scheitert, wenn das Recht zum Besitz nicht gegenüber dem Erben selbst, sondern gegenüber einem Dritten besteht, der Eigentümer der Sache ist.[52] Der Erbschaftsbesitzer kann hier grundsätzlich keine Einwendungen aus einem Recht zum Besitz gegenüber einem Dritten dem Erben gegenüber erheben.[53] 15

Die **Verjährungsfrist** von 30 Jahren gilt gem. § 197 Abs. 1 Nr. 1 BGB auch nach Inkrafttreten des Gesetzes zur Änderung des Erb- und Verjährungsrechtes mit Wirkung vom 1.1.2010 für den Herausgabeanspruch gem. §§ 2018, 2019 BGB.

---

47 MüKo/*Helms*, § 2018 Rn 26; Brandenburgisches OLG, Urt. v. 19.6.2023 – 3 U 64/21, juris.
48 Staudinger/*Raff*, § 2018 Rn 109.
49 Staudinger/*Raff*, § 2018 Rn 105.
50 OLG Düsseldorf FamRZ 1992, 600, 602 f. m.w.N.; a.A. MüKo/*Helms*, § 2018 Rn 27.
51 I.E. ebenso MüKo/*Helms*, § 2018 Rn 27.
52 Staudinger/*Raff*, § 2018 Rn 106.
53 I.E. Staudinger/*Raff*, § 2018 Rn 106.

VI. Verjährung des Erbschaftsanspruchs

16 Die **30-jährige Verjährungsfrist** des § 197 Abs. 1 Nr. 2 BGB gilt nur noch für den Herausgabeanspruch aus §§ 2018, 2019 BGB sowie für Ansprüche, die der Geltendmachung dieses Herausgabeanspruchs dienen, somit die Ansprüche gem. §§ 260, 2027, 2028 BGB.[54] Der Erbschaftsanspruch eines Miterben gegen einen anderen Miterben unterliegt ebenfalls der 30-jährigen Verjährung.[55]

17 Umstritten ist, ob die übrigen Folgeansprüche aus §§ 2020 ff. BGB, wie z.B. der Anspruch auf Wertersatz nach §§ 2021, 818 Abs. 2 BGB, die Ansprüche auf Schadensersatz nach §§ 2023 ff. BGB und auch die Ansprüche auf Herausgabe der Früchte, soweit sie nur auf § 2020 BGB und nicht auf §§ 2018, 2019 BGB gestützt werden können, der Regelverjährung nach §§ 195, 199 BGB unter Anwendung des § 199 Abs. 3a BGB oder der 30-jährigen Verjährungsfrist des § 197 Abs. 1 Nr. 1 BGB unterliegen.[56] Letzterer Auffassung ist zuzustimmen. Lediglich der Schadensersatzanspruch aus § 2025 BGB, der gerade kein Anspruch auf Herausgabe ist, unterliegt nach h.M. der Verjährung in 3 Jahren.[57] Für bereits vor dem 1.1.2010 entstandene Ansprüche gelten die Vorschriften Art. 229 § 21 Abs. 2 S. 1 EGBGB und Art. 229 § 21 Abs. 1 S. 2 und Abs. 2 EGBGB.

18 Da auch der Miterbe Erbschaftsbesitzer sein kann, stellt sich die Frage, wie im Rahmen einer Erbauseinandersetzung nach § 2042 Abs. 2 i.v.m. § 758 BGB die Verjährung zu beurteilen ist. Der Anspruch auf Erbauseinandersetzung gem. §§ 2042 Abs. 2, 758 ist unverjährbar.[58] Unverjährbar sind damit auch die Ansprüche auf Berichtigung der Nachlassverbindlichkeiten, die Teilung der gemeinschaftlichen Gegenstände in Natur sowie die Verteilung des Überschusses gem. § 2047 BGB unter Berücksichtigung von Vorempfängen nach §§ 2050 ff. BGB. Werden nun gegen den **Miterben als Erbschaftsbesitzer** im Rahmen der Erbauseinandersetzung Ansprüche geltend gemacht, gilt die 30-jährige Verjährungsfrist und nicht mehr die Unverjährbarkeit der Ansprüche nach § 758 BGB.

1. Beginn der Verjährung

19 Die **Verjährung beginnt** für den **ganzen Erbschaftsanspruch**, d.h. für alle erlangten Erbschaftsgegenstände, **einheitlich** in dem Moment zu laufen, in dem der Erbschaftsbesitzer **zum ersten Mal** etwas aus dem Nachlass erlangt hat, § 2018 BGB.[59] Auch wenn der Erbschaftsbesitzer einzelne Gegenstände erst später erlangt, werden auch diese von der bereits begonnenen Verjährungsfrist erfasst. Somit kann der Erbe mit dem Ablauf von 30 Jahren seit dem Entstehen des Erbschaftsanspruchs (und somit seit dem Zeitpunkt, in dem der Erbschaftsbesitzer zum ersten Mal einen Erbschaftsgegenstand aus dem Nachlass erlangt hat), vom Erbschaftsbesitzer auch nicht mehr die Herausgabe solcher Erbschaftsgegenstände verlangen, die der Erbschaftsbesitzer erst sehr viel später nach dem ersten Erbschaftsgegenstand erlangt hat.[60]

---

54 MüKo/*Helms*, § 2026 Rn 7.

55 MüKo/*Helms*, § 2026 Rn 2.

56 Für die 30-jährige Verjährung: Grüneberg/*Weidlich*, § 2025 Rn 3 m.w.N.; a.A. MüKo/*Helms*, § 2016 Rn 7.

57 Grüneberg/*Weidlich*, § 2025 Rn 3; BGH ZEV 2019, 261.

58 Grüneberg/*Weidlich*, § 2042 Rn 2.

59 H.M., vgl. Soergel/*Dieckmann*, § 2026 Rn 4; BGH FamRZ 2004, 537. Nach a.A. beginnt die Verjährung für jeden Erbschaftsgegenstand einzeln zu laufen, so i.E. Staudinger/*Raff*, § 2026 Rn 10 m.w.N und Verw. auf *Lange*, JZ 2013, 598, oder sogar erst mit Erlangung des letzten Gegenstandes, so *Kipp*, Erbrecht, 1978, S. 213; diese Auffassung dürfte überholt sein.

60 Zur Problematik der mit dieser Ansicht verbundenen Endloshaftung vgl. Staudinger/*Raff*, § 2026 Rn 104.

2. Verjährung bei Anfechtung

Verliert der ursprüngliche Erbe aufgrund der erfolgten **Anfechtung** einer letztwilligen Verfügung (§ 2078 BGB) oder durch erfolgte Erbunwürdigkeitserklärung (§§ 2339 ff. BGB) seine Berechtigung rückwirkend und wird dadurch unberechtigter Erbschaftsbesitzer, beginnt die Verjährung nach § 200 S. 1 BGB mit **Entstehung des Anspruchs.** Aufgrund der **Rückwirkung** der Anfechtung oder Erbunwürdigkeitserklärung beginnt die Verjährung also schon mit dem Zeitpunkt, in dem etwas aus der Erbschaft erlangt wurde, also mit dem ersten Erwerb eines Nachlassgegenstandes aus der Erbschaft durch den Erbschaftsbesitzer, nicht erst mit der Ausübung des Anfechtungsrechts.[61] Auf die Kenntnis des Anfechtungsberechtigten vom Anfechtungsgrund kommt es nicht an. 20

3. Hemmung der Verjährung

Erhebt der Erbe Klage, so tritt eine **Hemmung** der Verjährung nach § 204 Abs. 1 Nr. 1 BGB nur bzgl. der im Klageantrag präzisierten Erbschaftsgegenstände ein, es sei denn, der Erbe geht im Wege der Stufenklage vor und hat sich eine genaue Bezeichnung der Erbschaftsgegenstände in der Klage vorbehalten. Die Klagerhebung durch einen Miterben hemmt nur hinsichtlich seiner Ansprüche die Verjährung, selbst wenn die Klage auf Leistung an alle Erben gerichtet ist.[62] 21

4. Verjährung bei Rechtsnachfolge

Die während des Erbschaftsbesitzes des Rechtsvorgängers verstrichene Verjährungsfrist nach § 198 BGB kommt dem **Rechtsnachfolger** zugute. Dies soll nach überwiegender Ansicht auch auf die nicht dingliche Seite des Erbschaftsanspruchs übertragen werden, weil § 2030 BGB den vertraglichen Erwerber des Erbschaftsbesitzes dem Erben gegenüber einem Erbschaftsbesitzer gleichstellt.[63] 22

5. Verjährungseinrede

Als Rechtsfolge der Verjährung erwächst dem Erbschaftsbesitzer die **Verjährungseinrede,** der Erbschaftseinspruch wird einredebehaftet. Der Erbschaftsbesitzer erhält dadurch aber nicht die rechtliche Stellung eines Erben; er kann weder nach §§ 2018 ff. BGB gegen Dritte vorgehen, noch haftet er etwa für Nachlassverbindlichkeiten. 23

C. Rechtsfolgen

I. Allgemeines

Als Rechtsfolge ordnet § 2018 BGB die Herausgabe des zu Unrecht aus der Erbschaft Erlangten an. Der Gegenstand der **Herausgabepflicht** bestimmt sich primär nach der **Art des Erlangten.** Die Verpflichtung zur Herausgabe ist dinglicher Art. Der Herausgabeanspruch ist ein **Gesamtanspruch.** Mit dem Gesamtanspruch werden alle auf die erlangten Erbschaftsgegenstände gerichteten Einzelansprüche zusammengefasst, so dass diese in ihrer Gesamtheit herauszugeben sind. Der Anspruch ist vererblich, übertragbar und pfändbar. 24

II. Umfang der Herausgabeverpflichtung

Gegenstand der Herausgabepflicht ist das Erlangte einschließlich der **Ersatzgegenstände** (§ 2019 BGB). Die Herausgabepflicht erstreckt sich gem. § 2020 BGB auch auf 25

---

61 Staudinger/*Raff*, § 2026 Rn 10; a.A. Soergel/*Dieckmann*, § 2026 Rn 5 nicht rückbezogen auf den Erbfall, sondern erst nach erfolgreicher Anfechtung oder Erbunwürdigkeitserklärung, so auch MüKo/*Helms*, § 2026 Rn 3, der darauf verweist, dass die Rückwirkung für den Verjährungsbeginn keine Rolle spiele, da dieser die objektive Möglichkeit der Anspruchsgeltendmachung voraussetze.

62 MüKo/*Helms*, § 2026 Rn 4.

63 Soergel/*Dieckmann*, § 2026 Rn 7.

die **Nutzungen** und **Früchte**. Soweit der Erbschaftsbesitzer zur Herausgabe des primär Erlangten außerstande ist, tritt an die Stelle der Herausgabepflicht eine **bereicherungsrechtliche Wertersatzpflicht** nach § 2021 BGB bzw. die **Schadensersatzpflicht** nach §§ 2023 ff. BGB. Bei unberechtigter Eintragung im Grundbuch geht der Herausgabeanspruch des § 2018 BGB auf Grundbuchberichtigung.[64]

D. Verfahrensfragen und praktische Hinweise

I. Allgemeines

26 Bei Kenntnis der Gegenstände, die der Erbschaftsbesitzer erlangt hat, kann der anspruchsberechtigte Erbe auf **Herausgabe** dieser Gegenstände klagen. Hat er keine oder nur unzureichende Kenntnis über die Gegenstände, besteht für ihn die Möglichkeit der **Auskunftsklage** nach § 2027 BGB, die er meist mit der Herausgabeklage im Wege der **Stufenklage** (§ 254 ZPO) verbinden wird.

II. Isolierte Herausgabeklage (Erbschaftsklage)

27 Gegenstand der Erbschaftsklage ist nicht das Erbrecht, sondern die **Erbschaft** oder Teile von dieser. Zwar setzt der Erfolg der Erbschaftsklage voraus, dass das Erbrecht des Klägers bejaht wird, diese Vorfrage erwächst jedoch nicht in Rechtskraft.[65] Im **Klageantrag** der **Herausgabeklage** müssen die herausverlangten Gegenstände gem. § 253 Abs. 2 Nr. 2 ZPO möglichst **genau einzeln angegeben** werden, auch wenn es sich um einen Gesamtanspruch handelt.[66] Nur hinsichtlich der bezeichneten Gegenstände erwächst das Urteil in Rechtskraft und wird der Erbschaftsanspruch rechtshängig. Die genaue Bezeichnung der Gegenstände ist auch für die spätere (erfolgreiche) Durchführung der Zwangsvollstreckung erforderlich.

28 Unzulässig ist ein Klageantrag auf „Herausgabe aller Gegenstände, die der Beklagte Erbschaftsbesitzer erlangt" hat. Ein solcher Klageantrag wird als Feststellungsantrag angesehen, der aufgrund des fehlenden Feststellungsinteresses unzulässig ist, weil der Erbe die Herausgabeklage (ggf. nach erteilter Auskunft) erheben kann.[67] Etwas anderes soll dann gelten, wenn der Erbschaftsbesitzer außer den in seiner Auskunft angegebenen Gegenständen wahrscheinlich noch weitere in Besitz hat.[68] In diesem Fall besteht die Möglichkeit für den Erben, durch die Erhebung der **Feststellungsklage** kumulativ zur Herausgabeklage feststellen zu lassen, dass der Beklagte „zur Herausgabe aller weiteren aus der Erbschaft erlangten Gegenstände verpflichtet ist".[69] Ein solcher Feststellungsantrag ist deshalb zuzulassen, weil er für den Erben die einzige Möglichkeit darstellt, auch hinsichtlich der unbekannten weiteren Gegenstände eine Hemmung der Verjährung zu erreichen. Um (auch) eine rechtskräftige Feststellung seines Erbrechts zu erreichen, muss der Erbe Feststellungsklage gem. § 256 Abs. 1 ZPO erheben, er kann allerdings die Feststellungsklage und die Herausgabeklage miteinander gem. § 260 ZPO verbinden oder Zwischenfeststellungsklage nach § 256 Abs. 2 ZPO einreichen.[70]

III. Stufenklage, § 254 ZPO

29 Da eine genaue Bezeichnung der herauszugebenden Gegenstände vor Erhebung der Klage oft nicht möglich sein wird, empfiehlt sich in diesen Fällen im Wege der **Stufen-**

64 MüKo/*Helms*, § 2018 Rn 25.
65 Staudinger/*Raff*, Vor § 2018 Rn 78,79.
66 MüKo/*Helms*, § 2018 Rn 28 m.w.N.
67 MüKo/*Helms*, § 2018 Rn 29.
68 Staudinger/*Raff*, vor § 2018 Rn 81.
69 MüKo/*Helms*, § 2018 Rn 29.
70 MüKo/*Helms*, § 2018 Rn 31.

klage die Klage auf Auskunft nach § 2027 BGB (vgl. ausführlich § 2027 Rdn 19 ff.) mit der Herausgabeklage nach § 2018 BGB aus dem Erbschaftsanspruch zu verbinden. Der Vorteil für den Erben besteht darin, dass er sich die genaue Bezeichnung der herauszugebenden Gegenstände vorbehalten kann, bis ihm ein entsprechendes Verzeichnis vorliegt bzw. der Erbschaftsbesitzer die eidesstattliche Versicherung abgegeben hat. Eine **Vervollständigung des Klageantrags** nach Rechtshängigkeit durch Ergänzung der im Klageantrag bezeichneten Gegenstände stellt keine Klageänderung, sondern eine Klagerweiterung dar und ist somit nach § 264 Nr. 2 ZPO ohne weiteres zulässig.[71] Der Erbe hat auch hier die Möglichkeit, will er sowohl die **Feststellung seines Erbrechts** als auch Auskunft über den Nachlass und die Herausgabe der Nachlassgegenstände erlangen, im Wege der **Stufenfeststellungsklage** vorzugehen.[72]

Hinweis: Wenn nach der Erledigung der Vorstufen Auskunft und ggf. Abgabe der eidesstattlichen Versicherung der Anspruch auf Herausgabe der Erbschaftsgegenstände bzw. auf Zahlung nicht weiterverfolgt wird, endet die Verjährungshemmung mit diesem Stillstand, § 204 Abs. 2 BGB. 30

IV. Zuständiges Gericht

Die Klage aus dem **Erbschaftsanspruch** kann entweder im allg. Gerichtsstand des Beklagten (§§ 12, 13 ZPO) oder im besonderen **Gerichtsstand** der **Erbschaft** (§ 27 ZPO) erhoben werden.[73] Gleiches gilt für die Feststellungsklage auf Feststellung des Erbrechts.[74] Wird gegen den Erbschaftsbesitzer eine **Einzelklage** erhoben, wird er also nicht als Erbschaftsbesitzer i.S.d. § 2018 BGB verklagt, greift der besondere Gerichtsstand der Erbschaft nach § 27 ZPO nicht.[75] Verfolgt der Erbe gegen den Erbschaftsbesitzer Ansprüche auf Herausgabe eines Grundstücks oder Berichtigung des Grundbuchs, gilt nur für die Geltendmachung von **Einzelansprüchen** der dingliche Gerichtsstand des § 24 ZPO, für die Geltendmachung des **Gesamtanspruchs** hingegen § 27 ZPO bzw. § 13 ZPO, und nicht § 24 ZPO. Die internationale Zuständigkeit ergibt sich zunächst durch analoge Anwendung der Regeln über die örtliche Zuständigkeit; die EU-GVVO ist gem. Art. 1 Abs. 2 lit. a EU-GVVO nicht anwendbar. Sofern der Anwendungsbereich der EuErbVO eröffnet ist, bestimmt sich die internationale Zuständigkeit nach dem letzten gewöhnlichen Aufenthaltsort des Erblassers, Art. 4 EuErbVO, hilfsweise nach dem Belegenheitsort der Nachlassgegenstände, Art. 10 EuErbVO. 31

V. Beweislast

Erhebt der Erbe die Herausgabeklage (Erbschaftsklage) aus § 2018 BGB, so muss er zum **Beweis seines Erbrechts** den Tod des Erblassers und den Berufungsgrund, auf den er sich stützt, beweisen. Stützt er sich auf ein **gesetzliches Erbrecht**, so muss er sein Verwandtschaftsverhältnis zum Erblasser bzw. seine Ehe mit ihm beweisen, nicht hingegen, dass keine näheren oder gleichnahen Verwandten vorhanden sind oder **letztwillige Verfügungen** nicht existieren.[76] Wenn sich der Erbe auf eine letztwillige Verfügung beruft, muss er die formgerechte Errichtung der Verfügung und ihren Inhalt beweisen; er muss nicht beweisen, dass der Erblasser testierfähig war. Ist die letztwillige Verfügung vernichtet oder abhandengekommen, kann ihr Inhalt ggf. durch Fotokopien oder durch Zeugenaussagen bewiesen werden; die Vorlegung der Urkunde ist 32

---

71 Staudinger/*Raff*, vor 2018 Rn 90.
72 Krug/Rudolf/Kroiß/Bittler/*Krug*, AF ErbR, § 9 Rn 229.
73 OLG Nürnberg OLGZ 1981, 115.
74 Staudinger/*Raff*, Vor § 2018 Rn 83.
75 OLG Nürnberg OLGZ 1981, 115.
76 MüKo/*Helms*, § 2018 Rn 34.

nicht erforderlich.[77] Durch die Vorlage des Erbscheins wird das Erbrecht des Klägers widerlegbar vermutet.[78]

33 Der Erbe muss darüber hinaus den **Erbschaftsbesitz des Erbschaftsbesitzers** beweisen, also darlegen, dass der Erbschaftsbesitzer irgendwann etwas aus der Erbschaft aufgrund einer **Erbrechtsanmaßung** erlangt hat.[79] Der Erbe hat demnach die Umstände nachzuweisen, die zweifelsfrei erkennen lassen, dass der Erbschaftsbesitzer die Sachen als Erbe an sich genommen hat.[80] Dies kann sich im Einzelfall schwierig gestalten, so dass bei Zweifeln an der Erbrechtsanmaßung des vermeintlichen Erbschaftsbesitzers die Herausgabeklage zusätzlich auch auf die Einzelansprüche gestützt werden sollte. Sollte sich nach der Klageerhebung herausstellen, dass sich die Erbrechtsanmaßung des Beklagten nicht beweisen lässt, kann der Erbe auf die Einzelansprüche übergehen, denn dies stellt keine Klageänderung dar.[81] Der Erbe muss auch beweisen, dass die **Gegenstände zum Nachlass** bzw. zum herauszugebenden Vermögen des Erblassers gehören.[82] Dies gilt grundsätzlich auch dann, wenn der Erbschaftsbesitzer die Zugehörigkeit des Gegenstandes zum Nachlass bestreitet. Steht allerdings unstreitig fest, dass der Gegenstand einmal im Eigentum des Erblassers stand, so muss der Erbschaftsbesitzer seinen rechtsgeschäftlichen Erwerb, z.B. durch Schenkung, beweisen. Ebenfalls nicht vom Kläger zu beweisen ist, dass der Erbschaftsbesitzer die von ihm erlangten Nachlasssachen gegenwärtig noch in seinem Besitz hat. Den Wegfall des Besitzes muss der Erbschaftsbesitzer beweisen.[83]

VI. Vorläufiger Rechtsschutz

34 Eine einstweilige Verfügung auf Herausgabe der Erbschaftsgegenstände (Leistungsverfügung) ist nur dann möglich, wenn der Erbe auf die Sachen zur Erzielung seines Lebensunterhalts oder zur Vermeidung oder Beseitigung einer Notlage angewiesen ist.[84] Darüber hinaus wird die Zulässigkeit einer Sicherungsverfügung für den Fall bejaht, dass die Substanz von Nachlassgegenständen des Erben durch die Nutzung (Nießbrauch, Wohnungsrecht) eines Dritten nachhaltig beeinträchtigt und erheblich verschlechtert wird.[85] Die Sachen sind dann an einen Sequester herauszugeben.

VII. Streitwert

1. Zuständigkeitsstreitwert

35 Der Wert des isolierten **Auskunftsanspruchs** ist nach § 3 ZPO zu schätzen und beträgt wertmäßig 1/4 bis 1/10 des Hauptanspruchs. Bei der Schätzung ist auf die Aufwendungen, die Arbeitszeit und allg. Kosten der Auskunftserteilung abzustellen.[86] Der Wert des Feststellungsantrags auf **Feststellung des Erbrechts** beträgt 50 % bis 80 % des Wertes der entsprechenden Leistungsklage.[87] Der Wert der Stufenklage ist durch Addition der Werte aller Stufen nach § 5 ZPO zu ermitteln. Der Wert der **Rechnungslegung** ermittelt sich aus dem Wert der voraussichtlichen Arbeit für die Beschaffung der

77 Staudinger/*Raff*, § 2018 Rn 130.
78 MüKo/*Helms*, § 2018 Rn 34 m.w.N.
79 Ausführlich zur Beweislast: *Schmitz*, ErbR 2017, 11.
80 Bonefeld/Kroiß/Tanck/*Bittler*, Erbprozess, § 2 Rn 255.
81 MüKo/*Helms*, § 2018 Rn 35.
82 OLG Oldenburg OLGR 1998, 208 ff.
83 NK-BGB/*Fleindl*, § 2018 Rn 27 m.w.N.
84 OLG Köln VersR 1997, 467.
85 OLG Düsseldorf MDR 1995, 635.
86 BGH NJW, 1986, 1493.
87 Krug/Rudolf/Kroiß/Bittler/*Krug*, AF ErbR, § 9 Rn 228.

Unterlagen, der Wert der eidesstattlichen Versicherung danach, welche zusätzlichen Auskünfte zu erwarten sind.[88]

2. Gebührenstreitwert

Der Gebührenstreitwert bemisst sich nach § 44 GKG nach dem höchsten Wert der geltend gemachten Ansprüche, dies wird i.d.R. der Hauptsacheanspruch, d.h. der Herausgabeanspruch sein. Es erfolgt grundsätzlich keine Zusammenrechnung der Ansprüche. 36

§ 2019 Unmittelbare Ersetzung

(1) Als aus der Erbschaft erlangt gilt auch, was der Erbschaftsbesitzer durch Rechtsgeschäft mit Mitteln der Erbschaft erwirbt.
(2) Die Zugehörigkeit einer in solcher Weise erworbenen Forderung zur Erbschaft hat der Schuldner erst dann gegen sich gelten zu lassen, wenn er von der Zugehörigkeit Kenntnis erlangt; die Vorschriften der §§ 406 bis 408 finden entsprechende Anwendung.

Übersicht: Rdn

A. Allgemeines

I. Unmittelbare dingliche Ersetzung

Durch die Regelung des § 2019 BGB wird der wirtschaftliche **Wert der Erbschaft** für den Erben über Änderungen im Bestand der Erbschaft hinaus erhalten und gesichert. Alles, was der Erbschaftsbesitzer durch Rechtsgeschäft mit Mitteln der Erbschaft erwirbt, gilt als aus der Erbschaft erlangt i.S.d. § 2018 BGB und muss ebenso herausgegeben werden. Dies geschieht im Wege der **unmittelbaren, dinglichen Surrogation**, also mit unmittelbarer dinglicher Wirkung für den Erben.[1] Hierdurch wird ein be- 1

88 Krug/Rudolf/Kroiß/Bittler/*Krug*, AF ErbR, § 9 Rn 229.
1 Soergel/*Dieckmann*, § 2019 Rn 1.

stimmtes Sondervermögen (Nachlass) gebunden und sein **Wert** über alle Wechsel der zu ihm gehörenden konkreten Bestandteile erhalten.[2]

2 Der vom Erbschaftsbesitzer initiierte rechtsgeschäftliche Erwerb wird also unmittelbarer Bestandteil der Erbschaft **ohne Zwischenerwerb** beim Erbschaftsbesitzer, er steht dem Erben so zu, wie wenn dieser ihn durch einen unmittelbaren Stellvertreter erlangt hätte.[3] Das erworbene Recht entsteht sofort in der Person des Erben. Die in § 2019 BGB geregelte rechtsgeschäftliche Surrogation ist weder vom Wert des Ersatzgegenstands noch vom Willen der Beteiligten abhängig.[4] Sie gilt unabhängig davon, ob Erbschaftsgegenstände veräußert, Nachlassforderungen eingezogen oder mit Nachlassmitteln etwas erworben wurde.

3 § 2019 BGB stellt keine selbstständige Anspruchsgrundlage dar, sondern erweitert lediglich den Umfang dessen, was nach § 2018 BGB herauszugeben ist.[5] Wird der mit Mitteln der Erbschaft erworbene Gegenstand weiterveräußert, setzt sich die **Surrogation** an diesem Gegenstand fort (Kettensurrogation). Durch die dingliche Surrogation wird der Nachlass auch als Haftungsmasse für die Nachlassgläubiger erhalten, die Gläubiger des Erbschaftsbesitzers können aufgrund der dinglichen Surrogation nicht in die Surrogate vollstrecken. Der Erbe wiederum hat ein Aussonderungsrecht nach § 47 InsO.

II. Einfache Surrogation

4 § 2019 BGB regelt nicht die **einfache** oder **gesetzliche Surrogation** (z.B. §§ 2041, 2111 BGB), die neben der Regelung des § 2019 BGB besteht. Was der Erbschaftsbesitzer aufgrund der Zerstörung, der Beeinträchtigung oder der Entziehung einer zur Erbschaft gehörenden Sache oder eines Rechts erhält, erwirbt der Erbe kraft (einfacher) gesetzlicher Surrogation aufgrund seiner Stellung als Eigentümer oder Inhaber der zum Nachlass gehörenden Sachen und Rechte.[6] Von der einfachen Surrogation sind auch die Fälle erfasst, in welchen an den Erbschaftsbesitzer in Erfüllung einer Nachlassforderung eine Leistung bewirkt wird, die dem Erben gegenüber kraft Gesetzes (z.B. § 851 BGB) oder durch Genehmigung wirksam ist.

III. Keine Anwendung des § 2019 BGB

5 Die Regelung des § 2019 BGB erfasst nicht die Fälle, in welchen durch **Verbindung, Vermischung** oder **Vermengung** von Nachlassgegenständen mit Sachen des Erbschaftsbesitzers Miteigentum entsteht. Der so entstandene Miteigentumsanteil ist Bestandteil des Nachlasses, so dass dem Erben über § 2018 BGB ein Anspruch auf die **Einräumung von Mitbesitz** zusteht;[7] ggf. kann er auch nach §§ 985, 1011 BGB Herausgabe der betreffenden Sachen an die Gesamtheit der Miteigentümer verlangen.[8] Keine Anwendung findet § 2019 BGB auch dann, wenn das mit den Mitteln der Erbschaft Erworbene vollständig im Eigenvermögen des Erbschaftsbesitzers aufgeht.[9] Dies ist z.B. bei der Bezahlung eigener Schulden mit Erbschaftsmitteln der Fall oder bei einer wirksamen Aufrechnung mit einer Erbschaftsforderung gegen eine eigene

2 BGH NJW 1990, 514 f.
3 Staudinger/*Raff*, § 2019 Rn 10.
4 Staudinger/*Raff*, § 2019 Rn 11.
5 Staudinger/*Raff*, § 2019 Rn 6.
6 MüKo/*Helms*, § 2019 Rn 4.
7 Staudinger/*Raff*, § 2019 Rn 27.
8 Staudinger/*Raff*, § 2019 Rn 29.
9 Soergel/*Dieckmann*, § 2019 Rn 12f.

Schuld. In diesen Fällen tritt an die Stelle des Herausgabeanspruchs der Anspruch auf wertmäßige Herausgabe der Bereicherung nach §§ 818 Abs. 2 u. 3, 2021 BGB.[10]

Ausgeschlossen soll die Surrogation ferner sein, wenn es sich um nicht übertragbare oder **höchstpersönliche Rechte** handelt,[11] wie z.B. Nießbrauch oder die beschränkt persönliche Dienstbarkeit. Aufgrund der Entscheidung des BGH[12] zum Erwerb einer Kommanditistenstellung mit Nachlassmitteln erscheint diese Rechtsauffassung zweifelhaft. Der BGH hat in seiner Entscheidung die Auffassung vertreten, dass zum Schutz des Erben und der Nachlassgläubiger auch unübertragbare Rechtsstellungen der Regelung des § 2019 BGB unterliegen. Es müsse jeder Umsatz einzelner Bestandteile des Vermögens und der darin liegende Abfluss realer Werte durch die rechtliche Neuzuordnung eben desjenigen konkreten Ersatzgegenstands zum Nachlass ausgeglichen werden, in den die abgeflossenen Werte eingegangen sind, so zu Recht der BGH. Es ist deshalb davon auszugehen, dass zum Schutz des Erben auch unübertragbare Rechtspositionen von der Regelung des § 2019 BGB erfasst sind. 6

B. Tatbestand

I. Erwerb mit Erbschaftsmitteln

1. Allgemeines

Der **Erwerb** des Erbschaftsbesitzers muss mit **Mitteln der Erbschaft** erfolgt sein. 7
Während der Erwerb regelmäßig in der Erlangung eines Rechts besteht, müssen gleichzeitig dem Erblasser zugestandene Vorteile (Mittel der Erbschaft) aufgeopfert worden sein. Der Erwerb mit eigenen Mitteln des Erbschaftsbesitzers oder ein unentgeltlicher Erwerb, sofern dieser nicht mit Gegengeschenken einhergeht, fällt deshalb nicht unter den Tatbestand des § 2019 BGB.[13] Bei den aufgeopferten Nachlassmitteln kann es sich um Bargeld, bewegliche Sachen, Grundstücke, Forderungen oder sonstige Rechte handeln. Zu den Mitteln der Erbschaft gehört nicht, was der Erbschaftsbesitzer gem. § 2021 BGB nach Bereicherungsrecht oder gem. §§ 2023–2025 BGB als Schadensersatz zu leisten hat.[14] Das betreffende Geschäft muss vom Erbschaftsbesitzer vorgenommen worden sein. Verfügt ein anderer Nichtberechtigter über den Nachlassgegenstand, ohne Erbschaftsbesitzer zu sein, findet § 2019 BGB keine Anwendung.[15] Nicht zu den Mitteln der Erbschaft gehört, was sich zwar im Besitz des Erblassers befand, woran der Erblasser aber keine Rechte innehatte.

2. Zusammenhang zwischen Erwerb und Verfügung

Die Aufopferung der **Nachlassmittel** muss ursächlich für den Erwerb des Ersatzgegenstands durch den Erbschaftsbesitzer sein. Es muss dabei zwar nicht notwendig ein rechtlicher, aber zumindest ein enger wirtschaftlicher Zusammenhang bestehen.[16] Wendet der Erbschaftsbesitzer **teilweise Mittel** aus der Erbschaft und teilweise eigene 8

---

10 MüKo/*Helms*, § 2019 Rn 9; a.A. zu § 2111 BGB: BGH NJW 1977, 1631 f., ideelles Miteigentum.

11 MüKo/*Helms*, § 2019 Rn 6; differenzierend Soergel/*Dieckmann*, § 2019 Rn 14.

12 BGH NJW 1990, 514, der Vorerbe hatte Nachlassgegenstände als seine Einlage in die KG eingebracht und ist dadurch Kommanditist geworden; seine Rechtsstellung als Kommanditist wurde vom BGH als Surrogat dem Nachlass zugerechnet – folgerichtig OLG Düsseldorf v. 9.11.1990, FamRZ 1992, 600 ff.: Bringen Mitglieder einer Erbengemeinschaft das von ihnen als Erbengemeinschaft geführte Geschäft als Einlage in die neue Gesellschaft ein, so findet hierauf ebenfalls § 2019 BGB Anwendung.

13 Soergel/*Dieckmann*, § 2019 Rn 12f.

14 Staudinger/*Raff*, § 2019 Rn 13.

15 NK-BGB/*Fleindl*, § 2019 Rn 4.

16 Vgl. dazu MüKo/*Helms*, § 2019 Rn 13.

Mittel auf, führt dies zu einer Mitberechtigung nach Bruchteilen,[17] bei übereigneten Sachen dementsprechend zu Miteigentum gem. § 1008 BGB.

Wird ein Nachlassgegenstand durch den Erbschaftsbesitzer in eine Kommanditgesellschaft eingebracht und wird der Erbschaftsbesitzer Kommanditist, fällt der **Kommanditanteil nicht** in den Nachlass.[18] Begründet wird dies damit, dass sonst der Erbe, ohne dass er daran mitgewirkt hätte, persönlich haften müsste.

3. Wirksame Verfügung

9 Ist die Verfügung des Erbschaftsbesitzers weder von Anfang an wirksam noch durch nachträgliche Genehmigung wirksam geworden, stellt sich die Frage, ob ein Erwerb durch Erbschaftsmittel auch darin liegen kann, dass etwas, das zum Nachlass gehört, aufgrund einer unwirksamen Verfügung, also ohne rechtliche Wirkung, weggegeben wird.[19] Die heute h.M. nimmt auch für diesen Fall Surrogation an, weil zumindest **wirtschaftlich** gesehen **Erbschaftsmittel aufgeopfert** wurden.[20]

Verlangt der Erbe vom Erbschaftsbesitzer das Surrogat heraus, liegt darin eine rückwirkende Genehmigung des Erben, die zu einer Wirksamkeit der Verfügung des Erbschaftsbesitzers führt und dadurch auch den Dritten schützt, der den erhaltenen Erbschaftsgegenstand nun nicht mehr herausgeben muss.[21] Denn der Erbe kann nicht nebeneinander sowohl vom Erbschaftsbesitzer das Surrogat als auch vom Dritten den Nachlassgegenstand fordern. Diese rückwirkende Genehmigung ist bis zur Herausgabe des Surrogates als **aufschiebend bedingt** anzusehen.[22] Eine vorherige Genehmigung ist dagegen nicht erforderlich und kann dem Erben auch nicht zugemutet werden, da er sonst das Risiko trägt, weder Surrogat noch Nachlassmittel zu erhalten. Nach a.A. kann der Erbe vom Erbschaftsbesitzer die Herausgabe **Zug um Zug** gegen die Genehmigung der unwirksamen Verfügung fordern.[23]

II. Rechtsgeschäftlicher Erwerb

10 Der Erwerb muss durch Rechtsgeschäft gemacht sein. Es reichen hier aber bereits **Austauschvorgänge** aus, die einen Erwerb kraft gesetzlicher Vorschrift vorsehen, z.B. das vom Erbschaftsbesitzer in der Zwangsversteigerung mit Mitteln der Erbschaft erworbene Grundstück.[24] Der Zweck des Rechtsgeschäfts ist gleichgültig; auch Dinge, die der Erbschaftsbesitzer für sich persönlich herstellen lässt und die nur durch ihn genutzt werden können (z.B. Hörgerät), unterfallen der dinglichen Surrogation. Die dingliche Surrogation erfasst die **rechtsgeschäftliche Gegenleistung** für die vom Erbschaftsbesitzer weggegebenen Nachlassmittel. Darüber hinaus werden auch Abwicklungsansprüche von der Surrogation erfasst, die der Erbschaftsbesitzer aus dem Rechtsgeschäft erlangt.[25]

Selbst Gegenstände, die der Erbschaftsbesitzer in der Zwangsversteigerung mit Nachlassmitteln erwirbt, fallen nach h.M. unter den weiten Begriff des rechtsgeschäftlichen Erwerbs des § 2019 BGB.

11 Grundsätzlich kann sich der rechtgeschäftliche Erwerb auf alle rechtlichen oder tatsächlichen Vorteile beziehen. Als **Bsp.** für herauszugebende **Ersatzvorteile** werden in

---

17 MüKo/*Helms*, § 2019 Rn 9.
18 MüKo/*Helms*, § 2019Rn 13, a.A. wohl BGHZ 109, 214; OLG Düsseldorf FamRZ 1992, 600.
19 Bejahend: Soergel/*Dieckmann*, § 2019 Rn 5; verneinend: MüKo/*Helms*, § 2019 Rn 10.
20 Soergel/*Dieckmann*, § 2019 Rn 5.
21 MüKo/*Helms*, § 2019 Rn 10.
22 Soergel/*Dieckmann*, § 2019 Rn 5.
23 MüKo/*Helms*, § 2019 Rn 11.
24 Soergel/*Dieckmann*, § 2019 Rn 9.
25 Staudinger/*Raff*, § 2019 Rn 63.

der Lit. genannt: (1) die Kaufpreisforderung oder der Kaufpreis für Erbschaftssachen, (2) die vergleichsweise erlangte Abfindungssumme für ein eingeklagtes Nachlassgrundstück, (3) das Entgelt für einen vom Erbschaftsbesitzer bestellten Nießbrauch, (4) Forderungen, die aus einem Darlehen entstanden sind, das aus Erbschaftsmitteln gegeben wurde, (5) Forderungen aus Versicherungsverträgen, für die die Prämien aus Erbschaftsmitteln gezahlt sind, (6) Forderungen aus der Vermietung und Verpachtung von Nachlasssachen.[26]

Unterschiedlich beantwortet wird die Frage, wie zu verfahren ist, wenn der Erbschafts- 12
besitzer ein Nachlassgrundstück als Sicherheit für ein von ihm aufgenommenes Darlehen mit einer Grundschuld belastet. Teilweise wird angenommen, dass die Darlehensvaluta das Surrogat darstellt,[27] teilweise wird vertreten, dass hier über § 2021 BGB ein Bereicherungsausgleich zu erfolgen hat.[28] Scheitert der rechtsgeschäftliche Erwerb daran, dass der zwischen dem Erbschaftsbesitzer und dem Dritten geschlossene Kaufvertrag unwirksam ist, so wird der **Rückforderungsanspruch** des Erbschaftsbesitzers als das erlangte Surrogat angesehen.[29] Hat der Erbschaftsbesitzer hingegen eine gestohlene Sache erworben, so kann der Erbe als Surrogat lediglich den Übereignungsanspruch oder Sekundäransprüche realisieren; Besitz an der Sache erhält er nicht.

III. Schutz gutgläubiger Dritter

1. Vorschriften zum Erwerb vom Nichtberechtigten

Die Verfügungen des Erbschaftsbesitzers über Erbschaftsmittel stellen Verfügungen 13
eines Nichtberechtigten dar, so dass gutgläubige Dritte, die den Erbschaftsgegenstand erwerben, durch die Vorschriften über den Schutz des guten Glaubens gem. §§ 892, 893, 932–936, 1032, 1138, 1155, 1207, 1244, 2366, 2367 BGB geschützt werden.[30] Zu beachten ist aber, dass bei beweglichen Sachen der gutgläubige Erwerber trotz guten Glaubens kein Eigentum erlangen kann, soweit der Besitz nach § 857 BGB auf den Erben übergegangen war und die Sache deshalb nach § 935 BGB als abhandengekommen anzusehen ist. Etwas anderes gilt, wenn der Erbschaftsbesitzer durch Erbschein ausgewiesen ist; hier wird der Inhalt des Erbscheins gem. §§ 2366, 2367 BGB als richtig unterstellt und die Anwendung des § 935 BGB ist ausgeschlossen. Die Schuldner von Erbschaftsforderungen sind nur dann geschützt, wenn sie nach § 2367 BGB an den durch Erbschein Ausgewiesenen leisten. Daher müssen sie sich in Zweifelsfällen vor der Zahlung den Erbschein vorlegen lassen oder nach § 372 S. 2 BGB hinterlegen.

2. Schutz nach Abs. 2

Hat der Erbschaftsbesitzer durch Rechtsgeschäft über Nachlassmittel im eigenen Na- 14
men verfügt, z.B. einen Nachlassgegenstand verkauft, so steht die Forderung aus diesem Rechtsgeschäft (z.B. Kaufpreiszahlung) gegen den Erwerber des Nachlassgegenstands gem. § 2019 BGB dem Erben zu. Leistet nun der Schuldner an den Erbschaftsbesitzer, würde dies keine schuldbefreiende Leistung darstellen. Die Regelung des Abs. 2 schützt daher den Schuldner nach dem Vorbild des **Schuldnerschutzes** bei der **Forderungsabtretung**. Der Schuldner des Erbschaftsbesitzers muss die durch § 2019 BGB bewirkte Zugehörigkeit der Forderung zur Erbschaft erst dann gegen sich gelten lassen, wenn er von der Zugehörigkeit der Forderung zur Erbschaft in irgendeiner Weise Kenntnis erlangt. Hierfür ist erforderlich, dass er von den sie begründenden Tatsachen Kenntnis erlangt und daraus die richtigen rechtlichen Schlüsse

---

26 Aufzählung nach Staudinger/*Raff*, § 2019 Rn 75.
27 OLG Celle OLGR 1995, 135 f.
28 Staudinger/*Raff*, § 2019 Rn 76.
29 Staudinger/*Raff*, § 2019 Rn 79.
30 Soergel/*Dieckmann*, § 2019 Rn 15.

zieht.[31] Das bedeutet, der Schuldner oder Vertragspartner des Erbschaftsbesitzers muss **Kenntnis** davon haben, dass die Forderung mit **Mitteln des Nachlasses erworben** wurde, **und** zwar von dem nicht berechtigten **Erbschaftsbesitzer.**[32] Der Schuldner kann dem Erben die zur Zeit der Kenntnis gegen den Erbschaftsbesitzer begründeten Einwendungen wie Sachmängel oder Verjährung gem. § 404 BGB entgegen halten und unter den Voraussetzungen des § 406 BGB aufrechnen. Befreiende Leistungen des Schuldners an den Erbschaftsbesitzer müssen nach § 407 BGB vor Kenntnis der Nachlasszugehörigkeit der Forderung erfolgen. Die Regelung des § 405 BGB findet keine Anwendung, § 404 BGB kommt zur Anwendung.[33]

C. Rechtsfolgen

I. Unmittelbarer Erwerb des Erben

15 Das vom Erbschaftsbesitzer erworbene Recht (Eigentum, Forderungsrecht, Pfandrecht) entsteht sofort unmittelbar in der Person des Erben; es fällt nicht zuerst dem Erbschaftsbesitzer zu, um gleich danach auf den wahren Erben überzugehen.[34] Der Erbe erwirbt aber auch nicht mehr als dieses Recht; war der Erblasser Pfandgläubiger der vom Erbschaftsbesitzer weggegebenen Sache, so erwirbt der Erbe an dem Surrogat ebenfalls nur ein Pfandrecht.[35] Ist der Erbschaftsbesitzer im Grundbuch eingetragen worden, weil er mit Mitteln des Nachlasses z.B. ein Grundstück erworben hat, so steht dem Erben unmittelbar ein Berichtigungsanspruch nach § 894 BGB zu, da er der wahre Eigentümer des Grundstücks mit Eintragung des Erbschaftsbesitzers geworden ist. Ob der Wert des Ersatzgegenstands höher oder niedriger ist als der Wert der weggegebenen Erbschaftssache, spielt für das Eingreifen der Regelung des § 2019 BGB keine Rolle.

II. Kreditgeschäfte

16 Umstr. ist, ob bei Kreditgeschäften ein Durchgangserwerb des Erbschaftsbesitzers stattfindet.[36] Hier erbringt der Erbschaftsbesitzer die ihm obliegende Leistung nicht sofort mit Nachlassmitteln, vielmehr erbringt zunächst nur der Vertragspartner seine Leistung. Im Zeitpunkt des Erwerbs der Leistung durch den Erbschaftsbesitzer ist also noch gar nicht klar, ob dieser die Gegenleistung durch Nachlassmittel erbringen wird. Somit erwirbt in diesem Fall nach richtiger Auffassung zunächst lediglich der Erbschaftsbesitzer die Leistung bzw. Forderung. Erst wenn er seine Leistung ebenfalls bewirkt, und zwar mit Nachlassmitteln, geht die Forderung bzw. der erhaltene Gegenstand als Surrogat in den Nachlass über.

III. Bankgeschäfte

17 Führt der Erbschaftsbesitzer das Konto für seinen eigenen Zahlungsverkehr fort, entsteht ein eigenes Giroverhältnis zwischen Bank und Erbschaftsbesitzer.[37] Davon zu trennen ist das Kontoguthaben. Bei diesem ist für jeden einzelnen Vorgang zu prüfen, ob er zu einer Surrogation nach § 2019 BGB führt. Probleme entstehen, wenn es zu einer Vermischung von Nachlassmitteln und Eigenmitteln des Erbschaftsbesitzers kommt. Wird dann Geld abgehoben und damit ein Gegenstand erworben, stellt

31 Staudinger/*Raff*, § 2019 Rn 89.
32 MüKo/*Helms*, § 2019 Rn 17.
33 Vgl. Staudinger/*Raff*, § 2019 Rn 91 f m.w. Erläuterungen.
34 Staudinger/*Raff*, § 2019 Rn 10.
35 Soergel/*Dieckmann*, § 2019 Rn 11.
36 Gegen Durchgangserwerb: Soergel/*Dieckmann*, § 2019 Rn 1 f.; für Durchgangserwerb: MüKo/*Helms*, § 2019 Rn 13 m.w.N.
37 BGH NJW 1996, 190; BGH NJW 2000, 1258.

sich die Frage, inwieweit dieser als Surrogat Bestandteil des Nachlasses ist. Hierbei ist zu unterscheiden, ob der Kontobestand durch die Abhebung unter die Quote sinkt, die anteilig dem Nachlass zuzuordnen ist. Ist das nicht der Fall, so ist der Gegenstand mit den Eigenmitteln des Erbschaftsbesitzers erworben.[38] Reichen die Eigenmittel des Erbschaftsbesitzers für eine Abhebung nicht aus und kommt es dadurch zu einer Vermischung von Eigen- und Fremdmitteln, die sich nicht mehr auseinanderdividieren lässt, steht dem Erben nur noch der Wertersatzanspruch nach §§ 2021, 818 Abs. 2 BGB zu.
Für das Verhältnis zwischen Vorerben und Nacherben wird hingegen angenommen, dass der Erwerb des Gegenstandes bei einer Vermischung von Nachlass- und Eigenmitteln zu einer vollständigen Surrogation des Nachlasses führt, da der Vorerbe die Vermischung hätte verhindern können.[39]

D. Verfahrensfragen und praktische Hinweise

I. Insolvenzverfahren und Zwangsvollstreckung

Im Insolvenzverfahren des Erbschaftsbesitzers steht dem Erben die Aussonderungs- 18
möglichkeit des § 47 InsO zu; bei einer Einzelvollstreckung durch Gläubiger des Erbschaftsbesitzers kann der Erbe die Drittwiderspruchsklage gem. § 771 ZPO erheben.

II. Beweislast

Der Erbe muss beweisen, dass der ursprüngliche Gegenstand zum Nachlass gehört 19
hat und der erworbene Gegenstand mit Mitteln der Erbschaft erworben wurde. Hierüber ist der Erbschaftsbesitzer gem. § 2027 BGB auskunftspflichtig, und auch von demjenigen, der in häuslicher Gemeinschaft mit dem Erben gelebt hat, kann Auskunft über den Verbleib von Erbschaftsgegenständen gefordert werden, § 2028 BGB.

§ 2020 Nutzungen und Früchte

Der Erbschaftsbesitzer hat dem Erben die gezogenen Nutzungen herauszugeben; die Verpflichtung zur Herausgabe erstreckt sich auch auf Früchte, an denen er das Eigentum erworben hat.

Übersicht: Rdn

A. Allgemeines

Durch die Regelung des § 2020 BGB wird die in § 2018 BGB normierte Herausgabe- 1
pflicht des Erbschaftsbesitzers auf alle Nutzungen erstreckt, die der Erbschaftsbesitzer aus Nachlassgegenständen gezogen hat. Es handelt sich hierbei um einen **unselbstständigen Teil des Gesamtanspruchs** auf Herausgabe des durch die Erbschaft Erlangten.

38 MüKo/*Helms*, § 2019 Rn 7.
39 Ablehnend MüKo/*Helms*, § 2019 Rn 7.

Als solcher unterliegt er ebenfalls der 30-jährigen Verjährungsfrist des § 197 Abs. 1 Nr. 1 BGB.

B. Tatbestand

2 § 2020 BGB erstreckt die Herausgabepflicht des Erbschaftsbesitzers auf **alle** vom Erbschaftsbesitzer aus Erbschaftsgegenständen **gezogenen Nutzungen** (also unmittelbare u. mittelbare Sachfrüchte, Rechtsfrüchte u. Gebrauchsvorteile, §§ 100, 99 BGB), unabhängig davon, ob der Erbschaftsbesitzer gutgläubig oder bösgläubig war.[1] Ob der Herausgabeanspruch dinglicher oder lediglich schuldrechtlicher Natur ist, hängt von den herauszugebenden Nutzungen ab.

C. Rechtsfolgen

I. Herausgabe der unmittelbaren Sachfrüchte

3 Der Erbschaftsbesitzer hat an den Erben die unmittelbaren Sachfrüchte herauszugeben. Unmittelbare Sachfrüchte nach § 99 BGB sind die Erzeugnisse einer Sache, d.h. alle natürlichen Tier- und Bodenprodukte (Milch, Obst, Pflanzen) und ihre Ausbeute (Kohle). Die unmittelbaren **Sachfrüchte** fallen mit der Trennung in das Eigentum des Erben (§§ 953 ff. BGB). War der Erbschaftsbesitzer im Zeitpunkt der Trennung bereits bösgläubig, so hat der Herausgabeanspruch des Erben einen dinglichen Charakter, weil der Erbe Sachfrüchte herausverlangt, an denen er nach § 953 BGB Eigentum erworben hat.[2] Der gutgläubige Erbschaftsbesitzer erwirbt hingegen nach § 955 BGB an den unmittelbaren Sachfrüchten mit der Trennung Eigentum, so dass der Herausgabeanspruch des Erben nach Hs. 2 dann nur obligatorischen Charakter hat. Der gutgläubige Erbschaftsbesitzer haftet nicht für schuldhaft nicht gezogene Nutzungen. Stand dem Erblasser an den unmittelbaren Früchten von Sachen kein Fruchtziehungsrecht zu, sind diese dennoch an den Erben herauszugeben.[3] Zu beachten ist in diesem Fall, dass an solchen Früchten weder der bösgläubige Erbschaftsbesitzer noch der Erbe Eigentum erwerben können und dem Erben daher lediglich ein aussonderungsfähiger Anspruch zusteht.

II. Herausgabe der mittelbaren Sachfrüchte und Rechtsfrüchte

4 Die **mittelbaren Sachfrüchte** (Mietzinsforderung aus der Vermietung einer Nachlasssache) und **Rechtsfrüchte** (Darlehenszinsen aus einem vom Erblasser gewährten Darlehen) werden durch Rechtsgeschäft mit Mitteln der Erbschaft erworben, so dass auch hier das Surrogationsprinzip des § 2019 BGB greift und der Herausgabeanspruch deshalb dinglichen Charakter hat.[4] Für eine Einschränkung des Surrogationsgrundsatzes durch die Annahme eines lediglich schuldrechtlichen Herausgabeanspruchs[5] besteht im Hinblick auf den Schutz des Erben kein Raum.

III. Herausgabe der Gebrauchsvorteile

5 Hat der Erbschaftsbesitzer **Gebrauchsvorteile** gezogen, so steht dem Erben ein schuldrechtlicher Anspruch auf Herausgabe der Bereicherung zu (§§ 818 Abs. 2, 2021 BGB). Hat der Erbschaftsbesitzer ein zum Nachlass gehörendes Fahrzeug benutzt und dadurch Aufwendungen erspart, hat der Erbe Anspruch auf Wertersatz der ersparten Aufwendungen.[6]

1 Soergel/*Dieckmann*, § 2020 Rn 2.
2 Staudinger/*Raff*, § 2020 Rn 7.
3 Soergel/*Dieckmann*, § 2020 Rn 4.
4 MüKo/*Helms*, § 2020 Rn 4.
5 Grüneberg/*Weidlich*, § 2020 Rn 1.
6 MüKo/*Helms*, § 2020 Rn 5.

IV. Gegenstand des Herausgabeanspruchs

Die Nutzungen sind, soweit sie noch vorhanden sind, **in Natur** herauszugeben. Ist der Erbschaftsbesitzer zur Herausgabe nicht in der Lage, hat er nach §§ 818 Abs. 2 u. 3, 2021 BGB den Wert zu erstatten. Dies gilt auch für die Fälle, in welchen lediglich ein schuldrechtlicher Herausgabeanspruch besteht.[7] Für die **schuldhaft nicht gezogenen Nutzungen** haftet der gutgläubige Erbschaftsbesitzer nicht. Eine Verschärfung seiner Haftung gegenüber dem Erben tritt nach §§ 2023, 2024 BGB mit der Rechtshängigkeit des Erbschaftsanspruchs oder Bösgläubigkeit ein. 6

V. Fehlende eigene Nutzungsberechtigung des Erblassers

Gezogene Nutzungen von Sachen, die nur tatsächlich zum Nachlass gehört haben, an welchen dem Erblasser aber weder ein dingliches Nutzungsrecht noch eine obligatorische Nutzungsbefugnis zugestanden hat, sind ebenfalls von dem Erbschaftsbesitzer an den Erben herauszugeben.[8] Der Erbe wiederum ist dem Eigentümer gegenüber aufgrund des § 812 BGB (Eingriffskondiktion) zur Weiterleitung der Nutzung verpflichtet. 7

§ 2021 Herausgabepflicht nach Bereicherungsgrundsätzen

Soweit der Erbschaftsbesitzer zur Herausgabe außerstande ist, bestimmt sich seine Verpflichtung nach den Vorschriften über die Herausgabe einer ungerechtfertigten Bereicherung.

Übersicht: Rdn

A. Allgemeines

Die **Rechtsfolgenverweisung** des § 2021 BGB **beschränkt die Herausgabepflicht** des Erbschaftsbesitzers (§§ 2018–2020 BGB) nach den Grundsätzen des Bereicherungsrechts gem. §§ 818 ff. BGB, soweit der gutgläubige und unverklagte Erbschaftsbesitzer zur Herausgabe außerstande ist. Da es sich um eine Rechtsfolgenverweisung handelt, 1

7 Staudinger/*Raff*, § 2020 Rn 21.
8 MüKo/*Helms*, § 2020 Rn 3.

kommt es nicht darauf an, dass die Voraussetzungen des Bereicherungsanspruchs erfüllt sind.[1] Somit unterliegt auch der Anspruch des § 2021 BGB der 30-jährigen Verjährungsfrist des § 197 Abs. 1 Nr. 1 BGB und nicht den kürzeren Verjährungsfristen des Bereicherungsrechts.

B. Tatbestand

I. Unmöglichkeit der Herausgabe

1. Unmöglichkeit

2 Die **Unmöglichkeit** der Herausgabe liegt vor, wenn die Herausgabe dessen, was der Erbschaftsbesitzer nach §§ 2018–2020 BGB an den Erben herausgeben müsste, **in Natur** nicht möglich ist. Die Unmöglichkeit liegt somit nicht vor, wenn der Nachlassgegenstand (§ 2018 BGB), das Surrogat (§ 2019 BGB) oder die Nutzungen (§ 2020 BGB) noch vorhanden sind. Unmöglichkeit liegt auch nicht vor, wenn durch die Verbindung, Vermischung oder Vermengung einer Erbschaftssache mit Sachen des Erbschaftsbesitzers Miteigentum begründet worden ist. In diesem Fall ist vielmehr das Miteigentum herauszugeben.[2] Falls der Wert des Surrogates geringwertiger als der des Erbschaftsgegenstands ist, kann der Erbe das Surrogat herausfordern und ergänzend für die Differenz Wertausgleich verlangen.[3] Unmöglichkeit liegt auch vor, wenn der Erbschaftsbesitzer ein höchstpersönliches Rechtsgut erworben hat, da dieses nicht an den Erben herausgegeben werden kann. Ist das Erlangte völlig im Eigenvermögen des Erbschaftsbesitzers aufgegangen, liegt ebenfalls Unmöglichkeit vor.[4]

2. Grund der Unmöglichkeit

3 Der Grund, aus dem der Erbschaftsbesitzer zur Herausgabe außerstande ist, ist **unerheblich**. Er kann die Sache sowohl selbst verbraucht oder verschenkt haben, sie kann untergegangen oder veräußert worden sein. Solange keine verschärfte Haftung eingetreten ist, ist der Erbschaftsanspruch lediglich ein Auskehrungsanspruch, aber kein Verschaffungsanspruch. Aus diesem Grund ist die Unmöglichkeit der Herausgabe auch dann gegeben, wenn der Erbschaftsbesitzer eine Nachlasssache zwar nicht mehr hat, aber sie von ihrem jetzigen Besitzer zurückerwerben könnte.[5]

3. Geldansprüche

4 Hatte der Erbschaftsbesitzer Geld an den Erben herauszugeben und ist das Geld nicht mehr in Natur vorhanden, weil es der Erbschaftsbesitzer z.B. ausgegeben hat, so ist nach Bereicherungsrecht zu prüfen, ob und inwieweit der Wegfall der Bereicherung nach § 818 Abs. 3 BGB eingetreten ist. Es gilt nicht die allg. Regel, dass eine Unmöglichkeit der Leistung bei Geldschulden grundsätzlich nicht befreit, denn der Anspruch richtet sich auf die Herausgabe bestimmter Banknoten. Bei unentgeltlicher Zuwendung durch den Erbschaftsbesitzer haftet der Erwerber allerdings gem. § 822 BGB, ggf. auch nach § 816 Abs. 1 S. 2 BGB.[6]

II. Keine Haftungsverschärfung

5 Die Haftung des Erbschaftsbesitzers darf weder durch Bösgläubigkeit, Verzug, Rechtshängigkeit oder gewaltsame Aneignung erweitert sein. Verschulden oder Verschwendung der herauszugebenden Sache schadet ihm indes nicht.

---

1 *Olzen*, JuS 1989, 374.
2 MüKo/*Helms*, § 2021 Rn 2.
3 Soergel/*Dieckmann*, § 2021 Rn 2; a.A. Staudinger/*Raff*, § 2021 Rn 8.
4 MüKo/*Helms*, § 2021 Rn 2.
5 Staudinger/*Raff*, § 2021 Rn 12.
6 Soergel/*Dieckmann*, § 2021 Rn 10.

C. Rechtsfolgen

I. Allgemeines

6 An die Stelle der bisher geschuldeten Herausgabe des Erbschaftsgegenstands, des Surrogats oder der Nutzungen und Früchte in Natur tritt nunmehr eine Haftung des Erbschaftsbesitzers auf **Wertersatz** nach Bereicherungsgrundsätzen. Hierdurch wird seine Haftung auf die noch vorhandene Bereicherung durch § 818 Abs. 3 BGB begrenzt. Der unverklagte gutgläubige Erbschaftsbesitzer ist somit auch von einer **Schadensersatzpflicht** wegen schuldhaft herbeigeführter Unmöglichkeit der Leistung (§§ 280 Abs. 1 u. 3, 283 BGB) freigestellt.[7] Die Haftung des Erbschaftsbesitzers verschärft sich, wenn die Herausgabe in Natur zu einem Zeitpunkt unmöglich wird, zu dem der Erbschaftsbesitzer bereits **bösgläubig** (§ 2024 BGB) bzw. auf Herausgabe **verklagt** (§ 2023 BGB) war oder die Besitzerlangung durch eine **strafbare Handlung** oder **verbotene Eigenmacht** (§ 2025 BGB) erfolgte. Die verschärfte Bereicherungshaftung kann dann mit einer Schadensersatzhaftung zusammentreffen.[8] Dem Erben steht gegen den Fiskus als Erbschaftsbesitzer neben dem Anspruch auf Herausgabe des Nachlasses ein Zinsanspruch gem. §§ 2018, 2021, 812 Abs. 1, 818 BGB auch dann zu, wenn der Fiskus zunächst gem. § 1936 BGB als gesetzlicher Erbe berufen war.[9]

II. Bereicherungshaftung

1. Bereicherung

7 Die Bereicherung ist die **Vermögensmehrung**, die dem Vermögen des Erbschaftsbesitzers durch die Erbschaft als Ganzes zugeflossen ist.[10] Der Verbrauch von Nachlassmitteln löst dann eine Bereicherung des Erbschaftsbesitzers aus, wenn dieser dadurch anderweitige Ausgaben spart. Dabei ist stets darauf zu achten, ob der Erbschaftsbesitzer durch den Verbrauch von Nachlassmitteln ohnehin geplante Ausgaben oder Lebenshaltungskosten erspart hat (vollumfängliche Bereicherung) oder ob er die Ausgaben ohne die vermeintliche Erbschaft nicht gemacht hätte (dann evtl. Wegfall der Bereicherung, da die Ausgabe Folgenachteil des Erbschaftsantritts ist). Der Erbschaftsbesitzer muss, soweit er zur Herausgabe außerstande ist, nach § 818 Abs. 2 BGB dem Erben den Wert des Erlangten in Geld ersetzen. Die Beweislast für den Wert hat der Erbe.

2. Wegfall der Bereicherung

8 Die Verpflichtung zum Wertersatz ist ausgeschlossen, soweit der Erbschaftsbesitzer nicht mehr bereichert ist (§ 818 Abs. 3 BGB). Für den Wegfall der Bereicherung ist der Erbschaftsbesitzer beweispflichtig.

a) Folgenachteile

9 Zu beachten ist, dass als Wegfall der Bereicherung nicht nur die nachteiligen Folgen des konkreten Vorteilserwerbs in Betracht kommen. Vielmehr ist bei der Beurteilung, ob eine Bereicherung bzw. ein Wegfall der Bereicherung des Erbschaftsbesitzers vorliegt, die **Erbschaft als Ganzes** in Betracht zu ziehen.[11] Dies führt dazu, dass grundsätzlich **alle Folgenachteile** des Erwerbs der Erbschaft als Ganzes für die Frage des Wegfalls der Bereicherung zu überprüfen sind.[12] Bis zur Rechtshängigkeit (§ 818 Abs. 4 BGB) oder Bösgläubigkeit (§ 2024 BGB) entlastet den Erbschaftsbesitzer sowohl jeder

---

7 Staudinger/*Raff*, § 2021 Rn 3.

8 Vgl. dazu die Ausführungen bei Staudinger/*Raff*, § 2021 Rn 5.

9 BGH NJW 2016, 156; zur Verjährung vgl. auch OLG Bamberg ZErb 2016, 179.

10 MüKo/*Helms*, § 2021 Rn 5.

11 Staudinger/*Raff*, § 2021 Rn 21.

12 Staudinger/*Raff*, § 2021 Rn 22.

Verlust als auch jede Verschwendung.[13] Die Bereicherung ist dann weggefallen, wenn die ursprüngliche Vermögensmehrung, die dem Erbschaftsbesitzer durch die Erbschaft als Ganzes zugeflossen ist, durch die **Ausgaben**, die der Erbschaftsbesitzer **im Vertrauen auf den Bestand seines Erbrechts** gemacht hat, vollständig aufgezehrt wurde.

b) Ausgaben aus dem Eigenvermögen des Erbschaftsbesitzers

10 Der Erbschaftsbesitzer kann sich auch auf **Ausgaben**, die er aus **eigenen Mitteln** auf nicht zum Nachlass gehörende Gegenstände oder zur Deckung eigener Bedürfnisse gemacht hat, berufen, um sie als Minderung der herauszugebenden Bereicherung in Abzug zu bringen.[14] **Verwendungen** auf die Erbschaft sind als Wegfall der Bereicherung zu berücksichtigen.[15]
Dies soll folgendes Beispiel verdeutlichen: Im Vertrauen auf das durch die Erbschaft erhöhte Vermögen unternimmt der Erbschaftsbesitzer eine Schiffsreise aus eigenen Mitteln (Folgenachteil). Wieder zu Hause, renoviert er mit Nachlassmitteln sein Haus, i.H.d. Hauses steigt der Grundstückswert (Bereicherung). Hier können nach *Raff* die Ausgaben der Luxusreise als Folgenachteile als Minderung seiner Bereicherung aus der Hausrenovierung angesetzt werden.[16]

11 Den Erbschaftsbesitzer entlastet also auch, wenn er gar keine Nachlassmittel verwendet, sondern im Vertrauen auf den Erwerb der Erbschaft eigene Mittel verwandt hat. Die Ausgaben müssen auch nicht der Erbschaft zugutegekommen sein, sie müssen lediglich im Vertrauen auf den Bestand des Erbrechts gemacht worden sein. Auch eine zwecklose Verwendung entlastet somit den Erbschaftsbesitzer, und zwar unabhängig davon, aus welchen Mitteln sie vorgenommen wird.[17]

12 Die Verwendung eigener Mittel spielt jedoch stets nur bei der Bereicherungshaftung des Erbschaftsbesitzers nach § 2021 BGB eine Rolle, **nicht** hingegen, wenn es um die **Herausgabe** der Nachlassgegenstände selbst, der Surrogate oder Früchte in Natur geht. Kann und muss der Erbschaftsbesitzer diese Dinge herausgeben, so kann er die darauf verwandten eigenen Mittel lediglich im Rahmen seines Verwendungsersatzanspruchs gem. § 2022 BGB geltend machen.

c) Aufwendung für die Besitzerlangung an der Erbschaft

13 **Aufwendungen**, die der Erbschaftsbesitzer gemacht hat, um **in den Besitz der Erbschaft** zu gelangen, wie z.B. die Kosten eines unrichtigen Erbscheins, können von seiner Bereicherung **nicht abgezogen** werden.[18] Nach Bereicherungsrecht können nur diejenigen Aufwendungen haftungsmindernd berücksichtigt werden, die durch das Erhalten der bereits erlangten Erbschaft verursacht sind, so z.B. die Kosten des Transportes von Erbschaftssachen oder die Kosten eines Vorprozesses des gutgläubigen Erbschaftsbesitzers, um die bereits erlangte Erbschaft zu sichern, nicht hingegen die Prozesskosten, um in den Besitz der Erbschaft zu gelangen.[19]

3. Innerer Zusammenhang zwischen Folgenachteil und Vertrauen

14 Nach der h.M. ist für die Anwendung des § 818 Abs. 3 BGB zusätzlich ein innerer Zusammenhang zwischen dem eingetretenen Folgenachteil und dem Vertrauen des

---

13 Soergel/*Dieckmann*, § 2021 Rn 10.
14 Staudinger/*Raff*, § 2021 Rn 28.
15 BGH FamRZ 2004, 537.
16 Staudinger/*Raff*, § 2021 Rn 26.
17 Staudinger/*Raff*, § 2021 Rn 29.
18 BGHZ 9, 333 ff.; BGHZ 14, 7 ff.
19 MüKo/*Helms*, § 2021 Rn 6.

Erbschaftsbesitzers auf die Endgültigkeit seines Erwerbs zu fordern.[20] Folge hiervon soll sein, dass Schäden, die Nachlassgegenstände an Bestanteilen des ureigenen Vermögens des Erbschaftsbesitzers auslösen, nicht als Bereicherungsminderungsposten berücksichtigt werden können.[21]

4. Unentgeltliche Zuwendungen

Wendet der Erbschaftsbesitzer das Erlangte unentgeltlich einem Dritten zu, so ist dieser nach § 822 BGB zur Herausgabe der Bereicherung verpflichtet, soweit der Erbschaftsbesitzer infolge der Zuwendung gem. § 818 Abs. 3 BGB von der Pflicht zur Herausgabe befreit ist.[22] Gegen den Dritten findet § 816 Abs. 2 BGB Anwendung, wenn der Erbschaftsbesitzer wirksam über Nachlassgegenstände verfügt hat.[23] 15

5. Verschärfte Haftung

Vom Beginn des Eintritts der **Rechtshängigkeit des Anspruchs aus § 2021 BGB** an haftet der Erbschaftsbesitzer verschärft nach §§ 291, 818 Abs. 4 BGB. Hiervon streng zu trennen ist der Fall, dass der Herausgabeanspruch (§§ 2018 ff. BGB) der nunmehr verbrauchten Sache bereits anhängig war. Dann haftet der Erbschaftsbesitzer ab Rechtshängigkeit nur noch nach § 2023 BGB.[24] War der Erbschaftsbesitzer bösgläubig, so bestimmt sich seine Haftung auch für den bereicherungsrechtlichen Anspruch ausschließlich nach § 2024 BGB.[25] Die Regelung in § 2024 BGB geht derjenigen des § 819 Abs. 4 BGB vor und führt dadurch zu einer Haftung nicht nur bei Kenntnis der fehlenden Erbberechtigung, sondern bereits bei Vorliegen grober Fahrlässigkeit im Hinblick auf den Mangel der Erbberechtigung 16

D. Verfahrensfragen, Beweislast

Der Erbe muss den Wert der Bereicherung des Erbschaftsbesitzers beweisen sowie dessen ggf. verschärfte Haftung nach §§ 818 Abs. 4, 819 BGB.[26] Der Erbschaftsbesitzer muss hingegen die Unmöglichkeit der Herausgabe sowie den Wegfall der Bereicherung beweisen.[27] Ist die Herausgabe unmöglich, begründet dies für den Erbschaftsbesitzer eine rechtsvernichtende Einwendung.[28] 17

§ 2022 Ersatz von Verwendungen und Aufwendungen

(1) [1]Der Erbschaftsbesitzer ist zur Herausgabe der zur Erbschaft gehörenden Sachen nur gegen Ersatz aller Verwendungen verpflichtet, soweit nicht die Verwendungen durch Anrechnung auf die nach § 2021 herauszugebende Bereicherung gedeckt werden. [2]Die für den Eigentumsanspruch geltenden Vorschriften der §§ 1000 bis 1003 finden Anwendung.
(2) Zu den Verwendungen gehören auch die Aufwendungen, die der Erbschaftsbesitzer zur Bestreitung von Lasten der Erbschaft oder zur Berichtigung von Nachlassverbindlichkeiten macht.

20 MüKo/*Lieb*, § 818 Rn 79.
21 Vgl. Staudinger/*Raff*, § 2021 Rn 35.
22 MüKo/*Helms*, § 2021 Rn 7.
23 Soergel/*Dieckmann*, § 2021 Rn 10.
24 Staudinger/*Raff*, § 2021 Rn 44.
25 MüKo/*Helms*, § 2021 Rn 8.
26 Staudinger/*Raff*, § 2021 Rn 16.
27 Staudinger/*Raff*, § 2021 Rn 46.
28 NK-BGB/*Fleindl*, § 2021 Rn 5.

(3) Soweit der Erbe für Aufwendungen, die nicht auf einzelne Sachen gemacht worden sind, insbesondere für die im Absatz 2 bezeichneten Aufwendungen, nach den allgemeinen Vorschriften in weiterem Umfang Ersatz zu leisten hat, bleibt der Anspruch des Erbschaftsbesitzers unberührt.

Übersicht: Rdn

A. Allgemeines

1 Durch die Vorschrift des § 2022 BGB wird der **gutgläubige und nicht verklagte Erbschaftsbesitzer** wegen der Verwendungen, die er vor Rechtshängigkeit (§ 2023 Abs. 2 BGB) und vor Eintritt seiner Bösgläubigkeit auf einzelne Nachlassgegenstände oder auf die Erbschaft im Ganzen gemacht hat, im Vergleich zu dem der Eigentumsklage gem. § 985 BGB ausgesetzten Besitzer einer Einzelsache **privilegiert**. Der Erbschaftsbesitzer kann Ersatz **aller** seiner **Verwendungen** unabhängig von ihrer Notwendigkeit oder Nützlichkeit verlangen, weil er insoweit auch alle gezogenen Nutzungen herausgeben muss.[1] Der Vergütungsanspruch des Erbschaftsbesitzers für Aufwendungen beschränkt sich nicht nur auf die notwendigen oder werterhöhenden Verwendungen wie im Fall des § 996 BGB. Auch **nicht erforderliche** oder **zwecklose** Verwendungen erhält er ersetzt.[2] Durch die Verweisung des Abs. 1 S. 2 auf die §§ 1000–1003 BGB wird dem Erbschaftsbesitzer ein Zurückbehaltungsrecht an den herauszugebenden Sachen sowie ein pfandartiges Selbstbefriedigungsrecht eingeräumt.[3]

1 MüKo/*Helms*, § 2022 Rn 1.
2 Soergel/*Dieckmann*, § 2022 Rn 5.
3 Staudinger/*Raff*, § 2022 Rn 2.

Die vom Erbschaftsbesitzer gemachten Verwendungen sind jedoch grundsätzlich gem. Abs. 1 S. 1 nur in dem **Umfang** zu ersetzen, soweit sie nicht schon durch **Anrechnung** die nach § 2021 BGB herauszugebende Bereicherung gemindert haben.[4] 2

Dem Wortlaut nach gewährt § 2022 BGB einen Ersatzanspruch nur gegenüber dem dinglichen Anspruch auf Herausgabe der „zur Erbschaft gehörenden Sachen". Die Regelung ist jedoch entsprechend anwendbar auf den Anspruch auf „Herausgabe" einer aus der Erbschaft erlangten **Grundbuchposition**; der Erbschaftsbesitzer kann somit seine Zustimmung zur Berichtigung des Grundbuchs so lange verweigern, bis er die auf das Grundstück getroffenen Verwendungen ersetzt bekommen hat.[5] Hier kommen z.B. Verwendungsersatzansprüche für die Ablösung dinglicher Belastungen auf dem Grundstück in Betracht.[6] Darüber hinaus ist § 2022 BGB auch entsprechend auf den schuldrechtlichen Anspruch auf **Herausgabe** der **Früchte** anwendbar, die in das Eigentum des Erbschaftsbesitzers gefallen sind, nicht jedoch auf den Anspruch auf Herausgabe der Bereicherung nach § 2021 BGB.[7] 3

B. Tatbestand

I. Verwendungen

Verwendungen sind alle freiwilligen Vermögensopfer des Erbschaftsbesitzers aus seinen **eigenen Mitteln**, die nach seinem Willen unmittelbar einer bestimmten Nachlasssache oder der Erbschaft im Ganzen zugutekommen sollen.[8] Die Verwendungen müssen im **Interesse des** herauszugebenden **Nachlass** gemacht worden sein.[9] Nach Abs. 2 gehören auch diejenigen Aufwendungen zu den ersatzfähigen Verwendungen, die der Erbschaftsbesitzer zur Bestreitung von Kosten der Erbschaft oder Tilgung von Nachlassverbindlichkeiten macht. 4

II. Erstattungsfähigkeit der Verwendungen

1. Verwendungserfolg

Es ist völlig unerheblich, ob die Verwendungen den Wert der konkreten Nachlasssache erhöhen oder ob die Verwendungen wenigstens eine **Verschlechterung** oder aber einen **Wertverlust** verhindert haben. Der Erbschaftsbesitzer kann auch für eine Maßnahme Verwendungsersatz verlangen, die den Verkehrswert der Sache verringert hat.[10] Der Verwendungserfolg kann zwischenzeitlich auch wieder weggefallen sein, so durch Zerstörung oder Verlust.[11] 5

2. Verwendungen auf die Erbschaft

Notwendig und ausreichend für den Verwendungsersatz ist nur, dass die Verwendungen der Erbschaft im Ganzen oder einem einzelnen Erbschaftsgegenstand zugutekommen können und auch sollen.[12] Damit scheiden Verwendungen aus, die ausschließlich zur Befriedigung **eigener Bedürfnisse** oder zugunsten von privaten Gegenständen des 6

---

4 Soergel/*Dieckmann*, § 2020 Rn 8; der Ersatzanspruch des § 2022 BGB kann zwar gegenüber dem schuldrechtlichen Anspruch auf Herausgabe der Bereicherung nach § 2021 BGB nicht geltend gemacht werden; da allerdings alle Verwendungen i.R.d. Anwendung des § 2021 BGB als Bereicherungsminderungsposten gelten, führt dies zum wirtschaftlich gleichen Ergebnis, vgl. Staudinger/*Raff*, § 2022 Rn 3.

5 Staudinger/*Raff*, § 2022 Rn 3.

6 AG Leipzig NJ 2001, 103.

7 Soergel/*Dieckmann*, § 2022 Rn 2.

8 MüKo/*Helms*, § 2022 Rn 3.

9 OLG Düsseldorf FamRZ 1992, 600.

10 Staudinger/*Raff*, § 2022 Rn 21.

11 Vgl. Staudinger/*Raff*, § 2022 Rn 22.

12 MüKo/*Helms*, § 2022 Rn 5.

Erbschaftsbesitzers gemacht werden.[13] Aufwendungen, die der Erbschaftsbesitzer auf eigene Sachen macht, stellen somit keine Verwendungen dar, wurden sie jedoch im Vertrauen auf die Beständigkeit des Erbanfalls gemacht, können sie bereicherungsmindernd über § 2021 BGB berücksichtigt werden.[14]

3. Aufwendungen nach Abs. 2

7 Nach Abs. 2 gehören zu den ersatzfähigen Verwendungen auch **Aufwendungen**, die der Erbschaftsbesitzer zur Bestreitung von Lasten der Erbschaft oder zur Berichtigung von Nachlassverbindlichkeiten macht. So ist z.B. die Zahlung der Erbschaftsteuer aus Eigenmitteln des Erbschaftsbesitzers nach Abs. 2 BGB eine solche erstattungsfähige Verwendung auf die Erbschaft, allerdings nur in dem Umfang, in dem der Erbe ihr unterliegt. Darüber hinaus ist der Erbschaftsbesitzer auf den Steuererstattungsanspruch (§ 37 Abs. 2 AO) angewiesen.

a) Problem der Tilgungsbestimmung

8 Die Regelung in Abs. 2 setzt voraus, dass die Leistung des Erbschaftsbesitzers tatsächlich die Nachlassverbindlichkeit getilgt hat.[15] Dies würde regelmäßig daran scheitern, dass kein erkennbarer Drittleistungswille des Erbschaftsbesitzers vorliegt und eine Tilgung deshalb nach § 267 BGB ausscheidet. Deshalb ist mit der h.M. eine **nachträgliche Änderung** der **Tilgungsbestimmung** durch den Erbschaftsbesitzer dahingehend zuzulassen, dass die Tilgung für den Erben erbracht wurde und so zu einer Tilgung der fremden Schuld des Erben führt.[16] Der Erbschaftsbesitzer kann jedoch auch gegen den Nachlassgläubiger aufgrund seiner Leistung auf eine nicht bestehende Schuld über § 812 Abs. 1 Alt. 1 BGB vorgehen. Wenn er von dem Nachlassgläubiger das Geleistete zurückerhält, entfallen der Verwendungsersatzanspruch nach Abs. 2 und die Rückgriffskondiktion nach Abs. 3 gegenüber dem Erben.

b) Leistung auf vermeintliche Nachlassschulden

9 Die Berichtigung einer vermeintlichen Nachlassschuld mit eigenen Mitteln durch den Erbschaftsbesitzer stellt keine Verwendung auf den Nachlass dar. Eine solche Verwendung, wie auch Aufwendungen für die eigene Lebenshaltung, kann der Erbschaft nicht zugutekommen. Der Erbschaftsbesitzer kann diese Ausgabe aber i.R.d. §§ 818 Abs. 3, 2021 BGB zum Abzug bringen; darüber hinaus steht ihm ggf. ein Bereicherungsanspruch gegen den Empfänger der ohne Rechtsgrund geleisteten Schuld zu (in diesem Fall scheitert natürlich gegenüber dem Erben die Berufung auf § 818 Abs. 3 BGB, darüber hinaus auch dann, wenn er seinen Kondiktionsanspruch dem Erben abtritt, str.).

4. Kosten für Früchte

10 Nach § 102 BGB kann der Erbschaftsbesitzer **Kostenersatz** für die **Gewinnung** der nach § 2020 BGB herauszugebenden **Früchte** nur insoweit verlangen, als sie einer ordnungsgemäßen Wirtschaft entsprechen und den Wert der Früchte nicht übersteigen. Diese Voraussetzungen brauchen i.R.d. Geltendmachung des Verwendungsersatzes nach § 2022 BGB nicht erfüllt zu sein.[17] Der Erbschaftsbesitzer kann hier also auch Kostenersatz für die Gewinnung der Früchte verlangen, wenn die Verwendungen den

---

13 MüKo/*Helms*, § 2022 Rn 4; LG Bad Kreuznach v. 27.9.2013 – Teilurteil 104 O 17/11, BeckRs 2014, 19747.

14 Soergel/*Dieckmann*, § 2022 Rn 3.

15 Staudinger/*Raff*, § 2022 Rn 27.

16 Soergel/*Dieckmann*, § 2022 Rn 6.

17 Staudinger/*Raff*, § 2022 Rn 29.

Wert der Früchte überstiegen haben. Die Regelung in § 2022 BGB verdrängt als lex specialis die Regelungen der §§ 102, 998 BGB. Sind die Früchte in das Eigentum des Erbschaftsbesitzers gefallen, findet § 2022 BGB dennoch Anwendung.[18]

5. Eigene Arbeitsleistung

11 Die eigene Arbeitsleistung ist als Verwendung nur dann erstattungsfähig, wenn dadurch für den Erbschaftsbesitzer ein Verdienstausfall entsteht[19] oder seine Arbeitsleistung einen messbaren Marktpreis hat.[20]

C. Rechtsfolgen

I. Durchsetzung des Verwendungsanspruchs

1. Zurückbehaltungsrecht gem. §§ 273, 274, 1000 BGB

12 Abs. 1 erklärt die Anwendung der Vorschriften der §§ 1000–1003 BGB. Das **Zurückbehaltungsrecht** gem. §§ 273, 274, 1000 BGB steht dem Erbschaftsbesitzer an allen herauszugebenden Sachen zu, unabhängig davon, ob die Verwendungen dem Gesamtnachlass gedient haben oder nur auf einzelne Erbschaftsgegenstände gemacht wurden.[21] Der Erbschaftsbesitzer kann sein Zurückbehaltungsrecht nach § 1000 BGB auch auf solche Verwendungen stützen, die er auf andere Nachlasssachen als die von ihm herausverlangten gemacht hat.[22] Dies gilt sogar dann, wenn die Sache, auf die er die Verwendung gemacht hat, gar nicht mehr vorhanden ist.[23] Das Zurückbehaltungsrecht steht dem Erbschaftsbesitzer nicht zu, wenn er den Erbschaftsbesitz durch eine vorsätzlich begangene unerlaubte Handlung erlangt hat, § 1000 S. 2 BGB. Er darf also keine Nachlasssachen zurückbehalten, die er bereits in Kenntnis seiner mangelhaften Erbenstellung in Besitz genommen hat.[24] Das Zurückbehaltungsrecht kann durch die Zwecke der Nachlasspflegschaft modifiziert sein, wenn der **Nachlasspfleger** den aus § 1960 BGB abgeleiteten Herausgabeanspruch geltend macht.[25] Der Erbschaftsbesitzer hat wegen eines ihm selbst zustehenden Vermächtnis- oder Pflichtteilsanspruchs kein erweitertes Zurückbehaltungsrecht.

2. Klagbarer Anspruch auf Verwendungsersatz gem. § 1001 S. 1 BGB

a) Wiedererlangung „der Sache"

13 Der Verwendungsersatzanspruch des Erbschaftsbesitzers kann auch selbstständig durch eine Klage verfolgt werden, sofern der Erbe die „Sache" wiedererlangt hat. Nach der h.M. ist unter der wiedererlangten „Sache" i.S.v. §§ 1001 S. 1, 2022 Abs. 1 S. 2 BGB nur die konkrete Sache, auf die die Verwendungen gemacht wurden, zu verstehen. Ausreichend ist aber auch, dass der Erbe statt der konkreten Sache die **Surrogate** gem. § 2019 BGB oder den **Wertersatz** gem. § 2021 BGB erhalten hat, oder aber die Verwendung von ihm gem. § 1001 BGB genehmigt wurde.[26] Bei **Verwendungen auf die Erbschaft im Ganzen** bzw. bei Verwendungen auf den Nachlass allg. (Abs. 2) setzt die Geltendmachung des Verwendungsersatzanspruches voraus, dass der

18 Staudinger/*Raff*, § 2022 Rn 31.
19 KG MDR 1974, 317 f.
20 BGH NJW 1996, 921.
21 Soergel/*Dieckmann*, § 2022 Rn 10.
22 MüKo/*Helms*, § 2022 Rn 9.
23 Staudinger/*Raff*, § 2022 Rn 11.
24 Staudinger/*Raff*, § 2022 Rn 9 m.w.N.
25 BGH NJW 1972, 1752, 1753.
26 Soergel/*Dieckmann*, § 2022 Rn 9ff; nach a.A. ist unter der wiedererlangten Sache die Gesamtheit der herauszugebenden Erbschaftssachen, Surrogate und Früchte zu verstehen, Staudinger/*Raff*, § 2022 Rn 10.

Erbschaftsbesitzer die Erbschaft als Ganzes entsprechend §§ 2018–2021 BGB herausgegeben hat.[27]

b) Ausschlussfrist des § 1002 BGB

14 Der Anspruch auf Verwendungsersatz gem. § 1001 BGB muss innerhalb der Ausschlussfrist des § 1002 BGB geltend gemacht werden. Bei Verwendungen auf **einzelne Erbschaftssachen** beginnt die Frist mit der Herausgabe dieser Sachen zu laufen und beträgt bei beweglichen Sachen einen Monat und bei Grundstücken sechs Monate.[28] Bei Verwendungen auf die **Erbschaft im Ganzen** beginnt die Frist erst mit der Herausgabe des letzten Nachlassgegenstandes und beträgt sechs Monate, sofern ein Grundstück mit herauszugeben ist, sonst einen Monat.[29]

3. Wegnahmerecht

15 Auch ein Wegnahmerecht entsprechend den §§ 258, 997 BGB wird dem Erbschaftsbesitzer zugestanden, da er sonst schlechter stünde als nach Eintritt der Haftungsverschärfung.[30]

4. Befriedigungsrecht

16 Schließlich steht dem Erbschaftsbesitzer das in § 1003 BGB anerkannte pfandrechtsähnliche Befriedigungsrecht bzgl. aller sich noch in seinem Besitz befindlichen Erbschaftssachen zu.[31]

II. Weitergehende Ansprüche

17 Gem. Abs. 3 werden dem Erbschaftsbesitzer alle weitergehenden Ansprüche vorbehalten, die er nach sonstigen Vorschriften wegen seiner nicht auf einzelne Sachen gemachten Aufwendungen hat. Die Regelung betrifft also **Aufwendungen** auf unkörperliche Erbschaftsgegenstände oder solche Aufwendungen, die auf die Erbschaft im Ganzen gemacht wurden.[32] Als weitergehende Ansprüche kommen hier die Ansprüche aus ungerechtfertigter Bereicherung des Erben nach §§ 812 ff. BGB. in Betracht. So steht dem Erbschaftsbesitzer die Rückgriffskondiktion gegen den Erben zu, wenn er aus eigenen Mitteln Nachlassverbindlichkeiten bezahlt.[33] Daneben können dem Erbschaftsbesitzer Ansprüche aus § 1986 BGB zustehen, wenn er z.B. für das Begräbnis des Erblassers gesorgt hat. Ansprüche aus der Geschäftsführung ohne Auftrag (§ 687 BGB) kann der Erbschaftsbesitzer hingegen nicht geltend machen, da er kein fremdes Geschäft besorgen wollte.[34]

D. Verfahrensfragen, Beweislast

18 Der **Erbschaftsbesitzer** muss beweisen, dass er die von ihm behaupteten **Verwendungen** auf einzelne Nachlassgegenstände oder auf den Nachlass im Ganzen tatsächlich gemacht hat.[35] Beruft er sich darauf, dass er Nachlassverbindlichkeiten getilgt hat, muss er darlegen, dass die Nachlassverbindlichkeiten tatsächlich bestanden haben.[36]

---

27 Soergel/*Dieckmann*, § 2022 Rn 10.
28 Soergel/*Dieckmann*, § 2022 Rn 11; a.A. Staudinger/*Raff*, § 2022 Rn 42, Fristbeginn m. Herausgabe sämtlicher Nachlassgegenstände.
29 MüKo/*Helms*, § 2022 Rn 11.
30 Soergel/*Dieckmann*, § 2022 Rn 14.
31 MüKo/*Helms*, § 2022 Rn 12.
32 MüKo/*Helms*, § 2022 Rn 14.
33 Staudinger/*Raff*, § 2022 Rn 48; keine Rückgriffskondiktion, noch a.A. *Gursky* in der Vorauflage.
34 Staudinger/*Raff*, § 2022 Rn 47.
35 OLG Düsseldorf FamRZ 1992, 600, 602.
36 OLG Düsseldorf FamRZ 1992, 600, 602.

Kann er diesen Beweis nicht erbringen, so kann er seine Aufwendungen auf die nur vermeintlichen Nachlassverbindlichkeiten lediglich als Bereicherungsminderung abziehen. Hierfür muss er allerdings nachweisen, dass die Durchsetzbarkeit seines Bereicherungsanspruchs gegen den vermeintlichen Nachlassgläubiger fraglich erscheint.[37] Der **Erbe muss beweisen**, dass der Verwendungsanspruch des Erbschaftsbesitzers schon durch **Anrechnung** auf die nach § 2021 BGB herauszugebende Bereicherung gedeckt ist.[38] Werden von dem Erbschaftsbesitzer die ihm durch Abs. 3 vorbehaltenen Bereicherungsansprüche geltend gemacht, muss er deren Voraussetzungen beweisen, also den Nachweis erbringen, dass er den Erben von einer Verpflichtung befreit und dadurch bereichert hat.

§ 2023 Haftung bei Rechtshängigkeit, Nutzungen und Verwendungen

(1) Hat der Erbschaftsbesitzer zur Erbschaft gehörende Sachen herauszugeben, so bestimmt sich von dem Eintritt der Rechtshängigkeit an der Anspruch des Erben auf Schadensersatz wegen Verschlechterung, Untergangs oder einer aus einem anderen Grund eintretenden Unmöglichkeit der Herausgabe nach den Vorschriften, die für das Verhältnis zwischen dem Eigentümer und dem Besitzer von dem Eintritt der Rechtshängigkeit des Eigentumsanspruchs an gelten.
(2) Das Gleiche gilt von dem Anspruch des Erben auf Herausgabe oder Vergütung von Nutzungen und von dem Anspruch des Erbschaftsbesitzers auf Ersatz von Verwendungen.

Übersicht: Rdn

A. Allgemeines

1 Mit der Rechtshängigkeit des Erbschaftsanspruchs tritt eine Verschlechterung der Stellung des Erbschaftsbesitzers ein. Er muss nun damit rechnen, nicht Eigentümer der Nachlassgegenstände zu sein, und ist somit aufgefordert, die Nachlassgegenstände entsprechend zu verwalten. Seine Haftung und seine Ansprüche auf Ersatz der gemachten Verwendungen richten sich nun nach den Grundsätzen für das Eigentümer-Besitzer-Verhältnis. Seine mit Eintritt der Rechtshängigkeit verschärfte Haftung erfasst den **dinglichen Anspruch auf Herausgabe** des unmittelbar Erlangten (§ 2018 BGB) und der Surrogate (§ 2019 BGB), sowie nach Abs. 2 auch den Anspruch auf Herausgabe oder Vergütung von Nutzungen. Umstr. ist, ob Abs. 2 auch für den schuldrechtlichen Anspruch auf Herausgabe der Früchte gilt[1] oder hier § 292 BGB anwendbar ist;[2]

37 Vgl. dazu Staudinger/*Raff*, § 2022 Rn 59.
38 MüKo/*Helms*, § 2022 Rn 15.
1 So Soergel/*Dieckmann*, § 2023 Rn 5.
2 So Staudinger/*Raff*, § 2023 Rn 4, 23.

dies führt jedoch in beiden Fällen zur Anwendung der §§ 987, 989 BGB, so dass die Streitfrage keinerlei praktische Relevanz hat.
Wird der Anspruch auf § 2018 BGB oder § 2019 BGB gestützt, unterliegt er der 30-jährigen Verjährung des § 197 Abs. 1 Nr. 1 BGB. Gleiches gilt aber auch für den Fall, dass der Anspruch auf § 2020 BGB gestützt wird.

B. Tatbestand

I. Eintritt der Rechtshängigkeit

2 Die Haftungsverschärfung beginnt mit der Rechtshängigkeit des Erbschaftsanspruchs. Diese tritt nach § 261 ZPO durch **Klageerhebung** (d.h. Zustellung der Klagschrift nach § 253 Abs. 1 ZPO) ein. Wird der Anspruch erst im Laufe des Prozesses erhoben, tritt Rechtshängigkeit mit seiner Geltendmachung in der mündlichen Verhandlung oder mit der Zustellung eines den Erfordernissen des § 253 Abs. 2 Nr. 2 ZPO entsprechenden Schriftsatzes ein. Die Mitteilung eines Prozesskostenhilfeantrags nach § 118 Abs. 1 S. 1 ZPO reicht nicht aus.[3] Ebenfalls nicht ausreichend ist es, wenn der Erbschaftsbesitzer lediglich Beteiligter des Erbscheinserteilungsverfahrens nach den §§ 2353 ff. BGB, §§ 352 ff. FamFG ist.[4] Weder eine direkte Anwendung des § 2023 BGB noch eine analoge Anwendung komme hier in Betracht, da sowohl die Verfahrensgegenstände unterschiedlich seien als auch die Streitsache nicht rechtshängig i.S.d. § 261 ZPO, so *Zeising*. Dem ist zuzustimmen.

II. Rechtshängigkeit des Erbschaftsanspruchs

3 Entscheidend ist die Rechtshängigkeit des Erbschaftsanspruchs. Hierfür ist es ausreichend, dass der Kläger die **Klage** auch, aber nicht ausschließlich, auf den **Erbschaftsanspruch gestützt** hat, oder allg. auf „sein Erbrecht".[5] Die Rücknahme der Klage oder die rechtskräftige Klageabweisung beseitigen die durch die Rechtshängigkeit eingetretene Haftungsverschärfung rückwirkend; Gleiches gilt für einen abgeschlossenen Vergleich. Die Haftungsverschärfung tritt lediglich in dem Umfang ein, in dem der Erbschaftsanspruch rechtshängig geworden ist. Wird vom Erben nur ein Teil der sich im Besitz des Erbschaftsbesitzers befindlichen Nachlassgegenstände herausverlangt, tritt nur bzgl. dieser die verschärfte Haftung ein. Hier ist allerdings stets zu bedenken, dass mit der Erhebung der Klage über einen Teil der Nachlassgegenstände auch Bösgläubigkeit nach § 2024 BGB hinsichtlich des Rests eintreten kann.

C. Rechtsfolgen

I. Anwendung der Vindikationsvorschriften

1. Haftungsverschärfung

4 Der Erbschaftsbesitzer haftet nach § 989 BGB dem Erben nun schuldhaft für **alle Schäden**, die ihm durch Verschlechterung, Untergang oder sonstige Unmöglichkeit der Herausgabe von streitbefangenen Erbschaftssachen entstehen.[6] Der Ersatzanspruch des Herausgabeberechtigten im Fall der Unmöglichkeit der Herausgabe des Nachlassgegenstandes (hier: Aktiendepots) umfasst dessen Wert und den Gewinn, der ihm infolge des Unvermögens des Rückgewährpflichtigen zur Herausgabe entsteht.[7] Für die Wertbemessung ist der Zeitpunkt des Herausgabeverlangens maßgeblich. Zu beachten ist hierbei, dass auch das schuldhafte Verhalten des Erbschaftsbesitzers nach Eintritt der Rechtshängigkeit erfolgt sein muss; alleine der Eintritt des Schadens nach

---

3 Staudinger/*Raff*, § 2023 Rn 8.
4 *Zeising*, ZErb 2009, 172, 175.
5 Staudinger/*Raff*, § 2023 Rn 9.
6 Staudinger/*Raff*, § 2023 Rn 13.
7 OLG Koblenz v. 24.9.2007, ZErb 2008, 168.

Rechtshängigkeit reicht nicht aus, wenn die schadensbegründende Handlung bereits vor Eintritt der Rechtshängigkeit erfolgte.[8] Der Erbe kann auch für die Unmöglichkeit der Herausgabe solcher Erbschaftssachen Schadensersatz verlangen, die nur besitzmäßig zum Nachlass gehörten, an welchem dem Erben jedoch nicht einmal ein obligatorisches Nutzungsrecht zustand.[9] Der Erbschaftsbesitzer kann jedoch nachweisen, dass die Sache dem Erblasser nicht gehört hat und dem Erben deshalb tatsächlich gar kein Schaden entstanden ist. Hat der Erblasser die Sache aber seinerzeit dem wahren Eigentümer entzogen oder war er mit der Rückgabe in Verzug, ist beim Erben ein Schaden entstanden. Denn der Erbe kann ja nun nicht mehr seinen Pflichten auf Rückgabe der nicht zum Nachlass gehörenden Sache nachkommen. Der Erbschaftsbesitzer muss dem Erben dann auch den daraus resultierenden Schaden ersetzen.[10] Befindet sich der Erbschaftsbesitzer lediglich in Verzug, so verschärft sich seine Haftung nicht, dies wird allg. im Umkehrschluss aus § 2024 S. 3 BGB abgeleitet.[11]

2. Herausgabe von Nutzungen und Früchten

Der Erbschaftsbesitzer muss dem Erben nach § 987 Abs. 2 BGB nun auch für die 5
schuldhaft nicht gezogenen Nutzungen Ersatz leisten. Für nach Rechtshängigkeit gezogene **Gebrauchsvorteile** hat er gem. § 987 Abs. 1 BGB i.H.d. objektiven Wertes der Vorteile Ersatz zu leisten. Soweit **Früchte** nicht mehr vorhanden sind oder aber verschlechtert worden sind, wird unterschieden, ob der Erbschaftsanspruch nur bzgl. der betreffenden Muttersachen oder im Zeitpunkt der Verschlechterung oder Zerstörung der Früchte auch bereits bzgl. dieser Früchte selbst rechtshängig war. Im ersteren Fall richtet sich die Haftung nach § 987 Abs. 1 BGB i.V.m. dem allg. Leistungsstörungsrecht, im letzteren sind zusätzlich die §§ 292, 989 BGB anwendbar.[12]

3. Verwendungsersatz

Der Erbschaftsbesitzer erhält die nach Eintritt der Rechtshängigkeit gemachten **Verwendungen** nur nach den Grundsätzen der Geschäftsführung ohne Auftrag ersetzt. 6
Er erhält seine Verwendung also nur ersetzt, wenn sie **notwendig** waren und sie zudem dem **Interesse** und dem wirklichen oder mutmaßlichen **Willen** des Erben entsprochen haben oder wenn der Erbe sie genehmigt hat (§§ 683, 684 S. 2, 994 Abs. 2 BGB). Ist der Erbe durch die notwendige Verwendung bei der Herausgabe noch bereichert (§§ 684 S. 1, 812 ff., 994 Abs. 2 BGB), so erhält der Erbschaftsbesitzer ebenfalls Ersatz seiner notwendigen Verwendungen.[13] Die Verwendungen müssen nicht auf die mit der Klage herausverlangten Sachen gemacht worden sein.[14] Dies ergibt sich daraus, dass der Erbschaftsanspruch auch nach Rechtshängigkeit ein Gesamtanspruch bleibt. Der Erbschaftsbesitzer kann daher auch solche Verwendungen geltend machen, die er auf andere Nachlassgegenstände, die nicht Gegenstand der anhängigen Klage sind, oder auf die Erbschaft im Ganzen gemacht hat.[15] Verlangt der Erbschaftsbesitzer Verwendungsersatz für die Zahlung von Nachlassverbindlichkeiten, ist der Erbe hierzu nur verpflichtet, wenn der Erbschaftsbesitzer die Schranken der §§ 1978–1980, 1991

8 Staudinger/*Raff*, § 2023 Rn 13.
9 H.M., OLG Braunschweig OLGE 24, 70 f.
10 Staudinger/*Raff*, § 2023 Rn 17.
11 Soergel/*Dieckmann*, § 2023 Rn 6.
12 Staudinger/*Raff*, § 2023 Rn 23.
13 MüKo/*Helms*, § 2023 Rn 6.
14 Soergel/*Dieckmann*, § 2023 Rn 7; a.A. Grüneberg/*Weidlich*, § 2023 Rn 3.
15 Staudinger/*Raff*, § 2023 Rn 30.

BGB beachtet hat.[16] Hat der Erbschaftsbesitzer Ersatz in Geld zu leisten, so ist er nach Eintritt der Rechtshängigkeit zur Verzinsung verpflichtet, § 291 BGB.

II. Bereicherungsanspruch des Erben, § 2021 BGB

7 Die Folgen der Rechtshängigkeit des Bereicherungsanspruchs nach § 2021 BGB ergeben sich aus § 818 Abs. 4 BGB, so dass eine verschärfte Haftung nach den **allg. Vorschriften** der §§ 291, 292, 987 ff. BGB mit Rechtshängigkeit des Bereicherungsanspruchs eintritt.[17] **Die Regelung in § 2023 BGB ist auf den Bereicherungsanspruch aus § 2021 BGB nicht anwendbar.**[18] Umstritten ist, ob sich der Erbschaftsbesitzer mit Eintritt der Rechtshängigkeit des Bereicherungsanspruchs des Erben aus § 2021 BGB überhaupt noch auf den Wegfall der Bereicherung berufen kann.[19] Da der mit der Klage geltend gemachte Bereicherungsanspruch des Erben auf Wertersatz durch den Eintritt der Rechtshängigkeit endgültig betragsmäßig festgelegt wird,[20] kann sich der Erbschaftsbesitzer richtigerweise nunmehr nicht mehr auf den Wegfall der Bereicherung berufen.[21] Der nach §§ 814 Abs. 4, 819 BGB verschärft haftende Erbschaftsbesitzer hat nämlich nun für seine finanzielle Leistungsfähigkeit einzustehen und kann sich nicht mehr auf den zufälligen Untergang des Geldes berufen.[22] Die Gegenauffassung will den Bereicherungsschuldner nicht mit dem Risiko seiner Leistungsunfähigkeit belasten und ihm den Einwand des Wegfalls der Bereicherung nur für „Luxusausgaben" versagen.[23]

D. Verfahrensfragen, Rechtskraftwirkung

8 Hat der Erbe zunächst nur die Herausgabeklage nach § 2018 BGB erhoben, so ist bei einer nachträglich erhobenen Klage auf Herausgabe der aus diesen Sachen gezogenen Nutzungen die **Rechtskraft** des klagstattgebenden oder klagabweisenden ersten Urteils zu beachten.[24] Verlangt der Erbe dagegen mit der zweiten Klage Schadensersatz oder bereicherungsrechtlichen Wertersatz für andere Erbschaftssachen, die der Erbschaftsbesitzer nicht mehr besitzt und folglich auch nicht herausgeben konnte, so besteht keine Rechtskraftwirkung.[25] Der verklagte Alleinerbe des ursprünglichen Prozessgegners trägt aufgrund des Prinzips der Universalsukzession gem. § 1922 BGB auch weiterhin die sekundäre Beweislast, wenn dieser beweisbelastet gewesen wäre.[26]

§ 2024 Haftung bei Kenntnis

[1]Ist der Erbschaftsbesitzer bei dem Beginn des Erbschaftsbesitzes nicht in gutem Glauben, so haftet er so, wie wenn der Anspruch des Erben zu dieser Zeit rechtshängig geworden wäre. [2]Erfährt der Erbschaftsbesitzer später, dass er nicht Erbe ist, so haftet er in gleicher Weise von der Erlangung der Kenntnis an. [3]Eine weitergehende Haftung wegen Verzugs bleibt unberührt.

16 Soergel/*Dieckmann*, § 2023 Rn 8.
17 MüKo/*Helms*, § 2023 Rn 3.
18 MüKo/*Helms*, § 2023 Rn 3.
19 Str., dafür MüKo/*Helms*, § 2021 Rn 18; dagegen Soergel/*Dieckmann*, § 2023 Rn 5.
20 BGHZ 83, 293.
21 MüKo/*Helms*, § 2023 Rn 3.
22 BGHZ 28, 123; BGHZ 83, 293.
23 Soergel/*Dieckmann*, § 2023 Rn 5.
24 Staudinger/*Raff*, § 2023 Rn 36.
25 Staudinger/*Raff*, § 2023 Rn 37.
26 OLG Frankfurt v. 4.6.2018, ZErb 2018, 201.

Übersicht:

A. Allgemeines

Die **Bösgläubigkeit** des Erbschaftsbesitzers führt ebenfalls zu einer Steigerung seiner Haftung; er haftet wie der gutgläubige Erbschaftsbesitzer nach Eintritt der Rechtshängigkeit. Darüber hinaus begründet § 2024 BGB für den bösgläubigen Erbschaftsbesitzer eine weitergehende Haftung wegen **Verzugs.** Die Haftungssteigerung erfasst anders als bei § 2023 BGB sowohl den **dinglichen als auch den schuldrechtlichen Anspruchsbereich,** da § 2024 BGB nicht auf die Herausgabe von zur Erbschaft gehörenden Sachen beschränkt ist.[1] Somit wird von der Regelung des § 2024 auch der schuldrechtliche Bereicherungsanspruch des § 2021 BGB erfasst.[2] Mit Eintritt der Bösgläubigkeit nach § 2024 S. 1 u. 2 BGB bestimmt sich die Haftung des Erbschaftsbesitzers für die Verschlechterung, den Untergang oder eine sonstige Unmöglichkeit der Herausgabe für den dinglichen und schuldrechtlichen Teil des Erbschaftsanspruchs nach § 989 BGB. Gleichzeitig kann der Erbschaftsbesitzer seine Verwendungs- und Ersatzansprüche nur noch i.R.d. § 994 Abs. 2 BGB geltend machen. Für den schuldrechtlichen Bereicherungsanspruch des § 2021 BGB beginnt mit der Bösgläubigkeit die Haftung nach § 818 Abs. 4 BGB, so dass sich der Erbschaftsbesitzer grundsätzlich nicht mehr auf den Wegfall der Bereicherung berufen kann.[3] Die verschärfte Haftung des Erbschaftsbesitzers kann bei dessen Tod entfallen, wenn sein Erbe gutgläubig ist.[4] 1

B. Tatbestand

I. Bösgläubigkeit

Der Erbschaftsbesitzer ist bösgläubig, wenn er bei **Beginn des Erbschaftsbesitzes** weiß oder infolge **grober Fahrlässigkeit** nicht weiß, dass er nicht Erbe geworden ist.[5] Insoweit ist der Begriff der „Kenntnis“ etwas irreführend und stellt wohl ein Redaktionsversehen dar.[6] Sowohl die Vorschrift des § 990 BGB als auch § 818 Abs. 4 BGB lassen für die Haftung des Erbschaftsbesitzers grobe Fahrlässigkeit ausreichen, positive Kenntnis ist also nicht erforderlich. Bösgläubig ist auch, wer weiß, dass der Erwerbstitel seines Erbrechts **anfechtbar** ist, **sofern** die Anfechtung bzw. Erbunwürdigkeitserklärung erfolgt.[7] Es genügt in diesem Fall die Kenntnis oder grob fahrlässige Unkenntnis derjenigen Umstände, die dann in der Folge zur Anfechtung oder zum Verlust der Erbenstellung des Erbschaftsbesitzers geführt haben.[8] Bösgläubig ist der Erbschaftsbesitzer nach S. 2 auch dann, wenn er später positiv erfährt, dass er nicht 2

1 Soergel/*Dieckmann*, § 2024 Rn 1.
2 MüKo/*Helms*, § 2024 Rn 1.
3 Staudinger/*Raff*, § 2024 Rn 3.
4 BGH NJW 1985, 3068.
5 MüKo/*Helms*, § 2024 Rn 2.
6 MüKo/*Helms*, § 2024 Rn 2 m.w.N.
7 Staudinger/*Raff*, § 2024 Rn 9.
8 Staudinger/*Raff*, § 2024 Rn 9.

Erbe ist. Gleich zu bewerten ist der Fall, dass sich der Erbschaftsbesitzer vorsätzlich „der Kenntnisnahme verschließt“, dass der nicht Erbe ist.[9]

II. Beginn des Erbschaftsbesitzes

3 Unter Beginn des Erbschaftsbesitzes ist der Zeitpunkt zu verstehen, in dem der Erbschaftsbesitzer erstmals etwas als vermeintlicher oder angeblicher Erbe mit Erbenwillen aus der Erbschaft erlangt hat. Nicht entscheidend ist der Zeitpunkt, in dem er den konkreten Gegenstand, für den er nun z.B. Schadensersatz leisten soll, erhalten hat.[10]

III. Guter Glaube im Hinblick auf Einzelgegenstände

4 Ist der Erbschaftsbesitzer hinsichtlich seines Erbrechts bösgläubig, aber in Bezug auf sein Besitzrecht an einem einzelnen Gegenstand gutgläubig, so ist er bzgl. dieses Gegenstandes als gutgläubiger Erbschaftsbesitzer anzusehen.[11] Dies ergibt sich daraus, dass sich der Erbschaftsbesitzer gegenüber dem Gesamtanspruch auch mit Einzeleinwendungen verteidigen kann.[12]

IV. Minderjährige Erbschaftsbesitzer

5 Bei Minderjährigkeit des Erbschaftsbesitzers schadet diesem die Bösgläubigkeit seines gesetzlichen Vertreters. Ist der gesetzliche Vertreter gutgläubig, der Minderjährige jedoch seinerseits bösgläubig, ist dies dann beachtlich, wenn der Minderjährige über die erforderliche Einsicht verfügt.[13]

C. Rechtsfolgen

I. Haftung bei Rechtshängigkeit

6 Der Erbschaftsbesitzer haftet ab Bösgläubigkeit so, als ob der Anspruch rechtshängig geworden wäre. Zum Umfang der Haftung gelten die Ausführungen zu § 2023 BGB entsprechend.

II. Weitere Haftungsverschärfung bei Verzug

7 Befindet sich der bösgläubige Erbschaftsbesitzer in **Verzug**, tritt eine weitere Steigerung seiner Haftung ein. Für den gutgläubigen Erbschaftsbesitzer gilt dagegen S. 3 nicht.[14] Zu beachten ist, dass Mahnung und Klageerhebung nicht ohne weiteres zu einer Bösgläubigkeit des Erbschaftsbesitzers führen müssen.[15] Erfolgen hingegen **Mahnung** oder Klageerhebung durch den Erben gegenüber einem bereits bösgläubigen Erbschaftsbesitzer und sind die subjektiven Voraussetzungen des Verzugs gegeben, so hat der Erbschaftsbesitzer dem Erben den durch die Verzögerung der Herausgabe verursachten Schaden zu ersetzen und muss gem. §§ 280 Abs. 1 u. 3, 283, 287 S. 2 BGB auch für die durch Zufall eintretende Unmöglichkeit der Herausgabe einstehen.[16] Bei den Voraussetzungen des Verzugs wird das Verschuldenserfordernis des § 286 Abs. 4 BGB durch § 2024 BGB insoweit modifiziert, als bei Unkenntnis des Erbrechtsmangels erst grobe Fahrlässigkeit schadet.[17]

---

9 Soergel/*Dieckmann*, § 2024 Rn 3.

10 Staudinger/*Raff*, § 2024 Rn 9.

11 Soergel/*Dieckmann*, § 2024 Rn 4.; einschränkend Staudinger/*Raff*, § 2024 Rn 15 m.w.N.

12 So zu Recht Soergel/*Dieckmann*, § 2024 Rn 4; a.A. Staudinger/*Raff*, § 2024 Rn 15.

13 Staudinger/*Raff*, § 2024 Rn 20.

14 Soergel/*Dieckmann*, § 2024 Rn 6.

15 Staudinger/*Raff*, § 2025 Rn 23.

16 Staudinger/*Raff*, § 2023 Rn 25, die Zufallshaftung entfällt, wenn derselbe Schaden den Erben auch getroffen haben würde, wenn der Erbschaftsbesitzer seiner Herausgabepflicht unverzüglich nach der Mahnung nachgekommen wäre.

17 MüKo/*Helms*, § 2024 Rn 5; a.A. Staudinger/*Raff*, § 2024 Rn 27.

§ 2025 Haftung bei unerlaubter Handlung

[1]Hat der Erbschaftsbesitzer einen Erbschaftsgegenstand durch eine Straftat oder eine zur Erbschaft gehörende Sache durch verbotene Eigenmacht erlangt, so haftet er nach den Vorschriften über den Schadensersatz wegen unerlaubter Handlungen. [2]Ein gutgläubiger Erbschaftsbesitzer haftet jedoch wegen verbotener Eigenmacht nach diesen Vorschriften nur, wenn der Erbe den Besitz der Sache bereits tatsächlich ergriffen hatte.

Übersicht: Rdn

A. Allgemeines

I. Einführung

Eine weitere **Verschärfung der Haftung** des Erbschaftsbesitzers tritt ein, wenn dieser einen Erbschaftsgegenstand durch eine Straftat oder eine zur Erbschaft gehörende Sache durch verbotene Eigenmacht erlangt hat. Der Erbschaftsbesitzer haftet dann wie in § 992 BGB nach den Vorschriften der §§ 249, 823 ff. BGB. 1

II. Rechtsgrundverweisung

§ 2025 BGB enthält eine **Rechtsgrundverweisung** auf die Vorschriften des Deliktsrechts.[1] Der Surrogationsgrundsatz des § 2019 BGB wird durch § 2025 BGB nicht ausgeschlossen, so dass nur dann Raum für Schadensersatzansprüche des Erben ist, wenn der entstandene Schaden über den Wert des erhaltenen Surrogates hinausgeht.[2] Der Fall der Erlangung von Erbschaftsgegenständen durch eine **Straftat** ist nicht auf Sachen beschränkt, sondern umfasst alle Arten von Erbschaftsgegenständen, also auch Rechte.[3] § 2025 BGB ist auch anwendbar, wenn der Erbschaftsbesitzer die ganze Erbschaft durch eine strafbare Handlung erlangt hat, etwa durch die Fälschung eines Testaments oder durch die Abgabe einer falschen Versicherung an Eides Statt bei der Beantragung des Erbscheins.[4] Im Hinblick auf die Verjährung bleibt es hier nach h.M. bei der Regelverjährung der §§ 195, 199 BGB (vgl. § 2018 Rdn 17 und unten Rdn 13). 2

---

1 MüKo/*Helms*, § 2025 Rn 1.
2 MüKo/*Helms*, § 2025 Rn 1.
3 Staudinger/*Raff*, § 2025 Rn 3.
4 Staudinger/*Raff*, § 2025 Rn 4.

III. Haftung nach Deliktsrecht

3 Liegen die Voraussetzungen des § 2025 nicht vor, kommt eine anderweitige Haftung des Erbschaftsbesitzers für Nachlassgegenstände nach Deliktrecht nicht in Betracht.[5] Liegen hingegen die Voraussetzungen des § 2025 BGB vor, so haftet der Erbschaftsbesitzer zwar auch nach Deliktsrecht, aber nicht ausschließlich. Es kann vielmehr je nach Lage des Falles eine **Anspruchskonkurrenz** mit den §§ 2023, 2024 BGB entstehen. Für den Erben kann dann die Anwendung der Vorschriften der §§ 2023, 2024 BGB u.U. sogar vorteilhafter sein, da sich die Haftung des Erbschaftsbesitzers für das Verschulden Dritter dort nach § 278 BGB und nicht nach § 831 BGB richtet.[6]

B. Tatbestand

I. Erlangung durch Straftat

4 Die Schadensersatzhaftung des § 2025 BGB setzt voraus, dass der Erbschaftsbesitzer einen Erbschaftsgegenstand durch eine **Straftat** erlangt hat. Als Delikte werden im Wesentlichen **Betrug, Unterschlagung, Erpressung** und **Urkundenfälschung** in Betracht kommen, sowie die Abgabe einer falschen eidesstattlichen Versicherung im Erbscheinsverfahren. In diesen Fällen wird der Erbschaftsbesitzer meist auch bösgläubig sein, so dass auch die Voraussetzungen des § 2024 BGB vorliegen. Es ist aber auch möglich, dass der Erbschaftsbesitzer hinsichtlich seines Erbrechts in gutem Glauben ist und sich durch die Straftat nur die Durchsetzung oder den Nachweis seines Rechts erleichtern möchte. Zu denken ist hier z.B. an den Fall, dass der Erbschaftsbesitzer das Testament, das ihn als Alleinerben ausgewiesen hat, nicht mehr auffindet und es daraufhin selbst neu erstellt. Der Erbschaftsbesitzer haftet auch in diesem Fall trotz seines guten Glaubens an sein Erbrecht nach Deliktsrecht.[7]

II. Erlangter Erbschaftsgegenstand

5 Als erlangter Erbschaftsgegenstand kommen alle zur Erbschaft gehörenden Sachen und Rechte sowie die Surrogate nach § 2019 BGB in Betracht.[8] Unter § 2025 BGB fällt aber auch die Erlangung der Erbschaft als Ganzes, z.B. durch die Vorlage eines gefälschten Testaments.[9]

III. Erlangung durch verbotene Eigenmacht

6 Der Erbschaftsbesitzer haftet auch dann nach Deliktsrecht, wenn er eine Erbschaftssache durch **verbotene Eigenmacht** (§ 858 BGB) erlangt hat. Die verbotene Eigenmacht ist nur an zur Erbschaft gehörenden Sachen möglich, nicht an Rechten.

1. Schuldhafte Handlung

7 Die Erlangung der Erbschaftssache durch verbotene Eigenmacht muss **schuldhaft** begangen worden sein.[10] Dies folgt daraus, dass die Erlangung der Sache durch eine Straftat schuldhaft erfolgt sein muss und sich ein Wertungswiderspruch zur Erlangung der Sache durch verbotene Eigenmacht ergeben würde, wenn diese nicht auch Verschulden voraussetzen würde. Die verbotene Eigenmacht muss somit vorsätzlich oder fahrlässig begangen worden sein, wobei jede Art von Fahrlässigkeit ausreicht, auch leichte Fahrlässigkeit.[11]

---

5 Staudinger/*Raff*, § 2025 Rn 5.
6 Vgl. hierzu auch Staudinger/*Raff*, § 2025 Rn 6a.
7 RGZ 81, 413.
8 MüKo/*Helms*, § 2025 Rn 3.
9 MüKo/*Helms*, § 2025 Rn 3.
10 Soergel/*Dieckmann*, § 2025 Rn 3.
11 Soergel/*Dieckmann*, § 2025 Rn 3 m.w.N.

2. Privilegierung des gutgläubigen Besitzers

Da bereits leichte Fahrlässigkeit für die Annahme verbotener Eigenmacht ausreicht, würde auch der gutgläubige Erbschaftsbesitzer unter die Haftungsverschärfung des § 2025 BGB fallen. Der **gutgläubige Erbschaftsbesitzer** wird deshalb dadurch geschützt, dass nach S. 2 die Deliktshaftung nach verbotener Eigenmacht **zusätzlich** davon abhängt, dass sich die verbotene Eigenmacht des gutgläubigen Erbschaftsbesitzers gegen eine bereits ausgeübte tatsächliche **Sachherrschaft** und nicht bloß gegen den Erbenbesitz nach § 857 BGB gerichtet haben muss. Hat der Erbe den Besitz noch nicht ergriffen, führt die schuldhaft verbotene Eigenmacht des gutgläubigen Erbschaftsbesitzers somit zu keiner Haftungsverschärfung. Der Erbschaftsbesitzer muss gewusst – oder infolge Fahrlässigkeit nicht gewusst – haben, dass er durch die Erlangung der konkreten Erbschaftssache einem **Dritten** (dem späteren wahren Erben) dessen bereits begründete Sachherrschaft entzieht. Trifft ihn diesbzgl. kein Verschuldensvorwurf, haftet er nicht nach Deliktsrecht; auf eine schuldhaft fahrlässige Annahme seiner eigenen Erbberechtigung kommt es dann nicht an.[12] Zu beachten ist allerdings, dass es ausreicht, dass der Erbschaftsbesitzer dem Besitzmittler des Erben die Sache durch verbotene Eigenmacht weggenommen hat, da geschützte Sachherrschaft i.S.d. § 2025 BGB auch die Ausübung des mittelbaren Besitzes durch den Erben ist.[13] 8

3. Tatbestand der unerlaubten Handlung

Da § 2025 BGB eine **Rechtsgrundverweisung** enthält, haftet der Erbschaftsbesitzer wegen der von ihm begangenen verbotenen Eigenmacht nur nach Deliktsrecht, wenn zusätzlich der **Tatbestand einer unerlaubten Handlung gem. §§ 823 ff. BGB vollständig erfüllt** ist.[14] Hält sich der Erbschaftsbesitzer schuldlos für den berechtigten Erben und entzieht diesem schuldhaft die bereits begründete Sachherrschaft, so erfüllt dies nicht den Tatbestand des § 823 Abs. 1 BGB.[15] Der Erbschaftsbesitzer glaubt hier schuldlos, lediglich den unberechtigten Besitz des in Wirklichkeit zu Recht besitzenden tatsächlichen Erben zu verletzten, und erfüllt deshalb nicht den subjektiven Tatbestand des § 823 Abs. 1 BGB. 9

C. Rechtsfolgen

I. Allgemeines

Aufgrund der Erlangung des Erbschaftsgegenstandes durch eine Straftat bzw. verbotene Eigenmacht bestimmt sich die Haftung des Erbschaftsbesitzers nun nach §§ 249 ff., 823 ff. BGB. Die Haftungsverschärfung wirkt dabei immer nur für den **konkreten Gegenstand**, den der Erbschaftsbesitzer durch die Straftat oder verbotene Eigenmacht erlangt hat.[16] 10

II. Zufallshaftung

Erfüllt die Besitzentziehung des Erbschaftsbesitzers den Tatbestand einer schuldhaft unerlaubten Handlung, so haftet der Erbschaftsbesitzer für den zufälligen Untergang der Erbschaftssache sowie die zufällige Unmöglichkeit der Herausgabe und die zufällige Verschlechterung der Erbschaftssache, § 848 BGB. Er muss den zu ersetzenden Betrag nach § 849 BGB verzinsen. 11

---

12 Staudinger/*Raff*, § 2025 Rn 14.
13 MüKo/*Helms*, § 2025 Rn 5.
14 MüKo/*Helms*, § 2025 Rn 6.
15 MüKo/*Helms*, § 2025 Rn 6.
16 Staudinger/*Raff*, § 2025 Rn 13.

III. Verwendungsersatz

12 Der deliktische Erbschaftsbesitzer kann nach §§ 850, 994–996 BGB nur noch Ersatz der **notwendigen und nützlichen** Verwendungen verlangen. Dies gilt selbst für den Fall, dass er im Zeitpunkt, in dem er die Verwendungen getroffen hat, noch gutgläubig und unverklagt war.[17] Hat der Erbschaftsbesitzer sich durch ein Delikt in den Besitz mehrerer Erbschaftssachen gebracht, gilt für diese Erbschaftssachen einheitlich der eingeschränkte Verwendungsersatzanspruch des § 850 BGB und es besteht ein einheitlicher deliktischer Herausgabeanspruch.[18] Hat der Erbschaftsbesitzer mehrere Erbschaftssachen durch jeweils getrennte Delikte in seinen Besitz gebracht, kann der Erbe seinen deliktischen Herausgabeanspruch für jeden Gegenstand getrennt geltend machen. Er muss dann jeweils nur die notwendigen und nützlichen Verwendungen für den Gegenstand ersetzen, den er herausverlangt.[19] Die Beschränkung der Verwendungsersatzansprüche gem. § 850 BGB gilt nur gegenüber dem **deliktischen Herausgabeanspruch**.[20] Wird von dem Erben der konkurrierende **dingliche Herausgabeanspruch** nach § 2018 BGB geltend gemacht, findet § 2022 BGB Anwendung. Gleiches gilt, wenn der Erbe gleichzeitig andere, nicht durch den Erbschaftsbesitzer i.S.d. § 2025 BGB erlangte Sachen herausverlangt.[21]

IV. Verjährung

13 Der deliktische Ersatzanspruch unterliegt der regelmäßigen Verjährung gem. §§ 195, 199 BGB und beträgt somit **drei Jahre;**[22] hier ist die besondere Verjährungshöchstfrist nach § 199 Abs. 3a BGB zu beachten.[23] Die Verjährungsfrist beginnt mit dem Ablauf des Jahres, in dem der Ersatzanspruch des wahren Erben entstanden ist und dieser von den den Ersatzanspruch begründenden Tatsachen und der Person des Erbschaftsbesitzers Kenntnis erlangt oder in Folge grober Fahrlässigkeit nicht erlangt hat (§§ 195, 199 Abs. 1 BGB). **Konkurrierende Ansprüche** aus §§ 2018, 2019 BGB unterliegen nach §§ 197 Abs. 1 Nr. 1 BGB der **30-jährigen Verjährung.**

D. Verfahrensfragen, Beweislast

14 Für die Frage der Beweispflicht, dass der Erwerb der Erbschaftssache durch eine Straftat erfolgte, gelten die Beweisgrundsätze der ZPO, nicht der strafprozessuale Grundsatz des „in dubio pro reo".[24]

§ 2026 Keine Berufung auf Ersitzung

Der Erbschaftsbesitzer kann sich dem Erben gegenüber, solange nicht der Erbschaftsanspruch verjährt ist, nicht auf die Ersitzung einer Sache berufen, die er als zur Erbschaft gehörend im Besitz hat.

Übersicht: Rdn

17 MüKo/*Helms*, § 2025 Rn 7.
18 Staudinger/*Raff*, § 2025 Rn 34.
19 Staudinger/*Raff*, § 2025 Rn 32.
20 Staudinger/*Raff*, § 2025 Rn 35.
21 Staudinger/*Raff*, § 2025 Rn 35.
22 OLG Frankfurt ZErb 2018, 2011.
23 *Muscheler*, ZEV 2008, 105, 110.
24 Staudinger/*Raff*, § 2025 Rn 42.

A. Allgemeines

Aus der Regelung des § 2026 BGB ergibt sich nach der h.M., dass der Erbschaftsanspruch **einheitlich** nach § 197 Abs. 1 Nr. 1 BGB der 30-jährigen Verjährung unterliegt. (Zu den allgemeinen Tatbestandsvoraussetzungen der Verjährung des Erbschaftsanspruchs siehe § 2018 Rdn 16 ff.). 1

B. Tatbestand

Die Regelung des § 2026 BGB soll verhindern, dass die 30-jährige Verjährungsfrist des § 197 Abs. 1 Nr. 1 BGB für den Erbschaftsanspruch durch die zehnjährige Ersitzungsfrist des § 937 Abs. 1 BGB bei beweglichen Sachen wirkungslos wird. Für Grundstücke hat die Vorschrift nur dann Bedeutung, wenn der Erbschaftsbesitzer den Erbschaftsanspruch anerkannt hat, da dadurch zwar die Verjährungsfrist neu zu laufen beginnt, nicht aber die Ersitzungsfrist, so dass Ersitzung vor Ablauf der Verjährung möglich wäre.[1] 2

C. Rechtsfolgen

I. Ausschluss des Ersitzungseinwandes

Aufgrund der Regelung des § 2026 BGB kann sich der gutgläubige Erbschaftsbesitzer dem Erben gegenüber, solange der Erbschaftsanspruch nicht verjährt ist, nicht auf die **Ersitzung** eines Erbschaftsgegenstandes berufen, an dem er Eigenbesitz begründet hat.[2] Dritten gegenüber kann sich der Erbschaftsbesitzer auf sein durch die Ersitzung erworbenes Eigentum berufen, so vor allem durch die Erhebung der Eigentums- und Abwehrklage nach §§ 985, 1004 BGB.[3] Der Erbschaftsbesitzer ist somit durch die Ersitzung zwar Eigentümer der Nachlasssache geworden, er ist aber bis zur Verjährung des Erbschaftsanspruchs dem **Erben gegenüber schuldrechtlich zur Herausgabe** verpflichtet, d.h. zur Übereignung der Erbschaftsgegenstände und zur Verschaffung des Besitzes.[4] Nach a.A. soll, um dem Erben den dinglichen Schutz gegen Vollstreckungszugriffe anderer Gläubiger des Erbschaftsbesitzers zu erhalten, lediglich eine relative Unwirksamkeit der Ersitzung vorliegen.[5] Die Rechtsfigur einer relativen Unwirksamkeit vermag indes nicht zu überzeugen. 3

II. Ersitzung nachlassfremder Sachen

Befand sich der Erbschaftsgegenstand nicht im Eigentum des Erblassers, so erwirbt der gutgläubige Erbschaftsbesitzer, der die Sache in Besitz hat, durch Ersitzung Eigentum an der Sache. Der so erfolgte Ersitzungserwerb des Erbschaftsbesitzers wird entsprechend § 2019 BGB analog dem Nachlass zugeordnet, und zwar ohne Rücksicht auf die Gutgläubigkeit des Erben.[6] 4

---

1 Soergel/*Dieckmann*, § 2026 Rn 2.
2 Staudinger/*Raff*, § 2026 Rn 33.
3 MüKo/*Helms*, § 2026 Rn 8.
4 MüKo/*Helms*, § 2026 Rn 8.
5 Soergel/*Dieckmann*, § 2026 Rn 10 ff.; a.A. Staudinger/*Raff*, § 2026 Rn 35.
6 MüKo/*Helms*, § 2026 Rn 9.

III. Anrechnung der Ersitzungszeit

5 Die Ersitzungszeit des Erbschaftsbesitzers wird dem Erben über § 944 BGB zugerechnet, sofern der Erbschaftsbesitzer in gutem Glauben hinsichtlich der Zugehörigkeit der Sache zum Nachlass war. Nicht erforderlich ist, dass der Erbschaftsbesitzer gutgläubig im Hinblick auf sein Erbrecht war.[7]

D. Verfahrensfragen, Beweislast

6 Dass der Erbschaftsanspruch bereits verjährt ist, muss der Erbschaftsbesitzer beweisen, wie sich aus der Wortstellung „solange nicht" ergibt.[8]

§ 2027 Auskunftspflicht des Erbschaftsbesitzers

(1) Der Erbschaftsbesitzer ist verpflichtet, dem Erben über den Bestand der Erbschaft und über den Verbleib der Erbschaftsgegenstände Auskunft zu erteilen.
(2) Die gleiche Verpflichtung hat, wer, ohne Erbschaftsbesitzer zu sein, eine Sache aus dem Nachlass in Besitz nimmt, bevor der Erbe den Besitz tatsächlich ergriffen hat.

Übersicht: Rdn

A. Auskunftsansprüche im Erbrecht

1 Neben der Auskunftspflicht des Erbschaftsbesitzers nach § 2027 BGB und derjenigen des Hausgenossen nach § 2028 BGB ergeben sich sowohl aus **erbrechtlichen Vorschriften** als auch aus **schuldrechtlichen Vorschriften** und aus **Richterrecht** vielfältige Auskunftsansprüche im Erbrecht. Inhalt und Zweck dieser Auskunftsansprüche

7 A.A. Staudinger/*Raff*, § 2026 Rn 42.
8 Staudinger/*Raff*, § 2026 Rn 44.

unterscheiden sich voneinander; die Ansprüche reichen von der schlichten Mitteilung von Tatsachen über Rechnungslegung, Rechenschaftslegung bis hin zur Wertermittlung von Nachlassgegenständen. Daher ist bei der Geltendmachung eines Auskunftsanspruchs stets dessen spezieller Inhalt und Umfang zu beachten.

I. Übersicht über die wichtigsten Auskunftsansprüche des Erben

2

Berechtigter	**Auskunftsanspruch**	**Verpflichteter**	**Vorschrift**
Erbe/Miterbe	Auskunft über Vorempfänge an Abkömmlinge	**Miterbe**[1] als Abkömmling	§ 2057 BGB, e.V. nach § 260 Abs. 2 BGB
Erbe/Miterbe	Auskunft über die von einzelnen Miterben geführten Geschäfte im Rahmen der regulären Verwaltung vor und nach dem Erbfall sowie der Notverwaltung	Geschäftsführender **Miterbe**.[2] Besteht der Verdacht von Unregelmäßigkeiten der Verwaltung, ist keine Berufung des Verpflichteten darauf möglich, dass auf laufende Rechnungslegung stillschweigend verzichtet wurde.[3]	§§ 666, 681, 2038 Abs. 1 Alt. 2 BGB, e.V. nach §§ 259 Abs. 2, 260 Abs. 2 BGB
Erbe	Auskunft über Bestand des Nachlasses und Verbleib der Nachlassgegenstände	**Erbschaftsbesitzer** sowie Erbe des Erbschaftsbesitzers	§ 2027 Abs. 1 BGB, e.V. nach § 260 Abs. 2 BGB
Erbe	Auskunft über Bestand des Nachlasses und Verbleib der Nachlassgegenstände	**Erwerber vom Erbschaftsbesitzer**	§§ 2027 Abs. 1, 2030 BGB, e.V. nach § 260 Abs. 2 BGB
Erbe	Auskunft über Bestand des Nachlasses und Verbleib der Nachlassgegenstände	**Erbschaftsbesitzer**	§ 2027 Abs. 2 BGB, e.V. nach § 260 Abs. 2 BGB
Erbe	Auskunft über Bestand des Nachlasses und Verbleib der Nachlassgegenstände	**Inhaber eines unrichtigen Erbscheins**	§ 2362 Abs. 2 BGB, e.V. nach § 260 Abs. 2 BGB
Erbe	Auskunft über Verbleib der Nachlassgegenstände und erbrechtliche Geschäfte	**Hausgenosse**	§ 2028 BGB

1 Ausführlich zur Auskunft nach § 666 BGB: *Sarres*, ZEV 2008, 512.
2 OLG Düsseldorf ZEV 2016, 259; *Sarres*, ZEV 2008, 512.
3 BGH FamRZ 2001, 411.

Berechtigter	Auskunftsanspruch	Verpflichteter	Vorschrift
Erbe	Auskunft über den Nachlassbestand sowie Benachrichtigung über wichtige Verwaltungsvorgänge sowie über Bestand des Nachlasses nebst Rechnungslegung	**Testamentsvollstrecker**	§§ 666, 2218 BGB, e.V. nach §§ 259 Abs. 2, 260 Abs. 2 BGB
Erbe	Auskunft über den Nachlassbestand	**Nachlassverwalter**	§§ 1890, 1915, 1975, 1988 BGB, e.V. nach § 260 Abs. 2 BGB
Erbe	Auskunft über den Nachlassbestand	**Nachlasspfleger**	§§ 1890, 1915, 1960 BGB, e.V. nach § 260 Abs. 2 BGB
Erbe (endgültig)	Auskunft über den Nachlassbestand	**Erben (vorläufig)**	§§ 666, 681, 1959 BGB
Erbe (tatsächlicher)	Auskunft über den Nachlassbestand	**Scheinerbe**	§§ 2362 Abs. 2 BGB, e.V. nach § 260 Abs. 2 BGB
Erbe (pflichtteilsberechtigt)	Auskunft über Schenkungen an Dritte	**Erbe/Beschenkter**	§ 242 BGB
Erbe	Auskunft über nach § 2316 BGB auszugleichende Vorempfänge	**Pflichtteilsberechtigter Abkömmling**	§ 242 BGB
Erbe des Geschäftsherrn	Anspruch auf Auskunft und Rechenschaftslegung	**Geschäftsführer des Erblassers**	§ 666 BGB, e.V. nach §§ 259 Abs. 2, 260 Abs. 2 BGB
Erbe des Geschäftsherrn	Anspruch auf Auskunft und Rechenschaftslegung	**GoA-Geschäftsführer des Erblassers**	§§ 666, 681 BGB, e.V. nach §§ 259 Abs. 2, 260 Abs. 2 BGB
Erbe/Miterbe	Anspruch auf Auskunft und Rechenschaftslegung	**Miterbe als GoA-Geschäftsführer**	§§ 666, 681 BGB, e.V. nach §§ 259 Abs. 2, 260 Abs. 2 BGB

II. Auskunftsanspruch des § 2027 BGB

3 Der Erbschaftsbesitzer, der den Nachlass als Ganzes herausgeben muss, ist bereits nach § 2018 BGB i.V.m. § 260 BGB verpflichtet, dem Erben ein **Bestandsverzeichnis** aller besessenen Nachlassgegenstände vorzulegen. Er ist darüber hinaus verpflichtet, gegebenenfalls mit einer **eidesstattlichen Versicherung** zu bestätigen, dass er den Bestand des Nachlasses nach bestem Wissen so vollständig, wie es ihm möglich war, angegeben hat (§ 260 Abs. 2 BGB). Die Vorschrift des § 2027 BGB begründet eine darüber hinausgehende besondere Verpflichtung des Erbschaftsbesitzers, Auskunft über den **Bestand des Nachlasses** und den **Verbleib der Erbschaftsgegenstände** zu erteilen. Der Auskunftsanspruch des § 2027 BGB **verjährt** gem. § 197 Abs. 1 Nr. 1 BGB in **30 Jahren**. Dies deshalb, weil er der Durchsetzung der Ansprüche nach § 2018 BGB dient. Der Erbschaftsbesitzer hat nach § 2027 BGB über den Bestand des Nachlasses, die erhaltenen Ersatzgegenstände (§ 2019 BGB), die gezogenen Nutzungen (§ 2020 BGB) und über den Verbleib der Erbschaftsgegenstände, die nicht mehr

vorhanden oder nicht mehr aufzufinden sind, Auskunft zu erteilen.[4] Da auch diese Ansprüche der 30-jährigen Verjährung unterliegen, wäre es widersinnig, den Auskunftsanspruch des § 2027 einer kürzeren Verjährung zu unterwerfen. Für andere Auskunftsansprüche des Erben, die sich z.B. aus § 666 BGB oder § 242 BGB ergeben können, gilt diese Privilegierung nicht. Sie unterliegen der Regelverjährung. § 2027 BGB ermöglicht dem Erben somit, im Klageantrag seiner Herausgabeklage nach § 2018 BGB die einzelnen herauszugebenden Gegenstände konkret benennen zu können. In der Praxis kommt es immer wieder vor, dass Sachen aus dem Nachlass entfernt werden, ohne dass hiermit zugleich die Anmaßung eines Erbrechts einhergeht. Deshalb ist nach Abs. 2 auch derjenige, der ohne Erbrechtsanmaßung Sachen aus dem Nachlass in Besitz nimmt, bevor der tatsächliche Erbe Besitz ergriffen hat, auskunftspflichtig. Zur Auskunft nach § 2027 BGB verpflichtet ist lediglich der Erbschaftsbesitzer i.S.d. § 2018 BGB. Ist dieser nicht mehr Erbschaftsbesitzer i.S.d. § 2018 BGB, wurde ihm aber ein unrichtiger Erbschein erteilt, so trifft ihn nach § 2362 Abs. 2 BGB eine entsprechende Auskunftspflicht.

B. Tatbestand

I. Auskunftsberechtigte

Sowohl der Erbe als auch sämtliche anderen Anspruchsberechtigten des § 2018 BGB (vgl. hierzu im Einzelnen § 2018 Rdn 3 ff.) sind berechtigt, Auskunft nach Abs. 1 und 2 zu verlangen. Dies sind z.B. der Nachlasspfleger, der Nachlassverwalter, der verwaltende Testamentsvollstrecker und der Nachlassinsolvenzverwalter, nach Eintritt der Nacherbfolge auch der Nacherbe,[5] ebenso ein Gläubiger, der den Erbteil gepfändet hat.[6] 4

II. Auskunftsverpflichteter

Zur Auskunft nach Abs. 1 verpflichtet ist der Erbschaftsbesitzer i.S.d. § 2018 BGB, also derjenige, der aufgrund eines ihm in Wirklichkeit nicht zustehenden (Mit-)Erbrechts etwas aus der Erbschaft erlangt hat (zu den Einzelheiten vgl. § 2018 Rdn 3 ff.). 5

III. Miterbe als Auskunftsberechtigter und Auskunftsverpflichteter

Jeder **Miterbe** kann nach §§ 2027, 2039 S. 1 BGB verlangen, dass die Auskunft allen gemeinschaftlich erteilt und gegebenenfalls die eidesstattliche Versicherung einmal geleistet wird.[7] Das bedeutet, jeder Miterbe kann zwar den Auskunftsanspruch alleine (gerichtlich) geltend machen, er kann aber in seinem Klageantrag nur Auskunft an die Erbengemeinschaft verlangen.[8] Auch von einem anderen Miterben kann ein Miterbe nach § 2027 BGB Auskunft verlangen. So kann er von einem anderen Miterben nach Abs. 1 Auskunft verlangen, wenn dieser ein **über sein Erbteil hinausgehendes Erbrecht** oder sogar eine Alleinerbenstellung in Anspruch nimmt.[9] Der Miterbe ist dann hinsichtlich der ihm nicht gebührenden Differenz Erbschaftsbesitzer i.S.d. § 2018 BGB.[10] Der Miterbe kann von einem anderen Miterben nach Abs. 2 Auskunft verlangen, wenn der Miterbe Nachlasssachen ohne eine über sein Miterbenrecht hinausgehende Erbanmaßung eigenhändig für sich in **Besitz** genommen hat.[11] Dieser Anspruch 6

4 Soergel/*Dieckmann*, § 2027 Rn 6.
5 KG OLGE 21, 310.
6 *Sarres*, ZEV 1998, 298, 299.
7 OLG München OLGE 30, 186.
8 OLG Bremen OLGR 2002, 187 ff.
9 OLG Karlsruhe MDR 1972, 424.
10 OLG Karlsruhe MDR 1972, 424.
11 MüKo/*Helms*, § 2018 Rn 19, § 2027 Rn 3.

besteht dann nicht, wenn der Miterbe für die Gesamtheit der Erben als deren Vertreter Besitz ergriffen hat (§ 2038 Abs. 1 BGB), dann allerdings besteht ein Auskunftsanspruch aus §§ 666, 681 BGB.[12] Übernimmt der Miterbe die Abwicklung des Nachlasses, schuldet er u.U. ein Bestandsverzeichnis.[13] Der Miterbe kann sich aber u.U. auf eine **Verwirkung** des Auskunftsanspruchs berufen, wenn der Erbfall mehrere Jahre zurückliegt und der andere Miterbe während dieses Zeitraums keine auf eine Auseinandersetzung der Erbengemeinschaft zielenden Maßnahmen eingeleitet hat.[14] Ein über § 2027 BGB hinausgehendes **allgemeines Auskunftsrecht der Miterben untereinander** aufgrund des Gesamthands-Rechtsverhältnisses der Miterbengemeinschaft wird von der h.M. jedoch **nicht anerkannt**, sofern es sich nicht aus besonderen Rechtsgründen ableitet.[15]
Hier ist allerdings auf die Generalklausel der Rspr. hinzuweisen, die vom RG entwickelt und vom BGH übernommen wurde. Danach ist stets dann ein Auskunftsanspruch der Miterben untereinander zu gewähren, wenn dies für den **Berechtigten die Rechtsverfolgung in hohem Maße erleichtert bzw. erst möglich macht, er in entschuldbarer Weise über den Umfang seines Rechts im Ungewissen ist und der Verpflichtete diese Auskunft unschwer erteilen kann.**[16] In solchen Fällen gewährt die Rspr. Auskunftsansprüche außerhalb gesetzlich normierter Tatbestände, **sofern** zusätzlich zu den oben genannten Voraussetzungen auch tatsächlich ein Hauptanspruch besteht, dessen Ausmaß sich aus der Auskunft ergeben soll.[17] Weiter kann sich die Auskunftspflicht des Miterben daraus ergeben, dass er als Bevollmächtigter tätig war.

IV. Beauftragter bzw. Bevollmächtigter als Auskunftsverpflichteter

7 Handelte ein **Bevollmächtigter des Erblassers** entgeltlich oder unentgeltlich **im Auftrag des Erblassers**, z.B. im Rahmen einer Vorsorgevollmacht, so ist er dem Erben ebenfalls nach §§ 666, 681 BGB zur Auskunft verpflichtet sowie nach § 667 BGB zur Herausgabe des Erlangten. Allein aus einer Kontovollmacht und der Vollmacht über ein Bankschließfach ergibt sich aber noch kein Auftragsverhältnis.[18] Es müssen vielmehr objektive Kriterien vorliegen, die zeigen, dass sich die Parteien rechtsgeschäftlich binden wollten.[19] Hatte ein Kind des Erblassers, das sich um diesen kümmerte und in seiner Nähe wohnte, die Vollmacht, spricht dies für ein Vertrauensverhältnis und gegen einen rechtsgeschäftlichen Bindungswillen.[20] Dies gilt insbesondere auch für den **Miterben**, der für den Erblasser zu dessen Lebzeiten Geschäfte geführt hat. Hat ein **Erbschaftsbesitzer** vor oder nach dem Erbfall Geschäfte für den Erblasser geführt, so ist er ebenfalls über §§ 666, 681 BGB zur Auskunft über diese Geschäfte verpflichtet.[21] Da die Regelung des § 666 BGB dispositiv ist, kann hiervon vertraglich abgewichen oder die Vorschrift völlig abbedungen werden. Darüber hinaus kommt auch ein konkludenter Verzicht in Betracht, wenn z.B. über Jahre auf die Rechnungslegung verzichtet wurde.[22] Ergeben sich jedoch nachträglich begründete Zweifel an der Zuver-

12 OLG Celle OLGE 24, 70.
13 OLG Düsseldorf ZEV 2016, 259.
14 OLG Koblenz v. 19.12.2013, ZErb 2014, 72.
15 BGH NJW 1957, 669; BGH NJW 1981, 1733; BGH NJW-RR 1989, 450.
16 BGH NJW 1978, 1002.
17 BGH NJW 1957, 669.
18 OLG Köln, Beschl. v. 11.5.2017 – 16 U 99/16, BeckRS 2017, 117614.
19 OLG Düsseldorf ZEV 2007, 184.
20 OLG Köln ZEV 2013, 339.
21 Krug/Rudolf/Kroiß/Bittler/*Krug*, AF ErbR, § 9 Rn 118.
22 BGH NJW 1994, 1861.

lässigkeit des Beauftragten, kann eine Freistellung von den Pflichten des § 666 BGB unwirksam sein.[23] Die Bank des Erblassers ist dem Erben gegenüber gem. §§ 666, 675 BGB ebenfalls umfangreich zur Auskunft verpflichtet.

Der **geschäftsführende Miterbe** ist entsprechend §§ 666, 681, 2038 Abs. 1 Alt. 2 BGB zur Auskunft über die Notgeschäftsführung bzw. die Alleingeschäftsführung verpflichtet. Hat der Miterbe für die Gesamtheit der Miterben mit oder ohne Auftrag den Nachlass in Besitz genommen, ist er aus Auftrag (§ 666 BGB) oder aus GoA (§§ 666, 681 BGB) auskunftspflichtig, der **Testamentsvollstrecker** gem. §§ 666, 2218 BGB zur Auskunft über den Nachlassbestand. Darüber hinaus hat der Testamentsvollstrecker über wichtige Verwaltungsvorgänge sowie über den Bestand des Nachlasses die Erben zu benachrichtigen. 8

Hinweis 9

Im Gegensatz zu dem Auskunftsanspruch aus § 2027 BGB, der in 30 Jahren verjährt, **verjährt** der Auskunftsanspruch aus § 666 BGB nach § 195 BGB in **drei Jahren**. Ist bereits der Hauptanspruch verjährt, besteht für den Auskunftsanspruch kein rechtliches Interesse mehr.

V. Auskunftspflicht sonstiger Besitzer von Erbschaftssachen nach Abs. 2

1. Besitzergreifung durch Dritte vor dem Erben

Abs. 2 normiert auch eine Auskunftspflicht derjenigen, die Sachen aus dem Nachlass entfernt und selbst in Besitz genommen haben, ohne sich ein Erbrecht anzumaßen. Entscheidend dabei ist, dass die Inbesitznahme erfolgte, **bevor** der Erbe den **unmittelbaren Besitz** (§§ 854, 855 BGB) oder den **mittelbaren Besitz** (§ 868 BGB) ergriffen hat. Es genügt also, wenn ein Besitzdiener für den Erben den Besitz ausübt oder der Erbe zu dem unmittelbaren Besitzer in einem Besitzmittlungsverhältnis nach § 868 BGB steht. 10

2. Besitzergreifung des Auskunftspflichtigen

Der Auskunftspflichtige muss nach Abs. 2 Sachen aus dem Nachlass genommen haben. Wer an der Sache schon zu Lebzeiten des Erblassers Besitz erlangt hatte, ist deshalb nicht nach Abs. 2 auskunftspflichtig.[24] Auskunftspflichtig ist auch nicht, wer nach dem Tod des Erblassers eine Sache in Besitz nimmt, die der Erblasser einem Dritten überlassen hat, da hier nichts aus dem Nachlass entfernt wird.[25] Wer hingegen eine Sache aus dem Nachlass in Besitz nimmt, die ihm der Erblasser zu Lebzeiten geschenkt hat, ist auskunftspflichtig.[26] Unerheblich ist, dass der Dritte eigennützig oder zum Schutz des wahren Erben etwas aus dem Nachlass in Besitz genommen hat.[27] Darauf, ob er von dem Erbfall Kenntnis hatte oder nicht, kommt es ebenfalls nicht an, auch nicht darauf, ob er bösgläubig oder gutgläubig war.[28] Auskunftspflichtig ist somit auch, wer im guten Glauben an sein Recht den Besitz der Sache eigenmächtig an sich genommen hat.[29] Selbst derjenige, der aufgrund eines Rechts zum Besitz die Sache eigenmächtig an sich nahm, ist auskunftspflichtig.[30] Die Auskunftspflicht besteht unabhängig davon, ob der Auskunftsverpflichtete noch Besitzer ist. Hat er die Sache an 11

---

23 OLG Stuttgart NJW 1968, 2338.
24 OLG Kiel OLGE 40, 108.
25 BGH LM Nr. 1 zu § 1421.
26 Staudinger/*Raff*, § 2027 Rn 22 f., 44.
27 Staudinger/*Raff*, § 2027 Rn 46.
28 MüKo/*Helms*, § 2027 Rn 10 m.w.N.
29 OLG Braunschweig OLGE 24, 70.
30 OLG Braunschweig OLGE 24, 70.

einen Dritten weitergegeben, ist unabhängig davon lediglich er auskunftspflichtig, da er die Sache vor dem Erben in Besitz genommen hat.[31] Abs. 2 gilt nicht für die Inbesitznahme von Nachlassgegenständen durch Testamentsvollstrecker, Nachlass(Insolvenz)verwalter und Nachlasspfleger.

VI. Vererblichkeit des Auskunftsanspruchs

12 Umstritten ist, ob der Erbe des Erbschaftsbesitzers als dessen Rechtsnachfolger gem. § 1967 BGB auskunftspflichtig ist. Teilweise wird in der **Auskunftspflicht** eine höchstpersönliche und deshalb unvererbliche Pflicht gesehen, während die h.M. die **Vererblichkeit der Auskunftspflicht** zu Recht bejaht, da sie zwar persönlich zu erfüllen ist, hieraus aber nicht folgt, dass sie mit dem Tode untergeht.[32] Hat der Erbe des Erbschaftsbesitzers allerdings keine eigenen Kenntnisse und kann er sich solche auch nicht auf zumutbare Weise verschaffen, kommt er seiner Auskunftspflicht bereits dadurch nach, dass er diesen Sachverhalt darlegt.[33] Dem Erben des Erbschaftsbesitzers ist es allerdings durchaus zuzumuten, in beschränktem Umfang selbst über den Verbleib von Nachlassgegenständen nachzuforschen.[34] Neben der von seinem Rechtsvorgänger herrührenden Auskunftspflicht kann den Erben des Erbschaftsbesitzers auch eine eigene (originäre) Auskunftspflicht aus § 2027 BGB treffen,[35] wenn bei ihm selbst die Voraussetzungen des § 2018 BGB vorliegen.

13 Der Auskunftsanspruch ist aktiv **vererbbar,**[36] er ist jedoch nicht isoliert an einen Nichterben abtretbar.[37] Gewillkürte Prozessstandschaft ist nicht möglich.[38] Der Erblasser kann die Auskunftspflicht nicht im Voraus erlassen, aber der Erbe kann darauf verzichten.[39]

C. Rechtsfolgen

I. Auskunft über den Bestand der Erbschaft

1. Bestandsverzeichnis

14 Der Erbschaftsbesitzer hat über den Bestand der Erbschaft Auskunft zu geben. Die Auskunft ist unmittelbar dem Erben gegenüber zu erteilen, so dass die Angaben zu **Protokoll** des **Nachlassgerichts** der Auskunftspflicht nicht genügen. Die Auskunft bedarf grundsätzlich der Schriftform. Die Auskunft wird dadurch erteilt, dass der Erbschaftsbesitzer nach § 260 Abs. 1 BGB ein schriftliches Bestandsverzeichnis vorzulegen hat. Dieses Verzeichnis muss eine „übersichtliche Gesamtdarstellung" enthalten,[40] bloße Kollektivangaben genügen nicht. Soweit nur einzelne Gegenstände nicht ausreichend spezifiziert sind, kann nur eine ergänzende Auskunft, nicht aber die nochmalige Aufstellung eines völlig neuen Bestandsverzeichnisses verlangt werden.[41] Etwas anderes gilt dann, wenn in der Aufstellung bestimmte sachliche oder zeitliche Teile völlig fehlen[42] oder die Angaben erkennbar unvollständig sind.[43]

---

31 Staudinger/*Raff*, § 2027 Rn 49.
32 BGH NJW 1985, 3068, 3069 m.w.N.
33 BGH NJW 1985, 3068, 3069 m.w.N.
34 Staudinger/*Raff*, § 2027 Rn 4'58.
35 BGH NJW 1985, 3068, 3069 m.w.N.
36 H.M., vgl. MüKo/*Helms*, § 2027 Rn 4.
37 OLG Karlsruhe FamRZ 1967, 691, 692.
38 OLG Karlsruhe FamRZ 1967, 691, 692.
39 OLG Bremen OLGR 2002, 187 ff.
40 Vgl. Soergel/*Dieckmann*, § 2027 Rn 8 m.w.N.
41 KG OLGE 18, 335, 337.
42 BGH NJW 1983, 2244.
43 BGH DB 1982, 2393.

2. Aktivbestand

Aufzunehmen ist nur der Aktivbestand des Nachlasses einschließlich der Surrogate, Nutzungen und Früchte, eine **Wertangabe** ist nicht erforderlich.[44] Nicht aufzunehmen ist der Bestand der Passiva.[45] 15

3. Nachlassforderungen, Voraus, Vorausvermächtnis, Schenkungen

Die Auskunftspflicht erstreckt sich auch auf **Nachlassforderungen** sowie auf Gegenstände, die dem Erbschaftsbesitzer als **Voraus** nach § 1932 BGB oder als **Vorausvermächtnis** hinterlassen sind.[46] Die Auskunftspflicht erstreckt sich nicht auf **Schenkungen** zu Lebzeiten.[47] Die Auskunftspflicht entfällt, wenn der Erbschaftsanspruch vollständig erfüllt worden ist. 16

II. Auskunft über den Verbleib von Erbschaftsgegenständen

Der Erbschaftsbesitzer muss auch über den **Verbleib der Erbschaftsgegenstände** Auskunft geben. Auch diese Auskunft ist entsprechend § 260 Abs. 1 BGB durch Vorlage eines schriftlichen Bestandsverzeichnisses zu erteilen.[48] Der Erbschaftsbesitzer muss insbesondere Auskunft über den Verbleib derjenigen Gegenstände geben, deren Zugehörigkeit zum Nachlass feststeht, die aber zzt. nicht mehr vorhanden oder nicht auffindbar sind. Es sind also insbesondere Angaben über die Veräußerung oder den Untergang von Erbschaftsgegenständen und ihren Surrogaten zu machen.[49] Auskunft über lebzeitige Zuwendungen des Erblassers vor Eintritt des Erbfalls muss hingegen nicht erteilt werden[50] und auch nicht, was schon vor dem Tod des Erblassers in seinen Besitz gelangt ist.[51] Der Erbschaftsbesitzer ist also insoweit auch verpflichtet, darüber Auskunft zu erteilen, ob und welcher Wertersatz für die veräußerten bzw. die verschwundenen Erbschaftsgegenstände in den Nachlass gelangt ist.[52] Dies bedeutet im Ergebnis nach h.M., dass der Anspruch auf Auskunft über den Verbleib der Erbschaftsgegenstände sowohl zu einem Anspruch auf Rechenschaftsablegung i.S.v. § 259 Abs. 1 BGB führt, als auch zur Vorlage von Belegen verpflichtet. 17

D. Verfahrensfragen und praktische Hinweise

I. Eidesstattliche Versicherung

Besteht der Verdacht, dass das Verzeichnis nicht mit der erforderlichen Sorgfalt erstellt worden ist, hat der Erbschaftsbesitzer grundsätzlich an **Eides statt zu versichern**, dass er die Auskunft über den Bestand der Erbschaft und über den Verbleib der Erbschaftsgegenstände nach bestem Wissen so vollständig wie möglich erteilt hat.[53] Es ist auf das Gesamtverhalten des Auskunftsschuldners abzustellen; finden sich greifbare Tatsachen, die den Verdacht einer unvollständigen Auskunftserteilung nahelegen, ist die eidesstattliche Versicherung abzugeben.[54] Kann die mangelhafte Auskunft jedoch auch auf unverschuldeter Unkenntnis oder entschuldbarem Irrtum beruhen, ist eine Verurteilung zur Abgabe der eidesstattlichen Versicherung nicht möglich.[55] Die frei- 18

---

44 Bonefeld/Kroiß/Tanck/*Bittler*, Erbprozess, § 2 Rn 228.
45 Staudinger/*Raff*, § 2027 Rn 13 m.w.N.
46 Soergel/*Dieckmann*, § 2027 Rn 8 m.w.N.
47 BGHZ 61, 182.
48 MüKo/*Helms*, § 2027 Rn 7 m.w.N.
49 MüKo/*Helms*, § 2027 Rn 7 m.w.N.
50 OLG Sachsen-Anhalt, Urt. v. 13.6.2024 – 2 U 81/23, juris.
51 Brandenburgisches OLG, Urt. v. 7.5.2024 – 3 U 90/23, juris.
52 Krug/Rudolf/Kroiß/Bittler/*Krug*, AF ErbR, § 9 Rn 343.
53 Staudinger/*Raff*, § 2027 Rn 31.
54 Staudinger/*Raff*, § 2027 Rn 32 m.w.N.
55 BGHZ 98, 137, 139 f.

willige Abgabe der eidesstattlichen Versicherung erfolgt im Verfahren der freiwilligen Gerichtsbarkeit nach §§ 410 Nr. 1, 413 FamFG, die Zuständigkeit bestimmt sich nach § 261 Abs. 1 BGB i.V.m. § 3 Nr. 1b RPflG.

II. Klage auf Auskunft

19 Die Klage auf Auskunft führt **nicht** zur **Rechtshängigkeit** des Erbschaftsanspruchs.[56] Ebenso wenig wird durch sie die **Verjährung** des Erbschaftsanspruchs nach § 204 Abs. 1 Nr. 1 BGB gehemmt bzw. wurde diese nach § 209 Abs. 1 BGB a.F. unterbrochen.[57] Hierzu ist vielmehr die **Erhebung einer Stufenlage** erforderlich, in der der Erbschaftsanspruch bereits anhängig zu machen ist; eine Bezifferung des Erbschaftsanspruchs kann später nach erteilter Auskunft erfolgen. Für die Auskunftsansprüche aus **§§ 2027, 2028 BGB** gilt genauso wie für den eigentlichen Erbschaftsanspruch die **30-jährige Verjährungsfrist** des § 197 Abs. 1 Nr. 1 BGB.[58] Der Gerichtsstand der Erbschaft (§ 27 ZPO) besteht nicht nur bei einem Anspruch aus Abs. 1, sondern auch bei dem aus Abs. 2 und bei der aus § 2028 BGB gestützten Auskunftsklage.[59] Bei der Festsetzung der Beschwer des zu einer Auskunftserteilung Verpflichteten sind auch die notwendigen Steuerberater- und Rechtsanwaltskosten zu berücksichtigen.[60] Legt der Beklagte Rechtsmittel gegen seine Verurteilung zur Auskunftserteilung ein, so ist der Streitwert nach dem Interesse des Rechtsmittelführers zu bestimmen, die konkrete Auskunft nicht erteilen zu müssen.[61] Ein Zurückbehaltungsrecht nach § 273 BGB kann im Erkenntnisverfahren nicht geltend gemacht werden, selbst wenn der Gegenanspruch ebenfalls in einem Auskunftsanspruch besteht.[62] Dies widerspricht der Natur des Auskunftsanspruchs.

III. Anspruch auf Ergänzung der Auskunft

20 Ob eine nach erfolgter Verurteilung erteilte Auskunft den Vorgaben des Urteils entspricht, kann im Zwangsvollstreckungsverfahren auf Antrag des Gläubigers nach § 888 ZPO oder i.R.d. Vollstreckungsgegenklage nach § 767 ZPO überprüft werden. Eine Verurteilung zur weiteren Auskunftsleistung ist jedoch grundsätzlich ausgeschlossen.[63] Der Auskunftsberechtigte kann dann lediglich durch Klage auf Abgabe der eidesstattlichen Versicherung, u.U. auch durch eine entsprechende Stufenklage, die Vervollständigung der Auskunft erzwingen.[64]

IV. Vorläufiger Rechtsschutz

21 Eine einstweilige Verfügung auf Auskunft oder Rechnungslegung ist grundsätzlich unzulässig.[65] Eine Ausnahme hiervon wird nur dann gemacht, wenn der nachfolgende

---

56 MüKo/*Helms*, § 2027 Rn 13.

57 OLG Brandenburg ZEV 1996, 116.

58 MüKo/*Helms*, § 2026 Rn 7.

59 Str., OLG Nürnberg OLGZ 1981, 115, 116; nur für § 2027 Abs. 1 u. 2 BGB, nicht aber für § 2028 BGB: Grüneberg/*Weidlich*, § 2027 Rn 5;.

60 BGH NJW-RR 1993, 1154.

61 OLG Köln OLGR 1993, 300.

62 Krug/Rudolf/Kroiß/Bittler/*Krug*, AF ErbR, § 9 Rn 239.

63 Lediglich ausnahmsweise wird Anspruch auf Ergänzung der Auskunft angenommen, wenn ein ganzer Vermögensvorteil oder eine Mehrheit von Erbschaftsgegenständen infolge eines Rechtsirrtums nicht in das Verzeichnis mit aufgenommen wurden u. insoweit gar kein Bestandsverzeichnis vorliegt, RGZ 84, 41, 44.

64 MüKo/*Helms*, § 2027 Rn 8.

65 Krug/Rudolf/Kroiß/Bittler/*Krug*, AF ErbR, § 9 Rn 382.

Hauptanspruch für den Antragsteller von existenzieller Bedeutung ist und er deswegen auf die sofortige Auskunftserteilung angewiesen ist.[66]

V. Berufungsverfahren

Wird der Klage auf Auskunft in der ersten Instanz stattgegeben, so bestimmt sich der **Wert der Beschwer** nach dem Interesse des Beklagten der ersten Instanz, die Auskunft nicht erteilen zu müssen.[67] Hierbei sind im Wesentlichen Aufwand, Kosten und Arbeit des Beklagten zu berücksichtigen, die der Beklagte substantiiert und detailliert darlegen muss. Beschränkt der Urteilstenor die Pflicht zur Auskunftserteilung auf das eigene Wissen der Verpflichteten, so dass eine Ermittlungspflicht nicht besteht, so sind Aufwand, Zeit und Kosten von fremden Dritten für eine etwaige Ermittlung nicht bei der Bemessung des Beschwerdegegenstandes zu berücksichtigen.[68] Hinsichtlich der erforderlichen Beschwer von 600 EUR führt dies dazu, dass Urteile zum Auskunftsantrag in der Regel nicht anfechtbar sind, weil dieser Wert nicht erreicht wird. Wird der Beschwerdewert nicht erreicht und ist das rechtliche Gehör verletzt, besteht die Möglichkeit des **Abhilfeverfahrens nach § 321a ZPO**. Die Rüge muss gem. § 321a Abs. 2 ZPO innerhalb einer **Notfrist** von zwei Wochen eingereicht werden. Die Rüge ist begründet, wenn das rechtliche Gehör verletzt wurde und dies für die Entscheidung des Gerichts erheblich war. Es ergeht dann ein neues Urteil; dieses erhält das erste Urteil entweder aufrecht oder hebt es ganz oder teilweise auf, §§ 321a Abs. 5, 343 ZPO. 22

VI. Zwangsvollstreckung

Der Auskunftstitel wird nach § 888 ZPO vollstreckt, die Verpflichtung zur Abgabe der eidesstattlichen Versicherung nach § 889 ZPO. Zuständig hierfür ist das Prozessgericht der ersten Instanz, §§ 887 Abs. 1, 888 ZPO. Der Einwand des Erbschaftsbesitzers, er habe die Auskunft bereits vollständig erfüllt, ist im Wege der Vollstreckungsabwehrklage gem. § 767 ZPO geltend zu machen.[69] Dem Antrag auf Festsetzung eines Zwangsmittels gem. § 888 ZPO muss grundsätzlich keine Fristsetzung vorausgehen.[70] 23

§ 2028 Auskunftspflicht des Hausgenossen

(1) Wer sich zur Zeit des Erbfalls mit dem Erblasser in häuslicher Gemeinschaft befunden hat, ist verpflichtet, dem Erben auf Verlangen Auskunft darüber zu erteilen, welche erbschaftlichen Geschäfte er geführt hat und was ihm über den Verbleib der Erbschaftsgegenstände bekannt ist.
(2) Besteht Grund zu der Annahme, dass die Auskunft nicht mit der erforderlichen Sorgfalt erteilt worden ist, so hat der Verpflichtete auf Verlangen des Erben zu Protokoll an Eides statt zu versichern, dass er seine Angaben nach bestem Wissen so vollständig gemacht habe, als er dazu imstande sei.
(3) Die Vorschriften des § 259 Abs. 3 und des § 261 finden Anwendung.

---

66 OLG Rostock WM 1998, 1530.
67 Krug/Rudolf/Kroiß/Bittler/*Krug*, AF ErbR, § 9 Rn 259.
68 BGH ZErb 2004, 97 f.
69 Krug/Rudolf/Kroiß/Bittler/*Krug*, AF ErbR, § 9 Rn 292, wonach auch die Berücksichtigung im ZV-Verfahren nach § 888 ZPO möglich ist.
70 OLG Brandenburg ZErb 2004, 104 f.

Übersicht: Rdn

A. Allgemeines

1 Auf Grund der häuslichen Gemeinschaft erlangt der **Hausgenosse** in der Regel besondere Kenntnisse und Verfügungsmöglichkeiten über Erbschaftsgegenstände und führt unmittelbar nach dem Todesfall oft auch erbschaftliche Geschäfte aus, ohne notwendigerweise Erbe zu sein. Die Auskunftspflicht gegenüber dem Hausgenossen soll dem Erben die Möglichkeit geben, sich einen Überblick über den Nachlass zu verschaffen, um seine Rechte durchsetzen zu können. Somit unterliegt auch dieser Anspruch der Verjährung des § 197 Abs. 1 Nr. 1 BGB.

B. Tatbestand

I. Auskunftsberechtigter

2 Auskunftsberechtigte sind außer dem **Erben** und dem **Miterben** die zur Verwaltung des Nachlasses berufenen Personen und alle sonst nach § 2027 BGB Auskunftsberechtigten. Wer lediglich einzelne Nachlassgegenstände erworben hat, ist nicht auskunftsberechtigt.

II. Auskunftspflichtiger

3 Jeder, der sich zur Zeit des Erbfalls mit dem Erblasser in häuslicher Gemeinschaft befunden hat, ist auskunftspflichtig i.S.d. Abs. 1. Bereits die bloße Tatsache einer solchen häuslichen Gemeinschaft genügt, um die Auskunftspflicht zu begründen, ein Eingriff in den Nachlass ist indes nicht erforderlich, es reicht Kenntnis vom Verbleib von Erbschaftsgegenständen oder die Einwirkungsmöglichkeit auf den Nachlass.[1] Eine angemaßte Erbenstellung ist nicht erforderlich.[2] Der Begriff der „häuslichen Gemeinschaft" setzt weder Zugehörigkeit zum Hausstand (§ 1619 BGB) noch Familienangehörigkeit oder den Bezug von Unterhalt voraus.[3] Der Begriff der „häuslichen Gemeinschaft" ist vielmehr **weit auszulegen,**[4] so dass grundsätzlich **jeder** auskunftspflichtig ist, bei dem nach den **räumlichen und persönlichen Beziehungen zum Erblasser** eine Kenntnis i.S.d. § 2028 BGB zu vermuten ist.[5] So genügt es u.U., dass ein auswärtiges Familienmitglied des Erblassers während seiner letzten Erkrankung besuchsweise bei ihm gewohnt hat.[6] Eine „häusliche Gemeinschaft" kann auch zwischen Zimmer-, Flur- oder Stockwerksnachbarn bestehen.[7] Auch der Lebensgefährte ist auskunftspflichtig.[8]

---

1 LG Wiesbaden FamRZ 2015, 1231.
2 LG Köln, ZEV 2023, 659.
3 Vgl. MüKo/*Helms*, § 2028 Rn 3.
4 BGH LM § 2028 BGB Nr. 1; RGZ 80, 285, 286.
5 Soergel/*Dieckmann*, § 2028 Rn 4 m.w.N.
6 Staudinger/*Raff*, § 2028 Rn 10 m.w.N.
7 Soergel/*Dieckmann*, § 2028 Rn 5.
8 LG Berlin FamRZ 1979, 503.

Als Auskunftspflichtige kommen neben Familienangehörigen auch Hausangestellte, Pflegepersonen sowie Untermieter in Betracht. Auch ein **Miterbe** kann den anderen Miterben gegenüber nach § 2028 BGB auskunftspflichtig sein,[9] ggf. kann dieser Anspruch aber verwirken.[10] Die häusliche Gemeinschaft wird nicht dadurch beendet, dass der Erblasser unmittelbar vor seinem Tod ins Krankenhaus kam.[11] Die Auskunftspflicht besteht auch für den Fall, dass der Erblasser dem Hausgenossen Nießbrauch vermacht hat.[12]

C. Rechtsfolgen

I. Umfang der Auskunftspflicht

Der Umfang der Auskunftspflicht beschränkt sich auf die Auskunft, welche **erbschaftlichen Geschäfte** der Hausgenosse geführt hat und was ihm über den Verbleib der Erbschaftsgegenstände bekannt ist. Der Auskunftspflichtige ist nicht verpflichtet, über den Bestand des Nachlasses Auskunft zu geben oder ein Nachlassverzeichnis vorzulegen.[13] Er ist zur Rechnungslegung nur über von ihm selbst geführte Geschäfte verpflichtet. 4

II. Inhalt der Auskunftspflicht

Die Bedeutung des § 2028 BGB liegt für den Erben vor allem in der Klärung der Frage, **ob** der Hausgenosse erbschaftliche Geschäfte geführt hat. Hat er solche geführt, ist seine Auskunftspflicht bereits durch §§ 259, 260, 666, 681 BGB begründet, hat er sich dabei auch noch ein Erbrecht angemaßt, greift daneben die Vorschrift des § 2027 BGB.[14] Erbschaftliche Geschäfte sind alle Tätigkeiten des Hausgenossen mit Bezug auf den Nachlass.[15] Der Auskunftspflichtige muss angeben, was er über den **örtlichen und „wirtschaftlichen" Verbleib** der Sachen und Rechte weiß, deren Zugehörigkeit zum Nachlass feststeht.[16] Er muss Auskunft darüber erteilen, ob Surrogate für verschwundene Gegenstände in den Nachlass gelangt sind.[17] 5

Die Auskunftspflicht beschränkt sich auch nicht lediglich auf die Gegenstände, die im Nachlassfall noch vorhanden waren.[18] Der Hausgenosse muss auch über Gegenstände Auskunft erteilen, die vor dem Tode des Erblassers gegen dessen Willen aus seinem Besitz abhandengekommen sind oder mit seinem Willen in anderen Besitz gelangten (z.B. durch Leihe).[19] Sind die Gegenstände jedoch bereits zu Lebzeiten des Erblassers endgültig aus dessen Vermögen ausgeschieden, so besteht bzgl. dieser Gegenstände keine Auskunftspflicht. Der Hausgenosse muss also nicht über Geschenke Auskunft erteilen, die er vom Erblasser erhalten hat.[20] Der Erbe muss vermisste Nachlassgegenstände andererseits nicht explizit benennen, um über ihren Verbleib Auskunft zu erhalten. Den Hausgenossen trifft allerdings **keine Nachforschungspflicht**; die Auskunftspflicht erstreckt sich nur auf das, was dem Hausgenossen über den Verbleib 6

9 OLG Braunschweig OLGE 26, 296; LG Wiesbaden, Urt. v. 3.7.2014 – 9 O 44/14 BeckRS 2014, 17790.
10 OLG Koblenz ZErb 2014, 73.
11 Staudinger/*Raff*, § 2028 Rn 14.
12 Staudinger/*Raff*, § 2028 Rn 16 m.w.N.
13 OLG München OLGE 40, 134.
14 Soergel/*Dieckmann*, § 2028 Rn 8f.
15 BGHZ 38, 270, 275.
16 BGH DB 1964, 1442.
17 Krug/Rudolf/Kroiß/Bittler/*Krug*, AF ErbR, § 9 Rn 343.
18 BGH WM 1971, 443, 445.
19 Staudinger/*Raff*, § 2028 Rn 24 m.w.N.
20 BGH NJW 1955, 1354.

bekannt ist, was er über den Verbleib weiß.[21] Wer bereits nach § 2027 BGB Auskunft erteilt hat, kann dennoch verpflichtet sein, nochmals Auskunft nach § 2028 BGB darüber zu erteilen, welche erbschaftlichen Geschäfte er geführt hat.[22] Eine Auskunftsverweigerung mit dem Verweis auf die Wertlosigkeit des Nachlasses ist nicht möglich.[23]

D. Verfahrensfragen, eidesstattliche Versicherung

I. Voraussetzungen

7 Die Abgabe der eidesstattlichen Versicherung (Abs. 2 und 3) setzt zunächst die Erteilung der Auskunft voraus. Doch auch dann rechtfertigt selbst eine objektive Unvollständigkeit der Angaben noch nicht das Verlangen der **eidesstattlichen Versicherung**, erst recht nicht ein allg. Misstrauen.[24] Vielmehr müssen von dem Erben Gründe dargelegt und notfalls auch bewiesen werden, die die Annahme rechtfertigen, dass der Hausgenosse die Auskunft nicht mit der **erforderlichen Sorgfalt** erteilt hat.[25]

II. Inhalt

8 Inhaltlich unterscheidet sich die eidesstattliche Versicherung von der des Erbschaftsbesitzers nach §§ 260, 2027 BGB dadurch, dass der Hausgenosse nicht die Vollständigkeit des „Bestandes“, sondern nur die **Vollständigkeit der von ihm nach Abs. 1 getroffenen Angaben** zu bekräftigen hat.[26]

III. Zuständiges Gericht und Vollstreckung

9 Zuständig für die Abgabe der eidesstattlichen Versicherung ist das Gericht der freiwilligen Gerichtsbarkeit (§§ 410 Nr. 1, 413 FamFG). Gibt der Hausgenosse die eidesstattliche Versicherung freiwillig ab, braucht das Gericht die Voraussetzungen des Abs. 2 nicht vollständig zu prüfen,[27] es muss aber klären, ob der Erbe die eidesstattliche Versicherung überhaupt verlangt hat oder jedenfalls mit ihr einverstanden ist. Verweigert der Hausgenosse die Abgabe der eidesstattlichen Versicherung, muss der Erbe auf Abgabe der eidesstattlichen Versicherung klagen und das Urteil gem. § 889 ZPO vollstrecken. Die Verweisung des Abs. 3 auf § 261 BGB gilt für die Zuständigkeit des Gerichts, vor dem die eidesstattliche Versicherung abzugeben ist, ferner für die Möglichkeit, die Formel der eidesstattlichen Versicherung zu ändern, und für die Kosten.[28]

§ 2029 Haftung bei Einzelansprüchen des Erben

Die Haftung des Erbschaftsbesitzers bestimmt sich auch gegenüber den Ansprüchen, die dem Erben in Ansehung der einzelnen Erbschaftsgegenstände zustehen, nach den Vorschriften über den Erbschaftsanspruch.

21 MüKo/*Helms*, § 2028 Rn 6.

22 MüKo/*Helms*, § 2028 Rn 5; a.A. Soergel/*Diekmann*, § 2028 Rn 9, Auskunft nach § 2027 BGB umfasst auch erbschaftliche Geschäfte.

23 OLG Köln MDR 1961, 147.

24 BGH DB 1964, 1442.

25 Vgl. Soergel/*Dieckmann*, § 2028 Rn 12.

26 Staudinger/*Raff*, § 2028 Rn 33.

27 MüKo/*Helms*, § 2028 Rn 9.

28 MüKo/*Helms*, § 2028 Rn 10.

Übersicht: Rdn

A. Allgemeines

I. Anspruchskonkurrenz der Einzelansprüche mit dem Erbschaftsanspruch

Der Erbe kann gegenüber dem Erbschaftsbesitzer den Erbschaftsanspruch als Gesamtanspruch geltend machen, er kann ihm gegenüber aber auch seine schuldrechtlichen oder dinglichen Einzelansprüche auf Herausgabe von Nachlassgegenständen, Herausgabe der Bereicherung oder auf Schadensersatz geltend machen.[1] Es kann somit zu einer **Anspruchskonkurrenz** zwischen dem Gesamtanspruch und den Einzelansprüchen des Erben gegen den Erbschaftsbesitzer kommen. Um dem Erbschaftsbesitzer die durch §§ 2018 ff. BGB gewährten Vorzüge zu sichern (z.B. Ersatz aller Verwendungen nach § 2020 BGB), ordnet § 2029 BGB an, dass die Haftung des Erbschaftsbesitzers sich auch gegenüber den Einzelklagen des Erben nach den Vorschriften über den Erbschaftsanspruch bestimmt. Der Erbschaftsbesitzer muss allerdings auch die damit in Verbindung stehenden Nachteile tragen (z.B. Herausgabe aller Nutzungen nach § 2020 BGB). 1

II. Modifikation der Einzelansprüche „ipso iure"

Die mit dem Erbschaftsanspruch in Anspruchskonkurrenz stehenden Einzelansprüche werden **ipso iure** inhaltlich modifiziert. Der Inhalt der Einzelansprüche wird also nach den Vorschriften über den Erbschaftsanspruch **angepasst.**[2] Der Erbe muss somit nicht etwa ein Gestaltungsrecht ausüben; das Gericht hat die durch § 2029 BGB bewirkten Modifikationen der Einzelansprüche vielmehr **von Amts wegen** zu berücksichtigen, **sobald unstreitig oder erwiesen ist, dass der Beklagte nach §§ 2018 ff. BGB haftet.**[3] Die Berücksichtigung von Amts wegen spielt vor allem bei der Modifikation der §§ 812, 818 Abs. 2 u. 3 BGB sowie der §§ 989, 990 Abs. 1 S. 1 BGB durch § 2021 BGB sowie bei der Modifikation der §§ 823, 992 BGB durch § 2025 BGB eine Rolle.[4] Die tatsächlichen Voraussetzungen des § 2029 BGB (insbesondere, ob der Beklagte Erbschaftsbesitzer ist) prüft das Gericht hingegen nicht von Amts wegen, diese sind von den Parteien vorzutragen. Die Berücksichtigung von Amts wegen bedeutet nicht, dass das Gericht auch etwaige Einreden des Beklagten von Amts wegen berücksichtigen würde. So muss der Beklagte sein Zurückbehaltungsrecht wegen gemachter Verwendungen oder die Verjährung der Ansprüche natürlich selbst vortragen.[5] Diese Modifikation ändert jedoch nichts am Bestehen der Einzelansprüche. Der Erbe kann gegenüber dem Erbschaftsbesitzer auch lediglich die schuldrechtlichen oder dinglichen Einzelansprüche geltend machen.[6] Er kann die Tatsache des Erbschaftsbe- 2

---

1 MüKo/*Helms*, § 2029 Rn 1.
2 Staudinger/*Raff*, § 2029 Rn 9.
3 MüKo/*Helms*, § 2029 Rn 3.
4 Vgl. hierzu im Einzelnen Staudinger/*Raff*, § 2029 Rn 9 ff.
5 Staudinger/*Raff*, § 2029 Rn 12.
6 Soergel/*Dieckmann*, § 2029 Rn 1.

sitzes des Beklagten vortragen oder nicht. Macht er dies nicht, entscheidet das Gericht lediglich aufgrund der nicht durch § 2029 BGB modifizierten Einzelansprüche. Es besteht dann aber für den Beklagten seinerseits die Möglichkeit, die für seine Qualifizierung als Erbschaftsbesitzer erforderlichen Tatsachen vorzutragen.[7]

B. Tatbestand

I. Anwendbarkeit aller Vorschriften zur Leistungspflicht des Erbschaftsbesitzers

3 Anwendbar sind grundsätzlich alle Vorschriften, die **Art und Umfang der Leistungspflicht** des Erbschaftsbesitzers nach §§ 2018 ff. BGB betreffen.[8] Somit sind die Vorschriften über die Herausgabe der Surrogate nach § 2019 BGB, die Herausgabe der Nutzungen nach § 2020 BGB sowie die Herausgabe der Bereicherung nach § 2021 BGB anzuwenden. Dies führt dazu, dass der erbrechtlich nicht verschärft haftende Erbschaftsbesitzer gegenüber allen Bereicherungsansprüchen des Erben die ihm durch die Erbschaft verursachten Ausgaben als Minderung der Bereicherung geltend machen kann.[9] Auch § 2022 BGB findet Anwendung, der Erbschaftsbesitzer kann seine erweiterten Verwendungsersatzansprüche auch gegenüber den Herausgabeansprüchen des Erben aus den §§ 985, 1007 BGB geltend machen. Schließlich finden auch die Vorschriften über die Wirkung der Rechtshängigkeit nach § 2023 BGB, die gegenüber § 819 BGB verschärften Wirkungen der Bösgläubigkeit nach §§ 2024 u. 2026 BGB Anwendung. Der Erbschaftsbesitzer kann also auch dann, wenn der Erbe lediglich einen Einzelanspruch geltend macht, die Einrede der Verjährung entsprechend § 2026 BGB entgegensetzen, wenn (zumindest) der Erbschaftsanspruch selbst bereits verjährt ist.[10] Umgekehrt gilt die Verjährung nach § 197 Abs. 1 Nr. 1 BGB auch in Ansehung der Einzelansprüche. Die Einzelklage führt nicht zur rechtskräftigen Feststellung des Erbrechts, dies ist nur durch eine vom Beklagten erhobene Feststellungswiderklage (§ 256 Abs. 2 ZPO) möglich.

II. Besitzschutzansprüche

4 Auch die Besitzschutzansprüche aus §§ 858, 861, 862 BGB zählen zu den durch § 2029 BGB modifizierten Einzelansprüchen.[11] Dies führt dazu, dass der gutgläubige Erbschaftsbesitzer trotz der Regelung des § 863 BGB das Zurückbehaltungsrecht wegen seiner Verwendungen nach § 2022 BGB geltend machen kann, sofern er vor dem Erben Besitz an der Sache ergriffen hat und gutgläubig war. War der Erbschaftsbesitzer hingegen bösgläubig oder hat er schuldhaft den vom Erben bereits begründeten Besitz verletzt, kann er sich nicht auf § 2029 BGB berufen; hier gehen die §§ 861, 862 BGB (unter Berücksichtigung des § 2025 BGB) vor.[12]

C. Rechtsfolgen

5 Soweit der Gesamtanspruch nach Art und Umfang der Leistungspflicht für den Erbschaftsbesitzer günstiger ist, wird der Einzelanspruch angeglichen. Dies gilt sowohl für den eigentlichen Haftungsumfang als auch für die Verjährungsregelung. Die Regelung des § 2029 BGB gilt nicht für einen Dritten, dem der Erbschaftsbesitzer nicht die Erbschaft, sondern nur einzelne zu ihr gehörende Gegenstände veräußert hat.[13] Er

7 Staudinger/*Raff*, § 2029 Rn 12.
8 MüKo/*Helms*, § 2029 Rn 3.
9 Staudinger/*Raff*, § 2029 Rn 35.
10 Staudinger/*Raff*, § 2029 Rn 20.
11 Soergel/*Dieckmann*, § 2029 Rn 2.
12 MüKo/*Helms*, § 2029 Rn 4.
13 Staudinger/*Raff*, § 2029 Rn 33.

kann Verwendungsersatz nur nach § 999 BGB fordern, macht er die Verwendungen des Erbschaftsbesitzers geltend.

D. Verfahrensfragen und praktische Hinweise

I. Beweislast

Die Vorschrift des § 2029 BGB ist nur anwendbar, wenn der Beklagte Erbschaftsbesitzer i.S.d. § 2018 BGB ist. Die **Darlegungs-** und **Beweislast** für die Tatsache, aus welcher sich die Stellung des Beklagten als Erbschaftsbesitzer ergibt, trägt derjenige, der sich darauf beruft. Der Erbe ist also nicht etwa verpflichtet, die Tatsache des Erbschaftsbesitzes vorzutragen, noch der Erbschaftsbesitzer. Trägt keine der Parteien etwas zum Erbschaftsbesitz des Beklagten vor, entscheidet das Gericht aufgrund des geltend gemachten Einzelanspruchs. Ergibt sich indes aus dem Sachvortrag der Parteien die Möglichkeit der Anwendbarkeit des § 2029 BGB, wird das Gericht i.d.R. einen Hinweis nach § 139 Abs. 2 ZPO erteilen (müssen). 6

II. Gerichtsstand

Für die Einzelansprüche des Erben gegen den Erbschaftsbesitzer gilt der Gerichtsstand des § 27 ZPO nicht.[14] Dies kann dann u.U. zu einer gespaltenen örtlichen Zuständigkeit führen, wenn der Erbe vom Erbschaftsanspruch auf die Geltendmachung der Einzelansprüche übergeht. 7

§ 2030 Rechtsstellung des Erbschaftserwerbers

Wer die Erbschaft durch Vertrag von einem Erbschaftsbesitzer erwirbt, steht im Verhältnis zu dem Erben einem Erbschaftsbesitzer gleich.

Übersicht: Rdn

A. Allgemeines

Mit der Regelung in § 2030 BGB werden die Ansprüche des Erben gem. §§ 2018–2029 BGB auf die Fälle des **Erbschaftskaufs und der Anteilsübertragung** erweitert. Der Erbe erhält durch die Regelung des § 2030 BGB die Möglichkeit, auch von dem Dritten, der die Erbschaft bzw. die einzelnen Erbschaftsgegenstände durch Erbschaftskauf oder Anteilsübertragung von dem nichtberechtigten Erbschaftsbesitzer erworben hat, die **Erbschaft als Ganzes** herauszuverlangen. Der Erbe wäre sonst nur in der Lage, seine Ansprüche im Wege der Einzelklage(n) geltend zu machen. 1

14 OLG Nürnberg OLGZ 1981, 115.

B. Tatbestand

I. Erbschaftskauf und Anteilsübertragung

2 § 2030 BGB regelt zwei Fälle: zum einen den Fall, in dem der Erbschaftserwerber im Anschluss an den mit dem Erbschaftsbesitzer auf **Veräußerung der ganzen Erbschaft gerichteten Kaufvertrag (Erbschaftskauf, §§ 2371, 2385 BGB)** von diesem tatsächlich Erbschaftsgegenstände aufgrund entsprechender Verfügungen erhalten hat. Denn „die Erbschaft" an sich kann nicht „durch Vertrag erworben" werden, vielmehr können lediglich die einzelnen Erbschaftsgegenstände nach den für sie geltenden Vorschriften übertragen werden. Zum anderen regelt § 2030 BGB den Fall, in welchem der Erbschaftsbesitzer dem Erbschaftserwerber seinen angeblichen **Erbteil übertragen (Anteilsübertragung, §§ 1922 Abs. 2, 2033 Abs. 1 BGB)** bzw. sich zur Übertragung **verpflichtet** hat und der Erbschaftserwerber daraufhin etwas aus der Erbschaft erlangt, also zumindest Mitbesitz.[1] Die Vorschrift des § 2030 BGB ist im Wege der Analogie auch auf solche Fälle anzuwenden, in denen die Erbschaft nicht durch Vertrag unter Lebenden, sondern aufgrund eines Vermächtnisses in einer letztwilligen Verfügung des Erbschaftsbesitzers in den Besitz eines Dritten gelangt.[2]

II. Verkauf von wesentlichen Nachlassgegenständen

3 § 2030 BGB findet **keine Anwendung**, wenn lediglich wesentliche Nachlassgegenstände als Einzelsachen verkauft werden, ohne dass dem Erwerber damit „die Sorge um die Abwicklung des Nachlasses" anvertraut wird.[3] Es ist vielmehr erforderlich, dass ein Erbschaftskauf (Veräußerung der Erbschaft als Ganzes) oder eine Erbteilsanteilsübertragung Hintergrund für die (Mit-)Inbesitznahme von Nachlassgegenständen durch den Dritten waren.[4]

III. Erbschaftserwerber

4 Anspruchsgegner des Erben ist nach § 2030 BGB derjenige, an den der Erbschaftsbesitzer die Erbschaft als Ganzes verkauft oder dem er seinen angeblichen Erbteil übertragen hat. Voraussetzung ist allerdings, dass der Erbschaftserwerber aufgrund dieses Vertrages tatsächlich Erbschaftsgegenstände an sich gebracht und damit i.S.v. § 2018 BGB **„etwas aus der Erbschaft erlangt" hat.**[5]

IV. Kein formgültiges Rechtsgeschäft erforderlich

5 Str. ist, ob die Anwendung des § 2030 BGB ein formgültiges Rechtsgeschäft verlangt. Dies ist mit der h.M. zu verneinen.[6] Das Schutzbedürfnis des Erben wird durch die Formnichtigkeit des Erbschaftskaufs kaum verringert. Auch ein formnichtiger Erbschaftskaufvertrag wird regelmäßig vollzogen werden. Bei der Übertragung eines Erbteils wird durch eine Beurkundung des Übertragungsgeschäftes ein Formmangel des schuldrechtlichen Kaufvertrages ohnehin geheilt.

C. Rechtsfolgen

I. Ausschluss des gutgläubigen Erwerbs

6 Der Erbschaftserwerber kann sich wie der Erbschaftsbesitzer nicht auf die Vorschriften über den **gutgläubigen Erwerb** (§§ 892 f., 932 ff., 2366 f. BGB) der Erbschaft als

---

1 Soergel/*Dieckmann*, § 2030 Rn 2.
2 MüKo/*Helms*, § 2030 Rn 14.
3 Soergel/*Dieckmann*, § 2030 Rn 3.
4 MüKo/*Helms*, § 2030 Rn 3, es ist nicht ausreichend, wenn die Erbschaft in „Bausch u. Bogen" verkauft wird.
5 Staudinger/*Raff*, § 2030 Rn 11.
6 Soergel/*Dieckmann*, § 2030 Rn 3.

Ganzes berufen.[7] Wer hingegen nur einzelne Sachen vom Erbschaftsbesitzer erwirbt, kann bei Vorliegen der Voraussetzungen der sachenrechtlichen (§§ 892, 932 ff. BGB) und erbrechtlichen (§ 2366 BGB) Vorschriften gutgläubig erwerben. Hier ist allerdings darauf hinzuweisen, dass der Erwerb beweglicher Sachen von dem Erbschaftsbesitzer an der Vorschrift des § 935 BGB scheitern kann.

II. Gleichstellung des Erbschaftserwerbers mit dem Erbschaftsbesitzer

Der Erbschaftserwerber wird mit dem Erbschaftsbesitzer durch § 2030 BGB gleichgestellt, so dass auf ihn grundsätzlich **sämtliche Vorschriften der §§ 2018–2029 BGB** anzuwenden sind. Die Herausgabepflicht des Erwerbers erstreckt sich also auch auf die Surrogate (§ 2019 BGB), die Nutzungen (§ 2020 BGB) und die Bereicherung (§ 2021 BGB). Der Erwerber haftet aber immer nur in dem Umfang, wie er selbst etwas „aus der Erbschaft erlangt" hat. Er haftet also z.B. nicht für die Herausgabe von Nachlasssachen, die bereits durch den Erbschaftsbesitzer verbraucht oder zerstört wurden.[8] Der Erwerber haftet auch nur dann nach §§ 2024, 2025 BGB verschärft, wenn die Voraussetzungen für die Haftungsverschärfung gerade in seiner Person erfüllt sind.[9] Sind Ansprüche des Erben gegenüber dem Erbschaftsbesitzer bereits rechtshängig, tangiert dies nicht die Haftung des Erwerbers. Der Erwerber kann neben seinen eigenen Verwendungen auch die Verwendungen des Erbschaftsbesitzers analog § 999 Abs. 1 BGB. geltend machen.[10] Ihm kommt die Ersitzungszeit des Erbschaftsbesitzers zugute.[11] Zu den ersatzfähigen eigenen Verwendungen des Erwerbers gehört jedoch nicht der Kaufpreis, den er für die Erbschaft gezahlt hat; er kann ihn auch nicht als Minderung seiner Bereicherung i.R.d. § 2021 BGB absetzen.[12] 7

III. Inanspruchnahme von Erbschaftsbesitzer und Erbschaftserwerber

1. Wahlrecht des Erben

Der Erbe hat ein **Wahlrecht**, ob er gegen den Erbschaftsbesitzer oder den Erbschaftserwerber vorgehen möchte. Dies führt zu Schwierigkeiten, da Erbschaftsbesitzer und Erbschaftserwerber nicht als Gesamtschuldner haften[13] und eine Doppelbefriedigung des Erben ausgeschlossen werden muss. Der Erbe hat nur die Wahl zwischen den Ansprüchen, er kann aber nicht aus beiden Ansprüchen nebeneinander die volle Befriedigung verlangen. 8

2. Herausgabe des Veräußerungserlöses

Insbesondere die Behandlung des vom Erbschaftsbesitzer erhaltenen **Veräußerungserlöses** erweist sich als problematisch. Nach § 2019 BGB kann der Erbe den Veräußerungserlös vom Erbschaftsbesitzer als Surrogat der veräußerten Erbschaft herausverlangen. Daneben bestehen die Ansprüche des Erben aus § 2030 BGB gegenüber dem Erwerber; er kann von diesem die Herausgabe der Erbschaft verlangen. Der Erbe hat die Wahl, welchen dieser Ansprüche er geltend machen will.[14] Dies darf jedoch zu keiner Doppelbefriedigung des Erben führen. Umstritten ist, wie dieses Ergebnis zu vermeiden ist. Nach h.M. kann der Erbe vom **Erbschaftsbesitzer** nach §§ 2018, 2019 BGB Herausgabe des durch die Veräußerung der Erbschaft erzielten Kaufpreises als 9

---

7 Soergel/*Dieckmann*, § 2030 Rn 1.
8 Staudinger/*Raff*, § 2030 Rn 11.
9 MüKo/*Helms*, § 2030 Rn 6.
10 MüKo/*Helms*, § 2030 Rn 6.
11 Staudinger/*Raff*, § 2030 Rn 17.
12 Soergel/*Dieckmann*, § 2030 Rn 5.
13 Soergel/*Dieckmann*, § 2030 Rn 6f.
14 Staudinger/*Raff*, § 2030 Rn 20.

Surrogat nach § 2019 BGB verlangen, **Zug um Zug gegen die Genehmigung** der Verfügungen.[15] Man wird bereits in der Geltendmachung des Herausgabeanspruchs nach § 2019 BGB eine Genehmigung der Verfügung des Erbschaftsbesitzers sehen müssen.[16] Die Genehmigung muss sich auch nicht auf alle Verfügungen erstrecken, die Genehmigung einzelner Verfügungen ist möglich.[17] Kann nur ein Teil des Kaufpreises herausgegeben werden, braucht der Erbe nur diejenigen Verfügungen über Erbschaftsgegenstände zu genehmigen, die dem Kaufpreis im Wert entsprechen.[18]

10 Nach a.A. kann der Erbe vom Erbschaftsbesitzer den durch die Veräußerung der Erbschaft erzielten Kaufpreis auch ohne Genehmigung der Verfügungsgeschäfte herausverlangen, allerdings in analoger Anwendung von § 255 BGB nur Zug um Zug gegen Abtretung seiner Ansprüche gegen den Erwerber bzw. bei einer mit der tatsächlichen Erlangung des Kaufpreises automatisch eintretenden entsprechenden Minderung der Ansprüche gegen den Erwerber.[19]

11 Genehmigt der Erbe die Verfügungen des Erbschaftsbesitzers nicht, kann er auch gegen den Erbschaftserwerber vorgehen und von diesem die Herausgabe der durch die unwirksamen Verfügungen des Erbschaftsbesitzers erlangen Gegenstände nach §§ 2018, 2030 BGB verlangen. Der Erbschaftserwerber wiederum hat ggf. die Möglichkeit, einen Anspruch aus Rechtsmängelhaftung gem. §§ 2376, 433 Abs. 1 S. 2, 435, 437 BGB gegenüber dem Erbschaftsbesitzer geltend zu machen.[20]

3. Schadensersatz

12 Sofern der Erbe den Anspruch aus § 2030 BGB gegenüber dem Erbschaftserwerber durchsetzt, entfällt ein Schadensersatzanspruch gegen den Erbschaftsbesitzer mangels Schadens. Falls er hingegen von dem Erbschaftsbesitzer Schadensersatz gem. §§ 2033 ff. verlangt, muss er diesem nach § 255 BGB **Zug um Zug** gegen die Schadensersatzleistung seine Ansprüche gegen den Erbschaftserwerber abtreten.[21] Der Erbschaftserwerber wiederum kann mit seinen Ansprüchen aus Rechtsmängelhaftung nach §§ 440, 2376 BGB gegen den Erbschaftsbesitzer vorgehen.[22]

4. Herausgabe der Erbschaftsgegenstände

13 Der Erbe kann vom **Erbschaftserwerber** nach §§ 2018, 2030 BGB die erhaltenen **Erbschaftsgegenstände** herausfordern. Erhält er diese Gegenstände vom Erbschaftserwerber zurück, kommen gegen den Erbschaftsbesitzer nur noch Ansprüche wegen Verschlechterung der Erbschaftsgegenstände in Betracht, sofern der Erbschaftsbesitzer verschärft haftet. Ein zusätzlicher Anspruch gegen den Erbschaftsbesitzer auf Herausgabe des Kaufpreises besteht dann jedoch nicht mehr. Dies ist damit zu begründen, dass in der Geltendmachung des Herausgabeanspruchs gegen den Erbschaftserwerber mit der daraus folgenden Erlangung der Erbschaftsgegenstände zugleich eine konkludente Verweigerung der Genehmigung der Verfügungen des Erbschaftsbesitzers liegt, so dass ein Anspruch auf Herausgabe der Surrogate ausscheidet.[23] Der Erbschaftsbesitzer muss an den Erbschaftserwerber, nachdem dieser die Erbschaftsgegenstände an

15 MüKo/*Helms*, § 2030 Rn 8 m.w.N.
16 Soergel/*Dieckmann*, § 2030 Rn 8 ff.
17 MüKo/*Helms*, § 2030 Rn 8 m.w.N.
18 MüKo/*Helms*, § 2030 Rn 8 m.w.N.
19 RGRK/*Kregel*, § 2030 Rn 3.
20 MüKo/*Helms*, § 2030 Rn 9.
21 MüKo/*Helms*, § 2030 Rn 9 m.w.N.
22 Staudinger/*Raff*, § 2030 Rn 30.
23 MüKo/*Helms*, § 2030 Rn 11.

den Erben zurückgegeben hat, den erhalten Kaufpreis zurückzahlen, §§ 440, 2376 BGB.

Erhält der Erbe vom Erbschaftserwerber nicht alle von diesem erlangten Gegenstände zurück, kann er vom **Erbschaftsbesitzer nach §§ 2018, 2019 BGB den Teil** des **Kaufpreises** herausverlangen, der das Äquivalent für die nicht zurückerlangten Gegenstände darstellt.[24] Dies ist deshalb möglich, weil der Erbe, wie bereits ausgeführt, auch lediglich einzelne Verfügungen des Erbschaftsbesitzers genehmigen kann. Der Anspruch gegen den Erbschaftsbesitzer scheidet aus, wenn er bereits vom Erbschaftserwerber eine Vergütung für die nicht zurückerlangten Gegenstände erhalten hat. Hat der Erbschaftserwerber lediglich einen Teil der Erbschaftsgegenstände erlangt, so kann der Erbe, wenn er nicht nach §§ 185, 2018, 2019 BGB den Kaufpreis beansprucht, vom Erbschaftsbesitzer Herausgabe der noch verbliebenen und vom Erbschaftserwerber Herausgabe der bereits erlangten Erbschaftsgegenstände verlangen.[25] 14

§ 2031 Herausgabeanspruch des für tot Erklärten

(1) [1]Überlebt eine Person, die für tot erklärt oder deren Todeszeit nach den Vorschriften des Verschollenheitsgesetzes festgestellt ist, den Zeitpunkt, der als Zeitpunkt ihres Todes gilt, so kann sie die Herausgabe ihres Vermögens nach den für den Erbschaftsanspruch geltenden Vorschriften verlangen. [2]Solange sie noch lebt, wird die Verjährung ihres Anspruchs nicht vor dem Ablauf eines Jahres nach dem Zeitpunkt vollendet, in welchem sie von der Todeserklärung oder der Feststellung der Todeszeit Kenntnis erlangt.

(2) Das Gleiche gilt, wenn der Tod einer Person ohne Todeserklärung oder Feststellung der Todeszeit mit Unrecht angenommen worden ist.

Übersicht: Rdn

A. Allgemeines

Die Regelung in § 2031 BGB gewährt dem nur scheinbar Verstorbenen einen dem Erbschaftsanspruch entsprechenden Gesamtanspruch auf Herausgabe seines Vermögens. Der Anspruch aus § 2031 BGB kann auch von einem bestellten **Abwesenheitspfleger** (§ 1911 BGB) verfolgt werden, nachdem sich die Annahme des Todes als falsch herausgestellt hat.[1] Die Anwendung der Vorschriften über den Erbschaftsanspruch kann nur sinngemäß erfolgen, da ja in Wirklichkeit gar kein Erbfall eingetreten ist, sondern dieser nur fälschlicherweise angenommen wurde. In der anwaltlichen Praxis dürfte die Vorschrift keine große Rolle spielen. 1

24 MüKo/*Helms*, § 2030 Rn 13.

25 MüKo/*Helms*, § 2030 Rn 11.

1 Staudinger/*Raff*, § 2031 Rn 5.

B. Tatbestand

I. Anspruchsberechtigter

2 Anspruchsberechtigt ist nach Abs. 1 derjenige, der für tot erklärt oder dessen Tod für sicher gehalten wurde, darüber hinaus derjenige, dessen **Todeszeitpunkt** nach § 39 VerschG festgestellt wurde. In beiden Fällen ist weitere Voraussetzung, dass er den Zeitpunkt seines (vermeintlichen) Todes überlebt hat. Nach Abs. 2 ist auch anspruchsberechtigt, wessen Tod ohne Todeserklärung oder Feststellung der Todeszeit fälschlicherweise angenommen wurde. Dabei spielt es keine Rolle, warum der Tod zu Unrecht angenommen wurde.

II. Anspruchsgegner

3 Anspruchsgegner ist, wer als vermeintlicher oder angeblicher Erbe etwas aus dem Vermögen des scheinbar Verstorbenen erlangt hat. Auch derjenige, der bei einem tatsächlichen Eintritt des Todesfalls berechtigter Erbe geworden wäre, ist Anspruchsgegner.[2] Anspruchsgegner ist schließlich auch, wer entsprechend § 2030 BGB vom vermeintlichen oder angeblichen Erben Teile des Vermögens des scheinbar Verstorbenen an sich gebracht hat.[3] § 2031 BGB ist analog anzuwenden für denjenigen, der sich in den Besitz des Vermögens des Verschollenen gesetzt hat, indem er sich für diesen ausgab.

C. Rechtsfolgen

I. Verweisung auf die Herausgabe nach dem Erbschaftsanspruch

4 Auf den Herausgabeanspruch des für tot Erklärten sind nach Abs. 1 S. 1 alle Vorschriften über den Erbschaftsanspruch (§§ 2018 ff. BGB) entsprechend anwendbar. Insbesondere finden auch die §§ 2027, 2028 BGB über die Auskunftspflicht Anwendung, obwohl § 2031 BGB nur den „Anspruch auf Herausgabe" des Vermögens ausdrücklich erwähnt. Der Schutz des für tot Erklärten erfordert indes die Erstreckung seiner Ansprüche auch auf Auskunftsansprüche, die die Durchsetzung des Herausgabeanspruchs oft erst ermöglichen.[4] Auch § 2026 BGB ist entsprechend anwendbar, die Berufung auf die Ersitzung ist also dem für tot Erklärten gegenüber nicht möglich, bis auch dessen Gesamtanspruch verjährt ist.[5] **Gutgläubige Dritte**, die vom vermeintlichen Erben durch Rechtsgeschäft vermeintliche Erbschaftsgegenstände oder Rechte hieran erworben haben, werden über §§ 2366, 2370 Abs. 1 BGB geschützt.[6]

II. Abweichender Todeszeitpunkt

5 Stirbt der für tot Erklärte nach jenem Zeitpunkt, der nach der Todeserklärung oder der Feststellung seines Todes gilt, so geht der für ihn bereits begründete Anspruch aus § 2031 BGB auf seine Erben über, ist dann aber wohl als „einfacher" Erbschaftsanspruch nach §§ 2018 ff. BGB. anzusehen.[7]

III. Verjährung

6 Durch die Regelung in Abs. 1 S. 2 wird die Möglichkeit beschränkt, dem Totgeglaubten die Einrede der Verjährung entgegenzusetzen. Solange der vermeintlich Tote lebt, tritt die Verjährung seiner Ansprüche aus § 2031 BGB erst mit Ablauf eines Jahres nach dem Zeitpunkt ein, in dem er **Kenntnis** von der Todeserklärung oder der Feststellung

---

2 Staudinger/*Raff*, § 2031 Rn 7.
3 Staudinger/*Raff*, § 2031 Rn 7.
4 Staudinger/*Raff*, § 2031 Rn 14.
5 Soergel/*Dieckmann*, § 2031 Rn 4.
6 MüKo/*Helms*, § 2031 Rn 8.
7 Staudinger/*Raff*, § 2031 Rn 17.

der Todeszeit erlangt. Diese Ablaufhemmung kommt aber nur dem vermeintlich Toten zugute, nicht seinen Erben.[8] Ist der Erblasser also nach Ablauf der 30-jährigen Verjährungsfrist nach § 197 Abs. 1 Nr. 1 BGB gestorben, steht seinen Erben nicht mehr die Möglichkeit zu, sich auf § 2031 BGB zu berufen. Dies gilt selbst dann, wenn der Erblasser bei seinem Tod noch gar keine Kenntnis von der Todeserklärung oder der Feststellung der Todeszeit hatte.[9] Die Beweislast für die Kenntnis trägt der Anspruchsgegner.

D. Verfahrensfragen und praktische Hinweise

Der besondere Gerichtsstand der Erbschaft (§ 27 ZPO) gilt für den Anspruch aus 7
§ 2031 BGB nicht.[10]

8 Soergel/*Dieckmann*, § 2031 Rn 6.
9 MüKo/*Helms*, § 2031 Rn 7.
10 Soergel/*Dieckmann*, § 2031 Rn 9.

Titel 4. Mehrheit von Erben

Untertitel 1. Rechtsverhältnis der Erben untereinander

Vorbemerkung zu §§ 2032 ff. BGB

Der 4. Titel des 2. Abschnitts regelt im 1. Untertitel (§§ 2032–2057a BGB) das **Rechtsverhältnis** der Mehrheit von Erben untereinander sowie im 2. Untertitel (§§ 2058–2063 BGB) das Verhältnis zu den Nachlassgläubigern. 1

In der Praxis ist eine Mehrheit von Erben die Regel, der Alleinerbe die Ausnahme. 2
Dies gilt umso mehr, wenn der Erblasser kein Testament hinterlassen hat. Der Gesetzgeber hat im **1. Untertitel** insbesondere durch Verweise auf Vorschriften des Gemeinschaftsrechts die **Rechte innerhalb der Erbengemeinschaft** geregelt.
Die Verwaltung und Auseinandersetzung der Erbengemeinschaft führt regelmäßig zu heftigen Differenzen zwischen den Miterben. Dies liegt meist jedoch nicht unbedingt an den unklaren oder fehlenden gesetzlichen Regelungen. Häufig wird es daran liegen, dass die Erbengemeinschaft als Zufallsgemeinschaft entsteht, ohne dass ein Erbe Einfluss darauf nehmen könnte, wer „seine" Miterben werden. Persönliche Differenzen zwischen den Erben, die den Ursprung vor dem Erbfall haben, und Benachteiligungsängste bei der Auseinandersetzung führen hier häufig zu „Rachegefechten", die mit der eigentlichen Verwaltung und Auseinandersetzung der Erbengemeinschaft nur noch indirekt etwas zu tun haben. Es darf hierbei nicht übersehen werden, dass die Regelungen zur Verwaltung und Auseinandersetzung der Erbengemeinschaft im Wesentlichen seit der Einführung des BGB nicht geändert worden sind.[1] Zum damaligen Zeitpunkt herrschten andere soziale Strukturen (mehrere Generationen „unter einem Dach", die aufeinander angewiesen waren), die Mobilität war geringer (Miterben waren „dichter" am Nachlass und „dichter beieinander") und die Erben waren jünger, da die Lebenserwartung noch nicht so hoch war wie heute.[2]

Ein anderes Problem ist die leider häufig nicht zu übersehende Unkenntnis von den 3
Regelungen, die der Verwaltung und Auseinandersetzung der Erbengemeinschaft zugrunde liegen – bei allen Personen, die mit einer Erbengemeinschaft zu tun haben, ob direkt oder indirekt. Verunsicherte Erben versuchen häufig in der Angst, andernfalls „zu kurz zu kommen", durch eigenmächtiges Handeln ihren Vorteil zu suchen, unwissende Berater versuchen Unkenntnis durch unnötige Drohgebärden zu kompensieren.

Der Erblasser hat es in der Hand, mit durchdachten Verfügungen unter Lebenden 4
und von Todes wegen die Nachlassgestaltung so vorzunehmen, dass Streit unter den Miterben weitgehend vermieden wird. Ein „Königsweg" der Nachlassgestaltung ist hier die Anordnung der **Testamentsvollstreckung** mit der Ermächtigung des Testamentsvollstreckers, den Nachlass nach **billigem Ermessen** auseinanderzusetzen (§ 2048 S. 2 BGB, vgl. hierzu § 2048 Rdn 14 ff.), sowie die Beifügung einer **Schiedsklausel**.[3] Nicht ohne Grund erhält bspw. in den USA in den meisten Bundesstaaten regelmäßig **zunächst eine Person** den Nachlass („executor" bzw. „(public) administrator"), im deutschen Recht am ehesten einem Testamentsvollstrecker entsprechend.

Die Erbengemeinschaft ist im Rahmen der „laufenden" – der **„ordnungsgemäßen"** 5
(vgl. hierzu § 2038 Rdn 15 ff.) – **Verwaltung** auf mehrheitliches Handeln der Miterben

1 Vgl. hierzu Rißmann/*Kurze*, Die Erbengemeinschaft, § 1 Rn 1 ff. (Rechtsgeschichte).
2 Vgl. hierzu Rißmann/*Kurze*, Die Erbengemeinschaft, § 2 Rn 1 ff. (Soziologie).
3 Deutsche Schiedsgerichtsbarkeit für Erbstreitigkeiten e.V., Hauptstraße 18, 74918 Angelbachtal/Heidelberg, www.dse-erbrecht.de.

angewiesen. Gelingt es den Erben daher, sich nachträglich auf eine dritte, unbeteiligte Person zu einigen und sich deren Maßnahmen „wie einem Testamentsvollstrecker" zu unterwerfen, wird dies häufig zum Vorteil der Erbengemeinschaft sein, da der Nachlasswert gesichert wird und die Auseinandersetzung zügiger betrieben werden kann.

6 Im **2. Untertitel** werden die **Rechte der Miterben gegenüber den Nachlassgläubigern** geregelt. Hiernach richtet sich, ob und in welchem Umfang jeder Miterbe auch mit seinem **Eigenvermögen** für Nachlassverbindlichkeiten haften muss. Die Haftung jedes Miterben ändert sich entscheidend ab dem Augenblick der **Teilung** des Nachlasses, § 2059 BGB (vgl. hierzu § 2059 Rdn 4). Jeder Miterbe kann durch rechtzeitig eingeleitete **Haftungsbeschränkungsmaßnahmen** die unbeschränkte Haftung mit seinem Eigenvermögen verhindern.

§ 2032 Erbengemeinschaft

(1) Hinterlässt der Erblasser mehrere Erben, so wird der Nachlass gemeinschaftliches Vermögen der Erben.
(2) Bis zur Auseinandersetzung gelten die Vorschriften der §§ 2033 bis 2041.

Literatur

Beck, Die Abgabe von Erklärungen gegenüber der Erbengemeinschaft, NJW 2024, 3617; *Bornewasser/Klinger*, Können Miterben untereinander Auskunft über den Nachlassbestand verlangen? NJW-Spezial 2004, 349 *Damrau*, Erbenmehrheit und Familiengericht, ZEV 2006, 190; *ders.*, Die Fortführung des von einem Minderjährigen ererbten Handelsgeschäfts, NJW 1985, 2236; *Daragan*, Anmerkung zu BFH, Urt. v. 4.5.2000 – IV R 10/99, ZEV 2000, 375; *Demharter*, Grundbuchordnung, 31. Auflage 2018; *Eberl-Borges*, Verfügungsgeschäfte der Erbengemeinschaft im Rahmen der Nachlassverwaltung, NJW 2006, 1313; *Eule*, Probleme bei der Vererbung von Miterbenanteilen in Fällen mit Auslandsberührung, ZEV 2010, 508; *Gergen*, Zur Schnittmenge von Erbrecht und Urheberrecht: die Nachfolge in die Rechte eines verstorbenen Urhebers, ZErb 2009, 42; *Grunewald*, Die Vertretung mehrerer Miterben durch einen Rechtsanwalt bzw. eine Sozietät, ZEV 2006, 386; *Heil*, Die Erbteilsveräußerung bei Fortführung eines Handelsgeschäfts in ungeteilter Erbengemeinschaft (Anmerkung zu KG, Beschl. v. 29.9.1998 – 1 W 4007/97), MittRhNotK 1999, 148; *Johannsen*, Die Rechtsprechung des Bundesgerichtshofes auf dem Gebiete des Erbrechts – 6. Teil: Die Erbengemeinschaft, WM 1970, 573 und 738 sowie WM 1977, 271; *Krug*, Haftungsfalle: Vollzug der Erbteilung vor Erfüllung aller Nachlassverbindlichkeiten, ZErb 2000, 15; *ders.*, Die dingliche Surrogation der Miterbengemeinschaft, ZEV 1999, 381; *Madaus*, Der Widerruf trans- oder postmortaler Vollmachten durch einzelne Miterben, ZEV 2004, 448; *Muscheler*, Verfügung über den Erbteil, ZErb 2010, 40; *ders.*, Umfang der Mitwirkungspflicht eines Miterben an Veräußerung eines Nachlassgegenstandes: Anmerkung zum Urt. des BGH v. 28.9.2005 – IV ZR 82/04, ZEV 2006, 26; *Schindler*, Gesamtschuld- und Gesamthandsklage eines Miterbennachlassgläubigers, ZEV 2011, 295; *Schmidt*, Die Erbengemeinschaft nach einem Einzelkaufmann, Verfassung, Haftung, Umwandlung und Minderjährigenschutz, NJW 1985, 2785; *Steiner*, Nutzung von Nachlassgegenständen durch Miterben, ZEV 2004, 405; *Tamoj/Schiemann*, Von der (Un-) Möglichkeit des stillschweigenden Wechsels von einer Erbengemeinschaft in eine Gesellschaft bürgerlichen Rechts (GbR), ErbR 2018, 124; *Zeising*, Gesamtschuldklage und Gesamthandsklage gegen Miterben, ZErb 2013, 52.

Übersicht:

A. Allgemeines

Hinterlässt der Erblasser keine letztwillige Verfügung von Todes wegen, ist der Alleinerbe die Ausnahme, eine **Mehrheit von Erben** hingegen die Regel. Aber auch bei gewillkürter Erbfolge erben meist mehrere Erben. Die Erbengemeinschaft entsteht unabhängig vom Willen der Erben kraft Gesetzes als Zufallsgemeinschaft mit dem Tod des Erblassers aufgrund gesetzlicher oder testamentarischer Erbfolge. Sie ist von ihrem Wesen her auf Auseinandersetzung und schließlich Auflösung ausgerichtet. Sie kann weder vertraglich begründet werden noch nach erfolgter Auflösung wiederhergestellt werden (zur Situation bei **Rücktritt** der Miterben von einem Auseinandersetzungsvertrag vgl. § 2042 Rdn 10).[1] Das Vermögen ist gesamthänderisch gebunden. Der einzelne Erbe kann lediglich über seinen gesamten Anteil am Nachlass verfügen (§ 2033 Abs. 1 BGB), jedoch nicht über einzelne Nachlassgegenstände (§ 2033 Abs. 2 BGB). Durch den Erbfall erlangt der Miterbe daher auch **keine** unmittelbare **gegenständliche Beziehung** zu einem Nachlassgegenstand.[2] Dies gilt auch dann, wenn der Nachlass nur noch aus einer Sache besteht.[3] Auch die „Zuweisung" eines Nachlassgegenstandes durch Testament des Erblassers führt zu keinem anderen Ergebnis: Der Erbe erlangt hier lediglich einen schuldrechtlichen Anspruch gegen die Miterben auf Erfüllung der Teilungsanordnung (§ 2048 BGB) bzw. des Vorausvermächtnisses (§ 2150 BGB). Die Erben haben gegeneinander einen **Anspruch** auf **jederzeitige Auseinandersetzung** nach Maßgabe des **§ 2042 BGB** sowie **Mitwirkung** an der **Verwaltung, § 2038 Abs. 1 BGB.** Die Trennung des Nachlassvermögens vom Privatvermögen der Erben dient in erster Linie der Sicherung der Rechte der Nachlassgläubiger: Würde der Nachlass 1

1 Grüneberg/*Weidlich*, Vor § 2032 Rn 1.
2 Vgl. Grüneberg/*Weidlich*, § 2032 Rn 1.
3 BGH NJW 2001, 2396, 2397 unter Hinw. auf BGH, Urt. v. 17.11.2000 – V ZR 487/99, juris.

sogleich auf eine Mehrheit von Erben übergehen, so stünden die Nachlassgläubiger einer Vielzahl von Schuldnern und einer zersplitterten Nachlassmasse gegenüber.[4]

B. Tatbestand

I. Abs. 1

1. Erbe

2 Erbe i.S.v. § 2032 BGB kann nur sein, wer die Erbschaft angenommen und nicht vorzeitig oder nachträglich weggefallen ist (durch Enterbung, § 1938 BGB; Ausschlagung, § 1953 BGB; Erbunwürdigkeitserklärung, § 2344 BGB, oder Erbverzicht, § 2346 BGB). Der **Ersatzerbe** gehört daher **nicht** zur Erbengemeinschaft, bis der Ersatzerbfall eingetreten ist.[5] Der **Nacherbe** gehört gleichfalls **erst** dann zur Erbengemeinschaft, wenn der Nacherbfall eingetreten ist. Mehrere **Nacherben** bilden **keine Erbengemeinschaft.**[6] Das **nichteheliche Kind** kann ohne jede Einschränkung Erbe i.S.v. § 2032 BGB und daher auch Mitglied der Erbengemeinschaft werden (etwas anderes gilt lediglich bei nichtehelichen Kindern, die noch unter Geltung der §§ 1934a–1943e i.d.F. bis zum 1.4.1998 einen vorzeitigen Erbausgleich erhalten haben, bzw. bei Erbfällen vor dem 1.4.1998, bei denen das Kind einen Erbersatzanspruch gem. § 1934a BGB hatte, Art. 227 Abs. 1 Nr. 1 EGBGB). Es können sowohl natürliche als auch juristische Personen Mitglied der Erbengemeinschaft werden und es ist gleichgültig, ob der Erbe aufgrund Gesetzes oder durch letztwillige Verfügung von Todes wegen zum Erben berufen ist.

2. Nachlass

3 Auf die Erbengemeinschaft geht unabhängig von etwaigen Teilungsanordnungen (§ 2048 BGB) oder Vorausvermächtnissen (§ 2150 BGB) die Erbschaft i.S.v. § 1922 BGB über, also das Vermögen als Ganzes (**Universalsukzession**). Ausnahmen bilden lediglich solche Nachlassgegenstände oder -rechte, die im Rahmen einer Sondererbfolge nicht in das Gesamthandsvermögen der Erbengemeinschaft fallen, sondern unmittelbar auf den oder die Begünstigten übergehen (**Singularsukzession**).[7] Die Singularsukzession ist im Erbrecht des BGB die absolute Ausnahme. Es gibt sie bei **Gesellschaftsanteilen**, die aufgrund einer Nachfolgeklausel unmittelbar auf die gesellschaftsvertraglich bestimmten Erben übergehen (siehe hierzu Rdn 9 ff.), sowie beim Eintrittsrecht in den Mietvertrag nach Tod des bzw. eines Mieters, §§ 563, 563a BGB.[8] Das Vermögen der Erben und das Sondervermögen der Erbengemeinschaft sind Vermögen verschiedener Rechtsträger und bleiben getrennt.[9] Rechtsbeziehungen, die der Erblasser mit einem Miterben hatte, bleiben bestehen. **Konfusions- und Konsolidationswirkung** treten **nicht** ein, da der Miterbe auf das Sondervermögen der Erbengemeinschaft nicht allein zugreifen kann (siehe hierzu auch nachfolgend Rdn 4).[10] Eine bestehende **Bürgschaft erlischt** auch **nicht** teilweise, wenn Gläubiger und Bürge den Hauptschuldner als Miterben beerben.[11]

---

4 Protokolle S. 8057, zit. nach *Mugdan*, Die gesamten Materialien zum BGB, Bd. V, S. 495.
5 Soergel/*Lettmaier*, § 2032 Rn 5.
6 BGH, Urt. v. 10.2.1993 – IV ZR 274/91, Rn 17, juris (ausdrücklich gegen RGZ 93, 292, 296 und Soergel/*Wolf* (2002), § 2032 Rn 2 m. beachtlichen Argumenten gegen die Auffassung des BGH).
7 MüKo/*Gergen*, Vor § 2032 Rn 12.
8 Vgl. hierzu ausführlich Rißmann/*Maaß*, Die Erbengemeinschaft, § 20 Rn 34 ff.
9 MüKo/*Gergen*, § 2032 Rn 10, 31.
10 BGH, Urt. v. 1.6.1967 – II ZR 150/66, BGHZ 48, 214–221, Rn 23 (Sondervermögen aufgrund Testamentsvollstreckung).
11 RGZ 76, 57, 58.

3. Gemeinschaftliches Vermögen

Der Nachlass wird ohne weiteres Zutun der Erben insgesamt zum Gesamthandsvermögen der Erbengemeinschaft und ist ein vom Privatvermögen der einzelnen Erben dinglich gebundenes **Sondervermögen.** Inhaber von Nachlassforderungen und anderen -rechten ist die Gemeinschaft der Erben.[12] Da der **Besitz** nach § 857 BGB auf den Erben übergeht, wird jeder Erbe gem. § 866 BGB Mitbesitzer. Ergreift ein Miterbe alleinige Sachherrschaft für die Erbengemeinschaft, so werden alle Erben mittelbare Mitbesitzer und er unmittelbarer Fremdbesitzer.[13] Der Miterbe wird Eigenbesitzer, wenn er den Besitz für sich ergreift, § 872 BGB. **Früchte** von Nachlassgegenständen werden Gesamthandsvermögen der Erbengemeinschaft, §§ 953, 2041 BGB (vgl. § 2038 Rdn 34 und 53 ff. sowie § 2041 Rdn 3 ff.). 4

II. Abs. 2

Zur Anwendung der §§ 2033–2041 BGB siehe die Erläuterungen bei den jeweiligen Paragrafen. 5

C. Rechtsfolgen

I. Minderjährige Miterben (§ 1629a BGB)

§ 1629a BGB gewährt dem Minderjährigen einen Schutz davor, dass er mit Schulden oder sonstigen Verpflichtungen, die sein gesetzlicher Vertreter für ihn begründet hat, in die Volljährigkeit „startet". Nach § 1629a Abs. 1 S. 1 Alt. 3 BGB sind Verbindlichkeiten, die von einem Erwerb von Todes wegen während der Minderjährigkeit herrühren, auf das Vermögen des Minderjährigen beschränkt, das bei Eintritt der Volljährigkeit vorhanden ist. Wenn sich der nunmehr volljährig gewordene Miterbe auf die **Haftung** beruft, sind gem. § 1629a Abs. 1 S. 2 BGB die §§ 1990, 1991 BGB entsprechend anzuwenden. § 1629a Abs. 4 S. 1 Hs. 1 BGB enthält eine **gesetzliche Vermutung** („im Zweifel"), dass Verbindlichkeiten nach dem Eintritt der Volljährigkeit entstanden sind, wenn der Volljährige nicht **spätestens drei Monate nach dem Eintritt der Volljährigkeit** die Auseinandersetzung der Erbengemeinschaft (§ 2042 BGB) verlangt hat. Da es sich lediglich um eine Vermutung handelt, kann der Volljährige durch geeignete Nachweise das Gegenteil darlegen. 6

II. Unternehmensrecht

1. Nachfolge bei Einzelunternehmen

Das **Einzelunternehmen** ist **vererblich,** § 22 Abs. 1 HGB, und geht auf die Miterben über. Die Miterben können in gesamthänderischer Verbundenheit ohne zeitliche Begrenzung und ohne gesellschaftlichen Zusammenschluss ein ererbtes Handelsgeschäft in ungeteilter Erbengemeinschaft fortführen.[14] Die Umwandlung in eine Handelsgesellschaft ist gesetzlich nicht vorgeschrieben, aber aufgrund der Probleme bei der Fortführung durch eine Erbengemeinschaft anzustreben.[15] Denn sinnvoll dürfte die Fortführung durch die Erbengemeinschaft nur in seltenen Fällen sein, da sich u.a. Schwierigkeiten bei der Führung des Geschäfts und der Haftung ergeben.[16] Die **Führung des Geschäfts** steht den Miterben gemeinschaftlich entsprechend § 2038 BGB 7

---

12 MüKo/*Gergen*, § 2032 Rn 10.

13 Grüneberg/*Herrler*, § 857 Rn 4.

14 BGH, Urt. v. 8.10.1984 – II ZR 223/83, BGHZ 92, 259–269, Rn 17 (m.w.N.), juris; Urt. wurde durch BVerfG, Beschl. v. 13.5.1986 – 1 BvR 1542/84, BVerfGE 72, 155–175, juris nur hinsichtlich der Frage der Haftung des Minderjährigen aufgehoben; KG NJW-RR 1999, 880, 881.

15 Grüneberg/*Weidlich*, § 2032 Rn 7; *Schmidt*, Anm. zum Urt. BGH NJW 1985, 136, 139 m.w.N. sowie *Schmidt*, NJW 1985, 2785, 2787.

16 Grüneberg/*Weidlich*, § 2032 Rn 7.

zu. Die Miterben können das Unternehmen unter der alten Firma mit oder ohne Nachfolgezusatz fortführen, § 22 HGB. Sie können das Unternehmen auch unter einer neuen Firma weiterführen. Wegen des notwendigen Rechtsformzusatzes gem. § 19 HGB muss kenntlich gemacht werden, dass Miterben in gesamthänderischer Verbundenheit Inhaber der Firma sind.[17] Die Möglichkeit der Fortführung des Handelsgeschäftes in ungeteilter Erbengemeinschaft ist auf die Miterben des Geschäftsinhabers beschränkt, auf die das Handelsgeschäft von Todes wegen übergegangen ist.[18] Dabei soll das Ausscheiden einzelner Miterben der Fortführung in ungeteilter Erbengemeinschaft nicht entgegenstehen, solange noch zwei Miterben verbleiben.[19] **Erwerber** sämtlicher Miterbenanteile (§ 2033) können ein zum Nachlass gehörendes Handelsgeschäft **nicht fortführen** (vgl. § 2033 Rdn 12).

8 Allein durch Zeitablauf wird aus dem durch die Erbengemeinschaft **fortgeführten Einzelunternehmen keine OHG.**[20] Notwendig ist der Abschluss eines **Gesellschaftsvertrages.** Dies soll auch **konkludent** erfolgen können.[21] Hierzu ist jedoch, wie bei jeder stillschweigenden Willenserklärung, ein Verhalten erforderlich, das den Schluss zulässt, sämtliche Miterben wollten das Geschäft nunmehr in Form einer OHG fortführen. Zeitablauf allein scheidet als Kriterium auch nach Auffassung des BGH und des BFH für die Annahme eines konkludent abgeschlossenen Vertrages aus.[22] Nach *Wolf* soll jedoch die Fortführung durch *„alle oder einzelne Miterben* (…) *auf eine Art und Weise, die nur in der Rechtsform der OHG oder KG möglich oder zumindest für diese Gesellschaftsform typisch ist, so z.B. wenn einige der Miterben unter Ausschluss der übrigen das Geschäft fortführen oder wenn ein Dritter als zusätzlicher Geschäftspartner eintritt“*, den Schluss auf den konkludenten Abschluss eines Gesellschaftsvertrages nahelegen.[23] Dies vermag nicht zu überzeugen, denn es ist bereits nicht erkennbar, weshalb die (konkludente) Willenserklärung einzelner Miterben Wirkungen für und gegen die anderen Miterben erzeugen könnte. Wenn überhaupt, kann nur eine konkludente Erklärung durch Handlung aller Miterben zur Annahme des stillschweigenden Abschlusses eines Gesellschaftsvertrages führen. Andernfalls läge ein Verstoß gegen den Grundsatz der gemeinschaftlichen Verwaltung gem. § 2038 BGB vor (siehe hierzu § 2038 Rdn 4 ff.; die „konkludente Umwandlung“ lehnt ebenso *Schmidt*[24] ab). Fehlte den Miterben jedoch Erklärungsbewusstsein bei ihrer Handlung, wäre ein derartiger Abschluss eines Gesellschaftsvertrages jedenfalls anfechtbar gem. §§ 119, 121, 143 BGB.[25] **Minderjährige** Miterben **haften** nach der Ergänzung des § 1629 BGB durch § 1629a BGB nur i.R.d. dort beschriebenen Umfangs.[26] Für bereits eingegangene Verbindlichkeiten haften Miterben gem. §§ 25 Abs. 1, 27 Abs. 1 HGB persönlich und

17 Grüneberg/*Weidlich*, § 2032 Rn 5.
18 KG NJW-RR 1999, 880, 881; a.A. *Heil*, MittRhNotK 1999, 148; *Keller*, ZEV 1999, 174.
19 KG NJW-RR 1999, 880, 881.
20 BGH, Urt. v. 8.10.1984 – II ZR 223/83, BGHZ 92, 259–269, Rn 17, juris.
21 BGH, Urt. v. 8.10.1984 – II ZR 223/83, BGHZ 92, 259–269, Rn 17, juris.
22 BGH, Urt. v. 17.1.1951 – II ZR 16/50, BGHZ 1, 65–74, Rn 16, juris; BGH, Urt. v. 8.10.1984 – II ZR 223/83, BGHZ 92, 259–269, Rn 17, juris; BFH, Urt. v. 9.7.1987 – IV R 95/85, BFHE 150, 539 = BStBl II 1988, 245, LS 1 u. Rn 7, juris.
23 Soergel/*Lettmaier*, § 2032 Rn 19 f.
24 *Schmidt*, NJW 1985, 2785, 2788.
25 BGH NJW 1984, 2279, 2280.
26 Die Regelung ist Ausfluss der Entscheidung des BVerfG, Beschl. v. 13.5.1986 – 1 BvR 1542/84, BVerfGE 72, 155–175, juris; danach verstößt § 1629 BGB insoweit gegen Art. 2 Abs. 1 GG i.V.m. Art. 1 Abs. 1 GG, als minderjährige Erben durch ihre Eltern i.R.d. Fortführung eines ererbten Handelsgeschäfts in ungeteilter Erbengemeinschaft finanziell unbegrenzt verpflichtet werden können; siehe hierzu auch oben Rdn 6.

unbeschränkt. Der Miterbe kann die unbeschränkte Haftung verhindern, wenn er innerhalb von **drei Monaten** nach Kenntnis von dem Erbfall die Fortführung des Geschäfts einstellt, § 27 Abs. 2 S. 1 HGB. Diese Frist läuft gem. § 27 Abs. 2 S. 2 HGB nicht ab vor der Frist zur Ausschlagung der Erbschaft gem. § 1944 BGB.

2. Nachfolge bei Personengesellschaft

Sieht der Gesellschaftsvertrag nichts anderes vor, so scheiden der Gesellschafter der **OHG** und der **Komplementär** der **KG** bei Tod lediglich aus, § 130 Abs. 1 Nr. 1 HGB direkt bzw. über § 161 Abs. 2 HGB für die KG.[27] Ein **Abfindungsanspruch** fällt der Erbengemeinschaft zur gesamten Hand an, § 728 Abs. 1 S. 1 BGB i.V.m § 105 Abs. 3 HGB (OHG) bzw. § 728 Abs. 1 S. 1 BGB i.V.m §§ 105 Abs. 3, 161 Abs. 2 HGB (KG).[28] Bei Tod eines **Kommanditisten** wird die KG mit dessen Erben fortgesetzt, § 177 HGB.[29] 9

Der Tod eines Gesellschafters einer **GbR** führt lediglich zu dessen Ausscheiden, § 723 Abs. 1 Nr. 1 BGB. Ohne eine anderweitige Regelung im Gesellschaftsvertrag setzen die verbliebenen Gesellschafter die GbR fort und der Gesellschaftsanteil des verstorbenen Gesellschafters wächst den verbliebenen Gesellschaftern an, § 712 Abs. 1 BGB. Der **Abfindungsanspruch** des verstorbenen Gesellschafters gem. § 728 Abs. 1 S. 1 BGB fällt in den Nachlass und steht der Erbengemeinschaft zur gesamten Hand zu.[30] **Regelungen** im **Gesellschaftsvertrag gehen** den Regelungen über die Erbengemeinschaft **vor,** § 711 Abs. 2 S. 3 BGB. 10

Ist die Mitgliedschaft in einer Personengesellschaft durch Gesellschaftsvertrag (**Nachfolgeklausel**) vererblich gestellt, wird sie im Erbfall nicht gemeinschaftliches Vermögen der mehreren Nachfolger-Erben, sondern gelangt durch Sondererbfolge (**Singularsukzession**) unmittelbar und geteilt ohne weiteres Dazutun an die einzelnen Nachfolger. Dies ist ein nur ausnahmsweise vorkommender Fall der Erbfolge in einzelne Vermögensgegenstände, der so auch im Gesetz nicht geregelt ist, sondern von der Rspr. entwickelt wurde, um den besonderen Anforderungen im Gesellschaftsrecht Rechnung zu tragen. Im deutschen Erbrecht kommt die Singularsukzession nur ausnahmsweise vor. Die so aufgeteilten Gesellschaftsanteile der Nachfolger gehören aber gleichwohl zum Nachlass.[31] Ist im Gesellschaftsvertrag eine **einfache Nachfolgeklausel** geregelt, so erwirbt jeder Erbe einen Bruchteil des Gesellschaftsanteils des Erblassers in Höhe der Beteiligung, die auch seiner Quote an der Erbengemeinschaft entspricht. Sofern im Gesellschaftsvertrag festgelegt ist, dass die Gesellschaft lediglich mit bestimmten Erben fortgesetzt werden soll (**qualifizierte Nachfolgeklausel**[32]), so ist zu unterscheiden: 11

- Erhalten ein oder mehrere Miterben aufgrund ausdrücklicher Regelung lediglich einen Teil des Gesellschaftsanteils des Erblassers, so wächst der übrige Teil den anderen Gesellschaftern an. Die entsprechenden Abfindungsansprüche fallen in den Nachlass und stehen der Erbengemeinschaft zur gesamten Hand zu.[33]

---

27 Vgl. hierzu ausführlich Rißmann/*Unger*, Die Erbengemeinschaft, § 18 Rn 61 ff. (OHG) sowie Rn 99 ff. (KG).

28 Rißmann/*Unger*, Die Erbengemeinschaft, § 18 Rn 144 ff.

29 Vgl. hierzu ausführlich Rißmann/*Unger*, Die Erbengemeinschaft, § 18 Rn 103 ff.

30 Siehe hierzu auch Rißmann/*Unger*, Die Erbengemeinschaft, § 18 Rn 144 ff.

31 BGH, Urt. v. 14.5.1986 – IVa ZR 155/84, BGHZ 98, 48–59, LS 1 u. Rn 16, juris.

32 Siehe hierzu auch Rißmann/*Unger*, Die Erbengemeinschaft, § 18 Rn 151 ff. insbesondere zu missglückten qualifizierten Nachfolgeregelungen bei Abweichung der letztwilligen Verfügung von der gesellschaftsvertraglichen Nachfolgeklausel.

33 BGH, Urt. v. 10.2.1977 – II ZR 120/75, BGHZ 68, 225–241, Rn 24, juris; MüKo/*Leipold*, § 1922 Rn 109 u. MüKo/*Gergen*, § 2032 Rn 82.

– Im Zweifel ist jedoch davon auszugehen, dass der oder die Miterben den gesamten Gesellschaftsanteil erhalten sollen.[34] Folgen dem Erblasser mehrere Miterben nach, so bestimmt sich ihr Anteil am Gesellschaftsanteil in erster Linie nach den Bestimmungen im Gesellschaftsvertrag: Nachrangig sind die Anordnungen im Testament heranzuziehen. Fehlen anderweitige Regelungen, so richtet sich der Anteil nach dem Verhältnis der Erbquoten der nachfolgenden Miterben zueinander. Zwar dürfen die Miterben nicht mehr erhalten, als ihnen aufgrund des Erbrechts zusteht; die Erbquote ist jedoch keine gegenständliche, sondern vielmehr eine zwingende Begrenzung des Wertes, der den Miterben vom Gesamtnachlass zufließen darf.[35] Eine qualifizierte Nachfolgeklausel lässt sich daher als eine bereits mit dem Erbfall vollzogene Teilungsanordnung **mit unmittelbar dinglicher Wirkung** und etwaiger Ausgleichungsverpflichtung gegenüber den nicht nachfolgenden Erben verstehen.[36]

12 Die **Rechte der Gesellschaftererben** innerhalb der Gesellschaft bestimmen sich in erster Linie nach dem Gesellschaftsvertrag. Im Gesellschaftsvertrag kann auch bestimmt werden, dass die Erben eines Gesellschafters ihre Rechte nur gemeinschaftlich ausüben dürfen. Hierdurch soll – ähnlich wie bei § 18 Abs. 1 GmbHG – die Gesellschaft und sollen die übrigen Gesellschafter davor geschützt werden, dass mit wachsender Gesellschafterzahl eine steigende Anzahl unterschiedlicher Meinungen und Interessen die Meinungsbildung innerhalb der Gesellschaft erschwert.[37] Da der Gesellschaftsanteil unmittelbar und mit dinglicher Wirkung auf die Gesellschaftererben übergeht (siehe Rdn 11), besteht jedoch keine Einschränkung der Handlungsfreiheit durch § 2033 BGB (Verfügungsrecht des Miterben) oder § 2038 BGB (Gemeinschaftliche Verwaltung des Nachlasses).

3. Nachfolge bei Kapitalgesellschaft

13 **GmbH-Anteile** gehen ebenso auf die Erbengemeinschaft über[38] wie vererblich gestellte Anteile an einer Personengesellschaft oder eines Einzelhandelsgeschäfts:[39] Die Geschäftsanteile der GmbH sind gem. § 15 Abs. 1 GmbHG vererblich. Dies kann auch **nicht** durch die Satzung ausgeschlossen werden. Die Satzung kann zwar weitere Voraussetzungen für die Abtretung des Gesellschaftsanteils vorsehen; die automatische Einziehung des Gesellschaftsanteils mit dem Tod des Gesellschafters ist nach h.M. jedoch unzulässig.[40]

III. Nachlassverbindlichkeiten

14 Die Haftung für Nachlassverbindlichkeiten durch die Erbengemeinschaft ist in den §§ 2058–2061 BGB geregelt (vgl. § 2058 Rdn 1 ff.). Gehört ein Handelsgeschäft zum Nachlass, können die Erben die unbeschränkte Haftung für Verbindlichkeiten des Handelsgeschäfts verhindern, wenn die Fortführung des Geschäfts vor Ablauf von drei Monaten nach dem Erbfall eingestellt wird, § 27 Abs. 2 HGB (siehe Rdn 8 a.E.).

IV. Grundbuchrecht

15 Gehört eine Immobilie zum Nachlass, sind alle Miterben im Grundbuch einzutragen, § 47 GBO. Der Eintragung ist der Hinweis auf die Erbengemeinschaft hinzuzusetzen.

---

34 BGH, Urt. v. 10.2.1977 – II ZR 120/75, BGHZ 68, 225–241, Rn 24, juris.
35 BGH, Urt. v. 10.2.1977 – II ZR 120/75, BGHZ 68, 225–241, Rn 24, juris.
36 BFH, Urt. v. 29.10.1991 – VIII R 51/84, BFHE 166, 431 = BStBl II 1992, 512, Rn 28, juris.
37 BGH, Beschl. v. 6.10.1992 – KVR 24/91, BGHZ 119, 346–365, Rn 26, juris.
38 BGH, Urt. v. 5.11.1984 – II ZR 147/83, BGHZ 92, 386–395, Rn 16, juris.
39 BGH, Urt. v. 8.10.1984 – II ZR 223/83, BGHZ 92, 259–269, Rn 17, juris.
40 Rißmann/*Unger*, Die Erbengemeinschaft, § 18 Rn 162; Beispiele mit Erläuterungen für Nachfolgeklauseln bei Rißmann/*Unger*, Die Erbengemeinschaft, § 18 Rn 243 ff.

Der Anteil des Miterben an der Erbengemeinschaft ist nicht anzugeben.[41] Der **Antrag** auf **Berichtigung** des **Grundbuchs** kann von **jedem Miterben** erfolgen, § 13 Abs. 1 S. 2 GBO, auch bei angeordneter **Testamentsvollstreckung**.[42] Er muss darauf gerichtet sein, dass gleichzeitig alle Miterben eingetragen werden, denn das Grundbuch muss den neuen Rechtszustand insgesamt richtig wiedergeben.[43] Die Zustimmung der übrigen Miterben, § 22 Abs. 2 GBO, muss in der Form des § 29 GBO erfolgen. **Entbehrlich** ist die Zustimmung in den Fällen der §§ 22, 35 GBO. Ersetzt werden kann die Zustimmung durch rechtskräftige Verurteilung. Bei **Pfändung** eines Erbteils entsteht dadurch kein Recht an dem Grundstück, sondern (lediglich) an dem Erbteil. Dieses Recht kann dann wiederum bspw. zur Teilungsversteigerung gem. § 180 ZVG genutzt werden (zu Einzelheiten siehe Rdn 24).

D. Verfahrensfragen und Prozesstaktik

I. Prozesstaktik

1. Erbengemeinschaft/Miterbe als Mandant

Der Anwalt, der eine gegen die Erbengemeinschaft geltend gemachte Forderung abwehren soll, wird zunächst sehr genau zu prüfen haben, ob er tatsächlich alle Miterben vertreten kann oder ob hier nicht Interessenkollision droht (siehe hierzu auch Rdn 34). Nach der Entscheidung des II. Senats des BGH zur Rechtsfähigkeit der GbR[44] wurde (erneut) diskutiert, ob diese Rspr. auf die Erbengemeinschaft zu übertragen sei.[45] Die Diskussion ist durch die Entscheidung des XII. Senats[46] sowie des VIII. Senats[47] zugunsten der bisherigen Rechtsauffassung beendet worden. Zwar ist auch bei der Erbengemeinschaft ein durch die Gesamthand gebundenes Sondervermögen vorhanden, aber die Erbengemeinschaft ist im Gegensatz zur GbR dadurch gekennzeichnet, dass sie gesetzlich und nicht rechtsgeschäftlich begründet wird. Außerdem ist die Erbengemeinschaft auf Auseinandersetzung gerichtet und keine werbende Gesellschaft. Es bleibt mithin dabei, dass **jeder einzelne Miterbe** im Prozess **Partei** bleibt. Etwas anderes gilt lediglich im sozialgerichtlichen Verfahren, § 70 Nr. 2 SGG. 16

Einer oder mehrere Miterben können Forderungen der Erbengemeinschaft im **Aktivprozess** geltend machen. Wegen § 2039 BGB ist auf Leistung an sämtliche Miterben zu klagen (nicht lediglich auf Leistung an die Erbengemeinschaft, da sie keine eigene Rechtspersönlichkeit hat, siehe Rdn 16). Dies gilt auch dann, wenn ein Erbe Nachlassforderungen gegen einen Miterben geltend macht: In diesem Fall ist ebenfalls auf Leistung an sämtliche Miterben zu klagen (vgl. zur Taktik u. Antragsformulierung § 2039 Rdn 13 f.). Regelmäßig wird es falsch sein, die Nachlassforderung um den Anteil des verklagten Miterben mit der Begründung zu kürzen, dass er insoweit ohnedies Inhaber der Forderung sei. Dies wäre nur dann zulässig, wenn der Nachlass im Übrigen bereits teilungsreif ist (was in der Praxis die Ausnahme ist). Andernfalls würde es sich um eine **unzulässige Teilauseinandersetzung** des Nachlasses handeln (vgl. hierzu auch Rdn 33). 17

In einem Prozess unter Beteiligung der vollständigen Gemeinschaft sind deshalb die einzelnen **Miterben selbst Partei.** Dies hat zur Folge, dass jeder Einzelne prozessualen 18

---

41 *Demharter*, GBO, § 47 Rn 22: „Widerspricht dem Wesen des Gesamthandsverhältnisses und kann die Eintragung inhaltlich unzulässig machen."

42 Str., so wie hier: OLG Stuttgart, Beschl. v. 30.7.2013 – 8 W 173 + 279/12, LS 1 u. Rn 18, juris; BeckOK GBO/*Reetz*, § 13 Rn 77 jeweils m.w.N. auch zur a.A.

43 Grüneberg/*Weidlich*, § 2032 Rn 1.

44 BGH, Urt. v. 29.1.2001 – II ZR 331/00, BGHZ 146, 341–361, juris.

45 Vgl. hierzu ausführlich Rißmann/*Unger*, Die Erbengemeinschaft, § 18 Rn 10.

46 BGH, Urt. v. 11.9.2002 – XII ZR 187/00, Rn 11, juris.

47 BGH, Beschl. v. 17.10.2006 – VIII ZB 94/05, Rn 7, juris.

oder materiell-rechtlichen Einwendungen ausgesetzt sein kann oder solche geltend macht.[48] Miterben sind daher im Aktivprozess wohl auch **nicht notwendige Streitgenossen**[49] (siehe auch § 2039 Rdn 13).

19 Der Anwalt, der Erben im Prozess vertritt, hat stets an die **Haftungsbeschränkung** gem. § 780 ZPO zu denken, die ausdrücklich beantragt werden muss.[50] Dies gilt ebenfalls, wenn ein Miterbe klagt. Für den Fall des Unterliegens ist ausdrücklich Haftungsbeschränkung auch hinsichtlich der Kostentragungspflicht zu beantragen.[51]

2. Erbengemeinschaft als Gegner

20 Da die Miterben gem. § 2058 BGB als Gesamtschuldner haften, kann jeder einzelne Miterbe auf die Gesamtforderung verklagt werden und nicht lediglich auf den Anteil, der seiner Erbquote entspricht (Einzelheiten siehe § 2058 Rdn 1). Der Gläubiger kann es sich aussuchen, ob er **Gesamtschuldklage** (also auf Haftung eines oder einiger Miterben für die gesamte Schuld, § 2058 BGB) oder **Gesamthandsklage** (also Klage auf Befriedigung aus dem ungeteilten Nachlass, § 2059 Abs. 2 BGB) erhebt.[52]

	Gesamtschuldklage[53]	Gesamthandsklage[54]
Voraussetzung	– Klage gegen einen oder mehrere Miterben – vor oder nach der Nachlassteilung möglich	– Klage gegen alle sich widersetzenden Miterben – nur bis zur Teilung möglich, § 2059 Abs. 2 BGB
Streitgenossenschaft	– Keine notwendige, sondern lediglich einfache Streitgenossenschaft[55] – die Erben können einzeln verklagt werden	– Notwendige Streitgenossenschaft (§ 62 ZPO)[56] zwischen den sich widersetzenden Miterben – im **Sozialrecht** kann eine **notwendige Streitgenossenschaft** der Miter-

48 BGH, Urt. v. 21.12.1988 – VIII ZR 277/87, Rn 13, juris.

49 Offengelassen von BGH, Urt. v. 21.12.1988 – VIII ZR 277/87, Rn 14 (zweifelnd für notwendige Streitgenossenschaft von Miterben auf Klägerseite), Rn 15 (ausdrücklich offengelassen für notwendige Streitgenossenschaft von Miterben auf Beklagtenseite), juris; ausdrücklich verneinend: Brandenburgisches OLG, Urt. v. 21.10.1997 – 2 U 200/96, Rn 7 ff., juris m.N. zum Meinungsstand.

50 Zu Einzelheiten vgl. Rißmann/*K. Osthold/Goertz*, Die Erbengemeinschaft, § 6 Rn 276 ff.

51 Rißmann/*K. Osthold/Goertz*, Die Erbengemeinschaft, § 6 Rn 281; Bonefeld/Kroiß/Tanck/*Heindl*, Erbprozess, § 9 Rn 331 f. m.w.N. u. Formulierungsbeispiel.

52 BGH NJW 1963, 1611, 1612; OLG Düsseldorf FamRZ 1997, 769, 770; siehe auch Rißmann/*K. Osthold/Goertz*, Die Erbengemeinschaft, § 6 Rn 301 ff.

53 Vgl. hierzu ausführlich auch Rißmann/*K. Osthold/Goertz*, Die Erbengemeinschaft, § 6 Rn 240 ff.; Bonefeld/Kroiß/Tanck/*Heindl*, Erbprozess, § 9 Rn 368 ff.

54 Vgl. hierzu ausführlich auch Rißmann/*K. Osthold/Goertz*, Die Erbengemeinschaft, § 6 Rn 247 ff.; Bonefeld/Kroiß/Tanck/*Heindl*, Erbprozess, § 9 Rn 377 ff.

55 Brandenburgisches OLG, Urt. v. 21.10.1997 – 2 U 200/96, OLGR 1998, 421, 422 m.N. zum Meinungsstand; OLG Naumburg, Urt. v. 16.1.1997 – 3 U 38/96, NJW-RR 1998, 308, 309; unentschieden von BGH, Urt. v. 21.12.1988 – VIII ZR 277/87, Rn 14 (zweifelnd für notwendige Streitgenossenschaft von Miterben auf Klägerseite), Rn 15 (ausdrücklich offengelassen für notwendige Streitgenossenschaft von Miterben auf Beklagtenseite), juris; BGH, Urt. v. 24.4.1963 – V ZR 16/62, NJW 1963, 1611, LS u. S. 1612 (keine notwendige Streitgenossenschaft bei Klage auf Auflassung gegen Miterben).

56 BGH, Urt. v. 4.6.2014 – IV ZR 348/13, Rn 29, juris.

	Gesamtschuldklage[53]	Gesamthandsklage[54]
		ben nach § 74 SGG, § 62 Abs. 1 ZPO bestehen[57]
Verteidigungsmöglichkeit der Erben im Prozess	– Haftungsbeschränkungsvorbehalt gem. § 780 ZPO (um Vollstreckung in das Eigenvermögen des Erben u. Pfändung des Erbteils zu verhindern) – Aufschiebende Einreden gem. §§ 2014–2017 BGB	– Haftungsbeschränkungsvorbehalt gem. § 780 ZPO überflüssig, da Urteil nur auf Duldung der Zwangsvollstreckung in den Nachlass lautet – Vorbehalt aber insbesondere in Zweifelsfällen möglich[58] – Aufschiebende Einreden gem. §§ 2014–2017 BGB
Zwangsvollstreckung siehe hierzu auch Rdn 22 ff.	– Vollstreckung in das Eigenvermögen des Erben (unter der Voraussetzung, dass Erbe übersehen hat, den Vorbehalt nach § 780 ZPO aufnehmen zu lassen; siehe hierzu auch die nachfolgenden Erläuterungen und Rdn 22 ff.) – Pfändung des Erbteils (als Teil des Eigenvermögens), §§ 829, 857 Abs. 1, 859 S. 2 ZPO – Vollstreckung in Einzelnachlassgegenstände (§ 747 ZPO) nur möglich, wenn Urteil gegen alle Miterben (siehe hierzu auch § 2040 Rdn 10) – Vollstreckung in den geteilten Nachlass	– Vollstreckung in den ungeteilten Nachlass, § 2059 Abs. 2 ZPO – Vollstreckung in Einzelnachlassgegenstände (§ 747 ZPO; siehe hierzu auch § 2040 Rdn 10)
Verteidigungsmöglichkeit in der Zwangsvollstreckung (siehe hierzu auch Rdn 22 ff.)	– Vollstreckungsabwehrklage gem. §§ 781, 785 ZPO i.V.m. § 767 ZPO	– Bei Vollstreckung in das Eigenvermögen des Miterben: Erinnerung gem. § 766 ZPO

Urteile gegen **einzelne Miterben** kann der Gläubiger nur gem. § 859 S. 2 ZPO **vollstrecken** (siehe hierzu auch Rdn 22 ff.). 21

II. Zwangsvollstreckung

1. Mandant ist als Miterbe Schuldner

Wenn der Mandant als Miterbe Schuldner einer Forderung ist, so muss das Ziel der 22 anwaltlichen Tätigkeit einerseits der Schutz des Nachlasses, andererseits aber auf jeden Fall der **Schutz des Eigenvermögens** des Miterben sein. Der Miterbe kann die Zwangsvollstreckung in das nicht zum Nachlass gehörende Vermögen nur dann verhindern, wenn die Beschränkung seiner Haftung im Urteil vorbehalten ist, § 780 ZPO. Der Miterbe muss gem. § 785 ZPO die Beschränkung der Erbenhaftung in der Zwangs-

57 So ohne weitere Begründung: BSG, Beschl. v. 8.2.2018 – B 11 SF 1/18 S, Rn 3, juris.
58 Bonefeld/Kroiß/Tanck/*Heindl*, Erbprozess, § 9 Rn 373 ff.

vollstreckung als Einwendung mit einer Zwangsvollstreckungsgegenklage gem. § 767 ZPO geltend machen, andernfalls ist sie unbeachtlich, § 781 ZPO. Etwas anderes gilt nur dann, wenn im Urteil bereits **in der Sache selbst** über den Vorbehalt abschließend entschieden worden ist (Prozessgericht kann sachlich entscheiden, statt einen bloßen Vorbehalt aufzunehmen).[59] Hatte der Gläubiger bereits gegen den **Erblasser** ein Urteil erwirkt, so ist der Titel gem. § 727 ZPO auf die Miterben umzuschreiben. Dann ist bereits auf dem Titel vermerkt, dass sich die Zwangsvollstreckung gegen einen Erben richtet. Eines Haftungsbeschränkungsvorbehalts gem. § 780 ZPO bedarf es daher nicht, um den Weg der Zwangsvollstreckungsgegenklage gem. §§ 767, 781, 785 ZPO zu eröffnen.[60] Wird durch den Gläubiger der **Erbteil gepfändet**, kann die Erbengemeinschaft durch Herbeiführung der **Nachlassverwaltung** die Aufhebung der Pfändung bewirken, vgl. § 1975 BGB, §§ 767, 780 Abs. 2, 781, 784, 785 ZPO.[61]

2. Mandant ist Gläubiger

23 Ist der Mandant Gläubiger einer gegen eine Erbengemeinschaft gerichteten Forderung, muss das Ziel der anwaltlichen Tätigkeit sein, einerseits Zugriff auf den gesamten Nachlass zu erhalten, andererseits aber auch auf das Eigenvermögen der Miterben.

24 Für eine Zwangsvollstreckung in den **ungeteilten Nachlass** sind gem. § 747 ZPO alle Miterben gleichlautend zu verurteilen. Die Verurteilung muss nicht notwendig in einem Prozess erfolgen, sie kann auch in mehreren getrennten Verfahren erwirkt werden.[62] Die Zwangsvollstreckung erfolgt durch **Pfändung** von Nachlassgegenständen oder Pfändung sämtlicher Miterbenanteile (**Gesamthandsvollstreckung**).[63] Sind nur einzelne Miterben bekannt und/oder liegen nur Titel gegen einzelne Miterben vor, kann der Gläubiger ausschließlich gem. § 859 S. 2 ZPO vollstrecken (**Gesamtschuldvollstreckung**): Gegenstand der Pfändung ist der **Erbteil** als Inbegriff der Rechte und Pflichten des einzelnen Miterben am gesamten Nachlass (siehe hierzu § 2033 Rdn 16 ff.; zur Pfändung des Anspruchs auf Verteilung der Früchte vgl. § 2038 Rdn 75).[64] Gehört eine Immobilie zum Nachlass, kann die Pfändung des Miterbenanteils im Wege der Grundbuchberichtigung im Grundbuch eingetragen werden.[65] Die Pfändung wird mit Zustellung an alle Miterben bzw. Testamentsvollstrecker oder Nachlassverwalter wirksam.[66]

25 Sobald der **Nachlass geteilt** ist, sind Nachlassvermögen und Eigenvermögen der Erben grundsätzlich keine getrennten Vermögensmassen mehr und die **Vollstreckung** ist **uneingeschränkt** möglich. Haben die Miterben jedoch die Haftung auf den Nachlass beschränkt, bleibt es bei der Trennung der Vermögensmassen und den eben dargestellten Vollstreckungsmöglichkeiten.

---

59 BGH, Urt. v. 21.10.2020 – VIII ZR 261/18, BGHZ 227, 198–213, Rn 19, juris.
60 *Krug/Rudolf/Kroiß/Bittler*, Anwaltformulare Erbrecht, § 11 Rn 131; gleichwohl ist ein Vorbehalt möglich; Formulierungsbeispiel und Checkliste für Vollstreckungsgegenklage: Bonefeld/Kroiß/Tanck/*Heindl*, Erbprozess, § 9 Rn 332.
61 Hierzu Bonefeld/Kroiß/Tanck/*Heindl*, Erbprozess, § 9 Rn 338.
62 RGZ 68, 221, 222 f.
63 *Behr*, ZAP Fach 14, 44.
64 So bereits RGZ 68, 221, 222 f.
65 OLG Frankfurt, Beschl. v. 7.3.1979 – 20 W 50/79, Rn 9, juris m.w.N.; zu Einzelheiten u. Muster vgl. Rißmann/*Rißmann*, Die Erbengemeinschaft, § 9 Rn 5 f.
66 OLG Frankfurt, Beschl. v. 7.3.1979 – 20 W 50/79, Rn 9, juris; BayObLG, Beschl. v. 13.2.1959 – BReg. 2 Z 203/1958, BayObLGZ 59, 50, 60.

III. Gebühren des Rechtsanwalts

1. Gebührentatbestand

Auch wenn lediglich ein Miterbe ein Mandat für die Erbengemeinschaft erteilt, fällt die Geschäftsgebühr und/oder Verfahrensgebühr verbunden mit einer **Erhöhungsgebühr** gem. § 13 RVG, Nr. 1008 VV RVG an.[67] Berechtigt und verpflichtet wird nicht das vertretende Mitglied der Erbengemeinschaft, sondern die Gesamtheit der Miterben.[68] Dies gilt auch dann, wenn der Rechtsanwalt zunächst den Erblasser vertreten hat und den Rechtsstreit für dessen Erben fortführt.[69] 26

2. Gebührenhöhe

I.R.d. Abwicklung eines erbrechtlichen Mandats wird die Ausübung des billigen Ermessens unter Berücksichtigung der Kriterien des § 14 Abs. 1 S. 1 und 2 RVG lediglich ausnahmsweise zu einer geringeren Gebühr als der **Höchstgebühr (2,5)** führen. Die Tätigkeit des Rechtsanwalts für oder gegen eine Erbengemeinschaft oder gar die Tätigkeit i.R.d. Auseinandersetzung ist rechtlich regelmäßig **schwierig und umfangreich**, weshalb auch nach der Anmerkung zu Nr. 2300 VV RVG die Schwellengebühr von 1,3 überschritten werden darf. Denn nach der Anmerkung ist es ausreichend, wenn die Tätigkeit umfangreich „oder" schwierig war, um eine Gebühr über der Schwellengebühr von 1,3 zu fordern. 27

Erbrecht ist ganz allgemein bereits ein Gebiet, das intensive Kenntnis der Spezialmaterie und regelmäßige Fortbildung verlangt und bereits aus diesem Grund eine **höhere Gebühr** innerhalb des Gebührenrahmens rechtfertigt. Erbrecht ist kein Rechtsgebiet, das der Rechtsanwalt „nebenbei" erledigen kann, was auch durch die Einführung des „Fachanwalts für Erbrecht" bestätigt worden ist. Die **Auseinandersetzungen** mit einer **Erbengemeinschaft** erfordern darüber hinaus aufgrund der unterschiedlichen Zielvorstellungen einen **erheblichen Aufwand** des Rechtsanwalts (eine Erhöhung der Geschäftsgebühr über die Schwellengebühr i.H.v. 1,3 wird daher insbesondere dann in Betracht kommen, wenn **Besprechungen** mit der Gegenseite stattgefunden haben: „umfangreiche Tätigkeit" i.S.d. Anmerkung zu Nr. 2300 VV RVG; zum Streitwert siehe § 2042 Rdn 64).

Die **Bedeutung der Angelegenheit** (§ 14 Abs. 1 S. 1 Alt. 1 RVG) wird für den Auftraggeber regelmäßig überdurchschnittlich sein. Es ist für ihn keine „Angelegenheit des täglichen Lebens", es geht stattdessen um eine rechtliche und tatsächliche Ausnahmesituation, die sein Leben unter Umständen auch nachhaltig beeinflussen wird.

Das Bemessungskriterium der **Einkommens- und Vermögensverhältnisse** des Auftraggebers (§ 14 Abs. 1 Alt. 2 RVG) sollte **ausschließlich** bei **nichtvermögensrechtlichen** Streitigkeiten herangezogen werden.[70] Im Rahmen der Vertretung eines Miterben gegen die übrigen Miterben wird dieses Kriterium daher lediglich ausnahmsweise relevant sein.

3. Gegenstandswert

Wird ein Miterbe mit dem Ziel vertreten, seine Stellung als Alleinerbe zu erreichen, oder eine enterbte Person mit dem Ziel, eine (Mit-)Erbenstellung zu erreichen, so ist für den Gegenstandswert der Wert der beabsichtigten Besserstellung maßgebend. 28

---

67 BGH, Beschl. v. 16.3.2004 – VIII ZB 114/03, Rn 6 f., juris; OLG Düsseldorf, Beschl. v. 2.7.1996 – 10 W 58/96, LS u. Rn 3 f.

68 BGH, Beschl. v. 16.3.2004 – VIII ZB 114/03, Rn 7, juris.

69 OLG Stuttgart, Beschl. v. 5.9.1990 – 8 W 419/90, LS u. Rn 4 ff., juris m.w.N. zur a.A.; OLG Düsseldorf, Beschl. v. 2.7.1996 – 10 W 58/96, LS u. Rn 3 f., juris (Aufgabe der bisherigen gegenteiligen Rspr.).

70 Toussaint/*Toussaint*, RVG § 14 Rn 41 f., mit überzeugenden Argumenten.

Beispiel

Der verwitwete Erblasser E hinterlässt ein Vermögen i.H.v. 900.000 EUR. Seine drei Kinder A, B, und C sind gesetzliche Erben zu je 1/3. Kurz nach dem Tod taucht jedoch ein Testament auf, wonach C von der Erbfolge ausgeschlossen sein soll. Wenn der Anwalt C vertritt mit der Maßgabe, die Unwirksamkeit des Testaments zu erreichen, liegt der Gegenstandswert bei 150.000 EUR. Denn als Pflichtteilsberechtigter hätte er auch bei Enterbung einen Anspruch auf 1/6 des Nachlasswertes, mithin 150.000 EUR. Seine **beabsichtigte Besserstellung** kann sich mithin nur auf die **Differenz** zu dem beziehen, was er ohnehin erhält (den Pflichtteil).[71]

Versucht C seine Erbenstellung im Wege einer **Klage** feststellen zu lassen, so betrüge der Gegenstandswert 150.000 EUR abzgl. 20 % **Abschlag** für die Feststellungsklage, mithin 120.000 EUR.[72]

Wird einer der Miterben A oder B vertreten und wird gegen diesen vertretenen Miterben als Gesamtschuldner der gesamte Pflichtteil geltend gemacht wird, ist das wirtschaftliche Interesse des Miterben an der Vertretung der **Pflichtteilsanspruch in der geltend gemachten Höhe** (und **nicht** etwa lediglich der Anteil, zu dem der Miterbe im Innenverhältnis der Erbengemeinschaft die Pflichtteilslast zu tragen hat).

Wird der Anwalt ausschließlich mit der **Abwehr des Angriffs** gegen die Wirksamkeit des Testaments beauftragt, betrüge der Gegenstandswert 75.000 EUR. Denn um diesen Betrag verringert sich jeweils der Nachlasswert zum Nachteil von A und B, wenn C Miterbe würde, da der Anspruch des C auf den Pflichtteil ihm in jedem Fall verbliebe (bei Wirksamkeit des Testaments: 450.000 EUR Erbanteil, abzgl. des Pflichtteilsanspruchs des C, soweit er im Innenverhältnis zu tragen ist, i.H.v. 75.000 EUR= 375.000 EUR; bei Unwirksamkeit verringert sich die Erbquote von 1/2 auf 1/3, der Wert des Erbteils wäre mithin lediglich noch 300.000 EUR; Besserstellung bei Wirksamkeit mithin 375.00 EUR abzgl. 300.000 EUR = 75.000 EUR).[73]

29 In der Rspr. ungeklärt ist die Berücksichtigung von **Nachlassverbindlichkeiten** bei der Bestimmung des Gegenstandswerts. Vielfach werden in der Praxis kritiklos Nachlassverbindlichkeiten abgezogen. Dabei wird jedoch übersehen, dass Gegenstand des anwaltlichen Mandats selbstverständlich auch und gerade die **Abwehr der Forderungen** bzw. **Beratung zur Erfüllung** (wenn die Forderung berechtigt ist) sein wird. Generell gilt: Ist der Nachlass mit Verbindlichkeiten belastet, so wird sich das Mandat des Anwalts im Zweifel auch darauf erstrecken, die persönliche Haftung des Mandanten im Außenverhältnis mit der **Gesamtforderung** zu verhindern (gesamtschuldnerische Haftung der Erben, § 2058 BGB). Hält der Mandant die **Forderung** für **unbegründet**, richtet sich sein Interesse auf **Abwehr der gesamten Forderung**, was sich im Gegenstandswert widerspiegeln muss.

Da der Miterbe im Außenverhältnis auf die gesamte Forderung haftet (und auch entsprechend in Anspruch genommen werden kann), sind für die Berechnung des Gegenstandswertes die Summe der **Verbindlichkeiten in voller Höhe** zum Wert des

---

71 BGH, Beschl. v. 15.1.1975 – IV ZR 124/73, Rn 1, juris nennt dies im Rahmen einer Feststellungsklage den *„außer Streit befindlichen"* Pflichtteilsanspruch; dies kann im Einzelfall erhebliche Abgrenzungsschwierigkeiten verursachen. Wann ist der Pflichtteilsanspruch „außer Streit"? Ist damit lediglich die Pflichtteilsberechtigung an sich gemeint? Und wie werden etwaige Pflichtteilsergänzungsansprüche berücksichtigt?

72 BGH, Beschl. v. 28.9.2011 – IV ZR 146/10, Rn 2, juris.

73 Weiteres Berechnungsbeispiel bei BeckOGK/*Rißmann/Szalai*, § 2032 Rn 71.1 ff und 72.1 ff.

Erbteils des Mandanten zu **addieren** ist, soweit der Anwalt hier umfassend mit der Vertretung beauftragt worden ist (**Abwehrinteresse**). Im **Zweifelsfall** wird man davon ausgehen können und müssen (Haftung des Anwalts), dass der Mandant, der als Miterbe im Rahmen der Verwaltung und Auseinandersetzung einer Erbengemeinschaft ein Mandat erteilt, umfassend auch vor der **unberechtigten Inanspruchnahme** durch Nachlassgläubiger **geschützt** werden möchte. Das wirtschaftliche Interesse des Miterben an seinem Erbteil ist zu addieren (**Durchsetzungsinteresse**).[74] Um Missverständnissen vorzubeugen, sollte der Anwalt über die Höhe des **Gegenstandswertes** eine **Vergütungsvereinbarung** schließen.

E. Steuerrechtliche Fragen

Fortbestand und Auseinandersetzung einer Erbengemeinschaft werfen vielfältige steuerliche Probleme auf, die hier nicht einmal nur angerissen werden können (siehe im Übrigen aber auch die Kommentierung zu den jeweiligen Paragrafen).[75] Seit dem Beschluss des Großen Senats des BFH vom 5.7.1990 sind Erbfall und Erbauseinandersetzung als selbstständiger Rechtsvorgang zu beurteilen.[76] Die Finanzverwaltung hat zu der Entscheidung mit dem BMF-Schreiben „Ertragsteuerliche Behandlung der Erbengemeinschaft und ihrer Auseinandersetzung" vom 14.3.2006[77] und 30.3.2006[78] sowie der Ergänzung durch die OFD Karlsruhe vom 13.11.2006[79] Stellung genommen. Zu den einzelnen Einkunftsarten sind daher die BMF-Schreiben heranzuziehen. Bis zu ihrer Auseinandersetzung wird die Erbengemeinschaft steuerlich bei den **Überschusseinkünften** wie eine Bruchteilsgemeinschaft gem. § 39 Abs. 2 Nr. 2 AO und bei den Gewinneinkünften als Mitunternehmerschaft behandelt.[80] 30

Soweit zum Nachlass ein **gewerbliches, freiberufliches** oder **land**- und **forstwirtschaftliches Einzelunternehmen** gehört, werden die Erben Mitunternehmer gem. § 15 Abs. 1 S. 1 Nr. 2 EStG.[81] Auch wenn freiberufliche und gewerbliche Unternehmen zum Nachlass gehören, wird die **Abfärberegelung** gem. § 15 Abs. 3 Nr. 1 EStG nicht angewandt.[82] Gehört ein freiberufliches Unternehmen zum Nachlass und sind nicht alle Miterben Angehörige dieses freien Berufs, wird das freiberufliche Unternehmen durch die Erbengemeinschaft als Gewerbebetrieb fortgesetzt.[83]

Hatte der Erblasser Einkünfte aus **Kapitalvermögen** oder aus **Vermietung/Verpachtung**, so bestimmt nach dem Erbfall die Erbengemeinschaft über die weitere Verwendung. Der Erbengemeinschaft fließt auch der Ertrag zu, so dass sie gemeinsam den Tatbestand der Einkunftserzielung i.S.v. §§ 20 bzw. 21 EStG erfüllen und jeder Miterbe entsprechend seinem Anteil an der Erbengemeinschaft besteuert wird.[84] 31

---

74 BeckOGK/*Rißmann/Szalai*, § 2032 Rn 72.1 ff. mit weiteren Berechnungsbeispielen für unterschiedliche Konstellationen.

75 Siehe hierzu ausführlich Rißmann/*Unger*, Die Erbengemeinschaft, § 23 Rn 11 ff.

76 BFH, Beschl. v. 5.7.1990 – GrS 2/89, BFHE 161, 332 = BStBl II 1990, 837, Rn 60, juris.

77 BMF v. 14.3.2006 – IV B 2-S 2242-7/06, BStBl I 2006, 253 = ZEV 2006, 154, nachfolgend „BMF-Schreiben 'Erbengemeinschaft'".

78 BMF v. 30.3.2006 – IV B 2-S 2242-15/06, DStR 2006, 652.

79 BMF v. 13.11.2006 – S 2242/4-St 111, BeckVerw 086732.

80 BMF-Schreiben „Erbengemeinschaft", Rn 1.

81 Rißmann/*Unger*, Die Erbengemeinschaft, § 23 Rn 15.

82 Ertragsteuerliche Behandlung der Erbengemeinschaft und ihrer Auseinandersetzung, IV B 2-S 2242-7/06, ZEV 2006, 154, Tz. 4; Rißmann/*Unger*, Die Erbengemeinschaft, § 23 Rn 15.

83 Ertragsteuerliche Behandlung der Erbengemeinschaft und ihrer Auseinandersetzung, IV B 2-S 2242-7/06, ZEV 2006, 154, Tz. 4; Rißmann/*Unger*, Die Erbengemeinschaft, § 23 Rn 15.

84 BMF-Schreiben „Erbengemeinschaft", Rn 6.

F. Gestaltungshinweise für Zivil- und Steuerrecht

32 Es ist die „hohe Kunst der Testamentsgestaltung“, die vielfältigen Problembereiche der Erbengemeinschaft durch weitblickende Regelungen nach Möglichkeit vollständig zu „neutralisieren“. Hierfür muss der Anwalt sich zunächst ein genaues Bild über die familiären Beziehungen seines Mandanten machen. Dies bedeutet nicht lediglich die Feststellung der **familienrechtlichen** Beziehungen, sondern auch und gerade die Beziehungen der in Betracht kommenden Erben und Vermächtnisnehmer untereinander. Hiernach sind die Wünsche und Vorstellungen des Erblassers festzustellen und es ist dessen finanzielle Situation zu ermitteln.[85] Erst wenn all dies geschehen ist, kann mit der Planung einer auf den Einzelfall „maßgeschneiderten“ Lösung begonnen werden. Jede schematische Lösung verbietet sich hier – wie auch sonst im Bereich des Erbrechts – völlig. Denn bereits geringste Abweichungen des „eigenen“ Falles vom „Musterfall“ führen häufig zu gänzlich anderen Notwendigkeiten in der Gestaltung. Die Gestaltung muss in vielen Fällen bereits mit **Verträgen unter Lebenden** beginnen (Umwandlung des Einzelunternehmens in GmbH & Co. KG u.Ä.). Hierbei sind jedoch nicht lediglich steuerliche Gesichtspunkte in Betracht zu ziehen, sondern es ist auch auf das **Versorgungs-** und **Sicherheitsinteresse** des Mandanten im Alter zu achten. Dem „unbedingten“ Wunsch des Mandanten zu folgen, große Teile seines Vermögens auf die nachfolgende Generation ohne jegliche „Sicherungsrechte“ (Rückforderungsrecht, Nießbrauch u.Ä.) zu übertragen, ohne auf die erheblichen Bedenken und Folgen ausdrücklich und mehrfach hinzuweisen, wird ein Beratungsverschulden des Rechtsanwalts darstellen. Das „Mittel der Wahl“ bei jeder erbrechtlichen Gestaltung von Todes wegen, die eine Aufteilung des Nachlasses unter mehreren Erben und/oder Vermächtnisnehmern vorsieht, ist die Einsetzung eines fachkundigen und unabhängigen **Testamentsvollstreckers.**[86] Ob der gestaltende Anwalt sich selbst bereit erklärt, dieses verantwortungsvolle Amt für seinen Mandanten zu übernehmen, sollte in der Beratung angesprochen werden. Jeder Anwalt muss sich hier den erheblichen Zeitaufwand und die Haftungsgefahren vor Augen führen, die aus einer Testamentsvollstreckung folgen. Gerade benachteiligte Erben werden regelmäßig versuchen, gegen den Testamentsvollstrecker vorzugehen. Hier liegt aber auch – neben vielen anderen Vorzügen – die Chance der Testamentsvollstreckung: Streit der Erben untereinander kann so häufig vermieden werden. Aus diesem Grunde ist auch meist davon abzuraten, einen Miterben als Testamentsvollstrecker zu bestimmen. Eine gewünschte Bevorzugung eines Erben kann auch bspw. durch Vorausvermächtnisse erreicht werden. Die notwendige **Variabilität** lässt sich durch die Anordnung der **Auseinandersetzung** nach dem billigen **Ermessen** eines **Dritten** gem. **§ 2048 S. 2 BGB** erreichen (Einzelheiten siehe § 2048 Rdn 12 ff. und 23 ff.).[87]

G. Haftungsfallen

I. Erbteilungsklage

33 I.R.d. Erbteilungsklage (Einzelheiten siehe § 2042 Rdn 14) ist dem Gericht ein Teilungsplan vorzulegen. Dies kann erst nach Berichtigung sämtlicher Nachlassverbindlichkeiten erfolgen. Davor ist die Erbteilungsklage unzulässig. Das Gericht ist gehindert, ein „Minus“ zum vorgelegten Teilungsplan zuzusprechen: Es darf den Beklagten nur verurteilen, dem Teilungsplan in dem vorgelegten Umfang zuzustimmen – nicht mehr und nicht weniger. Bereits deswegen ist es unerlässlich, mehrere Teilungspläne

85 Eingehend Rißmann/*Kurze*, Die Erbengemeinschaft, § 10 Rn 1 ff.
86 Ausführlich hierzu Rißmann/*Kurze*, Die Erbengemeinschaft, § 10 Rn 122 ff.
87 Eingehend *Rißmann*, Teilungsanordnungen nach § 2048, S. 247 mit Muster ab S. 344.

in Form von Hilfsanträgen vorzulegen. Die **Feststellungsklage** dürfte daher stets der „sicherere" und somit **bessere Weg** für den Mandanten sein.

II. Interessenkollision

Wird eine Erbengemeinschaft vertreten, hat der Anwalt größtmögliche Sorgfalt darauf zu verwenden, dass er nicht einmal in den Verdacht des Parteiverrats gerät. Das Risiko der **Interessenkollision** bei Vertretung mehrerer Personen einer Erbengemeinschaft ist immens.[88] Im Gegensatz zur landläufigen Meinung vieler Anwälte ist der **Gleichlauf der Interessen der Ausnahmefall.** Die in der Praxis zu beobachtende fehlende Sensibilität, die teilweise sogar noch fälschlich von den Anwaltskammern gestützt wird, erstaunt teilweise, manches Mal erschüttert sie. § 43a Abs. 4 BRAO normiert, dass der Rechtsanwalt nicht tätig werden darf, „*wenn er einen anderen Mandanten in derselben Rechtssache bereits im widerstreitenden Interesse beraten oder vertreten hat*". Es ist zudem die grundsätzlich vornehmste Aufgabe des Anwalts, für seinen Mandanten dessen **Rechte** in jeder Hinsicht **optimal** zu **vertreten.** In der Erbengemeinschaft geht dies häufig jedoch zum Nachteil anderer Mitglieder der Erbengemeinschaft. Gerade wenn Abkömmlinge und pflichtteilsberechtigte Miterben vertreten werden, sind möglicherweise unterschiedliche Interessen i.R.d. Anrechnung und Ausgleichung gem. §§ 2050 ff., 2315, 2316 BGB zu berücksichtigen. Teilweise wird hier argumentiert, dass der Anwalt so lange mehrere Parteien vertreten dürfe, wie der Interessengegensatz nicht „offen zu Tage trete". Es ist jedoch gerade Aufgabe des Anwalts, die unterschiedlichen Möglichkeiten – und somit den Interessengegensatz – aufzuzeigen. Nur weil der Anwalt dies – pflichtwidrig – unterlässt, kann er daraus nicht die für ihn günstige Folgerung ziehen, dass er Mandanten mit – potenziell – unterschiedlichen Interessen vertreten dürfe. 34

Allein wegen der **Erhöhungsgebühr** der Nr. 1008 VV RVG bzw. des möglicherweise höheren Gegenstandswertes eine Straftat zu riskieren, steht in keinem Verhältnis. Dies insbesondere auch deswegen nicht, da der Anwalt, der seine Partei verrät, darüber hinaus seinen Gebührenanspruch verliert.[89] Wer dann sogar noch meint, dass die Möglichkeit, eine Erhöhungsgebühr zu berechnen, zeigen würde, dass auch Mandanten mit – potenziell – unterschiedlichen Interessen vertreten werden dürfen, sollte seine Berufswahl überdenken. Stellt sich der Interessengegensatz erst im Laufe des Mandats heraus, sind sämtliche Mandate niederzulegen, § 3 Abs. 2 BORA. Es darf nicht etwa i.S.d. „Rosinentheorie" ein Mandant ausgewählt werden, der dann weiter vertreten wird, womöglich dann noch aktiv gegen die vormaligen Mandanten. Gerade im Erbrecht – sowohl in der Gestaltung als auch in der streitigen Auseinandersetzung – sollte der Anwalt **im Zweifel lediglich einen Mandanten** vertreten. 35

III. Versäumung der Haftungsbeschränkung

Neben der unbedingten Parteilichkeit (siehe Rdn 34) ist es vornehmste Pflicht des Anwalts, die Interessen seines Mandanten zu wahren und zu schützen. Dazu gehört es, den Mandanten auch ungefragt auf Haftungsbeschränkungsmöglichkeiten hinzuweisen. Der Anwalt hat insoweit umfassend aufzuklären, um den Mandanten vor Schaden zu bewahren. 36

- Der Anwalt muss die Drei-Monats-Frist des **§ 27 Abs. 2 HGB** beachten, wenn ein Unternehmen in den Nachlass fällt (vgl. hierzu Rdn 8).

88 Vgl. hierzu ausführlich Rißmann/*Rißmann*, Die Erbengemeinschaft, § 29 Rn 1 ff.

89 BGH, Urt. v. 15.1.1981 – III ZR 19/80, LS u. Rn 18, juris; vgl. hierzu ausführlich Rißmann/*Rißmann*, Die Erbengemeinschaft, § 29 Rn 29 ff.

- Ist der Mandant minderjährig oder gerade volljährig geworden, so ist über die Drei-Monats-Frist des **§ 1629a Abs. 4 BGB** aufzuklären (siehe hierzu Rdn 6).
- Vertritt der Anwalt einen im Wege der Klage in Anspruch genommenen Miterben, so muss er die Aufnahme eines Haftungsbeschränkungsvorbehalts gem. **§ 780 ZPO** im Urteil beantragen und hierbei darauf achten, dass sich dieser Vorbehalt auch auf die Kosten bezieht.[90] Versäumt der Anwalt dies, hat er für den sich hieraus ergebenden Schaden einzustehen.[91]

§ 2033 Verfügungsrecht des Miterben

(1) [1]Jeder Miterbe kann über seinen Anteil an dem Nachlass verfügen. [2]Der Vertrag, durch den ein Miterbe über seinen Anteil verfügt, bedarf der notariellen Beurkundung.
(2) Über seinen Anteil an den einzelnen Nachlassgegenständen kann ein Miterbe nicht verfügen.

Literatur

Jünemann, Gläubigeranfechtung einer Erbteilsübertragung, ZEV 2005, 335; *Keim*, Erbauseinandersetzung und Erbanteilsübertragung, RNotZ 2003, 375; *Kesseler*, Die Vereitelung der Ziele der Testamentsvollstreckung durch Veräußerung des Miterbanteils, NJW 2006, 3672; *Muscheler*, Verfügung über den Erbteil, ZErb 2010, 40; *ders.*, Testamentsvollstreckung über Erbteile, AcP 195 (1995), 35; *Schmidt*, Erbteilsabtretung, Miterbenabfindung und Anwachsung bei der Erbengemeinschaft: Nachdenken über § 2033 BGB und die Struktur der Erbengemeinschaft, AcP 205 (2005), 305

Übersicht: Rdn

---

90 Siehe hierzu auch Rißmann/*K. Osthold/Goertz*, Die Erbengemeinschaft, § 6 Rn 277 ff.; Bonefeld/Kroiß/Tanck/*Heindl*, Erbprozess, § 9 Rn 327 ff.

91 BGH, Urt. v. 2.7.1992 – IX ZR 256/91, Rn 9 ff., juris (auch zur Schadensberechnung).

A. Allgemeines

1 Das schuldrechtliche Verpflichtungsgeschäft über den Verkauf eines Erbteils wird durch die §§ 2371 ff. BGB geregelt. § 2033 BGB regelt demgegenüber das **Verfügungsrecht** der Miterben über den ererbten Nachlass. Anders als bei der ehelichen Gütergemeinschaft (dort § 1419 Abs. 1 BGB) kann bei der Miterbengemeinschaft aufgrund § 2033 BGB jeder Miterbe über seinen Anteil am Nachlass verfügen. Die Bindung des Anteils zum gesamthänderisch gebundenen Eigenvermögen des Miterbens wird so aufgehoben. Der Miterbe wird dadurch in die Lage versetzt, seinen Anteil zu veräußern oder auch als Kreditsicherheit zu belasten. Dies ist vor allen Dingen in Fällen der aufgeschobenen oder ausgeschlossenen Auseinandersetzung (§ 2044 BGB) nützlich oder wenn ein Miterbe die Auseinandersetzung verweigert.[1] Die Vorschrift ist zwingend und durch den Erblasser nicht abdingbar.[2] Die Veräußerung kann auch nicht von der Zustimmung durch einen Testamentsvollstrecker abhängig gemacht werden.[3] Ein rechtsgeschäftliches Verfügungsverbot der Miterben ist gem. § 137 S. 1 BGB dinglich unwirksam. Die (lediglich schuldrechtliche) Verpflichtung, über den Erbteil nicht zu verfügen, ist hingegen wirksam, § 137 S. 2 BGB. Eine gleichwohl vorgenommene Verfügung wird bei Verstoß gegen diese schuldrechtliche Verpflichtung jedoch nicht unwirksam (Abstraktionsprinzip), sondern begründet ggf. Schadensersatzansprüche. Der Erblasser könnte aber einen Miterben **auflösend bedingt** bis zur Vornahme einer Verfügung über den Erbteil als Erben einsetzen und so die Verfügung für den Erben „unattraktiv" machen.[4] Das Verfügungsverbot in Abs. 2 an einzelnen Nachlassgegenständen wird ergänzt durch die Vorschrift des **§ 2040 BGB**, wonach die Erben gemeinschaftlich über einen Nachlassgegenstand verfügen können (siehe § 2040 Rdn 1 ff.).

B. Tatbestand

I. Jeder Miterbe

2 „Miterbe" ist auch der lediglich bedingt oder befristet als Miterbe Berufene, egal ob aufgrund gesetzlicher oder testamentarischer Erbfolge. Die Höhe der Beteiligung am Nachlass ist unerheblich, so dass auch die Beteiligung mit einem geringen Bruchteil gleiche Rechte gewährt. Der **Nachlasspfleger** für einen unbekannten Miterben ist **nicht** Miterbe i.S.v. § 2033 BGB und darf daher nicht über den Erbanteil verfügen.[5]

II. Anteil

3 Der Anteil am Nachlass wird bestimmt durch die Erbquote, mit der ein Miterbe am Nachlass (zum Begriff „Nachlass" siehe § 2032 Rdn 3) beteiligt ist. Über diesen Anteil kann der Miterbe verfügen, so lange auch nur noch ein einziger Nachlassgegenstand vorhanden und die Erbengemeinschaft noch nicht auseinandergesetzt ist.[6] Als Minus zur Verfügung über den gesamten Anteil kann der Erbe auch über einen Bruchteil

1 MüKo/*Gergen*, § 2033 Rn 1.
2 OLG Düsseldorf FamRZ 1997, 769, 770.
3 RG JW 1915, 245, 246; LG Essen Rpfleger 1960, 58.
4 *Lange/Kuchinke*, § 42 II 2c.
5 LG Aachen Rpfleger 1991, 314.
6 BGH NJW 1969, 92.

seines Miterbenanteils verfügen.[7] Einzelne Gegenstände oder Rechte können nicht von der Verfügung ausgenommen werden.[8]

III. An dem Nachlass

4 Siehe hierzu § 2032 Rdn 3.

IV. Verfügen

5 Verfügung ist ein Rechtsgeschäft, das unmittelbar darauf gerichtet ist, auf das Recht am Miterbenanteil einzuwirken, es also entweder auf einen Dritten zu übertragen, mit einem Recht zu belasten, das Recht aufzuheben oder es sonstwie in seinem Inhalt zu verändern.[9] Unter Verfügung i.S.v. § 2033 Abs. 1 BGB ist mithin nur das **dingliche** Rechtsgeschäft, nicht die (bloße) schuldrechtliche Verpflichtung zur Übertragung zu verstehen, da jene noch nicht unmittelbar auf das Recht am Miterbenanteil einwirkt. Auch die **Zwangsvollstreckung** gem. §§ 857, 859 ZPO ist Verfügung i.S.v. § 2033 BGB, so dass der Nachlassanteil, nicht hingegen der Anteil an einzelnen Nachlassgegenständen gepfändet werden kann[10] (zur Zwangsvollstreckung im Einzelnen siehe Rdn 16 ff.). Der **Vor-Miterbe** darf über seinen Erbteil insgesamt verfügen, die Rechte des Nach-Miterben werden hierdurch nicht beeinträchtigt.[11] Sowohl der Nach-Miterbe als auch der Allein-Nacherbe können zwischen Erbfall und Nacherbfall über ihr Anwartschaftsrecht analog § 2033 Abs. 1 BGB verfügen.[12] Bei Verzicht auf das Nacherbenrecht zugunsten des Vorerben ist § 2033 Abs. 1 BGB daher ebenfalls analog anwendbar, da auch darin eine Verfügung liegt.[13]

V. Notarielle Beurkundung

6 Die Verfügung über einen Erbteil muss gem. Abs. 1 S. 2 **notariell beurkundet** werden, § 128 BGB, § 20 BNotO. Ein Verstoß gegen das Erfordernis der notariellen Beurkundung führt gem. § 125 S. 1 BGB zur Nichtigkeit des Verfügungsvertrages. Durch Vollziehung der Übertragung wird ein Mangel in der Form **nicht geheilt**.[14]
Ein im **schriftlichen Verfahren** gem. § 278 Abs. 6 ZPO geschlossener Vergleich wahrt die erforderliche **Form** der notariellen Beurkundung.[15]

VI. An einzelnen Nachlassgegenständen

7 Nachlassgegenstände i.S.v. Abs. 2 BGB sind alle Sachen i.S.v. § 90 BGB sowie auch Forderungen ebenso wie der Anteil an einem Nachlasshandelsgeschäft und der Anteil an einem zur Erbschaft gehörenden anderen Nachlass.[16]

---

7 BayObLG NJW-RR 1991, 1030, 1031; BGH NJW 1963, 1610, LS 1 u. S. 1611.
8 *Lange/Kuchinke*, § 44 II 3 Fn 79.
9 BGH NJW 1987, 3177.
10 BGH NJW 1967, 200, 201; BGH NJW 1969, 1347, 1348.
11 Rißmann/*Schulte*, Die Erbengemeinschaft, § 5 Rn 12 (Vor- und Nacherben in der Erbengemeinschaft); Staudinger/*Löhnig*, § 2033 Rn 15; NK-BGB/*Roth/Gerhardt/Ann*, § 2033 Rn 8.
12 MüKo/*Gergen*, § 2033 Rn 6.
13 MüKo/*Gergen*, § 2033 Rn 6.
14 BGH NJW 1967, 1128, 1130 f.; vgl. zum Streitstand hinsichtlich einer Heilung des formungültigen Verpflichtungsvertrages § 2371 BGB.
15 BGH, Beschl. v. 1.2.2017 – XII ZB 71/16, Rn 25, juris (zu § 1378 Abs. 3 S. 2 BGB: „geforderte Form der notariellen Beurkundung (wird) in entsprechender Anwendung des § 127a BGB gewahrt").
16 BGH NJW 1963, 1610.

VII. Kann ein Miterbe

Über einen Anteil am Nachlassgegenstand kann ein Miterbe weder allein **noch zusammen** mit den übrigen Miterben verfügen.[17] Möglich ist aber die einvernehmliche Verfügung **aller Miterben** über den **gesamten** Nachlassgegenstand, § 2040 Abs. 1 BGB (siehe § 2040 Rdn 1 ff. sowie § 2038 Rdn 17 und 69). 8

VIII. Nicht verfügen

Jedes **dingliche** Rechtsgeschäft ist „Verfügung", da es ohne weiteres auf das Recht am Nachlassgegenstand einwirkt (siehe zunächst Rdn 5). Die (bloße) schuldrechtliche Verpflichtung ist keine Verfügung, da jene noch nicht unmittelbar auf das Recht am Nachlassgegenstand einwirkt. Es gibt jedoch auch im Bereich des Schuldrechts Erklärungen, die unmittelbar ein Schuldverhältnis umgestalten und daher Verfügungen sind. Z.B. sind der Erlass (§ 397 BGB), die Abtretung (§§ 398 ff. BGB), die befreiende Schuldübernahme (§§ 414 ff. BGB)[18] und die Vertragsübernahme[19] Verfügungen i.S.v. § 2033 Abs. 2 BGB. **Gestaltungserklärungen** wie Anfechtung, §§ 119 ff. BGB (nicht hingegen die Anfechtung nach dem AnfG), Rücktritt (§ 349 BGB), Aufrechnung (§ 388 BGB) und Kündigung wirken auch unmittelbar auf ein Recht am Nachlassgegenstand ein und sind daher ebenfalls Verfügungen.[20] Auch die **Zwangsvollstreckung** gem. §§ 857, 859 ZPO ist Verfügung i.S.v. § 2033 BGB, so dass der Anteil an einzelnen Nachlassgegenständen nicht gepfändet werden kann, sondern lediglich der gesamte Nachlassanteil.[21] Grundsätzlich gilt dieses Verfügungsverbot auch, wenn lediglich noch ein Nachlassgegenstand vorhanden ist. Dann ist jedoch § 140 BGB (Umdeutung) zu beachten (siehe Rdn 14). Unwirksam ist insbesondere die Verfügung eines Miterben über seinen Anteil am **Nachlassgrundstück**, die Belastung mit einem Nießbrauch oder Grundpfandrecht.[22] Auch nicht verfügen kann ein Miterbe aus Gründen des Gläubigerschutzes über seinen Anspruch auf das künftige **Auseinandersetzungsguthaben**[23] (zur Möglichkeit der Pfändung siehe Rdn 16). 9

C. Rechtsfolgen

I. Rechtsstellung des Erben nach Veräußerung

Der Erbe bleibt auch nach Veräußerung seines Erbteils Erbe, da diese Position nur in seiner Person durch Erwerb von Todes wegen begründet werden kann und nicht übertragbar ist.[24] Er hat damit weiterhin **alle Rechte und Pflichten**, die ihn auch zuvor trafen. Insbesondere **haftet** er gem. §§ 2382, 2385 BGB weiterhin **für** die **Nachlassverbindlichkeiten** und kann noch gem. § 2344 BGB für erbunwürdig erklärt werden.[25] Er ist weiterhin im **Erbschein** aufzuführen.[26] Ihm stehen Pflichtteilsrest- oder Ergänzungsansprüche zu[27] und er kann weiterhin die Entlassung des Testamentsvollstreckers beantragen.[28] 10

---

17 OLG Rostock, Beschl. v. 13.8.2018 – 3 W 160/16, Rn 27, juris.
18 Grüneberg/*Ellenberger*, Überblick vor § 104 Rn 16.
19 Grüneberg/*Grüneberg*, § 398 Rn 38 f.
20 Grüneberg/*Ellenberger*, Überblick vor § 104 Rn 17.
21 BGH NJW 1967, 200, 201; BGH NJW 1969, 1347, 1348; zur Zwangsvollstreckung im Einzelnen siehe Rdn 16 ff.
22 RGZ 88, 21, 26.
23 H.M., Einzelheiten zum Streitstand bei Staudinger/*Löhnig*, § 2033 Rn 17.
24 BGH NJW 1993, 726.
25 Grüneberg/*Weidlich*, § 2033 Rn 6.
26 RGZ 64, 173, 178.
27 *Lange/Kuchinke*, § 42 II 3.
28 KG DJZ 1929, 1347.

II. Rechtsstellung des Erwerbers

11 Der **Erwerber** tritt – lediglich – in die vermögensrechtliche Position des veräußernden Miterben und wird **nicht** anstelle des Veräußernden **Miterbe**,[29] da er keine Rechtsbeziehung zum Erblasser hat. Er **übernimmt** vom Miterben die **Rechte und Pflichten** hinsichtlich der Verwaltung und Auseinandersetzung des Nachlasses[30] und ihn treffen auch die Beschränkungen und Beschwerungen wie Vermächtnisse, Auflagen, Pflichtteilsansprüche, Teilungsanordnungen, Ausgleichungsansprüche, Testamentsvollstreckung und Nacherbenrechte.[31] Der Erwerber kann – neben dem Veräußerer – einen Erbschein[32] und Nachlassverwaltung sowie -insolvenzverfahren beantragen.[33] Im Insolvenzverfahren tritt der Erwerber an die Stelle des Erben, § 330 Abs. 1 InsO. Die von der Erbengemeinschaft getroffenen **Regelungen** hinsichtlich Verwaltung und Nutzung wirken auch gegen den Erwerber, § 2038 Abs. 2 S. 1 BGB i.V.m. § 746 BGB (siehe hierzu auch § 2038 Rdn 47 f.). Der Erwerber **haftet** nun **neben** dem veräußernden Erben gegenüber den Nachlassgläubigern, § 2382 Abs. 1 S. 1 BGB (siehe hierzu § 2382 Rdn 1 ff.).

12 Selbst wenn **Erwerber** sämtliche Miterbenanteile erwerben, können sie ein von den veräußernden Miterben in ungeteilter Erbengemeinschaft geführtes Handelsgeschäft **nicht** ihrerseits **in ungeteilter Erbengemeinschaft** weiterführen. Dies gilt auch dann, wenn die Erwerber Nacherben der Veräußerer sind und die Übertragung i.R.d. vorwegegenommenen Erbfolge geschieht.[34]

13 Überträgt ein Miterbe seinen Erbteil an die übrigen Miterben, so entsteht keine Bruchteilsgemeinschaft am Erbteil, es sei denn, es liegen abweichende Anhaltspunkte vor (z.B. Angabe von Bruchteilen). Der übertragene Erbteil wächst stattdessen den in Gesamthandsgemeinschaft stehenden Erwerbern ebenfalls zur gesamten Hand an.[35] Übertragen Miterben ihre Anteile am Nachlass jeweils zu gleichen Bruchteilen auf mehrere Erwerber, entsteht eine Bruchteilsgemeinschaft nur an den Erbteilen. Hinsichtlich des Nachlasses bleiben die Inhaber der Erbteile gesamthänderisch verbunden.[36]

III. Unwirksamkeit bei Verfügung über Nachlassgegenstände (Abs. 2)

14 Liegt ein gem. Abs. 2 unwirksamer Vertrag vor, so ist zu prüfen, ob der gewünschte Erfolg im Wege einer **Umdeutung** gem. § 140 BGB erreicht werden kann. Dies ist bspw. dann möglich, wenn der Nachlass lediglich noch aus einem Gegenstand besteht. In diesem Fall kann in der Verfügung über den Anteil am Nachlassgegenstand eine Verfügung über den Erbteil selbst gesehen werden. Hierzu muss der Erwerber jedoch wissen, dass es sich bei dem übertragenen Gegenstand um den ganzen oder nahezu ganzen Erbteil handelt, oder er muss die Verhältnisse kennen, aus denen sich dies ergibt.[37] Der BGH wendet hier die zu § 419 BGB a.F. (Vermögensübernahme) entwickelten Grundsätze an. Auch in Grundbuchsachen ist § 140 BGB anwendbar.[38] Daher kann bei Verkauf eines Anteils an einem Grundstück an die Miterben der gem. Abs. 2

29 BGH NJW 1960, 291.
30 RGZ 83, 27, 30.
31 MüKo/*Gergen*, § 2033 Rn 27.
32 KG OLGE 44, 106.
33 Grüneberg/*Weidlich*, § 2033 Rn 6.
34 KG ZEV 1999, 28; OLG Thüringen, Beschl. v. 16.6.2014 – 3 W 184/14, Rn 6, juris; a.A. *Heil*, MittRhNotK 1999, 148; *Keller*, ZEV 1999, 174.
35 BayObLG NJW 1981, 830.
36 BGH, Beschl. v. 22.10.2015 – V ZB 126/14, LS u. Rn 12, juris.
37 BGH FamRZ 1965, 267, 268.
38 Hans. OLG Bremen OLGZ 1987, 10, 11.

unwirksame Vertrag in einen – wirksamen – Auseinandersetzungsvertrag umgedeutet werden. Hierzu müssen alle Miterben an der Übertragung mitgewirkt haben.[39] Der **Verpflichtungsvertrag** ist aufgrund des Abstraktionsprinzips regelmäßig nicht gem. Abs. 2 unwirksam.

D. Verfahrensfragen und Prozesstaktik

I. Grundbuchrecht

Gehört ein Grundstück zum Nachlass, ist die Übertragung von Erbteilen im Wege der Grundbuchberichtigung einzutragen, weil sich der Rechtsübergang außerhalb des Grundbuchs vollzieht:[40] Das Grundbuch kann nur so berichtigt werden, dass zunächst gleichzeitig alle Miterben eingetragen werden, denn es muss den neuen Rechtszustand insgesamt richtig wiedergeben. Da nicht ein einzelner Miterbe, sondern die Erbengemeinschaft als Gesamthandsgemeinschaft Erbe des ursprünglich im Grundbuch eingetragenen Berechtigten ist, kann § **40 Abs. 1 GBO** (Ausnahmen von der Voreintragung) bei der Übertragung von Erbteilen **nicht** angewandt werden.[41] Zu grundbuchrechtlichen Fragen i.R.d. Zwangsvollstreckung siehe auch Rdn 16; zu gebührenrechtlichen Fragen des Notars siehe auch Rdn 20. 15

II. Zwangsvollstreckung

1. Aus Sicht des Gläubigers

Der Anteil eines Miterben am Nachlass kann gem. §§ 859 S. 1 ZPO gepfändet werden. 16
Der Anteil am einzelnen Nachlassgegenstand ist jedoch nicht pfändbar, § 859 S. 2 ZPO. Das Pfandrecht erstreckt sich mithin **ausschließlich** auf den Erbteil, nicht jedoch auf den einzelnen Nachlassgegenstand, auch nicht auf den Anteil des Miterben am einzelnen Nachlassgegenstand.[42] Testamentsvollstreckung oder Nachlassverwaltung hindert Pfändung nicht.[43] Neben dem Miterbenanteil besteht kein selbstständiger Anspruch auf ein künftiges **Auseinandersetzungsguthaben** als pfändbares Recht.[44] Wird der Anspruch auf das Auseinandersetzungsguthaben gleichwohl durch Pfändungsbeschluss gepfändet, ist dies im Zweifel als Pfändung des Erbteils und der damit enthaltenen Ansprüche auf das Auseinandersetzungsguthaben auszulegen.[45] Zu pfänden ist der Miterbenanteil als „anderes Vermögensrecht" nach § 857 Abs. 1 ZPO (mit § 829 ZPO), auch wenn zum Nachlass Grundstücke gehören.[46] **Drittschuldner** sind die übrigen Miterben.[47] Unbekannte Miterben werden durch den Nachlasspfleger vertreten.[48] Der Testamentsvollstrecker, dem die Nachlassverwaltung obliegt,[49] sowie der Nachlassverwalter sind ebenfalls Drittschuldner. Sind mehrere Miterben vorhanden, wird die Pfändung mit der Zustellung an alle bewirkt und – erst – mit der Zustellung an den letzten wirksam.[50]

Der Pfändungsgläubiger kann die Eintragung der Pfändung in das Grundbuch einer 17
zum Miterbenanteil gehörenden Immobilie im Rahmen einer **Grundbuchberichti-**

39 Hans. OLG Bremen OLGZ 1987, 10, 12.
40 BayObLGR 1994, 61.
41 BayObLGR 1994, 61 m.w.N.
42 BGH NJW 1967, 200, 201 unter b).
43 Zöller/*Herget*, § 859 Rn 15.
44 RGZ 60, 127, 132; KG OLGE 12, 373, 374; Zöller/*Herget*, § 859 Rn 15.
45 Staudinger/*Werner* (2010), § 2040 Rn 13; BeckOGK/*Rißmann*/*Szalai*, § 2033 BGB Rn 48 m.w.N.
46 Zöller/*Herget*, § 859 Rn 16; BGH NJW 1969, 1347, 1348.
47 BayObLGZ 59, 50, 60; Zöller/*Herget*, § 859 Rn 16.
48 Zöller/*Herget*, § 859 Rn 16.
49 KG OLGE 23, 221.
50 BGH NJW 1998, 2904.

gung beantragen, § 894 BGB, § 22 Abs. 1 GBO.[51] Die Miterben müssen in Erbengemeinschaft voreingetragen und die Wirksamkeit der Pfändung nachgewiesen werden (§ 22 GBO). Dazu muss dem Grundbuchamt – neben dem Berichtigungsantrag – der Pfändungs- und Überweisungsbeschluss mit Zustellnachweis an **alle Miterben** vorgelegt werden.[52] Für die Voreintragung der Miterben gilt § 35 GBO (Nachweis der Erbfolge durch Erbschein oder notariell beurkundetes Testament). Besteht ein Miterbenanteil praktisch nur aus einem Grundstück und wurde der Anteil gem. §§ 829, 857 Abs. 1 ZPO gepfändet, ohne dass die Pfändung im Grundbuch eingetragen worden ist, so erwirbt ein **gutgläubiger Käufer** des Miterbenanteils dennoch nur ein mit dem Pfandrecht belastetes Recht: Da der Erwerb des Miterbenanteils außerhalb des Grundbuchs erfolgt, sind die **§§ 891, 892 BGB nicht anwendbar.**[53] Zu grundbuchrechtlichen Fragen in diesem Zusammenhang siehe auch Rdn 15.

18 Der Pfändungsgläubiger kann nach Überweisung des gepfändeten Miterbenanteils die Rechte des Miterben auf Auseinandersetzung der Gemeinschaft gem. § 2042 Abs. BGB geltend machen und auch die Teilungsversteigerung gem. §§ 180, 181 Abs. 2 S. 1 letzte Alt. ZVG beantragen.[54]

2. Aus Sicht des Schuldners (Miterben)

19 Dem Miterben verbleibt trotz Pfändung die Möglichkeit, die Erbschaft auszuschlagen.[55] Der Gläubiger ist zur Anfechtung **nicht** berechtigt. Eine vor der Ausschlagung erfolgte Pfändung wird **unwirksam**, denn der an die Stelle des Ausschlagenden tretende Erbe ist nicht Rechtsnachfolger des Schuldners, sondern (Ersatz-)Erbe des Erblassers.[56]

III. Kosten und Vergütung

1. Notar

20 Der **Geschäftswert** für die notarielle Beurkundung des Verfügungsvertrages über den Miterbenanteil bestimmt sich nach dem Wert des Anteils über den verfügt wird bzw. dem Wert der Gegenleistung, wenn diese höher sein sollte, §§ 47, 97 Abs. 3 GNotKG.[57] Verbindlichkeiten werden nicht abgezogen, § 38 GNotKG (§ 102 GNotKG gilt hier nicht). Gem. KV Nr. 21100 GNotKG fallen zwei volle Gebühren für die Beurkundung des Vertrages an.

Ein etwaiger **Grundbuchberichtigungsantrag** wäre nicht gegenstandsgleich mit dem Grundbuchberichtigungsantrag hinsichtlich der Erbfolge, § 111 GNotKG: Beim Notar fällt eine 0,5 Gebühr nach KV Nr. 21201 Nr. 4 GNotKG an, wobei sich der Geschäftswert nach dem Wert des Grundbesitzes richtet.[58]

Für den **Vollzug des Vertrages** fallen unter Umständen Vollzugs- und Betreuungsgebühren gem. KV Nr. 22110 ff. GNotKG an (Überwachung der Fälligkeit, Überwachung der Umschreibung).[59]

51 BayObLGZ 59, 50, LS 1 u. S. 56; Zöller/*Herget*, § 859 Rn 18.
52 OLG Düsseldorf FGPrax 2013, 57.
53 OLG Köln OLGR 1997, 37.
54 Zöller/*Herget*, § 859 Rn 18.
55 Zöller/*Herget*, § 859 Rn 17.
56 Zöller/*Herget*, § 859 Rn 17.
57 GF-BGB/*Kristic*, § 2033 Rn 34.
58 GF-BGB/*Kristic*, § 2033 Rn 35.
59 GF-BGB/*Kristic*, § 2033 Rn 35.

2. Rechtsanwalt

Ist der Rechtsanwalt mit dem Entwurf des Verfügungsvertrages beauftragt, fällt eine 21
Geschäftsgebühr gem. § 13 RVG, Nr. 2300 VV RVG an.

3. Grundbuch

Es ist umstritten, ob die **Gebührenfreiheit** von Nr. 14110 Abs. 1 KV GNotKG auch 22
für die Eintragung des Miterben gilt, der die übrigen Miterbenanteile erworben hat.[60] Nach Sinn und Zweck der Regelung sollte Gebührenfreiheit so lange anzunehmen sein, wie Erben des Eigentümers eingetragen werden, ungeachtet der Anzahl der Eintragungsvorgänge.[61]

E. Steuerrechtliche Fragen

I. Ertragsteuer

Wird ein Erbteil verschenkt, entstehen weder Anschaffungskosten noch Veräußerungs- 23
erlöse.[62] Wird der Erbteil verkauft, so hat der Käufer Anschaffungskosten und der veräußernde Miterbe einen Veräußerungserlös.[63] Der **Käufer haftet neben** dem ursprünglichen Miterben für entstehende Steuern, § 2382 Abs. 1 S. 1 BGB.

II. Erbschaftsteuer

Der veräußernde Miterbe bleibt auch nach der Veräußerung Schuldner der Erbschaft- 24
steuer, § 20 Abs. 1 ErbStG. Der Erwerber haftet daneben gem. § 20 Abs. 3 ErbStG bis zur Auseinandersetzung mit dem erworbenen Erbanteil, selbst wenn im Innenverhältnis zwischen Käufer und Miterbe etwas anderes geregelt sein mag.

III. Grunderwerbsteuer

Wenn im Nachlass Grundstücke enthalten sind, ist die **entgeltliche Übertragung** 25
eines Miterbenanteils gem. § 1 Abs. 1 Nr. 3 GrEStG **grunderwerbsteuerpflichtig.**[64] Nach § 3 Nr. 3 GrEStG ist die Übertragung an Miterben jedoch von dieser Steuer **befreit,** sofern und soweit sie zur **Aufteilung des Nachlasses** dient.

F. Haftungsfallen

Der Rechtsanwalt ist gehindert, beide Vertragspartner eines Verfügungsvertrages zu 26
vertreten. Dies gilt selbstverständlich auch bereits im Stadium der Beratung. Hat der Rechtsanwalt zuvor – in anderen Angelegenheiten – mehrere Erben der Erbengemeinschaft vertreten, so ist er dann gehindert, einen Miterben allein i.R.d. Verfügung über einen Erbteil zu beraten. Die erstaunliche Kritiklosigkeit, mit der dies häufig übersehen wird, ist nicht allein mit der – vermeintlichen – Aussicht auf höhere Gebühren zu erklären. Vielmehr lassen sich die anwaltlichen Berater häufig von den Mandanten „überreden" mit dem Argument, man sei sich „im Wesentlichen einig" und es müsse „nur zu Papier gebracht" werden. Der Anwalt, der hier nicht sofort jedes weitere

---

60 Für Gebührenbefreiung: SchlHOLG, Beschl. v. 12.1.1995 – 9 W 2/95, Rn 5, juris (zur insoweit identischen Regelung des § 60 Abs. 4 KostO); dagegen (Gebührenbefreiung nur **einmal** möglich, wenn ein Erbe des Eigentümers eingetragen wird): OLG Köln, Beschl. v. 19.3.2014 – I-2 Wx 73/14, LS 1 u. Rn 10, juris; OLG München, Beschl. v. 10.2.2016 – 34 Wx 425/15, LS u. Rn 11, juris.

61 BeckOGK/*Rißmann/Szalai*, § 2033 BGB Rn 43.6; Korintenberg/*Wilsch*, GNotKG, 22. Aufl. 2022, KV Nr. 14110 Rn 66.

62 BMF-Schreiben „Ertragsteuerliche Behandlung der Erbengemeinschaft und ihrer Auseinandersetzung" vom 14.3.2006 – IV B 2-S 2242–7/06 – Rn 37, BStBl I 2006, 253.

63 Einzelheiten im BMF-Schreiben „Ertragsteuerliche Behandlung der Erbengemeinschaft und ihrer Auseinandersetzung" vom 14.3.2006 – IV B 2-S 2242–7/06 – Rn 40, BStBl I 2006, 253.

64 BFH, Beschl. v. 3.2.2020 – II B 28/19, Rn 8, juris; BFH, Urt. v. 9.7.2014 – II R 50/12, BFHE 246, 222 = BStBl II 2015, 399, Rn 9, juris.

Gespräch ablehnt, verliert seinen Vergütungsanspruch wegen Vertretung widerstreitender Interessen und muss darüber hinaus auch ein berufs- und strafrechtliches Verfahren befürchten.[65]

27 Jeder Anwalt sollte auch nur den Anschein des „**Parteiverrats**“ vermeiden und „im Zweifel“ das Mandat ablehnen. Sobald mehrere Mandanten beabsichtigen, in einer Angelegenheit ein Mandat zu erteilen, muss der Anwalt äußerst kritisch bereits zu Beginn des Gesprächs prüfen, ob er nicht sogleich ausdrücklich das Mandatsverhältnis auf eine Person beschränken muss. Dem Mandanten bleibt es dann selbst überlassen, ob er sich bspw. die Gebühren mit dem oder den Miterben teilt, ihn bei Besprechungen mit dem Anwalt weiter hinzuzieht und auch sonst über den Verlauf des Mandats informiert (vgl. auch § 2032 Rdn 35).

G. Angrenzende Rechtsgebiete und -fragen (Rechtsschutzversicherung)

28 Rechtliche Auseinandersetzungen aus dem Verkauf eines Erbteils werden i.R.d. **Rechtsschutzversicherung** nicht von dem Risikoausschluss der „Streitigkeiten aus dem Bereich des Erbrechts“ gem. Nr. 3.2.10. ARB 2021 der Musterbedingungen des GDV[66] erfasst.[67] Von diesem Ausschlusstatbestand werden nur solche Ansprüche erfasst, die spezifisch erbrechtlicher Natur sind. Auch die Klage eines Miterben auf Feststellung des Fortbestands der Erbengemeinschaft nach **Rücktritt** vom Erbschaftskaufvertrag wegen Verletzung der vertraglichen Pflichten durch den anderen Erben führt nicht dazu, dass der Rechtsstreit im Bereich des Erbrechts i.S.v. Nr. 3.2.10. ARB 2021 der Musterbedingungen des GDV geführt wird.[68]

§ 2034 Vorkaufsrecht gegenüber dem Verkäufer

(1) Verkauft ein Miterbe seinen Anteil an einen Dritten, so sind die übrigen Miterben zum Vorkauf berechtigt.
(2) [1]Die Frist für die Ausübung des Vorkaufsrechts beträgt zwei Monate. [2]Das Vorkaufsrecht ist vererblich.

Literatur

Herrler, Auswirkungen einer (vorweggenommenen) Erbfolge nach einem Miterben auf das Vorkaufsrecht nach § 2034 BGB, ZEV 2010, 72; *Lettmaier*, Die Drittwirkung des Miterbenvorkaufsrechts, AcP 217 (2017), 205.

Übersicht: Rdn

65 Vgl. hierzu ausführlich Rißmann/*Rißmann*, Die Erbengemeinschaft, § 29 Rn 1 ff. (Berufsrecht der Rechtsanwälte und Notare).

66 Zuvor „Wahrnehmung rechtlicher Interessen aus dem Bereich des Erbrechts“ gem. § 3 Abs. 2 Buchst. g) ARB 2010 (und älter) der Musterbedingungen des GDV.

67 OLG Düsseldorf NJW-RR 2000, 908 (zu § 4 Abs. 1 Buchst. i ARB 75 „Wahrnehmung rechtlicher Interessen aus dem Bereich des Erbrechts“).

68 OLG Düsseldorf NJW-RR 2000, 908 (zu § 4 Abs. 1 Buchst. i ARB 75 „Wahrnehmung rechtlicher Interessen aus dem Bereich des Erbrechts“).

A. Allgemeines

Das Vorkaufsrecht nach Abs. 1 soll den Miterben die Möglichkeit eröffnen, den Eintritt Außenstehender in die Gemeinschaft zu verhindern, um die Zuordnung des Nachlasses an die Erbengemeinschaft zu erhalten und Auseinandersetzung oder Fortbestehen der Gemeinschaft zu erleichtern oder zu sichern, auf die der Anteilserwerber Einfluss nehmen könnte.[1] Neben § 577 BGB ist dies das einzige **gesetzliche Vorkaufsrecht** des BGB. Ergänzend zu § 2034 BGB sind die §§ 463 ff. BGB heranzuziehen. § 2034 BGB bietet keinen umfassenden Schutz, da lediglich der Verkauf des Miterbenanteils erfasst wird. Die Ausübung des Vorkaufsrechts steht den Miterben gemeinschaftlich zu. Die **Haftung** des Erbteilskäufers für Nachlassverbindlichkeiten ist in § 2036 BGB geregelt (zur Haftung für die Erbschaftsteuer siehe § 2033 Rdn 24). 1

B. Tatbestand

I. Abs. 1

1. Verkauf

§ 2034 BGB bezieht sich **abschließend** und ausschließlich auf den freiwilligen **Verkauf** eines Miterbenanteils. Auf andere Verträge wird § 2034 BGB nach der ganz h.M. nicht entsprechend angewendet, gleich ob Schenkung,[2] gemischte Schenkung,[3] Sicherungsabrede,[4] Tausch,[5] Vergleich, Zwangsvollstreckung (§ 471 BGB)[6] oder Teilungsversteigerung gem. § 180 ZVG (kein Vorkaufsrecht der Miterben gegenüber dem Meistbietenden) vorliegt. Der Wortlaut des § 2034 BGB ist insoweit eindeutig und stellt gerade nicht lediglich auf „Verfügung“ ab.[7] Daher sind Übertragungen aufgrund der Erfüllung eines Vermächtnisses u.Ä. ebenfalls kein Fall des § 2034 BGB. 2

Soweit versucht wird, über ein **„Umgehungsgeschäft“** den Eintritt des Vorkaufsfalls zu vermeiden, ist die Anwendung von § 2034 BGB auszudehnen. Ein Umgehungsge- 3

1 BGH NJW 1982, 330.
2 BGH WM 1957, 1162, 1164 mit Bezug auf RGZ 101, 99, 101.
3 RGZ 101, 99, 101.
4 BGH NJW 1957, 1515, 1516.
5 BGH NJW 1964, 540, 541: Der Vorkaufsberechtigte hätte bei Ausübung des Vorkaufsrechts nicht die Möglichkeit, den Tauschgegenstand anstelle des ursprünglichen Vertragspartners zu übereignen.
6 BGH NJW 1977, 37, 38.
7 Merksatz: „Ohne Verkauf kein Vorkauf“ (*Cohn*, Das neue deutsche bürgerliche Recht in Sprüchen, Bd. 4: Erbrecht, 1900, § 2034).

schäft liegt bei Verträgen vor, die einem Kaufvertrag nahezu gleichkommen und in die der Vorkaufsberechtigte zur Wahrung seiner Erwerbs- und Abwehrinteressen „eintreten" kann, ohne die vom Verpflichteten ausgehandelten Konditionen des Veräußerers zu beeinträchtigen.[8]

2. Miterbe

4 Differenziert sind die Fälle zu betrachten, in denen der Miterbe seinerseits verstorben ist und seinen Miterbenanteil – zusammen mit seinem Eigenvermögen – weitervererbt hat. Es kommt hierbei darauf an, über welchen Gegenstand verfügt wird und ob eine weitere Erbengemeinschaft entstanden ist (vgl. zum Begriff auch § 2033 Rdn 2): Der verstorbene Miterbe wird von **einer Person** beerbt und dieser Erbeserbe verkauft den **gesamten Nachlass** (nicht lediglich den weitervererbten Anteil an der Erbengemeinschaft des „ersten" Erbfalls) an einen Dritten (zum Begriff des Dritten siehe Rdn 8). Dies ist kein Fall des § 2034 BGB, denn die Miterben des „ersten" Erbfalls sind nicht Miterben im zweiten Erbfall; hier wurde der Miterbe von einem (Allein-)Erben beerbt. Da Verfügungsgegenstand der gesamte Nachlass des verstorbenen Miterben ist, wird nicht lediglich über den Anteil (siehe hierzu § 2033 Rdn 3) an der Erbengemeinschaft verfügt, sondern über den gesamten Nachlass des Miterben.

5 Außenstehende können so gegen den Willen der Miterben in die Gemeinschaft eintreten. Gleichwohl führt dies **nicht** dazu, § 2034 BGB womöglich **entsprechend** anzuwenden – hierfür fehlt es an einer Regelungslücke. Denn § 2034 BGB soll gerade nicht jede irgendwie denkbare Möglichkeit des Eintritts Außenstehender in die Erbengemeinschaft verhindern. Der Wortlaut des § 2034 BGB grenzt die Anwendung ein (siehe hierzu Rdn 1 f.). Die Verfügung über den Nachlass des Miterben kann nicht in zwei getrennte Verfügungen aufgespalten werden, von denen eine den Miterbenanteil des „ersten" Erbfalls umfasst und die andere hingegen den übrigen Nachlass betrifft. Eine Aufspaltung der durch § 2033 BGB zugelassenen, einheitlich getroffenen Verfügung über einen Nachlass würde zu Unklarheiten und Verwicklungen führen, die mit dem sich aus dem Gesetz ergebenden klaren und eindeutigen Haftungsprinzip gem. § 2382 BGB nicht vereinbar sind.[9]

6 Etwas anderes soll dann gelten, wenn der Nachlass des Miterben nur aus dem Anteil des **ersten Erbfalls** besteht. Dann soll ausgehend von dem beabsichtigten Erfolg des Rechtsgeschäfts ein Vorkaufsrecht entstehen.[10] Dies erscheint fraglich, da sich hier kaum lösbare Abgrenzungsschwierigkeiten ergeben, wann wirklich – entgegen dem vertraglichen Wortlaut – lediglich ein Miterbenanteil übertragen wird. Außerdem stellt sich dann das weitere Problem, ob die etwaigen Miterben des zweiten Erbfalls (siehe hierzu die übernächste Fallkonstellation) gleichwohl ihrerseits ein Vorkaufsrecht haben und welche Miterben dann ihr Vorkaufsrecht vorrangig ausüben dürfen oder ob ein gemeinsamer Erwerb stattfindet (der BGH hat wohl nicht zuletzt aus diesen Gründen mit seinem Urt. v. 2.10.1974[11] das Urt. v. 14.10.1968[12] „ergänzt" und das vorangegangene Urt. ausdrücklich als *„ganz auf den dort entschiedenen Einzelfall abgestellt"* bezeichnet und erklärt, es dürfe *„daher nicht auf anders gelagerte Fälle ausgedehnt werden"*).

- Der verstorbene Miterbe wird von **einer Person** beerbt und dieser Erbeserbe verkauft lediglich den **weitervererbten Anteil** an der Erbengemeinschaft des „ers-

8 BGH NJW 1992, 236, 237.
9 BGH NJW 1975, 445, 446.
10 BGH NJW 1969, 92.
11 BGH NJW 1975, 445, 446.
12 BGH NJW 1969, 92.

ten" Erbfalls an einen Dritten (zum Begriff des Dritten siehe Rdn 8): Der Erbeserbe tritt gem. § 1922 BGB an die Stelle des Miterben. Da Verfügungsgegenstand nun lediglich der Miterbenanteil ist, greift § 2034 BGB zugunsten der übrigen Miterben ein.[13]

- Der verstorbene Miterbe wird von **mehreren Personen** beerbt und einer der Miterben verkauft seinen Miterbenanteil von diesem **„zweiten" Erbfall** an einen Dritten (zum Begriff des Dritten siehe Rdn 8). Hier haben (ausschließlich) die Miterben des „zweiten" Erbfalls ein Vorkaufsrecht gem. § 2034 BGB.[14]
- Wird der verstorbene Miterbe von **mehreren Personen** beerbt und will einer der Miterben seinen Miterbenanteil von dem **„ersten" Erbfall** an einen Dritten (zum Begriff des Dritten siehe Rdn 8) verkaufen, so ist § 2033 Abs. 2 BGB zu beachten. Die Verfügung über den Anteil an der Erbengemeinschaft des „ersten" Erbfalls ist unwirksam, da auch der Anteil an der Gemeinschaft des ersten Erbfalls zu den „Nachlassgegenständen" i.S.v. § 2033 Abs. 2 BGB gehört (siehe hierzu § 2033 Rdn 7). Im Übrigen entsteht hier jedoch ein Vorkaufsrecht gem. § 2034 BGB für die Miterben des ersten Erbfalls. Die Situation ist vergleichbar mit dem Verkauf durch einen Alleinerben (siehe oben die zweite Fallkonstellation).

3. Anteil

Siehe hierzu § 2033 Rdn 3. 7

4. Dritter

„Dritter" i.S.d. Vorschrift ist **jede Person**, die **nicht Miterbe** ist.[15] Kein Vorkaufsrecht 8
entsteht daher bei Verkauf an einen Miterben.[16] Hieran ändert sich nichts, wenn ein Miterbe durch vorangegangenen Verkauf aus der Erbengemeinschaft ausgeschieden ist und nun einen Erbanteil erneut kauft, da dies nicht zu einem Eintritt Außenstehender in die Gemeinschaft führt. „Dritter" bleibt auch, wer bereits zuvor Miterbenanteile erworben hat.[17]

5. Übrige Miterben

Schutzbedürftig i.S.v. § 2034 BGB vor dem Eintritt Außenstehender in die Erbenge- 9
meinschaft sind ausschließlich diejenigen Miterben und Erbeserben, die in der Erbengemeinschaft verblieben sind.[18] Hat ein Miterbe bereits seinen Anteil verkauft, zählt er nicht mehr zu den „übrigen Miterben".[19] Würde man den Anwendungsbereich des § 2034 BGB auch auf die bereits ausgeschiedenen Erben erstrecken und ihnen ein „Recht auf Rückkehr" in die Erbengemeinschaft zubilligen, dann ginge dies zugleich zu Lasten der übrigen Miterben und würde deren Rechte aus § 2034 BGB auf weitere verkaufte Erbteile entsprechend vermindern.[20] Verkauft ein Miterbe seinen Erbteil an einen Dritten, dann kann ein anderer Miterbe, der den Verkauf verhindern und den verkauften Erbteil stattdessen einem Vierten zuwenden will und den darauf gerichteten Anspruch bereits an diesen verkauft hat, kein Vorkaufsrecht aus Abs. 1 herleiten;

---

13 BGH NJW 1966, 2207; BGH NJW 1993, 726.
14 Zu möglichen Ausnahmen bei Auslegung des Vertrages mit Blick auf den beabsichtigten Erfolg vgl. BGH NJW 1969, 92; zu Bedenken gegen dieses Urteil siehe oben a.E. der ersten Fallgruppe.
15 BGH WM 1972, 503, 505.
16 BGH, Urt. v. 16.12.1992 – IV ZR 222/91, NJW 1993, 726.
17 BGH NJW 1993, 726.
18 BGH NJW 1993, 726; BGH NJW 1983, 1555.
19 BGH ZEV 2011, 248, 249 Rn 17; BGH, Urt. v. 16.12.1992 – IV ZR 222/91, NJW 1993, 726; OLG Düsseldorf NJW 2013, 2764, 2765.
20 BGH ZEV 2011, 248, 249 Rn 17; BGH NJW 1993, 726.

Abs. 1 ist im Rahmen einer teleologischen Reduktion dahingehend auszulegen, dass der andere Miterbe kein „Miterbe" i.S.v. Abs. 1 ist.[21]

10 Das **Vorkaufsrecht** steht den Miterben entsprechend § 472 BGB zur **gesamten Hand** zu.[22] Das bedeutet, dass es zur Ausübung des Vorkaufrechts einer Einigung der Miterben bedarf.[23] Die Erklärung der Miterben muss jedoch nicht gleichzeitig erfolgen. Die Ausübung des Vorkaufsrechts durch einen Miterben allein kann daher nur aufschiebend bedingt durch eine dahingehende Einigung aller Miterben, durch das Erlöschen des Rechts oder durch Verzicht auf Ausübung durch die übrigen Miterben wirksam sein.[24] Übt ein Miterbe sein Vorkaufsrecht nicht aus, so sind die übrigen Miterben gem. § 472 S. 2 BGB berechtigt, das Vorkaufsrecht auch ohne Teilnahme und Verpflichtung des nicht interessierten Miterben auszuüben.[25] Dem Miterben, der sein Vorkaufsrecht nicht ausüben will, steht somit kein Widerspruchsrecht zu.

11 **Außenstehende**, die bereits einen Anteil an der Erbengemeinschaft erworben haben, werden nicht zu „Miterben" i.S.v. § 2034 BGB (vgl. § 2033 Rdn 11).[26] Das Vorkaufsrecht eines Miterben geht bei der Veräußerung seines Erbanteils auch nicht auf den Erwerber über, es ist gem. § 473 Abs. 1 BGB nicht übertragbar.[27] Das durch Veräußerung (verlorene) Vorkaufsrecht eines Miterben lebt auch nicht beim Erwerber wieder auf, wenn er den veräußernden Miterben später beerbt.[28]

6. Vorkauf

12 Das Vorkaufsrecht gibt den Miterben die Befugnis, den Miterbenanteil zu den vertraglichen Konditionen zu erwerben, wie der veräußernde Miterbe ihn an den Dritten verkaufen wollte. Mit Ausübung (siehe hierzu Rdn 14) kommt der Vertrag mit dem gleichen Inhalt zwischen vorkaufsverpflichteten und vorkaufsberechtigten Miterben zustande, § 464 Abs. 2 BGB. Die Miterben haften dem Käufer als Gesamtschuldner.

II. Abs. 2

1. Frist zwei Monate

13 Die Frist zur Ausübung (siehe hierzu Rdn 14) des Vorkaufsrechts beginnt für jeden Vorkaufsberechtigten individuell mit Zugang der **Mitteilung** über den Abschluss des Kaufvertrages.[29] Diese Mitteilung hat gem. § 469 Abs. 1 S. 1 BGB unverzüglich (§ 121 Abs. 1 S. 1 BGB) durch den veräußernden Miterben zu erfolgen. Die Frist beginnt jedoch gleichfalls, wenn der Käufer den Miterben von dem Vertrag mitteilt (§ 469 Abs. 1 S. 2 BGB) oder wenn der Miterbe bei der Beurkundung des Vertrages anwesend war.[30] Eine Mitteilung an Dritte (Ehepartner, Kinder) ist hingegen nicht ausreichend.[31] Die Mitteilung bedarf keiner **Form**, daher kann sie auch mündlich oder durch einen Beauftragten erfolgen. Es muss sich für den Empfänger jedoch erkennbar um eine

---

21 BGH NJW-RR 1990, 1282; Entscheidung ist jedoch ausdrücklich auf den speziellen Fall beschränkt, dass der dem Wortlaut nach vorkaufsberechtigte Miterbe sich durch notariell beurkundeten Vertrag rechtlich bindend bereits zu einer Weiterübertragung des begehrten Erbteils verpflichtet hat, BGH NJW-RR 1990, 1282, 1283.

22 BGH WM 1979, 1066; BGH NJW 1982, 330.

23 BGH NJW 1982, 330.

24 BGH WM 1979, 1066; BGH NJW 1982, 330.

25 BGH WM 1979, 1066; BGH NJW 1982, 330.

26 BGH NJW 1971, 1264.

27 BGH NJW 1971, 1264; BGH NJW 1983, 2142, 2143; BGH ZErb 2002, 75, 76 = NJW 2002, 820, 821.

28 BGH ZEV 2011, 249 LS m. Anm. *Herrler*; OLG Düsseldorf ZEV 2013, 512 m.w.N.

29 BGH ZErb 2002, 75, 76 = NJW 2002, 820, 821.

30 MüKo/*Gergen*, § 2034 Rn 30.

31 BGH WM 1979, 1066.

rechtlich erhebliche Erklärung und nicht lediglich um eine gesprächsweise Äußerung handeln.[32] Wird der **vereinbarte Kaufpreis** nicht mitgeteilt, liegt **keine** Mitteilung i.S.v. § 469 Abs. 1 BGB vor. Vielmehr muss der Verpflichtete die Vertragsbedingungen, die für die Entschließung des Vorkaufsberechtigten von Bedeutung sein können, klar, richtig und vollständig mitteilen. Maßgebend für den Beginn der Frist ist nicht die Kenntnis, sondern die Mitteilung vom Inhalt des Kaufvertrages.[33] Dies gilt auch für Vertragsergänzungen und -änderungen.[34] Die Frist ist **Ausschlussfrist**, keine Verjährungsfrist (§ 194 Abs. 1 BGB). Daher kann der Fristlauf auch **nicht gehemmt** werden. Sie läuft nur einmal und beginnt auch nicht von neuem, wenn der Erbteil innerhalb der Frist weiter veräußert wird, da die Voraussetzungen des § 2034 BGB nur beim ersten Verkauf vorliegen.[35] Etwaige Genehmigungen müssen innerhalb der Frist des § 2034 Abs. 2 BGB erfolgen.[36]

2. Ausübung

Das Vorkaufsrecht wird durch **formlose** Erklärung gegenüber dem veräußernden Miterben ausgeübt, § 464 Abs. 1 BGB. Es ist nicht erforderlich, dass bereits eine Mitteilung gem. § 469 Abs. 1 BGB erfolgt ist.[37] Ist der Erbanteil bereits dinglich auf den Käufer übertragen, so ist das Vorkaufsrecht ihm gegenüber auszuüben, § 2035 BGB, bzw. gegenüber dem nachfolgenden Empfänger, § 2037 BGB. Wurde das Vorkaufsrecht jedoch bereits gegenüber dem veräußernden Miterben ausgeübt und der Erbanteil erst danach auf den Erwerber übertragen, so ist § 2035 Abs. 1 S. 1 BGB entsprechend anzuwenden.[38] Die Erklärung ist **unwirksam**, wenn sie gegen Treu und Glauben verstößt.[39] Das ist bspw. dann der Fall, wenn der Vorkaufsberechtigte offenbar nicht in der Lage ist, seine Verpflichtungen aus dem Kaufvertrag zu erfüllen, oder die Erfüllung des Vertrages ablehnt. Die Höhe der **Erbquote**, mit der ein Miterbe am Nachlass beteiligt ist, hat keinen Einfluss auf die Wirksamkeit der Erklärung. Auch wenn der vorkaufende Erbe lediglich noch einen geringen Anteil an der Erbengemeinschaft hat und der Käufer bereits die Anteile der übrigen Miterben erworben hat, bleibt die Ausübung des Vorkaufrechts zulässig.[40] 14

3. Vererblich

Abs. 2 S. 2 stellt das Vorkaufsrecht abweichend von der Regel des § 473 Abs. 1 BGB vererblich. Es ist jedoch nicht übertragbar, § 473 Abs. 1 BGB. 15

C. Rechtsfolgen

I. Nach Ausübung

Bei Ausübung des Vorkaufsrechts treten die Miterben in den geschlossenen Erbteilskaufvertrag mit allen Rechten und Pflichten ein, § 464 Abs. 2 BGB. Da das Vorkaufsrecht lediglich schuldrechtlich wirkt, erwerben die Miterben im Rahmen eines gesetzlichen Schuldverhältnisses einen Anspruch auf Übertragung des Erbteils.[41] Sie haben dem Käufer einen etwaig bereits bezahlten Kaufpreis und aufgewandte Kosten zu 16

32 MüKo/*Gergen*, § 2034 Rn 30 m.w.N.
33 BGH WM 1962, 720.
34 Soergel/*Wolf*, § 2034 Rn 14.
35 MüKo/*Gergen*, § 2034 Rn 32.
36 Grüneberg/*Weidenkaff*, § 469 Rn 3.
37 Grüneberg/*Weidenkaff*, § 469 Rn 2.
38 BGH ZErb 2002, 75, 76.
39 Grüneberg/*Weidlich*, § 2034 Rn 2.
40 BGH WM 1972, 503, 505.
41 MüKo/*Gergen*, § 2034 Rn 36.

erstatten.[42] Die **Erstattungspflicht** für **Kosten** bezieht sich aber nur auf solche Aufwendungen, die Gegenstand des ursprünglichen Kaufvertrages waren, in den die Miterben eintreten. Nicht hiervon erfasst werden Aufwendungen, die anlässlich der **Akquisition** des Objekts oder der **Finanzierung** des Kaufpreises entstanden sind.[43] Diese Kosten sind nicht Gegenstand des ursprünglichen Kaufvertrages und bleiben beim ursprünglichen Käufer. Da der Käufer weiß, dass ein Erwerb am Vorkaufsrecht der Miterben scheitern kann, bleiben Aufwendungen, die über die vertraglichen Pflichten hinausgehen, sein Risiko.[44] Auch **Maklerkosten**, die über dem üblichen Rahmen liegen, gehören *„wesensgemäß nicht zum Kaufvertrag und verpflichten daher den Vorkaufsberechtigten nicht"*.[45] Für den Kaufpreis und Kosten haften die Miterben wie auch sonst als Gesamtschuldner.[46] Durch die Übertragung erwerben die Miterben den Anteil als Gesamthänder im Verhältnis ihrer Erbteile.[47] Die Haftung des Käufers für Nachlassverbindlichkeiten bestimmt sich nach § 2036 BGB (siehe dort, insbesondere § 2036 Rdn 2).

II. Erlöschen des Vorkaufsrechts

17 Das Vorkaufsrecht erlischt nach Ablauf der Frist von **zwei Monaten** gem. Abs. 1 S. 1. Da es sich bei der Frist um eine Ausschlussfrist und nicht um eine Verjährungsfrist handelt, ist **keine Hemmung** möglich (siehe Rdn 13). Die vorkaufsberechtigten Miterben können jedoch – auch schon vor Abschluss des Erbteilskaufvertrages – auf die Ausübung des Vorkaufsrechts verzichten.[48] Der Verzicht kann formlos durch Vertrag erfolgen.[49]

D. Verfahrensfragen und Prozesstaktik

I. Zwangsvollstreckung

18 Das Vorkaufsrecht ist gem. § 473 BGB **nicht übertragbar**[50] und daher auch nicht pfändbar, §§ 851, 857 ZPO.

II. Beweislast

19 Die Beweislast für den Zugang und den erforderlichen Inhalt der Mitteilung trägt nach allg. zivilprozessualen Grundsätzen, wer sich auf den Fristablauf berufen will,[51] also regelmäßig der Erbteilskäufer.

III. Gebühren des Rechtsanwalts

20 Die Gebühren bei der Durchsetzung eines Vorkaufsrechts, gleich ob außergerichtlich oder im Prozess, bemessen sich nach dem **Wert** des **verkauften Erbteils.**[52]

IV. Gebühren des Notars

21 Erklärt ein Miterbe, sein Vorkaufsrecht ausüben zu wollen, liegt darin **keine Kostenübernahmeerklärung** i.S.v. § 29 Nr. 2 GNotKG. Auch wenn der Miterbe materiell-

42 BGHZ 6, 85, 88; BGH MDR 1963, 303, 304.
43 KGR 1996, 241.
44 KGR 1996, 241, 242.
45 BGH, Urt. v. 12.5.2016 – I ZR 5/15, LS 2 und Rn 10, juris.
46 Staudinger/*Löhnig*, § 2034 Rn 27.
47 MüKo/*Gergen*, § 2034 Rn 37.
48 Soergel/*Wolf*, § 2034 Rn 15.
49 MüKo/*Gergen*, § 2034 Rn 43.
50 BGH ZEV 2011, 248, 249; OLG Düsseldorf NJW 2013, 2764, 2765.
51 Baumgärtel/Laumen/Prütting/*Schmitz*, HdB Beweislast, Rn 1 m.w.N.
52 *Anders/Gehle/Kunze*, Stichwort „Erbrechtliche Streitigkeiten", Rn 20; LG Bayreuth JurBüro 1980, 1248.

rechtlich verpflichtet ist, die Kosten über den Erbschaftskauf zu tragen, ist der Notar nicht befugt, dem Miterben die Kosten für die Beurkundung des Erbteilskaufvertrages direkt in Rechnung zu stellen.[53]

E. Steuerrechtliche Fragen

Die das Vorkaufsrecht ausübenden Miterben treten an die Stelle des ursprünglichen Erwerbers, § 464 Abs. 2 BGB, und haften entsprechend ihrem – nun höheren – Anteil für entstehende Steuern (vgl. hierzu § 2032 Rdn 30 f.). Schuldner der **Erbschaftsteuer** ist und bleibt auch nach Veräußerung der ursprüngliche Erbe, § 20 Abs. 1 ErbStG. Auch nach der Veräußerung haftet aber der Nachlass bis zur Auseinandersetzung der Erbengemeinschaft gem. § 20 Abs. 3 ErbStG für die Steuer aller Miterben, selbst wenn im Innenverhältnis zwischen ursprünglichem Käufer und Miterbe etwas anderes geregelt sein mag. 22

F. Haftungsfallen

Der beurkundende **Notar** muss auf das Vorkaufsrecht gem. §§ 17, 20 BeurkG der Erben **hinweisen**,[54] nicht hingegen auf die Ausübungsfrist von zwei Monaten.[55] Anders sieht es beim **Rechtsanwalt** aus, der einen vorkaufsberechtigten Erben vertritt und von einem zum Vorkauf berechtigenden Verkauf erfährt. Hier muss der Rechtsanwalt umfassend nicht nur über die Länge der Frist an sich belehren und beraten, sondern auch und gerade auf den Fristbeginn hinweisen (siehe Rdn 13). Für den Rechtsanwalt des vorkaufsberechtigten Miterben ist es wichtig, darauf zu achten, die Ausübung des Vorkaufsrechts gegenüber dem „richtigen" Erklärungsempfänger auszuüben. Ist das Vorkaufsrecht gem. § 2035 Abs. 1 S. 2 BGB erloschen, so wäre ein gleichwohl erklärtes Vorkaufsrecht unwirksam, wenn der Vorkaufsberechtigte zuvor von der Übertragung benachrichtigt worden ist. Ferner muss der Rechtsanwalt durch geeignete Maßnahmen (Zustellung durch Gerichtsvollzieher) dafür sorgen, dass die rechtzeitige Ausübung des Vorkaufsrechts gegenüber dem richtigen Erklärungsempfänger beweiskräftig festgestellt ist. Sofern der Rechtsanwalt die Erklärung der Ausübung des Vorkaufrechts für seinen Mandanten vornimmt, sollte eine Vollmacht des Mandanten im Original beigefügt sein; andernfalls kann der Empfänger die Erklärung gem. § 174 Abs. 1 S. 1 BGB zurückweisen. 23

G. Angrenzende Rechtsgebiete und -fragen (Rechtsschutzversicherung)

Zur Reichweite des Risikoausschlusses „Streitigkeiten aus dem Bereich des Erbrechts" gem. Nr. 3.2.10. ARB 2021 der Musterbedingungen des GDV (**Rechtsschutzversicherung**), siehe § 2033 Rdn 28. 24

§ 2035 Vorkaufsrecht gegenüber dem Käufer

(1) [1]Ist der verkaufte Anteil auf den Käufer übertragen, so können die Miterben das ihnen nach § 2034 dem Verkäufer gegenüber zustehende Vorkaufsrecht dem Käufer gegenüber ausüben. [2]Dem Verkäufer gegenüber erlischt das Vorkaufsrecht mit der Übertragung des Anteils.
(2) Der Verkäufer hat die Miterben von der Übertragung unverzüglich zu benachrichtigen.

---

53 OLG Düsseldorf JurBüro 1994, 283.
54 BGH ZErb 2002, 75, 76.
55 BGH WM 1968, 1042, 1043.

Übersicht: Rdn

A. Allgemeines

1 Im Gegensatz zum lediglich schuldrechtlichen Vorkaufsrecht stärkt § 2035 BGB zusammen mit § 2037 BGB die Rechte der vorkaufsberechtigten Miterben.[1] Nach Übertragung des Anteils ist das Vorkaufsrecht gegenüber dem Käufer geltend zu machen. Abs. 1 weicht damit von § 464 Abs. 1 S. 1 BGB ab.

B. Tatbestand

2 Verkäufer ist der veräußernde Miterbe. Die Übertragung des Anteils erfolgt durch Einigung zwischen verkaufendem Miterben und Käufer und Übergabe, § 929 BGB. Regelmäßig wird dies zusammen mit dem Verpflichtungsgeschäft in derselben Urkunde vereinbart werden, notwendig ist es jedoch nicht. Die Formulierung „können ausüben" ist missverständlich und lässt zunächst vermuten, dass die Miterben alternativ das Vorkaufsrecht entweder gegenüber Verkäufer oder Käufer ausüben können. Abs. 1 S. 2 stellt jedoch klar, dass das gegenüber dem Verkäufer bestehende Vorkaufsrecht erlischt. Die Miterben haben also **keine Wahlmöglichkeit**, sondern **müssen** das Vorkaufsrecht nach der Übertragung gegenüber dem Käufer ausüben. Der **Fristlauf** des § 2034 Abs. 2 S. 1 BGB wird durch die Übertragung und die Mitteilung hiervon nicht beeinflusst, es ändert sich lediglich der Erklärungsempfänger.

3 Ist das Vorkaufsrecht bereits zuvor gegenüber dem Verkäufer ausgeübt worden, so bedarf es keiner nochmaligen Erklärung gegenüber dem Käufer nach der Übertragung.[2]

I. Erlöschen des Vorkaufrechts

4 Abs. 1 S. 2 ergänzt die irreführende „Kann"-Formulierung des Abs. 1 S. 1. Da das Vorkaufsrecht gegenüber dem Verkäufer nicht mehr besteht, bleibt den Miterben **ausschließlich** noch die Möglichkeit, gegenüber dem Käufer das Vorkaufsrecht auszuüben.

II. Unverzüglich benachrichtigen

5 Der Verkäufer muss die Miterben unverzüglich i.S.v. § 121 BGB benachrichtigen. An die Benachrichtigung sind keine besonderen Anforderungen zu stellen. Insbesondere ist keine Form zu beachten. Die Person des Käufers und künftigen Erklärungsempfängers hat sich bereits zuvor aus der Erklärung nach § 2034 Abs. 2 S. 1 BGB zu ergeben. Voraussetzung für den Lauf der Frist des § 2034 Abs. 2 S. 1 BGB ist ohnedies die ordnungsgemäße Mitteilung vom Verkauf (siehe hierzu § 2034 Rdn 13).

---

1 MüKo/*Gergen*, § 2035 Rn 1.
2 MüKo/*Gergen*, § 2035 Rn 3.

C. Rechtsfolgen

I. Nach Ausübung

Zwischen den das Vorkaufsrecht ausübenden Miterben und dem Käufer kommt **kein Kaufvertrag** zustande. Vielmehr entsteht ein **gesetzliches Schuldverhältnis**, kraft dessen der Käufer verpflichtet ist, den von ihm erworbenen Anteil auf die Miterben zu übertragen, während diese ihm den von ihm an den verkaufenden Miterben etwa schon bezahlten Kaufpreis und Aufwendungen entsprechend §§ 1100, 1101 BGB zu erstatten haben.[3] 6

II. Übertragung trotz vorhergehender Ausübung gegenüber dem Verkäufer

Im Gesetz findet sich keine Regelung, falls der Verkäufer trotz vorhergehender Ausübung des Vorkaufsrechts den Anteil auf den Käufer überträgt. Um dieser planwidrigen Lücke zu begegnen, wird Abs. 1 S. 1 **analog** angewendet, so dass dem vorkaufsberechtigten Miterben gegen den Erwerber ein Anspruch auf Rückübereignung des übertragenen Erbteils zusteht.[4] 7

D. Steuerrechtliche Fragen

Siehe hierzu § 2034 Rdn 22. 8

E. Haftungsfallen

Für den Rechtsanwalt des vorkaufsberechtigten Miterben ist es wichtig, darauf zu achten, die Ausübung des Vorkaufsrechts gegenüber dem „richtigen" Erklärungsempfänger auszuüben. Ist das Vorkaufsrecht gem. Abs. 1 S. 2 erloschen, so wäre ein gleichwohl erklärtes Vorkaufsrecht unwirksam, wenn der Vorkaufsberechtigte zuvor von der Übertragung benachrichtigt worden ist. Ferner muss der Rechtsanwalt durch geeignete Maßnahmen (Zustellung durch Gerichtsvollzieher) dafür sorgen, dass die rechtzeitige Ausübung des Vorkaufsrechts gegenüber dem richtigen Erklärungsempfänger beweiskräftig festgestellt ist. Sofern der Rechtsanwalt die Erklärung der Ausübung des Vorkaufrechts für seinen Mandanten vornimmt, sollte eine Vollmacht des Mandanten im Original beigefügt sein. Andernfalls kann der Empfänger die Erklärung gem. § 174 Abs. 1 S. 1 BGB zurückweisen.[5] 9

F. Angrenzende Rechtsgebiete und -fragen (Rechtsschutzversicherung)

Zur Reichweite des Risikoausschlusses „Streitigkeiten aus dem Bereich des Erbrechts" gem. Nr. 3.2.10. ARB 2021 der Musterbedingungen des GDV[6] (**Rechtsschutzversicherung**) siehe § 2033 Rdn 28. 10

§ 2036 Haftung des Erbteilkäufers

[1]Mit der Übertragung des Anteils auf die Miterben wird der Käufer von der Haftung für die Nachlassverbindlichkeiten frei. [2]Seine Haftung bleibt jedoch bestehen, soweit er den Nachlassgläubigern nach den §§ 1978 bis 1980 verantwortlich ist; die Vorschriften der §§ 1990, 1991 finden entsprechende Anwendung.

---

3 BGHZ 6, 85 = NJW 1952, 870.
4 BGH ZErb 2002, 75, 76; MüKo/*Gergen*, § 2035 Rn 9.
5 BGH NJW 2013, 297.
6 Zuvor „Wahrnehmung rechtlicher Interessen aus dem Bereich des Erbrechts" gem. § 3 Abs. 2 Buchst. g ARB 2010 (und älter) der Musterbedingungen des GDV.

A. Allgemeines

1 Abweichend von dem Grundsatz gem. §§ 1922 Abs. 2, 2382, 2383, 2385 Abs. 1 BGB, dass der Anteilserwerber neben dem Verkäufer für Nachlassverbindlichkeiten haftet, gewährt § 2036 BGB dem Käufer hier eine Haftungsfreistellung, sobald ihm der Nachlass nicht mehr als Haftungsmasse zur Verfügung steht. Eine hiervon **abweichende Vereinbarung** mit den Miterben zum Nachteil der Nachlassgläubiger ist gem. §§ 2382, 2385 Abs. 1 BGB nicht möglich,[1] würde auch ungeachtet dieser Regelung einen unzulässigen Vertrag zum Nachteil Dritter darstellen.

B. Tatbestand

2 §§ 2382 Abs. 1 S. 1, 2385 Abs. 1 BGB bestimmen die grundsätzliche Haftung des Käufers neben der Haftung des Verkäufers. S. 1 gewährt dem Käufer hiervon eine Ausnahme und entlässt ihn aus der weiteren Haftung, sobald er nicht mehr auf die Nachlassmasse zugreifen kann. Die Haftungsbeschränkung tritt auch dann ein, wenn der Käufer bereits das Recht auf Haftungsbeschränkung verloren hatte.[2] Die vorkaufenden Erben haften entsprechend § 2007 BGB hingegen hinsichtlich des übergegangenen Erbteils unbeschränkt (zum Begriff der **Nachlassverbindlichkeiten** i.S.v. § 2007 BGB siehe § 1967 Rdn 5 ff.).[3] Soweit der Käufer selbst bereits Verbindlichkeiten für den Nachlass begründet hat, haftet er auch nach der Übertragung gem. §§ 1978–1980 BGB für bisherige mangelhafte Verwaltung. Soweit dort Eigenverbindlichkeiten begründet worden sind, muss der Käufer hierfür weiterhin auch mit seinem **Privatvermögen** einstehen.[4] Die Verweisung auf §§ 1990, 1991 BGB in S. 2 Hs. 2 ist missverständlich, denn Befriedigung aus dem Nachlass kann durch den Käufer nach der Übertragung gerade **nicht** mehr erfolgen. Gemeint ist daher lediglich, dass der Käufer auch dann gem. §§ 1978–1980 BGB haftet, wenn wegen Dürftigkeit des Nachlasses weder Nachlassverwaltung noch Nachlassinsolvenzverfahren stattfinden.[5]

C. Rechtsfolgen

3 Soweit der Käufer bzw. Erwerber persönlich haftet, kann er während andauernder Nachlassverwaltung oder andauerndem Nachlassinsolvenzverfahren nur vom Nachlass- bzw. Insolvenzverwalter in Anspruch genommen werden. Wird die Nachlassverwaltung und das Nachlassinsolvenzverfahren aufgrund der Dürftigkeit des Nachlasses beendet, können die Nachlassgläubiger unmittelbar gegen den Käufer vorgehen.[6]

§ 2037 Weiterveräußerung des Erbteils

Überträgt der Käufer den Anteil auf einen anderen, so finden die Vorschriften der §§ 2033, 2035, 2036 entsprechende Anwendung.

A. Allgemeines

1 § 2037 BGB regelt den Erklärungsempfänger sowie die Haftung des Käufers i.S.v. § 2036 BGB für den Fall der weiteren Übertragung des Erbteils.

1 MüKo/*Musielak*, § 2382 Rn 7 meint, die Vereinbarung habe aber Wirkung im Innenverhältnis zwischen den Vertragsparteien.
2 MüKo/*Gergen*, § 2036 Rn 3.
3 Staudinger/*Löhnig*, § 2036 Rn 5.
4 Vgl. Grüneberg/*Weidlich*, § 2036 Rn 2; Staudinger/*Löhnig*, § 2036 Rn 6.
5 Grüneberg/*Weidlich*, § 2036 Rn 2; MüKo/*Gergen*, § 2036 Rn 5 m.w.N.
6 Staudinger/*Löhnig*, § 2036 Rn 7, 8.

B. Tatbestand

2 Mit „**überträgt**" ist ausschließlich das **dingliche** Erfüllungsgeschäft gemeint, so dass es gleichgültig ist, ob das schuldrechtliche Verpflichtungsgeschäft ein Kaufvertrag ist (anders hinsichtlich des Entstehens des Vorkaufsrechts bei § 2034 BGB; siehe hierzu § 2034 Rdn 2). „**Ein anderer**" muss ein „Dritter" i.S.v. § 2034 BGB sein (siehe hierzu § 2034 Rdn 8), d.h. **kein Miterbe**, da der Zweck der Norm, Fremde von der Gemeinschaft fernzuhalten, beim Erwerb durch einen Miterben nicht berührt wird.[1] § 2037 BGB regelt kein neues Vorkaufsrecht, denn auf § 2034 BGB verweist § 2037 BGB gerade nicht. Vielmehr bleibt es bei dem Vorkaufsrecht des § 2034 BGB und der laufenden Frist gem. § 2034 Abs. 2 S. 1 BGB.[2] Ist das Vorkaufsrecht einmal rechtzeitig und gegenüber dem richtigen Erklärungsempfänger ausgeübt worden, muss es jeder Erwerber gegen sich gelten lassen.[3] Da auf § 2035 BGB verwiesen wird, trifft den weiterverkaufenden Käufer aber die Mitteilungspflicht gem. § 2035 Abs. 2 BGB. Gleichermaßen wird er gem. § 2037 BGB von der Haftung befreit.

§ 2038 Gemeinschaftliche Verwaltung des Nachlasses

(1) ¹Die Verwaltung des Nachlasses steht den Erben gemeinschaftlich zu. ²Jeder Miterbe ist den anderen gegenüber verpflichtet, zu Maßregeln mitzuwirken, die zur ordnungsmäßigen Verwaltung erforderlich sind; die zur Erhaltung notwendigen Maßregeln kann jeder Miterbe ohne Mitwirkung der anderen treffen.
(2) ¹Die Vorschriften der §§ 743, 745, 746, 748 finden Anwendung. ²Die Teilung der Früchte erfolgt erst bei der Auseinandersetzung. ³Ist die Auseinandersetzung auf längere Zeit als ein Jahr ausgeschlossen, so kann jeder Miterbe am Schluss jedes Jahres die Teilung des Reinertrags verlangen.

Literatur

Ann, Wirksame Kündigung eines Mietverhältnisses durch Mehrheit von Miterben: Anmerkung zum Urteil des BGH vom 11.11.2009 – XII ZR 210/05, ZEV 2010, 39; *ders.*, Ausschluss eines Miterben vom Stimmrecht in der Erbengemeinschaft: Anmerkung zum Beschluss des BGH vom 23.5.2007 – IV ZR 19/06, ZEV 2007, 487; *ders.*, Kündigung eines Pachtvertrags als Verfügung über Nachlassgegenstand: Anmerkung zum Urteil des BGH vom 28.4.2006 – LwZR 10/05, MittBayNot 2007, 133; *ders.*, Mitwirkungspflicht eines Miterben bei der Veräußerung eines Nachlassgrundstücks: Anmerkung zum Urteil des BGH vom 28.9.2005 – IV ZR 82/04, MittBayNot 2006, 131; *Beck*, Die Abgabe von Erklärungen gegenüber der Erbengemeinschaft, NJW 2024, 3617; *Damrau*, Gerichtliche Genehmigung bei Verwaltungshandeln der Erbengemeinschaft – Ein Fall der Begriffsjurisprudenz, ZEV 2025, 148; *ders.*, Familien- und erbrechtliche Verfügungsbeschränkungen im Grundbuchverfahren, ZEV 2020, 657; *ders.*, So verwalten Miterben den Nachlass, EE 2014, 101; *ders.*, Die Wohnung des Erblassers Herausgabe, Betreten, Nutzungsentschädigung, ZErb 2009, 322; *ders.*, Erbenmehrheit und Familiengericht, ZEV 2006, 190; *ders.*, Die Fortführung des von einem Minderjährigen ererbten Handelsgeschäfts, NJW 1985, 2236; *Eberl-Borges*, Die Veräußerung von Grundstücken durch eine Erbengemeinschaft, NJW 2020, 3137; *dies.*, Stimmrechtsausschluss in der Erbengemeinschaft? – Zur Verjährungseinrede gegen ein Vorausvermächtnis, ErbR 2020, 306; *Hölscher*, Mehrheitsbeschlüsse in der Erbengemeinschaft: Gibt es ein gesondertes Kriterium der Erforderlichkeit?, ZEV 2024, 281; *Kowalski*, Die Ausübung mitgliedschaftlicher Kapitalgesellschafterrechte durch eine Erbengemeinschaft, Diss. Köln, 2022 (abrufbar unter https://doi.org/10.1007/978-3-658-42443-5); *Madaus*, Der Widerruf trans- oder postmortaler Vollmachten durch einzelne Miterben, ZEV 2004, 448; *Potthast*, Zurückweisung und Beanstandung einseitiger Erklärungen „der Erbengemeinschaft"?, ErbR 2022, 879; *Schürnbrand*, Die Ausübung von Gesellschafterrech-

1 RGZ 170, 203, 207; Staudinger/*Löhnig*, § 2037 Rn 1.
2 Grüneberg/*Weidlich*, § 2037 Rn 1.
3 Staudinger/*Löhnig*, § 2037 Rn 6.

ten in der GmbH durch Erbengemeinschaften, NZG 2016, 241; *Tanck*, Gestaltungsrechte bei der Verwaltung des Nachlasses durch die Erbengemeinschaft, ZEV 2020, 402.

Übersicht: Rdn

A. Allgemeines

Die Verwaltung des Nachlasses durch die Erbengemeinschaft stellt eines der großen praktischen Probleme im Recht der Erbengemeinschaft dar. § 2038 BGB ist eine von lediglich sieben Vorschriften, mit denen die **Verwaltung** der **Erbengemeinschaft** geregelt wird. Abs. 2 verweist ergänzend auf die entsprechende Anwendung ausgewählter Vorschriften der Bruchteilsgemeinschaft. Es ergeben sich häufig weitreichende Streitigkeiten zwischen Miterben, die entweder durch passive und widerspenstige Miterben oder durch allzu aktive und rücksichtslos handelnde Miterben hervorgerufen werden. Verstärkt wird die Problematik durch gesetzliche Regelungen, die eine Abwägung im Einzelfall verlangen und pauschale Lösungsansätze ausschließen. Generelle Aussagen lassen sich daher selbst dann nur mit Einschränkungen vornehmen, wenn vergleichbare höchstrichterliche Entscheidungen vorliegen: Eine abweichende Beurteilung des konkreten Falles wird dadurch nicht ausgeschlossen. 1

Das Gesetz unterscheidet drei Arten der Verwaltung: 2

1. Außerordentliche Verwaltung gem. Abs. 1 S. 1 (siehe hierzu Rdn 4 ff.)
2. Ordnungsgemäße Verwaltung gem. Abs. 1 S. 2 Hs. 1 (siehe hierzu Rdn 12 ff.)
3. Notwendige Verwaltung gem. Abs. 1 S. 2 Hs. 2 (siehe hierzu Rdn 24 ff.)

Es ist also zunächst zu prüfen, ob eine Handlung überhaupt eine **Verwaltungsmaßnahme** darstellt. Erst danach ist zu unterscheiden, welcher Art die Verwaltung war und ob die Miterben einvernehmlich oder mehrheitlich hierüber zu beschließen haben und wie sie hierdurch verpflichtet werden. Der Aufbau des § 2038 BGB enthält insoweit abgestufte Anforderungen. Ausgangspunkt ist der Fall der außerordentlichen Verwaltung, die Erben müssen einstimmig handeln (Abs. 1 S. 1). In Fällen der ordnungsgemäßen Verwaltung genügt ein Mehrheitsbeschluss (Abs. 1 S. 2 Hs. 1) und in Fällen der notwendigen Verwaltung kann ein Miterbe alleine handeln (Abs. 1 S. 2 Hs. 2). Während § 2038 BGB die **Verwaltungs**befugnis regelt, ist die **Verfügungs**befugnis in §§ 2033, 2040 BGB geregelt. Die Rechtsprechung durchbricht diese Trennung, so dass auch **Verfügungen** Verwaltungsmaßnahmen sein können (siehe hierzu Rdn 70). 3

B. Tatbestand

I. Abs. 1 S. 1 (außerordentliche Verwaltung)

Die Regelung in Abs. 1 S. 1 ist im Wesentlichen deckungsgleich mit § 744 Abs. 1 BGB. 4

1. Verwaltung

Der Begriff der „Verwaltung“ ist weit und umfassend zu verstehen: Er umfasst alle tatsächlichen und rechtlichen Maßnahmen, die zur Verwahrung, Sicherung, Erhaltung 5 und Vermehrung sowie zur Gewinnung der Nutzungen und Bestreitung laufender Verbindlichkeiten des Nachlasses erforderlich oder geeignet sind.[1] Der BGH hat in seiner Entscheidung aus dem Jahr 2005[2] den Verwaltungsbegriff dahingehend erweitert, dass grundsätzlich auch **Verfügungen** über Nachlassgegenstände Maßnahme der Verwaltung sein können (siehe zur Frage, ob eine Verfügung eine Maßnahme der ordnungsgemäßen Verwaltung sein kann, Rdn 70).

6 Im Rahmen von Abs. 1 S. 1 ist die außerordentliche Verwaltung gemeint. Die ordentliche Verwaltung wird von Abs. 1 S. 2 Hs. 1 erfasst (siehe hierzu Rdn 12 ff.). **Außerordentliche Verwaltung** bezeichnet Maßnahmen, die für den Nachlass eine erhebliche wirtschaftliche Bedeutung haben.[3] Siehe für Beispiele der außerordentlichen Verwaltung und zur Abgrenzung zur ordentlichen Verwaltung Rdn 15 ff. I.R.d. außerordentlichen Verwaltung ist **Einstimmigkeit** der Miterben erforderlich (siehe hierzu Rdn 10). § 2038 BGB unterscheidet nicht danach, ob eine Maßnahme auch außerhalb der Erbengemeinschaft oder lediglich im Innenverhältnis wirkt. „Verwaltung" umfasst daher sowohl die interne Beschlussfassung (also Maßnahmen im **Innenverhältnis**) als auch bspw. Rechtsgeschäfte mit Dritten (also Maßnahmen im **Außenverhältnis**).

2. Nachlass

7 Siehe hierzu § 2032 Rdn 3.

3. Erben

8 In bestimmten Fällen können Erben von der Verwaltung **ausgeschlossen** sein bzw. können ausgeschlossen werden:[4]

- Auflage zu bestimmtem Verwaltungshandeln oder die Verwaltung bestimmten Erben bzw. Dritten zu übertragen, § 1940 BGB
- Erblasserbestimmung (Verwaltungsvollstreckung), § 2209 BGB
- Insolvenzverwaltung, § 80 InsO
- Miterbenregelung, entweder durch Mehrheitsbeschluss[5] oder – erst recht – einverständlich (Übertragung der Verwaltung auf einen Miterben o.Ä.)
- Nachlassinsolvenzverfahren, § 80 Abs. 1 InsO
- Nachlassverwaltung, § 1984 Abs. 1 S. 1 BGB
- Pfändung eines Erbteils (Verwaltung durch Pfändungsgläubiger)
- Testamentsvollstreckung in Form der Abwicklungsvollstreckung (soweit die Anordnung reicht), § 2205 BGB
- Verwaltungsvollstreckung, § 2209 BGB

9 Die Verwaltung ist durch die Erben selbst vorzunehmen. Die Verwaltung durch einen außenstehenden (Fremd-)Verwalter ist nur dann erforderlich (und damit möglich), wenn die Miterben selbst nicht in der Lage oder nicht bereit sind, den Nachlass ordnungsgemäß zu verwalten.[6]

4. Gemeinschaftlich

10 Nur wenn alle Miterben übereinstimmend handeln, liegt „gemeinschaftliches" Verwaltungshandeln i.S.v. Abs. 1 S. 1 vor. Im Innenverhältnis ist ein **einstimmiger Beschluss**

---

1 BGH, Urt. v. 28.9.2005 – IV ZR 82/04, Rn 12, juris; BGH, Urt. v. 22.2.1965 – III ZR 208/63, Rn 33, juris.
2 BGH, Urt. v. 28.9.2005 – IV ZR 82/04, Rn 12, juris.
3 *Krug/Rudolf/Kroiß/Bittler*, Anwaltformulare Erbrecht, § 12 Rn 57.
4 MüKo/*Gergen*, § 2038 Rn 19 ff.
5 BGH, Urt. v. 29.3.1971 – III ZR 255/68, BGHZ 56, 47–56, LS 1. u. Rn 21, juris.
6 BGH, Urt. v. 9.2.1983 – IVa ZR 144/81, LS 1 u. Rn 7, juris.

der Erben erforderlich; im Außenverhältnis bedarf es einvernehmlichen Auftretens.[7] Nicht erforderlich ist es jedoch, dass alle Erben auch gleichzeitig handeln. Im Außenverhältnis genügt das Handeln eines Miterben mit Zustimmung der anderen, §§ 182 ff. BGB. Nehmen die übrigen Miterben Verwaltungshandlungen eines Miterben hin, so kann darin eine **stillschweigende Bevollmächtigung** liegen.[8] Hierbei müssen die Miterben jedoch erkennen können, dass die Verwaltungshandlungen des Miterben solche für den Nachlass und nicht für ihn selbst sind. Ein **Verstoß** gegen die Pflicht des gemeinschaftlichen Handelns führt zur Unwirksamkeit der Handlung im Innen- und Außenverhältnis: Bei internen Verwaltungshandlungen brauchen sich die nicht handelnden Erben nicht gebunden zu fühlen, da die Handlung für die Miterben untereinander ohne Bedeutung ist.[9] Bei externem Verwaltungshandeln richtet sich die Haftung des Miterben nach den §§ 177 ff. BGB, wenn der Erbe ohne die erforderliche Vollmacht sämtlicher Erben handelt.[10] Einseitige Rechtsgeschäfte sind daher nach § 180 BGB zu beurteilen. Die Pflicht zum gemeinschaftlichen Handeln gilt ausschließlich in Fällen der außerordentlichen Verwaltung.

II. Ordentliche Verwaltung (Abs. 1 S. 2 Hs. 1)

Ordentliche Verwaltungsmaßnahmen können mehrheitlich beschlossen werden 11 (§§ 2038 Abs. 2, 745 Abs. 1 BGB) und führen zu einer Mitwirkungspflicht der Miterben, § 2038 Abs. 1 S. 2 Hs. 1 BGB.

1. Jeder Miterbe

Die Mitwirkungspflicht besteht nur unter den Miterben (zum Begriff des Miterben 12 siehe § 2033 Rdn 2). Ein Dritter kann daher weder von einem Miterben die Mitwirkung zu einer Verwaltungshandlung verlangen,[11] noch kann er aus dem Unterlassen Schadensersatzansprüche herleiten.[12]

2. den anderen gegenüber

Die „anderen" sind ausschließlich die Miterben der Erbengemeinschaft (hinsichtlich 13 außenstehender Dritter siehe Rdn 12).

3. verpflichtet, zu Maßregeln mitzuwirken

Nach § 2038 Abs. 1 S. 2 Hs. 1 BGB sind die Erben **verpflichtet**, bei ordnungsgemäßer 14 Verwaltung **mitzuwirken**. Zur **Mitwirkungspflicht** gehört nicht lediglich Zustimmung zum Handeln der Gemeinschaft. „Zu „Maßregeln mitzuwirken" ist hier weiter zu verstehen und umfasst ggf. auch **eigenes** aktives, auch rechtsgeschäftliches **Handeln.**[13] Der verpflichtete Miterbe muss mit Rat und Tat helfen, sich ggf. an dem Abschluss von Verträgen beteiligen oder ordnungsgemäß geschlossene Rechtsgeschäfte genehmigen.[14] Diese Verpflichtung kann im **Klagewege** erzwungen werden,[15] wobei der Klageantrag ausschließlich gegen die Erben zu richten ist, die eine Mitwirkung entweder in Form ihrer Zustimmung oder einer Handlung verweigern.[16] Der Klageantrag ist auf eine Maßnahme zu richten, die dem Interesse aller Miterben nach billigem

---

7 MüKo/*Gergen*, § 2038 Rn 25.
8 BGH NJW 1959, 2114, 2115.
9 Staudinger/*Löhnig*, § 2038 Rn 13.
10 Staudinger/*Werner* (2010), § 2038 Rn 19.
11 BGH, Urt. v. 17.9.1958, NJW 1958, 2061, 2062.
12 Staudinger/*Löhnig*, § 2038 Rn 14.
13 Soergel/*Lettmaier*, § 2038 Rn 49 f.
14 Planck/*Ritgen* (1902), § 2038 Nr. 1.
15 BGH, Urt. v. 8.5.1952 – IV ZR 208/51, BGHZ 6, 76, 85.
16 BGH, Urt. v. 24.6.1991 – II ZR 58/90, Rn 7, juris).

Ermessen entsprechen muss (zur Beweislast siehe Rdn 74). Dabei muss die Maßnahme so konkret wie möglich beschrieben werden, weil das Urteil gestaltende Wirkung hat, § 894 ZPO.[17] Ist das Urteil auch unter Berücksichtigung des Tatbestands und der Gründe nicht hinreichend bestimmt, so ist es **nicht vollstreckbar** (siehe hierzu auch Rdn 75).[18]

4. Ordnungsmäßige Verwaltung

15 „Ordnungsgemäße" Verwaltung umfasst gem. §§ 2038 Abs. 2 S. 1, 745 BGB alle Maßnahmen, die der Beschaffenheit des betreffenden Nachlassgegenstandes (vgl. § 745 Abs. 1 S 1 BGB) und dem Interesse aller Miterben nach billigem Ermessen entsprechen (vgl. § 745 Abs. 2 BGB). Die Frage der Ordnungsmäßigkeit ist nach dem Verhalten einer verständigen Person in der gleichen Situation zu beurteilen.[19] Maßgebend ist der Standpunkt eines vernünftig und wirtschaftlich denkenden Beurteilers zum Zeitpunkt, in dem die Handlung vorgenommen werden soll.[20] „Vernünftig" und „wirtschaftlich" ist es, bei mehreren Wegen, die zum gleichen Erfolg führen, den einfacheren und leichteren Weg zu wählen.[21] Eine **wesentliche Veränderung** des Nachlassgegenstandes ist keine ordnungsgemäße Verwaltung mehr und kann daher weder mehrheitlich beschlossen noch verlangt werden, §§ 2038 Abs. 2 S. 1, 745 Abs. 3 S. 1 BGB (siehe hierzu im Einzelnen Rdn 46). Die einem Miterben zustehende **Nutzungsquote** und das Vermögen der Gemeinschaft dürfen durch eine Mehrheitsentscheidung weder gefährdet noch gemindert werden, §§ 2038 Abs. 2 S. 1, 745 Abs. 3 S. 2 BGB (siehe hierzu im Einzelnen Rdn 43 ff.).[22]

16 **Verwaltungsmaßnahmen** sind bspw.

- Anfechtung, auch eines Eigentümerbeschlusses (siehe auch Rdn 28)
- Antragstellung und deren Rücknahme beim Grundbuchamt
- Baumaßnahmen auf einem Grundstück
- Entlassung oder Anstellung von Grundstücksverwaltern oder Bediensteten
- Erlass von Forderungen
- Forderungseinziehung, auch Miet- und Pachtzins[23]
- Handelsgeschäft fortführen oder einstellen[24]
- Kapitalanlage bis zur Auseinandersetzung[25]
- Klage zum Schutz eines verpfändeten Grundstücks vor ungerechtfertigter Vollstreckung[26]
- Mahnungen (siehe hierzu auch § 2039, insbesondere § 2039 Rdn 8)
- Nachbarschaftsrechte gegen Baugenehmigung geltend machen[27]
- Nachlassschulden begleichen, insbesondere laufende Verbindlichkeiten[28]
- Pflichtteilsansprüche beziffern und auszahlen (auch bei Testamentsvollstreckung)

---

17 KG, Beschl. v. 15.12.2022 – 19 W 158/22, Rn 20, juris.

18 MüKoZPO/*Gruber*, § 894 Rn 11.

19 KG, Urt. v. 28.11.1913 – 3 ZS, OLGE 30, 184.

20 BGH, Urt. v. 8.5.1952 – IV ZR 208/51, BGHZ 6, 76, 81 (zur „*notwendigen Verwaltung*").

21 BGH, Urt. v. 22.2.1965 – III ZR 208/63, Rn 33, juris.

22 KG Urt. v. 16.6.1953 – 9 U 610/52, NJW 1953, 1592 (Gefälligkeitsmiete eines Teilhabers).

23 BGH NJW 1967, 440.

24 BGH NJW 1959, 2114, 2115; BGH NJW 1960, 959, 962; vgl. auch § 2032 Rdn 7 ff.

25 *Lange/Kuchinke*, § 43 I 3 b unter Bezug auf OLG Posen OLGE 18, 328.

26 MüKo/*Gergen*, § 2038 Rn 34.

27 VG München, Urt. v. 19.9.2007 – M 9 K 06.4395, Rn 13, juris; die Begründung des Urt. ist jedoch fragwürdig und ergebnisorientiert.

28 BGH, Urt. v. 22.2.1965 – III ZR 208/63, Rn 33, juris.

- Rechtsstreitigkeiten einschließlich der Prozessführung[29]
- Regelung zur Benutzung von Nachlassgegenständen[30]
- Reparaturen und Instandhaltungsmaßnahmen, soweit sie aus Nachlassmitteln beglichen werden können;[31] gerade in diesen Fällen verbietet sich jedoch eine generelle Aussage und es kommt maßgebend auf den Einzelfall an, mithin auf die allg. wirtschaftlichen Verhältnisse, die konkreten wirtschaftlichen Verhältnisse des gesamten Nachlasses und den Zustand des Nachlassgegenstands
- Rücktritt
- Stille Gesellschaft mit Dritten eingehen[32]
- Stimmrechtsregelung aufgrund eines GmbH-Geschäftsanteils vor Ausübung des Stimmrechts gem. § 18 Abs. 1 GmbHG[33]
- Verarbeitung halbfertiger Produkte, auch wenn dadurch neue Produkte entstehen
- Veräußerung von Grundstücken[34]
- Vergleichsabschluss über Forderungen für und gegen den Nachlass[35]
- Vermietung und Verpachtung[36] von Nachlassgegenständen
- Vertragsabschluss
- Verwaltung und Vertretung auf einzelne Miterben oder einen Dritten übertragen[37]
- Vollmachterteilung[38]
- Widerspruch gegen Verlängerung eines Mietverhältnisses;[39] im Gegensatz zur Kündigung ist der Widerspruch die Ablehnung eines „Angebots auf Abschluss eines inhaltsgleichen Mietvertrags".

Jedenfalls seit der Entscheidung des BGH aus dem Jahr 2005 zählen auch **Verfügungen** zu den mitwirkungspflichtigen Verwaltungsmaßnahmen.[40] Einzig in dieser Entscheidung fordert der BGH, dass *„neben der Ordnungsmäßigkeit die Erforderlichkeit einer solchen Verwaltungsmaßnahme durch besondere Umstände belegt sein (muss), um eine Mitwirkungspflicht zu begründen"*.[41] Der BGH führt weder in dieser noch in darauffolgenden Entscheidungen aus, was unter *„besonderen Umständen"* zu verstehen ist; vielmehr wird in keiner darauffolgenden Entscheidung des BGH (oder der OLGe) dieses Kriterium erneut näher erörtert.[42]

Eine Übertragung dieser Beispiele auf den konkreten Fall darf jedoch nur mit größter Vorsicht erfolgen. Es kommt auf die konkreten Umstände an, ob eine Verwaltungs- 17

29 OLG Hamm BB 1976, 671.
30 BGH, Urt. v. 24.6.1968 – III ZR 109/65, Rn 27, juris.
31 BGH, Urt. v. 8.5.1952 – IV ZR 208/51, BGHZ 6, 76, 83.
32 BFH NJW 1988, 1343, 1344.
33 BGH NJW 1993, 1265, 1266.
34 BGH, Urt. v. 22.2.1965 – III ZR 208/63, Rn 33, juris: Sonderfall, da hier andernfalls die Enteignung des Grundstücks bei niedrigerem Erlös erfolgt wäre.
35 BGH NJW 1967, 440.
36 BGH, Urt. v. 29.3.1971 – III ZR 255/68, BGHZ 56, 47–56, Rn 20, juris.
37 BGH, Urt. v. 29.3.1971 – III ZR 255/68, BGHZ 56, 47–56, Rn 22, juris; BGH, Urt. v. 24.6.1968 – III ZR 109/65, Rn 27, juris; BGH, Urt. v. 18.6.1964 – III ZR 244/62, Rn 26, juris; OLG Hamm ZEV 2011, 538, 540.
38 *Wolf*, AcP 181, 481, 496.
39 KG KGR 2002, 102.
40 BGH, Urt. v. 28.9.2005 – IV ZR 82/04, Rn 12, juris.
41 BGH, Urt. v. 28.9.2005 – IV ZR 82/04, Rn 12, juris.
42 Einzig erwähnt wird es noch in BGH, Urt. v. 11.11.2009 – XII ZR 210/05, Rn 20, juris; zur Kritik an dieser Rspr. vgl. Rißmann/*Rißmann*, Die Erbengemeinschaft, § 4 Rn 80, BeckOGK/*Rißmann*/*Szalai*, § 2040 BGB Rn 18.1 f. sowie auch jurisPK-BGB/*Schütte*, § 2040 Rn 16; zum Begriff der Verwaltung vgl. auch oben Rdn 5; Staudinger/*Löhnig*, § 2038 Rn 6; MüKo/*Gergen*, § 2038 Rn 17; Grüneberg/*Weidlich*, § 2038 Rn 7.

maßnahme vorliegt. Auch ist stets im Einzelfall zu beurteilen, ob es sich darüber hinaus um eine **ordnungsgemäße** Verwaltungsmaßnahme handelt.

18 Fraglich erscheint bspw., ob man tatsächlich **regelmäßig** den Abschluss von **Mietverträgen** als einen Fall der **ordnungsgemäßen** Verwaltung ansehen kann. Hier muss stets eine Abwägung im Einzelfall vorgenommen werden, generelle Aussagen lassen sich nicht treffen. Wird eine zu geringe Miete vereinbart oder ist ein Leerstand für eine Veräußerung der Immobilie dienlich, so wird die (Neu-)Vermietung nicht dem Interesse aller Miterben dienen. Unterschiedlich wird auch beurteilt, ob die **Kündigung** von Miet- und Pacht-Verträgen sowie auch anderen Verträgen eine Verwaltungsmaßnahme[43] oder eine Verfügung i.S.v. § 2040 BGB darstellt.[44] Da eine Kündigung als einseitig empfangsbedürftige Willenserklärung unmittelbar auf das Rechtsverhältnis einwirkt, kann es sich letztlich nur um eine **Verfügung** handeln[45] (siehe auch § 2040 Rdn 2 sowie zu den Rechtsfolgen unten Rdn 62 ff. und zum Verhältnis von § 2038 BGB zu § 2040 BGB unten Rdn 70). Gleichwohl kann die Erbengemeinschaft hier nach neuerer Rechtsprechung des BGH **mehrheitlich** nach §§ 2038 Abs. 2 S. 1, 745 Abs. 1 BGB oder sogar ein **Miterbe allein** im Rahmen des Notverwaltungsrechts gem. § 2038 Abs. 1 S. 2 BGB verfügen. Die überwiegende bisherige Auffassung, wonach § 2040 BGB als lex specialis bei Verfügungen den Regelungen des § 2038 BGB vorgeht, hat der BGH unter Aufgabe seiner bisherigen Rechtsprechung[46] ausdrücklich abgelehnt.[47]

19 **Außerordentliche** Verwaltungsmaßnahmen sind bspw.:
- Anregung zur Aufhebung einer Nachlassverwaltung[48]
- Forderungsausgleich, wenn der Nachlass überschuldet ist[49]
- Umänderung der Erbengemeinschaft in eine werbende Gesellschaft[50]
- Umwandlung eines Gewerbes in ein Unternehmen einer anderen Branche[51]

20 **Keine** Verwaltungsmaßnahmen sind:[52]
- Ausübung des Vorkaufsrechts nach § 2034 BGB
- Bestattung des Erblassers (Leiche ist nicht Eigentum der Erben)
- Exhumierung des Erblassers (Leiche ist nicht Eigentum der Erben)
- Handlungen, die auf die Auseinandersetzung oder Auflösung des Nachlasses gerichtet sind (keine Erhaltung oder Nutzung des Nachlasses)[53]
- Mitgliedschaftsrechtliche Organisation der Erbengemeinschaft (z.B. Regelung des Stimmenverhältnisses und der Stimmabgabe)
- Obduktion des Erblassers (Leiche ist nicht Eigentum der Erben)
- Vereinbarung über den Ausschluss der Auseinandersetzung.

---

43 So noch BGH NJW 1952, 1111.
44 Ausführlich zu dieser Frage Rißmann/*Maaß*, Die Erbengemeinschaft, § 20 Rn 23 ff.
45 So jetzt ausdrücklich auch unter Aufgabe der früheren Rspr.: BGH, Urt. v. 28.4.2006 – LwZR 10/05, FamRZ 2006, 1026 und BGH, Urt. v. 11.11.2009 – XII ZR 210/05, Rn 13 f., juris; BGH, Beschl. v. 3.12.2014 – IV ZA 22/14, Rn 2, juris,
46 BGH, Urt. v. 24.10.1962 – V ZR 1/61, Rn 28, juris.
47 BGH, Urt. v. 11.11.2009 – XII ZR 210/05, Rn 14 ff., juris.
48 MüKo/*Gergen*, § 2038 Rn 35.
49 OLG Celle, Urt. v. 30.1.2003 – 6 U 106/02, Rn 9, juris.
50 Vgl. hierzu *Krug/Rudolf/Kroiß/Bittler*, Anwaltformulare Erbrecht, § 12 Rn 57.
51 Vgl. dazu MüKo/*Gergen*, § 2038 Rn 35.
52 MüKo/*Gergen*, § 2038 Rn 18; Staudinger/*Löhnig*, § 2038 Rn 7.
53 Saarländisches OLG, Urt. v. 11.4.2018 – 5 U 41/17, Rn 21, juris; Staudinger/*Löhnig*, § 2038 Rn 7; Rißmann/*Rißmann*, Die Erbengemeinschaft, § 4 Rn 56 a.E.

Unterschiedlich wird beurteilt, ob der **Widerruf** einer vom Erblasser oder von den Miterben erteilten **Vollmacht** eine Verwaltungsmaßnahme ist.[54] Dies – so wird argumentiert – sei eine eigene Angelegenheit jedes Miterben und daher läge **keine** Verwaltungsmaßnahme vor.[55] Soweit auch mit Hinweis auf eine Entscheidung des BGH aus dem Jahr 1959 argumentiert wird, übersehen die Autoren, dass der BGH dort über eine **Vollmacht der Erbengemeinschaft** zugunsten eines Miterben zu entscheiden hatte – nicht über eine trans- und/oder postmortale Vollmacht des Erblassers.[56]
Die Annahme eines „Zerfalls" der vom Erblasser herrührenden Bevollmächtigung in Einzelvollmachten würde zu rechtlichen Konsequenzen führen, die der Systematik des Rechts der Erbengemeinschaft, insbesondere der Haftung der Miterben, fremd sind.[57] Denn eine vom Erblasser herrührende Vollmacht kann und darf ausschließlich (jedenfalls bis die Miterben aus anderen Gründen auch mit ihrem Eigenvermögen haften, z.B. nach der Teilung des Nachlasses, §§ 2059, 2060 BGB) den Miterben als haftungsprivilegiertes Mitglied der Erbengemeinschaft verpflichten – und somit letztlich nur den Nachlass. Würde die Vollmacht hingegen jeden Miterben „persönlich betreffen", würde er zwangsläufig auch „persönlich verpflichtet" werden. Genau davor ist der Miterbe jedoch durch §§ 2059, 2060 BGB geschützt und dieser Schutz kann nicht durch eine – dem Miterben womöglich sogar unbekannte – Vollmacht des Erblassers „aufgehoben" werden.

Unterschiedlich wird in der Literatur beurteilt, ob und inwieweit die Erben i.R.d. 21
Verwaltung untereinander zur **Auskunft** verpflichtet sind.[58] Eine **allgemeine Auskunftspflicht** der Miterben allein aufgrund der Verbindung in der Erbengemeinschaft wird überwiegend abgelehnt.[59]
Nach einer Auffassung rührt die **Auskunftspflicht** – jedenfalls auch – aus **§ 242 BGB** her.[60] Dies wird wohl auch vom BGH in seiner Entscheidung aus dem Jahr 1988 nicht in Zweifel gezogen.[61] Diese Entscheidung wird jedoch oft fälschlich als Beleg dafür herangezogen, dass der BGH einen Auskunftsanspruch der Erben untereinander aus § 242 BGB ablehnt. Der BGH hat indes in seiner zitierten Entscheidung einen Auskunftsanspruch aus § 242 BGB lediglich deswegen abgelehnt, weil der *„Rahmen eines Auskunftsrechts gem. § 242 BGB (...) auch in gegenständlicher Hinsicht überschritten (wird)"*[62] – immerhin wollte der Kläger dort Auskunft über die Testierfähigkeit des Erblassers und nicht über den Nachlassbestand.[63] Aus den allgemein vom BGH zu § 242 BGB entwickelten Grundsätzen zur Auskunftsverpflichtung wird sich somit häufig eine **Auskunftsverpflichtung des informierten Miterben** ergeben.[64]
Teilweise wird auch noch zwischen Auskunftspflicht einerseits und Mitwirkungspflicht bei der Aufnahme eines **Nachlassverzeichnisses** andererseits unterschieden.

---

54 Vgl. zum Streitstand *Madaus*, ZEV 2004, 448.

55 MüKo/*Gergen*, 2038 Rn 18 m.w.N.

56 BGH NJW 1959, 2114, 2116; darauf weisen mit Recht *Madaus*, ZEV 2004, 448 am Rande und Rißmann/*Kurze*, Die Erbengemeinschaft, § 12 Rn 53 ausführlich hin; zur praktischen Umsetzung des Widerrufs vgl. Rißmann/*Kurze*, Die Erbengemeinschaft, § 12 Rn 61 f.

57 So auch *Madaus*, ZEV 2004, 448, 449; Rißmann/*Kurze*, Die Erbengemeinschaft, § 12 Rn 55.

58 Vgl. zum Meinungsstand MüKo/*Gergen*, § 2038 Rn 49.

59 Vgl. hierzu *Lange/Kuchinke*, § 43 II 7 c m.w.N. in Fn 88.

60 MüKo/*Gergen*, § 2038 Rn 50: *„allgemeine Auskunftspflicht"*; Staudinger/*Löhnig*, § 2038 Rn 23: *„Auskunftspflicht bei einer besonderen Fallgestaltung"*.

61 BGH, Urt. v. 7.12.1988 – IV a ZR 290/87, Rn 11, juris.

62 BGH, Urt. v. 7.12.1988 – IV a ZR 290/87, Rn 12, juris.

63 Vgl. zu dieser Entscheidung und zum Auskunftsanspruch gem. § 242 BGB im Einzelnen Rißmann/*Rißmann*, Die Erbengemeinschaft, § 4 Rn 128 ff.

64 BGH, Urt. v. 28.10.1953 – II ZR 149/52 (*„Kalkstein"*), Rn 23 und ständig, juris.

Die Differenzierung dürfte wohl einigermaßen praxisfremd sein, denn wenn die Erben eine Pflicht zur Mitwirkung bei der Aufnahme des Nachlassverzeichnisses trifft, haben sie hierbei auch die erforderlichen Auskünfte zu erteilen. Aber die Pflicht, bei der Aufnahme des Nachlassverzeichnisses mitzuwirken, wird ebenfalls streitig diskutiert.[65] Ausgehend von dem Begriff „Verwaltung" kann jedoch kein Zweifel daran bestehen, dass die Miterben einander allein aufgrund der **Pflicht** zur Mitwirkung an der ordnungsgemäßen Verwaltung auch verpflichtet sind, **Auskunft** über den Nachlass zu erteilen, soweit sie die **Kenntnis** jeweils selbst bereits haben. **Keine Verpflichtung** kann für einen Miterben hingegen bestehen, sich Auskünfte erst zu beschaffen, die jeder andere Miterbe gleichermaßen erhalten würde: Ob dies nun im Rahmen von Einzelauskünften oder i.R.d. Mitwirkung bei der Aufnahme eines Nachlassverzeichnisses zu geschehen hat, kann letztlich dahingestellt bleiben. Anders als durch gegenseitige Information über Tatsachen, die nicht allen Miterben bekannt sind, kann eine ordnungsgemäße Verwaltung nicht erfolgen. Bspw. können weder Forderungen für die Erbengemeinschaft geltend gemacht noch abgewehrt werden, wenn die notwendigen Informationen der Erbengemeinschaft nicht vorliegen. Somit gehört zur Mitwirkungspflicht i.R.d. ordnungsgemäßen Verwaltung auch die wechselseitige Erteilung von Auskünften von bereits vorhandenen Kenntnissen über den Nachlass.[66]

22 Anderweitige **Rechenschafts-** und Auskunftsverpflichtungen, bspw. aus §§ 666, 2027, 2028, 2050 BGB, bleiben hiervon unberührt und können ungeachtet dessen geltend gemacht werden.[67] Gerade die Geltendmachung der **Rechenschaftspflicht** gegen einen vormals vom Erblasser bevollmächtigten Miterben ist ein Fall der ordnungsgemäßen Verwaltung. Erst aufgrund der Rechenschaft kann die Erbengemeinschaft das Bestehen möglicher Ansprüche gem. § 667 BGB beurteilen Die Pflicht zur Auskunft oder/ und Rechenschaft gem. § 666 BGB setzt jedoch ein Auftragsverhältnis zwischen dem Erblasser und dem – vermeintlich – anspruchsverpflichteten Miterben voraus. Am **fehlenden Auftragsverhältnis** wird regelmäßig der Anspruch der Kinder gegen den überlebenden **Ehegatten** scheitern, selbst wenn jener vom Erblasser umfassend mit Vollmachten ausgestattet worden war.[68] 2008 hat der BGH ausdrücklich festgestellt, dass diese zu Ehegatten entwickelten Grundsätze[69] jedoch auf **andere Fallgestaltungen** mit sonstigem familiären oder personalen Einschlag **nicht übertragbar** sind.[70] In der **Praxis** ergibt sich ein Informationsgefälle der Erben meist aufgrund von **Unterlagen** (Kontoauszüge, Verträge usw.), die ein Erbe in seinem alleinigen Besitz behält: Soweit diese Unterlagen zum Nachlass gehören, sollten die übrigen Miterben auch an die Forderung der **Einräumung des Mitbesitzes** an diesen Unterlagen denken.

5. Erforderlichkeit

23 Die Feststellung, dass eine beabsichtigte Maßnahme „ordnungsgemäße Verwaltung" i.S.v. § 2038 Abs. 1 S. 2 Hs. 1 BGB wäre, führt nicht bereits zu einer Mitwirkungspflicht der Miterben. Die Erben sind erst dann zu einer Mitwirkung verpflichtet, wenn die Maßnahme auch „erforderlich" ist, § 2038 Abs. 1 S. 2 Hs. 1 BGB. Eine Maßnahme

---

65 Vgl. zum Meinungsstand MüKo/*Gergen*, § 2038 Rn 51 in Fn 154; widersprüchlich: Grüneberg/*Weidlich*, § 2038 Rn 8 und 13.

66 So auch MüKo/*Gergen*, § 2038 Rn 51.

67 Vgl. hierzu ausführlich Rißmann/*Rißmann*, Die Erbengemeinschaft, § 4 Rn 155 ff.

68 Vgl. hierzu grundlegend BGH, Urt. v. 5.7.2000 – XII ZR 26/98, Rn 13, juris.

69 BGH, Urt. v. 5.7.2000 – XII ZR 26/98, juris.

70 BGH, Urt. v. 26.6.2008 – III ZR 30/08, LS 1 u. Rn 2, juris; a.A. vor Veröffentlichung dieses Beschl. des BGH noch OLG Sachsen-Anhalt, Urt. v. 6.7.2007 – 10 U 27/07, Rn 34, juris; zum Umfang der Auskunfts- und Rechenschaftspflicht vgl. auch OLG München, Urt. v. 6.12.2017 – 7 U 1519/ 17, Rn 35 ff., juris.

ist „erforderlich“, wenn sie erfolgen muss, um eine ordnungsgemäße Verwaltung zu gewährleisten.[71] Wenn andere, weniger einschneidende Maßnahmen zum gleichen Erfolg führen, war die Maßnahme nicht „erforderlich“ i.S.v. § 2038 Abs. 1 S. 2 Hs. 1 BGB und die Mitwirkungspflicht entfällt. Auch hier verbieten sich generelle Aussagen, da es auf eine Betrachtung des Einzelfalls ankommt. Im Rahmen der Prüfung der Erforderlichkeit einer Maßnahme wird sich häufig ergeben, dass eine Mitwirkungspflicht der Erben nicht vorliegt.

III. Notwendige Verwaltung (Abs. 1 S. 2 Hs. 2)

Die Regelung in § 2038 Abs. 1 S. 2 Hs. 2 BGB ist im Wesentlichen deckungsgleich mit 24
§ 744 Abs. 2 S. 1 BGB. Sie soll die Handlungsfähigkeit der Erbengemeinschaft in besonderen Ausnahmefällen gewährleisten. Das in § 744 Abs. 2 Hs. 2 BGB normierte Recht, eine vorhergehende Einwilligung der Teilhaber zu verlangen, ist i.R.d. Verwaltung der Erbengemeinschaft entbehrlich, da sich bereits aus § 2038 Abs. 1 S. 2 Hs. 1 BGB eine weitgehende Mitwirkungspflicht ergibt (vgl. hierzu Rdn 14).[72]

1. Zur Erhaltung notwendige Maßregeln

„Zur Erhaltung notwendig“ ist eine Maßregel, wenn ohne sie der Nachlass insgesamt 25
oder Teile hiervon Schaden nehmen würde.[73] Notwendige Maßregeln sind **zwangsläufig gleichzeitig** Maßnahmen **ordnungsgemäßer Verwaltung**.[74] Entspricht eine Maßnahme nach **billigem Ermessen schon nicht** der Beschaffenheit des betreffenden Nachlassgegenstandes oder/und nicht dem Interesse aller Miterben (ordentliche Verwaltung, vgl. Rdn 15), so kann sie **erst recht nicht** ein Fall der notwendigen Verwaltung sein. Daher müssen zunächst die Voraussetzungen der ordnungsgemäßen Verwaltung vorliegen (siehe hierzu Rdn 12 ff.). Bei der Entscheidung, ob (lediglich) ein Fall der ordnungsgemäßen Verwaltung vorliegt oder ein Fall der Notverwaltung, kommt es nicht allein darauf an, ob die Maßnahme derart dringlich ist, dass sie keinen weiteren Aufschub duldet. Vielmehr ist der **Eingriff** in das Recht der übrigen Miterben zu beurteilen und zu beachten, wie weit sie daran interessiert sein können, an der Maßregel mitzuwirken: Ist die Maßregel für die Erhaltung des Nachlasses erforderlich und wirkt sich die Maßregel auf den übrigen Nachlass nur gering und die anderen Miterben nur unbedeutend aus, so ist das Interesse an einer Mitwirkung gleichfalls gering. Die Maßnahme kann dann notwendig i.S.v. § 2038 Abs. 1 S. 2 Hs. 2 BGB sein, obwohl sie ohne Gefahr aufgeschoben und die Zustimmung der Erben eingeholt werden könnte.[75]
Auch hier – ebenso wie bei der ordnungsgemäßen Verwaltung – kommt es auf den 26
Standpunkt eines vernünftig und wirtschaftlich denkenden Beurteilers zu dem Zeitpunkt an, an dem die Handlung vorgenommen werden soll.[76] Zu beachten bleibt aber unbedingt, dass die Maßnahme zur Erhaltung des Nachlasses **erforderlich** ist. Liegt bereits diese Voraussetzung nicht vor, handelt es sich nicht um einen Fall der Notverwaltung, selbst wenn die Beeinträchtigung des Nachlasses und der Miterben gering ist. Die Vorschrift ist **eng auszulegen**, da sie andernfalls die übrigen Regelungen des Einstimmigkeits- bzw. Mehrheitsprinzips aushöhlen würde. Soweit ohne weitere objektive Gefährdung des Nachlasses oder Teile hiervon eine Zustimmung der Erben eingeholt werden kann, liegt kein Fall der Notverwaltung vor (siehe Rdn 69 zu den Rechtsfolgen eines **Verstoßes**). Handelt es sich um eine **bedeutsame Maßnahme**,

71 Staudinger/*Löhnig*, § 2038 Rn 17.
72 Planck/*Ritgen* (1902), § 2038 Ziff. 2.
73 Staudinger/*Löhnig*, § 2038 Rn 28b.
74 BGH, Urt. v. 8.5.1952 – IV ZR 208/51, BGHZ 6, 76, LS 2 sowie S. 81.
75 BGH, Urt. v. 8.5.1952 – IV ZR 208/51, BGHZ 6, 76, 81.
76 BGH, Urt. v. 8.5.1952 – IV ZR 208/51, BGHZ 6, 76, 81.

durch die erhebliche Verpflichtungen für den Nachlass oder die anderen Miterben begründet werden, dann ist die Maßnahme nur dann notwendig, wenn sie so dringend ist, dass die Zustimmung der anderen Miterben nicht eingeholt werden kann, ohne den Nachlass zu gefährden.[77]

27 Wurde ein Beschluss von den Miterben mit **Stimmenmehrheit** gem. §§ 2038 Abs. 2, 745 BGB gefasst, kann dieser Beschluss nicht ohne Änderung der tatsächlichen Voraussetzungen umgangen werden.[78] Ebenso wenig kann gegen den Willen der übrigen Erben eine Maßnahme – auch nicht eine Notverwaltung – erfolgen: Denn das Recht zur alleinigen Vornahme von **Notverwaltungsmaßnahmen** ist lediglich eine **Ausnahmeregelung**, um bei dringenden Gefahrenlagen die Handlungsfähigkeit der Erbengemeinschaft beschleunigen und Schaden vom Nachlass abwenden zu können,[79] nicht jedoch ein Mittel, um „im Nachhinein" Mehrheitsbeschlüsse der Erbengemeinschaft „zu kippen".

28 Einzelfälle der Notverwaltung:[80]
- Abwehrmaßnahmen gegen Eingriffe in den Nachlass[81]
- Anfechtung eines Eigentümerbeschlusses[82]
- Anfechtung eines die Erbengemeinschaft belastenden Verwaltungsaktes[83]
- Erhebung einer Klage, insbesondere einer gesellschaftsrechtlichen Anfechtungsklage[84]
- Reparaturarbeiten an einem Hausgrundstück, die mit Rücksicht auf die Erhaltung des Bestandes des Gebäudes, seiner Bewohnbarkeit oder Sicherheit so dringend waren, dass sie nicht aufgeschoben werden können, bis die anderen Miterben zustimmen[85]
- Unzulässigkeit der Zwangsvollstreckung gem. §§ 747, 766, 771 ZPO geltend machen[86]
- Widerspruch gegen Baugenehmigung für Nachbargrundstück.[87]

29 **Keine** Notverwaltungsmaßnahmen sind:[88]
- Klage auf Rechnungslegung[89]
- Antrag auf Bestimmung einer Inventarfrist gegen den Erben des Schuldners einer Nachlassforderung[90]
- Abschluss eines langjährigen Mietvertrags[91]
- Anfechtung eines vom Erblasser geschlossenen Vertrages[92]
- Widerruf einer schwebend unwirksamen Auflassungserklärung,[93] einzelfallabhängig

---

77 BGH, Urt. v. 8.5.1952 – IV ZR 208/51, BGHZ 6, 76, 81.
78 MüKo/*Gergen*, § 2038 Rn 57.
79 Staudinger/*Löhnig*, § 2038 Rn 30c.
80 Siehe zu weiteren Einzelfällen auch MüKo/*Gergen*, § 2038 Rn 61.
81 Staudinger/*Löhnig*, § 2038 Rn 29.
82 BayObLGZ 1998, 34.
83 BVerwG NJW 1982, 1113.
84 BGH NJW 1989, 2694, 2696.
85 BGH, Urt. v. 8.5.1952 – IV ZR 208/51, BGHZ 6, 76, 83 f.
86 Staudinger/*Löhnig*, § 2038 Rn 29.
87 VGH Mannheim ZEV 2013, 96.
88 MüKo/*Gergen*, § 2038 Rn 62.
89 OLG Hamm BB 1976, 671.
90 KG OLGE 35, 360, 361.
91 BGH, Urt. v. 17.9.1958, NJW 1958, 2061.
92 OLG Düsseldorf NJW 1954, 1041; siehe auch Rdn 30.
93 SchlHOLG SchlHA 1965, 276.

- Umfangreiche Instandsetzungsarbeiten an einem Haus, die nicht aus Mitteln des Nachlasses zu finanzieren sind[94]

Diese Aufzählung ist mit Vorsicht zu betrachten: Wie bereits oben ausgeführt, kommt es stets auf eine Abwägung im Einzelfall an. Eine generalisierende Betrachtung verbietet sich. Die Aufzählung von Einzelentscheidungen kann daher lediglich dazu dienen, mögliche Kriterien für den eigenen, konkreten Fall zu vermitteln. Eine schlichte „Übertragung" der Einzelfallentscheidung scheidet jedoch aus. So kann bspw. gerade die Anfechtung eines vom Erblasser geschlossenen Vertrages[95] ein Fall der Notverwaltung sein, insbesondere dann, wenn die Anfechtungsfristen abzulaufen drohen. Der **untätige Miterbe**, der die Möglichkeit zur Notverwaltung hat, sieht sich bei Untätigkeit später möglicherweise sogar **Schadensersatzansprüchen** der Erbengemeinschaft ausgesetzt (siehe hierzu Rdn 68). 30

2. Kann-Vorschrift

Die Verwendung des Wortes „kann" ist missverständlich und lässt auf den ersten Blick annehmen, dass sich der Miterbe aussuchen könne, ob er i.R.d. Notverwaltung tätig wird oder nicht. Die Formulierung ist jedoch im Zusammenhang mit Hs. 1 („verpflichtet") und den sich aus der Erbengemeinschaft insgesamt ergebenden Rechtsverhältnissen zu sehen. Danach ist ein Miterbe **verpflichtet**, Maßnahmen durchzuführen, die einerseits keinen Aufschub dulden und andererseits erforderlich sind, Schaden vom Nachlass abzuwenden.[96] 31

3. Ohne Mitwirkung der anderen

I.R.d. Notverwaltung ist es Tatbestandsvoraussetzung, dass eine Mitwirkung der übrigen Miterben nicht rechtzeitig möglich ist (siehe Rdn 25 ff.). Dies bedeutet jedoch nicht, dass eine Maßregel gegen den Willen und die Mitwirkung der anderen Erben vorgenommen werden darf (zu Haftungsfragen siehe Rdn 76). Notverwaltungsmaßnahmen können nicht nur ohne Mitwirkung „der anderen", sondern sogar „gegen" die übrigen Miterben vorgenommen werden.[97] 32

IV. Abs. 2 S. 1

Abs. 2 S. 1 verweist auf ausgewählte Vorschriften des Gemeinschaftsrechts. 33

1. Entsprechende Anwendung von § 743 BGB

§ 743 BGB Früchteanteil; Gebrauchsbefugnis 34

(1) Jedem Teilhaber gebührt ein seinem Anteil entsprechender Bruchteil der Früchte.

(2) Jeder Teilhaber ist zum Gebrauch des gemeinschaftlichen Gegenstands insoweit befugt, als nicht der Mitgebrauch der übrigen Teilhaber beeinträchtigt wird.

a) Zu Abs. 1

Der Bruchteil an den Früchten berechnet sich nicht nach Köpfen, sondern nach der Erbquote eines jeden Miterben. Der Begriff der **„Früchte"** ist in § 99 BGB legal definiert. Unter Abs. 1 sind aber auch **Nutzungen** i.S.v. § 100 BGB zu verstehen.[98] Früchte von Nachlassgegenständen sind zunächst Gesamthandsvermögen der Erbengemeinschaft, §§ 953, 2041 BGB. Die Regelung, dass jedem Miterben ein „Anteil" der 35

94 BGH, Urt. v. 8.5.1952 – IV ZR 208/51, BGHZ 6, 76, 83 f.
95 OLG Düsseldorf NJW 1954, 1041.
96 BGH JZ 1953, 706.
97 MüKo/*Gergen*, § 2038 Rn 59.
98 BGH, Urt. v. 29.6.1966 – V ZR163/63, LS 1 u. Rn 11, juris.

Früchte „gebührt", sagt somit ausschließlich etwas über die **Beteiligung** an vorhandenen Nutzungen. Die **Voraussetzungen** der Nutzungen werden jedoch durch **Entscheidung** der Erbengemeinschaft geregelt.[99] § 743 Abs. 1 BGB ist eine Regelung für das **Innenverhältnis** der Erbengemeinschaft, nicht für das Außenverhältnis. Wurde bspw. ein Nachlassgegenstand vermietet, so hat nicht etwa jeder Miterbe nun nach § 743 Abs. 1 BGB gegen den Mieter einen eigenen Anspruch auf Zahlung des Mietzinses entsprechend seiner Erbquote.[100] Der **Anspruch** des Miterben auf seinen Anteil an den Früchten und Nutzungen kann **nicht** durch **Mehrheitsbeschluss** ausgeschlossen werden, § 745 Abs. 3 S. 2 BGB (**Schutz des Minderheitserben**).

b) Zu Abs. 2

36 § 743 Abs. 2 BGB gewährt jedem **Miterben** ein selbstständiges **Recht zum Besitz** und **Gebrauch** an den Nachlassgegenständen. Der Miterbe muss etwaigen Widerspruch nicht erst durch Klage brechen.[101] So wie § 743 Abs. 1 BGB sich auf die Regelung der **Beteiligung** beschränkt, regelt Abs. 2 lediglich das **Maß** des Gebrauches (das „Ob"), nicht jedoch die Art und Weise (das „Wie").[102] Auch hier gilt: Art und Weise des Gebrauchs werden durch Mehrheitsbeschluss geregelt. I.R.d. von den Miterben getroffenen Regelung über die Art und Weise der Nutzung bestimmt § 743 Abs. 2 BGB, dass der Mitgebrauch der übrigen Miterben nicht beeinträchtigt werden darf.

37 Ein Miterbe kann einen **Ausgleich** in Geld für Benachteiligungen bei der Nutzung nur dann verlangen, wenn

a) eine entsprechende – auch stillschweigende[103] – **Benutzungsvereinbarung** gem. §§ 2038 Abs. 2, 745 Abs. 1 S. 1 BGB vorliegt oder
b) mit hinreichender Deutlichkeit vergeblich eine **Neuregelung** der Verwaltung und Benutzung des Miteigentums nach billigem Ermessen gem. § 745 Abs. 2 BGB verlangt wurde (*„Eine bloße Zahlungsaufforderung reicht nicht aus"*;[104] ganz anders klingt dies hingegen in der Entscheidung des II. Senats, wonach ein unbeziffertes *„Zahlungsbegehren"* ausreichend ist)[105] oder
c) die Miterben den **Gebrauch hartnäckig verweigern** (Anspruch aus § 823 BGB).[106]

Allein der Umstand, dass ein Miterbe von seinem Recht gem. § 743 Abs. 2 BGB keinen Gebrauch macht, gewährt ihm noch **keinen Ersatzanspruch** gegen die übrigen Miterben.[107] Auch bei **Nutzung** durch **andere Erben** ergibt sich **kein Entschädigungsanspruch** (auch nicht aus § 812 BGB),[108] denn bis zum Widerspruch sind der oder die Miterben gem. §§ 2038, 743 Abs. 2 BGB zur (auch alleinigen) Nutzung berechtigt (**befugte Eigennutzung**).[109] Eine **Nutzungsentschädigung** steht dem Miterben daher frühestens ab dem Zeitpunkt zu, ab dem er gem. § 745 Abs. 2 BGB eine Neuregelung von Verwaltung und Benutzung verlangen kann und auch tatsächlich

---

99 MüKo/*Schmidt*, § 743 Rn 4.
100 MüKo/*Schmidt*, § 743 Rn 5.
101 BGH, Urt. v. 16.6.1978 – V ZR 73/77, Rn 7, juris.
102 MüKo/*Schmidt*, § 743 Rn 9.
103 BGH, Urt. v. 11.12.1985 – IVb ZR 82/84, Rn 14, juris.
104 BGH, Urt. v. 11.12.1985 – IVb ZR 82/84, Rn 20, juris.
105 BGH, Urt. v. 14.11.1988 – II ZR 77/88, Rn 11, juris.
106 BGH, Urt. v. 29.6.1966 – V ZR163/63, LS 2 u. Rn 14, juris.
107 BGH NJW-RR 1993, 386, 387 (getrennt lebende Eheleute); BGH, Urt. v. 11.7.2018 – XII ZR 108/17, Rn 23, juris (getrennt lebende nichteheliche Lebenspartner).
108 BGH, Beschl. v. 17.3.1998 – IV ZR 205/98, Rn 5, juris unter Hinweis auf die st. Rspr. z.B. auch BGH, Urt. v. 15.9.1997 – II ZR 94/96, Rn 9, juris.
109 OLG München, Urt. v. 9.1.2019 – 7 U 4091/17, Rn 36, juris.

mit hinreichender Deutlichkeit verlangt[110] (zu taktischen Hinweisen vgl. Rdn 71). Jedoch hat der benachteiligte Miterbe auch in den Fällen b) und c) nicht ohne weiteres einen Anspruch auf Nutzungsentschädigung. Bei der Prüfung ist stets darauf zu achten, ob die begehrte Nutzungsentschädigung **billigem Ermessen** entspricht. Dies betrifft nicht bloß den Anspruch der Höhe nach, sondern auch dem Grunde nach.[111] Verweigern einer oder mehrere Miterben ihre Zustimmung zu einer Benutzungsvereinbarung oder Zahlung einer Nutzungsentschädigung, die billigem Ermessen entspricht, so können sie sich dadurch **schadensersatzpflichtig** machen.[112] Ein etwaiger Anspruch auf Nutzungsentschädigung kann sogleich in Form einer **Zahlungsklage** verfolgt werden, weil sich der Anspruch auf Neuregelung der Benutzung aus dem Gesetz ergibt und vom Richter nur festgestellt, nicht aber erst im Wege der Gestaltungsklage begründet wird.[113]

§ 743 Abs. 2 BGB verschafft dem „Teilhaber", also i.V.m. § 2038 BGB i.R.d. Erbengemeinschaft dem **„Miterben"**, ein Recht zum Recht zum Besitz und Gebrauch. **Anspruchsinhaber** einer Nutzungsentschädigung ist daher **ausschließlich** derjenige **Miterbe** persönlich, der die Neuregelung (in Gestalt seines Zahlungsbegehrens) verlangt.[114] Denn das Nutzungsrecht ist ein höchstpersönliches Recht eines Miterben (Wortlaut § 743 Abs. 2 BGB) und **kein Recht der Erbengemeinschaft.** Der **Ersatz** für das **höchstpersönliche** Recht zum Besitz und Gebrauch kann nicht zu einem gesamthänderisch gebundenen Anspruch der Erbengemeinschaft werden. Auch § 2038 Abs. 2 S. 1 BGB steht dem – wie vielfach irrtümlich argumentiert wird – nicht entgegen, denn die **Nutzungsentschädigung** ist **keine Frucht** des Nachlassgegenstandes i.S.v. § 99 BGB, sondern **Wertersatz** für einen entgangenen **Gebrauchsvorteil** gem. § 100 Alt. 2 BGB. Bei anderer Betrachtung würden Miterben Nutznießer eine Nutzungsentschädigung werden, die nicht sie, sondern ein anderer Miterbe gefordert hat, möglicherweise sogar gegen ihren eigenen Willen.[115] 38

2. Entsprechende Anwendung von § 745 BGB

§ 745 BGB Verwaltung und Benutzung durch Beschluss 39

(1) Durch Stimmenmehrheit kann eine der Beschaffenheit des gemeinschaftlichen Gegenstands entsprechende ordnungsmäßige Verwaltung und Benutzung beschlossen werden. Die Stimmenmehrheit ist nach der Größe der Anteile zu berechnen.

(2) Jeder Teilhaber kann, sofern nicht die Verwaltung und Benutzung durch Vereinbarung oder durch Mehrheitsbeschluss geregelt ist, eine dem Interesse aller

---

110 BGH, Urt. v. 11.12.1985 – IVb ZR 82/84, Rn 20, juris (getrennt lebende Ehegatten).

111 HansOLG Hamburg, Urt. v. 10.2.2006 – 10 U 18/05, Rn 16 ff., juris.

112 KG, Urt. v. 16.6.1953 – 9 U 610/52, NJW 1953, 1592, 1593 a.E.

113 BGH, Urt. v. 14.11.1988 – II ZR 77/88, Rn 7 a.E. m.w.N., juris.

114 Nach a.A. soll dies ein Anspruch der Erbengemeinschaft sein, vgl. *Sachs*, ZEV 2011, 512, 513; OLG Rostock, Beschl. v. 19.3.2018 – 3 U 67/17, juris (Zurückweisung eines Antrages auf Gewährung von Prozesskostenhilfe) sowie nachfolgend OLG Rostock, Beschl. v. 29.8.2018 – 3 U 67/17, juris (Ankündigung Zurückweisung Berufung) meinen ebenfalls fälschlich, dass der Anspruch der Erbengemeinschaft zustünde; beide Entscheidungen „zeichnen" sich in diesem Zusammenhang – neben fehlenden Argumenten – durch zahlreiche Fehlzitate und unzutreffende Behauptungen aus, vgl. z.B. Rn 5 (Entsch. v. 19.3.2018) bzw. Rn 4 (Entsch. v. 29.8.2018). Geltendmachung von Nutzungsentschädigung ist nach Auffassung des OLG eine Verwaltungsmaßnahme; in **keiner** der fünf v. OLG zitierten Entscheidungen wird jedoch diese unzutreffende Behauptung des OLG bestätigt; OLG Stuttgart, Urt. v. 18.10.2018 – 19 U 83/18, juris, nimmt ebenfalls ohne jegliches Problembewusstsein und Begründung einen Anspruch der Erbengemeinschaft an.

115 Hierzu sowie auch zu dem von der a.A. übersehenen **Insolvenzrisiko** Rißmann/*Rißmann*, Die Erbengemeinschaft, § 4 Rn 98.

Teilhaber nach billigem Ermessen entsprechende Verwaltung und Benutzung verlangen.
(3) Eine wesentliche Veränderung des Gegenstands kann nicht beschlossen oder verlangt werden. Das Recht des einzelnen Teilhabers auf einen seinem Anteil entsprechenden Bruchteil der Nutzungen kann nicht ohne seine Zustimmung beeinträchtigt werden.

a) Zu Abs. 1

aa) Stimmberechtigung

40 Jeder Miterbe ist stimmberechtigt. Für minderjährige, abwesende oder sonst an der Stimmabgabe verhinderte Erben bedarf es nur dann keines Pflegers, Vertreters u.Ä., wenn auch ohne diese Erben eine Mehrheit zustande kommt und die Stimmen der verhinderten Erben daran nichts ändern würden.[116] Für den **Minderjährigen** sind im Übrigen dessen gesetzliche Vertreter abstimmungsberechtigt, § 1629 Abs. 1 BGB, meist also beide Eltern, die sich auch untereinander vertreten können.[117] Bei **Interessenwiderstreit** in eigenen Angelegenheiten hat der Miterbe **kein Stimmrecht,**[118] so bspw., wenn ihm selbst der Vorwurf nicht ordnungsgemäßer Verwaltung gemacht wird[119] oder über die Entscheidung über die Entnahme von Aktien zum Zweck der Begleichung einer Forderung des Miterben abzustimmen ist,[120] § 34 BGB, § 47 GmbHG analog.[121] Ebenso wenig dürfen die Eltern für den **Minderjährigen** abstimmen, wenn er selbst von der Maßnahme betroffen ist.[122] Allerdings führt nicht jede Interessenkollision zum Ausschluss des Stimmrechts: So ist der Gesellschafter einer GmbH **nicht vom Stimmrecht** ausgeschlossen, wenn er zugleich Mitglied einer Erbengemeinschaft ist, die über den Abschluss eines Geschäftes mit der GmbH abstimmt.[123]

bb) Mehrheit

41 § 745 Abs. 1 BGB ergänzt die Regelung des § 2038 Abs. 1 S. 2 Hs. 1 BGB. Erst aufgrund dieser Verweisung ergibt sich das Prinzip der Entscheidung durch **Mehrheitsentscheidung** bei ordnungsgemäßen Verwaltungsmaßnahmen. Aus Abs. 1 S. 2 ergibt sich, dass es nicht auf eine Mehrheit nach Köpfen ankommt, sondern auf die Höhe der Erbquote an der Gemeinschaft.[124] Auf die „Werthaltigkeit" der Erbquote kommt es nicht an. Stimmberechtigt bleibt daher auch der Miterbe, der aufgrund von Vorempfängen oder Schadensersatzansprüchen bei der Auseinandersetzung nichts mehr zu erwarten hat.[125] In Betracht kommt hier eventuell eine rechtsmissbräuchliche Stimmausübung, falls der Miterbe den Interessen der Erbengemeinschaft grob zuwiderhandelt.[126] Werden bei der **Abstimmung Miterben übergangen** (nicht angehört), ist der Beschluss wirksam, sofern eine absolute Mehrheit mitgestimmt hat (zu Schadenser-

---

116 BVerfG, Stattgebender Kammerbeschluss v. 28.5.2019 – 1 BvR 2833/16, Rn 27, juris.
117 Rißmann/*Möller*, Die Erbengemeinschaft, § 11 Rn 2; *Damrau*, EE 2014, 101, 103.
118 OLG Nürnberg, Urt. v. 19.5.2000 – 6 U 4052/99, ZErb 2001, 148, 150; Staudinger/*Löhnig*, § 2038 Rn 46.
119 BGH, Beschl. v. 23.5.2007 – IV ZR 19/06, Rn 11/12, juris.
120 BGH WM 1973, 360, 361.
121 OLG Hamm, Urt. v. 8.10.1968 – 4 U 167/67, zit. nach FHZivR 15 Nr. 3306; *Damrau*, EE 2014, 101, 103.
122 Rißmann/*Möller*, Die Erbengemeinschaft, § 11 Rn 8; *Damrau*, EE 2014, 101, 103.
123 BGH, Urt. v. 29.3.1971 – III ZR 255/68, BGHZ 56, 47–56, LS 1.1. u. Rn 30, juris.
124 BGH, Urt. v. 11.11.2009 – XII ZR 210/05, BGHZ 183, 131–143, Rn 37, juris.
125 MüKo/*Gergen*, § 2038 Rn 37.
126 MüKo/*Gergen*, § 2038 Rn 37.

satzansprüche siehe Rdn 42).[127] **Stimmenthaltungen** sind **nicht** mitzuzählen.[128] Stimmenenthaltung liegt auch dann vor, wenn der Miterbe trotz **zweifacher Aufforderung** keine Stimme abgibt.[129] Bei Erben, die zu je 1/2 an der Erbengemeinschaft beteiligt sind, gibt es keine Mehrheit. Wenn ein Erbe einen Anteil größer als 50 % an der Erbengemeinschaft hat, beherrscht er vorbehaltlich des Rechtsmissbrauchs die Erbengemeinschaft. Das Mehrheitsprinzip wird dadurch jedoch nicht außer Kraft gesetzt.[130] Die **Minderheit** in der Erbengemeinschaft wird durch das Recht **geschützt**, jederzeit die Auseinandersetzung zu verlangen, § 2042 BGB.[131] Außerdem gewährt § 745 Abs. 3 BGB jedem Erben ein nicht entziehbares Recht auf Teilhabe an der Nutzung des Nachlasses entsprechend seiner Erbquote (siehe Rdn 47). Zu prozessualen Möglichkeiten des überstimmten Miterben vgl. Rdn 73.

cc) Form der Beschlussfassung

Jeder Miterbe ist vor der Beschlussfassung **anzuhören**, insbesondere die Minderheiten. 42
Ein Verstoß hiergegen führt zwar nicht zur Unwirksamkeit des Beschlusses, begründet aber möglicherweise **Schadensersatzansprüche**.[132] Für die Beschlussfassung selbst gibt es **keine Form**- oder Verfahrensvorschriften. Die Beschlussfassung selbst kann formlos oder auch im schriftlichen Umlaufverfahren erfolgen.[133] Die Willenserklärung des einzelnen Erben ist **empfangsbedürftig**[134] und kann gegenüber jedem Erben erfolgen. Möglich sind auch wechselseitige Bevollmächtigungen der Erben oder dritter Personen.[135] Der überstimmte Miterbe kann **Feststellungsklage** erheben, wenn er der Auffassung ist, dass kein Fall der ordnungsmäßigen Verwaltung vorliegt. Den Vollzug des Mehrheitsbeschlusses kann er ggf. durch eine **einstweilige Verfügung** blockieren.[136]

b) Zu Abs. 2: Anspruch auf Regelung der Verwaltung und Benutzung

Jeder Miterbe hat Anspruch auf eine Regelung der Verwaltung und Benutzung, die 43
billigem Ermessen aller Miterben entspricht – also auch seinem eigenen, §§ 2038 Abs. 2, 745 Abs. 2 BGB.[137] Eine gerichtliche Entscheidung ist nur dann zulässig, wenn durch die Erbengemeinschaft weder eine Vereinbarung noch ein Beschluss getroffen worden ist, die billigem Ermessen entsprechen.[138] Liegt eine solche Regelung vor, dann kommt ein Anspruch auf **(Neu-)Regelung** oder eine gerichtliche Änderung nur in Betracht, wenn sich die Umstände seit der Regelung **wesentlich geändert** haben[139] oder wenn eine getroffene Regelung in einem bestimmten Punkt **lückenhaft** ist.[140]

---

127 BGH, Urt. v. 29.3.1971 – III ZR 255/68, BGHZ 56, 47–56, LS 1.2. u. Rn 35, juris.
128 *Damrau*, EE 2014, 101, 104 unter Hinw. auf BGHZ 83, 35 = NJW 1982, 1585 (Vereinsrecht).
129 *Lange/Kuchinke*, § 43 II 2 d; *Damrau*, EE 2014, 101, 104.
130 BGH, Urt. v. 19.9.2012 – XII ZR 151/10, Rn 10, juris.
131 *Lange/Kuchinke*, § 43 II 2 d.
132 BGH, Urt. v. 29.3.1971 – III ZR 255/68, BGHZ 56, 47–56, LS 1.2. u. Rn 35, juris; zweifelnd MüKo/*Schmidt*, § 745 Rn 19.
133 BGH, Urt. v. 11.11.2009 – XII ZR 210/05, BGHZ 183, 131–143, Rn 37, juris; Saarländisches OLG, Urt. v. 11.4.2018 – 5 U 41/17, Rn 25, juris; Grüneberg/*Retzlaff*, § 745 Rn 1.
134 OLG Hamm, v. 8.10.1968 – 4 U 167/67, FHZivR 15 Nr. 3306.
135 *Damrau*, EE 2014, 101, 103.
136 OLG Nürnberg, Urt. v. 19.5.2000 – 6 U 4052/99, ZErb 2001, 148, 150.
137 BGH, Urt. v. 6.7.1983 – IVa ZR 118/82, Rn 13, juris.
138 BGH, Urt. v. 24.6.1991 – II ZR 58/90, Rn 9, juris.
139 BGH, Urt. v. 24.6.1991 – II ZR 58/90, Rn 9, juris; BGH NJW 1993, 3326, 3327; BGH NJW 1961, 1299, 1301; Kündigung der einem Miterben übertragenen Verwaltung bei Vorliegen eines wichtigen Grundes.
140 MüKo/*Schmidt*, § 745 Rn 35.

44 Zum Gemeinschaftsrecht hat der BGH bereits 1987 entschieden, dass auch **Verfügungen** über Eigentumsrechte eine ordnungsgemäße Verwaltung darstellen und unter § 745 Abs. 2 BGB fallen können. Voraussetzung war in jener Entscheidung, dass die begehrte Regelung nach billigem Ermessen dem Interesse der Teilhaber entspricht und die Grenze des § 745 Abs. 3 BGB gewahrt, insbesondere eine übermäßige finanzielle Belastung des Anspruchsgegners vermieden wird.[141] Bei der Abwägung muss das Gericht die konkreten Verhältnisse und die bisherige Bestimmung und Benutzung berücksichtigen und die Interessen der Beteiligten gegeneinander abwägen.[142] Diese Entscheidung ist bereits in der **Berufungsinstanz** lediglich darauf zu überprüfen, ob sie auf grundsätzlich falschen oder offenbar unsachlichen Erwägungen beruht oder ob wesentliche Tatsachen außer Acht gelassen worden sind (vor der Änderung der ZPO im Jahr 2002 war der Prüfungsmaßstab erst in der Revisionsinstanz insoweit eingeschränkt).[143] Die Feststellungen des Gerichts müssen so umfassend erfolgen, dass eine Überprüfung anhand dieser Maßstäbe durch das Rechtsmittelgericht ermöglicht wird.[144]

45 Ein **Klageantrag** ist auf Einwilligung zu einer bestimmten Verwaltungs- und Benutzungsregelung zu richten.[145] Verklagt werden die widersprechenden Miterben. Das Gericht hat dann zu prüfen, ob die bisherige Regelung billigem Ermessen nicht entspricht und die Neuregelung diesen Anforderungen genügt.[146] Wird eine Regelung begehrt, die **nicht** billigem Ermessen und vernünftiger Interessenabwägung i.S.v. § 745 Abs. 2 BGB entspricht, muss die Klage abgewiesen werden, ohne dass auf eine interessengerechte Maßnahme nach dem Ermessen des Richters erkannt werden könnte.[147]

c) Zu Abs. 3

aa) S. 1: Keine wesentliche Veränderung

46 Eine **wesentliche Veränderung** des Nachlassgegenstandes ist keine ordnungsgemäße Verwaltung mehr und kann daher weder mehrheitlich beschlossen noch verlangt werden, §§ 2038 Abs. 2 S. 1, 745 Abs. 3 BGB. **„Gegenstand"** i.S.v. §§ 2038 Abs. 2 S. 1, 745 Abs. 3 BGB ist der **gesamte Nachlass.**[148] **„Wesentlich"** ist eine Veränderung i.S.v. § 745 Abs. 3 BGB, wenn durch die beabsichtigte Verwaltungsmaßnahme die Zweckbestimmung oder Gestalt des Nachlasses in **einschneidender** Weise **geändert** werden würde.[149] Die einem Miterben zustehende **Nutzungsquote** und das Vermögen der Erbengemeinschaft dürfen weder gefährdet noch gemindert werden.[150] Die Veräußerung eines von mehreren Nachlassgrundstücken ist jedoch eine bloße **Umstrukturierung** des Gesamtnachlasses, da im Wege der dinglichen Surrogation (§ 2041 S. 1 BGB) anstelle der Immobilie dann der Verkaufserlös tritt.[151] Die Umwandlung von einem fast ausschließlich aus Immobilien bestehenden Nachlass in Bar- und Wertpapiervermögen wäre hingegen regelmäßig eine wesentliche Veränderung. Der anlassbezogene Verkauf einer von vielen Eigentumswohnungen aus dem Nachlass muss hingegen **keine** wesent-

141 BGH, Urt. v. 4.5.1987 – II ZR 211/86, LS 1 u. Rn 10, juris.
142 BGH, Urt. v. 24.6.1991 – II ZR 58/90, Rn 9, juris.
143 BGH, Urt. v. 24.6.1991 – II ZR 58/90, Rn 9, juris.
144 BGH, Urt. v. 24.6.1991 – II ZR 58/90, Rn 9, juris.
145 MüKo/*Schmidt*, § 745 Rn 38 m.w.N.
146 MüKo/*Schmidt*, § 745 Rn 39.
147 BGH, Urt. v. 29.9.1993 – XII ZR 43/92, LS 1 u. Rn 14, juris.
148 BGH, Urt. v. 28.9.2005 – IV ZR 82/04, Rn 20 m.w.N. zur a.A. in Rn 19, juris.
149 BGH, Urt. v. 4.5.1987 – II ZR 211/86, NJW 1987, 3177; BGH, Urt. v. 20.12.1982 – II ZR 13/82, Rn 14, juris.
150 KG, Urt. v. 16.6.1953 – 9 U 610/52, NJW 1953, 1592; Staudinger/*Löhnig*, § 2038 Rn 39.
151 BGH, Urt. v. 28.9.2005 – IV ZR 82/04, Rn 23, juris.

liche Veränderung darstellen. Besteht der Nachlass **ausschließlich** aus einem Guthaben auf einem **Sparbuch** des Erblassers, kann in der Kündigung dieses Sparbuchs zum Zweck der Auszahlung an die Erben eine wesentliche Veränderung des Nachlasses liegen und daher die **Kündigung nicht** nach § 2038 Abs. 1 BGB **mehrheitlich** beschlossen werden.[152]

bb) S. 2: Einschränkung der Nutzungsbefugnis nur einstimmig

Auch die Mehrheit der Erbengemeinschaft kann gem. §§ 2038 Abs. 2, 745 Abs. 3 S. 2 47 BGB das Recht auf Nutzungen des einzelnen Miterben entsprechend seinem Erbteil am Nachlass nicht einschränken (**Schutz der Minderheit**).

3. Entsprechende Anwendung von § 746 BGB

§ 746 BGB Wirkung gegen Sondernachfolger 48

Haben die Teilhaber die Verwaltung und Benutzung des gemeinschaftlichen Gegenstands geregelt, so wirkt die getroffene Bestimmung auch für und gegen die Sondernachfolger.

Sondernachfolger i.S.v. § 746 BGB im Recht der Erbengemeinschaft sind der **Erbschaftskäufer**, §§ 2371 ff. BGB, sowie der **Pfändungsgläubiger.**[153] Jede wirksame Be- 49 stimmung der Erbengemeinschaft wirkt auch für und gegen den Erbschaftskäufer sowie Pfändungsgläubiger, **ohne** Rücksicht auf **Kenntnis** hiervon.

4. Entsprechende Anwendung von § 748 BGB

§ 748 BGB Lasten- und Kostentragung 50

Jeder Teilhaber ist den anderen Teilhabern gegenüber verpflichtet, die Lasten des gemeinschaftlichen Gegenstands sowie die Kosten der Erhaltung, der Verwaltung und einer gemeinschaftlichen Benutzung nach dem Verhältnis seines Anteils zu tragen.

Die Erbengemeinschaft hat die Lasten des Gesamthandvermögens, einzelner Nachlass- 51 gegenstände, von Verwaltungs- und Erhaltungskosten sowie Auslagen für eine gemeinsame Benutzung von Erbschaftsgegenständen grds. im Verhältnis ihrer Erbquoten zu tragen.[154] Die Verpflichtung ist zunächst auf das im Nachlass vorhandene Vermögen beschränkt, wobei auch **keine Vorschusspflicht** der Miterben besteht.[155] Der Aufwendungsersatzanspruch ist mit seinem Entstehen fällig[156] (siehe auch Rdn 66 zum Aufwendungsersatz bei Notverwaltungsmaßnahmen). Dem Ersatzanspruch von Kosten, die der Verwaltung und Erhaltung des Nachlasses dienen, kann nicht der Einwand der unzulässigen Teilauseinandersetzung entgegengehalten werden.[157] Die Kosten einer auch nur für einen Miterbenanteil angeordneten **Testamentsvollstreckung** sollen gemeinschaftliche Kosten der Verwaltung und von der gesamten Erbengemeinschaft zu tragen sein.[158] Klagt der Testamentsvollstrecker eines Miterben gegen einen anderen

---

152 KG, Beschl. v. 8.5.2018 – 4 U 24/17, juris (nachgehend BGH, Beschl. v. 3.4.2019 – IV ZR 327/18: Nichtzulassungsbeschwerde zurückgewiesen).
153 Grüneberg/*Retzlaff*, § 746 Rn 1.
154 MüKo/*Gergen*, § 2038 Rn 69.
155 Staudinger/*Löhnig*, § 2038 Rn 57.
156 BGH WM 1975, 196, 197.
157 OLG Köln OLGR 1996, 153, 155.
158 BGH, Urt. v. 22.1.1997 – IV ZR 283/95, LS u. Rn 13, juris; Rißmann/*Höhmann*, Die Erbengemeinschaft, § 13 Rn 81; a.A. BeckOGK/*Rißmann/Szalai*, § 2038 Rn 103.1.

Miterben und verliert den Prozess, so sind die Prozesskosten von der Erbengemeinschaft zu tragen.[159]

52 § 748 BGB ist **auch anwendbar**, wenn die Erbengemeinschaft mittlerweile auseinandergesetzt worden ist, aber ein regressberechtigter Miterbe i.R.d. Auseinandersetzung gem. §§ 2042 Abs. 2, 755 BGB keine Befriedigung erlangt hat.

53 **Nicht** zu den Verwaltungskosten gehören Aufwendungen, die eine – auch wertsteigernde – **Veränderung** eines Nachlassgegenstands und eine über die bisher beschlossene Gebrauchsbestimmung hinausgehende Nutzung ermöglichen sollen.[160] Kosten für Erhaltungsmaßnahmen, die während der Dauer der Erbengemeinschaft erforderlich geworden, aber **nicht ausgeführt** worden sind, fallen nicht unter § 748 BGB. Ein etwaiger Minderwert des Nachlassgegenstands wird dann bei der Teilung berücksichtigt.[161] Ebenfalls nicht zu den Verwaltungskosten gehört ein **Tätigkeitsentgelt** für eigene Tätigkeiten eines Miterben: Zeitaufwand und Arbeitskraft sind keine Kosten.[162] Miterben können mithin – entgegen einer häufig gänzlich anderen Erwartungshaltung der Mandanten – grundsätzlich **kein Entgelt** für Tätigkeiten für die Erbengemeinschaft im Rahmen der Verwaltungstätigkeit verlangen.[163] Auch die Ausstellung einer Vollmacht der Erbengemeinschaft zugunsten des Ehepartners eines Miterben führt nicht ohne weiteres zur Vereinbarung einer entgeltlichen Tätigkeit. Der Miterbe, der seinem **Ehepartner** – gleichwohl – ein **„Honorar"** für seine Tätigkeiten für den Nachlass gezahlt hat, kann dann gleichfalls **keinen Ersatz** von eigenen Aufwendungen nach §§ 2038 Abs. 2, 748 BGB verlangen. Denn der Miterbe wäre nicht verpflichtet gewesen, ein Honorar zu zahlen. Stattdessen hätte der Ehepartner *„seine Dienste im Rahmen eines familiär bedingten Gefälligkeitsverhältnisses"* erbracht.[164] Soweit eine **entgeltliche Tätigkeit** Dritter üblich und nach dem Verhältnis der Miterben zu erwarten gewesen wäre, kann u.U. aus **Geschäftsführung ohne Auftrag** und mithin aus **§ 683 BGB** ein Anspruch auf **Ersatz** von Aufwendungen hergeleitet werden.[165] In einem n.v. Fall des BGH hatten die Erben die Fortführung eines zum Nachlass gehörenden Unternehmens untereinander aufgeteilt; während ein Erbe die „technische Verrichtung" selbst vornahm, bediente sich der andere Erbe für die ihm übertragene „Buchhaltung" der Hilfe seiner Ehefrau; in dieser Konstellation hat der BGH dem Miterben, der für die „technische Verrichtung" zuständig war – also selbst tätig wurde –, eine „angemessene Vergütung" aus dem Nachlass zugestanden.[166]

V. Abs. 2 S. 2

54 Zu dem zunächst zu beachtenden § 743 BGB, auf den § 2038 Abs. 2 S. 1 BGB verweist, siehe Rdn 34 ff.

---

159 BGH, Urt. v. 25.6.2003 – IV ZR 285/02, LS u. Rn 12, juris.

160 MüKo/*Schmidt*, § 748 Rn 8.

161 MüKo/*Schmidt*, § 748 Rn 10.

162 BGH, Urt. v. 4.3.1992 – IV ZR 309/90, Rn 18, juris (ohne jegliche Begründung); MüKo/*Schmidt*, § 748 Rn 9.

163 KG, Urt. v. 11.3.2004 – 12 U 209/02, Rn 6 ff., juris; BGH, Urt. v. 4.3.1992 – IV ZR 309/90, Rn 18, juris: *„§§ 2038, 748 BGB geben keinen Anspruch auf Vergütung eigener Verwaltungstätigkeit eines Miterben."*

164 KG, Urt. v. 11.3.2004 – 12 U 209/02, Rn 12, juris.

165 MüKo/*Schmidt*, § 748 Rn 9; vgl. aber KG, Urt. v. 11.3.2004 – 12 U 209/02, Rn 7, juris: *„Dies* (kein Anspruch auf Vergütung eigener Verwaltungstätigkeit eines Miterben) *muss auch für Tätigkeiten gelten, die üblicherweise entgeltlich übernommen werden. Nahezu alle Tätigkeiten sind heutzutage kommerzialisiert. Ließe man anderes gelten, so könnte der Miterbe für die Entfaltung jedweder Tätigkeit gemäß §§ 2038 II, 748 BGB eine Vergütung verlangen."*

166 BGH, Urt. v. 24./27.1.1975 – IV ZR 33/73, zit. nach *Johannsen*, WM 1977, 270, 271.

1. Teilung erst bei der Auseinandersetzung

Früchte von Nachlassgegenständen werden Gesamthandsvermögen der Erbengemeinschaft, §§ 953, 2041 BGB. Bis zur Auseinandersetzung der Erbengemeinschaft (§§ 2042 ff. BGB) steht bei jedem Miterben lediglich seine Erbquote am Nachlass fest. Der konkrete Auszahlungsanspruch eines Miterben ergibt sich jedoch erst im Zeitpunkt der Auseinandersetzung, wenn die Schulden der Erbengemeinschaft getilgt und Ausgleichungsansprüche der Miterben gem. §§ 2050 ff. BGB berücksichtigt worden sind (siehe hierzu i.e. § 2047 BGB).[167] Aus diesem Grund verschiebt § 2038 Abs. 2 S. 2 BGB die Verteilung der Früchte **bis zur Auseinandersetzung.** So haben bspw. Mieteinnahmen bis zur Auseinandersetzung der Erbengemeinschaft ebenso wie Zinserträge und Einkünfte eines Handelsgeschäfts u.Ä. beim Nachlass zu verbleiben und kein Miterbe hat einen Anspruch auf eine (Vorschuss-)Zahlung.[168] Die Miterben können sich nur **einvernehmlich** (nicht hingegen durch Mehrheitsbeschluss) hierüber hinwegsetzen, § 745 Abs. 3 S. 2 BGB.[169] Ist ein solcher Beschluss gefasst worden, so kann er daher auch nur einvernehmlich wieder aufgehoben werden. Zur **Ausnahmeregelung** des § 2038 Abs. 2 S. 3 BGB bei Ausschluss der Auseinandersetzung für länger als ein Jahr siehe Rdn 56. 55

2. Früchte

Der Begriff „Früchte" ist in § 99 BGB legal definiert (siehe hierzu Rdn 35). § 2038 Abs. 2 S. 2 BGB ist nicht auf Nachlassgegenstände anwendbar, auch nicht analog, da eine Regelungslücke insoweit nicht besteht, sondern vielmehr § 2033 Abs. 2 BGB eine gegenteilige Regelung enthält. 56

VI. Abs. 2 S. 3

1. Auseinandersetzung länger als ein Jahr ausgeschlossen

§ 2038 Abs. 2 S. 3 BGB enthält eine Ausnahme des Grundsatzes, dass die Früchte der Erbengemeinschaft erst bei der Auseinandersetzung zu teilen sind (siehe Rdn 55). Diese – einzige – Ausnahme gilt nur bei **Ausschluss** der Auseinandersetzung für einen Zeitraum von **länger als einem Jahr**. Die Jahresfrist ist seit dem Erbfall zu berechnen, Rechtsgedanke aus § 188 Abs. 2 BGB. Sie gilt nicht bereits, wenn lediglich ein Jahr seit dem Erbfall vergangen ist. Die **bloße Verzögerung** der Auseinandersetzung über ein Jahr hinaus **genügt nicht**; dies gilt auch, wenn die Verzögerung durch den leistungspflichtigen Miterben verschuldet wird.[170] Erforderlich ist aufgrund des eindeutigen Wortlauts der Vorschrift, dass die Auseinandersetzung „ausgeschlossen" ist, mithin **ein Fall der §§ 2042 Abs. 2, 749 Abs. 2, 2043, 2044, oder 2045 BGB** vorliegt.[171] Schwierigkeiten bereiten Verfügungen mit einem bei Eintritt des Erbfalls **unbestimmten** Ende des Verbots (z.B. Ausschluss der Auseinandersetzung bis eine bestimmte Person eine Berufsausbildung abgeschlossen hat oder eine bestimmte Person verstorben ist). Hier kann beim Erbfall noch nicht festgestellt werden, ob ein Fall des § 2038 Abs. 2 S. 3 BGB vorliegt. Es kann hier jedoch allein auf eine nachträgliche Betrachtungsweise ankommen: Ist seit dem Erbfall mehr als ein Jahr vergangen und konnte die Erbengemeinschaft aufgrund eines kalendermäßig nicht bestimmbaren Auseinandersetzungsverbots nicht auseinandergesetzt werden, so erwächst der Anspruch auf 57

167 So bereits Planck/*Strohal*, § 2038 Ziff. 4.

168 Staudinger/*Löhnig*, § 2038 Rn 60.

169 OLG Hamburg, Urt. v. 11.5.1965 – 2 U 94/65, MDR 1965, 665.

170 OLG Hamburg, Urt. v. 11.5.1965 – 2 U 94/65, MDR 1965, 665.

171 Allg. Meinung, auch wenn § 2045 BGB von „aufgeschoben" anstelle von „ausgeschlossen" spricht, vgl. z.B. MüKo/*Gergen*, § 2038 Rn 68; Staudinger/*Löhnig*, § 2038 Rn 61; Grüneberg/*Weidlich*, § 2038 Rn 15.

Teilung des Reinertrags. Eine Betrachtung „im Vorhinein“ im Sinne einer „ex-ante-Beurteilung“ verbietet sich, da es dann auf bloße Mutmaßungen ankäme.

2. Am Schluss jedes Jahres

58 Die Formulierung des Gesetzes lässt offen, welcher Jahresschluss gemeint ist. Für den 31.12. als den Schluss des Kalenderjahres finden sich im BGB keine vergleichbaren Normen. Der Rechtsgedanke aus **§ 188 Abs. 2 BGB** lässt auf einen Zeitraum von **zwölf Monaten seit dem Erbfall** schließen. Dies führt in der Praxis jedoch zu Mehraufwand bei der Umsetzung, wenn das Abrechnungsjahr der Erbengemeinschaft („Geschäftsjahr“) – wie meist üblich – mit dem Kalenderjahr identisch ist und nicht zwölf Monate nach dem Erbfall endet, so dass der Gewinn und Verlust zu zwei Stichtagen ermittelt werden müsste.
Praktikabel und naheliegend ist – entsprechend der Regelung des **§ 721 Abs. 2 BGB** – der **Schluss des Geschäftsjahres,** mithin der Stichtag auf den die Erbengemeinschaft **steuerrechtlich** ihre **Gewinne und Verluste** einheitlich und gesondert feststellt.[172] Dieser Stichtag wird häufig identisch mit dem Schluss des Kalenderjahres sein,[173] zwingend ist dies hingegen nicht: Die Erbengemeinschaft kann auch einen hiervon abweichenden Zeitpunkt wählen. Im Jahr des Erbfalls erfolgt die Gewinnermittlung zweckmäßiger auf den 31.12. („Rumpfgeschäftsjahr“) und dann folgend jeweils zum Ende des Geschäftsjahres = Ende des Kalenderjahres. Hat sich die Erbengemeinschaft auf eine derartige Abrechnung verständigt, entsteht der Anspruch auf Verteilung erstmals am Schluss des Rumpfgeschäftsjahres.
Kann sich die Erbengemeinschaft auf eine derartige Abrechnung jedoch nicht **einvernehmlich** einigen,[174] wird der eine Fruchtteilung begehrende Miterbe **frühestens zwölf Monate nach dem Erbfall** diesen Anspruch erfolgreich geltend machen können (Arg. § 188 Abs. 2 BGB).

3. Teilung des Reinertrages

59 Unter Reinertrag sind die Einkünfte der Erbengemeinschaft abzüglich der Aufwendungen zu verstehen. Nach *Löhnig* habe sich die vorzeitige Verteilung der Früchte an dem Anteil der Erben an dem Nachlass zu orientieren, da es eine vorweggenommene Auseinandersetzung sei.[175] Wer also aufgrund eines Vorempfangs keinen Anspruch auf ein Auseinandersetzungsguthaben hätte, würde auch an der Fruchtziehung nicht zu beteiligen sein.[176] Diese Auffassung findet im Gesetz keinen Rückhalt und erscheint auch nicht praxisgerecht: Solange ein Miterbe an der Erbengemeinschaft beteiligt ist, ist er bei der Verteilung der Früchte ohne Einschränkung zu berücksichtigen. Hieran ändern auch etwaige **Vorempfänge** eines Miterben gem. §§ 2050 ff. BGB nichts, die er sich bei der Auseinandersetzung anrechnen lassen muss. Denn die endgültig zur Verteilung anstehende Erbmasse steht erst fest, wenn keine Erträge mehr realisiert werden. Erst dann lässt sich endgültig bestimmen, welches Auseinandersetzungsguthaben einem Erben zusteht. Mag es zwar sein, dass aus der Sicht eines Jahres einem Erben (mutmaßlich) kein Anspruch mehr auf Auszahlung bei der Auseinandersetzung der Erbengemeinschaft zusteht. Dies kann sich jedoch im folgenden Jahr schon wieder ändern, weil die Erbengemeinschaft weitere Erträge erzielt, die zusammen mit dem übrigen Auseinandersetzungsguthaben über den Vorempfängen des Miterben liegen. Es ist daher kein Grund ersichtlich, bereits bei der Teilung des Nettoertrages einen

172 Vgl. hierzu Rißmann/*Unger*, Die Erbengemeinschaft, § 23 Rn 13 ff.
173 Planck/*Strohal*, § 2038 Ziff. 4.
174 Planck/*Strohal*, § 2038 Ziff. 4.
175 Staudinger/*Löhnig*, § 2038 Rn 61.
176 Staudinger/*Löhnig*, § 2038 Rn 61.

Miterben auszuschließen, zumal der Wortlaut der Vorschrift dafür nichts hergibt. Nicht entsprechend anwendbar ist die Vorschrift auf **Abschlagszahlungen** auf den Erbteil.[177]

C. Rechtsfolgen

I. Außerordentliche Verwaltung (Abs. 1 S. 1)

1. Miterben haben gemeinschaftlich gehandelt

60 Die **gemeinschaftlich** und **offen erkennbar** für den Nachlass handelnden Miterben haften **nicht** mit ihrem **Eigenvermögen**, sondern ausschließlich mit dem Nachlass.[178] Ist ein Handeln für den Nachlass nicht erkennbar, gilt **§ 164 Abs. 2 BGB** und die Miterben haften auch persönlich. Die Miterben sind jedoch einander **nicht verpflichtet**, eine persönliche Haftung einzugehen.[179]

2. Miterben haben nicht gemeinschaftlich gehandelt

61 Ein Verstoß gegen den Grundsatz des gemeinschaftlichen Handelns macht die Handlung im Innen- und Außenverhältnis unwirksam. Bei Verwaltungshandlungen innerhalb der Erbengemeinschaft werden die nicht handelnden Miterben nicht gebunden, die Handlung ist für die Miterben ohne Bedeutung.[180] Bei Verwaltungshandlungen nach außen tritt keine Wirkung der Rechtsgeschäfte ein. Die Handelnden haften ggf. aus § 179 BGB oder aus § 311 Abs. 2 u. 3 BGB (culpa in contrahendo).[181]

II. Ordnungsmäßige Verwaltung (§ 2038 Abs. 1 S. 2 Hs. 1 BGB)

1. Maßnahme war Fall ordnungsmäßiger Verwaltung, Mehrheitsbeschluss liegt vor

62 Der Mehrheitsbeschluss **ermächtigt** den handelnden Erben, die Erbengemeinschaft als Ganzes auch im Außenverhältnis zu verpflichten.[182]

2. Maßnahme war kein Fall ordnungsmäßiger Verwaltung gem. § 2038 Abs. 1 S. 2 Hs. 1 BGB

63 War eine Maßnahme ungeeignet für die Erhaltung des Nachlasses, so ist sie **für die Miterben unverbindlich** und nach **außen unwirksam.**[183] Es soll zu prüfen bleiben, ob die Erbengemeinschaft eventuell nach den Grundsätzen der **Geschäftsführung ohne Auftrag** verpflichtet wird.[184] Es scheinen aber kaum Fälle denkbar, die zwar die Voraussetzungen des § 683 BGB erfüllen (Geschäftsführung entsprach Interesse und wirklichem oder mutmaßlichem Willen des Geschäftsherrn), dabei dann jedoch kein Fall der ordnungsgemäßen Verwaltung sind. Daher wird sich stattdessen regelmäßig ein Anspruch der Erbengemeinschaft gegenüber dem handelnden Miterben aus § 678 BGB (Geschäftsführung gegen den Willen des Geschäftsherrn) ergeben.

---

177 Staudinger/*Löhnig*, § 2038 Rn 61.
178 BGH BB 1968, 769, 770.
179 MüKo/*Gergen*, § 2038 Rn 29.
180 Staudinger/*Löhnig*, § 2038 Rn 13.
181 Staudinger/*Löhnig*, § 2038 Rn 13.
182 BGHZ 56, 47, 50 = NJW 1971, 1265; BGH, Urt. v. 20.10.2010 – XII ZR 25/09, Rn 20, juris; OLG Hamm, Beschl. v. 21.11.2012 – I-15 W 338/12, Rn 9, juris.
183 BGH, Urt. v. 17. 9. 1958, NJW 1958, 2061.
184 BGH, Urt. v. 20.5.1987 – IVa ZR 42/86, Rn 7, juris (bei Überschreitung des Notverwaltungsrechts; in der Begründung beschränkt der BGH die Anwendbarkeit der GoA jedoch nicht ausdrücklich auf das Notverwaltungsrecht); zur Kritik zur Anwendung der GoA: BeckOGK/*Rißmann*/*Szalai*, § 2038 Rn 125.1 f.

3. Verletzung der Mitwirkungspflicht gem. Abs. 1 S. 2 Hs. 1

a) Im Vorfeld der Maßnahme

64 Im Vorfeld einer Maßnahme, die einen Mehrheitsbeschluss erfordert, kann die Mitwirkung der Miterben im **Klagewege** erzwungen werden. Zu verklagen sind die Erben, die entweder gegen die Maßnahme gestimmt haben oder sich überhaupt nicht an der Verwaltung beteiligt haben (siehe auch Rdn 74). Liegt ein Beschluss der Erbengemeinschaft noch nicht vor, ist ausschließlich die weiter reichende Klage auf Zustimmung zu der beabsichtigten Maßnahme zu erheben, nicht lediglich Feststellungsklage, für die kein Rechtsschutzbedürfnis besteht (siehe auch Rdn 74). Die sich widersetzenden Erben können sich **schadensersatzpflichtig** machen, wenn sie ihre Mitwirkungspflichten schuldhaft verletzen. Die Anspruchsgrundlage ist § 280 Abs. 1 BGB, positive Forderungsverletzung.[185]

b) Nachhinein

65 Mitwirken bedeutet nicht ausschließlich ein Handeln oder Einwilligung (vorherige Zustimmung, § 183 S. 1 BGB) im Vorfeld der Verwaltungsmaßnahme. Handelt der Miterbe zunächst ohne einen Mehrheitsbeschluss, so erfolgt dies auf eigenes Risiko. Er läuft dann Gefahr, schlussendlich allein für die Maßnahme mit seinem Vermögen zu haften. Er kann jedoch gleichwohl ggf. noch auf **Genehmigung** (nachträgliche Zustimmung, § 184 Abs. 1 BGB) seiner Maßnahme klagen, um hierdurch eine Haftung der übrigen Erben zu erreichen. Geht es ausschließlich um **Aufwendungsersatz** und kommt es dem Miterben nicht darauf an, die übrigen Erben auch sonst in die Haftung zu nehmen, so kann der Miterbe sogleich auf Zahlung klagen. Hierbei muss der klagende Miterbe den auf sich selbst entfallenden Anteil an den Aufwendungen abziehen.[186]

III. Notwendige Maßregeln gem. Abs. 1 S. 2 Hs. 2

1. Objektiv lag Fall der Notverwaltung vor

66 Lagen die Voraussetzungen der Notverwaltung vor, werden im Innenverhältnis alle Miterben durch den handelnden Miterben zueinander verpflichtet. Der handelnde Miterbe kann außerdem im Außenverhältnis die Erbengemeinschaft verpflichten, ohne dass die Erben die Maßnahme genehmigen müssten (zum Verfügungsrecht siehe unten Rdn 70).[187] Zur Vermeidung einer persönlichen Haftung muss der handelnde Erbe entweder im Namen der Erbengemeinschaft handeln oder seine Haftung auf den Nachlass beschränken.[188] Im Streitfall hat der handelnde Erbe zu beweisen, dass die Haftung auf den Nachlass beschränkt ist.

67 Nach *Krug* kann der handelnde Miterbe i.R.d. Notverwaltung einen **Vorschuss** gem. § 669 BGB von der Erbengemeinschaft fordern.[189] In der Praxis wird man dann jedoch keinen Vorschuss von den Erben fordern, sondern die Zustimmung der Miterben herbeiführen: Jede Notverwaltung ist auch ein Fall der ordnungsgemäßen Verwaltung, bei der durch eine Mehrheitsentscheidung die Erbengemeinschaft verpflichtet und eine Nachlassverbindlichkeit begründet wird (siehe Rdn 24 ff.). Hätte der Miterbe Zeit, einen Vorschuss zu fordern, kann die Maßnahme nicht dringlich sein. Es bleibt also lediglich das Kriterium der Erforderlichkeit der Maßnahme für die Erhaltung des Nachlasses (siehe Rdn 25). Ist die Maßnahme jedoch lediglich erforderlich, hat der

185 BGH, Urt. v. 28.9.2005 – IV ZR 82/04, Rn 10, juris; OLG Düsseldorf, Urt. v. 16.2.2018 – I-7 U 59/16, Rn 48 ff., juris; Rißmann/*Rißmann*, Die Erbengemeinschaft, § 9 Rn 41 ff. m. Musterklage.

186 MüKo/*Gergen*, § 2038 Rn 52.

187 MüKo/*Gergen*, § 2038 Rn 63.

188 MüKo/*Gergen*, § 2038 Rn 29, 63.

189 *Krug/Rudolf/Kroiß/Bittler*, Anwaltformulare Erbrecht, § 12 Rn 70.

Miterbe ausreichend Zeit, den „besseren" Weg zu wählen, und kann die Erben auf Zustimmung in Anspruch nehmen. Jedenfalls kann der handelnde Miterbe von der Erbengemeinschaft **Ersatz seiner Aufwendungen** nach §§ 2038 Abs. 2, 748 BGB verlangen (siehe Rdn 51) und muss damit auch nicht bis zur Auseinandersetzung der Erbengemeinschaft warten.

Jeder Miterbe ist jedoch nicht nur berechtigt, sondern auch **verpflichtet**, Maßnahmen der Notverwaltung zu ergreifen. Ein Miterbe, der schuldhaft keine Notverwaltungsmaßnahmen ergreift und hierdurch den Nachlass schädigt, ist dem Nachlass **schadensersatzpflichtig.**[190] Zum Verhältnis von Abs. 1 S. 2 Hs. 2 zu § 2040 BGB bei Verfügungen im Rahmen von Notverwaltungsmaßnahmen siehe Rdn 70. 68

2. Objektiv lag kein Fall der Notverwaltung vor

Eine Maßnahme der Notverwaltung ist stets auch ein Fall der ordnungsgemäßen Verwaltung (siehe bereits Rdn 25). Handelt der Miterbe im Rahmen einer vermeintlichen **Notverwaltung,** lag objektiv jedoch nicht die erforderliche Dringlichkeit vor bzw. war die Maßnahme für die Erhaltung des Nachlasses nicht erforderlich (siehe bereits Rdn 25), so ist zunächst zu prüfen, ob (wenigstens) die Voraussetzungen einer ordnungsgemäßen Verwaltung vorgelegen haben. Nach einer Entscheidung des BGH[191] kann der handelnde Miterbe bei Überschreitung des Notverwaltungsrechts Aufwendungsersatz über die Regelungen der **Geschäftsführung ohne Auftrag** verlangen. Diese Entscheidung übersieht, dass die Notverwaltung auch ein Fall der ordnungsgemäßen Verwaltung sein muss[192] und die Miterben dann zur Mitwirkung verpflichtet sind. Mitwirkung ist jedoch nicht lediglich im Sinne einer Einwilligung, also der vorhergehenden Zustimmung (§ 183 Abs. 1 S. 1 BGB) zu verstehen. Hat ein Miterbe – zunächst auf eigenes Risiko – für die Erbengemeinschaft gehandelt, so kommt auch eine Genehmigung (nachträgliche Zustimmung, § 184 Abs. 1 BGB) in Betracht (siehe bereits Rdn 65). Liegen die Voraussetzungen der ordnungsgemäßen Verwaltung vor, so sind die Miterben bei Überschreitung des Notverwaltungsrechts über Abs. 1 S. 2 Hs. 1 **verpflichtet, mitzuwirken,** und ggf. dementsprechend auch zu verurteilen (zu den Rechtsfolgen siehe Rdn 64). Versäumt der Miterbe dies, so hat er für die Folgen der Überschreitung seines Verwaltungsrechts selbst einzustehen.[193] Hinsichtlich des Aufwendungsersatzes des handelnden Miterben bedarf es keines Rückgriffes auf die Regeln der Geschäftsführung ohne Auftrag: Der Maßstab der Prüfung ist und bleibt § 2038 BGB. 69

IV. Verhältnis zu § 2040 BGB

Unter ausdrücklicher Aufgabe der bisher gegenteiligen Rechtsprechung hat der BGH 2009 entschieden, dass es Fälle geben kann, in denen § 2040 BGB durch § 2038 BGB „verdrängt" wird.[194] So kann bspw. die Kündigung eines Mietvertrages oder eines Darlehensvertrages mehrheitlich nach Abs. 1 S. 2 Hs. 1 erfolgen (und nicht einstimmig nach § 2040 BGB), wenn es sich um eine Maßnahme ordnungsgemäßer Verwaltung handelt.[195] In Fällen der Verfügungen im Rahmen von **Notverwaltungsmaßnahmen** 70

190 BGH, Urt. v. 23.9.1953 – VI ZR 313/52, JZ 1953, 706; BGHZ 6, 76, 85.
191 NJW 1987, 3001.
192 BGH, Urt. v. 8.5.1952 – IV ZR 208/51, BGHZ 6, 76, LS 2 sowie S. 81.
193 BGH, Urt. v. 8.5.1952 – IV ZR 208/51, BGHZ 6, 76, 85.
194 BGH, Urt. v. 11.11.2009 – XII ZR 210/05, Rn 14 f., juris; vgl. hierzu auch bereits oben Rdn 18.
195 BGH, Urt. v. 11.11.2009 – XII ZR 210/05, Rn 26, juris (Mietvertrag); BGH, Beschl. v. 3.12.2014 – IV ZA 22/14, Rn 2, juris (Darlehensvertrag).

ging bereits nach bisheriger Rechtsprechung des BGH Abs. 1 S. 2 Hs. 2 der Regelung des § 2040 BGB vor.[196]
Denkt man diese Änderung der Rechtsprechung konsequent weiter, müssten bspw. auch Verfügungen über Immobilien durch die Erbengemeinschaft im Rahmen ordnungsgemäßer Verwaltung mehrheitlich möglich sein. Die Einhaltung der Form des § 29 Abs. 1 GBO ergäbe sich jedenfalls konkludent durch die Beurkundung der Auflassung durch die Mehrheit der Erben (zur Form der Beschlussfassung vgl. Rdn 42). Dieser Mehrheitsbeschluss ermächtigt die handelnden Erben. Das OLG Hamm lehnte diesen Weg 2014 mit der Begründung ab, dass dies *„eine Nachprüfung tatsächlicher Verhältnisse voraus(setzt), die im Grundbucheintragungsverfahren nicht stattfindet“*.[197] Dabei wirft das OLG mit Recht eine offensichtliche Frage auf: Wie soll der Empfänger der Erklärung (hier: Auflassung) feststellen können, ob es sich um eine Maßnahme ordnungsgemäßer Verwaltung handelt? Der BGH sah in seinen Entscheidungen aus den Jahren 2009 und 2014 offensichtlich kein Problem darin, dieses Bewertungsrisiko auf den Empfänger der Kündigung abzuwälzen. Man wird daher im speziellen Fall des Grundbuchverfahrens sogar noch eher dazu gelangen können oder sogar gelangen müssen, dass das **Grundbuchamt** die **Wirksamkeit** der Ermächtigung durch Mehrheitsbeschluss (vergleichbar mit der Wirksamkeit einer erteilten Vollmacht) **nicht** dahingehend zu **prüfen** hat, ob ein Fall der ordnungsgemäßen Verwaltung vorliegt. Naheliegend wird es sein, dem Grundbuchamt lediglich ein Prüfungsrecht dahingehend einzuräumen, ob die Mehrheit der Erben verfügt – nicht jedoch, ob es eine Maßnahme ordnungsgemäßer Verwaltung ist. Selbst wenn man der Meinung sein sollte, dass das Grundbuchamt sogar insoweit ein Prüfungsrecht hätte, so dürften die Anforderungen hier nicht überzogen werden: Verfügt die Erbenmehrheit entgeltlich und nicht gegen eine testamentarische Verfügung (Teilungsverbot, Teilungsanordnung oder Vorausvermächtnis), so darf das Grundbuchamt eine Maßnahme ordnungsgemäßer Verwaltung annehmen. Die Voraussetzungen kann die Erbenmehrheit ebenso nachweisen wie der Testamentsvollstrecker, wenn die Frage seines Verfügungsrechts geprüft wird (Prüfung, ob Testamentsvollstrecker nicht gegen das Verbot unentgeltlicher Verfügungen verstößt, § 2205 S. 3 BGB, vgl. hierzu § 2205 Rdn 17 ff.).
Das OLG München hat im Jahr 2018 eine Eintragung lediglich noch deswegen abgelehnt, weil durch den Antragsteller *„mit den vorgelegten Urkunden (...) weder ein (wirksamer) Beschluss zur Mehrheitsverwaltung noch die Ordnungsgemäßheit der von den Beteiligten als Verwaltungsmaßnahme gewerteten Verfügung nachgewiesen“* wurde.[198] Wenngleich die Antragsteller in diesem Fall nicht erfolgreich waren, scheint es auf den ersten Blick so, als ob erstmals ein OLG die grundsätzliche Möglichkeit der **Prüfung** der **Ordnungsmäßigkeit** der **Verwaltungsmaßnahme** im **Grundbucheintragungsverfahren** sieht. Denn der Senat legt ausführlich dar, nach welchen Kriterien die Ordnungsgemäßheit zur prüfen wäre und dass den Antragstellern dieser Nachweis nicht gelungen sei. Am Ende dieser Ausführungen findet sich dann allerdings auch der Satz, dass *„(...) das Grundbuchamt in der Regel – und auch hier – die Ordnungsmäßigkeit der Verwaltung nicht nachprüfen (kann)“*:[199] ein Satz, der im Widerspruch zu den vorangegangenen Ausführungen steht.
Die Frage, ob ein Fall des § 2038 BGB (gemeinschaftliches Handeln nicht zwingend notwendig) oder ein Fall des § 2040 BGB (gemeinschaftliches Handeln zwingend

196 BGH NJW 1989, 2694, 2697 – ohne nähere Begründung; a.A. mit überzeugenden Argumenten: Staudinger/*Löhnig*, § 2038 Rn 27a.
197 OLG Hamm, Beschl. v. 5.2.2014 – I-15 W 1/14, Rn 4, juris.
198 OLG München, Beschl. v. 3.8.2018 – 34 Wx 196/18, Rn 22, juris.
199 OLG München, Beschl. v. 3.8.2018 – 34 Wx 196/18, Rn 28, juris.

notwendig) vorliegt, wenn es sich um eine Verfügung als Verwaltungsmaßnahme handelt, wird in der Praxis weiterhin Schwierigkeiten bereiten. Insbesondere bei Kündigungserklärungen wird es dem Adressaten der Kündigung selten möglich sein, verlässlich zu prüfen, ob die Kündigung für die Erbengemeinschaft – also außerhalb seines Wahrnehmungsbereiches – eine Maßnahme ordnungsgemäßer Verwaltung darstellt.[200]

D. Verfahrensfragen und Prozesstaktik

I. Außergerichtliche Taktik

1. Mitgebrauch und Nutzungsentschädigung

Für eine erfolgreiche Vertretung eines Miterben bei der Auseinandersetzung der Er- 71
bengemeinschaft kommt es maßgebend darauf an, sowohl auf passive als auch auf „zu aktive" Miterben unverzüglich und konsequent zu reagieren. Nur so kann eine Benachteiligung des Mandanten verhindert werden. So ist ein Miterbe, der einen Nachlassgegenstand eigenmächtig in Besitz nimmt und nutzt, unverzüglich aufzufordern, dem Mandanten entweder **Mitbesitz einzuräumen** oder aber eine Nutzungsentschädigung zu zahlen. Die Miterben sind nicht verpflichtet, von sich aus den Mitgebrauch anzubieten (siehe auch Rdn 36 f.).[201]
In der Praxis sind häufig Fälle anzutreffen, in denen ein Miterbe – z.B. der überlebende Ehegatte – den Nachlass „allein in Besitz" nimmt: Den übrigen Erben wird der Zugang zum Wohnhaus u.Ä. des Erblassers (und des überlebenden Ehepartners) verwehrt und somit auch der Zugang zu sonstigen im Haus befindlichen Nachlassgegenständen verhindert, ohne dass sich die Erben hierüber gem. §§ 2038 Abs. 2 S. 1, 745 Abs. 2 BGB verständigt haben (siehe auch Rdn 37).[202] §§ 2038 Abs. 2, 743 Abs. 2 BGB gewährt hier den ausgeschlossenen Erben einen **petitorischen Anspruch**. Die vom Gebrauch ausgeschlossenen Erben sind somit **nicht** darauf beschränkt, lediglich die possessorischen Ansprüche über § 857 BGB geltend zu machen. Der vom Gebrauch ausgeschlossene Miterbe muss auch etwaigen Widerspruch nicht erst durch Klage brechen, da jeder Miterbe selbstständig zum Gebrauch der Nachlassgegenstände befugt ist, §§ 2038 Abs. 2, 743 Abs. 2 BGB.[203] Dabei ist es unerheblich, ob die gesamte Immobilie oder – wie häufig – lediglich eine ideelle Hälfte in den Nachlass gefallen ist (und die andere Hälfte dem überlebenden Ehegatten gehört).

2. Tätigkeitsentgelt

Miterben können – entgegen einer häufig gänzlich anderen Erwartungshaltung des 72
Mandanten – grundsätzlich kein Entgelt für Tätigkeiten für die Erbengemeinschaft i.R.d. Verwaltungstätigkeit verlangen (siehe Rdn 53).

II. Überstimmter Miterbe

Der überstimmte Miterbe kann Feststellungsklage erheben, wenn er der Auffassung 73
ist, dass kein Fall der ordnungsgemäßen Verwaltung vorliegt. Den Vollzug des Mehrheitsbeschlusses kann er ggf. durch eine einstweilige Verfügung blockieren.[204]

---

200 Zur Kritik an der Rspr. des BGH vgl. Rißmann/*Rißmann*, Die Erbengemeinschaft, § 4 Rn 79 ff. sowie auch jurisPK-BGB/*Schütte*, § 2040 Rn 16 ff.

201 Uricher/*Rißmann*, Erbrecht, § 3 Rn 70 ff. mit Muster eines Aufforderungsschreibens.

202 Vgl. hierzu *Damrau*, ZErb 2009, 322; zur strafrechtlichen Relevanz dieses Verhaltens vgl. Rißmann/*Tiemer*, Die Erbengemeinschaft, § 25 Rn 28 ff.

203 BGH, Urt. v. 16.6.1978 – V ZR 73/77, Rn 7, juris.

204 OLG Nürnberg, Urt. v. 19.5.2000 – 6 U 4052/99, ZErb 2001, 148, 150.

III. Beweislast

74 Klagt ein Miterbe auf Zustimmung zu einer bestimmten Verwaltungsmaßnahme, muss er **darlegen und beweisen**, dass diese Maßnahme zur ordnungsgemäßen Verwaltung erforderlich ist.[205]

IV. Zwangsvollstreckung

1. Verweigerte Zustimmung

75 Das obsiegende **Urteil** gegen einen Miterben, der seine Mitwirkung verweigert hat, **ersetzt** gem. § 894 ZPO seine verweigerte **Zustimmung**. Daher muss die abzugebende Willenserklärung in dem Urteil inhaltlich so bestimmt und eindeutig bezeichnet sein, dass ihre rechtliche Bedeutung feststeht (siehe hierzu auch Rdn 14).[206] Notfalls kann hier eine Auslegung durch Heranziehung des Tatbestands und der Entscheidungsgründe erfolgen. **Handlungen** werden nach §§ 887, 888 ZPO **vollstreckt.**

2. Anspruch auf Verteilung der Früchte

76 Der **Anspruch** des Miterben gem. § 2038 Abs. 2 S. 2 BGB auf **Teilung** des **Reinertrages**, wenn die Auseinandersetzung länger als ein Jahr ausgeschlossen ist, ist selbstständig **pfändbar** und **abtretbar.** Dieser Anspruch zählt nicht zu den Nachlassgegenständen i.S.v. § 2033 Abs. 2 BGB, weswegen die Beschränkungen des § 859 Abs. 1 S. 2, Abs. 2 ZPO nicht gelten. Da sich der Anspruch gegen die Erbengemeinschaft richtet, sind die Miterben **Drittschuldner.**

E. Haftungsfallen

I. Mandant ist Miterbe

77 Der Rechtsanwalt, der einen Miterben berät, wird ihn über die verschiedenen Möglichkeiten der Verwaltung und die damit einhergehenden Verpflichtungen ausführlich zu beraten haben. Der Miterbe muss sich seines Risikos bewusst sein, wenn er ohne Zustimmung aller Erben handelt. Häufig wird versucht, eigenmächtiges Handeln von Miterben hinter dem Begriff der **„Notverwaltung“** zu verbergen. Ein Fall der Notverwaltung liegt jedoch deutlich seltener vor, als in der Praxis von Miterben behauptet wird. Um die Dringlichkeit beweisen zu können, muss der Rechtsanwalt daher ausreichend Beweise sichern, aus denen sich bspw. die Unerreichbarkeit der übrigen Miterben ergibt. „Unbequeme“ Miterben können nicht einfach „vergessen“ oder ihre ablehnende Haltung durch vermeintliche „Notverwaltung“ umgangen werden. Vorsicht ist auch geboten, wenn der Miterbe die Dringlichkeit selbst absichtlich herbeigeführt hat, um dann alleine handeln zu können. Konnte oder musste ihm von vornherein klar sein, dass er keinen Mehrheitsbeschluss erreichen würde, so wird er nicht über diese „Hintertür“ die Erbengemeinschaft verpflichten können. Das Herbeiführen der Dringlichkeit, bspw. durch Verzögern von Maßnahmen, bis diese dringlich werden oder die Miterben unerreichbar sind, oder durch Zurückhalten von Informationen gegenüber den Miterben, ist meist ein sicheres Zeichen dafür, dass der Miterbe damit rechnete, keinen Mehrheitsbeschluss zu erreichen. Der Miterbe riskiert hier auch **Schadensersatzansprüche** der Erbengemeinschaft aus positiver Forderungsverletzung, § 280 Abs. 1 BGB (siehe Rdn 64 f.). Zum Risiko der **Interessenkollision** siehe bereits § 2032 Rdn 35 f.[207]

205 Baumgärtel/*Schmitz*, Handbuch der Beweislast, § 2038 Rn 1.
206 KG, Beschl. v. 15.12.2022 – 19 W 158/22, Rn 20, juris; MüKoZPO/*Gruber*, § 894 Rn 11.
207 Ausführlich hierzu auch Rißmann/*Rißmann*, Die Erbengemeinschaft, § 29 Rn 1 ff.

II. Erbengemeinschaft ist Gegner/Vertragspartner

78 Vertritt der Rechtsanwalt etwaige Vertragspartner einer Erbengemeinschaft, so hat er vorsorglich darauf zu achten, dass die Zustimmung sämtlicher Erben vorliegt.

§ 2039 Nachlassforderungen

[1]Gehört ein Anspruch zum Nachlass, so kann der Verpflichtete nur an alle Erben gemeinschaftlich leisten und jeder Miterbe nur die Leistung an alle Erben fordern. [2]Jeder Miterbe kann verlangen, dass der Verpflichtete die zu leistende Sache für alle Erben hinterlegt oder, wenn sie sich nicht zur Hinterlegung eignet, an einen gerichtlich zu bestellenden Verwahrer abliefert.

Literatur

Bonefeld, Die Klage des Miterben auf Leistung an sich, FAErbR 2006, 12.

Übersicht: Rdn

A. Allgemeines

1 § 2039 BGB entspricht im Wesentlichen der Regelung des § 432 Abs. 1 BGB. Da das Vermögen der Erbengemeinschaft gesamthänderisch gebunden ist, können Leistungen nur an die Erben gemeinschaftlich erfolgen. Ebenso könnten aufgrund der gesamthänderischen Bindung aber die Erben auch Forderungen des Nachlasses grundsätzlich nur gemeinschaftlich geltend machen. Selbst wenn es sich bei der Geltendmachung der Forderung um einen Fall der ordnungsgemäßen Verwaltung handeln würde (siehe § 2038 Rdn 15 ff.), wären die Erben stets gezwungen, einen Mehrheitsbeschluss herbeizuführen. Widerspenstige oder passive Erben müssten dann ggf. im Klagewege zur Mitwirkung gezwungen werden[1] (siehe hierzu i.Ü. § 2038 Rdn 14). Um der Erbengemeinschaft hier den Handlungsspielraum zu erweitern, eröffnet § 2039 BGB jedem

1 Staudinger/*Löhnig*, § 2039 Rn 1.

Erben das Recht, Forderungen für den Nachlass geltend zu machen. § 2039 BGB gilt ausschließlich für Forderungen, die **für** den **Nachlass** geltend gemacht werden; Forderungen **gegen** den **Nachlass** sind nach **§§ 2058 ff. BGB** zu beurteilen.

B. Tatbestand

I. S. 1

1. Anspruch gehört zum Nachlass

2 Ein Anspruch i.S.d. Legaldefinition des § 194 BGB gehört zum Nachlass, wenn es sich um Ansprüche der Erbengemeinschaft handelt, die nach dem Erbfall entstanden sind oder es sich um Ansprüche des Erblassers handelt, die mit dem Erbfall auf die Erbengemeinschaft übergegangen sind. Ansprüche des Erblassers können sowohl schuldrechtlicher, als auch dinglicher sowie öffentlich-rechtlicher Natur sein. Für eine **Vollstreckungsgegenklage** gem. § 767 ZPO gegen die Zwangsvollstreckung in ein Nachlassgrundstück ist ein Miterbe ebenfalls gem. § 2039 BGB prozessführungsbefugt, wenn damit ein zum Nachlass gehörender Anspruch durchgesetzt werden soll.[2] Als eine Nachlassforderung i.S.v. § 2039 BGB sieht der BFH auch den Anspruch auf Erlass gem. § 227 Abs. 1 AO an.[3] Zu den Ansprüchen i.S.v. § 2039 BGB gehört gleichfalls der **Rechnungslegungsanspruch** gegen den **Testamentsvollstrecker** (§§ 2218, 666 BGB): Ein Miterbe kann diesen Anspruch allein geltend machen, muss allerdings Leistung an alle Miterben verlangen.[4] Die Ausübung von **Gestaltungsrechten** fällt **nicht** unter § 2039 BGB.[5] Für Gestaltungsrechte gilt stattdessen § 2038 BGB (siehe § 2038 Rdn 4 ff.), wenn eine Verfügungswirkung mit dem Gestaltungsrecht verbunden ist, gilt grundsätzlich § 2040 BGB (gemeinschaftliche Verfügung),[6] möglicherweise aber auch § 2038 BGB (mehrheitliche Verfügung, vgl. § 2038 Rdn 15 und 69). Der Anspruch aus **§ 2287 BGB** gehört **nicht** zum Nachlass (siehe Rdn 19).[7]

2. An alle Erben gemeinschaftlich

3 Ebenso wie in § 432 Abs. 1 S. 1 BGB leistet der Schuldner („Verpflichtete") nur dann mit befreiender Wirkung, wenn er an alle Gläubiger („Erben") leistet. Die Leistung nur an einen oder mehrere Erben führt nicht zum Erlöschen der Forderung der Erbengemeinschaft.[8] Das **Angebot** des Schuldners hat daher auch **gegenüber allen Erben** zu erfolgen. Etwas anderes gilt dann, wenn die übrigen Miterben vertreten werden und Leistung an den oder die Bevollmächtigten erfolgt. Da es sich beim Vermögen der Erbengemeinschaft um Sondervermögen der Miterben handelt (siehe § 2032 Rdn 4), kann der Schuldner der Forderung der Erbengemeinschaft keine **Einwendungen** und **Einreden** entgegenhalten, die aus einem Rechtsverhältnis mit einem einzelnen Miterben herrühren. Die **Aufrechnung** einer gegen einen einzelnen Miterben bestehenden Forderung ist gem. § 2040 Abs. 2 BGB ausgeschlossen (siehe § 2040 Rdn 4 f.). **Konfusion** tritt auch **nicht** zu einem Bruchteil ein (siehe § 2032 Rdn 3),[9] so

2 BGH, Urt. v. 5.4.2006 – IV ZR 139/05, BGHZ 167, 150–155, LS u. Rn 12 ff., juris: Im entschiedenen Fall sollte anlässlich der Vollstreckung in ein Nachlassgrundstück ein Rückgewähr- oder Schadensersatzanspruch im Wege der Vollstreckungsgegenklage durchgesetzt werden.

3 BFH, Urt. v. 19.1.1989 – V R 98/83, Rn 11, juris.

4 BGH, Urt. v. 17.12.1964 – III ZR 79/63, LS u. Rn 29, juris.

5 BGH, Urt. v. 12.6.1989 – II ZR 246/88, BGHZ 108, 21–32, Rn 25, juris m. Bezug auf MüKo/*Dütz* (1982), § 2039 Rn 9, jetzt auch MüKo/*Gergen*, § 2039 Rn 4 und 9; BFH, Beschl. v. 5.12.2006 – X B 106/06, Rn 13, juris.

6 MüKo/*Gergen*, § 2039 Rn 4.

7 BGH, Urt. v. 21.6.1989 – IVa ZR 302/87, BGHZ 108, 73–81, Rn 32, juris.

8 BGH, Urt. v. 17.12.1964 – III ZR 79/63, Rn 48, juris.

9 Staudinger/*Löhnig*, § 2039 Rn 29.

dass auch der miterbende Nachlassschuldner nur durch Leistung an die Erbengemeinschaft mit befreiender Leistung leisten kann.

3. Leistung durch Verpflichteten

Der Leistungsort ändert sich durch den Erbfall nicht.[10] Gerät nur **einer** der Miterben in Annahmeverzug, § 293 BGB, führt dies zum **Annahmeverzug sämtlicher Miterben.**[11] 4

4. Leistung an alle Erben

Der einzelne Miterbe (zum Begriff des Miterben siehe § 2033 Rdn 2) kann nur die Leistung des Schuldners an alle Erben fordern (**actio pro socio**). Er kann daher insbesondere nicht etwa lediglich die Forderung in Höhe seiner eigenen Erbquote geltend machen (und Zahlung an sich verlangen). Dies wäre eine eigenmächtige und somit **unzulässige Teilauseinandersetzung.** Etwas anderes gilt nur dann, wenn die übrigen Miterben zustimmen und den fordernden bzw. klagenden Miterben insoweit ermächtigen.[12] § 2039 BGB gewährt dem einzelnen Miterben ein Recht, regelt jedoch **keine Pflicht,** Ansprüche für die Erbengemeinschaft alleine durchzusetzen. Der einzelne Miterbe ist mithin auch nicht verpflichtet, „*Prozesse zur Durchsetzung von Ansprüchen des Nachlasses alleine zu führen*", sondern kann sich vorher des Einverständnisses seiner Miterben vergewissern: „*Er darf insbesondere bei Ansprüchen, zu deren Verfolgung es weittragender, zweifelhafter oder kostspieliger Maßnahmen bedarf, vorher die Zustimmung der Miterben einholen.*"[13] 5

Auch wenn neben dem fordernden Miterben lediglich noch ein weiterer Miterbe vorhanden ist, muss auf Leistung an die Erbengemeinschaft geklagt werden. Dies gilt auch dann, wenn Schuldner der andere Miterbe ist. Der Miterbe kann Leistung **direkt** an sich verlangen, wenn eine andere Forderung unstreitig nicht mehr besteht.[14] Der fordernde Miterbe müsste dann den Anspruch um den Anteil des anderen Miterben (Schuldners) kürzen. Kann der Schuldner jedoch erfolgreich geltend machen, dass der Nachlass noch nicht teilungsreif ist (weil noch Nachlassverbindlichkeiten oder weitere Nachlassgegenstände vorhanden sind), wird die Klage zur **unzulässigen Teilauseinandersetzungsklage.** Macht ein Miterbe gegen den **Widerspruch der anderen** einen (Grundbuchberichtigungs-)Anspruch geltend, liegt ein Rechtsmissbrauch der Prozessführungsbefugnis vor und die Klage ist als **unzulässig** abzuweisen.[15] 6

Zum **Klageantrag** vgl. Rdn 15; zur Haftung für die (Prozess-)**Kosten** vgl. Rdn 17. 7

5. Forderung jedes Miterben

Als „notwendiges Minus" zum Recht des einzelnen Miterben, die Leistung des Schuldners zu fordern, kann der einzelne Miterbe den Schuldner auch **durch Mahnung in Verzug setzen.** Die Realisierung der Forderung gegen den Schuldner durch Erklärung der **Aufrechnung** ist hingegen dem einzelnen Miterben versagt, da es sich hierbei um ein Gestaltungsrecht handelt für das § 2038 BGB gilt (siehe § 2038 Rdn 4 ff.). 8

---

10 Staudinger/*Löhnig*, § 2039 Rn 27.
11 MüKo/*Gergen*, § 2039 Rn 14.
12 Staudinger/*Löhnig*, § 2039 Rn 59.
13 BGH, Urt. v. 17.12.1964 – III ZR 79/63, Rn 44, juris.
14 Staudinger/*Löhnig*, § 2039 Rn 18.
15 BGH, Urt. v. 11.1.1966 – V ZR 160/65, BGHZ 44, 367, 372 LS; OLG Frankfurt, Beschl. v. 23.3.2012 – 19 W 2/12, Rn 4, juris.

II. S. 2

1. Verlangen jedes Miterben

9 Der Anspruch auf Hinterlegung kann von jedem Miterben (zum Begriff des Miterben siehe § 2033 Rdn 2) allein geltend gemacht werden. Selbst wenn der Erbteil eines Miterben von einem anderen Miterben **gepfändet** wurde, kann er weiterhin eine Nachlassforderung mit dem Ziel der Hinterlegung für alle Erben geltend machen.[16]

2. Hinterlegung für die Erben

10 Die Hinterlegung richtet sich nach den **Hinterlegungsgesetzen der Länder**, die teilweise durch Verwaltungsvorschriften ergänzt werden. Der Hinterleger hat im Antrag die Tatsachen anzugeben, die eine Hinterlegung rechtfertigen.[17] Zur Hinterlegung werden wie bereits unter Geltung der HintO „Geld, Wertpapiere und sonstige Urkunden sowie Kostbarkeiten" angenommen, vgl. z.B. § 6 BbgHintG. In Berlin wurde noch die Legaldefinition der „Geldhinterlegung" und der „Werthinterlegung" in das Gesetz mit aufgenommen, § 7 BerlHintG, ohne dass sich dadurch eine Erweiterung oder Einschränkung ergeben würde.

3. Ablieferung bei gerichtlich bestelltem Verwahrer

11 Aus praktischen Erwägungen sollten „Kostbarkeiten" eher einem gerichtlich bestellten Verwahrer übergeben werden.[18] Der Verwahrer wird gem. §§ 411 Abs. 3, 410 Nr. 3 FamFG durch das AG an dem Ort bestimmt, in dessen Bezirk sich die zu verwahrende Sache befindet.

C. Rechtsfolgen

12 Die Befugnis zur Geltendmachung ist ein eigenes Recht eines jeden Miterben.[19] Durch Klageerhebung eines Miterben wird die **Verjährung** zugunsten aller Miterben **gehemmt**, § 204 Abs. 1 Nr. 1 BGB.[20] § 2039 BGB gewährt kein Vertretungsrecht, sondern ist ein Fall **gesetzlicher Prozessstandschaft**[21] (siehe auch Rdn 15). Klagen sämtliche Miterben, sind die einzelnen Miterben gleichwohl immer noch **selbst Partei** mit der Folge, dass jedem einzelnen Miterben prozessuale oder materiell-rechtliche Einwendungen entgegengehalten, aber auch von jedem einzelnen erhoben werden können.[22] Die **Rechtskraft** des durch einen einzelnen Erben nach Abs. 1 erwirkten Urteils erstreckt sich **nicht** auf die am Prozess nicht beteiligten Miterben.[23]

D. Verfahrensfragen und Prozesstaktik

I. Prozesstaktik

13 Vom BGH angezweifelt, aber bislang ausdrücklich offengelassen wurde die Frage, ob Miterben notwendige **Streitgenossen** sind (siehe hierzu § 2032 Rdn 17 f.),[24] die

---

16 BGH NJW 1968, 2059, 2060.

17 So z.B. gem. § 8 Abs. 1 Nr. 2 BbgHintG, § 9 Abs. 3 S. 1 BerlHintG: Der Hinweis auf den ausdrücklichen Wortlaut des § 2039 S. 2 BGB ist dringend zu empfehlen, um unnötige Rückfragen der Hinterlegungsstelle zu vermeiden.

18 „*Was man nicht hinterlegen kann/Das bringt man beim Verwahrer an*" (*Cohn*, Das neue deutsche bürgerliche Recht in Sprüchen, 1900, § 2039).

19 *Lange/Kuchinke*, § 43 III 4 d; siehe auch oben Rdn 5.

20 MüKo/*Gergen*, § 2039 Rn 22 m.w.N. auch zur a.A.; mittlerweile aber auch für Hemmung: Grüneberg/*Weidlich*, § 2039 Rn 6.

21 BGH, Urt. v. 5.4.2006 – IV ZR 139/05, BGHZ 167, 150–155, Rn 7, juris; BFH, Beschl. v. 12.4.2018 – X B 144, 145/17, juris.

22 BGH, Urt. v. 21.12.1988 – VIII ZR 277/87, Rn 13, juris.

23 BGH, Urt. v. 5.4.2006 – IV ZR 139/05, BGHZ 167, 150–155, Rn 10, juris.

24 BGH, Urt. v. 21.12.1988 – VIII ZR 277/87, Rn 13, juris.

überwiegende Meinung scheint dies jedoch abzulehnen.[25] Bei der Klage eines Miterben stehen die übrigen Erben ggf. als **Zeugen** zur Verfügung. Dabei hat das Gericht – wie stets in derartigen Fällen – der so erreichten Zeugenstellung im Rahmen der Beweiswürdigung Rechnung zu tragen.[26]
Die Zugehörigkeit zur Erbengemeinschaft muss der klagende Erbe beweisen.[27] Der **Beweis** kann durch die Vorlage des Erbscheins geführt werden. Denn der Erbschein enthält die Rechtsvermutung, dass die darin ausgewiesenen Personen Erben geworden sind, § 2365 BGB. Nach § 292 ZPO gilt diese Vermutung bis zum Beweis des Gegenteils als bewiesen,[28] so dass die objektive Beweislast jedenfalls im Prozess gegen Nachlassschuldner oder -gläubiger umgekehrt wird.[29]

II. Klageantrag

14 Da die Erbengemeinschaft nicht rechtsfähig ist, klagt der einzelne Miterbe **in eigenem Namen** in **Prozessstandschaft** und **nicht** als **Vertreter** der anderen Erben[30] (siehe § 2032 Rdn 16 ff.).

Formulierungsbeispiel
(...) die Beklagte zu verurteilen, an die Erbengemeinschaft nach Max Meier bestehend aus der Klägerin sowie Alexander Meier und Carla Meier, wohnhaft Pariser Platz 4a, 10117 Berlin, 13.000 EUR nebst Zinsen in Höhe von 5 Prozentpunkten über dem Basiszinssatz seit dem 19.11.2025 zu zahlen.

Klagt ein Miterbe zunächst auf Zahlung an sich und ändert diesen Antrag in der Berufungsinstanz dahingehend, dass nun auf **Hinterlegung** des eingeklagten Betrages zugunsten der Erbengemeinschaft geklagt wird, liegt darin **keine Klageänderung**, sondern eine nach § 264 Nr. 2 ZPO zulässige Beschränkung des ursprünglichen Klageantrages, sofern der vorhergehende Antrag dahin ausgelegt werden kann, dass auch ursprünglich ein Recht der Erbengemeinschaft im Prozess geltend gemacht werden sollte.[31]

III. Außergerichtliche und gerichtliche Kosten und Gebühren

1. Streitwert

15 Der Streitwert besteht in voller Höhe des der Erbengemeinschaft zustehenden Anspruchs, da es nicht nur um das anteilige Interesse des Klägers geht.[32] Klagt ein Miterbe gegen einen Miterben auf **Feststellung**, dass eine Nachlassverbindlichkeit nicht besteht, richtet sich der Streitwert nach dem vollen Wert, den die Nachlassverbindlichkeit haben soll, da die Feststellung der gesamten Erbengemeinschaft zugutekommt.[33] Wird gegen einen **Miterben** geklagt, der gleichzeitig Nachlassschuldner ist, so wird der Streitwert um den Anteil des verklagten Miterben gekürzt.[34]

25 Ausdrücklich: Brandenburgisches OLG, Urt. v. 21.10.1997 – 2 U 200/96, Rn 7 ff., juris m.N. zum Meinungsstand.
26 BGH ZEV 2006, 356 mit Bezug auf BGH NJW-RR 1988, 126, 127 unter II 2 b und BGH NJW 1988, 1585, 1587 unter II 1).
27 Baumgärtel/*Schmitz*, Handbuch der Beweislast, § 2039 Rn 1.
28 MüKo/*Grziwotz*, § 2365 Rn 6.
29 Baumgärtel/*Schmitz*, Handbuch der Beweislast, § 2365 Rn 8; in einem Zivilprozess zwischen Erbprätendenten gilt die Vermutungswirkung nicht, str., vgl. hierzu MüKo/*Grziwotz* § 2365 Rn 6, 22.
30 BGH, Urt. v. 5.4.2006 – IV ZR 139/05, BGHZ 167, 150–155, Rn 7, juris.
31 BGH, Urt. v. 19.4.2005 – VI ZB 47/03, Rn 10, juris.
32 *Anders/Gehle/Kunze*, Stichwort „Erbrechtliche Streitigkeiten“, Rn 10; Zöller/*Herget*, § 3 Rn 16.65.
33 *Anders/Gehle/Kunze*, Stichwort „Erbrechtliche Streitigkeiten“, Rn 10; Zöller/*Herget*, § 3 Rn 16.65.
34 BGH, Beschl. v. 7.11.1966 – III ZR 48/66, LS u. Rn 2, juris; OLG Köln, Beschl. v. 17.5.1995 – 11 W 32/95, OLGR 1995, 246 (LS 2); Zöller/*Herget*, § 3 Rn 16.65; MüKo/*Gergen*, § 2039 Rn 34.

2. Haftung für Kosten und Gebühren

16 Im Verhältnis des fordernden Miterben zu seinem Anwalt, zum Gericht oder Gegner **haftet** der Miterbe grundsätzlich zunächst persönlich und **alleine** für die angefallenen Kosten und Gebühren. Unter den Voraussetzungen des § 2038 BGB kann jedoch die Erbengemeinschaft ebenfalls verpflichtet werden (siehe § 2038 Rdn 62). Nach den Grundsätzen des § 2038 BGB richtet sich auch die Frage eines **Erstattungsanspruches** gegen die Erbengemeinschaft: Grundsätzlich liegt die Einziehung von Nachlassforderungen im Interesse der Erbengemeinschaft, selbst wenn die Ergebnisse bei der Auseinandersetzung nicht jedem Erben zugutekommen.[35] Der klagende Erbe kann deshalb in aller Regel die Erstattung der entstehenden notwendigen Kosten nach **§ 683 BGB** von der Erbengemeinschaft verlangen. Maßgebend für die Feststellung von Interesse und mutmaßlichem Willen der Erbengemeinschaft als des Geschäftsherrn an der auftragslosen Geschäftsführung ist der Zeitpunkt der Übernahme, hier also der Klageerhebung[36] (siehe § 2038 Rdn 62 ff.).

3. Prozesskostenhilfe

17 Für die Frage der Gewährung von **Prozesskostenhilfe** kommt es allein auf die Vermögensverhältnisse des **klagenden Miterben** an. Ein sittenwidriger Umgehungsversuch soll vorliegen können, wenn vermögende Miterben einen vermögenslosen Miterben „vorschieben".[37]

IV. Zwangsvollstreckung

18 Ist ein Titel zugunsten aller Miterben ergangen, kann jeder einzelne eine **vollstreckbare Ausfertigung** verlangen. Jeder einzelne kann auch Vollstreckungsmaßnahmen aus einem zugunsten aller oder einzelner Miterben ergangenen Titel durchführen.[38]

E. Haftungsfallen

19 Vertritt der Anwalt einen Schuldner gegenüber einer Erbengemeinschaft, so wird er sich vor der **Leistung** durch seinen Mandanten zu vergewissern haben, dass die Leistung entweder an einen bevollmächtigten Miterben erfolgt oder aber nur an alle Erben gemeinschaftlich, notfalls anteilig, geleistet wird. Der Anspruch aus **§ 2287 BGB** gehört nicht zum Nachlass: Er steht jedem Schluss- oder Vertragserben persönlich zu.[39] Die Höhe des Bruchteils wird bestimmt durch die Erbquote. Bei einem **Grundstück** geht der Anspruch auf Übereignung eines entsprechenden Miteigentumsanteils an den Schluss- bzw. Vertragserben.[40]

§ 2040 Verfügung über Nachlassgegenstände, Aufrechnung

(1) Die Erben können über einen Nachlassgegenstand nur gemeinschaftlich verfügen.
(2) Gegen eine zum Nachlass gehörende Forderung kann der Schuldner nicht eine ihm gegen einen einzelnen Miterben zustehende Forderung aufrechnen.

---

35 BGH, Urt. v. 25.6.2003 – IV ZR 285/02, Rn 12, juris; OLG Düsseldorf, Urt. v. 11.4.2014 – I-7 U 296/12, Rn 32, juris.
36 BGH, Urt. v. 25.6.2003 – IV ZR 285/02, Rn 12, juris; OLG Düsseldorf, Urt. v. 11.4.2014 – I-7 U 296/12, Rn 32, juris.
37 Staudinger/*Löhnig*, § 2039 Rn 45 m.w.N.
38 Staudinger/*Löhnig*, § 2039 Rn 44.
39 BGH, Urt. v. 21.6.1989 – IVa ZR 302/87, BGHZ 108, 73–81, Rn 32, juris.
40 BGH, Urt. v. 21.6.1989 – IVa ZR 302/87, BGHZ 108, 73–81, Rn 33, juris.

Übersicht: Rdn

A. Allgemeines

1 § 2040 BGB ist wie § 2033 BGB Ausdruck des **Gesamthandsprinzips** der Erbengemeinschaft. Systematisch hätte er zutreffend als Abs. 3 des § 2033 BGB eingefügt werden müssen,[1] da Abs. 1 normiert, unter welchen Voraussetzungen die Miterben über einen Nachlassgegenstand verfügen können – nicht durch Verfügung über ihren Anteil am Nachlassgegenstand (§ 2033 Abs. 2 BGB), sondern durch gemeinschaftliche Verfügung über den Nachlassgegenstand (Abs. 1). Im Gegensatz zur Verwaltung (siehe § 2038 BGB) greift eine **Verfügung** in den „Kernbestand" der Erbengemeinschaft ein und muss i.R.d. Gesamthandsgemeinschaft nicht lediglich mehrheitlich, sondern gemeinschaftlich, also einstimmig erfolgen.[2] Andernfalls würde dies dazu führen, dass einzelne Erben „vollendete Tatsachen" schaffen und die übrigen Erben darauf angewiesen wären, „im Nachhinein" ihre Ansprüche geltend zu machen. § 2040 Abs. 1 BGB entspricht im Wesentlichen § 747 S. 2 BGB (Verfügung über gemeinschaftliche Gegenstände). Der BGH hat mit seiner geänderten Rechtsprechung zur Möglichkeit der **Verfügung aufgrund eines Mehrheitsbeschlusses** im Rahmen einer ordnungsgemäßen Verwaltungsmaßnahme gem. § 2038 Abs. 1 S. 2 Hs. 1 BGB die Bedeutung des § 2040 BGB zurückgedrängt (vgl. hierzu Rdn 8 sowie § 2038 Rdn 70).[3]
§ 2040 Abs. 2 BGB entspricht im Wesentlichen § 719 Abs. 2 BGB (gesamthänderische Bindung) und ist gleichfalls konsequente Umsetzung des Gesamthandsprinzips: könnte der Schuldner einer Nachlassforderung mit Verbindlichkeiten aufrechnen, die ein einzelner Miterbe ihm gegenüber hat, dann würde die Nachlassforderung aus dem Verfügungsbereich der Erbengemeinschaft herausgelöst werden. Dies widerspräche dem Prinzip der gesamthänderischen Bindung der Nachlassforderungen.

B. Tatbestand

I. Abs. 1

2 Erforderlich ist **Zustimmung** aller Miterben, §§ 182 ff. BGB. Diese muss mithin nicht gleichzeitig, sondern kann auch nacheinander einzeln im Vorfeld (Einwilligung, § 183 S. 1 BGB) oder **nachträglich** (Genehmigung, § 184 Abs. 1 BGB) erfolgen (siehe auch § 2038 Rdn 10 sowie unten Rdn 7 f. für die Fälle, in denen keine gemeinschaftliche Verfügung vorliegt). **Verfügung** ist ein Rechtsgeschäft, das unmittelbar darauf gerichtet ist, auf das Recht am Nachlassgegenstand einzuwirken, es also entweder auf einen Dritten zu übertragen, mit einem Recht zu belasten, das Recht aufzuheben oder es

1 So bereits Planck/*Ritgen* (1902), § 2040 Nr. 1 *„steht im Zusammenhang mit dem § 2033 Abs. 2"*.
2 Staudinger/*Löhnig*, § 2040 Rn 1.
3 Zur Kritik an der Rspr. des BGH vgl. Rißmann/*Rißmann*, Die Erbengemeinschaft, § 4 Rn 79 ff. sowie auch jurisPK-BGB/*Schütte*, § 2040 Rn 16 ff.

sonstwie in seinem Inhalt zu verändern.[4] Jedes **dingliche** Rechtsgeschäft ist „Verfügung“, da es ohne weiteres auf das Recht am Nachlassgegenstand einwirkt. Die (bloße) **schuldrechtliche** Verpflichtung ist **keine** Verfügung, da jene noch nicht unmittelbar auf das Recht am Nachlassgegenstand einwirkt.

3 Es gibt jedoch auch im Bereich des Schuldrechts **Erklärungen**, die unmittelbar ein Schuldverhältnis umgestalten und daher Verfügungen sind. Z.B. sind der Erlass (§ 397 BGB), die Abtretung (§§ 398 ff. BGB), die befreiende Schuldübernahme (§§ 414 ff. BGB)[5] und die Vertragsübernahme[6] Verfügungen i.S.v. § 2033 Abs. 2 BGB. **Gestaltungserklärungen** wie Anfechtung (§§ 119 ff. BGB), Rücktritt (§ 349 BGB), Aufrechnung (§ 388 BGB)[7] und Kündigung wirken auch unmittelbar auf ein Recht am Nachlassgegenstand ein und sind daher ebenfalls Verfügungen[8] (siehe auch § 2038 Rdn 15 und 69). Auch die **Zwangsvollstreckung** gem. §§ 857, 859 Abs. 2 ZPO ist Verfügung i.S.v. § 2033 BGB, so dass der Nachlassanteil, nicht hingegen der Anteil an einzelnen Nachlassgegenständen, gepfändet werden kann.[9]

II. Abs. 2

1. Zum Nachlass gehörende Forderung

4 Siehe hierzu § 2039 Rdn 2.

2. Aufrechnung gegen eine einzelnen Miterben zustehende Forderung

5 Das **Aufrechnungsverbot** des Abs. 2 folgt letztlich bereits aus § 367 BGB: Gläubiger der Forderung ist die Erbengemeinschaft als Gesamthand (siehe auch § 2032 Rdn 4); die Erbengemeinschaft ist jedoch nicht gleichzeitig Schuldner der (aufzurechnenden) Gegenforderung. Somit besteht **keine Gegenseitigkeit** der Forderungen und daher auch keine Aufrechnungslage. Würde man abweichend von §§ 367, 2040 Abs. 2 BGB eine Aufrechnung in solchen Fällen zulassen, so würde das Nachlassvermögen ohne Einflussmöglichkeit der übrigen Miterben und zum Nachteil der übrigen Nachlassgläubiger verringert werden. Nach einer Auffassung soll die Aufrechnung dann zulässig sein, wenn ein Nachlassschuldner eine Eigenforderung gegen **alle Miterben** als Gesamtschuldner hat. Zwar fehle es auch hier an der Gegenseitigkeit der Forderungen; da der Nachlassschuldner jedoch die Möglichkeit habe, alle Miterbenanteile pfänden zu lassen und die Auseinandersetzung ohne Mitwirkung aller Miterben durchzuführen, soll ihm dieser „Umweg“ erspart werden, indem die Aufrechnung zugelassen wird.[10] Das Argument kann nicht überzeugen, denn hierdurch werden die übrigen Nachlassgläubiger ohne erkennbaren Grund benachteiligt, die den – vermeintlichen – „Umweg gehen“ müssen, sich einen Titel zu verschaffen und sich dann erst im Wege der Pfändung und Verwertung der Erbanteile befriedigen zu können. Dem Nachlassschuldner steht auch **kein Zurückbehaltungsrecht** gem. § 273 BGB zur Seite, da hier ebenfalls keine Gegenseitigkeit der Forderungen besteht.

---

4 BGH NJW 1987, 3177.
5 Grüneberg/*Ellenberger*, Überblick vor § 104 Rn 16.
6 Vgl. dazu Grüneberg/*Grüneberg*, § 398 Rn 41 f.
7 BGH ZEV 2005, 63.
8 BGH, Urt. v. 28.4.2006 – LwZR 10/05, FamRZ 2006, 1026; BGH, Urt. v. 11.11.2009 – XII ZR 210/05, Rn 13 f., juris; BGH, Beschl. v. 3.12.2014 – IV ZA 22/14, Rn 2, juris; Grüneberg/*Ellenberger*, Überblick vor § 104 Rn 17.
9 BGH NJW 1967, 200, 201; zur Zwangsvollstreckung im Einzelnen siehe § 2033 Rdn 16 ff.
10 Staudinger/*Löhnig*, § 2040 Rn 33; MüKo/*Gergen*, § 2040 Rn 26.

C. Rechtsfolgen

I. Verfügung gegenüber der Erbengemeinschaft

6 § 2040 Abs. 1 BGB gilt auch entsprechend für Verfügungen **gegenüber** der Erbengemeinschaft, obgleich dies vom Wortlaut nicht ausdrücklich umfasst ist. Es folgt jedoch aus dem Rechtsgedanken des § 2040 Abs. 1 BGB: Würde bspw. lediglich ein Miterbe auf Auflassung eines Grundstückes im Wege der Klage in Anspruch genommen und verurteilt werden, so nützt dem Gläubiger das rechtskräftige Urteil wegen § 2040 Abs. 1 BGB nichts, wenn die übrigen Miterben nun ihrerseits die Auflassung verweigern (zum prozessualen Vorgehen und zum Klageantrag siehe Rdn 9). Bei Verfügungen, die eine Mitwirkung der Erbengemeinschaft nicht erfordern, kann daher nichts anderes gelten. Deswegen sind Gestaltungserklärungen (siehe bereits Rdn 2 f.) wie **Kündigung**[11] oder **Rücktritt** stets gegenüber **allen** Miterben zu erklären.[12] Bei der **Anfechtung** ist zu unterscheiden, ob eine Erklärung anzufechten ist, die gegenüber dem Erblasser abgegeben worden war (dann Anfechtung gegenüber allen Miterben als Rechtsnachfolgern) oder eine Erklärung, die lediglich einem Miterben gegenüber abgegeben worden war, (dann Anfechtung gegenüber diesem Miterben), wobei die weitere Wirksamkeit des Vertrages dann nach § 139 BGB zu beurteilen ist.[13]

II. Verfügung ohne Zustimmung aller Erben

7 Verfügen entgegen der zwingenden Vorschrift des § 2040 BGB einer oder mehrere Miterben ohne Zustimmung aller Miterben oder einen Mehrheitsbeschluss im Rahmen einer ordnungsgemäßen Verwaltungsmaßnahme gem. § 2038 Abs. 1 S. 2 Hs. 1 BGB (vgl. hierzu § 2038 Rdn 69), so ist die Verfügung bis zur Genehmigung **schwebend unwirksam.**[14] Wird die Genehmigung versagt, war bereits im Vorfeld die Einwilligung verweigert worden oder ergibt sich auch keine Verfügungsbefugnis aufgrund eines Mehrheitsbeschlusses, so ist die Verfügung **endgültig** unwirksam. Der Verfügungsempfänger, auch ein Miterbe, kann i.R.d. allg. Vorschriften **gutgläubig erwerben,** §§ 892, 932 ff. BGB.[15] Der eigenmächtig verfügende Miterbe haftet dann ggf. der Erbengemeinschaft auf Schadensersatz gem. §§ 816 Abs. 1 S. 1, 823 Abs. 1 u. Abs. 2 BGB i.V.m. § 266 StGB. Hinzu kommt eine mögliche **Strafbarkeit** gem. § 266 StGB (Untreue).[16]

8 Nach der **geänderten Rechtsprechung** des BGH zum **Verhältnis von § 2038 BGB zu § 2040 BGB** bei **Verfügungen** der Erbengemeinschaft[17] (siehe hierzu § 2038 Rdn 16, 70) bleiben für die Praxis Fragen offen: Welche Verfügungen werden von dieser Rechtsprechung erfasst? Welche Möglichkeiten hat die Mehrheit der Erben (oder im Rahmen der Notverwaltung die Minderheit), Verfügungen mit Wirkung für die gesamte Erbengemeinschaft vorzunehmen? Ermächtigt die Mehrheitsentscheidung nach §§ 2038 Abs. 1 S. 2 Hs. 1, 745 BGB dann beispielsweise auch (vgl. hierzu § 2038 Rdn 62), die Auflassung von zum Nachlass gehörenden Immobilien zu erklären (vgl. hierzu § 2038 Rdn 70)? Muss das Grundbuchamt aufgrund einer derartigen Mehrheitsentscheidung einen Eigentumswechsel im Grundbuch eintragen? Wie soll sich der Rechtspfleger

11 Zur Kündigung des Mietvertrages durch den Vermieter vgl. ausführlich Rißmann/*Maaß*, Die Erbengemeinschaft, § 20 Rn 54 ff.

12 OLG Rostock OLG Rspr. 30, 188, LS u. S. 189.

13 RGZ 65, 399, 405 f., für den Fall der Anfechtung gegenüber einem von zwei Verkäufern; MüKo/*Gergen*, § 2040 Rn 22.

14 BGH, Urt. v. 4.2.1994 – V ZR 277/92, Rn 16 f., juris.

15 MüKo/*Schmidt*, § 747 Rn 17 u. 28.

16 Vgl. hierzu Rißmann/*Tiemer*, Die Erbengemeinschaft, § 25 Rn 60 ff.

17 BGH, Urt. v. 11.11.2009 – XII ZR 210/05, Rn 31, juris (Kündigung eines Mietvertrages); BGH, Beschl. v. 3.12.2014 – IV ZA 22/14, Rn 2, juris (Kündigung eines Darlehensvertrages).

von dem Vorliegen der Voraussetzungen überzeugen können? Vor der Rechtsprechungsänderung des BGH war es überwiegende Auffassung, dass auch eine **Mehrheitsentscheidung** gem. § 2038 Abs. 1 S. 2 Hs. 1 BGB der Erbengemeinschaft nicht die Zustimmung aller Miterben ersetzt, sondern lediglich eine Verpflichtung begründet, an der Verfügung mitzuwirken oder einzuwilligen.[18] Diese Verpflichtung war dann ggf. im Wege der Klage durchzusetzen (siehe hierzu Rdn 9). Nach § 2040 BGB gibt es kein **„Notverfügungsrecht"**. Die Rechtsprechung wendete hier jedoch schon länger § 2038 Abs. 1 S. 2 Hs. 2 BGB auf Verfügungen als „vorrangige" Norm an.[19] Die Abgrenzungsprobleme beschäftigen die Praxis bis zur weiteren Klärung durch die Rechtsprechung (siehe auch § 2038 Rdn 70).[20]

D. Verfahrensfragen und Prozesstaktik

I. Klage gegen nicht zustimmende Miterben

9 Muss eine Forderung gegen den Nachlass, die auf eine Verfügung gerichtet ist, im Wege der Klage durchgesetzt werden, so sind lediglich die nicht zustimmenden Erben (siehe auch § 2038 Rdn 14) zu verklagen. Der Klageantrag lautet auf Mitwirkung des nicht zustimmenden Erben bei der von den übrigen Miterben vorzunehmenden Verfügung.[21] Im **Vorfeld** des Prozesses sollte der Gläubigervertreter sich jedoch der Zustimmung der übrigen Miterben sicher sein. Allein die „erklärte Bereitschaft" nutzt später wenig, wenn sie nicht in der erforderlichen Form (vgl. z.B. § 925 BGB Auflassung) rechtlich bindend erfolgt ist (siehe auch Rdn 11). Ebenso müssen die Miterben vorgehen, wenn eine i.R.d. § 2038 Abs. 1 S. 2 Hs. 1 BGB getroffene **Mehrheitsentscheidung** eine Verfügung über einen Nachlassgegenstand erfordert oder eine **frühere Vereinbarung** über die Verfügung eines Nachlassgegenstandes besteht und gegen einen nicht zustimmenden Miterben durchgesetzt werden soll.[22] Ein rechtskräftiges Urteil ersetzt gem. § 894 Abs. 1 ZPO dann die Zustimmung des bzw. der nicht zustimmenden Miterben.[23] Im Einzelfall muss **geprüft** werden, ob angesichts der geänderten Rechtsprechung des BGH zum Verhältnis des § 2038 zu § 2040 (vgl. § 2038 Rdn 70) und des geänderten Verständnisses des Verwaltungsbegriffes in § 2038 (vgl. § 2038 Rdn 5) ein **Rechtschutzbedürfnis** des klagenden Miterben besteht. Denn folgt man der Rechtsprechung, gewährt ein **Mehrheitsbeschluss** die Ermächtigung, auch **Verfügungen** vorzunehmen.[24] Dann bedürfte es nicht der Mitwirkung der übrigen Miterben.[25]

II. Zwangsvollstreckung

10 Die Zwangsvollstreckung ist gem. **§ 747 ZPO** beim ungeteilten Nachlass nur zulässig, wenn Titel gegen alle Erben vorliegen. Über den Wortlaut des § 747 ZPO hinaus („Urteil") ist mithin auch ein sonstiger Titel (Vollstreckungsbescheid, vollstreckbare Urkunde) ausreichend.[26] Es ist – weiter als § 747 ZPO normiert – nicht erforderlich,

---

18 Staudinger/*Werner* (2010), § 2040 Rn 18.

19 BGH NJW 1989, 2694, 2696 (ohne nähere Begründung); a.A. m. überzeugenden Argumenten: Staudinger/*Löhnig*, § 2040 Rn 21.

20 Rißmann/*Rißmann*, Die Erbengemeinschaft, § 4 Rn 79 ff.; jurisPK-BGB/*Schütte*, § 2040 Rn 16 ff.

21 MüKo/*Gergen*, § 2040 Rn 23.

22 Staudinger/*Löhnig* § 2040 Rn 24.

23 KG, Beschl. v. 15.12.2022 – 19 W 158/22, Rn 20, juris.

24 Wobei die Voraussetzungen im Einzelnen ungeklärt sind, vgl. hierzu § 2038 Rdn 69 sowie Rißmann/*Rißmann*, Die Erbengemeinschaft, § 4 Rn 79.

25 Vgl. hierzu und zur Kritik an der Änderung der Rspr. Rißmann/*Rißmann*, Die Erbengemeinschaft, § 4 Rn 79.

26 BGH NJW 1970, 473 obiter dictum; Zöller/*Seibel*, § 747 Rn 5.

dass tatsächlich nur „ein" Titel vorliegt: es können auch mehrere Titel unterschiedlicher Art vorliegen. Die übrigen Zwangsvollstreckungsvoraussetzungen (Klausel, Zustellung) müssen zum Zeitpunkt der Pfändung gegen alle Erben vorliegen.[27] Jeder Miterbe – auch der verurteilte –, der sich gegen eine Vollstreckung wehren will, da kein Titel gegen alle Miterben vorliegt, kann im Wege der Vollstreckungserinnerung gem. § 766 ZPO oder der sofortigen Beschwerde gem. § 793 ZPO vorgehen.[28] Der nicht verurteilte Miterbe, gegen den vollstreckt wird, kann sich auch i.R.d. Drittwiderspruchsklage gem. § 771 ZPO wehren.[29]

E. Haftungsfallen

Soll die Zustimmung zu einer Verfügung gegen passive oder sich widersetzende Miterben durchgesetzt werden, so sind lediglich diese Miterben zu verklagen. Häufig wird 11
jedoch übersehen, die Zustimmung in Form der Einwilligung durch die anderen Miterben derart zu „sichern", dass nicht nach erfolgreichem Prozess nun plötzlich die ursprünglich zustimmenden Erben es „sich anders überlegt haben" oder möglicherweise ein Personen- und damit auch Meinungswechsel bei den Miterben stattgefunden hat (durch Vererbung oder Verkauf des Miterbenanteils). Nur wenn die **Zustimmung unwiderruflich** in der ggf. notwendigen **Form** (wegen § 29 Abs. 1 S. 1 GBO sollte daher trotz § 182 Abs. 2 BGB bei Verfügungen über Immobilien die Zustimmung in öffentlich beglaubigter Urkunde vorliegen) beweiskräftig vorliegt, können die Miterben bzw. ihre Rechtsnachfolger hieran später ohne weiteren Prozess festgehalten werden.

§ 2041 Unmittelbare Ersetzung

[1]Was aufgrund eines zum Nachlass gehörenden Rechts oder als Ersatz für die Zerstörung, Beschädigung oder Entziehung eines Nachlassgegenstands oder durch ein Rechtsgeschäft erworben wird, das sich auf den Nachlass bezieht, gehört zum Nachlass. [2]Auf eine durch ein solches Rechtsgeschäft erworbene Forderung findet die Vorschrift des § 2019 Abs. 2 Anwendung.

Literatur

Damrau, Klage eines Erbteilserwerbers gegen den Nachlasspfleger auf Leistung an die Erbengemeinschaft: Anmerkung zum Urteil des OLG Dresden vom 13.1.1999 – 13 U 2283/98, ZEV 2000, 405; *Krug*, Die dingliche Surrogation der Miterbengemeinschaft, ZEV 1999, 381; *Mayer*, Zur Anwendung des BGB § 2041 im Falle der Kettensurrogation bei verdecktem Immobilienerwerb für eine Erbengemeinschaft: Anmerkung zum Urteil des BGH vom 29.9.1999 – IV ZR 269/98, MittBayNot 2000, 326.

Übersicht: Rdn

27 Zöller/*Seibel*, § 747 Rn 5.
28 Zöller/*Seibel*, § 747 Rn 8.
29 Zöller/*Seibel*, § 747 Rn 8.

A. Allgemeines

1 Die in § 2019 BGB für den Erbschaftsanspruch, in § 2041 BGB für die Erbengemeinschaft und § 2111 BGB für die Vor- und Nacherbfolge normierte dingliche Surrogation ist eine erbrechtliche Besonderheit. Sie führt im Fall des § 2041 BGB zu einer **unmittelbaren Ersetzung** der Nachlassgegenstände durch den Ersatzgegenstand und bewahrt nach der ratio legis die Miterben und Nachlassgläubiger vor einer Verringerung des Nachlassvermögens. Eine Mitwirkung der Erben ist nicht erforderlich. Der Ersatzgegenstand wird vielmehr **ohne Zutun** der Miterben Gegenstand des **gesamthänderisch** gebundenen **Vermögens** der Erbengemeinschaft. § 2041 BGB ist die **einzige Möglichkeit**, wie Miterben **zur gesamten Hand für den Nachlass Eigentum** – auch Grundeigentum – erwerben können.[1] Die Auswirkungen dieser Vorschrift werden in der Praxis häufig übersehen (siehe Rdn 18). Die unmittelbare Ersetzung hat den Zweck, die realen Werte des Vermögens der Erbengemeinschaft zu binden und im Interesse der Miterben und der Nachlassgläubiger über alle Wechsel der zu ihm gehörenden konkreten Bestandteile hinweg zusammenzuhalten und für den Zweck des Sondervermögens zu reservieren. Dieser Zweck wird dadurch erreicht, dass *„die im Laufe der wirtschaftlichen Entwicklung des Sondervermögens eintretenden Änderungen im konkreten Bestand seiner Einzelteile unter bestimmten Voraussetzungen in den vom Gesetz geordneten Surrogationsfällen kraft Gesetzes auch zu einer entsprechenden rechtlichen (dinglichen) Zuordnung der Ersatzstücke (Surrogate) zu dem Sondervermögen und seinen Trägern führen"*.[2] Dahinter steht der Gedanke, dass der Wert des Sondervermögens und nicht seine konkrete Erscheinungsform das Ausschlaggebende ist. Wenn der Wert des Ganzen erhalten bleiben soll, muss daher jeder Umsatz einzelner Bestandteile des Vermögens und der darin liegende Abfluss realer Werte durch die rechtliche Neuzuordnung eben derjenigen konkreten Ersatzgegenstände zum Nachlass ausgeglichen werden, in die die abgeflossenen Werte eingegangen sind.[3]

B. Tatbestand

I. S. 1

1. Was

2 Die offene Formulierung des § 2041 BGB („Was … erworben wird") legt bereits nahe, dass nicht lediglich verkörperte Gegenstände Surrogate i.S.v. § 2041 BGB sind. Wie sich aus § 2041 S. 2 BGB ergibt, gehören hierzu auch **Forderungen** (siehe auch Rdn 8). Um einen umfassenden Schutz der Miterben und Nachlassgläubiger zu gewährleisten,

1 BGH, Urt. v. 30.6.2017 – V ZR 232/16, Rn 10, juris.
2 BGH, Urt. v. 21.11.1989 – IVa ZR 220/88, BGHZ 109, 214–220, Rn 10, juris.
3 BGH, Urt. v. 21.11.1989 – IVa ZR 220/88, BGHZ 109, 214–220, Rn 10, juris.

hat der BGH aber auch entschieden, dass ein **nicht übertragbares** Recht oder eine **nicht übertragbare Rechtsstellung** ebenfalls Erwerbsgegenstand einer Surrogation sein können. Seine gegenteilige Auffassung hat der BGH ausdrücklich aufgegeben (im Einzelnen siehe Rdn 7).

2. Alt. 1 (Rechtssurrogation): aufgrund eines zum Nachlass gehörenden Rechts

§ 2041 S. 1 Alt. 1 BGB regelt den Surrogationserwerb für den Fall der **Rechtssurrogation**. Zum Begriff des Nachlasses siehe § 2032 Rdn 3. Der Begriff des „Rechts" ist weiter als der des Anspruchs i.S.v. § 194 BGB. Neben den unmittelbaren schuldrechtlichen und sachlichen Ansprüchen sind die **Früchte** i.S.v. § 99 Abs. 2 BGB ebenfalls mit umfasst (siehe § 2038 Rdn 34). Aber auch Rechte, die nicht gleichzeitig Ansprüche sind, fallen unter § 2041 S. 1 Alt. 1 BGB. Dies sind namentlich **Gestaltungsrechte** (wie Anfechtung, Kündigung, Rücktritt, Widerruf), **absolute Rechte** (wie Eigentum, Persönlichkeitsrecht und Urheberrecht) und das **Recht zum Besitz** (§ 986 BGB). Es ist gleichgültig, ob die ursprüngliche Rechtsposition dem Zivilrecht oder dem Öffentlichen Recht entstammt.[4] Soweit es um einen Erwerb aufgrund eines rechtsgeschäftlich begründeten Anspruchs geht, kommt die Rechtssurrogation nur in Betracht, soweit das Rechtsgeschäft noch vom Erblasser selbst abgeschlossen worden ist und damit der bereits entstandene Anspruch in den Nachlass gefallen ist. Wird das Rechtsgeschäft hingegen erst von einem oder mehreren Miterben getätigt, können die Voraussetzungen der Beziehungssurrogation erfüllt sein.[5] 3

3. Alt. 2 (Ersatzsurrogation): als Ersatz für Zerstörung, Beschädigung oder Entziehung eines Nachlassgegenstandes

§ 2041 S. 1 Alt. 2 BGB regelt den Surrogationserwerb für den Fall der **Ersatzsurrogation**. Hierunter fallen die Leistungen aufgrund von **Schadensersatzansprüchen** für Zerstörung, Beschädigung oder Entziehung eines Nachlassgegenstandes nach dem Erbfall (sonst Rechtssurrogation). Dies sind bspw. auch Ersatzansprüche gegen den **Testamentsvollstrecker**, wenn der Schaden in einer Verminderung des Nachlasswertes besteht.[6] Rührt der Schaden jedoch von Fehlern des Testamentsvollstreckers bei der Auseinandersetzung her, so handelt es sich um Ansprüche, die dem oder den betroffenen Miterben einzeln zustehen.[7] Verletzt ein **Notar** bei der Beurkundung eines Rechtsgeschäfts, das sich auf einen Nachlass bezieht, fahrlässig die ihm gegenüber den Miterben obliegende Amtspflicht, gehört der Schadensersatzanspruch gegen den Notar ebenfalls zum Nachlass, wenn die Miterben nicht auf andere Weise Ersatz zu erlangen vermögen.[8] 4

4. Alt. 3 (Beziehungssurrogation): durch ein Rechtsgeschäft erworben, das sich auf den Nachlass bezieht

§ 2041 S. 1 Alt. 3 BGB regelt den Surrogationserwerb für den Fall der **Beziehungssurrogation**. Anders als §§ 2019, 2111 BGB spricht § 2041 S. 1 Alt. 3 BGB nicht davon, dass der Gegenstand „mit Mitteln des Nachlasses" (Mittelsurrogation) erworben wurde; vielmehr muss sich das Rechtsgeschäft hier auf den Nachlass beziehen. Es ist streitig, ob der Unterschied im Wortlaut auch einen Unterschied bei den rechtlichen Voraussetzungen zur Folge hat.[9] Neben der **objektiven Voraussetzung**, dass ein inne- 5

4 Staudinger/*Löhnig*, § 2041 Rn 7.
5 MüKo/*Gergen*, § 2041 Rn 7 sowie nachfolgend Rdn 5.
6 RGZ 138, 132, 134.
7 RGZ 138, 132, 134.
8 BGH, Urt. v. 30.10.1986 – IX ZR 126/85, LS 1 u. Rn 37, juris.
9 Zum Meinungsstand ausführlich: MüKo/*Gergen*, § 2041 Rn 13 ff.

rer Zusammenhang mit dem Nachlass besteht (was auch aus einer wirtschaftlichen Zweckmäßigkeit folgen kann[10]), ist nach einer Auffassung noch eine **subjektive Seite** erforderlich.[11] Es wird dann weiter differenziert, ob subjektive Kriterien allein ausreichend sein oder neben objektive Kriterien treten können. Bsp. ist der Erwerb von Nachlassgegenständen ohne Einsatz von Mitteln aus dem Nachlass (kein objektives Kriterium) durch einen Miterben mit dem Willen, es für den Nachlass zu erwerben (subjektives Kriterium).

6 Wie *Gergen* überzeugend darlegt,[12] spricht nichts dafür, dass der Gesetzgeber bewusst zwischen der **Beziehungs-** und **Mittelsurrogation** unterschieden hat und der Beziehungssurrogation noch ein subjektives Element hinzufügen wollte. Der Schutzzweck der Norm (Werterhaltung des Nachlasses für Nachlassgläubiger und Miterben) erfordert es nicht, dass beim bloßen Willen für den Nachlass zu erwerben der Gegenstand kraft „unmittelbarer Ersetzung" zum Nachlassvermögen gehört. Denn hier wird nichts „ersetzt", selbst wenn ein Miterbe sich das vorstellt: Wenn keine Nachlassmittel eingesetzt werden, brauchen sie auch nicht ersetzt zu werden, oder mit weniger Worten: Wo nichts war, kann nichts ersetzt werden. Würde man subjektive Kriterien genügen lassen, könnte ein Miterbe die Erbengemeinschaft gegen ihren Willen „bereichern", was einem Grundsatz des Privatrechts widerspräche.[13] Könnte ein Miterbe lediglich „kraft seines Willens" (subjektive Seite) für den Nachlass erwerben, würden die Vorschriften zur Verwaltung (§ 2038 BGB) ausgehöhlt. Etwas anderes gilt erst dann, wenn dem handelnden Erben seine privat eingesetzten Mittel aus dem Nachlass **erstattet** werden, denn dann wurden zum Erwerb wieder Mittel des Nachlasses eingesetzt, so dass es auf eine subjektive Seite nicht ankommt.[14] Eine Beziehung i.S.d. § 2041 S. 1 Alt. 3 BGB liegt unstreitig aber jedenfalls vor, wenn der Gegenstand durch **Mittelsurrogation** erworben worden ist. Es ist dann unerheblich, ob der Miterbe, der Testamentsvollstrecker oder/und der Geschäftspartner einen Erwerb „für" den Nachlass beabsichtigen oder gar ausschließen wollen.[15]

Beispiel
Die Verpachtung eines zum Nachlass gehörenden Gewerbebetriebs beruht auf Nachlassmitteln, so dass der Pachtzins selbst dann zum Nachlass gehört, wenn der handelnde Miterbe die Verpachtung im eigenen Namen vorgenommen hatte, um den Pachtzins für sich zu behalten.[16]

Vereinbaren die Miterben, dass einer von ihnen den letzten (einzigen) Nachlassgegenstand gegen Abfindung der übrigen Erben übernimmt, so wird bei Zahlungsverzug des übernehmenden Miterben und Rücktrittserklärung der übrigen Erben der **Rückgewähranspruch** gem. § 346 als **Beziehungssurrogat** Nachlassbestandteil (§ 2042 Rdn 9).[17]

---

10 BGH, Urt. v. 30.6.2017 – V ZR 232/16, Rn 12, juris.
11 BGH, Urt. v. 30.6.2017 – V ZR 232/16, Rn 12, juris; Grüneberg/*Weidlich*, § 2041 Rn 2.
12 MüKo/*Gergen*, § 2041 Rn 28.
13 MüKo/*Gergen*, § 2041 Rn 27.
14 MüKo/*Gergen*, § 2041 Rn 26.
15 BGH, Urt. v. 6.5.1968 – III ZR 63/66, Rn 15, juris: Der Senat hat ausdrücklich offengelassen, ob in dieser Konstellation nicht bereits ein Fall der 1. Alternative – Erwerb aufgrund eines zum Nachlass gehörenden Rechts – vorliegt; OLG Hamm ZEV 2001, 275; Staudinger/*Löhnig*, § 2041 Rn 12 m.w.N.
16 BGH, Urt. v. 6.5.1968 – III ZR 63/66, LS u. Rn 13, juris.
17 BGH, Beschl. v. 24.10.2012 – IV ZR 155/12, juris; BGH, Urt. v. 26.2.1953 – IV ZR 207/52, DNotZ 1955, 406.

5. Gehört zum Nachlass

§ 2041 S. 1 BGB bestimmt die unmittelbare Ersetzung der ausgegebenen Mittel durch den erworbenen Gegenstand. Es bedarf hierzu weder eines besonderen Übertragungsaktes, noch ist ein möglicher entgegenstehender Wille der Miterben beachtlich (siehe bereits Rdn 6). Der erworbene Gegenstand wird **ohne Durchgangserwerb beim handelnden Miterben** zum Bestandteil des gesamthänderischen Vermögens der Erbengemeinschaft. Die Miterben bzw. Nachlassgläubiger als geschützte Personen des § 2041 BGB (siehe Rdn 1) sind mithin nicht darauf angewiesen, erst schuldrechtliche Ansprüche durchzusetzen, um den Ersatzgegenstand zum Nachlassvermögen „zu ziehen". Aus diesem Grund hat der BGH auch seine Meinung aufgegeben, wonach ein nicht übertragbares Recht oder eine nicht übertragbare Rechtsstellung nicht Gegenstand einer Surrogation sein können, sondern stattdessen ein etwa an die Stelle tretender schuldrechtlicher Ausgleichungsanspruch. Diese Auffassung würde den durch § 2041 BGB beabsichtigten Schutz der Miterben und Nachlassgläubiger aushöhlen, da Miterben lediglich Nachlassgegenstände in nicht übertragbares Recht oder eine nicht übertragbare Rechtsstellung zu tauschen bräuchten, um sich der gesetzlichen Folge des § 2041 BGB zu entziehen. Die dingliche Sicherung würde sich ohne zwingende Sachgründe zu einem bloß persönlichen ungesicherten Geldanspruch „verflüchtigen".[18] Darüber hinaus wird das Risiko einer **Pfändung** des Erworbenen beim handelnden Miterben (wegen dessen Eigenverbindlichkeiten) ausgeschlossen. Die Ersetzung tritt **auch** ein, wenn eine Person eine der Surrogationsalternativen verwirklicht, die **nicht Miterbe** ist. Der Gesetzestext ist hier bewusst offen formuliert worden.[19] § 2041 BGB ist mithin nicht auf Handlungen und Rechtsgeschäfte der Miterben beschränkt.[20] 7

II. S. 2

Durch den Verweis auf § 2019 Abs. 2 BGB (vgl. § 2019 Rdn 14) in S. 2 wird der Schuldner einer **Forderung** geschützt. Solange der Schuldner keine Kenntnis von der Ersetzung einer Forderung hat, kann er weiterhin mit befreiender Wirkung an den „alten" Gläubiger leisten. Zu weiteren Einzelheiten, insbesondere auch zur in § 2019 Abs. 2 BGB erklärten entsprechenden Anwendung der §§ 406–408 BGB, siehe § 2019 Rdn 14 ff. 8

C. Rechtsfolgen

I. Kettensurrogation

Die Ersetzung ist nicht auf einen Vorgang beschränkt. Vielmehr gilt § 2041 BGB uneingeschränkt auch in Fällen der **Doppel-** oder **Kettensurrogation.**[21] Somit kann auch noch nach Jahren ggf. ein Grundbuchberichtigungsanspruch gem. § 894 BGB geltend gemacht werden (keine Verjährung, § 898 BGB). 9

Beispiel[22]

Die Erben kaufen ein Grundstück mit dem Erlös aus dem Verkauf eines Nachlassgrundstückes. Auf Grund der unmittelbaren Ersetzung durch § 2041 BGB sind die Erben gem. § 47 GBO in Erbengemeinschaft in Grundbuch einzutragen. Dies ist die einzige Möglichkeit, wie ein Grundstück durch eine Erbengemeinschaft in Erbengemeinschaft erworben werden kann.

---

18 BGH, Urt. v. 21.11.1989 – IVa ZR 220/88, BGHZ 109, 214–220, Rn 13, Aufgabe der Rspr. aus BGH, Urt. v. 15.12.1976 – IV ZR 52/75, juris.

19 Staudinger/*Löhnig*, § 2041 Rn 22 unter Hinw. auf Prot. V 867.

20 Staudinger/*Löhnig*, § 2041 Rn 22.

21 BGH, Urt. v. 29.9.1999 – IV ZR 269/98, Rn 13, juris.

22 Nach BGH, Urt. v. 29.9.1999 – IV ZR 269/98, juris.

II. Gutgläubiger Erwerb

10 Auch beim Erwerb durch Surrogation gelten die §§ 932 ff. BGB über den gutgläubigen Erwerb vom Nichtberechtigten.[23] Ist mithin der handelnde Miterbe bösgläubig, so ist ein gutgläubiger Erwerb durch die Erbengemeinschaft ausgeschlossen.

III. Verhältnis zur dinglichen Surrogation nach §§ 2019, 2111 BGB

11 Beim Surrogationserwerb des Erbschaftsbesitzers gilt § 2019 BGB, beim Vorerben § 2111 BGB. Ist jedoch der Vorerbe Miterbe der Erbengemeinschaft, so gilt im Verhältnis zu den übrigen Miterben § 2041 BGB und im Verhältnis zum Nacherben § 2111 BGB.[24]

IV. Entsprechende Anwendung von § 2041 BGB

12 Eine entsprechende Anwendung von § 2041 BGB muss dort erfolgen, wo anders ein Schutz des als Sondervermögen vorhandenen Nachlassvermögens zugunsten der Nachlassgläubiger bzw. Erben nicht erreicht werden kann. Dies ist bei der **Testamentsvollstreckung** der Fall, da hier der Nachlass gesondert vom übrigen Vermögen der oder des Erben der Verwaltung durch den Testamentsvollstrecker unterliegt. Unerheblich ist es hierbei dann, ob der Nachlass einem oder mehreren Erben zusteht.[25]

13 Bei **Nachlassverwaltung, Nachlassinsolvenz** und **Nachlasspflegschaft** wird § 2041 BGB hingegen **nicht** analog angewandt, da durch die amtliche Anordnung und Überwachung der Fremdverwaltung ein ausreichender Schutz der Interessen der Erben und Nachlassgläubiger gewährleistet ist.[26] I.R.d. Nachlassverwaltung sind die spezielleren Vorschriften der §§ 1985 Abs. 2 S. 2 BGB i.V.m. 1978 Abs. 2 BGB zu beachten.

14 **Ersatzansprüche** gegen den **Nachlasspfleger** fallen aufgrund einer analogen Anwendung des § 2041 BGB in den Nachlass.[27]

D. Verfahrensfragen und Prozesstaktik

I. Feststellungsklage

15 Ist zwischen den Miterben str., ob ein Gegenstand als Surrogat zum Sondervermögen der Erbengemeinschaft gehört, so kann diese Frage im Rahmen einer **Feststellungsklage** im Vorfeld der Auseinandersetzung der Erbengemeinschaft geklärt werden. Dies ist nach der Rspr. des BGH zulässig, auch wenn eine Leistungsklage grundsätzlich möglich wäre.[28] Mehrere streitige Punkte können hier auch in einer Klage zusammengefasst werden. Dieser Weg ist im Gegensatz zur Teilungsklage stets der kostengünstigere und weniger risikobehaftete Weg (siehe auch § 2042 Rdn 60). Siehe im Übrigen auch Rdn 18 (Haftungsfallen).

II. Beweislast

16 Im Fall der Surrogation beim **Vorerben** (§ 2111 BGB) hat der BGH entschieden, dass die Darlegungs- und Beweislast für die Ersetzung beim Nacherben liege. Der BGH räumt zwar ein, dass dies für den Nacherben mit großen Schwierigkeiten verbunden sei, insbesondere dann, wenn er sein Recht auf Erstellung eines Verzeichnisses (§ 2121 BGB) nicht wahrgenommen hat. Im entschiedenen Fall kam noch hinzu, dass der Vorerbe befreit war und sich mit Verbrauch (statt der vom Nacherben behaupteten

---

23 Grüneberg/*Weidlich*, § 2041 Rn 3.
24 MüKo/*Gergen*, § 2041 Rn 2.
25 Staudinger/*Löhnig*, § 2041 Rn 24.
26 *Lange/Kuchinke*, § 41 VI 2.
27 Str.: OLG Dresden, Urt. v. 13.1.1999 – 13 U 2283/98, juris wendet hier wohl § 2041 BGB „stillschweigend" an, so *Damrau* in der Anm. zu diesem Urt. ZEV 2000, 405, 406 m.w.N. zur a.A.
28 BGH Urt. v. 27.6.1990 – IV ZR 104/89, LS 1 u. Rn 9, juris.

Ersetzung) verteidigt hatte. Der Fall lässt sich auf die Surrogation gem. § 2041 BGB **nicht übertragen.** Bei § 2111 BGB liegt es einerseits in der Hand des Erblassers durch die Anordnung der befreiten Vorerbschaft den Nachlass der Gefahr des völligen Verbrauchs auszusetzen und andererseits in der Hand des Nacherben wenigstens den Anfangsbestand durch Verzeichnis feststellen zu lassen, § 2121 BGB. Diese Möglichkeiten hat der Miterbe jedoch nicht. Er kann weder von den übrigen Miterben verlangen, ein Nachlassverzeichnis allein zum Zwecke der Feststellung des Anfangsbestandes erstellen zu lassen; noch wäre es dem Erblasser möglich, durch testamentarische Anordnungen, einzelne oder auch alle Miterben indirekt von der Rechtsfolge des § 2041 BGB freizustellen. Hinzu kommt jedoch auch die weiter reichende Schutzrichtung des § 2041 BGB: während § 2111 BGB lediglich den Nacherben schützen soll, bezweckt § 2041 BGB den Schutz der Miterben und der **Nachlassgläubiger.** Jene hätten keinerlei Möglichkeiten, die Ersetzung darzulegen und zu beweisen. Die **Darlegungs- und Beweislast** für den „ersatzlosen Untergang" liegt daher bei dem oder den in Anspruch genommenen Miterben. Ist ein Gegenstand nicht mehr vorhanden, der zum Nachlass gehört hat, so ist es Sache der Miterben dies sowie die fehlende Ersetzung darzulegen und zu beweisen. Erst dann trifft denjenigen, der Surrogation behauptet, hierfür die **Beweislast.**[29] Durch eine andere Beweislastverteilung würde der Schutzzweck der Norm ausgehöhlt werden, weil den Miterben gegenüber einem Nachlassgläubiger bspw. die bloße Behauptung reichen würde, dass der ursprüngliche Nachlassgegenstand im weitesten Sinne der Worte „ersatzlos weggefallen" ist.

E. Steuerrechtliche Fragen

17 Bis zur Auseinandersetzung wird die Erbengemeinschaft bei **Überschusseinkünften** als Bruchteilsgemeinschaft gem. § 39 Abs. 2 Nr. 2 AO und bei **Gewinneinkünften** als Mitunternehmerschaft i.S.v. § 15 Abs. 1 S. 1 Nr. 2 EStG behandelt.[30] Hat die Erbengemeinschaft ein Grundstück veräußert, so ersetzt der Verkaufserlös gem. § 2041 BGB das Grundstück im Nachlassvermögen. Soweit durch die Veräußerung ein Einkommenstatbestand (§ 23 Abs. 1 Nr. 1 EStG) verwirklicht worden ist, ist der Gewinn den Erben entsprechend ihren Anteilen an der Erbengemeinschaft zuzurechnen. Für die steuerliche (anteilige) Zurechnung der Gewinne oder Verluste eines zum Nachlass gehörenden Unternehmens ist es ohne Bedeutung, ob ein Miterbe das Unternehmen nach außen hin im Namen der Erbengemeinschaft oder im eigenen Namen geführt hat. Die im Unternehmen erwirtschafteten Erträge sind der Erbengemeinschaft gem. § 2041 BGB schon dann zuzurechnen, wenn sie durch Rechtsgeschäfte erzielt werden, die eine objektive Beziehung zum Nachlass haben.[31]

F. Haftungsfallen

18 § 2041 BGB ist eine häufig übersehene Vorschrift. Nicht selten wird zwischen den Parteien der Erbengemeinschaft heftig darüber gestritten, ob bspw. ein Miterbe einen Nachlassgegenstand einfach „eigenmächtig" veräußern durfte (soweit verfügt wurde regelmäßig nicht, § 2040 BGB) und er den Erlös als „vorweggenommene Teilauseinandersetzung" schon einmal „für sich behalten" darf. Es bedarf hier keiner langen Diskussionen, dass der handelnde Miterbe **nicht** verfügen durfte. Ebenso wenig muss aber darüber diskutiert werden, dass der Veräußerungserlös Vermögen der gesamthänderisch gebundenen Erbengemeinschaft ist und der handelnde Erbe daher den Erlös

29 Vgl. hierzu auch Baumgärtel/*Küpper/Schmitz*, Handbuch der Beweislast, § 2041 Rn 2.

30 BMF-Schreiben „Ertragsteuerliche Behandlung der Erbengemeinschaft und ihrer Auseinandersetzung" v. 14.3.2006 – IV B 2-S 2242-7/06, BStBl I 2006, 253.

31 BFH, Urt. v. 10.2.1987 – VIII R 297/81, Rn 47, juris; BGH, Urt. v. 6.5.1968 – III ZR 63/66, LS u. Rn 13, juris.

auch der Gesamthand zur Verfügung stellen muss. Handelt es sich um einen Gegenstand, können die Miterben Einräumung des Mitbesitzes gem. § 866 BGB verlangen, da der handelnde Miterbe gem. § 872 BGB als Eigenbesitzer besitzt. Es wird auch zu prüfen sein, ob der Geschäftspartner aufgrund § 2039 S. 1 Alt. 1 BGB überhaupt mit befreiender Wirkung geleistet hat. Wurde der „eigenmächtig" handelnde Miterbe – fälschlich – im Grundbuch als Alleineigentümer eingetragen, so haben die Miterben einen Grundbuchberichtigungsanspruch gem. § 894 BGB (unverjährbarer Anspruch, § 898 BGB).

§ 2042 Auseinandersetzung

(1) Jeder Miterbe kann jederzeit die Auseinandersetzung verlangen, soweit sich nicht aus den §§ 2043 bis 2045 ein anderes ergibt.
(2) Die Vorschriften des § 749 Abs. 2, 3 und der §§ 750 bis 758 finden Anwendung.

Literatur

Bothe, Die Teilungsversteigerung, 3. Aufl. 2025; *ders.*, Die Abgründe der Teilungsversteigerung – Ein kurzer Überblick, ZErB 2022, 285; *Bredemeyer/Tews*, Erbteilung durch dingliche Abschichtung, ZEV 2012, 352; *Bringer*, Auseinandersetzung einer Miterbengemeinschaft als Nachfolgerin eines einzelkaufmännischen Handelsgeschäfts, ZErb 2006, 39; *Bürger*, Einzelzuwendungen an Erben, MDR 1986, 371; *Damrau*, Druck bei der Erbauseinandersetzung durch Pfandverkauf, ZEV 2008, 216; *ders.*, Erbenmehrheit und Familiengericht, ZEV 2006, 190; *ders.*, Die Abschichtung, ZEV 1996, 361; *Dümig*, Zu den grundbuchrechtlichen Folgen eines formfreien Erwerbs an Nachlassgrundstücken im Wege der Abschichtung durch den verbleibenden Miterben, Rpfleger 2004, 96; *Gergen*, Zur Schnittmenge von Erbrecht und Urheberrecht: die Nachfolge in die Rechte eines verstorbenen Urhebers, ZErb 2009, 42; *Grothues*, Die Teilungsversteigerung gem. §§ 180 ff. ZVG, ZErb 2000, 69 (Teil 1) und ZErb 2000, 113 (Teil 2); *Hartlich*, Ausgewählte Probleme der Erbauseinandersetzung aus notarieller Sicht, RNotZ 2018, 285; *Heckschen*, Auswirkungen des MoMiG auf die Übertragung von GmbH-Anteilen von Todes wegen und im Wege der vorweggenommenen Erbfolge, ZErb 2008, 246; *Herzog*, Facebook und der digitale Nachlass, ZErb 2017, 205; *dies.*, Der digitale Nachlass – ein bisher kaum gesehenes und häufig missverstandenes Problem, NJW 2013, 3745; *Herzog/Pruns*, Der digitale Nachlass in der Vorsorge- und Erbrechtspraxis, 2018; *Holtmeyer*, Die Verjährung von Ansprüchen im Recht der Erbengemeinschaft, ZEV 2013, 53; *Holzer*, Das Verfahren zur Auseinandersetzung des Nachlasses nach dem FamFG, ZEV 2013, 656; *Jünemann*, Praktische Konsequenzen der Abschichtung von Miterben, ZEV 2012, 65; *Kaya*, Erbengemeinschaft und Gesellschafterversammlung, ZEV 2013, 593; *Keller*, Ausscheiden eines Miterben aus der Erbengemeinschaft durch „Abschichtung"?, ZEV 1998, 281; *Kohler*, Gemeinschaften mit Zwangsteilung, AcP 91 (1901), 309, 334 f.; *Krug*, Die Erbteilungsklage, ErbR 2008, 62; *ders.*, Haftungsfalle: Vollzug der Erbteilung vor Erfüllung aller Nachlassverbindlichkeiten, ZErb 2000, 15; *Kurze/Goertz*, Bestattungsrecht in der Praxis, 2. Aufl. 2016; *Reimann*, Die steckengebliebene Erbauseinandersetzung, ZEV 2009, 120; *ders.*, Erbauseinandersetzung durch Abschichtung, ZEV 1998, 213; *Rißmann*, Teilungsanordnungen nach § 2048 BGB, Diss. Berlin 2023 (abrufbar unter https://refubium.fu-berlin.de/handle/fub188/41835); *Schmidt, K.*, Erbteilsabtretung, Miterbenabfindung und Anwachsung bei der Erbengemeinschaft – Nachdenken über § 2033 und die Struktur der Erbengemeinschaft, AcP 205, 305; *Sorge*, Digitaler Nachlass als Knäuel von Rechtsverhältnissen, MMR 2018, 37; *Steiner*, Grundzüge der Klage auf Erbauseinandersetzung, ZFE 2004, 332; *ders.*, Die Praxis der Klage auf Erbauseinandersetzung, ZEV 1997, 89; *Stöber*, Forderungspfändung, 16. Aufl. 2013; *Stritter*, Das notarielle Verfahren zur Vermittlung der Erbauseinandersetzung nach den §§ 363 ff. FamFG, ZErb 2016, 57; *Tamoj/Schiemann*, Von der (Un-)Möglichkeit des stillschweigenden Wechsels von einer Erbengemeinschaft in eine Gesellschaft bürgerlichen Rechts (GbR), ErbR 2018, 124; *van Venrooy*, Die Abschichtung von Miterben – Anmerkungen zur anwaltlichen Beratungspraxis, DNotZ 2012, 119; *Wesser/Saalfrank*, Formfreier Grundstückserwerb durch Miterben, NJW 2003, 2937; *Winkler*, Verhältnis von Erbteilsübertragung und Erbauseinandersetzung – Möglichkeiten der Beendigung der Erbengemeinschaft, ZEV 2001, 435; *Wolf*, Die Fortführung eines Handelsgeschäfts durch die Erbengemeinschaft, AcP 181, 481; *Zimmermann*, Familienpapiere im Nachlass, ErbR 2019, 84.

Übersicht: Rdn

A. Allgemeines

Die Erbengemeinschaft ist von Beginn an auf Auseinandersetzung ausgerichtet. Der Begriff der „**Auseinandersetzung**" ist weit zu verstehen und umfasst zwangsläufig nicht lediglich die Verteilung des Nachlasses unter den Erben, sondern zuvor auch die Begleichung der Verbindlichkeiten des Nachlasses und Ausgleichung von Vorempfän- 1 gen. Nach § 2042 BGB kann jeder Miterbe grundsätzlich **jederzeit ohne Rücksicht auf** die **Interessen der Miterben** die Auseinandersetzung verlangen. Anders also als im Gesellschaftsrecht auf den das Recht der Erbengemeinschaft vielfach verweist, ist kein „wichtiger Grund" erforderlich und das Auseinandersetzungsbegehren kann auch zur Unzeit gestellt werden. Die **Teilung** hat grundsätzlich **in Natur** zu erfolgen, § 2042 Abs. 2 BGB i.V.m. § 752 BGB. Nur wenn die Teilung in Natur ausgeschlossen ist, hat die Teilung durch Verkauf entsprechend den Vorschriften über den Pfandverkauf bzw. bei Immobilien durch Zwangsversteigerung gem. § 180 ZVG zu erfolgen, Abs. 2 i.V.m. § 753 BGB. Es gibt keine gesetzlichen Vorschriften, in welcher Form die Auseinandersetzung stattfinden muss. Es gibt daher zahlreiche Wege, die Auseinandersetzung durchzuführen, wie z.B. Auseinandersetzungsvertrag, Verfahren in Teilungssachen, Teilungsklage usw. (zu Einzelheiten siehe Rdn 5 ff.). Die Praxistauglichkeit der verschiedenen Verfahren ist sehr unterschiedlich und die Wahl des richtigen Verfahrens kann über Erfolg und Misserfolg der Auseinandersetzung entscheiden.

B. Tatbestand

I. Abs. 1

1. Jeder Miterbe

2 Zum Begriff siehe § 2033 Rdn 2. Auch ein Miterbe, der bei der Auseinandersetzung aufgrund von **Vorempfängen** nichts mehr zu erwarten hat, kann die Auseinandersetzung verlangen, da er sonst keine Möglichkeit hätte, aus der Erbengemeinschaft auszuscheiden. Entsprechend anwendbar ist § 2042 BGB über den ausdrücklichen Wortlaut hinaus („Jeder Miterbe") auf den **Erbteilserwerber,** § 2033 BGB.[1] Für den **Testamentsvollstrecker** gilt § 2042 BGB über den Verweis des § 2204 Abs. 1 BGB. Auch der **Abwesenheitspfleger** für einen bekannten Erben (§ 1911 BGB) kann die Auseinandersetzung fordern; dies ist ein Minus zu seinem Recht, die Erbschaft anzunehmen oder auszuschlagen.[2] Nach Eintritt der Verkaufsberechtigung kann der **Pfandgläubiger** allein die Aufhebung der Gemeinschaft verlangen, § 1258 Abs. 2 S. 2 BGB. Vor Verkaufsberechtigung kann der Pfandgläubiger gem. § 1258 Abs. 2 S. 1 BGB ebenso wie der Nießbraucher am Miterbenanteil gem. § 1066 Abs. 2 BGB die Auseinandersetzung nur gemeinschaftlich mit dem Miterben verlangen. Wurde der Erbteil gepfändet und überwiesen, dann kann der Miterbe sich nicht mehr an der Auseinandersetzung beteiligen.[3]

3 Für den **Nachlasspfleger** ist § 2042 BGB **nicht** entsprechend anwendbar. Der Nachlasspfleger darf jedoch an einer von einem Anderen betriebenen Auseinandersetzung mitwirken.[4] Zur Genehmigungsbedürftigkeit bei **minderjährigen Erben** siehe Rdn 52 f.

2. Jederzeit

4 Die Formulierung steht im Gegensatz zur „Parallelregelung" im Gesellschaftsrecht in § 723 Abs. 2 BGB: Während im Gesellschaftsrecht eine Kündigung nur dann zur Unzeit erfolgen darf, wenn wichtige Gründe vorliegen, gibt es bei der Erbengemeinschaft **keine** derartige **Einschränkung**. In der Rspr. vor dem Jahr 1956 finden sich einige Entscheidungen, die ein Auseinandersetzungsverlangen aus dem Gesichtspunkt des Rechtsmissbrauchs gem. § 242 BGB einschränken wollen.[5] Es gibt hingegen keine Entscheidungen neueren Datums. Tatsächlich sind kaum Fälle nach neuerer Rspr. zu

---

1 KG, Beschl. v. 13.11.1970 – 1 W 7814/70, OLGE 14, 154.
2 *Lange/Kuchinke*, § 44 II 1b Fn 38 a.E.; anders jedoch beim Nachlasspfleger, siehe Rdn 3.
3 Staudinger/*Löhnig*, § 2042 Rn 3.
4 KG NJW 1971, 565.
5 Siehe hierzu Staudinger/*Löhnig*, § 2042 Rn 3.

§ 242 BGB denkbar, in denen der „letzte Rettungsanker" des § 242 BGB anzuwenden wäre.

3. Auseinandersetzung

5 Unter Auseinandersetzung ist nicht lediglich die Verteilung des Nachlasses unter den Erben entsprechend den gesetzlichen oder/und testamentarischen Vorschriften zu verstehen. Zur Vorbereitung der Auseinandersetzung gehört zunächst die **Berichtigung der Nachlassverbindlichkeiten**, § 2046 BGB: Bevor die Nachlassverbindlichkeiten nicht vollständig beglichen sind, kann keine Verteilung des Vermögens erfolgen. Die Pflicht zur Berichtigung der Nachlassverbindlichkeiten besteht jedoch nur im Verhältnis der Erben untereinander, nicht im Verhältnis zu den Gläubigern.[6] Durch die Auseinandersetzung müssen **alle Rechtsbeziehungen** der Gesamthand **abgewickelt** werden. Daher müssen auch **Rechtsgeschäfte** der Gesamthand mit Dritten – auch mit Miterben – **erledigt** und **Vorempfänge ausgeglichen** werden. Die Auseinandersetzung wird durch die Verteilung des Nachlasses vorrangig entsprechend den letztwilligen Anordnungen des Erblassers und im Übrigen entsprechend den gesetzlichen Regelungen vollzogen. **Einvernehmlich** können sich die **Erben** freilich über die testamentarischen Anordnungen **hinwegsetzen.** Dies wird nur durch die Anordnung einer **Testamentsvollstreckung verhindert.** Die Auseinandersetzung muss sich stets auf den **gesamten Nachlass** beziehen.[7] Grundsätzlich besteht kein Anspruch auf Teilauseinandersetzung der Erbengemeinschaft.[8] Eine gegenständlich beschränkte **Teilauseinandersetzung** wird nur dann zugelassen, wenn besondere Gründe hierfür bestehen. Dies soll bspw. dann der Fall sein, wenn Nachlassverbindlichkeiten nicht mehr bestehen und berechtigte Belange der Erbengemeinschaft und der einzelnen Miterben nicht gefährdet werden (zur **Klage** auf Teilauseinandersetzung siehe Rdn 19).[9] **Kein** ausreichender **Grund** wäre die durchgeführte Teilungsversteigerung einer zum Nachlass gehörenden Immobilie.[10] Auf eine **persönlich beschränkte** Auseinandersetzung lediglich hinsichtlich eines Miterben hat kein Miterbe einen Anspruch (siehe Rdn 8).[11]

6 In der **Praxis** läuft die Auseinandersetzung einer Erbengemeinschaft regelmäßig in **Teilauseinandersetzungen** ab. Die in Natur zu teilenden Nachlassgegenstände (z.B. Bank- und Depotguthaben) werden „vorab" verteilt. Die Verteilung der übrigen Nachlassgegenstände erfolgt nach Veräußerung bzw. Einigung über Ausgleichszahlungen innerhalb der Erbengemeinschaft. Diese Teilauseinandersetzung birgt jedoch die **Gefahr der unbeschränkten Haftung für Nachlassverbindlichkeiten** (vgl. § 2059 Abs. 1 S. 1 BGB „Bis zur Teilung ...").[12] Der Anspruch auf das Auseinandersetzungsguthaben kann erst dann isoliert durch einen Miterben **abgetreten** werden, wenn die Erbengemeinschaft aufgelöst ist. Vorher verstößt eine Abtretung gegen § 2040 BGB. Dies gilt auch, wenn der Nachlass zur Vorbereitung der Teilung bereits vollständig „versilbert" worden ist: in diesem Fall fällt der Erlös als Surrogat gem. § 2041 BGB in das gesamt-

---

6 Staudinger/*Löhnig*, § 2042 Rn 30.

7 OLG München, Urt. v. 24.1.1991 – 29 U 4906/90, Rn 41, juris.

8 OLG Koblenz, Beschl. v. 9.1.2013 – 3 W 672/12, Rn 5, juris; KG, Urt. v. 1.7.2002 – 12 U 9767/00, Rn 3, juris (NZB zurückgewiesen durch BGH, Beschl. v. 18.6.2003 – IV ZR 323/02, juris).

9 BGH, Urt. v. 14.3.1984 – IVa ZR 87/82, Rn 20, juris; BGH, Urt. v. 22.2.1965 – III ZR 208/63, Rn 38, juris; BGH, Urt. v. 13.3.1963 – V ZR 208/61, LS 1 u. Rn 10, juris.

10 KG, Urt. v. 1.7.2002 – 12 U 9767/00, Rn 14, juris (NZB zurückgewiesen durch BGH, Beschl. v. 18.6.2003 – IV ZR 323/02, juris).

11 BGH, Urt. v. 14.3.1984 – IVa ZR 87/82, Rn 20, juris; KG, Urt. v. 1.7.2002 – 12 U 9767/00, Rn 3, juris (NZB zurückgewiesen durch BGH, Beschl. v. 18.6.2003 – IV ZR 323/02, juris).

12 Rißmann/*K. Osthold/Goertz*, Die Erbengemeinschaft, § 6 Rn 73 und 165 ff.; *Lange/Kuchinke*, § 44 III 2a.

händerisch gebundene Vermögen (Beziehungssurrogation, siehe § 2041 Rdn 5).[13] Die Auseinandersetzung ist erst nach der realen Aufteilung des Erlöses des (versilberten) Nachlasses **vollzogen.**[14]

7 Ist **Testamentsvollstreckung** angeordnet, so ist die Auseinandersetzung durch den Testamentsvollstrecker vorzunehmen, § 2204 BGB.

Folgende Wege der Auseinandersetzung sind denkbar, wobei sich selbstverständlich auch „Mischformen" ergeben können:

a) Auseinandersetzungsvertrag

8 Der Vertrag, mit dem sich die Miterben auf eine Auseinandersetzung einigen, ist grundsätzlich an **keine Form** gebunden. Zu beachten sind ggf. Formvorschriften, die sich bei der Übertragung einzelner Nachlassgegenstände i.R.d. Vollzugs der Auseinandersetzung ergeben (z.B. bei Übertragung von Grundstücken, § 311b Abs. 1 S. 1 BGB, oder Geschäftsanteilen einer GmbH, § 15 Abs. 3, 4 GmbHG). Es liegt jedoch auf der Hand, dass in der Praxis schon aus Beweisgründen mindestens die Schriftform vorzuziehen ist (siehe im Einzelnen Rdn 72; zu den Rechtsfolgen des Auseinandersetzungsvertrags siehe Rdn 54, zu Haftungsfallen Rdn 73). Scheiden lediglich einige Miterben durch **Teilauseinandersetzung** aus einer sonst fortbestehenden Erbengemeinschaft aus, wachsen die Anteile der ausscheidenden Miterben den in der Erbengemeinschaft verbleibenden Miterben im Verhältnis ihrer bisherigen Anteile an.[15]

Übernimmt ein Miterbe den einzigen Nachlassgegenstand gegen Abfindung der übrigen Miterben und gerät der übernehmende Miterbe dann mit der Leistung in **Verzug**, können die übrigen Miterben vom Vertrag **zurücktreten** und Rückgewähr an die Erbengemeinschaft verlangen. Damit wird die Erbengemeinschaft **nicht** „vertraglich begründet" und auch nicht „nach Aufhebung wiederhergestellt".[16] Denn solange zu der Erbengemeinschaft noch der Rücktrittsanspruch als Vermögensbestandteil gehört, ist sie nicht „rechtsgültig auseinandergesetzt".[17] Anstelle des übertragenen Nachlassgegenstandes gehört nunmehr als **Beziehungssurrogat** gem. § 2041 BGB der Rückgewähranspruch gem. § 346 BGB zum Nachlassvermögen.[18]

b) Abschichtung

9 Durch den BGH ist seit 1998 neben dem Auseinandersetzungsvertrag (siehe Rdn 8) und der Erbteilsübertragung (siehe Rdn 22) eine weitere Möglichkeit der Auseinandersetzung anerkannt, die zu einer **Teilauseinandersetzung** führt: Miterben scheiden einverständlich gegen Abfindung aus der Erbengemeinschaft aus.[19] Dies wird allg. als **„Abschichtung"** bezeichnet, ein Begriff, den der BGH übernommen hat.[20] Bei der Abschichtung gibt ein Miterbe (ausschließlich) seine **Mitgliedschaftsrechte** an der Erbengemeinschaft auf, insbesondere sein Recht auf ein Auseinandersetzungsguthaben. Der Erbteil des Ausgeschiedenen wächst den verbleibenden Miterben aufgrund entsprechender Anwendung von §§ 1935, 2094, 2095 an.[21] Bleibt lediglich ein Miterbe

13 OLG Frankfurt, Urt. v. 25.6.1998 – 3 U 163/97, Rn 39, juris.
14 OLG Frankfurt, Urt. v. 25.6.1998 – 3 U 163/97, LS u. Rn 39, juris.
15 BGH, Urt. v. 27.10.2004 – IV ZR 174/03, LS u. Rn 7 ff., juris.
16 BGH DNotZ 55, 406; KG, Urt. v. 29.3.2012 – 20 U 270/11, Rn 13, juris (NZB zurückgewiesen durch BGH, Beschl. v. 24.10.2012 – IV ZR 155/12, ZEV 2013, 84).
17 BGH, Urt. v. 26.2.1953 – IV ZR 207/52, DNotZ 55, 406; KG, Urt. v. 29.3.2012 – 20 U 270/11, juris (NZB zurückgewiesen durch BGH, Beschl. v. 24.10.2012 – IV ZR 155/12, juris).
18 BGH, Beschl. v. 24.10.2012 – IV ZR 155/12, juris.
19 BGH, Urt. v. 21.1.1998 – IV ZR 346/96, BGHZ 138, 8–14, LS 1 u. Rn 18, juris.
20 BGH, Urt. v. 21.1.1998 – IV ZR 346/96, BGHZ 138, 8–14, Rn 14, juris.
21 BGH, Urt. v. 21.1.1998 – IV ZR 346/96, BGHZ 138, 8–14, Rn 21, juris.

übrig, führt die Anwachsung zum Alleineigentum am Nachlass und die Erbengemeinschaft ist beendet.[22] Der durch Abschichtung ausgeschiedene Miterbe **bleibt** jedoch **formal Erbe** und ist daher auch im **Erbschein aufzuführen**.[23] Seine Position als Erbe wird durch Erwerb von Todes wegen begründet und ist nicht übertragbar (ebenso wie bei der Veräußerung eines Miterbenanteils gem. § 2033, vgl. § 2033 Rdn 10). **Nachlassgläubigern** kann die Abschichtung **nicht** entgegengehalten werden: sie können sich weiterhin an den durch Abschichtung ausgeschiedenen Erben halten, der ihnen gegenüber **weiterhin gesamtschuldnerisch haftet**, § 2058 BGB.

Da der Ausscheidende lediglich auf seine Mitgliedschaftsrechte verzichtet, sie jedoch **nicht** auf einen bestimmten Rechtsnachfolger überträgt, liegt hierin **keine Verfügung** über einen Erbteil gem. § 2033 Abs. 1 S. 1 BGB. Der **Abschichtungsvertrag** ist aus diesem Grund auch **formfrei** möglich, wenn zur Erbengemeinschaft ein **Grundstück** gehört.[24] In der Form des **§ 29 GBO** muss gegenüber dem Grundbuchamt jedoch die **Erbfolge** nachgewiesen werden, § 35 GBO. Nur so kann das Grundbuchamt prüfen, ob tatsächlich alle Erben der Erbengemeinschaft die Vereinbarung zur Abschichtung getroffen haben.[25] **Nicht erforderlich** ist dagegen eine **Voreintragung** der Erbengemeinschaft im Grundbuch gem. § 39 Abs. 1 GBO: Durch entsprechende Anwendung von § 40 Abs. 1 GBO gewährt die wohl allg. Meinung eine Ausnahme vom Grundsatz der Voreintragung.[26] Ob die **Abfindung** aus dem Nachlass oder dem Privatvermögen der oder des anderen Erben geleistet wird, ist unerheblich. **Formbedürftig** bleibt es jedoch, wenn als **Abfindung** ein Gegenstand übertragen werden soll, der nur durch **formbedürftiges Rechtsgeschäft** übertragen werden darf (z.B. Übertragung von Grundstücken, § 311b Abs. 1 BGB, oder Geschäftsanteilen einer GmbH, § 15 Abs. 3, 4 GmbHG).[27] 10

c) Verfahren in Teilungssachen

In §§ 363–372 FamFG ist das Verfahren in Teilungssachen geregelt, für das die Zuständigkeit der Notare besteht, § 23a Abs. 3 GVG. 11

Der Raum, der dem Verfahren in Teilungssachen (zuvor Vermittlungsverfahren) in der Lit. eingeräumt wird, steht im umgekehrten Verhältnis zur praktischen Relevanz. Das Verfahren hat **kaum praktische Bedeutung**,[28] was vor allen Dingen an § 370 S. 1 FamFG liegen dürfte. Danach ist das Verfahren auszusetzen, wenn sich „Streitpunkte ergeben". Ist es möglich, die unstreitigen Punkte gesondert in einer Urkunde zu erfassen, so hat der Notar dies zu veranlassen, § 370 S. 2 FamFG. Gerade die „streitigen" Punkte sind es jedoch, die regelmäßig die Entscheidung durch einen Dritten erfordern. Durch § 370 S. 1 FamFG hat aber jeder Miterbe zu jeder Zeit die Möglichkeit, das Vermittlungsverfahren zu „sabotieren". Dem Notar stehen im Verfahren in Teilungssachen keine verfahrensrechtlichen „Sanktionen" zur Seite. 12

Einzig gegenüber dem gem. § 365 FamFG geladenen, aber nicht erschienenen Miterben kann unter den Voraussetzungen des § 366 Abs. 3 FamFG die **Zustimmung zur Teilungsvereinbarung ersetzt** werden. Selbst wenn anzunehmen wäre, dass ein Miterbe 13

---

22 BGH, Urt. v. 21.1.1998 – IV ZR 346/96, BGHZ 138, 8–14, Rn 14, juris.

23 OLG Brandenburg, Beschl. v. 14.5.2013 – 3 W 20/13, Rn 16, juris; BeckOGK/*Rißmann/Szalai*, § 2042 BGB Rn 22 m.w.N.; a.A. *Jünemann*, ZEV 2012, 65, 68.

24 BGH, Urt. v. 21.1.1998 – IV ZR 346/96, BGHZ 138, 8–14, LS 1 u. Rn 16, juris.

25 OLG Köln, Beschl. v. 22.11.2017 – I-2 Wx 246/17, Rn 7, juris; OLG München, Beschl. v. 9.4.2018 – 34 Wx 13/18, Rn 25, juris, jeweils m.N. zur wohl überholten a.A.; BeckOK GBO/*Zeiser*, § 40 Rn 6.

26 OLG Köln, Beschl. v. 22.11.2017 – I-2 Wx 246/17, Rn 8, juris; OLG München, Beschl. v. 9.4.2018 – 34 Wx 13/18, Rn 28, juris.

27 BGH, Urt. v. 21.1.1998 – IV ZR 346/96, BGHZ 138, 8–14, LS 2 u. Rn 20, juris.

28 Ebenso: Bonefeld/Kroiß/Tanck/*Roglmeier*, Erbprozess, § 3 Rn 480.

nicht erscheinen und trotz Belehrung gem. § 366 Abs. 3 FamFG nicht die Anberaumung eines neuen Termins beantragen wird, bietet das Verfahren gegenüber dem ordentlichen Zivilprozess mit der Möglichkeit des Versäumnisurteils keine Vorteile. Dies vor allen Dingen auch aufgrund der Möglichkeit, im Zivilverfahren durch öffentliche Zustellung zu laden (im Gegensatz hierzu § 365 Abs. 1 S. 2 FamFG), sowie der regelmäßig deutlich kürzeren Fristen im Zivilprozess.

14 Das Verfahren in Teilungssachen bietet daher **keinerlei Vorzüge**: Die bloße „Beurkundung" der unstr. Punkte hingegen bedarf nicht der Durchführung des Verfahrens in Teilungssachen.

d) Erbteilungsklage (Auseinandersetzungsklage)

15 Die Klage ist gerichtet auf die Zustimmung zu einem bestimmten, vorzulegenden Teilungsplan. Von diesem Plan darf das Gericht nicht abweichen: Es darf nicht mehr oder weniger zusprechen, als in dem Teilungsplan zur Zustimmung genannt ist.[29] Es wird vertreten, dass das Gericht i.R.d. § 139 Abs. 1 ZPO „wegen der Schwierigkeiten" verpflichtet sein soll, auf sachgemäße Antragstellung hinzuwirken.[30] Kann es aber – jedenfalls im Anwaltsprozess – richtig sein, dass das Gericht im Rahmen der richterlichen Hinweispflicht für eine **begründete** Klage sorgt? Jede **Abweichung** ist kein Minus zum Teilungsplan, sondern ein **Aliud** und muss eine **Abweisung** der Klage als unbegründet nach sich ziehen (siehe Rdn 75 ff.).[31] Daher kann das Gericht nicht verpflichtet sein, gewissermaßen als Gehilfe des Klägers für die Begründetheit der Klage zu sorgen. Das Gericht hat keine Gestaltungsbefugnis.[32] Der Kläger selbst muss einer Abweisung der Klage durch eine Staffelung von Hilfsanträgen vorbeugen, mit denen Alternativ-Teilungspläne vorgelegt werden. Eine Erbteilungsklage wird nur da überhaupt Aussicht auf Erfolg haben, wo der Nachlass **teilungsreif** ist:

- Sämtliche Nachlassverbindlichkeiten müssen beglichen (§ 2046 BGB) worden sein.[33]
- Der Nachlass muss versilbert worden sein bzw. die verbleibenden Nachlassgegenstände werden von Teilungsanordnungen gem. § 2048 BGB erfasst und müssen einem bestimmten Miterben zugewandt werden.
- Der gesamte Nachlass muss bekannt sein.
- Der gesamte Nachlass muss von der Teilungsklage erfasst werden.

16 Teilungsreife liegt auch dann nicht vor, wenn eine erforderliche **Teilungsversteigerung** eines Grundstücks noch nicht durchgeführt ist.[34]

17 Im Rahmen von Erbteilungsklagen dürfen **Teilurteile** hinsichtlich des Teilungsplanes **nicht** ergehen.[35]

---

29 So bereits Planck/*Ritgen*, Vorbem. §§ 2042–2049 Nr. 3.

30 Grüneberg/*Weidlich*, § 2042 Rn 21; wohl auch BGH, Urt. v. 14.3.1984 – IVa ZR 87/82, Rn 27, juris (obiter dictum, möglicherweise nur einzelfallbezogen gemeint); MüKo/*Fest*, § 2042 Rn 71; auch (ohne Begründung): Thüringisches OLG, Urt. v. 18.6.2008 – 4 U 726/06, Rn 21, juris.

31 BGH, Urt. v. 13.4.1988 – IVb ZR 48/87, LS 1 u. Rn 39, juris im rechtlich vergleichbaren Fall einer Gütergemeinschaft; nach a.A. *„unzulässig"*: OLG Frankfurt, Urt. v. 19.10.1994 – 17 U 207/93, Rn 18, juris.

32 Staudinger/*Löhnig*, § 2042 Rn 61.

33 OLG Brandenburg FamRZ 1998, 1521, 1522.

34 BGH, Urt. v. 13.4.1988 – IVb ZR 48/87, LS 3 u. Rn 67, juris im rechtlich vergleichbaren Fall einer Gütergemeinschaft; a.A. OLG Köln OLGR 1996, 215: Teilungsreife liegt dann vor, wenn i.R.d. Erbauseinandersetzungsklage auch die Zustimmung zur Auskehr des Erlöses des Versteigerungsverfahrens nach § 180 ZVG nach bestimmten Quoten erreicht werden soll.

35 A.A. OLG Koblenz, Urt. v. 21.3.2002 – 5 U 291/01, FamRZ 2002, 1513, LS 1, wobei sich jedoch die im LS 1 dargelegte Auffassung an keiner Stelle in den Gründen wiederfindet.

Durch das Urteil gilt die Zustimmung des verklagten Erben als erteilt, § **894 ZPO.** 18
Der Kläger kann (und sollte) auch gleich beantragen, dass die sich widersetzenden Erben zur Zustimmung zu den **dinglichen Erklärungen** verurteilt werden.[36] Der Teilungsplan und die durch Urteil ersetzte Zustimmung allein hat lediglich schuldrechtliche Wirkung. Die unmittelbare Klage auf Zustimmung zu den dinglichen Erklärungen oder die Leistungsklage ist **isoliert** möglich, falls konkrete Auseinandersetzungsvereinbarungen oder Teilungsanordnungen vorliegen, die lediglich noch vollzogen werden müssen, und andere regelungsbedürftige Punkte wie Vorempfänge, Nachlassverbindlichkeiten nicht vorhanden sind.[37]

Eine Ausnahme von der Voraussetzung der Totalerledigung gilt dann, wenn **besondere** 19
Gründe für eine gegenständlich beschränkte **Teilauseinandersetzung** sprechen. Dies kann dann der Fall sein, wenn Nachlassverbindlichkeiten nicht mehr bestehen und berechtigte Belange der Erbengemeinschaft und der einzelnen Miterben nicht gefährdet werden (zur Teilauseinandersetzung siehe auch oben Rdn 5).[38]

Beispiel
Im Nachlass ist ausschließlich noch Geld vorhanden, die Erbengemeinschaft besteht schon jahrzehntelang, es lässt sich nicht übersehen, ob überhaupt und wann noch weitere Nachlassgegenstände für eine weitere Auseinandersetzung zur Verfügung stehen werden, und Passiva des Nachlasses bestehen nicht.[39]

Zu Fragen der Prozesstaktik und Antragstellung siehe Rdn 60 20

e) Übertragung der Erbteile auf einen Miterben

Die Auseinandersetzung kann auch durch Übertragung sämtlicher Miterbenanteile 21
gem. § **2033 BGB** auf einen Miterben vollzogen werden. Sobald sich die sämtlichen Miterbenanteile der Erbengemeinschaft in einer Person vereinigen, erlischt die Erbengemeinschaft. Der Vertrag, mit dem sich die Erben zur Übertragung verpflichten, ist **formfrei** möglich, da es sich um einen Auseinandersetzungsvertrag handelt. Bei der Verfügung muss jedoch die Form des § 2033 Abs. 2 BGB (notarielle Beurkundung, vgl. auch § 2033 Rdn 6) gewahrt werden. Bei **Verkauf** an einen Miterben entsteht **kein Vorkaufsrecht** der anderen Miterben, da § 2034 BGB ausschließlich den Verkauf an einen „Dritten" erfasst.[40] Bei Übertragung aller Erbteile zu gleichen Bruchteilen auf mehrere Erwerber besteht die Erbengemeinschaft fort.[41]

f) Gerichtliche Zuweisung eines landwirtschaftlichen Betriebes

Gehört ein landwirtschaftlicher Betrieb zum Nachlass der Erbengemeinschaft, so kann 22
gem. § 13 Abs. 1 GrdstVG das Gericht auf Antrag eines Miterben den Betrieb einem oder – falls der Betrieb teilbar ist – mehreren Erben zuweisen.[42] **Voraussetzung** ist u.a., dass die Erbengemeinschaft durch gesetzliche Erbfolge entstanden ist. Die weiteren Voraussetzungen und Rechtsfolgen ergeben sich aus § 14 GrdstVG.

---

36 MüKo/*Fest*, § 2042 Rn 70.
37 MüKo/*Fest*, § 2042 Rn 70.
38 BGH, Urt. v. 14.3.1984 – IVa ZR 87/82, Rn 20, juris; BGH, Urt. v. 22.2.1965 – III ZR 208/63, Rn 38, juris; BGH, Urt. v. 13.3.1963 – V ZR 208/61, LS 1 u. Rn 10, juris.
39 BGH, Urt. v. 22.2.1965 – III ZR 208/63, Rn 38, juris.
40 BGH, Urt. v. 16.12.1992 – IV ZR 222/91, NJW 1993, 726.
41 BGH, Beschl. v. 22.10.2015 – V ZB 126/14, Rn 11, juris; a.A. *Wolf*, Anm. zum Beschl. des OLG Jena v. 16.6.2014 – 3 W 184/14, ZEV 2014, 604.
42 Zu Einzelheiten vgl. Rißmann/*Hähn*, Die Erbengemeinschaft, § 17 Rn 50 ff.

g) Schiedsverfahren der DSE

23 Eine zeitsparende und kostengünstige Möglichkeit ist die Vereinbarung eines Schiedsverfahrens vor der Deutschen Schiedsgerichtsbarkeit für Erbstreitigkeiten e.V.[43] Dies kann auch nach dem Tod des Erblassers durch übereinstimmende Erklärung aller Beteiligten geschehen (§ 1029 Abs. 2 ZPO), andernfalls durch Anordnung im Testament (§ 1066 ZPO). Ein Schiedsverfahren vor der DSE bietet neben dem Zeit- und Kostenvorteil auch die Gewähr, dass erbrechtlich versierte und erfahrene Juristen eine rechtlich verbindliche Entscheidung treffen können. Die Vereinbarung des Schiedsverfahrens kann sich sowohl auf den gesamten Teilungsplan als auch auf einzelne Streitpunkte (Feststellungsklage) beziehen.

4. Verlangen

24 Inhaltlich ist das Verlangen gerichtet auf **Mitwirkung** bei **allen** für eine Auseinandersetzung erforderlichen **Maßnahmen.**[44] In Teilen ist diese Pflicht vergleichbar mit der Mitwirkungspflicht bei § 2038 Abs. 1 S. 2 Hs. 1 BGB (siehe § 2038 Rdn 13). Dennoch darf nicht übersehen werden, dass Auseinandersetzung gerade **keine Verwaltung** ist und **Maßstab der Handlungspflicht** daher auch **nicht** die Kriterien des **§ 2038 BGB** sein können: Maßstab der Pflicht ist und bleibt der Anspruch aus § 2042 BGB.[45] Denn während Verwaltung auf Verwahrung, Sicherung, Erhaltung und Vermehrung sowie Gewinnung der Nutzungen und Bestreitung laufender Verbindlichkeiten des Nachlasses gerichtet ist (vgl. hierzu § 2038 Rdn 5), zielt die **Auseinandersetzung** letztlich ausschließlich auf die Verteilung des Nachlasses unter den Erben – und das ist **keine Verwaltung.** Der Anspruch eines jeden Miterben aus § 2042 BGB führt somit zur ungeschriebenen, aber zwangsläufig **zwingenden Pflicht** der übrigen Miterben, an **allen** für die **Auseinandersetzung erforderlichen Maßnahmen mitzuwirken.**[46] Gerade diese Verpflichtung wird von vielen Erben „übersehen“. Das **Verlangen ist formlos** möglich. Ein Miterbe gibt **Anlass zur Klage,** wenn er dem berechtigten Verlangen schuldhaft nicht nachkommt (zu den Rechtsfolgen im Einzelnen siehe Rdn 55).

5. Soweit sich nicht aus den §§ 2043–2045 BGB ein anderes ergibt

25 Durch den Verweis wird klargestellt, dass dem Recht des Miterben, die Auseinandersetzung zu verlangen, die gesetzlichen (§ 2043 BGB) bzw. testamentarischen Anordnungen (§ 2044 BGB) sowie das Recht, einen Aufschub gem. § 2044 BGB zu verlangen, vorgehen. Zu den Einzelheiten siehe die Kommentierung zu den jeweiligen Paragrafen.

II. Abs. 2

1. Entsprechende Anwendung von § 749 Abs. 2 und 3 BGB

26 *§ 749 BGB Aufhebungsanspruch*

(1) …

(2) Wird das Recht, die Aufhebung zu verlangen, durch Vereinbarung für immer oder auf Zeit ausgeschlossen, so kann die Aufhebung gleichwohl verlangt werden, wenn ein wichtiger Grund vorliegt. Unter der gleichen Voraussetzung kann, wenn eine Kündigungsfrist bestimmt wird, die Aufhebung ohne Einhaltung der Frist verlangt werden.

---

43 DSE e.V., Hauptstr. 18, 74918 Angelbachtal/Heidelberg, www.dse-erbrecht.de; Tel.: 07265/493744/45; Fax: 07265/493746; die DSE hat Geschäftsstellen in ganz Deutschland.

44 MüKo/*Fest*, § 2042 Rn 4.

45 BeckOGK/*Rißmann/Szalai*, § 2042 BGB Rn 45.

46 KG, Beschl. v. 8.5.2018 – 4 U 24/17, Rn 29, juris (NZB zurückgewiesen durch BGH, Beschl. v. 3.4.2019 – IV ZR 327/18, BeckRS 2019, 68658).

(3) Eine Vereinbarung, durch welche das Recht, die Aufhebung zu verlangen, diesen Vorschriften zuwider ausgeschlossen oder beschränkt wird, ist nichtig.

Die Miterben können **einstimmig** formlos vereinbaren, dass die Erbengemeinschaft für bestimmte Zeit oder gar nicht auseinandergesetzt werden darf. Eine Vereinbarung, die Auseinandersetzung auf Dauer oder Zeit auszuschließen, führt nicht ohne weiteres zum Vollzug der Auseinandersetzung der Erbengemeinschaft.[47] Nähme man dies an, würde es u.a. dazu führen, dass die Erben fortan grundsätzlich auch mit ihrem Eigenvermögen haften, § 2059 Abs. 1 BGB. Warum dies bei einer Vereinbarung der Miterben gelten soll, nicht jedoch bei einem Ausschluss der Auseinandersetzung z.B. durch letztwillige Verfügung (§ 2044 BGB), ist nicht erkennbar. Hinzu kommen erhebliche Abgrenzungsschwierigkeiten (Wann wird die Auseinandersetzung lediglich nicht zügig vorangetrieben? Wann liegt eine – stillschweigende? – Vereinbarung vor? usw.). 27

Das Recht, die Aufhebung aus wichtigem Grund zu verlangen, ist nach Abs. 3 unabdingbar. Die Feststellung des **wichtigen Grundes** ist eine Frage des Einzelfalls.[48] Es können Umstände in der Person des Miterben sein, die einen wichtigen Grund darstellen. Jedoch liegt auch in einer tiefgreifenden Störung des gegenseitigen Vertrauens, bspw. bei **Verfeindung** der Miterben, nur dann ein wichtiger Grund für die Aufhebung der Gemeinschaft vor, wenn hierdurch die Erbengemeinschaft unmittelbar berührt wird. Es ist maßgebend, ob die Fortsetzung der Verwaltungs- und Nutzungsgemeinschaft noch zumutbar ist.[49] Der Eintritt der **Volljährigkeit** ist ein wichtiger Grund i.S.v. § 749 Abs. 2 S. 1 BGB und berechtigt dazu, die Aufhebung zu verlangen.[50] Zum Tod eines Miterben siehe Rdn 29 ff. 28

2. Entsprechende Anwendung von § 750 BGB

§ 750 BGB Ausschluss der Aufhebung im Todesfall 29

Haben die Teilhaber das Recht, die Aufhebung der Gemeinschaft zu verlangen, auf Zeit ausgeschlossen, so tritt die Vereinbarung im Zweifel mit dem Tode eines Teilhabers außer Kraft.

Da es sich bei § 750 BGB lediglich um eine Auslegungsregel für den **Zweifelsfall** handelt, können die Miterben im Rahmen einer Vereinbarung nach § 749 Abs. 2 BGB etwas Abweichendes regeln. Steht fest, dass eine Fortdauer des Aufhebungsausschlusses über den Tod hinaus vereinbart ist, so ist der Tod an sich **kein** wichtiger Kündigungsgrund i.S.v. § 749 Abs. 2 BGB.[51] 30

3. Entsprechende Anwendung von § 751 BGB

§ 751 BGB Ausschluss der Aufhebung und Sondernachfolger 31

Haben die Teilhaber das Recht, die Aufhebung der Gemeinschaft zu verlangen, für immer oder auf Zeit ausgeschlossen oder eine Kündigungsfrist bestimmt, so wirkt die Vereinbarung auch für und gegen die Sondernachfolger. Hat ein Gläubiger die Pfändung des Anteils eines Teilhabers erwirkt, so kann er ohne Rücksicht auf die Vereinbarung die Aufhebung der Gemeinschaft verlangen, sofern der Schuldtitel nicht bloß vorläufig vollstreckbar ist.

Eine Vereinbarung der Miterben gem. § 749 Abs. 2 BGB wirkt auch für und gegen den **Erbteilskäufer** gem. § 2033 BGB. Die Vereinbarung eines Auseinandersetzungsverbots 32

---

47 Staudinger/*Löhnig*, § 2042 Rn 71.

48 OLG Hamburg, Urt. v. 23.8.1960 – 2 U 56/60, NJW 1961, 610, LS b u. S. 611.

49 BGH, Urt. v. 30.4.1984 – II ZR 202/83, Rn 7 u. juris; vgl. hierzu auch MüKo/*Schmidt*, § 749 Rn 11.

50 BT-Drucks 13/5624, S. 10 unter A 3 g.

51 MüKo/*Schmidt*, § 749 Rn 12.

unter Miterben wirkt auch ohne Grundbucheintragung gegen den Erbteilserwerber; § 1010 BGB ist erst nach der Umwandlung der Erbengemeinschaft in eine Bruchteilsgemeinschaft anwendbar.[52] Der gute Glaube wird nicht geschützt.[53]

4. Entsprechende Anwendung von § 752 BGB

33 *§ 752 BGB Teilung in Natur*

Die Aufhebung der Gemeinschaft erfolgt durch Teilung in Natur, wenn der gemeinschaftliche Gegenstand oder, falls mehrere Gegenstände gemeinschaftlich sind, diese sich ohne Verminderung des Wertes in gleichartige, den Anteilen der Teilhaber entsprechende Teile zerlegen lassen. Die Verteilung gleicher Teile unter die Teilhaber geschieht durch das Los.

34 **Vor** einer Verteilung des Nachlasses gem. §§ 752, 753 BGB sind etwaige **Teilungsanordnungen** des Erblassers gem. § 2048 BGB zu berücksichtigen. Über Teilungsanordnungen des Erblassers können sich die Erben einstimmig hinwegsetzen. Grundsätzlich kann dies nur durch einen Testamentsvollstrecker verhindert werden (zu Einzelheiten siehe die Kommentierung zu § 2048).[54]

35 **ABC der Nachlassgegenstände**

Aktien können unter den Miterben entsprechend ihren Erbquoten durch gemeinsame Anweisung an die Bank zu Alleineigentum der Erben in deren Depots übertragen werden. Einzelne Aktien sind nicht teilbar, § 8 Abs. 5 AktG. Etwaige Differenzen, die sich dadurch ergeben, dass die Aktien nicht vollständig „ohne Rest" zu verteilen sind, werden entweder durch Zahlungen zwischen den Erben ausgeglichen, oder die verbleibenden Aktien werden verkauft und der Erlös wird verteilt, § 753 BGB.

Barvermögen: Bargeld wird unter Erben entsprechend ihren Erbquoten aufgeteilt. Hier ergeben sich keine Besonderheiten bei der Verteilung.

Besitz- und Nutzungsverhältnisse sind grundsätzlich unteilbar, aber auch nicht veräußerlich (also auch kein Fall des § 753 BGB). Die Verteilung kann – wenn überhaupt – nur durch Zustimmung des Vertragspartners zur „Teilung" erfolgen.[55] Bei Mietverträgen über Wohnraum sollte die Erbengemeinschaft innerhalb der Frist des § 564 S. 2 BGB den Mietvertrag kündigen. Wurde dies versäumt oder will die Erbengemeinschaft gemeinschaftlich das Vertragsverhältnis weiterführen, so wird durch eine einvernehmliche Regelung der Erben mit dem Vertragspartner ebenfalls eine Teilung vollzogen. Ist eine gemeinschaftliche Nutzung nicht beabsichtigt, so hat die Erbengemeinschaft das Vertragsverhältnis zu kündigen (siehe § 2038 Rdn 69 ff. und § 2040 Rdn 2 f.). Da eine Auseinandersetzung sonst nicht erfolgen kann, sind die Erben verpflichtet, hieran mitzuwirken (zur Mitwirkungspflicht siehe Rdn 24).[56]

Bruchteile einer Gemeinschaft sind teilbar, so dass durch die Teilung die bisher gesamthänderisch verbundenen Miterben in der Gemeinschaft aufgehen.[57] Zum Anteil an einer (anderen) Erbengemeinschaft als Teil des Vermögens der Erbengemeinschaft siehe unter „Erbteile".

Digitaler Nachlass ist danach zu unterscheiden, ob es sich um Zugang zu sozialen Netzwerken, E-Mail-Konten u.Ä. handelt oder zu Anbietern, die werthaltige Daten verwalten (z.B. über iTunes Store, Amazon Prime oder Audible erworbene Musik, Bücher oder Filme sowie Kryptowährung wie z.B. Bitcoins). Bei Zugang zu **sozialen**

52 MüKo/*Schmidt*, § 751 Rn 2.
53 Grüneberg/*Retzlaff*, § 751 Rn 2.
54 *Rißmann*, Teilungsanordnungen nach § 2048 BGB, S. 155 u. 340 f.
55 Vgl. hierzu MüKo/*Schmidt*, § 752 Rn 15.
56 Vgl. hierzu auch im Einzelnen Rißmann/*Maaß*, Die Erbengemeinschaft, § 20 Rn 23 ff. sowie 53 ff.
57 MüKo/*Schmidt*, § 752 Rn 16.

Netzwerken (aber vergleichbar auch „erst recht" bei E-Mail-Konten) ist nach der Entscheidung des BGH vom 12.7.2018 („Facebook")[58] höchstrichterlich geklärt, dass der Anspruch auf Zugang nach § 1922 BGB vererblich ist. Gleichzeitig zieht der BGH völlig zu Recht die naheliegende Parallele zu § 2047 Abs. 2 BGB (und § 2373 S. 2 BGB),[59] so dass hier auf die nachfolgenden Ausführungen zu **Schriftstücken** Bezug genommen werden kann. Hinsichtlich **werthaltiger Daten** des Erblassers muss unterschieden werden, welche vertraglichen Rechte der Erblasser erworben hatte (Miete? Möglicherweise personengebunden? Keine Möglichkeit der Veräußerung? Keine Übertragbarkeit bei Tod?) und ob etwaige von § 1922 BGB abweichende Regelungen nach § 307 Abs. 1, Abs. 2 Nr. 1 und 2 BGB unwirksam sind:[60] So erwirbt bspw. der „Käufer" eines **eBooks** (lediglich) ein **Nutzungsrecht**. Anders als bei einem Buch gilt insoweit **nicht** der sog. **Erschöpfungsgrundsatz**, § 17 Abs. 2 UrhG, weil kein Werkstück verbreitet wird; stattdessen wird eine unkörperliche Datei öffentlich zugänglich gemacht, § 19a UrhG. Die **Unwirksamkeit** abweichender Regelungen zur **Vererblichkeit** vermögenswerter digitaler Güter ist nicht erst nach der Entscheidung des BGH („Facebook"[61]) anzunehmen. Bis auch hier jedoch eine höchstrichterliche Klärung erfolgt ist, sollte bereits im Rahmen der **Gestaltung** durch Hinterlegung der Zugangsdaten **vorgebeugt** werden.[62]

Erbteil an anderer Erbengemeinschaft ist nicht in Natur teilbar, sondern lediglich in Bruchteile zerlegbar.[63] Bei der Auseinandersetzung kann somit der gesamthänderisch gehaltene Erbteil an einer anderen Erbengemeinschaft in eine Bruchteilsgemeinschaft umgewandelt werden, § 741 BGB. Die Auseinandersetzung ist damit insoweit ebenfalls vollzogen. Der Erbteil des vormals gesamthänderisch gehaltenen Erbteils „spaltet" sich jedoch nicht entsprechend den Erbquoten auf. Die Teilung findet nur ideell statt und die Anzahl der Erbteile ändert sich nicht.[64]

Erfindungen sind nicht teilbar, sondern müssen nach § 753 BGB veräußert werden.[65]

Festverzinsliche Wertpapiere oder ähnliche Anlageformen, die auf bestimmte Dauer vom Erblasser abgeschlossen worden sind und daher nicht ohne weiteres „taggleich" aufgelöst werden können. Hier muss eine Abwägung im Einzelfall vorgenommen werden hinsichtlich der Verpflichtung zur Mitwirkung bei der Auseinandersetzung (und somit der vorzeitigen und kostenintensiven Kündigung) und der Restlaufzeit der Papiere. Handelt es sich jedoch um Forderungen gegen den Emittenten der Wertpapiere, die **teilbar** sind (Bundesschatzbriefe u.Ä.), so lassen sich die Papiere in Depots der Miterben zu Alleineigentum übertragen. Etwaige Differenzen, die sich durch Überschüsse bei der Teilung ergeben, sind von den jeweils anderen Erben auszugleichen.

Forderungen sollen unter bestimmten Voraussetzungen teilbar sein.[66] In der Praxis der Auseinandersetzung der Erbengemeinschaft wird jedoch regelmäßig die Forderung gem. § 754 BGB bzw. § 2039 BGB eingezogen werden oder worden sein. Ist die Forderung noch nicht fällig oder kann aus anderen Gründen noch nicht eingezogen werden, so wird eine Teilabtretung der Forderung, wenn sie überhaupt zulässig ist,

---

58 BGH, Urt. v. 12.7.2018 – III ZR 183/17, juris.
59 BGH, Urt. v. 12.7.2018 – III ZR 183/17, Rn 49, juris.
60 Vgl. hierzu auch BGH, Urt. v. 12.7.2018 – III ZR 183/17, Rn 28, juris.
61 Vgl. hierzu auch BGH, Urt. v. 12.7.2018 – III ZR 183/17, Rn 28, juris.
62 Zur „digitalen Vorsorge" vgl. BeckOGK/*Preuß*, § 1922 BGB Rn 396.
63 BGH, Urt. v. 28.6.1963 – V ZR 15/62, NJW 1963, 1610, 1611; MüKo/*Schmidt*, § 752 Rn 17.
64 BGH, Urt. v. 28.6.1963 – V ZR 15/62, NJW 1963, 1610, 1611.
65 MüKo/*Schmidt*, § 752 Rn 18.
66 Zu Einzelheiten vgl. MüKo/*Schmidt*, § 752 Rn 19.

i.R.d. Auseinandersetzung häufig wirtschaftlich nicht sinnvoll sein. Letztlich wird es dann auf eine Veräußerung der Forderung entsprechend § 753 BGB hinauslaufen, was auch eine praktikable Lösung darstellt. Zu Steuererstattungsansprüchen siehe dort.
Fotos: siehe „Schriftstücke"
Gesellschaftsanteil: siehe „Personengesellschaften" bzw. „GmbH-Anteil"
GmbH-Anteil: Ein zum Nachlass gehörender GmbH-Anteil muss in Teilgeschäftsanteile aufgeteilt werden, sofern dies nicht durch die Satzung der GmbH ausgeschlossen ist.[67] Die Aufteilung in Teilgeschäftsanteile bedarf gem. § 46 Nr. 4 GmbHG eines Gesellschafterbeschlusses.[68]
Grabstelle/Grabrecht: kein real teilbares Recht, regelmäßig aufgrund der jeweiligen Friedhofsordnung auch keine Teilungsversteigerung gem. § 753 Abs. 1 S. 1 BGB möglich; daher bleibt lediglich Versteigerung unter den Miterben, § 753 Abs. 1 S. 2 BGB.[69]
Immobilien können nur bei – praktisch kaum vorkommender – Gleichartigkeit der Teile nach § 752 BGB verteilt werden.[70] Regelmäßig wird daher Teilung durch Verkauf (§ 753 BGB) oder Teilungsversteigerung (§ 180 ZVG) erfolgen.
Kunstwerke sind unteilbar, auch wenn sie aus mehreren Stücken bestehen. Bei einer Kunstsammlung ist es eine Frage des Einzelfalls, ob eine wirtschaftlich notwendige Zusammengehörigkeit besteht. Allein die Tatsache, dass die vollständige Sammlung mehr Wert hat als die Einzelteile, ist nach *Schmidt* noch kein ausreichender Anhaltspunkt.[71] Dies erscheint widersprüchlich. Vielmehr steht wohl bei einer Sammlung von Kunstgegenständen, Münzen, Büchern u.Ä. der tatsächliche Zusammenhang, den der Erblasser durch das Sammeln geschaffen hat, derart im Vordergrund, dass sich eine Teilung nach § 752 BGB verbietet. Eine Veräußerung der gesamten Sammlung nach § 753 BGB ist dann der einzige Weg der Auseinandersetzung, wenn sich die Erben nicht anderweitig verständigen wollen.
Mietverträge: siehe „Besitz- und Nutzungsverhältnisse"
Pachtverträge: siehe „Besitz- und Nutzungsverhältnisse"
Personengesellschaften: Anteile an einer Personengesellschaft können nur mit Zustimmung aller Gesellschafter oder aufgrund des Gesellschaftsvertrags geteilt werden. Zu prüfen ist vorab, ob der Gesellschaftsanteil überhaupt in das Gesamthandsvermögen der Erbengemeinschaft gefallen ist oder durch vorrangige gesellschaftsvertragliche Regelungen anderweitig übergegangen ist.
Sammlung: siehe „Kunstwerke"
Schriftstücke: Beziehen sich Schriftstücke auf die persönlichen Verhältnisse des Erblassers, dessen Familie oder auf den ganzen Nachlass, bleiben sie Eigentum der Gesamthand der Miterben, wodurch ein Vollzug der Teilung i.S.v. §§ 2059 ff. BGB freilich nicht verhindert wird. Jeder Miterbe hat ein Recht auf Einsicht und sachgemäßen Gebrauch an den Papieren.[72] Im Umkehrschluss zu § 2373 S. 2 BGB ist anzunehmen, dass Familienfotos nicht unter Abs. 2 fallen,[73] was der – häufig sicherlich unbefriedigenden – Lage nach dem Gesetz entspricht. Praktikabel wird hier eine Einigung der Erben sein, die Schriftstücke und Fotos (ggf. auf Kosten des Nachlasses) zu digitalisieren. Alsdann könnte ausgelost werden – falls keine Einigung möglich ist –, wer die

67 Grüneberg/*Weidlich*, § 2042 Rn 12.
68 Zur Frage, welche Mehrheiten erforderlich sind: Noack/Servatius/Haas/*Noack*, § 46 Rn 34.
69 OLG Oldenburg, Urt. v. 22.8.1995 – 5 U 32/95, OLGR 1996, 8, 9; ausführlich zum Bestattungsrecht Rißmann/*Kurze*, Die Erbengemeinschaft, § 22.
70 MüKo/*Schmidt*, § 752 Rn 21.
71 MüKo/*Schmidt*, § 752 Rn 13, 23.
72 MüKo/*Fest*, § 2047 Rn 10.
73 Staudinger/*Löhnig*, § 2047 Rn 8; *Zimmermann*, ErbR 2019, 84.

Originale erhält. Derjenige hat jedenfalls die Schriftstücke dann aber auch für die Erbengemeinschaft zu verwahren.

Sparbücher (mit gesetzlicher Kündigungsfrist): zur Vorbereitung der Auseinandersetzung steht das Kündigungsrecht den Erben nur gemeinschaftlich zu, § 2040 BGB[74] (siehe § 2038 Rdn 69 und § 2040 Rdn 2 f.). Zur Ausübung des Kündigungsrechts sind die Erben im Rahmen ihrer Mitwirkungspflicht bei der Auseinandersetzung verpflichtet. Fraglich ist allein, ob die übrigen Erben im Rahmen ihrer Mitwirkungspflicht auch verpflichtet sind, einer vorzeitigen Kündigung zuzustimmen (was mit der Verpflichtung einhergeht, Vorfälligkeitszinsen zahlen zu müssen). Da bei Sparbüchern regelmäßig eine dreimonatige Kündigungsfrist besteht, wird sich das Problem in der Praxis jedoch selten stellen: Kein vernünftig und wirtschaftlich denkender Erbe wird angesichts dieses kurzen Zeitraumes im Verhältnis zu teilweise erheblichen Vorfälligkeitsentschädigungen auf eine vorzeitige Auszahlung bestehen. Andernfalls wird der betreibende Miterbe sich wohl den Einwand aus § 242 BGB entgegenhalten lassen müssen, da er ein Recht ausüben möchte, „um des Rechts willen", jedoch ohne schutzwürdiges Eigeninteresse.

Steuererstattungsansprüche: Die Behandlung der Einkommensteuererstattungsansprüche wirft dann Probleme auf, wenn die Steuer aufgrund gemeinsamer Veranlagung gezahlt worden ist und ein Ehegatte überlebt: Der Erstattungsanspruch des überlebenden Ehegatten fällt nicht in den Nachlass. Im Steuerbescheid ist der Betrag jedoch nicht gesondert ausgewiesen (das Finanzamt kann diesen Erstattungsanspruch gem. § 36 Abs. 4 S. 3 EStG grundsätzlich an den überlebenden Ehegatten mit befreiender Wirkung auf das in der gemeinsamen Steuererklärung benannte Konto leisten). Maßgebend ist daher der durch den Erblasser **gezahlte Anteil** an der Einkommensteuer. Dies wird regelmäßig mehr oder weniger als die Hälfte des Erstattungsanspruches sein, so gut wie nie aber genau die Hälfte. Der genaue Betrag ist schwierig zu berechnen. Zu denken ist daran, einen Antrag auf getrennte Veranlagung zu stellen, so dass sich ein isolierter Erstattungsanspruch des Erblassers ergibt, der dann vollständig in den Nachlass fällt und geteilt werden kann. Dadurch wird jedoch der Vorteil der Splitting-Tabelle nicht nur zum Nachteil des überlebenden Ehegatten, sondern auch zum Nachteil der gesamten Erbengemeinschaft aufgegeben. Praktikabel (aber aufgrund der Steuerprogression nicht präzise) wird es daher sein, den Erstattungsanspruch im Verhältnis zu dem Einkommen der Eheleute sowie der gezahlten Einkommensteuer zu setzen und so den genauen Erstattungsanspruch zu ermitteln, der in den Nachlass gefallen ist. Dieser Betrag ist dann nach Erstattung zwischen den Erben aufzuteilen. Hatte der überlebende Ehegatte keine zu versteuernden Einkünfte, fällt der gesamte Erstattungsanspruch in den Nachlass und ist zwischen den Erben entsprechend ihren Erbquoten aufzuteilen.

5. Entsprechende Anwendung von § 753 BGB

§ 753 BGB Teilung durch Verkauf 36

(1) Ist die Teilung in Natur ausgeschlossen, so erfolgt die Aufhebung der Gemeinschaft durch Verkauf des gemeinschaftlichen Gegenstands nach den Vorschriften über den Pfandverkauf, bei Grundstücken durch Zwangsversteigerung und durch Teilung des Erlöses. Ist die Veräußerung an einen Dritten unstatthaft, so ist der Gegenstand unter den Teilhabern zu versteigern.

74 KG, Beschl. v. 8.5.2018 – 4 U 24/17, juris (nachgehend BGH, Beschl. v. 3.4.2019 – IV ZR 327/18, Nichtzulassungsbeschwerde zurückgewiesen).

(2) Hat der Versuch, den Gegenstand zu verkaufen, keinen Erfolg, so kann jeder Teilhaber die Wiederholung verlangen; er hat jedoch die Kosten zu tragen, wenn der wiederholte Versuch misslingt.

37 Bei der Auseinandersetzung der Erbengemeinschaft sind Nachlassgegenstände in erster Linie in Natur zu teilen, §§ 2042, 752 BGB. In der Praxis ist es allerdings die Ausnahme, dass sich Nachlassgegenstände in gleichartige, den Anteilen der Miterben entsprechende Teile zerlegen lassen, ohne dass sie an Wert verlieren. Regelmäßig ist daher der Verkauf der Nachlassgegenstände (Versilberung) notwendig. Wie auch sonst Verfügungen über Nachlassgegenstände von **allen** Erben vorgenommen werden müssen, ist auch die Versilberung von Nachlassgegenständen zur Vorbereitung der Auseinandersetzung nur einstimmig durch alle Miterben möglich, § 2040 Abs. 1 BGB. Sind sich die Erben einig, kann der Nachlassgegenstand **öffentlich versteigert** werden, §§ 1235 Abs. 1, 383 Abs. 3 BGB, oder freihändig verkauft werden, wenn die Sache einen Börsen- oder Marktpreis hat, § 1235 Abs. 2 BGB. Ein sich **widersetzender Miterbe** kann **nicht** nach §§ 2038 Abs. 2, 745 BGB von der Mehrheit der übrigen Miterben überstimmt werden. Es handelt sich bei der Versilberung der Nachlassgegenstände nicht um eine Maßnahme der Verwaltung (für die § 2038 BGB gelten würde). Vielmehr ist die Versilberung Vorstufe zur **Auseinandersetzung** nach § 2042 BGB. Die „Auseinandersetzung" nach § 2042 BGB ist jedoch keine Verwaltung i.S.v. § 2038 BGB.[75] Begrifflich ist dies angesichts der anerkannten Definition des Begriffes „Verwaltung" eindeutig (vgl. § 2038 Rdn 5 f.). Gleichwohl wird dies in Lit. und Rspr. häufig übersehen oder nicht eindeutig unterschieden. Die Pflicht des Miterben zur Mitwirkung bei der Auseinandersetzung ist **nicht vergleichbar** mit der Pflicht zur Mitwirkung im Rahmen einer Verwaltungsmaßnahme der **ordentlichen Verwaltung** (siehe hierzu § 2038 Rdn 11 ff. und 63). Der vom Gesetz vorgegebene, in der Praxis aber äußerst selten genutzte Weg zur Versilberung von Nachlassgegenständen ist der **Pfandverkauf**, §§ 2042, 753 BGB, der – im Gegensatz zur ansonsten ähnlichen Situation der Teilungsversteigerung – gleichfalls einen Titel gegen sich widersetzende Erben erfordert.[76]

38 Wie *Damrau*[77] eindrucksvoll darlegt, ist der Pfandverkauf als taktische Maßnahme der Teilungsversteigerung häufig vorzuziehen:

- Der **Gegenstandswert** einer Klage zur Durchsetzung des Pfandverkaufs richtet sich nach dem zu verwertenden Gegenstand, so dass hier deutlich geringere Werte angesetzt werden können als bei einer Teilungsversteigerung.
- Der **entscheidende Richter** wird versuchen können, eine abschließende Auseinandersetzung zwischen den Parteien zu vermitteln, wodurch die Nachlassangelegenheit abschließend erledigt werden kann (dem Rechtspfleger des Teilungsversteigerungsverfahrens ist es hingegen sowohl im Rahmen der Teilungsversteigerung als auch im Verteilungstermin nicht möglich, eine Einigung der Parteien herbeizuführen und zu protokollieren).
- Außerdem wird das Klageverfahren regelmäßig jedenfalls in einer Instanz **schneller** abgeschlossen werden können als die Teilungsversteigerung.
- Wenn ein Pfandverkauf droht, kann ein Miterbe gem. § 1246 Abs. 2 BGB beim Amtsgericht eine **abweichende Art des Pfandverkaufs** beantragen, wenn dies nach billigem Ermessen den Interessen der Beteiligten entspricht.[78] Zuständig ist das

75 Saarländisches OLG, Urt. v. 11.4.2018 – 5 U 41/17, Rn 21, juris; Staudinger/*Löhnig*, § 2038 Rn 7; Rißmann/*Rißmann*, Die Erbengemeinschaft, § 4 Rn 55 a.E.

76 Ausführlich zum Pfandverkauf: *Damrau*, ZEV 2008, 216.

77 *Damrau*, ZEV 2008, 216.

78 *Damrau*, ZEV 2008, 216, 220.

Amtsgericht am Ort der Pfandsache, § 411 Abs. 4 FamFG i.V.m. § 23a Abs. 1 Nr. 2, Abs. 2 Nr. 5 GVG.[79] Entschieden wird im Verfahren der freiwilligen Gerichtsbarkeit.[80]

Können sich die Erben nicht einvernehmlich auf eine Verwertung des Nachlassgegenstandes einigen, muss der Widerstand der sich widersetzenden Erben durch Klage überwunden werden. Die Klage ist entweder gerichtet auf **Einwilligung in den Pfandverkauf** oder auf **Duldung der Pfandverwertung**: 39

- Nach einer erfolgreichen Klage auf **Einwilligung** zum Pfandverkauf richtet sich das weitere Vorgehen nach den §§ 1235 ff. BGB.
- Nach einer erfolgreichen Klage auf **Duldung** der Pfandverwertung hat der Kläger hingegen die Wahl, den Nachlassgegenstand nach § 1235 ff. BGB versteigern oder veräußern zu lassen **oder** über § 1233 Abs. 2 BGB nach den Vorschriften der ZPO zu verkaufen.[81]

Wie auch bei der Auseinandersetzungsklage ist für eine erfolgreiche Klage die **Teilungsreife** des Nachlasses erforderlich. So verhindern bspw. fällige und unstreitige Nachlassverbindlichkeiten (§ 2046 Abs. 1 BGB) die Teilungsreife. Erhebt der Beklagte dann den Einwand der fehlenden Teilungsreife, würde die Klage abgewiesen werden. 40

Für die Verwertung **unteilbarer Rechte** ist ein Duldungstitel erforderlich, § 1277 S. 1 BGB. Der Titel muss entweder auf Duldung der Zwangsvollstreckung in das Recht oder auf Gestattung der Befriedigung aus dem Recht nach den Vorschriften der Zwangsvollstreckung lauten. Die Zwangsvollstreckung richtet sich nach §§ 828 ff., 857 BGB.[82] 41

Bei Immobilien, grundstücksgleichen Rechten wie Erbbaurechten, Schiffen, Schiffsbauwerken und Luftfahrzeugen erfolgt die Teilungsversteigerung nach § 180 ZVG (Aufhebung einer Gemeinschaft).[83] **Unstatthaft** ist eine Versteigerung an Dritte bei einer Vereinbarung unter den Erben oder Teilungsanordnung durch den Erblasser, § 2048 BGB. Mithin begründet § 753 BGB **kein Veräußerungsverbot**, sondern setzt es voraus und lässt es unberührt.[84] Ein Recht zur **Teilungsversteigerung** kann **ausnahmsweise trotz** einer **Teilungsanordnung** gem. § 2048 BGB dann bestehen, wenn die Versteigerung erforderlich ist, um einen schweren Nachteil für den Nachlass abzuwenden und berechtigte Interessen des begünstigten Miterben nicht entgegenstehen.[85] 42

6. Entsprechende Anwendung von § 754 BGB

§ 754 BGB Verkauf gemeinschaftlicher Forderungen 43

Der Verkauf einer gemeinschaftlichen Forderung ist nur zulässig, wenn sie noch nicht eingezogen werden kann. Ist die Einziehung möglich, so kann jeder Teilhaber gemeinschaftliche Einziehung verlangen.

§ 754 BGB bestimmt die **Reihenfolge**, in der die Auseinandersetzung hinsichtlich einer Forderung stattzufinden hat: vorrangig (gemeinschaftliche) Einziehung der Forderung (vgl. auch § 2039 BGB) und erst nachrangig Verkauf der Forderung gem. § 753 BGB. **Abweichende Vereinbarungen** der Erben oder Teilungsanordnungen des Erblassers gem. § 2048 BGB haben **Vorrang**. 44

79 BeckOGK/*Förster*, § 1246 BGB Rn 9.
80 BeckOGK/*Förster*, § 1246 BGB Rn 9.
81 *Damrau*, ZEV 2008, 216, 218.
82 Grüneberg/*Wicke*, § 1277 Rn 2.
83 MüKo/*Schmidt*, § 753 Rn 16.
84 MüKo/*Schmidt*, § 752 Rn 11.
85 OLG Oldenburg, Urt. v. 4.2.2014 – 12 U 144/13, LS u. Rn 12, juris.

7. Entsprechende Anwendung von § 755 BGB

45 *§ 755 BGB Berichtigung einer Gesamtschuld*

(1) Haften die Teilhaber als Gesamtschuldner für eine Verbindlichkeit, die sie in Gemäßheit des § 748 nach dem Verhältnis ihrer Anteile zu erfüllen haben oder die sie zum Zwecke der Erfüllung einer solchen Verbindlichkeit eingegangen sind, so kann jeder Teilhaber bei der Aufhebung der Gemeinschaft verlangen, dass die Schuld aus dem gemeinschaftlichen Gegenstand berichtigt wird.

(2) Der Anspruch kann auch gegen die Sondernachfolger geltend gemacht werden.

(3) Soweit zur Berichtigung der Schuld der Verkauf des gemeinschaftlichen Gegenstands erforderlich ist, hat der Verkauf nach § 753 zu erfolgen.

46 Jeder Miterbe kann bei der Auseinandersetzung verlangen, dass die Verbindlichkeiten vorab aus dem Nachlass beglichen werden. Nachlassverbindlichkeiten sind bereits nach § 2046 BGB aus dem Nachlass zu befriedigen. Im Bereich der Erbengemeinschaft ist die Anwendung des § 755 BGB daher auf Verbindlichkeiten beschränkt, die zwar solche der Erbengemeinschaft, jedoch **keine Nachlassverbindlichkeiten** i.S.v. § 1967 BGB sind (Problematik der Nachlasserbenschulden, vgl. hierzu § 1967 BGB). Die praktische Relevanz für die Erbengemeinschaft ist daher gering (siehe zu Einzelheiten der Berichtigung von Nachlassverbindlichkeiten, auch zur Frage der Behandlung nicht fälliger oder str. Verbindlichkeiten, § 2046 Rdn 2 ff.).

8. Entsprechende Anwendung von § 756 BGB

47 *§ 756 BGB Berichtigung einer Teilhaberschuld*

Hat ein Teilhaber gegen einen anderen Teilhaber eine Forderung, die sich auf die Gemeinschaft gründet, so kann er bei der Aufhebung der Gemeinschaft die Berichtigung seiner Forderung aus dem auf den Schuldner entfallenden Teil des gemeinschaftlichen Gegenstands verlangen. Die Vorschrift des § 755 Abs. 2, 3 findet Anwendung.

48 Schuldner und Gläubiger der Forderung müssen Miterben der Erbengemeinschaft sein und die Forderung muss aufgrund der Zugehörigkeit zur Erbengemeinschaft entstanden sein. Hauptanwendungsfall wird in der Praxis hier der Anspruch von Aufwendungsersatz einer **GoA** sein (siehe auch § 2038 Rdn 62 ff. und 65 ff.).

9. Entsprechende Anwendung von § 757 BGB

49 *§ 757 BGB Gewährleistung bei Zuteilung an einen Teilhaber*

Wird bei der Aufhebung der Gemeinschaft ein gemeinschaftlicher Gegenstand einem der Teilhaber zugeteilt, so hat wegen eines Mangels im Recht oder wegen eines Mangels der Sache jeder der übrigen Teilhaber zu seinem Anteil in gleicher Weise wie ein Verkäufer Gewähr zu leisten.

50 § 757 BGB gilt nur bei einer Zuteilung an einen Miterben i.R.d. Auseinandersetzung der Erbengemeinschaft, nicht bei Veräußerung an Außenstehende (da gelten die dem jeweiligen Vertrag zugrunde liegenden Regelungen). Es gelten für die Miterben die Vorschriften der §§ 434 ff. BGB, wobei jeder Miterbe im Verhältnis seines Anteils zu haften hat.

51 § 757 BGB soll nicht gelten, wenn gleichartige gemeinschaftliche Gegenstände an alle Miterben verteilt worden sind, aber nur einer oder wenige einen Schaden erlitten haben, da ungleiche Folgerisiken durch § 757 BGB nicht geschützt werden sollen.[86]

86 Vgl. hierzu MüKo/*Schmidt*, § 757 Rn 4 m.w.N.

10. Entsprechende Anwendung von § 758 BGB

§ 758 BGB Unverjährbarkeit des Aufhebungsanspruchs 52

Der Anspruch auf Aufhebung der Gemeinschaft unterliegt nicht der Verjährung.

§ 758 BGB betriff **ausschließlich** den Anspruch auf Auseinandersetzung der Erbengemeinschaft gem. § 2042 BGB. Damit **im Zusammenhang stehende Ansprüche**, wie bspw. der Anspruch auf Verwendungsersatz u.Ä. (siehe Rdn 42 zu § 755 BGB) werden von § 758 BGB **nicht erfasst** und verjähren nach den jeweiligen Vorschriften. 53

C. Rechtsfolgen

I. Auseinandersetzung

Nach der **Auseinandersetzung haften** die Erben **unbeschränkt** auch mit ihrem Eigenvermögen als Gesamtschuldner, §§ 2058, 2059 BGB (zur Frage, wann eine Teilung des Nachlasses i.S.v. § 2059 BGB – schon – vorliegt, siehe § 2059 Rdn 4 ff.). 54

Mit Beendigung der Erbengemeinschaft ist die Gesamthandsgemeinschaft beendet und kann auch **nicht** durch Vertrag **wieder begründet** werden. Rücktritt vom Auseinandersetzungsvertrag ist möglich, führt jedoch **nicht** zum **„Wiederaufleben"** der Erbengemeinschaft, da jene nur durch Erbfall entstehen kann.[87] Allein die Anfechtung des Vollzuges der Auseinandersetzung führt gem. § 142 BGB dazu, dass die Erbengemeinschaft nicht beendet ist.[88] 55

II. Minderjährige Miterben

Familiengerichtliche Genehmigungen sind bei minderjährigen Miterben **nicht erforderlich,** wenn lediglich den gesetzlichen Teilungsregeln gefolgt wird (§ 2042 Abs. 2 i.V.m. §§ 752 ff. BGB). Dies gilt auch dann, wenn die Verteilung des Erlöses nicht einfach zu berechnen ist, sondern Fragen der Ausgleichung (§§ 2050 ff. BGB) zu berücksichtigen sind.[89] Diese allein dem Gesetz folgende Art der Auseinandersetzung fällt nicht unter §§ 1643, 1850–1854 BGB.[90] 56

Grundsätzlich stimmen die gesetzlichen Vertreter für minderjährige Beteiligte, § 1629 Abs. 1 S. 2 BGB. Ist der **minderjährige Miterbe** aber an einer Auseinandersetzung beteiligt, die nicht bloß den gesetzlichen Regelungen folgt und soll ein Auseinandersetzungsvertrag geschlossen werden, dann sind die Eltern bei der Vertretung des minderjährigen Erben ausgeschlossen, §§ 1629 Abs. 2, 1824 Abs. 2, 181 BGB. In diesem Fall muss ein Ergänzungspfleger bestellt werden, § 1809 Abs. 1 S. 1 BGB.[91] 57

Ist ein Minderjähriger an einer Abschichtung (vgl. Rdn 9) beteiligt, ist zu unterscheiden:

- Der Minderjährige soll in der Erbengemeinschaft **verbleiben** und ein anderer Erbe (der nicht sein gesetzlicher Vertreter ist) soll durch Abschichtung ausscheiden: Kein Fall von §§ 1629 Abs. 2, 1789 Abs. 2 S. 2, 1813 Abs. 1, 1824, 181 BGB, es bedarf **keiner** Bestellung eines **Ergänzungspflegers.**[92]
- Der Minderjährige soll in der Erbengemeinschaft **verbleiben,** aber der **ausscheidende Erbe** ist sein **gesetzlicher Vertreter** (oder in gerader Linie mit ihm verwandt

87 Staudinger/*Löhnig*, § 2042 Rn 95.

88 Staudinger/*Löhnig*, § 2042 Rn 96.

89 Im Einzelnen: Rißmann/*Möller*, Die Erbengemeinschaft, § 11 Rn 40 ff.

90 Rißmann/*Möller*, Die Erbengemeinschaft, § 11 Rn 44.

91 Rißmann/*Möller*, Die Erbengemeinschaft, § 11 Rn 58; OLG Koblenz, Beschl. v. 10.5.2006 – 11 UF 68/06.

92 Rißmann/*Möller*, Die Erbengemeinschaft, § 11 Rn 90 f.; OLG Hamm, Beschl. v. 2.8 2017 – 15 W 263/16, Rn 3, juris.

oder Ehegatte des gesetzlichen Vertreters also Stiefelter): Wegen § 181 BGB bedarf es der **Bestellung** eines **Ergänzungspflegers.**[93]

- Der **Minderjährige** soll durch Abschichtung aus der Erbengemeinschaft **ausscheiden** und sein **gesetzlicher Vertreter** gehört **nicht zur** Erbengemeinschaft: Kein Fall von §§ 1629 Abs. 2, 1824 Abs. 2, 181 BGB, es bedarf **keiner** Bestellung eines **Ergänzungspflegers.**[94]
- Der **Minderjährige** soll durch Abschichtung aus der Erbengemeinschaft **ausscheiden** und der **gesetzliche Vertreter** (oder ein Verwandter in gerader Linie oder der Ehegatte des gesetzlichen Vertreters, also Stiefelter) **gehört** zur **Erbengemeinschaft**: Wegen § 181 bedarf es der **Bestellung** eines **Ergänzungspflegers.**[95]

Im Übrigen bedarf eine Abschichtung auch dann **keiner Genehmigung** nach §§ 1643 Abs. 1, 1850 Abs. 1 Nr. 1 BGB, wenn zum Nachlass ein **Grundstück** gehört.[96] Die Eltern verfügen insoweit auch **nicht** über eine dem Minderjährigen **angefallene Erbschaft,** so dass auch **kein** nach §§ 1643 Abs. 1, 1851 Nr. 2 BGB **genehmigungsbedürftiges Rechtsgeschäft** vorliegt.[97]

III. Auseinandersetzungsvertrag

58 Grundsätzlich ist der Auseinandersetzungsvertrag (siehe auch Rdn 73 f.) zwischen allen Miterben eine **abschließende Regelung** über die Verteilung des Nachlasses. Selbst wenn ein Miterbe danach mehr erhalten haben sollte, also ihm nach Testament und Gesetz zustünde, ist er den anderen Erben nicht zum Ausgleich verpflichtet: I.R.d. **Auseinandersetzungsvertrages** können „einzelne bevorzugt, andere benachteiligt" werden.[98] In dem Auseinandersetzungsvertrag liegt dann zugleich der Verzicht der übrigen Miterben auf eine bessere Berücksichtigung. Mangels Einigung über die Unentgeltlichkeit wird das „Mehr" jedoch regelmäßig **nicht** im Wege der **Schenkung** übertragen, so dass es nicht der Form des § 518 BGB bedarf.[99] Liegt in dem Auseinandersetzungsvertrag eine vergleichsweise Regelung, so ist ein **Irrtum** über die geregelten Zweifelsfragen zwar bedeutungslos, ein Irrtum über die Vergleichsgrundlage jedoch gem. § 779 BGB beachtlich.[100] Eine **arglistige Täuschung** durch einen Miterben bei Abschluss des Auseinandersetzungsvertrages kann zur **Anfechtung** nach § 123 BGB berechtigen, so bspw. wenn ein zuvor erklärter Erb- und Pflichtteilsverzicht verschwiegen wird.[101] Die **unentgeltliche Verfügung** des **Testamentsvollstreckers** im Rahmen eines Auseinandersetzungsvertrages ist unwirksam, § 2205 S. 3 BGB. Eine unentgeltliche Verfügung kann im Rahmen einer Erbauseinandersetzung vorliegen, wenn ein Miterbe wertmäßig mehr zugeteilt erhält, als es seiner Erbquote entspricht.[102] Der Verfügungsgegenstand gehört dann weiter zum Nachlass.[103]

---

93 Rißmann/*Möller*, Die Erbengemeinschaft, § 11 Rn 90.

94 Rißmann/*Möller*, Die Erbengemeinschaft, § 11 Rn 97; a.A. OLG Hamm, Beschl. v. 2.8.2017 – 15 W 263/16, Rn 4, juris.

95 Rißmann/*Möller*, Die Erbengemeinschaft, § 11 Rn 97; OLG Hamm, Beschl. v. 2.8.2017 – 15 W 263/16, Rn 3, juris.

96 KG, Beschl. v. 23.6.2018 – 13 UF 105/18, Rn 15, juris.

97 KG, Beschl. v. 23.6.2018 – 13 UF 105/18, Rn 15, juris.

98 *Lange/Kuchinke*, § 44 III 3.

99 *Lange/Kuchinke*, § 44 III 3; selbst die Übertragung des gesamten Nachlasses auf einen von zwei Miterben ohne Gegenleistung soll eine formlos mögliche Auseinandersetzungsvereinbarung sein: LG Stuttgart FamRZ 2000, 1251 – lediglich redaktioneller LS; im Übrigen n.v.

100 *Lange/Kuchinke*, § 44 III 3.

101 OLG München, Urt. v. 24.6.2009 – 20 U 4882/08, Rn 47 ff., juris.

102 BGH, Urt. v. 15.5.1963 – V ZR 141/61, NJW 1963, 1613, LS 2 u. 1614 f.

103 MüKo/*Zimmermann*, § 2205 Rn 82.

IV. Verletzung der Mitwirkungspflicht

Der Miterbe, der grundlos seine Mitwirkung bei der Auseinandersetzung verweigert, gibt Anlass zur Klage und macht sich möglicherweise **schadensersatzpflichtig**. Soweit ersichtlich, ist diese Frage in der Rspr. und Lit. bislang nicht behandelt worden. Es ist jedoch nicht erkennbar, weshalb ein Miterbe durch starrsinniges Verhalten den Nachlass zum Nachteil der übrigen Miterben schmälern darf, ohne hierfür zur (finanziellen) Verantwortung gezogen werden zu können. Kann der die Auseinandersetzung verlangende Miterbe darlegen und beweisen, dass durch ungerechtfertigte Verweigerungshaltung des oder der anderen Miterben ihm ein Schaden entstanden ist, so ist dieser Schaden gem. § 280 BGB zu ersetzen. Da der Auseinandersetzungsanspruch ein **Anspruch jedes einzelnen Miterben** ist (und nicht der Erbengemeinschaft), ist der Schadensersatzanspruch nicht bei der Auseinandersetzung zu berücksichtigen und es handelt sich auch nicht um einen Anspruch der Erbengemeinschaft (somit **kein Fall des § 2039 BGB**). Vielmehr ist der Schadensersatzanspruch neben oder nach der Auseinandersetzung zu berücksichtigen. Soweit der Anspruch noch nicht bezifferbar ist, sollte der Kläger an einen diesbezüglichen **Feststellungsantrag** denken. 59

D. Verfahrensfragen und Prozesstaktik

I. Gerichtsstand

Gerichtsstand für eine Erbteilungsklage ist neben dem allg. Gerichtsstand des Beklagten der **besondere Gerichtsstand gem. § 27 ZPO**. Hiernach kann die **Erbteilungsklage** vor dem Gericht erhoben werden, bei dem der Erblasser zur Zeit seines Todes den allg. Gerichtsstand (§ 13 ZPO) gehabt hat. Hatte der Erblasser zum Zeitpunkt seines Todes keinen allg. Gerichtsstand im Inland, kann die Erbteilungsklage vor dem Gericht erhoben werden, in dessen Bezirk der Erblasser seinen letzten inländischen Wohnsitz hatte (§ 27 Abs. 2 ZPO). Hatte der Erblasser keinen solchen Wohnsitz, ist gem. § 27 Abs. 2 Hs. 2 i.V.m. § 15 Abs. 1 S. 2 ZPO das AG Schöneberg in Berlin bzw. das Landgericht Berlin II – Landgericht für Zivilsachen – (§§ 23 Nr. 1, 71 Abs. 1 GVG) zuständig. 60

II. Prozesstaktik

Vor der übereilten Erhebung einer **Auseinandersetzungsklage** muss nachdrücklich gewarnt werden (siehe Rdn 75 ff.). Prozesstaktisch klüger wird es regelmäßig sein, str. Einzelfragen durch eine **Feststellungsklage** vorab zu klären. Dies ist nach der Rspr. des BGH ausdrücklich zulässig, auch wenn eine Leistungsklage grundsätzlich möglich wäre.[104] Mehrere str. Punkte können hier auch in einer Klage zusammengefasst werden, aber es ist nicht notwendig, sämtliche str. Punkte zum Gegenstand der Klage zu machen. Sie bleibt auch in der zweiten Instanz zulässig, wenn der Nachlass zwischenzeitlich teilungsreif geworden ist.[105] Die Auseinandersetzungsklage wird in der Praxis häufiger erhoben, als es sinnvoll und erfolgversprechend wäre. Allein weil in vielen Verfahren sich die Parteien unter dem Druck des Verfahrens vergleichen, scheitern nicht noch mehr der **regelmäßig unbegründeten Erbteilungsklagen** (was zu Haftungsproblemen der Klägervertreter führen würde). Siehe auch Rdn 16 ff. und 76 ff. 61

Kaum ein anderer Bereich des Erbrechts ist so auf eine vernünftige **Prozesstaktik** angewiesen wie die gerichtliche (aber natürlich auch außergerichtliche) Auseinandersetzung der Erbengemeinschaft. Zwar ist es unbedingt sinnvoll, streitige Einzelfragen im Vorfeld durch eine Feststellungsklage zu klären. Andererseits zieht sich dadurch 62

104 BGH, Urt. v. 27.6.1990 – IV ZR 104/89, LS 1 u. Rn 8 ff., juris; OLG Karlsruhe, Urt. v. 16.12.2022 – 14 U 49/21, LS 2 u. Rn 36, juris.

105 OLG Stuttgart, Urt. v. 2.11.2016 – 19 U 49/16, Rn 30, juris.

jedoch die vollständige Auseinandersetzung der Erben möglicherweise in die Länge. Es gibt in diesem Bereich mithin keinerlei allgemeingültige Hinweise, „wie man es richtig" macht. Der Anwalt muss jederzeit flexibel bleiben und seine Taktik immer wieder überprüfen. Die „Klage einreichen und auf den Termin warten" kann manchmal der einzig mögliche Weg sein, in anderen Fällen sind jedoch parallel dazu weitere Maßnahmen zu ergreifen, z.B. Teilungsversteigerung, Klageerweiterung auf sich neuerlich ergebende Streitpunkte, **Klageänderung** u.Ä. (was wohl stets sachdienlich i.S.v. § 533 Nr. 1 ZPO – Berufungsinstanz – sein wird, wenn Änderung gleichfalls auf eine Auseinandersetzung der Erbengemeinschaft gerichtet ist; größere Schwierigkeiten bereitet in diesem Zusammenhang hingegen § 533 Nr. 2 ZPO, wonach insoweit nur Tatsachen berücksichtigt werden können, die das Berufungsgericht nach § 529 ZPO ohnehin zugrunde zu legen hat; dieses zweite Erfordernis wird vielfach übersehen und führt regelmäßig zur Abweisung der Klageänderung – aber auch einer Widerklage oder Aufrechnung – als unzulässig).

III. Zwangsvollstreckung

63 Der Anspruch eines Miterben auf Auseinandersetzung ist für sich gesehen nicht **pfändbar**, würde aber ohnedies keinen Vermögenswert besitzen. Pfändbar ist jedoch gem. § 859 Abs. 2 ZPO der Anteil des Miterben an der Erbengemeinschaft. Nach Pfändung und Überweisung kann der Pfändungsgläubiger dann seinerseits die Auseinandersetzung der Erbengemeinschaft betreiben und somit den Anteil verwerten.[106] Gehört zum Nachlass eine **Immobilie**, ist gem. § 859 Abs. 2 i.V.m. §§ 848, 857 Abs. 1 ZPO die **Eintragung** der Zwangsvollstreckung im **Grundbuch** als Verfügungsbeschränkung des Miterben hinsichtlich seines Erbteils zulässig.[107] Voraussetzung für eine Berichtigung des Grundbuchs ist die Voreintragung des Miterben.[108] **Drittschuldner** der Pfändung sind die übrigen Miterben.[109] Wurde ein Testamentsvollstrecker, Nachlassverwalter oder -pfleger bestellt, so ist ihm als Drittschuldner der Pfändungs- und Überweisungsbeschluss zuzustellen.[110] Die Pfändung muss durch Vorlage des Pfändungs- und Überweisungsbeschlusses mit Zustellungsnachweis an alle Miterben nachgewiesen werden, § 22 GBO.[111]

64 Der Anspruch des Klägers aus einer erfolgreichen **Auseinandersetzungsklage** bedarf keiner Vollstreckung, da das Urteil die Zustimmung ersetzt, § 894 ZPO.[112]

IV. Streitwert

65 Der **Streitwert** einer **Teilungsklage** richtet sich nach dem Wert des **Erbanteils**, den der Kläger mit der Auseinandersetzung begehrt,[113] wobei aufgelaufene **Zinsen** streitwerterhöhend zu berücksichtigen sind. Es handelt sich nicht um eine Nebenforderung i.S.v. § 4 Abs. 1 Hs. 2 ZPO.[114] Bei Klage und Widerklage einer zweigliedrigen Erbengemeinschaft auf Auseinandersetzung kann der Streitwert auf einzelne streitige Punkte zu beschränken sein.[115]

---

106 *Stöber*, Forderungspfändung, Rn 1676.
107 *Stöber*, Forderungspfändung, Rn 1682 ff.
108 OLG Düsseldorf, Beschl. v. 12.11.2012 – I-3 Wx 244/12, Rn 16; *Stöber*, Forderungspfändung, Rn 1685.
109 RGZ 86, 294, 295; *Stöber*, Forderungspfändung, Rn 1670.
110 RGZ 86, 294, 295 f.; MüKo/*Smid*, ZPO, § 859 Rn 18.
111 OLG Düsseldorf, Beschl. v. 12.11.2012 – I-3 Wx 244/12, LS u. Rn 15, juris.
112 KG, Urt. v. 20.10.1960 – 12 U 255/60, NJW 1961, 733.
113 BGH NJW 1975, 1415, 1416; BGH, Beschl. v. 3.2.1993 – IV ZR 246/92, Rn 3, juris.
114 BGH, Beschl. v. 3.12.1997 – IV ZR 133/97, Rn 2/3, juris.
115 HansOLG Bremen, Beschl. v. 16.9.2003 – 2 U 27/03, Rn 4, juris.

Verklagt ein Miterbe einen anderen auf Mitwirkung bei Auflassung und Übereignung eines Nachlassgrundstückes an einen Dritten, so ist der volle **Verkehrswert** des **Grundstückes** Streitwert.[116]

E. Steuerrechtliche Fragen

I. Erbschaftsteuer

Für die Erbschaftsteuer ist die Auseinandersetzung der Erbengemeinschaft ohne Bedeutung, da jeder Erbe nach seinem Anteil an der Erbengemeinschaft besteuert wird, § 3 Abs. 1 Nr. 1 ErbStG i.V.m. § 39 Abs. 2 Nr. 2 AO, vgl. ErbStR R E 3.1. Bei einer Auseinandersetzung nach den gesetzlichen Vorschriften kommt es zu keiner Verschiebung der Werte, sondern lediglich zur Verteilung der ggf. zuvor „versilberten" Nachlassgegenstände. Auch und gerade **Teilungsanordnungen** nach § 2048 BGB beeinflussen dieses Ergebnis nicht, da ein etwaiger Mehrerwerb eines Miterben im Verhältnis zu seiner Erbquote an die anderen Erben auszugleichen ist. Die **Kosten der Erbauseinandersetzung**, wie bspw. Aufwendungen für die anwaltliche Beratung, Notar- und Grundbuchkosten, können „als Nachlassverbindlichkeiten" gem. § 10 Abs. 5 Nr. 3 ErbStG abgezogen werden (**Nachlassabwicklungskosten**). Zu diesen Kosten gehören auch **Aufwendungen** für die Bewertung von zum Nachlass gehörenden Immobilien.[117] 66

II. Einkommensteuer

Die einkommensteuerlichen Probleme, die bei der Auseinandersetzung der Erbengemeinschaft auftreten können, sind vielfältig und es können sich teilweise regelrecht dramatische Auswirkungen ergeben, wenn bei der Auseinandersetzung der Erbengemeinschaft die steuerliche Seite nicht ständig „im Auge behalten" wird. Seit dem Beschluss des Großen Senats des BFH sind Erbfall und Erbauseinandersetzung als selbstständiger Rechtsvorgang zu beurteilen.[118] Die Finanzverwaltung hat aufgrund des Beschlusses des Großen Senats des BFH mit dem BMF-Schreiben „Ertragsteuerliche Behandlung der Erbengemeinschaft und ihrer Auseinandersetzung" vom 14.3.2006[119] (nachfolgend „BMF-Schreiben ‚Erbengemeinschaft'") sowie der Ergänzung durch die OFD Karlsruhe vom 13.11.2006[120] Stellung genommen. Zu den einzelnen Einkunftsarten ist daher das BMF-Schreiben heranzuziehen. In Anlehnung an *Landsittel*[121] werden nachfolgend zwei „Schlagworte" exemplarisch herausgegriffen, die aber nicht einmal eine „Übersicht" der möglichen Probleme sind oder sein sollen.[122] 67

1. Ausgleichszahlungen

Bei der Auseinandersetzung der Erbengemeinschaft werden regelmäßig Ausgleichszahlungen zwischen den Erben fließen, soweit nicht der gesamte Nachlass „versilbert", sondern unter den Erben aufgeteilt worden ist. Derartige **Ausgleichszahlungen** fließen vor allen Dingen auch dann, wenn der Erblasser im Rahmen einer Teilungsanordnung gem. § 2048 BGB den Erben Gegenstände mit verschiedenen Werten zugewandt 68

---

116 BGH, Beschl. v. 20.4.1956 – V ZR 3/55, NJW 1956, 1071; OLG Nürnberg, Beschl. v. 16.3.2012 – 12 W 444/12, LS u. Rn 22, juris.

117 BFH, Urt. v. 9.12.2009 – II R 37/08, LS u. Rn 12, juris.

118 BFH BStBl II 1990, 837, 840.

119 BMF v. 14.3.2006 – IV B 2-S 2242–7/06, BStBl I 2006, 253; geändert in Rn 52 durch BMF v. 27.12.2018 – IV C 6 – S 2242/07/10004, BStBl 2019 I, 11.

120 OFD Karlsruhe: Verfügung betr. Einkommensteuerrechtliche Behandlung der Erbengemeinschaft und Erbauseinandersetzung, Verwaltungsanweisung v. 13.11.2006 – S 2242/4 – St11, BeckVerw 086732.

121 *Landsittel*, Gestaltungsmöglichkeiten, Rn 588.

122 Zu den steuerlichen Problemkreisen vgl. ausführlich Rißmann/*Unger*, Die Erbengemeinschaft, § 23 Rn 11 ff.

hat (im Einzelnen siehe § 2048 Rdn 18 ff.). Es ist daher von entscheidender Bedeutung, ob der Erblasser die Gegenstände tatsächlich im Rahmen einer Teilungsanordnung zugewandt oder vielmehr das Vorausvermächtnis gewählt hat: Wer durch Teilungsanordnung „mehr" erhält und Ausgleichszahlungen leisten muss, hat in Höhe der Zahlung **Anschaffungskosten**, da die Auseinandersetzung nun einen Anschaffungs- und Veräußerungsvorgang darstellt.[123]

69 Die Erfüllung eines **Vermächtnisses** stellt hingegen kein Entgelt für den Erwerb des Erbteils dar. Wurde bspw. ein Nachlassgegenstand im Rahmen eines Vorausvermächtnisses einem Miterben übertragen, so ist dies einkommensteuerlich selbst dann kein relevanter Vorgang, wenn in einem weiteren Vorausvermächtnis dem anderen Miterben eine Ausgleichungszahlung zugewandt wird.[124]

2. Betriebsvermögen

70 Befindet sich Betriebsvermögen (vgl. hierzu § 95 Abs. 1 S. 1 BewG i.V.m. § 15 Abs. 1 u. 2 EStG) im Nachlass, so ist höchste Aufmerksamkeit bei der Auseinandersetzung geboten. Zwar sollten im Idealfall bereits zu Lebzeiten die notwendigen Vorkehrungen getroffen worden sein, um das unerwünschte Verwirklichen von Steuertatbeständen zu verhindern. Aber auch bei der Auseinandersetzung lassen sich unerwünschte, steuerliche Folgen noch vermeiden, wenn keine bzw. keine sinnvollen Vorkehrungen durch den Erblasser getroffen worden waren.

Beispiel[125]

Der Erblasser Erwin war Eigentümer eines Innenstadtgrundstücks mit einem Buchwert von 200.000 EUR und einem Verkehrswert von 2 Mio. EUR. Er war zugleich Gesellschafter der M-GmbH (Anschaffungskosten 100.000 EUR, Verkehrswert 2 Mio. EUR). Das Grundstück war an die GmbH verpachtet und wesentliche Betriebsgrundlage der GmbH. Erwin hinterlässt ein Testament, wonach seine Söhne Sören und Max Erben je zur Hälfte sind. Im Wege von Teilungsanordnungen, also jeweils unter Anrechnung auf ihre Erbteile, soll Sören das Innenstadtgrundstück und Max die Anteile von Erwin an der M-GmbH erhalten.

Die Söhne setzen die Erbengemeinschaft entsprechend auseinander. Die bisherige Betriebsaufspaltung endet aufgrund der Erbauseinandersetzung, da durch die nunmehr unterschiedlichen Eigentumsverhältnisse an der Immobilie und dem GmbH-Anteil keine personelle Verflechtung mehr besteht. Mit der Beendigung der Betriebsaufspaltung werden die stillen Reserven in der GmbH i.H.v. 1,9 Mio. EUR und die stillen Reserven der Immobilie i.H.v. 1,8 Mio. EUR aufgedeckt und müssen von Sören und Max versteuert werden.

71 Dieses Ergebnis können die Erben **verhindern**, wenn sie sich bei der Teilung des Nachlasses **einvernehmlich** über die Regelungen des Testaments hinwegsetzen und eine andere Auseinandersetzung vornehmen.

III. Grunderwerbsteuer

72 Die Übertragung von Immobilien i.R.d. **Auseinandersetzung** der Erbengemeinschaft ist gem. § 3 Nr. 3 GrEStG **grunderwerbsteuerfrei.**

123 BMF-Schreiben „Erbengemeinschaft", Rn 28; ausführlich Rißmann/*Unger*, Die Erbengemeinschaft, § 23 Rn 46 ff.

124 Vgl. hierzu eingehend *Landsittel*, Gestaltungsmöglichkeiten, Rn 652 ff.

125 Nach *Landsittel*, Gestaltungsmöglichkeiten, Rn 666.

F. Gestaltungshinweise für Zivil- und Steuerrecht

Der **Auseinandersetzungsvertrag** ist zwar grundsätzlich formlos möglich. Um Beweisschwierigkeiten zu vermeiden, sollte jedoch unbedingt die Schriftform eingehalten werden. Weitergehende Formerfordernisse (z.B. bei der Übertragung von Immobilien aus dem Nachlass) müssen beachtet werden. Zur Formfreiheit bei der Abschichtung siehe Rdn 9. 73

G. Haftungsfallen

I. Abschluss des Auseinandersetzungsvertrags

Der Auseinandersetzungsvertrag ist grundsätzlich eine **abschließende Regelung** zwischen den Miterben über die endgültige Verteilung des Nachlasses. Hierbei verursachte Fehler können „im Nachhinein" kaum noch „rückgängig" gemacht werden: Wurde der eigene Mandant i.R.d. Auseinandersetzungsvertrags „zu wenig" berücksichtigt, so rechtfertigt dies (später) regelmäßig keinen Ersatzanspruch auf Ausgleich gegen die anderen Erben. Dies wird selbst dann gelten, wenn der Rechtsanwalt die Quoten und Ausgleichungsbeträge gem. **§§ 2050 ff. BGB** falsch berechnet haben sollte: man wird hierin einen **Verzicht auf Ausgleichung** sehen können.[126] Die Wirkung des Auseinandersetzungsvertrags ließe sich nur in den engen Grenzen des § 779 Abs. 1 BGB beseitigen (siehe auch Rdn 54). 74

Daher ist bei Abschluss des Auseinandersetzungsvertrags durch den Anwalt sorgfältig zu prüfen, ob die Interessen des Mandanten bestmöglich durchgesetzt worden sind oder aber der Mandant bestätigt hat, dass er mit einem (Teil-)Verzicht einverstanden ist. Außerdem wird der Anwalt auf **eindeutige** und zweifelsfreie Formulierungen zu achten haben, die spätere Differenzen über Wirkung und Reichweite des Vertrags verhindern.[127] 75

II. Auseinandersetzungsklage

Die häufigsten Fehler geschehen bei der **Auseinandersetzungsklage**. Bestrebt von dem Gedanken, die Angelegenheit „nun endlich vor Gericht zu bringen", wird vielfach übersehen, dass der Nachlass noch nicht teilungsreif ist (siehe Rdn 16 f.). Dem Beklagten wird so die Verteidigung denkbar einfach gemacht, da er bspw. lediglich auf noch unbezahlte Nachlassverbindlichkeiten verweisen muss. 76

Immobilien werden nicht im Rahmen einer Auseinandersetzungsklage, sondern durch Teilungsversteigerung gem. § 180 ZVG auseinandergesetzt (siehe Rdn 17 und 36 ff.). Würde mit einer Auseinandersetzungsklage die Aufteilung von Immobilien begehrt, wäre die Klage mangels Teilungsreife ohne weiteres als unbegründet abzuweisen.[128] Etwas anderes könnte ausnahmsweise nur dann gelten, wenn die Verteilung der Immobilien einer testamentarischen Anordnung für die Auseinandersetzung gem. § 2048 BGB entspricht. 77

Der Kläger sollte – wenn er sich schon zur Erbteilungsklage entschließt – beantragen, den Beklagten zur Zustimmung zu hilfsweise vorgelegten Teilungsplänen zu verurteilen. Der Beklagte seinerseits muss mit Vorliegen der **Hilfsanträge** unverzüglich ent- 78

---

126 Planck/*Strohal*, § 2042 Ziff. 3; Mot. V 700, zit. nach *Mugdan* V 376; BeckOGK/*Rißmann*, § 2050 BGB Rn 90.

127 Zur Schadensersatzpflicht eines Notars bei missverständlicher Formulierung des Parteiwillens in einem Erbauseinandersetzungsvertrag vgl. BGH, Urt. v. 19.3.1992 – IX ZR 120/91, Rn 24 ff., juris.

128 BGH, Urt. v. 13.4.1988 – IVb ZR 48/87, LS 3 u. Rn 67, juris, im rechtlich vergleichbaren Fall einer Gütergemeinschaft; OLG Düsseldorf, Beschl. v. 18.6.1999 – 7 W 39/99, Rn 4, juris; nach a.A. „*unzulässig*": OLG Frankfurt, Urt. v. 19.10.1994 – 17 U 207/93, Rn 18, juris; siehe auch Rdn 16.

scheiden, ob er möglicherweise bereit ist, einen der Hilfsanträge sofort anzuerkennen, damit er in den Genuss der Kostenfolge des § 93 ZPO gelangen kann.[129]

§ 2043 Aufschub der Auseinandersetzung

(1) Soweit die Erbteile wegen der zu erwartenden Geburt eines Miterben noch unbestimmt sind, ist die Auseinandersetzung bis zur Hebung der Unbestimmtheit ausgeschlossen.
(2) Das Gleiche gilt, soweit die Erbteile deshalb noch unbestimmt sind, weil die Entscheidung über einen Antrag auf Annahme als Kind, über die Aufhebung des Annahmeverhältnisses oder über die Anerkennung einer vom Erblasser errichteten Stiftung als rechtsfähig noch aussteht.

Übersicht: Rdn

A. Allgemeines

1 Ebenso wie §§ 2044 und 2045 BGB enthält § 2043 BGB Ausnahmen von dem Recht der Miterben, jederzeit die Auseinandersetzung verlangen zu können. Durch § 2043 BGB wird verhindert, dass sich nach der erfolgten Auseinandersetzung die Zusammensetzung der Erbengemeinschaft und damit auch die Erbteile ändern. Hierdurch werden die möglichen Erben geschützt.

B. Tatbestand

I. Abs. 1

2 Die Auseinandersetzung ist nach Abs. 1 nur dann aufgeschoben, wenn der potentielle Miterbe beim Erbfall bereits gezeugt ist, § 1923 Abs. 2 BGB (**nasciturus**). Der nasciturus muss lebend geboren werden, um Miterbe zu werden.

II. Abs. 2

3 Die **Annahme als Kind** wird durch das FamilienG auf Antrag des Annehmenden ausgesprochen, § 1752 Abs. 1 BGB; bei der Volljährigenadoption ist auch der Antrag des Anzunehmenden erforderlich, § 1768 Abs. 1 S. 1 BGB. Die **Aufhebung** der Adoption beim Minderjährigen richtet sich nach § 1760 BGB sowie § 1763 BGB und erfolgt durch das FamilienG. Die Aufhebung bei Volljährigen richtet sich nach § 1771 BGB und kann durch das FamilienG auf übereinstimmenden Antrag des Annehmenden und des Angenommenen ausgesprochen werden. Die **Anerkennung einer Stiftung** als rechtsfähig richtet sich nach §§ 80, 84 BGB.

C. Rechtsfolgen

4 § 2043 BGB ist nach h.M. **nicht entsprechend** anwendbar auf andere Fälle, bei denen noch nicht feststeht, ob ein weiterer Miterbe an der Erbengemeinschaft beteiligt ist –

---

129 Zum Anerkenntnis eines – prozessual nicht durchsetzbaren – Teilungsplanes im Rahmen eines Vergleichs und der Kostentragungspflicht des Klägers vgl. OLG Düsseldorf, Beschl. v. 18.6.1999 – 7 W 39/99, Rn 4, juris.

Verschollenheit, noch bestehende Ausschlagungsmöglichkeit.[1] Eine gegen § 2043 BGB vorgenommene Auseinandersetzung führt nicht zur Nichtigkeit, da § 2043 BGB **kein gesetzliches Verbot** i.S.v. § 134 BGB ist.[2] Die Auseinandersetzung ist jedoch unter der Rechtsbedingung (§ 185 Abs. 2 BGB),[3] dass der übergangene Miterbe endgültig ausfällt, genehmigt (was er wohl kaum tun wird) oder die Zustimmung endgültig verweigert, schwebend unwirksam. Wird ein erwarteter Erbe doch nicht Miterbe, so wird eine bereits vorgenommene Auseinandersetzung gültig.[4] Die Auseinandersetzung ist nur ausgeschlossen, soweit Erbteile unbestimmt sind. Fällt der Nachlass an mehrere **Stämme** und besteht nur hinsichtlich eines Stammes Ungewissheit, kann die Auseinandersetzung im Übrigen erfolgen.[5]

§ 2044 Ausschluss der Auseinandersetzung

(1) [1]Der Erblasser kann durch letztwillige Verfügung die Auseinandersetzung in Ansehung des Nachlasses oder einzelner Nachlassgegenstände ausschließen oder von der Einhaltung einer Kündigungsfrist abhängig machen. [2]Die Vorschriften des § 749 Abs. 2, 3, der §§ 750, 751 und des § 1010 Abs. 1 finden entsprechende Anwendung.
(2) [1]Die Verfügung wird unwirksam, wenn 30 Jahre seit dem Eintritt des Erbfalls verstrichen sind. [2]Der Erblasser kann jedoch anordnen, dass die Verfügung bis zum Eintritt eines bestimmten Ereignisses in der Person eines Miterben oder, falls er eine Nacherbfolge oder ein Vermächtnis anordnet, bis zum Eintritt der Nacherbfolge oder bis zum Anfall des Vermächtnisses gelten soll. [3]Ist der Miterbe, in dessen Person das Ereignis eintreten soll, eine juristische Person, so bewendet es bei der dreißigjährigen Frist.

Literatur

Bengel, Zur Rechtsnatur des vom Erblasser verfügten Erbteilungsverbots, ZEV 1995, 178; *Kiethe*, Ausschluss der Auseinandersetzung der Erbengemeinschaft mit Verfügungsverbot über den Erbteil – Schutz vor unerwünschten Dritten beim Unternehmernachlass?, ZEV 2003, 225; *Rißmann*, Teilungsanordnungen nach § 2048, Diss. Berlin, 2023 (abrufbar unter https://refubium.fu-berlin.de/handle/fub188/41835).

Übersicht: Rdn

1 Staudinger/*Löhnig*, § 2043 Rn 2; BT-Drucks 7/5087, 22: Weitere Fälle *„gleichfalls zu erfassen sollte jedoch einer Neuordnung des Erbrechts überlassen bleiben."*; a.A. *Kipp/Coing*, ErbR, § 116 II 1 e.
2 MüKo/*Fest*, § 2043 Rn 4, 10; *Lange/Kuchinke*, § 44 II 2 Fn 48 m.w.N.
3 *Lange/Kuchinke*, § 44 II 2c.
4 *Lange/Kuchinke*, § 44 II 2; MüKo/*Fest*, § 2043 Rn 14.
5 *Johannsen*, WM 1970, 738, 739.

A. Allgemeines

1 Die Möglichkeit eines Erben gem. § 2042 BGB jederzeit die Auseinandersetzung verlangen zu können, ist vom Erblasser häufig unerwünscht. Grundsätzlich ist die Erbengemeinschaft zwar auf Auseinandersetzung gerichtet; durch § 2044 BGB wird dem Erblasser jedoch die Möglichkeit gegeben, hier gestaltend einzugreifen. Das bloße **Teilungsverbot** nach § 2044 BGB ist eine Teilungsanordnung i.S.v. § 2048 BGB mit **negativem Inhalt.** Ein Teilungsverbot kann jedoch auch als (bloßes) **Vorausvermächtnis** i.S.v. § 2150 BGB oder (bloße) **Auflage** i.S.v. § 1940 BGB ausgestaltet sein. (Zu den unterschiedlichen Rechtsfolgen siehe Rdn 12 ff. Zu Gestaltungsmöglichkeiten siehe Rdn 22 ff.) Die Gestaltungsmöglichkeiten, die § 2044 BGB dem Erblasser bietet, sind vielfältig. Da der Erblasser abweichend von § 2042 BGB den Anspruch auf Auseinandersetzung vollständig ausschließen kann, ist es auch möglich, als „Minus" hierzu bspw. eine **Mehrheitsentscheidung** der Erbengemeinschaft zu verlangen oder die Auseinandersetzung nur hinsichtlich **einzelner Nachlassgegenstände** auszuschließen (siehe Rdn 23).

B. Tatbestand

I. Abs. 1

1. S. 1

a) Letztwillige Verfügung des Erblassers

2 Der Begriff der letztwilligen Verfügung ist in § 1937 BGB als einseitige Verfügung von Todes wegen definiert. Der Ausschluss der Auseinandersetzung kann nicht nur im Testament, sondern auch im Erbvertrag und gemeinschaftlichen Testament erfolgen. Es hängt dann von der konkreten Ausgestaltung der Anordnung ab (Form der negativen Teilungsanordnung, des Vermächtnisses oder der Auflage, vgl. Rdn 14 ff.), ob sie entsprechend dem gesetzlichen „Urtyp" des § 2044 BGB einseitig bleibt (§ 2299 BGB) oder vertragsmäßig bindend (§ 2278 BGB) bzw. wechselbezüglich (§ 2270 BGB) für die Erben ist. Zu Einzelheiten siehe auch Rdn 12 ff. (Rechtsfolgen) und Rdn 22 ff. (Gestaltungshinweise). Der Testamentsvollstrecker kann nicht „nachträglich" die Auseinandersetzung ausschließen, wenn der Erblasser dies nicht bereits letztwillig geregelt hat. Die Auseinandersetzung kann aber von den Erben einvernehmlich ausgeschlossen werden.[1] Dies ist dann jedoch kein Fall des § 2044 BGB, sondern eine Vereinbarung i.R.d. Verwaltung des Nachlasses, § 2038 BGB.

1 BGH WM 1968, 1172, 1173.

b) Auseinandersetzung in Ansehung des Nachlasses oder einzelner Nachlassgegenstände ausschließen

Die Formulierung des § 2044 BGB lässt dem Erblasser alle Freiheiten, die Auseinandersetzung gegenständlich, personell oder zeitlich (siehe Rdn 4) eingeschränkt auszuschließen. Der Erblasser kann die Auseinandersetzung daher für spezielle einzelne Nachlassgegenstände (z.B. eine bestimmte Vitrine), bestimmte Arten von Nachlassgegenständen (z.B. alle vermieteten Immobilien), aber auch für einzelne Personen (z.B. einen bestimmen Stamm der Familie)[2] verbieten. 3

c) Abhängig von der Einhaltung einer Kündigungsfrist machen

Der Erblasser kann sowohl die Länge der Kündigungsfrist als auch deren Form frei regeln. Beschränkt ist er insoweit lediglich durch die Grenzen des Abs. 2 (siehe Rdn 9 ff.). 4

2. S. 2

Zum Verweis auf **§ 749 Abs. 2 u. 3 BGB** siehe § 2042 Rdn 26 ff. 5

Kein wichtiger Grund i.S.v. § 749 Abs. 2 BGB ist Geldbedarf eines Miterben, denn er kann seinen Anteil durch Veräußerung gem. §§ 2033, 2371 BGB verwerten. Über das Vorliegen eines wichtigen Grundes entscheidet das Prozessgericht entweder inzident i.R.d. Erbteilungsklage oder – taktisch sinnvoller – im Rahmen einer Feststellungsklage (siehe § 2042 Rdn 14 ff. und 60 ff.). Der Testamentsvollstrecker entscheidet in eigener Verantwortung; das Grundbuchamt hat hier kein Nachprüfungsrecht.[3] 6

Zum Verweis auf §§ 750, 751 BGB siehe § 2042 Rdn 29 ff.

§ 1010 BGB Sondernachfolger eines Miteigentümers 7

(1) Haben die Miteigentümer eines Grundstücks die Verwaltung und Benutzung geregelt oder das Recht, die Aufhebung der Gemeinschaft zu verlangen, für immer oder auf Zeit ausgeschlossen oder eine Kündigungsfrist bestimmt, so wirkt die getroffene Bestimmung gegen den Sondernachfolger eines Miteigentümers nur, wenn sie als Belastung des Anteils im Grundbuch eingetragen ist.

(2) …

Der Umfang der Anwendbarkeit des § 1010 Abs. 1 BGB ist unklar.[4] Nach älterer **Rspr.** wird vorausgesetzt, dass der Erblasser die Umwandlung der Erbengemeinschaft hinsichtlich eines Nachlassgrundstücks in eine Bruchteilsgemeinschaft gestattet, die Teilung der Bruchteilsgemeinschaft hingegen ausgeschlossen hat. Dies ist notfalls durch Auslegung zu ermitteln. Wird das Teilungsverbot dann im Grundbuch eingetragen, soll es auch gegen den Erbteilskäufer gem. § 2033 BGB wirken. Die **praktische Bedeutung** dieser Regelung ist **gering**. 8

II. Abs. 2

Um zu verhindern, dass der Erblasser „auf ewig“ eine Auseinandersetzung verhindert und letztlich damit eine Regelung träfe, die langfristig zu einer Zersplitterung des Vermögens führen würde (durch Vererbung der Erbteile an Erbeserben), setzt Abs. 2 S. 1 eine grundsätzliche zeitliche Grenze von 30 Jahren. Dies entspricht der auch sonst im Erbrecht zulässigen Höchstgrenze für die Fortwirkung von Anordnungen des Erblassers (z.B. Höchstdauer der Anordnung einer Dauervollstreckung, § 2210 S. 1 BGB).[5] Die Frist ist nach § 188 Abs. 2 BGB zu berechnen. Diese Höchstdauer gilt 9

2 MüKo/*Fest*, § 2044 Rn 4.

3 KG OLGE 40, 112, 113 = Recht 1919 Br. 1524.

4 Ausführlich hierzu *Lange/Kuchinke*, § 44 II 3a Fn 73.

5 Staudinger/*Löhnig*, § 2044 Rn 27.

ohne Einschränkung jedoch ausschließlich für **juristische Personen** (Umkehrschluss aus § 2044 Abs. 2 S. 3 BGB).

10 Bei **natürlichen Personen** kann der Erblasser gem. Abs. 2 S. 2 den Ausschluss auch über 30 Jahre hinaus anordnen, wenn das Ende der Frist durch

- Eintritt eines bestimmten Ereignisses in der Person eines Erben (z.B. Beendigung der Berufsausbildung, Heirat, bestimmtes Alter, Tod; auch des längst lebenden Miterben)[6] oder
- Eintritt des Nacherbfalls (§ 2139 BGB) oder
- Anfall eines Vermächtnisses (§ 2177 BGB) bestimmt ist.

11 Für den **Nacherbfall** findet sich die entsprechende zeitliche Begrenzung in § 2109 BGB und für das bedingte Vermächtnis in §§ 2162, 2163 BGB.

C. Rechtsfolgen

I. Miterben

12 Der Ausschluss der Auseinandersetzung hat lediglich **schuldrechtliche** Wirkung, da die Verfügungsbefugnis nicht durch Testament oder Erbvertrag ausgeschlossen werden kann (§ 137 Abs. 1 BGB) und es sich auch nicht um ein gesetzliches Veräußerungsverbot i.S.v. §§ 134, 135 BGB handelt.[7] Verfügungen, die alle Erben (auch die Nacherben) entgegen einer Anordnung nach § 2044 BGB vornehmen, bleiben wirksam, so wie sich die Erben generell über die Anordnungen des Erblassers gemeinschaftlich hinwegsetzen können. Dem kann der Erblasser durch Gestaltung in Form der Anordnung einer **Testamentsvollstreckung** sowie mit **Sanktionsklauseln** vorbeugen (zur Sanktionsklausel siehe Rdn 27). Aufgrund der lediglich schuldrechtlichen Wirkung der Anordnung nach § 2044 BGB ist eine Eintragung im **Grundbuch nicht** möglich.[8]

13 Ein Ausschluss der Auseinandersetzung i.R.d. § 2044 BGB eröffnet dem pflichtteilsberechtigten Erben die Möglichkeiten des **§ 2306 Abs. 1 BGB**, da es sich bei § 2044 BGB um eine negative Teilungsanordnung (oder Vorausvermächtnis bzw. Auflage, siehe Rdn 15 ff.) handelt. Der pflichtteilsberechtigte Erbe kann mithin den **Pflichtteil** verlangen, wenn er den **Erbteil ausschlägt**, § 2306 Abs. 1 BGB.

14 Der Ausschluss der Auseinandersetzung kann bloße negative Teilungsanordnung (siehe Rdn 15 f.), Vorausvermächtnis i.S.v. § 2150 BGB (siehe Rdn 17) oder Auflage gem. § 1940 BGB (siehe Rdn 18) sein.[9] Maßgebend ist hier der Wille des Erblassers, der sich im Idealfall aus der letztwilligen Verfügung erkennen lässt, andernfalls durch Auslegung zu ermitteln ist. Von der konkreten Ausgestaltung der Anordnung hängt es dann auch ab, ob sie **einseitig** (§ 2299 BGB) **oder vertragsmäßig** bindend (§ 2278 BGB) bzw. **wechselbezüglich** (§ 2270 BGB) für die Erben geregelt werden kann.

1. (Bloße) negative Teilungsanordnung

15 Teilweise wird vertreten, dass eine Anordnung nach § 2044 BGB entweder den Sinn eines Vermächtnisses oder einer Auflage habe[10] bzw. deren „Charakter" habe.[11] Dies ist jedoch zu eng gefasst und würde letztlich dazu führen, dass jeder Ausschluss entweder Vermächtnis oder Auflage sein müsse. Dies findet keine Stütze im Gesetz. Ebenso wie die Teilungsanordnung nach § 2048 BGB (siehe § 2048 Rdn 17) ist eine Anordnung gem. § 2044 BGB vom Grund her eine Regelung sui generis. Hat der

---

6 Vgl. RGRK/*Kregel*, Rn 8.
7 BGH NJW 1963, 2320.
8 Grüneberg/*Weidlich*, § 2044 Rn 2; *Bengel*, ZEV 1995, 178, 179.
9 Vgl. hierzu Tanck/Krug/Süß/*Tanck*, Anwaltformulare Testamente, § 12 Rn 32.
10 So MüKo/*Fest*, § 2044 Rn 12 ff., § 2048 Rn 3; Staudinger/*Löhnig*, § 2044 Rn 8 ff.
11 So Staudinger/*Werner* (2010), § 2044 Rn 8; ähnl. Staudinger/*Löhnig*, § 2044 Rn 12.

Erblasser eine „bloße" negative Teilungsanordnung getroffen, hat dies mehrere Konsequenzen:

- Die Anordnung kann nicht gem. § 2278 Abs. 2 BGB vertragsmäßig bindend im Erbvertrag vereinbart werden.
- Sie kann gem. § 2270 Abs. 3 BGB nicht wechselbezüglich im gemeinschaftlichen Testament erfolgen.
- Sie kann – im Gegensatz zum Vermächtnis – nicht isoliert ausgeschlagen werden.

Die Abgrenzung zu den übrigen Erscheinungsformen des Auseinandersetzungsausschlusses muss nach dem ausdrücklich erklärten oder durch Auslegung ermittelten Willen des Erblassers erfolgen (vgl. Rdn 18 f.). 16

2. Vorausvermächtnis

Einigkeit besteht zwar in der Lit. darüber, dass die Anordnung **als Vermächtnis** (zur Formulierung siehe Rdn 27) ausgestaltet werden kann,[12] näher begründet wird dies hingegen nicht. In der Rspr. finden sich hierzu weder Entscheidungen „dafür" noch „dagegen". Unterschiedliche Auffassungen bestehen aber darüber, ob es sich um ein **Vermächtnis** gem. § 1939 BGB **oder** ein **Vorausvermächtnis** gem. § 2150 BGB handelt[13] (aufgrund der eindeutigen Regelung in § 2150 BGB liegt jedenfalls dann ein Vorausvermächtnis vor, wenn der Ausschluss der Auseinandersetzung zugunsten eines Miterben vermächtnisweise angeordnet wird; etwas anderes wäre nur dann richtig, wenn es sich um ein Vermächtnis zugunsten eines Außenstehenden handelt; in der Praxis kommt es auf diesen reinen Begriffsunterschied nicht an). Die unter Rdn 15 genannten Einschränkungen gelten nicht, wenn die Anordnung in Form eines Vorausvermächtnisses angeordnet wird. Findet sich in der letztwilligen Verfügung keine ausdrückliche Regelung, so ist durch **Auslegung** zu ermitteln, ob der Erblasser die Anordnung als Vorausvermächtnis ausgestalten wollte. Dies soll dann der Fall sein, wenn ausschließlich erreicht werden sollte, dass einzelne Miterben nicht gegen den Willen der übrigen Miterben die Auseinandersetzung verlangen können. **Einvernehmlich** können sich die Erben auch hier über die Regelung **hinwegsetzen**; dem einzelnen Miterben steht aber das Recht zur Seite, die Mitwirkung an der Auseinandersetzung abzulehnen.[14] Im Gegensatz zur Teilungsanordnung nach § 2048 BGB kann ein Vorausvermächtnis vertragsmäßig gem. § 2278 Abs. 2 BGB bzw. wechselbezüglich i.S.v. § 2270 BGB verfügt werden.[15] 17

3. Auflage

Das Teilungsverbot kann auch als Auflage ausgestaltet sein.[16] Für den Fall, dass die Auseinandersetzung auch bei übereinstimmendem Willen der Miterben verhindert werden soll, lässt sich dies als Auflage gem. § 1940 BGB gegenüber allen Miterben erreichen. Die Auflage ist nach § 2194 BGB bzw. durch einen Testamentsvollstrecker zu vollziehen. Die Vollziehung der Auflage kann auch von den Ersatzerben, nicht jedoch von den Ersatznacherben verlangt werden.[17] Die Auflage unterliegt nicht den Einschränkungen der negativen Teilungsanordnung (siehe Rdn 15). 18

---

12 MüKo/*Fest*, § 2044 Rn 12 ff.; Staudinger/*Löhnig*, § 2044 Rn 9.
13 Vgl. hierzu *Lange/Kuchinke*, § 44 II 3 Fn 67.
14 Nach Staudinger/*Werner* (2010), § 2044 Rn 6 handelt es sich dann um eine Einrede.
15 MüKo/*Fest*, § 2044 Rn 3; ausf. *Rißmann*, Teilungsanordnungen nach § 2048 BGB, 43 ff., 84.
16 Tanck/Krug/Süß/*Tanck*, Anwaltformulare Testamente, § 12 Rn 36.
17 MüKo/*Fest*, § 2044 Rn 14.

II. Verstoß gegen Anordnung durch einen oder mehrere Miterben

19 Betreibt einer oder betreiben mehrere der Miterben entgegen einer Anordnung nach § 2044 BGB die Auseinandersetzung, so sind die übrigen Miterben nicht zur Mitwirkung gem. § 2042 BGB verpflichtet. Die Verfügungen über einen Nachlassgegenstand i.R.d. angestrebten Auseinandersetzung können ausschließlich gemeinschaftlich vorgenommen werden, § 2040 BGB. Wird entgegen eines vom Erblasser verfügten Ausschlusses nach § 2044 BGB (oder auch entgegen einer Teilungsanordnung nach § 2048 BGB) die Teilungsversteigerung (§ 180 ZVG) betrieben, so steht den übrigen Miterben die (unechte) **Drittwiderspruchsklage** analog §§ 768, 771 ZPO zur Verfügung.[18]

III. Pfändungsgläubiger

20 Kein Verbot des Erblassers und keine Vereinbarung der Erbengemeinschaft kann einen Gläubiger eines Miterben hindern, aufgrund eines endgültig vollstreckbaren Titels dessen Anteil am Nachlass zu pfänden und die Auseinandersetzung zu betreiben, §§ 751 S. 2, 2044 Abs. 1 S. 2 BGB.[19] Eine (auch) für den gepfändeten Anteil angeordnete **Testamentsvollstreckung schließt** dagegen die Anordnung einer **Teilungsversteigerung** nach § 180 ZVG an dem der Testamentsvollstreckung unterliegenden Grundstück **aus.**[20]

D. Steuerrechtliche Fragen

21 Auf die Erbschaftsteuer hat ein Auseinandersetzungsausschluss **keinen Einfluss,** da die Steuer gem. § 9 Abs. 1 S. 1 ErbStG mit dem Tod des Erblassers entsteht, unabhängig davon, ob, wann und wie der Erbe über das Vermögen tatsächlich verfügen kann.

E. Gestaltungshinweise für Zivil- und Steuerrecht

I. Gestaltungsmöglichkeiten

22 Die Gestaltungsmöglichkeiten i.R.d. negativen Teilungsanordnung nach § 2044 BGB sind vielfältig, der praktische Nutzen ist erheblich.

23 Beispiele:[21]

- Nur Mehrheit der Erben kann Auseinandersetzung verlangen, Abweichung vom Grundsatz des § 2042 BGB.[22]
- Nur Mehrheit der Erben kann Antrag auf Zwangsversteigerung gem. § 180 ZVG stellen.[23]
- Teilungsplan muss einstimmig oder mehrheitlich aufgestellt werden.[24]
- Anordnung, dass Teilungsplan nur dann verbindlich ist, wenn sämtliche Nachlassgegenstände versteigert wurden und der Erlös verteilt wird.[25]
- Nur der überlebende Ehepartner darf als Miterbe die zum Nachlass gehörenden Grundstücke nach freiem Ermessen ohne Mitwirkung der miterbenden Kinder veräußern, während Kinder weder Veräußerung noch Teilung fordern dürfen.

24 Da sich die Erben einstimmig über die Anordnung des Erblassers hinwegsetzen können (siehe Rdn 12), muss bei der Gestaltung ggf. darauf geachtet werden, **„Sicherun-**

---

18 OLG München, Urt. v. 16.11.2016 – 20 U 2886/16, Rn 16, juris; OLG Oldenburg, Urt. v. 4.2.2014 – 12 U 144/13, Rn 12 f., juris; OLG Hamburg NJW 1961, 610, LS a) u. S. 611; *Rißmann*, Teilungsanordnungen nach § 2048 BGB, 70 f.; *Lange/Kuchinke*, § 44 II 5.

19 *Lange/Kuchinke*, § 44 II 5.

20 BGH, Beschl. v. 14.5.2009 – V ZB 176/08, LS u. Rn 11 ff., juris.

21 Nach MüKo/*Fest*, § 2044 Rn 6.

22 RGZ 110, 270, 273.

23 RGZ 110, 270, 273.

24 RGZ 110, 270, 273; *Lange/Kuchinke*, § 44 II 3 Fn 64.

25 *Lange/Kuchinke*, § 44 II 3 Fn 64.

gen" zur Aufrechterhaltung der Anordnung mit zu regeln (Testamentsvollstreckung, auflösend bedingte Erbeinsetzung i.V.m. einer aufschiebend bedingten Erbeinsetzung, oder Ersatzerbenbestimmung, Sanktionsklausel).

II. Formulierungsvorschläge

1. Teilungsverbot als Vermächtnis (im Gegensatz zum Teilungsverbot in der Form der Teilungsanordnung)

Formulierungsbeispiel 25
Ich schließe die Auseinandersetzung meines Nachlasses für die gesetzlich vorgesehene Dauer von 30 Jahren (§ 2044 BGB) aus, mindestens jedoch bis zu dem Zeitpunkt, in dem der jüngste Miterbe das 50. Lebensjahr erreicht hat. Dieser Anspruch steht jedem der Miterben vermächtnisweise zu, d.h., dass alle Miterben eine vorzeitige Auseinandersetzung nur einvernehmlich betreiben können. Das Teilungsverbot bleibt entgegen §§ 2044 Abs. 1 S. 2, 750 BGB auch nach dem Tod eines der Miterben bestehen. Es endet aber mit Wiederverheiratung der überlebenden Ehefrau.[26]

2. Gegenständliche Beschränkung des Teilungsverbotes

Formulierungsbeispiel 26
Ich beschränke das Teilungsverbot auf sämtliche im Nachlass vorhandenen Immobilien und das Aktienvermögen, welches sich zum Zeitpunkt des Erbfalls im Nachlass befindet. Alle übrigen Nachlassgegenstände unterliegen dem Teilungsverbot ausdrücklich nicht.[27]

3. Sanktionsklausel

Formulierungsbeispiel 27
Für den Fall, dass die Miterben sich einvernehmlich über das Teilungsverbot hinwegsetzen und den der Teilung unterliegenden Nachlass vor Ablauf der genannten Frist auseinandersetzen, ordne ich ein aufschiebend bedingtes Vermächtnis zugunsten der ... e.V. in ... in der Form an, dass dann basierend auf dem zum Zeitpunkt der Auflösung vorhandenen Verkehrswert ein Wertvermächtnis in Geld in Höhe von 30 % des Nachlasses zu zahlen ist.[28]

Wird eine Sanktionsklausel verwendet, sollte die **Absicherung** des Teilungsverbotes durch Anordnung der **Testamentsvollstreckung** erfolgen.[29] 28

§ 2045 Aufschub der Auseinandersetzung

[1]Jeder Miterbe kann verlangen, dass die Auseinandersetzung bis zur Beendigung des nach § 1970 zulässigen Aufgebotsverfahrens oder bis zum Ablauf der in § 2061 bestimmten Anmeldungsfrist aufgeschoben wird. [2]Ist der Antrag auf Einleitung des Aufgebotsverfahrens noch nicht gestellt oder die öffentliche Aufforderung nach § 2061 noch nicht erlassen, so kann der Aufschub nur verlangt werden, wenn unverzüglich der Antrag gestellt oder die Aufforderung erlassen wird.

26 Tanck/Krug/Süß/*Tanck*, Anwaltformulare Testamente, 6. Aufl., § 12 Rn 35, 42.
27 Tanck/Krug/Süß/*Tanck*, Anwaltformulare Testamente, 6. Aufl., § 12 Rn 42.
28 Tanck/Krug/Süß/*Tanck*, Anwaltformulare Testamente, 6. Aufl., § 12 Rn 40.
29 Vgl. zu Anordnungsklauseln Rißmann/*Kurze*, Die Erbengemeinschaft, § 10 Rn 119 ff.

Literatur

Holzer, Das Aufgebot der Nachlassgläubiger nach dem FamFG, ZEV 2014, 583; *Zimmermann*, Das private Gläubigeraufgebot durch Miterben, ZErb 2011, 259.

Übersicht:

A. Allgemeines

1 Neben § 2043 BGB (Aufschub der Auseinandersetzung bei unbestimmten Miterben) und § 2044 BGB (Ausschluss der Auseinandersetzung) bietet § 2045 BGB die dritte Ausnahme von § 2042 BGB und dem Recht eines jeden Miterben, jederzeit die Auseinandersetzung zu verlangen. Die Berichtigung der Nachlassverbindlichkeiten und somit auch die notwendige abschließende Feststellung der betroffenen Gläubiger findet am sinnvollsten vor der Teilung des Nachlasses statt. Um vor einer Teilung des Nachlasses (und den sich ergebenden Haftungskonsequenzen aus §§ 2058, 2059 BGB) zunächst allen Miterben die Möglichkeit zu geben, die Nachlassgläubiger im Rahmen eines Aufgebotes festzustellen, gewährt § 2045 BGB jedem Miterben eine aufschiebende Einrede gegen den geltend gemachten Auseinandersetzungsanspruch (zu den Rechtsfolgen der Einrede vgl. Rdn 7). Die Vorschrift wird ergänzt durch die Regelung des § 2046 BGB, wonach jeder Miterbe vor der Auseinandersetzung die Begleichung der Nachlassverbindlichkeiten verlangen kann.

B. Tatbestand

I. S. 1

1. Jeder Miterbe

2 Siehe zum Begriff zunächst § 2033 Rdn 2 sowie § 2042 Rdn 2. Der Anspruch kann nicht durch Bestimmungen des Erblassers ausgeschlossen werden; der Erbe selbst kann jedoch freilich auf die Geltendmachung verzichten (siehe Rdn 3).

2. Verlangen

3 Der Anspruch ist als **Einrede** durch den Miterben geltend zu machen und nicht etwa von Amts wegen zu beachten. Die Formulierung „kann" stellt klar, dass die Entscheidung, einen Aufschub zu verlangen, allein beim Erben liegt.

3. Bis zur Beendigung des nach § 1970 BGB zulässigen Aufgebotsverfahrens oder bis zum Ablauf der in § 2061 BGB bestimmten Anmeldungsfrist

4 Hinsichtlich der Beendigung des Aufgebotsverfahrens ist **§ 2015 Abs. 3 BGB entsprechend** anzuwenden,[1] so dass nach Ausschlussurteil oder Zurückweisung des Antrages auf Erlass zunächst die Beschwerdefrist von einem Monat nach Verkündung der Ent-

---

1 Grüneberg/*Weidlich*, § 2045 Rn 1.

scheidung (§ 63 Abs. 1 FamFG) bzw. die Erledigung der eingelegten Beschwerde abzuwarten ist. Zur Frist gem. § 2061 BGB siehe § 2061 Rdn 1 ff.

4. Aufschub

Eine bereits eingereichte Klage auf Auseinandersetzung wird durch die Erhebung der Einrede nicht unbegründet; vielmehr erfolgt eine **Aussetzung analog § 148 ZPO.**[2] Es hängt dann vom vorprozessualen Verhalten des Beklagten ab, ob ein **sofortiges Anerkenntnis** nach Fortsetzung des Verfahrens die Kostenfolge des § 93 ZPO nach sich ziehen kann (jedoch zur Prozesstaktik siehe Rdn 8). 5

II. S. 2

Voraussetzung für die Einrede nach § 2045 S. 1 BGB ist es, dass der Antrag auf Einleitung des Aufgebotsverfahrens (§§ 433 ff. FamFG) bereits gestellt oder die öffentliche Aufforderung bereits erlassen ist. Ist dies nicht der Fall, muss der Miterbe dies unverzüglich, also ohne schuldhaftes Zögern (§ 121 Abs. 1 S. 1 BGB), nachholen. 6

C. Rechtsfolgen

Durch die Erhebung der Einrede nach § 2045 BGB wird die Durchsetzung des Anspruches **gehemmt.** Die Klage wird **analog § 148 ZPO ausgesetzt** (siehe Rdn 5). 7

D. Verfahrensfragen und Prozesstaktik

Unter dem Gesichtspunkt der Kostentragungspflicht dürfte es selten sinnvoll sein, einer erhobenen Auseinandersetzungsklage die Einrede nach § 2045 BGB entgegenzuhalten: Taktisch klüger wird es zumeist sein, auf eine Entscheidung zu drängen, während noch Nachlassverbindlichkeiten bestehen, und der Auseinandersetzungsklage den Einwand des nicht teilungsreifen Nachlasses entgegenzuhalten, so dass der Prozess für den Kläger verloren und nicht lediglich analog § 148 ZPO ausgesetzt wird (siehe hierzu auch § 2042 Rdn 15, 60 und 76). Die praktische Bedeutung der Norm ist daher gering. 8

§ 2046 Berichtigung der Nachlassverbindlichkeiten

(1) [1]Aus dem Nachlass sind zunächst die Nachlassverbindlichkeiten zu berichtigen. [2]Ist eine Nachlassverbindlichkeit noch nicht fällig oder ist sie streitig, so ist das zur Berichtigung Erforderliche zurückzubehalten.
(2) Fällt eine Nachlassverbindlichkeit nur einigen Miterben zur Last, so können diese die Berichtigung nur aus dem verlangen, was ihnen bei der Auseinandersetzung zukommt.
(3) Zur Berichtigung ist der Nachlass, soweit erforderlich, in Geld umzusetzen.

Literatur

Damrau, Die Dritt-Widerklage gegen Miterben wegen Pflichtteilslasten; Oder: Rechte eines Miterben gegen die anderen Miterben während des Rechtsstreits um den Pflichtteilsanspruch, ZErb 2009, 145; *Eberl-Borges,* Der blockierende Miterbe, ErbR 2008, 6; *Reimann,* Die steckengebliebene Erbauseinandersetzung, ZEV 2009, 120.

2 RGRK/*Kregel,* § 2045 Rn 3.

Übersicht: Rdn

A. Allgemeines

1 Die Vorschrift soll zugunsten der Miterben verhindern, dass der Nachlass vor Begleichung der Nachlassverbindlichkeiten verteilt wird, und weicht damit von den allg. Vorschriften der §§ 755, 2042 Abs. 2 BGB ab, wonach die Begleichung bei der Auseinandersetzung zu erfolgen hätte. Der Grund hierfür liegt in der Haftungsänderung nach der Auseinandersetzung des Nachlasses: Die Erben haften zwar immer noch als Gesamtschuldner (§ 2058 BGB), im Innenverhältnis ist jedoch der Nachlass nicht mehr als Haftungsmasse als solche vorhanden, sondern unter den Erben bereits verteilt (und möglicherweise untergegangen), so dass mögliche Ersatzansprüche der Erben untereinander (§ 426 BGB) nicht oder nur schwer zu befriedigen sind. Darüber hinaus haften die Erben nach der Teilung gegenüber den Nachlassgläubigern nicht mehr lediglich mit dem Nachlass, sondern mit ihrem Eigenvermögen, §§ 2059, 2060 BGB. Eine vor Begleichung der Nachlassverbindlichkeiten erhobene Teilungsklage ist unbegründet, weil der Nachlass noch nicht teilungsreif ist.[1] Die Vorschrift entspricht den Regelungen der §§ 733, 1475 BGB.

B. Tatbestand

I. Abs. 1

2 Was zu den Nachlassverbindlichkeiten i.S.v. **§ 2046 Abs. 1 S. 1 BGB** gehört, ergibt sich aus § 1967 Abs. 2 BGB. „**Streitig**" oder „**nicht** fällig" ist eine Nachlassverbindlichkeit i.S.v. **§ 2046 Abs. 1 S. 2 BGB** bereits dann, wenn nur **unter den Miterben** Streit über die Verbindlichkeit besteht.[2] Bei Streit über **Ausgleichungspflichten** nach **§§ 2050 ff. BGB** soll nach einer Auffassung § 2046 Abs. 1 S. 2 BGB entsprechend gelten.[3] Dies kann nicht überzeugen: Der Gesetzgeber hat in § 1967 Abs. 2 BGB die Nachlassverbindlichkeiten u.a. bestimmt als die „den Erben als solchen treffenden Verbindlichkeiten". Die Ausgleichungspflicht ist jedoch gerade **keine Verbindlichkeit**, sondern (lediglich) eine Berechnungsregel (siehe hierzu auch §§ 2055, 2056 Rdn 2 ff.).[4] Es ist nicht erkennbar, dass der Gesetzgeber einerseits bei § 1967 BGB die Ausgleichungspflicht „versehentlich" nicht als Nachlassverbindlichkeit geregelt und dann auch noch bei § 2046 BGB übersehen hat, dass mit der Verwendung dieses Begriffes die Ausgleichungspflicht nicht erfasst wird. Ausgehend von der ratio legis (siehe Rdn 1) besteht aber auch gar keine Notwendigkeit, § 2046 BGB entsprechend anzuwenden, denn der ausgleichungsberechtigte Miterbe läuft nicht Gefahr, nach der Auseinandersetzung „mit leeren Händen dazustehen": Da die Ausgleichung bei der Auseinandersetzung von dem noch verbliebenen Nachlass zu berücksichtigen ist, ist der auszukehrende Nachlass begriffsnotwendig immer ausreichend (zu Einzelheiten siehe §§ 2055, 2056 Rdn 2 ff.). Mag es vielleicht wünschenswert sein, die oft komplizierten und „streitintensiven" Fragen der Ausgleichungspflicht aus der Auseinandersetzung herauszuhal-

---

1 Brandenburgisches OLG FamRZ 1998, 1521, 1522.
2 Staudinger/*Löhnig*, § 2046 Rn 22.
3 Staudinger/*Löhnig*, § 2046 Rn 22 unter Hinw. auf KG OLGE 9, 389, 391.
4 OLG Karlsruhe, Urt. v. 21.6.1989 – 1 U 1/89, Rn 32, juris; Grüneberg/*Weidlich*, § 2050 Rn 2; BeckOGK/*Rißmann*, § 2050 Rn 83.

ten, so gibt das Gesetz hierfür nichts her, weder direkt noch „entsprechend“. Es bleibt den Erben aber natürlich freigestellt, insoweit einvernehmlich eine „Rückstellung“ zu bilden; jedoch hat ein Erbe hierauf **keinen klagbaren Anspruch**.

I.R.d. „Zurückbehaltung“ hat **kein** Miterbe **Anspruch** auf **Sicherheitsleistung**[5] oder **Hinterlegung**.[6] Zur Frage, ob die Erbengemeinschaft auch bei Zurückbehalten von Werten i.R.d. Abs. 1 geteilt i.S.v. § 2059 BGB sein kann, siehe § 2059 Rdn 4 f.[7] Zu **Forderungen von Miterben** gegen den Nachlass siehe Rdn 9. 3

II. Abs. 2

Der Erblasser hat es in der Hand, durch **Teilungsanordnung** zu bestimmen, dass Vermächtnisse oder Auflagen nur von einzelnen Miterben zu tragen sind (siehe hierzu § 2048 Rdn 11). § 2046 Abs. 2 BGB betrifft aber bspw. auch den Fall, dass die **Pflichtteilslast** im Innenverhältnis aufgrund § 2320 BGB nur einen oder einige Miterben trifft. Für diesen Fall schränkt § 2046 Abs. 2 BGB den Anspruch aus § 2046 Abs. 1 BGB ein: Da die übrigen Miterben von der Verbindlichkeit nicht betroffen sind, muss „ihr“ Anteil auch nicht für die Begleichung herhalten. Durch diese Regelung erfolgt letztlich eine gewisse „Vorab-Auseinandersetzung“, da der Anteil des betroffenen Miterben vorab zu ermitteln ist und ggf. auch Nachlassgegenstände „versilbert“ werden müssen. Weil **§ 2046 Abs. 2 BGB** den Grundsatz des § 2046 Abs. 1 BGB lediglich **einschränkt**, ihn jedoch **nicht ausschließt**, können die Miterben gleichwohl die Berichtigung auch dieser, nur sie betreffenden Nachlassverbindlichkeiten **vor** der Nachlassteilung verlangen.[8] Dies ist vor allen Dingen mit Blick auf § 2046 Abs. 3 BGB und die Pflicht der Miterben, bei der **Versilberung mitzuwirken**, von erheblicher praktischer Bedeutung. 4

Gehört eine **belastete Immobilie** zum Nachlass und soll diese Immobilie aufgrund einer **Teilungsanordnung** gem. § 2048 BGB einem oder einigen Miterben mit den Verbindlichkeiten zufallen, so braucht/brauchen der oder die Erben mit der Ablösung der Verbindlichkeiten nicht abzuwarten, bis der Nachlass insoweit aufgeteilt worden ist (oder gar die Umschreibung im Grundbuch vollzogen ist). Vielmehr kann er/können sie verlangen, dass die Verbindlichkeiten **vor der Teilung des Nachlasses** vorab – notfalls durch Versilberung von Nachlassgegenständen, § 2046 Abs. 3 BGB – getilgt werden (siehe hierzu auch § 2048 Rdn 21). Die Tilgung vor Auseinandersetzung ist schon wegen der weitergehenden Haftung nach der Auseinandersetzung gem. §§ 2058 ff. BGB für den Miterben wichtig.[9] Soweit die übrigen Miterben für die Nachlassverbindlichkeit i.R.d. § 2058 BGB haften, können sie den Anspruch ebenfalls gegen den oder die belasteten Miterben geltend machen.[10] 5

III. Abs. 3

Durch § 2046 Abs. 3 BGB wird ausdrücklich klargestellt, dass zur Berichtigung der Nachlassverbindlichkeiten der Nachlass notfalls zu versilbern ist. Dies hat gem. § 2042 Abs. 2 i.V.m. § 753 BGB zu erfolgen (siehe § 2042 Rdn 36 f.). 6

---

5 Protokolle S. 8147, zit. nach *Mugdan*, Bd. V, S. 506.

6 MüKo/*Fest*, § 2046 Rn 11.

7 Rißmann/*K. Osthold/Goertz*, Die Erbengemeinschaft, § 6 Rn 67 ff.

8 BGH NJW 1953, 501 – nur LS: *„Die Geltendmachung ist jedoch ausgeschlossen, wenn das Verlangen auf Vorwegbefriedigung nach den besonderen Umständen des Einzelfalls mit Treu und Glauben im Widerspruch steht.“*

9 Staudinger/*Löhnig*, § 2046 Rn 8.

10 Staudinger/*Löhnig*, § 2046 Rn 8.

C. Rechtsfolgen

7 § 2046 BGB gewährt allein den Miterben einen Anspruch und betrifft **ausschließlich** das **interne Verhältnis** der Miterben. **Nachlassgläubiger** haben **weder** auf Vorabberichtigung der Verbindlichkeiten (Abs. 1 S. 1) **noch** auf Zurückbehaltung (Abs. 1 S. 2) oder „Versilberung" (Abs. 3) einen Anspruch.[11] Sie können ungeachtet des § 2046 BGB gem. § 2059 Abs. 2 BGB gegen den ungeteilten Nachlass vorgehen (**Gesamthandsklage**, vgl. hierzu § 2032 Rdn 20).[12]

8 Auch der **Miterbe**, der eine Forderung gegen den Nachlass hat, kann Befriedigung aus dem ungeteilten Nachlass verlangen. Die Klage ist gegen die übrigen Erben auf Befriedigung aus dem Nachlass zu richten.[13]

9 Auch im Fall der **Insolvenz eines Miterben** sind aus dem Nachlass zunächst die Nachlassverbindlichkeiten gem. § 2046 Abs. 1 S. 1 BGB zu berichtigen: dies stellt § 84 Abs. 1 S. 1 InsO klar, der auch für die Erbengemeinschaft gilt.[14]

§ 2047 Verteilung des Überschusses

(1) Der nach der Berichtigung der Nachlassverbindlichkeiten verbleibende Überschuss gebührt den Erben nach dem Verhältnis der Erbteile.
(2) Schriftstücke, die sich auf die persönlichen Verhältnisse des Erblassers, auf dessen Familie oder auf den ganzen Nachlass beziehen, bleiben gemeinschaftlich.

Literatur
Eberl-Borges, Familienpapiere (Briefe, Stammbaum, Fotos etc.) – wohin mit dem Archiv?, ErbR 2021, 647; *Zimmermann*, Familienpapiere im Nachlass, ErbR 2019, 84.

A. Allgemeines

1 Wurden die Nachlassverbindlichkeiten (siehe hierzu §§ 1967, 2046 BGB) beglichen, verbleibt ein gesamthänderisch gebundenes Sondervermögen. Nach etwaiger Versilberung und unter Berücksichtigung etwaiger Auseinandersetzungsanordnungen und Ausgleichungsverpflichtungen ist dies nach den individuellen Erbquoten unter den Erbteilen aufzuteilen. Abs. 2 nimmt spezielle Schriftstücke von der Verteilung aus, an denen regelmäßig alle Erben ein ideelles Interesse haben und die jedenfalls für Familienangehörige gleichermaßen unentbehrlich sind.

B. Tatbestand

I. Abs. 1

2 Der Wortlaut des § 2047 Abs. 1 BGB ist **zu eng** und irreführend und vermittelt den Erben keinen unmittelbaren Anspruch. Nach der Berichtigung der Nachlassverbindlichkeiten (siehe § 1967 Rdn 5 ff., § 2046 Rdn 2 ff.) sind zunächst etwaige Teilungsanordnungen gem. § 2048 BGB zu beachten und der Nachlass ist ggf. entsprechend § 2042 Abs. 2 i.V.m. § 753 BGB zu versilbern, falls eine Teilung in Natur nicht möglich ist, § 2042 Abs. 2 i.V.m. § 752 BGB. Der zu verteilende Überschuss richtet sich – entgegen dem Wortlaut des Abs. 1 – **nicht allein** nach den **Erbquoten** eines jeden Erben, wenn **Ausgleichungspflicht** gem. §§ 2050 ff. BGB besteht. In diesen Fällen ist die Erbquote lediglich Ausgangspunkt für die weitere, konkrete Berechnung des jedem

11 BGH, Beschl. v. 24.9.1971 – V ZB 6/71, BGHZ 57, 84, 93; OLG Celle, Urt. v. 30.1.2003 – 6 U 106/02, LS 2 u. Rn 12, juris; Prot. V, S. 8147, zit. nach *Mugdan*, S. 507.
12 Rißmann/*K. Osthold*/*Goertz*, Die Erbengemeinschaft, § 6 Rn 233 ff.
13 Staudinger/*Löhnig*, § 2046 Rn 12.
14 BGH, Beschl. v. 28.9.2023 – IX ZA 14/23, Rn 10, juris.

Erben gebührenden Anteils am verbleibenden Nachlass, wobei hierbei auch etwaige Ansprüche einzelner Miterben von oder gegen den Nachlass zu berücksichtigen sind.

II. Abs. 2

Ausgenommen von dem Anspruch auf Auseinandersetzung gem. § 2042 BGB und 3
dem Grundsatz der Verteilung unter den Miterben nach Abs. 1 sind die in Abs. 2 bezeichneten **Schriftstücke**. Sie bleiben Eigentum der Gesamthand der Miterben, wodurch ein Vollzug der Teilung i.S.v. §§ 2059 ff. BGB freilich nicht ausgeschlossen wird. Jeder Miterbe hat ein Recht auf Einsicht und sachgemäßen Gebrauch an den Papieren.[1] Im Umkehrschluss zu § 2373 S. 2 BGB ist anzunehmen, dass **Familienfotos** nicht unter § 2047 Abs. 2 BGB fallen,[2] was der – häufig sicherlich unbefriedigenden – Lage nach dem Gesetz entspricht. Die praktische Bedeutung der Vorschrift ist gering.[3] Praktikabel wird hier eine Einigung der Erben sein, die Schriftstücke und Fotos (ggf. auf Kosten des Nachlasses) zu digitalisieren.[4] Alsdann könnte ausgelost werden – falls keine Einigung möglich ist –, wer die Originale erhält. Derjenige hat jedenfalls die Schriftstücke dann aber auch für die Erbengemeinschaft zu verwahren.

§ 2048 Teilungsanordnungen des Erblassers

[1]Der Erblasser kann durch letztwillige Verfügung Anordnungen für die Auseinandersetzung treffen. [2]Er kann insbesondere anordnen, dass die Auseinandersetzung nach dem billigen Ermessen eines Dritten erfolgen soll. [3]Die von dem Dritten auf Grund der Anordnung getroffene Bestimmung ist für die Erben nicht verbindlich, wenn sie offenbar unbillig ist; die Bestimmung erfolgt in diesem Falle durch Urteil.

Literatur

Berolzheimer, Zuteilung eines nicht zum Nachlass gehörenden Gegenstandes durch erblasserische Teilungsanordnung (§ 2048 S. 1 BGB), AcP 117 (1919), 404; *Brambring*, Teilungsanordnung – Vorausvermächtnis – Übernahmerecht, ZAP Fach 12, S. 15; *Brüggemann*, Judex statutor und judex investigator, 1968; *Bürger*, Einzelzuwendungen an Erben, MDR 1986, 371; *Coing*, Vorausvermächtnis und Teilungsanordnung, JZ 1962, 529; *Daragan*, Anm. zum BFH-Urt. v. 4.5.2000 – IV R 10/99, ZEV 2000, 375; *Dauner-Lieb/Dötsch*, Prozessuale Fragen rund um § 313 BGB, NJW 2003, 921; *Dieckmann*, Bemerkungen zur „wertverschiebenden“ Teilungsanordnung, Festschrift für Helmut Coing, Bd. II, 1982, S. 53; *Eberl-Borges*, Die Erbauseinandersetzung, Habil. Potsdam, 2000; *Eidenmüller*, Vorausvermächtnis und Teilungsanordnung, JA 1991, 150; *Emmerich*, Teilungsanordnung und Vorausvermächtnis – BGHZ 36, 155, JuS 1962, 269; *Erdmann*, Einzelzuwendung an Miterben – Die Abgrenzung in Vorausvermächtnis und Teilungsanordnung, Diss. Münster 2001; *Esch*, Letztwillige Teilungsanordnungen – Zur steuerlichen und bürgerlich-rechtlichen Interpretation, BB 1994, 1651; *Fischer*, Nachlassteilung durch Teilungsanordnung, Vermächtnis, Auflage – Abgrenzung, Kombinationen und erbschaftsteuerrechtliche Behandlung, ErbStB 2004, 395; *Flume*, Die Nachfolge von Todes wegen in ein Vermögen mit Betriebsvermögen und die Einkommensteuer bei der Übernahme von Ausgleichsverpflichtungen durch den Nachfolger in ein Einzelunternehmen oder die Beteiligung an einer Personengesellschaft – Anmerkung zu den beiden Beschlüssen des Großen Senats des BFH vom 5.7.1990, DB 1990, 2390; *ders.*, Teilungsanordnung und Erbschaftsteuer, DB 1983, 2271; *Gätzner*, Vorweggenommene Erbfolge, Erbauseinandersetzung, Teilungsanordnung, Vermächtnis und Sondererbfolgen im Zivil- und Einkommensteuerrecht, Diss. Regensburg 1994; *Gergen*, Begünstigung und Begünstigungswille als Abgrenzung zwischen Vorausvermächtnis

1 MüKo/*Fest*, § 2047 Rn 10.
2 Staudinger/*Löhnig*, § 2047 Rn 8.
3 Vgl. *Zimmermann*, ErbR 2019, 84, 85.
4 Formulierungsbeispiel für eine entsprechende letztwillige Verfügung über Fotos: *Eberl-Borges*, ErbR 2021, 647, 656.

und Teilungsanordnung – zur Kritik der Rechtsprechung seit BGHZ 36, 115, ZErb 2006, 362; *Grunsky*, Zur Abgrenzung der Teilungsanordnung gegenüber dem Vorausvermächtnis, JZ 1963, 250; *Heilfron*, Lehrbuch des Bürgerlichen Rechts auf der Grundlage des Bürgerlichen Gesetzbuchs, V. Abteilung: Erbrecht, 4. und 5. Auflage 1914; *Horn/Kroiß*, Die überquotale Teilungsanordnung in der Testamentsauslegung und der Auslegungsvertrag, ErbR 2014, 56; *Kleinschmidt*, Delegation von Privatautonomie auf Dritte: Zulässigkeit, Verfahren und Kontrolle von Inhaltsbestimmungen und Feststellungen Dritter im Schuld- und Erbrecht, Habil. Tübingen, 2014; *Kohler*, Gemeinschaften mit Zwangsteilung, AcP 91 (1901), 309, 334; *Krug*, Wertermittlungsanspruch bei „überquotaler" Teilungsanordnung, ZErb 2001, 5; *Kuchinke*, Enttäuschte Erberwartungen eines Schlußerben – BGHZ 82, 274, JuS 1988, 853; *Kummer*, Zur Abgrenzung von Teilungsanordnung und Vermächtnis und zur Teilungsversteigerung, ZEV 1996, 71; *Lange*, Bindung des Erblassers an seine Verfügungen, NJW 1963, 1571; *Lehmann*, Die Änderung einer vertragsmäßigen Erbeinsetzung, ZErb 2009, 351; *ders.*, Ist eine Teilungsanordnung keine beeinträchtigende Verfügung?, MittBayNot 1988, 157; *Löhnig*, Die Verjährung der im fünften Buch des BGB geregelten Ansprüche, ZEV 2004, 267; *Loritz*, Teilungsanordnung und Vorausvermächtnis, NJW 1988, 2697; *Mattern*, Einzelzuweisungen von Todes wegen, DNotZ 1963, 450; *Müller*, Das erbrechtliche Übernahmerecht, Teilungsanordnung oder Vorausvermächtnis?, Diss. Freiburg/Breisgau 1970; *Muscheler*, Teilungsanordnung und Vorausvermächtnis, ErbR 2008, 105; *Piltz*, Die Teilungsanordnung als Instrument der Nachfolgeplanung, DStR 1991, 1075; *Pohl*, Unternehmensnachfolge durch Teilungsanordnung und Sondererbfolge im Einkommensteuerrecht, Diss. Bonn 1997; *Rißmann*, Teilungsanordnungen nach § 2048 BGB, Diss. Berlin 2023 (abrufbar unter https://refubium.fu-berlin.de/handle/fub188/41835); *Schlinker*, Der Anspruch eines Miterben aus einer Teilungsanordnung auf Ausgleich, JR 2010, 93; *Sommer/Kerschbaumer*, „Echte" und „überquotale" Teilungsanordnungen – Zivil- und steuerrechtliche Probleme, ZEV 2004, 13; *Stedler*, Die Teilungsanordnung des Erblassers, Diss. Greifswald 1912; *Stenger*, Die Teilungsanordnung des Erblassers nach geltendem Recht unter Berücksichtigung des früheren (gemeinen und preußischen) Rechts, Diss. Leipzig 1933; *Storz*, Miterbenvereinbarungen und ihre Auswirkungen auf die Auseinandersetzungsvollstreckung, ZEV 2011, 18; *Trappe*, Der Anspruch auf die Nutzungen bei der Teilungsanordnung – Zur Frage der analogen Anwendung des § 2184 BGB bei der Teilungsanordnung, ZEV 2018, 123; *Wälzholz*, Aktuelle grunderwerbsteuerliche Gestaltungsprobleme im Rahmen der Erbauseinandersetzung, ZEV 2016, 369; *ders.*, Erbauseinandersetzung und Teilungsanordnung nach der Erbschaftsteuerreform, ZEV 2009, 113; *Wertheim*, Die rechtliche Natur einer letztwilligen Teilungsanordnung, Diss. Hamburg, 1925.

Übersicht: Rdn

A. Allgemeines

Die Auseinandersetzung des Nachlasses nach den gesetzlichen Regeln der Bruchteilsgemeinschaft (§§ 752 ff., 2042 Abs. 2 BGB) führt häufig zu einer Zerschlagung langfristig gewachsener Vermögenswerte. Dies lässt sich durch Anordnungen gem. § 2048 BGB vermeiden. Um Zweifel auszuschließen, regelt das Gesetz in § 2048 BGB ausdrücklich die Möglichkeit des Erblassers, durch letztwillige Verfügungen über die Auseinandersetzung des Nachlasses zu bestimmen.[1] § 2048 BGB gibt dem Erblasser ein Instrument an die Hand, kraft dessen er weit reichend über das Schicksal seines Nachlasses bestimmen kann. Mit der in der Praxis meist unbeachteten Möglichkeit, die Auseinandersetzung dem **billigen Ermessen** eines Dritten anzuvertrauen (S. 2), bietet die Norm dem Erblasser außerdem die Variabilität, bei Testamentserrichtung keine konkrete Entscheidung treffen zu müssen, sondern dies auf den Zeitpunkt der Auseinandersetzung aufzuschieben (vgl. hierzu Rdn 14 ff.). Neben dem Vorausvermächtnis gem. § 2150 BGB (zur Abgrenzung siehe Rdn 6 f.; zu den unterschiedlichen Rechtsfolgen siehe Rdn 21) ist die Teilungsanordnung die Möglichkeit, einzelnen Erben **bestimmte Nachlassgegenstände** zukommen zu lassen. Zusammen mit der Anordnung der **Testamentsvollstreckung** ist es dem Erblasser möglich, die Umsetzung seines letzten Willens mit größtmöglicher Sicherheit zu gewährleisten, da die Anordnungen des Erblassers gem. § 2048 BGB Vorrang vor den gesetzlichen Vorschriften über die Auseinandersetzung nach §§ 749 ff., 2042 BGB haben. Komplexe Vermögensnachfolgen, insbesondere Nachfolgeregelungen in Unternehmen lassen sich so trefflich gestalten und vermeidbare Auseinandersetzungen zwischen den Miterben verhindern. Die Teilungsanordnung ist daher tatsächlich ein *„vielseitiges und segensreiches Instrument des deutschen Erb- und Erbschaftsteuerrechts“*.[2] 1

1 Mot. V, S. 688, zit. nach *Mugdan*, S. 370.
2 *Piltz*, DStR 1991, 1075.

2 Der Begriff „Teilungsanordnung“ beschreibt die Möglichkeiten nicht ausreichend. Zutreffender wäre der Begriff der „**Auseinandersetzungsanordnung**“.[3] Denn der Erblasser hat nicht bloß die Möglichkeit, die Verteilung des Überschusses zu bestimmen, sondern er kann im Rahmen von § 2048 S. 1 BGB bspw. ein Schiedsgericht anordnen (siehe Rdn 13) oder Anordnungen nach § 2048 S. 2 BGB treffen. Das BGB verwendet jedoch für sämtliche Anordnungen nach § 2048 BGB den Begriff der „Teilungsanordnung“, vgl. § 2306 BGB und § 2376 BGB.

B. Tatbestand

I. S. 1

1. Letztwillige Verfügung

3 Der Begriff der „letztwilligen Verfügung“ ist ebenso wie der Begriff des „**Testaments**“ in § 1937 BGB als „*einseitige Verfügung von Todes wegen*“ definiert. Der Erblasser kann sich allein darauf beschränken, eine Teilungsanordnung zu regeln. Er muss insbesondere keine Erbeinsetzung vornehmen, sondern kann es bei der gesetzlichen Erbfolge bewenden lassen.[4] Eine Anordnung gem. § 2048 BGB kann jedoch nicht nur im Testament, sondern auch im **gemeinschaftlichen Testament** und **Erbvertrag** erfolgen, da dort jedenfalls auch einseitige Regelungen erfolgen können, § 2299 BGB.[5] Da die Teilungsanordnung in § 2270 Abs. 3 BGB und § 2278 Abs. 2 BGB nicht genannt ist, kann sie aber **weder wechselbezüglich noch vertragsmäßig** bindend[6] vereinbart werden (im Einzelnen siehe Rdn 6 f. – Abgrenzung zum Vorausvermächtnis; zu Gestaltungsmöglichkeiten vgl. Rdn 48).

2. Anordnungen für die Auseinandersetzung

4 Nach dem Wortlaut des § 2048 BGB und auch in der Zusammenschau mit den übrigen Vorschriften des BGB ergeben sich **keinerlei Einschränkungen** hinsichtlich des möglichen Inhaltes einer Teilungsanordnung. § 2048 BGB ist insoweit äußerst allgemein gefasst. Ebenso wenig sind nach den Motiven vom Gesetzgeber gewollte Einschränkungen zu erkennen.[7] Lediglich § 2049 BGB gibt indirekt ein Bsp. für einen möglichen Inhalt einer Auseinandersetzungsanordnung, stellt jedoch lediglich eine Auslegungsregel im „Zweifelsfall“ einer Teilungsanordnung dar. Grundsätzlich sind damit alle Bestimmungen des Erblassers zulässig, die sich auf die Auseinandersetzung beziehen, soweit sie nicht gegen andere Normen verstoßen, wie z.B. § 138 BGB (siehe hierzu Rdn 39).

5 Selbst wenn in der letztwilligen Verfügung ausdrücklich der Begriff „Teilungsanordnung“ verwendet wird, bedeutet dies nicht zwingend, dass der Erblasser Bedeutung und rechtliche Folgen der Formulierung kannte und bewusst gewählt hat. Auch letztwillige Verfügungen, die von einem Notar errichtet oder mit Hilfe eines Rechtsanwalts verfasst wurden, bieten keine Gewähr für eine zutreffende Verwendung des Begriffes

---

3 H.M., vgl. z.B. *Lange/Kuchinke*, § 44 III 5 a, S. 1150; Erman/*Bayer*, § 2048 Rn 1; MüKo/*Fest*, § 2048 Rn 2; *Ann*, Die Erbengemeinschaft, S. 281 Fn 62; *Muscheler*, Erbrecht, Rn 4000.

4 BGH, Urt. v. 23.5.1984 – IVa ZR 185/82, Rn 26, juris; BayObLG, Beschl. v. 20.1.1988 – BReg 1 Z 32/87, Rn 43, juris; *Rißmann*, Teilungsanordnungen, S. 38.

5 Zu Einzelheiten: *Rißmann*, Teilungsanordnungen, S. 39 ff.

6 BGH, Urt. v. 2.12.1981 – IVa ZR 252/80, NJW 1982, 441, 442; Planck/*Strecker* (1908), § 2270 Nr. 6; *Lange/Kuchinke*, § 24 V 2a; *Rißmann*, Teilungsanordnungen, S. 49 ff.; a.A. *Wolf*, FS Musielak, S. 693, 695 (bindend), 708 (vertragsgemäß); BeckOK BGB/*Litzenburger*, § 2270 Rn 4; a.A. wohl auch noch BGH, Urt. v. 30.9.1959 – V ZR 66/58, BGHZ 31, 13, Rn 16, juris.

7 Mot. V, S. 688, zit. nach *Mugdan*, S. 370.

im Sinne der Wünsche des Erblassers.[8] Denn zum einen können auch Notare und Rechtsanwälte juristische Begriffe falsch verwenden und zum anderen ist nicht das Verständnis des Notars oder Anwalts, sondern der **Wille des Erblassers** maßgebend.[9] Ist der wirkliche Erblasserwille nicht eindeutig erkennbar, so ist durch ergänzende Auslegung der mutmaßliche Erblasserwille zu ermitteln.[10]

a) Abgrenzung zum Vorausvermächtnis, § 2150 BGB

6 Die Frage der **Abgrenzung**[11] der Teilungsanordnung nach S. 1 von einem **Vorausvermächtnis** gem. § 2150 BGB ist eine in der Praxis sehr häufig anzutreffende Problematik. Die Kriterien sind umstritten und haben sich auch in der Rspr. des BGH gewandelt.[12] Einigkeit besteht darin, dass ein Vorausvermächtnis eine **Vermögensverschiebung** voraussetzt, vgl. § 1939 BGB „Vermögensvorteil" (objektive Seite). Zudem muss auch ein **Begünstigungswillen** des Erblassers festgestellt werden können(subjektive Seite): *Wollte* der Erblasser einem Erben einen Vermögensvorteil zuwenden, liegt ein Vorausvermächtnis vor. Da das Vorausvermächtnis nicht auf den sonstigen Erwerb aufgrund der Erbeinsetzung anzurechnen ist, erhält der Erbe durch ein Vorausvermächtnis zusätzlich zu seinem Erbteil etwas, was über seinen durch die Erbquote bestimmten Anteil hinausgeht (zu den Unterschieden zwischen Teilungsanordnung und Vorausvermächtnis siehe Rdn 7).[13] Im Rahmen der Teilungsanordnung findet hingegen **keine Wertverschiebung** unter den Erben statt (der BGH hat die kurzzeitig für zulässig gehaltene Figur der „wertverschiebenden Teilungsanordnung" wieder aufgegeben; einzige **Ausnahme** einer wertverschiebenden Teilungsanordnung enthält **§ 2049 BGB**).[14] Die Erbquoten werden nicht beeinflusst, und wer „mehr" erhält, als es seiner Quote entspricht, muss dies ausgleichen. Maßgebend für die Wertbestimmung im Rahmen der Abgrenzung zum Vorausvermächtnis sind – wie stets bei der Testamentsauslegung – die Wertverhältnisse zum Zeitpunkt der Testamentserrichtung, da es auf die Vorstellung des Erblassers bei Abfassung des Testaments ankommt.[15]

7 Ein **weiteres Kriterium** für ein Vorausvermächtnis kann der Wille des Erblassers sein, einen **bestimmten Gegenstand** auch für den Fall einer Person zuzuwenden, dass sie die Erbschaft ausschlägt oder aus anderen Gründen nicht Erbe wird (vgl. hierzu im Einzelnen § 2150 Rdn 1 ff.).[16]

---

8 BGH, Urt. v. 17.9.1970 – III ZR 158/67, MittBayNot 1972, 241; BGH, Urt. v. 23.4.1951 – IV ZR 17/51, LS 3, juris; OLG Hamm, Beschl. v. 16.12.2010 – I-15 Wx 470/10, Rn 27; OLG Hamm, Beschl. v. 20.1.2005 – 15 W 427/04, Rn 16, juris; MüKo/*Leipold*, § 2084 Rn 44; a.A. fälschlich: LG Nürnberg-Fürth, Urt. v. 25.1.2000 – 10 O 8569/99, Ziff. I 1., ZErb 2001, 5: *„Testament nicht auslegungsfähig"*.

9 OLG Hamm, Beschl. v. 16.3.1993 – 15 W 135/92, Rn 21, juris.

10 Siehe hierzu auch Bonefeld/Kroiß/Tanck/*Kind/Bittler*, Erbprozess, § 2 Rn 126 sowie ausführlich *Rißmann*, Teilungsanordnungen, S. 76 ff.

11 Eingehend u. informativ *Rudolf/Bittler/Seiler-Schopp*, § 2 Rn 32.

12 Zu Einzelheiten – auch zu den unterschiedlichen Auffassungen in der Lit. – *Rißmann*, Teilungsanordnungen, S. 98 ff.

13 St. Rspr.: BGH FamRZ 1987, 475, 476 m.w.N.

14 BGH NJW-RR 1990, 1220.

15 BGH, Urt. v. 22.3.1972 – IV ZR 134/70, Rn 45, juris; BGH, Urt. v. 14.3.1984 – IVa ZR 87/82, NJW 1985, 51, 53; BGH, Urt. v. 16.10.1996 – IV ZR 349/95, Rn 15, juris; *Rudolf/Bittler/Seiler-Schopp*, § 1 C Rn 38, S. 24; zu Fehlvorstellungen des Erblassers bzgl. der Wertverhältnisse bei Testamentserrichtung bzw. hinsichtlich der Wertveränderungen nach Testamentserrichtung siehe *Rudolf/Bittler/Seiler-Schopp*, § 2 C Rn 37.

16 BGH NJW 1995, 721 = ZEV 1995, 144.

Überblick der Unterschiede zwischen Teilungsanordnung und Vorausvermächtnis

	Teilungsanordnung, § 2048 BGB	Vorausvermächtnis, § 2150 BGB
Bindungswirkung (vgl. Rdn 3)	Im gemeinschaftlichen Testament und Erbvertrag[17] jederzeit einseitig widerruflich, §§ 2270 Abs. 3, 2278 Abs. 2 BGB	Nicht einseitig widerruflich, §§ 2270, 2271 BGB (gemeinschaftliches Testament) bzw. §§ 2278, 2290 ff. BGB (Erbvertrag)
Abhängigkeit von Erbeinsetzung	„Steht und fällt" mit der Erbeinsetzung: Wer nicht Erbe wird, verliert auch Rechte aus der Teilungsanordnung	Verbleibt grundsätzlich dem Begünstigten, auch wenn er nicht Erbe wird (Erblasser kann das Vorausvermächtnis aber unter die Bedingung der Erbschaftsannahme stellen)
Einfluss auf Vermögenszuwachs des Erben	Beeinflusst weder die Erbquoten noch den Vermögenszuwachs; etwaige Wertverschiebung durch Teilungsanordnung muss ausgeglichen werden (BGH hat die kurzzeitig für zulässig gehaltene Figur der „wertverschiebenden Teilungsanordnung" wieder aufgegeben; einzige Ausnahme einer wertverschiebenden Teilungsanordnung ist § 2049 BGB)[19]	Erhält der Begünstigte zusätzlich zum Erbteil; ist auf den Erwerb durch Erbeinsetzung nicht anzurechnen[18]
Möglichkeit der Ausschlagung	Kann nicht abgelehnt oder isoliert ausgeschlagen werden; Ausschlagung nur zusammen mit Erbeinsetzung möglich (ausschließlich im Fall des § 2306 Abs. 1 BGB kann der Pflichtteilsberechtigte ausschlagen und gleichwohl den Pflichtteil erhalten; siehe hierzu i.E. die Kommentierung zu § 2306)	Kann isoliert ausgeschlagen werden, § 2180 BGB
Ausschlagungsfrist	Frist von sechs Wochen bzw. sechs Monaten, § 1944 BGB	Keine Ausschlagungsfrist
Einfluss auf Nacherbfolge und Testamentsvollstreckung (Dauervollstreckung)	Zugewiesener Gegenstand bleibt auch nach der Erbauseinandersetzung „Erbteil" und unterliegt weiter der Anordnung der Nacherbfolge	Vermachter Gegenstand unterliegt mit Übereignung (bzw. bei einer Forderung mit deren Abtretung) nicht mehr dem Recht des Nacherben,

17 BGH NJW 1982, 441, 442.
18 St. Rspr.: BGH FamRZ 1987, 475, 476 m.w.N.
19 BGH NJW-RR 1990, 1220.

	Teilungsanordnung, § 2048 BGB	Vorausvermächtnis, § 2150 BGB
	und der Testamentsvollstreckung[20]	§ 2110 Abs. 2 BGB und der Testamentsvollstreckung[21]
Fälligkeit	Soweit der Erblasser nichts Abweichendes angeordnet hat, entsteht der Anspruch zwar mit dem Erbfall (siehe Rdn 21), der Anspruch auf Erfüllung besteht jedoch erst mit der Auseinandersetzung (kein Anspruch auf „Teilauseinandersetzung"; siehe hierzu § 2042 Rdn 5)[22]	Vor Auseinandersetzung der Erbengemeinschaft fällig und zu erfüllen, §§ 1967 Abs. 2, 2046, 2176 BGB (vorbehaltlich einer abweichenden Anordnung des Erblassers zur Fälligkeit)
Schutz vor lebzeitigen Verfügungen	Kein unmittelbarer gesetzlicher Schutz (siehe aber auch i.E. Rdn 30 ff.)	Schutz vor beeinträchtigenden Schenkungen bei gemeinschaftlichem Testament und Erbvertrag durch §§ 2287, 2288 BGB
Übergang auf Erbschaftskäufer	Geht auf den Erbschaftskäufer mit über, arg. e contrario § 2373 BGB	Im Zweifel nicht mitverkauft, § 2373 BGB
Nachlassüberschuldung oder Nachlassinsolvenz	Keine Bevorzugung, kein Einfluss	Rang wird bestimmt durch § 1991 Abs. 4 BGB i.V.m. § 327 Abs. 1 Nr. 1 InsO, § 1992 BGB (Vermächtnisforderung hinter Forderung der übrigen Nachlassgläubiger)
Beschränkte Erbenhaftung	Der durch Teilungsanordnung zugewiesene Gegenstand gehört zum haftenden Nachlass	Der vorausvermachte und dem Vermächtnisnehmer bereits verschaffte Gegenstand gehört nicht zum haftenden Nachlass[23]
Pfändbarkeit	Weder der Anspruch auf noch der durch Teilungsanordnung zugewiesene Gegenstand selbst sind vor der Teilung selbstständig pfändbar (Ausnahme: § 747 ZPO)[24]	Anspruch auf Erfüllung des Vorausvermächtnisses ist pfändbar ab Anfall
Erbschaftsteuer	Kein Einfluss auf Erbschaftsteuer (siehe i.E. Rdn 44 sowie zur Einkommensteuer Rdn 46)	Vermögenszuwachs erhöht Erbschaftsteuer

20 *Brambring*, ZAP Fach 12, 15, 18.
21 *Brambring*, ZAP Fach 12, 15, 18.
22 BGH NJW 1985, 51, 52.
23 *Ebeling/Geck*, Rn 489.
24 *Rißmann*, Teilungsanordnungen, S. 94 f.

8 Sehr praxisrelevant ist die Möglichkeit der **Kombination** von **Teilungsanordnung** und **Vorausvermächtnis (überquotale Teilungsanordnung**[25]): dem Erben wird ein bestimmter Gegenstand durch Teilungsanordnung zugewiesen. Soweit ein Mehrwert auszugleichen wäre, wird ihm der Mehrwert als Vorausvermächtnis zugewandt bzw. die Ausgleichungsverpflichtung durch Vorausvermächtnis erlassen (zu Gestaltungshinweisen siehe Rdn 48).[26] Ob der Erblasser dies gewollt hat, ist ebenfalls durch Auslegung zu ermitteln.

b) Abgrenzung zur Auflage, § 1940 BGB

9 Eine Auflage des Erblassers i.S.v. § 1940 BGB verpflichtet den Erben zu einer Leistung, jedoch ohne dass einem anderen ein Recht auf die Leistung zugewandt wird. Es wird – ebenso wie beim Ausschluss der Auseinandersetzung, § 2044 BGB – teilweise vertreten, die Teilungsanordnung könne auch „die Rechtsnatur einer Auflage" haben.[27] Dieser Auffassung kann **nicht** gefolgt werden. Die Teilungsanordnung ist kein Oberbegriff für alle sonstigen Möglichkeiten neben der Erbeinsetzung, Verfügungen von Todes wegen zu treffen. Hierfür sind im Gesetz keinerlei Anhaltspunkte ersichtlich, auch gibt es hierfür keine Notwendigkeit. Es liegt gerade keine Teilungsanordnung vor, wenn eine Regelung in Form einer Auflage getroffen worden ist. Dies ist nicht etwas Ähnliches, sondern etwas Anderes und voneinander abzugrenzen. Die Teilungsanordnung ist eine Gestaltungsmöglichkeit des Erblassers sui generis. Um die Vollziehung einer Teilungsanordnung abzusichern, bietet die Auflage – neben der Anordnung einer Testamentsvollstreckung – ein geeignetes Instrument (zur Abgrenzung der Teilungsanordnung zur Testamentsvollstreckung siehe Rdn 10; zur Sicherung der Teilungsanordnung siehe auch Rdn 49). Ergibt mithin die Auslegung des Testamentes, dass der Erblasser eine Bindung der Erben an die Teilungsanordnung erreichen wollte, so kann dies für eine – zusätzlich neben der Teilungsanordnung – angeordnete Auflage sprechen. Dann gelten jedoch freilich auf der einen Seite Rechte und Pflichten aus der Teilungsanordnung und auf der anderen Seite Rechte und Pflichten aus einer Auflage (§§ 1940, 2192–2196 BGB).

c) Abgrenzung zur Verwaltungsanordnung

10 Schon begrifflich erscheint es fraglich, ob eine Verwaltungsanordnung eine Teilungsanordnung i.S.d. § 2048 BGB sein kann, wie es überwiegend meist ohne Begründung angenommen wird.[28] Grundsätzlich regelt das BGB die Verwaltung des Nachlasses in § 2038 BGB. Verwaltung ist jedoch von der Auseinandersetzung des Nachlasses (§§ 2042 ff. BGB) zu trennen (siehe hierzu § 2042 Rdn 23 ff). Nach häufig geäußerter Auffassung bietet § 2048 BGB dem Erblasser die Möglichkeit, abweichend von dieser grundsätzlichen Regelung, Anordnungen für die Verwaltung des Nachlasses bis hin zu dessen Auseinandersetzung zu treffen.[29] Diese Auffassung ist **abzulehnen**: Der Erblasser kann zwar von dem Grundsatz gemeinschaftlicher Verwaltung durch die Miterben (§ 2038 Abs. 1 S. 1 BGB) abweichen und bestimmen, dass die Verwaltung des Nachlasses nur von einem oder nur von einem Teil der Miterben ausgeübt werden

---

25 BGH, Urt. v. 14.3.1984 – IVa ZR 87/82, Rn 16, juris; BGH, Urt. v. 28.1.1987 – IVa ZR 191/85, Rn 15, juris; BGH, Urt. v. 27.6.1990 – IV ZR 104/89, Rn 18, juris; zu Einzelheiten *Rißmann*, Teilungsanordnungen, S. 114 ff.

26 Bereits dargestellt bei Planck/*Ritgen*, § 2150 Nr. 3 („*Teilungsanordnung und Vorausvermächtnis im weiteren Sinne*", jedoch nicht als Vorausvermächtnis i.S.v. § 2150 BGB); zu Formulierungsbeispielen Rißmann/*Kurze*, Die Erbengemeinschaft, § 10 Rn 110 ff.

27 So z.B. Staudinger/*Löhnig*, § 2048 Rn 23.

28 Vgl. z.B. Grüneberg/*Weidlich*, § 2048 Rn 2; BeckOK BGB/*Lohmann*, § 2048 Rn 2.

29 MüKo/*Fest*, § 2048 Rn 6; Staudinger/*Werner* (2010), § 2048 Rn 10.

soll.[30] Dies kann durch die Bestimmung eines Erben zum Testamentsvollstrecker mit beschränktem Aufgabenkreis oder durch die Anordnung einer Auflage erfolgen.[31] Dieses Recht folgt jedoch allein aus der Freiheit des Erblassers, abweichende Regelungen von § 2038 BGB zu treffen. Verwaltung ist schon begriffsnotwendig keine „Anordnung für die Auseinandersetzung" (Wortlaut § 2048 BGB), sondern betrifft Maßnahmen zur Erhaltung oder Mehrung des Nachlasses. Diese Abgrenzung ist nicht lediglich akademisch von Relevanz, sondern auch **praktisch entscheidend**. Wäre nämlich eine Verwaltungsanordnung eine Anordnung für die Auseinandersetzung gem. § 2048 BGB, so müsste man es konsequenterweise auch für zulässig erachten, dass diese Verwaltung „nach dem billigen Ermessen eines Dritten" (S. 2) oder durch Urteil (S. 3) erfolgen kann. Würde man mithin „Verwaltungsanordnungen" als Form der Teilungsanordnung zulassen, wäre § 2197 BGB (Ernennung eines Testamentsvollstreckers durch Testament) überflüssig, da dies bereits durch S. 2 geregelt worden wäre. Die Verwaltung des Nachlasses durch Urteil schließlich ist kaum denkbar, da Verwaltung ein fortlaufender Prozess der Maßnahmenauswahl ist. Diese kann bei unbilligen Bestimmungen des Verwalters gem. § 2048 BGB nicht durch Urteil ersetzt werden, sondern erfordert ständige Entscheidungsfindungen. Eine **Verwaltungsanordnung** ist daher **keine Teilungsanordnung**.[32]

d) Abgrenzung zur Testamentsvollstreckung

Der Erblasser kann bei Anordnung einer Testamentsvollstreckung bestimmen, dass 11 der Testamentsvollstrecker lediglich den Nachlass zu verwalten hat (Verwaltungsvollstreckung, § 2209 S. 1 Hs. 1 BGB). Dabei handelt es sich jedoch ausschließlich um eine Anordnung i.S.v. § 2209 S. 1 Hs. 1 BGB, nicht um eine Teilungsanordnung i.S.v. § 2048 BGB. Eine Teilungsanordnung ist für den (reinen) Verwaltungsvollstrecker auch unbeachtlich, denn die Teilungsanordnung bezieht sich gerade nicht auf die Verwaltung. Andersherum ist die Anordnung der Auseinandersetzung nach dem billigen Ermessen eines Dritten i.S.v. § 2048 S. 2 BGB (siehe hierzu Rdn 14) keine Testamentsvollstreckung.[33] Insbesondere darf der Dritte – anders als der Testamentsvollstrecker, § 2205 S. 3 BGB – seine Bestimmung nicht selbst durchsetzen.[34] Auch die Anordnung einer Testamentsvollstreckung mit beschränktem Aufgabengebiet (§ 2208 Abs. 1 BGB) beinhaltet keine Teilungsanordnung.[35] Ordnet der Erblasser Testamentsvollstreckung an und bestimmt, dass der **Testamentsvollstrecker** *„alle Rechte und Befreiungen haben (soll), die einem Testamentsvollstrecker gesetzlich eingeräumt werden können"*, so kann damit die Auseinandersetzung nach billigem Ermessen i.S.v. § 2048 S. 2 BGB **eingeschlossen** sein.[36]

e) Abgrenzung zur Erbeinsetzung, § 2087 BGB

In letztwilligen Verfügungen werden häufig einzelne Gegenstände („mein Haus", „das 12 Guthaben auf meinem Konto bei der Sparkasse") oder Vermögensgruppen („meine Immobilien", „mein Bar- und Depotvermögen") einzelnen Personen zugewandt, ohne

30 Staudinger/*Werner* (2010), § 2048 Rn 10, § 2038 Rn 24.

31 Staudinger/*Werner* (2010), § 2048 Rn 24.

32 So wohl auch OLG München, Hinweisbeschl. v. 29.8.2018 – 8 U 3464/17, Rn 18, juris sowie der daran anschließende Verwerfungsbeschl. v. 21.12.2018 – 8 U 3464/17, Rn 18, juris (Abgrenzung einer Verwaltungsanordnung nach § 2216 Abs. 2 BGB zur Teilungsanordnung); *Rißmann*, Teilungsanordnungen, S. 131 f.

33 MüKo/*Fest*, § 2048 Rn 21.

34 *Rißmann*, Teilungsanordnungen, S. 133.

35 A.A. MüKo/*Fest*, § 2048 Rn 21: *„kann jedoch ausnahmsweise (…) beinhalten"*

36 OLG Stuttgart, Urt. v. 20.3.1997 – 19 U 156/96, Rn 74, juris.

einen Erben zu bezeichnen. Diese Gegenstände werden dann nach dem Wortlaut u.U. auch noch „vererbt" oder „vermacht". Der Gesetzgeber hat für die sich daraus ergebenden Auslegungsprobleme in § 2087 BGB eine Auslegungsregel[37] aufgenommen. Derartige Zuwendungen können Folgendes bedeuten:

- Teilungsanordnung und im Übrigen gesetzliche Erbfolge (siehe Rdn 3)[38]
- Erbeinsetzung nach der Auslegungsregel des § 2087 Abs. 1 BGB (z.B., wenn „das Haus" das wesentliche Vermögen zum Zeitpunkt der Testamentserrichtung[39] darstellte) in Verbindung mit Teilungsanordnungen und möglicherweise zusätzlich auch einer mittelbaren Bestimmung der Erbquoten.[40]
- Erbeinsetzung nach der Auslegungsregel des § 2087 Abs. 1 BGB in Verbindung mit der Anordnung von Vorausvermächtnissen, wobei die Vorausvermächtnisse sich auf den gesamten genannten Vermögenswert beziehen mögen oder lediglich auf denjenigen Teil, der wertmäßig über der Erbquote liegt („überquotale Teilungsanordnung", siehe Rdn 7).[41]
- Die (bloße) Anordnung von (Voraus-)Vermächtnissen nach der Auslegungsregel des § 2087 Abs. 2 BGB.[42]

Maßgebend für die Auslegung sind die Vorstellungen des Erblassers von seinem Vermögen (einschließlich seiner Erwartungen der Änderung in der Zukunft) zum Zeitpunkt der Testamentserrichtung. Ergibt sich nach der Auslegung, dass die Zuwendung der Einzelgegenstände **keine Erbeneinsetzung** darstellt (§ 2087 Abs. 2 BGB) und sind die im Testament genannten Begünstigten gleichzeitig die gesetzlichen Erben des Erblassers, so kann es sich bei der Anordnung im Testament **ausschließlich** um eine **Teilungsanordnung oder** ein **Vorausvermächtnis** handeln, andere Möglichkeiten bestehen nicht.[43]

f) Teilungsanordnung im eigentlichen Sinne

13 Die eigentliche Teilungsanordnung bietet dem Erblasser vier Regelungsmöglichkeiten:

1. **Übernahmepflicht:** Der Erblasser kann einem Erben einen Gegenstand oder Verbindlichkeiten unbedingt zuweisen. Gegenstand einer unbedingten Erblasserzuweisung können einzelne **Gegenstände**, auch Barvermögen, Forderungen oder ein GmbH-Anteil[44] sein. Der Erblasser kann auch anordnen, dass (bestimmte) **Nachlassverbindlichkeiten** im Innenverhältnis einzelnen oder mehreren Miterben zur Last fallen sollen.[45] Im **Außenverhältnis** bleibt es dabei jedoch bei der gesamtschuldnerischen Haftung der Miterben, § 2058 BGB. Zur Ermittlung der **Höhe** der **Ausgleichszahlung** und den Rechtsfolgen bei einem Nachlass, der **keine** ander-

---

37 BGH, Urt. v. 7.7.2004 – IV ZR 135/03, Rn 18, juris; OLG Köln, Beschl. v. 8.1.1993 – 2 Wx 45/92, Rn 18, juris; Planck/*Ritgen* (1902), § 2087 Nr. 1 a.E. (zu § 2087 Abs. 1 „Dispositivsatz", zu § 2087 Abs. 2 „Auslegungsregel"); a.A. *Stenger*, S. 36 („*gesetzliche Vermutung*").

38 BayObLG, Beschl. v. 20.1.1988 – BReg 1 Z 32/87, Rn 43, juris.

39 BGH, Beschl. v. 12.7.2017 – IV ZB 15/16, Rn 18, juris; BGH, Urt. v. 16.10.1996 – IV ZR 349/95, Rn 15, juris; BGH, Urt. v. 22.3.1972 – IV ZR 134/70, Rn 45, juris.

40 Planck/*Strohal* (1908), § 2048 Nr. 2a und 3.

41 Planck/*Strohal* (1908), § 2048 Nr. 2a.

42 *Rißmann*, Teilungsanordnungen, S. 135.

43 BGH, Urt. v. 23.5.1984 – IVa ZR 185/82, Rn 19, juris; jurisPK-BGB/*Schütte*, § 2048 Rn 16.

44 Nach OLG Düsseldorf, Urt. v. 28.12.1989 – 6 U 119/89, NJW-RR 1991, 1056, 1057 sogar bei Vorliegen einer Vinkulierungsklausel (entgegen OLG Düsseldorf, Urt. v. 23.1.1987 – 7 U 244/85, NJW-RR 1987, 732, Vorprozess zu demselben Sachverhalt).

45 BGH, Urt. v. 6.5.1954 – IV ZR 53/54, BeckRS 1954, 31391073, Ziff. 3, Abs. 14; zu Einzelheiten *Rißmann*, Teilungsanordnungen, S. 146.

weitige **Verteilung** des **Auseinandersetzungsguthabens** ermöglicht, um die Ausgleichszahlung zu erfüllen, siehe Rdn 23.

2. **Übernahmerecht:** Dem Miterben kann es nach der Anordnung des Erblassers auch **freigestellt** sein, ob er den zugewiesenen Gegenstand **gegen Wertausgleich** übernimmt.[46] Möglich ist auch eine Anordnung, dass aus einem vom Erblasser bestimmten Personenkreis der **meistbietende Erbe** das Recht zu Übernahme hat.[47] Bezieht sich das Übernahmerecht auf ein **Landgut**, so ergibt sich aus § 2049 BGB ein Bewertungsprivileg (siehe § 2049 Rdn 21 ff.). Dem betreffenden Miterben wird beim Übernahmerecht ein **Gestaltungsrecht** eingeräumt.[48] Er kann selbst frei entscheiden, ob er den ihm zugedachten Nachlassgegenstand übernehmen will (Option). Erst seine gestaltungsrechtliche Erklärung, dass er von seinem Übernahmerecht Gebrauch machen wolle, begründet den Anspruch auf Übertragung des fraglichen Nachlassgegenstandes zu dem vom Erblasser festgesetzten bzw. ermittelten Übernahmepreis.[49] Das Übernahmerecht kann grundsätzlich jederzeit und ohne Frist und Form ausgeübt werden.[50] **Reicht** das **Auseinandersetzungsguthaben nicht** aus, um die Ausgleichspflicht zu erfüllen und hat der begünstigte Erbe sein Übernahmerecht bereits ausgeübt, so ist er verpflichtet, den Ausgleich aus seinem **eigenen Vermögen** zu leisten. Denn im Gegensatz zur Übernahmepflicht hat er sich durch seine gestaltende Erklärung selbst zur Tragung eines etwaigen Ausgleichs verpflichtet. Für etwaige Verzögerungen bei der Leistung haftet der begünstigte Erbe gegenüber der Erbengemeinschaft nach den allgemeinen schuldrechtlichen Vorschriften. Anspruchsinhaber der Ausgleichszahlung ist die Erbengemeinschaft; ein Miterbe kann den Anspruch gem. § 2039 BGB im Namen der Erbengemeinschaft geltend machen. Auch das Übernahmerecht ist **erst** bei der **Auseinandersetzung** zu **erfüllen**. Zu Gestaltungshinweisen siehe Rdn 48.
3. **Anweisungen für die Vorbereitung der Auseinandersetzung:** Der Begriff der Auseinandersetzung ist weit zu verstehen und umfasst neben der Verteilung des Überschusses (§ 2047 BGB) nach Berichtigung der Nachlassverbindlichkeiten (§ 2046 BGB) auch alle Handlungen, die die Beendigung der gesamthänderischen Bindung des Vermögens der Erbengemeinschaft vorbereiten.[51] Daher kann der Erblasser im Rahmen einer Teilungsanordnung auch Anordnungen zur (Reihenfolge der) Versilberung und Begleichung von Verbindlichkeiten[52] treffen sowie die Änderung des Gesellschaftsvertrages einer Personengesellschaft anordnen, wenn es außer den Erben keine weiteren Gesellschafter gibt.[53] Die praktische Bedeutung dieser Möglichkeit ist gering.[54] Eine **Ausgleichungspflicht** i.S.v. § 2050 Abs. 3 BGB kann der Erblasser **nicht nachträglich** durch Erklärung unter Lebenden anordnen; § 2050 Abs. 3 BGB ist hier auch nicht analog anwendbar.[55] Entsprechende Entwürfe zur Ergänzung des § 2050 BGB hat der Gesetzgeber 2009 verworfen.[56]

---

46 BGH, Beschl. v. 5.10.1954 – V BLw 17/54, BeckRS 1954, 31375425, Ziff. II 3; MüKo/*Fest*, § 2048 Rn 7.

47 *Planck/Ebbecke* (1930), § 2048 Ziff. 1.

48 OLG Stuttgart, Beschl. v. 16.7.2015 – 8 W 255/15, Rn 21, juris.

49 BGH, Beschl. v. 5.10.1954 – V BLw 17/54, BeckRS 1954, 31375425, Ziff. II 3; OLG Stuttgart, Beschl. v. 16.7.2015 – 8 W 255/15, Rn 21, juris; MüKo/*Fest*, § 2048 Rn 10 f.

50 *Rißmann*, Teilungsanordnungen, S. 150, 151 ff. (Verlust des Übernahmerechts).

51 *Lange/Kuchinke*, § 44 III 5a, S. 1150; BeckOGK/*Rißmann/Szalai*, BGB, § 2042 Rn 1, 9.

52 *Stenger*, S. 23; *Muscheler*, Erbrecht, Rn 4000.

53 BGH, Urt. v. 26.3.1990 – II ZR 123/89, Rn 17, juris; *Muscheler*, Erbrecht, Rn 4000.

54 *Rißmann*, Teilungsanordnungen, S. 243.

55 BGH, Urt. v. 28.10.2009 – IV ZR 82/08, Rn 16, juris.

56 BT-Drucks 16/13543, 12; vgl. hierzu auch BeckOGK/*Rißmann*, BGB, § 2050 Rn 70, 72.1.

Ordnet der Erblasser mithin letztwillig an, dass ein Erbe eine **(lebzeitige) Zuwendung „auszugleichen"** habe, so handelt es sich um ein **Vorausvermächtnis.**[57] Soll ein Abkömmling „ein Vermächtnis ausgleichen", so kann darin eine **Teilungsanordnung** liegen und der Abkömmling muss sich den Wert des vermachten Gegenstands bei der Auseinandersetzung auf seinen **Erbteil anrechnen** lassen.[58]

4. **Anordnung eines Schiedsgerichts:** Der Erblasser kann nach S. 1 ein Schiedsgericht nach § 1066 ZPO einsetzen.[59] Der Gesetzgeber hat dies **nicht** als eine **„Bestimmung Dritter"** i.S.v. § 2048 S. 2 BGB angesehen.[60] Der Erblasser kann jedoch sowohl ein Schiedsgericht einsetzen als auch **daneben** einen **Dritten** nach § 2048 S. 2 BGB bestimmen.[61]

II. S. 2

14 Das BGB enthält verschiedene Möglichkeiten, mit denen der Erblasser nach seinem Tod Entscheidungen im Zusammenhang mit dem Nachlass **anderen Personen** überlassen kann:
- Bestimmungsmöglichkeit einer Auflage (§ 2193 Abs. 1 BGB)
- allgemein die Anordnung einer Testamentsvollstreckung (§§ 2197 ff. BGB) und im speziellen die Ernennung des Testamentsvollstreckers durch einen Dritten bzw. das Nachlassgericht (§§ 2198, 2200 BGB)
- Verteilungsvermächtnis mit Anteilsbestimmungsrecht (§§ 2151, 2153 BGB)
- Wahl-, Gattungs- und Zweckvermächtnisse (§§ 2154–2156 BGB).

Zusätzlich bietet § 2048 S. 2 BGB dem Erblasser eine im höchsten Maße nützliche, aber in der Praxis nahezu unbeachtete[62] Regelungsvariante, das Schicksal des Nachlasses teilweise in die Hände eines Dritten zu legen: Anstatt selbst nähere Anweisungen zu geben, wird angeordnet, dass die Auseinandersetzung nach dem **billigen Ermessen eines Dritten** erfolgen soll. So kann dem Wunsch vieler Erblasser Rechnung getragen werden, die „heute" nicht wissen, wie ihr Nachlass „morgen" auseinandergesetzt werden soll.

15 Auf den ersten Blick mag die Möglichkeit des § 2048 S. 2 BGB im Widerspruch zu **§ 2065 BGB** stehen. Danach ist es nicht zulässig, einen Dritten über die Gültigkeit einer Verfügung entscheiden zu lassen, ihn eine Person benennen zu lassen, die eine Zuwendung erhalten soll, oder den Gegenstand einer Zuwendung festlegen zu lassen. Bei einer Auseinandersetzungsanordnung gem. § 2048 S. 2 BGB sind jedoch Rechtsfragen aufgrund gegebener Tatsachen zu entscheiden und nicht, wie bei § 2065 BGB, neue Rechtsbeziehungen zu begründen.[63] Eine Anordnung nach § 2048 S. 2 BGB beinhaltet weder zugleich die Anordnung einer **Testamentsvollstreckung** (zur Abgrenzung siehe Rdn 10) noch ist die Anordnung einer Testamentsvollstreckung hierfür erforderlich. Ist jedoch Testamentsvollstreckung angeordnet, so sollte der Erblasser dem Testamentsvollstrecker grundsätzlich die Möglichkeit der Auseinandersetzung nach § 2048 S. 2 BGB einräumen: So wird der Testamentsvollstrecker von der Pflicht befreit, grundsätzlich jeden unteilbaren Nachlassgegenstand versilbern zu müssen

---

57 *Muscheler*, Erbrecht, Rn 4000 Fn 348; MüKoBGB/*Ann*, § 2050 Rn 31; *Rißmann*, Teilungsanordnungen, S. 242; a.A. Grüneberg/*Weidlich*, § 2048 Rn 3 (Teilungsanordnung oder Vorausvermächtnis).

58 *Planck/Strohal* (1908), § 2050 Ziff. 4b a.E.; BeckOGK/*Rißmann*, BGB § 2050 Rn 71.

59 Mot. V, S. 688, zit. nach *Mugdan*, S. 370 sowie LXXXIX (Gegenüberstellung des I. und II. Entwurfes).

60 Zu Einzelheiten *Rißmann*, Teilungsanordnungen, S. 245.

61 *Stenger*, S. 29.

62 Vgl. hierzu *Rißmann*, Teilungsanordnungen, S. 248, 300 ff.

63 *Rißmann*, Teilungsanordnungen, S. 248 f.

(§§ 2204 Abs. 1, 2042 Abs. 2, 753 BGB), was in der Praxis erhebliche Schwierigkeiten bereit.

1. Dritter

Dritter kann jede Person sein, auch ein **Miterbe.** Es ist ebenfalls möglich, dass der Dritte die Entscheidung einem oder **mehreren** Miterben **überträgt**, da es nicht erforderlich ist, dass der Dritte außerhalb der Erbengemeinschaft steht.[64] Auch ein **Testamentsvollstrecker** kann als Dritter berufen werden,[65] jedoch hat andersherum der berufene Dritte nicht automatisch die Stellung eines Testamentsvollstreckers (zur Abgrenzung siehe Rdn 10).[66] Zu prüfen ist aber stets, ob möglicherweise mit der Benennung des Dritten auch dessen Ernennung als **Testamentsvollstrecker** unter Beschränkung seiner Aufgaben gemeint ist, vgl. § 2208 BGB.[67] Zur Anordnung nach § 2048 S. 2 BGB bei angeordneter Testamentsvollstreckung siehe auch Rdn 14. Eine Anordnung gem. § 2048 S. 2 BGB kann auch dann vorliegen, wenn **Sachverständige** den Übernahmepreis zu ermitteln haben, zu dem ein Miterbe einen Nachlassgegenstand übernehmen soll oder darf.[68] Die Anordnung eines **Schiedsgerichts** ist hingegen **keine** Bestimmung eines Dritten und keine Anordnung nach § 2048 S. 2 BGB, sondern eine Teilungsanordnung im eigentlichen Sinne des § 2048 S. 1 BGB (siehe hierzu Rdn 13). Diese Unterscheidung ist relevant, weil anderenfalls die Entscheidung des Schiedsgerichts ggf. nach § 2048 S. 3 BGB angegriffen werden könnte (siehe hierzu Rdn 19). 16

2. Billiges Ermessen

Bei der Ausübung des billigen Ermessens ist der Dritte an **gesetzliche Teilungsregeln nicht** gebunden.[69] Er kann daher die **Aufteilung** einzelner **Nachlassgegenstände** auf die Erben **bestimmen,** bspw. wenn eine Versilberung praktisch nicht möglich oder wirtschaftlich ist. Genauso kann der Dritte aber auch bestimmen, dass Hausrat vollständig zu entsorgen ist und keine – regelmäßig aussichtslosen – Versuche der Versilberung (oder Anrechnung im Rahmen der Entrümpelung) unternommen werden müssen. Der Begriff des „billigen Ermessens" lässt sich nicht allgemeingültig definieren, da es stets auf eine Beurteilung des Einzelfalls ankommt. Maßgebend ist letztlich aber allein, ob das Verhalten **„offenbar unbillig"** ist (§ 2048 S. 3 BGB), weil ausschließlich dann die Bestimmung für die Erben nicht **verbindlich** ist (siehe Rdn 19 f.). 17

3. Bestimmung durch Dritten

Die Bestimmung des Dritten ist eine **einseitig** empfangsbedürftige Willenserklärung gegenüber **sämtlichen Miterben.**[70] § 2048 S. 3 BGB enthält keine dem § 319 Abs. 1 S. 2 Hs. 2 BGB vergleichbare Regelung für den Fall der **Verzögerung** der Bestimmung durch den Dritten oder einen Wegfall des Dritten durch **Geschäftsunfähigkeit** oder **Tod** (und er deswegen die Bestimmung nicht „treffen kann oder will", vgl. § 319 Abs. 1 S. 2 Hs. 2 BGB). Ist in der Anordnung der Bestimmung des Dritten die Anordnung einer Testamentsvollstreckung mit beschränktem Aufgabengebiet zu verstehen (siehe Rdn 10 und 17), so kommt die Entlassung des Testamentsvollstreckers in Betracht, 18

64 RG, Urt. v. 16.3.1925 – IV 118 24, RGZ 110 270, 274.
65 MüKo/*Fest*, § 2048 Rn 21.
66 *Stedler*, S. 47.
67 MüKo/*Fest*, § 2048 Rn 21.
68 OLG Rostock, Urt. v. 15.4.1918 – 1 ZS, OLGE 36, 242.
69 *Kipp/Coing*, § 117 IV 2; Staudinger/*Löhnig*, § 2048 Rn 29; MüKo/*Fest*, § 2048 Rn 21; *Eberl-Borges*, S. 115.
70 *Rißmann*, Teilungsanordnungen, S. 253 f.

§ 2227 BGB.[71] In anderen Fällen ist die Auslegung der letztwilligen Verfügung maßgeblich: eine Analogie zu **§ 319 BGB** wird regelmäßig naheliegen.[72] „Verzögerung" ist dann i.S.v. § 319 BGB zu verstehen und setzt **kein Verschulden** voraus.[73]

III. S. 3

1. Offenbar unbillig

19 Die Bestimmung des Dritten nach § 2048 S. 2 BGB ist erst dann unverbindlich, wenn die Entscheidung „offenbar unbillig" ist, § 2048 S. 3 BGB. § 2048 S. 3 BGB verwendet hier dieselbe Begrifflichkeit wie § 319 S. 1 BGB, weswegen die entsprechende Lit. und Rspr. zur Bestimmung der „offenbaren Unbilligkeit" in S. 3 mit herangezogen werden kann.[74] Die Leistungsbestimmung des Dritten ist dann „offenbar unbillig", wenn die Maßstäbe der **Einzelfallgerechtigkeit** in so grober Weise verletzt sind, dass sich die Unbilligkeit zwar nicht jedermann, jedoch dem unbefangenen **Sachkundigen** sofort aufdrängt.[75] Im Rahmen von § 319 BGB hat der BGH die offenbare Unbilligkeit als *„eine Zwischenstufe zwischen dem billigen Ermessen einerseits und der Willkür andererseits"* bezeichnet.[76] Offenbare **Unbilligkeit** ist danach nicht gleichzusetzen mit (bloßer) offenbarer **Unrichtigkeit**: Neben der Unrichtigkeit der Entscheidung muss ein Verstoß gegen Treu und Glauben hinzutreten.[77]

„Offenbar" ist **nicht** gleichzusetzen mit **„offenkundig"**.[78] Es kann daher sein, dass auch der sachkundige Beurteiler eine eingehende **Prüfung** vornehmen muss, um die offenbare Unbilligkeit zu erkennen[79] oder diese sich im Prozess erst nach einer Aufklärung des Sachverhalts durch **Beweisaufnahme** ergibt.[80] Unerheblich ist es, ob den Dritten ein **Verschulden** trifft. Es genügt, dass die Unbilligkeit objektiv vorhanden ist.[81] Für die Beantwortung der Frage, ob die Bestimmung offenbar unbillig ist, kommt es nicht auf die **Motive** an, von denen der Dritte sich bei der Auseinandersetzung hat leiten lassen. Maßgeblich ist allein das Ergebnis.[82] Der Dritte hat einen erheblichen Ermessensspielraum, der auch nicht eingeengt werden darf. Andernfalls würde dies die Gefahr von Streitigkeiten auslösen, die durch die Übertragung der Bestimmung auf den Dritten gerade verhindert werden sollte.[83] Auch wenn die Anordnung durch den Dritten im deutlichen Gegensatz zum Willen des Erblassers steht, können hinreichende Gründe für die Abweichung gleichwohl dazu führen, dass die Anordnungen (noch) nicht offenbar unbillig sind.[84]

Die Bestimmungserklärung ist im Übrigen nur dann offenbar unbillig, wenn sie dies zum **Zeitpunkt** der Abgabe der Erklärung ist. Die offenbare Unbilligkeit muss sich

71 *Heilfron*, S. 189.
72 Zu Einzelheiten: *Rißmann*, Teilungsanordnungen, S. 254 ff.
73 BGH, Urt. v. 26.10.1989 – VII ZR 75/89, NJW 1990, 1231, 1232.
74 OLG Stuttgart, Urt. v. 20.3.1997 – 19 U 156/96, Rn 76, juris, Nichtannahmebeschl. des BGH v. 25.2.1998 – IV ZR 96/97; LG Düsseldorf, Urt. v. 5.4.2017 – 5 O 487/83, Rn 222, juris.
75 BGH, Urt. v. 26.4.1991 – V ZR 61/90, NJW 1991, 2761.
76 BGH, Urt. v. 14.10.1958 – VIII ZR 118/57, NJW 1958, 2067.
77 BGH, Urt. v. 26.4.1991 – V ZR 61/90, Rn 12, juris; MüKo/*Würdinger*, § 319 Rn 6.
78 MüKo/*Würdinger*, § 319 Rn 6; Grüneberg/*Grüneberg*, § 319 Rn 3.
79 Staudinger/*Rieble*, § 319 Rn 7; BGH LM § 319 Nr. 13; BGH NJW 1979, 1885; BGH NJW 1983, 2245; BGH NJW-RR 93, 1034.
80 OLG Köln, Urt. v. 25.5.1960 – I ZS 85/49, OGHZ 4, 39, 44.
81 MüKo/*Würdinger*, § 319 Rn 11; Grüneberg/*Grüneberg*, § 319 Rn 3.
82 BGH, Urt. v. 25.6.1952 – II ZR 104/51, BGHZ 6, 335, 341 (obiter dictum); BGH, Urt. v. 3.11.1995 – V ZR 182/94, Rn 37, juris; MüKoBGB/*Würdinger*, § 319 Rn 8.
83 MüKo/*Würdinger*, § 319 Rn 8.
84 OLG Stuttgart OLGR 1998, 234, 236: Nichtannahmebeschl. des BGH v. 25.2.1998 – IV ZR 96/97.

unter Zugrundelegung der damaligen Verhältnisse ergeben, wie sie für einen Sachkundigen erkennbar waren. Auf später eingetretene Veränderungen oder bekanntgewordene Tatsachen kommt es daher grundsätzlich nicht an.[85]
Eine offenbare Unbilligkeit der Entscheidung des Dritten kann sich aus einer **Abweichung** der **Anordnung** des Dritten zum **Erblasserwillen** ergeben.[86] Dabei genügt jedoch nicht jede Abweichung, sondern die Anordnung muss in einem deutlichen Gegensatz zum Erblasserwillen stehen, und es dürfen keine hinreichenden Gründe für die Abweichung vorhanden sein, mit der der Spielraum überschritten wird, den der Erblasser dem Dritten eingeräumt hat.[87] Offensichtlich unbillig wäre bspw. ein **Auseinandersetzungsplan**, der die Verteilung des Nachlasses **vor** der **Begleichung** der **Nachlassverbindlichkeiten** vorsieht,[88] eine **andere** Festlegung der **Teilungsquoten** (auch durch **Missachtung** von **Ausgleichungspflichten**)[89] oder die Bestimmung, dass eine zum **Nachlass** gehörende Immobilie „für ein Nichts" **veräußert** werden soll.[90]

2. Bestimmung durch Urteil

Ist die Anordnung des Dritten unbillig, so erfolgt die Bestimmung durch Urteil, § 2048 S. 3 Hs. 2 BGB. 20 Dies ist nicht erforderlich, wenn sich die Erben über die **Unbilligkeit einig** sind. Sind sich die Erben einig, können sie sich über die (lediglich schuldrechtlich wirkende) Bestimmung des Dritten einvernehmlich hinwegsetzen.[91] Nur wenn sich die Erben nicht einig sind, bedarf es der Bestimmung durch Urteil.[92] Im Gegensatz zur Auseinandersetzungsklage muss hier **kein Teilungsplan** vorgelegt werden.[93] Vielmehr legt das Gericht einen Teilungsplan fest, der dem Willen des Erblassers nach billigem Ermessen entspricht.[94] Das Urteil ist kein Feststellungsurteil, sondern ein Gestaltungsurteil, was jedoch lediglich verpflichtend und **nicht dinglich** wirkt.[95] Der Erbe, der die Unbilligkeit geltend macht, darf nur die Erben verklagen, die dieser Auffassung widersprechen. Der **Dritte** wäre nur dann zu verklagen, wenn er (auch) als **Testamentsvollstrecker** entschieden hat.[96]
Die **Bestimmung** des Gerichts wird mit Rechtskraft ausschließlich zwischen den am Prozess **beteiligten Erben verbindlich.** Die **Wirkung** des Urteils reicht nicht weiter als eine wirksame Bestimmung des Dritten selbst. Daher kommt auch dem **Urteil** eine **lediglich schuldrechtliche** Wirkung zu und die Erben müssen den Vollzug der Bestimmung selbst herbeiführen.

---

85 RG, Urt. v. 12.6.1908 – Rep. VII 565/07, RGZ 69, 167, 168; RG, Urt. v. 23.5.1919 – II 22/19, RGZ 96, 57, 62; BGH, Urt. v. 25.1.1979 – X ZR 40/77, NJW 1979, 1885, 1886.
86 OLG Stuttgart, Urt. v. 20.3.1997 – 19 U 156/96, Rn 77, juris, Nichtannahmebeschl. des BGH v. 25.2.1998 – IV ZR 96/97.
87 OLG Stuttgart, Urt. v. 20.3.1997 – 19 U 156/96, Rn 77, juris, Nichtannahmebeschl. des BGH v. 25.2.1998 – IV ZR 96/97; MüKo/*Zimmermann*, § 2204 Rn 7.
88 *Eberl-Borges*, S. 115.
89 *Eberl-Borges*, S. 115.
90 RG, Urt. v. 16.3.1925 – IV 118/24, RGZ 110, 270, 274: Vertrag über 475.000 Mark, geschlossen von der Mehrheit der Erben im Jahr 1922, als die Hyperinflation bereits zu einer praktisch vollständigen Entwertung der „Papiermark" geführt hatte und somit „ein Nichts" wert war.
91 *Strohal* (1901), § 65 III 3, S. 356.
92 *Brüggemann*, S. 206.
93 Zu Einzelheiten (Klagefrist, Parteien, Klageantrag, Verfahren, Rechtsfolge, Kostenentscheidung, Zwangsvollstreckung, Rechtsmittel) vgl. *Rißmann*, Teilungsanordnungen, S. 267 ff. sowie *Brüggemann*, S. 205 ff., 261, 305 ff., 355.
94 *Lange/Kuchinke*, § 44 III 5g, S. 1153; MüKo/*Dütz* (1989), § 2048 Rn 19.
95 *Kipp/Coing*, § 117 IV 2.
96 RGRK/*Kregel*, § 2048 Rn 8.

C. Rechtsfolgen

I. Teilungsanordnung für die Erbengemeinschaft und den begünstigten Erben

1. Rechte und Pflichten aus der Teilungsanordnung

21 Zu **Lebzeiten** des Erblassers gewährt die Teilungsanordnung dem Begünstigten auch dann **keinerlei Rechte**, wenn die Teilungsanordnung in einem bindend gewordenen gemeinschaftlichen Testament oder Erbvertrag verfügt wurde.[97] Zu den Folgen lebzeitiger Verfügungen siehe Rdn 30 ff. Die Teilungsanordnung führt zu einer (lediglich) **schuldrechtlichen** Verpflichtung der Erben untereinander,[98] sich entsprechend der Teilungsanordnung auseinanderzusetzen; sie bewirkt **keine Sondererbfolge** in Gegenstände. Im Gegensatz zu den Bestimmungen des „Dritten" i.S.v. § 2048 S. 2 BGB (siehe Rdn 14 ff. und Rdn 27 ff.) muss der **Erblasser** seine Anordnungen **nicht** nach **billigem Ermessen** vornehmen. Nicht einmal „offenbare Unbilligkeit" beschränkt seine Anordnungen, er kann **willkürlich** entscheiden.[99] Der **Erbe**, dem ein Gegenstand zugewiesen worden ist (Übernahmepflicht, siehe Rdn 13), kann die Übernahme grundsätzlich **nicht** losgelöst von seiner Erbeinsetzung **verweigern**; im Gegensatz dazu steht das Vorausvermächtnis, das der Erbe ausschlagen und die Erbschaft gleichwohl annehmen kann.[100] **Ausnahmen** ergeben sich hier nur für Pflichtteilsberechtigte nach § 2306 Abs. 1 BGB. Die Erben können sich **einvernehmlich** über die Teilungsanordnung **hinwegsetzen.**

22 Der **Testamentsvollstrecker** hat die Teilungsanordnung gem. § 2204 Abs. 1 BGB zu beachten. Testamentsvollstrecker und **Erbengemeinschaft** können sich nur **gemeinsam** über die Teilungsanordnung hinwegsetzen. (Ausnahme: einvernehmlicher Beschluss aller Miterben, die Erbengemeinschaft ganz oder teilweise nicht durch den Testamentsvollstrecker auseinandersetzen zu lassen, siehe auch § 2225 BGB Rdn 4).[101] Ein **Außerkraftsetzen** durch das Nachlassgericht nach § 2216 Abs. 2 BGB ist **weder** für den Testamentsvollstrecker **noch** für die Erben[102] **möglich** (zur Abgrenzung der Teilungsanordnung zur Verwaltungsanordnung siehe Rdn 7).

23 Die Teilungsanordnung verschiebt den Wert der Erbquoten der Erben nicht: sie führt zu einer **Ausgleichungsverpflichtung** desjenigen, der mehr erhalten hat, als es seiner Erbquote entspricht. Der **Ausgleich** ist vorrangig bei der Auseinandersetzung vorzunehmen, so dass dementsprechend das Auseinandersetzungsguthaben (§ 2047 Abs. 1 BGB) erhöht bzw. verringert werden muss. Zu beachten ist die Teilungsanordnung **erst** und ausschließlich bei der **Auseinandersetzung** (anders das Vorausvermächtnis, das vorher zu erfüllen ist). Sie wird daher auch erst zu diesem Zeitpunkt **fällig**. Sämtliche Erben müssen aufgrund ihrer Mitwirkungspflicht bei der Vorbereitung der Auseinandersetzung an der **Wertermittlung** von Gegenständen mitwirken, die durch Teilungsanordnung zugewandt wurden.[103] Die **Kosten** der Wertermittlung sind aus dem Nachlass zu tragen.[104] Die Wertermittlung hat auf den **Stichtag** zu erfolgen, zu dem Auseinandersetzung der Erbengemeinschaft verlangt werden kann (mit Aus-

97 *Rißmann*, Teilungsanordnungen, S: 142 ff.

98 Mot. V, S. 688, zit. nach *Mugdan*, S. 370; *Planck/Ebbecke* (1930), § 2048 Ziff. 1; *Lange/Kuchinke*, § 44 III 5 b.

99 *Lange/Kuchinke*, § 44 III 5h.

100 *Lange/Kuchinke*, § 44 III 5d.

101 Die Erben haben keine Pflicht zur Duldung der Auseinandersetzung: OLG Nürnberg, Beschl. v. 8.3.2010 – 12 U 2235/09, lit. Ziff. 4, lit. h, BeckRS 2010, 13473 (Hinweisbeschl.) und nachfolgend Beschl. v. 21.4.2010 – 12 U 2235/09, LS 1 und Ziff. 2, BeckRS 2010, 12479 (Berufungsverwerfung); Lange ErbR/*Lange*, Kap. 15 Rn 130; *Storz*, ZEV 2011, 18, 19; MüKo/*Zimmermann*, § 2225 Rn 1.

102 *Lange/Kuchinke*, § 44 III 5h; *Rißmann*, Teilungsanordnungen, S. 224 f.

103 *Rißmann*, Teilungsanordnungen, S. 175 ff.

104 *Rißmann*, Teilungsanordnungen, S. 187.

nahme der Fälle der §§ 2043–2045 BGB ist dies daher der Zeitpunkt **des Erbfalls**, § 2042 BGB „jederzeit", siehe hierzu § 2042 BGB Rdn 4).[105] Maßgebend ist der **objektive Verkehrswert** (Ausnahme: § 2049 BGB).[106] Das Ergebnis der Wertermittlung ist ohne entsprechende (und empfehlenswerte) Vereinbarung der Miterben **nicht bindend.**[107] Der Erblasser kann **letztwillig** die Höhe der Ausgleichszahlung **bestimmen.**[108] Reicht der Nachlass nicht aus, um die Ausgleichungsverpflichtung zu erfüllen, so ist der durch die Teilungsanordnung Begünstigte (Übernahmepflicht, siehe hierzu Rdn 13) **nicht** verpflichtet, sein **Eigenvermögen** zur Erfüllung der Ausgleichungsverpflichtung heranzuziehen.[109] Ist der Erbe nicht bereit, die Ausgleichungszahlung aus seinem Vermögen zu leisten, **fällt** die **Teilungsanordnung** ersatzlos **weg.** Andernfalls ergäben sich nicht zu lösende Schwierigkeiten, wenn die Erbengemeinschaft durch Auseinandersetzungsklage geteilt und somit ein Teilungsplan vorgelegt werden muss. Der Teilungsplan müsste dahin lauten, den Erben zu verurteilen, eine bestimmte Summe aus seinem Vermögen in den Nachlass zu zahlen. Dann handelt es sich jedoch nicht mehr um eine Anordnung für die Auseinandersetzung, da bei der Auseinandersetzung das Gesamthandsvermögen der Erbengemeinschaft unter Beachtung der gesetzlichen Teilungsregeln zu verteilen ist. Eine Verpflichtung der Erben, ihr **persönliches Vermögen** einzusetzen, kann so **nicht** begründet werden.[110] Der **Erblasser** kann Abweichendes **regeln** und die Leistung aus dem Eigenvermögen zur Bedingung des Erbanfalls erheben. Es gibt ohne Anhaltspunkte hierfür jedoch keine Vermutung.[111]

2. Früchte, Verwendungen, Lasten

Früchte, die ein Nachlassgegenstand abwirft, der einem Miterben durch Teilungsanordnung zugewandt wird, fallen **nicht** in das **Gesamthandsvermögen** der Erbengemeinschaft. Vielmehr gebühren sie dem durch die Teilungsanordnung **Begünstigten** ab dem **Zeitpunkt**, zu dem er die **Durchführung** der Teilungsanordnung verlangen kann, **§ 2184 BGB analog.**[112] Dies wird regelmäßig bereits ab dem Erbfall sein, denn nach § 2042 BGB kann der Erbe jederzeit die Auseinandersetzung verlangen, wenn sich nicht aus den §§ 2043–2045 BGB etwas anderes ergibt. Die Ausübung eines **Übernahmerechts** wirkt auf den Zeitpunkt des Erbfalls zurück, so dass die Zurechnung der Früchte entsprechend zu erfolgen hat. Die Zuweisung der Früchte ist zwar 24

---

105 Str., vgl. zum Streitstand m.w.N. auch aus der Rspr. eingehend *Rißmann*, Teilungsanordnungen, S. 179 ff.

106 *Soergel/Lettmaier*, § 2048 Rn 21.

107 *Rißmann*, Teilungsanordnungen, S. 188.

108 Eingehend auch zu den sich ergebenden Problemen bei starker Abweichung des letztwillig verfügten zum tatsächlichen Wert bei Eintritt des Erbfalls *Rißmann*, Teilungsanordnungen, S. 171 ff.

109 Eingehend hierzu *Rißmann*, Teilungsanordnungen, S. 188 ff.

110 I.E. ebenso bereits MüKo/*Dütz* (1989), § 2048 Rn 16; *Eidenmüller*, JA 1991, 150, 155; *Esch*, BB 1994, 1651, 1654 (mit Hinweis auf mögliche ertragsteuerliche Nachteile wird ein Verpflichtungswille des Erblassers abgelehnt); BeckOGK/*Rißmann/Szalai*, BGB, § 2048 Rn 45.1; a.A. Horn/Kroiß/*Horn*, § 6 Rn 18; *Horn/Kroiß*, ErbR 2014, 56, 58; Staudinger/*Werner* (2010), § 2048 Rn 6; Grüneberg/*Weidlich*, § 2048 Rn 1.

111 *Rißmann*, Teilungsanordnungen, S. 195.

112 BFH BFH/NV 2000, 1039: „*Rechtsgedanke aus § 2184 BGB*"; OLG Celle, Urt. v. 21.11.2002 – 6 U 43/02, Rn 85, juris; *Trappe*, ZEV 2018, 123, 126; Grüneberg/*Weidlich*, § 2048 Rn 4; ebenso: BeckOK BGB/*Müller-Christmann*, § 2184 Rn 1; NK-BGB/*Horn*, § 2184 Rn 4; *Rißmann*, Teilungsanordnungen, S. 166 f.; offen: MüKo/*Rudy*, § 2184 Rn 1 (Bezugnahme auf BFH, Urt. v. 4.5.2000 – IV R 10/99, BFHE 191, 529 = BStBl II 2002, 850); Burandt/Rojahn/*Burandt*, § 2184 Rn 1 nimmt Bezug auf die überwiegende Meinung, die eine analoge Zuwendung zulasse, zitiert aber ausschließlich den Begründer der Gegenauffassung *Otte*; a.A. Staudinger/*Otte* (2013), § 2184 Rn 9.

bis zur Auseinandersetzung hinausgeschoben, erfolgt aber gleichwohl mit **Wirkung** für die **Vergangenheit.**[113] Zur steuerlichen Behandlung der Einkünfte siehe Rdn 46.

25 Die praxisrelevante Frage der Tragung der notwendigen und nützlichen **Verwendungen** (§§ 994, 996 BGB) und **Lasten** (§ 995 BGB) wird erstaunlicherweise in der Lit. kaum und in der veröffentlichten Rspr. überhaupt nicht diskutiert. Die Frage der Verwendungs- und Lastentragung ist ähnlich wie die Frage der Früchteverteilung zu beantworten: die Situation ist auch hier vergleichbar mit derjenigen eines Vermächtnisnehmers, so dass hier die Vermächtnisvorschrift **§ 2185 BGB analog** anzuwenden ist und mithin der durch die Teilungsanordnung **Begünstigte** die Verwendungen und Lasten zu **tragen** hat.[114] Die **gesamtschuldnerische Haftung** der Erbengemeinschaft wird hierdurch jedoch nicht beeinflusst und die alleinige Haftung des Begünstigten der Teilungsanordnung kann Vertragspartnern der Erbengemeinschaft daher nicht entgegengehalten werden.[115] Verbindlichkeiten, die *vor* dem Erbfall entstanden sind (**Erblasserschulden**) sind aus dem Nachlass zu befriedigen und mithin von der **Erbengemeinschaft** zu tragen (siehe hierzu auch § 2046 Rdn 5).[116]

3. Verjährung

26 Der Anspruch aus einer Teilungsanordnung unterliegt **keiner Verjährung,** ebenso wie der Anspruch auf Auseinandersetzung unverjährbar ist, §§ 2042 Abs. 2, 758 BGB.[117]

II. Auseinandersetzung durch Dritte

27 Die durch den Dritten vorgenommenen Bestimmungen sind – von den Ausnahmen der „offenbaren Unbilligkeit" abgesehen (siehe Rdn 19) – für die Erben **verbindlich.** Die Miterben werden durch die Bestimmung des Dritten jedoch lediglich **schuldrechtlich** untereinander verpflichtet, die Auseinandersetzung in der von dem Dritten bestimmten Weise vorzunehmen. Die Erben verlieren nicht die Verfügungsbefugnis über Nachlassgegenstände, §§ 137 S. 2, 2040 BGB.[118] Sind sich alle Erben mithin darüber einig, dass sie die Auseinandersetzung abweichend vornehmen wollen, so können sie hieran nur durch Gestaltungsmaßnahmen des Erblassers gehindert werden (siehe Rdn 49). Mithin bedarf es „erst recht" keiner Bestimmung durch Urteil (§ 2048 S. 3 Hs. 2 BGB), wenn sich die Erben über die „offenbare Unbilligkeit" einig sind.

1. Aufgaben des Dritten

28 Aufgabe des Dritten ist es, nach billigem Ermessen einen Auseinandersetzungsplan aufzustellen, wobei er an die gesetzlichen Teilungsregeln nicht gebunden ist.[119] Außer bei einer offenbar unbilligen Bestimmung (§ 2048 S. 3 BGB) sind die Erben verpflichtet, diesen Auseinandersetzungsplan zu befolgen (im Einzelnen vgl. Rdn 19 und 27). Der Dritte kann bspw. die freihändige Veräußerung eines Nachlassgrundstücks an Stelle der Zwangsversteigerung bestimmen.[120] Ist er nicht zum Testamentsvollstrecker berufen, darf er aber die Teilung **nicht selbst** vornehmen. Er darf lediglich die Bestim-

113 BFH BFH/NV 2000, 1039.
114 *Rißmann*, Teilungsanordnungen, S. 169; i.E. ebenso BeckOGK/*Forschner*, § 2185 BGB Rn 6.
115 *Rißmann*, Teilungsanordnungen, S. 170.
116 LG Osnabrück, Urt. v. 17.1.2003 – 7 O 3125/00, Rn 38, juris; BeckOGK/*Forschner*, BGB, § 2185 Rn 10; a.A. BeckOK BGB/*Müller-Christmann*, § 2185 Rn 3 *„im Zweifel"*.
117 BeckOGK/*Rißmann/Szalai*, BGB § 2048 Rn 42.4; eingehend *Rißmann*, Teilungsanordnungen, S. 196 ff.
118 RG, Urt. v. 16.3.1925 – IV 118 24, RGZ 110 270, 274; Staudinger/*Löhnig*, § 2048 Rn 31; *Kleinschmidt*, S. 620.
119 Staudinger/*Werner* (2010), § 2048 Rn 12; *Kipp/Coing*, § 117 IV 2.
120 Staudinger/*Werner* (2010), § 2048 Rn 12; RGRK/*Kregel*, § 2048 Rn 6.

mungen für die Auseinandersetzung vorgeben. Mangels Haftungstatbestand **haftet** der Dritte **weder** für seine billige **noch** für seine unbillige Bestimmung.[121]

2. Verzögerung und sonstige Hindernisse bei der Bestimmung

Im Gegensatz zu § 319 Abs. 1 S. 2 BGB regelt § 2048 BGB nicht den Fall der **Verzögerung** und sonstige Hindernisse (Geschäftsunfähigkeit oder Tod) bei der Bestimmung durch den Dritten. Aus den Motiven ist nicht erkennbar, dass dies absichtlich geschehen ist und so die Möglichkeit der entsprechenden Anwendung des § 319 Abs. 1 S. 2 BGB ausgeschlossen wäre. Maßgebend ist auch hier – wie bei der Mehrzahl der erbrechtlichen Regelungen – der Wille des **Erblassers** und, wenn ein solcher nicht feststellbar ist, sein **mutmaßlicher Wille**. Danach wird regelmäßig davon auszugehen sein, dass auch im Falle der Verzögerung eine **Bestimmung** durch **Urteil** zu erfolgen hat.[122] „Verzögerung" ist dann wie bei § 319 BGB zu verstehen und nicht mit Verzug gleichzusetzen. Verschulden ist nicht erforderlich; ausreichend ist vielmehr, dass die Handlung nicht innerhalb objektiv angemessener Zeit vorgenommen wird.[123] Ist der Dritte gleichzeitig **Testamentsvollstrecker** und verweigert, verzögert oder unterlässt er die Bestimmung, kommt seine **Entlassung** als Testamentsvollstrecker in Betracht.[124] 29

III. „Gestörte" Teilungsanordnungen

In Rspr. und Lit. finden sich wenige Ausführungen zu den Rechtsfolgen von „gestörten" Teilungsanordnungen, also Zuteilung von nicht mehr zum Nachlass gehörenden Gegenständen.[125] 30

1. Gegenstand ist ersatzlos untergegangen, wurde an Dritte verschenkt oder befand sich nie im Vermögen des Erblassers

Am Anfang des vorigen Jahrhunderts wurde der Gedanke aufgeworfen, bei „gestörten" Teilungsanordnungen die Vermächtnisvorschriften entsprechend anzuwenden, also insbesondere §§ 2165 ff. BGB (Belastungen), § 2169 BGB (Vermächtnis fremder Gegenstände), § 2170 BGB (Verschaffungsvermächtnis).[126] Mit diesem Gedanken hat sich später dann lediglich *Berolzheimer* auseinandergesetzt und mit zutreffenden Gründen abgelehnt:[127] Der Wille des Erblassers bei der Zuwendung eines Vermächtnisses ist ein gänzlich anderer als bei Anordnungen für die Auseinandersetzung. Beim Vermächtnis wird dem Vermächtnisnehmer ein Vermögensvorteil zugewandt, § 1939 BGB. Dies ist bei der Teilungsanordnung, die Anordnungen für die Auseinandersetzung enthält, gerade nicht der Fall, denn die Teilungsanordnung wendet keinem Erben ein „Mehr" zu. Vielmehr sind die Erben untereinander zu Ausgleichszahlungen verpflichtet, wenn sie aufgrund einer Teilungsanordnung „mehr" erhalten haben, als ihrer Erbteilsquote entspricht. Der Erblasser wollte bei der Bestimmung der Teilungsanordnung lediglich erreichen, dass ein bestimmter Erbe einen bestimmten Gegenstand aus dem Nachlass erhält. Allein daraus lässt sich jedoch kein Wille herleiten, dass der Erblasser wollte, dass der Gegenstand erst aus Nachlassmitteln beschafft werden muss. 31

---

121 *Rißmann*, Teilungsanordnungen, S. 266.

122 RGRK/*Kregel*, § 2048 Rn 9; Erman/*Bayer*, § 2048 Rn 10; Staudinger/*Löhnig*, § 2048 Rn 33 m.w.N.; für den Fall der Verzögerung wählen *Kipp/Coing*, § 118 V, eine Analogie zu § 2151 Abs. 3 BGB; danach soll dem Dritten durch das Nachlassgericht zunächst eine Frist zu setzen sein und erst nach deren fruchtlosem Ablauf der Dritte als nicht berufen anzusehen sein.

123 BGH NJW 1990, 1231, 1232.

124 *Heilfron*, S. 189.

125 I.E. hierzu *Rißmann*, Teilungsanordnungen, S. 207 ff.

126 *Kohler*, AcP 91, 309, 334 f.

127 *Berolzheimer*, AcP 177, 404.

Hierfür gibt es auch keine Notwendigkeit: Durch die Teilungsanordnung wird dem „Begünstigten“ kein „Mehr“ zugesprochen“. Fällt die Teilungsanordnung weg, erhält der „Begünstigte“ genauso viel, wie er aufgrund der Teilungsanordnung erhalten hätte, und ist somit in der Lage, sich ggf. selbst den Gegenstand zu verschaffen (Vermächtnisnehmer hingegen würde einen wirtschaftlichen Nachteil erleiden, wenn das Vermächtnis ersatzlos nicht erfüllt würde). Auch eine **Anfechtung** ist nicht möglich, da keiner der Erben anfechtungsberechtigt i.S.v. § 2080 BGB wäre.[128] Die Teilungsanordnung **fällt** daher **ersatzlos weg**, wenn der **Gegenstand nicht** (mehr) zum **Nachlass** gehört.

2. Gegenstand veräußert oder anderweitig ersetzt

32 Wurde der Gegenstand der Teilungsanordnung *vor* dem Erbfall **veräußert** oder ist er **untergegangen** und ist stattdessen ein Anspruch auf Wertersatz in den Nachlass gefallen, so wird man durch Auslegung zu dem Ergebnis gelangen können, dass das **Surrogat** nunmehr Gegenstand der Teilungsanordnung ist. Dies könnte entweder der Veräußerungserlös oder der (auch schon realisierte) Anspruch auf Wertersatz sein. Tatsächlich ist es jedoch **überflüssig**, hier „Umwege“ über Auslegung oder auch eine analoge Anwendung von § 2169 Abs. 3 BGB[129] zu gehen, denn die Teilungsanordnung führt **nicht zur wirtschaftlichen Besserstellung** des „Begünstigten“. Würde der Gegenstand der Teilungsanordnung mithin durch Geld „ersetzt“, dann ergibt sich hier ohnedies eine Aufteilung entsprechend den Erbquoten, ohne dass die Teilungsanordnung hieran etwas ändern würde. Etwas anderes wird dann gelten können, wenn der ursprüngliche Gegenstand **getauscht** worden ist. Hier wird der getauschte Gegenstand den ursprünglichen Gegenstand der Teilungsanordnung ersetzen. Dies bleibt letztlich aber auch eine **Frage der Auslegung** der letztwilligen Verfügungen des Erblassers. Auf die Zweifelsregelung des § 2169 Abs. 3 BGB kann hier **nicht** zurückgegriffen werden.[130]

3. Gegenstand an den durch das Testament Begünstigten verschenkt

33 Wie sehen die gegenseitigen Ansprüche der Miterben aus, wenn ein Erbe den ihm durch Teilungsanordnung zugewandten Gegenstand bereits **zu Lebzeiten vom Erblasser erhalten** hat? Vergleichbare Konstellationen kommen in der Praxis häufig vor und führen ebenso häufig zu tiefen Zerwürfnissen zwischen den Erben. Es bieten sich hier mehrere Lösungsmöglichkeiten an, die stets einzelfallabhängig zu prüfen sind.

a) Auslegung

34 In erster Linie ist dem Erblasser durch **Auslegung** des Testaments zu helfen. Es darf nie vergessen werden, dass die Zuwendung von Todes wegen im Interesse des Erblassers geschieht und es daher auf seinen mutmaßlichen Willen ankommt. Die Auslegung geht der Anfechtung vor.[131] Vorrangig ist bei der Auslegung von Testamenten der wirkliche Wille des Erblassers zu erforschen, es ist nicht an dem buchstäblichen Sinne des Ausdrucks zu haften, § 133 BGB.[132] Hat der Erblasser mithin lebzeitig bereits seine letztwillige Verfügung zu Teilen „vorweggenommen“, wird daher zunächst zu prüfen sein, ob Anhaltspunkte bestehen, dass der Erblasser von der ursprünglich geplanten Aufteilung seines Vermögens, wie sie in seiner letztwilligen Verfügung nie-

---

128 *Rißmann*, Teilungsanordnungen, S. 210 f.

129 So *Berolzheimer*, AcP 177, 404, 410.

130 A.A. *Berolzheimer*, AcP 177, 404, 410.

131 BGH, Urt. v. 29.9.1977 – II ZR 214/75, Rn 21, juris; BGH, Urt. v. 23.4.1951 – IV ZR 17/51, LS 1, juris; BayObLG, Beschl. v. 27.6.1997 – 1Z BR 240/96, Rn 18, juris; Staudinger/*Otte* (2013), § 2078 Rn 6; *Rudolf/Bittler/Seiler-Schopp*, § 4 Rn 9 m.w.N.

132 *Rudolf/Bittler/Seiler-Schopp*, § 1 Rn 9 f.

dergelegt ist, bewusst abweichen wollte. Dabei werden auch entsprechende Zuwendungsverträge darauf zu prüfen sein, ob sie Hinweise auf die Motive des Erblassers bieten.

War aus Gegenständen, die durch Teilungsanordnung zugewandt wurden, die **testamentarische Erbquote** zu entnehmen und wendet der Erblasser hiervon lebzeitig Gegenstände dem Bedachten zu, so soll es nach einem nicht näher begründeten obiter dictum in einem Urteil des BGH möglich sein, dass eine ergänzende Auslegung des Testaments ergeben könne, dass die lebzeitige Zuwendung „auf die mit seiner Erbeinsetzung verbundene Teilungsanordnung anzurechnen ist".[133] Dabei lässt der BGH offen, welche Art von „Anrechnung" dies sein könnte. In dieser speziellen Konstellation (durch Teilungsanordnung zugewandte Gegenstände sind Grundlage für die Ermittlung der Erbquoten) wird es stattdessen zutreffend sein, im Rahmen der Auslegung die Erbquoten entsprechend zu reduzieren, soweit der Bedachte einen Gegenstand, der Grundlage der Ermittlung der Erbquote gewesen ist, bereits zu Lebzeiten erhalten hat.[134] 35

b) Ausgleichung aufgrund Ausstattung

Die lebzeitige „Vorwegnahme" der Teilungsanordnung könnte als **Ausstattung** i.S.v. § 1624 BGB **ausgleichungspflichtig** nach § 2050 Abs. 1 BGB sein. Diese Möglichkeit eröffnet sich überhaupt freilich nur bei Abkömmlingen des Erblassers, und auch nur dann, wenn die Abkömmlinge als gesetzliche Erben zur Erbfolge gelangen (§ 2050 Abs. 1 BGB) oder im Fall der Erbfolge aufgrund einer letztwilligen Verfügung, wenn die gesetzliche Erbfolge wiederholt wird bzw. die Anordnung in einem entsprechenden Verhältnis geschieht (§ 2052 BGB). Gelangt man zur grundsätzlichen Ausgleichung über § 2050 Abs. 1 BGB, würde der nicht lebzeitig bedachte erbende Abkömmling über § 2055 BGB einen Ausgleich verlangen können, wobei die Grenze des § 2056 BGB (keine Herauszahlung des Mehrempfangs) zu beachten ist. Wer nicht Abkömmling des Erblassers ist, ist zur Ausgleichung weder berechtigt noch verpflichtet. Auch der ausgleichsrelevante Nettonachlass bestimmt sich ausschließlich nach den an der Ausgleichung beteiligten Abkömmlingen. 36

c) Ausgleichung durch Anordnung

Wurde bei der lebzeitigen Zuwendung an einen der Erben bestimmt, dass dies „im Wege der vorweggenommenen Erbfolge" geschieht, so kann dies als **Anordnung** der **Ausgleichung** gem. §§ 2050 Abs. 3, 2052 BGB zu verstehen sein, was durch Auslegung zu ermitteln ist (siehe § 2050 Rdn 11 ff.).[135] **Einseitig** kann der Erblasser eine Anrechnungsbestimmung i.S.v. § 2050 Abs. 3 BGB **nicht nachholen**. Hier bleibt ihm ausschließlich die Möglichkeit der letztwilligen Verfügung, namentlich der Anordnung von Vorausvermächtnissen zugunsten der übrigen Erben.[136] 37

d) Anfechtung

Die Möglichkeit der Anfechtung des Testaments ist nur mit **allergrößter Vorsicht** zu wählen und wird in der Praxis viel häufiger gewählt, als es tatsächlich sachdienlich ist. Häufig wird die Anfechtung nicht zum gewünschten Ergebnis führen, denn die Anfechtung **kassiert** nur, sie reformiert nicht; Rechtsfolge aus § 142 Abs. 1 BGB. 38

---

133 BGH, Urt. v. 16.10.1996 – IV ZR 349/95, Rn 15, juris.

134 Ebenso: Staudinger/*Otte* (2013), § 2087 Rn 31.

135 BGH, Urt. v. 27.1.2010 – IV ZR 91/09, LS 1 u. Rn 13 ff., juris; BGH, Urt. v. 23.9.1981 – IVa ZR 185/80, BGHZ 82, 274 = NJW 1982, 43, 44, LS 2 u. S. 44 für den Fall eines bindend gewordenen gemeinschaftlichen Testaments; i.E. BeckOGK/*Rißmann/Szalai*, BGB § 2050 Rn 74 ff.

136 BGH, Urt. v. 28.10.2009 – IV ZR 82/08, Rn 16, juris.

Daher ist vorrangig immer zunächst der Weg über die Auslegung zu suchen (siehe Rdn 35). Der Erbe ist nur **dann** zur **Anfechtung** gem. § 2080 Abs. 1 BGB berechtigt ist, wenn er durch die Anfechtung einen **Vorteil erlangt**.

e) Ansprüche aus §§ 138 Abs. 1, 2287 BGB oder § 826 BGB?

39 Bei einem bindend gewordenen **gemeinschaftlichen Testament** oder **Erbvertrag** ist der überlebende Ehegatte oder Lebenspartner bzw. Vertragserbe frei, über Nachlassgegenstände unter Lebenden zu verfügen, § 2286 BGB. Beschränkt wird dieses Recht durch **§ 2287 BGB** („*Den Vertragserben beeinträchtigende Schenkungen*"; entsprechend auf das gemeinschaftliche Testament anzuwenden: allg. Meinung)[137] und durch **§ 138 Abs. 1 BGB** („*Sittenwidriges Rechtsgeschäft*").[138] Hat ein Dritter den Überlebenden wissentlich zu Schenkungen veranlasst, die den Schluss- oder Vertragserben beeinträchtigen, so kommt ausschließlich für den **Erblasser** ein Anspruch aus **§ 826 BGB** („*Sittenwidrige vorsätzliche Schädigung*") in Betracht; für den Schluss- oder Vertragserben bleibt es bei § 2287 BGB und § 138 BGB (Anspruch aus § 826 BGB ist vererblich; war er mithin bereits in der Person des Erblassers entstanden, geht er auf den Schluss- bzw. Vertragserben über).[139] Der **Überlebende** bzw. Vertragserbe ist mithin i.R.d. aufgezeigten Grenzen auch **nicht gehindert**, einen Gegenstand zu **verschenken** oder zu **veräußern**, der Gegenstand einer Teilungsanordnung in einem bindend geworden gemeinschaftlichen Testament oder Erbvertrag ist (siehe auch Rdn 40). Die oben aufgezeigten Möglichkeiten der Erben (Auslegung, Ausgleichung, Anfechtung) bleiben hiervon freilich unberührt.

IV. Nachträgliche Teilungsanordnungen des überlebenden Ehegatten, eingetragenen Lebenspartners oder Vertragserben

40 Die Teilungsanordnung kann **nicht wechselbezüglich oder vertragsmäßig bindend** vereinbart werden (siehe Rdn 3). Der BGH hat zum gemeinschaftlichen Testament[140] und zum Erbvertrag[141] entschieden, dass – auch ohne ausdrücklichen Vorbehalt im Testament oder Erbvertrag – der Vertragserbe bzw. überlebende Ehegatte **nicht gehindert** ist, Teilungsanordnungen nachträglich zu treffen. Dies mag auf den ersten Blick verwundern, da durch eine Teilungsanordnung einem Erben werthaltigere Nachlassgegenstände zugedacht werden können, als dies seiner Erbquote entspricht. Aus diesem Grund kann eine derartige Verfügung auch nur zulässig sein, wenn es tatsächlich eine Teilungsanordnung ist, also die Quoten hierdurch nicht verändert werden sollen. Der BGH schränkt das Recht des überlebenden Ehegatten bzw. Vertragserben dahin ein, dass sich eine Anordnung der Ausgleichungspflicht ergeben müsse.[142] Dies dürfte überflüssig sein, denn anderenfalls läge auch keine Teilungsanordnung, sondern ein Vorausvermächtnis oder eine überquotale Teilungsanordnung vor. Wegen § 2270 Abs. 3 BGB bzw. § 2278 Abs. 2 BGB ist es hingegen **nicht** erforderlich, dass dem überlebenden Ehegatten bzw. Vertragserben im Testament bzw. Erbvertrag das Recht ausdrücklich vorbehalten bleibt, eine von der bisherigen Verfügung abweichende Teilungsanordnung zu treffen.[143]

137 Vgl. z.B. BGH, Urt. v. 4.5.1983 – IVa ZR 229/81, Rn 28 m.w.N., juris; BGH, Urt. v. 29.1.1958 – IV ZR 234/57, BGHZ 26, 274, 279.

138 BGH, Urt. v. 30.4.1991 – IV ZR 104/90, Rn 14, juris.

139 BGH, Urt. v. 21.6.1989 – IVa ZR 302/87, BGHZ 108, 73, LS 1 u. Rn 20; BGH, Urt. v. 30.4.1991 – IV ZR 104/90, Rn 8, juris.

140 BGH, Urt. v. 23.9.1981 – IVa ZR 185/80, BGHZ 82, 274 = NJW 1982, 43.

141 BGH, Urt. v. 2.12.1981 – IVa ZR 252/80, NJW 1982, 441, 442.

142 BGH, Urt. v. 23.9.1981 – IVa ZR 185/80, BGHZ 82, 274 = NJW 1982, 43, LS 1 u. S. 44.

143 A.A. *Lehmann*, MittBayNot 1988, 157, 158.

D. Verfahrensfragen und Prozesstaktik

I. Abgrenzung Teilungsanordnung zum Vorausvermächtnis im Prozess

Ist zwischen den Erben str., ob eine Teilungsanordnung vorliegt, so kann und sollte dies im Vorfeld der Auseinandersetzung durch **Feststellungsklage** geklärt werden (siehe hierzu auch § 2042 Rdn 60 f.). Geht es um die Abgrenzung zum Vorausvermächtnis, kann der Begünstigte vorab sogleich auf Erfüllung des Vermächtnisses klagen. 41

II. Beweislast

Steht zwischen den Parteien das Vorliegen eine Teilungsanordnung im Streit, so gibt es **keine Zweifelsregelung** in der einen oder anderen Richtung: Es gelten die Grundsätze zur Pflicht der Testamentsauslegung durch das Gericht nach §§ 133, 2084 BGB mit dem Ziel, den wahren Willen des Erblassers zu ermitteln.[144] Anhaltspunkte jenseits des reinen Wortlauts der letztwilligen Verfügung hat somit derjenige darzulegen und zu beweisen, der eine ihm **günstige Auslegung** – möglicherweise auch entgegen dem Wortlaut des Testaments – **behauptet**. Ist es streitig, ob der Erblasser eine Teilungsanordnung angeordnet hat, und führt die Auslegung zu **keiner Überzeugungsbildung** des Richters, so muss er sich *„notfalls mit dem Sinn begnügen, der dem Erblasserwillen mutmaßlich am ehesten entspricht"*.[145] Gelangt der Tatrichter durch **Auslegung** zu dem Ergebnis, dass der Erblasser eine **Teilungsanordnung** verfügt hat, und ist in dem Testament hinsichtlich der Frage der Ausgleichung keinerlei Bestimmungen getroffen, so spricht dieses *„Schweigen des Testaments für einen Wertausgleich"*.[146] Wer sich dagegen darauf beruft, dass er lediglich eine „vergünstigte" Ausgleichszahlung (geringeren Wertausgleich) zu leisten habe (also unter dem wahren Verkehrswert, im Sinne einer überquotalen Teilungsanordnung), muss mithin Umstände darlegen und beweisen, die zu einer Auslegung der letztwilligen Verfügung in diesem Sinne führen.[147] 42
Wer sich darauf beruft, gar **keine Ausgleichszahlung** zu schulden, **behauptet** damit im Regelfall letztlich das Vorliegen eines **Vorausvermächtnisses.**[148] Er muss diejenigen Tatsachen **darlegen** und **beweisen**, die eine entsprechende für ihn günstige Auslegung der letztwilligen Verfügung stützen.[149]

Eine Beweiserhebung über die **offenbare Unbilligkeit** ist nicht ausgeschlossen.[150] Sie muss sich jedoch auf die Frage beschränken, ob die Unbilligkeit für einen Sachkundigen offensichtlich war.[151] 43

E. Steuerrechtliche Fragen

I. Erbschaftsteuer

Da durch die Teilungsanordnung ein Miterbe nicht mehr erhält, als ihm aufgrund seiner Erbquote zusteht, ist die Teilungsanordnung grundsätzlich **erbschaftsteuerlich** 44

---

144 BeckOGK/*Gierl*, BGB § 2084 Rn 2; Baumgärtel/*Kessen*, Handbuch der Beweislast, § 133 Rn 3.
145 BGH, Urt. v. 7.10.1992 – IV ZR 160/91, Rn 11, juris.
146 BGH, Urt. v. 6.12.1989 – IVa ZR 59/88, Rn 29, juris; Grüneberg/*Weidlich*, § 2048 Rn 7.
147 *Rißmann*, Teilungsanordnungen, S. 238.
148 Etwas anderes würde nur gelten, wenn die Ausgleichszahlung aus entsprechend genannten anderen Gründen verweigert wird (Aufrechnung u.Ä.).
149 Baumgärtel/*Schmitz*, Handbuch der Beweislast, § 2048 Rn 1.
150 BGH, Urt. v. 25.5.1950 – I ZS 85/49, BGHZ 4, 39, 44.
151 RG, Urt. v. 23.5.1919 – II 22/19, RGZ 96, 57, 62; Grüneberg/*Grüneberg*, § 319 Rn 3; MüKo/*Würdinger*, § 319 Rn 13.

unbeachtlich,[152] **auch** wenn sie **verbindlich angeordnet**[153] ist oder zum Nachlass ein **Hof** im **Sinn der HöfeO** gehört.[154] Die Erbschaftsteuerrichtlinien tragen dem Rechnung in R E 3.1. Abs. 1 S. 3 ErbStR 2019.
Durch die Erbschaftsteuerreform 2009 sowie der Neuregelung des ErbStG vom 4.11.2016 aufgrund der Entscheidung des BVerfG vom 17.12.2014[155] hat sich die Situation jedoch geändert, wenn der Erblasser durch Teilungsanordnung erbschaftsteuerlich privilegiertes Vermögen – **Familienheim** (§ 13 Abs. 1 Nr. 4b, c ErbStG), **Betriebsvermögen** (§§ 13a, 13b ErbStG) oder von zu **Wohnzwecken** vermietete Grundstücken (§ 13d ErbStG) – einem oder mehreren Erben zugewiesen hat.[156] Die Steuerbefreiungen nach § 13 Abs. 1 Nr. 4b und c ErbStG, § 13d Abs. 1 ErbStG, die Bewertungsprivilegien nach § 13a ErbStG sowie die Tarifbegrenzung bei Betriebsvermögen gem. § 19a Abs. 2 ErbStG kommen ausschließlich demjenigen zugute, der den erbschaftsteuerlich privilegierten Gegenstand auch erhält.[157]
Sind Miterben aufgrund einer Teilungsanordnung des Erblassers verpflichtet, nach **§ 13a ErbStG** begünstigtes Vermögen auf einen Miterben zu übertragen, können diese übertragenden Miterben die steuerliche Befreiungen nach § 13a ErbStG nicht in Anspruch nehmen, § 13a Abs. 5 S. 2 ErbStG, R E 13a11 Abs. 1 S. 4 ErbStR 2019: Die steuerliche Privilegierung *„hängt am Betrieb und nicht am Erwerber"*.[158] Gleiches gilt für das steuerlich privilegierte **selbstgenutzte Familienwohnheim**, § 13 Abs. 1 Nr. 4b ErbStG.[159]

45 Bei der **überquotalen Teilungsanordnung** (siehe Rdn 7) erhält der **begünstigte Miterbe** „mehr". Der Wert der „ersparten" Ausgleichung ist mit dem gemeinen Wert bei der Ermittlung der Erbschaftsteuer **anzusetzen,** § 12 Abs. 1 ErbStG, § 9 Abs. 1 BewG.[160] Der Wert der Ausgleichsverpflichtung ist beim erbschaftsteuerlichen Erwerb der **übrigen Miterben** in der Höhe **abzuziehen,** in welcher der durch die Teilungsanordnung begünstigte Miterbe einen Ausgleich hätte zahlen müssen, wenn er nicht aufgrund der überquotalen Teilungsanordnung vom Erblasser von dieser Pflicht befreit worden wäre, § 10 Abs. 5 Nr. 2 ErbStG.[161]

II. Einkommensteuer

46 Dem begünstigten Erben wird i.R.d. Teilungsanordnung regelmäßig nicht bloß der Gegenstand, sondern dazu auch die **Früchte,** die der Gegenstand abwirft, zugewiesen (siehe Rdn 24). In diesem Fall ist die Teilungsanordnung **einkommensteuerrechtlich zu beachten.** Voraussetzung ist allerdings, dass die Teilungsanordnung auch wie vom Erblasser vorgesehen vollzogen wird.[162] Der BFH ist damit ausdrücklich vom BMF-

---

152 BFH, Urt. v. 30.6.1960 – II 254/57 U, BFHE 71, 266, LS 1 u. Rn 3, juris; Troll/Gebel/Jülicher/Gottschalk/*Gottschalk*, § 3 Rn 114; *Fischer*, ErbStB 395, 398.
153 BFH, Urt. v. 2.7.2004 – II R 73/01, LS 1 u. 12; juris; BFH, Urt. v. 10.11.1982 – II R 85–86/78, BFHE 137, 500 = BStBl II 1983, 329, LS 1 u. Rn 11, juris (wobei *Flume*, DB 1983, 2271, 2272 in dem zugrundliegenden Sachverhalt keine Teilungsanordnung, sondern eine qualifizierte Nachfolgeklausel sieht) unter ausdrücklicher Aufgabe der gegenteiligen Rechtsauffassung aus BFH, Urt. v. 16.3.1977 – II R 11/69, BFHE 121, 519–524 = BStBl II 1977, 640, LS 1 u. Rn 25, juris.
154 BFH, Urt. v. 1.4.1992 – II R 21/89, BFHE 167, 562 = BStBl II 1992, 669, LS 1 u. 21, juris.
155 BVerfG, Urt. v. 17.12.2014 – 1 BvL 21/12, BStBl II 2015, 50 = BVerfGE 138, 136, juris.
156 Rißmann/*Unger*, Die Erbengemeinschaft, § 23 Rn 1.
157 Kapp/Ebeling/*Geck*, § 13a ErbStG Rn 77 und § 19a ErbStG Rn 10; *Wälzholz*, ZEV 2009, 113, 114 f.
158 Rißmann/*Unger*, Die Erbengemeinschaft, § 23 Rn 3.
159 Ausführlich hierzu Rißmann/*Unger*, Die Erbengemeinschaft, § 23 Rn 7.
160 BFH, Urt. v. 6.10.2010 – II R 29/09, Rn 53, juris; *Sommer/Kerschbaumer*, ZEV 2004, 13, 17.
161 BFH, Urt. v. 6.10.2010 – II R 29/09, Rn 53, juris.
162 BFH BFH/NV 2000, 1039.

Schreiben vom 11.1.1993[163] abgewichen. Das BMF hat danach das BMF-Schreiben vom 11.1.1993 durch das BMF-Schreiben vom 5.12.2002[164] sowie die BMF-Schreiben vom 14.3.2006[165] und 30.3.2006[166] ergänzt. Die zeitliche Begrenzung für die rückwirkende Zurechnung der Einkünfte ist danach weggefallen.[167] Nach Auffassung der Finanzverwaltung muss jedoch u.a. eine *„klare und rechtlich bindende Vereinbarung über die Auseinandersetzung und ihre Modalitäten vorliegen“*.[168]

III. Grunderwerbsteuer

47 Der ungeteilte Übergang einer Immobilie auf die Erbengemeinschaft durch den Erbfall ist nach § 3 Nr. 2 S. 1 GrEStG **grunderwerbsteuerfrei.**[169] Grundsätzlich ist auch die nachfolgende Übertragung von Immobilien auf Miterben im Rahmen und zur **Auseinandersetzung** der Erbengemeinschaft grunderwerbsteuerfrei, § 3 Nr. 3 S. 1 GrEStG. Diese Befreiung gilt jedoch lediglich für **eine** (die erste) **Übertragung** des Immobilieneigentums von der Erbengemeinschaft auf einen Miterben.[170] Die **Art** der Teilungsanordnung (Übernahmerecht oder Übernahmepflicht) ist auch mit Blick auf die Rspr. des BFH zur Grunderwerbsteuerpflicht eines Kaufrechtsvermächtnisses[171] **ohne Bedeutung**: auch hier bleibt die erste Übertragung des Immobilieneigentums von der Erbengemeinschaft auf einen Miterben grunderwerbsteuerfrei, § 3 Nr. 3 S. 1 GrEStG.[172]

F. Gestaltungshinweise für Zivil- und Steuerrecht[173]

I. Übernahmerecht

48 Die isolierte Anordnung eines **Übernahmerechts** (siehe Rdn 13)[174] führt regelmäßig in der Erbengemeinschaft zu Meinungsverschiedenheiten über den anzusetzenden Übernahmewert. Der Erblasser hat hier die Möglichkeit, den Wert selbst vorzugeben. Der Vorteil hierbei ist scheinbar, dass jedenfalls insoweit zwischen den Erben kein Streit entstehen kann. Jedenfalls kann der Erblasser im Detail so die Verteilung seines Vermögens unter den Erben der Höhe nach festlegen. *Piltz* führt als Beispiel an, der Erblasser könne so bestimmen, dass der Wert einer GmbH-Beteiligung als gleichwertig mit dem übrigen Nachlass – bspw. Wohngrundstück und Bargeld – zu behandeln ist.[175] Diese Möglichkeit finde lediglich ihre Grenze im Pflichtteilsrecht: Der Pflichtteilsanspruch dürfe hierdurch nicht gemindert werden. *Piltz* führt weiter aus, dass ein

---

163 BMF-Schreiben v. 11.1.1993 – IV B 2-S 2242–86/92 – *„Ertragsteuerliche Behandlung der Erbengemeinschaft“*, BStBl I 1993, dort Rn 8 u. 9.

164 BMF-Schreiben v. 5.12.2002 – IV A 6-S 2242–25/02, zur Berücksichtigung des BFH BStBl I 2002, 1392.

165 BMF-Schreiben v. 14.3.2006 – IV B 2-S 2242–7/06, BStBl I 2006, 253.

166 „Erbauseinandersetzung; Anschaffungskosten bei Übernahme von Verbindlichkeiten über die Erbquote hinaus; BFH-Urt. v. 14.12.2004“, IX R 23/02, BMF-Schreiben v. 30.3.2006 – IV B 2-S 2242–15/06, ZEV 2006, 166.

167 BMF-Schreiben v. 14.3.2006 – IV B 2-S 2242–7/06, dort Rn 8.

168 BMF-Schreiben v. 14.3.2006 – IV B 2-S 2242–7/06, dort Rn 9 u. 67; i.E. *Rißmann*, Teilungsanordnungen, S. 312 ff.

169 Behrens/Wachter/*Berke*, § 3 Rn 76.

170 FG Münster, Urt. v. 20.2.2002 – 8 K 7765/00 GrE und 8 K 7991/00 GrE, Rn 22, juris; *Wälzholz*, ZEV 2016, 369, 371.

171 BFH, Urt. v. 16.1.2019 – II R 7/16, BFHE 263, 465 = BStBl II 2019, 617.

172 *Rißmann*, Teilungsanordnungen, S. 319.

173 *Rißmann*, Teilungsanordnungen, S. 320 ff. (umfassende Gestaltungshinweise für sämtliche Varianten von Teilungsanordnungen).

174 Vgl. hierzu Rißmann/*Kurze*, Die Erbengemeinschaft, § 10 Rn 112 ff.

175 *Piltz*, DStR 1991, 1075.

Ausgleich auch dann nicht stattfinde, wenn die Verkehrswerte tatsächlich voneinander abweichen.[176] So verlockend dies erscheinen mag, so problematisch werden starre Festlegungen bei **Wertänderungen** zwischen Errichtung der Verfügung und dem Erbfall. Je größer der zeitliche Abstand und je höher die Wertveränderungen werden, umso wahrscheinlicher ist es, dass benachteiligte Miterben durch Auslegung oder Anfechtung (§ 2078 BGB) versuchen werden, das Testament „zu Fall zu bringen". Der Streit der Miterben ist so vorauszusehen. Sinnvoller dürfte daher die **Bestimmung** durch den Erblasser sein, wie der anzurechnende **Übernahmewert ermittelt** und die Ausgleichung vorgenommen werden soll. Im Ergebnis sind derartige Bestimmungen zweckmäßiger und spiegeln den Wunsch des Erblassers auch Jahre nach Errichtung der Verfügung noch zutreffend wider. Die Verfügung bleibt so auch für die Erben meist nachvollziehbar und akzeptabel. Insbesondere in den Fällen, in denen der Erblasser einerseits seinen Nachlass umfassend in bestimmter Art und Weise verteilen möchte, andererseits jedoch einzelne Miterben nicht „zufällig" aufgrund später eingetretener Änderungen bevorzugen oder benachteiligen möchte, ist dies eine „elegante" Gestaltungsmöglichkeit (der Festlegung eines konkreten Wertes durch den Erblasser käme es sonst noch am nächsten, wenn der Erblasser die Bezifferung des Übernahmewertes i.V.m. einer Wertsicherungsklausel vornimmt, bspw. eine Anpassung nach dem Verbraucherpreisindex).[177] Denkbar ist auch die Anordnung, dass der Wert des Nachlasses oder einzelner Gegenstände durch einen neutralen **Sachverständigen** festgestellt werden soll.[178] Schließlich kann der Erblasser die **Art der Wertermittlung** festlegen. Insbesondere im Bereich der Übernahme von Immobilien und Gesellschaftsanteilen kann der Erblasser durch Anordnungen über die Wertermittlungsmethode die Begünstigung eines Erben beeinflussen (z.B. Stuttgarter Verfahren statt Discounted-Cash-Flow-Methode). Zu beachten ist bei der Gestaltung und Festlegung des Anrechnungswertes, dass der Erblasser nicht statt einer Teilungsanordnung nunmehr ein **Vorausvermächtnis** angeordnet hat: Dies wird i.d.R. dann anzunehmen sein, wenn objektiv eine Wertverschiebung eintritt und subjektiv Begünstigungswille beim Erblasser vorgelegen hat (siehe Rdn 6 f.).[179]

II. Sicherung der Teilungsanordnung

49 Bei der Gestaltung muss darauf geachtet werden, die Durchsetzung der Teilungsanordnung „abzusichern". Andernfalls können sich die Erben einvernehmlich über den Willen des Erblassers hinwegsetzen. Es bieten sich – ähnlich wie beim Teilungsverbot (siehe § 2044 Rdn 25 ff.) – die Anordnung der **Testamentsvollstreckung**, einer Auflage oder eines „Strafvermächtnisses" an.[180]

§ 2049 Übernahme eines Landguts

(1) Hat der Erblasser angeordnet, dass einer der Miterben das Recht haben soll, ein zum Nachlass gehörendes Landgut zu übernehmen, so ist im Zweifel anzunehmen, dass das Landgut zu dem Ertragswert angesetzt werden soll.
(2) Der Ertragswert bestimmt sich nach dem Reinertrag, den das Landgut nach seiner bisherigen wirtschaftlichen Bestimmung bei ordnungsmäßiger Bewirtschaftung nachhaltig gewähren kann.

---

176 *Piltz*, DStR 1991, 1075.
177 *Weirich*, Rn 463.
178 OLG Rostock OLGE 36, 242; Staudinger/*Werner* (2010), § 2048 Rn 11.
179 Vgl. *Rißmann*, Teilungsanordnungen, S. 344 ff.
180 Vgl. Rißmann/*Kurze*, Die Erbengemeinschaft, § 10 Rn 115 ff.

Literatur

Dombert/Witt (Hrsg.), Münchener Anwaltshandbuch Agrarrecht, 3. Aufl. 2022; *Düsing/Martinez* (Hrsg.), Agrarrecht, 2. Aufl. 2022; *Piltz*, Recht und Bewertung landwirtschaftlicher Betriebe, 2. Aufl. 2014; *Planck*, Bürgerliches Gesetzbuch, 1./2. Aufl. 1902; *Steffen/Ernst*, Höfeordnung mit Höfeverfahrensordnung, 4. Aufl. 2015; *Wellmann*, Landwirtschaftserbrecht, ZErb 2010, 12; *Graß*, Das Landwirtschaftserbrecht, Kommentar zur Höfeordnung, zum BGB-Landguterbrecht und zum GrdstVG-Zuweisungsverfahren, 12. Aufl. 2024.

Übersicht: Rdn

A. Allgemeines und verfassungsrechtliche Rechtfertigung

1 Aufgrund der Bedeutung landwirtschaftlicher Betriebe für die Volkswirtschaft besteht ein besonderes Interesse der Allgemeinheit an ihrer Erhaltung. Die Entstehung einer Erbengemeinschaft, die auf die Auseinandersetzung und Aufteilung des Nachlasses gerichtet ist, wird diesem allgemeinen Interesse nicht gerecht. Vielmehr gefährdet die Auseinandersetzung einer Erbengemeinschaft nach den allgemeinen erbrechtlichen Regeln, die meist mit der Aufteilung der Nachlassgegenstände einhergeht, den Bestand von Betrieben in ihrer ursprünglichen und für ihre Wirtschaftlichkeit nicht entbehrlichen Größe. Das gilt umso mehr vor dem Hintergrund, dass sich ein Rückgang der Zahl der landwirtschaftlichen Betriebe bei etwa konstanter landwirtschaftlicher Gesamtfläche in der Bundesrepublik, vollzieht.[1] Der Gesetzgeber hat daher agrarpolitisch geprägte Sonderregelungen geschaffen, die Rechte von Miterben einschränken und vermeiden sollen, dass Betriebe aufgesplittert werden. Der den landwirtschaftlichen Betrieb betreibende bzw. übernehmende Erbe soll bei der Auseinandersetzung der Erbengemeinschaft sowie beim Ausgleich von Pflichtteilsansprüchen nicht gezwungen sein, Teile des Betriebes, insbesondere einzelne landwirtschaftliche Flächen, zu veräußern, sie bei der Verteilung des Nachlasses an Miterben abzugeben oder sich mit hohen Zahlungsverpflichtungen zu belasten, die eine Betriebsfortführung unwirtschaftlich machen.[2]

2 Zur Erreichung dieses Zwecks werden im BGB Vergünstigungen bei der Bewertung eines Landguts immer dann vorgesehen, wenn andernfalls wegen einer Vermögensauseinandersetzung oder -nachfolge eine Verkleinerung der landwirtschaftlichen Betriebs-

1 *Wellmann*, ZErb 2010, 12 f.; Sandra Ahrens, Landwirtschaftsfläche in Deutschland, Statista 2025, www.destatis.com (zuletzt abgerufen am 28.3.2025); Sandra Ahrens, Anzahl der landwirtschaftlichen Betriebe in Deutschland bis 2024", Statista 2025, www.destatis.com (zuletzt abgerufen am 28.3.2025).

2 BGHZ 98, 375; BGH NJW 1973, 995, 996.

fläche droht. Sowohl im Erbrecht, §§ 2049, 2312 BGB, wie auch im Familienrecht bei der Ermittlung des Zugewinns, § 1376 Abs. 4 BGB, und der Ermittlung des Wertersatzes beim Übernahmerecht in der fortgesetzten Gütergemeinschaft, § 1515 Abs. 2 BGB, sind daher Sonderregelungen vorgesehen. Sie setzen bei der Wertermittlung der landwirtschaftlichen Betriebe an. Die erbrechtlichen Vorschriften greifen dabei frühere Regelungen zu Anerbenrechten auf und übernehmen das dort zur Erhaltung des landwirtschaftlichen Betriebes angewandte Instrument der Kürzung des Miterbenanteils.[3]

3 Verfassungsrechtliche Bedenken gegen die privilegierte Bewertung wurden durch das BVerfG in Entscheidungen zur Bewertung beim Zugewinnausgleich geäußert. Daraufhin wurde eine Einschränkung dahingehend vorgenommen, dass es sich um einen leistungsfähigen Betrieb handeln muss[4] und die Erhaltung durch den Inhaber oder dessen Abkömmlinge sichergestellt ist.[5] Eine Privilegierung zugunsten eines Familienfremden oder eines weiter entfernten Verwandten, die mit einer Einschränkung des gesetzlichen Erb- und Pflichtteilsrechts einhergeht, ist aufgrund der Abwägung der Rechtsgüter „Sicherung der Volksernährung“[6] und gesetzlich gesicherte „Mindestteilhabe am Familienvermögen durch das Erb- und Pflichtteilsrecht“ allerdings nicht gerechtfertigt. Die Benachteiligung von Miterben muss der Prüfung eines Eingriffs in den Anwendungsbereich von Art. 3 Abs. 1 GG standhalten[7] und ist daher nur unter den oben genannten engen Voraussetzungen zuzulassen.

4 Im Familienrecht sollen dabei nur diejenigen Betriebe privilegiert sein, die durch Schenkung oder Erbschaft weitergegeben werden. Bei diesen Betrieben handelt es sich in der Regel und Familienbetriebe oder solche, in denen der Erwerber besondere Leistungen erbracht hat, die ihm sodann eine unentgeltliche Übernahme des Betriebes ermöglichen. In der Systematik des Zugewinnausgleichsrechts ist in diesen Fällen vorgesehen, dass die Betriebe nach § 1374 Abs. 2 BGB dem Anfangsvermögen zuzuordnen sind. Das wiederum ist Privilegierungsvoraussetzung. Im Ergebnis wird gesichert, dass nur dasjenige Vermögen privilegiert werden kann, dessen Vermögensstamm nicht durch in der Ehe erwirtschaftete Einkünfte geschaffen wurde.

B. Tatbestand

5 § 2049 BGB setzt voraus, dass es sich um ein im Nachlass befindliches Landgut handelt, das einem Miterben durch Anordnung des Erblassers zugedacht worden ist. Bei einem solchen Erwerb von Todes wegen wird die Privilegierung vermutet und hat zur Folge, dass der Ertragswert anzusetzen ist, soweit dieser den Verkehrswert unterschreitet.

I. Auslegungsregel

6 Abs. 1 enthält eine Auslegungsregel. Danach ist die Anordnung des Erblassers, dass ein Miterbe das Recht haben soll, ein Landgut zu übernehmen, im Zweifel zugleich dahingehend zu verstehen, dass das Gut bei Übernahme mit dem Ertragswert auf den Erbteil anzurechnen ist.[8] Dieser Fall tritt also nur dann ein, wenn kein anderer Wille des Erblassers in der letztwilligen Verfügung oder aus sonstigen Umständen feststellbar ist. Der Erblasser kann mithin von dieser Regel abweichen. Andernfalls greift die Auslegungsregel und die Bewertung des Landguts für die Berechnung von Ausgleichs-

3 *Graß*, § 2049 Rn 1.
4 BVerfG NJW 1985, 1329, 1330.
5 BVerfG MDR 1989, 1074, 1075; BGHZ 98, 375.
6 BVerfGE 15, 337, 342.
7 BGH MDR 1992, 56; BGH, Urt. v. 22.10.1986 – IVa 143/85, juris.
8 *Planck*, Bd. V, § 2049 Anm. 2; Staudinger/*Löhnig*, § 2049 Rn 1.

ansprüchen und die Auseinandersetzung der Erbengemeinschaft erfolgen nicht unter Zugrundelegung des Verkehrswertes, sondern es wird lediglich der in der Regel niedrigere Ertragswert angesetzt.[9] Die Auslegungsregel kann entkräftet werden durch den Nachweis eines anders lautenden Willen des Erblassers.[10]

II. Landgut

Nach der st. Rspr. des BGH ist unter einem „Landgut" i.S.v. § 2049 BGB eine Besitzung zu verstehen, „die eine zum selbstständigen und dauerhaften Betrieb der Landwirtschaft einschließlich der Viehzucht oder der Forstwirtschaft geeignete und bestimmte Wirtschaftseinheit darstellt und mit den notwendigen Wohn- und Wirtschaftsgebäuden versehen ist. Sie muss eine gewisse Größe erreichen und für den Inhaber eine selbstständige Nahrungsquelle darstellen; dass eine Ackernahrung vorliegt, ist jedoch nicht erforderlich; eine Besitzung kann auch dann ein Landgut sein, wenn der Inhaber neben der Landwirtschaft einen anderen Beruf ausübt".[11] 7

Der Begriff der Landwirtschaft entspricht dem in § 585 BGB. Einer bestimmten Größe des Landguts bedarf es historisch betrachtet nicht, jedoch stößt eine Privilegierung von Kleinstbetrieben zu Lasten der Gleichbehandlung der Erben auf verfassungsmäßige Bedenken.[12] In der Regel wird es bei diesen Betrieben an der notwenigen Leistungsfähigkeit mangeln. Nach der Definition des BGH kann aber auch ein im Nebenerwerb bewirtschafteter Betrieb ein Landgut i.S.v. § 2049 BGB sein. Unproblematisch ist es auch, wenn der Inhaber noch einen anderen Beruf ausübt und aus dessen Erträgen den Unterhalt der Familie bestreitet.[13] Auch die Tatsache, dass es sich um eine verhältnismäßig kleine landwirtschaftliche Fläche handelt, steht der Annahme der Landguteigenschaft nicht grundsätzlich entgegen, ebenso wenig, wie ein hohes Alter von funktionsfähigen Maschinen.[14] Allerdings ist die Gesetzesanwendung, wegen der damit einhergehenden Benachteiligung der weichenden Erben, stets zu beschränken auf die Erhaltung von noch leistungsfähigen landwirtschaftlichen Betrieben.[15] 8

Das Landgut muss dabei Eigentum, nicht zwingend Alleineigentum, des Erblassers sein.[16] Vom Erfordernis des Alleineigentums ist insbesondere eine Abweichung dann zuzulassen, wenn der Übernehmer im Ergebnis Alleineigentümer wird und damit der Gesetzeszweck der Fortführung des Betriebes in einer Hand erreicht wird.[17] 9

Es ist unerheblich, ob das Landgut in der Höferolle gelöscht wurde. Die weitergehenden Voraussetzungen für einen Hof im Sinne der Höfeordnung, insbesondere eine Mindestertragskraft, ist bei einem Landgut i.S.d. BGB nicht erforderlich.[18] Dabei ist aber nicht ausgeschlossen, dass der Wegfall der Voraussetzungen eines Hofes zugleich auch einhergeht mit dem Wegfall der Tatbestandsvoraussetzungen für die Annahme eines Landguts.[19] 10

9 *Graß*, § 2049 Rn 71.
10 BGH NJW 1964, 1323; Erman/*Bayer*, § 2049 Rn 2.
11 BGH NJW 1964, 1414, 1416; BGH MDR 1972, 496; BGHZ 98, 375 f.; BGH NJW-RR 1992, 770; OLG Hamm, Urt. v. 2.8.2012 – 10 U 118/12, juris; OLG Stuttgart, Beschl. v. 15.10.2014 – 15 UF 120/14, juris.
12 *Graß*, § 2049 Rn 10.
13 OLG Stuttgart NJW-RR 1986, 822.
14 BGH NJW-RR 1992, 770.
15 OLG München ZErb 2009, 182.
16 *Graß*, § 2049 Rn 8; anders Staudinger/*Löhnig*, § 2049 Rn 7.
17 BGH MDR 1987, 212.
18 BGHZ 98, 375, 378; Staudinger/*Herzog*, § 2312 Rn 12.
19 OLG Celle, Beschl. v. 21.3.2011 – 7 W 126/10(L), juris.

11 Der Begriff des Landguts knüpft an § 585 Abs. 1 S. 2 BGB und den dortigen Begriff der Landwirtschaft an. Landwirtschaft ist Bodenbewirtschaftung oder eine mit Bodennutzung verbundene Tierhaltung, sodass die folgenden Betriebsarten ein Landgut sind:[20]

- Gartenbaubetriebe, und zwar unabhängig davon, ob die Erzeugung im Boden, in Behältnissen oder unter Glas erfolgt (§ 585 Abs. 1 S. 2 BGB);
- Tierzuchtbetriebe, allerdings nur solche, die mit der Bodennutzung verbunden sind (§ 585 Abs. 1 S. 2 BGB);
- Weinbaubetriebe;
- Weidewirtschaftsbetrieb;
- Erwerbsobstbaubetriebe;
- Imkereibetriebe;
- Binnenfischerei, soweit sie private Teichwirtschaftsbetriebe sind.

12 Auch reine Forstgüter sind als privilegierte Landgüter anzusehen[21] und sind gleichermaßen von den Privilegierungen der Höfeordnungen und einiger Anerbengesetze erfasst (HöfeO, HessLandgüterO, WürttAnerbenG, HO-RhPf, BbgHöfeOG). Ob die Bewirtschaftungssituation vergleichbar mit landwirtschaftlichen Flächen ist und ob die Bewirtschaftung unrentabler würde, wenn Teilflächen veräußert würden, kann diskutiert werden. Die vom BVerfG[22] in seiner Entscheidung vom 20.3.1963 angenommene Rechtfertigung für die Privilegierung, dass die Landwirtschaft dazu diene, „die Volksernährung sicherzustellen", ist auf die Forstwirtschaft nicht übertragbar. Aber die Erhaltung von Wäldern erfüllt in besonderem Maße Gemeinwohlinteressen. Sie dienen dem Klimaschutz, der Erholung, dem Wasserhaushalt und können von besonderer Bedeutung für den Naturschutz sein. Aufgrund dieser besonderen Zwecke sind sie gleichermaßen für die Allgemeinheit bedeutsam und damit im Interesse ihrer großflächigen Erhaltung privilegierungswürdig. Auch Teil eines landwirtschaftlichen Betriebes sind die in den Betrieb eingegliederten forstwirtschaftlichen Flächen der Privilegierung zu unterwerfen.[23]

13 Keine Landgüter im Sinne der Vorschrift sind all jene Betriebe, die nicht auf der wesentlichen Betriebsgrundlage Grund und Boden bewirtschaftet werden, bspw. Tierzuchtbetriebe in Form von Agrarfabriken, die Massentierhaltung betreiben und Futter weit überwiegend zukaufen. Sie stellen reine Gewerbebetriebe dar und unterliegen als solche den allgemeinen erbrechtlichen Vorschriften. Für eine Privilegierung ist kein Raum, denn sie soll nur den für die Landwirtschaft typischen Eigenheiten, insbesondere der starken Bindung an das Bodeneigentum Rechnung tragen.[24] Über den engen Anwendungsbereich der Vorschrift hinausgehende Einschränkungen der Rechte von Miterben lassen sich hingegen nicht rechtfertigen (vgl. hierzu Rdn 2).

14 Pferdepensionen sind nach der sich zunehmend durchsetzenden Ansicht kein Landgut. Das ist eindeutig für kleinere Besitzungen, die die Fütterung mit zugekauftem Futter sicherstellen.[25] Richtig scheint allerdings, die Qualifikation von reiner Pensionspferdehaltung als privilegierungsfähiges Landgut schon deshalb abzulehnen, weil keine landwirtschaftliche Produktion in Form von Urproduktion betrieben wird.[26] Die Pferde-

20 Ausführlich *Graß*, § 2049 Rn 12 ff.
21 Bejahend: BGHZ 98, 375, 377 f.; *Lange/Kuchinke*, S. 906 Fn 253; ablehnend: *Graß*, § 2049 Rn 14.
22 BVerfG NJW 1963, 947.
23 Vgl. zum Streitstand insgesamt *Piltz*, S. 112 f.
24 BVerfG NJW 1970, 1539, 1540.
25 OLG Hamm, Urt. v. 2.8.2012 – I-10 U 118/12, juris; Düsing/Martinez/*Düsing/Sieverdingbeck-Leuwers*, § 2049 Rn 9.
26 OLG München, Urt. v. 14.1.2003 – 23 U 1830/02, juris.

pension – anders als der Pferdezuchtbetrieb – ist darauf gerichtet, die Pferde als Mittel zur Freizeitgestaltung oder zu sportlichen Zwecken zu halten. Die damit verbundene Bodennutzung hat nichts mit der Gewinnung landwirtschaftlicher Erzeugnisse zu tun und erfüllt im Übrigen die vom BVerfG[27] genannte Privilegierungsvoraussetzung, nämlich die „Volksernährung zu sichern", nicht. Sie leistet hierzu keinerlei Beitrag. Die Tatsache, dass Heu gewonnen wird, um die Pferde zu füttern, oder dass die Pferde Gras von landwirtschaftlichen Flächen fressen, ist zwar Landwirtschaft. Diese landwirtschaftliche Zielsetzung zu privilegieren erscheint indes fragwürdig. Der Betriebszweck beschränkt sich in der Regel auf die Freizeitgestaltung mit einer zufällig früher als landwirtschaftliches Nutztier gehaltenen Tierart. Das überzeigt als Rechtfertigung für die Privilegierung nicht.

Mischbetriebe unterliegen zwar, soweit dies durch Auslegung der letztwilligen Verfü- 15
gung zu ermitteln ist, dem Übernahmerecht des Miterben, der das Landgut übernehmen soll. Eine auch nicht landwirtschaftlich genutzte Betriebsteile erfassende Privilegierung bei der Bewertung lässt sich hingegen nicht rechtfertigen. Mithin erfolgt für den landwirtschaftlichen Betriebsteil die Bewertung mit dem Ertragswert, während für den nichtlandwirtschaftlichen Betriebsteil die Bewertungsgrundsätze für gewerbliche Betriebe anzuwenden sind, sofern es sich um einen „Doppelbetrieb" ohne enge Verbindung der beiden Betriebe handelt, bei der der nichtlandwirtschaftliche Nebenbetrieb dem landwirtschaftlichen dient.[28] Die Zuweisung des nichtlandwirtschaftlichen Teils an einen Miterben stellt eine Teilungsanordnung oder ein Vorausvermächtnis dar, mit der Folge, dass ein Ausgleich gegenüber den Miterben nach den allgemeinen Regeln zu erfolgen hat und die Bewertung hierzu nach dem Verkehrswert erfolgt.

Verpachtete Betriebe behalten in der Regel ihre Landguteigenschaft.[29] Erst wenn fest- 16
stellbar ist, dass ein Weiterbetrieb oder eine einheitliche Verpachtung der Wirtschaftseinheit durch den Erben dauerhaft nicht möglich ist und durch den Erblasser auch nicht beabsichtigt war, sondern vielmehr eine Zersplitterung durch eine Verpachtung an verschiedene Pächter bereits vollzogen wurde, entfällt eine Rechtfertigung für die Privilegierung.[30]

Kein Landgut im Sinne der Vorschrift sind einzelne landwirtschaftliche Grundstücke 17
ohne Verbund mit einer Hofstelle.[31] Hingegen schadet der Landguteigenschaft nicht das Vorhandensein von im Landgut enthaltenen Baugrundstücken oder Bauerwartungsland. Eine privilegierte Bewertung ist jedoch abzulehnen, soweit ohne Beeinträchtigung der dauernden Lebensfähigkeit des landwirtschaftlichen Betriebs eine Herauslösung dieser Grundstücke erfolgen kann.[32] Gleiches gilt für eine sonstige nichtlandwirtschaftliche Nutzung von Flächen, bspw. Kiesabbaugrundstücken mit Abbaugenehmigung,[33] soweit ein Herauslösen der Grundstücke ohne Beeinträchtigung des Betriebes möglich ist.

Differenziert sind Flächen mit Photovoltaik- und Windkraftanlagen zu betrachten. 18
Auch bei diesen Flächen ist, ebenso wie bei Bauland, zu hinterfragen, ob sie ohne Beeinträchtigung für die Bewirtschaftung hinweggedacht werden können.[34] Hat der

27 BVerfGE 15, 337, 342.
28 *Graß*, § 2049 Rn 22, 23; nach *Piltz*, S. 194, ist allerdings danach zu differenzieren, welcher Betriebsteil überwiegt.
29 BGH NJW 1964, 1414, 1416; BGH NJW-RR 1992, 770; Staudinger/*Herzog*, § 2312 Rn 27.
30 BGHZ 98, 375, 378; Düsing/Martinez/*Düsing/Sieverdingbeck-Leuwers*, § 2049 Rn 12.
31 Staudinger/*Herzog*, § 2312 Rn 20.
32 *Lange/Kuchinke*, S. 906; *Graß*, § 2049 Rn 108, 31; Staudinger/*Herzog*, § 2312 Rn 24.
33 BGH FamRZ 1992, 172 f.
34 *Piltz*, S. 252.

Landwirt selbst die Fläche aus dem landwirtschaftlichen Betriebsvermögen entnommen, ist das zu unterstellen.[35] Eine Zugehörigkeit zum Landgut und folglich eine Einbeziehung in die privilegierte Bewertung ist anzunehmen, wenn mit der Anlage ausschließlich oder überwiegend Energie für den landwirtschaftlichen Betrieb produziert wird. Das gilt in gleicher Weise für auf Dächern angebrachte Anlagen und solche, die auf landwirtschaftlichen Flächen stehen. Wird allerdings in das Energieversorgungsnetz eingespeist, ist zu differenzieren, ob die Fläche, auf der die Anlage steht, noch landwirtschaftlich für den Betrieb nutzbar ist. Schließt die Bebauung das aus, kommt weder eine privilegierte Bewertung der Fläche noch eine Einbeziehung der Anlage selbst in die Ertragswertbewertung in Betracht. Andernfalls ist nach Fläche und Anlage aufzuteilen. Die Fläche bleibt dann privilegiert, wenn sie landwirtschaftlich nutzbar ist.

19 Maßgeblicher Zeitpunkt für die Feststellung der Landguteigenschaft ist der Eintritt des Erbfalls.[36] Allerdings kann die frühere und spätere Entwicklung berücksichtigt werden, um Rückschlüsse auf die Verhältnisse zum Zeitpunkt des Erbfalles zu ziehen.[37] Abzustellen ist auf eine Prognose zu diesem Zeitpunkt, die sich aus Sicht eines objektiven Betrachters ergibt und die sowohl Beschaffenheit, Lage und sonstige objektive Verhältnisse des Betriebes, wie auch die Absichten und Vorstellungen des Übernehmers berücksichtigt.[38] Im Höferecht wird dabei zudem auf den Willen des ursprünglichen Eigentümers, also des Erblassers abgestellt.[39] Das dürfte auf das Landgut übertragbar sein, denn wenn der Betrieb vollständig aufgegeben wurde, scheidet eine Fortführung aus. Er könnte lediglich neu eingerichtet werden, was aber vom Gesetzeswortlauf nicht erfasst ist. War die landwirtschaftliche Besitzung einem anderen landwirtschaftlichen Betrieb derart zugeordnet, dass die Bewirtschaftung ausschließlich von dort erfolgt, entfällt die Landguteigenschaft.[40]

20 Zum Landgut gehört das ihm dienende Zubehör nach den §§ 97, 98 BGB.

III. Anordnung des Erblassers

1. Form der Anordnung

21 Die Übernahme durch nur einen Erben bedarf der Anordnung durch den Erblasser. Die Anordnung ist, anders als im Geltungsbereich von Höfeordnung und Anerbengesetzen, formbedürftig. Die dort geltenden Erleichterungen können, wegen der im Anwendungsbereich des BGB-Erbrechts geltenden strengen Formvorschriften, nicht über den Geltungsbereich der Höfeordnung hinaus auf Landgüter i.S.v. § 2049 BGB übertragen werden.[41] Die Übernahme kann mithin nur in Form einer testamentarischen oder erbvertraglichen Regelung angeordnet und ebenso auch wieder aufgehoben werden. Eine anderweitige Äußerung des Erblassers oder eine lebzeitige dauerhafte Überlassung zur Bewirtschaftung an einen Miterben sind mithin nicht ausreichend. In diesem Fall fällt das Landgut als Nachlassgegenstand den Erben, mithin der Erbengemeinschaft an, unabhängig davon, ob diese aufgrund gesetzlicher Erbfolge oder durch eine letztwillige Verfügung, die keine Anordnung nach § 2049 BGB trifft, ent-

35 *Piltz*, S. 252.

36 BGHZ 98, 375, 378; OLG Hamm, Urt. v. 2.8.2012 – 10 U 118/12, juris; OLG Celle, Beschl. v. 21.3.2011 – 7 W 126/10(L), juris; OLG München ZErb 2009, 182, 183.

37 OLG Stuttgart NJW-RR 1986, 822.

38 BGH NJW-RR 1992, 770; OLG München ZErb 2009, 182.

39 BGH, Beschl. v. 29.11.2013 – BLw 4/12 – juris, Rn 40 f.; OLG Hamm, Beschl. v. 6.11.2023 – I-10 W 174/22 – juris, Rn 43.

40 OLG Hamm, Urt. v. 30.1.2014 – I-10 U 80/12 – juris, Rn 86, 106.

41 BGHZ 47, 184, 187.

steht.[42] Dabei ist es ausreichend, wenn die Auslegung des Testaments ergibt, dass der Erblasser eine Bewertung nach dem Ertragswert wollte, ohne dass es einer konkreten Benennung bedarf.[43]

Der Miterbe, der das Landgut übernehmen soll, hat keine Möglichkeit aufgrund einer formnichtigen Anordnung sein Übernahmerecht einzuklagen. In Betracht kommt allerdings die Zuweisung an den formnichtig benannten oder formlos bestimmten Miterben nach §§ 13 Abs. 1, 15 Abs. 1 S. 1 GrdstVG.[44] Danach soll der Betrieb dem Miterben auf seinen Antrag hin gerichtlich zugewiesen werden, den der Erblasser ihm nach seinem wirklichen oder mutmaßlichen Willen zugewiesen hätte.[45] 22

2. Rechtsnatur und Wirkung der Anordnung

Der Erblasser hat, wenn er mehrere Erben in Erbengemeinschaft hinterlässt, einerseits die Möglichkeit anzuordnen, dass ein bestimmter Erbe das Recht haben soll, das Landgut zum Ertragswert zu übernehmen. Er kann aber auch nur anordnen, dass bei Übernahme durch einen der Miterben (ohne das er diesen bestimmt), für das Landgut bei der Auseinandersetzung der Erbengemeinschaft, der Ertragswert anzusetzen ist. 23

Die Anordnung nach § 2049 Abs. 1 BGB kann Teilungsanordnung, Vorausvermächtnis oder auch Erbeinsetzung[46] sein, Letzteres, wenn das Landgut der wesentliche Nachlassgegenstand ist. Ein reines Vermächtnis ist hingegen nicht ausreichend, denn § 2049 BGB ist eine Regelung zur Auseinandersetzung der Erbengemeinschaft, und an dieser ist ein reiner Vermächtnisnehmer gerade nicht beteiligt. Der Wortlaut von § 2049 Abs. 1 BGB spricht von der Übernahme durch einen Miterben. Der Übernehmer muss also zumindest auch Erbe sein. Etwas anderes kann allerdings gelten im Anwendungsbereich von § 2312 BGB. Zwar steht auch der Wortlaut von § 2312 Abs. 1 S. 1 BGB der Annahme eines Vermächtnisses entgegen. Da aber allgemein eine Anwendung der Privilegierung nach § 2312 BGB analog auch bei der Pflichtteilsergänzung erfolgen soll,[47] stellt sich die Frage, ob ein Vermächtnis an eine Person aus dem Personenkreis von § 2303 BGB nicht eine privilegierte Bewertung zulassen sollte, wenn andernfalls zur Sicherstellung des Pflichtteils eine Vermächtniskürzung nach § 2318 BGB drohen würde. Eine Vermächtniskürzung hätte möglicherweise wiederum die Zerschlagung eines landwirtschaftlichen Betriebes zur Folge. Es erscheint ein angemessenes Mittel zur Erreichung des vom Gesetz gewollten Zwecks, auch an dieser Stelle statt des Verkehrswertes den geringeren Ertragswert bei der Bewertung des Vermächtnisses zugrunde zu legen, wenn andernfalls ein nur insoweit bedachter Abkömmling oder Ehegatte den Betrieb nicht weiterbetreiben könnte. Das Gleiche muss dann gelten bei einer lebzeitigen Zuwendung, die mit einer späteren Inanspruchnahme des Übernehmers als Beschenktem verbunden ist. Für der Bemessung des Wertes gemäß § 2329 Abs. 2 BGB kann bei einer Anwendung der Privilegierungsvorschriften im Interesse der Allgemeinheit nur eine Bewertung nach dem Ertragswert erfolgen, und zwar unabhängig davon, ob der Erblasser den Übernehmer (den er nach seiner Meinung vielleicht durch Übergabe des Betriebes als von seinem Vermögen abgefunden ansieht) später auch zum Erben einsetzt. Dagegen spricht, dass bei einer solchen Ausweitung der Vorschrift über den Wortlaut hinaus ausgerechnet Pflichtteilsberechtigte noch 24

42 Anders *Graß*, § 2049 Rn 40, die diese Folge nur für die gesetzl. Erbfolge beschreibt.
43 BGH FamRZ 2008, 140; OLG München ZErb 2006, 322.
44 Dazu weitergehend Rißmann/*Hähn*, § 17 Rn 50 ff.
45 *Graß*, § 2049 Rn 40.
46 RGZ 170, 163, 169 ff.
47 BGH MDR 1965, 642.

weitergehender als die Miterben beeinträchtigt würden. Hiergegen bestehen Bedenken unter Berücksichtigung der hohen Anforderungen eines Eingriffs in Art. 3 Abs. 1 GG.

25 Bei der vom Gesetz vorgesehenen Ausprägung des § 2049 BGB handelt es sich um eine Teilungsanordnung,[48] genauer um eine wertverschiebende Teilungsanordnung.[49] Das gilt, wenn sich aus der letztwilligen Verfügung keine anderen Anhaltspunkte für die rechtliche Einordnung ergeben. Eine Qualifizierung der testamentarischen Anordnung als Erbeinsetzung oder Vorausvermächtnis ist indes gleichermaßen denkbar, wenngleich es dann der Vermutungsregelung des § 2049 BGB nicht bedarf, sondern sich aus der Regelung selbst die anderweitige Qualifikation ergibt. Beim Wertausgleich zwischen den Miterben wird für das Landgut der Ertragswert in Ansatz gebracht. Das Landgut fällt mithin zunächst, anders als bei der Hoferbfolge, der Erbengemeinschaft an. Der übernahmeberechtigte Miterbe kann sodann von der Erbengemeinschaft die Einräumung des Alleineigentums am Landgut verlangen. Da in der Regel der Erblasser das Recht zur Übernahme einräumt, entsteht der Auflassungsanspruch nicht mit dem Erbfall, sondern erst zu dem Zeitpunkt, zu dem der Übernehmer von seinem Recht Gebrauch macht.[50] Macht der Übernahmeberechtigte seinen Anspruch nicht geltend, so kann er auf diese Weise auf das Recht verzichten. Er ist bei der Ausübung des Rechts nicht an eine Frist gebunden. Allerdings wird ihm regelmäßig der Verwirkungseinwand entgegengehalten werden können, wenn er nicht binnen der Ausschlagungsfrist von sechs Wochen nach § 1944 Abs. 1 BGB seinen Anspruch geltend macht, sofern nicht die Erbengemeinschaft zunächst einvernehmlich auf eine Auseinandersetzung verzichtet und der Übernahmeberechtigte das Landgut in dieser Zeit verwaltet.[51]

26 Die Erbengemeinschaft hat die sich aus den allgemeinen Vorschriften ergebenden Rechte. Liegt eine Teilungsanordnung vor, erfolgt unter Berücksichtigung des Wertes ggf. ein Wertausgleich. Ist ein Vorausvermächtnis gegeben, findet ein Wertausgleich nicht statt, das Landgut wird dem Übernehmer mit dem angesetzten Wert bei der Auseinandersetzung angerechnet.

IV. Übernahme und Miterbe als Übernehmer

1. Übernahme

27 Es muss eine Übernahme des Landguts durch einen Erben erfolgen. Unerheblich ist, ob zum Zeitpunkt der Übernahme tatsächlich eine Bewirtschaftung stattfindet, denn es ist ausreichend, dass zu Zwecken der Landwirtschaft übernommen wird.[52] Dabei ist es auch ausreichend, wenn der übernehmende Erbe das Landgut für einen pflichtteilsberechtigten Abkömmling übernimmt, der es später bewirtschaften soll, aber zum Übernahmezeitpunkt, z.B. wegen Minderjährigkeit, als Übernehmer ausscheidet.[53] Ausgeschlossen ist daher eine Übernahme im Sinne der Vorschrift, wenn der Betrieb vollständig eingestellt wurde und eine Wiederaufnahme nicht ernsthaft in Aussicht steht.[54] Es ist dabei für die Anwendung von § 2049 BGB nicht ausreichend, wenn die abstrakte Möglichkeit besteht, dass zu irgendeinem späteren Zeitpunkt wieder eine Bewirtschaftung erfolgt.[55] Gleiches gilt, wenn der Erbe in absehbarer Zeit die Veräuße-

48 *Graß*, § 2049 Rn 35.
49 BGH FamRZ 1990, 1112 f.
50 *Graß*, § 2049 Rn 46.
51 *Graß*, § 2049 Rn 46.
52 BGH NJW-RR 1992, 770 f.
53 BayObLG FamRZ 1989, 540, 541 f.
54 BGHZ 98, 375, 378; Staudinger/*Herzog*, § 2312 Rn 27 f.
55 OLG München NJW-RR 2003, 1518, 1519.

rung des ganzen Betriebs oder eines wesentlichen Teils beabsichtigt oder die Landwirtschaft endgültig aufgeben will.[56]

2. Übernehmer

§ 2049 BGB schreibt im Gegensatz zu § 2312 Abs. 3 BGB nach seinem Wortlaut nicht vor, dass der übernehmende Erbe, anders als im Bereich der Höfeordnung, einer besonderen Qualifikation bedarf. § 2049 BGB sieht auch nicht vor, dass der Landgutübernehmer zum Kreis der pflichtteilsberechtigten Personen gehören muss. Dennoch ist eine Anwendung auf andere Übernehmer abzulehnen. Bereits in der Kommentierung von *Planck* wird darauf hingewiesen, dass die Übernahme eines Landguts ausnahmsweise eine Ungleichbehandlung der Abkömmlinge rechtfertigen kann.[57] Eine Benachteiligung der engsten, pflichtteilsberechtigten Familienangehörigen des Erblassers gegenüber außenstehenden Dritten ist hingegen nicht zu rechtfertigen, denn die Vorschrift des § 2049 BGB will zugleich sichern, dass das Landgut in der Familie bleiben soll und hierfür Erleichterungen gewährleisten. Demnach ist die Vererbung zu Vorzugsbedingungen nur anzunehmen, wenn der Übernehmer ein Abkömmling, auch Enkel oder Urenkel, Elternteil oder der Ehegatte des Erblassers ist.[58] 28

Diskutiert wird bei unverheirateten, kinderlosen Erblassern, bei denen also allenfalls Eltern zum Kreis der Personen des § 2303 BGB gehören können, ob eine Vorzugsvererbung an eine Nichte oder einen Neffen erfolgen kann.[59] Die wohl herrschende Meinung lehnt das hingegen ab. Eine derartige Ausnahmevorschrift kann nur auf einen besonders begrenzten Personenkreis erstreckt werden.[60] Dafür spricht die einheitliche Betrachtung der Vorschrift mit § 2312 BGB. Gegen diese Auffassung könnte hingegen die Entstehungsgeschichte der Vorschrift sprechen. § 2049 BGB wurde von der 2. Kommission in der Revisionslesung in das Gesetz aufgenommen, ebenso wie § 2312 Abs. 1 S. 1 BGB. § 2312 Abs. 3 BGB, der die Beschränkung auf Personen nach § 2303 BGB enthält, wurde erst durch den Bundesrat eingefügt. Ziel beider Vorschriften war die Erhaltung und Kräftigung des ländlichen Grundbesitzerstandes. Eine Einschränkung der im Gesetz angedachten Gleichbehandlung der Abkömmlinge und im Einzelfall eine erhebliche Beeinträchtigung einzelner Abkömmlinge schien für diesen Zweck hinnehmbar.[61] Greift man auf diesen Ausgangspunkt zurück, lässt sich bei Fehlen eines pflichtteilsberechtigten Übernehmers eine Einschränkung von Wertausgleichsansprüchen innerhalb der Erbengemeinschaft zugunsten der Allgemeinheit durchaus rechtfertigen. 29

Der Pflichtteilsanspruch soll, ausgehend vom Gedanken, dass die nächsten Familienangehörigen, nämlich Eltern und Kinder, Großeltern und Enkel ursprünglich in engen Familienverbänden zusammenlebten und wirtschafteten, eine Mindestteilhabe der nächsten Familienmitglieder am Erblasservermögen sicherstellen. Der Erbanspruch, der im Falle mehrerer Erben zu einer Auseinandersetzung der Erbengemeinschaft führt, ist ein darüber hinausgehender Anspruch. Er ist nicht in gleicher Weise wie der Pflichtteilsanspruch gesetzlich geschützt, sondern unterliegt, bis an die Grenzen der Pflichtteilsansprüche, der Disposition des Erblassers. Das kann im Einzelfall zur Folge haben, dass die besondere Bewertung bei der Auseinandersetzung der Erbengemein- 30

56 BayObLG FamRZ 1989, 540, 541 f.
57 *Planck*, Bd. V, § 2049 Anm. 1.
58 *Graß*, § 2049 Rn 56 f.
59 Dombert/Witt/*von Garmissen*, § 11 Rn 141.
60 OLG München, Urt. v. 18.3.2009 - 20 U 2160/06, juris; BGH, Urt. v. 22.10.1986 – IV ZR 76/85, juris.
61 *Planck*, Bd. V, § 2049 Anm. 3, § 2312 Anm. 1.

schaft zu einem Ergebnis führt, das einen pflichtteilsberechtigten Miterben schlechter stellt, als er im Falle der Berechnung des Pflichtteilsanspruches ohne Privilegierung stehen würde. Ein solches – in der Tat unerwünschtes – Ergebnis lässt sich jedoch ohne weiteres korrigieren, indem dem betroffenen Miterben über § 2305 BGB im Rahmen einer Korrekturberechnung ohne Privilegierung des Landguts die Differenz als Zusatzpflichtteil gezahlt werden muss.

31 Damit wären beide Vorschriften ihrem Wortlaut entsprechend auch bei einer Weitergabe an einen nicht pflichtteilsberechtigten Landguterben anwendbar. Im Ergebnis wäre der vom Gesetzgeber beabsichtigte Schutz des landwirtschaftlichen Betriebes durch die Möglichkeit der Übergabe an einen geeigneten Nachfolger auch außerhalb des Personenkreises nach § 2303 BGB möglich und damit kann eine sehr viel effektivere Umsetzung des Schutzgedankens der Vorschriften, auch unter Berücksichtigung der heute veränderten Lebenswirklichkeit, in der Abkömmlinge nicht immer vorhersehbar und zwangsläufig auf dem landwirtschaftlichen Betrieb bleiben, erfolgen. Es könnte dabei ein gesetzliches Vorausvermächtnis vorliegen. Problematisch ist die Einzelfallgerechtigkeit nur dann, wenn keine dauerhafte Fortführung durch den Übernehmer erfolgt.

32 Hat der Erblasser das Landgut mehreren Miterben zugewandt, wird der vom Gesetz verfolgte Zweck, es durch einen Übernehmer fortführen zu lassen und eine Zersplitterung auszuschließen, nicht erreicht, sodass die Privilegierung bei der Bewertung entfällt.[62] Gleiches gilt, wenn ein Erbe lediglich den Bruchteil des Eigentums an einem Landgut übernimmt.[63] Anzudenken wäre ein Privilegierung bei Übernahme eines Bruchteils nur dann, wenn der Zweck der Vorschrift, nämlich einen einheitlichen und aufgrund seiner Größe wirtschaftlich zu betreibenden Betrieb zu erhalten, durch die Übernahme des Bruchteils erreicht würde. Das wäre der Fall, wenn der übernehmende Erbe bereits Eigentümer eines Anteils am Betrieb ist. Klassischer Fall ist der gütergemeinschaftliche Anteil, für den die herrschende Meinung die Ertragswertbewertung bejaht.[64] Insgesamt ist aber bei jeder Ausweitung des Anwendungsbereichs unter Berücksichtigung der aktuellen rechtspolitischen Diskussion[65] Zurückhaltung geboten.

V. Ertragswert

33 Für die Berechnung der Abfindung der Miterben und die Bewertung des Erbteils des Übernehmers ist nach § 2049 BGB der Ertragswert zugrunde zu legen. Auf ihn verweist nicht nur § 1376 Abs. 4 BGB für die Zugewinnausgleichberechnung bei Vorhandensein eines aktiven Landguts, sondern auch § 21 Abs. 2 S. 2 HO Rh-Pf. Da die Vorschrift eine Begünstigung des Übernehmers erreichen will, gilt dies nicht, wenn der Verkehrswert ausnahmsweise niedriger als der Ertragswert ist.[66] Aber § 2049 BGB ermöglicht eine Bewertung unterhalb des Liquidations-/Zerschlagungswertes,[67] der ansonsten die untere Grenze der Bewertung darstellt. Der Ertragswert i.S.d. § 2049 BGB ist nicht der Ertragswert, der bei der Verkehrswertermittlung beim Ertragswertverfahren in Abgrenzung zum Sachwert ermittelt wird. Es handelt sich vielmehr um eine an den Rohertrag anknüpfende Bewertung, bei der ein schuldenfreier Betrieb

62 *Graß*, § 2049 Rn 53.
63 BGH NJW 1973, 995, 996.
64 BGH FamRZ 1983, 1220.
65 Vgl. *Röthel*, 68. DJT, Gutachten Bd. I, A 32 f.
66 BGH FamRZ 2016, 1044; OLG Stuttgart, Beschl. v. 15.10.2014 – 15 UF 120/14, juris (beide Entscheidungen sind zur vergleichbaren Situation beim Zugewinnausgleich im Anwendungsbereich des § 1376 Abs. 4 BGB ergangen, dessen Zweck aber identisch mit der Privilegierung im Erbrecht ist, sodass die Entscheidungen auf § 2049 übertragbar sind).
67 BGH FamRZ 1986, 776.

unterstellt wird. Das hat allerdings Auswirkungen auf die Berücksichtigung von Verbindlichkeiten. Der BGH[68] hatte zuletzt einen Abzug der vollen Verbindlichkeiten vom Ertragswert verneint. Vielmehr sind die vollen Zinsen nur abziehbar, wenn mit dem Verkehrswert bewertet wird. Andernfalls ist nur der Zinsanteil in Abzug zu bringen.

Abs. 2 orientiert den Ertragswert an dem bei ordnungsgemäßer Bewirtschaftung nachhaltig erzielbaren Reinertrag. Der Reinertrag ist nicht gesetzlich definiert. Er bedarf der gutachterlichen Bestimmung. Grundlage sollen die wirtschaftlichen Möglichkeiten des Betriebes sein. Es haben sich hierzu zwei Meinungen verfestigt. Die eine will an den, immerhin nachvollziehbar ermittelbaren, steuerlichen Ertragswert nach den §§ 36 ff. BewG anknüpfen. Die Gegenmeinung stellt auf einen landwirtschaftlich-betriebswirtschaftlichen Wert ab, mit der Folge, dass sich negative Werte ergeben können, die aber vom Gesetzgeber nicht angedacht waren.[69] Ursprünglich sollte der Ertragswert nur dazu dienen, eine Abgrenzung von den damals überhöhten Verkaufs-(Verkehrs-)werten für landwirtschaftliche Grundstücke zu ermöglichen.[70] Der Gesetzgeber hatte im Sinn, dass die nähere Bestimmung durch die Landesgesetzgebung erfolgen sollte. Er hatte aber auch gesehen, dass die Werte durch Sachverständige zu ermitteln sein werden.[71] Vorgaben zur Berechnung enthält die Vorschrift daher nicht. Art. 137 EGBGB sieht aber bis heute die Möglichkeit einer näheren Bestimmung durch die Landesgesetzgebung vor. Das OLG Celle hat in neuerer Zeit auf den Rohertrag abgestellt, von dem betriebliche, auch fiktive Lohnkosten für den Inhaber nebst mitarbeitender Familienangehöriger, abzuziehen sind.[72] Außerdem ist bei der Bewertung des Betriebes die latente Steuerlast wertmindernd zu berücksichtigen, wenn der Wert nur durch Verkauf realisiert werden kann.[73] Das kann aber nur für die Bewertung von Betriebsteilen (z.B. Bauland) zutreffen, da im Falle einer Verkaufsabsicht des Übernehmers die Ertragswertbewertung ohnehin nicht mehr stattzufinden hat. 34

Die einzelnen Bundesländer sehen zur Berechnung des Ertragswertes danach unterschiedliche Multiplikatoren für den Reinertrag vor, aus denen sich der für die Bewertung zugrunde zu legende Ertragswert berechnet. Teilweise wird dabei mangels landesrechtlicher Vorschriften an das subsidiär anwendbare Bewertungsgesetz angeknüpft. Danach ergeben sich für die einzelnen Länder die folgenden Multiplikatoren: 35

- das 17-fache des jährlichen Reinertrags: Niedersachsen (§ 28 AGBGB);
- das 18-fache des jährlichen Reinertrags: Baden-Württemberg (§ 48 AGBGB); Bayern (§ 68 AGBGB); Thüringen (§ 28 ThürAGBGB); Hamburg, Mecklenburg-Vorpommern, Sachsen, Sachsen-Anhalt (§ 36 Abs. 2 S. 3 BewG); Schleswig-Holstein (§ 36 Abs. 2 S. 3 BewG, nachdem das BVerfG § 23 AGBGB-SchlH für verfassungswidrig erklärt hat);[74]
- das 25-fache des jährlichen Reinertrags: Berlin (Art. 83 Preuß. AGBGB); Brandenburg (Art. 31 BbgAGBGB); Bremen (§ 14 Bremisches HöfeG analog); Hessen (§ 39 HessAGBGB); Nordrhein-Westfalen (Land Lippe = Regierungsbezirk Detmold: § 46 AGBGB; übrige Landesteile: Art. 83 Preuß. AGBGB); Rheinland-Pfalz (§ 24 AGBGB); Saarland (Art. I § 32 des Gesetzes zur Vereinheitlichung und Bereinigung landesrechtlicher Vorschriften).

---

68 BGH FamRZ 2016, 1044; OLG Stuttgart, Beschl. v. 15.10.2014 – 15 UF 120/14, juris.
69 Dombert/Witt/*von Garmissen*, § 11 Rn 147.
70 *Planck*, Bd. V, § 2049 Anm. 2.
71 *Planck*, Bd. V, § 2049 Anm. 3.
72 OLG Celle, Urt. v. 10.10.2007 – 7 U 62/06, juris.
73 BGH, Urt. v. 22.10.1986 – IVa ZR 143/85, juris.
74 BVerfG, Beschl. v. 26.4.1988 – 2 BvL 84/86, juris.

VI. Zubehör

36 Für die weitere Berechnung des Abfindungs- bzw. Ausgleichsbetrages, der an die Miterben vom Übernehmer zu zahlen ist, sind die mit dem Landgut zwingend verbundenen Vermögenspositionen hinzuzurechnen, soweit sie bei der Berechnung des Ertragswertes unberücksichtigt geblieben sind. Das sind zunächst alle Sachen, die nicht nach den §§ 97, 98 Nr. 2 BGB Zubehör des Landguts sind.

37 Dem Begriff des Zubehörs nach § 98 Nr. 2 BGB entspricht dabei § 33 Abs. 2 BewG. Danach gehören zum land- und forstwirtschaftlichen Vermögen die landwirtschaftlichen Maschinen, Viehbestände, landwirtschaftliche Erzeugnisse, soweit sie zur Fortführung des Betriebs bis zur nächsten Ernte erforderlich sind und sonstige umlaufende Betriebsmittel, wie Saatgut, Viehfutter, Kraftstoffe.

38 Die frühere Rechtsprechung ließ Haus- und Küchengerät so weit als Landgutzubehör gelten, als es zur gutseigenen Ausstattung von Personal diente. Für die Auseinandersetzung von Miterben kann dies jedoch nicht gelten. Hausrat und Wohnungseinrichtung gehören zum privaten Lebensbereich des Erblassers und sind daher nach den allgemeinen Vorschriften bei der Auseinandersetzung der Erbengemeinschaft zu berücksichtigen. Eine anderweitige Vorgehensweise und die privilegierte Überlassung an den Übernehmer des Landguts lassen sich aus dem Zweck der Vorschrift, insbesondere unter Berücksichtigung der geänderten Lebensverhältnisse und heute üblichen Ausstattung nicht mehr rechtfertigen, zumal eine Abgrenzung gegenüber darüber hinausgehendem Hausrat praktisch nicht vorgenommen werden kann.

39 Nach § 33 Abs. 2 i.V.m. § 47 BewG umfasst der steuerliche Ertragswert zwar neben dem Wirtschaftswert auch den Wohnungswert. Soweit hierauf nun die Einbeziehung von Hausrat in das Landgut und die Bewertung mit dem Ertragswert gestützt wird,[75] ist dieser Auffassung nicht zu folgen. § 47 BewG greift die Vorschriften zur Bewertung von Mietwohngrundstücken auf. Diese werden aber in den einschlägigen Vorschriften des Bewertungsgesetzes, auf die § 47 BewG verweist, gerade nicht möbliert oder einschließlich Hausrat bewertet.

40 Nicht nach dem Ertragswert zu berechnen sind Baugrundstücke, die ohne Gefährdung der Betriebsgrundlage herausgelöst werden können.[76]

41 Nach § 33 Abs. 3 BewG gehören nicht zum landwirtschaftlichen Vermögen Zahlungsmittel, Geldforderungen u.Ä., Geldschulden, Überbestände an umlaufenden Betriebsmitteln, Tierbestände, die nicht oder nicht mehr, weil zum Verkauf bestimmt, dem landwirtschaftlichen Betrieb dienen.[77] Auch sie unterliegen nicht der privilegierten Bewertung.

42 Nicht einzurechnen sind zugepachtete Flächen.[78] An ihnen erwirbt der Übernehmer kein Eigentum und sie gehören auch nicht bei langfristigen Pachtverträgen zur „rechtlichen Einheit“ Landgut.[79]
In Abzug zu bringen sind bei der Berechnung der Ausgleichszahlung an die anderen Miterben diejenigen Nachlassverbindlichkeiten, die den Landgutübernehmer belasten.[80]

43 In Ausnahmefällen können zur Erreichung des Zwecks, den Betrieb zu einem Wert zu übernehmen, der die Fortführung sicherstellt, Abschläge vorgenommen werden.

---

75 *Graß*, §§ 97, 98 Rn 15.
76 BGH, Urt. v. 9.10.1991 – IV ZR 259/90, juris; BGH, Urt. v. 22.10.1986 – IVa ZR 143/85, juris; Staudinger/*Herzog*, § 2312 Rn 34.
77 RGZ 142, 379, 381, 382; RGZ 163, 104, 106 f.
78 Staudinger/*Herzog*, § 2312 Rn 34.
79 Staudinger/*Herzog*, § 2312 Rn 34.
80 Staudinger/*Herzog*, § 2312 Rn 38.

Andererseits sind Zuschläge möglich, falls die Bewertung zu einem unangemessenen Ergebnis für die ausgleichsberechtigten Miterben führen würde.[81] Die konkrete Bewertung obliegt einem Sachverständigen.

VII. Nachabfindungsanspruch?

Einen Nachabfindungsanspruch kennt das BGB im Gegensatz zur Höfeordnung nicht. Eine Nachabfindung kann vertraglich vereinbart werden,[82] andernfalls besteht ein Anspruch nicht ohne weiteres. Unter Berücksichtigung der auf den Zeitpunkt des Erbfalls abstellenden, stichtagsgenauen Betrachtungsweise erscheint eine Korrektur der Ausgleichzahlung an die Miterben nach Aufgabe der Landwirtschaft durch den Übernehmer systemwidrig. Auch alle sonstigen Vermögenswerte werden stichtagsgenau bewertet, sodass auch für das Landgut nichts anderes sinnvoll erscheint. Sieht man § 2049 BGB jedoch als Sondervorschrift, die nur unter dem Gesichtspunkt der Erhaltung des Betriebes eine Benachteiligung der Miterben zulässt, so könnte man eine Nachabfindung auch im Geltungsbereich der allgemeinen erbrechtlichen Vorschriften für sachgerecht erachten. Kann die Übernahme allerdings nicht nach § 2049 BGB erfolgen und kommt es zu einer Zuweisung an einen Miterben nach § 13 GrdstVG, findet sich eine Regelung zu Nachabfindungsansprüchen in § 17 GrdstVG für die Dauer von 15 Jahren. 44

Im Pflichtteilsrecht wird dies im Anwendungsbereich von § 2312 BGB höchst streitig bejaht. Die dortigen Grundsätze dürften wegen der ähnlichen Ausgangslage („Sonderopfer" der Miterben) auf den Anwendungsbereich von § 2049 BGB übertragbar sein. Soweit nicht bereits im Wege der Testamentsanfechtung oder seiner ergänzenden Auslegung der veränderten Situation Rechnung getragen werden kann, wird für § 2312 BGB allgemein ein Nachabfindungsanspruch auf § 242 BGB gestützt.[83] Zu folgen ist dem wohl nur, wenn zum Zeitpunkt der Übernahme seitens des Übernehmers bereits der Entschluss gefasst war, den Betrieb nicht dauerhaft fortzuführen. Andernfalls kollidiert die Nachabfindung mit der stichtagsgenauen Bewertung zum Zeitpunkt des Erbfalls. 45

C. Verfahrensfragen und Prozesstaktik

Es obliegt dem Tatrichter, festzustellen, ob im Einzelfall ein zur Fortführung geeigneter landwirtschaftlicher Betrieb einerseits und ein geeigneter Übernehmer, der die Fortführung sichern kann, anderseits vorhanden sind.[84] Dabei trifft die Darlegungs- und Beweislast für die Begünstigungsvoraussetzungen den übernehmenden Erben. 46

D. Verhältnis zu landesrechtlichen Vorschriften

Die Nachfolge in einen „Hof" wird in einzelnen Bundesländern durch spezialgesetzliche Vorschriften geregelt, die die allgemeinen Vorschriften des BGB überlagern und einschließlich der Testierfreiheit einschränken.[85] In Bayern, dem Saarland und den neuen Bundesländern fehlen spezialgesetzliche Regelungen, sodass der Rechtsübergang im Erbfall ausschließlich nach den Vorschriften der §§ 2049, 2312 BGB und den §§ 13 ff. GrdstVG vollzogen wird. In Brandenburg gibt es das politische Bestreben, eine Höfeordnung einzuführen. Die mit der Privilegierung von Hoferben einhergehende Ungleichbehandlung, die einen Verstoß gegen Art. 3 Abs. 1 GG darstellen könnte, rechtfertigte das BVerfG auch hier mit dem öffentlichen Interesse, leistungsfä- 47

81 *Graß*, § 2049 Rn 110.
82 Mayer/Süß/Riedel/Bittler/*Riedel*, HB Pflichtteilsrecht, § 5 Rn 317.
83 Staudinger/*Herzog*, § 2312 Rn 42; *Lange/Kuchinke*, § 37 VII 4 b Fn 262.
84 BGH NJW-RR 1992, 770; BGH NJW-RR 1990, 68, 69.
85 *Graß*, Teil A Einleitung Rn 28; *Spanke*, in: Kerscher/Krug/Spanke, § 7 Rn 59.

hige, die Volksernährung sicherstellende Betriebe zu erhalten.[86] Außerhalb der Geltung landesgesetzlicher Sonderregelungen, wie der Höfeordnung, finden die subsidiären Vorschriften des § 2049 BGB für die Auseinandersetzung der Erbengemeinschaft, ergänzt durch § 2312 BGB für die Bewertung des Pflichtteilsanspruchs, Anwendung.

Vorbemerkung zu §§ 2050 ff. BGB

Literatur

Bertolini, Zur Durchführung der Ausgleichung (§ 2055 BGB), Mitt-BayNot 1995, 109; *Bosch*, Erbrechtliche Probleme des „Nichtehelichengesetzes", FamRZ 1972, 169; *Bothe*, Zur Beweislast bei Zuwendungen im Sinne des § 2050 Abs. 3 BGB, ZErb 2004, 368; *Bredemeyer/Sutter*, Die gerichtliche Durchsetzung der Ausgleichung von Pflegeleistungen, ZEV 2022, 61; *Damrau*, Erbrechtlicher Ausgleich von Zuwendungen und Pflegeleistungen, ErbR 2009, 170; *ders.*, Erbersatzanspruch und Erbausgleich, FamRZ 1969, 579; *Dressel*, Die Ausgleichungspflicht im Höferecht bei besonderer Mitarbeit oder Pflegetätigkeit eines Abkömmlings (§ 2057a BGB), RdL 1970, 146; *Fenn*, Die juristische Qualifikation der Mitarbeit bei Angehörigen und ihre Bedeutung für die Vergütung, FamRZ 1968, 291; *Friedrich*, Dem demographischen Wandel erbrechtlich begegnen – Ausgleichungspflicht gem. § 2057a Abs. 1 S. 2 BGB bei Pflegeleistungen gegenüber dem Erblasser (Teil1), ZErB 2023, 284; *Friedrich/Schier*, Ausgleichungsbemessung für Pflegeleistungen – Konflikt zwischen Interessen des Ausgleichungs- und Pflichtteilsberechtigten, ZErb 2024, 241; *Fröschlin*, Zur Fortentwicklung von Klauseln über die Gleichstellung von erbrechtlichen Ausgleichspflichten, BWNotZ 1997, 30; *Funke/Roth*, Ausgleichungspflicht und erweiterter Erblasserbegriff, NJW-Spezial 2013, 423; *Garbe-Emden/Schönenberg-Wessel*, Berücksichtigung von Leistungen gemäß § 2057a BGB bei Erstellung des notariellen Nachlassverzeichnisses, Teil 1 und Teil 2, ZErb 2021,1 und 41; *Horn*, Auskunftsrechte des Erben gegen den Pflichtteilsberechtigten, NJW 2016, 2150; *Jakob*, Die Ausstattung (§ 1624 BGB) – ein familienrechtliches Instrument moderner Vermögensgestaltung?, AcP 207 (2007), 198; *Kaiser*, Typische Fehler in zivilprozessualen Anträgen, NJW 2017, 1223; *Kerscher/Kerscher*, Ergänzungspflichtteil nach Ausgleichung gemäß § 2326 BGB, ZEV 2005, 295; *Kerscher/Tanck*, Zuwendungen an Kinder zur Existenzgründung, ZEV 1997, 354–358; *Keßler*, Die Rechtsprechung des Bundesgerichtshofes zum Erbrecht seit 1964, DRiZ 1966, 395; *Knodel*, Die Ausstattung, eine zeitgemäße Gestaltungsmöglichkeit?, ZErb 2006, 225; *Knur*, Familienrechtliche und erbrechtliche Probleme des Gesetzes über die rechtliche Stellung nichtehelicher Kinder, FamRZ 1970, 269; *Kollmeyer*, Ausgleich von Pflegeleistungen unter Abkömmlingen, NJW 2017, 1849; *Kreienberg*, Auswirkungen des neuen Pflegestärkungsgesetzes (PSG II) im Erbrecht, ErbR 2019, 266 und ErbR 2019, 322; *dies.*, Relevanz des mietfreien Wohnens im Pflichtteilsergänzungs- und Ausgleichungsrecht, ZErb 2020, 6; *dies.*, „Immobilie gegen Pflegeverpflichtung: Bewertungsfragen im Erbrecht" Teil 2, GuG, Grundstücksmarkt und Grundstückswert, 2024, 266; *Krug*, Die Kaufkraftproblematik bei ausgleichungspflichtigen Vorempfängen in der Erbteilung, ZEV 2000, 41; *Kues*, Die vorweggenommene Ausgleichung lebzeitiger Zuwendung unter künftigen Erben als Vertrag i.S.v. § 312 Abs. 2 BGB, ZEV 2001, 13; *ders.*, Die Pflegevergütung naher Angehöriger, ZEV 2000, 434; *Langenfeld/Günther*, Grundstückszuwendungen zur lebzeitigen Vermögensnachfolge, 6. Aufl. 2009; *Leipold*, Neue Erbchancen für „alte" nichteheliche Kinder: der Europäische Gerichtshof für Menschenrechte und der BGH beseitigen die Diskriminierung, ZEV 2017, 489; *Ludyga*, Die Berücksichtigung von Pflegeleistungen gemäß § 2057a BGB nach der Erbrechtsreform, ZErb 2009, 289; *Mayer*, Nachträgliche Änderung von erbrechtlichen Anrechnungs- und Ausgleichungsbestimmungen, ZEV 1996, 441; *Meincke*, Zum Verfahren der Miterbenausgleichung, AcP 178, 45; *Mohr*, Ausgleichung und Anrechnung bei Schenkungen, ZEV 1999, 257; *Pentz*, Berücksichtigung des Kaufkraftschwunds im Erbrecht? ZEV 1999, 167; *Peter*, Zuwendungen im Wege vorweggenommener Erbfolge, BWNotZ 1986, 28; *Petersen*, Die Beweislast bei der Ausgleichspflicht unter Miterben nach § 2057a BGB, ZEV 2000, 432; *Roth*, Ausschluss der Ausgleichungspflicht für Pflegeleistungen des Alleinerben, NJW-Spezial 2021, 360; *ders.*, Die Ausstattung (§ 1624 BGB): ein vergessenes Rechtsinstitut zwischen familienrechtlicher Vermögensübertragung und regressrechtlichem Spagat, ZEV 2021, 352; *Sailer*, Die Ausstattung als Rechtsgrund von Überlassungsverträgen, NotBZ 2002, 81; *Sarres*, Auskunftspflichten zwischen Miterben über lebzeitige Zuwendungen gem. § 2057 BGB, ZEV 2000, 349; *Schindler*, Zuwendungsarten bei der Ausgleichung unter Miterben nach § 2050 BGB, ZEV 2006, 389; *Schlitt*, Die Gewährung freien

86 *Graß*, Teil A Einleitung Rn 15.

Wohnraums als pflichtteilsergänzungsrelevante Schenkung?, ZEV 2006, 394; *Schmid*, Ausstattung und Schenkung, BWNotZ 1971, 29; *Schmitz*, Ausgleichung unter Miterben, Diss. Tübingen 2005; *Schneider*, Berücksichtigung von Pflegeleistungen eines Abkömmlings im Erbfall, ZEV 2018, 380; *Schultz*, Zur Anrechnung von Unterhaltsleistungen auf den Pflichtteilsanspruch, DA-Vorm 1984, 713; *Siesenop*, Die Anwendung der §§ 2050 ff. BGB im Erbschaftsteuerrecht, ZEV 2018, 504; *Tanck*, Die Berücksichtigung von Vorempfängen und Ausgleichungsverpflichtungen durch den Testamentsvollstrecker, ZErb 2019, 142; *Teschner*, § 2057a BGB – Pflegeleistungen im Lichte der Rechtsprechung, ZErb 2017, 61 und 89; *Thubauville*, Die Anrechnung lebzeitiger Leistungen auf Erb- und Pflichtteilsrechte, MittRhNotK 1992, 289; *Wagner*, Nachträgliche Honorierung von Pflegeleistungen und Pflichtteilsergänzung, ZErb 2003, 112; *Weimar*, Der Ausgleichsanspruch eines Abkömmlings bei besonderer Mitarbeit und Pflege (§ 2057a BGB), MDR 1973, 23; *ders.*, Rechtsfragen zur Ausgleichspflicht unter Miterben, JR 1967, 97; *Wellenhofer*, Testamentarischer Ausschluss der Ausgleichspflicht für Pflegeleistungen, JuS 2022, 73; *Wiedemann*, Abfindungs- und Wertfestsetzungsvereinbarungen unter künftigen Erben, NJW 1968, 769; *Wolfsteiner*, Anrechnung auf Erb- und Pflichtteil, MittBayNot 1982, 61.

Übersicht: Rdn

A. Praktische Relevanz

1 Die §§ 2050–2057a BGB sind in drei Situationen relevant: bei der Auseinandersetzung zwischen Abkömmlingen, die gesetzlich geerbt haben (bzw. in den Quoten des § 2052 BGB),[1] im Fall des § 1503 BGB (Aufhebung der fortgesetzten Gütergemeinschaft) und bei der Berechnung des Pflichtteils eines Abkömmlings in den Fällen des § 2316 BGB.[2] In der Kautelarpraxis spielen sie vor allem eine Rolle, wenn es um die Ausgleichung **lebzeitiger Zuwendungen** des Erblassers oder die Beseitigung bereits entstandener Ausgleichungspflichten geht. Die forensischen Probleme ergeben sich daraus, dass das Gesetz an vielen entscheidenden Stellen unbestimmte Begriffe verwendet (z.B. Übermaßbestimmung in § 2050 Abs. 2 BGB u. die Begrifflichkeiten des § 2057a BGB), keine Formvorschriften für die Gestaltung durch den Erblasser festlegt und oft Sachverhalte aus der Vergangenheit aufzuarbeiten sind.

B. Normzweck und systematische Stellung

2 Der Normenkomplex der §§ 2050–2057 a BGB behandelt einen Teilaspekt des Innenverhältnisses der Erbengemeinschaft bei ihrer Auseinandersetzung gemäß § 2042 BGB. Die Ausgleichung dient dazu, dem mutmaßlichen Willen des Erblassers Rechnung zu tragen, der bereits in der gesetzlichen Erbfolge (§ 1924 Abs. 4 BGB) zum Ausdruck kommt und darauf abzielt, sein Vermögen gleichmäßig unter seinen Abkömmlingen zu verteilen.[3]

Die Ausgleichung stellt rechtlich weder ein Vermächtnis für die anderen Miterben noch eine Verbindlichkeit gegenüber dem Nachlass dar,[4] sondern ist lediglich die Verpflichtung, ein bestimmtes Verrechnungsverfahren während der Auseinandersetzung zu befolgen. Sie hat keinen Einfluss auf den Erbteil, sondern verändert lediglich

1 § 2204 BGB stellt ausdrücklich klar, dass auch der Testamentsvollstrecker die Auseinandersetzung unter Beachtung dieser Vorschriften zu bewirken hat. Der Verstoß macht schadensersatzpflichtig, OLG München ZErb 2019, 119; näher *Tanck*, ZErb 2019, 142.

2 OLG Schleswig NJW-RR 2013, 205; nicht jedoch bei § 2329 BGB, wenn ansonsten kein Nachlass zu verteilen ist, so KG ZErb 2011, 52, 53 unter (b) im Falle des § 2057a BGB.

3 Soergel/*Lettmaier*, § 2050 Rn 1.

4 Soergel/*Lettmaier*, § 2050 Rn 4; Staudinger/*Löhnig*, § 2050 Rn 7.

die Teilungsquote. Die ausgleichungspflichtigen Zuwendungen zählen nicht zum Nachlass und verbleiben im Vermögen des Begünstigten. Ein Ausgleichungsanspruch steht nicht gem. § 2039 BGB allen Miterben gemeinsam zu, sondern jedem ausgleichsberechtigten Miterben (individuell). Zu beachten ist, dass die Ausgleichung keinen isoliert einklagbaren Anspruch begründet, sondern inzident bei der Teilung unter Miterben oder im Rahmen der Ermittlung des Pflichtteiles § 2316 Abs. 1 BGB zu berücksichtigen ist.[5] Möglich sind aber Feststellungsklagen gegenüber den Ausgleichspflichtigen,[6] um das Bestehen und die Höhe der Ausgleichung vorab zu klären (vgl. § 2050 Rdn 29 ff.), und ist unverjährbar.[7] Eine Auseinandersetzung, die gegen die Ausgleichungspflichten verstößt, führt zu Bereicherungsansprüchen der Ausgleichungsberechtigten gegen die Zuwendungsempfänger, sofern kein ausreichender ungeteilter Nachlassrest mehr vorhanden ist.[8] Die Ausgleichungspflicht und das Ausgleichungsrecht ist an den Erbteil gebunden, vererblich und betrifft auch den Erbteilserwerber.[9]

3 **Anspruchsinhalt**: Der Ausgleichungsverpflichtete muss der Teilung unter Berücksichtigung des Vorempfangs zustimmen.[10] Das Gefüge der Ausgleichungsvorschriften ist wie folgt gegliedert:

- § 2050 BGB: Grundnorm; regelt die Ausgleichungspflicht zu Lasten der nächsten Abkömmlinge bei gesetzlicher Erbfolge.
- § 2051 BGB: regelt die Situation, dass ein Abkömmling weggefallen ist.
- § 2052 BGB: ordnet die Ausgleichungspflicht auch für Testamentserben an, wenn ihre Quoten den gesetzlichen entsprechen.
- § 2053 BGB: bestimmt die Voraussetzungen, unter denen auch entferntere Abkömmlinge zur Ausgleichung verpflichtet sind.
- § 2054 BGB: regelt den Sonderfall, dass eine ausgleichungspflichtige Zuwendung aus Mitteln eines Gesamtgutes erfolgt ist.
- § 2055 BGB: gibt die Berechnungsschritte des Ausgleichungsverfahrens vor.
- § 2056 BGB: stellt klar, dass eine Verpflichtung zur Herausgabe von Mehrempfang nicht besteht.
- § 2057 BGB: begründet die Auskunftspflicht unter den Miterben betreffend ausgleichungsrelevante Zuwendungen.
- § 2057a BGB: regelt den Mehranspruch desjenigen Abkömmlings, der das Vermögen des Erblassers erhalten oder vermehrt oder der ihn gepflegt hat.

C. Dispositive Regelungen

4 Aufgrund des rechtlichen Charakters der Ausgleichungsvorschriften als Ausdruck des mutmaßlichen Willens des Erblassers, alle seine Abkömmlinge gleichberechtigt am

5 Innerhalb der Zahlungsstufe im Pflichtteilsprozess sind etwaige anrechnungs- und ausgleichungspflichtige Zuwendungen als von Amts wegen zu berücksichtigende Einwendung zu prüfen. Hierfür haben die Prozessparteien in ihren Schriftsätzen die erforderlichen Tatsachen darzulegen und zu beweisen, siehe dazu Krug/Horn/*Horn*, Pflichtteilsprozess, § 6 Rn 196; der Antrag in der Zahlungsstufe kann M.E. mit einem „Erinnerungsposten" für diese Inzidentprüfung wie ergänzt werden „…, unter Berücksichtigung eines eventuell bestehenden Ausgleichungsbetrages nach §§ 2050 ff BGB".

6 Soergel/*Lettmaier*, § 2050 Rn 4; LG Arnsberg v. 15.1.2014 – 2 O 116/12.

7 Staudinger/*Löhnig*, § 2050 Rn 7; Grüneberg/*Weidlich*, 2050 Rn 1: „nur rechnerische Bedeutung".

8 MüKo/*Fest*, § 2050 Rn 18.

9 Staudinger/*Löhnig*, § 2050 Rn 6; zudem stehen Gläubiger eines Miterben, der seinen Anteil pfänden ließ, sowie Nachlassgläubiger in Bezug auf die auf dem Erbteil lastenden Ausgleichungspflichten dem Abkömmling gleich, so Soergel/*Lettmaier*, § 2050 Rn 5.

10 *Lange/Kuchinke*, § 15 III 4a.

Nachlass zu beteiligen, sind die Regelungen zur Ausgleichung grundsätzlich **dispositiv** und abdingbar.

Der Erblasser hat die Möglichkeit, die Ausgleichungspflicht durch Anordnungen vor oder bei der Zuwendung zu begründen oder zu modifizieren.[11] Nachträglich kann er jedoch nur eingeschränkt über bereits bestehende oder begründete Ausgleichungspflichten entscheiden.[12] Der Erblasser kann auch für Personen, die nicht dem gesetzlichen Ausgleichungsrecht unterliegen, entsprechende Verpflichtungen letztwillig anordnen.[13] Zudem hat er die Möglichkeit, das Ausgleichungsrecht nach § 2057a BGB durch letztwillige Verfügung einzuschränken.[14]

Das Recht des Erblassers, bestimmte Zuwendungen und Leistungen unberücksichtigt zu lassen, wird lediglich durch § 2316 Abs. 3 BGB eingeschränkt, sofern dadurch Pflichtteilsansprüche beeinträchtigt werden.[15]

Da die Ausgleichungsvorschriften dem Schutz der Miterben dienen, können auch diese einvernehmlich ganz oder teilweise von ihnen abweichen.[16]

D. Landwirtschaftsrecht/HöfeO

Die Ausgleichungsvorschriften sind auch bei der Berechnung von Abfindungen gem. 5
§ 16 GrdstVG zu berücksichtigen.[17] In § 12 Abs. 9 HöfeO findet sich eine **spezielle** Ausgleichungsvorschrift, die entgegen § 2056 BGB Zuzahlungs- und Herausgabepflichten enthält.

§ 2050 Ausgleichungspflicht für Abkömmlinge als gesetzliche Erben

(1) Abkömmlinge, die als gesetzliche Erben zur Erbfolge gelangen, sind verpflichtet, dasjenige, was sie von dem Erblasser bei dessen Lebzeiten als Ausstattung erhalten haben, bei der Auseinandersetzung untereinander zur Ausgleichung zu bringen, soweit nicht der Erblasser bei der Zuwendung ein anderes angeordnet hat.

(2) Zuschüsse, die zu dem Zwecke gegeben worden sind, als Einkünfte verwendet zu werden, sowie Aufwendungen für die Vorbildung zu einem Beruf sind insoweit zur Ausgleichung zu bringen, als sie das den Vermögensverhältnissen des Erblassers entsprechende Maß überstiegen haben.

(3) Andere Zuwendungen unter Lebenden sind zur Ausgleichung zu bringen, wenn der Erblasser bei der Zuwendung die Ausgleichung angeordnet hat.

---

11 Müko/*Fest*, § 2050 Rn 20 ff.; Staudinger/*Löhnig*, § 2050 Rn 36 ff.; Soergel/*Lettmaier*, § 2050 Rn 3.

12 Z.B. durch Beschwerung der übrigen Miterben mit einem Vorausvermächtnis (§ 2150), kraft dessen der an sich ausgleichungspflichtige Abkömmling von der Ausgleichung freizustellen ist, sowie die Befreiung von der Ausgleichungspflicht durch Erbvertrag; siehe dazu MüKo/*Fest*, § 2050 Rn 21.

13 BGH NJW-RR 1992, 771, 772, Anordnung im Erbvertrag einen Ausgleich entsprechend den Regeln und nach Art der „Ausgleichung".

14 BGH, Hinweisbeschl. V. 24.3.2021 – IV ZR 269/20.

15 *Wellenhofer*, JuS 2022, 73, 74.

16 MüKo/*Fest*, § 2050 Rn 23.

17 Soergel/*Lettmaier*, § 2050 Rn 32.

Übersicht: Rdn

A. Normzweck

1 Das Gesetz vermutet den Willen des Erblassers, Abkömmlinge nach den Grundsätzen der Stammeserbfolge[1] an seiner gesamten wirtschaftlichen Lebensleistung gleichmäßig teilhaben zu lassen. Es ordnet deshalb an, dass lebzeitige Zuwendungen unter den Voraussetzungen der Abs. 1–3 BGB bezogen auf den künftigen Erbteil auszugleichen sind.

B. Voraussetzungen

2 Die Anwendung der Vorschrift setzt voraus, dass der Erblasser von mindestens zwei Abkömmlingen überlebt wird, gesetzliche Erbfolge[2] bezogen auf diese Abkömmlinge eingetreten ist und ausgleichungspflichtige Zuwendungen an einen miterbenden Abkömmling vom Erblasser zu dessen Lebzeiten gewährt worden sind. Die Ausgleichung findet also nicht unter dem einzigen Abkömmling und dem Ehegatten des Erblassers statt.[3] Will der Erblasser Ehegatten oder andere Miterben zur Ausgleichung verpflichten, muss er dies letztwillig anordnen.[4]

C. Ausgleichungspflichtiger Vorempfang

I. Allgemeines

1. Art der Vorempfänge

3 Das Gesetz unterscheidet insgesamt vier Arten:[5] **Ausstattungen** (Abs. 1), Übermaß an **Zuschüssen** (Abs. 2 Var. 1), Übermaß an **Aufwendungen** für die Vorbildung zum Beruf (Abs. 2 Var. 2), andere Zuwendungen, für die die **Ausgleichungspflicht angeordnet** wurde (Abs. 3). Gemeinsam ist allen vier Fallgruppen, dass eine „Zuwendung"

---

1 MüKo/*Fest*, § 2050 Rn 1; Staudinger/*Löhnig*, § 2050 Rn 1; *Damrau*, FamRZ 1969, 579, 580.

2 Ausgleichungspflicht gilt aber auch für einen weiteren Kreis, wenn die §§ 2051, 2052 oder 2053 BGB eingreifen.

3 Müko/*Fest*, § 2050 Rn 2ff.

4 Müko/*Fest*, § 2050 Rn 3.

5 Umfassende Darstellung bei *Schindler*, ZEV 2006, 389 ff.

vorliegen muss. Hierunter versteht man herkömmlich jede Maßnahme, durch die dem Abkömmling ein Vermögensvorteil auf Kosten des – künftigen – Nachlasses zufließt dergestalt, dass hierdurch das Auseinandersetzungsguthaben der übrigen Miterben verringert wurde.[6] Der Begriff der Zuwendung erfordert kein formelles Rechtsgeschäft zwischen Erblasser und Abkömmling.[7] Es genügen bereits tatsächliche wirtschaftliche Maßnahmen, wie Aufwendungen für Lebensführung oder Ausbildung des Abkömmlings. Auch einfache Tätigkeiten, wie etwa die **Arbeitskraft des Erblassers**, die dieser auf dem Arbeitsmarkt gegen Geld hätte tauschen können, kommen in Betracht.[8] Dies gilt beispielsweise für Renovierungsarbeiten oder unentgeltliche Mithilfe im Betrieb des Abkömmlings.[9] Zudem kann das unentgeltliche Überlassen von Räumen zur Ausübung einer Praxis[10] oder die einmalige Einräumung eines **unentgeltlichen Nutzungsrechts an einer Wohnung**[11] als Ausstattung für den Abkömmling betrachtet werden, wenn dies einem bestimmten Zweck dient, sowie die **unentgeltliche Überlassung von Wohnraum.**[12]

4 Damit scheidet die Annahme von Zuwendung aus, bei Gegenständen, die dem Erblasser noch zu Lebzeiten mit dinglicher Wirkung wieder zurückgewährt worden sind[13] oder ihm hätten zurückgewährt werden müssen (etwa ein Darlehen an den Abkömmling, das bis zum Tode nicht zurückgezahlt wurde u. daher zur Masse zu leisten ist)[14] oder einer Sondererbfolge unterliegen.[15] Dies betrifft namentlich den Fall **qualifizierter Nachfolgeklauseln.**[16] Da nur lebzeitige Zuwendungen den Ausgleichungsregeln unterfallen, scheiden alle rein erbrechtlich begründeten Zuwendungen aus. Ist die Nachfolge hingegen gesellschaftsrechtlich begründet, handelt es sich um lebzeitige Zuwendung auf den Todesfall, die allerdings – zumindest teilweise – unentgeltlich sein und die weiteren Voraussetzungen der Abs. 1 oder 3 erfüllen muss.[17] Wurde im Gesellschaftsvertrag lediglich ein Eintrittsrecht zugunsten eines Abkömmlings vereinbart u. fällt das Abfindungsguthaben des Erblassers bedingungsgemäß in den Nachlass, so gilt die Einräumung des Eintrittsrechts nur dann als Zuwendung, wenn zur Erwirkung dieses Rechts besondere Vermögensaufwendungen des Erblassers erforderlich waren.[18]

---

6 MüKo/*Fest*, § 2050 Rn 13.

7 Vgl. bspw. bei Staudinger/*Löhnig*, § 2050 Rn 17; MüKo/*Fest*, § 2050 Rn 8.

8 Staudinger/*Löhnig*, § 2050 Rn 25; BGH NJW 1987, 2816.

9 Teilweise wird dann aber verlangt, dass Arbeitsleistungen nur bei Unterlassen anderweitigen Erwerbs als Ausstattung in Betracht kommen; vgl. BGH NJW 1987, 2816, 2817: keine Ausstattung bei Leistungen eines pensionierten Polizeibeamten auf Hausgrundstück des Abkömmlings, daher keine Schenkung i.S.d. § 1374 Abs. 2 BGB; anders BGH FamRZ 1992, 161, 162: ein 69-jähriger Vater arbeitet für Tochter. „Ähnlich einer Ausstattung – § 1624 BGB – hat er seine Leistungen für die Kl. erbracht, so dass deren wirtschaftlicher Gegenwert ihr unmittelbar zuzurechnen ist …".

10 OLG Düsseldorf, Urt. v. 6.4.2018 – I-7 U 34/17.

11 Soergel/*Lettmaier*, § 2050 Rn 11; *Lenz-Brendel*, Anm. zu OLG Düsseldorf, ErbR 2018, 703.

12 OLG Colmar ElsLothZ 1910, 541; LG Mannheim NJW 1970, 2111 f.; *Kreienberg*, ZErb 2020, 6, 11 f.; a.A. LG Kaiserslautern RNotZ 2021, 276 Rn 31, 33; ErbR 2021, 630, 632 f.

13 BGH bei *Keßler*, DRiZ 1966, 395, 397 für den Fall eines Landgutes.

14 Vgl. *Soergel/Lettmaier*, § 2050 Rn 12.

15 RG JW 1937, 2201, 2202.

16 Ausführlich MüKo/*Gergen*, § 2032 Rn 81, zur umstrittenen analogen Anwendung der §§ 2050 ff. BGB.

17 Zum Grundsatz *Lange/Kuchinke*, § 15 III 3 b; *Thubauville*, MittRhNotK 1992, 289, 293 m.w.N.

18 Staudinger/*Löhnig*, § 2050 Rn 20.

Eine Zuwendung scheidet aus, wenn der Erblasser eine gleichwertige **Gegenleistung** erhalten hat. Soweit der Wert der Gegenleistung hinter dem der Erblasserleistung zurückfällt, liegt Teil- (oder gemischte) Schenkung vor und damit Zuwendung.[19] Eine Zuwendung liegt ebenfalls nicht vor, wenn der Erblasser nicht freiwillig, sondern aufgrund einer **gesetzlichen Verpflichtung** (z.B. **Unterhaltspflicht**) handelt, denn bereits diese Verpflichtung mindert das Vermögen des Erblassers und nicht die Freigiebigkeit des Erblassers. Gleiches gilt für Leistungen, die zur Erfüllung einer **rechtsgeschäftlichen Verbindlichkeit** erfolgen.[20]

2. Vermögensvorteil

5 Zur Annahme von Zuwendung reicht jeder Vermögensvorteil: (1) Einmalige oder laufende Geldzahlung (hierbei wird man wegen der Übermaßfrage jeweils genau zu prüfen haben, ob Ausstattung nach Abs. 1 oder Zuschuss nach Abs. 2 vorliegt, denn wenn eine laufende Rente den Charakter von Zuschüssen zum Einkommen hat, gilt Abs. 2, auch wenn der Anlass der Zuwendung die Annahme von Ausstattung nahe legt);[21] (2) Tilgung von Schulden des Abkömmlings oder des Schwiegerkindes, um den Abkömmling zu entlasten; (3) Verzicht auf und Erlass von Verbindlichkeiten;[22] (4) Übertragung von beweglichen oder unbeweglichen Sachen; (5) **Gewährung freien Wohnens**[23] (da der potenzielle Nachlass durch den Vorgang mangels ansonsten erzielbarer Miete geschmälert wird, scheint Annahme einer Zuwendung kaum bestreitbar, Ausgleichungspflicht allerdings nur veranlasst, wenn als weitere Voraussetzung Ausstattung oder Übermaßzuschuss oder Anordnung nach Abs. 3 vorliegen); (6) Aufnahme des Abkömmlings als Teilhaber in eine Gesellschaft – es sei denn, mit der Gesellschafterstellung wären keine materiellen Vorteile verbunden.[24]
Zur Übernahme von Bürgschaften, Bestellung von Sicherheiten u.Ä. siehe Rdn 14, zu Verfügungen zugunsten Dritter auf den Todesfall/Bezugsberechtigungen siehe Rdn 28.

3. Anordnung des Erblassers

6 Die Vorschrift ist eine Vermutung des Erblasserwillens und daher abdingbar. Der Erblasser kann die Ausgleichung ausschließen oder einschränken, jedoch nicht zum Nachteil eines Pflichtteilsberechtigten (§ 2316 Abs. 3). Zudem steht die Ausgleichung auch im Ermessen der Miterben.[25] Ob und in welchem Umfang die Zuwendung ausgleichspflichtig sein soll, kann der Erblasser in allen vier Varianten durch Anordnung regeln und gestalten.[26]

7 Bei **Ausstattungen** und den **Übermaßzuwendungen** (Abs. 1 u. 2), die kraft Gesetzes ausgleichspflichtig sind, kann der Erblasser die Ausgleichspflicht durch einseitige Anordnung ganz oder teilweise ausschließen, sich vorbehalten, unter Bedingungen stellen, oder Wertansätze bestimmen, die unter den tatsächlichen liegen.[27] Die Ausgleichungs-

---

19 MüKo/*Ann*, § 2050 Rn 11; Staudinger/*Löhnig*, § 2050 Rn 17.
20 Staudinger/*Löhnig*, § 2050 Rn 20.
21 RGZ 79, 266, 267.
22 RG JW 1912, 913.
23 Staudinger/*Lugani*, § 1624 Rn 10; Soergel/*Lettmaier*, § 2050 Rn 11; OLG Colmar ElsLothZ 1910, 541; LG Mannheim NJW 1970, 2111: „Ausstattung" und zust. *Schlitt*, ZEV 2006, 394, auch *Schindler*, ZEV 2006, 389, 390; *Lenz-Brendel* in Anm. zu OLG Düsseldorf, ErbR 2018, 703; *Kreienberg*, ZErb 2020, 6, 11 f.; anders OLG Köln OLGR 1992, 336: die Wohnung sei dem Erblasser wieder zurückzugewähren; LG Kaiserslautern RNotZ 2021, 276 Rn 31, 33; ErbR 2021, 630, 632 f.
24 OLG Hamburg MDR 1978, 670; Müko/*Fest*, § 2050 Rn 13; *Werner*, ZEV 2013, 66.
25 Soergel/*Lettmaier*, § 2050 Rn 3.
26 Ausführliche Formulierungsvorschläge finden sich bei *Kössinger/Najdecki/Zintl*, § 2 Rn 256 ff.
27 MüKo/*Fest*, § 2050 Rn 21.

pflicht hinsichtlich der sonstigen Zuwendungen (Abs. 3) setzt voraus, dass sie ausdrücklich angeordnet wurde. Die Anordnung kann sich, im Voraus erklärt, auch auf künftige Zuwendungen beziehen.[28] Der Erblasser kann sich die Ausübung der Anordnungserklärung auch vorbehalten oder den Eintritt der Anordnungswirkungen bzw. deren Wegfall mit einer Bedingung versehen. Soll die Ausgleichungspflicht mit einer Zuzahlung verbunden werden, bedarf es einer ausdrücklichen Vereinbarung zwischen Erblasser und Zuwendungsempfänger.[29] Dies bietet sich an, wenn der Erblasser absieht, der künftige Nachlass werde zur Ausgleichung nicht ausreichen. Eine einseitige Anordnung dahin, dass entgegen § 2056 BGB ein **Mehrempfang** in die Masse zurückzugeben oder zu zahlen sei, kann der Erblasser nicht wirksam treffen.[30]

Die Erklärung muss dem Abkömmling spätestens mit der Zuwendung zur Kenntnis 8
kommen;[31] er soll hierdurch in den Stand gesetzt werden, sie abzulehnen.[32] Für die Anordnung ist keine spezielle Form erforderlich,[33] so dass auch eine **konkludente Anordnung** möglich ist;[34] sie kommt etwa dann in Betracht, wenn der Erblasser sein Vermögen gezielt unter alle Abkömmlinge verteilt hat.[35] Es genügt aber nicht, dass der Erblasser seine Kinder vor der umstrittenen Zuwendung stets gleichmäßig bedacht hat, insbesondere wenn der strittige Vermögenswert problemlos teilbar gewesen wäre.[36] Bereits allein die Formulierung anlässlich einer Grundstücksübertragung, dies geschehe **„im Wege vorweggenommener Erbfolge“** kann auf Ausgleichspflicht schließen lassen.[37]

Der **minderjährige** Erklärungsempfänger bedarf mangels rechtlichen Nachteils nach 9
ganz überwiegender h.M. nicht der Zustimmung des gesetzlichen Vertreters.[38]

Nachträgliche Anordnung durch einseitige Erklärung des Erblassers unter Lebenden 10
ist ausgeschlossen.[39] Dem Erblasser bleibt einerseits die Möglichkeit erhalten, durch Testament die Anordnungswirkungen im Ergebnis herzustellen mittels Vorausvermächtnisses zugunsten der übrigen Miterben;[40] der Zuwendungsempfänger muss in einem solchen Fall prüfen, ob nicht auszuschlagen ist, um den Pflichtteil zu retten.[41] Nachträgliche Anordnung durch Rechtsgeschäft mit dem Begünstigten unter Lebenden ist ebenfalls möglich, allerdings nicht mit erbrechtlich-dinglicher Wirkung, sondern nur obligatorisch im Wege eines Vertrags zugunsten Dritter, der übrigen Miterben[42] und ohne pflichtteilsrelevante Auswirkungen.[43] Ein solcher Vertrag betrifft das

28 Staudinger/*Löhnig*, § 2050 Rn 41.

29 *Peter*, BWNotZ 1986, 28, 32.

30 RG Recht 1920, Nr. 626.

31 MüKo/*Fest*, § 2050 Rn 34.

32 RGZ 67, 306, 308 fordert insoweit „rechtsgeschäftliche Abmachung“. Plastisch *Mayer*, ZEV 1996, 441, 442: „Der ‚Pferdefuß‘ Ausgleichungspflicht muss dem Empfänger also so bewusst werden, dass er die gesamte Zuwendung zurückweisen kann“; zweifelnd zu dieser ratio legis *Bothe*, ZErb 2004, 368, 369.

33 BeckOK/*Lohmann*, § 2050 Rn 11.

34 OLG Koblenz ZEV 2013, 203 (LS).

35 MüKo/*Fest*, § 2050 Rn 31 m.w.N.

36 Staudiner/*Löhnig*, § 2050 Rn 40; OLG Koblenz FamRZ 2013, 1164.

37 BGH, 27.1.2010 – IV ZR 91/09; BGH, 30.1.1991 – IV ZR 299/89; OLG Koblenz v. 22.12.2022 – 12 U 1331/22; Müko/*Fest*, § 2050 Rn 34.

38 Streitstand bei MüKo/*Fest*, § 2050 Rn 35.

39 Zu den Möglichkeiten nach erfolgter Zuwendung vgl. zusammenfassend OLG München ZEV 2008, 344, 345 zu d.

40 Zu dieser Gestaltungsmöglichkeit BGH NJW 1982, 575, 577 r. Sp.

41 Hierzu ausführlich *Thubauville*, MittRhNotK 1992, 289, 297 f.

42 Staudinger/*Löhnig*, § 2050 Rn 42; im Einzelnen *Kössinger/Najdecki/Zintl*, § 2 Rn 230 ff.

43 *Kössinger/Najdecki/Zintl*, § 2 Rn 233: „Zug bereits abgefahren“.

Erbrecht und ist daher gem. § 2348 BGB beurkundungspflichtig.[44] Ein Formulierungsvorschlag findet sich bei *Fröschlin*[45] für einen Vertrag unter Lebenden:

Formulierungsbeispiel
Alle Beteiligten sind sich darüber einig, dass mit Erfüllung dieses Vertrages alle bisherigen unentgeltlichen Zuwendungen der Ehegatten XY an ihre Kinder A, B und C ausgeglichen sind. Die Kinder A, B und C verzichten hiermit gegenseitig hinsichtlich aller bisherigen unentgeltlichen Zuwendungen ihrer Eltern XY oder auch nur eines Elternteils auf jedwede Ausgleichung im Erbfall und auf einen etwaigen Pflichtteilsergänzungsanspruch nach § 2325 BGB und nehmen den Verzicht gegenseitig an. Der Verzicht wird auch von den Eltern angenommen.

11 Nachträgliche **Beseitigung** der Anordnung ist nur durch Testament möglich – Vorausvermächtnis (Formulierung etwa:[46] „Zugunsten des Abkömmlings A belaste ich die übrigen Abkömmlinge B und C mit dem Vorausvermächtnis, dass der dem A mit Ausgleichungsverpflichtung zugewandte Vermögensgegenstand X bei einer Ausgleichung gem. §§ 2050 ff. BGB nicht berücksichtigt werden darf.")[47] – oder durch Erbvertrag[48] zwischen Erblasser und Begünstigtem. Ferner können sich die künftigen gesetzlichen Erben durch Erbschaftsvertrag gem. § 311b Abs. 5 S. 1 BGB auf die Gestaltung der Ausgleichungspflicht einigen.[49]

II. Zu den Zuwendungen im Einzelnen

1. Ausstattungen

12 Es muss Ausstattung i.S.d. § 1624 Abs. 1 BGB vorliegen, also **Zuwendung** an ein **„Kind"**. Abweichend vom Wortlaut des § 1624 BGB sollen i.R.d. § 2050 Abs. 1 BGB auch Zuwendungen an Enkel usw. ausgleichspflichtig sein, soweit ihnen der Ausstattungszweck der Vorschrift zugrunde lag.[50] Nach Auffassung von *Löhnig* ist in diesem Fall indessen nicht der Enkel, sondern das Kind selbst zur Ausgleichung heranzuziehen.[51] Fall: Großvater stattet Enkel auf Bitten der verwitweten Tochter aus, um ihr die Aufwendung abzunehmen. Anders *Schmid*, demzufolge derartige Zuwendungen vom jeweiligen Empfänger auszugleichen sind, im Zweifel also nur bei Anordnung gem. § 2053 Abs. 1 BGB.[52]

13 Ausgleichungspflichtige Ausstattung ist nach § 1624 BGB alles, was mit Rücksicht auf die Verheiratung, Begründung einer Lebenspartnerschaft, Erlangung einer selbstständigen Lebensstellung oder Begründung oder Erhaltung der Wirtschaft oder Lebensstellung zugewendet wird.[53] Der Zuwendung müssen daher **objektiver Anlass** und **subjektiver Zweck** i.S.d. Vorschrift unterlegt sein.
(1) **Anlässe:** (a) Mit Rücksicht auf Verheiratung, also Mitgift oder Aussteuer. Ob die Ehe zum Zeitpunkt der Zuwendung bereits geschlossen ist oder erst in Aussicht steht,

---

44 *Kössinger/Najdecki/Zintl*, § 2 Rn 235.
45 *Fröschlin*, BWNotZ 1997, 30.
46 Nach *Mayer*, ZEV 1996, 441, 444.
47 Vgl. auch *Thubauville*, MittRhNotK 1992, 289, 298.
48 RGZ 90, 419, 422.
49 *Mayer*, ZEV 1996, 441, 444.
50 MüKo/*Fest*, § 2050 Rn 15.
51 Staudinger/*Löhnig*, § 2053 Rn 7.
52 *Schmid*, BWNotZ 1971, 29, 31: zwischen Eltern u. Enkel o.Ä. sei begrifflich kein Ausstattungsvertrag möglich; ein solcher Versuch sei umzudeuten in einen Schenkungsvertrag mit Ausgleichungsanordnung.
53 Staudinger/*Löhnig*, § 2050 Rn 23; OLG Karlsruhe ZEV 2011, 531.

ist unerheblich.[54] Problemfall: Tochter heiratet ohne vorherige Berufsausbildung und erhält eine Ausstattung; für die Brüder wurden – nicht übermäßige – Berufsausbildungskosten bezahlt. Nach h.M.[55] ist diese **Aussteuer** nicht ausgleichungspflichtig, da die Tochter ansonsten gegenüber den – mangels Übermaßes der Ausbildungskosten – nicht ausgleichungspflichtigen Brüdern in unbilliger Weise benachteiligt würde.[56]
(b) Zuwendung mit Rücksicht auf die Erlangung einer selbstständigen Lebensstellung, also Gründung eines eigenen Hausstandes, Eintritt ins – selbstständige oder unselbstständige – Berufsleben, Existenzgründung, Studium, Führerschein,[57] wobei Festlegung einer konkreten Verwendung nicht erforderlich sein soll.[58] Anlass kann hierbei auch die Vergrößerung eines bereits bestehenden Geschäfts sein.[59] Besonderer Prüfung, ob überhaupt eine Zuwendung vorliegt, bedürfen die – in der Praxis nicht seltenen – Fälle des Eintritts in eine Personengesellschaft oder freiberufliche Praxis (vgl. oben Rdn 4). Im Einzelfall kann zweifelhaft sein, ob die Zuwendung nicht den Hauptzweck hat, das Familienvermögen in einer Hand zu erhalten,[60] also vorweggenommene Erbfolge war.[61]
(2) **Zweck**: zur Begründung oder zur Erhaltung der Wirtschaft oder der Lebensstellung. Er bezieht sich auf beide Anlässe. Nicht entscheidend ist, ob die Zuwendung notwendig ist, um die selbstständige Lebensstellung des Empfängers zu begründen oder zu erhalten.[62] Nicht ausreichend ist die Absicht bloßer Hilfe in konkreter wirtschaftlicher Notlage.[63] Im subjektiven Tatbestand müssen Verheiratung oder selbstständige Lebensstellung jedenfalls in Aussicht stehen, da die Eltern erst zu diesem Zeitpunkt ermessen können, was das Kind benötigen wird.[64] Daher werden **Zuwendungen** an **Minderjährige** regelmäßig nicht als Ausstattung in Frage kommen. Lässt sich der Zweck nicht aufklären, liegt bei „größerer Zuwendung" Ausstattung nahe,[65] hingegen fern, wenn „das Kind bereits vermögend und schuldenfrei ist".[66] Das bloße Ausstattungsversprechen reicht zur Begründung der Ausgleichungspflicht aus. Unklar ist an diesem Punkt die Formfrage. Bei § 1624 BGB gilt das Übermaß als Schenkung mit der Folge, dass zwei Rechtsgeschäfte anzunehmen sind: Ausstattung bis zum Übermaß, Schenkungsrecht für den Rest.[67] Wer vertritt, i.R.d. § 2050 BGB sei diese Unterscheidung ebenfalls beachtlich, muss konsequent für den Schenkungsteil die Einhaltung der Form des § 518 Abs. 1 BGB verlangen. Ist das Versprechen zum Todeszeitpunkt noch nicht dinglich vollzogen, muss vorab Erfüllung aus der Masse erfolgen – Nachlassverbindlichkeit.[68] Die Erfüllung des Versprechens kann verweigert wer-

---

54 MüKo/*v. Sachsen Gessaphe*, § 1624 Rn 5.
55 BGH NJW 1982, 575, 577 u. die dortigen Nachw.; Staudinger/*Löhnig*, § 2050 Rn 33; MüKo/*Fest*, § 2050 Rn 14: Ausstattung sei ohnehin nur anzunehmen, soweit sie neben einer Berufsausbildung gewährt wird oder die Kosten einer solchen übersteigt.
56 Hamburg NJW 1953, 1353.
57 Staudinger/*Lugani*, § 1624 Rn 11; Staudinger/*Löhnig*, § 2050 Rn 27 auch für Zuschüsse i.S.d. Abs. 2.
58 OLG Düsseldorf NJW-RR 2004, 1082.
59 RG JW 1910, 237.
60 Hierzu OLG Stuttgart MittBayNot 2005, 230; *Jakob*, AcP 207, 198, 219.
61 Wobei dann, aufgrund der Auslegung, die Alternative der konkludenten Anordnung der Ausgleichung nach Absatz 3 der Vorschrift in Betracht kommt.
62 BGHZ 44, 91; Soergel/*Lettmaier*, § 2050 Rn 15.
63 „... schnell mal geholfen", siehe OLG Karlsruhe ZEV 2011, 531, 533.
64 *Sailer*, NotBZ 2002, 81.
65 AG Stuttgart NJW-RR 1999, 1449 im Falle des § 1374 BGB.
66 *Schmid*, BWNotZ 1971, 29, 30.
67 Vgl. *Kössinger/Najdecki*, § 2 Rn 217; *Sailer*, NotBZ 2002, 81, 82.
68 MüKo/*Fest*, § 2050 Rn 14; BGHZ 44, 91, 95 = NJW 1965, 2056.

den, wenn die Ehe zuvor geschieden wird.[69] Ob Nutzungsvorbehalte – wie Nießbrauch oder Wohnrecht – und Rückforderungsrechte die Annahme von Ausstattung hindern, ist umstritten.[70] Dem Gesetzeszweck dürfte es entsprechen, unbeschränkte Verfügungsbefugnis des Ausgestatteten zu verlangen, was auch der ratio des § 2056 BGB korrespondiert: Das Gesetz vermutet, dass der Begünstigte die Zuwendung endgültig solle behalten dürfen.[71]

14 **Problemfall: Bürgschaft.** Hat der Erblasser anlässlich von Heirat oder Existenzgründung eine Bürgschaft oder Mitverpflichtung für Darlehen des Abkömmlings übernommen, sind zwei Fallgruppen zu unterscheiden: Ist die Bürgschaft bis zum Erbfall noch nicht erledigt, so fällt der Anspruch als ungewisse Verbindlichkeit in die Masse; der erforderliche Betrag ist nach § 2046 Abs. 1 S. 2 BGB zurückzubehalten. Ebenso ist der potenzielle Regressanspruch der Gemeinschaft gegen den Miterben aus § 774 Abs. 1 BGB zu bewerten und in die Auseinandersetzung einzustellen. Die Annahme von Ausstattung kommt folglich nur in Betracht, wenn der Miterbe nach seinen wirtschaftlichen Mitteln dauerhaft außerstande ist, die Erbengemeinschaft freizustellen. Soweit dies der Fall ist, schmälert die Bürgschaftsübernahme den Nachlass und stellt sich somit als Ausstattung dar. Ist die Bürgschaft erledigt, ergeben sich als Unterfälle: (1) Der Erblasser hat zu Lebzeiten an den Gläubiger bezahlt. Dieser Vorgang kann als Ausstattung gelten und damit ausgleichspflichtig sein,[72] allerdings fällt der Regressanspruch in die Masse. Erfüllt der Abkömmling nun den Regressanspruch (und sei es durch Verrechnung mit seinem Auseinandersetzungsguthaben, das konsequenterweise ohne den Ausgleichungsbetrag zu ermitteln ist), so erweist sich hierdurch der Nachlass ex post betrachtet als nicht geschmälert und eine Ausgleichungspflicht entfällt. Soweit er zur Erfüllung nicht imstande ist, verbleibt es bei der Nachlassschmälerung und ist die Zahlung ausgleichungspflichtig. (2) Die Bürgschaft hat sich – etwa durch Zeitablauf – erledigt. In diesem Fall ist der Nachlass nicht geschmälert und die Übernahme der Bürgschaft ex post betrachtet keine Zuwendung.

15 **Problemfall: Gleichstellung.** Anlässlich der Ausstattung eines Abkömmlings A bei Heirat oder Existenzgründung erhält der Abkömmling B als bloße Gleichstellung etwas zugewendet, in dessen Person Ausstattungsanlass und -zweck nicht vorliegen. Die Entscheidung BGHZ 44, 91, die in diesem Zusammenhang allenthalben herangezogen wird, enthält als Grundsatz nur, dass die Annahme von Ausstattung unproblematisch sei, wenn mit einer Zuwendung aus Anlass von Heirat usw. „außerdem die Gleichstellung mit anderen Abkömmlingen beabsichtigt ist", der Nebenzweck also ausreiche.[73] Die Auffassung, Gleichstellungsleistungen stünden der Ausstattung gleich,[74] scheint angesichts der klar umrissenen Voraussetzungen des Abs. 1 nicht haltbar. Dogmatisch sauberer dürfte es sein, die Gleichstellungsleistung als „andere"

69 KG FamRZ 1963, 449, 451 f.

70 Für Ausstattung *Sailer*, NotBZ 2002, 81, 82; vgl. auch *Schindler*, ZEV 2005, 389, 391 zu 3.6; *Jakob*, AcP 207, 198, 220 f.: Nießbrauch spricht für vorweggenommene Erbfolge (dann aber konkludente Anordnung nach Absatz 3 der Vorschrift denkbar), partielles Wohnrecht steht der Annahme von Starthilfe nicht entgegen. OLG Karlsruhe ZEV 2011, 531, 533 sagt, dass die Rückforderungsmöglichkeiten nach §§ 528, 530 BGB ausgeschlossen sein müssen; zu prüfen ist die „Dominanz des Ausstattungszwecks".

71 Vgl. MüKo/*Fest*, § 2056 Rn 1.

72 Nicht im Fall OLG Stuttgart BWNotZ 1977, 150, hier war die Zweckbestimmung für Ausstattung nicht feststellbar, da der Erblasser bezahlt hatte aus der alleinigen Motivation, „die Bürgschaftsverpflichtung loszuwerden".

73 So im Ergebnis auch OLG Naumburg Recht 1930, Nr. 1516.

74 MüKo/*Fest*, § 2050 Rn 14 unter Hinw. auf BGHZ 44, 91; RG JW 1938, 2971; vgl. auch BGH NJW 1965, 1526.

Zuwendung i.S.d. Abs. 3 anzusehen und die Ausgleichungspflicht damit von einer Anordnung des Erblassers abhängig zu machen.

Problemfall: Übermaß von Ausstattungen. § 1624 Abs. 1 BGB ordnet an, dass Ausstattung nur insoweit anzunehmen ist, wie es den Vermögensverhältnissen von Vater oder Mutter entspricht; im Übrigen soll Schenkung vorliegen.[75] Dies entspricht der Einschränkung, die Abs. 2 für die Fallgruppe der Zuschüsse vorsieht; Abs. 1 enthält die Einschränkung bezogen auf Ausstattungen vom Wortlaut her nicht. Es wird hier zum einen vertreten, i.R.d. § 2050 BGB sei die Frage des Übermaßes ohne Belang,[76] zum andern auch das Gegenteil.[77] Unstr. ist jedenfalls, dass Übermaß an Ausstattung pflichtteilsergänzungspflichtige Schenkung darstellt.[78] Es besteht zudem kein zureichender Anlass, die Differenzierung des § 1624 Abs. 1 BGB i.R.d. § 2050 BGB für unbeachtlich zu halten, was die Ausgleichungsverpflichtung zutreffend von einer entsprechenden Anordnung abhängig machen dürfte. 16

2. Übermaß an Zuschüssen

Ein Vergleich des Abs. 1 mit Abs. 2 zeigt, dass Ausstattungen stets, Ausbildungskosten und Einkommenszuschüsse lediglich bei Übermaß auszugleichen sind.[79] 17

Die Annahme von Einkommenszuschuss setzt objektiv gewisse Dauer, Wiederkehr und **Regelmäßigkeit** der **Zuwendung** voraus.[80] Die Zweckbestimmung muss auf die Verwendung als „Einkünfte" gehen. Einmaliger Beitrag des Erblassers zu bestimmtem Verbrauchszweck[81] reicht nicht aus und fällt unter Abs. 3; ebendies gilt für laufende Zahlungen, die als Vermögensgrundstock oder -erweiterung angespart werden sollen.[82]

Ausgleichungspflichtig ist nur das **Übermaß** an Zuschüssen, wobei das Gesetz an die Relation zwischen Zuwendungswert und Vermögensverhältnissen des Erblassers anknüpft. Damit scheidet die Erfüllung aller gesetzlichen Unterhaltspflichten gem. §§ 1601 ff. BGB von vornherein als übermäßig aus, arg. § 1610 Abs. 1 BGB; die Ausgestaltung der gesetzlichen Unterhaltspflicht ist per se für angemessen zu halten.[83] Zu denken ist hier an den durch Ausbildungsvergütung nicht gedeckten Bedarf des Lehrlings; jenseits der Unterhaltspflicht ist etwa laufende Unterstützung des Berufsanfängers oder Anwärters bis zur Erlangung angemessener eigener Einkünfte kein Übermaß. 18

Übermaß kann konsequent erst dort beginnen, wo die Zahlung den großen (§ 1603 Abs. 2 BGB) oder kleinen (§ 1603 Abs. 2 BGB gegenüber Minderjährigen) Selbstbehalt des Erblassers beeinträchtigt hat; bei Zahlung an mehrere Abkömmlinge wäre das Übermaß im Zweifel durch **Mangelfallberechnung** zu bestimmen. Besonderen Stellenwert gewinnt dieser Aspekt bei der Behandlung von langjährigen Unterhaltspflich- 19

---

75 RG JW 1904, 405; vgl. auch *Knodel*, ZErb 2006, 225, 226.

76 MüKo/*Fest*, § 2050 Rn 16; Staudinger/*Löhnig*, § 2050 Rn 24; *Mayer*, ZEV 1996, 441, 442 zu 1.2.1; *Sailer*, NotBZ 2002, 81, 83.

77 *Krug*, in: Krug/Rudolf/Kroiß/Bittler, AF Erbrecht, § 19 Rn 147, die „Abgrenzung zwischen Ausstattungs- u. Schenkungsteil ist in der Praxis häufig schwierig".

78 *Kössinger/Najdecki/Zintl*, § 2 Rn 217.

79 Staudinger/*Löhnig*, § 2050 Rn 33.

80 Arg. ex plurale „Einkünfte"; vgl. RG Recht 1910, Nr. 2578.

81 Urlaubsreise, vgl. RG Recht 1910, Nr. 2578; einmalige Anschaffung, vgl. Staudinger/*Löhnig*, § 2050 Rn 25 m. N.

82 Staudinger/*Löhnig*, § 2050 Rn 27.

83 Vgl. Soergel/*Lettmaier*, § 2050 Rn 19: „Nicht erfasst werden Leistungen, die aufgrund einer gesetzlichen Unterhaltspflicht erbracht werden."; *Lange/Kuchinke*, § 15 III, 3b: Leistungen i.R.d. Unterhaltspflicht sind keine Schenkungen; auch RGZ 114, 52, 53, 54.

ten gegenüber behinderten Abkömmlingen, die den Nachlass regelmäßig ganz erheblich schmälern. Die Fragestellung ist bisher nur rudimentär besprochen.[84]

20 Bestimmung des Übermaßes: Es handelt sich um eine Frage **richterlichen Ermessens,**[85] auszuüben aufgrund Gesamtschau aller Einzelfallumstände.[86] Konkretere Darlegungen sind kaum möglich. Das Übermaß an Zuschüssen und Ausbildungskosten bestimmt sich jedenfalls nach den Einkommens- und Vermögensverhältnissen des Erblassers zur Zeit der Zuwendung;[87] es ist hierbei unerheblich, ob das laufende Einkommen zur Gewährung der Kosten zureichte oder ob Kapital angegriffen werden musste, wobei dies aber ein Indiz für Übermaß darstellt.[88] Übermaß dürfte in jedem Fall anzunehmen sein, in dem der notwendige Eigenbedarf des Erblassers i.S.d. § 1603 BGB berührt wurde.[89]

3. Übermaß an Berufsausbildungskosten

21 Berufsausbildungskosten sind diejenigen, die nach Abschluss der allg. Schulbildung anfallen, also Aufwand für Fach-, Fachhochschul-, Hochschulstudium und berufliche Umschulung.[90] Die **Ausbildungskosten** sind wie die Zuschüsse insoweit prinzipiell nicht übermäßig, als der Erblasser zur Zahlung von Ausbildungsunterhalt verpflichtet war. Hierzu ist § 1610 Abs. 2 BGB heranzuziehen, der Unterhaltsansprüche bis zum ersten berufsqualifizierenden Abschluss entstehen lässt. Soweit es sich aber um Zuschüsse handelt zur Erlangung nicht berufsnotwendiger akademischer Grade fallen diese dagegen nicht unter Abs. 2, sondern unter Abs. 3.[91] Die Frage nach dem Übermaß wird sich daher vorrangig bei Promotion, Zweitstudium und Weiterbildung stellen, soweit kein besonderer Ausnahmefall vorliegt, der die Unterhaltspflicht weiter begründet.[92] M.E. gilt dies auch für die höheren Kosten bei Auslandsstudien durch Studiengebühren, erhöhte Wohn- und Reisekosten.

22 Unerheblich soll sein, ob die Ausbildungsbeihilfe – etwa wegen Talentlosigkeit oder Unwillen des Abkömmlings – erforderlich war; ferner, ob sie zweckentsprechend verwendet wurde.[93] Bei besonderer Begabung sind erhöhte Ausbildungskosten nicht übermäßig.[94] Begrifflich liegt Übermaß auch nicht allein schon deswegen vor, weil die Aufwendungen für Abkömmling A höher waren als die für Abkömmling B.[95] Zuwendungen anlässlich der Berufsausübung, etwa für die Einrichtung einer freiberuf-

---

84 Soergel/*Beckn*, § 2316 Rn 5: Ausgleichung möglich, soweit die Leistungen des Erblassers dasjenige übersteigen, was das Sozialhilferecht „mit seinen Anrechnungs- und Überleitungssperren dem Erblasser angesonnen hat", Gesichtspunkt der Freigebigkeit; *Schultz*, DAVorm 1984, 713: ausgleichungspflichtige Zuwendung nur insoweit denkbar, als sie „freiwillig" erfolgt. *Wagner* diskutiert in ZErb 2003, 112 den – spiegelbildlichen – Gesichtspunkt, ob Zuwendungen des Erblassers an den pflegenden Abkömmling pflichtteilsrechtlich als Schenkung in Betracht kommen und Ergänzungsansprüche denkbar sind; i.E. will er § 2057a Abs. 1 S. 2 BGB analog angewandt wissen.

85 Staudinger/*Löhnig*, § 2050 Rn 29.

86 MüKo/*Fest*, § 2050 Rn 29.

87 OLG Hamburg HansRGZ 1938, B 387, 389; Soergel/*Lettmaier*, § 2050 Rn 19.

88 Staudinger/*Löhnig*, § 2050 Rn 29; Müko/*Fest*, § 2050 Rn 29.

89 Diesen Gesichtspunkt sprechen *Kerscher/Tanck*, ZEV 1997, 354, 355 an unter dem Begriff des standesgemäßen Unterhalts; vgl. auch *Roth*, ZEV 2021, 352, 355.

90 *Lange/Kuchinke*, § 15 III 3b mit Fn 24; *Weimar*, JR 1967, 97.

91 Staudinger/*Löhnig*, § 2050 Rn 31.

92 Grüneberg/*von Pückler*, § 1610 Rn 27–33.

93 Staudinger/*Löhnig*, § 2050 Rn 29.

94 MüKo/*Fest*, § 2050 Rn 29.

95 Vgl. zu derartigen Konstellationen *Dieckmann*, Anm. zu BGH FamRZ 1988, 280, ebd. 712, 714 f.

lichen Praxis,[96] einer Werkstatt oder eines Büros, sind Ausstattung nach Abs. 1. (Zur Bestimmung des Übermaßes vgl. Rdn 18 ff.)

4. Andere Zuwendung

Was nicht Abs. 1 u. Abs. 2 unterfällt, kommt nach Abs. 3 als ausgleichungspflichtige 23 „andere" Zuwendung – also im Umfang der Unentgeltlichkeit – nur dann in Betracht, wenn der Erblasser dies bei der Zuwendung angeordnet hat. (Zur Anordnung vgl. Rdn 6 ff.).

III. Zuwendung an Abkömmling

Die Zuwendung muss – Regelfall – einem miterbenden Abkömmling zu Gute gekom- 24 men sein. Die **Ausgleichungspflicht** besteht zunächst für die zum Zeitpunkt des Sterbefalls gesetzlich berufenen Abkömmlinge für das diesen vom Erblasser unmittelbar Zugewandte, also unabhängig davon, ob es Kinder, Enkel oder Urenkel sind. Es ergeben sich als – gesetzlich geregelte – Sonderfälle: Ausgleichungspflicht des Enkelkindes für Zuwendungen des Erblassers an vorverstorbenes Kind (also Elternteil des Enkels), § 2051 BGB; Ausgleichungspflicht des Kindes für Zuwendungen an Enkel, § 2053 BGB; Ausgleichungspflicht des Ersatzerben für weggefallenen Abkömmling, § 2051 Abs. 2 BGB. Insoweit wird auf die Anm. zu diesen beiden Vorschriften verwiesen. Da mit dem Erbteil verbunden, treffen Ausgleichungsrecht und -pflicht auch den Erbschaftskäufer (vgl. nur § 2376 Abs. 1 BGB) und den Pfändungsgläubiger.[97] Der Erblasser kann die Ausgleichungspflicht unter Lebenden nur gegenüber Abkömmlingen gestalten. Will er sie sinngemäß auf Zuwendungen an andere voraussichtliche Erben angewandt wissen, muss er von Todes wegen – durch Teilungsanordnung – verfügen.[98]

IV. Zuwendung vom Erblasser

Die Zuwendung muss **vom Erblasser herrühren** und dessen Vermögen geschmälert 25 haben. Bei gesetzlicher Erbfolge ist im Hinblick auf die Ausgleichungspflicht in jedem der beiden Sterbefälle nur relevant, aus wessen Vermögen die Zuwendung vorgenommen wurde; verfügen die Ehegatten aus Miteigentum/Mitinhaberschaft, so richtet sich der Zuwendungsanteil des Erblassers nach der Quote der Mitberechtigung. Diese dogmatisch vorgegebene Abgrenzung bringt praktisch befremdliche Ergebnisse: Führten die Ehegatten ein **gemeinschaftliches Konto**, von dem sie bspw. laufende Zuschüsse zahlten, so ist im Zweifel jedem Ehegatten 1/2 der Zuwendung zuzurechnen und diese in jedem der beiden Sterbefälle auszugleichen; wurden getrennte Konten geführt, findet nur einmalige Ausgleichung des vollen Betrages statt. Erhält die Tochter also von der Hausfrau und Mutter Zuschüsse, können diese aufgrund der Einkommens- und Vermögensverhältnisse übermäßig sein, während identisch hohe Zuschüsse des alleinverdienenden Vaters an den Sohn mangels Übermaßes der Ausgleichungspflicht nicht unterfielen. *Dieckmann* regt in diesem Zusammenhang an, man solle „die Familie als Ganzes betrachten",[99] wobei unklar bleibt, ob dies je hälftige Zuwendung von Vater und Mutter zu bedeuten hat; ein Ergebnis, das zwar praktikabel wäre, nach geltendem Ehegüterrecht dogmatisch nicht begründbar sein dürfte, § 2054 Abs. 1 S. 1 BGB ist als singuläres Recht nicht analogiefähig. Für die Belange des Kautelarwesens finden sich Formulierungsvorschläge bei *Mohr.*[100] Grundfall bei Übertragung aus Mit-

96 MüKo/*Fest*, § 2050 Rn 28.
97 MüKo/*Fest*, § 2050 Rn 3 a.E. m.w.N.
98 MüKo/*Fest*, § 2050 Rn 40.
99 *Dieckmann*, FamRZ 1988, 712, 714.
100 *Mohr*, ZEV 1999, 257, 258 f.

eigentum der Eltern: „Die heutige Zuwendung ist auch dann in voller Höhe auszugleichen, wenn der zuerst versterbende Übergeber vom Überlebenden allein beerbt werden sollte. In diesem Fall erfolgt die Ausgleichung nach dem Ableben des Überlebenden. Die Zuwendung gilt i.S.d. § 2052 BGB als von ihm allein erfolgt." Bei Alleineigentum eines Elternteils: „Die heutige Zuwendung ist auch dann in voller Höhe auszugleichen, wenn der heutige Übergeber von seinem Ehegatten allein beerbt werden sollte".

26 Anders ist die Rechtslage, wenn die Ehegatten durch **Berliner Testament** (§ 2269 BGB) oder entsprechenden Erbvertrag (§ 2280 BGB) verbunden sind und die Abkömmlinge nach gesetzlicher Quote erben. In diesem Fall wird bei Eintritt des Schlusserbfalls auch der vorverstorbene Ehegatte als Erblasser i.S.d. Ausgleichsvorschriften angesehen[101] mit der Folge, dass ausgleichungspflichtige Zuwendungen aus dem Vermögen allein des Vorverstorbenen als solche des Überlebenden fingiert werden – **„erweiterter Erblasserbegriff"**.[102] Dies gilt allerdings nur i.R.d. Ausgleichsvorschriften, nicht bei § 2327 BGB.[103] Variante: Ein Abkömmling hat nach dem Erstversterbenden Pflichtteil unter Berücksichtigung von § 2316 Abs. 1 BGB verlangt und erhalten. In dieser Situation ist die Figur des erweiterten Erblasserbegriffs nicht anwendbar, vielmehr wird die Zuwendung des Erstversterbenden in diesem Sterbefall, diejenige des Überlebenden im Schlusserbfall auszugleichen sein.

27 Für den Sonderfall einer Zuwendung aus **Gesamtgut** der Ehegatten vgl. die Anm. zu § 2054 BGB.

D. Zuwendung zu Lebzeiten

28 Die **Zuwendung** muss bei **Lebzeiten** des Erblassers erfolgen. Damit scheiden alle noch nicht dinglich vollzogenen Zusagen des Erblassers aus, die von Todes wegen angeordnet sind. Die Lit. diskutiert hierzu durchgehend den Fall einer Anordnung des Inhalts, ein Darlehen brauche, soweit bis zum Erbfall noch nicht getilgt, nicht zurückgezahlt, sondern müsse ausgeglichen werden.[104] Verfügungen zugunsten **Dritter** auf den Todesfall und Bezugsberechtigungen in Versicherungsverträgen (§§ 330, 331 BGB) kommen als Ausstattung in Frage oder werden durch Anordnung i.S.d. Abs. 3 ausgleichsrelevant.[105] Es sind hierbei weder erb- noch schenkungsrechtliche Formen einzuhalten.[106] Probleme hinsichtlich des Ausgleichungsbetrages können sich ergeben, wenn nach Begründung des Rechts weitere Leistungen des Erblassers auf die Sparbücher oder Versicherungsverträge erfolgen. Hier müsste sich im Zweifel die Ausgleichungsanordnung auch auf die künftigen Zahlungen erstrecken (Auslegungsfrage).

E. Prozessuales

I. Klagearten

1. Leistungsklagen

29 Grundsätzlich ist die Ausgleichung mit der **Leistungsklage** in Form einer **Erbteilungsklage** – gerichtet auf Abgabe der Willenserklärung mit dem Inhalt einer Zustimmung zum Teilungsplan – geltend zu machen. Es besteht in diesem Rahmen kein

101 BGH NJW 1983, 2875, 2876 u. die dortigen Nachw.; MüKo/*Fest*, § 2052 Rn 6.
102 Prägnant *Funke/Roth*, NJW-Spezial 2013, 423: sonst wäre die Ausgleichungspflicht von der Reihenfolge des Versterbens abhängig.
103 BGH NJW 1983, 2875, 2876.
104 MüKo/*Fest*, § 2050 Rn 19; RGRK/*Kregel*, § 2050 Rn 15; RG Recht 1910 Nr. 2577 führt merkwürdigerweise eben diesen Fall als Bsp. einer Ausgleichungsverpflichtung nach § 2050 BGB an.
105 Näher *Schmitz*, Ausgleichung unter Miterben, S. 118 ff.
106 H.M.; vgl. nur Grüneberg/*Grüneberg*, Vor § 328 Rn 7.

Anspruch darauf, die Ausgleichung im Wege der Realteilung durchzuführen,[107] sprich: auf Zahlung des Ausgleichsbetrages zu klagen. Nur wenn sich die Miterben bereits auseinandergesetzt haben, ohne eine ausgleichungspflichtige Zuwendung zu berücksichtigen, kann durch Zahlungsklage ein Anspruch aus ungerechtfertigter Bereicherung geltend gemacht werden.[108] Sie setzt abgeschlossene und vollständige Auseinandersetzung voraus. Ist dies nicht der Fall, kann sie umgedeutet werden in eine Klage auf Feststellung, dass eine bestimmte Zuwendung auszugleichen sei.[109]

Möglich ist auch eine **Stufenklage** des Miterben auf Auskunftserteilung, Eidesstattliche Versicherung und Feststellung der Ausgleichungspflicht.[110] 30

2. Feststellungsklagen

Sie sind dahingehend zulässig, festzustellen, dass ein anderer Miterbe aufgrund der Ausgleichungsvorschriften nichts mehr aus dem Nachlass zu beanspruchen hat,[111] und dass ein bestimmter Gegenstand i.R.d. Auseinandersetzung mit einem bestimmten Betrag auszugleichen sei.[112] Sie sind unzulässig, wenn sie gerichtet sind auf Feststellung einer Ausgleichungspflicht zwischen künftigen Nacherben.[113] 31

II. Gerichtsstand

Für Klagen im Zusammenhang mit der Ausgleichungspflicht besteht der Gerichtsstand des § 27 ZPO.[114] 32

III. Beweislast

Wer Ausgleichung verlangt, muss nach allg. Meinung die Voraussetzungen der Ausgleichungspflicht beweisen; im Falle einer Ausstattung also, dass keine gewöhnliche Schenkung vorliegt,[115] im Falle einer sonstigen Zuwendung die Ausgleichungsanordnung,[116] im Fall der Zuschüsse das Übermaß. Behauptet der Empfänger einer Ausstattung oder von Übermaßzuwendungen, der Erblasser habe die Ausgleichung ausschließen wollen, hat er die entsprechende Anordnung zu beweisen. Liegt zwischen Erblasser und Empfänger ein entgeltliches Geschäft vor, hat, wer Ausgleich verlangt, zu beweisen, in welcher Quote die Gegenleistung nicht dem Wert des Zugewandten entsprach.[117] 33

Beweiserleichterungen kommen dem Berechtigten nach gegenwärtigem Sachstand nur insoweit zugute, als bei größeren Zuwendungen Ausstattung naheliegen soll.[118] Ob die dem Gesetz zugrunde liegende Erwägung, der Erblasser wolle sein Vermögen prinzipiell gleichmäßig verteilen, den Charakter einer gesetzlichen (also Tatsachen- oder Rechts-)Vermutung (vgl. die Kommentierungen zu § 292 ZPO) hat und für den Berechtigten streiten kann, wird nicht diskutiert.[119] Soll die Rede von der Vermutung 34

107 OLG München NJW-RR 1991, 1097.
108 MüKo/*Fest*, § 2050 Rn 18.
109 BGH NJW-RR 1992, 771.
110 BayObLG OLGE 37, 253.
111 BayObLG OLGE 37, 253.
112 BGH NJW-RR 1992, 771 LS 3: bedenkenfrei „im Interesse einer Erleichterung der prozessualen Klärung streitiger Vorfragen für die Auseinandersetzung".
113 OLG Karlsruhe NJW-RR 1990, 137: vor Eintritt des Nacherbfalls ist noch kein Rechtsverhältnis i.S.d. § 256 ZPO gegeben.
114 BGH NJW 1992, 364 anlässlich § 2057a BGB.
115 RG Recht 1912 Nr. 445.
116 OLG Koblenz ZEV 2013, 203 (LS 2).
117 Baumgärtel/*Strieder*, Handbuch der Beweislast im Privatrecht, § 2050 Rn 2; RG JW 1906, 358.
118 AG Stuttgart NJW-RR 1999, 1449 zu § 1374 BGB.
119 Andeutungsweise bei Baumgärtel/*Strieder*, § 2050 Rn 1; siehe auch Rdn 8.

im vorliegenden Zusammenhang irgendeine rechtliche Konsequenz haben, so müsste jede Zuwendung als prinzipiell ausgleichungspflichtig angesehen werden, auf die kein gesetzlicher Anspruch bestand; insoweit wäre, soweit der Zufluss eines Vermögenswertes unstreitig ist, zumindest eine Beweislastumkehr zu erwägen.[120] Nach OLG Karlsruhe liegt bei größeren Zuwendungen Ausstattung nahe, wenn „sich eine andere causa nicht sicher feststellen lässt".[121]

IV. Einschränkung des Zeugnisverweigerungsrechts

35 Im Einzelfall wird zu prüfen und bei der Auswahl von Klageart und Beklagtem strategisch zu berücksichtigen sein, ob das Zeugnisverweigerungsrecht beteiligter Abkömmlinge eingeschränkt ist nach Maßgabe des § 385 Abs. 1 Nr. 3 ZPO.[122]

§ 2051 Ausgleichungspflicht bei Wegfall eines Abkömmlings

(1) Fällt ein Abkömmling, der als Erbe zur Ausgleichung verpflichtet sein würde, vor oder nach dem Erbfall weg, so ist wegen der ihm gemachten Zuwendungen der an seine Stelle tretende Abkömmling zur Ausgleichung verpflichtet.
(2) Hat der Erblasser für den wegfallenden Abkömmling einen Ersatzerben eingesetzt, so ist im Zweifel anzunehmen, dass dieser nicht mehr erhalten soll, als der Abkömmling unter Berücksichtigung der Ausgleichungspflicht erhalten würde.

Übersicht: Rdn

A. Normzweck/Allgemeines

1 Bei Wegfall eines Abkömmlings verlagert sich dessen Ausgleichungsverpflichtung mit unverändertem Inhalt auf den eintretenden Abkömmling, damit sie nicht durch Verzicht oder Ausschlagung unterlaufen werden kann. Die Vorschrift regelt in Abs. 1 die Ausgleichslast der nachrückenden Abkömmlinge und in Abs. 2 die entsprechende Verpflichtung eines Ersatzerben (der nicht Abkömmling sein muss).

B. Ausgleichungsverpflichtung des Nachrückenden

I. Allgemeines

2 Die Vorschrift setzt voraus, dass ein **vorrangiger Abkömmling** (§ 1924 Abs. 2 BGB) „vor oder nach dem Erbfalle" weggefallen ist, also bei Tod vor dem Erbfall (§ 1924 Abs. 2 BGB), bei Enterbung (§ 1938 BGB), es sei denn, die Verfügung ergäbe, der gesamte Stamm solle enterbt sein,[1] bei Ausschlagung (§ 1953 BGB), Erbunwürdigkeit (§ 2344 BGB) oder Erbverzicht (§ 2346 BGB). In diesem Zusammenhang ist jedoch § 2349 BGB zu beachten, wonach sich die Wirkungen des Verzichtes auch auf Abkömmlinge erstrecken, soweit der Erbverzichtsvertrag nicht ein anderes bestimmt. Bei Tod nach dem Erbfall greift § 2051 BGB nicht (vgl. Rdn 7).

---

120 In dubio pro Ausstattung/Anordnung; in diesem Sinne *Bothe*, ZErb 2004, 368.
121 OLG Karlsruhe ZEV 2011, 531, 533 m. Anm. *Ruby/Schindler*, ZEV 2011, 524, 526.
122 Zu einschlägigen Fällen Zöller/*Greger*, § 385 Rn 4.
1 RGZ 61, 14, 16, MüKo/*Leipold*, § 1924 Rn 37, § 1938 Rn 7.

Bei Zuwendungen durch Testament an einen Abkömmling in seiner Eigenschaft als beurkundender Notar, Dolmetscher, Vertrauensperson, Testamentsvollstrecker, Bürgermeister oder Zeuge bei einem Nottestament (§§ 7, 16 Abs. 3 S. 2, 24 Abs. 2, 27 BeurkG; §§ 2249 und 2250 BGB) rankt sich ein terminologischer Streit um die Frage, ob hier von **„relativer Erbunfähigkeit"** gesprochen werden kann.[2] Ein solcher Sachverhalt macht die Einsetzung unwirksam und es soll „ein gesetzlich vorgesehener Wegfall des Miterben" vorliegen. Die Situation scheint von wenig praktischer Relevanz, indessen ist folgender Aspekt theoretisch überprüfungsbedürftig: wenn der Notar usw. Abkömmling ist und die Einsetzung insoweit (und nur insoweit, vgl. § 2085 BGB) unwirksam, als sie darauf zielt, ihm einen Vorteil zu verschaffen, gilt subsidiär gesetzliche Erbfolge. Da § 2051 BGB ohnehin nur greift, wenn die letztwillige Verfügung Quoten gem. § 2052 BGB zugunsten der Abkömmlinge enthält, ergibt sich folgende Konstellation als Beispiel: 3

Beispiel

Vater des Notars verfügt zu dessen Urkunde dahin, es sollten die Ehefrau zu 1/2 und drei Abkömmlinge zu je 1/6 erben. Die Einsetzung des Notars ist unwirksam. Damit ist ein Erbteil von 1/6 nicht besetzt. Wenn in diesen sämtliche gesetzliche Erben einrücken, erhöht sich der Erbteil der Ehefrau um 1/12, derjenige der beiden anderen Abkömmlinge um 1/36 und der Notar erhält einen gesetzlichen Erbteil von 1/36. Die Annahme, auf diese Situation sei § 2051 BGB anwendbar, setzt voraus, dass der Abkömmling auch die gesetzliche Erbenstellung verliert, was auf eine Enterbung kraft Beurkundungsgesetzes oder eine Unterart von Erbunwürdigkeit hinausliefe. Eine solche Folgerung dürfte kaum gezogen werden können. Der Pflichtteil bliebe dem Notar jedoch selbst unter dieser Annahme gem. § 2305 BGB erhalten.

Bei Zuwendungen durch Testament an den Abkömmling in seiner Eigenschaft als Träger oder Beschäftigter i.S.d. der (Landes-)Heimgesetze, die das jeweils zulässige Entgelt übersteigen, gilt: Dem Träger und den Beschäftigten ist es regelmäßig untersagt, sich derartige Leistungen gewähren oder versprechen zu lassen. Eine entsprechende Verfügung ist nichtig gem. § 134 BGB.[3] Ob dieser Umstand den Eintritt gesetzlicher Erbfolge hindert, ist ebenso zweifelhaft wie in der soeben besprochenen Fallgruppe. 4

Es ist unerheblich, ob der eintretende Abkömmling Erbe des weggefallenen ist. Der eintretende Abkömmling muss auch nicht Abkömmling des weggefallenen sein. 5

Beispiel

Eines von drei Kindern des Erblassers ist kinderlos verstorben. Die auf seinem Erbteil lastende Ausgleichungspflicht geht dann nach **Anwachsungsgrundsätzen** mit der Erhöhung (§ 1935 BGB – besonderer Erbteil) auf die Geschwister über und deren eigener Erbteil bleibt insoweit unbelastet.[4]

Die Vorschrift ist nicht anwendbar, wenn der entferntere Abkömmling durch Verfügung von Todes wegen unmittelbar eingesetzt ist, der ausgleichungspflichtige Abkömmling also übergangen wurde.[5] Eine Ausgleichungspflicht für Zuwendungen des 6

2 Vgl. MüKo/*Fest*, § 2051 Rn 2 m.w.N.
3 BayObLG ZEV 2001, 121, 122.
4 Staudinger/*Löhnig*, § 2051 Rn 4.
5 RG WarnR 1913 Nr. 238.

Erblassers an diesen kann ihn dann nur treffen, wenn dies vom Erblasser letztwillig angeordnet wurde.[6]

7 Stirbt der Abkömmling nach dem Erbfall, geht die Ausgleichungspflicht auf seine Erben über, unabhängig davon, ob sie ihrerseits Abkömmlinge sind.[7]

II. Ausgleichungspflicht des Ersatzerben

8 Die Voraussetzungen der Ersatzerbfolge ergeben sich aus § 2096 BGB. Zur Anwendung des § 2051 Abs. 2 BGB ist demnach letztwillige Verfügung erforderlich, wonach mit dem Wegfall eines Abkömmlings ein Dritter **Ersatzerbe** werden soll. Ferner muss § 2052 BGB erfüllt sein, da ansonsten die Ausgleichungspflicht bei gewillkürter Erbfolge von vornherein nicht entstünde. Ist der Ersatzerbe selbst Abkömmling des Erblassers, greift – wegen der Verweisung in § 2052 BGB – schon Abs. 1.[8] Ist der Ersatzerbe nicht Abkömmling, so würde ihn grundsätzlich keine Ausgleichungspflicht treffen. Die Miterben wären dadurch schlechter gestellt, als wenn der Ersatzerbfall nicht eingetreten wäre. Das Gesetz stellt daher die Vermutung auf, dass der Ersatzerbe nicht mehr erhalten soll, als der weggefallene Abkömmling unter Berücksichtigung der Ausgleichungspflicht hypothetisch erhalten hätte. Die Vermutung ist widerleglich. Der Ersatzerbe muss hierzu einen abweichenden Willen des Erblassers beweisen.[9] Die Vermutung zur Ausgleichungspflicht korrespondiert nach herrschender Lehre mit dem anerkannten Ausgleichungsrecht des Ersatzerben. Er soll insgesamt so stehen und sein Anspruch insgesamt nach den Grundsätzen berechnet werden, wie sie für den Weggefallenen zur Anwendung gekommen wären.[10]

§ 2052 Ausgleichungspflicht für Abkömmlinge als gewillkürte Erben

Hat der Erblasser die Abkömmlinge auf dasjenige als Erben eingesetzt, was sie als gesetzliche Erben erhalten würden, oder hat er ihre Erbteile so bestimmt, dass sie zueinander in demselben Verhältnis stehen wie die gesetzlichen Erbteile, so ist im Zweifel anzunehmen, dass die Abkömmlinge nach den §§ 2050, 2051 zur Ausgleichung verpflichtet sein sollen.

A. Allgemeines

1 Die Vorschrift enthält eine **Auslegungsregel.**[1] Ihr liegt folgender Gedanke zugrunde: Da bei gesetzlicher Erbfolge vermutet wird, der Erblasser wolle seine Abkömmlinge gleichmäßig teilhaben lassen, ist es gerechtfertigt, diese Vermutung auch auf die Situation zu erstrecken, dass er sie im Verhältnis ihrer gesetzlichen Quoten testamentarisch eingesetzt hat.[2]

2 Die Auslegungsregel kann durch **Nachweis** eines **abweichenden Erblasserwillens** entkräftet werden.[3] Dieser muss vor oder bei der Zuwendung zum Ausdruck gekommen sein.[4] Zur Ermittlung des Willens kommen die Urkunde selbst (etwa bei einer Verfügung des Inhalts, Abkömmlinge sollten nach Abzug der Vermächtnisse alles

6 MüKo/*Fest*, § 2051 Rn 3.
7 Staudinger/*Löhnig*, § 2051 Rn 3.
8 Staudinger/*Löhnig*, § 2051 Rn 8.
9 Staudinger/*Löhnig*, § 2051 Rn 8; MüKo/*Fest*, § 2051 Rn 7.
10 Staudinger/*Löhnig*, § 2050 Rn 8.
1 OLG Karlsruhe OLGE 26, 305; BeckOK BGB/*Lohmann*, § 2052 Rn 1.
2 Soergel/*Wolf*, § 2052 Rn 1.
3 RGZ 90, 419, 421; MüKo/*Fest*, § 2052 Rn 3.
4 MüKo/*Fest*, § 2052 Rn 3.

Verbleibende gleich unter sich teilen)[5] oder außerhalb liegende Umstände in Betracht. Spätere Willensänderungen des Erblassers bedürfen der letztwilligen Form.

B. Tatbestand

Die Vorschrift regelt zwei Varianten: (1) Einsetzung auf – genau – die gesetzlichen Erbteile. Dies muss nicht mit ausdrücklichem Hinweis auf das Gesetz oder gar mittels konkreter Bezifferung der Quote geschehen, vgl. etwa § 2066 BGB. (2) Verhältnismäßige Entsprechung: die Erbteile können größer oder kleiner sein als die gesetzlichen, solange nur die Erbteile der konkret bedachten Abkömmlinge dem gesetzlichen Verhältnis entsprechen. Dies ist etwa der Fall, wenn die Ehefrau bei gesetzlichem Güterstand enterbt ist oder neben den gesetzlichen Erben ein Dritter eingesetzt wurde (bspw. Ehefrau zu 1/2, Bruder zu 1/4, zwei Kinder zu je 1/8) oder der Erblasser lediglich einen Abkömmling enterbt, so dass dessen Anteil den übrigen gleichmäßig anwächst.[6] Der Erblasser kann auch nur einige der Abkömmlinge auf die gesetzlichen Quoten einsetzen, dann findet die Ausgleichung nur unter diesen statt.[7] 3

Erblasser kann im Falle des **Berliner Testaments** auch der vorverstorbene Ehegatte sein.[8] Die Abkömmlinge müssen dann bei der Auseinandersetzung nach dem Längstlebenden auch die Zuwendungen des Erstverstorbenen ausgleichen.[9] Die Einsetzung geschieht durch Testament oder Erbvertrag. Einsetzung als Ersatzerbe oder als Nacherbe reicht aus.[10] Sind Enkel eingesetzt, die wegen Wegfalls des vorrangigen Abkömmlings nunmehr gesetzlich erben, so greift die Ausgleichungspflicht ebenfalls.[11] 4

C. Rechtsfolge

Die Ausgleichung findet allein unter denjenigen Abkömmlingen statt, hinsichtlich derer die Einsetzung obigen Inhalts erfolgte, solange nur deren Verhältnis zueinander das der gesetzlichen Erbfolge ist[12] – „relative Kongruenz".[13] 5

Der Eintritt der Ausgleichungspflicht soll nicht dadurch gehindert sein, dass ein Abkömmling neben dem Erbteil durch Vorausvermächtnis, Auflage oder sonstige Anordnung zusätzlich begünstigt wurde,[14] da diese Sachverhalte das Verhältnis der Erbteile zueinander nicht verändern.[15] (Der Ausgleichungserbteil i.S.d. § 2055 Abs. 1 S. 2 BGB bestimmt sich dann nach demjenigen, was nach Abzug von Vorausvermächtnis usw. an faktisch vorhandener Teilungsmasse noch verbleiben mag, zuzüglich indexierter Wert der ausgleichungspflichtigen Zuwendung.)

---

5 Vgl. RG LZ 1921, 19 Nr. 7; OLG Karlsruhe OLGE 26, 305.

6 Vgl. auch RGZ 90, 419: Ehefrau u. vier Kinder waren zu je 1/5 eingesetzt, damit erbten die Kinder nach Kopfteilen u. in gesetzlicher Quote.

7 *Kössinger/Najdecki/Zintl*, § 2 Rn 214.

8 BGH NJW 1983, 2875, 2876 = BGHZ 88, 102, 109.

9 BeckOK BGB/*Lohmann*, § 2052 Rn 1.

10 MüKo/*Fest*, § 2052 Rn 4.

11 RGZ 149, 129, 133.

12 BeckOK BGB/*Lohmann*, § 2052 Rn 1.

13 MüKo/*Fest*, § 2052 Rn 5.

14 RGZ 90, 419, 421.

15 MüKo/*Fest*, § 2052 Rn 4.

§ 2053 Zuwendung an entfernteren oder angenommenen Abkömmling

(1) Eine Zuwendung, die ein entfernterer Abkömmling vor dem Wegfall des ihn von der Erbfolge ausschließenden näheren Abkömmlings oder ein an die Stelle eines Abkömmlings als Ersatzerbe tretender Abkömmling von dem Erblasser erhalten hat, ist nicht zur Ausgleichung zu bringen, es sei denn, dass der Erblasser bei der Zuwendung die Ausgleichung angeordnet hat.
(2) Das Gleiche gilt, wenn ein Abkömmling, bevor er die rechtliche Stellung eines solchen erlangt hatte, eine Zuwendung von dem Erblasser erhalten hat.

Übersicht: Rdn

A. Normzweck

1 Die Vorschrift engt die **gesetzliche Vermutung** ein, der Erblasser wolle Abkömmlinge nach den Grundsätzen der Stammeserbfolge (vgl. § 2050 Rdn 1) gleichmäßig bedenken. Diese Vermutung gilt kraft gesetzlicher Anordnung nicht für Abkömmlinge, die aus Sicht des Erblassers zum Zeitpunkt der Zuwendung noch nicht als gesetzliche Erben in Betracht kamen, da nähere Abkömmlinge vorgingen oder der Begünstigte noch nicht Abkömmling war (begründet wird dies in der Lehre mit dem Argument, es sei unwahrscheinlich, dass der Erblasser „viel später sich entwickelnde Möglichkeiten" berücksichtige, wer einmal sein unmittelbarer gesetzlicher Erbe werde[1]).

B. Tatbestand

2 Direkte Anwendung findet die Vorschrift auf Zuwendungen an einen Abkömmling, die er vor dem Wegfall eines ihn **ausschließenden Abkömmlings** (§ 1924 Abs. 2 BGB) vom Erblasser erhalten hat – Abs. 1 Hs. 1 –, oder auf Zuwendungen, die der als Ersatzerbe eingesetzte Abkömmling erhielt, bevor der vorrangig berufene Abkömmling weggefallen ist – Abs. 1 Hs. 2. Die Voraussetzungen des Wegfalls entsprechen denen des § 2051 BGB. Für Zuwendungen nach dem Wegfall des Vormannes greift § 2050 BGB direkt.[2] Namentlich sind die Fälle hervorzuheben, in denen der Erblasser den Vormann zum Zeitpunkt der Zuwendung bereits enterbt hatte.[3] Zuwendungen an den Vormann hat der Nachrückende kraft des § 2051 BGB auszugleichen, so dass im Einzelfall solche Zuwendungen neben denjenigen gem. § 2053 BGB zu berücksichtigen sind; für Zuwendungen an einen Abkömmling, der zum Zeitpunkt der Zuwendung noch nicht Abkömmling war gilt Abs. 2. Dies betrifft nach dem 1.7.1998 (Inkrafttreten des KindRG, mit dem Legitimation u. Ehelicherklärung abgeschafft wurden) nur noch die Fälle der **Adoption**. Analoge Anwendung wird diskutiert in Irrtumsfällen.[4] Glaubte der Erblasser bei der Zuwendung irrig an die Existenz eines Vormannes, so soll – wegen der Maßgeblichkeit der subjektiven Lage[5] – die Zuwendung an den Nachrücker nur unter den weiteren Voraussetzungen des § 2053 BGB ausgleichungspflichtig sein, hielt der Erblasser den Vormann irrig für weggefallen und den Nachrü-

1 So MüKo/*Fest*, § 2053 Rn 1.
2 MüKo/*Fest*, § 2050 Rn 2.
3 RGZ 149, 129, 134; Staudinger/*Löhnig*, § 2053 Rn 3.
4 Staudinger/*Löhnig*, § 2050 Rn 6.
5 Staudinger/*Löhnig*, § 2053 Rn 6.

cker damit für einen der nächsten Abkömmlinge, hingegen § 2050 BGB greifen. Nicht diskutiert werden die Fälle, in denen der Erblasser sich im Irrtum über die tatsächlichen und rechtlichen Voraussetzungen eines Wegfalls, etwa die Wirksamkeit einer Enterbung, einer Erbunwürdigkeit oder eines Erbverzichts, befand. Rspr. hierzu fehlt.

C. Rechtsfolge

Eine Zuwendung ist in diesen Fällen nicht ausgleichungspflichtig, es sei denn, der 3
Erblasser hätte es ausdrücklich angeordnet. Zu den Voraussetzungen der Anordnung vgl. § 2050 Rdn 8–15. Nachträgliche Anordnung ist auch in diesem Fall nicht möglich.[6]

D. Sonderfall: Vormann ist noch nicht weggefallen

Die Anordnung geht ins Leere, wenn der Vormann zum Zeitpunkt des Erbfalls noch 4
lebt. Zuwendungen des Erblassers an den entfernteren Abkömmling/Ersatzerben hat der Vormann trotz der – gegenstandslosen – Anordnung gegenüber dem Nachrücker nur auszugleichen, wenn dies ihm gegenüber durch Verfügung von Todes wegen ausdrücklich auferlegt wurde; die ansonsten formlos mögliche Anordnung genügt hierzu nicht.[7]

§ 2054 Zuwendung aus dem Gesamtgut

(1) [1]Eine Zuwendung, die aus dem Gesamtgut der Gütergemeinschaft erfolgt, gilt als von jedem der Ehegatten zur Hälfte gemacht. [2]Die Zuwendung gilt jedoch, wenn sie an einen Abkömmling erfolgt, der nur von einem der Ehegatten abstammt, oder wenn einer der Ehegatten wegen der Zuwendung zu dem Gesamtgut Ersatz zu leisten hat, als von diesem Ehegatten gemacht.
(2) Diese Vorschriften sind auf eine Zuwendung aus dem Gesamtgut der fortgesetzten Gütergemeinschaft entsprechend anzuwenden.

Übersicht: Rdn

A. Allgemeines

Die Vorschrift enthält für Zuwendungen an gemeinschaftliche Abkömmlinge aus Mit- 1
teln des **Gesamtguts** einer – auch fortgesetzten – Gütergemeinschaft in Abs. 1 S. 1 eine Vermutung[1] dahin, dass sie von jedem Gatten je zur Hälfte vorgenommen wurde. Sie soll Zweifel ausschließen, welcher Ehegatte als Zuwendender gilt – die namentlich dadurch angelegt sein können, dass ein Ehegatte nach § 1422 BGB die alleinige Verwaltung des Gesamtguts innehat.[2] Abs. 1 S. 2 vermutet als Unterfall denjenigen der Ehegatten als Zuwendenden, von dem der begünstigte Abkömmling allein abstammt oder der dem Gesamtgut aufgrund der Zuwendung ersatzpflichtig ist. Beide Vermutungen sind widerlegbar.[3] Soweit die Ausgleichungspflicht von Anordnungen abhängt, kann

6 Grüneberg/*Weidlich*, § 2053 Rn 2.
7 Staudinger/*Löhnig*, § 2053 Rn 7.
1 Staudinger/*Löhnig*, § 2054 Rn 2; sie ist widerleglich: MüKo/*Fest*, § 2054 Rn 5.
2 MüKo/*Fest*, § 2054 Rn 1.
3 Soergel/*Lettmaier*, § 2054 Rn 2; MüKo/*Fest*, § 2054 Rn 7 ff.

bei gemeinschaftlicher Verwaltung jeder Ehegatte wirksam selbst bestimmen.[4] Die Zuwendung muss in allen Varianten aus dem Gesamtgut erfolgen; Zuwendungen aus **Vorbehalts-** und **Sondergut** unterfallen den allg. Regelungen der §§ 2050–2053 BGB. Unter diesem Aspekt ist fraglich, wer die **Beweislast** trägt, wenn die Ausgleichungspflicht mit dem Argument bestritten wird, der Erblasser habe aus Sonder- oder Vorbehaltsgut gem. §§ 1417, 1418 BGB geleistet (Bsp.: Einkommenszuschuss erfolgt aus unpfändbarem Arbeitseinkommen, Ausstattung aus Mitteln einer Erbschaft nach § 1418 Abs. 2 Nr. 2 BGB).

B. Regelfall des Abs. 1 S. 1

2 Die Vermutung bewirkt, dass die Zuwendung je zur Hälfte in beiden Sterbefällen auszugleichen ist. Im Fall des Berliner Testaments erfolgt eine einheitliche Ausgleichung beim Tod des Überlebenden. Reicht der Gesamtgutsanteil des vorverstorbenen Erblassers zur Ausgleichung der hälftigen Zuwendung nicht, so ist insoweit der Anteil des Überlebenden heranzuziehen.[5]

C. Sonderfälle des Abs. 1 S. 2

3 Das Gesetz begründet eine Vermutung gegen hälftige Zuordnung in zwei Fallgruppen: (a) Der begünstigte Abkömmling stammt nur von einem der Ehegatten ab.[6] Hingegen ist unwesentlich, welcher der Ehegatten die Zuwendung vorgenommen hat.[7] Übersteigt der Wert der Zuwendung den rechnerischen Anteil des betreffenden Ehegatten, so gebietet sich eine Reduktion der Ausgleichungspflicht auf den Wert des Gesamtgutsanteils.[8] (b) Der zuwendende Ehegatte hat zum Gesamtgut **Ersatz** zu leisten. Dies ist der Fall bei Ausstattung des Abkömmlings durch den verwaltenden Ehegatten, wenn das dem Gesamtgut entsprechende Maß überstiegen wird (vgl. §§ 1444 Abs. 1, 1446 Abs. 1, 1476 Abs. 2 S. 1 BGB), bei Zuwendungen in **Benachteiligungsabsicht**[9] sowie bei Zuwendungen ohne die Zustimmung des anderen Ehegatten (§§ 1423–1425, 1435 S. 3 BGB).

D. Fortgesetzte Gütergemeinschaft (Abs. 2)

4 Soll die Gütergemeinschaft mit den gemeinschaftlichen Abkömmlingen fortgesetzt werden gem. §§ 1483 ff. BGB, so ergibt sich auf den Tod des Erstversterbenden wegen § 1483 Abs. 1 S. 3 BGB keine Ausgleichungspflicht hinsichtlich des Gesamtgutes. Die Ausgleichung ist aufgeschoben bis zur Beendigung der **fortgesetzten Gemeinschaft**,[10] also bis zum Tod des überlebenden Ehegatten, §§ 1494, 1503 Abs. 2 BGB. Auseinandersetzung und Ausgleichung können nach dem Erstversterbenden nur insoweit stattfinden, als Vorbehalts- und Sondergut in den Nachlass fallen und hierauf bezogene ausgleichungspflichtige Zuwendungen vorgenommen wurden.[11]

4 MüKo/*Fest*, § 2054 Rn 9 m. Hinw. auf Materialien; RGZ 149, 129, 133 f.

5 Müko/*Fest*, § 2054 Rn 5; Planck/*Ebbecke* zu § 2054; Grüneberg/*Weidlich*, § 2054 Rn 1; a.A. Staudinger/*Löhnig*, § 2054 Rn 3; Soergel/*Lettmaier*, § 2054 Rn 4 unter Hinw. auf § 2056.

6 Der Fall, dass der Abkömmling nur von einem der Gatten adoptiert wurde, findet sich nirgends besprochen; nach dem Gesetzeszweck dürfte sich eine analoge Anwendung empfehlen.

7 MüKo/*Fest*, § 2054 Rn 7.

8 RGZ 94, 262, 265, Zuwendung gilt als „aus dem gedachten Anteil" erfolgt; MüKo/*Fest*, § 2054 Rn 10 u. Ausführungen zur ratio in Rn 2; Staudinger/*Löhnig*, § 2054 Rn 8.

9 Staudinger/*Löhnig*, § 2054 Rn 6.

10 Staudinger/*Löhnig*, § 2054 Rn 8.

11 Staudinger/*Löhnig*, § 2054 Rn 8.

§ 2055 Durchführung der Ausgleichung

(1) [1]Bei der Auseinandersetzung wird jedem Miterben der Wert der Zuwendung, die er zur Ausgleichung zu bringen hat, auf seinen Erbteil angerechnet. [2]Der Wert der sämtlichen Zuwendungen, die zur Ausgleichung zu bringen sind, wird dem Nachlass hinzugerechnet, soweit dieser den Miterben zukommt, unter denen die Ausgleichung stattfindet.
(2) Der Wert bestimmt sich nach der Zeit, zu der die Zuwendung erfolgt ist.

§ 2056 Mehrempfang

[1]Hat ein Miterbe durch die Zuwendung mehr erhalten, als ihm bei der Auseinandersetzung zukommen würde, so ist er zur Herauszahlung des Mehrbetrags nicht verpflichtet. [2]Der Nachlass wird in einem solchen Falle unter den übrigen Erben in der Weise geteilt, dass der Wert der Zuwendung und der Erbteil des Miterben außer Ansatz bleiben.

Übersicht: Rdn

A. Allgemeines

Die Vorschriften regeln in ihrem Zusammenspiel den Vollzug des Ausgleichungsverfahrens.[1] Sie beruhen auf drei Grundsätzen: 1
(1) Es wird vermutet, der Erblasser habe dem Abkömmling die Zuwendung endgültig zugutekommen lassen wollen.[2]
(2) Nach Vollzug der Ausgleichung sollen die beteiligten Abkömmlinge wirtschaftlich gleichgestellt sein.[3]
(3) Hierzu wird fingiert, dass die Gegenstände, wie sie vom Erblasser lebzeitig zugewandt wurden, im Nachlass noch vorhanden seien und zur Verteilung anstünden.[4] Sind die Gegenstände in der Zwischenzeit untergegangen, befreit dies nicht von der Ausgleichungspflicht.[5] Zuwachs, Zinsen und Nutzungen bleiben ebenso außer Betracht.[6]

B. Berechnungsschritte

Schritt 1: Bewertung der faktisch vorhandenen **Teilungsmasse**, also des Überschusses i.S.d. § 2047 Abs. 1 BGB. Hierbei kommt es nur auf den **Geldeswert** an; eine Unterscheidung zwischen Geld, Sachen und sonstigen Gegenständen ist nicht veranlasst.[7] 2

---

1 Ausführlichste Darstellung m. zahlreichen Bsp. bei *Bertolini*, MittBayNot 1995, 109 ff.
2 MüKo/*Fest*, § 2056 Rn 1.
3 MüKo/*Fest*, § 2055 Rn 1.
4 BGHZ 65, 75 = NJW 1975, 1831: „Es soll so angesehen werden, als würden sie die Werte, die sie schon früher empfangen haben und die sie zur Ausgleichung zu bringen haben, jetzt bei der Erbauseinandersetzung erhalten", ebd. 1832.
5 Grüneberg/*Weidlich*, § 2055 Rn 1.
6 Müko/*Fest*, § 2055 Rn 18, str. m.w.N.
7 Soergel/*Lettmaier*, § 2055 Rn 2.

Die Wertbestimmung für den Nachlass erfolgt nach BGH auf den Stichtag des Erbfalls.[8] Demgegenüber halten zahlreiche und beachtliche Literaturstimmen den Zeitpunkt der Auseinandersetzung, also der Erbteilung, für maßgeblich.[9]

3 **Schritt 2:** Ermittlung der **Anteile** der **Ausgleichungsbeteiligten** an dieser Teilungsmasse, konkret: Ermittlung ihrer Quoten und Bezifferung des Geldbetrages, der sich als Anteil aller Ausgleichungsbeteiligten an der Teilmasse ergibt. Der Erbteil des Miterben, der an der Ausgleichung nicht beteiligt ist, wird vorweg von der Teilungsmasse in der betreffenden Quote abgezogen.[10]

Beispiel
Teilungsmasse 100.000. Verheiratung des Erblassers im gesetzlichen Güterstand; zwei Abkömmlinge. Auf die Ehefrau entfällt 1/2 mit 50.000. Den Ausgleichungsregeln unterliegen 2 × 1/4 aus 100.000 entsprechend den restlichen 50.000.

4 **Schritt 3:** Ermittlung des **Wertes** der **Zuwendung** zum Stichtag der Zuwendung, Abs. 2. Dies ist zunächst der Zeitpunkt des Rechtsübergangs.[11] Fehlt es an einer Wertbestimmung des Erblassers – die er durch Anordnung treffen kann[12] –, so gilt der **objektive Verkehrswert.**[13] Ob der Begünstigte Früchte (Nutzungen, Zinsen) gezogen hat, ob der Gegenstand zum Stichtag noch existierte, ob er eine Wertsteigerung oder -minderung erfuhr, ist unerheblich.[14] Der Wert etwaiger Gegenleistungen (namentlich Nießbrauch, Wohnrecht, Pflegeverpflichtung bei Grundstücksübertragungen) ist zu kapitalisieren und abzuziehen. In diesem Zusammenhang wird stets zu prüfen sein, ob derartige Rechte nicht die Annahme einer ausgleichungspflichtigen Zuwendung, namentlich einer Ausstattung, hindern (vgl. § 2050 Rdn 4 a.E.).

5 **Schritt 4:** Der so ermittelte Wert ist auf den Stichtag des Erbfalls zu **indexieren.**[15] Maßgeblich ist der Index für die Lebenshaltung aller privaten Haushalte („Verbraucherpreisindex"; Basisjahr seit 1.1.2019: 2015 = 100).[16] Die Berechnung erfolgt nach der Formel: Wert zum Stichtag x Index neu : Index alt (soll die Steigerung als Prozentquote ermittelt werden: Index neu : Index alt × 100 – 100). Hat der Erblasser eine Wertbestimmung kraft Anordnung getroffen, ist davon auszugehen, dass er den nicht indexierten Nominalbetrag angerechnet wissen wollte.[17] Im Zweifel muss die Auslegung ergeben, ob die Geldentwertung nach seiner Vorstellung zu berücksichtigen war.[18]

6 **Schritt 5:** Hinzurechnung **aller auszugleichenden** Zuwendungen zum Wert der Teilungsmasse, zum Ergebnis des Rechenschrittes 2; vgl. § 2055 Abs. 1 S. 2 BGB. Damit

---

8 BGHZ 96, 174, 180 f. = NJW 1986, 931, 932; auch *Meincke*, AcP 178, 45, 59.

9 MüKo/*Fest*, § 2055 Rn 17 m.w.N.; Staudinger/*Löhnig*, § 2055 Rn 1, auch Rn 4; *Krug*, ZEV 2000, 41.

10 Staudinger/*Löhnig*, § 2055 Rn 5.

11 Soergel/*Lettmaier*, § 2055 Rn 1 und 6 f., unmittelbarer Rechtserwerb durch Verfügungsgeschäft, bei Grundstücksrechten durch Eintragungszeitpunkt; so auch BGH NJW 1975, 1831 zu § 2325 BGB.

12 OLG Hamm MDR 1966, 330.

13 Im Zweifel durch Sachverständigen zu ermitteln: Soergel/*Lettmaier*, § 2055 Rn 11.

14 *Lange/Kuchinke*, § 15 III 4b; MüKo/*Fest*, § 2055 Rn 18.

15 BGHZ 65, 75, 77 = NJW 1975, 1831, 1832; BGH NJW-RR 1989, 259, 260; erläuternd und plastisch Staudinger/*Löhnig*, § 2055 Rn 12, Wertbestimmung des Gegenstandes mit dem Geldbetrag, „der im Zeitpunkt der Auseinandersetzung aufzuwenden wäre, um ihn in dem Zustand, den er zur Zeit der Zuwendung hatte, zu erwerben"; zust. für § 2055 BGB auch *Pentz*, ZEV 1999, 167, 168.

16 Aufgeführt bei Grüneberg/*Siede*, § 1376 Rn 41; aktuelle Preisindices unter www.destatis.de = Statistisches Bundesamt.

17 Soergel/*Lettmaier*, § 2055 Rn 12.

18 MüKo/*Fest*, § 2055 Rn 20; bejahend OLG Hamm MDR 1966, 330: Es war angeordnet, der Begünstigte habe die „heutige Schenkung" mit einem „Wertbetrag" von 640 RM auszugleichen.

ist die Nachlassmasse fingiert, die sich zur Aufteilung unter den Abkömmlingen ergäbe, wenn die zugewandten Gegenstände noch vorhanden wären.

Schritt 6: Ermittlung des – betragsmäßigen – Anteils der einzelnen Abkömmlinge am Ergebnis des Rechenschrittes (5). Dies stellt den „Erbteil" dar, auf den die Zuwendung i.S.d. § 2055 Abs. 1 S. 1 BGB anzurechnen ist. 7

Schritt 7: Verrechnung des Wertes der ausgleichungspflichtigen Zuwendung mit dem „Erbteil" des jeweiligen Empfängers. Das Ergebnis dieses Berechnungsschrittes ergibt wertmäßig dasjenige, was dem betreffenden Abkömmling von der Teilungsmasse zusteht. 8

Beispiel: Berechnungsschritte 5 bis 7
- Abkömmlinge A, B und C
- den Ausgleichungsregeln unterfallende Teilungsmasse: 50.000
- indexierter Wert der Zuwendung an A: 25.000
- indexierter Wert einer Zuwendung an B: 15.000
- keine Zuwendung an C
- fiktive Teilungsmasse 50.000 + 25.000 + 15.000 = 90.000 (Ausgleichungserbteil)
- hiervon je 1/3 Anteil von A, B und C: 30.000
- Anteil A an Teilungsmasse: 30.000 – 25.000 = 5.000
- Anteil B an Teilungsmasse: 30.000 – 15.000 = 15.000
- Anteil C an Teilungsmasse: 30.000

(Kontrolle: 5.000 + 15.000 + 30.000 = 50.000 = Teilungsmasse)

Bei **Erhöhung** oder **Anwachsung** eines Erbteils – der nach §§ 1935, 2095 BGB als besonderer gilt – sowie im Fall des § 1927 BGB, schließlich bei Ersatzerbschaft neben einer originären Miterbenstellung ist die Berechnung für jeden Erbteil gesondert auszuführen.[19] 9

C. Sonderfall des § 2056 BGB

I. Ausgangslage

Es kann sich ergeben, dass ein Abkömmling mehr zugewandt erhalten hat, als ihm von der fiktiven Teilungsmasse als sein Wertanteil (Berechnungsschritt 6) zustünde. Der rechnerische Anteil wird also negativ. 10

Beispiel
- Abkömmlinge A, B und C
- den Ausgleichungsregeln unterfallende Teilungsmasse: 50.000
- indexierter Wert der Zuwendung an A: 70.000
- keine Zuwendungen an B und C
- fiktive Teilungsmasse 50.000 + 70.000 = 120.000 (Ausgleichungserbteil)
- hiervon je 1/3 Anteil von Anteil A, B und C: 40.000
- Anteil A an Teilungsmasse: 40.000 – 70.000 = –30.000

II. Rechtsfolgen betreffend den durch Vorempfang Begünstigten (§ 2056 S. 1 BGB)

Für diesen Fall ordnet § 2056 BGB – klarstellend – an, dass A zur Herausgabe eines **Mehrempfangs** nicht verpflichtet ist.[20] 11

Exkursorisch zu den sonstigen Folgen: Die nominelle Erbquote wird nicht berührt. Der Betreffende behält – jedenfalls bis zum Vollzug der Auseinandersetzung – seine 12

19 MüKo/*Fest*, § 2055 Rn 13.

20 Zur ratio legis MüKo/*Fest*, § 2056 Rn 1; Staudinger/*Löhnig*, § 2056 Rn 1: Vermutet wird der Erblasserwille, dass die Zuwendung beim Empfänger verbleiben solle.

Miterbenstellung nebst **Stimmrecht** und **Haftung** für Nachlassverbindlichkeiten.[21] Im Innenverhältnis der Miterben kann er jedoch Freistellung von der Inanspruchnahme durch Nachlassgläubiger verlangen.[22] Nach der Auseinandersetzung soll bei einem Miterben, der i.R.d. Teilung nichts mehr erhalten hat, eine Haftungsbeschränkung eintreten können[23] und die Vollstreckung ausgeschlossen sein.[24]

13 Ausnahme: Soweit die ausgleichungspflichtige Zuwendung § 2287 BGB unterfällt, bleibt der Empfänger trotz § 2056 BGB zur Erstattung verpflichtet, indessen nur soweit, wie die Erberwartung des Miterben durch die Zuwendung des Erblassers beeinträchtigt wurde.[25] Da der Anspruch aus § 2287 BGB in derartigen Konstellationen nicht auf Herausgabe, sondern auf Wertersatz gehen soll,[26] ist die Abrechnung in folgenden Stufen zu vollziehen:[27]

Beispiel
- Abkömmlinge A und B
- Vater = Erblasser durch Berliner Testament gebunden
- Übertragung an A nach Tod der Mutter (sowohl § 2287 BGB als auch § 2050 Abs. 3 BGB unterfallend): indexierter Wert 500.000
- Wert des Restnachlasses zum Sterbetag: 300.000
- Teilungsmasse einschließlich des Bereicherungsanspruchs also: 800.000
- hieraus Anteile von A und B je 1/2 mit 400.000

14 Die Konkurrenz zwischen dem **Bereicherungsanspruch**, den A mit 500.000 zur Masse zu erfüllen hätte, und dem Ausgleichungsverfahren will der BGH offenbar durch eine abkürzende Saldierung lösen: es könne „ein begründeter Anspruch aus § 2287 BGB nicht höher sein als die durch die Schenkung herbeigeführte Beeinträchtigung des Schlusserben".[28] Per saldo dieser Positionen ergibt sich:

Beispiel
- Anteil B: 400.000
- Wert des Restnachlasses: 300.000
- Noch offener Bereicherungsanspruch gegen A, wenn B vorab den gesamten Restnachlass enthält: 100.000

15 Der Anspruch des B gegen A geht also auf Zuordnung des gesamten Restnachlasses an B („Wenn der gesamte Restnachlass nicht 'mehr' enthält als der Bekl. aufgrund des Vertrages vom ... schon hat, fällt das gesamte Restvermögen des Erblassers sogar vollständig an den Kl."[29]) und Zahlung von 100.000. Beim Zusammentreffen des Anspruchs aus §§ 818 ff., 2287 Abs. 1 BGB, Rechtsfolgenverweisung,[30] mit Ausgleichsansprüchen scheiden etwa noch mögliche Herausgabeansprüche aus und werden durch die oben dargestellte Saldierung ersetzt.[31]

---

21 Staudinger/*Löhnig*, § 2055 Rn 22.
22 Staudinger/*Löhnig*, § 2055 Rn 22; MüKo/*Fest*, § 2058 Rn 38.
23 MüKo/*Fest*, § 2055 Rn 15 und § 2060 Rn 5 ff.
24 So Staudinger/*Löhnig*, § 2055 Rn 22 a.E.
25 BGH NJW-RR 1989, 259, 260.
26 BGHZ 82, 274 = NJW 1982, 43 (LS 2).
27 Fall vereinfacht nachgebildet BGH NJW-RR 1989, 259.
28 BGH NJW-RR 1989, 259, 260.
29 BGH NJW-RR 1989, 259, 260.
30 Müko/*Musielak*, § 2287 Rn 22.
31 Näher *Musielak* in seiner Urteilsanm. in FamRZ 1989, 176.

Problemfall: § 2325 BGB. Hatte die ausgleichungspflichtige Zuwendung reinen Schenkungscharakter – aber auch nur dann,[32] so kommen **Pflichtteilsergänzungsansprüche** in Betracht.[33] Eine Beschränkung des Anspruchs gem. § 2056 BGB erfolgt sodann nicht. Zu rechnen ist nach Maßgabe des folgenden Schemas:[34] 16

Beispiel
- Abkömmlinge A bis H (8 Beteiligte)
- Restnachlass: 0
- Hofübergabe an A (= Schenkung): 200.000
- Gleichstellungsgelder an B bis F (als Ausstattung anerkannt): 5 × 15.000 = 75.000
- pflichtteils- und ausgleichungsrelevanter Nachlass (wörtlich: zur Ermittlung der Pflichtteilsergänzung ist „von einem unter Einrechnung sowohl der Schenkung als auch der Ausstattungsbeträge rechnerisch gebildeten Nachlass i.H.v. ... auszugehen", siehe BGH NJW 1965, 1526, 1527 a.E.): Schenkungsanteil zugunsten von A: 200.000 ./. 75.000 Gleichstellungsgelder = 125.000
- Ausstattungen (§ 2316 BGB): 75.000
- zusammen 200.000
- hieraus Erbteil je 1/8: 25.000
- hierauf bei B bis F anzurechnen je 15.000 Vorempfang
- ergibt ungedeckt 10.000
- hieraus Pflichtteilsquote 1/2 = Anspruch gegen A: 5.000
- Anspruch G und H gegen A: 25.000 × 1/2 Pflichtteilsquote = 12.500

III. Rechtsfolgen für die übrigen Miterben (§ 2056 S. 2 BGB)

Das Gesetz ordnet an, der „Nachlass" solle unter den Übrigen derart geteilt werden, dass sowohl der Erbteil des Ausgeschiedenen als auch der ihm zugewendete Wert außer Betracht zu bleiben hat. Diese Berechnungsregel führt zu einem zweiten Abschichtungsverfahren, als dessen Ergebnis im Einzelfall ein weiterer Miterbe nach § 2056 S. 1 BGB ausscheiden kann, weil sich ein ihm zugewendeter Vorempfang als seinem Erbteil gegenüber höher erweist. 17

Beispiel
- Abkömmlinge A, B und C zu je 1/3[35]
- den Ausgleichungsregeln unterfallende Nachlassmasse: 40.000 – indexierter Wert der Zuwendung an A: 90.000
- indexierter Wert der Zuwendung an B: 50.000
- keine Zuwendung an C
- fiktive Teilungsmasse: 40.000 + 90.000 + 50.000 = 180.000
- hiervon je 1/3 Anteil von A, B und C: 60.000

Folge: A scheidet wegen des höheren Vorempfangs aus, § 2056 S. 2 BGB. B hätte (60.000 Anteil ./. 50.000 Vorempfang) noch 10.000 zu beanspruchen, indessen ergibt die Neuberechnung unter den verbleibenden B und C:
- effektive Nachlassmasse: 40.000
- indexierter Wert der Zuwendung an B: 50.000
- keine Zuwendung an C

---

32 MüKo/*Fest*, § 2056 Rn 4.

33 RGZ 77, 282; Soergel/*Lettmaier*, § 2056 Rn 2; Staudinger/*Löhnig*, § 2056 Rn 4 f.

34 Fall vereinfacht nachgebildet nach BGH LM Nr. 5 zu § 2325 = NJW 1965, 1526; vgl. auch BGH NJW 1988, 821, 822 und ausführlich *Kerscher/Kerscher*, ZEV 2005, 295.

35 Bsp. nach Soergel/*Lettmaier*, § 2056 Rn 5.

– fiktive Teilungsmasse 40.000 + 50.000 = 90.000
– hiervon je 1/2 Anteil von B und C: 45.000

Folge: Auch B scheidet aus (45.000 Anteil ./. 50.000 Vorempfang). C erhält die effektive Nachlassmasse allein.

Sind die Quoten der Verbleibenden unterschiedlich, ist der Effektivnachlass im Verhältnis der Quoten aufzuteilen. Beispiel: Ausgleichungsbeteiligt sind Kind A zu 1/2 und zwei Enkel B und C zu je 1/4. C scheidet aus nach § 2056 S. 1 BGB. Es verbleiben A mit 1/2 und B mit 1/4. Das Verhältnis dieser Anteile ist 2 zu 1. A erhält also 2/3 des Effektivnachlasses, B 1/3.[36]

§ 2057 Auskunftspflicht

[1]Jeder Miterbe ist verpflichtet, den übrigen Erben auf Verlangen Auskunft über die Zuwendungen zu erteilen, die er nach den §§ 2050 bis 2053 zur Ausgleichung zu bringen hat. [2]Die Vorschriften der §§ 260, 261 über die Verpflichtung zur Abgabe der eidesstattlichen Versicherung finden entsprechende Anwendung.

Übersicht: Rdn

A. Beteiligte

1 Der Auskunftsanspruch des § 2057 dient der Vorbereitung einer Ausgleichung nach §§ 2050–2053. Selbstständig[1] anspruchsberechtigt ist zunächst der Miterbe, der Ausgleichung verlangen könnte,[2] sowie der enterbte Abkömmling zwecks Bezifferung seines Pflichtteiles, soweit weitere Abkömmlinge vorhanden sind § 2316 Abs. 1 BGB.[3] Ferner kann der Anspruch auch dem Testamentsvollstrecker,[4] dem Nachlass- und dem Insolvenzverwalter[5] zustehen.

2 Zur Auskunft verpflichtet ist jeder **Miterbe** aus dem Kreis der Ausgleichsverpflichteten nach §§ 2050, 2052 BGB,[6] ferner ein **Pflichtteilsberechtigter** gegen einen anderen Pflichtteilsberechtigten,[7] sowie analog auch der **Dritte**, hinsichtlich dessen der Erblasser eine Ausgleichungspflicht durch letztwillige Verfügung angeordnet hat.[8]

---

36 Nach Soergel/*Lettmaier*, § 2056 Rn 4.
1 Individualanspruch, so dass §§ 2038, 2039 BGB nicht greifen.
2 Soergel/*Lettmaier*, § 2057 Rn 2 f.; Staudinger/*Löhnig*, § 2057 Rn 3.
3 OLG Zweibrücken FamRZ 1987, 1197; MüKo/*Fest*, § 2057 Rn 3.
4 Staudinger/*Löhnig*, § 2057 Rn 3.
5 Soergel/*Lettmaier*, § 2057 Rn 2 f.; Staudinger/*Löhnig*, § 2057 Rn 4.
6 Staudinger/*Löhnig*, § 2057 Rn 10.
7 OLG Nürnberg NJW 1957, 1482, LS; RGZ 73, 372; MüKo/*Fest*, § 2057 Rn 4; allg. Meinung.
8 Staudinger/*Löhnig*, § 2057 Rn 7; *Wolfsteiner*, MittBayNot 1982, 61.

3 Ob der Erbe einen Anspruch gegen den Pflichtteilsberechtigten hat, ist streitig:[9] Das OLG München[10] hat ihn verneint, das OLG Koblenz[11] bejaht (zust. *Schindler* in der Anm.[12]), und m.E. muss der Erbe ihn haben, da er ansonsten Gefahr läuft, dem Empfänger einer ausgleichungspflichtigen Zuwendung ohne Kenntnis der Quotenverschiebung zu viel zu zahlen (und den anderen zu wenig), da dessen Pflichtteil sich ja entsprechend seinem Erbteil nach Vollzug der Ausgleichungsvorschriften gegenüber der reinen Quote vermindert.

4 Ob auch dem Erben gegen den Pflichtteilsberechtigten Auskunftsansprüche zustehen, ist streitig und höchstrichterlich noch nicht eindeutig geklärt.[13] Eine gesetzliche Regelung existiert nicht und eine analoge Anwendung der gesetzlich geregelten erbrechtlichen Auskunftsansprüche für den Erben, der **nicht zugleich ausgleichungsberechtigt** ist, wird m.E. zu Recht abgelehnt.[14]

Nach anderer Auffassung des OLG Koblenz,[15] soll dem Erben nach 2057 BGB analog bzw. 242 BGB ein Auskunftsanspruch gegen den Pflichtteilsberechtigten zustehen, um den Pflichtteil nach §§ 2315, 2316 zutreffend berechnen zu können. M.E. ist diese Auffassung zu kritisieren, denn das OLG Koblenz differenziert nicht zwischen Anrechnungs- und Ausgleichungspflichten und kommt unzulässigerweise zu einer Auskunftspflicht des einzigen pflichtteilsberechtigten Abkömmlings über ausgleichungspflichtige Zuwendungen, obwohl eine Ausgleichung ohne weitere Abkömmlinge von vornherein ausgeschlossen ist. Eine solche Auskunftspflicht sollte nur dann bestehen, wenn überhaupt eine Verpflichtung zur Ausgleichung möglich ist. M.E. ist eine generelle gegenläufige Auskunftspflicht für den Erben gegen den Pflichtteilsberechtigten zu verneinen, um den **Missbrauch** in der Praxis zu unterbinden. Solche Ansprüche würden die Darlegungs- und Beweislast zulasten des Pflichtteilsberechtigten verschieben und könnten in der Praxis dazu führen, dass Erben ihre eigenen Auskunftspflichten gegenüber dem Pflichtteilsberechtigten verzögern oder umgehen.

5 Um Einreden und Zurückbehaltungsrechte der Erben zu verhindern sowie diese in Verzug zu setzen, wird bereits empfohlen, dass die Pflichtteilsberechtigten in Vorleistung treten sollen und selbst abschließende Auskünfte über erhaltene anrechnungspflichtige Vorempfänge erteilen sollen, ehe sie ihre eigenen Ansprüche einfordern.[16] Den Auskunftsanspruch nach § 2057 BGB analog dem Erben gegen den Pflichtteilsberechtigten zuzubilligen, würde dann eine weitere **benachteiligende Vorleistungspflicht** des Pflichtteilsberechtigten begründen. In der Folge müsste der Pflichtteilsberechtigte vorab dem Erben auch noch erweiternd über die ausgleichungspflichtigen Vorempfänge abschließend Auskunft erteilen.

6 Im Zusammenhang mit anrechnungspflichtigen Eigengeschenken des Pflichtteilsberechtigen macht es Sinn, dass der Pflichtteilsberechtigte zur Berechnung des ihm gebührenden Betrages den Bestand des Nachlasses, einschließlich des fiktiven Nachlasses, darzulegen hat. Dazu zählen auch (anrechnungspflichtige) Eigengeschenke des

9 Zusammenfassung des Meinungsstands bei *Horn*, NJW 2016, 2150, 2151 zu III 2.

10 OLG München ZEV 2013, 454; in der Folge auch OLG Köln ZEV 2014, 660, 662; krit. *Ruby/Schindler*, ZEV 2014, 27, 29.

11 OLG Koblenz ZEV 2016, 206.

12 *Schindler*, ZEV 2016, 207.

13 MüKo/*Lange*, § 2315 Rn 5.

14 OLG München ZEV 2013, 454; OLG Köln ZEV 2014, 660, 662; *Klingelhöffer*, PflichtteilsR, 4. Aufl. 2014, Rn 261a; *Litzenburger*, FD-ErbR 2015, 374443.

15 OLG Koblenz ZEV 2016, 206; *Schindler*, ZEV 2016, 207; *Ruby/Schindler*, ZEV 2014, 27, 29; *Knauss* ErbR 2014, 291, 292 f.; MAH ErbR/*Horn*, § 29 Rn 343; *Horn*, NJW 2016, 2150, 2151; MüKo/*Lange*, § 2315 Rn 5.

16 *Horn*, NJW 2016, 2150, 2152.

Pflichtteilsberechtigten. Dies überzeugt bei § 2057 BGB nicht, denn anders als bei den Anrechnungsregeln §§ 2315, 2327 BGB, die zu einer geringeren Zahllast des Erben führen, kommt es infolge der Ausgleichung auf der Grundlage des § 2316 BGB nur zu einer Verschiebung der Pflichtteile der Pflichtteilsberechtigten, aber nicht zu einer Erhöhung der Gesamtbelastung des Erben, der selbst nicht ausgleichungsberechtigt ist.

7 Anders ist dies nur, wenn die Ausgleichung nach § 2316 BGB eine Entlastung des Erben zur Folge hat.[17] Der Erbe kann nur dann Auskunft gegenüber dem Pflichtteilsberechtigten analog § 2057 BGB verlangen, wenn eine **eigene Besserstellung** für ihn erreichbar ist. Nur dann sind die Interessen vergleichbar und die analoge Anwendung eröffnet. Dann genügt dieses Interesse des Erben für die analoge Anwendung des § 2057 BGB.

8 Allein die Verpflichtung des Erben nach § 1967 Abs. 2 BGB zur Zahlung der Pflichtteile kann bei den Ausgleichungsvorschriften **keinen analogen Auskunftsanspruch** begründen, da ihm zur Ermittlung der Pflichtteile andere Möglichkeiten zur Verfügung stehen. Sollte der Erbe sich auf bestimmte Zuwendungen berufen können, greift die sekundäre Darlegungs- und Beweislast und es obliegt dann dem Pflichtteilsberechtigten, sich zu diesen Zuwendungen prozessual zu erklären.[18] Sollte der Erbe keine Informationen über Schenkungsakte bereitstellen können, könnte dies darauf hindeuten, dass der Erblasser selbst keine Kenntnis hatte oder das Wissen um diese Schenkungen nicht vererbt wurde. Eine analoge Anwendung des § 2057 BGB für den Erben würde dazu führen, dass er erstmalig Auskunft über Tatsachen erhält, auf die er nach sachlichem Recht keinen Anspruch hat, weil er ohne die Auskunft keinen eigenen Nachteil erleidet. Grundsätzlich ist keine Partei verpflichtet, dem Gegner Informationen für dessen Prozesssieg zur Verfügung zu stellen.[19]

9 Als weitere Möglichkeit kann der Erbe, im Zweifel, wenn ihm bei mehreren Pflichtteilsberechtigten die ausgleichungspflichtigen Zuwendungen unbekannt bleiben, den gesamten Pflichtteilsbetrag für die Pflichtteilsberechtigten hinterlegen. Diese müssen sich dann über die Verteilung des hinterlegten Betrages einigen.

Den Pflichtteilsberechtigten untereinander stehen die Auskünfte nach § 2057 BGB jedoch analog (ggf. i.V.m. § 2316 BGB) zu, weil dies der Interessenlage entspricht, welche mit derjenigen der Miterben in § 2057 BGB vergleichbar ist.[20] Es besteht ein **Gleichordnungsverhältnis**, in dem die auszugleichenden Zuwendungen zu Verschiebungen führen. Dies gilt auch für den ausgleichungsberechtigten Erben.

Im Über- Unterordnungsverhältnis zwischen nicht ausgleichungsberechtigtem Erben und Pflichtteilsberechtigten spielen die Ausgleichungen jedoch keine Rolle.

10 Soweit Schenkungsakte noch nicht einmal im Ansatz dem Erben bekannt sind, kann er nicht über eine analoge Anwendung der § 2057 BGB eine Ausforschung gegenüber dem Pflichtteilsberechtigten betreiben. Dies würde das Prinzip der Darlegungs- und Beweislast kippen. Zudem kann es nicht sein, dass über die analoge Anwendung der Auskunftsrechte, die dem Schutz der gleichgeordneten Miterben bzw. der Pflichtteilsberechtigten dienen, diese in der Umkehr zugunsten des Erben zu einer Vorleistungspflicht der Pflichtteilsberechtigten führen.

---

17 Zur Ausgleichungsberechtigung des Alleinerben allgemein BGH Urt. v. 9.12.1992 – IV ZR 82/92; Urt. v. 22.4.1998 – IV ZR 162/97; genau aufgeschlüsselt, in welchen Fällen über die Ausgleichung auf der Grundlage des § 2316 BGB eine Entlastung des Erben eintreten kann, bei *de Barros Fritz*, ZEV 2022, 629, 631 ff.

18 OLG Köln, Urt.v. 10.1.2014 – 1 U 56/13, ZEV 2014, 660, 662.

19 BGH Urt. v. 4.5.1964 – III ZR 159/63.

20 OLG München ZEV 2013, 454; NJW-Spezial 2013, 488; MüKo/*Fest*, § 2057 Rn 3.

In der Praxis geht es bei §§ 2050 ff. BGB zumeist auch nicht um die Frage, „ob es Zuwendungen gegeben hat“, sondern um das „Wie der Zuwendung“, also die **Qualität der Zuwendung** als **geborene Ausstattungen**, oder ob **Ausgleichungsanordnungen** des Erblassers vorliegen.[21] Typischerweise kann dann der Erbe bestimmte Schenkungsakte darlegen und erhält in der Folge über die sekundäre Darlegungslast des Pflichtteilsberechtigten die weitergehenden Auskünfte zur Qualität der Zuwendungen. M.E. muss zunächst der Erbe seiner Darlegungslast genügen und **konkrete Schenkungsakte** vortragen und kann sich nicht bloß auf eine gewisse Wahrscheinlichkeit für das Vorliegen von anrechnungspflichtigen Schenkungsakten stützen. 11

B. Inhalt/Durchsetzung

I. Umfang der Auskunft

Der Verpflichtete hat Auskunft zu erteilen über **sämtliche Zuwendungen**, die er selbst erhalten hat. Ob Auskunftspflicht betreffend Zuwendungen an andere Miterben besteht, ist umstritten. Die grundlegende Entscheidung RGZ 58, 88 hatte dies angenommen (ebd. 91); gegenwärtige Lit. spricht sich dagegen aus.[22] Nach dem Gesetzeswortlaut („... die **er** ... zur Ausgleichung zu bringen hat“) dürfte letztere Auffassung zutreffen. Auskunft über Zuwendungen an den **Vorgänger** ist zu erteilen im Falle des § 2051 BGB.[23] Die Auskunftspflicht erstreckt sich auf Zuwendungen, die als ausgleichspflichtig auch nur möglicherweise[24] in Betracht kommen. Die ältere Rspr. hatte noch gefordert, die Verpflichtung erfasse schlechthin alle Zuwendungen, die der Miterbe jemals vom Erblasser erhalten hat;[25] zwischenzeitlich ist zwar immer noch von zeitlich und gegenständlich unbeschränkter „**Totalaufklärung**“ die Rede,[26] allerdings hat sich insoweit durchgesetzt, dass „nicht jede Kleinigkeit“[27] zu offenbaren sei. Da § 259 Abs. 3 BGB nicht in Bezug genommen wurde, so demgegenüber die strenge Auffassung, müsse auch Auskunft zu geringfügigen Zuwendungen erteilt werden. 12

Zu letztgültiger Subsumtion, ob Ausgleichungspflicht besteht, ist der Pflichtige regelmäßig nicht imstande. Die Entscheidung, was im Einzelnen er offenzulegen hat, kann somit sinnvoll nicht seinem eigenen Ermessen oder Belieben anheimgestellt werden.[28] Der Anspruch geht daher auf Darlegung aller „ausgleichungsrelevanten Eigenschaften“[29] der Zuwendung, ihres Zeitpunkts (wegen § 2055 Abs. 2 BGB), der wertbildenden Faktoren,[30] der für und gegen eine Ausgleichungspflicht sprechenden Umstände[31] und auf die tatsächlichen Hergänge zu etwaigen Anordnungen des Erblassers. Soweit der Begünstigte eine **Gegenleistung** erbracht hat und somit Teilschenkung in Betracht kommt, sind auch die näheren Umstände dieser Gegenleistung darzulegen. Die Rechtslage entspricht insoweit derjenigen zu § 2314 Abs. 1 BGB, wo eine Auskunftspflicht 13

---

21 *Ruby/Schindler*, ZEV 2014, 27, 29.

22 MüKo/*Fest*, § 2057 Rn 6 mit Fn 16; Soergel/*Lettmaier*, § 2057 Rn 4.

23 MüKo/*Fest*, § 2057 Rn 6; Staudinger/*Löhnig*, § 2057 Rn 1 f.

24 OLG München FamRZ 2016, 1877, 1878: „potenziell“; Soergel/*Lettmaier*, § 2057 Rn 5.

25 Grundlegend aus dem Jahr 1904 RGZ 58, 88, 91; nur formell – im Hinblick auf die Eidesfassung – einschränkend RGZ 73, 372, 1910.

26 So *Sarres*, ZEV 2000, 349.

27 Bamberger/Roth/*Lohmann*, § 2057 Rn 4.

28 OLG München FamRZ 2016, 1877, 1879; Staudinger/*Löhnig*, § 2057 Rn 9; MüKo/*Fest*, § 2057 Rn 6; grundlegend RGZ 58, 88, 91; das Meinungsspektrum zu diesem Punkt ist umfassend aufbereitet von *Sarres*, ZEV 2000, 349, 350.

29 MüKo/*Fest*, § 2057 Rn 6.

30 BayObLG OLGE 37, 253; Grüneberg/*Weidlich*, § 2057 Rn 1.

31 MüKo/*Fest*, § 2057 Rn 6; RG DNotV 1932, 603.

auch betreffend die Bedingungen entgeltlicher Verträge angenommen wird, die eine Teilschenkung beinhalten können.[32]

II. Wertermittlung

14 Ein Anspruch auf Wertermittlung auf Kosten des Auskunftspflichtigen besteht nicht.[33] Der Auskunftsschuldner kann jedoch im Einzelfall verpflichtet sein, die **Wertermittlung** durch einen vom Gläubiger beauftragten Gutachter zu **dulden**.[34]

III. Urkundenvorlage

15 Zur **Urkundenvorlage** ist der Schuldner nicht verpflichtet (weder § 2057 BGB noch § 260 BGB sehen dies vor, im Gegensatz etwa zu § 1605 Abs. 1 S. 2 BGB). I.R.d. Auskunftsklage steht Urkundenvorlage im richterlichen Ermessen § 141 ZPO.[35] Zielführender für den Gläubiger ist das Einsichtsrechts gem. § 12 Abs. 1 S. 2 GBO, § 46 Abs. 1 GBV in das Grundbuch und die Grundakte. Dies ermöglicht es, die einer Grundstücksübertragung zugrundliegenden Urkunden einzusehen und zu nutzen, namentlich zur Prüfung der Frage, ob anlässlich der Übertragung Ausgleichungsanordnungen getroffen wurden.

IV. Verjährung

16 Der Anspruch aus § 2057 BGB bereitet den Anspruch auf Auseinandersetzung[36] nach § 2042 vor[37] (zu Lebzeiten des Erblassers kann er also nicht geltend gemacht werden). Ein Miterbe muss einem Teilungsplan zur Auseinandersetzung nur zustimmen, wenn der Teilungsplan die Ausgleichung zutreffend berücksichtigt.[38] Der Auskunftsanspruch geht dem Auseinandersetzungsanspruch daher vor. Die Ausgleichungspflicht als solche ist auch **kein selbstständig verjährbarer Anspruch**, da sie dem Ausgleichungsberechtigten keinen Zahlungsanspruch verschafft, sondern lediglich die Teilungsquoten nach § 2047 Abs. 1 BGB verschiebt.[39] Somit stellt die Ausgleichung keinen selbstständigen, von der Auseinandersetzung verschiedenen Anspruch dar.[40] Da der Auseinandersetzungsanspruch gemäß § 2042 Abs. 2 BGB und § 758 BGB nicht verjähren kann und auch das Recht auf Ausgleichung **keiner Verjährung unterliegt**, wird auch der Auskunftsanspruch als **Hilfsanspruch** in diesem Zusammenhang nicht verjähren können.[41]

17 Es gibt jedoch Stimmen – basierend auf einer Entscheidung des OLG Stuttgart[42] –, die vertreten, dass der Auskunftsanspruch nach § 2057 BGB der dreijährigen Regelver-

32 BGH LM Nr. 5 zu § 2314 BGB LS 2: „Die Auskunft muss sich auf alle Vertragsbedingungen erstrecken, deren Kenntnis wesentlich ist für die Beurteilung, ob und in welcher Höhe ein Pflichtteilsergänzungsanspruch geltend gemacht werden kann"; hierzu auch *Coing*, NJW 1970, 732.

33 MüKo/*Fest*, § 2057 Rn 6; anders *Schopp*, Anm. zu OLG Hamm FamRZ 1983, 1279, 1280: Der Pflichtige hat nach Treu und Glauben das Gutachten zu beschaffen und zu zahlen, wenn andere Wertermittlung nicht möglich ist, da er nach allg. Regeln die Kosten der Auskunft tragen muss.

34 Vgl. BGH NJW 1982, 1643 zum entspr. Duldungsanspruch bei § 1379 BGB; zu kurz OLG Hamm FamRZ 1983, 1279.

35 Zöller/*Greger*, § 142 Rn 2.

36 Zu Lebzeiten des Erblassers kann er nicht geltend gemacht werden.

37 BeckOGK/*Rißmann*, § 2057 Rn 38.

38 *Jaeger*, ZEV 2019, 26.

39 BGH v. 30.10.1985 – IVa ZR 26/84, BGHZ 96, 174, NJW 1986, 931 [932]; v. 4.3.1992 – IV ZR 309/90, NJW-RR 1992, 771.

40 Staudinger/*Löhnig*, § 2050 Rn 6; *Roland*, Die Verjährung im Erbrecht, Diss. Heidelberg 2008, 111.

41 OLG Rostock, ErbR 2009, 322, 323; Staudinger/*Löhnig*, § 2057, Rn 21; *Sarres*, ZEV 2010, 292, 294.

42 OLG Stuttgart, Urt. v. 2.7.2018 – 19 W 27/18; mAnm. *Jaeger*, ZEV 2019, 25, 26; *Ruby/Schindler*, ZEV 2019, S. 17 f.

jährung gemäß §§ 195,199 Abs. 1 BGB unterliegt. Diese Auffassung geht davon aus, dass der Auskunftsanspruch kein direkter Hilfsanspruch für die Auseinandersetzung ist, sondern lediglich einen Hilfsanspruch für die Ausgleichungsansprüche nach §§ 2050 ff. BGB darstellt und somit der dreijährigen Verjährung unterliegt. Es ist jedoch zu beachten, dass das OLG Stuttgart lediglich hinsichtlich des Auskunftsanspruchs nach § 2057 BGB von einer dreijährigen Verjährung ausgeht und dies nicht in Bezug auf die Ausgleichungspflichten und -rechte annimmt.[43]

Die Entscheidung des OLG Stuttgart ist vor dem Hintergrund des spezifischen und 18
außergewöhnlichen Sachverhalts,[44] der diesem Verfahren zugrunde lag, zu verstehen. Aufgrund dieser besonderen Umstände kann die Entscheidung nicht als allgemeingültige Grundlage für die Einführung einer regelmäßigen Verjährung gemäß § 2057 BGB herangezogen werden. Vielmehr ist zu beachten, dass die in dieser Entscheidung getroffenen Feststellungen nicht auf andere, weniger komplexe Fälle übertragbar sind und daher keine weitreichenden rechtlichen Konsequenzen für die Anwendung von § 2057 BGB in der allgemeinen Praxis haben sollten. Entgegen der Ansicht des OLG Stuttgart lässt sich der Umfang des Auseinandersetzungsanspruches und somit die Reichweite der Unverjährbarkeit nicht so abstrakt bestimmen, sondern beinhaltet jeweils die konkreten, zur Auseinandersetzung erforderlichen Maßnahmen.[45] Die Ausgleichung gehört in den **Kontext der Auseinandersetzung** und kann zu relevanten Quotenverschiebungen bei der Aufteilung führen. Der zur Vorbereitung erforderliche Auskunftsanspruch nach § 2057 BGB darf daher ebenso wenig der Verjährung unterliegen wie der Auseinandersetzungsanspruch und die Ausgleichungspflicht und das Ausgleichungsrecht.[46]

In Abwandlung zur Entscheidung des OLG Stuttgart wird vertreten, das eine regelmä- 19
ßige Verjährung des Auskunftsanspruches nach § 2057 BGB mit Abschluss der Auseinandersetzung der Erbengemeinschaft beginnen könnte.[47] Dies soll jedoch nicht gelten, solange ein ausgleichungsberechtigter Miterbe aufgrund unterlassener Ausgleichungen noch nach Abschluss der Auseinandersetzung Ansprüche aus ungerechtfertigter Bereicherung geltend machen kann, weil dann noch ein Interesse an einer Auskunft bestehen könne.[48] Soweit man zutreffend von der Unverjährbarkeit ausgeht, ist diese Problematik unbeachtlich.

Der BGH hat sich bislang allerdings nicht ausdrücklich zu der Frage geäußert, ob der Auskunftsanspruch nach § 2057 BGB der dreijährigen Verjährungsfrist gemäß §§ 195, 199 Abs. 1 BGB unterliegt oder unverjährbar ist. In Anbetracht dieser **rechtlichen Unsicherheit** ist es ratsam, die dreijährige Verjährungsfrist zumindest im Auge zu behalten und gegebenenfalls entsprechende Maßnahmen zu ergreifen, um die Ansprüche fristgerecht geltend zu machen.

---

43 OLG Stuttgart, Urt. v. 2.7.2018 – 19 W 27/18.

44 Der Gläubiger verlangte über § 2057 Auskunft bezogen auf einen 30 Jahre zurückliegenden Erbfall hinsichtlich Zuwendungen an einen bereits vor 12 Jahren verstorbenen Miterben, von dessen Erben wiederum.

45 OLG Hamm, Urt. v. 6.2.2015 – 10 U 18/13.

46 Dies entspricht auch dem Rechtsgedanken des BGH, wonach ein Auskunftsanspruch grundsätzlich nicht vor dem Hauptanspruch, dem er dient, verjähren kann; BGH NJW 2017, 2755, 2756, zu § 242.

47 BeckOGK/*Rißmann*, § 2057 Rn 38.2.

48 BeckOGK/*Rißmann*, § 2057 Rn 38.3.

V. Prozessuales

20 **Klageantrag**: Er kann sich darauf beschränken, dass Auskunft über die ausgleichungspflichtigen Zuwendungen erteilt werden solle.[49] Die Verknüpfung des Auskunftsantrags mit einem solchen auf Leistung – in Form der **Stufenklage** – ist in diesem Zusammenhang regelmäßig unpraktikabel, denn der Leistungsantrag müsste in der Konsequenz auf Zustimmung zum Teilungsplan gehen, der seinerseits erst erarbeitet werden kann, wenn die Auskunft erteilt ist. Ergibt der Inhalt der Auskunft einen Streitpunkt, so empfiehlt sich, den bisherigen Klageantrag für – durch die Auskunft – erledigt zu erklären und im Wege der Klagerweiterung den Feststellungsantrag anzubringen, dass die streitige Zuwendung i.R.d. Auseinandersetzung mit einem bestimmten Betrag ausgleichungspflichtig sei.[50]

21 Der Anspruchsteller muss lediglich die Voraussetzungen beweisen, aus denen sich ergibt, dass er und der Gegner an der Ausgleichung beteiligt sind,[51] also seine Stellung als Auskunftsberechtigter und des Gegners Stellung als Verpflichteter.[52] Es muss nicht dargelegt oder gar bewiesen werden, dass der Gegner tatsächlich auch eine bestimmte Zuwendung erhalten hat.[53] Leugnet der Gegner die gesetzliche Ausgleichungspflicht prinzipiell mit dem Hinweis auf gewillkürte Erbfolge, hat er hierfür die Beweislast.[54]

22 Die **Auskunftsstufe** ist erledigt, sobald der Verpflichtete die Erklärung zu den Vorempfängen abgegeben hat. Der **Streitwert** der Klage bemisst sich auf einen Bruchteil von 1/10 bis 4/10 des Anspruchs, den die Auskunft vorbereiten helfen soll.[55] Ergeben sich hierfür bei Klagerhebung[56] noch keine Anhaltspunkte, ist nach objektiven Kriterien zu schätzen. Die Vollstreckung erfolgt gem. § 888 ZPO.

C. Form

23 Die Erteilung der Auskunft kann in formloser Weise erfolgen, sodass grundsätzlich auch eine mündliche Auskunft ausreichend ist.[57] Allerdings wird aus Gründen der Beweisführung empfohlen, die Auskunft schriftlich festzuhalten. Gemäß § 260 Abs. 1 BGB besteht die Verpflichtung zur Vorlage eines Bestandsverzeichnisses lediglich dann, wenn der Voremprang aus einem Inbegriff von Gegenständen bestanden hat.[58] Darüber hinaus besteht keine generelle Pflicht zur Vorlage von Belegen.[59]

24 Der Anspruch auf Abgabe der **eidesstattlichen Versicherung** kann nur im Ausnahmefall bestehen und setzt Zweifel an der Richtigkeit der Auskunft voraus. Dies ist der Fall, wenn ausgleichsrelevante Daten nicht oder **unvollständig** oder **irreführend** falsch angegeben wurden; hierzu rechnen auch Wertangaben.[60] Es besteht dann kein

49 *Krug*, in: Kerscher/Krug/Spanke, Das erbrechtliche Mandat, § 23 Rn 157 – Formulierungsbeispiel; kürzer Soergel/*Lettmaier*, § 2057 Rn 7: „über die ausgleichungspflichtigen Zuwendungen".

50 Zulässig gem. BGH NJW-RR 1992, 771; vgl. auch § 2050 Rdn 31.

51 MüKo/*Fest*, § 2057 Rn 8.

52 Bamberger/Roth/*Lohmann*, § 2057 Rn 5.

53 Staudinger/*Löhnig*, § 2057 Rn 11.

54 Soergel/*Lettmaier*, § 2057 Rn 4 m. Hinw. auf OLG Kiel SchlHA 1906, 308.

55 Soergel/*Lettmaier*, § 2057 Rn 7; Bamberger/Roth/*Lohmann*, § 2057 Rn 5; Zöller/*Herget*, § 3 Rn 16 „Auskunft".

56 OLG Köln NJW 1960, 2295.

57 MüKo/*Fest*, § 2057 Rn 7.

58 Staudinger/*Löhnig*, § 2057 Rn 12.

59 Rißmann/*Lenz-Brendel*, Erbengemeinschaft, § 7 Rn 81.

60 BayObLG OLGE 37,253.

Anspruch auf Ergänzung oder Korrektur,[61] Es sei denn, dass die Mitteilung überhaupt nicht als Auskunft angesehen werden kann – Nichterfüllung.[62]

Im Prozessfall richtet sich die Klage darauf, dass der Schuldner eidesstattlich zu versichern habe, die Zuwendungen so vollständig angegeben zu haben, als er dazu imstande sei. Hierbei ist die vom Schuldner abgegebene Erklärung so genau wie möglich zu konkretisieren. Der Gläubiger hat die Umstände darzulegen und zu beweisen, die die Zweifel an der Richtigkeit und Vollständigkeit der Auskunft begründen.[63] Die **Vollstreckung** richtet sich nach § 889 ZPO (Abgabe der Versicherung vor dem Rechtspfleger des Vollstreckungsgerichts). 25

§ 2057a Ausgleichungspflicht bei besonderen Leistungen eines Abkömmlings

(1) [1]Ein Abkömmling, der durch Mitarbeit im Haushalt, Beruf oder Geschäft des Erblassers während längerer Zeit, durch erhebliche Geldleistungen oder in anderer Weise in besonderem Maße dazu beigetragen hat, dass das Vermögen des Erblassers erhalten oder vermehrt wurde, kann bei der Auseinandersetzung eine Ausgleichung unter den Abkömmlingen verlangen, die mit ihm als gesetzliche Erben zur Erbfolge gelangen; § 2052 gilt entsprechend. [2]Dies gilt auch für einen Abkömmling, der den Erblasser während längerer Zeit gepflegt hat.

(2) [1]Eine Ausgleichung kann nicht verlangt werden, wenn für die Leistungen ein angemessenes Entgelt gewährt oder vereinbart worden ist oder soweit dem Abkömmling wegen seiner Leistungen ein Anspruch aus anderem Rechtsgrund zusteht. [2]Der Ausgleichungspflicht steht es nicht entgegen, wenn die Leistungen nach den §§ 1619, 1620 erbracht worden sind.

(3) Die Ausgleichung ist so zu bemessen, wie es mit Rücksicht auf die Dauer und den Umfang der Leistungen und auf den Wert des Nachlasses der Billigkeit entspricht.

(4) [1]Bei der Auseinandersetzung wird der Ausgleichungsbetrag dem Erbteil des ausgleichungsberechtigten Miterben hinzugerechnet. [2]Sämtliche Ausgleichungsbeträge werden vom Wert des Nachlasses abgezogen, soweit dieser den Miterben zukommt, unter denen die Ausgleichung stattfindet.

Übersicht: Rdn

61 MüKo/*Fest*, § 2057 Rn 11.
62 MüKo/*Fest*, § 2057 Rn 11; RG DNotV 1932, 603.
63 Bamberger/Roth/*Lohmann*, § 2057 Rn 6.

A. Allgemeines

1 Die Vorschrift wurde durch das NEhelG v. 19.8.1969 eingefügt, das nichteheliche Kinder erbrechtlich den ehelichen weitgehend gleichstellte. Ausgehend von der tatsächlichen Vermutung, dass Leistungen des in § 2057a BGB bezeichneten Charakters regelmäßig nur von ehelichen Kindern erbracht würden, die im Familienverband lebten,[1] sollte deren Benachteiligung gegenüber den nichtehelichen durch Statuierung der Ausgleichungspflicht verhindert werden;[2] von den nichtehelichen Kindern wurde vermutet, dass sie zum Erhalt des Erblasservermögens regelmäßig nichts beitrügen. In der Regelung selbst findet sich diese Differenzierung nicht wieder; die Ausgleichungspflicht ist ohne Unterscheidung im Hinblick auf die Ehelichkeit allg. geregelt.[3] Die Neuregelung ab 1.1.2010 hat nur das Erfordernis entfallen lassen, das unter Verzicht auf eigenes Erwerbseinkommen gepflegt worden sein musste.[4]

2 Ratio der Ausgleichungspflicht ist im Hinblick auf Abs. 1 S. 1 wiederum die **Gleichstellungsvermutung.**[5] Soll mit den §§ 2050 ff. BGB die Bevorzugung des Abkömmlings vermieden werden, der eine Zuwendung erhalten hat, so bezweckt § 2057a BGB – spiegelbildlich –, die Schlechterstellung desjenigen zu verhindern, der das Erblasservermögen gemehrt hat.[6] Mit der Ausgleichungspflicht für Pflegeleistungen, Abs. 1 S. 2, soll die „überobligatorisch" erbrachte Leistung des Abkömmlings honoriert werden, der insoweit ansonsten „oftmals leer" ausginge.[7]

3 Die Vorschrift[8] gibt – wie § 2050 BGB – keinen Anspruch, sondern wiederum nur eine **Berechnungsregel** für die **Auseinandersetzung** (Änderung des Verteilungsschlüssels).[9]

B. Voraussetzungen

4 Zu § 2057a BGB gilt vom Gesetzeszweck her alles zu §§ 2050 ff. BGB Dargelegte prinzipiell spiegelbildlich. Voraussetzung ist auch hier, dass mehrere Abkömmlinge kraft Gesetzes oder in Quoten gem. § 2052 BGB gewillkürt erben. Entscheidend für die Ausgleichungspflicht ist die Mehrung oder Erhaltung des Erblasservermögens, soweit sie kausal auf Leistungen des Abkömmlings zurückgehen,[10] wie es umgekehrt bei § 2050 BGB auf die Entreicherung des potenziellen Nachlasses ankommt.

---

1 BeckOK/*Lohmann*, § 2057a Rn 1.
2 *Ludyga*, ZErb 2009, 289 (290).
3 Ein vor dem 1.7.1970 geborenes nichteheliches Kind und seine Abkömmlinge können Ansprüche nach § 2057a auch in Bezug auf Erbfälle vor dem 29.5.2009 geltend machen, BGH ZEV 2017, 510; BeckOK BGB/*Lohmann* BGB § 2057a Rn 2; *Leipold*, ZEV 2017, 489.
4 Vgl. *Ludyga*, ZErb 2009, 289.
5 MüKo/*Fest*, § 2057a Rn 1.
6 Hierzu *Bosch*, FamRZ 1973, 169, 172, 173.
7 Vgl. BT-Drucks 16/8954, 17 zu Nummer 14.
8 Zu den Gestaltungsmöglichkeiten des Erblassers und der Erben vgl. Vorbem. zu §§ 2050 ff. Rdn 4.
9 MüKo/*Fest*, § 2057a Rn 4.
10 MüKo/*Fest*, § 2057a Rn 19.

I. Beteiligte

Erblasser: Im Falle des Berliner Testaments auch der Erstverstorbene; hat der Abkömmling Leistungen zu dessen Gunsten erbracht, werden diese im Sterbefall des Überlebenden ausgeglichen.[11] 5

Berechtigte: Die Ausgleichung können verlangen: 6

- die beim Sterbefall vorhandenen **nächsten Abkömmlinge** (einschließlich der nichtehelichen Kinder und Kindeskinder); dies gilt jedoch nur für die Leistungen, die ihnen selbst zurechenbar sind;[12]
- die in den Fällen des § 2051 Abs. 1 BGB **Nachgerückten**[13] – für die Leistungen des Vormannes;
- der **Ersatzerbe** in den Fällen des § 2051 Abs. 2 BGB – für die Leistungen des Weggefallenen;
- der Erbe eines ausgleichungsberechtigten Abkömmlings, wenn dieser nach dem Sterbefall **weggefallen** ist[14] – für die Leistungen des Weggefallenen –; Grund: das Ausgleichungsrecht ist vererblich;
- nach überwiegender Meinung derjenige **entferntere Abkömmling** oder Ersatzerbe, der Leistungen zu einem Zeitpunkt erbracht hat, als er noch durch einen vorrangigen Abkömmling von der Erbfolge ausgeschlossen war[15] – für die von ihm erbrachten Leistungen – ohne dass auf eine Anordnung des Erblassers abzustellen wäre;[16] Grund: Zur Begründung der Ausgleichungspflicht ist die Motivation nicht erforderlich, die Leistung im Hinblick auf eine späteren Ausgleichung zu erbringen.[17] Davon zu unterscheiden ist der Fall, in dem ein entfernterer Abkömmling Leistungen gemäß § 2057a BGB erbracht hat und ein vorrangiger Abkömmling die Erbfolge antritt. In diesem Fall hat der vorrangige Abkömmling kein Recht auf Ausgleichung der Leistung des nachrangigen Abkömmlings, es sei denn, er hat diese Leistung veranlasst.[18]
- der **pflichtteilsberechtigte Abkömmling** nach § 2316 Abs. 1 BGB. Bei der Berechnung seines Anspruchs muss Ausgleichungsanspruch nach § 2057a sowohl zugunsten als auch zulasten des Pflichtteilsberechtigten berücksichtigt werden.[19] Eine vom Pflichtteilsberechtigten erbrachte Leistung der in § 2057a BGB bezeichneten Art darf der Erblasser nicht ausschließen; § 2316 Abs. 3 BGB.[20]

---

11 OLG Schleswig ZEV 2017, 400 Rn 40; *Knur*, FamRZ 1970, 269, 277; MüKo/*Fest*, § 2057a Rn 7; Staudinger/*Löhnig*, § 2057a Rn 13.

12 MüKo/*Fest*, § 2057a Rn 7 und 19 für den Fall, dass nicht zur Erbfolge gelangender Enkel Leistungen für den Erblasser erbracht hat.

13 Grundlegend *Damrau*, FamRZ 1969, 579, 580, es kann vermutet werden, der Erblasser wolle die ihm gewährte Wohltat nicht nur dem Geber, sondern auch dessen Kindern vergelten; Soergel/*Lettmaier*, § 2057a Rn 16; anders *Knur*, FamRZ 1970, 269, 277.

14 MüKo/*Fest*, § 2057a Rn 4 und 8; Grüneberg/*Weidlich*, § 2057a Rn 3.

15 Dafür MüKo/*Fest*, § 2057a Rn 7; Staudinger/*Löhnig*, § 2057a Rn 8; *Lange/Kuchinke*, § 15 III 5 a m. Fn 48; Soergel/*Lettmaier*, § 2057a Rn 16; dagegen: Grüneberg/*Weidlich*, § 2057a Rn 3; *Damrau*, FamRZ 1970, 579, 580, 581; spiegelbildlich analoge Anwendung des § 2053 BGB müsste bedeuten, dass eine Ausgleichung nur dann stattfinden kann, wenn der Geber dies bei der Zuwendung gegenüber dem Erblasser ausdrücklich angeordnet hat.

16 Soergel/*Lettmaier*, § 2057a Rn 16.

17 Staudinger/*Löhnig*, § 2057a Rn 8.

18 Soergel/*Lettmaier*, § 2057a Rn 16.

19 Soergel/*Lettmaier*, § 2057a Rn 17; BGH NJW 1993, 1197.

20 BGH, Hinweisbeschl. v. 24.3.2021 – IV ZR 269/20; ZEV 2021, 449 n. amtl. Ls. und Rn 16 m.Anm. *Horn*: BGH erweitert den § 2316 Abs. 3 BGB, der sich vom Wortlaut her nur auf „Zuwendungen", nicht auf „Leistungen" bezieht, auch auf erbrachte Leistungen nach § 2057a BGB.

– der **pflichtteilsberechtigte testamentarische Alleinerbe** gegenüber Pflichtteilsansprüchen anderer Abkömmlinge.[21] Der Erblasser ist durch § 2316 Abs. 3 nicht gehindert, den Anspruch dieses Erben auf Ausgleichung für den Erblasser erbrachter Pflegeleistungen (§ 2057a BGB) durch letztwillige Verfügung auszuschließen.[22] Allerdings kann ein Erblasser gegen die guten Sitten verstoßen, wenn er ohne jegliche Honorierung ausschließt, dass ein Abkömmling, der ihn unterstützt hat, den Bonus erhält.[23] Eine derartige Sittenwidrigkeit nach § 138 BGB dürfte aber nur in schwerwiegenden Ausnahmefällen gegeben sein.[24]
– der **Erbschaftskäufer**, wenn der Verkäufer ausgleichungsberechtigt war[25] (unter dieser Voraussetzung auch der Pfändungsgläubiger[26]).
– **Mehrere Abkömmlinge** können nach § 2057a ausgleichungsberechtigt sein, sofern sie die Voraussetzungen erfüllen.[27]

7 **Verpflichtete:** Zur Ausgleichung können herangezogen werden (1) eheliche und nichteheliche Abkömmlinge im Falle gesetzlicher Erbfolge oder derjenigen, die den Quoten gem. § 2052 BGB entspricht,[28] (2) der Erbteilskäufer oder Pfändungsgläubiger, wenn der Verkäufer oder Schuldner ausgleichungspflichtig war, (3) der Erbe eines ausgleichungspflichtigen Miterben, der nach dem Tod weggefallen ist, (4) Dritte – etwa der Ehegatte – nur, wenn der Erblasser dies durch Verfügung von Todes wegen angeordnet hat.[29]

II. Ausgleichungsgegenstand

1. Allgemeines

8 Auszugleichen sind gem. Abs. 1 S. 1 Leistungen, die „in besonderem Maße" dazu beigetragen haben, das Erblasservermögen zu erhalten oder zu vermehren; hierfür hat sich der Begriff **„Sonderleistung"** eingebürgert.[30] Zum Erwerb der Berechtigung ist nicht erforderlich, dass die Leistungen in Person des Abkömmlings erbracht wurden. Es bestehen keine Bedenken, gem. § 2057a BGB auch Leistungen zu berücksichtigen, die von der **Familie** (z.B. Ehepartner, Kinder) oder durch **Hilfskräfte** des ausgleichungsberechtigten Abkömmlings geleistet worden sind, wenn dieser sie veranlasst oder für den Erblasser (auf seine Kosten) erbracht hat.[31] Kein Ausgleichungsanspruch entsteht aber für einen Abkömmling, dessen Kind z.B. aus eigener Initiative tätig wird und dem Erblasser ohne Weisung des Abkömmlings hilft.[32] Die Beweislast dafür, dass die Leistungen des Dritten von ihm veranlasst wurden, trägt der Ausgleichungsberechtigte.[33]

---

21 BGH v. 22.4.1998 – IV ZR 162/97, BeckRS 1998, 30392597 unter 2.c; BGH NJW 1993, 1197.
22 BeckOK BGB/*Müller-Engels*, § 2316 Rn 19; BGH NJW-RR 2021, 660 (661) = ErbR 2021, 781 ff. m.Anm. *Keim* = ZEV 2021, 449 ff. m.Anm. *Horn* – allerdings kein Ausschluss zum Nachteil eines von der Erbfolge ausgeschlossenen Pflichtteilsberechtigten.
23 Staudinger/*Otte*, § 2316 Rn 9; BGH, ZEV 2021, 449, 451 mAnm. *Horn*.
24 *Roth*, NJW-Spezial 2021, 360.
25 Müko/*Fest*; § 2057a Rn 8.
26 Müko/*Fest*; § 2050 Rn 3 m.w.N.
27 Soergel/*Lettmaier*, § 2057a Rn 16.
28 Staudinger/*Löhnig*, § 2057a Rn 11.
29 MüKo/*Fest*, § 2057a Rn 13.
30 *Lange/Kuchinke*, § 15 III S. 5a; Grüneberg/*Weidlich*, § 2057a Rn 4.
31 BGH NJW 1993, 1197, 1198, BGH bezieht sich dabei auf alle Leistungen des § 2057a und nicht nur auf Mitarbeit im Haushalt, Beruf oder Geschäft des Erblassers.
32 MüKo/*Fest*, § 2057a Rn 19; Soergel/*Lettmaier*, § 2057a Rn 5.
33 *Petersen*, ZEV 2000, 432.

Das Gesetz nennt alternativ verschiedene Arten von Leistungen: **Mitarbeit, erhebliche Geldleistungen, Pflege** oder **Leistungen sonstiger Art.**[34] Diese Aufzählung ist jedoch nicht abschließend („oder in anderer Weise"). Es sind auch andere Formen von Vermögensvorteilen möglich. Die unterschiedlichen Arten von Leistungen können sowohl gleichzeitig als auch nacheinander kumulativ auftreten und müssen in diesem Fall zusammengezählt werden.[35] 9

Das Besondere an den Leistungen bestimmt sich im Gegensatz zur Üblichkeit.[36] Haben alle Abkömmlinge Sonderleistungen i.S.v. § 2057a BGB erbracht, sind nur diejenigen Leistungen ausgleichungsfähig, die sich von denen der anderen deutlich durch längere Dauer, größeren Umfang oder höheren Wert für das Erblasservermögen abheben.[37]

Leistungen gem. §§ 1619, 1620 BGB sind kraft ausdrücklicher Anordnung in Abs. 2 S. 2 prinzipiell ausgleichungsfähig.[38] Erforderlich ist **Kausalität** der Leistungen für Erhöhung und Erhaltung des Vermögens. Dies gilt nach überwiegender Auffassung[39] auch für die Leistungsalternative Pflege nach § 2057 Abs. 1 S. 2 BGB, obwohl es dem konkreten Wortlaut nach an einer ausdrücklichen Anordnung fehlt. Um einen Ausgleichungsanspruch zu generieren, ist auch hier eine entsprechende Güterverschiebung von der Pflegeperson zum pflegebedürftigen Erblasser erforderlich. An die aber keine überhöhten Ansprüche gestellt werden dürfen.[40] Für die Ausgleichungsberechtigung reicht es aus, dass die Pflegetätigkeit zumindest auf irgendeine Weise zum Vermögenserhalt beigetragen hat.[41] 10

Streitig ist, inwieweit dabei ein **Schwellenwert** erreicht werden muss und dies vom Leistenden darzulegen und zu beweisen ist. Einerseits wird bereits jede Leistung nach § 2057a BGB prima facie ursächlich für Erhöhung und Erhaltung des Vermögens angesehen, und wer dies bestreitet, müsse den Gegenbeweis führen.[42] Andererseits wird ein besonderes Maß von Leistung vorausgesetzt, das durch den Leistenden zu beweisen ist.[43] Wobei dieser Beweis als geführt anzusehen sein soll, wenn feststehe, dass der Erblasser die Tätigkeit ansonsten durch eine bezahlte Arbeitskraft hätte ausführen lassen müssen.[44] 11

2. Einzelne Leistungen (Abs. 1)

a) Mitarbeit

Mitarbeit in Haushalt, Beruf oder Geschäft: Zur näheren Bestimmung dessen, was zu diesen Sphären rechnet, sind die Grundsätze der §§ 1619, 1360a BGB heranzuziehen. Mitarbeit meint jede **geistige** oder **körperliche** Tätigkeit unabhängig davon, ob es sich 12

34 Soergel/*Lettmaier*, § 2057a Rn 5.
35 Soergel/*Lettmaier*, § 2057a Rn 5.
36 Bamberger/Roth/*Lohmann*, § 2057a Rn 5; OLG Oldenburg FamRZ 1999, 1466.
37 MüKo/*Fest*, § 2057a Rn 15; Staudinger/*Löhnig*, § 2057a Rn 27.
38 Müko/*Fest*, § 2057a Rn 32.
39 OLG Frankfurt FamRZ 2020, 1129, 1130; OLG Schleswig ZEV 2017, 400, 401; OLG Frankfurt, Urt. v. 19.3.2013 – 11 U 134/11; OLG Düsseldorf, Urt. v. 22.8.1997 – 7 U 251/96; OLG Oldenburg FamRZ 1999, 1466; MüKo/*Fest*, § 2057a Rn 14; *Teschner*, ZErb 2017, 61, 66; a.A. *Muscheler*, Erbrecht Bd. I, Rn 1407.
40 Vgl. OLG Schleswig ZEV 2013, 86, 91: es ist keine minutiöse Kostenaufstellung, in der jede Vermögensverschiebung exakt erfasst wird, erforderlich.
41 *Friedrich*, ZErb 2023, 284 ff.
42 Müko/*Fest*, § 2057a Rn 15; Staudinger/*Löhnig*, § 2057a Rn 20 m.w.N.
43 OLG Oldenburg FamRZ 1999, 1466; siehe zu Beweisfragen *Petersen*, ZEV 2000, 432.
44 *Dressel*, RdL 1970, 146.

um Dienste höherer oder niederer Art handelt.[45] Die Mitarbeit muss planmäßig über einen gewissen Zeitraum hinweg, nicht nur gelegentlich und aushilfsweise erfolgen.[46]

13 Die Mitarbeit im Haushalt umfasst alle Aspekte der privaten Lebensführung des Erblassers, sowohl persönlich als auch in seiner Wohnung. Dazu zählen die Zubereitung von Mahlzeiten, die Wäschepflege und die Reinigung der Wohnung, ebenso wie das Einkaufen – einschließlich der erforderlichen rechtlichen Transaktionen –, anfallende Reparaturen und die Gestaltung der Freizeit.[47]

14 Die Mitarbeit beim Beruf des Erblassers ist unabhängig davon, ob er selbstständig oder unselbstständig ausgeübt wird. Es reicht jede Art von Unterstützung, Handreichungen, Fahrten zur Arbeitsstätte, Schreibarbeiten,[48] die dem Erblasser die Berufsausübung ermöglicht, erleichtert oder kostensparend zu gestalten hilft.[49] Arbeit des Abkömmlings im Beruf selbst ist nicht erforderlich.[50] Geschäft ist jedes Unternehmen, nicht nur das kleingewerbliche;[51] auch Landwirtschaft kommt in Betracht.[52] Die Gesellschaftsform ist unerheblich, Mitinhaberschaft des Erblassers genügt.[53] Die Mitarbeit muss „längere Zeit" angedauert haben. Ein genereller zeitlicher Rahmen ist nicht bestimmbar; für hochwertige Tätigkeit kann ein kurzer Zeitraum genügen (Untergrenze dürften sechs Wochen sein);[54] für einfache Tätigkeit wird man längere Dauer, ggf. über Jahre, verlangen.[55]

b) Erhebliche Geldleistungen

15 Es ist gleichgültig, ob die Zahlung einmalig oder laufend erfolgte.[56] Auch kann an einen Dritten, etwa einen Gläubiger des Erblassers, geleistet worden sein.[57] Die Erfüllung einer gesetzlichen Unterhaltspflicht gemäß §§ 1601 ff. BGB erfüllt nicht die Voraussetzungen des § 2057a BGB, da der Erblasser gemäß § 1602 BGB vermögenslos ist und eine Geldleistung somit nicht zur Erhaltung oder Vermehrung seines Vermögens beitragen kann. Dies gilt jedoch nicht für freiwillige Unterhaltsleistungen, die dazu dienen, dem Erblasser den Zugriff auf sein Vermögen zu ersparen.[58] Ob beim **Merkmal der Erheblichkeit** objektive Kriterien oder der konkrete Lebenszuschnitt des Erblassers entscheidend sind, ist str.[59]

---

45 Soergel/*Lettmaier*, § 2057a Rn 6.

46 Bamberger/Roth/*Lohmann*, § 2057a Rn 5.

47 BeckOGK/*Rißmann*, § 2057a Rn 25.

48 Soergel/*Lettmaier*, § 2057a Rn 6; MüKo/*Fest*, § 2057a Rn 16.

49 Staudinger/*Löhnig*, § 2057a Rn 17.

50 Soergel/*Lettmaier*, § 2057a Rn 6.

51 Unstr., vgl. nur Grüneberg/*Weidlich*, § 2057a Rn 5 unter Bezugnahme auf die körperschaft- und gewerbesteuerlichen Definitionen.

52 Etwa LG Ravensburg BWNotZ 1989, 146.

53 Staudinger/*Löhnig*, § 2057a Rn 18.

54 *Lange/Kuchinke*, § 15 III S. 5 c m. Fn 56 weisen zutreffend auf § 617 BGB hin.

55 Soergel/*Lettmaier*, § 2057a Rn 7, im letzteren Fall „mehrjährige"; zweifelnd *Weimar*, MDR 1973, 23, 24, auch einjährige Tätigkeit könne ausreichen, maßgeblich sei die Verkehrsanschauung.

56 Soergel/*Lettmaier*, § 2057 a Rn 8.

57 MüKo/*Fest*, § 2057a Rn 21; unstr.

58 Staudinger/*Löhnig*, § 2057a Rn 21.

59 Für objektive Bestimmung: Soergel/*Lettmaier*, § 2057a Rn 8; Grüneberg/*Weidlich*, § 2057a Rn 6 nach einem „objektiven, allg. gültigen Maßstab"; für Verhältnisse des Erblassers, nach dessen Lebenszuschnitt, nicht nach dem des Leistenden: MüKo/*Fest*, § 2057a Rn 21; *Lange/Kuchinke*, § 15 III 5c m. Fn 59; Bamberger/Roth/*Lohmann*, § 2057a Rn 5; BeckOK/*Lohmann*, § 2057a Rn 6 die Zuwendung muss den Vermögensstand des Erblassers beeinflusst haben; Bsp.: 2.500 EUR, die einem Kleingewerbetreibenden zum Wareneinkauf zugeschossen werden, sind danach eher erheblich,

Beiträge **in anderer Weise:** In Betracht kommt jede Leistung, die geeignet war, sich auf Vermögensmehrung und -erhaltung positiv auszuwirken. Insoweit gilt alles zum Zuwendungsbegriff des § 2050 BGB Dargelegte – spiegelbildlich – entsprechend. Prinzipiell ausgleichspflichtig ist dasjenige, zu dessen Inanspruchnahme der Erblasser ansonsten eigene Mittel hätte aufwenden müssen,[60] insbes.: **Sachleistungen, Essensversorgung, regelmäßige Mitnahme in Urlaub**, Stellung von **Sicherheiten, Gebrauchsüberlassungen**, Übernahme von Tätigkeiten (soweit nicht schon Mitarbeit), **Pflegeleistungen zugunsten von Angehörigen** des Erblassers.[61] 16

c) Pflege (Abs. 1 S. 2)

Es muss sich um Pflege des Erblassers gehandelt haben,[62] Pflege von Dritten kommt nur als Beitrag in anderer Weise in Betracht (vgl. dazu Rdn 16). Der Abkömmling braucht nicht in eigener Person zu pflegen, er kann diese Dienstleistung auch durch seine **Angehörige** oder **bezahlte Dritte** ausführen lassen.[63] Erbringen allerdings ausschließlich bezahlte Hilfskräfte die Pflegeleistung, ist eine Einordnung der Abkömmlingsleistung als Geldleistung naheliegender.[64] Der Begriff der „längeren Zeit" ist, wie beim Merkmal der „Mitarbeit", relativ zur Intensität der Pflege zu bestimmen.[65] 17

aa) Begriffsbestimmung

Teilweise wird für die Definition des Begriffes der Pflegeleistungen in § 2057a BGB versucht, an die Begriffsbestimmungen des SGB XI anzuknüpfen. So beispielsweise *Fest*, der unter Pflegeleistungen jedenfalls solche Leistungen versteht, die bereits in § 14 SGB XI aufgeführt werden.[66] 18

Eine Eins-zu-eins-Übertragung der Begriffsbestimmung aus dem SGB XI ist kritisch zu bewerten, da die Ziele der Vorschriften des SGB XI mit den erbrechtlichen Vorschriften des BGB nicht kongruent sind.

bb) Abgrenzung zum Sozialrecht

Die erbrechtlichen Ausgleichungstatbestände und das SGB XI verfolgen unterschiedliche Ziele. 19

(1) Ziele der erbrechtlichen Ausgleichungsvorschriften

Bei den erbrechtlichen Vorschriften der §§ 2050 ff. BGB geht es um die Verteilungsgerechtigkeit zwischen den Abkömmlingen hinsichtlich des Nachlasses. § 2057a BGB dient vor allem dazu, Sonderleistungen im Vergleich zu den übrigen Abkömmlingen angemessen zu berücksichtigen.[67] Als Teil der Privatrechtsordnung kommt dem Erbrecht grundsätzlich lediglich die Aufgabe zu, den Übergang der Rechte und Pflichten 20

---

als derselbe Betrag, zur Zahlung eines Geschäftsessens einem Großindustriellen ausgelegt, der sein Portefeuille vergessen hat.

60 Allg. Meinung, vgl. nur Bamberger/Roth/*Lohmann*, § 2057a Rn 7; Bsp. bei *Weimar*, MDR 1970, 23, 24 u. Staudinger/*Löhnig*, § 2057a Rn 22.

61 MüKo/*Fest*, § 2057a Rn 26; *Garbe-Emden*/*Schönenberg-Wessel*, ZErb 2021, 41, 42.

62 MüKo/*Fest*, § 2057a Rn 26 m.w.N.

63 Soergel/*Lettmaier*, § 2057a Rn 10; Staudinger/*Löhnig*, § 2057a Rn 24.

64 Soergel/*Lettmaier*, § 2057a Rn 10.

65 Etwa BGH ZEV 2006, 265, 267 Tz 35; Soergel/*Lettmaier*, § 2057a Rn 11, mindestens mehrjährige Tätigkeit bei leichter Pflegebedürftigkeit; ggf. nur ein Monat bei intensiver Pflege; ähnlich auch Staudinger/*Löhnig*, § 2057a Rn 24.

66 MüKo/*Fest*, § 2057a Rn 25 m.w.N., also z.B. Hilfe im Bereich der Körperpflege, der Ernährung, der Mobilität und der hauswirtschaftlichen Versorgung.

67 *Friedrich*, ZErb 2023, 284 ff.

für den Fall des Todes unter Privatpersonen zu regeln.[68] Eindeutige **sozialpolitische Ziele** verfolgt das Fünfte Buch des BGB dabei grundsätzlich **nicht.**[69] Lediglich am Rande erhält der § 2057a Abs. 1 S. 2 BGB eine sozialpolitische Tendenz, indem z.B. wegen der besonderen Bedeutung der familiären Pflege für den Erblasser etwa auch der immateriellen Wert der familiären Pflege mit in die Wertbestimmung einfließen muss[70] bzw. die familiäre Pflege honoriert wird, weil der reine Vermögenserhalts nicht als Obergrenze für die Ausgleichungsforderung herangezogen wird.[71] Dadurch wird die erbrechtliche Ausgleichungsvorschrift des § 2057a Abs. 1 S. 2 BGB jedoch nicht zum sozialrechtlichen Leistungstatbestand umfunktioniert.[72] Maßgeblich bei der Nachlassverteilung muss immer auch der (mutmaßliche) Erblasserwille sein, da das Erbrecht im Kern dazu dient, dem Erblasser die privatautonome Gestaltung der eigenen Vermögensnachfolge zu ermöglichen.[73] Dies ergibt sich speziell für § 2057a Abs. 1 S. 2 BGB in systematischer Hinsicht schon aus der allgemeinen Zielsetzung der übrigen Ausgleichungstatbestände (§§ 2050 ff. BGB). Ausweislich der Gesetzesmaterialien sollen diese nämlich die vom Erblasser (mutmaßlich) gewollte Gleichbehandlung der Abkömmlinge realisieren.[74]

(2) Ziele der sozialgesetzlichen Vorschriften des SGB XI

21 Das SGB XI versucht, mithilfe seiner beitragsfinanzierten Leistungen dem allgemeinen Lebensrisiko der Pflegebedürftigkeit (ggf. langfristig) zu begegnen.[75] Die Vorschriften des SGB XI der sozialen Pflegeversicherung bilden die Grundlage der Finanzierung stationärer und ambulanter Pflege. Die Pflegeversicherung hat die Aufgabe, Pflegebedürftigen Hilfe zu leisten, die wegen der Schwere der Pflegebedürftigkeit auf solidarische Unterstützung angewiesen sind. § 1 IV SGB XI. Das staatliche Pflegesystem ist an der Kapazitätsgrenze und auf die Bereitschaft von Angehörigen die häusliche Pflege zu leisten angewiesen. Knapp neun von zehn Pflegebedürftigen (86 %) wurden im Dezember 2023 zu Hause versorgt.[76] Die Pflegeversicherung soll mit ihren Leistungen daher vorrangig die häusliche Pflege und die Pflegebereitschaft der Angehörigen und Nachbarn unterstützen, damit die Pflegebedürftigen möglichst lange in ihrer häuslichen Umgebung bleiben können § 3 SGB XI (**Vorrang der häuslichen Pflege**). Damit soll eine Reduktion der Belastung der stationären bzw. Belegung der Heime gewährleistet werden. Leistungen sollen je nach Grad der Einschränkung gewährt werden. Um dies zu gewährleisten, gibt das SGB XI Definitionen und Verfahren vor, um Pflegebedürftige schematisch entsprechend ihren Einschränkungen zu kategorisieren. Leistungen der Pflegekassen für häusliche Pflege haben daher nur einen **Anreizcharakter** aber keine angemessene Entlohnungs- oder Ausgleichsfunktion. Es ist daher auch überwiegend anerkannt, dass die Leistungen der Pflegekassen für die ambulante Pflege in Form des Pflegegeldes, soweit dieses den pflegenden Angehörigen überlassen wird, **keine angemessene Entlohnung** im Sinne des § 2057a BGB darstellen.[77] Hin-

68 *Friedrich*, ZErb 2023, 284 ff.; *Röthel*, Erbrecht, § 1 Rn 1; Blume-Jung/*Buchwitz*, Alter und Gesellschaft, S. 177, 188.
69 *Friedrich*, ZErb 2023, 284 ff.
70 OLG Schleswig ZEV 2017, 400, 401; OLG Frankfurt FamRZ 2020, 1129, 1131.
71 OLG Frankfurt, Urt. v. 19.3.2013 – 11 U 134/11; OLG Schleswig ZEV 2017, 400, 401 ff.
72 *Friedrich*, ZErb 2023, 284 ff.; *Reichert*, Die erbrechtliche Ausgleichung, S. 117.
73 Vgl. *Dutta*, Warum Erbrecht, S. 32 ff.
74 Vgl. Motive bei *Mugdan*, V. Band: Erbrecht, S. 376; BeckOK/*Rißmann*, § 2050 Rn 2.
75 *Friedrich*, ZErb 2023, 284 ff.
76 Statistisches Bundesamt, Pflegestatistik – Pflege im Rahmen der Pflegeversicherung 2023, EVAS-Nummern 22411, 22412, 22421, erschienen am 18.12.2024.
77 OLG Frankfurt, Urt. v. 19.3.2013 – 11 U 134/11.

sichtlich der Wertansätze können diese Beträge aus dem SGB XI für ambulante Pflege nicht herangezogen werden.[78]

cc) Einordnung des Pflegeleistungsbegriffs

Nachdem der Pflegeleistungsbegriff des SGB XI mit den Pflegestärkungsgesetzen[79] 22
eine explizite Ausweitung auf nicht verrichtungsbezogene Maßnahmen (die beispielsweise Demenzkranken zugutekommen) und einen Bedeutungswandel erfahren hat, lässt sich jedoch eine **grobe Orientierung** an den Definitionen des SGB XI für den Begriff der Pflege in § 2057a Abs. 1 S. 2 BGB rechtfertigen. Mit den Pflegestärkungsgesetzen wurde der Begriff der Pflegebedürftigkeit im SGB XI an die Definitionen aus den Pflegewissenschaften angepasst und wird nunmehr umfassend durch pflegefachlich begründete Begutachtungsinstrumente ermittelt, § 15 SGB XI. Die Begutachtung erfolgt durch den medizinischen Dienst anhand von Richtlinien §§ 17, 18 SGB XI. Dabei wird der **Grad der Selbstständigkeit** einer Person bei Aktivitäten in insgesamt sechs pflegerelevanten Bereichen überprüft. Erfasst werden in Pflegegrad 1 dadurch auch Menschen, die nur verhältnismäßig geringe Beeinträchtigungen der Selbstständigkeit oder der Fähigkeiten aufweisen, aber auf niederschwellige Hilfestellungen angewiesen sind.[80] Pflegebedürftig sind gemäß § 14 SGB XI Personen, die gesundheitlich bedingte Beeinträchtigungen der Selbstständigkeit oder der Fähigkeiten aufweisen und deshalb der Hilfe durch andere bedürfen. Nach § 18a Abs. 3 SGB XI und den Richtlinien des Medizinischen Dienstes zur Feststellung der Pflegebedürftigkeit nach dem XI. Buch des Sozialgesetzbuches[81] werden im Rahmen des Begutachtungsinstrumentes auch weitere versorgungsrelevante Informationen erhoben, die nicht in die Ermittlung des Pflegegrades fließen, aber Impuls für die individuelle Beratung bzw. zur Versorgungsplanung des Pflegebedürftigen wichtig sind. Diese sind die Bereiche **„außerhäusliche Aktivitäten"** und **„Haushaltsführung"**.[82]

---

78 Anders jedoch, wenn es um ersparte Kosten einer stationären Pflege geht, ausführlich dazu siehe Rdn 32 ff.

79 Von 2015 bis 2017 wurden die Leistungen für Pflegebedürftige und ihre Angehörigen deutlich flexibilisiert und ausgeweitet; Richtlinien zum Verfahren zur Feststellung der Pflegebedürftigkeit sowie zur pflegefachlichen Konkretisierung der Inhalte des Begutachtungsinstruments nach § 17 Abs. 1 SGB XI vom 26.9.2024 unter Ziffer 1 Allgemeines.

80 Leistungen bei Pflegegrad 1 https://www.bundesgesundheitsministerium.de/pflege-zu-hause/leistungen-bei-pflegegrad-1.html abgerufen am 2.2.2025.

81 Richtlinien zum Verfahren zur Feststellung der Pflegebedürftigkeit sowie zur pflegefachlichen Konkretisierung der Inhalte des Begutachtungsinstruments nach § 17 Abs. 1 SGB XI vom 26.9.2024.

82 Zur außerhäusliche Aktivität zählen nach den Richtlinien die folgenden Unterbereiche: Verlassen des Bereichs der Wohnung oder der Einrichtung, Fortbewegen außerhalb der Wohnung oder Einrichtung, Nutzung öffentlicher Verkehrsmittel im Nahverkehr, Mitfahren in einem Kraftfahrzeug, Teilnahme an kulturellen, religiösen oder sportlichen Veranstaltungen, Besuch von Arbeitsplatz, einer Werkstatt für Menschen mit Behinderungen oder einer Einrichtung der Tages- und Nachtpflege oder eines Tagesbetreuungsangebotes, Teilnahme an sonstigen Aktivitäten mit anderen Menschen.
Zur Haushaltsführung zählen nach den Richtlinien die folgenden Unterbereiche: Einkaufen für den täglichen Bedarf, Zubereitung einfacher Mahlzeiten, Einfache Aufräum- und Reinigungsarbeiten, Aufwendige Aufräum- und Reinigungsarbeiten einschl. Wäschepflege, Nutzung von Dienstleistungen, Umgang mit finanziellen Angelegenheiten, Umgang mit Behördenangelegenheiten.
Zu den weitergehenden Definition der beiden Unterbereiche siehe S. 112 ff. der Richtlinien des medizinischen Dienstes zur Feststellung der Pflegebedürftigkeit i.S.d. § 15 SGB XI Ziffer 1 Allgemeines, abrufbar als pdf unter https://md-bund.de/themen/pflegebeduerftigkeit-und-pflegebegutachtung/begutachtungs-richtlinien.html.

Nach dem auch Beeinträchtigungen in solchen Lebensbereichen mit in die Pflegebegutachtung des SGB XI einfließen und den Pflegebegriff mitbestimmen, müssen sie grundsätzlich und konsequenterweise auch erbrechtlich berücksichtigt werden, soweit die grobe Orientierung an den Definitionen des SGB XI befürwortet wird. In der Konsequenz sind daher auch die **flankierenden versorgungsrelevanten Leistungen** als Pflegeleistungen zur Kompensation der Pflegebedürftigkeit im Sinne der §§ 14, 15 SGB XI in Verbindung mit § 18a Abs. 3 SGB XI und den Richtlinien des Medizinischen Dienstes zur Feststellung der Pflegebedürftigkeit nach dem XI. Buch des Sozialgesetzbuches einzubeziehen und für den Pflegebegriff des § 2057a Abs. 1 S. 2 BGB maßgebend.[83]

23 Obwohl die Definition der nach § 2057a Abs. 1 S. 2 BGB relevanten Pflegetätigkeit an den entsprechenden Vorschriften des SGB XI orientiert werden kann, ist es wichtig, bis zu einem gewissen Grad die Eigenständigkeit des **erbrechtlichen Begriffs der Pflegetätigkeit** zu wahren. Dies liegt unter anderem daran, dass nicht in allen Fällen, in denen ausgleichungsrelevante Leistungen erbracht wurden, eine Begutachtung durch den Medizinischen Dienst stattgefunden hat.[84] Nach dem SGB XI ist jedoch eine solche Begutachtung Voraussetzung, um die Hilfeleistungen der Pflegeperson als Pflegetätigkeit zu qualifizieren.[85] Zudem kann in bestimmten Fällen auch dann ein erbrechtlich relevanter Pflegeaufwand bestehen, wenn der Unterstützungsbedarf unterhalb der vom SGB XI geforderten Schwelle liegt. So kann etwa nach allgemeiner Auffassung[86] eine ausgleichungsrelevante Pflegeleistung auch dann vorliegen, wenn sie der Deckung eines Pflegebedarfs dient, der kürzer als die von § 14 Abs. 1 S. 3 SGB XI geforderten sechs Monate andauert.[87] Daher sollten die Begriffe aus dem SGB XI weiterhin lediglich als **Orientierungshilfe** für die Konkretisierung von § 2057a Abs. 1 S. 2 BGB dienen[88] und niemals den erbrechtlichen Begriff Pflege einschränken.[89]

dd) Einzelne Begriffsbestimmungen für Pflege aus der Rechtsprechung

24 Die bisherige **obergerichtliche Rechtsprechung**[90] zu den Pflegeleistungen des § 2057a BGB geht deutlich über die Begriffsbestimmung des SGB XI hinaus und bildet einen erweiterten erbrechtlichen Pflegeleistungsbegriff heraus. So kann auch die bloße Anwesenheit des Abkömmlings als Teil der Pflegeleistung anzusehen sein, soweit er z.B. für Gespräche oder für die Sicherheit des Pflegebedürftigen im Fall plötzlich notwendig werdender Hilfe zur Verfügung steht.[91]

---

83 *Friedrich*, ZErb 2023, 284 ff.

84 Vgl. BeckOGK/*Rißmann*, § 2057a Rn 33.1.

85 NK-GesundhR/*Baumeister*, § 19 SGB XI Rn 7.

86 Vgl. *Kollmeyer*, NJW 2017, 1849, 1850; *Schneider*, ZEV 2018, 380, 382; Staudinger/*Löhnig*, § 2057a Rn 23; Burandt/Rojahn/*Flechtner*, § 2057a Rn 16; MüKo/*Fest*, § 2057a Rn 22.

87 *Friedrich*, ZErb 2023, 284 ff.; für Friedrich erscheint es nicht ausgeschlossen, dass unterhalb der von § 15 Abs. 3 S. 4 Nr. 1 SGB XI geforderten Punktzahl ein Pflegebedarf beim Erblasser besteht, dessen Deckung ausgleichungswürdig erscheint.

88 Vgl. OLG Frankfurt, Urt. v. 19.3.2013 – 11 U 134/11; OLG Schleswig ZEV 2013, 86, 90; OLG Schleswig ZEV 2017, 400, 401 ff.

89 Im Ergebnis so auch *Friedrich*, ZErb 2023, 284 ff.: Dies dürfte auch dem Willen des Gesetzgebers entsprechen, der in § 14 Abs. 1 S. 1 SGB XI von Pflegebedürftigkeit „im Sinne dieses Buches" spricht.

90 Vgl. OLG Schleswig ZEV 2017, 400, 403; OLG Frankfurt FamRZ 2020, 1129, 1130 f.

91 MüKo/*Fest*, § 2057a Rn 22 m.w.N.

Das **OLG Schleswig**[92] hat in einem Fall einen erheblichen Ausgleichungsbetrag von 40.000 EUR für Pflegeleistungen im Sinne des § 2057a BGB festgestellt, die in einer 7-jährigen Mithilfe und nächtlichen Rufbereitschaft eines Abkömmlings bei einer zusätzlich vorhandenen Hauptpflege durch bezahlte Pflegepersonen bestand. 25

Der **BFH** lehnt sich bei der Frage, was Pflegeleistungen im Sinne des § 13 Abs. 1 Nr. 9 ErbStG sind, lediglich an die Begriffsbestimmungen des § 14 Abs. 4 SGB XI an, um dann weiter auszuführen, dass weitere Hilfeleistungen, wie Unterstützung bei hauswirtschaftlichen Verrichtungen, die Erledigung von Botengängen und schriftlichen Angelegenheiten, Begleitung bei Arztbesuchen, Besprechungen mit Ärzten, Vorsprachen bei Behörden sowie die seelische Betreuung des Erblassers ebenfalls als Pflegeleistungen im weiteren Sinne aufzufassen sind. Gerade bei hilfsbedürftigen Personen kann es erforderlich sein, dass sie einen Ansprechpartner ihres Vertrauens haben, an den sie sich mit ihren Anliegen wenden können.[93] 26

Anzuführen ist anlässlich der Begriffsbestimmung Pflegeleistungen hier auch das Urteil des **OLG Koblenz**,[94] das regelmäßige Besuche der Erblasserin in einem Heim durch nur einen ihrer beiden Abkömmlinge als Pflege- und Betreuungsleistungen anerkennt. Zur Begründung stellt das OLG Koblenz auf die besondere Bedeutung dieser Pflege- und Betreuungsleistungen für die Erblasserin ab, die dieser eine „Flucht aus der Eintönigkeit des Heimaufenthaltes" eröffnen. Diese „sozialen" Leistungen des Abkömmlings bedienten ein für die Erblasserin, aufgrund des Umzuges in ein Heim und des Verlassens des unmittelbaren privaten Umfeldes, existenzielles Bedürfnis. Der Erblasserin ging es darum, (im Alter) nicht völlig sozial, insbesondere von der Familie isoliert und abgeschieden zu sein, dies auch mit Blick auf den aus ihrer Sicht problematischen Kontakt zu ihrem weiteren Abkömmling.[95] Auch wenn es in diesem Fall um die Fragen im Zusammenhang mit Pflichtteilsergänzungsansprüchen ging, lässt sich der erweiterte Ansatz, was noch als Pflege- und Betreuungsleistungen im Erbrecht zu qualifizieren ist, auf den Pflegebegriff nach § 2057a BGB übertragen. 27

3. Konkurrenzen

Soweit die (häusliche) Pflege des Erblassers, in Form von Mitarbeit im Haushalt, dazu führt, dass dessen Vermögen gemehrt oder erhalten wird, kommt hinsichtlich der Pflegeleistungen auch die Anwendung des Abs. 1 S. 1 in Betracht. Dies wird man namentlich in den Fällen diskutieren müssen, in denen der Wert der Pflegeleistungen durch das Pflegegeld nach § 37 Abs. 1 SGB XI zureichend abgegolten wird, indessen die Heimunterbringung vermieden wird, die regelmäßig eine Unterdeckung von Kosten und laufenden Einnahmen und damit einen Vermögensverzehr mit sich brächte.[96] 28

4. Wertbemessung (Abs. 3)

Das Gesetz nennt drei Parameter der Wertbemessung: Dauer und Umfang der Leistungen sowie den Wert des Nachlasses. Auf Grundlage dieser Merkmale ist eine **Billigkeitsprüfung** vorzunehmen, als deren Ergebnis sich durch **„Gesamtwürdigung"**[97] der in die Abrechnung einzustellende Betrag ergibt. Dieser muss nach den Umständen des Einzelfalls billig und gerecht sein.[98] Der Gesetzgeber hat bewusst davon abgesehen, 29

---

92 OLG Schleswig Urt. V. 22.11.2016 – 3 U 25/16.

93 BFH Urt. v. 11.9.2013 – II R 37/12.

94 OLG Koblenz, Hinweisbeschl. v. 24.9.2020 – 12 U 646/20.

95 OLG Koblenz, Hinweisbeschl. v. 24.9.2020 – 12 U 646/20.

96 Vgl. LG Konstanz ZErb 2010, 93.

97 Soergel/*Lettmaier*, § 2057a Rn 29.

98 OLG Oldenburg FamRZ 1999, 1466, 1467; Grüneberg/*Weidlich*, § 2057a Rn 9.

eine genaue Ermittlung der Einzelleistungen zu verlangen.[99] Die Regelung entlastet i.E. den Richter, dem „Aufstellung und Nachrechnung aller einzelnen oft nur schwer nachzurechnenden Leistungen und deren Einfluss auf den Nachlass“[100] erspart bleibt, dem insoweit ein „Ermessen“[101] eingeräumt ist und der von den Grundsätzen des § 287 Abs. 2 ZPO Gebrauch machen kann.[102] Einigkeit besteht in der Lit. dahin, dass die Regelung alle Beteiligten vor große Schwierigkeiten stellt.[103]

30 Die **Ermittlung** des **Ausgleichungsbetrages** geschieht in einer „Gesamtschau“,[104] und dies bei „abgesenkter Substantiierungslast“.[105]
Nach § 2057a Abs. 3 BGB wird die Höhe des Ausgleichungsbetrags unter Berücksichtigung von Billigkeitsgesichtspunkten festgelegt.

31 In der obergerichtlichen Rechtsprechung hat sich dabei ein **dreistufiges Prüfverfahren** für die Ausgleichungsbemessung im Zusammenhang mit **Pflegeleistungen** gegenüber dem Erblasser etabliert.[106]

32 Auf der **ersten Stufe** wird dabei Dauer und Umfang (insb. Leistungszeitraum und täglicher Aufwand) der ausgleichungspflichtigen Pflegeleistung berücksichtigt. Zudem wird geklärt, in welchem Umfang der Nachlass durch die Pflegeleistungen[107] erhalten oder vermehrt wurde (in Form von **ersparten Aufwendungen**).[108] Um den pflegebedingten Vermögenserhalt ermitteln zu können, stellen die Gerichte hierbei auf die fiktiven Kosten für professionelle Hilfskräfte bzw. fiktive monatliche Heimunterbringungskosten ab, die dann angefallen wären, wenn sich der Angehörige nicht zur Pflege entschlossen hätte.[109] Die Rechtsprechung berücksichtigt dabei **ausgleichungsmindernd** Leistungen der Pflegeversicherung, laufende Einnahmen, wie bspw. Rentenansprüche, sowie potenzielle Mieteinnahmen, die der Pflegebedürftige aus seinem durch den Heimverzug freigewordenen Wohneigentum hypothetisch hätte erzielen können.[110] Die Gerichte[111] haben bislang die **ersparten Heimunterbringungskosten** aus der Pflegestatistik des Statistischen Bundesamts entnommen, wobei diese je nach Pfle-

---

99 Vgl. Bericht des Rechtsausschusses BT-Drucks. V/4179 Nr. 83a.

100 Soergel/*Lettmaier*, § 2057a Rn 29; auch BGHZ 101, 57, 64 = NJW 1988, 710, 712 – „unüberwindliche praktische Schwierigkeiten“.

101 Staudinger/*Löhnig*, § 2057a Rn 36 ff.

102 *Lange/Kuchinke*, § 15 III 5d.

103 MüKo/*Fest*, § 2057a Rn 33, zu prozessualen Auswirkungen Rn 37; Staudinger/*Löhnig*, § 2057a Rn 36: „Rechtsunsicherheit“; *Knur*, FamRZ 1970, 269, 276 f.

104 OLG Schleswig NJW-RR 2013, 205; OLG Schleswig ZEV 2017, 400, 402; *Teschner*, ZErb 2017, 61 und 89; zusammenfassend *Schindler*, ZEV 2017, 382; Staudinger/*Löhnig*, § 2057a Rn 37; *Kollmeyer*, NJW 2017, 1849, 1851 zu IV; Grüneberg/*Weidlich*, § 2057a Rn 9: „nicht nach minutiösen Einzelfeststellungen“.

105 *Teschner*, ZErb 2017, 89, 94 zu (8).

106 *Friedrich/Schier*, ZErb 2024, 241 m.w.N.

107 Soweit eine Begutachtung durch den Medizinischen Dienst erfolgt ist, kommt dabei dem festgestellten Pflegegrad eine erhebliche Bedeutung zu, indem teilweise allein aufgrund des verwirklichtes Pflegegrades die Leistungen des Abkömmlings unterstellt werden, ohne weitere konkrete Darlegung der Leistungen, so z.B. OLG Frankfurt, Urt. v. 19.3.2013 – 11 U 134/11.

108 Vgl. OLG Schleswig ZEV 2013, 86, 91; ZEV 2017, 400, 402; OLG Frankfurt a.M. FamRZ 2020, 1129, 1130 ff.; ausführlich *Kollmeyer*, NJW 2017, 1849, 1852.

109 OLG Schleswig ZEV 2013, 86, 91; ZEV 2017, 400, 402; OLG Frankfurt a.M. FamRZ 2020, 1129, 1131 f.

110 OLG Schleswig ZEV 2017, 400, 404; OLG Frankfurt FamRZ 2020, 1129, 1132; *Friedrich*, ZErb 2023, 284, 288.

111 Vgl. OLG Schleswig ZEV 2013, 86, 91; OLG Schleswig ZEV 2017, 400, 404; OLG Frankfurt FamRZ 2020, 1129, 1132.

gegrad[112] variieren konnten. Von diesen hypothetischen Kosten wurden die laufenden Einnahmen sowie die hypothetischen Ansprüche der Pflegeversicherung (§ 43 Abs. 2 SGB XI) abgezogen, da sie das Vermögen des zukünftigen Erblassers schützten. Wenn der Pflegebedürftige nicht bereit war, in ein Pflegeheim zu ziehen, wurden stattdessen die Kosten für ambulante Pflege herangezogen, die durch Angehörige eingespart wurden.[113] Es fragt sich, wie die zivilgerichtliche Rechtsprechung in Fortführung dieser Ersparnisberechnung die Änderungen im Sozialrecht zu berücksichtigen hat,[114] insbesondere den seit dem zweiten Pflegestärkungsgesetz geltenden **einheitlichen Eigenanteil** (§ 84 Abs. 2 S. 3 SGB XI). Diese Regelung wurde eingeführt, um zu verhindern, dass der Eigenanteil bei stationärer Pflege mit steigendem Pflegegrad ansteigt.[115] Seit dem 1.1.2017 sind die Pflegesätze so festgelegt, dass der Eigenanteil für alle Heimbewohner unabhängig vom Pflegegrad gleich hoch ist, wobei zusätzliche Kosten für Verpflegung und Unterkunft nicht erfasst werden.[116] Durch diese Quersubventionierung tragen Heimbewohner mit niedrigeren Pflegegraden höhere Eigenanteile, während diejenigen mit höheren Graden entlastet werden.[117] Seit dem 1.1.2022 erhalten Pflegebedürftige der Grade 2 bis 5 zusätzlich einen **Leistungszuschlag** auf ihren Eigenanteil an den pflegebedingten Aufwendungen, der sich mit der Dauer des Aufenthalts erhöht.[118]

Die Gerichte müssen in Zukunft klären, wie den ersparten Heimkosten ein Wert 33
zuzuweisen ist, da diese von Einrichtung zu Einrichtung variieren können. Mögliche Anknüpfungspunkte wären der konkrete Eigenanteil des nächstgelegenen Pflegeheims oder landes- bzw. bundesweite Durchschnittswerte oder ein vertretbarer Stundensatz, der einem externen Dritten hätte bezahlt werden müssen.[119] Der **konkrete Eigenanteil** des nächstgelegenden Pflegeheimes kommt z.B. bei einem besonderen Bezug des Erblassers zu diesem Heim in Betracht.[120]

Angesichts der zunehmend komplexen Zuschüsse im Pflegebereich (einrichtungsein- 34
heitlicher Eigenanteil und weitere Leistungszuschläge) wäre es m.E. sinnvoll, zunächst nur auf **durchschnittliche Werte aus Statistiken** zurückzugreifen und alle Kosten und Leistungen (wie staatliche Zuschüsse sowie Unterkunfts- und Verpflegungskosten) auszuklammern. Dies erscheint m.E. gerechtfertigt, da diese Kosten und Zuschüsse sowohl ambulant wie stationär anfallen und die Kürzung dieser etwa gleich hohen Beiträge auf beiden Seiten zur Vereinfachung beiträgt. Aktuell wäre dies im bundesweiten Durchschnitt für alle 5 Pflegegrade ein monatlicher Betrag von 2.649,52 EUR, den

112 Pflegestufe bis 31.12.2016.

113 OLG Frankfurt, Urt. v. 19.3.2013 – 11 U 134/11.

114 Vgl. dazu ausführlich *Friedrich*, ZErb 2023, 284, 289 f.

115 BT-Drucks 18/5926, 137.

116 *Kreienberg*, GuG 2024, 266 und ErbR 2019, 322, 331 f.

117 Soziale Krankenvers Pflegevers Komm, Krauskopf/*Knittel*, § 84 SGB XI Rn 7.

118 Staffelung der Leistungszuschläge ab 1.1.2024 wie folgt: 15 % sofort, 30 % Aufenthalt länger als ein Jahr, 50 % Aufenthalt länger als zwei Jahre, 75 % Aufenthalt länger als drei Jahre.

119 Dabei ist zu beachten, dass zum 18.12.2024 die bisherige Berichtsform des Statistischen Bundesamts geändert wurde; künftig werden nur noch deutschlandweite Ergebnisse veröffentlicht, ohne Abzüge zur Begrenzung des Eigenanteils nach § 43c SGB XI. Ergänzend können zukünftig die Basisdaten des Gesundheitswesens in Deutschland des VDEK herangezogen werden, die noch nach Bundesländern und den weiteren Zuschlägen aufschlüsseln.

120 Etwa bei besonderen Wünschen des Erblassers: „Wenn jemals Pflegeheim, dann nur Pflegeheim X“ oder vgl. OLG Schleswig, Urt. v. 22.11.2016 – 3 U 25/16: weil Erblasserin 2002 kurzfristig im Pflegeheim H. untergebracht war, hat sich das Gericht an den Pflegekosten in dieser ortsnahen Pflegeeinrichtung orientiert.

man als ersparte Heimkosten ansetzen könnte.[121] In einem zweiten Schritt könnte dann ein erhöhter Pflegeaufwand über Billigkeitsgesichtspunkte berücksichtigt werden. Dies würde auch Probleme[122] vermeiden, die bei der Berücksichtigung des konkreten einheitlichen Eigenanteils auftreten können – insbesondere bei Pflegebedürftigen mit Pflegegrad 1, deren hypothetischer Eigenanteil im Vergleich zu anderen Graden am höchsten ausfällt.[123] Eine solche Vorgehensweise würde den Billigkeitserwägungen gemäß § 2057a BGB besser entsprechen.[124]

35 Denkbar ist aber m.E. auch der Ansatz über einen **fiktiven Stundenlohn**, der einem externen Dritten für eine vergleichbare Leistung hätte bezahlt werden müssen. Dazu müssten detailliert die durchschnittlich geleisteten Stunden dargestellt werden und hierfür ein vertretbarer Stundensatz, z.B. 20 bis 25 EUR pro Stunde, zugrunde gelegt werden, der einem Dritten hätte gezahlt werden müssen – oder aber auch höher wegen besonderer Qualifikation des Abkömmlings (z.B. Krankenpflege) oder wegen besonderer immaterieller Bedeutung für Erblasser (z.B. vertrauter Angehöriger statt anonymer Pflege). In diesem Zusammenhang wären m.E. auch **Bereitschaftszeiten** des leistenden Abkömmlings zu berücksichtigen. Hier sollte der Rechtsgedanke des LAG Berlin-Brandenburg[125] bei der Bewertung einfließen. In dem zu entscheidenden Fall wohnte die bulgarische Pflegerin bei der Pflegebedürftigen, um im Notfall auch nachts bereit zu stehen. Das LAG entschied, dass auch die Nachtzeiten zu vergüten seien, da es sich hier um Bereitschaftszeiten handele. Die Situation vieler pflegender Angehöriger, die mit den Pflegebedürftigen zusammenwohnen, ist vergleichbar.

36 In der **zweiten Stufe**, die stärker von Billigkeitsüberlegungen geprägt ist, wird zunächst der immaterielle Wert ermittelt, den die Pflege für den Erblasser hatte. Aufgrund der Bedeutung der Pflege durch Angehörige wird der Wert des reinen Nachlasses im Rahmen dieser Billigkeitsbetrachtung angehoben (häufig durch **schlichte Verdoppelung** des Ersparnisbetrages).[126] Darüber hinaus werden im Rahmen einer umfassenden Betrachtung auch mögliche Vor- und Nachteile berücksichtigt, die der pflegende Abkömmling aus der Pflegesituation gewonnen (z.B. Wohnvorteile) oder erlitten (z.B. Einkommensverluste) hat.[127]

37 In der **dritten Stufe** fließen bei der Ausgleichungsbemessung die Vermögensinteressen der anderen Erben und Pflichtteilsberechtigten sowie die Gesamthöhe des Nachlasses

---

121 Pflegestatistik – Pflege im Rahmen der Pflegeversicherung, 2023, EVAS-Nummern 22411, 22412, 2242, Ergänzung zur Datenbank Genesis-Online, Die Datenbank des Statistischen Bundesamtes, Erschienen am 18.12.2024, dort Pflegeheime am 15.12.2023, zu Tabelle 22412–15: Pflegebedürftige und Vergütung in Pflegeheimen nach Pflegegrad und Art der Pflegeleistung und VDEK, Basisdaten des Gesundheitswesens in Deutschland 2024, Finanzielle Belastung (Eigenanteil) einer/eines Pflegebedürftigen in der stationären Pflege nach Bundesländern in EUR je Monat nach Aufenthaltsdauer (mit Berücksichtigung des zusätzlichen Vergütungszuschusses) 2025/01.

122 Darstellung der Problemlage bei *Friedrich*, ZErb 2023, 284, 290.

123 Soziale Krankenvers Pflegevers Komm, Krauskopf/*Knittel*, § 84 SGB XI Rn 7.

124 Vgl. OLG Celle, Beschl. v. 20.5.1996 – 7 W 58/95; OLG Naumburg ZEV 2022, 531, 532 f. mit jeweils Billigkeitsentscheidungen sogar losgelöst vom tatsächlichen Pflegegrad.

125 LAG Bln-Bbg, Urt. v. 5.9.2022 – 21 Sa 1900/19 – anhängig BAG – 5 AZN 691/22.

126 OLG Frankfurt, Urt. v. 19.3.2013 – 11 U 134/11; OLG Schleswig, Urt. v. 22.11.2016 – 3 U 25/16; OLG Schleswig, Urt. v. 15.6.2012 – 3 U 28/11; *Teschner*, ZErb 2027, 61 und 89.

127 Staudinger/*Löhnig*, § 2057a Rn 37; *Knur*, FamRZ 1970, 269, 277; OLG Schleswig ZEV 2017, 405 f.; OLG Frankfurt a.M. FamRZ 2020, 1129, 1132. Nach OLG Schleswig aber keine exakter Mietvorteil zulasten des Pflegenden, sondern nur ein geschätzter Abschlagsbetrag. Es wäre kontraproduktiv, den exakten Mietvorteil gegenzurechnen, wenn Abkömmlinge in einer Pflegesituation sogar bereit sind, mit den Eltern zusammenzuziehen. Eine derartige Bereitschaft ist nicht selbstverständlich und anerkennenswert.

in die Gesamtbewertung ein.[128] Je höher der Nachlasswert ist, desto großzügiger soll der Ausgleichungsbetrag festgelegt werden können und umgekehrt.[129]

In der Vergangenheit sind die Gerichte so zu teilweise erheblichen **Ausgleichungsbeträgen für Pflege** gelangt, z.B. i.H.v. 50.000 EUR[130] für vier Jahre Tätigkeit im Pflegemix mit einem weiteren Abkömmling, 48.200 EUR[131] für drei Jahre Pflege durch Alleinerbe, 40.000 EUR[132] für sieben Jahre Mitpflege, Sauberhalten der Räume und nächtliche Rufbereitschaft, bei zusätzlich vorhandener Hauptpflege durch bezahlte Pflegepersonen, 40.000 EUR[133] für zehn Jahre Pflege hauptverantwortlich durch den Sohn, unterstützt durch Familie und ambulanten Pflegedienst sowie Haushaltshilfe und 39.000 EUR[134] für 11 Jahre Pflege ca. 3,5 h/täglich durch den Sohn unterstützt durch seine Ehefrau. Die Entscheidung des OLG Koblenz,[135] bei der es um den Wert von Pflegeleistungen im Zusammenhang mit Pflichtteilsergänzungsansprüchen ging, vermag m.E. nach auch zielführend für die Frage der Höhe der Ausgleichungsbeträge nach § 2057a BGB bei Pflege sein. Das Gericht hielt hier sogar einen monatlichen Betrag von 1.000 EUR nur für Besuche des Abkömmlings im Altenheim für angemessen, wegen der immateriellen Bedeutung der sozialen Zuwendung für die Erblasserin. 38

Nachlassverzehr durch Ausgleichung: Str. ist in diesem Zusammenhang, ob im Einzelfall der gesamte Nachlass als Ausgleichungsbetrag in Betracht kommen kann (Beispiel: Dem Erblasser ist es nur durch Pflegeleistungen/besondere Unterhaltszahlungen gelungen, sein Vermögen zu erhalten, ansonsten wäre es für Pflege durch Dritte verzehrt worden). Der BGH hat die Frage ausdrücklich unentschieden gelassen;[136] ein Teil der Literatur spricht sich dagegen aus.[137] Deren Begründung, der Ausgleichungsbetrag könne nicht den gesamten Nachlass umfassen, da die Leistungen „in Relation" zu diesem Nachlass zu bewerten seien,[138] kann m.E. kein Argument geben. Wenn es i.R.d. § 2056 BGB möglich ist, dass die mit Vorempfängen versehenen Abkömmlinge leer ausgehen, besteht kein Grund, von dieser Möglichkeit im spiegelbildlichen Fall des § 2057a BGB prinzipiell abzurücken. § 2057a BGB soll verhindern, dass die Auseinandersetzungsansprüche der Miterben oder die Pflichtteilsansprüche von Pflichtteilsberechtigten auf Vermögen zugreifen, das nicht vom Erblasser stammt, sondern aus den in § 2057a BGB genannten Leistungen eines anderen Abkömmlings. Daher fehlt diesen Ansprüchen die innere Berechtigung. Es soll vermieden werden, dass andere Abkömmlinge von dem Werterhalt oder der Wertvermehrung profitieren, die auf Kosten des Leistenden entstanden sind. Wenn der Nachlass jedoch die erbrachten Leistungen 39

---

128 Vgl. OLG Schleswig ZEV 2013, 86, 91; ZEV 2017, 400, 402; OLG Frankfurt a.M. FamRZ 2020, 1129, 1132.

129 MüKo/*Fest*, § 2057a Rn 35; Staudinger/*Löhnig*, § 2057a Rn 39.

130 OLG Frankfurt a.M., Urt. v. 19.3.2013 – 11 U 134/11.

131 OLG Schleswig ZEV 2013, 86, 91.

132 OLG Schleswig, Urt. v. 22.11.2016 – 3 U 25/16.

133 OLG Frankfurt a.M. FamRZ 2020, 1129, 1132.

134 OLG Naumburg, Urt. v. 21.10.2023 – 2 U 11/21.

135 OLG Koblenz, Hinweisbeschl. v. 24.9.2020 – 12 U 646/20.

136 BGH NJW 1993, 1196, 1198.

137 Staudinger/*Löhnig*, § 2057a Rn 40: obwohl dies dem Gesetz nicht zu entnehmen ist; MüKo/*Fest*, § 2057a Rn 35; *Friedrich*, ZErb 2024, 241; ZErb 2023, 284 m.w.N.: geht wegen der verfassungsrechtlich garantierten Mindesbeteiligungsrechte der Pflichtteilsberechtigten am Nachlass von eine Untergrenze von 10–15 % des Pflichtteiles aus, die den von der Ausgleichung Betroffenen verbleiben müsse; a.A. BeckOK/*Rißmann*, § 2057a Rn 41, jurisPK/*Schermann*, § 2057a Rn 96; Soergel/*Lettmaier*, § 2057a Rn 29; OLG Celle OLGR 1996, 214; LG Magdeburg Beck RS 2011, 20919; *Kollmeyer*, NJW 2017, 1849, 1853; *Schneider*, ZEV 2018, 380, 384.

138 Bamberger/Roth/*Lohmann*, § 2057a Rn 10; Müko/*Fest*, § 2057a Rn 42.

widerspiegelt und somit den Vermögenserhalt oder die Vermögensvermehrung des Leistenden abbildet, gibt es keinen triftigen Grund, diesen Vermögenswert nicht auch vollständig dem wertschöpfenden Leistenden zuzuordnen.

C. Ausschluss des Anspruchs (Abs. 2)

40 Soweit der Abkömmling für seine Leistungen eine Gegenleistung erhalten hat oder eine solche vereinbart wurde, korrespondiert seinem Vermögensopfer ein solches des Erblassers, so dass die Ausgleichungspflicht zu doppelter Honorierung führen würde. Die Vorschrift stellt klar, dass die Leistung des Abkömmlings – und sei es auch nur teilweise – unentgeltlich gewesen sein muss. Der Ausgleichungsbetrag soll ihn für seine Freigebigkeit entschädigen.[139]

41 Das Gesetz unterscheidet bei den Ausschlussgründen zwischen gewährtem oder vereinbartem Entgelt und Gegenansprüchen aus anderem Rechtsgrund. Gewährtes Entgelt – hier kommt jede Gegenleistung in Betracht, namentlich Dienstvergütung, Werklohn, Miete für Nutzungsüberlassung, Zins für Darlehen. Ob der Anspruch auf Geld gehen muss, wird in der Lit. nicht thematisiert; man wird aber anzunehmen haben, dass Leistungen des Erblassers jeder Art saldierbar sind. Die Bewertung familiärer Solidarität bringt im Zweifel gewisse dogmatische Schwierigkeiten mit sich. Hilft der Abkömmling längere Zeit kostenlos im Betrieb des Erblassers und hilft ihm der Erblasser Jahre später bei der Errichtung seines Hauses, so kommt synallagmatische Verknüpfung beider Vorgänge im Sinne einer Entgeltabrede zum einen kaum in Betracht, zum anderen wird man sich angesichts der Grundsätze zu § 2050 BGB schwertun, die Leistung des Erblassers ihrerseits als ausgleichungspflichtig anzusehen. Abhilfe schafft hier wohl nur eine Beweiserleichterung des Inhalts, die Erblasserleistung als einvernehmlich um der früheren Mithilfe des Abkömmlings willen erbracht anzusehen (der BGH hält es z.B. für möglich, übernommene Pflegeleistungen als nachträgliches Entgelt für eine frühere Schenkung anzusehen, so dass diese zur gemischten wird[140]). Das Entgelt muss angemessen sein. Insoweit gilt die übliche Vergütung,[141] der übliche Zins, die übliche Miete als Maßstab.[142] Bleibt die Gegenleistung hinter der Üblichkeit zurück, ist die Differenz ausgleichspflichtig, es sei denn, sie wäre nur geringfügig (Gesichtspunkt des „besonderen Maßes“[143]). Bereits erfüllte Entgeltansprüche schließen den Ausgleichungsanspruch aus. Ist das Entgelt noch nicht bezahlt, ist es als Nachlassverbindlichkeit zu erfüllen, und zwar von allen Erben, nicht nur den Ausgleichungsbeteiligten.[144] Dies kann zu der strategischen Erwägung führen, vorrangig einen Entgeltanspruch zu verfolgen und sich erst subsidiär auf eine Ausgleichung zu stützen.

42 **Problemfall: Durch Dritte gewährtes Entgelt:** Das Gesetz fordert seinem Wortlaut nach nicht, dass der Erblasser das Entgelt bezahlt haben muss. Dem Regelungszweck nach hat sich der Abkömmling demnach auch Beträge anrechnen zu lassen, die er von Dritten mit dem diesbezüglichen Verwendungszweck erhalten hat. Bei Leistungen der gesetzlichen Pflegeversicherung gem. §§ 33 Abs. 1, 36 SGB XI ist zu beachten, dass der Pflegebedürftige Anspruchsinhaber ist. Soweit Zahlungen des Versicherungsträgers an pflegende Abkömmlinge direkt erfolgen, gelten sie als aus Mitteln des Gepflegten erbracht.

---

139 Staudinger/*Löhnig*, § 2057a Rn 28.
140 BGH FamRZ 2006, 777, 779 zu (bb); siehe auch OLG Oldenburg, NJW-RR 1997, 263.
141 *Kues*, ZEV 2000, 434.
142 Staudinger/*Löhnig*, § 2057a Rn 33.
143 MüKo/*Fest*, § 2057a Rn 29.
144 Soergel/*Lettmaier*, § 2057a Rn 22.

Problemfall (in der Praxis häufig): Der pflegende Abkömmling wird ausdrücklich mit Rücksicht auf seine Leistungen zum Alleinerben eingesetzt.[145] Dieser Umstand kommt als Gegenleistung in Betracht, der im Rahmen der Pflichtteilsberechnung nach § 2316 Abs. 1 S. 1 BGB die Berücksichtigung des Ausgleichungssachverhalts ausschließt,[146] unabhängig davon, dass die Leistung und die Erbeinsetzung im Zweifel nicht synallagmatisch verknüpft wurden. 43

Ansprüche aus anderem Rechtsgrund: Zu denken ist an solche aus Geschäftsführung ohne Auftrag,[147] Bereicherungsrecht, Darlehensrückzahlung, fiktiven Arbeits- und Gesellschaftsverhältnissen.[148] Bereicherungsansprüche kommen insbesondere bei enttäuschter Erberwartung in Frage, wie etwa: Abkömmling erbringt erhebliche Leistungen zugunsten des Erblassers unter dem Eindruck des Versprechens, später Alleinerbe zu werden, oder der Erblasser revidiert dies Versprechen.[149] Soweit Ansprüche aus anderem Rechtsgrund bestehen, ist der Ausgleichungsanspruch **subsidiär.**[150] Sind sie indessen wegen Verjährung oder mangels Beweisbarkeit[151] nicht durchsetzbar, so lebt der Ausgleichungsanspruch wieder auf.[152] Diese Ausnahme wiederum greift nicht, wenn die Ansprüche durch Verwirkung oder Verzicht erloschen sind.[153] 44

D. Vollzug der Ausgleichung (Abs. 4)

I. Ohne Ausgleichung nach § 2050 BGB

Ohne Berücksichtigung von Ausgleichungsbeträgen gem. § 2050 BGB: Die Berechnungsschritte sind auf den ersten vier Stufen mit denen zu § 2055 BGB identisch (vgl. § 2055 Rdn 2–8), nämlich 45

- Schritt 1: Bezifferung der faktischen Teilungsmasse in Geldeswert
- Schritt 2: Ermittlung des Anteils der Ausgleichungsbeteiligten an diesem Betrag
- Schritt 3: Ermittlung des Wertes der nach Abs. 1 ausgleichungspflichtigen Leistung zum Stichtag der Leistung
- Schritt 4: Indexierung auf den Stichtag des Erbfalls (es findet sich merkwürdigerweise in keiner Literaturstelle ausdrücklich angemerkt, dass auch bei Abs. 4 analog § 2055 BGB zu indexieren ist; ein Grund, bei § 2057a BGB abzuweichen, ist indessen nicht ersichtlich)
- Schritt 5: Abzug des Ergebnisses aus Schritt 4 von der Teilungsmasse, wie sie den Ausgleichungsbeteiligten zugutekommt, Abs. 4 S. 2
- Schritt 6: Hinzurechnung des indexierten Wertes der Leistung zum Anteil des Ausgleichungsberechtigten, Abs. 4 S. 1

---

145 BGH, Urt. v. 24.3.2021 – IV ZR 269/20.

146 Vgl. BT-Drucks 16/8954, 17 zu Nr. 14: „Hat der Erblasser auch keine Verfügung von Todes wegen errichtet, mit der er die Pflege durch Erbeinsetzung oder ein Vermächtnis hätte honorieren können …".

147 Zu einem solchen Anspruch im Hinblick auf Pflegeleistungen im Einzelnen *Petersen*, ZEV 2000, 432, 433.

148 Soergel/*Lettmaier*, § 2057a Rn 24.

149 Hierzu OLG Karlsruhe ZEV 2002, 196 m. krit. Anm. *Haas/Holla*, ZEV 2002, 169–172.

150 Staudinger/*Löhnig*, § 2057a Rn 30.

151 Zur Beweislast generell *Petersen*, ZEV 2000, 432.

152 Erstmals *Damrau*, FamRZ 1969, 579, 581; Soergel/*Lettmaier*, § 2057a Rn 24.

153 Vgl. Staudinger/*Löhnig*, § 2057a Rn 32.

Beispiel
Abkömmlinge A, B und C erben neben Ehefrau; gesetzlicher Güterstand
Teilungsmasse 70.000
Indexierter Wert einer Leistung des A an den Erblasser: 5.000
- Schritt 1: 70.000
- Schritt 2: Anteil der Ehefrau 1/2 mit 35.000 herausrechnen, ergibt Teilungsmasse für die Ausgleichungsbeteiligten ebenfalls 35.000
- Schritt 3 und 4: 5.000
- Schritt 5: Teilungsmasse nach Abzug dieser Leistung 35.000 – 5.000 = 30.000, also je 10.000 für A, B und C
- Schritt 6: Anteil des A nach Ausgleichung: 10.000 + 5.000 = 15.000

(Kontrolle: 15.000 für A + 10.000 für B + 10.000 für C = 35.000 entsprechend der Teilungsmasse aus Schritt 2.)

46 Die Ausgleichung kann rechnerisch also dazu führen, dass die Übrigen nichts mehr enthalten.

Beispiel
wie oben, indexierte Leistung des A: 35.000
- Schritt 5: 35.000 – 35.000 = 0
- Schritt 6: Anteil des A: 1/3 von 0 + 35.000 = 35.000

47 Zum Streitstand dieser Konstellation vgl. oben Rdn 39. Eine Nachschusspflicht bei negativem Ergebnis besteht nicht; § 2056 BGB spiegelbildlich analog.

Beispiel
wie oben, indexierte Leistung des A: 40.000
- Schritt 5: 35.000 – 40.000 = – 5.000
- Schritt 6: Anteil A: 35.000; Nachschuss findet nicht statt.

48 Ein solches Ergebnis kann im geeigneten Fall zu der Erwägung führen, statt des Ausgleichungsanspruchs vorrangig einen Anspruch aus anderem Rechtsgrund gegen die gesamte Erbengemeinschaft geltend zu machen.

II. Mit Ausgleichung nach § 2050 BGB

49 Mit Berücksichtigung von Ausgleichungsbeträgen nach § 2050 BGB: Die Berechnung ist in diesem Fall von der Überlegung geprägt, dass die Ausgleichungsbeträge nach § 2050 BGB im Nachlass noch zur Teilung verfügbar, diejenigen gem. § 2057a BGB indessen bereits abgeflossen sind bzw. in Person des Erblassers nie als Guthaben entstehen konnten. Berechnungsgrundlage ist also ein einheitlicher fiktiver Nachlass, der zu bilden ist wie folgt:[154]
- Schritte 1 und 2 wie oben (siehe Rdn 45)
- Schritt 3: Hinzurechnung der – indexierten – Ausgleichungsbeträge nach § 2050 BGB (Abs. 4 S. 2)
- Schritt 4: Abzug der – indexierten – Ausgleichungsbeträge nach § 2057a BGB
- Schritt 5: Aufteilung des Ergebnisses auf die Ausgleichungsbeteiligten nach ihrer Erbquote
- Schritt 6: Abzug der Beträge aus Schritt 3 gem. § 2055 BGB
- Schritt 7: Hinzurechnung der Beträge aus Schritt 4 (Abs. 4 S. 1)

---

154 Soergel/*Lettmaier*, § 2057a Rn 30 f.; Staudinger/*Löhnig*, § 2057a Rn 42 ff.; MüKo/*Fest*, § 2057a Rn 40.

Beispiel
Abkömmlinge A, B und C erben neben Ehefrau; gesetzlicher Güterstand[155]
Teilungsmasse 80.000
Indexierter Wert einer Erblasserzuwendung an A: 7.000
Indexierter Wert einer Leistung des B an den Erblasser gem. § 2057a BGB: 2.000
- Schritt 1: 80.000
- Schritt 2: Hiervon Anteil der Ehefrau 1/2 herausrechnen, Teilungsmasse für die Abkömmlinge also 40.000
- Schritt 3: Zzgl. Betrag nach § 2050 BGB: 7.000
- Schritt 4: Abzgl. Betrag nach § 2057a BGB: 2.000
- Schritt 5: Ergibt Fiktivnachlass 45.000, hiervon Anteil je 1/3 entsprechend 15.000
- Schritt 6: Anteil A 15.000 – 7.000 = 8.000
- Schritt 7: Anteil B 15.000 + 2.000 = 17.000

(Kontrolle: Anteil A 8.000 + Anteil B 17.000 + Anteil C – unverändert – 15.000 = 40.000)

E. Prozessuales und praktische Durchsetzung

Eine Erbteilungsklage kann als Leistungsklage auf Zustimmung zum Teilungsplan erst mit Teilungsreife des Nachlasses erhoben werden.[156] Dies setzt voraus, dass zuvor die Höhe des Ausgleichungsbetrags für Pflegeleistungen nach § 2057a BGB feststeht.[157] Besteht hierüber Streit, kommt die vorgeschaltete Erhebung einer **Feststellungsklage** in Betracht.[158] Es besteht der besondere **Gerichtsstand** des § 27 ZPO.[159] Der **Streitwert** richtet sich nach dem vom Abkömmling geltend gemachten Anspruch mit einem **Abschlag** von 20 %, weil nicht Leistung, sondern nur Feststellung begehrt wird.[160] 50

Wegen des erheblichen Bemessungsspielraums ist ein **unbezifferter Klageantrag** empfehlenswert.[161] Ausreichend bestimmt ist der Feststellungsantrag, wenn er alle für die gerichtliche Ermessensentscheidung maßgeblichen Grundlagen und auch ein Größenbereich bzgl. des vorgestellten Ausgleichsbetrags enthält.[162] Auch wenn eine Bezifferung – analog der Situation bei Geltendmachung von Schmerzensgeld durch unbezifferte Leistungsklagen[163] – nicht erforderlich ist, ist der Kläger gehalten, einen Größenbereich anzugeben. Dabei muss die erforderliche „Richtzahl" nicht im Klageantrag aufgeführt sein. Es reicht aus, wenn sich eine „Richtzahl" aus dem Klagevortrag ergibt. Fehlt die ungefähre Größenvorstellung, ist die unbezifferte Klage aber unzulässig.[164] Das Gericht ist durch § 308 Abs. 1 S. 1 ZPO nicht daran gehindert, die „Richtzahl" zugunsten des Klägers zu überschreiten.[165] 51

Der Kläger hat hinsichtlich der „Richtzahl" im Klageantrag die Wahl einen konkreten Mindestbetrag oder lediglich eine ungefähre Größenvorstellung anzugeben.

155 Bsp. nach Staudinger/*Löhnig*, § 2057a Rn 49.
156 Grüneberg/*Weidlich*, § 2042 Rn 20.
157 Soweit die Höhe des Ausgleichungsbetrags zuvor gerichtlich bestimmt oder eine Einigung aller Miterben über die Höhe erzielt wurde.
158 Staudinger/*Löhnig*, § 2057a Rn 53.
159 BGH NJW 1992, 364.
160 Staudinger/*Löhnig*, § 2057a Rn 53; *Bredemeyer/Sutter*, ZEV 2022, 61, 65 m.w.N.
161 *Bredemeyer/Sutter*, ZEV 2022, 61, 65 m.w.N.
162 Soweit die Höhe des Ausgleichungsbetrags zuvor gerichtlich bestimmt oder eine Einigung aller Miterben über die Höhe erzielt wurde.
163 Soergel/*Lettmaier*, § 2057a Rn 33.
164 MüKoZPO/*Becker-Eberhard*, § 253 Rn 121 m.w.N.
165 BGH v. 30.4.1996 – VI ZR 55/95, NJW 1996, 2425.

52 **Formulierungsbeispiel: Klageantrag mit Mindestbetrag**
Es wird festgestellt, dass dem Kläger aus dem Nachlass der am (…) verstorbenen, zuletzt in (…) wohnhaften Frau (…) im Rahmen der Erbauseinandersetzung ein Ausgleichungsbetrag nach § 2057a BGB zusteht, dessen Höhe ins Ermessen des Gerichtes gestellt ist, aber mindestens in Höhe von 40.000 EUR besteht.

53 **Formulierungsbeispiel: Klageantrag mit Größenordnung**
Es wird festgestellt, dass dem Kläger aus dem Nachlass der am (…) verstorbenen, zuletzt in (…) wohnhaften Frau (…) im Rahmen der Erbauseinandersetzung ein Ausgleichungsbetrag nach § 2057a BGB zusteht, dessen Höhe ins Ermessen des Gerichtes gestellt ist, in einer (ungefähren) Größenordnung von 40.000 EUR.

54 Die Angabe des Mindestbetrages kann einerseits zu Kostennachteilen führen, wenn dieser vom Gericht deutlich unterschritten wird,[166] andererseits vorteilhaft bei Ermittlung der **Beschwer** für das Rechtsmittel sein. Bei Angabe eines Mindestbetrags liegt eine Beschwer vor, soweit der Mindestbetrag unterschritten wird.[167] Sofern der Kläger nur eine Größenvorstellung angegeben hat, ist genauer zu prüfen, ob das Urteil den Kläger formell beschwert, wenn das Gericht hinter dem Betrag zurückbleibt. Hier wird angenommen, dass dem Gericht ein gewisser Toleranzbereich einer Unterschreitung von 20 %–30 % verbleibt, ohne dass dies zu einer Beschwer für den Kläger führt. Ein Vorteil der Größenvorstellung in der Rechtsmittelinstanz liegt darin, dass diese nachträglich erhöht werden kann, ohne dass hierin eine Veränderung des Streitgegenstands liegt.[168]

55 Das **Rechtsschutzbedürfnis** für eine solche Feststellungsklage besteht nur gegenüber denjenigen Miterben, die dem vom Kläger gewollten Ausgleichungsbetrag widersprochen haben.[169] Der Kläger hat die Anknüpfungstatsachen für die Ausübung des gerichtlichen Ermessens darzulegen und im Streitfall unter Beweis zu stellen. Dies betrifft sowohl Dauer und Umfang der erbrachten Leistungen als auch deren materiellen und immateriellen Wert für den Erblasser.

56 Die **Teilungsreife** ist nicht Voraussetzung für die Erhebung der (unbezifferten) Feststellungsklage. Der Wert des Nachlasses muss aber zur Angabe der erforderlichen Anknüpfungstatsachen bereits ausreichend festgestellt sein, da dieser für die billige Bestimmung des Ausgleichungsbetrags, hinsichtlich der Berücksichtigung der Vermögensinteressen der übrigen Abkömmlinge, relevant ist.[170]

57 Da der Ausgleichungsbetrag nicht exakt nach dem Wert der Leistungen ermittelt wird, sondern eine Billigkeitsentscheidung zu treffen ist, gilt aber nur eine **verminderte Substantiierungspflicht** für den Kläger.[171] Für die Gewährung oder Vereinbarung eines angemessenen Entgelts trifft den Gegner die Beweislast.[172] Der mit dem Feststellungsurteil festgestellte Betrag ist in den aufzustellenden Teilungsplan aufzunehmen. Dieser ist ggf. im Wege der Erbteilungsklage durchzusetzen. Mit der Rechtskraft des Erbteilungsurteils gilt die Zustimmung zum Teilungsplan nach § 894 ZPO als erteilt.[173]

---

166 *Kaiser*, NJW 2017, 1223.

167 Soweit die Höhe des Ausgleichungsbetrags zuvor gerichtlich bestimmt oder eine Einigung aller Miterben über die Höhe erzielt wurde.

168 BGH NJW 1996, 2425; und BGH, Urt. v. 10.10.2002 – III ZR 205/01, NJW 2002, 3769.

169 OLG Frankfurt v. 7.2.2020 – 13 U 31/18, ZEV 2020, 357 Rn 18 m.w.N.; jurisPK-BGB/*Schermann*, § 2057a Rn 137.

170 *Bredemeyer/Sutter*, ZEV 2022, 61.

171 *Bredemeyer/Sutter*, ZEV 2022, 61, 63; *Petersen*, ZEV 2000, 432; *Schneider*, ZEV 2018, 380, 385.

172 *Petersen*, ZEV 2000, 432.

173 *Bredemeyer/Sutter*, ZEV 2022, 61, 63.

Nach § 2316 BGB ist die Ausgleichung auch im **Pflichtteilsrecht** zu berücksichtigen. Der Pflichtteilsanspruch ist aufgrund der nach § 2057a BGB veränderten Erbteile zu ermitteln. 58

Leistungen gemäß § 2057a BGB sind als Teil des zu ermittelnden fiktiven Nachlasses auch bei der Erstellung des **notariellen Nachlassverzeichnisses** durch den Notar zu berücksichtigen, soweit ein Ausgleichungsverlangen des Leistungserbringers vorliegt.[174] 59

Besteht Streit über die Höhe des angemessenen Betrags, wird dieser durch richterliche Ermessensentscheidung im Rahmen der Leistungsklage des Pflichtteilsberechtigten gegen den Erben festgesetzt. Die prozessuale Durchsetzung beim Pflichtteil erfolgt **inzident** in der letzten Stufe der Stufenklage beim Zahlungsantrag.[175]

> **Formulierungsbeispiel: (Stufenklage letzte Stufe) Zahlungsantrag**
> Es wird beantragt, den Beklagten zu verurteilen, an den Kläger den nach Auskunftserteilung und Wertermittlung zu bestimmenden Pflichtteilsbetrag zu zahlen, entsprechend der sich aus der Auskunft ergebenden Pflichtteilsquote, nebst Zinsen hieraus in Höhe von fünf Prozentpunkten über dem jeweiligen Basiszinssatz seit dem (…), unter Berücksichtigung eines gegebenenfalls bestehenden Ausgleichungsbetrages gemäß § 2057a BGB.

Untertitel 2. Rechtsverhältnis zwischen den Erben und den Nachlassgläubigern

Vorbemerkung zu §§ 2058–2063 BGB

Literatur

Ann, Die Erbengemeinschaft, 2001; *Bartsch*, Fälle zur Erbenhaftung, ZErb 2010, 345; *Borges*, Bodenreformgrundstück – Verkauf durch nichtberechtigten Erben – Auskehrung des Verkaufserlöses, VIZ 1996, 298; *Brandt*, Mediation in der Erbauseinandersetzung, ZEV 2010, 133; *Bredemeyer/Tews*, Erbteilung durch dingliche Abschichtung, ZEV 2012, 352; *Damrau*, Haftung von Miterben bei gegenständlich beschränkter Testamentsvollstreckung und bei Vermächtnisvollstreckung, ZEV 2023, 63; *ders.*, Die Dritt-Widerklage gegen Miterben wegen Pflichtteilslasten, ZErb 2009, 145; *Dauner-Lieb*, Unternehmen in Sondervermögen, 1998; *Eberl-Borges*, Der blockierende Miterbe, ErbR 2008, 234; *ders.*, Die Rechtsnatur der Erbengemeinschaft nach dem Urteil des BGH vom 29.1.2001 zur Rechtsnatur der (Außen-)GbR, ZEV 2002, 125; *ders.*, Die Erbauseinandersetzung, 2000; *Eich*, Beschränkung der Erbenhaftung, ErbStB 2006, 228; *Gehm*, Die Haftung für Steuerschulden nach privatrechtlichen Normen, StBp 2019, 277; *Gockel*, Die Erbteilungsklage – ein ungeliebtes Kind, ErbR 2013, 341; *Heil*, Ist die Erbengemeinschaft rechtsfähig? – Ein Zwischenruf aus der Praxis, ZEV 2002, 296; *Herzog*, Nachlasshaftung und Nachlassinsolvenz, ErbR 2013, 70, 104; *Joachim/Klinger*, Vorbehalt der beschränkten Erbenhaftung als Regressfalle, NJW-Spezial 2005, 541; *Keim*, Haftungsfallen bei Pflichtteilsstrafklauseln, NJW 2007, 974; *Klinger/Roth*, Abgrenzung von Teilungsanordnung und Vorausvermächtnis, NJW-Spezial 2008, 263; *Klinger/Ruby*, Das Aufgebot der Nachlassgläubiger – eine unbekannte Haftungsfalle, NJW-Spezial 2005, 61; *Krug*, Haftungsfalle: Vollzug der Erbteilung vor Erfüllung aller Nachlassverbindlichkeiten, ZErb 2000, 15; *Lambrecht*, Der Zugriff des Sozialhilfeträgers auf den erbrechtlichen Erwerb, 2001; *Reetz*, Erstattung von Beerdigungskosten, FamFR 2010, 79; *Roth*, Das Vorkaufsrecht der Miterben, NJW-Spezial 2022, 167; *ders.*, Anmeldung von Nachlassforderungen durch einen Miterben, NJW-Spezial 2016, 615; *ders.*, Die Pfändung des Miterbanteils und spätere Ausschlagung, NJW-Spezial 2010, 487;*Schindler*, Gesamt-

174 Vgl. dazu ausführlich *Garbe-Emden/Schönenberg-Wessel*: Berücksichtigung von Leistungen gemäß § 2057a BGB bei Erstellung des notariellen Nachlassverzeichnisses, Teil 1 und Teil 2, ZErb 2021, 1 und 41.

175 *Bredemeyer/Sutter*, ZEV 2022, 61, 63 m.w.N.

schuld- und Gesamthandsklage eines Miterbennachlassgläubigers, ZEV 2011, 295; *ders.*, Erfüllung eines Vorausverschaffungsvermächtnisses, ZErb 2009, 277; *Schumacher*, Kostenersatz für Sozialhilfeleistungen durch Erben, RdLH 2015, 135; *Siegmann*, Personengesellschaftsanteil und Erbrecht, 1992; *Steinhauff*, Verlängerte Festsetzungsverjährung bei Steuerhinterziehung eines Miterben, jurisPR-SteuerR 14/2018 Anm. 1; *Stöber*, Die Haftung für die Bestattungskosten, ZAP Fach 12, 141; *ders.*, Auswirkungen des Todes einer Partei auf einen laufenden Zivilprozess mit ihrem Erben, MDR 2007, 757; *Weipert*, Die Erbengemeinschaft als Mitglied einer Personengesellschaft, ZEV 2002, 300; *Wessels*, Zwangsvollstreckungsrechtliche Fragestellungen im Erbrecht, ZFE 2005, 191; *Zeisung*, Gesamtschuldklage und Gesamthandklage gegen Miterben, ZErb 2013, 52; *Zimmermann*, Die Nachlasssachen im elektronischen Bundesanzeiger, ZErb 2020, 41; *ders.*, Das private Gläubigeraufgebot durch Miterben (§ 2061 BGB), ZErb 2011, 259.

1 Die zentralen Regelungen für die Haftung des Erben finden sich in §§ 1967–2017 BGB. Diese werden in vollstreckungsrechtlicher Hinsicht ergänzt durch die Regelungen der §§ 780–785 ZPO. Dabei gehen – wie der Wortlaut zeigt – die genannten Normen beider Gesetze von dem (in der Praxis eher die Ausnahme bildenden) Regelfall eines Alleinerben aus, entfalten aber auch bei Miterben grundsätzlich Wirkung, und zwar für jeden getrennt. So stehen auch bei einer Erbengemeinschaft den einzelnen Mitgliedern die Möglichkeiten der Haftungsbeschränkung nach §§ 1975 ff. BGB wie auch die aufschiebenden Einreden der §§ 2014 ff. BGB zu. §§ 2058–2063 BGB ergänzen diese allg., für den Alleinerben wie die Erbengemeinschaft gleichermaßen anwendbaren Vorschriften für jene Lebenssachverhalte, die nur bei einer Mehrzahl von Erben auftreten können. Hierzu gehören insbesondere die Fragen, ob im Außenverhältnis die Erbengemeinschaft als solche haftet und ob der einzelne Miterbe einer gesamtschuldnerischen Haftung für die ganze Gläubigerforderung unterliegt oder sich diese auf den seinem Erbteil entsprechenden Teil dieser Forderung beschränkt. Ebenso hat der Gesetzgeber hier Regelungen für jene Fälle geschaffen, in denen ausnahmsweise ein nur in der Person eines Miterben eintretendes Ereignis auch für die übrigen Miterben Wirkung entfaltet (Aufgebot der Nachlassgläubiger, § 2061 BGB; Nachlassverwaltung, § 2062 BGB; Inventarerrichtung, § 2063 BGB).

§ 2058 Gesamtschuldnerische Haftung

Die Erben haften für die gemeinschaftlichen Nachlassverbindlichkeiten als Gesamtschuldner.

Übersicht: Rdn

A. Allgemeines

Der in § 2058 BGB niedergelegte Grundsatz der persönlichen gesamtschuldnerischen Haftung der Miterben tritt neben die gesamthänderische Haftung der Erben nach § 2059 Abs. 2 BGB. Durch jene Haftung des einzelnen Miterben soll sichergestellt werden, dass dieser auf eine **Berichtigung** der Nachlassverbindlichkeiten **vor Auseinandersetzung** der Erbengemeinschaft hinwirkt (vgl. § 2046 Abs. 1 S. 1 BGB)[1] und der Gläubiger durch den Tod seines Schuldners nicht schlechter gestellt wird.[2] Eine nur anteilige Haftung der einzelnen Miterben hätte für den Gläubiger nämlich neben dem Nachteil, bei verschiedenen Personen eine ursprünglich einheitliche Schuld eintreiben zu müssen, das weitergehende Risiko, dass trotz vererbter Vermögensmasse bei Zahlungsunfähigkeit eines Miterben die auf diesen entfallende Teilforderung uneinbringlich würde. Der einzelne Miterbe wiederum wird dadurch in seinen Interessen geschützt, dass er bis zur Auseinandersetzung die Nachlassgläubiger nach § 2059 Abs. 1 S. 1 BGB in der Vollstreckung auf den ungeteilten Nachlass verweisen darf und nicht die gesamte Verbindlichkeit aus seinem Eigenvermögen zu begleichen braucht. Nach der Teilung bleibt dann seine gesamtschuldnerische Haftung bestehen, ohne dass die Privilegierung des § 2059 Abs. 1 BGB fortwirkt. 1

B. Tatbestand

I. Allgemeines

Im Außenverhältnis haften die Miterben grundsätzlich gesamtschuldnerisch. Diese Haftung tritt neben die gesamthänderische Haftung nach § 2059 Abs. 2 BGB und ist streng zu trennen von der Frage, mit welcher Masse der Miterbe haftet (beschränkt auf das Nachlassvermögen oder unbeschränkt auch mit seinem Eigenvermögen). Insoweit verbleibt es regelmäßig bei den allg. Vorschriften der §§ 1967 ff. BGB. 2

II. Gemeinschaftliche Nachlassverbindlichkeiten

1. Nachlassverbindlichkeiten

Der Begriff der gemeinschaftlichen Nachlassverbindlichkeit in § 2058 BGB entspricht demjenigen in § 1967 BGB.[3] Danach sind Nachlassverbindlichkeiten in erster Linie alle vom Erblasser herrührenden Schulden, die also bereits diesen trafen,[4] wobei sich diese „Schulden“ nicht auf finanzielle Verbindlichkeiten beschränken (bspw. Verpflichtung zur Entsorgung abgelagerter Gegenstände[5]). Ebenfalls hierzu zählen die **Nachlasserbenschulden,**[6] also solche Verbindlichkeiten, die zwar erst nach dem Tod des Erblassers entstehen, mit dem von diesem hinterlassenen Vermögen aber in einem untrennbaren Zusammenhang stehen. Dies wird für Beerdigungskosten[7] (nicht aber spätere Grabpflegekosten[8]), Rechtsgeschäfte eines für sämtliche Erben bestellten Nachlasspflegers oder -verwalters (einschließlich von diesem veranlasster Prozessführungskosten[9]), Kosten einer testamentarisch angeordneten Wertermittlung eines zum 3

---

1 Soergel/*Wolf*, § 2058 Rn 1.

2 MüKo/*Fest*, § 2058 Rn 5.

3 BeckOK BGB/*Lohmann*, § 2058 Rn 3.

4 Staudinger/*Baldus*, § 2058 Rn 38.

5 VG Ansbach, Beschl. v. 11.8.2010 – AN 11 K 10.01125, juris.

6 BGH NJW 2013, 3446; st. Rspr. seit BGHZ 71, 180.

7 Zu Umfang und Höhe angemessener Bestattungskosten vgl. AG Hamburg ErbR 2008, 202; vgl. auch die Ausführungsvorschriften über Bestattungskosten nach § 74 SGB XII der Senatsverwaltung für Gesundheit und Soziales Berlin, ABl BE 2012, 2018.

8 OLG Schleswig FamRZ 2010, 1194.

9 KG AGS 2016, 402.

Nachlass zählenden Grundstücks,[10] anfallende Gebühren für die Eintragung der Erbengemeinschaft in das Grundbuch[11] ebenso anzunehmen sein wie für die anfallende Nutzungsentschädigung, wenn ein Miet- oder Pachtverhältnis aus Anlass des Todes beendet, der Miet- oder Pachtgegenstand aber seitens der Erben nicht zurückgegeben wird,[12] oder für einen sozialhilferechtlichen Kostenerstattungsanspruch, der gegenüber dem Hilfeempfänger selbst noch nicht bestand.[13] Auch nach dem Tod des Berechtigten überzahlte Rente fällt hierunter, ohne dass in derartigen Fällen vorrangig die Empfänger bzw. Verfügenden oder das empfangende Geldinstitut auf Rücküberweisung in Anspruch zu nehmen wären.[14] Entsprechendes gilt für die Haftung aus einer vom Erblasser stammenden Verpflichtungserklärung zur Ermöglichung einer Einreise als Bürgerkriegsflüchtling.[15] Nur in Ausnahmefällen, nämlich für zur Erhaltung des Nachlasses notwendige Rechtsgeschäfte, gilt dies auch für Rechtshandlungen der Erben, da der einzelne Erbe regelmäßig nicht gesetzlicher Vertreter der übrigen Miterben ist.[16]

4 Ein Anspruch wegen **schlechter Verwaltung des Nachlasses** (§ 1978 Abs. 1 BGB) gilt nach § 1978 Abs. 2 BGB als zum Nachlass gehörend. Es handelt sich also um **keine Nachlassverbindlichkeit**, sondern um eine persönliche Schuld der den Nachlass schlecht verwaltenden Miterben (Eigenverbindlichkeit), die dem Nachlass selbst als rechtlichem Sondervermögen zusteht.[17] Ebenfalls zu den Eigenverbindlichkeiten der Erben zählen Grundbesitzabgabenforderungen, wie Abfallentsorgungsgebühren, Abwassergebühren,[18] Straßenreinigungsgebühren und Grundsteuer, die nach dem Tod des Erblassers für ein zum Nachlass gehörendes Grundstück anfallen.[19]

5 Verletzt ein Miterbe schuldhaft eine Nachlassverbindlichkeit, ist umstritten, ob die Belastung des Nachlasses mit der Primärschuld ausreicht, um auch für die durch den Miterben begründete Sekundärschuld den Zugriff auf den gesamten Nachlass zu eröffnen.[20] Zumindest für den Fall, dass ein Miterbe mit der Erfüllung einer nur gemeinschaftlich erfüllbaren Verbindlichkeit, also einer reinen Gesamthandsverbindlichkeit, in Verzug gerät, wird zwischenzeitlich aber allg. die Anwendbarkeit von § 425 BGB abgelehnt und eine Wirkung gegen den gesamten Nachlass anerkannt (Beispiel: Verzugsschaden als gemeinschaftliche Nachlassverbindlichkeit, auch wenn sich nur einer der Miterben mit der Erteilung einer Löschungsbewilligung in Verzug befand).[21]

2. Gemeinschaftlich

6 Gemeinschaftliche Nachlassverbindlichkeiten sind solche, für die alle Miterben im Verhältnis zu den Nachlassgläubigern haften.[22] Dies ist neben den bereits vom Erblasser herrührenden Schulden i.d.R. auch bei den Nachlasserbenschulden (vgl. oben

10 OLG Hamm ErbR 2016, 33.
11 OLG Köln BeckRS 2019, 16232.
12 LG Bonn, Urt. v. 16.10.2013 – 5 S 12/13, juris; zu nach dem Erbfall anfallenden Niederschlagswassergebühren vgl. VG Dresden, Urt. v. 5.6.2015 – 2 K 1147/13, juris.
13 SG Karlsruhe, Urt. v. 27.8.2009 – S 1 SO 1039/09, juris.
14 BSG NZS 2013, 145 m. Anm. *Schaer*, SGb 2013, 360.
15 Vgl. BVerwGE 157, 208.
16 Staudinger/*Baldus*, § 2058 Rn 42.
17 MüKo/*Fest*, § 2058 Rn 13.
18 VG Dresden, Urt. v. 5.6.2015 – 2 K 1147/13, juris.
19 OVG Münster NVwZ-RR 2001, 596; BeckRS 2019, 17203.
20 Hierfür spricht sich Staudinger/*Baldus*, § 2058 Rn 47 ff., unter Rückgriff auf eine analoge Anwendung des § 31 BGB aus.
21 MüKo/*Fest*, § 2058 Rn 26.
22 MüKo/*Fest*, § 2058 Rn 15.

Rdn 3) der Fall. So bildet der Rückforderungsanspruch von nach dem Tod des Berechtigten geleisteten Rentenzahlungen eine gemeinschaftliche Schuld,[23] solange das Empfängerkonto noch nicht in das Einzelvermögen eines Miterben übergegangen ist.[24] Erst ab diesem Zeitpunkt haftet dieser allein und unbeschränkt aus ungerechtfertigter Bereicherung.[25] Bei der Rückforderung überzahlter Versorgungsbezüge ist zu beachten, dass diese gegenüber den Miterben einer ungeteilten Erbengemeinschaft erst möglich wird, wenn der rechtswidrige Versorgungsfestsetzungsbescheid gegenüber allen Miterben wirksam zurückgenommen worden ist.[26] Liegt bereits ein auf Zahlung von Geld lautender Vollstreckungstitel gegen den Erblasser vor, kann über § 727 ZPO aus diesem Titel gegen den einzelnen Miterben vorgegangen werden.[27]

Nicht gemeinschaftlich sind solche – auch als **Erbteilsverbindlichkeiten** bezeichnete[28] – Nachlassverbindlichkeiten, die im Außenverhältnis nur einem oder einzelnen Miterben zur Last fallen (vgl. § 2046 Abs. 2 BGB). Zu den in der Praxis häufigsten Beispielen[29] zählen Vermächtnisse oder Auflagen, die der Erblasser nur einzelnen Miterben auferlegt hat, die Kosten der auf einen Erbteil beschränkten Nachlasspflegschaft – nicht aber die der Testamentsvollstreckung[30] – sowie die den überlebenden Ehegatten nach § 1371 Abs. 4 BGB treffende Verpflichtung, Abkömmlingen des Erblassers, die nicht aus der durch Tod aufgelösten Ehe stammen, die Mittel für eine angemessene Ausbildung zur Verfügung zu stellen. Gleiches gilt für die Verbindlichkeiten aus einem **Pflichtteilergänzungsanspruch** eines Miterben nach §§ 2305, 2326 BGB, da der anspruchsberechtigte Miterbe nach der gesetzlichen Konstruktion diesen Anspruch nicht gegen die Erbengemeinschaft, deren Mitglied er selbst ist, als solche, sondern nur gegen die (übrigen) Miterben geltend machen kann. 7

Die nicht betroffenen Miterben haften für solche nichtgemeinschaftlichen Nachlassverbindlichkeiten nicht.[31] Sind mehrere, aber nicht alle Miterben durch denselben erbrechtlichen Verpflichtungsgrund beschwert, gilt unter den Betroffenen § 2058 BGB (analog, wenn auch beschränkt nach Maßgabe von § 1992 BGB), soweit eine gemeinschaftliche Nachlassverbindlichkeit vorliegt.[32] Die Vollstreckung gegenüber den haftenden Miterben bestimmt sich nach §§ 857, 859 Abs. 2 ZPO. 8

C. Rechtsfolgen

Liegt eine gemeinschaftliche Nachlassverbindlichkeit vor, greift die **gesamtschuldnerische Haftung** der Miterben, es hat also jeder für die gesamte Nachlassverbindlichkeit in vollem Umfang einzustehen. Dies gilt sogar dann, wenn der in Anspruch genom- 9

23 BGH NJW 1978, 1385; zur Erforderlichkeit einer pflichtgemäßen Ermessensausübung bei der Auswahl des in Anspruch genommenen Gesamtschuldners im Rahmen der Rückforderung bei einer Mehrheit von Erben vgl. auch BSG ZEV 2023, 627; LSG Essen BeckRS 2021, 18642. Dass einer der Miterben Betreuer des verstorbenen Leistungsberechtigten war, führt nicht zwingend zu dessen vorrangiger Inanspruchnahme, LSG Stuttgart ErbR 2022, 857.

24 Vgl. auch BSG NZS 2013, 145.

25 BGH WM 1982, 101.

26 BVerwG NJW 1988, 1927.

27 LG Leipzig JurBüro 2003, 657.

28 MüKo/*Fest*, § 2058 Rn 17; Staudinger/*Baldus*, § 2058 Rn 24.

29 Staudinger/*Baldus*, § 2058 Rn 25; MüKo/*Fest*, § 2058 Rn 17.

30 BGH NJW 1997, 1362.

31 Besonders weitgehend: OLG Düsseldorf DWW 1988, 174, wonach den anderen Miterben selbst dann keine Haftung trifft, wenn der Miterbe eigenmächtig im eigenen Interesse ein der Erbengemeinschaft gehörendes Haus abreißt u. dadurch in Folge Freilegens der Kommunmauer Feuchtigkeitsschäden im Nachbarhaus auftreten.

32 Staudinger/*Baldus*, § 2058 Rn 26; MüKo/*Fest*, § 2058 Rn 17.

mene Miterbe bedingt durch eine Ausgleichungspflicht aufgrund von Vorempfängen (§§ 2050 ff. BGB) nichts mehr aus dem Nachlass erlangt.[33] Selbst die Erlangung des Zuschlags eines Miterben im Rahmen einer Teilungsversteigerung des zur Erbmasse gehörenden Grundstücks lässt den Fortbestand von dessen gesamtschuldnerischer Haftung für die Erfüllung eines in Bezug auf dieses Grundstück eingeräumten Vorausvermächtnisses unberührt.[34] Aus diesem Grund ist auch die Übertragung eines Miterbenanteils für einen Minderjährigen rechtlich nicht lediglich vorteilhaft, selbst wenn der Minderjährige bereits Miterbe ist, so dass sein Ergänzungspfleger hierfür der Genehmigung des Familiengerichts bedarf.[35] Dem Nachlassgläubiger steht es dabei frei,[36] ob er im Wege der Gesamtschuldklage gegen beliebige – einzelne oder mehrere – Miterben vorgeht (§§ 2058, 421 BGB) oder eine Gesamthandsklage gegen die Erbengemeinschaft erhebt (§ 2059 Abs. 2 BGB).[37] Die Miterben bilden hier bei der Gesamt**schuld**klage auch keine notwendige Streitgenossenschaft nach § 62 ZPO, da keine einheitliche Entscheidung gegenüber ihnen ergehen muss.[38]

10 Die gesamtschuldnerische Haftung umfasst das gesamte Vermögen des Miterben, also auch sein **Eigenvermögen**. Der Gläubiger kann dann auch ins Eigenvermögen des Miterben vollstrecken. Bis zur Teilung des Nachlasses kann der Miterbe aber unter Hinweis auf § 2059 Abs. 1 S. 1 BGB die Berichtigung aus seinem eigenen Vermögen verweigern, indem er in dem gegen ihn gerichteten Prozess eine entsprechende Einrede geltend macht. Nach der Teilung kann er sich auf eine Haftungsbeschränkung nur noch bei Vorliegen der Voraussetzungen der §§ 2060, 2061 BGB berufen.[39] Die Vollstreckung in den Erbteil des einzelnen verurteilten Miterben ist nach §§ 857, 859 Abs. 2 ZPO möglich. Soll gegenüber sämtlichen Miterben in den ungeteilten Nachlass vollstreckt werden, setzt dies nach § 747 ZPO einen Titel gegen sämtliche Miterben voraus, der im Wege der Gesamthandsklage (§ 2059 Abs. 2 BGB) aber regelmäßig ohne besondere praktische Schwierigkeiten erlangt werden kann.

D. Innenverhältnis der Miterben

11 Den Regelfall der Befriedigung von Nachlassverbindlichkeiten soll nach § 2046 Abs. 1 BGB deren Berichtigung aus dem Nachlass bilden. Erfolgt die **Befriedigung** – freiwillig oder im Wege der Vollstreckung – durch einen Miterben **aus** seinem **Eigenvermögen**, kann dieser von den übrigen Miterben Ausgleichung nach § 426 BGB verlangen. Bei diesem Ausgleichsanspruch handelt es sich um einen erbrechtlich begründeten Anspruch, der – anders als nach der alten Rechtslage – der Regelverjährung nach §§ 195, 199 BGB unterliegt.[40] In der Höhe maßgebend ist insoweit das Verhältnis der Erbteile als andere Bestimmung i.S.v. § 426 Abs. 1 S. 1 BGB,[41] wobei **vor Teilung** des Nachlasses alternativ gegenüber den Miterben auch die vollständige Befriedigung aus dem Nachlass verlangt werden kann. Praktisch wird die letztgenannte Alternative aber eher selten vorkommen, da dem in Anspruch genommenen Miterben in dieser Phase noch unter Berufung auf § 2059 Abs. 1 S. 1 BGB die Möglichkeit der Verweisung des

---

33 MüKo/*Fest*, § 2058 Rn 25.

34 BGH NJW 1998, 682.

35 KG NJW-RR 2023, 224.

36 Einschränkend LSG Celle, Urt. v. 12.12.2017 – L 7/12 AL 27/16, juris, wonach die die Vollstreckung betreibende Behörde die belastende Entscheidung über die Inanspruchnahme eines bestimmten Miterben **ermessensfehlerfrei** zu treffen habe.

37 Staudinger/*Baldus*, § 2058 Rn 52 f.

38 St. Rspr. seit BGH NJW 1963, 1611; BSG FamRZ 2011, 1943; OLG Hamm ErbR 2017, 638.

39 BGH WM 1982, 101; BayObLG FamRZ 1999, 1175.

40 OLG Oldenburg ZErb 2009, 328 = NJW 2009, 3586; m. zust. Anm. *Schindler*, ZEV 2009, 564.

41 Staudinger/*Baldus*, § 2058 Rn 80.

Gläubigers auf den Nachlass offen steht. Hiervon wird der in Anspruch genommene Miterbe regelmäßig Gebrauch machen, um seinerseits sowohl die rechtlichen wie auch die rein wirtschaftlichen Risiken, die mit einem erst nachfolgenden Regress verbunden wären, von vornherein auf die Schultern sämtlicher Miterben zu verteilen. Leistet er trotzdem aus dem Eigenvermögen, erfolgt dies auf eigenes Risiko und begrenzt seinen Erstattungsanspruch, falls der Nachlasswert die vom Miterben ausgeglichene Gläubigerforderung unterschreitet.[42] Tilgt der Miterbe mit nachlassfremden Mitteln eine Darlehensschuld, die mit einer Hypothek auf dem zum ungeteilten Nachlass gehörenden Grundstück gesichert ist, so ist ungeklärt, ob die Darlehensforderung und die Hypothek insgesamt auf ihn übergehen (§ 1164 bzw. §§ 401, 412, 426 Abs. 2, 1153 BGB) oder sich i.H.d. seiner Erbquote entsprechenden Teilbetrages die Hypothek in eine Eigentümergrundschuld wandelt (§§ 1163, 1177 BGB). Dem Charakter der ungeteilten Nachlassmasse als Sondervermögen dürfte der Fortbestand der Hypothek insgesamt aber eher gerecht werden.[43]

Die persönliche Inanspruchnahme der übrigen Miterben vor der Nachlassteilung 12
knüpft daran an, dass es sich noch um eine vom Erblasser herrührende Schuld im Sinne des § 1967 BGB handelt, die ein Miterbe – quasi überobligatorisch – in voller Höhe aus seinem Privatvermögen erfüllt hat. Ob einer der Miterben die Nachlassverbindlichkeiten (bspw. durch verspätete Räumung der Wohnung des Erblassers) schuldhaft verursacht hat, bedarf dabei keiner Klärung, da mögliche Schadensersatzansprüche der Miterben untereinander oder gegen den Nachlass, die im Zusammenhang mit dem Nachlass entstanden sind, erst im Rahmen der Erbauseinandersetzung nach §§ 2042 ff. BGB in der dort vorgeschriebenen Weise einzubeziehen sind. Diese Regelungen würden unterlaufen, wenn bereits vor der Auseinandersetzung durch schadensersatzrechtliche Überlegungen im Gesamtschuldnerinnenausgleich eine Abweichung von der Erbquote herbeigeführt würde. Besonderheiten gelten aber, wenn wegen Vorempfängen einzelne Miterben einer **Ausgleichungspflicht** nach §§ 2050 ff. BGB unterliegen. Richtigerweise muss auch hier die Erbquote und nicht die sich unter Berücksichtigung der auszugleichenden Beträge ergebende Verteilungsquote zur Anwendung gelangen. Zum Ausgleich verpflichtete Miterben würden sonst nämlich – entgegen der Intention der §§ 2050 ff. BGB – dadurch begünstigt, dass ihre Verteilungsquote gegenüber der Erbquote reduziert ist, so dass sie auch nur in geringerem Umfang zur Berichtigung der Nachlassverbindlichkeit beizutragen hätten. Begrenzt wird diese Haftung mit der Erbquote erst dann, wenn der Ausgleichungsverpflichtete aus dem Nachlass gar nichts mehr oder nur einen zur Befriedigung des auf seine Erbquote entfallenden Teils der Nachlassverbindlichkeit(en) nicht ausreichenden Betrag erhält, da er über § 2056 BGB vor Herauszahlungen geschützt wird.[44]

Eine sowohl von den Kopfteilen als auch von der Erbquote abweichende Bestimmung 13
kann vorliegen, wenn der Erblasser über **Auflagen** oder **Teilungsanordnungen** faktisch eine von der formalen Erbquote deutlich abweichende Nachlassverteilung veranlasst hat. Aus diesen Gründen genügt auch nicht die Vorlage einer die Zahlung ausweisenden, öffentlich beglaubigten Urkunde und eines die Erbteile bezeichnenden Erbscheins, um eine vollstreckbare Ausfertigung eines Titels für sich und gegen die übrigen Miterben nach § 727 ZPO zu verlangen, da die Ausgleichungspflicht im Innenverhältnis gerade nicht mit den im Erbschein ausgewiesenen Erbquoten korrespondieren muss.[45]

---

42 MüKo/*Fest*, § 2058 Rn 36.

43 Zum Streitstand: Staudinger/*Baldus*, § 2058 Rn 82; Soergel/*Wolf*, § 2058 Rn 9.

44 MüKo/*Fest*, § 2058 Rn 38; Staudinger/*Baldus*, § 2058 Rn 87 ff., auch zum Streitstand.

45 Soergel/*Wolf*, § 2058 Rn 7.

E. Sonderfälle

I. Miterbe als Nachlassgläubiger

14 Ist ein Miterbe gleichzeitig Nachlassgläubiger findet in seiner Person keine Vereinigung von Forderung und Verbindlichkeit (**Konfusion**) statt.[46] Dies gilt selbst dann, wenn sämtliche Miterben Gläubiger einer bestimmten gemeinschaftlichen Nachlassverbindlichkeit sind, da der Nachlass vor der Teilung der Erbengemeinschaft ein rechtlich getrenntes Sondervermögen darstellt.[47]

15 Während des Bestehens der Erbengemeinschaft kann der Gläubiger-Miterbe Gesamtschuldklage gegen jeden weiteren Miterben erheben, vermindert um den Anteil seiner eigenen Erbquote.[48] Diese Auffassung hat sich mittlerweile zu Recht durchgesetzt, da der Gläubiger-Miterbe hier wie ein Fremdgläubiger seine Forderung auf das Außen- und nicht das Innenverhältnis der Erbengemeinschaft stützt und ein Fremdgläubiger auch vollen Ersatz von jedem Miterben verlangen könnte. Der **Abzug des Eigenanteils** ist gerechtfertigt, da es treuwidrig wäre, diesen zu fordern, obwohl nach § 426 BGB eine Rückerstattungspflicht im selben Umfange bestünde. Alternativ kann der Gläubiger-Miterbe auch Gesamthandsklage nach § 2059 Abs. 2 BGB auf Zahlung nur aus dem Nachlass erheben, die dann keiner betragsmäßigen Beschränkung unterliegt, da der Gläubiger-Miterbe hier über die Reduzierung der Teilungsmasse nach §§ 2046, 2047 BGB, die ihn als am Nachlass Beteiligten seiner Quote entsprechend trifft, seinen Tilgungsanteil übernimmt.[49] Für die Vollstreckung in den Nachlass genügt dabei nach § 747 ZPO ein Titel gegen die übrigen Miterben.[50]

16 Von einer **treuwidrigen** Geltendmachung der Nachlassverbindlichkeit durch den Miterben ist auszugehen, wenn er wegen einer bestehenden Ausgleichungspflicht bei der Verteilung der Erbmasse keine Zahlung zu erwarten hat oder der Zeitpunkt der Geltendmachung die Erbengemeinschaft zu einer aus diesem Grunde mit finanziellen Einbußen verbundenen Beschaffung von Barmitteln zwingt,[51] wie z.B. Notverkauf von Nachlassgegenständen oder Vorfälligkeitsentschädigungen.

17 **Nach** der **Teilung** des Nachlasses entfällt die Möglichkeit der Gesamthandsklage. Der Gläubiger-Miterbe kann aber weiterhin jeden Miterben als Gesamtschuldner auf die volle Forderung abzüglich seiner eigenen Quote in Anspruch nehmen.

II. Steuerliche Haftung

18 Für Steuerschulden des Erblassers gelten die allg. Regelungen, wobei es dem FA freisteht, ob es durch zusammengefassten Bescheid sämtliche Miterben oder durch Einzelbescheid den einzelnen Miterben in Anspruch nimmt.[52] Teilweise findet eine **Zusammenveranlagung** des überlebenden Ehegatten mit den Erben statt.[53] Zudem unterliegt auch der als Gesamtschuldner in Anspruch genommene Erbe, der keine Kenntnis von der Steuerhinterziehung eines Miterben hat, einer Verlängerung der Festsetzungsfrist auf zehn Jahre gemäß § 169 Abs. 2 S. 2 und 3 Hs. 1 AO.[54] Für die Erbschaftsteuer besteht primär eine persönliche Haftung der Erben auch mit ihrem

---

46 MüKo/*Fest*, § 2058 Rn 32; zu den prozessualen Folgen, wenn der Erbfall in einem laufenden Rechtsstreit zwischen dem Erblasser und einem der Miterben geführt wurde, vgl. *Stöber*, MDR 2007, 757.
47 MüKo/*Ann*, 8. Aufl., § 2058 Rn 27.
48 BGH NJW-RR 1988, 710.
49 BGH NJW-RR 1988, 710; OLG München ErbR 2017, 664; OLG München FamRZ 2018, 67.
50 OLG München ErbR 2017, 664.
51 Vgl. MüKo/*Fest*, § 2058 Rn 35.
52 FG Düsseldorf, Urt. v. 19.5.1995 – 18 K 3253/92, juris.
53 BFH, Beschl. v. 7.10.1983 – III B 23/83, juris.
54 BFHE 260, 1 = NJW 2018, 894.

Eigenvermögen, § 20 Abs. 1 ErbStG.[55] Daneben tritt aber auch eine Haftung des Nachlasses für die Steuerschuld sämtlicher Miterben, § 20 Abs. 3 ErbStG.[56] Grunderwerbsteuerrechtlich unterliegt die Erbengemeinschaft „als solche" gemäß § 1 Abs. 1 Nr. 1 i.V.m. § 13 Nr. 1 GrEStG der Besteuerung,[57] die **Zustellung** des **Bescheids** hat aber an jeden einzelnen Miterben zu erfolgen.[58]

Akuter Handlungsbedarf des Rechts- und/oder Steuerberaters ist gegeben, wenn zur Nachlassmasse ein Unternehmen oder ein Gesellschaftsanteil gehört, da auch der Miterbe, der keinen Einfluss auf die Führung des Unternehmens ausübt, steuerlich als Mitunternehmer eingestuft werden kann mit den daran anknüpfenden, weitreichenden und bei einer Privatperson häufig unerwünschten Folgen.[59] Dieses Risikopotential wird durch ein zur Nachlassmasse gehörendes, vom Unternehmen genutztes Grundstück weiter intensiviert.[60] 19

III. Anteil an Personenhandelsgesellschaft

Treten die Miterben über den zum Nachlass gehörenden Gesellschaftsanteil (aufgrund der sog. Eintrittsklausel) als Gesellschafter in eine **Personenhandelsgesellschaft** – Entsprechendes gilt auch für eine Gesellschaft bürgerlichen Rechts[61] – mit demselben rechtlichen Charakter wie der Erblasser ein, so bestimmt sich ihre Haftung für die bisherigen Gesellschaftsverbindlichkeiten bereits nach §§ 128, 130 HGB. Dasselbe gilt, wenn sie durch Sondererbfolge Nachfolger in eine Gesellschafterstellung werden. Eines Rückgriffs auf § 2058 BGB bedarf es daher nur, wenn die Miterben aus der Gesellschaft ausscheiden (z.B. wenn ihr Verlangen auf eine Kommanditistenstellung abgelehnt wird, § 139 Abs. 2 HGB), die Gesellschaft aufgelöst wird oder die Erben eines unbegrenzt haftenden Gesellschafters nur die Stellung eines Kommanditisten erhalten.[62] Eine Haftungsbeschränkung auf den Nachlass können die Erben über § 139 Abs. 4 HGB herbeiführen. Für Ansprüche der Gesellschaft gegen den verstorbenen Gesellschafter auf Rückzahlung von Entnahmen haften sämtliche Erben, auch wenn der Gesellschaftsanteil nur auf einen von ihnen übergegangen ist.[63] 20

IV. Sonstiges

Weitere Besonderheiten gelten für die Zuweisung eines **landwirtschaftlichen Betriebes** nach § 16 Abs. 2 GrdstVG,[64] den Hoferben,[65] die Alterssicherung der Landwirte,[66] 21

55 Vgl. zur Nachhaftung des „abgeschichteten" Miterben: *Bredemeyer/Tews*, ZEV 2012, 352.

56 BFHE 265, 414 = BStBl II 2020, 456.

57 BFHE 244, 455 = BStBl II 2014, 536.

58 BFHE 250, 505 = BStBl II 2016, 637; st. Rspr. seit BFHE 108, 257 = BStBl II 1973, 372.

59 Grundlegend zur steuerrechtlichen Mitunternehmerschaft: BFH/NV 1987, 637.

60 Zu den grunderwerbsteuerlichen Gestaltungsmöglichkeiten vgl. FG Hamburg, Urt. v. 15.4.2016 – 3 K 213/15, RNotZ 2016, 624 (nur Leitsatz); BFHE 89, 573.

61 MüKo/*Fest*, § 2058 Rn 21.

62 Vgl. MüKo/*Fest*, § 2058 Rn 18 ff., zu verschiedenen gesellschaftsrechtlichen Nachfolgeklauseln. Zur Haftung der Erben eines Kommanditisten für Verbindlichkeiten der Gesellschaft vgl. BGH BeckRS 2021, 22296.

63 Staudinger/*Baldus*, § 2058 Rn 39.

64 Staudinger/*Baldus*, § 2058 Rn 100.

65 Staudinger/*Baldus*, § 2058 Rn 98; BeckOK BGB/*Lohmann*, § 2058 Rn 14; Grüneberg/*Weidlich*, § 2059 Rn 16; Soergel/*Wolf*, § 2058 Rn 17, jeweils unter Hinw. auf § 15 HöfeO, wonach der Hof auf Kosten des übrigen Nachlasses entlastet wird, um seine Umsetzung in Geld möglichst zu vermeiden; BGHZ 31, 394.

66 BSG NZS 2011, 98.

Ausgleichsbeträge nach BauGB,[67] Altlasten,[68] bei **Kommunalabgaben**,[69] Haftung aus Verpflichtungserklärungen zur Ermöglichung der Einreise eines Bürgerkriegsflüchtlings,[70] sozialgerichtliche Verfahren,[71] **Sozialhilfe**,[72] Kindergeld[73] sowie das Recht der ehemaligen DDR nebst wiedervereinigungsbedingter Regelungen.[74]

F. Gestaltungshinweise

I. Klage

22 Bis zur Teilung des Nachlasses hat ein Nachlassgläubiger grundsätzlich die **Wahl**, ob er die Gesamtschuldklage des § 2058 BGB oder die Gesamthandsklage des § 2059 Abs. 2 BGB erheben will.[75] Dabei schließt die **Gesamtschuldklage** gegen den einzelnen Miterben streitgegenständlich die **Gesamthandsklage** ein. Ein Unterschied besteht insoweit jedoch im Klageziel, welches sich bei der Gesamthandsklage auf die Befriedigung aus dem ungeteilten Nachlass richtet, während bei einer Gesamtschuldklage darüber hinaus Vollstreckung in das jeweilige Eigenvermögen einschließlich des Miterbenanteils (vgl. § 859 ZPO) angestrebt wird. Wendet sich eine Klage – sei es ausweislich des Rubrums oder weil gegenüber den nicht verklagten Miterben bereits antragsgemäße Vollstreckungstitel vorliegen – gegen sämtliche Miterben, ist daher in Zweifelsfällen im Wege der Auslegung zu ermitteln, welches Klageziel der Kläger vorrangig verfolgt. Wird nur ein Teil der Erben in Anspruch genommen, liegt regelmäßig eine Gesamtschuldklage vor, da andernfalls im Hinblick auf das Erfordernis eines Titels gegenüber sämtlichen Miterben zur Vollstreckung in den Nachlass (§ 747 ZPO) von vornherein keine Vollstreckungsfähigkeit erreicht werden könnte. Trotz unter-

---

67 VG Saarlouis LKRZ 2013, 389: Ausgleichsbetragsbescheid ist grundsätzlich nicht an einen einzelnen Miterben, sondern nur an die gesamte Erbengemeinschaft unter Aufzählung aller Miterben zu richten, sofern keine Einzelvollmacht vorliegt; vgl. auch VG Berlin, Urt. v. 3.5.2011 – 13 A 128.08, juris.

68 OLG München ZEV 2021, 650, wonach die Erben des Erben des Verursachers nicht als Gesamtrechtsnachfolger des Verursachers gem. § 4 Abs. 3 S. 1 BBodSchG als Handlungsverantwortliche zur Beseitigung einer schädlichen Bodenverunreinigung verpflichtet sind.

69 OVG Bautzen NJW-RR 2013, 1162, zur fehlenden Beteiligungsfähigkeit und Klagebefugnis einer nicht rechtsfähigen Erbengemeinschaft im Anfechtungsprozess gegen einen an Miterben als Gesamtschuldner gerichteten Abwasserbeitragsbescheid für ein Grundstück, das im gesamthänderischen Eigentum der Mitglieder einer ungeteilten Erbengemeinschaft steht; VGH Mannheim BeckRS 2024, 12900, zur Umdeutung eines Erschließungsbescheides in einen Haftungsbescheid; VG Braunschweig NJW 2001, 3281; VG Würzburg, Beschl. v. 13.8.2015 – W 2 S 15.626, juris; VG Dresden, Urt. v. 5.6.2015 – 2 K 1147/13, juris.

70 BVerwGE 157, 208.

71 BSG NZS 1999, 157.

72 LSG Berlin-Brandenburg FamRZ 2013, 1609; BSG SGb 2013, 580; OLG Hamm, Urt. v. 25.10.2011 – 10 U 36/11, I-10 U 36/11, juris, wonach von den Zivilgerichten unter öffentlichrechtlichen bzw. sozialhilferechtlichen Gesichtspunkten von einem wirksamen, bindenden Überleitungsbescheid gemäß § 93 Abs. 3 SGB XII auszugehen ist, solange er nicht – abgesehen von dem Fall der Nichtigkeit – durch die zuständige Behörde oder durch verwaltungsgerichtliche Entscheidungen aufgehoben ist; OVG Münster NJW 1998, 2154; Staudinger/*Baldus*, § 2058 Rn 40, Rückerstattung vor Erbfall geleisteter Sozialhilfe erst ab Rücknahme rechtswidrigen Bewilligungsbescheides; die Rücknahme der Leistungsbewilligung muss dabei gegenüber allen Erben erfolgen, SG München FamRZ 2022, 1817.

73 BFHE 272, 11 (zur Bestimmung des zuständigen Finanzgerichts).

74 BVerwG NVwZ-RR 2011, 749; VG Berlin ZOV 2009, 212; Staudinger/*Baldus*, § 2058 Rn 101; OLG Brandenburg AgrarR 1999, 128; LG Potsdam VIZ 1996, 297, m. Anm. *Borges*.

75 OLG Köln OLGR 1997, 25; Thüringer OLG OLGR Jena 2003, 421.

schiedlicher Vollstreckungsmöglichkeiten kommt der Wahl der Klageart im Hinblick auf § 2059 Abs. 1 S. 1 BGB praktisch aber nur eine sehr **geringe Bedeutung** zu.[76]

Wird z.B. die **Übereignung** eines **Nachlassgrundstücks** begehrt,[77] kann die Erfüllung nur aus dem Nachlass erfolgen. Dies sollte dann auch so im Klagewege gegenüber sämtlichen Miterben geltend gemacht werden, § 2040 Abs. 1 BGB. Die ebenfalls denkbare Klage gegen die einzelnen Miterben auf Mitwirkung an der Übereignung birgt nämlich das Risiko der Klageabweisung (wegen Fehlens eines Rechtsschutzbedürfnisses und/oder der Passivlegitimation), wenn nicht feststeht, dass auch die übrigen Miterben die nötige Mitwirkung erbringen werden bzw. freiwillig oder im Wege einer anderweitigen Verurteilung bereits erbracht haben. Dieselben rechtlichen Überlegungen gelten auch, wenn die Übereignung eines zum Nachlass gehörenden beweglichen Vermögensgegenstandes begehrt wird. 23

Hiervon zu trennen ist die auf **Herbeiführung** der **Auflassung** – durch Einflussnahme auf die Miterben – gerichtete Gesamtschuldklage gegen einen einzelnen Miterben, die an die jedem Miterben gesondert obliegende Verpflichtung zur Erfüllung der Übereignungsverpflichtung anknüpft (§ 2038 Abs. 1 S. 2 BGB) und daher eine gesamtschuldnerische Haftung nach sich zieht, die das parallele Geltendmachen gegenüber sämtlichen Miterben nicht erforderlich macht.[78] Ein schlichter **Grundbuchberichtigungsanspruch** kann gegen die ungeteilte Erbengemeinschaft wiederum nur als Gesamthandsklage geltend gemacht werden.[79] Das Begehren auf Feststellung des Bestehens einer Forderung gegenüber einzelnen bestreitenden Miterben bildet im Regelfall den Gegenstand einer Gesamtschuldklage.[80] 24

Der **Gerichtsstand** für Gesamthandsklagen bestimmt sich nach §§ 27, 28 ZPO, solange nicht die Voraussetzungen der §§ 2060, 2061 BGB gegeben sind.[81] Auch wenn es sich insoweit um keinen ausschließlichen Gerichtsstand handelt, ein einzelner Miterbe im Falle einer gegen ihn gerichteten Gesamtschuldklage also auch bei seinem Wohnsitzgericht verklagt werden kann, empfiehlt sich aber auch bei dieser Fallgestaltung, von dem besonderen Gerichtsstand der Erbschaft Gebrauch zu machen, um bei einer späteren Erweiterung der Klage nicht auf eine Verweisung des Rechtsstreits angewiesen zu sein. Eine Bestimmung des zuständigen Gerichts nach § 36 Abs. 1 Nr. 3 ZPO scheidet dabei aus, da über §§ 27, 28 ZPO gerade ein gemeinsamer besonderer Gerichtsstand sämtlicher Erben zu Verfügung gestellt wird.[82] Etwas anderes kann aber gelten, wenn sich mehrere Erben als Kläger gemeinsam gegen einen noch an den Erblasser gerichteten Bescheid wenden. Vor allem dann, wenn zwischen diesen gemeinsam Klagenden eine notwendige Streitgenossenschaft i.S.v. § 62 Abs. 1 ZPO besteht oder jedenfalls nicht ausgeschlossen werden kann, ohne dass eine (einheitliche) örtliche Zuständigkeit gegeben ist, liegen regelmäßig die Voraussetzungen einer gerichtlichen Zuständigkeitsbestimmung vor.[83] Für die Geltendmachung der Rückzahlung überzahlter Rentenbezüge sind nicht die SozG zuständig, sondern es bleibt der 25

76 MüKo/*Fest*, § 2059 Rn 22, zu Auslegungskriterien und Vorteilen der Gesamtschuldklage.
77 BGH NJW 1995, 59; Staudinger/*Baldus*, § 2058 Rn 60.
78 BGH JZ 1964, 722.
79 OLG Naumburg NJW-RR 1998, 308.
80 Soergel/*Wolf*, § 2058 Rn 10.
81 BayObLG NJW-RR 2004, 944.
82 BayObLG FamRZ 1999, 1175; OLG Rostock OLGR 2009, 216.
83 BSG FamRZ 2011, 1943; vgl. aber auch BGH NJW 1963, 1611 zur Gesamtschuldklage.

Zivilrechtsweg eröffnet.[84] Etwas anderes gilt für die Rückforderung überzahlter Besoldung eines Beamten, die vor dem VerwG geltend zu machen ist.[85]

26 Der **Streitwert** richtet sich nach dem vollen Betrag der str. Verbindlichkeit, bei einer Klage des Miterben-Gläubigers jedoch reduziert um seine eigene Quote.[86]

II. Klageerwiderung

27 Zur Verteidigung gegen eine Gesamtschuldklage kann sich der in Anspruch genommene Miterbe der verschiedenen **erbrechtlichen Einwände** bedienen. Neben der in der Praxis häufig anzutreffenden Dürftigkeitseinrede nach §§ 1990–1992 BGB, kann er sich – solange er die Erbschaft noch nicht angenommen hat – auf die Unzulässigkeit einer bereits zu diesem Zeitpunkt gegen ihn erhobenen Klage berufen (§ 1958 BGB). Ebenfalls nur einen vorübergehenden Aufschub verschaffen ihm die Einreden nach §§ 2014, 2015 BGB, während die Verschweigungseinrede des § 1947 BGB sowie die Ausschließungseinrede des § 1973 BGB zu einem dauerhaften Erfolg führen können. Er kann bestehende Nachlassverwaltung oder -insolvenz geltend machen. Zu der Frage, auf welche der genannten Einwände sich der Miterbe auch noch nach Teilung des Nachlasses berufen kann, vgl. die Ausführungen zu § 2060 BGB.

28 Einen Sonderfall stellt die Verweigerung der Befriedigung eines Nachlassgläubigers durch den einzelnen Miterben dar, wenn der Nachlassgläubiger auch Befriedigung durch **Aufrechnung** gegen eine ihn treffende fällige Forderung der Erbengemeinschaft[87] erlangen könnte. Der Miterbe kann hier zwar nicht einzeln das der Erbengemeinschaft insgesamt zustehende Aufrechnungsrecht ausüben, er kann dem Kläger aber die Einrede des treuwidrigen Handelns entgegenhalten, da dieser letztlich den geltend gemachten Betrag zur Erbmasse zurückgeben müsste (aus welcher der Miterbe im Falle der Zahlung dann eine Rückerstattung erlangen könnte). Dies führt im Ergebnis nicht nur zu einer Zug-um-Zug-Verurteilung des Miterben, sondern rechtfertigt die Abweisung der Klage insgesamt.[88]

29 Wird ein Miterbe vom Nachlassgläubiger, der möglicherweise die anderen Miterben bewusst schonen möchte, isoliert im Klagewege in Anspruch genommen, besteht für den beklagten Miterben ein Interesse, seine gegenüber den Miterben bestehenden Rückgriffsansprüche rechtlich und wirtschaftlich möglichst effektiv abzusichern. Rechtliche Sicherheit lässt sich dabei weitgehend über eine Streitverkündung (§ 72 ZPO) erzielen, da dann für den nachfolgenden Regressprozess die wesentlichen rechtlichen Grundlagen – insbesondere Bestand und Höhe der Nachlassverbindlichkeit – als geklärt angesehen werden können. Der vorrangig beklagte Miterbe sieht sich aber dem wirtschaftlichen Risiko ausgesetzt, einen weiteren Rechtsstreit führen zu müssen, an dessen Ende sich sowohl das Nachlassvermögen wie auch das sonstige Vermögen der Miterben „verflüchtigt" haben könnten. Abhilfe kann hier eine (isolierte) Drittwiderklage gegenüber den Miterben bringen,[89] über welche bewirkt werden kann, dass

84 BGHZ 71, 180 = NJW 1978, 1385.

85 VGH Mannheim, Urt. v. 23.1.1990 – 4 S 955/89, juris; VG Hannover ZfS 1974, 133.

86 BeckOK BGB/*Lohmann*, § 2058 Rn 9; Staudinger/*Baldus*, § 2058 Rn 77 zum Fall der Klage eines Miterben auf Feststellung der Nichtigkeit eines Vertrages der Erbengemeinschaft; AG Landshut FamRZ 1998, 1233 zur Bewertung nicht befreiter Vorerbenstellung des Erblassers.

87 Nicht aber gegenüber der Forderung eines einzelnen Miterben, OLG Celle ErbR 2015, 629.

88 BGH ZErb 2005, 125, in Abgrenzung zu BGHZ 38, 122.

89 Zu deren Zulässigkeit vgl. *Damrau*, ZErb 2009, 145, der sich für den Sonderfall des Pflichtteilsanspruchs noch mit der – auf die Zulässigkeit einer isolierten Drittwiderklage durchwirkenden – Problematik auseinandersetzt, dass dort zu Prozessbeginn häufig die Höhe der geltend gemachten Forderung noch nicht feststeht.

der beklagte Miterbe zeitgleich mit seiner Verurteilung einen Vollstreckungstitel gegenüber seinen Miterben erlangt.

G. Haftungsfallen

Zentrale Haftungsfalle im Zusammenhang mit den §§ 2058 ff. BGB ist – deren Normzweck entsprechend – der **Vollzug der Erbteilung vor Erfüllung aller Nachlassverbindlichkeiten.**[90] 30

Haftungsfallen drohen im Zusammenhang mit der Geltendmachung von Nachlassverbindlichkeiten gegenüber Miterben dem Klägervertreter aber auch in Form des **Kostenrisikos**, wenn ein Rechtsstreit angestrengt wird, bei dem von vornherein keine Erfolgsaussicht bestand. Dies kann bspw. der Fall sein, wenn mit der Klage Zahlung aus dem ungeteilten Nachlass verlangt wird und nicht sämtliche Miterben verklagt werden, da dann der angestrebte Titel wegen § 747 ZPO nicht vollstreckt werden kann, so dass schon aus diesem Grunde durch das Gericht ein Rechtsschutzbedürfnis verneint werden kann.[91] Dabei ist zwar nicht unbedingt ein einheitlicher Titel gegenüber sämtlichen Miterben erforderlich, die Darlegung der Herbeiführbarkeit der Vollstreckungsvoraussetzungen kann sich aber schwierig gestalten, wenn einzelne Miterben nicht prozessbeteiligt sind. Ein vergleichbares Risiko tritt ein, wenn eine der Erbengemeinschaft zustehende, fällige Gegenforderung nicht berücksichtigt wurde. Auch unter Verjährungsgesichtspunkten sind bei der Gesamtschuldklage Besonderheiten zu beachten. So beginnt die Ablaufhemmung des § 211 S. 1 Alt. 1 BGB im Falle mehrerer Erben bei einer vom Gläubiger erhobenen Gesamtschuldklage in dem Zeitpunkt, in dem der jeweils in Anspruch genommene Erbe die Erbschaft angenommen hat. Der klagende Gläubiger darf daher nicht den Zeitpunkt der Annahme durch den letzten Miterben abwarten, da er aufgrund seiner Klagemöglichkeit gegenüber dem annehmenden Miterben des Schutzes des § 211 BGB nicht mehr bedarf.[92] 31

Auf Beklagtenseite ist vorrangig die **umfassende Geltendmachung** der möglichen erbrechtlichen Einwände zu beachten. Neben den allg. Haftungsbeschränkungsmöglichkeiten, die jedem Erben zur Verfügung stehen (Erbschaft noch nicht angenommen, § 1958 BGB; Ausschluss von Nachlassgläubigern, §§ 1973, 1974 BGB; Nachlassverwaltung und Nachlassinsolvenz, §§ 1975–1988 BGB, aber § 2062 BGB beachten (!); Erschöpfungs- und Dürftigkeitseinrede, §§ 1989–1992 BGB; Dreimonatseinrede, § 2014 BGB; Einrede des Aufgebotsverfahrens, § 2015 BGB), zählen hierzu die besonderen Verweigerungsrechte der Miterben (§§ 2059 Abs. 1 S. 1, 2060, 2061 Abs. 1 S. 2, 2063 Abs. 2 BGB). Daneben ist Vorsicht angebracht, wenn zur Erbmasse ein Mietwohnhaus gehört, da hier auch nach Veräußerung dieses Nachlassgegenstandes und Weiterleitung der von den Mietern geleisteten Kautionen an den Käufer, ein Kautionsrückzahlungsanspruch gegenüber den Erben fortbestehen kann.[93] Zu den besonderen (Kosten-)Risiken einer isolierten Drittwiderklage gegenüber den vom Nachlassgläubiger nicht verklagten Miterben vgl. *Damrau*[94] (vgl. auch Rdn 29), wobei der unterlassene Hinweis des beauftragten Rechtsanwalts auf eine entsprechende „Verteidigungsmöglichkeit" diesen ebenfalls einem Haftungsrisiko aussetzt. 32

---

90 Zusammenfassend zu den Risiken für Miterben und Anwalt: *Krug*, ZErb 2000, 15.
91 Vgl. BGH NJW 1995, 58, a.E.; BGH NJW 1982, 441.
92 BGH ErbR 2014, 487 = NJW 2014, 2574.
93 AG Braunschweig WuM 1996, 703.
94 *Damrau*, ZErb 2009, 145.

§ 2059 Haftung bis zur Teilung

(1) [1]Bis zur Teilung des Nachlasses kann jeder Miterbe die Berichtigung der Nachlassverbindlichkeiten aus dem Vermögen, das er außer seinem Anteil an dem Nachlass hat, verweigern. [2]Haftet er für eine Nachlassverbindlichkeit unbeschränkt, so steht ihm dieses Recht in Ansehung des seinem Erbteil entsprechenden Teils der Verbindlichkeit nicht zu.
(2) Das Recht der Nachlassgläubiger, die Befriedigung aus dem ungeteilten Nachlass von sämtlichen Miterben zu verlangen, bleibt unberührt.

Übersicht: Rdn

A. Allgemeines

1 Für Nachlassgläubiger liegt es schon im Hinblick auf § 2046 Abs. 1 BGB nahe, sich bis zur Teilung des Nachlasses im Wege der gemeinschaftlichen Inanspruchnahme sämtlicher Miterben an diesen zu halten. Dem trägt Abs. 2 Rechnung, der die Möglichkeit der Gesamthandsklage gegen die Erbengemeinschaft eröffnet. Entscheidet sich der Nachlassgläubiger hingegen für eine Inanspruchnahme des einzelnen Miterben nach § 2058 BGB, stellt sich die Problematik, dass dieser zur Haftungsbeschränkung durch Nachlassverwaltung (§§ 1975, 2062 BGB) auf die Mitwirkung der anderen Miterben angewiesen ist. Dies wird noch dadurch verschärft, dass der einzelne Miterbe zwar nach §§ 421, 2058 BGB für die volle Verbindlichkeit haftet, alleine aber nicht über die noch gesamthänderisch gebundenen Nachlassgegenstände (§ 2040 BGB) oder seinen Anteil an ihnen (§ 2033 Abs. 2 BGB) verfügen kann, um sich auf diese Weise die zur Befriedigung des Nachlassgläubigers erforderlichen finanziellen Mittel zu beschaffen. Zur Vermeidung von Härten und dem **Grundanliegen** folgend, den **Erben vor einer Inanspruchnahme seines Eigenvermögens** durch Nachlassgläubiger zu schützen, hat der Gesetzgeber daher hier das besondere Leistungsverweigerungsrecht nach Abs. 1 S. 1 geschaffen.[1] Die damit einhergehende Beschränkung der Nachlassgläubiger auf den Nachlass[2] und die Erbteile auch ohne amtliche Fremdverwaltung des Nachlasses wird als verantwortbar eingestuft, solange der Nachlass der gesamthänderischen Bindung (§§ 2032 Abs. 1, 2040 Abs. 1 BGB) unterliegt und vom Eigenvermögen

1 Prot. V., S. 871.
2 Diese Beschränkung kann vor Nachlassteilung auch nicht im Wege der Aufrechnung mit einem persönlichen Anspruch eines einzelnen Miterben aufgebrochen werden, OLG Celle ErbR 2015, 629.

des Miterben rechtlich getrennt ist.[3] In Konsequenz dessen ist nach der Teilung des Nachlasses kein besonderer Schutz der Miterben mehr erforderlich, da sie dann über die ihnen jeweils zugeteilten Nachlassgegenstände ohne Mitwirkung der übrigen Miterben verfügen können.

Auch dem unbeschränkbar haftenden Miterben billigt der Gesetzgeber über Abs. 1 S. 2 noch eine gewisse Privilegierung bis zur Teilung des Nachlasses zu, um einen Ausgleich zwischen den nur noch reduziert schützenswerten Interessen dieses Miterben im Außenverhältnis und seinem hiervon weitgehend unberührten Innenverhältnis zu den übrigen Miterben zu schaffen. 2

Für den Praktiker schwierig zu handhaben wird diese Materie dadurch, dass relativ wenig obergerichtliche Rspr. verfügbar ist und im Schrifttum eine deutliche Tendenz erkennbar ist, als unbillig empfundene Ergebnisse durch restriktive oder erweiternde Auslegung auf der tatbestandlichen Seite, teilweise aber auch erst durch Eingriffe auf der Rechtsfolgenseite einer Korrektur zu unterwerfen, was bei einer Vielzahl str. Fallkonstellationen eine unübersichtliche Rechtslage nach sich zieht. 3

B. Tatbestand

I. Teilung

1. Grundsätze

Die Teilung des Nachlasses tritt mit **Vollzug der Auseinandersetzung**[4] ein (§ 2042 BGB) durch die dinglich wirkende Übertragung der Nachlassgegenstände auf die einzelnen Miterben.[5] Sie bewirkt die Aufhebung der gesamthänderischen Bindung des geerbten Vermögens und den Übergang der alleinigen Verfügungsbefugnis über die Nachlassgegenstände auf die einzelnen Miterben. Praktisch vollzieht sich die Verteilung der Nachlassgegenstände i.d.R. nicht auf einmal, sondern in mehreren Schritten. Dabei ist allg. anerkannt, dass die Erbengemeinschaft für die Annahme einer Teilung i.S.d. § 2059 BGB nicht hinsichtlich sämtlicher Nachlassgegenstände aufgehört haben muss zu existieren.[6] Ebenso bedeutet die Verteilung einiger, selbst wertvoller Nachlassgegenstände unter den Miterben nicht ohne Weiteres Teilung des Nachlasses.[7] Auch kann ein Miterbe, der einen Vorausvermächtnisanspruch hat, diesen schon vor Erbauseinandersetzung erfüllt verlangen.[8] Die Teilung ist demnach erst erfolgt, wenn ein so **erheblicher Teil der Nachlassgegenstände** aus der Gesamthand in das Eigenvermögen der einzelnen Miterben überführt worden ist, dass die Erbengemeinschaft in ihren wesentlichen Bestandteilen als Ganzes aufgelöst erscheint.[9] Nach a.A. soll eine Teilung bereits dann vorliegen, wenn keine für die Berichtigung der Nachlassverbindlichkeiten 4

---

3 Staudinger/*Baldus*, § 2059 Rn 2.

4 An einer Auseinandersetzung mangelt es, wenn sämtliche Miterben ihre Erbteile jeweils anteilig auf mehrere, jeweils gleiche Erwerber übertragen, BGH ErbR 2016, 146 = NJW 2016, 493.

5 BeckOK BGB/*Lohmann*, § 2059 Rn 2; zu den praktischen Schwierigkeiten einer solchen, grundsätzlich auf Einstimmigkeit basierenden Auseinandersetzung im Falle eines „blockierenden Miterben" vgl. *Eberl-Borges*, ErbR 2008, 234.

6 MüKo/*Fest*, § 2059 Rn 4; Soergel/*Wolf*, § 2059 Rn 2, der in dem Fall trotz Teilung die für einzelne Nachlassgegenstände fortbestehende Erbengemeinschaft weiterhin der Gesamthandsklage nach § 2059 Abs. 2 BGB unterwirft, vgl. auch Soergel/*Wolf*, § 2060 BGB Rn 3.

7 Anerkannt seit: RGZ 89, 403; nach Staudinger/*Baldus*, § 2059 Rn 34, liegt keine Teilung vor, wenn noch nennenswerte Nachlasswerte gesamthänderischer Bindung unterliegen; nach Soergel/*Wolf*, § 2059 Rn 2, kann dies wohl nur gelten, wenn verbliebene Nachlasswerte auch noch eine ausreichende Haftungsgrundlage bilden.

8 OLG München FamRZ 2018, 67.

9 Staudinger/*Baldus*, § 2059 Rn 33; MüKo/*Fest*, § 2059 Rn 4; *Damrau*, ZErb 2009, 145, 147; OLG München BeckRS 2019, 11387.

ausreichend geeigneten Gegenstände mehr im Nachlassvermögen vorhanden sind. Den Nachlassgläubigern soll danach der Zugriff auf das Vermögen einzelner Miterben eröffnet werden, sobald der Nachlass keine ausreichende Haftungsgrundlage mehr bildet.[10] Einigkeit besteht dabei dahingehend, dass nicht das persönliche Empfinden der Miterben für die Annahme einer Teilung entscheidend ist, sondern dies nach einem objektiven Maßstab zu bestimmen ist.[11] I.d.R.[12] gelangen dann auch beide Ansätze zu gleichen Ergebnissen, die letztgenannte, im Ansatz gläubigerfreundlichere Meinung führt praktisch aber zu der Schwierigkeit, dass es für den einzelnen Nachlassgläubiger kaum überprüfbar ist, in welchem Maße insgesamt Nachlassverbindlichkeiten vorliegen und welche Relation sie zur verbliebenen Haftungsgrundlage bilden.[13] Zum (vermögensmäßigen) Ausscheiden einzelner Erben aus der Erbengemeinschaft durch vollständige quotenmäßige Abfindung vgl. Rdn 13.

5 Der einzelne Miterbe ist, wenn er sich gegen eine Gesamtschuldklage mit der Einrede des Abs. 1 S. 1 verteidigen möchte, für die Ungeteiltheit des Nachlasses **darlegungs- und beweisbelastet**. Dies hat aber nicht unbedingt bereits im Klageverfahren zu erfolgen, sondern der Beweis kann bei aufgenommenem Vorbehalt im Urteil nach § 780 ZPO (z.B. „Dem Beklagten bleibt die Beschränkung der Erbenhaftung vorbehalten") auch noch im Vollstreckungsverfahren geführt werden.[14] Dies stellt in der Praxis den Regelfall dar, da Abs. 1 S. 1 nur eine aufschiebende, zeitlich begrenzte Einrede bildet, deren aktuelle Wirkungskraft ohnehin in der Zwangsvollstreckung geprüft werden muss.

2. Einzelfragen

6 Die Einigung über einen **Teilungsplan** ist noch keine vollzogene Nachlassteilung.[15] Auch die **Teilungsversteigerung** nach §§ 180 ff. ZVG führt selbst dann nicht zu einer Nachlassteilung, wenn das Grundstück der einzige Nachlassgegenstand war, da der Erlös aus der Versteigerung als Surrogat zum Gegenstand des weiterhin ungeteilten Nachlasses wird.[16] Dagegen steht einer Zuweisung zum Eigenvermögen die Überführung in eine Bruchteilsgemeinschaft oder das Vermögen einer den Miterben gehörenden Personal- oder Kapitalgesellschaft gleich.[17] Ebenso wird Teilung bejaht, wenn ein Miterbe wegen bestehender **Ausgleichungspflicht** der übrigen Miterben den gesamten Nachlass erhält.[18] Umstritten ist, ob auch die **Aufzehrung** des Nachlasses **durch Schuldentilgung** einer Teilung gleichzusetzen ist.[19] Praktische Relevanz wird dieser Streit selten gewinnen, da hier regelmäßig die weitreichendere Dürftigkeitseinrede nach § 1990 BGB erhoben werden wird. Nur im Ergebnis Einigkeit besteht, wenn ein Miterbe die Erbanteile der anderen mit nachlassfremden Mitteln erwirbt. Hier wird heute einhellig, wenn auch mit unterschiedlichsten Lösungsansätzen, dem Miterben im Hinblick auf ein mangelndes Schutzbedürfnis die Berufung auf die Einrede des Abs. 1 S. 1 verweigert, da er als Alleininhaber die Verfügungsmöglichkeit über die

---

10 Soergel/*Wolf*, § 2059 Rn 2; *Eberl-Borges*, Erbauseinandersetzung, S. 300 ff.

11 MüKo/*Fest*, § 2059 Rn 4.

12 Zu einem praktischen Fall, in welchem der Meinungsstreit zu unterschiedlichen Rechtsfolgen hätte führen können, vgl. die Urteilsanm. von *Schindler*, ZErb 2009, 277, 279.

13 MüKo/*Fest*, § 2059 Rn 4.

14 MüKo/*Fest*, § 2059 Rn 16.

15 Staudinger/*Baldus*, § 2059 Rn 31.

16 Staudinger/*Baldus*, § 2059 Rn 37.

17 Soergel/*Wolf*, § 2059 Rn 2.

18 MüKo/*Fest*, § 2059 Rn 5; Staudinger/*Baldus*, § 2059 Rn 41.

19 So MüKo/*Fest*, § 2059 Rn 5; verneinend: Soergel/*Wolf*, § 2059 Rn 3; offengelassen bei Staudinger/*Baldus*, § 2059 Rn 39.

Nachlassgegenstände erlangt habe und hierdurch zumindest faktisch die Erbengemeinschaft in Wegfall geraten sei.[20] Zur Frage der Teilung bei Erbfolge in einen Hof vgl. § 2058 Rdn 21 mit Fn 62.[21]

3. Anteil an Personengesellschaft

Gehört der Anteil an einer Personenhandelsgesellschaft zum Nachlass, können sich Besonderheiten daraus ergeben, dass entweder bereits der Gesellschaftsvertrag eine einfache oder qualifizierte Nachfolgeklausel enthält (vgl. § 2058 Rdn 20) oder der Erblasser durch die testamentarische Zuweisung des Gesellschaftsanteils an einen bestimmten Miterben eine Aufsplitterung dieser Unternehmensbeteiligung im Erbgang vermieden hat. Verbleibt neben dem Gesellschaftsanteil noch erhebliches weiteres Vermögen für die Erbengemeinschaft, liegt regelmäßig noch keine Teilung vor, auch wenn der Gesellschaftsanteil durch die Sondererbfolge mit dem Erbfall bereits in das Eigenvermögen eines oder auch sämtlicher Miterben übergegangen ist. 7

Besteht der Nachlass hingegen im Wesentlichen nur aus einem der **Sondererbfolge** unterliegenden Personengesellschaftsanteil, wird eine Teilung des Nachlasses zu bejahen sein, weil der Gesellschaftsanteil bereits unmittelbar und geteilt durch Sondererbfolge auf die einzelnen Miterben übergeht oder nur von einem der Miterben unmittelbar im Zeitpunkt des Erbfalls im Ganzen erworben wird. Dennoch wird bei einer solchen Sachlage im Schrifttum teilweise die weiterhin bestehende Anwendbarkeit von Abs. 1 S. 1 nach Sinn und Zweck befürwortet, da auch das (zugeteilte) Gesellschaftsvermögen gesamthänderisch gebunden sei und daher nicht kurzfristig zum Ausgleich der Nachlassverbindlichkeit benötigte Mittel erlangt werden können.[22] Auf der Gegenseite wird dann im Wege der teleologischen Reduktion eine **Teilungsfiktion** für den Fall konstruiert, dass eine (fortgesetzte) Erbengemeinschaft dauerhaft ein ererbtes Handelsgeschäft fortführt. Diesem Ansatz wird entgegengehalten, dass es einer solchen rechtlichen Konstruktion nicht bedürfe, da ein dem Leistungsverweigerungsrecht des Abs. 1 S. 1 ausgesetzter Nachlassgläubiger die fortgesetzte Erbengemeinschaft einseitig und vorzeitig nach §§ 751 S. 2, 2044 Abs. 1 S. 2 BGB, § 859 Abs. 2 ZPO beenden könne und damit das nur befristet bis zur Teilung bestehende Leistungsverweigerungsrecht beseitigen könne.[23] Für die instanzgerichtliche Praxis erscheint hier die weniger konstruierte, sich mehr am Wortlaut und den allg. anerkannten Grundsätzen orientierende Argumentation am erfolgversprechendsten, wonach bei einem der Sondererbfolge unterliegenden Personengesellschaftsanteil als wesentlichem Nachlassvermögen von einer Teilung des Nachlasses auszugehen ist.[24] 8

Ob im Falle einer qualifizierten Nachfolgeklausel die **Wertausgleichsansprüche** der weichenden Miterben dem Vermögen der Erbengemeinschaft oder ihrem jeweiligen Eigenvermögen zuzuordnen sind, ist bislang nicht abschließend geklärt.[25] Zumindest im Falle eines sich im Wesentlichen auf den Gesellschaftsanteil beschränkenden Nachlasses wird man für eine qualifizierte Nachfolgeklausel, bei der ein Teil der Miterben Gesellschafter wird, während den übrigen nur die Wertausgleichsansprüche verbleiben, die Zuordnung zum Eigenvermögen und die damit einhergehende Teilung des 9

---

20 Staudinger/*Baldus*, § 2059 Rn 42; mit anderem Ansatz MüKo/*Fest*, § 2059 Rn 5, der eine Auflösung des Sondervermögens als zutreffenden Anknüpfungspunkt sieht, hierdurch aber zum selben Ergebnis einer unbegrenzten Haftung gelangt.

21 Ergänzend Staudinger/*Baldus*, § 2059 Rn 44 ff.

22 Staudinger/*Baldus*, § 2059 Rn 57 ff. m.w.N.; a.A. wohl MüKo/*Fest*, § 2059 Rn 8.

23 Staudinger/*Baldus*, § 2059 Rn 75.

24 MüKo/*Fest*, § 2059 Rn 8; *Werkmüller*, ZEV 2007, 16, 17, der die Singularsukzession als „vorweggenommene Teilerbauseinandersetzung" definiert.

25 Staudinger/*Baldus*, § 2059 Rn 52 ff.

Nachlasses bejahen können, da es der ansonsten üblicherweise erforderlichen Verständigung der Miterben untereinander, wem welcher Nachlassgegenstand dinglich übertragen werden soll, nicht mehr bedarf. Für die gerichtliche Praxis ist der Einwand der betroffenen Miterben, dass es an der maßgeblichen dinglichen Übertragung (vgl. Rdn 4) noch mangele, insoweit aber absehbar.

II. Unbeschränkte Haftung

10 Der unbeschränkten Haftung für Nachlassverbindlichkeiten i.S.v. Abs. 1 S. 2 unterliegt derjenige, dessen Haftung infolge einer Inventarverfehlung nach §§ 1994 Abs. 1 S. 2, 2005, 2013 BGB unbeschränkbar geworden ist. Gleichzusetzen ist der **Verlust** der **Haftungsbeschränkung** durch Rechtsgeschäft oder Versäumen des Urteilsvorbehalts nach § 780 Abs. 1 ZPO, nicht hingegen die unbeschränkte Haftung für Geschäftsschulden nach § 27 HGB, da es sich hierbei um eine Eigenverbindlichkeit des Miterben handelt, auf die § 2059 BGB nicht anwendbar ist.[26] Die Voraussetzungen der unbeschränkten Haftung hat der Nachlassgläubiger zu beweisen, die Höhe der Erbquote dagegen der jeweilige Miterbe.[27]

C. Rechtsfolgen

I. Leistungsverweigerungsrecht nach Abs. 1 S. 1

1. Grundsätze

11 In seiner Rechtsfolge bietet Abs. 1 S. 1 eine **aufschiebende Einrede**[28] gegen eine Befriedigung der Nachlassverbindlichkeit aus dem nicht geerbten Vermögen. Diese Einrede bewirkt keine Klageabweisung und hindert auch nicht den Verzug des Miterben,[29] sondern führt nur die Aufnahme eines entsprechenden **Vorbehalts nach § 780 ZPO** in das Urteil herbei: „Dem Beklagten bleibt die Beschränkung der Erbenhaftung vorbehalten."[30] Eine weitergehende Beschränkung auf den konkreten Anteil oder einen bestimmten Betrag ist nicht erforderlich, da der Vorbehalt über §§ 780–785 ZPO erst in der Zwangsvollstreckung Wirkung entfaltet. Diese rechtstechnische Konstruktion bietet den Vorteil, dass nach der Teilung des Nachlasses aus dem erlangten Titel automatisch die Zwangsvollstreckung in das Vermögen des Miterben möglich wird.

12 Keines Vorbehaltes zugunsten des beklagten Miterben einer noch ungeteilten Erbengemeinschaft im Urteil bedarf es, wenn der Nachlassgläubiger von vornherein nur eine **Leistung aus** dem **Erbteil** geltend macht, also schon seinen Klageantrag so beschränkt, dass eine Vollstreckung aus dem antragsgemäß ergehenden Titel nur in den Erbteil (z.B. durch Pfändung dieses Erbteils, § 859 Abs. 2 ZPO) möglich wird. Eine solche Vorgehensweise ist zwar denkbar, jedoch hat der Nachlassgläubiger hieran im Regelfall kein Interesse, da er gleichzeitig einen unbeschränkten Vollstreckungstitel gegen den Miterben für die Zeit nach der Teilung erlangen möchte, um – für den Fall, dass er innerhalb der „Restlaufzeit" der Erbengemeinschaft nicht zum Vollstreckungserfolg gelangen sollte – nicht nochmals das Klageverfahren durchlaufen zu müssen.

2. Einzelfälle

13 Ist der Nachlass noch ungeteilt i.S.d. Abs. 1, sind aber **vorab Nachlassgegenstände verteilt** oder **einzelne Miterben in Höhe ihrer Quote abgefunden**[31] worden, so ist

---

26 Staudinger/*Baldus*, § 2059 Rn 4.
27 MüKo/*Fest*, § 2059 Rn 20.
28 Zu einem Sonderfall, der dem Miterben im Falle einer beim Nachlassgläubiger bestehenden Aufrechnungsmöglichkeit auch ein dauerhaftes Verweigerungsrecht einräumt, vgl. BGHZ 38, 122.
29 MüKo/*Fest*, § 2059 Rn 15.
30 Staudinger/*Baldus*, § 2059 Rn 24; MüKo/*Fest*, § 2059 Rn 15.
31 Staudinger/*Baldus*, § 2059 Rn 32; Soergel/*Wolf*, § 2059 Rn 3.

umstritten, ob der Miterbe bei der **Vollstreckung** einer Haftungsbeschränkung nach Abs. 1 unterliegt.[32] Die Stimmen, die dies bejahen, sprechen sich gleichzeitig für einen Ersatzanspruch des Nachlassgläubigers bei einer dessen Interessen beeinträchtigenden Übertragung von Nachlassgegenständen in das Vermögen von Miterben analog §§ 1978, 1991 Abs. 1, BGB aus, der dann seinerseits zum Nachlass gehören (§ 1978 Abs. 2 BGB) und eine Verpflichtung des Miterben zur Rückgewähr der erhaltenen Gegenstände an den Nachlass begründen soll.[33] Ein weiterer Ansatz unterwirft – im Wege der teleologischen Reduktion[34] – die bereits verteilten Nachlassgegenstände dem unmittelbaren Zugriff der Nachlassgläubiger durch Ausschluss des Leistungsverweigerungsrechts des Abs. 1 S. 1. Die Vorschrift bleibt dann nur anwendbar auf das Vermögen, welches dem Miterben bereits vor der partiellen Nachlassverteilung zustand.[35]

14 Beide Varianten erweisen sich aber als nur wenig praktikabel. So droht bei der erstgenannten Auffassung die **doppelte Beschreitung** des Rechtswegs, wenn nämlich erst bei Vollstreckung eines gegen die Miterben erwirkten Urteils, in welchem sich die beklagten Miterben die Beschränkung ihrer Erbenhaftung vorbehalten haben, festgestellt wird, dass Nachlassgegenstände, die für einen schnellen Vollstreckungserfolg von Interesse sind, bereits vorab an einzelne Miterben verteilt wurden. Es müsste dann gegenüber dem jeweils begünstigten Miterben der Anspruch auf Rückgewähr zum Nachlass gesondert eingeklagt werden. Im anderen Fall ist ein verwirrendes Vollstreckungsverfahren zu befürchten, da dann in einem in der gerichtlichen Praxis grundsätzlich nicht auf eine intensive Beweisaufnahme eingerichteten Verfahren geklärt werden muss, ob bestimmte Gegenstände, hinsichtlich derer die Vollstreckung begehrt wird, ursprünglich tatsächlich zum Nachlassvermögen gehörten. Auf vorab verteilte Nachlassgegenstände wird ein Nachlassgläubiger daher nur im Ausnahmefall versuchen, Zugriff zu nehmen.

15 Bei angeordneter **Testamentsvollstreckung**[36] wird die Anwendbarkeit der Haftungsbeschränkung bestritten, da die Unfähigkeit zur Befriedigung des Nachlassgläubigers aus dem Nachlass nicht aus den Besonderheiten der gesamthänderischen Bindung, sondern aus der Testamentsvollstreckung als solcher – die Miterben können nicht über Nachlassgegenstände verfügen, § 2211 BGB – resultiere, die einem Alleinerben aber gerade kein Leistungsverweigerungsrecht gewähre.[37] Der argumentative Ansatz einer nicht sachgerechten Ungleichbehandlung von Alleinerbe und Miterben verkennt jedoch, dass sich der Alleinerbe nicht einer gesamtschuldnerischen Haftung mit Refinanzierungsrisiko im Innenverhältnis ausgesetzt sieht, als deren Kompensation auch bei angeordneter Testamentsvollstreckung die Haftungsbeschränkung des Abs. 1 S. 1 sachgerecht erscheint.[38]

II. Anteilige Haftung nach Abs. 1 S. 2

16 Grundsätzlich unterliegt der Miterbe bei dieser Konstellation einer unbeschränkbaren Haftung nach § 2013 BGB. Dem Umstand, dass der Nachlassgläubiger hier – anders als bei einem Alleinerben – bei einer **Inventarverfehlung** des Miterben von den übrigen Miterben noch ein ordnungsgemäßes Verzeichnis des Nachlasses (§ 1973 BGB) erlangen kann, trägt der Gesetzgeber aber in Abs. 1 S. 2 dadurch Rechnung,

32 Zum Streitstand: Staudinger/*Baldus*, § 2059 Rn 35.

33 RGZ 89, 403; Soergel/*Wolf*, § 2059 Rn 4.

34 Staudinger/*Baldus*, § 2059 Rn 35.

35 MüKo/*Fest*, § 2059 Rn 9.

36 Zur Kostenhaftung bei Erbteilstestamentsvollstreckung vgl. *Winkler*, MittBayNot 1998, 109; *Morgen*, ZEV 1997, 117; *Muscheler*, ZEV 1996, 185.

37 *Muscheler*, Die Haftungsordnung der Testamentsvollstreckung, S. 111.

38 Staudinger/*Baldus*, § 2059 Rn 80.

dass er den „gefehlten" Miterben nur in Bezug auf einen seiner Erbquote entsprechenden Teil der Nachlassverbindlichkeit sanktioniert.[39] Erst wenn auch von den übrigen Miterben kein mangelfreies Inventar erlangt werden kann, liegt der dem unzuverlässigen Alleinerben vergleichbare Fall vor, was dann in der Summe aufgrund der unbeschränkten Haftung sämtlicher Miterben dem Nachlassgläubiger die vollständige (allerdings nicht gesamtschuldnerische) Befriedigung aus den Eigenvermögen der Miterben ermöglicht. Im Ergebnis wird somit für jeden einzelnen Miterben wegen seiner Inventarverfehlung vermutet, dass der Nachlass so solvent war, dass aus dem auf ihn entfallenden Erbteil die seiner Erbquote (nicht Verteilungsquote, vgl. auch § 2058 Rdn 12)[40] entsprechende Teilforderung hätte beglichen werden können.[41] Für den Schuldanteil der übrigen Miterben haftet auch der grundsätzlich unbeschränkbar haftende Miterbe nur mit seinem Anteil am Nachlass,[42] hinsichtlich des überschießenden Teils der Schuld kann auch er sich auf Abs. 1 S. 1 berufen und den Gläubiger auf den Nachlass verweisen, sofern er sich im Urteil den allg. Vorbehalt nach § 780 ZPO (z.B. „Dem Beklagten bleibt bis zur Teilung des Nachlasses die Beschränkung seiner Haftung für den X EUR übersteigenden Teilbetrag auf seinen Anteil am Nachlass vorbehalten") hat einräumen lassen. Auf Antrag des Gläubigers hat jedoch dann, wenn die im Übrigen unbeschränkte Haftung feststeht, eine die anteilige Haftung ausnehmende Beschränkung des Vorbehalts zu erfolgen.

Beispiel
Der Miterbe erbt (und haftet) zu 1/3; die Forderung beträgt 3.000 EUR. Dem Miterben wird auf Antrag des Gläubigers die Beschränkung der Haftung auf den Nachlass nur bis zur Teilung und nur wegen des 1.000 EUR übersteigenden Betrages vorbehalten.[43]

17 Mit der **Teilung** des **Nachlasses** entfällt auch dieser Schutz des Abs. 1 S. 2, so dass den Miterben die volle Haftung mit seinem Eigenvermögen trifft, sofern nicht §§ 2060, 2061 BGB eingreifen.[44] Dadurch wird Druck auf die Miterben entfaltet, vor der Teilung sämtliche Nachlassverbindlichkeiten gem. § 2046 Abs. 1 BGB zu berichtigen, und ein Schutz der Gläubiger vor Beweisschwierigkeiten erreicht, welche Gegenstände aus dem Nachlass stammen.

18 Liegt der **Nachlassverbindlichkeit** eine **unteilbare Leistung** zugrunde (z.B. Übereignung eines Nachlassgegenstandes), ist für einen Teil des Schrifttums eine anteilige Inanspruchnahme nur als Geltendmachung des Geldwertes denkbar,[45] während nach a.A. nur die Gesamthandsklage bleibt.[46] Zeigt der konkrete Einzelfall keine Besonderheiten, dürfte in der Praxis der prozessual sicherere Weg der Gesamthandsklage zu bevorzugen sein. Wird nur der Erbteil des unbeschränkt haftenden Miterben durch die Nachlassverbindlichkeit beschwert (z.B. durch ein Vermächtnis), umfasst auch die anteilige Haftung die gesamte Schuld.[47]

39 Soergel/*Wolf*, Vor § 2058 Rn 6, hält dies für rechtspolitisch verfehlt, da hierdurch eine Bereicherung von Miterben eintreten könne, obwohl der Nachlass insgesamt noch verschuldet sei.
40 MüKo/*Fest*, § 2059 Rn 18.
41 Staudinger/*Baldus*, § 2059 Rn 5.
42 MüKo/*Fest*, § 2059 Rn 18.
43 Nach BeckOK BGB/*Lohmann*, § 2059 Rn 5.
44 Soergel/*Wolf*, § 2059 Rn 1; a.A. Staudinger/*Baldus*, § 2059 Rn 6 ff., der im Hinblick auf § 2007 S. 1 BGB diese anteilige Haftung auch nach Teilung gelten lassen möchte.
45 MüKo/*Fest*, § 2059 Rn 19.
46 Soergel/*Wolf*, § 2059 Rn 7; differenzierend Staudinger/*Baldus*, § 2059 Rn 14.
47 Staudinger/*Baldus*, § 2059 Rn 15.

D. Gesamthandsklage (Abs. 2)

Die Erbengemeinschaft als Gesamthand haftet für alle Nachlassverbindlichkeiten, also für Erblasserschulden, Erbfallschulden und Nachlasserbenschulden. Dies stellt Abs. 2 klar, indem er die Gesamthandsklage gegen die Miterben in ihrer Zusammenfassung als Erbengemeinschaft eröffnet. Dabei sind sämtliche Miterben **notwendige Streitgenossen.**[48] 19

Sind **nur einzelne Miterben** mit der Befriedigung des Nachlassgläubigers aus dem Nachlass **nicht einverstanden**, ist die Gesamthandsklage auf Befriedigung aus dem Nachlass (Antragsbeispiel: „..., den Beklagten – gesamthänderisch mit den weiteren Miterben A, B und C – zu verurteilen, aus dem Nachlass des am ... verstorbenen X an den Kläger ... zu zahlen.") allein gegen diese zu richten.[49] Dies gilt auch, wenn die **Verfügung über einen Nachlassgegenstand** begehrt wird (z.B.: Auflassung eines zum Nachlass gehörenden Grundstücks), die zwar von allen Miterben gemeinsam bewirkt werden muss, wofür aber auch zeitlich aufeinander folgende Erklärungen ausreichen.[50] Soweit § 747 ZPO für die **Zwangsvollstreckung** in einen Nachlassgegenstand „ein gegen alle Erben ergangenes Urteil" voraussetzt, steht dem auch die Summe von Gesamtschuldtiteln – auch verschiedener Art, wie Urteil, Vollstreckungsbescheid, Vergleich, vollstreckbare Urkunde – gegen die einzelnen Miterben gleich, soweit die Verurteilung nicht auf die Leistung aus dem Erbteil beschränkt ist.[51] Ebenso genügt das allein von einem Beklagten erklärte prozessuale Anerkenntnis, da die Miterben notwendige Streitgenossen i.S.d. § 62 Abs. 1 ZPO sind und die in § 62 Abs. 1 ZPO statuierte Vertretungsfiktion zur Folge hat, dass der einzige nicht säumige Miterbe die übrigen säumigen Miterben bei Abgabe seines Anerkenntnisses vertreten kann und dies gegenüber den übrigen Streitgenossen volle prozessuale Wirkung entfaltet.[52] Zum Haftungsrisiko bei einer nur auf einzelne Miterben beschränkten Gesamthandsklage, die nur gewählt werden sollte, wenn feststeht, dass die übrigen Erklärungen abgegeben sind oder werden (vgl. § 2058 Rdn 23). (Zum Wahlrecht zwischen den Klagearten allgemein vgl. § 2058 Rdn 22).[53] Dabei erscheint regelmäßig die Gesamtschuldklage vorteilhafter, da sie auch nach Teilung einen Zugriff in das Eigenvermögen der Miterben ermöglicht, so dass auch bei einer gegen alle Miterben gerichteten Klage im Zweifel von einer Gesamtschuldklage auszugehen sein wird. Ein eventueller Vorbehalt nach § 780 ZPO ist auch dann für eine Vollstreckung in einen Nachlassgegenstand der Erbengemeinschaft nicht hinderlich.[54] 20

Als **Einwände** gegen eine Gesamthandsklage kommen nur solche in Betracht, die einer Haftung mit dem Nachlass entgegenstehen, also bspw. die Nichtentstehung oder Stundung der Forderung sowie die erbrechtlichen Einreden aus § 1958 BGB (Erbschaft noch nicht angenommen) und §§ 2014 ff. BGB: Dreimonatseinrede, Einrede des Aufgebotsverfahrens.[55] Aufgrund eines Gesamthandsurteils gegen die Erben (Tenorierungsbeispiel: „Die Beklagten werden – ggf. klarstellend: zur gesamten Hand – verurteilt, an den Kläger aus dem Nachlass des am ... verstorbenen X ... zu zahlen.") kann nicht in das Eigenvermögen eines Miterben vollstreckt werden. Daher ist grundsätzlich 21

48 Soergel/*Wolf*, § 2059 Rn 9; Ausnahme: vgl. Soergel/*Wolf*, § 2059 Rn 20.
49 BGH NJW 1982, 441; OLG Köln OLGR 1997, 25.
50 MüKo/*Fest*, § 2059 Rn 23.
51 MüKo/*Fest*, § 2059 Rn 21; Zöller/*Seibel*, § 747 Rn 5.
52 OLG Karlsruhe ZEV 2011, 324.
53 OLG Köln OLGR 1997, 25; zur Abgrenzung von Gesamthandsklage und Gesamtschuldklage allg. sowie krit. zu dieser sich durchsetzenden Begriffsbildung vgl. Staudinger/*Baldus*, § 2058 Rn 65 ff.
54 MüKo/*Fest*, § 2059 Rn 21.
55 MüKo/*Fest*, § 2059 Rn 25 f.

die Aufnahme eines Vorbehaltes nach § 780 ZPO in den Urteilsausspruch entbehrlich. Da im Zweifelsfall aber vom Vorliegen einer Gesamtschuldklage auszugehen ist, sollte stets – wenn nicht eindeutig eine Gesamthandsklage erhoben wurde – durch den Miterben auf die Aufnahme des Urteilsvorbehalts gedrängt werden.[56]

22 Bei einer angeordneten **Testamentsvollstreckung** über den gesamten Nachlass ist auch für die Vollstreckung in einzelne Nachlassgegenstände ein Titel gegen den Testamentsvollstrecker erforderlich (§ 748 Abs. 1 ZPO). Erfasst die Testamentsvollstreckung hingegen nur einzelne Nachlassgegenstände, greift § 748 Abs. 2 ZPO, wobei die gemeinsame Geltendmachung von Leistungsanspruch gegen den Miterben und Duldungsanspruch gegen den Testamentsvollstrecker in einem Rechtsstreit (§ 2213 Abs. 3 BGB) möglich ist.[57] Die Bezeichnung der einzelnen Nachlassgegenstände im Duldungstitel erscheint hier zumindest zweckmäßig, wird häufig für einen vollstreckungsfähigen Tenor sogar unerlässlich sein.

23 Ein **Gläubiger-Miterbe**[58] muss seine Gesamthandsklage gegen die übrigen Miterben richten, da er sich nicht selbst verklagen kann. Eines Abzugs des auf seine Erbquote entfallenden Forderungsanteils bedarf es nicht (vgl. § 2058 Rdn 15).[59] Der Gläubiger-Miterbe muss sich aber u.U. auf die Nachlassteilung verweisen lassen, wenn eine vorzeitige Befriedigung treuwidrig wäre (vgl. § 2058 Rdn 16). Der mit einem Vorausvermächtnis bedachte Miterbe kann die Erfüllung seines Vermächtnisanspruchs auch schon vor der Erbauseinandersetzung aus dem ungeteilten Nachlass verlangen, und zwar unabhängig davon, ob er mitbeschwert ist.[60] Hat er bereits zu Lebzeiten des Erblassers einen Titel gegen diesen erlangt, genügt zur Zwangsvollstreckung hieraus eine Vollstreckungsklausel nach § 727 ZPO gegen die übrigen Miterben.[61] Zu den Voraussetzungen für die Erlangung dieser Vollstreckungsklausel nach § 727 ZPO vgl. § 2058 Rdn 13.

E. Gestaltungshinweise

24 Die Geltendmachung der Einrede des Abs. 1 S. 1 im Prozess führt nur zur Aufnahme eines **Haftungsvorbehalts** (§ 780 ZPO) in das der Klage stattgebende Urteil, nicht hingegen zur Klageabweisung, da keine dauerhafte Einrede vorliegt, sondern diese zeitlich bis zur Teilung des Nachlasses begrenzt ist. Auf Antrag kann dieser Vorbehalt bereits im Urteil betragsmäßig konkretisiert werden.[62] Einen konkreten Nutzen hat diese betragsmäßige Konkretisierung aber nicht, wobei jedoch auch das Risiko als gering einzustufen ist, dass der Miterbe bei geänderten (oder von ihm ursprünglich falsch eingeschätzten) Umständen sich in der Vollstreckung nur auf diesen beschränkten Vorbehalt berufen kann, da bei dem Regelfall eines Zahlungsanspruchs titulierte Forderung und betragsmäßiger Vorbehalt identisch sein werden. Allenfalls bei dem bereits unbeschränkt haftenden Miterben, der sich für den seinen Erbteil überschießenden Teil der Nachlassverbindlichkeit auf Abs. 1 S. 1 beruft, kann hier bereits im Klageverfahren eine frühzeitige Klarstellung herbeigeführt werden, der dann aber das Risiko gegenübersteht, dass im Vollstreckungsverfahren aufgrund dieser Vorgaben nur noch begrenzt auf geänderte Umstände reagiert werden kann. Liegt bereits ein Urteil gegen

56 MüKo/*Fest*, § 2059 Rn 26.
57 Zöller/*Seibel*, § 748 ZPO Rn 4, 6.
58 Zum mit einem Vorausvermächtnis bedachten Miterben vgl. OLG München FamRZ 2018, 67.
59 OLG München ErbR 2017, 664.
60 OLG Koblenz BeckRS 2021, 31925.
61 Soergel/*Wolf*, § 2059 Rn 11.
62 Soergel/*Wolf*, § 2059 Rn 7.

den Erblasser vor, kann die Einrede des Abs. 1 S. 1 trotz fehlenden Urteilsvorbehalts noch im Vollstreckungsverfahren erhoben werden.[63]

Im Hinblick auf die Schwierigkeiten, eine Erbengemeinschaft auseinanderzusetzen, in welcher zumindest einer der Miterben sich einer solchen einvernehmlichen Auseinandersetzung versagt, empfiehlt *Eberl-Borges*,[64] dass schon der (potenzielle) Erblasser zu Lebzeiten durch Einsetzung eines Alleinerben hier Vorsorge treffen sollte. Die weichenden Erben könnten dann durch Einsetzung von Geldvermächtnissen oder lebzeitige Zuwendungen auf Grundlage von Abfindungsvereinbarungen mit Erb- und Pflichtteilsverzicht bedacht werden. 25

F. Haftungsfallen

Gravierendste Haftungsfalle im Zusammenhang mit Abs. 1 S. 1 ist, dass der Miterbe die notwendige **Erhebung der Einrede** im Rechtsstreit versäumt, was für die Zukunft dann zu einer unbeschränkten Haftung führt. Auch ist zu beachten, dass Abs. 1 S. 1 **nur** eine **aufschiebende Wirkung** zukommt. Ist also Dürftigkeit des Nachlasses zu befürchten, muss ergänzend die Einrede nach §§ 1990 ff. BGB erhoben werden, auch wenn sich dies im Urteilsausspruch nicht unbedingt erkennbar niederschlägt. Daneben bestehen vor allem prozessuale **Kostenrisiken**. So wird der in Anspruch genommene Miterbe bei einer unstreitigen Forderung nur über ein sofortiges Anerkenntnis bei gleichzeitiger Erhebung der Einrede zur Erlangung des Urteilsvorbehalts einer Kostentragungspflicht in dem der Klage stattgebenden Urteil entkommen können. Hat er bereits außergerichtlich sein Einverständnis mit einer Befriedigung des Nachlassgläubigers aus dem Nachlass erklärt, hat dieser darauf zu achten, seine Klage nur auf die nicht einverstandenen Erben zu begrenzen, um seinerseits trotz Obsiegens in der Hauptsache nicht einer teilweisen Kostentragungspflicht ausgesetzt zu sein. Umgekehrt birgt es auch für den Nachlassgläubiger – im Hinblick auf eine mögliche Vollstreckungsgegenklage – ein erhebliches Risiko, wenn er in das persönliche Vermögen eines Miterben vollstreckt, ohne sich über dessen Haftung bzw. die Frage einer Teilung des Nachlasses und die Beschränkung der Haftung des Miterben auf seinen Erbteil Gedanken gemacht und diesbezüglich mit dem vorgesehenen Vollstreckungsschuldner gesprochen zu haben.[65] 26

Vorsicht ist auch bei dem sich abzeichnenden **Erlass** eines **Grundurteils** geboten, da der Streit um die Frage, ob der Miterbe beschränkt oder unbeschränkt haftet, zum Grund des Anspruchs gehört. Fehlt im Grundurteil ein entsprechender Vorbehalt, kann der Miterbe im Höheverfahren mit dem Einwand der beschränkten Erbenhaftung nicht mehr gehört werden.[66] Besondere Haftungsrisiken bestehen auch beim Tod des Verkäufers in einem schwebenden M&A-Prozess[67] sowie bei einer Auseinandersetzungsklage, bei der selbst ein kleiner Mangel des zugrundeliegenden Auseinandersetzungsplans regelmäßig zum Scheitern der Klage führt.[68] 27

63 BeckOK BGB/*Lohmann*, § 2059 Rn 4; wohl auch: MüKo/*Fest*, § 2059 Rn 14.
64 *Eberl-Borges*, ErbR 2008, 234, 238.
65 OLG Saarbrücken OLGR 2009, 970.
66 OLG Köln VersR 1968, 380.
67 Vgl. *Werkmüller*, ZEV 2007, 16.
68 *Eberl-Borges*, ErbR 2008, 234, 235.

§ 2060 Haftung nach der Teilung

Nach der Teilung des Nachlasses haftet jeder Miterbe nur für den seinem Erbteil entsprechenden Teil einer Nachlassverbindlichkeit:

1. **wenn der Gläubiger im Aufgebotsverfahren ausgeschlossen ist; das Aufgebot erstreckt sich insoweit auch auf die in § 1972 bezeichneten Gläubiger sowie auf die Gläubiger, denen der Miterbe unbeschränkt haftet;**
2. **wenn der Gläubiger seine Forderung später als fünf Jahre nach dem in § 1974 Abs. 1 bestimmten Zeitpunkt geltend macht, es sei denn, dass die Forderung vor dem Ablauf der fünf Jahre dem Miterben bekannt geworden oder im Aufgebotsverfahren angemeldet worden ist; die Vorschrift findet keine Anwendung, soweit der Gläubiger nach § 1971 von dem Aufgebot nicht betroffen wird;**
3. **wenn das Nachlassinsolvenzverfahren eröffnet und durch Verteilung der Masse oder durch einen Insolvenzplan beendigt worden ist.**

Übersicht:

A. Allgemeines

1 Auch nach der Teilung bleibt die gesamtschuldnerische Haftung der Miterben für nicht bereits vor Teilung getilgte Nachlassverbindlichkeiten grundsätzlich bestehen.[1] Dabei bestimmt sich nach den allg. Grundsätzen, ob der einzelne Miterbe beschränkt oder unbeschränkbar haftet. Zur Abwendung der Inanspruchnahme seines Eigenvermögens steht dem Miterben zu diesem Zeitpunkt regelmäßig nur noch die Herbeiführung der Eröffnung eines Nachlassinsolvenzverfahrens offen (§§ 316 Abs. 2, 320 InsO).[2] Daneben begründen §§ 2060, 2061 BGB für die dort aufgeführten Ausnahmefälle eine Einschränkung der grundsätzlich den ganzen Betrag umfassenden gesamtschuldnerischen Haftung des Miterben auf den seiner Erbquote entsprechenden Bruchteil der Verbindlichkeit. Hintergrund ist, dass die Miterben diese von einem Nachlassgläubiger **verspätet geltend gemachten** (oder einem Nachlassinsolvenzverfahren unterworfenen) **Nachlassverbindlichkeiten** nicht nach § 2046 Abs. 1 BGB vor der Teilung berücksichtigen konnten, so dass die **vorgenommene Erbauseinandersetzung schützenswert** erscheint und nicht dadurch unterlaufen werden soll, dass einen Miterben eine über seinen quotenmäßigen Anteil an der Nachlassverbindlichkeit hinausgehende Haftung trifft.[3] Schutzgut der §§ 2060, 2061 BGB ist demnach der befriedete Zustand nach der Auseinandersetzung, der nun möglichst nicht mehr gestört werden soll.[4] Im Ergebnis kann dies sogar dazu führen, dass ein Nachlassgläubiger – obwohl der ungeteilte Nachlass seine vollständige Befriedigung ermöglicht hätte – einen teilweisen Forderungsausfall hinnehmen muss, wenn er bei einem Miterben

1 BGH NJW 1998, 682.
2 Staudinger/*Baldus*, § 2060 Rn 4 f.
3 Staudinger/*Baldus*, § 2060 Rn 16 m.w.N. aus den Gesetzgebungsprotokollen.
4 Staudinger/*Baldus*, § 2060 Rn 44.

keine Zahlung erlangen, auf die anderen aber nur in Höhe von deren Anteil an der Verbindlichkeit Zugriff nehmen kann. Der daraus abgeleitete Vorwurf[5] an den Gesetzgeber erscheint jedoch unberechtigt, da dieses als unbillig empfundene Ergebnis erst dann eintreten kann, wenn auch der Nachlassgläubiger die Beitreibung seiner Forderung nur nachlässig betrieben hat.

B. Tatbestand

I. Allgemeines

Unter der Teilung des Nachlasses versteht man hier wie bei § 2059 BGB den **Vollzug** der Erbauseinandersetzung (vgl. § 2059 Rdn 4–9 m. zahlreichen Einzelfällen).[6] Dabei bilden §§ 2060, 2061 BGB die Fortsetzung des interessengerechten Schutzes der Miterben nach der Teilung des Nachlasses. In Folge dessen sehen diejenigen, die bei einem einzelnen Miterben, mit dem die Auseinandersetzung bereits abgeschlossen ist, das Kriterium der eingetretenen Teilung bejahen und ihn damit des Schutzes des § 2059 BGB verlustig erklären, den Anwendungsbereich der §§ 2060, 2061 BGB als eröffnet an (vgl. § 2059 Rdn 13).[7] Gleiches trifft auf jene Konstellation zu, bei der ein Miterbe aus nachlassfremden Mitteln die Anteile sämtlicher übriger Miterben erwirbt (vgl. § 2059 Rdn 6) oder auch der Erwerb der Anteile durch Zuweisung von Nachlassgegenständen abgewickelt wird.[8] 2

Vereinzelt spricht sich das Schrifttum auch für das Erfordernis einer Unkenntnis vom Bestand der Forderung zum Zeitpunkt der Teilung als ungeschriebenes Tatbestandsmerkmal aus.[9] Dem Hinweis auf ein angenommenes gesetzgeberisches Redaktionsversehen, ist aber zumindest bei der Fallgruppe der Nr. 1 entgegenzuhalten, dass hierdurch die Allgemeingültigkeit und Rechtskraft des ergangenen Ausschlussurteils ausgehöhlt würde. Nr. 2 wiederum sieht schon tatbestandlich eine ausdrückliche Regelung zur Kenntnis vor. 3

II. Fallgruppen

1. Ausschluss des Gläubigers im Aufgebotsverfahren

Das Nachlassaufgebotsverfahren bestimmt sich nach §§ 454 ff. FamFG. Danach ist jeder für die Nachlassverbindlichkeiten nicht unbeschränkt haftende Miterbe antragsberechtigt (§ 455 Abs. 1 FamFG), sobald er die Erbschaft angenommen hat (§ 455 Abs. 3 FamFG). Nach §§ 458 Abs. 1, 460 Abs. 1 S. 2 FamFG sind den Nachlassgläubigern im Aufgebot die Rechtsnachteile der §§ 1973, 2060 Nr. 1 BGB anzudrohen. 4

Umstritten ist, ob das Aufgebotsverfahren **vor der Teilung des Nachlasses durchgeführt** oder zumindest beantragt worden sein muss. Dagegen spricht, dass ein Gläubiger, der in einem später durchgeführten Aufgebotsverfahren seine Forderung nicht anmeldet, dies wohl auch in einem früheren Verfahren nicht getan hätte.[10] Auf der Gegenseite dürfte es mit dem Schutzzweck der Regelung kaum in Einklang stehen, wenn auch solche Miterben, die unter Nichtbeachtung des § 2046 Abs. 1 BGB voreilig die Teilung durchgeführt haben, nachträglich noch in den Genuss der mit der Bruch- 5

5 Staudinger/*Baldus*, § 2060 Rn 17.

6 Anders: Staudinger/*Baldus*, § 2060 Rn 38 ff., der sich bei bestimmten Einzelfällen für eine von § 2059 BGB abweichende Definition des Teilungsbegriffs ausspricht, was angesichts des identischen Wortlautes, der unmittelbar benachbarten Stellung im Gesetz sowie der vom Gesetzgeber beabsichtigten lückenlosen Anknüpfung – Haftung bis zur Teilung bzw. nach der Teilung – wenig überzeugend wirkt.

7 Staudinger/*Baldus*, § 2060 Rn 39.

8 Staudinger/*Baldus*, § 2060 Rn 40.

9 Staudinger/*Baldus*, § 2060 Rn 53; *Eberl-Borges*, S. 348; anders h.M., vgl. Soergel/*Wolf*, § 2060 Rn 7.

10 Staudinger/*Baldus*, § 2060 Rn 68.

teilshaftung verbundenen Haftungsbeschränkung gelangen.[11] Orientiert am Wortlaut der Nr. 1 scheint es daher sachgerechter, den Miterben die Haftungsbeschränkung nur zuzubilligen, wenn vor der Teilung ein Aufgebotsurteil erwirkt wurde.

2. Fünfjährige Säumnis des Gläubigers

6 Auch ohne Durchführung eines Aufgebotsverfahrens können die Miterben bei einer mindestens fünfjährigen Untätigkeit des Nachlassgläubigers in den Genuss der Haftungsbeschränkung nach Nr. 2 gelangen. Maßgeblicher Anknüpfungspunkt für den Fristlauf ist der Tod des Erblassers (§ 1974 Abs. 1 S. 1 BGB) oder der für den Fall der Todeserklärung gleichgestellte Zeitpunkt der Rechtskraft des entsprechenden Beschlusses (§ 1974 Abs. 1 S. 2 BGB). Dabei genügt zur Fristwahrung seitens des Nachlassgläubigers das fristgemäße ernsthafte Geltendmachen der Forderung, durch welches die Miterben Kenntnis von der Nachlassverbindlichkeit erlangen, ohne dass es deren gerichtlicher Geltendmachung bedarf. Dabei ist **Kenntnis jedes einzelnen Miterben maßgeblich**, was dazu führt, dass sich einige Mitglieder der geteilten Erbengemeinschaft auf Nr. 2 berufen können, während es bei den übrigen – rechtzeitig in Kenntnis gesetzten – bei der gesamtschuldnerischen Haftung verbleibt.[12] Die Rechtsauffassung, die zusätzlich verlangt, dass die Miterben auch nach Ablauf der fünfjährigen Frist bis zur tatsächlich durchgeführten Teilung keine Kenntnis von der Forderung erlangt haben dürfen, setzt sich in Widerspruch zum insoweit eindeutigen Wortlaut der Regelung.[13] Bei einem beiderseitigen Rechtsirrtum über die Höhe einer Nachlassverbindlichkeit steht dies für den überschießenden Teil einer Unkenntnis von deren Bestand gleich, so dass die Haftungsbeschränkung der Nr. 2 grds. Wirkung entfalten kann.[14]

7 Gleichgestellt ist die Anmeldung des Nachlassgläubigers im Aufgebotsverfahren, ohne dass es auf eine Kenntnis der Miterben hiervon ankommt. Nicht von der Haftungsbeschränkung erfasst werden dabei jene (dinglichen) Gläubiger, die auch von einem Aufgebot nach § 1971 BGB ausgenommen wären. Ein **Privataufgebot** nach § 2061 BGB steht insoweit nicht gleich, wird i.d.R. aber die Kenntnis der Miterben herbeiführen.[15]

3. Durchgeführtes Nachlassinsolvenzverfahren

8 In der Praxis wird diese Fallgruppe relativ selten einschlägig sein, da i.d.R. parallel die weitergehende Erschöpfungseinrede des § 1989 BGB greift, so dass ihr eigenständige Bedeutung nur dann zukommen kann, wenn ein Nachlassüberschuss verblieben ist, der unter den Miterben verteilt werden konnte. Nur die Verteilung der Masse (§ 200 InsO) oder ein Insolvenzplan (§ 258 InsO), der keine abweichende Bestimmung enthält,[16] ziehen die Haftungsbeschränkung nach sich, nicht hingegen eine Verfahrenseinstellung nach §§ 207, 213 InsO oder ein sonstiges Ende des Nachlassinsolvenzverfahrens. Auch die Beendigung der Nachlassverwaltung steht nicht gleich, da diese anders als ein Insolvenzverfahren nicht zwingend die Aufforderung an die Nachlassgläubiger zur Anmeldung ihrer Forderungen mit sich bringt und daher ein Aufgebot nicht überflüssig macht.[17]

---

11 MüKo/*Fest*, § 2060 Rn 12.
12 Staudinger/*Baldus*, § 2060 Rn 76; MüKo/*Fest*, § 2060 Rn 17.
13 Staudinger/*Baldus*, § 2060 Rn 71; a.A. Soergel/*Wolf*, § 2060 Rn 8.
14 KG NJW 1967, 1137; Staudinger/*Baldus*, § 2060 Rn 77; MüKo/*Fest*, § 2060 Rn 17.
15 MüKo/*Fest*, § 2060 Rn 18.
16 Soergel/*Wolf*, § 2060 Rn 9; BeckOK BGB/*Lohmann*, § 2060 Rn 6.
17 Staudinger/*Baldus*, § 2060 Rn 90; a.A. MüKo/*Fest*, § 2060 Rn 23.

Umstritten ist, ob das Insolvenzverfahren **bei Teilung eröffnet** sein muss[18] oder ob ein erst nach erfolgter Teilung eröffnetes Insolvenzverfahren ebenfalls noch ausreichen kann, um die Haftungsbeschränkung auf einen Bruchteil der Nachlassverbindlichkeit herbeizuführen.[19] Der Wortlaut der Nr. 3 spricht jedoch eher für die gläubigerfreundliche, erstgenannte Auffassung, die für sich auch in Anspruch nehmen kann, dass die nachträgliche Rückgängigmachung der Teilung im Insolvenzverfahren für die Nachlassgläubiger das zusätzliche Risiko in sich berge, dass nicht alle Nachlassgegenstände wieder zur Masse zurückgelangen. Die übereilte Teilung hat daher auch hier zu Lasten der Miterben zu gehen. 9

C. Rechtsfolgen

Anders als § 2059 Abs. 1 S. 1 BGB stellt § 2060 BGB keine Einrede dar, sondern ist **von Amts wegen** zu berücksichtigen, sobald eine der Prozessparteien den entsprechenden Tatsachenvortrag in den Rechtsstreit eingebracht hat. Liegen die Voraussetzungen des § 2060 BGB vor, zieht dies demnach nicht einen – bei § 2059 Abs. 1 S. 1 BGB regelmäßig nur befristet wirkenden – Vorbehalt nach § 780 ZPO nach sich, sondern es erfolgt eine **anteilige Verurteilung.** Treten die Voraussetzungen des § 2060 BGB erst nach Schluss der mündlichen Verhandlung in dem Rechtsstreit über die Nachlassverbindlichkeit ein, ist die Haftungsbeschränkung grds. im Wege der **Vollstreckungsgegenklage** geltend zu machen (§ 767 Abs. 1 u. 2 ZPO).[20] 10

Maßgeblich für den Umfang der eintretenden Haftungsbeschränkung ist die **Erbquote,** nicht jene tatsächliche Verteilungsquote, die sich unter Berücksichtigung von eventuellen Ausgleichungspflichten einzelner Miterben ergibt.[21] Dies kann bei einem Abweichen beider Quoten zu einem teilweisen Forderungsausfall des Nachlassgläubigers trotz insgesamt ausreichendem Nachlass führen, wenn der ausgleichungspflichtige Miterbe seine Haftung gem. § 1973 BGB auf den ihm aus der Nachlassmasse tatsächlich zugeflossenen, die anteilige Nachlassverbindlichkeit unterschreitenden Betrag beschränkt, während die ausgleichungsberechtigten Miterben unter Berufung auf § 2060 BGB nur noch für den ihrer Erbquote entsprechenden Teil der Nachlassverbindlichkeit haften. 11

Beispiel

Nachlass 30.000 EUR. Miterben A, B und C zu je 1/3. C hat bei der Auseinandersetzung wegen hoher Vorempfänge nichts erhalten. A und B erhielten je 15.000 EUR. Es meldet sich ein im Aufgebotsverfahren ausgeschlossener Gläubiger mit einer Forderung von 12.000 EUR. Lässt man die ideelle Erbquote maßgebend bleiben, so kann der Gläubiger gegenüber jedem Erben nur 4.000 EUR geltend machen; er erhält also von A und B nur je 4.000 EUR und von C, wenn dieser sich auf § 1973 BGB beruft, nichts. Obwohl der Nachlass zur Begleichung der Forderung mehr als ausreichend ist, erleidet der Gläubiger also einen Ausfall von 4.000 EUR![22]

Als unbillig kann dieses Ergebnis dennoch nicht eingestuft werden, da dem Nachlassgläubiger ein solcher teilweiser Forderungsausfall nur droht, wenn er selbst seine Forderung nicht fristgerecht geltend gemacht hat.[23] Die Möglichkeit der Rechtsbeein-

18 Wohl h.M. MüKo/*Fest*, § 2060 Rn 21; Soergel/*Wolf*, § 2060 Rn 9; BeckOK BGB/*Lohmann*, § 2060 Rn 6.
19 So Staudinger/*Baldus*, § 2060 Rn 84.
20 Staudinger/*Baldus*, § 2060 Rn 29; MüKo/*Fest*, § 2060 Rn 3.
21 Staudinger/*Baldus*, § 2060 Rn 20; MüKo/*Fest*, § 2060 Rn 4.
22 Nach Staudinger/*Baldus*, § 2060 Rn 21.
23 MüKo/*Fest*, § 2060 Rn 7; a.A. Staudinger/*Baldus*, § 2060 Rn 22, m.W.N., insbesondere zu den Lösungsansätzen zur Überwindung dieser „Unbilligkeit".

trächtigung bzw. des Rechtsverlusts durch Zeitablauf durchzieht nämlich die gesamte Rechtsordnung und wird auch hier von der gesetzgeberischen Intention der Schaffung von Rechtssicherheit getragen.

12 **Haftet ein Miterbe unbeschränkt**, steht dies einer Anwendbarkeit von §§ 2060, 2061 BGB nicht entgegen (vgl. auch § 460 Abs. 2 FamFG),[24] wodurch auch ein solcher, seiner erbrechtlichen Haftungsbeschränkungsmöglichkeiten grundsätzlich verlustig gegangener Miterbe zumindest noch eine anteilige Begrenzung seiner Einstandspflicht herbeiführen kann. Unanwendbar ist § 2060 BGB hingegen auf den zu mehreren Erbteilen berufenen Alleinerben, da hier keine Teilung eintreten kann, auch wenn er scheinbar zu einem früheren Zeitpunkt, als für einen oder mehrere Erbteile der Erbe noch unbekannt war, mit dem bestellten Nachlasspfleger für einen sich letztlich als eigenen herausstellenden Erbteil eine Teilung vorgenommen hatte.[25] Wird ein **Erbteil übertragen**, § 2033 Abs. 1 BGB, bleibt neben dem Erwerber des Erbteils auch der veräußernde Miterbe anteilig haftbar, so dass eine gesamtschuldnerische Haftung für den dem Erbteil entsprechenden Teil der Nachlassverbindlichkeit entsteht.[26] Auch kommt hier im Einzelfall eine Haftung des seinen Anteil veräußernden Erben nach § 1978 BGB in Betracht.[27] Bildet den Gegenstand der Nachlassverbindlichkeit eine unteilbare Leistung, ist umstritten, ob hier nur noch der anteilige Geldersatz oder doch die volle Leistung in natura bei gleichzeitiger Erstattung ihres Geldwertes abzgl. eines der Erbquote des in Anspruch genommenen Miterben entsprechenden Bruchteils,[28] gefordert werden darf.

13 Jeder Miterbe kann nach § 2045 BGB verlangen, dass die Auseinandersetzung bis zur Beendigung des Aufgebotsverfahrens aufgeschoben wird. Ein von einem Miterben gestellter Aufgebotsantrag kommt regelmäßig auch den übrigen Miterben zustatten (§ 997 Abs. 1 S. 1 ZPO). Dabei erfasst die Haftungsbeschränkungswirkung der Nr. 1 auch die Ansprüche nach § 1972 BGB, nicht aber solche nach § 1971 BGB.[29] Ist die Teilung bereits vor Ablauf des fünfjährigen Zeitraums erfolgt, wandelt sich mit Verstreichen der Frist die gesamtschuldnerische Haftung der Miterben nach Nr. 2 in eine anteilige. Das in die Vorschrift aufgenommene Zeitmoment schließt dabei weitgehend eine noch frühere Verwirkung aus.[30] Ein nach Eintritt der auf Nr. 1 oder 2 beruhenden teilschuldnerischen Haftung eröffnetes Nachlassinsolvenzverfahren setzt rückwirkend die Aufteilung der Nachlassverbindlichkeit außer Kraft, um wieder eine Befriedigung aus dem Nachlass zu ermöglichen, §§ 80 Abs. 1, 148, 159 InsO.[31]

14 Die **Beweislast** für die Teilung sowie die weiteren Voraussetzungen des § 2060 BGB trägt der als Gesamtschuldner in Anspruch genommene Miterbe. Bei nachgewiesenem Ablauf der Fünf-Jahres-Frist hat aber der Nachlassgläubiger die frühere Kenntnis des Miterben von der Forderung oder deren Anmeldung im Aufgebotsverfahren darzulegen und zu beweisen.[32]

24 Staudinger/*Baldus*, § 2060 Rn 59.
25 Staudinger/*Baldus*, § 2060 Rn 94.
26 Staudinger/*Baldus*, § 2060 Rn 36.
27 Staudinger/*Baldus*, § 2060 Rn 41.
28 So Staudinger/*Baldus*, § 2060 Rn 30, jedoch ohne überzeugende Begründung.
29 MüKo/*Fest*, § 2060 Rn 13; Staudinger/*Baldus*, § 2060 Rn 64 f.
30 BGH WM 1982, 101 („bleibt ganz allgemein … kaum Raum"); MüKo/*Fest*, § 2060 Rn 15 („kaum in Betracht kommen"); Staudinger/*Baldus*, § 2060 Rn 70.
31 Staudinger/*Baldus*, § 2060 Rn 91.
32 MüKo/*Fest*, § 2060 Rn 24; Staudinger/*Baldus*, § 2060 Rn 98.

D. Gestaltungshinweise, Haftungsfallen

Sieht man vom Sonderfall des Nachlassinsolvenzverfahrens ab, hat der Miterbe hier ernsthafte Gestaltungsmöglichkeiten nur über das Rechtsinstitut des Aufgebotsverfahrens. Dabei sind unter Berücksichtigung der Anzahl der Miterben, der zu verteilenden Masse sowie der „Übersichtlichkeit" des Nachlasses der eventuelle **Nutzen einer Beschränkung auf eine anteilige Haftung** sowie die **Kosten eines Aufgebotsverfahrens** gegeneinander abzuwägen. Gestaltet sich die Erbauseinandersetzung im Hinblick auf interne Streitigkeiten der Miterben schwierig, kann sich ein Aufgebotsverfahren empfehlen, um nicht nach durchgeführter Teilung durch einen erst dann auftauchenden Nachlassgläubiger zu einer Fortsetzung im Wege des internen Gesamtschuldnerausgleichs gezwungen zu werden. 15

Der Nachlassgläubiger seinerseits hat darauf zu achten, dass er Bekanntmachungen hinsichtlich eines Aufgebotsverfahrens nicht übersieht. Wird kein Aufgebotsverfahren durchgeführt, hat er **sämtliche Miterben** vor Ablauf des fünfjährigen Zeitraums so von seiner Forderung in Kenntnis zu setzen, dass er dies später in einem Rechtsstreit auch beweisen kann. 16

§ 2061 Aufgebot der Nachlassgläubiger

(1) [1]Jeder Miterbe kann die Nachlassgläubiger öffentlich auffordern, ihre Forderungen binnen sechs Monaten bei ihm oder bei dem Nachlassgericht anzumelden. [2]Ist die Aufforderung erfolgt, so haftet nach der Teilung jeder Miterbe nur für den seinem Erbteil entsprechenden Teil einer Forderung, soweit nicht vor dem Ablauf der Frist die Anmeldung erfolgt oder die Forderung ihm zur Zeit der Teilung bekannt ist.

(2) [1]Die Aufforderung ist durch den Bundesanzeiger und durch das für die Bekanntmachungen des Nachlassgerichts bestimmte Blatt zu veröffentlichen. [2]Die Frist beginnt mit der letzten Einrückung. [3]Die Kosten fallen dem Erben zur Last, der die Aufforderung erlässt.

Übersicht: Rdn

A. Allgemeines

§ 2061 BGB regelt neben den Fällen des § 2060 BGB einen vierten Fall der Umwandlung einer gesamtschuldnerischen Erbenhaftung in eine teilschuldnerische. Systematisch kann er daher auch als „§ 2060 Nr. 4 BGB" gelesen werden.[1] Im Wesentlichen treten daher dieselben praktischen Probleme wie bei § 2060 BGB auf, so dass auf die dortigen Ausführungen verwiesen werden kann. Der Unterschied zu der grundsätzlich ähnlichen Regelung des § 2060 Nr. 1 BGB (gerichtliches Aufgebot) liegt darin, dass das **Privataufgebot** des § 2061 BGB nicht zum Erlass eines Ausschlussurteils führt, welches Voraussetzung für die haftungsbeschränkende Einrede des § 1973 BGB sowie die aufschiebende Einrede des § 2015 BGB bildet.[2] Auf der Gegenseite bietet § 2061 BGB den Miterben die Möglichkeit, auf einem **billigeren und einfacheren Weg** das 1

1 Staudinger/*Baldus*, § 2061 Rn 2.
2 Staudinger/*Baldus*, § 2061 Rn 3.

Ergebnis der teilschuldnerischen Haftung zu erreichen, als dies beim gerichtlichen Aufgebotsverfahren der Fall ist.[3]

B. Tatbestand

2 Das Privataufgebot des § 2061 BGB setzt die Aufforderung an die Nachlassgläubiger voraus, ihre Forderung binnen sechs Monaten bei dem auffordernden Miterben oder dem Nachlassgericht anzumelden (Abs. 1 S. 1). Jeder Miterbe, also – anders als bei § 2060 Nr. 1 BGB, § 454 Abs. 2 FamFG – auch der bereits unbeschränkt haftende, kann diese Aufforderung aussprechen.[4] Die **Aufforderung** erfolgt **durch den Miterben** selbst und nicht durch das Gericht. Das Nachlassgericht[5] wirkt hier bei der Veröffentlichung der Aufforderung mit und nimmt die Forderungsanmeldungen entgegen.[6] Einer Androhung des Rechtsnachteils (§§ 458 Abs. 1, 460 Abs. 1 S. 2 FamFG) bedarf es nicht.[7] Die **Veröffentlichung** hat im Bundesanzeiger und dem von der Landesjustizverwaltung für die Bekanntmachungen des Nachlassgerichts bestimmten Blatt zu erfolgen (Bsp.: § 19 GerOrgG Rheinl.-Pf. („Internet"); § 18 AGGVG Bad.-Württ.).[8]

3 Die sechsmonatige **Anmeldefrist** des Abs. 1 S. 1 beginnt mit der letzten Einrückung Abs. 2 S. 2. Sie stellt eine Ausschlussfrist dar, wird also auch in den Fällen des § 206 BGB nicht gehemmt.[9] Wie bei § 2060 Nr. 1 BGB ist auch hier umstritten, ob das Aufforderungsverfahren vor der Teilung des Nachlasses beendet oder zumindest eingeleitet worden sein muss.[10] Wie oben (vgl. § 2060 Rdn 5) erscheint die gläubigerfreundliche Ansicht vorzugswürdig, da sie der Intention des Gesetzgebers, eine voreilige Teilung des Nachlasses zu vermeiden, eher gerecht wird. Der Nachlassgläubiger kann seine Forderung gegenüber dem Auffordernden oder dem zuständigen Nachlassgericht (§ 343 FamFG) anmelden. Die Anmeldung bei einem (nicht auffordernden) Miterben genügt grundsätzlich nicht, es sei denn, dieser leitet die Anmeldung fristgerecht an den Auffordernden oder das Nachlassgericht weiter.[11] Wurde keine fristgerechte Anmeldung vorgenommen, darf der einzelne Miterbe zusätzlich auch keine Kenntnis von der Forderung erlangt haben, um sich auf den Eintritt der teilschuldnerischen Haftung berufen zu können. Andernfalls verbleibt es bei der gesamtschuldnerischen Haftung des § 2058 BGB. Maßgeblicher Zeitpunkt ist insoweit die Teilung, auch wenn der Fristablauf bereits lange vorher eingetreten ist.[12] Liegt die Teilung vor Fristablauf, ist wie bei § 2060 BGB (vgl. § 2060 Rdn 3) umstritten, ob eine nach Teilung, aber bis zum Ablauf der Frist erlangte Kenntnis unschädlich bleibt.[13]

---

3 MüKo/*Fest*, § 2061 Rn 1.

4 MüKo/*Fest*, § 2061 Rn 4.

5 OLG Köln MDR 2016, 1457; Staudinger/*Baldus*, § 2061 Rn 3.

6 Zu Formulierungsvorschlägen vgl. *Zimmermann*, ZErb 2011, 259; gegen die Zurückweisung des an das Nachlassgericht gestellten Veröffentlichungsantrages durch den Rechtspfleger findet nicht die Beschwerde nach §§ 59 ff. FamFG, sondern die Rechtspflegererinnerung gem. § 11 Abs. 2 RPflG statt, OLG Köln MDR 2016, 1457.

7 Staudinger/*Baldus*, § 2061 Rn 3.

8 Vgl. auch MüKo/*Fest*, § 2061 Rn 6; Staudinger/*Baldus*, § 2061 Rn 4.

9 MüKo/*Fest*, § 2061 Rn 7.

10 Während Staudinger/*Baldus*, § 2061 Rn 10 die vorangehende Teilung für unschädlich erachtet, wird überwiegend (vgl. Soergel/*Wolf*, § 2061 Rn 2; BeckOK BGB/*Lohmann*, § 2061 Rn 5; MüKo/*Fest*, § 2061 Rn 9) die Auffassung vertreten, das Aufforderungsverfahren müsse vor Teilung beendet sein, andernfalls sei es nicht mehr zulässig u. werde wirkungslos.

11 Soergel/*Wolf*, § 2061 Rn 3.

12 Staudinger/*Baldus*, § 2061 Rn 9.

13 So Soergel/*Wolf*, § 2061 Rn 4; a.A. Staudinger/*Baldus*, § 2061 Rn 9.

C. Rechtsfolge

Nach der Teilung haftet jeder Miterbe, in dessen Person die Voraussetzungen des § 2061 BGB vorliegen, also nicht nur der auffordernde, nur noch für den seinem Erbteil entsprechenden Teil einer Forderung. Maßgebend ist wie bei § 2060 BGB die **Erbquote** und nicht die Verteilungsquote (vgl. § 2060 Rdn 11). Die rechtzeitige Anmeldung einer Nachlassforderung i.R.d. Aufforderungsverfahrens wirkt gegenüber allen Miterben, während sich Kenntnis vom Bestand der Forderung nur bei demjenigen Miterben als schädlich erweist, bei dem sie vorliegt.[14] Dies kann auch hier zu unterschiedlichen Haftungen der einzelnen Miterben führen.[15] 4

Wie bei § 2060 BGB (vgl. § 2060 Rdn 13) werden Forderungen nach § 1972 BGB (Pflichtteilsrechte, Vermächtnisse u. Auflagen) von der Haftungsbeschränkungswirkung erfasst,[16] nicht hingegen solche nach § 1971 BGB (Pfandgläubiger u. Gleichgestellte hinsichtlich der Befriedigung aus den ihnen haftenden Gegenständen). Dies ist hinsichtlich Forderungen, die § 1971 BGB unterfallen, unstr., obwohl in § 2061 BGB ein dem § 2060 Nr. 2 Hs. 2 BGB entsprechender Hinweis fehlt, da ein reduzierten Anforderungen unterliegendes Privataufgebot keine weitreichenderen Konsequenzen nach sich ziehen kann als ein gerichtliches Aufgebot.[17] 5

Wie das gerichtliche Aufgebot gewährt auch das Privataufgebot nach § 2061 BGB jedem Miterben das Recht, einen Aufschub der Auseinandersetzung zu verlangen (§ 2045 BGB). Zur Beweislast vgl. § 2060 Rdn 14. 6

D. Kosten

Die Kosten eines Privataufgebots **fallen dem Erben zur Last**, der die Aufforderung erlässt (Abs. 2 S. 3). Ob man diese Kostentragungspflicht, sofern das Aufgebot auch dem Interesse der übrigen Miteigentümer entspricht, als gemischte Nachlasserbenschuld[18] oder als reine Eigenverbindlichkeit, jedoch bei gleichzeitigem **Erstattungsanspruch** nach den Grundsätzen der Geschäftsführung ohne Auftrag[19] einstuft, wird in der Praxis nur selten zu abweichenden Ergebnissen führen. Die zuletzt genannte Auffassung hält sich dabei aber deutlicher innerhalb der Vorgaben des Wortlauts und korrigiert Unbilligkeiten ausreichend über einen Anspruch nach §§ 677, 683 BGB bei Vorliegen der dort genannten Voraussetzungen. 7

Gem. KV Nr. 12410 zu § 34 GNotKG wird für die Entgegennahme der Forderungsanmeldung durch das Nachlassgericht eine Festgebühr von 16 EUR erhoben (die wertmäßige Orientierung von § 112 KostO ist damit aufgegeben worden). Kostenschuldner ist derjenige Miterbe, der die Aufforderung erlassen hat (§ 23 Nr. 3 GNotKG). 8

E. Gestaltungshinweise, Haftungsfallen

Ergänzend zu den Ausführungen bei § 2060 Rdn 15 ist hier i.R.d. Kosten-Nutzen-Analyse zu berücksichtigen, dass das Privataufgebot seine Wirkung auf die Begründung einer **Teilschuld** nach § 2061 BGB begrenzt, während das gerichtliche Aufgebot darüber hinausgehend die dauerhafte Einrede des § 1973 BGB eröffnet. Für das gerichtliche Aufgebotsverfahren fällt dabei eine 0,5-Gebühr nach KV Nr. 15212 zu § 3Abs. 2 GNotKG an – unabhängig davon, ob das Verfahren durch Zurückweisung des Antrags oder Erlass des Ausschließungsbeschlusses endet;[20] bei mehreren durch 9

14 BeckOK BGB/*Lohmann*, § 2061 Rn 4.
15 MüKo/*Fest*, § 2061 Rn 8.
16 MüKo/*Fest*, § 2061 Rn 10.
17 MüKo/*Fest*, § 2061 Rn 10.
18 Staudinger/*Baldus*, § 2061 Rn 6.
19 MüKo/*Fest*, § 2061 Rn 12.
20 Zöller/*Geimer*, § 434 FamFG Rn 6.

selbstständige Anträge eingeleiteten Verfahren ist die Gebühr für jedes Verfahren gesondert zu erheben, ohne dass die nachträgliche Verbindung noch Einfluss auf die bereits entstandenen Gebühren hat,[21] während beim Privataufgebot die gerichtlichen Kosten nach KV Nr. 12410 zu § 3 Abs. 2 GNotKG auf 16 EUR – unabhängig vom Gesamtbetrag der angemeldeten Forderungen – begrenzt bleiben.

10 Die **anwaltlichen** Gebühren richten sich beim gerichtlichen Aufgebotsverfahren nach Nr. 3324 VV RVG (1,0 Gebühr), während für eine Vertretung bei einem Privataufgebot grundsätzlich Nr. 2300 VV RVG mit einem Gebührenrahmen von 0,5 bis 2,5 (und einer Regelgebühr von 1,3) zur Anwendung gelangt, so dass hier – selbst unter Berücksichtigung der insoweit höheren gerichtlichen Gebühren – **zumeist** ein **Kostenvorteil des gerichtlichen Aufgebots** gegeben ist. Dieser sollte indes nicht überbewertet werden, so dass – bei anwaltlicher Vertretung – die Wahl weniger von den Kosten der beiden verschiedenen Aufgebotsverfahren abhängig gemacht werden sollte als von deren Rechtsfolgen.

§ 2062 Antrag auf Nachlassverwaltung

Die Anordnung einer Nachlassverwaltung kann von den Erben nur gemeinschaftlich beantragt werden; sie ist ausgeschlossen, wenn der Nachlass geteilt ist.

Übersicht: Rdn

A. Allgemeines

1 Die von § 2062 BGB vorgesehene Modifikation des Antragsrechts aus § 1981 BGB auf Anordnung der **Nachlassverwaltung** trägt dem Umstand Rechnung, dass den Miterben das Recht zur Verwaltung des Nachlasses und zur Verfügung über die einzelnen Nachlassgegenstände nur gemeinschaftlich zusteht (§§ 2033 Abs. 2, 2038, 2040 BGB). Könnte der einzelne Miterbe oder eine Gruppe von Miterben hier die Anordnung der Nachlassverwaltung beantragen, könnte er bzw. diese Gruppe „im Alleingang" auch den übrigen Miterben, die die Berichtigung der Nachlassverbindlichkeiten selbst bewerkstelligen möchten, deren Befugnis zur Verwaltung des Nachlasses und Verfügung über diesen entziehen lassen (§ 1984 Abs. 1 S. 1 BGB), was über Hs. 1 verhindert werden soll.[1] Umgekehrt indes ist eine auf Antrag der Erben angeordnete Nachlassverwaltung aufzuheben, wenn der Verfahrenszweck der Verwaltung durch Erfüllung aller bekannten Nachlassverbindlichkeiten erledigt ist und zumindest einer der Miterben die Aufhebung der Verwaltung beantragt.[2]

2 Da eine **einvernehmliche Beantragung** der Nachlassverwaltung aber oft nicht erreicht werden kann, billigt § 2059 Abs. 1 S. 1 BGB dem einzelnen Erben bis zur Teilung ein Haftungsbeschränkungsrecht auf seinen Anteil am Nachlass zu. Mit der Teilung geraten sowohl dieses Haftungsbeschränkungsrecht wie auch die Möglichkeit einer Anordnung der Nachlassverwaltung in Wegfall. Hierdurch soll der Druck auf die

21 *H. Schneider*, AGS 2010, 521.
1 Staudinger/*Baldus*, § 2062 Rn 1.
2 BGH ZErb 2017, 324.

Miterben erhöht werden, vor der Teilung sämtliche Nachlassverbindlichkeiten zu berichtigen (§ 2046 Abs. 1 BGB).

B. Tatbestand

3 Das **Antragsrecht** für die Anordnung der Nachlassverwaltung (§ 1981 BGB) steht den Miterben (auch als Erbeserben)[3] **nur gemeinsam** zu. Überträgt ein Miterbe seinen Erbteil nach § 2033 Abs. 1 BGB auf einen Dritten, bedarf die Anordnung der Nachlassverwaltung seiner Zustimmung anstelle derjenigen des veräußernden Miterben, da der Dritte auch hinsichtlich der Verwaltungsrechte an dem Nachlass in die Rechtsstellung des veräußernden Erben einrückt.[4] Gleiches gilt, wenn ein Erbteil nach § 859 Abs. 2 ZPO durch einen Gläubiger des Miterben gepfändet wird; auch dann bedarf der Antrag des Einverständnisses des Pfändungsgläubigers.[5] Ein **Nachlassinsolvenzverfahren** kann hingegen **jeder einzelne Miterbe** beantragen (§ 317 Abs. 1 u. 2 InsO). Der Rechtsgedanke des § 2062 BGB tritt hier im Hinblick darauf zurück, dass die Miterben ohnehin nach § 1980 Abs. 1 BGB eine Beantragungspflicht bei Überschuldung oder Zahlungsunfähigkeit des Nachlasses trifft.[6]

4 **Haftet** auch nur **ein Miterbe** gegenüber allen Nachlassgläubigern (vgl. § 2013 Abs. 2 BGB) **unbeschränkbar**, ist der **Antrag unzulässig.**[7] Erforderlich wäre nämlich eine Antragstellung durch sämtliche Miterben, an welcher der unbeschränkbar haftende Miterbe nach § 2013 Abs. 1 S. 1 Hs. 2 BGB gehindert ist. Zwar findet sich im Schrifttum auch der Ansatz,[8] der Regelungsgehalt des § 2062 BGB erschöpfe sich in dem Zweck, dass ein Erbe seinen Miterben, die die Erbschaftsregulierung selbst durchführen wollen, nicht seinen Willen aufdrängen könne. § 2062 BGB resultiere also aus Besonderheiten des Innenverhältnisses der Miterben, nicht aber aus deren Haftung im Außenverhältnis, so dass sich der Verlust des Antragsrechts des einen Miterben auch nicht zum Nachteil der übrigen auswirken dürfe. Diese – sich auf die Motive des historischen Gesetzgebers berufende – Auffassung überschreitet jedoch die Grenzen, die das Zusammenspiel von § 2062 BGB u. § 2013 Abs. 1 S. 1 Hs. 2 BGB in ihrem Wortlaut setzen. Danach wird gerade eine gemeinschaftliche Antragstellung sämtlicher Miterben gefordert, zu der der eine, unbeschränkt haftende Miterbe nicht mehr berechtigt ist. Da die übrigen Miterben hier weiterhin die Haftungsbeschränkung des § 2059 Abs. 1 S. 1 BGB sowie das Recht auf Aufschub der Auseinandersetzung nach § 2045 BGB geltend machen können, sind sie auch nicht als so schutzlos anzusehen, dass man im Wege der teleologischen Reduktion gegen den Wortlaut der gesetzlichen Regelungen ihre Interessen wahren müsste.

5 Die Antragstellung kann grundsätzlich **nicht** durch **Mehrheitsbeschluss** erzwungen werden.[9] Da durch die Anordnung der Nachlassverwaltung den Miterben gerade die Verwaltungsmöglichkeiten genommen werden, betrifft diese Entscheidung das Grundverhältnis der Erbengemeinschaft und stellt somit keine, grundsätzlich einer Mehrheitsentscheidung zugängliche (§§ 745 Abs. 1, 2038 Abs. 2 BGB) Verwaltungsmaßnahme dar. Das Einverständnis sämtlicher Miterben muss noch zum Zeitpunkt der Entscheidung des Nachlassgerichts über die Anordnung der Nachlassverwaltung vorliegen. Der ursprünglich gemeinschaftliche, noch nicht beschiedene Antrag wird

3 Vgl. OLG Jena ZErb 2008, 420.
4 Staudinger/*Baldus*, § 2062 Rn 8.
5 Staudinger/*Baldus*, § 2062 Rn 9.
6 Staudinger/*Baldus*, § 2062 Rn 5.
7 MüKo/*Fest*, § 2062 Rn 3.
8 Staudinger/*Baldus*, § 2062 Rn 12 f., der sich auch mit der weitergehenden Frage von Inventarverfehlungen durch sämtliche Miterben auseinandersetzt.
9 MüKo/*Fest*, § 2062 Rn 3.

somit hinfällig, wenn ein Miterbe den Antrag zurücknimmt oder zwischenzeitlich unbeschränkt haftet.[10]

6 Ist ein Miterbe gleichzeitig auch Nachlassgläubiger, kann er als solcher den Antrag auf Anordnung der Nachlassverwaltung alleine stellen, sofern die Voraussetzungen des § 1981 Abs. 2 BGB vorliegen. Dies gilt selbst dann, wenn es sich bei dem **Miterben-Gläubiger** um den einzigen vorhandenen Nachlassgläubiger handelt.[11] Wie bei einem Gläubigerantrag genügt dann, wenn das Verhalten oder das Vermögen eines Miterben Grund zu der Annahme bieten, eine Befriedigung aus dem Nachlass als gefährdet einzustufen, § 1981 Abs. 2 BGB.[12] Dabei bleibt es für das Antragsrecht eines Nachlassgläubigers unschädlich, wenn ein Miterbe unbeschränkt haftet.[13]

7 Nach der **Teilung** des **Nachlasses** ist die Anordnung der Nachlassverwaltung ausgeschlossen (Hs. 2). Dies gilt auch beim Antrag eines Nachlassgläubigers.[14] Dies legt der Wortlaut der Regelung in Hs. 2 nahe und steht auch im Einklang mit dem Willen des Gesetzgebers, wonach bei solventem Nachlass kein Anlass bestehe, die Teilung rückgängig zu machen, während bei überschuldetem Nachlass aber weiterhin die Möglichkeit bestehe, ein Nachlassinsolvenzverfahren zu beantragen (vgl. auch § 2060 Rdn 9).

C. Rechtsfolge

8 Über einen **einzelnen Erbteil** kann die Nachlassverwaltung nicht angeordnet werden. Die Möglichkeit der Pfändung des Erbteils bleibt hiervon aber unberührt, § 2059 Abs. 1 BGB, § 859 Abs. 2 ZPO.[15] Vereinigen sich sämtliche Anteile in der Hand eines Miterben, steht dies einer Nachlassverwaltung indessen nicht entgegen.[16] Ist der Nachlass nämlich faktisch nicht verteilt, ist die Rechtslage derjenigen bei einem Alleinerben vergleichbar, bei dem die Nachlassverwaltung auch zulässig ist.

9 Zerfällt die einheitliche Gesellschafterstellung des Erblassers in einer Personenhandelsgesellschaft im Erbgang, soll jeder einzelne **Miterben-Gesellschafter** und auch noch jeder Nachlassgläubiger die Anordnung der Nachlassverwaltung beantragen können. Zur Begründung wird hier angeführt, dass die Teilung kraft Gesetzes und unabhängig vom Willen der Miterben eintrete, so dass es keinen Anlass zur Anwendung von § 2062 BGB als Sanktionsvorschrift gebe. Die Miterben seien über den Verlust der Haftungsbeschränkungsmöglichkeit des § 2059 Abs. 1 S. 1 BGB bereits belastet genug. Da der einzelne Miterbe keine Möglichkeit habe, die Teilung zu verhindern, wäre es darüber hinaus auch unbillig, ihn dann trotzdem von der Zustimmung der anderen Miteigentümer für einen Antrag auf Anordnung der Nachlassverwaltung abhängig zu machen.[17] Dieser Ansatz mag zwar als interessengerecht einzustufen sein, überzeugt letztlich aber nicht. Insbesondere liegt ein Bruch zur Argumentation bei § 2059 Abs. 1 S. 1 BGB (vgl. § 2059 Rdn 8) vor, wo bei gleicher Sachlage eine Teilung des Nachlasses und Anwendbarkeit der Regelung mit ihren den Miterben belastenden Folgen bejaht wird.

---

10 MüKo/*Fest*, § 2062 Rn 5.
11 MüKo/*Fest*, § 2062 Rn 6.
12 Staudinger/*Baldus*, § 2062 Rn 7.
13 MüKo/*Fest*, § 2062 Rn 6.
14 MüKo/*Fest*, § 2062 Rn 9; a.A. nunmehr auch Staudinger/*Baldus*, § 2062 Rn 18 ff.
15 Staudinger/*Baldus*, § 2062 Rn 6; MüKo/*Fest*, § 2062 Rn 15.
16 Staudinger/*Baldus*, § 2062 Rn 23; Soergel/*Wolf*, § 2062 Rn 3.
17 MüKo/*Fest*, § 2062 Rn 11; a.A. Staudinger/*Baldus*, § 2062 Rn 25 ff., der insgesamt die Möglichkeit einer Singularsukzession in den Gesellschaftsanteil verneint, so dass dann ohnehin eine ungeteilte Erbengemeinschaft vorliegt u. hier ein in weiten Teilen gleiches Ergebnis erzielt wird.

Ist der **Nachlass** im Zuge freiwilliger Tilgung von Nachlassverbindlichkeiten **erschöpft**, bedürfen die Miterben des Schutzes der Nachlassverwaltung nicht mehr, da sie ihre Haftung dann ausreichend über die Dürftigkeitseinrede oder ein Nachlassinsolvenzverfahren begrenzen können.[18] Ist **Testamentsvollstreckung** angeordnet, greift hingegen § 2062 BGB, so dass der einzelne Miterbe nicht dem Testamentsvollstrecker durch einen Antrag auf Anordnung der Nachlassverwaltung die Verwaltungs- und Verfügungsbefugnis entziehen kann.[19] 10

D. Rechtsmittel

Die Anordnung der Nachlassverwaltung auf Antrag sämtlicher Miterben ist nicht anfechtbar (§ 359 Abs. 1 FamFG). Gegen den Beschluss, durch den dem Antrag eines Nachlassgläubigers, die Nachlassverwaltung anzuordnen, stattgegeben wird, steht jedem Miterben die Beschwerde zu (§ 359 Abs. 2 FamFG). Hat das Nachlassgericht entgegen § 2062 BGB auf Antrag eines einzelnen Miterben die Nachlassverwaltung angeordnet, können die übrigen nach § 58 FamFG Beschwerde erheben.[20] Gegen die Ablehnung der Anordnung einer Nachlassverwaltung steht das Beschwerderecht den Miterben nur gemeinsam zu.[21] 11

Der „**Aufhebungsantrag**" an das Nachlassgericht – die schlichte Zurücknahme des Antrages durch einen Miterben ist nach der gerichtlichen Entscheidung über die Anordnung der Nachlassverwaltung nicht mehr eröffnet – bildet eine reine Anregung der von Amts wegen zu treffenden Entscheidung und kann daher von jedem Miterben einzeln gestellt werden. Wird er abgelehnt, steht dann auch jedem einzelnen Miterben ein Beschwerderecht zu.[22] Beschließt das Nachlassgericht die Aufhebung der angeordneten Nachlassverwaltung, wird überwiegend dem einzelnen Miterben ein Beschwerderecht zugebilligt.[23] Das von der Gegenmeinung[24] angeführte Argument, die ursprüngliche Anordnung habe nur gemeinsam beantragt werden können, so dass auch die (zum selben Ergebnis führende) Beschwerde gegen eine Aufhebung nur durch sämtliche Miterben eingelegt werden könne, verkennt dabei die Interessenlage. Während ursprünglich die Miterben vor einem „Alleingang" eines Erben geschützt werden sollen, ist der Verlust der Verwaltungs- und Verfügungsbefugnisse durch die auf gemeinsamen Antrag angeordnete Nachlassverwaltung dann eingetreten. Eines Schutzes der Miterben, die an diesem Rechtsverlust mitgewirkt haben, bedarf es daher nicht mehr. Auf der Gegenseite ist eine Beschwer eines einzelnen Miterben durch eine verfrühte Aufhebung der Nachlassverwaltung denkbar, so dass es bei der allg. Regelung des § 59 Abs. 1 FamFG zu verbleiben hat. 12

E. Gestaltungshinweise, Haftungsfallen

Einen eigenständigen Gestaltungs- oder Risikoschwerpunkt bildet § 2062 BGB nicht. Die Regelung verdeutlicht aber nochmals den Stellenwert der Teilung des Nachlasses für die Haftungsbeschränkungsmöglichkeiten eines Miterben. Jeder Miterbe sollte daher darauf bedacht sein, dass der Nachlass nicht vor Berichtigung bzw. Sicherstellung der auf ihm lastenden Verbindlichkeiten geteilt wird (§ 2046 Abs. 1 S. 1 u. 2 BGB). 13

---

18 MüKo/*Fest*, § 2062 Rn 12.

19 Staudinger/*Baldus*, § 2062 Rn 2; a.A. *Muscheler*, Haftungsordnung, S. 113 ff.

20 OLG Hamm ZErb 2015, 313; OLG Brandenburg ZEV 2021, 237, für einen einzelnen übergangenen Miterben und der insoweit laufenden Beschwerdefrist.

21 Staudinger/*Baldus*, § 2062 Rn 14; MüKo/*Fest*, § 2062 Rn 7.

22 Staudinger/*Baldus*, § 2062 Rn 15.

23 Staudinger/*Baldus*, § 2062 Rn 15; MüKo/*Fest*, § 2062 Rn 8.

24 MüKo/*Ann*, 8. Aufl., § 2062 Rn 7.

§ 2063 Errichtung eines Inventars, Haftungsbeschränkung

(1) Die Errichtung des Inventars durch einen Miterben kommt auch den übrigen Erben zustatten, soweit nicht ihre Haftung für die Nachlassverbindlichkeiten unbeschränkt ist.
(2) Ein Miterbe kann sich den übrigen Erben gegenüber auf die Beschränkung seiner Haftung auch dann berufen, wenn er den anderen Nachlassgläubigern gegenüber unbeschränkt haftet.

Übersicht: Rdn

A. Allgemeines

1 § 2063 BGB enthält **zwei grundsätzlich verschiedene Regelungen**, nämlich einerseits betreffend die Wirkung der Inventarerrichtung durch einen Miterben für die anderen beteiligten Miterben (Abs. 1), andererseits hinsichtlich des Fortbestandes der Haftungsbeschränkung eines im Außenverhältnis bereits unbeschränkt haftenden Miterben im Verhältnis zu seinen übrigen Miterben (Abs. 2).

2 Durch Errichtung eines **Inventars** (§§ 1993 ff. BGB) kann sich der einzelne Erbe die ihn begünstigende Vermutungswirkung des § 2009 BGB sichern. Nach der Wertung des Gesetzes ist dabei dem Schutzinteresse der Nachlassgläubiger bei einer Erbengemeinschaft durch Errichtung eines Nachlassverzeichnisses Genüge getan, unabhängig davon, ob nur einer der Miterben oder diese in ihrer Gesamtheit das Verzeichnis errichtet haben.[1] In Konsequenz dieser gesetzgeberischen Wertung steht das Recht, ein Inventar zu errichten, daher auch jedem Miterben gesondert zu, unabhängig davon, ob ihm bereits nach § 1994 BGB eine Inventarfrist gesetzt worden ist; jeder einzelne Miterbe kann die amtliche Aufnahme des Inventars gem. § 2003 BGB beantragen.[2] Während danach die begünstigenden Wirkungen eines errichteten Inventars auch jenen Miterben zugutekommen, die selbst keine Errichtung vorgenommen haben, führen auf der Gegenseite Inventarverfehlungen eines einzelnen Miterben nur bei diesem zu unbeschränkter Haftung, es sei denn ein Miterbe begeht durch eine dolose Bezugnahme auf das vorgelegte Nachlassverzeichnis seinerseits eine eigene Inventaruntreue.[3] Eine gegenseitige Verpflichtung der Miterben, bei der Inventarerrichtung mitzuwirken, besteht nicht. Den einzelnen Miterben trifft allenfalls eine Verpflichtung zur Vorlage eines Verzeichnisses der in seinem Besitz befindlichen Nachlassgegenstände.

3 Ein Miterbe, der eine **Inventarverfehlung** begangen hat (Versäumung der Inventarfrist, § 1994 Abs. 1 BGB, oder Inventaruntreue, § 2005 Abs. 1 BGB) haftet den Nachlassgläubigern unbeschränkt. Eine Sonderregelung sieht hier Abs. 2 im Verhältnis zu einem Miterben-Gläubiger vor, da dieser aufgrund der Möglichkeit, sich als Erbe selbst über den Bestand des Nachlasses informieren zu können, gegenüber außenstehenden

1 MüKo/*Fest*, § 2063 Rn 1.
2 Staudinger/*Baldus*, § 2063 Rn 3.
3 Staudinger/*Baldus*, § 2063 Rn 4.

Gläubigern weniger schutzbedürftig ist. Die Regelung wird dabei teilweise als rechtspolitisch verfehlt eingestuft, da der Gesetzgeber zu Unrecht davon ausgegangen sei, dass ein Miterbe im Verhältnis zu den übrigen Miterben des von dem Verlust des Haftungsbeschränkungsrechts ausgehenden Schutzes nicht bedürfe.[4]

B. Tatbestand

I. Inventarerrichtung durch einen Miterben (Abs. 1)

4 § 1993 BGB definiert Inventar als Verzeichnis des Nachlasses. Hieraus wird mehrheitlich die Voraussetzung abgeleitet, dass sich die Schutzwirkung des Abs. 1 nur dann bei den Miterben entfalten könne, wenn sich das errichtete Verzeichnis auf den **gesamten Nachlass** und nicht nur auf den Erbteil des errichtenden Miterben bezieht.[5] Große praktische Relevanz wird diesem – dogmatisch zutreffenden – Ansatz aber kaum zukommen, da dem einzelnen Miterben vor Teilung des Nachlasses regelmäßig kein die anderen Erben ausschließendes Recht an einzelnen Nachlassgegenständen zusteht. Seine quotale Beteiligung an der Erbschaft (als Summe der „Quoten" an den einzelnen Nachlassgegenständen) macht dann aber die Aufnahme sämtlicher Gegenstände in das Inventar erforderlich.[6] Auch ein Vorausvermächtnis zugunsten des das Inventar errichtenden Miterben führt hier zu keinen Besonderheiten, da der betroffene Gegenstand Bestandteil des Nachlasses bleibt und auch der Erbteil des begünstigten Miterben mit dem Vermächtnis belastet ist (vgl. § 2150 BGB).

5 Hat ein Miterbe dem Wortlaut nach aber bewusst nur ein Inventar über seinen Erbteil errichtet, sollte dennoch seitens der übrigen Miterben vorsorglich ein eigenes fristgemäßes Inventar eingereicht werden. Dabei wird sich der nachfolgende Miterbe an den Vorgaben des bereits errichteten Inventars orientieren. Zur Vermeidung einer eigenen **Inventaruntreue**, die allein durch die Errichtung eines fehlerhaften Inventars seitens des Miterben noch nicht ausgelöst wird, sollten die dortigen Angaben vor einer Bezugnahme aber einer eigenen Überprüfung unterzogen werden.

6 Nicht erforderlich ist, dass ein Miterbe gem. § 2004 BGB ausdrücklich erklärt, das errichtete Inventar solle als von ihm eingereicht gelten.[7] Ebenso wenig kann aus dem Wort „auch" in Abs. 1 gefolgert werden, dass das von einem Miterben errichtete Inventar diesem überhaupt zugutekommt. Ein nach Ablauf einer gesetzten **Inventarfrist** eingereichtes Inventar kann bei einem anderen Miterben als rechtzeitiges Inventar volle Wirkung entfalten, wenn die diesem Miterben gesetzte Frist bei Einreichung noch nicht abgelaufen war.[8] Problematisch ist dabei der Fall, in welchem ein ungetreu errichtetes Inventar die Miterben dazu bewegt, im Vertrauen auf dessen Richtigkeit die ihnen selbst gesetzte Inventarfrist verstreichen zu lassen. Richtigerweise wird man hier analog § 2005 Abs. 2 BGB auf Antrag der Nachlassgläubiger den Miterben eine erneute **Frist** zur **Ergänzung** des unvollständigen Inventars bestimmen müssen. Erst mit Ablauf dieser Frist tritt dann der Verlust des Haftungsbeschränkungsrechts ein.[9]

II. Haftungsbeschränkung unter unbeschränkt haftenden Miterben (Abs. 2)

7 Erfasst werden hier jene Fälle, in denen ein Miterbe von einem anderen Miterben auf Erfüllung einer Nachlassverbindlichkeit in Anspruch genommen wird (Verbindlichkeit des Erblassers gegenüber dem Miterben, Vermächtnis, Pflichtteilergänzungsanspruch, Berichtigung einer gesamtschuldnerischen Nachlassverbindlichkeit), nachdem

4 Staudinger/*Baldus*, § 2063 Rn 19 f., 24, der sich für eine Streichung des Abs. 2 ausspricht.
5 MüKo/*Fest*, § 2063 Rn 2.
6 Staudinger/*Baldus*, § 2063 Rn 2.
7 Staudinger/*Baldus*, § 2063 Rn 6; MüKo/*Fest*, § 2063 Rn 2.
8 Staudinger/*Baldus*, § 2063 Rn 7 f.
9 Staudinger/*Baldus*, § 2063 Rn 9.

bei einem von ihnen im Verhältnis zu den außenstehenden Nachlassgläubigern bereits eine unbeschränkte Haftung eingetreten ist. Dabei wird vereinzelt[10] angenommen, auf **Erstattungsansprüche** gem. § 426 BGB nach Befriedigung eines externen Nachlassgläubigers sei der Ausschluss der Haftungsbeschränkung nur bedingt anwendbar. Nur wenn die Haftung des auf Regress belangten Miterben gegenüber dem ursprünglichen Nachlassgläubiger noch beschränkbar gewesen sei, könne er die Haftungsbeschränkung auch dem die Erstattung fordernden Miterben gegenüber geltend machen, da es mit dem Grundgedanken des § 426 Abs. 2 BGB unvereinbar sei, diesen über Abs. 2 abzuschwächen. Zutreffender dürfte hier der Ansatz sein, Abs. 2 auf sämtliche Verbindlichkeiten der Miterben untereinander anzuwenden, da dies dem Wortlaut der Regelung näherkommt und auch mit deren Normzweck in Einklang gebracht werden kann.[11]

C. Rechtsfolgen

I. Inventarerrichtung durch einen Miterben (Abs. 1)

8 Die Inventarerrichtung durch einen Miterben kommt auch den **übrigen Miterben** zustatten, soweit sie ihr Haftungsbeschränkungsrecht zum Zeitpunkt der Einreichung nicht bereits verloren haben. Im umgekehrten Fall ist die **Inventarverfehlung eines Miterben für seine Miterben aber unschädlich.**[12]

9 Denkbar ist hier, dass ein Miterbe das Inventar innerhalb der ihm gesetzten Frist errichtet, eine einem anderen Miterben gesetzte Frist aber bereits vor Einreichung abgelaufen war. Ursache kann einerseits die Möglichkeit sein, den einzelnen Miterben gem. §§ 1994, 2005 Abs. 2 BGB verschieden laufende Fristen zu setzen, wie auch ein nach § 1995 Abs. 1 S. 2, Abs. 2 BGB differierender Fristablauf bei eigentlich einheitlich bestimmter Inventarfrist.[13] Der von einem Miterben gestellte Antrag auf amtliche Aufnahme des Inventars kann auch die einem anderen Miterben gesetzte Inventarfrist wahren, §§ 2003 Abs. 1 S. 2, 2063 Abs. 1 BGB analog.[14] Entfaltet ein errichtetes Inventar gegenüber einem Miterben Wirkung, kann diesem gem. § 2005 Abs. 2 BGB nur noch eine Frist zur Ergänzung des Inventars gesetzt werden.[15] Hat ein Miterbe sein **Haftungsbeschränkungsrecht** nicht allg., sondern nur gegenüber einzelnen Nachlassgläubigern verloren (vgl. § 2006 Abs. 3 BGB), kommt ihm das von dem Miterben errichtete Inventar im Verhältnis zu den übrigen Nachlassgläubigern zugute.[16] Der **Dreimonatseinrede** des § 2014 BGB geht ein Miterbe nicht dadurch verlustig, dass ein anderer Miterbe ein sämtliche Miterben begünstigendes Inventar einreicht.[17] Weitgehend anerkannt ist, dass von denjenigen Miterben, die das Inventar nicht selbst errichtet haben, dessen Bekräftigung durch eine eidesstattliche Versicherung nicht verlangt werden kann (§§ 260, 2006 BGB), da diese nicht verantwortlich für das errichtete Inventar sind.[18] Etwas anderes gilt aber, wenn ein von ihnen insgesamt beauftragter Notar das Inventar errichtet hat.

---

10 MüKo/*Fest*, § 2063 Rn 9.

11 Staudinger/*Baldus*, § 2063 Rn 22 ff.

12 MüKo/*Fest*, § 2063 Rn 2; Staudinger/*Baldus*, § 2063 Rn 4.

13 Staudinger/*Baldus*, § 2063 Rn 11; MüKo/*Fest*, § 2063 Rn 2; Soergel/*Wolf*, § 2063 Rn 2, auch zu weiteren Möglichkeiten des vorangehenden Verlustes des Haftungsbeschränkungsrechts.

14 MüKo/*Fest*, § 2063 Rn 2; Staudinger/*Baldus*, § 2063 Rn 12.

15 Staudinger/*Baldus*, § 2063 Rn 13; MüKo/*Fest*, § 2063 Rn 3.

16 Staudinger/*Baldus*, § 2063 Rn 5.

17 Staudinger/*Baldus*, § 2063 Rn 14.

18 MüKo/*Fest*, § 2063 Rn 2; differenzierend Staudinger/*Baldus*, § 2063 Rn 15 f.; vgl. auch RGZ 129, 239.

II. Haftungsbeschränkung unter unbeschränkt haftenden Miterben (Abs. 2)

Gegenüber den Miterben bleibt das Haftungsbeschränkungsrecht auf den Nachlass oder das bei der Teilung Empfangene selbst dann erhalten, wenn dieses gegenüber den außenstehenden Nachlassgläubigern bereits verloren gegangen ist. Auch hier tritt die Haftungsbeschränkung gegenüber den Miterben nicht automatisch ein, sondern der Miterbe muss sich hierauf berufen, was ihm aber auch dann noch möglich ist, wenn im Außenverhältnis bereits unbeschränkte Haftung eingetreten ist. Im Übrigen kommt Abs. 2 kein eigenständiger Regelungsgehalt gegenüber den ohnehin bereits nach §§ 2059, 2060 BGB, § 780 ZPO bestehenden Haftungsregelungen zu, insbesondere begründet er kein eigenständiges Recht zur Haftungsbeschränkung.[19] Verwendet der Miterbe keines der möglichen Beschränkungsmittel, tritt auch gegenüber dem Miterben-Gläubiger die Haftung mit dem eigenen Vermögen ein.[20] 10

Als **Sonderfall** ist noch zu beachten, dass Abs. 2 in jenen Fällen, in denen der Erblasser als Nichtberechtigter über einen Gegenstand verfügt hat und sowohl der Erwerber wie auch der Berechtigte zu seinen Erben gehören, zur Unanwendbarkeit des § 185 Abs. 2 S. 1 Hs. 3 BGB führt, und zwar auch dann, wenn ein Vorerbe zugunsten eines von mehreren Nacherben eine unentgeltliche Verfügung trifft und seinerseits von den Nacherben beerbt wird.[21] 11

D. Gestaltungshinweise, Haftungsfallen

Bei Vorlage eines Inventars durch einen Miterben ist darauf zu achten, dass hier nicht ausnahmsweise nur ein **Inventar über dessen Erbteil** errichtet wurde. 12

Auch ist bei **gesetzten Fristen** zur Errichtung des Inventars besondere Sorgfalt zur Anwendung zu bringen, da diese nicht für jeden Miterben gleichzeitig ablaufen müssen. Beabsichtigt der Mandant als Miterbe, auf die Wirkung eines Inventars, dessen Errichtung ein anderer Miterbe übernommen hat, zu vertrauen, ist die für den eigenen Mandanten laufende Inventarfrist exakt zu bestimmen und sicherzustellen, dass zu diesem Zeitpunkt das Inventar des Miterben (über den gesamten Nachlass) beim Nachlassgericht eingereicht ist. 13

19 Staudinger/*Baldus*, § 2063 Rn 25 ff.; MüKo/*Fest*, § 2063 Rn 6.
20 RGRK/*Kregel*, § 2063 Rn 3.
21 Ausführlich MüKo/*Fest*, § 2063 Rn 10 f.; krit. Staudinger/*Baldus*, § 2063 Rn 28.

Abschnitt 3. Testament

Titel 1. Allgemeine Vorschriften

Vorbemerkung zu §§ 2064–2086 BGB

Literatur

Keuk, Der Erblasserwille post testamentum und die Auslegung des Testamentes, 1965; *Tappmeier*, Die erbrechtlichen Auslegungsvorschriften in der gerichtlichen Praxis, NJW 1988, 2715.

In Abschnitt 3 des Fünften Buches des Bürgerlichen Gesetzbuches finden sich zahlreiche Vorschriften über das Testament. Der erste Titel, Allgemeine Vorschriften, enthält hierbei insbesondere **Auslegungsregeln**. Die Vorschriften des ersten Titels gelten für alle letztwilligen Verfügungen. 1

Die Vorschriften darüber, ob ein Testament wirksam ist oder nicht, finden sich überwiegend im **Fünften Buch** des BGB. Jedoch sind die Wirksamkeitsvoraussetzungen nicht ausschließlich dort geregelt. Vielmehr gelten für den Fall, dass keine besonderen Regelungen vorhanden sind, die Bestimmungen des **Allgemeinen Teils**. Es finden diejenigen allg. Vorschriften Anwendung, die nicht für empfangsbedürftige Willenserklärungen gelten. Insoweit ist § 116 S. 1 BGB[1] sowie § 118 BGB anwendbar, nicht jedoch § 116 S. 2 BGB und § 117 BGB, da ein Erklärungsempfänger nicht vorhanden ist. 2

Bzgl. der Anfechtung wegen Willensmängeln stellen die §§ 2078 ff. BGB eine besondere Regelung dar. Da die Anfechtung jedoch hier nicht vollständig geregelt ist, kommen die Vorschriften des Allgemeinen Teils ergänzend zum Zuge. 3

Für die **Umdeutung** gilt § 140 BGB auch im Erbrecht. Dagegen gilt für die Fälle der Teilnichtigkeit weitgehend § 2085 BGB anstelle von § 139 BGB. Die §§ 134, 138 BGB finden auch im Bereich des Erbrechts Anwendung. 4

Im erbrechtlichen Teil sind die Voraussetzungen und Wirkungen der Verfügungen von Todes wegen sehr unübersichtlich geregelt. Die §§ 1937–1941 BGB regeln die gewillkürte Erbfolge und die Verfügungen von Todes wegen. Nach den allg. Vorschriften der §§ 2064–2086 BGB (persönliche Errichtung, Bestimmung des Bedachten, Bedingungen, Anfechtung u. Auslegung) folgt der wesentliche Inhalt der Testamente, nämlich Erbeinsetzung, Vor- und Nacherbfolge, Vermächtnis, Auflage, Testamentsvollstreckung, in den §§ 2087–2228 BGB. Sodann ist in den §§ 2229–2264 BGB die Errichtung und Aufhebung von Testamenten normiert. In den §§ 2265–2273 BGB finden sich die Vorschriften zum gemeinschaftlichen Testament. Wie vorstehend ausgeführt, handelt es sich u.a. in den §§ 2067–2072 BGB um gesetzliche Auslegungsregeln. Mit Hilfe dieser Regelungen soll die wirkliche Bedeutung einer in einer Verfügung von Todes wegen enthaltenen Erklärung des Erblassers ermittelt werden. Führt eine individuelle Auslegung nicht zum Erfolg, gelangt man mit Hilfe der gesetzlichen Auslegungsregeln zu einem auf der Rechtserfahrung beruhenden standardisierten Ergebnis. Die gesetzlichen Regelungen kommen dann zur Anwendung, wenn der Erblasser eine Formulierung gewählt hat, die von vornherein unklar und damit auslegungsfähig ist. 5

Es gibt aber auch solche Fälle, bei denen die errichtete letztwillige Verfügung bei ihrer Abfassung eindeutig war, der Sachverhalt sich allerdings später ändert und der Erblasser hierfür keine Regelungen vorgesehen hat. In den Fällen, in denen eine derar- 6

1 RGZ 104, 320, 322; BayObLG FamRZ 1977, 347 f.; OLG Frankfurt FamRZ 1993, 858, 860.

tige Unklarheit bzw. Lückenhaftigkeit von Gesetzes wegen behoben wird, sprechen wir von gesetzlichen Regeln der ergänzenden Testamentsauslegung. Hierunter fallen die Regelungen in den §§ 2076 u. 2077 BGB.

7 Die **gesetzlichen Auslegungsregeln** finden also für solche Sachverhalte Anwendung, die unklar sind, die gesetzlichen Ergänzungsregeln dort, wo ein nachträglich eintretender Sachverhalt nicht geregelt ist. Die Grenze zwischen unklaren und unvollständigen Regelungen ist jedoch sehr schwer zu ziehen.[2]

8 Die **gesetzlichen Auslegungs- und Ergänzungsregeln** gelten auch für die letztwilligen Verfügungen, die vor Inkrafttreten des BGB verfasst worden sind. Voraussetzung ist jedoch, dass der Erblasser nach Inkrafttreten verstorben ist.[3] Nach einer Ansicht sollen die gesetzlichen Auslegungs- und Ergänzungsregeln nur dann Anwendung finden, wenn weder die einfache noch die ergänzende Auslegung zur Klärung des Erblasserwillens führt.[4] Nach anderer, richtiger Ansicht geht jedoch die Anwendung von Auslegungsregeln in den Fällen, in denen es um einen streitigen Erblasserwillen geht, der Ermittlung und Würdigung von Umständen für einen abweichenden Willen des Erblassers vor.[5]

9 Die Vorschrift des § 138 Abs. 1 BGB gilt auch für testamentarische Verfügungen. Allerdings ist die praktische Bedeutung heute gering. Dies hängt mit einer grundlegenden Veränderung der Maßstäbe zusammen, die für die Beurteilung der Sittenwidrigkeit herangezogen werden.[6]

10 Letztwillige Verfügungen, wonach behinderten Kindern die Leistungen der Sozialhilfe erhalten bleiben, diese aber Vermögensvorteile aus dem Nachlass der Eltern erhalten, und zwar zur Verbesserung der Lebensumstände, sind nach der Rechtsprechung des BGH nicht sittenwidrig.[7] Wird das behinderte Kind als unbefreiter Vorerbe und ein anderer Abkömmling als Nacherbe eingesetzt und ordnen die Eltern darüber hinaus noch eine Dauertestamentsvollstreckung an, ist diese Gestaltung nicht sittenwidrig.[8]

§ 2064 Persönliche Errichtung

Der Erblasser kann ein Testament nur persönlich errichten.

Übersicht: Rdn

2 MüKo/*Leipold*, Vor § 2064 Rn 3,4; *Lange/Kuchinke* § 34 VI 1c, 2; *Keuk*, Erblasserwille und Auslegung des Testaments, 1965, S. 29 ff., 59; gegen eine Unterscheidung spricht sich Staudinger/*Otte* (2019), Vor §§ 2064 ff. Rn 98 ff., aus.

3 RGZ 59, 80, 83; RGZ 76, 20, 22; RGZ 79, 32.

4 *Lange/Kuchinke*, § 33 III 2b.

5 Staudinger/*Otte* (2019), Vor §§ 2064 ff. Rn 112; *Tappmeier*, NJW 1988, 2715 f.

6 Näher hierzu MüKo/*Leipold*, Vor § 2064 Rn 13 ff. m.w.N.; OLG Düsseldorf FamRZ 2009, 545 = FGPrax 2009, 25;. BGHZ 188, 96 = NJW 2011, 1586; BGHZ 111, 36 = NJW 1990, 2055; BGHZ 123, 368 = NJW 1994, 248. Auch bei hohem Wert des Nachlasses gilt nichts anderes, LG Essen ZEV 2016, 324; OLG Hamm ZEV 2017, 158.

7 BGHZ 188, 96 = NJW 2011, 1586; BGHZ 111, 36 = NJW 1990, 2055; BGHZ 123, 368 = NJW 1994, 248.

8 Bekräftigt durch BGH ZEV 2017, 267 Rn 15; BGH ZEV 2017, 407 Rn 12; BGH NJW 2020, 58 Rn 12.

A. Allgemeines

I. Normzweck

Der Erblasser muss seine Verfügung von Todes wegen persönlich errichten. Zweck dieser Vorschrift ist es, die **Testierfreiheit** zu sichern.[1] Dies wiederum ist die erbrechtliche Ausprägung der Privatautonomie.[2] Der wirkliche Wille des Erblassers soll sich in seiner letztwilligen Verfügung niederschlagen. Die Testierfreiheit ist **höchstpersönliches, unübertragbares Recht**. Dem Erblasser wird hierdurch die Möglichkeit eingeräumt, von der gesetzlichen Erbfolge abzuweichen, was erhebliche Auswirkungen auf den Ehegatten, Abkömmlinge oder sonstige Verwandte haben kann. Unmittelbar sind damit vermögensrechtliche Folgen betroffen, mittelbar kann sich dies aber auch auf die familiären bzw. persönlichen Beziehungen auswirken. Das Gesetz schreibt die persönliche Errichtung wegen der großen Tragweite eines Testaments und wegen der erst mit dem Tode des Erblassers eintretenden Wirksamkeit zwingend vor. Ausnahmen beim Vermächtnis (§§ 2151, 2152 BGB) und der Auswahl des Testamentsvollstreckers (§§ 2198, 2200 BGB) durchbrechen das vorgenannte Prinzip der personalen Verantwortung des Erblassers. 1

II. Geltungsbereich

Die Vorschrift des § 2064 BGB bezieht sich lediglich auf die **letztwillige Verfügung in Form eines Testaments**. Sie gilt sowohl für das Einzel- als auch für das gemeinschaftliche Testament.[3] Gleichlautende Vorschriften finden sich jedoch auch für den Erbvertrag (§ 2274 BGB) sowie eingeschränkt für den Erbverzicht (§ 2347 Abs. 2 BGB). Da es sich beim Testament um eine einseitige, nicht empfangsbedürftige Willenserklärung handelt, wird diese nicht erst durch Abgabe und Zugang wirksam, sondern sofort nach Vollendung des Errichtungsaktes. Daher muss der Erblasser diesen Errichtungsakt selbst vornehmen, damit dem Gebot der formellen Höchstpersönlichkeit Genüge getan ist. Eine Stellvertretung ist auch bei der Bestätigung eines anfechtbaren Erbvertrages (§ 2284 BGB), bei der vertraglichen Aufhebung des Erbvertrages (§ 2290 Abs. 2 S. 1 BGB) sowie beim Rücktritt vom Erbvertrag (§ 2296 Abs. 1 S. 1 BGB) ausgeschlossen. Erfasst wird von der Regelung des § 2064 BGB sowohl die **Testamentserrichtung** als auch das Widerrufstestament gem. § 2254 BGB sowie das widersprechende Testament i.S.v. § 2258 BGB. 2

B. Tatbestand

Voraussetzung der Gültigkeit eines Testaments ist dessen persönliche Errichtung (**formelle Höchstpersönlichkeit**). Weiterhin ist Testierfähigkeit erforderlich. Das Testament muss vom Erblasser persönlich ge- und unterschrieben werden, sofern es sich um ein privatschriftliches Testament handelt. Für ein öffentliches Testament gilt § 2232 BGB. Beim Testierrecht handelt es sich um ein höchstpersönliches Recht. Eine **Stellvertretung** ist somit ausgeschlossen.[4] Mit der Gestattung der Stellvertretung würde der Erblasser nämlich seine Testierfreiheit zumindest teilweise aufgeben. Es ist sowohl die Vertretung durch einen Bevollmächtigten als auch die Vertretung durch den gesetzlichen Vertreter ausgeschlossen.[5] Desgleichen ist die Vertretung durch einen Vertreter kraft Amtes ausgeschlossen. Sowohl das Handeln unter fremdem Namen als auch die vollmachtlose Vertretung sind verboten. Ausfluss dieses Gebots sind die Vorschriften 3

---

1 MüKo/*Leipold*, § 2064 Rn 1.

2 *Muscheler*, Erbrecht I, Rn 327; *Isensee*, DNotZ 2004, 754; *Kroppenberg*, DNotZ 2006, 86; *Westermann*, ZfPW 2016, 85.

3 MüKo/*Leipold*, § 2064 Rn 2.

4 MüKo/*Leipold*, § 2064 Rn 1, 3.

5 MüKo/*Leipold*, § 2064 Rn 3.

der §§ 2229 Abs. 2, 1903 Abs. 2 BGB. Demgemäß unterliegt die Testamentserrichtung eines Minderjährigen, der das 16. Lebensjahr vollendet hat, bzw. die Testamentserrichtung durch einen Betreuten nicht der Zustimmung der Eltern bzw. des Betreuers.

4 Der Erblasser hat die Möglichkeit, durch letztwillige Verfügung von der gesetzlichen Erbfolge abzuweichen. Dieser Verantwortung soll er sich nicht durch Einschaltung eines Vertreters entziehen können.[6] Es ist weder eine Vertretung im Willen (Stellvertretung) noch in der Erklärung zulässig.[7] Für eine Vertretung in der Erklärung ist charakteristisch, dass eine eigene Willenserklärung durch den Vertreter zwar formuliert wird, der Vertretene jedoch den Inhalt genau vorgegeben hat. Ebenso ist die Einschaltung eines **Boten** unzulässig. Allerdings verbietet § 2064 BGB weder nach Sinn und Zweck noch seinem Wortlaut nach die Einflussnahme von dritten Personen auf den Inhalt der letztwilligen Verfügung. Daher ist die Hilfe eines Dritten in Form einer Beratung, z.B. durch einen Rechtsanwalt oder Notar, zulässig und gestattet. Den Notar trifft ohnehin eine Beratungspflicht gemäß §§ 17, 30 S. 4 BeurkG. Wird der Erblasser durch derartige Beratung beeinflusst, kann dies gem. § 2078 BGB zur Anfechtung des Testamentes oder einzelner Verfügungen führen.

5 Ein Verstoß gegen § 2064 BGB liegt auch dann vor, wenn ein Bevollmächtigter dem Notar eine vom Erblasser vorformulierte Erklärung zur Beurkundung überbringen soll. Ein öffentliches Testament kann auch durch Übergabe einer Schrift errichtet werden. Die Erklärung selbst, wonach die Schrift den letzten Willen enthält, kann zwar nicht durch einen Stellvertreter abgegeben werden. Allerdings kann die Übergabe der Schrift durch eine Hilfsperson erfolgen, wobei der Erblasser anwesend sein und erklären muss, dass er diese Schrift übergeben will.[8] Wird ein eigenhändiges Testament in die amtliche Verwahrung gegeben, gehört dies nicht zur Testamentserrichtung. Die Übergabe kann daher auch durch einen Boten oder Betreuer erfolgen.

6 Ebenso hat der **Widerruf von Testamenten**, sofern dieser gem. §§ 2254, 2258 BGB durch Testament erfolgt, persönlich zu erfolgen. Im Gegensatz hierzu ist es zulässig, die Vernichtung oder Veränderung der Testamentsurkunde einem Dritten zu übertragen, der als verlängerter Arm des Erblassers tätig wird. Nicht zulässig ist hingegen, die Entscheidung darüber, ob ein Widerruf erfolgen soll, auf einen Dritten zu übertragen.[9] Erfolgt ein Widerruf gem. § 2256 BGB durch Rücknahme aus der amtlichen Verwahrung, muss die Rückgabe zwingend an den Erblasser erfolgen.

C. Rechtsfolgen

7 Sofern gegen die Vorschrift des § 2064 BGB verstoßen wird, ist die **Verfügung nichtig**. Eine Heilung ist nicht möglich. Sofern der Erblasser in seinem Testament verfügt, dass ein Dritter nach dem Erbfall Verfügungen für den Erblasser treffen soll, z.B. Anordnung von Vermächtnissen aus dem Nachlass, steht dem zum einen § 2064 BGB entgegen. Zum anderen müssen die Verfügungen zum Zeitpunkt des Erbfalls wirksam vorliegen. Auch diese Voraussetzung ist nicht erfüllt.[10] In den Fällen, in denen die **Geltung** oder der Inhalt der vom Erblasser getroffenen Verfügungen von Erklärungen eines anderen abhängig sein sollten, liegt keine Stellvertretung vor. Es handelt sich vielmehr um Erklärungen eines anderen im eigenen Namen. Hier steht jedoch u.U. § 2065 BGB entgegen.[11]

---

6 BGHZ 15, 199, 200.
7 BGH NJW 1955, 100.
8 Soergel/*Loritz/Uffmann*, § 2064 Rn 5.
9 MüKo/*Leipold*, § 2064 Rn 5.
10 MüKo/*Leipold*, § 2064 Rn 7.
11 MüKo/*Leipold*, § 2064 Rn 7.

D. Verfahrensfragen

Die Errichtung eines Testaments in einem **Prozessvergleich** ist nicht möglich.[12] Nach geltender Rspr. ist die Schließung von Erb- und Erbverzichtsverträgen in dieser Form jedoch zulässig.[13] Hierbei ist jedoch zu beachten, dass der Erblasser seine Erklärungen persönlich vor Gericht abgibt.[14] Dies gilt auch in einem Anwaltsprozess. Der Erblasser muss dann seine Erklärung persönlich in Gegenwart des Anwalts abgeben.[15] 8

Derjenige, der aus der Urkunde Rechte herleitet, trägt die Feststellungslast für die Einhaltung des Gebots der persönlichen Errichtung.[16]

§ 2065 Bestimmung durch Dritte

(1) Der Erblasser kann eine letztwillige Verfügung nicht in der Weise treffen, dass ein anderer zu bestimmen hat, ob sie gelten oder nicht gelten soll.
(2) Der Erblasser kann die Bestimmung der Person, die eine Zuwendung erhalten soll, sowie die Bestimmung des Gegenstands der Zuwendung nicht einem anderen überlassen.

Literatur

Bandel, Schiedsklausel in Testamenten und Erbverträgen, NotBZ 2005, 381; *Bonefeld*, Nachlassverteilung durch Los, ZErb 2018, 3; *ders.*, Schutz vor Erbschleicherei, ZErb 2014, 241; *Gaberdiel*, Anm. zu OLG Oldenburg, Beschl. v. 30.6.1965, Az. 5 Wx 19/65, Rpfleger 1966, 265; *Großfeld*, Höchstpersönlichkeit der Erbenbestimmung und Auswahlbefugnis Dritter, JZ 1968 113; *Haegele*, Zulässigkeit der Bezeichnung eines Erben oder eines Vermächtnisnehmers durch einen Dritten, BWNotZ 1972, 74; *Herrmann*, Einsetzung eines Nacherben unter der Bedingung, dass der Vorerbe nicht letztwillig anders verfügt?, AcP 155 (1956), 434; *Karczewski*, Erbrecht und älter werdende Gesellschaft: Probleme des § 2065 BGB, ZEV 2018, 192; *Keim*, Wer sich um mich kümmert, soll mein Erbe werden, ZEV 2014, 72; *Kleinschmidt*, in: FS Meincke, 2015, S. 185; *Klunzinger*, Die erbrechtliche Ermächtigung zur Auswahl des Betriebsnachfolgers durch Dritte, BB 1970, 1197; *Maenner*, Abhängigkeit letztwilliger Verfügungen von fremdem Willen, LZ 1925, 570; *Mayer*, Der superbefreite Vorerbe? – Möglichkeiten und Grenzen der Befreiung des Vorerben, ZEV 2000, 1; *ders.*, Ermächtigung des Vorerben zur Beseitigung der Nacherbschaft, ZEV 1996, 104; *Muscheler*, Die unselbstständige Stiftung von Todes wegen, ZEV 2014, 573; *Otte*, Anm. zu OLG Frankfurt Beschluss 24 W 64/05 vom 19.10.2005, FamRZ 2006, 309; *Raape*, Die Testierbefugnis des Vorerben, AcP 140 1935, 233; *Rötelmann*, Anm. zu OLG Celle, Beschl. v. 16.12.1957, NJW 1958, 953, 954; *Roth*, Die bedingte Erbeinsetzung – zulässig oder sittenwidrig?, NJW-Spezial 2019, 167; *Schäfer*, Die Mindestanforderungen an die Bestimmtheit des Erblasserwillens bei der letztwilligen Verfügung, BWNotZ 1962, 188; *Stiegeler*, Die Nacherbeneinsetzung, abhängig vom Willen des Vorerben, BWNotZ 1986, 25; *Uffmann*, Ermächtigung des Testamentsvollstreckers zur verbindlichen Auslegung letztwilliger Verfügungen?, ErbR 2020, 217; *Westermann*, Die Auswahl des Nachfolgers im frühzeitigen Unternehmertestament, in: FS Möhring, 1965, S. 183 ff.; *Zawar*, Anmerkung zu Beschluss KG vom 5.2.1998, DNotZ 1999, 685; *ders.*, Der bedingte oder befristete Erwerb von Todes wegen, DNotZ 1986, 515.

12 BGH FamRZ 1960, 28, 30; MüKo/*Habersack*, § 779 Rn 8, 9; jurisPK-BGB/*Junker*, § 127a Rn 9; Staudinger/*Hertel* (2023), § 127a Rn 31; Burandt/Rojahn/*Czubayko*, § 2064 Rn 8; a.A. MüKo/*Leipold*, § 2064 Rn 6; MüKo/*Sticherling*, § 2231 Rn 15; Soergel/*Loritz*/*Uffmann*, § 2064 Rn 6.
13 BayObLG NJW 1965, 1276; OLG Stuttgart NJW 1969, 2007; OLG Düsseldorf ZEV 2007, 95 m. Anm. *Damrau*.
14 BGH FamRZ 1960, 28.
15 MüKo/*Leipold*, § 2064 Rn 6.
16 BayObLG FamRZ 2001, 1321; BayObLG FamRZ 1985, 837.

Übersicht: Rdn

A. Allgemeines

I. Grundsatz der eigenen, vollständigen Willensbildung

1 Es ist Aufgabe des Erblassers, seine letztwilligen Verfügungen zu durchdenken und seinen eigenen Willen zu bilden (**materielle Höchstpersönlichkeit**).[1] Dieser soll in seiner letztwilligen Verfügung zum Ausdruck kommen. Der Erblasser soll damit selbst die Verantwortung für seine letztwilligen Verfügungen übernehmen.[2] Erbschleicherei soll hierdurch verhindert werden.[3] Es wird hier von „Drittbestimmungsverbot" gesprochen.[4] Dieses dient auch der Rechtssicherheit.[5] Die Benennung des Rechtsnachfolgers durch den Erblasser führt dazu, dass im Zeitpunkt des Todes objektiv feststeht, wem der Nachlass dinglich zugeordnet ist. Aufgrund der Testierfreiheit hat der Erblasser das Recht, von der gesetzlichen Erbfolge abzuweichen. Diese Verfügungsbefugnis kann er jedoch nicht auf Dritte abwälzen. Die gesetzliche Erbfolge ist nach Ansicht des Gesetzgebers prinzipiell schützenswert, so dass nur der Erblasser selbst hiervon abweichen darf.[6] Ist der Erblasser nicht in der Lage, eine abschließende Entscheidung zu treffen, ist es der Wille des Gesetzgebers, dass es bei der gesetzlichen Erbfolge verbleibt, eine Entscheidung in die Hände eines Dritten zu legen, ist nicht gewollt.[7] Das Gebot der Selbstbestimmung gilt für alle erbrechtlichen Verfügungen. Es gilt hingegen nicht für die in Verfügungen von Todes wegen häufig enthaltenen familienrechtlichen Anordnungen. Auch Verfügungen hinsichtlich des digitalen Nachlasses sind erbrechtliche Verfügungen. Diese unterliegen demgemäß allen hierfür geltenden Bestimmungen. Abs. 1 gilt für alle letztwilligen Verfügungen. Abs. 2 gilt nur für Zuwendungen.

---

1 MüKo/*Leipold*, § 2065 Rn 1.
2 BGHZ 15, 199, 200.
3 *Bonefeld*, ZErb 2014, 241.
4 *Roth*, NJW-Spezial 2019, 167, 167.
5 BeckOGK/*Gomille*, § 2065 Rn 5.
6 MüKo/*Leipold*, § 2065 Rn 1.
7 MüKo/*Leipold*, § 2065 Rn 1.

II. Bestimmung durch Dritte contra Auslegung

Die Vorschrift des § 2065 BGB betrifft nur Verfügungen, bei denen der Erblasser einem Dritten die Entscheidung überlässt. Der allgemeine Bestimmtheitsgrundsatz ist hiervon jedoch zu unterscheiden. Der Erblasser hat seine Verfügungen so zu formulieren, dass Zuwendungsgegenstand, Zuwendungsempfänger und Geltungsanordnung aus den getroffenen Verfügungen entnommen werden können.[8] Der allgemeine Bestimmtheitsgrundsatz wird bei § 2065 BGB vorausgesetzt. § 2065 BGB konkretisiert diesen dahingehend, dass die notwendige Bestimmung nicht durch den Erblasser einem Dritten übertragen werden kann. 2

Liegt ein Verstoß gegen das Gebot der materiellen Höchstpersönlichkeit vor, ist die entsprechende Verfügung des Erblassers zwar nichtig.[9] Allerdings haben sowohl die einfache als auch die ergänzende Auslegung, ebenso wie die Umdeutung gem. § 140 BGB, Vorrang vor § 2065 BGB.[10] Dies bedeutet, dass zunächst der **Wille des Erblassers** im Wege der Auslegung zu ermitteln ist,[11] wobei sowohl die Verfügung selbst als auch sämtliche Umstände außerhalb der Urkunde heranzuziehen sind.[12] Das ist dann der Fall, wenn der Wille des Erblassers erkennbar ist, jedoch Anzeichen von Unfertigkeit oder Unvollständigkeit aufweist.[13] Ziel der Auslegung ist es jedoch nur, den wirklichen Willen des Erblassers zu ermitteln, nicht hingegen, den Willen erst zu bilden. Die Auslegung darf nicht dazu führen, dass der Wille des Auslegenden an die Stelle des Willens des Erblassers tritt. Hierfür ist aus § 2065 BGB eine Grenze der Auslegung zu entnehmen.[14] Erfolgt bspw. eine Vermögenszuwendung an eine gemeinnützige Organisation, die den Vorgaben des Abs. 2 nicht genügt, so kann diese u.U. als Auflage i.S.d. § 2193 BGB ausgelegt werden.[15] Es bedarf dann nicht des Umweges, von einer unwirksamen Erbeinsetzung auszugehen, die gem. § 140 BGB umzudeuten ist.[16] Hat der Erblasser verfügt, dem Bedachten gehöre alles, kann dies dahingehend auszulegen sein, dass der Bedachte zum Alleinerben eingesetzt ist.[17] Ist eine „Erbeinsetzung" zu unbestimmt, kann die Auslegung dazu führen, dass es sich um ein Vermächtnis zugunsten mehrerer Personen mit einem Bestimmungsrecht gem. § 2151 BGB oder auch um eine Zweckauflage handelt.[18] Zuwendungen an die Kinderkrebshilfe wurden ebenfalls als auslegungsfähig angesehen.[19] Ergibt sich aus dem Wortlaut der letztwilligen Verfügung eine alternative Erbeinsetzung, die unwirksam wäre, kann die Auslegung ergeben, dass es sich um eine Erb- bzw. Ersatzerbeneinsetzung handelt, d.h. die zuerst genannte Person soll Erbe, die zweitgenannte Ersatzerbe sein.[20] 3

8 Ebenso BGH NJW 2022, 474 Rn 15 m. Anm. *Krätzschel.*

9 BayObLG NJW-RR 2000, 1174; BayObLG BeckRS 2004, 34996; OLG München NJW 2013, 2977; BeckOK BGB/*Litzenburger*, § 2065 Rn 23; MüKo/*Leipold*, § 2065 Rn 47; Soergel/*Loritz*, § 2065 Rn 40; Burandt/Rojahn/*Czubayko*, § 2065 Rn 24; *Stiegeler*, BWNotZ 1986, 25; *Storz*, ZEV 2009, 265.

10 BGH NJW-RR 1987, 1090, 1091.

11 BayObLG NJW 1988, 2742; FamRZ 1991, 610; OLG Braunschweig NJW-RR 2019, 583 = FamRZ 2019, 1364; OLG München NJW-RR 2023, 128 (1429); Staudinger/*Otte* (2019), § 2065 Rn 17.

12 BayObLG NJW 1988, 2742; OLG Zweibrücken NJW-RR 1989, 453; OLG Köln NJW-RR 2015, 7; MüKo/*Leipold*, § 2065 Rn 7.

13 MüKo/*Leipold*, § 2065 Rn 7.

14 BayObLG FamRZ 1981, 402, 403; OLG Köln Rpfleger 1981, 357.

15 BayObLG Rpfleger 1988, 366.

16 BGH WM 1987, 564.

17 OLG Zweibrücken NJW-RR 1989, 453 = OLGZ 1989, 268.

18 BGH MDR 1987, 650.

19 AG Dillingen ZErb 2009, 248.

20 BayObLG NJW 1999, 1118.

4 Das Gericht stellt mittels Auslegung den Willen des Erblassers fest. In diesem Zusammenhang ist das Gericht jedoch kein Dritter (anderer) i.S.v. § 2065 BGB.[21] Führt die Auslegung aufgrund des unbestimmten Wortlauts nicht zu einem Ergebnis, greift die Vorschrift des § 2065 BGB ein. Für den Fall, dass Zweifel bestehen, ob eine Verfügung von Todes wegen oder ein Rechtsgeschäft unter Lebenden vorliegt, kann aufgrund der Tatsache, dass die Verfügung von Todes wegen eventuell an der Vorschrift des § 2065 BGB scheitert, die Auslegung dazu führen, von einem Rechtsgeschäft unter Lebenden auszugehen.

5 Die Regelung des § 2065 BGB steht einer **Bestimmung eines Schiedsrichters** bzw. eines Schiedsgerichts durch den Erblasser nicht entgegen.[22] Diesem kann die Entscheidung über Streitigkeiten, die sich aus der Auslegung des Testaments ergeben, zugewiesen werden.[23] Zum Schiedsrichter kann auch der Testamentsvollstrecker bestimmt werden.[24] Er kann jedoch über Fragen, die seine eigene Rechtsstellung betreffen, nicht entscheiden.[25] Über Anordnungen gegenüber bzw. die Entscheidung über die Entlassung von Testamentsvollstreckern kann ein Schiedsgericht nicht entscheiden.[26]

6 Der Schiedsrichter ist nur in dem Umfang befugt, das Testament auszulegen, als hierzu ein Gericht befugt wäre. Es erfolgt dann eine Entscheidung anstelle des gesetzlichen Richters. Der Erblasserwille wird ermittelt, aber nicht durch den Schiedsrichter bestimmt. Der Schiedsrichter kann nicht ermächtigt werden, dass er im Geiste des Erblassers das Testament ergänzen soll. Dies verstößt gegen die Regelung des § 2065 BGB.[27] Es würde sich dann um eine Vertretung im Willen handeln. Für den Fall, dass ein Dritter über einzelne Voraussetzungen, z.B. ob eine Bedingung eingetreten ist, entscheiden soll, handelt es sich um einen **Schiedsgutachter.**[28] Der Wille des Erblassers ist nicht unvollständig. Es ist lediglich auf den Eintritt der Bedingung abzustellen. Diese Entscheidung wird dem Dritten aufgrund von dessen nach Ansicht des Erblassers sachgerechten Beurteilung zugewiesen.

B. Tatbestand

7 Der Erblasser muss selbst über das Schicksal seines Vermögens entscheiden. Er kann es daher nicht einem anderen überlassen zu entscheiden, ob seine letztwillige Verfügung Geltung hat oder nicht, desgleichen kann er die Bestimmung des Empfängers einer Zuwendung oder des Gegenstandes derselben nicht in die Entscheidung eines Dritten stellen.

---

21 BayObLG FamRZ 2002, 200, 201; LG München I FamRZ 1999, 959, 961.

22 Ausführlich zum Schiedsverfahrensrecht Otte, FamRZ 2006, 309; *Bandel*, NotBZ 2005, 381, 383 ff.; OLG Celle ZEV 2016, 337 = MittBayNot 2017, 82; BeckOK BGB/*Litzenburger*, § 2065 Rn 5; Zöller/*Geimer*, § 1066 Rn 17, 21; eine Aufzählung der möglichen Zuweisungen der Entscheidungskompetenz an das Schiedsgericht durch den Erblasser findet sich bei Krug/Rudolf/Kroiß/Bittler/*Krug*, Anwaltformulare Erbrecht, § 23 Rn 8 ff. und Tanck/Krug/Süß/*Krug*, Anwaltformulare Testamente, § 19 Rn 4 und 32 m. Formulierungsbsp. für Anordnung einer Schiedsklausel.

23 BayObLGZ 1930, 75; OLG Celle BeckRS 2016, 02108; LG Mainz SchiedsVZ 2008, 263.

24 RGZ 100, 76, 78 f.

25 BGHZ 41, 23; dazu *Bund*, JuS 1966, 60.

26 BGH BeckRS 2017, 111170 Rn 11 ff.

27 RGZ 66, 103, 105 f.; KG Recht 1918 Nr. 1016; *v. Lübtow*, ErbR I 142; RGRK-BGB/*Johannsen*, § 2065 Rn 5; *Uffmann*, ErbR 2020, 218, 223; zur Ermächtigung des Testamentsvollstreckers iErg ebenso *Storz*, ZEV 2009, 265: § 2065 BGB stehe nicht entgegen, wohl aber die gesetzlich bestimmte Rechtsstellung des Testamentsvollstreckers.

28 MüKo/*Leipold*, § 2065 Rn 10, 14.

I. Abs. 1

1. Begriff des „Anderen"

8 Unter „ein anderer" i.S.v. Abs. 1 fällt jede Person mit Ausnahme des Erblassers.[29] Unter den Begriff des „Anderen" fallen somit der Ehegatte, der Lebenspartner, Abkömmlinge, der Testamentsvollstrecker, der gesetzliche Vertreter ebenso wie der Beschwerte oder der Bedachte selbst.[30] Der **Zuwendungsempfänger** hat die Möglichkeit, das Vermächtnis oder das Erbe anzunehmen oder auszuschlagen. Es hängt also von ihm ab, ob sich der Wille des Erblassers verwirklicht oder nicht. Andere Möglichkeiten der Bestimmung stehen dem Bedachten hingegen nicht zu. Der Erblasser hat allerdings die Möglichkeit, ohne dass er hierbei gegen die Vorschrift des § 2065 BGB verstößt, Anordnungen für den Fall der Annahme bzw. der Ausschlagung zu treffen. Das Gericht, das eine letztwillige Verfügung auszulegen hat, ist kein Dritter.[31] Auch der Beschwerte und sonstige Außenstehende fallen unter den Begriff „andere Personen".

2. Geltung oder Nichtgeltung der Verfügung

9 Der Erblasser muss selbst darüber entscheiden, ob seine letztwillige Verfügung Geltung haben soll oder nicht. Macht der Erblasser lediglich Vorschläge oder äußert er Wünsche, handelt es sich hierbei nicht um letztwillige Verfügungen.[32] Unabhängig davon, ob der Wille eines Dritten durch Rechtsgeschäft unter Lebenden oder Verfügung von Todes wegen zu äußern ist, darf die Geltung der letztwilligen Verfügung des Erblassers nicht vom Willen einer dritten Person abhängig gemacht werden.[33] Wenn ein **Dritter** darüber entscheiden soll, ob eine Verfügung, mit welcher eine weitere Person bedacht wird, gültig sein soll oder nicht, verstößt dies gegen Abs. 1. Es würde sich um eine Vertretung im Willen handeln, da der Erblasser selbst unentschlossen ist; dies führt zur Nichtigkeit einer derartigen Verfügung. Verfügungen des Erblassers, die von der **Zustimmung** eines anderen abhängen oder einen Dritten zu Änderungen ermächtigen, verstoßen gegen Abs. 1 und sind nichtig.[34] Soll die Verfügung nur dann gelten, wenn ein anderer die Rechtsfolge geltend macht (z.B. die Erbringung einer Leistung aus dem Nachlass fordert oder aber die Ernennung eines Testamentsvollstreckers einfordert), liegt hierin ebenfalls ein Verstoß gegen § 2065 BGB. Soll sich der Dritte nach billigem Ermessen äußern, liegt hierin ebenso ein Verstoß gegen Abs. 1 vor als wenn dem Dritten die Entscheidung vollkommen freigestellt ist. Wenn mehrere Testamente existieren, kann es nicht in die Entscheidungsbefugnis eines Dritten gestellt werden, welches der vorliegenden Testamente gelten soll.[35]

10 Es ist umstritten, ob es sich um eine unzulässige Vertretung im Willen des Erblassers handelt und Abs. 1 somit keine Anwendung findet, wenn der überlebende Ehegatte zum **Vorerben** eingesetzt worden ist und darüber entscheiden kann, wer Nacherbe auf Ableben des Erstverstorbenen wird. Dies bedeutet, dass der überlebende Ehegatte das Recht haben soll, den **Nacherben** aus einem bestimmten vom Erblasser vorgegebenen Personenkreis zu bestimmen oder auch die Erbquote der Nacherben anders fest-

---

29 MüKo/*Leipold*, § 2065 Rn 18.

30 MüKo/*Leipold*, § 2065 Rn 18; Soergel/*Loritz*/*Uffmann*, § 2065 Rn 8; *Stiegeler*, BWNotZ 1986, 25, 26 f.; unentschieden OLG Zweibrücken NJW-RR 1989, 453, 454 = OLGZ 1989, 268, 270; jetzt auch *Brox*/*Walker*, Erbrecht, Rn 96.

31 OLG Braunschweig NJW-RR 2019, 583, 585; OLG München NJW-RR 2023, 1428, 1429; MüKo/*Leipold*, § 2065 Rn 7 m.w.N.

32 MüKo/*Leipold*, § 2065 Rn 16.

33 MüKo/*Leipold*, § 2065 Rn 16.

34 RGZ 79, 32; Staudinger/*Otte*, § 2065 Rn 41.

35 Soergel/*Loritz*/*Uffmann*, § 2065 Rn 8.

zulegen. Teilweise werden solche Verfügungen für wirksam gehalten.[36] Nach a.A. verstößt eine derartige Verfügung gegen Abs. 2 und ist somit nichtig.[37] Zugunsten derartiger Verfügungen könnte argumentiert werden, dass es dem Vorerben erst recht möglich sein muss, eine Änderung der Personen oder Erbteile vorzunehmen, wenn er schon die Nacherbschaft gänzlich beseitigen kann. Zu Recht überwiegen jedoch die diese Ansicht ablehnenden Stimmen. In diesem Zusammenhang kann man nämlich nicht mit der These operieren, der Vorerbe mache sich durch seine abweichende Verfügung zum Vollerben und er verfüge demgemäß nur über seinen eigenen Nachlass. Vielmehr ist es gerade so, dass dem Vorerben durch den Erblasser die Entscheidungsbefugnis darüber übertragen wurde, über den Inhalt der Verfügung zu entscheiden.

11 Solche Verfügungen sind daher nur insoweit zulässig, als auch sonst eine Erbenbestimmung einem Dritten überlassen werden kann. Der Vorerbe kann daher zulässigerweise ermächtigt werden, den Nacherben aus einem bestimmten Personenkreis nach sachlichen Kriterien auszuwählen.[38] Ist der Personenkreis durch den Erblasser nicht bestimmt und gibt der Erblasser nicht genügend Auswahlkriterien vor, so führt dies zur Nichtigkeit der Verfügung. Die weiter sich ergebenden Konsequenzen sind dann im Wege der Auslegung zu ermitteln.[39] Im Wege der Auslegung ist zu ermitteln, ob der Erblasser auch für den Fall Nacherbfolge angeordnet hätte, dass sich die Bestimmung hinsichtlich der Auswahl der Nacherben als nichtig erweisen würde. Sollte dies bejaht werden, ist in einem weiteren Schritt die Person des Nacherben im Wege der Auslegung zu ermitteln. Die Auslegung kann dann dazu führen, dass der vom Erblasser bestimmte Personenkreis zu gleichen Teilen berufen sein soll. Führt die ergänzende Auslegung zu keinem Ergebnis, könnte noch auf § 2104 S. 2 BGB analog zurückgegriffen werden. Für diesen Fall sind die gesetzlichen Erben des Erblassers zum Zeitpunkt der Nacherbfolge zu Nacherben berufen.

12 Nach Meinung des BGH ist es auch zulässig, dass der zum Vorerben eingesetzte überlebende Ehegatte die Erbquoten der zu gleichen Teilen eingesetzten Nacherben ändern kann.[40] Auch diese Ansicht ist umstritten. Nach weiterer Auflassung seien solche Anordnungen im Hinblick auf § 2065 BGB nur dann zulässig, wenn die Person des Nacherben bzw. seine Quote davon abhängig gemacht werde, ob der Eingesetzte auch Erbe des Vorerben werde. Nur dann handele es sich um eine zulässige **Bedingung**.[41] Die Gegenmeinung geht davon aus, dass sowohl dann, wenn der Nacherbe aus einem bestimmten Personenkreis auszuwählen ist, als auch dann, wenn die Quote der Nacherben anders festgelegt werden kann, eine unzulässige Verfügung i.S.v. § 2065 BGB vorliegt.[42]
Ferner ist es zulässig, die Nacherbeneinsetzung mit einer auflösenden Bedingung zu verknüpfen, und zwar dahingehend, dass der Bedachte vom Vorerben nicht als dessen Erbe eingesetzt wird.[43]

---

36 OLG Oldenburg Rpfleger 1966, 47; OLG Hamm OLGZ 1973, 103; BGHZ 59, 220 (ohne Stellungnahme); KG DNotZ 1956, 195.

37 KG ErbR 2016, 337, 341; OLG Hamm DNotZ 1967, 315; OLG Hamm ZEV 1995, 376; Soergel/*Loritz/Uffmann*, § 2065 Rn 20; OLG Oldenburg ZEV 2010, 635; OLG Hamm NJW-RR 2014, 1288; OLG Düsseldorf BeckRS 2014, 4632; OLG München ZEV 2016, 390; OLG München BeckRS 2017, 100031; *Muscheler*, Erbrecht I, Rn 1694.

38 MüKo/*Leipold*, § 2065 Rn 21 m.w.N.

39 Näher hierzu MüKo/*Leipold*, § 2065 Rn 22.

40 BGHZ 59, 220; *Mayer*, ZEV 2000, 1, 7.

41 MüKo/*Leipold*, § 2065 Rn 21, 22.

42 OLG Hamm DNotZ 1967, 315; OLG Frankfurt DNotZ 2001, 143, 144.

43 Für Zulässigkeit OLG Stuttgart FGPrax 2005, 221, 222. Im konkreten Fall („Hohenzollern") a.M. LG Hechingen FamRZ 2006, 1408, 1413 (bedeutungsloses Vermögen des Vorerben).

Dem Erblasser ist es darüber hinaus gestattet, eine Person zum Vollerben zu berufen unter der Bedingung, dass der Bedachte eine Person aus einem bestimmten Kreis zu seinem Erben beruft. Ansonsten ist der Bedachte nur Vorerbe.[44]

Nach h.M. ist es zulässig, den **Eintritt** des **Nacherbfalls** davon abhängig zu machen, dass der Vorerbe nicht anderweitig verfügt.[45] Damit ist gemeint, dass die Einsetzung eines Dritten zum Nacherben davon abhängig sein soll, ob der Dritte auch Erbe des Vorerben wird. Hierin ist die Anordnung einer zulässigen Bedingung zu sehen.[46] Die Bedingung besteht jedoch nicht darin, dass der Vorerbe eine Erklärung darüber trifft, ob die Nacherbeneinsetzung gültig ist. Vielmehr handelt es sich um eine Verfügung des Vorerben über seinen eigenen Nachlass. Ob die Bedingung eintritt oder nicht, hängt allein davon ab, ob eine Verfügung des Vorerben über seinen eigenen Nachlass vorliegt oder nicht.[47] Hierin liegt keine **unzulässige Vertretung** im Willen. Im Falle des Eintritts der Bedingung wird der Dritte Nacherbe des Erblassers und Erbe des Vorerben. §2065 BGB wird einschränkend interpretiert. Dies trägt der besonderen Situation der Vor- und Nacherbschaft Rechnung. Es wurde auch berücksichtigt, dass der Erblasser den Vorerben selbst bestimmt hat. Nach a.A. lenke das Abstellen auf den Nachlass des Vorerben indessen nur davon ab, dass die Anordnung des Erblassers den Vorerben unzulässigerweise ermächtige, nach eigenem Willen in die Anordnungen des Erblassers einzugreifen.[48] Verfügt der Erblasser hingegen, dass sich die von ihm zum Vorerben eingesetzte Person allein durch Errichtung einer beliebigen letztwilligen Verfügung zu seinen Lebzeiten zum Vollerben machen kann, ist hierin ein Verstoß gegen §2065 BGB zu sehen. 13

Im Übrigen liegt kein Verstoß gegen die Vorschrift des §2065 BGB vor, wenn der Erblasser dem Vorerben gestattet, den Nachlass durch Errichtung einer eigenen Verfügung von Todes wegen unter den Nacherben anders zu verteilen.[49] Der Erblasser hat die Nacherben selbst bestimmt. Diese sind unter der auflösenden Bedingung eingesetzt, dass eine anderweitige Verfügung des Vorerben nicht vorliegt. Im Gegenzug sind diejenigen Personen, die der Vorerbe auswählt, unter der aufschiebenden Bedingung der Verfügung des Vorerben über sein eigenes Vermögen zu Nacherben des Erblassers eingesetzt.[50] Diesem Fall gleichzustellen sind die Fälle, wonach diejenigen Personen zu Nacherben berufen sind, die der Vorerbe zu seinen eigenen Erben ein- 14

44 MüKo/*Leipold*, §2065 Rn 25.

45 BGHZ 2, 35; BGHZ 15, 199, 204; BGHZ 59, 220; BGH LM Nr. 6 (BGH LM §2314 Nr. 11 = NJW 1981, 2051, 2052 lässt aber die Frage ausdrücklich offen); BayObLGZ 1982, 331, 341; BayObLGZ 2001, 293, 207 = ZEV 2001, 483, 484; OLG Hamm NJW-RR 2014, 1288 Rn 10; OLG Hamm ZEV 2000, 197, 198 m. Anm. *Loritz*; OLG Oldenburg NJW-RR 1991, 646; *Raape*, AcP 140 (1935), 233, 239; *Herrmann*, AcP 155 (1956), 434; *Brox*, in: FS Bartholomeyczik, 1973, S. 41, 43; *Zawar*, DNotZ 1986, 515, 521; *N. Mayer*, ZEV 1996, 104; Soergel/*Loritz*/*Uffmann*, §2065 Rn 18 ff.; Staudinger/*Otte* (2019), §2065 Rn 49 ff.; Staudinger/*Avenarius* (2013), §2100 Rn 36; BeckOK BGB/*Litzenburger*, §2065 Rn 14. A.A. *v. Lübtow*, Erbrecht I, S. 140 f.; *Stiegeler*, Der Grundsatz der Selbstentscheidung des Erblassers, 1985, S. 99; *Stiegeler*, BWNotZ 1986, 25, 27; Erman/*Schmidt*, §2065 Rn 5; *Wagner*, Der Grundsatz der Selbstentscheidung bei Errichtung letztwilliger Verfügungen – eine gesetzgeberische Unentschlossenheit?, 1997, S. 101 ff.

46 MüKo/*Leipold*, §2065 Rn 19, 20.

47 MüKo/*Leipold*, §2065 Rn 19, 20; Staudinger/*Otte*, §2065 Rn 49.

48 *Stiegeler*, BWNotZ 1986, 27; *Maenner*, LZ 1925, 570, 574.

49 BGH NJW 1972, 1987, 1988; OLG Oldenburg Rpfleger 1966, 47; OLG Hamm OLGZ 1973, 103; KG DNotZ 1956, 195; BayObLGZ 1982, 331; *J. Mayer*, ZEV 2000, 1, 7; a.A. MüKo/*Leipold*, §2065 Rn 21 m.w.N.; OLG Hamm DNotZ 1967, 315, 317; OLG Hamm ZEV 1995, 376; OLG Frankfurt DNotZ 2001, 143, 144 m Anm. *Kanzleiter*; offengelassen in BGH NJW 1981, 2051, 2052.

50 *J. Mayer*, ZEV 2000, 1, 7.

setzt.[51] Allerdings wird in diesem Fall einschränkend, wie bereits ausgeführt, gefordert, dass die Nacherben einem vom Erblasser bestimmten Personenkreis (z.B. Abkömmlinge des Vorerben, gesetzliche Erben des Vorerben) entstammen müssen.[52]

15 Nach Rspr. und h.M. ist es allerdings zulässig, wenn der Erblasser verfügt, dass die letztwillige Verfügung des Vorerben, mit der er sich zum Vollerben machen kann, einen **bestimmten Inhalt** haben soll, z.B. Verteilung des Nachlasses unter den gemeinsamen Abkömmlingen oder Verteilung unter den zu Nacherben eingesetzten Personen.[53] Errichtet der Vorerbe eine derartige Verfügung, entfällt die Vorerbenstellung rückwirkend. Der Bedachte wird Vollerbe. Bis zu seinem Tod unterliegt er hingegen den Beschränkungen eines Vorerben, da erst beim Tod endgültig feststeht, ob eine Verfügung errichtet wurde.[54] Nach geltender Rspr. darf daher der Nacherbenvermerk im Grundbuch auch nicht vorher gelöscht werden.[55]

16 Wird der Vorerbe in der letztwilligen Verfügung des Erblassers ermächtigt, über den gesamten ererbten Nachlass durch Rechtsgeschäfte unter Lebenden zu verfügen und durch diese Verfügung damit die auflösende Bedingung der angeordneten Vor- und Nacherbschaft herbeizuführen, wird dies ebenfalls für zulässig erachtet.[56] Auch der Dritte, der die Auswahl treffen soll, muss vom Erblasser in seiner letztwilligen Verfügung genau bezeichnet sein.[57] Weiter ist es möglich, dass der Vorerbe in einem gemeinschaftlichen Testament ermächtigt wird, einem Dritten einen Gegenstand aus der Vorerbschaft zuzuwenden, und zwar dadurch, dass der eigene Erbe und Nacherbe mit einem Verschaffungsvermächtnis beschwert wird.[58]

17 Haben die Ehegatten ein gemeinschaftliches Testament errichtet und steht dem überlebenden Ehegatten das Recht zu, die Schlusserbeneinsetzung abzuändern, liegt hierin kein Verstoß gegen § 2065 BGB, da der überlebende Ehegatte, der von dem ihm zustehenden Recht Gebrauch macht, seine eigenen Verfügungen ändert, hingegen nicht die Verfügungen des Erstversterbenden. Die Wechselbezüglichkeit der Schlusserbeneinsetzung ist durch die Änderungsbefugnis entweder ausgeschlossen oder zumindest eingeschränkt. Ist die Wirksamkeit einer konkreten Änderung von der Zustimmung eines Dritten (des Testamentsvollstreckers) abhängig, soll eine derartige Gestaltung unbedenklich sein.[59] Da aber die Wirksamkeit der Verfügung des ändernden Ehegatten von der Zustimmung eines Dritten abhängig gemacht wird, ist hierin ein Verstoß gegen Abs. 1 zu sehen.[60]

II. Abs. 2

18 Der Erblasser kann die Bestimmung des **Zuwendungsempfängers** sowie die Bestimmung des **Zuwendungsgegenstandes** nicht einem anderen überlassen.

---

51 *Schäfer*, BWNotZ 1962, 188, 203; *Gaberdiel*, Rpfleger 1966, 265; *Lange/Kuchinke*, ErbR § 27 I 6 b; abl. *Frank*, MittBayNot 1987, 234; krit. *J. Mayer*, ZEV 2000, 1, 7; unentschieden OLG Stuttgart BWNotZ 1998, 47.

52 MüKo/*Leipold*, § 2065 Rn 21; a.A. *Dieterle*, BWNotZ 1971, 14, 15; *Gaberdiel*, Rpfleger 1966, 265; *Schäfer*, BWNotZ 1962, 203.

53 BGHZ 59, 220, 222 f.

54 *Mayer*, ZEV 1996, 104.

55 OLG Braunschweig Rpfleger 1991, 204.

56 OLG Hamm MittRhNotK 1999, 312; OLG Hamm FamRZ 2000, 446; umstritten.

57 BGH NJW 1965, 2001.

58 LG München ZEV 1995, 373.

59 OLG Bremen ZEV 2018, 90; zust. *Uffmann*, ErbR 2020, 152.

60 *Wolffskeel v. Reichenberg*, ZEV 2018, 92.

1. Bestimmung des Zuwendungsempfängers gem. Abs. 2

a) Begriff der Zuwendung

Unter **Zuwendung** i.S.v. Abs. 2 ist jeder **Vermögensvorteil** zu verstehen, den der Erblasser einer anderen Person verschaffen will.[61] Sowohl die Bestimmung der Erben oder Vermächtnisnehmer als auch das Schenkungsversprechen auf den Todesfall fallen somit unter Abs. 2.[62] Gem. § 2192 BGB gilt die Vorschrift des § 2065 BGB auch für die Auflage. 19

b) Zuwendungsempfänger

Der Erblasser ist verpflichtet, die Person des Bedachten selbst zu bestimmen. Dies folgt bereits aus dem allgemeinen Bestimmtheitsgrundsatz. Sein Wille allein ist maßgebend. Nach Ansicht des RG ist die Anordnung, das **Los** über die Erbschaft entscheiden zu lassen, zulässig.[63] Nach anderer, richtiger Ansicht ist eine Ermittlung durch Losentscheid allerdings unwirksam.[64] Der Erblasser muss den Erben selbst festlegen. Damit verträgt sich nicht, dass der bloße Zufall entscheidet, wer Erbe werden soll. Es wurde als zulässig erachtet, dass der Erblasser dahingehend verfügt, dass die Zuwendung von einer Eheschließung oder einer Adoption abhängig ist. Setzt der Erblasser eine Person ein, die er nicht namentlich benennt, welche die **Beerdigung** oder die **Grabpflege** übernimmt bzw. für die Einäscherung sorgt, ist diese Verfügung wegen Verstoßes gegen § 2065 BGB unwirksam.[65] Auch eine Anordnung dahingehend, dass diejenige Person bedacht sein soll, die mit dem Leichnam in einer bestimmten Art und Weise verfährt, die dem Erblasser beisteht oder ihn im Alter pflegt, verstößt gegen § 2065 BGB.[66] 20

Nach Ansicht des OLG Celle ist die Anordnung „33 % [des Unternehmensgewinns] als Hilfe für Israel (möglichst Holocaustgeschädigte oder Sozialschwache, die nach Israel heimkehren)" nichtig gem. Abs. 2 BGB.[67] Nach anderer Ansicht könnte die vorgenannte Anordnung als Beschwerung der Erben mit einer Zweckauflage (§ 2193 BGB) ausgelegt werden.[68]

Verfügt der Erblasser in seiner letztwilligen Verfügung, dass er Organisationen seinen Nachlass zu wohltätigen Zwecken zukommen lassen will, und lässt sich hieraus nicht mit hinreichender Bestimmtheit entnehmen, wer Erbe sein soll, und schließt er gleichzeitig seine Verwandten von der Erbfolge aus, so ist im Wege der Auslegung eine 21

---

61 MüKo/*Leipold*, § 2065 Rn 27.

62 Soergel/*Loritz/Uffmann*, § 2065 Rn 2.

63 RG SeuffA 91, Nr. 106; *Bonefeld*, ZErb 2018, 3; NK-BGB/*Selbherr*, § 2065 Rn 18.

64 MüKo/*Leipold*, § 2065 Rn 28; Soergel/*Loritz/Uffmann*, § 2065 Rn 15; BeckOGK/*Gomille*, § 2065 Rn 39.

65 BayObLG FamRZ 1992, 987; LG Frankfurt MDR 1987, 762; LG Magdeburg Rpfleger 1999, 493.

66 BGHZ 15, 199; BGH NJW 1965, 2201; BayObLG FamRZ 1991, 610; LG Stuttgart BWNotZ 2005, 170, 172, das eine Erbeinsetzung desjenigen, der den Erblasser pflegt und versorgt, auch dann wegen Verstoßes gegen § 2065 Abs. 2 BGB für unwirksam hält, wenn sich diese Person zuverlässig bestimmen lässt. Offenlassend BayObLGZ 1992, 296 = FamRZ 1993, 854. Nach OLG Frankfurt OLGZ 1992, 271 = FamRZ 1992, 226 ist eine Erbeinsetzung desjenigen, der den Erblasser im Alter pflegen und die Beerdigung übernehmen wird, jedenfalls dann unwirksam, wenn der Erblasser nicht pflegebedürftig geworden ist; nach OLG Frankfurt NJW-RR 1995, 711 ist die Anordnung „Wer mich zuletzt pflegt, bekommt alles" eine wirksame Erbeinsetzung, wenn der Erblasser pflegebedürftig geworden war und die Pflegeperson selbst bestimmt hatte; a.A. Staudinger/*Otte* (2019), § 2065 Rn 19.

67 OLG Celle ErbR 2009, 194 f.

68 Staudinger/*Otte* (2019), § 2065 Rn 18 m.w.N. bezüglich Zuwendungen zu gemeinnützigen Zwecken.

Zweckauflage (§§ 2192, 2156 BGB) anzunehmen, mit der der Staat als gesetzlicher Erbe (§ 1936 BGB) belastet ist.[69]

22 Die bedachte Person muss sich aus der letztwilligen Verfügung zumindest im Wege der **Auslegung** entnehmen lassen. Auch Personen, die bei Errichtung der letztwilligen Verfügungen noch nicht existieren, können bedacht werden, ebenso solche Personen, die noch nicht in einer rechtlichen Beziehung zum Erblasser oder zu einem Dritten stehen, z.B. zukünftige Adoptivkinder des Erblassers oder eines Dritten.[70] Jedoch muss eine objektive Bestimmung aufgrund der letztwilligen Verfügung möglich sein.[71] Jede Willkür eines Dritten muss ausgeschlossen sein.[72] Der Dritte darf den Erben oder den Gegenstand der Zuwendung nicht bestimmen, sondern ihn nur bezeichnen. Der Bedachte sollte namentlich benannt sein, erforderlich ist die namentliche Nennung allerdings nicht.[73] Ist dies nicht erfolgt, muss er anhand des Inhalts der letztwilligen Verfügung, ggf. unter Einbeziehung weiterer außerhalb der Urkunde liegender Umstände, zu ermitteln sein.[74] Für den Fall, dass die Verfügung nicht eindeutig ist, greifen die **allg. Grundsätze der Testamentsauslegung** ein.[75] Es ist nicht vorgeschrieben, wie der Erblasser die von ihm bedachte Person bezeichnet. Er kann den Familiennamen, den Vornamen, aber auch den Spitznamen angeben. Ebenso ist es möglich, das Verwandtschaftsverhältnis zu nennen. Entscheidend ist, dass die Bezeichnung hinreichend bestimmt ist.

23 Die Einsetzung eines künftigen nichtehelichen Lebensgefährten/einer nichtehelichen Lebensgefährtin ist zulässig. Allerdings muss der Erblasser auch hier die maßgeblichen Kriterien hinreichend bestimmt angeben. Ausreichend ist z.B. „Ich setze meine Lebensgefährtin ein, falls ich bei meinem Tod mit dieser mindestens 6 Monate zusammenlebe." Die Vorschrift des § 2065 BGB ist nur dann anwendbar, wenn eine Auslegung ohne Ergebnis bleibt, weil der Wortlaut zu unbestimmt ist.[76] Nicht möglich hingegen ist, dass der Erblasser die Auswahl von einer späteren eigenen Willensäußerung abhängig macht. Eine solche Äußerung kann nur dann Berücksichtigung finden, wenn sie in der Form eines Testaments oder eines Erbvertrages erfolgt ist.[77] Der Erblasser kann allerdings an eigene Willensakte, die eine anderweitige, eigenständige Bedeutung haben, anknüpfen. Hier ist z.B. eine Adoption, die Übernahme einer Patenschaft, die Eingehung einer Lebenspartnerschaft oder eine Eheschließung zu nennen.[78] Ein Verstoß gegen § 2065 BGB liegt dann nicht vor.

24 Zuwendungen zugunsten von Personen, die den Erblasser pflegen werden, haben erhebliche praktische Bedeutung. Ein grundsätzlicher Widerspruch zu § 2065 BGB

---

69 OLG Düsseldorf FGPrax 2015, 30.

70 Z.B. künftige Adoptivkinder des überlebenden Ehegatten, BayObLGZ 1965, 457 = NJW 1966, 662 (dazu im Erg. zust. *Immel*, NJW 1966, 1222); RGRK/*Johannsen*, § 2065 Rn 15. Zulässig erscheint auch die Erbeinsetzung unter der doppelten Bedingung der künftigen Adoption durch einen Dritten und der hinreichenden Eignung zur Leitung eines Unternehmens, OLG Köln OLGZ 1984, 299 = BB 1984, 878.

71 KG FamRZ 1998, 1202; BayObLG FamRZ 2000, 1392; MüKo/*Leipold*, § 2065 Rn 29.

72 BayObLG FamRZ 1991, 610.

73 RGZ 159, 296; BayObLGZ 1998, 160; BayObLG FamRZ 2002, 220 = BeckRS 2001, 30182308; BayObLG ZEV 2005, 27; OLG Dresden NJW 1949, 346; OLG Köln NJW-RR 2015, 7; OLG Köln BeckRS 2016, 112474; OLG München BeckRS 2017, 115617.

74 BGH NJW 1965, 2201.

75 OLG Zweibrücken NJW-RR 1989, 453 = OLGZ 1989, 268.

76 BayObLG FamRZ 2002, 200.

77 MüKo/*Leipold*, § 2065 Rn 32.

78 RG JW 1937, 2832: Zuwendung an später hinzukommende Patenkinder, soweit in Traubibel eingetragen.

besteht zwar nicht, sie können aber an ihrer Unbestimmtheit scheitern.[79] Die Pflege kann zur Bedingung von Zuwendungen gemacht werden. Auch kann die Pflegetätigkeit als Kriterium zur Bezeichnung der Personen dienen, die noch nicht namentlich benannt werden können. Hierbei handelt es sich nicht um eine unzulässige Potestativbedingung, da es aus Sicht des Erblassers klar ist, dass dieser an der Pflegetätigkeit ein erhebliches Interesse hat. Um eine Unwirksamkeit der Verfügung zu vermeiden, sollten die Leistungen, die zu erbringen sind, der zeitliche Rahmen und die Personen, die in Betracht kommen, in der letztwilligen Verfügung näher bezeichnet werden.[80] Die Bezeichnung des Zuwendungsempfängers muss den allgemeinen Anforderungen an die Bestimmtheit genügen.

Ist die Auswahl der Erben bzw. der Quote nach der letztwilligen Verfügung des Erblassers dem freien Ermessen eines Dritten überlassen, liegt hierin ein Verstoß gegen Abs. 2.[81] Hierunter fällt eine Anordnung dahingehend, dass A nach freiem Ermessen dasjenige Kind auswählen soll, dass die Firma erbt. Gleiches gilt auch dann, wenn ein bestimmter Personenkreis festgelegt ist und die Auswahl in das Ermessen eines Dritten gestellt wird. 25

Ein **Verstoß** gegen Abs. 2 liegt unter folgenden Voraussetzungen nicht vor: wenn nämlich die Person, die entscheiden soll, genau festgelegt ist oder im Wege der ergänzenden Auslegung gefunden werden kann. Weiter muss der Erblasser einen genau begrenzten Personenkreis bestimmen.[82] Im Übrigen sind objektive Kriterien anzugeben. Nach Ansicht des BGH, dem sich auch die Lit. angeschlossen hat, ist hierfür erforderlich, dass die Angaben des Erblassers so genau sind, dass dadurch die Bezeichnung des Bedachten für jede sachkundige Person objektiv bestimmt sei.[83] 26

Stellt der Erblasser somit **objektive Kriterien** auf, nach denen der Dritte die Bestimmung der Erben und Erbquoten vornehmen kann, liegt ein Verstoß gegen Abs. 2 nicht vor.[84] In diesem Falle entscheidet der Dritte nicht nach seinen subjektiven Kriterien, sondern ihm sind objektive Maßstäbe im Testament vorgegeben.[85] Dies ist bspw. dann der Fall, wenn der Erblasser verfügt, dass derjenige Sohn Erbe werden soll, der Bäckermeister wird. Die Feststellung hierüber soll Freund A treffen. Vorliegend hat der Erblasser selbst bestimmt, wer Erbe wird. Dieser ist zwar nicht namentlich bezeichnet, jedoch so umschrieben, dass jeder ihn ermitteln kann. Umstritten ist allerdings, ob dem Dritten ein gewisser **Beurteilungsspielraum** im Rahmen vorgegebener objektiver Kriterien eingeräumt werden kann. Das RG hat dies in einer Entscheidung[86] bejaht, jedoch nur für den Fall, dass der Dritte nach bestimmten sachlichen Kriterien aus einem vom Erblasser bestimmten Personenkreis den Erben auswählen soll. Objek- 27

79 Ebenso *Keim*, ZEV 2014, 72; *Otte*, Hereditare 4 (2014), 23, 32 f.; *Kleinschmidt*, in: FS Meincke, 2015, S. 185, 191 ff. A.A. LG Stuttgart BWNotZ 2005, 170, 172, das eine Erbeinsetzung desjenigen, der den Erblasser pflegt und versorgt, auch dann wegen Verstoßes gegen § 2065 Abs. 2 BGB für unwirksam hält, wenn sich diese Person zuverlässig bestimmen lässt.

80 Dazu näher *Karczewski*, ZEV 2018, 192, 197. Der Hinweis von *Karczewski*, es sollte auch die zur Entscheidung berufene Person genau bezeichnet werden, ist wohl nicht für die Pflegeleistungsfälle gedacht. Hier lässt sich die Unwirksamkeit eher vermeiden, indem man dem Gericht die Auslegung überlässt.

81 OLG Celle MDR 1965, 578; KG JR 1953, 422.

82 RGZ 159, 296.

83 BGHZ 15, 199, 203; OLG Celle MDR 1965, 578; BayObLG FamRZ 1991, 610; *Großfeld*, JZ 1968, 113 ff.; *Klunzinger*, BB 1970, 1197.

84 Soergel/*Loritz/Uffmann*, § 2065 Rn 27.

85 BGHZ 15, 199, 202 f.

86 RGZ 159, 296.

tives Kriterium sollte bspw. die Eignung für eine bestimmte Aufgabe sein.[87] Dies gilt jedoch nur für den Fall, dass eine Willkür des Dritten ausgeschlossen ist, d.h. die Auswahlgesichtspunkte und der Personenkreis genau festgelegt sind. Die Entscheidung würde danach auf dem Urteil des Dritten, ob die Voraussetzungen vorliegen, beruhen, auch dann, wenn es sich um ein reines Werturteil handelt. Es bliebe ein kleiner, aber echter Entscheidungsspielraum.

28 Nach Meinung des BGH[88] kann dieser Ansicht jedoch nicht gefolgt werden. Dieser verlangt, dass der Bedachte so genau bezeichnet sein muss, dass er von jeder sachkundigen Person bestimmt werden kann. Ein wenn auch nur kleiner Entscheidungsspielraum widerspreche Abs. 2, da jede subjektive Wertung den Willen des Erblassers ersetzen würde.[89] Nach weiterer Ansicht solle auch eine Ermessensentscheidung zulässig sein, und zwar für den Fall, dass zur Zeit der Testamentserrichtung die vorliegenden Umstände noch keine verantwortungsvolle Entscheidung des Erblassers zulassen würden.[90] Hat der Erblasser seinem Erben die Ernennung von Nach- oder Ersatzerben überlassen, liegt hierin ein Verstoß gegen § 2065 BGB.[91] Wurde die Person zum Erben eingesetzt, „die sich bis zu meinem Tode um mich kümmert", verstößt diese Anordnung gegen § 2065 BGB.[92] Ein Verstoß gegen § 2065 BGB liegt nicht vor, wenn die gesetzlichen Erben eines Dritten zu Erben berufen werden.

29 In folgenden Fällen fehlt es an der Bestimmtheit des Personenkreises, demgemäß liegt ein Verstoß gegen § 2065 BGB vor:
- Beschränkung auf „19 Nachkommen von Halbgeschwistern"[93]
- Zuwendung an den „Würdigsten meiner Verwandten"[94]
- Zuwendung an den nach „Neigung, allgemeinen Fähigkeiten und Charaktereigenschaften Geeigneteren"[95]
- Zuwendung an den für die Erhaltung und Bewirtschaftung des Grundbesitzes Geeignetsten[96] oder an den Sachkundigsten[97]
- Zuwendung an eine Person, die dem Erblasser beistehen wird[98] bzw. ihm in den letzten Stunden beisteht,[99]
- Zuwendung an eine Person, die sich „bei meinem Tod um mich kümmert"[100]

87 RGZ 159, 296.
88 BGHZ 15, 199.
89 Ebenso BayObLG FamRZ 1991, 610.
90 *Stiegeler*, BWNotZ 1986, 27; *Großfeld*, JZ 1968, 113.
91 OLG Frankfurt FamRZ 2000, 1607.
92 OLG München ZEV 2013, 617 m. abl. Anm. Otte = NJW 2013, 2977 m. abl. Anm. *Horn/Kroiß*. Nach OLG Frankfurt NJW-RR 1995, 711 ist aber die Anordnung „wer mich zuletzt pflegt, bekommt alles" eine wirksame Erbeinsetzung, wenn der Erblasser pflegebedürftig geworden war und die Pflegeperson selbst bestimmt hatte.
93 OLG Hamm RdL 1961, 45 f.
94 LG München I FamRZ 1998, 1261; ähnlich OLG Hamm DNotZ 1951, 369.
95 OLG Celle RdL 1955, 137.
96 BayObLG FamRZ 2005, 65, 68.
97 A.A. OLG Celle NJW 1958, 954; OLG Köln FamRZ 1995, 57; dagegen auch Soergel/*Loritz/Uffmann*, § 2065 Rn 31.
98 BayObLG FamRZ 1991, 610.
99 OLG Köln FGPrax 2014, 265.
100 OLG München ZEV 2013, 617 m. abl. Anm. *Otte* = NJW 2013, 2977 m. abl. Anm. *Horn/Kroiß*. Nach OLG Frankfurt NJW-RR 1995, 711 ist aber die Anordnung „Wer mich zuletzt pflegt, bekommt alles" eine wirksame Erbeinsetzung, wenn der Erblasser pflegebedürftig geworden war und die Pflegeperson selbst bestimmt hatte.

- Derjenige, der den zuletzt verstorbenen Ehegatten begleitet und gepflegt hat, soll der Alleinerbe sein.[101]
- Derjenige, der die Beisetzung und Grabpflege übernimmt[102]
- Begünstigung desjenigen, „der für mich aufpasst und nicht ins Heim steckt“[103]
- 33 % des Vermögens sollen als Hilfe für Israel (möglichst Holocaustgeschädigte oder Sozialschwache, die nach Israel heimkehren) verwendet werden[104]

Ein Verstoß gegen § 2065 BGB liegt hingegen in folgenden Fällen **nicht** vor: 30

- Erbeinsetzung eines „künftigen Adoptivkindes, wenn es befähigt sei, ein bestimmtes wirtschaftliches Unternehmen zu führen“[105]
- Zuwendung an denjenigen, der in „geordneten und vor Gläubigern gesicherten wirtschaftlichen Verhältnissen“ lebt[106]
- Zuwendung an „nächstliegende männliche von G.schen Nachkommen“[107] oder
- Zuwendung an den „Chef des Adelshauses“[108]
- Dem Testamentsvollstrecker wird durch den Erblasser die Befugnis eingeräumt, die Nacherbeneinsetzung dadurch in Wegfall zu bringen, dass er feststellt, dass der Vorerbe sich „in geordneter wirtschaftlicher Lage befindet“.[109]
- Anordnung „Wer mich pflegt, bekommt alles“.[110]

Nach überwiegender Ansicht ist es zulässig, dass der Erblasser dahingehend testiert, dass diejenigen Personen Erben werden sollen, die ein **Dritter** zu seinen Erben einsetzt.[111] Nach Ansicht von *Leipold* hat allerdings der Erblasser die in Betracht kommenden Personen bzw. den Personenkreis zu bezeichnen. Der Dritte entscheidet dann nur, welche dieser Personen er zum Erben beruft.[112] Weiterhin ist es möglich, dass der Erblasser die Zuwendung von einem **Tun oder Unterlassen des Bedachten** abhängig macht, und die Entscheidung darüber, ob die Bedingung eingetreten ist, einem Dritten überlässt.[113] 31

In den Fällen, in denen die HöfeO Anwendung findet, besteht für den Erblasser die Möglichkeit, seinem überlebenden Ehegatten im Rahmen einer Verfügung von Todes wegen die Bestimmung des Hoferben unter den Abkömmlingen zu übertragen (§ 14 Abs. 3 S. 1 HöfeO). Diese gesetzliche Regelung setzt den Eintritt der gesetzlichen Erbfolge nach der HöfeO voraus und knüpft an das Verwaltungs- und Nutznießungsrecht des überlebenden Ehegatten gem. § 14 Abs. 1 HöfeO an. Hat der gesetzliche Hoferbe jedoch das 25. Lebensjahr vollendet oder heiratet der überlebende Ehegatte, 32

101 OLG Köln BeckRS 2016, 112474.

102 BayObLG FamRZ 1992, 987; LG Magdeburg Rpfleger 1999, 493; dasselbe gilt für die Erbeinsetzung der Person, die mit dem Leichnam in bestimmter Weise verfahren wird, KG ZEV 1998, 260 (433) Ls.; dazu *Wagner* ZEV 1998, 255.

103 OLG Braunschweig NJW-RR 2019, 583, 585.

104 OLG Celle ErbR 2009, 194 f.

105 OLG Köln Rpfleger, 1984, 236.

106 KG DNotZ 1999, 679.

107 OLG Karlsruhe NJW-RR 1999, 806.

108 OLG Stuttgart FGPrax 2005, 221, 222.

109 KG ZEV 1998, 182 f. = DNotZ 1999, 679, 683, zust. *Zawar*, DNotZ 1999, 685; *Leipold*, JZ 2000, 708.

110 OLG Frankfurt DNotZ 1996, 56, 58 = NJW-RR 1995, 711; ebenso bereits OLG Frankfurt FamRZ 1992, 226.

111 Soergel/*Loritz/Uffmann*, § 2065 Rn 14; *Gaberdiel*, Rpfleger 1966, 265; *Schäfer*, BWNotZ 1962, 203; a.A. OLG Frankfurt FamRZ 2000, 1607 m. Anm. *Kanzleiter*, DNotZ 2001, 149 u. *Otte*, ZEV 2001, 319.

112 MüKo/*Leipold*, § 2065 Rn 35.

113 KG FamRZ 1998, 1202; OLG Hamm NJW-RR 2002, 1372.

erlischt diese Befugnis. Es ist auch möglich, dass der Erblasser in seiner Verfügung von Todes wegen einen Hoferben bestimmt, jedoch dem Ehegatten die Befugnis einräumt, hiervon abweichend den Hoferben zu bestimmen.[114] Hat der überlebende Ehegatte den Hoferben bestimmt, handelt es sich um eine der Nacherbfolge ähnliche Gesamtnachfolge. Allerding war der bisherige Hoferbe Vollerbe und nicht Vorerbe.

33 Im Rahmen der Vorschrift des § 14 Abs. 3 HöfeO ist es auch zulässig, dass dem überlebenden Ehegatten als Hofvorerben die Bestimmung des Hofnacherben übertragen wird. Wurde der Hof zwischen Abschluss des Erbvertrages und Einritt des Erbfalls aufgegeben und wurde dem überlebenden Ehegatten ein Bestimmungsrecht eingeräumt, kann dieses im Wege der ergänzenden Auslegung dahingehend auszulegen sein, dass die gemeinsamen Kinder als Schlusserben berufen sind.[115]

c) Verfahren

34 Derjenige, der nach dem Willen des Erblassers die Auswahl treffen soll, ist vom Erblasser genau festzulegen. Eine besondere Sachkunde ist nicht erforderlich.[116]
Im Testament sollte seitens des Erblassers für den Fall, dass ein Dritter die Erbenbestimmung übernehmen soll, geregelt werden, gegenüber wem, in welcher **Form** und innerhalb welcher **Frist** eine Entscheidung getroffen werden muss.[117] Sind solche Verfügungen nicht vorhanden, ist § 2198 Abs. 1 BGB analog anwendbar. Die Erklärung ist in öffentlich beglaubigter Form gegenüber dem Nachlassgericht abzugeben.[118] Nach a.A. ist erforderlich, dass die Erklärung dem Nachlassgericht und der ausgeschlossenen Person zugeht.[119] Liegt eine Entscheidung des Dritten vor, die aber offenbar unrichtig ist, ist diese analog § 319 Abs. 1 BGB unwirksam.[120] Fehlt es an der Fristbestimmung, gilt § 2198 Abs. 2 BGB analog.[121] Auf Antrag eines Beteiligten hat eine Fristsetzung durch das Nachlassgericht zu erfolgen. Nach Fristablauf erlischt das Bestimmungsrecht durch den Dritten. Es gilt dann das gerichtliche Bestimmungsrecht entsprechend § 319 Abs. 1 S. 2 BGB. Zuständig hierfür ist das ordentliche Gericht.

35 Hat der Erblasser in seiner letztwilligen Verfügung die vorgenannten Rechtsfolgen ausgeschlossen, d.h. hat er angeordnet, dass die Entscheidung des Dritten unter allen Umständen als verbindlich anzusehen ist, liegt hierin ein Verstoß gegen § 2065 BGB.[122] Hier wäre die letztwillige Verfügung vom Willen eines Dritten abhängig. Derjenige, der das Erbrecht für sich in Anspruch nimmt, kann gegen die anderen in Betracht kommenden (und das Erbrecht anstrebenden) Personen klagen. Er stellt einen Antrag dahingehend, dass das Gericht ihn zum Erben bestimmen möge. Es erscheint aber auch eine Klage als ausreichend, die das Erbrecht feststellt, da die gerichtliche Bestimmung nicht notwendigerweise im Urteilstenor zum Ausdruck kommen muss. Die Bestimmung wirkt auf den Zeitpunkt des Erbfalls zurück. Der Beginn der Ausschlagungsfrist liegt nicht vor der Kenntnis des Erben von der getroffenen Bestimmung (§ 1944 Abs. 2 S. 1 BGB).[123]

---

114 BGHZ 45, 199.
115 OLG Hamm FGPrax 2012, 202.
116 BeckOK BGB/*Litzenburger*, § 2065 Rn 17 ff.; a.A. OLG Celle 1958, 953, 954.
117 MüKo/*Leipold*, § 2065 Rn 40.
118 KG Rpfleger 1998, 288; *Rötelmann*, NJW 1958, 953, 954; *Haegele*, BWNotZ 72, 74; *Großfeld*, JZ 1968, 113.
119 OLG Celle NJW 1958, 953, 955.
120 MüKo/*Leipold*, § 2065 Rn 15, 41.
121 MüKo/*Leipold*, § 2065 Rn 40.
122 MüKo/*Leipold*, § 2065 Rn 15.
123 MüKo/*Leipold*, § 2065 Rn 40.

Liegt ein Verstoß gegen § 2065 BGB nicht vor, wirkt die Entscheidung des Dritten nach h.M. auf den Erbfall zurück.[124]
Kann eine Auswahl durch den Dritten nicht vorgenommen werden, sei es, dass er verstorben ist, sei es wegen geistiger Umnachtung, so ist entsprechend zu verfahren, wie wenn der Dritte wegen Fristversäumnis von der Vornahme ausgeschlossen ist.

2. Bestimmungen hinsichtlich des Gegenstandes der Zuwendung

a) Allgemeines

36 Der Erblasser ist verpflichtet, nicht nur den Erben, sondern auch dessen **Erbteil** zu bestimmen. Im Übrigen gilt dies grundsätzlich auch für den zugewendeten **Vermögensgegenstand.** Der Erblasser hat daher zu bestimmen, was Gegenstand eines Vermächtnisses, einer Auflage oder einer Teilungsanordnung sein soll. Praktische Bedeutung hat dies aufgrund der zahlreichen gesetzlich geregelten Ausnahmen (siehe Rdn 37 für die Bestimmung der Erbteile[125]). Der Erblasser kann im Hinblick auf die Bestimmung der Erbteile die Entscheidung hierüber einem Dritten nur in dem Rahmen übertragen, wie es bei der Bestimmung des Zuwendungsempfängers möglich ist. Grundsätzlich ist es nicht zulässig, die Höhe der Erbteile durch einen Dritten bestimmen zu lassen. Dem Erblasser ist es aufgrund der Vorschrift des § 2065 BGB nicht gestattet, es einem Dritten zu überlassen, darüber zu entscheiden, wann der Nacherbfall eintritt.[126]

b) Ausnahmen

37 In folgenden Fällen ist die Möglichkeit, eine abschließende Konkretisierung auf einen Dritten zu verlagern, ausdrücklich gesetzlich geregelt: Gem. § 2151 BGB kann der Erblasser mehrere Personen zu **Vermächtnisnehmern** bestimmen und die Auswahl einem Dritten oder dem Beschwerten übertragen. Gem. § 2156 BGB (Zweckvermächtnis) ist es dem Erblasser gestattet, die Bestimmung der Leistung dem billigen **Ermessen** des Beschwerten oder eines Dritten zu überlassen. Nicht möglich hingegen ist die Bestimmung der Leistung in das freie Belieben zu stellen. Über § 2192 BGB finden die Vorschriften gem. §§ 2153–2156 BGB bei Auflagen entsprechende Anwendung. Auch einen Testamentsvollstrecker braucht der Erblasser nicht namentlich zu benennen. Vielmehr kann die Bestimmung einer dritten Person gem. § 2198 BGB oder dem Nachlassgericht, § 2200 BGB, zugewiesen werden. Eine weitere Ausnahme findet sich in § 2193 Abs. 1 BGB bzgl. angeordneter Auflagen. Gem. § 2048 S. 2 BGB kann die Auseinandersetzung einem Dritten im Wege der Teilungsanordnung übertragen werden.

C. Rechtsfolgen

I. Grundsatz

38 Ein **Verstoß gegen § 2065 BGB** führt zur Nichtigkeit der letztwilligen Verfügung,[127] es sei denn, eine Umdeutung ist möglich.[128] Verstößt die Erbeinsetzung gegen die Vorschrift des § 2065 BGB, kann diese ggf. in eine **Zweckauflage** umgedeutet werden.[129] Die Bestimmung, dass ein Dritter entscheiden soll, ob eine Testamentsvollstre-

---

124 MüKo/*Leipold*, § 2065 Rn 40.
125 BayObLG NJW-RR 1990, 1417.
126 BGHZ 15, 199, 204 = NJW 1955, 100.
127 BGHZ 15, 199; BayObLG NJW-RR 2000, 1174.
128 BGH NJW-RR 1987, 1090; BayObLGZ 1997, 340; OLG Stuttgart BWNotZ 2005, 92; OLG München NJW-RR 2016, 976; Erman/*Schmidt*, § 2065 Rn 2; *Kanzleiter*, DNotZ 2001, 149; *Spanke*, NJW 2005, 2947; *Helms*, ZEV 2007, 1.
129 BGH NJW-RR 1987, 1090, 1091.

ckung stattfindet, verstößt gegen § 2065 BGB. Auch eine Bestimmung dahingehend, dass ein Dritter die Entscheidung darüber treffen soll, wie lange die Testamentsvollstreckung dauert, stellt einen Verstoß gegen § 2065 BGB dar.[130] Auch eine unwirksame Ermächtigung eines Dritten, den Erben zu bestimmen, kann nicht in eine Erbeinsetzung des Dritten umgedeutet werden, auch wenn dieser selbst entscheiden kann, ob er die Erbschaft behält.[131] Hat der Erblasser verfügt, dass dem Testamentsvollstrecker die Regelung des Nachlasses zu einem sozialen Zweck übertragen wird, verstößt dies zwar gegen § 2065 BGB. Eine derartige Regelung kann jedoch in eine Erbeinsetzung des Testamentsvollstreckers umgedeutet werden, wobei er mit einer Auflage beschwert ist, den Nachlass sozialen Zwecken zuzuführen.[132]

39 Besteht das Testament aus mehreren Verfügungen, wobei nicht alle gegen die Vorschrift des § 2065 BGB verstoßen, ist das Schicksal der weiteren Verfügungen nach § 2085 BGB zu beurteilen.[133]

II. Ausnahmen und deren Abgrenzung

40 Allerdings sind nicht alle Verfügungen nichtig, deren Gültigkeit vom Willen eines Dritten abhängen. Ursache dafür, dass ein Dritter entscheiden soll, kann auch der Wille des Erblassers sein, dass künftige Entwicklungen berücksichtigt werden, auch wenn er eine genaue Vorstellung bezüglich seiner Nachfolgeplanung hat.[134] § 2065 BGB findet dann keine Anwendung, wenn der Bedachte selbst über die Gültigkeit der letztwilligen Verfügung entscheiden soll.[135] Dies ist bspw. dann der Fall, wenn dem Bedachten das Vermögen des Erblassers nur dann zufallen soll, wenn er in einer bestimmten Art und Weise handelt oder eine Handlung unterlässt.[136] Auch hier hängt die Gültigkeit der Verfügung von einer Wollensbedingung ab. Gem. § 2075 BGB ist eine **Bedingung**, über deren Eintritt der Bedachte zu entscheiden hat, jedoch zulässig. Hiergegen bestehen unter Berücksichtigung des § 2065 BGB auch deshalb keinerlei Bedenken, weil der in der letztwilligen Verfügung Bedachte stets selbst darüber entscheiden kann, ob er das ihm Zugewandte erwerben möchte oder nicht. Der Bedachte hat auch die Möglichkeit der **Ausschlagung.**[137] Der Erblasser selbst hat bereits eine Entscheidung getroffen, es handelt sich nicht um eine Vertretung im Willen des Erblassers. Es muss dem Erblasser auf den Eintritt des Ereignisses ankommen. Unzulässig ist die Verfügung dann, wenn der Erblasser entscheidend auf die Willensentscheidung der bedachten Person abstellt. Ein Verstoß gegen Abs. 1 liegt auch dann nicht vor, wenn der Erblasser Verfügungen für den Fall trifft, dass der Erbe die Erbschaft ausschlägt.[138]

41 Das Gesetz unterscheidet zwischen **aufschiebenden** und **auflösenden** Bedingungen. Bestimmten Ereignissen wird seitens des Erblassers eine bestimmte rechtliche Wirkung eingeräumt. Macht der Erblasser die Wirksamkeit der letztwilligen Verfügung bspw. davon abhängig, ob die Erbschaft angenommen/ausgeschlagen oder der Pflichtteil eingefordert wird, ob eine Person heiratet oder die Ausbildung abgeschlossen hat, ob eine Person von einem Dritten adoptiert wird, ob eine Patenschaft übernommen wird,

---

130 BGHZ 41, 23, 25.
131 MüKo/*Leipold*, § 2065 Rn 47.
132 BayObLG FamRZ 2001, 319.
133 MüKo/Leipold, § 2065 Rn 48; Soergel/Loritz/Uffmann, § 2065 Rn 41.
134 MüKo/*Leipold*, § 2065 Rn 2.
135 *Raape*, AcP 140, 233 f.
136 KG Rpfleger 1998, 288, 290; OLG Hamm OLGZ 1968, 80, 84 = MDR 1968, 243; Soergel/*Loritz/Uffmann*, § 2065 Rn 11.
137 *Raape*, AcP 140, 233; Soergel/*Loritz/Uffmann*, § 2065 Rn 16.
138 MüKo/*Leipold*, § 2065 Rn 13.

so führt dies nicht zu einem Verstoß gegen § 2065 BGB. Auch hier ist allein der Eintritt/Nichteintritt des Ereignisses entscheidend.[139] Es sind lediglich solche Bedingungen zulässig, bei denen der Erblasser seinen Willen bereits vollständig gebildet hat. In seine Überlegungen hat er lediglich das mögliche, wenn auch willensabhängige künftige Ereignis mit einbezogen. Das Ereignis an sich war für den Erblasser von Bedeutung, nicht der Wille des Dritten als solcher. Es darf in keinem Falle auf eine Vertretung im Willen hinauslaufen.[140] Potestativbedingungen sind jedoch dann unzulässig, sofern der Erblasser diese dazu nutzt, einer dritten Person die Entscheidung zu überlassen.[141] Erfolgt eine letztwillige Verfügung unter der Bedingung, dass eine geringfügige Spende an eine gemeinnützige Organisation durch einen Dritten getätigt werden soll, verstößt dies gegen Abs. 1.[142]

In verschiedenen Sachzusammenhängen wird es dem Erblasser ausdrücklich gestattet, 42
eine abschließende Konkretisierung seiner Verfügung auf andere zu verlagern. Der Erblasser kann gemäß der Vorschrift des § 2151 BGB mehrere Personen als Vermächtnisnehmer bestimmen und die Auswahl einem Dritten oder auch dem Beschwerten überlassen. Auch die Vorschrift des § 2156 BGB bildet eine Ausnahme zu § 2065 BGB.

Hat der Erblasser eine Auflage verfügt und deren Zweck bereits bestimmt, kann die 43
Person des Leistungsempfängers durch den Beschwerten oder einen Dritten festzulegen sein (siehe § 2193 BGB). Es ist daher möglich, dass der Erblasser die Errichtung einer unselbstständigen Stiftung in Form einer Auflage anordnet, den Zweck bereits festlegt und die inhaltliche Fassung der Stiftungssatzung sowie die Auswahl des Stiftungsträgers dem Testamentsvollstrecker überträgt.[143] Auch einen Testamentsvollstrecker braucht der Erblasser nicht namentlich zu benennen. Dessen Benennung kann einem Dritten oder dem Nachlassgericht zugewiesen werden.[144] Aufgrund der Vorschrift des § 2048 S. 2 und 3 BGB kann der Erblasser die Auseinandersetzung unter den Miterben dem billigen Ermessen eines Dritten übertragen.

Der Bedachte muss nicht ausdrücklich mit Namen im Testament bedacht sein. Kann 44
der Erbe bei Eintritt des Erbfalls anhand objektiver Angaben von jeder sachkundigen Person bestimmt werden, ohne eigenes Ermessen ausüben zu müssen, ist dies ausreichend. Formuliert der Erblasser hingegen „Mein Vermögen soll in eine Stiftung für einen guten Zweck eingehen", ist dies nicht ausreichend.[145]

Praxistipp

Aufgrund der zahlreichen, auch widersprüchlichen ergangenen Entscheidungen ist es sehr risikobehaftet, eine Erbeinsetzung mit Auswahlermächtigung anzuordnen. Es ist daher zu empfehlen, anstelle einer Erbeinsetzung ein Auswahlvermächtnis

139 OLG Hamm MDR 1968, 243; BayObLGZ 1996, 204, 208; KG ZEV 1998, 182.

140 Vgl. BGHZ 15, 199, 201 f.; OLG Hamm OLGZ 1968, 80, 84; BayObLG FamRZ 1986, 606, 607; OLG Stuttgart FGPrax 2005, 221, 222 = Rpfleger 2005, 431, 433 m. Anm. *Horsch*; *Raape*, in: FS Zitelmann, 1913, S. 7, 18; Soergel/*Loritz/Uffamnn*, § 2065 Rn 11; *Helms*, ZEV 2007, 1, 5 plädiert für großzügige Beurteilung. *Stiegeler*, Der Grundsatz der Selbstentscheidung des Erblassers, 1985, S. 32 ff.

141 BGHZ 15, 199, 201 = NJW 1955, 100, 101; KG JFG 20, 139, 144; KG OLGE 43, 394; Köln OLGZ 1984, 299 = Rpfleger 1984, 236; s.a. OLG Frankfurt FamRZ 1992, 226 = MDR 1992, 162.

142 BeckOK BGB/*Litzenburger*, Rn 13; Soergel/*Loritz/Uffmann*, § 2065 Rn 13.

143 OLG München NJW 2014, 2448. A.A. *Muscheler*, ZEV 2014, 573, 577 f., der als Begünstigte i.S.v. § 2193 Abs. 1 BGB zu Unrecht die Destinatäre der zu errichtenden Stiftung ansieht. Mit dem OLG München NJW 2014, 2448, 2450 ist aber der vom Testamentsvollstrecker auszuwählende Stiftungsträger als der Begünstigte i.S.v. § 2193 Abs. 1 BGB anzusehen.

144 Aber nicht dem das Testament beurkundenden Notar, BGH NJW 2013, 52.

145 OLG Frankfurt ErbR 2017, 727.

anzuordnen, auch wenn dieses schwieriger abzuwickeln ist wegen fehlender Gesamtrechtsnachfolge.

§ 2066 Gesetzliche Erben des Erblassers

[1]Hat der Erblasser seine gesetzlichen Erben ohne nähere Bestimmung bedacht, so sind diejenigen, welche zur Zeit des Erbfalls seine gesetzlichen Erben sein würden, nach dem Verhältnis ihrer gesetzlichen Erbteile bedacht. [2]Ist die Zuwendung unter einer aufschiebenden Bedingung oder unter Bestimmung eines Anfangstermins gemacht und tritt die Bedingung oder der Termin erst nach dem Erbfall ein, so sind im Zweifel diejenigen als bedacht anzusehen, welche die gesetzlichen Erben sein würden, wenn der Erblasser zur Zeit des Eintritts der Bedingung oder des Termins gestorben wäre.

Literatur

Böhm, Der Einfluss des Gesetzes über die rechtliche Stellung nichtehelicher Kinder auf erbrechtliche Auslegungs- oder Ergänzungsregeln, FamRZ 1972, 180; *Böhmer*, Zur Auslegung des § 1371 Abs. 1 bis 3 BGB n.F., NJW 1958, 524; *Giencke*, Ergänzende Auslegung von Erbverträgen gem. § 2066 BGB unter Berücksichtigung nichtehelicher Kinder des Erblassers als gesetzliche Erben, FamRZ 1974, 241; *Haegele*, Rechtsfragen zur Vor- und Nacherbschaft, Rpfleger, 1971, 121; *Lindacher*, Änderung der gesetzlichen Erbfolge, mutmaßlicher Erblasserwille und Normativität des dispositiven Rechts, FamRZ 1974, 345; *Meyer*, Laufende Lebensversicherungen und das Gleichberechtigungsgesetz, FamRZ 1957, 398; *Rittner*, Der Ausbildungsanspruch der „Stiefabkömmlinge" nach dem neuen Familienrecht, DNotZ 1957, 486; *Spellenberg*, Zum Erbrecht des nichtehelichen Kindes, FamRZ 1977, 185; *Staats*, Anwachsung oder Erhöhung bei Wegfall eines „gesetzlichen Erben"?, ZEV 2002, 11; *Tappmeier*, Die erbrechtlichen Auslegungsvorschriften in der gerichtlichen Praxis, NJW 1988, 2714.

Übersicht: Rdn

A. Allgemeines

1 Es soll sich auch dann um eine gewillkürte Regelung des Erblassers handeln, wenn dieser seine **gesetzlichen Erben** bedenkt, ohne den genauen Personenkreis, die Höhe der Erbteile oder den relevanten Zeitpunkt zu nennen. Sollten sich Unklarheiten ergeben, können diese mit Hilfe gesetzlicher Regelungen dann behoben werden, wenn weder der Wille des Erblassers aus der letztwilligen Verfügung hervorgeht noch durch Auslegung ermittelt werden kann.[1] Es kommt diejenige Regelung zum Zuge, die auch ohne Verfügung von Todes wegen seitens des Gesetzgebers für richtig gehalten wird.[2]

---

1 MüKo/*Leipold*, § 2066 Rn 1.
2 OLG Köln FamRZ 1970, 605, 606.

Nach allg. Ansicht stellt S. 2 aufgrund der Formulierung „im Zweifel" eine **gesetzliche Auslegungsregel** dar.[3] S. 1 ist als gesetzliche Ergänzungsnorm zu sehen.[4] Es handelt sich deshalb um eine Ergänzungsnorm, weil eine nicht enthaltene Regelung von Gesetzes wegen hinzugefügt wird, nicht jedoch festgelegt wird, welcher Wille in einer unklaren Formulierung zu sehen ist. Nach dieser Ergänzungsnorm sind alle gesetzlichen Erben nach ihren gesetzlichen Erbteilen berufen, nicht nach Kopfteilen. Nach a.A. (Mindermeinung) handelt es sich bei S. 1 und S. 2 jeweils um eine Auslegungsregel.[5] 2

Dieser Streit sollte aber nicht überbewertet werden. S. 1 findet erst dann Anwendung, wenn sich durch Auslegung kein abweichender Wille des Erblassers ermitteln lässt. Dies bedeutet, dass S. 1 dann zur Anwendung gelangt, wenn sämtliche Auslegungsmethoden ausgeschöpft wurden und der Erblasserwille nicht ermittelt werden konnte. Insoweit kann von einer Ergänzung gesprochen werden. S. 1 findet aber auch dann Anwendung, wenn zwar Andeutungen vorhanden sind, der Wille des Erblassers jedoch nicht eindeutig festgestellt werden kann. Es ist daher der h.M. zu folgen, die § 2066 BGB sowohl als Auslegungs- als auch als Ergänzungsregel sieht. Wie die Vorschrift im Einzelfall wirkt, hängt vom Inhalt der letztwilligen Verfügung ab.

§ 2066 BGB wird in aller Regel bei **Erbeinsetzungen** angewandt, auch bei der **Einsetzung zum Vor-, Nach- oder Ersatzerben**, und unabhängig davon, ob die Erbeinsetzung in einem Testament, gemeinschaftlichen Testament oder Erbvertrag erfolgt ist. § 2066 BGB gilt sowohl für einseitige als auch für vertragsmäßige Verfügungen in einem Erbvertrag.

Durch die Regelung des § 2066 BGB erhält eine Zuwendung an die „gesetzlichen Erben" auch dann einen eindeutigen Sinn, wenn nicht eindeutig ermittelt werden kann, wen der Erblasser zu seinen gesetzlichen Erben rechnete, vor allem in den Fällen, in denen sich die gesetzlichen Erben zwischen Testamentserrichtung und Erbfall verändern, wenn eine oder mehrere Personen hinzukommen oder in Wegfall geraten.[6] 3

In den Fällen, in denen ein Ausländer eine Verfügung von Todes wegen mit Rechtswahl errichtet hat und aufgrund dieser Rechtswahl deutsches Recht Anwendung findet, sind im Falle des S. 1 die Bedachten aufgrund des deutschen Erbrechts zu ermitteln.[7]

B. Tatbestand

Voraussetzung ist, dass der Erblasser seine gesetzlichen Erben ohne nähere Bezeichnung bedacht hat. 4

I. Gesetzliche Erben (S. 1)

1. Begriff „gesetzliche Erben"

Unter die Bezeichnung „seine gesetzlichen Erben bedacht" fallen nur die Verfügungen, mit denen der Erblasser seine „gesetzlichen Erben" mit dieser pauschalen Bezeichnung bedenkt.[8] Die Formulierungen „meine Erben", „meine rechtmäßigen Erben" stehen der Bezeichnung „gesetzliche Erben" i.d.R. gleich.[9] Setzt der Erblasser dagegen seine 5

3 MüKo/*Leipold*, § 2066 Rn 2 m.w.N.; *Tappmeier*, NJW 1988, 2714 ff.
4 MüKo/*Leipold*, § 2066 Rn 2 m.w.N.
5 Erman/*Schmidt/Nobis*, § 2066 Rn 1; Staudinger/*Otte* (2019), § 2066 Rn 3.
6 Staudinger/*Otte* (2019), § 2066 Rn 2.
7 BeckOK BGB/*Litzenburger*, § 2066 Rn 6.
8 RGZ 70, 391, 394; KG BeckRS 2012, 09524; OLG Stuttgart ErbR 2021, 64 = FamRZ 2021, 312; Soergel/*Loritz/Uffmann*, § 2066 Rn 6; Staudinger/*Otte* (2019), § 2066 Rn 2.
9 MüKo/*Leipold*, § 2066 Rn 3.

„Angehörigen" ein, ist dies nicht ausreichend.[10] Zu den gesetzlichen Erben zählen auch **adoptierte Kinder und Adoptiveltern.**[11] Dies gilt auch dann, wenn das Testament vor Inkrafttreten des Adoptionsgesetzes errichtet wurde.[12] Hierunter fallen auch nichteheliche Kinder nach dem Vater bzw. väterlichen Verwandten als Erblasser, und zwar auch dann, wenn das Testament vor Inkrafttreten des Nichtehelichengesetzes errichtet wurde.[13] Auch der **Ehegatte** fällt unter den Begriff „gesetzliche Eben". Dieser ist ebenfalls bedacht, wenn der Erblasser nicht lediglich seine Abkömmlinge bedenken wollte.[14] Die Besonderheiten des Ehegattenerbrechts (§§ 1932, 1371 Abs. 1 BGB i.V.m. § 1371 Abs. 4 – Ausbildungsanspruch der Stiefkinder – sind auch im Rahmen des § 2066 BGB anwendbar. Wählt der Erblasser die Formulierung „es soll bei der gesetzlichen Erbfolge verbleiben", handelt es sich nicht um einen Fall des § 2066 BGB. Die Formulierung hat lediglich deklaratorischen Charakter. § 2066 BGB hingegen betrifft die gewillkürte Erbfolge, die sich mit der gesetzlichen Erbfolge deckt.
Nennt der Erblasser hingegen in seinem Testament einige Namen und verfügt zusätzlich „und die übrigen gesetzlichen Erben", so findet § 2066 BGB Anwendung.

2. Welches Recht ist anwendbar?

6 Für die Bestimmung, wer zu den gesetzlichen Erben zählt und zu welchen Quoten diese erben, ist grundsätzlich das im **Zeitpunkt des Erbfalls geltende Recht** maßgeblich, es sei denn, die Auslegung führt zu einem anderen Ergebnis.[15] Somit beeinflussen tatsächliche Änderungen (Eheschließungen, Geburten) zwischen Testamentserrichtung und Erbfall grundsätzlich die testamentarische Erbfolge. Dies gilt vor allem für eine Rechtsänderung zwischen Testamentserrichtung und Erbfall. Die Auslegung kann jedoch ergeben, dass das bei Testamentserrichtung maßgebende Recht angewendet werden soll.[16] War bei Testamentserrichtung bereits neues Recht anwendbar, ging der Erblasser jedoch von der **Geltung alten Rechts** aus, so ist dieses maßgeblich.[17] Kannte der Erblasser nur das alte Recht, reicht diese Tatsache allein nicht aus, um davon auszugehen, dass altes Recht gewollt war.[18] Es wird vereinzelt die Ansicht vertreten, dass für den Fall, dass der Erblasser kurz nach Änderung der Gesetzeslage verstirbt, altes Recht und für den Fall, dass er erst längere Zeit nach der Gesetzesänderung verstirbt, neues Recht anwendbar sei.[19] Diese pauschale Regelung ist jedoch abzulehnen. Maßgebend ist das, was der Erblasser gewollt hat. Dessen Wille ist zu ermitteln. Ob der Erblasser bei Testamentserrichtung mit einer Änderung des Gesetzes gerechnet hat oder sie gar billigend in Kauf nahm, ist unerheblich. Auf den hypothetischen Willen des Erblassers ist ebenfalls nicht abzustellen. Die Regelung beinhaltet quasi eine Blanko-Willenserklärung. Dem wird auch gerecht, diese Erklärung auch auf das neue Gesetz zu beziehen.

---

10 Vgl. zum Vermächtnis OLG Koblenz BeckRS 2014, 15927.
11 OLG Stuttgart FamRZ 1973, 278; MüKo/*Leipold*, § 2066 Rn 11.
12 OLG Stuttgart FamRZ 1973, 278; *Tappmeier*, NJW 1988, 2715.
13 MüKo/*Leipold*, § 2066 Rn 11.
14 MüKo/*Leipold*, § 2066 Rn 8.
15 OLG Frankfurt FamRZ 1995, 1087; Soergel/*Loritz/Uffmann*, § 2066 Rn 14; Staudinger/*Otte* (2019), § 2066 Rn 6; *Giencke*, FamRZ 1974, 243.
16 OLG Köln FamRZ 1970, 605; KG FamRZ 1961, 447.
17 *Lindacher*, FamRZ 1974, 345; *Spellenberg*, FamRZ 1977, 185, 190 ff.
18 RG LZ 1917, 746.
19 *Meyer*, FamRZ 1957, 398.

Im Übrigen kann der Erblasser das zur Zeit der Testamentserrichtung geltende Recht für maßgeblich erklären.[20]

Sind die gesetzlichen Erben zu Nacherben berufen, so ist maßgebender Zeitpunkt für die **Bestimmung,** wer hierunter fällt, der Zeitpunkt des Nacherbfalls.[21] Hat der Erblasser seine gesetzlichen Erben zu Nacherben berufen und verstirbt ein gesetzlicher Erbe zwischen Erb- und Nacherbfall, hat dieser kein vererbliches Anwartschaftsrecht.[22] Dies gilt dann nicht, wenn die Auslegung zu einem anderen Ergebnis führt. Die Vorschrift geht im Zweifel der Vorschrift des § 2108 Abs. 2 S. 1 BGB vor. Auch für den Fall, dass der überlebende Ehegatte in einem gemeinschaftlichen Testament als Vorerbe und die gesetzlichen Erben des Erstversterbenden als Nacherben eingesetzt werden, geht S. 2 der Vorschrift des § 2108 BGB vor. 7

Durch das **Gleichberechtigungsgesetz** wurde der Ehegattenerbteil erhöht (§§ 1371 Abs. 1, 1931 Abs. 3 BGB bzw. bei Gütertrennung § 1931 Abs. 4 BGB). Diese Erhöhung findet auch dann Berücksichtigung, wenn das Testament vor Einführung dieser neuen Vorschriften errichtet worden ist.[23] Gleiches gilt für das **Nichtehelichengesetz** und das **Adoptionsgesetz.** Bei Erbfällen ab dem 1.8.2001 sind auch Lebenspartner gesetzliche Erben, sofern der Erblasser eine eingetragene Lebenspartnerschaft eingegangen ist. Dies gilt auch für Testamente, die vor diesem Stichtag errichtet wurden. 8

Der Erbersatzanspruch (§ 1934a BGB a.F.) wurde ebenfalls abgeschafft. Dies bedeutet, dass § 2066 BGB zum vollen gesetzlichen Erbrecht nach dem Vater und den väterlichen Verwandten führt. Dies gilt auch für die Fälle, bei denen das Testament vor dem 1.4.1998 errichtet worden ist. Eine konkrete Auslegung könnte jedoch zu einem anderen Ergebnis führen, nämlich dann, wenn der Erblasser lediglich den Erbersatzanspruch zuwenden wollte. Diese Anordnung wäre dann als die Anordnung eines Vermächtnisses in Höhe des Erbersatzanspruchs auszulegen.

II. Bedingte oder befristete Zuwendung (S. 2)

Gem. der Auslegungsregel des S. 2 ist für die Beurteilung der Zeitpunkt des **Eintritts der Bedingung oder des Termins** maßgeblich.[24] Somit kann auch eine Person, die erst nach dem Tode des Erblassers geboren wird, aber bereits vorher gezeugt war, bedacht sein.[25] Dies bedeutet, dass die Auslegungsregel des S. 2 für Erbeinsetzungen, Vermächtnisse und Auflagen gilt, welche nicht mit dem Erbfall, sondern erst zu einem späteren Zeitpunkt wirksam werden. Für den Fall, dass der Erblasserwille nicht eindeutig festgestellt werden kann, sind die gesetzlichen Erben zu ermitteln, so als wäre der Erblasser im Zeitpunkt des Wirksamkeitseintritts verstorben. 9

C. Rechtsfolgen

Gem. S. 1 sind diejenigen Personen bedacht, welche im Zeitpunkt des Erbfalls die gesetzlichen Erben sein würden. Wie aus der gesetzlichen Formulierung entnommen werden kann, handelt es sich um eine gewillkürte Erbfolge. Unter gesetzliche Erben fallen sowohl die berufenen Verwandten als auch der Ehegatte oder der Lebenspartner. Haben die Ehegatten ein gemeinschaftliches Testament errichtet und angeordnet, dass nach dem Tod beider Ehegatten die gesetzliche Erbfolge in Kraft treten soll, so sind 10

---

20 RG Recht 1917 Nr. 1842 = LZ 1917, 746; RG Recht 1923 Nr. 53; Stuttgart FamRZ 1973, 278, 279; vgl. auch *Böhm*, FamRZ 1972, 180, 182; *Giencke*, FamRZ 1974, 241.

21 OLG Köln FamRZ 1970, 605; OLG Zweibrücken NJW-RR 1990, 1161.

22 BayObLG ZEV 2001, 440, 441.

23 LG Bremen MDR 1959, 761; KG FamRZ 1961, 447; OLG Köln FamRZ 1970, 605; *Rittner*, DNotZ 1957, 486; *Böhmer*, NJW 1958, 524, 526.

24 KG FamRZ 1972, 323.

25 BayObLG ZEV 2001, 440, 441; MüKo/*Leipold*, § 2066 Rn 18.

demgemäß im Schlusserbfall sowohl die Kinder der testierenden Eheleute als auch ein zweiter Ehegatte des Erblassers berufen.[26] Ergeben sich jedoch besondere Anhaltspunkte, könnten auch nur die Kinder zu Erben berufen sein.
Bei fehlender Angabe eines Beteiligungsverhältnisses sollen die Bedachten nach den Verhältnissen ihrer gesetzlichen Erbteile gemäß §§ 1924 ff. BGB erben.[27]

I. Keine Anwendung von S. 1

11 Existiert demgegenüber bereits eine letztwillige Verfügung, bei welcher Erben eingesetzt worden sind, kann die Auslegung ergeben, dass die ursprünglich Bedachten gemeint sind. Für § 2066 BGB bleibt dann kein Raum,[28] es sei denn, das spätere Testament ist als **Widerruf** der ursprünglichen letztwilligen Verfügung aufzufassen. § 2066 BGB findet auch dann keine Anwendung, wenn die Personen namentlich genannt oder durch bestimmte Merkmale bezeichnet sind („Kinder meines Bruders"), und zwar selbst dann nicht, wenn es sich um die gesetzlichen Erben handelt.[29] Auch die Formulierung „meine nächsten Verwandten", auch wenn es sich hierbei um die gesetzlichen Erben handelt, fällt nicht unter § 2066 BGB. S. 1 ist nicht anwendbar, wenn sich im Einzelfall ermitteln lässt, wen der Erblasser als gesetzliche Erben angesehen hat.[30] Hat der Erblasser in seiner letztwilligen Verfügung Angaben zur Höhe von Erbteilen gemacht oder zum Zeitpunkt, der für die Bestimmung der Personen maßgeblich ist, kommt die Vorschrift des S. 1 nicht zum Zuge.[31] Regelt der Erblasser nur einen dieser Punkte in seiner letztwilligen Verfügung, so gilt für den anderen die gesetzliche Ergänzung. Dieser Nachlassteil ist dann entsprechend den Quoten bei gesetzlicher Erbfolge aufzuteilen. Fällt ein gesetzlicher Erbe ersatzlos nach dem Erbfall weg, tritt Anwachsung unter den verbleibenden ein.
Der Erblasser unterscheidet sehr häufig nicht eindeutig zwischen den Begriffen „Kinder" und „Abkömmlinge". Oft werden Formulierungen wie „alle meine Abkömmlinge" oder „meine Kinder und deren Abkömmlinge" gewählt. In solchen Fällen ist im Wege der Auslegung zu entscheiden, ob der Erblasser tatsächlich alle Abkömmlinge zu gleichen Teilen einsetzen wollte oder aber seine Kinder zu Erben und deren Abkömmlinge zu Ersatzerben berufen sein sollten. In den seltensten Fällen wird man vorliegend zu einer Erbeinsetzung zu gleichen Teilen kommen. Möglich wäre auch eine Einsetzung der Kinder zu Vorerben und die Einsetzung von deren Abkömmlingen zu Nacherben.[32]

II. Analoge Anwendung von S. 1

12 § 2066 BGB ist analog anwendbar, wenn die **gesetzlichen Erben eines anderen** eingesetzt werden.[33] Auch hier wird die pauschale Bezeichnung gewählt, so dass § 2066 BGB anzuwenden ist, wobei S. 1 als Ergänzungsnorm anzusehen ist. Nach a.A. kommt eine analoge Anwendung in diesen Fällen nicht in Betracht, da bei § 2066 BGB das

26 OLG Düsseldorf ZEV 2021, 513 Rn 26.
27 BayObLG FamRZ 1986, 610, 611.
28 MüKo/*Leipold*, § 2066 Rn 3.
29 KG JW 1938, 2475; KG BeckRS 2012, 9524: „unsere Kinder".
30 RGZ 70, 391.
31 MüKo/*Leipold*, § 2066 Rn 6.
32 BGH NJW 1993, 256; a.A. BeckOK BGB/*Litzenburger*, § 2066 Rn 5: Dies sei mit der erläuternden Auslegung unvereinbar, denn es fehle jeglicher Anhaltspunkt für ein solches Nacheinander mehrerer Erben.
33 BayObLG FamRZ 1986, 610; OLG Frankfurt FamRZ 1994, 327; OLG Köln FamRZ 1970, 605; MüKo/*Leipold*, § 2066 Rn 4; BeckOGK/*Gomille*, § 2066 Rn 8; Staudinger/*Otte*, 2019, § 2066 Rn 8; *Haegele*, Rpfleger 1971, 121, 132, str.

Näheverhältnis zum Erblasser eine Rolle spielt und daher das Stammesprinzip zwar häufig gewollt sein wird, aber erst durch Auslegung ermittelt werden muss.[34] In den wenigsten Fällen dürfte diese Ansicht zu abweichenden Ergebnissen führen, da die Vorschrift des § 2066 BGB ohnehin erst zur Anwendung gelangt, wenn die Auslegung zu keinem klaren Ergebnis führt, d.h. es ist immer zuerst auszulegen.
Setzt der Erblasser die gesetzlichen Erben eines Dritten ein, so bestimmt sich die Erbfolge analog § 2066 BGB, als ob der Dritte zu diesem Zeitpunkt bereits verstorben wäre und die gesetzliche Erbfolge eintreten würde.

§ 2066 BGB gilt auch analog, wenn es sich um eine **vermächtnisweise Zuwendung** 13
an die gesetzlichen Erben handelt, des Weiteren wenn die gesetzlichen Erben als Auflagenbegünstigte bedacht worden sind.[35] Hinsichtlich des durch Vermächtnis zugewandten Vermögens haben die gesetzlichen Erben demgemäß einen Anspruch im Verhältnis ihrer gesetzlichen Erbteile.

Handelt es sich um eine Einsetzung der gesetzlichen Erben zu Nacherben, ist bei der 14
analogen Anwendung des § 2066 BGB auf den Zeitpunkt der Nacherbfolge abzustellen.[36] In den Fällen, in denen sich Ehegatten wechselseitig zu Vorerben einsetzen und die gesetzlichen Erben eines Ehegatten zu Nacherben, hat die vorgenannte Konstellation praktische Bedeutung. Wenn ein gesetzlicher Erbe des Erblassers zwischen Eintritt des Erbfalls und Eintritt des Nacherbfalls verstirbt, erwirbt er als späterer Nacherbe kein Anwartschaftsrecht, welches nach § 2108 BGB vererblich wäre, da die Nacherben zu diesem Zeitpunkt noch unbekannt sind.[37]

III. Vorrang der Auslegung

Die Vorschrift des § 2066 BGB gilt nur dann, wenn die Testamentsauslegung zu keinem 15
anderen Erblasserwillen führt. Die Testamentsauslegung geht demgemäß in jedem Falle vor.[38]

IV. Anfechtung

Hat sich der Erblasser über den Kreis seiner gesetzlichen Erben geirrt oder auch über 16
die Höhe ihrer Erbteile, kann eine Korrektur über die Auslegung nicht erfolgen.[39] Unter Anwendung von S. 1 sind die gesetzlichen Erben berufen. Allerdings kommt eine Anfechtung gem. § 2078 BGB in Betracht. Ein beachtlicher Inhaltsirrtum kann sich zum einen daraus ergeben, dass sich das gesetzliche Erbrecht zwischen Testamentserrichtung und Erbfall geändert hat, und zum anderen daraus, dass der Erblasser bei Errichtung des Testamentes fehlerhafte Vorstellungen von der Bedeutung seiner Erklärung hatte. Bei einem vor dem 1.7.1970 errichteten Testament, in dem die nichtehelichen Kinder nicht erwähnt worden sind, richtet sich eine Anfechtung nach § 2079 BGB.[40] Da es dem Erblasser freisteht, bei Änderung des gesetzlichen Erbrechts zu Lebzeiten das Testament zu widerrufen (bzw. einen Erbvertrag bei Vorliegen eines relevanten Irrtums anzufechten), erscheint dieses Ergebnis auch nicht unbillig. Liegt

34 Erman/*Schmidt*, § 2066 Rn 8.

35 Staudinger/*Otte*, 2019, § 2066 Rn 9; Soergel/*Loritz/Uffmann*, § 2066 Rn 21; BeckOK BGB/*Litzenburger*, § 2066 Rn 3; MüKo/*Leipold*, § 2066 Rn 7, wobei der letztgenannte Fall str. ist.

36 BayObLG FamRZ 1991, 1234, 1236; OLG Köln FamRZ 1970, 605; BeckOGK/*Gomille*, § 2066 Rn 14 m.w.N.

37 Vgl. BeckOK BGB/*Litzenburger*, § 2066 Rn 4; MüKo/*Leipold*, § 2066 Rn 18; BayObLGZ 1966, 227, 229; BayObLG ZEV 2001, 440, 441; Burandt/Rojahn/*Czubayko*, § 2066 Rn 10.

38 BeckOK BGB/*Litzenburger*, § 2066 Rn 5; NK-BGB/*Selbherr*, § 2066 Rn 3; MüKo/*Leipold*, § 2066 Rn 3; *Meyer*, FamRZ 1957, 397.

39 BGH NJW 1981, 1736 gegen Frankfurt Rpfleger 1980, 415.

40 *Lindacher*, FamRZ 1974, 348 ff.

eine wechselbezügliche Verfügung in einem gemeinschaftlichen Testament oder eine vertragsmäßige Verfügung in einem Erbvertrag vor, kommt auch eine Selbstanfechtung gemäß § 2281 BGB in Betracht.

V. Ausschlagung

17 Schlägt eine Person, die gem. § 2066 BGB zum Erben berufen ist, die Erbschaft aus, findet die Vorschrift des § 1953 Abs. 2 BGB Anwendung. Dies hat zur Folge, dass diejenige Erbregelung gilt, die gelten würde, wenn gesetzliche Erbfolge eintreten und der Ausschlagende vorverstorben wäre. § 2094 S. 1 BGB findet keine Anwendung. Es kommt demgemäß nicht zu einer Anwachsung.[41]

VI. Erbverträge

18 Für die in Erbverträgen enthaltenen einseitigen Verfügungen gilt § 2066 BGB gem. § 2299 Abs. 2 S. 1 BGB unmittelbar, für die vertragsmäßigen Verfügungen gilt § 2066 BGB über die analoge Anwendung des § 2279 Abs. 1 BGB. Es bestehen deshalb Besonderheiten bei den Erbverträgen, weil hier nicht allein der Wille des Erblassers maßgeblich ist, sondern der gemeinsame Wille der Vertragspartner.[42] Häufig wird davon auszugehen sein, dass dann, wenn Ehegatten die „gesetzlichen Erben" einsetzen, nur die „gemeinsamen" gesetzlichen Erben als bedacht anzusehen sind, nicht hingegen diejenigen, die nur mit einem der Ehegatten verwandt sind.

§ 2067 Verwandte des Erblassers

[1]Hat der Erblasser seine Verwandten oder seine nächsten Verwandten ohne nähere Bestimmung bedacht, so sind im Zweifel diejenigen Verwandten, welche zur Zeit des Erbfalls seine gesetzlichen Erben sein würden, als nach dem Verhältnis ihrer gesetzlichen Erbteile bedacht anzusehen. [2]Die Vorschrift des § 2066 Satz 2 findet Anwendung.

Literatur

Böhm, Der Einfluß des Gesetzes über die rechtliche Stellung nichtehelicher Kinder auf erbrechtliche Auslegungs- oder Ergänzungsregeln, FamRZ 1972, 180; *Lüke-Kratz*, Bürgerliches Recht, Die verzwickte Erbfolge, JuS 1982, 838.

Übersicht:

A. Allgemeines

1 Der Grundgedanke der Vorschrift des § 2067 BGB ist darin zu sehen, dass kein Erblasser alle seine Verwandten zu unter sich gleichen Teilen bedenken will. Bei § 2067 BGB handelt es sich um eine **Auslegungsregel.**[1] Diese erfüllt einen doppelten Zweck. Zum

41 *Staats*, ZEV 2002, 11.

42 *Giencke*, FamRZ 1974, 241.

1 Staudinger/*Otte* (2019), § 2067 Rn 1; MüKo/*Leipold*, § 2067 Rn 2; Soergel/*Loritz/Uffmann*, § 2067 Rn 1.

einen wird der Begriff der Verwandten auf diejenigen Personen konkretisiert und beschränkt, die zum Zeitpunkt des Erbfalls die gesetzlichen Erben des Erblassers wären. Wenn Angaben zu den einzelnen Anteilen fehlen, gelten die Verwandten als in dem Verhältnis bedacht, in dem sie gesetzlich bedacht wären.[2] Dies bedeutet, dass eine Aufteilung der Zuwendung nach Stämmen erfolgt. § 2067 BGB ist nur anwendbar, wenn eine nähere Bestimmung im Testament fehlt und auch dann nur nach dem Wortlaut „im Zweifel". Die individuelle Auslegung geht in jedem Falle vor.[3]

B. Tatbestand/Begriff des „Verwandten"

Voraussetzung ist, dass der Erblasser seine Verwandten ohne nähere Bezeichnung bedacht hat. 2

Zunächst müssen die **„Verwandten"** oder **„nächsten Verwandten"** mit dieser pauschalen Bezeichnung bedacht worden sein.[4] Dieser Bezeichnung gleichzusetzen ist der Begriff „Mitglieder meiner Sippe" oder „meine übrigen Verwandten".[5] Allerdings ist darauf zu achten, ob durch eine bestimmte Bezeichnung nicht ein bestimmter Personenkreis ausgeschlossen sein soll. Es ist daher fraglich, ob die Bezeichnung „nächste Blutsverwandte" mit den „nächsten Verwandten" gleichzusetzen ist[6] oder ob hier nicht die adoptierten Kinder ausgenommen sein sollen. Aus den §§ 1924–1930 BGB ist die gesetzliche Erbfolge der Verwandten zu entnehmen. Zu den Verwandten zählen auch die seit 1.7.1949 geborenen **nichtehelichen Kinder**, soweit die Vaterschaft festgestellt ist. Auch die **Verwandten des Vaters** sind hinzuzurechnen. Desgleichen sind Verwandte auch die durch Annahme als Kind zu Verwandten gewordenen Personen. Im Übrigen die **adoptierten Kinder**. Es kann nicht davon ausgegangen werden, dass ein männlicher Erblasser nichteheliche Abkömmlinge nicht als Verwandte betrachtet.[7] Nur bei besonderen Anhaltspunkten im Testament kann davon ausgegangen werden, dass der Erblasser die nichtehelichen Kinder nicht zu den Verwandten zählt.

Nicht zu den Verwandten gehören der Ehegatte sowie die Verschwägerten.[8] Die Ausle- 3
gung aufgrund von Umständen, die sich aus der letztwilligen Verfügung selbst ergeben, sowie aufgrund von Umständen, die außerhalb des Testaments liegen, kann dazu führen, dass der Erblasser unter den Begriff „Verwandte" auch den Ehegatten oder den eingetragenen Lebenspartner zählt.[9] Die **Auslegung** kann auch dazu führen, dass der Erblasser mit dem Begriff der „Verwandten" auch verschwägerte Personen gemeint hat.[10] In diesem Falle müssen die bedachten verschwägerten Personen bestimmbar sein. Ist es nicht möglich, im Wege der Auslegung zu klären, welche Personen der Erblasser gemeint hat, ist das Testament insoweit unwirksam. Sind verschwägerte Personen zwar bedacht, hat der Erblasser sich jedoch zur Quote nicht geäußert, findet § 2091 BGB Anwendung.

Erfolgt eine Zuwendung an **„die Familie"** oder **„die Hinterbliebenen"**, fällt hierunter 4
auch der Ehegatte, ggf. auch die Pflegekinder, Schwiegerkinder, Partner einer nichtehelichen Lebensgemeinschaft, Stiefkinder, u.U. auch Verschwägerte und deren Kinder,

---

2 MüKo/*Leipold*, § 2067 Rn 6.
3 OLG Hamm BeckRS 2019, 40759; NK-BGB/*Selbherr*, § 2067 Rn 1; *Wellenhofer*, JuS 2009, 380, 381.
4 MüKo/*Leipold*, § 2067 Rn 3.
5 BayObLG FamRZ 1990, 649.
6 So RG JW 1910, 246.
7 Staudinger/*Otte* (2019), § 2067, 2019, Rn 4.
8 Soergel/*Loritz/Uffmann*, § 2067 Rn 4; Staudinger/*Otte* (2019), § 2067 Rn 1.
9 MüKo/*Leipold*, § 2067 Rn 4 m.w.N.; Soergel/*Loritz/Uffmann*, § 2067 Rn 4.
10 Soergel/*Loritz/Uffmann*, § 2067 Rn 4.

also verschwägerte Neffen und Nichten.[11] Nach a.A. kann die vorstehende Formulierung auch dahingehend auszulegen sein, dass lediglich die Blutsverwandten zum bedachten Personenkreis zählen.[12] Kann im Wege der Auslegung ermittelt werden, welche Personen gemeint sind und was der Erblasser tatsächlich gewollt hat, findet § 2067 BGB keine Anwendung. Die Auslegung geht der gesetzlichen Auslegungsregel vor. Hat der Erblasser in seiner letztwilligen Verfügung die Zuwendungsempfänger namentlich erwähnt, so findet § 2067 BGB keine Anwendung,[13] desgleichen dann nicht, wenn einleitend auf die Verwandtschaft Bezug genommen wird, dann aber mehrere, nicht im selben Grad mit dem Erblasser verwandte Personen als Erben berufen werden.[14] Die Auslegung kann allerdings dazu führen, dass eine Einsetzung nach den Regeln der gesetzlichen Erbfolge und nicht nach Köpfen (§ 2091 BGB) gewollt war.

5 Findet auf ein Testament, welches ein Ausländer errichtet hat, entweder aufgrund Gesetzes oder auch aufgrund einer wirksam getroffenen Rechtswahl deutsches Recht Anwendung, so sind die Bedachten im Falle des S. 1 ebenfalls nach deutschem Erbrecht zu ermitteln.

C. Rechtsfolgen

6 § 2067 BGB ist dann unmittelbar anwendbar, wenn es sich um eine Erbeinsetzung (auch Vor- und Nacherbschaft und Ersatzerbschaft) handelt. In diesem Falle sind die Personen und deren Anteile an der Zuwendung nach den Regeln der gesetzlichen Erbfolge zu bestimmen. Im Zweifel ist daher nicht der Ehegatte oder eingetragene Lebenspartner, auch nicht der unverheiratete Lebensgefährte, die mit ihm verschwägerten Personen oder der Fiskus, sondern sind nur die Verwandten bedacht.

I. Welches Recht ist anwendbar?

7 Für die Bestimmung des Kreises der Personen, die gesetzliche Erben sind, ist der **Zeitpunkt des Erbfalls** maßgebend,[15] nicht dagegen der Zeitpunkt der Errichtung der letztwilligen Verfügung. Bei der Einsetzung von Schlusserben ist der **Eintritt des Schlusserbfalls** maßgeblich. Es ist daher auf den Tod des Längstlebenden abzustellen.[16] Für das anzuwendende Recht ist auch dann der Zeitpunkt des Schlusserbfalls heranzuziehen, wenn die Verwandten beider Ehegatten je zur Hälfte auf Ableben des Längstlebenden eingesetzt worden sind.[17] Wurde die letztwillige Verfügung vor dem Inkrafttreten des **NEhelG** errichtet, sind, da auf den Zeitpunkt des Erbfalls abzustellen ist, auch nichteheliche Kinder zu Erben des Vaters berufen,[18] es sei denn, dies entspricht nicht dem Willen des Erblassers. Stammt das Testament aus der Zeit vor Inkrafttreten des BGB, gilt auch hier die Auslegungsregel des § 2067 BGB.[19]

II. Entsprechende Anwendung des § 2067 BGB

8 Die Vorschrift des § 2067 BGB findet entsprechende Anwendung, wenn die Verwandten genau bezeichnet sind, d.h. der Erblasser eine **bestimmte Gruppe seiner Verwandten** einsetzt, nicht jedoch die Erbteile bestimmt. Dies ist z.B. dann der Fall, wenn der

---

11 Staudinger/*Otte* (2019), § 2067 Rn 4; BeckOGK/*Gomille*, § 2067 Rn 7, 18.

12 BayObLGZ 1957, 76.

13 OLG München FamRZ 2008, 2312.

14 OLG Dresden ZErb 2011, 20: Ls. Im Zweifel gemäß § 2091 BGB zu gleichen Bruchteilen eingesetzt.

15 RG JW 1910, 246, 247; BeckOGK/*Gomille*, § 2067 BGB Rn 14.

16 BayObLG NJW 1967, 1136; *Lüke-Kratz*, JuS 1982, 838, 840.

17 OLG Karlsruhe ZEV 1994, 454, 455.

18 *Böhm*, FamRZ 1972, 180, 183.

19 OLG Kiel OLGE 6,74.

Erblasser bestimmt: „Meine Geschwister bestimme ich zu meinen Erben“[20] oder „Die Kinder meiner Geschwister sollen meine Erben sein“.[21] Dies gilt auch dann, wenn der Erblasser „die ehelichen Nachkommen der verstorbenen Brüder meiner Mutter“ zu seinen Erben berufen hat. Auch hier ist § 2067 BGB analog anwendbar. Es erfolgt keine Verteilung nach Köpfen, sondern eine Verteilung nach Stämmen.[22] Auch bei der Einsetzung einer bestimmten Gruppe von Verwandten zu Nacherben gilt § 2067 BGB analog. Nach a.A. soll in derartigen Fällen jedoch die freie Auslegung entscheiden. Diese wird jedoch i.d.R. zum gleichen Ergebnis führen.[23] Vorliegend ist der h.M. zu folgen. Es entspricht am ehesten dem Erblasserwillen, die Verwandten nach der gesetzlichen Erbfolge zu bedenken. Die Fälle, in denen der Erblasser lediglich eine bestimmte Gruppe seiner Verwandten bedenkt, nicht jedoch pauschal „seine Verwandten“, anders zu behandeln, wäre nicht sachgerecht, so dass auch hier der Rechtsgedanke des § 2067 BGB anzuwenden ist. Die analoge Anwendung gilt auch für den Fall, dass der Erblasser z.B. pauschal seine Kinder oder seine Enkelkinder einsetzt.

§ 2067 BGB ist in den Fällen, in denen die Familienmitglieder gesetzlich erbberechtigt 9 sind, entsprechend anwendbar.[24] In einer letztwilligen Verfügung, wonach andere als Verwandte nichts bekommen sollen, kann nicht zugleich eine positive Erbeinsetzung der Verwandten gesehen werden. Der Erblasser wird in aller Regel auch seinen Ehegatten mitbedenken wollen. In diesem Fall greift § 2067 BGB nicht ein.[25]

Hat der Erblasser in seiner letztwilligen Verfügung jedoch die gesetzlichen Erben 10 namentlich genannt, nicht jedoch die Erbteile angegeben, kommt § 2091 BGB und nicht § 2067 BGB zum Zuge.[26] § 2091 BGB und nicht § 2067 BGB gilt auch für den Fall, dass der Erblasser verfügt „folgende Verwandtschaft von Seiten meiner Mutter soll Erbe meines Vermögens sein“.[27]

Hat der Erblasser die **Verwandten eines Dritten** zu seinen Erben eingesetzt, ist 11 § 2067 BGB analog anzuwenden.[28] Im Zweifel sind diejenigen Personen gemeint, die gesetzliche Erben des Dritten wären. Der Ehegatte kann hier mitgemeint sein. Nach anderer, richtiger Ansicht ist § 2067 BGB in den Fällen, in denen der Erblasser die Verwandten eines Dritten einsetzt, nicht entsprechend anwendbar, da die verwandtschaftliche Nähe für § 2067 BGB maßgeblich ist. Diese ist jedoch nicht gegeben, wenn der Erblasser die Verwandten eines Dritten zu Erben einsetzt.[29] Es ist im Wege der Auslegung zu ermitteln, wer als bedacht anzusehen ist. Unter den Begriff der „Familie eines Dritten“ bzw. der „Hinterbliebenen eines Dritten“ zählt auch dessen Ehegatte.[30] Waren dem Erblasser nur ein Teil der Verwandten des Dritten bekannt, so sind im Zweifel nur diese bedacht. Diejenigen Verwandten des Dritten, von deren Existenz der Erblasser nichts wusste, sind auch nicht bedacht. Für den Fall, dass sich nicht ermitteln lässt, wen der Erblasser tatsächlich bedenken wollte, kann § 2067 BGB analog herangezogen werden.

---

20 Soergel/*Loritz/Uffmann*, § 2067 Rn 14; a.A. OLG Düsseldorf DNotZ 1972, 41.
21 RG JW 1938, 2972; OLG Hamm Rpfleger 1986, 480, str.
22 RG JW 1938, 2972; OLG Frankfurt FamRZ 1994, 327; BayObLG ZEV 2001, 440, 441 = FamRZ 2001, 1561, 1563.
23 OLG Düsseldorf DNotZ 1972, 41 f.
24 BeckOGK/*Gomille*, § 2067 BGB Rn 8.
25 Soergel/*Loritz/Uffmann*, § 2067 Rn 12.
26 KG JW 1938, 2475.
27 OLG Dresden BeckRS 2010, 24697 = ZErb 2011, 20; BeckOK BGB/*Litzenburger*, § 2067 Rn 3.
28 MüKo/*Leipold*, § 2067 Rn 5 m.w.N.
29 Soergel/*Loritz/Uffmann*, § 2067 Rn 13; Staudinger/*Otte* (2019), § 2067 Rn 8.
30 BayObLGZ 1930, 206.

Hat der Erblasser seine Geschwister zu Erben berufen und verstirbt ein Geschwisterteil vor, sagt § 2067 BGB weder unmittelbar noch in analoger Anwendung etwas darüber, ob die Abkömmlinge der Geschwister zu Ersatzerben berufen sind.[31]
§ 2067 BGB gilt für Erbeinsetzungen, Vermächtnisse und Auflagen. Unerheblich ist, ob derartige Verfügungen in einem Testament, gemeinschaftlichen Testament oder Erbvertrag getroffen worden sind.[32]

III. Verweisung auf § 2066 BGB gem. S. 2

12 Gemäß S. 2 BGB wird die Vorschrift des § 2066 S. 2 BGB für anwendbar erklärt. Aufgrund dieser Verweisung ist im Zweifel auf den **Zeitpunkt des Bedingungseintritts bzw. des Anfangstermins** abzustellen, sofern dieser nach dem Erbfall liegt. Dies gilt auch für die Einsetzung von Nacherben. Bzgl. der Nacherbeneinsetzung kann die Auslegung aber ergeben, dass der Erblasser mit den Verwandten nicht seine eigenen meinte, sondern diejenigen des Vorerben.[33]

IV. Anfechtung

13 Hat sich der Erblasser über den Kreis der Erben, über die Anteile oder über das anwendbare Recht geirrt, so kommt nach dem Tod des Erblassers eine Anfechtung gem. § 2078 BGB in Betracht. Handelt es sich um einen Erbvertrag, ist auch eine Anfechtung durch den Erblasser selbst, und zwar gem. § 2281 BGB, gegeben.

§ 2068 Kinder des Erblassers

Hat der Erblasser seine Kinder ohne nähere Bestimmung bedacht und ist ein Kind vor der Errichtung des Testaments mit Hinterlassung von Abkömmlingen gestorben, so ist im Zweifel anzunehmen, dass die Abkömmlinge insoweit bedacht sind, als sie bei der gesetzlichen Erbfolge an die Stelle des Kindes treten würden.

Literatur

Bausch, Der Begriff des „Abkömmlings" in Gesetz und rechtsgeschäftlicher Praxis, FamRZ 1980, 413; *Böhm*, Der Einfluß des Gesetzes über die rechtliche Stellung nichtehelicher Kinder auf erbrechtliche Auslegungs- oder Ergänzungsregeln, FamRZ 1972, 180.

Übersicht: Rdn

31 OLG München FamRZ 2008, 2312, 2314.
32 BeckOK BGB/*Litzenburger*, § 2067 Rn 2.
33 BayObLGZ 1958, 225, 231.

A. Allgemeines

1 Auch bei der Vorschrift des § 2068 BGB handelt es sich um eine **Auslegungsregel.**[1] Anders ist dies in §§ 2069, 2102 Abs. 1 BGB. Dort liegt eine Ersatzberufung vor. § 2068 BGB greift dann ein, wenn aufgrund der Auslegung der Wille des Erblassers nicht eindeutig festzustellen ist.

B. Tatbestand

I. Grundsatz

2 Die Vorschrift erfasst die letztwilligen Verfügungen, in denen der Erblasser seine **Kinder** bedenkt, ohne sich jedoch darüber zu äußern, ob für den Fall, dass ein Kind bereits vorverstorben ist, dessen Abkömmlinge zur Erbfolge berufen sein sollen. Voraussetzung für die Anwendbarkeit von § 2068 BGB ist, dass die eigenen „Kinder" in dieser pauschalen Bezeichnung, d.h. ohne Angaben von Namen und Höhe der Erbteile, zu Erben oder Vermächtnisnehmern eingesetzt worden sind.[2] Die Vorschrift des § 2068 BGB ist auch dann anwendbar, wenn die Erbteile festgelegt sind.[3] § 2068 BGB greift auch dann ein, wenn der Erblasser einzelnen Kindern bestimmte Anteile zuweist. Dies gilt bspw. dann, wenn ein bestimmter Anteil den Kindern aus erster Ehe vermacht sein soll.[4]

Die Vorschrift des § 2068 BGB hat einen sehr engen Anwendungsbereich. Es wird nur der Fall erfasst, dass ein Kind vor Errichtung des Testaments verstirbt. Verstirbt das Kind hingegen nach Testamentserrichtung, greift § 2069 BGB ein.

3 § 2068 BGB gilt nur für den Fall, dass ein Kind verstorben ist, nicht für den Fall, dass ein Kind einen **Erbverzicht** abgegeben hat. In diesem Falle kommt § 2349 BGB zur Anwendung. Auch bei der **Ausschlagung** ist § 2068 BGB nicht anwendbar, da diese erst nach dem Erbfall erfolgen kann. § 2068 BGB regelt die Situation vor der Errichtung des Testaments. Nicht von Bedeutung ist, ob der Erblasser vom Tod des Kindes Kenntnis hatte.[5] Im Einzelfall kann jedoch die Kenntnis bzw. Nichtkenntnis im Rahmen der Auslegung von Bedeutung sein.

4 Aus der Formulierung des § 2068 BGB („Kinder…im Zweifel…") ergibt sich, dass die **individuelle Auslegung** in jedem Falle vorrangig ist. Diese kann sich auch auf außerhalb des Testaments liegende Umstände stützen. Das Testament kann aufgrund Auslegung dahingehend zu interpretieren sein, dass nur die noch lebenden Abkömmlinge ersten Grades bedacht sein sollen oder dass die Abkömmlinge des Verstorbenen nach anderen Grundsätzen erben sollen als denen der gesetzlichen Erbfolge.[6]

5 Die Vorschrift des § 2068 BGB gilt sowohl für Erbeinsetzungen (auch Vor-, Nach- und Ersatzerbeneinsetzung) als auch Vermächtnisse und Auflagen. Unerheblich ist, ob derartige Zuwendungen in einem Testament, gemeinschaftlichen Testament oder Erbvertrag getroffen worden sind.

II. Begriff „Kinder"

6 Unter die Bezeichnung „Kinder" fallen die **Abkömmlinge ersten Grades**. Hierunter zählen auch die **Adoptivkinder**, jedenfalls nach Durchführung einer Minderjährigen-

1 BGHZ 33, 60; a.A. *v. Lübtow*, Erbrecht I, S. 285, nach dessen Ansicht handelt es sich um eine Auslegungsregel und Umdeutungsvorschrift; Soergel/*Loritz/Uffmann*, § 2068 Rn 1 (teils Ergänzungsregel).

2 Staudinger/*Otte* (2019), § 2068 Rn 2; Soergel/*Loritz/Uffmann*, § 2068 Rn 5; MüKo/*Leipold*, § 2068 Rn 2.

3 MüKo/*Leipold*, § 2068 Rn 2; a.A. Ermann/*Schmidt*, § 2068 Rn 1.

4 BeckOK BGB/*Litzenburger*, § 2068 Rn 3.

5 MüKo/*Leipold*, § 2068 Rn 2.

6 MüKo/*Leipold*, § 2068 Rn 2.

adoption, es sei denn, dies entspricht nicht dem Willen des Erblassers.[7] Bei der Volljährigenadoption greift § 2068 BGB nicht ein (§ 1755 Abs. 1 BGB). Der allg. Sprachgebrauch versteht unter dem Begriff „Kinder" demgegenüber ebenfalls **Enkel** und entferntere Abkömmlinge.[8] Dies führt dazu, dass im Zweifel alle Stämme zum Zuge kommen, und zwar so, wie sie im Rahmen der gesetzlichen Erbfolge zum Zuge gekommen wären. Dies gilt allerdings dann nicht, wenn die individuelle Auslegung zu einem anderen Ergebnis führt. Eine allgemeine Auslegungsregel dahingehend, dass mit dem Begriff „Kinder" stets auch die weiteren Abkömmlinge gemeint sind, gibt es allerdings nicht. Dies kann dazu führen, dass dem längerlebenden Ehegatten, dem die Befugnis zusteht, nur zugunsten der gemeinsamen Kinder abweichende Verfügungen zu treffen, eine Zuwendung zugunsten der Abkömmlinge eines nicht vorverstorbenen Kindes nicht gestattet ist.[9]

7 Seit 1.7.1970 zählen zu den Kindern auch die **nichtehelichen**, sofern sie nach dem 30.6.1949 geboren sind und eine Vaterschaft des Erblassers festgestellt ist.[10] Selbst wenn das Testament vorher errichtet wurde, wird kein Unterschied zu ehelichen Kindern gemacht, es sei denn, aus dem Testament ergeben sich besondere Umstände.

8 **Nicht** unter den Begriff „Kinder" werden die **Stief- und Pflegekinder** sowie die **Schwiegerkinder** gerechnet. Diese sind im Zweifel nicht bedacht, es sei denn, ein anderer Wille des Erblassers ist zu ermitteln. Haben Ehegatten ein gemeinschaftliches Testament errichtet und „die Kinder" als Erben des Längstlebenden berufen, kann die Auslegung zu dem Ergebnis führen, dass nur die Kinder der Ehefrau gemeint waren, die im Haushalt der Eheleute gelebt haben und ein Kind des Ehemannes, zu dem im Zeitpunkt der Errichtung des Testamentes kein Kontakt bestand, nicht bedacht sein soll.[11]

III. Begriff der „Abkömmlinge"

9 Mit dem Begriff „Abkömmlinge" sind auch die Kinder eines angenommenen Kindes entsprechend dem am 1.1.1977 in Kraft getretenen AdoptionsG[12] sowie die Abkömmlinge eines nichtehelichen Kindes gemeint, es sei denn, aufgrund der Auslegung ergibt sich ein anderer Wille des Erblassers.[13] Zum Kreis der Abkömmlinge gehören demgemäß sowohl nichteheliche Abkömmlinge als auch adoptierte Abkömmlinge. Zu den Abkömmlingen zählt auch, wer vor dem Erbfall gezeugt, aber noch nicht geboren ist in entsprechender Anwendung des § 1923 Abs. 2 BGB.

C. Rechtsfolgen

I. Grundsatz

10 Rechtsfolge des § 2068 BGB ist, dass die **Abkömmlinge** des verstorbenen Kindes an dessen Stelle treten. Maßgebend sind die Regelungen gem. § 1924 Abs. 2–4 BGB. Für die Beurteilung, wer unter den Begriff der Abkömmlinge fällt, ist der Zeitpunkt des Erbfalls maßgeblich.[14] Das Gleiche gilt für die Erbquote. Dies gilt auch dann, wenn

---

7 BayObLG FamRZ 1989, 1118; nach Ansicht von *Bausch*, FamRZ 1980, 417 fallen die Adoptivkinder nicht unter die Bezeichnung „Kinder", es sei denn, es entspricht dem Willen des Erblassers. Wurde ein volljähriges Kind adoptiert, fällt dieses nicht unter den Begriff „Kinder", LG Mönchengladbach FamRZ 2000, 569.

8 H.M. Erman/*Schmidt*, § 2068 Rn 1; a.A. *v. Lübtow*, Erbrecht I, S. 285.

9 OLG Hamm FGPrax 2005, 265.

10 Soergel/*Loritz*/*Uffmann*, § 2068 Rn 3; *Böhm*, FamRZ 1972, 183 f.

11 OLG Düsseldorf ErbR 2021, 221.

12 BayObLG FamRZ 1976, 101.

13 Soergel/*Loritz*/*Uffmann*, § 2068 Rn 3.

14 MüKo/*Leipold*, § 2068 Rn 3.

die letztwillige Verfügung vor dem Inkrafttreten des NEhelG bzw. des AdoptionsG errichtet worden ist.[15] Der Anteil des vorverstorbenen Kindes ist auf dessen Abkömmlinge zu verteilen. Hierzu zählen auch die nichtehelichen Kinder. Im Falle einer Minderjährigenadoption zählen zu den Abkömmlingen auch die Adoptivkinder.

II. Entsprechende Anwendung des § 2068 BGB

Eine **Analogie** wird allg. dann bejaht, wenn anstelle des Begriffes „Kinder" die Bezeichnung „Söhne" oder „Töchter" gewählt wurde und eine dieser Personen vorverstorben ist.[16] Führt der Erblasser seine Kinder zusätzlich alle („meine Kinder A, B und C") oder auch nur einen Teil namentlich auf, ist § 2068 BGB auch entsprechend anzuwenden. Ergeben sich keine Anhaltspunkte aus dem Testament, ist davon auszugehen, dass es sich bei der Nennung des Namens jeweils um eine ergänzende Information handelt und die Eigenschaft als Kind das primäre Kennzeichnungsmerkmal darstellt.[17] Im Falle des Vorversterbens eines Kindes vor Testamentserrichtung, allerdings unter der weiteren Voraussetzung, dass der Erblasser vom Vorversterben keine Kenntnis hatte, findet § 2068 BGB analoge Anwendung.[18] In den Fällen, in denen der Erblasser Formulierungen wählt, die ein Kind oder mehrere ausschließen, wie z.B. „meine leiblichen Kinder", „meine ehelichen Kinder" oder „meine Kinder aus erster Ehe", findet § 2068 BGB ebenfalls Anwendung.[19] § 2068 BGB gilt auch für den Fall, dass ein Einzelkind mit der pauschalen Bezeichnung als Kind eingesetzt wurde.[20] 11

§ 2068 BGB kommt nicht ohne Weiteres zum Zuge, wenn den Kindern von dritten Personen etwas zugewandt worden ist.[21] Wurden die **Kinder Dritter** bedacht, ist dies ein Anhaltspunkt für eine **Auslegung**. Es ist nach allg. Auslegungsgrundsätzen zu ermitteln, wobei auch Umstände herangezogen werden können, die **außerhalb** der **Testamentsurkunde** liegen, ob es dem Willen des Erblassers entspricht, dass an die Stelle des vorverstorbenen Kindes dessen Abkömmlinge treten.[22] Nach a.A. ist § 2068 BGB analog anzuwenden.[23] Auch im Falle des Dritten sei der Begriff „Kinder" auslegungsfähig und die Einbeziehung von Abkömmlingen entspreche auch hier typischerweise dem Erblasserwillen. Hat der Erblasser hingegen die Kinder des Dritten mit Namen bezeichnet, bleibt kein Raum für eine analoge Anwendung des § 2068 BGB. Diese Ansicht ist aber nicht zutreffend. Es kann nicht darauf geschlossen werden, dass für den Fall, dass der Erblasser die Kinder eines Dritten eingesetzt hat, er auch deren Stämme bedenken wollte. Häufig wird er die Kinder eines Dritten, im Gegensatz zu den Kindern seiner eigenen Abkömmlinge, nicht kennen. Es ist grundsätzlich nicht davon auszugehen, dass es dem Willen des Erblassers entspricht, dass er ihm fremde Personen bedenken wollte. Dies kann allenfalls im Wege der Auslegung ermittelt werden. Für den Fall, dass die Kinder des Dritten namentlich benannt sind, kommt eine analoge Anwendung des § 2068 BGB ebenfalls nicht in Betracht. 12

---

15 MüKo/*Leipold*, § 2068 Rn 6.

16 MüKo/*Leipold*, § 2068 Rn 4; Soergel/*Loritz/Uffmann*, § 2068 Rn 13.

17 BeckOGK/*Gomille*, § 2068 Rn 9.

18 MüKo/*Leipold*, § 2068 Rn 4; a.A. Staudinger/*Otte* (2019), § 2069 Rn 5, der von einer entsprechenden Anwendung des § 2069 BGB ausgeht, jedoch selbst anmerkt, dass sowohl die analoge Anwendung des § 2068 BGB als auch die analoge Anwendung des § 2069 BGB zum gleichen Ergebnis führt.

19 Staudinger/*Otte*, 2019, § 2068 Rn 2; BeckOK BGB/*Litzenburger*, § 2068 Rn 3.

20 BeckOGK/*Gomille*, § 2068 Rn 10.

21 KG FamRZ 1991, 486, 489; Staudinger/*Otte*, 2019, § 2068 Rn 9; Burandt/Rojahn/*Czubayko*, § 2068 Rn 4.

22 KG FamRZ 1991, 486, 489.

23 MüKo/*Leipold*, § 2068 Rn 5; BeckOK BGB/*Litzenburger*, § 2068 Rn 4.

13 Hat der Erblasser seine **Geschwister** eingesetzt, ginge eine entsprechende Anwendung von § 2068 BGB zu weit. Hier ist durch Auslegung zu ermitteln, ob die Abkömmlinge an die Stelle des vorverstorbenen Geschwisterteils treten sollen.[24]

§ 2069 Abkömmlinge des Erblassers

Hat der Erblasser einen seiner Abkömmlinge bedacht und fällt dieser nach der Errichtung des Testaments weg, so ist im Zweifel anzunehmen, dass dessen Abkömmlinge insoweit bedacht sind, als sie bei der gesetzlichen Erbfolge an dessen Stelle treten würden.

Literatur

Baumann, Zur Bindungswirkung wechselbezüglicher Verfügungen beim gem. § 2069 BGB ermittelten Ersatzerben, ZEV 1994, 351; *Baumgärtel*, Die Wirkung des Erbverzichts auf Abkömmlinge, DNotZ 1959, 63; *Bausch*, Der Begriff des „Abkömmlings" in Gesetz und rechtsgeschäftlicher Praxis, FamRZ 1980, 413; *Blomeyer*, Die vorweggenommene Auseinandersetzung der im gemeinschaftlichen Testament bedachten Kinder nach dem Tode des einen Elternteils, FamRZ 1974, 421; *Brüggemann*, Das neue Erbrecht des nichtehelichen Kindes, ZblJugR 1969, 305; *Diederichsen*, Ersatzerbfolge oder Nacherbfolge, NJW 1965, 671; *Dittmann*, Adoption und Erbrecht, Rpfleger 1978, 278; *Höfer*, Zur Anwendung des § 2069 BGB bei Pflichtteilsverlangen nach Erbausschlagung, NJW 1961, 588; *Horn/Kroiß*, Ersatzerbenberufung bei Testament zugunsten der Lebensgefährtin des Erblassers, ZEV 2012, 664; *Leipold*, Erbrecht 1995, JZ 1996, 287; *Musielak*, Zur Vererblichkeit des Anwartschaftsrechts eines Nacherben, ZEV 1995, 5; *Spellenberg*, Zum Erbrecht des nichtehelichen Kindes, FamRZ 1977, 185.

Übersicht: Rdn

A. Allgemeines

1 § 2069 BGB enthält nach h.M. eine **Auslegungsregel**, nicht jedoch eine **gesetzliche Vermutung**.[1] Nach a.A. handelt es sich um eine gesetzliche Regel der ergänzenden Testamentsauslegung.[2] Praktische Auswirkungen hat diese Unterscheidung jedoch

24 MüKo/*Leipold*, § 2068 Rn 5; Soergel/*Loritz/Uffmann*, § 2068 Rn 14; *v. Lübtow*, Erbrecht I, S. 285 lässt hier nur die Umdeutung zu.

1 BGHZ 33, 60; BGH NJW 1974, 43; OLG Brandenburg BeckRS 2022, 34200 = FamRZ 2023, 727; BeckRS 2023, 15011 = FamRZ 2023, 1664; BeckRS 2023, 25316 = FamRZ 2024, 305; OLG Frankfurt a.M. ZEV 2022, 274 Rn 29; BeckOK BGB/*Litzenburger*, § 2069 Rn 1; Burandt/Rojahn/*Czubayko*, § 2069 Rn 1; MüKo/*Leipold*, § 2069 Rn 1; NK-BGB/*Selbherr*, § 2069 Rn 1; Grüneberg/*Weidlich*, § 2069 Rn 1; Staudinger/*Otte*, 2019, § 2069 Rn 1; *Diederichsen*, NJW 1965, 671, 674.

2 BayObLGZ 1988, 2744; OLG Düsseldorf NJW 1956, 1880, 1881; Staudinger/*Otte*, 2019 § 2069 Rn 1; MüKo/*Leipold*, § 2069 Rn 1; Soergel/*Loritz/Uffmann*, § 2069 Rn 1 m.w.N.

nicht. Gem. § 2069 BGB werden Zuwendungen an einen Abkömmling im Zweifel auf dessen Abkömmlinge erstreckt, wenn der Abkömmling nach Testamentserrichtung wegfällt, es sei denn, aus dem Testament selbst oder aus den Nebenumständen ergibt sich ein entgegenstehender Wille des Erblassers. Erklärt der Erblasser in einem notariellen Testament ausdrücklich, dass er eine Ersatzerbenbestimmung nicht treffen möchte, so ist in dieser Erklärung bewusst und gewollt der Ausschluss der Ersatzerbfolge nach Stämmen enthalten.[3] Es ist aber keineswegs ausgeschlossen, dass die Vorschrift des § 2069 BGB eingreift, da die Auslegung ergeben kann, dass ein entgegenstehender Erblasserwille, der § 2069 BGB ausschließt, nicht ermittelt werden kann.[4] Bei der Regelung des § 2069 BGB steht die Tatsache im Vordergrund, dass die eingesetzte Person Abkömmling ist.[5] Daher wurde die Erbfolge nach Stämmen sowie die Regelung des § 2069 BGB zu Recht in das Gesetz aufgenommen.[6]

In der letztwilligen Verfügung sollte, um jegliche Zweifel auszuschließen, explizit geregelt werden, ob § 2069 BGB gelten soll oder nicht. Eine getroffene Ersatzerbenregelung kann auch erst dann zum Zuge kommen, wenn Abkömmlinge des ursprünglich eingesetzten Erben nicht vorhanden sind. Dies muss im Wege der Auslegung ermittelt werden.[7] Für den Fall, dass sich ein entsprechender Wille nicht ermitteln lässt, geht die Einsetzung von Ersatzerben der Regelung des § 2069 BGB vor.[8] Dies gilt aber nur, soweit die Ersatzerbeneinsetzung überhaupt eingreift. Hat der Erblasser seine beiden Kinder zu Erben und gleichzeitig zu Ersatzerben berufen, sind aber beide vor Eintritt des Erbfalls bereits verstorben, kommt § 2069 BGB zur Anwendung, es sei denn, die individuelle Auslegung würde zu einem anderen Ergebnis führen.[9] 2

In den Regelungen der §§ 2066–2068 BGB sind die bedachten Personen mit auslegungsfähigen Begriffen bezeichnet. Hat der Erblasser in seinem Testament jedoch seinen Abkömmling namentlich benannt, besteht insoweit keine Unklarheit. Für die Auslegung bleibt kein Raum. Fällt der ursprünglich Bedachte jedoch nachträglich weg, wäre die Verfügung unwirksam. Hier greift aber § 2069 BGB ein und gibt der Verfügung einen anderen Inhalt. Dieser ist der veränderten Situation angepasst.[10] Da die Auslegung immer Vorrang hat, gilt diese Regelung nur im Zweifel, so dass zunächst versucht werden muss, den Erblasserwillen im Wege der Auslegung zu ermitteln. 3

B. Tatbestand

I. Allgemeines

Kann der Wille des Erblassers durch Auslegung nicht ermittelt werden, greift § 2069 BGB ein, wonach die Abkömmlinge an die Stelle des nach Errichtung des Testaments verstorbenen Abkömmlings treten. § 2069 BGB findet auch dann Anwendung, wenn mit dem Wegfall seitens des Erblassers nicht gerechnet worden ist oder wenn ein Wegfall des Abkömmlings bereits vor Errichtung des Testaments erfolgte, der Erblas- 4

3 BayObLG FamRZ 2005, 1127.

4 OLG München FamRZ 2009, 1250.

5 KG ZEV 2020, 485, 486; OLG Brandenburg BeckRS 2023, 15011 = FamRZ 2023, 1664, 1665; Soergel/*Loritz/Uffmann*, § 2069 Rn 1.

6 Vgl. BGH JR 1980, 282, 283 (obiter dictum), wonach § 2069 BGB den auf der Lebenserfahrung beruhenden Gedanken zum Ausdruck bringt, der Erblasser wolle die Nachkommen eines von ihm bedachten Abkömmlings nicht zugunsten anderer vom Vermögen, das er hinterlässt, ausgeschlossen sehen.

7 BayObLG ZEV 1995, 25 = JR 1995, 331. Dazu *Musielak*, ZEV 1995, 5; *Muscheler*, JR 1995, 309.

8 *Musielak*, ZEV 1995, 5, 6 f. Weitergehend verneint *Muscheler*, JR 1995, 309, 311 schon die Auslegungsbedürftigkeit, wenn die Ersatzerbeneinsetzung keine Einschränkung enthält.

9 OLG München FamRZ 2012, 398.

10 MüKo/*Leipold*, § 2069 Rn 1.

ser hiervon jedoch nichts wusste. Im letzteren Fall gilt § 2069 BGB analog.[11] § 2069 BGB ist ebenfalls anwendbar, wenn der Erblasser vor Errichtung der letztwilligen Verfügung mit seinem Abkömmling einen Erbverzichtsvertrag (Verzicht auf das gesetzliche Erbrecht) geschlossen hat, er seinen Abkömmling gleichwohl bedenkt und dieser dann infolge Vorversterbens in Wegfall gerät.[12] Der Verzicht erstreckt sich zwar gem. § 2349 BGB i.d.R. auch auf die Abkömmlinge des Verzichtenden, aber es handelt sich bei § 2069 BGB um eine gewillkürte, und nicht um die gesetzliche Erbfolge. Eine testamentarische Einsetzung zum Erben ist von diesem Verzicht nicht umfasst. Die Regelung des § 2069 BGB kommt ebenfalls dann zum Tragen, wenn ein Abkömmling zum Schlusserben eingesetzt worden ist.[13] Maßgebend ist für die gesetzliche Erbfolge der Zeitpunkt des Eintritts des Schlusserbfalls.[14]

II. Voraussetzungen des § 2069 BGB

1. Zuwendung

5 Voraussetzung ist, dass der Erblasser einen seiner Abkömmlinge **bedacht** hat und dieser **nach Testamentserrichtung weggefallen** ist. Unter Bedenken fallen alle Zuwendungen in einem Einzeltestament oder einem gemeinschaftlichen Testament, desgleichen in einem Erbvertrag.[15] Die Zuwendung kann in Form der Erbeinsetzung, der Vermächtniszuwendung oder durch Begünstigung in Form einer Auflage erfolgen. Die Erbeinsetzung erfasst sowohl die Einsetzung zum Vor- oder Nacherben, Allein- oder Miterben, als auch die Einsetzung zum Ersatzerben.[16]

6 Handelt es sich um eine aufschiebend bedingte Zuwendung, geht die Anwendung von § 2069 BGB der Vorschrift des § 2074 BGB vor. § 2074 BGB gilt nur dann, wenn der Abkömmling zwischen Erbfall und Bedingungseintritt wegfällt und zweifelsfrei festgestellt werden kann, dass es dem Erblasserwillen entspricht, dass die weiteren Abkömmlinge ausgeschlossen sein sollen.[17]

7 Die Vorschrift des § 2069 BGB gilt auch für den Fall, dass der Erblasser nur einen Abkömmling hat.[18] Maßgeblich ist allein die Tatsache, dass eine Erbfolge nach Stämmen vorrangig sein soll. Bedenkt der Erblasser mehrere oder alle seine Abkömmlinge, ist § 2069 BGB ebenfalls anwendbar. Maßgebend ist allein, dass der Grund der Zuwendung die Tatsache ist, dass die bedachten Personen Abkömmlinge sind.[19]

2. Begriff der „Abkömmlinge"

8 Unter den Begriff „Abkömmlinge"[20] fallen die **ehelichen Kinder, Enkel, Urenkel usw.**, d.h. diejenigen Personen, die mit dem Erblasser in gerader Linie verwandt sind,

---

11 Staudinger/*Otte*, 2019, § 2069 Rn 5; a.A. MüKo/*Leipold*, § 2069 Rn 8, der von einer analogen Anwendung des § 2068 BGB ausgeht, was jedoch zum gleichen Ergebnis führt.

12 Soergel/*Loritz/Uffmann*, § 2069 Rn 8.

13 BGH NJW-RR 2001, 1153.

14 BGH NJW 2002, 1126 m. Anm. *Schmucker*, DNotZ 2002, 665 u. *Otte*, ZEV 2002, 151.

15 OLG Düsseldorf ErbR 2020, 648, 650.

16 BGHZ 33, 61.

17 BGH NJW 1958, 22 (Hier war der Sohn des Erblassers, der Empfänger eines aufschiebend bedingten Vermächtnisses unter Hinterlassung von Abkömmlingen nach dem Erbfall, aber vor Bedingungseintritt, verstorben. Der BGH ließ nach § 2069 BGB die Abkömmlinge des Verstorbenen in dessen Erbenstellung einrücken).

18 BayObLGZ 1971, 386; BayObLG ZEV 1994, 362, 364 = FamRZ 1995, 251; *Baumann*, ZEV 1994, 351, 352; Soergel/*Loritz/Uffmann*, § 2069 Rn 4.

19 MüKo/*Leipold*, § 2069 Rn 6.

20 BGH FamRZ 1983, 380.

des Weiteren die **nichtehelichen** sowie die **adoptierten Kinder**,[21] im Übrigen die nichtehelichen Kinder eines männlichen Erblassers und nichteheliche Kinder männlicher Abkömmlinge.[22] Es spielt keine Rolle, ob das Testament vor oder nach Inkrafttreten des NEhelG errichtet wurde. Die individuelle Auslegung kann jedoch dazu führen, dass nichteheliche Abkömmlinge ausgeschlossen sein sollen.[23] Dies allerdings generell im Zweifel auch für Testamente, die zu einem Zeitpunkt errichtet wurden, zu dem es noch kein gesetzliches Erbrecht nichtehelicher Kinder gab, anzunehmen, ist nicht gerechtfertigt.[24] Die Abstammung von der Mutter richtet sich dabei nach § 1591 BGB, die vom Vater nach § 1592 BGB. Dies bedeutet, dass Mutter des Kindes diejenige ist, die das Kind geboren hat. Dies gilt auch für die Fälle der Leihmutterschaft.

Erfolgte eine **Adoption** durch den Abkömmling, so fallen die Adoptierten nur unter den Begriff des Abkömmlings, wenn durch die Adoption ein Verwandtschaftsverhältnis begründet worden ist.[25] Handelt es sich jedoch um eine Volljährigen-Adoption, so macht die Adoption die angenommene Person nicht zum Verwandten des Erblassers. Somit zählt diese nicht zu den gesetzlichen Erben. § 2069 BGB ist daher nicht anwendbar.[26] Für § 2069 BGB spielt es keine Rolle, ob die Adoption vor oder nach Testamentserrichtung erfolgte. Pflegekinder sowie **Stiefkinder** fallen nicht unter den Begriff des Abkömmlings i.S.v. § 2069 BGB.[27] Hier kann nur eine individuelle Auslegung zur Ersatzberufung der Abkömmlinge führen.[28] Handelt es sich jedoch um ein Berliner Testament, so gilt Folgendes: Im Falle, dass Ehegatten in ihrem gemeinschaftlichen Testament Abkömmlinge des Erstverstorbenen zu Erben des Längstlebenden berufen haben, ist § 2069 BGB analog anzuwenden, da entscheidender Gesichtspunkt für die Zuwendung die Eigenschaft als Abkömmling darstellt und dies auch vom längstlebenden Ehegatten akzeptiert wurde.[29] Fällt somit der zum Schlusserben berufene einseitige Abkömmling weg, treten an dessen Stelle seine Abkömmlinge. Gleiches gilt auch, wenn es sich nicht um ein Berliner Testament, sondern um einen Erbvertrag handelt. § 2069 BGB ist auf Abkömmlinge eines Dritten weder direkt noch analog anwendbar.[30] Dies ist damit zu begründen, dass der Erblasser diese wegen seiner persönlichen Verbundenheit bedenkt und nicht als Repräsentanten ihres Stammes. 9

Unter die Vorschrift des § 2069 BGB fällt in erster Linie der Fall, wonach der Erblasser den Abkömmling in seinem Testament namentlich benannt oder auch aufgrund individueller Merkmale bestimmt hat, wie z.B. die älteste Tochter oder der älteste Sohn. Ausreichend ist auch, wenn sich die Zuwendung an einen Abkömmling durch Ausle- 10

21 BayObLG NJW 1960, 965; BayObLG NJW 1961, 1678; BayObLG FamRZ 1976, 101, 103; OLG Frankfurt OLGZ 1972, 120; BrandbOLG FamRZ 1999, 55.

22 BayObLG FamRZ 1985, 426; OLG Köln NJW 1994, 266; LG Stuttgart FamRZ 1990, 214; *Dittmann*, Rpfleger 1978, 278; a.A. BayObLG NJW 1974, 954, 955 = FamRZ 1974, 384; *Spellenberg*, FamRZ 1977, 185, 192.

23 Dazu gelangt im konkreten Fall LG Stuttgart Rpfleger 1996, 159, 160 (*Breyer*).

24 OLG Köln NJW 1994, 266. A.M. noch BayObLG NJW 1974, 954.

25 BayObLGZ 1984, 246, 251; *Bausch*, FamRZ 1980, 413, 417.

26 BayObLGZ 1984, 246, 251; Staudinger/*Otte*, 2019, § 2069 Rn 26; *Dittmann*, Rpfleger 1978, 278; *Bausch*, FamRZ 190, 417.

27 Soergel/*Loritz/Uffmann*, § 2069 Rn 5; BeckOK BGB/*Litzenburger*, § 2069 Rn 3.

28 OLG Düsseldorf NJW-RR 2014, 1287; OLG München FamRZ 2016, 2154 = BeckRS 2016, 13318; OLG München BeckRS 2018, 10915.

29 BGH ZErb 2001, 14; jurisPK-BGB/*Lenz-Brendel*, § 2069 Rn 11; MüKoBGB/*Leipold*, § 2069 Rn 5; Grüneberg/*Weidlich*, § 2069 Rn 3; Soergel/*Loritz/Uffmann*, § 2069 Rn 5; *Horn/Kroiß*, ZEV 2012, 664; *Keim*, DNotZ 2020, 805, 813.

30 OLG Brandenburg BeckRS 2022, 34200 = FamRZ 2023, 727 (728); OLG Düsseldorf ZEV 2012, 662; Horn/Kroiß/Horn, Testamentsauslegung, § 8 Rn 23.

gung ermitteln lässt. Aus den Vorschriften der §§ 2066, 2067 BGB ergibt sich schon aus der Vorschrift selbst, wer bedacht ist. Ein Rückgriff auf § 2069 BGB ist daher nicht möglich. Hat der Erblasser seine „Kinder" oder „Abkömmlinge" oder die „leiblichen Kinder" berufen, so sind im Zweifel diejenigen Abkömmlinge gemeint, die bei gesetzlicher Erbfolge zum Zeitpunkt des Erbfalls erbberechtigt wären. Wurde die Bestimmung des Bedachten einem Dritten in zulässiger Weise überlassen und fällt ein möglicher Bedachter weg, ist § 2069 BGB nicht anwendbar.[31] Hier kann nur die Auslegung weiterhelfen.

3. Wegfall nach Testamentserrichtung

11 Der Bedachte muss nach Testamentserrichtung weggefallen sein. Wegfall ist ein Ereignis, welches den Anfall der Zuwendung verhindert, aber die Verfügung als solche nicht unwirksam macht.[32] Als wichtigster Fall des § 2069 BGB ist der Wegfall des Bedachten **durch Tod** zwischen Testamentserrichtung und Erbfall anzusehen. § 2069 BGB gilt auch für den Fall, dass ein eingesetzter Nacherbe vor Eintritt des Erbfalls verstirbt. Verstirbt der Bedachte nach dem Erbfall, ist § 2069 BGB nicht anwendbar.[33] Die Erbschaft ist hier bereits angefallen.

Wegfall i.S.d. § 2069 BGB sind alle Ereignisse, die den Anfall der Zuwendung an den Bedachten verhindern. Hierunter fallen auch solche Umstände, die zwar nach dem Erbfall eintreten, aber auf den Eintritt des Erbfalls zurückwirken und die Zuwendung ausschließen.[34]

Erfolgt die Zuwendung aufschiebend bedingt und fällt der Bedachte nach Eintritt des Erbfalls, aber vor Bedingungseintritt weg, ist § 2069 BGB anwendbar.[35]

12 Der Abkömmling gilt auch dann als weggefallen, wenn er die Erbschaft **ausschlägt** oder aufgrund **Erbunwürdigkeitserklärung** gem. §§ 2342, 2344 BGB. Beides erfolgt zwar erst nach dem Erbfall, beseitigt aber rückwirkend den Erbanfall.[36] Dies kann auch aus § 1953 Abs. 2 BGB abgeleitet werden. Die Ausschlagung wird nämlich mit denselben Rechtsfolgen versehen wie das Vorversterben des Ausschlagenden. Es sind somit alle Ereignisse gemeint, die verhindern, dass der ursprünglich Bedachte eine Zuwendung erhält.

13 Nach einer Ansicht gilt § 2069 BGB auch dann, wenn der pflichtteilsberechtigte Abkömmling ausschlägt und seinen **Pflichtteil** verlangt. § 2320 BGB verhindert hierbei ungerechtfertigte Ergebnisse, da diejenigen Personen, die nachrücken, den Pflichtteilsanspruch allein zu tragen haben.[37] Nach a.A. soll der Stamm des Abkömmlings nicht durch die Zuwendung und den Pflichtteil doppelt begünstigt werden.[38] Es ist hier der zweitgenannten Ansicht des BGH zu folgen, wonach § 2069 BGB keine Anwendung findet. Die **Doppelbegünstigung** wird nämlich nicht zwingend durch die Regelung des § 2320 BGB verhindert, da es sich bei § 2320 Abs. 2 BGB um eine reine Auslegungsregel handelt. § 2320 BGB betrifft nur das Innenverhältnis unter den Erben. Die Tragung der Pflichtteilslast obliegt im Innenverhältnis dem, der anstelle des Pflicht-

31 MüKo/*Leipold*, § 2069 Rn 7; Soergel/*Loritz/Uffmann*, § 2069 Rn 3; BeckOGK/*Gomille*, § 2069 Rn 13; aA BGH WM 1969, 664 (ausf. Abdruck) = NJW 1969, 1111; NK-BGB/*Selbherr*, § 2069 Rn 9.
32 BeckOGK/*Gomille*, § 2069 Rn 14.
33 MüKo/*Leipold*, § 2069 Rn 9.
34 RGZ 95, 97, 98.
35 BGH NJW 1958, 22; RGRK/*Johannsen*, § 2069 Rn 3; Soergel/*Loritz/Uffmann*, § 2069 Rn 38.
36 RGZ 95, 97, 98; BGHZ 33, 60, 61.
37 KG OLGE 24, 77; *Höfer*, NJW 1961, 588, 589; Erman/*M. Schmidt*, § 2069 Rn 4; Grüneberg/*Weidlich*, § 2069 Rn 4; Soergel/*Loritz/Uffmann*, § 2069 Rn 18.
38 BGHZ 33, 60, 63.

teilsberechtigten gesetzlicher Erbe wird, im Außenverhältnis kann allerdings der Pflichtteilsberechtigte seinen Anspruch ohne weiteres gegen alle Erben geltend machen. Der Stamm des Ausschlagenden wäre damit, wenn § 2069 BGB zur Anwendung käme, zum einen dinglich am Nachlass beteiligt, zusätzlich besteht noch mit dem Pflichtteilsanspruch ein Forderungsrecht. Damit liegt, wenn auch nicht nur wirtschaftlich, sondern in erster Linie tatsächlich, eine „Besserbegünstigung" klar auf der Hand. Zu einem anderen Ergebnis, d.h. dass § 2069 BGB anwendbar ist, kommt man nur dann, wenn der Ausschlagende deshalb die Ausschlagung erklärt, weil er hoch verschuldet ist. In diesem Falle liegt es im Interesse des Erblassers, dass der Pflichtteilsberechtigte ausschlägt, damit dessen Gläubiger nicht in den Genuss des Nachlasses kommen, gleichzeitig entspricht es i.d.R. jedoch seinem Willen, dass die Abkömmlinge des Ausschlagenden den Nachlass erhalten.

Schlägt aber der pflichtteilsberechtigte **Nacherbe** aus, so führt § 2320 BGB nicht zu 14
einer Entlastung des Vorerben, sondern vielmehr zu einer doppelten Belastung des Vorerben. Dieser wird zum einen mit dem Pflichtteilsanspruch dessen belastet, der ausschlägt, als auch mit dem Nacherbrecht des nachrückenden Abkömmlings. Diese Folge wird i.d.R. nicht dem Erblasserwillen entsprechen, so dass die Rechtsfolge des § 2069 BGB insoweit nicht eintritt.[39] Man geht hier von einer tatsächlichen Vermutung aus, die der Anwendbarkeit des § 2069 BGB entgegensteht.[40] Jedoch sollte in jedem Falle der Versuch unternommen werden, den Willen des Erblassers anhand des Einzelfalles zu ermitteln,[41] denn es kann unter Umständen dem Willen des Erblassers entsprechen, dass auch für den Fall, dass der Nacherbe die Ausschlagung erklärt, dessen Abkömmlinge zum Zuge kommen sollen.

Im Falle der Ausschlagung durch den Vorerben kommt im Zweifel als Ersatzerbe der eingesetzte Nacherbe zum Zuge, § 2102 Abs. 1 BGB. Für § 2069 BGB bleibt kein Raum.[42]

Wurde ein Verzicht auf die testamentarische oder erbvertragliche Zuwendung i.S.v. 15
§ 2352 BGB abgegeben, ist dies als Wegfall i.S.v. § 2069 BGB anzusehen. Durch den Verzicht wird der Anfall der Zuwendung an den ursprünglich Bedachten verhindert. Der Verzicht erstreckte sich bis zur Reform 2009 nicht auf die Abkömmlinge des Verzichtenden.[43] Dies führte dazu, dass die Abkömmlinge im Zweifel nach § 2069 BGB Ersatzberufene waren.[44] Das galt nicht nur dann, wenn der Zuwendungsverzicht „zugunsten der Abkömmlinge" erklärt wurde. In den Fällen, in denen auch seitens eines Abkömmlings des Verzichtenden wiederum ein Zuwendungsverzicht erklärt worden war, kam eine Ersatzberufung eines anderen Abkömmlings des Erstverzichtenden in Betracht.[45] Aufgrund des Erbrechtsänderungsgesetzes hat sich die Rechtslage

39 BGHZ 33, 63, 66; KG DNotZ 1941, 424; OLG Karlsruhe OLGE 42, 147; OLG Düsseldorf NJW 1956, 1880; BayObLGZ 1962, 239; BayObLG ZEV 2000, 274; OLG Frankfurt Rpfleger 1970, 391; OLG Stuttgart OLGZ 1982, 271 = Rpfleger 1982, 106 (auch bei ausdrücklicher Ersatzerbenberufung); OLG Bamberg BeckRS 2014, 11755 (auch wenn die Abkömmlinge der Kinder ausdrücklich als Ersatznacherben bestimmt wurden); Soergel/*Loritz/Uffmann*, § 2069 Rn 18; RGRK/*Johannsen*, § 2069 Rn 13; Erman/*Schmidt*, § 2069 Rn 4.

40 BayObLGZ 1962, 239, OLG Stuttgart OLGZ 1982, 271, 272; OLG München DNotZ 2007, 537; während der BGH, BGHZ 33, 60, 63 = NJW 1960, 1899 § 2069 von vornherein nicht anwenden will. Dem zust. OLG Frankfurt Rpfleger 1970, 391;

41 Zust. BayObLG ZEV 2000, 274; OLG Bamberg BeckRS 2014, 11755.

42 OLG München NJW-RR 2012, 211.

43 OLG Hamm OLGZ 1982, 272, 279; BayObLG Rpfleger 1984, 65; *Baumgärtel*, DNotZ 1959, 63, 67; siehe auch *J. Blomeyer*, FamRZ 1974, 421, 427.

44 OLG München FamRZ 2008, 643.

45 OLG München DNotZ 2006, 68.

grundlegend verändert. Gem. § 2352 S. 3 BGB erstreckt sich der Zuwendungsverzicht nunmehr auch auf die Abkömmlinge, sofern nicht ein anderes bestimmt wird. Im Regelfall gilt der Zuwendungsverzicht somit auch für die Abkömmlinge. Derjenige, der sich auf Gegenteiliges beruft, müsste dies auch beweisen.
Somit kommt es seit der Neuregelung einzig und allein auf den Inhalt des Zuwendungsverzichts an. Ergeben sich hierbei Unklarheiten, wurde dem Verzichtenden jedoch als Gegenleistung für den Verzicht eine Abfindung gewährt, liegt eine Auslegung dahingehend, dass sich der Zuwendungsverzicht nicht auf Abkömmlinge erstreckt, i.d.R. fern.

16 Verzichtet hingegen ein Abkömmling auf sein **gesetzliches Erbrecht** gem. § 2346 Abs. 1 S. 1 BGB, wird eine testamentarische oder erbvertragliche Regelung hiervon nicht berührt. Ein Wegfall i.S.v. § 2069 BGB liegt nicht vor. Für den Fall, dass derjenige Bedachte, der auf das gesetzliche Erbrecht verzichtet hat, aus anderen Gründen in Wegfall gerät, steht der Verzicht der Ersatzberufung seiner Abkömmlinge nicht entgegen.[46] Gem. § 2349 BGB bezieht sich der Verzicht zwar auch auf die Abkömmlinge des Verzichtenden in Bezug auf deren gesetzliches Erbrecht, aber es handelt sich im Fall des § 2069 BGB nicht um gesetzliche, sondern um eine gewillkürte Erbfolge. Hier wird der Personenkreis in Anlehnung an die Grundsätze des gesetzlichen Erbrechts bestimmt. § 2069 BGB stellt eine ergänzende Vorschrift bei gewillkürter Erbfolge dar.

17 Hinderungsgründe, die nicht in der Person des Bedachten liegen, fallen nicht unter § 2069 BGB. Wenn eine letztwillige Verfügung aus anderen Gründen unwirksam wird, z.B. durch Widerruf, Rücktritt, Anfechtung oder Aufhebung, ist § 2069 BGB nicht anwendbar, da ein Wegfall des Bedachten nicht vorliegt bzw. die Verfügung von Anfang an nichtig ist.[47] Aufgrund einer Anfechtung wird die angefochtene Verfügung zum einen hinsichtlich des Zuwendungsempfängers undurchführbar. Zum anderen entfällt sie auch in vollem Umfang. Eine Erstreckung auf andere Personen scheidet daher aus.
Ob § 2069 BGB bei Eintritt einer auflösenden Bedingung, z.B. Eintritt einer Verwirkungsklausel, anwendbar ist, ist umstritten.[48] Nach zutreffender Ansicht ist davon auszugehen, dass § 2069 BGB zwar grundsätzlich anwendbar ist, allerdings wird die Auslegungsregel regelmäßig widerlegt sein.[49] Ordnen Ehegatten in einem gemeinschaftlichen Testament eine Pflichtteilsstrafklausel an und verlangt ein Schlusserbe seinen Pflichtteil beim Tod des Erstversterbenden, so entfällt die Erbeinsetzung zum Schlusserben, und zwar regelmäßig auch mit Wirkung für seine Abkömmlinge. In diesem Falle gilt die Regelung des § 2069 BGB nicht.

18 Erfolgte ein vorzeitiger Erbausgleich des nichtehelichen Kindes, ist gem. § 1934e BGB a.F. das gesetzliche Erbrecht des nichtehelichen Kindes und seiner Abkömmlinge ausgeschlossen. Wird es jedoch bedacht und fällt weg, so treten dessen Abkömmlinge an dessen Stelle gem. § 2069 BGB.[50]

46 KG JFG 23, 255; RGRK/*Johannsen*, § 2069 Rn 5; Soergel/ *Loritz/Uffmann*, § 2069 Rn 9; MüKo/ *Leipold*, § 2069 Rn 10.

47 MüKo/*Leipold*, § 2069 Rn 8, 17; Soergel/*Loritz/Uffmann*, § 2069 Rn 222; a.A. Staudinger/*Otte* (2019), § 2069 Rn 18 für den Fall der Anfechtung.

48 Zum Meinungsstand siehe MüKo/*Leipold*, § 2069 Rn 18; BeckOK BGB/*Litzenburger*, § 2069 Rn 15 m.w.N.

49 MüKo/*Leipold*, § 2069 Rn 18: § 2069 BGB „unanwendbar", da Verfügung nach dem Willen des Erblassers mit Eintritt der Bedingung unwirksam; BayObLG NJW-RR 2004, 654.

50 Soergel/Loritz/Uffmann, § 2069 Rn 12, a.A. *Böhm*, FamRZ 1972, 180, 184.

4. Anderweitige testamentarische Regelung bzw. individuelle Auslegung

Hat der Erblasser für den Fall, dass ein bedachter Abkömmling wegfällt, eine Verfügung getroffen, so geht diese dem § 2069 BGB vor. Der Erblasser kann entweder anordnen, dass **Anwachsung** unter den Bedachten eintreten soll, oder er kann auch weitere **Ersatzerben** bestimmen. Aufgrund der Formulierung in § 2069 BGB „im Zweifel" ist davon auszugehen, dass auch ohne ausdrückliche anderweitige Verfügung durch den Erblasser die Anwendung von § 2069 BGB dem Erblasserwillen entgegenstehen kann. Die einzelfallorientierte Auslegung geht im Rang in jedem Falle vor.[51] Für die Auslegung können entweder Anhaltspunkte im Testament vorhanden sein. Eine derartige Auslegung kann sich jedoch auch aus außerhalb des Testaments liegenden Umständen ergeben. § 2069 BGB findet demgemäß keine Anwendung, wenn sich Umstände außerhalb des Testaments ergeben, die darauf schließen lassen, dass eine Erstreckung auf Abkömmlinge dem Willen des Erblassers widerspricht.[52] § 2069 BGB ist allerdings nicht dadurch ausgeschlossen, dass nachgewiesen werden kann, dass der Erblasser einen Wegfall nicht bedacht hat. Vielmehr muss ein abweichender Wille feststellbar sein. Wurde in einem gemeinschaftlichen Testament ausdrücklich geregelt, dass die Enkel als Ersatzerben berufen sind, wurde diese Regelung allerdings in dem nachfolgenden **maßgeblichen** Testament vergessen, kann ein der Regelung des § 2069 BGB entgegenstehender Wille hieraus nicht abgeleitet werden.[53] 19

Wurde ein notarielles Testament errichtet und in dieses ausdrücklich eine Regelung aufgenommen, wonach Ersatzerbenbestimmungen nicht getroffen werden, so ist die Anwendbarkeit von § 2069 BGB ausgeschlossen, es sei denn, die Auslegung führt zu einem anderen Ergebnis.[54] Anders ist dies jedoch, wenn sich eine Erklärung nur auf den gegenwärtigen Zeitpunkt bezieht und kein endgültiger Ausschluss vorliegt („Ersatzerben will ich heute ausdrücklich nicht benennen").[55] 20

Hat der Erblasser Kenntnis vom Wegfall des bedachten Abkömmlings und sein Testament dennoch nicht geändert, führt dies allein nicht zu dem Schluss, dass eine Erstreckung auf die Abkömmlinge nicht gewollt war.[56] Er kann einfach davon ausgegangen sein, dass die Abkömmlinge ohnehin an die Stelle des Weggefallenen treten.

Ein abweichender Wille, wonach die Abkömmlinge nicht an die Stelle des Weggefallenen treten, liegt auch dann vor, wenn der Erblasser für den Fall des Wegfalls des Bedachten die gesetzliche Erbfolge oder Anwachsung gemäß § 2094 BGB anordnet.

C. Rechtsfolgen

I. Allgemeines

Rechtsfolge der Anwendbarkeit des § 2069 BGB ist, dass an die Stelle des ursprünglich bedachten Abkömmlings, der weggefallen ist, dessen Abkömmlinge treten, soweit sie auch bei gesetzlicher Erbfolge an dessen Stelle treten würden. Maßgebend ist die gesetzliche Erbfolge nach dem Erblasser, nicht hingegen die Erbfolge nach dem weggefallenen Abkömmling. Sowohl Personenkreis als auch Quoten werden in Bezug auf 21

51 BGHZ 33, 60, 63; *Musielak*, ZEV 1995, 5, 6 f.

52 OLG Dresden BeckRS 2011, 19109 (Wille erkennbar, ebenso wie den Sohn auch den Enkel nicht als Erben einzusetzen, da beide von Sozialhilfe leben); OLG Celle ZEV 2013, 204 m. abl. Anm. *Otte* (kein Nachrücken eines nichtehelichen Abkömmlings des ausschlagenden Sohnes, wenn zu diesem keinerlei Kontakt bestand und die Auslegung für die ersatzweise Einsetzung anderer Personen spricht).

53 OLG Düsseldorf ZEV 2015, 549 (Ls.) = BeckRS 2015, 14471.

54 BayObLGZ 2004, 364 = FGPrax 2005, 71.

55 OLG München ZErb 2009, 153.

56 RGRK-BGB/*Johannsen* Rn 12.

den Erblasser bestimmt. Wer zum Kreis der Abkömmlinge gehört, ergibt sich aus Rdn 8 ff.

22 Zum **Kreis** der **Ersatzberufenen** sind diejenigen zu zählen, die im Zeitpunkt des Eintritts des Erbfalls entweder leben oder zumindest erzeugt sind. Maßgeblicher Zeitpunkt ist der des Erbfalls, bei der Nacherbeneinsetzung der Zeitpunkt des Nacherbfalls. Dies gilt sowohl für die tatsächlichen als auch für die rechtlichen Verhältnisse. Handelt es sich um aufschiebend bedingte oder befristete Zuwendungen, ist auf den Zeitpunkt der Bedingung oder des Anfangstermins abzustellen.[57] Bei einer aufschiebend bedingten Nacherbschaft muss der Nacherbe im Zweifel den Eintritt der Bedingung erleben. Dies folgt aus § 2108 Abs. 2 S. 2 i.V.m. § 2074 BGB. Daraus folgt, dass bei Wegfall des ursprünglich Bedachten vor dem Bedingungseintritt § 2069 BGB anwendbar ist, und zwar auch für den Fall, wenn der zunächst Berufene nach dem Erbfall, aber vor Eintritt der aufschiebenden Bedingung verstirbt. Die Abkömmlinge, die bei Bedingungseintritt gesetzliche Erben des Erblassers wären, rücken nach. Wurde in einem gemeinschaftlichen Testament der Abkömmling zum Schlusserben bestimmt, verstirbt dieser und treten an dessen Stelle nach § 2069 BGB dessen Abkömmlinge, so ist der Zeitpunkt des Todes des Längstlebenden entscheidend.[58] Die Rechtsstellung der gem. § 2069 BGB berufenen Personen entspricht derjenigen, die der in Wegfall geratenen Person zugedacht war.

II. Entsprechende Anwendung des § 2069 BGB

23 Die bedachte Person muss entweder namentlich genannt sein, im Wege der §§ 2066 ff. BGB ermittelt werden können oder durch individuelle Merkmale genau bezeichnet sein.[59] Liegen diese Voraussetzungen nicht vor, findet § 2069 BGB nur entsprechende Anwendung.[60] Nach a.A. gilt § 2069 BGB in diesen Fällen überhaupt nicht, vielmehr bedarf es einer einzelfallorientierten Auslegung.[61] Eine entsprechende Anwendung über den in § 2069 BGB geregelten Fall hinaus kommt nach der Rspr. nicht in Betracht.[62]

24 Auch auf unentgeltliche Zuwendungen **unter Lebenden auf den Todesfall**, die nicht unter die Vorschriften des § 2301 BGB fallen, ist § 2069 BGB ebenfalls entsprechend anwendbar.[63]

25 Nach dem Wortlaut kommt § 2069 BGB dann nicht zur Anwendung, wenn in einem **gemeinschaftlichen Testament** Abkömmlinge des Erstverstorbenen zu Schlusserben eingesetzt werden. Hier kommt allerdings eine analoge Anwendung in Betracht, da die Tatsache, dass der Bedachte Abkömmling ist, die entscheidende Tatsache für die Zuwendung darstellt und dies vom Längstlebenden auch akzeptiert worden ist.[64] Es handelt sich hierbei um eine vergleichbare Interessenlage, die eine analoge Anwendung rechtfertigt.[65] Dies bedeutet, dass für den Fall, dass ein Abkömmling des Erstverstorbenen zum Schlusserben bestimmt ist und in Wegfall gerät, dessen Abkömmlinge nach den Regeln der gesetzlichen Erbfolge nach dem Erstverstorbenen zum Zuge kommen.[66] § 2069 BGB ist jedoch auf Geschwister eines weggefallenen bedachten Ab-

57 MüKo/*Leipold*, § 2069 Rn 24.
58 BGH NJW 2002, 1126.
59 BGHZ 33, 60, 63.
60 BGH NJW 1969, 1111.
61 MüKo/*Leipold*, § 2069 Rn 7.
62 BGH NJW 1973, 240.
63 MüKo/*Leipold*, § 2069 Rn 3.
64 BayObLGZ 1904, 755; OLG Hamm OLGZ 1982, 272, 277.
65 BGH ZErb 2001, 14; OLGZ 1982, 272, 277; *Horn/Kroiß*, ZEV 2012, 664.
66 LG Berlin FamRZ 1994, 785.

kömmlings nicht analog anwendbar, ebenso kann der Ehegatte eines bedachten Abkömmlings nicht analog § 2069 BGB nachrücken.

Wenn es sich um eine **wechselbezügliche** Schlusserbeneinsetzung in einem gemeinschaftlichen Testament handelt, ist allerdings umstritten, ob die Ersatzberufung bezüglich des weggefallenen Schlusserben ebenfalls wechselbezüglich ist. Hierfür hat sich zunächst das BayObLG in seiner Entscheidung vom 12.8.1994 ausgesprochen.[67] Diese Rspr. wurde jedoch mittlerweile aufgegeben.[68] Zum Meinungsstreit ist zu sagen, dass bereits der Wortlaut des § 2270 Abs. 2 BGB gegen die Anwendung der vorbezeichneten Auslegungsregel spricht. § 2270 Abs. 2 BGB geht davon aus, dass die Verfügung getroffen sein muss. § 2069 BGB enthält hierzu keinerlei Aussage, so dass eine Bindung des überlebenden Ehegatten abzulehnen ist, da die Abkömmlinge, die aufgrund der Regel des § 2069 BGB zur Erbfolge gelangen, nicht einmal in der Verfügung erwähnt sind.[69] Die Auslegung kann jedoch dazu führen, von einer Wechselbezüglichkeit auszugehen. In derartigen Fällen ist zunächst zu prüfen, ob sich aufgrund der Auslegung ergibt, dass eine Ersatzerbeneinsetzung seitens des Erblassers gewollt war oder ob diese Ersatzerbeneinsetzung einzig und allein auf § 2069 BGB beruht. Sodann erfolgt in einem zweiten Schritt eine Prüfung dahingehend, ob sich bereits aus der individuellen – auch ergänzenden – Auslegung ergibt, ob die Erbeinsetzung ggf. unter Heranziehung von § 2069 BGB wechselbezüglich ist und dies zu einer Bindungswirkung führt bzw. ob eine derartige Bindungswirkung auszuschließen ist. Kommt die Auslegung im Hinblick auf die Wechselbezüglichkeit nicht zu einem Ergebnis, kommt § 2270 Abs. 2 BGB zur Anwendung. Führt in beiden Schritten die Auslegung nicht zu einem Ergebnis und kommen in beiden Schritten der Prüfung die Zweifelsregeln des Gesetzes gem. §§ 2069 bzw. 2270 Abs. 2 BGB zur Anwendung, gilt das Kumulationsverbot. Wechselbezüglichkeit der Ersatzerbeneinsetzung scheidet in diesem Falle aus.[70] Aufgrund dieser Rechtsprechung ist in jedem Falle zu empfehlen, eine ausdrückliche Ersatzerbenregelung in das gemeinschaftliche Testament aufzunehmen. 26

In diesem Zusammenhang stellt sich die Frage, ob eine in einem Erbvertrag getroffene Verfügung bindend bleibt, wenn die Abkömmlinge der ursprünglich bedachten Person gemäß der Vorschrift des § 2069 BGB nachrücken. Selbst wenn der Rechtsprechung des BGH bezüglich der wechselbezüglichen Verfügungen gefolgt wird, ist dies zu bejahen. Bei der Erstreckung der vertragsmäßigen Bindung auf die ersatzweise Einsetzung der Abkömmlinge gemäß §§ 2069, 2279 Abs. 1 BGB kommt es nämlich nicht zu einer Kumulation von Auslegungsregeln.[71] Auch auf eine Verfügung, die ausdrücklich 27

67 BayObLG ZEV 1994, 362, 364; ebenso OLG Frankfurt FamRZ 1999, 772; dagegen *Baumann*, ZEV 1994, 351.

68 BGHZ 149, 363 = NJW 2002, 1126 = JZ 2002, 892 (abl. *Leipold*) = ZEV 2002, 150 (insoweit abl. *Otte*) = DNotZ 2002, 661 (zust. *Schmucker*) = LM § 2270 Nr. 4 (*M. Wolf*); BayObLG FGPrax 2001, 248; dem BGH folgend BayObLG ZEV 2004, 244 (zust. *Keim*); OLG München FamRZ 2008, 643 (auch wenn nach einem Zuwendungsverzicht § 2069 BGB zur Ersatzerbenberufung führt, gilt nicht die Auslegungsregel des § 2270 Abs. 2 BGB zugunsten der Wechselbezüglichkeit); OLG München FamRZ 2010, 1846; OLG Schleswig NJW-RR 2014, 73, 76; KG FGPrax 2015, 83 Rn 19; OLG Frankfurt BeckRS 2016, 02622 Rn 33; OLG München NJW-RR 2017, 907 = ZErb 2017, 87. OLG Hamm ZEV 2019, 372 Ls. = ErbR 2019, 436; OLG Brandenburg ZEV 2020, 381 Ls. = BeckRS 2020, 6297; ebenso bspw. BeckOGK/*Gomille*, § 2069 Rn 43.

69 *Baumann*, ZEV 1994, 351, 353.

70 OLG München ZEV 2017, 409; OLG Schleswig FamRZ 2014, 605; OLG Schleswig FamRZ 2011, 66.

71 OLG Celle FamRZ 2013, 1164 Rn 4 = ZEV 2013, 619 Ls. unter Ablehnung von OLG München NJW-RR 2012, 9; aA OLG Düsseldorf ErbR 2020, 648, 650 = BeckRS 2020, 11754.

als vertragsgemäß bezeichnet wird, ist § 2270 Abs. 2 BGB nicht, auch nicht entsprechend anzuwenden.[72]

28 Wurden jedoch vom Erblasser mit ihm in der Seitenlinie verwandte Personen bedacht, und fallen diese nach Testamentserrichtung weg, ist § 2069 BGB nicht anwendbar.[73] Das Gleiche gilt auch für diejenigen Personen, die überhaupt nicht mit dem Erblasser verwandt sind. Lediglich eine ergänzende Auslegung könnte in diesen Fällen zum Ergebnis führen, dass die Abkömmlinge nachrücken.[74] Dies ist vor allem dann der Fall, wenn enge Verwandte bedacht worden sind.[75] Es kann daher nicht der Schluss gezogen werden, dass bei Wegfall dieser Personen generell deren Abkömmlinge zum Zuge kommen.

29 Hat der Erblasser seinen Ehepartner,[76] Geschwister,[77] Neffen oder Nichten, Schwägerin[78] und u.U. auch Cousin oder Cousinen bedacht, liegt es nahe, von einer Ersatzberufung bezüglich deren Abkömmlingen auszugehen.[79] Die Rspr. begründet dies damit, dass der Erblasser die Erben mit dem Verwandtschaftsverhältnis (z.B. „Schwestern") bezeichnet hat.[80] Die Literatur lehnt jedoch diese Rspr. mit der Begründung ab, die Angabe des Verwandtschaftsgrads sei wertneutral und würde weder auf ein gutes noch ein schlechtes Verwandtschaftsverhältnis hindeuten. Auch bei der Einsetzung von Stiefkindern, Schwiegerkindern, Neffen des anderen Ehe- oder Lebenspartners kann die ergänzende Auslegung im Einzelfall dazu führen, dass die Abkömmlinge anstelle der eingesetzten Personen treten.[81] Als Anhaltspunkt im Testament ist bereits die Tatsache anzusehen, dass der nahe Verwandte zum Erben berufen wurde.[82]

30 Handelt es sich um Partner einer **nichtehelichen Lebensgemeinschaft**, die sich gegenseitig bedenken, bedarf es besonderer Umstände, die eine Einbeziehung der Abkömmlinge des Partners rechtfertigen.[83] Es muss in diesen Fällen festgestellt werden, wobei auch Umstände außerhalb der Urkunde herangezogen werden können, dass die Beziehung zu den Abkömmlingen des Partners der entspricht, die zu einem leiblichen Abkömmling besteht. Sich auf die allgemeine Lebenserfahrung zu berufen, ist nicht ausreichend.[84] Ein entgegenstehender Wille könnte sich beispielsweise daraus ergeben, dass es dem Erblasser allein um die Versorgung des Lebensgefährten/der Lebensgefährtin ging.

31 Auf den Fall der **Enterbung** ist § 2069 BGB ebenfalls nicht analog anwendbar. Die Enterbung erstreckt sich im Zweifel nicht auf die Abkömmlinge.[85] Bei der Enterbung

72 MüKo/*Leipold*, § 2069 Rn 27.
73 OLG München ErbR 2017, 525; BGH NJW 1973, 240, 242; BayObLGZ 1982, 159, 163; BayObLG FamRZ 2000, 1186, 1187; ZEV 2004, 463; OLG Hamm Rpfleger 1986, 480; OLG München ZEV 2007, 93; KG ZEV 2021, 756 Rn 8.
74 OLG Hamm Rpfleger 2001, 595, 596.
75 KG FamRZ 1977, 344.
76 Vgl. BayObLG ZEV 1996, 191, 192.
77 Vgl. BayObLG NotBZ 2004, 280; OLG Karlsruhe FamRZ 1993, 363.
78 OLG Frankfurt BeckRS 2012, 25080.
79 Abl. *Perkams*, ZEV 2005, 510, 511 f.
80 OLG München BeckRS 2007, 9108; BayObLG NJW-RR 1987, 263; NJWE-FER 1997, 36.
81 BeckOK BGB/*Litzenburger*, § 2069 Rn 7, MüKo/*Leipold*, § 2069 Rn 40 m.w.N.
82 OLG München ZEV 2007, 93, 94; BayObLG NJW 1988, 1033; OLG Düsseldorf NJW-RR 2012, 1357, 1358. Es bedarf dann nicht noch weiterer Anhaltspunkte für die ergänzende Auslegung im Testament (a.M. OLG Hamm FamRZ 1987, 639 = OLGZ 1987, 179), sondern es können Umstände außerhalb des Testaments genügen; MüKo/*Leipold*, § 2069 Rn 40.
83 OLG Hamm FamRZ 1976, 552; BayObLG ZEV 2001, 151, 152.
84 BeckOK BGB/*Litzenburger*, § 2069 Rn 8.
85 BGH LM § 1938 Nr. 1.

geht es nicht um die Unwirksamkeit einer Verfügung, sondern um den Ausschluss von der gesetzlichen Erbfolge.

Für den Fall, dass der Erblasser nicht einen Abkömmling zum Erben eingesetzt hat, sondern ihm nahestehende Personen oder Verwandte, ist § 2069 BGB weder unmittelbar noch analog anwendbar.[86] Wurde ein Ersatzerbe nicht bestimmt, ist durch Auslegung zu ermitteln, ob in der Einsetzung des Erben zugleich die Einsetzung seiner Abkömmlinge zu Ersatzerben gesehen werden kann.[87] 32

D. Angrenzende Rechtsfragen

Die Regelung des § 2069 BGB greift auch dann ein, wenn ein Abkömmling, der als **Nacherbe** eingesetzt ist, zwischen Testamentserrichtung und Erbfall in Wegfall gerät.[88] Dies gilt auch, wenn der Nacherbe nach dem Erbfall durch Ausschlagung der Nacherbschaft oder durch Erbunwürdigkeitserklärung in Wegfall gerät. Beides wirkt auf den Erbfall zurück. Die Nacherbenanwartschaft wurde durch eingesetzten Abkömmling zu keinem Zeitpunkt erworben. Für den Fall, dass der Nacherbe jedoch erst zwischen Erb- und Nacherbfall verstirbt, vererbt sich seine Nacherbenanwartschaft gem. § 2108 Abs. 2 S. 1 BGB grundsätzlich auf dessen Erben, es sei denn, es ist ein anderer Erblasserwille festzustellen, wonach das Eindringen familienfremder Personen nicht gewollt ist. Hier hat also § 2108 Abs. 2 BGB Vorrang.[89] Andererseits hält *Leipold*[90] eine Anwendung von § 2069 BGB für denkbar, da dem Nacherben zwar die Anwartschaft, hingegen noch nicht die Erbschaft angefallen ist. Er führt jedoch aus, dass eine Ersatzberufung der Abkömmlinge als Regelauslegung nach § 2069 BGB zum Widerstreit zu § 2108 Abs. 2 S. 1 BGB führt. § 2108 Abs. 2 S. 1 BGB sieht nämlich als Regelfall die Vererblichkeit der Nacherbenanwartschaft vor. Demgemäß ist es auch möglich, dass andere Personen, wie z.B. der Ehegatte oder ein fremder Dritter, anstatt der Abkömmlinge gem. § 2069 BGB berufen sind. § 2108 Abs. 2 S. 1 BGB wertet somit die Stellung des Nacherben zwischen Erb- und Nacherbfall auf. Über § 2069 BGB verbleibt die Erbschaft in der Familie, § 2108 Abs. 2 S. 1 BGB kann dazu führen, dass auch familienfremde Personen in den Genuss der Erbschaft kommen. 33

Nach Ansicht des BGH, dem auch zu folgen ist, gebührt jedoch der Vererblichkeit der Nacherbenanwartschaft der Vorrang, allerdings ist die Möglichkeit eines entgegenstehenden Erblasserwillens sorgfältig zu prüfen. Dies gilt insbesondere dann, wenn sich Ehegatten gegenseitig zu Vorerben und einen gemeinschaftlichen Abkömmling zum Nacherben berufen haben. Würde nämlich dem § 2069 BGB der Vorrang gegenüber § 2108 Abs. 2 S. 1 BGB eingeräumt, würde der letztgenannten Vorschrift der hauptsächliche Anwendungsbereich entzogen. Weiterhin spricht gegen den Vorrang des § 2069 BGB, dass die Einsetzung zum Nacherben ohnehin schon zu einer Schlechterstellung gegenüber der gesetzlichen Erbfolge geführt hat. Die Vererblichkeit der Nacherbenanwartschaft bildet nunmehr ein gewisses Äquivalent dafür, dass dem Abkömmling beim Erbfall der Nachlass vorenthalten wurde. 34

---

86 BGH NJW 1973, 240; BayObLG NJW-RR 2006, 1597.

87 OLG München FamRZ 2008, 306.

88 OLG Bremen NJW 1970, 1923; OLG Celle FamRZ 2013, 1164 Rn 2 f. = ZEV 2013, 619 (Ls.); grds. auch BGHZ 33, 60, 61.

89 BGH NJW 1963, 1150; ebenso RGZ 169, 38, 42; OLG Köln OLGZ 1968, 91; OLG Karlsruhe ZEV 2009, 34, 35; LG Krefeld FamRZ 2009, 79 m. abl. Anm. *Bestelmeyer*, FamRZ 2009, 913; *Musielak*, ZEV 1995, 5, 7; siehe auch Soergel/*Loritz/Uffmann*, § 2069 Rn 39 f.; Staudinger/*Avenarius* (2019), § 2108 Rn 16 ff. BeckOGK/*Gomille*, § 2069 Rn 46; a.A. KGJ 52, A 73; *v. Lübtow*, Erbrecht II, S. 883.

90 MüKo/*Leipold*, § 2069 Rn 33.

Hat der Erblasser in seiner letztwilligen Verfügung Ersatznacherben bestimmt, so hat diese Bestimmung Vorrang vor der Vererblichkeit der Nacherbenanwartschaft.

§ 2070 Abkömmlinge eines Dritten

Hat der Erblasser die Abkömmlinge eines Dritten ohne nähere Bestimmung bedacht, so ist im Zweifel anzunehmen, dass diejenigen Abkömmlinge nicht bedacht sind, welche zur Zeit des Erbfalls oder, wenn die Zuwendung unter einer aufschiebenden Bedingung oder unter Bestimmung eines Anfangstermins gemacht ist und die Bedingung oder der Termin erst nach dem Erbfall eintritt, zur Zeit des Eintritts der Bedingung oder des Termins noch nicht gezeugt sind.

Literatur

Hägele, Zur Auslegung testamentarischer Verfügungen, JurBüro 1970, 835; *Otte*, Unanwendbarkeit des § 2070 auf Zuwendungen an Enkel des Erblassers, ErbR 2019, 257 (zugl. AG Minden, Beschl. v. 27.11.2018 – 7 VI 766/11).

Übersicht: Rdn

A. Allgemeines

1 § 2070 BGB stellt eine **Auslegungsregel** dar. Für den Fall, dass der Erblasser die **Abkömmlinge eines Dritten** ohne nähere Bestimmung bedacht hat, ist nicht zwingend, dass hiermit nur diejenigen bedacht sind, die zur Zeit des Erbfalls leben oder zumindest erzeugt sind. Diejenigen Abkömmlinge des Dritten, die später erzeugt sind, kommen zwar nicht als Erben, jedoch als Nacherben in Betracht (§ 2101 Abs. 1 S. 1 BGB). Im Übrigen können die später erzeugten Abkömmlinge auch ein mit der Geburt anfallendes Vermächtnis (§ 2178 BGB) oder ein Nachvermächtnis (§ 2191 BGB) erhalten. Mit der Regelung des § 2070 BGB sollen klare Verhältnisse geschaffen werden. Es soll vielmehr vermieden werden, dass Ungewissheit darüber besteht, ob noch Nacherben hinzukommen werden bzw. ob die Abkömmlinge des Dritten, die beim Erbfall vorhanden sind, die Zuwendung behalten können oder sie an später gezeugte Personen herausgeben müssen. Nach Ansicht des Gesetzgebers entsprach es dem Erblasserwillen, nur die Abkömmlinge zu bedenken, die beim Erbfall vorhanden sind.

B. Tatbestand

I. Abkömmlinge

2 Die Abkömmlinge eines Dritten müssen bedacht worden sein. Es ist erforderlich, dass die „Abkömmlinge" eines Dritten mit dieser allg. Bezeichnung bedacht sind. Auch wenn nicht der Begriff des Abkömmlings, sondern Begriffe wie **„Kinder"** oder **„Nachkommen"** eines Dritten verwendet werden, ist die Vorschrift des § 2070 BGB anwendbar.[1] Ob der Dritte im maßgeblichen Zeitpunkt, d.h. zum Zeitpunkt des Erbfalls bzw. zum Zeitpunkt des Eintritts der Bedingung, noch lebt, ist für die Anwendbarkeit von

1 MüKo/*Leipold*, § 2070 Rn 2.

§ 2070 BGB unerheblich. Auf die Abkömmlinge von Geschwistern des Erblassers findet § 2070 BGB ebenfalls Anwendung.[2]

II. Abkömmlinge eines Dritten

Erfasst werden nur die Zuwendungen an die **Abkömmlinge eines Dritten**, nicht jedoch die Zuwendungen an die Abkömmlinge des Erblassers.[3] Die Vorschrift des § 2070 BGB findet somit dann keine Anwendung, wenn der Erblasser Personen zu seinen Erben eingesetzt hat, die zu seinen Abkömmlingen gehören. Hier sind hier jedoch die Regeln der gesetzlichen Erbfolge heranzuziehen. Es wird auf den erbfähigen Personenkreis im Zeitpunkt des Erbfalls abgestellt.[4] Werden demgemäß in einem gemeinschaftlichen Testament das noch kinderlose Kind sowie dessen künftig geborene Kinder zu Schlusserben berufen, so gilt, dass im Zweifel nur die zum Zeitpunkt des Schlusserbfalls geborenen bzw. gezeugten Kinder des Sohnes oder der Tochter als bedacht anzusehen sind.[5] Nach a.A. findet § 2070 BGB keine Anwendung. Wenn von künftigen Enkeln gesprochen wird, werden auch die erst nach dem Erbfall geborenen Enkel erfasst.[6] 3

Hat der Erblasser die Abkömmlinge eines seiner Kinder zu Erben eingesetzt, ist in diesem Fall im Wege der **Auslegung** zu entscheiden, ob auch solche Abkömmlinge, die erst nach dem Erbfall gezeugt werden, als bedacht gelten.[7] In den Fällen, in denen diese Abkömmlinge als bedacht gelten, wirkt die Erbeinsetzung für diese nur als Nacherbeneinsetzung. § 2070 BGB gilt nicht. Würde § 2070 BGB hier analog angewendet werden, käme man zu dem Ergebnis, dass Abkömmlinge ungleich behandelt werden, nur aufgrund der Tatsache, dass einige zufälligerweise vor und andere nach dem Erbfall erzeugt wurden.[8] 4

Hat der Erblasser entferntere Abkömmlinge eingesetzt, ist § 2070 BGB nicht anwendbar.[9] Es handelt sich um die Fälle, in denen der Erblasser seine Enkelkinder bedenkt, ohne auch sein noch lebendes Kind zu bedenken. Für diese Fälle findet § 2070 BGB keine unmittelbare Anwendung, da es sich bei den Abkömmlingen der Abkömmlinge nicht um Abkömmlinge Dritter handelt, sondern um die Abkömmlinge des Erblassers.[10] Auch eine analoge Anwendung scheidet aus, und zwar aus dem Grund, weil dem Erblasser nicht unterstellt werden kann, dass er noch nicht gezeugte Enkelkinder generell ausschließen wollte.[11] Hier greift die Auslegung ein. Im Wege der Auslegung ist zu ermitteln, ob auch noch nicht Gezeugte zum Zuge kommen sollen oder nicht. 5

---

2 Soergel/*Loritz/Uffmann*, § 2070 Rn 2; BeckOGK/*Gomille*, § 2070 BGB Rn 5.

3 MüKo/*Leipold*, § 2070 Rn 3.

4 KG OLGE 24, 72 – aufgegeben in KG JFG 10, 63; MüKo/*Leipold*, § 2070 Rn 3; aA KG DNotZ 1933, 417; OLG Köln FamRZ 1992, 475: keine Auslegungsregel für diese Fälle; AG Minden ErbR 2019, 257 m. abl. Anm. *Otte;* ebenso Grüneberg/*Weidlich*, § 2070 Rn 2; RGRK-BGB/*Johannsen*, § 2070 Rn 2; Soergel/*Loritz/Uffmann*, § 2070 Rn 6.

5 *Otte*, ErbR 2019, 258 entgegen AG Minden ErbR 2019, 257; aufgehoben durch OLG Hamm ErbR 2020, 293 Ls. m.Anm. *Otte* = BeckRS 2019, 40759; *Soergel/Loritz/Uffmann*, § 2070 Rn 7 stimmen dagegen dem AG Minden zu.

6 So auch AG Minden ErbR 2019, 257, 258.

7 OLG Köln FamRZ 1992, 475; Staudinger/*Otte*, (2019) § 2070 Rn 4 (anders in ErbR 2019, 257, 259); Soergel/*Loritz/Uffmann*, § 2070 Rn 6.

8 BeckOGK/Gomille, § 2070 Rn 5.

9 Burandt/Rojahn/*Czubayko*, § 2070 Rn 4; MüKo/*Leipold*, § 2070 Rn 3; Soergel/*Loritz/Uffmann*, § 2070 Rn 6; Staudinger/*Otte*, (2019) § 2070 Rn 4.

10 OLG Köln DNotZ 1993, 813 = FamRZ 1992, 475.

11 BeckOK BGB/*Litzenburger*, § 2070 Rn 2; Burandt/Rojahn/*Czubayko*, § 2070 Rn 4; Soergel/*Loritz/Uffmann*, § 2070 Rn 6.

6 Unter den **Begriff des Dritten** fallen sowohl die jetzige als auch die frühere Ehefrau des Erblassers, dessen Geschwister, Verschwägerte oder Freunde. In Bezug auf die Ehefrau gilt jedoch einschränkend, dass diese nur Dritte ist, sofern deren Abkömmlinge nicht auch die Abkömmlinge des Erblassers sind.[12]

III. Ohne nähere Bestimmung

7 Hat der Erblasser den Kreis der Bedachten in seiner letztwilligen Verfügung näher bestimmt, geht diese Bestimmung der Anwendung des § 2070 BGB in jedem Falle vor. Ist im Wege der Auslegung der wirkliche oder hypothetische Wille des Erblassers festzustellen, tritt § 2070 BGB zurück. Dies ergibt sich aus dem Wortlaut der Vorschrift („im Zweifel"). Der Wille des Erblassers kann ergeben, dass er auch die Abkömmlinge des Dritten bedenken will, die erst nach dem Erbfall erzeugt worden sind.[13]

C. Rechtsfolgen

8 § 2070 BGB gibt lediglich an, welche Abkömmlinge des Dritten nicht bedacht sind. Es sind lediglich diejenigen, die nach dem Erbfall erzeugt worden sind, ausgenommen, nicht jedoch diejenigen, die vor dem Erbfall erzeugt und nach dem Erbfall lebend geboren wurden. Hängt die Zuwendung von einer **aufschiebenden Bedingung** ab oder von einem bestimmten **Anfangstermin** und tritt diese Bedingung oder der Termin erst nach dem Erbfall ein, gelten auch diejenigen als bedacht, die im Zeitpunkt des Bedingungseintritts oder im Zeitpunkt des Eintritts des Termins erzeugt sind. Das vorstehend Gesagte gilt auch dann, wenn die Abkömmlinge eines Dritten (z.B. des Vorerben) vom Erblasser als Nacherben eingesetzt wurden. Es ist dann auf den Zeitpunkt des Nacherbfalls abzustellen.

9 Im Falle, dass zum Zeitpunkt des Erbfalls weder lebende noch erzeugte Abkömmlinge des Dritten vorhanden sind, kommt § 2070 BGB ebenfalls zur Anwendung, denn die Vorschrift ist negativ formuliert und setzt nicht voraus, dass Abkömmlinge vorhanden sind. Die Verfügung des Erblassers ist im Zweifel unwirksam. Es kämen dann entweder die Ersatzerben zum Zuge oder es käme Anwachsung unter den verbleibenden Erben in Betracht. Ggf. würde man auch zur gesetzlichen Erbfolge gelangen. Es ist jedoch stets im Wege der ergänzenden Auslegung zu prüfen, ob nicht doch die erst nach dem Erbfall erzeugten Abkömmlinge zum Zuge kommen.[14] Nach a.A. wird die Anwendbarkeit von § 2070 BGB ausgeschlossen.[15] Dies wird damit begründet, dass der Erblasser in der Regel weiß, ob Abkömmlinge eines Dritten, die er einsetzt, existieren oder nicht. Für den Fall, dass er sie zu Erben einsetzt, obwohl sie noch nicht existieren, sei es im Zweifel sein Wille, künftige, noch nicht gezeugte Abkömmlinge zu bedenken, wenigstens als Nacherben. Dass in diesem Falle die Verfügung unwirksam sei, würde nicht dem Willen des Erblassers entsprechen. Daher sei § 2070 BGB teleologisch zu begrenzen.

D. Angrenzende Rechtsfragen

10 Aus § 2070 BGB kann nicht entnommen werden, wer zu den Abkömmlingen des Dritten zählt und zu welchen Quoten diese in der letztwilligen Verfügung bedacht werden sollen. Im Zweifel wird man sich hier an den Regeln der gesetzlichen Erbfolge orientieren können.[16] Der Dritte ist als fiktiver Erblasser anzusehen.

---

12 Soergel/*Loritz/Uffmann*, § 2070 Rn 2.
13 MüKo/*Leipold*, § 2070 Rn 4.
14 Staudinger/*Otte*, (2019) § 2070 Rn 3.
15 Soergel/*Loritz/Uffmann*, § 2070 Rn 4 m.w.N.
16 MüKo/*Leipold*, § 2070 Rn 7; Soergel/*Loritz/Uffmann* § 2070 Rn 8; Staudinger/*Otte* (2019), § 2070 Rn 2.

Für den Fall, dass im Zeitpunkt des Erbfalls feststeht, dass es Abkömmlinge des Dritten nicht mehr geben wird, ist die Zuwendung gegenstandslos. Nach einer Ansicht kann unter Umständen die Verfügung aber im Wege der ergänzenden Auslegung auch dahingehend auszulegen sein, dass der Dritte selbst bedacht werden sollte.[17] Nach anderer richtiger Ansicht ist dies jedoch abzulehnen. Der Erblasser hat die Abkömmlinge des Dritten und nicht den Dritten selbst bedacht. Daraus ist zu schließen, dass er den Dritten gerade nicht bedenken wollte. Die ergänzende Auslegung dahingehend, dass der Dritte bedacht sein könnte, läuft demgemäß dem Erblasserwillen zuwider. 11

§ 2071 Personengruppe

Hat der Erblasser ohne nähere Bestimmung eine Klasse von Personen oder Personen bedacht, die zu ihm in einem Dienst- oder Geschäftsverhältnis stehen, so ist im Zweifel anzunehmen, dass diejenigen bedacht sind, welche zur Zeit des Erbfalls der bezeichneten Klasse angehören oder in dem bezeichneten Verhältnis stehen.

Übersicht: Rdn

A. Allgemeines

1 Sinn und Zweck der Vorschrift des § 2071 BGB ist es, Zweifel bezüglich des Kreises der Bedachten zu klären, die der Erblasser weder namentlich noch anhand bestimmter Merkmale gekennzeichnet hat, sondern für die er nur eine Sammelbezeichnung gewählt hat.[1] Bei § 2071 BGB handelt es sich ebenfalls um eine **Auslegungsregel**. Diese findet dann Anwendung, wenn sich durch eine individuelle Auslegung der Erblasserwille nicht zweifelsfrei ermitteln lässt. Bedeutung hat § 2071 BGB nur für die Fälle, in denen sich der bedachte Personenkreis zwischen der Errichtung der letztwilligen Verfügung und dem Erbfall verändert hat. Im Zweifel auf den **Zeitpunkt des Erbfalls** abzustellen, trägt dem Willen des Erblassers Rechnung. Es sind somit i.d.R. Veränderungen bis zum Erbfall zu berücksichtigen.[2]

Ergibt die konkrete Auslegung, dass der Erblasser auf die Zugehörigkeit der Personengruppe im Zeitpunkt der Testamentserrichtung abstellen wollte, geht die Auslegung der Anwendbarkeit des § 2071 BGB vor.

B. Tatbestand

2 § 2071 BGB setzt voraus, dass eine **Klasse von Personen** oder **Personen ohne nähere Bestimmung** bedacht sind, die zum Erblasser in einem Dienst- oder Geschäftsverhältnis stehen.

I. Klasse von Personen

3 Unter dem Begriff der Klasse i.S.d. § 2071 BGB ist die **Gesamtheit von Personen** zu verstehen, die unter einen bestimmten Allgemeinbegriff fällt (z.B. „die Bewohner des

17 *Haegele*, JurBüro 1970, 835, 841; a.A. Staudinger/*Otte* (2019), § 2070 Rn 3.
1 Staudinger/*Otte*, 2019 § 2071 Rn 1.
2 MüKo/*Leipold*, § 2071 Rn 1.

Altenheimes in X", „unsere Patenkinder", „meine Wanderfreunde").[3] Wenn allein die Zugehörigkeit zu einer Gruppe über die Qualifizierung als Zuwendungsempfänger entscheidet, hat der Erblasser eine Klasse von Personen bedacht. Eine weitere Klasse bilden auch die **Arbeitnehmer** des Erblassers, die **Geschäftskunden** oder die **Arbeitskollegen.**[4] Für die Anwendbarkeit des § 2071 BGB ist maßgebend, dass die Gruppe so eindeutig bezeichnet sein muss, dass die Angehörigen dieser Gruppe zweifelsfrei feststehen. Diese müssen namentlich festgestellt werden können. Über die Zugehörigkeit des Einzelnen darf kein Zweifel bestehen. Ist die Gruppenbezeichnung zu unbestimmt, wie beispielsweise „alle wahren Kunstliebhaber", „den Naturfreunden des Schwarzwalds", führt dies zur Unwirksamkeit der Verfügung, es sei denn, die Bedachten lassen sich durch Auslegung ermitteln. Die **Klasse von Personen** muss ohne nähere Bestimmung bedacht sein. § 2071 BGB findet dann keine Anwendung, wenn der Erblasser eine **Sammelbezeichnung** verwendet, gleichzeitig die bedachten Personen jedoch namentlich benennt (z.B. „meine Skatbrüder A und B"). In diesem Fall hat er bereits eine nähere Bestimmung getroffen.[5]

4 Für den Fall, dass die Bezeichnung so unbestimmt ist, dass eine Individualisierung nicht möglich ist, ist die letztwillige Verfügung gem. § 2065 Abs. 2 1. Alt. BGB unwirksam, da die Erben nicht bestimmt werden können. Unerheblich ist, ob der jeweiligen Gruppe mehr als eine Person angehört. Das Bedenken einer einzelnen Person kann u.U. zur entsprechenden Anwendung der 1. Alt. führen. Hierunter fällt z.B. die Bezeichnung „unser Staatsoberhaupt", der Ministerpräsident des Landes XY".[6] Hier ist nämlich der Bedachte als einer von mehreren, einander nachfolgenden Funktionsträgern gekennzeichnet.

5 § 2071 BGB ist jedoch nicht analog anwendbar, wenn der Erblasser eine Zuwendung an „meine Ehefrau" verfügt. Hier ist auch darauf zu achten, ob nicht eine besondere persönliche Beziehung im Zeitpunkt der Testamentserrichtung für die Zuwendung maßgeblich war. Das RG[7] ist daher zu Recht davon ausgegangen, dass der Erblasser bei der Einsetzung „meiner geliebten Ehefrau" die Einsetzung seiner Ehefrau im Zeitpunkt der Testamentserrichtung meinte und nicht die **Einsetzung der Ehefrau** im Zeitpunkt des Erbfalls. Die Zuwendung erfolgt aufgrund einer zu einer konkreten Person bestehenden Beziehung, nicht hingegen aufgrund einer von dieser Person bekleideten Funktion. Aufgrund der Häufigkeit der Scheidungen wird man jedoch entgegen der h.M. eine ergänzende Auslegung zugunsten der Ehefrau, die im Zeitpunkt des Todes mit dem Erblasser verheiratet war, zulassen müssen.[8] Dies gilt auch für die Zuwendungen an den nichtehelichen Partner, wenn die Bezeichnung „meinen Lebensgefährten" oder an „meinen Lebenspartner" bei der eingetragenen Lebenspartnerschaft gewählt worden ist.[9]

II. Dienst- oder Geschäftsverhältnis

6 Unter diesen Begriff fallen u.a. Haus- und Pflegepersonal, Arbeiter, Angestellte, Geschäftspartner („meine Mitarbeiter", meine Mitgesellschafter aus der OHG", „meine

3 Burandt/Rojahn/*Czubayko*, § 2071 Rn 3; Staudinger/*Otte* (2019), § 2071 Rn 2; BeckOGK/*Gomille*, BGB § 2071 Rn 6.

4 Staudinger/*Otte*, 2019, § 2071 Rn 2.

5 MüKo/*Leipold*, § 2071 Rn 3; Soergel/*Loritz/Uffmann*, § 2071 Rn 2; Staudinger/*Otte* (2019), § 2071 Rn 2.

6 MüKo/*Leipold*, § 2071 Rn 4; Soergel/*Loritz/Uffmann*, § 2071 Rn 9.

7 RGZ 134, 281; ebenso MüKo/*Leipold*, § 2071 Rn 5; a.A. *Brox/Walker*, Erbrecht, § 16 Rn 23.

8 So im Ergebnis auch Mü/Ko/*Leipold*, § 2071 Rn 5; *Brox/Walker*, Erbrecht, § 16 Rn 23; s.a. *Lange*, JherJb 82 (1932), 1, 24 f.

9 MüKo/*Leipold*, § 2071 Rn 5.

Hausangestellten").[10] Ebenso kommen hier einzelne Funktionsträger („meine Pflegerin", „mein Bürovorsteher") in Betracht. Hat der Erblasser in seinem Testament dahingehend verfügt, dass er „die seit vielen Jahren treue Haushälterin" bedenken wollte, ist diese allerdings vor dem Tod des Erblassers aus dessen Dienst ausgeschieden, so fällt die Zuwendung dennoch an diese Person, und zwar aufgrund der von § 2071 BGB abweichenden Auslegung. Ihre Nachfolgerin scheidet als Begünstigte aus.[11] Hat der Erblasser seine Arbeitnehmer bedacht, ist durch **Auslegung** zu ermitteln, ob sich der Erblasserwille nicht dadurch verwirklichen lässt, dass eine Wohlfahrtseinrichtung des Betriebes als bedacht angesehen wird anstelle der einzelnen Arbeitnehmer, da diese Einrichtung allen Arbeitnehmern gleichermaßen zugutekommt.[12]

Bei der Formulierung „Klasse von Personen, die mit dem Erblasser in einem Dienst- oder Geschäftsverhältnis stehen" handelt es sich lediglich um einen ausdrücklich erwähnten Unterfall einer Klasse von Personen.[13] Unter den Begriff der „Klasse von Personen" kann auch der jeweilige Träger eines Amtes fallen, also eine aufeinanderfolgende Kette von Personen.[14]

III. Zuwendung an juristische Personen

Hat der Erblasser einer organisierten Gruppe etwas zugewandt, ist im Wege der 7
Auslegung zu ermitteln, ob die Organisation als solche die Zuwendung erhalten soll oder die einzelnen Mitglieder als bedacht anzusehen sind.[15] Sollte die Organisation bedacht werden, ist § 2071 BGB nicht anwendbar. Es ist davon auszugehen, dass der Erblasser die Organisation bedenken wollte, wenn es dem Erblasser darum ging, die Verbandszwecke zu fördern, wobei die Mitglieder mittelbar auch profitieren.

Der nichtrechtsfähige Verein wird als erbfähig angesehen.[16] Sollte dieser Ansicht nicht gefolgt werden, führt die Auslegung regelmäßig dazu, dass die einzelnen Mitglieder als bedacht anzusehen sind. In diesem Falle ist § 2071 BGB anwendbar.[17]

C. Rechtsfolgen

Im Zweifel ist für die Beurteilung, welche Personen der betreffenden Gruppe angehö- 8
ren, der Zeitpunkt des Erbfalls maßgebend. Dies gilt auch im Falle einer bedingten oder befristeten Verfügung. Für den Fall, dass im Zeitpunkt des Erbfalls keine Person vorhanden ist, welche dem bezeichneten Personenkreis angehört, ist die Verfügung unwirksam, es sei denn, es lässt sich durch Auslegung ermitteln, dass für die Beurteilung der Zeitpunkt der Testamentserrichtung maßgebend sein soll.[18] Wurde eine Verfügung zugunsten „der Insassen des Altenwohnheims" getroffen, hat der Erblasser jedoch mehrfach das Altenheim gewechselt, so ist im Zweifel § 2073 BGB für die Festlegung des bedachten Personenkreises (d.h. welches Wohnheim gemeint Ist) anwendbar. Lediglich für die Frage der Zugehörigkeit zu der Gruppe der Insassen kann die Vorschrift des § 2071 BGB herangezogen werden.

Erfolgt die Zuwendung an Personen, zu denen ein Dienst- oder Geschäftsverhältnis besteht, unterliegen diese Zuwendungen nicht der Einkommensteuer, sondern der Erbschaftsteuer. Dies erklärt sich daraus, dass der Rechtsgrund in der letztwilligen

---

10 MüKo/*Leipold*, § 2071 Rn 6.
11 MüKo/*Leipold*, § 2071 Rn 6.
12 Soergel/*Loritz/Uffmann*, § 2071 Rn 8.
13 Staudinger/*Otte*, 2019, § 2071 Rn 2.
14 Beispiele: „unser Ministerpräsident", „unser Bundespräsident", „unser Bürgermeister".
15 Soergel/*Loritz/Uffmann*, § 2071 Rn 6.
16 Soergel/*Loritz/Uffmann*, § 2071 Rn 6 m.w.N.
17 MüKo/*Leipold*, § 2071 Rn 8.
18 MüKo/*Leipold*, § 2071 Rn 9; Soergel/*Loritz/Uffmann*, § 2071 Rn 5.

Verfügung zu sehen ist und nicht im Arbeitsverhältnis. Bestand jedoch auch ohne letztwillige Verfügung bereits ein rechtlicher Anspruch auf die Zuwendung und wird diese dennoch letztwillig verfügt, unterliegt sie der Einkommensteuer.

D. Angrenzende Rechtsfragen

9 Darüber, in welchem Verhältnis die einzelnen Personen bedacht sind, gibt § 2071 BGB keinen Aufschluss. Hier gelten die §§ 2091, 2157 BGB.[19]

§ 2072 Die Armen

Hat der Erblasser die Armen ohne nähere Bestimmung bedacht, so ist im Zweifel anzunehmen, dass die öffentliche Armenkasse der Gemeinde, in deren Bezirk er seinen letzten Wohnsitz gehabt hat, unter der Auflage bedacht ist, das Zugewendete unter Arme zu verteilen.

Übersicht: Rdn

A. Allgemeines

1 In den Fällen, in denen der Erblasser „die Armen" ohne nähere Konkretisierung bedenkt, ist die Verfügung aufgrund fehlender Bestimmtheit unwirksam. Hier käme dann die gesetzliche Erbfolge zum Tragen. Die Vorschrift des § 2072 BGB soll daher dem mutmaßlichen Willen des Erblassers, soziale und karitative Zwecke zu verfolgen, zur Wirkung verhelfen. § 2072 BGB stellt eine **Auslegungsregel** dar. Der Erblasser möchte in einer letztwilligen Verfügung, in welcher er die Armen schlechthin bedenkt, i.d.R. nicht alle Armen einzeln bedenken. Vielmehr entspricht es seinem Willen, dass das durch letztwillige Verfügung Zugewandte möglichst effektiv zur Unterstützung der Armen eingesetzt wird. Die Auslegungsregel des § 2072 BGB präzisiert den Willen des Erblassers dahingehend, dass für den Fall, dass die Armen bedacht sind, die öffentliche Armenkasse der Gemeinde unter einer Auflage als bedacht anzusehen ist.[1] Nach a.A. stellt § 2072 BGB eine **Umdeutungsregel** dar.[2] Dies wird damit begründet, dass der vom Erblasser verfolgte karitative Zweck so weit wie möglich zur Geltung gelangen soll.[3] Dieser Ansicht kann jedoch aufgrund des Wortlauts des § 2072 BGB nicht gefolgt werden. Hier heißt es „im Zweifel". Dieser Begriff ist mit der Einordnung der Vorschrift als Umdeutungsregel nicht zu vereinbaren, sondern deutet auf die Auslegungsfähigkeit des Begriffs „die Armen" hin.

Die konkrete Auslegung hat stets Vorrang vor der Auslegungsregel des § 2072 BGB. Eines Rückgriffs auf die Vorschrift des § 2072 BGB bedarf es dann bspw. nicht, wenn

---

19 Staudinger/*Otte*, 2019, § 2071 Rn 4; Soergel/*Loritz/Uffmann*, § 2071 Rn 7.

1 KG OLGZ 1993, 6, 7; MüKo/*Leipold*, § 2072 Rn 1.

2 OLG Hamm OLGZ 1984, 323, 324; Soergel/*Loritz/Uffmann*, § 2072 Rn 1; BeckOK BGB/*Litzenburger*, § 2072 Rn 1; BeckOGK/*Gomille*, § 2072 BGB Rn 2.

3 jurisPK-BGB/*Lenz-Brendel*, § 2072 Rn 1; *Linnartz*, jurisPR-FamR 6/2018 Anm. 2.

sich im Wege der Auslegung ermitteln lässt, dass der Erblasser eine vermächtnisweise Zuwendung an zehn bedürftige Kinder aus einem örtlichen Waisenhaus wollte.[4]

B. Tatbestand

2 Der Erblasser muss „die Armen“ ohne nähere Bezeichnung bedacht haben. Die Vorschrift des § 2072 BGB betrifft alle Erbeinsetzungen, Vor-, Nacherben- und Ersatzerbeneinsetzungen, desgleichen Vermächtnisse. Wird ein Erbe oder Vermächtnisnehmer hingegen mit einer Zweckauflage beschwert, findet § 2072 BGB keine Anwendung.[5] Eine letztwillige Verfügung, in welcher die Armen bedacht sind, wird durch die Auslegungsregel des § 2072 BGB in mehrfacher Hinsicht näher bestimmt.

I. Öffentliche Armenkasse der Gemeinde

3 Mit der vorgenannten Bezeichnung ist die **öffentliche Armenkasse** der Gemeinde gemeint. Die Funktion dieser Organisation wird vom örtlichen Träger der Sozialhilfe wahrgenommen. Nach den §§ 3 Abs. 2, 97 SGB XII handelt es sich hierbei um die kreisfreien Städte und die Landkreise, es sei denn, aufgrund Landesrechts sind kreisangehörige Gemeinden oder Gemeindesverbände zu örtlichen Trägern bestimmt, § 3 Abs. 2 S. 1 SGB XII.[6] Nach der Rspr. des RG wurde die Zuwendung von Zinsen dahingehend ausgelegt, dass auch das Kapital selbst als der Armenkasse zugewendet gilt.[7] Das Kapital ist allerdings nach der vom Erblasser festgelegten Verteilungsbeschränkung zu verteilen.

II. Letzter Wohnsitz des Erblassers

4 Gem. § 2072 BGB soll im Zweifel diejenige Armenkasse als bedacht angesehen werden, in deren Bezirk der Erblasser seinen letzten Wohnsitz hatte. Da der Erblasser die Gegebenheiten an seinem letzten Wohnsitz i.d.R. am besten kennt, entspricht es am ehesten seinem Willen, die entsprechende Gemeindekasse zu bedenken. Daher hat der Gesetzgeber diesen letzten Wohnsitz für entscheidend gehalten. Lediglich die **individuelle Auslegung** kann für den Fall, dass der Erblasser kurz vor seinem Tod seinen Wohnsitz gewechselt hat, zu einem anderen Ergebnis führen. In diesem Falle kann es dem Willen des Erblassers entsprechen, dass er bei Testamentserrichtung gerade die Gemeinde an seinem früheren Wohnsitz bedenken wollte, um seine Verbundenheit zu seinem früheren Wohnsitz zum Ausdruck zu bringen.

5 Wenn der Erblasser **mehrere Wohnsitze** hatte, so ist nach richtiger Ansicht davon auszugehen, dass die Sozialhilfeträger der Wohnsitzgemeinden zu gleichen Teilen bedacht sind.[8] Hierbei sind die Vorschriften der §§ 2091, 2157 BGB heranzuziehen. Nach a.A. jedoch soll der Hauptwohnsitz maßgeblich sein.[9]

6 Ist ein **letzter Wohnsitz** des Erblassers nicht zu ermitteln, tritt in diesem Fall anstelle des letzten Wohnsitzes der letzte Aufenthaltsort.[10]

III. Auflage

7 Da es der **Wille des Erblassers** ist, dass die Zuwendung den Armen zugutekommt, wird die Armenkasse mit einer Auflage dahingehend beschwert, die Zuwendung unter den Armen zu verteilen. Gem. § 2194 BGB sind sowohl die Erben als auch die zustän-

---

4 BayObLG ZEV 1998, 385.
5 Staudinger/*Otte* (2019), § 2072 Rn 2.
6 MüKo/*Leipold*, § 2073 Rn 3.
7 RGZ 52, 277, 283.
8 MüKo/*Leipold*, § 2072 Rn 5.
9 Soergel/*Loritz/Uffmann*, § 2072 Rn 5; Staudinger/*Otte* (2019) § 2072 Rn 4.
10 MüKo/*Leipold*, § 2072 Rn 5.

dige Aufsichtsbehörde des Sozialhilfeträgers aufgrund des bestehenden öffentlichen Interesses als Vollziehungsberechtigte der Auflage anzusehen. Die Armen hingegen sind nicht vollziehungsberechtigt.[11] Gem. § 2193 BGB erfolgt die Verteilung allein nach pflichtgemäßem Ermessen sowie innerhalb des Zuständigkeitsbereichs der bedachten Behörde. Dies bedeutet, dass auch Hilfsbedürftige bedacht werden können, die sich außerhalb des letzten Wohnsitzes des Erblassers aufhalten.[12]

C. Rechtsfolgen

I. Grundsatz

8 Wie bereits ausgeführt, führt die Auslegungsregel des § 2072 BGB dazu, dass der örtliche Träger der Sozialhilfe (kreisfreie Stadt bzw. der Landkreis) als Erbe bzw. Vermächtnisnehmer anzusehen ist, ausgehend vom letzten Wohnsitz des Erblassers mit den bereits angesprochenen Ausnahmen.

II. Entsprechende Anwendung des § 2072 BGB

9 In einzelnen Fällen ist eine analoge Anwendung der Vorschrift des § 2072 BGB zu bejahen, und zwar dann, wenn der Erblasser nicht „die Armen“, sondern „die Bedürftigen“, „die sozial Schwachen“, „die Behinderten“, „die alten gebrechlichen Leute“, „die Waisen“ oder „die Kriegsbeschädigten“ oder auch eine zu unbestimmte Einrichtung mit derartiger Zweckbestimmung („ein Heim für körperbehinderte Kinder in M.“) bedacht hat.[13] Weitere Voraussetzung ist, dass eine individuelle Auslegung nicht möglich ist. Es kann davon ausgegangen werden, dass es dem Erblasserwillen entspricht, dass die Bedürftigen der jeweiligen Wohnsitzgemeinde bedacht werden sollten. Der Erblasser wird hier an einer sinnvollen Verteilung interessiert sein. Daher ist auch vorliegend davon auszugehen, dass der örtliche Sozialhilfeträger der letzten Wohnsitzgemeinde als Bedachter anzusehen ist.[14] Für den Fall, dass der Erblasser den Zweck näher bestimmt hat, sind eventuelle diesbezügliche Einschränkungen zu berücksichtigen. Nach einer Entscheidung des LG Bonn ist § 2072 BGB nicht auf eine Verfügung zugunsten der Blinden anwendbar, da hier nicht generell davon auszugehen ist, dass diese bedürftig sind.[15] Diese Ansicht ist jedoch abzulehnen.

Erfolgt eine Zuwendung für sonstige gemeinnützige Aufgaben (z.B. den Tierschutz, zur Kulturförderung oder auch zur Förderung des Sports), kommt weder eine direkte Anwendung unter Berufung auf einen allgemeinen Rechtsgedanken noch eine analoge Anwendung des § 2072 BGB in Betracht.[16]

10 Hat der Erblasser eine **Einrichtung** bedacht, die **nicht existiert**, können die Grundsätze des § 2072 BGB ebenfalls herangezogen werden. Es ist dann eine rechtlich selbstständige Organisation als bedacht anzusehen, die den vom Erblasser gewünschten Zweck verfolgt.[17] Die jeweilige Organisation hat dann die gemachte Zuwendung entsprechend der Auflage des Erblassers für die vom Erblasser jeweils näher bezeichnete Personengruppe zu verwenden. Geht es dem Erblasser um mildtätige Zwecke, ist

---

11 Soergel/*Loritz/Uffmann*, § 2072 Rn 6; MüKo/*Leipold*, § 2072 Rn 6.

12 BayObLG NJW-RR 2000, 1174; MüKo/*Leipold*, § 2072 Rn 6.

13 BayObLG NJW-RR 2000, 1174; OLG Hamm Rpfleger 1984, 417; BayObLGZ 1998, 340; MüKo/*Leipold*, § 2072 Rn 7.

14 MüKo/*Leipold* § 2072 Rn 7.

15 LG Bonn Rpfleger 1989, 63, 64; nach a.A. ist hier § 2072 BGB analog anwendbar, da dies der Intention des Gesetzgebers entspricht, Soergel/*Loritz/Uffmann*, § 2072 Rn 7; ebenso Staudinger/*Otte*, 2019, § 2072 Rn 6.

16 OLG Frankfurt ErbR 2017, 727 (guter Zweck); a.A. OLG Oldenburg NJW-RR 1993, 581 (Tierschutz); Staudinger/*Otte*, 2019, § 2072 Rn 6.

17 KG OLGZ 1968, 329, 330; Soergel/*Loritz/Uffmann*, § 2072 Rn 9 m.w.N.

auch hier eine Zuwendung an den Träger der Sozialhilfe anzunehmen, wenn keine Organisation vorhanden ist, die dem Erblasser nähersteht, um die von ihm verfolgten Zwecke zu verwirklichen. Hatte der Erblasser dagegen eine nicht öffentliche Stelle als Bedachten im Auge, kann dies gegen eine analoge Anwendung des § 2072 BGB sprechen.[18] Hat der Erblasser eine bestimmte Einrichtung zum Erben berufen, fehlt dieser Einrichtung allerdings die selbstständige Rechtspersönlichkeit, so ist davon auszugehen, dass die Zuwendung an den Rechtsträger unter der Auflage der Verwendung für die Einrichtung erfolgt.[19]

Hat der Erblasser in seiner letztwilligen Verfügung keinen Zuwendungsempfänger angegeben, sondern nur bestimmt, dass ein Teil seines Nachlasses für mildtätige oder karikative Zwecke verwendet werden soll, ist § 2072 BGB grundsätzlich nicht entsprechend anwendbar.[20] Zu unbestimmt, um eine analoge Anwendung des § 2072 BGB zugunsten der Stadt, in der der Erblasser seinen letzten Wohnsitz hatte, anzunehmen, ist eine Zuwendung an eine „Stiftung für einen guten Zweck".[21] Die **Einzelfallauslegung** kann in derartigen Fällen jedoch dazu führen, dass der Erblasser den örtlichen Sozialhilfeträger bedenken wollte. Hat der Erblasser bspw. eine Zuwendung zugunsten des Tierschutzes verfügt, ist diese Zuwendung dahingehend auszulegen, dass der Erblasser den örtlichen Tierschutzverein bedenken wollte.[22] In einigen Fällen ist hierin eine Erbeinsetzung zu sehen. Häufig handelt es sich jedoch um eine Auflage, die der Erbe zu erfüllen hat.[23] In diesem Fall hat der Beschwerte den Empfänger der Leistung anhand des vom Erblasser vorgegebenen Zwecks zu bestimmen. 11

§ 2073 Mehrdeutige Bezeichnung

Hat der Erblasser den Bedachten in einer Weise bezeichnet, die auf mehrere Personen passt, und lässt sich nicht ermitteln, wer von ihnen bedacht werden sollte, so gelten sie als zu gleichen Teilen bedacht.

Literatur

Diederichsen, Ersatzerbfolge oder Nacherbfolge, NJW 1965, 671; *Spanke*, Rechtsprobleme alternativer Erbeinsetzung, NJW 2005, 2947; *Tappmeier*, Die erbrechtlichen Auslegungsvorschriften in der gerichtlichen Praxis, NJW 1988, 2714.

Übersicht: Rdn

18 OLG München ZEV 2001, 152.
19 MüKo/*Leipold*, § 2072 Rn 8.
20 MüKo/*Leipold*, § 2072 Rn 9.
21 OLG Frankfurt ZEV 2017, 675 Ls. = FGPrax 2017, 270.
22 OLG Oldenburg FamRZ 1993, 854.
23 RG Recht 1913 Nr. 526.

A. Allgemeines

1 Die Regelung des § 2073 BGB soll dazu führen, dass eine mehrdeutige letztwillige Verfügung nicht unwirksam ist, sondern aufrechterhalten werden kann. Sie setzt sich insoweit über den Erblasserwillen hinweg, der auf die Einsetzung einer Person gerichtet ist, als mehrere Personen, auf welche die vom Erblasser vorgegebenen Kriterien zutreffen, als zu gleichen Teilen bedacht gelten.[1] Nach einer Ansicht handelt es sich hierbei um eine **Auslegungsregel**.[2] Nach a.A. liegt hingegen eine **Umdeutungsregel** vor.[3] Nach weiterer Ansicht ist von einer **Dispositivregel** auszugehen.[4] Das RG hingegen geht von einer Ergänzungsvorschrift aus.[5] Diese soll den lückenhaft geäußerten Willen des Erblassers vervollständigen.

2 Nach überwiegender Ansicht liegt jedoch eine **gesetzliche Fiktion** vor.[6] Für die Annahme einer gesetzlichen Fiktion spricht es, dass man damit dem Erblasserwillen am ehesten gerecht wird. Es stellt einen Ausweg in das kleinere Übel dar. Gäbe es die Fiktion nicht, wäre die letztwillige Verfügung wegen Mehrdeutigkeit unwirksam. Insoweit würde man dem Erblasserwillen überhaupt nicht gerecht werden. Für den Fall der Anordnung eines Vermächtnisses käme die Unwirksamkeit den Beschwerten zugute. Diesen wollte der Erblasser den Vermächtnisgegenstand aber gerade nicht zuwenden. Geht man jedoch von der Teilung aus, kommt demjenigen, den der Erblasser in jedem Fall bedenken wollte, zumindest ein Teil der Zuwendung zu.

3 Dadurch, dass es sich bei § 2073 BGB um eine **Kompromisslösung** handelt, kommt diese Regelung erst dann zum Zuge, wenn die Auslegung zu keinem Ergebnis führt und der Bedachte nicht durch Auslegung ermittelt werden kann. Es kann nicht Sinn und Zweck sein, dass den Gerichten die Entscheidung zwischen verschiedenen Auslegungsmöglichkeiten dadurch erspart wird, dass § 2073 BGB angewandt wird. Die Auslegung hat in jedem Falle Vorrang.[7]

B. Tatbestand

4 Der Erblasser muss eine Bezeichnung gewählt haben, die auf **mehrere Personen** zutrifft, und es lässt sich nicht klären, wer bedacht werden sollte. Die Vorschrift des § 2073 BGB setzt einen begrenzten Kreis bestimmter Personen voraus. Unter diesen muss sich die Person befinden, die der Erblasser bedenken wollte.[8]

I. Individualisierende Bestimmung

5 Der Erblasser muss in seiner letztwilligen Verfügung eine Bezeichnung gewählt haben, die es ermöglicht, eine individualisierende Bestimmung vorzunehmen.[9] Des Weiteren

---

1 MüKo/*Leipold*, § 2073 Rn 1.

2 Prot. Mugdan, Bd. V, S. 534.

3 *v. Lübtow*, Erbrecht I, S. 291.

4 Staudinger/*Seybold*, 11. Aufl., § 2073 Rn 1.

5 RGZ 99, 82, 86.

6 Staudinger/*Otte* (2019), § 2073 Rn 1; Soergel/*Loritz/Uffmann*, § 2073 Rn 1 *Diederichsen*, NJW 1965, 671, 674; *Schauer*, Die mehrdeutige Bezeichnung des Bedachten, 2013, S. 282.

7 BGH WM 1975, 737; dazu *Johannsen*, WM 1977, 270, 274. Der Wille des Erblassers, nur eine Person zu bedenken, steht an sich der Anwendung des § 2073 BGB nicht entgegen (ebenso *Schauer*, Die mehrdeutige Bezeichnung des Bedachten, 2013, 278 ff.), es sei denn, man könnte geradezu von einer Anordnung des Erblassers ausgehen, bei Nichtermittelbarkeit solle die Zuwendung entfallen; ebenso Staudinger/*Otte*, 2019, § 2073 Rn 7; *Tappmeier*, NJW 1988, 2714.

8 Vgl KG OLGZ 1968, 329, 331.

9 BGH NJW 1965, 2201; BayObLGZ 1998, 160; BayObLGZ 1998, 167; BayObLG FamRZ 1991, 610 = BeckRS 1990, 30887924; BayObLG FamRZ 2002, 220; BayObLG ZEV 2005, 27; KG NJW-RR 1999, 157; OLG Köln NJW-RR 2015, 7; OLG Köln BeckRS 2016, 112474; *Lange*, Erbrecht, Rn 6.13; *Spanke*, NJW 2005, 2947; *Horn/Kroiß*, NJW 2013, 2978.

müssen sämtliche vom Erblasser aufgeführten Kriterien auf **mehrere Personen** zutreffen. Dies ist bspw. dann der Fall, wenn der Erblasser seiner Nichte Claudia etwas zuwendet, er aber drei Nichten dieses Namens hat und keine der bedachten Personen beweisen kann, dass sie gemeint ist.[10] Wurde der Tierschutzverein in C eingesetzt, existieren jedoch in C zwei Tierschutzvereine, wobei keiner dieser Vereine genau die Bezeichnung trägt, die der Erblasser in sein Testament aufgenommen hat, ist § 2073 BGB anwendbar.[11] Wählt der Erblasser dagegen eine Bezeichnung, die völlig ungenau ist und bei welcher sich eine bestimmte Person nicht ermitteln lässt, liegt eine unwirksame Verfügung vor. § 2073 BGB ist nicht anwendbar.[12] § 2073 BGB findet nur dann Anwendung, wenn die vom Erblasser gewählte Bezeichnung außer auf die bedachte Person noch auf andere Personen zutrifft. Dies bedeutet, dass die vom Erblasser aufgeführten Merkmale gleichzeitig auf mehrere bestimmbare Personen zutreffen und diese auch als Bedachte in Betracht kommen müssen.[13] Hierbei ist das Verhältnis zum Erblasser, die Fähigkeiten der bedachten Personen oder auch der zugewandte Gegenstand als Kriterium heranzuziehen. Weiter können die Zeit der Errichtung der letztwilligen Verfügung sowie die damals herrschenden Verhältnisse herangezogen werden.[14] Sämtliche innerhalb und außerhalb der Urkunde liegende Umstände sind heranzuziehen. Können demgemäß im Wege der Auslegung nicht alle potenziellen Anwärter bis auf einen ausgeschlossen werden, so ist § 2073 BGB auf die verbleibenden Anwärter anwendbar.

Beispiel
Der Erblasser hat in seinem Testament verfügt, dass seine Nichte aus Dank sein Klavier erhalten soll. Eine Nichte hat sich nicht um den Erblasser gekümmert, eine Nichte hat sich zwar um den Erblasser gekümmert, spielt jedoch kein Klavier, die dritte Nichte hat sich um den Erblasser gekümmert und spielt Klavier.

Im Wege der Auslegung kommt nur die dritte Nichte als bedachte Person in Frage. 6
§ 2073 BGB findet hier keine Anwendung. § 2073 BGB ist nur dann heranzuziehen, wenn im Wege der Auslegung einzelne Personen zwar ausgeschlossen werden können, jedoch immer noch mehrere Personen als Zuwendungsempfänger in Betracht kommen.[15]

Hat der Erblasser eine Person benannt, die **nicht existiert**, lässt sich aber im Wege 7
ergänzender Auslegung ein Kreis von Personen ermitteln, unter denen der Erblasser ausgewählt haben würde, ist § 2073 BGB dennoch nicht anwendbar, da die gewählte Bezeichnung nicht vom Erblasser stammt.[16] In diesem Fall ist die Zuwendung, sofern sie nicht im Wege ergänzender Auslegung konkretisiert werden kann, unwirksam, und zwar deshalb, weil der Bedachte nicht bestimmt werden kann.[17]

Für den Fall, dass der Erblasser den Empfänger der Zuwendung im Singular bezeichnet 8
hat, ist § 2073 BGB anwendbar. Gerade auch für diese Fälle existiert die Regelung des § 2073 BGB.[18] Nach Ansicht des KG ist dies jedoch nicht zutreffend.[19]

---

10 MüKo/*Leipold*, § 2073 Rn 3.
11 OLG Celle NJW-RR 2003, 368.
12 KG OLGE 40, 114, 116; LG Bonn Rpfleger 1989, 63.
13 Soergel/*Loritz/Uffmann*, § 2073 Rn 3.
14 Vgl BGH WM 1975, 737 = DB 1975, 1794.
15 BayObLG FamRZ 1990, 1275, 1278; Soergel/*Loritz/Uffmann*, § 2073 Rn 6.
16 KG OLGZ 1968, 329; Soergel/*Loritz/Uffmann*, § 2073 Rn 4.
17 MüKo/*Leipold*, § 2073 Rn 5.
18 Staudinger/*Otte* (2019), § 2073 Rn 3; OLG Celle NJW-RR 2003, 368.
19 KG OLGZ 1968, 329 ff.

9 Wenn der Erblasser zwei Personen oder Institutionen bedacht hat, es aber drei Personen oder Institutionen gibt, auf welche die Kriterien zutreffen, z.B. er die beiden Altersheime der Stadt bedacht hat, jedoch drei Altersheime existieren, ist davon auszugehen, dass alle drei Altersheime zu je 1/3 eingesetzt worden sind.[20] Die Vorschrift des § 2073 BGB ist anwendbar.

10 Beschreibt der Erblasser die bedachte Person mit unbestimmten Erklärungszeichen, liegt kein Fall der objektiven Mehrdeutigkeit vor. Hiervon ist auszugehen, wenn der Erblasser den „Tüchtigsten", den „Geeignetsten" oder den „Charaktervollsten" aus einer bestimmten Gruppe bedenkt.[21]

11 Nach einer Entscheidung des AG Leipzig aus dem Jahre 1995 findet § 2073 BGB auch dann Anwendung, wenn der **Staat** zum Erben eingesetzt worden ist. Der Freistaat Sachsen und die Bundesrepublik Deutschland erben jeweils zur Hälfte.[22]

II. Fest umgrenzter Personenkreis

12 Bei den Personen, die als Zuwendungsempfänger in Betracht kommen, muss es sich um einen fest umgrenzten **Personenkreis** handeln. Zum einen muss sich die Person, die der Erblasser tatsächlich bedenken wollte, darunter befinden. Zum anderen müssen alle anderen Personen als mögliche Anwärter in Betracht kommen.[23]

C. Rechtsfolgen

I. Grundsatz

13 § 2073 BGB führt dazu, dass die mehreren Personen, die als Bedachte in Betracht kommen, im Fall der **Erbeinsetzung zu gleichen Teilen** erben. Für den Fall der Anordnung eines Vermächtnisses steht ihnen das Vermächtnis zu gleichen Teilen zu. Gelangt man im Wege der Auslegung jedoch zu einem gegen die Verwendung zu gleichen Teilen bestehenden Erblasserwillen, greift § 2073 BGB nicht ein. Der Erblasserwille geht der gesetzlichen Fiktion grundsätzlich vor.

II. Keine Anwendbarkeit von § 2073 BGB

14 Die Regelung des § 2073 BGB ist nicht heranzuziehen, wenn der Erblasser den Personenkreis genau bezeichnet, aus welchem ein Dritter den Bedachten später auswählen soll. Hat der Erblasser einen Losentscheid über die Erbenstellung vorgesehen, so gilt § 2073 BGB ebenfalls nicht. Eine derartige Verfügung ist jedoch nach überwiegender Ansicht unwirksam.[24] § 2073 BGB findet auch dann keine Anwendung, wenn überhaupt keine Personen festgestellt werden können, auf die die Bezeichnung des Erblassers zutreffen würde. Die Verfügung ist unwirksam.

III. Alternatives Vermächtnis – alternative Erbeinsetzung

15 Gem. § 2152 BGB i.V.m. § 2151 BGB hat der Gesetzgeber ein **alternatives Vermächtnis** zugelassen. Gem. § 2065 Abs. 2 BGB ist jedoch eine **alternative Erbeinsetzung** ausgeschlossen. Die Bestimmung des Erben kann nicht einem Dritten überlassen werden. Der Erblasser soll selbst bestimmen, wen er als Erben einsetzen möchte. U.U. ergibt die Auslegung bei einer derartigen Verfügung eine Einsetzung zu Miterben,

---

20 BayObLG FamRZ 1990, 1275.

21 BayObLG BeckRS 2001, 30182308 = FamRZ 2002, 200; OLG Köln NJW-RR 2015, 7; BeckRS 2016, 112474; Burandt/Rojahn/*Czubayko*, § 2065 Rn 9.

22 Näher hierzu: AG Leipzig Rpfleger 1995, 22.

23 MüKo/*Leipold*, § 2073 Rn 7.

24 MüKo/*Leipold*, § 2073 Rn 8.

Vor- und Nacherben oder Ersatzerben.[25] Ergibt die Auslegung bei einer derartigen Verfügung nicht eine Einsetzung zu Miterben, Vor- und Nacherben oder Ersatzerben, so ist die Verfügung unwirksam, § 2065 Abs. 2 BGB. § 2073 BGB ist hier nicht analog anwendbar.[26] Nach a.A. kommt eine analoge Anwendung des § 2073 BGB hingegen in Betracht.[27] Dieser letztgenannten Ansicht ist jedoch nicht zu folgen. Es besteht vorliegend keine Unklarheit über den Erblasserwillen. Der Erblasser hat mehrere Personen **alternativ** in Betracht gezogen, konnte sich jedoch nicht entscheiden, welche Person letztendlich die Zuwendung erhalten sollte. Unter Umständen kann, wenn die Auslegung nicht zu einem eindeutigen Ergebnis führt, die Umdeutung in ein alternatives Vermächtnis zu einer wirksamen Verfügung führen. Für § 2073 BGB ist jedoch kein Raum. Man kann aus einer derartigen Verfügung keine Erbeinsetzung zu gleichen Teilen machen. Dies würde nicht dem Erblasserwillen entsprechen. Dies gilt auch dann, wenn der Erblasser in diesem Zusammenhang bestimmt hat, dass seine gesetzlichen Erben ausgeschlossen sein sollen und damit der Staat zum Erben berufen wäre. Ggf. kann bei einer derartigen Konstellation die ergänzende Auslegung zum Ergebnis führen, dass es dem Willen des Erblassers eher entspricht, dass die eingesetzten Personen zu Miterben berufen sein sollen, als dass der Staat zum Zuge kommt.[28]

§ 2074 Aufschiebende Bedingung

Hat der Erblasser eine letztwillige Zuwendung unter einer aufschiebenden Bedingung gemacht, so ist im Zweifel anzunehmen, dass die Zuwendung nur gelten soll, wenn der Bedachte den Eintritt der Bedingung erlebt.

Literatur

Bengel, Rechtsfragen zum Vor- und Nachvermächtnis, NJW 1990, 1826; *Böhringer*, Erbschein trotz notarieller Verfügung von Todes wegen?, ZEV 2017, 68; *Breustedt*, Der unzumutbare Druck des Erblassers: Rechtsfolgen sittenwidriger Potestativbedingungen, ZEV 2021, 670; *Förster*, Erbrechtliche Gestaltungsmittel in Verfügungen von Todes wegen, ZAP 2017, 963; *Gaier*, Die Bedeutung der Grundrechte für das Erbrecht, ZEV 2006, 2; *Gallus*, Pflichtteil und Pflichtteilsklauseln als Elemente letztwilliger Verfügungen, ErbSTB 2016, 61; *Haegele*, Bedingte, namentlich unter einer Verwirkungs- oder Strafklausel stehende testamentarische Anordnungen, JurBüro 1969, 1; *Keim*, Bedingungen in Verfügungen von Todes wegen und ihre Tücken für die Nachwelt, FamRZ 2017, 502; *Keuk*, Der Erblasserwille post testamentum – Zur Unzulässigkeit der testamentarischen Potestativbedingung, FamRZ 1972, 9; *Leipold*, Die Wirkungen testamentarischer Wiederverheiratungsklauseln, Dogmatik oder Erblasserwille?, FamRZ 1988, 352; *Otte*, Die Nichtigkeit letztwilliger Verfügungen wegen Gesetzes- oder Sittenwidrigkeit, JA 1985, 192; *Röthel*, Testierfreiheit und Testiermacht, AcP 210 (2010), 32; *Roth*, Die bedingte Erbeinsetzung – zulässig oder sittenwidrig?, NJW-Spezial 2019, 167; *Scheuren-Brandes*, Wiederverheiratungsklauseln nach der Hohenzollern-Entscheidung – Handlungsbedarf für die Gestaltungspraxis?, ZEV 2005,

25 So z.B. wenn aufgrund des Zwecks der Zuwendung erkennbar ist, dass der Erblasser einen der Eingesetzten vorzugsweise bedenken wollte, BayObLGZ 1998, 160 = NJW 1999, 1119: „Kirche oder eine Stadtverwaltung" – Auslegung zugunsten der Kirche, der der Erblasser angehörte, als Haupterbin. Zur Auslegung in solchen Fällen eines „unechten Alternativverhältnisses" *Spanke*, NJW 2005, 2947, 2948.

26 MüKo/*Leipold*, § 2073 Rn 10; Soergel/*Loritz/Uffmann*, § 2073 Rn 9; BeckOGK/*Gomille*, § 2073 Rn 10; *Spanke*, NJW 2005, 2947; *Schauer*, Die mehrdeutige Bezeichnung des Bedachten, 2013, 273 ff.

27 Grüneberg/*Weidlich*, § 2065 Rn 2, NK-BGB/*Selbherr*, § 2073 Rn 6; Staudinger/*Otte* (2019), § 2073 Rn 8, der sich sogar für eine unmittelbare Geltung ausspricht; offenlassend BayObLGZ 1998, 160, 165 = NJW 1999, 1119.

28 *Spanke*, NJW 2005, 2947.

185; *Smid*, Rechtliche Schranken der Testierfreiheit aus § 138 I BGB, NJW 1990, 409; *Strobel*, § 2306 und die sog. cautela Socini, ZEV 2019, 49; *Tanck*, Pflichtteilsklauseln im gemeinschaftlichen Testament (Berliner Testament) – zivilrechtliche und steuerliche Gestaltung bei der Einheitslösung, ZErb 2018, 8; *Weber*, Grundbuchberichtigung im Zusammenhang mit einer testamentarischen Verwirkungsklausel, MittBayNot 2017, 161; *Wilhelm*, Wiederverheiratungsklausel, bedingte Erbeinsetzung und Vor- und Nacherbfolge, NJW 1990, 2857; *Zawar*, Gedanken zum bedingten oder befristeten Rechtserwerb im Erbrecht, NJW 2007, 2353; *ders.*, Der bedingte oder befristete Erwerb von Todes wegen, DNotZ 1986, 515.

Übersicht:

A. Allgemeines

I. Normzweck

1 § 2074 BGB ist eine **Auslegungsregel**. Dies geht aus der Formulierung „im Zweifel" klar hervor.[1] § 2074 BGB regelt lediglich einen Einzelfall und setzt die Zulässigkeit einer aufschiebenden Bedingung bei einer Verfügung von Todes wegen voraus. Es wird der Fall erfasst, dass der Zuwendungsempfänger vor Eintritt der Bedingung verstorben ist. Für die Aufnahme des § 2074 BGB in das Gesetz war entscheidend, dass der Erblasser einer lebenden Person etwas zuwenden will. Er stellt sich den Bedachten als im Falle des Eintritts der Bedingung lebend vor. Es kommt ihm daher einzig und allein auf die Person an sich an. Die Zuwendung soll sich im Zweifel nicht auf die Erben des Zuwendungsempfängers erstrecken. Maßgeblich ist allein der Wille des Erblassers. Dieser kann sich entweder ausdrücklich oder stillschweigend aus der Verfügung von Todes wegen ergeben. Eine Verfügung von Todes wegen entfaltet erst ab dem Tod des Erblassers Rechtswirkungen. Daher liegt bei der Abhängigkeit der Wirkungen von zwischen der Errichtung und einschließlich dem Erbfall eintretenden oder nicht eintretenden Umständen keine Bedingung im Sinne des Gesetzes vor.[2]

1 MüKo/*Leipold*, § 2074 Rn 1; Soergel/*Loritz/Uffmann*, § 2074 Rn 3.
2 Vgl. OLG München BeckRS 2024, 24980.

II. Können Verfügungen von Todes wegen an Bedingungen geknüpft werden?

1. Zulässigkeit von Bedingungen bei Verfügungen von Todes wegen

2 Nach geltender Rspr. ist es zulässig, Verfügungen von Todes wegen mit Bedingungen zu verknüpfen.[3] Diese Zulässigkeit wurde jedoch nicht explizit im Gesetz verankert, da man davon ausgeht, dass diese bereits aus den allg. Bestimmungen des BGB (§§ 158 ff. BGB) und auch aus den Regelungen der §§ 2074 ff. BGB zu entnehmen ist.

2. Arten von Bedingungen

a) Definition

3 Nach den allg. Vorschriften gem. §§ 158 ff. BGB liegt eine Bedingung dann vor, wenn ein Rechtsgeschäft vom **Eintritt bzw. Nichteintritt eines künftigen ungewissen Ereignisses** abhängig ist. Sowohl objektiv als auch nach der subjektiven Vorstellung des Erblassers muss diese Ungewissheit gegeben sein.[4] Handelt es sich um Umstände, die vorliegen müssen, damit die Rechtswirkungen eintreten, spricht man von sog. **Rechtsbedingungen.** Bei dem Zusatz „für den Fall meines Todes“ handelt es sich um eine solche Rechtsbedingung.[5] Für derartige gesetzliche Wirksamkeitsvoraussetzungen gelten die Regelungen des Allgemeinen Teils des BGB und des Erbrechts über Bedingungen nicht.[6]

Macht der Erblasser die letztwillige Verfügung von einer Bedingung abhängig, so bedarf diese Bedingung der Testamentsform. Eine Bedingung, die in einem Testament unterhalb der Unterschrift angebracht und nicht erneut unterschrieben wird, ist unwirksam.[7]

b) Abgrenzung Bedingung – Beweggrund

4 Von der Bedingung ist der Beweggrund, das Motiv der letztwilligen Verfügung, zu unterscheiden. Es ist daher durch **Auslegung** zu ermitteln, ob es sich lediglich um ein **Motiv** handelt oder ob eine **Bedingung** vorliegt. Bei der Auslegung sind sämtliche Nebenumstände, auch solche, die außerhalb des Testamentes liegen, zu beachten. Entscheidend ist, ob die Vorstellungen des Erblassers Voraussetzung der Geltung der Verfügung sein sollen. Dies ist beispielsweise daran zu erkennen, wenn der Erblasser formuliert „wenn ... dann“.[8] Wenn die Rechtswirkungen nicht vom Eintritt eines bestimmten Umstandes abhängig sind, sondern lediglich deren Beweggrund darstellen, handelt es sich lediglich um ein Motiv und nicht um eine Bedingung.[9] Dies bedeutet, dass lediglich vom Vorliegen eines Beweggrundes auszugehen ist, wenn eine unmittelbare Verknüpfung zwischen dem Vorliegen bzw. dem Eintritt des motivierenden Umstandes und der Rechtswirkung nicht bestehen soll. Stellt der Erblasser in seiner Verfügung hingegen klar, dass sie nur für den Fall gelten soll, dass die bevorstehende Lebensgefahr sich tatsächlich verwirklichen sollte, liegt eine echte Bedingung vor. Die bloße Motivangabe ist jedoch nicht ohne rechtliche Bedeutung.[10]

5 Mit einer Auslegung dahingehend, dass eine Bedingung vorliegt, sollte jedoch äußerst restriktiv umgegangen werden. Entscheidend ist einzig und allein der Wille des Erblas-

3 BayObLGZ 1993, 248, 251 = FamRZ 1993, 1494.
4 BayObLG NJW 1967, 729; BeckOK BGB/*Rövekamp*, § 158 Rn 3; *Jauernig/Stürner*, § 2076 Rn 1; NK-BGB/*Selbherr*, § 2074 Rn 2.
5 MüKo/*Leipold*, § 2074 Rn 6.
6 Soergel/*Loritz/Uffmann*, § 2074 Rn 12.
7 OLG München ZEV 2012, 43.
8 *Roth*, NJW-Spezial 2019, 167, 167 m.w.N.
9 MüKo/*Leipold*, § 2074 Rn 7.
10 *Keim*, FamRZ 2017, 502, 503: „rechtlich folgenloser Wunsch“.

sers.[11] Formulierungen wie „wenn ich während dieses Urlaubs, auf dieser Reise,[12] bei dieser Operation versterbe[13]" stellen i.d.R. keine Bedingungen, sondern lediglich Motive dar.[14] Es handelt sich um den mitgeteilten Anlass der Verfügung.[15] Dies gilt auch für die Formulierung „im Falle eines plötzlichen Todes des Ehegatten".[16] Der **Nichteintritt** des **Ereignisses**, wie die Rückkehr aus dem Urlaub usw., ändert nichts an der Geltung der letztwilligen Verfügung bzw. der Übereinstimmung der letztwilligen Verfügung mit dem Willen des Erblassers.[17] Demgemäß bleibt die Verfügung auch dann wirksam, wenn der Erblasser die Operation überlebt oder gesund aus dem Urlaub zurückkehrt. Eine echte Bedingung liegt auch nicht unbedingt vor, wenn der Erblasser anordnet „für den Fall, dass ich heute tödlich verunglücke".[18] Ordnet der Erblasser an, dass die Zuwendung für die Aufnahme bei Krankheit oder Pflegefall erfolgt, ist im Wege der Auslegung zu klären, ob eine Bedingung vorliegt oder es sich nur um die Angabe des Beweggrundes handelt.[19] Im Falle, dass der Erblasser ein bestimmtes Verhalten vom Bedachten erwartet, kann es sich ebenfalls lediglich um die Angabe eines Motivs handeln.[20]

6 Auch wenn seitens des Erblassers ein bestimmtes Verhalten nach dem Erbfall erwartet wird bzw. er den Bedachten zu einem bestimmten Verhalten veranlassen will, ist eingehend zu überprüfen, ob tatsächlich eine Bedingung vorliegt oder der Erblasser lediglich einen Wunsch oder eine Erwartung geäußert bzw. eine Empfehlung ausgesprochen hat. Es kommt darauf an, ob die Auslegung ergibt, ob der Erblasser die Rechtswirkung sofort bzw. nur dann eintreten lassen will, wenn der Bedachte sich entsprechend verhält, oder ob der Erblasser den Bedachten unbedingt bedenken will, weil er (irrtümlich) von einem bestimmten Verhalten bzw. Eintritt eines Umstandes in der Zukunft oder Vergangenheit ausgeht. Bei der Bedingung hat der Erblasser den Fall, dass der erwartete Umstand nicht eintritt, bereits einkalkuliert und will hiervon die Rechtsfolge (Bedenken des Bedachten) abhängig machen, beim Motiv ist dies nicht der Fall. Je mehr das erwartete Verhalten von der **Entschließungsfreiheit** der bedachten Person abhängig ist, desto eher ist von einem Beweggrund auszugehen, da man bei Annahme einer Bedingung der Sittenwidrigkeit nahekommt.[21] Selbst wenn das vom Erblasser angegebene Motiv für ihn von entscheidender Bedeutung ist, ist es nicht erforderlich, von einer Bedingung auszugehen, da das Gesetz eine Anfechtbarkeit gem. § 2078 Abs. 2 BGB im Falle des Motivirrtums vorsieht.[22]

---

11 BayObLG NJW-RR 2003, 659 = FamRZ 2004, 224, 226; OLG Bamberg ZEV 2008, 389, 390.

12 Anders im konkreten Fall OLG Schleswig ZEV 2015, 726 (Ls.) = BeckRS 2015, 18533 („Testament gilt nur, wenn ich von Russlandreise nicht zurückkomme").

13 OLG München ZEV 2012, 365; ebenso OLG Düsseldorf ZEV 2015, 599 (Ls.) = BeckRS 2015, 15527.

14 BayObLG NJW-RR 1996, 1351; BayObLG FamRZ 1993, 1494, 1495; OLG München NJW 2012, 2818; LG Hagen ZEV 2023, 746; BeckOK BGB/*Litzenburger*, § 2074 Rn 2; MüKo/*Leipold*, Rn 7; NK-BGB/*Selbherr*, § 2074 Rn 5; Grüneberg/*Weidlich*, § 2074 Rn 3; Soergel/*Loritz/Uffmann*, § 2074 Rn 13; Staudinger/*Otte*, 2019, § 2074 Rn 12; *Wellenhofer*, JuS 2013, 359.

15 LG Hagen ZEV 2023, 746.

16 BayObLG FGPrax 2000, 149, 150.

17 BayObLG FamRZ 1995, 1446; BayObLG FamRZ 1994, 1358; Staudinger/*Otte* (2019), § 2074 Rn 12.

18 KG BeckRS 2018, 9285.

19 BayObLG FamRZ 1997, 1242 (im konkreten Fall wurde keine Bedingung angenommen).

20 BayObLG FamRZ 1983, 1226; BayObLG FamRZ 1993, 1494.

21 MüKo/*Leipold*, § 2074 Rn 8.

22 MüKo/*Leipold*, § 2074 Rn 8.

Nach a.A. kann der angegebene **Beweggrund** kein **Motiv** i.S.v. § 2078 Abs. 2 BGB sein, sondern lediglich Bedingung.[23] Dies wird darauf gestützt, dass die Auslegung Vorrang hat vor der Anfechtung und der Erblasserwille bei der Auslegung genauso berücksichtigt wird wie bei der Anfechtung. Bei der Erwartung, die der Erblasser in seinem Testament ausgedrückt hat, handelt es sich daher entweder um eine Bedingung oder einen unverbindlichen Wunsch. Nur für den Fall, dass eine Erwartung nicht ausgedrückt worden ist, liegt ein Motiv i.S.d. § 2078 BGB vor. Der letztgenannten Ansicht ist jedoch nicht zu folgen, da die Annahme eines Motivs bzw. eines Motivirrtums flexibler ist als die Annahme einer Bedingung. Es ist hier anhand der Gesamtumstände zu prüfen, ob der Erblasser die letztwillige Verfügung auch ohne den Motivirrtum errichtet hätte. 7

c) Gegenwartsbedingung, Befristung

Die Regelungen der §§ 158 ff. BGB gehen davon aus, dass die Rechtswirkungen von **künftigen** ungewissen **Ereignissen** abhängig sind, d.h. von Umständen, die nach Abschluss des Rechtsgeschäfts liegen. Hieraus folgt jedoch nicht die Zulässigkeit derartiger Bedingungen. Vielmehr kann der Erblasser bestimmen, dass die Wirksamkeit seiner letztwilligen Verfügung vom Vorliegen bzw. Nichtvorliegen eines in der Vergangenheit liegenden Umstandes abhängig ist.[24] Die Verfügung kann auch von einem künftigen, gewiss eintretenden Umstand abhängig gemacht werden.[25] Auch eine Befristung, d.h. die Angabe eines Anfangs- oder Endtermins, ist zulässig. Hier gilt jedoch nicht § 2074 BGB, sondern § 163 BGB.[26] Ob in dem Ereignis ein Termin oder eine Bedingung zu sehen ist, ist im Wege der Auslegung zu ermitteln. Es ist auch zulässig, eine Verfügung von Umständen abhängig zu machen, die bis zum oder nach dem Erbfall eintreten. Die Bedingung kann sowohl vor als auch nach dem Erbfall ausgelöst werden, wenn nach dem Willen des Erblassers eine Verfügung nicht gelten soll, sollte bis zu einem bestimmten Zeitpunkt eine Erbschaftsteuerreform nicht in Kraft getreten sein.[27] 8

Es ist im Übrigen zulässig, die letztwillige Verfügung an eine bestimmte, beim Erbfall bestehende Situation zu knüpfen. Dies ist z.B. dann der Fall, wenn der Erblasser den Freund X für den Fall einsetzt, dass keine Abkömmlinge vorhanden sind, oder die Kinder zu Vorerben eingesetzt werden, wenn sie beim Tode des Erblassers keine leiblichen Abkömmlinge haben.[28] 9

In den vorgenannten Fällen könnte von einer echten **Bedingung** ausgegangen werden, da der Umstand nach Abgabe der Willenserklärung des Erblassers eintritt. Wird jedoch der Erbfall noch zum Tatbestand des Rechtsgeschäfts hinzugerechnet, da die Verfügung vor dem Erbfall ohnehin nicht wirksam werden kann, handelt es sich nicht um eine zeitliche Hinausschiebung. Die Begriffe auflösende bzw. aufschiebende Bedingung passen daher eigentlich nicht. Sich hier jedoch an Begriffen zu orientieren, ist fehl am Platze, da an der Zulässigkeit solcher Klauseln keinerlei Zweifel besteht.[29] 10

d) Aufschiebende und auflösende Bedingung

Tritt die Wirkung mit dem Eintritt eines ungewissen Ereignisses ein, sprechen wir von einer aufschiebenden Bedingung; endet die Wirkung hingegen mit dem Eintritt des 11

23 Staudinger/*Otte*, 2019, § 2074 Rn 14.
24 MüKo/*Leipold*, § 2074 Rn 10.
25 MüKo/*Leipold*, § 2074 Rn 10.
26 KG DNotZ 1955, 408, 412; Staudinger/*Otte* (2019), § 2074 Rn 10.
27 Dazu OLG Zweibrücken ZEV 2010, 199 (Eintritt der Bedingung ist vom Grundbuchamt selbst festzustellen).
28 OLG Celle RdL 1988, 209.
29 Staudinger/*Otte* (2019), § 2074 Rn 17.

Ereignisses, sprechen wir von einer auflösenden Bedingung. In beiden Fällen handelt es sich um echte Bedingungen.

e) Bedingung und Auflage

12 Der Erblasser kann auch eine Auflage anordnen, um den Begünstigten zu einem bestimmten Verhalten zu verpflichten. Bedingung und Auflage unterscheiden sich jedoch dadurch, dass die Auflage die Wirksamkeit der Zuwendung nicht in Frage stellt. Im Übrigen ist mit der Auflage eine Verpflichtung verbunden, deren Erfüllung jedoch nicht erzwingbar ist.

3. Rechtsfolgen

13 Die Rechtsfolgen auflösender bzw. aufschiebender Bedingungen sind im Erbrecht nur sporadisch geregelt. Es gibt nur wenige Sondervorschriften. Bezüglich eines Vermächtnisses sind die §§ 2177, 2179 BGB anzuwenden. Gem. § 2177 BGB fällt ein aufschiebend bedingtes **Vermächtnis** erst mit dem Eintritt der Bedingung an. Für die Rechtsfolgen während der Schwebezeit ist § 2179 BGB heranzuziehen. Handelt es sich um ein auflösend bedingtes Vermächtnis, steht dem Bedachten ab Erbfall ein Anspruch auf die Leistung zu. Für den Fall, dass die auflösende Bedingung nach dem Erbfall eintritt, hat der Bedachte die gewährte Leistung gem. § 812 Abs. 1 S. 2 BGB an den Beschwerten zurückzugewähren. Bezüglich des Nachvermächtnisses hingegen gilt, dass der erste Vermächtnisnehmer mit einem Vermächtnis zugunsten des zweiten Vermächtnisnehmers beschwert ist.

Im Übrigen gelten für die Rechtsfolgen die §§ 158 ff. BGB.

14 Hat der Erblasser eine **Erbeinsetzung unter Bedingungen** verfügt, so ist zunächst der Grundsatz zu beachten, dass die Erbschaft mit dem Erbfall sofort auf den Erben übergeht. Einen ruhenden Nachlass gibt es nicht. Wurde eine Erbeinsetzung unter einer aufschiebenden Bedingung angeordnet, so muss diese Verfügung zwangsläufig mit einer Verfügung verknüpft sein, dass die Erbschaft zunächst auf einen anderen Erben übergeht. Es handelt sich hierbei um eine konstruktive Vor- und Nacherbfolge, auch wenn der Erblasser hiervon nicht spricht.[30] Vorerben sind mangels weiterer Verfügung die gesetzlichen Erben gem. § 2105 Abs. 1 BGB.

Die Erbschaft fällt mit dem Eintritt der aufschiebenden Bedingung an den Bedachten an (§ 1942 Abs. 1 BGB). Allerdings ist bereits ab dem Erbfall eine Ausschlagung möglich.

15 Wurde eine **auflösend bedingte Erbeinsetzung** seitens des Erblassers angeordnet, führt der Eintritt der Bedingung zur **Nacherbfolge**. Dies gilt auch dann, wenn der Erblasser dies nicht besonders verfügt hat.[31] Mangels weitergehender Verfügung sind Nacherben diejenigen Personen, die bei Eintritt der Bedingung die gesetzlichen Erben des Erblassers gewesen wären, § 2104 BGB.[32]

III. Potestativbedingungen

1. Zulässigkeit von Potestativbedingungen

16 Der Erblasser kann seine Verfügung von Todes wegen auch von Umständen abhängig machen, deren Eintritt bzw. Nichteintritt vom **Willen des Bedachten** abhängig sind. Bei derartigen Bedingungen handelt es sich um **Potestativbedingungen** (Gegenwartsbedingung).[33] Solche Bedingungen sind grundsätzlich zulässig, was auch durch die

---

30 MüKo/*Leipold*, § 2074 Rn 13; Staudinger/*Avenarius* (2019), § 2100 Rn 12.

31 BayObLG ZEV 2004, 461, 462 m. Anm. *Heinemann*.

32 MüKo/*Leipold*, § 2074 Rn 13.

33 BeckOGK/*Gomille*, § 2074 Rn 40 m.w.N.; Staudinger/*Otte*, 2019, § 2074 Rn 27; *Keim*, FamRZ 2017, 502; *Daragan*, ZErb 2018, 1.

Regelung des § 2075 BGB deutlich wird. Die Grenze der Zulässigkeit derartiger Potestativbedingungen ist jedoch in § 2065 Abs. 1 u. 2 BGB geregelt. Diese Vorschriften dürfen nicht durch Bedingungen ausgehebelt werden. Daraus folgt, dass vom Erblasser aufgestellte Bedingungen, welche bspw. von der Willensäußerung eines Dritten abhängig gemacht werden, unwirksam sind.[34] In den seltensten Fällen wird man allerdings zur Nichtigkeit wegen mangelnder Bestimmtheit kommen, und zwar aufgrund des in § 2084 BGB verankerten Grundsatzes der wohlwollenden Auslegung.[35]

Macht der Erblasser die Zuwendung an eine Person von der Erklärung abhängig, die Zuwendung innerhalb einer bestimmten Frist oder in einer bestimmten Form anzunehmen oder abzulehnen, liegt darin nach überwiegender Ansicht eine wirksame Bedingung. Nach a.A. handelt es sich dagegen um eine unwirksame Bedingung. Dies wird damit begründet, dass die Vorschriften über die Ausschlagung und Annahme der Erbschaft zwingenden Charakter haben.[36] Anders ist dies jedoch bei einem Vermächtnis. Hier liegt eine zulässige Bedingung vor, wenn der Erblasser die Annahme von einer bestimmten Frist abhängig macht.[37] Für das Vermächtnis ist im Gesetz keine Ausschlagungsfrist vorgesehen. Daher ist eine derartige Bedingung zulässig. 17

Weiterhin gibt es sog. **kaptatorische Verfügungen**. Danach ordnet der Erblasser an, dass die Zuwendung unter der Bedingung erfolgt, dass die bedachte Person bestimmte Verfügungen von Todes wegen trifft.[38] Der Bedachte ist nicht verpflichtet, die Bedingung zu erfüllen, so dass insoweit keine Unwirksamkeit vorliegt. Es handelt sich daher nicht um einen Verstoß gegen § 2302 BGB. Ggf. kann jedoch Sittenwidrigkeit nach § 138 Abs. 1 BGB und damit Unwirksamkeit gegeben sein. 18

2. Sittenwidrigkeit

Die **Grenze zur Sittenwidrigkeit** wird leicht überschritten. Daher ist im Wege der **Auslegung** zunächst zu prüfen, ob überhaupt eine Bedingung vorliegt oder ob es sich lediglich um einen Wunsch des Erblassers handelt. Die Grenze der Zulässigkeit ist in § 138 BGB zu sehen. Durch seine Anordnungen will der Erblasser auf das Verhalten des Zuwendungsempfängers nach dem Erbfall einwirken. Dies ist dem Erblasser zwar gestattet, aber die Grenze der Sittenwidrigkeit darf hierbei nicht überschritten werden. Er darf die Zuwendung bspw. nicht von einer strafbaren oder unehrenhaften Handlung abhängig machen.[39] In diesem Fall ist die Verwirkungsklausel schon aus diesem Grund unwirksam, da das Verhalten selbst, das angestrebt wird, sitten- oder gesetzeswidrig ist. Sittenwidrigkeit der Bedingung kann auch dann vorliegen, sofern das vom Erblasser erhoffte Verhalten für sich genommen nicht sitten- oder gesetzeswidrig ist. 19

Es kann gegen die guten Sitten verstoßen, wenn der Erblasser durch den Einfluss seines Vermögens versucht, die Entscheidungen des Bedachten zu beeinflussen. Wird durch eine angeordnete Bedingung massiver Druck auf die Freiheitsrechte des Bedachten ausgeübt, kann dies mit der Testierfreiheit des Erblassers kollidieren. Hier ist es 20

34 MüKo/*Leipold*, § 2074 Rn 15.

35 BGH BeckRS 2016, 17767 Rn 14 ff.; *Birk*, DNotZ 1972, 284; *Binz*, Die erbrechtliche Verwirkungsklausel, 1968, S. 59.

36 MüKo/*Leipold*, § 2074 Rn 16.

37 BGH NJW 1979, 917; MüKo/*Leipold*, § 2074 Rn 16.

38 Soergel/*Loritz/Uffmann*, § 2074 Rn 19; *Haegele*, JurBüro 1969, 1, 6; Staudinger/*Otte* (2019), § 2065 Rn 46; a.A. RGRK/*Johannsen*, § 2074 Rn 12.

39 MüKo/*Leipold*, § 2074 Rn 18.

Sache der Rechtsordnung, entsprechende Grenzen zu ziehen.[40] Allerdings darf dies nicht dazu führen, dass die richterliche Kontrolle zur Fremdbestimmung des Erblassers entartet. Nur bei besonders schwerwiegenden Eingriffen in Grundrechte des Bedachten ist daher eine Korrektur zulässig.[41] Dies bedeutet, dass es dem Erblasser aufgrund der Testierfreiheit ermöglicht wird, über das Schicksal seines Vermögens selbst zu bestimmen.[42] Der Erblasser hat jedoch nicht das Recht, die persönliche Lebensführung des Bedachten zu regeln. Bedingungen, die sich auf den Nachlass beziehen, wie z.B. Verwaltungsauflagen oder ein Verfügungsverbot, sind nicht sittenwidrig, da sie Ausfluss der Testierfreiheit sind. Soll der Bedachte darüber hinaus über eigenes Vermögen disponieren oder soll er beispielsweise auf ihm zustehende Rechte verzichten, so ist die Testierfreiheit des Erblassers entsprechend einzuschränken. In den Fällen, in denen der Erblasser von der Betreuung oder Versorgung des Zuwendungsempfängers abhängig ist, ist von einer Sittenwidrigkeit der Zuwendung nur dann auszugehen, sofern die Zuwendung unter Ausnutzung des Abhängigkeitsverhältnisses erwirkt wird.[43]

21 Eine allg. gültige Formel, wann **Sittenwidrigkeit** gegeben ist und wann nicht, d.h. wann die Einflussnahme des Erblassers noch gebilligt werden kann, ist nicht vorhanden.[44] Die h.M. geht richtigerweise davon aus, dass es unzulässig sei, „wenn der Erblasser das Verhalten der bedachten Person dadurch zu lenken versuche, dass er dieser Vermögensvorteile zukommen bzw. Vermögensnachteile verschaffe, das Verhalten des Bedachten jedoch auf dessen freier innerer Überzeugung beruhen sollte".[45] Nach Ansicht des BGH sei Sittenwidrigkeit nur in besonders schwerwiegenden Ausnahmefällen anzunehmen.[46] Weiter prägte der BGH die Formel, das Verdikt der Sittenwidrigkeit (als Schranke der Testierfreiheit) müsse sich auf eine klare, deutlich umrissene Wertung des Gesetzgebers oder allgemeine Rechtsauffassung stützen können.[47] Nach a.A. liege eine unzulässige Einflussnahme dann vor, wenn das Verhalten des Bedachten, das Bedingung der Zuwendung ist, in dessen Privatsphäre liege. Der Erblasser könne nämlich nur in seinem Vermögensbereich zulässige Bedingungen setzen.[48] Nach weiterer Ansicht sei entscheidend, ob der Erblasser einen ungerechtfertigten Druck auf die Entschließungsfreiheit des Bedachten ausübe.[49]

22 Alle Freiheitsrechte der bedachten Person, die eine unabhängige, persönliche Lebensführung garantieren, sind schutzbedürftig. Hierzu zählen, die Berufsfreiheit, Religionsfreiheit, Eheschließungsfreiheit. Es ist daher zwischen der Testierfreiheit des Erblassers und diesen Persönlichkeitsrechten abzuwägen. Demgemäß ist die Testierfreiheit

---

40 Dazu *Röthel*, AcP 210 (2010), 32, 42 ff., die bei strukturellem Machtungleichgewicht den Schutz der Entschließungsfreiheit des Erben vor der Testiermacht des Erblassers für geboten hält. Auch BeckOK BGB/*Litzenburger*, § 2074 Rn 9, 10 betont den Schutz der Entscheidungsfreiheit vor Fremdbestimmung.

41 Vgl. BGH NJW 1999, 566; BeckOK BGB/*Litzenburger*, § 2074 Rn 15 ff.

42 Insoweit wird *Keuk*, FamRZ 1972, 9 gefolgt; a.A. Staudinger/*Otte*, 2019, § 2074 Rn 36.

43 OLG Braunschweig FamRZ 2000, 1189; BayObLG NJW 1998, 2369 f.; ZEV 2005, 345; OLG Karlsruhe NJW 2001, 2804.

44 Zum Meinungsstand: MüKo/*Leipold*, § 2074 Rn 19 ff.

45 BGH LM Nr. 5 zu § 138 (Cd) = FamRZ 1956, 130.

46 BGHZ 140, 118, 129 = NJW 1999, 566 = LM Nr. 30 zu § 138 (Cd) m. krit. Anm. *Leipold* = JZ 1999, 514 m. Anm. *Schmoeckel* = ZEV 1999, 59 m. Anm. *Muscheler*, ZEV 1999, 151 = JR 1999, 504 m. Anm. *Probst* = JuS 1999, 606 m. Anm. *Hohloch*.

47 BGHZ 123, 368, 378 = NJW 1994, 248, 250; übernommen von BayObLGZ 1999, 204, 225 = FamRZ 1997, 705 m. Anm. *Goebel*, FamRZ 1997, 656 = ZEV 1997, 119 m. Anm. *Otte*.

48 *Keuk*, FamRZ 1972, 9.

49 Staudinger/*Otte* (2019), § 2074 Rn 30 ff.

um so stärker einzuschränken, je stärker diese Persönlichkeitsrechte beeinträchtigt werden. Daneben muss auch eine Abstufung innerhalb der Persönlichkeitsrechte nach ihrer Bedeutung erfolgen. Eine Einschränkung in die Berufsfreiheit ist eher zu akzeptieren als ein Eingriff in die Eheschließungsfreiheit.[50]

Entscheidend ist jedoch, ob eine Verknüpfung des angestrebten Zwecks mit dem **gewählten Mittel** als **verwerflich** anzusehen ist. Wenn es der Wille des Erblassers ist, mit seinem Vermögen das Verhalten des Bedachten zu beeinflussen, kann dies einen Verstoß gegen die guten Sitten darstellen. Wird massiver mittelbarer Druck auf den Bedachten ausgeübt, liegt hierin ein Verstoß gegen § 138 Abs. 1 BGB. Dem Erblasser ist es dabei auf der einen Seite zwar freigestellt, über sein Vermögen zu verfügen, es ist ihm jedoch nicht gestattet, die Lebensführung des Bedachten zu regeln.[51] An auflösende Bedingungen sind dabei strengere Anforderungen zu stellen als an aufschiebende Bedingungen, da aufschiebende Bedingungen das Ausbleiben der Zuwendung bewirken. Eine auflösende Bedingung hingegen führt zu einem Vermögensverlust. 23
Demgemäß ist eine Gesamtwürdigung von Inhalt, Zweck und Beweggrund vorzunehmen.

Dem Erblasser ist hingegen gestattet, **Bedingungen** zu schaffen, mit denen er den Gegebenheiten Rechnung tragen möchte, nicht jedoch das Verhalten beeinflusst. Allein die Tatsache, dass die Zuwendung von der Verheiratung, Scheidung oder dem Berufswechsel abhängig ist, führt nicht zur Sittenwidrigkeit.[52] Seitens des Erblassers können daher auch solche Abkömmlinge ausgeschlossen werden, die eine nicht standesgemäße Ehe eingegangen sind.[53] Maßgeblich für die Beurteilung, ob Sittenwidrigkeit zu bejahen ist, ist allein, ob eine **sittenwidrige Verknüpfung** von Mittel und Zweck vorliegt, d.h. ob der Erblasser versucht, ein bestimmtes Verhalten zu erkaufen. Hat der Erblasser bspw. Testamentsvollstreckung für die Zeit angeordnet, solange der Erbe Mitglied einer bestimmten Sekte ist, um den Fortbestand seiner sich im Nachlass befindlichen Firma zu sichern, kann hierin keine Sittenwidrigkeit gesehen werden.[54] Es ist stets zu prüfen, ob die Zuwendung von ihrem Gewicht her überhaupt geeignet ist, die Entscheidungen des Bedachten zu beeinflussen.[55] Es sind solche Bedingungen erlaubt, die das Schicksal des Vermögens des Erblassers sicherstellen. Dies gilt selbst dann, wenn durch die Anordnung derartiger Bedingungen mittelbar Einfluss auf die persönliche Lebensführung des Bedachten genommen wird, sowie dann, wenn weniger einschneidende Mittel, wie z.B. die Anordnung einer Testamentsvollstreckung, zur Verfügung stehen. 24

Trifft der Erblasser Verfügungen, die die **Verwaltung** des **Nachlasses** betreffen bzw. Verfügungen, die den Bestand des Nachlasses erhalten oder vor dem Zugriff Dritter schützen sollen, oder ordnet er an, dass der Bedachte verpflichtet ist, im Falle einer Heirat den Güterstand der Gütertrennung zu vereinbaren oder auch das ererbte Vermögen durch Vereinbarung vom Zugewinnausgleich auszunehmen, widerspricht dies ebenfalls nicht den guten Sitten,[56] wenn die Anordnung einer derartigen Bedingung auf nachvollziehbaren Erwägungen beruht. Es kann bspw. zur Bedingung gemacht werden, dass der Erbe einen bestimmten Gesellschaftsvertrag abschließt.[57] Es verstößt 25

---

50 BeckOK BGB/*Litzenburger*, § 2074 Rn 11.
51 MüKo/*Leipold*, § 2074 Rn 18; *Keuk*, FamRZ 1972, 9.
52 *Otte*, JA 1985, 192, 199.
53 BGH Rpfleger 1999, 128.
54 OLG Düsseldorf NJW 1988, 2615; a.A. *Smid*, NJW 1990, 409, 416.
55 MüKo/*Leipold*, § 2074 Rn 21.
56 *Keuk*, FamRZ 1972, 9, 15.
57 OLG Stuttgart ZEV 1998, 225.

nicht gegen die guten Sitten, eine auflösende Bedingung dahingehend anzuordnen, dass der Vorerbe persönlicher Gesellschafter eines Unternehmens bleiben oder werden müsse.[58] Liegt keine sachliche Rechtfertigung vor, kann eine Einflussnahme auf den Wohnsitz oder die Berufswahl des Bedachten sittenwidrig sein.[59]

26 Sittenwidrigkeit ist hingegen zu bejahen, wenn die angeordneten Bedingungen keinen Bezug zum Vermögen des Erblassers haben. Dies ist dann der Fall, wenn der Erblasser die Zuwendung vom **Wechsel** der **Konfession** abhängig macht[60] oder auch vom Eintritt in den Priesterstand[61] oder von der Mitgliedschaft bzw. dem Austritt bei einer bestimmten politischen Partei. Auch die Zuwendung an die **Heirat**[62] einer bestimmten Person oder die **Scheidung** von einer bestimmten Person zu knüpfen ist wegen Sittenwidrigkeit unwirksam,[63] es sei denn, das Schicksal des Vermögens soll sichergestellt werden (siehe Rdn 24). Wenn dem Bedachten auferlegt wird, dass ein bestimmter Beruf oder Wohnsitz zu wählen ist, ist dies als sittenwidrig anzusehen, es sei denn, die Besonderheiten des Zuwendungsgegenstandes geben hierzu eine Rechtfertigung.[64] Sittenwidrigkeit liegt auch vor, wenn die Bedingung auferlegt wird, eine bestimmte Person zu adoptieren. Wird die Erbeinsetzung der Enkel an regelmäßige Besuche beim Großvater geknüpft, erscheint Sittenwidrigkeit zweifelhaft, da der regelmäßige Kontakt mit den Enkeln legitim erscheint.[65]

27 Wird die Zuwendung an ein Hausverbot für einen Dritten geknüpft oder die Zuwendung mit einem regelmäßigen Grabbesuch verknüpft, ist dies nicht als sittenwidrig anzusehen.[66]

28 Ist hingegen nicht die Zuwendung an eine Bedingung geknüpft, sondern **einzelne** inhaltliche Regelungen, ist anders zu urteilen. Dies ist z.B. dann der Fall, wenn die Befreiung eines Vorerben in Wegfall gerät, wenn er eine bestimmte Person heiratet. Wird ein derartiges Ereignis seitens des Erblassers nicht zur Bedingung der Zuwendung gemacht, sondern lediglich zur Bedingung für die Anordnung einer Testamentsvollstreckung, so ist nicht von Sittenwidrigkeit auszugehen, selbst dann nicht, wenn sie sehr nachteilig für den Bedachten ausgestaltet ist. Als Ausfluss der Testierfreiheit hat der Erbe bzw. der Vermächtnisnehmer derartige Beschränkungen hinzunehmen.

---

58 OLG München ZEV 2007, 582 (umstr.); a.A. *Budzikiewicz*, AcP 209 (2009), 354, 388 ff., die auf letztwillige Anordnungen dieser Art dieselben (gesellschaftsrechtlichen) Schranken anwenden will wie bei Rechtsgeschäften unter Lebenden. Die zitierte Entscheidung des OLG München wurde durch BGH ZEV 2009, 459 (m. Anm. *Kroppenberg*) aufgehoben, weil der BGH die Anordnung als Verwirkungsklausel auslegt, die eine Auflehnung gegen den Erblasserwillen voraussetzt und bei einem Ausscheiden im Einvernehmen mit den Miterben nicht eingreift.

59 MüKo/*Leipold*, § 2074 Rn 24.

60 RGZ 21, 279; Staudinger/*Otte* (2019), § 2074 Rn 49.

61 BayObLG SeuffA 80 Nr. 97; aA Staudinger/*Otte* (2019), § 2074 Rn 48.

62 Soergel/*Loritz*/*Uffmann*, § 2074 Rn 25 f.; OLG Naumburg BeckRS 1998, 31024804.

63 Notariat V Mannheim BWNotZ 1989, 16.

64 MüKo/*Leipold*, § 2074 Rn 24.

65 OLG Frankfurt ZEV 2019, 212 m. Anm. *von Bary*; krit. *Keim*, MittBayNot 2019, 468; a.A. *Bernauer*, DNotZ 2019, 782; *Humm*, ErbR 2019, 360; Staudinger/*Otte* (2019), § 2074 Rn 55c; Soergel/*Loritz*/*Uffmann*, § 2074 Rn 33.

66 BGH NJW 1965, 688; BayObLG BeckRS 2000, 30140649 Rn 13; a.A. LG Bochum BeckRS 2021, 45816.

Ist ein Abkömmling des Erblassers behindert, ist ein sog. **Behindertentestament** anerkannt. Eine Ausgestaltung dahingehend, dass der Nachlass dem Zugriff des Sozialhilfeträgers dauerhaft und endgültig entzogen ist, ist möglich.[67] 29

Nach dem am 1.1.2002 in Kraft getretenen ProstG können Bedingungen in einem sog. Geliebtentestament nicht mehr als sittenwidrig angesehen werden.[68] 30

Im Gegensatz hierzu ist es zulässig, die Verfügung mit der Bedingung zu verknüpfen, 31
dass diese entfällt, wenn es zur **Scheidung** kommt (auflösende Bedingung). Die Zulässigkeit ergibt sich bereits aus der Wertung des § 2077 Abs. 1 u. 2 BGB. Dagegen sind **Wiederverheiratungsklauseln** regelmäßig wirksam,[69] sofern sie den Abkömmlingen im Falle der Wiederverheiratung ihren gesetzlichen Erbteil zukommen lassen und den zunächst zum Alleinerben eingesetzten Ehegatten auf seinen gesetzlichen Erbteil beschränken.[70] Ziel des Erblassers ist es, das Erbe seiner Kinder zu sichern. Klauseln, die dem überlebenden Ehegatten im Falle der Wiederverheiratung den gesetzlichen Erbteil oder zumindest den Pflichtteil belassen, sind wirksam.[71] Dies ist nicht als sittenwidrig anzusehen. Klauseln hingegen, die dem überlebenden Ehegatten im Falle der Wiederheirat nicht einmal den gesetzlichen Erbteil belassen, sondern vielmehr den Ehegatten zwingen, den gesamten Nachlass an die Abkömmlinge herauszugeben, schießen über das Ziel hinaus.[72] Diese haben **Strafcharakter.**[73] Der überlebende Ehegatte hat zwar grundsätzlich ein Wahlrecht gem. § 2306 Abs. 1 S. 2 BGB. Die Ausschlagungsfrist ist jedoch im Allg. im Falle der Wiederverheiratung bereits abgelaufen, so dass insoweit der Pflichtteil nicht mehr verlangt werden kann.

Einschränkend geht *Otte*[74] davon aus, dass all die **Wiederverheiratungsklauseln** zu 32
verwerfen sind, die „den überlebenden Ehegatten, der sich zur Wiederheirat entschließt, über das zur Sicherung des Nachlasses für die Abkömmlinge des Erblassers erforderliche Maß hinaus belasten". Ausreichend sei insoweit, den Überlebenden im Falle der Wiederheirat durch Nacherbschaft zu beschränken.

Ob Verfügungen als sittenwidrig anzusehen sind, wie sie in **Adelskreisen** üblich sind 33
(oder waren), um die eigene Tradition auch innerhalb des bürgerlichen Erbrechts zu wahren, ist zweifelhaft. Vor allem geht es hier um solche Klauseln, die eine „standesgemäße" Heirat („Ebenbürtigkeit" des Ehegatten) oder die Abstammung aus einer solchen Ehe voraussetzen oder die generell nur den Erstgeborenen männlichen Geschlechts zum Erben berufen. Der BGH hat in derartigen Fällen zugunsten der Testierfreiheit entschieden und damit solche Klauseln für wirksam erklärt.[75] Dem widerspricht jedoch das BVerfG, das die Hohenzollern-Entscheidung und die nachfolgenden Entscheidungen der Instanzgerichte aufgehoben hat, mit der Begründung, die

---

67 BGH NJW 1994, 248; BGH NJW 1990, 2055; ebenso OLG Frankfurt ZEV 2004, 24; SaarlOVG NotBZ 2006, 330; krit. *J. Mayer*, DNotZ 1994, 347; abl. *Raiser*, MDR 1995, 237; *Eichenhofer*, JZ 1999, 226; siehe auch Dombek/Kroiß/*Eckert/Kroiß*, FormularBibliothek Vertragsgestaltung, 3. Aufl. 2018, ErbR § 3 Rn 14, 15 mit Muster für Behindertentestament, für Behindertentestament als Erbvertrag § 7 Rn 48–50.

68 BeckOK BGB/*Litzenburger*, § 2074 Rn 7 m.w.N.

69 *Zawar*, NJW 1988, 16; *Leipold*, FamRZ 1988, 352; *Wilhelm*, NJW 1990, 2857.

70 MüKo/*Leipold*, § 2074 Rn 26.

71 MüKo/*Leipold*, § 2074 Rn 26.

72 OLG Saarbrücken DNotZ 2015, 691 m. zust. Anm. *Weber* = ErbR 2015, 567 m. grds. zust. Anm. *Otte*, der aber die vom Gericht vorgenommene ergänzende Auslegung (Vermächtnisanspruch des überlebenden Ehegatten in Höhe des Pflichtteils) ablehnt; OLG Zweibrücken Rpfleger 2011, 493; *Scheuren-Brandes*, ZEV 2005, 185; *Gaier*, ZEV 2006, 2.

73 Staudinger/*Otte* (2019), § 2074 Rn 58 ff.

74 Staudinger/*Otte* (2019), § 2074 Rn 58.

75 BGHZ 140, 118 (Hohenzollern-Entscheidung).

Testierfreiheit sei nicht hinreichend mit der Beeinträchtigung der Eheschließungsfreiheit durch die Ebenbürtigkeitsklausel abgewogen worden.[76] Das BVerfG hat darauf abgestellt, dass eine Auseinandersetzung damit, ob der Ebenbürtigkeitsbegriff i.S.d. Hausgesetzes auch nach Abschaffung der Monarchie noch geeignet war, Eingriffe in die Eheschließungsfreiheit des Erbprätendenten zu rechtfertigen, nicht erfolgt sei.[77]

34 Nur in Ausnahmefällen ist daher von einer Sittenwidrigkeit bzw. Unwirksamkeit der Bedingung auszugehen. Dem Richter ist es in diesem Zusammenhang nicht gestattet, das Gerechtigkeitsempfinden des Erblassers durch sein eigenes zu ersetzen. Hierbei sind an aufschiebende Bedingungen weniger hohe Anforderungen zu stellen als an auflösende, da eine aufschiebende Bedingung dazu führt, dass die Zuwendung ausbleibt. Eine auflösende Bedingung führt zu einem Vermögensverlust.

35 Haben sich die Wertmaßstäbe nach Errichtung der letztwilligen Verfügung gewandelt, ist deren Behandlung umstritten. Die Rspr. stellt hierbei auf den Zeitpunkt der Errichtung ab.[78] Das BVerfG und die Lit. hingegen stellen auf den Zeitpunkt des Eintritts des Erbfalls ab.[79]

3. Rechtsfolgen bei sittenwidrigen Klauseln

36 Fraglich ist, ob eine Verfügung durch die Anordnung einer sittenwidrigen Bedingung insgesamt unwirksam ist oder ob die Verfügung als unbedingte Verfügung bestehen bleibt. Die Folgen können anhand von § 139 BGB oder § 2085 BGB nicht beurteilt werden, da keine trennbaren Teile eines Rechtsgeschäfts vorliegen.[80] Mit der Bedingung steht und fällt die Verfügung. Der Testierende wollte mit der Bedingung verfügen. Somit werden sowohl Verfügung als auch Bedingung von der Sittenwidrigkeit erfasst.

37 Die Verfügung ohne die Bedingung, also unbedingt, aufrechtzuerhalten, kann unter Umständen ungewollte Ergebnisse schaffen. Die **Aufrechterhaltung** als unbedingte Verfügung muss jedoch grundsätzlich möglich sein. In diesem Zusammenhang ist jedoch umstritten, auf welcher dogmatischen Grundlage eine Aufrechterhaltung möglich ist. Nach einer Ansicht kann § 2085 BGB entgegen der vorbezeichneten Ansicht bei auflösenden Bedingungen herangezogen werden, weil es eher dem Willen des Erblassers entspricht, eine unbedingte Zuwendung zu machen als überhaupt keine Zuwendung. Nur in den seltensten Fällen ist es der Wille des Erblassers, eher keine Zuwendung als eine unbedingte Zuwendung zu verfügen.[81] Nach weiterer Ansicht sei zu überlegen, ob § 140 BGB heranzuziehen sei, um die Verfügung im Wege der **Umdeutung** aufrechtzuerhalten.[82] In diesem Fall wäre entscheidend, ob es dem hypothetischen Willen des Erblassers entspricht, die unwirksame bedingte Verfügung in eine wirksame unbedingte Verfügung umzudeuten. Gerade dies war jedoch nicht der Wille des Erblassers. Ansonsten hätte er die Bedingung nicht angeordnet. § 140 BGB führt daher ebenfalls nicht zum Ziel. Wird aufgrund der Bedingung in Freiheitsrechte des Bedachten eingegriffen, soll nach a.A. die Verfügung unbedingt aufrechterhalten

76 BVerfG NJW 2004, 2008.

77 Umfassend zu den Argumenten gegen und für diese Entscheidung Staudinger/*Otte* (2019), § 2074 Rn 34 ff.

78 BGH NJW 1987, 1878; BGH NJW 1956, 865; OLG Stuttgart ZEV 1998, 185; BayObLG ZEV 1997, 119; offengelassen in BGHZ 118, 128.

79 BVerfG NJW 2004, 2008; Staudinger/*Otte*, 2019, Vor §§ 2064 ff. Rn 179 ff.; BeckOK BGB/*Litzenburger*, § 2074 Rn 23; *Thielmann*, Sittenwidrige Verfügungen von Todes wegen, 1973, S. 154 ff. m.w.N.

80 MüKo/*Leipold*, § 2074 Rn 28 m.w.N.

81 *Otte*, JA 1985, 192, 200.

82 Grüneberg/*Weidlich*, § 2074 Rn 5; MüKo/*Leipold*, § 2074 Rn 28 m.w.N.

bleiben, in allen anderen Fällen soll die Bedingung jedoch zur Nichtigkeit führen.[83] Ist die Bedingung daher unwirksam, muss die Verfügung entsprechend dem Schutzzweck der Norm ohne die Bedingung aufrechterhalten bleiben.[84] Gerade im Bereich des Erbrechts erscheint diese Lösung sachgerecht.

IV. Verwirkungsklauseln

Im Übrigen gibt es noch die Verwirkungsklauseln. Hier steht die Zuwendung unter der auflösenden Bedingung, dass der Bedachte etwas Bestimmtes tut oder unterlässt (siehe hierzu § 2075 Rdn 7 und 14 ff.). 38

B. Tatbestand

Der Erblasser muss eine letztwillige Zuwendung unter einer **aufschiebenden Bedingung** gemacht haben. 39

I. Kein anderer Erblasserwille

Es ist ungeschriebenes Tatbestandsmerkmal, dass sich **kein anderer Erblasserwille** ermitteln lässt. In den Fällen, in denen man aufgrund der Vorschrift des § 2069 BGB dazu kommt, dass die Abkömmlinge der bedachten Person die verfügte Zuwendung erhalten sollen, findet § 2074 BGB keine Anwendung.[85] 40

II. Aufschiebende Bedingung

Die letztwillige Zuwendung muss unter einer **aufschiebenden Bedingung** i.S.d. § 158 Abs. 1 BGB stehen. Sie muss also von einem künftigen, ungewissen Ereignis nach dem Erbfall abhängig sein. 41

III. Zuwendung

Die Zuwendung kann sowohl in einem **Vermächtnis** als auch in einer **Erbeinsetzung** liegen. Ist von einer Erbeinsetzung auszugehen, so handelt es sich notwendigerweise um eine Einsetzung zum Nacherben, wenn die Bedingung beim Erbfall noch nicht eingetreten ist.[86] Die Vorschrift des § 2074 BGB führt dazu, dass die Nacherbschaft, die nicht durch den Tod des Vorerben bedingt ist, nicht vererblich ist. § 2108 Abs. 2 S. 2 BGB ordnet eindeutig den Vorrang von § 2074 BGB an. Liegt dagegen eine unbedingte Nacherbeneinsetzung vor, ist die Nacherbenanwartschaft gem. § 2108 Abs. 2 S. 1 BGB i.d.R. vererblich. 42

Bei einem **Vermächtnis** ist § 2074 BGB für den Fall nicht anwendbar, dass der Anfall des Vermächtnisses von einem bestimmten Termin oder einem künftigen, sicher eintretenden Ereignis abhängig ist.[87] Es entscheidet allein die Auslegung darüber, ob der Zuwendungsempfänger in den vorgenannten Fällen noch leben muss oder nicht. Lediglich dann, wenn der Anfall des Vermächtnisses von einem künftigen, ungewissen Ereignis abhängt, findet § 2074 BGB Anwendung. 43

Hat der Erblasser verfügt, dass die bedachte Person einen bestimmten Gegenstand vermächtnisweise bei Erreichen eines bestimmten Lebensalters erhalten soll, ist durch Auslegung zu ermitteln, ob es sich um eine Bedingung oder um eine Befristung handelt. Ist von einer Bedingung auszugehen, muss der Zuwendungsempfänger das Lebensalter auch erreichen. Liegt hingegen eine Befristung vor, erhalten ggf. die Erben 44

83 MüKo/*Leipold*, § 2074 Rn 28.
84 Soergel/*Loritz*/*Uffmann*, § 2074 Rn 35; *Keuk*, FamRZ 1972, 9, 15.
85 BGH NJW 1958, 22 = LM Nr. 1 zu § 2069.
86 MüKo/*Leipold*, § 2074 Rn 2; Staudinger/*Otte* (2019), § 2074 Rn 18.
87 *Zawar*, DNotZ 1986, 515, 521, 523; *ders.*, NJW 2007, 2353, 2354.

des Zuwendungsempfängers den Gegenstand in dem Zeitpunkt, in dem dieser das Lebensalter erreicht hätte.[88] Für eine Befristung gilt § 2074 BGB nicht.

45 Die Bestimmung von **Ersatzerben** oder **Ersatzvermächtnisnehmern** stellt keine aufschiebende Bedingung dar. § 2074 BGB ist daher nicht anwendbar.[89] Der Erblasser hat den Eintritt der Ersatzerbfolge bzw. den Eintritt des Ersatzvermächtnisses nicht von einem Ereignis abhängig gemacht, das nach dem Erbfall eintritt. Vielmehr hat der Erblasser den Eintritt der Ersatzerbfolge davon abhängig gemacht, ob die Erbschaft bzw. das Vermächtnis vom zunächst Bedachten im Zeitpunkt des Erbfalls erworben wird. Wegen der Rückwirkung auf den Zeitpunkt des Erbfalls gilt dies auch für die Ausschlagung bzw. die Erbunwürdigkeitserklärung. Wie vorstehend ausgeführt, gilt § 2074 BGB für die Einsetzung des Ersatzerben bzw. Ersatzvermächtnisnehmers nicht.[90] Daher muss der Ersatzerbe bzw. der Ersatzvermächtnisnehmer beim Erbfall gelebt haben, nicht hingegen zum Zeitpunkt des etwaigen späteren Ereignisses (z.B. der Ausschlagung).

46 Hat der Erblasser eine **unmögliche aufschiebende Bedingung** angeordnet, die bereits bei Errichtung unmöglich war, und war diese Unmöglichkeit dem Erblasser auch bekannt, führt dies zur Nichtigkeit der Verfügung.[91] War dem Erblasser dagegen nicht bekannt, dass die Bedingung unmöglich ist, oder tritt diese Unmöglichkeit erst nach Errichtung ein, kann die Verfügung unter Umständen aufrechterhalten bleiben. Hierzu muss allerdings die Auslegung führen.[92] Macht der Erblasser ein bestimmtes Verhalten zur Bedingung und hat die Zuwendung den Charakter einer Gegenleistung, wird die Verfügung bei eingetretener Unmöglichkeit unwirksam.[93] Dies gilt bei Zweckerreichung vor dem Erbfall, bei Zweckerreichung durch einen Dritten (z.B. Pflege der Eltern oder Betreuung des behinderten Kindes durch andere Person) oder bei Zwecklosigkeit (z.B. Tod des zu versorgenden Hundes).[94] Hat der Erblasser eine Verfügung mit einer auflösenden Bedingung angeordnet und ist der Eintritt der Bedingung unmöglich, fällt die Bedingung weg, die Zuwendung hingegen bleibt wirksam.[95]

C. Rechtsfolgen

47 Derjenige, der unter einer aufschiebenden Bedingung zum Erben eingesetzt wird, wird **Nacherbe**, d.h. er erwirbt ein Anwartschaftsrecht. Die bedachte Person muss jedoch zum einen gem. § 1923 Abs. 1 u. 2 BGB bei Eintritt des Erbfalls gelebt haben. Daraus, dass sie zwar bei Eintritt des Erbfalls gelebt, aber vor Eintritt der Bedingung nachverstorben ist, folgt, dass die letztwillige Verfügung im Zweifel gem. § 2074 BGB unwirksam ist. Dies bedeutet, dass die Zuwendung den Erben der bedachten Person nicht anfällt. Die Anwartschaft ist daher nicht vererblich. Führt dagegen die Auslegung zu einem anderen Ergebnis, werden die Erben der bedachten Person Vermächtnisnehmer oder Nacherben. Die Auslegung geht daher in jedem Falle der Regelung des § 2074 BGB vor.[96] Für den Fall, dass die Vererblichkeit zu verneinen ist, können Ersatzerben

88 MüKo/*Leipold*, § 2074 Rn 2.
89 MüKo/*Leipold*, § 2074 Rn 3.
90 RGRK/*Johannsen*, § 2074 Rn 20, 21; Staudinger/*Otte* (2019), § 2074 Rn 80; Soergel/*Loritz*/*Uffmann*, § 2074 Rn 8.
91 KG OLGE 42, 127.
92 Zur Unwirksamkeit gelangt OLG München OLGR 2005, 502 (Einsetzung zum Nacherben unter der Bedingung, die Vorerbin [behinderte Tochter der Erblasserin] bis zu deren Tod im eigenen Haushalt zu pflegen).
93 OLG Bamberg ZEV 2008, 389; dazu *Litzenburger*, ZEV 2008, 369.
94 BeckOK BGB/*Litzenburger*, § 2074 Rn 24, 27.
95 MüKo/*Leipold*, § 2075 Rn 8; *Haegele*, JurBüro 1969, 2; Staudinger/*Otte* (2019), § 2074 Rn 75.
96 BGH NJW 1958, 22.

bzw. Ersatzvermächtnisnehmer berufen sein. Dies ist auch über die Auslegungsregel des § 2069 BGB möglich, da § 2074 BGB die Vorschrift des § 2069 BGB nicht verdrängt.[97]

§ 2075 Auflösende Bedingung

Hat der Erblasser eine letztwillige Zuwendung unter der Bedingung gemacht, dass der Bedachte während eines Zeitraums von unbestimmter Dauer etwas unterlässt oder fortgesetzt tut, so ist, wenn das Unterlassen oder das Tun lediglich in der Willkür des Bedachten liegt, im Zweifel anzunehmen, dass die Zuwendung von der auflösenden Bedingung abhängig sein soll, dass der Bedachte die Handlung vornimmt oder das Tun unterlässt.

Literatur

Birk, Die Problematik der Verwirkungsklauseln in letztwilligen Verfügungen, DNotZ 1972, 284; *Böhringer*, Nachweis der Erbfolge im Grundbuchverfahren bei einer testamentarischen Pflichtteilsstrafklausel, BWNotZ 1988, 155; *Haegele*, Bedingte, namentlich unter einer Verwirkungs- oder Strafklausel stehende testamentarische Anordnungen, JurBüro 1969, 1; *Hilgers*, Die bedingte Erbeinsetzung, MittRhNotK 1962, 381; *Johannsen*, Die Rechtsprechung des Bundesgerichtshofs auf dem Gebiete des Erbrechts – 7. Teil: Das Testament, WM 1971, 918; *Kanzleiter*, „Pflichtteilsstrafklauseln" und Geltendmachung des übergeleiteten Pflichtteilsanspruchs durch den Sozialhilfeträger, DNotZ 2014, 5; *Kehrer*, Strafklauseln in letztwilligen Verfügungen, BWNotZ 1957, 125; *Keim*, Bedingungen in Verfügungen von Todes wegen und ihre Tücken für die Nachwelt, FamRZ 2017, 502; *Lübbert*, Verwirkung der Schlusserbfolge durch Geltendmachung des Pflichtteils, NJW 1988, 2706; *Tanck*, Pflichtteilsklauseln im gemeinschaftlichen Testament (Berliner Testament) – zivilrechtliche und steuerliche Gestaltung bei der Einheitslösung, ZErb 2018, 8; *Wacke*, Rechtsfolgen testamentarischer Verwirkungsklauseln, DNotZ 1990, 403.

Übersicht: Rdn

97 BGH NJW 1958, 22; *Bengel*, NJW 1990, 1826, 1827.

A. Allgemeines

1 Im Falle des § 2075 BGB, der von der Zulässigkeit auflösender Bedingungen bei Verfügungen von Todes wegen ausgeht, handelt es sich grds. um eine **Auslegungsregel.**[1] Es ist deshalb von einer Auslegungsregel und nicht von einer Umdeutungsregel auszugehen, da § 2075 BGB dem Willen des Erblassers entspricht und ein abweichender Wille in jedem Falle Vorrang hat. Dies ergibt sich aus der Formulierung „im Zweifel".[2] Es ist im Zweifel von einer auflösenden Bedingung auszugehen, da es i.d.R. dem Erblasserwillen entspricht, dass der Bedachte die Zuwendung sofort erhält, diese jedoch dann zurückgeben muss, wenn er sich entgegen dem Willen des Erblassers verhält. Es handelt sich demgemäß nicht um eine Bedingung für den Erwerb, sondern um eine Bedingung für das Behaltendürfen.[3]

B. Tatbestand

2 Der Erblasser muss eine letztwillige Zuwendung unter der Bedingung gemacht haben, dass der Bedachte während eines Zeitraums etwas unterlässt oder fortgesetzt tut.

I. Bedingung

3 Voraussetzung ist das Vorliegen einer **echten Bedingung**, die im Zweifel als **auflösende Bedingung** ausgelegt wird. Ob der Erblasser eine Verfügung überhaupt von einer Bedingung abhängig gemacht hat oder ob es sich lediglich um einen Wunsch des Erblassers handelt, ist durch Auslegung nach den allg. Auslegungsgrundsätzen zu ermitteln. Um einen Wunsch oder eine Ermahnung handelt es sich dann, wenn es sich um einen moralischen Appell handelt. Hierunter fällt bspw. die Formulierung „Wenn er sich nichts mehr zuschulden kommen lässt" oder „bei anständiger Lebensführung". Von einer Bedingung ist dann auszugehen, wenn eine konditionale Verknüpfung zwischen Verhalten und Entzug der Zuwendung gegeben ist. Dies ist beispielsweise bei der Formulierung „Sollte eine Person mit den angeordneten Verfügungen nicht einverstanden sein und gegen meine Anordnungen verstoßen, so erhält diese nur den Pflichtteil" zu bejahen.[4]

II. Willkür des Bedachten

4 Weiterhin muss das Tun oder Unterlassen in der **Willkür des Bedachten** liegen. Nach dem Wortlaut der Vorschrift wäre davon auszugehen, dass es sich hierbei um eine weitere Voraussetzung handelt. Demgemäß wäre allerdings das Verhalten des Bedachten allein von seinem Willen abhängig und dürfte nicht von der Mitwirkung eines Dritten abhängig sein. Nach richtiger Ansicht handelt es sich jedoch nicht um eine weitere Voraussetzung, sondern um den sprachlich etwas verunglückten Hinweis auf

---

1 MüKo/*Leipold*, § 2075 Rn 1; Staudinger/*Otte* (2019), § 2075 Rn 1; Soergel/*LoritzUffmann*, § 2075 Rn 1.

2 MüKo/*Leipold*, § 2075 Rn 1; Staudinger/*Otte* (2019), § 2075 Rn 1; Soergel/*Loritz/Uffmann*, § 2075 Rn 1.

3 BeckOKG/*Gomille*, § 2075 Rn 2; NK-BGB/*Selbherr*, § 2075 Rn 2; Staudinger/*Otte* (2019), § 2075 Rn 1.

4 BeckOKG/*Gomille*, § 2075 Rn 24; Horn/Kroiß/*Horn*, Testamentsauslegung, § 17 Rn 1; s.a. OLG Hamm FGPrax 2021, 127.

eine Wollensbedingung.[5] Gegen das Vorliegen einer echten Bedingung könnte es allerdings sprechen, wenn es der bedachten Person allein nicht möglich ist, das Verhalten, das sich der Erblasser vorstellt, herbeizuführen.[6]

III. Fehlerhaftigkeit der Bedingung

Des Weiteren darf die Bedingung nicht fehlerhaft sein. Für den Fall, dass die auflösende Bedingung unmöglich ist, wird davon ausgegangen, dass nur die Bedingung wirkungslos ist, nicht jedoch die Zuwendung als solche.[7] Nach a.A. ist jedoch die ergänzende Auslegung heranzuziehen.[8] Es ist durch Auslegung zu ermitteln, ob die Verfügung wirksam bleibt, auch ohne die Bedingung. Dies dürfte i.d.R. der Fall sein. Im Regelfall führen somit beide Ansichten zum gleichen Ergebnis. 5

IV. Fortgesetztes Tun oder Unterlassen

Weiter setzt § 2075 BGB voraus, dass der Bedachte während eines Zeitraums von unbestimmter Dauer etwas unterlässt oder fortgesetzt tut. Handelt es sich um einmalige Handlungen, ist § 2075 BGB nicht anwendbar. 6

Unter § 2075 BGB fallen die **Verwirkungsklauseln**[9] (siehe hierzu Rdn 14 ff.) sowie die **Wiederverheiratungsklauseln,**[10] die zulässige Anordnung der Beibehaltung eines bestimmten Berufes oder des Wohnsitzes, weiterhin, wenn der Erblasser eine bestimmte Lebensführung anordnet (z.B. kein Rückfall zum Vollalkoholiker[11]) oder die Zuwendung von Pflegeleistungen abhängig macht, sofern es sich hierbei nicht um einen bloßen Beweggrund handelt, oder wenn der Erblasser anordnet, dass der Erbe das ihm zugewandte Hausanwesen ständig bewohnt und bewirtschaftet.[12] Unter § 2075 BGB fällt auch die Bedingung, dass ein Ehegatte den anderen nicht verlässt, bzw. eine Einsetzung zum Miterben unter der Bedingung, dass ein Antrag auf Teilungsversteigerung nicht gestellt wird.[13] Unter die Vorschrift des § 2075 BGB fällt es auch, wenn der Nacherbfall eintreten soll, falls der Bedachte seine Bauverpflichtung nicht einhält, d.h. das ererbte Grundstück nicht binnen drei Jahren nach dem Tod des Erblassers bebaut.[14] 7

Wird das fortgesetzte **Tun** oder das **Unterlassen** nur auf einen bestimmten Zeitraum beschränkt, kommt § 2075 BGB nach h.M. nicht zum Zuge.[15] Hier muss die Auslegung entscheiden, ob eine auflösende oder eine aufschiebende Bedingung vorliegt. Die Vorschrift des § 2075 BGB ist nicht auf einmalige Handlungen oder Unterlassungen zu 8

---

5 Staudinger/*Otte* (2019), § 2075 Rn 3; Soergel/*LoritzUffmann*, § 2075 Rn 3; nach MüKo/*Leipold*, § 2075 Rn 3 handelt es sich nach dem Gesetzeswortlaut um eine zusätzliche Voraussetzung neben dem Vorliegen der Bedingung; der eigentliche Sinn liege darin, dass es gegen eine echte Bedingung sprechen könne, wenn der Bedachte nicht in der Lage sei, das vom Erblasser gewünschte Verhalten an den Tag zu legen

6 Soergel/*Loritz/Uffmann*, § 2075 Rn 3; MüKo/*Leipold*, § 2075 Rn 3 (*Leipold* sieht hierin den eigentlichen Sinn des Gesetzeswortlauts).

7 *Haegele*, JurBüro 1969, 2; Soergel/*Loritz/Uffman*, § 2075 Rn 4; Staudinger/*Otte*, 2019, § 2074 Rn 75.

8 Soergel/*Loritz/Uffman*, § 2075 Rn 4.

9 BayObLG FamRZ 1990, 1158; BayObLG FamRZ 1995, 249; BayObLG FamRZ 1995, 1447, 1449; Soergel/*Loritz/Uffmann*, § 2075 Rn 2.

10 MüKo/*Leipold*, § 2075 Rn 4.

11 Vgl. LG Deggendorf ZEV 2003, 247 (Vermächtnis eines Wohnrechts, solange der Bedachte nicht wieder heiratet und nicht wieder Voll-Alkoholiker wird).

12 BayObLG FamRZ 2005, 395.

13 *Zacher-Röder*, ZEV 2008, 277.

14 BayObLG FamRZ 2004, 1752, 1753 = NJW-RR 2004, 1376.

15 MüKo/*Leipold*, § 2075 Rn 5; Soergel/*Loritz/Uffmann*, § 2075 Rn 2.

einem bestimmten Zeitraum anwendbar.[16] Nach weit verbreiteter Ansicht geht man jedoch davon aus, dass für den Fall, dass es sich nicht um einen unbestimmten Zeitraum, jedoch um einen bestimmten Zeitraum von längerer Dauer handelt, die Auslegung dazu führt, dass es sich um eine auflösende Bedingung i.S.d. § 2075 BGB und nicht um eine aufschiebende Bedingung i.S.d. § 2074 BGB handelt, da es eher dem Erblasserwillen entspricht, dem Bedachten die Zuwendung sofort zukommen zu lassen.[17]

Im Übrigen ist von einem Zeitraum von unbestimmter Dauer zum einen dann auszugehen, sofern vom Bedachten ein Verhalten bis zu seinem Lebensende verlangt wird, und zum anderen dann, wenn es sich um ein Verhalten handelt, das bis zu einem nicht vom Willen des Bedachten abhängenden Ereignis, dessen Eintritt ungewiss ist, gefordert wird. Hierunter fällt z.B. die Pflege eines Angehörigen bis zu dessen nicht absehbaren Tod.[18]

C. Rechtsfolgen

I. Grundsatz

9 Rechtsfolge gem. § 2075 BGB ist, dass die testamentarische Anordnung im Zweifel als **auflösende Bedingung** anzusehen ist, § 158 Abs. 2 BGB. Tritt die Bedingung ein, ist die **Zuwendung** ohne Rückwirkung **unwirksam**. Ein späteres Verhalten des Bedachten, z.B. dass er den geforderten Pflichtteil wieder zurückbezahlt, ändert nichts am Eintritt der Bedingung. Die Rechtsfolge, dass die Zuwendung entfällt, bleibt bestehen.[19] Lag eine **Erbeinsetzung** vor, tritt ab Bedingungseintritt notwendigerweise **Nacherbfolge** ein. Die zunächst als Erbe eingesetzte Person hat die Stellung eines Vorerben. Nacherben sind diejenigen Personen, die der Erblasser zur Erbfolge berufen hat. Im Übrigen gilt § 2104 BGB. Die Auslegung kann jedoch auch dazu führen, dass der Erbteil im Falle des Bedingungseintritts den anderen Erben zufallen soll. Es liegt eine aufschiebend bedingte Nacherbfolge vor.[20] Diese aufschiebend bedingte Nacherbfolge ist in einem zu erteilenden Erbschein auszuweisen. Somit steht erst bei seinem Tod fest, ob der Zuwendungsempfänger Vollerbe geworden ist.[21]

10 Das Verhalten, das der Erblasser zur Bedingung gemacht hat, ist nicht Voraussetzung für den Erwerb der Zuwendung, sondern ist Voraussetzung für deren Behaltendürfen. Der Bedachte ist somit Vorerbe. In aller Regel soll der Bedachte nach dem Willen des Erblassers eine umfassende Rechtsstellung innehaben, so dass man grundsätzlich von einer befreiten Vorerbschaft auszugehen hat.[22]

11 Lag anstelle einer Erbeinsetzung ein Vermächtnis vor, ist nur ganz ausnahmsweise ein **Nachvermächtnis** anzunehmen, und zwar dann, wenn der Erblasser dies ausdrücklich angeordnet hat. Ansonsten entfällt das Vermächtnis ersatzlos. Sind bereits Leistungen erfolgt, sind diese nach den Grundsätzen der ungerechtfertigten Bereicherung herauszugeben.[23] Bezüglich etwaiger bereits gezogener Nutzungen kann der Erblasser Anordnungen dahingehend treffen, dass diese herauszugeben sind oder dem Bedachten

---

16 BeckOKG/*Gomille*, § 2075 Rn 17 m.w.N.

17 MüKo/*Leipold*, § 2075 Rn 5.

18 Staudinger/*Otte* (2019), § 2075 Rn 2.

19 OLG Karlsruhe FamRZ 2005, 1200, 1202; BayObLG FamRZ 2004, 1672, 1674 = MittBayNot 2005, 50 m. Anm. *J. Mayer*; siehe auch *Ivo*, ZEV 2004, 205, 206 und *J. Mayer*, MittBayNot 2005, 53, 54.

20 MüKo/*Leipold*, § 2075 Rn 9.

21 BayObLG FamRZ 2005, 395.

22 MüKo/*Leipold*, § 2075 Rn 9.

23 MüKo/*Leipold*, § 2075 Rn 9; *Keim*, FamRZ 2017, 502, 505.

verbleiben sollen. Trifft er diese nicht, kann § 2075 BGB nicht als Auslegungsregel herangezogen werden.[24]

II. Entsprechende Anwendung des § 2075 BGB

12 Hat der Erblasser in seinem Testament angeordnet, dass der Bedachte eine bestimmte Zuwendung erhält, wenn er im **Güterstand** der **Gütertrennung** lebt, ist § 2075 BGB nach seinem Wortlaut nicht anwendbar.[25] Vorliegend ist ein fortgesetztes **Tun** oder **Unterlassen** nicht gegeben. Ist die Bedingung jedoch gewollt, lässt sich im Wege der Auslegung allerdings nicht klären, ob eine auflösende oder eine aufschiebende Bedingung gewollt ist, ist § 2075 BGB analog anzuwenden. Gleiches gilt dann, wenn der Erblasser anordnet, eine Person erhalte die Zuwendung, die eine andere Person fortgesetzt pflegt. Die Bedingung zu erfüllen, liegt zwar nicht allein in der Willkür des Bedachten. Vielmehr ist deren Erfüllung auch vom Willen der zu pflegenden Person abhängig. Dennoch liegt im Zweifel eine auflösende Bedingung i.S.v. § 2075 BGB vor.[26] In den Fällen, in denen der Pflegebedürftige nicht gepflegt werden will und die Pflege somit an dessen entgegengesetztem Willen scheitert, gilt die auflösende Bedingung als nicht eingetreten (entsprechend § 2076 BGB). Scheitert hingegen die Fortsetzung der Pflege am Gesundheitszustand des Pflegebedürftigen, ist die auflösende Bedingung eingetreten. § 2076 BGB findet keine Anwendung. Dies hat zur Konsequenz, dass die Nacherbfolge eintritt.[27] Dies gilt dann nicht, wenn die Auslegung zu einem anderen Ergebnis führt.

13 Die Einschränkung in § 2075 BGB (Willkür des Bedachten; fortgesetztes Tun oder Unterlassen) ist allein zu dem Zweck erfolgt, dass keine Vermutungswirkung zugunsten einer Bedingung für den Fall, dass das Tun oder Unterlassen von der Mitwirkung eines Dritten abhängig ist, geschaffen worden ist. In den Fällen, in denen der Erblasser einen landwirtschaftlichen Betrieb zuwendet und in seiner Verfügung anordnet, dass die Zuwendung erfolgt, wenn er richtig bewirtschaftet wird, kann hierin die Bedingung der Erbeinsetzung zu sehen sein.[28] Ist eine angeordnete Bedingung sittenwidrig, entfällt die Verfügung, es sei denn, es kann eine Umdeutung erfolgen.[29]

D. Angrenzende Rechtsfragen

14 Wie bereits unter Rdn 7 ausgeführt, fallen die sog. **Verwirkungsklauseln** unter die Regelung des § 2075 BGB. Diese stellen einen wichtigen Anwendungsfall des § 2075 BGB dar.

I. Definition

15 Eine Verwirkungsklausel oder auch **Strafklausel**, kassatorische bzw. privatorische Klausel genannt, liegt dann vor, wenn der Erblasser anordnet, dass derjenige, der gegen seinen Willen handelt, nichts oder nur seinen Pflichtteil erhalten soll.[30] Deren Zulässigkeit ist allgemein anerkannt.[31] Es soll durch die Verfügung solcher Klauseln mittelbar Druck auf den Bedachten ausgeübt werden, den Willen des Erblassers tat-

---

24 MüKo/*Leipold*, § 2075 Rn 10.

25 KG FamRZ 1968, 334; MüKo/*Leipold*, § 2075 Rn 6.

26 BayObLG FamRZ 1993, 1494; BayObLG NJW-RR 1998, 729; MüKo/*Leipold*, § 2075 Rn 7; Staudinger/*Otte*, 2019, § 2075 Rn 3.

27 LG Rostock FamRZ 2004, 1324.

28 BayObLG FamRZ 1999, 59.

29 *Johannsen*, WM 1971, 926 f.

30 BayObLGZ 1962, 47, 56 f.; BayObLG NJW 1964, 205; *Hilgers*, MittRhNotK 1962, 384; *Haegele*, JurBüro 1969, 1; *Birk*, DNotZ 1972, 284.

31 BGH ZEV 2006, 501; OLG Dresden NJW-RR 1999, 1165.

sächlich auch zu verwirklichen sowie Streitigkeiten unter den Hinterbliebenen zu vermeiden.[32] Demjenigen, der gegen den letzten Willen vorgeht, wird seitens des Erblassers mit Enterbung gedroht.[33] Des Weiteren ist es Ziel des Erblassers, Streitigkeiten unter den Erben und Vermächtnisnehmern zu vermeiden.[34] Kennzeichen, aber auch ausreichend für die Verwirkungsklauseln ist es, wenn der Bedachte durch einen irgendwie gearteten Angriff gegen die Erblasseranordnungen vorgeht oder diesen zuwiderhandelt.[35] Welches Verhalten des Bedachten dazu führt, dass die Zuwendung entfällt, ist im Wege der Auslegung zu ermitteln und richtet sich demgemäß nach dem Willen des Erblassers.[36]

16 Dabei ist zwischen allgemeinen und besonderen bzw. speziellen Verwirkungsklauseln zu unterscheiden:[37] Eine **allgemeine Verwirkungsklausel** setzt nur voraus, dass gegen den Willen des Erblassers vorgegangen wird; eine **spezielle Verwirkungsklausel** hingegen ordnet genaue Verhaltensregeln an und macht ihre Einhaltung zur Bedingung. Die Unterscheidung ist demgemäß für die Auslegung relevant.

Zu den besonderen Verwirkungsklauseln gehören u.a.

- das **Veräußerungsverbot** für bestimmte Nachlassgegenstände,
- die **Pflichtteilsstrafklauseln,**[38]
- die Verwirkungsklauseln zur Sicherung des Vollzuges eines Vermächtnisses oder einer Auflage.

17 Nach allg. Ansicht handelt es sich für den Fall, dass der Bedachte im Falle der Zuwiderhandlung der testamentarischen Zuwendung verlustig geht, im Zweifel um eine **auflösende Bedingung** i.S.d. § 2075 BGB.[39] Es ist aber auch möglich, von einer **aufschiebend bedingten Enterbung** auszugehen. Ordnet der Erblasser an, dass dem Erben für den Fall, dass er die letztwilligen Verfügungen angreift, sein gesetzliches Erbrecht entzogen werden soll, handelt es sich um eine aufschiebend bedingte Enterbung. Der Bedachte ist in diesem Fall bis zum Bedingungseintritt Vorerbe.[40] Im Übrigen könnte man auch von einer aufschiebend bedingten Pflicht des Erben zur Herausgabe des zugewendeten Gegenstandes an einen Vermächtnisnehmer ausgehen.[41]

II. Auslegung derartiger Klauseln

18 Hat der Erblasser unbestimmte Formulierungen wie z.B. „Wer Streit anfängt", „Wer das Testament anficht", „Wer ungehorsam ist", „Wer ein Gericht anruft" oder „Wer Unfrieden stiftet ..." gewählt, ist es für den Bedachten schwer zu beurteilen, unter welchen Voraussetzungen er der Zuwendung verlustig geht. Letztlich entscheidet das richterliche Ermessen, wann die **Strafklausel** eingreift. Daher geht eine Ansicht davon

32 *Natter*, DRZ 1946, 163, 164; *Kehrer*, BWNotZ 1957, 125, 132; *Birk*, DNotZ 1972, 284, 286.
33 OLG München ZEV 2007, 582.
34 BayObLGZ 1962, 47, 56; *Kehrer*, BWNotZ 1957, 125, 132.
35 BGH ZEV 2009, 459.
36 BGH FamRZ 2009, 1486.
37 Kössinger/Najdecki/Zintl/*R. Kössinger/Zintl*, § 15 Rn 184; BGH NJW-RR 2009, 1455 Rn 23; OLG Braunschweig OLGZ 1977, 185; OLG Frankfurt a.M. FamRZ 2014, 1143.
38 Teilweise wird auch eine Wiederverheiratungsklausel als besondere Verwirkungsklausel bezeichnet, vgl. Kössinger/Najdecki/Zintl/*R. Kössinger/Zintl*, § 15 Rn 184; *Buchholz*, Erbfolge und Wiederverheiratung, S. 25.
39 BayObLG MittRhNotK 1982, 40, 42; Soergel/*Loritz/Uffmann*, § 2075 Rn 32.
40 MüKo/*Leipold*, § 2074 Rn 30.
41 BayObLGZ 1962, 48 = NJW 1962, 1060.

aus, dass solche Klauseln unwirksam sind.[42] Die h.M. jedoch geht richtigerweise von der Wirksamkeit bzw. der hinreichenden Bestimmtheit solch vager Klauseln aus.[43] Dies wird damit begründet, dass nach erbrechtlichen Grundsätzen dem Willen des Erblassers so weit als möglich zum Erfolg verholfen werden soll. Der Wille des Erblassers soll stets im Vordergrund stehen. Wann die Voraussetzungen einer Verwirkungsklausel erfüllt sind, bestimmt die h.M. allein durch Auslegung.[44] Auch solche Klauseln, die auf ein bestimmtes Verhalten abzielen, d.h. spezielle Verwirkungsklauseln, bedürfen der Auslegung, da die Verhaltensanforderungen häufig nicht eindeutig sind.[45] Die Klausel „wer das Testament anficht" ist bspw. dahingehend zu verstehen, dass hiermit nicht nur die Anfechtung i.S.d. §§ 2078, 2079 BGB gemeint ist, sondern hierunter alle Handlungen fallen, die ihrer Art nach geeignet sind, die Verfügung ganz oder teilweise zu Fall zu bringen.[46] Wer seinen Pflichtteil geltend macht, greift nicht ohne Weiteres den Willen des Erblassers an. Hierin kann nicht grundsätzlich eine Anfechtung im Sinne einer Verwirkungsklausel gesehen werden.[47] Die Geltendmachung des Pflichtteils allein schließt nicht aus, auch die testamentarische Zuwendung zu beanspruchen. Soll dies der Fall sein, muss dies noch durch weitere Anhaltspunkte dem Testament entnommen werden können.

III. Wann greift die Verwirkungsklausel ein?

1. Objektive Voraussetzungen

a) Eindeutigkeit der Verwirkungsklausel

Werden testamentarische Verpflichtungen, bspw. aus Vermächtnis, Auflage oder Teilungsanordnungen, nicht befolgt und wird deren Wirksamkeit vom Verpflichteten auch nicht bestritten, kann diese Nichtbefolgung zur auflösenden Bedingung der testamentarischen Zuwendungen gemacht werden. Hier liegt eine Verwirkungsklausel vor. Eine Verwirkungsklausel wird auch dann ausgelöst, wenn seitens des Bedachten die Auseinandersetzung oder auch die Beendigung der Testamentsvollstreckung verlangt wird, obwohl der Erblasser diesbezüglich klare Anordnungen getroffen hat.[48] Dies gilt zumindest dann, wenn der Bedachte dieses Ziel (Verlangen der Auseinandersetzung trotz angeordnetem Auseinandersetzungsverbot) beharrlich verfolgt, obwohl er den entgegenstehenden Erblasserwillen genau kennt. Hat der Erblasser angeordnet, dass ein Wertpapierdepot nicht gekündigt werden darf, und erfolgt die Kündigung durch einen Miterben und überträgt dieser die Wertpapiere auf ein eigenes Konto, wird hierdurch die Verwirkungsklausel ausgelöst.[49] 19

Eine Verwirkungsklausel muss hinreichend klar formuliert und ausreichend bestimmt sein, wobei die h.M. auch noch sehr allgemeine und weit gefasste Anordnungen im 20

42 BayObLGNJW 1962, 1060; OLG Frankfurt FamRZ 2014, 1143: „Derjenige, der mit diesen Testamentsbestimmungen nicht einverstanden ist, erhält nur den Pflichtteil …"; *Birk*, DNotZ 1972, 284, 294 ff.

43 BayObLG NJW 1962, 1060; BayObLG FamRZ 2005, 65; OLG Stuttgart ZEV 1998, 229; OLG Karlsruhe ZEV 2005, 256; MüKo/*Leipold*, § 2074 Rn 31; *Litzenburger*, ZEV 2022, 289.

44 MüKo/*Leipold*, § 2074 Rn 30 33; ausführlich zur Auslegung von Verwirkungsklauseln BGH ZEV 2009, 459 (*Kroppenberg*), wo es allerdings um eine konkrete Auflage (persönlich haftender Gesellschafter zu bleiben) ging, die der BGH unter Rückgriff auf allgemeine Erwägungen zu Verwirkungsklauseln einschränkend dahin auslegt, dass sie nicht bei einem Ausscheiden im Einvernehmen mit den Miterben gelten soll; BGH BeckRS 2016, BECKRS Jahr 17767;

45 BGH FamRZ 2009, 1486, 1488, 1489.

46 OLG Dresden NJW-RR 1999, 1165; OLG Karlsruhe ZEV 2005, 256, 257.

47 OLG Braunschweig OLGZ 1977, 186; *Lübbert*, NJW 1988, 2706, 2713.

48 OLG Karlsruhe ZEV 2005, 256.

49 OLG Stuttgart BeckRS 2016, 118422 Rn 54 ff. = ErbR 2017, 429 m.Anm. *Otte*.

Wege der Auslegung als wirksam anerkennt.[50] Im Rahmen der Gestaltungspraxis sollten jedoch allzu vage Formulierungen, die zu unerwarteten Auslegungsergebnissen führen können, vermieden werden.[51]
Wird lediglich verbal geäußert, das Testament sei unwirksam, reicht dies nicht aus, um eine Verwirkungsklausel auszulösen.[52]

b) Unabhängig vom Erbfall geltend gemachte Rechte

21 Werden seitens des Bedachten Rechte geltend gemacht, die unabhängig vom Erbfall bestehen, fällt ein derartiger Streit grundsätzlich nicht unter die Verwirkungsklausel.[53] Dies ist bspw. dann der Fall, wenn eine bedachte Person Herausgabeansprüche bezüglich eines Gegenstandes geltend macht, der in ihrem Eigentum steht, jedoch im Besitz des Erblassers gewesen ist.

c) Gerichtliche und außergerichtliche Geltendmachung

22 Dass ein Auflehnen gegen den Willen des Erblassers vorliegt, kann sowohl in der außergerichtlichen als auch in der **gerichtlichen** Geltendmachung gesehen werden. Im Falle des Fehlens näherer Angaben in der letztwilligen Verfügung sollte jedoch lediglich die gerichtliche Geltendmachung unter die Strafklausel gerechnet werden. Dies bereits aus dem Grund, um die Schwierigkeiten auszuräumen, ob tatsächlich eine außergerichtliche Geltendmachung von zustehenden Rechten vorliegt oder ob die bedachte Person lediglich ihren Unmut über die letztwilligen Verfügungen geäußert hat.[54] Im Zweifel ist jedoch auch ein außergerichtliches Verhalten als ausreichend anzusehen, und zwar dann, wenn ihm eine gewisse Nachdrücklichkeit zukommt. Zwar ist es richtig, dass die Abgrenzung zwischen unschädlichen bloßen Unmutsäußerungen und ernstgemeinten Rechtsbehauptungen Schwierigkeiten bereitet; dieses praktische Problem kann aber nicht dazu führen, dass ernsthaftes außergerichtliches Vorgehen eines Bedachten gegen den Erblasserwillen nicht die Verwirkung auslösen soll. Es ist der Regelfall, dass ein unzufriedener Erbe die anderen Miterben durch sein Verhalten persönlich stark belastet. Diese Belastung wollte der Erblasser i.d.R. aber gerade durch die Verwirkungsklausel vermeiden.

23 Eine gerichtliche Geltendmachung liegt sowohl in der Erhebung einer Klage als auch in der Erhebung einer Einrede in einem bereits laufenden Prozess, nicht jedoch in der Einreichung eines Verfahrenskostenhilfegesuchs (früher: **Prozesskostenhilfegesuchs**).[55] Nach weiterer Ansicht, der jedoch nicht zu folgen ist, kann der Antrag auf Verfahrenskostenhilfe (früher: Prozesskostenhilfe) hingegen die Strafklausel auslösen.[56] Die Einrede kann auch bereits im Erbscheinsverfahren geltend gemacht wer-

---

50 Beispiele aus der Rechtsprechung BayObLGZ 1962, 47, 56; NJW 1962, 1060; Staudinger/*Otte* (2019), § 2074 Rn 63; MüKo/*Leipold*, § 2074 Rn 31.

51 Vgl. BGH ZEV 2009, 459 m. Anm. *Kroppenberg* = ZErb 2009, 309 m. Anm. *Hamdan* und den dieser Entscheidung zugrunde liegende jahrelange Rechtsstreit; MüKo/*Leipold*, § 2074 Rn 31 Kössinger/Najdecki/Zintl/*R. Kössinger/Zintl*, § 15 Rn 185: „Sollte sich einer meiner Erben gegen mein Testament in irgendeiner Weise auflehnen, so werden er und seine Abkömmlinge enterbt." Vgl. auch Horn/Kroiß/*Horn*, Testamentsauslegung, § 17 Rn 8 f. mit eigenem Vorschlag.

52 Vgl. Dresden SeuffA 71 (1916) Nr. 21; nach KG ZEV 2018, 425 tritt eine Pflichtteilssanktionsklausel noch nicht durch das bloße Verhandeln über die Auszahlung des Pflichtteils in Kraft, auch wenn sie mit der freiwilligen Zahlung eines Abschlags auf den künftigen Erbanspruch verbunden ist.

53 MüKo/*Leipold*, § 2074 Rn 32 m.w.N.

54 MüKo/*Leipold*, § 2074 Rn 33.

55 MüKo/*Leipold*, § 2074 Rn 33; a.A. Soergel/*Loritz/Uffmann*, § 2075 Rn 7, der die Erhebung der Einrede im laufenden Prozess nicht als ausreichend ansieht.

56 KG JW 1936, 2744 f.; MüKo/*Leipold*, § 2074 Rn 33 m.w.N.

den.[57] Das OLG Karlsruhe ging sogar davon aus, dass das Verlangen nach Durchführung der Auseinandersetzung gegenüber dem Testamentsvollstrecker, obwohl der Erblasser die Durchführung der Auseinandersetzung untersagt hatte, als Verwirkung gewertet werden müsse.[58]

Wird ein Auskunftsanspruch über den Umfang des Nachlasses geltend gemacht, liegt hierin noch nicht das Verlangen des Pflichtteils.[59] Hat der Pflichtteilsberechtigte zunächst seinen Pflichtteil geltend gemacht, nimmt jedoch von dessen Weiterverfolgung Abstand, da er Kenntnis von der Pflichtteilsstrafklausel erlangt hat, tritt die Pflichtteilsstrafklausel nicht ein.[60] 24

d) Angriffe, die sich nicht gegen den wahren Willen des Erblassers richten

Unter die Verwirkungsklausel fällt es nicht, wenn sich das Verhalten nicht gegen den wahren Willen des Erblassers richtet. Dies ist z.B. dann der Fall, wenn die Unechtheit oder Ungültigkeit der letztwilligen Verfügung geltend gemacht wird oder wenn eine **Anfechtung** zu Recht erfolgt,[61] da Letztere Verfügungen, die nicht dem wahren bzw. dem richtig motivierten Willen des Erblassers entsprechen, beseitigt. Könnte der Erblasser die wirksame Anfechtung von Verfügungen mit dem Verlust von Zuwendungen bestrafen, würde dies dem Zweck des Gesetzes widersprechen. Es ist weiter zu berücksichtigen, dass für den Fall, dass die Unechtheit, ein Formmangel oder die Testierunfähigkeit mit Erfolg geltend gemacht wird, die Strafklausel schon deshalb nicht eingreifen kann, weil sie ihrerseits von der Nichtigkeit erfasst wird. Die Verwirkungsklausel wird auch dann nicht ausgelöst, wenn im Erbscheinsverfahren geltend gemacht wird, dass es der Wille des Erblassers war, den Erben zum befreiten Vorerben einzusetzen.[62] 25

So hat auch das BayObLG[63] bzgl. der Auslegung der Klausel „Gestritten und Geschimpf, wer das macht soll gar nichts bekommen" angenommen, dass eine Regel dafür spricht, dass nur eine Auflehnung gegen den wahren Willen des Erblassers die Verwirkung begründen könne. Es hat aber zugleich deutlich gemacht, dass auch eine weite Auslegung dahingehend, dass der Erblasser jeden Streit unter den Bedachten unterbinden wollte, nicht ausgeschlossen ist. 26

In der Rechtsprechung wurde bspw. die Geltendmachung des Pflichtteils als grundsätzlich ausreichend angesehen, um bei einem gemeinschaftlichen notariellen Testament und der Einheitslösung eine Verwirkungsklausel mit dem Wortlaut **„Wer von unseren Erben dieses Testament anficht, wird auf den Pflichtteil gesetzt"** auszulösen.[64]

Entscheidend ist also **immer der Erblasserwille**, es muss jeweils eine sorgfältige Prüfung des Einzelfalls erfolgen.

Problem sind die unbegründeten Angriffe gegen die Gültigkeit des Testamentes. Hier muss der Erblasser das Recht haben, schuldhafte unbegründete Angriffe gegen seinen letzten Willen mit der Sanktion des Zuwendungsverlusts zu belegen. Handelt es sich demgemäß um Angriffe, die wider besseres Wissen oder fahrlässig (ohne Anhaltspunkte von erheblichem Gewicht) erfolgen, muss es dem Erblasser gestattet sein, diese mit Sanktionen zu belegen. Macht hingegen der Betroffene nach seiner Überzeugung bzw. nach hinreichend sorgfältiger Prüfung die Nichtigkeit, Unechtheit oder Anfech- 27

57 OLG Dresden NJW-RR 1999, 1165.
58 OLG Karlsruhe ZEV 2005, 256.
59 BayObLG FamRZ 1991, 494.
60 OLG Rostock BeckRS 2015, 06188.
61 MüKo/*Leipold*, § 2074 Rn 34 m.w.N.
62 BayObLG MittBayNot 2004, 450.
63 BayObLGZ 1962, 47 = NJW 1962, 1060.
64 OLG Braunschweig OLGZ 1977, 185.

tung oder eine bestimmte Auslegung geltend, die nach seiner Überzeugung gerade der Verwirklichung des Erblasserwillens dient, greift die Verwirkungsklausel nicht ein.[65]

2. Subjektive Voraussetzungen

28 Abgesehen von eventuell im Testament festgelegten oder sich aus der Auslegung ergebenden Voraussetzungen besteht in der Rechtsprechung weitgehend Einigkeit darüber, dass die Verwirkung der Klausel nur dann ausgelöst wird, wenn das Verhalten des Bedachten bestimmte subjektive Voraussetzungen erfüllt. Die Anforderungen an diese subjektiven Voraussetzungen werden durch die Rechtsprechung unterschiedlich behandelt oder auch nur unterschiedlich bezeichnet. In älteren Entscheidungen wurde „strafwürdiges Verhalten",[66] „vorwerfbare Handlungsweise"[67] oder auch „böswilliges Auflehnen",[68] desgleichen bewusste Auflehnung[69] vorausgesetzt. Der BGH[70] fordert einen **„bewussten Ungehorsam"**, eine **„böswillige Auflehnung"** oder eine **„vorwerfbare Handlungsweise"**.

29 In neueren Entscheidungen sind diese Anforderungen teilweise herabgesetzt worden. Das BayObLG hat zwar an dem Begriff der „böswilligen Auflehnung" festgehalten, zugleich aber klargestellt, dass eine „böswillige Auflehnung" darüber hinaus **keine moralische Bewertung des Verhaltens** voraussetzt, sondern dies vielmehr dem Erfordernis einer **vorwerfbaren Handlungsweise** gleichzusetzen ist[71] und dies wiederum nur eine **bewusste Missachtung des Erblasserwillens** erfordert.[72]

Weichen die Erben von der testamentarischen Anordnung eines Erblassers ab, kommt eine Verwirkungsklausel zur Geltung, wobei es keine Rolle spielt, ob die Erben wissentlich und vorsätzlich gegen die Vorstellungen des Erblassers verstoßen haben.[73]

Nach Ansicht des OLG Dresden müssen die Folgen der Verwirkungsklausel dann eintreten, wenn ein bewusster Ungehorsam vorliegt, weil der Inhalt der Verfügung nicht akzeptiert werden soll.[74]

30 In der Entwicklung der Rechtsprechung ist also eine Tendenz zu einem Zurückschrauben der subjektiven Voraussetzungen für eine Verwirkung festzustellen.[75] Gelangt die Auslegung zu dem Ergebnis, dass die Verwirkung aufgrund des Fehlens der subjektiven Voraussetzungen nicht eingetreten ist, kann sich aber aus einer ergänzenden Ausle-

---

65 OLG Dresden Rpfleger 1999, 276 (277). OLG Celle ZEV 1996, 307 (Skibbe): unberechtigtes und vorwerfbares Verlangen einer Vermächtniskürzung löst die Verwirkungsklausel aus.

66 BayObLGZ 1963, 271.

67 OLG Braunschweig OLGZ 1977, 185.

68 OLG Stuttgart OLGZ 1968, 246, wobei ein bewusster Ungehorsam nicht ausreichen sollte, vgl. OLGZ 1968, 246. In einer späteren Entscheidung (zu einer Pflichtteilsstrafklausel) stellte das OLG Stuttgart allerdings keine Anforderungen an die subjektive Seite und hielt es für unbeachtlich, dass sich die Erben bei Geltendmachung des Pflichtteils über die Bedeutung der Pflichtteilsstrafklausel nicht richtig bewusst waren, vgl. OLGZ 1979, 52.

69 OLG München ZEV 2009, 582, 583.

70 BGH FamRZ 1985, 278 = BeckRS 2010, 5447.

71 BayObLGZ 1990, 58; nach a.A. ist eine böswillige Auflehnung nicht erforderlich, BayObLG NJW-RR 2004, 654.

72 BayObLG FamRZ 1996, 440.

73 OLG Stuttgart ZEV 1998, 225. Allerdings hat das Gericht in dieser Entscheidung auch deutlich gemacht, dass für die Anforderungen an die subjektive Seite die Umstände des Einzelfalls entscheidend sind und Grundsätze für alle Formen von allgemeinen Verwirkungsklauseln nicht aufstellbar sind.

74 OLG Dresden NJW-RR 1999, 1165.

75 In der Literatur wird dieser Rechtsprechung teilweise gefolgt, indem zumindest eine bewusste Missachtung des Erblasserwillens gefordert wird, vgl. Grüneberg/*Weidlich*, § 2075 Rn 9. Nach a.A. hingegen sind diese subjektiven Anforderungen abzulehnen, vgl. *Lübbert*, NJW 1988, 2706.

gung die **Pflicht der Anrechnung dieses** erhaltenen Pflichtteils auf den Erbteil nach dem Letztversterbenden ergeben.
Seitens des Erblassers dürfen die Verwirkungsklauseln daher nicht dazu verwendet werden, die Testierfreiheit über Gebühr zu erweitern und hierdurch die Beteiligten zu zwingen, ihnen zustehende Rechte nicht geltend zu machen, da sie dann Gefahr laufen, keine letztwillige Zuwendung zu erhalten. Über zwingende Wirksamkeitserfordernisse des Testamentes darf der Erblasser nicht verfügen.

Stellt sich heraus, dass das Testament unecht oder ungültig ist bzw. beseitigt die Anfechtung getroffene Verfügungen, wird damit dem wahren Willen des Erblassers gerade Rechnung getragen. Sein wirklicher Wille kommt daher zum Tragen, so dass schon aus diesem Grunde diese berechtigten Rechte nicht unter die Verwirkungsklausel fallen. Gleiches gilt dann, wenn eine bestimmte Auslegung auch gegen den Willen einzelner Beteiligter, notfalls auch gerichtlich, durchgesetzt wird. Die richtige Auslegung führt gerade zur **Durchsetzung des wahren Erblasserwillens.**[76] Zusammenfassend ist daher auszuführen, dass berechtigte und zum Erfolg führende Angriffe gegen letztwillige Verfügungen niemals unter die Verwirkungsklauseln fallen können, da die Testierfreiheit hierdurch über das gesetzliche Maß hinaus ausgeweitet würde. 31

Für den Fall, dass dem Erben ein bestimmtes Handeln aufgegeben ist, ist Unrechtsbewusstsein im Falle des Verstoßes nicht erforderlich. Die dem Erben bekannte Abweichung genügt.[77] Besteht Streit über den Inhalt des Testaments, liegt hierin ebenfalls kein Angriff auf die letztwillige Verfügung. 32

Den Beteiligten steht das Recht zu, ihren Standpunkt geltend zu machen und hierfür auch die Gerichte in Anspruch zu nehmen. Handelt es sich hierbei jedoch um Einwendungen, die wider besseres Wissen oder fahrlässig geltend gemacht werden, steht dem Erblasser das Recht zu, derartige Angriffe mit der Sanktion zu belegen, dass die beteiligte Person der Zuwendung verlustig geht. Es ist insoweit auf das **Verschulden** abzustellen.[78] In den Fällen, in denen sich die Einwände als unbegründet herausstellen, wird die Verwirkungsklausel demnach nur ausgelöst, wenn es sich um leichtfertige oder ohne hinreichende Prüfung erfolgte Angriffe handelt.[79] 33

IV. Pflichtteilsklauseln

1. Allgemeines

Auch Pflichtteilsstrafklauseln enthalten Potestativbedingungen.[80] Die Wirksamkeit der vom Erblasser getroffenen letztwilligen Verfügung wird zwar nicht in Abrede gestellt. Allerdings sorgt der Bedachte dafür, dass der Nachlass nicht wie vom Erblasser vorgesehen, verteilt wird. Somit handelt es sich bei der Pflichtteilsstrafklausel um eine spezielle Verwirkungsklausel. 34

Der Erblasser kann den **Pflichtteil** nur unter den Voraussetzungen der §§ 2333 ff. BGB wirksam entziehen. Weiterhin ist in §§ 2305–2307 BGB geregelt, dass ein Zusatzpflichtteil dann verlangt werden kann, wenn die Zuwendung wertmäßig unterhalb des Pflichtteils liegt. Diese gesetzlichen Regelungen können nicht durch Verwirkungsklauseln ausgehebelt werden.[81] 35

---

76 Soergel/*Loritz/Uffmann*, § 2075 Rn 13; BayObLG FamRZ 2005, 65, 66.
77 OLG Stuttgart ZEV 1998, 225.
78 MüKo/*Leipold*, § 2074 Rn 39.
79 MüKo/*Leipold*, § 2074 Rn 39.
80 OLG Hamm BeckRS 2022, 36900 = FamRZ 2023, 1826, 1828.
81 OLG Celle ZEV 1996, 307; Soergel/*Loritz/Uffmann*, § 2075 Rn 15.

36 § 2307 Abs. 1 BGB sieht ein **Wahlrecht** zugunsten des Vermächtnisnehmers vor. Dieses Wahlrecht ist zwingend und kann nicht durch die Anordnung einer Verwirkungsklausel umgangen werden.[82]

Wird das Vermächtnis seitens des bedachten Pflichtteilsberechtigten nicht ausgeschlagen, kann der Pflichtteilsrestanspruch verlangt werden. Durch Verfügung von Todes wegen, d.h. durch die Anordnung einer Strafklausel, kann dies nicht verhindert werden. Eine derartige Klausel wäre unwirksam. Ordnet der Erblasser an, dass die Erbeinsetzung entfällt, sofern der Pflichtteilsrestanspruch geltend gemacht wird, ist auch eine derartige Bedingung unwirksam.

2. Pflichtteilsklauseln in einem gemeinschaftlichen Testament oder Erbvertrag

37 Bei einer sog. Pflichtteilsstrafklausel handelt es sich um eine Sonderform einer Verwirkungsklausel. Der häufigste Anwendungsbereich der Pflichtteilsstrafklausel findet sich beim gemeinschaftlichen Testament. Durch die Verwendung von Strafklauseln wollen i.d.R. gemeinschaftlich testierende und sich gegenseitig zu Erben einsetzende Ehegatten sicherstellen, dass dem Überlebenden bis zu seinem Tod der Nachlass ungeschmälert verbleibt und er nicht durch das Pflichtteilsverlangen eines Schlusserben gestört wird.[83]

Eine derartige Klausel verfolgt damit das rechtlich nicht zu beanstandende Ziel, den Nachlass zunächst dem überlebenden Ehegatten ungeschmälert zukommen zu lassen.[84] Dies soll regelmäßig dadurch erreicht werden, dass der den Pflichtteil geltend machende Schlusserbe auch beim zweiten Erbfall auf den Pflichtteil beschränkt wird. Auch die Klausel „Wer seinen Erbteil fordert…“ kann als Pflichtteilsklausel auszulegen sein.[85] Dies gilt auch für die Klausel „wer mit diesen Testamentsbestimmungen nicht einverstanden ist“.[86] Soll das Erbe eines Kindes im Rahmen eines gemeinschaftlichen Testaments vor dem Sozialhilfeträger geschützt werden, ist eine Pflichtteilsklausel einschränkend auszulegen. Macht der Sozialhilfeträger beim ersten Todesfall aus übergeleitetem Recht den Pflichtteil geltend, wird hierdurch die Pflichtteilsstrafklausel nicht ausgelöst.[87] Sind in dem gemeinschaftlichen Testament hingegen keine Regelungen enthalten, um dem Sozialhilfeträger den Zugriff auf das Vermögen zu verwehren, wird die Pflichtteilsklausel mit Geltendmachung des Pflichtteils durch den Sozialhilfeträger ausgelöst.[88]

38 Gleiches gilt auch dann, wenn die Abkömmlinge des erstversterbenden Ehegatten zu Schlusserben eingesetzt worden sind und beim ersten Erbfall ihren Pflichtteil geltend machen, auch wenn das Vermögen vom Erstversterbenden herrührt.[89] Durch die Geltendmachung des Pflichtteils wird diese **Pflichtteilsklausel** erst ausgelöst (siehe hierzu

---

82 MüKo/*Leipold*, § 2074 Rn 45.

83 BayObLGZ 1990, 58; BayObLG FamRZ 1996, 440; BayObLG FamRZ 1995, 1447; BayObLG NJW RR 1991, 394 = MDR 1991, 252.

84 BayObLGZ 1990, 58; OLG Düsseldorf FGPrax 2011, 300; *Lübbert*, NJW 1988, 2706, 2707; Staudinger/*Otte* (2019), § 2074 Rn 73. Auch eine Regelung, die den überlebenden Ehegatten ermächtigt, die Pflichtteilsklausel zu verfügen, ist nach OLG Düsseldorf ZEV 2016, 226 (Ls.) = BeckRS 2016, 05708 wirksam, selbst wenn sie zu Lebzeiten der Ehegatten geheim gehalten wird. Ob eine solche „Pflichtteilsfalle“ mit den guten Sitten vereinbar ist, erscheint indes zweifelhaft.

85 OLG München FamRZ 2011, 1691.

86 BGH ZEV 2016, 635 Rn 20.

87 BGH ZEV 2005, 117 (abl. *Muscheler*).

88 OLG Hamm DNotZ 2014, 60 = NJW-RR 2013, 779. Dazu *Kanzleiter*, DNotZ 2014, 5, 9 f., der (anders als das OLG Hamm) dem Testament einen Änderungsvorbehalt für den überlebenden Ehegatten entnimmt.

89 BayObLG ZEV 1995, 19.

näher Rdn 45). Ein mutwilliges Verhalten oder das Bewusstsein, den Erblasserwillen bewusst zu missachten, müssen daher nicht vorliegen.[90] Bei derartigen Klauseln verlangt die Rechtsprechung zum Teil ein subjektives Element.[91]

39 Die Schlusserbeneinsetzung steht demgemäß unter der auflösenden Bedingung, dass der eingesetzte Schlusserbe beim ersten Todesfall den Pflichtteil geltend macht.[92] Eine solche auflösende Bedingung muss aber im Testament angeordnet sein oder sich durch Auslegung ergeben; eine dahingehende Regel, dass im Berliner Testament stets von diesem Willen auszugehen sei, gibt es nicht.[93]

Tritt der Verwirkungsfall ein, dann ist i.d.R. der **gesamte Stamm des Erben von der Erbfolge ausgeschlossen.**[94] Der Wegfall der Schlusserbeneinsetzung, d.h. der Eintritt der auflösenden Bedingung, kann grundsätzlich auch nach dem Tod des längstlebenden Ehegatten, nach Annahme der Schlusserbschaft und nach Verjährung des Pflichtteilsanspruchs noch herbeigeführt werden.[95]

40 Um zu verhindern, dass das den Pflichtteil verlangende Kind bei der Einheitslösung zweimal am Nachlass des erstversterbenden Elternteils beteiligt wird und deshalb die gewollte Abschreckungswirkung gemindert ist, wurde die sogenannte **Jastrow'sche Klausel** entwickelt.[96]

Diese Klausel hatte ursprünglich folgenden Wortlaut:[97] „Wenn ein Kind gegen den Nachlass des Erstversterbenden den Pflichtteilsanspruch erheben sollte, so sollen folgende Bestimmungen gelten:

1. Die übrigen Kinder, welche den Pflichtteilsanspruch nicht erheben, sollen aus dem Nachlass des Erstversterbenden ein Vermächtnis erhalten, welches für jedes Kind so groß sein soll, wie dessen Erbanteil bei gesetzlicher Erbfolge und Übernahme der Pflichtteilslast auf die Kinder sich stellen würde. Der Anfall der Vermächtnisse soll sofort beim Tode des Erstversterbenden erfolgen. Die Zahlung soll aber erst beim Tode des letztlebenden Teils geschehen.
2. …[98]
3. Dasjenige Kind, welches den Pflichtteilsanspruch erhebt, soll auch vom Nachlass des überlebenden Teiles nur den Pflichtteil erhalten. Über das hierdurch freiwerdende Vermögen darf der Überlebende frei von Todes wegen verfügen."

Eine **neuere, verbesserte Variante** dieser Klausel hat folgenden Wortlaut:[99] „Verlangt einer unserer Abkömmlinge auf den Tod des Erstversterbenden den Pflichtteil, so

90 BayObLG FamRZ 1990, 1158; BayObLG FamRZ 1995, 1447, 1448; BayObLG FamRZ 1996, 440, 441.

91 BayObLG NJW-RR 1996, 262; die Klausel sah hier das Geltendmachen u. Erhalten des Pflichtteils vor; nach OLG Zweibrücken FamRZ 1999, 468 reicht dagegen das bloße Verlangen des Pflichtteils nicht aus.

92 BayObLG ZEV 1995, 191; BayObLG FamRZ 1996, 440; BayObLG FamRZ 1995, 1447; OLG Stuttgart OLGZ 1979, 52; Soergel/*Loritz/Uffmann*, § 2075 Rn 18.

93 MüKo/*Musielak*, § 2269 Rn 65, 67.

94 BayObLG FamRZ 1996, 440; *Wacke*, DNotZ 1990, 403; a.A. *Strobel*, MDR 1980, 363. Durch Auslegung des Einzelfalls kann sich aber auch ergeben, dass im Verwirkungsfall nicht der gesamte Stamm von der Erbfolge ausgeschlossen ist.

95 BGH MittBayNot 2007, 223.

96 Zu dieser Klausel und ihren entwickelten Verbesserungen sowie ihren Vor- und Nachteilen vgl. *Mayer*, ZEV 1995, 136 ff. und Kössinger/Najdecki/Zintl/*R. Kössinger/Zintl*, § 14 Rn 77.

97 Zitiert nach *Mayer*, ZEV 1995, 136, 137.

98 Hier sind Bestimmungen für den Fall enthalten, dass alle Kinder den Pflichtteil geltend machen. Es wird ein Vermächtnis für einen Dritten angeordnet.

99 Formulierungsvorschlag einer erweiterten Jastrow'schen Klausel nach MVHdB VI BürgerlR II *Nieder/Otto*, XVI.28 § 5.

sind er und seine Nachkommen von der Erbfolge auf Ableben des Längstlebenden ausgeschlossen. Ferner erhalten in diesem Fall jeder nach § 2[100] berufene Abkömmling mit Ausnahme dessen, der den Pflichtteil verlangt hat und seiner Nachkommen, aus dem Nachlass des Erstversterbenden ein Geldvermächtnis in Höhe des Wertes seines gesetzlichen Erbteils auf Ableben des Erstversterbenden, wenn dieser erst beim Tod des Längstlebenden verstorben wäre, berechnet aus dem zum Zeitpunkt des Todes des Längstlebenden noch vorhandenen Nachlass des Erstversterbenden. Diese Vermächtnisse fallen erst mit dem Tod des Längstlebenden an und nur an zu diesem Zeitpunkt noch lebende Bedachte."

41 Den Pflichtteilsstrafklauseln ist gemeinsam, dass sie zumeist dahingehend formuliert sind, dass Verwirkung eintritt, wenn der Pflichtteil nach dem Erstversterbenden „geltend" gemacht oder „verlangt" wird. Welches Verhalten bei einer solchen Formulierung als Zuwiderhandlung gegen das in der Klausel enthaltene Verbot anzusehen ist, ist mangels konkreter Bestimmung im Testament durch Auslegung zu ermitteln.[101]

42 Bei der Auslegung der Verwirkungsklausel ist deren beabsichtigter Schutzzweck entscheidend. Regelmäßig wird es den Erblassern darum gehen, eine gleichmäßige Beteiligung der Schlusserben zu erreichen, eine wirtschaftliche Einschränkung des überlebenden Ehegatten zu verhindern und diesen auch vor den persönlichen Belastungen zu schützen, die sich aus der Geltendmachung des Pflichtteils nach dem Tod des Erstversterbenden ergeben können.[102]

43 Die Rechtsprechung[103] und ein Großteil der Literatur[104] fordern für die Auslösung der Pflichtteilsstrafklausel zusätzlich ein sogenanntes „subjektives Element der Vorwerfbarkeit". Nach der Rechtsprechung des BayObLG[105] ist dafür ausreichend, wenn der Pflichtteil in Kenntnis der Verwirkungsklausel „bewusst" (bewusster Ungehorsam) verlangt wird. Die **„bewusste" Missachtung des Erblasserwillens** sei dann regelmäßig als vorwerfbar anzusehen, eine moralische Bewertung hingegen nicht erforderlich.[106]

44 Ein böswilliges Verhalten oder eine vorwerfbare Missachtung des Willens des Erblassers muss nicht vorliegen.[107] Das OLG Stuttgart[108] hatte hingegen in einer älteren Entscheidung noch angenommen, dass ein bewusster Ungehorsam nicht genüge, sondern i.d.R. eine **„böswillige Auflehnung"** gegen den Erblasserwillen erforderlich sei. Entscheidend ist auch hier die Individualauslegung, d.h. die konkrete Ermittlung des Erblasserwillens im Einzelfall.

100 Hier ist die Einsetzung der Schlusserben geregelt.

101 BayObLG FamRZ 1995, 1019; BayObLG NJW RR 1991, 394 = MDR 1991, 252; BayObLGZ 1990, 58.

102 Vgl. *Lübbert*, NJW 1988, 2706 und BayObLG FamRZ 1995, 1447.

103 BayObLG FamRZ 1996, 440, 1447; OLG Braunschweig OLGZ 1977, 185; OLG Stuttgart OLGZ 1968, 246; anders OLG Stuttgart OLGZ 1979, 52, wo auf ein subjektives Kriterium verzichtet wurde und ein Irrtum der Erben über die Bedeutung der Pflichtteilsstrafklausel als nicht beachtlich angesehen wurde.

104 MüKo/*Leipold*, § 2074 Rn 46 ff.; MüKo/*Musielak*, § 2269 Rn 65 m.w.N.

105 BayObLGZ 1990, 58; BayObLG FamRZ 1995, 1447; BayObLG FamRZ 1996, 440.

106 BayObLGZ 1990, 58; BayObLG FamRZ 1996, 440.

107 BayObLG FamRZ 1995, 1447, 1448; BayObLG ZEV 2004, 202, 204; OLG München ZEV 2008, 341, 343; KG FamRZ 1998, 124, 127; OLG Schleswig ZEV 2013, 501, 502; OLG Hamm ZEV 2013, 397 m. Anm. *Horn/Kroiß*; Staudinger/*Otte*, (2019) § 2074 Rn 73; a.A. noch OLG Braunschweig OLGZ 1977, 186; OLG Stuttgart OLGZ 1968, 246.

108 OLG Stuttgart OLGZ 1968, 246. Das OLG Braunschweig forderte eine vorwerfbare Handlungsweise als subjektive Voraussetzung, vgl. OLGZ 1977, 185.

Das ernsthafte Verlangen des Pflichtteils genügt, um die Pflichtteilsstrafklausel auszulösen.[109] Demgemäß wird die Klausel durch das bewusste Geltendmachen des Pflichtteils in Kenntnis der Klausel ausgelöst. Nicht vorliegen müssen eine vorwerfbare Missachtung des Erblasserwillens oder ein böswilliges Verhalten.[110] Nicht erforderlich ist es, den Pflichtteil gerichtlich durchzusetzen.[111] Wird der Pflichtteil gegenüber einem Vertreter des Erben geltend gemacht, ist dies ausreichend.[112] Ordnen Ehegatten in einem gemeinschaftlichen Testament eine Pflichtteilsstrafklausel an, wird diese i.d.R. durch Geltendmachung des Pflichtteils gegenüber dem Längstlebenden ausgelöst.[113] Wird der Pflichtteil seitens eines Schlusserben gegenüber dem Längstlebenden geltend gemacht und wird der überlebende Ehegatte dann für erbunwürdig erklärt, d.h. er verliert rückwirkend auf den Erbfall sein Erbrecht, wird die Pflichtteilsklausel nicht ausgelöst.[114] Macht das Kind seinen gesetzlichen Erbteil geltend, ohne dass es Kenntnis von der Pflichtteilsklausel hat, wird deren Wirkung durch die Geltendmachung nicht ausgelöst. Hält der Betroffene nach Kenntniserlangung jedoch an der Geltendmachung der Ansprüche beim ersten Todesfall fest, wird die Pflichtteilsklausel ausgelöst.[115] Die Pflichtteilsklausel wird nur dann nicht ausgelöst, wenn der Abkömmling nach Erlangung der Kenntnis von der Pflichtteilsklausel umgehend auf die weitere Geltendmachung seiner Ansprüche verzichtet bzw. davon Abstand nimmt.[116] Hat einer der Schlusserben den Pflichtteil nicht gefordert, sondern hat er ihn lediglich entgegengenommen wird die Pflichtteilsstrafklausel nicht ausgelöst.[117] Verlangt der Pflichtteilsberechtigte die Zahlung eines Teilbetrages, der später auf das Schlusserbe angerechnet werden soll, sind die Voraussetzungen der Pflichtteilsstrafklausel erfüllt.[118] 45

Macht der Pflichtteilsberechtigte die Unwirksamkeit des Testaments geltend und fordert seinen gesetzlichen Erbteil, löst dies die Pflichtteilsstrafklausel aus.[119] Ordnen die Erblasser die Untersagung der Geltendmachung des Pflichtteils beim Tod des erstversterbenden Ehegatten an und greift der Pflichtteilsberechtigte die Erbenstellung des überlebenden Ehegatten an, wird die Pflichtteilsstrafklausel nicht ausgelöst.[120] 46

Die Auslegung einer Pflichtteilsstrafklausel bei Stiefkindern kann Auslegungsschwierigkeiten bereiten, wenn die Erblasser in einem gemeinschaftlichen Testament bestimmen, dass die ausdrücklich als Schlusserben vorgesehenen Stiefkinder bei Geltendmachung des Pflichtteils nach dem Tod des Erstversterbenden auch nach dem Tod des Letztversterbenden nur den Pflichtteil erhalten sollen.[121] 47

Da den Stiefkindern nach dem Tod des Stiefelternteils kein gesetzliches Pflichtteilsrecht zusteht, ist in einem solchen Fall durch Auslegung zu ermitteln, was die Erblasser

---

109 Verzug braucht dadurch nicht begründet zu werden. Ob es zweckmäßig ist, die Klausel so zu formulieren, dass es auf den Verzug ankommt (dafür *Radke*, ZEV 2001, 136, 139), erscheint zweifelhaft.

110 Soergel/*Loritz/Uffmann*, § 2075 Rn 8, 9 m.w.N.; Staudinger/*Otte*, 2019, § 2074 Rn 73; a.A. noch OLG Braunschweig OLGZ 1977, 186; OLG Stuttgart OLGZ 1968, 246.

111 OLG Düsseldorf FGPrax 2011, 300.

112 OLG Hamm ZEV 2013, 397, 398.

113 BGH NJW 2015, 1382 Rn 8.

114 BGH NJW 2015, 1382 Rn 8.

115 OLG Düsseldorf FamRZ 2011, 1175.

116 OLG Rostock NJW-RR 2015, 776.

117 OLG Hamburg BeckRS 2018, 50964.

118 OLG Köln BeckRS 2018, 25213.

119 OLG München NJW-RR 2011, 1164, 1164 f.; bestätigend OLG München MittBayNot 2019, 165, 166.

120 OLG München MittBayNot 2019, 165.

121 Vgl. BGH NJW-RR 1991, 706; vgl. auch *Frohn*, Rpfleger 1997, 340, 342.

damit gemeint haben, dass bei Eingreifen der Verwirkungsklausel die vorgesehenen Schlusserben nur den Pflichtteil erhalten sollen. Es ist zu unterscheiden, ob nach dem Willen der Erblasser bei Eintritt der Bedingung die vorgesehenen Schlusserben nach dem Tod des zweitversterbenden Ehegatten (des Stiefelternteils) **gar nichts erhalten** sollen, oder ob ihnen dann ein **Geldvermächtnis in Höhe des fiktiven Pflichtteils** auch nach dem Tod des Zweitversterbenden (d.h. die Höhe des Geldbetrages wird so berechnet, wie wenn der Bedachte vom Zweitversterbenden abstammen würde) zustehen soll.[122] Weiterhin wäre es möglich, ein Geldvermächtnis in Höhe des Pflichtteils nach dem Erstversterbenden anzunehmen.[123]

48 Auch wenn der Längstlebende die zu **Schlusserben** bestimmten Personen veranlasst, den Pflichtteil geltend zu machen, schließt dies die Anwendbarkeit der Pflichtteilsklausel nicht notwendigerweise aus.[124] Sind sich die Beteiligten von vornherein einig, dass eine Vereinbarung hinsichtlich des Pflichtteilsanspruches geschlossen werden soll, insbesondere deshalb, weil weniger Erbschaftsteuer gezahlt werden soll, wird der Pflichtteil nicht gegen den Willen des überlebenden Ehegatten geltend gemacht, was dazu führt, dass die Pflichtteilsstrafklausel nicht eingreift.[125] Werden Verhandlungen geführt, die lediglich die künftige Schlusserbfolge absichern sollen, ist dies nicht als Geltendmachung des Pflichtteils anzusehen, so dass auch hier die Pflichtteilsstrafklausel nicht eingreift. Wurde seitens der Erblasser verfügt, dass die Schlusserbeneinsetzung davon abhängig ist, dass die Abkömmlinge ihren Pflichtteil auf Ableben des Erstversterbenden nicht geltend gemacht und erhalten haben, muss der Pflichtteil vor dem zweiten Erbfall ausbezahlt sein.[126] Erst dann greift die Pflichtteilsstrafklausel ein. Erfolgt zu einem späteren Zeitpunkt eine Rückzahlung des geleisteten Betrages, wird hierdurch die Wirkung der einmal eingetretenen Pflichtteilsstrafklausel nicht beseitigt.[127] Macht der Pflichtteilsberechtigte seinen Anspruch geltend, wird dieser dann als verzinsliches Darlehen gestundet und durch eine Grundschuld am Nachlassgrundstück dinglich abgesichert, ist die Pflichtteilsstrafklausel ausgelöst.[128] Wird ein Dritter zum Erben berufen und macht das pflichtteilsberechtigte Kind Ansprüche geltend, kann dies die Pflichtteilsstrafklausel auslösen.[129] Für den Fall der Wirksamkeit von Pflichtteilsklauseln ist in der Anordnung, die betreffende Person solle lediglich den Pflichtteil erhalten, weder eine Erbeinsetzung noch die Zuwendung eines Vermächtnisses in Höhe des Pflichtteils zu sehen.

49 Wird der Pflichtteilsanspruch auf Ableben des Erstversterbenden nach dem Tod des Längstlebenden und Annahme der Erbschaft auf Ableben des längstlebenden Ehegatten verlangt, kann die Pflichtteilsklausel ausgelöst werden. Dies gilt allerdings nur dann, wenn in der Erbschaftsannahme kein konkludenter Verzicht auf den Pflichtteilsanspruch auf Ableben des Erstversterbenden gesehen werden kann.[130] Nach Ansicht

122 Näher hierzu *Rudolf/Bittler/Seiler-Schopp*, § 2 Rn 305. Zu diesem Ergebnis gelangen OLG Celle FamRZ 2010, 1012 und OLG Schleswig ZEV 2013, 501 = DNotZ 2013, 461 m. Anm. *Reymann*.
123 Auf diese Auslegungsmöglichkeit weist BGH NJW-RR 1991, 706 besonders hin.
124 BayObLG ZEV 1995, 191.
125 MüKo/*Leipold*, § 2074 Rn 49.
126 OLG Zweibrücken ZEV 1999, 108.
127 BayObLG ZEV 2004, 202, 204.
128 OLG München ZEV 2006, 411.
129 BayObLG FamRZ 1996, 440.
130 BGH NJW 2006, 3064 = ZEV 2006, 501 (*Fischer*). Dazu (auch zur Auslegung der Pflichtteilsklausel im konkreten Fall) *Keim*, NJW 2007, 974.

des BGH könne die Pflichtteilsstrafklausel auch noch ausgelöst werden, wenn der Pflichtteilsanspruch bereits verjährt ist.[131]

50 Bei der Pflichtteilsstrafklausel handelt es sich i.d.R. nicht um eine Erbeinsetzung (§ 2304 BGB). Auch ist hierin keine Zuwendung eines Vermächtnisses in Höhe des Pflichtteils zu sehen.

Setzen sich die Ehegatten in einem gemeinschaftlichen Testament gegenseitig zu Erben ein und ordnen darüber hinaus eine Pflichtteilsstrafklausel an, regeln allerdings nicht die Schlusserbfolge, kann in der Anordnung dieser Pflichtteilsstrafklausel die Anordnung einer Schlusserbeinsetzung zu sehen sein.[132] Haben die Ehegatten in ihrer letztwilligen Verfügungen bspw. Regelungen getroffen, aus denen der Wille geschlossen werden kann, dass die Kinder gleichgestellt werden sollen, kann sich aus der Verbindung mit einer Pflichtteilsstrafklausel ergeben, dass die Kinder wechselbezüglich zu Schlusserben berufen sein sollen.[133] Es ist in derartigen Fällen zunächst im Wege der Auslegung zu ermitteln, ob dem gemeinschaftlichen Ehegattentestament die Einsetzung zu Schlusserben entnommen werden kann. Kommt man zu diesem Ergebnis, ist in einem zweiten Schritt zu prüfen, ob diese Schlusserbeinsetzung bindend ist, d.h. ob Wechselbezüglichkeit dieser Verfügung im Verhältnis zu derjenigen, durch die der Erstversterbende den Längstlebenden zum Alleinerben eingesetzt hat, gegeben ist.[134]

51 Haben Ehegatten ein notarielles Testament mit einer Pflichtteilsstrafklausel errichtet und wird dem Grundbuchamt die Erbfolge durch dieses Testament in Verbindung mit dem Eröffnungsprotokoll nachgewiesen, so müssen (und können) alle Kinder an Eides Statt versichern, dass keines von ihnen den Pflichtteil nach dem erstverstorbenen Ehegatten geltend gemacht hat.[135]

V. Veräußerungsverbote

52 Eine Klausel, die es den Bedachten verbietet, bestimmte Gegenstände zu veräußern, ist zulässig und wirksam.[136] Eine Veräußerung kann zur auflösenden Bedingung der Zuwendung gemacht werden. Die Wirksamkeit der Veräußerung bleibt davon allerdings unberührt, da die Verfügungsbefugnis gem. § 137 S. 1 BGB nicht entzogen werden kann[137] und der Eintritt der auflösenden Bedingung gem. § 158 S. 2 BGB nicht zum rückwirkenden Wegfall der Zuwendung führt. Tritt die auflösende Bedingung ein und führt[138] eine Veräußerung somit zum Eintritt der Nacherbfolge, kann dies dazu führen, dass die Verfügungsbeschränkungen der §§ 2113 f. BGB eingreifen.[139]

VI. Rechtsfolgen

53 Die Verwirkung kann zur Folge haben, dass derjenige, der die entsprechende, den Verwirkungstatbestand auslösende Handlung vornimmt, aufhört Erbe zu sein oder

---

131 BGH NJW 2006, 3064 = ZEV 2006, 501 (*Fischer*). Dagegen *Keim*, NJW 2007, 974, 975 f.; *Wälzholz*, ZEV 2007, 162, 165 f.; *Knauss*, FamRZ 2007, 435, 436; krit. auch *Fischer*, ZEV 2006, 503; *Purrucker*, ZEV 2007, 126, 127.

132 OLG Hamm ZEV 2005, 307; OLG München ZEV 2006, 411; OLG München FGPrax 2012, 205; OLG Frankfurt DNotZ 2011, 552, 553 (*Kanzleiter*); a.A. OLG Düsseldorf ZEV 2014, 303; OLG Hamm NJW-RR 2004, 1520; OLG Karlsruhe ZEV 2006, 409.

133 OLG München ZEV 2015, 246 (Ls.) = BeckRS 2015, 04370.

134 Zu Beispielen aus der Rechtsprechung, die die Pflichtteilsstrafklausel auslösen, siehe *Rudolf/Bittler/Seiler-Schopp*, § 2 Rn 300, 303.

135 OLG München ZEV 2013, 447; OLG Hamm NJW-RR 2011, 1097; a.A. OLG Frankfurt NJOZ 2013, 149 = FamRZ 2012, 1591 (zu Pflichtteils- und Strafklausel).

136 MüKo/*Leipold*, § 2074 Rn 40.

137 *Haegele*, JurBüro 1969, 1, 5; Staudinger/*Otte* (2019), § 2074 Rn 71.

138 MüKo/*Leipold*, § 2074 Rn 40.

139 MüKo/*Leipold*, § 2074 Rn 40.

verpflichtet ist, den Nachlass oder einen Teil hiervon herauszugeben. Es ist somit zwischen einer **auflösend bedingten Erbeinsetzung mit anschließender Nacherbschaft** (der Bedachte ist in diesem Fall bis zum Eintritt der Bedingung Vorerbe) und einer aufschiebend bedingten Herausgabepflicht des Nachlasses bzw. einzelner Nachlassgegenstände (also einem **aufschiebend bedingten Vermächtnis**) zu unterscheiden.[140]

54 Somit ist der unter eine Verwirkungsklausel gestellte Erbe auflösend bedingter Vollerbe und aufschiebend bedingter Vorerbe. Die Nacherbschaft ist aufschiebend bedingt. Es steht erst beim Tod des Bedachten fest, ob ein Verstoß gegen die Klausel vorliegt oder nicht und er im letzteren Fall Vollerbe geblieben ist.[141] I.d.R. ist von befreiter Vorerbschaft auszugehen.[142] Hat der Erblasser dies ausdrücklich bestimmt oder ergibt sich dies aus der Auslegung, sind Nacherben die übrigen Erben. Es ist dem Erblasser aber auch gestattet, Dritte zu Nacherben einzusetzen. Fehlt eine Anordnung, sind zu Nacherben diejenigen Personen berufen, die zu gesetzlichen Erben berufen wären. Das Verhalten, das der Erblasser zur Bedingung gemacht hat, ist nicht Voraussetzung für den Erwerb der Zuwendung, sondern für deren Behaltendürfen. Durch Auslegung ist demgemäß zu ermitteln, ob der eingesetzte Erbe bei Verwirkung seine Erbenstellung verlieren oder aber nur den noch vorhandenen Überrest des Nachlasses herausgeben soll.

55 Ist durch Individualauslegung der Erblasserwille nicht aufzuklären, dann soll nach allgemeiner Meinung eine Verwirkungsklausel im Zweifel gem. § 2075 BGB als auflösend bedingte Erbeinsetzung anzusehen sein.[143] Mit dem Erbfall fällt die Zuwendung zwar an, diese entfällt jedoch bei einer Zuwiderhandlung. Damit ist der Zuwiderhandelnde rückwirkend enterbt. Der Nacherbfall wird ausgelöst. Allerdings kann die stets vorrangige, individuelle Auslegung natürlich auch zu einem anderen Ergebnis kommen.[144]

56 Ein weiteres Problem auf der Rechtsfolgenseite ist bei Bedingungseintritt die Frage, ob gem. § 2069 BGB die Abkömmlinge des Bedachten, gem. § 2104 BGB dessen gesetzliche Erben oder nach § 2094 BGB die anderen Miterben (durch Anwachsung) an seine Stelle treten. Diese Frage ist zunächst durch Auslegung des jeweiligen konkreten Testaments zu klären.

57 Bezüglich der zeitlichen Grenzen sind die §§ 2109, 2162 f. BGB anzuwenden. Selbst wenn nicht von einer Nacherbfolge bzw. einem Nachvermächtnis als Rechtsfolge ausgegangen werden kann, sind die vorgenannten Vorschriften analog anzuwenden.[145]

VII. Verfahrensfragen

58 Die Nacherbfolge muss gem. § 352b FamFG im **Erbschein** unter Angabe der Bedingung angegeben werden.[146] Nicht angegeben werden muss dagegen ein bedingtes Vermächtnis. Wird dem **Grundbuchamt** ein notarielles Testament vorgelegt, das eine Pflichtteilsklausel enthält, kann dieses, und zwar trotz der Vorschrift des § 35 Abs. 1 S. 2 GBO, verlangen, dass ein Erbschein vorgelegt wird. Dieser dient zum Nachweis,

140 BayObLGZ 1962, 47 = NJW 1962, 1060.
141 BGHZ 96, 198 = NJW 1988, 59.
142 BayObLG NJW 1962, 1060; Soergel/*Loritz/Uffmann*, § 2075 Rn 21; *Wacke*, DNotZ 1990, 407.
143 BGH ZEV 2009, 459, 460; OLG Dresden NJW-RR 1999, 1165; offengelassen von BayObLGZ 1962, 47 = NJW 1962, 1060; OLG Celle ZEV 1996, 307; *Kroppenberg*, ZEV 2009, 463, 463; MüKo/*Leipold*, § 2074 Rn 29; a.A. *Wacke*, DNotZ 1990, 403, 406, der im Zweifel der Vermächtnislösung den Vorzug gibt, da diese das mildere Mittel und daher vorzuziehen sei.
144 MüKo/*Leipold*, § 2074 Rn 41 ff.
145 MüKo/*Leipold*, § 2074 Rn 43.
146 BayObLGZ 1962, 57.

dass der Pflichtteil nicht geltend gemacht worden ist.[147] Das Nichteingreifen einer Pflichtteilsklausel kann auch durch eidesstattliche Versicherung aller Kinder nachgewiesen werden, dass keines der Kinder den Pflichtteil nach dem erstverstorbenen Ehegatten verlangt hat.[148]

§ 2076 Bedingung zum Vorteil eines Dritten

Bezweckt die Bedingung, unter der eine letztwillige Zuwendung gemacht ist, den Vorteil eines Dritten, so gilt sie im Zweifel als eingetreten, wenn der Dritte die zum Eintritt der Bedingung erforderliche Mitwirkung verweigert.

Übersicht: Rdn

A. Allgemeines

1 Bei § 2076 BGB handelt es sich um eine **gesetzliche Regel** der ergänzenden Testamentsauslegung zum Schutz des Bedachten.[1] Die Einzelfallauslegung geht aber auch hier in jedem Fall vor. Der Eintritt der Bedingung wird nicht von einer Person verhindert, zu dessen Nachteil sich der Bedingungseintritt auswirken würde. Zur Vorschrift des § 162 BGB stellt § 2076 BGB keine Sondervorschrift dar.[2] Nach a.A. ist von einer **Auslegungsregel** auszugehen, wobei der Grundgedanke des § 162 BGB für einen Sonderfall ergänzt wird.[3] Dies sind solche Fälle, bei denen der Erblasser die Zuwendung an eine Bedingung knüpft, die einem Dritten Vorteile bringen soll, um hierdurch auf den Willen der bedachten Person einzuwirken. Scheitert jetzt die Erfüllung der Bedingung nur daran, dass der Dritte den Vorteil nicht haben möchte, würde es dem Willen des Erblassers widersprechen, wenn der Bedachte die Zuwendung in diesem Fall nicht erhalten würde. Daher wurde die Vorschrift des § 2076 BGB als gesetzliche Regel in das Gesetz aufgenommen. Mit dieser Vorschrift gilt die Bedingung dann als eingetreten, wenn der Dritte jegliche Mitwirkung verweigert.

B. Tatbestand

2 Hat der Erblasser eine Zuwendung unter der Bedingung verfügt, dass die Bedingung den **Vorteil eines Dritten** bezweckt, so gilt diese im Zweifel als eingetreten, wenn der Dritte die erforderliche Mitwirkung verweigert.

---

147 *Böhringer*, BWNotZ 1988, 155; Soergel/*Loritz/Uffmann*, § 2075 Rn 25.

148 BGH ZEV 2016, 635 Rn 8; OLG München ZEV 2013, 447; OLG Hamm NJW-RR 2011, 1097; aA OLG Frankfurt NJOZ 2013, 149 = FamRZ 2012, 1591 zu Pflichtteils- und Strafklausel.

1 BeckOK BGB/*Litzenburger*, § 2076 Rn 1; jurisPK-BGB/*Lenz-Brendel*, § 2076 Rn 1; Staudinger/*Otte*, 2019, § 2076 Rn 2; MüKo/*Leipold*, § 2076 Rn 1.

2 OLG Hamm OLGZ 1968, 80, 85; *Zawar*, Das Vermächtnis in der Kautelarjurisprudenz, dargestellt am aufschiebend bedingten oder befristeten Vermächtnis, 1983, S. 41.

3 Soergel/*Loritz/Uffmann*, § 2076 Rn 1.

I. Bedingung

3 § 2076 BGB findet keine Anwendung, wenn keine Bedingung vorliegt, sondern vielmehr ein Vermächtnis oder eine Auflage zugunsten eines Dritten angeordnet wurde.[4] § 2076 BGB gilt nur für rechtsgeschäftliche Bedingungen und ist nur dann anwendbar, wenn die Erfüllung eines Vermächtnisses oder einer Auflage Bedingung für die Zuwendung an die beschwerte Person ist.[5] Ob ein Vermächtnis, eine Auflage oder eine Bedingung vorliegt, ist durch Auslegung zu ermitteln.

II. Vorteil eines Dritten

4 Sinn und Zweck der angeordneten Bedingung muss es sein, dass der Dritte einen Vorteil hiervon hat. Hat der Erblasser oder der Bedachte einen Vorteil, ist dies ohne Bedeutung für § 2076 BGB, da unter den Begriff des Dritten jede Person fällt, die nicht Erblasser oder bedachte Person ist. Bei dem Vorteil muss es sich nicht um einen geldwerten Vorteil handeln.[6] Als Vorteile kommen **Geld- oder Sachleistungen** in Betracht, aber auch die dingliche Absicherung eines Rechts im Grundbuch oder die Gewährung von Wohnung.[7] Auch die Übertragung von Forderungen oder sonstigen Rechten[8] oder die Gewährung von Pflegeleistungen[9] kommen in Betracht.

5 Die Anordnung des Erblassers, die Zuwendung davon abhängig zu machen, dass der Bedachte eine bestimmte Person **heiratet**, wird kontrovers behandelt. Nach einer Ansicht entspreche es nicht der komplexen Bedeutung der Ehe, sie als Vorteil für den Dritten i.S.d. § 2076 BGB zu qualifizieren.[10] Nach a.A. ist es zweifelhaft, ob die Bedingung, dass der Bedachte eine bestimmte Person zu heiraten hat, unter § 2076 BGB fällt. Eine derartige Bedingung sei jedoch ohnehin unwirksam.[11] Hier greife die individuelle Auslegung ein. Ob der Bedachte nach dem hypothetischen Willen des Erblassers eine Zuwendung erhalte oder nicht, sei demgemäß durch individuelle Auslegung zu ermitteln.[12] Nach weiterer Ansicht ist die Bedingung stets dann nicht eingetreten, wenn der Dritte sich gegen die Eheschließung ausspricht.[13] Der erstgenannten Ansicht ist zu folgen, da die Eingehung der Ehe bzw. die Ablehnung der Eheschließung nicht zum Vorteil eines Dritten ausgelegt werden kann. Die Eheschließung kann nicht Bedingung im Sinne des § 2076 BGB sein. Es muss im Wege der Auslegung entschieden werden, ob für den Fall, dass eine derartige Bedingung überhaupt wirksam ist, die Zuwendung auch dann gewährt werden soll, wenn die Eheschließung seitens des Dritten abgelehnt wird.

III. Aufschiebende Bedingung

6 Weitere Voraussetzung ist, dass es sich um eine aufschiebende Bedingung handeln muss. Nur für diesen Fall liegt es im Interesse der bedachten Person, wenn der Eintritt der Bedingung angenommen wird.

---

4 MüKo/*Leipold*, § 2076 Rn 2.
5 KG FamRZ 1968, 334; MüKo/*Leipold*, § 2076 Rn 2.
6 Soergel/*Loritz/Uffmann*, § 2076 Rn 3.
7 MüKo/*Leipold*, § 2076 Rn 2.
8 BeckOK BGB/*Litzenburger*, § 2076 Rn 3.
9 Staudinger/*Otte*, 2019, § 2076 Rn 4.
10 MüKo/*Leipold*, § 2076 Rn 2.
11 MüKo/*Leipold*, § 2074 Rn 25.
12 Zweifelnd Grüneberg/*Weidlich*, § 2076 Rn 2; Erman/*Schmidt*, § 2076 Rn 2.
13 Staudinger/*Otte* (2019), § 2076 Rn 3.

IV. Verweigerung des Dritten

Der Eintritt der Bedingung muss dadurch vereitelt werden, dass der Dritte seine **Mitwirkung** endgültig **verweigert**. Eine Mitwirkung kann dadurch verweigert werden, dass der Dritte dies ausdrücklich zum Ausdruck bringt, aber auch dadurch, dass aus seinem Verhalten eine endgültige Weigerung geschlossen werden kann.[14] Scheitert der Eintritt der Bedingung an anderen Gründen als der endgültigen Verweigerung der Mitwirkung durch den Dritten, findet § 2076 BGB keine Anwendung. In diesem Falle muss im Wege der **Auslegung** ermittelt werden, ob die Bedingung als eingetreten gilt, wenn deren Eintritt unmöglich geworden ist, dies jedoch nicht vom Bedachten zu verantworten ist.[15] Demgemäß ist im Wege der Auslegung zu ermitteln, ob allein die Herbeiführung des Erfolgs als Erfüllung des Versprechens gelten soll oder ob es genügt, dass sich der Bedachte zwar ernsthaft, aber erfolglos um den Eintritt der Bedingung bemüht.[16] Im Rahmen der Auslegung ist auf den hypothetischen Willen des Erblassers abzustellen,[17] d.h. auf den Willen, den er bei Errichtung des Testaments gehabt hätte, wenn er den ergänzungsbedürftigen Umstand gekannt hätte.[18] Es ist demgemäß zu ermitteln, ob die vom Bedachten unverschuldete Unmöglichkeit dem Eintritt der Bedingung gleichgestellt werden kann. Als Beispiel hierfür sei genannt, dass der Bedachte die aufschiebende Bedingung des Erblassers, wonach er dessen behinderte Tochter in seinem Haushalt unterbringen und pflegen soll, aus dem Grund unverschuldet nicht erfüllen kann, weil die Unterbringung in einem Heim aus medizinischen Gründen notwendig gewesen ist.[19] 7

Die Gründe, weshalb der Dritte seine Mitwirkung verweigert, sind unerheblich.[20] Nach einer Ansicht gilt daher auch die Verweigerung der Mitwirkung aus berechtigtem Anlass heraus als Bedingungseintritt.[21] *Otte* hingegen lehnt den Eintritt der Bedingung bei einer Weigerung aus berechtigtem Anlass ab.[22] Aufgrund des Wortlauts des Gesetzes ist der erstgenannten Ansicht zu folgen. Hätte der Gesetzgeber gewollt, dass eine Einschränkung dahingehend zu treffen ist, ob eine Verweigerung der Mitwirkung aus berechtigtem oder unberechtigtem Anlass erfolgt, wäre dies ausdrücklich geregelt worden, wie dies auch an der Vorschrift des § 162 BGB zu sehen ist. Ein treuwidriges Verhalten wird bei § 2076 BGB anders als bei § 162 BGB gerade nicht vorausgesetzt.

V. Bereitschaft des Bedachten

Der Bedachte hingegen muss dazu bereit, die Bedingung zu erfüllen und muss dies gegenüber dem Dritten auch entsprechend zum Ausdruck gebracht haben.[23] 8

14 MüKo/*Leipold*, § 2076 Rn 4.

15 BayObLG FamRZ 1986, 606, 607; Staudinger/*Otte* (2019), § 2076 Rn 4.

16 BayObLG FamRZ 1986, 606, 608: Hat der Erblasser die Erbeinsetzung von der Erfüllung des Versprechens abhängig gemacht, dass ihm der Bedachte nach dem Tod – wegen der Furcht eines Scheintods – die Pulsadern öffnet oder durch einen Arzt öffnen lässt, so kann die Auslegung ergeben, dass mit Rücksicht auf die Umstände beim Ableben des Erblassers bereits das Bemühen um die Herbeiführung dieses Erfolgs genügt.

17 Staudinger/*Otte* (2019), § 2076 Rn 4.

18 BGH NJW 1983, 672, 673.

19 OLG München OLGR 2005, 502, 503.

20 BayObLG FamRZ 1986, 606, 607; MüKo/*Leipold*, § 2076 Rn 4.

21 MüKo/*Leipold*, § 2076 Rn 4.

22 Staudinger/*Otte* (2019), § 2076 Rn 3.

23 Burandt/Rojahn/*Czubayko*, § 2076 Rn 5; jurisPK-BGB/*Lenz-Brendel*, § 2076 Rn 8; MüKoBGB/*Leipold*, § 2076 Rn 4.

C. Rechtsfolgen

I. Grundsatz

9 Rechtsfolge ist, dass die Bedingung im Zweifel in dem Fall als eingetreten gilt, wenn der Dritte seine Mitwirkung verweigert. Die Zuwendung kommt dem Bedachten in diesem Zeitpunkt zugute. Bei einer auflösenden Bedingung, darf der Bedachte die Zuwendung in dem Zeitpunkt des Bedingungseintritts behalten.
Allerdings kann ein entgegenstehender Wille des Erblassers vorliegen. Für diesen Fall greift § 2076 BGB nicht ein, nämlich in den Fällen, in denen die Zuwendung nur gemacht wurde, damit diese seitens des Bedachten an den Dritten weitergereicht werden soll. Hier entspricht es gerade dem Willen des Erblassers, dem Bedachten überhaupt nichts zuzuwenden.

II. Analoge Anwendung des § 2076 BGB

10 Für den Fall, dass eine auflösende Bedingung seitens des Erblassers angeordnet worden ist, kommt eine analoge Anwendung des § 2076 BGB in Betracht. In den Fällen, in denen die Nichtmitwirkung eines Dritten den Bedachten dazu veranlasst hat, dass dieser ein bestimmtes fortgesetztes Handeln unterlassen hat, gilt die Bedingung als nicht eingetreten.[24] Beispiel. hierfür: Die Weigerung des Bedachten, einen Dritten zu pflegen, ist auflösende Bedingung, allerdings nicht, wenn nicht der Bedachte sich weigert, zu pflegen, sondern vielmehr der Dritte sich weigert, gepflegt zu werden. Hier gilt die Bedingung als nicht eingetreten.

§ 2077 Unwirksamkeit letztwilliger Verfügungen bei Auflösung der Ehe oder Verlobung

(1) [1]Eine letztwillige Verfügung, durch die der Erblasser seinen Ehegatten bedacht hat, ist unwirksam, wenn die Ehe vor dem Tode des Erblassers aufgelöst worden ist. [2]Der Auflösung der Ehe steht es gleich, wenn zur Zeit des Todes des Erblassers die Voraussetzungen für die Scheidung der Ehe gegeben waren und der Erblasser die Scheidung beantragt oder ihr zugestimmt hatte. [3]Das Gleiche gilt, wenn der Erblasser zur Zeit seines Todes berechtigt war, die Aufhebung der Ehe zu beantragen, und den Antrag gestellt hatte.
(2) Eine letztwillige Verfügung, durch die der Erblasser seinen Verlobten bedacht hat, ist unwirksam, wenn das Verlöbnis vor dem Tod des Erblassers aufgelöst worden ist.
(3) Die Verfügung ist nicht unwirksam, wenn anzunehmen ist, dass der Erblasser sie auch für einen solchen Fall getroffen haben würde.

Literatur

Battes, Zur Wirksamkeit von Testamenten und Erbverträgen nach der Ehescheidung, JZ 1978, 733; *Bayer*, Der Vertrag zugunsten Dritter, 1995, S. 237 ff.; *Bock*, Die Änderung erbrechtlicher Vorschriften durch das 1. EheRG und ihre Auswirkungen auf die Rechtsstellung des überlebenden Ehegatten, MittRhNotK 1977, 205; *Bonefeld*, Scheidungsantrag und Ehegattenerbrecht, ZErb 2002, 68; *Diekmann*, Erbrechtliche Fragen familienrechtlicher Reformgesetze im Spiegel neuerer Lehrbücher, FamRZ 1979, 389; *Dieterle*, Das Geschiedenentestament, BWNotZ 1970, 170; *Finger*, Lebensversicherung, Scheidung oder Aufhebung der Ehe und § 2077 BGB, VersR 1990, 229; *Flik*, Beeinflusst die Aufhebung eines Adoptionsverhältnisses frühere Verfügungen von Todes wegen?, BWNotZ 1980, 132; *Foer*, Die Berücksichtigung des Willens des Testators bei der Auslegung mehrdeutiger Verfügungen von Todes wegen, AcP 153 (1954) 492; *Fuchs*, Zur Einführung Bürgerlichrechtliche Grundlagen der Lebensversicherung,

24 MüKo/*Leipold*, § 2076 Rn 3.

JuS 1989, 179; *Jünemann*, Anmerkung zu BGH ZEV 2015, 716, ZEV 2015, 719; *Keuk*, Der Erblasserwille post testamentum und die Auslegung des Testamentes, 1965; *Kuchinke*, Zum rechtlichen Schicksal eines gemeinschaftlichen Testamentes bei Scheidung und späterer Wiederheirat der Erblasser, DNotZ 1996, 306; *Mayer*, Der Fortbestand letztwilliger Verfügungen bei Scheitern von Ehe, Verlöbnis und Partnerschaft, ZEV 1997, 280; *Meier-Scherling*, Die eheähnliche Lebensgemeinschaft, DRiZ 1979, 296; *Muscheler*, Der Einfluss der Eheauflösung auf das gemeinschaftliche Testament, DNotZ 1994, 733; *Reimann*, Das Schicksal letztwilliger Zuwendungen an Schwiegerkinder nach Ehescheidung, ZEV 2011, 636; *Schramm*, Erbrechtliche Maßnahmen bei Trennung, NZFam 2016, 455; *Tappmeier*, Erbeinsetzung und Bezugsberechtigung des Ehegatten aus einer Kapitallebensversicherung nach Scheidung der Ehe, DNotZ 1987, 715; *Völkel*, Bereicherungsanspruch gegen einen bezugsberechtigten Ehegatten aus einer Kapitallebensversicherung nach Scheidung und Tod des Versicherungsnehmers unter Berücksichtigung der Probleme des Widerrufs durch Testament und der Wirkung der §§ 12, 13 ALB, VersR 1992, 539.

Übersicht: Rdn

A. Allgemeines

Dem Erblasser kommt es i.d.R. bei Abfassung seiner letztwilligen Verfügung auf die familienrechtliche Bindung an. Bei der Errichtung der letztwilligen Verfügung wird die Möglichkeit der Auflösung der Ehe durch Scheidung oft nicht berücksichtigt. Diesem Umstand trägt § 2077 BGB Rechnung. Hierbei handelt es sich nicht um eine so starre Regelung wie bei der gesetzlichen Erbfolge gem. § 1933 BGB. Sind dessen Voraussetzungen erfüllt, führt dies endgültig und ausnahmslos zum Wegfall des Ehegattenerbrechts. 1

Allerdings ist umstritten, wie die Regelung des § 2077 BGB zu qualifizieren ist. Nach h.A. handelt es sich um eine **Auslegungsregel**, und zwar um eine Regel der ergänzenden Testamentsauslegung.[1] Dies wird dem Abs. 3 der Vorschrift entnommen.[2] Nach a.A. liegt ein **„ergänzender“**[3] oder **„dispositiver“ Rechtssatz** vor.[4] Es gehe nämlich nicht um die Klarstellung einer mehrdeutigen Erklärung. Nach weiterer Ansicht handele es sich um einen Fall nachträglicher Mehrdeutigkeit, welcher dahingehend zu lösen sei, dass der sich nach Errichtung des Testaments gebildete Erblasserwille zu berücksichtigen sei.[5] Der h.M., wonach bei § 2077 BGB von einer Auslegungsregel auszugehen ist, ist zu folgen, da der Erblasser im allg. seinen Ehegatten nicht bedacht hätte, wenn er damit gerechnet hätte, dass die Ehe scheitert. Mit Abs. 3 wird eindeutig auf den Willen des Erblassers bei Testamentserrichtung abgestellt und nicht auf einen nachträglich, d.h. nach Scheidung oder Auflösung der Ehe, vom Erblasser gebildeten Willen.

Um Streitigkeiten im Nachhinein zu vermeiden, sollten daher im Testament oder Erbvertrag ausdrückliche Regelungen eine etwaige Ehescheidung betreffend getroffen werden.[6] Es besteht die Möglichkeit, in einem Erbvertrag zu vereinbaren, dass bereits bei Einreichung eines Scheidungsantrages und unabhängig von dessen Begründetheit die Zuwendungen durch den Ehegatten unwirksam werden.[7] Die Vorschrift des § 2077 BGB steht selbstständig neben einer Anfechtbarkeit gem. § 2078 Abs. 2 BGB. Handelt es sich um eine Ehekrise, bei der die Voraussetzungen von Abs. 1 S. 2 noch nicht vorgelegen haben bzw. nicht feststellbar sind, kommt eine Anfechtung in Betracht.[8]

§ 2077 BGB ist nur auf solche Verfügungen anwendbar, die nach der Eheschließung getroffen wurden, nicht hingegen auf solche vor Eheschließung. § 2077 BGB findet auch dann keine Anwendung, wenn Verfügungen in Erwartung einer künftigen Eheschließung getroffen worden sind.[9] Waren Erblasser und Bedachter bei Testamentserrichtung verlobt und gehen diese später die Ehe ein, so ist § 2077 BGB anwendbar.[10]

B. Tatbestand

I. Unwirksamkeit letztwilliger Verfügungen, die der Erblasser zugunsten seines Ehegatten verfügt hat

1. Ehe darf nicht mehr bestehen

2 Die **Wirksamkeit** der letztwilligen Verfügungen zugunsten des Ehegatten ist davon abhängig, ob die **Ehe** im Zeitpunkt des Todes des Erblassers noch **besteht**, es sei denn, der Erblasser hätte die Verfügung auch für den Fall des Nichtbestehens getroffen (Abs. 3). Der Ehegatte muss in der letztwilligen Verfügung nicht ausdrücklich als

1 MüKo/*Leipold*, § 2077 Rn 3; Staudinger/*Otte* (2019), § 2077 Rn 6.

2 BGH FamRZ 1961, 364; BayObLG NJW-RR 1993, 12; OLG Zweibrücken NJW-RR 1998, 941; OLG Stuttgart ZEV 2012, 208; BGH FamRZ 1960, 28 = BeckRS 2015, 5602; BayObLGZ ZEV 2001, 190, 192; Soergel/*Loritz/Uffmann*, § 2077 Rn 2; BeckOGK/*Harke*, § 2077 Rn 5 – BGHZ 154, 336, 340 = NJW 2003, 2095; BayObLG FamRZ 1996, 760, 761; NJW-RR 1997, 7, 8; OLG Rostock ZEV 2021, 709 = BeckRS 2021, 25585; Grüneberg/*Weidlich*, § 2077 Rn 1.

3 *v. Lübtow*, Erbrecht I, S. 293.

4 BayObLG FamRZ 1996, 760, 761; BayObLG NJW-RR 1997, 7, 8; *Muscheler*, DNotZ 1994, 733, 736.

5 *Foer*, AcP 153, 492, 493 f.; MüKo/*Leipold*, § 2077 Rn 2 m.w.N.

6 *J. Mayer*, ZEV 1997, 280 mit Formulierungsvorschlägen; *Schramm*, NZFam 2016, 455; Formulierungsvorschlag bei BeckFormB ErbR/*Keim*, Form. C.I.8 § 7.

7 OLG München BeckRS 2016, 07221 Rn 15.

8 OLG Hamm BeckRS 2004, 30342322.

9 OLG Frankfurt BeckRS 2016, 06193 Rn 13; OLG Frankfurt BeckRS 2016, 09184 Rn 21; vgl. auch Gutachten DNotI-Report 2018, 57; MüKo/*Leipold*, § 2077 Rn 7; Staudinger/*Otte* (2019), § 2077 Rn 11.

10 BGH BeckRS 2024, 13791; NJW 2019, 3449; FamRZ 1961, 364; BayObLG FamRZ 1993, 362; MüKo/*Leipold*, § 2077 Rn 18.

solcher bezeichnet sein. Unter Abs. 1 fallen auch solche Fälle, in denen der Erblasser ein Testament errichtet und Verfügungen zugunsten einer Person trifft, mit der er verlobt ist, die er jedoch erst zu einem späteren Zeitpunkt heiratet. War er jedoch bei Testamentserrichtung nicht einmal verlobt, gilt § 2077 BGB nicht, da die **familienrechtliche Bindung** im Vordergrund steht und dieser Zusammenhang in dem vorgenannten Fall fehlt.[11] Für den Fall, dass eine Verfügung von Todes wegen errichtet wurde, und zwar in Erwartung der späteren Eheschließung sowie des Fortbestandes der geschlossenen Ehe, kommt allenfalls eine Anfechtung gem. § 2078 Abs. 2 BGB in Betracht. Die Anwendbarkeit von § 2077 BGB scheidet aus.

Die letztwillige Verfügung ist in allen Fällen des **Nichtbestehens der Ehe** unwirksam. 3
Hierunter fällt die **Nichtigkeit der Ehe** gem. den bis 1.7.1998 geltenden §§ 17–21 EheG, deren **Auflösung durch Scheidung durch rechtskräftigen Scheidungsbeschluss**, ebenso die rechtskräftige Aufhebung der Ehe durch Aufhebungsbeschluss (§ 1313 BGB) sowie in den Fällen, in denen der bedachte Ehegatte wieder heiratet, nachdem der Erblasser für tot erklärt worden ist, die Wiederheirat jedoch vor dem Tode des Erblassers erfolgt. Die **Eheaufhebung** gem. § 1313 BGB ist dabei mit Wirkung zum 1.7.1998 an die Stelle des Nichtigkeits- oder Aufhebungsurteils im Sinn des EheG getreten. Wurde die Ehe vor dem 1.7.1998 aufgehoben, ist zusätzlich Art. 226 EGBGB zu beachten. Wurde bereits vor dem 1.7.1998 Nichtigkeits- oder Aufhebungsklage gem. den Vorschriften des bis dahin geltenden EheG erhoben, gilt Art. 226 Abs. 2 EGBGB.

Von Abs. 1 nicht erfasst werden die Fälle, in denen die Ehe durch den Tod des Bedach- 4
ten aufgelöst wird. Nach den Vorschriften der §§ 1923, 2108, 2160 BGB entfällt die Zuwendung an denselben ohnehin.

Wurde eine Ehe im Gebiet der ehemaligen DDR vor dem Beitritt geschieden, ist § 2077 BGB anwendbar, sofern der Erbfall nach dem Beitritt eintritt.[12]

2. Rechtshängigkeit eines Scheidungs- oder Aufhebungsverfahrens

§ 2077 BGB findet auch dann Anwendung, wenn die Ehe zwar noch besteht, ein 5
Scheidungs- oder Aufhebungsverfahren jedoch bereits rechtshängig ist. Voraussetzung ist, dass im Zeitpunkt des Todes des Erblassers die Voraussetzungen für eine Scheidung bzw. Aufhebung der Ehe vorgelegen haben und das entsprechende Verfahren vom Erblasser auch eingeleitet worden ist bzw. er einer Einleitung eines derartigen Verfahrens zugestimmt hat.[13] Der **Scheidungsantrag** muss bereits rechtshängig sein, wobei § 167 ZPO nicht analog angewendet werden kann, da es nicht um eine Frage der Verjährung oder die Wahrung einer Frist geht.[14] Gleiches gilt für die **Aufhebungsklage** bzw. die Zustimmung des Erblassers i.S.v. § 1566 Abs. 1 BGB. Hingegen ist für § 2077 BGB unerheblich, ob sich der Erblasser in seinem Antrag gemäß § 133 Abs. 1 Nr. 2 FamFG zu einer Regelung über Scheidungsfolgen erklärt hat. Bzgl. der Zustimmung des Erblassers zum Scheidungsantrag des überlebenden Ehegatten ist str., ob eine formlose Erklärung ausreichend ist[15] oder ob die Zustimmung der Form des § 134

11 MüKo/*Leipold*, § 2077 Rn 7 m.w.N. Siehe auch OLG Frankfurt ErbR 2016, 276: Keine Anwendung des § 2077 BGB, wenn die nichteheliche Lebensgefährtin bedacht wurde (ohne dass ein Verlöbnis bestand), später die Ehe geschlossen und dann geschieden wurde.

12 OLG Dresden ZEV 2010, 257.

13 Diese Voraussetzungen der Unwirksamkeit verstoßen nicht gegen Art. 6 Abs. 1 GG, BVerfG BeckRS 2012, 47241 (Nichtannahmebeschluss).

14 BGHZ 111, 329, 333.

15 BayObLG FamRZ 1983, 96 f.; OLG Frankfurt OLGZ 1990, 215, 217; OLG Saarbrücken FamRZ 1992, 109, 112; *Bock*, MittRhNotK 1977, 205, 208.

Abs. 1 FamFG genügen muss.[16] Die Zustimmung kann im Schriftsatz des Prozessbevollmächtigten erklärt werden, ebenso gegenüber der Geschäftsstelle.[17] Da jedoch die Zustimmung dem Scheidungsantrag gleichgestellt wird und ein solcher nicht formlos gestellt werden kann, kann auch eine Zustimmung nicht formlos erfolgen. Es ist daher der zweitgenannten Ansicht zu folgen. Der Erblasser kann eine bereits erteilte Zustimmung noch bis zum Schluss der mündlichen Verhandlung widerrufen. In einer Erklärung, zu einer Mediation bereit zu sein, kann ein Widerruf der Zustimmung jedoch nicht gesehen werden.[18] Soll das Verfahren ausgesetzt werden oder erfolgt die Ankündigung, im nächsten Termin der Scheidung nicht zuzustimmen, ist hierin kein Widerruf der Zustimmung zu sehen.[19]

6 In den Fällen, in denen allein der überlebende Ehegatte die Scheidung beantragt hat und eine Entscheidung aufgrund Todes des Erblassers nicht mehr erfolgen kann, treten für eine Verfügung des verstorbenen Ehegatten diese Unwirksamkeitsfolgen nicht ein. Dies bedeutet, dass der die Scheidung beantragende Ehegatte in den Genuss der zu seinen Gunsten angeordneten Verfügungen kommt, seine eigene Zuwendung aber für den Fall, dass ihn der Erblasser überlebt hätte, unwirksam geworden wäre. Dies ist damit zu begründen, dass sich für den Fall, dass der Erblasser der Scheidungsgegner ist, nicht ohne weiteres vermuten lässt, dass es sein Wille ist, die Zuwendung an den anderen Ehegatten nicht mehr zu wollen.[20] Demgemäß kann eine Unwirksamkeit nur darauf beruhen, ob der Erblasser durch eigenes Verhalten kundgetan hat, die geschlossene Ehe nicht mehr fortsetzen zu wollen. Betreibt hingegen der Ehegatte das Scheidungsverfahren, gibt es keine Anhaltspunkte dafür, dass auch der Erblasser die Auflösung wünscht. Daher kann ihm nicht unterstellt werden, dass er den Wegfall der letztwilligen Verfügung gewollt hat.[21]

7 Wurde Scheidungsantrag bei einem örtlich unzuständigen Gericht gestellt, ist dies unschädlich. Hat der Erblasser jedoch nur einen Antrag auf Verfahrenskostenhilfe (früher: **Prozesskostenhilfe**) oder den Antrag auf Erlass einer einstweiligen Anordnung wegen eines Prozesskostenvorschusses gestellt, reicht dies nicht aus.[22] Sowohl bei der Aufhebung als auch bei der Scheidung der Ehe ist erforderlich, dass der Antrag Erfolg gehabt hätte und die Ehe aufgrund des Antrages aufgelöst oder geschieden worden wäre.[23] Abs. 1 findet keine Anwendung, wenn der Scheidungsantrag zurückgenommen oder die Zustimmung wirksam widerrufen wird.[24]

3. Rechtsfolgen

8 Rechtsfolge i.S.d. Abs. 1 ist die Unwirksamkeit der letztwilligen Verfügung. Für den Fall, dass die letztwillige Verfügung eine Auflage enthält, entfällt deren Vollziehungsanspruch.[25] Diese Rechtsfolge gilt jedoch vorbehaltlich der Regelung gem. Abs. 3. Im Hinblick auf die Auswirkungen auf sonstige im Testament enthaltene Verfügungen

16 OLG Zweibrücken OLGZ 1983, 160 ff.; OLG Saarbrücken FamRZ 1992, 109.
17 Staudinger/*Otte* (2019), § 2077 Rn 16.
18 OLG Oldenburg BeckRS 2018, 30214.
19 OLG Oldenburg BeckRS 2018, 30214.
20 OLG Hamm FamRZ 1965, 78; a.A. für eine analoge Anwendung des § 2077 BGB: Soergel/*Loritz/Uffmann*, § 2077 Rn 9; Staudinger/*Otte* (2019), § 2077 Rn 18.
21 BeckOGK/*Harke*, § 2077 Rn 20, 21; MüKo/*Leipold*, § 2077 Rn 10; BeckOK BGB/*Litzenburger*, § 2077 Rn 9; anders *Zopfs*, ZEV 1995, 309 und *Wirtz*, Die erbrechtliche Position des Ehegatten im Scheidungsverfahren, 2003, Fn 22, S. 157 f.
22 Staudinger/*Otte* (2019), § 2077 Rn 15; *Bock*, MittRhNotK 1977, 205, 207.
23 OLG Zweibrücken Rpfleger 2000, 501.
24 Soergel/*Loritz/Uffmann*, § 2077 Rn 6; OLG Naumburg BeckRS 2015, 10356.
25 MüKo/*Leipold*, § 2077 Rn 14.

gilt § 2085 BGB.[26] Entfällt die Erbeinsetzung des Ehegatten, entfällt auch die Enterbung der Verwandten. Etwas anderes gilt nur dann, wenn sich aus dem Testament ein entgegenstehender Wille des Erblassers ergibt.[27]
Der Ex-Ehegatte hat im Fall des Abs. 1 S. 1 weder ein gesetzliches Erbrecht noch ein Pflichtteilsrecht. Aus § 1931 BGB ergibt sich, dass hierfür eine bestehende Ehe gegeben sein muss. Da gem. § 1933 S. 1 und 2 BGB das gesetzliche Erbrecht und auch das Pflichtteilsrecht entfallen, kommt man daher bei Abs. 1 S. 2 zum selben Ergebnis.

4. Beweislast

Ob die Voraussetzungen für eine Scheidung der Ehe bzw. deren Aufhebung vorliegen, 9
prüft das Nachlassgericht i.R.d. Erbscheinsverfahrens bzw. das Prozessgericht im Rahmen der Erbschaftsklage als **Vorfrage**. Derjenige, der sich darauf beruft, dass die Zuwendung des Erblassers an den Ehegatten unwirksam ist und die Scheidungsvoraussetzungen vorliegen, trägt die **Beweislast** für seine Behauptung, d.h. er muss das Scheitern der Ehe einschließlich des Nichtbestehens der Bereitschaft, sich zu versöhnen, im Zeitpunkt des Erbfalls beweisen.[28]

II. Unwirksamkeit letztwilliger Verfügungen, die der Erblasser zugunsten seines Verlobten verfügt hat

1. Verlöbnis

Ein **Verlöbnis** i.S.d. §§ 1297 ff. BGB, d.h. ein ernsthaftes wechselseitiges Heiratsver- 10
sprechen, ist Voraussetzung für die Anwendung des Abs. 2. Hat der Erblasser lange Zeit mit seiner Lebensgefährtin zusammengelebt, bestand jedoch keine konkrete Heiratsabsicht, handelt es sich auch dann nicht um ein Verlöbnis, wenn die Eheschließung nur deshalb unterblieben ist, um die Witwenrente zu behalten.[29] Abs. 2 ist nicht anwendbar, wenn das Verlöbnis zwar beim Tode des Erblassers noch besteht, der Erblasser die Erbeinsetzung jedoch unter die Bedingung gestellt hat, dass eine Eheschließung bereits erfolgt ist. In diesem Falle ist die Verfügung deshalb unwirksam, weil der Bedingungseintritt unmöglich geworden ist.[30]
Nach dem Wortlaut nicht erfasst wird die Beendigung einer **nichtehelichen Lebensge-** 11
meinschaft. Dies bedeutet, dass eine direkte Anwendung des Abs. 2 ausscheidet.[31] Es wäre daher an eine analoge Anwendung der vorbezeichneten Vorschrift zu denken.

---

26 OLG Hamburg ZEV 2015, 548 (Ls.) = NJW-RR 2015, 1419 (wirksam bleibende Einsetzung von Ersatzerben, auch wenn es sich dabei um Verwandte des Ex-Ehegatten handelt).

27 Vgl. OLG München NJW-RR 2006, 82.

28 BGHZ 128, 125 = ZEV 1995, 110; schwierig kann z.B. der Nachweis des Scheiterns der Ehe sein, vgl. als Beispiel OLG München NJW 2013, 3732 m. Anm. *Röfer* und (zum selben Fall) OLG München BeckRS 2013, 20035: kein Beweis des Scheiterns bei langjähriger Lebensgemeinschaft ohne gemeinsame Wohnung; trotz notariell beurkundeter Erklärung des Erblassers, die das Scheitern der Ehe zum Ausdruck bringt.

29 BayObLG ZEV 2001, 438.

30 MüKo/*Leipold*, § 2077 Rn 17.

31 BGH BeckRS 2024, 13791; OLG Schleswig ZEV 2023, 741; OLG Rostock BeckRS 2021, 25585 Rn 24; OLG Frankfurt BeckRS 2016, 9184 Rn 20; 2016, 6193 Rn 12; OLG Celle ZEV 2003, 328 mAnm Leipold; BayObLG FamRZ 1983, 1226; BeckOGK/*Harke*, § 2077 Rn 11;

Eine solche scheidet jedoch nach allg. Ansicht[32] ebenfalls aus, da man davon ausgehen muss, dass eine nichteheliche Lebensgemeinschaft im Gegensatz zum Verlöbnis von unbestimmter Dauer ist und darüber hinaus keine rechtliche Bindung enthält. Im Gegensatz hierzu enthält ein Verlöbnis eine auf Dauer gerichtete rechtliche Bindung. Weiterhin wird seitens der Verlobten in Bezug auf die Vermögensdisposition eine entsprechende Erwartung damit verknüpft.[33] Dies gilt auch dann, wenn sich die Partner als Verlobte bezeichnet haben.[34] Die Partner einer nichtehelichen Lebensgemeinschaft haben sich bewusst gegen eine Verrechtlichung ihrer Verbindung entschieden.[35] Die Beendigung der **nichtehelichen Lebensgemeinschaft** kann ggf. i.R.d. § 2078 Abs. 2 BGB Berücksichtigung finden.[36] Im Rahmen einer verfestigten Lebensgemeinschaft im Sinne von § 1766a Abs. 2 BGB kann eine analoge Anwendung jedoch angemessen sein. Im Regelfall ist anzunehmen, dass der Partner deshalb bedacht wird, weil der Erblasser den Fortbestand der Lebensgemeinschaft erwartet.
Errichten die Partner einer nichtehelichen Lebensgemeinschaft ein Testament, schließen sie zu einem späteren Zeitpunkt die Ehe und lassen sich jedoch wieder scheiden, findet Abs. 1 keine Anwendung, auch nicht analog.[37]

2. Auflösung des Verlöbnisses

12 Das Verlöbnis muss im Zeitpunkt des Todes des Erblassers aufgelöst worden sein. Eine Auflösung kann zum einen durch einvernehmliche Aufhebung als auch durch einseitige Rücktrittserklärung erfolgen. Aber auch durch schlichte Unmöglichkeit des Heiratsplanes aufgrund anderweitigen Eheschlusses, kann das Verlöbnis aufgelöst sein.[38]

3. Rechtsfolgen

13 Besteht die Verlobung im Zeitpunkt des Todes des Erblassers nicht mehr, wurde sie also vorher aufgelöst, hat dies die Unwirksamkeit der zugunsten der Verlobten getroffenen Verfügungen zur Folge, jedoch unter Berücksichtigung des Abs. 3. Keine Anwendung findet Abs. 2 für den Fall, dass das Verlöbnis durch den Tod der bedachten Person aufgelöst worden ist. Unerheblich für die Anwendbarkeit des Abs. 2 ist das Verschulden eines der Verlobten.[39] Hat der Erblasser seinen Verlobten zum Erben eingesetzt und endet das Verlöbnis durch das Schließen der Ehe, so ist die Erbeinsetzung des Verlobten als Erbeinsetzung zugunsten des Ehegatten i.S.d. Abs. 1 zu verste-

---

32 OLG Frankfurt BeckRS 2016, 09184 Rn 20; OLG Frankfurt BeckRS 2016, 06193 Rn 12; OLG Celle ZEV 2003, 328 m. zust. Anm. *Leipold*; BayObLG ZEV 2001, 438; BayObLG FamRZ 1983, 1226 (auch dann keine Analogie, wenn sich die beiden Beteiligten – ohne Heiratsabsicht – als Verlobte bezeichnet und als solche einen kirchlichen Segen erhalten haben); Staudinger/*Otte*, 2019, § 2077 Rn 28; Soergel/*Loritz/Uffmann*, § 2077 Rn 13; BeckOK BGB/*Litzenburger*, § 2077 Rn 3; *Hohloch*, in: Hausmann/Hohloch, Das Recht der nichtehelichen Lebensgemeinschaft, 2. Aufl. 2004, Kap. 1 Rn 174. A.A. *Meier-Scherling*, DRiZ 1979, 296, 299; *Schlüter/Röthel*, Erbrecht, § 19 Rn 27.

33 BayObLG FamRZ 1983, 1226; OLG Celle FamRZ 2004, 310; Staudinger/*Otte*, § 2077 Rn 28; a.A. *Meier-Scherling*, DRiZ 1979, 296, 299.

34 BayObLG NJWE-FER 2001, 261.

35 BGH NJW 2024, 2537 Rn 20.

36 MüKo/*Leipold*, § 2077 Rn 16.

37 OLG Frankfurt ErbR 2016, 276 = BeckRS 2016, 09184; OLG Rostock BeckRS 2021, 25585 = ZEV 2021, 709, die die Anwendbarkeit des § 2077 auch in solchen Fällen verneinen. A.A. MüKo/Leipold, § 2077 Rn 16. Dies wird damit begründet, dass die förmliche Verlobung an Bedeutung verloren habe und die nicht eheliche Lebensgemeinschaft mit einem Verlobungszustand vergleichbar sei.

38 Staudinger/Otte, 2019, § 2077 Rn 20.

39 MüKo/*Leipold*, § 2077 Rn 18.

hen.[40] Im Falle, dass die Ehe aufgelöst wird, ist Abs. 1 einschlägig.[41] Abs. 2 findet auf solche Zuwendungen, die vor der Verlobung erfolgt sind, keine Anwendung, und zwar auch dann nicht, wenn das Verlöbnis zu einem späteren Zeitpunkt zustande gekommen ist. Unter Umständen kann eine Anfechtung gem. § 2078 Abs. 2 BGB in Betracht kommen.[42]

Derjenige, der sich auf die Unwirksamkeit der Verfügung beruft, trägt die Beweislast für die Auflösung des Verlöbnisses.

III. Wille des Erblassers

1. Allgemeines

Der **Wille des Erblassers** ist stets vorrangig. Dies bedeutet, dass gem. Abs. 3 die Regel des Abs. 1 nur zur Anwendung kommt, wenn ein entgegenstehender Wille des Erblassers nicht ermittelt werden kann. Ggf. kann, abgesehen von der Regelung des § 2077 BGB, eine Anfechtung gem. § 2078 Abs. 2 BGB in Betracht kommen.[43] Im Rahmen eines Erbvertrages können die Beteiligten vereinbaren, dass bereits bei Einreichung eines Scheidungsantrages die Zuwendungen unwirksam werden (auflösende Bedingung), und zwar unabhängig von der Begründetheit des Scheidungsantrages.[44] Bei diesem Ergebnis bleibt es auch, sofern der Scheidungsantrag später zurückgenommen wird.[45] Auch in einem gemeinschaftlichen Testament sind derartige Regelungen zulässig.[46] 14

2. Wirklicher Wille des Erblassers

Abs. 3 geht von seinem Wortlaut her davon aus, dass der **hypothetische Wille** des Erblassers maßgeblich ist. Es ist jedoch auch der **wirklich erklärte Wille** des Erblassers zu berücksichtigen. Dieser selbst hat die Möglichkeit, durch ausdrückliche Erklärung die Rechtsfolge auszuschließen.[47] 15

Entgegen dem Gesetzeswortlaut ist daher zunächst der wirkliche Wille des Erblassers anhand der unmittelbaren Erklärungsauslegung zu erforschen.[48] Der zum **Zeitpunkt der Testamentserrichtung** maßgebliche Wille ist soweit wie möglich zu ermitteln. Diese Auslegung führt unter Umständen dazu, dass eine Zuwendung zugunsten des Ehegatten im Falle der Scheidung dennoch wirksam bleibt, wenn diese zu einer Zeit getroffen worden ist, in der die Ehe bereits zerrüttet war.[49] Entscheidend ist somit, ob der Erblasser den Ehegatten auch im Fall der Scheidung bedenken wollte. 16

40 BayObLG FamRZ 1993, 362; MüKo/*Leipold*, § 2077 Rn 18.
41 Staudinger/*Otte* (2019), § 2077 Rn 20, 21.
42 MüKo/*Leipold*, § 2077 Rn 19.
43 BayObLG FamRZ 1963, 461.
44 OLG München BeckRS 2016, 07221 Rn 15; OLG Düsseldorf ZEV 2020, 125 Ls. = BeckRS 2019, 12772.
45 OLG Düsseldorf ZEV 2020, 125 Ls. = BeckRS 2019, 2772.
46 KG ZEV 2020, 764 Rn 9.
47 *Mayer*, ZEV 1997, 280; So z.B. OLG Saarbrücken ZEV 2020, 299 Rn 15.
48 BGH FamRZ 1960, 28, 29.
49 LG Berlin NJ 1950, 510.

3. Hypothetischer Wille des Erblassers

17 Für den Fall, dass sich der wirkliche Wille des Erblassers nicht ermitteln lässt, ist auf den **hypothetischen Willen** abzustellen.[50] Sofern ein hypothetischer Erblasserwille festgestellt werden soll, müssen besondere Umstände vorliegen, die darauf schließen lassen, dass eine letztwillige Verfügung trotz Scheidung weiterhin Bestand haben soll. Bei der Ermittlung des hypothetischen Willens ist jedoch umstritten, welcher Zeitpunkt hierfür maßgebend ist. Nach einer Ansicht sei auch der nachträgliche reale Wille des Erblassers zu berücksichtigen.[51] Nach weiterer Ansicht ist auf den individuellen nachträglichen Willen des Erblassers abzustellen. Bereits Abs. 1 stelle auf den typischen nachträglichen Willen des Testierenden ab.[52] Nach Meinung des LG Berlin spricht hiergegen jedoch, dass die letztwillige Verfügung an eine bestimmte Form gebunden ist.[53] Dies führt dazu, dass nach der Rspr. und der h.M. in der Lit. bei der Ermittlung des hypothetischen Willens der Zeitpunkt der Testamentserrichtung maßgeblich ist.[54]

18 Für die Ermittlung des Erblasserwillens ist zwar der **Zeitpunkt** der **Testamentserrichtung** maßgebend, dies bedeutet jedoch nicht, dass spätere Umstände nicht berücksichtigt werden dürfen. Hierbei können Willensäußerungen des Erblassers oder auch andere Zeichen fortdauernder Zuneigung ohne weiteres bei der Ermittlung des Erblasserwillens herangezogen werden, wenn diese Aufschluss über den hypothetischen Willen des Erblassers im Zeitpunkt der Errichtung der letztwilligen Verfügung geben können.[55] Besteht zwischen den geschiedenen Ehegatten nach wie vor ein gutes Verhältnis, reicht dies für sich für die Bejahung des hypothetischen Willens nicht aus.[56] Auch die Behauptung des Erblassers, dass die letztwilligen Verfügungen trotz Scheidungsverfahren weiterhin Gültigkeit haben sollen, ist nicht ausreichend.[57] Hielt der Erblasser das Testament selbst für unwirksam, kann dies ein Indiz dafür sein, dass der hypothetische Wille nicht auf eine Weitergeltung der letztwilligen Verfügung gerichtet ist.[58] Ein abweichender hypothetischer Wille kann dann bejaht werden, wenn besondere Umstände dafür sprechen, dass der geschiedene Ehegatte trotz Scheidung bedacht werden soll. Dies ist z.B. dann zu bejahen, wenn eine Scheidung aufgrund besonderer politischer Umstände erfolgte.[59]

19 Beabsichtigen die Ehegatten, im Rahmen eines Scheidungsverfahrens einen Erbvertrag zu schließen, in dem aber die Weitergeltung früherer Verfügungen bestätigt wird, der

---

50 MüKo/*Leipold*, § 2077 Rn 26; a.A. *Battes*, JZ 1978, 733, 735 ff. der – soweit kein formgerecht geäußerter, empirischer Wille feststellbar ist – darauf abstellen will, ob die Verfügung objektiv noch zu der Situation nach der Scheidung, insbesondere zu den vermögensrechtlichen Scheidungsfolgen passt. Diese Ansicht ist jedoch mit § 2077 Abs. 3 nicht vereinbar; abl. auch Staudinger/*Otte*, 2019, § 2077 Rn 24.

51 *Lange/Kuchinke*, § 35 I 5c; *Foer*, AcP 153, 492, 514.

52 *Keuk*, Erblasserwille und Auslegung, S. 53.

53 LG Berlin NJ 1950, 510.

54 BGH FamRZ 1960, 28, 29; BGH FamRZ 1961, 364; OLG Frankfurt Rpfleger 1978, 412; BayObLG FamRZ 1996, 760, 762; Soergel/*Loritz*, § 2077 Rn 18; Staudinger/*Otte* (2019), § 2077 Rn 24; *Dieterle*, BWNotZ 1970, 170; Grüneberg/*Weidlich*, § 2077 Rn 6; BeckOGK/*Harke*, § 2077 Rn 30.

55 BGH FamRZ 1960, 28, 29; BayObLG FamRZ 1993, 362; BayObLG FamRZ 1995, 1088; BayObLG FamRZ 1996, 760, 762.

56 BayObLG FamRZ 1995, 1088, 1089.

57 OLG Stuttgart ZEV 2012, 208.

58 BayObLG ZEV 2001, 190, 192.

59 LG Berlin FamRZ 2008, 2065.

jedoch letztendlich nicht formgültig geschlossen wird, lässt dies Rückschlüsse auf einen entsprechenden Willen bei Errichtung des Testamentes zu.[60]
Errichtet der Erblasser nach der Trennung der Eheleute ein Testament zugunsten seines Kindes, spricht dies gegen die Fortgeltung der letztwilligen Verfügung zugunsten seines Ehegatten.[61] Wird die Ehe aufgrund einer schweren Erkrankung eines Ehegatten aufgelöst, kann nicht ausgeschlossen werden, dass der andere Partner in gleicher Weise bedacht worden wäre.[62]

Im Fall, dass die letztwillige Verfügung zugunsten des geschiedenen Ehegatten nach 20
rechtskräftiger Scheidung weiterhin Bestand haben soll, müssen besondere Umstände hinzukommen. Allein die Tatsache, dass sich die geschiedenen Ehegatten nach wie vor gut verstehen, reicht für sich allein nicht aus.[63] Um zu ermitteln, wie die Verfügungen des Erblassers ausgesehen hätten, wenn er bei Testamentserrichtung eine Scheidung oder Aufhebung der Ehe in Betracht gezogen hätte, ist auch das Verhalten nach Errichtung der letztwilligen Verfügung zu beleuchten.[64]

Fraglich ist, wie es zu beurteilen ist, wenn die Ehegatten sich nachträglich aussöhnen 21
oder unter Umständen sogar wieder heiraten. Nach einer Ansicht wird eine **Aussöhnung** als Ausdruck des späteren Willens des Erblassers angesehen und kann daher nicht bei der Ermittlung des hypothetischen Willens herangezogen werden. Maßgeblich ist allein der Zeitpunkt der Testamentserrichtung.[65] Dies führt dazu, dass eine letztwillige Verfügung allein aufgrund der Tatsache, dass sich die Ehegatten ausgesöhnt haben, nicht gem. Abs. 3 aufrechterhalten werden kann.[66] Nach a.A. ist im Fall der **Aussöhnung** die letztwillige Verfügung gem. Abs. 3 im Zweifel wirksam.[67] Der nachträgliche reale Wille des Erblassers sei zu berücksichtigen. Vorliegend ist der erstgenannten Meinung der Vorzug zu geben. Würde eine nachträgliche Aussöhnung zur Wirksamkeit der letztwilligen Verfügung führen, wäre dies ein Widerspruch zur Formstrenge letztwilliger Verfügungen.

Eine **Wiederheirat** der geschiedenen Ehegatten wird vielfach ebenso behandelt.[68] Da- 22
raus folgt, dass die letztwillige Verfügung im Falle der Wiederheirat unwirksam ist. Als Argument wird angeführt, dass der Erblasser mit seiner Wiederheirat eine neue Ehe geschlossen hat, die alte Ehe somit nicht wieder auflebt. Eine Unwirksamkeit der letztwilligen Verfügung scheidet nur dann aus, wenn i.R.d. Abs. 3 ein abweichender Wille des Erblassers festzustellen ist. Diese Ansicht verkennt jedoch, dass es einzig und allein auf die **familienrechtliche Bindung** ankommt. Ein Fall des Abs. 3 liegt somit vorliegend nicht vor. Maßgebend für die Beurteilung der Unwirksamkeit letztwilliger Verfügungen ist der Zeitpunkt des Erbfalls. In diesem Zeitpunkt sind die Ehegatten miteinander verheiratet. Der Erblasser, der bereits zugunsten seines Ehegatten ein Testament errichtet hat, wird dieses in dem Fall, in dem er dieselbe Person wieder heiratet, nicht abändern.[69] Auf den hypothetischen Willen des Erblassers kommt es daher nicht an. Die letztwillige Verfügung kann trotz der Vorschrift des

---

60 OLG Frankfurt BeckRS 2015, 06817 Rn 46 ff.
61 OLG Oldenburg BeckRS 2018, 30214.
62 OLG Oldenburg BeckRS 2022, 27735.
63 BayObLG FamRZ 1993, 362, 363; BayObLG FamRZ 1995, 1088, 1089.
64 MüKo/*Leipold*, § 2077 Rn 27.
65 BGH FamRZ 1960, 28, 29.
66 Staudinger/*Otte* (2019), § 2077 Rn 26; MüKo/*Leipold*, § 2077 Rn 28; Soergel/*Loritz*/*Uffmann*, § 2077 Rn 17; NK-BGB/*Selbherr*, § 2077 Rn 20; BeckOK BGB/*Litzenburger*, § 2077 Rn 11; *Tappmeier*, DNotZ 1987, 715, 724.
67 *Battes*, JZ 1978, 736, 737; *Lange*/*Kuchinke*, § 35 I 5c.
68 KG FamRZ 1968, 217, *Tappmeier*, DNotZ 1987, 715, 717, 724.
69 OLG Düsseldorf ZErb 2017, 172.

Abs. 1 aufrechterhalten werden.[70] Nach Ansicht des BayObLG ist auf den wirklichen oder hypothetischen Willen des Erblassers abzustellen, der durch Auslegung zu ermitteln ist. Die Wiederheirat ist i.R.d. Auslegung zu berücksichtigen.[71] Vorliegend dürften die verschiedenen Ansichten aufgrund unterschiedlicher Argumente im Ergebnis jedoch im Wesentlichen zum gleichen Ergebnis kommen, so dass es letztlich nicht darauf ankommt, welcher Ansicht gefolgt wird.[72] Heiratet der Erblasser hingegen einen Dritten, ist die letztwillige Verfügung gem. Abs. 1 unwirksam. Sie gilt nicht zugunsten des neuen Ehegatten. Eine ergänzende Auslegung zugunsten des neuen Ehegatten sollte jedoch nicht generell ausgeschlossen werden.

4. Beweislast

23 Der frühere Ehegatte bzw. Verlobte trägt die **Beweislast** dafür, dass die Verfügung von Todes wegen nach wie vor i.S.d. Abs. 3 Gültigkeit hat, wenn er sich hierauf beruft.[73] Lediglich die tatsächlichen Umstände unterfallen der **Beweis- oder Feststellungslast**. Die Ermittlung des hypothetischen Willens obliegt dagegen dem Gericht.

C. Angrenzende Rechtsfragen

I. Entsprechende Anwendung des § 2077 BGB

24 Nach neuester Rspr. ist § 2077 BGB auf solche Fälle, in denen die Eltern den Ehegatten ihres Kindes in ihrer letztwilligen Verfügung bedacht haben, nicht analog anzuwenden.[74] Die Ehe mit dem eigenen Abkömmling ist oft nicht der Grund für die Zuwendung. Vielmehr sind andere Gründe ausschlaggebend, wie beispielsweise die Versorgung der Enkelkinder, die Belohnung für geleistete Dienste bzw. die Erwartung der Pflege im Alter. Es ist im Wege der Auslegung zu ermitteln, ob die Zuwendung vom Bestand der Ehe abhängig gemacht wurde oder aufgrund anderer Überlegungen erfolgte. Im letzteren Fall bleibt die Zuwendung bestehen, auch wenn die Ehe aufgelöst wurde. Hat der Erblasser jedoch in seiner Verfügung die Bezeichnung „Ehefrau", „künftige Ehefrau"[75] oder „Schwiegersohn" gewählt, so ist davon auszugehen, dass eine Erbeinsetzung des Schwiegerkindes mit der Scheidung vom eigenen Kind regelmäßig unwirksam wird. Werden Schwiegerkinder bedacht, so sollte aus Gründen der Klarstellung in jedem Falle geregelt werden, ob diese vom Bestand der Ehe mit dem eigenen Kind abhängig sein sollen. In den Fällen, in denen sich Veränderungen in der tatsächlichen oder rechtlichen Beziehung zwischen dem Bedachten und dem Erblasser zwischen Testamentserrichtung und Erbfall ergeben haben, kommt die Anwendbarkeit von § 2078 Abs. 2 BGB hingegen in Betracht, wenn die Voraussetzungen vorliegen. Einer analogen Anwendung des § 2077 BGB bedarf es nicht.[76] Wird eine Adoption aufgehoben, kommt § 2077 BGB ebenfalls nicht zum Zuge.[77]

---

70 Soergel/*Loritz/Uffmann*, § 2077 Rn 18; Staudinger/*Otte* (2019), § 2077 Rn 25; *Dieterle*, BWNotZ 1970, 170.

71 BayObLG NJW 1996, 133; ebenso OLG Düsseldorf ZEV 2017, 354 Ls. = BeckRS 2017, 108468 Rn 20 ff.; KG FGPrax 2011, 83, alle zum gemeinschaftlichen Testament; Grüneberg/*Weidlich*, § 2268 Rn 5 zum gemeinschaftlichen Testament; wohl ebenso Grüneberg/*Weidlich*, § 2077 Rn 7 zum Einzeltestament; BeckOK BGB/*Litzenburger*, § 2077 Rn 13; BeckOGK/*Harke*, § 2077 Rn 31.

72 *Kuchinke*, DNotZ 1996, 306.

73 BayObLG Rpfleger 1981, 280, 282; BayObLG FamRZ 1987, 1199.

74 BGH ZEV 2003, 284; entgegen OLG Saarbrücken FamRZ 1994, 1205, danach war § 2077 BGB auf die Erbeinsetzung von Schwiegerkindern analog anzuwenden. Dies wurde damit begründet, dass die Eltern das Schwiegerkind i.d.R. nur dann bedenken wollen, wenn bei ihrem Tod die Ehe des Kindes noch Bestand hat. Allein die familienrechtliche Bindung stehe im Vordergrund.

75 Vgl OLG Saarbrücken NJW-RR 1994, 589.

76 MüKo/*Leipold*, § 2077 Rn 6.

77 *Flik*, BWNotZ 1980, 132.

Nach dem Wortlaut des Abs. 1 ist dieser nur anwendbar, wenn der Erblasser **Scheidungsantrag** gestellt oder dem Scheidungsantrag des Ehegatten **zugestimmt** hat. Nicht geregelt ist der Fall, dass der Ehegatte Scheidungsantrag gestellt hat, infolge des Todes des Erblassers dieser nicht mehr entschieden werden konnte und der Erblasser dem Scheidungsantrag noch nicht zugestimmt hat. Da es sich jedoch um ähnlich gelagerte Fälle handelt, kommt vorliegend eine analoge Anwendung des § 2077 BGB in Betracht.[78] Nach a.A., der jedoch nicht zu folgen ist, ist Erblasser i.S.d. § 2077 BGB nur der erstverstorbene Erblasser. Die den Längstlebenden der Ehegatten begünstigende Verfügung wird daher nicht unwirksam, wenn die vorgenannten Voraussetzungen vorliegen. Es wird hier jedoch die Möglichkeit einer Anfechtung gem. § 2078 Abs. 2 BGB eingeräumt.[79] 25

Es muss sich bei § 2077 BGB um ein Bedenken in einer letztwilligen Verfügung handeln. Unter Bedenken sind sowohl Erbeinsetzungen als auch Vermächtnisse zu verstehen. Handelt es sich um eine **Auflage**, findet die Vorschrift des § 2077 BGB analoge Anwendung.[80] 26

II. Findet § 2077 BGB auch auf ein gemeinschaftliches Testament Anwendung?

Nach § 2268 Abs. 1 BGB ist ein **gemeinschaftliches Testament** in den Fällen des § 2077 BGB seinem ganzen Inhalt nach unwirksam. Haben die Ehegatten im Testament verfügt, dass die getroffenen Regelungen auch für den Fall der Scheidung weiterhin Geltung haben sollen, erübrigen sich weitere Überlegungen.[81] Enthält das Testament jedoch keine diesbezüglichen Regelungen, ist zu klären, ob es weiterhin Geltung haben sollte. An die Feststellung des Aufrechterhaltungswillens sind hohe Anforderungen zu stellen, da der Fortbestand der Ehe i.d.R. die Grundlage für den Testamentsinhalt bildet.[82] Wer sich auf die Weitergeltung des Testaments beruft, trägt die Feststellungslast für den Aufrechterhaltungswillen.[83] 27

Handelt es sich um wechselbezügliche Regelungen, die nach einer Ehescheidung weitergelten sollten, behalten sie nach Ansicht des BGH den Charakter der Wechselbezüglichkeit.[84] Zu Lebzeiten gelten daher die besonderen Vorschriften für einen Widerruf, nach Tod des Erstversterbenden tritt die Bindungswirkung des Testaments ein (§ 2271 Abs. 1 bzw. Abs. 2 BGB). Gem. § 2279 Abs. 2 BGB gelten die Vorschriften des § 2077 BGB für einen **Erbvertrag** zwischen den Ehegatten, Lebenspartnern oder Verloben auch insoweit, als ein Dritter bedacht ist. Dies bedeutet, dass nicht nur die Zuwendungen an den Ehegatten oder Verlobten, sondern auch die Zuwendungen an den Dritten unwirksam sind. Nach der Rspr. ist der Erblasser i.S.d. § 2077 BGB allein der erstverstorbene Ehegatte.[85] 28

---

78 Staudinger/*Otte* (2019), § 2077 Rn 18.

79 BayObLG FamRZ 1990, 322.

80 Staudinger/*Otte* (2019), § 2077 Rn 6.

81 OLG Hamm ZEV 2015, 125 (Ls.) = ErbR 2015, 256 m. Anm. *Zimmer.*

82 BGHZ 160, 33, 39 = NJW 2004, 3113, 3114 = ZEV 2004, 423 m. Anm. *Keim.*

83 OLG Schleswig BeckRS 2012, 23530.

84 BGHZ 160, 33 = NJW 2004, 3113 = ZEV 2004, 423. Zust. *Keim*, ZEV 2004, 425; *Musielak*, LMK 2004, 208; MüKo/*Musielak*, § 2268 Rn 7; *Müller*, Rpfleger 2005, 493; *Schlitt*, ZEV 2005, 96, 98; wie der BGH OLG Frankfurt BeckRS 2015, 06817 Rn 56 ff. (offenlassend, ob es generell bei der Wechselbezüglichkeit bleibt oder dann nicht, wenn ein anderer Wille der Ex-Ehegatten anzunehmen ist); ebenso (ohne Begründung) OLG Hamm ZEV 2015, 125 (Ls.) = ErbR 2015, 256 Rn 22 m. Anm. *Zimmer.*

85 BayObLG FamRZ 1990, 322.

III. Schenkungen, Versorgungszusagen und Lebensversicherungen

1. Schenkung

29 Gem. § 2301 BGB finden auf **Schenkungsversprechen von Todes wegen** die Vorschriften über Verfügungen von Todes wegen Anwendung. Hierunter fällt auch die Vorschrift des § 2077 BGB. Dies bedeutet, dass eine Schenkung für den Fall, dass die Ehe vor dem Erbfall aufgelöst wurde oder ein begründeter Scheidungs- oder Aufhebungsantrag gestellt wurde, vorbehaltlich Abs. 3 unwirksam ist. Wurde dagegen eine Schenkung bereits unter Lebenden vollzogen, handelt es sich um ein **Rechtsgeschäft unter Lebenden**, auf welches § 2077 BGB nicht anwendbar ist.[86] Unter Umständen kommt eine Rückforderung bzw. ein Widerruf gem. §§ 528, 530 BGB in Betracht.

2. Versorgungszusage

30 Auf Versorgungszusagen des Arbeitgebers zugunsten der Ehefrau finden die Vorschriften des § 2077 BGB keine Anwendung. Entscheidend ist die Auslegung im Einzelfall.[87] Nach Ansicht des OLG Düsseldorf ist in der Tatsache, dass der Erblasser ein Scheidungsverfahren eingeleitet hat und dies bereits rechtshängig ist, kein Grund zu sehen, dass die Bezugsberechtigung für den überlebenden Ehegatten in Wegfall gerät.[88]

3. Lebensversicherung

31 Für die Bestimmung des Bezugsberechtigten einer Lebensversicherung findet § 2077 BGB keine Anwendung. Es handelt sich um eine ähnliche Situation wie bei einer letztwilligen Verfügung, wenn der Ehegatte als **Bezugsberechtigter einer Lebensversicherung** eingesetzt wird. Für den Fall, dass der Ehegatte eingesetzt wurde, die Ehe, die bei Abschluss der Versicherung bestand, mittlerweile geschieden ist und der Erblasser wieder geheiratet hat, ist durch Auslegung zu ermitteln, ob der Ehegatte gemeint ist, der mit dem Erblasser im Zeitpunkt seines Todes verheiratet gewesen ist. *Bayer*[89] befürwortet eine Auslegung zugunsten des neuen Ehegatten, und zwar entgegen der h.M. Nach Ansicht des BGH ist jedoch regelmäßig allein der Ehegatte zum Zeitpunkt des Vertragsschlusses gemeint.[90] Auch wenn als Bezugsberechtigter der „verwitwete Ehegatte" benannt wurde, solle dies gelten.[91] Eine derartige Auslegung widerspricht jedoch bereits dem Wortlaut, da der geschiedene Ehegatte kein Ehegatte mehr ist und daher auch kein verwitweter Ehegatte sein kann.[92]

32 Führt die Auslegung nicht zu dem Ergebnis, dass der neue Ehegatte als Bezugsberechtigter in Betracht kommt, könnte an eine analoge Anwendung des § 2077 BGB gedacht werden. Dies wird jedoch von der h.M. sowohl für den Fall abgelehnt, dass als **Bezugsberechtigter** lediglich „meine Ehefrau" bzw. „mein Ehemann" genannt ist als auch für den Fall, dass der Ehegatte namentlich benannt wurde.[93] § 2077 BGB findet deshalb

---

86 OLG Saarbrücken, NJW 1983, 180 f.; Staudinger/*Otte* (2019), § 2077 Rn 30.

87 BFH BB 1985, 1450.

88 OLG Düsseldorf ZEV 2015, 274 Rn 9 f. Es ging um eine Kapitalsumme aus einem zwecks betrieblicher Altersvorsorge abgeschlossenen Vertrag mit Bezugsberechtigung „des überlebenden Ehegatten, mit dem der Mitarbeiter zum Zeitpunkt des Todes verheiratet war". An zweiter Stelle wäre eine Tochter des Erblassers aus erster Ehe zum Zug gekommen.

89 *Bayer*, Vertrag zugunsten Dritter, S. 237 ff.

90 BGH NJW-RR 2007, 976 (zum Anspruch auf Beitragsrückgewähr bei einer Rentenversicherung wegen Todes des Versicherten vor Rentenbeginn); OLG Koblenz BeckRS 2011, 16408; OLG Koblenz BeckRS 2011, 17140.

91 BGH NJW 2015, 3303 = ZEV 2015, 716 m. krit. Anm. *Jünemann*.

92 Ebenso *Jünemann*, ZEV 2015, 719.

93 Soergel/*Loritz*/*Uffmann*, § 2077 Rn 23 m.w.N.; für eine Analogie: MüKo/*Leipold*, § 2077 Rn 45 m.w.N.

keine Anwendung, weil sich die Bezugsberechtigung der Versicherungsgesellschaft gegenüber allein nach den vertraglichen Vereinbarungen richtet.[94] Eine im Vertrag festgelegte Bezugsberechtigung kann durch letztwillige Verfügung nicht widerrufen werden und ist auch im Falle einer Scheidung nicht auflösend bedingt. Aus Gründen der Rechtssicherheit und um die Interessen der Vertragspartner zu wahren, ist eine analoge Anwendung des § 2077 BGB abzulehnen.[95] *Völkel*[96] lehnt eine analoge Anwendung des § 2077 BGB zwar ebenfalls ab, aber nicht wegen mangelnder Analogiefähigkeit. Nach seiner Ansicht setzt eine analoge Anwendbarkeit eine konkrete Vergleichbarkeit der Interessenlage voraus. Dies sei gerade nicht der Fall. Abs. 1 liegt eine Wertung dahingehend zugrunde, dass ein testamentarisches Erbrecht des geschiedenen Ehegatten dem familienrechtlichen Leitbild des Ehepartners auf Lebenszeit widerspricht. Dem Ehepartner fehlt nach der Scheidung die innere Berechtigung. Im Lebensversicherungsrecht könne eine derartige strikte Folge zwar nicht ohne weiteres angenommen werden. Aber ein entgegenstehender Wille könnte unter Umständen keine Beachtung finden, denn der geschiedene Ehegatte müsste beweisen, dass der Erblasser die Bezugsberechtigung trotz Scheidung aufrechterhalten hätte. Eine analoge Anwendung des Abs. 1 scheidet daher aus.

Wenn somit der geschiedene Ehegatte als Bezugsberechtigter in Betracht kommt, führt dies nicht zwangsläufig dazu, dass der frühere Ehegatte die Versicherungssumme auch behalten darf. Eine **Herausgabe der Versicherungssumme** kann deshalb in Betracht kommen, wenn im Valutaverhältnis kein Recht zum Behaltendürfen gegeben ist.[97] Das Valutaverhältnis zwischen Erblasser und Bezugsberechtigtem, d.h. geschiedenem Ehegatten, ist i.d.R. wegen **Wegfalls der Geschäftsgrundlage** (Störung der Geschäftsgrundlage, § 313 BGB) rückabzuwickeln. Als Geschäftsgrundlage und somit Rechtsgrund der Bezugsberechtigung kommt eine Schenkung, evtl. eine Pflichtschenkung,[98] Unterhalt[99] oder auch eine unbenannte Zuwendung[100] in Betracht. Die vorgenannten als Geschäftsgrundlage in Betracht kommenden Tatbestände entfallen aber grundsätzlich im Fall des Scheiterns der Ehe (§ 313 BGB), so dass insoweit die geschiedene Ehefrau die Versicherungssumme nicht behalten darf. Ein **Behaltendürfen** kommt nur dann in Betracht, wenn die Versicherung mit Bezugsberechtigung zugunsten des geschiedenen Ehegatten gerade für den Fall der Versorgung des Ehegatten oder zur Absicherung eines Kredites, für dessen Rückzahlung der geschiedene Ehegatte weiterhin haftet, abgeschlossen wurde.[101] Nach neuerer Rspr. sind sämtliche Umstände abzuwägen, um zu entscheiden, ob die Geschäftsgrundlage für die Bezugsberechtigung an den ehemaligen Partner entfallen sei.[102] 33

Somit ist festzuhalten, dass die Versicherungsgesellschaften dadurch, dass eine analoge Anwendung des § 2077 BGB abgelehnt wird und eine Rückabwicklung des Valutaverhältnisses wegen Störung der Geschäftsgrundlage in Frage kommt, weitgehend von erbrechtlichen Auslegungsfragen verschont bleiben. Maßgeblich bleiben der abgeschlossene Vertrag und der Wille des Erblassers, der im Wege der Auslegung zu ermitteln ist. Gegenüber dem Versicherer führt die Benennung des Ehegatten als 34

94 BGH NJW 1995, 1082.
95 BGH NJW 1987, 3131.
96 *Völkel*, VersR 1992, 539.
97 BGH NJW 1987, 3131.
98 BGH WM 1982, 100.
99 BGHZ 74, 38.
100 BGHZ 84, 361.
101 BGH NJW 1995, 1082.
102 BGH NJW-RR 2013, 404 Rn 7.

Bezugsberechtigten nicht zwangsläufig dazu, dass dieser nur Bezugsberechtigter ist, wenn die Ehe im Zeitpunkt des Erbfalls noch besteht.[103] Derjenige, der sich auf den Wegfall (Störung) der Geschäftsgrundlage beruft, trägt die **Beweislast** dafür, was überhaupt Geschäftsgrundlage gewesen ist.

35 Nach a.A. kommt jedoch eine analoge Anwendung in Betracht, da der Erblasser bei Abschluss des Vertrages sicherlich i.d.R. nicht daran gedacht hat, dass es zur Scheidung der Ehe kommen könnte. Gerade diesen Fall erfasst aber die Regelung des § 2077 BGB.[104] Dieser Auffassung kann aus den vorstehenden Gründen jedoch nicht gefolgt werden.

IV. Eingetragene Lebenspartnerschaft

36 Gem. § 10 Abs. 5 LPartG gilt die Regelung des § 2077 BGB auch für letztwillige Zuwendungen zugunsten eines eingetragenen Lebenspartners. Vor dem Tod des Erblassers erfolgt die Aufhebung der Lebenspartnerschaft gem. § 15 Abs. 1 LPartG durch rechtskräftige gerichtliche Entscheidung (Aufhebungsbeschluss). Hierbei steht die Aufhebung der Lebenspartnerschaft nach § 15 LPartG der Auflösung der Ehe bzw. der Scheidung der Ehe gleich. Daneben umfasst die gerichtliche Aufhebung der Lebenspartnerschaft auch die Aufhebung wegen bestimmter Willensmängel bei Eingehung der Lebenspartnerschaft, § 15 Abs. 2 S. 2 LPartG. Dies ist parallel zu sehen zur Aufhebung der Ehe gem. §§ 1313 ff. BGB aufgrund anfänglicher Mängel. In beiden Fällen gilt § 2077 BGB. Für den Fall, dass ein rechtskräftiger Aufhebungsbeschluss vor dem Tod des Erblassers ergangen ist, sind die Verfügungen zugunsten des Lebenspartners unwirksam, es sei denn, Abs. 3 kommt zur Anwendung.

37 Lag bei Begründung der Lebenspartnerschaft ein Hindernis gem. § 1 Abs. 2 LPartG vor, ist die Lebenspartnerschaft von Anfang an, und zwar trotz Eintragung, unwirksam. Einer gerichtlichen Entscheidung bedarf es in derartigen Fällen nicht. Die Vorschrift des § 2077 BGB greift daher hier nicht ein. Es stellt sich die Frage, ob eine analoge Anwendung für den Fall in Betracht kommt, dass vor dem Erbfall die Unwirksamkeit der Lebenspartnerschaft rechtskräftig festgestellt wird. Dies ist allerdings abzulehnen.[105] Hier ist nämlich von einer anderen Interessenlage auszugehen als für den Fall, dass die Lebenspartnerschaft aufgehoben wird. Häufig kennen die Partner den anfänglichen Mangel und beziehen diesen in ihre Überlegungen, den Lebenspartner erbrechtlich zu bedenken, mit ein. Erlangt der Erblasser erst zu einem späteren Zeitpunkt Kenntnis, hat er die Möglichkeit, die Verfügung aufzuheben. Stellt sich erst nach Eintritt des Erbfalls heraus, dass die Lebenspartnerschaft unwirksam war, besteht die Anfechtungsmöglichkeit nach § 2078 Abs. 2 BGB.

38 Die Auswirkungen eines beim Erbfall rechtshängigen Aufhebungsverfahrens auf testamentarische Verfügungen sind im Lebenspartnerschaftsgesetz nicht ausdrücklich geregelt. Diese sind vielmehr von der Verweisung des § 10 Abs. 5 LPartG auf Abs. 1 und 3 umfasst. Das Verfahren auf Scheidung der Ehe ist daher durch das Verfahren auf Aufhebung der Lebenspartnerschaft zu ersetzen. Demgemäß ist die Verfügung für den Fall, dass der Erblasser die Aufhebung beantragt oder einer solchen zugestimmt hat und die Voraussetzung der Aufhebung gem. §§ 15 Abs. 2 Nr. 1, 2 oder 3 LPartG zum Zeitpunkt des Erbfalls vorlagen, unwirksam.

---

103 BGH NJW 1976, 290.

104 OLG Celle JW 1935, 716; LG Düsseldorf NJW 1966, 205; *Fuchs*, JuS 1989, 179, 181; *Finger*, VersR 1990, 229; MüKo/*Leipold*, § 2077 Rn 45 m.w.N.

105 MüKo/*Leipold*, § 2077 Rn 21.

§ 2078 Anfechtung wegen Irrtums oder Drohung

(1) Eine letztwillige Verfügung kann angefochten werden, soweit der Erblasser über den Inhalt seiner Erklärung im Irrtum war oder eine Erklärung dieses Inhalts überhaupt nicht abgeben wollte und anzunehmen ist, dass er die Erklärung bei Kenntnis der Sachlage nicht abgegeben haben würde.
(2) Das Gleiche gilt, soweit der Erblasser zu der Verfügung durch die irrige Annahme oder Erwartung des Eintritts oder Nichteintritts eines Umstands oder widerrechtlich durch Drohung bestimmt worden ist.
(3) Die Vorschrift des § 122 findet keine Anwendung.

Literatur

Beck, Erblasserwille und Testamentswortlaut. Eine vergleichende Untersuchung des deutschen und englischen Rechts zur Reformation und Kassation einseitiger testamentarischer Verfügungen, 2020; *Bengel*, Zum Verzicht des Erblassers auf Anfechtung bei Verfügungen von Todes wegen, DNotZ 1984, 132; *Bestelmeyer*, Weitere erbrechtliche Fragestellungen nach dem Einigungsvertrag, Rpfleger 1992, 321; *Flik*, Gemeinschaftliches Testament bei überschuldetem Ehegatten, BWNotZ 1979, 53; *Frieser*, Schutz des Erblassers vor unangemessener Beeinflussung – ein Vorschlag, Erbl 2020, 309; *Gockel*, Ausgewählte Spezialfragen zum gemeinschaftlichen Testament, ErbR 2015, 489; *Grunewald*, Die Auswirkungen eines Irrtums über politische Entwicklungen in der DDR auf Testamente und Erbschaftsausschlagungen, NJW 1991, 1208; *v. Hippel*, Rechtsgeschäfte unter Lebenden auf den Todesfall, NJW 1966, 867; *Horn*, Prüfung der Wirksamkeit von Testamenten und Erbverträgen, NJW 2017, 2392; *Kanzleiter*, Die Anfechtung wegen Übergehens eines Pflichtteilsberechtigten nach §§ 2079, 2281 BGB bei Erbvertrag und gemeinschaftlichem Testament, DNotZ 2016, 745; *Keim*, Die Selbstanfechtung durch den Erblasser beim gemeinschaftlichen Testament, notar 2019, 147; *Keymer*, Die Anfechtung nach § 2078 II BGB und die Lehre von der Geschäftsgrundlage, Diss. 1984, 162; *Krebber*, Die Anfechtbarkeit des Erbvertrages wegen Motivirrtums – Ein Beitrag zum Verständnis des Erbvertrages, DNotZ 2003, 20; *Malitz/Benninghofen*, Erbschaftsausschlagung und Rechtsirrtum, ZEV 1998, 415; *Meyer*, Testamentsanfechtung und Anfechtung der Erbschaftsausschlagung wegen Irrtums über die politischen Veränderungen in der ehemaligen DDR, ZEV 1994, 12; *Musielak*, Der Irrtum des Erblassers und der Erben, ZEV 2016, 353; *Pohl*, „Unbewußte Vorstellungen" als erbrechtlicher Anfechtungsgrund?, AcP 177(1977), 269; *Roth*, Grundfragen zur Testamentsanfechtung wegen Drohung, NJW-Spezial 2019, 103; *Schubert/Czub*, Die Anfechtung letztwilliger Verfügungen, JA 1980, 257, 334; *Schwab*, Ehegattenpflichtteil und Zugewinnausgleich, JuS 1965, 432; *Sieker*, Der Motivirrtum des Erblassers aufgrund nicht bedachter Ereignisse, AcP 201 (2001), 697; *Spellenberg*, Buchbesprechung Bartholomeyczik/Schlüter, Erbrecht, 11. Aufl. 1980, FamRZ 1981, 830; *Wasmuth*, Zur Korrektur abgeschlossener erbrechtlicher Sachverhalte im Bereich der ehemaligen DDR, DNotZ 1992, 3.

Übersicht: Rdn

A. Allgemeines

I. Normzweck, Rechtsnatur

1. In Bezug auf Einzeltestamente

1 Das Fünfte Buch des BGB enthält eine Reihe von Spezialvorschriften für die **Anfechtung** von Verfügungen von Todes wegen. Diese gehen den Regelungen des Allgemeinen Teils zum einen vor, zum anderen unterscheidet sich die Anfechtung nach den allg. Vorschriften von der Anfechtung von Testamenten. Gem. §§ 119 ff. BGB kann der Erklärende die von ihm abgegebene Willenserklärung anfechten, wenn sie nicht seinem Willen entsprochen hat. Der Erklärende wird somit vor seinen eigenen Fehlern geschützt. Im Falle einer Anfechtung wegen arglistiger Täuschung oder widerrechtlicher Drohung erfolgt ein Schutz des Erklärenden vor der Beeinträchtigung durch Dritte. Die Anfechtung beseitigt die Wirkung der abgegebenen Erklärung, so dass der Erklärende in die Lage versetzt wird, neue Rechtsgeschäfte abzuschließen. Die Anfechtungsregeln der §§ 119 ff. BGB schützen somit die individuelle Willensfreiheit, d.h. sie schützen die Interessen des Erklärenden vor seiner eigenen Willenserklärung.

Während bei der Anfechtung nach den allg. Bestimmungen der Erklärende selbst die Anfechtung erklärt, wird die **Anfechtung** einer **Verfügung** von Todes wegen nicht vom Erblasser selbst erklärt. Er kann sich daher von seiner eigenen Erklärung nicht mehr distanzieren, um dann von seiner Gestaltungsfreiheit erneut Gebrauch zu machen. Sinn und Zweck der Anfechtung von Testamenten ist, dass dritte Personen solche Erklärungen des Erblassers, die sie selbst betreffen, nicht gegen sich gelten lassen müssen. Es geht bei der Testamentsanfechtung nicht um die Bindungswirkung gegenüber demjenigen, der die Erklärung abgibt, sondern um die **Bindungswirkung** gegenüber Dritten. Die Testamentsanfechtung schützt somit grds. die **Interessen des Anfechtungsberechtigten** vor einer fehlerhaften Erklärung des Erblassers.[1] 2

Der **Schutzzweck** der Testamentsanfechtung ergibt sich vor allem aus der Regelung des § 2080 Abs. 1 BGB, wonach der zur Anfechtung berechtigt ist, dem die Aufhebung der letztwilligen Verfügung unmittelbar zustattenkommen würde. Sind bzgl. des Anfechtungsgrundes nur bestimmte Personen betroffen, so sind nur diese gem. § 2080 Abs. 2 u. 3 BGB anfechtungsberechtigt. Sowohl in einem gesetzlichen Erbrecht als auch in dem Anrecht auf eine Zuwendung, die in einer anderen fehlerfreien Verfügung enthalten ist, kann das geschützte Interesse bestehen. Grundsätzlich gelten die Verfügungen des Erblassers ohne inhaltliche Überprüfung aufgrund des bestehenden Vertrauens in die privatautonome Entscheidung. 3

Der Erblasser ist grundsätzlich frei in seinem Willen, und dieser Willensfreiheit ist der Anfechtungsberechtigte auch unterworfen, jedoch muss die letztwillige Verfügung dem Willen des Erblassers entsprechen. Wenn das Testament jedoch nicht diesem Willen entspricht oder die Willensbildung des Erblassers auf Fehlvorstellungen beruht, so kann daraus nicht der Schluss gezogen werden, dass es seinem Inhalt nach gerechtfertigt ist. Die Anfechtung dient daher mittelbar auch dem **Schutz der Willensfreiheit** des Testierenden.[2] Hingegen verfolgt die Anfechtung nicht das Ziel, den wahren Willen des Erblassers zu verwirklichen. Dies ist Ziel der Auslegung. Die Anfechtung vernichtet die Verfügung von Todes wegen, die nicht dem wirklichen Willen des Erblassers entspricht.[3] Durch die Anfechtung wird jedoch nicht diejenige Rechtslage herbeigeführt, die dem wirklichen Willen des Erblassers entsprochen hätte.[4] 4

Die Anfechtung birgt auch erhebliche Gefahren, nämlich ob der Erblasserwille tatsächlich verwirklicht wird. Ob daher ein Erklärungs-, Inhalts- oder Motivirrtum vorliegt, ist im Interesse des Erblassers an strenge Anforderungen zu knüpfen. 5

2. In Bezug auf Erbverträge und gemeinschaftliche Testamente

Die §§ 2078, 2079 BGB sind gem. § 2281 BGB auch auf Erbverträge anwendbar. In diesem Fall ist der Erblasser selbst anfechtungsberechtigt. Darin liegt der wesentliche Unterschied zur **Testamentsanfechtung.** Wenn der Erbfall eingetreten ist, können auch dritte Personen anfechten, jedoch nur dann, wenn der Erblasser selbst noch anfechten könnte, d.h. sein Anfechtungsrecht noch nicht erloschen ist (§ 2285 BGB). Im Falle des § 2281 BGB entspricht der Zweck der Anfechtung dem nach den allg. Vorschriften. Geschützt werden soll die **Willensfreiheit des Erblassers.** Durch die Anfechtung kann dieser seine eigene Erklärung beseitigen und hat die Möglichkeit, 6

1 MüKo/*Leipold*, § 2078 Rn 1; Ebenso *Michalski/Schmidt*, ErbR Rn 385; NK-BGB/Kroiß/*Fleindl*, § 2078 Rn 5; aA BeckOGK/*Harke*, § 2078 Rn 7.

2 MüKo/*Leipold*, § 2078 Rn 3.

3 BayObLGZ 1971, 147, 150.

4 MüKo/*Leipold* § 2078 Rn 4; nach Ansicht des BGH NJW 1985, 2025, 2026 dient die Anfechtung vor allem dazu, den hypothetischen Willen des Testierenden zu ermitteln u. diesem zum Erfolg zu verhelfen.

neue Verfügungen zu treffen. Die Anfechtung beseitigt die getroffenen Verfügungen und führt dadurch zur Förderung des wahren Willens des Erblassers. Bei Erbverträgen steht somit die Anfechtung durch den Erblasser im Vordergrund. Allerdings dient die Anfechtung auch hier nicht der unmittelbaren Verwirklichung des Erblasserwillens. Aufgrund der Anfechtung werden die Verfügungen nur beseitigt. Der Erblasser muss jedoch aktiv tätig werden, um seinen wahren Willen zu verwirklichen.

7 Nach geltender Rspr. ist eine Anfechtung **wechselbezüglicher Verfügungen** nach dem Tode des erstversterbenden Ehegatten analog den Vorschriften über die Anfechtung des Erbvertrages zulässig. Auch hier dient die Anfechtung der Befreiung von der Bindung. Bei der Anfechtung von Erbverträgen und wechselbezüglichen Verfügungen in gemeinschaftlichen Testamenten handelt es sich um die gleichen Anfechtungsgründe wie bei der Testamentsanfechtung. Diese Gründe gehen weit über die Anfechtung nach den allg. Vorschriften hinaus. Insbesondere ist auch hier eine Anfechtung wegen Motivirrtums möglich. Die Tatsache, dass auch bei Erbverträgen und gemeinschaftlichen Testamenten eine Anfechtung möglich ist, führt nach richtiger Ansicht letztendlich dazu, dass die bindende Wirkung derartiger Verfügungen von Todes wegen abgeschwächt wird. Diese Abschwächung findet ihre Rechtfertigung im Schutz der Testierfreiheit.[5] Diese Abschwächung entspricht wiederum der Zurückhaltung des Gesetzes gegenüber einer Bindung des Erblassers. Es besteht jedoch durch die reduzierte Bindung die Gefahr, dass derjenige, der sich auf die Bindungswirkung verlässt, durch die Anfechtung in erheblichem Maße enttäuscht wird. Es ist daher daran zu denken, einen Verzicht auf bestimmte Anfechtungsrechte in den Erbvertrag oder das gemeinschaftliche Testament aufzunehmen.

Nach a.A., der jedoch aus den vorgenannten Gründen nicht zu folgen ist, sei jedoch eine Anfechtung wegen **Motivirrtums** nur dann zuzulassen, soweit dies im Hinblick auf die Interessen des Erbvertragspartners bzw. des anderen Ehegatten angemessen erscheint. Dies sei deshalb erforderlich, da der andere Partner zu letztwilligen Verfügungen veranlasst und bei diesem das Vertrauen auf den Bestand der Willenserklärung erzeugt worden sei. Angemessenheit sei dann zu bejahen, wenn die Umstände, die für den Irrtum maßgeblich waren, dem anderen bekannt gewesen sind oder wenn, sofern es sich um einen Vertrag unter Lebenden gehandelt hätte, die Geschäftsgrundlage entfallen sei.[6] Nach weiterer Ansicht solle die Anfechtung beim Erbvertrag auf den Fall positiver unrichtiger Vorstellungen des Erblassers beschränkt werden. Dies würde bedeuten, dass eine Anfechtung wegen sog. unbewusster oder selbstverständlicher Vorstellungen ausgeschlossen wäre. Auf diese Weise könnten dann Diskrepanzen zwischen Anfechtung und Rücktritt gem. §§ 2294 f. behoben werden.[7]

II. Verhältnis der Auslegung zur Anfechtung

8 Die Auslegung und die Anfechtung verfolgen, wie bereits unter Rdn 1 dargestellt, unterschiedliche Ziele. Ziel der Auslegung ist es, dem wahren Willen des Erblassers zur Durchführung zu verhelfen. Im Gegensatz hierzu vernichtet die Anfechtung die Verfügungen von Todes wegen, die nicht dem wahren Willen des Erblassers entsprechen. Dies bedeutet daher, die Auslegung reformiert, die Anfechtung kassiert.

9 Aus diesem Grundsatz ergibt sich das Verhältnis zwischen Anfechtung und Auslegung: Die **Auslegung** ist im Verhältnis zur Anfechtung **vorrangig**.[8] Aus dem Ziel der

5 BGH FamRZ 1983, 898, 899; MüKo/*Leipold*, § 2078 Rn 10.
6 Soergel/*Loritz/Uffmann*, § 2078 Rn 2.
7 *Krebber*, DNotZ 2003, 20, 32 f.
8 Soergel/*Loritz/Uffmann*, § 2078 Rn 3 m.w.N.; Staudinger/*Otte* (2019), § 2078 Rn 6 ff. a.A. *Schubert/Czub*, JA 1980, 257, 258.

Auslegung folgt, dass zunächst der wahre Erblasserwille im Wege der Auslegung zu ermitteln ist. Erst in einem zweiten Schritt kann dann auf die Anfechtungsregeln zurückgegriffen werden. Die Anfechtung geht davon aus, dass eine Verfügung zunächst einmal wirksam ist, jedoch nachträglich wegen Vorliegens eines Anfechtungsgrundes beseitigt werden kann. Ob überhaupt ein Anfechtungsgrund vorliegt, ist erst dann zu klären, wenn im Wege der Auslegung ermittelt worden ist, welchen Inhalt die Erklärung ohne Berücksichtigung einer Anfechtung haben würde. Dieser Vorrang der Auslegung vor der Anfechtung gilt auch für die **ergänzende Auslegung.**[9] Wenn im Wege ergänzender Auslegung der hypothetische Wille des Erblassers ermittelt werden kann, ist eine Anfechtung wegen Motivirrtums aufgrund einer fehlerhaften Vorstellung des Erblassers über die künftige Entwicklung nicht mehr möglich.

III. Verhältnis zu den allgemeinen Anfechtungsregeln

Die erbrechtlichen Regelungen über die Anfechtung von Verfügungen von Todes 10
wegen (§§ 2078–2083 BGB) gehen den Bestimmungen des Allgemeinen Teils des BGB (§§ 119 ff. BGB) vor, eine vollständige Regelung wurde jedoch nicht getroffen. Dies bedeutet, dass für den Fall, dass sich in den Sonderregeln keine Bestimmungen finden, die Vorschriften des Allgemeinen Teils heranzuziehen sind. Für die **Anfechtungserklärung** gilt zunächst die Vorschrift des § 2081 BGB, wobei im Übrigen jedoch § 143 BGB anwendbar bleibt. Bei Erbverträgen sind die Vorschriften der §§ 2281 Abs. 2 u. 2282 BGB heranzuziehen.

Die wichtigsten Unterschiede liegen in:
- den Anfechtungsgründen,
- der Anfechtungsberechtigung (Anfechtung durch andere Personen als den Erklärenden),
- dem Ausschluss des Schadensersatzanspruchs.

Für die Anfechtung der Annahme oder Ausschlagung einer Erbschaft sowie die Anfechtung eines Erbverzichts sind die Regelungen gem. §§ 2078 ff. BGB nicht anwendbar.

In § 2080 BGB wird geregelt, wer anfechtungsberechtigt ist. Im Allgemeinen Teil des 11
BGB findet sich keine Parallele zu dieser Vorschrift, da dort das Anfechtungsrecht stets dem zusteht, der die Erklärung abgegeben hat. Anders ist dies bei letztwilligen Verfügungen, bei denen das Anfechtungsrecht nicht durch den Erblasser ausgeübt werden kann (Ausnahme: Erbverträge u. gemeinschaftliche Testamente; bei Erbverträgen gelten zusätzlich noch die Vorschriften gem. §§ 2281, 2285 BGB). In § 2082 BGB ist geregelt, innerhalb welcher **Frist** eine Anfechtung erfolgen muss. Die Regelungen der §§ 121, 124 BGB sind daher nicht anwendbar.

Die **Wirkung der Anfechtung** ist im Fünften Buch des BGB nicht geregelt, so dass insoweit auf die Regelung des § 143 BGB zurückgegriffen werden muss.

Bezüglich der Anfechtungsgründe handelt es sich bei den §§ 2078, 2079 BGB um 12
eine abschließende Regelung. Ein Rückgriff auf die allg. Anfechtungsgründe ist somit ausgeschlossen.

In Bezug auf die **Anfechtungsgründe** bestehen zwischen den erbrechtlichen und den 13
allgemeinen Vorschriften folgende Unterschiede:[10] Im Erbrecht sind die Anfechtungsgründe wesentlich erweitert. Auch ein Irrtum im Beweggrund, d.h. der sog. **Motivirrtum,** berechtigt gem. Abs. 2 zur Anfechtung. Dies gilt insbesondere auch hinsichtlich sog. unbewusster Erwartungen. Gem. §§ 2082, 2283 BGB sind die Anfechtungsfristen

---

9 BGH NJW 1978, 264, 266; BGH NJW 1987, 264; BayObLG NJW-RR 2002, 367; BayObLG NJW-RR 1997, 1438; BayObLG FamRZ 1991, 982.

10 Kössinger/Najdecki/Zintl/*Najdecki*, § 24 Rn 1 ff.

länger als die des § 121 BGB. § 121 BGB erfordert eine unverzügliche Anfechtung. Nach den allg. Vorschriften erfolgt die Anfechtung durch den Erklärenden selbst, nach den erbrechtlichen Spezialvorschriften erfolgt die Anfechtung im Falle der Anfechtung von Einzeltestamenten durch Dritte (§ 2080 BGB). Bei Erbverträgen gelten zusätzlich noch die Vorschriften gem. §§ 2281, 2285 BGB. Nach Abs. 3 BGB ist die Anwendung des § 122 BGB ausgeschlossen. Eine Schadensersatzpflicht besteht demnach nicht, auch nicht beim Erbvertrag oder beim gemeinschaftlichen Testament.[11] Es ist aber umstritten, ob dies auch bei einer sog. **Selbstanfechtung** durch den Erblasser gilt.[12] Nach einer Ansicht wird eine Schadensersatzpflicht des Erblassers mit der Begründung bejaht, dass die Vorschrift des Abs. 3 auf dem Gedanken beruhe, dass es unbillig wäre, wenn ein anfechtender Dritter für die Irrtumsfolgen des Erblassers haftbar gemacht würde, dieser Gesichtspunkt bei einer Selbstanfechtung jedoch nicht in Betracht käme. Daher sei der Erblasser zum Ersatz des Vertrauensschadens verpflichtet. Dieser Ansicht ist jedoch nicht zu folgen, da der in einem Erbvertrag Bedachte keine rechtlich gesicherte Anwartschaft erwirbt und daher nicht darauf vertrauen kann, dass er beim Erbfall etwas erhält.

Die Regelung des Abs. 1 sieht vor, dass für eine Anfechtung allein die **subjektive Vorstellung** des Erblassers maßgeblich ist. Hierunter fällt u.U. auch eine launenhafte Ansicht. § 119 Abs. 1 BGB setzt hingegen voraus, dass der Erklärende die Verfügung bei verständiger Würdigung des Falles nicht getroffen hätte. Es wird daher ein objektiver Maßstab angesetzt.[13]

14 Zusammenfassend kann festgehalten werden, dass für die Anfechtung letztwilliger Verfügungen die allg. Vorschriften der §§ 119–124 BGB ohne Bedeutung sind. Die §§ 142 u. 144 BGB finden insgesamt, § 143 BGB lediglich teilweise Anwendung.

IV. Anwendungsbereich

15 Unmittelbar sind die Vorschriften über die Anfechtung gem. §§ 2078 ff. BGB nur auf **testamentarische Bestimmungen** anzuwenden. Unterlässt es der Erblasser, ein Testament zu errichten, in der irrigen Annahme, in der Regelung des § 2269 BGB sei die gesetzliche Erbfolge zu sehen, scheidet eine Anfechtung aus.[14] Es sind stets nur einzelne Verfügungen anfechtbar, nicht hingegen das gesamte Testament oder der gesamte Erbvertrag.[15] Der Anfechtung unterliegen alle denkbaren Zuwendungen und Anordnungen des Erblassers, die testamentarisch verfügt werden können (Erbeinsetzung, Enterbung, Einsetzung von Vor- und Nacherben, Einsetzung als Ersatzerbe, Anordnung eines Vermächtnisses oder einer Auflage, Anordnung der Testamentsvollstreckung, Teilungsanordnung, familienrechtliche Anordnung, Widerruf).

16 Wie bereits unter Rdn 1 ff. ausgeführt, finden diese Vorschriften über die Vorschrift des § 2279 Abs. 1 BGB auch auf **vertragsmäßige Verfügungen** Anwendung, wobei die §§ 2281–2285 BGB insoweit Sondervorschriften darstellen. Abweichend sind hier das Anfechtungsrecht des Erblassers, die Form sowie die Frist geregelt. Im Übrigen finden sich in § 2282 Abs. 1 u. 2 BGB Sondervorschriften im Hinblick auf die Höchstpersönlichkeit. Diese **Sondervorschriften** hinsichtlich der Anfechtung von Erbverträgen finden auch auf die Anfechtung bindend gewordener wechselbezüglicher Verfü-

11 MüKo/*Leipold*, § 2078 Rn 16, 62.
12 MüKo/*Musielak*, § 2281 Rn 21 m.w.N.
13 BGH FamRZ 1956, 83.
14 *Lange/Kuchinke*, § 36II 1a.
15 BGH FamRZ 1985, 806 f.; BayObLG ZEV 2006, 209, 211.

gungen in gemeinschaftlichen Testamenten Anwendung. Insoweit werden die §§ 2078 ff. BGB verdrängt.[16]
Im Einzelnen:
- § 2281 Abs. 1 BGB: Danach ist eine Anfechtung auch durch den Erblasser möglich (während beim einfachen Testament dem Erblasser aufgrund der jederzeitigen freien Widerrufbarkeit kein Anfechtungsrecht zusteht).
- § 2285 BGB: Danach ist die Anfechtung Dritter ausgeschlossen, wenn das Anfechtungsrecht des Erblassers im Zeitpunkt der Anfechtung erloschen ist (während beim einfachen Testament ein solcher Ausschluss nicht möglich ist, da schon dem Erblasser kein Anfechtungsrecht zusteht).
- § 2281 Abs. 1 und § 2282 Abs. 3 BGB: Danach bedarf die Anfechtung durch den Erblasser der notariellen Form, während die Anfechtung durch Dritte auch beim Erbvertrag formlos erfolgen kann (die Anfechtungserklärung beim einfachen Testament ist an keine besondere Form gebunden, ist also formlos möglich).[17]
- § 2282 Abs. 1 und Abs. 2 BGB: Danach kann die Anfechtung nicht durch einen Vertreter des Erblassers erfolgen.
- § 2283 BGB: Danach gibt es für die Anfechtung eines Erbvertrages durch den Erblasser eine eigene Fristenregelung (im Unterschied zu § 2082 BGB enthält § 2283 BGB keine 30-jährige Ausschlussfrist; weiterhin beginnt nach § 2283 BGB im Fall der Drohung die Frist mit dem Zeitpunkt, in dem die Zwangslage aufhört. Bei § 2082 BGB kommt es hingegen im Fall der Drohung nicht auf die Beendigung der Zwangslage an, weil der Erklärende hier nicht mit dem Anfechtenden identisch ist und eine Zwangslage gegenüber dem Erblasser als Erklärendem deshalb nicht die Anfechtung durch den Anfechtungsberechtigten hindern kann).
- § 2284 BGB: Danach ist eine Bestätigung durch den Erblasser – und zwar nur durch den Erblasser persönlich – möglich (beim einfachen Testament ist nach der Rspr.[18] eine Bestätigung durch den Erblasser nicht möglich, da ihm auch kein Anfechtungsrecht zusteht).
- Diese Sonderregelungen des Erbvertrages gelten für die Selbstanfechtung von bindend gewordenen wechselbezüglichen Verfügungen eines gemeinschaftlichen Testaments durch den Erblasser entsprechend und verdrängen insoweit die §§ 2078 ff. BGB.[19]

Wird ein Testament aus der amtlichen Verwahrung genommen, gilt dies als **Widerruf** 17
desselben. Dieser Widerruf unterliegt ebenfalls der Anfechtung gem. §§ 2078 ff. BGB.[20] Bei einem Irrtum über die Rechtswirkungen der Rücknahme kann die Anfechtung begründet sein.[21] Es ist allerdings von Bedeutung, ob eine ordnungsgemäße Belehrung

16 BGHZ 23, 207.
17 BayObLGZ 1989, 116, 121.
18 OLG Hamm ZEV 1994, 168 = FamRZ 1994, 1062 = NJW-RR 1994, 462; BayObLG FamRZ 1995, 246; zustimmend: RGRK/*Johannsen*, § 2078 Rn 79; *Bengel*, DNotZ 1984, 132, 134; *Röthel*, Erbrecht, § 21 Rn 31; *Kipp/Coing*, § 24 VII 1; *v. Lübtow*, Erbrecht I, S. 336; a.A.: MüKo/*Leipold*, § 2078 Rn 63.
19 BGHZ 37, 331; BGH FamRZ 1970, 79 = LM § 2079 Nr. 2; BayObLG ZEV 1995, 105; OLG Hamm OLGZ 1972, 387 = NJW 1972, 1088.
20 MüKo/*Leipold*, § 2078 Rn 17; OLG München ZEV 2005, 482. Auch bei ordnungsgemäßer Belehrung ist aber ein die Anfechtung begründender Irrtum nicht ausgeschlossen, OLG Düsseldorf RNotZ 2016, 254.
21 *Musielak*, ZEV 2016, 353.

gem. § 2256 Abs. 1 S. 2 BGB erfolgt ist.[22] Desgleichen unterliegt der Widerruf durch Vernichtung der Anfechtung.[23]

Auch ein **Schenkungsversprechen auf den Todesfall** unterliegt, sofern es von § 2301 BGB erfasst wird, der Anfechtung. Es darf jedoch nicht unter Lebenden vollzogen worden sein. Ein derartiges Versprechen ist daher wie eine Verfügung von Todes wegen zu behandeln.[24]

18 Ob auf **unentgeltliche Zuwendungen** durch einen Vertrag zugunsten Dritter auf den Todesfall die Anfechtungsvorschriften angewendet werden können, ist umstritten. Nach einer Ansicht kommt eine direkte Anwendung zwar nicht in Betracht, jedoch eine analoge Anwendung. Dies wird damit begründet, dass derartige Rechtsgeschäfte aufgrund der Interessenlage mit Verfügungen von Todes wegen verglichen werden können.[25] Nach a.A. kommt eine analoge Anwendung nicht in Betracht, da der Schutz des Vertragspartners der Rechtsgeschäfte unter Lebenden, die im Deckungs-, aber auch im Valutaverhältnis geschlossen werden, einer Erweiterung der sich aus §§ 119 ff. BGB ergebenden Anfechtungsmöglichkeiten entgegenstehe und somit auch einer analogen Anwendung des § 2078 BGB entgegenstehe.[26]

19 Ob eine analoge Anwendung der Anfechtungsvorschriften auf **Übergabeverträge** im Wege vorweggenommener Erbfolge in Betracht kommt, ist ebenfalls umstritten. Von einem Teil der Lit. wird eine analoge Anwendung bejaht.[27] Andere Meinungen verneinen eine analoge Anwendung.[28] Zu berücksichtigen ist hier im Einzelnen, dass das Interesse des Übernehmers am Bestand der zu seinen Gunsten getroffenen Verfügung schützenswert ist, erst recht dann, wenn der Übernehmer bereits Gegenleistungen an den Übergeber erbracht hat. Kommt es zu einer anderen Entwicklung als man bei Vertragsschluss vorausgesetzt hat, kann man eher an eine Störung der Geschäftsgrundlage denken. Eine Analogie erscheint jedoch nicht völlig ausgeschlossen.

B. Tatbestand

I. Anfechtungsgründe

1. Irrtum in der Erklärungshandlung (Abs. 1 Alt. 2)

20 Wenn der Erblasser eine bestimmte Erklärung überhaupt nicht abgeben wollte, kommt eine Anfechtung in Betracht. Das **äußere Erklärungsverhalten** des Erblassers entspricht nicht seinem tatsächlichen, inneren Willen. Hierunter fällt das Verschreiben hinsichtlich einer Zahl oder eines Namens im eigenhändigen Testament, das Versprechen des Erblassers bei der Testamentserrichtung gem. §§ 2232 S. 1 Alt. 1 oder 2250 f. BGB, der Irrtum eines mitunterschreibenden Ehegatten über den Wortlaut der letztwilligen Verfügung beim gemeinschaftlichen Testament oder der Irrtum über den Wortlaut der vom Notar verlesenen Niederschrift beim öffentlichen Testament.[29]

---

22 BayObLG ZEV 2005, 480, 481.

23 BeckOK BGB/*Litzenburger*, § 2078 Rn 2.

24 MüKo/*Leipold*, § 2078 Rn 18.

25 *Eike v. Hippel*, NJW 1966, 867, 868; Soergel/*Loritz/Uffmann*, § 2078 Rn 9.

26 BGH NJW 2004, 767 = ZEV 2004, 118, 120 m. Anm. *Leipold*; OLG Koblenz NJW-RR 2015, 72; Staudinger/*Otte*, § 2078 Rn 1.

27 MüKo/*Leipold*, § 2078 Rn 18; Bejahend *Olzen*, Die vorweggenommene Erbfolge, 1984, 203 ff., allerdings unter Anwendung von § 122 BGB.

28 Soergel/*Loritz/Uffmann*, § 2078 Rn 9; BeckOGK/*Harke*, § 2078 Rn 11.

29 MüKo/*Leipold*, § 2078 Rn 20; Staudinger/*Otte* (2019), § 2078 Rn 10; Soergel/*Loritz/Uffmann*, § 2078 Rn. 12.

Ging der Erblasser bei Äußerung seiner Wünsche nicht von einer letztwilligen Verfügung aus, kommt eine Anfechtung nicht in Betracht, da eine Erklärung, die ohne Testierwillen abgegeben wird, kein Testament darstellt.[30]

Eine letztwillige Verfügung ist auch darin zu sehen, dass ein Testament durch Vernichten oder Verändern der Urkunde gem. § 2255 BGB widerrufen wird. Dennoch kommt eine **Anfechtung wegen Erklärungsirrtums** nicht in Betracht, da im Falle des Widerrufs die Aufhebungsabsicht zum Tatbestand des Rechtsgeschäfts gehört und Wille und Erklärung nicht auseinanderfallen können. Handelt es sich jedoch um einen Widerruf gem. § 2255 BGB kann dieser wegen Motivirrtums gem. Abs. 2 anfechtbar sein.[31] 21

2. Inhaltsirrtum (Abs. 1 Alt. 1)

Wenn sich der Erblasser über den Inhalt seiner Erklärung geirrt hat, kommt ebenfalls eine Anfechtung in Betracht. Der Erklärende befindet sich in einem **Irrtum über die rechtliche Bedeutung** seiner Erklärung. Dies bedeutet, dass der Erblasser in seiner letztwilligen Verfügung zwar das erklärt hat, was er erklären wollte, er jedoch über die Bedeutung des Erklärten irrt, nämlich mit welchem rechtlichen Gehalt das errichtete Testament Geltung erlangt hat bzw. welche Bedeutung die letztwillige Verfügung verkehrsüblich hat.[32] Eine Anfechtung scheidet aus, wenn dem fehlerhaft formulierten Willen durch Auslegung Rechnung getragen werden kann. Beim Irrtum in der Erklärungshandlung werden seitens des Erblassers Erklärungszeichen benutzt, die er nicht benutzen will, beim Inhaltsirrtum hingegen werden Erklärungszeichen gebraucht, über deren Sinn sich der Erblasser irrt. Ein Irrtum liegt vor, wenn der Erblasser ein Nießbrauchsvermächtnis angeordnet hat und dies mit der Einsetzung eines Vorerben verwechselte.[33] 22

Bei einem solchen Irrtum über die Bedeutung der verwendeten Wörter wird aber eine Anfechtung häufig ausgeschlossen sein, da bei einer entsprechenden Andeutung im Testament regelmäßig eine Auslegung zur Verwirklichung des Erblasserwillens führen wird.

Ein Irrtum liegt ebenfalls vor, wenn der Erblasser angeordnet hat, dass die „gesetzliche Erbfolge gelten solle", und er sich dabei über den Kreis der gesetzlichen Erben irrte.[34]

Sachverhalt: Der Erblasser enterbte durch notarielles Testament seine Ehefrau und ordnete an, dass „die **gesetzliche Erbfolge** gelten solle". Dabei hatte er auf eine namentliche Benennung der Erben verzichtet, weil der beurkundende Notar ihm versichert hatte, dass damit seine Mutter Erbin werden würde. Der Notar wusste aber nicht, dass der Erblasser eine nichteheliche Tochter hatte. 23

Das OLG Frankfurt ging in seinem Vorlagebeschluss davon aus, dass dem eindeutigen Willen des Erblassers (in dem Sinne, dass seine Mutter als Erbin anzusehen ist) durch eine entsprechende Auslegung des Testaments zur Verwirklichung verholfen werden könne.

Der BGH hat in seiner Entscheidung aber klargestellt, dass zwar auch der Begriff der „gesetzlichen Erbfolge" auslegungsfähig, aber eine von dem Verständnis des Gesetzes abweichende Auslegung nur möglich sei, wenn eine entsprechende Andeutung für diesen Erblasserwillen im Testament vorhanden sei. Da im vorgenannten Fall jedoch

---

30 Staudinger/*Otte* (2019), § 2078 Rn 11; Soergel/*Loritz/Uffmann*, § 2078 Rn 12.

31 Staudinger/*Otte* (2019), § 2078 Rn 10.

32 MüKo/*Leipold*, § 2078 Rn 21; Horn/Kroiß/*Kroiß*, Testamentsauslegung, § 5 Rn 6.

33 RG LZ 1920, 339.

34 BGHZ 1980, 246 = NJW 1981, 1736 auf den Vorlagebeschluss des OLG Frankfurt Rpfleger 1980, 415. Bei Staudinger/*Otte* (2019), § 2078 Rn 12 wird ein solcher Irrtum nicht als Inhalts-, sondern als Motivirrtum angesehen, was dann aber von den Rechtsfolgen her keinen Unterschied bildet.

eine entsprechende Andeutung im Testament nicht vorhanden war, konnte dem Erblasserwillen somit nicht durch Auslegung zum Erfolg verholfen werden, so dass grundsätzlich eine Anfechtung wegen Inhaltsirrtums möglich war. Allerdings konnte die Anfechtung in diesem Fall auch nicht weiterhelfen, da auch nach einer wirksamen Anfechtung nur die gesetzliche Erbfolge zum Zuge gekommen wäre.
Ein **Irrtum über die Rechtsfolgen** ist hier grundsätzlich ebenfalls beachtlich. Dies gilt jedoch nur dann, wenn es sich um wesentliche Rechtsfolgen handelt.[35] Ein Inhaltsirrtum über Rechtsfolgen liegt nur dann vor, wenn sich der Erblasser über die direkten unmittelbaren Rechtsfolgen irrt. Die Willenserklärung muss hierbei eine wesentlich andere Rechtsfolge erzeugt haben, als die, die der Erblasser angestrebt hat. Ausreichend ist allerdings nicht, wenn die Willenserklärung neben der erstrebten Rechtsfolge weitere vom Erblasser nicht erkannte und von diesem nicht gewollte Nebenwirkungen hat.[36] Hat sich der Erblasser über Nebenwirkungen geirrt, fällt dies unter den Motivirrtum und somit unter Abs. 2.[37]

24 Beispiele für einen Inhaltsirrtum sind: Irrtum über die **rechtliche Bedeutung** der Vor- und Nacherbeneinsetzung;[38] eine testamentarische Verfügung, dass die gesetzliche Erbfolge eintreten soll, wobei verkannt wird, dass zu den danach erbberechtigten Abkömmlingen nicht nur die vollbürtigen, sondern auch die sog. „halbbürtigen" gehören.[39] Die Behandlung dieses Falls ist allerdings umstritten. Zum Teil wird die Ansicht vertreten, bereits eine Auslegung könne das Problem lösen.[40] Nach a.A. wird ein **Motivirrtum** angenommen, der gem. Abs. 2 zur Anfechtung berechtigt, wenn überhaupt davon ausgegangen werden kann, dass eine Verfügung von Todes wegen vorliegt. Nach Ansicht von *Otte*[41] wird richtigerweise darauf hingewiesen, dass es sich bei der bloßen Erklärung, dass nach dem Tod des Erblassers gesetzliche Erbfolge eintreten soll, nicht um eine Verfügung handelt. Es handelt sich vielmehr nur um einen Hinweis auf die ohnehin gesetzlich eintretende Rechtsfolge.

25 Ein **Inhaltsirrtum** liegt auch dann vor, wenn ein Erbvertrag in dem Glauben errichtet wird, es handle sich um eine jederzeit frei widerrufliche Erklärung.[42] Da der Notar jedoch verpflichtet ist, die Vertragsparteien umfassend zu belehren, wird i.d.R. über die Rechtsfolgen der Erklärung kein Irrtum vorliegen. Im Übrigen kann ein solcher Irrtum umso weniger angenommen werden, je klarer sich die Vertragsmäßigkeit bestimmter Verfügungen aus dem Erbvertrag ergibt.[43] Hat sich der Erblasser über die Bindungswirkung der Schlusserbeneinsetzung der gemeinsamen Kinder in einem gemeinschaftlichen Testament geirrt, hat die Anfechtung hingegen keinen Erfolg, da es sich hier um einen unbeachtlichen Rechtsfolgenirrtum und nicht um einen Inhaltsirrtum handelt.[44] Es ist gerechtfertigt, im Falle des Vorliegens eines Erbvertrages einen Inhaltsirrtum unter Umständen anzunehmen, bei Vorliegen eines gemeinschaftlichen

---

35 Kössinger/Najdecki/Zintl/*Najdecki*, § 24 Rn 6.
36 BayObLG ZNotP 1998, 332, 333.
37 BayObLG NJW-RR 1995, 904, 906.
38 RG Recht 1919 Nr. 2135: z.B. es wird angenommen, dass die Berufung zum Nacherben zeitlich unbeschränkt gültig ist.
39 Vgl. RGZ 70, 391; MüKo/*Leipold*, § 2078 Rn 24; Soergel/*Loritz/Uffmann*, § 2078 Rn 11.
40 OLG Frankfurt Rpfleger 1980, 415 – Vorlagebeschluss, dagegen aber BGHZ 80, 246; *v. Lübtow*, Erbrecht I, S. 270.
41 Staudinger/*Otte*, (2019) § 2078 Rn 12.
42 OLG Hamm OLGZ 1966, 497; BayObLGZ 1997, 377; MüKo/*Leipold*, § 2078 Rn 21.
43 Vgl. BayObLG FamRZ 1997, 1430, 1432.
44 OLG München MittBayNot 2012, 300; dafür *Gockel*, ErbR 2015, 489, 490 f.; *Weber*, ZfPW 2020, 38, 48; NK-BGB/*Müßig*, § 2271 Rn 86; Erman/*S. Kappler/T. Kappler*, § 2271 Rn 21; ebenso noch MüKo/*Leipold*, 5. Aufl. 2010, § 2078 Rn 22.

Testaments hingegen nicht. Dies begründet sich daraus, dass die Bindungswirkung beim gemeinschaftlichen Testament erst beim Tode eintritt, beim Erbvertrag hingegen sofort. Daher ist es gerechtfertigt, den Willen zur Herbeiführung der Bindungswirkung beim Erbvertrag zum Inhalt der Erklärung zu rechnen.[45]

Ein Anfechtungsgrund ist auch dann gegeben, wenn ein notariell errichtetes Testament 26
in Verkennung der dadurch eintretenden Widerrufswirkung zurückgenommen wird.[46] Hierzu ist anzumerken, dass das Gericht verpflichtet ist, über die Folgen einer **Entnahme** aus der **amtlichen Verwahrung** zu belehren, weshalb dann, wenn es sich um eine korrekte behördliche Verfahrensweise handelt, ein Irrtum ausgeschlossen ist. Nach einer Ansicht soll es sich auch dann um einen Inhaltsirrtum handeln, wenn eine Person einen Brief verfasst, der als Testament gewertet wird, obwohl dies nicht dem Willen und der Vorstellung des Briefeschreibers entspricht.[47] Nach a.A. fehlt es hier aber bereits am Testierwillen.[48] Dieser zweitgenannten Ansicht ist auch zu folgen, da der Testierwille Voraussetzung für die Errichtung einer letztwilligen Verfügung ist. Als Inhaltsirrtum wurde es auch angesehen, wenn der Erblasser davon ausging, dass vertragsmäßige Verfügungen bei Scheitern einer nichtehelichen Partnerschaft oder mit Scheidung der Ehe automatisch unwirksam werden. Dies wird jedoch in tatsächlicher Hinsicht selten festzustellen sein.[49] Die Tatsache, dass zu Lebzeiten beider Ehegatten wechselbezügliche Verfügungen nur in der Form des § 2271 Abs. 1 S. 1 BGB widerrufen werden können, nicht hingegen durch Errichtung eines einseitigen Testaments, und hierüber ein Irrtum besteht, führt nicht zu einem Inhaltsirrtum.[50]

Besteht der Irrtum darin, dass nach dem Tod des ersten Ehegatten eine Bindung an 27
wechselbezügliche Verfügungen (insbesondere an die wechselbezügliche Schlusserbeneinsetzung) eintritt, ist es zweifelhaft, ob es sich hierbei um einen Inhaltsirrtum handelt.[51] Diese Bindung ähnelt zwar der Bindung an vertragsmäßige Verfügungen, allerdings kommt der Wille, eine solche Bindung herbeizuführen, in den Erklärungen in einem gemeinschaftlichen Testament nicht zum Ausdruck. Die Bindungswirkung beim gemeinschaftlichen Testament tritt erst mit dem Tod des erstversterbenden Ehegatten ein, beim Erbvertrag tritt diese Bindung hingegen sofort ein. Auch dies spricht dafür, dass nur beim Erbvertrag die Herbeiführung der Bindungswirkung zum Inhalt der Erklärung gerechnet wird. Daher kommt eine Anfechtbarkeit nicht in Betracht, und zwar mit der Begründung, dass die Rechtsfolge bei den wechselbezüglichen Verfügun-

45 OLG München NJW-RR 2011, 1020; OLG Bamberg FamRZ 2016, 589 = BeckRS 2015, 19587; ausf. siehe MüKo/*Musielak*, § 2271 Rdn 37; ähnlich bereits, das Ergebnis noch offenlassend, BayObLGZ 2002, 128, 133 ff. = FamRZ 2003, 259 (261); aA BeckOGK/*Harke*, § 2078 Rn 16 f.

46 BayObLG Rpfleger 2005, 541; OLG München Rpfleger 2005, 606; OLG Düsseldorf ZEV 2016, 164; Staudinger/*Otte* (2019), § 2078 Rn 11.

47 RGRK/*Johannsen*, § 2078 Rn 24; Soergel/*Loritz/Uffmann*, § 2078 Rn 12.

48 Soergel/*Loritz/Uffmann*, § 2078 Rn 12; Staudinger/*Otte* (2019), § 2078 Rn 11; in einer neuen Entscheidung hat das OLG Schleswig einen Brief als Testament ausgelegt, ZEV 2010, 46.

49 OLG Schleswig, Beschl. v. 9.4.2009 – 3 U 43/08.

50 BayObLG ZEV 2004, 466.

51 Für unbeachtlichen Rechtsfolgenirrtum OLG Bamberg BeckRS 2015, 19587; OLG München NJW-RR 2011, 1020; OLG München – 31 Wx 249/10; OLG Hamm BeckRS 2011, 18455; BayObLG FamRZ 2003, 259; MüKo/*Leipold*, § 2078 Rn 22; *Musielak*, ZEV 2016, 353, 358; a.A. *Pfeifer*, FamRZ 1993, 1271; *Kanzleiter*, MittBayNot 2012, 264; *Gockel*, ErbR 2015, 489; *Keim*, notar 2019, 147, 149; Erman/*Kappler/Kappler*, § 2271 Rn 21; Staudinger/*Otte* (2019), § 2078 Rn 12.

gen im gemeinschaftlichen Testament nicht Inhalt der Erklärung ist, sondern allein darauf beruht, dass die Ehegatten aufeinander abgestimmt testieren.[52]

3. Motivirrtum (Abs. 2)

a) Allgemeines

28 Nach Abs. 2 kann eine letztwillige Verfügung angefochten werden, wenn der Erblasser durch die irrige Annahme eines Umstandes oder die irrige Erwartung des Eintritts oder Nichteintritts eines Umstandes zu der Verfügung bestimmt wurde. Im Gegensatz zum Anfechtungsrecht nach den allg. Vorschriften ist daher auch jeder **Motivirrtum** beachtlich. Dies gilt für Testamente, Erbverträge sowie für die Anfechtung von wechselbezüglichen Verfügungen in gemeinschaftlichen Testamenten. Unter die Vorschrift des Abs. 2 fällt auch der Irrtum, der aufgrund einer **arglistigen Täuschung** erzeugt wird. Ob der Bedachte oder ein unbeteiligter Dritter die Täuschung verübt hat, ist unbeachtlich. Der im Testament Bedachte erwirbt unentgeltlich und ist darüber hinaus auch nicht Erklärungsempfänger. Das Gesetz hat es daher nicht als schutzwürdig angesehen, dass der Bedachte auf die Erklärungen des Erblassers vertraut hat und lässt daher eine Anfechtung wegen Motivirrtums zu.[53] Gründe des **Vertrauensschutzes** und der **Rechtssicherheit** stehen einer Anfechtung nicht entgegen. Dies im Übrigen auch deswegen nicht, weil der Erblasser zu seinen Lebzeiten jederzeit in der Lage ist, das errichtete Testament zu widerrufen. Auch insoweit ist der Bedachte nicht schutzwürdig.

b) Keine Anwendbarkeit von Abs. 2

29 Ein Irrtum liegt dann nicht vor, wenn Umstände gegeben sind, die der Erblasser auch zutreffend annimmt (z.B. Umfang von Pflegeleistungen), diese Umstände in einer bestimmten Art und Weise subjektiv bewertet, die Bewertung jedoch abweichend von einer vernünftigen Denk- und Anschauungsweise erfolgt. Nach geltender Rspr. kommt eine Anfechtung mangels Vorliegens eines Motivirrtums nicht in Betracht, da der Erblasser ihm bekannte objektive Umstände entsprechend seinem subjektiven Empfinden gewichtet und die von ihm aufgestellte Bewertung seiner letztwilligen Verfügung zugrunde legt.[54] In diesem Falle entspricht die letztwillige Verfügung der subjektiven Denk- und Anschauungsweise des Erblassers.[55]

c) Arten von Umständen i.S.v. Abs. 2

aa) Vergangene, gegenwärtige und künftige Umstände

30 Sowohl vergangene, gegenwärtige als auch zukünftige Umstände können **Gegenstand** einer **Anfechtung** sein. Nach dem Wortlaut des Gesetzes sind ausdrücklich die künftigen Entwicklungen irrtumsfähig.[56] Dies ergibt sich aus der Formulierung „Erwartung". Diese Formulierung passt sprachlich nur für zukünftige Tatsachen und ist auch vom Gesetzgeber so gemeint. Der Irrtum kann sich sowohl auf individuelle als auch auf allgemeine Verhältnisse und deren Entwicklung beziehen. Er kann sich sowohl auf Personen als auch auf deren Eigenschaften, Sachen, politische, rechtliche und wirtschaftliche Verhältnisse beziehen.[57] Es muss sich jedoch immer um einen Umstand

---

52 OLG München NJW-RR 2011, 1020; OLG Bamberg FamRZ 2016, 589 = BeckRS 2015, 19587; ähnlich bereits, das Erg. noch offenlassend, BayObLGZ 2002, 128, 133 ff. = FamRZ 2003, 259, 261.

53 *Malitz/Benninghoven*, ZEV 1998, 415, 416.

54 BayObLG ZEV 1994, 369; BayObLG FamRZ 2002, 1226 f.

55 BayObLG ZEV 1994, 369; Staudinger/*Otte* (2019), § 2078 Rn 13.

56 OLG Köln FamRZ 1990, 1038; Staudinger/*Otte* (2019), § 2078 Rn 14.

57 Staudinger/*Otte* (2019), § 2078 Rn 14.

handeln, der außerhalb der letztwilligen Verfügung liegt. Dieser Umstand muss den Beweggrund selbst betreffen.[58]

31 Der Wille des Erblassers, eine letztwillige Verfügung zu errichten, kann daher nicht Gegenstand eines Motivirrtums sein.[59] Nach geltender Rspr. kann eine Anfechtung nicht damit begründet werden, dass der Erblasser die Zuwendung später bereut hat, er hätte sich somit über die Fortdauer seines Zuwendungswillens geirrt.[60] Ein relevanter Irrtum kann sich auch aus der Änderung der Rechtslage ergeben. Bsp. hierfür ist die Änderung des Erb- und Pflichtteilsrechts durch das Nichtehelichengesetz.[61]

32 Ein Motivirrtum ist hingegen für den Fall abzulehnen, dass der Erblasser eine seinen Vorstellungen entsprechende rechtliche Regelung gewählt hat, andere Gestaltungsmöglichkeiten nicht kannte und somit auch nicht berücksichtigte.[62] Geht der Erblasser irrtümlich davon aus, er sei nicht mehr verheiratet, kann dieser Umstand zur Anfechtung berechtigen. Allerdings ist hierfür als Beweis nicht ausreichend, dass dem Erblasser diese Tatsache bei Testamentserrichtung nicht bewusst war, wenn in der notariellen Urkunde vermerkt ist, der Erblasser sei nach seinen Angaben nicht verheiratet.[63]

bb) Umstände, die nach dem Erbfall eintreten

33 Die Anfechtung kann auch auf solche Umstände gestützt werden, die erst nach dem Erbfall eintreten. Abs. 2 gibt insoweit **keine zeitliche Grenze** vor.[64] Es wird in der Lit. teilweise die Auffassung vertreten, dass solche Umstände, die erst nach dem Erbfall eintreten, nicht berücksichtigt werden können, und zwar aus Gründen der **Rechtssicherheit** und des **Vertrauensschutzes.**[65]

34 Von der Rspr. jedoch wird es nicht von vornherein abgelehnt, auch solche erst nach dem Erbfall eintretende Umstände für eine Anfechtung zuzulassen. Eine Einschränkung erfolgt bei der Prüfung der Erheblichkeit.

35 Aufgrund des Wandels der Verhältnisse ist es mehr als verständlich, die Entwicklungen zu berücksichtigen. Dies hat jedoch zur Konsequenz, dass eine Fülle von Anfechtungsmöglichkeiten eröffnet werden, was wiederum dazu führt, dass man sich fragen muss, ob nicht die Grundsätze der Rechtssicherheit und des Vertrauensschutzes dagegensprechen. Diesem Argument kann allerdings nicht entgegengehalten werden, dass auch in den anderen Fällen eine Anfechtung zu einer rückwirkenden Vernichtung des Rechtsgrundes führen würde. In derartigen Fällen ist nämlich die Verfügung bereits im Zeitpunkt des Erbfalls mit einem Mangel behaftet, nämlich dem Anfechtungsgrund.[66]

36 Im Zusammenhang mit der **deutschen Wiedervereinigung** erhielt diese Frage besondere Bedeutung. Die fehlende Vorstellung des Erblassers über die mit der politischen Wende in der ehemaligen DDR und der Wiedervereinigung verbundenen grundlegenden Veränderungen, die sich in einer entsprechenden Wertsteigerung, aber auch in einer Verfügbarkeit über den Immobilienbesitz zeigten, kamen hier als Anfechtungsgrund in Betracht.[67]

---

58 OLG München NJW-RR 1989, 1410.
59 Staudinger/*Otte* (2019), § 2078 Rn 14.
60 OLG München NJW-RR 1989, 1410.
61 RGRK/*Johannsen*, § 2078 Rn 42.
62 BayObLG ZEV 2006, 209, 211.
63 OLG München NJW-RR 2008, 1112.
64 BGH DB 1966, 379; offengelassen von BGH WM 1987, 1019; Staudinger/*Otte*, (2019) § 2078 Rn 17; *Meyer*, ZEV 1994, 14.
65 *Grunewald*, NJW 1991, 1208, 1211; *Bestelmeyer*, Rpfleger 1992, 321, 326.
66 MüKo/*Leipold*, § 2078 Rn 42.
67 MüKo/*Leipold*, § 2078 Rn 43; näher hierzu 4. Aufl. Rn 36.

cc) Herbeiführung des zur Anfechtung berechtigenden Umstandes durch den Erblasser selbst

37 Diejenigen Umstände, welche zur Anfechtung berechtigen, brauchen nicht vom Willen des Erblassers unabhängig zu sein. Diese können vielmehr auch von dessen Willen herbeigeführt worden sein.[68] Die Rspr. hat dies anerkannt.[69] Dies ergibt sich schon aus der Regelung des § 2079 BGB. Durch **Adoption** oder **Wiederheirat** kann der Erblasser auch dort einen Anfechtungsgrund schaffen.[70] Wenn im Rahmen des § 2079 BGB vom Erblasser willentlich gesetzte Umstände zur Anfechtung berechtigen, besteht kein Anlass, eine Anfechtung i.R.d. § 2078 BGB aus Gründen, die der Erblasser selbst herbeigeführt hat, nicht zuzulassen.

38 Die Grenze, dass die zur Anfechtung berechtigenden Umstände vom Willen des Erblassers herbeigeführt werden können, liegt nach h.M. im Grundsatz von **Treu und Glauben.**[71] Umstände, die der Erblasser unter Verstoß gegen die Grundsätze von Treu und Glauben herbeigeführt hat, sollen danach nicht zur Anfechtung berechtigen.[72]

39 Daneben ist die **Erheblichkeit der Fehlvorstellung** streng zu prüfen. Nach a.A. gilt diese Einschränkung jedoch nur bei bindend gewordenen Verfügungen von Todes wegen. Dies wird damit begründet, dass der Erblasser sonst auch nicht durch § 242 BGB gehindert sei, seine Verfügungen zu widerrufen.[73] Nach weiterer Ansicht soll der Arglisteinwand gegen den Anfechtenden aber in jedem Falle zulässig sein.[74]

40 Der **erstgenannten Ansicht**, wonach die Grundsätze von Treu und Glauben in jedem Falle zu berücksichtigen sind, ist zu folgen. Es ist ein erheblicher Unterschied, ob der Erblasser selbst einen Widerruf seiner letztwilligen Verfügung erklärt und er hierdurch die Möglichkeit hat, neu zu testieren, oder ob eine letztwillige Verfügung durch andere nach dem Tod des Erblassers beseitigt wird. Verhält sich bspw. ein Erblasser derart bösartig, dass der künftige Erbe sich revanchiert hat, dann scheidet eine Anfechtung wegen Irrtums über das künftige Wohlverhalten aus, da der Erblasser mit einer derartigen Reaktion rechnen musste.[75]

d) Anforderungen an die subjektiven Vorstellungen des Erblassers

aa) Allgemeines

41 Für die Beurteilung, ob überhaupt ein Irrtum vorliegt, der zur Anfechtung berechtigt, sind die **subjektiven Vorstellungen** des Erblassers von entscheidender Bedeutung.[76] Im Hinblick auf die Vorstellungen des Erblassers sind folgende Fälle zu unterscheiden:

- Der Erblasser hatte konkrete Vorstellungen von bestimmten Umständen, diese stimmen jedoch nicht mit der tatsächlichen Sachlage oder auch einer späteren Entwicklung überein (**positive Vorstellungen**), oder
- der Erblasser hat sich überhaupt keine Gedanken über solche Umstände gemacht, die sich später als fehlerhaft herausgestellt haben (**Fehlen jeglicher Vorstellungen**), oder
- der Erblasser hat sich zwar keine konkreten Gedanken über das Vorliegen bestimmter Umstände gemacht, das Vorliegen der Umstände war jedoch für den

68 Staudinger/*Otte* (2019), § 2078 Rn 16; MüKo/*Leipold*, § 2078 Rn 44.
69 RGZ 148, 218.
70 MüKo/*Leipold*, § 2078 Rn 44.
71 BGHZ 4, 91, 96; BGH FamRZ 1973, 579.
72 BGHZ 4, 91.
73 Staudinger/*Otte* (2019), § 2078 Rn 16; BeckOGK/*Harke*, § 2078 Rn 29; *Schubert/Czub*, JA 1980, 258; *Lange/Kuchinke*, § 36 III 2b.
74 Staudinger/*Otte* (2019), § 2078 Rn 16 a.E.
75 BGH FamRZ 1962, 426.
76 *Rudolf/Bittler/Seiler-Schopp*, HB Testamentsauslegung, § 5 Rn 22.

Erblasser selbstverständlich, so dass ein Abrufen dieser Umstände für den Erblasser jederzeit möglich gewesen ist (**unbewusste selbstverständliche Vorstellungen**).

bb) Positive Vorstellungen

Nach dem Wortlaut des Gesetzes setzt das Vorliegen eines Irrtums seitens des Erblassers eine „positive Vorstellung" über die tatsächlichen Umstände voraus. Ein Motivirrtum liegt in jedem Falle vor, wenn der Erblasser eine bewusste Vorstellung von einem bestimmten Umstand hat und er hierdurch zu dem Irrtum veranlasst worden ist (**subjektive Überzeugung**). Der Erblasser befindet sich dagegen nicht in einem Irrtum, wenn er das Vorliegen eines bestimmten Umstandes oder den Eintritt eines Ereignisses nur für möglich oder wahrscheinlich hält.[77] In diesem Falle bezieht der Erblasser auch die entgegengesetzte Möglichkeit in seine Überlegungen mit ein. Hier könnte man von einem „dolus eventualis" sprechen. Es ist zu respektieren, dass der Erblasser bewusst und gewollt das Risiko in Kauf genommen hat. Insoweit ist eine Irrtumsanfechtung ausgeschlossen.[78] Hat der Erblasser über künftige Entwicklungen eine gewisse Vorstellung, wird er sich i.d.R. bewusst sein, dass es insoweit für seine Annahme keine völlige Sicherheit gibt. Der Erblasser muss dann aber eine **„gefestigte Erwartung"** vom Eintritt seiner **Prognoseentscheidung** haben, zumindest für den Fall, dass er von einem gewöhnlichen Verlauf der Dinge ausgegangen ist.[79] 42

Traf der Erblasser selbst Regelungen, um der künftigen Entwicklung Rechnung zu tragen, liegt kein Motivirrtum vor.[80]

cc) Fehlen jeglicher Vorstellungen

Hat der Erblasser dagegen keine Vorstellung, auch keine unbewusste, stellt es ein Problem dar, ob von einem Irrtum ausgegangen werden kann, der zur Anfechtung i.S.d. Abs. 2 berechtigt. Dies ist bspw. dann der Fall, wenn der Erblasser nicht an die künftige **Kaufkraft** des **Geldes** denkt, er insbesondere nicht ahnt, dass eine **Inflation** zur völligen Entwertung führen könnte.[81] Nach dem Wortlaut des Gesetzes könnte man davon ausgehen, dass ein Irrtum in diesem Fall nicht gegeben ist. Nach Ansicht der Rspr. setzt die Anwendung des Abs. 2 voraus, dass die Umstände, über welche sich der Erblasser geirrt hat, zumindest in seinem Vorstellungsbereich lagen und auch tragender Grund für sein Testament gewesen sind. Umstände, die der Erblasser überhaupt nicht in Erwägung gezogen hat, bei deren Kenntnis er eine Verfügung aber nicht getroffen hätte, schließen eine Anfechtung aus. Als Begründung wird angeführt, dass die bloße Unkenntnis nicht mit einem Irrtum gleichgesetzt werden könne.[82] Anders als bei der ergänzenden Auslegung ist ein hypothetischer oder irrealer Wille des Erblassers im Bereich der Anfechtung nicht zu berücksichtigen. 43

dd) Unbewusste, selbstverständliche Vorstellungen

Nach überwiegender Ansicht ist allerdings eine klare Abgrenzung zwischen dem Vorhandensein einer falschen Vorstellung (**typische Irrtumssituation**) und dem bloßen Fehlen einer richtigen Vorstellung fast nicht möglich, da der Erblasser bei jeder Willensbildung den Fortbestand der derzeit gültigen Verhältnisse als selbstverständlich 44

---

77 BayObLGZ 1993, 248 = FamRZ 1993, 1494; BayObLG FamRZ 2001, 873, 875; Staudinger/*Otte*, (2019) § 2078 Rn 18; MüKo/*Leipold*, § 2078 Rn 27.

78 MüKo/*Leipold*, § 2078 Rn 27.

79 MüKo/*Leipold*, § 2078 Rn 27.

80 BayObLGZ 2000, 279, 287; OLG Thüringen FamRZ 2015, 1836 = BeckRS 2015, 13581 (Änderungsvorbehalt für den Fall enttäuschter Pflegeerwartung).

81 Staudinger/*Otte* (2019), § 2078 Rn 19.

82 BGH WM 1971, 1153; BGH LM § 2078 Nr. 8 = NJW 1963, 246.

voraussetzt.[83] D.h., man kann entweder vom Fehlen einer Vorstellung im Hinblick auf eine künftige Änderung sprechen oder davon, dass der Erblasser von der vorhandenen Vorstellung ausgeht, dass die Verhältnisse stabil bleiben. Beides ist nicht klar voneinander zu trennen.

45 Nach der Rspr. handelt es sich hierbei als „vom Bewusstsein des Erklärenden nicht erfasste, aber durchaus vorhandene Vorstellungen i.S.v. in die Zukunft gerichteten Erwartungen des Erblassers, die diesem so selbstverständlich erscheinen, dass sie bei ihm unbewusst bestehen und trotzdem Grundlage seiner letztwilligen Verfügung sind".[84] Es sind solche Umstände gemeint, die für den Erblasser nach seiner Vorstellung **selbstverständlich** sind. Hieraus folgt, dass er sie gerade nicht konkret im Bewusstsein hat, er aber jederzeit in der Lage ist, sie abzurufen und in sein Bewusstsein zurückzuführen.[85] Diese Umstände beeinflussen die Entscheidung des Erblassers gleichermaßen, wie es solche Überlegungen tun, die der Erblasser ausdrücklich in seine Erwägungen einbezieht. Diese liegen psychologisch gesehen zwischen der wirklichen Vorstellung und dem reinen Nichtwissen.[86] Daraus folgt, dass eine Anfechtung auch dann möglich sein muss, wenn eine bestimmte, von diesen Umständen abweichende Entwicklung eintritt, obwohl es sich um unbewusste Vorstellungen handelt.[87]

46 Der von der Rspr. gewählte Begriff der **„unbewussten Vorstellung"** wurde in der Lit. als widersprüchlich kritisiert, das Ergebnis jedoch, nämlich, dass eine letztwillige Verfügung auch bei Unkenntnis vom Fehlen oder Ausbleiben von Umständen, die als selbstverständlich vorausgesetzt wurden, angefochten werden kann, wurde überwiegend gebilligt.[88] Aufgrund dieser Kritik spricht der BGH in seiner neuesten Rspr. jedoch nicht mehr von „unbewussten Vorstellungen", sondern von **„selbstverständlichen Vorstellungen"**. Eine inhaltliche Veränderung ist nicht erfolgt. Es handelt sich um Umstände, die der Erblasser zwar nicht konkret im Bewusstsein hat, die er jedoch jederzeit abrufen und in sein Bewusstsein holen kann.[89] Eine Mindermeinung in der Lit. fordert, dass die Anfechtung wegen eines Motivirrtums i.S.v. Abs. 2 auf bewusste Vorstellungen beschränkt werden muss.[90] Diese Ansicht wird mit der Anwendung der Lehre vom Wegfall der Geschäftsgrundlage, die seit dem 1.8.2002 gesetzlich geregelt ist (§ 313 BGB) begründet. Allerdings passt die Lehre vom Wegfall der Geschäftsgrundlage (Störung der Geschäftsgrundlage) nicht zu den Grundsätzen des Erbrechts, zum einen deshalb, weil die Anfechtung diese Funktion übernehmen kann, zum anderen aber auch von den Rechtsfolgen her, da die Rechtsfolgen auf das Schuldrecht zugeschnitten sind.[91] Andere Stimmen in der Lit. gehen noch weiter. Danach ist auch dann von einem Irrtum i.S.d. Abs. 2 auszugehen, wenn der Erblasser sowohl vergangene, gegenwärtige als auch zukünftige Umstände nicht bedenkt.[92] Eine Einschrän-

83 Staudinger/*Otte* (2019), § 2078 Rn 19.

84 *Rudolf/Bittler/Seiler-Schopp*, HB Testamentsauslegung, § 5 Rn 26.

85 BGH NJW-RR 1987, 1412, 1413; BayObLG FamRZ 1984, 1270 f.; BayObLG NJW-RR 1990, 200; BayObLG FamRZ 1997, 772 f. und FamRZ 2002, 915, 917; OLG Hamm ZEV 1994, 109, 111 = FamRZ 1994, 849; OLG Frankfurt DtZ 1993, 214; OLG Köln BeckRS 2016, 04571. Vgl. zur Begriffsbildung teilweise auch krit. *Pohl*, AcP 177, 269: „mitbewusste Vorstellungen".

86 BGH LM § 2078 Nr. 4 u. 8.

87 BGH LM § 2078 Nr. 3, 4, 8.

88 Staudinger/*Otte* (2019), § 2078 Rn 22 ff.; MüKo/*Leipold*, § 2078 Rn 30 ff.; Soergel/*Loritz/Uffmann*, § 2078 Rn 18 f.

89 BGH NJW-RR 1987, 1412.

90 *Keymer*, S. 162 ff.

91 BGH NJW 1993, 850; MüKo/*Leipold*, § 2078 Rn 29; Staudinger/*Otte*, (2019) § 2078 Rn 22.

92 RGRK/*Johannsen*, § 2078 Rn 49; *Schubert/Czub*, JA 1980, 257, 261; Soergel/*Loritz/Uffmann*, § 2078 Rn 19; MüKo/*Leipold*, § 2078 Rn 41.

kung muss über die Erheblichkeit des Irrtums erfolgen. An diese müssen strenge Anforderungen gestellt werden. Nach dieser Ansicht erreicht der BGH zwar durch die Beschränkung auf solche Umstände, die der Erblasser als selbstverständlich zugrunde legt, das gleiche Ergebnis, aber es erscheint dieser Meinung richtiger, den Begriff der unbewussten Vorstellung zu vermeiden und statt dessen den Wertungsansatz offenzulegen.[93] Ein relevanter Irrtum, vor allem im Bereich der „Wohlverhaltenserwartung" (z.B. die Vorstellung des Erblassers, die Ehe werde harmonisch verlaufen), darf allerdings nicht vorschnell bejaht werden. Eine letztwillige Verfügung kann auch bei einer gewissen Enttäuschung durch das Verhalten des Bedachten noch dem Willen des Erblassers entsprechen.[94]

e) Andeutung der Fehlvorstellung in der letztwilligen Verfügung

Die Auslegung verlangt nach der sog. Andeutungstheorie (siehe § 2084 Rdn 6, 15), 47
dass derartige Umstände nur berücksichtigt werden können, wenn es hierfür **Anhaltspunkte im Testament** gibt. Bei der Anfechtung hingegen ist es nicht erforderlich, dass die irrige Annahme oder Erwartung des Erblassers in der Verfügung selbst zum Ausdruck gekommen ist. Derartiger Anhaltspunkte bedarf es weder im Testament noch im Erbvertrag.[95] Der ursprüngliche § 1781 Abs. 2 BGB sah vor, die Verfügung solle nur anfechtbar sein, wenn der Irrtum aus der Verfügung zu entnehmen oder die Voraussetzung in derselben ausdrücklich oder stillschweigend erklärt sei.[96] Die zweite Kommission hat jedoch diese Regelung verworfen.

Für die Frage, ob diese Vorstellung für die Willensbildung des Erblassers erheblich 48
war, kann es jedoch bedeutsam sein, derartige Vorstellungen in die Verfügung von Todes wegen mit aufzunehmen, gerade dann, wenn es sich um problematische Gestaltungen handelt.[97] Im Übrigen hat die Angabe der Vorstellungen im Testament, die den Erblasser zu einer bestimmten Verfügung veranlasst haben, die Konsequenz, dass diese zu einer **widerlegbaren Vermutung** dahingehend führen, dass die vom Erblasser mitgeteilten Gründe auch die tatsächlich bestimmenden Gründe gewesen sind.[98] Werden in der letztwilligen Verfügung mehrere Motive angegeben, muss die Erheblichkeit eines jeden Motivs geprüft werden.[99] Wird eine bestimmte Erwartung als Grund für die getroffene Verfügung gerade nicht erwähnt, kann dies umgekehrt ein Indiz dafür sein, dass diese Vorstellungen im Rahmen der Motivation des Erblassers keine entscheidende Rolle gespielt haben.[100]

Es wird die Ansicht vertreten, der Erblasser könne durch die Angabe seines Motivs, 49
weshalb er die letztwillige Verfügung gerade in dieser Art und Weise errichtet hat, eine ähnliche Wirkung erreichen wie bei einer bedingten Zuwendung. Durch die Angabe des Motivs könne er die Wirkung der Zuwendung über den Erbfall hinaus an seinen Willen binden.[101] Es ist allerdings ein Unterschied, ob es sich nur um eine **Motivangabe** handelt oder ob eine auflösende oder eine aufschiebende Bedingung gegeben ist. Die Rechtsfolgen sind andere. Der Eintritt einer Bedingung hat gem. § 159 BGB keine rückwirkende Kraft. Handelt es sich um eine bedingte Erbeinsetzung führt

93 MüKo/*Leipold*, § 2078 Rn 30 ff. m.w.N.
94 BayObLG ZEV 2006, 209, 212.
95 BGH NJW 1965, 584.
96 Mot. Mugdan, Bd. V, S. 27.
97 MüKo/*Leipold*, § 2078 Rn 38.
98 BGH NJW 1965, 584.
99 LG Tübingen BWNotZ 1982, 164.
100 OLG München ZEV 2007, 530, 531.
101 *Flik*, BWNotZ 1979, 53.

dies zur konstruktiven Vor- und Nacherbschaft.[102] Beruft sich eine Person auf den Eintritt bzw. Nichteintritt einer Bedingung, sind auch keine Fristen zu beachten. In diesem Falle ist daher durch Auslegung zu ermitteln, ob es sich um eine zur Anfechtung berechtigende Motivangabe handelt oder eine Bedingung vorhanden ist. Im Wege der Auslegung wird man in derartigen Fällen häufig zum Vorliegen einer Bedingung kommen, da dies i.d.R. eher dem Erblasserwillen entspricht, als von einer zur Anfechtung berechtigenden Motivangabe auszugehen. Es entspricht in diesem Fall eher dem Erblasserwillen, die bedachte Person nicht noch zusätzlich mit Formen und Fristen, die das Anfechtungsrecht mit sich bringt, zu belasten.[103]

f) Wann muss die Fehlvorstellung vorliegen, die eine Anfechtung rechtfertigt?

50 Eine Anfechtung ist nur dann möglich, wenn der Erblasser im **Zeitpunkt der Testamentserrichtung** von irrigen positiven Vorstellungen ausgegangen ist bzw. für den Fall, dass ein bestimmter Umstand durch den Erblasser nicht bedacht wurde.[104] Dies ergibt sich schon aus dem Wortlaut des Gesetzes „zu der Verfügung bestimmt worden ist". Der Erblasser kann zu der von ihm errichteten letztwilligen Verfügung nicht durch später auftretende Irrtümer bestimmt worden sein. Eine analoge Anwendung des § 2078 Abs. 2 BGB auf Fehlvorstellungen, die zu einem späteren Zeitpunkt auftreten, kommt daher nicht in Betracht.[105] Seitens der Rspr. wurde eine Anfechtung daher für den Fall abgelehnt, dass der Erblasser eine von ihm errichtete letztwillige Verfügung vergaß und er davon ausging, es werde gesetzliche Erbfolge eintreten, und er es aus diesem Grund unterlassen hat, eine neue letztwillige Verfügung zu errichten.[106] Es handelte sich hierbei um eine nach Testamentserrichtung aufgetretene Fehlvorstellung.

51 Für den Fall, dass dem Erblasser sein Testament zwar noch gegenwärtig ist, er aber nunmehr dessen rechtliche Wirkung falsch einschätzt, kommt ebenfalls eine Anfechtung nicht in Betracht, da diese Fehlvorstellung nicht bereits bei Testamentserrichtung vorlag.[107]

g) Beispiele für das Vorliegen eines Motivirrtums i.S.v. Abs. 2

aa) Aktuell vorhandene Fehlvorstellungen des Erblassers

52 Ein beachtlicher Irrtum liegt u.a. in folgenden Fällen vor: Die Ehegatten gehen irrig davon aus, dass der beiderseitige Nachlass auf die gemeinschaftlichen Abkömmlinge übergehen wird, was infolge der **Wiederverheiratung** des Längerlebenden dann nicht eintrat;[108] die Erwartung des Erblassers bezüglich des zukünftigen „Wohlverhaltens des Bedachten" gegenüber dem Erblasser wird enttäuscht bzw. der Erblasser hat die Erwartung, dass künftig Unstimmigkeiten zwischen ihm und dem Bedachten ausbleiben bzw. dass sich die Beziehung zum Bedachten harmonisch und frei von Störungen entwickeln wird;[109] der Erblasser hat **falsche Vorstellungen** über die **Größe** des **Nachlasses,** als er den Überrest zuwendet;[110] der Erblasser geht davon aus, dass dem Erben trotz Vorhandensein von nichtehelichen Abkömmlingen der Nachlass ungekürzt verbleibt;[111] aufgrund des Gleichberechtigungsgesetzes geht der Erblasser von der unzu-

---

102 MüKo/*Leipold*, § 2074 Rn 13 m.w.N.
103 Staudinger/*Otte* (2019), § 2074 Rn 14.
104 BGHZ 42, 327, 332.
105 MüKo/*Leipold*, § 2078 Rn 39.
106 BGHZ 42, 327.
107 OLG Köln OLGZ 1970, 114.
108 RG Gruchot 67, 667.
109 BGHZ 4, 91; BGH NJW 1963, 246; BGH NJW-RR 1987, 1412; BGH NJW-RR 2008, 747.
110 RG Recht 1912 Nr. 449.
111 Staudinger/*Otte* (2019), § 2078 Rn 15.

treffenden Erwartung aus, er habe dem Ehegatten ein Vermächtnis in Höhe seines Pflichtteils zugewendet;[112] der Erblasser nimmt fälschlicherweise an, das von seiner Ehefrau erwartete Kind werde lebend geboren;[113] der Erblasser hat die irrige Vorstellung, dass er unverheiratet sterben wird.[114] Unter Umständen könnte hier eine Irrtumsanfechtung nach § 2079 BGB möglich sein.

Weitere Beispiele sind: Der Erblasser unterliegt einem Irrtum über die Dauerhaftigkeit 53 des Streits zwischen ihm und seinem Sohn;[115] der Erblasser sieht nicht voraus, dass die wegen Überschuldung durch eine Bürgschaft auf den Pflichtteil gesetzte Tochter einen Forderungsverzicht der Gläubiger erreichen würde;[116] der Erblasser geht irrigerweise davon aus, dass ein Verwandtschaftsverhältnis zum Bedachten besteht;[117] der Erblasser geht irrigerweise davon aus, dass demnächst die Ehe geschlossen werde; die unrichtige Annahme seitens des Erblassers, dass der Erbe ein bürgerliches Leben führt, der Erbe dann aber einer **religiösen Sekte** beitritt;[118] der Erblasser nimmt unzutreffend an, die Ehe werde sich harmonisch entwickeln;[119] der Erblasser hegt die irrige Erwartung, zwei Personen, die sich als Ehegatten bezeichnet haben, seien verheiratet, wenn sich der Erblasser gegen ein „Zusammenleben ohne Trauschein" ablehnend geäußert hat;[120] der Erblasser hat eine falsche Vorstellung dahingehend, das Vermögen sei unbelastet oder habe einen bestimmten Wert;[121] der Erblasser geht von der Annahme aus, einzelne Abkömmlinge lebten in besseren wirtschaftlichen Verhältnissen als andere;[122] der Erblasser geht unrichtigerweise davon aus, eine letztwillige Verfügung werde einen bestimmten rechtlichen Erfolg haben;[123] die Erblasserin geht davon aus, dass die bedachte Stiftung Trägerin eines Heimes sei, in das sie gehen wollte;[124] die falsche Annahme, jemand würde seine Ausbildung erfolgreich durchlaufen;[125] der Erblasser geht davon aus, eine Immobilie werde nicht aus dem Vermögen eines Familienmitglieds ausscheiden;[126] der Erblasser geht davon aus, eine bereits zerrüttete Beziehung werde schlecht bleiben und aus diesem Grund wird eine Person von der Zuwendung ausgenommen;[127] der Erblasser geht davon aus, der Nachlass werde aufgrund der desolaten wirtschaftlichen Situation an die Gläubiger fallen;[128] auch wenn keine Testierunfähigkeit vorliegt, kann ein Motivirrtum bei wahnhaften Vorstellungen angenommen werden;[129] der Erblasser geht irrtümlich davon aus, seine Söhne wollten nichts von ihm erben.[130]

112 RGRK/*Johannsen*, § 2078 Rn 42.
113 RG WarnR 1914 Nr. 125.
114 RGZ 148, 218.
115 OLG Köln FamRZ 1990, 1038.
116 OLG Köln ZEV 2004, 329 ff.
117 MüKo/*Leipold*, § 2078 Rn 28.
118 OLG München NJW 1983, 2577.
119 BayObLG FamRZ 1983, 1275.
120 BayObLG FamRZ 1984, 422 = Rpfleger 1984, 66.
121 MüKo/*Leipold*, § 2078 Rn 28.
122 RGZ 172, 83.
123 RGZ 172, 83.
124 BayObLG ZEV 2003, 462.
125 MüKo/*Leipold*, § 2078 Rn 28.
126 LG Wuppertal BeckRS 2022, 36159 Rn 19 f.
127 OLG Köln BeckRS 1990, 31147717 = FamRZ 1990, 1038.
128 OLG Köln ZEV 2004, 329.
129 BayObLGZ 2001, 290 = NJW-RR 2002, 1088 = FamRZ 2002, 497.
130 BayObLG NJW-RR 2002, 727 = FamRZ 2002, 1226: Im konkreten Fall wurde ein derartiger Irrtum aber als für die Erbeinsetzung nicht maßgeblich angesehen.

bb) Beispiele selbstverständlicher Vorstellungen des Erblassers

54 Der Erblasser geht davon aus, dass die bedachte Person, bei der es sich um einen Prinzen aus ehemals regierendem Hause handelt, nur eine ebenbürtige Ehe eingehen wird;[131] der Erblasser geht davon aus, dass sich der Bedachte als Vertragserbe vertragsgemäß verhalten werde;[132] der Erblasser hat die Vorstellung, dass die bedachte Person nicht die Ursache für die **Ehezerrüttung** geben wird;[133] die Erblasserin, die nationalsozialistisch eingestellt ist, ist nicht in der Lage, der politischen Haltung der übergangenen, gesetzlichen Erbin, zuzustimmen, da diese gegen den Nationalsozialismus eingestellt ist;[134] der Erblasser geht selbstverständlich davon aus, dass die Vermächtnisnehmerin nicht versuchen wird, der zur Erbin berufenen Person, welche mit dem Vermächtnis beschwert ist, **das Leben zu nehmen;**[135] der Erblasser hat die selbstverständliche Vorstellung, dass der Bedachte nicht durch grobe Fahrlässigkeit bei einer Trunkenheitsfahrt den Tod der Erblasserin verursachen wird;[136] der Erblasser geht wie selbstverständlich davon aus, dass sich die Währungs- und Wirtschaftsverhältnisse nicht grundlegend ändern würden;[137] der Erblasser geht unbewusst davon aus, dass der Bedachte nicht aufgrund einer **Sektenzugehörigkeit** den Nachlass einer vernünftigen Verwendung entziehen wird;[138] der Erblasser geht davon aus, seine Ehe werde harmonisch verlaufen,[139] es werde nicht zu einem Scheidungsverfahren kommen,[140] eine nichteheliche Lebensgemeinschaft werde auch in Zukunft fortbestehen,[141] künftige Unstimmigkeiten zwischen dem Erblasser und dem Bedachten würden ausbleiben,[142] der Erblasser hat nicht mit einer späteren Streitschlichtung gerechnet.[143] Das Vorliegen einer selbstverständlichen Vorstellung wurde angenommen, wenn der Erblasser davon ausgeht, dass nach Abschluss eines Erbvertrages zwischen den Parteien ein gewisses Maß an gegenseitiger Achtung und Rücksichtnahme gewahrt werden würde.[144]

cc) Anfechtung wegen widerrechtlicher Drohung (Abs. 2)

55 Auch wenn der Erblasser im Wege der **widerrechtlichen Drohung** zu einer Verfügung bestimmt worden ist, ist gem. Abs. 2 eine Anfechtung möglich. **Drohung** ist die Ankündigung eines künftigen Übels, auf dessen Eintritt oder Nichteintritt der Dro-

---

131 RG WarnR 1931 Nr. 50.
132 BGHZ 4, 91, 94 f.; ähnlich BGH LM § 2078 Nr. 8 = NJW 1963, 246.
133 BGH LM § 2078 Nr. 3.
134 BGH LM § 2078 Nr. 4.
135 BGH FamRZ 1962, 256.
136 BGH WM 1971, 1153.
137 RG LZ 1923, 603; anders aber, wenn der Erblasser schon mit einer solchen wesentlichen Änderung rechnete, AG Hohenwestedt SchlHA 1949, 121.
138 OLG München NJW 1983, 2577.
139 OLG Köln OLGZ 1970, 114, 116; BayObLG FamRZ 1983, 1275, 1277; BayObLGZ 2003, 210, 214 = FamRZ 2004, 1068 (im konkreten Fall verneint; allg. mit Recht für strenge Beweisanforderungen); verneinend auch OLG München NJW 2013, 3732, 3734 (weil Scheitern der Ehe vom Erblasser schon bei Errichtung der Verfügung für möglich gehalten und inhaltlich berücksichtigt wurde); OLG Karlsruhe ErbR 2014, 35 Rn 31 (weil Erblasser bei Trennung keine Scheidung beantragte und erst zehn Jahre danach die Erbeinsetzung des Ehegatten – formungültig – widerrief).
140 OLG Hamm BeckRS 2004, 30342322.
141 OLG Celle ZEV 2003, 328, 329 (*Leipold*) = NJW-RR 2003, 1304 (im konkreten Fall die Anfechtbarkeit verneinend).
142 BGH LM § 2078 Nr. 8 = NJW 1963, 246; siehe auch BGH FamRZ 1983, 898 (Erwartung fortdauernder enger Verbundenheit); BayObLG FamRZ 2000, 1053 (Erwartung der Fortdauer des Vertrauensverhältnisses).
143 OLG Köln FamRZ 1990, 1038.
144 OLG Hamm ZEV 1994, 109.

hende behauptet einwirken zu können, und das verwirklicht werden soll, wenn der Bedrohte nicht die von dem Drohenden gewünschte Willenserklärung abgibt.[145] Die Drohung muss dabei nicht ausdrücklich ausgesprochen werden, sie kann vielmehr auch **versteckt** oder **durch schlüssiges Verhalten** erfolgen. Die Drohung kann auch von einem Dritten verübt werden, sie muss nicht vom Bedachten verübt worden sein.[146]

Für die Annahme der Ernsthaftigkeit der Drohung kommt es nicht auf die Meinung 56
des Drohenden, sondern auf die Sicht des Bedrohten an.[147] Das Vorliegen einer Zwangslage und sogar das Ausnutzen einer solchen ist nicht ausreichend, um eine Anfechtung wegen widerrechtlicher Drohung zu begründen.[148]

Ob diese Drohung rechtswidrig ist, richtet sich nach dem angewandten Mittel, dem 57
verfolgten Zweck oder der **Mittel-Zweck-Relation**.[149] Hierunter fällt bspw. die Drohung mit einer Strafanzeige. Es ist dabei unerheblich, ob diese Drohung von der bedachten oder einer dritten Person ausgeht.[150] Fordert der Bedachte oder ein Dritter den Erblasser auf, auch jenseitige Folgen zu bedenken, liegt hierin keine Drohung. Die Drohung setzt nämlich wirkliche oder zumindest **vorgebliche Beherrschbarkeit** des in Aussicht gestellten Übels durch den Drohenden selbst voraus.[151] Ein fehlender Rechtsanspruch auf die erzwungene Willenserklärung allein macht die Drohung aber noch nicht widerrechtlich. Vielmehr ist zu prüfen, ob der Drohende an der Erreichung des erstrebten Erfolges ein berechtigtes Interesse hat und ob die Drohung nach der Auffassung aller billig und gerecht Denkenden ein angemessenes Mittel darstellt.[152] Droht der Ehegatte damit, sich das Leben zu nehmen, wenn ein gemeinschaftliches Testament nicht vom Erblasser mit unterschrieben wird, ist diese Drohung rechtswidrig.[153]

Eine widerrechtliche Drohung liegt dann nicht vor, wenn der Erblasser durch ein 58
fortgesetztes aufdringliches Bitten beeinflusst wird.[154] Wenn eine Person den Erblasser davon abbringt, in einer bestimmten Art und Weise zu verfügen, dadurch, dass sie dieser Verfügung widerspricht, ist dies für sich gesehen nicht rechtswidrig. Es kann jedoch ein Verstoß gegen die guten Sitten vorliegen. Hierfür müssen jedoch weitere Umstände vorliegen, z.B. dass die Willensschwäche des Erblassers oder eine Zwangslage ausgenutzt werden.[155] Zeigt der Täter nur die Konsequenzen auf, die eine bestimmtes Testierverhalten nach der rechtlichen oder politischen Ordnung hat, kommt eine Anfechtung nicht in Betracht.[156] Ein Geistlicher, der auf den Erblasser dahingehend einwirkt, ein Testament zu errichten, da er ansonsten nicht in den Himmel komme, spricht keine Drohung aus, da der Eintritt des Erfolges nicht von seiner Einwirkung abhängig ist.[157]

Eine Anfechtung kommt weiter dann in Betracht, wenn ein Familienangehöriger oder 59
ein Dritter dem Erblasser damit droht, ihn zu verlassen, obwohl dieser hilfsbedürftig

---

145 BGH FamRZ 1996, 605.
146 MüKo/*Leipold*, § 2078 Rn 56.
147 BGH FamRZ 1996, 605.
148 BGH FamRZ 1996, 605.
149 BGH FamRZ 1996, 605.
150 MüKo/*Leipold*, § 2078 Rn 56.
151 Staudinger/*Otte* (2019), § 2078 Rn 27; KG NJW 2001, 903, 905 f.
152 BayObLGZ 1960, 490 = MDR 1961, 505.
153 Vgl. BGH ZEV 2006, 505.
154 KG FamRZ 2000, 912.
155 BGH BWNotZ 1965, 348.
156 Staudinger/*Otte*, 2019, § 2078 Rn 26.
157 KG NJW 2001, 903.

ist, wenn er nicht in einer bestimmten Art und Weise sein Testament errichtet.[158] Wurde der Erblasser arglistig getäuscht und hat er daraufhin in einer bestimmten Art und Weise testiert, liegt ein Motivirrtum vor, der eine Anfechtung gem. Abs. 2 rechtfertigt. Es kommt auch eine Anfechtung wegen §§ 2339, 2345 BGB (Erb- und Vermächtnisunwürdigkeit) in Betracht. Aber es ist erforderlich, dass die **Zwangslage**, die durch die widerrechtliche Drohung hervorgerufen wurde, **während der Testamentserrichtung** besteht. Liegt zwischen der ausgesprochenen Drohung und der Errichtung der Verfügung von Todes wegen ein nicht unerheblicher Zeitraum, sieht es die Rspr. als fraglich an, ob Kausalität gegeben ist.[159]
Moralische oder religiöse Vorhaltungen, um die Todesnot auszunutzen, rechtfertigen keine Anfechtung, allenfalls dann, wenn hiermit eine Drohung verbunden ist.[160] Im Jahre 1953, als § 48 Abs. 3 TestG aufgehoben wurde, ist ausdrücklich darauf verzichtet worden, als besonderen Anfechtungsgrund die Ausnutzung der Todesnot aufzunehmen. Diesen Tatbestand enthielt § 48 TestG als Nichtigkeitsgrund.
Sowohl für den Fall, dass eine Anfechtung ausscheidet, weil eine widerrechtliche Drohung nicht vorliegt, als auch für den Fall, dass die Voraussetzungen einer Anfechtung vorliegen, ist nicht ausgeschlossen, sich auf Sittenwidrigkeit der Verfügung zu berufen.[161]

II. Kausalität des Willensmangels

1. Voraussetzungen der Kausalität

60 Für eine Anfechtung nach § 2078 BGB ist erforderlich, dass anzunehmen ist, dass der Erblasser die Erklärung bei **Kenntnis der Sachlage** nicht abgegeben haben würde. Man spricht hier von der sog. **subjektiven Erheblichkeit**. Auf die subjektive Denk- und Anschauungsweise des Erblassers ist abzustellen.[162] Sämtliche Besonderheiten des Erblassers finden Berücksichtigung.[163] Abs. 2 verweist auf Abs. 1 und verlangt zusätzlich, dass der Erblasser durch den Irrtum zu der Verfügung bestimmt sein muss.

61 Voraussetzung für eine Anfechtbarkeit gem. § 2078 BGB ist somit, dass der Willensmangel **kausal** für die getroffene Verfügung ist.[164] Es sind daher an den ursächlichen Zusammenhang zwischen Irrtum und getroffener Verfügung strenge Anforderungen zu stellen.[165] Für den Fall, dass der Irrtum für die Verfügung bestimmend oder zumindest mitbestimmend war, so dass der Erblasser die letztwillige Verfügung ohne die irrige Vorstellung nicht getroffen hätte, ist Kausalität zu bejahen.[166]

62 Nach Auffassung der Lit. muss es sich bei dem Willensmangel i.S.d. Äquivalenztheorie sinngemäß um eine „conditio sine qua non" gehandelt haben.[167] Sowohl Rspr. als auch Lit. kommen daher zu dem Ergebnis, dass es somit von Bedeutung ist, ob der Erblasser die betreffende Verfügung ohne Vorliegen des Willensmangels nicht getroffen hätte.[168] Für das Vorliegen eines Motivirrtums ist entscheidend, dass es sich bei dem Umstand, der zur Anfechtung berechtigt, um den **bewegenden Grund** für die Verfügung gehan-

158 Staudinger/*Otte* (2019), § 2078 Rn 26.
159 BayObLG FamRZ 1990, 211.
160 KG NJW 2001, 903, 906.
161 OLG Celle NJW-RR 2024, 278 Rn 21.
162 BGHZ 4, 91, 95.
163 BGH FamRZ 1983, 898, 899.
164 OLG Düsseldorf FamRZ 1997, 1506, 1508; MüKo/*Leipold*, § 2078 Rn 45 ff.; Soergel/*Loritz*/*Uffmann*, § 2078 Rn 24.
165 OLG Karlsruhe ZEV 1995, 454.
166 BayObLG ZEV 1994, 106; BayObLG FamRZ 1995, 246.
167 Staudinger/*Otte* (2019), § 2078 Rn 29.
168 OLG Hamm OLGZ 1968, 86.

delt hat. Häufig besteht nämlich ein Motivbündel.[169] Dies bedeutet, dass es sich um einen Irrtum über besonders schwerwiegende Umstände handeln muss, die den Erblasser mit Sicherheit dazu gebracht hätten, anders zu testieren.[170] Die Erbeinsetzung ist bspw. auch dann nicht anfechtbar, wenn die zu Erben berufenen Personen nicht dafür gesorgt haben, dass die Beisetzungswünsche des Erblassers erfüllt wurden, vor allem, wenn die Erbeinsetzung im Hinblick auf das frühere Verhalten der Bedachten erfolgt ist.[171] Sichert der Erblasser die Erfüllung bestimmter Erwartungen durch eine Auflage an die Erben ab, kann dies dafür sprechen, die Ursächlichkeit dieser Erwartungen für die Erbeinsetzung zu bejahen. Lassen sich die Motive des Erblassers im Nachhinein nicht mehr aufklären bzw. lässt sich deren Gewichtung nicht mehr aufklären, scheidet eine Anfechtung aus.[172] Nicht entscheidend ist, ob der Erblasser die Verfügung bei verständiger Würdigung getroffen hätte.[173] Eine Verfügung ist dann nicht anfechtbar, wenn sie der subjektiven Denk- und Anschauungsweise des Erblassers entspricht.[174] Ursächlichkeit kann dann zu verneinen sein, wenn die Verfügung immer noch mehr dem hypothetischen Willen des Erblassers entspricht als die Rechtslage, die nach erfolgreicher Anfechtung eintreten würde.

Maßgeblich für die Prüfung der Ursächlichkeit ist die Bewertung durch den Erblasser 63
selbst. Dies bedeutet, dass eine Anfechtung nicht darauf gestützt werden kann, dass der Erblasser die maßgeblichen Gesichtspunkte nicht genügend berücksichtigt habe bzw. dass die Bewertung durch den Erblasser falsch gewesen sei.[175] Kausalität kann nicht einfach unterstellt werden. Vielmehr muss im Einzelfall untersucht werden, ob sie mit anderen Motiven zusammenspielt, die den Erblasser auch ohne den Willensmangel bewogen hätten, die Verfügung zu treffen.[176]

Trotz der Formulierung im Gesetz kann man nicht einfach vom hypothetischen Willen 64
ausgehen, von dem der Erblasser ausgegangen wäre, wenn er den Irrtum erkannt hätte. Gerade dann, wenn ein Erbvertrag oder eine bindend gewordene wechselbezügliche Verfügung angefochten werden soll, ist zu fragen, ob der Irrtum des Erblassers so gravierend gewesen ist, dass dieser eine Anfechtung und damit die Entlassung des Erblassers aus der Bindung rechtfertigt. Eine derartige Verfügung ist dann nicht anfechtbar, wenn die Ziele des Erblassers wenn auch nicht komplett, so doch zumindest teilweise erreicht werden. Aufgrund dieser Deutung des Gesetzes sollte daher nicht von Kausalität des Irrtums, sondern von der Erheblichkeit des Irrtums gesprochen werden.

2. Umstände nach Testamentserrichtung

Ein Irrtum, der nach Errichtung der letztwilligen Verfügung eintritt, berechtigt nicht 65
zur Anfechtung.[177] Denn durch spätere Irrtümer kann der Erblasser nicht zu einer bereits vorliegenden letztwilligen Verfügung bestimmt worden sein. Ein späterer Anschauungswandel muss daher unberücksichtigt bleiben. Wenn der Erblasser bspw. seine eigene religiöse **Einstellung** oder politische Überzeugung **geändert** hat, ohne

169 BGH NJW-RR 1987, 1412, 1413; BGH ZEV 2008, 237, 240.
170 BGH NJW-RR 1987, 1412, 1413; BayObLG FamRZ 2005, 656, 658; OLG München FGPrax 2008, 254, 258.
171 BayObLG FamRZ 2005, 656.
172 Vgl. OLG Düsseldorf FamRZ 1997, 1506, 1508 f.
173 Vgl. BayObLG FamRZ 2003, 708, 710; RGZ 59, 33, 39.
174 BayObLG FamRZ 1995, 1523 = ZEV 1994, 369 (*Winkler*).
175 OLG München FGPrax 2008, 254, 258.
176 So jetzt auch KG BeckRS 2022, 51589 Rn 13.
177 BGHZ 42, 327.

seine letztwillige Verfügung zu widerrufen,[178] ist dies bedeutungslos, eine Anfechtung scheidet in diesem Falle aus. Eine derartige Fehlvorstellung, die nicht zur Anfechtung berechtigt, liegt auch dann vor, wenn der Erblasser die errichtete Verfügung **vergessen** hat und in der Annahme, dass ohnehin gesetzliche Erbfolge eintritt, eine neue letztwillige Verfügung nicht errichtet hat.[179] Dass der Erblasser sein Testament trotz Entdeckung des Irrtums nicht geändert hat, ist für sich allein jedoch kein Indiz für die fehlende Ursächlichkeit des Irrtums. Es ist nämlich nicht auszuschließen, dass es dem Erblasser lediglich aufgrund äußerer Umstände (Nachlässigkeit, Passivität, Scheu vor den Kosten, Krankheit, Kürze der zur Verfügung stehenden Lebenszeit) nicht möglich gewesen ist, sein Testament zu ändern.[180] Für den Fall, dass der Erblasser trotz späterer Kenntnis der wahren Sachlage sein Testament bewusst weiterbestehen lässt, scheidet eine Anfechtung somit i.d.R. aus. Es muss allerdings festgestellt werden, dass die Untätigkeit des Erblassers (trotz Kenntnis des Irrtums) nicht auf andere Gründe zurückzuführen ist (wie z.B. Vergessen der Verfügung, irrtümliche Annahme der Gegenstandslosigkeit der Verfügung, gesundheitliche Beeinträchtigung, Kürze der verfügbaren Lebenszeit usw.). Die **bloße Nichtänderung der letztwilligen Verfügung** nach Kenntnis vom Irrtum kann deshalb nur dann ein aussagekräftiger Umstand für die fehlende Erheblichkeit sein, wenn zusätzlich festgestellt wird, dass der Erblasser durch die genannten Umstände an einer Änderung nicht gehindert worden ist.[181]

3. Verneinung der Kausalität

66 Es fehlt dann am **Kausalzusammenhang**, wenn der Erblasser ohne Vorliegen eines Irrtums eine weitergehende Verfügung getroffen hätte.[182] Eine Anfechtung scheidet in diesem Falle daher aus. Vom Fehlen des ursächlichen Zusammenhangs ist auch dann auszugehen, wenn der Erblasser auch ohne die irrige Vorstellung oder Drohung so testiert hätte bzw. der Irrtum erst nach Testamentserrichtung entstand.[183] Nach der Rspr. ist die Kausalität auch dann zu verneinen, wenn sich der Erblasser über steuerliche Folgen irrt, dem Erblasser die Voraussicht fehlt, dass er seine eigene politische Anschauung ändern wird, wenn es sich um Vorstellungen handelt, die das weitere Schicksal des Nachlasses betreffen,[184] wenn der Erblasser enttäuscht darüber ist, dass die Vertragserbin ihn nicht in ihren Haushalt aufnahm und pflegte,[185] wenn sich die Erwartung eines harmonischen Verlaufs der Ehe nicht erfüllt,[186] wenn dem Erblasser andere Gestaltungsmöglichkeiten unbekannt sind[187] oder wenn der Erblasser über die Nichterfüllung einer Auflage irrt, weil die Erfüllung nach § 2194 BGB erzwingbar war.[188]

4. Anfechtung scheidet in folgenden Fällen aus

67 Hat der Erblasser Verfügungen in einer bestimmten Art und Weise getroffen, weil er die ihm zugewandte Pflege als unzureichend angesehen hat, so können diese Verfügun-

---

178 OLG München NJW-RR 1989, 1410.
179 BGHZ 42, 327.
180 Staudinger/*Otte* (2019), § 2078 Rn 30; BayObLG NJW-RR 2002, 367, 370.
181 MüKo/*Leipold*, § 2078 Rn 53; Staudinger/*Otte* (2019), § 2078 Rn 30.
182 Staudinger/*Otte* (2019), § 2078 Rn 31.
183 BGHZ 42, 327: Vergessen des Testaments.
184 BGH LM § 2078 Nr. 4; BGH LM § 2078 Nr. 11; OLG Hamburg MDR 1955, 291, wobei es hier sicherlich immer auf die einzelnen Umstände ankommen wird.
185 OLG München ZEV 2007, 530 f.
186 BayObLG ZEV 2004, 152 f.
187 BayObLG ZEV 2006, 209, 211 f.
188 OLG Saarbrücken ErbR 2011, 213.

gen nicht mit der Begründung angefochten werden, die Pflege sei angemessen gewesen.[189] Hat der Erblasser eine Person von der Erbfolge ausgeschlossen, weil er deren politische Einstellung missbilligt hat, kann diese Verfügung nicht mit der Begründung angefochten werden, die Einstellung des Erblassers sei objektiv falsch gewesen. Im Übrigen kann eine Anfechtung nicht darauf gestützt werden, dass der Erblasser seine Meinung geändert habe. Im **Zeitpunkt der Testamentserrichtung** war die Verfügung nämlich nicht mit einem Mangel behaftet. Daher scheidet eine Anfechtung aus.[190] Eine Anfechtung dient nicht dem Zweck, der geänderten Ansicht des Erblassers Rechnung zu tragen. Die Anfechtungsvorschriften sind in diesem Falle weder direkt noch analog anwendbar.[191] Für den Fall, dass der Erblasser seine Ansicht in Bezug auf die bedachte Person geändert hat, rechtfertigt dieser Sinneswandel keine Anfechtung mit der Begründung, der Wille des Erblassers, dieser Person etwas zuzuwenden, sei entfallen.[192] Eine Anfechtung scheidet auch dann aus, wenn diese darauf gestützt wird, der Erblasser sei im Zeitpunkt der Testamentserrichtung von der selbstverständlichen Erwartung ausgegangen, er werde seine damalige, politische Einstellung nicht ändern.[193] Auch bei der Frage, ob der Erblasser ohne die Drohung anders testiert hätte, scheidet die Anwendung von Erfahrungssätzen bzw. die Anwendung der Grundsätze über den Beweis des ersten Anscheins aus.[194]

5. Unterschied zur Anfechtung nach den allgemeinen Vorschriften

Um zu prüfen, ob ein Willensmangel erheblich ist, ist allein von den subjektiven 68
Vorstellungen des Erblassers auszugehen. Hierbei sind sämtliche Besonderheiten in der Person des Erblassers zu berücksichtigen. Es ist dagegen unerheblich, ob sein mögliches Verhalten einer **verständigen Würdigung** entsprochen hat. Hierin liegt ein wesentlicher Unterschied zur Anfechtung gem. § 119 BGB.[195]

6. Subjektive Erheblichkeit beim gemeinschaftlichen Testament

Beim **gemeinschaftlichen Testament** ist die **subjektive Erheblichkeit** bei einem Ehe- 69
gatten ausreichend.[196] Nach Ansicht des OLG Hamm sei jedoch bei der Prüfung der Erheblichkeit der Wille beider Ehegatten zu berücksichtigen.[197] Diese Ansicht hat sich jedoch nicht durchgesetzt. Die Grenze zieht hier nur der Maßstab der guten Sitten oder ein gesetzliches Verbot.[198]

7. Verzicht auf eine Anfechtung durch den Erblasser

Der Erblasser kann in einem gemeinschaftlichen Testament oder einem Erbvertrag 70
ganz oder teilweise wirksam auf sein künftiges Anfechtungsrecht **verzichten.**[199] Dies wird aus Abs. 1 bzw. § 2079 S. 2 BGB, wonach eine Anfechtung dann ausgeschlossen ist, wenn der Erblasser die Verfügung auch bei Kenntnis der Sachlage getroffen haben würde, gefolgert. Diese Rspr. wird jedoch richtigerweise in der Lit. eingeschränkt. Danach kann sich der Vorausverzicht nur auf einen konkret möglich erscheinenden

189 BayObLG FamRZ 1995, 1523.
190 MüKo/*Leipold*, § 2078 Rn 50, 51.
191 MüKo/*Leipold*, § 2078 Rn 51.
192 OLG München NJW-RR 1989, 1410.
193 MüKo/*Leipold*, § 2078 Rn 50; a.M. BGH LM § 2078 Nr. 4.
194 KG NJW 2001, 903, 905; BayObLG FamRZ 1990, 211.
195 BGHZ 4, 91.
196 Staudinger/*Otte* (2019), § 2078 Rn 33.
197 OLG Hamm OLGZ 1972, 387 = NJW 1972, 1088.
198 Staudinger/*Otte* (2019), § 2078 Rn 33.
199 BGH LM § 185 Nr. 26 = NJW 1983, 2247; LG Tübingen BWNotZ 1982, 166.

Anfechtungsgrund beziehen. Dies bedeutet, dass sich der Verzicht nicht generell auf jede Möglichkeit der Anfechtung und daher nicht auf unvorhergesehene Umstände, sondern nur auf solche beziehen kann, mit denen der Erblasser vernünftigerweise rechnen musste. Eine Anfechtung kann daher nicht komplett ausgeschlossen werden.[200] Nur dann, wenn sich der Verzicht auf solche Umstände bezieht, mit denen der Erblasser vernünftigerweise rechnen musste, scheidet eine Anfechtung aus. In allen anderen Fällen hingegen kann eine Anfechtung nicht durch einen Verzicht des Erblassers ausgeschlossen werden. „Verzichtet" der Erblasser auf eine Anfechtung aus bestimmten Gründen, geht daraus schon hervor, dass diese Umstände für ihn nicht erheblich sind.[201] Fehlt somit die **subjektive Erheblichkeit**, kommt eine Anfechtung ohnehin nicht in Betracht. Bei einem Einzeltestament kann der Erblasser streng genommen auf sein Anfechtungsrecht nicht verzichten, da ihm ein solches nicht zusteht.[202] Das Testament kann jederzeit widerrufen werden. Er bedarf selbst dann keines Anfechtungsrechtes, wenn er infolge Geschäftsunfähigkeit faktisch am Widerruf gehindert ist. Weder dem Betreuer noch dem Vorsorgebevollmächtigten steht in diesem Falle ein Anfechtungsrecht zu.[203] Es ist ausreichend, dass die gem. § 2080 BGB Berechtigten ein Anfechtungsrecht haben.

C. Rechtsfolgen

I. Nichtigkeit

71 Nach § 142 BGB führt eine wirksame Anfechtung zur **Nichtigkeit** der Verfügung, wobei diese als von Anfang an nichtig anzusehen ist. Es ist zu beachten, dass eine wirksame Anfechtung die anfechtbare Verfügung vernichtet, eine neue wird hierdurch jedoch nicht geschaffen. Dass eine neue Verfügung seitens des Erblassers unterlassen wird, kann nicht angefochten werden. Der Wegfall der Verfügung infolge Nichtigkeit führt dazu, dass eine ersatzweise angeordnete, aber nicht angefochtene Verfügung zum Zuge kommt. Ist eine solche Verfügung nicht angeordnet, tritt eventuell Anwachsung ein. Greift auch dies nicht ein, sind die gesetzlichen Regelungen anzuwenden. Eine frühere Verfügung, die durch die angefochtene Verfügung aufgehoben worden ist, lebt im Falle der Anfechtung wieder auf.[204] Die Nichtigkeit der letztwilligen Verfügung kann dazu führen, dass die gesetzliche Erbfolge eintritt, oder aber zur gewillkürten Erbfolge aufgrund einer früheren Verfügung, und zwar für den Fall, dass das Widerrufstestament bzw. das inhaltlich widersprechende Testament wirksam angefochten wurde. Verliert eine bindend gewordene Verfügung im Erbvertrag oder gemeinschaftlichen Testament ihre Wirksamkeit durch Anfechtung, so kann eine später errichtete Verfügung wirksam werden, und zwar auch dann, wenn sie im Zeitpunkt ihrer Errichtung aufgrund der bindenden Wirkung des Erbvertrages gescheitert wäre. Hat der Erblasser die Erbeinsetzung wirksam angefochten, so führen den Vertragserben beeinträchtigende Schenkungen nicht zu Ansprüchen aus § 2287 BGB. Nach Ansicht des BGH ist hiervon auch dann auszugehen, wenn der Erblasser zwar nicht angefochten hat, aber zum Zeitpunkt der Schenkung noch hätte anfechten können.[205]

II. Umfang der Nichtigkeit

72 Wenn mehrere Verfügungen anfechtbar sind, ist durch Auslegung zunächst zu ermitteln, ob nur bestimmte Verfügungen angegriffen werden sollen oder alle in Betracht

200 *Bengel*, DNotZ 1984, 132, 138; Kössinger/Najdecke/Zintl/*Najdecki*, § 24 Rn 18 m.w.N.
201 MüKo/*Leipold*, § 2078 Rn 52.
202 MüKo/*Leipold*, § 2079 Rn 20.
203 BeckOK BGB/*Litzenburger*, § 2078 Rn 2 m.w.N.
204 Staudinger/*Otte* (2019), § 2078 Rn 36.
205 BGH ZEV 2006, 505 (umstr.).

kommenden.[206] Aufgrund der Anfechtung ist nicht das gesamte Testament nichtig, sondern lediglich die Verfügung, die an dem Willensmangel leidet.[207]

Für den Fall, dass das Testament oder der Erbvertrag aus **mehreren Verfügungen** besteht, richtet sich der Fortbestand der übrigen, nicht angefochtenen Verfügungen nach § 2085 BGB.[208] Daraus folgt, dass es auch möglich ist, eine **teilbare Verfügung** nur in Bezug auf einzelne Teile anzufechten.[209] Aufgrund der Anfechtung soll lediglich der Teil der letztwilligen Verfügung vernichtet werden, der aufgrund eines Willensmangels verfügt worden ist. Im Übrigen soll die letztwillige Verfügung weiterhin Bestand haben. Der wahre Wille des Erblassers soll zum Zuge kommen. Bei mehreren Verfügungen tritt daher im Allg. gem. § 142 BGB lediglich eine Teilnichtigkeit des Testaments ein.[210] 73

Demzufolge kann bspw. lediglich die **Befreiung** eines **Vorerben** nach § 2136 BGB angefochten werden, und auch die Vorerbenstellung als solche kann Gegenstand der Anfechtung sein. Ebenso ist eine Anfechtung möglich, wenn eine Befreiung des Vorerben nicht angeordnet worden ist. Hier handelt es sich um eine Anfechtung des Umfangs der Nacherbeneinsetzung.[211] Auch die Berufung bestimmter Personen zu Vor- bzw. Nacherben ist anfechtbar.[212] Ebenfalls ist die Quotenregelung bei der Einsetzung von Miterben selbstständig anfechtbar, es sei denn, die Miterben wurden zu gleichen Teilen berufen.[213] 74

Dass der Erblasser einer Person ein **Vermächtnis** zugewandt hat, kann ebenfalls Gegenstand der Anfechtung sein.[214] Hat der Erblasser ein Vermächtnis angeordnet und zu dessen Durchsetzung dem Vermächtnisnehmer einer Vollmacht erteilt, führt die wirksame Anfechtung des Vermächtnisses nach einer Ansicht in der Lit. zur Unwirksamkeit der erteilten Vollmacht.[215] Die Rspr. hat diese Frage bisher nicht entschieden.[216] 75

Auch lediglich eine **Nebenbestimmung** kann eigenständig angefochten werden. Hat der Erblasser eine auflösende Bedingung angeordnet oder eine Befristung durch Endtermin, ist ebenfalls eine selbstständige Anfechtung möglich, nicht jedoch bei Anordnung einer aufschiebenden Bedingung oder einer Befristung durch Anfangstermin.[217] Bei einer aufschiebenden Bedingung sowie einer aufschiebenden Befristung durch Anfangstermin will der Erblasser die Wirksamkeit seiner Verfügung von vornherein nur vom Eintritt der Bedingung bzw. Befristung abhängig machen. Bereits aus diesem Grund ist die Verfügung nicht teilbar. Somit scheidet eine Anfechtung aus.[218] 76

Ordnet der Erblasser hingegen eine **auflösende Bedingung** an, so will der Erblasser zunächst einmal den Erfolg, so dass hier von einer Teilbarkeit ausgegangen wird, die eine Anfechtung rechtfertigt.[219] Wird eine von mehreren Erbeinsetzungen angefochten, bleiben die übrigen im Zweifel erhalten; eine etwaige Lücke wird durch eine Ersatzerbeneinsetzung oder Anwachsung geschlossen, ggf. durch eine ältere Verfügung oder 77

206 Staudinger/*Otte* (2019), § 2078 Rn 35.
207 BayObLG ZEV 1994, 369; BayObLG FamRZ 1995, 1523.
208 BGH NJW 1985, 2025, 2026.
209 MüKo/*Leipold*, § 2078 Rn 61; Staudinger/*Otte*, 2019, § 2078 Rn 37 ff.
210 BGH NJW 1985, 2025.
211 Staudinger/*Otte* (2019), § 2078 Rn 42; Soergel/*Loritz/Uffmann*, § 2078 Rn 27.
212 Staudinger/*Otte* (2019), § 2078 Rn 42 m.w.N.
213 Staudinger/*Otte* (2019), § 2078 Rn 42 m.w.N.
214 BayObLGZ 1971, 147, 150.
215 MüKo/*Leipold*, § 2078 Rn 61.
216 OLG Köln Rpfleger 1992, 299.
217 Staudinger/*Otte* (2019), § 2078 Rn 42 m.w.N.
218 Staudinger/*Otte* (2019), § 2078 Rn 42.
219 Staudinger/*Otte* (2019), § 2085 Rn 14.

durch die gesetzliche Erbfolge. Erfolgt die Anfechtung wegen Übergehung eines Hinterbliebenen, tritt nicht insgesamt die gesetzliche Erbfolge ein. Vielmehr liegt es näher, dass die übergangene Person den gesetzlichen Erbteil erhält und die übrigen Erbquoten entsprechend gekürzt werden.[220]

III. Absolute Wirkung der Anfechtung

78 Hat lediglich ein Anfechtungsberechtigter die Anfechtung erklärt und führt diese zum Erfolg, wirkt sie **absolut**. Dies bedeutet, dass sie auch den anderen anfechtungsberechtigten Personen zugutekommt.[221] Ggf. kann eine Anfechtung dazu führen, dass es sich um eine **unzulässige Rechtsausübung** handelt, und zwar dann, wenn der Anfechtungsberechtigte dazu beigetragen hat, dass ein Anfechtungstatbestand vorliegt. Dieser Beitrag muss in sittlich zu missbilligender Weise erfolgt sein.[222]

IV. Weitere Rechtsfolgen

79 Nach Abs. 3 löst eine wirksame Anfechtung keinen Anspruch gem. § 122 BGB aus. D.h., dass im Falle der Anfechtung der **Vertrauensschaden** nicht ersetzt wird. Das, was jedoch aufgrund der angefochtenen Verfügung geleistet worden ist, ist **kondizierbar**. Derjenige, der etwas aufgrund einer angefochtenen Erbeinsetzung erlangt, ist Erbschaftsbesitzer. Er unterliegt somit der Vorschrift des § 2018 BGB. Ein Erbe, der verfügt hat, dessen Erbeinsetzung jedoch angefochten ist, hat als Nichtberechtigter verfügt. Dies gilt auch für einen Testamentsvollstrecker, dessen Berufung angefochten ist.

80 Mit Wirkung für die Vergangenheit entfällt auch die Erbschaftsteuer. Ein bereits ergangener Bescheid ist aufzuheben. Neuer Steuerschuldner ist der Nächstberufene.

D. Verfahrensfragen

81 Derjenige, der sich auf die Anfechtung beruft, trägt die **Beweislast** für den Anfechtungsgrund, aber auch für den ursächlichen Zusammenhang zwischen Irrtum und Verfügung bzw. Drohung und Verfügung.[223] Handelt es sich um ein Verfahren der freiwilligen Gerichtsbarkeit, so gelten die Regeln über die **materielle Beweislast**. Diese kommen jedoch erst dann zum Zuge, wenn der Anfechtungsgrund auch unter Heranziehung aller Beweismittel nicht festgestellt werden kann.[224]

82 An den Nachweis, dass ein Motivirrtum vorliegt, sind strenge Anforderungen zu stellen. Dies gilt insbesondere auch für die Frage der Erheblichkeit, wobei es hierfür keinen **Anscheinsbeweis** gibt.[225] Ein solcher scheidet aus, da es sich nicht um typische Geschehensabläufe handelt.[226] Eine andere Beurteilung ergibt sich nur für den Fall, dass der Erblasser in seinem Testament einen Grund für seine Verfügung genannt hat. In diesem Falle ist davon auszugehen, dass ihn dieser Grund zu seiner Verfügung bestimmt hat.[227] Hierbei handelt es sich jedoch um eine **widerlegbare Vermutung**. Entscheidend ist nicht, was sich ein verständiger Mensch vorstellen würde, sondern vielmehr, was sich der Erblasser vorgestellt hat.

---

220 Staudinger/*Otte* (2019), § 2078 Rn 41.
221 BGH NJW 1985, 2025.
222 Soergel/*Loritz*/*Uffmann*, § 2078 Rn 31.
223 BGH FamRZ 1963, 85; OLG München NJW-RR 2008, 1112.
224 OLG Hamm FamRZ 1967, 697.
225 BGH NJW 1963, 248.
226 BGH NJW 1963, 246.
227 RGZ 172, 83 f.: Anscheinsbeweis; BGH NJW 1965, 274 u. KG FamRZ 1977, 271, 273.

Erfolgte eine Anfechtung aufgrund einer widerrechtlichen Drohung, hat der Anfechtende zu beweisen bzw. trägt er die **Feststellungslast** dafür, dass ein ursächlicher Zusammenhang zwischen der Zwangslage und der letztwilligen Verfügung besteht.[228] 83

Derjenige, der Rechtsfolgen aus der Anfechtungserklärung herleiten möchte, trägt die Beweislast für die ordnungsgemäße und rechtzeitige Anfechtungserklärung.[229] 84

Ob eine Anfechtung wirksam ist, wird sowohl im streitigen Verfahren als auch im Erbscheinsverfahren entschieden. Da im Erbscheinsverfahren der **Grundsatz der Amtsermittlung** gilt, ist einzig und allein der geltend gemachte Anfechtungsgrund zu prüfen.[230] 85

Der Willensmangel kann mit Beweismitteln jeglicher Art erbracht werden. Auch nachgewiesene mündliche Äußerungen des Erblassers sind zu berücksichtigen.[231] Anhaltspunkte für den Willensmangel im Testament sind nicht erforderlich. 86

E. Bestätigung einer anfechtbaren Verfügung

Fraglich ist, ob die Bestätigung einer anfechtbaren Verfügung möglich ist. 87

I. Durch den Erblasser bzgl. des Einzeltestaments

1. Herrschende Meinung

Der Erblasser kann seine letztwillige Verfügung nach h.M., der auch zu folgen ist, nicht dadurch einer Anfechtung entziehen, dass er diese formlos bestätigt, da ihm ein Anfechtungsrecht nicht zusteht.[232] Der Anfechtungsgrund kann seitens des Erblassers nur dadurch beseitigt werden, dass dieser die letztwillige Verfügung **formgerecht wiederholt**. Hierbei ist allerdings umstritten, ob die vom Erblasser neu errichtete letztwillige Verfügung den Inhalt der anfechtbaren wiederholen muss[233] oder ob eine Erklärung dahingehend genügt, dass die anfechtbare Verfügung aufrechterhalten wird.[234] Wenn der Erblasser seine letztwillige Verfügung auch dann nicht ändert, obwohl er seinen Irrtum erkannt hat, geht daraus hervor, dass die errichtete letztwillige Verfügung seinem Willen entsprochen hat. Eine Anfechtung scheidet in diesem Fall aus. Der Erblasser wollte es bewusst bei der Verfügung belassen.[235] Es muss jedoch in diesem Fall nachgewiesen werden, dass der Erblasser eine Abänderung oder einen Widerruf nicht deshalb unterlassen hat, weil er nachlässig oder lediglich passiv gewesen ist.[236] Eine formlose Bestätigung kann allerdings Anzeichen dafür sein, dass der Erblasser auch ohne Vorliegen eines Willensmangels so wie geschehen testiert hätte.[237] 88

228 BayObLG FamRZ 1990, 211.

229 BayObLGZ 1962, 299, 304; BayObLGZ 1971, 147, 150; KG NJW 1963, 766.

230 BayObLGZ 1962, 47, 53.

231 BGH NJW 1965, 584; OLG Köln BeckRS 2016, 04571 Rn 41.

232 BayObLG Rpfleger 1975, 242; BayObLG FamRZ 1995, 247 f.; OLG Hamm ZEV 1994, 168; *Bengel*, DNotZ 1984, 132, 134; *Kipp/Coing*, § 24VII 1; *Röthel*, Erbrecht, § 21 Rn 31; *Brox/Walker*, Erbrecht, Rn 241; RGRK/*Johannsen*, § 2078 Rn 79; BeckOK BGB/*Litzenburger*, § 2078 Rn 19.

233 So vertreten von *v. Lübtow*, Erbrecht I, S. 337; *Kipp/Coing*, § 24 VII 1.

234 OLG Hamm ZEV 1994, 168; Soergel/*Loritz/Uffmann*, § 2078 Rn 23; RGRK/*Johannsen*, § 2078 Rn 79. Jedoch stellt die teilweise zugelassene formgerechte Äußerung des Aufrechterhaltungswillens in Wahrheit nichts anderes dar als eine neue Verfügung von Todes wegen.

235 BayObLGZ 1971, 150; BayObLG FamRZ 1995, 246; BayObLG FamRZ 2002, 915, 917.

236 OLG Köln FamRZ 1990, 1038; BayObLG FamRZ 1990, 211; OLG Frankfurt FamRZ 1997, 1433.

237 BayObLG Rpfleger 1975, 242.

Hinweis
Nach der Rspr. kann der Erblasser somit ein anfechtbares Testament zwar nicht (formlos) gem. § 144 BGB bestätigen, er kann aber durch eine neue letztwillige Verfügung mit der einfachen Erklärung, dass die anfechtbare Verfügung fortgelten solle, deren Anfechtbarkeit beseitigen.

2. Ansicht in der Literatur

89 Nach a.A. jedoch greift hier die Vorschrift des § 144 BGB ein. Diese Ansicht geht davon aus, dass der Erblasser nicht anfechtungsberechtigt ist, weil er seine letztwillige Verfügung frei widerrufen kann. Er habe daher keine geringere, sondern eine gesteigerte Herrschaft über seine Willenserklärungen, so dass die **Bestätigung** erst recht die Wirkungen des § 144 BGB entfalten müsse.[238] Um eine Anfechtbarkeit zu beseitigen, muss der Erblasser seine letztwillige Verfügung weder formgerecht neu errichten noch in Testamentsform erklären, dass die letztwillige Verfügung weiterhin gelten solle.[239] Gem. § 144 Abs. 2 BGB ist eine formlose Bestätigung ausreichend. Diese ist auch nicht empfangsbedürftig.

II. Durch den Erblasser bei vertraglichen Verfügungen bzw. bei bindend gewordenen Verfügungen bei gemeinschaftlichen Testamenten

90 **Vertragliche Verfügungen** eines Erbvertrages können seitens des Erblassers gem. § 2284 BGB bestätigt werden. Dies kann jedoch nur durch den Erblasser selbst erfolgen. Im Übrigen muss er hierzu voll geschäftsfähig sein. Die h.M. geht hierbei davon aus, dass die Form des Erbvertrages oder seiner Anfechtung gem. § 144 Abs. 2 BGB nicht erforderlich ist.[240] Des Weiteren ist diese **Bestätigung** nicht empfangsbedürftig und kann auch durch schlüssige Handlung erfolgen.[241] Eine **formlose Bestätigung** gem. § 144 BGB ist bei einem gemeinschaftlichen Testament durch den Erblasser möglich, und zwar bezüglich der Verfügungen, die er auch anfechten könnte.[242] Auch dem überlebenden Ehegatten steht im Falle eigener bindend gewordener wechselbezüglicher Verfügungen das vorbezeichnete Bestätigungsrecht nach dem Tode des Erstversterbenden zu.[243]

III. Durch den Anfechtungsberechtigten

91 Eine **Bestätigung** durch den Anfechtungsberechtigten ist **nach dem Erbfall** möglich.[244]
Im Falle des Todes des Erblassers verliert die anfechtungsberechtigte Person nach h.M. ihr Anfechtungsrecht durch eine **formlose einseitige Bestätigung** gem. § 144 BGB. Diese Bestätigung ist weder annahme- noch empfangsbedürftig.[245] D.h., dass der Anfechtungsberechtigte sein Anfechtungsrecht dadurch verliert, dass er in der letztwilligen Verfügung selbst auf sein Anfechtungsrecht verzichtet, und dass er die anfechtbare

---

238 MüKo/*Leipold* § 2078 Rn 63 m.w.N.
239 OLG Hamm NJW-RR 1994, 462, 464 = ZEV 1994, 168, 170; Staudinger/*Otte* (2019), § 2080 Rn 24.
240 BayObLG NJW 1954, 1039, 1040.
241 BGH NJW 1958, 177.
242 BayObLGZ 1954, 71.
243 BGH NJW 1970, 280; *Bengel*, DNotZ 1984, 139.
244 OLG München ZEV 2005, 482, 483; *Ischinger*, Rpfleger 1951, 159, 162; *Röthel*, ErbR, § 21 Rn 30; *Brox/Walker*, ErbR § 17 Rn 12; *Lange/Kuchinke*, ErbR, § 36 V 3; RGRK-BGB/*Johannsen*, Rn 80; MüKo/*Leipold*, § 2078 Rn 65; Soergel/*Loritz/Uffmann*, § 2080 Rn 24; Staudinger/*Otte*, 2019, § 2080 Rn 28; NK-BGB/*Fleindl*, § 2078 Rn 41; a.A. BeckOGK/*Harke*, § 2078 Rn 53.
245 BayObLGZ 1965, 258, 265; Kössinger/Najdecke/Zintl/*Najdecki*, § 24 Rn 19.

Verfügung bestätigt, dass er vertraglich auf das Anfechtungsrecht verzichtet bzw. dass der Einwand der unzulässigen Rechtsausübung eingreift.

Nach einer Mindermeinung ist eine Bestätigung durch den Anfechtungsberechtigten nicht möglich, da nur eigene Erklärungen bestätigt werden könnten.[246] Dieser Ansicht ist jedoch nicht zu folgen, da diese Ansicht unberücksichtigt lässt, dass eine Bestätigung lediglich zum Verlust des Anfechtungsrechts führt. Dieses ist ohnehin aus der Sicht des Anfechtungsberechtigten disponibel, so dass eine Bestätigung keine weitergehenden Rechte zur Folge hat. Im Übrigen ist bei mehreren Anfechtungsberechtigten erforderlich, dass jeder eine Bestätigung abgibt. Nur dann ist die letztwillige Verfügung endgültig sicher. Für den Fall, dass eine anfechtungsberechtigte Person keine Bestätigung abgibt und die letztwillige Verfügung anficht, wirkt diese absolut gegen alle, auch gegen diejenigen, die bereits auf ihr Anfechtungsrecht verzichtet haben.[247] 92

F. Übersicht

I. Anfechtung vor dem Erbfall

93

	Norm	Anfechtungsgrund	Anfechtungsberechtigung	Form	Frist
1. Einseitiges Testament	Es besteht zu Lebzeiten kein Anfechtungsrecht des Erblassers, da das Testament jederzeit widerrufen werden kann.				
2. Erbvertrag					
a) einseitige Verfügungen	Es besteht zu Lebzeiten kein Anfechtungsrecht des Erblassers, da einseitige Verfügungen jederzeit widerrufen werden können.				
b) vertragsmäßige Verfügungen	§§ 2281, 2078, 2079 BGB	Erklärungsirrtum/ Inhaltsirrtum/ Motivirrtum/ Drohung	Erblasser	notarielle Beurkundung der Anfechtungserklärung, die dem anderen Vertragspartner zugehen muss, § 2282 BGB	§ 2283 BGB 1 Jahr ab Kenntnis des Anfechtungsgrundes bzw. 1 Jahr ab Beendigung der Zwangslage im Fall der Drohung
3. Gemeinschaftliches Testament					
a) einseitige Verfügungen	siehe unter I. Ziff. 1 wie bei einseitigen Testamenten				
b) wechselbezügliche Verfügungen	siehe unter I. Ziff. 2 a) wie bei vertragsmäßigen Verfügungen				

246 *Kipp/Coing*, § 24 VII 2.

247 Staudinger/*Otte* (2019), § 2080 Rn 28; Soergel/*Loritz/Uffmann*, § 2078 Rn 24.

II. Anfechtung nach dem Erbfall

94

	Norm	Anfechtungsgrund	Anfechtungsberechtigung	Form	Frist
1. Einseitiges Testament	§§ 2078, 2079 BGB	Erklärungsirrtum/ Inhaltsirrtum/ Motivirrtum/ Drohung	Jeder, welchem die Aufhebung der letztwilligen Verfügung unmittelbar zustattenkommen würde, § 2080 BGB	Erklärung gegenüber dem Nachlassgericht, wenn es sich um die Anfechtung einer Erbeinsetzung, einer Enterbung, der Ernennung eines Testamentsvollstreckers oder die Aufhebung solcher Verfügungen handelt, § 2081 Abs. 1 BGB, ansonsten Erklärung gegenüber dem Anfechtungsgegner, § 143 Abs. 1, 4 BGB	§ 2082 BGB 1 Jahr ab Kenntnis vom Anfechtungsgrund
2. Erbvertrag					
a) einseitige Verfügungen	siehe unter II Ziff. 1 wie bei einseitigen Testamenten				
b) vertragsmäßige Verfügungen	§§ 2281, 2078, 2079 BGB	Erklärungsirrtum/ Inhaltsirrtum/ Motivirrtum/ Drohung	Jeder, welchem die Aufhebung der letztwilligen Verfügung unmittelbar zustattenkommen würde, § 2080 BGB sofern das Anfechtungsrecht des Erblassers noch nicht erloschen ist, § 2285 BGB	§ 2081 BGB	§ 2283 BGB 1 Jahr ab Kenntnis vom Anfechtungsgrund
3. Gemeinschaftliches Testament					
a) einseitige Verfügungen	siehe unter II Ziff. 1 wie bei einseitigen Testamenten				
b) wechselbezügliche Verfügungen	siehe unter II Ziff. 2 b) wie bei vertragsmäßigen Verfügungen beim Erbvertrag				

§ 2079 Anfechtung wegen Übergehung eines Pflichtteilsberechtigten

[1]Eine letztwillige Verfügung kann angefochten werden, wenn der Erblasser einen zur Zeit des Erbfalls vorhandenen Pflichtteilsberechtigten übergangen hat, dessen Vorhandensein ihm bei der Errichtung der Verfügung nicht bekannt war oder der erst nach der Errichtung geboren oder pflichtteilsberechtigt geworden ist. [2]Die Anfechtung ist ausgeschlossen, soweit anzunehmen ist, dass der Erblasser auch bei Kenntnis der Sachlage die Verfügung getroffen haben würde.

Literatur

Bengel, Zum Verzicht des Erblassers auf Anfechtung bei Verfügungen von Todes wegen, DNotZ 1984, 132; *Damrau*, Die Bedeutung des Nichtehelichen-Erbrechts für den Unternehmer, BB 1970, 467; *Ebenroth/Koos*, Anm. zu BGH Beschl. v. 4.10.1995, OLG Karlsruhe v. 5.8.1994, ZEV 1995, 457; *Flik*, Beeinflusst die Aufhebung eines Adoptionsverhältnisses frühere Verfügungen von Todes wegen?, BWNotZ 1980, 132; *Graf*, Anm. zu Beschl. BayObLG v. 21.12.1993, Testamentsanfechtung wegen Übergehung eines Pflichtteilsberechtigten, ZEV 1994, 109; *Jung*, Die Testamentsanfechtung wegen „Übergehens" eines Pflichtteilsberechtigten, AcP 194 (1994), 42; *Kanzleiter*, Die Anfechtung wegen Übergehung eines Pflichtteilsberechtigten nach §§ 2079, 2281 BGB bei Erbvertrag und gemeinschaftlichem Testament, DNotZ 2016, 745; *Keim*, Die Selbstanfechtung durch den Erblasser beim gemeinschaftlichen Testament und ihre fatalen Folgen, notar 2019, 147; *Krug*, Die gesetzliche Neuregelung des Erbrechts der vor dem 1.7.1949 geborenen nichtehelichen Kinder, ZEV 2011, 397; *Litzenburger*, Anmerkung zu einer Entscheidung des OLG Schleswig, Urt. v. 7.12.2015 (3 Wx 108/15) – Zur unterschiedlichen Wirkung der Anfechtung nach § 2078 und § 2079 BGB, MittBayNot 2016, 529; *Otte*, Testamentsanfechtung nach § 2079 BGB wegen Anfechtung eines Pflichtteilsverzichts?, ZEV 2011, 233; *Reinicke*, Die Wirkungen der Testamentsanfechtung durch den übergangenen Pflichtteilsberechtigten, NJW 1971, 1961; *Schlitt*, Das Anfechtungsrecht gemäß § 2079 BGB für den Fall der Wiederverheiratung des Erblassers, ZErb 2006, 371; *Schubert/Czub*, Die Anfechtung letztwilliger Verfügungen, JA 1980, 257, 334; *Tietke*, Die Auswirkungen der Anfechtung eines Testamentes durch den übergangenen Pflichtteilsberechtigten, JZ 1988, 649.

Übersicht: Rdn

A. Allgemeines

I. Unterschied zu § 2078 Abs. 2 BGB

1 § 2079 BGB stellt einen Spezialfall/Sonderfall des Motivirrtums i.S.v. § 2078 Abs. 2 BGB dar.[1] Eine Anfechtung kann aufgrund der Tatsache, dass beiden Vorschriften verschiedene Tatbestände zugrunde liegen, auch auf beide gestützt werden. Für den Fall, dass eine Verfügung gem. § 2079 BGB angefochten werden kann, sind häufig auch die Voraussetzungen des § 2078 Abs. 2 BGB erfüllt. § 2078 Abs. 2 BGB ist von Bedeutung, wenn eine **pflichtteilsberechtigte Person** nicht übergangen, sondern aufgrund eines Irrtums bewusst enterbt worden ist. Es ist irrelevant, ob sich die übergangene Person auf § 2079 BGB oder § 2078 BGB beruft oder auch die Tatsache, dass von einer Norm zur anderen übergegangen wird. Wird jedoch i.R.d. Anfechtung ein Irrtum geltend gemacht, der mit einer Übergehung nichts zu tun hat, bedarf es einer neuen Anfechtungserklärung. Daraus folgt, dass eine **Anfechtung** nach § 2079 BGB nicht ohne weiteres eine Anfechtung nach § 2078 BGB mit einschließt.[2] Dies ist nur dann der Fall, wenn es sich im Wesentlichen um denselben Sachverhalt handelt.[3]

2 Unstr. wird jedoch bei § 2079 BGB nicht vorausgesetzt, dass sich der Erblasser Gedanken über ein etwaiges Pflichtteilsrecht gemacht hat. Er muss weder eine Vorstellung hinsichtlich des gegenwärtigen noch bezüglich eines etwaigen zukünftigen Pflichtteilsrechts gehabt haben.[4]

3 Im Unterschied zu § 2078 Abs. 2 BGB, bei welchem die Erheblichkeit des Irrtums bzw. der fehlenden Vorstellungen des Erblassers für die von ihm errichtete letztwillige Verfügung von Todes wegen konkret festgestellt werden muss, stellt die Anfechtbarkeit i.S.v. § 2079 BGB den Regelfall dar. Nach § 2079 BGB wird allein aus der Unkenntnis eines etwaigen Pflichtteilsrechts und der Übergehung eines Pflichtteilsberechtigten gefolgert, dass die errichtete Verfügung keine **tragfähige Motivation** besitzt. Nach der Vorschrift des S. 2 entfällt eine Anfechtbarkeit nur ausnahmsweise, nämlich dann, wenn der Erblasser auch bei Kenntnis der Sachlage die Verfügung getroffen haben würde.[5]

II. Normzweck

4 Sinn und Zweck der Regelung des § 2079 BGB ist darin zu sehen, die Rechtsposition des Pflichtteilsberechtigten, nämlich sein **gesetzliches Erbrecht zu schützen.**[6] Das gesetzliche Erbrecht soll geschützt werden, nicht hingegen das Pflichtteilsrecht. Dieses verbleibt ihm ohnehin. Im Falle des § 2079 BGB ist grds. nur der Pflichtteilsberechtigte zur Anfechtung berechtigt. Dies bedeutet, dass eine Verfügung nicht allein deshalb beseitigt werden kann, weil der Wille des Erblassers fehlerhaft gebildet war, sondern deshalb, weil der Erblasser durch Übergehen eines Pflichtteilsberechtigten in dessen Rechtsposition eingegriffen hat.[7]

---

1 BGH FamRZ 1960, 289 = BeckRS 2015, 5602; OLG Köln NJW 1956, 1522, 1523; BayObLGZ 1971, 147, 151.

2 RG JW 1911, 656; OLG Kiel HEZ 2, 329, 337.

3 OLG Köln NJW 1956, 1522.

4 MüKo/*Leipold*, § 2079 Rn 1.

5 MüKo/*Leipold*, § 2079 Rn 1; Staudinger/*Otte* (2019), § 2079 Rn 1.

6 OLG Köln NJW 1956, 1522; OLG Hamm ZEV 1994, 168, 169; m. zust. Anm. *Langenfeld* = FamRZ 1994, 1062; RGRK-BGB/*Johannsen*, § 2079 Rn 26; Soergel/*Loritz/Uffmann*, § 2079 Rn 1; Staudinger/*Otte*, 2019, § 2079 Rn 15; BeckOK BGB/*Litzenburger*, § 2079 Rn 1, 14; aA *Reinicke*, NJW 1971, 1961, 1962; BeckOGK/*Harke*, § 2079 Rn 6, wonach durch die Anfechtung allein das Interesse des Erblassers an einer störungsfreien Regelung seiner Vermögensnachfolge begünstigt sei.

7 MüKo/*Leipold*, § 2079 Rn 2.

III. Anfechtung eines Erbvertrages bzw. eines gemeinschaftlichen Testaments durch den Erblasser

5 Gem. § 2281 Abs. 1 BGB steht eine Anfechtung einer vertragsmäßigen Verfügung bzw. in analoger Anwendung eine Anfechtung wechselbezüglicher Verfügungen in einem gemeinschaftlichen Testament dem Erblasser selbst zu. Sinn und Zweck der Regelung ist die **Wiederherstellung der Testierfreiheit.**[8] Mittelbar dient diese Anfechtung aber auch dem **Schutz der pflichtteilsberechtigen Person.**[9] Dadurch, dass der Erblasser die Verfügungen anficht, hat er die Möglichkeit, den Pflichtteilsberechtigten ebenfalls zu bedenken. Zum einen wird durch die Anfechtung die Bindung beseitigt, gleichzeitig erlangt der Erblasser auch seine **volle Willensfreiheit** zurück.[10] Im Falle, dass der Erblasser eine neue Verfügung errichtet und den Pflichtteilsberechtigten erneut nicht bedenkt, ist eine Anfechtung nach § 2079 BGB dennoch wirksam.[11]

B. Tatbestand

6 Für den Fall, dass der Erblasser einen zur Zeit des Erbfalls vorhandenen Pflichtteilsberechtigen übergangen hat, der ihm entweder nicht bekannt war oder der erst nach Testamentserrichtung geboren worden ist, kommt eine Anfechtung nach § 2079 BGB in Betracht.

I. Vorhandener Pflichtteilsberechtigter

7 Als Pflichtteilsberechtigte kommen die **Abkömmlinge**, hierzu sind auch die als Kind Angenommenen zu rechnen, der **Ehegatte** und die **Eltern** des Erblassers in Frage (§ 2303 BGB), desgleichen der eingetragene Lebenspartner (§ 10 Abs. 6 LPartG). Einer oder mehrere Pflichtteilsberechtigte müssen im Zeitpunkt des Erbfalls als Pflichtteilsberechtigte vorhanden sein. Maßgebend ist der Zeitpunkt des Erbfalls, nicht der Zeitpunkt der Testamentserrichtung. Es ist entscheidend, dass sie für den Fall, dass eine letztwillige Verfügung fehlt, als gesetzliche Erben oder Ersatzerben berufen wären. Soweit Pflichtteilsberechtigte vom gesetzlichen Erbrecht ausgeschlossen sind, z.B. die Eltern, weil Abkömmlinge vorhanden sind, kommen sie insoweit als anfechtungsberechtigte Pflichtteilsberechtigte nicht in Betracht. Der Pflichtteilsberechtigte muss **vorhanden** sein. D.h., dass ein Erbanfall möglich sein muss. Dies ist dann der Fall, wenn der Pflichtteilsberechtigte zum **Zeitpunkt des Erbfalls** lebt oder bereits erzeugt ist und später lebend geboren wird.[12] Im Falle der Anfechtung eines Erbvertrages durch den Erblasser kommt es entgegen § 2079 BGB auf das **Vorhandensein zum Zeitpunkt der Anfechtung** an (§ 2281 Abs. 1 S. 2 BGB).

II. Übergehen eines Pflichtteilsberechtigten

8 Weitere Voraussetzung ist, dass der Pflichtteilsberechtigte in der letztwilligen Verfügung übergangen worden ist.

1. Wann liegt ein Übergehen vor?

9 Von einem Übergehen ist auszugehen, wenn es sich um ein ungewolltes Ausschließen von der Erbschaft handelt.[13] Ein **Übergehen** liegt dann vor, wenn der Pflichtteilsberechtigte überhaupt nicht erwähnt wurde, der Nachlass jedoch insoweit verteilt ist,

8 MüKo/*Leipold*, § 2079 Rn 3 m.w.N.
9 *Kanzleiter*, DNotZ 2016, 745.
10 MüKo/*Leipold*, § 2079 Rn 3.
11 BGH LM § 2079 Nr. 2 = NJW 1970, 279.
12 OLG Stuttgart BeckRS 2018, 10903 Rn 24; MüKo/*Leipold*, § 2079 Rn 4.
13 *Lange/Kuchinke*, ErbR, § 36 III 4 b.

als das gesetzliche Erbrecht leerlaufen oder geschmälert wird.[14] Allerdings darf bei der Prüfung, ob ein Übergehen vorliegt, nicht darauf abgestellt werden, was der Erblasser wollte, hätte er vom Pflichtteilsberechtigten Kenntnis gehabt. Dies ist eine Frage von S. 2.[15] Von einem Übergehen ist auch dann auszugehen, wenn der Erblasser zugunsten einer Person, die zu einem späteren Zeitpunkt zum Kreis der Pflichtteilsberechtigten gehört, eine Zuwendung anordnet, z.B. ein Vermächtnis aussetzt. Als Bsp. seien hier genannt: Vermächtnis zugunsten der Haushälterin, die der Erblasser später heiratet; Vermächtnis zugunsten eines Neffen, den der Erblasser später adoptiert; Zuwendung zugunsten eines Freundes oder einer Freundin, mit dem/der später eine eingetragene Lebenspartnerschaft eingegangen wird. In diesen Fällen hat der Erblasser die Zuwendung nicht im Hinblick darauf gemacht, dass die betreffende Person zum Kreis der pflichtteilsberechtigten Personen gehört. Er hat die Rechtsposition als Pflichtteilsberechtigter nicht in seine Erwägungen mit einbezogen. § 2079 BGB ist daher auch für diese Fälle anzuwenden, sofern die Zuwendung unter dem gesetzlichen Erbteil verbleibt.[16] In den Fällen, in denen der Bedachte schon zum Kreis der pflichtteilsberechtigten Personen zählte, ist die Unkenntnis des Erblassers bezüglich des Pflichtteilsrechtes zu beweisen. Im Fall, dass das Pflichtteilsrecht erst später entstanden ist, bedarf es dieses Beweises nicht. Hat der Erblasser hingegen die Zuwendung in dem Bewusstsein angeordnet, dass eine Pflichtteilsberechtigung in Kürze eintreten wird, d.h. dass eine Heirat in Kürze erfolgen wird, liegt ein Übergehen nicht vor.

10 Seitens des RG wurde ein Übergehen hingegen nur dann bejaht, wenn die pflichtteilsberechtigte Person durch den Erblasser weder ausdrücklich enterbt wurde noch als Erbe eingesetzt oder mit einem Vermächtnis bedacht worden ist.[17] Diese Ansicht geht davon aus, dass in derartigen Fällen die Unkenntnis von der Pflichtteilsberechtigung unbeachtlich sei. Eine Anfechtung nach § 2079 BGB sei demgemäß ausgeschlossen, es sei denn, ein ungewolltes Ausschließen von der Erbschaft liege vor.[18] Eine Anfechtung sei jedoch nach § 2078 Abs. 2 BGB u.U. möglich. Nachteil ist jedoch die schlechtere Beweislastverteilung.

11 **Beispiel zu den vorgenannten Ansichten**
Erblasser Emil bedenkt seine Haushälterin Margot mit einer testamentarischen Zuwendung. Jahre später heiratet er seine Haushälterin Margot.
Im Beispielsfall wäre die Haushälterin Margot nach der ersten Auffassung zur Anfechtung gem. § 2079 BGB berechtigt. Nach der zuletzt genannten Auffassung bliebe der Haushälterin nur das Anfechtungsrecht gem. § 2078 Abs. 2 BGB.

Wo liegt der Unterschied? Der Unterschied besteht im Wesentlichen in der grundlegend anderen Darlegungs- und Beweislastverteilung. Während Margot bei Anwendung des Anfechtungstatbestandes gem. § 2079 BGB nur darlegen und beweisen müsste, dass der Erblasser Emil ihre spätere Pflichtteilsberechtigung nicht gekannt hat bzw. sich ihrer nicht bewusst war, müsste Margot bei Anwendung des Anfechtungstat-

---

14 MüKo/*Leipold*, § 2079 Rn 5.

15 Ebenso OLG Rostock ZEV 2020, 124 Ls. = BeckRS 2019, 34000 Rn 26; aA KG ErbR 2017, 512 = BeckRS 2017, 111486 Rn 2.

16 MüKo/*Leipold*, § 2079 Rn 6; *Graf*, ZEV 1994, 109; *Ebenroth/Koos*, ZEV 1995, 457; *Damrau*, BB 1970, 467.

17 RGZ 50, 238, 239; RGZ 148, 218, 223; ebenso BayObLG ZEV 1994, 107; OLG Karlsruhe ZEV 1995, 454 m. abl. Anm. *Ebenroth/Koos*; Staudinger/*Otte*, 2019, § 2079 Rn 10; RGRK-BGB/*Johannsen*, § 2079 Rn 10; *Schubert/Czub*, JA 1980, 257 (26); BeckOK BGB/*Litzenburger*, § 2079 Rn 5; Grüneberg/*Weidlich*, § 2079 Rn 3; NK-BGB/*Fleindl*, § 2079 Rn 7; BeckOGK/*Harke*, § 2079 Rn 12.

18 RGZ 50, 238; RGZ 148, 218; Staudinger/*Otte*, 2019, § 2079 Rn 10; *v. Lübtow*, Erbrecht I, S. 324.

bestands des § 2078 Abs. 2 BGB nicht nur den Irrtum des Erblassers darlegen und beweisen, sondern auch dessen Kausalität. Letztere wird, und hierin läge für Margot die entscheidende Erleichterung, bei § 2079 BGB gesetzlich vermutet.

Nach einer **vermittelnden Ansicht**, der sich die Rspr. angeschlossen hat,[19] liegt ein Übergehen auch dann vor, wenn der Pflichtteilsberechtigte völlig geringfügig bedacht worden ist. Diese Ansicht wird überwiegend mit dem Wortlaut des § 2079 BGB begründet und stützt sich auf dessen gebotene enge Auslegung. Für die Geringfügigkeit ist allein der Wert der Zuwendung maßgebend, nicht hingegen das Verhältnis der Zuwendung zum Gesamtnachlass. Nach Meinung der Rspr. liegt Geringfügigkeit dann nicht vor, wenn der Erblasser die bedachte Person bei der Verteilung des Nachlasses ernsthaft in Betracht gezogen und ihr erhebliche Vermögenswerte zugewandt hat.[20] 12

Vorliegend ist der **erstgenannten Ansicht** zu folgen, wonach eine Anfechtung nach § 2079 BGB ausgeschlossen ist, wenn eine geringfügige Zuwendung vorliegt, da ein Übergehen nicht gegeben ist. Ansonsten ist die Rechtssicherheit gefährdet. Unter Umständen ist es nämlich schwierig, zwischen den Zuwendungen, die den Erbteil überschreiten, und denen, die darunter bleiben, zu unterscheiden. Als Bsp. hierfür sei genannt, dass zugunsten des Pflichtteilsberechtigten ein Vermächtnis ausgesetzt ist, dieser jedoch mit einem Pflegevermächtnis als Untervermächtnis beschwert wird. Hier dürfte eine Differenzierung äußerst schwierig sein. Der Wortlaut gibt für die hier vertretene Ansicht zwar nicht viel her. Jedoch spricht die Systematik für die vorgenannte Ansicht. Es sollen nämlich nicht die wirtschaftlichen Interessen des Pflichtteilsberechtigten geschützt werden, sondern es ist allein maßgeblich, ob der Erblasser an den Pflichtteilsberechtigten gedacht hat, als er seine letztwillige Verfügung errichtet hat. Nur wenn er diesen übersehen hat, soll § 2079 BGB und die damit verbundene Beweiserleichterung Anwendung finden. Wurde der Pflichtteilsberechtigte auch nur geringfügig bedacht, kann er immer noch nach § 2078 Abs. 2 BGB anfechten. Er kann dann geltend machen und muss dies allerdings auch beweisen, dass die Zuwendung größer ausgefallen wäre, wenn der Erblasser zum einen die Person und zum anderen die Tatsache, dass die Person zu den pflichtteilsberechtigten Personen gehört, in seine Überlegungen mit einbezogen hätte. 13

Für den Fall, dass die bedachte Person zum Zeitpunkt der Zuwendung bereits pflichtteilsberechtigt war, muss der Anfechtende **beweisen**, dass der Erblasser in Unkenntnis der Pflichtteilsberechtigung gehandelt hat. Die Tatsache, dass das Testament hierüber keine Aussage trifft, ist nicht ausreichend.[21] 14

Wurde ein Pflichtteilsverzicht abgeschlossen und fällt dieser nachträglich infolge Anfechtung wegen arglistiger Täuschung bzw. Aufhebung weg, findet § 2079 BGB Anwendung.[22] 15

2. Übergehen i.S.v. § 2079 BGB liegt in folgenden Fällen nicht vor

Die Tatsache, dass der Pflichtteilsberechtigte keine letztwillige Zuwendung erhalten hat, führt noch nicht zu dem Schluss, dass ein Übergehen i.S.v. § 2079 BGB vorliegt. Wenn sich die Zuwendung nach der gesetzlichen Erbfolge richten soll, liegt ein Übergehen nicht vor.[23] Daher scheidet für den Fall, dass § 2088 BGB zum Tragen kommt und der Pflichtteilsberechtigte auf diesem Wege zu seinem gesetzlichen Erbrecht ge- 16

19 BayObLG ZEV 1994, 106; OLG Karlsruhe ZEV 1995, 454.
20 BayObLG ZEV 1994, 106.
21 MüKo/*Leipold*, § 2079 Rn 6.
22 *Otte*, ZEV 2011, 233 ff.
23 BGH ZEV 1995, 456.

langt, § 2079 BGB aus.[24] Allerdings kann sich in diesem Fall eine Anfechtbarkeit aus § 2078 BGB ergeben.

17 Ein Übergehen und damit eine Anfechtungsmöglichkeit nach § 2079 BGB liegt nicht vor, wenn der Pflichtteilsberechtigte in der letztwilligen Verfügung **ausdrücklich enterbt** worden ist oder sich aus der letztwilligen Verfügung entnehmen lässt, dass der Wille zur Enterbung gegeben ist. Wurde eine anderweitige Verfügung über den Nachlass getroffen und ergibt sich hieraus die Enterbung, liegt ein Übergehen vor.[25] Wurde dem Pflichtteilsberechtigten ein Vermächtnis zugewandt, ist von einem Übergehen ebenfalls nicht auszugehen. Die Höhe der Zuwendung spielt hierbei keine Rolle.[26] Vereinzelt wird die Ansicht vertreten, ganz geringfügige Zuwendungen müssten außer Betracht bleiben.[27] Aufgrund der sich ergebenden Abgrenzungsschwierigkeiten ist diese Ansicht jedoch abzulehnen. Wenn dem Erblasser die Enterbung des Pflichtteilsberechtigten bewusst war, scheidet eine Anfechtung gem. § 2079 BGB aus.[28] Ein Übergehen liegt in diesem Falle ebenfalls nicht vor.

18 Die Voraussetzung des Übergehens ist nicht gegeben, wenn der Erblasser Verfügungen getroffen hat und hierbei bereits bedachte, dass infolge einer späteren **Eheschließung** die zukünftige Ehefrau als Pflichtteilsberechtigte hinzutritt,[29] ebenso wenn der Erblasser ausdrücklich darauf hinweist, dass seine getroffenen Verfügungen auch dann gelten sollen, wenn er weitere Pflichtteilsberechtigte hinterlässt.[30] Hat der Erblasser in seinem Testament seine gesetzlichen Erben bedacht, ist die Verfügung insoweit für das Hinzutreten weiterer Pflichtteilsberechtigter offen, so dass auch dann die Voraussetzung des Übergehens nicht bejaht werden kann.[31] Ein Übergehen liegt auch dann nicht vor, wenn der Erblasser ein Vermächtnis zugunsten eines nicht aus seiner Ehe stammenden Kindes anordnet, das unter dem gesetzlichen Erbteil liegt, die Vaterschaft jedoch erst nach Eintritt des Erbfalls gerichtlich festgestellt wird.[32]

19 Führt die Auslegung gem. § 2069 BGB dazu, dass der Pflichtteilsberechtigte im Wege der **Ersatzberufung** eine Zuwendung erhält, ist ein Übergehen ebenfalls zu verneinen.[33] Ein Pflichtteilsberechtigter ist auch dann nicht übergangen, wenn der Erblasser ein Testament errichtet, in dem er diesen nicht bedacht hat, dieses Testament jedoch später abändert oder zugunsten des Pflichtteilsberechtigten ergänzt. In diesem Falle korrigiert der Erblasser seine Enterbung nachträglich durch die jetzige Zuwendung. Eine Anfechtung gem. § 2079 BGB hinsichtlich des ersten Testaments scheidet aus. Für die Prüfung der Anfechtbarkeit sei zwar zunächst auf die Rechtslage abzustellen, die durch dieses Testament geschaffen worden ist. Das erste Testament könne jedoch nicht isoliert vom zweiten Testament betrachtet werden. Ein Übergehen liegt nur dann vor, wenn der Pflichtteilsberechtigte in beiden Testamenten nicht bedacht worden ist.[34] Von einem Übergehen ist somit nicht auszugehen, wenn der Pflichtteilsberechtigte

---

24 MüKo/*Leipold*, § 2079 Rn 5; Soergel/*Loritz/Uffmann*, § 2079 Rn 3; a.A. RGRK/*Johannsen*, § 2079 Rn 12.

25 OLG Hamburg FamRZ 1990, 910, 911.

26 MüKo/*Leipold*, § 2079 Rn 5.

27 Grüneberg/*Weidlich*, § 2079 Rn 3; BayObLG ZEV 1994, 106 = FamRZ 1994, 1066; offengelassen von RG JW 1925, 2756 und OLG Karlsruhe ZEV 1995, 456.

28 OLG Hamburg FamRZ 1990, 910.

29 OLG Hamm ZEV 1994, 168.

30 BayObLG FamRZ 1992, 988.

31 BGH ZEV 1995, 456, Nichtannahmebeschl. zu OLG Karlsruhe ZEV 1995, 454.

32 Im Ergebnis: BayObLGZ 2003, 68, 86.

33 Staudinger/*Otte* (2019), § 2079 Rn 8.

34 OLG Celle OLGZ 1969, 84.

mit einem **Vermächtnis** oder mit einer über seinem gesetzlichen Erbteil liegenden Zuwendung bedacht worden ist.

III. Dem Erblasser war das Pflichtteilsrecht nicht bekannt

Weitere Voraussetzung ist, dass dem Erblasser **bei Errichtung** seiner letztwilligen Verfügungen das **Pflichtteilsrecht nicht bekannt** war. Hierunter fällt der Fall, dass dem Erblasser die Geburt eines Abkömmlings nicht bekannt war oder er **subjektiv** davon ausging, ein Pflichtteilsberechtigter sei bereits verstorben, auch wenn dies nicht zutreffend ist.[35] Zweifelt der Erblasser jedoch am Weiterleben einer Person, ist dies nicht ausreichend.[36] 20

Eine Anfechtbarkeit wird auch dann bejaht, wenn der Erblasser zwar Kenntnis davon hat, dass der Pflichtteilsberechtigte existiert, er aber aufgrund eines Irrtums nicht weiß, dass es sich um einen Pflichtteilsberechtigten handelt, bspw., dass es sein Abkömmling ist. Nach überwiegend vertretener Ansicht kann es sich hierbei um einen Irrtum handeln, der auf der Verkennung tatsächlicher Umstände beruht, aber auch auf rechtlicher Falschbeurteilung.[37] Nach a.A. hingegen ist lediglich ein **Tatsachenirrtum** beachtlich, nicht hingegen ein **Rechtsirrtum**.[38] Entscheidend ist allein die Unkenntnis bei Testamentserrichtung. 21

Unter § 2079 BGB fällt auch, wenn der Pflichtteilsberechtigte erst nach Errichtung der letztwilligen Verfügung geboren oder erst danach pflichtteilsberechtigt geworden ist. Auch durch Heirat bzw. Eingehung einer eingetragenen Lebenspartnerschaft oder Annahme als Kind kann das Pflichtteilsrecht nachträglich entstehen.[39] Ob der Erblasser die Anfechtbarkeit hierbei willentlich herbeigeführt hat, spielt keine Rolle. Ein **willentliches Herbeiführen** schließt eine Anfechtbarkeit der letztwilligen Verfügung nicht aus.[40] Ob der Erblasser diese Entwicklung in seine Überlegungen einbezogen hatte oder ob er diese Entwicklung vorausgesehen hat, kann im Rahmen von S. 2 eine Rolle spielen. Hierbei kann man auch nicht davon ausgehen, dass der Erblasser treuwidrig oder gar sittenwidrig gehandelt hat, wenn er bspw. durch Adoption einen Anfechtungstatbestand schafft. Von Sittenwidrigkeit kann hier schon deshalb nicht ausgegangen werden, weil die Adoption durch Gerichtsbeschluss und nicht durch ein zweiseitiges Rechtsgeschäft erfolgt. Das Gericht hat zu prüfen, ob die Voraussetzungen für eine Adoption vorliegen. Liegen sie vor, wird die Annahme ausgesprochen, und hiermit verbunden ist auch die Tatsache, dass man die Anfechtbarkeit gem. § 2079 BGB zu akzeptieren hat. Wird die Annahme als Kind aufgehoben, entstehen hierdurch unter Umständen wieder die Pflichtteilsrechte zu leiblichen Verwandten, so dass § 2079 BGB auch insoweit Anwendung findet.[41] 22

Wurde ein Pflichtteilsverzichtsvertrag abgeschlossen und ist dieser bei Testamentserrichtung gültig, ist es denkbar, dass ein solcher Vertrag entweder aufgehoben oder zu einem späteren Zeitpunkt angefochten wird und so das Pflichtteilsrecht rückwirkend oder für die Zukunft neu begründet wird, was zur Anwendung von § 2079 BGB führt.[42] Unter Umständen kann die Ausübung der Anfechtung im Falle der Adoption 23

---

35 RG SeuffArch 62 Nr. 186.
36 Staudinger/*Otte* (2019), § 2079 Rn 3; MüKo/*Leipold*, § 2079 Rn 10.
37 Staudinger/*Otte* (2019), § 2079 Rn 4; Soergel/*Loritz/Uffmann* § 2079 Rn 4.
38 MüKo/*Leipold*, § 2079 Rn 10; BeckOGK/*Harke*, § 2079 Rn 15.
39 BayObLG FamRZ 1983, 952; LG Tübingen BWNotZ 1982, 166, 167; OLG Hamburg FamRZ 1990, 910.
40 MüKo/*Leipold*, § 2079 Rn 12.
41 *Flik*, BWNotZ 1980, 132, 133.
42 Staudinger/*Otte* (2019), § 2079 Rn 7; vgl. auch *Otte*, ZEV 2011, 233 gegen *Schindler*, DNotZ 2004, 824.

dann **rechtsmissbräuchlich** sein, wenn ein **Adoptionsvertrag** nur deshalb geschlossen wird, um ein Anfechtungsrecht zu konstruieren. Ein derartiger Vertrag kann nicht Grundlage einer Anfechtung sein.[43] Es kann nicht ausgeschlossen werden, dass es Ausnahmefälle gibt, wonach der Erblasse seine Gestaltungsmöglichkeiten allein dazu missbraucht, seine Testierfreiheit wiederzuerlangen. Dies kann dort in Betracht kommen, wo der Erblasser darauf hinwirkt, einen abgeschlossenen Pflichtteilsverzicht wieder aufzuheben. Bei einer Eheschließung oder Adoption hingegen ist ein derartiger Missbrauch eher selten. Hingegen genügt es nicht, dass die Entstehung eines Pflichtteilsrechts dafür genutzt wird, sich von einem unerwünschten Erbvertrag zu lösen.[44] Errichtet der Erblasser im Nachhinein eine neue Verfügung von Todes wegen, in der er dem Pflichtteilsberechtigten das gesetzliche Erbrecht entzieht, ist die Anfechtung ebenfalls nicht rechtsmissbräuchlich. Eine nachträgliche Pflichtteilsberechtigung kann auch durch Anerkennung der Vaterschaft oder durch deren gerichtliche Feststellung entstehen.

24 Wenn dem Erblasser bei Testamentserrichtung die **Schwangerschaft** seiner Ehefrau **bekannt** war und er das später geborene Kind nicht bedacht hat, findet § 2079 BGB dennoch Anwendung, da allein die Geburt nach Testamentserrichtung maßgeblich ist.[45] Die Tatsache jedoch, dass der Erblasser Kenntnis von der Schwangerschaft hatte und das Kind dennoch nicht berücksichtigt hat, kann Indiz für die fehlende Erheblichkeit sein.[46] Eine bereits zum Zeitpunkt der Testamentserrichtung vorhandene Person kann auch dadurch pflichtteilsberechtigt werden, dass Personen, die ihr nach gesetzlicher Erbfolge vorgehen, vor dem Erbfall versterben. In diesem Falle kann die Enterbung einer Person als Enterbung des ganzen Stammes auszulegen sein, was dazu führt, dass die Abkömmlinge dieses Kindes nicht als übergangen i.S.v. § 2079 BGB anzusehen sind, sondern bewusst ausgeschlossen worden sind.[47] Für den Fall jedoch, dass sich der Ausschluss nur auf die Person des vorrangig pflichtteilsberechtigten Abkömmlings bezieht, ist entscheidend, ob die Abkömmlinge des ausgeschlossenen Abkömmlings zur gesetzlichen Erbfolge gelangen oder ob der Erblasser durch anderweitige Erbeinsetzung über die ganze Erbschaft verfügt hat.

Beispiel
Der Erblasser setzt seine Ehefrau und seinen Sohn zu Erben zu unter sich gleichen Teilen ein. Daneben gibt es noch eine zum Zeitpunkt der Erbeinsetzung kinderlose Tochter. Diese wird übergangen aus Gründen, die nur mit der Person der Tochter zusammenhängen. Die Tochter verstirbt vor dem Erbfall und hinterlässt einen Sohn.

25 Für diese Konstellation findet § 2079 BGB Anwendung. Es besteht ein Anfechtungsrecht wegen Übergehens eines Pflichtteilsberechtigten.
Auch durch eine Gesetzesänderung kann die Pflichtteilsberechtigung entstehen. Die Einführung eines Erb- und Pflichtteilsrechts des nichtehelichen Kindes nach dem Vater durch das NEhelG (ab 1.7.1970) konnte so zur Anfechtbarkeit einer früher errichteten Verfügung führen.[48]
Durch das Zweite Gesetz zur erbrechtlichen Gleichstellung nichtehelicher Kinder aus dem Jahre 2011 erhielten auch die vor dem 1.7.1949 geborenen nichtehelichen Kinder

---

43 BGH LM § 2079 Nr. 2 = FamRZ 1970, 79.
44 BGH FamRZ 1970, 79, 82; a.M. OLG Hamburg MDR 1965, 139.
45 Staudinger/*Otte* (2019), § 2079 Rn 3.
46 Staudinger/*Otte* (2019), § 2079 Rn 3.
47 Staudinger/*Otte* (2019), § 2079 Rn 5; MüKo/*Leipold*, § 2079 Rn 11.
48 MüKo/*Leipold*, § 2079 Rn 11 m.w.N.

ein gesetzliches Erbrecht und ein **Pflichtteilsrecht nach dem Vater** und den väterlichen Verwandten nach Maßgabe der allgemeinen Vorschriften. Dies gilt für Erbfälle ab dem 29.5.2009. Für den Fall, dass das nichteheliche Kind von seinem Vater in einem zuvor errichteten Testament übergangen wurde, käme somit § 2079 BGB zum Zuge, da die Vorschrift des § 2079 BGB, wie vorstehend ausgeführt, auch bei späterer Entstehung eines Pflichtteilsrechts durch Gesetzesänderung anwendbar ist. Im konkreten Fall hielt der Gesetzgeber diese Möglichkeit der Anfechtung jedoch nicht für gerechtfertigt. Als Begründung wurde angeführt, dass der Erblasser angesichts der bisherigen Rechtslage keinen Anlass gehabt habe, das nichteheliche Kind besonders zu erwähnen, wenn er es bei dem Ausschluss belassen, ihm also nichts zuwenden wollte. Dies führte dazu, dass die **Anwendung des § 2079** durch Art. 12 § 10 Abs. 3 NEhelG n.F. ausgeschlossen worden ist, und zwar für den Fall, dass ein Pflichtteilsrecht eines nichtehelichen Kindes oder seiner Abkömmlinge durch das Zweite Erbrechtsgleichstellungsgesetz entstanden ist. Auch bei Anfechtung eines Erbvertrages oder eines bindend gewordenen gemeinschaftlichen Testaments greift dieser Ausschluss ein.[49] Die Vorschrift des § 2078 Abs. 2 BGB bleibt hingegen unberührt.

Aufgrund des vorbezeichneten Zweiten Erbrechtsgleichstellungsgesetzes steht auch dem Vater ein Pflichtteilsrecht zu. Konsequenterweise müsste man auch hier annehmen, dass eine Anfechtung gem. § 2079 BGB ausgeschlossen ist.

IV. Hypothetischer Wille darf nicht entgegenstehen (S. 2)

1. Gesetzliche Vermutung der Erheblichkeit

Im Gegensatz zur Regelung in § 2078 BGB vermutet das Gesetz beim Anfechtungstat- 26
bestand der Übergehung eines Pflichtteilsberechtigten die Ursächlichkeit zwischen Irrtum und Verfügung; d.h. also, dass die Unkenntnis vorhandener oder künftiger Pflichtteilsberechtigter regelmäßig Beweggrund für die Verfügung des Erblassers gewesen ist und dass dieser bei entsprechender Kenntnis den Pflichtteilsberechtigten nicht übergangen hätte.

Diese gesetzliche Vermutung ist widerlegt, wenn der wahre Wille des Erblassers auf Übergehung eines vorhandenen oder künftigen Pflichtteilsberechtigten gerichtet war[50] (dann liegt genaugenommen aber schon kein Irrtum oder keine Nichtkenntnis bzgl. einer gegenwärtigen oder künftigen Pflichtteilsberechtigung vor) oder wenn er die Verfügung auch bei Kenntnis der Sachlage getroffen hätte, wenn also der ermittelte hypothetische Wille auf eine Übergehung des Pflichtteilsberechtigten gerichtet war.[51]

2. Hypothetischer Wille beim Einzeltestament

Eine Anfechtung ist dann ausgeschlossen, soweit anzunehmen ist, dass der Erblasser 27
auch bei Kenntnis der Sachlage die Verfügung getroffen haben würde. Auch bei § 2079 BGB ist wie bei § 2078 BGB auf die **subjektiven Vorstellungen** des Erblassers abzustellen (siehe § 2078 Rdn 41 ff.), nicht hingegen, ob es objektiv vernünftig ist. Somit ist der **hypothetische Wille** des Erblassers entscheidend. Maßgeblich sind hierbei die Erwägungen des Erblassers im **Zeitpunkt der Testamentserrichtung,**[52] des Weiteren ob der Erblasser mit dem Hinzutreten weiterer Pflichtteilsberechtigter gerechnet hat. Die Tatsache, dass sich Eheleute kurz nach der Eheschließung gegenseitig zu Alleinerben eingesetzt haben, ohne etwaige spätere Abkömmlinge zu erwähnen, begründet i.d.R. kein Anfechtungsrecht, da die Eheleute das Hinzutreten von Abkömmlingen bereits bedacht haben.

---

49 MüKo/*Leipold*, § 2079 Rn 16; *Krug*, ZEV 2011, 397.
50 BayObLG FamRZ 1992, 988.
51 Grüneberg/*Weidlich*, § 2079 Rn 5.
52 MüKo/*Leipold*, § 2079 Rn 19; BGHZ 80, 290, 294; BayObLGZ 1971, 147, 151.

28 Ist die Anfechtung erfolgt, greift die Vermutungsregel des S. 2 ein. Dies wiederum bedeutet, dass es keine Vermutung gibt, wonach eine Anfechtung durch den Anfechtungsberechtigten auch erfolgt wäre, hätte er sein Anfechtungsrecht gekannt.[53] Auch bei Gesetzesänderungen ist der maßgebliche Zeitpunkt der der Testamentserrichtung, nicht der der Gesetzesänderung.

29 Für die Annahme eines Ausschlusses nach S. 2 genügt es nicht, dass der Erblasser sein Testament nicht abändert.[54] In den Fällen, in denen der Erblasser sein Testament absichtlich nicht geändert hat, sondern hat weiterbestehen lassen, obwohl er von der Existenz eines Pflichtteilsberechtigten erfahren hat, kann dies dafür sprechen, dass er den Pflichtteilsberechtigten bereits bei der Testamentserrichtung übergangen hätte unter der Voraussetzung, dass ihm dessen Vorhandensein bekannt gewesen wäre.[55] In die Prüfung im Zusammenhang mit S. 2 dürfen andere Veränderungen als die Kenntnis von der Person des Pflichtteilsberechtigten nicht einbezogen werden.[56]

30 Da dem Erblasser selbst kein Anfechtungsrecht zusteht, kann er strenggenommen auf das Anfechtungsrecht in einem Einzeltestament auch nicht verzichten. Ein derartiger **Verzicht** führt jedoch i.d.R. dazu, dass es an der **subjektiven Erheblichkeit** fehlt.[57] Der Erblasser hat in dieser Verzichtserklärung zum Ausdruck gebracht, dass er die Möglichkeit einer Pflichtteilsberechtigung in Erwägung gezogen hat.

31 Sowohl im **gemeinschaftlichen Testament** als auch in einem Erbvertrag kann jedoch ein Verzicht auf das Anfechtungsrecht wegen Hinzutretens weiterer Pflichtteilsberechtigter aufgenommen werden.[58] Ein Verzicht auf das Anfechtungsrecht kann allgemein oder z.B. für den Fall der Wiederheirat erfolgen.[59] Setzen sich die Ehegatten gegenseitig zu Erben ein und berufen sie ihre Kinder zu Schlusserben, kann hierin allein kein Verzicht auf das Anfechtungsrecht bei Wiederheirat gesehen werden.[60]

32 Eine Anfechtung ist ausgeschlossen, wenn der Erblasser nach Errichtung seiner letztwilligen Verfügung vom Vorhandensein eines weiteren Pflichtteilsberechtigten erfährt und er sich dahingehend äußert, dass er den Erbvertrag oder das Testament aufrechterhalten will. Nach einer Ansicht ist dies als **Bestätigung** i.S.v. § 144 Abs. 1 BGB aufzufassen.[61] Nach überwiegender richtiger Ansicht scheidet jedoch eine Bestätigung i.S.d. § 144 Abs. 1 BGB beim Einzeltestament aus (siehe auch § 2078 Rdn 87 ff.). Bei einem Erblasser, der sein Testament trotz Kenntnis von einem weiteren Pflichtteilsberechtigten nicht ändert, kommt nämlich S. 2 zur Anwendung. Dieser hätte somit die Verfügung auch bei vorheriger Kenntnis so getroffen.[62] Nach *Leipold*[63] bestehe jedoch die Gefahr, dass der spätere Wille an die Stelle des ursprünglichen gesetzt werde.

53 BGH ZEV 2014, 660 (wird von einem Notar Schadensersatz wegen unterlassenen Hinweises auf das Anfechtungsrecht verlangt, so muss nachgewiesen werden, dass bei erfolgter Aufklärung die Anfechtung erklärt worden wäre).
54 OLG Hamburg FamRZ 1990, 910; OLG Brandenburg FamRZ 1998, 59, 61; OLG Rostock ErbR 2020, 374 (Rn 31; Soergel/*Loritz/Uffmann*, § 2079 Rn 8.
55 BGH LM § 2079 Nr. 1; BayObLGZ 1971, 147, 152.
56 Grüneberg/*Weidlich*, § 2079 Rn. 5.
57 MüKo/*Leipold*, § 2079 Rn 21.
58 BGH LM § 185 Nr. 26 = NJW 1983, 2247; *Bengel*, DNotZ 1984, 132, 137; Formulierungsvorschlag bei BeckFormB ErbR/*Kleensang*, C. VI.8.
59 Vgl. LG Tübingen BWNotZ 1982, 166: aber kein stillschweigender Verzicht anzunehmen.
60 OLG Frankfurt ZEV 2002, 109, 110 = FamRZ 2002, 352, 354.
61 MüKo/*Leipold*, § 2079 Rn 22.
62 RGZ 77, 165, 170; BayObLGZ 1971, 147, 151 f.; BayObLGZ 1980, 42, 50; OLG Frankfurt FamRZ 1995, 1522.
63 MüKo/*Leipold*, § 2079 Rn 22.

Außerdem sei bedenklich, dass das bloße Untätigbleiben einen solchen Schluss nicht zweifelsfrei gestatte. Daher werde eine Ausnahme zugelassen, nämlich dann, wenn der Erblasser davon ausgehe, seine letztwillige Verfügung sei ohnehin unwirksam oder wenn er aus tatsächlichen Gründen nicht mehr dazu komme, sie zu ändern. Die Voraussetzungen des S. 2 werden dementsprechend verneint. Es sei daher auch im Fall des § 2079 BGB sachgerecht, auf den Bestätigungswillen abzustellen.

3. Beweislast

Wie bereits ausgeführt wurde, ist bei § 2079 BGB die **subjektive Erheblichkeit** keine 33 Voraussetzung für dessen Anwendbarkeit. Vielmehr stellt das Fehlen der subjektiven Erheblichkeit einen **Ausschließungsgrund** gem. S. 2 dar. Dies bedeutet, dass derjenige, der sich gegen die Anfechtbarkeit wendet (Anfechtungsgegner), etwaige tatsächliche Motive des Erblassers behaupten und beweisen muss.[64] Verbleiben Zweifel, ob für den Fall, dass dem Erblasser die Existenz des Pflichtteilsberechtigten bekannt gewesen wäre, er genauso testiert hätte, gehen diese Zweifel zu Lasten des Anfechtungsgegners.[65] Die negative Formulierung des Gesetzes (S. 2) führt letztendlich dazu, dass die Feststellung des hypothetischen Willens des Erblassers keine Tatsachenfeststellung ist, sondern es sich hierbei um eine **richterliche Bewertung** handelt. Dies wiederum bedeutet, dass bei Zweifeln davon auszugehen ist, dass sich die fehlende Kenntnis des Erblassers auf dessen Willen ausgewirkt hat.[66] Im Zweifel ist somit die Anfechtbarkeit zu bejahen. Erst wenn die Anfechtung erfolgt ist, greift die Vermutungsregel des S. 2 ein. Dies bedeutet, dass es keine Vermutung dafür gibt, dass der Anfechtungsberechtigte, hätte er Kenntnis von seinem Anfechtungsrecht gehabt, auch angefochten hätte.[67]

Im Rahmen des S. 1 muss der Anfechtende somit die Pflichtteilsberechtigung und die 34 Nichtberücksichtigung bei Testamentserrichtung beweisen. Beruft sich der Anfechtungsgegner aufgrund der Vorschrift des § 2285 BGB auf einen Ausschluss der Anfechtung, trifft ihn die Beweislast für die entsprechenden Tatsachen. Dies wiederum bedeutet, dass es Sache des Anfechtungsgegners ist zu beweisen, dass der Erblasser Kenntnis von der Existenz und der Bindungswirkung der früheren letztwilligen Verfügung und damit von allen die Anfechtung begründenden Tatsachen hatte.[68]

Im Rahmen des S. 2 trägt der Anfechtungsgegner die Beweislast für das Vorliegen der Voraussetzungen, dass nämlich der Erblasser so testiert hätte, hätte er vorausgesehen, dass noch ein weiterer Pflichtteilsberechtigter hinzutreten würde.[69]

Wenn der Pflichtteilsberechtigte schon im **Zeitpunkt der Testamentserrichtung** 35 pflichtteilsberechtigt gewesen ist, muss er darlegen und auch beweisen, dass der Erblasser von der Existenz nichts wusste oder der Erblasser ihn nicht für pflichtteilsberechtigt gehalten hat.[70] Für den Fall, dass ein Pflichtteilsberechtigter in der letztwilligen Verfügung nicht erwähnt worden ist, ist zunächst davon auszugehen, dass er unbe-

---

64 BayObLG FamRZ 1983, 952, 953; BayObLG FamRZ 1985, 534; OLG Karlsruhe ZEV 1995, 454, 456; OLG Frankfurt FamRZ 1995, 1522; OLG Hamburg FamRZ 1990, 910; OLG Düsseldorf FamRZ 1999, 1024.

65 BayObLG NJW-RR 2001, 725; Baumgärtel/*Schmitz*, § 2079 Rn 3.

66 MüKo/*Leipold*, § 2079 Rn 23.

67 BGH ZEV 2014, 660: wird von einem Notar Schadensersatz wegen unterlassenen Hinweises auf das Anfechtungsrecht verlangt, so muss nachgewiesen werden, dass bei erfolgter Aufklärung die Anfechtung erklärt worden wäre.

68 BayObLG ZEV 1995, 105; OLG Düsseldorf NJW-RR 2007, 947, 948.

69 BGH LM BGB § 2079 Nr. 1; BayObLG NJW-RR 2005, 91, 93; ZEV 2001, 314, 315; NJW-RR 1989, 1090; OLG Düsseldorf FamRZ 1999, 1024; OLG Frankfurt a. M. NJW-RR 1995, 1350; OLG Hamburg FamRZ 1990, 910, 912.

70 Staudinger/*Otte* (2019), § 2079 Rn 19.

wusst übergangen worden ist. Wenn der Anfechtungsgegner in diesem Falle behauptet, der Pflichtteilsberechtigte sei bewusst übergangen worden, hat er dies zu beweisen.[71] Kann derjenige, der übergangen wurde, beweisen, dass er erst nach Testamentserrichtung geboren wurde bzw. pflichtteilsberechtigt geworden ist, ist dies ausreichend.[72]

4. Hypothetischer Wille beim Erbvertrag und beim gemeinschaftlichen Testament

36 Für eine Anfechtbarkeit eines **Erbvertrages** oder **gemeinschaftlichen Testaments** (d.h. bei bindend gewordenen wechselbezüglichen Verfügungen) ist maßgeblich, ob der Erblasser für den Fall, dass er vom Pflichtteilsberechtigten Kenntnis gehabt hätte, seine letztwillige Verfügung dahingehend getroffen hätte, dass der Pflichtteilsberechtigte ausgeschlossen ist.[73] In der Rspr. wird vereinzelt die Ansicht vertreten, dass bei einer Anfechtung eines gemeinschaftlichen Testaments durch den überlebenden Ehegatten der **hypothetische Wille des Erstverstorbenen** maßgeblich sei.[74] Hierzu sei jedoch angemerkt, dass die letztwilligen Verfügungen des erstversterbenden Ehegatten überhaupt nicht angefochten werden und bei der Anfechtung nur das zu beurteilen ist, was tatsächlich angefochten wird. Bei wechselbezüglichen Verfügungen handelt es sich zwar um Verfügungen, die aufeinander abgestimmt sind, dennoch beruhen sie auf voneinander getrennten Willenserklärungen der Ehegatten. Haben Ehegatten in einem gemeinschaftlichen Testament verfügt, dass dieses auch im Falle der Ehescheidung weiterhin Gültigkeit haben solle, ist daraus nicht der Schluss zu ziehen, dass die Verfügungen des Erblassers auch für den Fall seiner Wiederverheiratung Bestand haben sollen.[75]

37 Ist eine Anfechtung erfolgt, gilt für die korrespondierenden Verfügungen § 2270 Abs. 1 BGB. Lediglich hier ist der hypothetische Wille des Erstverstorbenen heranzuziehen,[76] da es dessen Willen entsprechen kann, dass seine Verfügung ganz oder teilweise aufrechterhalten bleibt, auch wenn die Verfügung des längstlebenden Ehegatten wirksam angefochten ist.[77] Zumindest gilt dies in den Fällen, in denen die Anfechtung nur einen Teil der Verfügung des Anfechtenden vernichtet. Auf den Willen des Erstverstorbenen ist hingegen nicht bei der Anfechtung des Erbvertrages oder gemeinschaftlichen Testaments abzustellen.[78]

38 In den Fällen, in denen eine wechselbezügliche Verfügung angefochten wurde, ergibt sich aus der Vorschrift des § 2270 Abs. 1 BGB die Auswirkung auf die korrespondierenden Verfügungen. In diesem Zusammenhang muss dann auch der hypothetische Wille des erstverstorbenen Ehegatten beachten werden. Trotz Wechselbezüglichkeit der Verfügungen kann es dem hypothetischen Willen des Erstverstorbenen entsprechen, seine Verfügung auch dann ganz oder teilweise aufrechtzuerhalten, auch wenn die Verfügung des Überlebenden wirksam angefochten wurde.[79]

C. Rechtsfolgen

I. Allgemeines

39 Grundsätzlich gilt bezüglich der Wirkungen der Anfechtung das unter § 2078 Rdn 61 ff. Ausgeführte hier entsprechend. § 2078 Abs. 3 BGB gilt auch bei § 2079 BGB.

71 Staudinger/*Otte* (2019), § 2079 Rn 19.
72 Baumgärtel/*Schmitz*, § 2079 Rn 2; Soergel/*Loritz/Uffmann*, § 2079 Rn 11.
73 Staudinger/*Otte* (2019), § 2079 Rn 11.
74 OLG Hamm OLGZ 1972 387, 390 = NJW 1972, 1988, 1089; OLG Hamm Rpfleger 1978, 179.
75 OLG Hamm NJW-RR 2015, 524.
76 MüKo/*Leipold*, § 2079 Rn 25.
77 OLG München ZEV 2015, 474 Rn 13.
78 Staudinger/*Otte* (2019), § 2079 Rn 11 m.w.N.
79 OLG München ZEV 2015, 474 Rn 13.

I.R.d. § 2079 BGB gibt es allerdings verschiedene Ansichten, in welchem **Umfang** die letztwillige Verfügung des Erblassers infolge Anfechtung vernichtet wird.

40 Ein Teil der Rspr. und Lit. vertritt die Auffassung, dass die Anfechtung grundsätzlich zur **Nichtigkeit des gesamten** Testaments bzw. Erbvertrages führt.[80] Dies wird teilweise mit dem Wortlaut begründet,[81] teilweise auch damit, dass § 2079 BGB die Verwirklichung des Erblasserwillens bezwecke, nicht hingegen den Schutz des Pflichtteilsberechtigten.[82] Im Falle jedoch, dass gem. S. 2 positiv festgestellt werden kann, dass der Erblasser einzelne Verfügungen auch dann getroffen hätte, wenn er von der Pflichtteilsberechtigung Kenntnis gehabt hätte, führt dies dazu, dass einzelne Verfügungen wirksam bleiben.[83] Nach der **Gegenansicht** ist das Testament bzw. der Erbvertrag nur insoweit nichtig, als der Pflichtteilsberechtigte von seinem gesetzlichen Erbrecht ausgeschlossen wurde.[84] Gegen die Ansicht, eine Nichtigkeit des gesamten Testaments anzunehmen, wenden sich auch andere Auffassungen im Schrifttum. Diese gehen von unterschiedlichen Begründungsansätzen aus. Nach Ansicht von *Leipold*[85] müsse zwischen einer Anfechtung nach dem Erbfall und einer Anfechtung durch den Erblasser selbst unterschieden werden: Liegt eine Anfechtung durch den Erblasser vor, soll sich die Anfechtung i.d.R. auf das gesamte Testament oder den gesamten Erbvertrag beziehen. Handelt es sich um eine Anfechtung nach dem Erbfall, soll das Testament nur in dem Umfang nichtig sein, als das Testament dem gesetzlichen Erbrecht des Pflichtteilsberechtigten entgegensteht.

41 Der **Sinn und Zweck** des § 2079 BGB liegt darin, den Pflichtteilsberechtigten zu schützen. Es ist daher nicht gerechtfertigt, den gesamten Erblasserwillen zu vernichten. Es ist nicht zu rechtfertigen, weshalb bspw. die Anordnung einer Testamentsvollstreckung, die Enterbung einer dritten Person oder auch eine familienrechtliche Anordnung, bspw. die Anordnung einer Vormundschaft, ebenfalls durch die Anfechtung vernichtet werden sollen. Nach richtiger Ansicht sind daher die Verfügungen im Falle der Anfechtung nur in dem Umfang nichtig, in dem der Pflichtteilsberechtigte von seinem gesetzlichen Erbrecht ausgeschlossen würde. Es sind nur die Verfügungen betroffen, die die Erbschaft an der pflichtteilsberechtigten Person vorbei verteilen. Hierfür spricht auch eindeutig der Wortlaut des § 2079 BGB („soweit").

---

80 OLG Schleswig ZEV 2016, 263 m. abl. Anm. *Leipold*; OLG Stuttgart BeckRS 2018, 10903 Rn 24; BayObLGZ 1971, 147; BayObLGZ 1975, 6, 9; BayObLGZ 1980, 42, 49; BayObLG FamRZ 1983, 952, 954; BayObLG FGPrax 2004, 130, 131 (aber letztlich offenlassend); OLG Frankfurt FamRZ 1995, 1522; im Ausgangspunkt auch OLG Brandenburg FamRZ 1998, 59, 62; *Tiedtke*, JZ 1988, 649; *Kipp/Coing*, § 24III 1b; *Muscheler*, Erbrecht I Rn 1986 ff.; NK-BGB/*Fleindl*, § 2079 Rn 16; ebenso *Reinicke*, NJW 1971, 1961, der aber von dem gesetzlichen Erben, der die Nichtigkeit des gesamten Testaments geltend macht, verlangt, er müsse Tatsachen behaupten, aus denen sich ergibt, der Erblasser hätte bei Kenntnis der Sachlage keine letztwillige Verfügung getroffen. Das ist jedoch widersprüchlich; wenn man von der grundsätzlichen Gesamtnichtigkeit ausgeht, ist eine solche Behauptungslast nicht zu begründen. Staudinger/*Otte* (2019), § 2079 Rn 14 ff. differenziert, kommt aber bei Erbeinsetzungen und Vermächtnissen, die den Anfechtenden als gesetzlichen Erben beschweren, zur Totalnichtigkeit. BayObLG NJW-RR 2005, 91; BayObLG FamRZ 1975, 6, 9; OLG Hamburg FamRZ 1990, 910.

81 BayObLGZ 1971, 147, 151.

82 *Reinicke*, NJW 1971, 1962.

83 OLG Düsseldorf FamRZ 1999, 122, 123.

84 OLG Köln NJW 1956, 1522; LG Darmstadt JZ 1988, 671 = NJW-RR 1988, 262; Soergel/*Loritz/Uffmann*, § 2079 Rn 9; *Jung*, AcP 194, 42, 77 ff.; *Litzenburger*, MittBayNot 2016, 529; BeckOK BGB/*Litzenburger*, § 2079 Rn 14; BeckOGK/*Harke*, § 2079 Rn 23 f.; Erman/*M. Schmidt*, § 2079 Rn 5; Lange ErbR Kap. 9 Rn 106; wohl auch *Kanzleiter*, DNotZ 2016, 745, 747; offenlassend OLG Rostock ZEV 2020, 124 Ls. = BeckRS 2019, 34000 Rn 30 f.

85 MüKo/*Leipold*, § 2079 Rn 27 ff.

42 **Beispiel nach OLG Köln NJW 1956, 1522**

Sachverhalt

Der Erblasser hat aufgrund letztwilliger Verfügung seine Pflegemutter zur alleinigen Erbin eingesetzt. Bei Testamentserrichtung war er unverheiratet. Bei seinem Tode hinterlässt er eine Ehefrau und einen Bruder. Die Ehefrau hat das Testament angefochten.

Lösung

Nach der ersten Ansicht führt die Anfechtung dazu, dass das Testament insgesamt nichtig ist, was wiederum die gesetzliche Erbfolge auslöst. Die Ehefrau erbt zu 3/4, der Bruder zu 1/4, die Pflegemutter geht leer aus, es sei denn, es kann festgestellt werden, dass der Erblasser seine Pflegemutter auch bei Kenntnis der Pflichtteilsberechtigung zumindest auf 1/4 eingesetzt hätte. Nach der Gegenansicht führt die Anfechtung dazu, dass das Testament nur insoweit nichtig ist, als es die Pflichtteilsberechtigte von ihrem Erbrecht ausschließt. Dies bedeutet, dass die Ehefrau zu 3/4 zur Erbfolge berufen ist, die Pflegemutter zu 1/4, der Bruder ginge leer aus.

Das Beispiel zeigt, dass der Unterschied der beiden Auffassungen im Regel-Ausnahme-Verhältnis zu finden ist. Diesem kann aber im Hinblick darauf, dass es unter Umständen sehr große Schwierigkeiten bereitet, den hypothetischen Willen des Erblassers festzustellen, große Bedeutung zukommen.

Kann der in S. 2 verankerte hypothetische Wille des Erblassers eindeutig festgestellt werden, erhält der Pflichtteilsberechtigte demgemäß seinen gesetzlichen Erbteil, im Übrigen bleibt das Testament bestehen.[86] Für den Fall, dass der hypothetische Wille nicht zweifelsfrei festgestellt werden kann, greift die Beweislastverteilung des S. 2 ein. Danach tritt gesetzliche Erbfolge ein.[87]

Weiteres Beispiel hierzu: NK-BGB/*Fleindl*, § 2079 Rn 18.

43 Hat der Erblasser Testamentsvollstreckung angeordnet und wurde angefochten, kommt es, unabhängig davon, welcher Auffassung man folgt, für die Beurteilung, ob diese Testamentsvollstreckung auch für den übergangenen Pflichtteilsberechtigten gelten soll, auf den vom Erblasser verfolgten Zweck an.[88]

II. Unterscheidung: Anfechtung vor und nach dem Erbfall

44 Die Wirkung der Anfechtung bzw. deren Reichweite ist danach zu beurteilen, ob eine Anfechtung nach dem Erbfall oder durch den Erblasser selbst (im Falle eines Erbvertrages oder gemeinschaftlichen Testaments) erfolgt. Erfolgt eine **Anfechtung nach dem Erbfall**, so dient diese allein dem **Schutz des Pflichtteilsberechtigten**. Es ist daher allenfalls gerechtfertigt, die letztwillige Verfügung des Erblassers insoweit zu vernichten, als diese das gesetzliche Erbrecht des Pflichtteilsberechtigten betrifft.[89] Es wäre natürlich denkbar, dass der Erblasser dem Pflichtteilsberechtigten mehr zugewandt hätte als den gesetzlichen Erbteil, hätte er von der Pflichtteilsberechtigung gewusst. Dieses Ergebnis kann jedoch durch die Anfechtung nicht erreicht werden, da diese nur negative Wirkung hat und den positiven Willen des Erblassers nicht durchzusetzen vermag.[90]

---

86 BayObLG NJW-RR 2005, 91, 93 = FamRZ 2005, 140; BayObLGZ 1971, 147, 152; OLG Düsseldorf FamRZ 1999, 122.

87 OLG Brandenburg FamRZ 1998, 59, 63.

88 Dazu OLG Rostock ZEV 2020, 124 Ls. = BeckRS 2019, 34000 Rn 32 ff.

89 MüKo/*Leipold*, § 2079 Rn 28.

90 OLG Brandenburg FamRZ 1998, 59, 62.

Der Sinn und Zweck der **Anfechtung eines Erbvertrages**, dem gleichgestellt ist die Anfechtung von wechselbezüglichen Verfügungen in einem gemeinschaftlichen Testament, durch den Erblasser liegt darin, diesem seine **Entschließungsfreiheit** wieder zu verschaffen. Es bleibt dann ihm überlassen, ob er in seiner neuen letztwilligen Verfügung den Pflichtteilsberechtigten bedenkt oder nicht. In diesem Fall ist es gerechtfertigt, dass die Anfechtung die gesamte letztwillige Verfügung vernichtet. Der Erblasser soll seine gesamte Verfügungsfreiheit zurückerhalten. Nicht ausgeschlossen ist jedoch, dass einzelne Verfügungen aufrechterhalten bleiben, wenn der Erblasser sie bei Kenntnis der Pflichtteilsberechtigung auch so getroffen hätte. Haben sich die Ehegatten gegenseitig zu Erben eingesetzt und wechselbezüglich ihre Kinder zu Schlusserben berufen und wird die Schlusserbeneinsetzung durch den Längstlebenden wirksam angefochten, so entfällt die Erbeinsetzung des Längstlebenden durch den Erstversterbenden gemäß § 2270 BGB. Hat der Erstversterbende jedoch weitere Verfügungen getroffen, können diese aufrecht erhalten bleiben.[91] 45

Hiervon ausgenommen sind solche Verfügungen, bei denen sich gem. S. 2 feststellen lässt, dass der Erblasser sie auch dann errichtet hätte, wenn er Kenntnis von der Pflichtteilsberechtigung gehabt hätte.

D. Angrenzende Rechtsfragen – Verhältnis von § 2079 BGB zu § 2078 BGB

Wie bereits dargelegt, schließen sich die §§ 2078 und 2079 BGB nicht aus (vgl. Rdn 1 ff.). Eine Anfechtung kann sowohl auf § 2078 BGB als auch auf § 2079 BGB gestützt werden. Wird die Anfechtung sowohl auf § 2078 BGB als auch auf § 2079 BGB gestützt und handelt es sich um denselben Sachverhalt, kann das Gericht bei Zweifeln, ob die Voraussetzungen des § 2079 BGB erfüllt sind, dies offenlassen, wenn jedenfalls eine Anfechtung nach § 2078 BGB begründet ist. 46

Ob eine Anfechtung, die nur auf § 2079 BGB gestützt worden ist, auch als Anfechtung nach § 2078 BGB ausgelegt werden kann, hängt davon ab, welche Anforderungen an die Angabe des Anfechtungsgrundes gestellt werden. Es ist erforderlich, den Lebenssachverhalt darzustellen, nicht erforderlich ist hingegen, eine entsprechende Rechtsnorm zu nennen. Wenn es sich um den gleichen Lebenssachverhalt handelt, ist eine Anfechtung nach § 2079 BGB ohne weiteres auch als Anfechtung nach § 2078 BGB, und auch umgekehrt, anzusehen.[92] Davon ist dann nicht auszugehen, wenn eine Anfechtung nach § 2078 BGB auf andere Tatsachen gestützt wird und somit auf einen anderen Lebenssachverhalt. In diesem Falle kann eine Anfechtungserklärung nach § 2079 BGB nicht als Anfechtung auch nach § 2078 BGB angesehen werden. Wurde eine Anfechtung zunächst nur auf § 2079 BGB gestützt, muss eine Anfechtung, die auf § 2078 BGB gestützt wird, innerhalb der Frist des § 2082 BGB nachgeholt werden. 47

E. Verfahrensfragen

Ob die Anfechtung zur Nichtigkeit des gesamten Testaments oder nur zur Nichtigkeit insoweit führt, als der Pflichtteilsberechtigte von seinem gesetzlichen Erbrecht ausgeschlossen wurde, hat Bedeutung für die **Beweis- und Feststellungslast**. Wenn man von einer grundsätzlichen Nichtigkeit ausgeht, trägt derjenige die Beweis- und Feststellungslast, der sich darauf beruft, dass einzelne Verfügungen wirksam sind. In diesem Fall ist ein entsprechender Erblasserwille darzulegen.[93] Folgt man der Gegenan- 48

91 OLG München MittBayNot 2018, 262 Rn 22 ff.; krit. zur Begr. *Keim*, MittBayNot 2018, 211, der auch die Unwirksamkeit einer gegenseitigen Erbeinsetzung im früheren Testament, die im angefochtenen Testament wiederholt und um die Schlusserbeneinsetzung ergänzt worden war, aus § 2270 Abs. 1 BGB herleitet.

92 OLG Köln NJW 1956, 1522.

93 BayObLGZ 1971, 147 = NJW 1971, 1565.

sicht, hat derjenige, der sich hierauf beruft, die gesamte Nichtigkeit des Testaments darzulegen und zu beweisen.[94]

§ 2080 Anfechtungsberechtigte

(1) Zur Anfechtung ist derjenige berechtigt, welchem die Aufhebung der letztwilligen Verfügung unmittelbar zustatten kommen würde.
(2) Bezieht sich in den Fällen des § 2078 der Irrtum nur auf eine bestimmte Person und ist diese anfechtungsberechtigt oder würde sie anfechtungsberechtigt sein, wenn sie zur Zeit des Erbfalls gelebt hätte, so ist ein anderer zur Anfechtung nicht berechtigt.
(3) Im Falle des § 2079 steht das Anfechtungsrecht nur dem Pflichtteilsberechtigten zu.

Literatur

Coing, Die gesetzliche Vertretungsmacht der Eltern bei der Ausschlagung einer Erbschaft, NJW 1985, 6; *Harke*, Testamentsanfechtung durch den Erblasser?, JZ 2004, 180; *Ischinger*, Die Bestätigung anfechtbarer Verfügungen von Todes wegen, Rpfleger 1951, 163; *Joussen*, Die erbrechtliche Anfechtung durch Minderjährige, ZEV 2003, 181; *Lange*, Beseitigung von letztwilligen Verfügungen durch Betreuer, ZEV 2008, 313; *Schubert/Czub*, Die Anfechtung letztwilliger Verfügungen, JA 1980, 257; *Zimmer*, Demenz als Herausforderung für die erbrechtliche Praxis, NJW 2007, 1713.

Übersicht:

A. Allgemeines

1 Sinn der Regelung des § 2080 BGB ist der Schutz der Rechtsposition dessen, der von der Verfügung betroffen ist, wobei zunächst festzustellen ist, dass § 2080 BGB nur auf eine **Anfechtung nach dem Erbfall** anwendbar ist. Ein Einzeltestament kann vom Erblasser zu Lebzeiten jederzeit abgeändert oder widerrufen werden, so dass es insoweit einer Anfechtung nicht bedarf. Ein Widerruf ist jedoch dann nicht mehr möglich, wenn der Erblasser geschäftsunfähig ist. Stimmen in der Lit. befürworten für diesen Fall, einem Betreuer ein Anfechtungsrecht analog der Vorschrift des § 2282 Abs. 2 BGB

94 LG Darmstadt JZ 1988, 671 = NJW-RR 1988, 262.

zuzubilligen.[1] Nach überwiegender, richtiger Ansicht[2] ist diese Analogie allerdings mit der klaren gesetzlichen Regelung des § 2080 BGB nicht vereinbar. Im Übrigen fehlt es auch an einer Gesetzeslücke. Eine analoge Anwendung der §§ 2281, 2282 BGB könnte für den Fall befürwortet werden, dass es dem Erblasser aufgrund einer eingetretenen Testierunfähigkeit nicht mehr möglich ist, seine letztwillige Verfügung zu widerrufen.[3] Allerdings ist wohl eher von einer bewussten Entscheidung des Gesetzgebers auszugehen, wonach eine Anfechtung auch in solchen Fällen nur dem Betroffenen zustehen sollte und somit den Anfechtungsberechtigten gem. § 2080 BGB.[4] Könnte angefochten werden, hätte der Erblasser ohnehin nicht mehr die Möglichkeit, neu zu testieren.

Eine Anfechtung **vor dem Erbfall** durch den Erblasser selbst, wenn es sich um einen 2 Erbvertrag oder um ein gemeinschaftliches Testament handelt, richtet sich nach der Vorschrift des § 2281 BGB. Handelt es sich hingegen um eine Anfechtung eines Erbvertrages oder eines gemeinschaftlichen Testaments durch Dritte, wenn der Erblasser bereits verstorben ist, sein Anfechtungsrecht jedoch noch nicht verloren hat (§ 2285 BGB), so gilt § 2080 BGB.

Werden Verfügungen durch den längerlebenden Ehegatten angefochten, ist die Anfech- 3 tung der eigenen bindend gewordenen Verfügung durch den überlebenden Ehegatten von der Anfechtung der wechselbezüglichen Verfügungen des erstverstorbenen Ehegatten zu unterscheiden. Der überlebende Ehegatte kann derartige Verfügungen in der Form des § 2081 BGB anfechten. Eine Anfechtung ist allerdings nur möglich, wenn ihm der Wegfall der Verfügung unmittelbar zustatten kommt. Auch Dritte können anfechten, ohne dass die Vorschrift des § 2285 BGB entgegensteht, und zwar auch dann, wenn der überlebende Ehegatte nicht angefochten hat.[5]

Wird eine letztwillige Verfügung nach dem Erbfall angefochten, so ist der Kreis derer, 4 die zur Anfechtung berechtigt sind, stets nach § 2080 BGB zu beurteilen, unabhängig davon, ob es sich um Verfügungen in einem Einzeltestament, einem Erbvertrag oder in einem gemeinschaftlichen Testament handelt. Da nicht derjenige anficht, von dem die Erklärung stammt, ist der Kreis der Anfechtungsberechtigten zu bestimmen. Der Gesetzgeber hat hierbei den Kreis derer, die eine letztwillige Verfügung anfechten können, bewusst eng gehalten. Es sollen nur die anfechten können, die durch die Verfügung unmittelbar in ihrer Rechtsstellung betroffen werden.[6] Die Regelungen des Abs. 2 und 3 schränken die **Anfechtungsberechtigung** noch weiter ein. Demjenigen, dessen Vermögensposition betroffen ist, soll es überlassen bleiben, ob die letztwillige Verfügung bestehen bleibt oder vernichtet wird. Eine Anfechtung aufgrund eines mittelbaren oder vielleicht sogar öffentlichen Interesses gibt es nicht. Wer kein **unmittelbares eigenes Interesse** hat, ist zur Anfechtung nicht befugt.

1 *Lange*, ZEV 2008, 313; *Zimmer*, NJW 2007, 1713; *Harke*, JZ 2004, 180; BeckOGK/*Harke*, § 2080 Rn 5.

2 MüKo/*Leipold*, § 2080 Rn 2; BeckOK BGB/*Litzenburger*, § 2080 Rn 1; *Selzener*, Zur Anfechtung und Bestätigung testamentarischer Verfügungen durch den Erblasser oder seinen gesetzlichen Vertreter, 2011, Fn 34, 36 ff.; OLG Bamberg RNotZ 2016, 655.

3 *Harke*, JZ 2004, 180; Jauernig/*Stürner*, § 2080 Rn 1.

4 Ebenso OLG Bamberg ZEV 2015, 548 (Ls.) = BeckRS 2015, 13311; OLG Bamberg FamRZ 2016, 83; MüKo/*Leipold*, § 2080 Rn 2; Staudinger/*Otte*, § 2080 Rn 33; *Oertzen*/*Windeknecht*, ZEV 2019, 8.

5 BGH NJW 2016, 2566 m. zust. Anm. *Kollmeyer* unter Aufhebung von OLG Stuttgart ZEV 2015, 476 m. abl. Anm. *Weidlich*.

6 BayObLGZ 1975, 6, 9.

Anfechtungsberechtigt sind z.B.: bei Erbeinsetzung eines Dritten die nächsten gesetzlichen Erben; wechselseitig der Vor- und Nacherbe; der Ersatzerbe gegenüber dem Haupterben; der Miterbe gegenüber anderen Miterben.

B. Tatbestand

I. Allgemeines

5 Nach Abs. 1 ist derjenige zur Anfechtung berechtigt, dem die Aufhebung der letztwilligen Verfügung unmittelbar zustattenkommen würde. Dies bedeutet, dass demjenigen, der anficht, ein unmittelbarer **rechtlicher Vorteil** zukommen muss, mittelbare Vorteile reichen insoweit nicht aus.[7] Eine Anfechtung ist demnach ausgeschlossen, wenn diese zwar zur Aufhebung der letztwilligen Verfügung führt, dem Anfechtenden jedoch erst dann einen Vorteil bringt, wenn ein Dritter den Erwerb ausschlägt.[8] Eine Anfechtung ist jedoch dann möglich, wenn der Dritte die Ausschlagung bereits erklärt hat.[9]

II. Unmittelbarer rechtlicher Vorteil

6 Ein unmittelbares Zustattenkommen liegt dann vor, wenn der Anfechtende einen unmittelbaren rechtlichen Vorteil erlangt. Ein unmittelbarer **rechtlicher Vorteil** kann zum einen in einem Erbrecht bestehen. Ein solcher ist bspw. dann gegeben,[10] wenn die Enterbung oder die Einsetzung eines Dritten durch den gesetzlichen Erben angefochten wird, weiterhin, wenn der Widerruf einer Erbeinsetzung durch denjenigen, der in einem früheren Testament zum Erben eingesetzt wurde, angegriffen wird,[11] des Weiteren, wenn die Erbeinsetzung durch den Ersatzerben oder die Vorerbeneinsetzung durch den Nach- und Ersatzerben[12] oder eine bindende Schlusserbeneinsetzung durch denjenigen angefochten wird, der in einem späteren Testament berufen wurde,[13] weiterhin bei Anfechtung der Miterbeneinsetzung durch einen anwachsungsberechtigten anderen Erben.

7 Ist die gesetzliche Erbfolge zu bestimmen, aus der sich ein unmittelbarer Vorteil für den Anfechtungsberechtigten ergeben könnte, ist zu bedenken, dass bei nichtehelichen Kindern, die Verwandtschaft dieses Kindes erst mit der Vaterschaftsanerkennung oder der gerichtlichen Feststellung der Vaterschaft geltend gemacht werden kann. Wurde dennoch vor diesem Zeitpunkt die Anfechtung erklärt, ist diese nichtig. Die Erklärung muss nach Anerkennung der Vaterschaft wiederholt werden.

8 Einen rechtlichen Vorteil stellt auch der Anspruch aus einem Vermächtnis dar. Hierunter fällt bspw. die Anfechtung des Widerrufs eines Vermächtnisses durch den Vermächtnisnehmer. Für den Fall, dass es um die Person des Vermächtnisnehmers geht, ist ein möglicher Ersatzvermächtnisnehmer oder ein Mitvermächtnisnehmer zur Anfechtung berechtigt. Sind solche nicht vorhanden, ist derjenige anfechtungsberechtigt, der vom Wegfall des Vermächtnisses profitiert.[14]
Auch der Wegfall einer Beschwerung fällt unter den Begriff des rechtlichen Vorteils. Hierunter fallen die Anfechtung einer Auflage oder einer Testamentsvollstreckung durch den Erben.[15]

---

7 Staudinger/*Otte* (2019), § 2080 Rn 2.
8 BGH NJW 1985, 2025.
9 Staudinger/*Otte* (2019), § 2080 Rn 3.
10 MüKo/*Leipold*, § 2080 Rn 6.
11 RG Recht 1919, Nr. 2136.
12 MüKo/*Leipold*, § 2080 Rn 6.
13 BayObLGZ 2002, 128, 132.
14 Staudinger/*Otte*, 2019, § 2080 Rn 5; Soergel/*Loritz*/*Uffmann*, § 2080 Rn 7.
15 BeckOK BGB/*Litzenburger*, § 2080 Rn 2.

Der Erbe eines noch lebenden Erben oder dessen Ersatzerbe kann jedoch dann nicht anfechten, wenn der zuerst berufenen Person selbst ein Anfechtungsrecht zusteht.[16] Der Anfechtende erlangt auch dann einen rechtlichen Vorteil, wenn er einen Anspruch erwirbt oder wenn eine Beschwerung wegfällt.[17] Im Gegensatz hierzu kann der **Widerruf einer Auflage** vom Auflagebegünstigten nicht angefochten werden, da dies lediglich zu einem rein tatsächlichen Vorteil führt. Der Widerruf einer Auflage kann nur von demjenigen angefochten werden, der gem. § 2194 BGB die Vollziehung der Auflage verlangen kann.[18] Ein nicht aus der Ehe des Erblassers stammendes Kind gehört erst dann zum Kreis der anfechtungsberechtigten Personen, wenn die Vaterschaft gerichtlich festgestellt ist. 9

Ein unmittelbares Zustattenkommen, und damit einen unmittelbaren rechtlichen Vorteil, erlangt die anfechtende Person dann, wenn diese durch die Anfechtung und die damit einhergehende Vernichtung der letztwilligen Verfügung ein **Gestaltungsrecht** erlangt.[19] Das Gleiche gilt, wenn der Anfechtende ein **Gestaltungsklagerecht** erwirbt.[20] Führt daher eine Anfechtung dazu, dass eine erbunwürdige Person Erbe wird, steht dem Anfechtenden durch die Anfechtung das Recht zu, Erbunwürdigkeitsklage zu erheben. Dieses Recht erlangt er durch die Anfechtung. Da dem Anfechtenden somit die Erbunwürdigkeit erbrechtlich zustattenkommt, gehört er zum Kreis der anfechtungsberechtigten Personen.[21] 10

Auch die Erlangung einer **Verfügungs- oder Verwaltungsberechtigung** stellt einen rechtlichen Vorteil dar. Es kann daher derjenige anfechten, dessen Rechtsposition geschmälert wird.[22] Hierunter fallen bspw. die Anfechtung einer Verwaltungsbeschränkung durch die Eltern oder die Anfechtung des Widerrufs einer Testamentsvollstreckung.[23] Es ist hingegen nicht ausreichend, wenn der Anfechtende im Besitz eines Vollstreckungstitels gegen denjenigen ist, der nach einer Anfechtung zum Erben berufen wäre, und die anfechtende Person daher ein Interesse daran hat, dass der Nachlass seinem Schuldner zufällt.[24] 11

Hat der Erblasser ein **Auseinandersetzungsverbot** verfügt oder **Teilungsanordnungen** vorgesehen, so sind die Erben, die hiermit belastet und betroffen sind, zur Anfechtung berechtigt. In den Fällen, in denen der Erblasser Testamentsvollstreckung anordnet, jedoch den Testamentsvollstrecker in seiner Amtsführung beschränkt, steht diesem ein Anfechtungsrecht zu.[25] Nach a.A. sei dies jedoch problematisch, so dass auch den Erben ein Anfechtungsrecht zustehen müsse.[26] Da der Testamentsvollstrecker sein Amt fremdnützig führt, sind i.d.R. auch die Erben unmittelbar vom Umfang der Befugnisse des Testamentsvollstreckers betroffen, so dass ihnen daher ebenfalls ein Anfechtungsrecht zuzugestehen ist. Bei **familienrechtlichen Anordnungen**, wie z.B. die Benennung eines Vormunds oder die Bestellung eines Gegenvormunds, steht so- 12

16 ; Soergel/*Loritz/Uffmann*, § 2080 Rn 3.
17 MüKo/*Leipold*, § 2080 Rn 6.
18 MüKo/*Leipold*, § 2080 Rn 6.
19 BGHZ 112, 229, 238 (Recht zur Anfechtung einer Ausschlagungserklärung).
20 MüKo/*Leipold*, § 2080 Rn 7.
21 MüKo/*Leipold*, § 2080 Rn 7; Staudinger/*Olshausen* (2015), § 2340 Rn 14; Grüneberg/*Weidlich*, § 2080 Rn 5; BeckOK BGB/*Litzenburger*, § 2080 Rn 2; *Schubert/Czub*, JA 1980, 257, 263; a.A. *Kipp/Coing*, § 24IV 1a Fn 48.
22 RG Recht 1909 Nr. 1334.
23 BeckOK BGB/*Litzenburger*, § 2080 Rn 2.
24 Staudinger/*Otte*, 2019, § 2080 Rn 2.
25 Soergel/*Loritz/Uffmann*, § 2080 Rn 12; Erman/*Schmidt*, § 2080 Rn 4.
26 Staudinger/*Otte*, 2019, § 2080 Rn 7; Soergel/*Loritz/Uffmann*, § 2080 Rn 12.

wohl dem Vormund, der davon betroffen ist, als auch dem Mündel ein Anfechtungsrecht zu.[27]

III. Ermittlung, wer zur Anfechtung berechtigt ist

13 Um zu ermitteln, wer zur Anfechtung berechtigt ist, ist zunächst die Rechtslage festzustellen, die bestehen würde, wenn die letztwillige Verfügung Gültigkeit hätte. Sodann ist die Rechtslage zu ermitteln, die sich bei wirksamer Anfechtung ergibt. Beide Rechtslagen sind sodann miteinander zu vergleichen.[28] Eine Unwirksamkeit aus anderen Gründen hat außer Betracht zu bleiben. Es ist daher zu ermitteln, ob die Anfechtung zu einer **Teilnichtigkeit** oder zur **vollständigen Nichtigkeit** des Testaments führt. Welchen Umfang der Anfechtende geltend gemacht hat, ist nach einer Ansicht in der Lit. ohne Bedeutung.[29] Nach der Rspr. hingegen ist der Erfolg der Anfechtung in dem Umfang zu unterstellen, in dem er vom Anfechtenden geltend gemacht wird.[30] Der letztgenannten Ansicht kann allerdings nicht gefolgt werden, da es nicht darauf ankommen kann, in welchem Umfang der Anfechtende selbst von der Nichtigkeit ausgeht. Allein die objektive Rechtslage, d.h. ein Vergleich mit und ohne Anfechtung, ist maßgeblich. Es steht einer Anfechtungsberechtigung nicht entgegen, wenn unklar ist, ob die letztwillige Verfügung bereits aus anderen Gründen unwirksam geworden ist.[31]

IV. Einschränkungen der Anfechtungsberechtigung (Abs. 2 und 3)

1. Abs. 2

14 Nach Abs. 2 ist in den Fällen, in denen sich der **Irrtum** nur auf eine bestimmte Person bezieht, nur diese Person anfechtungsberechtigt. Die Vorschrift bezieht sich nur auf den Irrtum, nicht hingegen auf die widerrechtliche Drohung.[32] Von der Vorschrift des Abs. 2 sind die Fälle erfasst, bei denen sich der Erblasser über die Eigenschaft einer Person oder über ein vergangenes, gegenwärtiges oder zukünftiges Verhalten geirrt hat und eine bestimmte Person irrtumsbedingt benachteiligte.[33] Diese benachteiligte Person ist daher anfechtungsberechtigt. Ein Irrtum i.S.v. Abs. 2 liegt bspw. dann vor, wenn der Erblasser ein von ihm errichtetes Testament widerruft, weil er irrtümlich davon ausging, dass die bedachte Person verstorben ist oder wenn der Erblasser einen Abkömmling enterbt, weil er davon ausgegangen ist, dass dieser ihm nach dem Leben trachtet, desgleichen wenn ein Irrtum über die Erfüllung oder Nichterfüllung einer Pflegeverpflichtung vorliegt.

15 Die **Anfechtungsberechtigung** selbst richtet sich nach Abs. 1. Wenn diese gegeben ist, sind alle anderen Personen gem. Abs. 2 ausgeschlossen, auch dann, wenn diesen Personen eine Anfechtung, und damit der Wegfall der Verfügung unmittelbar zustattenkäme. Die Anfechtung wird somit im Falle des Irrtums auf die betroffene Person beschränkt.[34] Dies bedeutet, dass für den Fall, dass die betroffene Person es bei der letztwilligen Verfügung belassen will oder aufgrund Vorversterbens vor Eintritt des Erbfalls selbst nicht mehr anfechten kann, Dritte hieraus keinen Vorteil ziehen sollen.[35] Dies führt dazu, dass dem Erblasserwillen am ehesten Rechnung getragen wird. An-

27 MüKo/*Leipold*, § 2080 Rn 8; Grüneberg/*Weidlich*, § 2080 Rn 5.
28 BGH NJW 1985, 2025; OLG Hamm NJW-RR 2015, 524, 526.
29 Soergel/*Loritz*/*Uffmann*, § 2080 Rn 4.
30 BayObLG FamRZ 1984, 1272.
31 BayObLGZ 1975, 6.
32 Soergel/*Loritz*/*Uffmann*, § 2080 Rn 15.
33 MüKo/*Leipold*, § 2080 Rn 9; Staudinger/*Otte* (2019), § 2080 Rn 12.
34 MüKo/*Leipold*, § 2080 Rn 9.
35 MüKo/*Leipold*, § 2080 Rn 9; Staudinger/*Otte* (2019), § 2080 Rn 12, 14.

sonsten würde eine Anfechtung unter Umständen dazu führen, dass Personen zum Zuge kommen, die der Erblasser überhaupt nicht bedenken wollte und daher die anfechtbare Verfügung dem Erblasserwillen noch eher entspricht. Nach einer in der Lit. vertretenen Auffassung, der aus den vorgenannten Gründen allerdings nicht zu folgen ist, berücksichtige die vorbezeichnete Ansicht nicht eine mögliche Ersatzerbenstellung.[36] Im Falle des Vorversterbens der gem. Abs. 2 zur Anfechtung berechtigten Person sei daher zunächst zu prüfen, ob eine mögliche Ersatzerbenstellung in Betracht kommt. Sei dies der Fall, sei diesem Ersatzerben eine Anfechtungsberechtigung zuzusprechen.

Für den Fall, dass der Anfechtungsberechtigte nach dem Erbfall verstorben ist, ist das 16 Anfechtungsrecht schon angefallen. Abs. 2 gilt nicht, die Erben können anfechten, da das Anfechtungsrecht in diesem Fall **vererblich** ist (siehe Rdn 26).

2. Abs. 3

Nach Abs. 3 ist das Anfechtungsrecht allein dem **Pflichtteilsberechtigten** vorbehalten, 17 der übergangen worden ist. Verstirbt der Pflichtteilsberechtigte nach dem Erbfall, ist das Anfechtungsrecht vererblich (siehe Rdn 26), verstirbt er hingegen vor dem Erbfall, kommt § 2079 BGB nicht zum Tragen.

Für den Fall, dass es sich bei einem übergangenen Abkömmling um einen solchen handelt, dessen Mutter nicht verheiratet ist, sind die Rechtswirkungen einer Vaterschaftsanerkennung gemäß den Vorschriften des § 1594 Abs. 1 BGB bzw. gerichtlicher Feststellung nach § 1600d Abs. 4 BGB zu beachten. Diese treten jeweils mit wirksamer Anerkennung bzw. rechtskräftiger gerichtlicher Feststellung ein. Daher ist eine vor diesem Zeitpunkt erklärte Anfechtung unwirksam, obwohl die Vaterschaft an sich rückwirkend auf den Zeitpunkt der Geburt festgestellt wird.[37] Da die Anfechtungserklärung bedingungsfeindlich ist, kommt dieser unwirksam erklärten Anfechtung auch dann keine Rückwirkung zu, wenn es zu einem späteren Zeitpunkt zu einer Vaterschaftsfeststellung kommt bzw. die Vaterschaft später anerkannt wird.[38]

C. Angrenzende Rechtsfragen

I. Mehrere Anfechtungsberechtigte

Enthält ein Testament mehrere letztwillige Verfügungen und sind diese anfechtbar, so 18 sind die jeweiligen Anfechtungsberechtigungen voneinander unabhängig. Für den Fall, dass mehrere Personen zur Anfechtung einer Einzelverfügung berechtigt sind, steht jeder von ihnen ein **selbstständiges Anfechtungsrecht** zu.[39] Erklärt jedoch nur eine Person die Anfechtung, so wirkt die **Anfechtung absolut**, d.h. sie kommt auch den anderen Anfechtungsberechtigten zugute und führt zur Nichtigkeit zugunsten aller anfechtungsberechtigten Personen.[40] Nach a.A.[41] sei diese absolute Wirkung jedoch nicht sachgerecht, wenn man vom Sinn und Zweck dieser Regelung ausgehe, die dem Schutz der Interessen des Anfechtungsberechtigten dient. Dem Interesse sei daher genügt, wenn die Verfügung nur insoweit wegfällt, als dem Anfechtenden die Vernichtung zustattenkomme. Den anderen Anfechtungsberechtigten brauche daher nicht die

---

36 Soergel/*Loritz/Uffmann*, § 2080 Rn 15.

37 BayObLG ZEV 2003, 503, 508 und wohl auch OLG Schleswig FamRZ 2011, 1989 Rn 24.

38 BayObLG ZEV 2003, 503, 509.

39 BayObLG FamRZ 1983, 1275, 1277.

40 BGH NJW 1985, 2025, 2026; Staudinger/*Otte* (2019), § 2080 Rn 17; BeckOK BGB/*Litzenburger*, § 2080 Rn 7; BeckOGK/*Harke*, § 2080 Rn 16; NK-BGB/*Fleindl*, § 2080 Rn 6. – Soergel/*Loritz/Uffmann*, Rn 19 nehmen eine absolute Wirkung nur dann an, wenn derselbe Anfechtungsgrund mehrere Personen zur Anfechtung berechtigt und nicht in ihrer Person begründet ist.

41 MüKo/*Leipold*, § 2080 Rn 14.

Entscheidung abgenommen zu werden, ob sie nun die Verfügung gelten lassen wollen oder nicht. *Loritz*[42] ist der Ansicht, es müsse differenziert werden. In den Fällen, in denen derselbe Anfechtungsgrund mehrere Personen zur Anfechtung berechtige und dieser Grund nicht in ihrer Person begründet sei, müsse von einer absoluten Anfechtungswirkung ausgegangen werden. Dies könne jedoch nicht gelten, wenn ein und derselbe Irrtum mehrere Personen betroffen hätte und der Erblasser eine Verfügung deshalb so getroffen hat, dass er all diese Personen von der Erbfolge ausgeschlossen habe. Es könne in diesen Fällen nur derjenige anfechten, auf den sich der Irrtum beziehe. Eine absolute Wirkung scheide aus.

19 Es ist der h.M. zu folgen, die von einer **absoluten Anfechtungswirkung** zugunsten aller anfechtungsberechtigten Personen ausgeht, da den übrigen Beteiligten immer noch die Möglichkeit der Ausschlagung verbleibt, wenn sie die Anfechtung und den damit verbundenen Erwerb nicht gegen sich gelten lassen wollen. Dem Schutz des Anfechtungsberechtigten ist damit ausreichend gedient. Im Übrigen besteht auch bei mehreren Anfechtungsberechtigten die Gefahr, dass die Anfechtungsfrist unterschiedlich zu laufen beginnt, was zur Rechtsunsicherheit führt. Des Weiteren dient die Anfechtung auch dem Interesse des Erblassers. Eine Anfechtung verhilft dem hypothetischen Willen des Erblassers zum Erfolg, so dass eine absolute Wirkung der Anfechtung gerechtfertigt ist.

II. Ausübung des Anfechtungsrechts

20 Zunächst ist der Berechtigte selbst zur Ausübung des Anfechtungsrechts befugt. Darüber hinaus kann das Anfechtungsrecht auch durch einen **Bevollmächtigten** oder gesetzlichen Vertreter ausgeübt werden, wobei § 181 BGB zu beachten ist.[43] Dem beschränkt Geschäftsfähigen steht ebenfalls ein Anfechtungsrecht zu, wenn ihm diese Anfechtung lediglich einen rechtlichen Vorteil bringt, was wohl generell zu bejahen sein dürfte.[44] Ist dagegen der gesetzliche Vertreter selbst zum Erben eingesetzt, ist er nicht berechtigt, die Anfechtung für sein zur Anfechtung berechtigtes Kind zu erklären. In diesem Fall ist der Ablauf der Anfechtungsfrist bis zur Bestellung eines Pflegers gehemmt.[45]

21 Weder sind der **Testamentsvollstrecker** noch der Nachlasspfleger, Insolvenzverwalter oder Nachlassverwalter befugt, das Anfechtungsrecht für den anfechtungsberechtigten Erben auszuüben. Den vorbezeichneten Personen steht jedoch möglicherweise ein eigenes Anfechtungsrecht zu.[46] Der Testamentsvollstrecker kann zur Anfechtung berechtigt sein, wenn der Erblasser den Vergütungsanspruch des Testamentsvollstreckers irrtumsbedingt eingeschränkt hat oder wenn dessen Ernennung durch den Erblasser widerrufen wurde.[47] Wurden mehrere Personen zu Testamentsvollstreckern berufen bzw. vom Erblasser Veräußerungsverbote angeordnet und wurde somit der Testamentsvollstrecker in seiner Amtsführung eingeengt, ist fraglich, ob dem Testamentsvollstrecker ein Anfechtungsrecht zusteht. *Schmidt* bejaht ein derartiges Anfechtungsrecht.[48] Nach Ansicht von *Otte* hingegen erscheine das Recht zur Anfechtung nicht

42 Soergel/*Loritz/Uffmann*, § 2080 Rn 19.

43 BayObLGZ 1989, 116; MüKo/*Leipold*, § 2080 Rn 15.

44 MüKo/*Leipold*, § 2080 Rn 15; *Joussen*, ZEV 2003, 183; *Klühs*, ZErb 2010, 316 ff.; a.A. Staudinger/*Otte* (2019), § 2080 Rn 22: Nach Ansicht von *Otte* ist die Anfechtung der Beschwerung mit einem Vermächtnis lediglich rechtlich vorteilhaft, nicht hingegen die Anfechtung des Ersatzerben wegen der möglichen Erbenhaftung.

45 RGZ 143, 350; Staudinger/*Otte*, 2019, § 2080 Rn 21; *Coing*, NJW 1985, 6, 8.

46 BGH NJW 1962, 1058.

47 MüKo/*Leipold*, § 2080 Rn 15.

48 Erman/*Schmidt*, § 2080 Rn 4.

unproblematisch, und zwar aufgrund der Fremdnützigkeit des Amtes.[49] In jedem Falle sollte auch eine Anfechtung durch die Erben zugelassen werden. Es könne auch in deren Interesse liegen, dass die Amtsführung des Testamentsvollstreckers nicht unnötig behindert werde.[50]

Analog den Vorschriften §§ 1432, 1455 Nr. 1 BGB bleibt bei der ehelichen **Gütergemeinschaft** nur der unmittelbar betroffene Ehegatte anfechtungsberechtigt. Dies gilt auch dann, wenn der erbrechtliche Erwerb Gesamtgut wird und in diesem Fall die Verwaltung des Gesamtgutes entweder dem anderen Ehegatten oder auch beiden Ehegatten gemeinsam zusteht.[51] 22

III. Übertragbarkeit des Anfechtungsrechts

Ob eine letztwillige Verfügung angefochten wird oder nicht, entscheidet allein der unmittelbar Betroffene. Hieraus ist der Schluss zu ziehen, dass das Anfechtungsrecht **nicht isoliert übertragbar** ist.[52] Daraus folgt, dass es nicht von der erbrechtlichen Position, auf der es beruht, getrennt werden kann. Es ist allerdings umstritten, ob eine Übertragung zusammen mit der zugrunde liegenden Rechtsposition möglich ist, d.h. ob bei der Übertragung des Erbteils das Anfechtungsrecht mit übertragen werden kann. Nach einer Ansicht ist dies möglich.[53] Nach a.A. ist hingegen das Anfechtungsrecht auch bei Übertragung des Erbteils nicht übertragbar.[54] Diese Ansicht geht richtigerweise davon aus, dass eine Übertragung des Erbteils die Miterbenstellung als solche nicht berührt. Die Beschwerung geht nicht auf den Zessionar über. 23

Umstritten ist auch, ob das **Anfechtungsrecht** einem Dritten **zur Ausübung überlassen** werden kann. Nach einer Ansicht[55] wird dies bejaht. Richtigerweise ist jedoch davon auszugehen, dass eine Ausübungsermächtigung nicht erforderlich ist, da es jederzeit möglich ist, einer Person Vollmacht zu erteilen, das Anfechtungsrecht auszuüben.[56] 24

Da das Anfechtungsrecht nicht isoliert übertragbar ist, ist es auch nicht **pfändbar.**[57] Die Rechte, die jedoch jemand durch die Anfechtung erlangt, sind hingegen pfändbar, auch bereits vor erfolgter Anfechtung, da auch künftige Rechte gepfändet werden können.[58] Erfolgt keine Anfechtung, geht die Pfändung ins Leere. Befindet sich der Anfechtungsberechtigte in der Insolvenz, gehört das Anfechtungsrecht nicht zur Insolvenzmasse.[59] 25

IV. Vererblichkeit des Anfechtungsrechts

Verstirbt der Anfechtungsberechtigte nach dem Erbfall, ist das Anfechtungsrecht in diesem Falle **vererblich**, sofern das Anfechtungsrecht auf einer vererblichen Rechtsposition beruhte.[60] Ein Beispiel hierfür ist, wenn ein gesetzlicher Erbe berechtigt wäre, eine Erbeinsetzung anzufechten. In diesem Falle sind seine Erben anfechtungsberech- 26

---

49 Staudinger/*Otte* (2019), § 2080 Rn 7.
50 Staudinger/*Otte* (2019), § 2080 Rn 7; Soergel/*Loritz/Uffmann*, § 2080 Rn 12.
51 MüKo/*Leipold*, § 2080 Rn 15.
52 MüKo/*Leipold*, § 2080 Rn 16.
53 MüKo/*Leipold*, § 2080 Rn 16.
54 Soergel/*Loritz/Uffmann*, § 2080 Rn 20; Staudinger/*Otte* (2019), § 2080 Rn 19.
55 Grüneberg/*Weidlich*, § 2080 Rn 4; *Lange/Kuchinke*, § 36 VI 2; Erman/*Schmidt*, § 2080 Rn 4.
56 MüKo/*Leipold*, § 2080 Rn 16; Soergel/*Loritz/Uffmann*, § 2080 Rn 20; Staudinger/*Otte* (2019) § 2080 Rn 20.
57 Staudinger/*Otte* (2019), § 2080 Rn 23; Soergel/*Loritz/Uffmann*, § 2080 Rn 21.
58 Staudinger/*Otte* (2019), § 2080 Rn 23; Soergel/*Loritz/Uffmann*, § 2080 Rn 21.
59 Staudinger/*Otte* (2019), § 2080 Rn 23; Soergel/*Loritz/Uffmann*, § 2080 Rn 21.
60 OLG Düsseldorf FamRZ 1999, 1461.

tigt, weil eine wirksame Anfechtung den gesetzlichen Erben zum Erben gemacht hätte und der Nachlass dann auf seine Erben übergegangen wäre. Handelt es sich hingegen um eine aufschiebend bedingte Zuwendung, so ist gem. § 2074 BGB im Zweifel davon auszugehen, dass eine Erbeinsetzung mit dem Tod der eingesetzten Person unwirksam wurde, wenn die Bedingung noch nicht eingetreten ist. Es liegt somit eine unvererbliche Rechtsposition vor, so dass auch eine Anfechtungsberechtigung der Erben ausscheidet. Das Anfechtungsrecht ist in diesem Fall nicht vererblich.[61]

V. Bestätigung der Verfügung bzw. Verzicht auf das Anfechtungsrecht

27 Der Anfechtungsberechtigte hat die Möglichkeit, die Verfügung nach dem Erbfall zu bestätigen. Hierdurch verliert er sein Anfechtungsrecht.[62] Sind **mehrere** Personen zur Anfechtung berechtigt, verliert jedoch nur der Bestätigende selbst sein Anfechtungsrecht. Wenn ein Anfechtungsberechtigter jedoch die Anfechtung erklärt, wirkt diese auch zugunsten derer, die bereits ihr Anfechtungsrecht durch Bestätigung verloren haben.[63] Der Anfechtungsberechtigte hat weiterhin die Möglichkeit, nach Eintritt des Erbfalls auf sein Anfechtungsrecht zu verzichten. Dieser Verzicht bedarf keiner besonderen Form, insbesondere ist kein Vertrag zwischen dem Anfechtungsberechtigten und dem Begünstigten erforderlich.[64]

VI. Verstoß gegen Treu und Glauben

28 Der Anfechtungsberechtigte kann sein Anfechtungsrecht nicht nur durch Verzicht oder Bestätigung verlieren, sondern auch dadurch, dass er gegen Treu und Glauben verstoßen hat. Dies ist bspw. dann der Fall, wenn er einen Umstand **arglistig** herbeiführt, mit dessen Nichteintritt der Erblasser gerechnet hat.[65]

§ 2081 Anfechtungserklärung

(1) Die Anfechtung einer letztwilligen Verfügung, durch die ein Erbe eingesetzt, ein gesetzlicher Erbe von der Erbfolge ausgeschlossen, ein Testamentsvollstrecker ernannt oder eine Verfügung solcher Art aufgehoben wird, erfolgt durch Erklärung gegenüber dem Nachlassgericht.

(2) [1]Das Nachlassgericht soll die Anfechtungserklärung demjenigen mitteilen, welchem die angefochtene Verfügung unmittelbar zustatten kommt. [2]Es hat die Einsicht der Erklärung jedem zu gestatten, der ein rechtliches Interesse glaubhaft macht.

(3) Die Vorschrift des Absatzes 1 gilt auch für die Anfechtung einer letztwilligen Verfügung, durch die ein Recht für einen anderen nicht begründet wird, insbesondere für die Anfechtung einer Auflage.

Literatur

Johannsen, Die Rechtsprechung des Bundesgerichtshofs auf dem Gebiete des Erbrechts, WM 1979, 598.

61 Staudinger/*Otte* (2019), § 2080 Rn 18.
62 BayObLGZ 1965, 258; MüKo/*Leipold*, § 2078 Rn 65.
63 Staudinger/*Otte* (2019), § 2080 Rn 28; MüKo/*Leipold*, § 2078 Rn 66; Soergel/*Loritz/Uffmann*, § 2080 Rn 24; *Ischinger*, Rpfleger 1951, 163.
64 Soergel/*Loritz/Uffmann*, § 2080 Rn 25; Staudinger/*Otte* (2019), § 2080 Rn 29.
65 Staudinger/*Otte* (2019), § 2080 Rn 30.

Übersicht:

A. Allgemeines

1 § 2081 BGB findet für alle Anfechtungen von letztwilligen Verfügungen nach dem Tod des Erblassers Anwendung, d.h. es spielt keine Rolle, ob es sich um Verfügungen in einem Testament, einem gemeinschaftlichen Testament oder Erbvertrag handelt. § 2081 BGB enthält aus Gründen der Rechtssicherheit eine Abweichung von der Regelung des § 143 Abs. 4 S. 1 BGB. Gem. § 143 BGB müsste die Anfechtung gegenüber demjenigen erklärt werden, der durch die letztwillige Verfügung unmittelbar einen rechtlichen Vorteil erlangt. Nach der Regelung des § 2081 BGB hingegen ist die **Anfechtungserklärung gegenüber dem Nachlassgericht** abzugeben. Dies dient zum einen der **Rechtssicherheit**, nämlich der **Nachweisbarkeit** der Anfechtung, und zum anderen auch dem Interesse des Anfechtenden selbst.[1] Derjenige, der die letztwillige Verfügung anficht, soll nicht erst den Anfechtungsgegner ausfindig machen müssen. Da ihm diese Schwierigkeiten genommen werden, ist die Einhaltung der Anfechtungsfrist auch erleichtert. Im Übrigen besteht dann auch nicht die Gefahr, dass die Anfechtungserklärung bspw. wegen Geschäftsunfähigkeit des Adressaten unwirksam ist.[2]

2 Gem. Abs. 2 ist das Nachlassgericht notwendigerweise verpflichtet, denjenigen, der durch die letztwillige Verfügung begünstigt ist, von der Anfechtung in Kenntnis zu setzen. Bei letztwilligen Verfügungen, durch die ein Recht für einen anderen nicht begründet wird, fehlt es an einer Person, die einen rechtlichen Vorteil erlangt. Daher wurde in Abs. 3 geregelt, dass eine Anfechtung gegenüber dem Nachlassgericht zu erfolgen hat, um diese Lücke zu schließen.[3]

3 Von § 2081 BGB wird die Anfechtung von Vermächtnissen nicht umfasst. Hier verbleibt es bei der Regelung des § 143 Abs. 4 S. 1 BGB, wonach die **Anfechtung gegenüber dem Vermächtnisnehmer** zu erfolgen hat.[4] Aus Gründen der Einheitlichkeit sollte auch hier eine Anfechtung gegenüber dem Nachlassgericht erfolgen. Die jetzige Regelung erscheint daher zweifelhaft.

4 § 2081 BGB gilt nicht für die Anfechtung eines Erbvertrages durch den Erblasser. Die Anfechtung muss gem. § 2282 Abs. 3 BGB in notariell beurkundeter Form dem Vertragspartner gegenüber erfolgen und nach dessen Tod gem. § 2281 Abs. 2 BGB gegenüber dem Nachlassgericht.[5] Auf die Art der Verfügung kommt es hierbei nicht an. Wird der Erbvertrag hingegen nach dem Tod des Erblassers durch Dritte angefoch-

---

1 BGH FamRZ 1977, 786.
2 MüKo/*Leipold*, § 2081 Rn 1.
3 MüKo/*Leipold*, § 2081 Rn 3.
4 MüKo/*Leipold*, § 2081 Rn 4.
5 Dazu BGHZ 198, 32 = NJW 2013, 3306 Rn 26 (nur die Erklärung, nicht deren Begebung bedarf der notariellen Beurkundung).

ten, so gilt § 2081 BGB.[6] Erklärt der überlebende Ehegatte die Anfechtung bindend gewordener wechselbezüglicher Verfügungen in einem gemeinschaftlichen Testament, so ist diese Erklärung analog der Regelung des § 2281 Abs. 2 BGB immer gegenüber dem Nachlassgericht abzugeben. Wird eine Anfechtung auf Erbunwürdigkeit gestützt, kommt § 2342 Abs. 1 S. 1 BGB zur Anwendung, d.h. es ist eine Anfechtungsklage zu erheben. § 2081 BGB gilt nicht.

B. Tatbestand

5 § 2081 BGB regelt, wem gegenüber die Anfechtungserklärung abgegeben werden muss und in welcher Art und Weise.

I. Erklärung der Anfechtung gegenüber dem Nachlassgericht

1. Welche Verfügungen sind gegenüber dem Nachlassgericht anzufechten?

6 Unter Abs. 1 fällt die Anfechtung der Erbeinsetzung, des Ausschlusses von der Erbfolge (Enterbung), der Ernennung eines Testamentsvollstreckers sowie der Aufhebung einer derartigen Verfügung, ebenso auch der Einsetzung zum Ersatzerben, Vor- oder Nacherben.[7]

7 Ob die Anfechtung einer **Teilungsanordnung** und der **Befreiung eines Vorerben** von Abs. 1 erfasst wird, ist umstritten. Nach einer Ansicht ist die Anfechtung der Teilungsanordnung unter Abs. 1 zu zählen.[8] Andere Stimmen vertreten die Meinung, die Teilungsanordnung unterfalle der Vorschrift des § 143 Abs. 4 S. 1 BGB.[9] Die Anfechtung erfolgt somit gegenüber allen Miterben. Eine dritte Ansicht ordnet die Teilungsanordnung Abs. 3 zu.[10] Das Gleiche gelte für ein Auseinandersetzungsverbot. Nach einer Ansicht ist die Befreiung eines Vorerben gegenüber dem Nachlassgericht anzufechten und unterfällt somit der Regelung des Abs. 1.[11] Nach a.A. ist die Befreiung gem. § 143 Abs. 4 S. 1 BGB dem Vorerben gegenüber anzufechten.[12] Da allerdings sowohl die Teilungsanordnung als auch die Befreiung eines Vorerben in engem Zusammenhang mit einer Erbeinsetzung stehen, sollte die Anfechtung derselben ebenfalls dem Abs. 1 unterstellt werden.

8 Unter die Vorschrift des Abs. 3 fallen die Entziehung des Pflichtteilsrechts sowie Pflichtteilsbeschränkungen[13] und familienrechtliche Anordnungen im Bereich der elterlichen Vermögenssorge, des Vormundschaftsrechts sowie des ehelichen Güterrechts.[14]

9 Der Ernennung des **Testamentsvollstreckers,** die unter Abs. 1 fällt, steht die Anordnung gleich, dass Testamentsvollstreckung erfolgen und der Vollstrecker durch das Nachlassgericht oder einen Dritten bestimmt werden soll.[15] Ob die Bestimmung des Wirkungskreises des Testamentsvollstreckers von Abs. 1 erfasst wird, ist ebenfalls

---

6 BayObLG FamRZ 1983, 1275, 1277.

7 MüKo/*Leipold*, § 2081 Rn 6.

8 MüKo/*Leipold*, § 2081 Rn 6.

9 BeckOK BGB/*Litzenburger*, § 2081 Rn 6; OLG Koblenz BeckRS 2009, 88054.

10 Staudinger/*Otte* (2019), § 2081 Rn 4; BeckOGK/*Harke* § 2081 Rn 11; NK-BGB/*Fleindl*, § 2081 Rn 2.

11 Grüneberg/*Weidlich*, § 2081 Rn 1; BayObLG FamRZ 1990, 1159.

12 Staudinger/*Otte* (2019), § 2081 Rn 2; Soergel/*Loritz/Uffmann*, § 2081 Rn 6 und 14; NK-BGB/*Fleindl*, § 2081 Rn 1. Die Nichtbefreiung ist ohnehin nicht anfechtbar, da es an einer Verfügung fehlt; aA KG JFG 13, 129; Staudinger/*Otte* (2019), § 2078 Rn 42.

13 RGRK-BGB/*Johannsen*, § 2081 Rn 8; Erman/*M. Schmidt*, § 2081 Rn 4; a.A. *Kipp/Coing*, ErbR § 24 V 1a: § 143 Abs. 4 S. 1 anwendbar.

14 MüKo/*Leipold*, § 2081 Rn 7; Soergel/*Loritz/Uffmann*, § 2081 Rn 7 m.w.N.

15 Staudinger/*Otte* (2019), § 2081 Rn 2.

umstritten. Ein Teil der Lit. geht hiervon aus.[16] Nach a.A. greift jedoch Abs. 3 ein.[17] In der Praxis ist diese Frage jedoch ohne Bedeutung, da die gleichen Rechtsfolgen ausgelöst werden.

Abs. 3 ist auch heranzuziehen, d.h. es erfolgt eine Anfechtung gegenüber dem **Nachlassgericht**, wenn es um die Anfechtung[18] einer Auflage, der Ausschließung der Auseinandersetzung, der Entziehung oder Beschränkung des Pflichtteilsrechts, familienrechtlicher Anordnungen im Bereich des ehelichen Güterrechts, der Vermögenssorge sowie der Vormundschaft geht. 10

2. Wirksamkeit der Anfechtungserklärung, zuständiges Gericht

Bei der Anfechtungserklärung handelt es sich um eine amtsempfangsbedürftige Willenserklärung. Diese wird gem. § 130 Abs. 3 BGB mit Zugang beim Nachlassgericht wirksam.[19] Befindet sich die Nachlasssache als solche bereits in der Beschwerdeinstanz, ist die Anfechtung dennoch gegenüber dem Nachlassgericht zu erklären.[20] 11

Die örtliche und sachliche Zuständigkeit des Nachlassgerichts richtet sich nach den §§ 342, 343 FamFG. Es ist allein der Zugang beim örtlich und sachlich zuständigen Nachlassgericht maßgebend. Für die Anfechtung einer Ausschlagung oder einer Annahme gilt § 344 Abs. 7 FamFG. Eine vor einem unzuständigen Gericht abgegebene Erklärung wird entsprechend § 2 Abs. 3 FamFG wirksam, gem. § 25 Abs. 3 FamFG aber erst mit Zugang beim zuständigen Nachlassgericht.[21] Dies war bisher streitig. (Teilweise wurde die Ansicht vertreten, dass für den Fall, dass das **unzuständige Gericht** die Erklärung an das zuständige weiterleitet, die Erklärung bereits mit Einreichung wirksam sei). Gem. § 2 Abs. 3 FamFG ist die Erklärung auch dann wirksam, wenn das Gericht seine Unzuständigkeit erkennt, aber untätig bleibt oder sich fälschlich für zuständig erachtet und die Erklärung gem. Abs. 2 behandelt (§ 2 Abs. 3 FamFG analog).[22] 12

Nur für den Fall, dass das Gericht die Erklärung zurückgibt mit dem Hinweis, dass es nicht zuständig ist, hindert dies die Wirksamkeit der Erklärung.[23]

Die Anfechtungserklärung bedarf keiner besonderen **Form**, sie kann auch zu Protokoll der Geschäftsstelle des Nachlassgerichts abgegeben werden.[24] 13

Eine Anfechtungserklärung kann auch durch einen Stellvertreter abgegeben werden. Erfolgt sie jedoch unter Beteiligung eines Vertreters, der zugleich Verfügungsbegünstigter oder Anfechtender ist, ist sie unwirksam. Die Erklärung ist zwar gegenüber dem Nachlassgericht abzugeben, so dass strenggenommen kein Fall des Insichgeschäfts i.S.d. § 181 BGB vorliegt. Allerdings passt der Rechtsgedanke des § 181 BGB auch hier, da in materieller Hinsicht der durch die Verfügung Begünstigte der Anfechtungsgegner ist.[25]

Demgemäß muss die Anfechtung nicht persönlich erklärt werden. Anders ist dies bei der Selbstanfechtung des Erblassers beim Erbvertrag/gemeinschaftlichen Testament. Diese Selbstanfechtung kann nur durch den Erblasser persönlich oder durch einen 14

16 Grüneberg/*Weidlich*, § 2081 Rn 1; RGRK/*Johannsen*, § 2081 Rn 4.

17 Staudinger/*Otte* (2019), § 2081 Rn 3; Soergel/*Loritz/Uffmann*, § 2081 Rn 7.

18 MüKo/*Leipold*, § 2081 Rn 7.

19 MüKo/*Leipold*, § 2081 Rn 8.

20 BayObLGZ 1989, 327; BayObLG FamRZ 1992, 226.

21 Soergel/*Loritz/Uffmann*, § 2081 Rn 11; Staudinger/*Otte*, § 2081 Rn 5.

22 BGH FamRZ 1977, 786 zum bisherigen § 7 FGG.

23 Grüneberg//*Weidlich*, § 2081 Rn 3; Keidel/*Sternal*, FamFG, § 2 Rn 33; MüKo/*Leipold*, § 2081 Rn 9.

24 MüKo/*Leipold*, § 2081 Rn 10.

25 RGZ 143, 350 (daher keine wirksame Anfechtungserklärung durch die zur Alleinerbin eingesetzte Mutter in Vertretung des Kindes).

Betreuer als gesetzlichem Vertreter bei Geschäftsunfähigkeit erklärt werden, wobei der Betreuer der betreuungsgerichtlichen Genehmigung bedarf. Ein Vorsorgebevollmächtigter hingegen kann die Selbstanfechtung nicht erklären.[26]

3. Verfahren

15 Nach Eingang der Anfechtungserklärung hat das **Nachlassgericht** zunächst seine Zuständigkeit zu prüfen und sodann demjenigen, welchem die angefochtene Verfügung unmittelbar zustattenkommt, gem. Abs. 2 mitzuteilen. Diese Mitteilung ist jedoch nicht Voraussetzung für die Wirksamkeit der Anfechtung.[27] Die Mitteilungspflicht gilt nur in den Fällen des Abs. 1, nicht hingegen in den Fällen des Abs. 3. Das Einsichtsrecht richtet sich bei Abs. 3 nach der Vorschrift des § 13 FamFG.

16 Das Nachlassgericht nimmt die Anfechtungserklärung lediglich entgegen. Es prüft hingegen nicht, ob die Anfechtung auch begründet ist.[28] Über die Begründetheit ist entweder im **Erbscheinsverfahren** oder in einem **Zivilprozess** zu entscheiden. Wurde allerdings aufgrund der letztwilligen Verfügung ein Erbschein oder auch ein Testamentsvollstreckerzeugnis erteilt, so hat das Nachlassgericht von Amts wegen zu prüfen, ob dieser Erbschein bzw. das TV-Zeugnis unrichtig und als Folge dessen einzuziehen ist. Weist das Nachlassgericht die Anfechtung zurück, so ist dies i.d.R. als Ablehnung der Einziehung des Erbscheins (bzw. TV-Zeugnisses) auszulegen.[29] Diese Entscheidung ist beschwerdefähig.

17 Eine Anfechtungserklärung, die einmal abgegeben worden ist, kann nicht mehr zurückgenommen werden. Die **Nichtigkeitsfolge** kann somit nicht mehr beseitigt werden. Möglich ist jedoch, die Anfechtungserklärung gem. §§ 119 ff. BGB anzufechten.[30]

18 Für die Kosten ist § 34 GNotKG i.V.m. Tabelle A heranzuziehen (KV Nr. 12410 Abs. 1 Nr. 2 GNotKG). Als **Geschäftswert** ist der Wert maßgebend, den der Anfechtende im Erfolgsfalle erhalten würde.[31]

II. Verfügungen, die nicht unter § 2081 BGB fallen und somit nicht gegenüber dem Nachlassgericht anzufechten sind

19 Bei Verfügungen, die nicht unter die Regelung des § 2081 BGB fallen, erfolgt die Anfechtung nicht gegenüber dem Nachlassgericht. Diese sind gem. § 143 Abs. 4 S. 1 BGB gegenüber demjenigen anzufechten, dem die Verfügung unmittelbar einen rechtlichen Vorteil verschafft. Hierunter fallen insbesondere Vermächtnisse. **Vermächtnisse** sind demgemäß gegenüber dem Vermächtnisnehmer anzufechten.[32] Handelt es sich um mehrere Vermächtnisse für verschiedene Vermächtnisnehmer, ist jedem einzelnen gegenüber die Anfechtung zu erklären. Wird hingegen der Widerruf eines Vermächtnisses angefochten, so hat die Anfechtung gegenüber dem mit dem Vermächtnis Beschwerten zu erfolgen.[33] Leben die Ehegatten in **Gütergemeinschaft**, so muss die Anfechtung eines Vermächtnisses gegenüber dem Bedachten erklärt werden, und zwar analog §§ 1432 Abs. 1, 1455 Nr. 1 BGB. Die Anfechtung gegenüber dem Bedachten erfolgt unabhängig von der Verwaltung des Gesamtgutes.[34] Bei Vermächtnissen, die vor der Insolvenzeröffnung angefallen sind und somit zur Insolvenzmasse gehören,

---

26 OLG Brandenburg ZEV 2020, 417 f.

27 MüKo/*Leipold*, § 2081 Rn 12.

28 BayObLG FamRZ 1990, 1037; OLG Köln FamRZ 1993, 1124; BayObLG FamRZ 1997, 1179.

29 BayObLG FamRZ 1990, 1037; OLG Köln FamRZ 1993, 1124.

30 BayObLGZ 1930, 265, 269.

31 LG München I Rpfleger 1989, 414.

32 KG FamRZ 1977, 271, 273.

33 MüKo/*Leipold*, § 2081 Rn 13; Soergel/*Loritz/Uffmann*, § 2081 Rn 14.

34 Grüneberg/*Weidlich*, § 2081 Rn 5; Staudinger/*Otte* (2019), § 2081 Rn 7.

ist die Anfechtungserklärung gegenüber dem Insolvenzverwalter abzugeben.[35] Bzgl. der Anfechtung von **Teilungsanordnungen** siehe Rdn 7.

Wird die Anfechtung in den vorgenannten Fällen gegenüber dem Nachlassgericht erklärt, ist dies nicht ausreichend. Ausreichend für die Wirksamkeit ist jedoch, wenn das Nachlassgericht dem Vermächtnisnehmer von der Anfechtung Mitteilung macht[36] oder wenn dem Vermächtnisnehmer eine Durchschrift überlassen wird.[37] Für die Wahrung der Anfechtungsfrist ist allerdings der Zugang beim Vermächtnisnehmer maßgeblich. Erfolgt eine Weiterleitung der Anfechtungserklärung ohne Vollmacht, so ist diese Erklärung unwirksam, wenn das Fehlen der Vollmacht unverzüglich gerügt wird.[38] 20

III. Mischfälle

Liegen mehrere anfechtbare Verfügungen vor, so ist der Anfechtungsgegner jeweils selbstständig zu ermitteln. Dies bedeutet, dass derjenige, der eine **Erbeinsetzung** und ein **Vermächtnis** anficht, die Anfechtung sowohl gegenüber dem Nachlassgericht als auch gegenüber dem Vermächtnisnehmer zu erklären hat.[39] 21

Die Regelung des § 2081 BGB unterscheidet nach dem Inhalt der letztwilligen Verfügung. Es bereitet sehr häufig Schwierigkeiten, ob es sich bspw. um eine Erbeinsetzung oder um eine Vermächtnisanordnung handelt. Dies kann dazu führen, dass der Anfechtende der letztwilligen Verfügung einen anderen Inhalt beimisst als das später erkennende Gericht. Aus der Sicht des Anfechtenden erfolgte die Anfechtung gegenüber dem richtigen Erklärungsempfänger, aus Sicht des erkennenden Gerichts jedoch nicht. Ein Teil der Lit. vertritt daher die Ansicht, dass für den Fall, dass die richtige Auslegung nicht ohne weiteres für den Anfechtenden erkennbar war, die gewählte Anfechtungserklärung ausreichend sein soll, auch in Bezug auf die Anfechtungsfrist.[40] Dieser Ansicht sollte auch gefolgt werden, da der Sinn und Zweck des § 2081 BGB darin zu sehen ist, das Anfechtungsrecht zu erleichtern. Es soll hingegen für den Anfechtungsberechtigten nicht zur Falle werden. In derartigen Zweifelsfällen sollte eine Anfechtung sowohl dem durch die Verfügung Begünstigten als auch dem Nachlassgericht gegenüber erfolgen. 22

In den Fällen, in denen jedoch eine Anfechtungserklärung unterblieben ist, obwohl sie erforderlich gewesen wäre, ist gem. § 2085 BGB zu prüfen, ob die wirksam angefochtene Verfügung nicht zur Folge hat, dass die nicht formgerecht angefochtene ebenfalls nichtig ist.[41] 23

IV. Inhalt der Anfechtungserklärung

Weder das Erbrecht noch der Allgemeine Teil des BGB enthalten Vorschriften darüber, welchen **Inhalt** die Anfechtungserklärung haben muss und ob eine Begründung erforderlich ist. Das Wort „Anfechtung" jedenfalls muss nicht verwendet werden. Ebenso wenig sind gesetzliche Vorschriften zu nennen. Es ist ausreichend, wenn durch Auslegung ermittelt werden kann, dass es sich um eine Anfechtung handelt und welche Verfügungen angefochten werden, da das Testament als solches nicht anfechtbar ist.[42] Im Übrigen muss die Erklärung erkennen lassen, dass die Anfechtung auf einen Wil- 24

35 Staudinger/*Otte* (2019), § 2081 Rn 7.
36 BayObLGZ 1960, 490, 495; BayObLG FamRZ 1992, 862; *Schindler*, ZErb 2009, 278 f.
37 KG FamRZ 1977, 271, 273.
38 BayObLG FamRZ 1992, 862.
39 BayObLGZ 1960, 490; KG FamRZ 1977, 271; MüKo/*Leipold*, § 2081 Rn 15.
40 MüKo/*Leipold*, § 2081 Rn 15, 16; Staudinger/*Otte* (2019), § 2081 Rn 10.
41 BayObLGZ 1960, 490.
42 BayObLG Rpfleger 1987, 359; LG Gießen FamRZ 1992, 603.

lensmangel gestützt wird.[43] Das Bestreiten der Testierfähigkeit ist folglich nicht ausreichend.[44]

25 Ein **Grund** für die Anfechtung sowie der **Lebenssachverhalt** braucht nach h.M. ebenfalls nicht angegeben zu werden.[45] Nach a.A. ist jedoch eine Begründung, zumindest die Darlegung des wesentlichen Lebenssachverhalts in groben Zügen, bereits bei der Anfechtungserklärung, und nicht erst in einem etwaigen Prozess, erforderlich.[46] Diese Ansicht wird damit begründet, dass dem Anfechtungsgegner die Anfechtung mitgeteilt werden muss und er nur bei Kenntnis des Lebenssachverhalts auf die Anfechtung entsprechend reagieren kann.[47] Dieser Ansicht ist daher der Vorzug zu geben. Zum einen wird der Anfechtende nicht zu sehr belastet und zum anderen wird hierdurch das Interesse des Anfechtungsgegners gewahrt, sich ordnungsgemäß einlassen zu können. Darüber hinaus wird auch bei einer Begründung in groben Zügen vor Missbrauch geschützt. Geht aus einer Erklärung überhaupt nicht hervor, auf welche Tatsachen die Erklärung überhaupt gestützt wird, ist einer missbräuchlichen Erklärung Tür und Tor geöffnet.

26 Über die **Rechtzeitigkeit der Anfechtung** (§ 2082 BGB) kann nach Ansicht der Rspr. jedoch nur entschieden werden, wenn der Anfechtungsgrund angegeben wurde.[48] Auch aus diesem Grund sei die Darlegung des Lebenssachverhalts notwendig. Eine Begründung der Anfechtung schließt das **Nachschieben weiterer Tatsachen** in einem etwaigen späteren Prozess nach h.M. daher nicht aus. Handelt es sich jedoch um einen neuen Lebenssachverhalt, auf den die Anfechtung gestützt wird, ist eine neue Anfechtungserklärung erforderlich.[49] Dies bedeutet, dass Tatsachen, die bereits vor der Anfechtung gegeben waren, jedoch erst nachträglich bekannt geworden sind, jederzeit nachgeschoben werden können. Gründe, die jedoch nach der Anfechtung entstanden sind, können auf die ursprüngliche Anfechtung nicht mehr gestützt werden, sondern es bedarf einer neuen Anfechtungserklärung.[50]

V. Rücknahme, Anfechtung, Verzicht

27 Ist die Anfechtungserklärung dem Anfechtungsgegner ordnungsgemäß zugegangen, kann diese nicht mehr zurückgenommen werden. Allerdings kann diese Erklärung ihrerseits gem. §§ 119 ff. BGB angefochten werden.[51] Durch formlose Bestätigung, etwa dadurch, dass er einen Erbscheinsantrag stellt, kann der Anfechtungsberechtigte auf sein Anfechtungsrecht verzichten. Voraussetzung ist allerdings, dass dieses materiell bestand und der Bestätigende die Anfechtbarkeit kannte oder mit ihr rechnete.[52]

C. Hinweis für die Praxis, Haftungsfalle

28 Hat eine Anfechtung gem. Abs. 1 gegenüber dem Nachlassgericht zu erfolgen, handelt es sich bei der Anfechtungserklärung um eine amtsempfangsbedürftige einseitige Willenserklärung, die auch durch einen Bevollmächtigten erklärt werden kann. Voraussetzung für die Wirksamkeit ist in diesem Falle allerdings, dass der Erklärung eine **Origi-**

43 BayObLG FamRZ 1992, 226.
44 BayObLG FamRZ 1989, 1347.
45 BayObLGZ 1962, 52; BayObLGZ 1989, 327, 330; BayObLG FamRZ 1992, 226.
46 OLG Kiel HEZ 2, 329, 337; MüKo/*Leipold*, § 2081 Rn 18; Soergel/*Loritz/Uffmann*, § 2081 Rn 8 ff.; Staudinger/*Otte* (2019), § 2081 Rn 12.
47 MüKo/*Leipold*, § 2081 Rn 17 ff.
48 BayObLG NJW-RR 1990, 200.
49 MüKo/*Leipold*, § 2081 Rn 19.
50 MüKo/*Leipold*, § 2081 Rn 19; Soergel/*Loritz/Uffmann*, § 2081 Rn 10.
51 BayObLGZ 1930, 265, 269.
52 OLG München Rpfleger 2005, 606.

nalvollmacht bzw. die **notarielle Ausfertigung der Vollmacht** beigelegt ist. Fehlt die Vollmacht, ist das Rechtsgeschäft gem. § 174 BGB unwirksam, wenn das Fehlen der Vollmacht unverzüglich gerügt wird.

§ 2082 Anfechtungsfrist

(1) Die Anfechtung kann nur binnen Jahresfrist erfolgen.
(2) [1]Die Frist beginnt mit dem Zeitpunkt, in welchem der Anfechtungsberechtigte von dem Anfechtungsgrund Kenntnis erlangt. [2]Auf den Lauf der Frist finden die für die Verjährung geltenden Vorschriften der §§ 206, 210, 211 entsprechende Anwendung.
(3) Die Anfechtung ist ausgeschlossen, wenn seit dem Erbfall 30 Jahre verstrichen sind.

Literatur

Bestelmeyer, Aktuelle erbrechtliche Fragestellungen nach dem Einigungsvertrag, Rpfleger 1993, 386; *Fahrenhorst*, Die Bestandskraft von Testamenten und Erbausschlagungen im Hinblick auf die deutsche Vereinigung, JR 1992, 269; *Mayer*, Der Rechtsirrtum und seine Folgen im bürgerlichen Recht, 1989; *Rosemeier*, Beginn der Frist zur Anfechtung letztwilliger Verfügungen, ZEV 1995, 124.

Übersicht: Rdn

A. Allgemeines

1 Die Anfechtung ist ein **Gestaltungsrecht.** Dem Anfechtungsberechtigten ist es daher überlassen, ob die letztwillige Verfügung vernichtet werden soll oder weiterhin Gültigkeit hat. Dies führt zu einem Schwebezustand, der jedoch nicht unendlich ausgedehnt werden soll. Daher ist die Anfechtung befristet, um **Rechtsklarheit** zu schaffen.[1] Auf der anderen Seite soll dem Anfechtungsberechtigen ausreichend Zeit bleiben, um zu überlegen, ob er die Anfechtung erklärt oder nicht. Die Anfechtungsfrist beginnt daher nicht mit dem Erbfall, sondern mit der Kenntnis des Anfechtungsgrundes. Auch sind die Interessen der anderen Nachlassbeteiligten zu berücksichtigen. Die Zeit sollte daher nicht zu lang bemessen sein. Der Gesetzgeber hat aus diesem Grund festgelegt, dass die Anfechtungsfrist ein Jahr beträgt. Sowohl das Interesse des Anfechtenden als auch das Interesse der anderen Nachlassbeteiligten soll ausgewogen berücksichtigt werden.[2]

1 OLG Frankfurt MDR 1959, 393.
2 Vgl. *Kipp/Coing*, § 24 V 4b.

2 Die Regelung des § 2082 BGB gilt für eine **Anfechtung nach dem Erbfall.** Sie ist auch für die Anfechtung von Verfügungen in einem Erbvertrag oder in einem gemeinschaftlichen Testament anzuwenden, sofern der Erblasser sein Anfechtungsrecht nicht bereits verloren hat.

3 Die **Frist** für die Anfechtung eines Erbvertrages bzw. gemeinschaftlichen Testaments durch den Erblasser richtet sich nach § 2283 BGB. Auch auf die Anfechtung wegen Erbunwürdigkeit findet § 2082 BGB, und zwar über § 2340 Abs. 3 BGB, Anwendung. § 2082 BGB gilt ebenfalls für die Anfechtung wegen Vermächtnis- oder Pflichtteilsunwürdigkeit (§ 2345 Abs. 1 S. 2, Abs. 2 BGB).

B. Tatbestand

I. Dauer der Frist

4 Die Anfechtungsfrist beträgt gem. Abs. 1 ein Jahr. Sie gilt im Gegensatz zu den allg. Vorschriften für alle Anfechtungsgründe, d.h. sowohl für die Anfechtung wegen Irrtums als auch wegen Drohung sowie für die Anfechtung wegen Übergehung eines Pflichtteilsberechtigten. Die Berechnung der Jahresfrist richtet sich nach den §§ 187, 188 BGB.

5 Bei der Anfechtungsfrist handelt es sich um eine **Ausschluss-** und nicht um eine **Verjährungsfrist.** Dies bedeutet, dass nach deren Ablauf eine Anfechtung nicht mehr möglich ist. Das Anfechtungsrecht erlischt. Die Einhaltung der Frist ist daher von Amts wegen zu prüfen und nicht aufgrund einer Einrede des Anfechtungsgegners. Ist die Jahresfrist gem. § 2082 BGB abgelaufen, bleibt dem Berechtigten nur noch, sich auf die Anfechtbarkeitseinrede gem. § 2083 BGB zu berufen.

6 Spätestens nach 30 Jahren seit Eintritt des Erbfalls (Abs. 3) ist das Anfechtungsrecht erloschen. Dies gilt unabhängig davon, ob der Anfechtungsberechtigte Kenntnis vom Anfechtungsgrund hatte oder nicht. Nach so langer Zeit geht die Rechtssicherheit dem Interesse des Anfechtungsberechtigten vor. Bei der Reform des Verjährungsrechts wurde diese Vorschrift, anders als bei § 121 Abs. 2 BGB und § 124 Abs. 3 BGB, nicht auf zehn Jahre verkürzt.

II. Fristbeginn

1. Frühester Zeitpunkt

7 Nach § 2080 BGB entsteht die Anfechtungsberechtigung erst **mit dem Erbfall** (anders bei der Selbstanfechtung durch den Erblasser nach §§ 2281, 2283 BGB). Frühestens ab Eintritt des Erbfalls kann daher die Frist zu laufen beginnen,[3] nicht hingegen vor dem Erbfall.[4] Erfolgt die Anfechtung einer letztwilligen Verfügung innerhalb eines Jahres seit Eintritt des Erbfalls, ist die Frist in jedem Fall gewahrt, so dass für die Berechnung die Kenntnis vom Anfechtungsgrund ohne Bedeutung ist. Für den Fall, dass die Anfechtung nach Ablauf eines Jahres erfolgt, ist die **Kenntnis vom Anfechtungsgrund** für die Berechnung der Frist maßgeblich (zur „Kenntnis" siehe Rdn 10 ff.).

8 Haben die Ehegatten ein gemeinschaftliches Testament errichtet, so kann nach h.M. für die Anfechtung der Verfügungen des Längstlebenden durch einen Dritten die Frist frühestens mit dem Tod des Längstlebenden beginnen. Der Tod des Erstversterbenden ist unbeachtlich.[5] Geht es um die Enterbung im Falle des Todes des Erstversterbenden,

3 Staudinger/*Otte* (2019), § 2082 Rn 2; BayObLG FamRZ 2002, 911, 915; Grüneberg/*Weidlich*, § 2082 Rn 2.

4 BayObLG FamRZ 2002, 911, 915.

5 BayObLG FamRZ 1977, 347; OLG Frankfurt ZEV 2002, 109, 110 = FamRZ 2002, 352; MüKo/*Leipold*, § 2082 Rn 10; Staudinger/*Otte* (2019), § 2082 Rn 2; Soergel/*Loritz/Uffmann*, § 2082 Rn 3; a.A. OLG Frankfurt MDR 1959, 393.

beginnt die Frist mit dessen Tod. Wenn der Längstlebende sich wiederverheiratet und übersieht, dass er an die Schlusserbeneinsetzung gebunden ist, ist für den Beginn der Frist zur Anfechtung gem. § 2079 BGB der Zugang des Beschlusses des Nachlassgerichts maßgeblich, der das Testament im Sinne eines Ausschlusses des Pflichtteilsberechtigten von der Erbfolge auslegt, nicht hingegen die rechtskräftige Entscheidung.[6]

Solange die Anfechtungsberechtigung gem. § 2080 BGB nicht besteht, kann die Anfechtungsfrist nicht beginnen. Dies bedeutet, dass der vorrangig zum Erben Berufene erst ausgeschlagen haben muss, damit die Frist zu laufen beginnt. Für das nicht aus einer Ehe stammende Kind beginnt die Frist nicht vor der Anerkennung der Vaterschaft bzw. deren gerichtlicher Feststellung. Zum Anfechtungsgrund zählen somit die Voraussetzungen der Anfechtungsberechtigung. Demgemäß beginnt die Frist erst mit Kenntnis von der Anfechtungsberechtigung.[7] 9

2. Kenntnis vom Anfechtungsgrund

Gem. Abs. 2 beginnt die Frist mit dem Zeitpunkt, in welchem der Anfechtungsberechtigte von dem Anfechtungsgrund Kenntnis erlangt. Um somit beurteilen zu können, ob und wann die Frist zu laufen beginnt, muss der Anfechtungsgrund feststehen.[8] Dieser muss also klargestellt werden.[9] 10

Kenntnis erlangen bedeutet in diesem Zusammenhang, dass der Anfechtungsberechtigte Kenntnis von allen das Anfechtungsrecht begründenden Tatsachen erlangt hat.[10] Der Anfechtungsberechtigte muss daher von folgenden **Tatsachen** Kenntnis haben:[11] dass der Erblasser ein Testament errichtet hat, dass der Erblasser bei der Testamentserrichtung von einem Irrtum oder von einer Drohung bestimmt worden ist, dass er durch die letztwillige Verfügung benachteiligt worden ist und dass der Erbfall eingetreten ist. Nach der Rspr. ist hierbei eine **zuverlässige Kenntnis** erforderlich, bloße Vermutungen oder die subjektive Überzeugung reichen nicht aus.[12] Der Anfechtungsberechtigte muss sichere objektive Anhaltspunkte für das Vorliegen der vorstehenden Umstände haben. Verbleiben Zweifel, schließt dies die Kenntnis jedoch nicht aus.[13] Der Anfechtungsberechtigte muss vom Bestehen des Anfechtungsgrundes nicht voll überzeugt sein. Liegen jedoch Tatsachen vor, die objektiv zur Anfechtung berechtigen, kann vom Anfechtungsberechtigten gefordert werden, dass er sich um seine Rechtsposition kümmert bzw. ggf. sich Rechtsrat einholt.[14] 11

In den Fällen, in denen es um das Fehlschlagen von Erwartungen geht, muss bei dem zur Anfechtung Berechtigten die sichere Überzeugung vorliegen, dass die Erwartung nicht mehr eintritt.[15] Für den Fall, dass Zweifel bezüglich der Wirksamkeit oder des Inhalts der letztwilligen Verfügungen bestehen, ist Kenntnis vom Anfechtungsgrund schon dann zu bejahen, wenn eine erstinstanzliche Entscheidung vorliegt. Ggf. ist dann eine Eventualanfechtung geboten.[16] 12

---

6 OLG Frankfurt FGPrax 2001, 246, 247.
7 MüKo/*Leipold*, § 2082 Rn 9.
8 BayObLG FamRZ 1990, 1037, 1038.
9 BayObLG, Beschl. v. 12.4.1990 – Breg 1 a Z 22/90, n.v.
10 Staudinger/*Otte* (2019), § 2082 Rn 3.
11 Staudinger/*Otte* (2019), § 2082 Rn 3; Soergel/*Loritz/Uffmann*, § 2082 Rn 6 ff.; MüKo/*Leipold*, § 2082 Rn 4, 5.
12 RGZ 132, 2, 4; OLG Kiel HEZ 2, 329, 334; OLG Hamm OLGZ 1971, 312, 315.
13 Staudinger/*Otte* (2019), § 2082 Rn 4.
14 BeckOGK/*Harke*, § 2082 Rn 7; Müko/*Leipold*, § 2082 Rn 6.
15 OLG Oldenburg BeckRS 2010, 26230 (zum Scheitern einer Pflegevereinbarung); OLG Koblenz ErbR 2015, 389 = BeckRS 2015, 08171 (Erwartung harmonischen Zusammenlebens).
16 OLG Frankfurt ZEV 2002, 109 (111) = FamRZ 2002, 352 (354 f.).

13 Kenntnis vom Anfechtungsgrund liegt jedoch nicht erst dann vor, wenn der Anfechtungsberechtigte über genügend Beweismittel verfügt. Bei der Anfechtungserklärung ist noch kein Beweis zu führen.[17] Die **Beweisbarkeit** der erforderlichen Umstände ist daher für die Anfechtung von Verfügungen von Todes wegen nicht erforderlich, um von einer Kenntnis vom Anfechtungsgrund ausgehen zu können.

14 Die **Erbunwürdigkeit** hingegen kann nur durch Erhebung einer Anfechtungsklage geltend gemacht werden. Für die Kenntnis des Anfechtungsgrundes ist es erforderlich, dass der Anfechtungsberechtigte über die erforderlichen Beweismittel verfügt. Der Fristbeginn ist hier vom Zeitpunkt der Beweisbarkeit abhängig.[18]

15 Fahrlässige **Unkenntnis**, d.h. das bloße Kennenmüssen der Tatsachen, reicht für den Fristbeginn nicht aus.[19] Im Fall, dass der Anfechtungsberechtigte davon ausgeht, dass die tatsächlichen Voraussetzungen für eine Anfechtbarkeit wieder entfallen sind, weil sich die Vorstellungen geändert haben, kann dies dazu führen, dass die eingetretene Kenntnis nachträglich wieder entfällt. Dies bedeutet, dass der zunächst eingetretene Fristbeginn nachträglich seine Wirkung wieder verliert.[20] Das ist z.B. dann der Fall, wenn Anfechtungsgrund das Scheitern der Ehe ist, von dem der Anfechtungsberechtigte auch zunächst ausgegangen ist. Zu einem späteren Zeitpunkt geht er jedoch davon aus, dass ein Scheitern nicht vorliegt. Der Fristbeginn verliert nachträglich seine Wirkung. Die Anfechtungsfrist beginnt in dem Zeitpunkt neu zu laufen, in dem der Anfechtungsberechtigte erneut vom Scheitern der Ehe überzeugt ist.

16 Ob auch Fehlvorstellungen in der rechtlichen Beurteilung den Beginn der Anfechtungsfrist hindern können oder ob nur eine fehlende Tatsachenkenntnis die Kenntnis des Anfechtungsgrundes auszuschließen vermag,[21] ist unklar. Ob und wie sich ein **Tatsachen- und Rechtsirrtum** auf die Kenntnis vom Anfechtungsgrund auswirkt, ist daher umstritten. Nach einer Ansicht im Schrifttum ist jeder Irrtum über die rechtliche Beurteilung unerheblich.[22] Die h.M. im Schrifttum[23] sowie die Rspr.[24] differenzieren zwischen einem Rechtsirrtum, der unbeachtlich ist, und einem Irrtum, der verhindert, dass bestimmte Tatsachen vom Anfechtungsberechtigten zur Kenntnis genommen werden.

Wenn der Irrtum die Unkenntnis einer die Anfechtung begründenden Tatsache zur Folge hat, handelt es sich um einen erheblichen Rechtsirrtum. Eine Anfechtung schei-

17 MüKo/*Leipold*, § 2082 Rn 4; Staudinger/*Otte* (2019), § 2082 Rn 4; Soergel/*Loritz/Uffmann*, § 2082 Rn 3.

18 BGH NJW 1989, 3214; OLG München MDR 1957, 612; a.A. OLG Frankfurt NJW 1947/48, 228.

19 Soergel/*Loritz/Uffmann* § 2082 Rn 3.

20 BayObLG FamRZ 1983, 1275.

21 Für die Grenzziehung zwischen Tatsachen- und Rechtsirrtum OLG Kiel HEZ 2, 329, 335 f.; *Schubert/Czub*, JA 1980, 335, 336; a.A. *Kipp/Coing*, § 24 V 4b a.E., S. 177; *Rosemeier*, ZEV 1995, 124, 129; Soergel/*Loritz/Uffmann*, § 2082 Rn 6; Staudinger/*Otte* (2013), § 2082 Rn 11, die zwischen Kenntnis oder Nichtkenntnis des Anfechtungsgrundes (mit Beachtlichkeit des Rechtsirrtums) und Kenntnis des Anfechtungsrechts unterscheiden. Krit. zur Judikatur *Battes*, Gemeinschaftliches Testament und Ehegattenerbvertrag als Gestaltungsmittel für die Vermögensordnung der Familie, 1974, S. 323; *J. Mayer*, Der Rechtsirrtum und seine Folgen im bürgerlichen Recht, 1989, S. 265 ff. (Rechtsirrtum hinsichtlich der materiellen Anfechtungsvoraussetzungen stets beachtlich).

22 MüKo/*Leipold*, § 2082 Rn 5 ff.

23 *Rosemeier*, ZEV 1995, 124, 129; *Mayer*, S. 265 ff.

24 BGH NJW 1970, 279.

det hingegen aus, wenn es sich lediglich um eine rechtsirrtümliche Beurteilung des Anfechtungstatbestands selbst handelt.[25]

17 Unter einen unbeachtlichen **Rechtsirrtum** fallen bspw.: Der Anfechtungsberechtigte irrt über die Formerfordernisse einer Anfechtungserklärung;[26] dem Anfechtungsberechtigten ist nicht bekannt, dass er wegen Übergehung eines Pflichtteilsberechtigten anfechten kann, er weiß jedoch, dass der Übergangene Pflichtteilsberechtigter ist;[27] es wird irrtümlich davon ausgegangen, dass ein Ehegatte ein gemeinschaftliches Testament zu Lebzeiten des anderen Ehegatten vernichtet habe und dieses sei hierdurch wirksam widerrufen worden;[28] der Erblasser schätzt die Bindungswirkung eines Erbvertrages falsch ein.[29] Die Gültigkeit der anzufechtenden Verfügung zählt zum Anfechtungsgrund. Das Vorliegen eines Anfechtungsgrundes wird jedoch verneint, wenn der Anfechtungsberechtigte die letztwillige Verfügung für unwirksam hält.[30] Dies gilt unabhängig davon, ob diese Ansicht auf der unzutreffenden Auslegung des Testamentes, rechtlicher Fehlvorstellungen oder auf Unkenntnis von Tatsachen beruht.

18 Liegt ein **Tatsachenirrtum** vor, wird davon ausgegangen, dass ein solcher die Kenntnis vom Anfechtungsgrund ausschließt.[31] Tatsachen sind alle Umstände, aus denen das Vorliegen einer wirksamen letztwilligen Verfügung, der Inhalt der letztwilligen Verfügung und auch die Anfechtungsberechtigung hervorgehen.[32]

19 Die Rspr. nimmt einen **beachtlichen Tatsachenirrtum**[33] an: wenn der Erblasser fehlerhaft meint, dass der Widerruf einer wechselbezüglichen Verfügung seinem Ehegatten auch zugegangen ist;[34] wenn irrtümlich davon ausgegangen wird, dass es sich bei der Unterschrift des Erblassers um eine Fälschung handelt;[35] wenn der Anfechtungsberechtigte keine Kenntnis davon hat, dass ein ihn benachteiligendes Testament aufgehoben worden ist;[36] wenn davon ausgegangen wird, bindend gewordene wechselbezüglich Verfügungen könnten durch einseitige Verfügung aufgehoben werden;[37] wenn irrtümlich davon ausgegangen wird, eine Verfügung sei deshalb ungültig, weil ein gemeinschaftliches Testament durch eine nicht empfangsbedürfte Erklärung widerrufen werden könnte;[38] wenn irrtümlich angenommen wurde, ein eigenhändiges Testament sei durch spätere Heirat des Erblassers ungültig geworden oder ein gemeinschaftliches Testament habe durch Wiederheirat des Längstlebenden seine Wirkung verloren; bei irrtümlicher Annahme, die Schlusserbeneinsetzung des Sohnes des erstverstorbenen Ehegatten sei durch die Wiederverheiratung ungültig geworden; wenn der Berech-

25 BGH FamRZ 2011, 1224; BayObLG NJW-RR 1997, 1027, 1030; OLG München FamRZ 2012, 581; OLG Frankfurt NJWE-FER 2000, 37; OLG Hamm OLGZ 1971, 312; dogmatisch anders, aber im Erg. ähnlich Staudinger/*Otte* (2019), § 2082 Rn 11 und Soergel/*Loritz/Uffmann*, § 2082 Rn 6.
26 OLG Hamm FamRZ 1994, 849 = ZEV 1994, 109.
27 BGH FamRZ 1970, 79.
28 BayObLG NJW-RR 1990, 846.
29 BayObLG NJW-RR 1997, 1027 = ZEV 1997, 377.
30 So bereits RGZ 107, 192, 194; OLG Koblenz ErbR 2015, 389 Rn 9 = BeckRS 2015, 08171. Die Frist beginnt aber mit der Kenntnis von einer (auch erstinstanzlichen) Entscheidung, die die Wirksamkeit der Verfügung bejaht, OLG München NJW 2013, 3732, 3734.
31 Staudinger/*Otte* (2019), § 2082 Rn 6; Soergel/*Loritz/Uffmann*, § 2082 Rn 4.
32 MüKo/*Leipold*, § 2082 Rn 5 ff.
33 MüKo/*Leipold*, § 2082 Rn 7 m.w.N.
34 OLG Hamm OLGZ 1971, 312.
35 RGZ 115, 27.
36 RG Gruchot 65, 479.
37 OLG Köln OLGZ 1967, 497.
38 OLG Hamm OLGZ 1971, 312, 314.

tigte glaubt, die anfechtbare Verfügung sei bereits angefochten oder wirksam widerrufen; wenn der Anfechtungsberechtigte die Verfügung für unwirksam hält.[39]

20 Für den Fall, dass der Erblasser erneut heiratet und die Existenz anfechtbar gewordener Verfügungen in einem Erbvertrag oder gemeinschaftlichen Testament vergessen hat, fehlt die Kenntnis vom Anfechtungsgrund. Die Frist des § 2082 BGB fängt demgemäß nicht an zu laufen.[40]
Nicht als ein den Fristbeginn hindernder Irrtum wurde die Annahme, die Bindungswirkung eines Erbvertrages sei durch Ausschlagung der Erbschaft durch den überlebenden Ehegatten entfallen, angesehen (jedenfalls für eine Anfechtung wegen Motivirrtums, § 2078 Abs. 2).[41]
Liegt ein Irrtum über die Bindungswirkung eines gemeinschaftlichen Testaments vor bzw. irrt sich der überlebende Ehegatte über die Notwendigkeit und Zulässigkeit der Anfechtung, und zwar bei Kenntnis der maßgebenden Tatsachen, hindert ein derartiger Irrtum nicht den Lauf der Anfechtungsfrist.[42] Kenntnis vom Anfechtungsgrund fehlt, wenn Unkenntnis über den Wortlaut der Verfügung besteht.

21 Liegt ein **Rechtsirrtum** vor, so ist dieser grundsätzlich unbeachtlich.[43] Führt der Rechtsirrtum jedoch zur Unkenntnis einer die Anfechtung begründenden Tatsache, so hat dies zur Folge, dass er den Fristbeginn, d.h. die Kenntnis vom Anfechtungsgrund, ausschließt.[44] Dies ist bei einer Anfechtung nach § 2079 BGB bspw. dann der Fall, wenn der Anfechtungsberechtigte die Pflichtteilsberechtigung nicht kennt. Beurteilt der Anfechtungsberechtigte den Anfechtungstatbestand hingegen rechtsirrtümlich, ist dieser Irrtum unbeachtlich. Die Frist beginnt zu laufen. Davon ist dann auszugehen, wenn der Anfechtungsberechtigte den Anfechtungstatbestand zwar erkennt, er aber nicht weiß, dass er anfechten kann.

22 Die Begriffe in der Rspr. werden zum Teil als verwirrend und nicht brauchbar[45] bezeichnet. Die Lit. schlägt daher vor, zwischen Kenntnis und Unkenntnis des Anfechtungsgrundes sowie Kenntnis und Unkenntnis des Anfechtungsrechts zu differenzieren.[46] Dies führe dazu, dass ein Rechtsirrtum nur dann beachtlich ist, sofern er sich auf den Anfechtungsgrund bezieht und im Übrigen dazu führt, dass seitens des Anfechtenden irrtümlich angenommen wird, dass kein Anfechtungsgrund vorliegt.

23 Ein beachtlicher Rechtsirrtum liegt jedoch dann nicht vor, wenn der Anfechtende über das Erfordernis irrt, den Anfechtungsgrund im Wege der Anfechtung geltend zu machen zu müssen.[47] Es bestünde aber auch die Möglichkeit, genauer zwischen Tatsachen- und Rechtsirrtum zu unterscheiden. I.d.R. unterscheiden sich die verschiedenen Auffassungen im Ergebnis jedoch nicht von der Rspr.

III. Hemmung der Frist

24 Bei der Anfechtungsfrist des § 2082 BGB handelt es sich, wie vorstehend dargelegt, nicht um eine Verjährungsfrist (siehe Rdn 5). Dies führt dazu, dass die Vorschriften

---

39 RGZ 107, 192, 194; OLG Koblenz ErbR 2015, 389 Rn 9 = BeckRS 2015, 08171. Die Frist beginnt aber mit der Kenntnis von einer (auch erstinstanzlichen) Entscheidung, die die Wirksamkeit der Verfügung bejaht, OLG München NJW 2013, 3732, 3734.
40 OLG Kiel HEZ 2, 329, 334; OLG Düsseldorf NJW-RR 2007, 947, 948; OLG München ZEV 2012, 153, 156.
41 OLG Köln ZEV 2011, 83 m. im Erg. zust. Anm. *Keim*.
42 OLG München ZEV 2012, 153.
43 BGH FamRZ 1970, 79.
44 BGH FamRZ 1970, 79; BayObLG, Beschl. v. 30.3.1990 – BReg 1 a Z 14/90, n.v.
45 Staudinger/*Otte*, § 2082 Rn 7 ff.; Soergel/*Loritz/Uffmann*, § 2082 Rn 5.
46 Soergel/*Loritz/Uffmann*, § 2082 Rn 6; Staudinger/*Otte*, § 2082 Rn 9 ff.
47 Staudinger/Otte, § 2082 Rn 11.

über die Unterbrechung überhaupt nicht anwendbar sind. In bestimmten Fällen kommt allerdings gem. Abs. 2 S. 2 eine **Hemmung** in Betracht. Die 30-jährige Frist des Abs. 3 kann jedoch nicht gehemmt werden.[48]

1. § 206 BGB

Eine Hemmung kommt bei höherer Gewalt in Betracht. Unter **höherer Gewalt** ist hierbei ein Ereignis zu verstehen, das auch durch äußerste, billigerweise zu erwartende Sorgfalt nicht abgewendet werden konnte, wobei schon das geringste Verschulden die höhere Gewalt ausschließt.[49] Es ist auf das „Maß der Sorgfalt abzustellen, das von einer beteiligten Person aus dem jeweiligen Lebens- und Bildungskreis bei besonnenem und gewissenhaftem Verhalten erwartet werden muss".[50] Handelt es sich um bloße Rechtsunkenntnis, liegt höhere Gewalt nicht vor. Liegt Verschulden eines Prozess- oder Verfahrensbeteiligten vor, handelt es sich ebenfalls nicht um höhere Gewalt. 25

Als Fälle höherer Gewalt wurden **bejaht**: die unrichtige Belehrung durch das Gericht; wenn der Anfechtungsberechtigte aufgefordert wird, die Anfechtungserklärung gegenüber dem Nachlassgericht abzugeben, obwohl es sich um einen Widerruf einer Vermächtnisanordnung handelt;[51] die falsche Sachbehandlung durch den beurkundenden Notar;[52] die Erteilung eines Erbscheins, der von gesetzlicher Erbfolge ausgeht, obwohl dem Nachlassgericht das anfechtbare Testament vorlag.[53] 26

2. § 210 BGB

Es handelt sich hier zum einen um das **Fehlen eines gesetzlichen Vertreters**. Auch dann, wenn der Anfechtungsberechtigte beschränkt geschäftsfähig ist und ihm eine Anfechtung nur einen rechtlichen Vorteil bringen würde, was wiederum heißt, dass er die Anfechtung selbst erklären kann, tritt Hemmung gem. § 210 BGB ein.[54] Die Anfechtungsfrist, die ein Jahr beträgt, endet gem. Abs. 2 i.V.m. § 210 BGB sechs Monate nach Erreichen der Volljährigkeit. Dies hängt damit zusammen, dass der Minderjährige während seiner Minderjährigkeit ohne gesetzlichen Vertreter ist. Nach den Vorschriften der §§ 181, 1629, 1795 BGB kann ihn sein gesetzlicher Vertreter nicht vertreten,[55] so dass auch bei Verhinderung des gesetzlichen Vertreters § 181 u. § 210 BGB gilt, d.h. Hemmung eintritt. Hat der gesetzliche Vertreter die Anfechtungsfrist versäumt, gewährt Abs. 2 S. 2 hiergegen keinen Schutz. 27

Hat der demente geschäftsunfähige Erblasser nur einen Vorsorgebevollmächtigten und keinen gesetzlichen Betreuer und geht es um die Selbstanfechtung, greift § 210 BGB ein. Dies ergibt sich daraus, dass eine analoge Anwendung des § 2282 Abs. 2 BGB auf Vorsorgebevollmächtigte nicht in Betracht kommt.[56]

---

48 OLG Düsseldorf FamRZ 1999, 1461; Staudinger/*Otte* (2019), § 2082 Rn 17; a.A. *Fahrenhorst*, JR 1992, 269; *Bestelmeyer*, Rpfleger 1993, 386 f., wonach der Fristablauf dann gehemmt sei, wenn aufgrund staatlicher Willkür eine Anfechtung objektiv verhindert sei.

49 BGHZ 81, 353.

50 BayObLGZ 1989, 116; BayObLG NJW-RR 1997, 72.

51 BayObLGZ 1960, 490 = MDR 1961, 505.

52 OLG Köln OLGZ 1967, 496; OLG Hamm ZEV 1994, 109.

53 BayObLGZ 1989, 116.

54 Staudinger/*Otte* (2019), § 2082 Rn 15; MüKo/*Leipold*, § 2082 Rn 12.; *Damrau*, Der Minderjährige im Erbrecht, Rn 154.

55 *Damrau*, Der Minderjährige im Erbrecht, Rn 154.

56 OLG Brandenburg ZEV 2020, 417, 418, für eine Selbstanfechtung also zunächst ein gesetzlicher Betreuer bestellt werden muss.

3. § 211 BGB

28 Im Fall des § 211 BGB tritt Hemmung nur ein, wenn das Anfechtungsrecht zum Nachlass gehört.[57] Das Anfechtungsrecht gehört dann zum Nachlass, wenn entweder der Anfechtungsberechtigte verstorben ist und das Anfechtungsrecht auf seine Erben übergegangen ist oder wenn derjenige, gegenüber dem die Anfechtung zu erklären ist, verstorben ist.

C. Rechtsfolgen

29 Ist die Jahresfrist gem. Abs. 1 abgelaufen, entfällt das Anfechtungsrecht. Der Fristablauf ist von Amts wegen zu berücksichtigen, da es sich um eine **Ausschlussfrist** handelt. Gem. § 209 BGB führt die Hemmung dazu, dass der Zeitraum, während dessen die Frist gehemmt ist, in die Frist nicht eingerechnet wird. Im Fall des § 210 BGB tritt der Fristablauf frühestens sechs Monate nach Aufhebung des Mangels der Vertretung ein.

D. Verfahrensfragen

30 Derjenige, die die letztwillige Verfügung anficht, trägt die **Beweislast** dafür, dass diese fristgerecht erfolgt ist. Im Übrigen trägt er die Beweislast für den Anfechtungsgrund. Derjenige, der sich auf die Unwirksamkeit der Anfechtung wegen Verfristung beruft, muss beweisen, dass der Anfechtungsberechtigte bereits zu einem früheren Zeitpunkt Kenntnis vom Anfechtungsgrund hatte, was zu einem Ausschluss des Anfechtungsrechts führt.[58] Somit trägt der Anfechtende die Beweislast für den Zeitpunkt der Anfechtungserklärung und der Anfechtungsgegner die Beweislast für Beginn und Ende der Anfechtungsfrist.[59]

§ 2083 Anfechtbarkeitseinrede

Ist eine letztwillige Verfügung, durch die eine Verpflichtung zu einer Leistung begründet wird, anfechtbar, so kann der Beschwerte die Leistung verweigern, auch wenn die Anfechtung nach § 2082 ausgeschlossen ist.

A. Allgemeines

1 § 2083 BGB bezieht sich auf letztwillige Verfügungen, die unmittelbar eine **Leistungspflicht** begründen.[1] Die Verpflichtung zu einer Leistung besteht nur bei einem Vermächtnis und einer Auflage. § 2083 BGB gilt über § 2345 BGB aber auch für den Fall der Vermächtnis- und Pflichtteilsunwürdigkeit.[2] Auf **Teilungsanordnungen** oder die Pflichten des **Vorerben** gegenüber den Nacherben (§§ 2130 ff. BGB) findet § 2083 BGB hingegen keine Anwendung.[3]

2 Ob § 2083 BGB auf die **Ausgleichung von Vorempfängen** anwendbar ist, ist umstritten. Für den Fall, dass der Erblasser (anfechtbar) angeordnet hat, dass Vorempfänge

57 Staudinger/*Otte* (2019), § 2082 Rn 16; MüKo/*Leipold*, § 2082 Rn 12.

58 BayObLGZ 1963, 260; BayObLG FamRZ 1983, 1275, 1278; OLG Stuttgart FamRZ 1982, 1137, 1138; BayObLG ZEV 1995, 105.

59 MüKo/*Leipold*, § 2082 Rn 13; Staudinger/*Otte* (2019), § 2082 Rn 18; Soergel/*Loritz/Uffmann*, § 2082 Rn 10; NK-BGB/*Kroiß/Fleindl*, § 2082 Rn 14; Grüneberg/*Weidlich*, § 2082 Rn 1; BeckOGK/*Harke*, § 2082 Rn 20.

1 MüKo/*Leipold*, § 2083 Rn 2.

2 OLG Düsseldorf FamRZ 1999, 1469; OLGR Düsseldorf 2001, 95; OLG Hamm ZEV 2016, 644 = FamRZ 2017, 251.

3 Staudinger/*Otte* (2019), § 2083 Rn 2; MüKo/*Leipold*, § 2083 Rn 2; Soergel/*Loritz/Uffmann*, § 2083 Rn 2.

auszugleichen sind, dies bei der Erbauseinandersetzung aber nicht beachtet worden ist und der Begünstigte im Nachhinein die Erfüllung dieser Anordnung verlangt, greift § 2083 BGB nur dann ein, wenn der Erblasser die Ausgleichsverpflichtung vermächtnisweise angeordnet hat.[4] Nach einer weiteren Ansicht wird von einem fehlenden Bedürfnis für die Anwendbarkeit von § 2083 BGB ausgegangen, da der Anfechtungsberechtigte genügend Anlass hat, die Anfechtung zu erklären.[5] Nach richtiger Ansicht ist § 2083 BGB auf Anordnungen anzuwenden, die im Wege des Vermächtnisses verfügt worden sind, weil nur in diesen Fällen die Ausgleichspflicht auch auf der letztwilligen Verfügung beruht. Wurde kein Vermächtnis angeordnet, kann sich die Ausgleichspflicht nur aus dem Gesetz ergeben. Im Übrigen beinhaltet sie in diesem Fall gem. § 2055 BGB nur eine Anrechnungspflicht, nicht hingegen eine Leistungspflicht. § 2083 BGB kann daher nicht zum Zuge kommen.

In den Fällen des § 2285 BGB, d.h., wenn eine Anfechtung durch Dritte deshalb nicht 3
mehr möglich ist, weil das Anfechtungsrecht des Erblassers zur Zeit des Erbfalls bereits erloschen ist, besteht kein Leistungsverweigerungsrecht i.S.d. § 2083 BGB.[6] § 2083 BGB ist auch nach erfolgter Bestätigung nicht anwendbar.[7] Die Einrede gem. § 2083 BGB kann bereits vor Ablauf der Anfechtungsfrist erhoben werden.[8] Hierin ist regelmäßig eine Anfechtungserklärung zu sehen.[9] Wird hingegen bei einer Auflage gegenüber dem Vollziehungsberechtigten die Einrede erhoben, kann dies nicht als Anfechtungserklärung gesehen werden, da die Anfechtung dem Nachlassgericht gegenüber zu erklären ist.

B. Rechtsfolgen

Durch die Regelung des § 2083 BGB wird dem Anfechtungsberechtigten ein **Leistungs-** 4
verweigerungsrecht gewährt, und zwar für den Fall, dass eine Leistungspflicht begründet wurde, die zwar anfechtbar ist, eine Anfechtung wegen Fristablaufs aber ausgeschlossen ist. Ansonsten bestünde die Möglichkeit, dass der Leistungsberechtigte seine Forderung zunächst nicht geltend macht, um den Leistungsverpflichteten glauben zu machen, er müsse nicht anfechten, sich dann aber nach Ablauf der Anfechtungsfrist meldet und seine Forderung einfordert. Dies bedeutet, dass § 2083 BGB nur Anwendung findet, wenn der Anfechtungsberechtigte die Anfechtungsfrist gem. § 2082 BGB verstreichen ließ. Hat hingegen der Erblasser bezüglich einer letztwilligen Verfügung in einem Erbvertrag oder gemeinschaftlichen Testament die Anfechtung innerhalb des § 2283 BGB nicht erklärt und steht deshalb demjenigen, der sich auf das Leistungsverweigerungsrecht beruft, ein Anfechtungsrecht nicht mehr zu, greift § 2083 BGB nicht ein.[10] § 2083 BGB greift auch dann nicht ein, wenn der Erblasser die Verfügung bestätigt hat (§ 2284 BGB) und daher eine Anfechtung ausgeschlossen ist.[11]

§ 2083 BGB ist eine **echte Einrede**, d.h., es bedarf deren ausdrücklicher Geltendma- 5
chung. Nur der Anfechtungsberechtigte kann die Einrede des § 2083 BGB geltend machen. Wird die Einrede durch den Testamentsvollstrecker, Nachlassverwalter oder Nachlasspfleger erhoben, muss dieser hierzu bevollmächtigt werden.[12] War eine dieser Personen nicht bevollmächtigt, ist auch eine Genehmigung durch den Anfechtungsbe-

4 Staudinger/*Otte* (2019), § 2083 Rn 2; Soergel/*Loritz/Uffmann*, § 2083 Rn 2.
5 MüKo/*Leipold*, § 2083 Rn 2.
6 BGHZ 106, 359.
7 Staudinger/*Otte* (2019), § 2083 Rn 3.
8 Staudinger/*Otte* (2019), § 2083 Rn 3; MüKo/*Leipold*, § 2083 Rn 4.
9 BeckOK BGB/*Litzenburger*, § 2083 Rn 2.
10 BGHZ 106, 359, 362 = NJW 1989, 2885.
11 BeckOGK/*Harke*, § 2083 BGB Rn 5.
12 BGH NJW 1962, 1058.

rechtigten möglich.[13] Ist der Erbe hingegen noch nicht ermittelt, kann auch der Nachlasspfleger die Einrede des § 2083 BGB geltend machen. Für den Fall, dass der zur Leistung Verpflichtete in Unkenntnis der Anfechtbarkeit leistet, steht ihm ein Rückforderungsanspruch gem. § 813 Abs. 1 S. 1 BGB zu. Hat der Anfechtungsberechtigte dagegen nach Ablauf der Anfechtungsfrist geleistet und wusste er von der Anfechtbarkeit, hat die Einrede des § 2083 BGB aber dennoch nicht erhoben, greift § 814 BGB ein. Ein Rückforderungsanspruch besteht nicht.[14] Ist die Anfechtungsfrist noch nicht abgelaufen, kann einem Anspruch das Anfechtungsrecht ebenfalls als Einrede entgegengesetzt werden, in den meisten Fällen wird hierin jedoch eine Anfechtung zu sehen sein.[15]

§ 2084 Auslegung zugunsten der Wirksamkeit

Lässt der Inhalt einer letztwilligen Verfügung verschiedene Auslegungen zu, so ist im Zweifel diejenige Auslegung vorzuziehen, bei welcher die Verfügung Erfolg haben kann.

Literatur

Baumann, Abschied vom erbrechtlichen Auslegungs- oder Feststellungsvertrag – Folgen für die notarielle Gestaltungspraxis, RNotZ 2011, 33; *Berneith*, Umdeutung nichtiger gemeinschaftlicher Testamente mit wechselbezüglichen Verfügungen?, ZEV 2019, 241; *Bestelmeyer*, Weitere erbrechtliche Fragestellungen nach dem Einigungsvertrag, Rpfleger 1992, 321; *Brox*, Der Bundesgerichtshof und die Andeutungstheorie, JA 1984, 549; *Dippel*, Zur Auslegung von Wiederverheiratungsklauseln in gemeinschaftlichen Testamenten und Erbverträgen, AcP 177 (1977), 349; *Dutta*, Trusts in Schleswig-Holstein? – ein Lehrstück zum Testieren unter falschem Recht, IPRax 2016, 139; *Eisele*, Vertragliches Einvernehmen über die Auslegung unklarer letztwilliger Verfügungen, 2002; *Flume*, Testamentsauslegung bei Falschbezeichnung, NJW 1983, 2007; *Foerste*, Die Form des Testaments als Grenze seiner Auslegung, DNotZ 1983, 84; *Gerhards*, Ergänzende Testamentsauslegung und Formvorschriften („Andeutungstheorie"), JuS 1994, 642; *Gerken*, Anm. zu OLG Zweibrücken, Beschl. v. 28.10.1991, 3 W 34/91, Rpfleger 1992, 252; *Horn*, Richterliche Entscheidung bei Testamentsauslegung und Auslegungsvertrag, ZEV 2016, 565; *ders.*, Erläuternde Auslegung: Grundlagen und praxisrelevante Abgrenzungsfälle, ErbR 2014, 410; *Horn/Kroiß*, Irrtümer und Verfahrensfragen bei der Testamentsauslegung, NJW 2012, 666; *Kanzleiter*, „Umverteilung" des Nachlasses mit Zustimmung des Vertragserben und Eintritt der Ersatzerbfolge, ZEV 1997, 261; *Keuk*, Der Erblasserwille post testamentum und die Auslegung des Testamentes, 1965; *Keymer*, Die Anfechtung nach § 2078 Abs. 2 BGB und die Lehre von der Geschäftsgrundlage, 1984; *Kollmeyer*, Umdeutung unwirksamer Verfügungen in gemeinschaftlichen Testamenten, NJW 2018, 662; *Langenfeld*, Das Gesetz zur Änderung des Erb- und Verjährungsrechts – Inhalt und Praxisfolgen, NJW 2009, 3121; *Loritz*, Anmerkung zur Entscheidung des BGH, Beschl. v. 12.7.2017, IV ZB 15/16 – Zu den Voraussetzungen der ergänzenden Testamentsauslegung: Umfang der durch Auslegung ermittelten Erbeinsetzung bei nachfolgendem, unvorhergesehenem Vermögenszuwachs, FamRZ 2017, 1871; *Mayer*, Der verhinderte Nacherbe, MittBayNot 1994, 111; *ders.*, Testamentsanfechtung und Anfechtung der Erbschaftsausschlagung wegen Irrtums über die politischen Veränderungen in der ehemaligen DDR, ZEV 1994, 12; *Nieder*, Die ausdrücklichen oder mutmaßlichen Ersatzbedachten im deutschen Erbrecht, ZEV 1996, 241; *Otte*, Anmerkung zu einer Entscheidung des OLG Düsseldorf, Beschl. v. 5.8.2016 (I-3 Wx 74/16) – Zu den Auswirkungen eines nachträglichen Vermögenserwerbs des Erblassers auf eine zuvor durch testamentarische Einzelzuwendung getroffenen Alleinerbeinsetzung, ZEV 2017, 146; *Raff*, Zur Auslegung von Erbverträgen und notariellen Testamenten – Überlegungen zur Entlastung der Gerichte, ErbR 2020, 330; *W. Roth*, Umstände außerhalb des Testaments bei Testamentsauslegung, NJW-Spezial 2017, 295; *Sarres*, Auslegung von Einzeltestamenten, ZAP 2015, 323; *Schmidt-Kessel*, Erbrecht

13 OLG Hamburg OLGE 21, 308.
14 MüKo/*Leipold*, § 2083 Rn 3.
15 MüKo/*Leipold*, § 2083 Rn 4.

in der Rechtsprechung des Bundesgerichtshofs 1985 bis 1987, WM 1988, Sonderbeilage Nr. 8, S. 7; *Selbherr*, Der erbrechtliche Auslegungsvertrag in der zivilrechtlichen und erbschaftssteuerrechtlichen Gestaltungspraxis, ZErb 2005, 10; *Smid*, Probleme bei der Auslegung letztwilliger Verfügungen, JuS 1987, 283; *Tappmeier*, Die erbrechtlichen Auslegungsvorschriften in der gerichtlichen Praxis, NJW 1988, 2714; *Trupp*, Die Bedeutung des § 133 BGB für die Auslegungen von Willenserklärungen, NJW 1990, 1346; *Uffmann*, Ermächtigung des Testamentsvollstreckers zur verbindlichen Auslegung letztwilliger Verfügungen?, ErbR 2020, 218; *Wasmuth*, Zur Korrektur abgeschlossener erbrechtlicher Sachverhalte im Bereich der ehemaligen DDR, DNotZ 1992, 3; *Wolf-Gangel*, Der nicht formgerecht erklärte Erblasserwille und die Auslegungsfähigkeit eindeutiger testamentarischer Verfügungen (BGH NJW 1981, 1737 und NJW 1981, 1736), JuS 1983, 663.

Übersicht: Rdn

A. Ziel der Auslegung

1 Der Erblasser bestimmt in seiner letztwilligen Verfügung, ob und wenn ja, in welchem Umfang die gesetzliche Erbfolge durch andere Rechtsfolgen ersetzt oder ergänzt werden soll. Innerhalb der gesetzlichen Grenzen entscheidet er hierbei frei und eigenverantwortlich. In vielen Fällen ist jedoch nicht klar, welchen Inhalt die Verfügung von Todes wegen hat oder ob ein bestimmtes **Erklärungsverhalten** als Verfügung von Todes wegen aufzufassen ist. Häufig ist auch unklar, welche Art von Verfügung errichtet worden ist, ob es sich um einen Erbvertrag oder ein Testament handelt.[1] In diesen Fällen greift die Auslegung ein. Das Ziel der Auslegung ist daher darin zu sehen, festzustellen, welchen rechtlich geltenden Inhalt die Verfügung von Todes wegen hat,[2] d.h. den auf den Eintritt oder das Ausbleiben erbrechtlicher Wirkung gerichteten Erblasserwillen festzustellen. Hierbei ist die Willenserklärung bzw. das Verhalten, das ggf. als Willenserklärung zu deuten ist, als Gegenstand der Auslegung zu sehen.[3] Bei der Testamentsauslegung geht es daher, wie auch bei der Auslegung anderer Willenser-

1 BayObLG FamRZ 1993, 1494.
2 Der Sache nach übereinstimmend BGH ZEV 1997, 376: „den rechtlich maßgeblichen Inhalt zu vermitteln“, oder die Formulierung, die Auslegung diene der Ermittlung des rechtlich maßgeblichen Sinnes der Erklärung, so zB *Brox/Walker*, ErbR, § 16 Rn 1; *Lange/Kuchinke*, ErbR, § 34 III 3a; Staudinger/*Otte* (2019), Vor §§ 2064–2086 Rn. 23.
3 MüKo/*Leipold*, § 2084 Rn 3.

klärungen, um die Klärung, was der Erblasser sagen wollte, nicht um die Ermittlung eines von der Erklärung losgelösten Willens.[4] Letztwillige Verfügungen sind formbedürftig. Aus diesem Grund können nur solche Verfügungen Gegenstand der Auslegung sein, die formwirksam niedergelegt wurden.[5]

Man unterscheidet zwischen **erläuternder Auslegung**, auch einfache oder unmittelbare Auslegung genannt, die darauf gerichtet ist, den vorhandenen Willen des Erblassers zu ermitteln, und **ergänzender Auslegung**. Ziel der ergänzenden Auslegung ist es, den hypothetischen Willen des Erblassers festzustellen, und zwar für den Fall, dass die letztwillige Verfügung eine Lücke enthält (siehe Rdn 68 ff.). Auch das Erbrecht enthält zahlreiche Auslegungs- und Ergänzungsregeln, in denen die allg. Erfahrungssätze zum Ausdruck kommen. Diese gesetzlichen Auslegungs- und Ergänzungsregeln finden jedoch nur dann Anwendung, sofern weder der vorhandene noch der mutmaßliche Wille zweifelsfrei festgestellt werden kann. Ferner ist § 2084 BGB zu beachten. Die Auslegung hat stets Vorrang vor der Umdeutung und der Anfechtung.[6] 2

Die **Auslegung** dient dazu, den Erblasserwillen umfassend zu verwirklichen, die **Umdeutung** hingegen ist nur auf ähnliche Ergebnisse gerichtet, während die Anfechtung auf eine Vermeidung ungewollter Wirkungen abzielt.

B. Grundlagen der Auslegung letztwilliger Verfügungen von Todes wegen, allgemeine Auslegungsgrundsätze

I. Für lebzeitige Willenserklärungen

Zentrales Problem ist häufig, dass zwischen der getätigten Erklärung und dem tatsächlichen Willen eine Diskrepanz besteht und es schwierig ist, Wille und Erklärung in Einklang zu bringen. Um dieses Problem zu lösen, sind allg. Erfahrungssätze heranzuziehen, um aus einem äußeren Verhalten auf den dahinterstehenden wirklichen Willen zu schließen. Nach der sog. **Willenstheorie** wird der subjektive Wille bevorzugt. Die **Erklärungstheorie** hingegen stellt einseitig auf den Empfängerhorizont ab. Nach einer vermittelnden Theorie wird die Willenserklärung als Regelungsakt gesehen. Diese Ansicht spricht von einer **Geltungserklärung**.[7] Den Vorschriften des BGB liegt die Willenstheorie zugrunde. Bei der **Auslegung** von Willenserklärungen soll nach der Vorschrift des § 133 BGB der wirkliche Wille erforscht werden. Hierbei soll jedoch nicht am buchstäblichen Sinn des Ausdrucks gehaftet werden. Verträge hingegen sollen gem. § 157 BGB nach den Grundsätzen von Treu und Glauben unter Berücksichtigung der Verkehrssitte ausgelegt werden. Nach allg. Ansicht ist die Vorschrift des § 133 BGB auch auf Verträge anwendbar. Obwohl § 157 BGB den **Vertrauensschutz** des Erklärungsempfängers zum Inhalt hat, ist diese Vorschrift auch für empfangsbedürftige Willenserklärungen unter Lebenden, also für einseitige Willenserklärungen, heranzuziehen. Da bei § 157 BGB der Schutz des Erklärungsempfängers im Vordergrund steht, kommt dessen Anwendung bei letztwilligen Verfügungen grundsätzlich nicht in Betracht.[8] Es fehlt zum einen an einem schutzwürdigen Vertrauenstatbestand als auch an einem Erklärungsempfänger. 3

Nach den allg. Vorschriften der §§ 133, 157 BGB ist es somit möglich, im Wege der Auslegung den Sinn einer Äußerung, die den Willen des Äußernden nur entstellt 4

---

4 BGH NJW 1993, 256; BGH FamRZ 1987, 475, 476; BayObLG ZEV 1994, 37, 38; *Schmidt-Kessel*, WM 1988 Beil. Nr. 8, S. 7.

5 BGH NJW 2019, 2317 Rn. 17 m.Anm. *Graf Wolffskeel v. Reichenberg* = ZEV 2019, 477 = ErbR 2019, 642 m.Anm. *Wendt*; Horn/Kroiß/*Horn*, Testamentsauslegung, § 7 Rn. 76.

6 BGH NJW 1978, 264, 266.

7 MüKo/*Leipold*, § 2084 Rn 3.

8 RGZ 82, 149, 153; RGRK/*Johannsen*, § 2084 Rn 1.

wiedergibt, zu ermitteln. Eine **Willenserklärung** auslegen heißt somit, den Willen des Erklärenden mit Hilfe von Erfahrungssätzen aus Indizien, die bei formbedürften Erklärungen auch außerhalb der Urkunde liegen können, zu ermitteln, und zwar dadurch, dass von einem beobachteten äußeren Verhalten des Erklärenden auf seinen dahinterstehenden Willen geschlossen wird. Da der rechtsgeschäftliche Wille lediglich über Indizien ermittelt wird, kann es sich beim Ergebnis lediglich um ein Wahrscheinlichkeitsurteil handeln. Der rechtsgeschäftliche Wille ist gerade nicht unmittelbar zu ermitteln.[9]

5 Die Auslegung empfangsbedürftiger Willenserklärungen unter Lebenden wird gem. § 157 BGB dahingehend eingeschränkt, dass aus Gründen des Vertrauensschutzes nur der Willensinhalt maßgeblich ist, der für den Empfänger bei Beachtung der verkehrserforderlichen Sorgfalt erkennbar sein musste (= objektive Erklärungsbedeutung unter Berücksichtigung des Empfängerhorizonts).[10] Stimmt der im Wege der Auslegung ermittelte **objektive Erklärungsinhalt** nicht mit dem subjektiven Willen des Erklärenden überein, hat der Erklärende bei Vorliegen der jeweiligen weiteren Voraussetzungen der §§ 119, 120, 2078, 2281 BGB die Möglichkeit, seine Willenserklärung durch Anfechtung zu vernichten.

6 Hat die Auslegung dazu geführt, die Erklärungsbedeutung der Willenserklärung zu ermitteln, ist in einem zweiten Schritt zu fragen, sofern es sich um ein formbedürftiges Rechtsgeschäft handelt, ob der Wille auch formgültig erklärt worden ist.[11] Zur Lösung dieses Problems, auf der einen Seite die **Formbedürftigkeit** zu berücksichtigen und auf der anderen Seite bestrebt zu sein, den Willen der erklärenden Person zu berücksichtigen, fordert die Rspr. lediglich, dass der rechtsgeschäftliche Wille des Erklärenden, der aus Umständen außerhalb der Urkunde ermittelt worden ist, in der Urkunde selbst irgendwie – wenn auch nur andeutungsweise oder versteckt (**Anhalts- oder Andeutungstheorie**) – zum Ausdruck gekommen sein muss.[12]

7 Die Rechtsprechung verwendet häufig die Begriffe „hinreichende Stütze" oder „Anhaltspunkte". Hat der Erblasser eine Verfügung von Todes wegen unterlassen oder schlichtweg vergessen, kann eine solche Verfügung nicht im Wege der einfachen Auslegung geschaffen werden. Aber auch eine Erbeinsetzung muss nicht ausdrücklich erfolgt sein. Im Wege der Auslegung kann diese aus anderen Verfügungen zu schließen sein. Beispiel hierfür: Ein Erbvertrag enthält ausdrücklich nur die gegenseitige Erbeinsetzung der Ehegatten sowie eine Pflichtteilsstrafklausel und Klausel in Bezug auf eine Wiederverheiratung. Hieraus kann eine stillschweigende Einsetzung der Abkömmlinge zu Schlusserben zu entnehmen sein.[13] Dies gilt auch für das gemeinschaftliche Testament.[14]

8 Eine Schlusserbeinsetzung kann auch einem Testament zu entnehmen sein, in dem sich die Ehegatten gegenseitig zu Erben eingesetzt haben, und zwar zu Vorerben, und die Kinder als Nacherben berufen haben, verbunden mit einer Pflichtteilsklausel.[15] Eine Schlusserbeneinsetzung kann auch dann zu bejahen sein, sofern sich die Ehegatten

9 *Keymer*, Anfechtung nach § 2078 Abs. 2 BGB, S. 83.

10 RGZ 126, 62, 69; BGHZ 36, 30, 33; BGHZ 47, 75, 78; BGH NJW 1984, 721; *Wieser*, JZ 1985, 407; *Trupp*, NJW 1990, 1346.

11 BGHZ 94, 36, 42; *Brox*, JA 1984, 549, 553; *Wolf/Gangel*, JuS 1983, 663, 664.

12 Zusammenfassend BGH NJW 2019, 2317 m.Anm. *Graf Wolffskeel v. Reichenberg*; ebenso BGH NJW 2022, 474 Rn 18; Soergel/*Loritz/Uffmann*, § 2084 Rn 11 f.; Staudinger/*Otte* (2019), Vor §§ 2064–2086 Rn 28 ff.; Grüneberg/*Weidlich*, § 2084 Rn 4; MüKo/*Leipold*, § 2084 Rn 16 m.w.N.

13 OLG Zweibrücken NJW-RR 1994, 844; a.M. OLG Zweibrücken NJW-RR 1992, 841.

14 OLG Frankfurt ZEV 2002, 109; a.A. OLG Düsseldorf, Beschl. v. 14.1.2014 – I-3 Wx 64/13.

15 OLG Düsseldorf ZEV 2020, 361.

gegenseitig zu Alleinerben eingesetzt haben und daneben eine Bestimmung getroffen haben, wonach die gemeinsamen Kinder bis zum Tod des Längstlebenden auf Erb- oder Pflichtteil verzichten sollen.[16] In den Fällen, in denen die Ehegatten Regelungen für den zweiten Erbfall getroffen haben, der erste Erbfall jedoch nicht ausdrücklich geregelt wurde, kann nicht ohne weiteres davon ausgegangen werden, dass der Überlebende zum Erben eingesetzt wurde. Es bedarf hier noch Andeutungen im Testament.[17] Haben die Ehegatten geregelt, dass der Hauptvermögensgegenstand auf den Schlusserben übergehen soll, kann darin die Andeutung liegen, dass sich die Ehegatten gegenseitig zu Alleinerben für den ersten Todesfall eingesetzt haben, da die gesetzliche Erbfolge nach dem Erstversterbenden dieses Ergebnis nicht herbeiführen kann.[18]

Nach Ansicht des BGH ist ein in der Urkunde nicht zum Ausdruck kommender 9 Erblasserwille dann zu berücksichtigen, wenn der Erblasser aufgrund außergewöhnlicher politischer Umstände daran gehindert war, seinen wahren Willen offenzulegen.[19] Allerdings kann eine Verfügung, die schlechthin unterlassen wurde, auch in solchen Fällen nicht im Wege der Auslegung geschaffen werden.[20] Ergibt sich der Wille des Erblassers aus mehreren Testamenten, so bildet die Gesamtheit der Testamente den Willen des Erblassers.[21] Ergibt sich der Anhalt aus einem der Testamente, ist dies ausreichend.

Einer Andeutung in der Urkunde bedarf es dann nicht, wenn die Parteien das, was sie 10 übereinstimmend wollten, so nicht beurkundet haben (**falsa demonstratio**).[22] Nach geltender Rspr. ist auch dann ein Anhaltspunkt in der Urkunde nicht erforderlich, wenn der Erblasser aufgrund außergewöhnlicher, insbesondere politischer Gründe, gezwungen war, seinen wahren Willen zu verbergen.[23] In diesem Falle ist der übereinstimmende Wille der Parteien höher zu bewerten als die Formbedürftigkeit.

II. Für Testamente

Bei einseitigen Verfügungen von Todes wegen (d.h. beim Einzeltestament, bei einseiti- 11 gen Verfügungen im Erbvertrag und bei Verfügungen in einem gemeinschaftlichen Testament, die nicht wechselbezüglich sind) ist auf den Vertrauensschutz eines Erklärungsempfängers keine Rücksicht zu nehmen. Für die Auslegung ist daher der tatsächliche (reale), subjektive Wille des Erblassers maßgeblich. Es geht bei der Testamentsauslegung um die Klärung der Frage, was der Erblasser mit seinen Worten sagen wollte.[24] Entscheidend ist die Auffassung des Erblassers, seine Vorstellung und innere Meinung über den Sinn der Erklärung, aber auch sein subjektiver Sprachgebrauch zum Zeitpunkt der Testamentserrichtung. Nicht maßgebend ist insoweit die verkehrsübliche Bedeutung, d.h. die objektive Erklärungsbedeutung der abgegebenen Willens-

---

16 OLG München DNotZ 2017, 215 Rn 7: weitere Anhaltspunkte im Testament kamen hinzu

17 OLG München ZEV 2020, 47 = ErbR 2020, 111; OLG München ErbR 2020, 485 = BeckRS 2020, 3491.

18 Darauf weist *Riemer*, ErbR 2020, 112 (113) entgegen OLG München ZEV 2020, 47 = ErbR 2020, 111 zutreffend hin; ebenso OLG Brandenburg ZEV 2021, 473 Ls. = BeckRS 2021, 10179.

19 OLG Brandenburg FamRZ 2004, 981; MüKo/*Leipold*, § 2084 Rn 22.

20 Ebenso Soergel/*Loritz/Uffmann*, § 2084 Rn 24; Staudinger/*Otte* (2019), Vor §§ 2064–2086 Rn 34a

21 BayObLG FamRZ 1997, 251; BayObLG FamRZ 1999, 814.

22 BGH NJW 1983, 1610 = JZ 1983, 759 m. abl. Anm. *Wieling* u. zust. Anm. *Ludwig*; BGH NJW 1984, 721.

23 BGH FamRZ 1977, 786.

24 BGH NJW FamRZ 1987, 475 (476); ebenso BGH NJW 1993, 256; ZEV 2002, 20; BayObLG ZEV 1994, 377 (378); BayObLGZ 1997, 59 (66); 2001, 127 (130) = FamRZ 2002, 775 (776); BayObLG FamRZ 2003, 326 (327); OLG Stuttgart ZEV 2021, 197 Ls. = BeckRS 2020, 37312 Rn 9.

erklärung, sondern nur der Horizont des Erklärenden ist zu berücksichtigen.[25] Auch ein Bedachter genießt keinen Vertrauensschutz im Hinblick auf die objektive Bedeutung der abgegebenen Erklärung.

12 Daraus folgt, dass die **Auslegung eines Testaments** lediglich von der Vorschrift des § 133 BGB bestimmt wird, nicht hingegen von den Vorschriften gem. §§ 157, 242 BGB.[26] Der entscheidende Unterschied zwischen **Testamentsauslegung** und **Vertragsauslegung** liegt darin, dass bei der Testamentsauslegung § 133 BGB wörtlich zu nehmen ist, da sich die Auslegung eines Testaments nicht an einem Empfängerhorizont zu orientieren hat. Einen Empfänger testamentarischer Verfügungen gibt es nicht.[27] Das Problem ist darin zu sehen, dass nur durch Rückschlüsse aus äußeren Anhaltspunkten auf den inneren Willen des Erblassers geschlossen werden kann.

13 Dass § 157 BGB für die Auslegung von Testamenten nicht anwendbar ist, bedeutet nicht, dass die enthaltenen Kriterien keine Bedeutung haben. Denn auch im Erbrecht ist eine Erklärung i.d.R. so zu verstehen, wie sie nach der Verkehrsauffassung üblicherweise gewertet wird.[28] Der Empfängerhorizont ist bspw. ausnahmsweise dann zu berücksichtigen, wenn der Erblasser durch Verfügung von Todes wegen eine Person zu einem bestimmten Verhalten veranlassen will. Dies ist insbesondere bei Zuwendungen unter einer (aufschiebenden oder auflösenden) Potestativbedingung, bei Teilungsanordnungen, Auflagen und Anweisungen an den Testamentsvollstrecker[29] der Fall. Hier steht jedoch nicht der Vertrauensschutz im Vordergrund, sondern einzig und allein die Verwirklichung des Erblasserwillens. Dieser kann nur dann jemanden zu einem Verhalten veranlassen, wenn die bedachte Person die Anordnung auch versteht; daher muss er sie in solchen Fällen vernünftigerweise so wollen, wie sie vom Horizont des Betroffenen her auszulegen ist.[30]

Nach Ansicht der Rspr. darf sich die Auslegung nicht auf eine bloße **Analyse** des **Wortlauts** beschränken.[31] Für die Auslegung sind auch solche Umstände heranzuziehen, die außerhalb der Urkunde liegen. Dies gilt sowohl für solche Umstände, die vor der Testamentserrichtung liegen, als auch für nachträgliche Umstände.[32]

14 Heranzuziehende Umstände **außerhalb** der **Testamentsurkunde** können sein: örtliche Gebräuche; der persönliche Sprachgebrauch des Erblassers; das Vermögen des Erblassers, sowohl dessen Herkunft[33] als auch dessen Höhe;[34] mit welchen Mitteln ein bestimmter Gegenstand erworben wurde;[35] das Verständnis der Lebensgefährtin oder

---

25 BGHZ 80, 246, 249 = NJW 1981, 1736; BGHZ 86, 41, 45 = NJW 1983, 672, 673 = JZ 1983, 709 m. Anm. *Leipold*; BGH FamRZ 1987, 475; BGH NJW 1993, 256; BayObLG FamRZ 1986, 835, 836; BayObLG FamRZ 1995, 835, 836.

26 *Dippel*, AcP 177, 349, 355 m.w.N.

27 *Otte*, ZEV 1995, 410.

28 MüKo/*Leipold*, § 2084 Rn 27.

29 Vgl. hierzu OLG München FGPrax 2014, 241.

30 Staudinger/*Otte* (2019), Vor §§ 2064 ff. Rn 24.

31 BGHZ 86, 41, 45 = NJW 1983, 672; BGH FamRZ 1987, 475; BGHZ 94, 36, 38 = NJW 1985, 1554, BGH NJW 1993, 256 = DNotZ 1993, 124; *Muscheler*, Erbrecht I, Rn 1859.

32 BayObLGZ 1960, 216, 219; BayObLG FamRZ 1988, 986; BayObLG NJW 1988, 2742; BayObLG Rpfleger 1989, 22; MüKo/*Leipold*, § 2084 Rn 34 ff. m.w.N.

33 OLG München NJW-RR 2011, 1020: überlebender Ehegatte erhält von seiner Verwandtschaftsseite nach dem Tod des vorverstorbenen Ehegatten erhebliches Vermögen.

34 RG WarnR 1913, Nr. 230.

35 RG WarnR 1939 Nr. 46.

des überlebenden Ehegatten;[36] die Bildung und berufliche Stellung des Erblassers und seine Geschäftsgewandtheit;[37] die Eigenheiten bzw. der Lebenszuschnitt des Erblassers;[38] die Beziehungen des Erblassers zu den im Testament bedachten Personen (familiäre, persönliche oder berufliche Beziehungen, wobei hierzu sowohl gute als auch feindselige Beziehungen heranzuziehen sind); Aussagen von solchen Personen, die bei der Testamentserrichtung beteiligt waren;[39] mündliche Äußerungen dritter Personen oder des Erblassers; Schriftstücke des Erblassers und seine widerrufenen oder formungültigen Testamente,[40] soweit es um die Auslegung einer Verfügung geht und nicht um Ergänzung einer in einem formgültigen Testament fehlenden Verfügung. Demgemäß können derartige Schriftstücke nur verwendet werden, um den formgerecht erklärten Willen zu interpretieren, nicht hingegen, um die letztwillige Verfügung zu ergänzen. Bei vor der Errichtung des Testaments herangezogenen Schriftstücken ist jedoch darauf zu achten, ob der Erblasser zwischenzeitlich seine Ansicht geändert hat, d.h. ob das Schriftstück tatsächlich auf den Willen des Erblassers zum Zeitpunkt der Testamentserrichtung schließen lässt oder ob es einen Sinneswandel gegeben hat.

Geht es lediglich um die Verdeutlichung des Willens des Erblassers, der auch in einer 15
späteren letztwilligen Verfügung Anklang gefunden hat, so kann die frühere, auch formungültige Verfügung für die Auslegung jederzeit herangezogen werden. Es ist hingegen nicht möglich, eine frühere letztwillige Verfügung, welche nicht mehr gültig ist, dafür zu benutzen, um die später errichtete letztwillige Verfügung durch eine darin nicht enthaltene Anordnung zu ergänzen.[41] Auch nach Testamentserrichtung erstellte Schriftstücke können zur Ermittlung des Willens herangezogen werden. Als solche kommen bspw. Testamentszusätze oder nachträglich errichtete, formunwirksame Testamente in Betracht. Es ist jedoch sorgfältig zu prüfen, ob diese tatsächlich Rückschlüsse auf den Willen des Erblassers bei Testamentserrichtung zulassen oder der Erblasser seine Meinung nachträglich korrigieren will. Solche nachträglichen Korrekturen sind nicht möglich, es sei denn, es handelt sich um eine neue formgültige letztwillige Verfügung. D.h. Formgültigkeit muss vorliegen. Auch allgemeine Schreiben oder Begleit- oder Erläuterungsschreiben zum Testament können herangezogen werden.[42]

Weiter kann das persönliche Verhältnis des Erblassers zu den Bedachten und die 16
Intensität der Kontakte zu diesen[43] herangezogen werden, des Weiteren die äußere Gestaltung der Testamentsurkunde.[44] Es kann für die Auslegung wichtig sein, ob es sich um ein eigenhändiges oder ein notarielles Testament handelt. Wegen der Beratungspflichten des Notars spricht eine größere Wahrscheinlichkeit dafür, dass der

36 Beispiel: OLG München FamRZ 2011, 403 = BeckRS 2010, 20344: die testamentarische Erklärung: „Eine Erbeinsetzung möchte ich heute nicht treffen." enthält im konkreten Fall unter Berücksichtigung der Aussage der Lebensgefährtin nicht den Widerruf einer früheren Erbeinsetzung.

37 RG SeuffA 75, Nr. 107.

38 OLG München BeckRS 2011, 25923.

39 RG Recht 1910 Nr. 3532. So wird im Erbscheinsverfahren vielfach der Notar, der ein Testament oder einen Erbvertrag beurkundet hat, zur Ermittlung des Erblasserwillens anzuhören sein, jedoch im Allgemeinen nicht, wenn zwischen Testamentserrichtung und Erbfall 27 Jahre verstrichen sind, BayObLG FamRZ 1993, 366; anders, wenn es auf allgemeine Fragen der Beurkundungspraxis ankommt, BayObLGZ NJW-RR 1997, 6 (9). Auch bei einer über 20 Jahre zurückliegenden Beurkundung kann das Verständnis des beurkundenden Notars für die Auslegung Bedeutung haben, BayObLG FamRZ 1997, 1243.

40 BGH WM 1980, 1039; OLG Hamm Rpfleger 1986, 479, 480; BayObLGZ 1981, 79, 81.

41 BGH WM 1980, 1039; OLG Hamm Rpfleger 1986, 479, 480; BayObLGZ 1981, 79, 81.

42 BeckOGK/*Gierl*, § 2084 BGB Rn 47 m.w.N.

43 OLG Zweibrücken NJW-RR 1989, 453.

44 BayObLG FamRZ 1990, 318.

Erblasser die verwendeten Begriffe auch tatsächlich so gemeint hat.[45] Aus der Formulierung „gehört Dir, solange Du lebst" folgt nicht zwingend die Anordnung einer Vor- und Nacherbschaft, wenn der Erblasser das Ziel hatte, den Bedachten wirtschaftlich abzusichern, und er diesen nicht den Beschränkungen eines Vorerben unterwerfen wollte.[46] Allerdings ist es auch beim notariellen Testament nicht ausgeschlossen, juristische Fachbegriffe in einem laienhaften Sinn auszulegen, wenn sich eine solche Auslegung aus dem gesamten Testamentsinhalt ergibt.[47] Wird jedoch Bezug genommen auf eine nicht der Form der letztwilligen Verfügung entsprechende Urkunde, ist dies nicht ausreichend.[48] Nicht ausreichend ist es, wenn der Erblasser in seinem Testament hinsichtlich der Namen und Adressen der Erben auf einen Computer-Ausdruck verweist.[49] Die Rechtsprechung hat hingegen eine Erbeinsetzung einer mildtätigen Organisation, die in einem formungültigen Testament aufgeführt war, als wirksam erachtet.[50]

17 Es können auch mündliche **Äußerungen und Verhaltensweisen** des Erblassers, die dieser sowohl vor als auch nach der Errichtung in Bezug auf den Inhalt seines Testaments gemacht hat, herangezogen werden.[51] Hierzu zählt beispielsweise, dass der Erblasser dritten Personen Vollmachten erteilt hat oder aber sein Testament in Verwahrung gegeben hat. Diese dienen zumindest als Anzeichen für den Willen, den der Erblasser im Zeitpunkt der Testamentserrichtung gehabt hat.[52] Allerdings sind derartige Äußerungen und Verhaltensweisen auch mit Vorsicht zu genießen.[53] Dies beruht darauf, dass der genaue Wortlaut derartiger Äußerungen vielfach schwer zu beweisen sein dürfte. Im Übrigen kann dem, was der Erblasser im Alltag und nebenbei geäußert hat, die subjektive Wahrhaftigkeit fehlen. Auch könnte dem Erblasser die rechte Erinnerung an den genauen Inhalt seines eigenen Testaments gefehlt haben.[54] In den Fällen, in denen der Erblasser im Rahmen von Gesprächen sein Testament seinem Inhalt nach offengelegt und erläutert hat, wird dem Verständnis des Erblassers jedoch erhebliche Bedeutung für die Auslegung zukommen.[55] Wenn sich die außerhalb der Testamentsurkunde liegenden Umstände und der klare und eindeutige Wortlaut der letztwilligen Verfügung widersprechen, so sind an den Beweis der Umstände hohe Anforderungen zu stellen.[56] Der klare Wortlaut deutet zunächst auch auf den wahren Erblasserwillen hin.[57] Dies hat insbesondere auch für notarielle Testamente zu gelten, da zunächst

45 Staudinger/*Otte* (2019), Vor §§ 2064 ff. Rn 63; MüKo/*Leipold*, § 2084 Rn 44; *Raff* ErbR 2020, 330.
46 BayObLG FamRZ 2000, 60.
47 BGH RdL 1953, 66.
48 BGH NJW 2022, 474 Rn 12 m.Anm. *Krätzschel* = ZEV 2022, 143 m.Anm. *Centner*; OLG Köln FGPrax 2015, 85 Rn 42; anders ist es, wenn das Testament einen wenn auch geringen Anhalt für die Auslegung bietet, BGH WM 1980, 1039 – ein Grenzfall, über den sich streiten lässt; dazu abl. *Schubert* JR 1981, 24; Staudinger/*Otte* (2019), Vor §§ 2064–2086 Rn 68; sehr weitgehend auch OLG Hamburg ZEV 2016, 32 m. krit. Anm. *Fervers*
49 OLG Frankfurt ZEV 2021, 443 m.Anm. *Fervers.*
50 KG ZEV 2018, 272; hier konnte man immerhin von einer mit Testamentserrichtung abgeschlossenen Willensbildung ausgehen.
51 OLG München ZEV 2017, 634 Rn 56 f.; OLG München ZEV 2009, 239, 240; OLG Hamm ZErb 2008, 23, 25; BayObLG NJW 1988, 2742, 2743; BayObLG NJW-RR 1988, 969, 970; BayObLG Rpfleger 1989, 369, 370; BayObLG FamRZ 1994, 1206; OLG Hamm JR 1987, 376, 377.
52 BayObLG Rpfleger 1989, 369, 370.
53 OLG Karlsruhe OLGZ 1969, 497; MüKo/*Leipold*, § 2084 Rn 37.
54 MüKo/*Leipold*, § 2084 Rn 37.
55 OLG Hamm FGPrax 2008, 31, 32.
56 MüKo/*Leipold*, § 2084 Rn 12.
57 KG Rpfleger 1969, 426; KG NJW 1970, 758; BayObLGZ 1996, 204, 218.

einmal davon ausgegangen werden muss, dass der Notar den Willen des Erblassers erforscht hat.[58] Häufig fassen die Beteiligten das errichtete Testament nach dem Erbfall spontan in einer bestimmten Art und Weise auf. Auch hieraus können sich Anhaltspunkte ergeben, welcher Sinn vom Erblasser gewollt war.[59] Im Übrigen ist bei der Testamentsauslegung die allg. Lebenserfahrung zu berücksichtigen.[60]

Für die Feststellung des tatsächlichen (realen), subjektiven Willens des Erblassers ist stets der **Zeitpunkt der Testamentserrichtung** maßgeblich.[61] Die Tatsache, dass der Erblasser nach der Testamentserrichtung seinen realen Willen geändert hat, ist hingegen unbeachtlich.[62] Spätere Umstände, bspw. Äußerungen des Erblassers, sind nur dann zu berücksichtigen, wenn sie Rückschlüsse auf die Willensbildung im Zeitpunkt der Testamentserrichtung ermöglichen.[63] Spätere Äußerungen des Erblassers, wonach er seiner letztwilligen Verfügung einen anderen Sinn beilegt, als er dies bei Testamentserrichtung getan hat, sind unbeachtlich und können keine Berücksichtigung finden. Zunächst ist vom **Wortlaut** der letztwilligen Verfügung auszugehen. Voraussetzung für ein Abweichen vom Wortsinn ist, dass Umstände gegeben sind, die darauf schließen lassen, dass der Erblasser mit den gewählten Worten einen anderen Sinn verbunden hat, als dies dem allg. Sprachgebrauch entspricht.[64] 18

Handelt es sich um ein **notarielles Testament**, so ist für die Ermittlung des wahren Willens nicht allein entscheidend, was sich der Notar unter einem bestimmten Begriff vorgestellt hat. Maßgeblich ist, welche Bedeutung der Erblasser mit dem gewählten Begriff verbunden hat.[65] Wenn es sich jedoch um ein öffentliches Testament handelt, spricht eine gewisse Vermutung dafür, dass der objektive Inhalt der Erklärung und der Wille des Erblassers übereinstimmen.[66] Gibt es jedoch Anhaltspunkte dafür, die für ein pflichtwidriges Verhalten des Notars sprechen, so sind die gewählten Formulierungen dahingehend zu überprüfen, ob sie mit dem wahren Willen des Erblassers übereinstimmen.[67] In jedem Falle ist jedoch das Verständnis des Notars Indiz für den Erblasserwillen, auch wenn eine Beurkundung schon Jahre zurückliegt.[68] 19

Einseitige Verfügungen von Todes wegen unterliegen dem Formzwang gem. §§ 2232, 2247, 2267, 2276 BGB. Es ist daher für die Auslegung erforderlich, und zwar nach der sog. **Anhalts-** oder **Andeutungstheorie**, dass sich der wirkliche Wille des Erblassers im Testament in irgendeiner Art und Weise niedergeschlagen hat. Es genügt, wenn 20

---

58 *Mayer*, MittBayNot 1994, 111, 113.

59 OLG Hamm DNotZ 1963, 559, 561 m. Anm. *Schopp*.

60 BGHZ 86, 41, 45 f.; BGHZ 94, 36, 38; BayObLG FamRZ 1986, 835, 836; BayObLG NJW 1988, 2742 = FamRZ 1988, 986, 988; BayObLG Rpfleger 1989, 369, 370; BayObLG NJW-RR 1996, 1351 = FamRZ 1995, 1446.

61 BGHZ 112, 229, 233; KG NJW 1970, 758; OLG Hamm JR 1987, 376; BayObLG NJW-RR 1989, 326, 327; BayObLG FamRZ 1993, 1250; BayObLG FamRZ 1995, 1446.

62 RGZ 99, 85; RGZ 142, 171, 175; BGH WM 1972, 780; BayObLG NJW-RR 1996, 1351 = FamRZ 1995, 1446.

63 BGH ErbR 2015, 138 Rn 13 = ZEV 2015, 343: Pflichtteilszahlung durch den überlebenden Ehegatten als Argument für Auslegung als Vollerbeneinsetzung; BayObLG FamRZ 1995, 1446; BayObLGZ 1997, 59 (68) = FamRZ 1997, 1365; KG NJW 1970, 758; OLG Hamm JR 1987, 376 (377); Staudinger/*Otte* (2019), Vor §§ 2064–2086 Rn 75; MüKo/*Leipold*, § 2084 Rn 31.

64 BGHZ 80, 246, 249 = NJW 1981, 1736; BayObLG FamRZ 1986, 835; BayObLG NJW-RR 1997, 836, 838.

65 BGH NJW 1981, 1736; OLG Hamm FamRZ 1994, 188.

66 OLG Köln Rpfleger 1982, 424; OLG Saarbrücken NJW-RR 1994, 844, 846; BayObLG FamRZ 1996, 1037, 1038; OLG Hamm Rpfleger 2001, 595, 596.

67 KG FamRZ 1987, 413; OLG Saarbrücken NJW-RR 1994, 844.

68 BayObLG NJW RR 1997, 835.

Anhaltspunkte vorhanden sind.[69] Nach a.A. ist das Vorliegen überhaupt einer **formgerechten** Verfügung ausreichend, um den feststehenden wahren Willen zur Geltung zu bringen.[70] In der Rspr. ist die Andeutungstheorie ganz herrschend. Stimmen in der Lit. gehen irrig davon aus, der BGH habe diese Andeutungstheorie in seiner Grundsatzentscheidung zur Aufgabe der Eindeutigkeitsformel aufgegeben.[71] In der Lit. sprechen sich ohnehin zahlreiche Stimmen gegen die Andeutungstheorie aus.[72] Die Gegenstimmen werfen der Andeutungstheorie vor, sie nötige zu Wortklaubereien, weiterhin führe die Andeutungstheorie zur Bevorzugung des eigenhändigen vor dem notariellen Testament sowie den unklaren Erblasser vor demjenigen, der knapp und klar testiert. Der Begriff „Bevorzugung" wird als das Zur-Geltung-Bringen des wirklichen Willens des Erblassers verstanden.

21 Der Zweck der Form wird jedoch verkannt, wenn das **Erfordernis der Form** nicht auf den maßgeblichen Inhalt des Testaments erstreckt wird, so dass hier der Anhalts- und Andeutungstheorie zu folgen ist. Die Andeutungstheorie führt gerade nicht zu Wortklaubereien, denn der Wille des Erblassers soll nicht um jeden Preis zur Geltung gebracht werden, denn gerade dort, wo der Wille des Erblassers in der Urkunde nicht angedeutet ist, besteht kein Zwang, ihn zur Geltung zu bringen. Durch die Andeutungstheorie wird die Respektierung des Erblasserwillens mit dem Formerfordernis verbunden. Wenn der Andeutungstheorie nicht gefolgt wird, würde dies zu einer Geltung des Willens führen, der nicht formgerecht erklärt worden ist. Bezüglich dieser Theorie zieht die Rspr. die Grenzen mitunter sehr weit. Kritiker wenden auch ein, die Andeutungstheorie stehe im Widerspruch zum auch im Testamentsrecht grundsätzlich anerkannten Satz „falsa demonstratio non nocet" (siehe Rdn 22, 23).[73] Maßgeblich ist jedoch nicht der Horizont eines Empfängers, sondern der Horizont des Erblassers, d.h. ob der Erblasser die von ihm gewählte Formulierung als Ausdruck des von ihm Gemeinten qualifiziert hat. Daher ist es gerechtfertigt, den Grundsatz der falsa demonstratio auch im Testamentsrecht anzuwenden. Dieser steht auch nicht im Widerspruch zur Andeutungstheorie, da die vom Erblasser gewählte Bezeichnung aus seiner Sicht das Gemeinte auch ausgedrückt hat. Wenn der Erblasser seine Ehefrau gewöhnlich „Mutter" und seine Mutter „Oma" genannt hat und seine „Mutter" zur Alleinerbin eingesetzt hat, ist somit mit dieser Formulierung gemeint, dass die Ehefrau seine Alleinerbin ist.

22 Es handelt sich hierbei um seltene Ausnahmefälle, bei denen jedoch eine **objektive Auslegungsfähigkeit** gegeben sei.[74] Der vorgenannte Fall, in dem der Erblasser seine Ehefrau als Mutter bezeichnet, ist im Alltagssprachgebrauch nicht so selten.[75] Dieser spezifische Sprachgebrauch des Erblassers ist auch bei der Auslegung zu berücksichtigen. Der mit der Formulierung verbundene Sinn ist somit beweisbar. In diesem Fall, aber nur in diesem Fall, ist daher die Falschbezeichnung unschädlich.[76] Im Übrigen ist dem Erblasser jedoch bei einer falschen Bezeichnung nicht zu helfen. Die Grund-

---

69 RGZ 59, 217; RGZ 99, 82, 86; RGZ 134, 277, 280; BGHZ 22, 357, 360; BGHZ 80, 242, 246; BayObLG NJW 1988, 2744, 2745; MüKo/*Leipold*, § 2084 Rn 16 m.w.N.; Soergel/Loritz/Uffmann, § 2084 Rn 11, 12 m.w.N.; *Foer*, AcP 153, 492, 495 m.w.N.; *Wolf/Gangel*, JuS 1983, 665; *Otte*, ZEV 1995,409.

70 *Stagl*, Der Wortlaut als Grunde der Auslegung von Testamenten, S. 179 ff.

71 BGHZ 86, 41.

72 So auch *Flume*, AT Bd. II § 16 2; *Smid*, JuS 1987, 286; *Foerste*, DNotZ 1983, 84; *Gerhards*, JuS 1994, 642.

73 *Brox*, JA 1984, 556.

74 MüKo/*Leipold*, § 2084 Rn 24.

75 MüKo/*Leipold*, § 2084 Rn 24; *Wieling*, Jura 1979, 524, 530.

76 MüKo/*Leipold*, § 2084 Rn 24.

sätze der „falsa demonstratio" können bei der Testamentsauslegung deshalb nicht generell angewendet werden, weil es am objektivierenden Element der Willensübereinstimmung fehlt. Bei der falsa demonstratio kommt es auf den übereinstimmenden Willen beider Vertragspartner an. Nur wenn sich das vom Erblasser tatsächlich Gewollte aus dessen Sprachgebrauch ergibt, sind die Grundsätze anwendbar.[77] Kann somit das vom Erblasser Gemeinte zuverlässig ermittelt werden, sind Falschbezeichnungen unschädlich.

In den Fällen, in denen der Erblasser den Bedachten **falsch bezeichnet**, ohne dass es Anhaltspunkte im Testament gibt, die auf eine andere Person schließen lassen, bleibt nur die Anfechtung. Erklärt der Erblasser außerhalb des Testaments, er habe einen anderen gemeint, führt dies nicht dazu, seine Erklärung in diesem Sinne auszulegen. Es gilt hier der objektive Inhalt, der angefochten werden kann.[78] Dies gilt sowohl für einen Inhaltsirrtum als auch für einen Irrtum in der Erklärungshandlung.[79] Es bleibt nur die Anfechtung, wenn der Erblasser etwas anderes erklärt, als er gewollt hat. Auch im Falle eines Motivirrtums hilft nur die Anfechtung weiter, nicht hingegen die Auslegung.[80] Auch eine unterlassene oder vergessene Anordnung kann nicht korrigiert werden, da diese nicht der Testamentsform genügt, es sei denn eine derartige Anordnung kann aufgrund einer Gesamtwürdigung des Textes festgestellt werden.[81] 23

III. Erbverträge und gemeinschaftliche Testamente

Bei Erbverträgen und gemeinschaftlichen Testamenten ist zwischen einseitigen bzw. nicht wechselbezüglichen Verfügungen und vertragsmäßigen Verfügungen in einseitigen und gegenseitigen Erbverträgen bzw. wechselbezüglichen Verfügungen zu unterscheiden. Handelt es sich um einseitige Verfügungen im Erbvertrag und nicht wechselbezügliche Verfügungen in gemeinschaftlichen Testamenten, so gilt das unter Rdn 11 Ausgeführte entsprechend. Es ist allein der subjektive Wille und Sprachgebrauch des Erblassers maßgebend.[82] Es gelten die Grundsätze der Testamentsauslegung. 24

Handelt es sich um **vertragsmäßige Verfügungen** (§ 2278 Abs. 1 BGB) in einseitigen Erbverträgen, findet auch § 157 BGB Anwendung, und zwar neben der Vorschrift des § 133 BGB. Es ist somit auch auf den Empfängerhorizont des Vertragspartners abzustellen, nicht allein auf den subjektiven Willen des Erblassers und dessen Sprachgebrauch.[83] Daraus, dass auch auf den **Empfängerhorizont**[84] abzustellen ist, folgt, dass der Sprachgebrauch des Erblassers bei der Auslegung unberücksichtigt bleibt, es sei denn, dem Empfänger ist der Sprachgebrauch bekannt. Ist dies der Fall, ist der wahre Wille des Erblassers zu berücksichtigen, auch wenn die Erklärung nach dem allg. Sprachgebrauch anders zu verstehen wäre.[85] Es ist der übereinstimmende Sprachgebrauch der Ehegatten maßgeblich, nicht hingegen der des Schlusserben oder der 25

---

77 MüKo/*Leipold*, § 2084 Rn 24.

78 BGH LM § 2084 Nr. 7; OLG Hamm NJW 1974, 60.

79 MüKo/*Leipold*, § 2084 Rn 25; Soergel/*Loritz/Uffmann*, § 2084 Rn 26; a.A. *Brox/Walker*, ErbR § 16 Rn 3; *Brox*, Einschränkung der Irrtumsanfechtung, 1960, 86 ff., 141 ff.; *Foerste* DNotZ 1993, 84 (93 ff., 96); s. auch *Siber*, FG RG, Bd. III, 1929, 378 f., weniger weitgehend; *Heinrich Lange*, JherJb 82 (1932), 1 (16); *Flume*, BGB AT II § 21, 10 (S. 430).

80 Soergel/*Loritz/Uffmann*, § 2084 Rn 27 m.w.N.

81 BeckOGK/*Gierl*, § 2084 Rn 62 m.w.N.

82 MüKo/*Leipold*, § 2084 Rn 61, 63.

83 BGH DNotZ 1990, 50; BGHZ 106, 359, 361; BayObLG Rpfleger 1983, 70; BayObLG DNotZ 1990, 53, 54; MüKo/*Leipold*, § 2084 Rn 61, 63; Horn/Kroiß/*Horn*, Testamentsauslegung, § 2 Rn 6.

84 Dies gilt auch für die Frage, ob ein Erbvertrag abgeschlossen oder ein gemeinschaftliches Testament beurkundet wurde, OLG Hamm FGPrax 2005, 30.

85 MüKo/*Leipold*, § 2084 Rn 62.

eines objektiven Betrachters. Allein der erklärte, übereinstimmende Wille beider Vertragsparteien ist für die Auslegung maßgeblich.[86] Dies bedeutet, dass der Gesamtzusammenhang zu berücksichtigen ist.

26 Handelt es sich um vertragsmäßige Verfügungen, ist auch die Vorschrift des § 242 BGB zu beachten.[87] Dies gilt vor allem dann, wenn mit dem Erbvertrag weitere Vereinbarungen verbunden sind. Spätere einseitige Verfügungen des längstlebenden Ehegatten sind ohne Bedeutung. Kann ein übereinstimmender Wille im Wege der Auslegung nicht ermittelt werden, verbleibt es beim objektiven Erklärungsinhalt. Für den Fall, dass dieser nicht mit dem Gewollten übereinstimmt, bleibt nur die Anfechtung.

27 Handelt es sich um **wechselbezügliche Verfügungen** (§ 2270 BGB), kommt es auf den übereinstimmenden Willen beider Ehegatten an. Für den Fall, dass ein übereinstimmender Wille beider Parteien fehlt, muss der Ehegatte seine von ihm errichteten Verfügungen so gegen sich gelten lassen, wie sie der andere Ehegatte verstehen durfte.[88]

28 Handelt es sich um vertragsmäßige Verfügungen in **gegenseitigen** oder **wechselbezüglichen** Erbverträgen, so gelten für die Auslegung die allg. Regeln der §§ 133, 157 BGB. Demgemäß ist allein auf die objektive Erklärungsbedeutung selbst abzustellen.[89] Auch wenn dem Erblasser ein Entgelt geleistet worden ist, ist dieses bei der Auslegung zu berücksichtigen.[90]

Praxishinweis: Berücksichtigung des Willens beider Erblasser, Vorgehen am Fall
Zunächst ist zu prüfen, ob eine mögliche Auslegung auch dem Willen des anderen Ehegatten entspricht:
Nach der Rspr.[91] ist bei der Auslegung der gemeinsamen Verfügungen eines gemeinschaftlichen Testaments stets die übereinstimmende Willensrichtung beider Erblasser maßgebend. Es ist also zu prüfen, ob eine nach den Umständen mögliche Auslegung der Erklärung des einen Erblassers auch dem Willen des anderen entsprochen hat;[92] dabei kommt es auf den übereinstimmenden Willen zum Zeitpunkt der Testamentserrichtung an.[93]
Häufig wird sich jedoch der Wille des erstversterbenden Ehegatten nicht mehr feststellen lassen, wenn dieser lange Zeit vor dem zweiten Erbfall verstorben ist. Hier sind daher die Erklärungen, die der überlebende Ehegatte nach dem Tod des Erstversterbenden abgegeben hat, heranzuziehen, und zwar als Anzeichen für den im Zeitpunkt der Testamentserrichtung vorhandenen Willen beider Ehegatten.[94] Lässt sich eine solche Willensübereinstimmung nicht feststellen, so muss auf den Willen des Erblassers abgestellt werden, um dessen Verfügung es geht, jedoch mit der Besonderheit, dass eine Beurteilung aus der Sicht des anderen Ehegatten stattfindet, da dieser sich auf den Erklärungswert dieser Erklärung verlassen und einstellen musste.[95]

86 BGH FamRZ 1983, 380, 381; BayObLGZ 1995, 120, 123; BayObLG NJW-RR 1997, 835.
87 OLG München ZEV 2021, 250 Rn 15 m.Anm. *Keim*.
88 BGHZ 112, 233; BGH NJW 1993, 256.
89 *Lange*, NJW 1963, 1571.
90 *Lange/Kuchinke*, § 34 III 7c.
91 BGH DNotZ 1953, 100 = LM Nr. 7 zu § 242 (A).
92 BGHZ 112, 229; BGH NJW 1993, 256; BayObLGZ 1962, 137 = FamRZ 1962, 440; BayObLGZ 1979, 427; BayObLGZ 1981, 79; BayObLGZ 1986, 426; KG OLGZ 1966, 503; KG NJW 1963, 766.
93 BGHZ 112, 229.
94 BGH ZEV 2015, 343 Rn 12; BayObLGR 2005, 465, 466.
95 BGH NJW 1993, 256.

Entscheidend ist dabei nicht der objektive Empfängerhorizont, sondern die Sichtweise des anderen Ehegatten. Oftmals wird dies allerdings dazu führen, dass die Auslegung nach dem reinen Wortlaut angenommen werden muss.[96]

C. Auslegungsmethoden

I. Allgemeines

Nach geltender Rspr. werden bei der Auslegung die folgenden Methoden unterschieden, die in nachstehender Reihenfolge zu prüfen sind: 29

1. Einfache, unmittelbare oder erläuternde Auslegung
2. Erforschung des mutmaßlichen Willens
3. Ergänzende Auslegung
4. Grundsatz der wohlwollenden Auslegung
5. Umdeutung
6. Teilaufrechterhaltung gem. § 2085 BGB
7. Auslegungsvertrag

II. Einfache, unmittelbare oder erläuternde Auslegung

Ziel der **einfachen Auslegung** ist es, den Inhalt einer einzelnen Verfügung oder ihrer Gesamtheit festzustellen. Der **wirkliche, aktuelle oder reale Wille** des Erblassers ist zu erforschen.[97] Dieser wird dabei wie folgt ermittelt: 30

Maßgeblich ist der **Wortlaut**.[98] Von diesem ist zunächst auszugehen. Der Wortlaut ist jedoch nicht bindend, da der wirkliche Wille des Erblassers im Zeitpunkt der Testamentserrichtung zu erforschen ist. Eine Auslegung ist nicht ausgeschlossen, selbst wenn der Wortlaut eindeutig erscheint.[99] Es ist daher das zu ermitteln, was der Erblasser mit seinen Worten sagen wollte.[100] Hierfür sind konkrete Umstände vorzutragen, aus denen sich ergibt, dass der Erblasser mit den von ihm gewählten Worten einen anderen Sinn verbunden hat.[101] Der entscheidende Richter darf sich jedoch nicht auf den Wortlaut beschränken, sondern muss vielmehr für seine Beurteilung auch alle ihm zugänglichen Umstände außerhalb der Testamentsurkunde heranziehen, die zur Aufdeckung des wahren Willens dienlich sein können.[102] Hierbei ist nicht ein von der Erklärung losgelöster Wille zu ermitteln, sondern es ist zu klären, was der Erblasser tatsächlich gewollt hat.[103] 31

Der Inhalt eines Testaments ist auszulegen, sofern er mehrdeutig ist. Die Mehrdeutigkeit kann sich beziehen auf den Zuwendungsgegenstand, auf einzelne Modalitäten der Zuwendung oder auf den Zuwendungsempfänger. Mehrdeutigkeit liegt auch dann vor, wenn Fachbegriffe sinnlos oder fehlerhaft verwendet worden sind.[104] Bei der Ausle- 32

96 BGH NJW 1951, 959.

97 BGH ZEV 2011, 422, 423.

98 OLG Hamm ZEV 2011, 536; OLG Hamm BeckRS 2011, 2646; Horn/Kroiß/*Horn*, Testamentsauslegung, § 2 Rn 18.

99 BGHZ 86, 41 = NJW 1983, 672 = JZ 1983, 709 m.Anm. *Leipold*. Der Zusatz „scheinbar" ist zwar nicht im einschlägigen Leitsatz dieser Entscheidung enthalten, doch ergeben die Ausführungen in BGHZ 86, 41 (46), dass nichts anderes gemeint ist. Vom *scheinbar* klaren und eindeutigen Wortlaut sprechen ua BayObLG FamRZ 1991, 231 (232); 2002, 1745 (1747); ZEV 2004, 200 m.Anm. *Kasper*; OLG Brandenburg FamRZ 1999, 188 (190); OLG Hamm FamRZ 2011, 1172; KG ZEV 2019, 108 Ls. = BeckRS 2018, 32120; OLG Stuttgart ZEV 2021, 197 Ls. = BeckRS 2020, 37312 Rn 10.

100 BGH ZEV 2009, 459, 461; OLG München BeckRS 2011, 25923; OLG Karlsruhe NJW-RR 2011, 874, 875.

101 BGH NJW 1983, 672, 673; OVG Münster ZEV 2009, 402, 403.

102 BGHZ 86, 41, 45; BGHZ 94, 36, 38; BGH FamRZ 1987, 475.

103 BGH FamRZ 1987, 475; *Schmidt-Kessel*, WM 1988 Beil. Nr. 8, S. 7.

104 OLG Düsseldorf FGPrax 2011, 125, 126.

gung sind regionale, schichtspezifische sowie berufsspezifische Faktoren zu berücksichtigen. Nach der Rspr. des BayObLG sind auch ein sich durch die Zeichensetzung ergebender Sinn sowie die Grammatik zu beachten.[105] Auch die Definitionen aus Wörterbüchern (Duden, Bedeutungswörterbuch; Götter, Neues Deutsches Wörterbuch) können herangezogen werden.[106] Sowohl der Bedeutungszusammenhang wie auch die Interpunktion sind zu berücksichtigen. Ebenso der Aufbau und die Gliederung des Textes.[107] Da für die Auslegung der Wille des Erblassers im Zeitpunkt der Testamentserrichtung maßgeblich ist, können auch Äußerungen desselben, die dieser vor oder nach Errichtung der letztwilligen Verfügung getätigt hat und die Rückschlüsse auf den Zeitpunkt der Testamentserrichtung zulassen, herangezogen werden.[108] Bei der Auslegung einer einzelnen Verfügung ist stets die Gesamtheit der Verfügungen zu würdigen. Im Übrigen auch das Verhältnis der Verfügungen untereinander sowie alle Nebenumstände.[109]

33 Nach einer früher vertretenen Ansicht, konnten eindeutige Erklärungen nicht ausgelegt werden – „cum in verbis nulla ambiguitas est, non debet admitti voluntatis questio“.[110] Diese **Eindeutigkeitsformel** wurde jedoch aufgegeben. Im Zuge der Zulassung des eigenhändigen Testaments sowie der großzügigen Anwendung des Satzes „falsa demonstratio non nocet“, nach dem falsche Bezeichnungen auch innerhalb einer Verfügung von Todes wegen korrigiert werden können, wurde durch die Rspr. und Lit. der Schwerpunkt der Auslegung immer mehr vom Erklärten zum vom Erblasser wirklich Gewollten verlagert. Nach geltender Rspr. setzt auch der „klare und eindeutige“ Wortlaut der Verfügung der Auslegung keine Grenzen („Abbau der Wortlautgrenze“ statt „eindeutiger Wortlaut als Schranke“).[111] Dies bedeutet, dass auch eine scheinbar klare und eindeutige Willenserklärung der Auslegung zugänglich ist.[112] Die Verwirklichung des Erblasserwillens hat somit Vorrang vor dem Wortlaut.

34 Die **Eindeutigkeit** des **Wortlauts** hat allerdings erhebliches Gewicht, und zwar als Grundlage einer widerlegbaren Vermutung, dass der Erblasser den Wortlaut nicht anders als im üblichen Sinne gemeint hat.[113] Wird zu rasch vom üblichen Wortsinn abgewichen und der Erklärung des Erblassers ein anderer Sinn beigemessen, so besteht die Gefahr, dass dem wahren Willen des Erblassers nicht Rechnung getragen wird. Es gilt das Prinzip der Verantwortung des Erklärenden. Dies bedeutet, dass zunächst bei der vom Erblasser gewählten Formulierung vom üblichen Wortsinn auszugehen und die Erklärung nicht anders auszulegen ist. Es besteht der Grundsatz, dass derjenige, der eine Erklärung abgibt, sich grundsätzlich über deren Bedeutung Gedanken zu

105 BayObLG NJW-RR 1997, 835, 836.
106 AG Lüdenscheid v. 16.9.2011 – 9 VI 120/11.
107 BeckOGK/*Gierl*, § 2084 Rn 36 m.w.N.
108 BayObLG DNotZ 1994, 399; OLG München ZEV 2017, 634 Rn 56 f.
109 BayObLG NJW-RR 1997, 836; Staudinger/*Otte* (2019), Vor § 2064 Rn 61
110 BGHZ 26, 204; BGHZ 32, 60.
111 Obiter dicta: BGHZ 80, 246 = NJW 1981, 1736; Grundsatzentscheidung: BGHZ 86, 41, 46 = NJW 1983, 672; BayObLG FamRZ 1984, 825; OLG Hamm Rpfleger 1986, 479, 480; OLG Zweibrücken Rpfleger 1986, 479, 480; BayObLG NJW-RR 1988, 969; BayObLG FamRZ 1989, 786 = NJW-RR 1989, 837 = JuS 1990, 61 m. Anm. *Hohloch*; a.A. *Flume*, NJW 1983, 2007; *Brox*, JA 1984, 549.
112 OLG Stuttgart BeckRS 2020, BECKRS Jahr 37312; OLG Brandenburg BeckRS 2019, 13885; BGH NJW 1987, 3131; *Schmidt-Kessel*, WM 1988 Beil. Nr. 8, S. 7.
113 Soergel/*Loritz/Uffmann*, § 2084 Rn 17; BGH LM Nr 7 zu § 2084 = BB 1956, 318; Staudinger/*Otte* (2019), Vor §§ 2064–2086 Rn 54; MüKo/*Leipold*, § 2084 Rn 12; *Wolf/Gangel*, JuS 1983, 663, 668; *Schmidt-Kessel*, WM 1988 Sonderbeil Nr 8, S 8; weniger klar, wenn auch iErg gleich KG MDR 1969, 926 = Rpfleger 1969, 426 u. NJW 1970, 758, wo nur festgestellt wird, der klare Wortlaut habe zumindest die Vermutung, dass er den wahren Erblasserwillen wiedergebe, für sich.

machen hat.[114] Wird vom üblichen Sprachsinn abgewichen, sind an diese Abweichung strenge Beweisanforderungen zu stellen. Nach Ansicht des BGH müsse sich der Auslegende für den Fall, dass der wirkliche Wille nicht feststellbar sei, damit begnügen, den Sinn zu ermitteln, der dem mutmaßlichen Erblasserwillen am ehesten entspreche.[115] Ob man die so gefundene Auslegung wirklich nur als eine „zweitbeste Lösung", einen „Notbehelf" anzusehen hat,[116] weil auf diese Weise nur ein mutmaßlicher Wille angenommen wird, während das Ideal darin bestünde, den tatsächlichen Willen des Erblassers zu ermitteln, ist nach Ansicht von *Leipold* zweifelhaft.[117] Dies begründet er damit, dass das Verständnis nach Maßgabe des üblichen Sprachsinns (oder jedenfalls innerhalb der Bandbreite der gewöhnlichen Bedeutung) im Regelfall dem Willen des Erblassers entsprechen würde, so dass davon auszugehen ist, dass damit auch der wirkliche Wille des Erblassers ermittelt wurde. Handelt es sich um eine **notariell** beurkundete Verfügung von Todes wegen, so sollte bei der Auslegung deren Beweiskraft nicht außer Acht gelassen werden.[118]

Ist sodann der tatsächliche Wille des Erblassers bewiesen oder zugestanden, ist in einem weiteren Schritt zu prüfen, ob sich der ermittelte Erblasserwille im Testament niedergeschlagen hat, d.h. ob der Wille des Erblassers, wenn auch nur andeutungsweise, in der Urkunde zum Ausdruck gekommen ist (**Anhalts- oder Andeutungstheorie**). Es ist demgemäß zu prüfen, ob im Hinblick auf die individuelle Lebenssituation und Sichtweise des Erblassers dieser seinen Willen im Text zum Ausdruck gebracht hat.[119] Diese Andeutung im Testament ist erforderlich, damit der Wille gem. § 125 BGB formgültig erklärt worden ist.[120] Nach Auffassung des OLG Hamm sei eine Andeutung erforderlich, um den Erblasserwillen „beweismäßig" und gegen spätere Verfälschung zu sichern.[121] 35

Die Frage der Auslegung wird somit von der Frage der Form getrennt. Wenn die Andeutungstheorie aufgegeben wird, führt dies dazu, dass eine formlose letztwillige Verfügung gestattet werden würde. Ist somit kein Anhaltspunkt in der Testamentsurkunde enthalten, der auf den wahren Willen schließen lässt, bleibt bei der Abweichung des realen Willens von der objektiven Erklärung nur die Anfechtung gem. § 2078 Abs. 2 BGB. In den Fällen, in denen sich der Erblasser bei einer einseitigen testamentarischen Verfügung in einem Testament, gemeinschaftlichen Testament oder Erbvertrag im Ausdruck vergriffen hat und die Urkunde keinen Anhaltspunkt für diese Falschbezeichnung enthält, gilt nicht der gewollte, sondern der verkörperte Inhalt.[122] Es kommt hier allerdings eine Anfechtung gem. § 2078 Abs. 1 BGB in Betracht.[123] 36

Beispiele für eine Andeutung im Testament sind: 37

– Wurde der Zuwendungsempfänger im Singular bezeichnet, kommen allerdings Personen gleicher Verwandtschaftskategorie nach Testamentserrichtung hinzu

114 MüKo/*Leipold*, § 2084 Rn 11 ff.
115 BGHZ 86, 41, 45.
116 BGHZ 86, 41, 45.
117 MüKo/*Leipold*, § 2084 Rn 14.
118 BayObLG NJW RR 1997, 1027 = ZEV 1997, 377.
119 OLG Stuttgart ErbR 2021, 315 m.Anm. *Reinert*, FD-ErbR 2021, 435464 m.Anm. *Litzenburger* betr. Enterbung.
120 BGHZ 80, 242, 244, 246, 248; BGHZ 86, 41, 47; OLG Karlsruhe BWNotZ 1984, 69.
121 OLG Hamm ZEV 2011, 427, 428 m. abl. Anm. *Herrler*.
122 BGHZ 1980, 246; MüKo/*Leipold*, § 2084 Rn 25; a.A. *Flume*, NJW 1983, 2007; *Brox*, JA 1984, 549, 557; *Wolf-Gangel*, JuS 1983, 663, 667 f.; *Wieser*, JZ 1985, 407, 408.
123 OLG Hamm NJW 1974, 60.

(z.B. Sohn, Tochter), kann die Auslegung ergeben, dass sich die Zuwendung auch auf diese bezieht.[124]

- Werden mehrere Personen kumulativ oder alternativ genannt, ist unter Berücksichtigung grammatikalischer Umstände (Interpunktion etc.) und äußerer Tatsachen (z.B. Mitgliedschaft) zu ermitteln, ob Miterbengemeinschaft, Vor- und Nacherbschaft oder Ersatzerbschaft gemeint ist.[125]
- Wurde kein Zuwendungsempfänger genannt, jedoch der Zweck der Zuwendung angegeben, kann es sich um eine Zuwendung an eine juristische Person handeln, die sich der Verwirklichung dieses Zwecks widmet oder aber um eine Zweckauflage an die gesetzlichen Erben.[126]

38 Derartige erforderliche Andeutungen fehlen bspw. in folgenden Fällen:

- Es genügt nicht als Anhaltspunkt für den Willen, die Ehefrau als Alleinerbin einzusetzen, wenn der Erblasser anordnet, die Erbschaft solle „gemäß dem Berliner Testament erfolgen einschließlich der Wiederverheiratungsklausel".[127]
- Eine Verfügung, wonach die Angehörigen seiner Geschwister einen Teil seiner Ersparnisse erhalten, kann nicht nach Maßgabe einer beigefügten maschinenschriftlichen Tabelle für die erbschaftsteuerfreien Beträge ausgelegt werden, wenn das Testament keine Anhaltspunkte dafür enthält, dass diese Beträge zugewandt werden sollten.[128]
- Wenn der Erblasser anordnet, der als Erbe eingesetzte Abkömmling solle seine Geschwister im Rahmen der gesetzlichen Bestimmungen finanziell abfinden, kann in dieser Verfügung mangels Anhaltspunkten im Testament weder die Anordnung eines Vermächtnisses von Grundstücken noch die Anordnung eines Vermächtnisses in Höhe des Pflichtteils gesehen werden.[129]

39 Hat der Erblasser eine Verfügung von Todes wegen unterlassen oder schlichtweg vergessen, kann eine solche Verfügung nicht im Wege der einfachen Auslegung geschaffen werden. Aber auch eine Erbeinsetzung muss nicht ausdrücklich erfolgt sein. Im Wege der Auslegung kann diese aus anderen Verfügungen zu schließen sein.

Beispiel
Ein Erbvertrag enthält ausdrücklich nur die gegenseitige Erbeinsetzung der Ehegatten sowie eine Pflichtteilsstrafklausel und eine Klausel in Bezug auf eine Wiederverheiratung. Hieraus kann eine stillschweigende Einsetzung der Abkömmlinge zu Schlusserben zu entnehmen sein.[130] Dies gilt auch für das gemeinschaftliche Testament.[131] Nach Ansicht des BGH ist ein in der Urkunde nicht zum Ausdruck kommender Erblasserwille dann zu berücksichtigen, wenn der Erblasser aufgrund außergewöhnlicher politischer Umstände daran gehindert war, seinen wahren Willen offenzulegen.[132]

---

124 BayObLG FamRZ 1991, 982: Sohn; OLG Celle NJW-RR 2003, 368: Tierschutzverein.
125 BeckOK BGB/*Litzenburger*, § 2084 Rn 23 m.w.N.
126 BayObLG NJW 1988, 2742; NJW-RR 2000, 1174; vgl. auch OLG Oldenburg NJW-RR 1993, 581.
127 OLG Hamm NJW-RR 2015, 9; a.A. Soergel/*Loritz/Uffmann*, § 2084 Rn 15 m.w.N, der ausführt, die Eheleute hätten sich nur über die Bedeutung ihrer Erklärung geirrt, mit der Überschrift „Berliner Testament" hätten sie jedoch einen Anhalt für eine gegenseitige Erbeinsetzung gesetzt.
128 OLG Koblenz, Urt. v. 15.11.2013 – 10 U 430/13, BeckRS 2014, 15927, Rn 36, ZEV 2014, 626 (Ls.).
129 OLG München, Urt. v. 26.2.2015 – 23 U 2301/14, BeckRS 2015, 9204, FamRZ 2015, 2085.
130 OLG Zweibrücken NJW-RR 1994, 844; a.M. OLG Zweibrücken NJW-RR 1992, 841.
131 OLG Frankfurt ZEV 2002, 109.
132 BGH WM 1976, 744, 745; BGH FamRZ 1977, 786; OLG Brandenburg FamRZ 2004, 981; MüKo/*Leipold*, § 2084 Rn 22.

40 Fälle, in denen der Wortlaut nur scheinbar klar und eindeutig erscheint, sind: ein besonderer Sprachgebrauch des Erblassers, der nachweisbar vom üblichen abweicht bzw. wenn bei vertragsmäßigen oder wechselbezüglichen Verfügungen ein übereinstimmender anderer Wille der Parteien vorliegt (falsa demonstratio);[133] es werden Rechtsbegriffe verwendet, die zwar für den Juristen, nicht aber für den Laien eindeutig sind; hierunter fallen die Begriffe Vorerbe, Nacherbe, Ersatzerbe, Vermächtnis, Testamentsvollstreckung, gesetzliche Erbfolge usw.[134] Derartige Rechtsbegriffe können vom Erblasser anders verstanden und verwendet werden. Der Begriff „Pflichtteil" kann auch als gesetzlicher Erbteil zu verstehen sein.[135] Die Begriffe „Vermächtnis", „Legat" und „Erbe" werden häufig als Synonym betrachtet.[136] Hat der Erblasser Kind und Enkelkinder zu gleichen Teilen eingesetzt, so kann darin eine Erbeinsetzung nach Stämmen gemeint sein.[137] Mit der Formulierung „Unsere gemeinschaftlichen Kinder, soweit diese aus unserer Ehe hervorgehen" sind u.U. nur die leiblichen Kinder, nicht jedoch adoptierte gemeint.[138] Ist nur von Kindern die Rede, können hierunter auch Adoptivkinder fallen.[139] Hat der Erblasser einem Abkömmling nur einen geringen Betrag als „einmalige Zahlung" zugedacht, so kann der Erblasser hiermit die Vorstellung verbunden haben, dass hiermit der gesamte Stamm des Abkömmlings enterbt ist.[140] Auch die Begriffe vermachen und vererben sind auslegungsfähig.[141] Ein eindeutiger Begriff kann einschränkend oder erweiternd auszulegen sein.[142] Allerdings ist zu beachten, dass es hinreichender Anhaltspunkte dafür bedarf, dass der Erblasser den verwendeten Begriff anders verstanden hat.[143]

41 Ein weiterer Fall, bei dem der Wortlaut scheinbar klar und eindeutig erscheint, ist die Erbeinsetzung bei gleichzeitigem Versterben.[144] Nach einer Ansicht ist diese Formulierung eindeutig.[145] Nach a.A. ist dieser Begriff auslegungsfähig. Es sind Todesfälle gemeint, die in engem zeitlichen Zusammenhang stehen.[146] Gleichzeitiges Versterben kann auch i.S.v. kurz nacheinander auszulegen sein.[147] In jedem Fall fallen hierunter Zeiträume, die es dem überlebenden Ehegatten unmöglich machen, auf die Situation

---

133 BayObLG NJW-RR 1989, 837 = FamRZ 1989, 786; MüKo/*Leipold*, § 2084 Rn 14;.

134 BGH NJW 1983, 277; OLG Karlsruhe OLGZ 1969, 495; BayObLG FamRZ 1989, 99, 101.

135 BayObLGZ 2001, 208 (214 f.) = FamRZ 2002, 269 (271). – Zur Zuwendung des Pflichtteils s. § 2304.

136 KG Berlin BeckRS 2018, 1576 = ErbR 2018, 389.

137 BayObLG Rpfleger 1988, 84.

138 OLG Düsseldorf NJW-FER 1998, 84.

139 BayObLG FamRZ 1989, 1118; OLG Hamm OLGR 1999, 159 = FamRZ 1999, 1390.

140 OLG Karlsruhe BWNotZ 1984, 69.

141 KG Berlin ErbR 2016, 337. Weitere Fälle des nicht eindeutigen Wortlauts siehe Soergel/*Loritz/Uffmann*, § 2084 Rn 19, 20 m.w.N.

142 Vgl. BGH ZEV 2005, 115 in Bezug auf die Reichweite einer Pflichtteilsklausel bei Forderung des Pflichtteils durch den Sozialhilfeträger; OLG München BeckRS 2008, 19595 in Bezug auf eine Klausel, die das gemeinsame Ableben der Ehegatten betraf.

143 OLG Stuttgart ErbR 2023, 213, 215 f.

144 MüKo/*Leipold*, § 2084 Rn 51 ff. m.w.N.; OLG München FamRZ 2008, 921 und 2312; OLG München ZEV 2011, 31 m. Anm. *Lehmann*; OLG Düsseldorf FamRZ 2012, 249; OLG Hamm ZEV 2011, 427 m. Anm. *Herrler* und OLG Hamm ZEV 2011, 536 m. Anm. *Böttcher*.

145 OLG Karlsruhe OLGZ 88, 24.

146 OLG München NJW-RR 2008, 1327; KG Berlin ZEV 2006, 173; OLG Düsseldorf ZErb 2004, 227; OLG Karlsruhe ZErb 2004, 74; OLG Hamm NJWE-FER 1997, 37; OLG Stuttgart FamRZ 1994, 592; OLG Frankfurt Rpfleger 1988, 483.

147 OLG Düsseldorf FamRZ 2000, 119, 120.

zu reagieren und eine Verfügung von Todes wegen zu errichten.[148] Oft ist weiter Auslegungsfrage, ob lediglich das Versterben beider Ehegatten aufgrund einer einheitlichen Ursache gemeint ist oder ob es hierauf nicht ankommen soll.[149] Versterben die Ehegatten in einem zeitlichen Abstand von 1,5 Jahren, fällt dies nicht mehr unter den Begriff „gleichzeitiges Versterben".[150] Das Versterben im Abstand von mehreren Jahren ist demgemäß von der Formulierung „gleichzeitiges Versterben" in der Regel nicht umfasst, wenn auch eine generelle Sperre nicht besteht.[151] Für den Fall, dass die Auslegung dazu führt, dass auch dieser Fall unter gleichzeitiges Versterben fällt, bedarf es besonderer Anhaltspunkte im Testament.[152] Eine generelle Schlusserbeneinsetzung kann vorliegen, wenn die Ehegatten Erben für den Fall einsetzen, „dass uns beiden etwas zustoßen sollte".[153] Auch die Anordnung „im Fall eines plötzlichen Todes der Eheleute Z" kann dahingehend auszulegen sein, dass eine Schlusserbeneinsetzung gemeint ist, d.h. die Verfügung soll auch für den Fall gelten, dass die Eheleute hintereinander versterben.[154]

42 Auch die Formulierung „leibliche Abkömmlinge" kann auslegungsfähig sein. Dies ist dann der Fall, wenn die Möglichkeit besteht, dass nicht die Abstammung vom Erblasser gemeint war, sondern von dessen Mutter, die Erbvertragspartei war.[155] Setzen die Ehegatten in einem gemeinschaftlichen Testament „ihre Kinder" zu Erben kann, kann hierin auch die Einsetzung der Kinder eines Ehegatten aus einer früheren Beziehung mit eingeschlossen sein.[156] Unter dem Begriff „leibliche eheliche Abkömmlinge" eines Sohnes sind – im Rahmen der einfachen Testamentsauslegung – nicht auch adoptierte Kinder zu verstehen. Im Rahmen der ergänzenden Auslegung können hierunter auch adoptierte Kinder fallen, nämlich dann, wenn der Erblasser nicht bedacht hat, dass er keine leiblichen Kinder, allerdings adoptierte, hinterlässt.[157]

43 Für den Fall, dass der Erblasser seine Kinder zu Erben einsetzt, anschließend jedoch nur seine beiden Kinder aus erster Ehe namentlich benennt, kann das Testament dahingehend ausgelegt werden, dass nur diese beiden Kinder zu Erben berufen sind.[158]

---

148 OLG München ZEV 2011, 31; OLG Düsseldorf ZEV 2015, 548 (Ls.); OLG Nürnberg ZEV 2015, 406 (auch mehrere Monate, wenn es dem überlebenden Ehegatten aus Verzweiflung nicht möglich war, ein neues Testament zu errichten).

149 BayObLGZ 1996, 243, 249.

150 BayObLG FamRZ 1997, 1570; ausführlich zum gleichzeitigen Versterben: Rudolf/Bittler/Seiler-Schopp/*Kropp*, § 2 Rn 159 ff.

151 BGH NJW 2019, 2317; OLG Hamm ZEV 2011, 536 m.Anm. Böttcher; OLG München ZEV 2011, 31; OLG Nürnberg BeckRS 2012, 20606.

152 BGH NJW 2019, 2317 Rn 22 f. unter Bestätigung von OLG Frankfurt ErbR 2019, 183 (eine „für den Fall eines gleichzeitigen Ablebens" der Ehegatten getroffene Erbeinsetzung wurde nicht auf ein Versterben im Abstand von über 15 Monaten erstreckt). Dagegen wurde vom OLG Düsseldorf ZEV 2017, 594 Ls. = BeckRS 2017, 124143 die Formulierung „sollten wir gleichzeitig sterben" aufgrund besonderer Umstände als eine auch bei zeitlichem Abstand der Todesfälle von mehr als fünf Jahren geltende Schlusserbeneinsetzung ausgelegt. Weitergehend KG ErbR 2019, 179 m. zust. Anm. *Wendt*, das die Formulierung „sollten wir beide zur gleichen Zeit sterben" im konkreten Fall als überschießende Formulierung für gänzlich irrelevant erklärte.

153 OLG Frankfurt BeckRS 2016, 02567 Rn 19–25.

154 BayObLG BWNotZ 2001, 21 = ZEV 2000, 367 Ls

155 BGH FamRZ 1983, 380, 381.

156 AG Brandenburg FamRZ 2014, 1487 = BeckRS 2013, 16623.

157 OLG Düsseldorf FGPrax 2015, 33 (im konkreten Fall aber keine ergänzende Auslegung, da Enkelkinder der Erblasserin adoptiert wurden und kein Anhalt für einen hypothetischen Willen der Erblasserin bestand, diese vor ihren anderen Enkeln zu bevorzugen).

158 OLG Hamm ZEV 2020, 636.

Auch der Begriff „leibliche Abkömmlinge" kann auslegungsfähig sein.[159] Werden gemeinschaftliche Abkömmlinge zu Schlusserben berufen, kann hierunter auch die Einsetzung der Enkel mit umfasst sein.[160] Haben Ehegatten dagegen in einem privatschriftlichen Testament verfügt, dass die „gemeinsamen Abkömmlinge" zu Schlusserben berufen sein sollen, haben sie jedoch keine Abkömmlinge hinterlassen, scheidet eine Auslegung dahingehend, dass die nächsten Seitenverwandten berufen sein sollen, aus.[161]

Wenn der Erblasser verfügt, der überlebende Ehegatte solle bestimmte bewegliche Gegenstände verteilen, die jedoch nur einen kleinen Teil des Nachlasses ausmachen, bedeutet dies allein nicht, dass der Überlebende zum Alleinerben eingesetzt ist.[162] Wird eine Person als Haupterbin bezeichnet, bedeutet dies, dass sie entweder als Alleinerbin oder als Erbin mit einem größeren Erbteil bedacht ist.[163] Hat der Erblasser verfügt, sein Sohn solle die gesamte Hinterlassenschaft verwalten, kann darin die Einsetzung zum Alleinerben gesehen werden.[164] Wird der Begriff „Pflichtteil" verwendet, muss dies nicht im rechtstechnischen Sinne gemeint sein. Vielmehr kann darunter auch der gesetzliche Erbteil zu verstehen sein.[165] Unter dem Begriff kann auch die Aufrechterhaltung der Erbeinsetzung der pflichtteilsberechtigten Kinder zu verstehen sein.[166] Auch die Begriffe „Vor- und Nacherbe" bzw. „Ersatzerbe" können auslegungsfähig sein.[167] Hier sind die Auslegungsregeln des § 2102 BGB zu beachten. Verfügt der Erblasser in seinem Testament unter Verwendung der entsprechenden Begriffe die Vor- und Nacherbschaft, führt dies nicht zwangsläufig zur Anwendung der §§ 2100 ff. BGB.[168] Im Umkehrschluss muss der Erblasser diese Begriffe nicht verwenden, um die Rechtsfolgen der Vor- und Nacherbschaft herbeizuführen. Entscheidend ist einzig und allein, dass der Erblasser wollte, dass die Erbschaft zweimal anfällt.[169] 44

Verwendet der Erblasser in seiner letztwilligen Verfügung den Begriff „Ersatzerbe", so kann dies nicht ohne weiteres als Vor- und Nacherbschaft ausgelegt werden. Im Zweifel bleibt es bei der Auslegung als Ersatzerbe gem. § 2102 Abs. 2 BGB.[170] Setzt der Erblasser seine Ehefrau zur Alleinerbin ein und verfügt er weiter, seine Enkelin solle nach dem Tod beider Ehegatten den Nachlass bekommen, kann hierin die Erbeinsetzung zur Vollerbin, zur unbefreiten oder auch zur befreiten Vorerbin zu sehen sein.[171] Setzen sich die Ehegatten gegenseitig zu Vorerben und einen Dritten zum Nacherben ein, kann hierin auch die Einsetzung des Dritten zum Erben auf Ableben 45

159 MüKo/*Leipold*, § 2084 Rn 47 m.w.N.

160 OLG Oldenburg ZEV 2020, 245 Ls. = BeckRS 2019, 33752.

161 OLG Düsseldorf ZEV 2021, 274 Ls. = BeckRS 2020, 38593. Der Satz wurde wohl versehentlich aus einem Formular mit abgeschrieben.

162 BayObLG FamRZ 1994, 853.

163 BayObLG FamRZ 1992, 228.

164 BayObLG FamRZ 1989, 786.

165 BayObLGZ 2001, 208, 214 f. = FamRZ 2002, 269, 271.

166 BayObLG NJW-RR 2004, 1522.

167 BGH LM § 2100 Nr. 1; BGH NJW 1983, 277 = JZ 1983, 147 (*Stürner*); OLG Karlsruhe OLGZ 1969, 495; BayObLG FamRZ 1989, 99, 101.

168 OLG Brandenburg FamRZ 1999, 188, 190.

169 BayObLGZ 2001, 208, 213 = FamRZ 2002, 269, 271.

170 OLG Hamm NJW-RR 2014, 9.

171 OLG Hamm FamRZ 1997, 643.

des zweitversterbenden Ehegatten zu sehen sein.[172] Auch der Begriff „Alleinerbe" kann auslegungsfähig sein.[173]

46 Auch die Zuwendung eines bestimmten Gegenstandes kann auslegungsfähig sein. So können unter den Begriff „mein gesamtes Bargeld" auch liquide Vermögenswerte auf Konten oder in Depots fallen. Dies kann dann der Fall sein, wenn der Erblasser einen Betrag nennt, der weit höher als das vorhandene Bargeld ist.[174] Im umgekehrten Falle kann auch die Einsetzung zum Alleinerben eine Einsetzung zum Miterben bedeuten.[175] Wird eine Person als alleiniger Erbe bezeichnet, kann dies auch die Zuwendung eines Vermächtnisses bedeuten.[176]

47 Setzen sich die Ehegatten gegenseitig zu Erben ein und wird daneben eine Pflichtteilsstrafklausel angeordnet, kann darin die Einsetzung der Kinder zu Schlusserben zu sehen sein.[177] Bestellt der Erblasser eine Person zum Testamentsvollstrecker und räumt er dieser Person die „sofortige" Verfügungsmacht über sämtliche Konten und Depots ein, kann hierin die Einsetzung zum Alleinerben zu sehen sein.[178] Benennt der Erblasser in seinem Testament einen „Pfleger", „Beistand", „Kurator", „Bevollmächtigten" oder „Treuhänder", kann hierin die Anordnung einer Testamentsvollstreckung liegen.[179]

48 Verfügen Ehegatten in einem gemeinschaftlichen Testament zugunsten ihrer Kinder und vergessen die gegenseitige Einsetzung zum Alleinerben beim Tod des Erstversterbenden, so hat deren gemeinsamer Wille, ein Berliner Testament zu errichten, keinen Anhalt in der Urkunde gefunden und ist somit nicht formgültig geäußert.[180] Ordnet der Erblasser an, dass sein sämtliches Hab und Gut der Kirche zufallen soll, ist im Zweifel davon auszugehen, dass er die örtliche Organisation derjenigen Kirche bedenken wollte, der er selbst angehört hat.[181]

49 Ordnet der Erblasser Dauertestamentsvollstreckung für den Vorerben an, und zwar „in Sorge um dessen Gesundheitszustand und Zukunft", kann die Auslegung dazu führen, dass die Dauertestamentsvollstreckung über die 30-Jahres-Grenze hinaus bis zum Tod des Vorerben angeordnet sein soll.[182]

50 Ordnen die Ehegatten in einem gemeinschaftlichen Testament eine Pflichtteilsstrafklausel in Bezug auf Stiefkinder an, kann diese Anordnung als Vermächtnis in Höhe eines fiktiven Pflichtteils ausgelegt werden.[183]

51 Ordnet der Erblasser an „Mein Vermögen soll in eine Stiftung für einen guten Zweck eingehen und ein Teil zur Sanierung eines sakralen Baus", kann dies nicht als Erbeinset-

---

172 LG Hamm FGPrax 2005, 74 (auch eine Pflichtteilsstrafklausel kann einen Hinweis für eine solche Auslegung darstellen).

173 MüKo/*Leipold*, § 2084 Rn 45, 46 m. Bsp. und w.N.

174 OLG Düsseldorf BeckRS 2015, 08475.

175 OLG Jena ErbR 2017, 670 (672) = BeckRS 2017, 129174.

176 OLG Saarbrücken ZEV 2019, 306 Ls. = BeckRS 2019, 4882 Rn 21 ff. Weitere Beispiele zum Gegenstand der Zuwendung siehe bei MüKo/*Leipold*, § 2084 Rn 57 m.w.N; BeckOGK/*Gierl*, § 2084 Rn 56–83; NK-BGB/*Kroiß/Fleindl*, § 2084 Rn 27 ff.

177 KG BeckRS 2018, 09262; OLG München BeckRS 2015, 04370; OLG Frankfurt FamRZ 2002, 352 = ZEV 2002, 109; a.A. OLG Karlsruhe ZEV 2006, 409; OLG Hamm NJW-RR 2004, 1520; OLG Saarbrücken NJW-RR 1992, 841;

178 BayObLG FamRZ 2005, 478.

179 Staudinger/*Otte* (2019), Vor § 2064 Rn 58; Staudinger/*Reimann* (2011), § 2197 Rn 40.

180 BGHZ 80, 242 = NJW 1981, 1737 = FamRZ 1981, 662.

181 BayObLGZ 1998, 160 = NJW 1999, 1119.

182 OLG Schleswig SchlHA 2009, 55 f. = ZErb 2009, 32 f.

183 OLG Celle FamRZ 2010, 1012 = BeckRS 2009, 88798.

zung der Stadt, in der der Erblasser über Jahrzehnte hinweg lebte, ausgelegt werden.[184] Werden mehrere Personen zu Erben eingesetzt, kann dies auch dahingehend auszulegen sein, dass eine Person zum Erben, die weiteren Personen jedoch nur zu Vermächtnisnehmern berufen sind.[185] Wendet der Erblasser einer Person den Nießbrauch am überwiegenden Nachlass zu, kann hierin auch die Anordnung einer Vorerbschaft zu sehen sein; ebenso kann dies umgekehrt gelten.[186]

Haben Ehegatten sowohl gemeinsame Kinder als auch Kinder aus jeweils anderen 52 Ehen und bezeichnen sie im täglichen Sprachgebrauch nur ihre gemeinsamen Kinder als „unsere Kinder“, so kann die Auslegung dazu führen, dass nur die gemeinsamen Kinder als Erben eingesetzt sind.[187]

Soll der überlebende Ehegatte für eine „gerechte Verteilung“ des Sach- und Grundbe- 53 sitzes an die beiden Söhne Sorge tragen, ergibt sich hieraus nicht die Auslegung, dass beide Söhne Schlusserben zu gleichen Teilen sein sollen.[188]

Verwendet der Erblasser den Begriff „Barvermögen“, fallen hierunter keine Wertpa- 54 piere.[189]

Wendet der Erblasser lediglich einzelne Vermögensgegenstände zu, ohne dass es sich 55 um eine Gesamtverteilung des Nachlasses handelt, ist in der Nichterwähnung eines Erbprätendenten nicht dessen (etwaige) Enterbung durch den Erblasser angedeutet.[190]

In diesen Fällen ist entscheidend, auch außerhalb der Testamentsurkunde liegende 56 Umstände sowie die allg. Lebenserfahrung heranzuziehen, um den wirklichen Willen des Erblassers zu ermitteln.[191] Im Übrigen ist in diesen Fällen, in denen der Wortlaut eindeutig erscheint, auf den Gesamtinhalt des Testaments abzustellen, da es durchaus möglich ist, dass ein Begriff, der für sich genommen eindeutig ist, aufgrund weiterer Verfügungen einen anderen Sinn erhalten kann.[192] In solchen Fällen, die nur scheinbar eindeutig sind, entfällt letztlich jede Bindung an den Wortlaut des Testaments, wenn sich aus den Umständen ergibt, dass der Erklärende mit seinen Worten einen anderen Sinn verbunden hat, als es dem allg. Sprachgebrauch entspricht. Die **falsche Bezeichnung** selbst wird dann als formwahrende Andeutung angesehen.[193]

So ist es nach der Rspr. des BGH möglich, dass mit der Erbeinsetzung je zur Hälfte 57 ein anderer Sinn verbunden sein kann, nämlich dann, wenn eine Vererbung nach Vermögensgruppen erfolgt ist.[194] Auch die Bezeichnung „Geschäft mit allen Aktiven und Passiven“ ist auslegungsfähig, wenn bezüglich der vorhandenen Grundstücke anderweitige Bestimmungen getroffen worden sind.[195] Der BGH hält es auch für möglich, den Willen des Erblassers, der im Testament nicht zum Ausdruck gekommen

184 OLG Frankfurt FGPrax 2017, 270.
185 BayObLG NJW-RR 2001, 656.
186 BeckOGK/*Gierl*, § 2084 BGB Rn 65.
187 OLG Düsseldorf BeckRS 2018, 26334.
188 OLG Hamm BeckRS 2017, 140093 Rn 46.
189 OLG Oldenburg BeckRS 2023, 39974 Rn 33; vgl. aber auch BGH v. 22.10.1975 – IV ZR 17/74, zit. bei OLG Oldenburg BeckRS 2023, 39974 Rn 33: Im Einzelfall kann die Formulierung „Barvermögen auf der GG Bank“ im Hinblick darauf, dass das Barvermögen einer bestimmten Bank zugeordnet wurde, auch die dort befindlichen Wertpapiere mitumfassen
190 OLG München ErbR 2020, 404.
191 BGHZ 86, 41, 45; BayObLGZ 1982, 159, 164; BayObLG NJW 1988, 2742, 2743; BayObLG NJW-RR 1989, 837.
192 MüKo/*Leipold*, 2084 Rn 40.
193 BGHZ 86, 41, 46; *Hohloch*, JuS 1990, 61; *Flume*, NJW 1983, 2007, 2009; *Scherer*, Jura 1988, 302, 303.
194 BGH LM § 2084 Nr. 12.
195 BGH LM § 2084 Nr. 10.

ist, dann zu berücksichtigen, wenn es dem Erblasser aufgrund außergewöhnlicher **politischer Umstände** nicht möglich gewesen ist, seinen wahren Willen offen darzulegen.[196] Wurde allerdings die Errichtung einer letztwilligen Verfügung unterlassen, kann die Auslegung nicht zur Schaffung einer solchen führen.

58 Handelt es sich hingegen um ein **notarielles Testament**, sind i.d.R. die juristischen Begriffe zugrunde zu legen.[197] Aber auch bei notariellen Testamenten ist bei der Auslegung nicht die Auffassung des Notars maßgeblich, sondern die des Erblassers, so dass auch im Hinblick auf den Willen des Erblassers ein juristischer Begriff in einem notariellen Testament unrichtig und unpräzise verwendet worden sein kann.[198] Zunächst ist allerdings davon auszugehen, dass der Notar seinen Pflichten nachgekommen ist, nämlich den Erblasserwillen umfassend zu ermitteln und auch demgemäß das Testament eindeutig zu formulieren.[199] Zur Entkräftung der Vermutung der Richtigkeit des notariellen Testaments bedarf es konkreter Anhaltspunkte.[200] Solche können sein:

– Der Text des notariellen Testaments ist widersprüchlich.
– Die maßgebliche Formulierung ist sprachlich unklar.
– Juristische Fachbegriffe wurden durch den Notar falsch oder unpräzise verwendet.
– Der Notar hat vom BGB nicht vorgesehene Fachbegriffe entwickelt.[201]

59 Eine häufige Auslegungsfrage besteht darin, festzustellen, ob es sich bei Äußerungen des Erblassers in einem Brief oder einer Vollmacht um eine letztwillige Verfügung handelt, obwohl dieses Schriftstück zwar der Testamentsform entspricht, jedoch nicht als Testament bezeichnet ist. Vom Vorliegen eines Testaments kann nur dann ausgegangen werden, sofern ein ernstlicher Testierwille des Erblassers, an dessen Nachweis die Rspr. strenge Anforderungen[202] stellt, festzustellen ist. Es darf sich nicht lediglich um Vorüberlegungen gehandelt haben. Vielmehr muss beim Erblasser der Wille vorgelegen haben, mit seinen Äußerungen die Rechtsfolgen einer letztwilligen Verfügung zu bewirken.[203] Ein hypothetischer Wille ist nicht ausreichend.[204] Jedoch würde das Bewusstsein, dass die Äußerung als Testament angesehen werden könnte, ausreichen.[205] Sowohl die allgemeine Lebenserfahrung als auch Umstände außerhalb des Testamentes sind bei der Auslegung zu berücksichtigen.

60 In folgenden Fällen wurde das Vorhandensein eines Testierwillens ausdrücklich bejaht, obwohl das Schriftstück nicht als Testament bezeichnet war:

– Formulierung „ich möchte vererben“[206]
– Formulierung „bestimme ich als Universalerbin“[207]

---

196 BGH WM 1976, 744, 745; BGH FamRZ 1977, 786.
197 RGZ 160, 109; BGH WM 1990, 854, 856; Staudinger/*Otte* (2019), Vor §§ 2064 ff. Rn 63; MüKo/*Leipold*, § 2084 Rn 44.
198 KG FamRZ 1987, 413, 414; BGH LM § 2100 Nr. 1.
199 OLG Oldenburg BeckRS 2019, 33752 Rn 28; OLG Hamm Rpfleger 2001, 595; BayObLG FamRZ 1996, 1037; OLG Saarbrücken NJW-RR 1994, 844; OLG Köln Rpfleger 1982, 424; vgl. dagegen OLG Naumburg BeckRS 2019, 32092
200 OLG München NJW-RR 2011, 12, 13; OLG Hamm FamRZ 2002, 201.
201 Horn/Kroiß/*Horn*, Testamentsauslegung, § 2 Rn 38 m.w.N.
202 BayObLG FamRZ 1999, 534, 535; BayObLG FamRZ 2001, 1101; OLG Schleswig ZEV 2010, 46; OLG Karlsruhe BWNotZ 2011, 138; OLG Düsseldorf FamRZ 2015, 700 Rn 15.
203 BayObLG FamRZ 1999, 534, 535.
204 OLG München FamRZ 2009, 372, 374.
205 BayObLG FamRZ 1999, 534, 535; OLG Düsseldorf FamRZ 2015, 700 Rn 15
206 BayObLGZ 2000, 274, 277.
207 BayObLGZ 1999, 46, 50.

Ein Testierwille wurde jedoch in folgenden Fällen verneint:
- bei einer unter Lebenden erteilten Vollmacht, die keinen Hinweis auf den Todesfall enthielt[208]
- bei der mit einer Vollmacht verbundenen Äußerung, der Sohn solle das beim Tod verbleibende Vermögen bekommen, man werde dies „noch vor dem Notar machen“[209]
- bei einem Zettel mit dem Inhalt, die anliegenden Unterlagen (deren Inhalt nicht mehr feststellbar war) dem Notar zu geben, „damit der Erbschein für dich ausgestellt werden kann“[210]
- keine Erbeinsetzung bei einer über den Tod hinausgehenden Vollmacht, in der verfügt wurde, dass dem Bevollmächtigten die wertlose Wohnungseinrichtung zugewandt wurde.[211]

Auf dem Gebiet des IPR richtet sich die Auslegung nach dem Erbstatut.[212] Im Falle 61 einer Rückverweisung ist auch für die Auslegung deutsches Recht maßgeblich.[213] Werden seitens des nach deutschem Recht beerbten Erblassers Rechtsinstitute einer ausländischen Rechtsordnung verwendet, so ist dem Sinngehalt des ausländischen Rechts Rechnung zu tragen. Bei Abweichungen vom deutschen Recht ist eine „Übersetzung“ bzw. eine Umdeutung in die Institute des deutschen Rechts vorzunehmen.[214]

In den Fällen, in denen der Erblasser bei der Errichtung seines Testaments von der 62 Geltung eines ausländischen Erbstatus, wenn auch nur irrtümlich, ausgeht und demgemäß Begriffe dieser ausländischen Rechtsordnung verwendet, sind diese im Sinne der ausländischen Rechtsordnung auch zu verstehen. Geht der Erblasser von der Geltung schweizerischen Erbrechts aus und setzt er seinen Abkömmling auf den Pflichtteil, so ist hierunter eine Erbeinsetzung in Höhe der Mindestquote nach schweizerischem Recht zu verstehen. Es handelt sich hingegen nicht um eine Beschränkung auf den Pflichtteil nach deutschem Recht.[215] Verwendet der Erblasser ausländische Rechtsbegriffe, die keine unmittelbare Entsprechung im deutschen Recht haben, müssen diese in Rechtsformen des deutschen Rechts übersetzt werden. Dies erfolgt mit dem Ziel, den Willen des Erblassers so weit wie möglich zur Geltung zu bringen. So sind bspw. auf der Grundlage englischen Rechts eingesetzte „trustees“ nicht als Erben zu betrachten, sondern vielmehr als Testamentsvollstrecker.[216] Wird der Begriff „beneficiaries“ verwendet, ist zu klären, ob es sich um eine Erbeinsetzung oder eine Vermächtniszuwendung handelt.[217]

Die Rechtswahl wird in Zukunft durch die Geltung der EuErbVO an Bedeutung 63 gewinnen, damit nicht das Recht des gewöhnlichen Aufenthalts, sondern das Recht der Staatsangehörigkeit des Erblassers, und damit deutsches Recht, zur Geltung gelangt, vor allem, wenn der deutsche Erblasser seinen Aufenthaltsort ins Ausland ver-

---

208 BayObLG FamRZ 2001, 1101.
209 BayObLG FamRZ 1999, 534.
210 OLG München FamRZ 2009, 372.
211 OLG München FamRZ 2011, 68.
212 BayObLG NJW 1987, 1148, 1150; BayObLGZ 2003, 68, 82; OLG München ZEV 2006, 456 (*R. Werner*).
213 Vgl. OLG Köln NJW 1986, 2199.
214 BayObLGZ 2003, 68, 82 f. = Rpfleger 2003, 429, 433 zum Erbrecht der kanadischen Provinz Ontario; OLG München ZEV 2006, 456 (*R. Werner*) zu einem in den USA vor einem dortigen Rechtsanwalt errichteten Testament; OLG Köln ZEV 2014, 497 m. Anm. *Litzenburger*; AG Hamburg-Wandsbek FamRZ 2018, 1274 m. Anm. *Ludwig* = BeckRS 2018, 18828.
215 OLG Köln ZEV 2014, 497 (zust. *Litzenburger*).
216 OLG Schleswig FamRZ 2015, 357 = ZEV 2014, 570 (Ls.). Dazu *Dutta*, IPRax 2016, 139.
217 OLG Schleswig FamRZ 2015, 357 = ZEV 2014, 570 (Ls.).

legt. Die Rechtswahl muss gem. Art. 22 EuErbVO in der Form einer letztwilligen Verfügung erfolgen oder sich aus einer letztwilligen Verfügung ergeben.

III. Erforschung des mutmaßlichen Willens

64 Ist es trotz Heranziehung aller dienlichen Umstände nicht gelungen, den tatsächlichen Willen des Erblassers festzustellen, muss der Sinn ermittelt werden, der dem mutmaßlichen Erblasserwillen am ehesten entspricht.[218] Dies wird aus dem in § 2084 BGB enthaltenen **Grundsatz** der benigna interpretatio gefolgert.[219] Aufgabe des Tatrichters ist es, die letztwillige Verfügung auszulegen. Dieser Aufgabe kann er sich nicht dadurch entledigen, dass er die Schwierigkeiten darlegt, die es unmöglich machen, den Willen des Erblassers festzustellen, und es für unmöglich hält, die Zweifel zu beseitigen. Es ist gerade Sinn und Zweck der Auslegung, derartige Zweifel aufzulösen. Beim **mutmaßlichen Erblasserwillen** handelt es sich um den wirklichen Willen, den der Erblasser mutmaßlich bei Testamentserrichtung gehabt hat,[220] hingegen nicht um einen hypothetischen irrealen Willen wie bei der ergänzenden Auslegung.

65 Nur dann, wenn der Erblasser zu der Zeit, als er sein Testament errichtet hat, an die Möglichkeit einer späteren Änderung der Umstände gedacht hat, kann auf einen mutmaßlichen Willen geschlossen werden. Ist das nicht der Fall, hilft nur die ergänzende Auslegung weiter. Es ist dann zu prüfen, was er gewollt hätte, wenn er die spätere Änderung in Betracht gezogen hätte.[221] Zur Feststellung des mutmaßlichen Erblasserwillens ist zu prüfen, was der Erblasser bei Testamentserrichtung gewollt haben kann. Anhaltspunkte hierfür ergeben sich aus dem Testament, den sonstigen Umständen und aus der allg. Lebenserfahrung. Ist der Inhalt der Erklärung durch Auslegung ermittelt, ist zu prüfen, ob der Wille in der Urkunde Ausdruck gefunden hat. Nur dann ist der Wille formgültig.[222]

IV. Ergänzende Auslegung

66 Auch die ergänzende Auslegung verfolgt das Ziel, den Erblasserwillen festzustellen. Dass die ergänzende Auslegung zulässig und notwendig ist, ist unumstritten. Die **dogmatische Grundlage** aber ist nicht ganz klar. Unmittelbar können die Vorschriften der §§ 133, 2084 BGB für die ergänzende Auslegung als dogmatische Grundlage nicht herangezogen werden. Allerdings ist an den Zweck des § 2084 BGB anzuknüpfen. In erster Linie soll dem Testament zur Wirksamkeit verholfen werden, bevor die gesetzliche Regelung in Betracht kommt. Im Übrigen sind im Gesetz auch einige Einzelbestimmungen enthalten, die es zulassen, dass nachträgliche Lücken geschlossen werden, z.B. §§ 2069, 2169 Abs. 3, 2173 BGB. Aus diesen Regelungen ist ersichtlich, dass auch das Gesetz von der ergänzenden Testamentsauslegung ausgeht.[223]

67 Die ergänzende Auslegung hat Vorrang vor den gesetzlichen Auslegungs- und Ergänzungsregeln.[224] Ebenso geht sie der Anfechtung wegen Motivirrtums vor. Erst wenn weder die erläuternde Auslegung noch die ergänzende Auslegung zu einem Ergebnis führt, finden die gesetzlichen Auslegungsregeln Anwendung.

---

218 BGH NJW 1981, 2745; BGH LM § 2078 Nr. 3; BGHZ 86, 41, 45; BGH FamRZ 1985, 62, 63; BGH FamRZ 1985, 1123, 1124; BGH NJW 1993, 256.
219 *Johannsen*, WM 1972, 62, 65.
220 RGZ 134, 277, 280; RGZ 142, 171, 175; BGH JZ 1953, 122.
221 BGH LM § 242 (A) BGB Nr. 7 = JZ 1953, 122.
222 BGHZ 86, 41, 47; OLG Zweibrücken Rpfleger 1986, 479, 480.
223 MüKo/*Leipold*, § 2084 Rn 88.
224 Soergel/*Loritz*/*Uffmann*, § 2084 Rn 39.

1. Voraussetzungen

Ziel der ergänzenden Auslegung ist die Vervollständigung einer lückenhaften Regelung in einer Verfügung von Todes wegen.[225] Die der Anfechtung vorgehende ergänzende Testamentsauslegung schließt Lücken. Demgemäß ist die ergänzende Auslegung nur dann zulässig, wenn das Testament eine Lücke aufweist. Hat es der Erblasser bewusst unterlassen, eine Verfügung zu treffen, hilft die ergänzende Auslegung nicht weiter.[226] Gegenstand der Ergänzung können sowohl Teile von Verfügungen,[227] wie die Befreiung des Vorerben, als auch ganze Zuwendungen,[228] desgleichen Enterbungen[229] sowie sonstige erbrechtliche Verfügungen sein.[230] 68

Damit die ergänzende Testamentsauslegung zum Zuge kommt, ist daher eine **ergänzungsbedürftige Lücke** erforderlich.[231] Die Lücke wird in diesem Zusammenhang als eine **planwidrige Unvollkommenheit/planwidrige Unvollständigkeit**, d.h. das Fehlen einer Regelung, die der Erblasser bei Kenntnis der Sachlage getroffen hätte, irrtumsbedingt aber nicht getroffen hat, definiert.[232] Eine Unvollständigkeit kann sich u.a. dadurch ergeben, dass sich die Verhältnisse nach Testamentserrichtung ändern. Aus diesem Grund kann die vom Erblasser getroffene Verfügung undurchführbar werden oder der vom Erblasser verfolgte Zweck kann nicht mehr erfüllt werden. Die Veränderungen können rein tatsächlicher Art sein (Veräußerung eines vermachten Gegenstandes, Vorversterben des Bedachten) oder es kann sich um Veränderungen im Bereich der Rechts- und Wirtschaftsordnung (Änderung erbrechtlicher Gesetze, z.B. Einführung des Erbrechts des nichtehelichen Kindes, Änderung der Währungsverhältnisse) handeln. 69

Für den Fall, dass die Verfügung zwar vollständig ist, jedoch auf einem Irrtum beruht, ist für eine Auslegung kein Raum. Es bleibt hier nur die Anfechtung wegen Motivirrtums (§ 2078 Abs. 2 BGB). Die Anfechtung führt gem. § 142 Abs. 1 BGB zur Nichtigkeit der letztwilligen Verfügung. Daraus folgt, dass der irreale Wille des Erblassers nur negativ, aber nicht positiv berücksichtigt wird. Sinn und Zweck der ergänzenden Auslegung ist es, einen unvollständigen Willen des Erblassers durch seinen irrealen oder hypothetischen Willen, bezogen auf den Zeitpunkt der Testamentserrichtung, zu ergänzen. Demgegenüber dient die einfache Auslegung dazu, den hinter einer Willenserklärung stehenden Willen des Erblassers zu ermitteln (siehe Rdn 30 ff.).[233] Dieser durch einfache Auslegung ermittelte Wille hat in jedem Falle Vorrang. Kann demgemäß den veränderten Umständen durch einfache Auslegung in bestimmter Weise Rechnung getragen werden, darf hiervon nicht durch eine ergänzende Auslegung abgewichen werden. Insoweit haben die gesetzlichen Auslegungsregeln der §§ 2068, 2069, 2076, 2101, 2164 Abs. 2, 2169 Abs. 1, 3, 2172 u. 2173 BGB in diesem 70

---

225 Soergel/*Loritz/Uffmann*, § 2084 Rn 237; Staudinger/*Otte* (2019), Vor §§ 2064 ff. Rn 77; MüKo/*Leipold*, § 2084 Rn 85.

226 OLG München ZEV 2020, 245 Ls. = BeckRS 2020, 2909 Rn 33.

227 OLG Düsseldorf FamRZ 1998, 389: Befreiung des Vorerben; BayObLG NJWE-FER 2000, 93: Zuwendungsgegenstand; RG JW 1911, 115: Empfänger; OLG Oldenburg NdsRPfl. 1948, 8: Empfänger.

228 BayObLG FamRZ 1991, 982: Miterbe; BayObLG DNotZ 1994, 399: Alleinerbe; BayObLG ZEV 2001, 24: Ersatzerbe; OLG Hamm NJW-RR 1987, 648: Ersatzerbe.

229 BayObLG NJW-RR 1992, 840; LG Freiburg BWNotZ 1983, 123.

230 OLG Düsseldorf FamRZ 1999, 958: Testamentsvollstreckung.

231 MüKo/*Leipold*, § 2084 Rn 89.

232 BayObLG FamRZ 1997, 1509, 1510 = ZEV 1997, 339; MüKo/*Leipold*, § 2084 Rn 89.

233 Bzgl. der Aufgaben und Methoden der ergänzenden Testamentsauslegung: *Gerhards*, JuS 1994, 642, 643 f.

Sinne ergänzenden Charakter. Es werden verschiedene Arten von Lücken unterschieden.

a) Nachträgliche Lücken

71 Man spricht von nachträglichen Lücken, weil in der Zeit **zwischen Testamentserrichtung und Eintritt des Erbfalls** Veränderungen eingetreten sind, die der Erblasser nicht vorhergesehen oder erwogen hatte.[234] Hat der Erblasser **Vor-/Nacherbschaft** angeordnet, liegt eine nachträgliche Lücke auch dann vor, wenn Veränderungen zwischen Erb- und Nacherbfall eintreten.[235] Ziel der ergänzenden Testamentsauslegung ist es insbesondere, derartige nachträglich auftretende Lücken im Testament zu schließen.[236] Diese nachträglichen Änderungen können verschiedener Art sein. Zum einen kann es sich um Änderungen rein tatsächlicher Art handeln. Hierunter fällt z.B., dass der Bedachte vorverstirbt, dass es zu Veränderungen im Hinblick auf den vermachten Gegenstand kommt oder auch zu Veränderungen in Bezug auf die Vermögenslage des Erblassers. Es ist aber auch möglich, dass sich ein Gesetz ändert (z.B. Einführung der Zugewinngemeinschaft oder der Erbberechtigung nichtehelicher Kinder), oder aber, dass es zu Änderungen im Hinblick auf die Rechts- und Wirtschaftsordnung kommt (z.B. Währungsreform). Hierunter fällt auch die negative Entwicklung der Beziehung zu einem Begünstigten.[237] Kommt es zu einer Änderung wesentlicher Umstände nach Testamentserrichtung, kann dieser Änderung grundsätzlich nur mit den Mitteln der ergänzenden Auslegung Rechnung getragen werden. Die Regeln über eine Störung der Geschäftsgrundlage (§§ 313 ff. BGB) sind hier nicht anwendbar, da es sich um eine unentgeltliche Zuwendung handelt und nicht um einen gegenseitigen Leistungsaustausch, wie dies im Schuldrecht der Fall ist.[238]

b) Ursprüngliche Lücken

72 Man spricht von einer ursprünglichen Lücke, wenn die letztwillige Verfügung bereits **von Anfang an eine Lücke** aufweist. Es liegt von Anfang an eine planwidrige Unvollkommenheit vor, wenn der Erblasser bei Errichtung der letztwilligen Verfügung bereits vorhandene Umstände oder auch Entwicklungen außer Acht gelassen hat oder wenn der Erblasser bereits vorhandene Verhältnisse falsch beurteilt bzw. wenn dem Erblasser ein tatsächlicher Umstand zwar bekannt ist, er hieraus aber fehlerhafte rechtliche Schlussfolgerungen gezogen hat, bzw. wenn sich der Erblasser über den Inhalt eines Vertrages geirrt hat.[239]

73 Ursprünglich ist die ergänzende Auslegung für die Fälle einer nachträglichen Änderung der Verhältnisse entwickelt worden, nach allg. Ansicht besteht allerdings kein Anlass, sie lediglich auf derartige Fälle nachträglicher Änderung zu beschränken.[240] Solche Fälle, bei denen in der vorhandenen Testamentsurkunde die Rechtsfolgen der

234 BGHZ 26, 204, 211 = NJW 1958, 498; BGH LM § 242 (A) Nr. 7; BGH FamRZ 1962, 256, 257; BGH WPM 1971, 533, 534; BGH LM § 2084 Nr. 5; BGH JZ 1983, 709, 711; OLG München HRR 1942 Nr. 839; KG NJW 1963, 766, 768; KG OLGZ 1966, 503, 504 f.; BayObLGZ 1966, 390, 394; KG NJW 1971, 1992; BayObLG NJW 1988, 2744.

235 BGH LM § 2084 Nr. 5.

236 BayObLGZ 1988, 165, 167 = FamRZ 1988, 986.

237 OLG Hamm BeckRS 2011, 18455; OLG Nürnberg ZEV 2010, 411, 414.

238 RGZ 108, 83, 85; BGH NJW 1993, 850; OLG Düsseldorf ZEV 1996, 466 m. Anm. *Medicus*, FamRZ 1996, 1302 = MittRhNotK 1997, 189.

239 BGH NJW 1978, 264.

240 BGH NJW 1978, 264, 265 f.; BayObLG FamRZ 1997, 1509, 1510 = NJW-RR 1997, 1438 = DNotZ 1998, 209 = ZEV 1997, 339, 340; OLG Naumburg FGPrax 1996, 30, 31; Staudinger/*Otte* (2019), Vor §§ 2064 ff. Rn 85, 92; a.A. *Kipp/Coing*, § 21 III 5a.

getroffenen Verfügungen unklar und unvollständig geregelt sind, sind nicht im Wege ergänzender Auslegung zu berichtigen, sondern vielmehr durch einfache Auslegung unter Berücksichtigung des Grundsatzes der wohlwollenden Auslegung gem. § 2084 BGB sowie der gesetzlichen Auslegungsregeln. So kann beispielsweise eine ungenaue Bezeichnung der Erbquoten unter Berücksichtigung des Zwecks des Testamentes konkretisiert werden.[241] Hat der Erblasser in seinem Testament jedoch nicht erklärt, wer Erbe sein soll und enthält das Testament auch keine Anhaltspunkte dahingehend, wen der Erblasser bedenken wollte, ist die letztwillige Verfügung unwirksam. Eine ergänzende Auslegung kommt hier nicht in Betracht. Sollen ursprüngliche Lücken im Wege ergänzender Auslegung geschlossen werden, ist auf die Grenzziehung zur Irrtumsanfechtung nach § 2078 BGB zu achten, da sonst diese Vorschrift gegenstandslos würde.[242]

Hat es der Erblasser dagegen unterlassen zu testieren bzw. hat der Erblasser eine 74
Regelung, die in einem Testamentsentwurf enthalten war, vergessen zu übertragen, kann dies nicht durch eine ergänzende Auslegung gerettet werden.

c) Lücken durch Ereignisse nach dem Erbfall

Ob auch solche **Umstände,** die erst nach dem Erbfall eingetreten sind, für eine ergän- 75
zende Auslegung herangezogen werden können, ist umstritten.[243] Insbesondere wird die Frage gestellt, ob die veränderten politischen und rechtlichen Umstände im Zuge der **Wiedervereinigung** auch nach dem Erbfall bei der Testamentsauslegung Berücksichtigung finden können.[244] Nach einer Ansicht wird dies abgelehnt, da der Rechtssicherheit und dem Vertrauensschutz der Erben Rechnung getragen werden muss.[245] Nach a.A. sind auch derartige nach dem Erbfall eingetretene Umstände bei der Testamentsauslegung zu berücksichtigen. Im Vordergrund muss die Verwirklichung des Erblasserwillens stehen. Hinter diesem Erblasserwillen muss der Vertrauensschutz Dritter zurücktreten. In jedem Falle können aber Ereignisse nach dem Erbfall nicht zu einer wiederholten Uminterpretation des Erblasserwillens führen, wie z.B. der Eintritt des Erben in eine Sekte.[246]

Dieser differenzierenden Ansicht ist zu folgen. Es kann demnach nur dann eine ergän- 76
zende Auslegung aufgrund von Ereignissen nach dem Erbfall erfolgen, wenn die letztwillige Verfügung noch nicht ihre volle Wirkung entfaltet hat, so dass der maßgebliche Zeitpunkt nicht der Erbfall, sondern die Wirksamkeit der letztwilligen Verfügung ist.[247] Die Wirksamkeit einer letztwilligen Verfügung und der Eintritt des Erbfalls können auseinanderfallen. Dies ist bspw. dann der Fall, wenn die Verfügung aufschiebend bedingt ist.[248] Aber auch dann, wenn der Erblasser Nacherbfolge angeordnet hat (d.h. für Veränderungen der Verhältnisse zwischen Vorerbfall und Nacherbfall),[249]

---

241 Vgl. OLG Karlsruhe FGPrax 2011, 185, das aber von ergänzender Auslegung spricht.

242 Staudinger/*Otte* (2019), Vor §§ 2064 Rn 36, 45; Soergel/*Loritz/Uffmann*, § 2084 Rn 38.

243 Dafür: RGZ 86, 206, 210; OLG Köln OLGZ 1969, 292; OLG Karlsruhe OLGZ 1981, 399, 407; BGH LM § 2084 Nr. 5; BGH NJW 1962, 1058 = FamRZ 1962, 256; BayObLG FamRZ 1991, 1234, 1235; OLG Frankfurt OLGZ 1993, 382 = FamRZ 1993, 857; dagegen: Soergel/*Damrau*, § 2084 Rn 13; differenzierend: MüKo/*Leipold*, § 2084 Rn 134 ff.;.

244 OLG Oldenburg DtZ 1992, 290;; *Wasmuth*, DNotZ 1992, 3, 8; *Bestelmeyer*, Rpfleger 1992, 321, 326; a.A. OLG Frankfurt OLGZ 1993, 382, eingehend *Meyer*, ZEV 1994, 12, 13.

245 OLG Frankfurt OLGZ 1993, 382; *Meyer*, ZEV 1994, 12, 13.

246 OLG München NJW 1983, 2577.

247 MüKo/*Leipold*, § 2084 Rn 134.

248 OLG Köln OLGZ 1969, 290.

249 BGH LM § 2084 Nr. 5.

oder auch bei hinausgeschobener Fälligkeit eines Vermächtnisses oder einer Auflage[250] fallen Erbfall und Wirksamkeit auseinander. Gleiches gilt für solche Verfügungen, deren Wirkungen weit über den Erbfall hinausreichen, wie z.B. die Dauertestamentsvollstreckung. Ein weiteres Beispiel ist die Anordnung eines Übernahmerechtes, welches auch längere Zeit nach Eintritt des Erbfalls ausgeübt werden kann. Handelt es sich um spätere Veränderungen in anderen Fällen, so können diese nicht mehr durch Auslegung berichtigt werden. Es hilft dann nur noch die Anfechtung nach § 2078 Abs. 2 BGB. Auch wenn der Erblasser für solche Fälle Vorsorge getroffen hat, kann die ergänzende Testamentsauslegung nicht angewendet werden. Es bleibt allenfalls die Umdeutung oder Anfechtung.

2. Wie erfolgt die ergänzende Testamentsauslegung?

77 Die ergänzende Testamentsauslegung ist wie folgt vorzunehmen:[251]

a) Feststellen der Lücke

78 Zunächst ist mittels einfacher Auslegung die **Lücke** festzustellen. Hierbei ist das Ziel des Erblassers, welches er mit seiner Verfügung im Zeitpunkt der Errichtung der letztwilligen Verfügung hatte erreichen wollen, d.h. seine wirkliche Willensrichtung, zu ermitteln.[252] Dieses vom Erblasser Gewollte ist praktisch wirtschaftlicher, nicht hingegen rechtlicher Natur. Derartige **Ziele** können sein: die Sicherung des Lebensunterhalts des Bedachten, die Fortführung eines Unternehmens durch den Erben, eine Belohnung für die Pflege im Alter, das Bedenken eines ganzen Familienstammes, die wirtschaftliche Gleichbehandlung nahestehender Personen. Zu den Zielen des Erblassers gehören auch die Vorstellungen des Erblassers über seine Nachlassgegenstände und ihre Veränderung bis zum Erbfall sowie über die Lebenszeit, das Verhalten und die künftige wirtschaftliche Entwicklung des oder der Bedachten. Die Lücke besteht darin, dass das vom Erblasser gewollte Ziel durch seine Testamentsgestaltung nicht erreicht worden ist. Wird nach Eintritt des Erbfalls erkannt, dass das vom Erblasser erstrebte Ziel mit der testamentarischen Regelung verfehlt wurde, liegt eine Lücke vor. Diese kann im Wege der ergänzenden Auslegung durch eine das Ziel erreichende Regelung geschlossen werden. Damit wird der Testamentsinhalt den veränderten Umständen angepasst.

b) Ungewollte Lücke

79 In einem zweiten Schritt ist festzustellen, ob diese **Lücke** überhaupt **planwidrig** ist oder ob sie etwa gewollt war. Planwidrig ist eine Lücke dann, wenn der Erblasser für den Fall, dass er sich der Lücke bewusst gewesen wäre, eine andere Gestaltung seines Testaments gewählt hätte (= **Kausalität der Lücke**).

c) Schließen der Lücke

80 In einem weiteren Schritt ist die **Lücke** zu **schließen**. Um die Lücke zu schließen, ist zu ermitteln, was der Erblasser im Zeitpunkt der Testamentserrichtung gewollt hätte und was inhaltlich von ihm für den Fall angeordnet worden wäre, dass er die Veränderungen der Sachlage vorausgesehen hätte.[253] Es ist immer zu fragen, welche Anordnungen der Erblasser getroffen hätte bzw. welche er nicht getroffen hätte, wenn ihm im Zeitpunkt der Errichtung des Testaments die nicht in Erwägung gezogenen Umstände

250 BGH WM 1971, 533.

251 Zur Methode der Auslegung siehe insbesondere BGHZ 80, 242; BGHZ 86, 41, 46; BGHZ 94, 36, 38, 43; OLG Saarbrücken NJW-RR 1994, 844, 845.

252 Zum Folgenden insbesondere *Gerhards*, JuS 1994, 642, 643 f. m.w.N.

253 BGHZ 22, 357, 362; BayObLGZ 1996, 205, 221.

bekannt gewesen wären.[254] Es ist somit ein dem Erblasser unterstellter irrealer oder hypothetischer (unwirklicher) Wille zu berücksichtigen, den er vermutlich gehabt haben würde, wenn er im Zeitpunkt der Testamentserrichtung die künftige Entwicklung wenigstens als möglich vorausgesehen hätte.[255] Von einem allwissenden Erblasser, der die Zukunft in allen Einzelheiten voraussieht, ist hierbei nicht auszugehen. Dies wäre realitätsfremd und würde einer ergänzenden Auslegung nicht entsprechen. Es ist zu fragen, wie der Erblasser testiert hätte, wenn er die Möglichkeit der späteren Entwicklung in ihren wesentlichen Zügen bedacht hätte.[256] Demgemäß ist die Entwicklung zwischen Testamentserrichtung und Erbfall sind bei der Ermittlung des hypothetischen Willens zu berücksichtigen.

Es geht hier nicht darum, den erwiesenen oder den mutmaßlichen wirklichen Willen 81 zur Geltung zu bringen. Auch bei der Ermittlung des hypothetischen Erblasserwillens sind **außerhalb des Testaments liegende Umstände** sowie die **allg. Lebenserfahrung** und auch Äußerungen des Erblassers zu berücksichtigen.[257] Maßgebend ist auch bei der ergänzenden Testamentsauslegung der Wille im Zeitpunkt der Errichtung des Testaments, nicht ein etwaiger späterer Wille.[258] Aus einem nach der Testamentserrichtung gebildeten Willen des Erblassers können allenfalls „Rückschlüsse" auf den hypothetischen Willen zur Zeit der Abfassung der Verfügung gezogen werden.[259]

In den Fällen, in denen sich ein hypothetischer Erblasserwille nicht feststellen lässt, ist 82 die Verfügung anhand des Wortlauts auszulegen.[260] Haben Ehegatten einen Erbvertrag errichtet, in dem sie ihren Sohn bindend zum Schlusserben berufen haben, war diesen allerdings nicht bekannt, dass dieser geistig behindert und testierunfähig sein würde, kann aus diesem Umstand, sofern der Erbvertrag keinerlei Anhaltspunkte enthält, keine Änderungsbefugnis des überlebenden Ehegatten hergeleitet werden.[261] Fehlen Anhaltspunkte in einem Behinderten- oder Bedürftigentestament, kann es nicht ergänzend dahingehend ausgelegt werden, dass öffentliche Versorgungsleistungen unbeeinflusst bleiben.[262]

In den Fällen, in denen der Erblasser die **Veränderung** der Umstände **erkennt** und 83 sich dahingehend äußert, dass seine ursprünglich errichtete Verfügung mit verändertem Inhalt weiter gelte, lässt sich ein Rückschluss auf den hypothetischen Willen bei Testamentserrichtung ziehen, da der Erblasser davon ausgeht, dass sein errichtetes Testament der veränderten Situation Rechnung trägt. Ist dem Erblasser hingegen bewusst, dass das von ihm errichtete Testament Lücken enthält, und errichtet er dennoch keine neue letztwillige Verfügung, ist eine ergänzende Auslegung nicht möglich. Auf einen hypothetischen Willen im Zeitpunkt der Testamentserrichtung kann nicht geschlossen werden. Anders ist dies, wenn der Erblasser glaubte, die Verfügung nicht mehr ändern

254 BayObLG ZEV 1994, 47; BGH ZEV 2017, 629 = ErbR 2017, 613.

255 RGZ 134, 277, 280; RGZ 142, 171, 175; BGH LM § 242 (A) BGB Nr. 7 = JZ 1953, 122; BayObLGZ 1982, 159, 165; BayObLG FamRZ 1988, 986 = NJW 1988, 2744; BayObLG NJW-RR 1991, 1094; OLG Zweibrücken FamRZ 1992, 608 = Rpfleger 1992, 109, 110 f. m. Anm. *Gerken*, Rpfleger 1992, 252; OLG Hamm Rpfleger 1987, 247, 248.

256 OLG München ZEV 2006, 456, 457.

257 BayObLG FamRZ 1988, 986, 988 = NJW 1988, 2744.

258 RGZ 142, 171, 175; BGH LM § 2084 Nr. 5; BGH NJW 1963, 1150, 1151; BGHZ 112, 229, 233; BayObLG NJW 1988, 2744; BayObLG NJW-RR 1989, 326, 327; MüKo/*Leipold*, § 2084 Rn 105; a.A. *Keuk*, Der Erblasserwille post testamentum und die Auslegung des Testaments, 1965.

259 BGH FamRZ 1962, 256.

260 OLG Hamm FamRZ 1997, 121; OLG Düsseldorf FGPrax 2012, 22 zum Erbvertrag.

261 OLG Düsseldorf NJW-RR 2012, 391.

262 Vgl. SG Osnabrück BeckRS 2013, 68345 (es bleibt bei Auslegung im Sinne einer Vollversorgung).

zu können.[263] Hat der Erblasser von den Veränderungen erfahren und ändert er seine Verfügung nicht, ist diese Tatsache jedoch dann beachtlich, wenn das Unterlassen nicht nur darauf beruht, dass der Erblasser an seine letztwillige Verfügung nicht mehr gedacht hat. Handelt es sich bei dem späteren Willen um eine Weiterführung der ursprünglichen Motivation, ist dies bei der Auslegung zu berücksichtigen, nicht hingegen wenn es sich um einen neu gefassten Willen handelt.

84 Führt hingegen das Verhalten des Erben zu einer wesentlichen Veränderung, z.B. weil dieser die Erbschaft ausschlägt, ist eine ergänzende Auslegung ausgeschlossen. In diesem Falle kann die Auslegung nicht dazu führen, eine Nacherbfolge oder ein Nachvermächtnis anzunehmen, damit der Ausschlagende wirtschaftlich das bekommt, was er ausgeschlagen hat.[264]

85 Um die Lücke zu schließen, ist bei **mehreren Gestaltungsmöglichkeiten** diejenige zu wählen, mit der die gefundenen Zwecke und Motive am besten verwirklicht werden können.[265] Für den Fall, dass ein vom Wortlaut der Verfügung von Todes wegen abweichender realer oder hypothetischer Wille des Erblassers nicht erkennbar ist, muss es bei einer Auslegung entsprechend dem Wortlaut verbleiben.[266]

d) Andeutung im Testament

86 In einem vierten Schritt ist wiederum zu prüfen, ob der durch Auslegung ermittelte Wille, d.h. das Ziel des Erblassers bzw. seine allg. Motivation, in der Urkunde wenigstens andeutungsweise enthalten ist.[267] Hierbei ist davon auszugehen, dass dies umso eher der Fall ist, je mehr das vom Erblasser erstrebte Ziel aus dem Wortlaut der Urkunde erkennbar ist. Im Allg. ist bei der ergänzenden Testamentsauslegung Zurückhaltung geboten. Diese darf nämlich nicht dazu führen, dass dasjenige als vom Erblasser gewollt angesehen wird, das ein Dritter anstelle des Erblassers verfügt hätte.[268] Ein Teil der Lit. lehnt derartige Schranken entschieden ab. Danach sei es sinnwidrig, für die ergänzende Auslegung Anhaltspunkte im Testament zu verlangen. Das wird damit begründet, dass es nur dann Anhaltspunkte geben könne, wenn der Erblasser eine Entwicklung bereits berücksichtigt habe. In diesem Falle sei jedoch die ergänzende Auslegung nicht erforderlich, vielmehr greife dann die einfache Auslegung ein. Auch Anhaltspunkte für einen hypothetischen Willen könne es nicht geben.[269]

87 Dieser in der Lit. vertretenen Ansicht kann allerdings nicht gefolgt werden. Die Andeutungstheorie legt bei der **ergänzenden Testamentsauslegung** eine andere Fragestellung zugrunde als bei der einfachen Auslegung und ist daher auch für die ergänzende Auslegung heranzuziehen. Eine Testamentsergänzung ist nur für den Fall zulässig, dass eine Grundlage aus der **Willensrichtung** des Erblassers gegeben ist. Die Willensrichtung ist anhand des Testaments, jedoch aufgrund von Umständen, die außerhalb des Testaments liegen, und aufgrund der allg. Lebenserfahrung zu ermitteln. Es ist somit eine Anknüpfung an die dem Testament erkennbar zugrunde liegende Willensrichtung erforderlich.[270] Daraus folgt, dass weder für das Auslegungsergebnis

---

263 BayObLG FamRZ 1991, 982, 984.

264 OLG München FamRZ 2014, 876.

265 *Keymer*, Anfechtung nach § 2078 Abs. 2 BGB, S. 131.

266 OLG Hamm FamRZ 1997, 121, 123.

267 BGH WPM 1964, 91; BGHZ 22, 357, 362 = FamRZ 1957, 97; BGHZ 74, 116, 117; BGH FamRZ 1963, 290 = NJW 1963, 1150, 1151; BGH FamRZ 1983, 380, 382; OLG Hamburg FamRZ 1988, 1322; BayObLG FamRZ 1988, 986 = NJW 1988, 2744; BayObLG NJW-RR 1989, 326, 327; BayObLG FamRZ 1994, 723.

268 KG NJW 1963, 766, 768; KG NJW 1971, 1992.

269 *Keuk*, Erblasserwille, S. 81; *Gerhards*, JuS 1994, 643, 648 f.

270 OLG Köln ZEV 2009, 241, 242; OLG Karlsruhe ZEV 2009, 34, 35.

noch für den hypothetischen Willen eine Andeutung im Testament gefordert wird. Vielmehr ist die Willensrichtung anhand des Testaments festzustellen. Somit ist zwar beim Testament anzusetzen, es ist aber gestattet, dass die Willensrichtung auch dann festgestellt wird, wenn diese aus dem Testament selbst nicht unmittelbar hervorgeht.

Wurden seitens des Erblassers Motive im Testament angegeben, können diese für das 88 Weiterentwickeln der letztwilligen Verfügung herangezogen werden. Sind diese nicht enthalten, ist der Sinn der getroffenen Verfügungen weiterzudenken. Hierbei sind aber insbesondere die subjektiven Vorstellungen des Erblassers zu berücksichtigen und in zweiter Linie die Sätze allgemeiner Lebenserfahrung.

Mit dieser Anknüpfung an das Testament sind daher **subjektive** wie **objektive** Kompo- 89 nenten verbunden. Subjektiv wird auf die Motivation des Erblassers abgestellt. Es ist daher zu fragen, was der Erblasser vermutlich angeordnet hätte, wenn er mit der veränderten Sachlage konfrontiert gewesen wäre. Objektiv darf es sich bei der Ergänzung nur um eine Weiterentwicklung der bereits errichteten Verfügung von Todes wegen handeln. Somit ist die testamentarische Verfügung weiter und zu Ende zu denken. Ein Weiterdenken kann bspw. dazu führen, anstatt eines bestimmten Gegenstandes dessen Wert als vermacht anzusehen.[271] Die ergänzende Auslegung kann aber nicht dazu führen, eine völlig neue Verfügung zu schaffen, bspw. dass nicht die Person A zum Erben eingesetzt wurde, sondern die Person B.[272] Im Einzelfall könnte eine derartige Änderung des Testaments dem Willen des Erblassers gerecht werden. Hierbei handelt es sich jedoch nicht mehr um ein Weiterdenken der getroffenen Verfügung. Vielmehr handelt es sich um einen Rückschluss aus der getroffenen Verfügung auf die Motivation, was dazu führt, dass unmittelbar aus dieser Motivation in Verbindung mit der tatsächlichen Sachlage eine neue Verfügung geschaffen wird. Dies ist jedoch nicht Aufgabe der ergänzenden Auslegung. In solchen Fällen bleibt nur die Anfechtung.

Die ergänzende Auslegung soll Lücken schließen und nicht zu einer richterlichen 90 Erbfolge führen. Sie darf nicht das Ziel einer völligen Neuschöpfung testamentarischer Verfügungen haben. Der Richter muss Lücken so schließen, wie der Erblasser sie geschlossen hätte, er ist nicht berechtigt, den Willen des Erblassers „weiterzudenken". Ergebnis der ergänzenden Testamentsauslegung kann auch sein, dass der Erblasser die Verfügung für den Fall, den er nicht vorhergesehen hat, nicht getroffen hätte. Dies führt dazu, die letztwillige Verfügung als widerrufen[273] zu behandeln bzw. eine Verfügung, die im Testament getroffen wurde, als gegenstandslos[274] anzusehen.

Fehlen Verfügungen in einem Testament, ist bei einem Rückschluss von getroffenen 91 auf angeblich **fehlende Verfügungen** einschränkend zu fordern, dass die getroffene Verfügung ohne die zu ergänzende **überhaupt keinen Sinn** ergibt. Ansonsten würde sich die Auslegung völlig vom Testamentstext lösen. Enthält eine letztwillige Verfügung demgemäß keine Regelung für den Tod des zuerst versterbenden Ehegatten, kann dies nicht dahin ausgelegt werden, dass einzelne gesetzlich erbberechtigte Personen von der Erbfolge nach dem Erstversterbenden ausgeschlossen sind.[275] Auch kann von einer Schlusserbeneinsetzung nicht auf eine gegenseitige Erbeinsetzung der Ehegatten geschlossen werden.[276]

---

271 MüKo/*Leipold*, § 2084 Rn 103; a.M. BayObLGZ 1966, 390; BayObLGZ 1997, 197, 202; BayObLG FamRZ 2002, 910, 913.

272 MüKo/*Leipold*, § 2084 Rn 104 m.w.N.

273 BayObLG NJW-RR 2002, 367 (368).

274 BayObLG NJW-RR 1997, 1438.

275 OLG München BeckRS 2013, 420.

276 BGH NJW 1981, 1737.

3. Beispiele für die Lückenschließung im Wege ergänzender Testamentsauslegung

92 Wegfall eines Vorausvermächtnisses;[277] eine Verfügung ist gegenstandslos und gesetzliche Erbfolge tritt ein, wenn der Erblasser mangels seines Irrtums sie nicht getroffen haben würde;[278] ein **Vermächtnis** wird durch eine auflösende Bedingung ergänzt;[279] Wegfall einer **Nacherbeneinsetzung;**[280] ein Änderungsvorbehalt wird in einen Erbvertrag eingefügt;[281] die **Wechselbezüglichkeit** eines gemeinschaftlichen Ehegattentestaments fällt weg;[282] durch einen weiteren nach der Testamentserrichtung geborenen Sohn der Tochter wird die Erbeinsetzung ergänzt;[283] durch einen nach der Testamentserrichtung geborenen weiteren Abkömmling wird die Nacherbfolge ergänzt;[284] Anordnung eines Befreiungsvermächtnisses (§§ 397, 2174 BGB), wenn der Erblasser als selbstverständlich annimmt, dass ein Beteiligter den Kaufpreis für eine unter Lebenden erworbene Eigentumshälfte nicht mehr bezahlen muss;[285] Annahme der Anrechnung des verlangten Pflichtteils auf ein Vermächtnis, obwohl eine Anrechnung nicht ausdrücklich angeordnet worden ist.[286]

93 Hat der vom Erblasser benannte Testamentsvollstrecker das Amt nicht angenommen, ist im Wege der Auslegung zu ermitteln, ob der Erblasser generell Testamentsvollstreckung angeordnet hat oder ob die Testamentsvollstreckung an die Person des eingesetzten Testamentsvollstreckers geknüpft war.[287]

94 Die bloße **Beseitigung** einer Verfügung von Todes wegen ist nach einer Ansicht nicht Aufgabe der ergänzenden Testamentsauslegung. Dies ist Aufgabe der **Anfechtung.**[288] Nach a.A. kann auch die ergänzende Testamentsauslegung zur Unwirksamkeit der letztwilligen Verfügung führen.[289] Ein Motiv des Erblassers, das im Testament nicht seinen Niederschlag gefunden hat, darf nicht mit seinem Willen gleichgesetzt werden. Die ergänzende Auslegung kann nicht dazu führen, eine völlig andere Verfügung zu schaffen, die vom Erblasser unterlassen wurde.[290]

4. Zeitliche Grenze der ergänzenden Testamentsauslegung

95 Nach überwiegend vertretener Ansicht sind die Ausschlussfristen gem. §§ 2078 Abs. 2, 2082 BGB auf die ergänzende Auslegung nicht analog anzuwenden.[291]

5. Gemeinschaftliches Testament und Erbvertrag

96 Verfügungen in einem gemeinschaftlichen Testament oder Erbvertrag sind ebenfalls der ergänzenden Auslegung zugänglich. Handelt es sich um die ergänzende Auslegung einer wechselbezüglichen Verfügung nach dem Tod des Längstlebenden, kommt es auf den hypothetischen Willen des zweiten Ehegatten an, da nur dessen Schlussverfügung

---

277 BayObLG ZEV 1997, 339.
278 BayObLGZ 1966, 390.
279 BGH FamRZ 1962, 256; RGZ 108, 83, 85.
280 BGH LM § 2084 Rn 5.
281 BayObLG FamRZ 1996, 898 = DNotZ 1996, 316.
282 KG NJW 1963, 766, 768.
283 BayObLG FamRZ 1991, 982.
284 BayObLG NJW-RR 1991, 1094.
285 BGH ZEV 1997, 376.
286 BGH ZEV 2002, 20.
287 OLG Hamm ZEV 2015, 532 m.Anm. Otte; BayObLG NJW-RR 2003, 224; 1988, 387, 388.
288 MüKo/*Leipold*, § 2084 Rn 104.
289 BayObLGZ 1966, 390 = NJW 1967, 729; KG NJW 1971, 1192.
290 OLG München NJW-RR 2013, 329, 330.
291 BayObLG FamRZ 1997, 1509 = ZEV 1997, 339, 341; MüKo/*Leipold*, § 2084 Rn 109; a.A. *Brox*, Einschränkung der Irrtumsanfechtung, S. 159, der davon ausgeht, dass die ergänzende Testamentsauslegung nur innerhalb der Fristen des § 2082 BGB zulässig ist.

Wirksamkeit erlangen kann. Allerdings ist hierbei die bei Testamentserrichtung bestehende Willensrichtung beider Ehegatten zugrunde zu legen.[292] Die vorstehenden Ausführungen gelten auch für den Fall, dass nach dem Tod des erstversterbenden Ehegatten für dessen wechselbezügliche Verfügungen eine ergänzende Auslegung in Betracht kommen sollte. Diese kann dazu führen, die Bindung des längstlebenden Ehegatten einzuschränken oder sogar zu beseitigen.[293] Kommt man jedoch zu dem Ergebnis, dass nur für den überlebenden Ehegatten gesagt werden kann, dass er, hätte er die Sachlage gekannt, eine Wechselbezüglichkeit nicht gewollt hätte, ist für eine ergänzende Auslegung kein Raum. Hier bleibt nur die Anfechtung. Die Auswirkungen einer Anfechtung beurteilen sich dann nach § 2270 Abs. 1 BGB.

Somit kann sich die ergänzende Auslegung nur sowohl auf die Verfügung des erstver- 97
storbenen als auch auf die des zweiten Ehegatten, nämlich jeweils auf das Element der Wechselbezüglichkeit, beziehen. Eine ergänzende Auslegung ist daher nur möglich, wenn man sagen kann, dass beide Ehegatten, wären sie mit dem jetzigen Sachverhalt bei Testamentserrichtung konfrontiert gewesen, für diesen Fall eine Ausnahme von der Wechselbezüglichkeit gemacht, im Übrigen aber ihre Verfügungen aufrechterhalten hätten (siehe näher hierzu die Kommentierung zu § 2270 BGB).

6. Fallgruppen der ergänzenden Testamentsauslegung

a) Der Bedachte verstirbt vor dem Erblasser

Die Vorschrift des § 2069 BGB bezieht sich nur auf den Wegfall eines bedachten 98
Abkömmlings des Erblassers. Auf den Wegfall anderer eingesetzter Erben oder Vermächtnisnehmer kann die Regelung des § 2069 BGB nicht analog angewendet werden.[294] In diesen Fällen des Vorversterbens des Bedachten kann jedoch die ergänzende Auslegung weiterhelfen. Nach überwiegender Rspr. kann der dem § 2069 BGB zugrunde liegende Rechtsgedanke (= **Bedenkung des Stammes des Erben**) bei einer solchen ergänzenden Auslegung herangezogen werden, und zwar in den Fällen, in denen es sich bei der ursprünglich bedachten und weggefallenen Person entweder um einen nahen Angehörigen des Erblassers handelt oder sonst ein besonders enges Verhältnis zu ihm bestanden hat, das mit dem Verhältnis zu vergleichen ist, das zu einem eigenen Abkömmling besteht. Ist von einem solchen Verhältnis zwischen dem Erblasser und der weggefallenen Person auszugehen, so kann in der Einsetzung des Bedachten auf den hypothetischen Willen des Erblassers geschlossen werden, die Abkömmlinge des Bedachten zu Ersatzerben einzusetzen. Für die abschließende Beurteilung können auch Umstände außerhalb der Testamentsurkunde herangezogen werden.[295] Die Einsetzung einer derartigen nahestehenden Person reicht nach der Andeutungstheorie als Anhaltpunkt in der Testamentsurkunde aus.

Die ergänzende Auslegung kann somit dazu führen, dass die Abkömmlinge des Be- 99
dachten als Ersatzerben oder auch Ersatzvermächtnisnehmer anzusehen sind. Eine analoge Anwendung des § 2069 BGB liegt jedoch in keinem Fall vor, so dass die Ersatzberufung insoweit nicht die Regel ist. Die Ersatzberufung muss sich anhand des konkreten Falles ermitteln lassen. Es ist daher zu ermitteln, ob die Zuwendung nur dem Bedachten persönlich gegolten hat oder er diese als Erster seines Stammes erhalten hat.[296] Die Rspr. hat in den nachstehenden Fällen u.a. ein derartiges enges Verhältnis

292 MüKo/*Leipold*, § 2084 Rn 110.

293 MüKo/*Leipold*, § 2084 Rn 111, 112 m.w.N.

294 Staudinger/*Otte* (2019), Vor §§ 2064 ff. Rn 89; MüKo/*Leipold*, § 2084 Rn 113.

295 RGZ 134, 289, 290; BayObLG FamRZ 1988, 986

296 Vgl zB OLG München FamRZ 2018, 1641; OLG Düsseldorf FamRZ 2018, 964; OLG Düsseldorf FamRZ 2015, 83; OLG München FamRZ 2013, 1067; OLG München FamRZ 2011, 1871.

zwischen Erblasser und Bedachtem angenommen, dass als Ersatzerben die Abkömmlinge anzusehen sind: zu den **Abkömmlingen** des anderen **Ehegatten,**[297] zu **Stief-** oder **Geschwisterkindern,**[298] zu **Geschwistern,**[299] zur **Mutter,**[300] zum **Schwiegersohn,**[301] zur Tochter der **Geliebten,**[302] zur Tochter der Lebensgefährtin,[303] zum nichtehelichen Sohn des vorverstorbenen Ehegatten,[304] zu den Abkömmlingen naher Verwandter als Ersatzerben.[305]

100 Ggf. kann die ergänzende Auslegung dazu führen, eine Erbeinsetzung auf sonstige Verwandte des Bedachten zu erstrecken. Z.B. kann sich aus der Erbeinsetzung der Enkelin eine Einsetzung von deren Mutter als Ersatzerbin ergeben.[306] Setzt der Erblasser seine Ehefrau zur Alleinerbin ein und verstirbt diese vor ihm, reichen allerdings gute verwandtschaftliche Beziehungen zur Familie der verstorbenen Ehefrau allein nicht aus, um eine Erbeinsetzung ihrer Geschwister anzunehmen.[307] Hat der Erblasser seinen vorverstorbenen Ehegatten zum Erben eingesetzt, kann die Auslegung dazu führen, dass dessen Neffe zum Ersatzerben berufen ist.[308]

101 Weiterhin kann die ergänzende Auslegung ergeben, die Erbeinsetzung einer vorverstorbenen Person als Erbeinsetzung von deren Ehegatten aufrechtzuerhalten. Hier ist allerdings Zurückhaltung geboten.[309]

102 Treten weitere Personen, die im gleichen verwandtschaftlichen Verhältnis zum Erblasser stehen, hinzu, kann die ergänzende Auslegung ergeben, dass diese Personen in gleicher Weise als bedacht anzusehen sind.[310]

103 Hat der Erblasser seine Kinder aus erster Ehe zu Erben und deren Abkömmlinge zu Ersatzerben berufen und fallen diese durch Ausschlagung weg, kommt im Wege der ergänzenden Auslegung eine Alleinerbeinsetzung der zweiten Ehefrau in Betracht, sofern dieser im Wege des Vermächtnisses eine weitreichende Stellung zugewandt war.[311]

104 Wurde in einem gemeinschaftlichen Testament dahingehend verfügt, dass sich die Ehegatten zunächst gegenseitig zu Erben eingesetzt haben, und hat jeder Ehegatte jeweils seine Verwandten zu Schlusserben berufen, führt eine Ausschlagung des überlebenden Ehegatten dazu, dass die Schlusserbeneinsetzung regelmäßig nicht aus Ersatzerbeneinsetzung auf Ableben des Erstversterbenden ausgelegt werden kann. Vielmehr tritt gesetzliche Erbfolge ein.[312]

---

297 BayObLGZ 1982, 159, 166; BayObLGZ 1988, 165; OLG Hamburg FamRZ 1988, 1322, 1323; BayObLG FamRZ 1996, 1037; BayObLG FamRZ 2000, 58.

298 RGZ 99, 82; BayObLG Rpfleger 1974, 345; OLG Karlsruhe NJW-RR 1992, 1482; BayObLG NJW-RR 1992, 73.

299 BGH NJW 1973, 242; OLG Karlsruhe FamRZ 1993, 363, 364; BayObLG FamRZ 1997, 641; BayObLG FamRZ 1997, 1177; BayObLG FamRZ 2004, 569; BayObLG FamRZ 2005, 68.

300 OLG Hamburg FamRZ 1988, 1322.

301 OLG Hamburg NJW-RR 1991, 1349.

302 BayObLG NJW-RR 1993, 459.

303 BayObLG FamRZ 1991, 865.

304 BayObLG FamRZ 2005, 840.

305 OLG München ZEV 2007, 93; OLG München FGPrax 2006, 223.

306 OLG Hamburg FamRZ 1988, 1322.

307 OLG München ZEV 2015, 275.

308 BayObLGZ 1988, 165 = NJW 1988, 2744

309 MüKo/*Leipold*, § 2084 Rn 115 m.w.N.

310 BayObLG FamRZ 1991, 982 (Einsetzung eines Sohnes der Tochter und spätere Geburt eines weiteren Enkels).

311 OLG Köln ZEV 2009, 241.

312 OLG Hamm NJW-RR 2014, 781 m.Anm. *Litzenburger*, FD-ErbR 2014, 363842 sowie *Wellenhofer*, JuS 2014, 944 und *Soutier*, MittBayNot 2014, 511.

b) Veräußerung der Nacherbenanwartschaft an den Vorerben

Hat der Erblasser ausdrücklich Ersatznacherben bestimmt bzw. besteht eine vermutete Ersatznacherbschaft aufgrund des § 2069 BGB, so ändert sich an der Rechtstellung der Ersatznacherben auch dann nichts, wenn die Nacherbenanwartschaft an den Vorerben übertragen wird. Der Vorerbe verliert seine durch diese Übertragung erworbene Rechtsstellung als gleichzeitiger Nacherbe in dem Fall und zu dem Zeitpunkt an den Ersatznacherben, zu dem sie auch der ursprüngliche Nacherbe verloren hätte.[313] Auch dieser Folge begegnet die Rspr.[314] mit der ergänzenden Auslegung für den Fall, dass die Übertragung voll entgeltlich erfolgt ist. 105

c) Zustimmung des Vertragserben oder Schlusserben

Stimmt der Vertragserbe oder Schlusserbe einer lebtäglichen unentgeltlichen Verfügung des Erblassers über einen künftigen Nachlassgegenstand zu, so kann im Wege der ergänzenden Auslegung davon ausgegangen werden, dass die Wirkung der Zustimmung, die aber der notariellen Form bedarf,[315] auch auf die Ersatzerben ausgedehnt werden kann.[316] 106

d) Veränderung der Vermögensverhältnisse des Erblassers

Wenn sich der Erblasser bei Errichtung des Testaments unzutreffende Vorstellungen über seine Vermögensverhältnisse macht, die im Zeitpunkt des Erbfalls bestehen, kann hier ebenfalls die ergänzende Auslegung zum Zuge kommen.[317] Nach h.M. in der Lit. sowie nach geltender Rspr. ändert sich an der Erbeinsetzung bei ausdrücklicher Einsetzung von Erbquoten auch dann nichts, wenn der Erblasser nach Testamentserrichtung **weiteres Vermögen** erlangt.[318] Wendet der Erblasser hingegen Einzelgegenstände oder **Vermögensgruppen** zu, die den Nachlass im Zeitpunkt der Testamentserrichtung ausschöpfen, kann im Falle, dass der Erblasser später erhebliches Vermögen hinzuerwirbt, die ergänzende Auslegung dazu führen, dass der Erblasser sein Vermögen mit der Zuwendung nicht ausschöpfen wollte und deshalb lediglich eine Vermächtniszuwendung oder aber eine Teilerbeinsetzung verbunden mit der gesetzlichen Erbfolge vorliegt.[319] Grundsätzlich muss ein Vermächtnis bis zur völligen Ausschöpfung des Nachlasses erfüllt werden. Lediglich in Ausnahmefällen kann daher die ergänzende Testamentsauslegung einer Änderung der Vermögensverhältnisse des Erblassers nach der Testamentserrichtung Rechnung tragen.[320] 107

Ändern sich die Vermögensverhältnisse des Erblassers nach Testamentserrichtung dahingehend, dass weiteres Vermögen erworben wird, liegen jedoch Anhaltspunkte vor, dass der Erblasser den Bedachten auf den Gegenstand der Zuwendung beschränken wollte, verbleibt es bei der Zuwendung dieses Gegenstandes. Für eine ergänzende Auslegung ist kein Raum.[321] 108

---

313 BayObLGZ 1970, 137 = NJW 1970, 1794, 1795; OLG Hamm NJW 1970, 1606; LG Oldenburg Rpfleger 1979, 102.

314 LG München II MittBayNot 1980, 29; OLG Stuttgart BWNotZ 1982, 64 = Rpfleger 1982, 106.

315 BGHZ 108, 252.

316 *Kanzleiter*, ZEV 1997, 261.

317 OLG Hamm FamRZ 1997, 121, 123; OLG Zweibrücken NJW-RR 1992, 587 = FamRZ 1992, 608 = Rpfleger 1992, 252 m. Anm. *Gerken*; Staudinger/*Otte* (2019), Vor §§ 2064 ff. Rn 90.

318 KG NJW 1971, 1992; BGH FamRZ 1972, 561, 563; BayObLG Rpfleger 1980, 430 = FamRZ 1981, 100 Nr. 86; BayObLG FamRZ 1986, 835, 837; *Bartz*, NJW 1972, 1176.

319 BayObLG Rpfleger 1983, 302; *Bartz*, NJW 1972, 1176; MüKo/*Leipold*, § 2084 Rn 127.

320 BGH NJW 1993, 245 = FamRZ 1993, 422.

321 Vgl. dazu auch BGH NJW-RR 2017, 1036 = ZEV 2017, 629 m. Anm. *Leipold* gegen OLG Düsseldorf ZEV 2017, 143 m. Anm. *Otte*, ZEV 2017, 146 f.

109 Ändert sich das Vermögen des Erblassers nach Testamentserrichtung, kann dies dazu führen, die getroffenen Verfügungen im Wege ergänzender Auslegung der neuen Sachlage entsprechend anzupassen. Dies ist z.B. dann der Fall, wenn eine Erbeinsetzung in Verbindung mit Teilungsanordnungen auf die Übertragung bestimmter Vermögensgegenstände abzielte, die als solche nicht mehr im Nachlass vorhanden sind. Wurde dem Erben ein Grundstück zugewandt, kann an dessen Stelle ein Lastenausgleichsanspruch treten. Eine ergänzende Auslegung kommt jedoch dann nicht in Betracht, sondern nur die Anfechtung, wenn der Erblasser die Armen bedenkt (Zuwendung des nach Begleichung der Bestattungskosten verbleibenden Vermögens an die Armen, § 2072 BGB), der Erblasser jedoch zu einem späteren Zeitpunkt erhebliches Vermögen hinzuerwirbt, er jedoch bei Testamentserrichtung zu seiner Verfügung aufgrund seiner Vermögenslage bestimmt worden ist.

110 Wendet der Erblasser dagegen eine Sachgesamtheit zu, die bei Errichtung des Testaments den Nachlass ausgeschöpft hat und demgemäß als Einsetzung zum Alleinerben anzusehen war, er jedoch zu einem späteren Zeitpunkt erhebliches Vermögen hinzuerwirbt, ist im Wege der ergänzenden Auslegung zu klären, ob sich die Zuwendung auf den gesamten Nachlass erstreckt oder nur auf die zunächst vorhandenen Werte.[322]

111 Erlässt der Erblasser einer Person im Wege eines Vermächtnisses eine Verbindlichkeit, ist diese Verbindlichkeit im Zeitpunkt des Erbfalls jedoch bereits erfüllt, ist zu differenzieren. Für den Fall, dass es dem Testierenden darauf ankam, der Person einen Wert zuzuwenden, kann die ergänzende Auslegung dazu führen, dass eine vermächtnisweise Zuwendung in Höhe des Wertes der erlassenen Verbindlichkeit anzunehmen ist. Eine derartige Auslegung ist jedoch dann nicht möglich, wenn es lediglich darum geht, die Person von der Schuld zu befreien.[323]

e) Veränderungen an einem vermachten Gegenstand

112 In den Fällen, in denen der vermachte Gegenstand nicht mehr Bestandteil des Nachlasses ist, kommen die gesetzlichen Auslegungsregeln gem. §§ 2169, 2170, 2173 BGB zum Zuge. Nach h.M. findet allerdings § 2169 Abs. 3 BGB auf den Fall der Veräußerung keine Anwendung. Es kommt weder eine direkte noch eine analoge Anwendung in Betracht.[324] Die ergänzende Auslegung kann jedoch zu dem Ergebnis führen, dass der Erlös, der durch die Veräußerung erzielt worden ist und der sich noch im Nachlass befindet, bzw. der Wert des veräußerten Gegenstandes als vermacht anzusehen ist.[325] Es handelt sich hierbei um die Weiterentwicklung des ursprünglich Zugewandten. Es ist entscheidend, ob der Erblasser einen speziellen Gegenstand zuwenden wollte oder ob es ihm darauf ankam, der bedachten Person einen Vermögenswert zu verschaffen. In diesem Fall führt die ergänzende Testamentsauslegung dazu, dass der Veräußerungserlös als vermacht anzusehen ist.[326] Für den Fall, dass der Erblasser dem Vorerben ein Vermächtnis zuwendet, welches nicht der Nacherbenbindung unterliegen soll, danach das dem Vermächtnis unterliegende Grundstück veräußert und sich eine andere Immobilie anschafft, kann die Auslegung dazu führen, dass sich das Vermächtnis auch auf die neu angeschaffte Immobilie erstreckt.[327]

---

322 MüKo/*Leipold*, § 2084 Rn 127 m.w.N; *Leipold*, ZEV 2017, 632, 633 f; a.A. *Loritz*, FamRZ 2017, 1871, nach dem Vermögen, an das der Erblasser nicht gedacht hat, bei der Auslegung keine Rolle spielen kann.

323 Soergel/*Loritz*/*Uffmann*, § 2084 Rn 47.

324 BGHZ 22, 357.

325 BGHZ 22, 357, 359 = NJW 1957, 421; BGHZ 86, 41 = NJW 1983, 672; OLG Oldenburg NJW-RR 1994, 843; BGHZ 31, 14, 22; OLG Nürnberg NJW 1956, 1882.

326 BGHZ 31, 14, 22.

327 MüKo/*Leipold*, § 2084 Rn 124 m.w.N.

In den Fällen, in denen ein deutscher Erblasser sein Wohnhaus in den USA seiner Ehefrau formgerecht per Vermächtnis zuwendet und dann dauerhaft nach Deutschland übersiedelt und dort gemeinsam ein neues Haus nutzt, kann die Vermächtnisanordnung dahin ausgelegt werden, dass Vermächtnisgegenstand nunmehr das neue Haus in Deutschland ist.[328] Ordnet der Erblasser ein Vermächtnis in Form der Zuwendung des ihm zustehenden Sparguthabens an, kann die ergänzende Auslegung ergeben, dass hierunter auch ein nach Testamentserrichtung eingerichtetes Sparkonto fällt, auf welches der Kauferlös des Wohnhausgrundstückes eingezahlt wurde.[329] Wendet der Erblasser im Wege des Vermächtnisses den Anspruch auf Erlass einer Forderung zu, kann die ergänzende Auslegung dazu führen, dass für den Fall, dass die Verbindlichkeit im Zeitpunkt des Erbfalls erfüllt ist, dem Vermächtnisnehmer ein Geldvermächtnis in Höhe des Forderungsbetrags zustehen soll.[330] 113

Ist der als Gegenwert erworbene Gegenstand wirtschaftlich an die Stelle des ursprünglichen Gegenstandes getreten, spricht dies für eine ergänzende Auslegung. In den Fällen, in denen ein Verbrauchsgegenstand unbrauchbar wurde und der Erblasser eine gleichartige Sache angeschafft hat, kann bereits im Wege der einfachen Testamentsauslegung davon auszugehen sein, dass der zum Zeitpunkt des Erbfalls vorhandene Gegenstand vermacht sein soll. Hat der Erblasser hingegen ein Vermächtnis dahingehend angeordnet, dass sein Guthaben bei der Volksbank zugewandt sein soll, welches nur einen geringen Teil seines Vermögens ausmacht, und eröffnet er zu einem späteren Zeitpunkt ein Konto, auf das der Erlös aus einem Grundstücksverkauf fließt, kann nicht im Wege ergänzender Auslegung darauf geschlossen werden, dass nunmehr dieses Konto vermacht ist.[331] 114

f) Änderung der Rechtslage zwischen Testamentserrichtung und Erbfall

Wenn sich die Rechtslage zwischen Testamentserrichtung und Eintritt des Erbfalls ändert, kann dies Auswirkungen auf die Auslegung des Testaments haben. Eine Änderung der Rechtlage liegt bspw. in der Einführung des Erbrechts des nichtehelichen Kindes.[332] Eine Änderung der Rechtslage war auch im Außerkrafttreten des Rechtserbhofgesetzes oder bzgl. der Änderungen des ehelichen Güterrechts zu sehen.[333] I.d.R. wird das zum Erbfall geltende Erbrecht gemeint sein. 115

Auswirkungen auf die Auslegung des Testaments können Änderungen in Bezug auf die Berufung zum gesetzlichen Erben (z.B. Erbrecht des nichtehelichen Kindes nach dem Vater durch das NEhelG)[334] oder auch Änderungen der Höhe der Erbquoten (z.B. Erhöhung des Erbteils des Ehegatten im gesetzlichen Güterstand durch das GleichberG) haben. Haben Ehegatten ein gemeinschaftliches Testament errichtet und keine Regelungen für den ersten Erbfall getroffen, kann hieraus im Wege der ergänzenden Auslegung kein Ausschluss eines nichtehelichen Kindes von der gesetzlichen Erbfolge angenommen werden. Dieser Schluss kann auch dann nicht gezogen werden, 116

328 OLG München ZEV 2006, 456.

329 OLG Koblenz BeckRS 1997, 30840540.

330 RG Gruchot 62, 248; MüKo/*Leipold*, § 2084 Rn 124.

331 OLG Koblenz FamRZ 1998, 579.

332 KG FamRZ 1961, 447; LG Bremen MDR 1959, 761; *Rupp*, NJW 1958, 12; Staudinger/*Otte* (2019), Vor § 2064 ff. Rn 92; MüKo/*Leipold*, § 2084 Rn 131.

333 BayObLGZ 1965, 166, 173; LG Bremen MDR 1959, 761.

334 Zur Auslegung eines Vermächtnisses im Verhältnis zum Erbersatzanspruch (§ 1934a BGB a.F.): BGH NJW 1979, 917.

wenn die gesetzliche Erbberechtigung im Zeitpunkt der Testamentserrichtung noch nicht bestand.[335] Maßgeblich ist das im Zeitpunkt des Erbfalls geltende Erbrecht.

g) Geldentwertung und Währungsänderung

117 Über die Grundsätze der ergänzenden Auslegung können auch Geldentwertungen Berücksichtigung finden. Es kann daher im Wege der Auslegung zu einer Anpassung eines Geldvermächtnisses, einer Geldrente oder eines Übernahmepreises kommen.[336] Handelt es sich um eine Währungsänderung, stellt sich die Frage nach einer positiven Regelung der Währungsgesetze. Bei der Umstellung von RM auf DM ergibt sich aus § 2 WährungsG die Ersetzung der Einheit RM durch die Einheit DM. Eine ergänzende Auslegung, die zu einer abweichenden Umstellung führt, ist jedoch nicht ausgeschlossen.

Aus Art. 14 EuroVO ergibt sich die generelle Umstellung von DM auf EUR, eine Auslegungsmöglichkeit besteht hier nicht.

h) Erbrechtliche Bindung

118 Die ergänzende Auslegung kann dazu führen, die erbrechtliche Bindung festzustellen oder zu verändern. Sie kann auch dazu führen, dass die erbrechtliche Bindung in Wegfall gerät.[337]

i) Freistellungsklauseln bei gemeinschaftlichen Ehegattentestamenten und Änderungsvorbehalte in Erbverträgen

119 Derartige Klauseln müssen grundsätzlich in die letztwillige Verfügung von Todes wegen aufgenommen werden. Nach geltender Rspr. können sich diese jedoch auch aufgrund einer ergänzenden Testamentsauslegung ergeben.[338] Als Bsp. sei hier genannt, dass der überlebende gebundene Erblasser im Wege ergänzender Auslegung über dasjenige Vermögen, das er nach dem Tode des Erstversterbenden hinzuerworben hat, anderweitig verfügen kann.

120 Ordnen die Ehegatten in einem gemeinschaftlichen Testament an „der Überlebende soll über das gesamte Vermögen unter Lebenden frei verfügen können“, kann dies Indiz für eine Bindung an die getroffene Schlusserbeneinsetzung sein.[339] Mit der Regelung in einem gemeinschaftlichen Testament „dem Längstlebenden von uns bleibt vorbehalten, abweichend insoweit von Todes wegen zu verfügen, als dadurch der Erbteil eines Abkömmlings nicht um mehr als ein Viertel verkürzt wird“ ist der überlebende Ehegatten dahingehend freigestellt, den Erbteil zu kürzen; desgleichen ist es ihm gestattet, Testamentsvollstreckung anzuordnen.[340] Mit einer Anordnung, der überlebende Ehegatte solle „die Verfügungsgewalt über das gemeinsame Vermögen haben“, ist keine Freistellung des überlebenden Ehegatten verbunden, anderweitig zu testieren.[341]

---

335 OLG München NJW-RR 2013, 329 zum Fall eines „alten“, früher nicht erbberechtigten nichtehelichen Kindes.

336 RGZ 108, 83; BGH LM § 242 Nr. 7 = JZ 1953, 122; MüKo/*Leipold*, § 2084 Rn 133; Staudinger/*Otte* (2019), Vor §§ 2064 ff. Rn 91.

337 BGH NJW 1961, 120; KG NJW 1963, 766, 768; BayObLG Rpfleger 1982, 285; BayObLG Rpfleger 1985, 240; OLG Zweibrücken NJW-RR 1992, 587.

338 Bei gemeinschaftlichen Testamenten: OLG Zweibrücken FamRZ 1992, 608; KG OLGZ 1966, 504; *Gerken*, Rpfleger 1992, 252; bei Erbverträgen: BayObLGZ 1961, 210; OLG Köln NJW-RR 1994, 651, 653; BayObLG DNotZ 1996, 316.

339 OLG Düsseldorf MittBayNot 2015, 47 m. Anm. *Kanzleiter*.

340 OLG Köln ZEV 2014, 255 m. Anm. *Goez* = MittBayNot 2014, 538 m. Anm. *Braun*.

341 OLG Bamberg BeckRS 2015, 19587 Rn 20 ff.

Für die Ermittlung des Erblasserwillens können auch Aufbau und Gliederung des Testamentstextes Anhaltspunkte darstellen. Setzen sich Ehegatten in einem gemeinschaftlichen Testament gegenseitig zu Erben ein und verfügen danach: „der Längerlebende soll über den beiderseitigen Nachlass frei verfügen können“, und folgt dann im Anschluss die Erbeinsetzung der Kinder zu Schlusserben, kann dies dafür sprechen, dass dem Längstlebenden nur eine lebzeitige Verfügungsfreiheit zusteht, er jedoch nicht berechtigt ist, die Schlusserbeneinsetzung abzuändern.[342] 121

j) Ergänzende Auslegung bei Testamenten mit deutsch-deutscher Beziehung

Die deutsche Einigung hat zu einem grundlegenden, nicht vorhersehbaren Wandel der Verhältnisse sowohl staatlicher, rechtlicher als auch wirtschaftlicher Natur geführt. Dieser Wandel kann Anlass zur ergänzenden Testamentsauslegung geben. Dass die ergänzende Auslegung dann herangezogen werden kann, wenn die **Wiedervereinigung** zwischen Errichtung des Testaments und Eintritt des Erbfalls erfolgte, ist grundsätzlich anerkannt.[343] Umstritten ist jedoch, ob die ergänzende Auslegung auch dann eingreift, wenn der Erbfall bereits vor der Wiedervereinigung eingetreten ist.[344] Die ergänzende Testamentsauslegung führt auch dazu, dass der **Restitutionsanspruch** nach dem VermG in den Nachlass fällt. Dies wird damit begründet, dass der Restitutionsanspruch sowohl bei Testamentserrichtung als auch bei Eintritt des Erbfalls in latenter Form vorhanden war.[345] In den Fällen, in denen der Erblasser Erben bestimmt, jedoch seine Grundstücke in der ehemaligen DDR ausdrücklich nicht berücksichtigt, weil er sie für verloren hält, umfasst die Erbeinsetzung den gesamten Nachlass, somit auch dieses Vermögen, es sei denn, aus dem Testament ergeben sich Anhaltspunkte für eine andere ergänzende Auslegung.[346] 122

k) Feststellung des Aufrechterhaltungswillens nach §§ 2077 Abs. 3, 2268 Abs. 2 BGB durch ergänzende Auslegung

Haben die Ehegatten ein gemeinschaftliches Testament errichtet und wird die Ehe vor dem Tod eines der Ehegatten aufgelöst, so wird das errichtete gemeinschaftliche Testament nach den Vorschriften der §§ 2077 Abs. 2, 2268 Abs. 1 BGB unwirksam. Ist jedoch anzunehmen, dass das Testament auch für den Fall der Auflösung der Ehe errichtet worden ist, bleibt es gem. § 2268 Abs. 2 BGB wirksam. Zu diesem Ergebnis kann die einfache Auslegung oder auch die ergänzende Auslegung führen.[347] Wurde die Ehe aufgelöst oder ist der eingesetzte Ehegatte vorverstorben und hat der Erblasser danach erneut geheiratet, ohne eine neues Testament zu errichten, so kann im Wege ergänzender Auslegung nicht davon ausgegangen werden, dass das Testament auch als Einsetzung des neuen Ehegatten aufzufassen ist.[348] Dies gilt auch unabhängig davon, 123

342 OLG Schleswig NJW-RR 2014, 965, 966.

343 Zur Berücksichtigung der fundamentalen Änderung der politischen und wirtschaftlichen Verhältnisse, die mit der Wiedervereinigung verbunden waren, im Wege der ergänzenden Auslegung siehe MüKo/*Leipold* (4. Aufl.), § 2084 Rn 108–114.

344 Bejahend: OLG Frankfurt FamRZ 1993, 857; *Meyer*, ZEV 1994, 12, 14; KG FamRZ 1995, 762; MüKo/*Leipold* (4. Aufl.), § 2084 Rn 108; verneinend: *Wasmuth*, DNotZ 1992, 3, 8; *Bestelmeyer*, Rpfleger 1992, 321, 326.

345 OLG Naumburg FGPrax 1996, 30.

346 OLG Hamm FamRZ 1995, 1092; KG FamRZ 1996, 569 = ZEV 1996, 234, 236; BayObLG FamRZ 1994, 723, 725 = ZEV 1994, 47; BayObLG FamRZ 1995, 1089 = ZEV 1995, 256 m. Anm. *Limmer/Gerhards*, JuS 1994, 642.

347 BayObLG NJW-RR 1993, 12; OLG Hamm OLGZ 1994, 326 = ZEV 1994, 367.

348 MüKo/*Leipold*, § 2084 Rn 118 m.w.N.; Staudinger/*Otte* (2019), Vor §§ 2064–2086 Rn 96; Grüneberg/*Weidlich*, § 2077 Rn 7; BeckOGK/*Gierl*, § 2084 Rn 113; a.A. MüKo/*Leipold*, § 2084 Rn 120, der sich nunmehr für eine ergänzende Auslegung ausspricht.

ob der eingesetzte Ehegatte nur als „Ehegatte“ bezeichnet oder namentlich genannt wurde.[349]
Auch wenn sich der Erblasser später dahingehend äußert, der neue Ehegatte solle bedacht sein, ist dies ohne Belang.[350]

l) Unvorhergesehenes Verhalten der bedachten Person

124 Auch ein unvorhergesehenes Verhalten der bedachten Person kann Auswirkungen auf die Auslegung des Testaments haben und Anlass für eine ergänzende Testamentsauslegung geben. Von einem unvorhergesehenen Verhalten ist auszugehen, wenn die zur Nacherbin eingesetzte Schwiegertochter sich ehewidrig verhält[351] oder wenn der Vermächtnisnehmer versucht, sowohl sich selbst als auch den Erben zu töten.[352]

m) Ereignisse nach dem Erbfall

125 Veränderungen nach dem Erbfall können ebenfalls Anlass der ergänzenden Testamentsauslegung sein. Ist die letztwillige Verfügung jedoch in vollem Umfang wirksam geworden, ist eine ergänzende Auslegung ausgeschlossen. In diesem Fall geht die Rechtssicherheit vor.[353] Dies entspricht auch dem realen Willen des Erblassers, der weiß, dass er mit dem Erbfall eine Rechtsfolge setzt und die weitere Herrschaft über den Nachlass verliert, wenn die Erbschaft dem Erben ohne Bedingung und Auflage angefallen ist. Ein späteres Verhalten des Erben bzw. der Gebrauch, den er vom Nachlass macht, kann im Wege ergänzender Auslegung keine Berücksichtigung mehr finden.

126 Gleiches gilt für ein unbedingt angefallenes Vermächtnis. Auch dieses kann aufgrund einer später eintretenden Geldentwertung nicht im Wege der ergänzenden Testamentsauslegung erhöht werden. Schlägt der Erbe eine ihn begünstigende Regelung aus und führt dies demgemäß zur Unwirksamkeit, kann die ergänzende Auslegung nicht zur Annahme einer Nacherbfolge oder eines Nachvermächtnisses führen, bei dem der Erbe dann dasselbe bekommen würde, was er vorher ausgeschlagen hat.[354]

127 Anders ist es zu beurteilen, wenn die Wirkung der letztwilligen Verfügung nach dem Willen des Erblassers nicht sofort mit dem Erbfall, sondern in zeitlicher Distanz zu diesem eintreten soll. In diesem Fall sind Veränderungen, die zwischen dem Erbfall und dem Eintritt der vollen Wirkung der letztwilligen Verfügung auftreten, im Wege der ergänzenden Testamentsauslegung zu berücksichtigen. **Beispiele hierfür sind:** die Anordnung der Vor- und Nacherbschaft, wenn Veränderungen zwischen Eintritt des Vorerbfalls und Eintritt des Nacherbfalls eintreten; die Anordnung einer aufschiebend bedingten Verfügung;[355] die Anordnung eines Vermächtnisses oder einer Auflage mit hinausgeschobener Erfüllung; die Zuwendung laufender Zahlungen im Wege des Vermächtnisses;[356] die Anordnung eines Übernahmerechts, das erst nach dem Erbfall ausgeübt werden kann;[357] die Anordnung einer Testamentsvollstreckung kann die Ermächtigung des Gerichts zur Ernennung eines neuen Testamentsvollstreckers ent-

349 MüKo/*Leipold*, § 2084 Rn 118.
350 RGZ 134, 277, 281.
351 BGH LM § 2084 Nr. 5.
352 BGH FamRZ 1962, 256.
353 Staudinger/*Otte* (2019), Vor §§ 2064–2086 Rn 86; BeckOGK/*Gierl*, § 2084 Rn 87.
354 OLG München ZEV 2013, 507.
355 BayObLG FamRZ 1991, 1234.
356 BGH FamRZ 1962, 256.
357 RGZ 108, 83.

halten, sofern der ursprüngliche Testamentsvollstrecker vor Erfüllung seiner Aufgaben weggefallen ist.[358]

n) Wiederverheiratungsklausel und nichteheliche Lebensgemeinschaft

Wurde im Testament eine Wiederverheiratungsklausel verfügt und geht der überle- 128
bende Ehegatte eine nichteheliche Lebensgemeinschaft ein, kann nicht davon ausgegangen werden, dass dies die Wiederverheiratungsklausel auslöst, da die mit der Heirat verbundenen Rechtsfolgen (Erb- und Pflichtteilsrecht) nicht ausgelöst werden. Haben die Erblasser in ihrem Testament verfügt, dass die Wechselbezüglichkeit der für den Schlusserbfall getroffenen Verfügungen und damit die Bindung des überlebenden Ehegatten bei einer Wiederheirat entfallen soll, was letztendlich zu einer Begünstigung des überlebenden Ehegatten führt, kann dies im Wege der Auslegung nicht auf den Fall ausgedehnt werden, dass der überlebende Ehegatte eine nichteheliche Lebensgemeinschaft eingeht. Dies ist zumindest dann ausgeschlossen, wenn sich aus dem Testament ergibt, dass die Eheleute nichteheliche Verbindungen ablehnen.[359]

o) Änderung von juristischen Personen

Wurde der Verein, der ein Tierheim betrieben hat, zum Erben berufen und ist dieser 129
Verein im Zeitpunkt des Erbfalls insolvent, kann die Auslegung dazu führen, dass der neue Träger als Erbe eingesetzt ist.[360] Dies wird damit begründet, dass der Zweck gefördert werden soll und nicht die juristische Person um ihretwillen eingesetzt wurde.

V. Wohlwollende Auslegung

1. Allgemeines

Dem Testierwillen des Erblassers soll soweit wie möglich zur Geltung verholfen wer- 130
den. Dies ist Zweck der Vorschrift des § 2084 BGB. Im Übrigen setzt § 2084 BGB voraus, dass eine letztwillige Verfügung vorliegt, die formgültig ist. Nach § 2084 BGB ist bei mehreren Auslegungsmöglichkeiten derjenigen der Vorzug zu geben, bei der die Verfügung Erfolg hat (**Grundsatz der wohlwollenden Auslegung, benigna interpretatio**). Mit Erfolg ist dabei die Verwirklichung des Erblasserwillens, und zwar in rechtswirksamer Weise, gemeint.[361] Der Begriff „Erfolg" meint das wirtschaftliche Ziel des Erblassers. Dieses Ziel muss zweifelsfrei feststehen. Abzustellen ist auch hier auf den wirklichen oder mutmaßlichen Willen des Erblassers. Dieser ist zunächst zu erforschen. Demgemäß ist auf das wirtschaftliche Ziel abzustellen, das der Erblasser gewollt hat, dieses ist nicht aus Sicht des Bedachten auszulegen. Nur für den Fall, dass sich bei dieser Auslegung mehrere Möglichkeiten ergeben, ist diejenige maßgeblich, bei der der festgestellte Erblasserwille rechtswirksam verwirklicht werden kann. Demgemäß kann die Auslegung gem. § 2084 BGB nur stattfinden, wenn das vom Erblasser gewollte Ziel eindeutig feststeht, der vom Erblasser eingeschlagene rechtliche Weg allerdings zweifelhaft ist.[362] Hingegen ist es nicht möglich, eine Verfügung mit einem unzulässigen Inhalt in eine Verfügung mit einem zulässigen Inhalt umzudeuten.[363] Zu einer wirksamen Verfügung können dann nur die ergänzende Testamentsauslegung oder die Umdeutung führen.

---

358 LG Kiel MDR 1967, 593; MüKo/*Leipold*, § 2084 Rn 137 m.w.N.
359 OLG Düsseldorf NJW-RR 2013, 1353.
360 OLG Düsseldorf ZEV 2017, 147 Rn 23.
361 MüKo/*Leipold*, § 2084 Rn 66.
362 OLG Hamburg BeckRS 2016, 06250 (Einzelzuwendung als Vorvermächtnis oder Vorerbschaft mit Vorausvermächtnis); KG JFG 22, 83.
363 BayObLGZ 1953, 195.

131 Kommen **mehrere Auslegungsmöglichkeiten** in Betracht, sind jedoch lediglich bei einer Auslegungsmöglichkeit die Formerfordernisse erfüllt, so ist dieser gem. § 2084 BGB der Vorzug zu geben.[364] Demgemäß kann in einer unwirksamen Sondernachfolge oder einer unwirksamen Vor- und Nacherbschaft in einen einzelnen Gegenstand, die Erbeinsetzung auf einen bestimmten Bruchteil liegen.[365] In der Regelung des § 2084 BGB ist nach der Rspr. des RG eine Beweisregel zu sehen.[366] Nach überwiegender Ansicht handelt es sich um eine **Auslegungsregel.**[367] Nach einer Mindermeinung wird § 2084 BGB auch als umdeutender Rechtssatz gesehen.[368] Wenn mehrere Auslegungsmöglichkeiten zum Erfolg führen, so ist gem. § 2084 BGB derjenigen, die dem Bedachten günstiger ist, d.h. diejenige, die weniger Umstände und Kosten verursacht, der Vorzug zu geben.[369] Ziel ist zwar, eine rechtswirksame Verfügung zu erreichen; dieses Ziel muss sich aber immer am Erblasserwillen orientieren. Es besteht daher kein Unterschied zwischen der Vorschrift des § 133 BGB und der Vorschrift des § 2084 BGB.

132 Die Vorschrift des § 2084 BGB stimmt mit dem Ziel des § 133 BGB voll überein. Dies bedeutet, dass die Vorschrift des § 2084 BGB nichts anderes aussagt, als sich aus der Vorschrift des § 133 BGB ergeben würde. Aus den Motiven zum § 2084 BGB geht daher hervor, dass ein Nebeneinander von § 2084 BGB und § 133 BGB nicht unbedingt notwendig sei; es wurde ausgeführt, dass es sich um eine Regel handeln würde, die im Erbrecht besondere praktische Bedeutung habe. Eine Anwendbarkeit auf Rechtsgeschäfte unter Lebenden sei deshalb jedoch zu verneinen. Werden daher in der Praxis die §§ 133, 2084 BGB manches Mal schlicht nebeneinander genannt und als übereinstimmende Basis der Auslegung von Testamenten betrachtet, ist hiergegen nichts einzuwenden. Es wäre jedoch verfehlt, ein **Stufenverhältnis** zwischen § 133 BGB und § 2084 BGB zu konstruieren. Es ist daher abzulehnen, wenn zunächst nach § 133 BGB ausgelegt würde und dann für den Fall, dass der Wille des Erblassers nicht ermittelt werden könne, eine Auslegung nach der Vorschrift des § 2084 BGB erfolgen würde.[370]

2. Tatbestand bzw. Anwendungsbereich

a) Anwendung ja

133 Die Vorschrift des § 2084 BGB ist zum einen auf die Einzelverfügung, d.h. wenn es sich um eine Erbeinsetzung oder um ein Vermächtnis handelt, anwendbar. Auch für die Fälle, in denen sich die Frage stellt, ob eine Verfügung von Todes wegen oder ein **Rechtsgeschäft unter Lebenden** vorliegt, gilt § 2084 BGB nach h.M. analog.[371] Ob es sich um eine Verfügung von Todes wegen handelt oder um ein Rechtsgeschäft unter

---

364 MüKo/*Leipold*, § 2084 Rn 72,83.

365 BayObLG Rpfleger 2003, 190 (193) zu Vor- und Nacherbfolge hinsichtlich einer Eigentumswohnung. Die Unwirksamkeit der vom Erblasser an sich gewollten Einzelrechtsnachfolge kann unter Berücksichtigung des angestrebten wirtschaftlichen Erfolgs auch dazu führen, einen der Bedachten als Alleinerben, andere als Vermächtnisnehmer anzusehen, BayObLG FGPrax 2004, 35 (38), offenlassend, ob § 2084 oder Umdeutung. Statt der unwirksamen Anordnung einer Vor- und Nacherbfolge hinsichtlich des unbeweglichen Vermögens kann eine auf den gesamten Nachlass bezogene Vor- und Nacherbfolge in Verbindung mit einem Vorausvermächtnis hinsichtlich des beweglichen Vermögens bejaht werden, OLG Düsseldorf ZEV 2017, 733 Ls. = BeckRS 2017, 130173.

366 RGZ 92, 72.

367 Soergel/*Loritz/Uffmann*, § 2084 Rn 58; MüKo/*Leipold*, § 2084 Rn 69.

368 *v. Lübtow*, Erbrecht I, S. 278.

369 Grüneberg/*Weidlich*, § 2084 Rn 13.

370 MüKo/*Leipold*, § 2084 Rn 67.

371 BGH LM § 2084 Nr. 13; BGH FamRZ 1985, 693; (BGH BeckRS 1952, 31374966; NJW 1984, 46; BeckRS 2010, 5450; OLG Brandenburg BeckRS 2023, 3258; BeckOGK/*Gierl*, § 2084 Rn 129).

Lebenden ist danach zu beurteilen, ob bereits zu Lebzeiten Rechte und Pflichten begründet werden sollen oder ob der Erblasser eine solche Bindung zu Lebzeiten nicht gewollt hat. Für die Auslegung als Rechtsgeschäft unter Lebenden kann die Entgeltlichkeit der Zuwendung sprechen. Daraus folgt, dass für den Fall, dass die Erklärung unklar und auslegungsfähig ist, ihr die rechtliche Qualifikation im Wege der Auslegung zukommt, die zur Wirksamkeit führt. Eine analoge Anwendung kommt auch dann in Betracht, wenn es um die Frage geht, ob von einer letztwilligen Verfügung auszugehen ist oder von einer **widerruflichen Vollmacht** auf den Todesfall.[372]

Nach höchstrichterlicher Rspr. ist § 2084 BGB auch für die Frage heranzuziehen, ob ein **Schenkungsversprechen** von Todes wegen oder unter Lebenden gegeben ist.[373] Ebenso ist § 2084 BGB auf die Fälle anwendbar, in denen ein Erbvertrag unwirksam wäre, die Voraussetzungen eines gültigen Testaments jedoch vorliegen. Die Zuwendung der Bezugsberechtigung bei einem Fonds (ab dem Todestag) kann als Vermächtnis auszulegen sein, wenn die erbrechtlichen Formerfordernisse erfüllt sind.[374] Ist es zweifelhaft, ob ein Nießbrauchsvermächtnis vorliegt oder eine Vor- und Nacherfolge, wurde zugunsten des Nießbrauchsvermächtnisses entschieden.[375] 134

Zusammenfassend ist daher zu sagen, dass die **wohlwollende** Auslegung und damit die Anwendbarkeit des § 2084 BGB nicht das Vorliegen eines Testaments voraussetzt. Vielmehr kommt sie auch dann zum Zuge, wenn es um die Abgrenzung des Rechtsgeschäfts unter Lebenden zur Verfügung von Todes wegen geht, ebenso dann, wenn zu entscheiden ist, ob vom Vorliegen eines Erbvertrages oder eines Testaments auszugehen ist. 135

Bspw. kann ein privatschriftliches Schenkungsversprechen[376] als testamentarisches Vermächtnis auszulegen sein, ebenso die schenkweise Abtretung einer Hypothek durch eine bloße schriftliche Erklärung.[377] Die Rspr. hat eine Anwendung des § 2084 BGB auch dann angenommen, wenn eine **nicht rechtsfähige** Gemeinschaft bedacht worden ist und die Verfügung dahingehend verstanden wurde, dass es sich um eine Zuwendung an die Mitglieder der Gemeinschaft gehandelt hat, und zwar unter der Auflage, sie zugunsten der Gemeinschaft zu verwerten.[378] § 2084 BGB greift ebenfalls ein, wenn der Erblasser einen Testamentsvollstrecker bestimmt, obwohl er durch ein gemeinschaftliches Testament, welches die gegenseitige Einsetzung zu unbeschränkten Alleinerben vorsah, hieran gehindert war. Die Rspr. ging unter Anwendung des § 2084 BGB davon aus, dass die Ernennung nur für den Fall des Todes des Längstlebenden gewollt war.[379] Wäre eine Sondernachfolge in einen einzelnen Nachlassgegenstand unwirksam, 136

372 Soergel/*Loritz/Uffmann*, § 2084 Rn 62.

373 BayObLG Rpfleger 2003, 190 (193) zu Vor- und Nacherbfolge hinsichtlich einer Eigentumswohnung. Die Unwirksamkeit der vom Erblasser an sich gewollten Einzelrechtsnachfolge kann unter Berücksichtigung des angestrebten wirtschaftlichen Erfolgs auch dazu führen, einen der Bedachten als Alleinerben, andere als Vermächtnisnehmer anzusehen, BayObLG FGPrax 2004, 35 (38), offenlassend, ob § 2084 oder Umdeutung. Statt der unwirksamen Anordnung einer Vor- und Nacherbfolge hinsichtlich des unbeweglichen Vermögens kann eine auf den gesamten Nachlass bezogene Vor- und Nacherbfolge in Verbindung mit einem Vorausvermächtnis hinsichtlich des beweglichen Vermögens bejaht werden, OLG Düsseldorf ZEV 2017, 733 Ls. = BeckRS 2017, 130173.

374 BGH ZEV 2010, 84. In der Folgeentscheidung blieb das OLG München FamRZ 2011, 1757 nach umfangreicher Beweisaufnahme dabei, ein Vermächtnis mangels Testierwillens zu verneinen.

375 BayObLGZ 1960, 154 = NJW 1960, 1765.

376 RG LZ 1924, 161; OLG Kiel HEZ 1, 283.

377 RG Recht 1912, Nr. 1884.

378 OLG Köln NJW 1986, 2199.

379 BayObLG FamRZ 1991, 111, 113.

kann stattdessen eine Erbeinsetzung auf einen entsprechenden Bruchteil des Nachlasses anzunehmen sein.[380]

137 Hat der Erblasser eine Stiftung zu seiner Alleinerbin berufen und ist das Testament widersprüchlich dahingehend formuliert, ob es sich um eine unselbstständige oder um eine zu errichtende rechtsfähige Stiftung handeln soll, so kann das Testament dahingehend auszulegen sein, dass für eine rechtsfähige Stiftung sprechen könnte, dass die Ziele des Erblassers effektiver erreicht werden könnten.[381]

b) Anwendung nein

138 Ist hingegen die Frage zu klären, ob eine Willenserklärung oder nur eine **unverbindliche Erklärung** vorliegt, ist allein § 133 BGB anzuwenden.[382] § 2084 BGB kann für Zweifel bezüglich des Erklärungswillens nicht, auch nicht analog, herangezogen werden.[383] § 2084 BGB findet auch dann keine Anwendung, wenn es um die Beurteilung geht, ob es sich um den Entwurf eines Testaments oder auch nur um einen unverbindlichen Wunsch handelt. Auch hier scheidet eine analoge Anwendung des § 2084 BGB aus.[384] Im Übrigen setzt die Anwendbarkeit des § 2084 BGB das Vorliegen einer formgültig errichteten letztwilligen Verfügung voraus. Sofern Zweifel in Bezug auf die Echtheit der Testamentsurkunde, die Einhaltung von Formvorschriften oder die Testierfähigkeit des Erblassers verbleiben, findet § 2084 BGB keine Anwendung.[385] § 2084 BGB findet auch dann keine Anwendung, wenn es zwar mehrere Auslegungsmöglichkeiten gibt, allerdings Zweifel bezüglich deren Formwirksamkeit bestehen.[386] Dies gilt bspw. dann, wenn Zweifel darüber bestehen, ob der Text des Testaments und die **Unterschrift** vom Erblasser stammen, ob ein Nachtrag zum Testament von der Unterschrift gedeckt ist, ob die Formvorschriften auch dann erfüllt sind, wenn es sich um eine verkürzte Unterschrift handelt, oder ob eine Unterschrift das Testament räumlich abschließt.[387] Ein Grundsatz „im Zweifel zugunsten der Formgültigkeit" kann aus § 2084 BGB nicht herausgelesen werden. Führt jedoch eine Auslegungsmöglichkeit zur Formwirksamkeit, dann ist diese Auslegungsmöglichkeit gem. § 2084 BGB die maßgebliche.

---

380 BayObLG Rpfleger 2003, 190, 193 zu Vor- und Nacherbfolge hinsichtlich einer Eigentumswohnung. Die Unwirksamkeit der vom Erblasser an sich gewollten Einzelrechtsnachfolge kann unter Berücksichtigung des angestrebten wirtschaftlichen Erfolgs auch dazu führen, einen der Bedachten als Alleinerben, andere als Vermächtnisnehmer anzusehen, BayObLG FGPrax 2004, 35, 38 (offenlassend, ob § 2084 BGB oder Umdeutung).

381 OLG Hamm FamRZ 2013, 71 Rn 49–55 = BeckRS 2012, 09390.

382 OLG Braunschweig FamRZ 2019, 1364, 1365 f. zu einem Testament auf einen Notizzettel; BayObLG FamRZ 1992, 353; BayObLGZ 1993, 248; Köln FamRZ 1995, 1301 u. Rpfleger 1995, 504 zu einem in einem an ein Gericht gerichteten Schriftsatz enthaltenem Brieftestament.

383 BGH NJW 1984, 46; BayObLGZ 1963, 58, 61; BayObLGZ 1970, 173; OLG München JZ 1954, 513; OLG Köln FamRZ 1995, 1301; OLG Koblenz ZEV 1997, 255.

384 BGH LM § 2084 Nr. 13 (auch klarstellend zu BGH LM § 2084 Nr. 3, wo es nicht um das Ob einer Willenserklärung, sondern um deren rechtliche Natur ging); KG NJW 1959, 1441; BayObLG FGPrax 2004, 33, 34; OLG Frankfurt OLGZ 1971, 205; OLG München FamRZ 2016, 1812; OLG Hamm BeckRS 2016, 2359; OLG Düsseldorf FamRZ 2015, 700 Rn 15 = ZEV 2015, 64 (Ls.); Soergel/*Loritz/Uffmann*, § 2084 Rn 60; Staudinger/*Otte* (2019), § 2084 Rn 2; *Schlüter/Röthel*, Erbrecht, § 19 Rn 15; aA Karlsruhe BWNotZ 1960, 150.

385 BayObLG BeckRS 2010, 08741; Grüneberg/*Weidlich*, § 2084 Rn 15; MüKo/*Leipold*, § 2084 Rn 84; vgl. auch *Fervers*, Anm. zu OLG Hamburg ZEV 2016, 32.

386 BayObLG FamRZ 1983, 836.

387 OLG Neustadt Rpfleger 1962, 446; LG Mannheim, Justiz 1962, 181, 183.

Keine Anwendung findet § 2084 BGB, wenn es darum geht, zu entscheiden, ob das dem Begünstigten Günstigere oder das dem Verpflichteten Günstigere gewollt war.[388] Bei der genannten Entscheidung ging es bei der Formulierung „Schreibtisch mit Inhalt“ um die Frage, ob sich die Zuwendung auch auf die Hypothek zu beziehen hat, da sich im Schreibtisch der Hypothekenbrief befand. Geht es um die Frage des gegenständlichen Umfangs der letztwilligen Verfügung, ist § 2084 BGB nicht anwendbar. Der Zweck des § 2084 BGB liegt auch nicht darin, die gesetzliche Erbfolge in möglichst weitem Umfang zurücktreten zu lassen. Die Anwendung von § 2084 BGB klärt somit nicht die Frage, ob unter dem bei einer Bank liegenden „Barvermögen“ auch die Wertpapiere im Bankdepot zu verstehen sind,[389] oder ob sich die Anerkennung einer Verbindlichkeit im Testament auf eine ohnehin nachweisbare oder eine zusätzliche Forderung bezieht.[390] Auch für die Frage, ob es sich bei einem eigenhändigen Schriftstück um ein Testament, einen Entwurf eines Testaments oder um die Ankündigung eines Testaments handelt, kann § 2084 BGB nicht herangezogen werden.[391] Hier geht es um die Frage des **Testierwillens**. Diese ist nur über die Auslegung nach § 133 BGB zu klären. Gleiches gilt für die Frage, ob die Erklärung in einem Brief nun ein Testament darstellt oder nur eine unverbindliche Erklärung.[392] Ist lediglich str., in welchem Umfang eine letztwillige Verfügung zu sehen ist, ist § 2084 BGB ebenfalls nicht anwendbar. Hier ist gem. § 133 BGB der Inhalt der Erklärung zu erforschen.[393] 139

Steht die Person des Erben nicht eindeutig fest, kann § 2084 BGB nicht weiterhelfen. 140

Erfasst die letztwillige Verfügung nur einen bestimmten Sachverhalt, z.B. Verfügungen für den Fall des gemeinsamen Todes, findet § 2084 BGB keine Anwendung. Im Wege der Auslegung können jedoch auch die Fälle erfasst sein, bei denen der Tod kurz hintereinander umfasst ist.[394] Es handelt sich jedoch nicht um einen Fall des § 2084 BGB.[395] 141

3. Angrenzende Rechtsfragen; Abgrenzung § 2084 BGB zur Umdeutung

Die Umdeutung hingegen lässt sich klar von der Vorschrift des § 2084 BGB abgrenzen. Die **Umdeutung** kommt nur dann zum Zuge, wenn alle Auslegungsmöglichkeiten zur Unwirksamkeit der letztwilligen Verfügung führen. Im Gegensatz hierzu greift § 2084 BGB dann ein, wenn eine der Auslegungsmöglichkeiten den Erblasserwillen rechtswirksam verwirklichen kann. In der Praxis sind die Grenzen zwischen § 140 BGB u. § 2084 BGB fließend. Nach Ansicht des BayObLG[396] kann in der Bedenkung der Tiere die Einsetzung derjenigen Tierschutzorganisation gesehen werden, deren Mitglied der Erblasser gewesen ist. Hier kann trefflich darüber gestritten werden, ob man zu diesem Ergebnis im Wege der Umdeutung oder der wohlwollenden Auslegung gelangt. 142

---

388 RG SeuffA 75 Nr. 107.

389 Bejahend (ohne Heranziehung des § 2084) angesichts der Umstände BGH WM 1975, 1259.

390 BGH WM 1975, 593.

391 BayObLG FamRZ 1992, 353; OLG Frankfurt Rpfleger 1970, 392; OLG Stuttgart Rpfleger 1964, 148; KG NJW 1959, 1441.

392 BGH WM 1976, 744.

393 Erman/*Schmidt*, § 2084 Rn 8.

394 Soergel/*Loritz*/*Uffmann*, § 2084 Rn 63 m.w.N.

395 KG FamRZ 1968, 217; OLGZ 1970, 250 (in einem Fall, in dem der überlebende Ehegatte freiwillig nach dem Tod des ersten in den Tod ging); BayObLGZ 1979; 427; 1986, 426; FamRZ 1988, 879; FamRZ 1990, 563, 564.

396 NJW 1988, 2742.

VI. Umdeutung

1. Verhältnis Umdeutung – Auslegung

143 § 140 BGB kann auch im Bereich der Verfügungen von Todes wegen Anwendung finden.[397] Die Umdeutung gem. § 140 BGB und die Auslegung unterscheiden sich dadurch, dass bei der Auslegung der wirkliche Wille des Erblassers nicht oder nicht vollständig feststeht. Bei der Umdeutung hingegen ist der Wille zwar bekannt, dieser ist jedoch auf ein unwirksames Rechtsgeschäft gerichtet. Auch die Umdeutung verfolgt das Ziel, ebenso wie die Auslegung, den Anordnungen des Erblassers Geltung zu verschaffen. **Ziel der Umdeutung** ist es nicht, den unklaren Willen zu deuten oder den unvollständigen zu ergänzen. Sinn und Zweck der Umdeutung besteht vielmehr darin, den erklärten Willen zu korrigieren. Diese Korrektur erfolgt dadurch, dass das entscheidende Ziel herausgelöst und die nicht geeignete rechtliche Gestaltung durch eine andere ersetzt wird.[398] Umdeutung und erläuternde bzw. wohlwollende Auslegung unterscheiden sich dadurch, dass die gewollte Qualifikation nicht unklar oder unbestimmt ist. Vielmehr war ein bestimmter, aber nicht gangbarer Weg gewollt. Auch unterscheidet sich die Umdeutung von der ergänzenden Auslegung. Bei der Umdeutung geht es nicht um Lücken im Testament. Vielmehr setzt die Umdeutung einen von der Errichtung des Rechtsgeschäfts an gegebenen rechtlichen Mangel voraus.

144 Die Umdeutung hat eine eigenständige Bedeutung. Sie ist kein Unterfall der wohlwollenden oder der ergänzenden Auslegung.[399] Auch die Auslegung ist kein Unterfall der Umdeutung.

Die Auslegung geht daher der Umdeutung stets vor. Die Umdeutung und damit § 140 BGB findet erst dann Anwendung, wenn alle Auslegungsmöglichkeiten zur Unwirksamkeit der letztwilligen Verfügung von Todes wegen führen. Für den Fall, dass sich nach Testamentserrichtung die Verhältnisse derart ändern, dass die Verfügung nicht wirksam werden kann, z.B. wenn der Bedachte vor Eintritt des Erbfalls verstirbt, ist eine Umdeutung nicht möglich, da ein nichtiges Rechtsgeschäft nicht vorliegt. In diesen Fällen kommt nur die ergänzende Auslegung zum Zuge.[400] Diese Grundsätze gelten auch dann, wenn bei Testamentserrichtung die letztwillige Verfügung ihr Ziel zwar nicht erreichen konnte, auf der anderen Seite aber auch nicht nichtig ist. Das ist bspw. dann der Fall, wenn die bedachte Person bereits vorverstorben war, der Erblasser dies aber nicht wusste.

2. Anwendungsbereich

a) Umdeutung einer letztwilligen Verfügung in eine andere letztwillige Verfügung

145 Die Umdeutung kann sich zum einen auf eine einzelne Anordnung des Testaments beschränken. Sie kann aber auch das Testament im Ganzen betreffen. Ist ein öffentliches Testament formungültig, kann es dann, wenn die Formvoraussetzungen für ein eigenhändiges Testament erfüllt sind, in ein solches umgedeutet werden.[401] Auch ein gemeinschaftliches Testament, das nicht den Formvorschriften entspricht und daher formunwirksam ist, kann in ein formgültiges Einzeltestament umgedeutet werden.

146 Die Frage, ob ein gemeinschaftliches Testament oder einzelne Anordnungen eines solchen gemeinschaftlichen Testaments in Einzeltestamente umgedeutet werden können, wird in Rspr. und Lehre nicht einheitlich beantwortet. Unstreitig ist, dass zumindest nicht wechselbezügliche Verfügungen in Einzeltestamente umgedeutet werden

---

397 BGH NJW 1978, 423; Soergel/*Loritz/Uffmann*, § 2084 Rn 67.
398 MüKo/*Leipold*, § 2084 Rn 140.
399 Staudinger/*Otte* (2019), § 2084 Rn 1
400 MüKo/*Leipold*, § 2084 Rn 146.
401 MüKo/*Leipold*, § 2084 Rn 156; Soergel/*Loritz/Uffmann*, § 2084 Rn 76.

können[402] (wobei eine solche Umdeutung natürlich nur möglich ist, wenn die Formerfordernisse an ein Einzeltestament, insbesondere die Eigenhändigkeit, gewahrt sind).

In der **Lit.**[403] wird die Möglichkeit der Umdeutung auch für wechselbezügliche Verfügungen anerkannt. Bei der Prüfung des hypothetischen Erblasserwillens[404] ist dann aber zu berücksichtigen, dass die Lebenserfahrung im Allg. dagegen spricht, dass der Erblasser seine wechselbezügliche Verfügung bei Unwirksamkeit der entsprechenden Verfügung des Partners auch isoliert in einem Einzeltestament stehenlassen würde. Dieser Erfahrungssatz muss nach dieser Auffassung im Einzelfall aufgrund nachweisbarer, besonderer Umstände widerlegt werden. 147

In der **Rspr.**[405] wird die Möglichkeit der Umdeutung wechselbezüglicher Verfügungen in Einzeltestamente teilweise abgelehnt, weil es gerade im Wesen der Wechselbezüglichkeit liege, dass die jeweilige Verfügung von der Gültigkeit der anderen abhängig sei.

Beispiel

Ernst und seine spätere Ehefrau Frieda errichteten ein Jahr vor ihrer Heirat ein gemeinschaftliches Testament, in dem sie sich gegenseitig zu Alleinerben einsetzten. Ernst hatte dabei den gesamten Text des Testaments eigenhändig geschrieben, darunter hatten er und Frieda unterschrieben. Ernst stirbt. Die gesetzlichen Erben von Ernst und Frieda streiten um den Nachlass.[406]

Das OLG Hamm hat zunächst festgestellt, dass es sich bei diesem Testament nicht um ein wirksames gemeinschaftliches Testament handelt, da die Testierenden im Zeitpunkt der Testamentserrichtung noch nicht verheiratet waren. Weiterhin ist das OLG davon ausgegangen, dass die gegenseitigen Erbeinsetzungen der Testierenden im Verhältnis der Wechselbezüglichkeit standen. Sicher ist, dass die Verfügung der überlebenden Ehegattin nicht in ein Einzeltestament umgedeutet werden kann, weil es dazu an der notwendigen Eigenhändigkeit fehlt. 148

Nach Ansicht des OLG Hamm ist es auch nicht möglich, die Verfügung des Verstorbenen im Wege der Umdeutung als einseitige letztwillige Verfügung aufrechtzuerhalten, da diese im Verhältnis der Wechselbezüglichkeit zu der unwirksamen Verfügung seiner Lebensgefährtin gestanden habe. Es würde sich widersprechen, eine Wechselbezüglichkeit und gleichzeitig einen Aufrechterhaltungswillen anzunehmen. Damit sei von der gesetzlichen Erbfolge auszugehen.

Nach hier vertretener Ansicht hat *Kanzleiter* in seiner Besprechung dieser Entscheidung[407] zu Recht darauf hingewiesen, dass diese Ansicht des OLG Hamm zu sehr an eine begriffliche Dogmatik gebunden ist und den Erblasserwillen nicht ausreichend berücksichtigt. Denn allein nach dem Erblasserwillen entscheidet sich der Umfang einer möglichen Wechselbezüglichkeit. Im vorliegenden Fall hätte also durch Auslegung genauer ermittelt werden müssen, ob Ernst seine Verfügung nicht auch bei einer Nichtigkeit der Verfügung von Frieda wegen des fehlenden Formerfordernisses aufrechterhalten wollte. Ist dies der Fall, dann wäre auch von der Möglichkeit einer Umdeutung in ein einseitiges Testament auszugehen. 149

402 BGH NJW-RR 1987, 1410; BayObLG FamRZ 1993, 1370.
403 MüKo/*Musielak*, § 2265 Rn 9.
404 MüKo/*Musielak*, § 2265 Rn 9; a.A. Soergel/*Wolf*, § 2265 Rn 5; vgl. hierzu auch BayObLG NJW-RR 1992, 332, 333.
405 OLG Hamm ZEV 1996, 304; KG Rpfleger 1969, 93.
406 Vereinfacht nach OLG Hamm ZEV 1996, 304.
407 ZEV 1996, 306.

150 Bei gemeinschaftlichen Testamenten von Nichtehegatten wurde in der Rspr.[408] aber auch vertreten, dass das gemeinschaftliche Testament lediglich als Hülle zweier selbstständiger Testamente anzusehen sei und deshalb bei Wegfallen dieser Hülle zwei Testamente fortbestehen könnten (wenn sie als Einzeltestamente formgültig sind), ohne dass eine Umdeutung notwendig sei. Diese Ansicht kann m.E. nicht überzeugen, da sie zu sehr auf die äußeren Formalien abstellt und nicht berücksichtigt, dass die Besonderheit eines gemeinschaftlichen Testaments gerade auch auf dem gemeinschaftlichen Willen der Testierenden beruht. Ein gemeinschaftliches Testament kann deshalb nicht nur als die Verbindung von zwei Einzeltestamenten angesehen werden.[409]

Praxishinweis
Bei der Umdeutung gemeinschaftlicher in Einzeltestamente muss unabhängig vom Meinungsstreit natürlich immer darauf geachtet werden, dass die Einzeltestamente den Formerfordernissen entsprechen, also insbesondere eigenhändig geschrieben sein müssen.

b) Umdeutung einer letztwilligen Verfügung in ein Rechtsgeschäft unter Lebenden

151 Die Umdeutung eines Testaments in ein Rechtsgeschäft unter Lebenden ist ebenfalls grundsätzlich möglich.[410] Dies kommt u.a. dann in Betracht, wenn die als Verfügung von Todes wegen gescheiterte Zuwendung als Gegenleistung für Leistungen an den Erblasser, die schon erbracht worden und noch zu erbringen sind, gedacht war. Der Umdeutung eines Testaments in ein Schenkungsversprechen[411] kann allerdings das Formerfordernis des § 518 Abs. 1 BGB oder die Anwendbarkeit von § 2301 Abs. 1 BGB entgegenstehen. Der Umdeutung kann auch die Tatsache entgegenstehen, dass ein Schenkungsversprechen zu einer größeren Bindung des Erblassers führt als eine letztwillige Verfügung. Diese kann jederzeit widerrufen werden.[412] Möglich ist auch die Umdeutung eines in einem formnichtigen Testament angeordneten Geldvermächtnisses in ein Schuldanerkenntnis gem. § 781 BGB.[413]

152 Nach der Rspr. ist auch die Umdeutung eines vertragsmäßigen Vermächtnisses, welches auf den Erlass einer Darlehensschuld des Bedachten beim Tod des Erblassers gerichtet war, in einen auf den Tod befristeten schenkweisen Erlass des Darlehens möglich. Dieser Erlass war bereits unter Lebenden vollzogen und konnte somit den Vorschriften über Schenkungen unter Lebenden unterstellt werden. Als Vermächtnis wäre diese Zuwendung an der Bindungswirkung einer früheren Verfügung von Todes wegen gescheitert.[414] Weiter kommt eine Umdeutung in Betracht bei einem Erbvertrag in einen Vertrag über den gesetzlichen Erbteil gemäß § 311b Abs. 5 BGB; ein in einem Testament, welches formungültig ist, enthaltenes Geldvermächtnis kann in ein Schuldanerkenntnis umgedeutet werden, und zwar dann, wenn es eine Gegenleistung für zu Lebzeiten erbrachte Dienste darstellen sollte.

---

408 KG NJW 1972, 2133; OLG Frankfurt MDR 1976, 667; dagegen OLG Hamm.
409 So auch OLG Hamm ZEV 1996, 304.
410 OLG München OLGE 35, 374.
411 Zur Zulässigkeit BGH NJW 1978, 423.
412 *Lange/Kuchinke*, § 34 V 1e.
413 OLG München OLGE 35, 374.
414 BGH NJW 1978, 423; zust. Staudinger/*Otte* (2013), § 2084 Rn 6; dagegen *Tiedtke*, NJW 1978, 2572; siehe auch *Olzen*, Die vorweggenommene Erbfolge, 1984, S. 245 f.; teils krit. *Schubert*, JR 1978, 289; im Erg. zust. *Krampe*, Die Konversion des Rechtsgeschäfts, 1980, S. 187 (wohlwollende Auslegung möglich).

c) Umdeutung eines Rechtsgeschäfts unter Lebenden in eine Verfügung von Todes wegen

Im Gegensatz hierzu kommt auch eine Umdeutung eines Rechtsgeschäfts unter Leben- 153
den in eine Verfügung von Todes wegen in Betracht. Dies ist allerdings nicht ganz unumstritten.[415] Bspw. kann ein formungültiges Schenkungsversprechen unter Lebenden in ein Vermächtnis umgedeutet werden, das in einem eigenhändigen Testament verfügt wurde.[416] Nach der Rspr. kann ein Übergabevertrag, der von einem Ehegatten ohne Zustimmung des anderen geschlossen und damit wegen § 1365 BGB unwirksam ist, in einen Erbvertrag umgedeutet werden. Das Gleiche gilt für einen wegen § 1365 BGB unwirksamen Grundstückskaufvertrag.[417] In den letztgenannten beiden Fällen ist die Umdeutung jedoch nicht der Regelfall. Das Vorliegen eines hypothetischen Willens beider Parteien ist stets sorgfältig zu prüfen.[418] Scheitert die Erbteilsübertragung zu Lebzeiten des Erblassers an § 311b Abs. 4 BGB, kann hierin im Wege der Umdeutung ein Erbverzicht zu sehen sein, und zwar unter der Voraussetzung, dass der Erblasser zugestimmt hat, die Form des § 2348 BGB gewahrt wurde und das Erbrecht an diejenigen gelangt, die es auch im Wege der Erbteilsübertragung erhalten sollten.[419]

Weiterhin kommt eine Umdeutung einer in einem Scheidungsvergleich unter Verstoß 154
gegen § 2302 BGB aufgenommenen Klausel, das Testament nicht zu ändern, in einen Erbvertrag in Betracht,[420] desgleichen eine Umdeutung der in einem **Ehevertrag** abgegebenen Verpflichtung, ein Testament mit einem bestimmten Inhalt zu errichten, in einen **Erbvertrag.**[421]

3. Voraussetzungen der Umdeutung

a) Nichtigkeit des vorliegenden Rechtsgeschäfts

Zunächst muss ein nichtiges Rechtsgeschäft vorliegen. Hier kommt ein Testament, ein 155
gemeinschaftliches Testament, ein Erbvertrag, ein Übergabevertrag, ein Schenkungsversprechen von Todes wegen, aber auch eine einzelne Verfügung in einer der genannten letztwilligen Verfügungen in Betracht. **Nichtigkeit** i.S.v. § 140 BGB heißt, dass von Anfang an ein Mangel der Wirksamkeit vorliegt. Beispiele hierfür sind: Formmängel;[422] besondere persönliche Voraussetzungen fehlen, z.B. die Ehe bei einem gemeinschaftlichen Testament; der Erblasser ist bei Abschluss eines Erbvertrages beschränkt geschäftsfähig; beim Erbvertrag fehlen vertragsmäßige Verfügungen; es wird ein vom Gesetz nicht zugelassener Verfügungsinhalt gewählt; Verstoß gegen ein Verbotsgesetz;[423] Pflegschaft; Verstoß gegen die Vorschrift des § 2065 BGB; die Einsetzung eines „Executor and Trustee“ nach kanadischem Recht.[424]

Es muss sich allerdings nicht um eine Nichtigkeit im engeren Sinne, d.h. eine von 156
vornherein feststehende Unheilbarkeit des Mangels, handeln.[425] Die Umdeutung ist auch dann gestattet, wenn zunächst eine schwebende Unwirksamkeit vorliegt und

---

415 BGHZ 40, 218; MüKo/*Leipold*, § 2084 Rn 163; a.A. *Smid*, JuS 1987, 289.
416 OLG Koblenz NJW 1947/48, 384.
417 BGHZ 40, 218; BGH NJW 1980, 2350, 2351.
418 Im konkreten Fall wurde eine Umdeutung vom BGH abgelehnt, BGHZ 125, 355, 363 ff.
419 BGH NJW 1974, 43.
420 OLG Stuttgart NJW 1989, 2700.
421 OLG Hamm NJWE-FER 1997, 109.
422 RGZ 129, 122; OLG Koblenz NJW 1947/48, 384.
423 BGH NJW 1974, 43.
424 BayObLGZ 2003, 68, 84: Es erfolgte eine Umdeutung in eine Testamentsvollstreckung nach deutschem Recht.
425 BGHZ 40, 218.

diese sich in eine endgültige umwandelt, da die erforderliche Genehmigung einer Behörde, eines Gerichts oder eines Dritten fehlt bzw. endgültig versagt wird.[426]

157 Veränderungen, die nach Errichtung des Rechtsgeschäfts eintreten und die das Wirksamwerden der Verfügung von Todes wegen hindern, führen nicht zur Nichtigkeit i.S.d. § 140 BGB (z.B. Vorversterben des Bedachten). Hier greift die ergänzende Auslegung.

b) Anderes Rechtsgeschäft

158 Ein anderes Rechtsgeschäft kann vorliegen, wenn dem Rechtsgeschäft lediglich ein anderer Inhalt gegeben wird. Dies ist bspw. dann der Fall, wenn ein unwirksames Grundstücksvermächtnis in ein wirksames Geldvermächtnis umgedeutet wird.[427] Gleichartigkeit des gültigen Rechtsgeschäfts mit dem nichtigen Rechtsgeschäft ist jedoch nicht erforderlich.[428]

c) Wirksamkeit des anderen Rechtsgeschäfts

159 Hier ist zu prüfen, ob das nichtige Rechtsgeschäft den Wirksamkeitserfordernissen des anderen Rechtsgeschäfts entspricht, d.h., ob das nichtige Rechtsgeschäft, wenn es den Inhalt des anderen Rechtsgeschäfts hätte, wirksam wäre. Demgemäß darf die zur Nichtigkeit des ursprünglichen Rechtsgeschäfts führende Norm nicht auch dem anderen Rechtsgeschäft entgegenstehen. Eine Umdeutung ist daher ausgeschlossen, wenn das andere Rechtsgeschäft ein Umgehungsgeschäft darstellen würde.
Handelt es sich um eine Umdeutung eines einseitigen Rechtsgeschäftes in einen Vertrag, muss auch die erforderliche vertragliche Erklärung des anderen Teils bejaht werden können.

d) Wirkungen des anderen Rechtsgeschäfts

160 Nach geltender Rspr. darf das neue Rechtsgeschäft weder im Tatbestand noch in seiner Wirkung über das nichtige Geschäft hinausgehen.[429] Diese Voraussetzung ist im Hinblick auf die wirtschaftlichen Folgen zu verstehen. Dies bedeutet somit, dass **wirtschaftlich** wesentlich andere oder weitergehende Folgen durch die Umdeutung nicht erreicht werden dürfen. Stets werden jedoch andere Rechtsfolgen eintreten.

e) Hypothetischer Wille

161 Im Übrigen ist die Umdeutung nur möglich, wenn anzunehmen ist, dass der Erklärende/die Erklärenden für den Fall, dass er/sie die Nichtigkeit erkannt hätte/hätten, das andere Geschäft tatsächlich gewollt hätte/hätten. Maßgeblich ist der hypothetische Wille des Erblassers bei Errichtung des Rechtsgeschäfts.[430] Bei der Feststellung des hypothetischen Willens handelt es sich um eine Bewertungsfrage, nicht um eine Beweisfrage. Es muss von den wirtschaftlichen Zwecken und der Interessenbewertung der Parteien ausgegangen bzw. gefragt werden, ob das andere Rechtsgeschäft zum einen geeignet ist, die gewünschten Zwecke zu verwirklichen, und zum anderen der Interessenbewertung, von welcher die Parteien ausgingen, auch entspricht.

---

426 BGH MDR 1953, 669; BGHZ 40, 218.
427 BGH MDR 1953, 669.
428 BGHZ 40, 218, 224.
429 BGHZ 40, 218, 225.
430 MüKo/*Leipold*, § 2084 Rn 153.

4. Anwendungsfälle

Umdeutung einer unwirksamen Auflage in eine Vor- und Nacherbschaft[431] oder ein Nachvermächtnis,[432] im Rahmen eines gemeinschaftlichen Testaments in die Einsetzung von Schlusserben;[433] **Umdeutung** eines unwirksamen Grundstücksvermächtnisses in ein wirksames Geldvermächtnis;[434] Umdeutung einer rechtlich unmöglichen Pflegschaft in eine Testamentsvollstreckung;[435] Umdeutung eines trust nach US-amerikanischem Recht in eine Vor- und Nacherbeneinsetzung;[436] Umdeutung der Einsetzung als „executor" in eine Ernennung zum Testamentsvollstrecker;[437] Umdeutung einer dinglichen Verfügungsbeschränkung in eine Anordnung einer Vor- und Nacherbschaft oder in eine Testamentsvollstreckung;[438] die Einsetzung zur Alleinerbin des in Österreich belegenen Vermögens kann als Zuwendung dieses Vermögens durch Vermächtnis aufrecht zu erhalten sein;[439] Umdeutung eines Erbvertrages in ein Testament, wenn die volle Geschäftsfähigkeit fehlt, die Testierfähigkeit jedoch gegeben ist; Umdeutung eines formungültigen öffentlichen Testaments in ein formgültiges eigenhändiges Testament; Umdeutung eines formnichtigen Erbschaftskaufs in eine Vereinbarung über die Erbauseinandersetzung;[440] Umdeutung einer gem. § 134 BGB nichtigen Auflage, der Abkömmling dürfe den Nachlass nur an seine Abkömmlinge weitervererben, in eine Vor- und Nacherbschaft;[441] Umdeutung eines gemeinschaftlichen Testaments von Nichtehegatten, welches der notariellen Form entspricht, in einen Erbvertrag;[442] Umdeutung einer unwirksamen vertraglichen Aufhebung eines Erbvertrages in einen Zuwendungsverzichtsvertrag;[443] Umdeutung eines von Ehegatten errichteten gemeinschaftlichen Testaments in ein Einzeltestament zugunsten des überlebenden Ehegatten, verbunden mit einer Nacherbeneinsetzung der Enkel, die auch Schlusserben sind, und zwar für den Fall, dass der überlebende Ehegatte testierunfähig war und es dem Erblasser darauf ankam, dass zum einen sein Ehegatte gut versorgt ist und zum anderen seine beiden Söhne nicht zur Erbfolge nach ihm gelangen;[444] Umdeutung der dem Vorerben eingeräumten Befugnis, die Nacherben aus einem von dem Erblasser bestimmten Personenkreis abzuändern, in eine Bedingung, wonach die Nacherben für den Fall eingesetzt sind, dass der Vorerbe keine anderweitige Verfügung trifft.[445] Bei einer Anordnung, wonach der Erbe als befreiter Vorerbe in Bezug auf das unbewegliche Vermögen eingesetzt wurde verbunden mit der freien Verfügungsbefug- 162

---

431 OLG Hamm NJW 1974, 60; BayObLG FamRZ 1986, 608.
432 BGH, Urt. v. 6.6.1966 – III 161/64, n.v.; *Keßler*, DRiZ 1966, 395, 398.
433 OLG Hamm JMBl NRW 1960, 125.
434 BGH MDR 1953, 669.
435 RG WarnR 1913 Nr. 239.
436 Es kommen aber auch andere Institute des deutschen Rechts in Betracht, näher *R. Walter*, ZEV 2006, 457, 458.
437 Zu beidem (im konkreten Fall offenlassend) OLG München ZEV 2006, 456 m. Anm. *R. Walter*.
438 RG SeuffA Bd. 78 Nr. 3.
439 So (ohne ausdrücklich von Umdeutung zu sprechen) OLG Hamm FGPrax 2011, 301.
440 RGZ 129, 122, 123.
441 BayObLG FamRZ 1983, 839.
442 BayObLG OLGE 40, 146 f.
443 MüKo/*Leipold*, § 2084 Rn 156 m.w.N.
444 OLG München ZEV 2010, 471 m. Anm. *Zimmer*. Dies gilt auch bei wechselbezüglichen Verfügungen, OLG München NJW-RR 2014, 1354 (jedenfalls Umdeutung in Erbeinsetzung des überlebenden Ehegatten durch Einzeltestament). Auch OLG Düsseldorf ZEV 2016, 225 (Ls.) = BeckRS 2016, 05710 bejaht die Möglichkeit der Umdeutung in ein Einzeltestament bei Testierunfähigkeit des Ehegatten.
445 OLG München NJW-RR 2016, 976.

nis bezüglich des beweglichen Vermögens, kann die unwirksame Anordnung einer Vor- und Nacherbfolge in Bezug auf das unbewegliche Vermögen in eine insgesamt angeordnete Vor- und Nacherbfolge umgedeutet werden, verbunden mit einem Vorausvermächtnis zugunsten des Erben hinsichtlich des beweglichen Vermögens.[446] Umdeutung einer unwirksamen Erbeinsetzung auf einen Einzelgegenstand in eine Teilungsanordnung;[447] Umdeutung einer unwirksamen vertragsmäßigen Verfügung in einem Erbvertrag in eine einseitige Verfügung von Todes wegen.[448]

5. Rechtsfolgen

163 Rechtsfolge der Umdeutung ist, dass das andere Rechtsgeschäft (Ersatzgeschäft) mit seinen Rechtsfolgen gilt.

VII. Teilaufrechterhaltung gem. § 2085 BGB

164 Siehe hierzu § 2085 Rdn 1 ff.

VIII. Auslegungsvertrag

1. Rechtsnatur

165 Die Beteiligten können, um Streitigkeiten bei der Auslegung von Testamenten zu vermeiden, nach allg. Meinung einen sog. Auslegungs- oder Feststellungsvertrag schließen.[449] Beim Auslegungsvertrag handelt es sich um einen Vertrag zwischen Personen, die behaupten, Erbe oder Vermächtnisnehmer zu sein bzw. dies bestreiten bzw. die über die Auslegung einer Verfügung von Todes wegen streiten, und zwar dahingehend, ob eine Erbenstellung gegeben ist bzw. welche Rechte und Pflichten mehrere Erben untereinander haben. Ein Auslegungsvertrag kann jedoch nicht hinsichtlich der Anordnung einer Testamentsvollstreckung, im Hinblick auf die Vormundbenennung, den Entzug der elterlichen Vermögenssorge oder hinsichtlich angeordneter Auflagen geschlossen werden. Wenn durch diesen Vertrag gleichzeitig ein Streit oder eine Ungewissheit beseitigt wird, liegt ein Vergleich i.S.d. § 779 BGB vor. Nur wenn alle erbrechtlich beteiligten Personen miteinbezogen werden, wirkt das Auslegungsergebnis für und gegen alle Beteiligten.

2. Rechtsfolgen für die Beteiligten

166 Durch einen solchen Vertrag legen die Parteien verbindlich fest, wie das Testament auszulegen ist. Ein **Auslegungsvertrag** kann die Beteiligten jedoch lediglich schuldrechtlich verpflichten, die Erbfolge oder einzelne Anordnungen des Testaments (wie z.B. Auflagen, die Anordnung der Testamentsvollstreckung, die Vormundbenennung oder auch der Entzug der elterlichen Vermögenssorge) können dadurch nicht verbindlich vereinbart oder gar außer Kraft gesetzt werden.[450] Wenn die Beteiligten auch eine dingliche Wirkung erreichen wollen, ist dies nur durch Erbteilsübertragungen gem. § 2033 BGB möglich. Hierfür ist jedoch gem. § 2385 BGB eine notarielle Beurkundung erforderlich.[451]

Eine Bindungswirkung des Auslegungsvertrages gegenüber Dritten, die dem Vertrag nicht zugestimmt haben, kommt ohnehin nicht in Betracht.

---

446 OLG Düsseldorf BeckRS 2017, 130173; *Dressler*, ZEV 1999, 289; *Selbherr*, ZErb 2005, 10; *Storz*, ZEV 2008, 308 und 353; *Horn*, ZEV 2016, 565 (567); *Lange/Kuchinke*, ErbR § 34 IV; BeckOK BGB/*Litzenburger*, Rn 56 ff.

447 OLG Düsseldorf ErbR 2023, 872, 874.

448 Zur Umdeutung bei Formnichtigkeit bzw. bei Nichtunterzeichnung des Entwurfs durch einen der Ehegatten siehe MüKo/*Leipold*, § 2084 Rn 157 m.w.N.

449 BGH NJW 1986, 1812 m. Anm. *Cieslar*, DNotZ 1987, 113.

450 BGH NJW 1986, 1812

451 BGH NJW 1986, 1812.

3. Formerfordernisse

167 Neben der Erbteilsübertragung ist auch die Vereinbarung über einen Erbverzicht oder einen Erbschaftskauf im Rahmen eines Auslegungsvertrages formbedürftig. Grundsätzlich bedarf es nicht der notariellen Beurkundung, wenn der Vertrag nur Vermächtnisse oder Teilungsanordnungen betrifft, es sei denn, die Übertragung eines Gegenstandes unterliegt der Formbedürftigkeit. Da ein Auslegungsvertrag, der die Erbenstellung betrifft, jedoch seiner Wirkung nach einer Veräußerung des Erbteils vergleichbar ist, ist eine notariellen Beurkundung erforderlich.[452] Ein Auslegungsvertrag kann auch in einem gemeinsam gestellten Erbscheinsantrag enthalten sein.[453]

4. Rechtsfolgen für das Gericht

168 Ob ein Auslegungsvertrag das Gericht bindet, ist umstritten.[454] Es besteht insoweit Einigkeit, als dass die Parteien eines Auslegungsvertrages weder die Erbfolge noch sonstige letztwillige Verfügungen aufheben oder ändern können. Der Auslegungsvertrag kann sich daher nur mittelbar auf die Erbfolge auswirken.[455] Es kommt allenfalls eine mittelbare Bindungswirkung in Betracht.

a) Bindung des Prozessgerichts an einen Auslegungsvertrag

169 Durch einen außergerichtlichen Auslegungsvertrag können weder die Prozessparteien noch sonstige Beteiligte das Gericht binden, da die Auslegung richterliche Aufgabe ist.[456] Es kann jedoch die **Einrede der unzulässigen Rechtsausübung** eingreifen, nämlich dann, wenn eine beteiligte Vertragspartei einen Anspruch geltend macht, der der vereinbarten Auslegung widerspricht.[457] Die Gegenmeinung[458] ist hingegen der Ansicht, dass das Prozessgericht einen außergerichtlichen Auslegungsvertrag „in verfahrensrechtlicher Hinsicht und bei der Tatsachenermittlung berücksichtigen müsse". Nach richtiger Ansicht kann ein außergerichtlicher Auslegungsvertrag das Prozessgericht nicht binden, da die Anordnungen des Erblassers nicht vertraglich festgelegt werden können, denn es ist allein der erklärte Wille des Erblassers maßgebend, nicht hingegen der Wille der Beteiligten. Weiter bleibt die Auslegung allein dem Richter vorbehalten. Allenfalls kann die Einrede der unzulässigen Rechtsausübung begründet sein.

170 In der **Berufung** auf einen geschlossenen **Auslegungsvertrag** kann ein Zugeständnis i.S.v. § 138 Abs. 3 ZPO zu sehen sein, denn auch der Erblasserwille ist dem Geständnis und der Beweisaufnahme zugänglich.[459] Im Hinblick hierauf ist aber umstritten, ob ein derartiges Zugeständnis gleichzeitig bedeutet, dass das Auslegungsergebnis feststeht.

---

452 OLG Düsseldorf ZEV 2020, 125 Ls. = BeckRS 2019, 12772; Horn ZEV 2016, 565 (568).

453 Dressler ZEV 1999, 289, 292; *Eisele*, Vertragliches Einvernehmen über die Auslegung unklarer letztwilliger Verfügungen, 2002, 75; vgl. BGH NJW 1986, 1812, 1813.

454 Gegen eine Bindung OLG München NJW-RR 2011, 12: Einziehung des Erbscheins 15 Jahre später; zust. Baumann, RNotZ 2011, 33. – OLG Frankfurt ZEV 2001, 316 (318) m.Anm. *Otte* verlangt – im Gegensatz zur Formulierung des Ls. 4 – im Erbscheinsverfahren das Vorliegen eines Auslegungsvertrages zu klären. *Lange/Kuchinke*, ErbR, § 34 IV 3c (S. 794) spricht dem Auslegungsvertrag im Verfahren der freiwilligen Gerichtsbarkeit eine starke indizielle Wirkung zu. KG FGPrax 2004, 31 = Rpfleger 2004, 101 (102) lehnt eine Bindung des Nachlassgerichts ab (allenfalls indizielle Wirkung), bejaht aber die Wirksamkeit einer im Vergleich (vor dem Beschwerdegericht) übernommenen Verpflichtung, den Erbschein nicht mehr anzugreifen.

455 BGH NJW 1986, 1812.

456 Staudinger/*Otte* (2019), Vor §§ 2064 ff. Rn 119; NK-BGB/*Fleindl*, § 2084 Rn 4.

457 BeckOK BGB/*Litzenburger*, § 2084 Rn 61.

458 *Lange/Kuchinke*, § 34 IV 3c.

459 *Lange/Kuchinke*, § 34 IV 3c.

Kuchinke[460] ist der Ansicht, dass das Prozessgericht durch ein solches Zugeständnis gebunden ist. Nach weiterer Ansicht[461] kann das Gericht entscheiden, ohne an das Zugeständnis des Erblasserwillens gebunden zu sein, da das Auslegungsergebnis hierdurch noch nicht festgelegt wird. Der BGH[462] hat ausgeführt, dass es sich „bei der Auslegung einer Willenserklärung weithin nicht um eine der Beweisaufnahme zugängliche Tatsachenfeststellung, sondern um eine nach bestimmten rechtlichen Regeln vorzunehmende Würdigung handelt". Damit steht fest, dass zwar der Erblasserwille als innere Tatsache dem Geständnis und der Beweisaufnahme zugänglich ist, aber nicht das Auslegungsergebnis,[463] wo zwischen der Tatsachenfeststellung – mit der Möglichkeit des Zugeständnisses des Erblasserwillens – und der Auslegung selbst als Rechtsanwendung unterschieden wird. Aus diesen Gründen ist daher der Ansicht *Kuchinkes* nicht zu folgen.

b) Bindung des Nachlassgerichts an einen Auslegungsvertrag

171 Nach einer weit verbreiteten Ansicht in Rspr. und Lit.[464] ist das Nachlassgericht im **Erbscheinsverfahren** nicht an einen außergerichtlichen **Auslegungsvertrag** gebunden. Das OLG Frankfurt[465] hingegen hat eine derartige Bindungswirkung bejaht („Alle Umstände sprechen dafür, dass die Auslegung des Testaments zwischen den Beteiligten festgelegt werden sollte. Damit ist sie verbindlich.").

172 Für die Verbindlichkeit eines Auslegungsvertrages, allerdings unter der Voraussetzung, dass die sich aus dem Vertrag ergebende Auslegung sich innerhalb des nach Ansicht des Gerichts möglichen Auslegungsspielraums bewegt und alle Beteiligten zugestimmt haben, spricht sich *Leipold* aus.[466] Das OLG Düsseldorf vertritt die Ansicht, die Erbenstellung sei nicht disponibel, so dass eine solche nicht im Wege des privaten Vergleichs oder übereinstimmender Erklärungen von den Vertragsparteien zuerkannt werden könne.[467] Nach einer Entscheidung des BGH komme dem Auslegungsvertrag „eine nicht zu unterschätzende indizielle Bedeutung" zu.[468] Eine Ansicht in der Lit.[469] spricht von einer starken indiziellen Wirkung des Auslegungsvertrages im Erbscheinsverfahren. Eine derartige Bezeichnung hat sicherlich ihre Richtigkeit, sagt allerdings nichts darüber, ob eine abweichende Entscheidung nicht dennoch möglich ist. Nach zutreffender Ansicht ist aber eine Bindungswirkung im Nachlassverfahren abzulehnen. Als Begründung sind zum einen die Gründe anzuführen, die auch gegen eine Bindung des Prozessgerichts sprechen. Des Weiteren kommt noch hinzu, dass eine Bindung des Nachlassgerichts mit dem im Nachlassverfahren geltenden Amtsermittlungsgrundsatz (vgl. § 26 FamFG) unvereinbar ist. Auf die Einrede der unzulässigen Rechtsausübung kann ebenfalls nicht zurückgegriffen werden. Eine Bindung des Nachlassgerichts durch ein Zugeständnis scheitert am Grundsatz der **Amtsermittlung**, weshalb im nachlassgerichtlichen Verfahren weder ein Anerkenntnis noch ein Zugeständnis möglich ist.[470]

---

460 *Lange/Kuchinke*, § 34 IV 3c.
461 MüKo/*Leipold*, (4. Auflage), § 2084 Rn 82 Fn 306.
462 NJW 1993, 256 = FamRZ 1993, 318.
463 Staudinger/*Otte* (2019), Vor §§ 2064 ff. Rn 120 f.; *Tappmeier*, NJW 1988, 2714.
464 OLG München NJW-RR 2011, 12, 13; BayObLG FamRZ 1989, 99; OLG Stuttgart OLGZ 84, 131.
465 OLGZ 1990, 15 = MDR 1990, 56.
466 MüKo/*Leipold*, § 2084 Rn 166, zust. *Horn/Kroiß*, NJW 2012, 666, 668.
467 OLG Düsseldorf v. 17.1.2012 – I-3 Wx 198/11.
468 BGH NJW 1986, 1812, 1813; BayObLG BeckRS 2009, 12348.
469 *Lange/Kuchinke*, § 34 IV 3c.
470 Vgl. hierzu MüKo/*Grziwotz*, § 2353 Anhang Verfahrensrecht zum Erbschein Rn 131.

Im Übrigen können die Beteiligten im Erbscheinsverfahren einen Prozessvergleich über das materielle Erbrecht, der einen Vollstreckungstitel darstellt, nicht schließen.[471] Es könnten jedoch Vereinbarungen getroffen werden, einen Erbscheinsantrag in einer bestimmten Weise zu stellen oder nicht zu stellen.[472] Stellen die Beteiligten jedoch einen anderen Erbscheinsantrag, stellt sich erneut die Frage, ob die getroffene Abrede bindend oder nicht bindend ist. 173

Um das Risiko zu minimieren, dass das Nachlassgericht nicht dem Ergebnis des Auslegungsvertrages Folge leistet, kann ein solcher Vertrag mit entsprechenden Erbteilsübertragungen gekoppelt werden, um so die Stellung der Beteiligten dem Auslegungsergebnis anzupassen. Die Erbteilsübertragung bedarf allerdings der notariellen Beurkundung.

5. Grundbuchverfahren, Erbschaftsteuerverfahren

a) Grundbuchverfahren

Ein Auslegungsvertrag ersetzt den Erbnachweis gem. § 35 Abs. 1 S. 2 GBO nicht. 174
Dies gilt auch dann, wenn zwar alle denkbaren Erben die erforderlichen Erklärungen abgeben, jedoch das materielle Erbrecht nicht geklärt werden kann.[473]

b) Erbschaftsteuerverfahren

Die Besteuerung richtet sich nicht nach der materiellen Rechtslage, sondern nach den 175
Vereinbarungen im Auslegungsvertrag.[474]

D. Verfahrensfragen

Die Auslegung ist Rechtsanwendung.[475] Nicht Rechtsanwendung ist jedoch die Fest- 176
stellung der der Auslegung zugrunde liegenden Tatsachen. Hierfür gelten die **allg. Beweisregeln.** Die verfahrensrechtlichen Vorschriften über die Tatsachenfeststellung gelten nur für die tatsächlichen Grundlagen der Auslegung.[476] Handelt es sich um einen Zivilprozess, trägt derjenige, der eine Tatsache behauptet und hieraus eine bestimmte Auslegung herleitet, die **Beweislast.**[477] Im Erbscheinsverfahren werden die Tatsachen, die für die Auslegung maßgeblich sind, von Amts wegen ermittelt. Sowohl im Zivilprozess als auch im Erbscheinsverfahren beeinflussen die gesetzlichen Auslegungs- und Ergänzungsregeln die Darlegungs- und Beweislast.[478] Haben die Parteien einen Auslegungsvertrag geschlossen, so können sie in einem Zivilprozess oder im Erbscheinsverfahren das Gericht hieran nicht binden (siehe hierzu Rdn 165 ff.).

Bleiben Zweifel im Rahmen der Auslegung ist zu unterscheiden, worauf sich diese 177
Zweifel beziehen. Handelt es sich um für die Auslegung bedeutsame Tatsachen, ist dies eine Beweislastfrage. Was ungeklärt ist, bleibt bei der Auslegung unberücksichtigt. Sind dagegen die Tatsachen geklärt, bestehen aber Zweifel an der Auslegung, handelt es sich nicht um ein Beweislastproblem. Der Richter muss dann in diesem Falle eine Entscheidung treffen.

---

471 OLG München ErbR 2021, 153 = ZEV 2021, 107 m.Anm. *Schindler.*

472 *Otte*, ZEV 2001, 318 (319); s. auch KG FGPrax 2004, 31.

473 BeckOK BGB/*Litzenburger*, § 2084 Rn 61, vorsichtiger: *Selbherr*, ZErb 2005, 10, 15; a.A. *Eisele*, S. 147 ff.).

474 BFH BStBl III 1957, 447; BFH BStBl III 1961, 133; BFH BStBl II 1972, 886; FG München EFG 2001, 146, 147; *Eisele*, S. 91 ff. auch zur Einkommen- und Grunderwerbsteuer; *Selbherr*, ZErb 2005, 10, 15 ff. mit Gestaltungsvorschlägen; vgl. auch BFH BStBl II 2000, 588.

475 BGH WM 1978, 377, 378.

476 *Schmidt-Kessel*, WM-Beil. Nr. 8/1988, 8; RGRK-BGB/*Johannsen*, § 2084 Rn 31, 37; *Horn*, ZEV 2016, 565.

477 BGH WM 1978, 377, 378.

478 *Tappmeier*, NJW 1988, 2714; Staudinger/*Otte* (2019), Vor §§ 2064 ff. Rn 112 ff.

178 Der Erblasserwille stellt eine innere Tatsache dar. Dieser ist nach der Rechtsprechung dem Geständnis und der Beweisaufnahme zugänglich. Das Auslegungsergebnis hingegen ist der Beweisaufnahme nicht zugänglich. Daraus folgt, dass der Erblasserwille zugestanden werden kann i.S.v. § 138 Abs. 3 ZPO. Das Auslegungsergebnis steht hierdurch jedoch noch nicht fest. Im Ergebnis ist jedoch davon auszugehen, dass ein formgerecht erklärter Erblasserwille jedoch jeder anderen Auslegung vorgeht.

179 In der Beschwerdeinstanz im Rahmen des Erbscheinsverfahrens bzw. in der Berufungsinstanz im Zivilprozess ist die Auslegung des Erbvertrages oder Testamentes in vollem Umfang zu überprüfen. Ggf. hat die zweite Instanz die Auslegung der ersten Instanz durch eine eigene zu ersetzen. Die in § 529 Abs. 1 Nr. 1 ZPO enthaltene Pflicht, die von der ersten Instanz festgestellten Tatsachen zugrunde zu legen, bezieht sich nicht auf das Auslegungsergebnis.[479] Im Übrigen kann sich auch die Notwendigkeit ergeben, nachträglich weitere Tatsachen festzustellen.

180 Im Rahmen der Revisions- bzw. Rechtsbeschwerdeinstanz hingegen wird die Auslegung nur auf Rechtsfehler überprüft.[480] Die Auslegung muss vertretbar sein. Eine nachprüfbare Rechtsfrage in der Revisionsinstanz ist die Frage, ob das Testament hinreichende Anhaltspunkte für den Erblasserwillen enthält.[481] Eine Nachprüfung erfolgt auch dahingehend, ob die Auslegung gegen allgemeine Erfahrungs- oder Denkgesetze bzw. gegen gesetzliche Auslegungsregeln verstößt bzw. ob ggf. ein wesentlicher Umstand übersehen worden ist.[482]

181 Kommt das Revisions- bzw. Rechtsbeschwerdegericht zu dem Ergebnis, dass Rechtsfehler vorliegen, kann es die Verfügung selbst auslegen. Es muss jedoch die tatsächlichen Feststellungen der Vorinstanzen zugrunde legen. Weitere tatsächliche Feststellungen kann und darf es nicht treffen.[483]

§ 2085 Teilweise Unwirksamkeit

Die Unwirksamkeit einer von mehreren in einem Testament enthaltenen Verfügungen hat die Unwirksamkeit der übrigen Verfügungen nur zur Folge, wenn anzunehmen ist, dass der Erblasser diese ohne die unwirksame Verfügung nicht getroffen haben würde.

Literatur

Bandel, Schiedsklauseln in Testamenten und Erbverträgen, NotBZ 2005, 381; *Bühler*, Zur Wechselbezüglichkeit und Bindung beim gemeinschaftlichen Testament und Erbvertrag, DNotZ 1962, 359; *Kohler*, Teilunwirksamkeitsklauseln, DNotZ 1961, 195.

479 BGHZ 160, 83 = NJW 2004, 2751 m.N. zur Gegenansicht; ebenso MüKo/*Busche*, 8. Aufl. 2018, § 133 Rn 70; BGH ZEV 2010, 84 (85).

480 MüKo/*Leipold*, § 2084 Rn 177 ff. m.w.N.

481 BayObLG ZEV 1994, 47 (49).

482 BGH LM § 133 (B) Nr. 1; BGHZ 41, 23 (27) = NJW 1964, 1316; BGHZ 121, 357 = NJW 1993, 2168; BayObLG FamRZ 1994, 1358; ZEV 1994, 377; BayObLGZ 2001, 203 (206) zur bedingten Nacherbeneinsetzung; KG OLGZ 1966, 503 (505); 1968, 244; 1972, 76 (80); WM 1968, 741; Rpfleger 1969, 426 (427); der Sache nach übereinstimmend BayObLGZ 1981, 79 (81); 1984, 246 (250); OLG Frankfurt OLGZ 1972, 120 (123). Zu weiteren Rechtsfehlern s. MüKo/*Leipold*, § 2084 Rn 182.

483 Allg. BGH NJW 1994, 3287; 1995, 959 (960); 1999, 1022 (1023); zur Testamentsauslegung BayObLGZ 2001, 208 (213) = FamRZ 2002, 269; BayObLGZ 2002, 66 (70) = FamRZ 2002, 1434.

Übersicht:

A. Allgemeines

§ 2085 BGB beinhaltet eine **Auslegungsregel.**[1] Diese dient der Verwirklichung des Erblasserwillens. Gem. § 139 BGB führt die Teilnichtigkeit eines Rechtsgeschäfts i.d.R. dazu, dass das gesamte Rechtsgeschäft nichtig ist. Nach Ansicht des Gesetzgebers entspricht es jedoch regelmäßig nicht dem Willen des Erblassers, dass für den Fall, dass eine Verfügung unwirksam ist, das gesamte Testament unwirksam ist. § 2085 BGB regelt daher, dass im Falle der Unwirksamkeit einer Verfügung dies nicht generell die Unwirksamkeit des Testaments zur Folge hat. Nur in den Fällen, in denen sich feststellen lässt, dass es dem Erblasser auf die Abhängigkeit seiner Verfügungen ankam, geht dieser Wille der Regel des § 2085 BGB vor und das gesamte Testament ist unwirksam.[2] § 2085 BGB steht insoweit im Gegensatz zu § 139 BGB. 1

Dass von der Selbstständigkeit mehrerer in einem Testament getroffener Verfügungen ausgegangen wird, ist ein Grundsatz des Erbrechts. Dieser findet sich auch in der Vorschrift des § 2161 BGB. Danach bleibt ein **Vermächtnis** im Zweifel auch dann wirksam, wenn der Beschwerte nicht Erbe oder Vermächtnisnehmer wird. Dieser Grundsatz ist auch in der Vorschrift des § 2195 BGB niedergelegt, wonach eine Zuwendung unter einer Auflage nur dann unwirksam ist, wenn anzunehmen ist, dass der Erblasser die Zuwendung ohne die Auflage nicht gemacht hätte. 2

Die Regelung des § 2085 BGB gilt allerdings nicht für **wechselbezügliche** Verfügungen oder erbvertraglich bindende Verfügungen im zweiseitigen Erbvertrag. Insoweit wird sie von der Vorschrift des § 2270 BGB bzw. § 2298 BGB verdrängt.[3] Für die anderen Verfügungen, die nicht das Verhältnis der wechselbezüglichen Verfügungen der Ehegatten zueinander betrifft, ist sowohl bei gemeinschaftlichen Testamenten als auch beim Erbvertrag § 2085 BGB heranzuziehen.[4] Wird ein Erbvertrag vollständig aufgehoben, entweder durch Vertrag oder Ausübung des Rücktrittsrechts, gilt § 2299 Abs. 3 BGB. Diese Regelung greift auch für die einseitigen Verfügungen ein. Werden jedoch nur die einzelnen vertragsmäßig bindenden Verfügungen aufgehoben, beurteilt sich deren Auswirkung auf die einseitigen Anordnungen nach der Regel des § 2085 BGB.[5] Handelt es sich um einen einseitigen Erbvertrag, d.h. nur der eine Teil hat vertragsmäßige Verfügungen getroffen, sind die Wirkungen der Nichtigkeit solcher Verfügungen auf die anderen vertragsmäßigen Verfügungen dieses Teils nach der Vorschrift des § 2085 BGB zu beurteilen. Dies folgt daraus, dass § 2298 Abs. 1 BGB nur zweiseitige Erbverträge umfasst.[6] 3

---

1 BayObLG FamRZ 1989, 325, 326 = NJW-RR 1989, 326, 327; BayObLG NJW-RR 1999, 946; OLG Zweibrücken FGPrax 2003, 183.
2 BayObLG NJW-RR 1999, 946; BayObLG NJW-RR 1989, 326.
3 MüKo/*Leipold*, § 2085 Rn 13, 14.
4 OLG Hamburg MDR 1955, 168, 169; *Bühler*, DNotZ 1962, 359, 367 ff.
5 MüKo/*Leipold*, § 2085 Rn 15.
6 Soergel/*Wolf*, § 2298 Rn 1; MüKo/*Leipold*, § 2085 Rn 14 f.

4 § 2085 BGB findet auf das **Verhältnis mehrerer Testamente zueinander** ebenfalls keine Anwendung, auch nicht analog, da nach dem Wortlaut mehrere Verfügungen in einem Testament vorhanden sein müssen. Dies bedeutet, dass die Unwirksamkeit eines späteren Testaments auf die Gültigkeit eines früheren Testaments grds. keinen Einfluss hat.[7] Bei mehreren Testamenten handelt es sich um selbstständige letztwillige Verfügungen. Aus der Tatsache, dass ein Testament unwirksam ist, kann nicht geschlossen werden, dass wenigstens das andere wirksam sein soll. Dies würde dem Erblasserwillen widersprechen. Ein neues Testament wird durch den Erblasser deshalb errichtet, weil er das frühere Testament abändern oder sogar ganz aufheben möchte. Die Vorschrift des § 2085 BGB darf nicht dazu führen, den Erblasserwillen in das Gegenteil umzukehren. Die Vorschrift des § 2258 BGB regelt das Verhältnis mehrerer zeitlich nacheinander errichteter Testamente.

5 Das heißt, dass unter Anwendung von § 2085 BGB aus der Unwirksamkeit eines späteren Testamentes nicht auf die Unwirksamkeit eines früheren Testamentes geschlossen werden kann. Ob ein späteres Testament ein früheres aufhebt, richtet sich nach den Vorschriften über den Widerruf. Soll ein späteres Testament das frühere ergänzen, ist jedoch das frühere Testament unwirksam, so ist zu prüfen, ob der Erblasser auch eine isolierte Gültigkeit der Ergänzungen wollte. Ist dies zweifelhaft, wird von einer Wirksamkeit der im späteren Testament getroffenen Verfügungen ausgegangen, und zwar analog der Vorschrift des § 2085 BGB.

6 Für die Berücksichtigung des Erblasserwillens ist der **Zeitpunkt** maßgebend, in welchem das **Testament errichtet** worden ist.[8] Spätere Umstände können jedoch bei der Beurteilung berücksichtigt werden.

B. Tatbestand

7 Ist eine von mehreren Verfügungen in einem Testament unwirksam, so hat dies die Unwirksamkeit der übrigen Verfügungen nur zur Folge, wenn anzunehmen ist, dass der Erblasser diese ohne die unwirksame Verfügung nicht getroffen haben würde.

I. Mehrere Einzelverfügungen

8 Voraussetzung für die Anwendbarkeit des § 2085 BGB ist, dass ein Testament mehrere Verfügungen enthält. Auch wenn mehrere Verfügungen in einem Testament unwirksam sind, mindestens eine wirksame Anordnung aber vorhanden ist, gilt § 2085 BGB.[9] **Beispiele** hierfür sind: mehrere Erbeinsetzungen; Aussetzung eines oder mehrerer Vermächtnisse; Zuwendung unter Auflage; Zuwendung eines Nutzungs- und Verwaltungsrechts;[10] wirksame Zuwendung von Firmenanteilen an mehrere Kinder, unwirksame Verfügung zugunsten der Tochter über ein Haus, das sich nicht mehr im Nachlass befindet;[11] Erbeinsetzung und Verwirkungsklausel;[12] Erbeinsetzung eines Dritten und Enterbung eines Pflichtteilsberechtigten;[13] Anordnung von Vor- und Nacherbschaft (trotz Unwirksamkeit der Nacherbschaft kann die Vorerbschaft wirksam bleiben; die nachrangig angeordnete Nacherbfolge kann trotz Unwirksamkeit der vorrangigen

7 MüKo/*Leipold*, § 2085 Rn 9.
8 Staudinger/*Otte* (2019), § 2085 Rn 2.
9 BayObLG DNotZ 2003, 870, 873 = FamRZ 2004, 312, 313.
10 LG Bonn NJW 1966, 2314.
11 BayObLG FamRZ 1989, 325.
12 RG JW 1937, 2201; OLG Colmar OLGE 34, 314.
13 BGH NJW 1959, 2113.

Nacherbfolge wirksam bleiben);[14] Einsetzung eines Ersatzerben und primäre Erbeinsetzung;[15] Anordnung einer Testamentsvollstreckung.[16]

Hat der Erblasser eine Person zum **Alleinerben** eingesetzt und verweist er den Pflichtteilsberechtigten auf den Pflichtteil, so liegen i.d.R. nicht mehrere Verfügungen vor, da es sich lediglich um einen Hinweis auf die gesetzliche Rechtsfolge handelt.[17] Entsprach es allerdings dem Willen des Erblassers, und ist dies auch feststellbar, dass der Erblasser den Pflichtteilsberechtigten unabhängig von der Alleinerbeneinsetzung enterben wollte, d.h. dass der Pflichtteilsberechtigte auch von seinem gesetzlichen Erbteil ausgeschlossen sein soll, liegen mehrere Verfügungen vor.[18] Das ist auch dann der Fall, wenn der Erblasser eine Person zum Erben einsetzt und dem Pflichtteilsberechtigten den Pflichtteil entzieht.[19] Der Erblasser bringt in derartigen Fällen ausdrücklich zum Ausdruck, dass es ihm auf eine Enterbung ankommt. Führt die Auslegung dazu, dass eine selbstständige Enterbung nicht gewollt war, und ist die Erbeinsetzung unwirksam, entfällt auch die damit korrespondierende Enterbung. Damit kann der Pflichtteilsberechtigte als gesetzlicher Erbe berufen sein. 9

Ob sich die Unwirksamkeit einer Erbeinsetzung auf die damit korrespondierende Enterbung auswirkt, ist auch sonst nicht nach dem Regel-Ausnahme-Verhältnis des § 2085 BGB zu beantworten. Mit der Erbeinsetzung entfällt i.d.R. die darin liegende Enterbung. Dies ist nur dann nicht der Fall, wenn sich ein anderer Erblasserwille ermitteln lässt.

Widerruft der Erblasser eine frühere Erbeinsetzung, ist dieser selbstständige Widerruf 10 nach § 2085 BGB aufrechtzuerhalten, auch wenn die neue Erbeinsetzung unwirksam ist. Dies gilt dann nicht, wenn nach dem Willen des Erblassers der Widerruf von der Gültigkeit der neuen Erbeinsetzung abhängen soll.[20]

Ist ein Testament vorhanden und liegen daneben **ungültige Zusätze** oder **Nachträge** 11 zu diesem an sich wirksamen Testament vor, handelt es sich nicht um einen Fall des § 2085 BGB. Das Testament bleibt auch dann wirksam,[21] wenn es dem wahren Willen des Erblassers widerspricht, es sei denn, die Anfechtung ist möglich.[22] Im umgekehrten Fall, d.h. wenn ein Testament nichtig ist, der Nachtrag jedoch formgültig, kann dieser nach den allg. Auslegungsgrundsätzen aufrechterhalten bleiben, wenn davon auszugehen ist, dass der Erblasser die Aufrechterhaltung des Nachtrags gewollt hätte, wenn er von der Nichtigkeit des Testaments Kenntnis gehabt haben würde.[23] § 2085 BGB findet ebenfalls keine Anwendung. Für den Fall jedoch, dass der Nachtrag eine Verfügung des Testaments ergänzt, ohne selbst eine eigene Verfügung zu enthalten, kann § 2085 BGB zur Anwendung kommen. Es liegt dann ein Testament vor, das in zwei Urkunden festgehalten ist.

---

14 OLG Stuttgart BWNotZ 1998, 47.

15 Hanseatisches OLG NJW-RR 2015, 1419 = FamRZ 2016, 403, s.a. OLG München FamRZ 2010, 1846.

16 Vgl. dazu OLG Karlsruhe FGPrax 2010, 239 = NJW-Spezial 2010, 583.

17 RG DR 1941, 1000.

18 OLG Zweibrücken FGPrax 1996, 152.

19 BGH NJW 1959, 2113.

20 OLG Hamm NJW-RR 2000, 742 = ZEV 2000, 282 Ls.; KG ZEV 2018, 526 Rn 38 f.

21 OLG Naumburg ZEV 2007, 432, 434; RGRK/*Johannsen*, § 2085 Rn 4.

22 RG SeuffA 87 Nr. 46; BayObLG FamRZ 2004, 1141.

23 MüKo/*Leipold*, § 2085 Rn 8.

12 Es ist umstritten, ob die Vorschrift des § 2085 BGB auch im Falle der Unwirksamkeit einer Bedingung eingreift.[24] Seitens der h.M., der auch zu folgen ist, wird sowohl eine direkte als auch eine analoge Anwendung sowohl des § 2085 BGB als auch des § 139 BGB abgelehnt.[25] Dies wird zutreffend damit begründet, dass es sich bei einer Bedingung nicht um einen Zusatz zur letztwilligen Verfügung handelt. Vielmehr sei die Bedingung unmittelbarer Inhalt der letztwilligen Anordnung. Mit der Aufnahme der Bedingung nimmt der Erblasser selbst eine Beschränkung vor.[26] Für den Fall, dass nicht ein anderer Erblasserwille feststellbar ist, führt die Unwirksamkeit der Bedingung daher i.d.R. zur Unwirksamkeit der gesamten Verfügung.[27]

II. Unwirksamkeit

13 Der Grund der Unwirksamkeit ist für § 2085 BGB unbeachtlich. § 2085 BGB gilt für jede Art der Unwirksamkeit.[28] § 2085 BGB greift zum einen dann ein, wenn die **Nichtigkeit** von Anfang an gegeben ist, d.h. Nichtigkeit wegen Formmangels,[29] Verstoß gegen § 2065 Abs. 2 BGB[30] bzw. Verstoß gegen §§ 7, 27 BeurkG, Nichtigkeit wegen Sittenwidrigkeit, Verstoß gegen ein heimrechtliches Zuwendungsverbot,[31] als auch dann, wenn die Nichtigkeit erst nachträglich, bspw. durch Anfechtung,[32] eintritt. § 2085 BGB ist ferner heranzuziehen, wenn die Verfügung nachträglich hinfällig wird, da der Bedachte vorverstirbt[33] oder eine **Bedingung** nicht eintritt[34] bzw. ein Vermächtnis gem. § 2169 Abs. 1 BGB unwirksam ist.[35] Die Regelung des § 2085 BGB ist auch dann anwendbar, wenn ein Pflichtteilsentziehungsgrund von Anfang an nicht vorgelegen hat oder die **Pflichtteilsentziehung** nachträglich unwirksam wurde (gemäß § 2336 Abs. 4 a.F., § 2337 S. 2 BGB).[36] Unwirksamkeit i.S.v. § 2085 BGB liegt auch dann vor, wenn der zugewandte Gegenstand nicht zum Vermögen des Erblassers gehörte,[37] desgleichen in den Fällen, in denen eine Verfügung gem. § 2289 Abs. 1 S. 2 BGB wegen Beeinträchtigung unwirksam ist.[38]

---

24 Vgl. dazu OLG Saarbrücken BeckRS 2015, 07018 Rn 72, betr. eine Wiederverheiratungsklausel, die den überlebenden Ehegatten mit einem Vermächtnis zugunsten der Abkömmlinge des Erstversterbenden in Höhe des Wertes des Nachlasses des Erstversterbenden belastet.

25 BeckOGK/*Gierl*, § 2085 Rn 22; ein Teil der Lit. unterscheidet zwischen aufschiebender und auflösender Bedingung, wieder andere wenden die Grundsätze der Auslegung an, BeckOGK/*Gierl*, § 2085 Rn 23 ff. m.w.N; Soergel/Loritz/*Uffmann*, § 2085 Rn 13 m.w.N.

26 MüKo/*Leipold*, § 2074 Rn 28; Burandt/Rojahn/*Czubayko*, § 2075 Rn 19; vgl. dazu auch Mot. V 19 f. i.V.m. Mot. I 250 f.; Prot. I 185.

27 BayObLGZ 22, 265, 266; *Haegele*, JurBüro 1969, 1.

28 BayObLG FamRZ 1989, 325, 326.

29 BayObLG FamRZ 1986, 726; OLG Zweibrücken FGPrax 2003, 183. Dass eine maschinenschriftliche Überschrift „Testament" die Wirksamkeit des im Übrigen eigenhändig geschriebenen Testaments unberührt lässt, BayObLG ZEV 2005, 348, 349, ist kein Fall des § 2085 BGB, da keine unwirksame Verfügung vorliegt.

30 KG JR 1953, 422; BayObLG NJW-RR 1999, 946.

31 KG ZEV 2018, 526 Rn 38 f.; OLG München BeckRS 2021, 22369 Rn 23.

32 BGH NJW 1985, 2025.

33 BayObLG ZEV 2001, 24, 26; MüKo/*Leipold*, § 2085 Rn 4.

34 H.M. Soergel/*Loritz/Uffmann*, § 2085 Rn 9; a.A. MüKo/*Leipold*, § 2085 Rn 4.

35 RG SeuffA 62 Nr. 89; BayObLG FamRZ 1989, 325.

36 BGH LM Nr. 2 zu § 2085 = NJW 1959, 2113; OLG Hamm OLGZ 1973, 83, 88 = NJW 1972, 2132.

37 BayObLG FamRZ 1989,325.

38 OLG Stuttgart ZEV 2003, 79, 819.

Nach h.M. kommt § 2085 BGB auch zum Zuge, wenn der Bedachte ausschlägt.[39] Nach a.A.[40] gelte die Regelung des § 2085 BGB bei der Ausschlagung nicht, da die Verfügung als solche nicht unwirksam sei, sondern die Rechtsfolgen ergäben sich aus der Verfügung selbst bzw. würden hieran anknüpfen. Dieser Ansicht kann jedoch nicht gefolgt werden, da gem. § 1953 Abs. 2 BGB die Ausschlagung wie das Vorversterben behandelt wird. Daher ist auch § 2085 BGB anwendbar. Es kann im Übrigen im Hinblick auf den Erblasserwillen keinen Unterschied machen, ob eine Verfügung erst nach Errichtung unwirksam geworden ist oder von Anfang an unwirksam war. 14

III. Feststellbarkeit des Testamentsinhalts

Weitere Voraussetzung für die Anwendbarkeit des § 2085 BGB ist, dass der Testamentsinhalt feststeht. Weder eine direkte noch eine analoge Anwendung des § 2085 kommt dann in Betracht, wenn der Inhalt einer von **mehreren** letztwilligen Verfügungen unklar und nicht feststellbar ist.[41] Hierunter fällt, wenn zwar das gesamte Testament vorhanden, jedoch nur teilweise verständlich ist, oder auch, wenn nur noch ein Teil des Testaments vorhanden ist, weil der andere Teil vernichtet wurde und nicht mehr rekonstruiert werden konnte.[42] Es kann nicht generell davon ausgegangen werden, dass es dem typischen Willen des Erblassers entspricht, dass wenigstens die feststellbaren Anordnungen zur Geltung zu bringen sind. Im Falle der Ungewissheit einer einzelnen Verfügung ist daher i.d.R. das gesamte Testament unwirksam. Dies wird damit begründet, dass die unaufklärbare einzelne Verfügung den übrigen Anordnungen, die feststellbar sind, einen ganz anderen wirtschaftlichen Sinn geben kann. Eine andere Lösung kommt nur dann in Betracht, wenn ermittelt werden kann, dass die Verfügung, die nicht feststellbar ist, den übrigen Inhalt des Testamens entweder überhaupt nicht oder nicht wesentlich beeinflusst, und daraus geschlossen werden kann, dass es dem mutmaßlichen Willen des Erblassers entspricht, dass das übrige Testament ohne die aufklärbare Verfügung wirksam sein soll.[43] In diesen Fällen ist daher anhand der allg. Auslegungsgrundsätze zu erforschen, ob es dem Willen des Erblassers entspricht, dass der vorhandene Teil des Testaments Bestand haben soll. 15

Liegt Unwirksamkeit aufgrund der inhaltlichen Unbestimmtheit einer Verfügung vor, findet § 2085 BGB keine Anwendung. Im Falle, dass mehrere Erben alternativ eingesetzt wurden und diese Unbestimmtheit nicht im Wege der Auslegung aufgeklärt werden kann, ist von einer insgesamten Unwirksamkeit der Erbeinsetzung auszugehen.[44] Ob die Einsetzung des Erben betroffen ist für den Fall, dass die Einsetzung des Ersatzerben unwirksam sein sollte, z.B. weil ein Verstoß gegen die Vorschrift des § 2065 Abs. 2 BGB vorliegt, beurteilt sich hingegen nach § 2085 BGB, ist i.d.R. jedoch zu verneinen.[45] 16

---

39 OLG Zweibrücken FGPrax 1996, 152; Soergel/*Loritz/Uffmann*, § 2085 Rn 9; Staudinger/*Otte* (2019), § 2085 Rn 3; Zur Ausschlagung der in einem gegenseitigen Erbvertrag zugewandten Erbschaft siehe in diesem Kontext OLG Oldenburg ErbR 2015, 443.

40 MüKo/*Leipold*, § 2085 Rn 4.

41 BGH NJW 1955, 460; BayObLGZ 1967, 197, 206; MüKo/*Leipold*, § 2085 Rn. 6; Grüneberg/*Weidlich*, § 2085 Rn 3; BeckOK BGB/*Litzenburger*, § 2085 Rn 3; Burandt/Rojahn/*Czubayko*, § 2085 Rn 1; Soergel/*Loritz/Uffmann*, § 2085 Rn 8; aA Staudinger/*Otte* (2019), § 2085 Rn 4 und 5.

42 BGH NJW 1955, 460; BayObLGZ 1967, 197, 206; BeckOK BGB/*Litzenburger*, § 2085 Rn 3; a.A. Staudinger/*Otte* (2019), § 2085 Rn 4 f.

43 BGH NJW 1959, 2113.

44 BayObLGZ 1998, 160, 165 = FamRZ 1999, 1119.

45 BayObLGZ 1998, 160, 166 = FamRZ 1999, 1119.

C. Rechtsfolgen

17 Rechtsfolge des § 2085 BGB ist, dass die Einzelverfügungen, die vom Unwirksamkeitsgrund nicht betroffen sind, grundsätzlich wirksam bleiben, es sei denn, der Erblasser trifft besondere Anordnungen. Wollte der Erblasser hingegen eine Abhängigkeit der getroffenen Verfügungen, so findet § 2085 BGB keine Anwendung. Ein abweichender Wille des Erblassers, wonach er die Verfügungen nur als Einheit gewollt hat, geht demgemäß vor.
Rechtsfolge ist hingegen nicht die Ersetzung der unwirksamen Verfügung durch einen hypothetischen Erblasserwillen.[46]

D. Angrenzende Rechtsfragen

I. Verhältnis § 2085 BGB zu § 139 BGB

18 Die Regelungen der § 2085 BGB und § 139 BGB unterscheiden sich in der **Darlegungs- und Beweislast**. Gem. § 2085 BGB im Gegensatz zur Regelung des § 139 BGB trägt derjenige, der behauptet, dass die Unwirksamkeit einer Verfügung die Unwirksamkeit des gesamten Testaments zur Folge hat, die Darlegungs- und Beweislast.[47] Daraus folgt, dass im Rahmen eines Erbscheinsverfahrens derjenige, der geltend macht, der Erblasser hätte die wirksame Verfügung nicht ohne die unwirksame getroffen, die materielle Feststellungslast trägt.[48] Der Wille zum Zeitpunkt der Testamentserrichtung ist hier maßgeblich, wobei auch spätere Umstände bei der Beurteilung berücksichtigt werden können.

19 Hat der Erblasser sowohl ein handschriftliches als auch ein maschinenschriftliches Testament verfasst und nimmt er auf ein maschinenschriftliches Schriftstück Bezug und beinhaltet dieses die wesentlichen Verfügungen, das handschriftliche Testament hingegen nur Ergänzungen, so liegt insgesamt Unwirksamkeit vor.[49]

20 Im Übrigen ist es str., ob § 2085 BGB oder § 139 BGB für den Fall anzuwenden ist, dass nur ein Teil einer einzelnen Verfügung unwirksam ist. Dies ist bspw. bei einer Anfechtung oder einem Testamentswiderruf der Fall. Hier ist nur ein Teil einer einzigen Verfügung unwirksam, die Verfügung im Übrigen jedoch wirksam. Einigkeit besteht lediglich dahingehend, dass die Verfügung überhaupt teilbar sein muss.[50] Liegt keine Teilbarkeit vor, scheidet sowohl die Anwendung von § 2085 BGB als auch die von § 139 BGB aus. Liegt eine quantitative Teilbarkeit vor, wird teilweise § 2085 BGB analog angewandt, teilweise wird auf die Vorschrift des § 139 BGB zurückgegriffen. Haben Ehegatten ein gemeinschaftliches Testament verfasst und enthält dieses eine Schlusserbeneinsetzung, wobei der überlebende Ehegatte dahingehend freigestellt ist, hinsichtlich einer im Nachlass befindlichen Eigentumswohnung abweichende Verfügungen zu treffen, so ist eine völlig abweichende Erbeinsetzung durch den überlebenden Ehegatten mangels Teilbarkeit insgesamt unwirksam.[51] **Teilbarkeit wird bejaht, wenn** der Gegenstand einer Erbeinsetzung oder eines Vermächtnisses teilbar ist, wenn mehrere Erben mit einem Vermächtnis belastet werden,[52] bei Anordnung einer Testa-

---

46 BeckOK BGB/*Litzenburger*, § 2085 Rn 9.

47 BGH NJW 1959, 2113; OLG Zweibrücken FGPrax 2003, 183; OLG Hamburg NJW-RR 2015, 1419 Rn 26; RGZ 63, 23, 27 f.; RGZ 116, 148, 151; Baumgärtel/*Schmitz*, § 2085 Rn 1.

48 OLG Hamburg NJW-RR 2015, 1419, 1420 (Rn 26); OLG Zweibrücken NJW-RR 2003, 872 = DNotZ 2003, 875; s.a. BayObLGR 2003, 158 m.w.N.

49 OLG Köln FGPrax 2015, 85, 87.

50 BGH NJW 1962, 912; Soergel/*Loritz/Uffmann*, § 2085 Rn 11; BeckOK BGB/*Litzenburger*, § 2085 Rn 6.

51 OLG München FamRZ 2008, 728.

52 RG SeuffA 75, Nr. 36.

mentsvollstreckung für mehrere Erben[53] oder wenn eine Teilungsanordnung verfügt worden ist. Teilbarkeit wird auch bejaht bei einer Erbeinsetzung und Anordnung einer Schiedsverfügung[54] sowie bei einer Erb- und Ersatzerbeneinsetzung.[55]
Allerdings stellt sich die Frage der Anwendbarkeit von § 2085 BGB oder § 139 BGB nur dann, wenn sich die Rechtsfolgen nicht bereits aus dem jeweils betreffenden Unwirksamkeitsgrund ergeben.[56]

Diese Frage wurde seitens des BGH noch nicht einheitlich entschieden. Entschieden wurde, dass sowohl die Anwendbarkeit des § 2085 BGB als auch die Anwendbarkeit des § 139 BGB voraussetze, dass die einzelne unwirksame Verfügung teilbar sei. Zum Teil wird im Fall der Teilbarkeit von der Rspr. § 139 BGB angewandt,[57] zum Teil ließ die Rspr. die Frage offen.[58] Teilweise hat die Rspr. auf die Anwendbarkeit von § 2085 BGB hingedeutet.[59] Im Jahre 1983 hat der BGH die Restwirksamkeit einer Verfügung auf § 2085 BGB gestützt.[60] Stimmen in der Lit. vertreten die Auffassung, in diesem Falle könne § 2085 BGB analog angewendet werden.[61] Andere Stimmen wenden § 139 BGB für diese Fälle an.[62] Eine dritte Ansicht differenziert nach dem Unwirksamkeitsgrund.[63] Der Ansicht, wonach § 2085 BGB analog für die Fälle anzuwenden ist, in denen nur ein Teil einer einzelnen Verfügung unwirksam ist, ist der Vorzug zu geben. Ziel des Erbrechts ist es durchgängig, dem Willen des Erblassers Geltung zu verschaffen. Diesem Prinzip trägt die analoge Anwendung des § 2085 BGB besser Rechnung als die Anwendung des § 139 BGB. Die Vorschrift des § 139 BGB ist eher auf die Vernichtung der Verfügung ausgelegt. 21

Trifft ein ausländischer Erblasser in seiner letztwilligen Verfügung eine Rechtswahl, wonach sein gesamter Nachlass, auch das inländische Immobilienvermögen, der Anwendbarkeit des deutschen Rechts unterliegen soll, ist diese Rechtswahlklausel jedoch hinsichtlich des gesamten Nachlasses unwirksam, kann diese dennoch, begrenzt auf die in Deutschland belegenen Immobilien, aufrechterhalten werden, und zwar dann, wenn kein anderer Wille des Erblassers anzunehmen ist.[64] 22

Wenn der Erblasser **Vor- und Nacherbschaft** angeordnet hat, die Einsetzung des Vorerben jedoch wegen Todes oder Anfechtung gegenstandslos bzw. unwirksam geworden ist, so ist gem. § 2085 BGB analog zu entscheiden, ob der Nacherbe gem. der Vorschrift des § 2102 BGB Vollerbe wurde.[65] 23

Hat der Erblasser Vor- und Nacherbschaft angeordnet und ist die Nacherbeneinsetzung unwirksam, so kann der Nacherbe gemäß § 2104 S. 1 BGB bestimmt und die Vorerbeneinsetzung aufrechterhalten werden, es sei denn, es ist ein abweichender Wille 24

53 BGH NJW 1962, 912.
54 *Bandel*, NotBZ 2005, 381.
55 BGH NJW 1985, 2025.
56 Staudinger/*Otte* (2019), § 2085 Rn 10; Soergel/*Loritz/Uffmann*, § 2085 Rn 11.
57 RG SeuffA 75 Nr. 36; Hamm OLGZ 1973, 83, 87.
58 BGH NJW 1962, 912; BGH FamRZ 1963, 287.
59 BGH NJW 1959, 2113.
60 BGH NJW 1983, 273.
61 MüKo/*Leipold*, § 2085 Rn 11; Staudinger/*Otte* (2019), § 2085 Rn 11; OLG Stuttgart ZEV 2003, 79, 81; *Brox/Walker*, Erbrecht, Rn 264; *Leipold*, Erbrecht, Rn 414; Soergel/*Loritz/Uffmann*, § 2085 Rn 11; BeckOGK/*Gierl*, § 2085 Rn 20; Erman/*Schmidt*, § 2085 Rn 3; offenlassend BeckOK BGB/*Litzenburger*, § 2085 Rn 6.
62 RGRK/*Johannsen*, § 2085 Rn 7.
63 Soergel/*Loritz/Uffmann*, § 2085 Rn 11; Staudinger/*Otte* (2019), § 2085 Rn 11.
64 So im Erg. auch LG Hamburg ZEV 1999, 491, das aber in erster Linie nach entsprechenden Anhaltspunkten im Testament fragt.
65 BayObLG NJW-RR 2001, 950.

des Erblassers feststellbar. Für den Fall, dass die Berufung der in erster Linie zu Nacherben berufenen Personen unwirksam ist, bleibt die Nacherbenberufung der in zweiter Linie berufenen Personen nach der Vorschrift des § 2085 BGB im Zweifel wirksam.[66]

II. Teilunwirksamkeitsklauseln

25 Dem Erblasser ist zu empfehlen, sog. Teilunwirksamkeitsklauseln aufzunehmen, die besagen, dass ein unzulässiger Teil des Testaments durch eine zulässige Regelung zu ersetzen ist, die dem gewollten Zweck am nächsten kommt.[67]

§ 2086 Ergänzungsvorbehalt

Ist einer letztwilligen Verfügung der Vorbehalt einer Ergänzung beigefügt, die Ergänzung aber unterblieben, so ist die Verfügung wirksam, sofern nicht anzunehmen ist, dass die Wirksamkeit von der Ergänzung abhängig sein sollte.

Übersicht: Rdn

A. Allgemeines

1 Auch bei § 2086 BGB handelt es sich um eine **Auslegungsregel.**[1] Diese gilt nicht nur für erbrechtliche Zuwendungen, wie Erbeinsetzungen und Vermächtnisse, sondern auch für Teilungsanordnungen oder Testamentsvollstreckeranordnungen.[2] Sinn und Zweck der Regelung ist, wie auch bei § 2085 BGB, den einmal geäußerten Willen des Erblassers aufrechtzuerhalten. Daher soll ein formell ordnungsgemäß errichtetes Testament auch dann wirksam bleiben, wenn die vorbehaltene Ergänzung nicht vorgenommen wird, es sei denn, es ergibt sich ein anderer Wille des Erblassers. Der Gesetzgeber geht hier von der allg. Lebenserfahrung aus, dass der Erblasser i.d.R. seine einmal errichtete letztwillige Verfügung lediglich ergänzen und erläutern möchte, jedoch eine einmal getroffene Verfügung hiervon nicht abhängig machen will. Der Wille des Erblassers, das Testament zu ergänzen, muss zumindest konkludent zum Ausdruck kommen.[3]

2 Die Regelung des § 2086 BGB steht somit im Gegensatz zu § 154 BGB, wonach ein Vertrag im Zweifel nicht zustande kommt, wenn eine Einigung der Parteien über alle Punkte nicht vorliegt. Im Hinblick auf die Regelung des § 2085 BGB ist die Regelung des § 2086 BGB jedoch konsequent.

B. Tatbestand

3 Im Fall, dass einer letztwilligen Verfügung der Vorbehalt der Ergänzung beigefügt ist, eine solche Ergänzung jedoch unterbleibt, ist die Verfügung dennoch wirksam, es sei

66 OLG Stuttgart BWNotZ 1998, 47.
67 *Kohler*, DNotZ 1961, 195; BeckOGK/*Gierl*, § 2085 Rn 33.
1 BeckOK BGB/*Litzenburger*, § 2086 Rn 2.
2 BeckOK BGB/*Litzenburger*, § 2086 Rn 2.
3 OLG Stuttgart ZEV 2008, 434.

denn, der Erblasser wollte die Wirksamkeit der Verfügung von der Ergänzung abhängig machen.

I. Unterbliebene Ergänzung

4 Zum einen muss eine Testamentsergänzung, obwohl sich der Erblasser eine solche vorbehalten hat, unterblieben sein.

II. Formgültiges Testament

5 Weitere Voraussetzung ist, dass ein ordnungsgemäß errichtetes, formgültiges Testament vorliegt.[4] Dieses muss formell und materiell wirksam sein.

III. Vorbehalt der Ergänzung

6 Der Vorbehalt einer Ergänzung muss sich aus dem Testament selbst ergeben, entweder ausdrücklich oder auch konkludent,[5] bspw. durch das Freilassen im Text.[6] § 2086 BGB ist in solchen Fällen nicht anwendbar, in denen der Erblasser ein Testament **ohne** Aufnahme eines **Vorbehalts** errichtet hat, jedoch sich später dahingehend äußert, dass er die Wirksamkeit der bereits getroffenen Verfügungen von Ergänzungen abhängig machen wollte. In derartigen Fällen bleibt das Testament in vollem Umfang wirksam.[7] § 2086 BGB greift auch dann nicht ein, wenn das Testament unvollständig ist, wenn z.B. die Vermächtnissumme fehlt. Ist dies der Fall oder fehlt z.B. eine Seite, so kann möglicherweise die Auslegung weiterhelfen.[8] Hat der Erblasser beispielsweise den Namen des Erben offengelassen, ist diese Verfügung unwirksam. Ob die weiteren, wirksam getroffenen Verfügungen weiterhin gelten, richtet sich nach § 2085 BGB. Die Vorschrift des § 2086 BGB findet erst dann Anwendung, wenn überhaupt eine wirksame Verfügung vorliegt. In dem Fall, in dem der Erblasser während der Testamentserrichtung verstirbt, ist das Testament nichtig. § 2086 BGB findet auch hier keine Anwendung.[9] § 2086 BGB schließt keine Lücken im Willen, sondern nur solche, die im Text vorhanden sind.

7 Hat sich der Erblasser vorbehalten, die Erben mit gemeinnützigen Auflagen zu belasten, ist § 2086 BGB anwendbar. Das Gleiche gilt, wenn er sich vorbehalten hat, die Auseinandersetzung unter den Miterben noch näher zu regeln. Wurde seitens des Erblassers verfügt, die zum Erben berufene Person solle einen bestimmten Gegenstand nicht erhalten, so greift § 2149 BGB ein. Der Gegenstand gilt den gesetzlichen Erben als vermacht. Im umgekehrten Fall, d.h. sofern sich der Erblasser vorbehält, über bestimmte Gegenstände noch zu verfügen, fallen diese Gegenstände, sofern der Erblasser keine weiteren Verfügungen trifft, den testamentarischen Erben zu.

8 § 2086 BGB findet keine Anwendung, sofern die Unvollständigkeit des Testamentes auf einem Versehen beruht.[10]

C. Rechtsfolge

9 Rechtsfolge des § 2086 BGB ist, dass die letztwillige Verfügung grundsätzlich auch dann wirksam ist, wenn eine vorbehaltene Ergänzung nicht vorgenommen worden

4 MüKo/*Leipold*, § 2086 Rn 3.
5 OLG Stuttgart ZEV 2008, 434, 436.
6 KG OLGE 9, 394; MüKo/*Leipold*, § 2086 Rn 4.
7 MüKo/*Leipold*, § 2086 Rn 4.
8 Soergel/*Loritz/Uffmann*, § 2086 Rn 2; RGRK-BGB/*Johannsen*, § 2086 Rn 2.
9 Grüneberg/*Weidlich*, § 2086 Rn 2.
10 Soergel/*Loritz/Uffmann*, § 2086 Rn 2.

ist, es sei denn, es ergibt sich ein anderer Wille des Erblassers. Dieser Wille kann sich sowohl aus dem Testament als auch aus Umständen außerhalb der Testamentsurkunde ergeben.

D. Verfahrensfragen

10 Derjenige, der sich wegen Fehlens der vorbehaltenen Ergänzung auf die Unwirksamkeit der Verfügung beruft, trägt die **Beweislast** für die von ihm hierfür vorgetragenen Umstände.[11] Bestehen Zweifel, ob der Erblasser sich eine spätere Verfügung vorbehalten hat, so hat derjenige, der sich darauf beruft, die Beweislast für außerhalb der Urkunde liegende Umstände.[12]

11 OLG Stuttgart ZEV 2008, 434, 437; Baumgärtel/*Schmitz*, § 2086 Rn 1; MüKo/*Leipold*, § 2086 Rn 2.
12 OLG Stuttgart ZEV 2008, 434.

Titel 2. Erbeinsetzung

§ 2087 Zuwendung des Vermögens, eines Bruchteils oder einzelner Gegenstände

(1) Hat der Erblasser sein Vermögen oder einen Bruchteil seines Vermögens dem Bedachten zugewendet, so ist die Verfügung als Erbeinsetzung anzusehen, auch wenn der Bedachte nicht als Erbe bezeichnet ist.
(2) Sind dem Bedachten nur einzelne Gegenstände zugewendet, so ist im Zweifel nicht anzunehmen, dass er Erbe sein soll, auch wenn er als Erbe bezeichnet ist.

Literatur

Bartz, Erbeinsetzung oder Vermächtnis, Diss. Köln, 1972; *Hahn*, Die gegenständlich beschränkte Erbeinsetzung, ZEV 2016, 360; *Hahn*, Die gegenständlich beschränkte Erbeinsetzung, ZEV 2016, 360; *Hohmann*, Gemeinschaftliches Testament – Rechtsfragen zur Erbeinsetzung und zum Vermächtnis, ZEV 1995, 73; *Lindemann*, Erben nach Gegenständen, DNotZ 1951, 215; *Mattern*, Einzelzuweisungen auf den Todesfall, BWNotZ 1965, 1; *ders.*, Einzelzuwendungen von Todes wegen, DNotZ 1963, 450; *Otte*, Lässt das Erbrecht des BGB eine Erbeinsetzung auf einzelne Gegenstände zu?, NJW 1987, 3164; *Schlüter*, Abgrenzungsfragen: Vermächtnis – Teilungsanordnung – Erbeinsetzung (mit steuerlichen Bezügen), ErbR 2011, 233; *Schrader*, Erb- und Nacherbeneinsetzung auf einzelne Nachlassgegenstände, NJW 1987, 117; *Wendelstein*, Gegenständliche Verteilung des Nachlasses im Testament, BWNotZ 1966, 274.

Übersicht: Rdn

A. Normzweck

1 Der Erblasser kann durch Testament oder Erbvertrag einen oder mehrere Erben als Gesamtrechtsnachfolger seines Nachlasses bestimmen (**Erbeinsetzung**) oder aber lediglich einzelne Vermögensvorteile zuwenden (**Vermächtnisanordnung**).[1] Die Auslegungsregeln des § 2087 BGB befassen sich mit der Abgrenzungsproblematik, wann eine Erbeinsetzung und wann ein Vermächtnis vorliegt. Sie stellen Auslegungsregeln dar, keine gesetzlichen Vermutungen.[2] Sie folgen dem allg. erbrechtlichen Grundsatz, dass dem **wirklichen Erblasserwillen** Geltung verschafft werden soll, unabhängig von einer unglücklichen, nicht eindeutigen oder sogar einer anderslautenden Formulierung (§§ 133, 2084 BGB). Die Auslegungsregeln des § 2087 BGB kommen erst zum Tragen, wenn sich der wirkliche und auch der **mutmaßliche Erblasserwille** im Wege allg. erbrechtlicher Auslegung nicht feststellen lassen (**Vorrang der individuellen Auslegung!**).[3]

2 Die Auslegungsregeln stellen zusammengefasst den Satz auf, dass die (abstrakte) **Zuwendung des Vermögens** – auch wenn sie auf einen Bruchteil beschränkt ist – im Zweifel als Erbeinsetzung zu werten ist und die (konkrete) **Zuwendung einzelner Gegenstände** (Sachen, Forderungen) im Zweifel als Vermächtnisanordnung. Hintergrund dieser Differenzierung ist, dass das BGB dem (rechtstechnischen) Grundsatz der **Gesamtrechtsnachfolge** folgt (§ 1922 Abs. 1 BGB); das BGB kennt keine Erbeinsetzung auf bestimmte Gegenstände (im Sinne einer unmittelbaren/direkten Rechtnachfolge), keine dinglich wirkende Teilungsanordnung.[4]

3 Die Vorschrift des § 2087 BGB gilt auch für **vertragsgemäße Verfügungen** (§ 2279 Abs. 1 BGB). Sie gilt auch für die **Einsetzung eines Nacherben** (§ 2100 BGB, besondere Form der Erbeinsetzung).[5] Sie gilt auch für bedingte Zuwendungen.[6]

B. Tatbestand

I. Zuwendung des ganzen Vermögens oder eines Bruchteils (Abs. 1)

1. Allgemeine Auslegungskriterien

a) Einsetzung eines Erben als Gesamtrechtsnachfolger

4 Für die Auslegung der Zuwendung als Erbeinsetzung ist entscheidend, dass der Erblasser den Bedachten zur Gesamtrechtsnachfolge berufen wollte. Weniger rechtstechnisch betrachtet/formuliert: Entscheidend ist, ob der Erblasser durch den Bedachten seine

---

1 §§ 1937, 1939 BGB (Erbvertrag: § 1941 BGB). Daneben hat der Erblasser die Möglichkeit, Auflagen anzuordnen (§ 1940 BGB).

2 BeckOK BGB/*Litzenburger*, 73. Ed. 1.2.2025, § 2087 Rn 1.

3 Dies gilt auch für Abs. 1, obwohl dort die Worte „im Zweifel“ fehlen (siehe unten Rdn 13).

4 *Hahn*, ZEV 2016, 360; Ausnahme bzw. anders die Sondererbfolge in die Rechtsstellung eines persönlich haftenden Gesellschafters und in einigen Anerbengesetzen, insbesondere in der HöfeO (siehe dazu Zimmermann/*Sticherling*, Erbrechtliche Nebengesetze, 2. Aufl. 2017, HöfeO).

5 RGZ 152, 190; OLG Brandenburg FamRZ 1998, 926: Abgrenzung aufschiebend bedingtes Vermächtnis (§ 2177 BGB) und teilweise Nacherbfolge; siehe dazu auch *Schrader*, NJW 1987, 117.

6 *Keim*, ZEV 2018, 681, 685.

wirtschaftliche Stellung fortgesetzt wissen wollte,[7] ob er dem Bedachten unmittelbar die **materielle Rechtsinhaberschaft** (Verfügungsbefugnis) zukommen lassen wollte,[8] ob der Bedachte unmittelbar Rechte am Nachlass oder aber als Vermächtnisnehmer nur Ansprüche gegen andere Bedachte erwerben sollte.[9] Einen tauglichen Anknüpfungspunkt für die Beantwortung der Frage, welcher testamentarisch Bedachte nach dem Willen des Erblassers sein Erbe oder nur Vermächtnisnehmer sein soll, bietet der Wert der jeweils zugewandten Vermögensgegenstände.[10] Dem liegt die Erwägung zugrunde, dass ein Erblasser im Allgemeinen seine(n) Erben in einem größeren Umfang am Nachlass beteiligt als einen Vermächtnisnehmer.

Die Berufung zum Erben setzt nicht notwendig voraus, dass dem Erben letztendlich ein mehr oder weniger großer oder sogar der größte Teil des Nachlasses verbleibt.[11] 5

Wesentliche Indizien dafür, dass eine Person als Erbe zur Gesamtrechtsnachfolge berufen ist, ergeben sich daraus, wer nach dem Willen des Erblassers den **Nachlass zu regeln**, die **Nachlassverbindlichkeiten zu tilgen** sowie für **Bestattung** und **Grabpflege zu sorgen** hat.[12] Für eine Erbeinsetzung können daneben sprechen ein besonderer **ideeller Wert** an einem zugewendeten Gegenstand („Haus darf nicht verkauft werden")[13] und ein im Vergleich zu anderen zugewendeten Gegenständen besonders hoher **wirtschaftlicher Wert** (Hauptnachlassgegenstand, dazu siehe Rdn 20 f. und 28 ff.). 6

Hat der Erblasser den Bedachten als **Vertrauensperson** gesehen, so kann auch dieser – außerhalb der Verfügung von Todes wegen liegende – Umstand von Bedeutung sein. Hierfür kann bereits die Erteilung einer **(Bank-)Vollmacht** sprechen, in Kombination 7

---

7 BayObLG ZEV 1997, 162 = FamRZ 1997, 1177; BayObLG FamRZ 1999, 1392; BayObLG ZEV 2001, 240 = FamRZ 2001, 1174; BayObLG FamRZ 2003, 1506; OLG München FamRZ 2008, 725; OLG München FamRZ 2010, 758; OLG München ZErb 2010, 267 und 299 = FamRZ 2011, 68; OLG Frankfurt, Urt. v. 13.7.2011 – 1 U 43/10, juris = BeckRS 2012, 11737; OLG München ZErb 2012, 185 = ZEV 2012, 365 = ErbR 2012, 222 = FamRZ 2012, 1976.

8 Staudinger/*Otte*, § 2087 Rn 7: materielle Rechtszuständigkeit (siehe aber dort dann Rn 11: materielle Rechtsinhaberschaft); BayObLG FamRZ 2002, 1745: materielle Rechtsinhaberschaft; OLG Schleswig, Beschl. v. 15.1.2014 – 3 Wx 92/13, BeckRS 2015, 20300: materielle Rechtszuständigkeit.

9 BeckOGK/*Gierl*, 1.3.2025, § 2087 Rn 5–6; BayObLG ZEV 2001, 240 = FamRZ 2001, 1174: möglichst starke Rechtsstellung; BayObLG FamRZ 2003, 119; BayObLG FamRZ 2003, 1506: möglichst strake Rechtsstellung; OLG München ZErb 2012, 185 = ZEV 2012, 365 = ErbR 2012, 222 = FamRZ 2012, 1976.

10 OLG Düsseldorf, Beschl. v. 24.2.2025 – I-3 Wx 216/24, juris Rn 18.

11 BGH ZEV 2004, 374 = FamRZ 2004, 1562; BayObLG FamRZ 2003, 119. Es ist nicht einmal notwendig, dass dem Erben überhaupt ein wirtschaftlicher Vorteil verbleibt (KG OLGZ 1968, 329; BayObLG MDR 1979, 847; BayObLG FamRZ 1986, 728). Wenn kein wirtschaftlicher Vorteil verbleibt, ist allerdings die Anordnung einer Testamentsvollstreckung näher liegend als eine Erbeinsetzung.

12 BGH ZErb 2017, 321 = ZEV 2017, 629 m. Anm. *Leipold* = FamRZ 2017, 1716 = FamRZ 2017, 1871 m. Anm. *Loritz*; BayObLG ZEV 1997, 162 = FamRZ 1997, 1177; BayObLG FamRZ 1999, 1392; BayObLG ZEV 2001, 240 = FamRZ 2001, 1174; BayObLG FamRZ 2003, 119; insoweit etwas kürzer (beschränkt auf Nachlassregelung): BayObLG FamRZ 2003, 1506; OLG München FamRZ 2008, 725; OLG München ZErb 2010, 267 und 299 = FamRZ 2011, 68; BrandOLG, Beschl. v. 24.1.2023 – 3 W 113/22, ErbR 2023, 374 Rn 32. Die Zuwendung konkreter Mittel für Bestattung und Grabpflege spricht jedoch gegen eine Erbeinsetzung (BayObLGZ 2003, 15 = FamRZ 2003, 191); KG Berlin BeckRS 2020, 46694 = ErbR 2021, 417 (hier wird präzisiert, dass die bloße Anordnung, die Beerdigung zu übernehmen und den Hausstand aufzulösen, noch nicht für eine Erbeinsetzung ausreicht); KG BeckRS 2024, 41900 Rn 15 = ErbR 2025, 212.

13 Vgl. BayObLG FamRZ 1999, 1392.

mit der **Übergabe des Originaltestaments** zur Verwahrung.[14] War dem Bedachten (neben einer transmortalen Bankvollmacht) eine transmortale Generalvollmacht (auch zur Durchführung einer Patientenverfügung, **Vorsorgevollmacht**) erteilt, können diese Umstände – bei einem gewissen zeitlichen Zusammenhang zur Errichtung der Verfügung von Todes wegen – für eine Erbeinsetzung sprechen;[15] das gilt allerdings nicht, wenn dem Bedachten im Testament lediglich die wertlose Wohnungseinrichtung zugewendet ist.[16]

8 Bedenken sich **Ehegatten** in gemeinschaftlichen Testamenten (oder Erbverträgen) neben anderen Personen, so ist hierin regelmäßig eine (Allein-)Erbeinsetzung zu sehen.[17] Allerdings kann allein der Umstand, dass Eheleute ein gemeinschaftliches Testament errichten, noch keine gegenseitige Erbeinsetzung begründen.[18] Auch ausschließliche Regelungen für den Nachlass des Längstlebenden ohne ausdrückliche Bestimmungen für den ersten Erbfall sprechen nicht zwangsläufig für eine gegenseitige Erbeinsetzung.[19]

b) Mehrere Personen als Gesamtrechtsnachfolger

9 Hat der Erblasser sein Vermögen mittels Verfügung von Todes wegen **mehreren** Personen zugewandt und sollen danach nicht alle diese Personen an der Abwicklung des Nachlasses beteiligt sein, so kommen folgende Auslegungsmöglichkeiten in Betracht: (1.) Zum einen kann hier eine Miterbeneinsetzung verbunden mit der Anordnung einer Testamentsvollstreckung (und Ernennung des verfügungsberechtigten Bedachten zum Testamentsvollstrecker) vorliegen. (2.) Zum andern kommt aber auch die Auslegung in Betracht, nach der lediglich die verfügungsberechtigte Person Erbe sein soll und die übrigen Bedachten Vermächtnisnehmer.[20] Letzteres kommt insbesondere dann in Betracht, wenn es dem Erblasser auf eine gegenständliche Beteiligung der nicht mit Verfügungsbefugnis ausgestatteten Personen überhaupt nicht ankam.[21] Hat der Erblasser den überwiegenden Teil seines Nachlasses mit deutlich höheren Quoten wenigen Personen zugewandt, während auf weitere Bedachte nur weitaus geringere Nachlassanteile entfallen, sind die Letztgenannten als bloße Vermächtnisnehmer begünstigt und nicht als Erben berufen. Die mit weitem Abstand vor den anderen Bedachten Begünstigten sind im Zweifel als Erben berufen und zu Miterben eingesetzt.[22]

c) Anordnung eines Vermächtnisses

10 Ein **Vermächtnis** liegt üblicherweise vor, wenn lediglich ein Bruchteil des bereinigten Nachlasses zugewendet wird. Hier soll der Bedachte das Vermögen des Erblassers nämlich nur wertmäßig erhalten. So spricht auch die **Zuwendung eines Geldbetrages**

---

14 *Czubayko*, in: Burandt/Rojahn, § 2087 Rn 5 unter Hinweis auf LG Flensburg, Beschl. v. 14.9.2007 – 5 T 60/07, n.v.; vgl. auch BayObLG FamRZ 1999, 1392 a.E. („Angesichts des großen Vertrauens ..." wegen im Testament erwähnter Bankvollmacht, allerdings mit dem Zusatz, der Bedachte solle darüber [Bankvermögen] verfügen).

15 Zustimmend *Horn*, in: Horn/Kroiß, Testamentsauslegung, § 9 Rn 18.

16 So der Sachverhalt in OLG München ZErb 2010, 267 und 299 = FamRZ 2011, 68. *Czubayko*, in: Burandt/Rojahn, § 2087 Rn 11 weist in diesem Zusammenhang zutreffend darauf hin, dass in der Praxis immer wieder die Fehlvorstellung des Vollmachtgebers anzutreffen sei, mit der Errichtung einer (notariellen) Vorsorgevollmacht sei auch seine Nachfolge von Todes wegen geregelt.

17 OLG München FamRZ 2008, 725; KG ErbR 2016, 595; siehe auch unten Rdn 45, 46.

18 OLG Brandenburg, Beschl. v. 10.8.2022 – 3 W 67/22, ErbR 2023, 49, 50.

19 OLG Brandenburg, Beschl. v. 10.8.2022 – 3 W 67/22, ErbR 2023, 49, 51.

20 BeckOK BGB/*Litzenburger*, 73. Ed. 1.2.2025, § 2087 Rn 5.

21 Staudinger/*Otte*, § 2087 Rn 14.

22 OLG Düsseldorf, Beschl. v. 24.2.2025 – I-3 Wx 216/24, juris Rn 38, 42.

in der Regel für ein bloßes Vermächtnis.[23] Allerdings kann auch hier durch Auslegung die Absicht des Erblassers ermittelt werden, lediglich eine Form der Berechnung der den einzelnen Bedachten zugewandten Bruchteile des Vermögens vorgeben zu wollen, so dass im Endergebnis dann doch eine Erbeinsetzung vorliegt.[24] Vorzunehmen ist dann wiederum die Abgrenzung zu einem sog. **Quotenvermächtnis** (siehe Vor §§ 2147 ff. Rdn 15), bei dem dem Vermächtnisnehmer ein Bruchteil des Nachlasswertes, z.B. nach Abzug der Nachlassverbindlichkeiten, vermacht ist.[25] Schwierig ist auch die Abgrenzung zwischen Erbeinsetzung und der Bestimmung eines **Universalvermächtnisses.** Bei der Anordnung eines Universalvermächtnisses gibt der Erblasser zu erkennen, dass er den gesamten oder nahezu den gesamten Nachlass dem Bedachten durch Zugrundelegen des Vermächtnisrechts zuwenden will (siehe auch Vor §§ 2147 ff. Rdn 17 und § 2151 Rdn 5).[26] Da der Erbe in einem solchen Fall aus dem Nachlass quasi nichts erhält, soll der Universalvermächtnisnehmer in analoger Anwendung der §§ 2378, 2385 BGB die Nachlassverbindlichkeiten tragen.[27] Grund für das Zugrundelegen des Vermächtnisrechts kann bspw. das dort zulässige Drittbestimmungsrecht sein (siehe §§ 2151, 2153 BGB).

Der Vermächtnisanspruch unterliegt nach der Erbrechtsreform zum 1.1.2010 der regelmäßigen Verjährung von drei Jahren, § 195 BGB. Zuvor galt für den Vermächtnisanspruch als erbrechtlicher Anspruch die 30-jährige Verjährung nach § 197 Abs. 1 Nr. 2 BGB a.F. 11

Praxishinweise 12

1. Aufgrund der kurzen Verjährungsfrist beim Vermächtnis ist in Zweifelsfällen (Erbeinsetzung oder Vermächtnis?) frühzeitig über verjährungshemmende Maßnahmen nachzudenken. Ein „streitiges" Erbscheinsverfahren hemmt die Verjährung nicht.[28]
2. Wenn der Bedachte im Falle des Vermächtnisses nicht an Bestandsveränderungen teilnimmt (Auslegungsfrage; für Früchte und Nutzungen § 2184 BGB), ist die Zuwendung frühzeitig hilfsweise in Verzug begründender Art und Weise als Vermächtnis geltend zu machen.[29]

---

23 Siehe z.B. BayObLG FamRZ 1999, 1392; OLG München FamRZ 2010, 758 *(obiter dictum)*; vgl. im Ergebnis bei Zuwendung teilweiser konkreter Geldbeträge und erheblichem Restnachlass OLG München ZErb 2010, 217 = FamRZ 2010, 1941.

24 So z.B. noch die Vorinstanzen zu OLG München ZErb 2010, 217 = FamRZ 2010, 1941.

25 BGH NJW 1960, 1759; BayObLG FamRZ 1998, 1264; vgl. hierzu auch *Schwenck*, MDR 1988, 545.

26 BayObLG MDR 1979, 847; BayObLG FamRZ 1986, 728; *N. Mayer*, ZEV 1995, 247; *Schlitt*, ZErb 2006, 226; *Helms*, ZEV 2007, 1; *Hölscher*, ZEV 2009, 213.

27 *R. Kössinger/Zintl*, in: Kössinger/Najdecki/Zintl, § 9 Rn 50 m.w.N.; MüKo/*Rudy*, § 2087 Rn 6 Fn 13.

28 Vgl. OLG Düsseldorf ZEV 2008, 346 m. Anm. *Fischer.*

29 Vgl. (allerdings zum Pflichtteilsanspruch) BGH v. 9.4.1981, NJW 1981, 1732 = FamRZ 1981, 767 (LS): Wer in erster Linie beansprucht, Miterbe geworden zu sein, und den Pflichtteil nur hilfsweise beansprucht, kann durch die Anmahnung des hilfsweise geltend gemachten Pflichtteilsanspruchs dennoch Verzug herbeiführen (wie RGZ 108, 279). Eine unbezifferte, einem zulässigen Antrag in der Stufenklage (§ 254 ZPO) entsprechende Mahnung kann dazu bereits ausreichen, vgl. BGH v. 6.5.1981, NJW 1981, 1729 = FamRZ 1981, 767 (LS).

2. Auslegungsregel des Abs. 1

13 Abs. 1 stellt nach h.M. eine **Auslegungsregel** dar (keine gesetzliche Vermutung!).[30] Nur wenn eine Auslegung der Verfügung im Wege allgemeiner erbrechtlicher Auslegung (§§ 133, 2084 BGB) ergebnislos bleibt, kann auf die Regel des Abs. 1 zurückgegriffen werden, wonach die **Zuwendung des Vermögens** im Ganzen oder eines Bruchteils hiervon als Erbeinsetzung zu werten ist. Die Zuwendung des Vermögens kann in Abgrenzung zur Zuwendung bestimmter (konkreter) Gegenstände als **abstrakte Zuwendung** bezeichnet/verstanden werden. Auf die Verwendung des Wortes „Erbe" muss es nicht ankommen, da die **synonyme Verwendung der Begriffe** „vererben" und „vermachen" bei juristischen Laien sehr weit verbreitet ist.[31]

3. Auslegungszeitpunkt

14 Bei der Auslegung sind grundsätzlich die **Vorstellungen des Erblassers zum Zeitpunkt der Verfügung über die voraussichtliche Zusammensetzung und Bewertung seines Nachlasses** maßgeblich.[32]

4. Veränderungen

15 Im Wege der **ergänzenden Auslegung** (mutmaßlicher Wille) können aber **auch spätere, nicht vorbedachte Erwerbe** und anderweitige nicht vorbedachte Veränderungen Berücksichtigung finden („ungewollte Regelungslücke"), die ggf. auch Anlass für eine Anfechtung nach § 2078 Abs. 2 Alt. 1 BGB sind[33] (siehe auch Rdn 25 f.).

16 Eine ungewollte Regelungslücke bzw. planwidrige Unvollständigkeit darf jedoch nicht vorschnell angenommen werden; sie lässt sich insbesondere nicht schematisch anhand des Wortlauts der Verfügung feststellen. Erforderlich ist eine wertende Gesamtbetrachtung aller Umstände bei Testamentserrichtung. Erst wenn sich die spätere Veränderung nicht im „Gesamtplan des Erblassers" wiederfinden lässt, ist der Weg für eine ergänzende Testamentsauslegung frei.[34]

Im Rahmen der ergänzenden Auslegung kann sich auch aus einer sog. Pflichtteilsstrafklausel (wonach derjenige, der nach dem Tod des Erstversterbenden seinen Pflichtteil geltend macht, nach dem Tod des Längerlebenden enterbt sein soll) eine Erbeinsetzung des Längerlebenden für den zweiten Erbfall ergeben, obwohl das Testament nur diese Sanktion, aber keine ausdrückliche Schlusserbeinsetzung enthält.[35]

17 Stand für den Erblasser im Vordergrund, den Bedachten gerade die ihnen zugewiesenen Gegenstände zukommen zu lassen, so ist auf den Wert im Zeitpunkt des Erbfalls abzustellen.[36]

---

30 BGH ZEV 2004, 374 = FamRZ 2004, 1562; Staudinger/*Otte*, § 2087 Rn 2; MüKo/*Rudy*, § 2087 Rn 6 (a.A. noch MüKo/*Schlichting*, 5. Aufl. 2010, § 2087 Rn 6: Ergänzungsregel).

31 Z.B. OLG Frankfurt, Urt. v. 13.7.2011 – 1 U 43/10, juris = BeckRS 2012, 11737; vgl. auch OLG Naumburg FamRZ 2007, 943 und OLG München FamRZ 2008, 725.

32 BGH FamRZ 1972, 561; BGH ZEV 1997, 22 = FamRZ 1997, 349; BGH ZErb 2017, 321 = ZEV 2017, 629 m. Anm. *Leipold* = FamRZ 2017, 1716 = FamRZ 2017, 1871 m. Anm. *Loritz*; BayObLG FamRZ 1995, 246; BayObLG FamRZ 2005, 1202; BayObLG FamRZ 2006, 147; OLG Brandenburg ZErb 2008, 324; OLG München ZErb 2010, 267 und 299 = FamRZ 2011, 68; OLG München ZErb 2012, 185 = ZEV 2012, 365 = FamRZ 2012, 1976.

33 MüKo/*Rudy*, § 2087 Rn 12; BeckOK BGB/*Litzenburger*, 73. Ed. 1.2.2025, § 2087 Rn 15.

34 BGH ZErb 2017, 321 = ZEV 2017, 629 m. Anm. *Leipold* = FamRZ 2017, 1716 = FamRZ 2017, 1871 m. Anm. *Loritz*.

35 OLG München, Beschl. v. 29.2.2024 – 33 Wx 309/23 e, FamRZ 2024, 1587 Rn 15 mit Hinweis auf BayObLG BayObLGZ 1960, 216.

36 Wertentwicklung von Immobilien: BGH ZEV 1997, 22 = FamRZ 1997, 349; BayObLG FamRZ 2006, 226; OLG Düsseldorf NotBZ 2013, 389.

5. Formulierungen, die für eine Erbeinsetzung sprechen

18 Für eine Erbeinsetzung sprechen bspw. die Formulierungen **„alles, was ich habe"** bzw. **„mein Hab und Gut"** (Zuwendung des Vermögens) und **„die Hälfte meines Nachlasses"**(Zuwendung eines Bruchteils des Vermögens; bei Zuwendung eines Bruchteils in Höhe der Pflichtteilsquote kann entgegen der Auslegungsregel des Abs. 1 etwas anderes gelten, siehe Rdn 19.[37] Formulierungen wie **„mein restliches Vermögen"**,[38] **„meinen gesamten übrigen Nachlass"**[39] und **„was nicht aufgeführt ist"**[40] sprechen für eine Erbeinsetzung, wenn die Zuwendung den Wert der vorangegangenen „Verteilung" übersteigt und/oder eine besondere – materielle – Rechtszuständigkeit gewünscht ist (siehe Rdn 4), bspw. durch den Ehepartner/Lebensgefährten.[41]

6. Zuwendung des Pflichtteils

19 Fraglich ist, was gilt, wenn der Erblasser durch letztwillige Verfügung einer Person den **Pflichtteil zuwendet.** Insoweit kann sowohl eine Erbeinsetzung, ein Geldvermächtnis in Höhe des Pflichtteilsanspruchs (Quotenvermächtnis) oder eine reine Beschränkung auf den gesetzlichen Pflichtteilsanspruch vorliegen.[42] Gem. **§ 2304 BGB** ist die Zuwendung des Pflichtteils im Zweifel nicht als Erbeinsetzung anzusehen. Insoweit stellt diese Auslegungsregel eine Ausnahme bzw. eine **negative Auslegungsregel**[43] zu der des § 2087 Abs. 1 BGB dar, wonach eine quotale Einsetzung grundsätzlich als Erbeinsetzung anzusehen wäre. In der Abwicklung macht es einen großen Unterschied, ob der Bedache Miterbe oder aber lediglich Vermächtnisnehmer oder Pflichtteilsberechtigter ist. Als Miterbe hat er umfassende Mitbestimmungs- und Informationsrechte. Außerdem nimmt der als Miterbe Bedachte an Bestandsveränderungen wie Wertsteigerung und Wertverfall teil (anders der Pflichtteilsberechtigte; beim Vermächtnis Auslegungsfrage). Für die Ansprüche des Pflichtteilsberechtigten und – nach der Erbrechtsreform zum 1.1.2010 – auch für die Ansprüche des Vermächtnisnehmers gilt eine dreijährige Verjährungsfrist (siehe Rdn 11). Steht fest, dass keine Erbeinsetzung vorliegt, stellt sich die Frage, ob dann ein Vermächtnis in Höhe des Pflichtteilsanspruchs oder aber eine reine Verweisung auf das gesetzliche Pflichtteilsrecht vorliegt (vgl. § 2304 Rdn 6).[44]

Praxishinweis
In Zweifelsfällen ist frühzeitig über verjährungshemmende und verzugsbegründende Maßnahmen nachzudenken (siehe Rdn 12).

7. Einsetzung nach Vermögensgegenständen/-gruppen

a) Das gesamte Vermögen wird verteilt

20 Die Zuwendung bestimmter Gegenstände (z.B. konkrete Immobilie, Pkw, Geldbetrag, Erbschaft) oder bestimmter Gruppen von Gegenständen (z.B. Bar- und Sparvermögen

---

37 Siehe auch *Horn*, in: Horn/Kroiß, Testamentsauslegung, § 9 Rn 17; MüKo/*Rudy*, § 2087 Rn 3.

38 Vgl. BGH ZEV 2004, 374 = FamRZ 2004, 1562: „Sonstige Lebensversicherungen plus Rest aus (… = Erlös aus Verkauf von Immobilien abzüglich Bankschulden und „Pflichtanteile" der Kinder) zu gleichen Teilen an (…)".

39 BayObLG FamRZ 2001, 1252.

40 BayObLG FamRZ 1990, 1399.

41 Vgl. aber andererseits OLG München ZErb 2010, 263 (auszugsweise) = FamRZ 2010, 157 (vollständig), dazu auch unten Rdn 34.

42 *Horn*, in: Horn/Kroiß, Testamentsauslegung, § 9 Rn 51.

43 BGH ZEV 2004, 374 = FamRZ 2004, 1562.

44 Vgl. BGH ZEV 2004, 374 = FamRZ 2004, 1562; OLG Nürnberg FamRZ 2003, 1229; Staudinger/*Herzog*, § 2304 Rn 31; *Horn*, in: Burandt/Rojahn, § 2304 Rn 9 ff.

bzw. Bankvermögen,[45] Immobilien, Auslandsvermögen) ist gem. Abs. 2 **im Zweifel** als **Vermächtnisanordnung** und nicht als Erbeinsetzung anzusehen.[46] Dies hat jüngst das OLG Karlsruhe bekräftigt: Zuwendungen einzelner Grundstücke in einem späteren Testament heben eine zuvor getroffene Alleinerbeneinsetzung nicht auf, solange nicht über den gesamten Nachlass neu verfügt wird; die Begünstigten sind insoweit regelmäßig als Vermächtnisnehmer anzusehen.[47] Verfügt der Erblasser jedoch über sein Vermögen, indem er praktisch oder nahezu sein gesamtes Vermögen **nach** einzelnen **Vermögensgegenständen** oder **nach Vermögensgruppen** aufteilt, soll **in der Regel** (str., jetzt aber BGH) anzunehmen sein, dass er eine Erbeinsetzung bezweckt hat, denn es könne nicht angenommen werden, dass er überhaupt keinen Erben habe berufen wollen (siehe weiter Rdn 28 ff.).[48] Bei der Bewertung, ob nahezu das gesamte Vermögen verteilt wurde, bleibt nicht erwähntes Auslandsvermögen (z.B. nicht deklarierte Konten) grundsätzlich zu berücksichtigen. Werden im Testament ausdrücklich nur Anlagen bei bestimmten inländischen Banken genannt, kann ohne weitere konkrete Anhaltspunkte nicht davon ausgegangen werden, dass der Erblasser Auslandsvermögen stillschweigend von seiner Verfügung umfasst sehen wollte.[49] Dem Auslegungsgrundsatz dürfte zumindest dann zuzustimmen sein, wenn die Bedachten und die gesetzlichen Erben nicht identisch sind.[50]

21 Kommen mehrere Personen auf diese Weise als Erben in Betracht, bestimmen sich die Erbquoten nach dem Verhältnis der Werte der zugewendeten Vermögensgegenstände (zum maßgeblichen Zeitpunkt der Bewertung siehe Rdn 25);[51] ggf. wurde einem Miterben neben der Teilungsanordnung durch die Vermögensverteilung (§ 2048 BGB) ein Vorausvermächtnis (§ 2150 BGB) zugewendet. Die Erbquote der Miterben entspricht dem Anteil der ihnen zugewandten Vermögensgegenstände am gesamten Nachlasswert. Berechnungsgrundlage ist dabei der um den Wert der Vermächtnisse verminderte

---

45 OLG Brandenburg ZErb 2008, 324: Die Formulierung „Barvermögen" wird umgangssprachlich nicht beschränkt auf Bargeld im engeren Sinne, sondern weitergehend auch für auf Giro- und Sparkonten vorhandene Guthaben verwendet.

46 So im Ergebnis z.B. OLG Hamm ZErb 2011, 333 = ZEV 2012, 211 = FamRZ 1012, 906 bei Beschränkung auf Auslandsvermögen (Österreich) in der irrigen Annahme einer Nachlassspaltung. Anders bei Differenzierung von Inlands- und Auslandsvermögen BGH ZEV 1997, 22 = FamRZ 1997, 349.

47 OLG Karlsruhe, Beschl. v. 20.8.2025 – 14 W 100/24 (Wx), juris.

48 BGH FamRZ 1990, 396 („ausnahmsweise"); BGH ZEV 1997, 22 = FamRZ 1997, 349 („nicht der Regelfall"); vgl. auch BGH ZEV 2000, 196 (im Ergebnis § 2087 Abs. 2 BGB, d.h. keine Erbeinsetzung); siehe nun aber BGH ZErb 2017, 321 = ZEV 2017, 629 m. Anm. *Leipold* = FamRZ 2017, 1716 = FamRZ 2017, 1871 m. Anm. *Loritz* (BGH: „die Regel"); aus der jüngeren OLG-Rspr.: OLG Hamm, Urt. v. 3.3.2009 – 10 U 95/08, juris = BeckRS 2010, 6633 („meist" – aber im Ergebnis offengelassen); OLG München FamRZ 2010, 758; OLG Hamm, Urt. v. 2.2.2010 – I-10 U 137/09 (10 W 125/09), juris = BeckRS 2010, 19846 („in der Regel"); OLG München ZErb 2010, 267 und 299 = FamRZ 2011, 68 („regelmäßig"); OLG Frankfurt, Urt. v. 13.7.2011 – 1 U 43/10, juris = BeckRS 2012, 11737 („regelmäßig"); OLG München ZErb 2012, 185 = ZEV 2012, 965 = FamRZ 2012, 1976 („regelmäßig"); vgl. auch KG ErbR 2016, 598.

49 OLG Frankfurt, Beschl. v. 1.7.2021 – 20 W 75/19, ZEV 2022, 222 Rn 66–67.

50 AG Warstein, Beschl. v. 19.10.2010 – VI 62/10, juris (ErbR 2011, 95, LS) = BeckRS 2010, 30819 im Erbscheinsverfahren auf anderer Tatsachengrundlage als das vorangegangene Urteil des OLG Hamm vom 2.2.2010 – I-10 U 137/09 (10 W 125/09), juris = BeckRS 2010, 19846; Ergebnis des AG Warstein: gesetzliche Erbfolge mit Teilungsanordnungen und Vorausvermächtnissen (aber: Problem der vom Verhältnis der Zuwendungen abweichenden Haftungsquoten im Innenverhältnis, vgl. den Hinweis z.B. in OLG München FamRZ 2010, 758).

51 Siehe z.B. BayObLG FamRZ 2006, 226; OLG Hamm, Urt. v. 2.2.2010 – I-10 U 137/09 (10 W 125/ 09), juris = BeckRS 2010, 19846; OLG Düsseldorf NotBZ 2013, 389.

(Netto-)Nachlasswert.[52] Das ist Konsequenz der Tatsache, dass die Erben die vom Erblasser ausgesetzten Vermächtnisse aus dem Nachlass zu erfüllen haben (§ 2147 BGB), weshalb die Vermächtnisbeträge den Erbteil schmälern. Unter Berücksichtigung der Wertverhältnisse (und anderer Auslegungskriterien, siehe Rdn 4 ff.) kann die Auslegung aber auch ergeben, dass nur einer der „gegenständlich" Bedachten als Erbe eingesetzt ist, während den anderen lediglich Vermächtnisse zugewendet sind (siehe auch Rdn 29).[53] Der Umstand, dass die Werte der verteilten Gegenstände zur Ermittlung der genauen Höhen der Erbquoten umständlich und schwierig – ja kostenintensiv – zu ermitteln sind, steht der Auslegung einer Erbeinsetzung nach Vermögensgegenständen nicht entgegen, macht sie allerdings nicht zum Regelfall.[54]

Praxishinweis
Lassen sich die Erbteile (Erbquoten) bei einer Erbeinsetzung nach Vermögensgegenständen bzw. Vermögensgruppen nicht kurzfristig ermitteln, wird aber kurzfristig ein Erbnachweis für alle Erben zur Herstellung der Handlungsfähigkeit der Erbengemeinschaft benötigt (bspw. Wertpapierdepot im Ausland), kann ein gemeinschaftlicher Erbschein ohne Quoten erteilt werden, wenn alle Antragsteller auf die Aufnahme der Quoten (Erbteile) im Antrag verzichten (§ 352a Abs. 2 S. 2 FamFG; zur Rechtlage vor dem 17.8.2015 siehe 3. Aufl. 2014). Dabei ist umstritten, ob es der Zustimmung aller Erben bedarf[55] oder nur des Antragstellers.[56]

b) Es wird nicht das gesamte Vermögen verteilt

Fraglich ist, was gilt, wenn bei der Verteilung **nicht das gesamte Vermögen erschöpft** 22
wird.
Wenn die Verteilung als Erbeinsetzung zu verstehen ist, kommen zwei Möglichkeiten in Betracht:

(1.) Entweder sind die Bedachten unter Heranziehung des **§ 2089 BGB** mit einer 23
Erbquote entsprechend ihrer wertmäßigen Beteiligung an den zugedachten Vermögensgegenständen als Miterben eingesetzt (so im Ergebnis z.B. **bei verschwiegenem Schwarzgeld in der Schweiz**[57]).[58] Selbstverständlich müssen bei dieser Auslegungsvariante nicht alle Bedachten als Erben eingesetzt sein; teilweise können auch (vornehmlich hinsichtlich der weniger werthaltigen bzw. bedeutenden Vermögenswerte) Vermächtnisanordnungen vorliegen.[59]

(2.) Oder die Verfügung beschränkt sich mit den benannten Vermögenswerten nur auf 24
den einen Teil des Nachlasses (ohne als Vermächtnisanordnung eingestuft zu werden, siehe Rdn 10 und 28). In diesem Fall könnte mangels weiterer Verfügungen hinsichtlich des nicht verfügten Teiles gem. **§ 2088 BGB** gesetzliche Erbfolge eintreten, d.h. die Erbquoten hinsichtlich der gewillkürten Erben richteten sich nach den Werten der zugedachten Vermögensgegenstände und die Erbquoten der gesetzlichen Erben nach den Quoten der gesetzlichen Erbfolge **(Kombination aus gewillkürter und gesetz-**

---

52 OLG Düsseldorf, Beschl. v. 24.2.2025 – I-3 Wx 216/24, juris Rn 44.

53 BayObLG FamRZ 1999, 1392; OLG München FamRZ 2010, 758.

54 BGH ZEV 1997, 22 = FamRZ 1997, 349; OLG Hamm, Urt. v. 2.2.2010 – I-10 U 137/09 (10 W 125/09) = BeckRS 2010, 19846, juris (im konkreten Fall dagegen: AG Warstein, Beschl. v. 19.10.2010 – VI 62/10, juris = BeckRS 2010, 30819).

55 OLG München NJW-RR 2019, 971, 972.

56 OLG Düsseldorf BeckRS 2019, 33885 Rn 29 ff.

57 BayObLG ZErb 2003, 181 = ZEV 2003, 331 = FamRZ 2003, 1779.

58 OLG Düsseldorf NotBZ 2013, 389: verteilte Grundstückswerte 171 TEUR + 35 TEUR + 14 TEUR zzgl. nicht verteilter – zum Zeitpunkt der Errichtung des Testaments nicht vorhandener – 50 TEUR.

59 Vgl. z.B. auch im Fall BGH ZErb 2003, 181.

licher Erbfolge).[60] In einem Haftungsprozess gegen die Erben eines Testamentsvollstreckers hat der BGH entschieden, dass auch bei Zuwendung größerer Vermögenswerte an verschiedene Personen gem. Abs. 2 **keine Erbeinsetzung** angenommen werden darf, wenn ein erheblicher nicht verfügter Teil des Nachlasses verbleibt und nicht anzunehmen ist, dass die gesetzlichen Erben ausgeschlossen werden sollten.[61]

c) Höhe der Erbteile und Zeitpunkt der Wertbestimmung

25 Die Höhe der Erbteile ist auf Basis der Wertvorstellungen des Erblassers zum Zeitpunkt der Verfügung zu ermitteln (siehe Rdn 14 und 26).

d) Auswirkung einer zu Lebzeiten vorgenommenen Übertragung auf die Erbquote

26 Schenkt der Erblasser den Vermögensgegenstand dem Bedachten bereits zu Lebzeiten, ist zu unterscheiden: Kam es dem Erblasser bei Errichtung der Verfügung von Todes wegen auf die Zuwendung der Gegenstände ohne Ausgleichszahlungen an, verringert die Schenkung die Erbquote oder lässt die Erbeinsetzung gar ganz entfallen. Wollte der Erblasser dagegen mit der Zuwendung einzelner Vermögensgegenstände nur eine bestimmte Beteiligung am späteren Nachlass festlegen, bleiben spätere Schenkungen (ebenso wie ein späterer Vermögenszuwachs) für die Erbquote ohne Bedeutung; allerdings kann sich im Wege ergänzender Auslegung dann eine Anrechnungspflicht (etwa im Rahmen einer mit der Erbeinsetzung verbundenen Teilungsanordnung, § 2048 BGB) ergeben.[62]

II. Zuwendung einzelner Gegenstände (Abs. 2)

1. Allgemeines

27 Während Abs. 1 bei der (abstrakten) Zuwendung des Vermögens von einer Erbeinsetzung ausgeht, liegt Abs. 2 im Gegenzug die Annahme zugrunde, dass bei der (konkreten) Zuwendung eines einzelnen Gegenstandes in der Regel („im Zweifel") von einem Vermächtnis auszugehen ist.[63] Handelt es sich bei dem Einzelgegenstand um ein Grundstück, darf nicht vorschnell auf eine Erbeinsetzung gem. Rdn 28 geschlossen werden.[64] Bei der Zuwendung von Geldbeträgen oder auch geläufigen Verfügungen über konkrete Bankkonten[65] ist die Annahme naheliegend, wenn daneben andere größere Vermögenswerte (z.B. Immobilie) vorhanden sind.[66]
Auch wird durch die Vorschrift klargestellt, dass es für die Annahme eines Vermächtnisses wiederum nicht auf die vom Erblasser benutzte Wortwahl ankommt, sondern darauf, dass der Erblasser den Zuwendungsempfänger gerade nicht zur Gesamtrechtsnachfolge berufen wollte.

---

60 So im Ergebnis z.B. die Vorinstanz zu BayObLG FamRZ 1999, 1392; in der Praxis nicht gebräuchlich: BayObLG FamRZ 2004, 567.

61 BGH ZEV 2000, 195: 65 Bedachte, 80 Einzelzuwendungen, über Nachlasswerte von ca. 2,5 Mio. EUR keine Verfügungen. Siehe im Ergebnis auch OLG München ZErb 2010, 217 = FamRZ 2010, 1941 m. zust. Anm. *Reimann* (siehe dazu auch unten Rdn 35).

62 BGH ZEV 1997, 22 m. Anm. *Skibbe* = FamRZ 1997, 349; BayObLG ZEV 1997, 162 = FamRZ 1997, 1177; *Horn*, in: Horn/Kroiß, Testamentsauslegung, § 9 Rn 48.

63 Vorrang der individuellen Auslegung: BGH FamRZ 1972, 561.

64 Entsprechende Korrektur der erstinstanzlichen Entscheidung durch OLG Düsseldorf ErbR 2014, 454 (LS) = FamRZ 2014, 1943.

65 Ein Problem stellt die weitere Entwicklung der Konten nach Errichtung der Verfügung von Todes wegen dar; vgl. dazu oben Rdn 14.

66 Siehe den Fall OLG München ZErb 2010, 263 (auszugsweise) = FamRZ 2010, 157 (vollständig), siehe dazu unten Rdn 34.

2. Zuwendung einzelner Gegenstände als Erbeinsetzung

So kann also umgekehrt selbst die Zuwendung von **Einzelgegenständen** eine **Erbeinsetzung** darstellen (siehe bereits Rdn 20). Praktisch relevant ist dies insbesondere dann, wenn zum Vermögen des Erblassers Grundstücke oder Eigentumswohnungen gehören. Die Verfügung über nur einen einzelnen Gegenstand kann auch dann eine Erbeinsetzung darstellen, wenn der Erblasser im Zeitpunkt der Errichtung der Verfügung von Todes wegen zumindest **subjektiv** davon ausging, es handele sich bei diesem Gegenstand im späteren Erbfall praktisch um sein gesamtes Vermögen.[67] Ist Hauptgegenstand des Nachlasses eine Immobilie, liegt es nahe, dass der Erblasser in deren Zuwendung zum Ausdruck bringen wollte, dass der Bedachte sein unmittelbarer Rechtsnachfolger in wirtschaftlicher Hinsicht sein soll. Da es auf die Vorstellungen des Erblassers in Bezug auf seinen Nachlass ankommt, kann eine Immobilie auch dann den Kern seines Nachlasses darstellen, wenn das Geldvermögen den Wert der Immobilie bei weitem übertrifft, nach dem subjektiven Empfinden des Erblassers die Immobilie jedoch der wichtigste Gegenstand seines Vermögens ist.[68] Ab wann über praktisch oder nahezu das gesamte Vermögen verfügt ist, ist eine Wertungsfrage. In der Rspr. wurden bereits Werte ab etwa 75–80 % des Gesamtnachlasses als ausreichend angesehen, um eine Erbeinsetzung anzunehmen, wenn weitere Indizien vorliegen.[69] Nach neuerer Rechtsprechung ist der mit dem Großteil des Nachlasses Bedachte als Alleinerbe anzusehen, wenn der ihm allein zugedachte Gegenstand mehr als die Hälfte des Nachlasswertes ausmacht und der Rest unter mehreren anderen Personen verteilt wird.[70] Eine mathematische Grenze ist jedoch abzulehnen; stattdessen sind die konkreten Umstände und subjektiven Vorstellungen des Erblassers maßgeblich.[71] 28

Wurde einer Person der **Hauptnachlassgegenstand** zugewiesen, ist es naheliegend, dass diese Alleinerbe ist, während die übrigen Personen, denen nur Gegenstände von geringerem Wert zugewandt werden, Vermächtnisnehmer sein sollen (siehe hierzu auch Einzelfälle aus der Rspr. Rdn 32 ff.).[72] 29

Umgekehrt ist die Auslegung als **Vermächtnis** selbst dann möglich, wenn der oder die zugewendeten Einzelgegenstände das gesamte oder nahezu das gesamte Vermögen des Erblassers ausmachen.[73] Allerdings kommt hier entgegen der Auslegungsregel des Abs. 2 eher die Auslegung als Erbeinsetzung in Betracht.[74] Kriterium hierfür muss 30

---

67 Eine bereits erbvertraglich im Wege des (Voraus-)Vermächtnisses zugewendete Immobilie kann dabei unberücksichtigt bleiben: BayObLG FamRZ 2006, 147.

68 OLG Brandenburg. Beschl. v. 11.3.2025 – 3 W 24/24, juris Rn. 46.

69 BGH ZEV 2000, 195 (84 %); OLG Frankfurt Beschl. v. 1.7.2021 – 20 W 75/19, ZEV 2022, 222 Rn 61, 73: von einer Verfügung über das wesentliche Vermögen kann nicht mehr ausgegangen werden, wenn der Wert der zugewendeten Gegenstände weniger als 80 % des Gesamtvermögens beträgt; OLG Hamburg, Beschl. v. 6.10.2015 – 2 W 69/15, BeckRS 2016, 06250 (74 %); BayObLG Rpfleger 2000, 217 (88,5 %); BayObLG FamRZ 1999, 1392 (77 %); OLG Celle OLGR 2002, 246 (83 %); OLG Celle MDR 2003, 89 (83–84 %). Wie hier OLG Schleswig ZEV 2015, 726 (LS) = FamRZ 2016, 407. *Hahn*, ZEV 2016, 360 spricht von „richtungsweisenden" Wertgrenzen in Rechtsprechung und Literatur zwischen etwa 77 % und 90 %.

70 OLG Brandenburg, Beschl. v. 11.3.2025 – 3 W 24/24, juris Rn. 48.

71 OLG Schleswig ZEV 2015, 726 = FamRZ 2016, 407.

72 Vgl. BayObLG FamRZ 1999, 1392; BayObLG FamRZ 2002, 1745 zur Abgrenzung von Erbeinsetzung und Vermächtnis, wenn 38 Personen mit den Nachlass erschöpfenden Geldbeträgen bedacht werden; vgl. OLG Düsseldorf NotBZ 2013, 389: im Ergebnis Erbeinsetzung wegen einheitlicher Bezeichnung der Bedachten als „Erben".

73 BayObLG ZEV 1995, 71 = FamRZ 1995, 835.

74 Ausnahme: Es kam dem Erblasser auf das Vermächtnisrecht an, siehe oben Rdn 10.

insbesondere die Rechtsstellung des Bedachten nach dem Willen des Erblassers sein (siehe dazu Rdn 4).

3. Beweislast bei Zuwendung einzelner Gegenstände

31 Wer entgegen der Auslegungsregel des § 2087 Abs. 2 BGB die Rechtsstellung eines Erben beansprucht, muss im Einzelnen darlegen und beweisen, dass der zugewandte Gegenstand praktisch das gesamte Vermögen des Erblassers ausgemacht hat.[75] Dies gilt insbesondere für die Darlegung der Wertverhältnisse im Errichtungszeitpunkt des Testaments.[76]

III. Einzelfälle aus der Rechtsprechung

1. Anordnung der Herausgabe des Erbes als Hinweis für eine Vermächtnisanordnung

32 Eine Vermächtnisanordnung kann dann vorliegen, wenn die letztwillige Verfügung der Erblasserin die Anordnung enthält, der zweifelsfrei zum Erben eingesetzte Ehemann habe dem Neffen „sofort sein Erbe herauszugeben".[77]

2. Verteilung einzelner Geldbeträge

a) Das gesamte Vermögen wird verteilt

33 Sofern von einem Nachlass, der im Wesentlichen aus einem Bankvermögen von rd. 69.000 DM besteht, an vier Töchter und sechs Enkel je 5.000 DM verteilt werden und „das darüber Vorhandene" bei der Familie G (Familie einer der vier Töchter) verbleiben soll, so soll darin eine Erbeinsetzung der „Familie G" sowie die Zuwendung von Vermächtnissen an die übrigen Abkömmlinge gesehen werden (siehe andererseits den Fall Rdn 35).[78]

b) Es wird nicht das gesamte Vermögen verteilt

34 Werden bei einem Bankvermögen von rd. 50.000 EUR und taggenauer Wiedergabe der Kontostände Beträge von jeweils rd. 10.000 EUR verteilt, soll die Formulierung „und was noch übrig ist" nicht ausreichen, um eine Erbeinsetzung für einen Nachlass mit im Testament nicht erwähnter Immobilie (Wert 300.000 EUR bis 690.000 EUR) anzunehmen (Folge im Fall: Vermächtnisanordnungen und gesetzliche Erbfolge; vgl. aber den Fall Rdn 42).[79]

35 Ebenso soll es sich verhalten, wenn nur Bankvermögen vorhanden ist und bei einem Nachlass von rd. 400.000 EUR jeweils Beträge von 5.000 EUR bzw. 2.500 EUR an sechs familienfremde (gute) Bekannte verteilt werden mit dem Zusatz „Sollte noch ein Restbetrag übrigbleiben, so bitte ich diesen unter den Vorgenannten [die sechs Bekannten] aufzuteilen." Das im Testament nicht verteilte Bankvermögen sollte noch zu Lebzeiten an karitative Einrichtungen verteilt werden. Entgegen den Vorinstanzen – die eine Erbeinsetzung der benannten Personen entsprechend dem Verhältnis der Geldbeträge annahmen – sah das OLG München in der Verteilung der Geldbeträge keine Erbeinsetzung, sondern Vermächtnisanordnungen.[80] Das OLG nahm gesetzliche Erbfolge an, weil über einen wesentlichen Teil des Vermögens im Testament nicht verfügt worden sei. Obwohl es sich bei den gesetzlichen Erben um entferntere Ver-

---

75 OLG Rostock, Beschl. v. 8.2.2022 – 3 W 143/20, ErbR 2022, 607 Rn 17.

76 Baumgärtel/Laumen/Prütting/*Schmitz*, Handbuch der Beweislast, 5. Aufl. 2023, § 2087 Rn 3.

77 BayObLG Recht 1914, Nr. 77; Staudinger/*Otte*, § 2087 Rn 14; vgl. auch BayObLG FamRZ 1998, 1264.

78 BayObLG FamRZ 2003, 119.

79 OLG München ZErb 2010, 263 (auszugsweise) = FamRZ 2010, 157 (vollständig).

80 Es liege völlig fern und könne ohne Weiteres ausgeschlossen werden, dass (…). Es liege auf der Hand, dass (…).

wandte (möglicherweise in den USA lebend) handelte, die der Erblasserin nicht bekannt waren, sah das OLG auch keine Möglichkeit, im Wege der ergänzenden Testamentsauslegung die Verteilung der Geldbeträge als Erbeinsetzung zu werten (Grund: keine unbewusste, planwidrige Lücke; vgl. aber andererseits den Fall Rdn 42).[81]

3. Verfügung, eine bestimmte Person als Erben einzusetzen

Die Verfügung in einem gemeinschaftlichen Testament, der überlebende Ehegatte sei 36
verpflichtet, die gemeinsame Tochter oder deren Nachkommen als Erben für zwei Grundstücke einzusetzen, wobei sich daneben noch erhebliches Barvermögen im Nachlass befand, stellt keine Erbeinsetzung dar.[82]

4. Mieter „erbt" Haus nach Ablauf der Mietzeit

Hat die Erblasserin in einem eigenhändigen Testament bestimmt, der Mieter eines 37
ihrer Häuser solle dieses nach Ablauf der Mietzeit erben, so stellt dies jedenfalls dann keine Erbeinsetzung dar, wenn noch weiteres erhebliches Vermögen vorhanden ist.[83]

5. Übertragung eines Großteils des Nachlasses noch zu Lebzeiten

Hat ein kinderloses Ehepaar in einem gemeinschaftlichen Testament sein gemeinsames 38
Vermögen nach Gruppen von Gegenständen (bewegliches und unbewegliches Vermögen) nach dem zuletzt Versterbenden auf mehrere Geschwister und Geschwisterkinder beider Ehegatten verteilt, dann liegt eine Erbeinsetzung lediglich im Hinblick auf die Zuwendung des Grundstücks, das im Zeitpunkt der Testamentserrichtung seinem Wert nach den wesentlichen Teil des Vermögens bildete, vor, während im Übrigen lediglich Vermächtnisse angeordnet worden sind. Daran ändere insbesondere auch die Tatsache nichts, dass das Grundstück dann nach Errichtung des Testaments noch zu Lebzeiten auf die letztwillig damit bedachte Person übertragen wurde.[84]

6. Übernahme der Beerdigungskosten als Indiz für Erbeinsetzung

Wendet der Erblasser in einem notariellen Testament drei als Erben bezeichneten 39
Personen bestimmte Nachlassgegenstände zu, die den gesamten Nachlass erschöpfen, so kann hierin abweichend von der Auslegungsregel des Abs. 2 eine Erbeinsetzung auf den Bruchteil des Vermögens liegen, der dem Wert der jeweils zugewandten Gegenstände im Verhältnis zum Gesamtwert des im Zeitpunkt des Erbfalls vorhandenen Vermögens in Verbindung mit einer Teilungsanordnung nach § 2048 BGB entspricht. Bei der Abgrenzung zwischen Erbeinsetzung und Vermächtnis in diesem Zusammenhang kommt dem Umstand, wer nach dem Willen des Erblassers die Bestattungskosten zu tragen hat, erhebliche Bedeutung zu.[85]

7. Zuwendung unter Übernahme der Bestattungskosten

Ein Testament, in dem der Erblasser mehreren Personen einzelne den Nachlass nicht 40
erschöpfende Geldbeträge zugewendet und zugleich bestimmt hat, dass einer der Bedachten sämtliche Auslagen begleichen und für die vom Erblasser gewünschte Bestattung sorgen soll, kann dahingehend ausgelegt werden, dass lediglich letztere Person Erbe sein soll, während im Übrigen Vermächtnisse vorliegen. Dies hat seinen Grund darin, dass lediglich der Person, die die Auslagen begleichen und für die Bestattung

---

81 OLG München ZErb 2010, 217 = FamRZ 2010, 1941 m. zust. Anm. *Reimann*.
82 BayObLG ZEV 1995, 71 = FamRZ 1995, 835.
83 BayObLG ZEV 1996, 393 = FamRZ 1996, 1304.
84 BayObLG ZEV 1997, 162 = FamRZ 1997, 1177.
85 OLG Celle ZErb 2002, 331, nur LS; OLG Schleswig, Beschl. v. 15.1.2014 – 3 Wx 92/13, BeckRS 2015, 20300.

sorgen soll, Rechte und Pflichten übertragen wurden, während die übrigen Personen nur einzelne vom Erblasser ausdrücklich als schuldenfrei bezeichnete Gegenstände zugewendet erhielten.[86]

8. Zuwendung einer Immobilie als wesentlicher Bestandteil des Nachlasses

41 Hat die Erblasserin ihr gesamtes Vermögen testamentarisch verteilt, indem sie mehreren Personen Geldbeträge sowie einzelne bewegliche Nachlassgegenstände als „Erben" zuwendet, während ein Heim den **wesentlichen Vermögensgegenstand**, nämlich ein **Reihenhaus**, „erben" soll, so liegt lediglich im Hinblick auf die Zuwendung des Reihenhausgrundstücks eine Erbeinsetzung vor, während es sich bei den übrigen Zuwendungen um Vermächtnisse handelt.[87] Siehe auch den Fall Rdn 35.

42 Wird ein Erbe (Lebensgefährte der Erblasserin) nur für die **Eigentumswohnung** bestimmt und befindet sich im Nachlass dem Wert der Eigentumswohnung entsprechendes Bankvermögen, welches nach Vorstellung der Erblasserin zum Zeitpunkt der Testamentserrichtung noch zu Lebzeiten verteilt werden sollte (dazu ist es aber nicht mehr gekommen), hat das OLG München mit dem Landgericht eine Erbeinsetzung des allein mit der Eigentumswohnung Bedachten angenommen. Das Amtsgericht hatte dagegen eine Vermächtnisanordnung angenommen und einem Erbscheinsantrag des gesetzlichen Erben (Bruder) stattgegeben (vgl. andererseits den Fall Rdn 35).[88]

9. Zuwendung eines Hauptteils des Nachlasses als Vermächtnis

43 Ein Testament, in dem der Erblasser seiner Tochter aus erster Ehe den **Hauptnachlassgegenstand** und seiner zweiten Ehefrau den gesamten übrigen Nachlass vermacht, kann dahingehend ausgelegt werden, dass die Ehefrau Alleinerbin und die Tochter lediglich Vermächtnisnehmerin sein soll. Indiz hierfür kann zum einen die Wortwahl des Erblassers sein (Zuwendung einzelner Gegenstände an die Tochter einerseits und Zuwendung des „gesamten übrigen Nachlasses" an die Ehefrau) und zum anderen die Lebensumstände im Zeitpunkt der Testamentserrichtung (für den Erblasser hatte nach seiner Wiederverheiratung ein neuer Lebensabschnitt begonnen, während die frühere Restfamilie in einer Eigentumswohnung lebte, die dem Erblasser und seiner früheren Ehefrau je zur Hälfte gehörte). Grundsätzlich sei es zwar naheliegend, diejenige Person als Alleinerbe anzusehen, die wertmäßig den Hauptnachlassgegenstand erhalten soll, insbesondere wenn es sich um ein Hausgrundstück handelt. Dies sei jedoch im Einzelfall nicht zwingend, da auch die Vorstellungen des Erblassers über die weitere Entwicklung seines Vermögens einzubeziehen seien. Die Vorinstanz habe insoweit rechtsfehlerfrei angenommen, dass der Erblasser in seiner neuen Lebenssituation im Zeitpunkt der Testamentserrichtung auch mit einer Vermehrung seines „gesamten übrigen Nachlasses" gerechnet habe.[89]

10. Zuwendung der Nachlassimmobilie unter der Auflage der Grabpflege

44 Hat die verwitwete und kinderlose Erblasserin zwölf als „Erben" bezeichnete Verwandte mit bestimmten Geldbeträgen bedacht und ihrem Bruder das Immobiliarvermögen unter bestimmten Verpflichtungen (Zahlung einer Ablösung für unbebauten Grundstücksteil, Anordnungen bzgl. Grabpflege, Versorgung der pflegebedürftigen Erblasserin) zugewendet, so kann hierin eine Erbeinsetzung des Bruders verbunden mit Vermächtnissen zugunsten der übrigen Verwandten gesehen werden.[90]

---

86 BayObLG ZEV 2001, 240 = FamRZ 2001, 1174.
87 BayObLG ZErb 2000, 154.
88 BayObLG FamRZ 2005, 1202; vgl. in diesem Sinne auch BayObLG FamRZ 1999, 1392.
89 BayObLG FamRZ 2001, 1252.
90 BayObLG FamRZ 2000, 1458.

11. Zuwendungen unter Ehegatten in gemeinschaftlichen Testamenten

Wird das Vermögen in einem gemeinschaftlichen Testament dergestalt verteilt, dass der gemeinsame Besitz mit Benennung einer gemeinsamen Eigentumswohnung sowie sämtliches Inventar beim überlebenden Ehegatten verbleiben soll, während für den zweiten Erbfall nicht nur Anordnungen hinsichtlich der Wohnung getroffen werden, sondern verschiedene Bankguthaben beider Erblasser in jeweils den Wohnungswert übersteigender Höhe bestimmten Personen zugeordnet werden, so ist hierin eine Erbeinsetzung des überlebenden Ehegatten zu sehen. Es entspricht der allgemeinen Lebenserfahrung, dass sich Ehegatten in gemeinschaftlichen Testamenten zu Alleinerben einsetzen und sich nicht lediglich die relativ schwache Stellung eines Vermächtnisnehmers geben wollen. Eine formalistische Anwendung des Abs. 2 würde hier zu fehlerhaften Ergebnissen führen. Vielmehr war das wesentliche gemeinsame Vermögen der Eheleute die im Testament ausdrücklich bezeichnete Eigentumswohnung. Demgegenüber treten die vorhandenen gemeinsamen Guthaben und diejenigen der jeweiligen Ehegatten, über welche nicht gesondert testamentarisch verfügt worden ist, wertmäßig zurück. Das wesentliche gemeinsame Vermögen der Ehegatten sollte dem Längstlebenden verbleiben und erst nach dessen Tod gleichmäßig den jeweiligen Verwandten der Eheleute zukommen.[91] 45

Verfügen Ehegatten in einem gemeinschaftlichen Testament über ihr gesamtes Vermögen und weisen sich dabei gegenseitig den weitaus überwiegenden Teil der Nachlassgegenstände zu (im konkreten Fall: zum Zeitpunkt der Testamentserrichtung: 22 % zugunsten der Tochter des zuerst verstorbenen Ehegatten aus dessen erster Ehe und 78 % zugunsten der überlebenden zweiten Ehefrau), spricht auch die gegenseitige Gleichbehandlung unter den Ehegatten für eine Alleinerbeinsetzung des überlebenden Ehegatten („sehr deutliches Zeichen").[92] 46

12. Mehrere gemeinnützige Organisationen mit geringen Quoten

Werden zahlreiche gemeinnützige Organisationen (im Fall: 20) mit zusammen einem Fünftel des Nachlasses bedacht, steht die Vielzahl der Begünstigten und damit die geringen Quoten einer Einstufung als Erben nicht entgegen. Maßgebend ist vielmehr, ob die Bedachten nach dem Willen des Erblassers jeweils eine unmittelbare Teilhabe an dem Nachlass oder nur einen schuldrechtlichen Anspruch gegen die Erben haben sollen.[93] 47

C. Verfahrensfragen

I. Erbscheinsverfahren und Rechtsstreit vor dem Prozessgericht

In der Regel wird die Frage der Erbeinsetzung im **Erbscheinsverfahren (FamFG)** geklärt. Die Feststellung der Erbenstellung im Erbschein erwächst jedoch nicht in Rechtskraft; die Einziehung des Erbscheins ist jederzeit – unbefristet – möglich. Eine gegenüber anderen Beteiligten rechtskräftige Entscheidung über die Erbfolge kann nur vor dem **Prozessgericht (ZPO)** erwirkt werden (gute Alternative: Auslegungsvertrag mit allen Beteiligten, siehe dazu Rdn 50).[94] Steht eine Erbeinsetzung in Abgrenzung zum Vermächtnis im Streit, kann ein die Verjährung des möglichen Vermächtnisanspruchs hemmender Hilfsantrag geboten sein, der zudem Prozesszinsen in Lauf setzt (siehe auch den Praxishinweis Rdn 12). 48

Bei streitigen Erbquoten kann ein **gemeinschaftlicher Erbschein ohne Angabe der Erbteile** erteilt werden (siehe den Praxishinweis Rdn 21). 49

---

91 OLG München FamRZ 2008, 725.

92 KG ErbR 2016, 595.

93 OLG München NJW-RR 2020, 1461, 1462 Rn 13.

94 Zum Streitwert einer sog. Erbschaftsfeststellungsklage siehe *Schneider*, ErbR 2011, 242.

II. Auslegungsvertrag

50 Um in diesem Zusammenhang oft vorprogrammierte Auslegungsstreitigkeiten zu vermeiden, empfiehlt es sich, zwischen allen möglichen erbrechtlich bedachten Personen einen sog. **Auslegungsvertrag** zu schließen.[95] Darüber hinaus besteht die Möglichkeit, **im Erbscheinsverfahren** einen sog. **Verfahrensvergleich** abzuschließen, d.h. einen Vergleich bezüglich einzelner Verfahrensrechte (wie etwa die Rücknahme eines Erbscheinsantrages) bzw. der Ausübung von Gestaltungsrechten (wie etwa die Ausschlagung der Erbschaft).[96]

III. Erbschaftsteuer

51 Bei der Abgrenzung zwischen Erbeinsetzung und Vermächtnis ist im Hinblick auf die Erbschaftsteuer zu beachten, dass eine **Teilungsanordnung steuerrechtlich grundsätzlich unbeachtlich** ist, so dass die mit einen Nachlassgegenstand verbundenen Steuervorteile der Erbengemeinschaft insgesamt zugutekommen und nicht allein dem Miterben, dem der Nachlassgegenstand durch Teilungsordnung zugewiesen ist, **anders beim (Voraus-)Vermächtnis.**[97] Diese Problematik für die Teilungsanordnung (also auch bei Erbeinsetzung mehrerer Erben nach Gegenständen) ist jedoch durch die **Neuregelung der Erbschaftsteuer zum 1.1.2009** erheblich entschärft worden. Der Gesetzgeber hat zwar keine allgemeine Bestimmung zur steuerlichen Berücksichtigung der Erbauseinandersetzung in das Gesetz aufgenommen, aber eine Reihe von **Sonderbestimmungen,** bspw. für Betriebsvermögen, die selbst genutzte Wohnimmobilie (Familienheim) und vermietete Wohnraumimmobilien.[98]

§ 2088 Einsetzung auf Bruchteile

(1) Hat der Erblasser nur einen Erben eingesetzt und die Einsetzung auf einen Bruchteil der Erbschaft beschränkt, so tritt in Ansehung des übrigen Teils die gesetzliche Erbfolge ein.
(2) Das Gleiche gilt, wenn der Erblasser mehrere Erben unter Beschränkung eines jeden auf einen Bruchteil eingesetzt hat und die Bruchteile das Ganze nicht erschöpfen.

Übersicht: Rdn

A. Normzweck

1 Die Vorschrift des § 2088 BGB stellt klar, dass ein **Nebeneinander von gewillkürter und gesetzlicher Erbfolge** zulässig ist. Das BGB lehnt damit den römisch-rechtlichen

95 Dazu BGH NJW 1986, 1812 m. Anm. *Damrau*, JR 1986, 375 = FamRZ 1986, 462; *Horn*, ZEV 2016, 565; *Horn*, in: Kroiß/Horn, Testamentsauslegung, § 1 Rn 24 f.; *Strotz*, ZEV 2008, 308.
96 Dazu BayObLG ZEV 1997, 461 = FamRZ 1998, 35.
97 BFH BStBl II 1983, S. 329; BFH BStBl II 1992, S. 669 = FamRZ 1993, 1319; BFH ErbR 2011, 149 (siehe auch *Geck*, ZEV 2011, 244).
98 Betriebsvermögen: §§ 13a,13b, 19a ErbStG; Familienwohnheim: § 13 Abs. 1 Nr. 4 Buchst. b und c ErbStG; zu Wohnzwecken vermietete Grundstücke: § 13d ErbStG.

Satz ab, dass eine Person nicht teilweise testiert und teilweise intestiert versterben könne (*nemo pro parte testatus, pro parte intestatus decedere potest*). Über den Grund dieses Satzes bestand keine Klarheit; für seine Beibehaltung gab es jedenfalls keine sachliche Rechtfertigung.[1]

Im **Gegensatz zu § 2089 BGB** regelt § 2088 BGB den Fall, dass die Erbeinsetzung (gewollt) nicht den gesamten Nachlass erschöpft (Auslegungsfrage, §§ 133, 2084 BGB; siehe § 2087 Rdn 24); es handelt sich um eine sog. **Ergänzungsregel** bzw. **Ergänzungsnorm** (Ergänzung einer Lücke in der Verfügung des Erblassers durch gesetzliche Erbfolge).[2] 2

B. Tatbestand

I. Allgemeines

Gem. Abs. 1 hat der Erblasser einen Erben (gewollt) nur zu einem **Bruchteil** der Erbschaft eingesetzt oder gem. Abs. 2 mehrere Erben zu Bruchteilen, die zusammen die Erbschaft nicht erschöpfen. § 2088 BGB greift auch bei Zuwendung einzelner **Erbschaftsgegenstände**, sofern diese als Erbeinsetzung auszulegen ist (siehe § 2087 Rdn 28 ff.). Abs. 2 ist auch dann anwendbar, wenn mehrere Erben zusammen nur auf einen Bruchteil eingesetzt sind.[3] Hat der Erblasser die Bruchteile nur teilweise bestimmt, so ist nicht § 2088 BGB, sondern § 2092 Abs. 1 BGB anwendbar.[4] 3

Zum **maßgeblichen Zeitpunkt** für die Auslegung, ob über die gesamte Erbschaft verfügt ist oder nur über einen Bruchteil, siehe § 2087 Rdn 14 und 25 f. Maßgebend sind grundsätzlich die Vorstellungen, die der Erblasser im Zeitpunkt der Testamentserrichtung über die voraussichtliche Zusammensetzung seines Nachlasses und den Wert der in den Nachlass fallenden Gegenstände gehabt hat.[5] Allerdings sind Änderungen in der Vermögenszusammensetzung oder Wertverschiebungen dann zu berücksichtigen, wenn der Erblasser sie bereits bei Testamentserrichtung in seine Überlegungen einbezogen hat.[6] 4

Die Erbeinsetzung zweier Personen zu jeweils 40 % des „Nachlassvermögens“ und die Bestimmung, dass die restlichen 20 % des Werts für Grabpflege verwendet bzw. angelegt werden sollen, ist als hälftige Erbeinsetzung zu werten (§ 2089 BGB), verbunden mit der Auflage (§§ 1940, 2192 ff. BGB), 20 % des Nachlasses für Grabpflege zu verwenden bzw. anzulegen.[7] Für eine Anwendung des § 2088 BGB ist in diesem Fall kein Raum, da der Erblasser tatsächlich über die ganze Erbschaft verfügt hat.[8] 5

II. Teilnichtigkeit

Problematisch ist, ob eine das Ganze nicht erschöpfende Erbeinsetzung gem. § 2088 BGB auch dann anzunehmen ist, wenn der Erblasser über die ganze Erbschaft verfügt hat, die Verfügung aber **teilweise unwirksam** ist. Wenn kein Ersatzerbe bestimmt ist (§§ 2096, 2099 BGB), stellt sich die Frage, ob der unwirksam verfügte Erbteil entweder den wirksam eingesetzten Erben nach dem Verhältnis ihrer Erbteile anwächst (§ 2094 6

1 Staudinger/*Otte* (2019), § 2088 Rn 1; BeckOGK/*Gierl*, 1.3.2025, § 2088 Rn 3.

2 Staudinger/*Otte* (2019), § 2088 Rn 1; BeckOGK/*Gierl*, 1.3.2025, § 2088 Rn 4; BeckOK BGB/*Litzenburger*, 73. Ed. 1.2.2025, § 2088 Rn 1.

3 MüKo/*Rudy*, § 2088 Rn 2; für analoge Anwendung BeckOK BGB/*Litzenburger*, 73. Ed. 1.2.2025, § 2088 Rn 2.

4 BayObLG FamRZ 1984, 825.

5 BayObLG FamRZ 2005, 1202, 1203 f.; Burandt/Rojahn/*Czubayko*, § 2088 Rn 2; BeckOGK/*Gierl*, 1.3.2025, § 2088 Rn 9.

6 BayObLG FamRZ 1998, 862, 863.

7 BayObLG ZEV 2003, 241 = FamRZ 2003, 1783; anders die Vorinstanz: § 2088 BGB.

8 BeckOGK/*Gierl*, 1.3.2025, § 2088 Rn 10.

BGB) oder sich ihre Bruchteile verhältnismäßig erhöhen (§ 2089 BGB) oder aber hinsichtlich des unwirksam verfügten Erbteils gesetzliche Erbfolge eintritt (§ 2088 BGB). Einigkeit besteht darüber, dass **§ 2094 BGB** anzuwenden ist, wenn die teilweise Unwirksamkeit nicht auf einer Fehlerhaftigkeit der Erbeinsetzung beruht. Es kommt also zur Anwachsung, wenn ein eingesetzter Erbe vor dem Erbfall **verstorben** ist (oder im Falle des § 1923 Abs. 2 BGB nicht geboren wird), auf die Zuwendung **verzichtet** (§ 2352 BGB), die Erbschaft **ausschlägt** oder für **erbunwürdig** erklärt wird.[9]

7 Nach einer verbreiteten Auffassung soll **§ 2094 BGB** statt §§ 2088 oder 2089 BGB **auch dann** zur Anwendung kommen (analog), **wenn die Erbeinsetzung teilweise von Anfang an unwirksam** ist, z.B. § 125 BGB i.V.m. §§ 7, 27 BeurkG (Beurkundungsfehler), § 138 BGB (Sittenwidrigkeit) und §§ 2078, 2079 BGB (Anfechtung). Die Vertreter dieser Auffassung stellen auf den mutmaßlichen Willen des Erblassers ab und nehmen an, dass der Erblasser im Regelfall abschließend verfügen wollte, d.h. unter Ausschluss der gesetzlichen Erbfolge.[10] Die mitunter noch als herrschend bezeichnete **Gegenmeinung** hält § 2094 BGB bei einer von Anfang an unwirksamen Erbeinsetzung dagegen für nicht anwendbar. Wer von Anfang an nicht wirksam als Erbe eingesetzt sei, könne nicht „wegfallen" (§ 2094 BGB).[11] Das Ergebnis der Anwachsung – d.h. keine (partielle) gesetzliche Erbfolge – erreichen die Vertreter der Gegenmeinung über § 2089 BGB.[12] Warum eine partielle gesetzliche Erbfolge ausbleibt, aufgrund Anwachsung (§ 2094 BGB) oder aufgrund Erhöhung der Bruchteile (§ 2089 BGB), ist nicht so sehr entscheidend. Entscheidend ist, ob sie ausbleibt, **greift § 2088 BGB oder greift § 2088 BGB nicht?** Es kommt im Grunde genommen nur darauf an, ob der Erblasser durch seine Verfügung die gesetzliche Erbfolge ausschließen wollte oder nicht. Eine **differenzierende Meinung** stellt diese – entscheidende – Frage in den Mittelpunkt: Mit der eingangs beschriebenen Auffassung wird unterstellt, dass der Erblasser in der Regel abschließend verfügen wollte. Ein entsprechender mutmaßlicher Erblasserwille soll allerdings dann nicht gelten, wenn dieser Wille nur aus einer fehlerhaften Grundlage erschlossen werden kann; der mutmaßliche Wille würde dann an eben diesem Fehler leiden und daher keine Rechtswirkungen entfalten können.[13] Eine generelle Beantwortung der Frage ist nicht möglich. Maßgeblich kann nur der Wille des Erblassers in Bezug auf das Schicksal des Erbteils in dem jeweiligen konkreten Einzelfall sein.[14]

8 Die infolge Anfechtung eintretende Teilnichtigkeit wird in der Rechtsprechung und Literatur unterschiedlich beurteilt. Eine generelle Beantwortung der Frage ist nicht möglich. Maßgeblich kann nur der Wille des Erblassers in Bezug auf das Schicksal des Erbteils in dem jeweiligen konkreten Einzelfall sein.[15] **Richtigerweise** ist bei der Irrtumsanfechtung, wenn die Ausschließung eines gesetzlichen Erben Anfechtungsgrund ist und die Anfechtung nicht die gänzliche, sondern nur die teilweise Nichtigkeit der Erbeinsetzung bewirkt, ein Fall des **§ 2088 BGB** anzunehmen.[16]

9 Nach BayObLG[17] ist die Erbeinsetzung eines noch zu errichtenden Pflegeheimes unwirksam. Zu 50 % war eine Stiftung eingesetzt, die anderen 50 % sollten an das

9 Staudinger/*Otte*, § 2088 Rn 4; KG Berlin, Beschl. v. 22.06.2020 – 19 W 91/19, juris Rn 19 und 20.
10 Vgl. z.B. Burandt/Rojahn/*Czubayko*, § 2094 Rn 5; MüKo/*Rudy*, § 2094 Rn 3.
11 NK-BGB/*Krafka*, § 2088 Rn 3.
12 Vgl. BeckOK BGB/*Litzenburger*, 73. Ed. 1.2.2025, § 2088 Rn 3 unter Hinweis auf RGZ 95, 97.
13 Staudinger/*Otte* (2019), § 2088 Rn 5 f.; BeckOGK/*Gierl*, 1.3.2025, § 2088 Rn 19–20.
14 Vgl. auch BeckOGK/*Gierl*, 1.3.2025, § 2088 Rn 20.
15 Staudinger/*Otte* (2019), § 2088 Rn 9; BeckOGK/*Gierl*, 1.3.2025, § 2088 Rn 20.
16 Staudinger/*Otte* (2019), § 2088 Rn 9; NK-BGB/*Krafka*, § 2088 Rn 3; MüKo/*Rudy*, § 2088 Rn 3.
17 BayObLGZ 1998, 200 = ZEV 1998, 387 = FamRZ 1999, 170.

noch zu errichtende Pflegeheim gehen. Das Gericht nahm keine Anwachsung (§ 2094 BGB) an, sondern zu 50 % gesetzliche Erbfolge (§ 2088 BGB). Dieses Beispiel verdeutlicht, dass im Einzelfall durch Auslegung zu ermitteln ist, ob der Erblasser über Wegfall eines Miterben die Anwachsung oder den Eintritt der gesetzlichen Erbfolge gewollt hat.

III. Teilwiderruf

Beim Teilwiderruf (ohne ersetzende Neuregelung) stellt sich die Frage, ob hinsichtlich des freigewordenen Erbteils § 2088 BGB oder § 2089 BGB anzuwenden ist. Diese Frage lässt sich nur nach den Umständen des Einzelfalls beantworten.[18] Eine generelle Vermutung für die Anwendung von § 2089 BGB kann nicht aufgestellt werden. Vielmehr ist durch Auslegung zu ermitteln, ob der Wille des Erblassers bei der Streichung dahin ging, dass die verbliebenen (Mit-)Erben auch den Rest des Nachlasses erhalten sollen (§ 2089 BGB) oder ob bezüglich des „Restes“ gesetzliche Erbfolge eintreten soll (§ 2088 BGB).[19] 10

C. Rechtsfolgen

Ist **kein abweichender Erblasserwille erkennbar**, tritt hinsichtlich des nicht verteilten Bruchteils des Nachlasses die gesetzliche Erbfolge ein. Fraglich ist, was gilt, wenn der auf einen Bruchteil eingesetzte Erbe zugleich gesetzlicher Erbe ist. Aus dem Gesetzeswortlaut geht nicht hervor, ob diesem Erben dann neben seinem testamentarischen Erbteil auch sein gesetzlicher Erbteil am nicht verteilten Nachlass zustehen soll. Grundsätzlich geht der Erblasserwille bei der Einsetzung auf einen bestimmten Bruchteil des Nachlasses wohl dahin, den Eingesetzten auch auf diesen Bruchteil zu beschränken, ihn also nicht zusätzlich als gesetzlichen Erben an einem nicht vergebenen Bruchteil des Nachlasses partizipieren zu lassen.[20] Hiergegen kann aber sprechen, dass in diesen Fällen dann statt des betreffenden Erben, Erben entfernterer Ordnung zum Zuge kommen würden.[21] 11

Ist aufgrund dieser Auslegung ein Ausschluss von der gesetzlichen Erbfolge anzunehmen, so kann der eingesetzte Erbe seinen gesetzlichen Erbteil auch nicht durch Ausschlagung des zugewendeten Erbteils erlangen.[22] Kommt die Auslegung dagegen zu dem Ergebnis, dass ein Ausschluss von der gesetzlichen Erbfolge nicht gewollt war, so erhöht sich der Bruchteil des eingesetzten gesetzlichen Erben um den gesetzlichen Erbteil; es handelt sich hierbei nicht um einen besonderen Erbteil i.S.d. §§ 1935, 2095 BGB. 12

§ 2089 Erhöhung der Bruchteile

Sollen die eingesetzten Erben nach dem Willen des Erblassers die alleinigen Erben sein, so tritt, wenn jeder von ihnen auf einen Bruchteil der Erbschaft eingesetzt ist und die Bruchteile das Ganze nicht erschöpfen, eine verhältnismäßige Erhöhung der Bruchteile ein.

18 BayObLG FamRZ 2003, 1506, 1507.
19 MüKo/*Rudy*, § 2088 Rn 3.
20 Staudinger/*Otte* (2019), § 2088 Rn 10; BeckOGK/*Gierl*, 1.3.2025, § 2088 Rn 26; NK-BGB/*Krafka*, § 2088 Rn 2.
21 Staudinger/*Otte* (2019), § 2088 Rn 10; MüKo/*Rudy*, § 2088 Rn 4; BeckOK BGB/*Litzenburger*, 73. Ed. 1.2.2025, § 2088 Rn 4.
22 MüKo/*Rudy*, § 2088 Rn 4.

A. Tatbestand

1 Sollten die zu Bruchteilen eingesetzten Eben die alleinigen Erben des Erblassers unter **Ausschluss der gesetzlichen Erbfolge** sein, tritt als **Ergänzungsregel** eine verhältnismäßige Erhöhung der einzelnen Bruchteile ein, wenn die verfügten **Bruchteile den Nachlass insgesamt nicht erschöpfen**. In der Praxis sind dies die Fälle, in denen der Erblasser sich einfach **verrechnet** hat. Zu beachten ist, dass allerdings immer dann, wenn ein derartiger Ausschlusswille nicht feststellbar ist, nach wie vor § 2088 Abs. 2 BGB und nicht § 2089 BGB Anwendung findet. Die Rspr. geht davon aus, dass dem Erblasserwillen auf Gesamtverteilung nur zur Geltung verholfen werden kann, wenn sich aus dem Testament oder den äußeren Umständen ergibt, dass die eingesetzten Erben alleinige Erben sein sollen.[1] Zu beachten ist auch, dass weder ein Fall des § 2088 Abs. 2 BGB noch des § 2089 BGB vorliegt, wenn der Erblasser über sein ganzes Vermögen mehrere Erben zu Bruchteilen entsprechend den ihnen zugewendeten Vermögenswerten eingesetzt hat, **hierbei keinen Bruchteil offengelassen hat** und bei seinem Tod noch weiteres Vermögen vorhanden ist. Beide o.g. Vorschriften setzen nämlich voraus, dass der Erblasser Erben auf Bruchteile eingesetzt hat und die Addition der Bruchteile nicht die gesamte Erbfolge erfasst. Das bei Eintritt des Erbfalls darüber hinaus vorhandene Vermögen fällt dann in den Nachlass, ohne dass sich die Erbquoten verändern.[2]

2 Problemtisch ist ein sog. **Teilwiderruf** ohne ersetzende Neuregelung, bspw. durch schlichtes **Streichen eines Namens** im Testament (§ 2255 BGB). Ob nach einem Teilwiderruf § 2089 oder § 2088 BGB anwendbar ist, lässt sich nicht generell beantworten, sondern bleibt stets den Umständen des konkreten Einzelfalls vorbehalten.[3] Sollte die Streichung von Schlusserben gerade nicht zu einer Anwachsung bei den verbleibenden Erben führen, kann dies im Testament explizit zum Ausdruck kommen.[4] Nach h.M. soll im Zweifel davon auszugehen sein, dass nur die verbleibenden eingesetzten Erben berufen sein sollen, d.h. § 2089 BGB.[5] Vorzugswürdig scheint eine **differenzierende Auffassung**: Soweit nach dem Teilwiderruf nach wie vor ein Großteil des Nachlasses verteilt ist, die verbleibenden Erben nicht nur unwesentlich mehr als die Hälfte erhalten sollen, ist im Zweifel davon auszugehen, dass es dem Erblasserwillen entspricht, wenn nur die verbleibenden gewillkürten Erben zur Erbfolge berufen sind (§ 2089 BGB). Hat der Erblasser dagegen einen Erben gestrichen, der mindestens die Hälfte der Erbschaft erhalten sollte (Gleiches gilt, wenn mehrere Erben gestrichen werden, die zusammen die Hälfte oder mehr erhalten sollten), ist im Zweifel nicht davon auszugehen, dass der Erblasser einen so gravierenden Teil des Nachlasses den noch verbleibenden Erben zuwenden wollte. Ergeben sich keine Anhaltspunkte, dass der Erblasser die verbleibenden Erben tatsächlich als alleinige Erben sehen wollte, so greift § 2088 BGB.[6]

B. Rechtsfolgen

3 Als Rechtsfolge ordnet § 2089 BGB an, dass der versehentlich nicht zugewendete Bruchteil des Nachlasses nicht nach Köpfen, sondern nach dem Verhältnis der vom

---

1 Vgl. BGH, Urt. v. 26.5.2021 – IV ZR 174/20, juris Rn 11; KG Berlin, Beschl. v. 16.8.2024 – 6 W 39/23, juris Rn 32–40.

2 BayObLG ZErb 2000, 83 = FamRZ 2000, 916.

3 KG Berlin, Beschl. v. 16.8.2024 – 6 W 39/23, juris Rn 40; BayObLG NJW-RR 2003, 150; MüKo/*Rudy*, § 2088 Rn 3.

4 Vgl. KG Berlin, Beschl. v. 16.8.2024 – 6 W 39/23, juris Rn 36–39.

5 Z.B. BayObLG FamRZ 2003, 1506; Soergel/*Damrau*, 11. Aufl., § 2089 Rn 1; *Lange/Kuchinke*, § 23 Fn 9; a.A. *Kipp/Coing*, § 31 II 2 bei Fn 11: § 2088 BGB.

6 Soergel/*Loritz*, § 2089 Rn 4; Staudinger/*Otte*, § 2088 Rn 2; vgl. auch MüKo/*Rudy*, § 2088 Rn 3 Fn 8.

Erblasser bestimmten Bruchteile an die eingesetzten Erben fällt. Die gesetzliche Erbfolge ist hier also ausgeschlossen. Hierbei handelt es sich nicht um eine Anwachsung i.S.d. § 2094 BGB, sondern um die rechnerische Ermittlung eines bereits ursprünglich feststehenden, nur falsch berechneten Erbteils.[7] Die Erben gelten als von vornherein auf den Erbteil eingesetzt, der sich nach Durchführung der verhältnismäßigen Erhöhung ergibt.[8]

Beispiel
A wurde zu 1/2 (3/6), B zu 1/3 (2/6) eingesetzt. Hier liegt ein Verhältnis der Erbteile von 3:2 vor. Aus dem nicht verteilten Bruchteil des Nachlasses i.H.v. 1/6 erhöht sich nun der Erbteil des A um 1/10, der des B um 1/15, so dass letztlich A insgesamt 3/5, B 2/5 des Nachlasses erhält.

Die Anwendung des § 2089 BGB ist ausgeschlossen, soweit ein Fall des § 2092 Abs. 1 4
BGB vorliegt. Sind also nicht alle Erben auf einen bestimmten Bruchteil der Erbschaft eingesetzt, so ist anzunehmen, dass die ohne Bruchteil eingesetzten Erben – unter sich wiederum nach Köpfen (§ 2091 BGB) – den durch die Bruchteile nicht erfassten Teil der Erbschaft erhalten sollen.[9]

§ 2090 Minderung der Bruchteile

Ist jeder der eingesetzten Erben auf einen Bruchteil der Erbschaft eingesetzt und übersteigen die Bruchteile das Ganze, so tritt eine verhältnismäßige Minderung der Bruchteile ein.

A. Tatbestand

Die Vorschrift, die quasi das Gegenstück zu § 2089 BGB darstellt, soll verhindern, 1
dass widersprüchliche Anordnungen des Erblassers das Testament unwirksam machen. Dies ergibt sich bereits aus den §§ 140, 2084 BGB. Die Vorschrift gilt gem. § 2157 BGB entsprechend für das Vermächtnis. § 2090 BGB greift nur dann ein, wenn **kein entgegenstehender Wille** des Erblassers anzunehmen ist und **kein Irrtum des Erblassers** vorliegt. Ein entgegenstehender Wille des Erblassers ist dann anzunehmen, wenn die Anordnungen des Erblassers **in mehreren Testamenten** enthalten sind, wobei dann davon auszugehen ist, dass der Erblasser gem. § 2258 BGB durch das spätere Testament das frühere insoweit widerrufen wollte als dies erforderlich war, um den im späteren Testament eingesetzten Erben die vollen Erbteile zu verschaffen (anders, wenn bspw. einem nachgeborenen Kind der gleiche Anteil zugedacht wird wie seinen Geschwistern: „Ruth erhält den gleichen Anteil wie Max, Anna und Carl.").[1] Ein entgegenstehender Wille ist auch anzunehmen, wenn die in einem einzigen umfangreichen Testament zugewandten Bruchteile das Ganze zwar übersteigen, in den späteren Anordnungen desselben Testaments aber der Wille des Erblassers erkennbar ist, die vorangehenden Anordnungen zu berichtigen.[2] Insbesondere müssen sich im Testament deutliche Anhaltspunkte dafür finden, dass dem Erblasser während der weiteren Testamentserrichtung der „Fehler" bewusst geworden ist und er mit seinen nachfolgenden Anordnungen diesem Rechnung tragen wollte. Da in solchen Fällen nach der Lebenserfahrung typischerweise eine Streichung oder „Ausbesserung" der Bruchteile erfolgt,

---

7 OLG Oldenburg, Urt. v. 11.9.2019 – 3 U 24/18, juris Rn 41; MüKo/*Rudy*, § 2089 Rn 1.
8 MüKo/*Rudy*, § 2089 Rn 1.
9 MüKo/*Rudy*, § 2089 Rn 2.
1 MüKo/*Rudy*, § 2090 Rn 2.
2 Staudinger/*Otte*, § 2090 Rn 1.

ist ohne entsprechende Nachbesserungen in der Testamentsurkunde für die Annahme eines Änderungswillens im Regelfall kein Raum.[3]

2 Ein **Irrtum des Erblassers** mit der Folge der Anfechtungsmöglichkeit gem. § 2078 Abs. 1 BGB liegt dann vor, wenn der Erblasser einen der Erben irrtümlich mit einem höheren Bruchteil als eigentlich gewollt bedacht hat.[4] Dabei ist zwischen einem unbeachtlichen Berechnungsirrtum (sog. offener Berechnungsirrtum) und einem zur Anfechtung berechtigenden Erklärungs- bzw. Inhaltsirrtum zu unterscheiden. Ein unbeachtlicher Berechnungsirrtum liegt vor, wenn sich der Erblasser bei der Addierung der Bruchteile verrechnet hat. Ein zur Anfechtung berechtigender Irrtum ist hingegen gegeben, wenn sich der Erblasser bei der Niederlegung der Bruchteile verschrieben oder einem Bruchteil fälschlicherweise einen höheren Wert beigemessen hat (z.B. „1/4 ist mehr als 1/3“).[5] Wird die Verfügung von Todes wegen tatsächlich angefochten, so scheidet die Anwendung des § 2090 BGB aus. Findet eine Anfechtung demgegenüber nicht statt, so verbleibt es bei den Rechtsfolgen des § 2090 BGB.[6] § 2090 BGB ist auch nur dann anzuwenden, wenn tatsächlich alle Erben auf Bruchteile eingesetzt sind. Hat der Erblasser nämlich die Bruchteile nur teilweise bestimmt und im Übrigen offengelassen, so gilt § 2092 Abs. 2 BGB und nicht § 2090 BGB.[7]

3 § 2090 BGB findet bei einer **Doppelehe** in Bezug auf die gesetzliche Erbfolge **keine analoge Anwendung.** Der h.M. zufolge gibt es nach § 1931 Abs. 1 BGB nur einen Ehegattenerbteil, den sich die mehreren Ehegatten teilen müssen, wobei der Erbteil der Verwandten unangetastet bleibt. Verfassungsrechtliche Bedenken im Hinblick auf Art. 6 Abs. 1 GG sprechen jedoch gegen diese Auffassung, da die Erbberechtigung weiterer Ehegatten dadurch allein zu Lasten des ersten gehen würde. Eine neuere Konzeption billigt jedem der mehreren Ehegatten einen gesetzlichen Erbteil zu, respektiert dabei die verfassungsrechtlich gebotene Mindestbeteiligung der Abkömmlinge und berücksichtigt das in § 1931 Abs. 1 BGB „neben“ dem Ehegattenerbrecht vorgesehene Verwandtenerbrecht. Nach diesem Ansatz käme § 2090 BGB erst bei mehr als drei erbberechtigten Ehegatten zur Anwendung.[8]

B. Rechtsfolgen

4 Nach § 2090 BGB erfolgt eine verhältnismäßige Minderung der den eingesetzten Erben zugewandten Bruchteile. Die Minderung erfolgt dergestalt, dass die vom Erblasser bestimmten Bruchteile zunächst auf den gleichen Nenner gebracht und dann die Zähler addiert werden. Hierdurch erhält man den neuen Nenner.

Beispiel
A wurde zu 2/3, B und C zu je 1/4 zu Erben eingesetzt. Der gemeinschaftliche Nenner ist 12, so dass das Verhältnis 8/12 zu 3/12 zu 3/12, also 8:3:3 beträgt. Die Addition dieser Zähler ergibt als neuen Nenner 14, so dass im Ergebnis die Erbquote von A 8/14 (4/7) beträgt, die von B und C je 3/14.

5 Ergibt die Auslegung des Testaments allerdings, dass der Erblasser einzelnen Erben den ihnen zugewandten Erbteil **endgültig** und **ungeschmälert** zukommen lassen wollte, so erfolgt die verhältnismäßige Minderung nur unter den übrigen Erben.[9]

---

3 BeckOGK/*Gierl*, 1.3.2025, § 2090 Rn 9.
4 Staudinger/*Otte*, § 2090 Rn 3; MüKo/*Rudy*, § 2090 Rn 2.
5 BeckOGK/*Gierl*, 1.3.2025, § 2090 Rn 12–13.
6 Staudinger/*Otte*, § 2090 Rn 3.
7 BeckOK BGB/*Litzenburger*, 73. Ed. 1.2.2025, § 2090 Rn 1.
8 Vgl. zu alledem m.w.N. Staudinger/*Otte* (2019), § 2090 Rn 4–7; *Schäfer*, Die Mehrehe im Erbrecht (2019) und ErbR 2019, 610.
9 BeckOK BGB/*Litzenburger*, 73. Ed. 1.2.2025, § 2090 Rn 2.

§ 2091 Unbestimmte Bruchteile

Sind mehrere Erben eingesetzt, ohne dass die Erbteile bestimmt sind, so sind sie zu gleichen Teilen eingesetzt, soweit sich nicht aus den §§ 2066 bis 2069 ein anderes ergibt.

A. Normzweck

Die Vorschrift des § 2091 BGB ergänzt eine vom Erblasser unvollkommen vorgenommene Erbeinsetzung, nämlich die Einsetzung mehrerer Erben ohne Bestimmung der auf sie entfallenden Bruchteile. Die **Ergänzungsregel** stellt den Satz auf, dass in diesen Fällen die gleichmäßige Aufteilung **nach Köpfen** dem mutmaßlichen Erblasserwillen entspricht. Sie beruht auf der Erwägung, dass der Erblasser die von ihm Bedachten im Zweifel eher zu gleichen Teilen bedacht hat, als dass seine Testierung mangels Bestimmtheit der Erbeinsetzung unwirksam ist und damit gesetzliche Erbfolge eintritt.[1] Vorrangig sind die §§ 133, 2084, 2087 und 2066–2069 BGB zu beachten. 1

B. Tatbestand

Die Vorschrift des § 2091 BGB setzt die Einsetzung mehrerer Erben **ohne Bestimmung ihres Erbteils** voraus. Hierbei ist es unerheblich, ob die Erbeinsetzungen in einem oder mehreren Testamenten erfolgt sind.[2] Allerdings dürfen die Erbteile auch nach Auslegung des Testaments weder ausdrücklich noch mittelbar bestimmbar sein (Vorrang der Auslegung!).[3] Letzteres kann insbesondere dann der Fall sein, wenn der Erblasser den Erben einzelne Gegenstände zuwendet und hierdurch der Nachlass erschöpft wird. Hier bestimmen die Bruchteile sich dann nach dem Verhältnis der Werte der einzelnen Gegenstände zueinander (siehe § 2087 Rdn 20 ff.). Bei einer „Zuwendung nach Vermögensgruppen" sind die Erbquoten anhand der wirtschaftlichen Verhältnisse der zugewandten Vermögensgruppen zum Gesamtnachlass zu ermitteln, wobei die Wertverhältnisse im Zeitpunkt der Testamentserrichtung zugrunde zu legen sind.[4] Ebenso möglich ist, dass der Erblasser eine Verteilung seines Nachlasses entsprechend der Erbfolge **nach Stämmen** und nicht nach Köpfen vornehmen wollte, etwa dann, wenn die Erben in Gruppen aufgeführt sind.[5] Es erfolgt dann eine gleichmäßige Verteilung an die vom Erblasser gebildeten Gruppen und erst innerhalb jeder Gruppe eine Verteilung nach Köpfen i.S.d. § 2091 BGB.[6] Für die Annahme eines derartigen Erblasserwillens spricht i.d.R. die Tatsache, dass sie der gesetzlichen Erbfolge eher entspricht als eine andere Art der Verteilung.[7] 2

Hat der Erblasser die **Erbteile unzureichend** bestimmt, etwa indem er „seinen Bruder und dessen Tochter zum gesetzlichen Erbteil" eingesetzt hat,[8] greift § 2091 BGB ein, da hier der Verweis auf die gesetzliche Erbfolge nicht weiterführt.[9] Die Unbestimmtheit der Erbteile kann auch auf einer unleserlichen Handschrift oder Beschädigung 3

1 BeckOGK/*Gierl*, 1.3.2025, § 2091 Rn 2.

2 Vgl. *Lange/Kuchinke*, § 27 V 3 a.

3 BGH FamRZ 1990, 396; OLG München FamRZ 2010, 758; KG, Urt. v. 19.1.2012 – 8 U 171/10, juris = BeckRS 2012, 9524; vgl. OLG Köln, Beschl. v. 28.6.2022 – I-2 Wx 129/22 Rn 18.

4 OLG Köln, Beschl. v. 28.6.2022 - I-2 Wx 129/22 Rn 18, juris.

5 OLG Frankfurt OLGZ 1994, 324 = FamRZ 1994, 327.

6 BayObLGZ 6, 392; BayObLGZ 13, 668; BayObLGZ 16, 133; vgl. auch Staudinger/*Otte*, § 2091 Rn 2.

7 Staudinger/*Otte*, § 2091 Rn 2; a.A. Soergel/*Loritz*, § 2091 Rn 4 und Fn 15 (konkrete Anhaltspunkte erforderlich).

8 RGRK/*Johannsen*, § 2091 Rn 1 unter Hinw. auf BGH, Urt. v. 18.2.1959.

9 MüKo/*Rudy*, § 2091 Rn 6; zur Unleserlichkeit der Erbanteilsziffern: BayObLG FamRZ 1984, 825.

der Testamentsurkunde beruhen.[10] Wurden jedoch auslegungsfähige Bestimmungen getroffen – wie z.B. „erstens ein bedeutender Betrag (…), zweitens ein großer Teil (…) und drittens ein Teil (…)" –, greift § 2091 BGB nicht ein.[11]

4 Die Anwendung des § 2091 BGB setzt voraus, dass die **vorrangigen** Auslegungs- und Ergänzungsregelungen der §§ 2066–2069 BGB im Falle der Einsetzung der gesetzlichen Erben, Verwandten, Kinder oder Abkömmlinge des Erblassers nicht zum Zuge kommen.[12] Diese vorrangigen Regelungen sind auch in Fällen ihrer entsprechenden Anwendung zu beachten.[13] Grundsätzlich erhalten die genannten Personen gem. §§ 2066 f. BGB eine ihrem gesetzlichen Erbteil entsprechende Quote. Ebenso wird die Anwendung des § 2091 BGB für den Fall der Anwendbarkeit der §§ 2068 f. BGB eingeschränkt. Hier treten die Abkömmlinge bzw. Kinder des oder der vom Erblasser eingesetzten Verwandten an dessen bzw. deren Stelle. Die §§ 2066 ff. BGB sind aber zumindest dann nicht automatisch anwendbar, wenn die Bedachten namentlich angegeben oder durch „individualisierte" Merkmale bezeichnet sind („die Kinder meines Bruders Peter").[14] Jedoch ist auch in diesen Fällen zunächst zu prüfen, ob nicht im Wege der individuellen Auslegung ein abweichender Wille des Erblassers in Bezug auf die Verteilung des Nachlasses festgestellt werden kann.[15]

C. Rechtsfolgen

5 Die Anwendung des § 2091 BGB führt dazu, dass sämtliche vom Erblasser eingesetzten Personen untereinander zu gleichen Teilen erben. Wurden mehrere Personen vom Erblasser auf einen gemeinschaftlichen Erbteil gem. § 2093 BGB eingesetzt, so sind diese im Zweifel gem. § 2091 BGB untereinander hieran zu gleichen Teilen beteiligt, sofern der Erblasser keine anderweitige Bestimmung getroffen hat.[16] Hat der Erblasser seine Rechtsnachfolger in mehreren Blöcken gruppiert, erfolgt zunächst die Quotelung im Verhältnis dieser Blöcke zueinander und erst innerhalb eines Blocks die Verteilung nach § 2091 BGB.[17]

§ 2092 Teilweise Einsetzung auf Bruchteile

(1) Sind von mehreren Erben die einen auf Bruchteile, die anderen ohne Bruchteile eingesetzt, so erhalten die letzteren den freigebliebenen Teil der Erbschaft.
(2) Erschöpfen die bestimmten Bruchteile die Erbschaft, so tritt eine verhältnismäßige Minderung der Bruchteile in der Weise ein, dass jeder der ohne Bruchteile eingesetzten Erben so viel erhält wie der mit dem geringsten Bruchteil bedachte Erbe.

---

10 BayObLG NJW-RR 1990, 391, 392; BayObLG NJW-RR 1990, 1419; BayObLG BeckRS 2009, 87492.

11 OLG Karlsruhe NJW-RR 2011, 874: bedeutender Teil und großer Teil jeweils 2/5 und einfacher Teil 1/5.

12 OLG München FamRZ 2010, 758; KG, Urt. v. 19.1.2012 – 8 U 171/10, juris = BeckRS 2012, 9524.

13 BayObLG FamRZ 1986, 610, 611; NK-BGB/*Krafka*, § 2091 Rn 1; BeckOK BGB/*Litzenburger*, 73. Ed. 1.2.2025, § 2091 Rn 3.

14 OLG Dresden ZErb 2011, 20 = ZEV 2011, 361 (LS) = FamRZ 2011, 403 (LS).

15 MüKo/*Rudy*, § 2091 Rn 7.

16 MüKo/*Rudy*, § 2091 Rn 4.

17 BeckOGK/*Gierl*, 1.3.2025, § 2091 Rn 15–16; Burandt/Rojahn/*Czubayko*, § 2091 Rn 2.

Übersicht: Rdn

A. Nur teilweise Einsetzung auf Bruchteile

1 Für den Fall, dass der Erblasser mehrere Erben eingesetzt hat, jedoch nur einen Teil von ihnen auf bestimmte Bruchteile der Erbschaft, greift Abs. 1. Danach erhalten die Letzteren den freigebliebenen Teil der Erbschaft. Zunächst müssen also die Erbteile der auf bestimmte Bruchteile eingesetzten Erben addiert werden. Sofern danach noch ein Rest verbleibt, ist dieser auf die übrigen Erben zu verteilen, im Zweifel nach § 2091 BGB nach Köpfen (siehe § 2091 Rdn 1 ff.). Ein abweichender Erblasserwille geht dieser Rechtsfolge stets vor.[1] Grundsätzlich unerheblich für die Anwendung des Abs. 1 ist es, ob die Erbeinsetzungen in einem oder in mehreren Testamenten enthalten sind. Dies gilt allerdings nicht, wenn die in einem späteren Testament verfügte Einsetzung ohne Bruchteil als Zuwendung des Ganzen und damit als (Teil-)Widerruf der früheren Einsetzungen auf Bruchteile anzusehen ist (§ 2258 Abs. 1 BGB).[2]

Beispiel
Der Erblasser setzt A, B und C jeweils zu 1/4 als Erben ein sowie D, E und F ohne Bruchteilsbestimmung. Nach Abs. 1 erhalten D, E und F den freigebliebenen Teil (1/4) gemeinsam, also gem. § 2091 BGB nach Köpfen je 1/12 des Nachlasses.[3]

B. Die bestimmten Bruchteile erschöpfen bereits die Erbschaft

2 Abs. 2 erfasst den umgekehrten Fall zu Abs. 1: Die Summe der angegebenen Bruchteile erschöpft oder übersteigt das Ganze, sodass die ohne Bruchteilsangabe eingesetzten Erben ohne diese Regelung nichts erhalten würden.[4] Auch hier trägt der Gesetzgeber, ähnlich der Vorschrift des § 2090 BGB, dem Fall Rechnung, dass sich der Erblasser schlicht verrechnet hat. Sofern nämlich bei der durchzuführenden Addition der Erbteile der auf bestimmte Bruchteile eingesetzten Erben kein Rest verbleibt, der noch auf die übrigen eingesetzten Erben verteilt werden könnte (weil 100 % oder mehr verteilt sind), so ordnet Abs. 2 eine verhältnismäßige Minderung der bestimmten Bruchteile an, um zu vermeiden, dass die ohne Bruchteile eingesetzten Erben entgegen dem Willen des Erblassers von der Erbfolge ausgeschlossen werden. Danach erhält jeder der ohne Bruchteile eingesetzten Erben zumindest so viel wie der mit dem geringsten bestimmten Bruchteil bedachte Erbe. Trotz des etwas missverständlichen Wortlauts findet Abs. 2 nicht nur Anwendung, wenn mindestens zwei Erben zu unterschiedlichen Quoten eingesetzt sind, sondern auch dann, wenn alle den gleichen Bruchteil erhalten sollen.[5]

Beispiel
A wurde zu 1/2 und B zu 1/3 und C zu 1/6 als Erben eingesetzt. D und E sind ohne Bestimmung eines Bruchteils eingesetzt.
Schritt 1: Im Hinblick auf D und E ist von dem geringsten bestimmten Bruchteil, also 1/6, auszugehen.
Schritt 2: Die Addition aller Bruchteile (nun mit D und E je 1/6) ergibt: 1/2 + 1/3 + 1/6 + 1/6 + 1/6 = 3/6 + 2/6 + 1/6 + 1/6 + 1/6 = 8/6, was das Ganze übersteigt.

---

1 Vgl. BeckOK BGB/*Litzenburger*, 73. Ed. 1.2.2025, § 2092 Rn 1.
2 Vgl. auch Burandt/Rojahn/*Czubayko*, § 2092 Rn 2.
3 Ähnliches Beispiel bei BeckOGK/*Gierl*, 1.3.2025, § 2092 Rn 5.1.
4 BeckOK BGB/*Litzenburger*, 73. Ed. 1.2.2025, § 2092 Rn 2.
5 BeckOK BGB/*Litzenburger*, 73. Ed. 1.2.2025, § 2092 Rn 2; MüKo/*Rudy*, § 2092 Rn 2.

Schritt 3: Es erfolgt eine verhältnismäßige Minderung gem. § 2090 BGB. Der gemeinsame Nenner ist 6, das Verhältnis der Zähler beträgt 3:2:1:1:1. Die Addition dieser Zähler (3+2+1+1+1=8) ergibt den neuen Nenner.
Ergebnis: Die Erbquote von A beträgt 3/8, von B 2/8 und von C, D und E jeweils 1/8.

C. Abgrenzungsfragen

3 Die Vorschrift ist nicht anwendbar, wenn im Wege der allgemeinen Auslegungsgrundsätze festgestellt werden kann, dass die ohne Bruchteilsangabe als Miterben Bedachten nicht neben, sondern als Ersatzerben für die ausdrücklich auf Bruchteile gesetzten Miterben eingesetzt sind. Dies ist insbesondere dann der Fall, wenn sie „für den etwa verbleibenden Rest" eingesetzt wurden.[6]
Für die Anwendung des § 2092 Abs. 2 BGB ist es unerheblich, ob neben mehreren auf einen Bruchteil gesetzten Miterben eine oder mehrere Personen ohne Bruchteilsangabe bedacht sind.[7] Auch bei Vermächtnissen findet § 2092 BGB gem. § 2157 BGB entsprechende Anwendung.[8]

§ 2093 Gemeinschaftlicher Erbteil

Sind einige von mehreren Erben auf einen und denselben Bruchteil der Erbschaft eingesetzt (gemeinschaftlicher Erbteil), so finden in Ansehung des gemeinschaftlichen Erbteils die Vorschriften der §§ 2089 bis 2092 entsprechende Anwendung.

A. Normzweck

1 § 2093 BGB eröffnet dem Erblasser die Möglichkeit, eine „Gruppenbildung" vorzunehmen und somit von dem Grundsatz abzuweichen, dass zwischen allen Erben grundsätzlich gleichartige Rechtsbeziehungen bestehen. Der Erblasser kann also durch die Einsetzung einzelner Erben auf ein und denselben Bruchteil der Erbschaft zwischen diesen Erben eine engere Beziehung herstellen mit der Folge, dass **bestimmte Rechtswirkungen** nicht unter allen Erben gleichmäßig, sondern zunächst **innerhalb dieser Gruppe** eintreten. Zu denken ist insoweit insbesondere an die Anwachsung gem. § 2094 BGB.[1] Diese besondere Verbindung zwischen einigen Miterben rechtfertigt die Bevorzugung dieser Personengruppe bei der Prüfung, wem bei Wegfall eines vom Erblasser bedachten Miterben dessen Erbteil zugutekommen soll.[2] Aber auch eine Ersatzberufung findet gem. § 2098 Abs. 2 BGB vorrangig innerhalb der Gruppe statt. Eine Gruppe kann wiederum aus verschiedenen Untergruppen bestehen. Allerdings bilden die auf diese Weise verbundenen Erben **nicht** etwa eine **Untererbengemeinschaft;** vielmehr hat die Einsetzung auf einen gemeinschaftlichen Erbteil lediglich Bedeutung im **Innenverhältnis** zwischen den betroffenen Erben.[3]

B. Tatbestand

2 Wann die Einsetzung auf einen **gemeinschaftlichen Erbteil** vorliegt, bestimmt § 2093 BGB nicht. Sofern also keine eindeutige Anordnung des Erblassers vorliegt, ist die

6 NK-BGB/*Krafka*, § 2092 Rn 2; Staudinger/*Otte*, § 2092 Rn 3.
7 BeckOK BGB/*Litzenburger*, 73. Ed. 1.2.2025, § 2092 Rn 2; Burandt/Rojahn/*Czubayko*, § 2092 Rn 3.
8 So Burandt/Rojahn/*Czubayko*, § 2092 Rn 1.
1 Staudinger/*Otte*, § 2093 Rn 1.
2 BeckOGK/*Gierl*, 1.3.2025, § 2093 Rn 4.
3 MüKo/*Rudy*, § 2093 Rn 1.

Frage durch Auslegung zu klären. Eine rein sprachliche Zusammenfassung oder Gesamtbezeichnung genügt insoweit (als rein äußerliche Verbindung) nicht.[4] Vielmehr muss aus der Erbeinsetzung der Wille des Erblassers hervorgehen, hinsichtlich einzelner Miterben im Verhältnis zu den übrigen Miterben eine **engere Gemeinschaft** zu schaffen[5] und somit die Anwendung der §§ 2089–2092 BGB sowie § 2094 S. 2 BGB innerhalb dieser Gruppe sachlich zu rechtfertigen.[6] Hierbei spielen auch Gesichtspunkte wie enge persönliche Beziehungen dieser Miterben untereinander oder eine gemeinsame Beziehung zum Gegenstand der Erbeinsetzung (vgl. § 2087 Abs. 2 BGB) eine Rolle.[7] Sind Kinder aus erster Ehe bspw. neben der zweiten Ehefrau und Kindern aus zweiter Ehe eingesetzt, kann dies für eine Einsetzung auf einen gemeinschaftlichen Erbteil sprechen.[8] Die Bezeichnung „Eheleute" soll für sich allein aber noch kein ausreichendes Indiz für die Einsetzung auf einen gemeinschaftlichen Erbteil darstellen.[9]

So kann die Zusammenfassung einzelner Erben unter einer Ziffer oder Gesamtbezeichnung ein solcher Anhaltspunkt sein.[10] Ebenso kann die räumliche Anordnung der Bedachten im Testament ein entsprechendes **Indiz** darstellen.[11] Grundsätzlich gilt: Je stärker sich die gewillkürte an die gesetzliche Erbfolge anlehnt, desto eher spricht dies für die Berufung der Angehörigen eines Stammes auf einen gemeinschaftlichen Erbteil.[12] Je näher die gewillkürte Erbfolge der gesetzlichen kommt, desto eher kann von gemeinschaftlichen Erbteilen der eingesetzten Stämme ausgegangen werden.[13] Auch bei einer Erbeinsetzung nach Gegenständen (vgl. § 2087 Rdn 28 ff.) ist die Einsetzung einzelner Miterben auf ein und denselben Gegenstand als Indiz für die Einsetzung auf einen gemeinschaftlichen Erbteil zu werten.[14] 3

Lässt sich ein entsprechender Erblasserwille feststellen, so steht der Anwendung des § 2093 BGB auch nicht entgegen, dass der Erblasser innerhalb der **einzelnen Gruppen** Untergruppen (mit Unterbruchteilen) bestimmt hat.[15] § 2093 BGB kann selbst dann anwendbar sein, wenn der Erblasser sämtliche gewillkürten Erben auf ein und denselben Bruchteil der Erbschaft einsetzt, während es im Übrigen bei der gesetzlichen Erbfolge verbleiben soll.[16] 4

C. Rechtsfolgen

Liegt entsprechend den obigen Ausführungen (siehe Rdn 2 ff.) die Einsetzung einzelner Erben auf einen gemeinschaftlichen Erbteil vor, so sieht § 2093 BGB als Rechtsfolge die Anwendung der Ergänzungsregeln der §§ 2089–2092 BGB sowie die **Anwachsung** gem. § 2094 S. 2 BGB innerhalb dieser Erbengruppe vor. Dies wirkt sich praktisch in folgenden Fällen aus: Im Zweifel und mangels anderweitiger Bestimmung des Erblassers erben die Miterben innerhalb der Gruppe gem. § 2091 BGB untereinan- 5

4 MüKo/*Rudy*, § 2093 Rn 2.
5 BayObLGZ 76, 122.
6 BeckOK BGB/*Litzenburger*, 73. Ed. 1.2.2025, § 2093 Rn 2.
7 MüKo/*Rudy*, § 2093 Rn 2.
8 Burandt/Rojahn/*Czubayko*, § 2093 Rn 1.
9 BayObLG FamRZ 2000, 120. Im Fall BayObLG FamRZ 2006, 147 wurde bei 10 % für die „Enkel" ein gemeinschaftlicher Erbteil angenommen.
10 Staudinger/*Otte* (2019), § 2093 Rn 1; MüKo/*Rudy*, § 2093 Rn 2.
11 BayObLG FamRZ 1977, 275.
12 BeckOGK/*Gierl*, 1.3.2025, § 2093 Rn 11.
13 Staudinger/*Otte* (2019), § 2093 Rn 1.
14 Staudinger/*Otte* (2019), § 2093 Rn 1; MüKo/*Rudy*, § 2093 Rn 2.
15 MüKo/*Rudy*, § 2093 Rn 2.
16 MüKo/*Rudy*, § 2093 Rn 2.

der zu gleichen Teilen, soweit sich nicht aus §§ 2066–2069 BGB ein anderes ergibt. Hat der Erblasser zwar eine Bestimmung hinsichtlich des Verhältnisses, in welchem die einzelnen Erben an dem gemeinschaftlichen Erbteil beteiligt sein sollen, getroffen, ist diese Bestimmung aber unvollständig oder fehlerhaft, so gelten §§ 2089–2092 BGB entsprechend.[17] Sofern einer der auf den gemeinschaftlichen Erbteil eingesetzten Miterben vor Eintritt des Erbfalls ersatzlos wegfällt, so tritt gem. § 2094 S. 2 BGB Anwachsung nur unter den gleichfalls auf diesen Erbteil berufenen Miterben (unter Ausschluss aller übrigen Miterben) ein.[18] § 2098 Abs. 2 BGB bestimmt außerdem für den Fall der gegenseitigen Ersatzerbeneinsetzung von Miterben, dass Erben, die auf einen gemeinschaftlichen Erbteil eingesetzt sind, im Zweifel als Ersatzerben für diesen Erbteil den übrigen Erben vorgehen.

6 Zu beachten ist in diesem Zusammenhang insbesondere, dass nicht etwa eine „Untererbengemeinschaft" entsteht, sondern jeder Miterbe innerhalb der auf den gemeinschaftlichen Erbteil eingesetzten Gruppe unmittelbar selbst mit seinem eigenen Bruchteil an der Erbengemeinschaft beteiligt ist, jeder Erbteil also nach außen hin **rechtlich selbstständig** ist. Diese rechtliche Selbstständigkeit muss auch im Rahmen eines eventuellen Vorkaufsrechts der Miterben beachtet werden mit der Folge, dass ein vorrangiges Vorkaufsrecht innerhalb der Erbengruppe nicht entsteht.[19] Gleiches gilt für die Stimmenbildung bei Verwaltung des Nachlasses und die anteilige Haftung gem. §§ 2059 Abs. 1, 2060, die den einzelnen Erben entsprechend seinem Erbteil.[20]

§ 2094 Anwachsung

(1) [1]Sind mehrere Erben in der Weise eingesetzt, dass sie die gesetzliche Erbfolge ausschließen, und fällt einer der Erben vor oder nach dem Eintritt des Erbfalls weg, so wächst dessen Erbteil den übrigen Erben nach dem Verhältnis ihrer Erbteile an. [2]Sind einige der Erben auf einen gemeinschaftlichen Erbteil eingesetzt, so tritt die Anwachsung zunächst unter ihnen ein.
(2) Ist durch die Erbeinsetzung nur über einen Teil der Erbschaft verfügt und findet in Ansehung des übrigen Teils die gesetzliche Erbfolge statt, so tritt die Anwachsung unter den eingesetzten Erben nur ein, soweit sie auf einen gemeinschaftlichen Erbteil eingesetzt sind.
(3) Der Erblasser kann die Anwachsung ausschließen.

Literatur

Faber, Zur Anwachsung im Sinne von § 2094 BGB, BWNotZ 1987, 7; *Hilmar*, Die Anwachsung unter Miterben, insbesondere in der Gestaltungspraxis, ZEV 2002, 439; *Schopp*, Anwachsung und Ersatzerbschaft, MDR 1978, 10.

Übersicht:

17 Staudinger/*Otte* (2019), § 2093 Rn 3.
18 Staudinger/*Otte* (2019), § 2093 Rn 3.
19 MüKo/*Rudy*, § 2093 Rn 3; BeckOK BGB/*Litzenburger*, 73. Ed. 1.2.2025, § 2093 Rn 3; a.A. *Lange/Kuchinke*, § 27 III.
20 MüKo/*Rudy*, § 2093 Rn 3; BeckOGK/*Gierl*, 1.3.2025, § 2093 Rn 16.

A. Normzweck

1 Die Anwachsung (Akkreszenz) ist die anteilige Erhöhung der Erbteile der übrigen eingesetzten Erben bei Wegfall eines Miterben. Der Rechtsgrundsatz der Anwachsung beruht auf dem vom Gesetzgeber unter bestimmten Voraussetzungen vermuteten Willen des Erblassers, die gesetzliche Erbfolge auszuschließen. Diese Vermutung ist jedoch widerleglich, weshalb Abs. 3 bestimmt, dass die Anwachsung nicht eintritt, wenn der Erblasser sie ausgeschlossen hat.[1]

2 Wenn also mehrere Erben in der Weise eingesetzt sind, dass sie die gesetzliche Erbfolge ausschließen, so ist davon auszugehen, dass dies nach dem Willen des Erblassers selbst dann so bleiben soll, wenn einer der Erben wegfällt.[2] Es treten dann also nicht die gesetzlichen Erben an die Stelle des Weggefallenen (§ 2088 BGB), sondern es tritt infolge des Wegfalls eines der Miterben die **Vergrößerung des einem anderen Miterben zugewandten Erbteils** ein. Die Anwachsung kann dabei allen Miterben gem. Abs. 1 S. 1 oder nur einem Teil gem. Abs. 1 S. 2 zugutekommen. **Gegenüber der Einsetzung eines Ersatzerben ist die Anwachsung subsidiär (§ 2099 BGB).** Das „Pendant" zur Anwachsung ist im Bereich der gesetzlichen Erbfolge die Erbteilserhöhung gem. § 1935 BGB. Entsprechende Vorschriften für das **Vermächtnis** enthalten §§ 2158, 2159 BGB.

B. Tatbestand

I. Ausschluss der gesetzlichen Erbfolge

3 Voraussetzung für die Anwachsung ist zunächst, dass die **eingesetzten Erben nach dem Willen des Erblassers die alleinigen Erben** sein sollen und die **gesetzliche Erbfolge vollständig ausgeschlossen** sein soll. Dies kann etwa dann der Fall sein, wenn die Erbteile den Nachlass erschöpfen (also kein Fall des § 2088 BGB), wenn ein Fall des § 2089 BGB vorliegt oder wenn im Falle der Zuwendung einzelner Nachlassgegenstände an mehrere Erben diese Nachlassgegenstände den gesamten Nachlass ausmachen und die Auslegungsregel des § 2087 Abs. 2 BGB nicht greift (siehe dazu § 2087 Rdn 20 ff.). Eine Ausnahme besteht insoweit gem. Abs. 2 für den Fall, dass die Erben auf einen **gemeinschaftlichen Erbteil i.S.d. § 2093 BGB** eingesetzt sind. Dann findet die Anwachsung unter diesen Miterben auch dann statt, wenn der restliche Erbteil an die gesetzlichen Erben fällt. Es kommt dann also lediglich darauf an, dass der Erblasser die gesetzliche Erbfolge in Bezug auf den gemeinschaftlichen Erbteil ausgeschlossen hat.

> **Beispiel**
> Sind A, B und C zu je 1/4 eingesetzt, so wird bei Wegfall des C keine Anwachsung stattfinden, weil es am vollständigen Ausschluss der gesetzlichen Erbfolge fehlt. So wie die gesetzlichen Erben das freigelassene Viertel von Anfang an erhalten (§ 2088 Abs. 2 BGB), erhalten sie auch das Viertel des weggefallenen C.

II. Wegfall eines oder mehrerer Erben

4 Die Norm setzt weiter den **Wegfall eines von mehreren eingesetzten Erben** voraus, wobei der Wegfall vor oder nach dem Erbfall erfolgen kann, sofern der Wegfall auf

1 BeckOGK/*Gierl*, 1.3.2025, § 2094 Rn 2.
2 BayObLG FamRZ 1993, 736.

den Erbfall zurückwirkt. Wegfallgründe **vor** dem Erbfall sind der Tod des eingesetzten Erben vor dem Erbfall gem. § 1923 Abs. 1 BGB, die Totgeburt einer Leibesfrucht gem. § 1923 Abs. 2 BGB (auch nach dem Erbfall), der Zuwendungsverzicht gem. § 2352 BGB sowie der Eintritt einer auflösenden oder Ausfall einer aufschiebenden Bedingung vor dem Erbfall.[3] Wegfallgründe **nach** dem Erbfall sind die Ausschlagung gem. § 1953 BGB,[4] die Anfechtung der Annahme gem. § 1957 Abs. 1 Hs. 1 BGB, Erbunwürdigkeitserklärung gem. § 2344 BGB, Nichterleben einer aufschiebenden Bedingung gem. § 2074 BGB, Anfechtung gem. §§ 2078, 2079 BGB (für § 2094 BGB str., vgl. Rdn 5 und § 2088 Rdn 7 f.) sowie die Nichterteilung einer gem. Art. 86 EGBGB a.F. erforderlichen staatlichen Genehmigung.[5]

5 Die Frage der Anwendbarkeit des § 2094 BGB bei Nichtigkeit oder Unwirksamkeit der Erbeinsetzung wird nach wie vor unterschiedlich beantwortet. Die im Vordringen befindliche Auffassung bejaht die Anwendung von § 2094 BGB auch in diesen Fällen, da eine Differenzierung nach verschiedenen Wegfallsgründen der Norm nicht zu entnehmen ist und dem Sinn und Zweck der Anwachsungsregel der Vorrang gebührt. Nach dem Regelungszweck der Anwachsung ist davon auszugehen, dass der Erblasser umfassend und abschließend über seine Erbfolge bestimmen wollte.[6]

III. Kein Ausschluss der Anwachsung (Abs. 3)

1. Durch Erblasseranordnung

6 Als dritte Voraussetzung verlangt die Norm, dass der Erblasser **keinen Ausschluss der Anwachsung** gem. Abs. 3 vorgenommen hat. Ein solcher Ausschluss kann allg. oder nur für einzelne Miterben vorliegen. Er hat in der Verfügung von Todeswegen bzw. in der Form einer Verfügung von Todes wegen zu erfolgen. Ein ausdrücklicher Ausschluss ist nicht erforderlich,[7] es genügt vielmehr, dass er aus dem Gesamtinhalt der Verfügung mit hinreichender Sicherheit zu entnehmen ist.[8] Die **Beweislast für den Ausschluss** trägt nach allgemeinen Beweislastgrundsätzen derjenige, der sich auf ihn beruft.[9]

7 Ein Ausschluss muss dann angenommen werden, wenn der Erblasser an die Möglichkeit des Wegfalls eines der Miterben gedacht hat und für diesen Fall bewusst gerade nicht die gesetzliche Regelung zum Zuge kommen lassen wollte,[10] so etwa wenn aus der Verfügung hervorgeht, dass ein Erbe auf jeden Fall nur den ihm zugewiesenen Erbteil und nichts darüber hinaus erhalten soll. Auch wenn der Erblasser einen der Miterben auf einen seinem Pflichtteil entsprechenden Erbteil einsetzt, soll hierin ein Ausschluss der Anwachsung liegen.[11] Demgegenüber soll in der Zuweisung eines bestimmten Bruchteils, selbst wenn dieser geringer ist als der gesetzliche Erbteil, kein Ausschluss der Anwachsung liegen, da hierdurch nur das Teilungsverhältnis unter den Miterben festgesetzt würde.[12]

---

3 Staudinger/*Otte* (2019), § 2094 Rn 2; BeckOGK/*Gierl*, 1.3.2025, § 2094 Rn 12.
4 BayObLG FamRZ 2005, 1127.
5 RGZ 95, 97.
6 BeckOGK/*Gierl*, 1.3.2025, § 2094 Rn 19; MüKo/*Rudy*, § 2094 Rn 3; BeckOK BGB/*Litzenburger*, 73. Ed. 1.2.2025, § 2094 Rn 2.
7 BayObLG FamRZ 1993, 736.
8 Ergibt sich im Wege (ergänzender) Auslegung eine Ersatzerbenbestimmung (§ 2096 BGB), dann ist die Anwachsung gesetzlich ausgeschlossen (§ 2099 BGB).
9 MüKo/*Rudy*, § 2094 Rn 4 unter Hinweis auf BGHZ 121, 357 = FamRZ 1993, 946.
10 Staudinger/*Otte*, § 2094 Rn 10.
11 Staudinger/*Otte*, § 2094 Rn 10.
12 Staudinger/*Otte*, § 2094 Rn 10.

2. Durch ausdrückliche, konkludente oder vermutete Ersatzerbfolge

Eine Anwachsung findet gem. **§ 2099 BGB** nicht statt, wenn der Erblasser einen Ersatzerben eingesetzt hat (§ 2096 BGB), das Gleiche gilt für die Einsetzung eines Ersatznacherben gem. § 2102 Abs. 1 BGB. Besondere Bedeutung gewinnt in diesem Zusammenhang die Auslegungsregel des § 2069 BGB, nach der die Abkömmlinge eingesetzter Kinder im Zweifel nach den Regeln der gesetzlichen Erbfolge zu Ersatzerben berufen sind. Greift der Tatbestand des § 2069 BGB, so wird die Anwachsung an verbliebene Miterben ausgeschlossen. Es handelt sich insoweit um gewillkürte Erbfolge, so als ob die Ersatzberufenen im Testament genannt wären.[13] Bei Vorliegen eines gemeinschaftlichen Testaments mit Pflichtteilsstrafklausel ist jedoch zu beachten, dass für den Fall des Eingreifens der Pflichtteilsklausel § 2069 BGB nicht zum Zuge kommt, so dass dann die Anwachsung gem. § 2094 BGB stattfinden kann.[14] Dies gilt selbst dann, wenn der Pflichtteilsanspruch nicht vom Abkömmling selbst, sondern von einem Dritten geltend gemacht wird, der – wie etwa der Ehegatte eines verstorbenen Abkömmlings – im Wege der Erbfolge an die Stelle des Abkömmlings getreten ist.[15] 8

C. Rechtsfolgen

Als Rechtsfolge bestimmt § 2094 BGB, dass sich der Erbteil der nach dem Wegfall verbleibenden Erben **nach dem Verhältnis ihrer Anteile** – und nicht etwa nach dem Kopf-Prinzip – erhöht. 9

Beispiel

Ist A zu 1/2 und B und C zu je 1/4 zu Erben eingesetzt, so beträgt das Verhältnis 2:1:1. Fällt C weg, so wächst sein Anteil zu 2/3 dem A und zu 1/3 dem B an. A erhält also 2/3 von 1/4 = 1/6 und B erhält 1/3 von 1/4 = 1/12. Insgesamt beträgt der Erbteil des A dann 2/3, der Erbteil des B 1/3.

Berechnungsformel: Die Umrechnung der Erbquote des ausscheidenden Miterben berechnet sich wie folgt:

1 geteilt durch (1–X),

wobei X die Erbquote des ausgeschiedenen Miterben darstellt. Hierdurch erhält man den Bruchteil, mit dem die Erbquoten der verbleibenden Miterben zu multiplizieren sind.[16]

Danach ergibt sich im obigen Bsp. folgende Berechnung:

1 geteilt durch (1–1/4) = 1 geteilt durch 3/4 = 4/3

Die neue Erbquote von A beträgt 1/2 × 4/3 = 2/3

Die neue Erbquote von B beträgt 1/4 × 4/3 = 1/3

Hiermit wird auch klargestellt, dass nicht etwa zu einem bereits vorhandenen Erbteil des einzelnen Miterben noch ein Erbteil hinzutritt, der dann etwa gesondert angenommen oder ausgeschlagen werden könnte, sondern dass es sich um einen **einheitlichen Erbteil** handelt. Ebenso verhält es sich bzgl. erbrechtlicher Bindung (§§ 2271, 2289 BGB; Freistellung/Änderungsvorbehalt möglich!).[17] Allerdings wird der angewach- 10

13 BayObLG FamRZ 1991, 614.

14 OLG München ZErb 2006, 385 = ZEV 2006, 554 = FamRZ 2008, 445; OLG München ZErb 2008, 113 = ZEV 2008, 341 = ErbR 2008, 125 = FamRZ 2008, 1118; OLG München FamRZ 2011, 1691; OLG Hamm ZErb 2013, 65 = FamRZ 2013, 1066.

15 OLG Hamm, Beschl. v. 27.1.2021 – I-10 W 71/20, Rn 39, 42.

16 *Bonefeld/Daragan/Tanck/Riedel*, Arbeitshilfen im Erbrecht, Kap. D, S. 8 f.

17 BayObLG ZEV 2004, 202 = FamRZ 2004, 1672 (Pflichtteilsstrafklausel); OLG Hamm ZErb 2015, 123 = ZEV 2015, 246 (LS) = ErbR 2015, 507 = FamRZ 2015, 1057 (Zuwendungsverzicht); OLG Nürnberg ZEV 2017, 642 m. Anm. *Litzenburger* = ErbR 2017, 517 = FamRZ 2017, 1624; Burandt/Rojahn/*Czubayko*, § 2094 Rn 8.

sene Erbteil **in folgenden Fällen als gesonderter Erbteil** behandelt: gem. § 2095 BGB im Hinblick auf die Beschwerung mit Vermächtnissen und Auflagen sowie eine Ausgleichungspflicht, gem. § 2007 BGB im Hinblick auf die Haftung für Nachlassverbindlichkeiten, gem. § 2110 BGB im Hinblick auf den Umfang des Nacherbenrechts, gem. § 2373 S. 1 BGB im Hinblick auf den Umfang des Rechts des Erbschaftskäufers.[18]

11 Hat der Erblasser die **Anwachsung ausgeschlossen**, so tritt hinsichtlich des Erbteils des weggefallenen Erben gesetzliche Erbfolge ein (§ 2088 BGB). Hat der Erblasser die Anwachsung nur hinsichtlich einzelner Miterben ausgeschlossen, so nehmen nur diese nicht an der Anwachsung teil. Falls die ausgeschlossenen Miterben wegfallen, so wächst deren Erbteil den übrigen Miterben gem. § 2094 BGB gleichwohl an.[19] Die Anwachsung wirkt im Übrigen auch zugunsten des **Erbeserben**, sofern der vorrangig berufene Erbe mit Wirkung auf den Erbfall wegfällt. Sind mehrere Erben auf einen **gemeinschaftlichen Erbteil** i.S.d. § 2093 BGB berufen, so bestimmt Abs. 1 S. 2, dass die Anwachsung zunächst unter ihnen stattfindet.

Beispiel
A ist auf 1/2, B und C gemeinschaftlich auf die andere Hälfte des Nachlasses eingesetzt. Fällt C weg, so tritt für die Aufteilung seines Erbteils an die Stelle des gesamten Nachlasses der gemeinschaftliche Erbteil von B und C, so dass A an der Anwachsung nicht teilnimmt und letztlich A und B insgesamt je 1/2 des Nachlasses erhalten.

12 Sofern jedoch alle der auf den gemeinschaftlichen Erbteil eingesetzten Miterben weggefallen sind, wächst dieser frei gewordene gemeinschaftliche Erbteil nach den Grundsätzen des Abs. 1 S. 1 allen übrigen Erben im Verhältnis ihrer Erbteile an. Abs. 2 bestimmt für den Fall, dass der **Erblasser nur über einen Teil der Erbschaft verfügt** hat und hinsichtlich des Rests gesetzliche Erbfolge eintritt, dass die Anwachsung nur im Verhältnis der Miterben stattfindet, die auf einen gemeinschaftlichen Erbteil eingesetzt sind.

Beispiel
A ist zu 1/2 gesetzlicher Erbe, B und C auf den gemeinschaftlichen Erbteil von ebenfalls 1/2 testamentarisch eingesetzt. Fällt A weg, so kommt es überhaupt nicht zur Anwachsung. Fallen B oder C weg, so tritt Anwachsung nur beim jeweils anderen (C oder B) ein.

§ 2095 Angewachsener Erbteil

Der durch Anwachsung einem Erben anfallende Erbteil gilt in Ansehung der Vermächtnisse und Auflagen, mit denen dieser Erbe oder der wegfallende Erbe beschwert ist, sowie in Ansehung der Ausgleichungspflicht als besonderer Erbteil.

Literatur
Fürnrohr, Zur Auswirkung des § 2095 auf die verhältnismäßige Teilung der Pflichtteilslast zwischen Erbe und Vermächtnisnehmer, JW 1912, 61.

A. Normzweck

1 Durch § 2095 BGB wird der **Grundsatz der Einheitlichkeit des Erbteils** und damit der Unselbstständigkeit des anwachsenden Erbteils (was insbesondere für die An-

18 Staudinger/*Otte*, § 2094 Rn 9.
19 MüKo/*Rudy*, § 2094 Rn 6.

nahme und Ausschlagung von Bedeutung ist, vgl. Ausführungen zu § 2094 BGB) **teilweise durchbrochen**, um eine ungerechtfertigte Benachteiligung sowohl des Anwachsungsberechtigten als auch der durch Vermächtnis, Auflage oder Ausgleichung Begünstigten zu verhindern. § 2095 BGB entspricht der Regelung des § 1935 BGB für die Erhöhung des gesetzlichen Erbteils. Die Aufzählung der Beschwerungen ist dabei abschließend und umfasst nur Vermächtnisse, Auflagen und Ausgleichungspflichten. Für andere Verbindlichkeiten findet die Vorschrift keine Anwendung.[1]

Die Regelung soll zum einen verhindern, dass der durch die Anwachsung begünstigte Erbe dadurch benachteiligt wird, dass der angewachsene Erbteil über seinen Wert hinaus **mit Vermächtnissen oder Auflagen beschwert** ist, die gem. §§ 2161, 2162 BGB auch nach dem Wegfall des damit Beschwerten bestehen bleiben.[2] Nach dem Grundsatz der Einheitlichkeit des Erbteils wären diese Belastungen dann nämlich auch aus dem ursprünglichen Erbteil zu erfüllen, was im Ergebnis dazu führte, dass der Erbe letztlich weniger erhielte als ohne die Anwachsung. Entsprechendes gilt, wenn der ursprüngliche Erbteil mit Vermächtnissen und Auflagen **überschwert** ist und der Erbe dann trotzdem aus dem angewachsenen Erbteil erfüllen müsste. 2

Umgekehrt kommt die Regelung aber auch den Vermächtnisnehmern und Auflagebegünstigten zugute, sofern diese Vermächtnisse und Auflagen sich aus dem geringer beschwerten Erbteil ergeben. Auch wenn der ursprüngliche Erbteil überschwert ist, kann der Erbe in diesem Fall nicht die Einrede der Überschwerung des Nachlasses im Hinblick auf den angewachsenen Erbteil erheben und umgekehrt.[3] Entsprechendes gilt gem. § 2095 Hs. 2 BGB im Falle der **Ausgleichungspflicht** des § 2052 BGB, die gem. § 2051 Abs. 1 BGB bei Wegfall eines ausgleichungspflichtigen Miterben auf den Anwachsungsberechtigten übergehen kann. Hier sorgt § 2095 BGB i.V.m. § 2056 BGB dafür, dass die Ausgleichungspflicht nicht von dem einen auf den anderen Erbteil übergreift.[4] Dies hat zur Folge, dass es bei einer Überschwerung entweder des ursprünglichen oder des angewachsenen Erbteils mit einer Ausgleichungspflicht nicht zu einer Belastung des nicht beschwerten Erbteils kommt.[5] 3

Beispiel

Erblasser E hinterlässt seine Ehefrau F sowie seine Töchter T 1, T 2 und T 3 (jeweils ohne Abkömmlinge). Er verfügt letztwillig, dass seine drei Töchter Miterben zu je 1/3 werden sollen, während F notariell auf den Pflichtteil verzichtet. Der Nachlass beträgt 400.000 EUR. T 1 hat bereits einen ausgleichungspflichtigen Vorempfang i.H.v. 300.000 EUR erhalten, T 2 einen ausgleichungspflichtigen Vorempfang i.H.v. 50.000 EUR. T 1 verstirbt vor Eintritt des Erbfalls.

Zunächst wächst der Erbteil der T 1 der T 2 und der T 3 zu je 1/6 an (§ 2094 BGB). Der fiktive Ausgleichungsnachlass beträgt 400.000 EUR + 300.000 EUR + 50.000 EUR = 750.000 EUR. Mithin standen den Töchtern T 1, T 2 und T 3 jeweils zu:

750.000 EUR : 3 = 250.000 EUR.

Hätte T 1 im Zeitpunkt des Erbfalls noch gelebt, hätte sie sich hierauf 300.000 EUR anrechnen lassen müssen. Ihr Anteil hätte somit gem. § 2056 null betragen und sie wäre aus der Ausgleichung ausgeschieden. Das Gleiche gilt jetzt für den T 2 und T 3 angewachsenen Erbteil von je 1/6. Die Ausgleichungspflicht hinsichtlich des

1 Staudinger/*Otte*, § 2095 Rn 4; BeckOGK/*Gierl*, 1.3.2025, § 2095 Rn 7.
2 Staudinger/*Otte*, § 2095 Rn 1.
3 Staudinger/*Otte*, § 2095 Rn 1.
4 Soergel/*Loritz*, § 2095 Rn 2; MüKo/*Rudy*, § 2095 Rn 4.
5 Staudinger/*Otte*, § 2095 Rn 3.

angewachsenen Erbteils der T 1 greift nicht etwa auf die „originären" Erbteile von T 2 und T 3 über.
Somit ist zwischen T 2 und T 3 ein neuer Ausgleichsnachlass zu bilden: Dieser beträgt 400.000 EUR + 50.000 EUR = 450.000 EUR. Mithin stehen T 2 und T 3 jeweils zu:
450.000 EUR : 2 = 225.000 EUR
T 2 muss sich hierauf ihren Vorempfang i.H.v. 50.000 EUR anrechnen lassen, so dass sie aus dem Nachlass noch 175.000 EUR erhält.
T 3 erhält 225.000 EUR.

B. Rechtsfolgen

4 Der dargestellte Normzweck wird mittels der **Fiktion** erreicht, dass im Falle der genannten Beschwerungen eben doch **zwei gesonderte Erbteile** vorliegen. Durch diese Fiktion werden zwei selbstständige Erbteile („ursprünglicher Erbteil" – „anwachsender Erbteil") und damit zwei getrennte Haftungsmassen fingiert. Dies hat zur Folge, dass sich die Erfüllung der Vermächtnisse bzw. der Auflagen auf denjenigen „Erbteil" beschränkt, der mit diesen beschwert ist.[6] Für die Anordnung der Nacherbschaft, Testamentsvollstreckung und Teilungsanordnungen findet der Gedanke des § 2095 BGB entsprechende Anwendung, sofern sich kein anderer Wille im Wege der Auslegung ergibt, z.B. wenn nach dem Willen des Erblassers der dem Erben zugewendete Nachlass grundsätzlich unter Testamentsvollstreckung gestellt sein sollte.[7] Dies hat zur Folge, dass der Erfüllungsanspruch der Vermächtnisnehmer und Auflagebegünstigten allein durch den Umfang und die Größe des jeweils beschwerten Erbteils begrenzt wird, und dass umgekehrt die Haftung des Anwachsungsberechtigten für die Erfüllung dieser Verbindlichkeiten jeweils für den angewachsenen und ursprünglichen Erbteil gesondert zu beurteilen ist. Der Anwachsungsberechtigte kann sich daher ggf. bei Überschwerung des belasteten Erbteils auf §§ 1991 Abs. 4, 1992 BGB berufen.[8] I.R.d. Pflichtteilsrechts wirkt sich § 2095 BGB dahingehend aus, dass der anwachsungsberechtigte Erbe die Pflichtteilslast für jeden Erbteil getrennt gem. § 2318 Abs. 1 u. 2 BGB auf die Vermächtnisnehmer bzw. auf den Auflagebegünstigten abwälzen kann.[9] Es handelt sich bei § 2095 BGB um eine **dispositive Vorschrift**, so dass eine **abweichende Erblasseranordnung** zu beachten ist und die dargestellten Rechtsfolgen nicht auslöst, es sei denn, die zwingenden Vorschriften der §§ 2007, 2306, 2318 BGB stünden entgegen.[10]

§ 2096 Ersatzerbe

Der Erblasser kann für den Fall, dass ein Erbe vor oder nach dem Eintritt des Erbfalls wegfällt, einen anderen als Erben einsetzen (Ersatzerbe).

Literatur

Becker, Kein Anwartschaftsrecht des Ersatznacherben, NJW 1969, 1463; *Diederichsen*, Ersatzerbfolge oder Nacherbfolge, NJW 1965, 671; *Dittmann*, Adoption und Erbrecht, Rpfleger 1978, 277; *Kanzleiter*, Der Zuwendungsverzicht nach der Änderung des § 2352 Satz 3 BGB mit Erstreckung seiner Wirkungen auf die Abkömmlinge des Verzichtenden, ErbR 2013, 206 (mit weiteren Nachweisen zur Literatur in

6 BeckOGK/*Gierl*, 1.3.2025, § 2095 Rn 9.
7 BeckOGK/*Gierl*, 1.3.2025, § 2095 Rn 13.
8 BeckOGK/*Gierl*, 1.3.2025, § 2095 Rn 10.
9 MüKo/*Rudy*, § 2095 Rn 3.
10 MüKo/*Rudy*, § 2095 Rn 5; BeckOGK/*Gierl*, 1.3.2025, § 2095 Rn 8.

dieser Thematik); *Kempf*, Die Anwartschaften des Nacherben und des Ersatznacherben, NJW 1961, 1797; *Muscheler*, Zum Verhältnis von § 2069 BGB und Ersatznacherbeneinsetzung, JR 1995, 309; *Nieder*, Die ausdrücklichen oder mutmaßlichen Ersatzbedachten im deutschen Erbrecht, ZEV 1996, 241; *Schopp*, Anwachsung – Ersatzerbschaft, MDR 1978, 10; *Weckesser*, Die Anwartschaft des Nacherben, Ersatzerben und Ersatznacherben, Diss. Mannheim, 1985; *Wübben*, Anwartschaftsrechte im Erbrecht, 2001.

Übersicht: Rdn

A. Normzweck

1 Da der Erblasser nicht sicher sein kann, dass der von ihm eingesetzte Erbe die Erbschaft auch tatsächlich erhält, und nicht etwa vor Eintritt des Erbfalls bspw. verstirbt oder die Erbschaft ausschlägt, hat er die Möglichkeit, die **gewillkürte Erbfolge** durch die Bestimmung eines Ersatzerben zu **sichern** und damit den Eintritt der gesetzlichen Erbfolge, aber auch eine mögliche Anwachsung (§ 2094 BGB), auszuschließen (§ 2099 BGB). Ersatzerbe ist daher derjenige, der aufgrund Verfügung des Erblassers an die Stelle des zuvor als Erben Bedachten tritt. Bei der Abgrenzung zwischen Ersatzerben und Nacherben (§ 2100 BGB) ist zu beachten, dass der Ersatzerbe nicht Nachfolger des Erben wird, sondern stattdessen an seine Stelle tritt (Erblasser wird vom Ersatzerben beerbt). Der Nacherbe wird hingegen als Nachfolger des zuvor bestimmten – und später auch vorhandenen – Vorerben berufen (Erblasser wird zunächst vom Vorerben und bei Eintritt des Nacherbfalls vom Nacherben beerbt).

B. „Wegfall" des zunächst berufenen Erben

I. Allgemeines

2 Als Wegfall des zunächst berufenen Erben sind grundsätzlich alle Gründe anzusehen, die dazu führen, dass dieser nicht Erbe wird. Es muss sich dabei um Umstände handeln, die entweder vor dem Erbfall eingetreten sind oder aber um solche, die zwar nach dem Erbfall eintreten, die aber auf den Zeitpunkt des Erbfalls zurückwirken.[1] Praktisch relevant sind das **Vorversterben**, der **Zuwendungsverzicht**, die **Ausschlagung**, eine **Erbunwürdigkeitserklärung**, die Nichterteilung einer nach Art. 86 EGBGB erforderlichen staatlichen Genehmigung, der Eintritt einer auflösenden Bedingung vor dem Erbfall, der Ausfall einer aufschiebenden Bedingung oder die Nichtigkeit oder wirksame Anfechtung der Erbeinsetzung. Auch eine nach § 2077 BGB unwirksam gewordene Erbeinsetzung stellt grds. einen Wegfall i.S.d. § 2096 BGB dar (ggf. aber Begrenzung).[2] Der Wegfall wird hier also weiter interpretiert als bei § 2094 BGB, da die Ersatzerbenberufung unstr. auch dann zum Zuge kommt, wenn die Erbeinsetzung nichtig ist oder unwirksam wird oder widerrufen wird.[3] Auch die Annahme des eingesetzten Erben als Kind eines anderen kann u.U. als Wegfall angese-

1 BeckOGK/*Gierl*, 1.3.2025, § 2096 Rn 26–28.
2 OLG Hamburg NJW-RR 2015, 1419 = FamRZ 2016, 403.
3 Burandt/Rojahn/*Czubayko*, § 2096 Rn. 2.

hen werden.[4] Aus § 2097 BGB ergibt sich, dass die Ersatzerbeneinsetzung vom Erblasser ohne Weiteres auf bestimmte **Wegfallgründe begrenzt** werden kann.[5] Hat der Erblasser keine Begrenzung vorgenommen, kommt es in allen Fällen des Wegfalls zu einer Ersatzerbfolge.[6]

3 Obwohl der Wegfall des erstberufenen Erben eine **aufschiebende Bedingung** für die Ersatzerbfolge darstellt, findet § 2074 BGB keine Anwendung; der Ersatzerbe muss also nur den Erbfall erleben, nicht den ggf. späteren – aber auf den Zeitpunkt des Erbfalls zurückwirkenden – Wegfall des erstberufenen Erben.[7]

II. Keine Doppelbegünstigung eines Stammes

4 Str. ist, ob von einem Wegfall des zunächst berufenen Erben auch dann gesprochen werden kann, wenn dieser etwa von der Möglichkeit der „taktischen" **Ausschlagung**[8] gem. § 2306 Abs. 1 BGB Gebrauch macht, **um seinen Pflichtteil zu erlangen** (im Ergebnis eine Auslegungsfrage!). Das OLG Stuttgart hat dies mit der Begründung verneint, die taktische Ausschlagung stelle eine „Störung der vom Erblasser vorgesehenen Nachlassabwicklung" dar, so dass dessen Wille zur Ersatzerbenberufung entfalle.[9] Der BGH lehnt in einem solchen Fall eine Anwendung von § 2069 BGB ab, mit der Folge, dass die Abkömmlinge des Ausschlagenden nicht zu Ersatzerben berufen werden.[10] Allerdings hat der BGH dies bislang nur für den (Zweifels-)Fall des § 2069 BGB entschieden, also eine ausdrückliche Ersatzerbenbestimmung des Erblassers fehlte. Nach OLG München[11] macht es keinen Unterschied, ob die Ersatzerbfolge auf § 2069 BGB oder auf direkter Anordnung gem. § 2096 BGB beruht. Zur Begründung führt das OLG München eine allgemeine Lebenserfahrung dahingehend an, dass es i.d.R. dem Willen des Erblassers nicht entspreche, den Stamm des Abkömmlings, der die Erbschaft ausschlägt und den Pflichtteil verlangt, doppelt zu berücksichtigen. Das OLG Karlsruhe hat in einer aktuellen Entscheidung bestätigt, dass eine ausdrückliche Ersatzerbeneinsetzung dahingehend auszulegen ist, dass sie bei Ausschlagung mit Pflichtteilsverlangen nicht gelten soll.[12] Die Gegenansicht vertritt die Auffassung, dass es aufgrund des § 2320 Abs. 2 BGB nicht zu einer **Doppelbegünstigung** desselben Stammes kommen kann, weil die nachrückenden Abkömmlinge im Innenverhältnis die Pflichtteilslast zu tragen haben.[13] Richtig erscheint es indessen im Falle der Geltendmachung von Pflichtteilsansprüchen, eine Ersatzerbenberufung, sei es eine ausdrückliche oder durch Auslegung bzw. durch Anwendung von § 2069 BGB ermittelte, abzulehnen, so dass es nicht zu einem Wegfall i.S.v. § 2096 BGB kommt.[14] Denn letztlich kann es keinen Unterschied machen, ob der Ersatzerbe ausdrücklich eingesetzt ist, im Wege allg. Auslegung oder nach der Zweifelsregelung des § 2069 BGB ermittelt wird. Denn durch die Ausschlagungshandlung hat der Pflichtteilsberechtigte

---

4 *Dittmann*, Rpfleger 1978, 277.

5 BayObLG FamRZ 1989, 666.

6 Jedoch keine Ersatzerbenbestimmung zugunsten der Kinder des Ehemannes (Stiefkinder), wenn die Ehe frühzeitig geschieden wird: OLG Dresden ZErb 2010, 29 = ZEV 2010, 257 = FamRZ 2010, 594 (im Wege der Auslegung ermittelte Begrenzung).

7 MüKo/*Rudy*, § 2096 Rn 3; BeckOK BGB/*Litzenburger*, 73. Ed. 1.2.2025, § 2096 Rn. 4.

8 Vgl. *Kerscher/Tanck*, ZAP 1997, 689.

9 OLG Stuttgart OLGZ 1982, 271; a.A. Staudinger/*Otte*, § 2096 Rn 11 m. Verweis auf OLG Zweibrücken OLGZ 1984, 3.

10 Vgl. BGHZ 33, 60 = NJW 1960, 1899.

11 ZErb 2006, 383 m. Anm. *Tanck*.

12 OLG Karlsruhe ZEV 2023, 222 (224 f.).

13 Vgl. hierzu MüKo/*Leipold*, § 2069 Rn 13.

14 A.A. Staudinger/*Otte*, § 2096 Rn 11.

das mit der letztwilligen Verfügung verfolgte Ziel des Erblassers gestört. Ferner könnte auch eine taktisch vorteilhafte Situation entstehen, wenn ein Stamm sowohl einen schuldrechtlichen Anspruch gegen den Nachlass in Form eines Pflichtteilsanspruchs als auch eine unmittelbare Beteiligung in der Erbengemeinschaft erwirbt. Bei nicht vorhandener Liquidität könnte der Pflichtteilsberechtigte dann möglicherweise die Erbteile der übrigen Miterben pfänden. Der Umstand, dass der Ersatzerbe die Pflichtteilslast zu tragen hätte (§ 2320 Abs. 1 BGB), steht dieser Auslegung nicht entgegen.[15]

Fraglich ist, ob der **Zuwendungsverzicht** zum Wegfall i.S.d. § 2096 BGB und damit zur Ersatzerbfolge führt. Diese Frage stellt sich regelmäßig dann, wenn der überlebende Ehegatte beim Berliner Testament i.S.d. § 2269 Abs. 1 BGB im Einvernehmen mit dem (erstberufenen) Schlusserben seine wegen § 2271 Abs. 2 BGB eingeschränkte Testierfreiheit wiedererlangen möchte (ebenso beim Erbvertrag).[16] Beim Zuwendungsverzicht **gegen (wertentsprechende) Abfindung** wird im Wege der ergänzenden Auslegung regelmäßig der Wille des Erblassers festzustellen sein, dass bereits die Anordnung der Ersatzerbfolge entfällt.[17] 5

Praxishinweis 6

Bei der Gestaltung von bindenden Verfügungen von Todes wegen sollte nicht nur klargestellt werden, ob eine Ersatzerbfolge angeordnet wird oder nicht.[18] Wenn Ersatzerbfolge angeordnet wird, sollte zugleich geregelt werden, welche Auswirkungen ein Zuwendungsverzicht auf die Ersatzerbfolge hat. (Letzteres ist freilich nicht notwendig, wenn die erbrechtliche Bindung entsprechend gelockert wird, z.B. durch Freistellung/Änderungsvorbehalt.)[19]

Seit der Erbrechtsreform zum 1.1.2010 kann sich der Zuwendungsverzicht auch auf die **Abkömmlinge des Verzichtenden** erstrecken, §§ 2349, 2352 S. 3 BGB. Umstritten ist, ob hierdurch automatisch die Ersatzerbfolge entfällt. Nach h.M. ist dies der Fall, da die Drittwirkung des Verzichts gegenüber den Abkömmlingen des Verzichtenden bereits vom Gesetz selbst angeordnet wird.[20] Nach a.A. ist maßgeblich allein die Auslegung der (bindenden) Verfügung von Todes wegen.[21] Beide Auffassungen werden jedoch häufig zum selben Ergebnis kommen. 7

In der 2. Aufl. 2011 (dort Rn 6 f.) wurde die neue Regelung des § 2352 S. 3 BGB im Hinblick auf die vorstehende Thematik bereits kritisch betrachtet. Dort wurde noch auf die zur Thematik einschlägige und in der Kommentarliteratur zitierte Entscheidung des OLG Düsseldorf DNotZ 1974, 367 verwiesen. Mit der Erbrechtsreform ist zwar die Regelung des § 2352 BGB a.F. (ohne Verweis auf § 2349 BGB) als Argument gegen einen (automatischen) Wegfall auch der als Ersatzerben berufenen Abkömm- 8

15 OLG Karlsruhe ZEV 2023, 222 (225).

16 Vgl. *Sticherling*, Schenkungen in fraudem testamenti, 2005, S. 16 Fn 5: Zuwendungsverzicht als Mittel zur Überwindung der erbrechtlichen Bindung; umfassend dazu *Dohr*, MittRhNotK 1998, 381.

17 Vgl. BGH NJW 1974, 43; OLG Hamm OLGZ 1982, 272; OLG Köln FamRZ 1990, 99; OLG Frankfurt FamRZ 1998, 57; BayObLG ZEV 1997, 377 = FamRZ 1997, 1430 (insoweit in FamRZ nicht abgedruckt, siehe aber juris); OLG München ZErb 2005, 377: verneint wegen unzureichender Abfindung; OLG Hamm ZErb 2009, 300. Siehe aber anderseits OLG Stuttgart OLGR 1998, 111 (sieht sich im Einklang mit dem BGH NJW 1974, 43 für den Fall der ausdrücklichen Ersatzerbenbestimmung).

18 Formulierungsvorschlag siehe *Tanck*, ZErb 2000, 88.

19 *Weidlich*, NotBZ 2009, 575 m. Formulierungsvorschlag; MüKo/*Wegerhoff*, § 2352 Rn 14.

20 MüKo/*Wegerhoff*, § 2352 Rn. 14; Burandt/Rojahn/*Czubayko*, § 2096 Rn. 8, jeweils mit weiteren Nachweisen.

21 Grüneberg/*Weidlich*, § 2352 Rn. 5.

linge des Verzichtenden entfallen; das dortige Argument der erbrechtlichen Bindung aufgrund ausdrücklicher Ersatzerbenbestimmung bleibt aber bestehen (siehe Rdn 7). Die Entscheidung ist also weiter verwertbar.[22]

C. Ersatzerbenbestimmung durch den Erblasser

I. Allgemeines

9 Ersatzerbe kann ein Miterbe, ein gesetzlicher Erbe oder aber eine dritte Person sein. Der Erblasser kann den Ersatzerben auf den gesamten Nachlass, aber auch nur auf einen Bruchteil des Nachlasses einsetzen. **Gesetzliche Vermutungen** für Ersatzerbeneinsetzungen enthalten § 2069 sowie § 2102 BGB. Die Ersatzerbeneinsetzung muss **nicht ausdrücklich** angeordnet sein, sondern kann ohne Weiteres durch Auslegung ermittelt werden. Aus dem Wortlaut des § 2096 BGB sowie aus § 2051 Abs. 2 BGB ergibt sich, dass der Erblasser einen Ersatzerben nicht nur für einen gewillkürten Erben, sondern **auch für einen gesetzlichen Erben** bestimmen kann.[23] Im Unterschied zum Nacherben, der erst dann erbt, wenn vor ihm ein anderer Erbe war, wird der Ersatzerbe **unmittelbarer Rechtsnachfolger** des Erblassers.[24] Die Abgrenzung zwischen beiden Rechtsinstituten ist nicht immer ganz eindeutig.[25] Auch für einen Nacherben kann ein Ersatzerbe (Ersatznacherbe) berufen werden. Der Ersatzerbe kann auch an die Stelle eines bedingt berufenen Erben treten.[26] Es ist dann durch Auslegung zu ermitteln, ob die Bedingung auch für den Ersatzerben gelten soll.[27]

II. Verhältnis zwischen § 2069 BGB und § 2096 BGB

10 Umstritten ist, ob gem. **§ 2069 BGB** die **Abkömmlinge** des zunächst bedachten Abkömmlings einem ausdrücklich berufenen **Ersatzerben vorgehen**. Das BayObLG hält diese Frage nicht für pauschal beantwortbar, sondern immer für eine Auslegungssache im konkreten Fall.[28] Diese Auffassung hat sich mittlerweile in Rechtsprechung und Literatur durchgesetzt.[29] Im Einzelfall ist daher stets der Wille des Erblassers durch Auslegung zu ermitteln, wobei der Vorrang der individuellen Auslegung gilt.[30] In der

---

22 Ggf. hat sich aber durch die Neuregelung des § 2352 BGB für Abkömmlinge des Verzichtenden die Beweislast umgekehrt. In der Entscheidung wurde noch eine ausdrückliche Bestimmung im Erbvertrag gefordert, dass im Falle eines Zuwendungsverzichts auch die Ersatzerben wegfallen. Heute wird eine ausdrückliche Bestimmung im Erbvertrag gefordert, dass die Ersatzerbfolge bestehen bleiben soll (siehe z.B. BeckOK BGB/*Litzenburger*, 50. Ed. 1.5.2019, § 2352 Rn 23).

23 Staudinger/*Otte*, § 2096 Rn 4; MüKo/*Rudy*, § 2096 Rn 5; BeckOGK/*Gierl*, 1.3.2025, § 2096 Rn 4.

24 MüKo/*Rudy*, § 2096 Rn 1.

25 Zur Abgrenzung von Nacherbschaft und Ersatzerbschaft, wenn der Erblasser in einem privatschriftlichen Testament seinen Ehegatten zum Erben eingesetzt und bestimmt hat, dass „nach beider Tod" der gemeinsame Sohn „Gesamterbe" sein soll: BayObLG ZEV 1999, 397 = FamRZ 2000, 970; zur Abgrenzung von Nacherbschaft und Ersatzerbschaft, wenn der Erblasser einem seiner Söhne ein Anwesen mit Gastwirtschaft zugewendet und angeordnet hat, ein anderer Sohn solle das Anwesen erhalten, wenn der zunächst bedachte Sohn ohne Nachkommen verstirbt: BayObLG ZErb 2000, 85.

26 MüKo/*Rudy*, § 2096 Rn 5; BeckOGK/*Gierl*, 1.3.2025, § 2096 Rn. 11.

27 Staudinger/*Otte*, § 2096 Rn 7.

28 BayObLG ZEV 1995, 25 = FamRZ 1994, 783; jetzt auch Staudinger/*Otte*, § 2096 Rn 3; Müko/*Rudy*, § 2096 Rn 8. Vgl. dazu aus der neueren Rspr.: OLG München ZErb 2011, 336 = ErbR 2011, 379 = FamRZ 2012, 9; Vorrang der individuellen Auslegung: OLG Celle ZEV 2013, 204 m. Anm. *Otte*.

29 OLG München ZErb 2011, 336 = ErbR 2011, 379 = FamRZ 2012, 9; BeckOGK/*Gierl*, 1.3.2025, § 2096 Rn 21.

30 OLG Celle ZEV 2013, 204.

Praxis sollte daher größtes Gewicht auf eine ausdrückliche und eindeutige Regelung gelegt werden.

III. Der hypothetische Ersatzerbe

Die Regelung des § 2069 BGB gilt nur für Abkömmlinge des Erblassers. Sie kann auch 11
nicht anlog angewandt werden, wenn der Erblasser andere Verwandte oder ihm sonst nahestehende Personen eingesetzt hat.[31] In einem solchen Fall ist jedoch durch Auslegung zu ermitteln, ob in der Einsetzung des Erben zugleich die Kundgabe des Willens gesehen werden kann, die **Abkömmlinge** des Bedachten (oder auch dessen **Ehegatten**) zu Ersatzerben zu berufen (§ 2096 BGB).[32] Dabei ist zunächst zu prüfen, ob der Erblasser im Zeitpunkt der Errichtung der Verfügung an die Möglichkeit eines vorzeitigen Wegfalls des von ihm eingesetzten Erben tatsächlich gedacht hat und was er für diesen Fall wirklich oder mutmaßlich gewollt hat (sog. erläuternde Auslegung).[33]

Kann der wirkliche oder mutmaßliche Wille des Erblassers nicht festgestellt werden, 12
ist eine ergänzende Auslegung in Betracht zu ziehen. Ist der Bedachte eine dem Erblasser nahestehende Person, so legt die Lebenserfahrung die Prüfung nahe, ob der Erblasser eine Ersatzerbenberufung der Abkömmlinge gewollt hat oder gewollt haben würde.[34] Entscheidend bei der Zuwendung an einen fremden Abkömmling ist, ob die Zuwendung dem Bedachten als Ersten seines Stammes oder nur ihm persönlich gegolten hat.[35] Für die Annahme einer solchen Ersatzerbfolge müssen aber konkrete Anhaltspunkte vorliegen.[36] Die Rechtsprechung geht mit der Andeutungstheorie teilweise großzügig um, wobei die Andeutung im Testament bereits in der Tatsache der Berufung der nahestehenden Person zum Erben gesehen werden kann. Dieser großzügige Umgang wird aber nur bei dem Erblasser nahe verwandter Personen (z.B. Nichte/Neffe) oder verschwägerter Personen (Ehegatte des Erblassers) gestattet; sind familienfremde Personen eingesetzt, werden für die Annahme einer Ersatzerbenberufung neben der Berufung der nahestehenden Person weitere Anhaltspunkte in der Verfügung von Todes wegen gefordert.[37]

Das KG Berlin hat jüngst klargestellt, dass in der Berufung als Erbe per se nicht bereits die Andeutung eines Stammesbezugs abgeleitet werden kann.[38] Als Kriterien für die Annahme einer Ersatzerbfolge hat das OLG München etwa angeführt, ob die Begünstigten wie bei der gesetzlichen Erbfolge gleichmäßig bedacht wurden, ob der Erblasser sich mehr vom formalen Kriterium der Gleichbehandlung leiten ließ oder vom persönlichen Verhältnis zu den Bedachten.[39]

IV. Mehrere Ersatzerben

Der Erblasser hat auch die Möglichkeit, **mehrere Ersatzerben nebeneinander** oder 13
hintereinander einzusetzen.[40] Ebenso kann der Erblasser für mehrere Miterben einen Ersatzerben einsetzen, wobei dann wiederum durch Auslegung zu ermitteln ist, ob zunächst unter den Miterben Anwachsung eintreten und der Ersatzerbe nur an die

31 BGH FamRZ 1973, 133; KG Berlin ErbR 2021, 417 (418); OLG Düsseldorf ZEV 2012, 662, 663.
32 BayObLGZ 1982, 159.
33 OLG Hamm FamRZ 1991, 1483; OLG Frankfurt FamRZ 1996, 829.
34 OLG Düsseldorf ZEV 2012, 662 m. Anm. *Horn* = ErbR 2012, 316 = FamRZ 2013, 492 (Abkömmlinge der langjährigen Lebensgefährtin, im Ergebnis: nein).
35 OLG München BeckRS 2018, 10915; OLG Düsseldorf ZEV 2018, 140 (141).
36 OLG München FGPrax 2013, 177 (179).
37 OLG München ZErb 2013, 63 = FamRZ 2013, 1067.
38 KG Berlin ErbR 2021, 417 (419).
39 OLG München FamRZ 2011, 1692.
40 BeckOGK/*Gierl*, 1.3.2025, § 2096 Rn 10.

Stelle des letzten verbleibenden Miterben rücken soll oder ob es bereits nach dem Wegfall eines der Miterben zum Eintritt des Ersatzerbfalls kommen soll (vgl. § 2099 BGB).

D. Rechtsstellung des Ersatzerben

14 Der Ersatzerbe tritt in die Rechtsstellung des Erblassers ein mit Wirkung auf den Zeitpunkt, zu dem der Erstberufene Erbe geworden wäre. Daraus ergibt sich, dass der Erstberufene zu keinem Zeitpunkt Erbe geworden sein darf, es sei denn, der Wegfallgrund wirkt auf den Zeitpunkt des Erbfalls zurück (vgl. Rdn 2). Stirbt der Ersatzerbe **zwischen Erbfall und Wegfall** des erstberufenen Erben (für den Fall, dass ein späterer Wegfallgrund auf den Zeitpunkt des Erbfalls zurückwirkt), so geht sein **Recht** auf seine eigenen Erben über,[41] es sei denn, der Erblasser hätte die Ersatzerbfolge dadurch bedingt, dass der Ersatzerbe den Wegfall des Erstberufenen erleben müsse. Demgegenüber hat der Ersatzerbe vor dem Eintritt des Erbfalls überhaupt keine gesicherte Rechtsposition. Zur Anwartschaft des Ersatznacherben vgl. die Ausführungen zu §§ 2102, 2142.

15 Nach Eintritt des Erbfalls erlangt der Ersatzerbe ein Anwartschaftsrecht, das als gesicherte Rechtsposition grundsätzlich vererblich und übertragbar ist.[42] Die Anwartschaft zwischen Erbfall und Wegfall räumt dem Ersatzerben allerdings lediglich eine relativ schwache Rechtsposition ein. So hat er keinerlei Einflussnahmemöglichkeit auf die Führung von den Nachlass betreffenden Geschäften durch den zunächst berufenen Erben und kann erst nach dessen Wegfall in den durch § 1959 BGB gezogenen Grenzen gegen diesen oder Dritte vorgehen.[43] Der Ersatzerbe ist (anders als der Ersatznacherbe) auch nicht in den Erbschein mit aufzunehmen.[44] Nach Eintritt des Erbfalls (aber vor Wegfall) kann der Ersatzerbe bereits die Annahme oder Ausschlagung der Erbschaft erklären, obwohl überhaupt noch nicht feststeht, ob der Ersatzerbe überhaupt je Erbe wird.[45]

16 Gem. §§ 2051 Abs. 2, 2161, 2192 BGB wird, sofern kein entgegenstehender Erblasserwille erkennbar ist, vermutet, dass der Ersatzerbe die gleichen **Vermächtnisse und Auflagen** zu erfüllen hat sowie in eine eventuelle **Ausgleichungspflicht** eintritt wie der erstberufene Erbe. Das Gleiche gilt für **Teilungsanordnungen.**[46] Der Erblasser kann jedoch die Rechtsposition des Ersatzerben abweichend zum erstberufenen Erben regeln und ihn z.B. mit zusätzlichen Auflagen und Vermächtnissen beschweren oder ihn nur auf einen geringeren Erbteil einsetzen.[47] Der Ehegattenvoraus gem. § 1932 BGB steht dem Ersatzerben wegen dessen höchstpersönlichen Charakters regelmäßig nicht zu,[48] dieser kann allerdings Gegenstand eines Ersatzvermächtnisses sein.[49] Ein dem Erstberufenen zugewandtes **Vorausvermächtnis** kann dem Ersatzerben zustehen, sofern sich aus der Verfügung von Todes wegen ein entsprechender Erblasserwille ergibt.[50]

---

41 Staudinger/*Otte*, § 2096 Rn 12; MüKo/*Rudy*, § 2096 Rn 10: im Zweifel vererbliche und übertragbare Anwartschaft, h.M.

42 BayObLG FamRZ 1992, 728; MüKo/*Rudy*, § 2096 Rn 10; a.A. OLG Hamm NJW 1970, 1606.

43 RGZ 145, 316; BayObLGZ 5, 398.

44 MüKo/*Rudy*, § 2096 Rn 10.

45 Staudinger/*Otte*, § 2096 Rn 13.

46 BeckOGK/*Gierl*, 1.3.2025, § 2096 Rn 35.

47 BeckOGK/*Gierl*, 1.3.2025, § 2096 Rn 36.

48 MüKo/*Rudy*, § 2096 Rn 11.

49 Staudinger/*Otte*, § 2096 Rn 15.

50 OLG Kiel OLGE 34, 283; BeckOGK/*Gierl*, 1.3.2025, § 2096 Rn 35.

§ 2097 Auslegungsregel bei Ersatzerben

Ist jemand für den Fall, dass der zunächst berufene Erbe nicht Erbe sein kann, oder für den Fall, dass er nicht Erbe sein will, als Ersatzerbe eingesetzt, so ist im Zweifel anzunehmen, dass er für beide Fälle eingesetzt ist.

A. Normzweck

Streng genommen ist die Vorschrift des § 2097 BGB überflüssig, da man anhand der geltenden Auslegungsmethodik hier zu dem gleichen Ergebnis käme. Es ist nämlich nicht davon auszugehen, dass ein Erblasser die Ersatzerbenberufung nur auf bestimmte Wegfallgründe beschränken will; vielmehr ist davon auszugehen, dass der Erblasser sich als juristischer Laie allenfalls unklar ausgedrückt hat, sofern er in der Verfügung von Todes wegen nur bestimmte Wegfallgründe genannt hat. Insoweit ist die Vorschrift wohl nur historisch zu erklären.[1] 1

Die Vorschrift ist gem. § 2190 BGB auf das **Ersatzvermächtnis entsprechend** anwendbar.[2]

B. Inhalt

§ 2097 BGB bestimmt demnach als **Auslegungsregel**, dass der vom Erblasser jeweils genannte Wegfallgrund sich im Zweifel auch auf den nicht genannten erstreckt.[3] Fälle, in denen der eingesetzte Erbe nicht Erbe sein **kann**, sind Tod, Erbunwürdigkeit, Nichterteilung einer nach Art. 86 EGBGB erforderlichen Genehmigung, Eintritt einer auflösenden Bedingung, Ausfall einer aufschiebenden Bedingung, Widerruf der Erbeinsetzung, Nichtigkeit der Erbeinsetzung,[4] Fälle, in denen der eingesetzte Erbe nicht Erbe sein **will**, sind die Ausschlagung oder der Zuwendungsverzicht. 2

Da es sich bei § 2097 BGB nur um eine Auslegungsregel handelt, kann der Erblasser ohne Weiteres eine **abweichende Bestimmung** treffen, etwa die Ersatzerbeneinsetzung auf bestimmte Wegfallgründe beschränken.[5] Bei notariellen Testamenten kann in der Regel nicht angenommen werden, dass nur eine mangelhafte Ausdrucksweise infolge Unkenntnis sämtlicher möglicher Wegfallsgründe vorliegt. Bei der Mitwirkung eines Notars bezieht sich die Vermutung der Vollständigkeit und Richtigkeit der notariellen Urkunde auch darauf, dass alles erklärt worden ist, was zur vollständigen Regelung erforderlich war.[6] Ein solcher abweichender Wille des Erblassers kann sich aber auch aus den Umständen ergeben. Ein besonders praxisrelevantes Beispiel hierfür ist die Bestimmung, dass die Abkömmlinge eines eingesetzten Nacherben dann – entgegen der Auslegungsregelung des § 2069 BGB – nicht Ersatzerben werden sollen, wenn der zunächst eingesetzte Nacherbe die Erbschaft ausschlägt, um den Pflichtteil zu erlangen (siehe dazu § 2096 Rdn 4). 3

Die Auslegungsregel des § 2097 BGB spielt eine besondere Rolle bei Berliner Testamenten (§ 2269 BGB) mit Schlusserbeneinsetzung. Schlägt der überlebende Ehegatte das testamentarische Erbe aus, fällt es im Zweifel dem Schlusserben als Ersatzerben zu. Die ergänzende Auslegung führt regelmäßig dazu, dass mit der bindenden Schluss- 4

---

1 MüKo/*Rudy*, § 2097 Rn 1.

2 BeckOGK/*Gierl*, 1.3.2025, § 2097 Rn 3.

3 RGZ 113, 50; OLG Düsseldorf DNotZ 1974, 367; BayObLG FamRZ 1989, 666; OLG Düsseldorf, Beschl. v. 17.7.2023 – I-3 Wx 91/23, juris Rn 39, 40.

4 Vgl. Staudinger/*Otte*, § 2097 Rn 1; BeckOGK/*Gierl*, 1.3.2025, § 2097 Rn 5.

5 Dazu OLG Frankfurt, Beschl. v. 12.5.2011 – 20 W 350/10, juris = BeckRS 2011, 26566.

6 Burandt/Rojahn/*Czubayko*, § 2097 Rn 1; BayObLG FamRZ 1989, 666 ff.; a.A. diff. OLG Frankfurt a.M. BeckRS 2011, 26566, eine generelle Vollständigkeitsvermutung notarieller Testamente bezweifelnd.

erbeneinsetzung der Kinder zugleich die Einsetzung der Kinder als Ersatzerben für den ersten Erbfall gewollt ist, auch für den Fall der Ausschlagung durch den länger lebenden Ehegatten. Dies entspricht dem mutmaßlichen Willen der Ehegatten, dass das Vermögen des Erstversterbenden auf jeden Fall an die Schlusserben fallen soll.[7]

§ 2098 Wechselseitige Einsetzung als Ersatzerben

(1) Sind die Erben gegenseitig oder sind für einen von ihnen die übrigen als Ersatzerben eingesetzt, so ist im Zweifel anzunehmen, dass sie nach dem Verhältnis ihrer Erbteile als Ersatzerben eingesetzt sind.
(2) Sind die Erben gegenseitig als Ersatzerben eingesetzt, so gehen Erben, die auf einen gemeinschaftlichen Erbteil eingesetzt sind, im Zweifel als Ersatzerben für diesen Erbteil den anderen vor.

1 § 2098 BGB enthält eine von § 2091 BGB abweichende **Auslegungsregel** für den Fall, dass **sämtliche** Erben gegenseitig oder für einen von ihnen als Ersatzerben eingesetzt sind. Während nach § 2091 BGB eine Verteilung zu gleichen Teilen erfolgen würde, bestimmt Abs. 1 der Vorschrift, dass die Miterben im Zweifel im Verhältnis ihrer ursprünglichen Erbteile als Ersatzerben nachrücken. Abs. 2 wiederum bestimmt, dass im Zweifel die auf einen gemeinschaftlichen Erbteil eingesetzten Miterben die übrigen Miterben hinsichtlich dieses Erbteils von der Ersatzerbfolge ausschließen, sofern zumindest noch ein auf den gemeinschaftlichen Erbteil eingesetzter Miterbe vorhanden ist.[1]
§ 2098 BGB gilt entsprechend für das **Ersatzvermächtnis** (§ 2190 BGB).

2 Es müssen also entweder alle Miterben gegenseitig oder für einen von ihnen die übrigen als Ersatzerben eingesetzt sein, was auch dann der Fall ist, wenn jeweils sämtliche übrigen Miterben für mehrere, aber nicht für alle Miterben als Ersatzerben eingesetzt sind.[2] § 2098 BGB greift aber dann nicht, wenn neben den Miterben gleichzeitig noch eine dritte Person als Ersatzerbe berufen ist. Ein abweichender Erblasserwille geht allerdings vor, so dass die Auslegung ergeben kann, dass der Dritte Ersatzerbe nach einer „Kopfquote" gem. § 2091 BGB wird und hinsichtlich der anderen Miterben die Rechtsfolge des § 2098 BGB greift.[3]

3 Als Rechtsfolge gibt Abs. 1 vor, dass die Miterben des weggefallenen Erben nicht nach Köpfen, sondern im Verhältnis ihrer ursprünglichen Erbteile an dessen Stelle treten.

> **Beispiel**
> A ist Miterbe zu 1/2, B zu 3/8 und C zu 1/8. B und C sollen Ersatzerben des A sein. Wenn nun A wegfällt, so erhalten von dessen Erbteilsbruchteil B nochmals 3/8 und C 1/8 (Verhältnis 3:1).

4 Entsprechendes gilt gem. Abs. 2, wenn mehrere Erben auf einen **gemeinschaftlichen Erbteil** i.S.d. § 2093 BGB eingesetzt sind, sofern diese gegenseitig zu Ersatzerben eingesetzt sind und einer von ihnen wegfällt, allerdings nur im Verhältnis dieser Miterben untereinander.
Zusammenfassend kann gesagt werden, dass § 2098 BGB in Bezug auf das Anteilsverhältnis am Nachlass rechnerisch zu dem gleichen Ergebnis führt wie die Anwachsung

---

7 OLG Düsseldorf, Beschl. v. 17.7.2023 – I-3 Wx 91/23, juris Rn 39, 40; OLG Brandenburg, Beschl. v. 14.2.2023 – 3 W 60/22, juris Rn 15 ff.

1 Staudinger/*Otte*, § 2098 Rn 1; BeckOGK/*Gierl*, 1.3.2025, § 2098 Rn 1.

2 MüKo/*Rudy*, § 2098 Rn 2; BeckOGK/*Gierl*, 1.3.2025, § 2098 Rn 3.

3 MüKo/*Rudy*, § 2098 Rn 2.

gem. § 2094 BGB.[4] Im Unterschied zur Anwachsung entstehen bei § 2098 BGB jedoch keine einheitlichen Erbteile, so dass der ursprüngliche und der nachträglich durch Wegfall eines der Miterben angefallene Erbteil rechtlich selbstständig bleiben. Dies ist insbesondere für die Haftung für Nachlassverbindlichkeiten gem. § 2007 BGB von Bedeutung. Sofern die Voraussetzungen des § 1951 BGB vorliegen, ist eine getrennte Annahme und Ausschlagung der Erbteile möglich.[5]

§ 2099 Ersatzerbe und Anwachsung

Das Recht des Ersatzerben geht dem Anwachsungsrecht vor.

§ 2099 BGB regelt das Verhältnis zwischen **Anwachsung** (§ 2094 BGB) und **Ersatzerbeneinsetzung** (§ 2096 BGB). Wenn ein Ersatzerbe **eingesetzt** ist, ist eine Anwachsung grundsätzlich ausgeschlossen (vgl. auch § 2094 Abs. 3 BGB). Diese Rechtsfolge ist entgegen dem Wortlaut des Gesetzes jedoch nicht zwingend, da der Erblasser aufgrund seiner Testierfreiheit durch ausdrückliche Regelung die Anwachsung auf bestimmte Fälle beschränken und im Übrigen Ersatzerbfolge anordnen kann.[1] Dies gilt nicht nur für den Fall der ausdrücklichen oder im Wege individueller Auslegung ermittelten (Ersatz-)Erbeinsetzung,[2] sondern selbstverständlich auch in den Fällen der §§ 2069, 2097 BGB.[3] § 2099 BGB wird auch zur Lösung von Widersprüchen herangezogen (Anordnung von Anwachsung und Ersatzerbfolge).[4] Eine Anwachsung kommt daher nur zum Zuge, wenn der Erblasser keine Ersatzerben bestimmt hat oder alle von ihm eingesetzten Ersatzerben weggefallen sind.[5] 1

Hat der Erblasser für **mehrere Erben** ein und denselben Ersatzerben bestimmt, ist durch Auslegung zu klären, ob der Erblasserwille dahin ging, beim Tod eines der erstberufenen Miterben zunächst **Anwachsung** eintreten und erst beim Tod des letzten von ihnen den Ersatzerben zum Zuge kommen zu lassen, oder ob nicht vielmehr bereits nach dem Tod oder anderweitigem Wegfall eines der Miterben der Ersatzerbe an dessen Stelle rücken sollte.[6] Maßgebliche Kriterien für diese Auslegung sind das Verhältnis des Erblassers zu den Miterben und zum Ersatzerben sowie der Beweggrund für die Erbeinsetzungen.[7] 2

§ 2099 BGB gilt entsprechend für das Ersatzvermächtnis (§ 2190 BGB). 3

---

4 Staudinger/*Otte*, § 2098 Rn 2.
5 Staudinger/*Otte*, § 2098 Rn 2; MüKo/*Rudy*, § 2098 Rn 4.
1 BeckOK BGB/*Litzenburger*, 73. Ed. 1.2.2025, § 2099 Rn 1.
2 Z.B. Auslegungsfrage, ob ohne ausdrückliche Ersatzerbeinsetzung auch Abkömmlinge (und/oder Ehegatten) von Nicht-Abkömmlingen des Erblassers ersatzweise eingesetzt sind (siehe dazu § 2096 Rdn 11 f.).
3 BayObLG FamRZ 1992, 355; OLG Karlsruhe FamRZ 1993, 363.
4 Burandt/Rojahn/*Czubayko*, § 2099 Rn 2.
5 BeckOK BGB/*Litzenburger*, 73. Ed. 1.2.2025, § 2099 Rn 2.
6 Vgl. hierzu MüKo/*Rudy*, § 2099 Rn 1.
7 BeckOGK/*Gierl*, 1.3.2025, § 2099 Rn 7–7.1.

Titel 3. Einsetzung eines Nacherben

Vorbemerkung zu §§ 2100 ff. BGB

Literatur

Avenarius, Testamentsauslegung und „Fallgruppen typischer Sachlage" bei der Anordnung von Vor- und Nacherbfolge, NJW 1997, 2740; *Becher*, Kein Anwartschaftsrecht des Ersatznacherben, NJW 1969, 1463; *Beckmann*, Nacherbschaft oder Pflichtteil, ZEV 2012, 637; *Bengel*, Die Pflichtteilsproblematik beim Tod des Nacherben vor Eintritt des Nacherbfalls, ZEV 2000, 388; *ders.*, Rechtsfragen zum Vor- und Nachvermächtnis, NJW 1990, 1826; *Brox*, Die Bestimmung des Nacherben oder des Gegenstandes der Zuwendung durch den Vorerben, in: FS Bartholomeyczik, 1973, S. 41; *Buchholz*, Erbfolge und Wiederverheiratung, 1986; *Bühler*, Zum Inhalt der Vermächtnisanwartschaft im Vergleich zur Anwartschaft des Nacherben, BWNotZ 1967, 174; *Coing*, Die Anlagevorschriften des deutschen Erbrechts, in: FS Kaufmann, 1972, S. 127; *Crezelius*, Erbschaftsteuer und Schenkungsteuer in zivilrechtlicher Sicht, 1979; *Damrau*, Der Zeitpunkt des Nacherbfalls, wenn der Vorerbe wegfällt und der Nacherbe noch nicht geboren ist, ZEV 2004, 19; *ders.*, Beweisprobleme bei Vor- und Nacherbschaft, ZErb 2003, 281; *Daragan*, Die Vor- und Nacherbschaft aus zivil- und steuerrechtlicher Sicht, ZErb 2001, 43; *de Leve*, Aufwendungen des Vorerben – Erstattungspflicht des Nacherben? ZEV 2005, 16; *Diederichsen*, Ersatzerbfolge oder Nacherbfolge – Auslegungsregeln, Vermutungen und Fiktionen, NJW 1965, 671; *Esch*, Das Dogma der Einheitlichkeit der Personengesellschaftsbeteiligung, BB 1996, 1621; *Everts*, Probleme bei der Weiterführung von Bankkonten und Wertpapierdepots des Erblassers durch den Vorerben, ZErb 2004, 284; *Friederich*, Rechtsgeschäfte zwischen Vor- und Nacherben, 1999; *Gerken*, Verfassungswidrigkeit der Besteuerung bei Vor- und Nacherbschaft, ZErb 2003, 72; *Gutbell*, Schutz des Nachlasses gegen Zwangsvollstreckungsmaßnahmen bei Testamentsvollstreckung und Vorerbschaft, ZEV 2001, 260; *Harder*, Unentgeltliche Verfügungen und ordnungsmäßige Nachlassverwaltung des Vorerben, DNotZ 1994, 822; *Hartmann*, Die Beseitigung der Nacherbenbeschränkung durch Geschäft zwischen Vor- und Nacherben, ZEV 2009, 107; *ders.*, Der Teilvorerbe, RNotZ 2019, 322; *Hefermehl*, Vor- und Nacherbfolge bei der Beteiligung an einer Personengesellschaft, in: FS Westermann, 1974, S. 223; *Heider*, Die Befugnis des Vorerben zu unentgeltlichen Verfügungen über Nachlaßgegenstände, ZEV 1995, 1; *Ivo*, Nochmals: Abschied von „Dieterle"?, DNotZ 2002, 260; *Kanzleiter*, Anm. zu OLG Frankfurt, Beschl. v. 10.12.1999, DNotZ 2001, 149; *ders.*, Ermächtigung des Vorerben zu Schenkungen aus dem Nachlaß, in: FS Schippel, 1996, S. 287; *Keim*, Der „Schlusserbe" im Einzeltestament, ZEV 2018, 681; *ders.*, Befugnisse des Nacherbentestamentsvollstreckers bei Verfügungen über Nachlassgegenstände, ZErb 2008, 5; *Küpper*, Haftung und Bindung des Nacherben aus der Nachlassverwaltung des Vorerben, ZEV 2017, 60; *Landsittel*, Gestaltungsmöglichkeiten von Erbfällen und Schenkungen, 2000; *Langner*, Vor- und Nacherbschaft an Personengesellschaftsanteilen, Diss. 2000; *ders.*, Vor- und Nacherbschaft, 1999; *Litzenburger*, Das Bedürftigentestament – Erbfolgegestaltung zugunsten von Langzeitarbeitslosen (Hartz-IV-Empfängern), ZEV 2009, 278; *Ludwig*, Gegenständliche Nachlassspaltung bei Vor- und Nacherbschaft, DNotZ 2001, 102; *ders.*, Der „unbekannte" Nacherbe, DNotZ 1996, 995; *Lutter*, Zur Beschränkung des Vorerben im Gesellschaftsrecht, ZGR 1982, 108; *Martinek*, Der Kommanditanteil als Nachlaßsurrogat – ein neuer Konflikt zwischen Erb- und Gesellschaftsrecht, ZGR 1991, 74; *Mayer*, Der superbefreite Vorerbe? – Möglichkeiten und Grenzen der Befreiung des Vorerben, ZEV 2000, 1; *ders.*, Ermächtigung des Vorerben zur Beseitigung der Nacherbschaft, ZEV 1996, 104; *Michalski*, Die Vor- und Nacherbschaft in einen OHG(KG)- und GmbH-Anteil, DB 1987, Beil. 16; *Müller*, Möglichkeiten der Befreiung des Vorerben über § 2136 BGB hinaus, ZEV 1996, 179; *Muscheler*, Schadensersatz bei befreiter Vorerbschaft, ZEV 2012, 389; *ders.*, Konsolidation bei Übertragung der Nacherbenanwartschaft auf den Vorerben, ZEV 2012, 289; *Musielak*, Zur Vererblichkeit des Anwartschaftsrechts eines Nacherben, ZEV 1995, 5; *Nehlsen-v. Stryk*, Zur Anwendbarkeit von § 2102 Abs. 1 BGB bei der Auslegung gemeinschaftlicher Testamente, DNotZ 1988, 147; *Nieder*, Die ausdrücklichen oder mutmaßlichen Ersatzbedachten im deutschen Erbrecht, ZEV 1996, 241; *Ordemann*, Die mündelsichere Anlage von Nachlaßgeldern durch den Vorerben, MDR 1967, 642; *Otte*, Läßt das Erbrecht des BGB eine Erbeinsetzung auf einzelne Gegenstände zu?, NJW 1987, 3164; *Petzoldt*, Vorerbschaft und Nießbrauchsvermächtnis, BB 1975, Beil. 6; 6; *Rohlff*, Nießbraucher und Vorerbe als Testamentsvollstrecker, DNotZ 1971, 518; *Rossak*, Problematik der gegenständlichen Beschränkung einer zeitlich gestuften Sukzession, insbesondere bei Vor- und Nacherbfolge, ZEV 2005, 14; *Roth*, Die Pfändung des Anwartschaftsrechts des Nacherben, NJW-Spezial 2013, 487;

Roth/Hannes/Mielke, Vor- und Nacherbschaft, 2010; *Sagmeister*, Die Erbausschlagung bei minderjährigen Nach- und Ersatzerben, ZEV 2012, 121; *Schlieper*, Vor- und Nacherbschaft oder Nießbrauchsvermächtnis – Zur zweckmäßigen Gestaltung der Verfügung von Todes wegen, MittRhNotK 1995, 249; *Schmidt*, Nacherbenschutz bei Vorerbschaft an Gesamthandsanteilen, FamRZ 1976, 683; *ders.*, Die Nachfolge in das Anwartschaftsrecht des Nacherben und die Erteilung des Erbscheins nach Eintritt des Nacherbfalls, BWNotZ 1966, 139; *Schrader*, Erb- und Nacherbeinsetzung auf einzelne Nachlassgegenstände, NJW 1987, 117; *Seifert*, Vor- und Nacherben bei der Erbschaftsteuer, BB 1965, 200; *Spellenberg*, Schenkungen und unentgeltliche Verfügungen zum Nachteil des Erben oder Pflichtteilsberechtigten, FamRZ 1974, 350; *Stiegeler*, Der Grundsatz der Selbstentscheidung des Erblassers, Diss. 1985; *Stimpel*, Der Gesellschafter als Vorerbe des verstorbenen einzigen Mitgesellschafters einer offenen Handelsgesellschaft, in: FS Rowedder, 1994, S. 477; *Sturm*, Die Anlegung von Mündelgeld als Entscheidungsproblem, DB 1976, 805; *Voit*, Außergewöhnliche notwendige Aufwendungen des Vorerben zur Erhaltung der Erbschaft und ihre Finanzierung durch Kredite, ZEV 1994, 138; *Werkmüller*, Gestaltungsmöglichkeiten des Erblassers im Rahmen der Anordnung von Vor- und Nachvermächtnissen, ZEV 1999, 343; *Wilhelm*, Wiederverheiratungsklausel, bedingte Erbeinsetzung und Vor- und Nacherbfolge, NJW 1990, 2857; *Woitkewitsch*, Beerdigungskosten bei Vor- und Nacherbschaft, MDR 2010, 57; *Wübben*, Anm. zu OLG Düsseldorf, Beschl. v. 14.6.1999, ZEV 2000, 30; *Zawar*, Der auflösend bedingte Vollerbe, NJW 1988, 16; *Zimmer*, Die Vor- und Nacherbfolge im Grundbuch, ZEV 2014, 526.

Übersicht: Rdn

A. Allgemeines

I. Begriff der Nacherbschaft

1 Der Erblasser kann mehrere Erben in zeitlicher Folge nacheinander einsetzen dergestalt, dass jeder sein Gesamtrechtsnachfolger wird. Den zeitlich zuletzt Bedachten, den Endbedachten, nennt das Gesetz Nacherbe, den zuerst Bedachten den Vorerben. Der Nacherbe beerbt den Erblasser aufgrund Eintritts einer aufschiebenden Bedingung (meist der Tod des Vorerben), womit die Erbschaft dem Vorerben verloren geht. Bis dahin ist der Vorerbe Erbe i.S.d. § 1922 BGB. Er unterliegt jedoch – soweit nicht testamentarisch abbedungen – den gesetzlichen Beschränkungen und Verpflichtungen. Kraft der Gesamtrechtsnachfolge wird der Nachlass nicht mit dem Eigenvermögen

verschmolzen, sondern bildet ein rechtliches Sondervermögen.[1] Als solches kann es Gegenstand einer Feststellungsklage (§ 256 ZPO) sein.[2] Man sagt, die Rolle des Vorerben ähnele derjenigen eines Nießbrauchers oder Treuhänders; aus diesen Ähnlichkeiten sind aber keine konkreten Rechtsfolgen herzuleiten. Die gesetzliche Konstruktion der Nacherbfolge bezweckt, dem Nacherben die wirtschaftlich wesentlichsten Nachlasspositionen möglichst in der Zusammensetzung und dem Wert zukommen zu lassen, wie sie vom Erblasser auf den Vorerben gelangten, daher darf der Vorerbe mit Wirkung gegenüber dem Nacherben nicht über Immobiliarvermögen verfügen und hat Geld mündelsicher anzulegen. Der Nacherbe kann hierüber wachen und notfalls Sicherungsmaßnahmen beantragen. Dem Vorerben kommen während der Vorerbschaft prinzipiell nur die Früchte und die Nutzungen zu.

II. Motive der Anordnung

Typischerweise werden mit der Anordnung von Vor- und Nacherbfolge folgende 2
Zwecke verfolgt:

- Der Erblasser möchte sein Vermögen **in seiner Familie binden** und eine Weitergabe an familienfremde Dritte verhindern.
- Es soll verhindert werden, dass störende **Erben und Pflichtteilsberechtigte des Vorerben an seinem Vermögen partizipieren**, etwa nichteheliche Kinder des zum Vorerben eingesetzten Ehegatten oder dessen Kinder aus einer früheren Ehe, der spätere Ehegatte des Vorerben oder der geschiedene Ehegatte des Erblassers als Pflichtteilsberechtigter des zum Vorerben berufenen gemeinsamen Kindes.
- Dem zum Vorerben Berufenen soll unter Versorgungsgesichtspunkten lediglich die **Nutzung des Nachlasses** zukommen, während der Nacherbe die **Nachlasssubstanz** erhalten soll.
- Der an sich vorgesehene Erbe soll den Nachlass erst erhalten, wenn er **ein bestimmtes Alter erreicht hat oder ein bestimmtes Ereignis (Heirat, Ausbildungsende) eingetreten ist**; die Vorerbschaft ist in diesem Fall, der Ähnlichkeit mit einer Verwaltungstestamentsvollstreckung hat,[3] eine Art Treuhand.
- Es soll – mit Hilfe der Vollstreckungssperre des § 2115 BGB – verhindert werden, dass **Eigengläubiger des überschuldeten Vorerben auf den Nachlass zugreifen;** maßgeblicher praktischer Anwendungsfall ist das Behindertentestament.
- Der Erblasser möchte ein **bestimmtes Verhalten des Vor- oder Nacherben sanktionieren oder belohnen**; so z.B. wenn die unerwünschte Wiederverheiratung des zum Erben bestimmten Ehegatten den Eintritt der Nacherbfolge und damit den Verlust der Erbschaft herbeiführen oder ein Abkömmling erst dann in den Genuss der Erbschaft kommen soll, wenn er eine bestimmte Prüfung besteht.
- Es sollen **noch nicht gezeugte Personen zu Erben bestimmt werden**, denn hier kommt nur die Einsetzung als Nacherben in Betracht, §§ 1923, 2101 Abs. 1 BGB.

III. Grundzüge der gesetzlichen Regelung im Hinblick auf die Beteiligten

1. Betreffend den Erblasser

- Vor- und Nacherbschaft kraft Gesetzes gibt es nicht, die Anordnung kann 3
nur durch letztwillige Verfügung geschehen, § 2100 BGB. Auch die Sonderfälle des § 2101 Abs. 1 S. 1 BGB, Einsetzung eines noch nicht Gezeugten als Erbe, und des § 2305 BGB, die „konstruktive Vorerbschaft“, setzen eine letztwillige Verfü-

1 Grüneberg/*Weidlich*, Einf. v. § 2100 Rn 1.

2 OLG Brandenburg ErbR 2024, 144.

3 MüKo/*Lieder*, § 2100 Rn 8.

gung voraus. Die §§ 2101–2108 BGB enthalten Auslegungsregeln für unklare Verfügungen.
- Länger als über 30 Jahre post mortem hinaus kann der Erblasser die Bindung nicht erstrecken, es sei denn, er knüpfte den Eintritt des Nacherbfalls an ein Ereignis in Person des Vorerben (meist also dessen Tod), § 2109 BGB; die Ausnahme verdrängt hier die Regel fast völlig.
- Er kann auch mehrere Erben hintereinander berufen; damit wird der erste Vorerbe, die anderen sind Nacherben. Mit dem ersten Nacherbfall wird dieser Nacherbe Vorerbe des folgenden usw.; erst der Endbedachte wird Vollerbe.
- Er kann den Vorerben von den – im Interesse der Erhaltung des Nachlasses vorgesehenen – gesetzlichen Verfügungsbeschränkungen befreien. Hiervon wird er Gebrauch machen je nachdem, ob ihm daran gelegen ist, dem Vorerben freie Hand zu lassen, ihn zu begünstigen; legt er Wert auf Erhaltung des Nachlasses zugunsten fernerer Bedachter oder zu Lasten Dritter, so wird er keine Befreiungen zulassen. Er kann die gesetzlichen Beschränkungen verschärfen, z.B. durch Einschränkung des Fruchtziehungsrechts.

2. Betreffend den Vorerben

4
- Unter den Voraussetzungen des § 2306 Abs. 1 BGB kann er die Erbschaft ausschlagen und Pflichtteil verlangen.
- Seine Vorerbenstellung als solche ist weder übertragbar noch vererblich, es sei denn, sie solle den Tod überdauern. Mit dem Nacherben kann prinzipiell keine Auseinandersetzung stattfinden, da Letzterer nicht Miterbe ist. Das zur Vorerbschaft gehörende Vermögen ist demgegenüber prinzipiell übertragbar.
- Wirksam verfügen kann der Vorerbe im Rechtsverkehr über sämtliche Nachlassgegenstände, mit Ausnahme der unentgeltlichen (§ 2113 Abs. 2 BGB), der Verfügungen über Grundstücke und Grundstücksrechte (§ 2113 Abs. 1 BGB) sowie i.R.d. gegen ihn gerichteten Vollstreckungsmaßnahmen, § 2115 BGB – diese sind gegenüber dem Nacherben unwirksam, soweit sie dessen Rechtsstellung im Nacherbfall beeinträchtigen.
- Im Zusammenwirken mit dem Nacherben kann er die Nacherbenbindung hinsichtlich einzelner Nachlassgegenstände durch Rechtsgeschäft auflösen.[4] Diese werden dann nicht mehr von der Nacherbfolge erfasst.[5] Der Zustimmung etwaiger Ersatznacherben bedarf es hierbei nicht.[6]
- Was er aus Mitteln der Vorerbschaft erwirbt, gehört kraft Gesetzes zur Vorerbschaft (dingliche Surrogation/unmittelbare Ersetzung, § 2111 Abs. 1 S. 1 BGB).
- Zu eigenem Recht erwirbt er nur die Früchte im Rahmen ordnungsgemäßer Wirtschaft sowie die Nutzungen, arg. e §§ 2111 Abs. 1 S. 1 Hs. 2, 2133 BGB.
- Korrespondierend hat er die **gewöhnlichen** Erhaltungskosten zu tragen, selbst wenn sie den Wert der Nutzungen übersteigen. **Außergewöhnliche** Erhaltungsmaßnahmen kann er aus dem Nachlass bestreiten; verauslagt er Eigenmittel, schuldet ihm der Nacherbe Ersatz, § 2124 Abs. 2 S. 2 BGB.
- Er unterliegt – jeweils nur auf Verlangen des Nacherben – der Verpflichtung, gewisse Arten von Wertpapieren auf Verlangen des Nacherben zu hinterlegen oder Sperrvermerke zu dulden (§§ 2116–2118 BGB), Geld mündelsicher anzulegen (§ 2119 BGB), ein Inventar zu errichten und den Zustand der Erbschaft feststellen zu lassen (§§ 2121 f. BGB), dem Nacherben im Falle einer Gefährdung des Nachlas-

---

4 Näher Grüneberg/*Weidlich*, § 2100 Rn 18; *Neukirchen*, RNotZ 2018, 357; *Keim*, DNotZ 2016, 899.
5 BGH NJW-RR 2001, 217.
6 OLG Hamm ZEV 2016, 638.

ses Auskunft zu erteilen und äußerstenfalls auch Sicherheit zu leisten (§§ 2127, 2128 BGB), der werdenden Mutter eines Nacherben Unterhalt zu zahlen (§§ 2141, 1963 BGB), den Nachlass nach Eintritt der Nacherbfolge herauszugeben und Rechnung zu legen (§ 2130 BGB) und den Nachlassgläubigern den Eintritt der Nacherbfolge anzuzeigen (§ 2146 BGB). Hat er Erbschaftsgegenstände für sich verwendet, schuldet er Wertersatz (§ 2134 S. 1 BGB), bei Unterschreitung des Sorgfaltsmaßstabs Schadensersatz (§ 2134 S. 2 BGB).
- Mit Eintritt der Nacherbschaft endet im Übrigen seine Haftung für Nachlassverbindlichkeiten, es sei denn, er haftete vor dem Nacherbfall schon unbeschränkt oder wäre Verbindlichkeiten im Rahmen der Verwaltung des Nachlasses als Nachlasseigenschulden selbst eingegangen.

3. Betreffend den Nacherben

- Seine Einsetzung lediglich als Nacherbe, auch aufschiebend befristet oder bedingt 5 (str.).[7]
- Seine künftige Erbenstellung wird bereits mit dem Tod des Erblassers zur gesicherten Rechtsposition in Gestalt einer Anwartschaft, die prinzipiell übertragbar, vererblich, pfändbar und verpfändbar ist. Er kann die Anwartschaft während der Vorerbschaft auf den Vorerben übertragen, womit dieser Vollerbe und hierdurch von etwaigen Beschränkungen befreit wird.
- Gegenüber dem Vorerben hat er die Verpflichtung, an Verfügungen über Nachlassgegenstände mitzuwirken, wenn dies erforderlich ist, um Nachlassverbindlichkeiten zu berichtigen, § 2120 BGB.
- Unabhängig hiervon kann er im Einvernehmen mit dem Vorerben die gesetzlichen Beschränkungen aufheben, was mit umfassender Wirkung auch durch Ausschlagung gem. § 2142 BGB bewirkt werden kann.
- Eine solche Ausschlagung wird er auch unter den Voraussetzungen des § 2306 Abs. 2 erwägen.[8]
- Auf Eintragung des Nacherbenvermerks im Grundbuch kann er verzichten, es bedarf in diesem Fall zum Vollzug nicht der Zustimmung etwaiger Ersatznacherben, die bedingt durch den Wegfall des Nacherben eingesetzt sind.[9]

IV. Probleme der Praxis

Liegen die oben dargelegten Motive vor, ist die Anordnung von Nacherbschaft unumgänglich. Dies wird erkauft mit einer Vielzahl praktischer Probleme. 6

- Unverzichtbar zur Wahrung der Rechte des Nacherben ist das Inventar, ansonsten kann die Entwicklung der Nachlassgegenstände nach Eintritt des Nacherbfalls nicht einmal ansatzweise mehr rekonstruiert werden. In der Praxis sehen die Nacherben jedoch zuallermeist davon ab, ein solches zu verlangen; vermutlich aus Gründen der Pietät mit Rücksicht auf die meist nahe verwandtschaftliche Bindung. Vermischt der Vorerbe Fahrnis- und Geldvermögen des Nachlasses während der Vorerbschaft mit dem seinigen, so ist im Zweifel später nicht mehr aufklärbar, welche Einzelpositionen zur Vorerbschaft und welche zum Eigenvermögen des Vorerben rechnen. Gängige Streitkonstellationen sind hierbei:

---

7 Bejahend OLG Köln ZEV 2015, 280; *Bonefeld*, ZErb 2015, 216; *Schindler*, ZEV 2015, 316; *Kerstan*, RNotZ 2021, 561; MüKo/*Lange*, § 2306 Rn 11; Grüneberg/*Weidlich*, § 2306 Rn 3; a.A. bezüglich der bedingten Einsetzung *Bestelmeyer*, Rpfleger 2007, 1 ff.; *Lange/Kuchinke*, ErbR § 37 Fn 84.

8 Hierzu im Einzelnen *Beckmann*, ZEV 2012, 637.

9 BGH NJW 2014, 1593, 1594 Tz 11 (m. Anm. *Zimmer* 1595); auch OLG Hamm ZEV 2011, 589.

(a) Nacherbe verlangt Einzelgegenstände vom Erben des Vorerben heraus; dieser sieht sich mangels jeder Kenntnis außerstande, auch nur entsprechende Auskunft zu erteilen.
(b) Pflichtteilsberechtigte Abkömmlinge des Vorerben profitieren von der Vermischung, wenn der Nacherbe nicht beweisen kann, welches Vermögen aus der Vorerbschaft herrührt.

– Bei der hiesigen Tendenz zum „abbezahlten Haus" in Verbindung mit einem „Notgroschen" wird, wenn aus den Mitteln der Vorerbschaft Pflichtteil bezahlt werden muss, das Geld oftmals nicht ausreichen und Immobiliarvermögen anzugreifen sein. Verfügungen hierüber sind dem Vorerben wegen des Nacherbenvermerks im Grundbuch nur zusammen mit dem Nacherben möglich. Kommt eine Einigung nicht zustande, läuft die Konstellation auf Titulierung des Pflichtteils und Vollstreckungsmaßnahmen in die Immobilie hinaus.
– Da der Nacherbe die Vollstreckung in Immobiliarvermögen der Nacherbschaft wegen Schulden des Vorerben nicht verhindern kann, liegt hier auch ein gewisses Manipulationspotential für den Vorerben im kollusiven Zusammenwirken mit seinen Gläubigern.
– Der Vorerbe kann kraft Gesetzes im Außenverhältnis umfassender verfügen, als er im Verhältnis zum Vorerben verfügen darf („im Außenverhältnis ein Herr, (...) im Innenverhältnis ein Knecht. (...) Zu den schlechten rechtlichen Angriffsmitteln des Nacherben gegen den Vorerben tritt noch die tatsächliche Schwierigkeit hinzu, Pflichtverletzungen rechtzeitig zu entdecken").[10]
– Das Kernstück der juristischen Konzeption der Nacherbschaft, die unmittelbare Ersetzung des § 2111 BGB, führt bei aller dogmatischen Unabdingbarkeit dieses Gedankens im Zweifel zu praktisch nicht mehr auflösbaren Lagen. In Fortführung des berühmten Beispiels von *Brox*: Ein Sparbuch aus der Vorerbschaft hat 500 EUR Zins getragen. Greift der Vorerbe nun das Sparbuch an und kauft für 1.000 EUR ein Gebiss, so rechnet ein Miteigentumsanteil von 1/2 zur Vorerbschaft und die andere Hälfte zum Eigenvermögen des Vorerben.
– Geringste Unsauberkeiten bei der Formulierung der letztwilligen Verfügung bewirken, sind Immobilien im Nachlass, Grundbuchprobleme. Ein Großteil der in letzter Zeit veröffentlichen Entscheidungen zu § 2100 ff. BGB beschäftigen sich damit.[11]

B. Steuer

I. Erbschaftsteuer

1. Allgemeines

7 Die Gestaltungsform Nacherbschaft kann in vielen Fällen erbschaftsteuerlich unvorteilhaft sein. Steuerliche und zivilrechtliche Behandlung stimmen nicht überein:[12] Während zivilrechtlich sowohl Vor- als auch Nacherbe Erben des Erblassers sind und somit lediglich ein Erbfall vorliegt, wird erbschaftsteuerlich von zwei Vermögensübergängen ausgegangen. Gem. § 6 Abs. 2 S. 1 ErbStG haben bei Eintritt der Nacherbfolge diejenigen, auf die das Vermögen des Erblassers übergeht, den Erwerb **als vom Vorerben stammend** zu versteuern, was zu einer **Zweifachbesteuerung** führt. Verfassungswid-

10 *Lange/Kuchinke*, § 28 V 1.
11 Zusammenfassend *Zimmer*, ZEV 2014, 526; Grüneberg/*Weidlich*, Einf. v. § 2100 Rn 5 ff.; aktuelle Rspr.-Übersicht bei *Münch*, FamRZ 2017, 1105, 1109 zu (2); beispielhaft BGH ZEV 2014, 252 zur Löschung eines Nacherbenvermerks bei unbekanntem Nacherben und Pflegerbestellung.
12 Meincke/*Hannes/Holtz*, ErbStG, § 6 Rn 3, 36.

rig ist dies nach überwiegender Auffassung nicht.[13] Der BFH hat jüngst zur Jastrowschen Klausel entschieden, dass der überlebende Ehegatte als Erbe des erstversterbenden Ehegatten die Vermächtnisverbindlichkeit nicht als Nachlassverbindlichkeit in Abzug bringen kann, da das Vermächtnis noch nicht fällig ist. Das Kind hat den Erwerb des betagten Vermächtnisses bei dem Tod des überlebenden Ehegatten als von diesem stammend zu versteuern. Ist es zugleich Erbe des zuletzt verstorbenen Ehegatten, kann es das Vermächtnis als Nachlassverbindlichkeit in Abzug bringen.[14]

2. Besteuerung des Vorerben

Der Vorerbe wird gem. § 6 Abs. 1 ErbStG als **Vollerbe** besteuert. Dies ergibt sich nicht unmittelbar aus § 6 Abs. 1 ErbStG, folgt aber aus § 6 Abs. 2 S. 1 ErbStG einerseits und den §§ 6 Abs. 3, 12 Abs. 1 ErbStG i.V.m. §§ 5, 9 BewG andererseits.[15] Der Nachlass unterliegt mit seinem **vollen Wert** der Besteuerung; die den Vorerben treffenden Verfügungsbeschränkungen bleiben gem. § 12 Abs. 1 ErbStG i.V.m. § 9 Abs. 2 S. 3, Abs. 3 BewG bei der Bewertung des steuerpflichtigen Erwerbs unberücksichtigt.[16] Denkbar ist aber eine Berücksichtigung im Rahmen einer Sachverständigenbewertung nach § 198 BewG.[17] Dies gilt gem. § 12 Abs. 1 ErbStG, i.V.m. § 5 Abs. 1 S. 1 BewG auch, wenn die Nacherbfolge nicht mit dem Tod des Vorerben verknüpft, sondern durch ein anderes, schon zu Lebzeiten des Vorerben eintretendes Ereignis **auflösend bedingt** ist.[18] Hier greift allerdings die Anrechnungsvorschrift des § 6 Abs. 3 S. 2 ErbStG ein. Der Vorerbe ist der Steuerschuldner.[19] Er kann die Steuer gemäß § 20 Abs. 4 ErbStG i.V.m. § 2126 BGB **aus den Mitteln der Vorerbschaft** zu entrichten. Entrichtet der Vorerbe die Steuer zunächst aus persönlichen Mitteln, so kann er Aufwendungsersatz verlangen (§ 2124 Abs. 2 BGB). Nicht abschließend geklärt – sofern nicht testamentarisch geregelt – ist die Frage, ob der Vorerbe auch den Steuermehrbetrag aus der Vorerbschaft entnehmen darf, der sich aus der Zusammenrechnung des Vorerbschaftserwerbs mit früheren Schenkungen des Erblassers an den Vorerben nach § 14 ErbStG ergibt.[20] 8

Erlangt der Vorerbe zivilrechtlich die Stellung eines **Vollerben**, weil z.B. der Nacherbe die Erbschaft ausschlägt, § 2142 Abs. 2 BGB, vermittelt dies dem Vorerben keinen zusätzlichen steuerpflichtigen Erwerb.[21] **Abfindungszahlungen**, die der Vorerbe an den Nacherben zur Ablösung des Nacherbenrechts leistet, sind nicht abzugsfähig,[22] da sie nicht den Erwerb des Vorerben durch Erbanfall betreffen, sondern vielmehr durch einen weiteren, die Übertragung der Rechtsstellung des Nacherben beinhaltenden Vermögensübergang zwischen Vorerben und Nacherben ausgelöst werden. Für den Nacherben bilden die Abfindungszahlungen allerdings einen steuerpflichtigen Erwerb (§ 3 Abs. 2 Nr. 4, 6 ErbStG). 9

13 Vgl. nur Meincke/*Hannes/Holtz*, ErbStG, § 6 Rn 35 unter Hinw. auf BFH ZEV 2001, 327, der das Problem aus prozessualen Gründen allerdings nicht ausführlich behandelt; a.A. etwa *Crezelius*, Erbschaftsteuer, S. 97 ff.; *Kirchhof*, Bundessteuergesetzbuch, S. 663; *Gerken*, ZErb 2003, 72.

14 BFH RFamU 2024, 222 m.Anm. *Klinger/Fehrmann*; anhängig beim BVerfG – 1 BvR 1381/24.

15 Meincke/*Hannes/Holtz*, ErbStG, § 6 Rn 4.

16 FG Köln ZEV 2017, 727; FG Düsseldorf EFG 2017, 138 zum Vorvermächtnis; s.a. Meincke/*Hannes/Holtz*, § 6 Rn 5.

17 Vgl. FG Nürnberg ErbStB 2014, 299 zur Grundstücksbewertung nach der ImmoWertV.

18 Meincke/*Hannes/Holtz*, ErbStG, § 6 Rn 4.

19 BFH BStBl II 2016, 746,

20 Siehe dazu Meincke/*Hannes/Holtz*, ErbStG, § 6 Rn 6.

21 Meincke/*Hannes/Holtz*, ErbStG, § 6 Rn 8.

22 BFH BStBl II 1996, 137.

3. Besteuerung des Nacherben

a) Entstehung der Steuerpflicht

10 Da die Erbschaft dem Nacherben erst **mit dem Nacherbfall** anfällt, § 2139 BGB, unterliegt er bis zu diesem Zeitpunkt keiner Steuerpflicht, auch wenn er grds. bereits mit dem Erbfall eine veräußerliche und vererbliche **Anwartschaft** auf den späteren Erwerb erhält.[23] Diese Anwartschaft erstarkt keineswegs immer zum Vollrecht und bildet daher keinen eigenständigen Erwerb. Sie gehört gem. § 10 Abs. 4 ErbStG auch nicht zum Nachlass des Nacherben, so dass auch seine Erben insoweit keine Erbschaftsteuerpflicht trifft, wenn der Nacherbe vor Eintritt des Nacherbfalls stirbt. Auch die Schenkung der Nacherbschaft bildet keinen steuerpflichtigen Erwerb (§§ 1 Abs. 2, 10 Abs. 4 ErbStG).[24] Hingegen entsteht eine Steuerpflicht, wenn der Nacherbe gegen Abfindung auf sein **Nacherbenrecht verzichtet** bzw. dieses gegen Entgelt **überträgt** (§ 3 Abs. 2 Nr. 6 ErbStG) oder wenn er die Nacherbschaft gegen Abfindung **ausschlägt** (§ 3 Abs. 2 Nr. 4 ErbStG). Ferner liegt eine steuerpflichtige **Schenkung unter Lebenden** vor, wenn der Vorerbe dem Nacherben mit Rücksicht auf die angeordnete Nacherbfolge Nachlassgegenstände vor dem Nacherbfall überträgt (§ 7 Abs. 1 Nr. 7 ErbStG).[25]

11 Der Erwerb des Nacherben unterliegt gem. §§ 3 Abs. 1 Nr. 1, 1 Abs. 1 Nr. 1, 9 Abs. 1 Nr. 1 lit. h ErbStG mit dem Wert zum Zeitpunkt des Nacherbfalls der Erbschaftsteuer.[26] Der Nacherbe ist beweisbelastet dafür, ob und in welcher Höhe der Nachlass des Vorerben der Nacherbfolge unterliegendes Vermögen enthält.[27] Hat er den Nachlass zu Zeiten der Vorerbschaft in Erwartung des Nacherbfalls, etwa durch Baumaßnahmen auf dem Nachlassgrundstück, im Wert gesteigert, so mindert sich seine steuerliche Bereicherung um den Wert des Vermögenszuwachses, unabhängig davon, ob zivilrechtliche Ersatzansprüche bestehen.[28]

b) Unterscheidung nach dem Ereignisgrund des Erwerbs

12 Hinsichtlich der steuerlichen Behandlung dieses Erwerbs unterscheidet das ErbStG danach, ob die Nacherbfolge durch den **Tod des Vorerben** (§ 6 Abs. 2 ErbStG) oder aufgrund eines **anderen Ereignisses** (§ 6 Abs. 3 ErbStG) eintritt.

aa) Eintritt der Nacherbfolge durch den Tod des Vorerben

13 Bildet der Tod des Vorerben den Nacherbfall, hat der Nacherbe gem. § 6 Abs. 2 S. 1 ErbStG den Erwerb als **vom Vorerben stammend** zu versteuern. Für die Steuerklasse, den persönlichen Freibetrag etc. ist somit das Angehörigkeitsverhältnis des Nacherben zum Vorerben maßgeblich. Die zivilrechtliche Wertung des § 2100 BGB bleibt jedoch insoweit nicht unbeachtet, als nach § 6 Abs. 2 S. 2 ErbStG der Versteuerung **auf Antrag** das Verhältnis des Nacherben zum Erblasser zugrunde zu legen ist. Steuerklasse (§ 15 ErbStG), sachliche Steuerbefreiungen (§ 13 Abs. 1 Nr. 1 ErbStG), persönlicher Freibetrag (§ 16 ErbStG), Steuersatz (§ 19 ErbStG) und eine etwaige Ermäßigung bei mehrfachem Erwerb desselben Vermögens (§ 27 ErbStG) bestimmen sich dann nach dem Angehörigkeitsverhältnis des Nacherben zum Erblasser.

14 Geht auch **eigenes Vermögen** des Vorerben auf den Nacherben über, sind die beiden Vermögensanfälle hinsichtlich der Steuerklasse getrennt zu behandeln, § 6 Abs. 2 S. 3 ErbStG. Für das eigene Vermögen des Vorerben kann nach § 6 Abs. 2 S. 4 ErbStG ein

---

23 Meincke/*Hannes*/*Holtz*, ErbStG, § 6 Rn 10.
24 BFH BStBl II 1993, 158.
25 BFH BStBl II 1971, 394.
26 BFH BStBl II 1972, 765, 766; BFH BStBl II 1993, 158, 159.
27 BFH ZEV 2007, 284.
28 BFH ZEV 2008, 502.

Freibetrag jedoch nur gewährt werden, soweit der Freibetrag über das der Nacherbfolge unterliegende Vermögen nicht verbraucht ist. Der **nicht verbrauchte Freibetrag** für das Nacherbschaftsvermögen kann nach Auffassung des BFH[29] nicht in vollem Umfang bei dem eigenen Vermögen des Vorerben, sondern nur i.H.d. für den Erwerb vom Vorerben maßgeblichen Freibetrags in Abzug gebracht werden. Nach BFH gibt § 6 Abs. 2 S. 4 ErbStG keinen Anhalt dafür, bei der Berechnung der auf das eigene Vermögen des Vorerben entfallenden Steuer einen höheren Freibetrag zu berücksichtigen als im Verhältnis zwischen Erwerber und Vorerben nach § 16 ErbStG vorgesehen ist.[30] Der Steuersatz richtet sich jedoch gem. § 6 Abs. 2 S. 5 ErbStG auch bei mehreren Erwerben jeweils nach dem gesamten Erwerb, selbst wenn die Erwerbe aufgrund eines Antrags des Nacherben nach § 6 Abs. 2 S. 2 ErbStG in unterschiedliche Steuerklassen einzuordnen sind. Es gilt somit ein der Regelung des § 32b EStG vergleichbarer **Progressionsvorbehalt**.[31]

bb) Eintritt der Nacherbfolge aufgrund eines anderen Ereignisses

Tritt die Nacherbfolge schon **zu Lebzeiten des Vorerben** durch ein anderes Ereignis, 15
bspw. durch die Wiederverheiratung des Vorerben, ein, kann auch das Steuerrecht den Erwerb des Nacherben nicht als vom Vorerben stammend ansehen. Gem. § 6 Abs. 3 S. 1 ErbStG gilt in diesem Fall die Vorerbfolge als auflösend bedingter, die Nacherbfolge als aufschiebend bedingter Erwerb **vom Erblasser**. Folgerichtig kommt auch ein dem § 6 Abs. 2 S. 2 ErbStG vergleichbares Wahlrecht des Nacherben, nach welchem Verwandtschaftsverhältnis – dem zum Erblasser oder dem zum Vorerben – sich die Besteuerung bestimmen soll, nicht in Betracht.[32] Abweichend von § 5 Abs. 2 BewG führt der Bedingungseintritt jedoch nicht zur Berichtigung der Besteuerung des Vorerben. Vielmehr wird die vom Vorerben entrichtete Steuer dem Nacherben (der die Steuer nach § 20 Abs. 4 ErbStG im wirtschaftlichen Ergebnis ohnehin trägt) abzüglich desjenigen Steuerbetrages, welcher der tatsächlichen Bereicherung des Vorerben entspricht, **angerechnet**, § 6 Abs. 3 S. 2 ErbStG. Die gegen den Vorerben festgesetzte Steuer wird demnach insoweit rückgängig gemacht, als der Vorerbe nicht bereichert ist.[33] Eine **Erstattung** der vom Vorerben gezahlten Steuer kommt aber nicht in Betracht, wenn der anrechenbare Betrag der Steuer des Vorerben die vom Nacherben zu entrichtende Steuer übersteigt;[34] auch kann dies nicht zu einer Erhöhung des steuerpflichtigen Erwerbs beim Nacherben führen, denn die Anrechnung stellt lediglich eine Modalität der Steuerberechnung des Nacherben dar und begründet keinen verselbstständigten Anspruch auf eine Geldleistung.[35]

II. Einkommensteuer

Der Vorerbe versteuert das eigene Einkommen sowie die Einnahmen aus der Vorerb- 16
schaft. Hieraus können im Einzelfall Härten sowohl für Vor- als auch für Nacherben folgen. Beispiele: Vorerbe hat einen Veräußerungsgewinn voll zu versteuern, obschon ihm der Gewinn als Surrogat nicht dauerhaft verbleibt. Oder der Vorerbe nutzt einen

29 BFH BStBl II 1999, 235.
30 BFH BStBl II 1999, 235, 237.
31 Meincke/*Hannes*/*Holtz*, ErbStG, § 6 Rn 21.
32 Meincke/*Hannes*/*Holtz*, ErbStG, § 6 Rn 22.
33 BFH v. 10.5.1972 – II 78/64, BStBl II 1972, 765, 767.
34 Meincke/*Hannes*/*Holtz*, ErbStG, § 6 Rn 24.
35 BFH BStBl II 1972, 765, 767.

Verlust für sich steuermindernd aus, den letztlich der Nacherbe wirtschaftlich zu tragen hat. Hier ist an Ausgleichsansprüche zu denken.[36]

C. Verjährungsfragen

I. Wissenszurechnung im Rahmen des § 199 Abs. 1 Nr. 2 BGB

17 Hatte der Erblasser von einem ihm zustehenden Anspruch beim Tod noch keine Kenntnis, so kann die nach dem Tod erlangte Kenntnis des Vorerben dem Nacherben nicht zugerechnet werden. Soweit der Anspruch während der Dauer der Vorerbschaft nicht verjährt ist, beginnt in Person des Nacherben die Frist von neuem, sobald dieser Kenntnis erlangt.[37]

II. Einzelne Ansprüche aus §§ 2100–2146 BGB

1. Ausnahme: Dreißigjährige Verjährung

18 In dreißig Jahren, gerechnet ab dem Erbfall, verjährt der Herausgabeanspruch aus § 2130 Abs. 1 BGB, so ausdrücklich § 197 Abs. 1 Nr. 2 BGB. Ihm gehört der vorbereitende Anspruch auf Rechnungslegung aus § 2130 Abs. 2 BGB zu, der ebenfalls in 30 Jahren verjährt.

2. Regelverjährung

19 Für alle anderen Ansprüche gilt generell die kenntnisabhängige dreijährige Regelverjährung.[38] Kenntnisunabhängig verjähren,

- § 199 Abs. 3 BGB, soweit hier interessierend, die sonstigen Schadensersatzansprüche, und zwar entweder zum einen in zehn Jahren seit Schadenseintritt oder in 30 Jahren ab dem auslösenden Ereignis und
- § 199 Abs. 3a BGB, Ansprüche, die „auf einem Erbfall beruhen“ oder deren Geltendmachung die Kenntnis einer Verfügung von Todes wegen voraussetzt, in 30 Jahren;
- alle übrigen in zehn Jahren ab Entstehung, § 199 Abs. 4 BGB.

20 Hierzu im Einzelnen:

a) Auf dem Erbfall, nämlich Tod des Erblassers, beruhen die Ansprüche auf Hinterlegung und Eintragung des Sperrvermerks, §§ 2116 Abs. 1, 2118 BGB, auf Mitteilung des Verzeichnisses, auf Zustandsfeststellung und den Wirtschaftsplan nach §§ 2121 Abs. 1, 2122 und 2123 BGB. Denn dem Nacherben erwachsen sie gegen den Vorerben ohne weitere Voraussetzungen allein aufgrund des Erbfalls.

b) Das Recht zur Entnahme der Nutzungen aus § 2111 BGB: Insoweit soll eine Verjährung überhaupt erst in Betracht kommen, sobald sich die Berechtigung des Vorerben durch Eintritt des Nacherbfalls in einen Anspruch gegen den Nacherben umgewandelt hat.[39] Da der Anspruch dann nicht auf „einem Erbfall beruht“, sondern auf dem Eintritt der Bedingung für den Nacherbfall, dürfte die Regelverjährung greifen mit kenntnisabhängig drei, kenntnisunabhängig zehn Jahren.

c) Die Zustimmungspflicht des Nacherben aus § 2120 Abs. 1 BGB setzt voraus, dass zur ordnungsgemäßen Verwaltung über einen Nachlassgegenstand verfügt werden muss. Der Anspruch beruht also nicht auf dem Erbfall, sondern auf akuten Bedürfnissen aufgrund der Verwaltung.

d) §§ 2124 Abs. 2, 2126 BGB: Soweit der Vorerbe Eigenvermögen einsetzt, um außergewöhnliche Erhaltungskosten oder außerordentliche Lasten zu bestreiten, ent-

---

36 *Naeve*, Die Auswirkungen der Einkommensteuer auf die Aufteilung von Erbschaftsvermögen und Nutzungen zwischen Vor- und Nacherben, Diss. Bielefeld 1995.

37 Näher hierzu *Bothe*, ZErb 2009, 259, 262.

38 Vgl. die Darstellungen bei *Keim*, ZEV 2008, 161, 169; *Langenfeld*, NJW 2009, 3121, 3123.

39 MüKo/*Lieder*, § 2111 Rn 46.

steht der Ersatzanspruch gegen den Nacherben mit Eintritt des Nacherbfalls und verjährt, da auf dem Umstand des Einsatzes von Eigenmitteln beruhend, nach Maßgabe des § 197 Abs. 1 BGB. Ebendies gilt für den Verwendungsersatzanspruch aus § 2125 Abs. 1 BGB, das Wegnahmerecht aus § 2125 Abs. 2 BGB.

e) §§ 2127, 2128 BGB: Die Ansprüche auf Auskunft und Sicherheitsleistung setzen jeweils ein Verhalten des Vorerben voraus, das die Besorgnis einer Rechtsverletzung für den Nacherben bedeutet, beruhen also nicht auf dem Erbfall.

f) § 2133 BGB: Soweit der Vorschrift ein Wertersatzanspruch des Nacherben im Hinblick auf die Übermaßfrüchte entnommen werden kann,[40] beruht dieser auf der Übermaßentnahme und nicht auf dem Erbfall. Ebendies gilt für den Wertersatzanspruch aus § 2134 S. 1 BGB.

g) § 2141 BGB: Der Unterhaltsanspruch ist gewöhnliche Nachlassverbindlichkeit.[41] Er ist bedingt durch den Sachverhalt der Empfängnis einerseits, den Eintritt der Nacherbfolge andererseits, und beruht damit nicht auf dem Erbfall.

h) Liegt der eigennützigen Verwendung von Erbschaftsgegenständen ein Verschulden des Vorerben zugrunde, § 2134 S. 2 BGB, so entsteht ein Schadensersatzanspruch, der als „sonstiger" i.S.d. § 199 Abs. 3 BGB einzuordnen ist. Dies gilt auch für den Schadensersatzanspruch aus § 2138 Abs. 2 mit § 2113 Abs. 2 BGB.

D. IPR

Für die Vor- und Nacherbschaft im Internationalen Privatrecht gelten die allgemeinen 21
Grundsätze der Art. 21, 22 EuErbVO.[42]

Ließ das Heimatrecht des Vorerben nach Rechtslage bis zum Inkrafttreten der 22
EuErbVO die Gestaltungsmöglichkeit nicht zu, bleibt jedenfalls die Einsetzung des Nacherben davon unberührt.[43]

Als Erbstatut ist danach das Recht am gewöhnlichen Aufenthalt des Erblassers zum 23
Todeszeitpunkt berufen, Art. 21 EuErbVO. Nur wenige europäische Rechtsordnungen – namentlich nicht die romanischen[44] – lassen eine derartige Erbfolge überhaupt oder in dem Umfang zu, wie das deutsche Recht sie vorsieht. Eine Übersicht zur Zulässigkeit einer Anordnung von Vor- und Nacherbschaft in den wichtigsten europäischen Rechtsordnungen findet sich bei *Roth/Hannes/Mielke*, S. 157–162. Die – nicht abschließende[45] – Positivliste des Art. 23 Abs. 2 EuErbVO[46] enthält die Stichworte jedenfalls nicht.
Hatte der im Ausland wohnende deutsche Erblasser Nacherbschaft angeordnet, ohne eine Rechtswahl getroffen zu haben (Art. 22 EuErbVO),[47] bestimmen sich die Rechtsfolgen der etwaigen Unwirksamkeit – Auslegung, Umdeutung, Nichtigkeit – wiederum nach dem Erbstatut.[48] Art. 13 EuErbVO findet keine Anwendung auf die Anzeige des Eintritts der Nacherbfolge nach § 2146 Abs. 1 BGB.[49]

40 MüKo/*Lieder*, § 2133 Rn 1.
41 Grüneberg/*Weidlich*, § 1963 Rn 3.
42 MüKo/*Lieder*, § 2133 Rn 89; s.a. rechtsvergleichend und Länderberichte in BeckOGK/*Küpper*, § 2100 Rn 89.
43 Staudinger/*Dörner* (2007), Art. 25 EGBGB Rn 282.
44 Staudinger/*Dörner* (2007), Art. 25 EGBGB Rn 282 m.w.N.
45 Grüneberg/*Thorn*, Art. 23 EuErbVO Rn 1.
46 Näher *Müller-Lukoschek*, Die neue EU-Erbrechtsverordnung, 2. Aufl. 2015, § 2 Rn 49.
47 Hierzu *Lange*, ZErb 2012, 160, 163.
48 Staudinger/*Dörner* (2007), Art. 25 EGBGB Rn 282.
49 *Dutta*, FamRZ 2013, 4, 7.

§ 2100 Nacherbe

Der Erblasser kann einen Erben in der Weise einsetzen, dass dieser erst Erbe wird, nachdem zunächst ein anderer Erbe geworden ist (Nacherbe).

Übersicht: Rdn

A. Anordnung der Vor- und Nacherbschaft

I. Letztwillige Verfügung

1. Allgemeines

1 Die Einsetzung eines Nacherben („Anordnung von Vor- und Nacherbschaft") bedarf einer **letztwilligen Verfügung**, also einer Erbeinsetzung gem. §§ 1937, 1941 Abs. 1

BGB durch Testament oder Erbvertrag. Im Rahmen eines gemeinschaftlichen Testaments kann sie wechselbezüglich sein.[1] Die Anordnung äußert sich idealerweise zu folgenden Essentialien:
- **Unverzichtbar:** Bestimmung der Person des Vorerben.
- Seine vollständige oder teilweise Befreiung von Beschränkungen.
- **Unverzichtbar:** Bestimmung der Person des Nacherben durch den Erblasser (vgl. § 2065 Abs. 2 BGB).
- Soll der Nacherbe auch Ersatz(vor)erbe sein?
- Bestimmung des Ereignisses bzw. Zeitpunkts unter der die Nacherbfolge eintreten soll.
- Person des Ersatznacherben.
- Vererblichkeit und Übertragbarkeit des Anwartschaftsrechts, insbesondere Übertragbarkeit an Vorerben.
- Unverzichtbar ist eine Detailprüfung der steuerrechtlichen Folgen bzw. Gewährleistung der steuerrechtlichen Zwecke.

2. Auslegung

2 Der Wille, eine Vor- und Nacherbschaft anzuordnen, kann entsprechend der allgemein anerkannten Auslegungsregeln auch ohne die gesetzlichen Termini zum Ausdruck gebracht werden. Hierzu muss sich aus der Verfügung der Wille des Erblassers entnehmen lassen, ob er die Erbschaft zunächst dem Erst- und anschließend dem Zweitberufenen **zu eigener Herrschaft** zukommen lassen wollte[2] bzw. dass er einen zeitlich unter mindestens zwei Erben aufgespaltenen Erbfall und damit die **Schaffung eines Sondervermögens** gewollt hat.[3] Die Anordnung einer Vor- und Nacherbfolge kann z.B. auch dann vorliegen, wenn der Erblasser ver- bzw. gebietet, den Nachlass an andere als an Blutsverwandte weiterzuvererben,[4] den im Wesentlichen den Nachlass ausmachenden Grundbesitz[5] an andere als die Abkömmlinge der Söhne zu „übergeben"[6] oder zugunsten bestimmter Personen zu testieren.[7] Umgekehrt führt die Verwendung der Begriffe Vorerbe und Nacherbe nicht zwingend zur Annahme einer Vor- und Nacherbschaft; vielmehr kann damit – etwa im Rahmen eines Berliner Testaments – auch eine Schlusserbeneinsetzung gewollt sein.[8] Ferner muss die Verwendung von Begriffen, die das Gesetz für andere rechtliche Instrumentarien bereithält, der Annahme einer Nacherbeinsetzung nicht entgegenstehen,[9] denn Laien werden oft unzureichende oder irrtümliche Vorstellungen vom Bedeutungsgehalt der erbrechtlichen Termini haben. Bspw. kann die Einsetzung zum „Ersatzerben" als Nacherbeinsetzung ausgelegt werden,[10] die Einsetzung der Ehefrau zur „unbeschränkten Vorerbin" als Vollerbschaft auszulegen sein.[11] Auch die Einsetzung einer Person zum „Alleinerben" besagt noch nicht zwingend, dass der Bedachte **Vollerbe** oder (alleini-

1 MüKo/*Lieder*, § 2100 Rn 6; beim Erbvertrag kommt sie als vertragsmäßige Verfügung in Betracht (BGHZ 26, 204, 208).
2 MüKo/*Lieder*, § 2100 Rn 11 ff., zu möglichen Motiven Rn 8.
3 Staudinger/*Avenarius*, § 2100 Rn 3.
4 BayObLGZ 1958, 225.
5 Dann kein Nachvermächtnis, OLG Schleswig ZEV 2015, 471, 472 Tz 18 f.
6 BayObLG FamRZ 1986, 608.
7 MüKo/*Lieder*, § 2100 Rn 8; Grüneberg/*Weidlich*, § 2100 Rn 6.
8 BayObLG FamRZ 1992, 1476.
9 MüKo/*Lieder*, § 2100 Rn 12.
10 RG HRR 1932, Nr. 1055; BGH LM Nr. 1 zu § 2100.
11 BGH ZEV 2015, 343, 344.

ger) Vorerbe sein soll,[12] wenngleich Rechtsunkundige mit diesem Begriff – dessen Gegensatz der Miterbe und nicht der Vorerbe ist – vermutlich oftmals die Anordnung einer Vollerbschaft zum Ausdruck bringen wollen.[13]

3 Der Grundsatz, dass die verwendete Terminologie allein kein zwingendes Auslegungskriterium ist, bleibt auch bei anwaltlich aufgesetzten oder **notariell beurkundeten Verfügungen**[14] unberührt. Maßgeblich ist allein der wahre Wille des Erblassers.[15] In praxi dürfte in diesen Fällen eine Auslegung gegen den eindeutigen Wortlaut aber nur ausnahmsweise möglich sein.

4 Auslegungsschwierigkeiten ergeben sich vor allem bei der Abgrenzung zu dem – im wirtschaftlichen Ergebnis ähnlichen – **Nießbrauchsvermächtnis**. An den verwendeten Begriffen allein darf nicht gehaftet werden; so kann auch in der Zuwendung des „Nießbrauchs" oder der „Nutznießung" am Nachlass eine Vorerbeinsetzung liegen, wenn der Wille des Erblassers tatsächlich dahin ging, dass der Bedachte im Augenblick des Erbfalls zivilrechtlich und nicht nur wirtschaftlich **Eigentümer des Nachlasses** werden sollte.[16] Oft werden dem Erblasser aber die rechtstechnischen Unterschiede zwischen den Gestaltungsalternativen – namentlich dass der Vorerbe sogleich dinglicher Vermögensinhaber wird, während sich der Nießbrauchsvermächtnisnehmer den Nießbrauch erst einräumen lassen muss – nicht bewusst sein bzw. für ihn keine Rolle spielen, so dass sie in der letztwilligen Verfügung auch nicht zum Ausdruck kommen werden.[17] Die Abgrenzung kann insofern danach vorgenommen werden, ob der Erblasser dem Bedachten über die Nutzungsbefugnis hinaus **auch die Befugnis zu Verfügungen über den Nachlass** einräumen wollte, denn die Verfügungsbefugnis steht nach dem Gesetz nur dem Vorerben zu.[18] Allerdings besteht das Wesen der Vorerbschaft nicht darin, dass dem Vorerben eine Verfügung über den Nachlass im eigenen Interesse, zum eigenen Vorteil und Nutzen zustehen muss, denn der Erblasser kann die Verfügungsbefugnis über den Rahmen der §§ 2113–2115 BGB hinaus beschränken; es ist nicht erforderlich, dass dem Vorerben mehr Rechte am Nachlass belassen werden, als für die Nutznießung und Verwaltung erforderlich sind.[19] Als Abgrenzungskriterium können ferner steuerrechtliche Folgen aus der Anordnung eines Nießbrauchsvermächtnisses bzw. der Nacherbfolge berücksichtigt werden.[20]

3. Auslegungsregeln

5 Für bestimmte Fälle lückenhafter oder unklarer Verfügungen hält das Gesetz in den §§ 2101–2107 BGB typisierte Auslegungs- und Ergänzungsregeln bereit (siehe hierzu die jeweiligen Einzelkommentierungen). Eine mit der Vor- und Nacherbschaft zusammenhängende Auslegungsregel enthält ferner § 2269 Abs. 1 BGB für das Berliner Testament: Setzen Ehegatten einander gegenseitig als Erben ein und bestimmen sie, dass nach dem Tod des Längstlebenden der beiderseitige Nachlass an einen Dritten als Schlusserben fallen soll, so ist nicht von der Anordnung einer Vor- und Nacherbschaft,

---

12 BayObLGZ 1997, 59, 69.

13 Vgl. BayObLG NJW 1966, 1223.

14 Vgl. den bei *Keim*, ZEV 2018, 682 geschilderten Fall (Einsetzung eines „Schlusserben" auf Ableben des Ehegatten im notariellen Einzeltestament = OLG Hamm ZErb 2016, 23).

15 BGH LM Nr. 1 zu § 2100.

16 BGH LM Nr. 2 zu § 2100; BayObLG FamRZ 1981, 403; zur Zuwendung einer Immobilie unter der Bedingung, sie zu bewirtschaften, BayObLG ZEV 2004, 461 m. Anm. *Heinemann*.

17 Vgl. MüKo/*Lieder*, § 2100 Rn 12.

18 RG WarnR 1927 Nr. 57; BGH LM Nr. 2 zu § 2100; KG DR 1941, 594; BayObLG FamRZ 1981, 403.

19 BGH LM Nr. 2 zu § 2100.

20 BayObLG NJW 1960, 1765; Vgl. MüKo/*Lieder*, § 2100 Rn 22; Staudinger/*Avenarius*, § 2100 Rn 24.

sondern von der Einsetzung des Längstlebenden als Vollerbe des Erstversterbenden sowie des Dritten als Vollerbe des Längstlebenden auszugehen. Soweit sich die Beteiligten auf eine Auslegung bindend verständigen wollen, bedarf dies der notariellen Beurkundung.[21]

II. Unvollständigkeit oder Unwirksamkeit der Nacherbeneinsetzung

Hier kommen insbesondere folgende Konstellationen in Betracht: 6

(1) Erblasser hebt die Einsetzung eines Nacherben auf, lässt die Nacherbfolge aber unberührt: Hier fehlt die Anordnung, damit greifen §§ 2104 oder 2105 BGB.[22]

(2) Die Anordnung fällt wegen Anfechtung weg: Dies steht dem Fehlen nicht gleich, weshalb Vollerbschaft des Vorerben eintritt (Fall: Nacherbe tötet Vorerbin),[23] es sei denn, ein anderweitiger Wille des Erblassers wäre feststellbar.[24]

(3) Die Anordnung ist wegen Verstoßes gegen § 2065 Abs. 2 BGB unwirksam: Auch hier soll konstruktive Nacherbschaft gem. § 2104 S. 1 BGB gelten.[25] Vgl. im Übrigen näher die Kommentierung zu § 2104 BGB.

(4) Die Nacherbeneinsetzung ist nichtig nach Maßgabe der (Landes-)Heimgesetze und § 134 BGB, vgl. näher zu § 1923 BGB.[26]

(5) Die Nacherbfolge soll gegenständlich beschränkt sein.

III. Ausschlagung der Nacherbschaft

Diesen Fall regelt § 2142 Abs. 2 BGB, vgl. die Erläuterungen dort. 7

B. Gestaltungsmöglichkeiten bei der Anordnung der Vor- und Nacherbfolge

I. Bedingung, Befristung

Der Erblasser kann in den Grenzen des § 2109 BGB grds. frei bestimmen, mit welchem Zeitpunkt oder Ereignis der Nacherbfall eintreten soll. Die Vorerbschaft ist begriffsnotwendig **auflösend**, die Nacherbschaft **aufschiebend** bedingt oder befristet. Der Erblasser kann auch eine mehrfache Bedingung oder Befristung vorsehen, wie dies z.B. im Fall des **Ehegattentestaments** mit Vor- und Nacherbschaft regelmäßig geschieht, in dem der Eintritt des Nacherbfalls alternativ an den Tod oder die Wiederverheiratung des zum Vorerben berufenen Ehegatten geknüpft wird. Ferner kann der Eintritt der Nacherbfolge von der zusätzlichen – auflösenden – Bedingung abhängig gemacht werden, dass der Vorerbe nicht anderweitig verfügt (siehe dazu Rdn 10). 8

Auch die Vor- und Nacherbschaft selbst kann unter eine Bedingung gestellt werden. Ist z.B. im Ehegattentestament der Eintritt der Nacherbfolge allein an die Wiederverheiratung des ansonsten zum Vollerben eingesetzten Ehegatten geknüpft,[27] kann eine 9

21 BGH NJW 1985, 1812 m. Anm. *Damrau*, JR 1986, 375.

22 BayObLG FamRZ 1991, 1114, 1116; *Lange/Kuchinke*, § 28 II 2.

23 BGH NJW 1986, 1812.

24 *Lange/Kuchinke*, § 28 II 2.

25 Vgl. OLG Hamm FGPrax 1995, 198, 200.

26 Zum Fall, dass Angehörige des Heimbewohners diesen als Vor- und das Heim als Nacherben einsetzen, siehe OLG Karlsruhe ZEV 2011, 424.

27 Der für den Fall erneuter Heirat zum aufschiebend bedingten Vorerben eingesetzte Ehegatte ist bis zum Eintritt der Bedingung unbeschränkter Vollerbe, so nunmehr OLG Celle ZEV 2013, 40 m. Anm. *Weidlich*.

Kombination von **auflösend bedingter Vollerbschaft** und aufschiebend bedingter Vorerbschaft vorliegen.[28]

II. Einfluss des Vorerben auf die Nacherbenbestimmung

1. Nacherbeneinsetzung unter Vorbehalt anderweitiger Verfügung des Vorerben

10 Der Erblasser kann die Bestimmung der Person des Nacherben gem. § 2065 Abs. 2 BGB nicht einem Dritten überlassen. Nach h.M. kann der Eintritt der Nacherbfolge aber von einer auflösenden (Potestativ-)Bedingung abhängig gemacht werden (z.B. dass der Vorerbe nicht anderweitig letztwillig[29] verfügt[30]). Umstritten ist, ob der Erblasser den Vorerben dazu ermächtigen können soll, unter mehreren als Nacherben eingesetzten Personen diejenige Person auszuwählen, der die Erbschaft zufallen soll[31] oder unter den als Nacherben eingesetzten eine anderweitige Verteilung vorzunehmen.[32] Jedenfalls verstößt nach zutreffender h.M. eine Klausel nicht gegen § 2065 Abs. 2 BGB, wenn Nacherbe derjenige sein soll, der vom Vorerben testamentarisch als dessen Erbe eingesetzt worden ist.[33]
In der Praxis kann auf **Vermächtnisse** gem. §§ 2151 ff. BGB ausgewichen werden.[34]

11 Ist ein Pflichtteilsberechtigter als aufschiebend befristeter Nacherbe eingesetzt, so ist der Anwendungsbereich des § 2306 Abs. 2 BGB eröffnet. Umstritten ist, ob dies auch gilt, wenn der Pflichtteilsberechtigte unter einer aufschiebenden Bedingung als Nacherbe eingesetzt ist. Denn es sei unklar, ob es überhaupt zum Erbanfall bei ihm käme.[35]

2. Einsetzung der Erben des Vorerben als Nacherben

12 Nach Teilen der Lit.[36] kann der Erblasser dem Vorerben eine Anpassung der Nacherbfolge auch dadurch ermöglichen, dass er als Nacherben diejenigen Personen einsetzt, **die der Vorerbe zu seinen Erben bestimmt**.[37] Ein praktischer Anwendungsfall ist das sog. **Geschiedenentestament**, mit dem vermieden werden soll, dass der geschiedene Ehegatte des Erblassers beim Tod der gemeinsamen Kinder als deren gesetzlicher Erbe bzw. als Pflichtteilsberechtigter am Vermögen des Erblassers partizipiert. Diese schon früher nicht unbedenkliche[38] Gestaltung hat das OLG Frankfurt[39] allerdings wegen Verstoßes gegen § 2065 Abs. 2 BGB **für unwirksam erklärt**. Für die dem Gebot des

28 H.M. vgl. BGHZ 96, 198, 202 ff.; OLG Zweibrücken FGPrax 2011, 176; *Simshäuser*, FamRZ 1972, 274; *Hilgers*, MittRhNotK 1962, 381, 388; *Hurst*, MittRhNotK 1962, 439; *Ripfel*, Rpfleger 1951, 577; *Zawar*, NJW 2007, 2353 f.; Staudinger/*Raff*, § 2269 Rn 86 f.; vgl. auch BGH FamRZ 1961, 275, 276 zur Wiederverheiratungsklausel in einem Einzeltestament; differenzierend MüKo/*Musielak*, § 2269 Rn 58 ff.

29 Nach OLG Hamm FGPrax 2000, 29, 30 kann der Erblasser dem Vorerben auch gestatten, durch Verfügung unter Lebenden die Nacherbfolge zu beseitigen.

30 Vgl. nur BGHZ 2, 35; BGHZ 15, 199, 204; BGHZ 59, 220, 223; BayObLG NJW-RR 2001, 1588, 1590; BayObLGZ 1982, 331; OLG Hamm FGPrax 2000, 29, 30; OLG Oldenburg NJW-RR 1991, 646.

31 BGH LM Nr. 2 zu § 2065; OLG Hamm MDR 1972, 1036; MüKoBGB/*Lieder*, § 2100 Rn 26 m.w.N.

32 BGHZ 59, 220 = NJW 1972, 1987; OLG Oldenburg NJW-RR 1991, 646; anders OLG Hamm DNotZ 1967, 315.

33 OLG München MittBayNot 2018, 50; MüKoBGB/*Lieder*, § 2100 Rn 26 m.w.N.

34 Vgl. *R. Kössinger/Najdecki/Zintl*, § 10 Rn 71 ff.; *Mayer*, ZEV 1996, 104, 105.

35 MüKoBGB/*Lange*, § 2306 Rn 11 m.w.N.

36 Vgl. Staudinger/*Otte*, § 2065 Rn 16; MüKo/*Leipold*, § 2065 Rn 19; Grüneberg/*Weidlich*, § 2065 Rn 7; *Ivo*, DNotZ 2002, 260; Formulierungsvorschlag bei MAH-Erbrecht/*Wachter*, § 17 Rn 38.

37 „Dieterle-Klausel" nach *Dieterle*, BWNotZ 1971, 14, 17.

38 Vgl. *Mayer*, ZEV 2000, 1, 7.

39 OLG Frankfurt DNotZ 2001, 143 m. Anm. *Kanzleiter* = ZEV 2001, 316 m. Anm. *Otte*.

sichersten Weges verpflichtete Kautelarpraxis dürfte die genannte Gestaltung damit zu risikobehaftet sein.[40] Dem dahinterstehenden Erblasserwillen kann im Einzelfall durch eine ergänzende Auslegung oder eine Umdeutung der letztwilligen Verfügung weitgehend Rechnung getragen werden.[41] Zudem kann kautelarjuristisch auf das Bestimmungsvermächtnis (§ 2151 BGB) ausgewichen werden.[42]

III. Mehrfache Nacherbfolge

Der Erblasser kann in seiner letztwilligen Verfügung **mehrere, sich zeitlich anschließende Nacherbfolgen** anordnen. Der erste Nacherbe ist dann gegenüber dem zweiten (und etwaigen weiteren) Nacherben zugleich Vorerbe. Die Anzahl der Nacherbfälle ist grds. nicht beschränkt,[43] wird jedoch durch § 2109 BGB zeitlich limitiert. 13

IV. Nacherbfolge bezüglich eines Bruchteils

Die Vor- und Nacherbschaft muss nicht die gesamte Erbschaft umfassen. Dem Erblasser steht es frei, lediglich einen von mehreren **Miterben oder nur einen Bruchteil** des dem alleinigen Vorerben zugewendeten Erbteils durch die Anordnung einer Nacherbfolge zu beschränken.[44] Im zweiten Fall ist der Erbe teils Vollerbe, teils Vorerbe. Solange der Nachlass nicht gegenständlich geteilt ist, unterliegt der Vorerbe mit dem gesamten Nachlass den Verfügungs- und Verwaltungsbeschränkungen des Vorerben. Auf einzelne Gegenstände oder Vermögenswerte, wie ein Grundstück oder ein Unternehmen, kann der Erblasser die Vor- und Nacherbschaft jedoch nicht beziehen.[45] Eine „gegenständliche" Vor- und Nacherbfolge lässt sich jedoch im Ergebnis dadurch herbeiführen, dass dem Vorerben die übrigen Nachlassgegenstände als **Vorausvermächtnis** (§ 2150 BGB) zugewendet werden, auf das sich gem. § 2110 Abs. 2 BGB das Recht des Nacherben im Zweifel nicht erstreckt. Im Übrigen lässt sich die Anordnung einer auf einzelne Gegenstände bezogene Nacherbfolge im Wege der Auslegung (§ 2084 BGB) oder der Umdeutung (§ 140 BGB) möglicherweise als Zuwendung eines Nachvermächtnisses aufrechterhalten.[46] 14

V. Mitvorerben und Mitnacherben

Der Erblasser kann jeweils **eine oder mehrere Personen** zu Vorerben oder zu Nacherben benennen. Mehrere Vorerben bilden eine **Erbengemeinschaft**, die sich jederzeit gem. § 2042 BGB auseinandersetzen kann. Einer Mitwirkung des Nacherben bedarf es dazu grds. nicht, sofern nicht zum Vollzug der Auseinandersetzung Verfügungen notwendig sind, die unter die §§ 2113, 2114 BGB fallen.[47] Zur Erteilung der Zustimmung ist der Nacherbe gem. § 2120 BGB jedoch verpflichtet.[48] Keiner Zustimmung bedürfen Grundstücksverfügungen, die allein der Erfüllung einer Teilungsanordnung des Erblassers dienen.[49] Mehrere Nacherben bilden **erst ab dem Nacherbfall** eine Erbengemeinschaft, denn diese setzt ein ihr zugeordnetes gemeinschaftliches Vermögen voraus, § 2032 Abs. 1 BGB, das die Nacherben vor dem Eintritt des Nacherbfalls, 15

40 S.a. *R. Kössinger/Najdecki/Zintl*, § 10 Rn 75.
41 Ausführlich dazu *Kanzleiter*, DNotZ 2001, 149, 150 ff.
42 *Keim*, FamRZ 2003, 137, 140.
43 MüKo/*Lieder*, § 2100 Rn 27 m.w.N.
44 Grüneberg/*Weidlich*, § 2100 Rn 4.
45 OLG Hamm ZEV 2019, 415 m.Anm. *Kollmeyer*; *Rossak*, ZEV 2005, 14; *Otte*, NJW 1987, 3164; Erman BGB/*M. Schmidt*, § 2100 Rn 1.
46 Soergel/*Wegmann*, Vor § 2100 Rn 7.
47 OLG Hamm ZEV 1995, 336; Staudinger/*Avenarius*, § 2112 Rn 15.
48 Vgl. Soergel/*Wegmann*, § 2112 Rn 6.
49 OLG Hamm ZEV 1995, 336.

§ 2139 BGB, nicht haben, weil der Nachlass bis dahin ausschließlich in der Hand des Vorerben liegt.[50]

VI. Testamentsvollstreckung bei Vor- und Nacherbschaft

1. Gestaltungsmöglichkeiten

16 Der Erblasser kann im Bereich der Vor- und Nacherbschaft eine Testamentsvollstreckung für den Vorerben, für die Wahrung der Nacherbenrechte bis zum Nacherbfall, für den Nacherben für die Zeit ab dem Nacherbfall oder umfassend für die gesamte Vor- und Nacherbschaft anordnen.

2. Testamentsvollstreckung für den Vorerben

17 Eine Vorerbentestamentsvollstreckung ist insbesondere dann veranlasst, wenn verhindert werden soll, dass Eigengläubiger des Vorerben in den Nachlass vollstrecken (vgl. §§ 2214 BGB). Die **Vorerbentestamentsvollstreckung** beginnt mit dem Erbfall und endet, wenn es sich um eine Verwaltungstestamentsvollstreckung handelt, mit dem Nacherbfall, andernfalls mit der Erledigung der Aufgaben, also der Auseinandersetzung der Vorerbengemeinschaft.[51] Die Einsetzung eines Vorerbentestamentsvollstreckers schließt gem. § 2211 Abs. 1 BGB das Verwaltungs- und Verfügungsrecht des Vorerben aus, und zwar auch bei befreiter Vorerbschaft.[52] Der Umfang der Befugnisse des Vorerbentestamentsvollstreckers ist allerdings umstritten. Nach einer Auffassung[53] unterliegt der Vorerbentestamentsvollstrecker nicht den Verfügungsbeschränkungen der §§ 2113 ff. BGB, sondern nur den Beschränkungen nach § 2205 S. 3 BGB. Die Gegenansicht nimmt an, dass für den Vorerbentestamentsvollstrecker dieselben Verfügungsbeschränkungen gelten wie für den Vorerben selbst.[54]

3. Testamentsvollstreckung für den Nacherben

18 Die Testamentsvollstreckung für den Nacherben kann für die Zeit ab Eintritt des Nacherbfalls (reguläre Verwaltungsvollstreckung) oder schon während der Vorerbschaft angeordnet werden (**Nacherbentestamentsvollstreckung,** § 2222 BGB).[55] Mit Letztgenannter wird nicht der Vorerbe, sondern der Nacherbe beschränkt, da dieser seine Rechte nicht ausüben kann, soweit die Rechtsstellung des Testamentsvollstreckers reicht.[56] Die Befreiung des Vorerben von den Beschränkungen gem. § 2113 Abs. 1, § 2214 BGB nach § 2136 BGB gilt auch für den Testamentsvollstrecker.[57] Der **alleinige Vorerbe** kann nicht zum alleinigen Nacherbentestamentsvollstrecker ernannt werden.[58]

4. Testamentsvollstreckung für Vor- und Nacherbschaft

19 Sofern eine **umfassende** Testamentsvollstreckung für **Vor- und Nacherbschaft** angeordnet wird, unterliegt der Testamentsvollstrecker während der Vorerbschaft unstr. nur den Beschränkungen nach § 2205 S. 3 BGB, nicht jedoch den für den Vorerben

---

50 BGH NJW 1993, 1582.
51 Soergel/*Damrau*, § 2222 Rn 13.
52 BayObLG NJW 1959, 1920.
53 RG JW 1938, 1454; KG OLG 34, 298; OLG Neustadt NJW 1956, 1881.
54 Staudinger/*Reimann*, § 2205 Rn 226; Erman/*Schmidt*, § 2222 Rn 4.
55 Ausführliche Darstellung bei *Keim*, ZErb 2008, 5 und Staudinger/*Dutta*, § 2205 Rn 226 ff.
56 Staudinger/*Dutta*, § 2222 Rn 4.
57 Staudinger/*Dutta*, § 2205 Rn 226; MüKo/*Zimmermann*, § 2205 Rn 67.
58 RGZ 77, 177; OLG Karlsruhe MDR 1981, 943; a.A. *Rohlff*, DNotZ 1971, 518, 527 ff.; Ausnahme: die Testamentsvollstreckung beschränkt sich auf die sofortige Erfüllung eines Vermächtnisses und das Nachlassgericht kann den Vorerben bei groben Pflichtverstößen durch einen anderen Testamentsvollstrecker ersetzen: BGH ZEV 2005, 204 m. Anm. *Adams*.

geltenden **Verfügungsbeschränkungen** der §§ 2113, 2113 BGB.[59] Zweckmäßigerweise sollte in die Testamentsvollstreckung für die Vor- und Nacherbschaft auch die Nacherbentestamentsvollstreckung nach § 2222 BGB eingeschlossen sein. Fehlt eine ausdrückliche Anordnung dazu, ist im Zweifel nicht anzunehmen, dass dem Testamentsvollstrecker auch die Wahrnehmung der Rechte und Pflichten des Nacherben bis zum Eintritt des Nacherbfalls übertragen sein soll.[60]

VII. Absicherung Behinderter/Asset Protection

Von großer praktischer Relevanz ist die Nacherbfolge beim sog. Behindertentestament. 20
Dabei wird ein Behinderter als Vorerbe eingesetzt und Testamentsvollstreckung angeordnet. Nacherbfall ist in der Regel der Tod des Behinderten, womit das Vermögen auf die Nacherben übergeht. Durch ein derartiges Testament soll erreicht werden, dass der Sozialhilfeträger nicht auf die Substanz der Erbschaft zugreifen kann, der Nachlass also umfassend abgeschirmt wird (s. etwa § 2214 BGB).[61] Die Konstruktion ist nach ganz überwiegender Meinung nicht sittenwidrig.[62]

C. Rechtsstellung des Vorerben

Der Vorerbe ist bis zum Eintritt des Nacherbfalls in jeder Hinsicht Rechtsnachfolger 21
des Erblassers. Auf ihn gehen das Vermögen des Erblassers (§ 1922 BGB), dessen Besitz (§ 857 BGB) sowie dessen Verbindlichkeiten (§ 1967 BGB) über. Er kann über die Gegenstände des Nachlasses verfügen. Seine Verfügungsbefugnis ist zwar nach Maßgabe der §§ 2113 ff. BGB beschränkt, diese Beschränkungen entfalten allerdings erst im Nacherbfall (absolute) Wirkung (siehe dazu § 2112 Rdn 1). Da der Vorerbe die Erbschaft mit Eintritt des Nacherbfalls an den Nacherben herausgeben muss, seine Rechtsstellung also auflösend bedingt oder befristet ist, bildet der Nachlass in seiner Hand ein **Sondervermögen**, das in seiner rechtlichen Identität durch den Grundsatz der dinglichen Ersetzung – Surrogation, § 2111 BGB – erhalten wird.[63]

Nach der gesetzlichen Grundkonzeption stehen dem Vorerben nur die **Nutzungen** 22
des Nachlasses zu, vgl. § 2111 Abs. 1 S. 1 BGB, während der Nacherbe die Substanz erhalten soll. Spiegelbildlich fallen dem Vorerben auch nur die Fruchtziehungskosten (§ 102 BGB) und die gewöhnlichen Erhaltungskosten (§ 2124 Abs. 1 BGB) zur Last. Im Interesse des Nacherben an der Substanzerhaltung ist die Rechtsstellung des Vorerben durch dinglich wirkende Verfügungsbeschränkungen gem. §§ 2113–2115 BGB, schuldrechtliche Mitverwaltungsrechte gem. §§ 2116–2119 BGB sowie Kontroll- und Sicherungsrechte des Nacherben gem. §§ 2121–2123, 2127–2129 BGB begrenzt. Durch Auflagen oder Vermächtnisse kann der Erblasser das Nutzziehungsrecht und die Verfügungsbefugnis des Vorerben weiter beschränken, diese Beschränkungen haben jedoch nur schuldrechtliche Wirkung.[64] Der Vorerbe ist ferner verpflichtet, den Nachlass ordnungsgemäß zu verwalten, § 2130 BGB. Bei Zuwiderhandlung schuldet der Vorerbe dem Nacherben unter den Voraussetzungen des § 2131 BGB Schadensersatz.

---

59 BGHZ 40, 115 = NJW 1963, 2320.
60 BayObLG NJW 1959, 1920; LG Oldenburg Rpfleger 1981, 197.
61 Siehe hierzu umfassend Rogelmeier/Sikora/Krug/*Horn/Lente-Poertgen/Poertgen*, § 26.
62 Vgl. BGHZ 123, 368 = NJW 1994, 248; BGHZ 188, 96 = NJW 2011, 1586; BSG ZEV 2015, 484 Tz 25 f. (anders SG Dortmund ZEV 2010, 54); MüKo/*Armbrüster*, § 138 Rn 45 und *Armbrüster*, ZEV 2010, 88; zweifelnd auch MAH-Erbrecht/*Spall*, § 41 Rn 45. Muster für Behindertentestamente finden sich bei Rogelmeier/Sikora/Krug/*Horn/Lente-Poertgen/Poertgen*, § 26 Rn 75 und 86; für ein Bedürftigentestament siehe auch bei *Litzenburger*, ZEV 2009, 278, 280; *Weidlich*, ZEV 2020, 136.
63 Staudinger/*Avenarius*, § 2100 Rn 50.
64 BGH LM Nr. 2 zu § 2100.

D. Rechtsstellung des Nacherben

I. Anwartschaftsrecht

1. Unentziehbare Rechtsposition

23 Mit Eintritt des Nacherbfalls geht die Erbschaft von selbst, d.h. ohne dass es eines rechtsgeschäftlichen Übertragungsaktes bedarf, auf den Nacherben über (§ 2139 BGB). Bis zu diesem Zeitpunkt hat er keine dingliche Berechtigung am Nachlass; ihm stehen lediglich Mitverwaltungs-, Kontroll- und Sicherungsrechte zu (§§ 2116–2119, 2121–2123, 2127–2129 BGB). Er erwirbt jedoch bereits mit dem Erbfall eine unentziehbare und gesicherte Rechtsposition, die herkömmlich als **Anwartschaftsrecht** bezeichnet wird.[65] Dies gilt auch, wenn der Nacherbe unter einer Bedingung berufen ist.[66] Hingegen besteht kein Anwartschaftsrecht, wenn die Person des Nacherben zum Zeitpunkt des Erbfalls noch nicht feststeht, sondern erst mit Eintritt des Nacherbfalls bestimmt werden kann; so z.B. wenn der Erblasser Abkömmlinge einer bestimmten Person zu Nacherben berufen hat, denn hier liegt die Annahme seines Willens nahe, dass auch die bis zum Nacherbfall geborenen Abkömmlinge an der Erbschaft beteiligt und die Personen der Nacherben erst nach dem Zeitpunkt des Eintritts der Nacherbfolge bestimmt sein sollen.[67]

2. Vererblichkeit, Übertragbarkeit

24 Nach der widerlegbaren Vermutung des § 2108 Abs. 2 S. 1 BGB ist die Nacherbenanwartschaft im Zweifel **vererblich**. Sie geht also, sofern ein gegenteiliger Wille des Erblassers nicht feststellbar ist, auf die – gesetzlichen oder testamentarischen – Erben des Nacherben über, wenn dieser zwischen dem Erbfall und dem Eintritt des Nacherbfalls verstirbt (Einzelheiten bei § 2108 BGB). Das Anwartschaftsrecht des Nacherben ist darüber hinaus nach wohl einhelliger, zwischenzeitlich gewohnheitsrechtlich anerkannter Auffassung **übertragbar**.[68] Der Erblasser, dessen Willen die Übertragung regelmäßig nicht entsprechen wird, kann die Übertragbarkeit des Nacherbenanwartschaftsrechts jedoch in der letztwilligen Verfügung ausschließen;[69] vgl. nur §§ 413, 399 BGB. Dies kann auch eingeschränkt geschehen. So kann bspw. eine Übertragung des Anwartschaftsrechts auf den Vorerben ausgenommen werden, um diesem die Möglichkeit zu geben, Vollerbe zu werden.[70] Der gem. § 2222 BGB bestellte Nacherbentestamentsvollstrecker ist zur Übertragung des Anwartschaftsrechts nicht befugt.[71]

25 Auf die **Übertragung** des **Anwartschaftsrechtes** finden die §§ 2033 f., 2371, 2385 BGB entsprechende Anwendung.[72] Auch der Verzicht des Nacherben auf seine Rechte zugunsten des Vorerben bedarf der notariellen Beurkundung, weil darin die Übertragung des Anwartschaftsrechts auf den Vorerben angesehen werden kann.[73] Dem Mitnacherben steht nach § 2034 BGB ein Vorkaufsrecht auch dann zu, wenn der Käufer

---

65 St. Rspr., vgl. nur RGZ 101, 185, 188; RGZ 170, 163, 168; BGHZ 87, 367, 369 m.w.N.

66 RGZ 170, 163, 168.

67 BayObLG FamRZ 2001, 1561, 1562.

68 BGHZ 87, 367, 369 m.w.N.

69 RGZ 170, 163, 168; OLG Schleswig ZEV 2010, 574, 576; MüKo/*Lieder*, § 2100 Rn 53 m.w.N.; a.A. Staudinger/*Avenarius*, § 2100 Rn 76; *Röthel*, ErbR § 34 Rn 54.

70 Soergel/*Wegmann*, § 2100 Rn 13. Zu beachten ist, dass in diesem Fall das Anwartschaftsrecht durch Konsolidation untergeht, eine Rückübertragung also nicht mehr möglich ist, siehe *Muscheler*, ZEV 2012, 289.

71 KG JW 1937, 1553 = HRR 1937 Nr. 931.

72 Grüneberg/*Weidlich*, § 2100 Rn 14 m.w.N.

73 Staudinger/*Olshausen*, § 2385 Rn 7; MüKoBGB/*Musielak*, § 2385 Rn 2; *Zarnekow*, MittRhNotK 1969, 620, 637.

selbst der Vorerbe ist.[74] Sind keine Miterben vorhanden oder üben diese ihr Vorkaufsrecht nicht aus, steht dem Vorerben entsprechend § 2034 BGB ein Vorkaufsrecht zu.[75] Die Übertragung des Nacherbenanwartschaftsrechtes beinhaltet zugleich die Annahme der Nacherbschaft (näher § 2142 Rdn 5). Durch die Übertragung des Anwartschaftsrechts tritt der Erwerber unmittelbar in die Rechtsstellung des Nacherben ein und wird daher mit Eintritt des Nacherbfalls **ohne weitere Zwischenakte** und ohne Durchgangserwerb des Nacherben Inhaber des Nachlasses, nicht jedoch Erbe.[76] Im Erbschein ist nicht der Erwerber, sondern der Veräußerer als Nacherbe auszuweisen, weil der Erbschein nur die Rechtslage im Erbfall wiedergibt; überdies würde dadurch die Richtigkeit des Übertragungsgeschäftes bezeugt, was nicht Aufgabe des Erbscheins ist.[77] Der Erwerber ist durch einen auf den Nacherben lautenden Erbschein i.V.m. dem notariell beglaubigten Übertragungsgeschäft auch hinreichend legitimiert.[78] Die dem Nacherben zustehenden Kontroll-, Sicherungs- und Mitwirkungsrechte kann nach Übertragung des Anwartschaftsrechts indessen nur der Erwerber ausüben.[79]

Auf den Erwerber des Nacherbenanwartschaftsrechtes geht das Recht des Nacherben 26 mit dem Inhalt über, den es vor der Übertragung hatte. Die Rechte **eingesetzter Ersatzerben** bleiben demnach unberührt. Der Erwerber verliert seine Stellung somit in dem Augenblick an die Ersatznacherben, in dem sie auch der Nacherbe – z.B. durch Vorversterben vor Eintritt des Nacherbfalls – verlieren würde.[80] Der Erwerber erhält daher nur dann eine gesicherte Rechtsposition, wenn er sich auch die Anwartschaft des Ersatznacherben übertragen lässt.[81]

3. Pfändung

Die Übertragbarkeit des Anwartschaftsrechts befähigt nicht nur den Nacherben zur 27 Verwertung durch Veräußerung oder Verpfändung, sondern ermöglicht auch die Pfändung durch Dritte.[82] Die Pfändung geschieht nach § 857 ZPO. Sind **Mitnacherben** vorhanden, so muss diesen als Drittschuldnern der Pfändungsbeschluss zugestellt werden, § 829 ZPO.[83] Ob es einer Zustellung an den Vorerben bedarf, ist strittig.[84] Pfändbar ist nur das Anwartschaftsrecht selbst, nicht etwa der künftige **Herausgabeanspruch**.[85] Trotz Pfändung kann der Nacherbe die Nacherbschaft ausschlagen und die Pfändung damit gegenstandslos machen.[86] Die Pfändung oder Verpfändung kann im Grundbuch eingetragen werden.[87]

II. Ersatznacherbe

Auch der Ersatznacherbe erwirbt mit Eintritt des Erbfalls eine grundsätzlich vererbli- 28 che und übertragbare **Anwartschaft** auf den Nachlass (nicht an den einzelnen Nach-

---

74 MüKo/*Lieder*, § 2100 Rn 60.
75 MüKo/*Lieder*, § 2100 Rn 60.
76 Staudinger/*Avenarius*, § 2100 Rn 84.
77 OLG Düsseldorf MDR 1981, 143.
78 So MüKo/*Lieder*, § 2100 Rn 65.
79 RGZ 83, 434, 437.
80 BayObLG DNotZ 1970, 686 ff.
81 Staudinger/*Avenarius*, § 2100 Rn 77.
82 Instruktiv m. Formulierungsbsp. *Roth*, NJW-Spezial 2013, 487.
83 MüKo/*Lieder*, § 2100 Rn 67; Staudinger/*Avenarius*, § 2100 Rn 79; KGJ 42, 228, 241 ff.
84 Ablehnend h.M. KGJ 42, 228, 241; Soergel/*Wegmann*, § 2100 Rn 16; bejahend LG Stuttgart ZEV 2010, 578; MüKo/*Lieder*, § 2100 Rn 67; BeckOGK/*Küpper*, § 2100 Rn 168; *Muscheler*, ErbR Rn 2540; Stein/Jonas/*Brehm*, § 857 ZPO Rn 97.
85 Staudinger/*Avenarius*, § 2100 Rn 79.
86 MüKo/*Lieder*, § 2100 Rn 68.
87 RGZ 83, 434.

lassgegenständen).[88] Ihm stehen jedoch vor dem Ersatzfall keine Rechte hinsichtlich des Nachlasses, insbesondere keine Kontroll- und Sicherungsrechte gegenüber dem Vorerben zu.[89] Im **Erbschein** ist der Ersatznacherbe allerdings anzugeben, da der Erbschein von Anfang an mögliche spätere Änderungen berücksichtigen muss.[90] Des Weiteren ist ein **Ersatznacherbenvermerk** in das Grundbuch einzutragen.[91] Auf die Eintragung des Nacherbenvermerks kann ohne Zustimmung vorhandener Ersatznacherben verzichtet werden, die bedingt durch den Wegfall des Nacherben eingesetzt sind.[92] Gleiches gilt für die Löschung des Nacherbenvermerks,[93] sofern die Löschung nicht wegen Unrichtigkeitsnachweises gem. § 22 GBO erfolgt.

III. Minderjähriger Nacherbe

29 Die Rechte minderjähriger Nacherben werden von ihren **gesetzlichen Vertretern**, i.d.R. also von den Eltern, wahrgenommen (§§ 104, 106, 107, 1626, 1629 BGB). Die Zustimmung zu Verfügungen, die der Vorerbe nicht mit Wirkung für den Nacherben vornehmen kann, ist demnach vom gesetzlichen Vertreter zu erteilen. Die unter den Katalog der §§ 1849 ff. BGB fallenden Geschäfte bedürfen überdies der familiengerichtlichen Genehmigung.[94] Ist der gesetzliche Vertreter selbst Vorerbe, so kann er gem. §§ 1629 Abs. 2 S. 1, 1824 Abs. 2 BGB i.V.m. § 181 BGB die Zustimmung nicht sich selbst gegenüber erklären.[95] In diesem Fall ist ein Ergänzungspfleger nach § 1809 Abs. 1 S. 1 BGB zu bestellen, der seinerseits für die gesetzlich geannten Geschäfte der familiengerichtlichen Genehmigung bedarf (§§ 1809 ff., 1813 und 1799 BGB).

E. Grundbuch/Handelsregister

30 Im Hinblick auf die mit dem öffentlichen Glauben des Grundbuchs verbundene Gefahr des gutgläubigen Erwerbs von **Grundstücksrechten,** § 2113 Abs. 3 BGB, ist das Nacherbenrecht gem. § 51 GBO im Grundbuch (sowie gem. § 54 SchiffsRegO im Schiffsregister und gem. § 86 Abs. 1 LuftFzgG im Register für Pfandrechte an Luftfahrzeugen) einzutragen.[96] Einzutragen ist auch das Recht des weiteren Nacherben[97] sowie des Ersatznacherben,[98] ebenso die Ernennung eines Nacherbentestamentsvollstreckers gem. § 2222 BGB,[99] schließlich die befristete oder bedingte Nacherbeneinsetzung, gleichgültig, wie wahrscheinlich das auslösende Ereignis ist.[100] Der Nacherbe ist so genau wie möglich zu bezeichnen, i.d.R. – sofern dies, wie bei unbekannten Nacherben, nicht ausgeschlossen ist – namentlich, da andernfalls die Eintragung unzulässig ist.[101] Das Grundbuchamt darf die Ermittlung der Nacherben und ihrer Anschriften hierbei nicht dem Vorerben aufgeben.[102] Hinsichtlich eines Grundstücksanteils in Gesamthandsvermögen (etwa einer Erbengemeinschaft) kommt eine Eintragung nicht in

88 Vgl. MüKo/*Lieder*, § 2102 Rn 15 m.w.N; a.A. *Becher*, NJW 1969, 1463 ff.
89 RGZ 145, 316, 321; BGHZ 40, 115 = NJW 1963, 2320; BayObLGZ 1960, 407, 410.
90 RGZ 142, 171, 173.
91 OLG Hamm DNotZ 1966, 108.
92 BGH NJW 2014, 1593, 1594 Tz 11.
93 OLG Hamm DNotZ 1955, 538.
94 Siehe etwa BGH NJW-RR 2022, 1027; NJW 2021, 1673; ZEV 2003, 375.
95 BayObLG NJW 1960, 965 f.
96 Umfassend *Zimmer*, ZEV 2014, 526.
97 OLG Hamm OLGZ 1975, 151, 155.
98 OLG Hamm DNotZ 1966, 108.
99 KG JW 1938, 1411.
100 OLG Hamm ZEV 2016, 200 (Einsetzung der noch nicht geborenen Enkel, wenn die Tochter beim Erbfall 59 Jahre alt ist).
101 OLG Zweibrücken Rpfleger 1977, 305.
102 OLG Düsseldorf ZEV 2012, 675 (LS).

Betracht.[103] Die Eintragung ist von Amts wegen vorzunehmen; unterbleibt dies, kommen Amtshaftungsansprüche gem. § 839 BGB in Betracht.[104] Ein Amtswiderspruch gegen die Eintragung des Nacherbenvermerks ist nur unter engen Voraussetzungen möglich.[105] Der **Nacherbenvermerk** bewirkt keine Grundbuchsperre, und das Grundbuchamt hat dementsprechend nicht zu prüfen, ob das zu vollziehende Geschäft dem Nacherben nachteilig ist[106] Wer vom Vorerben erworben hat, ist daher ohne Rücksicht auf das Recht des Nacherben einzutragen.[107] Die Eintragung des Nacherbenvermerks ist nur möglich, wenn auch der Vorerbe eingetragen ist. Zwischen dem Nacherbenvermerk und den eingetragenen Rechten besteht kein materiell-rechtliches Rangverhältnis i.S.d. § 879 BGB.[108] Der Erblasser kann die Eintragung des Nacherbenvermerks nicht ausschließen,[109] wohl aber kann der Nacherbe auf die Eintragung in der Form des § 29 Abs. 1 S. 1 GBO verzichten oder ihre Löschung bewilligen.[110] Sind weitere Nacherben oder Ersatznacherben vorhanden, müssen diese dem Verzicht zustimmen[111] oder ebenfalls die **Löschungsbewilligung** erteilen.[112] Die Löschung des Vermerks zugunsten „ehelicher Abkömmlinge" als Nacherben ist unzulässig, solange noch die nicht auszuschließende Möglichkeit einer Adoption in Betracht kommt.[113] Der Verzicht auf die Eintragung beinhaltet keine Ausschlagung der Nacherbschaft und auch keine Zustimmung zu unentgeltlichen Verfügungen.[114] Entbehrlich ist die Eintragung des Nacherbenvermerks, wenn der Vorerbe mit Zustimmung des Nacherben ein Nachlassgrundstück veräußert oder wenn der Nacherbe sein Nacherbenanwartschaftsrecht auf den Vorerben übertragen hat.[115]
In das Handelsregister kann der Nacherbenvermerk nicht eingetragen werden.[116]

F. Erbschein

Im Erbschein für den Vorerben ist das Nacherbenrecht nebst etwaigen Beschränkungen von Amts wegen zu vermerken, § 352b Abs. 1 FamFG (zuvor: § 2363 BGB); Einzelheiten siehe dort. Dies gilt nicht, wenn die Nacherbschaft bereits gegenstandslos geworden ist, weil der Vorerbe die Anwartschaft des Nacherben durch Rechtsgeschäft erworben hat.[117] 31

G. Verfahrensrecht

I. Aktiv- und Passivlegitimation

Bis zum Nacherbfall ist allein der Vorerbe für alle den Nachlass betreffenden Klagen aktiv- und passivlegitimiert.[118] Dies gilt auch bei Streitigkeiten über Nachlassgegenstände, hinsichtlich derer der Vorerbe in seiner Verfügungsbefugnis nicht nach §§ 2113 ff. BGB beschränkt ist, denn die **Prozessführung** ist keine Verfügung über 32

103 BGH ZEV 2007, 323 auf Vorlagebeschluss des OLG Stuttgart ZErb 2006, 389.
104 RGZ 139, 343.
105 LG Stuttgart ZErb 2007, 422.
106 OLG Frankfurt ZEV 2012, 671 (LS) = FamRZ 2012, 745.
107 BayObLG Rpfleger 1980, 64.
108 KG JW 1933, 2708.
109 *Demharter*, GBO, § 51 Rn 26.
110 OLG Frankfurt ZEV 2012, 672; *Zimmer*, ZEV 2014, 526, 530 zu 4.2.4.1.
111 OLG Köln NJW 1955, 633.
112 OLG Hamm DNotZ 1955, 538.
113 OLG Stuttgart ZEV 2010, 94; OLG München NJW-RR 2014, 1161.
114 Staudinger/*Avenarius*, § 2100 Rn 112.
115 MüKo/*Lieder*, § 2100 Rn 74 m.w.N.
116 OLG München JFG 22, 89.
117 OLG Köln ZEV 2018, 138 Tz 24.
118 Soergel/*Wegmann*, Vor § 2100 Rn 23.

das streitbefangene Recht.[119] Der Vorerbe kann auch dann allein verklagt werden, wenn die Klage auf Abgabe einer Willenserklärung gerichtet ist gem. §§ 894, 895 ZPO, doch bewirkt seine Verurteilung nicht mehr als eine von ihm abgegebene Erklärung;[120] der Nacherbe ist daher in den Fällen der §§ 2113, 2114 BGB an das Urteil nicht gebunden. Der Nacherbe muss ggf. mitverklagt werden, wenn sich die Bindungswirkung auch auf ihn erstrecken soll. Begründet ist die Klage gegen den Nacherben jedoch nur, wenn dieser verpflichtet ist, der Verfügung zuzustimmen, § 2120 BGB.[121]

33 **Zulässigkeit des Antrags nach § 180 ZVG:** Vereinigen sich Bruchteile eines Grundstücks in der Person eines Inhabers, so kann ein solcher Alleineigentümer die Teilungsversteigerung beantragen, wenn ein Bruchteil ihm nur als Vorerbe zusteht.[122]

II. Unterbrechung, Rechtskrafterstreckung

34 Tritt der Nacherbfall während des Rechtsstreits zwischen dem Vorerben und dem Dritten über einen der Nacherbfolge unterliegenden Gegenstand ein, über den der Vorerbe ohne Zustimmung des Nacherben verfügen konnte, wird das Verfahren gem. §§ 239, 242 ZPO bis zu seiner Aufnahme **unterbrochen**. Der Nacherbe wird insoweit wie ein Rechtsnachfolger des Vorerben behandelt.[123] Die Unterbrechung tritt nicht ein, wenn eine Vertretung durch einen Prozessbevollmächtigten stattfand, das Gericht hat in diesem Fall jedoch auf Antrag des Bevollmächtigten oder des Gegners das Verfahren auszusetzen (§ 246 ZPO). Ist im Rechtsstreit zwischen dem Vorerben und dem Dritten bereits vor dem Nacherbfall ein Urteil ergangen, ordnet § 326 ZPO für bestimmte Konstellationen eine **Rechtskrafterstreckung** an, die für eine einheitliche Entscheidung sorgen und verhindern soll, dass derselbe Streit mehrfach ausgetragen wird. Danach gilt: Ein vor dem Nacherbfall rechtskräftig gewordenes Urteil, das eine Nachlassverbindlichkeit oder einen der Nacherbfolge unterliegenden Gegenstand betrifft, wirkt in jedem Fall zugunsten des Nacherben, d.h. soweit es gegen den Nachlass gerichtete Ansprüche zurückweist oder dem Nachlass Ansprüche zuspricht (§ 326 Abs. 1 ZPO). **Zu Ungunsten** des Nacherben wirkt ein Urteil hingegen nur dann, wenn der Vorerbe über den Gegenstand nach der Grundregel des § 2112 BGB bzw. aufgrund der Befreiung nach § 2136 BGB ohne Zustimmung des Nacherben verfügen konnte (§ 326 Abs. 2 ZPO) oder wenn der Nacherbe der Prozessführung zugestimmt hat.[124]

(Zur Zwangsvollstreckung in den Nachlass und zur Insolvenz des Vorerben siehe § 2115 Rdn 1–8).

H. Vor- und Nacherbschaft im Unternehmensbereich

35 Im Unternehmensbereich schafft die Anordnung einer Nacherbschaft oft Probleme, weil sich der Umfang der Rechte und Pflichten von Vor- und Nacherben in Bezug auf die Verwaltung und die Erträge des Unternehmens bzw. einer Gesellschaftsbeteiligung nicht immer eindeutig bestimmen lässt.[125] Bei Gesellschaftsbeteiligungen kann es zudem zur Kollision zwischen erb- und gesellschaftsrechtlichen Vorgaben kommen; hier gehen im Zweifel die gesellschaftsrechtlichen Bestimmungen vor.[126]

---

119 RG JW 1918, 434; BFH NJW 1970, 79, 80.

120 MüKo/*Lieder*, § 2100 Rn 43.

121 In diesem Sinne MüKo/*Lieder*, § 2100 Rn 43.

122 BGH ZEV 2005, 28 – Fall: Es beerbt jemand seinen Gatten als Vorerbe und dessen Anteil am Familienheim gelangt mit der Beschränkung auf ihn.

123 Staudinger/*Avenarius*, § 2139 Rn 10.

124 Staudinger/*Avenarius*, § 2139 Rn 11; Soergel/*Wegmann*, § 2139 Rn 6.

125 Vgl. MAH-Erbrecht/*Wachter*, § 17 Rn 233.

126 Soergel/*Wegmann*, § 2100 Rn 31.

I. Einzelkaufmännisches Unternehmen

Gehört zum Nachlass ein einzelkaufmännisches Unternehmen, wird der Vorerbe **unmittelbarer Eigentümer** der dem Unternehmen zugeordneten Gegenstände[127] und unterliegt daher auch hinsichtlich dieser Gegenstände den Beschränkungen und Verpflichtungen der §§ 2113 ff. BGB. Der Vorerbe ist jedoch nicht verpflichtet, die wirtschaftliche Zweckbestimmung der Nachlassgegenstände aufrecht zu erhalten.[128] Er kann daher allein über die **Fortführung oder die Einstellung** des Handelsgeschäftes gem. §§ 22, 25, 27 HGB entscheiden (siehe dazu § 2112 Rdn 4), unbeschadet der sich aus den §§ 2130, 2131 BGB ergebenden Schadensersatzpflichten.[129] 36

II. Personengesellschaften

1. Gesellschaftsrechtliche Voraussetzungen für Nachfolge in Gesellschaftsanteil

a) Einfache Nachfolgeklausel

Zur Vorerbschaft gehören auch Beteiligungen des Erblassers an Personengesellschaften.[130] Vor- als auch Nacherbe können in die Gesellschafterstellung jedoch nur einrücken, wenn der Gesellschaftsvertrag die entsprechenden Voraussetzungen hierfür vorsieht. Enthält der Gesellschaftsvertrag eine **einfache erbrechtliche Nachfolgeklausel**, wird der Vorerbe mit dem Erbfall grundsätzlich unmittelbar Gesellschafter; mit Eintritt des Nacherbfalls fällt der Gesellschaftsanteil dann ohne weiteres an den Nacherben (soweit der Gesellschaftsvertrag das im Zeitpunkt des Eintritts des Nacherbfalls noch zulässt[131]). Dazu bedarf es keiner ausdrücklichen Anordnung der Zulässigkeit der Vor- und Nacherbschaft in der Nachfolgeklausel, denn trotz des mit dem Nacherbfall eintretenden Wechsels in der Person des Nachfolgers rückt immer nur ein Erbe nach.[132] Der Vorerbe, der die Nachfolge eines persönlich haftenden Gesellschafters antritt, kann gem. § 131 Abs. 1 HGB frei wählen, ob er persönlich haftender Gesellschafter bleibt oder seinen Verbleib in der Gesellschaft von der Einräumung einer Kommanditistenstellung abhängig macht.[133] Wählt er die Kommanditistenstellung, ist der Nacherbe hieran gebunden.[134] Bleibt der Vorerbe dagegen persönlich haftender Gesellschafter, kann auch der Nacherbe wählen, ob er Kommanditist wird.[135] 37

b) Qualifizierte Nachfolgeklausel

Bei einer **qualifizierten Nachfolgeklausel** müssen sowohl der Vor- als auch der Nacherbe die Voraussetzungen der Nachfolgeklausel erfüllen.[136] Ist dies in Bezug auf den Nacherben nicht der Fall, so wird die Gesellschaft bei Eintritt des Nacherbfalls unter den verbleibenden Gesellschaftern fortgesetzt; der Nacherbe ist abzufinden.[137] Erfüllt (nur) der Vorerbe diese Bedingungen nicht, wird die Gesellschaft zunächst mit den übrigen Gesellschaftern fortgesetzt; dem Vorerben steht lediglich das Abfindungsguthaben zu. 38

127 *Petzoldt*, BB 1975, Beil. 6, S. 9.
128 *Petzoldt*, BB 1975, Beil. 6, S. 9.
129 MüKo/*Lieder*, § 2112 Rn 10.
130 BGHZ 69, 47, 49 f. = NJW 1977, 1540.
131 BGHZ 78, 177, 181 = NJW 1981, 115.
132 BGHZ 69, 47, 49 f. = NJW 1977, 1540; *Michalski*, DB 1987, Beil./16, 1, 4.
133 *Petzoldt*, BB 1975, Beil. 6, S. 11; *Michalski*, DB 1987, Beil. 16, 1, 13.
134 BGHZ 69, 47, 52 = NJW 1977, 1540.
135 *Michalski*, DB 1987, Beil. 16, 1, 13 m.w.N.
136 BGH NJW 1981, 115; *Hopt*, HGB, § 139 Rn 19.
137 Ebenroth/Boujong/*Lorz*, HGB, § 131 Rn 56.

c) Eintrittsklausel

39 Sieht der Gesellschaftsvertrag eine **Eintrittsklausel** vor, ist zunächst durch Auslegung zu ermitteln, wem das Eintrittsrecht zusteht. Können dieses sowohl Vor- als auch Nacherbe ausüben, müssen sie beide die Bedingungen der Eintrittsklausel erfüllen, um in die Gesellschaft eintreten zu können.[138] Die Ausübung des Eintrittsrechts durch den Vorerben wirkt nur für ihn selbst, nicht auch für den Nacherben. Bei Eintritt des Nacherbfalls findet daher – anders als bei der Nachfolgeklausel – kein unmittelbarer Gesellschafterwechsel statt; vielmehr muss der Nacherbe seinerseits das Eintrittsrecht ausüben, um Gesellschafter zu werden. Dem Nacherben ist ein Eintritt in die Gesellschaft allerdings nicht mehr möglich, wenn der Vorerbe auf den Eintritt verzichtet hat, denn dieser Verzicht bindet – sofern kein Verstoß gegen § 2113 Abs. 2 BGB vorliegt – gem. § 2112 BGB grundsätzlich auch den Nacherben.[139]

2. Gesellschafter-Vorerben

40 Schwierigkeiten entstehen, wenn der Vorerbe bereits einen **eigenen Anteil** an der Personengesellschaft hält. Nach bisher h.M. besteht im Personengesellschaftsrecht der Grundsatz der Einheitlichkeit der Mitgliedschaft.[140] Danach vereinigt sich der eigene Gesellschaftsanteil des Vorerben mit dem durch den Erbfall hinzuerworbenen Gesellschaftsanteil zu einem einheitlichen Anteil. Zwar teilt sich dieser Anteil, wenn der Gesellschaftsvertrag eine Nachfolgeklausel vorsieht, im Nacherbfall ipso iure wieder in zwei getrennte Anteile.[141] Bis dahin können die Rechte aus dem Anteil jedoch nur einheitlich ausgeübt werden. Dies führt insoweit zu Schwierigkeiten, als der Vorerbe hinsichtlich des der Nacherbschaft unterliegenden Anteils Beschränkungen unterworfen ist, denn diese Beschränkungen erfassen aufgrund der einheitlichen Mitgliedschaft auch den ehemals unbeschränkten Anteil. Angesichts dieser unbefriedigenden Konsequenz wird der Grundsatz der Einheitlichkeit der Mitgliedschaft in den Fällen, in denen ein Gesellschafter einen weiteren, durch Nacherbschaft oder Testamentsvollstreckung beschwerten Anteil erbt, zu Recht in Frage gestellt.[142] Eine klare Aussage der Rspr. fehlt hierzu bislang in Bezug auf eine Nacherbfolge. Der dem Verwaltungsrecht des Testamentsvollstreckers unterliegende Gesellschaftsanteil ist nach der jüngsten Rspr. des BGH jedenfalls als „abspaltbares Sondervermögen" anzusehen.[143]

41 Bestand die Gesellschaft lediglich aus dem Erblasser und dem Vorerben, kommt das Problem hinzu, dass sich mit dem Erbfall alle Gesellschaftsanteile in der Hand des Gesellschafter-Vorerben vereinigen. Soweit man nicht die „Einpersonen-Gesellschaft" anerkennt, führt die Vereinigung der Anteile zur **Beendigung der Gesellschaft**. Im Verhältnis zum Nacherben ist die Gesellschaft gleichwohl nicht als endgültig erloschen anzusehen.[144] Ob die Gesellschaft im Nacherbfall automatisch wieder auflebt oder ob der Nacherbe nur einen schuldrechtlichen Anspruch auf Neubegründung der Gesellschaft gegen den Vorerben hat, ist indessen nicht abschließend geklärt.[145] Bei einer Eintrittsklausel im Gesellschaftsvertrag kommt in jedem Fall nur ein Anspruch auf Neubegründung der Gesellschaft in Betracht, da sich der Eintritt nicht automatisch vollziehen kann. (Zur Verfügung über den Gesellschaftsanteil und zur Ausübung der Mitgliedschaftsrechte durch den Vorerben siehe § 2113 Rdn 5 und 16).

---

138 Vgl. MAH ErbR/*Wachter*, § 17 Rn 246; MüKo/*Schäfer*, § 711 Rn 90.
139 MüKo/*Schäfer*, § 727 Rn 72.
140 Staub/*Ulmer*, HGB, § 105 Rn 71.
141 Vgl. *Stimpel*, in: FS Rowedder, S. 477, 480.
142 Vgl. z.B. *Esch*, BB 1996, 1621.
143 MittBayNot 2024, 475 m. Anm. *Klinger*.
144 BGH NJW 1986, 2431, 2433.
145 Vgl. *Baur/Grunsky*, ZHR 133, 209, 217 ff.; *Stimpel*, in: FS Rowedder, S. 477, 478 ff.

III. Kapitalgesellschaften

42 Anteile an Kapitalgesellschaften gehen, soweit sie vererblich sind, ohne weiteres zunächst auf den Vorerben und dann auf den Nacherben über.[146] Der Vorerbe tritt grds. **mit allen Rechten und Pflichten** in die gesellschaftsrechtliche Position des Erblassers ein. Hinsichtlich der Ausübung seiner Mitgliedschaftsrechte gilt prinzipiell das Gleiche wie bei dem Vorerben als Gesellschafter einer Personengesellschaft; auf die dahingehenden Ausführungen unter § 2113 Rdn 16 kann daher verwiesen werden.

§ 2101 Noch nicht gezeugter Nacherbe

(1) [1]Ist eine zur Zeit des Erbfalls noch nicht gezeugte Person als Erbe eingesetzt, so ist im Zweifel anzunehmen, dass sie als Nacherbe eingesetzt ist. [2]Entspricht es nicht dem Willen des Erblassers, dass der Eingesetzte Nacherbe werden soll, so ist die Einsetzung unwirksam.
(2) Das Gleiche gilt von der Einsetzung einer juristischen Person, die erst nach dem Erbfall zur Entstehung gelangt; die Vorschrift des § 80 Absatz 2 Satz 2 bleibt unberührt.

Literatur

Diederichsen, Ersatzerbfolge oder Nacherbfolge – Auslegungsregeln, Vermutungen und Fiktionen, NJW 1965, 671; *Kanzleiter*, Der „unbekannte" Nacherbe, DNotZ 1970, 326; *Neuner*, Der nondum conceptus im Privatrecht, JuS 2019, 1.

Übersicht: Rdn

A. Einsetzung eines nicht Gezeugten

1 Erbe kann gem. § 1923 BGB nur werden, wer zum Zeitpunkt des Erbfalls lebt oder gezeugt ist. Die Erbeinsetzung einer nicht gezeugten Person ist daher grds. unwirksam, im Interesse der Aufrechterhaltung der letztwilligen Verfügung wird sie jedoch gem. Abs. 1 S. 1 in eine Nacherbeinsetzung **ausgelegt** (§ 133, 2084 BGB) oder der Erblasserwille nach § 2084 BGB **ergänzt.**[1] Dies gilt sowohl wenn nicht festgestellt werden kann, ob mit der Einsetzung des nicht Gezeugten an eine Berufung als Erbe oder als Nacherbe gedacht war, als auch wenn feststeht, dass der Erblasser eine Einsetzung als Erbe und nicht als Nacherbe gewollt hat.[2] Während die Vorschrift im ersten Fall den Charakter einer reinen **Auslegungsregel** hat, ergänzt sie im zweiten Fall den unvollkommenen Willen des Erblassers.[3] Ergibt die Auslegung der letztwilligen Verfügung jedoch, dass der Erblasser unter keinen Umständen eine Nacherbenberufung, sondern lediglich eine sofortige Erbfolge gewollt hat, ist die Verfügung nach Abs. 1 S. 2 unwirksam. Die **Beweislast** für einen dahingehenden Willen des Erblassers trägt

146 MüKo/*Lieder*, § 2112 Rn 11.
1 Staudinger/*Avenarius*, § 2101 Rn 3; NK-BGB/*Gierl*, § 2101 Rn 2; MüKo/*Lieder*, § 2101 Rn 2.
2 Vgl. nur *Diederichsen*, NJW 1965, 671, 675.
3 *Diederichsen*, NJW 1965, 671, 675.

derjenige, der sich auf die Unwirksamkeit der Verfügung beruft, da die Bestimmung in Abs. 1 S. 1 die Regel darstellt.[4] Dieser Beweis dürfte aber nur schwierig zu führen sein.[5]

I. Erbeinsetzung

2 Die Auslegungsregel des § 2101 BGB greift nicht für die Frage, ob ein noch nicht Gezeugter überhaupt eingesetzt ist; dies ist nach allg. Auslegungsgrundsätzen zu ermitteln.[6] Im Übrigen muss der Erblasser auch bei Einsetzung eines noch nicht Gezeugten die Person des Nacherben **eindeutig bestimmen**.[7]

3 Die nach § 2101 BGB Berufenen werden Nacherben mit ihrer Geburt (§ 2106 Abs. 2 S. 1 BGB). Bis dahin sind gem. § 2105 Abs. 2 BGB regelmäßig die **gesetzlichen Erben** des Erblassers die Vorerben (siehe jedoch Rdn 4). Solange nicht gewiss ist, ob die künftige Person geboren wird, besteht ein Schwebezustand, der einer bedingten Nacherbschaft entspricht.[8] Erst wenn mit der Geburt des Nacherben nicht mehr zu rechnen oder die Frist des § 2109 BGB abgelaufen ist, werden die Vorerben zu Vollerben.[9] Das OLG Zweibrücken stellt auf den Zeitpunkt ab, in dem Gewissheit eintritt, dass „mit der Geburt oder Entstehung der künftigen Person nicht mehr zu rechnen ist“.[10] Über den maßgeblichen Zeitpunkt entscheidet also der Stand der Reproduktionsmedizin. Im Fall einer Einsetzung „ehelicher Abkömmlinge“ zu Nacherben durch Eheleute soll Löschung des Nacherbenvermerks im Grundbuch erst in Betracht kommen, wenn darüber hinaus feststehe, dass auch eine Volljährigenadoption nicht mehr stattfinden könne.[11]

II. Pflegerbestellung

4 Für den noch nicht Gezeugten kann gem. § 1882 BGB ein **Pfleger** bestellt werden, soweit ein Fürsorgebedürfnis hervortritt, z.B. eine Verfügung, die der Vorerbe allein nicht wirksam vornehmen kann, zu genehmigen ist.[12] § 1810 BGB gilt erst von der Zeugung ab. Gegen die Pflegerbestellung hat der Vorerbe kein Beschwerderecht.[13] Nach Zeugung des Nacherben gilt § 1912 Abs. 2 BGB, wonach die Fürsorge für die Leibesfrucht den Eltern zusteht, soweit sie die elterliche Sorge innehätten.

III. Grundbuch, Erbschein

5 Das künftige Nacherbenrecht ist gem. § 51 GBO in das Grundbuch einzutragen. Die noch nicht gezeugte Person wird dabei durch ihre Eltern individualisiert.[14] Entsprechendes gilt für den Erbschein.[15]

---

4 Vgl. nur MüKo/*Lieder*, § 2101 Rn 4; Staudinger/*Avenarius*, § 2101 Rn 3.
5 Staudinger/*Avenarius*, § 2101 Rn 3; Grüneberg/*Weidlich*, § 2101 Rn 1.
6 OLG Köln NJW-RR 1992, 1031.
7 MüKo/*Lieder*, § 2101 Rn 3 a.E.; Staudinger/*Avenarius*, § 2101 Rn 4.
8 Staudinger/*Avenarius*, § 2101 Rn 13.
9 Staudinger/*Avenarius*, § 2101 Rn 13; BGH NJW 1965, 1590 zum Fall eines Hofvorerben.
10 BGH FamRZ 1997, 1365, 1366 im Fall eines sterilisierten Vorerben, bei dem nicht ausgeschlossen werden könne, dass er die Samenstrangresektion wieder rückgängig mache.
11 OLG Stuttgart ZEV 2010, 94.
12 Grüneberg/*Weidlich*, § 2101 Rn 2 und § 2113 Rn 6; s.a. *Kanzleiter*, DNotZ 1970, 328.
13 KG OLGE 8, 323; Staudinger/*Avenarius*, § 2101 Rn 12.
14 „Nachkommenschaft des X“; vgl. RGZ 61, 355, 357; RGZ 65, 277, 279; Staudinger/*Avenarius*, § 2101 Rn 12; Formulierung bei *Schöner/Stöber*, Grundbuchrecht, 16. Aufl., Rn 3499: „die Kinder, die aus der Ehe des A mit der B geboren werden sollten“. Zur noch nicht genehmigten Stiftung vgl. KG OLGE 9, 399.
15 NK-BGB/*Gierl*, § 2101 Rn 9 m.w.N.

IV. Praktische Bedeutung

6 Praktisch bedeutsam wird die Vorschrift insbesondere, wenn der Erblasser die Kinder eines nahen Angehörigen zu Erben eingesetzt hat und entgegen § 2070 BGB anzunehmen ist, dass er auch die nach dem Erbfall **geborenen Kinder** berufen wollte.[16] In diesem Fall sind die bereits lebenden Kinder Vorerben bzgl. des Erbteils der noch **nicht Gezeugten**. Letztere werden Nacherben mit ihrer Geburt,[17] sind jedoch in Ansehung eines Teils der Erbschaft mit ihren Geschwistern wiederum nur Vorerben, solange noch mit der Geburt weiterer Kinder zu rechnen oder die Dreißigjahresfrist des § 2109 Abs. 1 BGB noch nicht abgelaufen ist.[18]

7 Abs. 1 gilt entsprechend, wenn eine noch nicht gezeugte Person ausdrücklich als Nacherbe berufen und diese Person bei Eintritt des Nacherbfalls noch nicht gezeugt ist. Hier gelten im Zweifel der nicht Gezeugte als weiterer Nacherbe und bis zu seiner Geburt, § 2104 BGB analog, die gesetzlichen Erben als erste Nacherben.[19]

B. Juristische Person

8 Abs. 1 gilt entsprechend bei Einsetzung einer juristischen Person, die erst nach dem Erbfall zur Entstehung gelangt. Die juristische Person wird mit ihrer Entstehung Nacherbin (§ 2106 Abs. 2 S. 2 BGB), bis dahin sind die gesetzlichen Erben Vorerben.[20] Eine vom Erblasser selbst errichtete, jedoch erst nach dem Erbfall genehmigte Stiftung gilt jedoch gem. Abs. 2 Hs. 2 i.V.m. § 80 Abs. 2 S. 2 BGB als bereits vor dem Tod des Erblassers entstanden und wird daher sogleich Vollerbin. Da ein Vorerbe nicht eintritt und die Stiftung bis zur Genehmigung nicht vorhanden ist, muss der Nachlass bis zur Genehmigung von einem Nachlasspfleger verwaltet werden (§§ 1885, 1888 BGB).[21] Eine nach dem testamentarischen Willen des Erblassers errichtete ausländische Stiftung gilt für dessen letztwillige Verfügungen ebenfalls als schon vor seinem Tod entstanden.[22]

§ 2102 Nacherbe und Ersatzerbe

(1) Die Einsetzung als Nacherbe enthält im Zweifel auch die Einsetzung als Ersatzerbe.
(2) Ist zweifelhaft, ob jemand als Ersatzerbe oder als Nacherbe eingesetzt ist, so gilt er als Ersatzerbe.

Literatur

Diederichsen, Ersatzerbfolge oder Nacherbfolge – Auslegungsregeln, Vermutungen und Fiktionen, NJW 1965, 671; *Nehlsen-v. Stryk*, Zur Anwendbarkeit von § 2102 Abs. 1 BGB bei der Auslegung gemeinschaftlicher Testamente, DNotZ 1988, 147.

16 Staudinger/*Avenarius*, § 2101 Rn 14.
17 MüKo/*Lieder*, § 2101 Rn 10.
18 BeckOK BGB/*Litzenburger*, § 2101 Rn 3; MüKo/*Lieder*, § 2101 Rn 13.
19 RG Recht 1908 Nr. 3629; MüKo/*Grunsky*, § 2101 Rn 2.
20 MüKo/*Lieder*, § 2101 Rn 14.
21 MüKo/*Lieder*, § 2101 Rn 15.
22 BayObLG NJW 1965, 1438.

Übersicht: Rdn

A. Auslegungsregel

1 Die Auslegungsvorschrift des Abs. 1 beruht auf dem Erfahrungssatz, dass „die Nacherbeneinsetzung im Regelfall als wirkliche Erbeinsetzung gewollt ist, die nur im Interesse des Vorerben verzögert ist",[1] so dass der Nacherbe nicht leer ausgeht, wenn der Vorerbe wegfällt (durch Tod, Ausschlagung, Anfechtung, Erbunwürdigkeit), sondern an seine Stelle tritt.[2] Voraussetzung ist, dass der als Nacherbe Eingesetzte zur Zeit des Erbfalls lebt oder zumindest gezeugt ist (§ 1923 BGB). Andernfalls wird er gem. § 2106 Abs. 2 BGB mit seiner Geburt Nacherbe. Bis zu diesem Zeitpunkt sind gem. § 2105 Abs. 2 BGB die gesetzlichen Erben des Erblassers Vorerben.[3]

2 Dies gilt aber nicht in Gegenrichtung. Der als Ersatzerbe Eingesetzte ist im Zweifel nicht zum Nacherben berufen.[4] Denn die Stellung des Nacherben, der den Nachlass, wenn auch mit zeitlicher Verzögerung, konkret erhalten soll, ist stärker ist als die des Ersatzerben, der nur bei Wegfall des unmittelbar Bedachten zum Zuge kommen soll, folglich kann auf einen dahingehenden Erblasserwillen regelmäßig nicht geschlossen werden. Dies gilt freilich nur, wenn der Erblasser den Begriff des Ersatzerben in seinem technischen Sinn verwendet hat. Bei rechtsunkundigen Personen kann dies fraglich sein, denn diesen ist der Unterschied zwischen dem Begriff des Ersatzerben und dem des Nacherben nicht immer geläufig,[5] weshalb mit der Einsetzung zum Ersatzerben tatsächlich eine Berufung (auch) zum Nacherben gemeint sein kann.[6]

3 Da der Nacherbe nur „im Zweifel" Ersatzerbe ist, geht ein abweichender Erblasserwille vor. Abs. 1 greift daher erst, wenn die konkrete Auslegung zu keinem eindeutigen Ergebnis führt.[7] Sollte der als Nacherbe Eingesetzte die Erbschaft nach dem eindeutigen Willen des Erblassers erst ab dem Eintritt eines bestimmten, nach dem Erbfall liegenden Zeitpunkts oder einer an die Person des Nacherben geknüpften Bedingung (z.B. Erreichen eines bestimmten Alters, Abschluss einer Ausbildung) erhalten, ist er nur als Nacherbe und nicht auch als Ersatzerbe berufen.[8] Bis zum Eintritt des Nacherbfalls treten dann ggf. **anwachsungsberechtigte Miterben** oder die gesetzlichen Erben des Erblassers in entsprechender Anwendung des § 2105 BGB an die Stelle des weggefallenen Vorerben.[9] Eine Anwachsung unter Mitvorerben ist im Übrigen im Anwendungsbereich von § 2102 Abs. 1 BGB ausgeschlossen, denn das Recht des zugleich zum Ersatzerben berufenen Nacherben geht dem Anwachsungsrecht gem. § 2099 BGB vor.

---

1 Staudinger/*Avenarius*, § 2102 Rn 1.
2 BayObLG NJW-RR 2001, 950, 953.
3 MüKo/*Lieder*, § 2102 Rn 2.
4 OLG Stuttgart ZEV 2019, 107 Ls; OLG Schleswig FamRZ 2011, 675, 677; Grüneberg/*Weidlich*, § 2102 Rn 1.
5 OLG Hamm NJW-RR 2014, 9, 10: Zu prüfen ist hierbei insb., ob es dem Erblasser um irgendeine Form von Verfügungsbeschränkung des zunächst eingesetzten Erben ging.
6 BGH LM Nr. 1 zu § 2100.
7 BayObLG FamRZ 1996, 440.
8 Staudinger/*Avenarius*, § 2102 Rn 4.
9 Vgl. nur Staudinger/*Avenarius*, § 2102 Rn 4.

B. Gemeinschaftliches Testament

Abs. 1 findet nach h.M. auch auf gemeinschaftliche Testamente Anwendung.[10] Haben sich Ehegatten oder Lebenspartner gegenseitig zu Vorerben und einen Dritten zum Nacherben eingesetzt, und steht fest, dass nicht die Einsetzung des Dritten zum Schlusserben des Längerlebenden gewollt ist, bleiben die beiderseitigen Vermögen getrennt; die Vor- und Nacherbfolge kann nur hinsichtlich des Nachlasses des Erstversterbenden eintreten, weil es nach dem Tod des Längerlebenden an einem Vorerben fehlt. Hier ist zunächst durch Auslegung zu ermitteln, ob der Dritte ersatzweise auch Vollerbe des Letztversterbenden sein sollte. Führt die Auslegung zu keinem eindeutigen Ergebnis, dann greift zugunsten des Dritten Abs. 1 ein.[11] Gesondert zu prüfen ist, ob die Verfügungen Bindungswirkung entfalten.[12] Nach dem OLG Düsseldorf soll die Auslegungsregel des § 2270 Abs. 2 BGB auch für die nach Abs. 1 festgestellte Einsetzung von Ersatzerben gelten.[13] Ob die zu § 2069 BGB ergangene Rechtsprechung anwendbar ist, ist umstritten.[14] 4

C. Ersatzerbe oder Nacherbe

Abs. 2 enthält wie Abs. 1 eine **Auslegungsregel.**[15] Angesichts der mit einer Nacherbschaft für den Vorerben verbundenen Belastungen ist bei Zweifeln darüber, ob jemand als **Nach-** oder als **Ersatzerbe** eingesetzt ist, von einer Ersatzerbenberufung auszugehen.[16] Die Anwendung dieser Regel setzt wiederum voraus, dass die konkrete Auslegung zu keinem eindeutigen Ergebnis geführt hat (vgl. Rdn 3). Abs. 2 gilt auch bei Abkömmlingen;[17] eine entgegenstehende Regel des Inhalts, dass der Erblasser seinen Abkömmlingen im Zweifel die stärkere Stellung des Nacherben einräumen wollte, besteht nicht. Auch die Absicht, Vermögen in der Familie zu erhalten, spricht nicht zwingend für die Vor- und Nacherbfolge.[18] Wird ein noch nicht Gezeugter eingesetzt, steht der Ersatzerbenberufung § 1923 BGB entgegen. Die Berufung des nicht Gezeugten ist gem. § 2101 BGB als Nacherbeinsetzung aufrechtzuerhalten.[19] Ein Widerspruch zu Abs. 2 liegt darin nicht, denn die Annahme der Nacherbeinsetzung dient lediglich hilfsweise der Verwirklichung der bereits zum Zug gekommenen Ersatzerbeinsetzung.[20] 5

D. Ersatznacherbe

Ein Ersatzerbe kann auch für den Wegfall des Nacherben bestimmt werden. Der Ersatznacherbfall kann vor dem Erbfall, zwischen diesem und dem Nacherbfall oder nach dem Nacherbfall liegen, im letzteren Fall muss der Wegfall jedoch auf den Nach- 6

10 BGH ZEV 1999, 26; BGH FamRZ 1987, 475, 476; OLG Hamm FamRZ 2002, 201; OLG Köln ZEV 2000, 232, 233; OLG Hamburg FGPrax 1999, 225, 226; KG NJW-RR 1987, 451; *Nehlsen-v. Stryk*, DNotZ 1988, 147; Grüneberg/*Weidlich*, § 2102 Rn 3; Staudinger/*Avenarius*, § 2102 Rn 2; a.A. OLG München HRR 1937 Nr. 1084; OLG Karlsruhe FamRZ 1970, 255, 257.

11 KG OLGE 8, 323; Staudinger/*Avenarius*, § 2101 Rn 12.

12 S.d. OLG Karlsruhe NJW-RR 2003, 582.

13 OLG Düsseldorf ZEV 2020, 361.

14 Grüneberg/*Weidlich*, § 2102 Rn 3 m.w.N.; *Keim*, ZEV 2002, 437.

15 BayObLG FamRZ 2000, 983, 985; RGRK/*Johannsen*, § 2102 Rn 6; Staudinger/*Avenarius*, § 2102 Rn 9; Soergel/*Harder-Wegmann*, § 2102 Rn 6; MüKo/*Lieder*, § 2102 Rn 8 f.; a.A. *Diederichsen*, NJW 1965, 671, 675 sowie Erman/*Schmidt*, § 2102 Rn 4, die eine Fiktion annehmen.

16 OLG Hamm NJW-RR 2014, 9, 11.

17 OGH MDR 1949, 482, 483.

18 BayObLG FamRZ 2000, 983, 985.

19 KGJ 46, 97; *Diederichsen*, NJW 1965, 671, 675; Soergel/*Harder-Wegmann*, § 2102 Rn 8 u. § 2101 Rn 7; Staudinger/*Avenarius*, § 2102 Rn 8 u. § 2101 Rn 17; a.A. MüKo/*Grunsky*, Rn 7.

20 Staudinger/*Avenarius*, § 2101 Rn 17.

erbfall zurückwirken. Der Ersatznacherbe muss nur bei Eintritt des Nacherbfalls leben oder erzeugt sein (§ 1923 BGB) und nicht auch den Zeitpunkt des Wegfalls des Nacherben erleben.[21] (Zur Rechtsstellung des Ersatznacherben siehe § 2100 Rdn 28).

§ 2103 Anordnung der Herausgabe der Erbschaft

Hat der Erblasser angeordnet, dass der Erbe mit dem Eintritt eines bestimmten Zeitpunkts oder Ereignisses die Erbschaft einem anderen herausgeben soll, so ist anzunehmen, dass der andere als Nacherbe eingesetzt ist.

A. Umdeutung der Verfügung

1 Die Vorschrift deutet die Anordnung des Erblassers, die Erbschaft sei mit dem Eintritt eines bestimmten Zeitpunkts oder Ereignisses an einen anderen herauszugeben, zugunsten des Berechtigten als **Nacherbeinsetzung.** Diese **Auslegungsregel** trägt dem Umstand Rechnung, dass in der Laiensphäre die Herausgabepflicht (§ 2130 BGB) als besonders sinnfällige Wirkung des Übergangs der Erbenstellung leicht anstelle deren Ursache genannt wird.[1] Das Gesetz folgert daher aus der Herausgabeanordnung, dass der Erblasser eine Vor- und Nacherbeinsetzung und nicht lediglich eine Vermächtnisanordnung gewollt hat[2] Die Regelung ist **nicht zwingend**; sie findet nur Anwendung, wenn sich durch Auslegung kein eindeutiger Wille des Erblassers feststellen lässt.

2 Begrifflich setzt die Anwendung der Vorschrift voraus, dass die letztwillige Verfügung dem Herausgabepflichtigen zumindest vorübergehend die Stellung eines Vorerben zugedacht hat.[3] Der Zeitpunkt der Herausgabe muss daher eine gewisse Zeitspanne **nach dem Tod des Erblassers** liegen.[4] Die Bestimmung des Zeitpunkts der Herausgabe kann nicht einem Dritten überlassen werden.[5] Die Anordnung, A solle Erbe sein, den Nachlass aber sofort an X herausgeben, ist keine Vorerbeneinsetzung. Nichtig muss eine solche Anordnung gleichwohl nicht sein, da in ihr eine unmittelbare Erbeinsetzung des X verbunden mit der Ernennung des A zum Testamentsvollstrecker liegen kann.[6]

3 Um als Nacherbeinsetzung interpretiert werden zu können, muss die Herausgabeanordnung auf den ganzen Nachlass oder einen Bruchteil[7] hiervon gerichtet sein. Bezieht sich die Anordnung lediglich auf die Herausgabe **einzelner Gegenstände** – auch wenn diese im Wesentlichen den ganzen Nachlass ausmachen – oder einer Quote des Nachlasswertes, liegt keine Nacherbeinsetzung, sondern die Anordnung eines befristeten oder aufschiebend bedingten Vermächtnisses vor (zum Quotenvermächtnis siehe § 2147 Rdn 13). Herausgabe, die nicht zu Eigentum erfolgen soll, sondern zu nur temporärer Nutzung, reicht zur Annahme von Nacherbschaft nicht aus.

---

21 Grüneberg/*Weidlich*, § 2102 Rn 1.

1 Staudinger/*Avenarius*, § 2103 Rn 1; MüKo/*Lieder*, § 2103 BGB Rn 1 m.w.N.; Grüneberg/*Weidlich*, § 2103 Rn 1.

2 BayObLGZ 22, 94.

3 RG LZ 1923, 321 f.

4 Grüneberg/*Weidlich*, § 2103 Rn 2.

5 BGHZ 15, 199 = NJW 1955, 100.

6 RGRK/*Johannsen*, § 2103; Staudinger/*Avenarius*, § 2103 Rn 3 nimmt an, dass eine solche Anordnung auch als Vermächtnis rechtlich möglich u. insoweit sinnvoll sein kann, als der Nachlass bspw. einem nichtrechtsfähigen Verein über einen treuhänderisch handelnden Erben zugewendet werden solle.

7 KG OLGE 11, 239.

B. Einzelfälle

In der Einsetzung auf den **Überrest** kann die Anordnung einer Nacherbschaft unter Befreiung des Vorerben liegen (§§ 2137, 2138 BGB).[8] Die Anordnung, dass der überlebende Ehegatte im Fall der **Wiederverheiratung** den Nachlass oder einen Teil hiervon an die Kinder herauszugeben habe, kann als bedingte Nacherbfolge angesehen werden.[9] Haben sich Ehegatten im **gemeinschaftlichen Testament** gegenseitig zu Erben eingesetzt und angeordnet, dass der beiderseitige Nachlass nach dem Tod des Überlebenden an einen Dritten herausgegeben werden soll, geht allerdings die Auslegungsregel des § 2069 BGB der des § 2103 BGB vor; hier ist daher, wenn sich ein abweichender Testierwille nicht feststellen lässt, von einer **Schlusserbeneinsetzung** auszugehen.[10] Eine Nacherbeinsetzung kann auch in Anordnungen des Erblassers liegen, mit denen dem Erstberufenen geboten wird, zugunsten eines Dritten letztwillig zu verfügen oder den Nachlass nach Eintritt eines bestimmten Zeitpunkts oder Ereignisses mit einem Dritten zu teilen.[11] 4

§ 2104 Gesetzliche Erben als Nacherben

[1]Hat der Erblasser angeordnet, dass der Erbe nur bis zu dem Eintritt eines bestimmten Zeitpunkts oder Ereignisses Erbe sein soll, ohne zu bestimmen, wer alsdann die Erbschaft erhalten soll, so ist anzunehmen, dass als Nacherben diejenigen eingesetzt sind, welche die gesetzlichen Erben des Erblassers sein würden, wenn er zur Zeit des Eintritts des Zeitpunkts oder des Ereignisses gestorben wäre. [2]Der Fiskus gehört nicht zu den gesetzlichen Erben im Sinne dieser Vorschrift.

Übersicht: Rdn

A. Konstruktive Nacherbfolge

1 Die §§ 2104, 2105 BGB ergänzen unvollständige letztwillige Verfügungen, denen zwar die Anordnung einer Vor- und Nacherbfolge, nicht aber die Person des Vor- bzw. des Nacherben zu entnehmen ist. Ist nur der Vorerbe benannt, so sind nach § 2104 BGB die gesetzlichen Erben des Erblassers als Nacherben berufen (sog. **konstruktive Nacherbfolge**). In gleicher Weise wird die Lücke gemäß § 2105 BGB geschlossen, wenn der Erblasser lediglich den Nacherben bestimmt hat.

2 Die Anwendung der Vorschrift setzt zunächst voraus, dass sich aus der befristeten Berufung des (Vor-)Erben der Wille des Erblassers zur Anordnung einer Vor- und Nacherbschaft ergibt. Weitere Voraussetzung ist, dass die Person des Nacherben in der letztwilligen Verfügung nicht genannt ist und sich auch nicht durch Auslegung ermitteln lässt.[1] Der fehlenden Benennung steht gleich, wenn der Erblasser die Unvollständigkeit der letztwilligen Verfügung durch eigene Willensentschließung herbeiführt, indem er, ohne von der Anordnung der Nacherbfolge abzurücken, die getroffene

---

8 RGZ 152, 189, 190.
9 KG OLGE 39, 17.
10 Staudinger/*Avenarius*, § 2103 Rn 6.
11 Staudinger/*Avenarius*, § 2103 Rn 7 f.
1 OLG Oldenburg ZEV 2010, 635 in einem Fall des § 2065 Abs. 2 BGB; anders OLG Frankfurt ZEV 2001, 316; näher Staudinger/*Avenarius*, § 2104 Rn 10 a.E.

Einsetzung des Nacherben widerruft.[2] Hingegen liegt eine die Anwendung von § 2104 BGB ausschließende Benennung vor, wenn der Erblasser ausdrücklich die „gesetzlichen" Erben zu Nacherben berufen hat.[3] Hier ist durch Auslegung zu ermitteln, ob damit die gesetzlichen Erben im Zeitpunkt des Erb- oder des Nacherbfalls gemeint sind.[4] Gem. § 2066 S. 2 BGB ist im Zweifel von Letzterem auszugehen.[5] Bei einem **gemeinschaftlichen Testament** von Ehegatten, in dem der Letztbedachte nicht ausdrücklich benannt wird, ist zunächst zu prüfen, ob die Auslegungsregel des § 2269 BGB eingreift, die die Anwendung von § 2104 BGB ausschließt.[6]

B. Entsprechende Anwendung

3 § 2104 BGB ist nicht unmittelbar anwendbar, wenn die Bestimmung des Nacherben – durch Vorversterben, Anfechtung der letztwilligen Verfügung oder aus anderen Gründen – hinfällig ist oder wird.[7] Ist der zum Nacherben Berufene schon vor dem Erbfall **weggefallen** und **keine Ersatznacherbschaft** angeordnet worden, wird der Vorerbe i.d.R. sogleich mit dem Erbfall **Vollerbe.**[8] Dies gilt jedoch nicht, wenn feststeht, dass der Vorerbe die Erbschaft nur bis zu einem bestimmten Zeitpunkt oder bis zum Eintritt eines bestimmten Ereignisses erhalten soll; in diesem Fall ist § 2104 BGB entsprechend anzuwenden.[9] Eine entsprechende Anwendung kommt auch in Betracht, wenn der als Nacherbe Eingesetzte gar nicht geboren wird, z.B. wenn sich Ehegatten gegenseitig als Vorerben und die gemeinsamen Kinder als Nacherben berufen, die Ehe jedoch kinderlos bleibt.[10] Dem Willen der Eheleute wird es in diesem Fall allerdings i.d.R. eher entsprechen, dass der Überlebende Vollerbe wird.[11] Ob § 2104 BGB auch dann entsprechende Anwendung findet, wenn die Einsetzung des Nacherben wegen Verstoßes gegen §§ 7, 27 BeurkG unwirksam ist oder sie dies infolge **Anfechtung** wird, ist umstritten.[12] In diesen Fällen gebührt weder der entsprechenden Anwendung des § 2104 BGB noch der des § 2142 Abs. 2 BGB generell der Vorrang; vielmehr ist jeweils durch Auslegung zu ermitteln, ob der Erblasser den Nachlass lieber dem Vorerben belassen oder ihn seinen gesetzlichen Erben zuwenden wollte.[13]

C. Gesetzliche Erben

4 Für den Kreis der nach § 2104 BGB berufenen gesetzlichen Erben gilt gem. § 2066 S. 2 BGB **der Zeitpunkt des Nacherbfalls.**[14] Erst mit dessen Eintritt steht fest, wer konkret berufen ist.[15] Vorher steht den gesetzlichen Erben daher kein Anwartschaftsrecht (vgl. § 2108 Rdn 3 ff.) zu, das sie vererben könnten.[16] Zum Kreis der gesetzlichen Erben gehört nicht, wer durch **Erbunwürdigkeitserklärung** (§§ 2339 ff. BGB) oder durch

2 BayObLG FamRZ 1991, 1114.
3 MüKo/*Lieder*, § 2104 Rn 2.
4 BayObLG FamRZ 1967, 695, 697.
5 BayObLG ZEV 2001, 440, 441; KG JW 1935, 1441.
6 Staudinger/*Avenarius*, § 2104 Rn 13.
7 BGH NJW 1986, 1812, OLG Frankfurt ZEV 2001, 316.
8 Grüneberg/*Weidlich*, § 2104 Rn 3.
9 RG JW 1907, 259.
10 KG OLGE 44, 91.
11 KG OLGE 44, 91.
12 Für entsprechende Anwendbarkeit OLG Hamm Rpfleger 1996, 69, 70; OLG Frankfurt ZEV 2001, 316; KG JW 1938, 2821; a.A. Staudinger/*Avenarius*, § 2104 Rn 10; Grüneberg/*Weidlich*, § 2104 Rn 3.
13 MüKo/*Lieder*, § 2104 Rn 3; s.a. BGH NJW 1986, 1812.
14 Staudinger/*Avenarius*, § 2104 Rn 5.
15 Staudinger/*Avenarius*, § 2104 Rn 5.
16 BayObLG FamRZ 1967, 695, 696.

Erbverzicht (§§ 2346 ff. BGB) ausgeschieden ist.[17] Der Fiskus ist nach S. 2 von vornherein aus dem Kreis der gesetzlichen Erben ausgeschlossen. Sind außer diesem keine gesetzlichen Erben vorhanden, verbleibt die Erbschaft dem Vorerben.[18] Die von § 2104 BGB vorgegebene Ergänzung der letztwilligen Verfügung ist nicht zwingend, ein abweichender Wille des Erblassers ist zu berücksichtigen. So können gem. § 1938 BGB einzelne gesetzliche Erben von der Erbfolge ausgeschlossen sein, ferner kann die Auslegung ergeben, dass anstatt der gesetzlichen Erben gem. § 2069 die Abkömmlinge des Vorerben berufen sind.[19] Ist von **mehreren Erben** nur einer gem. § 2104 BGB beschränkt, so ist anzunehmen, dass dessen Erbteil nach dem Ende der für ihn bestimmten Vorerbschaft nicht den gesetzlichen Erben anfällt, sondern den übrigen Miterben gem. § 2094 BGB anwächst.[20] Gleiches gilt, wenn alle Miterben unter einer auflösenden Bedingung eingesetzt sind (z.B. Verwirkungsklausel), diese jedoch nur in der Person eines oder einzelner Miterben eintritt.[21] **Nichteheliche** Abkömmlinge gehören seit ihrer Gleichstellung mit ehelichen Kindern auch dann zum Kreis der konstruktiv berufenen Nacherben, wenn der Erbfall bereits vor dem 1.4.1998 eingetreten ist.

D. Pflegerbestellung

Für die noch **unbekannten oder ungewissen Nacherben** ist für die Zeit bis zum 5
Eintritt des Nacherbfalls gem. § 1882 BGB ein Pfleger zu bestellen. Als unbekannt gelten nach der h.M. auch die bereits vorhandenen gesetzlichen Erben, da diese bis zum Eintritt des Nacherbfalls noch fortfallen können.[22] Dies überzeugt jedoch nicht. Sofern ein gesetzlicher Erbe bereits vorhanden ist, besteht für eine Pflegerbestellung kein Bedürfnis. Ob die vorhandenen Erben tatsächlich zum Zuge kommen, ist insoweit ohne Belang, denn auch der ausdrücklich eingesetzte Nacherbe kann vor dem Nacherbfall durch Ausschlagung oder Vorversterben wegfallen. Ein Pfleger ist daher nur für die tatsächlich nicht vorhandenen gesetzlichen Erben zu bestellen.

§ 2105 Gesetzliche Erben als Vorerben

(1) Hat der Erblasser angeordnet, dass der eingesetzte Erbe die Erbschaft erst mit dem Eintritt eines bestimmten Zeitpunkts oder Ereignisses erhalten soll, ohne zu bestimmen, wer bis dahin Erbe sein soll, so sind die gesetzlichen Erben des Erblassers die Vorerben.
(2) Das Gleiche gilt, wenn die Persönlichkeit des Erben durch ein erst nach dem Erbfall eintretendes Ereignis bestimmt werden soll oder wenn die Einsetzung einer zur Zeit des Erbfalls noch nicht gezeugten Person oder einer zu dieser Zeit noch nicht entstandenen juristischen Person als Erbe nach § 2101 als Nacherbeinsetzung anzusehen ist.

A. Konstruktive Vorerbschaft

Die Vorschrift bildet das Pendant zu § 2104 BGB. Sie ergänzt die hinsichtlich der 1
Person des Vorerben unvollständige Anordnung einer Nacherbfolge. Weil das BGB

17 Staudinger/*Avenarius*, § 2104 Rn 7.
18 MüKo/*Lieder*, § 2104 Rn 7.
19 Soergel/*Wegmann*, § 2104 Rn 4.
20 Staudinger/*Avenarius*, § 2104 Rn 14.
21 Staudinger/*Avenarius*, § 2104 Rn 15; Grüneberg/*Weidlich*, § 2104 Rn 5.
22 Str., vgl. BayObLG FamRZ 1967, 695; BayObLG NJW 1960, 965, 966; KG OLGE 41, 80; a.A. *Kanzleiter*, DNotZ 1970, 326; Staudinger/*Avenarius*, § 2104 Rn 17; MüKo/*Lieder*, § 2104 Rn 6.

keine herrenlose (ruhende) Erbschaft kennt, muss der Platz des Vorerben notwendig besetzt sein. Diesen Platz nehmen nach § 2105 BGB bei unterbliebener Vorerbenbenennung die gesetzlichen Erben des Erblassers ein (sog. **konstruktive Vorerbenberufung**).

2 Die Anwendung der Vorschrift setzt nach Abs. 1 voraus, dass ein Vorerbe nicht benannt ist und sich auch nicht durch Auslegung ermitteln lässt.[1] Des Weiteren muss sich aus der letztwilligen Verfügung ergeben, dass eine Vor- und Nacherbfolge gewollt ist. Ein Fall des Abs. 1 liegt auch dann vor, wenn der Erblasser die **Einsetzung** des Vorerben **widerruft**;[2] ferner, wenn der Erbe unter der Bedingung eingesetzt ist, dass er die Erbschaft innerhalb einer bestimmten Frist nicht ausschlägt, und es für die Zeit des Schwebens der Bedingung an einem Erben fehlt; § 2075 BGB greift hier nicht ein.[3] Analoge Anwendung der Vorschrift kommt in Betracht, wenn der eingesetzte Vorerbe nachträglich wegfällt, bspw. durch Anfechtung, und gleichwohl anzunehmen ist, dass die Nacherbfolge bestehen bleiben soll.[4]

3 Der fehlenden Vorerbenbenennung steht nach Abs. 2 gleich, wenn die Person des Erben durch ein Ereignis nach dem Erbfall bestimmt werden soll oder wenn die Einsetzung einer noch nicht gezeugten natürlichen bzw. noch nicht entstandenen juristischen Person gem. § 2101 BGB als Nacherbeinsetzung anzusehen ist. Durch ein künftiges Ereignis bestimmt i.S.d. Abs. 1 Alt. 1 ist z.B. der künftige Ehemann der X.[5] Erlebt der Erblasser dieses Ereignis noch, wird der zum Nacherben Berufene sogleich **Vollerbe**. Kein Fall des Abs. 2 ist gegeben, wenn die eingesetzte Person zwar schon vorhanden, aber noch nicht identifiziert ist, wie der unbekannte Lebensretter; hier kann eine Nachlasspflegschaft angezeigt sein (§ 1960 Abs. 1 BGB).[6] Eine beim Erbfall bereits gezeugte Person wird nach § 1923 Abs. 2 BGB rückwirkend mit dem Erbfall Vollerbe; Gleiches gilt gem. § 84 BGB für die bereits errichtete, aber erst nach dem Erbfall genehmigte Stiftung. Abs. 2 greift insoweit nicht.

4 Die lediglich formal motivierte Regel des § 2105 BGB ist dispositiv und weicht daher dem mutmaßlichen Willen des Erblassers.[7] Hat der Erblasser bspw. einen von mehreren Miterben ohne Regelung der Vorerbfolge zum Nacherben bestimmt, so ist zu prüfen, ob es nicht dem Willen des Erblassers eher entspricht, dass die übrigen Miterben statt der gesetzlichen Erben anteilsweise zu Vorerben berufen sein sollen.[8]

B. Gesetzliche Erben

5 Der Kreis und die Anteile der zu Vorerben berufenen gesetzlichen Erben bestimmen sich nach dem Zeitpunkt des Erbfalls. Anders als bei § 2104 BGB gehört auch der Fiskus zu den gesetzlichen Erben, wobei dann sofortige Vollerbschaft naheliegt.[9] Dieser kann in analoger Anwendung von § 1942 Abs. 2 BGB die Erbschaft nicht ausschlagen, da die Erbschaft ansonsten bis zum Nacherbfall herrenlos würde.[10] Nicht zu den gesetzlichen Erben gehört, wer gem. § 1938 BGB als Erbe ausgeschlossen oder durch Erbunwürdigkeitserklärung (§§ 2339 ff. BGB) oder durch Erbverzicht (§§ 2346 ff. BGB) ausgeschieden ist. (Betreffend nichteheliche Kinder siehe § 2104 Rdn 4).

1 RG JW 1935, 1845.
2 Grüneberg/*Weidlich*, § 2105 Rn 1.
3 Staudinger/*Avenarius*, § 2105 Rn 8.
4 Staudinger/*Avenarius*, § 2105 Rn 7; Soergel/*Wegmann*, § 2105 Rn 2.
5 RGRK/*Johannsen*, § 2105 Rn 4.
6 Staudinger/*Avenarius* Rn 9.
7 Staudinger/*Avenarius*, § 2105 Rn 5.
8 Vgl. nur Staudinger/*Avenarius*, § 2105 Rn 5.
9 Grüneberg/*Weidlich*, § 2105 Rn 1.
10 Staudinger/*Avenarius*, § 2105 Rn 2; MüKo/*Lieder*, § 2105 Rn 8.

§ 2106 Eintritt der Nacherbfolge

(1) Hat der Erblasser einen Nacherben eingesetzt, ohne den Zeitpunkt oder das Ereignis zu bestimmen, mit dem die Nacherbfolge eintreten soll, so fällt die Erbschaft dem Nacherben mit dem Tode des Vorerben an.
(2) [1]Ist die Einsetzung einer noch nicht gezeugten Person als Erbe nach § 2101 Abs. 1 als Nacherbeinsetzung anzusehen, so fällt die Erbschaft dem Nacherben mit dessen Geburt an. [2]Im Falle des § 2101 Abs. 2 tritt der Anfall mit der Entstehung der juristischen Person ein.

A. Eintritt der Nacherbfolge

Dem Erblasser steht es in den Grenzen der Dreißigjahresfrist des § 2109 BGB frei, 1
den **Zeitpunkt des Eintritts der Nacherbfolge** zu bestimmen. Für den Fall, dass diese Bestimmung unterblieben ist oder der Erblasser die Bestimmung entgegen § 2065 BGB (insoweit Gültigkeitsbestimmung gem. Abs. 1[1]) einem Dritten überlassen hat,[2] ergänzt Abs. 1 BGB die letztwillige Verfügung dahingehend, dass die Nacherbfolge mit dem Tode des Vorerben eintritt.[3] Hat der Erblasser weder den Zeitpunkt des Nacherbfalls noch die Person des Nacherben bestimmt, so sind die §§ 2104 u. 2106 BGB nebeneinander anwendbar.[4]

Abs. 1 greift auch dann ein, wenn der Erblasser eine **bedingte Nacherbfolge** angeord- 2
net, die Nacherbfolge also vom Eintritt eines bestimmten Ereignisses abhängig gemacht hat. Hierbei ist es unbeachtlich, ob der Bedingungseintritt vom freien Willen des Bedachten abhängt oder wie wahrscheinlich er ist. Hiervon ist der Zeitpunkt des Anfalls der Nacherbschaft zu unterscheiden; dieser ergibt sich im Zweifel aus Abs. 1.[5]

Der Zeitpunkt des Eintritts des Nacherbfalls ist auch für den **Erbschein** und das 3
Grundbuch zu ermitteln und in ihm zu vermerken.[6]

Führt der Nacherbe das Ereignis, mit dem nach dem Willen des Erblassers die Nach- 4
erbfolge eintreten soll, treuwidrig selbst herbei, kann er sich entsprechend § 162 Abs. 2 BGB nicht auf den Eintritt des Nacherbfalls berufen.[7] Ob in diesem Fall statt der vom Erblasser gesetzten Bedingung Abs. 1 zur Anwendung kommen oder die Erbschaft dem Vorerben verbleiben soll, ist Auslegungsfrage.[8]

B. Zukünftige Erben

Hat der Erblasser eine noch **nicht erzeugte** natürliche Person oder eine noch nicht 5
entstandene juristische Person als Erben eingesetzt, so liegt gem. § 2101 BGB im Zweifel eine Nacherbeinsetzung vor. Nach Abs. 2 fällt die Erbschaft dem Nacherben in diesem Fall mit seiner **Geburt** bzw. Entstehung an. Dieser Zeitpunkt ist zwingend; eine Rückbeziehung des Erbschaftsanfalls auf den Zeitpunkt der Erzeugung des Nacherben kommt grds. nicht in Betracht.[9] Abs. 2 gilt nicht, wenn der noch nicht Erzeugte vom Erblasser ausdrücklich zum Nacherben berufen ist; hier bleibt es, da kein Fall des § 2101 BGB vorliegt, bei der Regel des Abs. 1, der Nacherbfall tritt also mit dem

---

1 Grüneberg/*Weidlich*, § 2065 Rn 4, 6.
2 Vgl. BGHZ 15, 199 = NJW 1955, 100.
3 Nach Staudinger/*Avenarius*, § 2106 Rn 1 bedeutet die Vorschrift lediglich eine Auslegungsrichtlinie; a.A. Soergel/*Wegmann*, § 2106 Rn 1: Ergänzungsregel.
4 BayObLG FamRZ 1967, 695.
5 Staudinger/*Avenarius*, § 2106 Rn 2.
6 MüKo/*Lieder*, § 2106 Rn 8; *Schöner/Stöber*, Grundbuchrecht, Rn 3498.
7 BGH NJW 1968, 2051: Tötung des Vorerben durch den Nacherben; MüKo/*Lieder*, § 2106 Rn 6.
8 MüKo/*Lieder*, § 2106 Rn 6.
9 Soergel/*Wegmann*, § 2106 Rn 3; MüKo/*Lieder*, § 2106 Rn 9; Staudinger/*Avenarius*, § 2106 Rn 6.

Tode des Vorerben ein. Stirbt der Vorerbe in diesem Fall vor der Geburt des Nacherben, so treten zunächst die Erben des Vorerben an dessen Stelle; sie sind „bloße Platzhalter".[10] Der Nacherbfall tritt jedoch nicht erst mit deren Tod, sondern mit der Geburt des Nacherben ein.[11] Diese „Platzhalterschaft" ist auch geboten, wenn der eingesetzte Vorerbe wegfällt durch Ausschlagung, Verzicht oder Erbunwürdigkeit.[12]

§ 2107 Kinderloser Vorerbe

Hat der Erblasser einem Abkömmling, der zur Zeit der Errichtung der letztwilligen Verfügung keinen Abkömmling hat oder von dem der Erblasser zu dieser Zeit nicht weiß, dass er einen Abkömmling hat, für die Zeit nach dessen Tode einen Nacherben bestimmt, so ist anzunehmen, dass der Nacherbe nur für den Fall eingesetzt ist, dass der Abkömmling ohne Nachkommenschaft stirbt.

Übersicht: Rdn

A. Zweck und Anwendungsbereich

1 Die Vorschrift enthält eine Regel für eine **ergänzende Auslegung**, die – ähnlich dem in §§ 2069, 2079 BGB enthaltenen Gedanken – auf der Annahme beruht, dass der Erblasser die Nachkommen eines von ihm bedachten Abkömmlings nicht zugunsten Dritter von der Erbschaft ausschließen will. Bei Einsetzung eines tatsächlich – oder jedenfalls nach Vorstellung des Erblassers – kinderlosen Abkömmlings als Vorerben gilt die Nacherbenberufung daher im Zweifel nur für den Fall, dass der Vorerbe ohne Abkömmlinge stirbt. § 2107 BGB unterstellt insoweit einen an sich § 2078 Abs. 2 BGB unterfallenden **Motivirrtum** und macht zugleich wegen des Vorrangs der Auslegung die Anfechtung entbehrlich.[1] Anders als bei § 2078 Abs. 2 BGB muss dieser Irrtum nicht von demjenigen bewiesen werden, der sich darauf beruft,[2] stattdessen obliegt es dem zum Nacherben Berufenen, den Beweis **dafür** zu führen, dass die Nacherbeinsetzung trotz des Vorhandenseins von Abkömmlingen Bestand haben sollte. § 2107 BGB gilt nicht nur im Verhältnis zu Familienfremden oder entfernteren Verwandten, sondern auch dann, wenn der eingesetzte Nacherbe mit dem Erblasser gleich nah wie oder näher verwandt ist als der Abkömmling des Vorerben.[3] Allerdings wird in diesem Fall der Wille des Erblassers meist dahin gehen, die dispositive Regel des § 2107 BGB auszuschließen.[4]

B. Abkömmlinge

2 Zu den Abkömmlingen, deren Nichtberücksichtigung die Nacherbeinsetzung entfallen lässt, gehören sämtliche ehelichen und nichtehelichen unmittelbaren und entfernteren Abkömmlinge. Dazu zählen grundsätzlich auch **Adoptivkinder**, da diese die rechtliche Stellung eines ehelichen Kindes bzw. eines Kindes des Annehmenden haben

10 Staudinger/*Avenarius*, § 2106 Rn 6.
11 Grüneberg/*Weidlich*, § 2106 Rn 2.
12 Umfassend hierzu *Damrau*, ZEV 2004, 19.
1 Staudinger/*Avenarius*, § 2107 Rn 2.
2 RGRK/*Johannsen*, § 2107 Rn 1.
3 BGH NJW 1981, 2743; BGH NJW 1980, 1276.
4 BGH NJW 1980, 1276.

(§§ 1754, 1767 Abs. 2 BGB).[5] Allerdings wird hier oft ein abweichender Erblasserwille vorliegen. Dies ist z.B. dann anzunehmen, wenn der Erblasser für den Fall, dass der als Erbe Eingesetzte kinderlos stirbt, andere (leibliche) Kinder einsetzt.[6] Ein § 2107 BGB entgegenstehender Erblasserwille kann auch dann anzunehmen sein, wenn eine Adoption nur zu dem Zweck erfolgt ist, die Nacherbeinsetzung zu vereiteln,[7] ferner, wenn die Nacherbfolge nur sicherstellen soll, dass der Nachlass unabhängig von Schulden des Vorerben erhalten bleiben soll.[8] Sofern der Abkömmling des Vorerben durch Erbverzicht, Erbunwürdigkeitserklärung oder Ausschlagung wegfällt, ist durch ergänzende Auslegung zu entscheiden, ob es bei der Nacherbeinsetzung bleibt.[9] Der Abkömmling muss im Zeitpunkt des Nacherbfalls noch nicht geboren sein; gem. § 1923 Abs. 2 BGB reicht es aus, wenn er bereits gezeugt ist. Ist der Abkömmling bereits vor dem Tod des Vorerben gestorben, kann § 2107 BGB nicht greifen.

Der Abkömmling des Vorerben muss bei Errichtung der letztwilligen Verfügung **noch nicht vorhanden oder dem Erblasser nicht bekannt** gewesen sein. Erfährt der Erblasser erst nach der Errichtung der Verfügung von dem Vorhandensein eines Abkömmlings, steht dies der Anwendung von § 2107 BGB grundsätzlich nicht entgegen. Wenn der Erblasser die Verfügung trotz Kenntnis vom Vorhandensein des Abkömmlings nicht ändert, kann dies aber ein Indiz für seinen Willen zur Aufrechterhaltung der Nacherbeinsetzung sein.[10] Dies gilt erst recht, wenn der Erblasser zur Zeit der Errichtung der Verfügung weiß, dass der Vorerbe einen Abkömmling gezeugt hat.[11] 3

Der Nacherbe muss ausdrücklich oder stillschweigend (§ 2106 Abs. 1 BGB) für die Zeit nach dem Tod des Vorerben bestimmt sein. § 2107 BGB gilt daher nicht, wenn der Eintritt des Nacherbfalls an ein anderes **Ereignis** oder einen anderen **Zeitpunkt** geknüpft ist, denn hiermit bringt der Erblasser hinreichend zum Ausdruck, dass der nachgeborene oder unbekannte Abkömmling ganz von der Erbfolge ausgeschlossen sein soll. Wenn der Vorerbe vor oder nach dem Tod des Erblassers rückwirkend wegfällt, tritt nicht dessen Erbe, sondern im Zweifel gem. § 2102 BGB der Nacherbe als Ersatzerbe an seine Stelle. Den Abkömmlingen des Vorerben bleibt nach h.M. lediglich die Möglichkeit, die letztwillige Verfügung nach §§ 2078 Abs. 2, 2079 BGB anzufechten.[12] 4

C. Rechtsfolgen

Da erst beim Tod des Vorerben feststeht, ob er Abkömmlinge hinterlässt, hat er auf Lebensdauer nur die Stellung eines Vorerben. Hinterlässt er Abkömmlinge, wird er **rückwirkend als Vollerbe** angesehen, so dass er frei über den Nachlass verfügen konnte. Etwa ohne Zustimmung des Nacherben vorgenommene Verfügungen werden uneingeschränkt wirksam. Das Nacherbenrecht ist bis zum Tod des Vorerben durch das Vorhandensein von Abkömmlingen des Vorerben **auflösend bedingt.**[13] Mit dem Tod des Erblassers erwirbt der Nacherbe eine vererbliche – § 2074 BGB findet insoweit 5

5 LG München FamRZ 2000, 569; BayObLG NJW-RR 1992, 839.

6 BayObLG FamRZ 1985, 426, 427.

7 Staudinger/*Avenarius*, § 2107 Rn 6; Soergel/*Wegmann*, § 2107 Rn 2; einschränkend MüKo/*Lieder*, § 2107 Rn 6 m. Hinw. auf die Auslegung.

8 OLG Nürnberg ZEV 2013, 263 m. Anm. *Litzenburger* für den Fall eines etwas misslungenen notariellen Testaments.

9 Staudinger/*Avenarius*, § 2107 Rn 7.

10 Staudinger/*Avenarius*, § 2107 Rn 4.

11 Staudinger/*Avenarius*, § 2107 Rn 4.

12 Soergel/*Wegmann*, § 2107 Rn 2; MüKo/*Lieder*, § 2107 Rn 9; demgegenüber hält Staudinger/*Avenarius*, § 2107 Rn 9 § 2107 BGB für analog anwendbar.

13 BayObLG FamRZ 1981, 403 (LS).

keine Anwendung[14] – und übertragbare Anwartschaft, § 2108 BGB, die er nicht schon mit der Geburt eines Abkömmlings des Vorerben verliert, sondern erst mit dem Tod des Vorerben.

§ 2108 Erbfähigkeit; Vererblichkeit des Nacherbrechts

(1) Die Vorschrift des § 1923 findet auf die Nacherbfolge entsprechende Anwendung.
(2) [1]Stirbt der eingesetzte Nacherbe vor dem Eintritt des Falles der Nacherbfolge, aber nach dem Eintritt des Erbfalls, so geht sein Recht auf seine Erben über, sofern nicht ein anderer Wille des Erblassers anzunehmen ist. [2]Ist der Nacherbe unter einer aufschiebenden Bedingung eingesetzt, so bewendet es bei der Vorschrift des § 2074.

Literatur
Keim, Die Anwartschaft des Nacherben – das „Überraschungspaket" beim vorzeitigen Tod des Nacherben, NJW-Spezial 2009, 399; *Musielak*, Zur Vererblichkeit des Anwartschaftsrechts eines Nacherben, ZEV 1995, 5; *Schmidt*, Die Nachfolge in das Anwartschaftsrecht des Nacherben und die Erteilung des Erbscheins nach Eintritt des Nacherbfalls, BWNotZ 1966, 139.

Übersicht:

A. Erbfähigkeit des Nacherben

I. Erleben des Erbfalls

1 Aus der wenig geglückten[1] Verweisung in Abs. 1 auf § 1923 BGB folgt zunächst, dass Nacherbe nur werden kann, wer den Erblasser überlebt. Stirbt der Nacherbe **vor dem Erbfall**, wird seine Berufung in gleicher Weise gegenstandslos wie die eines vorversterbenden Vollerben.[2] An die Stelle des weggefallenen Nacherben tritt ggf. ein Ersatznacherbe (näher dazu siehe Rdn 7); war als Nacherbe ein Abkömmling des Erblassers eingesetzt, sind gem. § 2069 BGB im Zweifel seine Abkömmlinge Ersatzerben.[3] Sind keine Ersatzerben vorhanden, erwirbt der zum Vorerben Berufene die Erbschaft als Vollerbe, sofern nicht feststeht, dass der Vorerbe die Erbschaft nur bis zu einem bestimmten Zeitpunkt oder bis zum Eintritt eines bestimmten Ereignisses erhalten soll; in diesem Fall ist § 2104 BGB entsprechend anzuwenden (vgl. § 2104 Rdn 3). Stirbt von mehreren als Nacherben Eingesetzten einer vor dem Erblasser, ist

14 Soergel/*Wegmann*, § 2107 Rn 3; MüKo/*Lieder*, § 2107 Rn 10.
1 Staudinger/*Avenarius*, § 2108 Rn 1.
2 RG JW 1907, 259.
3 OLG Bremen NJW 1970, 1923.

durch Auslegung zu ermitteln, ob Anwachsung unter den übrigen Nacherben eintreten oder der Vorerbe bzgl. des Anteils des Weggefallenen Vollerbe werden soll;[4] fehlen konkrete Anhaltspunkte für das Letztere, dann ist regelmäßig von Anwachsung auszugehen.[5]

II. Ungeborener Nacherbe

2 Wie sich aus § 2101 Abs. 1 S. 1 BGB ergibt, bedeutet die Verweisung in Abs. 1 nicht, dass der Nacherbe zur Zeit des **Erbfalls** bereits leben oder gezeugt sein muss.[6] Vielmehr bezieht sich die entsprechende Anwendbarkeit von § 1923 BGB auf den **Nacherbfall**, bei dessen Eintritt der Nacherbe leben oder doch gezeugt sein muss. Wenn der Nacherbe zu diesem Zeitpunkt noch nicht gezeugt ist, wird die Nacherbeinsetzung nicht unwirksam, sondern entsprechend § 2101 BGB dahin umgedeutet, dass der noch nicht Gezeugte als weiterer Nacherbe eingesetzt ist. Erste Nacherben sind entsprechend § 2104 BGB im Zweifel die gesetzlichen Erben des Erblassers.[7] Der gem. § 2101 BGB Berufene wird Nacherbe mit seiner Geburt, § 2106 Abs. 2 BGB. Ist der Nacherbe dagegen bei Eintritt des Nacherbfalls bereits gezeugt, wird der Anfall der Nacherbschaft entsprechend § 1923 Abs. 2 BGB auf den Zeitpunkt des Nacherbfalls zurückgerechnet.[8] Für den Ersatzerben gelten die gleichen Grundsätze.

B. Vererblichkeit des Anwartschaftsrechts

I. Anwartschaftsrecht

3 Mit dem Erbfall erwirbt der Nacherbe ein Anwartschaftsrecht, das gem. Abs. 2 S. 1 **im Zweifel vererblich** ist. Stirbt der Nacherbe vor oder gleichzeitig[9] mit Eintritt des Nacherbfalls, geht das Anwartschaftsrecht somit als Bestandteil des Nachlasses des Nacherben auf dessen Erben über. Ob der Nacherbe aufgrund gesetzlicher oder testamentarischer Erbfolge beerbt wird, ist dabei ohne Belang. Mehrere Erben des Nacherben bilden auch bzgl. der Nacherbenanwartschaft eine Erbengemeinschaft.[10] Der Nacherbe kann seine Erben in Bezug auf die Nacherbenanwartschaft seinerseits durch Anordnung einer Nacherbschaft oder einer Testamentsvollstreckung beschränken[11] und kann die Anwartschaft durch letztwillige Verfügung auch einem Vermächtnisnehmer, der nicht zu seinen Erben gehört, zuwenden.[12] Die Vererblichkeit der Anwartschaft eines Mitnacherben geht im Zweifel der Anwachsung (§ 2094 BGB) vor.[13] Bei **mehrfacher** Nacherbfolge ist auch das Anwartschaftsrecht des weiteren Nacherben vererblich.[14] Nicht erforderlich ist, dass der weitere Nacherbe den ersten Nacherbfall erlebt, da er – anders als ein Ersatznacherbe – bereits vom Zeitpunkt des Erbfalls an die vollen Rechte eines Nacherben hat.[15]

---

4 MüKo/*Lieder*, § 2108 Rn 2.
5 MüKo/*Lieder*, § 2108 Rn 2.
6 RG JW 1929, 2596.
7 Staudinger/*Avenarius*, § 2108 Rn 5.
8 Staudinger/*Avenarius*, § 2108 Rn 3.
9 OLG Hamm MDR 1952, 359.
10 *Schmidt*, BWNotZ 1966, 139, 145.
11 RGZ 103, 354.
12 MüKo/*Lieder*, § 2108 Rn 6; *Muscheler*, ErbR Rn 2527.
13 RGZ 106, 355, 357; BayObLG FamRZ 1996, 1240, 1241; OLG Stuttgart FamRZ 1994, 1553; KG JFG 15, 309.
14 KG DNotZ 1955, 408.
15 KG DNotZ 1955, 408.

II. Unbekannte Nacherben

4 Die Anwendung von Abs. 2 S. 1 ist ausgeschlossen, wenn die Person des Nacherben zum Zeitpunkt des Erbfalls noch nicht feststeht, sondern erst mit Eintritt des Nacherbfalls bestimmt werden kann, weil in diesem Fall gar kein Anwartschaftsrecht besteht und die Berufung eines zunächst Eingesetzten durch seinen Wegfall gegenstandlos wird. Hat der Erblasser z.B. Abkömmlinge einer bestimmten Person zu Nacherben berufen, liegt die Annahme seines Willens nahe, dass auch die bis zum Nacherbfall geborenen Abkömmlinge an der Erbschaft beteiligt und die Personen der Nacherben erst nach dem Zeitpunkt des Eintritts der Nacherbfolge bestimmt sein sollen.[16] Entsprechendes gilt, wenn die Nacherben über § 2104 BGB konstruktiv berufen oder nur mittels einer Gattungsbezeichnung benannt sind (die „gesetzlichen Erben", die „Verwandten"); hier greifen die Auslegungsregeln der §§ 2066, 2067 BGB. Zum Fall, dass **nach** dem Nacherbfall geborene Abkömmlinge Nacherben sein sollen, vgl. § 2101 Rdn 6 f.

III. Ausschluss der Vererblichkeit

1. Auslegungsregel

5 Der Erblasser kann die **Vererblichkeit** der **Nacherbenanwartschaft** ausschließen. Die Vererblichkeit kann hierbei ganz ausgeschlossen oder auf einen bestimmten Personenkreis, z.B. Abkömmlinge oder Familienangehörige, beschränkt werden.[17] Abs. 2 S. 1 enthält eine **Auslegungsregel**,[18] die nur greift, soweit die individuelle Auslegung keinen abweichenden Erblasserwillen ergibt.[19] Wer sich auf einen Erblasserwillen beruft, der von der Auslegungsregel abweiche, trägt die Beweislast.[20] Bei einer lückenhaften Verfügung ist erforderlichenfalls der hypothetische Erblasserwille nach den Grundsätzen der ergänzenden Auslegung zugrunde zu legen.[21] Hat der Erblasser ausschließlich engste Familienangehörige bedacht, aber keine Regelung über die Vererblichkeit der Nacherbenanwartschaft getroffen, bestehen hinsichtlich der Vererblichkeit Bedenken, die durch eine ergänzende Auslegung auszuräumen sind.[22] Der Umstand allein, dass als Nacherbe ein Abkömmling des Erblassers eingesetzt ist, spricht hingegen noch nicht gegen eine Vererblichkeit, wenn auch in diesem Fall der Wille des Erblassers, sein Vermögen in der Familie zu halten, besonders häufig im Vordergrund stehen wird.[23] Denkbar ist auch eine „mittlere Lösung", wonach der Erblasser eine Vererbung des Nacherbenrechts nicht vollständig ausschließen, sondern auf Familienangehörige beschränken wollte.[24]

2. Insbesondere Ersatzerbenberufung

6 Ein Ausschluss der Vererblichkeit der Nacherbenanwartschaft kann sich auch aus einer ausdrücklichen oder vermuteten **Ersatzerbenberufung** gem. §§ 2069, 2096 BGB

---

16 BayObLG FamRZ 2001, 1561 f.

17 BGH NJW 1963, 1150 = LM Nr. 1 zu § 2108.

18 H.M., vgl. nur BGH NJW 1963, 1150 f.; BGH NJW 1981, 2743, 2745; a.A. Staudinger/*Avenarius*, § 2108 Rn 8.

19 BGHZ 33, 60, 63.

20 OLG Karlsruhe ZEV 2009, 34 m. Anm. *Lehmann/Schulz*, ZEV 2010, 29, 31: Eheleute setzen sich wechselseitig zu Vorerben, den Sohn zum Nacherben ein; Sohn stirbt vor überlebendem Elternteil, die Nacherbenanwartschaft ginge im konkreten Fall kraft Testaments des Sohnes folglich auf seine Ehefrau. *Keim* weist in NJW-Spezial 2003, 399 darauf hin, dass dies in den wenigsten Fällen dem Erblasserwillen entsprechen dürfte. Siehe auch OLG Düsseldorf FamRZ 2017, 1269.

21 Staudinger/*Avenarius*, § 2108 Rn 13.

22 OLG Oldenburg Rpfleger 1989, 106.

23 BGH NJW 1963, 1150.

24 OLG Karlsruhe FamRZ 2000, 63.

ergeben. Im Einzelnen ist hier jedoch vieles str. Das BayObLG geht in einer viel beachteten Entscheidung[25] davon aus, dass sich generelle Regeln für die Konkurrenz zwischen Abs. 2 S. 1 und §§ 2069, 2096 BGB nicht aufstellen lassen, sondern jeweils allein der durch individuelle Auslegung zu ermittelnde Erblasserwille maßgeblich ist.[26] Selbst die **ausdrückliche** Ersatznacherbenberufung soll demnach nicht für den Ausschluss der Vererblichkeit der Nacherbenanwartschaft sprechen. Dem kann nur mit Einschränkungen gefolgt werden. Für die ausdrückliche Einsetzung eines Ersatznacherben gem. § 2096 BGB ist eine andere Beurteilung angezeigt als für die vermutete Ersatzerbenberufung gem. § 2069 BGB. Zwar schließt auch die **ausdrückliche** Ersatzerbenberufung die Vererblichkeit der Nacherbenanwartschaft nicht ohne weiteres aus, da der Ersatznacherbe auch für andere Fälle als den Tod des Nacherben berufen sein kann; wenn Anhaltspunkte für das Gegenteil fehlen, ist jedoch zu unterstellen, dass die ausdrückliche Ersatzberufung für alle Fälle des Wegfalls gelten und anstelle der Erben des Nacherben der Ersatznacherbe zum Zuge kommen soll,[27] da andernfalls der Tod des Nacherben kein Ersatzfall wäre.

Demgegenüber geht die **vermutete** Ersatzerbenberufung der Abkömmlinge gem. 7
§ 2069 BGB nicht regelmäßig der Vererblichkeit der Nacherbenanwartschaft vor.[28] Der hypothetisch ergänzte Wille reicht grundsätzlich nicht aus, um der Anwartschaft die ihr von Gesetzes wegen zukommende Vererblichkeit zu nehmen.[29] Auch Abs. 2 S. 1 kommt kein Vorrang zu,[30] vielmehr ist in diesen Fällen jeweils die konkrete Auslegung anhand sämtlicher Umstände des Einzelfalls entscheidend.[31] Insofern kann ein Indiz für den Ausschluss der Vererblichkeit sein, wenn sich aus der letztwilligen Verfügung der Wille des Erblassers ergibt, sein Vermögen in der Familie zu halten.[32]

3. Rechtsfolgen

Der Ausschluss der Vererblichkeit kann zur Folge haben, dass die Nacherbschaft mit 8
dem Tod des Nacherben entfällt und der Vorerbe **Vollerbe** wird.[33] Es kann aber auch ein **Ersatzerbe** aufrücken; dies kann ein weiterer Nacherbe sein, der gem. § 2102 Abs. 1 BGB zum Ersatzerben berufen ist,[34] oder ein kraft Gesetzes, § 2069 BGB, oder letztwilliger Verfügung, § 2096 BGB, Berufener.[35] Welche dieser Möglichkeiten dem Willen des Erblassers entspricht, ist durch individuelle Auslegung zu ermitteln.[36]

IV. Aufschiebende Bedingung

Ist der Nacherbe unter einer aufschiebenden Bedingung eingesetzt, so bleibt es gem. 9
Abs. 2 S. 2 bei der Regel des § 2074 BGB, d.h. die Nacherbeinsetzung soll im Zweifel nur gelten, wenn der Nacherbe **den Eintritt der Bedingung erlebt.** Bedingung in diesem Sinne ist nicht das Erleben des Nacherbfalls, da es sich dabei um die gesetzliche Bedingung jeder Nacherbenberufung handelt, sondern eine weitere Bedingung, etwa

25 BayObLG NJW-RR 1994, 460 = ZEV 1995, 25; vgl. dazu *Musielak*, ZEV 1995, 5; Staudinger/*Avenarius*, § 2108 Rn 17.
26 Ausführlich MüKo/*Grunsky*, § 2102 Rn 9 ff.
27 OLG Braunschweig FamRZ 1995, 443, 444; a.A. RGZ 169, 38, 39 ff.
28 BayObLG NJW-RR 1994, 460 = ZEV 1995, 25.
29 Staudinger/*Avenarius*, § 2108 Rn 16.
30 A.A. *Musielak*, ZEV 1995, 5, 7.
31 BayObLG NJW-RR 1994, 460 = ZEV 1995, 25.
32 BGH NJW 1963, 1150.
33 OLG Karlsruhe FamRZ 2000, 63, 64.
34 Staudinger/*Avenarius*, § 2108 Rn 19.
35 OLG Karlsruhe FamRZ 2000, 63, 64.
36 OLG Karlsruhe FamRZ 2000, 63.

die Wiederverheiratung des Vorerben. Auch die Einsetzung eines Ersatznacherben fällt nicht unter Abs. 2 S. 2;[37] dessen Anwartschaft ist vererblich, wenn er vor Wegfall des zunächst Berufenen stirbt (näher dazu siehe § 2100 Rdn 24). Bis zum Eintritt der Bedingung bleibt die Nacherbenanwartschaft in der Schwebe, so dass sie nicht vererbt werden kann. Da es sich bei Abs. 2 S. 2 um eine Auslegungsregel handelt, kann der Erblasser jedoch Abweichendes anordnen.[38] Bei Einsetzung des Nacherben unter einer **auflösenden** Bedingung ist das Anwartschaftsrecht dagegen veräußerlich und vererblich. Dieses geht jedoch unter, wenn die Bedingung eintritt.[39]

§ 2109 Unwirksamwerden der Nacherbschaft

(1) [1]Die Einsetzung eines Nacherben wird mit dem Ablauf von 30 Jahren nach dem Erbfall unwirksam, wenn nicht vorher der Fall der Nacherbfolge eingetreten ist. [2]Sie bleibt auch nach dieser Zeit wirksam,
1. wenn die Nacherbfolge für den Fall angeordnet ist, dass in der Person des Vorerben oder des Nacherben ein bestimmtes Ereignis eintritt, und derjenige, in dessen Person das Ereignis eintreten soll, zur Zeit des Erbfalls lebt,
2. wenn dem Vorerben oder einem Nacherben für den Fall, dass ihm ein Bruder oder eine Schwester geboren wird, der Bruder oder die Schwester als Nacherbe bestimmt ist.

(2) Ist der Vorerbe oder der Nacherbe, in dessen Person das Ereignis eintreten soll, eine juristische Person, so bewendet es bei der dreißigjährigen Frist.

Übersicht: Rdn

A. Zeitliche Beschränkung

1 Die Vorschrift will verhindern, dass der Erblasser seine Testierfreiheit dazu benutzt, den Nachlass übermäßig lange zu binden; ein dem Familien-Fideikomiss vergleichbarer Zustand soll ausgeschlossen werden.[1] Abs. 1 S. 1 beschränkt daher die Wirkung der Anordnung der Nacherbfolge auf die **Dauer von 30 Jahren** nach dem Erbfall. Entsprechende Begrenzungen finden sich in den §§ 2044 Abs. 2, 2162, 2163, 2210 S. 1 BGB. Der in Abs. 1 S. 1 enthaltene Grundsatz wird in S. 2 jedoch von zwei Ausnahmen unterbrochen, von denen Nr. 1 in der Praxis die Regel darstellt. Sofern diese nicht eingreifen, wird die Nacherbenberufung nach Ablauf der dreißigjährigen Frist ohne weiteres unwirksam mit der Folge, dass der Nachlass **freies Vermögen des Vorerben als Vollerben** wird. Dies gilt auch bei Anordnung mehrerer Nacherbfolgen; in diesem Fall kommt das Unwirksamwerden demjenigen zustatten, der bei Fristablauf Vorerbe ist.[2] Die Frist kann sich verlängern, wenn der Nacherbe innerhalb des Fristablaufs gezeugt, aber noch nicht geboren ist: nach der Regelungskette der §§ 2108 Abs. 1, 1923

37 Soergel/*Wegmann*, § 2108 Rn 10.
38 OLG Braunschweig MDR 1956, 296.
39 OLG Hamm OLGZ 1976, 180, 187.
1 OLG Köln ZErb 2008, 110, 113; vgl. auch *Reimann*, NJW 2007, 3034, 3035.
2 OLG Hamm ZEV 2011, 320.

Abs. 2 BGB gilt der Nacherbfall dann als vor dem Fristablauf eingetreten.[3] Ist die Nacherbeneinsetzung für einen späteren als den gesetzlich zulässigen Zeitpunkt angeordnet, so ist sie von vornherein unwirksam.[4] Ergibt die Auslegung (§ 2084 BGB) jedoch, dass der Erblasser dem Nacherben die Erbschaft auf jeden Fall zukommen lassen und nur die Nacherbfolge so weit wie möglich hinausschieben wollte, so erwirbt der Nacherbe die Erbschaft nach Ablauf der dreißigjährigen Frist.[5]

B. Ausnahmen

Abs. 1 S. 2 enthält zwei Ausnahmen von der dreißigjährigen Höchstfrist, bei deren Vorliegen die Nacherbeinsetzung ohne zeitliche Begrenzung wirksam ist. 2

I. Personenbezogenes Ereignis

Gem. Abs. 1 S. 2 Nr. 1 bleibt die Nacherbeinsetzung wirksam, wenn der Nacherbfall an ein **Ereignis in der Person des Vor- oder Nacherben** geknüpft ist und derjenige, in dessen Person das Ereignis eintreten soll, zur Zeit des Erbfalls lebt oder – was sich zwar nicht aus dem Wortlaut der Vorschrift ergibt, von der ganz h.M.[6] aber als ausreichend angesehen wird – zumindest erzeugt ist und später lebend geboren wird (§ 1923 Abs. 2 BGB). Die Nacherbenbindung kann sich dann auf die gesamte Lebenszeit des Vor- oder Nacherben erstrecken. 3

Beispiel 4

Vater testiert 1965, dass sein Sohn lebzeitig Vorerbe und sein Enkel Nacherbe werden solle. Er stirbt 1970. Der Sohn, zu diesem Zeitpunkt sechs Jahre alt, stirbt 2025 und hinterlässt einen Sohn von 25 Jahren.

Das Ereignis muss nicht vom Willen des Vor- oder Nacherben abhängig sein; reine Potestativbedingungen wie die Wiederverheiratung des Vorerben oder das Examen des Nacherben reichen aus.[7]

Das Merkmal „in der Person" ist nicht restriktiv auszulegen; das „Ereignis" muss mit der Person nicht besonders eng verknüpft sein.[8] Umstritten ist, ob es ausreicht, dass die Person das Ereignis nur erlebt (z.B. Wiedervereinigung).[9] Ein Teil der Lit. nimmt an, dass das Ereignis den Vor- oder Nacherben in persönlicher, rechtlicher oder wirtschaftlicher Hinsicht zu beeinflussen geeignet sein muss.[10] Die aus dieser Einschränkung resultierende Abgrenzungsproblematik[11] führt jedoch angesichts der stark vom subjektiven Empfinden abhängenden Wertung, wann ein Ereignis den Vor- oder Nacherben (noch) berührt, zu unnötigen Rechtsunsicherheiten. Mit Rücksicht darauf, dass der Erblasser den Eintritt des Nacherbfalls ohnehin auf den Tod hinausschieben kann und die Wirkung der Nacherbeinsetzung gleichzeitig durch die Lebenszeit der bedachten Personen begrenzt wird, ist es daher vorzugswürdig, allein darauf abzustellen, ob die Person das Ereignis erlebt.[12] Das praktisch wichtigste Beispiel für ein Ereignis i.S.v. 5

---

3 Staudinger/*Avenarius*, § 2109 Rn 5.

4 RGRK/*Johannsen*, § 2109 Rn 4; Staudinger/*Avenarius*, § 2109 Rn 6.

5 Staudinger/*Avenarius*, § 2109 Rn 6; MüKo/*Lieder*, § 2109 Rn 3; Soergel/*Wegmann*, § 2109 Rn 1.

6 RGRK/*Johannsen*, § 2109 Rn 9; MüKo/*Lieder*, § 2109 Rn 5 ff.; Staudinger/*Avenarius*, § 2109 Rn 7; Soergel/*Wegmann*, § 2109 Rn 3.

7 BGH NJW 1969, 1112 zu § 2163 BGB; Staudinger/*Avenarius*, § 2109 Rn 8.

8 MüKo/*Lieder*, § 2109 Rn 8 f.

9 Vgl. dazu LG Berlin NJW 1993, 272, 273, wo es der Erblasserin erkennbar um die wirtschaftlichen Folgen für Bedachten ging.

10 RGRK/*Johannsen*, § 2109 Rn 7; Erman/*Schmidt*, § 2109 Rn 2.

11 Soergel/*Wegmann*, § 2109 Rn 3.

12 So Staudinger/*Avenarius*, § 2109 Rn 8; MüKo/*Grunsky*, § 2109 Rn 5.

Nr. 1 ist der **Tod des Vorerben** als Bedingung für den Nacherbfall. Dieser tritt also auch dann ein, wenn der Vorerbe den Erblasser um mehr als 30 Jahre überlebt,[13] und zwar unabhängig davon, ob der Eintritt des Nacherbfalls aus einer ausdrücklichen Bestimmung des Erblassers oder aus § 2106 Abs. 1 BGB folgt.[14]

II. Einsetzung ungeborener Geschwister

6 Nach Abs. 1 S. 2 Nr. 2 greift die Höchstfrist des S. 1 auch dann nicht, wenn ungeborene Geschwister des Vor- oder Nacherben zu (weiteren) Nacherben eingesetzt sind. Die zeitliche Grenze für die Wirksamkeit der Nacherbeinsetzung wird insoweit durch die **Lebensdauer der Eltern des Geschwisters**, das Nacherbe werden soll, gezogen. Zu den Geschwistern i.S.v. Nr. 1 zählen auch nichteheliche Kinder, Halbgeschwister und die nach früherem Recht Legitimierten (§§ 1719, 1736 BGB a.F.). Da die Vorschrift auf die die Verwandtschaft vermittelnde Geburt („geboren wird") abhebt, wird unterschiedlich beurteilt, ob Adoptivkinder, gleich ob minder- oder volljährig, darunterfallen.[15] Der Nacherbfall muss nicht an die Geburt des nachgeborenen Geschwisters geknüpft sein, sondern kann auch zu einem späteren Zeitpunkt, etwa dem Erreichen eines bestimmten Alters, eintreten.[16]

C. Juristische Person

7 Bei der Einsetzung einer juristischen Person als Vor- oder Nacherbe bewendet es gem. Abs. 2 in jedem Fall bei der dreißigjährigen Frist. Abs. 1 S. 2 Nr. 1 findet keine Anwendung, der Erblasser kann die Wirkung der Nacherbfolge daher nicht durch die Anknüpfung an ein Ereignis in der Person der juristischen Person hinausschieben. Ist eine Personengesellschaft (z.B. OHG, KG) als Erbe eingesetzt,[17] gilt Abs. 2 entsprechend.[18] Zur Anwendung der Bestimmung auf Familienstiftungen siehe Staudinger/*Avenarius*, § 2109 Rn 12 m.w.N.

§ 2110 Umfang des Nacherbrechts

(1) Das Recht des Nacherben erstreckt sich im Zweifel auf einen Erbteil, der dem Vorerben infolge des Wegfalls eines Miterben anfällt.
(2) Das Recht des Nacherben erstreckt sich im Zweifel nicht auf ein dem Vorerben zugewendetes Vorausvermächtnis.

Übersicht: Rdn

A. Auslegungsregel

1 Wie sich aus der Formulierung „im Zweifel" ergibt, enthalten Abs. 1 u. 2 Auslegungsregeln, die auf dem gemeinsamen Gedanken beruhen, dass der Erblasser dem Nacher-

13 BayObLG FamRZ 1990, 320, 321; KG OLGZ 1976, 388.
14 Staudinger/*Avenarius*, § 2109 Rn 8.
15 Soergel/*Wegmann*, § 2109 Rn 4; RGRK/*Johannsen*, § 2109 Rn 10; a.A. Staudinger/*Avenarius*, § 2109 Rn 9; MüKo/*Lieder*, § 2109 Rn 12 für minderjährig Adoptierte.
16 RGRK/*Johannsen*, § 2109 Rn 11; MüKo/*Lieder*, § 2109 Rn 10.
17 Hierzu grundsätzlich MüKo/*Leipold*, § 1923 Rn 41 ff.
18 Staudinger/*Avenarius*, § 2109 Rn 11; Soergel/*Wegmann*, § 2109 Rn 5.

ben all das zuwenden möchte, was der Vorerbe als – sein – Erbe erlangt hat.[1] Die Vorschrift greift folglich nicht, wenn der Miterbe stirbt und vom Vorerben beerbt wird.[2] Ein abweichender Wille des Erblassers ist beachtlich, muss jedoch von demjenigen bewiesen werden, der sich darauf beruft.[3]

B. Vergrößerter Erbteil

Nach Abs. 1 rückt der Nacherbe im Zweifel in den **gesamten Erbteil** des Vorerben ein, also auch soweit eine Erweiterung durch Erbteilserhöhung wegen Wegfalls eines Miterben gem. § 1935 BGB, durch Anwachsung gem. § 2094 BGB oder durch Ersatzerbenberufung gem. § 2096 erfolgt ist. Ob der Miterbe vor oder nach dem Nacherbfall wegfällt, ist ohne Belang, da in den Fällen von § 1953 BGB (Ausschlagung), § 2074 BGB (Nichterleben der aufschiebenden Bedingung), § 2078 BGB (Anfechtung) und § 2344 BGB (Erbunwürdigkeit) die Erweiterung des Erbteils auf den Erbfall zurückbezogen wird.[4] Für den Erbschaftskauf gilt gem. § 2373 BGB eine abweichende Auslegungsregel: Der durch Nacherbfolge auf den Verkäufer gelangende Erbteil ist im Zweifel nicht als mitverkauft anzusehen. 2

C. Vorausvermächtnis

Ein dem Vorerben zugewendetes Vorausvermächtnis wird nach Abs. 2 im Zweifel nicht vom Recht des Nacherben erfasst, da der Vorerbe die vorausvermachten Gegenstände nach der gesetzgeberischen Konzeption nicht als Erbe, sondern kraft eines besonderen Rechtstitels erlangt (§ 2150 BGB).[5] Der Erblasser kann Abweichendes anordnen, indem er entweder zum Ausdruck bringt, dass das Nacherbenrecht sich auch auf das Vorausvermächtnis erstrecken soll,[6] oder aber den Nacherben als Nachvermächtnisnehmer (§ 2191 BGB) oder als Ersatzvermächtnisnehmer (§ 2190 BGB) beruft.[7] Die Zuwendung von Einzelgegenständen bedeutet im Zweifel nicht, dass der Bedachte Vorerbe werden sollte, selbst wenn er so bezeichnet ist.[8] 3

Soweit ein Ehegatte als gesetzlicher Erbe zum Vorerben berufen ist (vgl. §§ 2101, 2105 BGB), ist auf den **Voraus** (§ 1932 BGB), der dem Ehegatten neben seinem gesetzlichen Erbrecht als „gesetzliches Vorausvermächtnis"[9] zugewendet ist, Abs. 2 entsprechend anwendbar.[10] 4

I. Alleinvorerbe

Das dem alleinigen Vorerben zugewendete Vorausvermächtnis hat ausnahmsweise **dingliche** Wirkung, der vermachte Gegenstand scheidet daher bereits mit dem Erbfall ohne Weiteres aus der Erbmasse aus.[11] 5

---

1 Staudinger/*Avenarius*, § 2110 Rn 1.
2 MüKo/*Lieder*, § 2110 Rn 4.
3 MüKo/*Lieder*, § 2110 Rn 1 m.w.N.
4 MüKo/*Lieder*, § 2110 Rn 3 m.w.N.
5 Staudinger/*Avenarius*, § 2110 Rn 4.
6 Im Wege der Auslegung hat das OLG Düsseldorf FamRZ 2018, 639 z.B. ermittelt, dass das bewegliche Vermögen Vorausvermächtnis, das Grundvermögen aber Gegenstand der Nacherbschaft sein solle.
7 MüKo/*Lieder*, § 2110 Rn 7; Soergel/*Wegmann*, § 2110 Rn 2.
8 OLG München FamRZ 2017, 1090, 1091 zu 2 c bb.
9 Vgl. Grüneberg/*Weidlich*, § 1932 Rn 3.
10 Staudinger/*Avenarius*, § 2110 Rn 5.
11 BGHZ 32, 60 = NJW 1960, 959.

II. Erbschein und Grundbuch

6 Im Erbschein muss angegeben werden, dass das Recht des Nacherben sich nicht auf den Gegenstand des Vorausvermächtnisses bezieht.[12] Das kann in Form einer positiven oder negativen Formulierung geschehen.[13] Das Vorausvermächtnis ist im Erbschein aber nur dann auszuweisen, wenn es einen einzigen Vorerben gibt.[14] Denn bei mehreren Vorerben besteht ein schuldrechtlicher Übertragungsanspruch des berechtigten Miterben gegen die Erbengemeinschaft.[15] Handelt es sich um ein Grundstück, ist im Grundbuch kein Nacherbenvermerk (§ 51 GBO) einzutragen.[16]

§ 2111 Unmittelbare Ersetzung

(1) [1]Zur Erbschaft gehört, was der Vorerbe aufgrund eines zur Erbschaft gehörenden Rechts oder als Ersatz für die Zerstörung, Beschädigung oder Entziehung eines Erbschaftsgegenstands oder durch Rechtsgeschäft mit Mitteln der Erbschaft erwirbt, sofern nicht der Erwerb ihm als Nutzung gebührt. [2]Die Zugehörigkeit einer durch Rechtsgeschäft erworbenen Forderung zur Erbschaft hat der Schuldner erst dann gegen sich gelten zu lassen, wenn er von der Zugehörigkeit Kenntnis erlangt; die Vorschriften der §§ 406 bis 408 finden entsprechende Anwendung.
(2) Zur Erbschaft gehört auch, was der Vorerbe dem Inventar eines erbschaftlichen Grundstücks einverleibt.

Literatur

Baur, „Nutzungen“ eines Unternehmens bei Anordnung von Vorerbschaft und Testamentsvollstreckung, JZ 1958, 465; *Esch/Baumann/Schulze zur Wiesche*, Handbuch der Vermögensnachfolge, 7. Aufl. 2009; *Grunsky*, Gedächtnisschrift für Manfred Wolf, 2011, S. 639; *Hartmann*, Die Beseitigung der Nacherbschaftsbeschränkung durch Geschäft zwischen Vor- und Nacherben, ZEV 2009, 107; *Hefermehl*, Vor- und Nacherbfolge bei der Beteiligung an einer Personengesellschaft, in: FS Westermann, 1974, S. 223; *Huber*, Vermögensanteil, Kapitalanteil und Gesellschaftsanteil an Personengesellschaften des Handelsrechts, 1970; *Keim*, Die Befreiung einzelner Gegenstände aus den Fesseln der Nacherbenbindung, DNotZ 2016, 751; *Lange*, Einverständliche Überführung von Nachlassgegenständen in das Eigenvermögen des Vorerben, AcP 212 (2012), 334; *Martinek*, Der Kommanditanteil als Nachlaßsurrogat – ein neuer Konflikt zwischen Erb- und Gesellschaftsrecht, ZGR 1991, 74; *Maurer*, Fragen des (Eigen-)Erwerbs von Nachlaßgegenständen durch den Vor- oder Nacherben, DNotZ 1981, 223.

Übersicht:

12 KG DR 1940, 455 = JFG 21, 122.
13 OLG München FGPrax 2015, 38, 39; *Bestelmeyer*, Rpfleger 2020, 626, 632 f.
14 OLG Hamm NJW-RR 2020, 891; OLG Hamburg FGPrax 2016, 133.
15 OLG Hamm NJW-RR 2020, 891; MüKo/*Lieder*, § 2110 Rn 11.
16 OLG München HRR 1942 Nr. 716 = JFG 23, 300.

A. Surrogationsprinzip

I. Normzweck und Anwendungsbereich

1 Die Vorschrift hat im Hinblick auf das Konstruktionsprinzip von Vor- und Nacherbschaft zentrale Bedeutung. Soweit Nachlassgegenstände beim Eintritt des Nacherbfalls nicht mehr vorhanden sind, soll der Nacherbe nicht darauf verwiesen sein, sich durch schuldrechtliche Ersatzansprüche gegen den Vorerben zu erholen.[1] Vielmehr fällt ihm kraft rechtlicher Anordnung alles unmittelbar zu, was (a) aufgrund eines zur Erbschaft gehörenden Rechts, (b) als Ersatz für einen Erbschaftsgegenstand und (c) aufgrund Erwerbs aus Mitteln der Vorerbschaft zum Nachlass gelangt ist. Dies gilt auch bei befreiter Vorerbschaft;[2] eine Befreiungsmöglichkeit ist nicht vorgesehen. Das Gesetz bedient sich hierbei des Prinzips der dinglichen Ersetzung oder Surrogation, das sich in ähnlicher Form auch in den §§ 2019, 2041 BGB findet. Die hiervon erfassten Gegenstände werden von selbst Nachlassbestandteil und unterliegen ohne weitere Schritte der Nacherbenbindung. Die Verfügungsbeschränkungen der §§ 2113 ff. BGB richten sich dabei nach der Art des Surrogats, nicht des surrogierten Gegenstands.[3] Bei einem in den Nachlass gelangten Grundstück ist daher nach § 51 GBO der Nacherbenvermerk einzutragen.[4] Gleiches gilt, wenn ein Mitvorerbe im Wege der Erbauseinandersetzung gegen Aufgabe seiner Gesamthandsbeteiligung ein Nachlassgrundstück zu Alleineigentum erwirbt.[5] Umgekehrt setzt sich eine für den ursprünglichen Gegenstand bestehende Verfügungsbeschränkung nicht am Surrogat fort. Wenn der Vorerbe bzgl. des Surrogats keiner Verfügungsbeschränkung unterliegt, Beispiel: Schadensersatz für die Beschädigung eines Nachlassgrundstücks, so kann der Vorerbe hierüber frei verfügen, auch wenn er für die Verfügung über den ursprünglichen Gegenstand auf die Zustimmung des Nacherben angewiesen war.[6]

2 § 2111 BGB ist eine **auf Zweckmäßigkeitserwägungen beruhende Ausnahmevorschrift**, die grds. eng auszulegen ist.[7] Ihr Regelungsziel ist primär auf den Schutz der Nacherben gerichtet. Nach einer Ansicht sollen zumindest auch reflexartig Nachlassgläubiger geschützt sein.[8]

3 Die Zuordnung eines Gegenstandes zum als **Sondervermögen** gebundenen Nachlass ist durch bloßen Willensentschluss des Vorerben nicht änderbar. Ihm ist es weder möglich, Gegenstände seines freien Vermögens zu Nachlassgegenständen umzuwidmen, noch kann er Nachlassgegenstände dadurch der Nacherbenbindung entziehen,

---

1 MüKo/*Lieder*, § 2111 Rn 1.
2 BGH NJW-RR 2024, 1010; NJW 1983, 2874, 2875; RG WarnR 1920 Nr. 203.
3 Staudinger/*Avenarius*, § 2111 Rn 4.
4 OLG München HRR 1938 Nr. 1285.
5 BGHZ 52, 269 = NJW 1969, 2043 f.; BayObLG FamRZ 1987, 104, 106.
6 MüKo/*Lieder*, § 2111 Rn 10.
7 BGH NJW 1993, 3198, 3199.
8 BGHZ 109, 214, 218; Staudinger/*Avenarius*, § 2111 Rn 2, 12; Soergel/*Wegmann*, § 2111 Rn 1; MüKo/*Lieder*, § 2111 Rn 1; *Rußmann*, Erwerb mit Mitteln der Erbschaft, 2017, 81; *Erle*, ZHR 181 (2017), 816, 822 f.; a.A. BGHZ 81, 8, 12; Erman/*Schmidt*, § 2111 Rn 2; Grüneberg/*Weidlich*, § 2111 Rn 1; *Muscheler*, ErbR Rn 2485.

dass er sie gegen solche seines freien Vermögens sozusagen eintauscht.[9] Will der Vorerbe einen Nachlassgegenstand zu freiem Eigentum erwerben, kann er diesen auf einen Dritten – unter Beachtung der Verfügungsbeschränkungen der §§ 2113 ff. BGB – oder den Nacherben übertragen und ihn anschließend aus Eigenmitteln zurückerwerben.[10] Der **Kaufpreis** fällt in diesem Fall als Surrogat in den Nachlass. Möglich ist auch, dass sich Vor- und Nacherbe über Bestand und Umfang des Nachlasses, also auch über die Nachlasszugehörigkeit eines bestimmten Gegenstandes, vertraglich oder im Vergleichswege verständigen.[11] Diese Verständigung lässt jedoch das Recht eines etwaigen Ersatznacherben unberührt.

4 Der Nacherbe trägt grundsätzlich die Beweislast dafür, dass ein nicht vom Erblasser selbst hinterlassener Gegenstand zur Nacherbschaft rechnet, also für sämtliche Merkmale des Surrogationsvorgangs.[12] Analoge Anwendung der Vorschriften über den Erbschaftsanspruch kommt insoweit nicht in Betracht, denn der Vorerbe ist rechtmäßiger Eigentümer des Nachlasses.[13] Dieser Grundsatz lässt den Nacherben in der Praxis an einem zentralen Punkt der Rechtsdurchsetzung im Stich.[14] Regelmäßig wird der Nacherbe aus Gründen der Pietät[15] davon absehen, vom Vorerben ein Verzeichnis nach § 2121BGB, Hinterlegung der Inhaberpapiere nach § 2216 BGB oder mündelsichere Anlage von Geld nach § 2119 BGB zu verlangen. Im Standardfall, Eintritt der Nacherbfolge mit dem Tod des Vorerben, finden die Erben des Vorerben einen Nachlass vor, dessen Einzelgegenständen man nicht ansieht, ob sie surrogierte Vorerbschaft darstellen. Auskunfts- und Rechenschaftsansprüche gehen ins Leere, da die Erben des Vorerben sie nicht erfüllen können. Üblicherweise werden die Vermögensmassen beim Vorerben nicht getrennt, sondern mit Eigenvermögen vermischt. Etwa werden (der praktisch bedeutsamste Fall) Einzelkonten auf den Vorerben umgeschrieben oder gemeinschaftliche Konten durch ihn allein fortgeführt, und wenn nicht durch Bankunterlagen wie etwa die Erbschaftsteuermitteilung rekonstruierbar ist, welche Guthaben der Erblasser beim Tode innehatte, gelten die nunmehr auf den Vorerben allein lautenden Konten prinzipiell als dessen Eigenvermögen.[16] Zur Behebung dieser Misere schlägt die Lit. Beweislasterleichterungen bis zur Beweislastumkehr vor,[17] doch wird stets zu berücksichtigen sein, dass es der Nacherbe in der Hand hatte, seine Informations- und Sicherungsrechte sogleich mit Eintritt des Vorerbfalls geltend zu machen.

---

9 Vgl. OLG Stuttgart OLGZ 1973, 262; OLG Köln NJW-RR 1987, 267; Staudinger/*Avenarius*, § 2111 Rn 6; ferner BGHZ 40, 115, 125.

10 *Maurer*, DNotZ 1981, 223, 225.

11 MüKo/*Lieder*, § 2111 Rn 7.

12 Staudinger/*Avenarius*, § 2111 Rn 4.

13 BGH NJW 1983, 2874.

14 Ausführlich *Grunsky*, Gedächtnisschrift für Manfred Wolf, S. 639.

15 *Damrau*, ZErb 2003, 281.

16 Hierzu BGH ZEV 1996, 62.

17 *Grunsky*, Gedächtnisschrift für Manfred Wolf, S. 639: Beweislastumkehr zugunsten des Nacherben aus dem Gesichtspunkt des Schadensersatzes gem. § 2130 Abs. 1 S. 1 BGB, da ordnungsgemäße Verwaltung gebiete, Vorerbschaft und Eigenvermögen getrennt zu halten und Surrogationsvorgänge zu dokumentieren; ähnlich Baumgärtel/*Schmitz*, § 2111 Rn 2 für den Fall, dass Kaufpreis für ein Surrogat von einem Konto bezahlt wurde, das Nachlassgeld und Eigenvermögen vermischt enthielt; *Damrau*, ZErb 2003, 281, 283: Beweisvereitelung durch den Vorerben, da er kein Verzeichnis von sich aus gefertigt hat.

II. Fallgruppen

1. Erwerb aufgrund eines zur Erbschaft gehörenden Rechts

Ein Erwerb aufgrund eines zur Erbschaft gehörenden Rechts (Abs. 1 S. 1 Fall 1) ist 5
nur der aufgrund dieses Rechts selbst, also ohne Hinzutreten eines Rechtsgeschäfts erzielte **Zuwachs.** Hierzu zählen insbesondere die originären Erwerbstatbestände der Verbindung, Vermischung, Verarbeitung (§§ 946 ff. BGB), Ersitzung (§ 937 BGB), der dem Grundeigentümer zustehende Schatzanteil (§ 984 BGB) und die Annahme einer dem Erblasser angefallenen Erbschaft (§ 1952 BGB); weiter Beträge, die der befreite Vorerbe nach Entnahme vom Kapitalkonto eines Nachlassunternehmens oder einer nachlasszugehörigen Gesellschaftsbeteiligung freiwillig dem Konto wieder gutbringt.[18]

2. Ersatzvorteil

Der Surrogation unterliegen ferner Ersatzvorteile aufgrund der **Zerstörung, Beschädigung oder Entziehung** eines Erbschaftsgegenstandes (Abs. 1 S. 1 Fall 2). Dazu gehören insbesondere deliktische Schadensersatzansprüche und die auf sie erbrachten Leistungen, Versicherungsansprüche, Enteignungsentschädigungen,[19] an den Vorerben ausgekehrte Überschüsse aus der Zwangsversteigerung eines Nachlassgrundstücks,[20] Ausgleichsansprüche nach dem Lastenausgleichsgesetz für schon vom Erblasser verlorene Vermögenswerte[21] sowie Entschädigungen nach dem Vermögensgesetz, sofern sie schon zu Lebzeiten des Erblassers begründet wurden.[22] 6

3. Erwerb durch Rechtsgeschäft mit Mitteln der Erbschaft

Der wichtigste Fall der Surrogation ist der rechtsgeschäftliche Erwerb mit Mitteln der Erbschaft, sog. **Mittelsurrogation,** Abs. 1 S. 1 Fall 3. Das Rechtsgeschäft muss hierbei vom Vorerben abgeschlossen worden sein; bei unberechtigten Verfügungen Dritter greifen §§ 816 oder 2019 BGB, nicht aber § 2111 BGB.[23] Eine Mittelsurrogation liegt bereits dann vor, wenn die Mittel **objektiv** aus dem Nachlass stammen;[24] es kommt nicht darauf an, ob der Vorerbe für sich oder mit Wirkung für den Nachlass handeln wollte und wie er nach außen aufgetreten ist. Zum Nachlass gehören daher auch Gegenstände, die der Vorerbe für den persönlichen Gebrauch erworben hat und für die er irrtümlich Eigenmittel zu verwenden glaubte.[25] Der Surrogation steht nicht entgegen, dass der Vorerbe die Erbschaftsmittel auf einem Umweg einsetzt; löst der Vorerbe bspw. aus dem Verkaufserlös eines zum Nachlass gehörenden Grundstücks einen Kredit ab, den er zum Erwerb eines anderen Grundstücks verwendet hatte, so fällt dieses in die Erbschaft, auch wenn der Kaufvertrag über das neue Grundstück schon vor der Veräußerung abgeschlossen worden ist.[26] 7

Soweit der Erwerb nur teilweise aus Erbschaftsmitteln erfolgte, teils aus Eigenmitteln der Vorerben, wirkt die Surrogation auch nur in diesem Umfang. Es entsteht eine 8

---

18 Soergel/*Wegmann*, § 2111 Rn 2 m.w.N.
19 BGH NJW 1956, 1070.
20 BGH NJW 1993, 3198.
21 BGHZ 44, 336.
22 Staudinger/*Avenarius*, § 2111 Rn 21.
23 MüKo/*Lieder*, § 2111 Rn 21.
24 Zum Fall des Erwerbs im Rahmen einer Erbauseinandersetzung OLG München ZEV 2012, 669: der zugeteilte Gegenstand trete an die Stelle der aufgegebenen Beteiligung, weshalb Surrogation vorliege und der Nacherbenvermerk des § 51 GBO einzutragen sei.
25 Staudinger/*Avenarius*, § 2111 Rn 22; Grüneberg/*Weidlich*, § 2111 Rn 5.
26 BGHZ 110, 176, 178.

Bruchteilsgemeinschaft.[27] Die Entscheidung BGH NJW 1977, 1631 – Vorerbe kauft Grundstück aus Eigen- und bebaut es aus Nachlassmitteln, wobei der BGH die Entstehung von Bruchteilseigentum in Höhe des anteiligen Wertes des Bauwerks annahm – ist in der Lit. auf grundsätzliche Kritik gestoßen;[28] man verweist den Nacherben zur Vermeidung sachenrechtlich „systemsprengender Weiterungen"[29] auf den Schadensersatzanspruch aus § 2138 BGB.

9 Die Frage, wann ein Erwerb durch Rechtsgeschäft vorliegt, ist nicht nach juristischen, sondern nach wirtschaftlichen Maßstäben zu beantworten.[30] Löst z.B. der Vorerbe mit Mitteln des Nachlasses eine Hypothek ab, so fällt die dann entstehende **Eigentümergrundschuld** als Surrogat in den Nachlass, obgleich der Übergang kraft Gesetzes (§§ 1163, 1177 BGB) erfolgt, denn die Entstehung der Grundschuld steht in unmittelbarem Zusammenhang mit der rechtsgeschäftlich bewirkten Erfüllung.[31] Wendet der Vorerbe hingegen **Eigenmittel** zur Ablösung der Hypothek auf, so fällt die Eigentümergrundschuld in sein freies, nicht nacherbschaftsgebundenes Vermögen.[32] In ein vom Erblasser begründetes und vom Vorerben in eigenem Namen fortgeführtes Girovertragsverhältnis tritt der Nacherbe nicht ein, weil der Vorerbe insoweit eigene Rechtsbeziehungen zur Bank unterhielt; die Zuordnung des Kontoguthabens richtet sich hingegen nach § 2111 BGB,[33] was mit den oben in Rdn 4 skizzierten Beweisproblemen einhergehen kann.

10 Gegenstand der Mittelsurrogation kann u.U. auch eine **nichtübertragbare Rechtsposition** sein.[34] So soll ein mit Mitteln der Erbschaft erworbener Kommanditanteil einschließlich der damit verbundenen Gewinnbezugsrechte selbst dann zum Nachlass gehören, wenn sich die übrigen Gesellschafter nach dem Nacherbfall auf den Eintritt des Nacherben nicht einlassen müssen.[35] Die Surrogation erfasse dann zumindest die vermögensrechtlichen Vorteile, wie den Anspruch auf das Auseinandersetzungsguthaben, Gewinnansprüche oder Entnahmerechte.[36]

III. Inventar

11 Nach Abs. 2, der im Wesentlichen den §§ 582a Abs. 2 S. 2, 1048 Abs. 1 S. 2 Hs. 2 BGB entspricht, gehört zum Nachlass auch, was der Vorerbe dem Inventar eines Nachlassgrundstücks einverleibt. Dies gilt auch und gerade dann, wenn die Inventarstücke vom Vorerben mit eigenen Mitteln angeschafft wurden; bei einer Anschaffung mit Erbschaftsmitteln sind die Inventarstücke gem. Abs. 1 S. 1 bereits als Surrogate Bestandteil der Erbschaft. Ohne Belang ist weiter, ob die Inventarstücke an die Stelle

27 MüKo/*Lieder*, § 2111 Rn 19; Staudinger/*Avenarius*, § 2111 Rn 31 f. m. Hinw. auf den dem Sachenrecht ansonsten fremden „Rechtserwerb durch Wertvermischung".

28 MüKo/*Lieder*, § 2111 Rn 19; Staudinger/*Avenarius*, § 2111 Rn 33; Soergel/*Wegmann*, § 2111 Rn 13; NK-BGB/*Gierl*, § 2111 Rn 16; *Muscheler*, ErbR Rn 2493; *Krebber*, FamRZ 2000, 197, 201 ff.; *M. Wolf*, JuS 1981, 14; *Peters*, NJW 1977, 2075.

29 Staudinger/*Avenarius*, § 2111 Rn 32.

30 Soergel/*Wegmann*, § 2111 Rn 4.

31 BGHZ 40, 115, 122 ff.; KG JW 1931, 1372; Staudinger/*Avenarius*, § 2111 Rn 24.

32 BGH NJW 1993, 3198; KGJ 50, 210; KG JW 1931, 1372; OLG Celle NJW 1953, 1265; a.A. RGRK/*Johannsen*, § 2111 Rn 5: Eigentümergrundschuld fällt in den Nachlass, wenn ihr Erwerb durch den Vorerben wesentlich darauf beruht, dass er infolge der Vorerbfolge Eigentümer des Grundstücks geworden ist.

33 BGH ZEV 1996, 62 m. Anm. *Krampe*.

34 Grüneberg/*Weidlich*, § 2111 Rn 7.

35 BGHZ 109, 214; krit. hierzu *Martinek*, ZGR 1991, 74, 83 ff., der danach differenziert, ob es sich um eine kapitalistisch oder personalistisch strukturierte KG handelt; ausf. MüKo/*Lieder*, § 2111 Rn 35 ff.

36 BGHZ 109, 214.

ausscheidender Inventarstücke treten und ob der Vorerbe den Willen hat, sie dem Inventar einzuverleiben; der objektiv bereichernde Realakt genügt.[37]

B. Nutzungen

I. Grundsatz

Wie sich aus Abs. 1 S. 1 a.E. ergibt, stehen dem Vorerben die Nutzungen des Nachlasses 12
zu. Sie fallen unmittelbar an den Vorerben, der sie jederzeit aus der Erbschaft entnehmen kann. Belässt er die Nutzungen in der Erbschaft, so kann er die Entnahme jederzeit nachholen. Mit dem Eintritt des Nacherbfalls kann der Vorerbe die Entnahme nicht mehr selbst einseitig vornehmen. Er hat gegen den Nacherben einen Anspruch auf Übertragung der Nutzungen, doch ändert dies nichts daran, dass die während der Vorerbschaftszeit angefallenen Nutzungen dem Vorerben nach wie vor zustehen. Nutzungen sind gem. § 100 BGB die **Früchte** (§ 99 BGB) und **Gebrauchsvorteile** der Nachlassgegenstände. Hinsichtlich der Nutzungen findet keine Surrogation statt; der Vorerbe erwirbt sie mit der Einschränkung des § 2133 BGB zu seinem eigenen Vorteil und ebenfalls unmittelbar. Der Erblasser kann jedoch das Fruchtziehungsrecht des Vorerben bspw. auf einen monatlichen Festbetrag aus den Reinerträgnissen beschränken;[38] auch kann er die Früchte mittels Vermächtnisses oder Auflagen einem Dritten (etwa dem Nacherben[39]) zuwenden. Eine solche Verteilung der Nutzungen betrifft nur das Verhältnis des Vorerben zum Begünstigten; den Nachlassgläubigern gegenüber gehören auch die Nutzungen zum Nachlass.[40] Dem Vorerben stehen nur die während der Vorerbschaft angefallenen Nutzungen zu. Vor dem Erbfall angefallene Nutzungen sind Nachlassbestandteil und unterliegen der Nacherbenbindung. Die Verteilung der Nutzungen nach Zeitabschnitten bestimmt § 101 BGB. Ihre Ermittlung geschieht zweckmäßigerweise nach Kalenderjahren, soweit nicht die Art der Fruchtziehung (Beispiel: Mietshaus) kürzere Entnahmeabschnitte nahelegt.[41] Ein Gewinn- und Verlustausgleich zwischen verschiedenen Abrechnungsperioden ist nicht geboten.[42]

II. Unternehmen

1. Einzelkaufmännisches Unternehmen

Als Nutzungen eines Einzelunternehmens wird allgemein **der nach Abzug der Steuern verbleibende Reingewinn** angesehen (Nettobetrachtung)[43] Im Falle der Bilanzierung wird unterschiedlich beurteilt, ob die Steuer- oder die Handelsbilanz maßgeblich ist.[44] Der Erblasser kann dabei die **Bilanzierungs-** und **Bewertungsfreiheit** des Vorerben durch letztwillige Verfügung erweitern oder einschränken.[45] Bei Nichteinhaltung der Bilanzierungs- und Bewertungsvorschriften kann den Vorerben nach § 2130 BGB eine Schadensersatzpflicht treffen. **Verluste** müssen nach den Grundsätzen ordnungsgemäßer Verwaltung grundsätzlich jedenfalls insoweit mit den Gewinnen späterer Jahre verrechnet werden, als für ihre Deckung keine Rücklagen gebildet wurden.[46] 13

---

37 Staudinger/*Avenarius*, § 2111 Rn 33.

38 OLG München ZEV 2009, 622, 623.

39 Vgl. RG WarnR 1912 Nr. 174.

40 Staudinger/*Avenarius*, § 2111 Rn 35 f.

41 MüKo/*Lieder*, § 2111 Rn 47.

42 MüKo/*Lieder*, § 2111 Rn 47 m.w.N.

43 *Baur*, JZ 1958, 465, 466; MüKo/*Lieder*, § 2111 Rn 16; Staudinger/*Avenarius*, § 2111 Rn 40.

44 Ausf. MüKo/*Lieder*, § 2111 Rn 47 ff. m.w.N., der selbst keine der beiden Bilanzen für allein maßgeblich hält, sondern eine objektive Gewinnermittlung auf Grundlage einer „bereinigten" Bilanz fordert.

45 *Baur*, JZ 1958, 465, 467.

46 Staudinger/*Avenarius*, § 2111 Rn 40; MüKo/*Lieder*, § 2111 Rn 50.

Dagegen muss der Vorerbe aber spätere Verluste nicht durch Rückführung früher entnommener Gewinne ausgleichen.[47]

2. Personengesellschaften

14 Nutzungen eines Personengesellschaftsanteils sind zunächst der Anspruch auf **Auszahlung seines ermittelten Gewinnanteils** (§ 122 S. 1 HGB, Prinzip der Vollausschüttung),[48] und zwar bezogen auf die Nutzungszeit und nicht auf den Fälligkeitszeitpunkt (§ 101 Nr. 2 BGB a.E.). Vor dem MoPeG hatte der Vorerbe gem. § 122 HGB a.F. unabhängig hiervon das Recht zur Entnahme von jährlich 4 % seines Kapitalanteils.[49] Sieht der Gesellschaftsvertrag zur Rücklagenbildung **Gewinnentnahmebeschränkungen** vor, bindet dies im Verhältnis zur Gesellschaft auch den Vorerben; er kann also nicht unter Berufung auf sein Nutzungsrecht auch die Auszahlung des nicht entnahmefähigen Gewinns verlangen. Allerdings kann ihm hinsichtlich dieses **thesaurierten Gewinnanteils** ein Ausgleichsanspruch gegen den Nacherben zustehen, da der Gesellschaftsvertrag nicht das zwischen Vorerben und Nacherben bestehende Rechtsverhältnis regelt und demnach nicht mit verbindlicher Wirkung die Höhe der dem Vorerben in diesem Verhältnis zustehenden Nutzungen festlegen kann.[50] Dies muss erst recht gelten, wenn der Gewinn grundsätzlich entnahmefähig ist, er aber aufgrund eines Gesellschafterbeschlusses thesauriert wird. Hier wird jedoch eine Einschränkung gelten müssen für die Bildung von Rücklagen, die kaufmännisch geboten sind, weil es sich hierbei um eine Maßnahme ordnungsgemäßer Verwaltung handelt; diese Rücklagen stellen dann gewöhnliche, zu Lasten des Vorerben gehende Erhaltungskosten gem. § 2124 Abs. 1 BGB dar.[51] Inwiefern eine Rücklagenbildung kaufmännisch geboten ist, muss notfalls durch richterliche Schätzung gem. § 287 Abs. 2 ZPO bestimmt werden.

3. Kapitalgesellschaften

15 Als Nutzungen einer Kapitalgesellschaft stehen dem Vorerben für die Dauer der Vorerbschaft grundsätzlich die auf seine Beteiligung entsprechend den Ergebnisverwendungsbeschlüssen entfallenden **Gewinnanteile oder Dividenden** zu.[52] Dies gilt jedoch nicht, soweit der Gewinn aus der Auflösung von stillen Reserven resultiert, die bereits vor dem Erbfall gebildet worden sind, denn bei den stillen Reserven handelt es sich um Nachlasssubstanz. Die Ausschüttung des darauf entfallenden Gewinns führt somit zu einer Surrogation, weshalb der ausgeschüttete Betrag in den Nachlass fällt.[53] Der Gewinn aus der Auflösung der stillen Reserven, die während der Dauer der Vorerbschaft gebildet werden, stellt grundsätzlich einen Teil des dem Vorerben zustehenden Gewinns dar.[54] **Bezugsrechte** nach § 186 AktG (analog) auf neue Aktien und **Anteilsrechte** zur verhältniswahrenden Partizipation im Rahmen einer Kapitalerhöhung aus Gesellschaftsmitteln sind keine dem Vorerben gebührenden Nutzungen. Diese sind in

---

47 MüKo/*Lieder*, § 2111 Rn 50.

48 Zu den Änderungen aufgrund des MoPeG siehe ausf. MüKo/*Lieder*, § 2111 Rn 59.

49 Siehe dazu noch *Hefermehl*, in: FS Westermann, S. 223, 236; MüKo/*Lieder*, § 2111 Rn 57; Staudinger/*Avenarius*, § 2111 Rn 40; a.A. *Huber*, Vermögensanteil, S. 416.

50 MüKo/*Lieder*, § 2111 Rn 52; a.A. *Hefermehl*, in: FS Westermann, S. 223, 233 ff.

51 MüKo/*Lieder*, § 2111 Rn 60.

52 MüKo/*Lieder*, § 2111 Rn 52; Staudinger/*Avenarius*, § 2111 Rn 38; a.A. *Erle*, ZHR 181 (2017), 816 (824 f.), der davon ausgeht, dass Dividenden als Rechtssurrogat in den Nachlass fallen.

53 MüKo/*Lieder*, § 2111 Rn 53.

54 *Muscheler*, ErbR Rn 2517.

der originären Beteiligung angelegt und fallen in den Nachlass.[55] Folglich ist der Veräußerungserlös ein Mittelsurrogat i.S.d. Abs. 1 S. 1 Var. 3 des Bezugsrechts.[56] Daran ändert sich nichts, wenn der Vorerbe hierfür eigene Mittel aufgewendet hat; ggf. stehen ihm lediglich Ausgleichsansprüche gegen den Nacherben gem. § 2124 Abs. 2 BGB oder § 2125 Abs. 1 BGB zu.[57] Entsprechendes gilt im Rahmen einer effektiven Kapitalbeteiligung. Neue Anteile, die im Rahmen von nominellen Kapitalerhöhungen unentgeltlich ausgegeben werden („Gratisaktien" bzw. „-anteile"), fallen in den Nachlass.[58] Der Vorerbe hat gegen den Nacherben wiederum Ausgleichsansprüche, wenn die Ausgabe der Aktien bzw. Anteile aus Rücklagen erfolgt, die in der Zeit gebildet wurden, in der dem Vorerben die Nutzungen zustehen.[59]

C. Gutglaubensschutz

Der gutgläubige Schuldner einer durch Rechtsgeschäft erworbenen zur Erbschaft ge- 16
hörenden Forderung wird wie in § 2019 Abs. 2 BGB geschützt; zu Einzelheiten siehe dort. Beruht der Erwerb der Forderung nicht auf einem Rechtsgeschäft, können dem Schuldner die §§ 851, 893, 2367 BGB zugutekommen.

§ 2112 Verfügungsrecht des Vorerben

Der Vorerbe kann über die zur Erbschaft gehörenden Gegenstände verfügen, soweit sich nicht aus den Vorschriften der §§ 2113 bis 2115 ein anderes ergibt.

Literatur

Michalski, Die Vor- und Nacherbschaft in einen OHG(KG)- und GmbH-Anteil, DB 1987, Beil. 16; *Petzoldt*, Vorerbschaft- und Nießbrauchsvermächtnis, BB 1975, Beil. 6, 1; *Strobel*, Die trans- und postmortale Vollmacht zugunsten des Vorerben, NJW, 2020, 502; *Weidlich*, Grundstücksverfügungen mittels Vollmachten über den Tod hinaus, ZEV 2016, 56; *Wendt*, Stolpersteine auf dem langen Weg zur Grundbucheintragung via trans- oder postmortaler Vollmacht – zugleich Anmerkung zum Beschluss des Schleswig-Holsteinischen OLG in Schleswig v. 15.7.2014 – 2 W 48/14, ErbR 2016, 86.

Übersicht: Rdn

A. Verfügungsfreiheit

Der Vorerbe ist Inhaber aller zum Nachlass gehörenden Rechte, z.B. Eigentümer der 1
Nachlasssachen. Er kann daher über die Gegenstände des Nachlasses verfügen. Seine

55 AG: vgl. nur Bürgers/Körber/Lieder/*Lieder*, AktG, § 186 Rn 1, 8; Grigoleit/*Rieder/Holzmann*, AktG, § 186 Rn 1; Henssler/Strohn/*Hermanns*, AktG § 186 Rn 1; MüKoAktG/*Schürnbrand/Verse*, AktG § 186 Rn 1 f.; zur GmbH vgl. nur Baumbach/Hueck/*Servatius*, GmbHG, § 55 Rn 20; MüKoGmbHG/*Lieder*, GmbHG, § 55 Rn 70; MüKo/*Lieder*, § 2111 Rn 54.

56 NK-BGB/*Gierl*, § 2111 Rn 49.

57 KG OLGE 44, 96; Staudinger/*Avenarius*, § 2111 Rn 39; MüKo/*Lieder*, § 2111 Rn 55; a.A. noch MüKo/*Grunsky*, 8 Auflage (2017), § 2111 Rn 13, der in diesem Fall von der Entstehung einer Bruchteilsgemeinschaft zwischen Vor- u. Nacherben ausging.

58 MüKo/*Lieder*, § 2111 Rn 56.

59 MüKo/*Lieder*, § 2111 Rn 56 m.w.N.; a.A. noch MüKo/*Grunsky*, 8. Auflage (2017), § 2111 Rn 13.

Verfügungsbefugnis ist zwar nach Maßgabe der §§ 2113 ff. BGB beschränkt, diese Beschränkungen entfalten allerdings **erst im Nacherbfall** (absolute) Wirkung. Bis zu diesem Zeitpunkt sind die Verfügungen des Vorerben in jedem Fall, auch dem Nacherben gegenüber, dinglich wirksam; verstoßen die Verfügungen nicht gegen die §§ 2113 ff. BGB, bleiben sie auch darüber hinaus wirksam. Die der Berufung zum Vorerben innewohnende auflösende Befristung oder Bedingung ergreift die Verfügungen des Vorerben somit grundsätzlich nicht; insofern wird dessen Verfügungsbefugnis durch § 2112 BGB erweitert.[1] Von den Beschränkungen der §§ 2113 ff. BGB kann der Erblasser den Vorerben weitgehend befreien (§ 2136 BGB), er kann die Verfügungsbefugnis des Vorerben aber auch durch Anordnung einer Testamentsvollstreckung (§ 2211 BGB) mit dinglicher Wirkung weiter beschränken. Andere testamentarisch auferlegte Beschränkungen haben nur schuldrechtliche Wirkung.[2] Durch gerichtliche Anordnung gem. § 2129 BGB kann dem Vorerben die Verwaltung des Nachlasses und damit zugleich die Verfügungsbefugnis jedoch entzogen werden.

B. Verfügung

2 Der Begriff der Verfügung in § 2112 BGB ist technisch zu verstehen und meint die **dingliche Übertragung, Belastung, Inhaltsänderung und Aufgabe** der zum Nachlass gehörenden **Sachen und Rechte**.[3] Reine Verwaltungshandlungen und schuldrechtliche Verpflichtungsgeschäfte fallen nicht darunter, diese kann der Vorerbe unbeschränkt vornehmen. Der Nacherbe wird hieraus allerdings nur im Rahmen ordnungsgemäßer Nachlassverwaltung verpflichtet (siehe dazu § 2144 Rdn 2). Durch den **Maßstab ordnungsgemäßer Verwaltung** wird der Vorerbe weder in seiner Verfügungs- noch in seiner Verpflichtungsfreiheit beschränkt; der Vorerbe ist allenfalls gem. §§ 2130, 2131 BGB gegenüber dem Nacherben ersatzpflichtig, wenn er diesem Maßstab nicht entsprechende Handlungen vornimmt. Die **Prozessführung** des Vorerben über einen Nachlassgegenstand ist keine Verfügung, sondern Teil der dem Vorerben obliegenden Nachlassverwaltung.[4] Der Vorerbe kann daher unbeschränkt und ohne Zustimmung des Nacherben in Aktiv- und Passivprozessen Prozesshandlungen vornehmen.[5] (Zur Rechtskraftwirkung der von dem Vorerben geführten Prozesse sowie zur Verfahrensunterbrechung durch Eintritt des Nacherbfalls siehe § 2139 Rdn 7 f.).

3 Unbeschränkt verfügen kann der (Mit-)Vorerbe gem. § 2033 BGB über seinen **Miterbenanteil**. Die Nacherbenrechte werden hierdurch, da die Veräußerung lediglich den gesamthänderisch gebundenen Anteil am Nachlass und nicht einzelne Nachlassgegenstände betrifft, nicht berührt.[6] Gleiches gilt für die Eingehung einer **Gütergemeinschaft** zwischen dem Vorerben und seinem Ehegatten[7] sowie für eine **letztwillige Verfügung** des Vorerben über den Nachlass,[8] Letztere setzt aber voraus, dass der Nacherbfall nicht mit dem Tod des Vorerben, sondern zu einem späteren Zeitpunkt eintritt, andernfalls wird die letztwillige Verfügung hinsichtlich des der Nacherbfolge unterliegenden Vermögens mit dem Nacherbfall gegenstandslos.[9] Hat der Erblasser die Nacherbfolge unter die Bedingung gestellt, dass der Vorerbe nicht anderweitig

---

1 Staudinger/*Avenarius*, § 2112 Rn 1.
2 BGH LM Nr. 2 zu § 2100.
3 Statt vieler Grüneberg/*Weidlich*, § 2112 Rn 1.
4 Vgl. nur Staudinger/*Avenarius*, § 2112 Rn 24.
5 RG JW 1918, 434; BFH NJW 1970, 79 f.
6 BayObLG DNotZ 1983, 320, 325.
7 BayObLG FamRZ 1989, 899.
8 Staudinger/*Avenarius*, § 2112 Rn 11.
9 OLG Hamm FamRZ 1986, 612 f.; Staudinger/*Avenarius*, § 2112 Rn 12.

verfügt (vgl. § 2100 Rdn 10), wird der Vorerbe mit Errichtung einer abweichenden Verfügung Vollerbe, muss indessen bis zum Eintritt des Nacherbfalls weiter als Vorerbe angesehen werden, weil nur mit diesem Ereignis definitiv feststeht, dass er unabänderlich abweichend testiert hat. Verkauft der Vorerbe die gesamte Vorerbschaft (§§ 2371 ff. BGB), unterliegen die erforderlichen speziellen Erfüllungsgeschäfte jedoch den Beschränkungen der §§ 2113 ff. BGB.[10] Der (Mit-)Vorerbe kann ohne Zustimmung des Nacherben gem. § 2042 BGB die **Auseinandersetzung** der Erbengemeinschaft betreiben; für die zur Durchführung der Auseinandersetzung erforderlichen Verfügungen gelten hierbei zwar die §§ 2113 ff. BGB, der Nacherbe ist aber grundsätzlich zur Zustimmung verpflichtet.[11] Befindet sich im Nachlass eine dem Erblasser angefallene Erbschaft, kann der Vorerbe mit Wirkung für den Nacherben die **Ausschlagung** erklären (§ 1952 BGB), auch wenn hierzu Grundstücke gehören. Dem Nacherben ist er insoweit lediglich nach § 2130 BGB verantwortlich.

C. Handelsgeschäft

4 Gehört zum Nachlass ein Handelsgeschäft, entscheidet der Vorerbe allein über die **Fortführung oder die Einstellung** gem. §§ 22, 25, 27 HGB.[12] Führt der Vorerbe das Handelsgeschäft fort, hat er sich im Handelsregister eintragen zu lassen.[13] Der Nacherbe ist nicht einzutragen; die Eintragung eines Nacherbenvermerks im Handelsregister ist weder vorgesehen noch zulässig.[14] Der Nacherbe haftet, wenn er das Unternehmen seinerseits fortführt, für die vom Vorerben begründeten Geschäftsverbindlichkeiten nach den §§ 25, 27 HGB.[15] Für diese **handelsrechtliche Haftung** kommt es nicht darauf an, ob die Eingehung der Verbindlichkeiten im Rahmen ordnungsgemäßer Verwaltung des Nachlasses lag.[16]

D. Gesellschaftsanteile

5 Wenn die Beteiligung an einer Personengesellschaft zum Nachlass gehört, können Vor- als auch Nacherbe in die Gesellschafterstellung nur einrücken, wenn der Gesellschaftsvertrag die entsprechenden Voraussetzungen schafft. Der Vorerbe kann, sofern er persönlich haftender Gesellschafter geworden ist, verlangen, dass ihm die Stellung als Kommanditist eingeräumt wird (§ 131 Abs. 1 HGb). Hat er die Kommanditistenstellung gewählt, ist der Nacherbe – vorbehaltlich gesellschaftsvertraglicher Regelungen – grundsätzlich hieran gebunden.[17] Auch ein **Eintrittsrecht** in die Gesellschaft kann der Vorerbe allein ausüben.[18]

6 Für **zum Gesellschaftsvermögen gehörende Gegenstände** finden die §§ 2113 ff. BGB keine Anwendung, denn Gegenstand der Nacherbfolge ist nur der Gesellschaftsanteil. Insbesondere unterfallen Verfügungen, die von der Gesellschaft über Grundstücke getroffen werden, nicht § 2113 Abs. 1 BGB.[19] Andernfalls wären nämlich auch die übrigen, nicht nacherbschaftsbelasteten Gesellschafter auf eine Zustimmung des Nacherben angewiesen.[20] Eine derartige „Blockierung“ lässt sich aber durch § 2113 Abs. 1

---

10 Staudinger/*Avenarius*, § 2112 Rn 10.
11 Grüneberg/*Weidlich*, § 2112 Rn 2 m.w.N.
12 MüKo/*Lieder*, § 2112 Rn 10; Staudinger/*Avenarius*, § 2112 Rn 22.
13 MüKo/*Lieder*, § 2112 Rn 10; Staudinger/*Avenarius*, § 2112 Rn 22.
14 OLG München JFG 22, 89; Staudinger/*Avenarius*, § 2112 Rn 22.
15 BGHZ 32, 60 = NJW 1960, 959.
16 BGH 32, 60 = NJW 1960, 959.
17 BGHZ 69, 47, 52 = NJW 1977, 1540.
18 MüKo/*Lieder*, § 2112 Rn 15.
19 BGH NJW 1976, 893.
20 BGH NJW 1976, 893.

BGB nicht rechtfertigen.[21] Auch Verfügungen über den Gesellschaftsanteil werden nicht von § 2113 Abs. 1 BGB erfasst, selbst wenn Grundstücke oder Grundstücksrechte den Hauptbestandteil des Vermögens ausmachen.[22] Das Verbot unentgeltlicher Verfügungen gem. § 2113 Abs. 2 BGB gilt jedoch für Verfügungen über den Anteil uneingeschränkt (näher dazu siehe § 2113 Rdn 16). Die genannten Grundsätze gelten gleichermaßen, wenn **Kapitalgesellschaftsanteile** zum Nachlass gehören.

E. Testamentsvollstrecker

7 Vgl. zunächst § 2100 Rdn 16 ff. Die Einsetzung eines Testamentsvollstreckers für die Vorerbschaft schließt gem. § 2211 Abs. 1 BGB das **Verwaltungs-** und **Verfügungsrecht** des Vorerben aus, und zwar auch bei befreiter Vorerbschaft.[23] Bei einer Dauertestamentsvollstreckung über die Vorerbschaft ist umstritten, ob die Verwaltungs- und Verfügungsbefugnis des Testamentsvollstreckers durch § 2113 BGB eingeschränkt ist.[24] Die Beschränkungen entfallen jedoch, wenn der Testamentsvollstrecker weder Nacherbe ist noch dessen Rechte mitverwaltet.[25]

F. Vollmacht

8 Nach tradierter Auffassung berechtigt eine vom Erblasser einem Dritten über den Tod hinaus erteilte Vollmacht während der Vorerbschaft nur zur Vertretung des Vorerben.[26] Richtig ist es zulässig, dass der Erblasser den Bevollmächtigten ermächtigen kann, trans- oder postmortal auch den Nacherben zu vertreten.[27] Ob dies dem Willen des Erblassers entspricht, ist durch Auslegung der Vollmachtserklärung zu bestimmen. Inhalt und Umfang der erteilten Vollmacht sollten möglichst klar festgeschrieben werden.[28]

9 Der Vorerbe kann die Vollmacht widerrufen.[29] Ob der Nacherbe die auf seine Person bezogene Vollmacht ebenfalls frei widerrufen kann, wird unterschiedlich beurteilt. Nach einer Meinung geht das der Vollmacht zugrunde liegende Rechtsverhältnis nach § 1922 Abs. 1 BGB – vorbehaltlich anderweitiger Anordnung – auch auf ihn über.[30] Unterbleibt der Widerruf, ist der Bevollmächtigte ab dem Nacherbfall – nicht bereits

---

21 Siehe dazu ausf. MüKo/*Lieder*, § 2113 Rn 6.

22 MüKo/*Lieder*, § 2112 Rn 16 und § 2113 Rn 43 ff.

23 BayObLG NJW 1959, 1920; Staudinger/*Dutta*, § 2205 Rn 226.

24 Zu Möglichkeiten einer Testamentsvollstreckung im Bereich der Vor- und Nacherbschaft siehe Bengel/Reimann/Holtz/*Röhl*, HdB-TV, § 5 Rn 331 ff., § 5 Rn 90 und *Klinger*, Die latente Testamentsvollstreckung, S. 164 ff.; **bejahend** RG JW 1938, 1454; KG OLGE 34, 298; OLG Neustadt NJW 1956, 1881; OLG München ZEV 2016, 325 m. Anm. *Reimann*; Staudinger/*Avenarius*, § 2113 Rn 7; Staudinger/*Dutta*, § 2205 Rn 226; MüKo/*Zimmermann*, § 2222 Rn 9; Grüneberg/*Weidlich*, § 2205 Rn 24; *Klinger*, Die latente Testamentsvollstreckung, S. 164 f.; **verneinend** KG MittBayNot 2022, 471, 473; BeckOGK/*Grotheer*, § 2197 Rn 99.

25 BGHZ 40, 115, 119 = NJW 1963, 2320; s.a. MüKo/*Zimmermann*, § 2222 Rn 9; Staudinger/*Dutta*, § 2205 Rn 227 ff.

26 *Heldrich*, JherJb 79, 328; RGRK/*Johannsen*, § 2112 Rn 7; Staudinger/*Avenarius*, § 2112 Rn 34; *Bestelmeyer*, Rpfleger 2019, 679, 694.

27 KG OLGE 18, 338; KGJ 36 A 166; 45 A 157; OLG Stuttgart ZEV 2019, 530; BeckOGK/*Grotheer*, § 2197 Rn 155 ff.; Soergel/*Wegmann*, § 2112 Rn 11; Grüneberg/*Weidlich*, § 2112 Rn 4; *Weidlich*, ZEV 2016, 57, 64; Staudinger/*Schilken*, § 168 Rn 32; *Keim*, ZEV 2020, 1, 3; *Mensch*, ZNotP 2020, 112, 115 f.; *Muscheler*, ZEV 2019, 532 f.; *Spernath*, MittBayNot 2021, 425, 433 ff.; *Strobel*, NJW 2020, 502 ff.; *Suttmann*, MittBayNot 2021, 250, 251 f.; *Werner*, ZErb 2020, 353, 355.

28 *Spernath*, MittBayNot 2021, 425, 435 mit Formulierungsbeispiel.

29 Soergel/*Harder-Wegmann*, § 2112 Rn 10.

30 So auch *Muscheler*, ZEV 2019, 532, 533; *Spernath*, MittBayNot 2021, 425, 433 f.; abw. OLG Stuttgart ZEV 2019, 530: isolierte Vollmacht; abl. auch von *Schwander*, RNotZ 2019, 57, 68.

zuvor[31] – auch zur Vertretung des Nacherben berechtigt.[32] Die dem Vorerben selbst erteilte Vollmacht wird mit Eintritt des Erbfalls gegenstandslos.

§ 2113 Verfügungen über Grundstücke, Schiffe und Schiffsbauwerke; Schenkungen

(1) Die Verfügung des Vorerben über ein zur Erbschaft gehörendes Grundstück oder Recht an einem Grundstück oder über ein zur Erbschaft gehörendes eingetragenes Schiff oder Schiffsbauwerk ist im Falle des Eintritts der Nacherbfolge insoweit unwirksam, als sie das Recht des Nacherben vereiteln oder beeinträchtigen würde.
(2) [1]Das Gleiche gilt von der Verfügung über einen Erbschaftsgegenstand, die unentgeltlich oder zum Zwecke der Erfüllung eines von dem Vorerben erteilten Schenkungsversprechens erfolgt. [2]Ausgenommen sind Schenkungen, durch die einer sittlichen Pflicht oder einer auf den Anstand zu nehmenden Rücksicht entsprochen wird.
(3) Die Vorschriften zugunsten derjenigen, welche Rechte von einem Nichtberechtigten herleiten, finden entsprechende Anwendung.

Literatur
Harder, Unentgeltliche Verfügungen und ordnungsmäßige Nachlaßverwaltung des Vorerben, DNotZ 1994, 822; *Heider*, Die Befugnis des Vorerben zu unentgeltlichen Verfügungen über Nachlaßgegenstände, ZEV 1995, 1; *Michalski*, Die Vor- und Nacherbschaft in einen OHG(KG)- und GmbH-Anteil, DB 1987, Beil. 16; *Schmidt*, Nacherbenschutz bei Vorerbschaft an Gesamthandsanteilen, FamRZ 1976, 683; *Spellenberg*, Schenkungen und unentgeltliche Verfügungen zum Nachteil des Erben oder Pflichtteilsberechtigten, FamRZ 1974, 350; *v. Lübtow*, Erbrecht, 1972.

Übersicht: Rdn

31 Str., vgl. RGRK/*Johannsen*, § 2112 Rn 7.
32 MüKo/*Lieder*, § 2112 Rn 19.

A. Normzweck

1 § 2113 BGB enthält für einige als für den Nacherben regelmäßig gefährlich angesehene Verfügungen **Ausnahmen** von dem in § 2112 BGB statuierten Grundsatz der Verfügungsfreiheit des Vorerben. Diese Ausnahmen sind **abschließend formuliert**; eine ausdehnende Anwendung der Vorschrift auf andere, das Nacherbenrecht in wirtschaftlich gleicher Weise oder gar stärker beeinträchtigende Verfügungen kommt nicht in Betracht.[1] Bei einer Dauertestamentsvollstreckung über die Vorerbschaft ist umstritten, ob die Verwaltungs- und Verfügungsbefugnis des Testamentsvollstreckers durch § 2113 BGB eingeschränkt ist.[2] Die Beschränkungen entfallen jedoch, wenn der Testamentsvollstrecker weder Nacherbe ist noch dessen Rechte mitverwaltet.[3]

B. Verfügungen über Grundstücksrechte

I. Begriff und Anwendungsbereich

2 Gem. Abs. 1 kann der Vorerbe nicht wirksam über nachlasszugehörige Grundstücke und Grundstücksrechte verfügen, soweit er damit das Nacherbenrecht beeinträchtigt. Zu den Grundstücksrechten zählen alle in das Grundbuch einzutragenden dinglichen Rechte, insbesondere Hypotheken, Grund- und Rentenschulden. Den Grundstücken stehen Erbbaurechte (§ 11 ErbbauRG) und das Sondereigentum gem. § 1 WEG gleich. Ferner gelten die Verfügungsbeschränkungen seit dem 1.1.1941 für eingetragene Schiffe, Schiffsbauwerke und – obwohl die Vorschrift diese nicht ausdrücklich nennt, wie sich aber aus § 2114 S. 3 BGB ergibt – Schiffshypotheken.[4] Keine Rolle spielt es, ob die genannten Gegenstände und Rechte bereits im Erbfall zum Nachlass gehörten oder erst später hinzugekommen sind; die Verfügungsbeschränkungen erstrecken sich ohne weiteres auch auf **Surrogate.**[5] Umgekehrt setzt sich eine für den ursprünglichen Gegenstand bestehende Verfügungsbeschränkung nicht am Surrogat fort; der Vorerbe kann somit über den Kaufpreis für ein Nachlassgrundstück frei verfügen, auch wenn er für die Verfügung über das Grundstück auf die Zustimmung des Nacherben angewiesen war.[6]

3 Der Begriff der Verfügung ist rechtstechnisch (§ 185 BGB) zu verstehen, bedeutet also jede **dingliche** Übertragung, Belastung, Inhaltsänderung und Aufgabe des Rechts.[7] Die zugrunde liegenden Verpflichtungsgeschäfte werden nicht von § 2113 Abs. 1 BGB

---

1 Staudinger/*Avenarius*, § 2113 Rn 2; MüKo/*Lieder*, § 2113 Rn 2; NK-BGB/*Gierl*, § 2113 Rn 1; Soergel/*Wegmann*, § 2113 Rn 1.

2 Zu Möglichkeiten einer Testamentsvollstreckung im Bereich der Vor- und Nacherbschaft s. Bengel/Reimann/Holtz/*Röhl*, HdB-TV, § 5 Rn 331 ff., § 5 Rn 90; **bejahend** RG JW 1938, 1454; KG OLGE 34, 298; OLG Neustadt NJW 1956, 1881; OLG München ZEV 2016, 325 m.Anm. *Reimann*; Staudinger/*Avenarius*, § 2113 Rn 7; Staudinger/*Dutta*, § 2205 Rn 226; MüKo/*Zimmermann*, § 2222 Rn 9; Grüneberg/*Weidlich*, § 2205 Rn 24; **verneinend** KG MittBayNot 2022, 471, 473; BeckOGK/*Grotheer*, § 2197 Rn 99.

3 BGHZ 40, 115, 119 = NJW 1963, 2320; s.a. MüKo/*Zimmermann*, § 2222 Rn 9; Staudinger/*Dutta*, § 2205 Rn 227 ff.

4 Staudinger/*Avenarius*, § 2113 Rn 49.

5 MüKo/*Lieder*, § 2113 Rn 4.

6 MüKo/*Lieder*, § 2111 Rn 4.

7 Vgl. Soergel/*Wegmann*, § 2113 Rn 2.

erfasst, sind also ohne Zustimmung des Nacherben wirksam.[8] Zu den Verfügungen zählen insbesondere die Eigentumsübertragung durch Auflassung und die Belastung eines Grundstücks, ferner die **Bewilligung** einer **Vormerkung,**[9] die Bestellung eines Erbbaurechtes,[10] der Rangrücktritt[11] oder die Erklärung des Berechtigten gem. § 915 Abs. 1 BGB.[12] Entsprechende Anwendung findet Abs. 1 auf die Übernahme einer öffentlich-rechtlichen Baulast durch den Vorerben.[13] Nicht anwendbar ist Abs. 1 auf die **Teilungsversteigerung** eines Nachlassgrundstücks nach §§ 180 ff. ZVG, denn die Grundstücksübertragung beruht hier nicht auf einer Verfügung des Vorerben.[14] Nicht zu den Verfügungen rechnet, da rein schuldrechtlich, die langfristige Verleihung eines Nachlassgrundstücks.[15]

II. Grundstücke im Gesellschaftsvermögen

1. Verfügung über Grundstück im gesellschaftsbezogenen Vermögen

Kein Fall des Abs. 1 liegt vor, wenn zum Nachlass Gesellschaftsanteile an BGB-Gesellschaft, OHG oder KG gehören und die Gesellschaft über **zum Gesellschaftsvermögen**[16] **gehörende Grundstücke** verfügt.[17] Gegenstand der Nacherbfolge ist in diesem Fall nur der Anteil an der Gesellschaft und nicht das zum Gesamthandsvermögen gehörende Grundstück; an den einzelnen Gegenständen des Gesellschaftsvermögens haben die Gesellschafter keine unmittelbaren Rechte.[18] Abs. 1 ist daher nicht unmittelbar anwendbar. Eine analoge Anwendung scheidet ebenfalls aus, weil andernfalls auch die übrigen, nicht nacherbschaftsbelasteten Gesellschafter auf eine Zustimmung des Nacherben angewiesen wären.[19] Für eine Beschneidung der Rechte der übrigen Gesellschafter bietet § 2113 BGB aber keine Rechtfertigung.[20] Dies gilt selbst dann, wenn der Vorerbe neben dem Erblasser einziger Mitgesellschafter war, denn er braucht seinen eigenen Anteil nicht de facto dem Willen des Nacherben zu unterwerfen,[21] weshalb im Grundbuch auch kein Nacherbenvermerk aufzunehmen ist.[22] Bei einer Gütergemeinschaft kann der überlebende Ehegatte als Vorerbe des verstorbenen Gatten mithin ohne die Beschränkung des § 2113 BGB über ein Grund- 4

8 BGHZ 52, 269 = NJW 1969, 2043.

9 Staudinger/*Avenarius*, § 2113 Rn 51; a.A. Erman/*Schmidt*, § 2113 Rn 9.

10 BGHZ 52, 269 = NJW 1969, 2043.

11 LG Frankenthal MDR 1976, 666.

12 KG MDR 1974, 583.

13 VGH Mannheim NJW 1990, 268.

14 BayObLG MDR 1965, 749; OLG Celle NJW 1968, 801, 802; OLG Hamm NJW 1969, 516.

15 BGH ZEV 2016, 267 m. krit. Anm. *Kuhn*, ZEV 2016, 609; *Küpper*, ZEV 2017, 60; *Ruby/Schindler*, ZEV 2016, 378, 379.

16 Das Gesamthandsprinzip im Personengesellschaftsrecht ist zum 1.1.2024 aufgehoben, Gesetz zur Modernisierung des Personengesellschaftsrechts (Personengesellschaftsrechtsmodernisierungsgesetz – MoPeG) v. 10.8.2021, BGBl 2021 I 3436; dazu *Lieder/Hilser*, NotBZ 2021, 401 ff.

17 BGH NJW 1976, 893, 894; BGHZ 171, 351 Rn 7; BGH NJW 2018, 3650 Rn 23; OLG München ZEV 2012, 669, 670; OLG Stuttgart NJW-RR 2007, 454; iErg ebenso Soergel/*Wegmann*, § 2113 Rn 3; FachAnwK-ErbR/*Kummer*, § 2113 Rn 7; Erman/*Schmidt*, § 2113 Rn 10; NK-BGB/*Gierl*, § 2113 Rn 8; Grüneberg/*Weidlich*, § 2113 Rn 3; *Muscheler*, ErbR Rn 2496.

18 Zu den Sonderfällen Güter- und Erbengemeinschaft vgl. MüKo/*Lieder*, § 2113 Rn 8 f.

19 BGH NJW 1976, 893.

20 MüKo/*Lieder*, § 2113 Rn 6; Soergel/*Wegmann*, § 2113 Rn 4.

21 MüKo/*Lieder*, § 2113 Rn 6.

22 OLG Köln NJW-RR 1987, 267; BayObLG ZEV 1996, 64; OLG München ZEV 2016, 393 Rn 33.

stück verfügen, das zum Gesamtgut gehörte.[23] Gleiches gilt, wenn einer von zwei Miterben durch den anderen zum Vorerben eingesetzt wird, für die Verfügung des Überlebenden über ein Nachlassgrundstück.[24]

2. Verfügung über Gesellschaftsanteil

5 Verfügungen über Anteile an Personen- oder Kapitalgesellschaften fallen nicht in den Anwendungsbereich des § 2113, weil Gesellschaftsanteile von Abs. 1 gar nicht erfasst werden und der zum Gesellschaftsvermögen gehörende Grundbesitz nicht unmittelbar zum Nachlass gehört. Das gilt selbst dann, wenn das Gesellschaftsvermögen ausschließlich oder überwiegend aus Grundstücken besteht.[25] Zwar lässt sich mit einer Übertragung der Gesellschaftsanteile mittelbar das gleiche Ergebnis erzielen wie mit einer Übertragung des Grundstücks selbst, Abs. 1 ist jedoch als Ausnahmevorschrift eng anhand des Wortlautes auszulegen (vgl. Rdn 1), so dass es nur auf die rechtliche Gestalt der Verfügung und nicht auf deren wirtschaftliche Auswirkungen ankommt.[26]

III. Beeinträchtigung des Nacherbenrechts

1. Allgemeines

6 Ob eine Verfügung gem. Abs. 1 das Nacherbenrecht **beeinträchtigt**, ist allein nach rechtlichen und nicht nach wirtschaftlichen Gesichtspunkten zu bestimmen.[27] Dem Nacherben sollen die Nachlassgegenstände in ihrer konkreten Gestalt und nicht lediglich in ihrem Wert erhalten bleiben. Grundsätzlich ist daher jede Grundstücksverfügung geeignet, das Nacherbenrecht zu beeinträchtigen, unabhängig davon, ob für die Grundstücksverfügung ein angemessener Gegenwert in den Nachlass gelangt oder nicht.[28] Selbst wenn sich die Verfügung als gutes Geschäft erweist, ist sie unwirksam.[29]

2. Erfüllung von Nachlassverbindlichkeiten

7 Eine Beeinträchtigung liegt nicht vor, wenn der Vorerbe in Erfüllung einer vom Erblasser bereits eingegangenen **Nachlassverbindlichkeit** verfügt, ein **Vermächtnis** erfüllt oder eine **Teilungsanordnung** befolgt;[30] der Vorerbe kann daher z.B. aufgrund einer vom Erblasser bewilligten Löschungsvormerkung (§ 1179 BGB) die Löschung bewilligen.[31] Die Gegenmeinung hält hingegen auch die zur Erfüllung von Nachlassverbindlichkeiten vorgenommenen Verfügungen für unwirksam, nimmt jedoch eine Zustimmungspflicht des Nacherben gem. § 2120 BGB an.[32] Dies überzeugt nicht. Aus dem Gesetz ist nicht zu ersehen, dass die Erfüllung der vom Erblasser herrührenden Ver-

---

23 BGH NJW 1976, 893 = LM Nr. 14 zu § 2113 entgegen BGH NJW 1970, 943; die Entscheidung betrifft zwar unentgeltliche Verfügungen des befreiten Vorerben, gilt jedoch gleichermaßen für Verfügungen gem. § 2113 Abs. 1 BGB.

24 BGH NJW 1978, 698 = LM Nr. 17 zu § 2113.

25 MüKo/*Lieder*, § 2113 Rn 5 f.; Staudinger/*Avenarius*, § 2113 Rn 47; a.A. OLG Düsseldorf JMBl NRW 1960, 101.

26 Vgl. *Schmidt*, FamRZ 1976, 683, 687.

27 Soergel/*Wegmann*, § 2113 Rn 9 m.w.N.

28 Soergel/*Wegmann*, § 2113 Rn 9.

29 MüKo/*Lieder*, § 2113 Rn 23.

30 KG JFG 22, 98; OLG Hamm NJW-RR 1995, 1289; BayObLG NJW-RR 2001, 1665; OLG Düsseldorf DNotZ 2003, 637; OLG Hamburg BeckRS 2019, 39356 Rn 34; Staudinger/*Avenarius*, § 2113 Rn 53; Soergel/*Wegmann*, § 2113 Rn 22; FachAnwK-ErbR/*Kummer*, § 2113 Rn 13; Grüneberg/*Weidlich*, § 2113 Rn 5; NK-BGB/*Gierl*, § 2113 Rn 24; *Muscheler*, ErbR Rn 2497; *Beck*, DNotZ 1961, 573; *Ludwig*, Vor- und Nacherbschaft im Grundstücksrecht, 1996, 94 f.

31 OLG Saarbrücken DNotZ 1950, 66.

32 *Lange/Kuchinke*, § 28 Fn 82; *Brox/Walker*, § 25 Rn 20; *Ebenroth*, Rn 564; BeckOK BGB/*Litzenburger*, § 2113 Rn 28.

bindlichkeiten von der Zustimmung des Nacherben abhängen soll.[33] Vielmehr sollte der Vorerbe bei der Abwicklung dieser Verbindlichkeiten nach der Intention des historischen Gesetzgebers möglichst frei gestellt werden.[34] In Bezug auf die Erfüllung von Teilungsanordnungen oder Vermächtnissen kann dieses Ergebnis zwar auch aus einer stillschweigenden Befreiung des Vorerben von der Beschränkung des Abs. 1 gewonnen werden,[35] die dogmatisch richtigere Lösung ist jedoch, dass in diesen Fällen bereits der Tatbestand des Abs. 1 nicht erfüllt ist. Voraussetzung hierfür ist allerdings, dass der Vorerbe die Verbindlichkeiten in der vom Erblasser angeordneten Weise erfüllt; eine von einer Befreiungsanordnung abweichende Verfügung beeinträchtigt demnach das Nacherbenrecht i.S.v. Abs. 1, selbst wenn die Miterben nur weitere Übertragungen vermeiden wollen.[36] Gleiches gilt, wenn die Verbindlichkeit noch nicht fällig ist.[37]

3. Zustimmung des Nacherben

Eine Verfügung des Vorerben ist auch wirksam, wenn ihr der Nacherbe zustimmt,[38] 8
d.h. in die Verfügung **einwilligt** (§ 183 BGB) oder sie **genehmigt** (§ 184 Abs. 1 BGB). § 185 Abs. 2 BGB ist entsprechend anwendbar; eine unmittelbare Anwendung scheidet aus, weil nur der Vorerbe als Berechtigter verfügt.[39] Die Verfügung wird durch die Genehmigung nicht rückwirkend, sondern nur **für die Zukunft** wirksam.[40] Sind mehrere Nacherben vorhanden, müssen alle zustimmen.[41] Erforderlich ist auch die Zustimmung des bedingt eingesetzten Nacherben[42] sowie des weiteren Nacherben,[43] nicht aber die des Ersatznacherben.[44] Der Nacherbe ist unter den Voraussetzungen des § 2120 BGB zur Erteilung der Zustimmung verpflichtet. Die Zustimmung zu einem Vertragsschluss oder einem Rechtsgeschäft, das einem Dritten gegenüber vorzunehmen ist, kann gem. § 182 Abs. 1 BGB auch dem Dritten gegenüber erklärt werden.[45] Ist für den Nacherben ein Testamentsvollstrecker gem. § 2222 BGB eingesetzt, hat dieser die Zustimmung zu erteilen.

4. Minderjährige und unbekannte Nacherben

Bei minderjährigen Nacherben ist die Zustimmung vom **gesetzlichen Vertreter**, i.d.R. 9
also von den Eltern, zu erteilen (§§ 104, 106, 107, 1626, 1629 BGB). Die Zustimmung bedarf darüber hinaus, soweit sie ein Nachlassgrundstück oder ein Grundstücksrecht

---

33 Staudinger/*Avenarius*, § 2113 Rn 53.
34 Soergel/*Wegmann*, § 2113 Rn 14; Staudinger/*Avenarius*, § 2113 Rn 53.
35 Staudinger/*Avenarius*, § 2113 Rn 53.
36 OLG Hamm FamRZ 1995, 1961, 1962.
37 BayObLG NJW 1974, 2323.
38 BGHZ 40, 115 = NJW 1963, 2320; OLG München NJW-RR 2014, 8; der Zustimmung von Ersatznacherben bedarf es nicht, OLG München NJW-RR 2018, 71; zusammenfassend Grüneberg/*Weidlich*, § 2113 Rn 6.
39 Soergel/*Wegmann*, § 2113 Rn 10.
40 Soergel/*Wegmann*, § 2113 Rn 10.
41 OLG Zweibrücken ZEV 2011, 321; Soergel/*Wegmann*, § 2113 Rn 17; MüKo/*Lieder*, § 2113 Rn 32; *Heider*, ZEV 1995, 1, 3 f.; *Weber*, DNotZ 2020, 439, 441; *Hartmann*, DNotZ 2019, 27, 28; a.A. *Dumoulin*, DNotZ 2003, 571, 578 ff.; a.A. Staudinger/*Avenarius*, § 2113 Rn 17: Zustimmung der Mehrheit reicht.
42 OLG Hamm DNotZ 1970, 360.
43 Soergel/*Wegmann*, § 2113 Rn 10.
44 BGHZ 40, 115 = NJW 1963, 2320. Sie sind aber „formlos anzuhören“, OLG München ZEV 2012, 674, bevor der Nacherbenvermerk gelöscht werden kann.
45 BayObLGZ 13, 22, 25 f.; OLG Hamm NJW 1965, 1489.

betrifft, nach § 1850 Nr. 1 BGB der gerichtlichen Genehmigung.[46] Ist der gesetzliche Vertreter selbst Vorerbe, so kann er gem. § 181 BGB die Zustimmung nicht sich selbst gegenüber erklären,[47] wohl aber gegenüber dem durch die Verfügung Begünstigten gegenüber erteilen.[48] Besteht die Gefahr von missbräuchlicher Ausübung der Vertretungsmacht kann diese nach § 1796 BGB entzogen und daraufhin ein Ergänzungspfleger bestellt werden.[49] Nach § 1882 S. 2 BGB ist auch für den noch **nicht Gezeugten oder unbekannten Nacherben** ein Pfleger zu bestellen.[50]

5. Löschung von Grundstücksrechten

10 Der Nacherbenvermerk bewirkt grundsätzlich keine Grundbuchsperre (vgl. § 2100 Rdn 30). Ebenso grundsätzlich bedarf die Löschung von Grundstücksbelastungen der Zustimmung des Nacherben; dies gilt jedoch nicht, wenn weitere Grundstücksbelastungen nicht bestehen oder die zu löschende Hypothek als rangletzte eingetragen ist,[51] da es sich in diesem Fall nur um formale Rechtsänderungen handelt, die mit keiner Beeinträchtigung des Nacherbenrechtes verbunden sind. Gleiches gilt bei der Löschung einer durch Eigenmittel des Vorerben abgelösten Hypothek, da die dann entstehende Eigentümergrundschuld nicht in den Nachlass, sondern in das freie, nicht nacherbschaftsgebundene Vermögen des Vorerben fällt.[52]

IV. Rechtsfolgen

11 Die Abs. 1 unterfallenden Verfügungen sind „im Falle des Eintritts der Nacherbfolge unwirksam". In Bezug auf die Rechtsfolgen ist daher zwischen der Zeit **vor und nach** dem **Nacherbfall** zu **unterscheiden.** Bis zum Eintritt des Nacherbfalls ist die Verfügung wirksam. Der Vorerbe kann daher z.B. wirksam einen auf die Dauer der Vorerbschaft beschränkten Nießbrauch am Nachlass bestellen.[53] Erst mit Eintritt des Nacherbfalls wird die Verfügung unwirksam. Unwirksamkeit bedeutet nicht Nichtigkeit; die Verfügung kann deshalb durch Genehmigung des Nacherben wirksam werden. Die Unwirksamkeit ist mithin keine relative, sondern – wie bei § 161 Abs. 1 u. 2 BGB – eine **absolute.**[54] Sie tritt von selbst ein, wirkt gegenüber jedermann und kann von jedermann geltend gemacht werden.[55]

C. Unentgeltliche Verfügungen

I. Begriff und Anwendungsbereich

1. Normzweck

12 Verfügungen, für die keine oder keine angemessene Gegenleistung in den Nachlass gelangt, berühren das Recht des Nacherben, dem die Erbschaft möglichst ungeschmälert erhalten werden soll, naturgemäß in besonderer Weise.[56] Unentgeltliche Verfügungen (zum Begriff der Verfügung siehe Rdn 3) und Verfügungen zur Erfüllung eines von dem Vorerben erteilten Schenkungsversprechens sind daher gem. Abs. 2 unwirksam, sofern sie das Nacherbenrecht beeinträchtigen und es sich nicht lediglich um

---

46 BayObLG NJW 1960, 965; Grüneberg/*Weidlich*, § 2113 Rn 6.
47 BGH NJW 1960, 959, 960; MüKo/*Lieder*, § 2113 Rn 29 m.w.N.
48 RGZ 145, 316; BGHZ 40, 115 = NJW 1963, 2320; BGHZ 94, 132, 136 f. = NJW 1985, 2409, 2410; Soergel/*Wegmann*, § 2113 Rn 19; *Hartmann*, DNotZ 2016, 899, 909.
49 BGH NJW-RR 2008, 963 Rn 13 ff.
50 MüKo/*Lieder*, § 2113 Rn 30.
51 OLG Hamm FamRZ 2013, 581; LG Hildesheim MDR 1961, 692.
52 Vgl. nur Soergel/*Wegmann*, § 2113 Rn 13.
53 MüKo/*Lieder*, § 2113 Rn 17.
54 Vgl. Soergel/*Wegmann*, § 2113 Rn 16.
55 BGHZ 52, 269 = NJW 1969, 2043.
56 BGHZ 7, 274 = NJW 1953, 219.

Pflicht- oder Anstandsschenkungen handelt. Von dieser Beschränkung kann nicht befreit werden (§ 2136 BGB). Mittelbar lässt sich eine Befreiung allerdings durch ein bedingtes Vorausvermächtnis oder ein Genehmigungsvermächtnis erzielen (siehe dazu § 2136 Rdn 7). Unerheblich ist, über welchen Gegenstand verfügt wird; Abs. 2 erfasst sämtliche Nachlassgegenstände, gleich ob unbeweglich oder beweglich, Sache oder Recht.

2. Begriff

Unentgeltlich ist eine Verfügung nach stetiger Rspr.[57] dann, wenn ihr **objektiv** kein vollwertiges Entgelt gegenübersteht und **subjektiv** der Vorerbe dies entweder erkannt hat oder es bei ordnungsgemäßer Verwaltung des Nachlasses unter Berücksichtigung seiner Pflicht, den Nachlass an den Nacherben herauszugeben (§ 2130 BGB), hätte erkennen müssen.[58] Die subjektiven Voraussetzungen sind somit objektiviert; es kommt nicht auf die persönlichen Erkenntnisfähigkeiten des Vorerben an.[59] Allein das Fehlen eines Entgelts führt noch nicht zur Unentgeltlichkeit i.S.d. Abs. 2, wenn die Verfügung ansonsten ordnungsgemäßer Verwaltung entspricht. So ist der Verzicht auf eine wertlose Forderung oder einen unverkäuflichen Gegenstand, der nur Kosten verursacht, dem Nacherben gegenüber wirksam.[60] 13

3. Leistung in den Nachlass

Entgeltlich ist eine Verfügung nicht schon dann, wenn der Verfügungsgegner für den aus dem Nachlass weggegebenen Gegenstand ein Entgelt entrichtet, sondern grundsätzlich erst, wenn dieses **in den Nachlass** und nicht in eine andere Vermögensmasse fließt.[61] Das Erhaltungsinteresse des Nacherben ist nur gewahrt, wenn in den Nachlass ein angemessenes Äquivalent für den durch die Weggabe des Gegenstandes entstandenen Vermögensnachteil gelangt. Die subjektiven Vorstellungen des Vorerben sind insoweit ohne Belang; die Verfügung des Vorerben wird nicht dadurch zu einer entgeltlichen, dass der Vorerbe irrig eine nicht in den Nachlass fließende Gegenleistung für ein Entgelt i.S.d. Abs. 2 hält.[62] Die mit Nachlassmitteln bewirkte Tilgung einer Eigenverbindlichkeit des nicht befreiten Vorerben, in der der Vorerbe irrtümlich eine Nachlassverbindlichkeit sieht, ist daher unentgeltlich, weil die Schuldbefreiung nur dem Vorerben zugutekommt.[63] Gleiches gilt, wenn der nicht befreite Vorerbe einen Nachlassgegenstand gegen ein Leibrentenversprechen, das seiner Natur nach nur dem Vorerben Vorteile verschafft, veräußert.[64] Demgegenüber kann eine Verfügung des **befreiten Vorerben** auch dann entgeltlich sein, wenn ihm die Gegenleistung persönlich zufließt.[65] Da der befreite Vorerbe berechtigt ist, Nachlassgegenstände für sich zu verwenden (§ 2134 BGB), kann er anders als der nicht befreite Vorerbe Nachlassgegenstände gegen eine gleichwertige Leibrente veräußern.[66] Der Kapitalwert der Rente 14

57 BGHZ 5, 173, 182; BGHZ 7, 274, 278 f.; BGH NJW 1963, 1613; BGH NJW 1984, 362, 364; BGH NJW 1984, 366, 367; BGH NJW 1991, 842.

58 Für rein objektiven Begriff hingegen *Harder*, DNotZ 1994, 822, 828.

59 OLG Brandenburg FamRZ 1999, 1616; OLG Hamm MDR 1971, 665.

60 BGH NJW 1999, 2037; BGH NJW 1984, 366, 367 = LM Nr. 21 zu § 2113.

61 Vgl. BGHZ 7, 274, 277 = NJW 1953, 219; MüKo/*Lieder*, § 2113 Rn 47 weist demgegenüber zutreffend darauf hin, dass kraft der Surrogation gem. § 2111 BGB gar keine rechtliche Möglichkeit besteht, die Gegenleistung in das Vermögen des Vorerben gelangen zu lassen.

62 BGHZ 7, 274, 277 = NJW 1953, 219; a.A. *Spellenberg*, FamRZ 1974, 350 ff.

63 Soergel/*Wegmann*, § 2113 Rn 19; Staudinger/*Avenarius*, § 2113 Rn 71.

64 BGHZ 69, 47, 51 = NJW 1977, 1540.

65 BGH LM Nr. 2 zu § 2136.

66 BGH NJW 1977, 1631.

stellt eine angemessene Gegenleistung dar, wenn eine Mindestdauer der Rentenzahlung festgesetzt wird und die Rente bei vorzeitigem Tod des Vorerben dem Nacherben zukommt.[67] Einer unentgeltlichen Verfügung ist die irrige Leistung auf eine Nichtschuld gleichzustellen.[68]

15 Für die Entgeltlichkeit einer Verfügung ist nur erforderlich, dass das Entgelt in den Nachlass gelangt, nicht auch, dass es dort verbleibt. Die Wirksamkeit der Verfügung ist daher nicht berührt, wenn der Vorerbe die zunächst als Surrogat in den Nachlass gelangende Gegenleistung anschließend widerrechtlich für private Zwecke verwendet.[69] Abs. 2 ist auch dann nicht einschlägig, wenn die Verfügung zugunsten des **einzigen Nacherben** getroffen wird, weil die Verfügung insoweit entweder mit seinem Einverständnis erfolgt oder er jedenfalls in seinen Rechten nicht beeinträchtigt ist.[70] Erfolgt die Verfügung hingegen nur an **einen von mehreren Nacherben** bzw. kommt nur diesem die Gegenleistung eines Dritten zugute, ist die Verfügung unentgeltlich. Muss sich der Nacherbe die Leistung auf seinen Nacherbteil anrechnen lassen und übersteigt sie den Wert seines Erbteils nicht, kann sie jedoch als entgeltlich angesehen werden.[71]

4. Verfügungen des Gesellschafter-Vorerben

16 Soweit Gesellschaftsanteile zum Nachlass gehören, darf der Vorerbe grundsätzlich alle Mitgliedschaftsrechte **ohne Mitwirkung** des Nacherben ausüben.[72] Er hat jedoch dabei jeweils die Beschränkung des Abs. 2 zu beachten.[73] Dies bedeutet zunächst, dass der Vorerbe nicht freiwillig gegen ein objektiv nicht vollwertiges Entgelt aus der Gesellschaft ausscheiden darf; dabei können solche Abfindungen noch als entgeltlich angesehen werden, die wegen der Bewertungsschwierigkeiten nach Pauschalsätzen bemessen sind, sofern diese den Anteil des Ausscheidenden möglichst richtig erfassen sollen und hiermit nicht auch der Zweck verfolgt wird, im Interesse der Lebensfähigkeit des Unternehmens oder aus anderen Gründen die Abfindungsansprüche zu beschneiden.[74] Unwirksam ist z.B. die Veräußerung eines Gesellschaftsanteils durch den nicht befreiten Vorerben gegen ein allein ihm zugutekommendes Leibrentenversprechen.[75] Die Rspr. wendet Abs. 2 aber auch auf die Mitwirkung des Vorerben an **gesellschaftsvertraglichen Maßnahmen** an, auch wenn Abs. 2 hier nicht ohne weiteres passt, da Gesellschaftsvertragsänderungen keine Austauschverträge sind und ihnen für gewöhnlich keine fassbare „Gegenleistung" gegenübersteht.[76] Der BGH grenzt das Kriterium der Unentgeltlichkeit in diesen Fällen negativ ab: Die Zustimmung des Gesellschafter-Vorerben zu einer Änderung des Gesellschaftsvertrages, die in seine Mitgliedschaftsrechte eingreift, ist i.d.R. keine unentgeltliche Verfügung, wenn die Vertragsänderung **alle Gesellschafter gleichmäßig betrifft** oder wenn der Vorerbe zwar einseitigen Änderungen zu Lasten seines Gesellschaftsanteils zustimmt, das aber eine Konzession dafür ist, dass die Mitgesellschafter zusätzliche Leistungen für die Erhaltung oder Stärkung des Gesellschaftsunternehmens erbringen.[77] Eine unentgeltli-

67 OLG Hamm OLGZ 1991, 137, 142.
68 RGZ 105, 246.
69 Soergel/*Wegmann*, § 2113 Rn 19.
70 Staudinger/*Avenarius*, § 2113 Rn 90.
71 RGZ 159, 385, 392.
72 MüKo/*Lieder*, § 2112 Rn 10 ff.; § 2113 Rn 43 ff.
73 BGHZ 69, 47, 50 = NJW 1977, 1540.
74 BGH NJW 1984, 362, 364; näher zur Abfindungsbemessung *Michalski*, DB 1987, Beil. 16, S. 1, 16.
75 BGHZ 69, 47, 51 = NJW 1977, 1540.
76 BGHZ 78, 177, 182 f. = NJW 1981, 115; *Harder*, DNotZ 1994, 822, 824, 842.
77 BGHZ 78, 177 = NJW 1981, 115; krit. zur Rspr. des BGH Staudinger/*Avenarius*, § 2113 Rn 86.

che Verfügung kann z.B. die Zustimmung des Gesellschafter-Vorerben zur Änderung des Gewinnverteilungsschlüssels sein, soweit hierdurch bei Auflösung der Gesellschaft die Verteilung der stillen Reserven berührt wird.[78] Ebenso können aus Nachlassmitteln finanzierte Maßnahmen des befreiten Vorerben zur **Sanierung** einer GmbH, deren einziger Gesellschaftsanteil zum Nachlass gehört, als unentgeltlich anzusehen sein.[79]

5. Weitere Beispiele

Unbenannte Zuwendungen unter Ehegatten fallen bei objektiver Unentgeltlichkeit unter Abs. 2, auch wenn sie im Familienrecht nicht mehr als Schenkung qualifiziert werden.[80] Auch in einem **Vergleich** kann eine unentgeltliche Verfügung liegen; maßgebend sind jeweils die Umstände des Einzelfalls.[81] Die Grenze zur Unentgeltlichkeit ist jedenfalls überschritten, wenn der Nachlass infolge der vergleichsweisen Aufgabe einer liquiden Nachlassforderung nahezu zwei Drittel des Forderungswertes einbüßt.[82] In der Übertragung eines Grundstücks unter **Nießbrauchsvorbehalt** liegt keine entgeltliche Verfügung, weil der Vorerbe mit dem Nießbrauch wirtschaftlich nur einen Teil des Rechts zurückbehält.[83] Die vertragliche Anerkennung eines verjährten **Pflichtteilsanspruchs** eines Abkömmlings des Vorerben ist keine unentgeltliche Verfügung;[84] zumindest wird sie gem. Abs. 2 S. 2 nicht als solche behandelt[85] (siehe Rdn 21). 17

6. Maßgebender Zeitpunkt

Die Entgeltlichkeit einer Verfügung beurteilt sich nach dem **Zeitpunkt ihrer Vornahme.**[86] Ist die Gegenleistung in diesem Zeitpunkt angemessen, so ist die Verfügung wirksam, auch wenn sie sich nachträglich als unvorteilhaft herausstellt. Verkauft z.B. der befreite Vorerbe ein Grundstück gegen Gewährung einer Leibrente, so bleibt die Verfügung auch dann wirksam, wenn der Vorerbe kurz nach ihrer Vornahme stirbt.[87] Maßgebend ist hier der Kapitalwert der Rente im Zeitpunkt des Vertragsschlusses, für dessen Berechnung auf die Parameter aus § 52 GNotKG zurückgegriffen werden kann,[88] namentlich also die Lebenserwartung: Abs. 4; der BGH berechnet im Rahmen des § 2287 BGB einen Nießbrauch nach § 14 Abs. 1 S. 4 BewG.[89] 18

7. Teilunentgeltlichkeit

Ist eine Verfügung nur teilweise unentgeltlich, ist sie dennoch **in vollem Umfang** unwirksam.[90] Der Nacherbe hat daher keinen Anspruch auf die Wertdifferenz; auch kann der Erwerber die Unwirksamkeit nicht durch Zahlung der Wertdifferenz abwenden.[91] Die vom Erwerber erbrachte Gegenleistung ist allerdings bei der durch Abs. 2 gebotenen Rückabwicklung zu berücksichtigen; der Erwerber braucht den Herausgabeanspruch des Nacherben nur Zug um Zug gegen Rückerstattung der Gegenleistung 19

78 BGH NJW 1981, 1560.
79 BGH NJW 1984, 366.
80 BGH FamRZ 1992, 300 ff.
81 BGH BB 1991, 237.
82 BGH BB 1991, 237.
83 OLG Braunschweig FamRZ 1995, 443.
84 BGH NJW 1973, 1690.
85 BGH NJW 1973, 1690.
86 BayObLGZ 1957, 285.
87 BayObLGZ 1957, 285; auch BGH NJW 1977, 1631.
88 MüKo/*Lieder*, § 2113 Rn 48 f.
89 BGH ZEV 2016, 641, 643 Tz 11.
90 RG DR 1945, 57; BGHZ 5, 173, 182 = NJW 1952, 598; BGHZ 7, 274, 279 = NJW 1953, 219; BGH NJW 1963, 1613; BGH NJW 1985, 382; RG LZ 1932, 94 explizit aufgegeben worden.
91 MüKo/*Grunsky*, § 2113 Rn 58; Grüneberg/*Weidlich*, § 2113 Rn 13; a.A. *Brox/Walker*, § 25 Rn 21.

zu erfüllen.[92] Ausgleichsleistungen an den Nacherben können die Unwirksamkeit der Verfügung aber insoweit ausschließen, als hierdurch die Beeinträchtigung des Nacherbenrechts entfällt.[93] Davon wird man jedoch nur ausgehen können, wenn die Ausgleichsleistungen bereits bei der Verfügung mit vereinbart wurden und sie auch für den Nacherben bestimmt sind.[94] Nur dem Verfügungsgegner versprochene oder dem Nacherben erst bei Eintritt des Nacherbfalls angebotene Ausgleichsleistungen kompensieren die Beeinträchtigung des Nacherbenrechts nicht.[95]

II. Rechtsfolgen

20 Die Rechtsfolge einer das Nacherbenrecht beeinträchtigenden unentgeltlichen Verfügung ist deren Unwirksamkeit. Anders als bei Abs. 1 ist die Beeinträchtigung bei Abs. 2 **wirtschaftlich** zu beurteilen, da es hier nur auf die wertmäßige Sicherung des Nachlasses ankommt;[96] der Nacherbe hat keinen Anspruch darauf, dass gewisse Gegenstände im Nachlass verbleiben. Eine Beeinträchtigung liegt somit nur vor, wenn das wirtschaftliche Ergebnis der Verfügung sich für den Nachlass nachteilig ausgewirkt hat.[97] Die Beeinträchtigung wird nicht durch Ersatzansprüche gegen den Vorerben gem. §§ 2130, 2134 BGB ausgeschlossen. An einer Beeinträchtigung kann es jedoch fehlen, wenn der Vorerbe dem Nacherben bereits mit der Verfügung Ausgleichsleistungen anbietet (vgl. Rdn 19). Im Übrigen gelten zur Beeinträchtigung die obigen Ausführungen (vgl. Rdn 6 ff.) zu Abs. 1 entsprechend. Wie dort schon dargestellt wurde, lässt insbesondere die Zustimmung des Nacherben die Beeinträchtigung entfallen. Der Erblasser kann den Nacherben sogar durch Vermächtnis damit beschweren, bestimmten Verfügungen zuzustimmen.[98]

III. Pflicht- und Anstandsschenkungen

21 Wirksam sind gem. Abs. 2 S. 2 Schenkungen, die einer sittlichen Pflicht oder einer auf den Anstand zu nehmenden Rücksicht entsprechen. Diese Schenkungen genießen im BGB durchweg einen Vorzug vor anderen Schenkungen (vgl. §§ 534, 1425, 1641, 1804, 2205, 2330 BGB). Sittliche Pflicht ist nicht schon die allg. Nächstenliebe, sondern eine besondere, aus den konkreten Umständen des Einzelfalls erwachsene und **in den Geboten der Sittlichkeit wurzelnde Verpflichtung.**[99] Darunter fällt nicht eine vorzeitige Ausgleichung, die der Vorerbe zu Lebzeiten gem. §§ 2050, 2052 BGB wegen zuvor empfangener Ausstattung zugunsten eines der zu Nacherben berufenen Kinder vornimmt.[100] Das Anerkenntnis eines verjährten Pflichtteilsanspruchs durch den Vorerben kann dagegen einer sittlichen Pflicht entsprechen, insbesondere wenn die Geltendmachung des Pflichtteils mit Rücksicht auf den Vorerben unterblieben ist.[101]

IV. Grundstücksverfügungen des befreiten Vorerben

22 Eine Befreiung von Abs. 2 ist nicht möglich (§ 2136 BGB). Über Grundstücke und Grundstücksrechte kann demnach auch der befreite Vorerbe nur entgeltlich verfügen. Dem Vorerben obliegt daher gegenüber dem Grundbuchamt der **Nachweis der Ent-**

---

92 BGH NJW 1985, 382, 383; BGH FamRZ 1990, 1344, 1345.
93 Vgl. BGHZ 7, 274, 279 = NJW 1953, 219.
94 Soergel/*Wegmann*, § 2113 Rn 26.
95 Soergel/*Wegmann*, § 2113 Rn 26.
96 BGHZ 7, 274, 279 = NJW 1953, 219.
97 BGHZ 7, 274, 279 = NJW 1953, 219.
98 OLG Düsseldorf NJW-RR 2000, 375 = ZEV 2000, 29 m. Anm. *Wübben*.
99 OLG Köln OLGZ 1969, 263, 265.
100 RG LZ 1922, 410; RG WarnR 1942 Nr. 89.
101 BGH NJW 1973, 1690 m. krit. Anm. *Waltjen*, NJW 1973, 2061.

geltlichkeit, der in der Form des § 29 Abs. 1 S. 2 GBO durch öffentliche Urkunden zu erbringen ist, sofern die Entgeltlichkeit nicht offenkundig ist.[102] Dieser Nachweis wird bei strenger Handhabung i.d.R. nur schwer zu führen sein. In der Praxis lässt man es daher grundsätzlich genügen, dass die Entgeltlichkeit sich aus den zugrunde liegenden Urkunden ergibt. Das Grundbuchamt kann sich grundsätzlich darauf verlassen, dass ein im notariellen Vertrag als entgeltlich bezeichnetes Geschäft nicht Schein, sondern Wirklichkeit ist.[103] Umständen, die Zweifel an der Entgeltlichkeit begründen, muss das Grundbuchamt jedoch nachgehen. Für solche Zweifel reichen enge verwandtschaftliche Beziehungen zwischen dem Vorerben und dem Grundstückserwerber bereits aus.[104] Spekulationen, die im konkreten Sachverhalt keinen Anhalt finden, dürfen allerdings nicht angestellt werden.[105] Dabei ist das **Grundbuchamt** jedoch nicht zu Amtsermittlungen und Beweiserhebungen befugt.[106] Der Nachweis der Entgeltlichkeit kann auch durch eine dies bescheinigende beglaubigte Erklärung des Nacherben erbracht werden.[107] Vor der Löschung des Nacherbenvermerkes ist der Nacherbe stets anzuhören.[108]

V. Auskunftsanspruch

Im Rahmen seiner Verpflichtung zur Rechenschaftslegung gem. § 2130 Abs. 2 BGB 23
hat der Vorerbe auch **Auskunft** über die von ihm getroffenen unentgeltlichen Verfügungen zu erteilen. Dieser Auskunftsanspruch wird häufig nicht realisierbar sein, wenn der Nacherbfall mit dem Tod des Vorerben eintritt, weil dessen Erben meist nicht über die erforderlichen Kenntnisse zur Auskunftserteilung verfügen werden. Dem Nacherben ist daher ein aus § 242 BGB abzuleitender Auskunftsanspruch **gegen den vom Vorerben Beschenkten** zuzubilligen,[109] der allerdings gegenüber der Rechenschaftslegungspflicht gem. § 2130 Abs. 2 BGB subsidiär ist und voraussetzt, dass der Vorerbe oder dessen Erbe die Auskunft nach Lage der Dinge nicht geben kann und hinreichende Anhaltspunkte für einen Herausgabe- oder Bereicherungsanspruch gegen den vermeintlich Beschenkten bestehen.[110]

D. Gutgläubiger Erwerb

Gem. Abs. 3, der § 161 Abs. 3 BGB entspricht, wird der gute Glaube desjenigen, dem 24
gegenüber der Vorerbe verfügt, nach den allg. Vorschriften der §§ 892, 893, 932, 1032, 1207, 1208 BGB, §§ 16, 17 SchiffsRG, §§ 15, 16 LuftFzgG geschützt. Da der Vorerbe als Berechtigter verfügt, finden diese Vorschriften nur entsprechende Anwendung. Der Gutglaubensschutz bezieht sich zum einen auf die Unkenntnis des Erwerbers darüber, dass der erworbene Gegenstand der Nacherbenbindung unterliegt, zum anderen auf die irrtümliche Annahme einer Befreiung des Vorerben von der Beschränkung des Abs. 1.[111] Bei Verfügungen i.S.v. Abs. 1 ist ein gutgläubiger Erwerb ausgeschlossen, wenn ein **Nacherbenvermerk** im Grundbuch bzw. im betreffenden Register eingetragen ist (zum Nacherbenvermerk siehe § 2100 Rdn 30). Verfügt der Vorerbe über ein

---

102 OLG Hamm NJW 1969, 1492.

103 BayObLG NJW 1956, 992; Staudinger/*Avenarius*, § 2113 Rn 95.

104 Vgl. OLG Braunschweig Rpfleger 1991, 204.

105 Vgl. LG Aachen Rpfleger 1986, 260.

106 OLG Stuttgart ZErb 2018, 191; KG OLGZ 1968, 337, 341; BGHZ 35, 135 zu § 1365 BGB; MüKo/*Lieder*, § 2113 Rn 63.

107 KG OLGE 14, 297.

108 BayObLG FamRZ 1995, 379, 380; anders noch BayObLG NJW 1956, 992.

109 Vgl. dazu BGHZ 58, 237 = NJW 1972, 907.

110 Staudinger/*Avenarius*, § 2113 Rn 92.

111 Staudinger/*Avenarius*, § 2113 Rn 98.

Grundstücksrecht, ohne im Grundbuch als Erbe eingetragen zu sein (§ 40 Abs. 1 GBO), so wird der gute Glaube des Erwerbers daran, dass der Vorerbe mangels Eintragung des die Voreintragung des Vorerben voraussetzenden Nacherbenvermerks Vollerbe sei, nicht nach § 892 BGB geschützt.[112] Bei beweglichen Sachen, hinsichtlich derer der Vorerbe nur nach Abs. 2 beschränkt ist, scheidet ein Gutglaubensschutz gem. § 932 Abs. 2 BGB bereits bei grob fahrlässiger Unkenntnis der Nacherbenbindung des Gegenstandes aus. Ist hingegen ein Erbschein erteilt, der Nacherbfolge nicht ausweist, beurteilt sich der **Gutglaubensschutz** des Erwerbers nach den §§ 2365–2367 BGB, so dass nur die positive Kenntnis der Nacherbfolge schadet.[113] Der gute Glaube an eine tatsächlich nicht mögliche Befreiung von Abs. 2 ist nicht geschützt. Nicht geschützt ist auch der gute Glaube daran, dass eine in Wirklichkeit unentgeltliche Verfügung entgeltlich ist.[114] Gegen den gutgläubigen Erwerber einer unentgeltlichen Leistung steht dem Nacherben ein Bereicherungsanspruch nach § 816 Abs. 1 S. 2 BGB zu.[115]

E. Prozessuales

25 Der Vorerbe kann die Wirksamkeit einer von ihm getroffenen Verfügung schon vor dem Nacherbfall mittels einer **Feststellungsklage** (§ 256 ZPO) klären lassen, wenn der Nacherbe die Wirksamkeit bestreitet oder sonst ein rechtliches Interesse gegenüber dem Nacherben begründet ist.[116] Der Nacherbe kann seinerseits gegen den Vorerben oder dessen Verfügungsgegner auf Feststellung klagen, dass eine Verfügung des Vorerben im Nacherbfall unwirksam ist.[117] Bis zum Eintritt des Nacherbfalls bleibt die Verfügung jedoch wirksam (vgl. Rdn 11). Ab Eintritt des Nacherbfalls kann der Nacherbe gegen den Verfügungsgegner auf Herausgabe des durch die unwirksame Verfügung Erlangten gem. § 985 BGB klagen.[118] Bei Grundstücksverfügungen kann der Nacherbe Grundbuchberichtigung gem. § 894 BGB verlangen;[119] liegt eine (teil)entgeltliche Verfügung vor, so braucht der Erwerber die **Berichtigung des Grundbuchs** aber nur Zug um Zug gegen Auskehr seiner Gegenleistung zu bewilligen.[120] Der Erwerber kann dem Nacherben auch die von ihm auf den herauszugebenden Gegenstand getätigten Verwendungen entgegenhalten. Für Verwendungen in der Zeit ab dem Nacherbfall gelten insoweit die §§ 987 ff. BGB; auf vor dem Nacherbfall getätigte Verwendungen finden hingegen die §§ 2124–2126 BGB Anwendung, da der Erwerber seine Rechtsstellung vom Vorerben ableitet und er dementsprechend auch den für den Vorerben geltenden Kosten- und Lastentragungsregeln unterliegt.[121]

§ 2114 Verfügungen über Hypothekenforderungen, Grund- und Rentenschulden

[1]Gehört zur Erbschaft eine Hypothekenforderung, eine Grundschuld, eine Rentenschuld oder eine Schiffshypothekenforderung, so steht die Kündigung und die Einziehung dem Vorerben zu. [2]Der Vorerbe kann jedoch nur verlangen, dass das

---

112 BGH NJW 1970, 943 m. abl. Anm. *Batsch*, NJW 1970, 1314.
113 Staudinger/*Avenarius*, § 2113 Rn 98 f.
114 Vgl. nur Soergel/*Wegmann*, § 2113 Rn 30.
115 Staudinger/*Avenarius*, § 2113 Rn 103.
116 BGHZ 7, 274, 276; Staudinger/*Avenarius*, § 2113 Rn 41.
117 OLG Oldenburg NJW-RR 2002, 728; RGZ 139, 343, 348; RG HRR 1928, 1629; a.A. OLG Celle MDR 1954, 547.
118 Soergel/*Wegmann*, § 2113 Rn 16.
119 Und nicht etwa Rückauflassung, wie BGH NJW 1963, 1150, vgl. Soergel/*Wegmann*, § 2113 Rn 16.
120 BGH NJW 1985, 382.
121 BGH NJW 1985, 382.

Kapital an ihn nach Beibringung der Einwilligung des Nacherben gezahlt oder dass es für ihn und den Nacherben hinterlegt wird. [3]Auf andere Verfügungen über die Hypothekenforderung, die Grundschuld, die Rentenschuld oder die Schiffshypothekenforderung findet die Vorschrift des § 2113 Anwendung.

Übersicht: Rdn

A. Einziehungsrecht des Vorerben

1 Die Vorschrift ist lex specialis zu § 2113 Abs. 1 BGB, der, wie sich aus S. 3 ergibt, grundsätzlich auch für Verfügungen über Hypothekenforderungen, Grund- und Rentenschulden sowie Schiffshypothekenforderungen gilt. Im Interesse der Nachlassverwaltung kann der Vorerbe die Rechte nach S. 1 ohne Mitwirkung des Vorerben wirksam kündigen und einziehen, und zwar sowohl gegenüber dem **dinglichen** als auch gegenüber dem **persönlichen Schuldner.**[1] Entsprechendes gilt gem. § 98 Abs. 2 LuftFzgG für Registerpfandrechte an Luftfahrzeugen. Der Vorerbe kann die Kündigung nicht nur selbst wirksam erklären, sondern auch die vom dinglichen oder persönlichen Schuldner ihm gegenüber erklärte Kündigung wirksam entgegennehmen.[2]

2 Unter das Einziehungsrecht des Vorerben fallen alle Rechtshandlungen, die zur Durchsetzung des Anspruchs erforderlich sind, also auch die **prozessuale Geltendmachung** durch Zahlungsklage oder Klage auf Duldung der Zwangsvollstreckung und die Beitreibung im Wege der Zwangsvollstreckung – einschließlich des Antrags auf Zwangsversteigerung.[3] Die Kündigung und Einziehung sind dem Nacherben gegenüber auch dann wirksam, wenn sie ordnungsgemäßer Verwaltung nicht entsprechen, der Vorerbe kann sich ggf. jedoch gem. § 2131 BGB schadensersatzpflichtig machen.[4]

B. Beschränkte Empfangszuständigkeit

3 Das Einziehungsrecht ist nach S. 2 zum Schutz des zahlenden Schuldners und des Nacherben allerdings insoweit beschränkt, als der Vorerbe Zahlung des Kapitals an sich selbst nur gegen **Nachweis der Einwilligung des Nacherben,** ansonsten lediglich **Hinterlegung** für sich und den Nacherben verlangen kann; die Einwilligung ist hierbei formlos wirksam. Soweit sie dem Zahlenden die Löschung oder Umschreibung des Rechtes im Grundbuch ermöglichen soll, bedarf sie gem. § 29 GBO der öffentlichen Beglaubigung. Diese Einschränkung gilt nur für die Hauptschuld; Nebenforderungen wie z.B. rückständige Zinsen kann der Vorerbe unbeschränkt einziehen, und zwar unabhängig davon, ob sie dem Vorerben als Nutzungen gebühren.[5] Der Vorerbe steht aufgrund seiner beschränkten Empfangszuständigkeit nach S. 2 einem Nichtberechtigten i.S.v. § 362 Abs. 2 BGB gleich.[6] Vom Schuldner ohne Einwilligung des Nacherben an den Vorerben allein geleistete Zahlungen sind daher unwirksam und haben keine befreiende Wirkung.[7] Es kommt allerdings eine Empfangszuständigkeit kraft Rechtsscheins in Betracht, wenn im Grundbuch oder im Schiffsregister bei der Hypothek

1 Soergel/*Wegmann*, Rn 1; MüKo/*Lieder*, § 2114 Rn 1.
2 Vgl. nur Staudinger/*Avenarius*, § 2114 Rn 6.
3 RGZ 136, 353, 358.
4 MüKo/*Lieder*, § 2114 Rn 2; Staudinger/*Avenarius*, § 2114 Rn 5.
5 Staudinger/*Avenarius*, § 2114 Rn 3; MüKo/*Lieder*, § 2114 Rn 3.
6 Staudinger/*Avenarius*, § 2114 Rn 8; Soergel/*Wegmann*, § 2114 Rn 2.
7 RG Recht 1919 Nr. 446; RG DJZ 1928, 1329; BGH FamRZ 1970, 192.

der Nacherbenvermerk fehlt (§ 893 BGB, § 17 SchiffsRG).[8] S. 2 findet im Übrigen auch dann Anwendung, wenn der Schuldner freiwillig zahlt.[9] Von der Beschränkung des S. 2 kann der Vorerbe befreit werden (§ 2136 BGB).

4 Sind **mehrere** Nacherben oder Nachnacherben vorhanden, müssen alle zustimmen; Ersatznacherben jedoch nicht.[10] Ist eine Zahlung ohne vorherige Zustimmung des Nacherben erfolgt, kann dieser sie entsprechend §§ 362, 185 Abs. 2 BGB genehmigen.[11] Unter den Voraussetzungen des § 2120 BGB ist der Nacherbe zur Erteilung der Einwilligung verpflichtet.

C. Hinterlegung

5 Die Einzelheiten der Hinterlegung bestimmen sich nach den §§ 372 ff. BGB und den Landeshinterlegungsgesetzen. Über den hinterlegten Betrag können Vorerbe und Nacherbe nur **gemeinschaftlich** verfügen. Ist ohne Einwilligung des Nacherben an den Vorerben gezahlt worden, hat dieser entsprechend § 2114 BGB den Betrag alsbald für sich und den Nacherben zu hinterlegen. Bei Zuwiderhandlung kann der Nacherbe Sicherheitsleistung gem. § 2128 BGB verlangen.[12] Auch der nur auf einen Bruchteil eingesetzte Nacherbe kann Hinterlegung des gesamten Hypothekenbetrages verlangen; dieses Verlangen kann allerdings missbräuchlich sein, wenn und soweit der Wert des Erbteils des Nacherben den Hypothekenbetrag nicht erreicht.[13]

D. Andere Verfügungen

6 Für andere Verfügungen über die in S. 1 genannten Rechte als Kündigung und Einziehung hinaus bleibt § 2113 BGB uneingeschränkt anwendbar, S. 3. Dies gilt für Abtretungen, Verpfändungen, Löschungsbewilligungen, Umwandlung von Hypotheken in Grundschulden oder umgekehrt sowie die Aufrechnung durch den Vorerben.[14] Streitig ist, ob der Erblasser den Vorerben befreien kann (§ 2136 BGB).[15]

§ 2115 Zwangsvollstreckungsverfügungen gegen Vorerben

[1]Eine Verfügung über einen Erbschaftsgegenstand, die im Wege der Zwangsvollstreckung oder der Arrestvollziehung oder durch den Insolvenzverwalter erfolgt, ist im Falle des Eintritts der Nacherbfolge insoweit unwirksam, als sie das Recht des Nacherben vereiteln oder beeinträchtigen würde. [2]Die Verfügung ist unbeschränkt wirksam, wenn der Anspruch eines Nachlassgläubigers oder ein an einem Erbschaftsgegenstand bestehendes Recht geltend gemacht wird, das im Falle des Eintritts der Nacherbfolge dem Nacherben gegenüber wirksam ist.

Übersicht: Rdn

---

8 Dazu Staudinger/*Avenarius*, § 2114 Rn 11.
9 RG DJZ 1928, 1329; BGH FamRZ 1970, 192.
10 Vgl. Soergel/*Wegmann*, § 2114 Rn 3.
11 Staudinger/*Avenarius*, § 2114 Rn 12; MüKo/*Lieder*, § 2114 Rn 4.
12 RG LZ 1919, 252.
13 Staudinger/*Avenarius*, § 2114 Rn 15; Soergel/*Wegmann*, § 2114 Rn 3.
14 MüKo/*Lieder*, § 2114 Rn 8.
15 So MüKo/*Lieder*, § 2114 Rn 8; a.A. NK-BGB/*Gierl*, § 2114 Rn 12.

A. Normzweck

Die Vorschrift will im **Erhaltungsinteresse** des Nacherben verhindern, dass Eigengläubiger des Vorerben in den Nachlass vollstrecken. Der Nacherbe wird daher vor der – letztlich zu seinen Lasten gehenden – Inanspruchnahme des Nachlasses geschützt, indem die Zwangsvollstreckungsverfügungen der Gläubiger des Vorerben wie die vom Vorerben selbst im Fall des § 2113 BGB vorgenommenen Verfügungen für unwirksam erklärt werden. § 2115 BGB ist somit das haftungsrechtliche Pendant zu § 2113 BGB, geht jedoch über diesen insoweit hinaus, als er alle Gegenstände des Nachlasses erfasst, gleich ob der Vorerbe darüber frei verfügen kann oder nicht.[1] Dies gilt gleichermaßen für den vollständig befreiten Vorerben, denn § 2136 BGB sieht eine Befreiung von § 2115 BGB nicht vor. Verfahrensrechtlich wird die an § 326 ZPO angepasste Vorschrift durch § 83 Abs. 2 InsO u. § 773 ZPO ergänzt. 1

B. Zwangsvollstreckung

Verfügungen im Wege der Zwangsvollstreckung sind nur solche wegen **Geldforderungen** in Erbschaftsgegenstände (§§ 803–871 ZPO).[2] Urteile auf Abgabe einer Willenserklärung (§§ 894, 895 ZPO) fallen daher ebenso wenig unter § 2115 BGB wie Vollstreckungsmaßnahmen zur Erwirkung der Herausgabe von Sachen (§§ 883 ff. ZPO) und die Vollstreckung gem. § 897 ZPO. Anwendbar ist § 2115 BGB auch auf die Kündigung einer Personengesellschaft durch Gläubiger des Vorerben (§ 133 HGB).[3] Die **Teilungsversteigerung** gem. §§ 180 ff. ZVG ist kein Akt der Zwangsvollstreckung und fällt daher nicht unter § 2115 BGB; sie dient der Aufhebung der Gemeinschaft und ist Betätigung des nach den Regeln der Erbengemeinschaft (§ 2042 Abs. 1 BGB) oder der Bruchteilsgemeinschaft (§ 749 Abs. 1 BGB) bestehenden Rechts auf Auseinandersetzung.[4] Der Nacherbenvermerk darf nicht in die Versteigerungsbedingungen aufgenommen werden und ist nach Zuschlagserteilung zu löschen.[5] Unter § 2115 BGB fällt allerdings kraft **Surrogation** (§ 2111 BGB) der Erlös aus der Teilungsversteigerung; der Versteigerungsantrag eines Eigengläubigers des Vorerben, der dessen Nachlassanteil gepfändet hat, ist daher gem. § 242 BGB rechtsmissbräuchlich, wenn der Nacherbe der Einziehung des Erlösanteils durch den Gläubiger widersprechen wird.[6] 2

Unwirksam ist nach ganz h.M. auch eine **Aufrechnung**, die ein Eigengläubiger des Vorerben gegen eine Nachlassforderung erklärt.[7] Weil es sich bei der einer Überweisung (§ 835 ZPO) gleichkommenden Aufrechnung um eine Form der außerprozessualen Zwangsbefriedigung handelt, ist sie in entsprechender Anwendung von § 773 ZPO i.V.m. § 394 BGB unzulässig und wird daher ebenfalls vom Schutzzweck des § 2115 BGB erfasst. Ferner unterfallen § 2115 BGB Zwangsverfügungen im Wege des **Arrestes.**[8] 3

1 Staudinger/*Avenarius*, § 2114 Rn 3.
2 Vgl. nur Staudinger/*Avenarius*, § 2114 Rn 12 m.w.N.
3 Soergel/*Wegmann*, § 2115 Rn 4 m. ausführlicher Darstellung der Auswirkungen der Kündigung; MüKo/*Lieder*, § 2115 Rn 6.
4 Staudinger/*Avenarius*, § 2115 Rn 14; Grüneberg/*Weidlich*, § 2115 Rn 3.
5 OLG Hamm NJW 1969, 516.
6 OLG Celle NJW 1968, 801, 802.
7 RGZ 80, 1, 7; RGZ 30, 33; a.A. KG OLGE 22, 370.
8 Soergel/*Wegmann*, § 2115 Rn 7.

C. Sonderfall: Vertragspfandrechte

4 Die zur Zwangsvollstreckung berechtigenden **Rechte am Nachlassgegenstand** können durch den Erblasser oder den Vorerben begründet worden sein. Wirksam sind diese Rechte gegenüber dem Nacherben, wenn er der hierauf bezogenen Verfügung des Vorerben zugestimmt hat oder der Vorerbe entsprechend befreit ist.[9] Pfandrechte an Nachlassgegenständen zur Sicherung persönlicher Verbindlichkeiten kann jedoch auch der befreite Vorerbe nicht wirksam bestellen. Hierin liegt regelmäßig eine unentgeltliche Verfügung, da der aus der Gewährung der Sicherheit folgende Vorteil nicht dem Nachlass, sondern dem Vorerben zugutekommt.[10] Die **Pfandverwertung** ist daher nach S. 1 unwirksam;[11] bei freihändiger Verwertung findet § 2115 BGB entsprechende Anwendung.[12] Dies gilt nicht für das Vermieterpfandrecht an einem von dem Vorerben eingebrachten Nachlassgegenstand, sofern die Vermieterforderungen keine Nachlassverbindlichkeiten darstellen.[13]

D. Nutzungen

5 Von § 2115 BGB nicht erfasst sind die dem Vorerben zustehenden **Nutzungen**, denn diese fallen in das freie Vermögen des Vorerben.[14] In die Nutzungen kann daher unbeschränkt vollstreckt werden und für ein Nachlassgrundstück dementsprechend Zwangsverwaltung angeordnet werden.[15]

E. Unwirksamkeit

6 Grundsatz: Zwangsverfügungen sind bis zum Eintritt der Nacherbfolge wirksam; sie werden nach Eintritt der Nacherbfolge unwirksam, soweit sie das Recht des Nacherben vereiteln oder beeinträchtigen. Die Unwirksamkeit ist absolut, besteht also gegenüber jedermann.[16] Da sie auf den Nacherbfall hinausgeschoben ist, sind die bis dahin getroffenen Vollstreckungsmaßnahmen wirksam. Gem. § 773 ZPO soll lediglich keine **Verwertung** durch Veräußerung oder Überweisung erfolgen. Widrigenfalls kann sich der Nacherbe mit der Drittwiderspruchsklage gem. § 771 ZPO wehren (§ 773 S. 3 ZPO). Pfändungspfandrechte können jedoch – auflösend bedingt – wirksam begründet werden; für Vertragspfandrechte greift § 2113 Abs. 1 BGB. Gegen Pfändungen gem. §§ 804, 829, 845, 857, 930 ZPO, die Eintragung von Sicherungshypotheken gem. §§ 866 ff. ZPO oder die Beschlagnahme eines Grundstücks durch Anordnung der Zwangsversteigerung (die allerdings, sofern Nacherbenvermerk eingetragen ist, von Amts wegen einzustellen ist, wenn der Gläubiger nicht die Genehmigung des Nacherben oder einen **Duldungstitel** beibringt)[17] steht dem Nacherben daher kein Widerspruchsrecht zu. Mit dem Nacherbfall verlieren diese Sicherungsrechte ihre Wirkung und sind auf Verlangen des Nacherben aufzuheben. Bis dahin hat der Nacherbe außer der Klagemöglichkeit gem. § 771 ZPO nur das Recht, gem. § 2128 BGB Sicherheitsleistung vom Vorerben zu verlangen.

---

9 Soergel/*Wegmann*, § 2115 Rn 12.

10 Staudinger/*Avenarius*, § 2115 Rn 5.

11 Staudinger/*Avenarius*, § 2115 Rn 5; a.A. für Bestellung einer Hypothek RGZ 133, 263, 264; Soergel/*Wegmann*, § 2115 Rn 12.

12 Staudinger/*Avenarius*, § 2115 Rn 5.

13 OLG Frankfurt OLGE 1933, 151; Soergel/*Wegmann*, § 2115 Rn 12; Grüneberg/*Weidlich*, § 2115 Rn 6; NK-BGB/*Gierl*, § 2115 Rn 20; a.A. Staudinger/*Avenarius*, § 2115 Rn 7.

14 RGZ 80, 1, 3, 7.

15 MüKo/*Lieder*, § 2115 Rn 3 m.w.N.

16 BGHZ 33, 76, 85.

17 Vgl. BayObLG NJW 1968, 1431, 1432.

Unbeschränkt wirksam sind **Zwangsverfügungen** gem. S. 2, wenn der Anspruch eines Nachlassgläubigers oder ein gegenüber dem Nacherben wirksames Recht an einem Nachlassgegenstand geltend gemacht wird. 7

F. Insolvenzverfahren

In der Insolvenz des Vorerben gehört die Vorerbschaft zur Insolvenzmasse (§ 35 InsO). 8 Der Nacherbe hat kein **Aussonderungsrecht.** Das Verfügungsrecht des Insolvenzverwalters (§ 80 Abs. 1 InsO) ist aber gem. § 2115 BGB beschränkt. Freihändige Verfügungen sind dem Insolvenzverwalter gem. § 83 Abs. 2 InsO auch verfahrensrechtlich untersagt. Zu den Verfügungen des Insolvenzverwalters, auf die § 2115 BGB sich bezieht, gehören in erster Linie die Veräußerung von Nachlassgegenständen zur Befriedigung der Insolvenzgläubiger, die Erfüllung der vom Vorerben eingegangenen Verbindlichkeiten zur Veräußerung bestimmter Nachlassgegenstände sowie den §§ 2113, 2114 BGB widersprechende Verfügungen.[18]

G. Gutgläubiger Erwerb

Ein Gutglaubensschutz kommt anders als bei Abs. 3 BGB bei einem Erwerb in der 9 Zwangsvollstreckung nicht in Betracht, da die Vorschriften über den guten Glauben des Grundbuchs und über den gutgläubigen Erwerb beweglicher Sachen (§§ 892 ff., 932 ff., 1244 BGB) nur für den **rechtsgeschäftlichen** Erwerb gelten.[19] Auch der gutgläubig gegen den Vorerben vorgehende Eigengläubiger erlangt daher gegenüber dem Nacherben durch die Vollstreckung keine wirksamen Rechte. Veräußern hingegen der Insolvenzverwalter entgegen § 83 Abs. 2 InsO oder der Gerichtsvollzieher entgegen § 773 ZPO freihändig Nachlassgegenstände an Dritte, greifen die Gutglaubensvorschriften grundsätzlich ein. Der Gutglaubensschutz bezieht sich jedoch nicht auf die Verfügungsbefugnis des Veräußerers, so dass der Dritte nur dann voll wirksames Eigentum erwirbt, wenn er den Insolvenzverwalter oder den Gerichtsvollzieher für den Eigentümer hält.[20] Bei einer **Versteigerung** durch den Gerichtsvollzieher gem. § 817 ZPO erwirbt der Ersteher das Eigentum nach h.M. hingegen unabhängig von seinem guten Glauben kraft Hoheitsaktes.[21] Gleiches gilt für die Zwangsversteigerung von Grundstücken, sofern nicht der Nacherbenvermerk (§ 51 GBO) im Grundbuch eingetragen oder das Nacherbenrecht gem. § 37 Nr. 4, 5 ZVG rechtzeitig angemeldet ist.[22]

Wegen des Rechtsverlustes, den der Nacherbe durch wirksame Verwertungsmaßnahmen erleidet, kann der Nacherbe gegen den Erwerber keine Rechte geltend machen.[23] 10 In Betracht kommen auch ein Bereicherungsanspruch gem. § 812 Abs. 1 BGB (Eingriffskondiktion) und u.U. ein **Schadensersatzanspruch** gem. § 823 Abs. 1 BGB wegen der Verletzung der Nacherbenanwartschaft gegen den betreibenden Gläubiger.[24] Weiter hat der Nacherbe gegen den nicht befreiten Vorerben regelmäßig einen Erstat-

18 MüKo/*Grunsky*, § 2115 Rn 10; Soergel/*Wegmann*, § 2115 Rn 8.

19 Vgl. nur RGRK/*Johannsen*, § 2115 Rn 13.

20 Staudinger/*Avenarius*, § 2115 Rn 24, der zutreffend darauf hinweist, dass diese Differenzierung von wohl h.M. nicht vorgenommen wird; vgl. Soergel/*Wegmann*, § 2115 Rn 13; MüKo/*Lieder*, § 2115 Rn 16 ff.

21 MüKoZPO/*Gruber*, ZPO § 817 Rn 11.

22 Staudinger/*Avenarius*, § 2115 Rn 25.

23 MüKo/*Lieder*, § 2115 Rn 18; Soergel/*Wegmann*, § 2115 Rn 13; a.A. Staudinger/*Avenarius*, § 2115 Rn 27, der Ansprüche gegen vorsätzlich bösgläubigen Ersteher nach § 826 u. § 823 Abs. 1 BGB in Betracht zieht.

24 MüKo/*Lieder*, § 2115 Rn 18.

tungsanspruch gem. § 2134 BGB.[25] Gegen das zuständige Land können Staatshaftungsansprüche gem. § 839 BGB wegen eines Verstoßes der Vollstreckungsorgane gegen § 773 ZPO bestehen. Schließlich kommen gegen den Insolvenzverwalter Schadensersatzansprüche gem. § 60 InsO oder gem. § 823 Abs. 1 u. 2 BGB wegen Verletzung der Nacherbenanwartschaft sowie der Schutznorm des § 83 Abs. 2 InsO in Betracht.[26]

H. Ausnahme: Durchsetzung von Nachlassverbindlichkeiten (S. 2)

11 Da **Nachlassverbindlichkeiten** auch den Nacherben treffen, wird er durch ihre Durchsetzung im Wege der Zwangsvollstreckung nicht beeinträchtigt und kann sie daher auch nicht verhindern.[27] Dabei kommt es nicht darauf an, ob die Verbindlichkeit schon durch den Erblasser oder erst durch den Nacherben bei ordnungsmäßiger Verwaltung des Nachlasses, z.B. in Fortführung eines Handelsgeschäftes, begründet worden ist. Zur Zwangsvollstreckung wegen einer vom Erblasser bestellten Hypothek bedarf es keines Duldungstitels gegen den Nacherben.[28] Verfügungen des Insolvenzverwalters, die der Befriedigung von Nachlassgläubigern dienen, sind unbeschränkt wirksam.[29] Dies gilt entsprechend für die Veräußerung eines Nachlassgrundstücks durch den Nachlassverwalter zur Gläubigerbefriedigung.[30]

§ 2116 Hinterlegung von Wertpapieren

(1) [1]Der Vorerbe hat auf Verlangen des Nacherben die zur Erbschaft gehörenden Inhaberpapiere nebst den Erneuerungsscheinen bei einer Hinterlegungsstelle mit der Bestimmung zu hinterlegen, dass die Herausgabe nur mit Zustimmung des Nacherben verlangt werden kann. [2]Die Hinterlegung von Inhaberpapieren, die nach § 92 zu den verbrauchbaren Sachen gehören, sowie von Zins-, Renten- oder Gewinnanteilscheinen kann nicht verlangt werden. [3]Den Inhaberpapieren stehen Orderpapiere gleich, die mit Blankoindossament versehen sind.
(2) Über die hinterlegten Papiere kann der Vorerbe nur mit Zustimmung des Nacherben verfügen.

Übersicht: Rdn

A. Normzweck

1 Zum Schutz vor Verfügungen des Vorerben über besonders verkehrsgängige **Wertpapiere** räumt § 2116 BGB dem Nacherben das Recht ein, die **Hinterlegung** dieser Papiere zu verlangen. Von sich aus ist der Vorerbe nicht zur Hinterlegung verpflichtet, sondern nur, wenn er dazu vom Nacherben aufgefordert wurde. Das Hinterlegungsverlangen, das notfalls im Klageweg durchzusetzen ist,[1] setzt kein besonderes Rechts-

25 Staudinger/*Avenarius*, § 2115 Rn 29.
26 Staudinger/*Avenarius*, § 2115 Rn 28.
27 MüKo/*Lieder*, § 2115 Rn 4.
28 LG Glogau JW 1938, 458.
29 OLG Jena HRR 1933 Nr. 830.
30 OLG Braunschweig OLGZ 1988, 392, 394.
1 OLG Oldenburg Rpfleger 1966, 18.

schutzbedürfnis voraus; der Nacherbe muss im Streitfall also keine Gefährdung seiner Nacherbenrechte darlegen.[2] Bis zur Hinterlegung ist der Vorerbe vorbehaltlich der sich aus § 2113 Abs. 2 BGB ergebenden Beschränkung in der Verfügung über die Papiere frei. Bei Nichterfüllung des Hinterlegungsverlangens kommen lediglich Schadensersatzansprüche des Nacherben in Betracht, die gem. § 2130 BGB erst nach Eintritt des Nacherbfalls geltend gemacht werden können.[3]

B. Hinterlegungspflichtige Papiere

2 Zu hinterlegen sind Inhaberpapiere (nebst Erneuerungsscheinen, § 805 BGB) und die mit Blankoindossament versehenen Orderpapiere. **Inhaberpapiere** liegen vor, wenn deren Inhaber ohne besonderen zusätzlichen Nachweis alle durch das Papier verbrieften Rechte geltend machen kann. Hierzu gehören Schuldverschreibungen auf den Inhaber (§§ 793 ff. BGB), Inhabergrund- und -rentenschuldbriefe (§§ 1195, 1199 BGB) und Inhaberaktien (§§ 10, 278 Abs. 3 AktG). Nicht zu den Inhaberpapieren gehören die Legitimationspapiere (§ 808 BGB) wie Sparbücher oder Pfandscheine.[4] Ausdrücklich von der Hinterlegungspflicht ausgenommen (Abs. 1 S. 2) sind Inhaberpapiere, die nach § 92 BGB zu den verbrauchbaren Sachen gehören, wie z.B. Banknoten; Gleiches gilt für Zins-, Renten- und Gewinnanteilscheine, da diese dem Nutzungsrecht des Vorerben unterliegen (vgl. § 2111 Rdn 12 ff.).[5] **Orderpapiere** sind solche, die durch Indossament übertragen werden können. Hierzu gehören Wechsel, Scheck, Namensaktien (§ 68 AktG), kaufmännische Orderpapiere (§ 363 HGB), ferner der auf den Namen lautende Investmentanteilschein, soweit er keine negative Orderklausel trägt. Zu hinterlegen sind nur die mit Blankoindossament (d.h. ohne Angabe eines Indossatars) versehenen Papiere. Der Vorerbe kann die Hinterlegungspflicht dadurch abwenden, dass er das Blankoindossament ausfüllt.[6] Soweit Orderpapiere verbrauchbare Sachen sind, entfällt ebenso wie für verbrauchbare Inhaberpapiere die Hinterlegungspflicht.[7]

3 Hinsichtlich der zum **Betriebsvermögen** eines im Nachlass befindlichen (einzelkaufmännischen) Unternehmens gehörenden Wertpapiere vertritt *Avenarius* die Auffassung, dass diese Papiere von der Beschränkung des § 2116 BGB nicht erfasst würden, vielmehr unterliege das Betriebsvermögen in seiner Einheit und nicht in seinen einzelnen Gegenständen der Nacherbenbindung.[8] Dem kann in dieser Allgemeinheit nicht gefolgt werden. Die betriebliche Widmung einzelner Nachlassgegenstände lässt diese nicht zu einem Sondervermögen innerhalb des Nachlasses werden. Bei der Fortführung eines einzelkaufmännischen Unternehmens unterliegt der nicht befreite Vorerbe daher auch mit den Gegenständen des Betriebsvermögens den Beschränkungen der §§ 2113 ff. BGB. Für zum Anlagevermögen gehörende Wertpapiere ist eine dogmatische Rechtfertigung für eine Ausnahme von der Hinterlegungspflicht nicht erkennbar, denn der Vorerbe kann im Bedarfsfall die Zustimmung des Nacherben zu einer Veräußerung gem. § 2120 BGB erzwingen (siehe Rdn 6). Zum Umlaufvermögen gehörende Wertpapiere sind indessen bereits nach Abs. 1 S. 2 von der Hinterlegungspflicht ausgenommen, soweit es sich bei ihnen um verbrauchbare Sachen handelt.

---

2 MüKo/*Lieder*, § 2116 Rn 1.

3 Staudinger/*Avenarius*, § 2116 Rn 4.

4 MüKo/*Lieder*, § 2116 Rn 3.

5 Staudinger/*Avenarius*, § 2116 Rn 9.

6 RGRK/*Johannsen*, § 2116 Rn 5; nach MüKo/*Lieder*, § 2116 Rn 4 gilt dies auch dann, wenn Nacherbe das Hinterlegungsverlangen bereits gestellt hat.

7 Soergel/*Wegmann*, § 2116 Rn 3.

8 Staudinger/*Avenarius*, § 2116 Rn 3.

4 Der Vorerbe kann von der Hinterlegungspflicht gem. § 2136 BGB befreit werden. Sofern eine Befreiung nicht besteht, kann sich der Vorerbe der Hinterlegungspflicht nach § 2117 BGB entziehen.

C. Hinterlegungsstellen

5 Die zulässigen Hinterlegungsstellen – die Amtsgerichte – bestimmen sich nach den Landesgesetzen. Eine Hinterlegung bei der „Deutschen Zentralgenossenschaftskasse" und der Deutschen Girozentrale ist aufgrund Gesetzesänderung nicht mehr möglich. *Avenarius* verweist auf die elegantere Möglichkeit eines Depotvertrags mit Sperrungsabrede.[9]

D. Zustimmung des Nacherben

6 Die Hinterlegung hat mit der Bestimmung zu erfolgen, dass die Herausgabe nur mit Zustimmung des Nacherben verlangt werden kann, Abs. 2. Eine Verfügung über die hinterlegten Papiere ohne Zustimmung ist – anders als nach §§ 2113, 2115 BGB – von Anfang an **unwirksam.**[10] Die §§ 182–184 BGB sind anwendbar, eine einseitige Verfügung des Vorerben kann also vom Nacherben genehmigt werden.[11] Ist eine Verfügung zur **ordnungsgemäßen Verwaltung** erforderlich, kann die Zustimmung des Nacherben erzwungen werden (§ 2120 BGB). Ein gutgläubiger Erwerb vom Vorerben während der Hinterlegung kommt nur in Betracht, wenn die Hinterlegungsstelle die Papiere an den Erwerber selbst aushändigt, § 934 BGB.[12] Werden die Papiere von der Hinterlegungsstelle an den Vorerben herausgegeben, erlischt die Verfügungsbeschränkung, auch wenn die Herausgabe ohne Zustimmung des Nacherben und entgegen den Hinterlegungsbestimmungen erfolgt ist.[13]

E. Minderjährige

7 Ist ein Elternteil Vor- und das minderjährige Kind Nacherbe, so besteht keine generelle Notwendigkeit für die Bestellung eines Pflegers zur Wahrnehmung der Rechte des Kindes aus § 2116 BGB. Hierzu ist erst dann Veranlassung, wenn zu befürchten ist, dass der Vorerben-Elternteil seiner Pflicht zur substanzerhaltenden Verwaltung des Nachlasses nicht nachkommen wird.[14]

§ 2117 Umschreibung; Umwandlung

¹Der Vorerbe kann die Inhaberpapiere, statt sie nach § 2116 zu hinterlegen, auf seinen Namen mit der Bestimmung umschreiben lassen, dass er über sie nur mit Zustimmung des Nacherben verfügen kann. ²Sind die Papiere vom Bund oder von einem Land ausgestellt, so kann er sie mit der gleichen Bestimmung in Buchforderungen gegen den Bund oder das Land umwandeln lassen.

1 Das Sicherungsinteresse des Nacherben bzgl. zur Erbschaft gehörender **Inhaberpapiere** kann der Vorerbe anstelle durch Hinterlegung nach § 2116 BGB auch dadurch befriedigen, dass er die Papiere auf seinen Namen mit der Bestimmung umschreiben lässt, dass er über sie nur mit Zustimmung des Nacherben verfügen kann (S. 1); vom

9 Staudinger/*Avenarius*, § 2116 Rn 6 a.E.
10 MüKo/*Lieder*, § 2116 Rn 2; Staudinger/*Avenarius*, § 2116 Rn 10.
11 Erman/*Schmidt*, § 2116 Rn 3.
12 RGRK/*Johannsen*, § 2116 Rn 8; MüKo/*Lieder*, § 2116 Rn 2; Staudinger/*Avenarius*, § 2116 Rn 11; a.A. (kein gutgläubiger Erwerb möglich) Soergel/*Wegmann*, § 2116 Rn 5.
13 RGRK/*Johannsen*, § 2116 Rn 7; MüKo/*Lieder*, § 2116 Rn 2; Staudinger/*Avenarius*, § 2116 Rn 11.
14 OLG Frankfurt FamRZ 1964, 154 f.; Staudinger/*Avenarius* Rn 2.

Bund oder einem Land ausgestellte Papiere kann der Vorerbe mit der gleichen Bestimmung in Buchforderungen umwandeln lassen (S. 2). Auf Inhaberpapiere, die von einer kommunalen Gebietskörperschaft ausgestellt sind, ist § 2117 BGB entsprechend anzuwenden.[1]

Für die Umschreibung in **Namenspapiere** gilt § 806 BGB; siehe ferner Art. 101 EGBGB. 2

§ 2118 Sperrvermerk im Schuldbuch

Gehören zur Erbschaft Buchforderungen gegen den Bund oder ein Land, so ist der Vorerbe auf Verlangen des Nacherben verpflichtet, in das Schuldbuch den Vermerk eintragen zu lassen, dass er über die Forderungen nur mit Zustimmung des Nacherben verfügen kann.

Zum Schutz gegen Verfügungen des Vorerben über nachlasszugehörige Buchforderungen gegen den Bund oder ein Land kann der Nacherbe vom Vorerben verlangen, in das Schuldbuch einen **Sperrvermerk** dahin eintragen zu lassen, dass der Vorerbe über diese Forderungen nur mit Zustimmung des Nacherben verfügen kann. Die Vorschrift entspricht weitgehend § 1816 BGB. (Zum Schuldbuch siehe § 2117 Rdn 2). 1

Der **Sperrvermerk** ist vom Vorerben nur auf entsprechende Aufforderung des Nacherben eintragen zu lassen. Die Herbeiführung der Eintragung ist notfalls klagweise durchzusetzen. Bund und Länder sind weder von Amts wegen zur Eintragung verpflichtet, noch kann der Nacherbe unmittelbar von ihnen die Eintragung fordern.[1] Mit der Eintragung des Sperrvermerks verliert der Vorerbe die alleinige Verfügungsbefugnis.[2] Unter den Voraussetzungen des § 2120 BGB kann der Vorerbe die Zustimmung des Nacherben zu einer Verfügung erzwingen. Von der Beschränkung des § 2118 BGB kann der Erblasser Befreiung erteilen (§ 2136 BGB). 2

§ 2119 Anlegung von Geld

Geld, das nach den Regeln einer ordnungsmäßigen Wirtschaft dauernd anzulegen ist, darf der Vorerbe nur der Rechtsverordnung nach § 240a entsprechend anlegen.

A. Mündelsichere Anlage

Im Interesse des Nacherben an der wirtschaftlichen Erhaltung des Nachlasses unterwirft die Vorschrift den Vorerben den für den Vormund geltenden Geldanlegungsregeln der §§ 1806, 1807 BGB. Die auf § 240a gestützte Verordnung gibt seit dem 1.1.2023 durch die Reform des Vormundschafts- und Betreuungsrechts den Rahmen für Geldanlagen vor. Die Verpflichtung zur **mündelsicheren Anlage** gilt sowohl für Geld, das beim Erbfall vorhanden ist, als auch für späteren Surrogationserwerb (§ 2111 BGB).[1] Auf bereits vom Erblasser angelegtes Geld bezieht sie sich jedoch nicht. Der Vorerbe muss daher vom Erblasser übernommene unsichere Anlagen nicht in mündelsichere umwandeln.[2] Drohende Verluste aus solchen Anlagen muss der Vorerbe jedoch 1

---

1 Allg. Meinung, vgl. nur Staudinger/*Avenarius*, § 2116 Rn 4.

1 Staudinger/*Avenarius*, § 2118 Rn 1.

2 Soergel/*Wegmann*, § 2118 Rn 1; Staudinger/*Avenarius*, § 2118 Rn 2; MüKo/*Lieder*, § 2118 Rn 3.

1 MüKoBGB/*Lieder*, § 2119 Rn 1 m.w.N.

2 MüKoBGB/*Lieder*, § 2119 Rn 2; Staudinger/*Avenarius*, § 2119 Rn 5.

im Rahmen seiner Verpflichtung zur ordnungsgemäßen Verwaltung (§ 2130 BGB) notfalls durch Umwandlung der Anlage abwenden.[3]

2 Die Verpflichtung zur mündelsicheren Anlage von Geld besteht nur, wenn nach den Regeln einer **ordnungsgemäßen Wirtschaft** eine **dauernde** Anlage geboten ist. Wann dies der Fall ist, bestimmt sich nach objektiven wirtschaftlichen Kriterien und nicht nach den persönlichen Verhältnissen des Vorerben.[4] Von der Anlageverpflichtung sind danach die Geldmittel ausgenommen, die der Vorerbe zur **ordnungsgemäßen laufenden Verwaltung** des Nachlasses kurzfristig benötigt, hier ist der Vorerbe nur nach Maßgabe des § 2131 BGB beschränkt;[5] je nach Art der Verwaltung können dies auch größere Geldbeträge sein, wie im Falle der Fortführung eines Betriebs, wenn hierzu entsprechende liquide Mittel als Betriebskapital ständig verfügbar sein müssen.[6]

3 Die Verpflichtung zur mündelsicheren Anlage setzt kein entsprechendes Verlangen des Nacherben voraus. Beachtet der Vorerbe die Anlageverpflichtung nicht, kann der Nacherbe die Anlage – auch schon vor dem Nacherbfall – im Klageweg erzwingen[7] und außerdem gem. § 2128 BGB **Sicherheitsleistung** verlangen.[8] Zur Prüfung des Anspruchs auf mündelsichere Anlage kann der Nacherbe gegenüber dem nicht befreiten Vorerben einen **Auskunftsanspruch** gem. § 242 BGB haben; § 242 BGB wird insoweit nicht von § 2127 BGB als speziellerer Norm verdrängt.[9]

4 Ab dem 1.1.2023 gelten die Anlagegrundsätze des BMJ auf Grundlage der Verordnungsermächtigung nach § 240a Abs. 1 Nr. 2 idF 2023. Zur alten Rechtslage: Welche Geldanlagen als mündelsicher gelten, ergibt sich im Einzelnen aus den §§ 1806, 1807 BGB a.F. und den gem. Art. 212 EGBGB in Kraft gebliebenen Vorschriften des Landesrechts.[10] Zwischen den einzelnen Anlagemöglichkeiten hat der Vorerbe die freie Wahl. Einer Zustimmung des Nacherben bedarf es weder zur Anlegung noch zur Abhebung der Gelder. Dies gilt auch bei einer Anlage nach § 1807 Abs. 1 Nr. 5 BGB; § 1809 BGB ist i.R.d. Anlageverpflichtung aus § 2119 BGB nicht entsprechend anwendbar.[11] Daran ändert sich nichts, wenn der Vorerbe zugleich **Vormund** des Nacherben ist, denn die Vermögenssphäre des Vorerben, dem die zur Erbschaft gehörenden Gelder während der Dauer der Vorerbschaft rechtlich allein zugeordnet sind, und die des Mündels sind strikt voneinander zu trennen. Der Vorerbe kann demgemäß in einem solchen Fall nicht vom Familiengericht zur Sperrung eines zur Erbschaft gehörenden Sparkassenkontos gezwungen werden; da es sich nicht um Mündelgeld handelt, ist der Nacherbe vielmehr auf die Geltendmachung der allg. Nacherbenrechte nach §§ 2127–2129 BGB verwiesen.[12]

B. Befreiung

5 Von der Verpflichtung nach § 2119 BGB kann der Erblasser Befreiung erteilen (§ 2136 BGB). Möglich und vielfach zweckmäßig ist insoweit auch eine **eingeschränkte Be-**

3 MüKo/*Lieder*, § 2119 Rn 2.

4 RGZ 73, 4, 6.

5 MüKo/*Lieder*, § 2119 Rn 4.

6 RGZ 73, 4, 6.

7 RGZ 73, 4 ff.; OLG Stuttgart OLGE 18, 318.

8 Soergel/*Wegmann*, § 2119 Rn 3; Staudinger/*Avenarius*, § 2119 Rn 2.

9 LG Berlin ZEV 2002, 160 m. Anm. *Krug*, der der Entscheidung, die eine nicht befreite Vorerbschaft betraf, grds. zustimmt, aber einen Auskunftsanspruch bei befreiter Vorerbschaft konsequent verneint; Staudinger/*Avenarius*, § 2119 Rn 8.

10 Vgl. auch ZErb 2001, 69.

11 Staudinger/*Avenarius*, § 2119 Rn 6; RGRK/*Johannsen*, § 2119 Rn 2; a.A. *Ordemann*, MDR 1967, 424; ihm folgend MüKo/*Lieder*, § 2119 Rn 7.

12 OLG Hamburg OLGE 32, 55.

freiung im Hinblick auf einzelne, zinsbringendere Anlageformen. Ist eine Befreiung nicht erfolgt, kann sich der Vorerbe mit dem Nacherben auf eine von § 1807 BGB abweichende Anlageform verständigen.

§ 2120 Einwilligungspflicht des Nacherben

[1]Ist zur ordnungsmäßigen Verwaltung, insbesondere zur Berichtigung von Nachlassverbindlichkeiten, eine Verfügung erforderlich, die der Vorerbe nicht mit Wirkung gegen den Nacherben vornehmen kann, so ist der Nacherbe dem Vorerben gegenüber verpflichtet, seine Einwilligung zu der Verfügung zu erteilen. [2]Die Einwilligung ist auf Verlangen in öffentlich beglaubigter Form zu erklären. [3]Die Kosten der Beglaubigung fallen dem Vorerben zur Last.

Literatur

Harder, Unentgeltliche Verfügungen und ordnungsmäßige Nachlaßverwaltung des Vorerben, DNotZ 1994, 822.

Übersicht: Rdn

A. Regelungszweck

Die Vorschrift soll es dem Vorerben ermöglichen, erforderlichenfalls die ihn konkret treffenden Verfügungsbeschränkungen zu überwinden. Hauptanwendungsfall: Der nicht befreite Vorerbe muss mangels Bargelds ein Nachlassgrundstück versilbern, um Nachlassverbindlichkeiten erfüllen zu können. 1

Zugleich soll sie den Vorerben im Innenverhältnis zum Nacherben gegen etwaige spätere Schadensersatzansprüche gem. §§ 2130, 2131 BGB absichern.[1] *Lieder*[2] weist zutreffend darauf hin, dass die Zustimmung Schadensersatzansprüche des Nacherben nicht generell ausschließt; ein Schadenersatzanspruch besteht fort, wenn der Vorerbe dem Nacherben nicht alle für die Notwendigkeit der Verfügung erforderlichen Umstände korrekt mitgeteilt hat. 2

Schließlich soll durch die **Zustimmungspflicht** des Nacherben die Voraussetzung dafür geschaffen werden, dass sich der Nacherbe gegenüber Dritten (Behörden, Nachlassschuldner, Vertragsgegner) legitimieren kann, um Zweifel an der Wirksamkeit seiner Verfügung von vornherein auszuräumen.[3] 3

Die Einwilligung des Nacherben ist zu allen Verfügungen erforderlich, die nach §§ 2113, 2114 BGB zur Unwirksamkeit führen können oder die gem. §§ 2116–2118 BGB der Zustimmung des Nacherben bedürfen. Auf die **Eingehung der Verpflichtung** zu einer der genannten Verfügungen ist die Vorschrift entsprechend anwendbar, damit etwaigen Bedenken des Vertragspartners hinsichtlich der Verfügungsbefugnis des Vorerben begegnet werden kann.[4] Die **Einwilligung** des Nacherben kann auch 4

---

1 Prot. V, S. 116 f.; RGZ 148, 385, 391; *Harder*, DNotZ 1994, 822, 830.

2 MüKo/*Lieder*, § 2120 Rn 4; ebenso BeckOK BGB/*Litzenburger*, § 2120 Rn 1; NK-BGB/*Gierl*, § 2120 Rn 8.

3 *Harder*, DNotZ 1994, 822, 830.

4 RGZ 90, 91, 96; a.A. Staudinger/*Avenarius*, § 2120 Rn 11.

dann verlangt werden, wenn zweifelhaft ist, ob eine Verfügung zustimmungspflichtig ist,[5] oder wenn die grundbuchmäßige Erledigung einer Verfügung nur mit Genehmigung des Nacherben möglich ist,[6] nicht jedoch, wenn lediglich fraglich ist, ob eine Verfügung ordnungsgemäßer Verwaltung entspricht.[7] Das bloße Verlangen des Vertragspartners reicht nicht aus, um eine Einwilligungspflicht des Nacherben zu begründen;[8] nur wenn die Zustimmung des Nacherben von dem Vertragspartner zur Bedingung für einen Vertragsschluss erhoben wird, kommt nach Treu und Glauben eine Zustimmungspflicht des Nacherben in Betracht.[9]

B. Ordnungsgemäße Verwaltung

5 Der Nacherbe muss nur solchen Verfügungen zustimmen, die einer ordnungsgemäßen Verwaltung entsprechen. Die Beurteilung der Ordnungsmäßigkeit (vgl. dazu §§ 2038 Abs. 1 S. 2, 2130 BGB) ist unabhängig von der persönlichen und wirtschaftlichen Situation des Vorerben allein **anhand der Verhältnisse des Nachlasses** unter Berücksichtigung der Zeitumstände vorzunehmen.[10] Abzustellen ist grundsätzlich auf die Ordnungsmäßigkeit der **konkreten Maßnahme**; ob die Verwaltung im Ganzen ordnungsgemäß ist, spielt keine Rolle.[11] Ausnahme: Eine insgesamt betriebene **Misswirtschaft** kann einer an sich nicht zu beanstandenden Maßnahme die Ordnungsmäßigkeit nehmen.[12] Unentgeltliche (§ 2113 Abs. 2 BGB) oder mit Benachteiligungsabsicht (§ 2138 Abs. 2 BGB) vorgenommene Verfügungen sind generell nicht ordnungsgemäß. Die Ordnungsmäßigkeit kann auch davon abhängen, wofür der Vorerbe den Erlös aus der Verfügung verwenden will.[13]

6 Die **Zustimmungspflicht** des Nacherben setzt voraus, dass er in die Lage versetzt wird, die Ordnungsmäßigkeit der Verwaltung zu prüfen. Der Vorerbe hat dem Nacherben daher die Einzelheiten der geplanten Verfügung sowie die Umstände, aus denen sich die Ordnungsmäßigkeit ergibt, nachvollziehbar darzulegen. Der Vorerbe hat dazu auch die einschlägigen Vertragsunterlagen und – jedenfalls bei komplizierteren Gestaltungen – Vertragsentwürfe vorzulegen.[14]

C. Anwendungsfälle

7 Eine Zustimmungspflicht des Nacherben besteht nach S. 1 insbesondere dann, wenn der Vorerbe zur Begleichung von Nachlassschulden Erbschaftsgegenstände versilbern muss, weil im Nachlass nicht genügend liquide Mittel sind. Verfügungen, mit denen Nachlassverbindlichkeiten unmittelbar erfüllt werden, z.B. Herausgabe eines vermachten Gegenstandes, fallen hingegen nicht unter § 2120 BGB; sie bedürfen keiner **Zustimmung** des Nacherben (vgl. § 2113 Rdn 7). Ist der Vorerbe bzgl. eines Teils der Erbschaft als Vollerbe eingesetzt, so hat der Nacherbe im Rahmen eines angemessenen Auseinandersetzungsplans der Aussonderung der dem Bruchteil entsprechenden Erbschaftsgegenstände zuzustimmen.[15] Der Verkauf eines Grundstücks kann eine zustim-

---

5 MüKo/*Lieder*, § 2120 Rn 6; einschränkend Staudinger/*Avenarius*, § 2120 Rn 7.
6 RGZ 148, 385, 391.
7 Staudinger/*Avenarius*, § 2120 Rn 7; a.A. offenbar Soergel/*Wegmann*, § 2120 Rn 3.
8 MüKo/*Lieder*, § 2120 Rn 6; Staudinger/*Avenarius*, § 2120 Rn 16; a.A. Soergel/*Wegmann*, § 2120 Rn 3.
9 Staudinger/*Avenarius*, § 2120 Rn 12.
10 Soergel/*Wegmann*, § 2120 Rn 4; MüKo/*Lieder*, § 2120 Rn 11.
11 Soergel/*Wegmann*, § 2120 Rn 4; MüKo/*Lieder*, § 2120 Rn 11.
12 BGH FamRZ 1973, 187.
13 RGZ 148, 385, 391.
14 OLG Düsseldorf NJW-RR 1996, 905, 906.
15 BayObLGZ 1958, 109, 113 = NJW 1958, 1683.

mungspflichtige Maßnahme ordnungsgemäßer Verwaltung sein, wenn andernfalls das Grundstück enteignet und die Enteignungsentschädigung keine vollwertige Gegenleistung darstellen würde.[16]

Zur Befriedigung von Nachlassverbindlichkeiten oder zur Finanzierung von außergewöhnlichen Erhaltungsaufwendungen kann der Vorerbe grundsätzlich Kredit zu Lasten des Nachlasses aufnehmen. Eine **Kreditaufnahme** liegt jedoch regelmäßig nicht mehr im Rahmen einer ordnungsgemäßen Verwaltung, wenn Zinsen und Tilgung nicht aus den Erträgen der Erbschaft gezahlt werden können und die Substanz des Nachlasses daher immer weiter aufzehren[17] oder wenn der Vorerbe gegenüber dem Nacherben nicht sicherstellt, dass die Kreditmittel zweckgebunden verwendet werden, z.B. durch Einschaltung eines die Erbschaftsinteressen des Nacherben wahrenden erfahrenen und zuverlässigen Treuhänders.[18] Die Umstände des Einzelfalls können allerdings eine andere Betrachtung rechtfertigen.[19] 8

D. Einwilligung

Einwilligung meint die vorherige Zustimmung, § 183 BGB. Unter den Voraussetzungen des § 2120 BGB wird vom Nacherben jedoch auch die Genehmigung, d.h. die **nachträgliche Zustimmung** (§ 184 BGB), geschuldet.[20] Die Zustimmung zu einem Vertragsschluss oder einem Rechtsgeschäft, das einem Dritten gegenüber vorzunehmen ist, kann gem. § 182 Abs. 1 BGB **auch dem Dritten gegenüber** erklärt werden.[21] 9

Sind mehrere Nacherben eingesetzt, müssen alle zustimmen. Da Nacherben vor dem Nacherbfall keine Erbengemeinschaft bilden, finden die §§ 2038 ff. BGB keine Anwendung; eine Zustimmung durch „Mehrheitsentscheid" kommt daher nicht in Betracht. Zustimmen müssen auch bedingte Nacherben und weitere (Nach-)Nacherben, nicht hingegen Ersatznacherben (vgl. § 2113 Rdn 8). Ist für den Nacherben ein Testamentsvollstrecker gem. § 2222 BGB eingesetzt, hat dieser die Zustimmung zu erteilen. Für den noch nicht Gezeugten oder unbekannten Nacherben ist gem. § 1913 BGB ein Pfleger zu bestellen, der die Zustimmung erteilt (vgl. § 2101 Rdn 4). Ist der Vorerbe zugleich gesetzlicher Vertreter des Nacherben, soll er trotz § 181 BGB die Zustimmung dem Dritten gegenüber erklären können.[22] Die Zustimmung bedarf ggf. nach den §§ 1643, 1821, 1915 BGB der gerichtlichen Genehmigung.[23] 10

Die **Zustimmungspflicht** besteht nach dem Gesetzeswortlaut nur gegenüber dem Vorerben. Dieser kann den Zustimmungsanspruch jedoch an den Dritten, dem gegenüber die Verfügung vorgenommen werden soll, abtreten. Ggf. hat der Dritte darüber hinaus einen unmittelbaren Anspruch gegen den Nacherben; so hat das RG dem Erwerber eines Nachlassgrundstückes das Recht zugebilligt, unmittelbar vom Nacherben die Einwilligung in die Löschung des Nacherbenvermerkes zu verlangen.[24] Macht der Nacherbe nach dem Nacherbfall dem Dritten gegenüber die Unwirksamkeit der Verfügung gem. § 2113 BGB geltend, kann der Dritte dem mit der Einrede (exceptio doli) begegnen, dass der Nacherbe in die Verfügung gem. § 2120 BGB hätte einwilligen 11

16 BGH MDR 1972, 496.

17 BGHZ 110, 176; BGH NJW 1993, 3198, 3199; krit. zur Annahme des BGH, dass Vorerb auch laufende angemessene Tilgungsleistungen erbringen müsse, *Voit*, ZEV 1994, 138, 139 ff.

18 BGHZ 114, 16; BGH NJW 1993, 1582; einschränkend MüKo/*Lieder*, § 2120 Rn 15.

19 MüKo/*Lieder*, § 2120 Rn 12 f.

20 Allg. Meinung, vgl. nur Staudinger/*Avenarius*, § 2120 Rn 13.

21 BayObLGZ 13, 22, 25 f.; OLG Hamm NJW 1965, 1489.

22 RGZ 76, 89, 92; OLG Hamm NJW 1965, 1489.

23 BayObLGZ 1959, 493, 501 = NJW 1960, 965.

24 RG JR 1926 Nr. 939.

müssen, sein Begehren daher rechtsmissbräuchlich sei.[25] Die **Darlegungs- und Beweislast** dafür, dass der Nacherbe zur Einwilligung verpflichtet ist, trägt der Vorerbe oder ggf. der unmittelbar die Einwilligung begehrende Dritte.[26]

E. Form, Kosten

12 Auf Verlangen des Nacherben ist die Einwilligung in **öffentlich beglaubigter** Form (§ 129 BGB) zu erteilen, S. 2. Die Form dient lediglich Beweiszwecken.[27] Ein Formerfordernis kann sich jedoch aus anderen Bestimmungen ergeben. So ist für die Zustimmung zu Grundstücksverfügungen § 29 GBO zu beachten. Für die Verpflichtung des Nacherben, einer Grundstücksverfügung des Vorerben zuzustimmen, ist notarielle Beurkundung erforderlich.[28] Die Kosten der Beglaubigung hat der Vorerbe aus eigenen und nicht aus Nachlassmitteln zu begleichen, S. 3; sie stellen gewöhnliche Erhaltungskosten i.S.d. § 2124 Abs. 1 BGB dar. Mit der Aufforderung zur Zustimmung ist die Zusage der Kostenübernahme zu verbinden, ansonsten droht im Prozessfall Kostentragungspflicht.[29]

§ 2121 Verzeichnis der Erbschaftsgegenstände

(1) ¹Der Vorerbe hat dem Nacherben auf Verlangen ein Verzeichnis der zur Erbschaft gehörenden Gegenstände mitzuteilen. ²Das Verzeichnis ist mit der Angabe des Tages der Aufnahme zu versehen und von dem Vorerben zu unterzeichnen; der Vorerbe hat auf Verlangen die Unterzeichnung öffentlich beglaubigen zu lassen.
(2) Der Nacherbe kann verlangen, dass er bei der Aufnahme des Verzeichnisses zugezogen wird.
(3) Der Vorerbe ist berechtigt und auf Verlangen des Nacherben verpflichtet, das Verzeichnis durch die zuständige Behörde oder durch einen zuständigen Beamten oder Notar aufnehmen zu lassen.
(4) Die Kosten der Aufnahme und der Beglaubigung fallen der Erbschaft zur Last.

Literatur

Zimmer, Der Notar als Detektiv, ZEV 2008, 365.

Übersicht: Rdn

A. Verzeichnisanspruch

1 Mit dem Anspruch auf ein Verzeichnis der zur Erbschaft gehörenden Gegenstände wird in erster Linie dem Sicherungsinteresse des Nacherben Rechnung getragen; dieser soll ein **Beweismittel für die Durchsetzung seiner Rechte** im Nacherbfall erhalten. Gleichzeitig schützt das Verzeichnis den Vorerben vor unbegründeten Ersatzansprüchen. Von der Pflicht zur Mitteilung des Verzeichnisses kann der Vorerbe nicht befreit

25 Vgl. nur RGRK/*Johannsen*, § 2120 Rn 6.
26 MüKo/*Lieder*, § 2120 Rn 21; Soergel/*Wegmann*, § 2120 Rn 10.
27 MüKo/*Lieder*, § 2120 Rn 19; Staudinger/*Avenarius*, § 2120 Rn 16.
28 BGH MDR 1972, 496.
29 OLG Düsseldorf NJW-RR 1996, 905, 906.

werden, vgl. § 2136 BGB. Anders als das Inventar gem. § 2009 BGB begründet das Verzeichnis nach § 2121 BGB keine Vollständigkeitsvermutung.[1] Dem Nacherben ist daher der einfache Beweis eröffnet, dass auch nicht im Verzeichnis aufgeführte Gegenstände zum Nachlass gehören; umgekehrt kann der Vorerbe die Nichtzugehörigkeit eines Gegenstands durch einfachen Gegenbeweis dartun.[2] Dies gilt nach den §§ 415 Abs. 2, 418 Abs. 2 ZPO auch bei einem gem. § 2121 Abs. 3 BGB in öffentlicher Urkunde aufgestellten Verzeichnis. Im Verhältnis zu den Nachlassgläubigern hat das Verzeichnis keine Wirkung,[3] namentlich nicht diejenige eines Inventars gemäß §§ 1993 ff. BGB.

Anspruchsinhaber ist der Nacherbe. Sind **mehrere Nacherben** – gleich ob neben- oder nacheinander – eingesetzt, kann jeder von ihnen die Mitteilung des Verzeichnisses verlangen, und zwar auch gegen den Willen der übrigen Nacherben.[4] Dem Ersatznacherben steht der Anspruch vor Eintritt des Ersatzfalls hingegen nicht zu.[5] Ist für den Nacherben ein Testamentsvollstrecker gem. § 2222 BGB bestellt, kann nur dieser und nicht auch der Nacherbe den Anspruch geltend machen.[6] Verpflichtet ist der Vorerbe. Wird die Erbschaft durch einen (Vorerben-)Testamentsvollstrecker verwaltet, hat dieser dem Nacherben das Verzeichnis mitzuteilen, unbeschadet seiner gem. § 2215 BGB gegenüber dem Vorerben bestehenden Mitteilungspflicht.[7] Mehrere Vorerben schulden das Verzeichnis gemeinschaftlich. Der erste Nacherbe schuldet dem weiteren das Verzeichnis erst, wenn der erste Nacherbfall eingetreten ist.[8] 2

Es steht dem Nacherben frei, wann er den Anspruch geltend macht, dieser kann während der gesamten Dauer der Vorerbschaft erhoben werden. Er verjährt gemäß § 199 Abs. 3a BGB in 30 Jahren von seiner Entstehung an und erlischt mit dem Nacherbfall;[9] nach Eintritt des Nacherbfalls schuldet der Vorerbe Rechenschaft gem. § 2130 Abs. 2 BGB. Er kann vom Nacherben nur einmal geltend gemacht werden.[10] Mehrere Nacherben können den Anspruch aus § 2121 BGB jedoch zu verschiedenen Zeitpunkten geltend machen,[11] der Vorerbe schuldet dann jedem Nacherben ein gesondertes jeweils aktuelles **Verzeichnis**. Veränderungen des Nachlasses nach Mitteilung eines Verzeichnisses berechtigen den Nacherben nicht, ein neues Verzeichnis zu verlangen.[12] Dem Nacherben bleibt hier nur die Möglichkeit, **Auskunft** über den – aktuellen – Bestand der Erbschaft nach § 2127 BGB zu fordern.[13] Eine eidesstattliche Versicherung 3

1 Soergel/*Wegmann*, § 2121 Rn 1; Staudinger/*Avenarius*, § 2121 Rn 6.
2 Staudinger/*Avenarius*, § 2121 Rn 6.
3 MüKo/*Lieder*, § 2121 Rn 12.
4 RGZ 98, 25, 26.
5 RGZ 145, 316.
6 BGHZ 127, 360, 364 = NJW 1995, 456; KG OLGE 32, 85.
7 Staudinger/*Avenarius*, § 2121 Rn 3; MüKo/*Lieder*, § 2121 Rn 3; a.A. Soergel/*Wegmann*, § 2121 Rn 6.
8 MüKo/*Lieder*, § 2121 Rn 3.
9 RGZ 98, 25, 26; danach hat der Nacherbe die Rechte aus §§ 2130, 260 BGB, Staudinger/*Avenarius*, § 2121 Rn 1.
10 BGHZ 127, 360, 366 = NJW 1995, 456; RGZ 98, 25 f.; KG OLGE 21, 325.
11 Staudinger/*Avenarius*, § 2121 Rn 2; Soergel/*Wegmann*, § 2121 Rn 5; a.A. MüKo/*Lieder*, § 2121 Rn 5.
12 MüKo/*Lieder*, § 2121 Rn 5; a.A. Soergel/*Harder-Wegmann*, § 2121 Rn 4 – speziell bei Surrogationen könne Aktualisierung verlangt werden; Staudinger/*Avenarius*, § 2121 Rn 1, bei langdauernder Vorerbschaft u. starken Veränderungen des Nachlasses könne Fortschreibung verlangt werden.
13 Diese soll zum Verzeichnis nach § 2121 BGB keine inhaltlichen Unterschiede aufweisen: OLG Karlsruhe NJW-RR 2017, 904 LS 1.

bzgl. Richtigkeit und Vollständigkeit des Verzeichnisses sieht das Gesetz nicht vor;[14] diese kann nur i.R.d. Auskunftsanspruchs nach § 2127 BGB oder der Rechenschaftspflicht nach § 2130 Abs. 2 BGB, jeweils i.V.m. §§ 260 Abs. 2, 261 BGB, verlangt werden.[15] Der Nacherbe hat das Recht,[16] zur Aufnahme des Verzeichnisses hinzugezogen zu werden (Abs. 2), allerdings ist wegen des ohnehin nur geringen Beweiswerts nicht ersichtlich, welche Rechtsfolge es zeitigen soll, wenn die Hinzuziehung trotz Verlangens unterbleibt.

4 Der Anspruch ist ggf. im Prozessweg zu verfolgen. Zuständig sind die ordentlichen Gerichte und nicht das **Nachlassgericht.**[17] Die Vollstreckung erfolgt nach § 888 ZPO.[18] Der Klageantrag kann auch auf „Auskunft über den Bestand des Nachlasses" lauten.[19]

B. Verzeichnisinhalt

5 In dem Verzeichnis sind die **zum Zeitpunkt seiner Errichtung**, und nicht des Erbfalls, zum Nachlass gehörenden Gegenstände anzugeben.[20] Anzugeben sind daher die vorhandenen **Surrogate** (§ 2111 BGB),[21] nicht dagegen die aus dem Nachlass ausgeschiedenen Gegenstände. Wie sich aus dem Wortlaut der Bestimmung ergibt, sind nur die Nachlassaktiva mitzuteilen; die Angabe der Nachlassverbindlichkeiten ist nicht erforderlich.[22] Auch zum Wert der Nachlassgegenstände muss sich das Verzeichnis nicht äußern.[23] Befindet sich ein einzelkaufmännisches Unternehmen im Nachlass, muss der Vorerbe keine Bilanz erstellen und vorlegen.[24] Gleiches gilt, wenn zum Nachlass eine Gesellschaftsbeteiligung gehört; hier muss nur die Beteiligung als solche angegeben werden, nicht jedoch der Bestand des Gesellschaftsvermögens im Einzelnen.[25]

C. Form des Verzeichnisses

6 Für das Verzeichnis genügt grundsätzlich die **Schriftform**. Das Verzeichnis ist mit Datum und Unterschrift zu versehen, Abs. 1 S. 2. Auf Verlangen des Nacherben ist die Unterschrift öffentlich zu beglaubigen (Abs. 1 S. 2 Hs. 2).

7 Der Vorerbe ist berechtigt und auf Verlangen des Nacherben verpflichtet, das Verzeichnis durch die zuständige Behörde oder durch einen zuständigen Beamten oder Notar aufnehmen zu lassen, Abs. 3. Insoweit kann auf die Erläuterungen zu § 2314 Abs. 1 S. 3 BGB Bezug genommen werden.

D. Kosten

8 Die Kosten der Errichtung des Verzeichnisses fallen dem Nachlass zur Last, Abs. 4. Dies gilt jedoch nur, wenn das Verzeichnis auf Verlangen des Nacherben erstellt wurde;

---

14 KG OLGE 21, 325; OLG Braunschweig OLGE 26, 337.

15 Staudinger/*Avenarius*, § 2121 Rn 7.

16 Aber nicht die Pflicht, MüKo/*Lieder*, § 2121 Rn 9.

17 OLG Stuttgart OLGE 8, 274; MüKo/*Lieder*, § 2121 Rn 6.

18 MüKo/*Lieder*, § 2121 Rn 6.

19 OLG Karlsruhe NJW-RR 2017, 904 Tz. 16.

20 Heute allg. Meinung, vgl. nur BGHZ 127, 360, 365 = NJW 1995, 456; OLG Karlsruhe NJW-RR 2017, 904 Tz 16: auch wenn es erst „mehrere Jahre nach dem Tod des Erblassers erstellt" wird.

21 OLG Karlsruhe NJW-RR 2017, 904 Tz 19.

22 KG OLGE 18, 364, 365.

23 Vgl. nur Staudinger/*Avenarius*, § 2121 Rn 4.

24 MüKo/*Lieder*, § 2121 Rn 8; Staudinger/*Avenarius*, § 2121 Rn 4; NK-BGB/*Gierl*, § 2121 Rn 4; *Sarres*, ZEV 2004, 56.

25 Staudinger/*Avenarius*, § 2121 Rn 4; MüKo/*Lieder*, § 2121 Rn 8.

hat der Vorerbe das Verzeichnis aus freien Stücken errichtet, greifen die §§ 2124, 2125 BGB.[26]

§ 2122 Feststellung des Zustands der Erbschaft

[1]Der Vorerbe kann den Zustand der zur Erbschaft gehörenden Sachen auf seine Kosten durch Sachverständige feststellen lassen. [2]Das gleiche Recht steht dem Nacherben zu.

Zur Vorbeugung gegen Beweisschwierigkeiten über den Umfang der künftigen Nacherbenansprüche können sowohl der Vorerbe als auch der Nacherbe den Zustand der Erbschaft durch **Sachverständigengutachten** auf eigene Kosten feststellen lassen (siehe für den Nießbrauch identisch § 1034 BGB). Von dieser Duldungspflicht kann der Vorerbe nicht befreit werden, § 2136 BGB. Festzustellen sind allein die wertbildenden Faktoren, also der **tatsächliche Zustand** der Nachlassgegenstände einschließlich der Surrogate gemäß § 2111 BGB, nicht jedoch deren Wert,[1] da dieser für die Herausgabeansprüche des Nacherben aus § 2130 BGB ohne Belang ist. 1

Der Anspruch des Nacherben (S. 2) kann nur bis zum Nacherbfall geltend gemacht werden,[2] danach ist der Nacherbe auf die Rechte aus §§ 260, 2130 Abs. 2 BGB beschränkt. Sind mehrere Nacherben vorhanden, kann jeder Nacherbe den Anspruch selbstständig geltend machen.[3] Die Feststellung des Zustandes kann ohne besondere Rechtfertigung auch mehrfach verlangt werden; Grenzen bestehen nur i.R.d. Verbots schikanösen (§ 226 BGB) oder rechtsmissbräuchlichen Verhaltens (§ 242 BGB).[4] Der Anspruch kann auf einzelne Nachlassgegenstände beschränkt werden. 2

Das Verfahren richtet sich nach §§ 29, 410 Nr. 2, 411 Abs. 2, 412 Nr. 2, 414 FamFG. Die vom Antragsteller zu tragenden Verfahrenskosten bestimmt § 34 GNotKG mit KV Nr. 15212 GNotKG mit 0,5 Verfahrensgebühr aus Tabelle A. 3

§ 2123 Wirtschaftsplan

(1) [1]Gehört ein Wald zur Erbschaft, so kann sowohl der Vorerbe als der Nacherbe verlangen, dass das Maß der Nutzung und die Art der wirtschaftlichen Behandlung durch einen Wirtschaftsplan festgestellt werden. [2]Tritt eine erhebliche Änderung der Umstände ein, so kann jeder Teil eine entsprechende Änderung des Wirtschaftsplans verlangen. [3]Die Kosten fallen der Erbschaft zur Last.
(2) Das Gleiche gilt, wenn ein Bergwerk oder eine andere auf Gewinnung von Bodenbestandteilen gerichtete Anlage zur Erbschaft gehört.

Bis auf die Kostenregelung entspricht die Vorschrift dem § 1038 BGB des Nießbrauchsrechts. Für die in Abs. 1 u. 2 genannten Fälle der sog. Urproduktion,[1] in denen das angemessene Maß der Nutzung leicht str. werden kann,[2] gibt die Vorschrift sowohl 1

---

26 Staudinger/*Avenarius*, § 2121 Rn 8; Soergel/*Wegmann*, § 2121 Rn 11; MüKo/*Lieder*, § 2121 Rn 13.
1 MüKo/*Lieder*, § 2122 Rn 2; Staudinger/*Avenarius*, § 2122 Rn 1; Soergel/*Wegmann*, § 2122 Rn 2.
2 RGZ 98, 25, 26.
3 RGZ 98, 25, 26.
4 NK-BGB/*Gierl*, Rn 2; FachAnwK-ErbR/*Kummer*, Rn 3; Grüneberg/*Weidlich*, Rn 1; *Muscheler*, Rn 2508.
1 Zu den Anlagen gem. Abs. 2 rechnen etwa Schiefer-, Sandstein- und Granitbrüche, Lehmgruben und Torfmoore: Staudinger/*Avenarius*, § 2123 Rn 3.
2 Staudinger/*Avenarius*, § 2123 Rn 1.

dem Vor- als auch dem Nacherben Anspruch auf Erstellung eines verbindlichen Wirtschaftsplans. Der Plan ist gemeinsam aufzustellen.[3] Ergibt sich keine Einigung, ist Leistungsklage auf Genehmigung eines bestimmten Plans zu erheben, die abzuweisen ist, wenn der Plan nicht den Grundsätzen ordnungsmäßiger Wirtschaft gehorcht.[4]

2 Von der Verpflichtung zur Aufstellung eines **Wirtschaftsplans** kann der Vorerbe befreit werden (§ 2136 BGB). Ein trotz entsprechender Befreiung vom Vorerben aufgestellter Plan ist gleichwohl für ihn bindend.[5]

§ 2124 Erhaltungskosten

(1) Der Vorerbe trägt dem Nacherben gegenüber die gewöhnlichen Erhaltungskosten.

(2) [1]Andere Aufwendungen, die der Vorerbe zum Zwecke der Erhaltung von Erbschaftsgegenständen den Umständen nach für erforderlich halten darf, kann er aus der Erbschaft bestreiten. [2]Bestreitet er sie aus seinem Vermögen, so ist der Nacherbe im Falle des Eintritts der Nacherbfolge zum Ersatz verpflichtet.

Literatur

de Leve, Aufwendungen des Vorerben – Erstattungspflicht des Nacherben, ZEV 2005, 16; *Voit*, Außergewöhnliche Aufwendungen des Vorerben zur Erhaltung der Erbschaft und ihre Finanzierung durch Kredite, ZEV 1994, 138.

Übersicht: Rdn

A. Kosten- und Lastenverteilung

1 Die §§ 2124–2126 BGB regeln die Kosten- und Lastenverteilung im Innenverhältnis zwischen Vor- und Nacherben. Unterschieden wird insoweit zwischen
(a) gewöhnlichen Erhaltungskosten, Abs. 1,
(b) anderen Aufwendungen, die der Vorerbe zum Zweck der Erhaltung von Erbschaftsgegenständen für erforderlich halten durfte, Abs. 2,
(c) sonstigen Verwendungen, § 2125 BGB, und
(d) außerordentlichen Lasten, die auf dem Stamm der Erbschaft liegen, § 2126 BGB.
Die Kosten- und Lastenverteilung beruht auf dem Grundsatz, dass dem Vorerben die Nutzungen des Nachlasses gebühren, § 2111 Abs. 1 S. 1 BGB, während dem Nacherben der Stammwert der Erbschaft zugutekommen soll. Eine **Befreiung** des Vorerben von diesen Pflichten ist nicht möglich, § 2136 BGB, doch kann der Erblasser im Vermächtniswege von der Ersatzpflicht nach §§ 2130, 2134 BGB befreien.[1] Da der befreite Vorerbe die Nachlasssubstanz für sich verwenden darf (§ 2134 BGB), ist ihm allerdings erst recht die Verwendung für den Nachlass gestattet,[2] so dass er ihm obliegende Kosten aus dem Stamm bestreiten kann. Der Erblasser kann spiegelbildlich

---

3 MüKo/*Lieder*, § 2123 Rn 1.
4 MüKo/*Pohlmann*, § 1038 Rn 4.
5 Soergel/*Wegmann*, § 2123 Rn 1; Staudinger/*Avenarius*, § 2123 Rn 2.
1 *Kössinger/Najdecki/Zintl*, § 10 Rn 35 f.
2 Staudinger/*Avenarius*, § 2124 Rn 3.

den Vorerben durch Vermächtnis zugunsten des Nacherben verpflichten, auch außerordentliche Lasten den Nutzungen zu entnehmen.[3] Vor- und Nacherbe können schließlich Regelungen vereinbaren, die von den §§ 2124–2126 BGB abweichen.[4] Diese gelten dann ipso iure als ordnungsgemäß i.S.d. § 2130 BGB.[5]

B. Gewöhnliche Erhaltungskosten

2 Gewöhnliche Erhaltungskosten (Abs. 1) sind die Kosten, die nach den rechtlichen und wirtschaftlichen Umständen des Nachlasses für die **tatsächliche und rechtliche Erhaltung** der Nachlassgegenstände regelmäßig aufgewendet werden müssen.[6] Diese Kosten sind sozusagen das Korrelat der dem Vorerben zugewiesenen Nutzungen. Sie sind daher, wie auch die Fruchtziehungskosten (§ 102 BGB), vom Vorerben zu tragen. Zu den Erhaltungskosten gehören auch die **gewöhnlichen Lasten** der Erbschaft. Ob diese Kosten tatsächlich aus den Nutzungen des Nachlasses bestritten werden können, ist grundsätzlich ohne Belang, notfalls hat der Vorerbe die Kosten aus eigenem Vermögen zu decken.[7] Soweit Erhaltungskosten nicht mehr durch Nutzungen gedeckt sind, kann dies jedoch im Einzelfall dazu führen, dass es sich nicht mehr um gewöhnliche Aufwendungen handelt;[8] so waren in dem Fall des OLG Frankfurt[9] die Kosten der Ausbesserung der Fassade eines der Zwangsbewirtschaftung unterliegenden Hauses als **außergewöhnliche Aufwendungen** anzusehen, weil auch die Erträge einer mehrjährigen Bewirtschaftung nicht zu ihrer Deckung ausreichten. Hat der Vorerbe die Mittel für die Begleichung gewöhnlicher Erhaltungskosten nicht den Nutzungen, sondern dem Stamm der Erbschaft entnommen, ist er, sofern keine Befreiung vorliegt, dem Nacherben gegenüber nach Eintritt der Nacherbfolge ersatzpflichtig.[10] Der Vorerbe wird gem. §§ 2130, 2131 BGB ersatzpflichtig, wenn er gewöhnliche Erhaltungskosten nicht aufwendet und dadurch die Erbschaft vernachlässigt.

3 Zum gewöhnlichen Erhaltungsaufwand zählen die regelmäßigen **Instandhaltungs- und Instandsetzungskosten**, wie etwa der Renovierungsaufwand für eine Mietwohnung oder die Kosten für die gewöhnliche Ausbesserung oder Erneuerung eines Gebäudes, nicht jedoch Kosten, die zu einer Wertsteigerung führen sollen, wie bspw. die Umstellung auf eine moderne Heizungsanlage oder der Einbau neuer Fenster mit Isolierglas.[11] Gewöhnliche private und öffentliche Lasten sind z.B. Versicherungsprämien, Zinsen auf Nachlassschulden, auf Erbschaftsgegenstände anfallende Steuern (Grundsteuer, Kfz-Steuer), Hypothekengewinnabgaben. Gehört zum Nachlass ein gewerblicher Betrieb, so sollen unter die gewöhnlichen Erhaltungskosten alle regelmäßigen Betriebsausgaben fallen wie Löhne und Gehälter, notwendige Rohstoffe,[12] Aufwendungen für Werbung, u.U. auch kleinere Investitionen.[13] Nach den beachtlichen Gründen bei *Lieder*[14] gehören die **laufenden Betriebskosten** nicht zu den Aufwendungen i.S.d. Abs. 1, da sie in die Bilanz eingehen, wodurch sich der dem Vorerben als

3 BGH ZEV 2004, 425 m. Anm. *de Leve* 427.
4 Staudinger/*Avenarius*, § 2124 Rn 3.
5 BayObLGZ 21, 5.
6 BGH NJW 1993, 3198; vgl. auch § 1041 BGB.
7 Vgl. nur RGRK/*Johannsen*, § 2124 Rn 3.
8 Soergel/*Wegmann*, § 2124 Rn 4; MüKo/*Lieder*, § 2124 Rn 2.
9 OLG Frankfurt JW 1924, 987.
10 MüKo/*Lieder*, § 2124 Rn 2, wonach der Nacherbe jedoch schon zuvor verlangen kann, dass der Vorerbe die Mittel dem Nachlass wieder zuführe.
11 BGH NJW 1993, 3198.
12 BGH FamRZ 1973, 187: Düngemittel.
13 Staudinger/*Avenarius*, § 2124 Rn 6.
14 MüKo/*Lieder*, § 2124 Rn 5.

Nutzung zustehende Gewinn mindert, was spiegelbildlich den Nacherben doppelt bereicherte. Die Kosten eines vom Vorerben im Interesse der Erbschaft geführten **Rechtsstreits**, der sich nicht lediglich auf die dem Vorerben zustehenden Nutzungen bezieht,[15] sind indessen keine gewöhnlichen Erhaltungskosten;[16] sie kann der Vorerbe nach Abs. 2 aus der Erbschaft bestreiten.

C. „Andere Aufwendungen"

4 „Andere Aufwendungen" i.S.v. Abs. 2 sind **außergewöhnliche Erhaltungskosten**, die über den normalen Erhaltungsaufwand hinausgehen. Darunter fallen etwa größere Instandsetzungsarbeiten und **notwendige Erneuerungen**, die den Wert der Nachlassgegenstände langfristig steigern, wie die Rationalisierung eines Maschinenparks, der Einbau einer modernen Heizungsanlage und Isolierverglasung an Fenstern,[17] aber auch Wiederherstellungsmaßnahmen wie die Wiedererrichtung eines abgebrannten Hauses.[18] Nach überwiegender Meinung stellt auch der Tilgungsanteil aus einem noch vom Erblasser her grundpfandlich gesicherten Darlehen – anders als die Zinszahlung, die zu den gewöhnlichen Erhaltungskosten zählt – außergewöhnlichen Aufwand dar.[19]

5 Die Entscheidung über Erforderlichkeit und Umfang der außergewöhnlichen Aufwendungen liegt wie beim Beauftragten, § 670 BGB, im pflichtgemäßen Ermessen des Vorerben.[20] Die Aufwendungen kann er aus dem Stamm der Erbschaft bestreiten; wenn die flüssigen Mittel hierfür nicht ausreichen, kann er hierzu Nachlassgegenstände veräußern. Der Nacherbe ist zur Zustimmung nach § 2120 BGB verpflichtet.[21] Der Vorerbe kann auch einen **Kredit** aufnehmen, um außergewöhnliche Aufwendungen zu bestreiten, dieser muss allerdings den Anforderungen an eine ordnungsgemäße Verwaltung genügen. Dies ist dann nicht mehr der Fall, wenn Zinsen und Tilgung nicht aus den Erträgen der Erbschaft gezahlt werden können und die Substanz des Nachlasses daher immer weiter aufzehren[22] oder der Vorerbe gegenüber dem Nacherben nicht sicherstellt, dass die Kreditmittel zweckgebunden verwendet werden, z.B. durch Einschaltung eines die Erbschaftsinteressen des Nacherben wahrenden erfahrenen und zuverlässigen Treuhänders.[23] Der Vorerbe ist in solchen Fällen verpflichtet, angemessene fortlaufende Tilgungsleistungen zu erbringen; die Tilgung darf nicht vollständig dem Nacherben überlassen werden.[24]

D. Ersatzanspruch

6 Bestreitet der Vorerbe außergewöhnliche Aufwendungen aus seinem eigenen Vermögen (wozu auch die Erbschaftsnutzungen gehören, z.B. Mieteinkünfte),[25] kann er vom Nacherben ab Eintritt der Nacherbfolge Ersatz verlangen, Abs. 2 S. 2. Da der Ersatzanspruch erst **mit dem Nacherbfall** entsteht, fallen auch erst ab diesem Zeit-

---

15 Was etwa bei den im Rahmen eines vom Vorerben fortgeführten Betriebs anfallenden Streitigkeiten der Fall sein kann, vgl. MüKo/*Lieder*, § 2124 Rn 7.
16 Staudinger/*Avenarius*, § 2124 Rn 13.
17 BGH NJW 1993, 3198.
18 Soergel/*Wegmann*, § 2124 Rn 5; MüKo/*Lieder*, § 2124 Rn 9.
19 BGH ZEV 2004, 425; OLG Stuttgart BWNotZ 1961, 92; a.A. Staudinger/*Avenarius*, § 2124 Rn 8, wonach die langfristige Verteilung der Tilgungsleistungen diesen den Charakter gewöhnlicher Erhaltungskosten aufprägen kann.
20 RGRK/*Johannsen*, § 2124 Rn 8; MüKo/*Lieder*, § 2124 Rn 10: sein gutgläubig ausgeübtes Ermessen.
21 MüKo/*Lieder*, § 2124 Rn 8.
22 BGHZ 110, 176; BGH NJW 1993, 3198, 3199; ausführlich Staudinger/*Avenarius*, § 2124 Rn 8.
23 BGHZ 114, 16; BGH NJW 1993, 1582.
24 BGH NJW 1993, 3198, 3199; krit. dazu *Voit*, ZEV 1994, 138, 139 ff.
25 BGH NJW-RR 2024, 1010.

punkt Zinsen an (§ 256 BGB). Soweit aus den vom Vorerben getätigten Aufwendungen bei Eintritt des Nacherbfalls noch Verbindlichkeiten bestehen, kann dieser vom Nacherben Befreiung verlangen (§ 257 BGB). Es kommt auch ein **Zurückbehaltungsrecht** (§ 273 BGB) des Vorerben gegen den Herausgabeanspruch des Nacherben nach § 2130 BGB in Betracht.[26] Der Ersatzanspruch des Vorerben ist nicht davon abhängig, ob der Gegenstand, für den die außergewöhnlichen Aufwendungen getätigt wurden, im Nacherbfall noch zum Nachlass gehört bzw. die Erbschaft durch die Aufwendungen im Nacherbfall bereichert ist.[27] Die Ersatzpflicht ist Nachlassverbindlichkeit, für die der Nacherbe gem. § 2144 Abs. 3 BGB nur beschränkt haftet.

§ 2125 Verwendungen; Wegnahmerecht

(1) Macht der Vorerbe Verwendungen auf die Erbschaft, die nicht unter die Vorschrift des § 2124 fallen, so ist der Nacherbe im Falle des Eintritts der Nacherbfolge nach den Vorschriften über die Geschäftsführung ohne Auftrag zum Ersatz verpflichtet.
(2) Der Vorerbe ist berechtigt, eine Einrichtung, mit der er eine zur Erbschaft gehörende Sache versehen hat, wegzunehmen.

Übersicht: Rdn

A. Verwendungen

1 Die Vorschrift betrifft diejenigen Verwendungen des Vorerben, welche nach § 2124 BGB weder vom Erhaltungszweck gedeckt sind noch vom Vorerben zur Nachlasserhaltung für erforderlich gehalten werden durften. Verwendungen i.S.d. § 2125 BGB können zum einen Maßnahmen sein, mit denen die Nachlasssubstanz über das gebotene Maß hinaus verändert wird (Umgestaltung oder Erweiterung eines Betriebes; Bebauung eines Grundstücks), zum anderen solche Aufwendungen, die nach dem Maßstab ordnungsgemäßer Verwaltung für den Vorerben erkennbar unzweckmäßig sind (Kosten eines unnützen, weil aussichtslosen Prozesses; unnötig teure Ersatzanschaffungen; Luxusausgaben).[1]

B. Ersatzpflicht des Nacherben

2 Ersatzansprüche für die nicht von § 2124 BGB gedeckten Verwendungen stehen dem Vorerben nur nach den Vorschriften über die **Geschäftsführung ohne Auftrag** zu. Es handelt sich um eine Rechtsgrundverweisung.[2] Die Verwendungen müssen demnach dem wirklichen oder mutmaßlichen Willen des Nacherben entsprechen, § 683 S. 1 BGB, oder im öffentlichen Interesse liegen, §§ 679, 683 S. 2 BGB. Sind diese Voraussetzungen nicht gegeben, steht dem Vorerben lediglich ein Bereicherungsanspruch zu, § 684 S. 1 BGB. Ersatzansprüche des Vorerben entstehen erst mit Eintritt des Nacherbfalls. Der Vorerbe ist nicht berechtigt, sich wegen der Verwendungen aus dem Nachlass zu befriedigen.[3] Für die Ersatzansprüche gem. §§ 670, 683 BGB, nicht

---

26 Staudinger/*Avenarius*, § 2124 Rn 16.
27 RGRK/*Johannsen*, § 2124 Rn 12.
1 Staudinger/*Avenarius*, § 2125 Rn 1, 3.
2 MüKo/*Lieder*, § 2125 Rn 2 f., 6; *de Leve*, ZEV 2005, 16, 17.
3 Soergel/*Wegmann*, § 2125 Rn 2; MüKo/*Lieder*, § 2125 Rn 7.

jedoch den Bereicherungsanspruch aus §§ 684 S. 1, 812 ff. BGB, gelten §§ 256, 257 BGB.

C. Wegnahmerecht

3 Abs. 2 gewährt dem Vorerben ausdrücklich ein Wegnahmerecht, § 258 BGB, hinsichtlich der von ihm an Nachlassgegenständen angebrachten Einrichtungen; ein solches Recht ergibt sich aus den durch Verweisung herangezogenen §§ 677 ff. BGB nicht.[4] Es betrifft bspw. in Hausgrundstücke eingebrachte Öfen, Lampen oder Einbauschränke.[5] Ob diese Gegenstände **wesentliche Bestandteile** (§§ 93 f. BGB) geworden sind, ist für das Wegnahmerecht unbeachtlich;[6] die Interessen des Nacherben werden durch die Wiederherstellungspflicht des Vorerben und das Leistungsverweigerungsrecht des Nacherben gem. § 258 BGB hinreichend gewahrt. Umstritten ist, ob sich das Wegnahmerecht auch auf Gegenstände bezieht, die nach § 2111 Abs. 2 BGB als **Inventarstücke** Nachlassbestandteil geworden sind.[7]

4 Das **Wegnahmerecht** besteht unabhängig von einem Ersatzanspruch nach Abs. 1. Der Vorerbe ist zur Wegnahme berechtigt, aber nicht verpflichtet. Der Nacherbe kann daher weder den Vorerben, der einen Ersatzanspruch geltend macht, auf sein Wegnahmerecht verweisen,[8] noch die Entfernung der Sache vom Vorerben verlangen. Übt der Vorerbe sein Wegnahmerecht aus, muss er sich auf seinen Ersatzanspruch den Wert der weggenommenen Sache anrechnen lassen; im Übrigen besteht der Ersatzanspruch fort.[9]

§ 2126 Außerordentliche Lasten

[1]Der Vorerbe hat im Verhältnis zu dem Nacherben nicht die außerordentlichen Lasten zu tragen, die als auf den Stammwert der Erbschaftsgegenstände gelegt anzusehen sind. [2]Auf diese Lasten findet die Vorschrift des § 2124 Abs. 2 Anwendung.

Übersicht: Rdn

A. Zweck und Anwendungsbereich

1 Die Vorschrift präzisiert die in § 2124 Abs. 1 BGB vorgegebene **Lastenverteilung** zwischen Vor- und Nacherben. Da dem Vorerben die Nutzungen des Nachlasses gebühren, hat er auch die gewöhnlichen Kosten und Lasten zu tragen, während die außerordentlichen Lasten, soweit sie „als auf den Stammwert der Erbschaftsgegenstände gelegt anzusehen sind", den Nacherben treffen, dem letztlich die Substanz der Erbschaft zufällt. Außerordentliche Lasten sind diejenigen Leistungspflichten, die den

4 Staudinger/*Avenarius*, § 2125 Rn 4.
5 Staudinger/*Avenarius*, § 2125 Rn 4.
6 Soergel/*Wegmann*, § 2125 Rn 3; a.A. Staudinger/*Avenarius*, § 2125 Rn 4.
7 Bejahend *Kipp/Coing*, § 49 II 3; MüKo/*Lieder*, § 2125 Rn 9; dagegen Staudinger/*Avenarius*, § 2125 Rn 5; Grüneberg/*Weidlich*, § 2125 Rn 2.
8 MüKo/*Lieder*, § 2125 Rn 8.
9 Soergel/*Wegmann*, § 2125 Rn 3.

Eigentümer, Besitzer oder Rechtsinhaber als solchen treffen.[1] Charakteristikum derartiger Lasten ist, dass sie grundsätzlich einmalig anfallen.[2] Auf den Stammwert gelegt ist eine Last, wenn sie nicht aus den Erträgen, sondern aus der Substanz zu leisten ist.[3] Die Vorschrift ist auch dann anzuwenden, wenn der Vorerbe befreit ist, und zwar unabhängig davon, ob der Vorerbe den Nachlass ungeschmälert an den Nacherben weitergegeben oder diesen – teilweise – für sich verbraucht hat.[4]

B. Einzelfälle

I. Privatrechtliche Lasten

Außerordentliche Lasten können privatrechtlicher oder öffentlich-rechtlicher Natur 2
sein. Zu den **privatrechtlichen Lasten** zählen: (1) die meisten **Nachlassverbindlichkeiten**, darunter vor allem Erblasserschulden; (2) Verbindlichkeiten aus Vermächtnissen und Auflagen – soweit sich nicht aus der letztwilligen Verfügung ergibt, dass allein der Vorerbe belastet sein soll;[5] (3) Pflichtteilsansprüche; (4) die aus den gesetzlichen Vermächtnissen der §§ 1963, 1969 BGB folgenden Verpflichtungen; (5) die Beerdigungskosten,[6] Kosten der Todeserklärung, der Testamentseröffnung und der gerichtlichen Nachlassfürsorge; (6) die nach § 1371 Abs. 4 BGB zu gewährenden Mittel für eine angemessene Ausbildung; (7) die Gebühren eines Nachlasspflegers oder Testamentsvollstreckers. Weitere auf den Stammwert von Nachlassgegenständen gelegte privatrechtliche Lasten sind die während der Vorerbschaft fällig werdenden Kapitalien oder Kapitalwerte von **Hypotheken**, **Grundschulden** und **Reallasten**; deren Rückzahlung oder Ablösung kann aus der Substanz bestritten werden, anfallende Zinsen oder die einzelnen Leistungen aus einer Rentenschuld (§ 1199 BGB) sind jedoch gem. § 2124 Abs. 1 BGB vom Vorerben zu tragen.[7] (Zu den Besonderheiten bei einer Tilgungshypothek siehe § 2124 Rdn 4).

II. Öffentlich-rechtliche Lasten

Öffentlich-rechtliche Lasten sind z.B. Erschließungsbeiträge oder Straßenanliegerbei- 3
träge, auch wenn für sie Ratenzahlung vorgesehen ist. Ferner gehören dazu kraft ausdrücklicher Regelung in § 20 Abs. 4 ErbStG die Erbschaftsteuer[8] sowie – im Hinblick auf die Bemessung nach dem Wert der Sache und nicht der Nutzungen – die nach den §§ 16, 17 EStG auf die Veräußerung von Gewerbebetrieben bzw. Mitunternehmeranteilen und wesentlichen Beteiligungen an Kapitalgesellschaften anfallenden Einkommensteuern.[9] Laufende Steuern, wie die Grundsteuer, die Kfz-Steuer oder die Gewerbesteuer, sind indessen als gewöhnliche Lasten vom Vorerben zu tragen.[10]

---

1 BGH NJW 1980, 2465.
2 BGH NJW 1956, 1070; BGH NJW 1980, 2465.
3 BGH ZEV 2005, 425, 426.
4 BGH NJW 1980, 2465.
5 Vgl. RG Recht 1909 Nr. 694.
6 Hierzu näher *Woitkewitsch*, MDR 2010, 57.
7 MüKo/*Lieder*, § 2126 Rn 4.
8 Wird sie erst nach Eintritt des Nacherbfalls festgesetzt, hat der Nacherbe den Vorerben (bzw. dessen Erben) freizustellen, LG Bonn ZEV 2012, 321.
9 BGH MDR 1968, 566; BGH NJW 1980, 2465.
10 MüKo/*Lieder*, § 2126 Rn 7.

§ 2127 Auskunftsrecht des Nacherben

Der Nacherbe ist berechtigt, von dem Vorerben Auskunft über den Bestand der Erbschaft zu verlangen, wenn Grund zu der Annahme besteht, dass der Vorerbe durch seine Verwaltung die Rechte des Nacherben erheblich verletzt.

Literatur

Sarres, Auskunftspflichten bei Vor- und Nacherbschaft, ZEV 2004, 56.

Übersicht:

A. Normzweck

1 Die §§ 2127–2129 BGB geben dem Nacherben vorbeugende **Kontroll- und Sicherungsmittel** im Hinblick auf seinen Anspruch aus § 2130 BGB. Bis zum Eintritt des Nacherbfalls hat er keinen Schadensersatzanspruch gegen den Vorerben wegen nicht ordnungsgemäßer Verwaltung.[1] Erste Stufe dieser außerordentlichen Rechte ist der Auskunftsanspruch gem. § 2127 BGB, mittels dessen sich der Nacherbe die **Beweismittel** zur Durchsetzung von Schadensersatzansprüchen nach Eintritt des Nacherbfalls sowie Klarheit darüber verschaffen kann, ob Anlass besteht, Sicherheitsleistung gemäß § 2128 BGB zu verlangen und als letzten Notbehelf die Entziehung der Verwaltung gemäß § 2129 BGB zu beantragen.[2] Die Vorschrift enthält keine abschließende Regelung der Auskunftsrechte des Nacherben (siehe auch § 2119 Rdn 3);[3] daneben verbleiben stets und ohne besondere Voraussetzungen die Rechte aus §§ 2121 und 2122 BGB.

Der Vorerbe kann von der Pflicht zur Auskunftserteilung befreit werden, § 2136 BGB.

B. Gefährdung der Nacherbenrechte

2 Der Auskunftsanspruch setzt voraus, dass **Grund zu der Annahme** besteht, die Rechte des Nacherben würden durch die Verwaltung des Vorerben erheblich verletzt. Das Recht, dessen Gefährdung dargetan werden muss, ist der künftige Herausgabeanspruch des Nacherben aus § 2130 BGB.[4] Eine tatsächliche Verletzung ist nicht erforderlich,[5] die Vermutung einer bevorstehenden Verletzung genügt, allerdings nicht der „bloße Verdacht".[6] Die Besorgnis muss also durch objektive Anhaltspunkte untermauert sein. Anders als bei § 2128 BGB reicht eine ungünstige Vermögenslage des Vorerben allein noch nicht aus, um den Anspruch auszulösen.[7] **„Erheblich"** ist eine Rechtsverletzung dann, wenn sie sich auf nicht unwesentliche Bestandteile des Nachlasses bezieht.[8] Ausgeschlossen wird die Möglichkeit der Rechtsverletzung nicht dadurch, dass der Vorerbe in der Lage ist, aus seinem Vermögen Ersatz zu leisten.[9] Ein Verschulden des

---

1 RG WarnR 1937, Nr. 133.
2 Staudinger/*Avenarius*, § 2127 Rn 2 f.; Soergel/*Wegmann*, § 2127 Rn 1.
3 LG Berlin ZEV 2002, 160 m. Anm. *Krug*.
4 RGRK/*Johannsen*, § 2127 Rn 3; MüKo/*Lieder*, § 2127 Rn 1; Staudinger/*Avenarius*, § 2127 Rn 4.
5 MüKo/*Lieder*, § 2127 Rn 4; Soergel/*Wegmann*, § 2127 Rn 2.
6 Vgl. hierzu *Sarres*, ZEV 2004, 56, 57.
7 Soergel/*Wegmann*, § 2127 Rn 3.
8 Soergel/*Wegmann*, § 2127 Rn 2; Staudinger/*Avenarius*, § 2127 Rn 5.
9 Staudinger/*Avenarius*, § 2127 Rn 5; MüKo/*Grunsky*, § 2127 Rn 3.

Vorerben ist nicht erforderlich, die Verwaltung des Vorerben muss lediglich **objektiv rechtsverletzend** sein. Dies ist nicht der Fall, wenn der Vorerbe der Verwaltungsmaßnahme gem. § 2120 BGB zustimmen müsste.[10]

Eine **erhebliche Verletzung** der Nacherbenrechte liegt insbesondere in der eigenmächtigen Vornahme von Verfügungen, die nach § 2113 BGB im Fall des Eintritts der Nacherbfolge unwirksam wären, oder im Verstoß gegen die Wertpapier- und Geldanlagebestimmungen der §§ 2116–2119 BGB.[11] Entgegen der Auffassung des BayObLG[12] ist auch die Errichtung eines unvollständigen Inventars geeignet, die Besorgnis einer Rechtsverletzung zu begründen.[13] Selbst wenn man die Inventarerrichtung mit dem BayObLG noch nicht als Verwaltungsmaßnahme ansieht,[14] würde bei bewusst unrichtiger Errichtung Grund zu der Annahme bestehen, dass der Vorerbe in Zukunft durch seine Verwaltung die Rechte des Nacherben verletzen werde.[15] 3

C. Inhalt und Geltendmachung des Auskunftsanspruchs

Auskunft kann nur über den **gegenwärtigen Bestand** des Nachlasses[16] verlangt werden, nicht jedoch über den zwischenzeitlichen Verbleib von Nachlassgegenständen.[17] **Rechenschaftslegung** wird nicht geschuldet.[18] Die §§ 260, 261 BGB finden Anwendung.[19] Hat der Vorerbe bereits nach § 2121 BGB ein Bestandsverzeichnis vorgelegt, kann der Nacherbe lediglich dessen Ergänzung verlangen.[20] 4

Bei mehreren Nacherben kann jeder von ihnen das **Auskunftsrecht** selbstständig geltend machen, auch gegen den Willen der Miterben.[21] Der Ersatznacherbe hat kein Auskunftsrecht.[22] Ist ein Nacherbentestamentsvollstrecker gem. § 2222 BGB bestellt, wird das Auskunftsrecht von diesem wahrgenommen. Zeitlich besteht der Anspruch nur **bis zum Nacherbfall**, danach hat der Nacherbe das Recht aus § 2130 Abs. 2 BGB. Der Auskunftsanspruch kann wiederholt geltend gemacht werden, sobald ein neuer Grund hierfür gegeben ist.[23] 5

Der Auskunftsanspruch ist notfalls im Klageweg geltend zu machen. Dabei muss der Nacherbe nach allg. Grundsätzen die tatsächlichen Voraussetzungen des Auskunftsanspruchs darlegen und beweisen. Da eine tatsächliche Rechtsverletzung nicht erforderlich ist, genügt jedoch die Angabe der Umstände, aus denen sich die Vermutung einer bereits eingetretenen oder bevorstehenden Rechtsverletzung ergibt.[24] 6

---

10 RGZ 149, 65, 68.
11 Staudinger/*Avenarius*, § 2127 Rn 7.
12 BayObLG Recht 1903 Nr. 2379.
13 Soergel/*Wegmann*, § 2127 Rn 3.
14 So aber Staudinger/*Avenarius*, § 2127 Rn 7.
15 Soergel/*Wegmann*, § 2127 Rn 3.
16 Wozu auch der Surrogationserwerb gehört, vgl. MüKo/*Lieder*, § 2127 Rn 7.
17 OLG Celle ZEV 2006, 361; BayObLG Recht 1903 Nr. 2379; Formulierungsvorschlag für entspr. Klageantrag: *Sarres*, ZEV 2004, 56, 57.
18 Staudinger/*Avenarius*, § 2127 Rn 9.
19 BayObLG Recht 1903 Nr. 2379.
20 MüKo/*Lieder*, § 2127 Rn 7; Soergel/*Wegmann*, § 2127 Rn 4; a.A. Staudinger/*Avenarius*, § 2127 Rn 10, der einen Anspruch auf Neuerstellung annimmt.
21 RG LZ 1919, 252.
22 RGZ 145, 316, 319.
23 Grüneberg/*Weidlich*, § 2127 Rn 2.
24 MüKo/*Lieder*, § 2127 Rn 2.

§ 2128 Sicherheitsleistung

(1) Wird durch das Verhalten des Vorerben oder durch seine ungünstige Vermögenslage die Besorgnis einer erheblichen Verletzung der Rechte des Nacherben begründet, so kann der Nacherbe Sicherheitsleistung verlangen.
(2) Die für die Verpflichtung des Nießbrauchers zur Sicherheitsleistung geltende Vorschrift des § 1052 findet entsprechende Anwendung.

A. Voraussetzungen der Sicherheitsleistung

1 Die Vorschrift gibt dem Nacherben bei **begründeter Besorgnis** einer Rechtsverletzung das Recht, Sicherheitsleistung vom Vorerben zu verlangen, wie dies gem. § 1051 BGB auch für das Verhältnis zwischen Eigentümer und Nießbraucher gilt, und, falls die Sicherheit nach Verurteilung nicht fristgerecht geleistet wird, dem Vorerben die Verwaltung entziehen zu lassen, Abs. 2 mit § 1052 BGB. Die Rechtsverletzung muss **erheblich** sein, darf also nicht nur im Verhältnis zum Nachlasswert geringfügige Gegenstände betreffen (vgl. § 2127 Rdn 2). Geschütztes Recht ist der Herausgabeanspruch des Nacherben gem. § 2130 BGB[1] und dasjenige auf Anfall der Nacherbschaft aus § 2139 BGB. Von der Verpflichtung zur Sicherheitsleistung kann gem. § 2136 BGB Befreiung erteilt werden.

2 Die Besorgnis der Rechtsverletzung muss aus dem Verhalten des Vorerben oder aus dessen ungünstiger Vermögenslage resultieren. Ein **gefährdendes Verhalten** kann regelmäßig dann angenommen werden, wenn der Vorerbe den Beschränkungen und Verpflichtungen der §§ 2113, 2114, 2116 ff. BGB zuwiderhandelt (z.B. unentgeltliche Verfügungen vornimmt).[2] Auch die Unterlassung der Geltendmachung von zur Erbschaft gehörenden Rechten[3] oder unrichtige Angaben in einem Nachlassverzeichnis können die Besorgnis einer Rechtsverletzung begründen. Das Verhalten des Vorerben braucht weder **schuldhaft**[4] noch **pflichtwidrig** zu sein;[5] so kann auch die schlechte Verwaltung eines anderen Vermögens, insbesondere des freien Vermögens des Vorerben, einen Anspruch auf Sicherheitsleistung auslösen.[6] Im Allgemeinen dürfte ein nicht vorwerfbares Verhalten jedoch nur selten die Besorgnis einer Rechtsverletzung begründen.[7] Nicht gerechtfertigt ist die Besorgnis, wenn der Nacherbe einer Verfügung des Vorerben nach § 2120 BGB zustimmen muss.[8]

3 Anders als bei § 2127 BGB kann auch eine **ungünstige Vermögenslage** des Vorerben die Besorgnis der Rechtsverletzung begründen. Dies ist dann der Fall, wenn zu befürchten ist, dass Gläubiger des Vorerben in Nachlassgegenstände vollstrecken, oder wenn das Vermögen des Vorerben nicht ausreicht, um bereits entstandene Ersatzansprüche des Nacherben abzudecken.[9] Die bloße Überschuldung reicht jedoch nicht aus.[10] Ob die ungünstige Vermögenslage des Vorerben schon beim Erbfall gegeben

---

1 Einschl. der Ansprüche aus § 280 Abs. 1 BGB, nicht jedoch sonstiger Schadensersatzansprüche, die die Nachlassmasse während der Vorerbschaft vergrößerten, OLG Schleswig ZEV 2018, 749.
2 Staudinger/*Avenarius*, § 2128 Rn 3; Soergel/*Wegmann*, § 2128 Rn 2.
3 MüKo/*Lieder*, § 2128 Rn 1.
4 RG JW 1920, 380; Staudinger/*Avenarius*, § 2128 Rn 4 m.w.N.
5 Statt vieler: MüKo/*Lieder*, § 2128 Rn 1 m.w.N.
6 RG Warn 1922 Nr. 17; RGRK/*Johannsen*, § 2128 Rn 3; Staudinger/*Avenarius*, § 2128 Rn 3; MüKo/*Lieder*, § 2128 Rn 1; Soergel/*Wegmann*, § 2128 Rn 2.
7 Soergel/*Wegmann*, § 2128 Rn 1.
8 RGZ 149, 65, 68.
9 Soergel/*Wegmann*, § 2128 Rn 3; Staudinger/*Avenarius*, § 2128 Rn 6.
10 MüKo/*Lieder*, § 2128 Rn 5.

oder erst später eingetreten ist, spielt ebenso wenig eine Rolle wie die Ursache hierfür;[11] nur die Tatsache der ungünstigen Vermögenslage selbst muss objektiv feststehen.[12]

B. Prozessuales

Der Anspruch auf Sicherheitsleistung ist notfalls im Prozessweg geltend zu machen; 4
er setzt aber nicht voraus, dass der Vorerbe hierzu bereits rechtskräftig verurteilt ist.[13] Sind mehrere Nacherben vorhanden, kann jeder von ihnen **Sicherheit** verlangen (vgl. § 2127 Rdn 5). Die Höhe der Sicherheit ist vom Prozessgericht festzusetzen und richtet sich grundsätzlich nach dem Wert des Nachlasses.[14] Anderes kann gelten, wenn nur ein Teil des Nachlasses gefährdet ist.[15] Die Sicherheit kann aus dem Nachlass geleistet werden, erforderlichenfalls muss der Vorerbe aber auch sein freies Vermögen einsetzen.[16] Wie die Sicherheit im Einzelnen zu bewirken ist, regeln die §§ 232 ff. BGB. Der Anspruch kann auch einredeweise durch Ausübung eines **Zurückbehaltungsrechts** geltend gemacht werden.[17]

Wenn der Vorerbe rechtskräftig zur Sicherheitsleistung verurteilt worden ist und er 5
die Sicherheit nicht innerhalb der im Urteil (§ 255 Abs. 2 ZPO) oder nachträglich vom Vollstreckungsgericht (§ 764 ZPO) gesetzten Frist geleistet hat, kann der Nacherbe gem. Abs. 2 i.V.m. § 1052 Abs. 1 BGB verlangen, dass dem Vorerben die Verwaltung des Nachlasses entzogen und auf einen vom Gericht zu bestellenden Verwalter übertragen wird mit den weiteren Folgen des § 2129 BGB. Zuständiges Gericht ist hierfür das **Vollstreckungsgericht** und nicht das Prozessgericht.[18] Die Verwaltung ist aufzuheben, wenn die Sicherheit nachträglich geleistet wird, Abs. 2 i.V.m. § 1052 Abs. 3 BGB. Zum Verwalter kann auch der Nacherbe eingesetzt werden, der Vorerbe jedoch nicht.[19] Die Vergütung des Verwalters wird vom Vollstreckungsgericht festgesetzt.[20] Sie ist den Nutzungen der Erbschaft zu entnehmen;[21] nur soweit diese nicht ausreichen, soll der Stamm der Erbschaft angegriffen werden dürfen.[22]

Die allg. Sicherungsmittel des **Arrestes** und der **einstweiligen Verfügung** (§§ 916, 6
935 ff. ZPO) werden durch § 2128 BGB nicht ausgeschlossen. Sie sind vor allem auch dann gegeben, wenn der Vorerbe von der Verpflichtung nach § 2128 BGB befreit ist;[23] hier sind sie ohnehin die einzigen Möglichkeiten zur Sicherung der Nacherbenrechte. Allerdings gelten beim befreiten Vorerben, dem der Erblasser bewusst einen weiten Spielraum für die Verwaltung des Nachlasses eingeräumt hat, im Hinblick auf das Vorliegen einer Rechtsverletzung andere Maßstäbe als beim nicht befreiten Vorerben.[24] Durch einstweilige Verfügung kann dem Vorerben auch schon die Verwaltung des Nachlasses entzogen werden,[25] sofern dies zur Abwendung wesentlicher Nachteile in

---

11 Vgl. dazu Prot. V, S. 124; MüKo/*Lieder*, § 2128 Rn 5; Staudinger/*Avenarius*, § 2128 Rn 6; Soergel/*Wegmann*, § 2128 Rn 3.
12 Staudinger/*Avenarius*, § 2128 Rn 6.
13 RGZ 59, 200, 201.
14 OLG Rostock OLGE 39, 25.
15 MüKo/*Lieder*, § 2128 Rn 6.
16 Prot. V, S. 123.
17 Vgl. RGZ 59, 200.
18 RGRK/*Johannsen*, § 2128 Rn 9; MüKo/*Grunsky*, § 2128 Rn 4; Staudinger/*Avenarius*, § 2128 Rn 14.
19 OLG München BayZ 1934, 248.
20 OLG Breslau OLGE 19, 155 zur Vergütung des Sequesters, § 153 Abs. 1 ZVG.
21 OLG Breslau OLGE 19, 155; Staudinger/*Avenarius*, § 2128 Rn 15.
22 MüKo/*Lieder*, § 2128 Rn 7.
23 OLG Hamburg OLGE 12, 373.
24 MüKo/*Lieder*, § 2128 Rn 9: letztlich sei die Maßnahme insoweit nur bei unentgeltlichen Verfügungen denkbar.
25 OLG Celle HRR 1934 Nr. 1683.

der Zeit vor der Verurteilung zur Sicherheitsleistung und vor Ablauf der hierfür gesetzten Frist erforderlich scheint.[26]

§ 2129 Wirkung einer Entziehung der Verwaltung

(1) Wird dem Vorerben die Verwaltung nach der Vorschrift des § 1052 entzogen, so verliert er das Recht, über Erbschaftsgegenstände zu verfügen.
(2) [1]Die Vorschriften zugunsten derjenigen, welche Rechte von einem Nichtberechtigten herleiten, finden entsprechende Anwendung. [2]Für die zur Erbschaft gehörenden Forderungen ist die Entziehung der Verwaltung dem Schuldner gegenüber erst wirksam, wenn er von der getroffenen Anordnung Kenntnis erlangt oder wenn ihm eine Mitteilung von der Anordnung zugestellt wird. [3]Das Gleiche gilt von der Aufhebung der Entziehung.

Übersicht: Rdn

A. Übergang der Verfügungsbefugnis

1 Mit der Entziehung der Verwaltung gem. § 2128 BGB i.V.m. § 1052 BGB verliert der Vorerbe zugleich die Befugnis, über die **Nachlassgegenstände zu verfügen,** Abs. 1. Die Verfügungsbefugnis geht auf den Verwalter in der Form über, in der sie der Vorerbe innehatte; dies kann u.U. für einzelne Befreiungen (§ 2136 BGB) bedeutsam sein.[1] Auch bleibt die Notwendigkeit einer Zustimmung des Nacherben nach §§ 2113 ff. BGB, deren Erteilung erforderlichenfalls vom Verwalter nach § 2120 BGB verlangt werden kann, bestehen. Der Übergang der Verfügungsbefugnis erfolgt mit **Vollstreckbarkeit der sie anordnenden Entscheidung** (§§ 793, 794 Abs. 1 Nr. 3 ZPO). Nach diesem Zeitpunkt vom Vorerben vorgenommene Verfügungen sind allen gegenüber unwirksam, doch können der Verwalter und auch der Nacherbe, in dessen alleinigem Interesse die Verfügungsbeschränkung besteht, diese Verfügungen gem. § 185 Abs. 2 BGB genehmigen.[2] Die Verwaltung ist auf Antrag des Verwalters oder des Nacherben (§§ 13, 22 GBO) oder auf Ersuchen des Vollstreckungsgerichts (§ 38 GBO)[3] in das Grundbuch einzutragen; amtswegige Eintragung erfolgt nicht.[4] Das Nutzungsrecht des Vorerben (§ 2111 BGB) wird von der Zwangsverwaltung nicht berührt. Die Nutzungen sind ihm vom Verwalter herauszugeben,[5] der Gebrauch der Nachlassgegenstände ist ihm zu gestatten.[6]

2 Zum Zweck der **Ausübung** des **Verwaltungsrechts** kann der Verwalter vom Vorerben die Herausgabe des Nachlasses verlangen. Der Beschluss über die Entziehung der Verwaltung dient insoweit nach h.M. als Vollstreckungstitel, wenn die herauszugeben-

26 Staudinger/*Avenarius*, § 2128 Rn 17.
1 Staudinger/*Avenarius*, § 2129 Rn 3.
2 Soergel/*Wegmann*, § 2129 Rn 1; MüKo/*Lieder*, § 2129 Rn 2; Staudinger/*Avenarius*, § 2129 Rn 6.
3 Staudinger/*Avenarius*, § 2129 Rn 8.
4 MüKo/*Lieder*, § 2129 Rn 4.
5 Staudinger/*Avenarius*, § 2129 Rn 5.
6 MüKo/*Lieder*, § 2129 Rn 3.

den Gegenstände in ihm einzeln aufgeführt sind.[7] Andernfalls muss das Vollstreckungsgericht einen entsprechenden Ergänzungsbeschluss erlassen.[8]

B. Gutglaubensschutz

3 Abs. 2 erklärt die Vorschriften zugunsten derjenigen, welche Rechte von einem Nichtberechtigten herleiten, für entsprechend anwendbar. Eine unmittelbare Anwendbarkeit dieser Vorschriften scheidet aus, weil der Vorerbe auch nach Entziehung der Verwaltung Berechtigter bzgl. der Nachlassgegenstände bleibt.[9] Dies bedeutet, dass ausnahmsweise – wie auch bei § 2113 Abs. 3 BGB – der **gute Glaube an die Verfügungsbefugnis** geschützt wird, der Erwerber also unter den Voraussetzungen der §§ 892 ff., 932 ff. BGB so gestellt wird, als sei der Vorerbe nach wie vor verfügungsbefugt. Bei beweglichen Sachen setzt der **Gutglaubensschutz** voraus, dass der Erwerber die Anordnung der Zwangsverwaltung **ohne grobe Fahrlässigkeit nicht kennt** (§ 932 Abs. 2 BGB). Bei Grundstücksrechten ist ein gutgläubiger Erwerb ausgeschlossen, wenn entweder der Erwerber positive Kenntnis von der Zwangsverwaltung hat oder diese im Grundbuch eingetragen ist (§ 892 Abs. 1 S. 2 BGB). Der Erbschein schützt den Erwerber nicht, da die Anordnung der Zwangsverwaltung nicht zu den gem. § 2366 BGB im Erbschein aufzuführenden Beschränkungen gehört.[10]

C. Empfangszuständigkeit

4 Abs. 2 S. 2, der den §§ 1070 Abs. 2, 1275 BGB entspricht, schützt den guten Glauben des Schuldners einer Nachlassforderung an die – ab Entziehung der Verwaltung nicht mehr gegebene – **Empfangszuständigkeit** des Vorerben. Die Entziehung der Verwaltung wird dem Schuldner gegenüber erst wirksam, wenn er von der getroffenen Anordnung Kenntnis erlangt oder ihm eine entsprechende Mitteilung zugestellt wird. Die vom Verwalter oder dem Nacherben zu betreibende Zustellung einer zur Zerstörung des Rechtsscheins geeigneten Mitteilung erfolgt nach § 132 BGB, §§ 192 ff. ZPO.[11] Die Vorschrift gilt nicht im Verhältnis zum Zessionar der Forderung.[12]

D. Aufhebung der Entziehung

5 Bei der Aufhebung der Entziehung wird der gute Glaube an die Empfangszuständigkeit des Verwalters nach Abs. 2 S. 3 in gleicher Weise wie nach Abs. 2 S. 2 geschützt. Ob S. 3 auch auf Abs. 2 S. 1 verweist und somit auch der gute Glaube an die Verfügungsbefugnis des Verwalters entsprechend geschützt wird, lässt sich nach Wortlaut und systematischer Stellung der Regelung nicht eindeutig beantworten. Die Auffassungen in der Lit. gehen demgemäß auseinander. *Avenarius*[13] und *Johannsen*[14] nehmen ohne Weiteres eine Verweisung sowohl auf S. 2 als auch auf S. 1 an. Mit *Lieder*[15] ist indessen davon auszugehen, dass sich die Vorschrift nur auf S. 2 bezieht, da der gute Glaube an das Fortbestehen einer Verfügungsbeschränkung auch sonst nicht geschützt ist.

---

7 Staudinger/*Avenarius*, § 2129 Rn 4; Soergel/*Wegmann*, § 2129 Rn 2.

8 Staudinger/*Avenarius*, § 2129 Rn 4; Soergel/*Wegmann*, § 2129 Rn 2; MüKo/*Lieder*, § 2129 Rn 3; a.A. NK-BGB/*Gierl*, § 2129 Rn 6.

9 Staudinger/*Avenarius*, § 2129 Rn 7.

10 Staudinger/*Avenarius*, § 2129 Rn 9; Soergel/*Wegmann*, § 2129 Rn 3; MüKo/*Lieder*, § 2129 Rn 4.

11 MüKo/*Lieder*, § 2129 Rn 5; Mitwirkung des Gerichtsvollziehers ist unverzichtbar: Grüneberg/*Ellenberger*, § 132 Rn 2.

12 Soergel/*Wegmann*, § 2129 Rn 4; MüKo/*Lieder*, § 2129 Rn 5.

13 Staudinger/*Avenarius*, § 2129 Rn 11.

14 RGRK/*Johannsen*, § 2129 Rn 7.

15 MüKo/*Lieder*, § 2129 Rn 6.

§ 2130 Herausgabepflicht nach dem Eintritt der Nacherbfolge, Rechenschaftspflicht

(1) [1]Der Vorerbe ist nach dem Eintritt der Nacherbfolge verpflichtet, dem Nacherben die Erbschaft in dem Zustand herauszugeben, der sich bei einer bis zur Herausgabe fortgesetzten ordnungsmäßigen Verwaltung ergibt. [2]Auf die Herausgabe eines landwirtschaftlichen Grundstücks findet die Vorschrift des § 596a, auf die Herausgabe eines Landguts finden die Vorschriften der §§ 596a, 596b entsprechende Anwendung.
(2) Der Vorerbe hat auf Verlangen Rechenschaft abzulegen.

Literatur
Baur/Grunsky, Eine „Einmann-oHG", ZHR 133 (1970), 209; *Michalski*, Die Vor- und Nacherbschaft in einen OHG(KG)- und GmbH-Anteil, DB 1987, Beil. 16; *Petzoldt*, Vorerbschaft- und Nießbrauchsvermächtnis, BB 1975, Beil. 6, 1.

Übersicht: Rdn

A. Normzweck

1 Die Vorschrift statuiert zum einen den Herausgabeanspruch des Nacherben mit Eintritt des Nacherbfalls und zum anderen den Haftungsmaßstab für die Haftung des Vorerben. Aus der Pflicht zur Herausgabe in dem Zustand, der sich bei einer fortgesetzten ordnungsgemäßen Verwaltung ergibt, kann mittelbar auf eine Verwaltungspflicht des Vorerben geschlossen werden, von der er allerdings befreit werden kann (§ 2136 BGB). Kann der Vorerbe die Erbschaft nicht in dem vom Gesetz beschriebenen (End-)Zustand herausgeben, ist er dem Nacherben zum Schadensersatz verpflichtet. Auf diese Weise wirkt die Herausgabepflicht durch die **normative Beschreibung des Endergebnisses** der Vermögensherrschaft des Vorerben in die Zeit der Vorerbschaft zurück.[1] Die Regelung der Pflicht zur ordnungsgemäßen Verwaltung erst im Zusammenhang mit der Herausgabepflicht macht deutlich, dass der Nacherbe zum einen aus der Verletzung der Verwaltungspflicht erst **ab dem Nacherbfall Rechte herleiten** kann und er zum anderen lediglich Anspruch auf ein ordnungsgemäßes Gesamtergebnis der Verwaltung hat; einzelne Verwaltungshandlungen des Vorerben kann er nicht herausgreifen.[2]

B. Herausgabeanspruch

2 Mit dem Nacherbfall wird der Nacherbe unmittelbar Eigentümer der Nachlassgegenstände (§ 2139 BGB). Der gesetzliche Herausgabeanspruch des Nacherben ist daher nicht auf Verschaffung des Eigentums gerichtet, daher nicht schuldrechtlicher,[3] sondern **erbrechtlicher Natur**, und ähnelt dem Erbschaftsanspruch nach § 2018 BGB.[4]

1 Staudinger/*Avenarius*, § 2130 Rn 2.
2 Vgl. Prot. V., S. 96; RG WarnR 1937 Nr. 133; BGH FamRZ 1973, 187 = WM 1973, 361; Soergel/*Wegmann*, § 2130 Rn 1; näher Staudinger/*Avenarius*, § 2130 Rn 3: die Grundregel gebiete letztlich nur eine Art Vorteilsausgleichung gegenüber einzelnen Verwaltungsmissgriffen.
3 So aber Staudinger/*Avenarius*, § 2130 Rn 12.
4 Grüneberg/*Weidlich*, § 2130 Rn 2.

Anders als der Erbschaftsanspruch richtet sich der Anspruch aus § 2130 BGB jedoch ausschließlich gegen den Vorerben – bzw. dessen Erben,[5] wenn der Nacherbfall mit dem Tod des Vorerben eintritt, nicht jedoch gegen **Dritte**, die Nachlassgegenstände in Besitz haben. Der Nacherbe muss in diesem Fall aus § 2018 BGB oder aus §§ 985, 894 BGB vorgehen, wie sie für die Einzelgegenstände gelten.[6] Im Verhältnis zum Vorerben, der den Eintritt des Nacherbfalls bestreitet, findet § 2018 BGB Anwendung.[7] Der Herausgabeanspruch entfällt, wenn für den Vorerben und den Nacherben derselbe **Testamentsvollstrecker** ernannt ist; der Testamentsvollstrecker muss denn lediglich das Besitzmittlungsverhältnis zum Vorerben lösen und für den Nacherben besitzen.[8]

C. Anspruchsinhalt

Der Anspruch geht auf Herausgabe der gesamten Erbschaft in dem Zustand, der bei Annahme fortgesetzter ordnungsgemäßer Verwaltung vorläge, und umfasst daher auch Surrogate (§ 2111 BGB).[9] Soweit der Vorerbe die Erbschaft überobligationsmäßig gut verwaltet hat, ist sie dem Nacherben gleichwohl insgesamt ohne etwaige Abzüge herauszugeben.[10] Nicht herauszugeben sind die dem Vorerben gebührenden Nutzungen.[11] Die Verteilung von Früchten bestimmt sich nach den §§ 101, 102 BGB, die Verteilung von Lasten nach den §§ 103, 2124–2126 BGB. Für die Herausgabe landwirtschaftlicher Grundstücke gilt § 596a BGB und für Landgüter gelten die §§ 596a u. 596b BGB entsprechend, Abs. 1 S. 2. Herauszugeben sind auch solche Gegenstände, die zwar nicht sachenrechtlich, wohl aber ihrer Zweckbestimmung nach zum Nachlass gehören,[12] wie eine vollstreckbare Schuldurkunde über eine Nachlassforderung[13] oder Versicherungspolicen und andere Urkunden, auf die § 952 BGB nicht anwendbar ist.[14] Aus dem Nachlass ausgeschiedene Gegenstände können naturgemäß nicht herausgegeben werden; hier tritt bei ordnungswidriger Verwaltung an die Stelle des Herausgabeanspruchs ein Schadensersatzanspruch (vgl. Rdn 6). 3

Dem Herausgabeanspruch des Nacherben kann der Vorerbe gem. § 273 Abs. 2 BGB ein **Zurückbehaltungsrecht** entgegenhalten, wenn ihm Ersatzansprüche wegen Verwendungen nach den §§ 2124, 2125 BGB oder hinsichtlich nicht gezogener Früchte gem. § 596a BGB zustehen.[15] 4

Seiner Herausgabepflicht kommt der Vorerbe nur durch Herausgabe an den wahren Nacherben nach. Durch Herausgabe an den Falschen wird der Vorerbe auch bei Schuldlosigkeit nicht frei. Der Vorerbe kann sich hier auch nicht auf § 2140 BGB berufen.[16] 5

D. Ordnungsmäßige Verwaltung

Verletzt der Vorerbe seine Pflicht zur ordnungsmäßigen Verwaltung, ist er dem Nacherben gegenüber **schadensersatzpflichtig.** Insoweit kommt dem Vorerben die **Haf-** 6

5 RGZ 163, 51, 53.
6 MüKo/*Lieder*, § 2130 Rn 5.
7 MüKo/*Lieder*, § 2130 Rn 2; Staudinger/*Avenarius*, § 2130 Rn 23; a.A. Grüneberg/*Weidlich*, § 2130 Rn 2.
8 Grüneberg/*Weidlich*, § 2130 Rn 4; MüKo/*Lieder*, § 2130 Rn 4.
9 Grüneberg/*Weidlich*, § 2130 Rn 3.
10 MüKo/*Lieder*, § 2130 Rn 5.
11 Grüneberg/*Weidlich*, § 2130 Rn 3.
12 Staudinger/*Avenarius*, § 2130 Rn 15.
13 RGZ 163, 51, 53.
14 Staudinger/*Avenarius*, § 2130 Rn 15.
15 Staudinger/*Avenarius*, § 2130 Rn 17.
16 RG WarnR 1918 Nr. 213.

tungserleichterung des § 2131 BGB zugute (diligentia quam in suis, vgl. § 277 BGB), die jedoch nur für die allg. Verwaltungspflicht des Vorerben, nicht aber für die ihm von Gesetzes wegen – z.B. gem. §§ 2116–2119 BGB – obliegenden Einzelpflichten gilt. Ordnungsgemäße Verwaltung fordert die Erhaltung des Nachlasses nach seiner **Wertsubstanz**, nicht nach den konkreten Gegenständen.[17] Maßgebend für die Ordnungsmäßigkeit der Verwaltung ist deren Gesamtergebnis (siehe Rdn 1). Wenn sich ordnungswidrige Maßnahmen im Gesamtergebnis nicht niederschlagen, weil der Vorerbe deren Auswirkungen durch besondere Anstrengungen kompensiert hat, ist für einen Schadensersatzanspruch kein Raum.[18] (Zur Beurteilung der Ordnungsmäßigkeit einzelner Verwaltungsmaßnahmen siehe § 2120 Rdn 5 ff.). Der Schadensersatzanspruch des Nacherben entsteht erst mit dem Nacherbfall.[19] Davor kann der Nacherbe nur nach den §§ 2127–2129 BGB vorgehen.[20]

7 Führt der Vorerbe ein Unternehmen des Erblassers fort, schuldet er im Rahmen seiner Pflicht zur ordnungsmäßigen Verwaltung eine **unternehmerische Leitung**, um das Unternehmen auf dem Stand zu halten, auf dem er es übernahm.[21] Welche Maßnahmen er hierzu unter Beachtung der unternehmerüblichen Sorgfalt zu ergreifen hat, etwa Rückstellungen, Investitionen, Rationalisierungen, entscheidet der Einzelfall.[22] Der Vorerbe, der aufgrund einer **gesellschaftsvertraglichen Nachfolgeklausel** (bei der Eintrittsklausel steht dem Vorerben das Wahlrecht nach § 139 HGB nicht zu)[23] die Nachfolge eines persönlich haftenden Gesellschafters antritt, kann ohne Beschränkung durch § 2130 BGB gem. § 139 Abs. 1 HGB frei wählen, ob er persönlich haftender Gesellschafter bleibt oder seinen Verbleib in der Gesellschaft von der Einräumung einer Kommanditistenstellung abhängig macht.[24] Hat er die Kommanditistenstellung gewählt, ist der Nacherbe hieran gebunden.[25] Bei Fortführung eines zum Nachlass gehörenden Handelsunternehmens unter der bisherigen Firma haftet der Nacherbe gem. § 27 HGB für alle vom Vorerben begründeten Geschäftsverbindlichkeiten, unabhängig davon, ob ihre Eingehung im Rahmen ordnungsmäßiger Verwaltung erfolgte oder nicht.[26] (Näher zur Vor- und Nacherbschaft im Unternehmensbereich siehe § 2100 Rdn 35 ff.).

E. Rechenschaftslegung

8 Für die in Abs. 2 angeordnete Verpflichtung des Vorerben, auf Verlangen des Nacherben Rechenschaft zu legen, gilt § 259 BGB. Da die Rechenschaftspflicht der Durchsetzung der Nacherbenrechte nach § 2130 BGB dient, ist sie nach Maßgabe des Umfangs dieser Rechte eingeschränkt; sie erstreckt sich daher nicht auf die dem Vorerben zustehenden **Nutzungen** und die von ihm zu tragenden **Erhaltungskosten** (§ 2124 Abs. 1 BGB). Neben § 259 BGB findet auf die Herausgabepflicht § 260 BGB Anwendung. Aus beiden Bestimmungen ergibt sich die Verpflichtung des Vorerben, eine **eidesstattliche Versicherung** abzugeben, wenn Zweifel an der Anwendung der erforderlichen Sorgfalt bei der Rechenschaftslegung bestehen; die Haftungsprivilegierung des Vorer-

17 Staudinger/*Avenarius*, § 2130 Rn 8.
18 Staudinger/*Avenarius*, § 2130 Rn 3; MüKo/*Lieder*, § 2130 Rn 11.
19 Vgl. nur Staudinger/*Avenarius*, § 2130 Rn 5.
20 MüKo/*Lieder*, § 2130 Rn 12.
21 *V. Godin*, Nutzungsrecht, S. 78 ff.; *Baur/Grunsky*, ZHR 133, 209, 212; Staudinger/*Avenarius*, § 2130 Rn 9; Soergel/*Wegmann*, § 2130 Rn 3.
22 Staudinger/*Avenarius*, § 2130 Rn 9.
23 *Petzoldt*, BB 1975, Beil. 6, S. 10.
24 *Petzoldt*, BB 1975, Beil. 6, S. 11; *Michalski*, DB 1987, Beil. 16, S. 1, 13.
25 BGHZ 69, 47, 52 = NJW 1977, 1540.
26 BGHZ 32, 60 = NJW 1960, 959.

ben gem. § 2131 BGB gilt insoweit nicht.[27] Bei der Aufstellung des Bestandsverzeichnisses und der Rechenschaftslegung kann der Vorerbe sich auf ein gem. § 2121 BGB mitgeteiltes Nachlassverzeichnis und eine gem. § 2127 BGB erteilte Auskunft beziehen, muss aber die bis zur Herausgabe eingetretenen Veränderungen angeben.[28] Rechenschaftslegung und Herausgabe kann der Nacherbe im Wege der **Stufenklage** (§ 254 ZPO) durchsetzen. Nach § 242 BGB kommt unter Umständen auch ein Auskunftsanspruch gegen den vom Vorerben Beschenkten in Betracht.[29]

§ 2131 Umfang der Sorgfaltspflicht

Der Vorerbe hat dem Nacherben gegenüber in Ansehung der Verwaltung nur für diejenige Sorgfalt einzustehen, welche er in eigenen Angelegenheiten anzuwenden pflegt.

A. Haftungsprivilegierung

Mit Rücksicht darauf, dass der Vorerbe während der Dauer der Vorerbschaft Eigentümer der Nachlassgegenstände ist und diese nicht lediglich treuhänderisch verwaltet, beschränkt die Vorschrift den subjektiven Maßstab für die Haftung des Vorerben auf diejenige Sorgfalt, die er in eigenen Angelegenheiten anzuwenden pflegt (diligentia quam in suis rebus adhibere solet, vgl. §§ 276, 277, 690, 708, 1359, 1664 BGB). Nach der Begründung in den Protokollen entspricht diese Privilegierung dem **mutmaßlichen Willen** des Erblassers.[1] Die Haftung für grobe Fahrlässigkeit bleibt indessen unberührt, § 277 BGB. 1

Da die Vorschrift den objektiven Haftungsmaßstab des § 2130 BGB in subjektiver Hinsicht beschränkt und der Nacherbe den Sorgfaltsstandard des Vorerben regelmäßig nicht kennt, trägt der Vorerbe die Darlegungs- und Beweislast dafür, dass er bei seiner Verwaltung die eigenübliche Sorgfalt angewendet hat, d.h. in eigenen Angelegenheiten nicht sorgfältiger verfahre.[2] 2

B. Reichweite der Privilegierung

Die Haftungsbeschränkung des § 2131 BGB bezieht sich lediglich auf die allg. Pflicht des Vorerben zur ordnungsgemäßen Verwaltung, nicht jedoch auf die dem Vorerben auferlegten **besonderen Pflichten**; so gilt für die aus den §§ 2116–2119, 2123 BGB folgenden Pflichten zur Hinterlegung von Wertpapieren, zur Eintragung eines Sperrvermerkes, zur mündelsicheren Anlage von Geld sowie zur Aufstellung und Einhaltung eines Wirtschaftsplans der Pflichtenmaßstab des § 276 BGB uneingeschränkt.[3] Ferner werden die §§ 2133, 2134 BGB durch § 2131 BGB nicht berührt. Auch die Beurteilung der Unentgeltlichkeit einer Verfügung gem. § 2113 Abs. 2 BGB ist der Haftungsmilderung nicht zugänglich.[4] 3

§ 2131 BGB ist dispositiv. Der Erblasser kann daher zum einen eine strengere Haftung des Vorerben anordnen,[5] wofür im Streitfall der Nacherbe beweispflichtig ist.[6] Zum 4

27 Staudinger/*Avenarius*, § 2130 Rn 20.
28 MüKo/*Lieder*, § 2130 Rn 14.
29 BGHZ 58, 237 = NJW 1972, 907.
1 Prot. V., S. 96.
2 Grüneberg/*Weidlich*, § 2131 Rn 1; Baumgärtel/*Schmitz*, Handbuch der Beweislast, § 2131 Rn 2.
3 Vgl. für § 2119 RGZ 73, 4, 7; Soergel/*Wegmann*, § 2131 Rn 2.
4 Staudinger/*Avenarius*, § 2131 Rn 3.
5 Staudinger/*Avenarius*, § 2131 Rn 1; MüKo/*Lieder*, § 2131 Rn 1; Grüneberg/*Weidlich*, § 2131 Rn 1.
6 Baumgärtel/*Schmitz*, Handbuch der Beweislast, § 2131 Rn 1; Soergel/*Wegmann*, § 2131 Rn 2.

anderen kann der Erblasser gem. § 2136 BGB von dem Sorgfaltsmaßstab des § 2131 BGB **Befreiung** erteilen, womit auch die i.R.d. § 2131 BGB gem. § 277 BGB bestehenbleibende Haftung aus grober Fahrlässigkeit entfällt. Der Vorerbe haftet dann nur noch gem. § 2138 Abs. 2 BGB – von dem nicht befreit werden kann – für unentgeltliche Verfügungen oder die Verminderung des Nachlasses in Benachteiligungsabsicht. Für die Beurteilung der Frage, ob eine Gegenleistung ein vollwertiges Entgelt darstellt, verbleibt es also beim – objektiven – Maßstab ordnungsmäßiger Verwaltung.[7]

§ 2132 Keine Haftung für gewöhnliche Abnutzung

Veränderungen oder Verschlechterungen von Erbschaftssachen, die durch ordnungsmäßige Benutzung herbeigeführt werden, hat der Vorerbe nicht zu vertreten.

1 Die den Regelungen bei Miete (§ 538 BGB), Leihe (§ 602 BGB) und Nießbrauch (§ 1050 BGB) entsprechende Vorschrift hat nur klarstellende Funktion, denn bereits aus § 2130 BGB folgt, dass der Vorerbe für durch ordnungsgemäße Benutzung herbeigeführte **Veränderungen** oder **Verschlechterungen** nicht einzustehen hat; dies gilt auch, wenn völliger Verschleiß eintritt.[1]

Der Vorschrift wird daher entnommen, dass ihr nur die Funktion einer Beweisregel zukommen soll,[2] dass also der Vorerbe im Streitfall die **Beweislast** für eine ordnungsgemäße oder zumindest seinen sonstigen Gepflogenheiten (§ 2131 BGB) entsprechende Benutzung trage.[3]

2 Von der Haftung wegen nicht ordnungsgemäßer Benutzung kann der Erblasser gem. § 2136 BGB i.V.m. §§ 2130, 2131 BGB Befreiung erteilen. Die Befreiung von § 2130 BGB enthebt den Vorerben auch der Pflicht zur entsprechenden Beweisführung, weshalb es einer besonderen Erwähnung von § 2132 BGB in § 2136 BGB nicht bedurfte.[4]

§ 2133 Ordnungswidrige oder übermäßige Fruchtziehung

Zieht der Vorerbe Früchte den Regeln einer ordnungsmäßigen Wirtschaft zuwider oder zieht er Früchte deshalb im Übermaß, weil dies infolge eines besonderen Ereignisses notwendig geworden ist, so gebührt ihm der Wert der Früchte nur insoweit, als durch den ordnungswidrigen oder den übermäßigen Fruchtbezug die ihm gebührenden Nutzungen beeinträchtigt werden und nicht der Wert der Früchte nach den Regeln einer ordnungsmäßigen Wirtschaft zur Wiederherstellung der Sache zu verwenden ist.

A. Schuldrechtlicher Ausgleich

1 Der Vorerbe wird nach den allg. Vorschriften (§§ 100, 953 BGB) Eigentümer der von ihm gezogenen Früchte; sie **gehören** ihm. Dies gilt auch bei übermäßiger Fruchtziehung. Im Verhältnis zum Nacherben sollen dem Vorerben aber nur die bei ordnungsmäßiger Verwaltung anfallenden Früchte zustehen.[1] Nur diese **gebühren** ihm. Die Vorschrift gewährt dem Nacherben daher einen ausdifferenzierten **schuldrechtlichen** Anspruch auf Ersatz des Wertes der Übermaßfrüchte. Sie stellt insoweit das Gegen-

7 Soergel/*Wegmann*, § 2131 Rn 3; MüKo/*Lieder*, § 2131 Rn 3.
1 Grüneberg/*Weidlich*, § 2132 Rn 1.
2 Staudinger/*Avenarius*, § 2132 Rn 1.
3 MüKo/*Lieder*, § 2132 Rn 1; Soergel/*Wegmann*, § 2132 Rn 1.
4 Staudinger/*Avenarius*, § 2132 Rn 2; Soergel/*Wegmann*, § 2132 Rn 2.
1 MüKo/*Lieder*, § 2133 Rn 1.

stück zu §§ 2124, 2126 BGB dar, nach denen der Vorerbe auch nur die gewöhnlichen Erhaltungskosten zu tragen hat.[2]

Worauf die übermäßige Fruchtziehung beruht, ist für den Wertersatzanspruch des Nacherben unerheblich.[3] Die Vorschrift stellt den Fall einer ordnungswidrigen Bewirtschaftung (etwa schlichtem Raubbau) einer aus äußeren Umständen (etwa Windbruch, Zerstörung durch Insekten, hoheitlicher Inanspruchnahme) resultierenden Übermaßnutzung ausdrücklich gleich. Der Anspruch setzt somit **kein Verschulden** des Vorerben voraus. 2

B. Anspruchsumfang

Für die Bemessung des Wertersatzanspruchs gilt die mehrfach gestufte Konstruktion des Hs. 2: Dem Vorerben gebühren auch die Übermaßfrüchte, (a) wenn und soweit durch die überproportionale Inanspruchnahme die künftig anfallenden Nutzungen geschmälert würden, jedoch (b) die Übermaßfrüchte nicht dazu hätten eingesetzt werden müssen, die Sache wiederherzustellen.[4] Der Vorerbe ist demnach einerseits nicht zum Wertersatz verpflichtet, soweit er selbst einen Ausfall erleidet: 3

Beispiel
Der Morgen Wald trägt normalerweise 100 pro Jahr, aufgrund Windbruchs beträgt der Ertrag im 1. Jahr 1000, im 2., 3. und 4. Jahr nur 25. Dem Vorerben gebühren auf vier Jahre 400, gezogen hat er 1075, herauszugeben ist demnach der Wert von 675.[5]

Andererseits ist der Wert unverkürzt herauszugeben, wenn er zur Wiederherstellung der Sache erforderlich ist.

Beispiel
Beträgt der Aufforstungsaufwand im obigen Fall 900, sind diese von dem Vorerben in vollem Umfang herauszugeben, ohne Anspruch auf Ersatz wegen des Fruchtausfalls im 2. bis 4. Jahr.[6]

Nimmt der Vorerbe die Wiederherstellung selbst vor, hat er hierfür zunächst die Übermaßfrüchte einzusetzen. Soweit deren Wert zur Wiederherstellung nicht ausreicht und der Vorerbe zusätzlich eigene Mittel einsetzt, hat er gem. §§ 2124, 2125 BGB Anspruch auf Ersatz dieser Verwendungen. 4

Der Nacherbe kann **lediglich Wertersatz** verlangen, **nicht jedoch Herausgabe** der Übermaßfrüchte.[7] Der Anspruch kann erst nach Eintritt des Nacherbfalls geltend gemacht werden. Beruht der Anspruch auf ordnungswidriger Bewirtschaftung, können daneben Schadensersatzansprüche gem. §§ 2130, 2131 BGB erhoben werden. Zur Sicherheitsleistung ist der Vorerbe nur unter den Voraussetzungen des § 2128 BGB verpflichtet.[8] 5

Von der Wertersatzverpflichtung kann der Erblasser Befreiung erteilen, § 2136 BGB. Dem Vorerben gebühren dann auch die Übermaßfrüchte, es sei denn, er habe in Benachteiligungsabsicht gehandelt gem. § 2138 Abs. 2 Var. 2 BGB. 6

---

2 Soergel/*Wegmann*, § 2133 Rn 1.
3 MüKo/*Lieder*, § 2133 Rn 2; Staudinger/*Avenarius*, § 2133 Rn 4.
4 Vgl. das bei Staudinger/*Avenarius*, § 2133 Rn 2 herangezogene Bsp. von *Planck/Flad.*
5 Nach RGRK/*Johannsen*, § 2133 Rn 3.
6 Nach RGRK/*Johannsen*, § 2133 Rn 3.
7 MüKo/*Lieder*, § 2133 Rn 1.
8 Staudinger/*Avenarius*, § 2133 Rn 5.

§ 2134 Eigennützige Verwendung

[1]Hat der Vorerbe einen Erbschaftsgegenstand für sich verwendet, so ist er nach dem Eintritt der Nacherbfolge dem Nacherben gegenüber zum Ersatz des Wertes verpflichtet. [2]Eine weitergehende Haftung wegen Verschuldens bleibt unberührt.

Übersicht: Rdn

A. Normzweck

1 Wie bereits aus den §§ 2111 Abs. 1 S. 1, 2133 BGB folgt, gebühren dem nicht befreiten Vorerben lediglich die Nutzungen (§ 100 BGB) der Erbschaft; der Stammwert ist dem Nacherben zugewiesen. Die Vorschrift gewährt dem Nacherben daher in S. 1 einen Anspruch auf Wertersatz für Substanzverluste, die der Vorerbe durch eigennützige Verwendung von zum Stamm der Erbschaft gehörenden Vermögensgegenständen herbeigeführt hat; zu diesen zählen grds. auch die nach dem Erbfall hinzugekommenen Surrogate.[1] Der Wertersatzanspruch tritt an die Stelle des verwendeten Gegenstandes, ist sein Surrogat.[2] Aus der Anordnung der zusätzlichen Schadensersatzhaftung in S. 2 wird gefolgert, dass der Vorerbe kein (Wahl-)Recht hat, Erbschaftsgegenstände gegen Wertersatz für sich zu verwenden.[3] Vom Wertersatzanspruch kann der Erblasser befreien, § 2136 BGB. Den befreiten Vorerben trifft lediglich die Herausgabepflicht aus §§ 2138, 2111 BGB.[4]

2 Hauptanwendungsfall der Vorschrift ist die **eigennützige** Verwendung von Geld (z.B. zur Begleichung eigener Schulden des Vorerben) und anderer verbrauchbarer Sachen (§ 92 BGB). Ein „Verwenden" i.S.d. Vorschrift ist auch die Einverleibung von Nachlassgegenständen durch Verbindung, Vermischung oder Verarbeitung (§§ 946 ff. BGB), z.B. wenn der Vorerbe mit Nachlassmitteln auf eigenem Grundstück ein Haus errichtet.[5] Bei **entgeltlichen** Verfügungen tritt § 2134 BGB jedoch hinter § 2111 BGB zurück, denn dem Nacherben entsteht hier regelmäßig kein Nachteil, weil an die Stelle des veräußerten Gegenstandes die Gegenleistung als Surrogat tritt.[6] Die durch gewöhnliche Abnutzung eines Nachlassgegenstandes herbeigeführten Veränderungen oder Verschlechterungen werden von § 2134 BGB nicht erfasst, auch wenn der Gegenstand durch den Gebrauch vollständig wertlos geworden ist;[7] nach § 2132 BGB haftet der Vorerbe hierfür nicht, es kommt daher auch kein Wertersatzanspruch in Betracht. Bei einer über § 2132 BGB hinausgehenden Abnutzung wird man indessen von einem Verwenden i.S.d. § 2134 BGB ausgehen können.[8] Bei unentgeltlichen Verfügungen, die unter § 2113 Abs. 2 BGB fallen, hat der Nacherbe bei Eintritt des Nacherbfalls die Wahl, ob er die Unwirksamkeit der Verfügung oder den Wertersatzanspruch gem. § 2134 BGB geltend machen will.[9]

---

1 MüKo/*Lieder*, § 2134 Rn 1; Staudinger/*Avenarius*, § 2134 Rn 3.
2 RGRK/*Johannsen*, § 2134 Rn 1; Staudinger/*Avenarius*, § 2134 Rn 1.
3 MüKo/*Lieder*, § 2134 Rn 1.
4 BGH NJW 1983, 2874; BGH NJW 1977, 1631.
5 Staudinger/*Avenarius*, § 2134 Rn 2.
6 BGHZ 40, 115, 124 = NJW 1963, 2320.
7 MüKo/*Lieder*, § 2134 Rn 4; Staudinger/*Avenarius*, § 2134 Rn 3.
8 MüKo/*Lieder*, § 2134 Rn 4.
9 MüKo/*Lieder*, § 2134 Rn 2; *Muscheler*, Rn 2556.

B. Wertersatz

Der Ersatzanspruch des Nacherben richtet sich nach dem **objektiven Wert** des verwendeten Nachlassgegenstandes im Zeitpunkt der Verwendung, denn dieser Wert wäre auch für die Höhe der Gegenleistung maßgebend, die bei entgeltlicher Verfügung gem. § 2111 BGB als Surrogat in den Nachlass gefallen wäre.[10] Die Ersatzpflicht tritt jedoch erst mit dem Nacherbfall ein. Zuvor kann der Nacherbe lediglich nach den §§ 2127–2129 BGB vorgehen, wenn die Verwendung die Besorgnis einer erheblichen Verletzung der Nacherbenrechte begründet. 3

C. Schadensersatzhaftung

Der Wertersatzanspruch setzt **kein Verschulden** voraus. Bei Vorliegen eines Verschuldens haftet der Vorerbe gem. S. 2 darüber hinaus auf Schadensersatz, muss also auch einen über den Wert des verwendeten Gegenstandes hinausgehenden Schaden, etwa aufgrund zwischenzeitlicher Wertsteigerungen[11] oder der Entwertung des übrigen Nachlasses, z.B. durch Herausnahme eines Stücks aus einer Sammlung,[12] ersetzen. 4

§ 2135 Miet- und Pachtverhältnis bei der Nacherbfolge

Hat der Vorerbe ein zur Erbschaft gehörendes Grundstück oder eingetragenes Schiff vermietet oder verpachtet, so findet, wenn das Miet- oder Pachtverhältnis bei dem Eintritt der Nacherbfolge noch besteht, die Vorschrift des § 1056 entsprechende Anwendung.

Übersicht: Rdn

A. Bestandsschutz

1 Die Vorschrift schützt in entsprechender Anwendung des mietrechtlichen Grundsatzes „Kauf bricht nicht Miete“ den Mieter oder Pächter eines vom Vorerben überlassenen Grundstücks oder eingetragenen Schiffs vor Veränderungen des Miet- oder Pachtverhältnisses durch den Eigentümerwechsel kraft Eintritts des Nacherbfalls. Aus der Verweisung auf § 1056 BGB, der seinerseits auf §§ 566, 566a, 566b Abs. 1, 566c–566e, 567b BGB Bezug nimmt, folgt, dass der Nacherbe mit dem Nacherbfall in ein vom Vorerben abgeschlossenes Miet- und Pachtverhältnis eintritt.[1] Die Vorschrift bezieht sich nur auf die genannten unbeweglichen Sachen, im Fall von Fahrnis bleibt es bei den allg. Regeln. Da der Nacherbe nicht Erbe des Vorerben ist, binden ihn die vom Vorerben eingegangenen Schuldverhältnisse nicht,[2] der Nacherbe kann daher bewegliche Sachen ab Eintritt des Nacherbfalls gem. § 985 BGB vom Mieter oder Pächter herausverlangen.[3] Diesem können ggf. Ersatzansprüche wegen Nichterfüllung des Vertrages gegen den Vorerben zustehen.[4] Für vom Erblasser noch selbst vermietete/ver-

10 Soergel/*Wegmann*, § 2134 Rn 2; MüKo/*Lieder*, 2134 Rn 6.
11 MüKo/*Lieder*, § 2134 Rn 6.
12 Staudinger/*Avenarius*, § 2134 Rn 5; Soergel/*Wegmann*, § 2134 Rn 4.
1 Zur Bindung des Nacherben an vom Vorerben geschlossene Verträge näher *Strobel*, ZEV 2021, 201, 207 f.
2 Staudinger/*Avenarius*, § 2135 Rn 3.
3 Staudinger/*Avenarius*, § 2135 Rn 14; Soergel/*Wegmann*, § 2135 Rn 1; MüKo/*Lieder*, § 2135 Rn 4.
4 Staudinger/*Avenarius*, § 2135 Rn 14; Soergel/*Wegmann*, § 2135 Rn 1; MüKo/*Lieder*, § 2135 Rn 4.

pachtete Grundstücke und Schiffe gilt § 2135 BGB nicht, hier rückt der Nacherbe bereits aufgrund seiner Erbenstellung in das Vertragsverhältnis ein, so dass es keines Verweises auf §§ 566 ff., 1056 BGB bedarf.[5] Ebenso wenig greift die Vorschrift im Fall eines (hier: langjährigen) Leihvertrages über Wohn- und Geschäftsräume zwischen dem Vorerben und (hier: seinen eigenen) Erben.[6]

B. Rechtsfolgen

2 Entsprechend § 566 Abs. 1 BGB tritt der Nacherbe mit dem Nacherbfall automatisch in die vom Vorerben begründete Vermieter-/Verpächterstellung ein. Der Vorerbe haftet dem Mieter/Pächter jedoch wie ein **selbstschuldnerischer Bürge**, wenn der Nacherbe seine Pflichten nicht erfüllt, § 566 Abs. 2 S. 1 BGB. Von dieser Haftung kann sich der Vorerbe durch Anzeige des Eintritts des Nacherbfalls an den Mieter/Pächter befreien, § 566 Abs. 2 S. 2 BGB. Der Nacherbe tritt auch in die Rechte und Pflichten aus den vom Mieter/Pächter geleisteten Sicherheiten ein, und zwar unabhängig davon, ob er sie vom Vorerben empfangen hat. Der Vorerbe haftet jedoch subsidiär für die Rückgewährverpflichtung, § 566a BGB. Vorausverfügungen des Vorerben sowie Vereinbarungen mit dem Mieter/Pächter über den Miet-/Pachtzins und Aufrechnungen des Mieters/Pächters sind nur i.R.d. §§ 566b Abs. 1, 566c–566e BGB wirksam. Da § 1056 BGB nicht auf § 566b Abs. 2 BGB verweist, muss der Nacherbe Verfügungen des Vorerben über den Miet-/Pachtzins für eine spätere Zeit als den auf den Eintritt des Nacherbfalls folgenden Monat auch dann nicht gegen sich gelten lassen, wenn er sie zur Zeit des Eintritts der Nacherbfolge kennt. Ein mietvertraglicher Baukostenzuschuss oder bereits im Mietvertrag vereinbarte Vorauszahlungen über die genannte Grenze hinaus sind jedoch auch dem Nacherben gegenüber wirksam.[7]

3 Bei einer **Weiterveräußerung** des vermieteten/verpachteten Grundstücks oder Schiffs oder im Fall des Eintritts einer weiteren Nacherbfolge gelten gem. § 567b BGB die Regelungen der §§ 566 Abs. 1, 566a, 566b Abs. 1, 566c–566e BGB entsprechend.

C. Kündigung

4 Entsprechend § 1056 Abs. 2 S. 1 BGB ist der Nacherbe berechtigt, das Miet- bzw. Pachtverhältnis unter Einhaltung der gesetzlichen Kündigungsfrist zu kündigen, er ist also an vereinbarte Vertragslaufzeiten oder abweichende vertragliche Kündigungsfristen **nicht gebunden.**[8] Bei **Wohnraum** sind allerdings Kündigungsschutzbestimmungen zu beachten (§§ 573 ff. BGB). Der Nacherbe braucht die Kündigung nicht sofort nach Eintritt der Nacherbfolge vorzunehmen.[9] Übergibt der Vorerbe dem Nacherben die Miet- bzw. Pachtsache bereits vor Eintritt des Nacherbfalls, entsteht das Kündigungsrecht des Nacherben entsprechend § 1056 Abs. 2 S. 2 BGB gleichwohl erst mit dem Nacherbfall. Der Mieter bzw. Pächter hat kein Kündigungsrecht. Er kann dem Nacherben entsprechend § 1056 Abs. 3 BGB eine angemessene Frist zur Erklärung über die Ausübung der Kündigung setzen, nach deren Ablauf die Kündigung ausgeschlossen ist.

5 § 57c ZVG ist ersatzlos aufgehoben worden,[10] die Beschränkung des Kündigungsrechts des Nacherben daher entfallen.[11]

---

5 Staudinger/*Avenarius*, § 2135 Rn 3.
6 BGH ZEV 2016, 267, 270 Tz 45.
7 Staudinger/*Avenarius*, § 2135 Rn 8; Soergel/*Wegmann*, § 2135 Rn 2.
8 Vgl. nur Staudinger/*Heinze*, § 1056 Rn 16.
9 BGH DNotZ 2010, 941, 945 Tz. 26; OLG Frankfurt FamRZ 2011, 1693; KG OLGE 18, 150, 152; MüKo/*Pohlmann*, § 1056 Rn 12; Staudinger/*Frank*, § 1056 Rn 16; anders etwa § 57a S. 2 ZVG.
10 § 57c aufgeh. m.W.v. 1.2.2007 durch G v. 22.12.2006 (BGBl I S. 3416).
11 MüKo/*Lieder*, § 2135 Rn 7 m.w.N.

Das Kündigungsrecht des Nacherben besteht nicht, wenn der Nacherbe der Vermietung/Verpachtung **zugestimmt** hat. Diese Zustimmung kann vom Nacherben gem. § 2120 BGB beansprucht werden, wenn die Vermietung/Verpachtung zur ordnungsgemäßen Verwaltung erforderlich ist.[12] 6

§ 2136 Befreiung des Vorerben

Der Erblasser kann den Vorerben von den Beschränkungen und Verpflichtungen des § 2113 Abs. 1 und der §§ 2114, 2116 bis 2119, 2123, 2127 bis 2131, 2133, 2134 befreien.

Literatur

Avenarius, Testamentsauslegung und „Fallgruppen typischer Sachlage" bei der Anordnung von Vor- und Nacherbfolge, NJW 1997, 2740; *Bühler*, Zum Inhalt der Vermächtnisanwartschaft im Vergleich zur Anwartschaft des Nacherben, BWNotZ 1967, 174; *Keim*, Wechselbezüglichkeit und erbvertragliche Bindung bei Patchworkfamilien, DNotZ 2020, 805; *Ludwig*, Gegenständliche Nachlassspaltung bei Vor- und Nacherbschaft, DNotZ 2001, 102; *Mayer*, Der superbefreite Vorerbe? – Möglichkeiten und Grenzen der Befreiung des Vorerben, ZEV 2000, 1; *Muscheler*, Schadensersatz bei befreiter Vorerbschaft, ZEV 2012, 389; *ders.*, Die Beschränkung der Vorerbenbefreiung, Hereditare 3 (2013); *Müller*, Möglichkeiten der Befreiung des Vorerben über § 2136 BGB hinaus, ZEV 1996, 179; *Rohlff*, Nießbraucher und Vorerbe als Testamentsvollstrecker, DNotZ 1971, 518; *Wübben*, Zur Zulässigkeit unentgeltlicher Verfügungen durch den Vorerben, ZEV 2000, 30.

Übersicht: Rdn

A. Normzweck

1 Die in den §§ 2113 ff. BGB vorgesehenen Beschränkungen und Verpflichtungen verfolgen den Zweck, dem Nacherben den Nachlass möglichst ungeschmälert zu erhalten. Für den Erblasser steht jedoch bei der Anordnung der Vor- und Nacherbschaft vielfach nicht das Erhaltungsinteresse des Nacherben, sondern die angemessene Versorgung und Ausstattung des Vorerben im Vordergrund. § 2136 BGB erlaubt es dem Erblasser daher, den Vorerben von den meisten Beschränkungen und Verpflichtungen der §§ 2113 ff. BGB zu befreien. Die Aufzählung in § 2136 BGB ist abschließend; eine **weitergehende Befreiung** ist nicht möglich.[1] Nicht befreit werden kann der Vorerbe also

- vom **Verbot** unentgeltlicher Verfügungen (§ 2113 Abs. 2 BGB; ein gleiches Ergebnis kann jedoch bzgl. bestimmter Verfügungen durch Vorausvermächtnis erreicht werden, siehe Rdn 7);
- vom **Surrogationsprinzip** (§ 2111 BGB; auch insoweit kann Vorerbe aber durch Vorausvermächtnis freier gestellt werden);

12 MüKo/*Grunsky*, § 2135 Rn 7; NK-BGB/*Gierl*, § 2135 Rn 7.
1 BGHZ 7, 274, 276.

- von der Beschränkung der Eigengläubiger des Vorerben bei **Zwangsverfügungen** (§ 2115 BGB; für dahingehende Befreiung dürfte regelmäßig auch kein Bedürfnis bestehen);
- von der Verpflichtung zur **Inventarisierung** (§ 2121 BGB);
- von der Verpflichtung, den Zustand der Erbschaft durch einen **Sachverständigen** feststellen zu lassen (§ 2122 S. 2 BGB);
- von der Verpflichtung, **Schadensersatz** nach § 2138 Abs. 2 BGB zu leisten.

2 Die Befreiung von der Verpflichtung zur Tragung der **gewöhnlichen Erhaltungskosten** gem. § 2124 Abs. 1 BGB ist in § 2136 BGB nicht vorgesehen, sie ist jedoch sowohl in der Befreiung von der Pflicht zur ordnungsmäßigen Verwaltung gem. § 2130 BGB als auch in der Befreiung vom Verbot, Erbschaftsgegenstände für sich zu verwenden, enthalten.[2] Ergibt sich aus der letztwilligen Verfügung der Wille des Erblassers zu einer Befreiung über die Grenzen des § 2136 BGB hinaus, kann die Verfügung u.U. als Vollerbeinsetzung des Erstberufenen mit Vermächtnisbeschwerung zugunsten des Zweitberufenen oder – beim gemeinschaftlichen Testament – mit Schlusserbeinsetzung des Zweitberufenen gem. § 2269 BGB aufrechterhalten werden.[3]

B. Letztwillige Verfügung

3 Die Anordnung einer Befreiung hat in einer **letztwilligen Verfügung** – nicht notwendig derselben, in der die Vor- und Nacherbschaft angeordnet ist[4] – zu erfolgen. Eine ausdrückliche Erklärung oder bestimmte Ausdrucksweise ist nicht vorgeschrieben; insbesondere braucht der Erblasser die Worte „Befreiung" oder „befreite Vorerbschaft" nicht zu verwenden, wie bereits § 2137 BGB erhellt, wonach die Einsetzung des Nacherben auf den **Überrest** als eine umfassende Befreiung gilt.[5] Erforderlich ist lediglich, dass der Befreiungswille in der letztwilligen Verfügung irgendwie, wenn auch nur versteckt oder andeutungsweise, zum Ausdruck kommt;[6] insoweit gelten die **allg. Grundsätze über die Auslegung** letztwilliger Verfügungen.[7] Ggf. können auch außerhalb der Verfügung liegende Umstände zu deren Auslegung herangezogen werden.[8] Zweifel, ob eine Befreiung angeordnet ist, gehen zu Lasten dessen, der sich auf die Befreiung beruft.[9]

4 In der Rspr. haben sich einige Anhaltspunkte für die Auslegung herausgebildet:[10] Die Einsetzung zum „**Alleinerben**" („Universalerben", „Haupterben") beinhaltet noch keine Befreiung, denn auch der nicht befreite einzige Vorerbe ist Alleinerbe.[11] Über die Verfügungsbefugnisse sagt dieser Begriff, dessen Gegensatz der Miterbe und nicht der Nacherbe ist, grds. nichts aus.[12] Eine Befreiung folgt auch nicht ohne weiteres daraus, dass der Vorerbe hinsichtlich eines Teils des Nachlasses als **Vollerbe** eingesetzt ist, denn zwischen den beiden Erbteilen ist eine klare Differenzierung möglich; insbe-

---

2 Staudinger/*Avenarius*, § 2136 Rn 10; Soergel/*Wegmann*, § 2136 Rn 3.
3 Staudinger/*Avenarius*, § 2136 Rn 11; Soergel/*Wegmann*, § 2136 Rn 1.
4 MüKo/*Lieder*, § 2136 Rn 3.
5 MüKo/*Lieder*, § 2136 Rn 2.
6 Grüneberg/*Weidlich*, § 2126 Rn 5; Soergel/*Wegmann*, § 2136 Rn 5; OLG Hamm FamRZ 2011, 1331 („nach freiem Ermessen und Bedarf").
7 MüKo/*Lieder*, § 2136 Rn 3.
8 Soergel/*Wegmann*, § 2136 Rn 5.
9 BGH NJW 1969, 1111; OLG München NJW-RR 2019, 203 Rn 18; Soergel/*Wegmann*, § 2136 Rn 5; MüKo/*Lieder*, § 2136 Rn 2; krit. Staudinger/*Avenarius*, § 2136 Rn 13.
10 Soergel/*Wegmann*, § 2136 Rn 6 spricht von „Fällen typischer Sachlage".
11 BGH FamRZ 1970, 192; BayObLGZ 1958, 303; a.A. OLG Düsseldorf FamRZ 1998, 389 m. abl. Anm. *Avenarius*.
12 Staudinger/*Avenarius*, § 2136 Rn 18.

sondere kann der Vorerbe über den freien Erbteil verfügen und die hierzu gehörenden Gegenstände aussondern.[13] Setzen kinderlose Ehegatten sich gegenseitig zu Vorerben und Verwandte oder Dritte zu Nacherben ein, kann aus der **Kinderlosigkeit** allein noch nicht auf eine Befreiung geschlossen werden;[14] der zum Vorerben berufene überlebende Ehegatte kann jedoch dann stillschweigend befreit sein, wenn er erheblich zum Erwerb des hinterlassenen Vermögens beigetragen hat.[15] Haben Ehegatten eine durch die **Wiederverheiratung** des überlebenden Ehegatten bedingte Nacherbfolge der Abkömmlinge angeordnet, ist im Zweifel von einer Befreiung auszugehen, weil der Überlebende bis zur Wiederverheiratung die Stellung eines unbeschränkten Erben haben soll.[16] Dabei spielt es keine Rolle, ob die Einsetzung des überlebenden Ehegatten in einem gemeinschaftlichen oder in einem Einzeltestament erfolgt.[17] Ist die Nacherbeinsetzung **auflösend bedingt** durch das Vorhandensein von Abkömmlingen des Vorerben, kann bei Fehlen entgegenstehender Umstände von einer Befreiung ausgegangen werden.[18] Gleiches gilt, wenn der Erblasser dem Vorerben die Verfügung über ein Grundstück erlaubt, das den Hauptwert des Nachlasses ausmacht.[19]

C. Reichweite der Befreiung

§ 2136 BGB fixiert das Maximum für die Befreiung des Vorerben. Innerhalb dieses Rahmens hat der Erblasser einen weiten Gestaltungsspielraum. Der Regelfall dürfte die Befreiung von allen in den § 2136 BGB aufgeführten Beschränkungen und Verpflichtungen sein (**Gesamtbefreiung**). Der Erblasser kann den Vorerben aber auch von jeder Beschränkung und Verpflichtung **einzeln** befreien, bspw. nur von dem Verbot des § 2113 Abs. 1 BGB, über Grundstücke zu verfügen.[20] Nach h.M.[21] kann der Erblasser die Befreiung auch auf Verfügungen über bestimmte Nachlassgegenstände, z.B. ein bestimmtes Grundstück, beschränken. Mangels gesicherter Rspr. hierzu sollte eine derartige Gestaltung allerdings durch Zustimmungspflichten des Nacherben abgesichert werden. Der Erblasser kann des Weiteren zwischen **einzelnen Arten von Verfügungen** differenzieren, z.B. dem Vorerben nur für die Belastung eines Grundstücks Befreiung erteilen, nicht jedoch für seine Veräußerung.[22] Die Befreiung kann ferner unter eine **Befristung oder Bedingung** gestellt werden.[23] So kann der Erblasser die Gestattung zur Verfügung über ein Grundstück, § 2113 Abs. 1 BGB, von der Wiederanlage des Kaufpreises in bestimmter Weise abhängig machen.[24] Möglich ist auch eine Befreiung für den Fall der Not;[25] im Hinblick auf die damit einhergehenden Interpretationsspielräume und das daraus resultierende Streitpotential muss vor einer 5

13 BayObLG NJW 1958, 1683.

14 BayObLGZ 1960, 432, 437; vgl. ferner BGH NJW 1951, 354; BayObLGZ 1958, 109.

15 BayObLGZ 1960, 432, 437; OLG Hamm NJW-RR 1997, 453 m. Anm. *Avenarius*, NJW 1997, 2740.

16 BGH FamRZ 1961, 275; KG JW 1938, 1266; OLG Hamm DNotZ 1972, 96; Staudinger/*Avenarius*, § 2136 Rn 22 f.; MüKo/*Lieder*, § 2136 Rn 9; andere verlangen, dass weitere Anhaltspunkte für eine Befreiung hinzukommen müssen, so vor allem Soergel/*Wegmann*, § 2136 Rn 6; *Muscheler*, Rn 2566 f., s.a. LG Mannheim MDR 1960, 497.

17 BGH FamRZ 1961, 275.

18 BayObLG FamRZ 1981, 403; Staudinger/*Avenarius*, § 2136 Rn 24; Soergel/*Wegmann*, § 2136 Rn 6.

19 LG Berlin DNotZ 1943, 79.

20 BGH BeckRS 2024, 17864 Rn 11 f.

21 RGRK/*Johannsen*, § 2136 Rn 8; MüKo/*Lieder*, § 2136 Rn 13; Soergel/*Wegmann*, § 2136 Rn 4; *Mayer*, ZEV 2000, 1, 3; a.A. Staudinger/*Avenarius*, § 2136 Rn 3.

22 MüKo/*Lieder*, § 2136 Rn 13.

23 Staudinger/*Avenarius*, § 2136 Rn 4.

24 *Lange/Kuchinke*, § 28 VI 2b.

25 Vgl. BayObLG FamRZ 1984, 1272; Staudinger/*Avenarius*, § 2136 Rn 4.

derartigen Gestaltung allerdings gewarnt werden.[26] In jedem Fall ist auf eine klare, justiziable Formulierung zu achten.[27]

6 Die Befreiung kann sich grundsätzlich nur auf bestimmte Personen beziehen und nicht auf den Nachlass als solchen.[28] Setzt der Erblasser **mehrere Vorerben** ein, kann er demnach alle oder nur einzelne von ihnen befreien. Bei Anordnung **mehrfacher Nacherbfolge** kann der Erblasser die Befreiung für die jeweiligen Vorerben unterschiedlich ausgestalten, bspw. nur für den zunächst als Vorerben Berufenen, nicht jedoch für den bei Eintritt des Nacherbfalls zum Vorerben aufrückenden Nacherben eine Befreiung anordnen und umgekehrt. Des Weiteren kann der Erblasser bei Einsetzung **mehrerer Nacherben** die Befreiung nur im Verhältnis zu einzelnen von ihnen erteilen,[29] womit es gegenüber den übrigen Nacherben bei den gesetzlichen Beschränkungen und Verpflichtungen verbleibt.

D. Mittelbar wirkende Befreiungsinstrumente

7 Eine Befreiung über die Grenzen des § 2136 BGB hinaus ist nicht zulässig (siehe Rdn 1). Der Erblasser kann den Vorerben jedoch durch andere erbrechtliche Gestaltungsinstrumente mittelbar von zwingenden Beschränkungen befreien. So kann der Erblasser einzelne Nachlassgegenstände dadurch von der Vor- und Nacherbfolge ausnehmen, dass er sie dem Vorerben durch **Vorausvermächtnis** (§§ 2110 Abs. 2, 2150 BGB) zuwendet. Beim alleinigen Vorerben werden die vermachten Gegenstände dann ohne weiteres bereits mit dem Erbfall Bestandteil seines Vermögens,[30] über das er frei verfügen kann; das Vermächtnis hat in diesem Fall ausnahmsweise dingliche Wirkung.

8 Nach überwiegender Ansicht[31] kann der Vorerbe die Verfügungsmöglichkeiten des Vorerben auch dadurch erweitern, dass er den Nacherben mit dem Vermächtnis beschwert, **bestimmten** Verfügungen oder Verwaltungshandlungen zuzustimmen. Der Nacherbe ist dann bei Eintritt des Nacherbfalls verpflichtet, die betreffenden Verwaltungsmaßnahmen als ordnungsgemäß nach § 2130 BGB anzuerkennen. Dies gilt auch für unentgeltliche Verfügungen, wenngleich die Verfügungsbeschränkung des § 2113 Abs. 2 BGB formell bestehen bleibt.[32] Die gestatteten Verfügungen müssen jedoch in der letztwilligen Verfügung konkret bezeichnet werden; die **generelle Anordnung** einer Zustimmungsverpflichtung kann als Umgehung der zwingenden Grenzen des § 2136 BGB nicht für zulässig erachtet werden.[33] Der sicherere Weg, dem Vorerben unentgeltliche Verfügungen zu ermöglichen, dürfte ohnehin das **bedingte Vorausvermächtnis** sein.

9 Durch Erteilung einer **transmortalen Vollmacht** lässt sich die Verfügungsmacht des Vorerben nicht stärken, denn die dem Vorerben erteilte Vollmacht wird mit Eintritt des Erbfalls gegenstandslos. Da das Rechtsverhältnis, auf dem die Fortdauer der Vollmacht gem. § 168 BGB beruht, mit dem Erbfall nur zwischen dem Vollmachtnehmer und dem Vorerben in einer Person besteht, erlischt die Vollmacht mit dem Erbfall durch Konsolidation.[34]

---

26 *Kipp/Coing*, § 51 Fn 8; *Mayer*, ZEV 2000, 1, 3.
27 *Mayer*, ZEV 2000, 1, 3 m. Formulierungsbsp.
28 MüKo/*Lieder*, § 2136 Rn 12; Soergel/*Wegmann*, § 2136 Rn 4.
29 MüKo/*Lieder*, § 2136 Rn 12; *Mayer*, ZEV 2000, 1, 3.
30 BGHZ 32, 60 = NJW 1960, 959.
31 OLG Düsseldorf NJW-RR 2000, 375 = ZEV 2000, 29 m. abl. Anm. *Wübben*; *Ludwig*, DNotZ 2001, 102, 105.
32 Staudinger/*Avenarius*, § 2136 Rn 7.
33 Str., vgl. *Bühler*, BWNotZ 1967, 174, 179; *Müller*, ZEV 1996, 179, 180.
34 Vgl. nur Staudinger/*Avenarius*, § 2112 Rn 33 m.w.N.

Die Anordnung einer Testamentsvollstreckung stellt den Vorerben selbst naturgemäß nicht freier. Folgt man der h.M.,[35] ist mit der **Vorerbentestamentsvollstreckung** jedoch insofern eine Erweiterung der Verfügungsbefugnisse verbunden, als der Testamentsvollstrecker nicht den Verfügungsbeschränkungen der §§ 2113 ff. BGB, sondern nur den Beschränkungen nach § 2205 S. 3 BGB unterliegt. Die überzeugenderen Argumente sprechen allerdings für die Gegenansicht[36] (näher dazu siehe § 2112 Rdn 7). Die **Nacherbentestamentsvollstreckung** lässt die Verfügungsmöglichkeiten des Vorerben unberührt, führt jedoch dann zu Erleichterungen für den Vorerben, wenn die Nacherben unbekannt oder minderjährig sind, weil sich hierdurch eine Pflegerbestellung bzw. die Einholung gerichtlicher Genehmigungen bei Verfügungen des Vorerben erübrigt.[37] Der einzige Vorerbe kann nach h.M.[38] jedoch nicht zum Nacherbentestamentsvollstrecker ernannt werden. 10

In der Anordnung der Nacherbfolge unter der auflösenden Bedingung, dass der Vorerbe nicht **anderweitig letztwillig verfügt,**[39] liegt keine Befreiung, sondern die Ermächtigung zur Beseitigung der Nacherbschaft insgesamt. Macht der Vorerbe von dieser Ermächtigung Gebrauch, wird er dadurch zum Vollerben und verfügt anschließend nur über sein eigenes, nun auch das Vermögen des Erblassers erfassendes Vermögen. 11

E. Weitergehende Beschränkung

Der Erblasser kann den Vorerben, anstatt ihn zu befreien, auch über das gesetzliche Maß hinaus beschweren und beschränken. Durch Anordnung einer Testamentsvollstreckung (§ 2211 BGB) kann dem Vorerben – auch dem befreiten[40] – die Verwaltungs- und Verfügungsbefugnis mit **dinglicher** Wirkung entzogen werden. Andere testamentarisch auferlegte Beschränkungen, z.B. Entzug des Nutznießungsrechts des Vorerben zugunsten des Nacherben oder eines Dritten, haben hingegen nur **schuldrechtliche** Wirkung.[41] 12

F. Erbschein, Grundbuch

Die Befreiung, auch die von einzelnen Beschränkungen und Verpflichtungen, ist im Erbschein anzugeben, § 352b Abs. 1 S. 2 FamFG.[42] Im Grundbuch ist die Befreiung von Amts wegen einzutragen (§ 51 GBO). 13

§ 2137 Auslegungsregel für die Befreiung

(1) Hat der Erblasser den Nacherben auf dasjenige eingesetzt, was von der Erbschaft bei dem Eintritt der Nacherbfolge übrig sein wird, so gilt die Befreiung von allen in § 2136 bezeichneten Beschränkungen und Verpflichtungen als angeordnet.
(2) Das Gleiche ist im Zweifel anzunehmen, wenn der Erblasser bestimmt hat, dass der Vorerbe zur freien Verfügung über die Erbschaft berechtigt sein soll.

---

35 RG JW 1938, 1454; KG OLG 34, 298; OLG Neustadt NJW 1956, 1881.
36 MüKo/*Zimmermann*, § 2222 Rn 9.
37 Vgl. *Mayer*, ZEV 2000, 1, 5.
38 RGZ 77, 177; OLG Karlsruhe MDR 1981, 943; a.A. *Rohlff*, DNotZ 1971, 518, 527 ff.
39 Vgl. nur BGHZ 2, 35; BGHZ 15, 199, 204; BGHZ 59, 220, 223; BayObLGZ 1982, 331; OLG Oldenburg NJW-RR 1991, 646; OLG Hamm FGPrax 2000, 29, 30.
40 BayObLG NJW 1959, 1920.
41 BayObLG NJW 1959, 1920.
42 Keidel/*Zimmermann*, FamFG, § 352b Rn 11; Zimmermann/*Schmidt-Recla*, PK Erbrechtliche Nebengesetze, § 352b FamFG Rn 5.

A. Einsetzung auf den Überrest

1 Nach Abs. 1 liegt in einer Nacherbeneinsetzung auf den Überrest die **Pauschalbefreiung** von allen in § 2136 BGB bezeichneten Beschränkungen und Verpflichtungen. Die wohl h.M. sieht in Abs. 1 eine Ergänzungsregel, die keine andere Auslegung zulässt.[1] Diese Auffassung überzeugt jedoch nicht. Ein stichhaltiger Grund dafür, einem abweichenden Erblasserwillen den Vorrang zu versagen, ist nicht ersichtlich. Je nach den Umständen des Einzelfalls kann die einfache Auslegung daher ergeben, dass der Erblasser mit der Einsetzung auf den Überrest keine vollständige Befreiung anordnen wollte.[2] Trotz des apodiktischen Wortlauts („gilt“) enthält die Vorschrift des § 2137 BGB somit nur eine **Auslegungsregel.**[3] Deren Anwendbarkeit hängt nicht davon ab, ob sich der Erblasser des genauen Gesetzeswortlauts bedient.[4]

2 Zwingende Voraussetzung für eine Anwendung von Abs. 1 ist, dass der Erblasser überhaupt eine Nacherbeinsetzung gewollt hat. Aus der Einsetzung auf den Überrest folgt dies nicht zwangsläufig. Darin kann auch die Anordnung einer Vollerbschaft des Erstbedachten und dessen Beschwerung mit einem bei seinem Tod fällig werdenden **Vermächtnis** liegen.[5] Die letztwillige Verfügung unterliegt insoweit der freien Auslegung.

B. Freies Verfügungsrecht

3 Eine Gesamtbefreiung ist nach Abs. 2 auch dann anzunehmen, wenn der Erblasser die Befugnis des Vorerben zur freien Verfügung über die Erbschaft angeordnet hat. Dies gilt jedoch nur „im Zweifel“; Abs. 2 enthält demgemäß bereits nach dem Wortlaut eine widerlegbare **Auslegungsregel.**[6] Maßgebend ist jeweils der durch Auslegung zu ermittelnde Erblasserwille. Der Begriff „Verfügung“ in Abs. 2 ist untechnisch zu verstehen,[7] da ansonsten auch unentgeltliche Verfügungen hierunter fielen, die selbst dem von allen Beschränkungen und Verpflichtungen befreiten Vorerben nicht erlaubt sind. Wollte der Erblasser tatsächlich ein völlig freies, vor allem dinglich (§§ 2113 Abs. 2, 2114 BGB) und haftungsrechtlich (§ 2115 BGB) unbeschränktes Verfügungsrecht im technischen Sinne anordnen, liegt keine Vorerbschaft, sondern eine Vollerbschaft des zunächst Berufenen vor.[8] Hat bspw. der Erblasser bestimmt, dass seine Ehefrau unter Lebenden und von Todes wegen frei über den Nachlass verfügen kann und andere Verwandte nur den Teil des Nachlasses erhalten sollen, über den die Ehefrau bis zu ihrem Tod auch nicht letztwillig verfügt hat, so ist die Ehefrau Vollerbin, während den Verwandten nur ein aufschiebend befristetes Vermächtnis zugewendet ist.[9] Andererseits kann die Auslegung ergeben, dass nur die Befreiung von den eigentlichen Verfügungsbeschränkungen (§§ 2113 Abs. 1, 2114 BGB) angeordnet ist.[10] Ob sich der Erblasser des Gesetzeswortlauts bedient, ist wie auch bei Abs. 1 unbeachtlich.

4 Die Einsetzung eines **Testamentsvollstreckers** für den Vorerben steht einer Anordnung gem. § 2137 Abs. 2 BGB nicht entgegen.[11] Diese Anordnung hat dann allerdings nur insoweit Bedeutung, als der Testamentsvollstrecker dem Nacherben Nachlassge-

1 RGRK/*Johannsen*, § 2137 Rn 1; Soergel/*Harder-Wegmann*, § 2137 Rn 1.
2 Staudinger/*Avenarius*, § 2137 Rn 2; MüKo/*Lieder*, § 2137 Rn 1.
3 Staudinger/*Avenarius*, § 2137 Rn 2; MüKo/*Lieder*, § 2137 Rn 1.
4 Soergel/*Wegmann*, § 2137 Rn 1; MüKo/*Grunsky*, § 2137 Rn 1.
5 OLG Bremen DNotZ 1956, 149; OLG Oldenburg DNotZ 1958, 95.
6 Allg. Meinung, vgl. nur Staudinger/*Avenarius*, § 2137 Rn 5 m.w.N.
7 KGJ 44, 77, 79.
8 OLG Bremen DNotZ 1956, 149; OLG Oldenburg DNotZ 1958, 95.
9 OLG Bremen DNotZ 1956, 149.
10 Weitere Bsp. bei Staudinger/*Avenarius*, § 2137 Rn 6.
11 RGRK/*Johannsen*, § 2137 Rn 3; Soergel/*Wegmann*, § 2137 Rn 3; MüKo/*Lieder*, § 2137 Rn 8.

genstände gem. § 2217 BGB zur freien Verfügung überlässt oder die Testamentsvollstreckung infolge Ablehnung des Amts bzw. Kündigung nicht eingreift bzw. endet.[12]
Betreffend die Angaben in Grundbuch und Erbschein siehe § 2136 Rdn 13. 5

§ 2138 Beschränkte Herausgabepflicht

(1) [1]Die Herausgabepflicht des Vorerben beschränkt sich in den Fällen des § 2137 auf die bei ihm noch vorhandenen Erbschaftsgegenstände. [2]Für Verwendungen auf Gegenstände, die er infolge dieser Beschränkung nicht herauszugeben hat, kann er nicht Ersatz verlangen.
(2) Hat der Vorerbe der Vorschrift des § 2113 Abs. 2 zuwider über einen Erbschaftsgegenstand verfügt oder hat er die Erbschaft in der Absicht, den Nacherben zu benachteiligen, vermindert, so ist er dem Nacherben zum Schadensersatz verpflichtet.

Übersicht: Rdn

A. Herausgabepflicht

1 Der befreite Vorerbe muss an den Nacherben nur diejenigen Erbschaftsgegenstände herausgeben, die zum Zeitpunkt des Nacherbfalls bei ihm noch vorhanden sind, Abs. 1 S. 1. Wie aus der Verweisung auf § 2137 BGB und dort auf § 2136 BGB folgt, erfasst die Vorschrift alle Fälle, in denen der Vorerbe **von sämtlichen Beschränkungen und Verpflichtungen befreit** ist,[1] wobei es nicht darauf ankommt, ob die Befreiung sich aus der Ergänzungsregel des § 2137 BGB ergibt oder über die allg. Auslegungsregeln ermittelt wurde.[2] Die Herausgabepflicht bezieht sich auch auf Surrogate (§ 2111 BGB).[3] Soweit der Nacherbe die Herausgabe von Gegenständen beansprucht, die nicht von Anfang an zum Nachlass gehört haben, trägt er die **Darlegungs- und Beweislast** für die während der Dauer der Vorerbschaft eingetretenen Surrogationsvorgänge; eine entsprechende Anwendung der Vorschriften über den Erbschaftsanspruch (§§ 2018 ff. BGB) kommt insoweit nicht in Betracht.[4]

2 Da auch der nicht befreite Vorerbe grundsätzlich nur das an den Nacherben herauszugeben hat, was bei ihm noch vorhanden ist, § 2130 Abs. 1 BGB, regelt Abs. 1 S. 1 seinem materiellen Gehalt nach die Enthebung des befreiten Vorerben von der Verpflichtung zum Schadens- oder Wertersatz für nicht mehr vorhandene Nachlassgegenstände.[5] Der befreite Vorerbe ist nicht zur ordnungsmäßigen Verwaltung (§ 2130 BGB) verpflichtet.[6] Er schuldet daher, anders als der **nicht** befreite Vorerbe, weder Schadens-

12 RG WarnR 1938 Nr. 123.
1 Staudinger/*Avenarius*, § 2138 Rn 1 mit § 2137 Rn 1: Das Gesetz bezeichnet damit den vollständig befreiten Vorerben.
2 MüKo/*Lieder*, § 2138 Rn 1; Staudinger/*Avenarius*, § 2138 Rn 1; NK-BGB/*Gierl*, § 2138 Rn 7.
3 Vgl. nur Staudinger/*Avenarius*, § 2138 Rn 3.
4 BGH NJW 1983, 2874.
5 MüKo/*Lieder*, § 2138 Rn 3.
6 OLG Karlsruhe ZEV 1994, 45 m. Anm. *Kummer*, die Revision dagegen wurde nicht angenommen; MüKo/*Grunsky*, § 2138 Rn 3; missverständlich RGZ 148, 385, 391.

ersatz gem. § 2130 BGB für Gegenstände, die er infolge ordnungswidriger Verwaltung nicht mehr herausgeben kann, noch Wertersatz gem. § 2134 BGB.[7]

B. Verwendungsersatz

3 Für Verwendungen auf Gegenstände, die der Vorerbe infolge seiner beschränkten Herausgabepflicht nicht herauszugeben hat, kann er keinen Ersatz verlangen, Abs. 1 S. 2. Die Ansprüche aus §§ 2124–2126 BGB sind insoweit ausgeschlossen. Dieser Ausschluss, der die folgerichtige Kehrseite der Beschränkung des S. 1 darstellt, greift allerdings nicht, wenn die Gegenstände nicht „infolge" der Befreiung nicht herausgegeben werden können, sondern wegen vom Vorerben nicht zu vertretender Unmöglichkeit, die auch beim unbefreiten Vorerben zu einer Entlastung geführt hätte.[8] In diesem Fall bleibt es bei den allg. Regeln der §§ 2124–2126 BGB.

C. Schadensersatz

4 Nach Abs. 2 ist auch der befreite Vorerbe zum Schadensersatz verpflichtet, wenn er (1) unentgeltlich verfügt oder (2) die Erbschaft in Benachteiligungsabsicht vermindert hat. Unentgeltliche Verfügungen (§ 2113 Abs. 2 BGB) sind auch dem befreiten Vorerben untersagt. Die Schadensersatzhaftung wegen unentgeltlicher Verfügung setzt Verschulden voraus, eine **Benachteiligungsabsicht** ist jedoch nicht erforderlich, wie sich bereits aus der Alternativformulierung des Gesetzes ergibt,[9] das diese Absicht lediglich zur Voraussetzung für die Haftung wegen Nachlassverminderung gem. Abs. 2 Alt. 2 erklärt. Eine **Benachteiligungsabsicht** ist nicht schon dann gegeben, wenn der Vorerbe eine Schädigung lediglich für möglich hält und sie billigend in Kauf nimmt;[10] vielmehr muss der Vorerbe den schädigenden Erfolg seines Handelns erkennen und diesen gerade herbeiführen wollen.[11] Die Höhe des Schadensersatzanspruchs bestimmt sich nach dem **Zeitpunkt**, zu dem der Vorerbe den Gegenstand hätte herausgeben müssen,[12] nicht nach dem Zeitpunkt der unentgeltlichen Verfügung bzw. der Verminderung der Erbschaft.[13]

5 Der Schadensersatzanspruch entsteht erst im Zeitpunkt des Nacherbfalls. Zuvor kann der Nacherbe daher keine Leistungsklage erheben, wohl aber die Schadensersatzverpflichtung des Vorerben mittels **Feststellungsklage** klären lassen.[14] Die Schadensersatzverpflichtung besteht neben etwaigen Ansprüchen des Nacherben gegen den Dritterwerber eines Nachlassgegenstandes. In dem Umfang, in dem der Nacherbe Ansprüche gegen den Dritterwerber realisiert, entfällt sein Ersatzanspruch gegen den Vorerben.

6 Nach h.M. kann der Erblasser den Vorerben von der Ersatzpflicht für unentgeltliche Verfügungen im Ergebnis dadurch befreien, dass er den Nacherben durch **Vermächtnis** verpflichtet, die Verfügungen des Vorerben zu genehmigen.[15]

---

7 Staudinger/*Avenarius*, § 2138 Rn 2; MüKo/*Lieder*, § 2138 Rn 4.

8 Staudinger/*Avenarius*, § 2138 Rn 8; MüKo/*Lieder*, § 2138 Rn 7; Grüneberg/*Weidlich*, § 2138 Rn 1; NK-BGB/*Gierl*, § 2138 Rn 8.

9 Staudinger/*Avenarius*, § 2138 Rn 9; Soergel/*Harder/Wegmann*, § 2138 Rn 3; MüKo/*Lieder*, § 2138 Rn 8; *Muscheler*, ZEV 2012, 389, 390.

10 Insoweit unklar Staudinger/*Avenarius*, § 2138 Rn 14.

11 Dazu näher *Muscheler*, ZEV 2012, 389.

12 Staudinger/*Avenarius*, § 2138 Rn 11.

13 Soergel/*Wegmann*, § 2138 Rn 4; MüKo/*Lieder*, § 2138 Rn 8; Grüneberg/*Weidlich*, § 2138 Rn 3.

14 RGZ 139, 343, 347; BGH NJW 1977, 1631, 1632.

15 Staudinger/*Avenarius*, § 2138 Rn 13; näher Grüneberg/*Weidlich*, § 2138 Rn 3 mit § 2136 Rn 4 und 1.

§ 2139 Wirkung des Eintritts der Nacherbfolge

Mit dem Eintritt des Falles der Nacherbfolge hört der Vorerbe auf, Erbe zu sein, und fällt die Erbschaft dem Nacherben an.

Übersicht: Rdn

A. Übergang der Erbschaft

1 Die Vorschrift behandelt allein die **Wirkungen** des Eintritts des Nacherbfalls, nicht aber dessen Zeitpunkt; diesen bestimmt der Erblasser (§ 2100 BGB), hilfsweise das Gesetz (§ 2106 BGB). Mit Eintritt des Nacherbfalls geht die Erbschaft von selbst, d.h. ohne das Erfordernis rechtsgeschäftlicher Übertragungsakte, auf den Nacherben über. Dabei wird der Nacherbe Erbe des Erblassers und nicht etwa des Vorerben[1] (zur abweichenden Behandlung im Steuerrecht und Zivilprozessrecht vgl. Vorbem. zu § 2100 Rdn 13, § 2100 Rdn 32 f.). Das Vermögen des Erblassers geht kraft Gesetzes mit dinglicher Wirkung (§ 1922 BGB) als Ganzes auf den Nacherben über. Der Nacherbe wird also von selbst Eigentümer aller Nachlassgegenstände, Gläubiger der Nachlassforderungen und Schuldner der Nachlassverbindlichkeiten (siehe dazu § 2144 BGB). Einer Herausgabe der Erbschaft (§ 2130 BGB) an ihn bedarf es dazu nicht. Der Anfall der Erbschaft an den Nacherben erfolgt im Übrigen unbeschadet des Rechts, sie auszuschlagen (§ 2142 BGB), sofern der Nacherbe sie nicht bereits zwischen Erb- und Nacherbfall angenommen hat (siehe dazu § 2142 Rdn 5).

2 Der Nacherbe muss den Nachlass von dem Vorerben in dem rechtlichen Zustand hinnehmen, in welchem er sich **infolge ordnungsgemäßer Verwaltung** – bzw. beim befreiten Vorerben unter Berücksichtigung von dessen eingeschränkten Obliegenheiten – befindet.[2] Vom Vorerben wirksam getroffene Verfügungen muss der Nacherbe somit gegen sich gelten lassen. Hat etwa der (entsprechend befreite) Vorerbe vor Eintritt des Nacherbfalls ein Nachlassgrundstück aufgelassen, wird der Nacherbe mangels Eintragung des Erwerbers zwar mit dem Nacherbfall noch Eigentümer des Grundstücks, ist aber an die Auflassung gebunden.[3] Auf den Nacherben gehen neben den vom Erblasser herrührenden Schulden auch die vom Vorerben im Rahmen ordnungsgemäßer Verwaltung begründeten Verbindlichkeiten über,[4] nicht aber die persönlichen Schulden des Vorerben (siehe dazu § 2144 Rdn 2).

3 Hinsichtlich des Besitzes an Nachlassgegenständen ist zu unterscheiden: Hat der Vorerbe den Besitz bereits **tatsächlich ergriffen**, findet § 857 BGB zugunsten des Nacherben keine Anwendung; dies folgt bereits aus § 2140 BGB, da andernfalls Verfügungen des gutgläubigen Vorerben nach Eintritt des Nacherbfalls wegen Abhandenkommens der Sache nicht wirksam werden könnten.[5] Der Vorerbe bzw., wenn der Tod des Vorerben den Nacherbfall bildet, dessen gem. § 857 BGB in seinen Besitz eintretende Erben müssen daher den Besitz auf den Nacherben übertragen.[6] Der vom Vorerben

1 Vgl. nur BGHZ 44, 152 = NJW 1965, 2295.
2 Soergel/*Wegmann*, § 2139 Rn 2; Staudinger/*Avenarius*, § 2139 Rn 5.
3 KG JFG 23, 21 = DR 1941, 2196.
4 RGZ 90, 91, 95; BGHZ 32, 60 = NJW 1960, 959.
5 MüKo/*Lieder*, § 2139 Rn 8 m.w.N.
6 Vgl. nur Soergel/*Wegmann*, § 2139 Rn 3 m.w.N.

bis zum Nacherbfall noch **nicht ergriffene** Besitz geht indessen mit dem Nacherbfall nach § 857 BGB von selbst auf den Nacherben über,[7] ebenso der **mittelbare** Besitz zusammen mit dem Anspruch auf Herausgabe gegen den unmittelbaren Besitzer.[8]

4 Da der Nacherbe nicht Rechtsnachfolger des Vorerben, sondern des Erblassers ist, erlischt eine **Vollmacht**, die der Vorerbe für Nachlassgeschäfte erteilt hat, mit dem Nacherbfall.[9] Ebenfalls erlischt die vom Vorerben für ein Nachlassunternehmen erteilte Prokura.[10] Vollmacht und Prokura bleiben jedoch bestehen, wenn der Nacherbe ihrer Erteilung zugestimmt hat[11] oder die Erteilung noch vom Erblasser herrührt.[12] Die einem Mitnacherben vom Erblasser erteilte Prokura erlischt hingegen mit dem Nacherbfall, weil ein Miterbe nicht Prokurist eines der Erbengemeinschaft gehörenden Handelsgeschäftes sein kann.[13]

5 Hat der Vorerbe bei Eintritt des Nacherbfalls das Recht, die **Erbschaft auszuschlagen**, noch nicht verloren, so geht dieses Recht nicht auf den Nacherben über, sondern verbleibt beim Vorerben. Tritt der Nacherbfall mit dem Tod des Vorerben ein, geht das gem. § 1952 BGB vererbliche Ausschlagungsrecht auf dessen Eigenerben über, die innerhalb des verbleibenden Rests der Ausschlagungsfrist die Vorerbschaft ausschlagen können, um ggf. den Pflichtteil zu erlangen oder einen güterrechtlichen Zugewinnausgleich geltend zu machen.[14] Dem Nacherben steht ein eigenes, vom Vorerben unabhängiges Ausschlagungsrecht zu (näher hierzu § 2142 BGB).

B. Prozessuales

6 Tritt der Nacherbfall während des Rechtsstreits zwischen dem Vorerben und dem Dritten über einen der Nacherbfolge unterliegenden Gegenstand ein, über den der Vorerbe ohne Zustimmung des Nacherben verfügen konnte, wird das Verfahren gem. §§ 239, 242 ZPO bis zu seiner Wiederaufnahme **unterbrochen**. Der Nacherbe wird insoweit wie ein Rechtsnachfolger des Vorerben behandelt.[15] Die Unterbrechung tritt nicht ein, wenn eine Vertretung durch einen Prozessbevollmächtigten stattfand, das Gericht hat in diesem Fall jedoch auf Antrag des Bevollmächtigten oder des Gegners das Verfahren auszusetzen (§ 246 ZPO).

7 Ist im Rechtsstreit zwischen dem Vorerben und dem Dritten bereits vor dem Nacherbfall ein Urteil ergangen, ordnet § 326 ZPO für bestimmte Konstellationen eine **Rechtskrafterstreckung** an, die für eine einheitliche Entscheidung sorgen und verhindern soll, dass derselbe Streit mehrfach ausgetragen wird. Danach gilt: Ein vor dem Nacherbfall rechtskräftig gewordenes Urteil, das eine Nachlassverbindlichkeit oder einen der Nacherbfolge unterliegenden Gegenstand betrifft, wirkt in jedem Fall zugunsten des Nacherben, d.h. soweit es gegen den Nachlass gerichtete Ansprüche zurückweist oder dem Nachlass Ansprüche zuspricht (§ 326 Abs. 1 ZPO). **Zu Ungunsten** des Nacherben wirkt ein Urteil hingegen nur dann, wenn der Vorerbe über den Gegenstand nach der Grundregel des § 2112 BGB bzw. aufgrund der Befreiung nach § 2136

7 Soergel/*Wegmann*, § 2139 Rn 3.
8 Staudinger/*Avenarius*, § 2139 Rn 6; MüKo/*Lieder*, § 2139 Rn 8; für Wertpapiere im Bankdepot vgl. KG OLGE 42, 135.
9 KG JFG 5, 308; OLG Schleswig SchlHAnz 1962, 174.
10 BGHZ 32, 60, 67 = NJW 1960, 959.
11 KG NJW 1957, 754, 755.
12 Vgl. nur Staudinger/*Avenarius*, § 2139 Rn 7.
13 Vgl. BGHZ 32, 60, 67 = NJW 1960, 959.
14 BGHZ 44, 152, 156 = NJW 1965, 2295.
15 MüKo/*Lieder*, § 2139 Rn 9; Staudinger/*Avenarius*, § 2139 Rn 10.

BGB ohne Zustimmung des Nacherben verfügen konnte (§ 326 Abs. 2 ZPO) oder wenn der Nacherbe der Prozessführung zugestimmt hat.[16]

C. Erbschein

Ein dem Vorerben erteilter Erbschein wird mit Eintritt des Nacherbfalls unrichtig und ist einzuziehen, § 2361 BGB. Der Nacherbe kann die Herausgabe des Erbscheins an das Nachlassgericht verlangen (§ 2363 BGB) und einen Erbschein für sich beantragen.[17] 8

D. Grundbuch

Das Grundbuch, in dem der Vorerbe als Grundstückseigentümer oder Inhaber eines Grundstücksrechts eingetragen ist, wird durch den Nacherbfall ebenfalls unrichtig. Der Nacherbe kann seine Eintragung als Berechtigter verlangen. Zur Eintragung des Nacherben bedarf es der Vorlage eines das Erbrecht des Nacherben nach dem Nacherbfall ausweisenden Erbscheins bzw. Europäischen Nachlasszeugnisses (§ 35 Abs. 1 S. 1 GBO),[18] der den Zeitpunkt des Nacherbfalls enthalten muss.[19] Davon abgesehen werden kann nur bei einer eröffneten öffentlichen Verfügung von Todes wegen (§ 35 Abs. 1 S. 1 GBO) und bei Nachweis (§ 29 GBO) über den Eintritt der Nacherbfolge oder wenn die Nacherbfolge beim Grundbuchamt offenkundig ist.[20] Dies gilt auch dann, wenn ein Nacherbenvermerk gem. § 51 GBO im Grundbuch eingetragen ist und eine Sterbeurkunde des Vorerben vorgelegt wird.[21] Mit Eintragung des Nacherben ist der Vermerk gem. § 51 GBO zu löschen. Die Löschung erfolgt nicht von Amts wegen.[22] Die Auferlegung der Verpflichtung zur Berichtigung nach § 82 GBO ist möglich.[23] Der Löschungsantrag ist jedoch bereits im Antrag auf Eintragung des Nacherben enthalten.[24] Zu löschen ist auch ein Ersatznacherbenvermerk, da die Ersatznacherbfolge hier nicht mehr eintreten kann, nicht jedoch der Vermerk hinsichtlich einer weiteren Nacherbfolge.[25] 9

Für das Schiffsregister und das Luftfahrzeugregister gelten die gleichen Grundsätze wie für das Grundbuch. 10

§ 2140 Verfügungen des Vorerben nach Eintritt der Nacherbfolge

[1]Der Vorerbe ist auch nach dem Eintritt des Falles der Nacherbfolge zur Verfügung über Nachlassgegenstände in dem gleichen Umfang wie vorher berechtigt, bis er von dem Eintritt Kenntnis erlangt oder ihn kennen muss. [2]Ein Dritter kann sich auf diese Berechtigung nicht berufen, wenn er bei der Vornahme eines Rechtsgeschäfts den Eintritt kennt oder kennen muss.

---

16 Staudinger/*Avenarius*, § 2139 Rn 11; Soergel/*Wegmann*, § 2139 Rn 6.

17 Soergel/*Wegmann*, § 2139 Rn 8.

18 H.M. BGHZ 84, 196, 198 m.w.N. = NJW 1982, 2499 nunmehr h.M.; vgl. auch OLG Hamm OLGZ 1980, 410. Näher Grüneberg/*Weidlich*, § 2139 Rn 6 und MüKo/*Lieder*, § 2139 Rn 11 ff.

19 BayObLG Rpfleger 1985, 183.

20 Grüneberg/*Weidlich*, § 2139 Rn 6 sowie Fn 21.

21 BGHZ 84, 196, 198 m.w.N. = NJW 1982, 2499; a.A. noch vor der genannten BGH-Entscheidung RGRK/*Johannsen*, § 2139 Rn 8; offengelassen wurde vom BGH, ob eine Ausnahme in Betracht kommt, wenn der Eintritt der Nacherbfolge beim Grundbuchamt offenkundig ist, § 29 Abs. 1 S. 2 GBO; dazu OLG Köln MDR 1965, 993.

22 Grüneberg/*Weidlich*, § 2139 Rn 6; a.A. Staudinger/*Avenarius*, § 2139 Rn 23.

23 Grüneberg/*Weidlich*, § 2139 Rn 6.

24 Staudinger/*Avenarius*, § 2139 Rn 23; MüKo/*Lieder*, § 2139 Rn 8.

25 MüKo/*Grunsky*, § 2139 Rn 12; Staudinger/*Avenarius*, § 2139 Rn 20.

Übersicht: Rdn

A. Gutglaubensschutz

1 Wird der Eintritt der Nacherbfolge durch den Erblasser an andere Bedingungen als den Tod des Vorerben geknüpft, insbesondere die Geburt des Nacherben, vgl. § 2101 Abs. 1 BGB, oder Eheschließung, so erfährt der Vorerbe hiervon regelmäßig nicht sogleich. Das Gesetz gewährt ihm in S. 1 unter der Bedingung solcher Nichtkenntnis ein **verlängertes Verwaltungsrecht**; dem gutgläubigen Vorerben soll die Verfügungsmacht erhalten bleiben. Gleichartige Regelungen sind für die rechtsgeschäftliche Stellvertretung, den Auftrag sowie für andere Fälle gesetzlicher Vermögensverwaltung in den §§ 169, 674, 729, 1472 Abs. 2, 1698a Abs. 1, 1874 Abs. 1 u. 1915 BGB enthalten. S. 2 erweitert diesen Schutz auf den **gutgläubigen Dritten**.

2 Die Vorschrift greift nach Wortlaut, Sinn und Zweck nicht, wenn die Nacherbfolge durch den Tod des Vorerben bedingt ist. Für eine analoge Anwendung zugunsten der Eigenerben des Vorerben, die den Nachlass gutgläubig als eigenes Vermögen des Vorerben verwalten, besteht keine Veranlassung.[1]

3 Nach S. 1 bleibt das Verfügungsrecht des Vorerben so lange bestehen, bis dieser den Nacherbfall kennt oder ihn bei Anwendung der im Verkehr erforderlichen Sorgfalt, § 122 Abs. 2 BGB, kennen muss. Geschützt ist lediglich die Unkenntnis des Vorerben vom Eintritt des Nacherbfalls, nicht hingegen die Unkenntnis von der Person des Nacherben.[2] Es ist daher kein Fall des § 2140 BGB, wenn der Vorerbe die Erbschaft an den Falschen herausgibt.[3]

B. Entsprechende Anwendung

4 Nach dem Wortlaut bezieht sich § 2140 BGB lediglich auf Verfügungen. Es besteht jedoch Einigkeit, dass die Vorschrift auf **schuldrechtliche Verträge** entsprechende Anwendung findet.[4] Der Vorerbe kann daher im Rahmen ordnungsgemäßer Nachlassverwaltung insbesondere noch Nachlassverbindlichkeiten begründen, von denen ihn der Nacherbe zu befreien hat.[5] Er bleibt des Weiteren gegenüber den Nachlassschuldnern empfangszuständig,[6] und wer umgekehrt in Unkenntnis des Nacherbfalls als Schuldner an ihn leistet, wird von der Verbindlichkeit befreit.[7] Der Vorerbe wird analog S. 1 auch bei tatsächliche Maßnahmen und andere Verwaltungshandlungen geschützt.[8] Der Nacherbe muss diese gegen sich gelten lassen, soweit sie sich i.R.d. Haftungsmaßstabes des § 2131 BGB sowie der von §§ 2134, 2138 BGB gezogenen Grenzen halten,[9] kann also z.B. nicht vom entsprechend befreiten Vorerben Herausgabe der von diesem nach Eintritt des Nacherbfalls zulässigerweise für sich verwendeten Nachlassgegenstände verlangen.

---

1 RG SeuffA 74 Nr. 71; RG Recht 1911 Nr. 1562; Staudinger/*Avenarius*, § 2140 Rn 2; MüKo/*Lieder*, § 2140 Rn 1.

2 Staudinger/*Avenarius*, § 2140 Rn 3.

3 MüKo/*Lieder*, § 2140 Rn 1; Staudinger/*Avenarius*, § 2140 Rn 8.

4 MüKo/*Lieder*, § 2140 Rn 13 m.w.N.

5 MüKo/*Grunsky*, § 2140 Rn 4; Staudinger/*Avenarius*, § 2140 Rn 5.

6 Staudinger/*Avenarius*, § 2140 Rn 6.

7 KG ZEV 2003, 110. Hier wurde Fahrlässigkeit diskutiert, weil der Schuldner angesichts des hohen Alters der Vorerbin zu Erkundigungen hätte gehalten sein können, ob diese noch am Leben sei.

8 Soergel/*Wegmann*, § 2140 Rn 2; Staudinger/*Avenarius*, § 2140 Rn 7; MüKo/*Lieder*, § 2140 Rn 5.

9 Staudinger/*Avenarius*, § 2140 Rn 7.

C. Bösgläubigkeit des Dritten

Der Schutz des Vorerben nach S. 1 besteht bei mehrseitigen Verfügungen oder sonstigen Maßnahmen gegenüber einem Dritten unabhängig davon, ob auch der Dritte bzgl. des Eintritts der Nacherbfolge gutgläubig ist.[10] Die Bösgläubigkeit des Dritten schadet nur diesem, da er sich gem. S. 2 dann nicht auf die Berechtigung des Vorerben berufen kann. Sie macht die Verfügung zwar insgesamt unwirksam, die Verantwortlichkeit des Vorerben gegenüber dem Nacherben ist jedoch durch S. 1 ausgeschlossen.[11] Hingegen schließt die Bösgläubigkeit des Vorerben einen Gutglaubensschutz des Dritten nach S. 2 aus. Hier ist der Dritte nur nach den allg. Vorschriften über den gutgläubigen Erwerb geschützt (§§ 892, 932, 2366 BGB). 5

Zugunsten des gutgläubigen **Nachlassschuldners**, der nach Eintritt des Nacherbfalls an den bösgläubigen Vorerben leistet, können die §§ 405–408, 412 BGB entsprechend angewendet werden, allerdings mit der Einschränkung, dass bereits fahrlässige Unkenntnis vom Eintritt des Nacherbfalls schadet.[12] 6

§ 2141 Unterhalt der werdenden Mutter eines Nacherben

Ist bei dem Eintritt des Falles der Nacherbfolge die Geburt eines Nacherben zu erwarten, so findet auf den Unterhaltsanspruch der Mutter die Vorschrift des § 1963 entsprechende Anwendung.

Die – praktisch weitgehend bedeutungslose – Vorschrift gewährt der Mutter eines im Zeitpunkt des Nacherbfalls bereits **gezeugten** Nacherben, der gem. § 1923 Abs. 2 BGB als vor dem Nacherbfall geboren gilt, einen Unterhaltsanspruch in entsprechender Anwendung von § 1963 BGB. Der Anspruch richtet sich in diesem Fall der direkten Anwendung der Vorschrift gegen den durch den Pfleger des Nacherben vertretenen Nachlass.[1] 1

§ 2141 BGB ist nach seinem **Sinn** und **Zweck** entsprechend anzuwenden, wenn der Nacherbfall erst mit der Geburt des Kindes eintritt, wie dies § 2106 Abs. 2 S. 1 BGB bei Einsetzung einer noch nicht gezeugten Person als Erbe nach § 2101 Abs. 1 BGB vorsieht.[2] Der Anspruch richtet sich dann gegen den Vorerben, der ihn aus der Substanz der Erbschaft erfüllen kann.[3] Erfüllt er ihn aus eigenen Mitteln, kann er vom Nacherben grundsätzlich Ersatz verlangen.[4] 2

Der Anspruch ist wie bei § 1963 BGB ausgeschlossen, solange Unterhalt nach § 1969 BGB verlangt werden kann.[5] Im Hinblick auf die Möglichkeit eines Vorgehens gegen den prätendierten Vater aus § 1615l Abs. 1 S. 1 BGB wird man der Mutter ein Wahlrecht zubilligen müssen. 3

10 Staudinger/*Avenarius*, § 2140 Rn 9.
11 Staudinger/*Avenarius*, § 2140 Rn 9; MüKo/*Lieder*, § 2140 Rn 7.
12 Vgl. nur Staudinger/*Avenarius*, § 2140 Rn 11.
1 Staudinger/*Avenarius*, § 2141 Rn 3.
2 Staudinger/*Avenarius*, § 2141 Rn 2.
3 Staudinger/*Avenarius*, § 2141 Rn 3; MüKo/*Lieder*, § 2141 Rn 2.
4 Staudinger/*Avenarius*, § 2141 Rn 3; MüKo/*Lieder*, § 2141 Rn 2.
5 MüKo/*Leipold*, § 1963 Rn 4.

§ 2142 Ausschlagung der Nacherbschaft

(1) Der Nacherbe kann die Erbschaft ausschlagen, sobald der Erbfall eingetreten ist.
(2) Schlägt der Nacherbe die Erbschaft aus, so verbleibt sie dem Vorerben, soweit nicht der Erblasser ein anderes bestimmt hat.

Übersicht: Rdn

A. Recht zur Ausschlagung

1 Die Vorschrift billigt dem Nacherben das Recht zur Ausschlagung bereits mit dem Tod des Erblassers zu, obschon ihm (siehe § 2139 BGB) zu diesem Zeitpunkt die Erbschaft noch nicht angefallen ist. Dies Recht hat er für die gesamte Dauer der Vorerbschaft, da die Ausschlagungsfrist des § 1944 BGB erst mit Kenntnis des Eintritts des Nacherbfalls beginnt.[1] Der Gesetzgeber wollte dem Nacherben im Interesse der Vertragsfreiheit hierdurch ein Mittel an die Hand geben, dem Vorerben sogleich die Rechtsposition des Vollerben zu verschaffen,[2] wegen des Vorrangs anderweitiger Bestimmungen des Erblassers, Abs. 2 Hs. 2, ist die rechtsgeschäftliche Übertragung der Anwartschaft insoweit allerdings der sicherere Weg.

2 Ist der eingesetzte Nacherbe nach dem Erblasser pflichtteilsberechtigt, kann ihn § 2306 Abs. 2 BGB dazu bestimmen, die Ausschlagung gemäß § 2306 Abs. 1 BGB zu erklären, um den Pflichtteil zu retten. Zwar läuft die Ausschlagungsfrist nach §§ 1944 Abs. 2 S. 1, 2139 BGB für ihn erst mit Kenntnis des Anfalls der Nacherbschaft,[3] allerdings verjährt der Pflichtteilsanspruch in der Regelfrist des § 199 Abs. 1 BGB bereits mit Kenntnis vom Erbfall, nicht erst mit der Ausschlagung (siehe § 2332 Abs. 2 BGB).[4]

3 Soweit die Länge der Ausschlagungsfrist gem. § 1944 Abs. 3 BGB vom **Wohnsitz** abhängt, ist der Wohnsitz des Erblassers, nicht der des Vorerben entscheidend.[5]

4 Das Recht, die Erbschaft bereits nach dem Erbfall auszuschlagen, steht auch Nacherben zu, die unter einer aufschiebenden **Bedingung** oder **Befristung** eingesetzt oder an zweiter oder fernerer Stelle berufen sind.[6] Gleiches gilt für die Einsetzung eines Testamentsvollstreckers; der Nacherbentestamentsvollstrecker kann die Nacherbschaft nicht ausschlagen.[7] Ist ein Elternteil Vorerbe und sein Kind Nacherbe, bedarf es bei konkretem Interessenwiderstreit einer Pflegerbestellung zur Entscheidung über die Ausschlagung.[8] Stirbt der Nacherbe vor dem Nacherbfall, geht sein Ausschlagungsrecht auf seine Erben über, wenn es vererblich war, § 2108 Abs. 2 BGB, oder auf den

---

1 MüKo/*Lieder*, § 2142 Rn 1 f.

2 Staudinger/*Avenarius*, § 2142 Rn 3 m. Hinw. auf Mot. V, S. 121 f.

3 OLG München ZEV 2011, 318, hier: Kenntniserlangung im Erbscheinsverfahren des Vorerben; Bekanntgabe an den Betreffenden als gesetzlicher Vertreter eines Nach-Nacherben reicht ebenso wenig aus.

4 MüKo/*Lange*, § 2306 Rn 26; RGZ 59, 341, 346.

5 Allg. Meinung, vgl. hierzu nur Staudinger/*Avenarius*, § 2142 Rn 5.

6 Vgl. nur RGRK/*Johannsen*, § 2142 Rn 2.

7 KG DNotZ 1930, 480; Soergel/*Wegmann*, § 2142 Rn 2.

8 OLG Frankfurt FamRZ 1964, 154. Ist der Nacherbe minderjährig, greift § 1643 Abs. 2 BGB nicht und für die Ausschlagung bedarf es keiner gerichtlichen Genehmigung, OLG Frankfurt ZEV 2011, 597; str., dagegen *Sagemeister*, ZEV 2012, 121.

Ersatznacherben; oder es erlischt, wenn die Erbschaft dem Vorerben verbleibt.[9] Stirbt der Nacherbe nach Eintritt des Nacherbfalls, geht das Ausschlagungsrecht auf seine Erben über, § 1952 BGB. Pfändung und Insolvenz lassen das Ausschlagungsrecht unberührt (vgl. § 83 Abs. 1 S. 1 InsO).

B. Annahme der Erbschaft

5 § 2142 BGB erwähnt die Annahme der Nacherbschaft nicht, es ist jedoch allg. Meinung, dass sie ebenso wie die Ausschlagung möglich ist[10] und dass auch insoweit § 1946 BGB gilt. Die Annahme der Nacherbschaft kann demnach ebenfalls bereits ab dem Erbfall erklärt werden.[11] Für eine vorgezogene Annahme besteht insofern ein **Verkehrsschutzbedürfnis**, als der Nacherbe seine Anwartschaft übertragen kann (vgl. § 2100 Rdn 24 ff.), denn der Erwerber ist erst durch die Annahme vor einer Ausschlagung und damit einem Verlust der Nacherbschaft gesichert.[12] Die Annahmeerklärung ist an keine Form gebunden und kann daher auch konkludent erfolgen. In der Übertragung der Anwartschaft kann die schlüssige Annahme der Nacherbschaft zu sehen sein.[13] Zwingend ist dies jedoch nicht; im Einzelfall kann durchaus beabsichtigt sein, dass der Erwerber das Risiko einer Ausschlagung durch den Nacherben tragen soll.[14] Keine schlüssige Annahme liegt hingegen darin, dass der Nacherbe während der Vorerbschaft seine Nacherbenrechte und -pflichten wahrnimmt.[15] Wird die Annahme angefochten, gilt dies auch dann als Ausschlagung gem. § 1957 Abs. 1 BGB, wenn die Anfechtung vor dem Eintritt des Nacherbfalls und damit vor Beginn der Ausschlagungsfrist erklärt worden ist.[16]

C. Wirkung der Ausschlagung

6 Als Folge der Ausschlagung wird nach Abs. 2 der Vorerbe zum Vollerben, soweit der Erblasser nichts anderes bestimmt hat. Wird die **Ausschlagung** erst nach Eintritt des Nacherbfalls erklärt, stellt sie das bereits weggefallene Erbrecht des Vorerben, § 2139 BGB, rückwirkend wieder her.[17] Die Erbschaft verbleibt den Erben des Vorerben, wenn dessen Tod den Nacherbfall herbeigeführt hat. Sind mehrere Nacherben vorhanden und schlagen nicht alle aus, geht allerdings das Anwachsungsrecht der Mitnacherben, § 2094 BGB, dem Vorerbenrecht nach Abs. 2 vor,[18] sofern der Erblasser die Anwachsung nicht ausgeschlossen hat, § 2094 Abs. 3 BGB.

7 Ob die Erbschaft dem Vorerben verbleiben soll, ist nach allg. Regeln durch Auslegung des Erblasserwillens zu ermitteln. Eine anderweitige Bestimmung des Erblassers liegt insbesondere in der Berufung eines **Ersatznacherben**, § 2096 BGB, auch in der stillschweigenden Berufung der Abkömmlinge eines weggefallenen Abkömmlings des Erblassers gem. § 2069 BGB.[19] Berufen sind insoweit die zum Zeitpunkt des **Nacherbfalls** und nicht der Ausschlagung lebenden oder erzeugten Abkömmlinge.[20] Schlägt ein

9 MüKo/*Lieder*, § 2142 Rn 4.
10 RGZ 80, 377.
11 Statt aller Staudinger/*Avenarius*, § 2142 Rn 14.
12 RGZ 80, 377, 383.
13 So Soergel/*Wegmann*, § 2142 Rn 3; Staudinger/*Avenarius*, § 2143 Rn 14; wie hier hingegen Grüneberg/*Weidlich*, § 2142 Rn 6; a.A. MüKo/*Lieder*, § 2142 Rn 11.
14 MüKo/*Lieder*, § 2142 Rn 11.
15 RGZ 80, 377, 383.
16 BayObLGZ 1962, 239, 242 = FamRZ 1962, 538; Grüneberg/*Weidlich*, § 1957 Rn 1; MüKo/*Lieder*, § 2142 Rn 11; a.A. *Lange/Kuchinke*, § 8 VII 2b.
17 Staudinger/*Avenarius*, § 2142 Rn 6; MüKo/*Lieder*, § 2142 Rn 6.
18 RG Recht 1916 Nr. 488; BayObLGZ 1962, 239, 246 = FamRZ 1962, 538.
19 RG WarnR 1913 Nr. 241; KGJ 31, 124, 128.
20 KG JW 1929, 1751.

pflichtteilsberechtigter Nacherbe aus, um den **Pflichtteil** zu verlangen, so entspricht es jedoch i.d.R. nicht dem Willen des Erblassers, dass die Erbschaft den Abkömmlingen des Nacherben zufallen soll, denn dadurch würde der Stamm des weggefallenen Abkömmlings bevorzugt.[21] Dies gilt nicht nur im Anwendungsbereich des § 2069 BGB, sondern auch, wenn der Erblasser Abkömmlinge seiner Kinder ausdrücklich zu Ersatznacherben bestimmt hat.[22] Im Einzelfall kann aber trotz eines Pflichtteilsverlangens von einer Ersatzerbenberufung der Abkömmlinge auszugehen sein, wenn bspw. nach dem Willen des Erblassers ein Hausgrundstück in der Familie bleiben und nicht in diejenige des Vorerben gelangen soll,[23] oder wenn der Erblasser seinen Ehegatten zum Vorerben bestimmt und nach ihm das einzige gemeinsame Kind zum Nacherben berufen hat.[24] Im Fall des § 2104 BGB rücken bei Ausschlagung der zunächst Berufenen die entfernteren gesetzlichen Erben nach – mit Ausnahme des Fiskus, § 2104 S. 2 BGB.

8 Abs. 2 gilt nicht, wenn der Nacherbe **aus anderen Gründen** als der Ausschlagung wegfällt, etwa durch Tod vor dem Nacherbfall, § 2108 Abs. 1 BGB, durch Erbverzicht, § 2352 BGB, oder durch Erbunwürdigkeitserklärung, §§ 2340 Abs. 2 S. 2, 2344 BGB, so dass kein vermuteter Wille zugunsten des Nacherben spricht.[25] Hier ist jeweils durch Auslegung zu ermitteln, wem die Erbschaft anfallen sollte.

9 Statt durch Ausschlagung kann der Nacherbe den Vorerben auch dadurch zum unbeschränkten Erben machen, dass er dem Vorerben seine Anwartschaft überträgt. Ein Verzicht auf das Nacherbrecht ist nicht möglich, jedoch regelmäßig gem. § 140 BGB in eine Übertragung der Anwartschaft umzudeuten.[26]

§ 2143 Wiederaufleben erloschener Rechtsverhältnisse

Tritt die Nacherbfolge ein, so gelten die infolge des Erbfalls durch Vereinigung von Recht und Verbindlichkeit oder von Recht und Belastung erloschenen Rechtsverhältnisse als nicht erloschen.

Literatur

Baur/Grunsky, Eine „Einmann-oHG", ZHR 133 (1970), 209; *Stimpel*, Der Gesellschafter als Vorerbe des verstorbenen einzigen Mitgesellschafters einer offenen Handelsgesellschaft, in: FS Rowedder, 1994, S. 477.

A. Wiederaufleben erloschener Rechtsverhältnisse

1 Der Anfall der Erbschaft an den Vorerben bewirkt, dass alle zu Lebzeiten des Erblassers begründeten Rechtsverhältnisse erlöschen, bei denen Recht und Verbindlichkeit (**Konfusion**) oder Recht und Belastung (**Konsolidation**) in der Person des Vorerben zusammentreffen. Diese einheitliche Rechtsträgerschaft besteht jedoch nur auf Zeit; mit Eintritt des Nacherbfalls bilden das Eigenvermögen des Vorerben und der Nachlass wieder selbstständige Vermögensmassen. Der Vorerbe soll daher seine frühere Rechtsstellung als Gläubiger oder Schuldner des Erblassers zurückerlangen, was die

21 BGHZ 33, 60, 62 = NJW 1960, 1899; BayObLG NJW-RR 2000, 1391; BayObLGZ 1962, 239, 243 = FamRZ 1962, 538; KG DNotZ 1941, 424; KG DNotZ 1942, 147; OLG Düsseldorf NJW 1956, 1880.
22 OLG Frankfurt OLGZ 71, 208.
23 OLG Zweibrücken OLGZ 1984, 3, 6–9.
24 Staudinger/*Avenarius*, § 2142 Rn 11.
25 Grüneberg/*Weidlich*, § 2142 Rn 5.
26 RG DNotZ 1942, 145.

Vorschrift rechtstechnisch dadurch ermöglicht, dass sie das Wiederaufleben der durch die Vermögensvereinigung erloschenen Rechtsverhältnisse anordnet.

B. Rechtswirkungen

Die erloschenen Rechtsverhältnisse leben mit **absoluter** Wirkung wieder auf, also auch im Verhältnis zu Dritten, und zwar einschließlich sämtlicher Nebenrechte, wie Bürgschaften oder Pfandrechte.[1] Eine Rückwirkung auf den Zeitpunkt des Erbfalls tritt jedoch nicht ein. Für die Dauer der Vorerbschaft schuldet der Vorerbe daher auf eine wiederaufgelebte Verbindlichkeit des Erblassers keine Zinsen, noch kann er solche auf Forderungen gegen den Erblasser vom Nacherben verlangen.[2] Der Rang von Nebenrechten, insbesondere Pfandrechten, bestimmt sich grundsätzlich ebenfalls nach dem Zeitpunkt des Wiederauflebens; zwischenzeitlich bestellte andere Belastungen gehen also dem wiederaufgelebten Pfandrecht vor.[3] Bei Grundpfandrechten wirkt allerdings die Eintragung rangwahrend; ein Grundpfandrecht des Erblassers an einem Grundstück des Vorerben lebt daher mit seinem **alten Rang** wieder auf.[4] Ist es jedoch zu Unrecht gelöscht worden, hat die Neueintragung im Rang nach den inzwischen eingetragenen Belastungen zu erfolgen.[5] 2

Fraglich ist, ob § 2143 BGB analoge Anwendung findet, wenn Personengesellschaften lediglich aus dem Erblasser und dem Vorerben bestanden, so dass sich mit dem Erbfall alle Gesellschaftsanteile in der Hand des Gesellschafter-Vorerben vereinigten. Nach herkömmlicher Auffassung hat diese Vereinigung **die Beendigung der Gesellschaft** zur Folge.[6] Im Verhältnis zum Nacherben ist die Gesellschaft gleichwohl nicht als endgültig erloschen anzusehen.[7] Ob die Gesellschaft im Nacherbfall entsprechend § 2143 BGB automatisch wieder auflebt[8] oder ob der Nacherbe nur einen schuldrechtlichen Anspruch auf Neubegründung der Gesellschaft gegen den Vorerben hat, ist indessen nicht abschließend geklärt.[9] 3

Für die Anwendung von § 2143 BGB ist kein Raum, wenn die mit der Vermögensvereinigung verbundene **Konfusions-** oder **Konsolidationswirkung** bereits aus anderen Gründen nicht eingetreten ist oder vor dem Nacherbfall rückgängig gemacht wurde (z.B. weil der Nachlass aufgrund Nachlassverwaltung, Nachlassinsolvenz, Testamentsvollstreckung zum Sondervermögen geworden ist).[10] Gleiches gilt, wenn nach dem Tod des Erblassers an dem Rechtsverhältnis auf der einen Seite eine Mit-Vorerbengemeinschaft und auf der anderen Seite lediglich ein Mit-Vorerbe beteiligt sind.[11] Indessen ist § 2143 BGB auch dann anwendbar, wenn nur hinsichtlich eines Teils der Erbschaft Nacherbfolge angeordnet ist; als selbstständiger **Rechtsträger** tritt hier die zwischen Vor- und Nacherben insoweit entstehende **Erbengemeinschaft** auf.[12] 4

---

1 Staudinger/*Avenarius*, § 2143 Rn 5 f.
2 Vgl. nur Staudinger/*Avenarius*, § 2143 Rn 4.
3 MüKo/*Lieder*, § 2143 Rn 4.
4 Staudinger/*Avenarius*, § 2143 Rn 5.
5 Staudinger/*Avenarius*, § 2143 Rn 5; Soergel/*Wegmann*, § 2143 Rn 2.
6 Vgl. nur *Stimpel*, in: FS Rowedder, S. 477 f.
7 BGH NJW 1986, 2431, 2434.
8 So offenbar Soergel/*Wegmann*, § 2143 Rn 2.
9 Vgl. *Baur/Grunsky*, ZHR 133, S. 209, 217 ff.; *Stimpel*, in: FS Rowedder, S. 477, 478 ff.
10 BGHZ 48, 214 = NJW 1967, 2399.
11 Soergel/*Wegmann*, § 2143 Rn 3.
12 Staudinger/*Avenarius*, § 2143 Rn 2; MüKo/*Grunsky*, § 2143 Rn 1.

5 Während der Dauer der Vorerbschaft ist die **Verjährung** der zwischenzeitlich erloschenen Forderungen entsprechend § 205 BGB gehemmt.[13] Nacherbe und Vorerbe können schon vor Eintritt des Nacherbfalls gegeneinander auf Feststellung klagen, dass ihnen mit Eintritt des Nacherbfalls durch den Erbfall erloschene Rechte zustünden.[14]

§ 2144 Haftung des Nacherben für Nachlassverbindlichkeiten

(1) Die Vorschriften über die Beschränkung der Haftung des Erben für die Nachlassverbindlichkeiten gelten auch für den Nacherben; an die Stelle des Nachlasses tritt dasjenige, was der Nacherbe aus der Erbschaft erlangt, mit Einschluss der ihm gegen den Vorerben als solchen zustehenden Ansprüche.
(2) Das von dem Vorerben errichtete Inventar kommt auch dem Nacherben zustatten.
(3) Der Nacherbe kann sich dem Vorerben gegenüber auf die Beschränkung seiner Haftung auch dann berufen, wenn er den übrigen Nachlassgläubigern gegenüber unbeschränkt haftet.

Übersicht: Rdn

A. Umfang der Haftung des Nacherben

1 Die Haftung des Nacherben für die Nachlassverbindlichkeiten beginnt erst mit Eintritt des Nacherbfalls. Bis dahin haftet ausschließlich der Vorerbe, und zwar auch dann, wenn der Nacherbe die Erbschaft schon vor dem Nacherbfall angenommen hat.[1] Mit dem Nacherbfall wird der Vorerbe mit den Einschränkungen des § 2145 BGB grundsätzlich von der Haftung frei. Als Erbe haftet der Nacherbe unbeschränkt mit seinem ganzen Vermögen, jedoch mit der Möglichkeit der Beschränkung auf das, was er als Nacherbe erlangt hat.

2 Zu den **Nachlassverbindlichkeiten** gehören neben den in § 1967 Abs. 2 BGB genannten[2] auch die Beerdigungskosten, § 1968 BGB, und der Dreißigste für die Familienangehörigen des Erblassers, § 1969 BGB. Die Kosten für die Beerdigung des Vorerben und den Dreißigsten für dessen Familienangehörige sind jedoch von den Erben des Vorerben und nicht vom Nacherben zu tragen.[3] Ferner treffen den Nacherben Vermächtnisse und Auflagen nicht, mit denen der Vorerbe persönlich beschwert ist.[4] Schließlich zählen zu den Nachlassverbindlichkeiten diejenigen Verpflichtungen, die der Vorerbe in **ordnungsgemäßer Verwaltung** des Nachlasses eingegangen ist.[5] Da es sich hierbei zugleich um Eigenverpflichtungen des Vorerben handelt, haftet er neben dem Nacherben regelmäßig als Gesamtschuldner. Die Haftung im Innenverhältnis

---

13 Soergel/*Wegmann*, § 2143 Rn 4; Staudinger/*Avenarius*, § 2143 Rn 8, der sich allerdings nicht auf § 205 BGB, sondern auf allg. Erwägungen stützt.
14 BGH LM Nr. 5 zu § 2100.
1 *Lange/Kuchinke*, § 51 II 1b; MüKo/*Lieder*, § 2144 Rn 1.
2 Vgl. RGZ 90, 91, 92.
3 OLG Celle HRR 1941 Nr. 127.
4 Staudinger/*Avenarius*, Vor §§ 2144–2146 Rn 4; RG Recht 1909 Nr. 694.
5 BGHZ 32, 60, 64 = NJW 1960, 959; RGZ 90, 91.

bestimmt sich nach § 2124 BGB;[6] soweit hiernach die Verpflichtung im Innenverhältnis allein den Nacherben trifft, kann der Vorerbe, wenn er im Außenverhältnis in Anspruch genommen wird, vom Nacherben Befreiung gem. § 257 BGB verlangen. Für Verbindlichkeiten, deren Eingehung den Rahmen ordnungsgemäßer Verwaltung überschreitet, haftet jedoch der Vorerbe auch nach Eintritt des Nacherbfalls allein,[7] soweit er nicht von der Verpflichtung zur ordnungsgemäßen Verwaltung befreit war (§§ 2130, 2136 BGB).[8]

Der Nacherbe wird Schuldner der Nachlassverbindlichkeiten in dem **bei Eintritt des Nacherbfalls bestehenden Umfang**, auch soweit dieser durch ein Verschulden des Vorerben erweitert ist. Ihn treffen daher insbesondere die Folgen eines Verzugs wie Zinsen und Vertragsstrafen, unbeschadet eines möglichen Rückgriffs nach §§ 2130, 2131 BGB.[9] Eine dem Vorerben gewährte Stundung kommt auch dem Nacherben zugute, zur Ausübung eines Zurückbehaltungsrechts muss der Nacherbe einen eigenen Anspruch gegen den Nachlassgläubiger haben.[10] 3

B. Handelsgeschäft

Führt der Nacherbe ein zum Nachlass gehörendes Handelsgeschäft unter der bisherigen **Firma** fort, haftet er nach handelsrechtlichen Grundsätzen für die vom Vorerben begründeten Verbindlichkeiten (§§ 25, 27 Abs. 1 HGB). Dies gilt unabhängig davon, ob die Eingehung der Verbindlichkeiten ordnungsgemäßer Verwaltung entsprach.[11] Dieser handelsrechtlichen Haftung kann der Nacherbe nur dadurch entgehen, dass er die Firma nicht fortführt oder den Geschäftsbetrieb innerhalb von drei Monaten nach dem Nacherbfall einstellt (§ 27 Abs. 2 HGB). 4

C. Haftungsbeschränkung

Für die Haftungsbeschränkung des Nacherben gelten die allg. Regeln, Abs. 1, also §§ 1975 ff. BGB, und zwar unabhängig davon, ob dem Vorerben eine Haftungsbeschränkung zugutekam oder nicht. Das vom Vorerben durchgeführte **Aufgebot**, § 1970 BGB, und das hierauf ergangene Ausschlussurteil wirken auch zugunsten des Nacherben, § 998 ZPO. Der Nacherbe kann in ein schwebendes Verfahren eintreten oder seinerseits ein solches beantragen. Die **Ausschlussfrist** des § 1974 BGB beginnt aber auch dem Nacherben gegenüber bereits mit dem Erbfall.[12] Eine von einem Gläubiger beantragte **Nachlassverwaltung** dauert unter den Voraussetzungen des § 1981 Abs. 2 BGB fort. Wenn sie vom Vorerben beantragt war, ist sie von Amts wegen aufzuheben.[13] Vom Nacherben kann sie jederzeit von neuem beantragt werden, von den Nachlassgläubigern nur innerhalb von zwei Jahren seit Annahme der Nacherbschaft, § 1982 Abs. 2 S. 2 BGB. Dasselbe gilt beim Nachlassinsolvenzverfahren, §§ 317, 319 InsO. Bei Annahme der Nacherbschaft schon vor dem Nacherbfall beginnt die Zweijahresfrist erst mit dem Nacherbfall.[14] Die **Dürftigkeitseinrede**, §§ 1990–1992 5

6 Staudinger/*Avenarius*, Vor §§ 2144–2146 Rn 13.

7 Zum Meinungsstand, wie er sich in diesem Zusammenhang um BGH ZEV 2016, 267 ergeben hat, siehe umfassend *Küpper*, ZEV 2017, 60.

8 Grüneberg/*Weidlich*, § 2144 Rn 2; Soergel/*Wegmann*, § 2144 Rn 1.

9 Staudinger/*Avenarius*, Vor §§ 2144–2146 Rn 12.

10 MüKo/*Lieder*, § 2144 Rn 6.

11 BGHZ 32, 60, 64 = NJW 1960, 959.

12 Staudinger/*Avenarius*, § 2144 Rn 5; Soergel/*Wegmann*, § 2144 Rn 5; MüKo/*Lieder*, § 2144 Rn 8.

13 Staudinger/*Avenarius*, § 2144 Rn 9; Soergel/*Wegmann*, § 2144 Rn 5; MüKo/*Lieder*, § 2144 Rn 8.

14 Staudinger/*Avenarius*, § 2144 Rn 9; Soergel/*Wegmann*, § 2144 Rn 5; MüKo/*Lieder*, § 2144 Rn 10.

BGB, steht dem Nacherben ebenfalls zu. Bei der Berechnung des Nachlasswertes sind hierbei die Ersatzansprüche gegen den Vorerben hinzuzurechnen.[15]

6 Haftungsgegenstand ist nach Abs. 1 S. 2 nicht der ursprüngliche, sondern der nach §§ 2111, 2130 BGB vom Vorerben **herauszugebende Nachlass.** „Erlangt" i.S.d. Vorschrift ist einmal das, was der Nacherbe tatsächlich aus dem Nachlass erhält, aber auch der Herausgabeanspruch gem. § 2130 BGB selbst sowie die dem Nacherben gegen den Vorerben „als solchen" zustehenden Ersatzansprüche nach den §§ 2130–2134, 2138 Abs. 2 BGB. Für diesen Nachlassbestand ist der Nacherbe gegenüber den Gläubigern nach § 260 BGB auskunftspflichtig.[16]

D. Nachlassinventar

7 Den Nacherben trifft eine selbstständige Inventarpflicht. Das vom Vorerben bereits errichtete Inventar, §§ 1993 ff. BGB, kommt ihm aber zustatten, Abs. 2. Der Nacherbe braucht also kein neues Inventar zu errichten und muss sich auch nicht ausdrücklich auf das vorliegende Inventar berufen.[17] Voraussetzung ist allerdings, wie sich aus dem Wort „auch" ergibt, dass das Inventar des Vorerben diesem überhaupt grundsätzlich zustattenkommen konnte, also **rechtzeitig, vollständig und formgerecht** errichtet ist.[18] Ist das Inventar vom Vorerben rechtzeitig errichtet worden, gilt auch zugunsten des Nacherben die Vollständigkeitsvermutung des § 2009 BGB. Zeigt sich, dass das Inventar unvollständig ist, kann dem Nacherben zur Ergänzung eine neue Inventarfrist gesetzt werden, § 2005 Abs. 2 BGB. Unvollständigkeit und Ergänzungspflicht können sich nur auf das zum Zeitpunkt des Erbfalls Vorhandene, nicht auf die Veränderungen des Nachlassbestands zwischen Erbfall und Nacherbfall beziehen.[19] Erst recht können Veränderungen des Nachlassbestands nicht das Verlangen nach einem neuen Inventar rechtfertigen; andernfalls liefe § 2144 Abs. 2 BGB leer.[20] Wird dem Nacherben dennoch – zu Unrecht – eine Inventarfrist gesetzt, so tritt die unbeschränkte Haftung auch dann nicht ein, wenn der Nacherbe gegen die Verfügung keine Beschwerde einlegt, denn die mit der anfechtbaren Verfügung auferlegte Inventarpflicht ist bereits erfüllt.[21]

8 Hat der Vorerbe kein bzw. kein wirksames Inventar errichtet, so kann dem Nacherben auf Antrag eines Nachlassgläubigers eine **Inventarfrist** gesetzt werden, § 1994 BGB. Das vom Nacherben zu errichtende Inventar hat das zur Zeit des Erbfalls Vorhandene und nicht das von dem Nacherben mit dem Nacherbfall Erlangte anzugeben.[22] Dies kann zwar den Nacherben, der versäumt hat, sich rechtzeitig ein Nachlassverzeichnis gem. § 2121 BGB vorlegen zu lassen, vor erhebliche praktische Schwierigkeiten stellen, nur so ist jedoch den Gläubigern hinreichend gedient, denn andernfalls wissen sie nicht, welche Ansprüche dem Nacherben gegen den Vorerben in Bezug auf den Nachlass zustehen.[23] Über Veränderungen des Nachlassbestands zwischen Erb- und Nacherbfall muss der Nacherbe gem. §§ 1978, 1991 BGB Auskunft erteilen. Der Nacherbe muss die eidesstattliche Versicherung abgeben, wenn der Vorerbe diese noch nicht

15 Soergel/*Wegmann*, § 2144 Rn 5.
16 Grüneberg/*Weidlich*, § 2144 Rn 5.
17 Staudinger/*Avenarius*, § 2144 Rn 16.
18 Soergel/*Wegmann*, § 2144 Rn 7; MüKo/*Lieder*, § 2144 Rn 12 ff.
19 Staudinger/*Avenarius*, § 2144 Rn 16.
20 Soergel/*Wegmann*, § 2144 Rn 7.
21 Staudinger/*Avenarius*, § 2144 Rn 17; Soergel/*Wegmann*, § 2144 Rn 7.
22 So die h.M., Soergel/*Wegmann*, § 2144 Rn 7; MüKo/*Lieder*, § 2144 Rn 14; a.A. – Bestand beim Nacherbfall maßgeblich – Staudinger/*Avenarius*, § 2144 Rn 19.
23 Soergel/*Wegmann*, § 2144 Rn 7; MüKo/*Lieder*, § 2144 Rn 14.

abgegeben hat oder Anlass zur Annahme besteht, dass dem Nacherben weitere Nachlassgegenstände bekannt sind (§ 2006 Abs. 4 BGB).[24]

E. Beschränkte Haftung gegenüber dem Vorerben

Dem Vorerben gegenüber haftet der Nacherbe stets nur beschränkt, Abs. 3. Die Vor- 9
schrift entspricht § 2063 Abs. 3 BGB, der das Gleiche für Miterben im Verhältnis zueinander bestimmt. Nachlassverbindlichkeiten des Nacherben gegenüber dem Vorerben sind in erster Linie die Ersatzansprüche des Vorerben aus der Zeit der Vorerbschaft (§§ 2121 Abs. 4, 2123 Abs. 1 S. 3, 2124 Abs. 2 bis 2126 BGB), aber auch solche Verbindlichkeiten, die gegenüber dem Erblasser bestanden haben und nach zwischenzeitlicher Konfusion mit dem Nacherbfall wieder aufgelebt sind gem. § 2143 BGB. Im Prozessfall ist § 780 ZPO zu beachten.[25]

§ 2145 Haftung des Vorerben für Nachlassverbindlichkeiten

(1) [1]Der Vorerbe haftet nach dem Eintritt der Nacherbfolge für die Nachlassverbindlichkeiten noch insoweit, als der Nacherbe nicht haftet. [2]Die Haftung bleibt auch für diejenigen Nachlassverbindlichkeiten bestehen, welche im Verhältnis zwischen dem Vorerben und dem Nacherben dem Vorerben zur Last fallen.
(2) [1]Der Vorerbe kann nach dem Eintritt der Nacherbfolge die Berichtigung der Nachlassverbindlichkeiten, sofern nicht seine Haftung unbeschränkt ist, insoweit verweigern, als dasjenige nicht ausreicht, was ihm von der Erbschaft gebührt. [2]Die Vorschriften der §§ 1990, 1991 finden entsprechende Anwendung.

Übersicht: Rdn

A. Haftungsbefreiung

Da der Vorerbe mit Eintritt des Nacherbfalls seine Erbenstellung verliert, erlischt 1
grundsätzlich auch seine **Erbenhaftung**. Der Vorerbe ist im Prozess **nicht mehr passivlegitimiert** (soweit der Prozess nicht eine Verbindlichkeit aus ordnungsgemäßer Verwaltung des Nachlasses betrifft, die zugleich Eigenverbindlichkeit des Vorerben ist, vgl. Rdn 2) und kann gegen Zwangsvollstreckungsmaßnahmen Vollstreckungsgegenklage gem. §§ 767 ZPO erheben[1] – dies allerdings nur, soweit in sein Eigenvermögen vollstreckt werden soll, denn eine Vollstreckung in Nachlassgegenstände geschähe ja zu Recht. Im Hinblick darauf, dass mit dem Nacherbfall nicht der gesamte Nachlasswert auf den Nacherben übergeht, sondern insbesondere die Nutzungen beim Vorerben verbleiben,[2] macht die – unklar formulierte – Vorschrift jedoch einige Ausnahmen von der Haftungsbefreiung.

---

24 Soergel/*Wegmann*, § 2144 Rn 7; MüKo/*Lieder*, § 2144 Rn 12; a.A. Staudinger/*Avenarius*, § 2144 Rn 15.
25 Vgl. nur Soergel/*Wegmann*, § 2144 Rn 8.
1 Staudinger/*Avenarius*, § 2145 Rn 1.
2 Staudinger/*Avenarius*, § 2145 Rn 2; Soergel/*Wegmann*, § 2145 Rn 1.

B. Unbeschränkte Haftung

2 Die Haftung des Vorerben für Nachlassverbindlichkeiten dauert über den Nacherbfall hinaus fort, wenn er bereits **unbeschränkt** haftet.[3] Dies ist zwar in § 2145 BGB nicht ausdrücklich angeordnet, folgt aber aus Abs. 2 S. 1. Im Übrigen würde ohne die Fortdauer der Haftung für den Vorerben der Druck auf diesen fehlen, das Inventar ordnungsgemäß zu errichten.[4] Die Haftung des Vorerben ist nicht subsidiär, sondern gesamtschuldnerisch; die Nachlassgläubiger können sich daher wahlweise an ihn oder den Nacherben halten. Rückgriffsansprüche des Vorerben gegen den Nacherben richten sich nach §§ 2124 ff. BGB.[5]

C. Beschränkte Haftung

3 Haftet der Vorerbe nur beschränkt oder beschränkbar, so gilt für seine Haftung nach dem Nacherbfall Folgendes:

4 Der Vorerbe haftet allein für die ihn **persönlich belastenden** Vermächtnisse und Auflagen, außerdem für die Eigenverbindlichkeiten. Hierzu gehören die gegenüber den Nachlassgläubigern wegen Verletzung der Verwaltungspflicht nach den §§ 1978, 1991 BGB bestehenden Verbindlichkeiten sowie rechtsgeschäftliche Verpflichtungen, die zwar in Bezug auf den Nachlass, aber doch als persönlicher Schuldner eingegangen wurden, schließlich die Ersatzansprüche des Nacherben (§§ 2130–2134, 2138 Abs. 2 BGB).[6]

5 Für die vom Vorerben in Verwaltung des Nachlasses begründeten Verbindlichkeiten, die sowohl **Eigen- als auch Nachlassverbindlichkeiten** sind,[7] haftet der Vorerbe neben dem Nacherben als Gesamtschuldner. Für Eigenverbindlichkeiten, die nicht zugleich Nachlassverbindlichkeiten sind, haftet der Vorerbe naturgemäß allein.[8]

6 Die Haftung des Vorerben besteht ferner fort für diejenigen Nachlassverbindlichkeiten, die dem Vorerben **im Verhältnis zum Nacherben** zur Last fallen, Abs. 1 S. 2. Die Lastenverteilung bestimmt sich nach den §§ 2124 ff. BGB. Vom Vorerben sind danach z.B. rückständige Zinsen auf Nachlassschulden sowie rückständige gewöhnliche Lasten und Erhaltungskosten zu tragen. Vorerbe und Nacherbe haften hier wiederum als Gesamtschuldner;[9] der Nacherbe kann daher vom Vorerben Befreiung verlangen bzw. Ausgleich, soweit er im Außenverhältnis bereits geleistet hat.[10]

7 **Subsidiär** haftet der Vorerbe für sämtliche Nachlassverbindlichkeiten, **soweit der Nacherbe nicht haftet**, Abs. 1 S. 1. Dies ist – abgesehen von der persönlichen Beschwerung des Vorerben mit Vermächtnissen und Auflagen – der Fall, wenn der Nacherbe nur beschränkt haftet und der Nachlass zur Deckung der Verbindlichkeiten nicht ausreicht. Die h.M. hält eine subsidiäre Haftung des Vorerben aber auch dann für gegeben, wenn der Nacherbe zwar unbeschränkt haftet, aber nicht in der Lage ist, die bestehenden Verbindlichkeiten zu erfüllen.[11] Dem steht allerdings der klare Wortlaut des Abs. 1 S. 1 entgegen.[12] Hiernach kommt es auf die **rechtliche** Haftung des

3 H.M., vgl. Staudinger/*Avenarius*, § 2145 Rn 2; Soergel/*Wegmann*, § 2145 Rn 3; MüKo/*Lieder*, § 2145 Rn 2; *Lange/Kuchinke*, § 53 Fn 24; a.A. *Kipp/Coing*, § 52 vor I.
4 Soergel/*Wegmann*, § 2145 Rn 3; MüKo/*Lieder*, § 2145 Rn 2.
5 BGH FamRZ 1973, 188; Staudinger/*Avenarius*, Vor §§ 2144–2146 Rn 13.
6 RGRK/*Johannsen*, § 2145 Rn 4; Soergel/*Wegmann*, § 2145 Rn 2.
7 Näher Staudinger/*Avenarius*, Vor §§ 2144–2146 Rn 13.
8 Vgl. Soergel/*Wegmann*, § 2145 Rn 2.
9 Soergel/*Wegmann*, § 2145 Rn 4; MüKo/*Lieder*, § 2145 Rn 5.
10 Staudinger/*Avenarius*, § 2145 Rn 4.
11 RGRK/Johannsen, § 2145 Rn 8; MüKo/*Lieder*, § 2145 Rn 8.
12 Staudinger/*Avenarius*, § 2145 Rn 3.

Vorerben an, nicht auf die Befriedigung durch den Nacherben.[13] Bei unbeschränkter Haftung des Nacherben kommt die subsidiäre Haftung des Vorerben daher de lege lata nicht zum Zuge.[14]

D. Dürftigkeitseinrede

Nach Eintritt des Nacherbfalls kann der Vorerbe seine Haftung nicht mehr durch Nachlassverwaltung oder Nachlassinsolvenz beschränken.[15] Aufgrund dessen gewährt ihm Abs. 2 die Dürftigkeitseinrede gem. §§ 1990, 1991 BGB. Der Vorerbe kann seine Haftung danach auf dasjenige beschränken, was ihm aus dem Nachlass verblieben ist, also auf die aus dem Nachlass gezogenen **Nutzungen**[16] und im Fall der befreiten Vorerbschaft auch auf den Wert der von dem Vorerben **für sich verwendeten Erbschaftsgegenstände,** § 2134 BGB. Die Erhebung der Dürftigkeitseinrede setzt voraus, dass der Vorerbe nicht bereits unbeschränkt haftet bzw. keine Eigenverbindlichkeiten vorliegen. Erhebt der Vorerbe die Dürftigkeitseinrede, so ist er – auch wenn er befreit ist – nach §§ 1978, 1991 BGB den Gläubigern für die ordnungswidrige Verwaltung des Nachlasses, insbesondere für dessen Verschleuderung verantwortlich. Für die daraus entstehenden Ansprüche haftet der Vorerbe mit seinem gesamten Vermögen.[17] 8

Soweit der Vorerbe nur subsidiär haftet, muss der Gläubiger die Voraussetzungen dieser Haftung, also die Nichthaftung des Nacherben beweisen.[18] Klage oder gar erfolglose Vollstreckung sind hierbei nicht erforderlich; es reicht insoweit der **Nachweis** aus, dass der Anspruch gegen den Nacherben nicht durchsetzbar ist.[19] Hingegen muss der Vorerbe im Prozess den Nachweis[20] dafür führen, dass er trotz ordnungsmäßiger Verwaltung gem. §§ 1978, 1979 BGB aus der Erbschaft nichts mehr besitzt – mit der Folge, dass die Klage als unbegründet abzuweisen ist –, oder er muss sich die Beschränkung der Haftung im Urteil vorbehalten lassen, § 780 ZPO.[21] 9

Zur Haftung bei Fortführung eines Handelsgeschäftes siehe §§ 25, 27 HGB und § 2144 Rdn 4. 10

§ 2146 Anzeigepflicht des Vorerben gegenüber Nachlassgläubigern

(1) [1]Der Vorerbe ist den Nachlassgläubigern gegenüber verpflichtet, den Eintritt der Nacherbfolge unverzüglich dem Nachlassgericht anzuzeigen. [2]Die Anzeige des Vorerben wird durch die Anzeige des Nacherben ersetzt.
(2) Das Nachlassgericht hat die Einsicht der Anzeige jedem zu gestatten, der ein rechtliches Interesse glaubhaft macht.

Im Interesse der Nachlassgläubiger, deren Rechte durch den mit dem Nacherbfall eintretenden **Haftungswechsel** gem. §§ 2144, 2145 BGB betroffen werden, ist der Vorerbe verpflichtet, den Nacherbfall dem Nachlassgericht (örtliche Zuständigkeit: § 343 FamFG) unverzüglich anzuzeigen. Hierfür fällt eine Gebühr von 16 EUR an gem. KV Nr. 12410 Abs. 1 Nr. 3 GNotKG. 1

---

13 Soergel/*Wegmann*, § 2145 Rn 4.
14 Staudinger/*Avenarius*, § 2145 Rn 3; Soergel/*Wegmann*, § 2145 Rn 4.
15 RGRK/*Johannsen*, § 2145 Rn 12; Staudinger/*Avenarius*, § 2145 Rn 7; Soergel/*Wegmann*, § 2145 Rn 5.
16 Grüneberg/*Weidlich*, § 2145 Rn 2.
17 RGRK/*Johannsen*, § 2145 Rn 14; MüKo/*Lieder*, § 2145 Rn 9.
18 Staudinger/*Avenarius*, § 2145 Rn 8; Soergel/*Wegmann*, § 2145 Rn 7.
19 MüKo/*Lieder*, § 2145 Rn 11; Soergel/*Wegmann*, § 2145 Rn 4.
20 Die Beweislast liegt bei ihm, MüKo/*Lieder*, § 2145 Rn 11.
21 MüKo/*Lieder*, § 2145 Rn 11; Staudinger/*Avenarius*, § 2145 Rn 8; Soergel/*Wegmann*, § 2145 Rn 5.

Tritt die Nacherbfolge mit dem Tod des Vorerben ein, trifft die Anzeigepflicht seine Erben.[1] Bei Verletzung der Pflicht steht den Nachlassgläubigern ein Schadensersatzanspruch zu.[2]

2 Eine Mitteilungspflicht des Nachlassgerichts gegenüber den Betroffenen, wie im Fall des § 1953 Abs. 3 BGB, besteht nicht, doch besteht ein Einsichtsrecht für jeden, der ein rechtliches Interesse glaubhaft macht (Abs. 2; Verfahren: § 357 FamFG analog). Hierfür muss nur ein „irgendwie geartetes Rechtsverhältnis zum Nachlass" glaubhaft gemacht werden.[3] Einsichtsberechtigt sind neben den Nachlassgläubigern auch Nachlassschuldner und Dritte, denen gegenüber eine Verfügung über Nachlassgegenstände vorgenommen worden ist oder werden soll.[4]

1 MüKo/*Lieder*, § 2146 Rn 1; Staudinger/*Avenarius*, § 2146 Rn 1.
2 Staudinger/*Avenarius*, § 2146 Rn 1; MüKo/*Lieder*, § 2146 Rn 1.
3 Staudinger/*Avenarius*, § 2146 Rn 2.
4 Staudinger/*Avenarius*, § 2346 Rn 2 m. Rspr.-Nachw.

Titel 4. Vermächtnis

Vorbemerkung zu §§ 2147 ff. BGB

Literatur

Avenarius, Zur Rechtsstellung des nondum conceptus, JR 1994, 267; *Balzer*, Die Vermächtnislösung lebt!, ZEV 2008, 116; *Bosak*, Konfusion, JA 2009, 596; *Daragan*, Vermächtnisse als Mittel der Erbschaftsteuergestaltung, DStR 1998, 357; *Everts*, Letztwillige Verfügungen zugunsten überschuldeter und bedürftiger Personen, ZErb 2005, 353; *Gebel*, Steuerliche Wertermittlung beim Erwerb durch Vermächtnis und aufgrund Pflichtteils, ZEV 1999, 85; *Goebel*, Probleme der treuhänderischen und der echten Testamentsvollstreckung über ein vermächtnisweise erworbenes Einzelunternehmen, ZEV 2003, 261; *Grunsky*, Erbrecht und Nießbrauch in zivilrechtlicher Sicht, ErbR 2009, 209; *Grziwotz*, Wohnungsrechtsvermächtnis und Grundbucheintragung, ZEV 2010, 130; *Hartmann*, Das Vorvermächtnis mit Vorerbschaftswirkung, ZEV 2007, 458; *Haspl*, Der Ersatzvermächtnisnehmer nach § 2069 BGB, ZEV 2013, 60; *Hölscher*, Das aufschiebend bedingte Universalherausgabevermächtnis, ZEV 2009, 213; *Horn/Kroiß*, Irrtümer und Verfahrensfragen bei der Testamentsauslegung, NJW 2012, 666; *Horschitz/Groß/Lahme/Zipfel/Knak/Szczesny/Rüttenauer*, Erbschaft- und Schenkungsteuer, Bewertungsrecht, 19. Aufl. 2018; *Jünemann*, Die Rechtsposition des Bestimmungsvermächtnisnehmers, ZEV 2011, 163; *Keilbach*, Das Auskunftsrecht des Vermächtnisnehmers, FamRZ 1996, 1191; *Klinger/Mörtl*, Das Vor- und Nachvermächtnis, NJW-Spezial 2009, 327; *Kornexl*, Geld-, Immobilien-und Hausratsvermächtnis: Risiken für den Verteilungsplan des Erblassers und gestalterische Vorsorge, ZEV 2002, 173; *Krug*, Der Rechtshängigkeitsvermerk – ein Instrument des vorläufigen Rechtsschutzes im Erbrecht, ZEV 1999, 161; *Linnartz*, Die Annahme eines Vermächtnisses durch den Pflichtteilsberechtigten (§ 2307 Abs. 1 Satz 2 BGB), AnwZert ErbR 22/2021, Anm. 1; *Lüdtke-Handjery/v. Jeinsen*, Höfeordnung, 11. Aufl. 2015; *Lutz*, Kürzungsrechte bei Haupt- und Untervermächtnis, notar 2014, 347; *Mayer*, Die Bestimmung des Erben durch Dritte, ZEV 1995, 247; *Muscheler*, Testamentsvollstreckung und Vermächtnis, ZEV 2011, 230; *ders.*, Das Vor- und Nachvermächtnis, AcP 2008, 69; *Nieder*, Das Geschiedenentestament und seine Ausgestaltung, ZEV 1994, 158; *Pentz*, Ausschlagung des Vermächtnisses bei mehreren Beschwerten, JR 1999, 138; *Reymann*, Das Vermächtnis des Kommanditisten, ZEV 2006, 307; *Rossak*, Problematik der gegenständlichen Beschränkung einer zeitlich gestuften Sukzession, insbesondere bei Vor- und Nacherbfolge, ZEV 2005,14; *ders.*, Pfändbarkeit, Pfändung und Pfandverwertung von Nießbrauch und Wohnungsrecht, MittBayNot 2000, 383; *Roth*, Geldvermächtnis in der Praxis, NJW-Spezial 2022, 487; *Roth/Maulbetsch/Schulte*, Vermächtnisrecht, 2013; *Schlitt*, Der mit einem belasteten Erbteil und einem Vermächtnis bedachte Pflichtteilsberechtigte, ZEV 1998, 216; *Schmidt, Jan Peter*, Ausländische Vindikationslegate über im Inland belegene Immobilien – zur Bedeutung des Art. 1 Abs. 2 lit. l EuErbVO, ZEV 2014, 133; *Schwarz*, § 2178 BGB und (Zweck-)Auflage, ZEV 2012, 27; *Schwenk*, Probleme der rechtlichen und wirtschaftlichen Ausgestaltung des Quotenvermächtnisses, MDR 1988, 546; *Terstegen*, Vermächtnisweise Zuwendung von Grundstücken und Rechten an Grundstücken, ZErb 2013, 284 (Teil 1) und 313 (Teil 2); *Tiedtke/Petereck*, Zurechnung von Einkünften, die zwischen Erbfall und Vermächtniserfüllung anfallen, ZEV 2007, 349; *van Venrooy*, Annahme und Ausschlagung von Vermächtnissen, 1990; *Weidmann*, Vermächtniserfüllung durch Testamentsvollstrecker: steuerliche Haftungsgefahren und Vermeidungsstrategien, ZEV 2014, 404; *Wübben*, Anwartschaftsrechte im Erbrecht, 2001; *Zimmermann*, Der Erbe unter Betreuung, ZEV 2013, 315.

Übersicht:

A. Begriff des Vermächtnisses

1 Nach § 1939 BGB ist das Vermächtnis eine Verfügung von Todes wegen, durch die der Erblasser dem Bedachten (Vermächtnisnehmer), ohne ihn als Erben einzusetzen, einen Anspruch auf Leistung gegen den Beschwerten zuwendet. Das Vermächtnis ist daher zu unterscheiden und abzugrenzen von der Erbeinsetzung (§§ 2087 ff. BGB), von der Auflage (§ 1940 BGB), von der Belastung des Pflichtteils (§ 2304 BGB), von der Schenkung unter Lebenden (§ 516 BGB), von der Schenkung von Todes wegen (§ 2301 BGB), vom Vertrag zugunsten Dritter nach Todesfall (§§ 328, 331 BGB) und von der Zuwendung des einem Abkömmling entzogenen Anteils am Gesamtgut einer fortgesetzten Gütergemeinschaft (§ 1514 BGB).

2 Das Vermächtnis selbst kann nur durch Testament (§ 1939 BGB) oder Erbvertrag (§ 1941 BGB) angeordnet werden. Im Falle eines gemeinschaftlichen Testaments ist eine wechselbezügliche Anordnung möglich (§ 2070 Abs. 3 BGB).

3 Der Vermächtnisnehmer erhält so durch die Vermächtnisanordnung einen Anspruch gegen den Beschwerten (§ 2147 BGB). In der Regel ist der Erbe der Beschwerte (§ 2147 S. 2 BGB). Ist der Vermächtnisnehmer mit einem Vermächtnis beschwert, liegt ein Untervermächtnis vor. Frühestens mit dem Erbfall entsteht der Vermächtnisanspruch des Bedachten (§§ 2176 ff. BGB). In Bezug auf eine vorweggenommene Hoferbfolge wird diese im Hinblick auf § 2176 BGB dem Erbfall gleichgestellt.[1] Der durch Erbvertrag eingesetzte Hoferbe haftet so für ein Vermächtnis auch dann, wenn er diesen im Wege der vorweggenommenen Hoferbefolge erhalten hat. Der Vermächtnisanordnung kommt dabei nur eine schuldrechtliche Wirkung zu. Der Bedachte erwirbt somit den ihm zugewendeten „Vermögensvorteil" (§ 1939 BGB) erst mit der Erfüllung des Anspruchs aus § 2174 BGB.

4 Sofern sich die Anordnung eines Vermächtnisses aus dem Testament oder dem Erbvertrag nicht zweifelsfrei ergibt, ist dieses/dieser auszulegen (§§ 133, 2084 BGB). Zudem ist die Auslegungsregel des § 2087 Abs. 2 BGB anzuwenden. Die Bezeichnung der Zuwendung als „Erbe" oder „Vermächtnis" ist nicht zwingend für die Qualifizierung der Zuwendung. Werden dem Bedachten nur einzelne Gegenstände zugewendet, ist im Zweifel nicht anzunehmen, dass er Erbe sein soll, auch wenn er als solcher bezeichnet ist (§ 2087 Abs. 2 BGB). Die Zuwendung eines bestimmten Gegenstandes ist in der Regel eine Vermächtnisanordnung.[2] Die Höhe des Vermächtnisses ist nicht beschränkt. Es kann daher auch den gesamten Nachlass aufzehren, ohne dass eine Erbeinsetzung anzunehmen ist.[3]

5 Wendet der Erblasser sein Vermögen oder einen Bruchteil seines Vermögens dem Bedachten zu, ist die Verfügung in der Regel als Erbeinsetzung anzusehen. Dies gilt auch dann, wenn der Bedachte nicht als Erbe bezeichnet ist (§ 2087 Abs. 1 BGB). Wird diese Auslegungsregel widerlegt, spricht man von einem Universal- oder Quotenvermächtnis.

B. Arten des Vermächtnisses

6 Von einem **Bestimmungsvermächtnis**[4] spricht man, wenn der Beschwerte oder ein Dritter den Bedachten aus mehreren vom Erblasser genannten Personen auszuwählen hat (§ 2151 Abs. 1 BGB). Der Erblasser hat bei der Anordnung eines gegenständlich

1 BGH v. 6.6.1962 – V ZR 90/61, BGHZ 37, 192–194.
2 BGH v. 6.12.1989 – IVa ZR 59/88, FamRZ 1990, 396–398; BayObLG v. 19.3.1998 – 1Z BR 82/97, FamRZ 1998, 1334–1335.
3 BayObLG v. 19.12.1996 – 1Z BR 107/96, ZEV 1997, 162–164; OLG Düsseldorf v. 28.4.1995 – 7 U 113/94, ZEV 1995, 410, 411; OLG München v. 21.5.2007 – 31 Wx 120/06, ZEV 2007, 383–384.
4 *Mayer*, ZEV 1995, 247.

bestimmten Vermächtnisses (bei Unbestimmtheit des vermachten Gegenstandes: §§ 2154–2156 BGB) einen eingegrenzten, leicht übersehbaren Personenkreis zu bezeichnen, aus dem der Beschwerte oder ein Dritter (Bestimmungsberechtigter) den Bedachten durch formlose, empfangsbedürftige und unwiderrufliche Willenserklärung auszuwählen hat.[5]

Bei dem sog. **Erlassvermächtnis** wird der Beschwerte verpflichtet, den Bedachten von einer Verbindlichkeit gegenüber dem Erblasser, dem Beschwerten oder einem Dritten gegenüber zu befreien (§ 2174 BGB). Diese Vermächtnisse werden durch Erlassvertrag erfüllt (§ 397 Abs. 1 BGB). 7

Bei einem **Forderungsvermächtnis** handelt es sich um das Vermächtnis über eine dem Erblasser zustehende Forderung (§ 2173 BGB). Sofern die Forderung zum Zeitpunkt des Vermächtnisanfalls bereits erfüllt ist, ist nach § 2173 BGB im Zweifel der noch im Nachlass befindliche Gegenstand bzw. die gezahlte Summe als vermacht anzusehen. 8

Vermacht der Erblasser eine Sache, die der Gattung nach bestimmt ist, spricht man von einem **Gattungsvermächtnis** (§§ 2155, 2182, 2183 BGB). Hierbei kann es sich um vertretbare oder unvertretbare Sachen, Rechte oder Dienstleistungen handeln.[6] Umstritten ist die Frage, ob ein Geldvermächtnis – nicht gemeint ist die Zuwendung einer bestimmten Sorte – ein Gattungsvermächtnis sein kann.[7] Geschuldet wird nicht eine Sache mittlerer Art und Güte i.S.d. § 243 Abs. 1 BGB, sondern eine den Verhältnissen des Bedachten entsprechende Sache.[8] Dabei erfolgt die Bestimmung der im konkreten Fall geschuldeten Sache durch den Beschwerten, falls nicht der Erblasser die Bestimmung auf den Bedachten selbst oder auf einen Dritten übertragen hat.[9] Bei dem Gattungsvermächtnis kommt es auch nicht darauf an, ob sich der zu übertragende Gegenstand im Zeitpunkt des Erbfalls noch im Nachlass befindet. § 2169 BGB findet dagegen nur bei den sog. Stückvermächtnissen Anwendung.[10] 9

Das gemeinschaftliche Vermächtnis ist in § 2157 BGB geregelt. Der Erblasser hat mehreren Bedachten denselben Gegenstand vermacht. In diesem Fall finden die §§ 2089–2093 BGB sowie die Regeln zur Anwachsung in §§ 2158, 2159 in Ergänzung zu dem Willen des Erblassers Anwendung. Liegt dagegen ein Bestimmungsrecht nach §§ 2151–2153 BGB vor, ist kein Raum für ein gemeinschaftliches Vermächtnis. 10

Von einem **Hauptvermächtnis** spricht man, wenn ein dem Vermächtnisnehmer zugewendetes Vermächtnis mit einem (Unter-)Vermächtnis oder einer Auflage beschwert ist (§ 2187 BGB). 11

So wie es die Möglichkeit der Vor- und Nacherbschaft gibt, sieht der Gesetzgeber die Möglichkeit der erbrechtlichen Gestaltung durch ein **Nachvermächtnis** vor (§ 2191 BGB). Bei einem Nachvermächtnis ist das dem ersten Vermächtnisnehmer (Vorvermächtnisnehmer) angefallene Vermächtnis vom Eintritt eines bestimmten Zeitpunkts oder Ereignisses an einem Dritten, dem Nachvermächtnisnehmer, zugewendet. Hat der Erblasser keine Bestimmung für den Eintritt des Nachvermächtnisses getroffen, fällt es erst mit dem Tod des ersten Vermächtnisnehmers an (§ 2191 Abs. 2 i.V.m. § 2106 Abs. 1 BGB). Das Nachvermächtnis gibt dem Nachvermächtnisnehmer einen schuldrechtlichen Anspruch auf Übereignung des vermachten Gegenstandes. Dieser Anspruch richtet sich nicht gegen den Erben, sondern den (Vor-)Vermächtnisnehmer. 12

---

5 MüKo/*Rudy*, § 2151 Rn 12.

6 Grüneberg/*Weidlich*, § 2155 Rn 1.

7 Dafür: MüKo/*Rudy*, § 2155 Rn 2; dagegen: Grüneberg/*Weidlich*, § 2155 Rn 1; zur Gestaltung eines Geldvermächtnisses: *Kornexl*, ZEV 2002, 173.

8 MüKo/*Rudy*, § 2155 Rn 4; *Lange/Kuchinke*, ErbR § 29 V 2c, S. 648.

9 MüKo/*Rudy*, § 2155 Rn 5.

10 Grüneberg/*Weidlich*, § 2155 Rn 1.

Insoweit handelt es sich bei dem Nachvermächtnis auch um ein Untervermächtnis, auf das die Vorschriften der §§ 2186–2188 BGB Anwendung finden.[11]

13 Soll der Bedachte lediglich ein Nutzungsrecht erhalten, ist das **Nießbrauchvermächtnis** in Erwägung zu ziehen. Der Nießbrauch an sich ist nicht vererblich (§ 1061 BGB) und bei natürlichen Personen (§ 1059 BGB) als dingliches Recht unübertragbar. Es kann aber an Sachen (§§ 1030–1067 BGB), an Rechten (§§ 1068–1084 BGB), an Vermögen (§§ 1085–1088 BGB) und selbst an einer Erbschaft (§ 1089 BGB) ein Nießbrauch bestellt werden. Voraussetzung ist somit immer, dass das Recht übertragbar ist (§ 1069 Abs. 2 BGB). Ist das Recht nicht übertragbar, kann der Fall eines obligatorischen Nießbrauchs auf Herausgabe der Nutzungen durch den Beschwerten gegeben sein.[12]

14 Bei dem sog. **Pflichtteilsvermächtnis** wird ein Geldbetrag in Höhe des Pflichtteilsanspruchs vermacht. Nach der Auslegung des § 2304 BGB ist die Zuwendung des Pflichtteils nicht als Erbeinsetzung anzusehen. Wird dem Bedachten Geld in Höhe seines Pflichtteilsanspruchs zugewandt, ist dies entweder als Verweisung auf den Pflichtteil oder als Vermächtnis eines Geldanspruchs in Höhe des Pflichtteilsanspruchs zu werten.[13] Die Einordnung des Anspruchs ist von Bedeutung für den Rechtscharakter der Anordnung, woraus sich unterschiedliche Rechtsfolgen (Verjährung) ergeben können.

15 Ein **Quotenvermächtnis** liegt vor, wenn dem Bedachten ein bestimmter Bruchteil des Nachlassvermögens, bspw. der Bruchteil eines Barerlöses aus dem Nettonachlass, vermacht ist.[14] Gelegentlich wird auch das Vermächtnis eines Geldbetrages, den der Erblasser mit einer Quote vom Wert eines Nachlassgegenstandes angegeben hat, als Quotenvermächtnis bezeichnet.[15]

16 Bei einem **Stückvermächtnis** wird ein bestimmter zur Erbschaft gehörender Gegenstand vermacht (§§ 2169, 2184, 2185 BGB). In der Regel handelt es sich bei dem Gegenstand um eine Sache. Es können aber auch Forderungen oder Rechte Gegenstand eines Stückvermächtnisses sein.[16]

17 Von einem **Universalvermächtnis** spricht man, wenn der gesamte oder nahezu der ganze Nachlass nach Begleichung der Nachlassverbindlichkeiten dem Bedachten vermacht ist.[17] Die Anordnung eines Universalvermächtnisses gibt dem Erblasser die Freiheit, gem. § 2151 BGB eine Bestimmung durch einen Dritten vornehmen zu lassen, was im Rahmen einer Erbeinsetzung nach § 2065 BGB nicht möglich ist. Zu beachten ist dabei jedoch die Auslegungsregel des § 2087 Abs. 1 BGB.[18]

18 Von einem **Untervermächtnis** spricht man, wenn ein Vermächtnisnehmer mit einem Vermächtnis beschwert ist. Das Untervermächtnis wird von dem Gesetzgeber nicht näher definiert, ist aber nach den §§ 2147 und 2186 BGB von dem Gesetzgeber vorausgesetzt.[19] Gerade bei einem Untervermächtnis ist zu prüfen, ob sich der Untervermächtnisnehmer nach dem Willen des Erblassers an den Pflichtteilslasten zu beteiligen hat (§ 2188 BGB). Wenn der Hauptvermächtnisnehmer wegfällt, führt dies nicht zum Wegfall des Untervermächtnisses. Dieses wird vielmehr zum Hauptvermächtnis (§ 2161 BGB).

---

11 MüKo/*Rudy*, § 2191 Rn 1.

12 Vgl. hierzu Groll/Steiner/*Nienaber/Schmitz*, Rn 10.155; *Nieder/Kössinger/Zintl*, § 10 Rn 157 ff.

13 OLG Nürnberg v. 21.5.2001 – 5 U 1132/01, FamRZ 2003, 1229–1230, zur Abgrenzung zwischen Verweisung auf den Pflichtteil und einem Pflichtteilsvermächtnis.

14 MüKo/*Rudy*, § 2155 Rn 2; *Lange/Kuchinke*, ErbR § 29 II 2a.

15 BayObLG v. 27.2.1998 – 1Z BR 226/97, FamRZ 1998, 1264–1265; *Schwenk*, MDR 1988, 546 f.

16 MüKo/*Rudy*, vor § 2147 Rn 3; Grüneberg/*Weidlich*, § 2169 Rn 1.

17 NK-BGB/*Horn*, § 1939 Bd. 12.

18 Vgl. hierzu BGH v. 4.2.1987 – IVa ZR 229/85, NJW-RR 1987, 1090–1091.

19 MüKo/*Rudy*, § 2186 Rn 2.

Bei einem sog. **Verschaffungsvermächtnis** liegt die Besonderheit vor, dass ein nicht (mehr) zum Nachlass gehörender bestimmter Gegenstand oder ein Recht vermacht ist (§ 2170 BGB). Aus der Verfügung des Erblassers muss sich ergeben, dass dem Bedachten der Gegenstand gerade in dem Fall zugewendet sein soll, dass der Gegenstand sich nicht oder nicht mehr im Nachlass befindet.[20] Kann der mit dem Verschaffungsvermächtnis Beschwerte das Vermächtnis nicht erfüllen, hat er gem. § 2170 Abs. 2 S. 1 BGB den Wert zu ersetzen. Ist die Verschaffung nur mit unverhältnismäßig großem Aufwand möglich, so kann sich der Beschwerte durch die Entrichtung des Wertes von der Verschaffung des Vermächtnisgegenstandes befreien (§ 2170 Abs. 2 S. 2 BGB). Liegt dagegen eine objektive Unmöglichkeit der Verschaffung zurzeit des Erbfalls vor, ist das Verschaffungsvermächtnis nach § 2171 BGB unwirksam. 19

Von einem **Verteilungsvermächtnis** spricht man, wenn der Erblasser gem. § 2153 BGB mehrere Vermächtnisnehmer mit einem bestimmten teilbaren Vermächtnisgegenstand in der Weise bedacht hat, dass der Beschwerte oder ein Dritter zu bestimmen hat, was jeder der Vermächtnisnehmer von dem vermachten Gegenstand erhält. Die Erklärung zur Bestimmung der Bedachten erfolgt entsprechend § 2151 Abs. 2 BGB. Insoweit ist das Verteilungsvermächtnis der Unterfall des Bestimmungsvermächtnisses. Ist der Vermächtnisgegenstand teilbar, erfolgt eine Aufteilung nach realen Teilen. Nach ihren Bruchteilen erfolgt die Aufteilung bei unteilbaren Vermächtnisgegenständen. 20

Das einem Erben – Alleinerben oder Miterben – zugewendete Vermächtnis bezeichnet der Gesetzgeber als **Vorausvermächtnis** (§ 2150 BGB). Eine besondere Problematik stellt seine Abgrenzung zur Teilungsanordnung dar. Bei einem Vermächtnis handelt es sich um eine Nachlassverbindlichkeit (§ 1967 Abs. 2 BGB). Es ist daher bereits vor der Teilung des Nachlasses zu erfüllen (§ 2046 BGB). Im Gegensatz dazu entfaltet die Teilungsanordnung ihre Wirkung erst bei der Nachlassteilung. Ist der Wille des Erblassers nicht eindeutig, so ist er durch Auslegung zu ermitteln. Dabei ist zu sehen, dass die Teilungsanordnung den Erbteil konkretisiert, während das Vorausvermächtnis einen zusätzlichen Vermögenswert zum Erbteil gewährt. Von einer Teilungsanordnung ist nach Ansicht des BGH auszugehen, wenn die Höhe des Erbteils durch die Besonderheit der Auseinandersetzung nicht verändert werden soll. 21

Erhält ein Erbe aufgrund des ihm zugewiesenen Nachlassgegenstandes einen sein Auseinandersetzungsguthaben übersteigenden Vermögensvorteil, ist er den anderen Erben gegenüber zur Ausgleichung verpflichtet. Wollte der Erblasser dagegen dem Begünstigten einen weiteren Vermögensvorteil verschaffen, indem er ihn gegenüber den Miterben begünstigt, soll ein Vorausvermächtnis vorliegen.[21]

Ein **Wahlvermächtnis** liegt vor, wenn der Bedachte von mehreren Gegenständen nach der Wahl eines Dritten nur den einen oder den anderen erhalten soll (§ 2154 BGB). Die Wahl kann dabei auch dem Bedachten selbst übertragen werden.[22] Sofern der Gegenstand nur der Gattung nach bestimmt ist, ist zusätzlich § 2155 BGB zu beachten. Es sind die Vorschriften zur Wahlschuld (§§ 262–265 BGB) zu beachten. Im Zweifel bestimmt so der Beschwerte den Vermächtnisgegenstand. 22

Bei einem **Zweckvermächtnis** ist der Vermächtnisgegenstand nicht vom Erblasser, sondern aufgrund einer vom Erblasser angegebenen Zweckbestimmung von dem Be- 23

---

20 MüKo/*Rudy*, § 2170 Rn 1.

21 BGH v. 14.3.1984 – IVa ZR 87/82, NJW 1985, 51–53; BGH v. 20.1.1987 – IVa ZR 191/85, FamRZ 1987, 475–477; BGH v. 27.6.1990 – IV ZR 104/89, FamRZ 1990, 1112–1114; BGH v. 7.12.1994 – IV ZR 281/93, ZEV 1995, 144–145; OLG Braunschweig v. 11.11.1994 – 5 U 13/94, ZEV 1996, 69–70.

22 MüKo/*Rudy*, § 2154 Rn 4.

schwerten oder einem Dritten – nicht aber dem Vermächtnisnehmer selbst[23] – nach billigem Ermessen[24] zu bestimmen (§ 2156 BGB). Dabei bezieht sich das Bestimmungsrecht auf den Gegenstand, die Zeit und die Zweckbestimmung der Leistung, nicht aber auf die Person des Bedachten.[25]

C. Vermächtnisnehmer

24 Als Vermächtnisnehmer kommt jede natürliche oder juristische Person in Betracht. Sofern die Voraussetzungen des § 1923 Abs. 2 BGB vorliegen, kann auch ein nasciturus Vermächtnisnehmer sein (§ 2178 BGB). Auch die Gemeinschaft zur gesamten Hand kommt als Vermächtnisnehmer in Betracht. Ist der designierte Vermächtnisnehmer jedoch im Zeitpunkt des Erbfalls bereits verstorben, ist das Vermächtnis unwirksam (§ 2160 BGB). Der Wegfall des Beschwerten tangiert dagegen grundsätzlich nicht das Vermächtnis (§ 2161 BGB). Unter den Voraussetzungen des § 2158 BGB kann jedoch der Anteil des Weggefallenen den Mitbedachten anwachsen, sofern es nicht einen Ersatzvermächtnisnehmer nach § 2190 BGB gibt.

25 **Ersatzvermächtnisnehmer** ist der, der das Vermächtnis erhalten soll, wenn der zunächst Bedachte das Vermächtnis nicht erwirbt (§ 2190 BGB). Zu einem Erwerb des Vermächtnisses kommt es nicht, wenn der Bedachte vor dem Erbfall verstirbt (§ 2160 BGB), das Vermächtnis ausschlägt (§ 2180 BGB), auf das Vermächtnis verzichtet oder des Vermächtnisses unwürdig ist (§ 2345 BGB). Die Anordnung des Ersatzvermächtnisses kann ausdrücklich oder stillschweigend erfolgen. Handelt es sich bei dem Vermächtnisnehmer um einen Abkömmling des Erblassers, sind im Zweifel dessen Abkömmlinge nach den Regeln der gesetzlichen Erbfolge zu Ersatzvermächtnisnehmern nach § 2069 BGB berufen. Durch eine ergänzende Testamentsauslegung kann man zu der stillschweigenden Anordnung eines Ersatzvermächtnisses zugunsten der Abkömmlinge naher Angehöriger des Vermächtnisnehmers kommen: Geschwister,[26] Neffen und Nichten.[27]

26 Liegt ein **aufschiebend bedingtes** Vermächtnis vor, kann es wegen § 2074 BGB darauf ankommen, dass der Bedachte den Eintritt der Bedingung selbst noch erlebte.[28] Als Vermächtnisnehmer ist auch nicht der Erbe selbst (Vorausvermächtnis § 2150 BGB) oder der Ersatzerbberechtigte ausgeschlossen.[29]

27 Aufgrund der besonderen Beziehung zwischen dem Erblasser und dem Bedachten kann es jedoch zu einer Sittenwidrigkeit der vermächtnisweisen Zuwendung kommen, sodass nicht jede natürliche Person, die grundsätzlich als Vermächtnisnehmer in Betracht kommt, auch das Vermächtnis erhält.[30]

D. Beschwerter

28 Der Erbe oder ein Vermächtnisnehmer kann mit einem Vermächtnis beschwert werden (§ 2147 S. 1 BGB).

---

23 BGH v. 24.4.1991 – IV ZR 156/90, NJW 1991, 1885–1886.

24 Grüneberg/*Weidlich*, § 2156 Rn 1; MüKo/*Rudy*, § 2156 Rn 3.

25 BGH v. 24.4.1991 – IV ZR 156/90, NJW 1991, 1885–1886; Grüneberg/*Weidlich*, § 2146 Rn 1.

26 BGH v. 5.7.1972 – IV ZR 125/70, NJW 1973, 240, 243; BayObLG v. 1.4.2004 – 1Z BR 1/04, ZEV 2004, 463–464; OLG Karlsruhe v. 18.8.1992 – 4 W 24/92, FamRZ 1993, 363–365.

27 RG v. 22.4.1920 – IV B 2/20, RGZ 99, 82–87; OLG München v. 6.7.2006 – 31 Wx 35/06, ZEV 2007, 93–94. Cousins und Cousinen: BayObLG v. 23.3.1982 – BReg 1 Z 143/81, BayObLGZ 1982, 159–167.

28 Vgl. MüKo/*Rudy*, Vor § 2147 Rn 6.

29 BGH v. 13.12.1978 – IV ZR 56/77, NJW 1979, 917–918.

30 Vgl. hierzu MüKo/*Rudy*, Vor § 2147 Rn 6 m.w.N.

Der Erbe ist mit dem Vermächtnis beschwert, sofern der Erblasser nichts anderes bestimmt hat (§ 2147 S. 2BGB). Die rechtliche Stellung des Erben (gesetzlicher Erbe, gewillkürter Erbe, Alleinerbe, Miterbe) ist unerheblich. Den Ersatzerben oder den unter einer aufschiebenden Bedingung eingesetzten Erben trifft die Beschwerung erst nach ihrer Berufung zum Erben. Ist Vor- und Nacherbschaft angeordnet und nicht bestimmt, wer das Vermächtnis zu tragen hat, ist die Erbschaft als solche beschwert. Die Verpflichtung zur Erfüllung des Vermächtnisses geht auf den Nacherben über. Hat der Vorerbe aber bereits geleistet, ist der Nacherbe zum Abzug nach § 2126 BGB berechtigt.[31] Sofern der Vorerbe mit dem Vermächtnis beschwert ist, geht seine Haftung über den Erbfall hinaus (§ 2145 Abs. 1 S. 1 BGB). Hat der Hoferbe den Hof im Wege vorweggenommener Erbfolge durch einen Übergabevertrag erhalten, kann auch dieser beschwert sein.[32] In der Regel kann der Vertragserbe oder der durch wechselseitige Verfügung in einem gemeinschaftlichen Testament oder Erbvertrag eingesetzte Erbe nachträglich nicht mehr mit einem Vermächtnis beschwert werden.[33] 29

Ist ein Vermächtnisnehmer mit einem Vermächtnis beschwert, liegt ein Untervermächtnis vor. Dieses kann mehrstufig sein, sodass auch der Untervermächtnisnehmer mit einem Vermächtnis belastet werden kann. Sofern allerdings der Vermächtnisnehmer durch Erbvertrag oder gemeinschaftliches Testament mit bindenden wechselseitigen Verfügungen bedacht ist, kommt eine nachträgliche einseitige Beschwerung des Vermächtnisnehmers mit einem Untervermächtnis nicht mehr in Betracht.[34] 30

Sofern eine Schenkung von Todes wegen (§ 2301 Abs. 1 BGB) als Vermächtnis – was regelmäßig der Fall sein wird – zu behandeln ist, kann auch der auf den Todesfall Beschenkte mit einem Vermächtnis beschwert sein. Dies gilt nicht, wenn die Schenkung aufgrund einer Verfügung unter Lebenden (§ 2301 Abs. 1 BGB) bereits vollzogen ist. 31

E. Wirksamkeit des Vermächtnisses

Die Unwirksamkeit eines Vermächtnisses kann sich zunächst aus dem Vermächtnisrecht selbst ergeben. Neben den **Nichtigkeitsgründen** für die Verfügung von Todes wegen (§ 2064 BGB) ist ein Vermächtnis aus folgenden Gründen unwirksam: beim Vorversterben des Bedachten (§ 2160 BGB); beim Wegfall des Beschwerten, sofern dies dem Willen des Erblassers entspricht (§ 2161 BGB); nach Fristablauf vor Anfall des Vermächtnisses (§§ 2162, 2163 BGB); wenn ein bestimmter vermachter Gegenstand (Stückvermächtnis) nicht zur Erbschaft gehört, es sei denn, dass der Gegenstand dem Bedachten auch für den Fall zugewendet sein soll, dass er nicht zur Erbschaft gehört (§ 2169 Abs. 1 BGB); wenn ein Vermächtnis auf eine zur Zeit des Erbfalls für jedermann unmögliche Leistung gerichtet ist oder gegen ein zu dieser Zeit bestehendes gesetzliches Verbot verstößt (§ 2171 BGB). Die Ausschlagung des Vermächtnisses kann seine Unwirksamkeit nach sich ziehen (§ 2180 BGB). 32

Nichtig ist das Vermächtnis, wenn es gegen ein im Zeitpunkt des Erbfalls vorliegendes gesetzliches Verbot (§ 134 BGB) verstößt. Auch das sittenwidrige Vermächtnis ist nichtig (§ 138 BGB). Für die Sittenwidrigkeit ist allerdings auf die Verhältnisse im Zeitpunkt des Todes abzustellen.[35] 33

31 MüKo/*Rudy*, § 2147 Rn 2.

32 BGH v. 6.6.1962 – V ZR 90/61, NJW 1962, 1615–1616.

33 Groll/Steiner/*Nienaber/Schmitz*, § 10 Rn 10.94.

34 Groll/Steiner/*Nienaber/Schmitz*, § 10 Rn 10.94.

35 BGH v. 20.6.1962 – V ZR 219/60, NJW 1962, 1715–1718; BayObLG v 3.9.1996 – 1Z BR 41/95, ZEV 1997, 119–123.

34 Im Einzelfall kann die **Verweigerung** einer **Genehmigung** zur Unwirksamkeit des Vermächtnisses führen. Dies ist insbesondere bei der Übertragung von nichtkapitalgeprägten Gesellschaftsanteilen zu beachten. Sofern der Gesellschaftsvertrag keine Genehmigung zur Übertragung an den Vermächtnisnehmer impliziert, ist die Genehmigung der Mitgesellschafter erforderlich, welche gegebenenfalls nicht durchgesetzt werden kann.

35 Der Wirksamkeit des Vermächtnisses steht nicht entgegen, dass es den **Erbteil** des Beschwerten bzw. das ihm zugewandte Vermächtnis vollständig **erschöpft** oder darüber hinausgeht.[36] Der Erblasser kann somit verfügen, dass dem durch das Vermächtnis beschwerten Erben vom Nachlass nichts verbleibt.

36 Unwirksam ist zudem das Vermächtnis, durch das die Erbfolge kraft **Höferechts** (§ 4 HöfeO) wirtschaftlich unterlaufen wird (§ 16 Abs. 1 S. 1 HöfeO). Das ist der Fall, wenn das Prinzip der geschlossenen Vererbung des Hofes verletzt ist. Davon ist auszugehen, wenn bspw. die Übertragung des vermachten Grundstücks die Leistungsfähigkeit des Hofes beeinträchtigt und der Verwendungszweck des vermachten Grundstücks keinen wirtschaftlichen Ausgleich für diese Übertragung zur Folge hat.[37] Ist eine vermächtnisweise Übertragung von zu dem Hofgut gehörenden Vermögensgegenständen nach der HöfeO zulässig, bedarf diese noch nach § 16 Abs. 1 S. 2 HöfeO der Genehmigung des Landwirtschaftsgerichts (§ 18 HöfeO).

F. Erbschaftsteuer

37 Der Erbschaftsteuer unterliegt der Erwerb von Todes wegen (§ 1 Abs. 1 Nr. 1 ErbStG). Als Erwerb von Todes wegen gilt auch der eines Vermächtnisses (§ 3 Abs. 1 Nr. 1 ErbStG). Die Erbschaftsteuer auf das Vermächtnis entsteht nach § 9 Abs. 1 Nr. 1 ErbStG grundsätzlich mit dem Tod des Erblassers. In diesem Zeitpunkt fällt das Vermächtnis an. Ausnahmen sind jedoch zu beachten bei einer aufschiebenden **Bedingung, Betagung** und **Befristung** (§ 9 Abs. 1 Nr. 1 Buchst. a ErbStG). Etwas anderes kann gelten, wenn in einem Berliner Testament ein Vermächtnis aufgrund einer Jastrow'schen Klausel auf den Tod des Erstversterbenden bei herausgeschobener Fälligkeit angeordnet wurde.[38] Korrespondierend mit der Erbschaftbesteuerung des Erwerbs eines Vermächtnisses stellt das Vermächtnis eine abzugsfähige Nachlassverbindlichkeit dar, die den steuerpflichtigen Erwerb des mit dem Vermächtnis Belasteten, zumeist des Erben, schmälert (§ 10 Abs. 5 Nr. 2 ErbStG).

Der Erwerb eines Vermächtnisses ist vom Erwerber (Vermächtnisnehmer) innerhalb einer Frist von drei Monaten nach erlangter Kenntnis von dem Vermächtnis dem Erbschaftsteuerfinanzamt schriftlich anzuzeigen (§ 30 ErbStG). Einer Anzeigepflicht bedarf es allerdings nicht, wenn der Erwerb auf einer von einem deutschen Gericht oder Notar eröffneten Verfügung von Todes wegen (Testament oder Erbvertrag) beruht.

Die Pflicht zur Abgabe der Steuererklärung ergibt sich aus § 31 ErbStG nach einer Aufforderung durch die Finanzverwaltung. Dabei sind die Sonderregelungen für Testamentsvollstrecker und Nachlasspfleger in § 31 Abs. 5 und Abs. 6 ErbStG zu beachten.

38 Ein Erlass der Erbschaftsteuerfestsetzung aus Billigkeitsgründen ist geboten, wenn dem Vermächtnisnehmer lediglich ein geringerer Betrag zugeflossen ist, als ihm nach dem Vermächtnis zusteht und mit weiteren Zahlungen wegen des Vermächtnisses

36 MüKo/*Rudy*, § 2087 Rn 6.

37 *Lüdtke-Handjery/v. Jeinsen*, § 16 Rn 18.

38 BFH 11.10.2023 – II R 34/20, ZEV 2024, 735 = ErbR 2024, 621.

aufgrund der Ablehnung eines Antrags auf Eröffnung des Nachlassinsolvenzverfahrens mangels Masse nicht mehr zu rechnen ist.[39]

39 Die erbschaftsteuerlichen Vorschriften sind nicht nur bei letztwilligen Verfügungen des Erblassers anwendbar, sondern auch auf die sonstigen Erwerbe, auf die die Vorschriften des bürgerlichen Rechts für „Vermächtnisse" anzuwenden sind (§ 3 Abs. 1 Nr. 3 ErbStG). Unter diese gesetzlichen Vermächtnisse fallen insbesondere der **Voraus** (§ 1932 BGB), für den – soweit es sich um Haushaltsgegenstände handelt – ein Freibetrag besteht (§ 13 Abs. 1 Nr. 1 ErbStG; Hausrat: 41.000 EUR, andere bewegliche Gegenstände: 12.000 EUR, in Steuerklasse I), und der **Dreißigste** (§ 1969 BGB), der jedoch nach § 13 Abs. 1 Nr. 4 ErbStG steuerfrei bleibt.
Die **Bewertung** des Vermächtnisses erfolgt nach § 12 ErbStG.

G. EuErbVO

40 Die EuErbVO[40] regelt das anwendbare Recht und die internationale Zuständigkeit der mitgliedstaatlichen Gerichte bei der Abwicklung grenzüberschreitender Erbfälle. Im Hinblick auf angeordnete Vermächtnisse ist die EuErbVO von besonderer Bedeutung.
Nach deutschem Recht erwirbt der Vermächtnisnehmer nicht unmittelbar das Eigentum an der vermächtnisweise zugewandten Sache (Immobilie). Er hat einen schuldrechtlichen Übertragungsanspruch gegen den mit dem Vermächtnis belasteten Erben. Andere Länder wie Frankreich, Italien oder Polen gehen von einem sog. Vindikationslegat aus, d.h. der Vermächtnisnehmer erwirbt unmittelbar das Eigentum an dem Vermächtnis (Immobilie) und nicht erst mit der Eintragung im Grundbuch. Problematisch sind somit die Fälle, in denen aufgrund nicht deutschen Erbrechts in Deutschland belegene Immobilien „vermächtnisweise" übertragen werden. Insoweit besteht noch keine Rechtsklarheit.[41]
Bei dem Europäischen Nachlasszeugnis (Art. 62 EuErbVO) handelte es sich auch um ein Zeugnis, durch das der Vermächtnisnehmer seine Rechte dokumentieren kann.

§ 2147 Beschwerter

[1]Mit einem Vermächtnis kann der Erbe oder ein Vermächtnisnehmer beschwert werden. [2]Soweit nicht der Erblasser ein anderes bestimmt hat, ist der Erbe beschwert.

Übersicht: Rdn

39 FG Düsseldorf v. 10.3.2010 – 4 K 3000/09 Erb, juris, rkr.; *Linnartz*, AnwZert ErbR 22/2018 Anm. 2.

40 Verordnung (EU) Nr. 650/2012 des Europäischen Parlaments und des Rates vom 4.7.2012, Amtsblatt der Europäischen Union vom 27.7.2012, L 201/07.

41 EuGH v. 12.10.2017 – C-218/16, ZEV 2018, 41–44; für die Anwendung des nationalen Erbrechts unter Außerachtlassung des Rechts des Belegenheitsorts: *J. P. Schmidt*, ZEV 2014, 133–139.

A. Allgemeines/Normzweck

1 Der Regelungsinhalt ist nur aus seiner geschichtlichen Entwicklung zu erklären.[1] Bei § 2147 BGB handelt es sich wie bei den meisten Bestimmungen zum Vermächtnis um eine sehr technische Regelung.[2] Es gibt wohl keinen Zweifel darüber, dass mit einem Vermächtnis nur derjenige beschwert werden kann, der von dem Erblasser unmittelbar und zu eigenem Recht Zuwendungen erhalten hat.[3] Als Beschwerte kommen daher nur Erben oder Vermächtnisnehmer in Betracht. In S. 2 wurde eine Auslegungsregelung festgehalten, nach der grundsätzlich der Erbe der Beschwerte ist.

B. Tatbestand

I. Beschwerter

1. Erbe

2 Mit einem Vermächtnis kann der gesetzliche oder testamentarische sowie vertragsmäßige Erbe vorbehaltlich einer vertraglichen Bindung (§ 2289 Abs. 1 S. 1 BGB) beschwert werden. Der Ersatzerbe (§ 2096 BGB) oder der unter einer aufschiebenden Bedingung eingesetzte Erbe kommt daher zunächst als Beschwerter nicht in Betracht. Auch der Nacherbe kann nicht mit Vermächtnissen (oder Auflagen) beschwert werden, die er vor dem Eintritt seines Nacherbfalls erbringen müsste.[4] Bis zum Eintritt des Nacherbfalls ist er nicht Erbe. Dabei ist festzustellen, ob in diesen Fällen eine bedingte Nacherbeneinsetzung gewollt war oder der Erblasser einen unverbindlichen Wunsch äußerte. Hat der Erblasser im Falle der Vorerbschaft nicht bestimmt, dass der Vorerbe oder Nacherbe beschwert sein soll, ist die Erbschaft als solche beschwert. Leistet der Vorerbe, ist er zu einem Abzug nach § 2126 BGB berechtigt.[5]

3 Der **Erbe** des **Beschwerten** (Erbeserbe) kann keine beschwerte Person sein. Er kann daher nicht mit einem Vermächtnis beschwert werden, sondern nur als Erbe eines Beschwerten haften.[6] Der Erbeserbe hat aber unter Umständen anstelle des Erben ein Vermächtnis zu erfüllen, das bis zum Tod des Beschwerten aufschiebend bedingt oder befristet (§ 2177 BGB) oder erst mit seinem Tod fällig wurde (§ 2181 BGB).[7] Hierbei handelt es sich dann um die Erfüllung einer Nachlassverbindlichkeit durch den Erbeserben.

4 Übergibt der Eigentümer eines unter die **Höfeordnung** fallenden Hofes diesen an einen hoferbenberechtigten Abkömmling im Rahmen vorweggenommener Erbfolge, erlangt der Hofberechtigte eine Erbenstellung (§ 17 Abs. 1 HöfeO i.V.m. § 16 HöfeO). In entsprechender Anwendung von § 17 Abs. 2 HöfeO kann daher der Hoferbe grundsätzlich mit einem Vermächtnis (§ 12 Abs. 10 HöfeO) beschwert werden.[8] Es bleibt jedoch zu prüfen, inwieweit das Vermächtnis nach § 16 Abs. 1 HöfeO wirksam ist.[9]

2. Vermächtnisnehmer

5 Neben dem Erben kann auch jeder Vermächtnisnehmer beschwert sein. Dabei ist es unerheblich, ob der Begünstigte aufgrund eines Testaments oder kraft Gesetzes (Voraus des Ehegatten, § 1932 BGB, und der Dreißigste, § 1969 BGB) Vermächtnisnehmer

---

1 Vgl. *Kipp/Coing*, § 54 Abs. 1 S. 1.
2 Vgl. hierzu MüKo/*Rudy*, Vor § 2147 Rn 15.
3 *Lange/Kuchinke*, § 29 III 1 a.
4 Grüneberg/*Weidlich*, § 2147 Rn 2; MüKo/*Rudy*, § 2147 Rn 2; *Lange/Kuchinke*, § 29 III 1 a, Fn 71.
5 Vgl. MüKo/*Rudy*, § 2147 Rn 2.
6 MüKo/*Rudy*, § 2147 Rn 3; BGH v. 6.3.1985 – IVa ZR 171/83, NJW-RR 1986, 164–165.
7 RG WarnR 1919 Nr. 18.
8 BGH v. 6.6.1962 – V ZR 90/61, BGHZ 37, 192, 194; BGH v. 6.3.1985 – IVa ZR 171/83, NJW-RR 1986, 164–165.
9 *Lüdtke-Handjery/v. Jeinsen*, Höfeordnung, § 12 Rn 131, § 16 Rn 18, 42.

wurde. Es handelt sich insoweit um ein Untervermächtnis (§ 2186 BGB).[10] Die §§ 2186–2188 BGB und § 2191 BGB sehen für die Beschwerung des Vermächtnisnehmers besondere Regelungen vor: So folgt aus § 2186 BGB, dass der Vermächtnisnehmer zur Erfüllung des Untervermächtnisses erst dann verpflichtet ist, wenn er die Erfüllung des ihm zugewendeten Vermächtnisses verlangen kann.

3. Versprechensempfänger

Auch der durch ein formgerechtes Schenkungsversprechen von Todes wegen (§ 2301 Abs. 1 BGB) Beschwerte, kann mit einem Vermächtnis belastet werden.[11] 6
Schließlich sind auf die Schenkung auf den Todesfall die Vorschriften über die Verfügungen von Todes wegen anzuwenden, was insoweit die Unterstellung der Schenkung unter das Vermächtnisrecht bedeutet.[12] Die Schenkung darf daher nicht bereits zu Lebzeiten des Erblassers vollzogen sein (§ 2301 Abs. 2 BGB), der Beschenkte muss den Schenker überleben und § 2289 Abs. 1 S. 2 BGB darf nicht entgegenstehen.[13]

Hat der Schenker allerdings bereits die **Schenkung** durch Leistung des zuzuwendenden Gegenstandes **vollzogen**, § 2301 Abs. 2 BGB, erfolgte die Zuwendung aufgrund einer Verfügung unter Lebenden.[14] 7

Der Empfänger einer Zuwendung gem. § 1514 BGB kann auch mit einem Vermächtnis beschwert werden, weil diese Zuwendung der wirtschaftlichen Natur des Vermächtnisses entspricht. Die Vorschriften über das Vermächtnis sind somit entsprechend anzuwenden.[15] 8

II. Nicht beschwerbar

Grundsätzlich ist der Pflichtteilsberechtigte nicht mit einem Vermächtnis beschwerbar. Eine Ausnahme hiervon bildet die **Pflichtteilsbeschränkung in guter Absicht** (§ 2338 BGB). Nicht beschwerbar ist auch derjenige, der durch Rechtsgeschäft unter Lebenden eine unentgeltliche Zuwendung erhält.[16] Entsprechendes gilt für den, der durch Vertrag zugunsten Dritter (§§ 331, 332 BGB) mit dem Tod des Erblassers das Recht auf eine Leistung erwirbt.[17] 9

Weiter sind nicht beschwerbar Personen, die aus dem Erbfall Vorteile haben, ohne jedoch etwas von dem Erblasser zu erhalten. Zu diesen Personen gehören insbesondere der Erbeserbe sowie der Ehegatte oder ein Verwandter des Bedachten oder aber auch der Auflagenbegünstigte.[18] 10

Nicht beschwerbar sind die Personen, die nicht aufgrund eines eigenen Rechts, sondern nur mittelbar etwas aus dem Nachlass erhalten: Ehegatten, Eltern, Kinder, Lebenspartner oder sonstige Verwandte des Erben oder Vermächtnisnehmers, Testamentsvollstrecker,[19] Erbeserben oder Erben des Vermächtnisnehmers (ggf. Haftungsanspruch), Auflagenbegünstigte;[20] Pflichtteilsberechtigte und Personen, die durch Rechtsgeschäft unter Lebenden eine unentgeltliche Zuwendung erhielten.[21] 11

---

10 Grüneberg/*Weidlich*, § 2147 Rn 4; MüKo/*Rudy*, § 2147 Rn 4.
11 Vgl. Grüneberg/*Weidlich*, § 2301 Rn 7; MüKo/*Musielak*, § 2301 Rn 14.
12 Grüneberg/*Weidlich*, § 2147 Rn 3.
13 NK-BGB/*Horn*, § 2147 Rn 7.
14 BGH v. 6.3.1985 – IVa ZR 171/83, NJW-RR 1986, 164–165.
15 Staudinger/*Otte*, § 2147 Rn 8; Grüneberg/*Brudermüller*, § 1514 Rn 1.
16 BGH v. 6.3.1985 – IVa ZR 171/83, NJW-RR 1986, 164–165; MüKo/*Rudy*, § 2147 Rn 6.
17 Grüneberg/*Weidlich*, § 2147 Rn 4 m.w.N.
18 Grüneberg/*Weidlich*, § 2147 Rn 4.
19 MüKo/*Rudy*, § 2147 Rn 6.
20 Grüneberg/*Weidlich*, § 2147 Rn 4.
21 BGH v. 6.3.1985 – IVa ZR 171/83, NJW-RR 1986, 164–165.

III. Auslegungsregel

12 Die Auslegungsregel in S. 2 stellt die Verhältnisse zwischen den Erben und anderen Personen, die mit einem Vermächtnis beschwert sein können, klar: Soweit nicht der Erblasser etwas anderes bestimmt hat, ist der Erbe beschwert. Keine Anwendung findet die Auslegungsregel in Bezug auf das Verhältnis zwischen dem Vorerben und dem Nacherben.[22] Das Verhältnis der Miterben untereinander regelt sich im Zweifel nach § 2148 BGB.[23]

13 Nach § 1969 BGB ist der Erbe verpflichtet, **Familienangehörigen** des Erblassers, die zur Zeit des Todes des Erblassers zu dessen Hausstand gehörten und von ihm Unterhalt bezogen haben, in den ersten 30 Tagen nach dem Eintritt des Erbfalls in demselben Umfang Unterhalt zu gewähren, wie dies der Erblasser tat. Dieser gesetzliche Anspruch steht zur Disposition des Erblassers (§ 2169 Abs. 1 S. 2 BGB). Er kann daher gem. S. 2 bestimmen, dass die Verpflichtung aus § 1969 BGB nur einen von mehreren Miterben oder einen bestimmten Vermächtnisnehmer trifft. Erweitert der Erblasser den Umfang des Anspruchs nach § 1969 BGB (Dreißigster), liegt ein gewöhnliches Vermächtnis vor.[24]

C. Verfahrensfragen und Prozesstaktik

14 Der Vermächtnisnehmer ist für die Wirksamkeit und den Inhalt der letztwilligen Verfügung, die ihm das Vermächtnis zuweist, darlegungs- und beweispflichtig.[25] Nimmt der Vermächtnisnehmer den Erben aufgrund der Auslegungsregeln des S. 2 wegen eines Vermächtnisses in Anspruch, ist er hinsichtlich der Voraussetzungen der Auslegungsregel beweispflichtig. Bestreitet der Erbe seine Passivlegitimation, obliegt ihm der Nachweis für die Umstände, die eine Abweichung von der Auslegungsregel rechtfertigen.[26]

§ 2148 Mehrere Beschwerte

Sind mehrere Erben oder mehrere Vermächtnisnehmer mit demselben Vermächtnis beschwert, so sind im Zweifel die Erben nach dem Verhältnis der Erbteile, die Vermächtnisnehmer nach dem Verhältnis des Wertes der Vermächtnisse beschwert.

Übersicht: Rdn

22 MüKo/*Rudy*, § 2147 Rn 7.
23 MüKo/*Rudy*, § 2147 Rn 7.
24 Vgl. MüKo/*Küpper*, § 1969 Rn 5.
25 Baumgärtel/*Schmitz*, § 2147 Rn 1 m.w.N.
26 Baumgärtel/*Schmitz*, § 2147 Rn 1.

A. Allgemeines/Normzweck

Bei der Vorschrift des § 2148 BGB handelt es sich um eine Auslegungsregel für den Fall der Beschwerung mehrerer Erben oder Vermächtnisnehmer mit einem Vermächtnis. Sie findet daher immer dann Anwendung, wenn sich ein anderer eindeutiger Wille des Erblassers durch Auslegung nicht ermitteln lässt.[1] § 2148 BGB stellt eine Regelung des Innenverhältnisses zwischen mehreren Beschwerten dar. Aus ihr ergibt sich, dass sich die Beschwerung im Zweifel nicht nach Köpfen richtet, sondern der Umfang der eigenen Teilhabe am Nachlass maßgebend ist. 1

B. Tatbestand

I. Innenverhältnis

Sind mehrere beschwert, ist zwischen der Haftung im Außenverhältnis und der Lastenverteilung im Innenverhältnis zu unterscheiden. So kann der Erblasser die Haftung im Außenverhältnis abweichend von der Lastentragung im Innenverhältnis regeln, indem bei gesamtschuldnerischer Haftung (Außenverhältnis) einem von den Bedachten im Innenverhältnis die Last insgesamt auferlegt wird.[2] Die Auslegungsregel des § 2148 BGB betrifft nur das **Innenverhältnis** zwischen den Beschwerten, sofern sich kein Wille des Erblassers feststellen lässt.[3] Sofern nicht alle Erben und/oder Vermächtnisnehmer Beschwerte sind, bestimmt sich die Beschwerung der Einzelnen im Zweifel nicht nach Köpfen, sondern entsprechend dem Verhältnis ihrer Beteiligung am Nachlass bzw. Vermächtnis. Die Haftung nach außen richtet sich nach den §§ 421–427, 431, 2058–2063 BGB (gesamtschuldnerische Haftung). Haftet nur ein Teil der Miterben, so handelt es sich dennoch um Nachlassverbindlichkeiten (§ 1967 Abs. 2 BGB). Es sind jedoch keine „gemeinschaftlichen Nachlassverbindlichkeiten" der Erben; die §§ 2058 ff. BGB sind daher nur mit Einschränkungen anwendbar.[4] In diesem Fall kann der Vermächtnisnehmer dann mangels eines Titels, der sich gegen alle Erben richtet, nicht in den ungeteilten Nachlass vollstrecken (§ 747 ZPO). Es bleibt nur die Vollstreckung in den Erbteil des Beschwerten. 2

Haften mehrere Miterben den Vermächtnisnehmern, kommt es für den Ausgleich im Innenverhältnis auf ihre Erbteile an. Bei dem Ausgleich **mehrerer** Vermächtnisnehmer ist das Verhältnis des Wertes ihrer Vermächtnisse maßgebend. Ein Vorausvermächtnis (§ 2150 BGB) bleibt daher bei den Berechnungen außer Betracht, da es nichts an den Verhältnissen der Erbteile ändert.[5] Ebenfalls werden keine Vermächtnisse berücksichtigt, die bei der Erbteilsermittlung nur einen Miterben belasten.[6] 3

II. Pflichtteilslast

Bei der **Berechnung** des **Pflichtteils** sind Verbindlichkeiten aus Vermächtnissen nicht absetzbar.[7] Um hier einen gewissen Ausgleich zu schaffen, kann der Erbe grundsätzlich das Vermächtnis im Innenverhältnis kürzen. Die Pflichtteilslast (vgl. hierzu auch §§ 2318 u. 2324 BGB) wird dann von ihm und den Vermächtnisnehmern verhältnismäßig getragen. Diese Regelung ist jedoch abdingbar. Nach § 2324 BGB kann der Erblasser durch Verfügung von Todes wegen – ausdrücklich oder konkludent – die Pflicht- 4

1 Staudinger/*Otte*, § 2148 Rn 1.
2 Staudinger/*Otte*, § 2148 Rn 2.
3 MüKo/*Rudy*, § 2148 Rn 2, 6; Staudinger/*Otte*, § 2148 Rn 4 m.w.N.; Grüneberg/*Weidlich*, § 2148 Rn 1.
4 Staudinger/*Otte*, § 2148 Rn 3.
5 Grüneberg/*Weidlich*, § 2148 Rn 2.
6 jurisPK-BGB/*Reymann*, § 2148 Rn 8.
7 BGH NJW 1988, 136, 137.

teilslast im Verhältnis der Erben zueinander einzelnen Erben auferlegen und so eine von den Vorschriften des § 2318 Abs. 1 BGB abweichende Anordnung treffen.

III. Alternative Beschwerung

5 Im Falle der alternativen Beschwerung hat der Erblasser bestimmt, dass entweder A oder B das Vermächtnis zu erfüllen hat. Die **alternativ Beschwerten** sind dann im Außenverhältnis Gesamtschuldner (§§ 421–427 BGB).[8] Der Ausgleich im Innenverhältnis richtet sich nach § 2148 BGB.[9] Weicht die Haftung im Innenverhältnis von der im Außenverhältnis ab, können unter den Gesamtschuldnern Ausgleichsansprüche entstehen. Es kann zu einem Befreiungsanspruch (§ 426 Abs. 1 BGB) oder nach Leistung einem Ausgleichsanspruch (§ 426 Abs. 2 BGB) kommen.

IV. Ausnahme

6 § 2320 BGB stellt eine gesetzliche Ausnahme von § 2148 BGB dar. Wer an Stelle eines Pflichtteilsberechtigten Erbe wird, hat im Verhältnis zu den Miterben ein dem Pflichtteilsberechtigten zugewendeten und von ihm angenommenes Vermächtnis in Höhe des erlangten Vorteils zu tragen.
Nach § 2306 Abs. 1 S. 1 BGB wird dem Beschwerten ein Ausschlagungsrecht hinsichtlich der Erbschaft gewährt. Schlägt der Erbe aus, kommt es grundsätzlich zu einer Anrechnung des Vermächtnisses (§ 2307 Abs. 1 S. 2 BGB). Im Rahmen der Anrechnung ist der Pflichtteilsberechtigte an vom Erblasser vorgegebene Werte und Berechnungsmethoden gebunden. Nur wenn im Rahmen der Ausschlagung des Erbteils der volle Pflichtteil geltend gemacht werden soll, sind die Bestimmungen des Erblassers unbeachtlich (§ 2311 Abs. 2 S. 2 BGB).[10]

V. Ausgleich

7 Die Quote der Ausgleichspflicht der Miterben untereinander bestimmt sich nach dem Verhältnis der Erbteile. Dabei bleiben Vorausvermächtnisse oder Vermächtnisse, die nur einen oder einen bestimmten Miterben beschweren, – vorbehaltlich einer expliziten Regelung durch den Erblasser – außer Ansatz.[11]

8 Sind mehrere Vermächtnisnehmer beschwert, bestimmt sich der **Ausgleichsmaßstab** nach den Werten ihrer Vermächtnisse zueinander. Dabei sind die Werte im Zeitpunkt des Erbfalls maßgebend.[12] Ob darüber hinaus auch solche Belastungen zu berücksichtigen sind, die nur einzelne Vermächtnisnehmer betreffen, ist im Einzelfall durch Auslegung der Anordnung des Erblassers zu bestimmen.[13] Für eine Beeinflussung der Wertverhältnisse der Zuwendung und ihrer Berücksichtigung spricht sich insbesondere *Otte* aus.[14]

9 Sind sowohl Erben als auch Vermächtnisnehmer Beschwerte, soll § 2148 BGB nach den Motiven keine Anwendung finden.[15] Nach h.M. ist § 2148 BGB jedoch entsprechend anwendbar.[16]

---

8 Mot V, S. 138.
9 Staudinger/*Otte*, § 2148 Rn 7; *Kipp/Coing*, § 54 Abs. 3.
10 MüKo/*Lange*, § 2307 Rn 6.
11 Grüneberg/*Weidlich*, § 2148 Rn 2.
12 Staudinger/*Otte*, § 2148 Rn 6; MüKo/*Rudy*, § 2148 Rn 8.
13 MüKo/*Rudy*, § 2148 Rn 8.
14 Staudinger/*Otte*, § 2148 Rn 6.
15 Mot V, S. 137.
16 Vgl. hierzu MüKo/*Rudy*, § 2148 Rn 9 m.w.N.; Staudinger/*Otte*, § 2148 Rn 5; jurisPK-BGB/*Reymann*, § 2148 Rn 13.

Daher sind sowohl Erben als auch Vermächtnisnehmer beschwert. Für den Ausgleich im Innenverhältnis ist somit auf die Wertverhältnisse der jeweiligen Erbteile oder Vermächtnisse abzustellen. Inwieweit Belastungen des Erben mit dem seinerseits belasteten Vermächtnis für die Ermittlung des Wertes des Erbteils abzuziehen sind, kann nur nach den Umständen des Einzelfalls beantwortet werden.[17]

VI. Anwendungsgebiete

§ 2148 BGB ist auch in den Fällen entsprechend anzuwenden, in denen der Erblasser gegenüber mehreren eine Auflage angeordnet hat (§ 2192 BGB).[18] 10

VII. Beweislast

Derjenige der sich auf eine von der Auslegungsregel des § 2148 BGB abweichende Beschwerung beruft, muss einen entsprechenden Willen des Erblassers oder die Umstände darlegen und beweisen, aus denen sich dieser Wille ergibt.[19] 11

§ 2149 Vermächtnis an die gesetzlichen Erben

[1]Hat der Erblasser bestimmt, dass dem eingesetzten Erben ein Erbschaftsgegenstand nicht zufallen soll, so gilt der Gegenstand als den gesetzlichen Erben vermacht. [2]Der Fiskus gehört nicht zu den gesetzlichen Erben im Sinne dieser Vorschrift.

Übersicht: Rdn

A. Allgemeines/Normzweck

1 § 2149 BGB ergänzt, ähnlich wie die §§ 2066 S. 2, 2088, 2104 und 2105 BGB, eine **lückenhafte** Verfügung von Todes wegen.[1] Die Vorschrift betrifft das Problem eines Negativvermächtnisses. Sie ergänzt den Willen des Erblassers, der festgelegt hat, dass der eingesetzte Erbe einen Nachlassgegenstand nicht erhalten soll, ohne jedoch bestimmt zu haben, wem der Erbschaftsgegenstand zufallen soll. Es gilt der Gegenstand dann dem gesetzlichen Erben als Vermächtnis zugewendet.[2]

B. Tatbestand

I. Eingesetzter Erbe

2 Die Vorschrift findet nur dann Anwendung, wenn ein konkreter Nachlassgegenstand dem eingesetzten Erben nicht zufallen soll und keine andere Zuweisung des Gegenstandes getroffen wurde. Sie bezieht sich auf alle Fälle einer Erbschaft, wie die der Alleinerbschaft, der Miterbschaft oder der Vor- und Nacherbschaft.

3 Hat der Erblasser bestimmt, dass dem eingesetzten Erben ein Erbschaftsgegenstand nicht zufallen soll, gilt dieser als den gesetzlichen Erben vermacht. Zu den gesetzlichen

17 MüKo/*Rudy*, § 2148 Rn 9 m.w.N.
18 Staudinger/*Otte*, § 2148 Rn 8, § 2192 Rn 4; jurisPK-BGB/*Reymann*, § 2148 BGB Rn 18.
19 Baumgärtel/*Schmitz*, § 2148 Rn 1; NK-BGB/*Horn*, § 2148 Nr. 15.
1 Staudinger/*Otte*, § 2149 Rn 1.
2 BGH NJW 1986, 1812, 1813.

Erben gehört jedoch nicht der **Fiskus** (S. 2). Durch die Vorschrift des § 2149 BGB wird nicht ausgeschlossen, dass der Erblasser die gesetzlichen Erben mit einer dem Wert der Gegenstände entsprechenden Quote als Erben einsetzen wollte; dabei ist der Wille des Erblassers gegebenenfalls durch Auslegung zu ermitteln.[3]

4 Das Vermächtnis gilt grundsätzlich zugunsten derjenigen, die beim Erbfall die gesetzlichen Erben sind (§ 2066 S. 1 BGB). Hat der Erblasser bestimmt, dass der Gegenstand den eingesetzten Erben erst vom Eintritt einer Bedingung an oder ab einem bestimmten Termin nicht mehr zustehen soll, richtet sich die Frage der gesetzlichen Erben nach § 2066 S. 2 BGB.[4] Dabei kommen die Personen als Erben in Betracht, die im Zeitpunkt des bestimmten Termins oder Bedingungseintritts die gesetzlichen Erben des Erblassers sind.[5]

5 In dem Fall, dass die Erbeinsetzung zeitlich beschränkt oder aufgeschoben ist, bestimmen sich die gesetzlichen Erben nach den §§ 2104, 2105 BGB.[6]

II. Anwendungsausschluss

6 Grundsätzlich ist § 2149 BGB nicht anwendbar im Fall der unwirksamen Zuwendung eines Vermächtnisses an einen Dritten.[7] In diesem Fall treten nicht die gesetzlichen, sondern die testamentarischen Erben an die Stelle des durch die unwirksame Zuwendung Bedachten.[8] Sollte nach dem Willen des Erblassers jedoch der Gegenstand auf keinen Fall einem Erben zufallen, kann etwas anderes gelten. Dieser Wille des Erblassers ist durch Auslegung zu ermitteln.

7 Sofern der Erblasser sich lediglich vorbehalten hat, noch über bestimmte Gegenstände zu verfügen, kann § 2149 BGB nur dann zur Anwendung kommen, wenn sich bereits aus dem Vorbehalt ergibt, dass der Gegenstand in keinem Fall dem eingesetzten Erben zufallen soll.[9] Im Übrigen findet der Ergänzungsvorbehalt nach § 2086 BGB Anwendung.[10]

8 Nimmt der Erblasser nicht einzelne Erbschaftsgegenstände, sondern einen Bruchteil der Erbschaft von der Zuwendung an einen eingesetzten Erben aus, ist dies ein Fall der Vorschrift des § 2088 BGB.[11] Beinhaltet die Verfügung des Erblassers lediglich das Verbot an den Erben, über Nachlassgegenstände unter Lebenden oder von Todes wegen zu verfügen, hat dies nur dann rechtliche Relevanz, wenn die Regelung als Nachvermächtnis (§§ 2191, 2338 BGB), als Auflage (§ 2192 BGB) oder auflösend bedingte Zuwendung zu werten ist.[12]

9 Die Rspr. hat auch noch nicht darüber entschieden, ob § 2149 BGB analog anzuwenden ist, wenn der Erblasser ohne Einsetzung eines testamentarischen Erben verfügt hat, dass der gesetzliche Erbe einen bestimmten Gegenstand nicht erhalten soll. Die Lit. verneint eine analoge Anwendung des § 2149 BGB, wenn sich nicht durch Auslegung

---

3 MüKo/*Rudy*, § 2150 Rn 3.
4 Staudinger/*Otte*, § 2149 Rn 1; MüKo/*Rudy*, § 2149 Rn 4; Grüneberg/*Weidlich*, § 2149 Rn 1.
5 OLG Zweibrücken v. 19.2.1990 – 3 W 179/89, FamRZ 1990, 668–669.
6 Vgl. MüKo/*Rudy*, § 2149 Rn 4.
7 Grüneberg/*Weidlich*, § 2149 Rn 2.
8 MüKo/*Rudy*, § 2149 Rn 2 m.w.N.; Grüneberg/*Weidlich*, § 2149 Rn 1; jurisPK-BGB/*Reymann*, § 2149 Rn 14.
9 MüKo/*Rudy*, § 2149 Rn 2.
10 Grüneberg/*Weidlich*, § 2149 Rn 2.
11 MüKo/*Rudy*, § 2149 Rn 2.
12 MüKo/*Rudy*, § 2149 Rn 2; Grüneberg/*Weidlich*, § 2149 Rn 2; jurisPK-BGB/*Reymann*, § 2149 Rn 14.

feststellen lässt, wer der Bedachte sein soll.[13] Die Konsequenz ist, dass die Verfügung keine Wirkung entfaltet und der Nachlassgegenstand den gesetzlichen Erben zufällt.

C. Rechtsfolgen

Fällt der Gegenstand mehreren gesetzlichen Erben zu, bestimmt sich die Höhe ihres Anteils am Vermächtnis nach den Bestimmungen zur gesetzlichen Erbfolge. Eine Verteilung nach Köpfen findet nicht statt (§ 2157 BGB, §§ 2089–2093 BGB).[14] 10

§ 2149 BGB (S. 2) steht nicht der Auslegung entgegen, dass es dem Erblasser lieber ist, dass das Vermächtnis dem Fiskus zukommt anstatt den von ihm eingesetzten Erben.[15]

D. Verfahrensfragen

Machen die gesetzlichen Erben als Vermächtnisnehmer gegenüber den eingesetzten Erben die Erfüllung des Vermächtnisses geltend, obliegt ihnen die Beweislast dafür, dass der Erblasser ihnen ein Vermächtnis zugewandt hat. Der Beweis kann durch die Vorlage des Testaments oder eines Erbvertrages erbracht werden (§§ 415–444 ZPO). Obwohl § 2149 BGB keine gesetzliche Vermutung i.S.d. § 292 ZPO darstellt, kommt es zu einer Beweiserleichterung insoweit, als sie beweisen müssen, dass der Erblasser in keinem Fall dem Erben den Vermächtnisgegenstand zuwenden wollte. Ist dieser Beweis erbracht, gilt der Gegenstand im Zweifel als dem gesetzlichen Erben zugewandt.[16] 11

Derjenige, der in einem solchen Fall einen abweichenden Erblasserwillen behauptet, hat diesen zu beweisen: So obliegt dem testamentarischen Erben bspw. im Falle des Nachweises der Voraussetzungen des § 2149 BGB der Nachweis, dass in der Negativverfügung eine Erklärung i.S.v. § 2086 BGB, einem Ergänzungsvorbehalt des Erblassers, zu sehen ist.[17]

§ 2150 Vorausvermächtnis

Das einem Erben zugewendete Vermächtnis (Vorausvermächtnis) gilt als Vermächtnis auch insoweit, als der Erbe selbst beschwert ist.

Literatur

Eberl-Borges, Stimmrechtsausschluss in der Erbengemeinschaft? – Zur Verjährungseinrede gegen ein Vorausvermächtnis, ErbR 2020, 306–308; *Graf*, Möglichkeiten der Haftungsbeschränkung für Nachlassverbindlichkeiten, ZEV 2000, 125; *Klinger/Roth*, Abgrenzung von Teilungsanordnung und Vorausvermächtnis, NJW-Spezial, 2008, 263; *Linnartz*, Teilungsanordnung oder Vorausvermächtnis, AnwZert ErbR 21/2014 (Teil 1) und 22/2014 (Teil 2); *Loritz*, Teilungsanordnung oder Vorausvermächtnis, NJW 1988, 2697; *Mayer*, Der superbefreite Vorerbe? – Möglichkeiten und Grenzen der Befreiung des Vorerben, ZEV 2000, 1; *Muscheler*, Teilungsanordnung und Vorausvermächtnis, ErbR 2008, 105; *Otte*, Das Vorausvermächtnis für den alleinigen Vorerben ist kein Vindikationslegat, Jura 2011, 810; *Reinert*, Abgrenzung einer testamentarischen Anordnung zu einer Vermächtnisanordnung und Darstellung der verschiedenen Formen eines Vermächtnisses, AnwZert ErbR 22/2019; *Riedel*, Erbschaftsteuerliche Bedeutung von Vermächtnissen und Teilungsanordnungen, ZErb 2002, 23; *Siegmann*, „Überquotale" Teilungsanordnung und Teilungsversteigerung, ZEV 1996, 47; *Skibbe*, Zur Abgrenzung von Teilungsanordnung und Vorausvermächtnis, ZEV 1995, 145; *Sommer*, „Echte" und „überquotale" Teilungsanordnungen – Zivil- und

---

13 Grüneberg/*Weidlich*, § 2149 Rn 2; MüKo/*Rudy*, 2149 Rn 2; jurisPK-BGB/*Reymann*, § 2149 Rn 14.
14 MüKo/*Rudy*, § 2149 Rn 5 m.w.N.
15 *Lange/Kuchinke*, Erbrecht, § 29 III 2d; MüKo/*Rudy*, § 2149 Rn 6.
16 jurisPK-BGB/*Reymann*, § 2149 BGB.
17 OLG Stuttgart v. 2.6.2008 – 5 U 42/07, ZEV 2008, 434; Baumgärtel/*Schmitz*, § 2149 Rn 1.

steuerrechtliche Probleme, ZEV 2004, 13; *Wälzholz*, Erbauseinandersetzung und Teilungsanordnung nach der Erbschaftsteuerreform, ZEV 2009, 113.

Übersicht: Rdn

A. Allgemeines/Normzweck

1 Der Zweck der Vorschrift liegt darin, klarzustellen, dass das einem Erben zugewendete Vermächtnis auch insoweit ein Vermächtnis ist, als es den Erben selbst beschwert. Dieses Vermächtnis zugunsten eines Erben bezeichnet der Gesetzgeber – unabhängig davon, ob der Erbe mit diesem Vermächtnis beschwert ist oder nicht – als **Vorausvermächtnis.**[1] Gegenüber den Miterben, anderen Vermächtnisnehmern und Nachlassgläubigern erhält der Erbe eine privilegierte Stellung; ihm wird tatsächlich mehr zugewendet, als er als Erbe erhält.[2] Die Anordnung eines Vorausvermächtnisses bleibt daher auch dann bestehen, wenn die Erbenstellung entfällt (bspw. bei Erbausschlagung).[3]

B. Tatbestand

I. Vorausvermächtnis

2 Bei einem Vorausvermächtnis handelt es sich um die vermächtnisweise Zuwendung eines Rechts oder Gegenstandes an einen jeden Erben.[4] Der Erbe erhält somit **einen Vermögensvorteil**, den er sich im Gegensatz zur Teilungsanordnung (§ 2048 BGB) nicht auf seinen Erbteil anrechnen lassen muss. Das Vorausvermächtnis ist auch zu unterscheiden von dem Vor- und Nachvermächtnis (§ 2191 BGB). Kein Vorausvermächtnis stellt die Zuwendung eines Vermächtnisses an einen Ersatzerbberechtigten dar.[5]

3 Das Vorausvermächtnis erwirbt der alleinige Vorerbe grundsätzlich mit dem Erbfall. Es gelangt so in das freie Vermögen des Erben, über das er nach Belieben verfügen kann. Das Vorausvermächtnis kann unter einer Bedingung angeordnet werden, die insbesondere die Erreichung der mit der Anordnung der Vor- und Nacherbschaft bezweckten Ziele sichern soll.[6]

4 Hat der Erblasser dem Bedachten bspw. eine lebenslange Rente zugewandt und Testamentsvollstreckung angeordnet, obliegt es dem Testamentsvollstrecker, dafür zu sor-

---

1 Staudinger/*Otte*, § 2150 Rn 1; *Kipp-Coing*, Erbrecht 1965, § 55 I 2; *Lange/Kuchinke*, Erbrecht, § 29 1d.
2 Staudinger/*Otte*, § 2150 Rn 1.
3 OLG München v. 5.6.2013 – 20 U 5005/12, ZEV 2013, 507–510.
4 OLG Schleswig v. 24.1.2013 – 3 Wx 59/12, ZEV 2013, 501–504; MüKo/*Rudy*, § 2150 Rn 2.
5 BGH v. 13.12.1978 – IV ZR 56/77, NJW 1979, 917–918.
6 *Mayer*, ZEV 2000, 1.

gen, dass die monatliche Rente auch bis zum tatsächlichen Lebensende aus dem Nachlass gezahlt werden kann. Zur Sicherung dieses Anspruchs ist ein Sicherungseinbehalt notwendig, der von einer Lebenserwartung von 110–115 Jahren ausgeht und die Annahme einer maximalen Lebenserwartung von 120 Jahren rechtfertigt.[7]

II. Erbe

1. Alleinerbe

Der Erblasser kann jeden Erben mit einem Vorausvermächtnis bedenken. Es ist dabei unerheblich, ob der mit einem Vermächtnis begünstigte Erbe Allein-, Mit-, Vor- oder Nacherbe ist. 5

Es kann so auch dem Alleinerben ein Vorausvermächtnis zugewiesen werden.[8] Das Vorausvermächtnis ist für den Erben grundsätzlich vorteilhaft. Dies wird bei verschiedenen gesetzlichen Bestimmungen deutlich: So bestimmt bspw. § 2373 BGB, dass beim **Erbschaftskauf** ein dem Verkäufer zugewendetes Vorausvermächtnis im Zweifel nicht als mitverkauft anzusehen ist. Der Erbe hat darüber hinaus die Freiheit, die Erbschaft auszuschlagen, das Vermächtnis jedoch anzunehmen. Dies gilt jedoch nicht, wenn die Zuwendung an die Erbenstellung anknüpft.[9] Entsprechendes gilt, wenn die Erbschaft angenommen und auf das Vermächtnis verzichtet wird. 6

Liegt eine unwirksame oder bedingte Erbeinsetzung vor, hat dies grundsätzlich keine Auswirkungen auf das Vorausvermächtnis (§ 2085 BGB).[10] 7

Besonders vorteilhaft kann das Vorausvermächtnis für den Alleinerben im Falle angeordneter Testamentsvollstreckung (§§ 2203, 2213 BGB) oder Nachlassverwaltung (§§ 1975 ff. BGB) sein.[11] Im Falle angeordneter **Testamentsvollstreckung** über die Verwaltung des Nachlasses (§ 2209 BGB) kann der Erbe als Vorausvermächtnisnehmer die Überlassung des Vermächtnisgegenstandes zu seiner freien Verfügung auch außerhalb der Voraussetzungen des § 2217 Abs. 1 S. 1 BGB verlangen. Der Anspruch ergibt sich aus der Verpflichtung des Testamentsvollstreckers, seine Befugnisse zu beachten (§§ 2203, 2208 Abs. 1 S. 1 BGB), und beruht nicht auf § 2174 BGB.[12] Kommt es nicht zum Erlöschen eines Rechtsverhältnisses infolge der durch den Erbfall eingetretenen **Konfusion**, steht dem Alleinerben als Vorausvermächtnisnehmer in den Fällen der Nachlassverwaltung und der Nachlassinsolvenz (§ 1976 BGB) auch der Anspruch aus § 2174 BGB zu. Entsprechendes gilt in den Fällen der Dürftigkeitseinrede (§ 1991 Abs. 2 BGB) und des Erbschaftskaufs (§ 2377 BGB).[13] 8

2. Miterbe

a) Abgrenzung zwischen Vorausvermächtnis und Teilungsanordnung

Oft ergeben sich Abgrenzungsprobleme zwischen einem Vorausvermächtnis oder einer Teilungsanordnung (§ 2048 BGB).[14] Liegt keine eindeutige Erklärung des Erblassers vor, ist hier der Wille des Erblassers durch Auslegung zu ermitteln. Bei der **Teilungsanordnung** nimmt der Erblasser Einfluss auf die Verteilung seines Vermögens unter den Erben. Er konkretisiert letztlich den Erbteil. Soll dem Erben dagegen über einen Erbteil hinaus etwas zugewendet werden, ist **von einem** Vorausvermächtnis 9

---

7 OLG Koblenz v. 8.7.2008 – 11 U 286/08, ZErb 2008, 358–361.

8 Staudinger/*Otte*, § 2150 Rn 2.

9 BayObLG v. 12.2.1986 – BReg 1 Z 78/85, NJW-RR 1986, 629–631; vgl. dazu MüKo/*Leipold*, § 1953 Rn 6; MüKo/*Wegerhoff*, § 2352 Rn 4.

10 Staudinger/*Otte*, § 2150 Rn 2.

11 Grüneberg/*Weidlich*, § 2150 Rn 2.

12 Staudinger/*Otte*, § 2150 Rn 2.

13 Staudinger/*Otte*, § 2150 Rn 2.

14 Vgl. hierzu *Sommer*, ZEV 2004, 13, 14.

auszugehen.[15] **Ein höherer Wert des vom Erblasser zugeteilten Vermögens, der ein Auseinandersetzungsguthaben übersteigt, soll dann unter den Erben nicht ausgeglichen werden.**[16] Ist allerdings der Erklärung eine entsprechende zusätzliche Zuwendung nicht zu entnehmen, kann es sich nur um eine Teilungsanordnung handeln.[17] Die Teilungsanordnung hat dann zur Folge, dass der „überquotal" ausgestattete Miterbe den ihm nicht gebührenden Mehrwert im Rahmen der Erbauseinandersetzung auszugleichen hat.[18]

10 Liegt ein Vorausvermächtnis vor, ist der Miterbe grundsätzlich mitbeschwert (§ 2147 S. 2 BGB), sofern der Erblasser nichts anderes bestimmt hat. Der Miterbe erhält somit den vollen Wert des Vermächtnisses; er ist im Übrigen an dem entsprechend verringerten Nachlass beteiligt.[19]

Ordnet der Erblasser ein Vorausvermächtnis an, kann darin eine konkludente Erbeinsetzung liegen.[20]

11 Die Rspr. stellt in diesem Zusammenhang darauf ab, ob der Erblasser den Zuwendungsempfänger wertmäßig begünstigen wollte (Begünstigungswille).[21] Von einem solchen Begünstigungswillen des Erblassers, der zu einem Vorausvermächtnis führt und keine Teilungsanordnung darstellt, ist auszugehen, wenn der Erblasser einem von mehreren Miterben einen Vermögenswert zuweist, der bei dem Miterben zu einer höheren Bereicherung aufgrund des Erbfalls führt, als diesem seiner Erbquote nach bei der Erbauseinandersetzung zukommt.[22] Richtet sich allerdings die Erbquote nach dem Wert der Zuwendungen, ist in der Regel darin kein Vorausvermächtnis zu sehen. Dies gilt nicht, sofern einzelne Gegenstände (Schmuck, Silber, Pkw) einem Miterben zufallen sollen.[23]

Wendet der Erblasser seine gesamten Vermögensgegenstände einzeln in unterschiedlichen Werten seinen Kindern zu, ist regelmäßig von einer Erbeinsetzung nach Erbquoten und nicht der Anordnung von Vorausvermächtnissen bei gleichen Erbquoten auszugehen.[24]

12 Ein weiteres Kriterium zur **Abgrenzung** des Vorausvermächtnisses von der Teilungsanordnung sieht der BGH darin, dass der Erblasser auch einen von der Erbeinsetzung unabhängigen Grund haben kann, einem Miterben einen bestimmten Gegenstand

---

15 MüKo/*Rudy*, § 2150 Rn 5.

16 BGH v. 14.3.1984 – IVa ZR 87/82, NJW 1985, 51; BGH v. 7.12.1994 – IV ZR 281/93, NJW 1995, 721; BGH v. 28.1.1987 – IVa ZR 191/85, FamRZ 1987, 475; BGH v. 27.6.1990 – IV ZR 104/89, NJW-RR 1990, 1220–1221.

17 BGH v. 27.6.1990 – IV ZR 104/89, FamRZ 1990, 1112–1114.

18 BGH v. 6.12.1989 – IVa ZR 59/88, FamRZ 1990, 396–398.

19 MüKo/*Rudy*, § 2150 Rn 5; Grüneberg/*Weidlich*, § 2150 Rn 3.

20 OLG Schleswig v. 24.1.2013 – 3 Wx 95/12, ZEV 2013, 501–504.

21 OLG Hamm v. 16.3.2021 – I-10 U 35/20, juris; OLG München v. 9.1.2019 – 7 U 4091/17, ZEV 2019, 269–273; BGH v. 7.12.1994 – IV ZR 281/93, juris; OLG Braunschweig v. 11.11.1994 – 5 U 13/94, ZEV 1996, 69–70; BGH v. 27.6.1990 – IV ZR 104/89, NJW-RR 1990, 1220, 1221; BGH v. 6.12.1989 – IVa ZR 59/88, NJW-RR 1990, 391–393; BGH v. 23.5.1984 – IVa ZR 185/82, juris; BGH v. 23.9.1981 – IVa ZR 185/80, NJW 1982, 43–45; BGH v. 8.11.1961 – V ZR 31/60, NJW 1962, 343–345.

22 OLG Saarbrücken v. 22.6.2022 – 5 U 98/21, ZEV 2023, 94–100; BGH v. 15.10.1997 – IV ZR 327/96, ZEV 1998, 23–24; BGH v. 7.12.1994 – IV ZR 281/93, NJW 1995, 121; BGH v. 27.6.1990 – IV ZR 104/89, NJW-RR 1990, 1220–1221; BGH v. 8.11.1961 – V ZR 31/60, BGHZ 36, 115–120; MüKo/*Rudy*, § 2150 Rn 6.

23 OLG Hamm v. 11.6.2021 – I-10 W 34/20, ZEV 2022, 136–137.

24 OLG Stuttgart v. 11.6.2018 – 8 W 198/16, ErbR 2018, 73–707; OLG Düsseldorf v. 19.7.2013 – I-3 Wx 56/13, NotBZ 2013, 389–391; Müko/*Rudy*, § 2087 Rn 10.

zuzuwenden.[25] Ein solcher Grund kann darin liegen, dass für den Fall, dass der Erbe zwar sein Erbteil ausschlägt, er nach dem Willen des Erblassers dennoch zumindest den Gegenstand erhalten soll. Aus der Verknüpfung der Zuwendung (Vermächtnis) an die Erbenstellung kann nicht zwingend auf eine Teilungsanordnung geschlossen werden, da auch ein Vermächtnis an die Bedingung geknüpft sein kann, dass der Bedachte Erbe wird.[26] Die wertmäßige Begünstigung[27] stellt somit nur ein wichtiges Indiz, nicht aber eine zwingende Voraussetzung für die Auslegung einer Zuwendung als Vorausvermächtnis dar.[28]

Für ein Vermächtnis spricht, dass der Erblasser angeordnet hat, dass der Bedachte den 13
Gegenstand bereits vor der Erbauseinandersetzung erhalten soll.[29]

Räumt der Erblasser dem Bedachten ein Übernahmerecht ein, somit die Möglichkeit 14
der Entscheidung, ob er den Übernahmegegenstand erwerben will oder nicht, handelt es sich um ein Vorausvermächtnis.[30] Die Einräumung eines Übernahmerechts spricht gegen eine Teilungsanordnung, bei der der Begünstigte darauf festgelegt ist, die Erbenstellung und den Zuwendungsgegenstand zu übernehmen.[31]

Ebenfalls ist in der Verfügung, dass einzelne Kinder etwas aus dem Nachlass der Mutter vorweg erhalten sollen, um so einen Ausgleich dafür zu schaffen, dass ihre Vorempfänge in Bezug auf den Nachlass des Vaters hinter denen anderer Kinder zurückgeblieben sind, ein Vorausvermächtnis zu sehen.[32]

Auch wenn der Erblasser von „vermachen" spricht, muss nicht zwingend von einem 15
Vermächtnis bzw. Vorausvermächtnis ausgegangen werden. Laien verwenden die Begriffe „vererben" und „vermachen" synonym. Hat der Erblasser eine Erbeinsetzung nach Vermögensgruppen vorgenommen, bei der durch die Verteilung der zum Nachlass gehörenden Gegenstände die Erbquote bestimmt wird, ist nicht von einem Vorausvermächtnis, sondern einer Teilungsanordnung (§ 2048 BGB) auszugehen. Dies kann der Fall sein, wenn der Erblasser seinen Kindern ein Grundstück zu gleichen Teilen „vermacht".[33]

b) Kombination von Vorausvermächtnis und Teilungsanordnung

Nach h.M. hat der Erblasser die Freiheit, Vorausvermächtnis und Teilungsanordnung 16
zu kombinieren.[34] Dies ist bspw. der Fall, wenn der Erblasser testamentarisch einem Miterben ein Grundstück aus seinem Nachlass zuwendet mit der Bestimmung, dass dafür ein festgelegter Ausgleichsbetrag an den Miterben zu zahlen ist. Dies stellt zunächst eine Teilungsanordnung (§ 2048 S. 1 BGB) dar. Dies gilt auch, wenn in der letztwilligen Verfügung undifferenziert von Teilungsanordnung gesprochen wird.[35]

---

25 BGH v. 7.12.1994 – IV ZR 281/93, ZEV 1995, 144–145.

26 Staudinger/*Otte*, § 2150 Rn 12.

27 Vgl. hierzu Staudinger/*Otte*, § 2150 Rn 1.

28 *Skibbe*, ZEV 1995, 145.

29 Staudinger/*Otte*, § 2150 Rn 13.

30 MüKo/*Rudy*, § 2150 Rn 7; vgl. BFH v. 13.8.2008 – II R 7/07, ZEV 2008, 550–553; RG v. 21.2.1924 – IV 274/23, RGZ 108, 83–86.

31 jurisPK-BGB/*Reymann*, § 2150 Rn 37.

32 MüKo/*Rudy*, § 2150 Rn 6; RG v. 10.4.1913 – IV 647/12, RGZ 82, 149–155.

33 OLG Frankfurt v. 13.7.2011 – 1 U 43/10, juris.

34 BGH v. 27.6.1990 – IV ZR 104/89, FamRZ 1990, 1112–1114; BGH v. 28.1.1987 – IVa ZR 191/85, FamRZ 1987, 475–477; vgl. auch OLG Frankfurt v. 5.10.2007 – 3 U 272/06, NJW-RR 2008, 532–534; OLG Hamburg v. 22.12.2016 – 2 U 10/16, ZEV 2017, 458–460; OLG Saarbrücken v. 6.3.2018 – 5 W 11/18, ErbR 2018, 655–657; *Lange/Kuchinke*, ErbR, § 29 V 1d Fn 180; MüKo/*Rudy*, § 2150 Rn 8.

35 OLG Hamburg v. 22.12.2016 – 2 U 10/16, ZEV 2017, 458–460.

Führt die Ausgleichszahlung nicht zu einem vollständigen Wertausgleich, liegt insoweit ein Vorausvermächtnis i.S.d. § 2150 BGB vor.[36] Hat der Erblasser den Miterben jeweils einen bestimmten Nachlassgegenstand (Eigentumswohnungen) testamentarisch zugewendet, liegt zunächst eine Teilungsanordnung vor. Der Mehrwert des höherwertigen Gegenstandes wird als Vorausvermächtnis gewertet.[37]

17 Die Ausschlagung eines Vermächtnisses ist isoliert möglich (§§ 2176, 2180 BGB). Sie führt nur zum Verlust des Anspruchs gegen den Nachlass, soweit das Vermächtnis (Vorausvermächtnis) reicht. Hat der Erblasser eine Teilungsanordnung mit einem Vorausvermächtnis verknüpft, wird die Teilungsanordnung im Falle der Erbausschlagung gegenstandslos. Das Vorausvermächtnis, das grundsätzlich unabhängig vom Erbteil ist, bleibt jedoch bestehen (§ 2085 BGB).

c) „Überquotale" Teilungsanordnung

18 Hat der Erblasser den Erben einzelne Nachlassgegenstände zugewiesen, deren Werte aber nicht deren Erbquote am Gesamtnachlass entsprechen, stellt diese **„überquotale"** Zuweisung ein Vorausvermächtnis dar,[38] sofern und soweit feststeht, dass der Erblasser dem Begünstigten einen „Mehrwert" zukommen lassen wollte.[39] War eine über die Erbquote hinausgehende Begünstigung eines Erben von dem Erblasser nicht gewollt, spricht vieles für eine Teilungsanordnung.[40]

19 Zahlt der Miterbe, den eine **Übernahmepflicht** trifft, einen überhöhten Preis, kann dies eine Bedingung für das Vermächtnis oder Gegenstand eines Untervermächtnisses sein.[41]

3. Vorerbe

20 Der Vorerbe erhält das Vorausvermächtnis unabhängig von seinem Erbteil. Er ist daher in der Regel von den Beschränkungen der Nacherbfolge (§ 2110 Abs. 2 BGB) und den Verfügungsbeschränkungen des § 2113 BGB befreit. Im Zweifel soll es nicht der Nacherbschaft unterliegen.[42] Der Erblasser kann eine anderweitige Regelung treffen. Er kann daher den Nacherben als Nachvermächtnisnehmer (§ 2191 BGB) oder als Ersatzvermächtnisnehmer (§ 2190 BGB) berufen.[43] Sofern und soweit das Vorausvermächtnis bei dem Vorerben verbleibt, scheidet es aus der Vorerbmasse aus.[44] Im **Erbschein** (§ 352b FamFG) ist wegen der dinglichen Wirkung der gegenständlich beschränkten Vollerbschaft festzuhalten, dass das Vorausvermächtnis nicht von der Nacherbschaft umfasst wird. Ansonsten bleibt es bei dem Grundsatz, dass Vermächtnisse im Erbschein nicht anzugeben sind.[45] Handelt es sich bei dem Vorausvermächtnis um ein Grundstück, ist im Grundbuch kein Nacherbenvermerk einzutragen. Ein solcher Eintrag wäre unzulässig.[46] Es ist nicht zwingend von einem Vorausvermächtnis

---

36 LG Karlsruhe v. 7.10.2005 – 3 O 205/04, FamRZ 2006, 447.

37 OLG Hamburg v. 22.12.2016 – 2 U 10/16, ZEV 2017, 458–460.

38 *Siegmann*, ZEV 1996, 47.

39 BGH v. 27.6.1990 – IV ZR 104/89, FamRZ 1990, 1112–1114; BGH v. 27.6.1990 – IV ZR 104/89, juris; BayObLG v. 29.11.1991 – BReg 1 Z 26/91, FamRZ 1992, 862–865; BGH v. 7.12.1994 – IV ZR 281/93, ZEV 1995, 144–145; BGH v. 15.10.1997 – IV ZR 327/96, ZEV 1998, 23–24; OLG München v. 21.5.2007 – 31 Wx 120/06, ZEV 2007, 383–385; OLG Saarbrücken v. 22.6.2022 – 5 U 98/21, ZEV 2023, 94–100.

40 BGH v. 7.12.1994 – IV ZR 281/93, ZEV 1995, 144–145.

41 MüKo/*Rudy*, § 2150 Rn 7; Staudinger/*Otte*, § 2174 Rn 12.

42 OLG Brandenburg v. 2.11.2023 – 3 W 117/22, ErbR 2024, 127–129; MüKo/*Rudy*, § 2150 Rn 4.

43 MüKo/*Rudy*, § 2150 Rn 4.

44 BGH v. 10.2.1960 – V ZR 39/58, NJW 1960, 959–962.

45 Staudinger/*Otte*, § 2150 Rn 4.

46 Staudinger/*Otte*, § 2150 Rn 4 m.w.N.

auszugehen, wenn der Erblasser im Testament dem Vorerben ausdrücklich einzelne Gegenstände zuweist. Grund für die Benennung der einzelnen Gegenstände kann deren besondere Bedeutung in Bezug auf den Nachlass sein. Hat der Erblasser bestimmt, der Vorerbe könne über ein ererbtes Haus frei verfügen, muss es sich hierbei nicht um ein Vorausvermächtnis handeln, wenn der Erblasser im Testament in Bezug auf unbebaute Nachlassgrundstücke Verfügungsbeschränkungen angeordnet hat.[47] Hat der Erblasser bestimmt, dass der Bedachte frei über das bewegliche Vermögen verfügen soll und hinsichtlich des unbeweglichen Vermögens die Stellung eines von den Beschränkungen des Gesetzes befreiten Vorerben erhält, kann die Anordnung von Vor- und Nacherbschaft vorliegen, in deren Rahmen das bewegliche Vermögen dann aber ein Vorausvermächtnis darstellt.[48]

C. Rechtsfolgen

Bei Vorliegen eines Vorausvermächtnisses wird der gesamte Nachlass belastet. Der Anspruch besteht gegen die Erbengemeinschaft. Dabei ist der Bedachte selbst mit- oder ausschließlich beschwert. Er hat insoweit eine Doppelstellung inne. Da jedoch niemand sein eigener Schuldner sein kann und das Vorausvermächtnis als Vermächtnis „gilt", ist das Vermächtnis als solches zu behandeln.[49] 21

Das Vorausvermächtnis ist vorab von dem zu verteilenden Nachlass abzuziehen. Es wird somit ungekürzt gewährt. Dies führt zu einer Minderung des zu verteilenden Nachlasses, wodurch der Vorausvermächtnisnehmer mitbeschwert wird, sofern der Erblasser nichts anderes bestimmt hat (§ 2147 S. 2 BGB). Den schuldrechtlichen Anspruch gegen die Erbengemeinschaft aus einem Vorausvermächtnis kann der Miterbe so grundsätzlich schon vor Auseinandersetzung des Nachlasses geltend machen.[50] 22

> **Beispiel**
> A erhielt ein Vorausvermächtnis von 5.000 EUR und wurde neben B und C zu 1/3 Miterbe bei einem Nachlasswert von 20.000 EUR. A erhält vorab das Vermächtnis von 5.000 EUR und dann nur noch ein Drittel aus dem auf 15.000 EUR verringerten Nachlass, somit insgesamt 10.000 EUR.[51]

In den Fällen, in denen es auf die **Ermittlung** der **Erbquote** ankommt – bspw. §§ 2052, 2059 Abs. 1 S. 2, 2060, 2148 BGB – bleibt das Vorausvermächtnis außer Betracht.[52] Soweit ausnahmsweise die Befriedigung des Vermächtnisses auch zum Nachteil von Nachlassgläubigern vorgenommen werden kann, die im Fall der Nachlassinsolvenz einem Vermächtnisnehmer im Rang vorgehen würden (§§ 1973 Abs. 2 S. 2, 1974 Abs. 2, 1979 BGB), gilt dies auch in Bezug auf das einem Miterben zugewendete Vorausvermächtnis.[53] Da der Alleinerbe jedoch keinen Vermächtnisanspruch aus § 2174 BGB hat und eine in den §§ 1973 Abs. 2 S. 2, 1974 Abs. 2, 1979 BGB vorausgesetzte „Berichtigung der Verbindlichkeiten" nicht vorliegt, kann sich der Alleinerbe den Nachlassgläubigern gegenüber nicht auf sein Vorausvermächtnis berufen.[54] 23

Den Vorausvermächtnisnehmer trifft die Verpflichtung beim Vollzug des Vorausvermächtnisses zu seinen Gunsten, den Regeln der dinglichen Übertragung folgend, so- 24

47 OLG München v. 16.4.2007 – 31 Wx 109/06, juris.
48 OLG Düsseldorf v. 20.9.2017 – 3 Wx 78/16, ErbR 2018, 48–50; OLG Hamburg v. 6.10.2015 – 2 W 69/15, ZEV 2016, 384–387.
49 Staudinger/*Otte*, § 2150 Rn 8; Grüneberg/*Weidlich*, § 2150 Rn 2.
50 OLG Saarbrücken ZEV 2007, 579.
51 Grüneberg/*Weidlich*, § 2150 Rn 3.
52 Staudinger/*Otte*, § 2150 Rn 11.
53 Staudinger/*Otte*, § 2150 Rn 11.
54 Vgl. hierzu Staudinger/*Otte*, § 2150 Rn 11.

wohl auf der übertragenden Seite als auch auf der Erwerberseite mitzuwirken. Der Anspruch ergibt sich aus den §§ 2038 Abs. 1 S. 2 Hs. 1, 2046 Abs. 1 S. 1 BGB.[55] Die Berichtigung von Nachlassverbindlichkeiten ist grundsätzlich eine Maßnahme der ordnungsgemäßen Verwaltung des Nachlasses. Hieran hat jeder Miterbe mitzuwirken. Wurde ein Vorausvermächtnis zugewandt, erfordert die Erfüllung dieses Vermächtnisses die dingliche Übertragung.[56] Bei Gesellschaftsanteilen erfolgt die dingliche Übertragung nach §§ 413, 398 BGB. Erst ab dem Zeitpunkt der wirksamen Übertragung rückt der Vermächtnisnehmer in die Rechtsstellung des früheren Gesellschafters ein.[57]

D. Verfahrensfragen und Prozesstaktik

I. Gesamthandsklage

25 Der Vorausvermächtnisnehmer kann bereits aus dem **ungeteilten Nachlass** Erfüllung des Vorausvermächtnisses verlangen (§ 2176 BGB).[58] Solange der Vorausvermächtnisanspruch nicht erfüllt ist, gehört das im Wege eines Vermächtnisses Zugewendete zum Nachlass. Der Nachlass unterliegt jedoch einer gesamthänderischen Bindung, sodass nur alle gemeinschaftlich darüber verfügen können (§ 2040 Abs. 1 S. 1 BGB).

26 Da es sich bei dem Vorausvermächtnis um eine Nachlassverbindlichkeit nach § 1967 BGB handelt, ist diese sofort fällig (§ 271 BGB). Nachlassverbindlichkeiten sind nach § 2046 BGB dann vor der Erbteilung zu erfüllen.

27 Die gerichtliche Durchsetzung des Anspruchs erfolgt gegenüber den Miterben durch die Gesamthandsklage gem. §§ 2058, 2059 Abs. 2 BGB.[59]

28 Mit der Auseinandersetzung der Erbengemeinschaft (§§ 2032, 2042 BGB) entfällt die gesamthänderische Bindung (§ 2040 BGB). Dies ändert jedoch nichts an der gesamtschuldnerischen Haftung, die auch nach der Teilung des Nachlasses grundsätzlich weiterbesteht (§§ 2058 ff. BGB);[60] der Vermächtnisnehmer kann seine Klage so gegen den einzelnen Miterben richten.

29 **Beschwert** das Vorausvermächtnis jedoch nicht alle Miterben, scheidet die Möglichkeit aus, Befriedigung aus dem ungeteilten Nachlass zu suchen.[61]

30 Die sachliche Zuständigkeit des LG ergibt sich aus den §§ 23, 71 GVG. Hinsichtlich der örtlichen Zuständigkeit ist der besondere Gerichtsstand der Erbschaft (§ 27 ZPO) neben dem allg. Gerichtsstand zu beachten.

II. Feststellungsklage

31 Ist zwischen den Parteien streitig, ob ein Vorausvermächtnis vorliegt oder eine Teilungsanordnung bzw. überquotale Teilungsanordnung besteht, kann diese Frage durch die Feststellungsklage geklärt werden.

32 Eine Klage auf umfassende Auseinandersetzung des Nachlasses mit zahlreichen Streitpunkten kann in der Praxis der Instanzgerichte erhebliche Schwierigkeiten bereiten. Diesen Schwierigkeiten kann mit den Mitteln des Prozessrechts entgegengewirkt werden. Es ist daher anerkannt, dass ein Miterbe zum Zwecke der Auseinandersetzung eine Klage auf Feststellung einzelner Streitpunkte erheben kann, wenn eine solche Feststellung der Klärung der für die Auseinandersetzung maßgebenden Grundlagen

55 OLG Saarbrücken ZEV 2007, 579.

56 Grüneberg/*Weidlich*, § 2174 Rn 4.

57 OLG Frankfurt FamRZ 2012, 1676–1678.

58 OLG Koblenz v. 11.3.2021 – 12 U 1634/20, ZEV 2021, 789–790.

59 BGH v. 10.2.1988 – IVa ZR 227/86, NJW-RR 1988, 710–711; OLG München v. 12.6.2019 – 21 U 1295/18, juris; MüKo/*Rudy*, § 2150 Rn 11; vgl. aber auch Staudinger/*Otte*, § 2150 Rn 10.

60 BGH v. 15.10.1997 – IV ZR 327/96, ZEV 1998, 23–24; BayObLG v. 21.1.1999 – 1Z AR 120/98, FamRZ 1999, 1175–1176.

61 MüKo/*Fest*, § 2058 Rn 17.

dient.[62] Erhebt ein Miterbe zum Zwecke der Auseinandersetzung Klage auf Feststellung einzelner Streitpunkte und dient eine solche Feststellung einer sinnvollen Klärung der Grundlagen der Erbauseinandersetzung, dann ist die Klage zulässig.[63]

§ 2151 Bestimmungsrecht des Beschwerten oder eines Dritten bei mehreren Bedachten

(1) Der Erblasser kann mehrere mit einem Vermächtnis in der Weise bedenken, dass der Beschwerte oder ein Dritter zu bestimmen hat, wer von den mehreren das Vermächtnis erhalten soll.
(2) Die Bestimmung des Beschwerten erfolgt durch Erklärung gegenüber demjenigen, welcher das Vermächtnis erhalten soll; die Bestimmung des Dritten erfolgt durch Erklärung gegenüber dem Beschwerten.
(3) [1]Kann der Beschwerte oder der Dritte die Bestimmung nicht treffen, so sind die Bedachten Gesamtgläubiger. [2]Das Gleiche gilt, wenn das Nachlassgericht dem Beschwerten oder dem Dritten auf Antrag eines der Beteiligten eine Frist zur Abgabe der Erklärung bestimmt hat und die Frist verstrichen ist, sofern nicht vorher die Erklärung erfolgt. [3]Der Bedachte, der das Vermächtnis erhält, ist im Zweifel nicht zur Teilung verpflichtet.

Literatur

Graf, Möglichkeiten der Haftungsbeschränkung für Nachlassverbindlichkeiten, ZEV 2000, 125; *Helms*, Erbrechtliches Drittbestimmungsverbot und kautelarjuristische Praxis, ZEV 2007, 1; *Hölscher*, Das aufschiebend bedingte Universalherausgabevermächtnis, ZEV 2009, 213; *Jünemann*, Die Rechtsposition des Bestimmungsvermächtnisnehmers, ZEV 2011, 163; *Keim*, „Super" oder „(super) falsch"? – Das „Supervermächtnis" zur Erbschaftsteuerersparnis beim Berliner Testament, ZEV 2016, 6; *Kemper*, FamFG, FGG, ZPO, 2. Aufl. 2009; *Loritz*, Teilungsanordnung oder Vorausvermächtnis, NJW 1988, 2697; *Mayer*, Der superbefreite Vorerbe? – Möglichkeiten und Grenzen der Befreiung des Vorerben, ZEV 2000, 1; *ders.*, Die Bestimmung des Erben durch Dritte, ZEV 1995, 247; *Roth*, Praxisfragen zum Bestimmungsvermächtnis, NJW-Spezial 2021, 39; *Schlitt*, Das Universalvermächtnis, ZErb 2006, 226.

Übersicht: Rdn

62 OLG Düsseldorf v. 19.4.1996 – 7 U 96/95, ZEV 1996, 395–396.
63 BGH v. 27.6.1990 – IV ZR 104/89, BGH NJW-RR 1990, 1220–1221 (Abgrenzung Vorausvermächtnis oder Teilungsanordung); OLG Düsseldorf v. 19.4.1996 – 7 U 96/95, ZEV 1996, 395–396.

A. Allgemeines

I. Sinn und Zweck der Vorschrift

1 Die Vorschrift des § 2151 BGB hilft, wegen der restriktiven Auslegung des § 2065 Abs. 2 BGB, bei der Zuwendung wirtschaftlicher oder ideeller Werte von Todes wegen eine Drittbestimmung zu ermöglichen und so unmittelbar der gewünschten und geeigneten Person zuzuwenden (Bestimmungsvermächtnis). Besonders hilfreich ist die Bestimmung bei der Gestaltung sog. vorzeitiger Unternehmertestamente.

II. Systematische Einordnung

2 Nach § 2065 Abs. 2 BGB kann der Erblasser die Bestimmung der Person, die eine Zuwendung erhalten soll, nicht einem anderen überlassen.

3 Zu diesem Grundsatz stellt § 2151 BGB eine **Ausnahmeregelung** dar. Sie eröffnet dem Erblasser die Möglichkeit, die Auswahl unter mehreren Bedachten sowohl dem Beschwerten als auch einem **Dritten zu überlassen.**[1]

4 Die Bestimmung des Vermächtnisnehmers nach § 2151 BGB kann mit einer Anordnung nach § 2153 BGB (Bestimmung der Anteile) und nach den §§ 2154–2156 BGB (Wahlvermächtnis, Gattungsvermächtnis, Zweckvermächtnis) verbunden werden. Darüber hinaus ist eine Bestimmung nach § 2151 BGB von § 2064 BGB (Persönliche Errichtung des Testaments – keine testamentarische Bevollmächtigung) abzugrenzen.

5 Umfasst die Vermächtnisanordnung des Erblassers das ganze oder nahezu das ganze Vermögen, stellt eine derartige Vermächtnisanordnung keine Umgehung des § 2065 Abs. 2 BGB dar. Insoweit spricht man von einem „Universalvermächtnis". Das Institut des Universalvermächtnisses ist anerkannt.[2] Die Rechtsfolgen des Vermächtnisses bleiben in jedem Fall hinter denen einer Erbeinsetzung zurück. Im Übrigen sind keine nachvollziehbaren Kriterien erkennbar, nach denen ab einem bestimmten Umfang der vermächtnisweisen Zuwendung die Bestimmung des Vermächtnisnehmers durch einen Dritten unzulässig sein sollte.[3] Das Universalvermächtnis stellt so auch keine Umgehung des § 2065 Abs. 2 BGB dar.[4]

B. Tatbestand und Rechtsfolgen

I. Personenkreis der Vermächtnisnehmer

1. Bestimmbarkeit

6 Für die Bestimmbarkeit genügt es, wenn der Erblasser den **Personenkreis** der Vermächtnisnehmer allg. bestimmt hat und die endgültige Auswahl dem Beschwerten oder einem Dritten überlässt. Der Personenkreis muss dabei allerdings auch hinreichend genau bestimmt sein.[5] Das RG setzte das „Vorhandensein eines beschränkten, leicht überschaubaren Personenkreises" voraus.[6] So wurde ein Vermächtnis „an verschiedene Vereine und wohltätige oder gemeinnützige Anstalten sowie bedürftige Personen" in eine Auflage umgedeutet.[7] Eine **Umdeutung** (§ 140 BGB) in eine Auflage ist jedoch immer dann ausgeschlossen, wenn auch der von dem Erblasser verfolgte Zweck nicht erkennbar ist.[8] Zu dem Kreis der Bedachten können auch die Erben oder

---

1 Staudinger/*Otte*, § 2151 Rn 2; *Mayer*, ZEV 1995, 247, Grüneberg/*Weidlich*, § 2151 Rn 1.

2 Grüneberg/*Weidlich*, § 2151 Rn 1; jurisPK-BGB/*Reymann*, § 2151 BGB Rn 39; NK-BGB/*Horn*, § 2151 Rn 2; *Muscheler*, Erbrecht, Bd. 1, Rn 779; *Helms*, ZEV 2007, 1–6.

3 Staudinger/*Otte*, § 2151 Rn 2 m.w.N.; MüKo/*Rudy*, § 2151 Rn 8; *Firsching/Graf*, Nachlassrecht 2014, Rn 1.326; *Mayer*, ZEV 1995, 248.

4 jurisPK-BGB/*Reymann*, § 2151 BGB Rn 40; *Schlitt*, ZErb 2006, 226, 227.

5 Vgl. Bsp. bei *Lange/Kuchinke*, § 29 III 2 b.

6 RG v. 13.5.1919 – VII 89/19, RGZ 96, 15–20.

7 RG v. 13.5.1919 – VII 89/19, RGZ 96, 15–20.

8 MüKo/*Rudy*, § 2193 Rn 2.

der Beschwerte und sogar der Bestimmungsberechtigte gehören, wenn ein entsprechender Wille des Erblassers einwandfrei festzustellen ist.[9] Änderungen im Personenkreis der Vermächtnisnehmer sind grundsätzlich ohne Bedeutung, wenn der potenzielle Vermächtnisnehmer nach dem Erbfall als solcher ausfällt. In diesem Fall kann er gleichwohl ausgewählt werden mit der Folge, dass seinen Erben das Vermächtnis zusteht.[10] Durch einen Erbfall kann es zu einer Erweiterung des Personenkreises kommen: bspw., wenn unter den Nichten und Neffen des Erblassers die Auswahl zu erfolgen hat und ein Kind in diesen Kreis hineingeboren wird. Dies gilt nicht, wenn der Erblasser nur die ihm bekannten Kinder gemeint hat.

Entfällt der potenziell Bedachte vor dem Erbfall, kommt er aufgrund entsprechender 7 Anwendung des § 2160 BGB für die Auswahl nicht mehr in Betracht. Insbesondere treten auch nicht seine Erben an seine Stelle. Nicht ausgeschlossen ist jedoch eine Ersatzberufung, bspw. nach § 2069 BGB (Abkömmlinge des Erblassers). Grundsätzlich sind insoweit die §§ 2066–2071 BGB zu beachten.

2. Fehlende Bestimmbarkeit

Ist die Bestimmbarkeit des in Betracht kommenden Personenkreises nicht möglich, ist 8 die Verfügung insgesamt unwirksam.[11] Sie kann möglicherweise als Auflage Bestand haben.[12] Bei der Auflage kann der Erblasser, sofern er den Zweck bestimmt hat (§ 2193 Abs. 1 BGB), auf Angaben zum begünstigten Personenkreis gänzlich verzichten.

Als zu unbestimmt ist eine Formulierung des Erblassers anzusehen, nach der 9

- 33 % der Gewinnausschüttung des Unternehmens als Hilfe für Israel („möglichst Holocaustgeschädigte oder Sozialschwache, die nach Israel heimkehren") zu verwenden sind;[13]
- die Einwohner einer bestimmten Stadt oder die Bürger der Bundesrepublik Deutschland bedacht sein sollen.[14]

II. Bestimmung des Bedachten

1. Bestimmungsberechtigter

Sofern der Bestimmungsberechtigte, der den Vermächtnisnehmer bestimmen soll, von 10 dem Erblasser nicht eindeutig bestimmt ist, in dem Testament aber geregelt ist, dass unter Mehreren nur der eine oder der andere Vermächtnisnehmer sein soll, bestimmt § 2152 BGB, dass im Zweifel der Beschwerte das Bestimmungsrecht ausüben soll.

Das **Bestimmungsrecht** kann jedem Dritten übertragen sein.[15] Als Dritter kommt 11 bspw. der Testamentsvollstrecker oder der letztversterbende Ehegatte in Betracht. Das Bestimmungsrecht kann auch mehreren Dritten zugewiesen werden. Hat die Bestimmung durch mehrere Dritte zu erfolgen, so ist im Zweifel Übereinstimmung aller erforderlich (§ 317 Abs. 2 BGB, Bestimmung der Leistung durch einen Dritten). Sofern es sich bei dem Dritten um einen Testamentsvollstrecker handelt, gilt § 2224 BGB (mehrere Testamentsvollstrecker). In analoger Anwendung des § 165 BGB ist auch eine beschränkte Geschäftsfähigkeit des Bestimmungsberechtigten ausreichend.[16]

---

9 Grüneberg/*Weidlich*, § 2151 Rn 2.
10 MüKo/*Rudy*, § 2151 Rn 4.
11 MüKo/*Rudy*, § 2151, Rn 6.
12 Grüneberg/*Weidlich*, § 2151 Rn 1; *Muscheler*, ZEV 2014, 573, 575 f.; MüKo/*Rudy*, § 2151 Rn 6; BayObLG NJW-RR 1999, 946.
13 OLG Celle v. 20.11.2007 – 6 U 79/07, ErbR 2009, 194.
14 jurisPK-BGB/*Reymann*, § 2151 Rn 12.
15 BayObLG NJW-RR 1998, 727; BayObLG ZEV 1998, 385.
16 jurisPK-BGB/*Reymann*, § 2151 BGB Rn 20.

Das Bestimmungsrecht selbst ist grundsätzlich nicht vererblich und übertragbar.[17] Sofern der Erblasser nicht bestimmt hat, wem bei Wegfall des Bestimmungsberechtigten das Bestimmungsrecht zustehen soll (Ersatzbestimmungsberechtigter), erlischt es. Hat der Erblasser jedoch keinen Bestimmungsberechtigten benannt, steht dem Beschwerten das Bestimmungsrecht zu (§ 2152 BGB analog).

2. Bestimmung

12 Die Bestimmungserklärung kann als formlose, einseitige und unwiderrufliche Willenserklärung abgegeben werden. Steht dem Beschwerten das Bestimmungsrecht zu, ist Erklärungsgegner der, der das Vermächtnis erhalten soll. Erfolgt die Bestimmung durch den Dritten, ist die Erklärung gegenüber dem Beschwerten abzugeben (Abs. 2). Die Bestimmungserklärung kann auch durch eine Verfügung von Todes wegen durch den Bestimmungsberechtigten erfolgen (h.M.).[18] Sofern der Beschwerte zum Personenkreis der Begünstigten gehört, ist auch sein nach außen erkennbarer Wille seiner Bestimmung erforderlich. Die Bestimmungserklärung ist zwar unwiderruflich, muss aber gegebenenfalls neu getroffen werden, wenn bspw. der Ausgewählte das Vermächtnis ablehnt. Die Ausübung des Bestimmungsrechts ist als Willenserklärung anfechtbar. Ein **Irrtum** über die Eignung der ausgewählten Personen stellt dabei jedoch einen unbeachtlichen Motivirrtum dar.[19] Schlägt die ausgewählte Person das ihr zugewendete Vermächtnis aus, wird die Bestimmung unwirksam (§§ 2180 Abs. 3, 1953 Abs. 1 BGB). Es wird sodann eine neue Bestimmung des Bedachten erforderlich.

3. Fehlende Bestimmung

13 Kann der Bestimmungsberechtigte bspw. wegen seines Todes oder seiner Geschäftsunfähigkeit die Auswahl nicht mehr treffen, erlischt das Bestimmungsrecht vorbehaltlich einer Regelung durch den Erblasser.[20] Unabhängig davon kann der Bestimmungsberechtigte die Auswahl unterlassen, obwohl er hierzu in der Lage wäre. Der Bestimmungsberechtigte kann nicht auf Vornahme einer Erklärung verklagt werden. Ihm kann jedoch durch das Nachlassgericht eine Frist zu Auswahl gesetzt werden (Abs. 3).[21] Die **Frist** kann von dem Nachlassgericht gesetzt werden, ohne über die zwischen den Beteiligten str. Wirksamkeit des zugrunde liegenden Testaments zu befinden.[22] Antragsberechtigt sind alle potenziellen Vermächtnisnehmer und der Beschwerte.[23] Die Frist beginnt mit der Bekanntgabe des Fristsetzungsbeschlusses durch das Nachlassgericht zu laufen.[24]

14 Ist dem Beschwerten oder bestimmungsberechtigten Dritten eine Bestimmung unmöglich, entfällt das Bestimmungsrecht (§ 2151 Abs. 3 S. 1 BGB). Im Falle des Versäumnisses der durch das Nachlassgericht gesetzten Frist (§ 2151 Abs. 3 S. 2 BGB) erlischt ebenfalls das Bestimmungsrecht. Die Bedachten werden endgültig Gesamtgläubiger (§ 428 BGB). Dies führt dazu, dass der Beschwerte, auf den das Auswahlrecht übergegangen ist, mit befreiender Wirkung an einen der Vermächtnisnehmer leisten kann (§ 428 Abs. 1 BGB). Eine Pflicht zur Teilung trifft den Bedachten gem. § 2151 Abs. 3 S. 3 im Gegensatz zu § 430 BGB nicht.

---

17 Grüneberg/*Weidlich*, § 2151 Rn 2.

18 NK-BGB/*Horn*, § 2151 Rn 9; MüKo/*Rudy*, § 2151 Rn 11; *Hölscher*, ZEV 2009, 213, 217.

19 Grüneberg/*Weidlich*, § 2151 Rn 3.

20 NK-BGB/*Horn*, § 2151 Rn 12; MüKo/*Rudy*, § 2151 Rn 13.

21 Siehe Rdn 16.

22 OLG Düsseldorf v. 19.7.2017 – 3 Wx 265/16, ZEV 2018, 33–35; OLG Stuttgart v. 27.2.1996 – 8 W 397/95, ZEV 1996, 475.

23 jurisPK-BGB/*Reymann*, § 2151 Rn 23.

24 OLG Düsseldorf v. 19.7.2017 – 3 Wx 265/16, ZEV 2018, 33–35.

C. Verfahrensfragen und Prozesstaktik

I. Rechtsmittel gegen die Entscheidung des Bestimmungsberechtigten

Wurde der Vermächtnisnehmer durch den Beschwerten oder den Dritten bestimmt, 15
fühlen sich unter Umständen die nicht berücksichtigten potenziellen Vermächtnisnehmer zurückgesetzt und streben eine gerichtliche Entscheidung hinsichtlich der **Auswahl** des **Vermächtnisnehmers** an. Eine gerichtliche Überprüfung der Auswahl des Vermächtnisnehmers ist jedoch nur sehr eingeschränkt möglich.[25] Eine entsprechende Anwendung der §§ 319, 2156 BGB würde zu einer Bestimmung des Vermächtnisnehmers durch Urteil führen. Die gerichtliche Nachprüfung hat sich daher auf die Frage zu beschränken, ob eine wirksame Bestimmungserklärung vorliegt. D.h., der Bestimmungsberechtigte muss handlungsfähig sein und die Auswahl aus dem begünstigten Personenkreis getroffen haben, ohne dabei sittenwidrig oder arglistig zu handeln.[26] Sofern der Erblasser Auswahlrichtlinien vorgegeben hat, kann das Gericht überprüfen, ob diese offensichtlich missachtet wurden; eine Überprüfung im Hinblick auf die Billigkeit der Entscheidung findet nicht statt.[27] In keinem Fall ist das Gericht aber befugt, die Entscheidung des Bestimmungsberechtigten zu ersetzen (vgl. § 2151 Abs. 3 BGB).

II. Zuständigkeit des Nachlassgerichts zur Fristsetzung und Rechtsmittel

Für die Fristsetzung ist das sachlich und örtlich zuständige Amtsgericht am Wohnsitz 16
des Erblassers zuständig. In funktionaler Hinsicht ist der Rechtspfleger nach § 3 Nr. 2c RPflG i.V.m. § 342 Abs. 1 Nr. 9 FamFG zuständig. Bei der Fristsetzung handelt es sich um eine sonstige den Nachlassgerichten durch Gesetz zugewiesene Aufgabe i.S.d. § 342 FamFG.[28] Rechtsmittel gegen Entscheidungen des Nachlassgerichts sind die befristete Beschwerde nach § 11 Abs. 1 RPflG, §§ 58 ff. FamFG und die Rechtsbeschwerde (§ 133 GVG), sofern diese vom Beschwerdegericht zugelassen wurde (§§ 70 ff. FamFG). Das Recht zur Stellung eines **Antrags** auf Fristbestimmung steht allen Beteiligten zu (§ 345 FamFG). Beteiligte sind dabei alle, die nach der Verfügung des Erblassers als Vermächtnisnehmer bestimmt werden könnten; erfolgt die Bestimmung durch einen Dritten, ist auch der durch das Vermächtnis Beschwerte Beteiligter.

III. Beweisfragen

Derjenige, der aufgrund einer Bestimmungserklärung auf Erfüllung des Vermächtnis- 17
ses klagt, muss darlegen und beweisen, dass er zum Vermächtnisnehmer berufen ist.[29]

Im Fall des klagenden Gesamtgläubigers (Abs. 3) hat dieser darzulegen und zu bewei- 18
sen, dass der Bestimmungsberechtigte die Bestimmung nicht mehr treffen kann.[30]

Beruft sich ein Gesamtgläubiger auf den fruchtlosen Ablauf einer vom Nachlassgericht 19
gesetzten Frist (Abs. 3 S. 2), hat er darzulegen und zu beweisen, dass das Nachlassgericht eine Frist gesetzt hat und wann diese zu laufen begann. Derjenige, der sich auf die Benennung eines anderen Vermächtnisnehmers innerhalb der Frist beruft, hat hierfür den Beweis zu erbringen.[31]

25 MüKo/*Rudy*, § 2151 Rn 12.
26 MüKo/*Rudy*, § 2151 Rn 12.
27 NK-BGB/*Horn*, § 2151 Rn 10; MüKo/*Rudy*, § 2151 Rn 12; Grüneberg/*Weidlich*, § 2151 Rn 3.
28 BT-Drucks 16/6308, 622.
29 NK-BGB/*Horn*, § 2151 Rn 16; jurisPK-BGB/*Reymann*, § 2151 Rn 37.
30 NK-BGB/*Horn*, § 2151 Rn 16; jurisPK-BGB/*Reymann*, § 2151 BGB Rn 37.
31 NK-BGB/*Horn*, § 2151 Rn 16; jurisPK-BGB/*Reymann*, § 2151 BGB Rn 37.

§ 2152 Wahlweise Bedachte

Hat der Erblasser mehrere mit einem Vermächtnis in der Weise bedacht, dass nur der eine oder der andere das Vermächtnis erhalten soll, so ist anzunehmen, dass der Beschwerte bestimmen soll, wer von ihnen das Vermächtnis erhält.

1 Bei der Vorschrift des § 2152 BGB handelt es sich um das sog. Personenwahlvermächtnis.[1] Sie betrifft den Fall, dass der Erblasser **mehrere** Personen **alternativ** mit einem Vermächtnis bedacht hat und keine Bestimmung traf, welche der genannten Alternative gewollt ist. Auch wenn der Gesetzestext „von der einen oder der anderen" Person spricht, können auch mehr als zwei Personen (Alternativen) zur Wahl stehen. Die Grenzen zwischen dieser Vorschrift und § 2151 BGB sind fließend. Bei § 2151 Abs. 1 BGB heißt es. „die Vereinsmitglieder des X-Vereins" (Gattungsmerkmalen) und bei § 2152 BGB „meine Tochter A oder S" (Individualisierung).[2]

2 Im **Zweifel** liegt das Bestimmungsrecht dafür, wer das Vermächtnis erhalten soll, bei dem Beschwerten als Vermächtnisschuldner. Sind mehrere beschwert, können sie das Bestimmungsrecht nur gemeinschaftlich ausüben. Unterbleibt eine Bestimmung, gilt § 2151 Abs. 2 und 3 BGB.[3] Da es sich bei der Norm um eine Auslegungsregel handelt, kann der Erblasser einen anderen Bestimmungsberechtigten benennen.[4] Sind mehrere bestimmungsberechtigt haben diese im Zweifelsfall die Auswahl gemeinsam und übereinstimmend zu treffen.[5]

Die Beweislast für einen abweichenden Erblasserwillen trägt derjenige, der eine von § 2152 BGB abweichende Auslegung behauptet.[6] Kommt § 2151 Abs. 3 BGB zur Anmeldung hat der klagende Gesamtgläubiger darzulegen und zu beweisen, dass der Bestimmungsberechtigten will Bestimmung infolge von Tod oder Geschäftsunfähigkeit nicht mehr treffen kann.[7] Der Gesamtgläubiger muss gegebenenfalls auch darlegen und beweisen, dass das Nachlassgericht eine Frist gesetzt hat und wann diese zu laufen begann. Derjenige, der sich auf die Benennung eines anderen Vermächtnisnehmers innerhalb der Frist beruft, ist dafür beweispflichtig.[8]

§ 2153 Bestimmung der Anteile

(1) [1]Der Erblasser kann mehrere mit einem Vermächtnis in der Weise bedenken, dass der Beschwerte oder ein Dritter zu bestimmen hat, was jeder von dem vermachten Gegenstand erhalten soll. [2]Die Bestimmung erfolgt nach § 2151 Abs. 2.
(2) [1]Kann der Beschwerte oder der Dritte die Bestimmung nicht treffen, so sind die Bedachten zu gleichen Teilen berechtigt. [2]Die Vorschrift des § 2151 Abs. 3 Satz 2 findet entsprechende Anwendung.

Literatur

Ebeling, Korrekturvermächtnis im Berliner Testament durch deren erbschaftsteuerliche Folge, ZEV 2000, 87; *Mayer*, Der superbefreite Vorerbe? – Möglichkeiten und Grenzen der Befreiung des Vorerben,

1 *Lange/Kuchinke*, Erbrecht, § 29 III b beta.
2 JurisPK-BGB/*Reymann*, § 2152 Rn 2; NK-BGB/*Horn*, § 2152 Rn 1.
3 MüKo/*Rudy*, § 2152 Rn 1.
4 JurisPK-BGB/*Reymann*, § 2152 Rn 5; NK-BGB/*Horn*, § 2152 Rn 2.
5 NK-BGB/*Horn*, § 2152 Rn 2.
6 JurisPK-BGB/*Reymann*, § 2152 Rn 8.
7 NK-BGB/*Horn*, § 2153 Rn 16.
8 NK-BGB/*Horn*, § 2152 Rn 16; jurisPK-BGB/*Reymann*, § 2151 Rn 37.

ZEV 2000, 1; *Piltz*, Steuerrechtliche Flexibilität nach dem Tode durch offene Vermächtnisse, ZEV 2005, 469.

Übersicht Rdn

A. Allgemeines

I. Sinn und Zweck der Vorschrift

1 Nach § 2153 BGB hat der Erblasser die Möglichkeit anzuordnen, dass bei der Aufteilung eines Gegenstandes unter mehreren Vermächtnisnehmern der Beschwerte oder ein Dritter zu bestimmen hat, welchen Anteil jeder von dem vermachten Gegenstand erhalten soll. Die Vorschrift beinhaltet eine Lockerung des § 2065 Abs. 2 BGB.

II. Systematische Einordnung

2 § 2153 BGB befasst sich mit der konkreten Aufteilung eines Gegenstandes unter mehreren, die als Vermächtnisnehmer feststehen. Im Gegensatz hierzu regeln die §§ 2151, 2152 BGB die Zuweisung an eine Person unter mehreren. § 2153 BGB ist auch von § 2157 BGB (gemeinschaftliches Vermächtnis) abzugrenzen. Der Gesetzgeber geht in beiden Bestimmungen davon aus, dass mehreren ein Vermächtnis zugewendet wird. § 2153 BGB setzt jedoch den Willen eines Bestimmungsberechtigten voraus, während § 2157 BGB (i.V.m. § 2091 BGB, unbestimmte Bruchteile) die Gleichverteilung bestimmt, wenn die Bestimmung nicht getroffen wird. § 2153 ist gegenüber § 2157 die speziellere Norm.[1]

B. Tatbestand

I. Vermächtnis

3 Als Vermächtnisgegenstand kommt grds. jeder ideell teilbare vom Erblasser bestimmte Gegenstand in Betracht.[2] Hierbei handelt es sich um körperliche Gegenstände bzw. Rechte oder Sachgesamtheiten.

4 Der Erblasser muss nicht nur das zur Verteilung kommende Vermächtnis bestimmen, sondern auch die bedachten Personen. Etwas anderes gilt nur, wenn § 2153 BGB mit § 2151 BGB oder den §§ 2154–2156 BGB kombiniert wird.[3]

5 Mögliche Auf- und Verteilungen des Vermächtnisses:

- Zuweisung zwischen 0 % und 100 % an einen Bedachten, wenn der Erblasser eine entsprechende Ermächtigung zur Ungleichverteilung gegeben hat;[4] die Verteilung kann „rein willkürlich" sein.[5]
- Realteilung ohne ideelle Teilung des Vermächtnisgegenstandes: Wurde ein nicht teilbarer Gegenstand (Hausgrundstück) zugewiesen, kommt die ideelle Teilung

1 MüKo/*Rudy*, § 2153 Rn 2; jurisPK-BGB/*Reymann*, § 2153 Rn 3.
2 MüKo/*Rudy*, § 2153 Rn 3.
3 jurisPK-BGB/*Reymann*, § 2153 Rn 7.
4 MüKo/*Rudy*, § 2153 Rn 4.
5 Kipp/Coing ErbR § 55 IV 1; NK-BGB/*Horn*, § 2153 Rn 5.

nach Bruchteilen in Betracht. Kann das Vermächtnis real geteilt werden (Gegenstände einer Sammlung, Grundstücksparzelle), hat der Bestimmungsberechtigte die Freiheit, sowohl die reale als auch die ideelle Teilung nach Bruchteilen vorzunehmen.[6]

Geld ist immer real teilbar.

II. Bestimmung des Anteils

6 Die Bestimmung des Anteils kann der Erblasser dem Beschwerten oder einem Dritten übertragen. Das Bestimmungsrecht kann dabei auch einem Bedachten selbst zustehen.[7]

7 In entsprechender Anwendung des § 2151 Abs. 2 BGB ist die Bestimmungserklärung vom Beschwerten gegenüber dem Bedachten und von dem Dritten gegenüber dem Beschwerten abzugeben.[8] Die Erklärung muss auch nicht gleichzeitig gegenüber allen Bedachten erfolgen. Sie ist aber erst dann erfolgt, wenn alle erforderlichen Verteilungserklärungen abgegeben sind.[9] Die **Erklärung** kann **formlos** abgegeben werden.[10]

8 Wurde die Verteilung vollzogen, ist sie für den Bestimmenden unwiderruflich und für den Bedachten – mit Ausnahme bei Arglist – unanfechtbar.[11]

9 Unterbleibt eine Bestimmung des Beschwerten oder Dritten, kann das Nachlassgericht in entsprechender Anwendung des § 2151 Abs. 3 S. 2 BGB auf Antrag eines Beteiligten die **Fristsetzung nachholen.**[12] Dabei wirkt die Fristsetzung insofern rechtsgestaltend, als nach fruchtlosem Verstreichen der Frist jeweils näher bestimmte materiell-rechtliche Wirkungen eintreten.[13] Sowohl im Falle der Fristversäumnis wie auch im Falle der Unmöglichkeit einer Bestimmung tritt – anders als nach § 2151 Abs. 3 S. 1 BGB – keine Gesamtgläubigerschaft (§ 428 BGB) ein.[14] Die Beteiligten sind in diesem Fall zu gleichen Teilen berechtigt (Abs. 2 S. 1). Bei einem teilbaren Vermächtnisgegenstand kommt § 420 BGB, bei einem unteilbaren Gegenstand § 432 BGB zur Anwendung.

C. Rechtsfolgen

I. Bestimmung des Anteils

10 Hat der Beschwerte oder ein Dritter bestimmt, was jeder von dem vermachten Gegenstand erhalten soll, sind die Bedachten insoweit Vermächtnisnehmer.

II. Unterbleiben der Bestimmung des Anteils

11 Unterbleibt die Bestimmung des Anteils durch den Beschwerten oder einen Dritten, kann dieses von dem Nachlassgericht nachgeholt werden. In diesem Fall ist das Nachlassgericht selbst nicht dazu berufen, eine ergänzende Bestimmung dahin gehend zu treffen, welche Nachlassgegenstände wie unter den Bedachten zu verteilen sind.[15]

12 Kommt es zu keiner näheren Bestimmung, so sind die Bedachten zu gleichen Teilen am Vermächtnisgegenstand berechtigt.[16] Entsprechendes gilt, wenn die Bestimmung unwirksam ist.[17] Dies ist bspw. der Fall, wenn die Verteilung unvollständig oder widersprüchlich ist, weil mehr als das Ganze verteilt wird.

---

6 jurisPK-BGB/*Reymann*, § 2153 Rn 11.
7 MüKo/*Rudy*, § 2153 Rn 4.
8 jurisPK-BGB/*Reymann*, § 2153 Rn 9.
9 Grüneberg/*Weidlich*, § 2153 Rn 2; jurisPK-BGB/*Reymann*, § 2153 Rn 10.
10 Grüneberg/*Weidlich*, § 2153 Rn 2; jurisPK-BGB/*Reymann*, § 2153 Rn 10.
11 Grüneberg/*Weidlich*, § 2153 Rn 2; jurisPK-BGB/*Reymann*, § 2153 Rn 11.
12 MüKo/*Rudy*, § 2153 Rn 6.
13 Vgl. OLG Stuttgart ZEV 1996, 475 m.w.N.
14 jurisPK-BGB/*Reymann*, § 2153 Rn 11.
15 OLG Stuttgart ZEV 1996, 475.
16 MüKo/*Rudy*, § 2153 Rn 6.
17 Grüneberg/*Weidlich*, § 2153 Rn 2.

§ 2154 Wahlvermächtnis

(1) [1]Der Erblasser kann ein Vermächtnis in der Art anordnen, dass der Bedachte von mehreren Gegenständen nur den einen oder den anderen erhalten soll. [2]Ist in einem solchen Falle die Wahl einem Dritten übertragen, so erfolgt sie durch Erklärung gegenüber dem Beschwerten.
(2) [1]Kann der Dritte die Wahl nicht treffen, so geht das Wahlrecht auf den Beschwerten über. [2]Die Vorschrift des § 2151 Abs. 3 Satz 2 findet entsprechende Anwendung.

Literatur

Bonefeld, Nachlassverteilung durch Los, ZErb 2018, 3–7; *Jülicher*, Neue Gestaltungen rund um das eigengenutzte Familienheim (§ 13 Abs. 1 Nr. 4a bis c ErbStG), ZErb 2009, 222; *Piltz*, Steuerrechtliche Flexibilität nach dem Tode durch offene Vermächtnisse, ZEV 2005, 469.

Übersicht: Rdn

A. Allgemeines

I. Sinn und Zweck der Vorschrift

1 § 2154 BGB stellt ebenfalls eine Aufweichung des Grundsatzes aus § 2065 Abs. 2 BGB dar, weil endgültige Entscheidungen nicht vom Erblasser selbst getroffen werden müssen. Vielmehr ist im Bereich der Vermächtnisanordnung eine gegenständliche Auswahl des Vermächtnisgegenstandes durch eine andere Person zulässig.

II. Systematische Einordnung

2 In systematischer Hinsicht kommt § 2154 BGB insbesondere neben den §§ 2151–2153 BGB zur Anwendung, soweit er vorsieht, dass der Bedachte von mehreren Gegenständen den einen oder den anderen erhalten soll. Das Wahlvermächtnis begründet eine Wahlschuld, die zur Anwendung kommt, soweit § 2154 BGB nichts anderes bestimmt i.S.d. §§ 262–265 BGB.[1]

B. Tatbestand

I. Mehrere Gegenstände

3 Voraussetzung ist zunächst, dass der Bedachte von mehreren konkreten Gegenständen einen erhalten soll.[2] Dabei ist es ausreichend, wenn die Gegenstände nur ihrer **Gattung** nach bestimmt sind (§ 2155 BGB). Grundsätzlich muss der Gegenstand zum Nachlass gehören. Er muss nicht zum Nachlass gehören, wenn der Erblasser auch in diesem Fall die Zuwendung wollte (§§ 2169 Abs. 1, 2170 BGB – Wahlverschaffungsvermächtnis).[3]

4 Wollte der Erblasser dem Bedachten nur einen Gegenstand zuwenden, hat aber diesen so bezeichnet, dass mehrere Gegenstände in Frage kommen und nicht geklärt werden kann, welchen Gegenstand der Erblasser eigentlich meinte, ist die Anwendbarkeit

1 Grüneberg/*Weidlich*, § 2154 Rn 1.
2 MüKo/*Rudy*, § 2154 Rn 1.
3 MüKo/*Rudy*, § 2154 Rn 2; NK-BGB/*Horn*, § 2153 Rn 3.

von § 2154 BGB fraglich. Vorzugswürdig ist die Auffassung, dass § 2154 BGB nicht anwendbar ist. Der Erblasser wollte eine **Stückschuld** begründen. Durch nicht eindeutige Bezeichnung wurde jedoch der Vermächtnisgegenstand nur der Gattung nach bezeichnet, sodass § 2155 BGB zur Anwendung gelangt.

5 Das bedingte Vermächtnis fällt nicht unter § 2154 BGB, wenn die Bestimmung des vermachten Gegenstandes von einem bestimmten Ereignis abhängt, das der Erblasser bestimmt hat.[4] In diesem Fall ist § 2154 BGB nicht anwendbar, wenn der Erblasser bestimmt hat, dass der vermachte Gegenstand durch Los oder ein sonstiges Ereignis bestimmt werden soll, weil in diesen Fällen ein bedingtes Vermächtnis vorliegt.[5]

II. Auswahl

6 Sofern der Erblasser nichts anderes bestimmt hat, steht die Auswahl unter den Gegenständen nach §§ 262–265 BGB dem **Beschwerten** zu. Bei der Frage, ob das Wahlrecht dem Schuldner nach § 262 BGB zusteht, ist ggf. zunächst die testamentarische Regelung auszulegen.[6] Der Beschwerte übt sein Wahlrecht dann durch unwiderrufliche Erklärung gegenüber dem Bedachten nach § 263 Abs. 1 BGB aus. Es gilt dann die seitens des Beschwerten ausgewählte Leistung als die von Anfang an allein geschuldete Leistung (§ 263 Abs. 1 und 2 BGB). Hat der Beschwerte von seinem Wahlrecht noch keinen Gebrauch gemacht, kann der Bedachte nach seiner Wahl auf die von ihm geforderte Leistung klagen und sodann ggf. die Zwangsvollstreckung betreiben (§ 264 Abs. 1 BGB).[7] Ist eine der beiden Leistungen unmöglich oder wird sie später unmöglich, beschränkt sich das Schuldverhältnis auf die andere Leistung (§ 265 BGB). Hier ist § 275 BGB zu beachten, nach der der Beschwerte frei werden kann, wenn er die unmöglich gewordene Leistung wählt, nachdem der Bedachte die Unmöglichkeit verschuldet hat.[8]

7 Sofern der Erblasser die Wahl einem *Dritten* übertragen hat (Abs. 1 S. 2) und dieser die Erklärung gegenüber dem Beschwerten verzögert, kann dem Dritten durch das Nachlassgericht auf Antrag eines der Beteiligten eine Frist gesetzt werden (§ 2151 Abs. 3 S. 2 BGB). Das Nachlassgericht hat ausschließlich zu prüfen, ob ein Sachverhalt vorliegt, bei dem eine Fristsetzung ernsthaft in Betracht kommt. Es ist ausreichend, wenn eine Verfügung von Todes wegen vorliegt und diese nicht offenkundig unwirksam ist. Eine Entscheidung über die Wirksamkeit oder die Auslegung der Verfügung kann das Nachlassgericht nicht treffen.[9]

Sofern auch dies nicht zu einer Erklärung führt, geht das Wahlrecht auf den Beschwerten über (Abs. 2 S. 1). Für den Fall, dass auch dieser das Wahlrecht nicht ausübt, fällt es in analoger Anwendung des § 2151 Abs. 3 BGB auf den Bedachten.

Im Fall der Unmöglichkeit gilt § 265 BGB insoweit, dass die zufällige Unmöglichkeit einer Leistung zur Beschränkung der Schuld auf die andere Leistung führt.[10] Hat allerdings der Beschwerte die Unmöglichkeit zu vertreten, bleibt die Wahlschuld bestehen (§ 265 S. 2 BGB). Wählt in diesem Fall der Dritte die unmöglich gewordene Leistung, steht dem Bedachten statt der Leistung ein Schadensersatzanspruch zu

4 *Lange/Kuchinke*, § 29 V 2c Fn 216; MüKo/*Rudy*, § 2154 Rn 2; Grüneberg/*Weidlich*, § 2154 Rn 1; *Bonefeld*, ZErb 2018, 3; kritisch NK-BGB/*Horn*, § 2153 Rn 4.

5 *Lange/Kuchinke*, § 29 V 2c Fn 216; MüKo/*Rudy*, § 2154 Rn 2; *Bonefeld*, ZErb 2018, 3; kritisch NK-BGB/*Horn*, § 2153 Rn 4.

6 OLG München v. 15.7.2014 – 34 Wx 243/14, ZEV 2014, 656–658.

7 MüKo/*Rudy*, § 2154 Rn 3; NK-BGB/*Horn*, § 2153 Rn 7 m.w.N.

8 NK-BGB/*Horn*, § 2153 Rn 4.

9 OLG Düsseldorf v. 19.7.2017 – 3 Wx 265/16, ZEV 2018, 33–35; OLG Stuttgart v. 27.2.1996 – 8 W 397/95, ZEV 1996, 475.

10 NK-BGB/*Horn*, § 2153 Rn 6.

(§§ 280 Abs. 1, Abs. 3, 283 BGB). Hat der Bedachte die Unmöglichkeit verschuldet und wählt der Dritte die unmögliche Leistung, wird der Beschwerte von seiner Leistungspflicht nach §§ 275 Abs. 1, 280 Abs. 2. S. 2 BGB frei.

Der Erblasser kann das Wahlrecht auch dem **Bedachten** unmittelbar zuweisen. Gegebenenfalls ist der letzte Wille des Erblassers auszulegen, bevor auf § 262 BGB zurückzugreifen ist, nachdem das Wahlrecht im Zweifel dem Schuldner zusteht, was auch für Wahlvermächtnisse gilt.[11] Die Entscheidung über die Auswahl der Leistung erfolgt dann durch Erklärung des Bedachten gegenüber dem Beschwerten (§ 263 Abs. 1 BGB), was zur Konkretisierung der Leistung führt.[12] Der Beschwerte kann den Bedachten hinsichtlich seiner Entscheidung durch ein Angebot in Gläubigerverzug setzen (§ 295 BGB: Wörtliches Angebot). Mit fruchtlosem Ablauf einer angemessenen Frist zur Vornahme der Auswahl, das Wahlrecht auf den Beschwerten über (§ 264 Abs. 2 BGB). Sofern der Beschwerte die Unmöglichkeit der Leistung zu vertreten hat, kommt es nicht zu einer Beschränkung auf die übrigen Leistungen (§ 265 Satz 2 BGB). Statt der unmöglich gewordenen Leistung kann der Bedachte in dieser Situation Schadenersatz wählen (§§ 283, 280 Abs. 3 BGB). 8

Um dem wahlberechtigten Bedachten oder Dritten die Auswahl zu ermöglichen, hat der Beschwerte die zur Wahl stehenden Gegenstände dem Bedachten oder Dritten auf Verlangen vorzuzeigen (§§ 242, 809 BGB).[13] 9

Sind **mehrere** Personen auswahlberechtigt, ist wie folgt zu differenzieren: 10

- Mehrere Bedachte: Sie bilden eine Gemeinschaft. Das Wahlrecht kann nur gemeinschaftlich ausgeübt werden (§ 747 S. 2 BGB).[14]
- Mehrere beschwerte Miterben: Als verfügungsähnliches Rechtsgeschäft kann das Wahlrecht nur durch alle Miterben ausgeübt werden (§ 2040 Abs. 1 BGB).[15]
- Mehrere Dritte: Sie können im Zweifel ihr Wahlrecht nur einstimmig ausüben (§ 317 Abs. 2 BGB). Handelt es sich bei den Dritten um mehrere Testamentsvollstrecker, ist § 2224 BGB zu beachten.

C. Verfahrensfragen und Prozesstaktik

Derjenige, der behauptet, das Wahlrecht sei auf den Beschwerten übergegangen, ist dafür beweispflichtig, dass der Dritte die Wahl nicht treffen kann. 11

§ 2155 Gattungsvermächtnis

(1) Hat der Erblasser die vermachte Sache nur der Gattung nach bestimmt, so ist eine den Verhältnissen des Bedachten entsprechende Sache zu leisten.
(2) Ist die Bestimmung der Sache dem Bedachten oder einem Dritten übertragen, so finden die nach § 2154 für die Wahl des Dritten geltenden Vorschriften Anwendung.
(3) Entspricht die von dem Bedachten oder dem Dritten getroffene Bestimmung den Verhältnissen des Bedachten offenbar nicht, so hat der Beschwerte so zu leisten, wie wenn der Erblasser über die Bestimmung der Sache keine Anordnung getroffen hätte.

---

11 OLG München v. 15.7.2014 - 34 Wx 243/14, ZEV 2014, 656–558; Grüneberg/*Weidlich*, § 2154 Rn 1.
12 OLG München, v. 15.7.2014 - 34 Wx 243/14, ZEV 2014, 656–558.
13 MüKo/*Rudy*, § 2154 Rn 6.
14 Staudinger/*Otte*, § 2154 Rn 5.
15 jurisPK-BGB/*Reymann*, § 2154 Rn 16.

Übersicht: Rdn

A. Allgemeines/Systematische Einordnung

1 § 2155 BGB befasst sich mit der Problematik der Zuweisung eines nur der Gattung nach bestimmten Vermächtnisses. Ein relativ unbestimmter Leistungsgegenstand wird erst durch die Leistung konkretisiert (§ 243 Abs. 1 BGB).[1] Dabei modifiziert jedoch § 2155 BGB in erbrechtlicher Hinsicht § 243 BGB. Es ist daher nicht „eine Sache von mittlerer Art und Güte“, sondern eine „den Verhältnissen des Bedachten entsprechende Sache“ zu leisten. Die Frage der Gewährleistung beim Gattungsvermächtnis richtet sich nach den besonderen Vorschriften der §§ 2182, 2183 BGB.[2]

B. Tatbestand

I. Gattungsvermächtnis

2 Durch ein **Gattungsvermächtnis** räumt der Erblasser dem Vermächtnisnehmer eine Gattungsforderung i.S.d. § 243 Abs. 1 BGB ein, wobei die Regelung zur Gattungsschuld durch § 2155 BGB modifiziert wird. Von einer Gattung von Gegenständen ist auszugehen, wenn diese durch gemeinschaftliche Merkmale, wie bspw. Preis, Sorte oder Typ, näher bestimmt werden. Dabei ist auch eine Festlegung der Merkmale für die Gattung durch den Erblasser möglich.

3 Dem Wortlaut des § 2155 BGB nach kann sich die Gattungsschuld nur auf **Sachen** beziehen.[3] Dabei kann es sich sowohl um vertretbare Sachen („zwölf Flaschen Macallan 18“) oder unvertretbare Sachen („ein Bild des Malers Eduardo Rosales“) handeln. Auch wenn § 2155 BGB seinem Wortlaut nach nur auf Sachen i.S.v. § 90 BGB – auch Sachinbegriffe gem. § 90 Abs. 2 BGB – anwendbar ist, so ist doch eine entsprechende Anwendung auf Dienstleistungen, Werkleistungen und Rechte (Wohnrecht[4]) – auch Einheit einer bestimmten Krypto-Währung[5] – anzunehmen.[6] Die Zuwendung einer noch zu bestimmenden Teilfläche kann auch ein Gattungsvermächtnis darstellen.[7]

4 Im Zweifel liegt auch dann ein Gattungsvermächtnis vor, wenn nicht alle in den Nachlass fallenden Gegenstände der Gattung den Verhältnissen des Bedachten entsprechen.[8] Dem Bedachten wird so ein Anspruch auf eine für ihn passende Sache gewährt, ohne dass ihm ein Wahlrecht zusteht.[9]

---

1 Staudinger/*Otte*, § 2155 Rn 1.
2 MüKo/*Rudy*, § 2155 Rn 1.
3 Grüneberg/*Weidlich*, § 2155 Rn 1.
4 OLG Bremen v. 29.9.2000 – 5 U 39/2000c, ZEV 2001, 401–402.
5 *Amend-Traut/Hergenröder*, ZEV 2019, 113 (119).
6 MüKo/*Rudy*, § 2155 Rn 2; Grüneberg/*Weidlich*, § 2155 Rn 1.
7 OLG Düsseldorf v. 19.7.2017 – 3 Wx 265/16, ZEV 2018, 33–35.
8 Staudinger/*Otte*, § 2155 Rn 5.
9 Mot. V, S. 174 f.; Staudinger/*Otte*, § 2155 Rn 5.

Befinden sich die Sachen der durch Vermächtnis zugewiesenen Gattung nicht im 5
Nachlass, bleibt das Gattungsvermächtnis grundsätzlich wirksam.[10] § 2169 Abs. 1 BGB ist nicht anwendbar, da dieser nur für das Stückvermächtnis gilt.[11] Jedoch kann der Erblasser die Gattungsschuld auf den Nachlass beschränken (beschränktes Gattungsvermächtnis).[12]

Gegenstand eines Gattungsvermächtnisses kann auch ein **Sachinbegriff** (§ 92 Abs. 2 6
BGB) mit wechselndem Bestand sein (z.B. Weinkeller, Sammlung, Hausrat).[13] Das Vermächtnis über Sachinbegriffe mit wechselndem Stand umfasst im Zweifel den Sachinbegriff, wie er zur Zeit des Erbfalls vorhanden sind (§ 2071 BGB analog).[14]

Ob ein **Geldvermächtnis** in den Anwendungsbereich des § 2155 BGB fällt, ist umstrit- 7
ten. Generell fällt auch das Geldvermächtnis – und zwar nicht nur, wenn es um die Zuweisung bestimmter Münzsorten geht – unter den Anwendungsbereich des § 2155 BGB.[15] Dies wird z.T. von der Lit. mit der Begründung abgelehnt, dass bei dem Geldvermächtnis für eine nähere Bestimmung des Leistungsinhalts kein Raum ist.[16] Wendet der Erblasser ein Geldvermächtnis in Höhe einer bestimmten Quote des Nachlasswertes zu (Quotenvermächtnis), gilt diese rechtliche Qualifizierung ebenfalls.[17] Nicht auf den Nachlass beschränkt ist das reine Geldbetragsvermächtnis. Es stellt ein unbeschränktes Gattungsvermächtnis dar (§ 2173 S. 1 BGB).[18]

Ein **beschränktes Gattungsvermächtnis** liegt vor, wenn der Erblasser verfügt hat, 8
dass eine der Gattung nach bestimmte Sache nur aus den im Nachlass befindlichen Sachen zu leisten ist. Ob ein insoweit beschränktes Gattungsvermächtnis vorliegt, ist ggf. durch Auslegung zu ermitteln. Sachen, die sich beim Erbfall nicht mehr in dem Nachlass befinden, können dann nicht Gegenstand eines Gattungsvermächtnisses sein.[19]

II. Bestimmungsberechtigter

Bestimmungsberechtigter kann der Beschwerte, der Bedachte oder ein Dritter sein. 9
Fehlt es an einer besonderen Anordnung des Erblassers, steht das Bestimmungsrecht dem Beschwerten zu.[20]

Das Bestimmungsrecht steht dem Beschwerten zu, wenn seine Ausübung dem Bedach- 10
ten oder einem Dritten unmöglich wird oder diese nicht innerhalb der vom Nachlassgericht auf Antrag eines Beteiligten gesetzten Frist ihr Bestimmungsrecht ausüben (§§ 2154 Abs. 2, 2151 Abs. 3 S. 2 BGB). Dem Beschwerten steht das Bestimmungsrecht nach Abs. 3 zu, wenn die von dem Bedachten oder dem Dritten getroffene Bestimmung den Verhältnissen des Bedachten offenbar nicht entspricht. Davon ist auszugehen, wenn im Hinblick auf die Verhältnisse des Bedachten der Maßstab von Treu und Glauben in grober Weise verletzt wird; dies (die Unrichtigkeit) muss sich dabei einem unbefangenen Betrachter sofort aufdrängen.[21] Ggf. ist diese Frage gerichtlich zu klären.

---

10 MüKo/*Rudy*, § 2155 Rn 3.
11 Grüneberg/*Weidlich*, § 2155 Rn 1 jurisPK-BGB/*Reymann*, § 2155 Rn 15.
12 MüKo/*Rudy*, § 2155 Rn 3.
13 Grüneberg/*Weidlich*, § 2155 Rn 1.
14 Grüneberg/*Weidlich*, § 2155 Rn 1.
15 MüKo/*Rudy*, § 2155 Rn 2; *Lange/Kuchinke*, § 29 V 2 c; *Roth*, NJW-Spezial 2016, 743.
16 Grüneberg/*Weidlich*, § 2155 Rn 1; NK-BGB/*Horn*, § 2155 Rn 4; *Warlich/Kühne*, ZErb 2012, 259–267; jurisPK-BGB/*Reymann*, § 2155 Rn 14.
17 MüKo/*Rudy*, § 2155 Rn 2; *Lange/Kuchinke*, § 29 II 2 a Fn 43.
18 *Lange/Kuchinke*, § 29 V 2 c.
19 Grüneberg/*Weidlich*, § 2155 Rn 1; NK-BGB/*Horn*, §°2155 Rn 5.
20 MüKo/*Rudy*, § 2155 Rn 5.
21 NK-BGB/*Horn*, § 2155 Rn 12.

Dabei ist zu sehen, dass das Gericht allerdings eine unbillige Entscheidung in Abweichung zu § 319 Abs. 1 S. 2 BGB nicht ersetzen kann. Hat der Erblasser keinen Bestimmungsberechtigten benannt, fällt das Bestimmungsrecht dem Beschwerten nach den allgemeinen Vorschriften des § 243 Abs. 2 BGB zu.[22]

11 Erfolgt die **Bestimmung** durch den **Bedachten** oder einen Dritten (bspw. Testamentsvollstrecker), findet § 2154 BGB (Wahlvermächtnis) entsprechende Anwendung (Abs. 2). Es ist jedoch zu beachten, dass der Bedachte und Dritte beim Gattungsvermächtnis, anders als beim Wahlvermächtnis, an den Bestimmungsmaßstab des Abs. 1 gebunden sind. Die Bestimmung ist gegenüber dem Beschwerten zu erklären (§ 2154 Abs. 1 S. 2 BGB). Auch ist eine Fristsetzung auf Antrag eines Beteiligten durch das Nachlassgericht möglich (Abs. 2, §§ 2154, 2151 Abs. 3 S. 2 BGB). Zu den Voraussetzungen der nachlassgerichtlichen Fristbestimmung vgl. OLG Düsseldorf.[23]

III. Qualität der Leistung

12 Der Beschwerte hat bei der Bestimmung der Sache im Unterschied zu § 243 BGB, auf den ggf. hilfsweise zurückzugreifen ist, nicht eine Sache von **mittlerer Art** und **Güte** zu leisten. Es ist nach Abs. 1 vielmehr eine den Verhältnissen des Bedachten entsprechende Sache zu leisten.[24] Für die Bestimmung der Leistung sind die persönlichen Verhältnisse des Bedachten maßgeblich.[25] Das heißt, dass der Bedachte berechtigt ist, die Leistung zurückzuweisen, wenn sie nicht seinen persönlichen Verhältnissen entspricht. Dabei sind die persönlichen Verhältnisse allein aus der Perspektive des Erblassers zu betrachten.[26]

13 Berücksichtigt die von dem Bedachten oder dem Dritten getroffene Bestimmung offenbar nicht die Verhältnisse des Bedachten, hat der Beschwerte so zu leisten, wie wenn der Erblasser über die Bestimmung der Sache keine Anordnung getroffen hätte.[27] Von einer offenbaren Fehlentscheidung des Bedachten oder Dritten kann nur dann gesprochen werden, wenn der Bestimmungsberechtigte die ihm zugewiesenen Befugnisse missbraucht hat oder einem groben Irrtum hinsichtlich seiner Einschätzung der Verhältnisse des Bedachten erlegen ist.[28]

14 Nach den §§ 2182 Abs. 1 und 3, 2183 BGB richten sich die Ansprüche des Bedachten wegen Rechts- und Sachmängeln. Beim Stückvermächtnis hat der Bedachte „sein Vermächtnis" so anzunehmen, wie es ihm vom Erblasser zugewendet wird. Beim Gattungsvermächtnis bedarf der Bedachte eines Schutzes dahin gehend, dass das ihm Zugewandte § 2155 BGB entspricht. Wird ein Grundstück als Gattungsvermächtnis („… erhält einen noch zu vermessenden Bauplatz aus der Flur …."), ist das Grundstück frei von Mängeln i.S.d. § 435 BGB zu verschaffen. Sofern Dienstbarkeiten oder Reallasten auf dem Grundstück liegen, bleiben diese nach § 2182 Abs. 3 BGB im Zweifel bestehen. Die Vorschriften der §§ 2165–2168a BGB sind dagegen nur bei Stückvermächtnissen anwendbar. Eine entsprechende Anwendung beim Gattungsvermächtnis ist nicht möglich.[29]

---

22 JurisPK-BGB/*Reymann*, § 2155 Rn 17; OLG Bremen v. 29.9.2000 – 5 U 39/2000c, ZEV 2001, 401–402.

23 OLG Düsseldorf v. 19.7.2017 – 3 Wx 265/16, ZEV 2018, 33–35.

24 MüKo/*Rudy*, § 2155 Rn 4.

25 Grüneberg/*Weidlich*, § 2155 Rn 2.

26 JurisPK-BGB/*Reymann*, § 2155 Rn 16; Staudinger/*Otte*, § 2155 Rn 7.

27 NK-BGB/*Horn*, § 2155 Rn 9; JurisPK-BGB/*Reymann*, § 2155 Rn 19.

28 MüKo/*Rudy*, § 2155 Rn 8.

29 Grüneberg/*Weidlich*, § 2155 Rn 2.

IV. Erfüllung durch den Erblasser

Hat der Erblasser bereits zu seinen Lebzeiten dem Vermächtnisnehmer eine dem Gattungsvermächtnis entsprechende Zuwendung gemacht, stellt sich die Frage, ob das Vermächtnis unter der **stillschweigenden Bedingung** gewährt worden war, dass der Erblasser nicht noch zu seinen Lebzeiten den Bedachten befriedigen werde.[30] Ist das Vermächtnis unbedingt, liegt es im Zeitpunkt des Todes noch vor. Die Leistung des Erblassers kann in diesem Fall als Leistung auf eine künftige Schuld gewertet werden.[31] Insofern wäre das Vermächtnis dann gegenstandslos. Das ist anzunehmen, wenn der Erblasser zu Lebzeiten gerade das künftige Vermächtnis geleistet hat.[32] Wie hier zu entscheiden ist, bestimmt sich nach der ggf. zu klärenden Tatfrage.[33] Andererseits lässt die Unbestimmtheit des nur der Gattung nach angeordneten Vermächtnisses es zu, dass auch, wenn bereits unter Lebenden eine Leistung durch den Erblasser erfolgte, das Vermächtnis noch erfüllt werden kann. 15

C. Verfahrensfragen und Prozesstaktik

I. Klage

Der Bedachte hat die Möglichkeit, auf Leistung zu klagen. Da das Gericht weder die Auswahl noch die Bestimmung der Gattung ersetzt, ist der Klageantrag[34] so konkret zu fassen, dass hierdurch die maßgeblichen Grundsätze für die Auswahl der Sache aufgestellt werden können.[35] Der Kläger muss in seinem Antrag nicht einen konkreten Gegenstand aus der Gattung benennen. Er hat die Beschaffenheit des Gegenstandes mit seinem Antrag zu beschreiben und maßgebliche Auswahlkriterien vorzugeben.[36] Ob eine fehlerhafte Auswahl (Abs. 3) vorliegt, kann gerichtlich festgestellt werden.[37] Das Gericht selbst kann allerdings keine Bestimmung vornehmen (§ 319 Abs. 1 S. 2 BGB); das Bestimmungsrecht geht vielmehr auf den Beschwerten über. 16

II. Zwangsvollstreckung

Auch das Gattungsvermächtnis kann **gepfändet** werden. Nach § 2176 BGB gilt das Vermächtnis als mit dem Erbfall angefallen. Das gilt nach § 2177 BGB auch dann, wenn der Anfang des Vermächtnisses unter einer aufschiebenden Bedingung erfolgt ist oder unter der Bestimmung eines Anfangstermins angeordnet wurde. Es entsteht dann mit dem Erbfall ein Anwartschaftsrecht, das der Pfändung unterliegt.[38] Die Vollstreckung richtet sich, sofern die Gegenstände der Gattung sich im Nachlass befinden, nach § 884 ZPO. Befinden sich die Gattungsgegenstände nicht im Nachlass, kann Schadensersatz (§§ 280 Abs. 1 und 3, 281 oder 283 BGB) nach § 893 ZPO verlangt werden.[39] 17

III. Beweisfragen

Der klagende Bedachte, dem vom Erblasser eine Sache nur der Gattung nach vermacht wurde, hat darzulegen und zu **beweisen**, dass die von ihm begehrte Sache auch seinen Verhältnissen entspricht (Abs. 1). 18

---

30 JurisPK-BGB/*Reymann*, § 2155 Rn 32.
31 *Skibbe*, ZEV 1997, 297; Staudinger/*Otte*, § 2155 Rn 6.
32 OLG Frankfurt v. 19.6.1996 – 19 U 163/95, ZEV 1997, 295.
33 Vgl. hierzu MüKo/*Rudy*, § 2155 Rn 9 m.w.N.
34 Grüneberg/*Weidlich*, § 2155 Rn 3; OLG Bremen v. 29.9.2000 – 5 U 39/2000c, ZEV 2001, 401–402 (Wohnrecht).
35 MüKo/*Rudy*, § 2155 Rn 6.
36 Grüneberg/*Weidlich*, § 2155 Rn 3.
37 MüKo/*Rudy*, § 2155 Rn 8.
38 BGH MDR 1963, 824.
39 Grüneberg/*Weidlich*, § 2155 Rn 3.

19 Dem Beschwerten obliegt die Beweislast für die maßgebenden Umstände, wenn er i.R.d. Bestimmung des Abs. 3 der Meinung ist, die getroffene Bestimmung sei offenbar unbillig.[40] Diese Beweislastverteilung entspricht auch dem Beweisgrundsatz zu § 319 BGB.[41]

20 Fand bereits eine lebzeitige Zuwendung einer Sache aus der Gattung durch den Erblasser statt, hat der Beschwerte zu beweisen, dass der Erblasser die lebzeitige Leistung zur Erfüllung des Vermächtnisses geleistet hat, oder, dass das Vermächtnis unter der aufschiebenden Bedingung angeordnet war, dass der Bedachte es bereits vor dem Erbfall erhalten werde.[42]

§ 2156 Zweckvermächtnis

[1]Der Erblasser kann bei der Anordnung eines Vermächtnisses, dessen Zweck er bestimmt hat, die Bestimmung der Leistung dem billigen Ermessen des Beschwerten oder eines Dritten überlassen. [2]Auf ein solches Vermächtnis finden die Vorschriften der §§ 315 bis 319 entsprechende Anwendung.

Literatur

Ebeling, Korrekturvermächtnisse im Berliner Testament und deren erbschaftsteuerliche Folgen, ZEV 2000, 87; *Keim*, „Super“ oder „(super) falsch“? – Das „Supervermächtnis“ zu Erbschaftsteuerersparnis beim Berliner Testament, ZEV 2016, 6; *Mayer*, Der superbefreite Vorerbe? – Möglichkeiten und Grenzen der Befreiung des Vorerben, ZEV 2000, 1.

Übersicht: Rdn

A. Allgemeines/Normzweck

1 Die Vorschrift des § 2156 BGB stellt eine weitere Möglichkeit dar, von § 2065 Abs. 2 BGB abzuweichen. Der Erblasser ordnet ein Vermächtnis an und legt den Vermächtniszweck fest. Die Bestimmung des Vermächtnisgegenstandes (der Leistung) kann nach billigem Ermessen dem Beschwerten oder einem Dritten zu überlassen werden. Eine Kombination des § 2156 BGB mit §§ 2151 f. BGB ist möglich und führt dazu, dass die Person, die das Vermächtnis erhalten soll, nicht vom Erblasser bestimmt wird.[1]

B. Tatbestand

I. Zweckvermächtnis

2 Voraussetzung eines Zweckvermächtnisses ist zunächst, dass der Erblasser in seiner Verfügung von Todes wegen den Bedachten auswählt, dem er etwas zukommen lassen

40 JurisPK-BGB/*Reymann*, § 2155 Rn 27.
41 Baumgärtel/*Schmitz*, § 2155 Rn 2 m.w.N.
42 OLG Hamm v. 14.7.1995 – 10 U 17/95, MDR 1995, 1236; jurisPK-BGB/*Reymann*, § 2155 Rn 33.
1 NK-BGB/*Horn*, § 2156 Rn 1.

möchte. Etwas anderes kann gelten, wenn der Erblasser den mit dem Vermächtnis Beschwerten oder einem Dritten das Recht zur Bestimmung des Bedachten einräumt (§§ 2151 f. BGB). Von einem Zweckvermächtnis kann nicht gesprochen werden, wenn es um die Frage geht, ob überhaupt eine Zuwendung erfolgen soll. Die Anordnung eines Vermächtnisses selbst hat beim Zweckvermächtnis immer durch den Erblasser zu erfolgen.[2]

II. Vermächtniszweck

Das Zweckvermächtnis erfordert weiter, dass der Erblasser in seinem Testament den von ihm verfolgten Zweck bestimmt.[3] Die Bestimmung durch den Erblasser muss so genau sein, dass sich für das billige Ermessen des Beschwerten oder Dritten bei der Auswahl des Vermächtnisgegenstandes ausreichende Anhaltspunkte ergeben.[4] Es ist daher nicht ausreichend, wenn der Erblasser lediglich allgemein formuliert „um ihm eine Freude zu machen",[5] „den Finanzbedarf zu decken" oder „das bei einem solchen Anlass Übliche" (allgemeine Konventionen).[6] Nicht ausreichend ist auch die Zuwendung eines Geldbetrages an eine gemeinnützige Einrichtung (Tierheim oder Behinderteneinrichtung u.Ä.), wenn der Erblasser ohne Angabe eines weiteren Zwecks der Zuwendung die Bestimmung der Höhe eines Geldbetrages dem Erben überlassen hat.[7] Eine zulässige Zweckbestimmung des Erblassers kann in der Ermöglichung eines Studiums oder als Ersatz für einen entgangenen Erbteil[8] liegen. Entsprechend kann der Vermächtniszweck in einer „Reise", „Versorgung"[9] oder Zuweisung eines Betrages für die Grabpflege[10] liegen. Die Verschaffung der Stellung eines Gesellschafters[11] stellt ebenfalls eine ausreichende Bestimmung im Rahmen eines Zweckvermächtnisses dar.[12] Ebenso ist der Beitrag zum Unterhalt oder zur Kostendeckung einer wissenschaftlichen oder künstlerischen Institution als Vermächtniszweck anzuerkennen.[13] 3

Nicht unproblematisch ist die Behandlung des sog. „Supervermächtnisses".[14] Bei diesem kommt es zu einer Formulierung von Wahlrechten. Es ist darauf gerichtet, Erbschaftsteuerfreibeträge der Kinder auszunutzen und im Übrigen dem als Alleinerben eingesetzten Ehegatten freie Hand bei der Vermögensübertragung an die Kinder zu geben. Zum einen wird das „Supervermächtnis" kritisch gesehen, weil keine ausreichende Zweckbestimmung vorliegt.[15] Zum anderen ist zu sehen, dass an die Bestimmung des Vermächtniszwecks durch den Erblasser keine zu strengen Anforderungen gestellt werden dürfen.[16] Eine „Abfindung" als Ersatz für den gesetzlichen Erbteil hat 4

---

2 Staudinger/*Otte*, § 2156 BGB Rn 1; jurisPK-BGB/*Reymann*, § 2156 Rn 3.
3 BayObLG v. 2.2.1999 – 1Z BR 143/98, NJW-RR 1999, 946–947; BGH v. 24.4.1991 – IV ZR 156/90, NJW 1991, 1885–1886; BGH v. 22.9.1982 – IVa ZR 26/81, NJW 1983, 277–278.
4 BayObLG v. 2.2.1999 – 1Z BR 143/98, NJW-RR 1999,946–947; MüKo/*Rudy*, § 2156 Rn 3 m.w.N.
5 *Lange/Kuchinke*, § 29 V 2 Fn 186.
6 BayObLG v. 2.2.1999 – 1Z BR 143/98, NJW-RR 1999, 946–947; *Lange/Kuchinke*, § 29 V 2a Rn 186.
7 BayObLG v. 2.2.1999 – 1Z BR 143/98, NJW-RR 1999, 946–947.
8 BGH v. 22.9.1982 – IVa ZR 26/81, NJW 1983, 277–278.
9 *Nieder/Kössinger*, § 3 Rn 54.
10 BGH v. 24.4.1991 – IV ZR 156/90, NJW 1991, BGH 1991, 1885–1886; BGH v. 26.5.2021 – IV ZR 174/20, ZEV 2021, 521–524.
11 BGH v. 29.2.1984 – IVa ZR 188/82, NJW 1984, 2570–2173.
12 BGH v. 29.2.1984 – IVa ZR 188/82, NJW 1984, 2570–2173.
13 NK-BGB/*Horn*, § 2156 Rn 4 m.w.N.
14 *Keim*, ZEV 2016, 6–14.
15 Staudinger/*Otte*, § 2156 Rn 2.
16 Staudinger/*Otte*, § 2156 Rn 2.

der BGH als ausreichende Zweckbestimmung angesehen.[17] Dieses Ziel kann auch mit einem Supervermächtnis verfolgt werden.

III. Leistungsbestimmung

5 Der Erblasser muss zunächst ein Vermächtnis nebst Vermächtniszweck angeordnet haben. Des Weiteren muss der Erblasser die Person des Bedachten bestimmt haben oder von seinem Drittbestimmungsrecht (§§ 2151–2153 BGB) für die Benennung des Bedachten Gebrauch machen und den Vermächtniszweck vorgegeben haben. Die Bestimmung der Leistung kann im Einzelnen dem billigen Ermessen des Beschwerten oder einem Dritten (Testamentsvollstrecker)[18] überlassen werden. Dem Bedachten kann dagegen das Recht zur Bestimmung der Leistung nicht überlassen werden.[19]

6 Die **Bestimmung** der **Leistung** nach Gegenstand, Art und Weise, Zeit und Ort erfolgt unter Berücksichtigung der §§ 315–319 BGB (einseitiges Leistungsbestimmungsrecht) nach billigem Ermessen (S. 2). Eine Verfügung des Erblassers ist auch nicht schon deshalb unwirksam, weil er nicht ausdrücklich angeordnet hat, die Bestimmung solle nach billigem Ermessen erfolgen, wie dies S. 1 für die Wirksamkeit der Verfügung voraussetzt. Insoweit ist es ausreichend, dass der Wille des Erblassers durch Auslegung aus dem Testament entnommen werden kann. Es ist von einem solchen Willen auch ohne eine Andeutung im Testament auszugehen (S. 2 i.V.m. § 317 Abs. 1 BGB), wenn Anhaltspunkte für eine andere Willensrichtung des Erblassers fehlen.[20] Solange der Erblasser daher den Zweck der Zuwendung bestimmt hat, ist die Verfügung unter dem Gesichtspunkt des § 2065 Abs. 2 BGB wirksam. Eine Leistungsbestimmung im freien Belieben der Leistungserbringung ist unwirksam.[21]

7 Erfolgt die Bestimmung der Leistung durch den Beschwerten (§ 315 BGB), hat dieser die **unwiderrufliche Erklärung** gegenüber dem Bedachten abzugeben. Erfolgt die Bestimmung der Leistung durch einen Dritten, ist die Erklärung gegenüber dem Bedachten oder dem Beschwerten abzugeben (§ 318 Abs. 1 BGB). Soll die Bestimmung durch mehrere Dritte erfolgen, so ist im Zweifel Übereinstimmung aller erforderlich (§ 317 Abs. 2 BGB). Sofern nach dieser Vorschrift eine Vermächtnissumme bestimmt wird, ist im Zweifel die Durchschnittssumme maßgebend, wenn verschiedene Summen bestimmt werden.[22]

8 Die **Anfechtung** der Bestimmungserklärung wegen Irrtums, Drohung oder arglistiger Täuschung steht nicht dem Dritten zu. Sie kann nur von dem Beschwerten gegenüber dem Bedachten oder dem Bedachten gegenüber dem Beschwerten erfolgen (§ 318 Abs. 2 BGB).[23] Die Bestimmung durch den Dritten oder den Beschwerten ist nur dann verbindlich, wenn sie sich nicht als offenbar unbillig darstellt (§ 319 Abs. 1 S. 1 BGB); ist sie unbillig, kann der Dritte die Bestimmung nicht treffen (mangelnde Einigung unter mehreren Dritten), möchte er keine Entscheidung treffen oder verzögert er sie, erfolgt die Bestimmung durch Urteil (§ 319 Abs. 1 S. 2 BGB).[24]

---

17 BGH v. 22.9.1982 – IVa ZR 26/81, NJW 1983, 277–278.

18 MüKo/*Rudy*, § 2156 Rn 4; NK-BGB/*Horn*, § 2156 Rn 10; *Ebeling*, ZEV 2000, 87 (87).

19 Vgl. BGH v. 24.4.1991 – IV ZR 156/90, NJW 1991, 1885–1886; MüKo/*Rudy*, § 2156 Rn 4 m.w.N.

20 BayObLG NJW-RR 1999, 946.

21 BGH v. 22.9.1982 – IVa ZR 26/81, NJW 1983, 277–278; MüKo/*Rudy*, § 2156 Rn 4; Grüneberg/*Weidlich*, § 2156 Rn 1.

22 Staudinger/*Otte*, § 2156 Rn 4.

23 MüKo/*Rudy*, § 2156 Rn 6.

24 BGH v. 22.9.1982 – IVa ZR 26/81, NJW 1983, 277–278; MüKo/*Rudy*, § 2156 Rn 6; jurisPK-BGB/*Reymann*, § 2156 BGB Rn 15.

C. Verfahrensfragen und Prozesstaktik

I. Querverweis

Liegt dagegen eine Auflage vor, gilt § 2156 BGB entsprechend. Der Erblasser kann durch die Zweckauflage den Entscheidungsspielraum des Beschwerten oder Dritten noch erweitern und in dessen freies Belieben stellen.[25] 9

II. Beweisfragen

Aufgrund des Verweises in § 2156 BGB auf die §§ 315–319 BGB richtet sich auch die **Beweislastverteilung** nach den zu diesen Bestimmungen entwickelten Grundsätzen. Steht das Bestimmungsrecht dem Beschwerten zu, hat dieser zu beweisen, dass seine Bestimmung der Billigkeit entspricht.[26] Der Beschwerte trägt weiter die Beweislast, wenn er die Bestimmung des Dritten nicht gegen sich gelten lassen will, weil diese offenbar unbillig sei (§§ 319 Abs. 1, 2156 S. 2 BGB). 10

Sofern der Bedachte die von dem Beschwerten oder dem Dritten getroffene Bestimmung für offenbar unbillig hält (§ 319 Abs. 1 S. 1 BGB), kommt es zu einer Beweislastumkehr: Der Bedachte hat die Umstände zu beweisen, aus denen sich die Unbilligkeit der Bestimmung ergeben soll.[27] 11

§ 2157 Gemeinschaftliches Vermächtnis

Ist mehreren derselbe Gegenstand vermacht, so finden die Vorschriften der §§ 2089 bis 2093 entsprechende Anwendung.

Literatur

Becker, Zum gemeinschaftlichen Vermächtnis (§ 2157 BGB), notar 2016, 200; *Linnartz*, Gemeinschaftliches Vermächtnis: Wegfall eines Vermächtnisnehmers, AnwZert ErbR 18/2016; *Muscheler*, Das gemeinschaftliche Vermächtnis, NJW 2012, 1399.

Übersicht: Rdn

A. Allgemeines/Normzweck

Der Erblasser kann nicht nur einer Person, sondern auch mehreren Personen einen Vermächtnisgegenstand zuweisen (§ 2157 BGB). Es handelt sich dann um ein sog. **gemeinschaftliches** Vermächtnis.[1] Hat er dabei keine Angaben über das Beteiligungsverhältnis bei den Bedachten gemacht oder dafür keinen Bestimmungsberechtigten nach den §§ 2151–2153 BGB eingesetzt, erfolgt die Aufteilung nach den gesetzlichen Bestimmungen (§§ 2089–2093 BGB). 1

---

25 BGH v. 24.2.1993 – IV ZR 239/91, NJW 1993, 2168–2171; FG München v. 18.12.2000 – 4 K 4163/97, EFG 2001, 641–642.
26 Baumgärtel/*Schmitz*, § 2156 Rn 1.
27 Baumgärtel/*Schmitz*, § 2156 Rn 1; MüKo/*Rudy*, § 2156 Rn 6.
1 Staudinger/*Otte*, § 2157 Rn 1; ausführlich *Muscheler*, NJW 2012, 1399 ff.

B. Tatbestand

I. Derselbe Gegenstand

2 Voraussetzung ist zunächst, dass Mehreren derselbe Gegenstand vermacht wurde.[2] Die Zuwendung desselben Gegenstandes an die Bedachten muss nicht in derselben Verfügung von Todes wegen angeordnet sein. Das Vermächtnis kann auch in mehreren Verfügungen ausgesetzt werden, sofern nicht nach § 2258 BGB die spätere Verfügung eine frühere Verfügung aufhebt.

Entscheidend ist, ob es dem Erblasser darauf ankam, den Gegenstand den Bedachten gemeinschaftlich zuzuweisen. Insbesondere bei **teilbaren Leistungen** ist durch Auslegung der Wille des Erblassers zu ermitteln, ob ein gemeinschaftliches Vermächtnis oder mehrere selbstständige Vermächtnisse gewollt waren.[3] Bei ihrer Natur nach nicht teilbaren körperlichen Sachen oder aus Rechtsgründen nicht teilbaren Vermögensgegenständen, wie bspw. einem GmbH-Anteil, wird bereits durch wohlwollende Auslegung (§ 2084 BGB) ein gemeinschaftliches Vermächtnis anzunehmen sein.[4] Der auf ein gemeinschaftliches Vermächtnis gerichtete Wille des Erblassers ist nicht bereits deshalb zu verneinen, weil er den einzelnen Vermächtnisnehmern reale Anteile des Gegenstandes zugewiesen hat.[5] Hierin kann nämlich auch die Anordnung einer Teilungsanordnung des Erblassers nach § 2048 BGB liegen.[6] Wird ein Grundstück zwei Personen vermacht, von denen eine wegfällt, liegt dann kein gemeinschaftliches Vermächtnis vor, wenn der jeweilige Bruchteil selbstständig zugewendet werden sollte. Dafür spricht bspw. die Bestimmung von Ersatzvermächtnisnehmern.[7] Nebensächlich ist, ob das Vermächtnis ideell oder real teilbar ist. Schließlich kann auch ideelles Bruchteilseigentum Gegenstand eines Vermächtnisses sein.[8] So ist auch die Zuwendung einer Geldforderung oder einer Menge vertretbarer Sachen Vorliegen eines gemeinschaftlichen aus.[9]

3 Hat der Erblasser keine Aufteilung vorgenommen, sodass ein gemeinschaftliches Vermächtnis in Erwägung zu ziehen ist, aber dem Beschwerten oder einem Dritten die Bestimmung der Anteile überlassen hat (§ 2153 Abs. 1 BGB), findet § 2157 BGB keine Anwendung. In diesem Fall ist einem Bestimmungsberechtigten gerade die Bestimmung der Anteile zugewiesen.[10]

II. Verweisung auf §§ 2089–2093 BGB

4 Die §§ 2089–2093 BGB sind auf den **gemeinschaftlichen** Vermächtnisanspruch übertragbar.[11] Diese Normen kommen zur Anwendung, wenn der Erblasser die Anteile unzugänglich oder nicht bestimmt hat. Erschöpfen die vom Erblasser bestimmten Bruchteile nicht das Ganze, tritt eine verhältnismäßige Erhöhung der Bruchteile ein (§ 2089 BGB); übersteigen die Bruchteile das Ganze, kommt es zu einer verhältnismäßigen Minderung der Bruchteile gem. § 2090 BGB; sind mehrere Bedachte eingesetzt, ohne dass die Bruchteile im Einzelnen bestimmt sind, ist von einer Einsetzung zu gleichen Teilen auszugehen, soweit sich nicht aus den §§ 2066–2069 BGB etwas anderes ergibt (§ 2091 BGB). Hat der Erblasser nur einige der Vermächtnisnehmer zu Bruchtei-

---

2 NK-BGB/*Horn*, § 2157 Rn 2.

3 Grüneberg/*Weidlich*, § 2157 Rn 1.

4 MüKo/*Rudy*, § 2157 Rn 2 m.w.N.; jurisPK-BGB/*Reymann*, § 2157 Rn 9; vgl. *Hueck*, DB 1956, 735.

5 Staudinger/*Otte*, § 2157 Rn 3.

6 MüKo/*Rudy*, § 2157 Rn 2.

7 MüKo/*Rudy*, § 2157 Rn 2.

8 NK-BGB/*Horn*, § 2157 Rn 2.

9 JurisPK-BGB/*Reymann*, § 2157 Rn 9; *Muscheler*, NJW 2012, 1399–1403.

10 NK-BGB/*Horn*, § 2157 Rn 4; jurisPK-BGB/*Reymann*, § 2157 Rn 11.

11 MüKo/*Rudy*, § 2157 Rn 3.

len eingesetzt, die anderen aber nicht, erhalten Letztere den freien Vermächtnisanteil (§ 2092 Abs. 1 BGB); erschöpfen die bestimmten Bruchteile den Vermächtnisgegenstand, tritt eine verhältnismäßige Minderung der Bruchteile ein. Jeder Vermächtnisnehmer, der nicht zu einem Bruchteil eingesetzt ist, erhält so viel wie der mit dem kleinsten Bruchteil bedachte Vermächtnisnehmer (§ 2092 Abs. 2 BGB); wurden einige von mehreren Vermächtnisnehmern auf einen gemeinschaftlichen Anteil eingesetzt, finden unter den „zu demselben Anteil Berufenen" die §§ 2089–2092 BGB entsprechende Anwendung (§ 2093 BGB).[12]

III. Vermächtnisanspruch

Bei dem gemeinschaftlichen Vermächtnis sind die Vermächtnisnehmer nicht wie im Fall des § 2151 Abs. 3 S. 1 BGB Gesamtgläubiger gem. § 428 BGB.[13] Die Vermächtnisnehmer haben einen schuldrechtlichen Anspruch, von dem Beschwerten die ihnen vermachte Leistung zu fordern (§ 2174 BGB). 5

Bei der **Teilbarkeit** der Leistung können die selbstständigen Teile verlangt werden (§ 420 BGB).[14] Problematisch ist zu beurteilen, wann eine Teilbarkeit vorliegt. Selbst bei einer unbebauten Grundstücksfläche, die unter Mehreren zu teilen ist, ergeben sich nach der Realteilung (Neuvermessung in gleichgroße Flurstücke) Unterschiede. Schließlich liegen die Grundstücke nicht an identischer Stelle. Ein Grundstück liegt beispielsweise mehr oder weniger an einer Straße, einem Fluss oder es gibt sonstigen Gegebenheiten.[15] Vor diesem Hintergrund wird in der Literatur vertreten, dass § 420 BGB keine Anwendung findet. Zugrunde zu legen sei vielmehr § 432 BGB. Begründet wird die Ansicht damit, dass das schriftliche Vermächtnis zu einer Bruchteilsgemeinschaft führt.[16] Bruchteilsgemeinschaft (§ 741 BGB) und Gläubigerschaft (§ 420 BGB) schließen sich aber aus.[17] Ist eine Teilbarkeit nicht gegeben, weil es sich bspw. um ein Gemälde, einen GmbH-Anteil oder um ein Grundstück handelt, kann jeder Bedachte die Leistung an alle fordern (§ 432 BGB).[18] Wurde die unteilbare Leistung erbracht, ist jeder Vermächtnisnehmer an dem vermachten Gegenstand Mitberechtigter. Ihr Verhältnis untereinander richtet sich dann nach den §§ 741 ff. BGB.[19] Im Falle eines teilbaren Vermächtnisses kann der Berechtigte nach § 747 S. 1 BGB allein über seinen Anteil verfügen und somit auch einziehen.

§ 2158 Anwachsung

(1) [1]Ist mehreren derselbe Gegenstand vermacht, so wächst, wenn einer von ihnen vor oder nach dem Erbfall wegfällt, dessen Anteil den übrigen Bedachten nach dem Verhältnis ihrer Anteile an. [2]Dies gilt auch dann, wenn der Erblasser die Anteile der Bedachten bestimmt hat. [3]Sind einige der Bedachten zu demselben Anteil berufen, so tritt die Anwachsung zunächst unter ihnen ein.
(2) Der Erblasser kann die Anwachsung ausschließen.

---

12 NK-BGB/*Horn*, § 2157 Rn 5; jurisPK-BGB/*Reymann*, § 2157 Rn 12.

13 Staudinger/*Otte*, § 2157 Rn 5.

14 OLG Koblenz v. 25.6.2015 – 1 U 663/14, FamRZ 2016, 1704–1705; *Lange/Kuchinke*, § 29 III 2c; MüKo/*Rudy*, § 2157 Rn 4; Grüneberg/*Weidlich*, § 2157 Rn 2; jurisPK-BGB/*Reymann*, § 2157 Rn 15.

15 Für die Teilbarkeit eines unbebauten Grundstücks: jurisPK-BGB/*Reymann*, § 2157 Rn 15.

16 Kritisch: jurisPK-BGB/*Reymann*, § 2157 Rn 18.

17 *Muscheler*, NJW 2012, 1399.

18 MüKo/*Rudy*, § 2157 Rn 4; *Muscheler*, NJW 2012, 1399.

19 MüKo/*Rudy*, § 2157 Rn 4.

Literatur

Linnartz, Gemeinschaftliches Vermächtnis: Wegfall eines Vermächtnisnehmers, AnwZert ErbR 18/2016.

Übersicht: Rdn

A. Allgemeines

I. Sinn und Zweck der Vorschrift

1 Hat der Erblasser mehreren Bedachten denselben Gegenstand (§ 2157 BGB) vermacht, ist § 2158 BGB eine Regelung für den Fall, dass einer der Teilvermächtnisnehmer wegfällt.

II. Systematische Einordnung

2 In systematischer Hinsicht entspricht § 2158 BGB den §§ 2094, 2095 BGB der Anwachsung bei gesetzlichen Erben.

B. Tatbestand

I. Gemeinschaftliches Vermächtnis

3 § 2158 BGB findet Anwendung, wenn ein gemeinschaftliches Vermächtnis (§ 2157 BGB) vorliegt. Die Anwachsung tritt auch dann ein, wenn der Erblasser die Anteile der Bedachten selbst bestimmt hat (Abs. 1 S. 2).

II. Wegfall eines Bedachten

4 Der Wegfall eines Bedachten kann „vor oder nach dem Erbfall" erfolgen. Der Wegfall des Vermächtnisnehmers **vor dem Erbfall** ist insbesondere bei Verzicht (§ 2352 BGB), Tod (§ 2160 BGB) oder Totgeburt der Leibesfrucht gegeben. Auch der Eintritt einer auflösenden Bedingung vor dem Erbfall kann zum Wegfall des Bedachten führen.[1] § 2160 BGB wird insoweit durch § 2158 BGB verdrängt. Das Vermächtnis bleibt wirksam; es fällt dem anderen Vermächtnisnehmer zu. Ebenfalls kann der Eintritt einer auflösenden Bedingung zum Wegfall des Bedachten führen. **Nach dem Erbfall** kann das Vermächtnis entfallen durch Ausschlagung (§§ 2180 Abs. 3, 1953 Abs. 1 BGB), Anfechtung wegen Vermächtnisunwürdigkeit nach § 2345 BGB, Anfechtung nach § 2078 BGB wegen Irrtums oder Drohung oder Nichterleben einer Bedingung (§ 2177 BGB i.V.m. § 2074 BGB). Wird das Vermächtnis nach den §§ 2162, 2163 BGB wegen Zeitablaufs nicht wirksam, steht dies dem Wegfall eines Bedachten gleich.[2] Hat der Erblasser mehreren Personen zusammen die lebenslange Nutzung am Nachlass vermacht und fällt eine der Bedachten weg, ist § 2158 BGB ebenfalls anzuwenden.[3]

5 Steht das Vermächtnis unter einer **aufschiebenden Bedingung** oder einem Anfangstermin, gilt: Mit dem Ablauf von 30 Jahren – beginnend mit dem Erbfall – kommt es zum Wegfall des Bedachten, wenn die Bedingung oder der Termin noch nicht eingetreten

1 jurisPK-BGB/*Reymann*, 10. Aufl., § 2158 BGB (Stand: 1.7.2023) Rn 7.
2 MüKo/*Rudy*, § 2158 Rn 2.
3 RG v. 19.9.1935 – IV 92/35, RGZ 148, 336–338.

ist (§ 2161 Abs. 1 BGB) oder der Bedachte bis dahin noch nicht erzeugt oder das Ereignis, durch das er bestimmt werden soll, nicht stattgefunden hat (§ 2162 Abs. 2 BGB).[4] Der Bedachte kann als Vermächtnisnehmer auch bereits früher wegfallen, weil feststeht, dass die aufschiebende Bedingung oder ein Termin nicht mehr eintreten wird.[5] Bei der aufschiebenden Bedingung entsteht der Anspruch erst mit Eintritt der aufschiebenden Bedingung.[6] Die Verjährung dieses Anspruchs richtet sich dann nach der Regelverjährung der §§ 195, 199 BGB.

Ist das Vermächtnis unter einer auflösenden Bedingung oder einem Endtermin vermacht, entfällt es, wenn die Bedingung oder der Endtermin eintritt.[7] Tritt die auflösende Bedingung in der Person nur eines Vermächtnisnehmers ein, führt dies dazu, dass dem anderen Vermächtnisnehmer ab diesem Zeitpunkt ein höherer Anteil an dem vermachten Gegenstand zusteht.[8] Es kommt ebenfalls zu einer Anwachsung des Vermächtnisses in dem Fall, dass das Vermächtnis auf die Lebenszeit mehrerer Vermächtnisnehmer beschränkt ist und einer von ihnen vorverstirbt.[9] Sofern das Vermächtnis aber nicht auf die Lebenszeit der Vermächtnisnehmer beschränkt ist, führt der Tod eines Vermächtnisnehmers nach dem Vermächtnisanfall (§§ 2176–2178 BGB) nicht zur Anwachsung. Der Anteil des verstorbenen Vermächtnisnehmers am Vermächtnisgegenstand steht sodann seinen Erben zu.[10] 6

III. Ausschluss der Anwachsung

Der Erblasser kann die Anwachsung ausschließen (Abs. 2). Dies geschieht i.d.R. dadurch, dass er einen Ersatzvermächtnisnehmer einsetzt (§§ 2099, 2190 BGB).[11] Möglich ist der Ausschluss der Anwachsung aber auch im Falle der Ersatzberufung nach § 2069 BGB (Abkömmlinge des Erblassers). Kommt es bei bestehendem Ausschlusswillen des Erblassers zu keiner Ersatzberufung, wird das Vermächtnis insoweit hinfällig und kommt dem Beschwerten zugute. 7

C. Rechtsfolgen

Die Rechtsfolge (vgl. hierzu auch die Kommentierung zu § 2094) der **Anwachsung** ist, dass es zu einer Erhöhung des Vermächtnisanspruchs bei den übrigen Vermächtnisnehmern kommt.[12] Der zur Anwachsung gelangende Vermächtnisanteil ist rechtlich nicht verselbstständigt. Aufgrund der fehlenden rechtlichen Selbstständigkeit der Anwachsung kann sie nicht gesondert ausgeschlagen werden (§§ 2180 Abs. 3, 1950 BGB). Dabei ist jedoch § 2159 BGB (Selbstständigkeit der Anwachsung) zu beachten, der in gewissen Teilaspekten eine Selbstständigkeit fingiert (vgl. hierzu die Kommentierung zu § 2159). 8

Sind einige der Bedachten zu demselben Anteil berufen, so tritt die Anwachsung zunächst nur unter ihnen ein (Abs. 1 S. 3). 9

D. Verfahrensfragen

Die Anwachsung tritt kraft Gesetzes ein. Der Begünstigte kann daher unmittelbar auf Erfüllung seines erhöhten Vermächtnisanteils klagen. 10

---

4 Staudinger/*Otte*, § 2158 Rn 3.
5 MüKo/*Rudy*, § 2158 Rn 2; Staudinger/*Otte*, § 2158 Rn 3.
6 BGH NJW 1987, 2743.
7 Staudinger/*Otte*, § 2158 Rn 4.
8 Staudinger/*Otte*, § 2158 Rn 4.
9 Staudinger/*Otte*, § 2158 Rn 4.
10 Staudinger/*Otte*, § 2158 Rn 4.
11 MüKo/*Rudy*, § 2158 Rn 4.
12 MüKo/*Rudy*, § 2158 Rn 3.

11 Der Begünstigte hat die Voraussetzungen der Anwachsung (Abs. 1) darzutun und zu beweisen. Denjenigen, der den Ausschluss der Anwachsung (Abs. 2) oder eine vorrangige Ersatzberufung behauptet, trägt hierfür die Beweislast.

§ 2159 Selbstständigkeit der Anwachsung

Der durch Anwachsung einem Vermächtnisnehmer anfallende Anteil gilt in Ansehung der Vermächtnisse und Auflagen, mit denen dieser oder der wegfallende Vermächtnisnehmer beschwert ist, als besonderes Vermächtnis.

A. Allgemeines

1 Die Vorschrift des § 2159 BGB betrifft das gemeinschaftliche Vermächtnis (§ 2157 BGB). Sie entspricht der Bestimmung des § 2095 BGB bei Erbteilen. § 2159 BGB soll verhindern, dass die Anwachsung dem Vermächtnisnehmer zum Nachteil gereicht.

B. Tatbestand

2 Der durch Anwachsung einem Vermächtnisnehmer anfallende Vermächtnisanteil gilt in Ansehung der Vermächtnisse und Auflagen als **selbstständiges** Vermächtnis. Im Gegensatz zur Anwachsung unter Erben ist bei der Anwachsung von Vermächtnissen nicht auf eine Ausgleichspflicht zu achten (§§ 2051, 2052 BGB).[1]

3 Die Fiktion der selbstständigen Anwachsung nach § 2159 BGB ist insbesondere im Hinblick auf § 2187 BGB (Leistungsverweigerungsrecht) bei einem Untervermächtnis oder einer Auflage zustehenden **Leistungsverweigerungsrecht** von Bedeutung. Der begünstigte Vermächtnisnehmer haftet daher einem Untervermächtnisnehmer nur mit dem Wert seines beschwerten Anteils. Er haftet nicht übergreifend für Beschwerungen des anderen hinzuwachsenden Teils. Er kann die Erfüllung der ihm auferlegten Beschwerung insoweit verweigern, als das, was er aus seinem Vermächtnis erhält, nicht ausreicht.[2] Der nicht beschwerte Anteil bleibt daher für das Eingreifen des Leistungsverweigerungsrechts außer Betracht.[3] Etwas anderes gilt jedoch dann, wenn der Erblasser eine abweichende Anordnung getroffen hat.[4] So kann der Erblasser abweichend von § 2159 BGB anordnen, dass der ursprüngliche und angewachsene Anteil eine Einheit darstellt.[5] Ist das ursprüngliche Vermächtnis mit einem Nachvermächtnis beschwert (§ 2191 BGB), erstreckt sich dieses im Zweifel nach den Vorschriften der §§ 2110 Abs. 1, 2191 Abs. 2 BGB auch auf den angewachsenen Anteil.[6]
Kommt der Wegfall des Vermächtnisnehmers dem Beschwerten zugute, weil beispielsweise der Erblasser die Anwachsung ausgeschlossen hat (§ 2158 Abs. 2 BGB), haftet der Beschwerte auch nur mit dem freigewordenen Vermächtnis.[7]

1 NK-BGB/*Horn*, § 2159 Rn 1; MüKo/*Rudy*, § 2159 Rn 1.
2 Staudinger/*Otte*, § 2159 Rn 1.
3 MüKo/*Rudy*, § 2159 Rn 1.
4 Palandt/*Weidlich*, § 2159 Rn 1.
5 Staudinger/*Otte*, § 2159 Rn 1.
6 MüKo/*Rudy*, § 2159 Rn 1; Staudinger/*Otte*, § 2159 Rn 1.
7 jurisPK-BGB/*Reymann*, § 2159 Rn 3.

§ 2160 Vorversterben des Bedachten

Ein Vermächtnis ist unwirksam, wenn der Bedachte zur Zeit des Erbfalls nicht mehr lebt.

Übersicht: Rdn

A. Tatbestand

I. Unwirksamkeit

Für die Wirksamkeit eines Vermächtnisses ist es nicht erforderlich, dass der Bedachte beim Erbfall bereits lebt (anders beim Erben: § 1923 Abs. 2 BGB Erbfähigkeit), gezeugt oder sonst irgendwie bestimmt ist (§ 2178 BGB). Der Bedachte darf andererseits aber nicht bereits verstorben sein.[1] Da der Vermächtnisanfall (§ 2176 BGB) nicht immer mit dem Erbfall zusammenfällt, findet § 2160 BGB insbesondere dann Anwendung, wenn das Vermächtnis erst später, etwa bei einem Berliner Testament erst beim Tod des längstlebenden Ehegatten, anfällt.[2] 1

Grundsätzlich entfällt nach § 2160 BGB das Vermächtnis, wenn der Bedachte vorverstorben ist. Keine Anwendung findet § 2160 BGB, wenn ein **Ersatzvermächtnisnehmer** nach § 2190 oder § 2069 BGB durch den Erblasser berufen ist oder es zu einer Anwachsung (§ 2158 BGB) kommt. Eine ausdrückliche Berufung zum Ersatzvermächtnisnehmer ist nicht erforderlich. Eine Ersatzberufung kann sich auch durch eine ergänzende Testamentsauslegung ergeben.[3] Lebt bspw. ein Verwandter zzt. des Erbfalls nicht mehr, kann sich durch Auslegung ergeben, dass dessen Kinder bedacht sind.[4] Ein Nachvermächtnisnehmer erwirbt das Vermächtnis mit dem Tod des ihm vorgehenden Vermächtnisnehmers. Erlebt der Nachvermächtnisnehmer diesen Erbfall nicht, ist das Nachvermächtnis unwirksam.[5] 2

Im Fall des Vermächtnisses zugunsten einer **juristischen Person** gilt § 2160 BGB in entsprechender Anwendung.[6] Besteht die bedachte juristische Person im Zeitpunkt des Erbfalls nicht mehr, ist das Vermächtnis unwirksam. Steht allerdings die Förderung eines Zwecks im Vordergrund der Zuwendung – wovon bei der Zuwendung an eine juristische Person i.d.R. auszugehen ist –, ist durch ergänzende Auslegung eine Ersatzberufung in Erwägung zu ziehen.[7] 3

II. Weitere Unwirksamkeitsgründe

Neben § 2160 BGB ist ein Vermächtnis unwirksam im Fall des § 2074 BGB (Tod vor Eintritt einer Bedingung), § 2077 BGB (Unwirksamkeit letztwilliger Verfügungen bei Auflösung der Ehe oder Verlobung), §§ 2078 ff. BGB (Anfechtung wegen Irrtums oder Drohung), §§ 2162, 2163 BGB (30-jährige Frist für aufgeschobenes Vermächtnis und seine Ausnahmen), §§ 2171, 2172 BGB (Unmöglichkeit), § 2180 BGB (Ausschla- 4

1 MüKo/*Rudy*, § 2160 Rn 1; Staudinger/*Otte*, § 2160 Rn 1.
2 MüKo/*Rudy*, § 2160 Rn 1.
3 Grüneberg/*Weidlich*, § 2084 Rn 8; BayObLG v. 19.12.1996 – 1Z BR 107/96, ZEV 1997, 162–164.
4 BayObLG v. 19.12.1996 – 1Z BR 107/96, juris.
5 OLG Frankfurt v. 5.2.1999 – 25 U 156/98, juris.
6 MüKo/*Rudy*, § 2160 Rn 1.
7 Staudinger/*Otte*, § 2160 Rn 4; Grüneberg/*Weidlich*, § 2160 Rn 1.

gung), § 2345 BGB (Vermächtnisunwürdigkeit) oder § 2352 BGB (Verzicht auf Zuwendungen).

B. Rechtsfolgen

5 Die Unwirksamkeit des Vermächtnisses kommt nicht den gesetzlichen Erben, sondern dem Beschwerten (§ 2147 BGB) zugute.[8] Fällt ein Hauptvermächtnis weg, hat dies nicht auch die Unwirksamkeit des Untervermächtnisses zur Folge. Mit dem Untervermächtnis bleibt nach § 2161 BGB der Erbe beschwert.[9] Fällt ein Untervermächtnis nach § 2160 BGB weg, kommt dies dem Hauptvermächtnisnehmer zugute (§ 2186 BGB).

C. Verfahrensfragen und Prozesstaktik

6 Nur wer den Erblasser überlebt oder erst nach dessen Tode geboren wird, kann Vermächtnisnehmer sein. Sollte auch der Bedachte verstorben sein, tragen dessen Erben die Beweislast dafür, dass der Bedachte im Zeitpunkt des Erbfalls gelebt hat oder erst danach geboren worden ist.[10]

7 Diese Beweislastverteilung folgt daraus, dass es sich bei dem Überleben oder der nachfolgenden Geburt um Tatsachen handelt, die Wirksamkeitsvoraussetzung für die Vermächtnisanordnung sind. Grundsätzlich sind jedoch die Wirksamkeitsvoraussetzungen von demjenigen zu beweisen, der aus dem Rechtsgeschäft Rechte herleitet.

§ 2161 Wegfall des Beschwerten

[1]Ein Vermächtnis bleibt, sofern nicht ein anderer Wille des Erblassers anzunehmen ist, wirksam, wenn der Beschwerte nicht Erbe oder Vermächtnisnehmer wird. [2]Beschwert ist in diesem Fall derjenige, welchem der Wegfall des zunächst Beschwerten unmittelbar zustatten kommt.

Übersicht: Rdn

A. Allgemeines/Systematische Einordnung

1 Die Regelung in § 2161 BGB stellt eine Ausprägung des § 2085 BGB (teilweise Unwirksamkeit) dar. Wird der Beschwerte nicht Erbe oder Vermächtnisnehmer, bleibt das Vermächtnis i.d.R. wirksam. Beschwert ist beim Wegfall des Erben oder Vermächtnisnehmers dann grundsätzlich der Bedachte, dem der Wegfall des zunächst Beschwerten unmittelbar zugutekommt. Die Vermächtnisanordnung bleibt somit wirksam, auch wenn die Erbeinsetzung in dem Testament, in dem das Vermächtnis angeordnet wurde, in einem späteren Testament geändert wurde. Weitere Beispielsfälle sind, dass der mit dem Vermächtnis beschwerte Erbe die Erbschaft ausschlägt und der Vermächtnisneh-

8 Staudinger/*Otte*, § 2160 Rn 3; Grüneberg/*Weidlich*, § 2160 Rn 1.
9 MüKo/*Rudy*, § 2160 Rn 2.
10 Baumgärtel/*Schmitz*, § 2160 Rn 1; jurisPK-BGB/*Reymann*, § 2160 Rn 10.

mer als Ersatzerbe oder gesetzlicher Erbe mit dem Vermächtnis beschwert ist.[1] Das Vermächtnis wird dann zum Vorausvermächtnis (§ 2150 BGB).

B. Tatbestand

I. Beschwerter

2 Dem Vermächtnis ist die Begünstigung des Vermächtnisnehmers immanent. Damit tritt die Frage nach der Person, die das Vermächtnis zu erfüllen hat, in den Hintergrund. Das Vermächtnis ist somit grundsätzlich unabhängig von der Zuwendung an den Beschwerten.[2]

3 Aus welchem Grund der zunächst Beschwerte als solcher berufen war (von Gesetzes wegen, Verfügung von Todes wegen) und ob er Erbe oder Vermächtnisnehmer war, ist für die Anwendung des § 2161 BGB unerheblich. Der Beschwerte muss sodann „wegfallen". Dabei ist es unerheblich, ob dieses durch **Ausschlagung**, **Erbunwürdigkeit**, **Vorversterben** (vor Anfall des Vermächtnisses[3]) oder **Widerruf** einer ursprünglichen Erbeinsetzung erfolgt.[4] „Wegfall" des zunächst Beschwerten ist dabei im weitesten Sinne zu verstehen.[5] Wird der Bedachte Erbe, bleibt grundsätzlich das Vermächtnis als Vorausvermächtnis erhalten.[6]

4 Ein anderer Wille des Erblassers kann dazu führen, dass das Vermächtnis mit dem **Wegfall** des Beschwerten **unwirksam** sein soll (S. 1). Ein derartiger Wille des Erblassers ist anzunehmen wenn der Erblasser ausschließlich den weggefallenen Beschwerten persönlich beschweren wollte.[7] Dieser Wille kann sich insbesondere aus dem Wortlaut oder dem Inhalt des Vermächtnisses ergeben: wenn bspw. Dienst- oder Werkleistungen geschuldet werden, die der Beschwerte ausschließlich oder in besonders qualifizierter Weise erbringen konnte.[8] Im Fall des gemeinschaftlichen Testaments mit Vermächtnisanordnung nach dem Tod des Längstlebenden muss der Wille beider Ehegatten bei der Errichtung ihrer Verfügung von Todes wegen dahingehend ausgelegt werden, dass § 2161 BGB nicht zur Anwendung kommen soll.[9]

II. Ersatzbeschwerter

5 Das Vermächtnis bleibt wirksam, auch wenn der Beschwerte nicht Erbe oder Vermächtnisnehmer wird. Es beschwert dann nach S. 2 denjenigen, dem der Wegfall des zunächst Beschwerten zugutekommt.[10]

C. Rechtsfolgen

I. Tatbestandserfüllung

6 Die Rechtsfolgen ergeben sich aus S. 2: Das Vermächtnis bleibt wirksam und beschwert denjenigen, dem der Wegfall des zunächst Bedachten zugutekommt.[11] Der neue Beschwerte, der an die Stelle des zunächst Beschwerten tritt, haftet gegenüber dem Vermächtnisnehmer in dem Umfang des bisher Beschwerten (§ 2187 BGB).

7 Beschwert ist demnach der nächstfolgende gesetzliche Erbe, wenn der eingesetzte Erbe wegfällt; an die Stelle des eingesetzten Erben tritt der Ersatzerbe, der anwach-

1 MüKo/*Rudy*, § 2161 Rn 2.
2 Staudinger/*Otte*, § 2161 Rn 1.
3 OLG Thüringen v. 4.4.2001 – 8 U 577/00, juris, Rn 81.
4 jurisPK-BGB/*Reymann*, § 2161 Rn 4.
5 MüKo/*Rudy*, § 2161 Rn 2.
6 MüKo/*Rudy*, § 2161 Rn 2.
7 Staudinger/*Otte*, § 2161 Rn 2.
8 NK-BGB/*Horn*, § 2161 Rn 3.
9 jurisPK-BGB/*Reymann*, § 2161 Rn 7.
10 MüKo/*Rudy*, § 2161 Rn 3.
11 Staudinger/*Otte*, § 2160 Rn 3.

sungsberechtigte Miterbe oder der gesetzliche Erbe; die Stelle des vom Erblasser durch frühere Verfügung eingesetzten Erben übernimmt der durch spätere Verfügung eingesetzte Erbe; der Ersatzvermächtnisnehmer oder anwachsungsberechtigte Mitvermächtnisnehmer tritt an die Stelle des Hauptvermächtnisnehmers; der Erbe tritt an die Stelle des Hauptvermächtnisnehmers, wenn das Hauptvermächtnis bspw. durch Wegfall des Vermächtnisnehmers unwirksam wird (§ 2160 BGB).[12]

II. Querverweise

8 Bei Auflagen findet § 2161 BGB entsprechende Anwendung (§ 2192 BGB).

D. Verfahrensfragen

9 Die Beweis- und Darlegungslast für einen von § 2161 BGB abweichenden Erblasserwillen trägt derjenige, der sich darauf beruft.[13]

§ 2162 Dreißigjährige Frist für aufgeschobenes Vermächtnis

(1) Ein Vermächtnis, das unter einer aufschiebenden Bedingung oder unter Bestimmung eines Anfangstermins angeordnet ist, wird mit dem Ablauf von 30 Jahren nach dem Erbfall unwirksam, wenn nicht vorher die Bedingung oder der Termin eingetreten ist.

(2) Ist der Bedachte zur Zeit des Erbfalls noch nicht gezeugt oder wird seine Persönlichkeit durch ein erst nach dem Erbfall eintretendes Ereignis bestimmt, so wird das Vermächtnis mit dem Ablauf von 30 Jahren nach dem Erbfall unwirksam, wenn nicht vorher der Bedachte gezeugt oder das Ereignis eingetreten ist, durch das seine Persönlichkeit bestimmt wird.

Übersicht:

A. Allgemeines/Normzweck

1 Sinn und Zweck der Vorschrift ist es, erbrechtliche Schwebezustände nicht auf unabsehbare Zeit andauern zu lassen. § 2162 BGB entspricht so der für die Nacherbfolge geltenden Regelung des § 2109 Abs. 1 S. 1 BGB. Dem Erblasser wird durch die Norm die Möglichkeit genommen, seine Willensmacht über alle nachfolgenden Generationen zu erstrecken. Die Regelung entspricht auch dem Gedanken der §§ 2044 Abs. 2 und 2210 BGB. Wie § 2044 BGB (Ausschluss der Auseinandersetzung) ist § 2162 BGB eine zwingende Vorschrift. Anwendung findet sie dann, wenn das Vermächtnis aufschiebend bedingt oder aufschiebend befristet ist und die Bedingung oder der Termin erst nach dem Erbfall eintreten (§ 2177 BGB). Von Relevanz ist § 2162 BGB auch dann, wenn der Bedachte zur Zeit des Erbfalls noch nicht gezeugt ist oder seine Persönlichkeit durch ein erst nach dem Erbfall eintretendes Ereignis bestimmt wird (§ 2178 BGB).

12 MüKo/*Rudy*, § 2161 Rn 3; Staudinger/*Otte*, § 2160 Rn 3.
13 jurisPK-BGB/*Reymann*, § 2161 Rn 11.

B. Tatbestand und Rechtsfolgen

I. Aufgeschobenes Vermächtnis

Anwendung findet die Frist des § 2162 BGB grundsätzlich auf alle Vermächtnisarten, 2
somit auch auf **Untervermächtnisse** und **Nachvermächtnisse** (§§ 2186, 2191 BGB).[1] Voraussetzung ist zunächst das Vorliegen eines bestimmten Schwebezustandes. Dieser kann sich ergeben aus dem Inhalt des Vermächtnisses (Abs. 1) oder in der Person des Bedachten liegen (Abs. 2). Nicht mehr anwendbar ist § 2162 BGB, wenn der Schwebezustand vor Fristablauf beendet worden ist. Dies gilt unabhängig davon, ob der Vermächtnisanspruch erst später fällig wird (vgl. hierzu §§ 2074, 2177, 2178 BGB).

Im Einzelfall kann die Abgrenzung Schwierigkeiten bereiten, ob das Entstehen oder 3
nur die **Fälligkeit** des Vermächtnisanspruchs aufgeschoben ist. Ist angeordnet, dass der Vermächtnisnehmer das Vermächtnis erst bei Erreichung eines bestimmten Alters erhalten soll, steht dies der Ansicht entgegen, dass das Vermächtnis ihm bereits mit dem Erbfall angefallen ist.[2] Soll der Bedachte das Vermächtnis erst beim Ableben des Erben erhalten, stellt dies zwar eine Zeitbestimmung dar. Hierdurch wird nicht ausgeschlossen, dass das Vermächtnis auch bedingt zugewendet ist. Erhält der Bedachte aufgrund der Anordnung des Erblassers ab dem Erbfall **Zinsen** oder Früchte einer Sache, spricht dies gegen ein aufschiebend bedingtes oder befristetes Vermächtnis. Ein Gewinnvermächtnis, das vom Eintritt des Beschwerten in die Gesellschaft abhängt, ist dagegen aufschiebend bedingt.[3]

Ist das Vermächtnis auf **wiederkehrende** Leistungen, insbesondere eine Leibrente 4
gerichtet, fällt das Vermächtnis einheitlich an.[4] Das heißt, § 2162 BGB findet auf die einzelnen Teilleistungen keine Anwendung, die nach Ablauf der 30-Jahres-Frist erfolgen. Es handelt sich hierbei nicht um einzelne Vermächtnisse, sondern Erträge aus dem vermächtnisweise zugewendeten Stammrecht.[5] Bei Leibrenten wird davon ausgegangen, dass der Anspruch insgesamt als einheitliches Recht entsteht; daher findet § 2162 BGB auf die einzelnen Teilleistungen keine Anwendung, die erst nach Ablauf von 30 Jahren zur Entstehung gelangen.[6] Bei den einzelnen Zahlungen handelt es sich um Erträge aus dem Stammrecht.[7]

II. Fristablauf

Der Beginn der Frist ist der Erbfall. Die Berechnung erfolgt nach den §§ 187 Abs. 1, 5
188 Abs. 2 Alt. 1 BGB.[8] Im Fall des Abs. 2 verlängert sich die Frist um die Empfängniszeit (§ 2178 BGB). Maßgebend ist schließlich, ob der Vermächtnisnehmer bei Ablauf von 30 Jahren seit dem Erbfall bereits erzeugt ist.[9]

III. Fortbestehen vor Fristablauf wirksam gewordener Vermächtnisse

Für die Dauer der Wirksamkeit eines Vermächtnisses, das einmal wirksam geworden 6
ist – sei es mit dem Erbfall oder später innerhalb der Fristen nach den §§ 2162 ff. BGB –, ist § 2162 BGB ohne Relevanz.[10] Ist das Vermächtnis wirksam geworden, ist nunmehr die Regelverjährung von drei Jahren zu beachten.

---

1 MüKo/*Rudy*, § 2162 Rn 2.
2 MüKo/*Rudy*, § 2176 Rn 6.
3 BGH v. 3.11.1982 – IVa ZR 47/81, NJW 1983, 937–938.
4 MüKo/*Rudy*, § 2162 Rn 2.
5 Staudinger/*Otte*, § 2177 Rn 5; MüKo/*Rudy*, § 2162 Rn 2.
6 jurisPK-BGB/*Reymann*, § 2162 Rn 15; a.A. *Kipp/Coing*, Erbrecht, § 62 III 7.
7 MüKo/*Rudy*, § 2162 Rn 2.
8 Staudinger/*Otte*, § 2162 Rn 2; Grüneberg/*Weidlich*, § 2162 Rn 1.
9 Grüneberg/*Weidlich*, § 2162 Rn 1.
10 Staudinger/*Otte*, § 2162 Rn 4; NK-BGB/*Horn*, § 2161 Rn 4.

7 Sieht das Vermächtnis keine auflösende Bedingung oder keinen Endtermin vor, können die Bestimmungen über das Erlöschen höchstpersönlicher Rechte – bspw. § 759 BGB bei der Leibrente oder § 1061 BGB bei dem Nießbrauch – eingreifen; wurde ein Anspruch auf Dienstleistungen oder Besitzeinräumung vermacht, können die Vorschriften des Schuldrechts (§§ 567, 624 BGB) einschlägig sein. Dies ergibt sich daraus, dass der Erblasser keine weitergehende Bindung bestimmen kann, als er sich selbst vertraglich binden könnte.[11]

8 Tritt eine auflösende Bedingung oder auflösende Befristung nach dem Ablauf der 30-Jahres-Frist ein, kann dies zur Unwirksamkeit des Vermächtnisses führen. Es entfällt der Grund für das Vermächtnis, woraus sich Bereicherungsansprüche nach § 812 Abs. 1 S. 1 Alt. 1 bzw. § 812 Abs. 1 S. 2 Alt. 2 BGB ergeben können.[12]

§ 2163 Ausnahmen von der dreißigjährigen Frist

(1) Das Vermächtnis bleibt in den Fällen des § 2162 auch nach dem Ablauf von 30 Jahren wirksam:

1. **wenn es für den Fall angeordnet ist, dass in der Person des Beschwerten oder des Bedachten ein bestimmtes Ereignis eintritt, und derjenige, in dessen Person das Ereignis eintreten soll, zur Zeit des Erbfalls lebt,**
2. **wenn ein Erbe, ein Nacherbe oder ein Vermächtnisnehmer für den Fall, dass ihm ein Bruder oder eine Schwester geboren wird, mit einem Vermächtnis zugunsten des Bruders oder der Schwester beschwert ist.**

(2) Ist der Beschwerte oder der Bedachte, in dessen Person das Ereignis eintreten soll, eine juristische Person, so bewendet es bei der dreißigjährigen Frist.

Übersicht: Rdn

A. Allgemeines/Normzweck

1 § 2163 Abs. 1 enthält zwei Ausnahmeregelungen zu § 2162 BGB. Er entspricht insoweit § 2109 Abs. 1 S. 2 BGB bei der Nacherbfolge. Die zeitliche Grenze in § 2162 BGB für das Wirksamwerden von Vermächtnissen wird insoweit wieder aufgehoben. Für juristische Personen wird in Abs. 2 entsprechend der Vorschrift des § 2109 Abs. 2 BGB die Regelung in § 2162 BGB festgeschrieben.

B. Tatbestand

I. Ausnahme durch Abs. 1 Nr. 1

2 Abs. 1 Nr. 1 findet Anwendung, wenn das Vermächtnis für den Fall angeordnet ist, dass in der Person des Beschwerten oder des Bedachten ein **bestimmtes Ereignis** eintritt und derjenige, in dessen Person das Ereignis eintreten soll, zzt. des Erbfalls lebt. Da Abs. 1 Nr. 1 einen Kompromiss zwischen den Interessen des Erblassers und

11 Staudinger/*Otte*, § 2174 Rn 4.
12 jurisPK-BGB, § 2162 Rn 19.

dem Verkehrsschutz darstellt, ist eine Erweiterung oder eine analoge Anwendung nicht zulässig.[1]

II. Ereignis

Ein „Ereignis" i.S.d. Abs. 1 Nr. 1 ist im weitesten Sinne zu verstehen.[2] Es bezieht sich 3 nicht nur auf Geschehen, die den Beschwerten oder Bedachten unabhängig von dessen Willen betreffen, wie Tod oder Erwerbsunfähigkeit.[3] Das Ereignis kann auch auf einer Willensentschließung des Beschwerten oder Bedachten beruhen (Heirat, Nachkommen, Scheidung, Wiederverheiratung, Grundstücksübertragung/-belastung).[4] Der Beschwerte oder der Bedachte muss auch nicht in seiner Stellung als Person betroffen sein; es genügt vielmehr, wenn seine vermögensrechtliche Stellung betroffen wird, wie bspw. beim Verkauf eines Gegenstandes.[5] In der Literatur wird darüber hinaus vertreten, dass das Ereignis einen gewissen Bezug zur Person des Betroffenen aufweist. Allgemeine Vorgänge wie Naturkatastrophen oder technische Weiterentwicklungen seien nicht ausreichend, um als Ereignis i.S.d. § 2163 BGB qualifiziert zu werden.[6]

Beispiele 4
Der Erblasser ordnet ein Vorvermächtnis an. Das sich daran anschließende Nachvermächtnis (§ 2191 BGB) stellt dann eine Beschwer dar. Hat der Nachvermächtnisnehmer zur Zeit des Erbfalls gelebt, kann auch die dreißigjährige Frist des § 2162 Abs. 1 BGB für ein Nachvermächtnis beliebig unter Beachtung des § 2163 BGB überschritten werden.[7] Dies gilt jedoch nicht, wenn das Vermächtnis aufgrund seiner höchstpersönlichen Natur nicht übertragbar ist.[8]

Wird eine zur Zeit des Erbfalls bereits lebende Person (weiterer Vorerbe) 30 Jahre nach dem ursprünglichen Erbfall mit einem Vermächtnis beschwert, stellt der Erbanfall beim neuen Vorerben ein Ereignis in der Person des Beschwerten dar, sodass Abs. 1 Nr. 1 zur Anwendung kommt.[9]

Abs. 1 Nr. 1 ist auch nicht durch Auslegung oder analoge Anwendung auf Fälle anzu- 5 wenden, in denen Mehrere beschwert sind und das Ereignis, von dessen Eintritt das Vermächtnis abhängt, nicht in der Person des Beschwerten eintreten soll, der das Vermächtnis zu erfüllen hat, sondern eines früheren Bedachten, der das zugewandte Recht wegen seiner höchstpersönlichen Natur nicht übertragen und daher nicht beschwert sein kann:[10] Soll daher bspw. ein Nießbrauchsrecht aufgrund eines Vermächtnisses zunächst dem Vorvermächtnisnehmer und nach dessen Tod dem Nachvermächtnisnehmer zustehen, ist der Vorvermächtnisnehmer nicht Beschwerter des Nachvermächtnisses. Denn mit dem Tod des Vorvermächtnisnehmers erlischt auch das

1 BGH v. 26.2.1992 – IV ZR 86/91, NJW-RR 1992, 643–644; BGH v. 26.2.1992 – IV ZR 90/91, FamRZ 1992, 800–802.
2 MüKo/*Rudy*, § 2163 Rn 2.
3 BGH v. 9.1.1969 – III ZR 174/66, NJW 1969, 1112; BayObLG v. 25.4.1991 – BReg 1 a Z 72/90, NJW-RR 1991, 1094–1097.
4 Grüneberg/*Weidlich*, § 2163 Rn 2; MüKo/*Rudy*, § 2163 Rn 2.
5 BGH v. 9.1.1969 – III ZR 174/66, NJW 1969, 1112.
6 MüKo/*Rudy*, § 2163 Rn 2; jurisPK-BGB/*Reymann*, § 2163 Rn 14.
7 jurisPK-BGB/*Reymann*, § 2163 Rn 8 (Behindertentestament).
8 BGH v. 26.2.1992 – IV ZR 86/91, NJW-RR 1992, 643–644; BGH v. 26.2.1992 – IV ZR 90/91, FamRZ 1992, 800–802.
9 HansOLG v. 19.11.1984 – 12 UF 49/84, FamRZ 1985, 538–539.
10 BGH v. 26.2.1992 – IV ZR 86/91, FamRZ 1992, 667–668.

Nießbrauchsrecht. Das Nießbrauchsrecht wäre daher zugunsten des Nachvermächtnisnehmers durch die Erben erneut zu bestellen.[11]

III. Ausnahme durch Abs. 1 Nr. 2

6 Abs. 1 Nr. 2 findet Anwendung, wenn ein Erbe, ein Nacherbe oder ein Vermächtnisnehmer für den Fall, dass ihm ein **Bruder** oder eine **Schwester** geboren wird, mit einem Vermächtnis zugunsten des Bruders oder der Schwester beschwert wird. Grenze für die Anwendbarkeit der Nr. 2 ist, dass dem Beschwerten noch Geschwister geboren werden können. Die nicht ehelichen Kinder, Halbgeschwister und die nach früherem Recht Legitimierten (§§ 1719, 1736 a.F. BGB) fallen ebenfalls unter Abs. 1 Nr. 2. Die Annahme eines Minderjährigen an Kindes Statt ist im Hinblick auf § 1754 BGB (Wirkung der Annahme) der Geburt eines Kindes der Annehmenden gleichzustellen.[12]

IV. Juristische Person

7 In Abs. 3, der § 2109 Abs. 2 BGB entspricht, wird für juristische Personen die Regelung des § 2162 BGB hinsichtlich der dreißigjährigen Frist festgeschrieben.

C. Verfahrensfragen/Beweislast

8 Von der dreißigjährigen Frist enthält § 2163 BGB zwei Ausnahmen für aufgeschobene Vermächtnisse. Die **Beweislast** für das Vorliegen der Tatsachen, unter denen der Fristablauf ausnahmsweise ohne Bedeutung ist, trägt derjenige, der sich darauf beruft, dass die Anordnung des Vermächtnisses trotz des Fristablaufs wirksam sei.

§ 2164 Erstreckung auf Zubehör und Ersatzansprüche

(1) Das Vermächtnis einer Sache erstreckt sich im Zweifel auf das zur Zeit des Erbfalls vorhandene Zubehör.
(2) Hat der Erblasser wegen einer nach der Anordnung des Vermächtnisses erfolgten Beschädigung der Sache einen Anspruch auf Ersatz der Minderung des Wertes, so erstreckt sich im Zweifel das Vermächtnis auf diesen Anspruch.

Übersicht: Rdn

A. Allgemeines/Normzweck

1 Bei Abs. 1 handelt es sich um eine Auslegungsregel. Dabei wird dem Umstand Rechnung getragen, dass der Erblasser das Vermächtnis i.d.R. unter Bezeichnung der Hauptsache anordnet und auch dessen Zubehör vermachen will. Grundsätzlich trifft der Erblasser auch keine Regelung für den Fall, dass die vermachte Sache beschädigt ist. In diesem Fall soll der Bedachte im Zweifel dann Ersatzansprüche erhalten (Abs. 2). Insoweit ist § 2164 BGB vergleichbar mit § 311c BGB bei Grundstücksverträgen und § 1096 BGB bei dinglichen Vorkaufsrechten.

11 BGH v. 26.2.1992 – IV ZR 90/91, FamRZ 1992, 800–802.
12 MüKo/*Rudy*, § 2163 Rn 3; NK-BGB/*Horn*, § 2163 Rn 5; jurisPK-BGB/*Reymann*, § 2163 Rn 17.

B. Tatbestand und Rechtsfolgen

I. Zubehör

2 Das Vermächtnis erstreckt sich im Zweifel nach Abs. 1 auch auf das im Zeitpunkt des Erbfalls vorhandene Zubehör. Der Begriff des Zubehörs orientiert sich an den §§ 97, 98 BGB. Der Erblasser kann kein Zubehör von dem Vermächtnis ausnehmen oder Stand eines eigenständigen Vermächtnisses machen.[1]

3 Für die Bestimmung des **Zubehörs** ist es nicht Voraussetzung, dass das Zubehör im Eigentum des Erblassers steht.[2] Dies ergibt sich aus §§ 2169 Abs. 1, 2170 Abs. 1 BGB. In diesen Fällen ist es jedoch nicht zwingend, dass ein Verschaffungsvermächtnis (§ 2170 Abs. 1 BGB) gegeben ist. Dies ergibt sich auch daraus, dass § 2164 BGB nur den Umfang, nicht aber den Inhalt des Vermächtnisses bestimmt.[3] Gegenstand des Vermächtnisses kann somit auch der Besitz (§ 2169 Abs. 2 BGB) oder ein Anspruch auf Leistung des vermachten Gegenstandes (§ 2169 Abs. 3 BGB) sein. Veräußerte der Erblasser Zubehör, ist im Zweifel der Anspruch auf Zahlung des Kaufpreises nicht mitvermacht.[4] Ersetzte der Erblasser Zubehörteile zwischen Anordnung des Vermächtnisses und Erbfall, ist das Ersatzzubehörstücke vermacht.[5] Im Falle von Sachinbegriffen ist § 2164 Abs. 1 BGB entsprechend anzuwenden.[6] Bei der Testamentsgestaltung sollte zur Vermeidung unterschiedlicher Ansichten klargestellt werden, inwieweit Mobiliar und Inventar eines bebauten Grundstücks Gegenstand des Vermächtnisses sein sollen.

4 Es ist jedoch der Wille des Erblassers zu berücksichtigen, inwieweit er das gesetzlich definierte Zubehör vermachen will. Das Zubehör wird vermacht in dem Umfang und Zustand, wie es im Zeitpunkt des Erbfalls tatsächlich vorhanden ist.[7] Dieser Zeitpunkt ist auch maßgebend im Fall eines aufschiebend bedingten oder befristeten Vermächtnisses.[8] Der Beschwerte hat daher in diesen Fällen nach Maßgabe der §§ 160 Abs. 1, 2179 BGB (Haftung während der Schwebezeit) Ersatz zu leisten. Daraus ergibt sich, dass der Beschwerte auch das Recht hat, im Rahmen ordnungsgemäßer Wirtschaft zur Zeit des Erbfalls vorhandenes Zubehör auszutauschen. Der Anspruch des Vermächtnisnehmers erstreckt sich dann auf die neuen Zubehörstücke.[9] Da das Zubehör nach § 2164 BGB grundsätzlich als mitvermacht gilt, muss der Erblasser, wenn dies nicht sein Wille ist, dies erklären. Dem steht auch § 93 BGB nicht entgegen, weil das Vermächtnis nur schuldrechtlicher Natur ist.[10] Der Erblasser kann somit Teile einer Sache zu einem Vermächtnis machen, aber auch Teile eines Vermächtnisgegenstandes von diesem Vermächtnis ausnehmen. Wird Zubehör eines Vermächtnisses aufgrund des Willens des Erblassers von einem Vermächtnis separiert, verbleibt es grundsätzlich bei dem Beschwerten, sofern es nicht seinerseits vermächtnisweise einem anderen zugewendet wird.

5 Soweit das Vermächtnis **fremdes** Zubehör betrifft, ist davon auszugehen, dass der Erblasser im Zweifel den Besitz an dem Zubehör vermachen wollte (§ 2169 Abs. 2 BGB).[11] Dies ist bspw. der Fall bei Zubehör, das unter Eigentumsvorbehalt steht.

1 jurisPK-BGB/*Reymann*, § 2164 Rn 4.
2 Grüneberg/*Ellenberger*, § 97 Rn 2.
3 NK-BGB/*Horn*, § 2164 Rn 4.
4 jurisPK-BGB/*Reymann*, § 2164 Rn 9.
5 Grüneberg/*Weidlich*, § 2164 Rn 2.
6 MüKo/*Rudy*, § 2164 Rn 4.
7 MüKo/*Rudy*, § 2164 Rn 2.
8 Grüneberg/*Weidlich*, § 2164 Rn 1.
9 Staudinger/*Otte*, § 2164 Rn 4.
10 MüKo/*Rudy*, § 2164 Rn 3.
11 Grüneberg/*Weidlich*, § 2164 Rn 2.

Sofern und soweit noch Kaufpreisraten für eine unter Eigentumsvorbehalt erworbene Sache zu zahlen sind, trifft diese Pflicht den Bedachten, wenn er das Eigentum erwerben möchte.[12] Dies ergibt sich auch aus § 2165 Abs. 1 S. 1 BGB, nach dem der Vermächtnisnehmer im Zweifel nicht von dem Beschwerten verlangen kann, auf der Sache ruhende Belastungen zu beseitigen.

6 Gehört eine vermachte Hauptsache nicht zur Erbschaft – ohne dass das Vermächtnis nach § 2169 Abs. 1 BGB unwirksam wäre, weil ein **Verschaffungsvermächtnis** nach § 2170 Abs. 1 BGB vorliegt –, ist § 2164 BGB anwendbar; im Zweifel ist daher das Zubehör der fremden Sache mitvermacht und dem Bedachten zu verschaffen.[13]

II. Bestandteile

7 § 2164 BGB ist auf Bestandteile des vermachten Gegenstandes anzuwenden.[14] Sie sind von § 2194 BGB umfasst, da sie als einzelne Teile Teil eines Ganzen – des Vermächtnisses – sind. Sollen Bestandteile einer Sache – insbesondere sonderrechtsfähige wesentliche Bestandteile (§ 93 BGB) – nicht mitvermacht sein, kann der Erblasser dies bestimmen. Wechselt der Beschwerte Bestandteile in der Zeit zwischen Erbfall und Anfall des Vermächtnisses aus, bezieht sich der Anspruch des Vermächtnisnehmers auf den neuen Bestandteil.[15]

III. Sachgesamtheiten

8 Abs. 1 kann entsprechend auf **Sach- oder Rechtsgesamtheit** angewendet werden.[16] Um Sachgesamtheiten handelt es sich bspw. bei Hausrat oder Sammlungen. Eine Rechtsgesamtheit liegt vor, wenn bspw. Vermögen oder ein Unternehmen vermacht wird.[17] Aus § 2164 BGB kann jedoch nicht hergeleitet werden, dass ein Vermächtnis „Schreibtisch mit Inhalt" auch Hypotheken umfasst, deren Briefe sich in dem Schreibtisch befinden.[18]

9 Durch Auslegung des Erblasserwillens kann sich ergeben, dass mit der vermachten Sache in wirtschaftlichem Zusammenhang stehende Gegenstände, die kein Zubehör sind, mitvermacht sein sollen. Ist daher bspw. Gegenstand des Vermächtnisses ein Grundstück, das nur über ein anderes Grundstück des Beschwerten zugänglich ist, wird es die Absicht des Erblassers gewesen sein, den Beschwerten zu verpflichten, den Notweg – entgegen § 917 Abs. 1 und Abs. 2 BGB – ohne Entschädigung zu dulden.[19]

IV. Ersatzanspruch

10 Nach Abs. 2 umfasst das Vermächtnis im Zweifel Ersatzansprüche des Erblassers wegen Minderung des Wertes des Vermächtnisgegenstandes. Sofern die Sache untergegangen ist oder verarbeitet wurde, findet Abs. 2 keine Anwendung.[20] In diesen Fällen greifen §§ 2169 Abs. 3, 2172 Abs. 2 S. 2 BGB. Kommt es zu einer Beschädigung der Sache nach dem Erbfall, findet § 285 BGB Anwendung. Die Ansprüche, die auf Vertrag oder unerlaubter Handlung beruhen, müssen von dem Beschwerten abgetreten wer-

---

12 Staudinger/*Otte*, § 2164 Rn 2; jurisPK-BGB/*Reymann*, § 2164 Rn 6.
13 Staudinger/*Otte*, § 2164 Rn 3.
14 Staudinger/*Otte*, § 2164 Rn 5.
15 Staudinger/*Otte*, § 2164 Rn 4, 6.
16 Staudinger/*Otte*, § 2164 Rn 7; Grüneberg/*Weidlich*, § 2164 Rn 1.
17 OLG Koblenz v. 27.5.2004 – 5 U 1477/03, FamRZ 2005, 1280–1282: Umfang bei Geschäftsbetrieb; Guthaben auf Geschäftskonten sind mitumfasst.
18 Staudinger/*Otte*, § 2164 Rn 7.
19 MüKo/*Rudy*, § 2164 Rn 4.
20 Grüneberg/*Weidlich*, § 2164 Rn 3.

den, da der Vermächtnisnehmer immer nur einen Anspruch auf Leistung des vermachten Gegenstandes erwirbt (§ 2174 BGB).

Keine Anwendung findet Abs. 2 hingegen auf Ansprüche, die daraus resultieren, dass der Erblasser den Vermächtnisgegenstand freiwillig veräußert hat. Ebenfalls nicht anwendbar ist Abs. 2 in den Fällen der Verarbeitung, Verbindung oder Vermischung des vermachten Gegenstandes durch den Erblasser oder einen Dritten.[21] Dem Vermächtnisnehmer steht in diesen Fällen ggf. ein Anspruch aus § 2172 Abs. 2 BGB zu. 11

Der Bedachte kann auch nicht unter Berufung auf Abs. 2 den Wert des Vermächtnisses verlangen. Wird der dem Erblasser zustehende Ersatzanspruch nicht realisiert, hat der Beschwerte nicht für diesen Ausfall aufzukommen.[22] Es kommt ggf. § 2173 BGB – Forderungsvermächtnis – dann zur Anwendung, wenn der Ersatzanspruch des Erblassers bereits zu Lebzeiten erfüllt wurde. 12

Abs. 2 ist aber anzuwenden bei Gewährleistungsansprüchen wegen Mängeln des vermachten Gegenstandes (§§ 433 Abs. 1 S. 2, 434, 437 BGB). Auch Ansprüche aus unerlaubter Handlung fallen unter Abs. 2. Unumstritten ist, dass Ansprüche wegen Mängeln des vermachten Gegenstandes unter Abs. 2 fallen. Zum Teil wird jedoch vertreten, dass dem Vermächtnisnehmer kein Rücktrittsrecht (§ 346 BGB) oder ein Recht auf Wandlung zusteht.[23] 13

Der Höhe nach ist der Anspruch durch den Substanzwert bestimmt. Ein darüber hinausgehender Schadensersatzanspruch des Erblassers (Nutzungsentschädigung) wird nicht erfasst.[24] Auch hier ist zu beachten, dass, wurde der Anspruch bereits zu Lebzeiten des Erblassers erfüllt, ein Forderungsvermächtnis nach § 2173 BGB vermacht sein könnte. 14

C. Verfahrensfragen/Beweislast

Zum Umfang des Vermächtnisses enthält § 2164 BGB zwei Auslegungsregeln. Derjenige, der behauptet, die **Auslegungsregeln** seien nicht einschlägig und das Vermächtnis umfasse nach dem Willen des Erblassers daher nicht das Zubehör oder die Ersatzansprüche, hat dies darzutun und zu beweisen.[25] 15

§ 2165 Belastungen

(1) [1]Ist ein zur Erbschaft gehörender Gegenstand vermacht, so kann der Vermächtnisnehmer im Zweifel nicht die Beseitigung der Rechte verlangen, mit denen der Gegenstand belastet ist. [2]Steht dem Erblasser ein Anspruch auf die Beseitigung zu, so erstreckt sich im Zweifel das Vermächtnis auf diesen Anspruch.
(2) Ruht auf einem vermachten Grundstück eine Hypothek, Grundschuld oder Rentenschuld, die dem Erblasser selbst zusteht, so ist aus den Umständen zu entnehmen, ob die Hypothek, Grundschuld oder Rentenschuld als mitvermacht zu gelten hat.

---

21 Staudinger/*Otte*, § 2164 Rn 9; Grüneberg/*Weidlich*, § 2164 Rn 3.
22 Staudinger/*Otte*, § 2164 Rn 10; jurisPK-BGB/*Reymann*, § 2164 Rn 11.
23 Staudinger/*Otte*, § 2164 Rn 9; Grüneberg/*Weidlich*, § 2164 Rn 3; kritisch: MüKo/*Rudy*, § 2164 Rn 5; jurisPK-BGB/*Reymann*, § 2164 Rn 8.
24 jurisPK-BGB/*Reymann*, § 2164 Rn 11.
25 Baumgärtel/*Schmitz*, § 2164 Rn 1.

Literatur

Grunewald/Rizor, Wer trägt die Lasten, wenn ein vermachtes Grundstück belastet ist?, ZEV 2008, 510.

Übersicht: Rdn

A. Allgemeines

1 Die Vorschrift des Abs. 1 stellt eine Auslegungsregel dar. Der Gesetzgeber geht davon aus, dass der Erblasser den vermachten Gegenstand mit seinen im Zeitpunkt des Erbfalls bestehenden rechtlichen und tatsächlichen Eigenschaften zuwenden will.[1] Nach ihr soll der Vermächtnisnehmer den Vermächtnisgegenstand mit seinen rechtlichen und tatsächlichen Eigenschaften erhalten, wie sie im Zeitpunkt des Erbfalls waren. Im Zweifel soll der Bedachte nicht die Beseitigung der Rechte verlangen können, mit denen der vermachte Gegenstand belastet ist.

Abs. 2 ist anders als Abs. 1 keine Auslegungsregel. Er verweist vielmehr auf die tatsächlichen Umstände des Einzelfalls hinsichtlich der Frage, ob eine Hypothek, Grundschuld oder Rentenschuld, die dem Erblasser selbst zusteht, mitvermacht ist.

B. Tatbestand und Rechtsfolgen

I. Grundsätzliches

2 Voraussetzung ist zunächst, dass der Gegenstand zur Erbschaft gehört. Damit findet die Vorschrift des § 2165 BGB keine Anwendung auf ein Verschaffungsvermächtnis (§§ 2170, 2182 Abs. 2 BGB), ein Gattungsvermächtnis (§§ 2155, 2182 BGB) oder Kaufrechtsvermächtnis, bei dem die §§ 434 ff. BGB einschlägig sind.[2]

3 Bei **Grundstücksvermächtnissen** ist die Ausnahmeregelung des § 2182 Abs. 3 BGB zu beachten. Ein Gegenstand, der sicherungsübereignet ist, gehört nicht zur Erbschaft. § 2165 BGB ist daher nicht anwendbar.[3] In diesen Fällen wird aber auch § 2169 Abs. 1 BGB nicht einschlägig sein, da i.d.R. der Erblasser die Verbindlichkeit, für die das Sicherungsgut haftet, erfüllen wollte. Es dürfte daher regelmäßig ein Verschaffungsvermächtnis von dem Erblasser gewollt gewesen sein (§ 2170 Abs. 1 BGB).[4] Sofern der Beschwerte Zahlungen zur Auslösung aufwendet, hat er diese selbst zu tragen und kann sie nicht von dem Vermächtnisnehmer ersetzt verlangen.[5] Ist jedoch nach der Auslegung der letztwilligen Verfügung des Erblassers der vermachte Gegenstand dem Bedachten nicht zu verschaffen, steht diesem der Anspruch auf Rückübertragung des Sicherungsguts nach § 2169 Abs. 3 BGB zu.[6]

4 Ist das Vermächtnis mit Pfandrechten, auch gesetzlichen Pfandrechten, belastet, ist der Wille des Erblassers in der Regel auf eine lastenfreie Übertragung gerichtet.[7]

1 MüKo/*Rudy*, § 2165 Rn 1.
2 Staudinger/*Otte*, § 2165 Rn 2; NK-BGB/*Horn*, § 2165 Rn 2.
3 Staudinger/*Otte*, § 2165 Rn 5.
4 Staudinger/*Otte*, § 2165 Rn 5.
5 MüKo/*Rudy*, § 2165 Rn 2.
6 NK-BGB/*Horn*, § 2165 Rn 2; jurisPK-BGB/*Reymann*, § 2165 Rn 7.
7 jurisPK-BGB/*Reymann*, § 2165 Rn 5.

Ausgenommen hiervon sind Eigentümerpfandrechte (§ 2165 Abs. 2 BGB). Wie der Erblasser beim Sicherungseigentum davon ausgeht, dass die gesicherte Forderung beglichen wird, ist dies bei einem verpfändeten Vermächtnis anzunehmen.[8] Es ist daher davon auszugehen, dass der Erblasser die Ablösung des Pfandrechts zugunsten des Bedachten wollte.[9]

II. Belastungen

Bei den Belastungen i.S.d. Abs. 1 handelt es sich um **dingliche Rechte** wie bspw. Pfandrecht oder Nießbrauchsrecht. Wem diese Rechte zustehen, ist unerheblich. Hinsichtlich der Schiffshypothek ist die Sonderregelung der §§ 2166–2168a BGB zu beachten. Des Weiteren sind folgende Sonderfälle zu beachten: Abs. 2 ist anzuwenden, wenn dem Erblasser selbst an dem vermachten Grundstück ein Grundpfandrecht zustand; lastet auf dem Grundstück dagegen eine Fremdhypothek, für die der Erblasser persönlich haftet, greift § 2166 BGB; liegt auf dem Grundstück eine Fremdhypothek neben einer Gesamtbelastung mit anderen, nicht vermachten Grundstücken des Erblassers, ist § 2167 BGB maßgebend; § 2186 BGB betrifft den Fall der Belastung des vermachten Grundstücks mit einer Gesamtgrundschuld. Durch Vermietung und Verpachtung werden keine dinglichen Rechte begründet. 5

Nicht unter Abs. 1 fällt die Vermietung oder Verpachtung des vermachten Gegenstandes. Es handelt sich um eine schuldrechtliche, nicht aber dingliche Belastung.[10] Gem. § 566 Abs. 1 BGB tritt der Vermächtnisnehmer an die Stelle des vermietenden Erben in den bestehenden Mietvertrag ein. Entsprechendes gilt bei beweglichen Sachen. Hier kann der Mieter der Sache sein Besitzrecht dem Vermächtnisnehmer nach § 986 Abs. 2 BGB entgegenhalten. 6

III. Beseitigungsanspruch

Im Zweifel kann der Vermächtnisnehmer nicht die Beseitigung der Rechte verlangen, mit denen der Gegenstand belastet ist.[11] Abs. 1 S. 2 sieht eine Ausnahme für den Fall vor, dass der Erblasser einen Anspruch auf die **Beseitigung** der Rechte hat. Dabei ist es ausreichend, wenn es sich um einen bedingten Anspruch handelt.[12] Der Anspruch des Erblassers auf Beseitigung der Belastungen ist im Zweifel mitvermacht und daher an den Beschwerten abzutreten.[13] Der Beseitigungsanspruch erlischt nicht, wenn der Beschwerte selbst Schuldner des Anspruchs ist (§ 2175 BGB). Die Auslegungsregel gilt allerdings nur, solange kein anderer auf lastenfreie Übertragung gerichteter Wille des Erblassers feststeht.[14] 7

IV. Eigentümergrundpfandrechte

Auf Eigentümergrundpfandrechte des Erblassers ist die Auslegungsregel des Abs. 1 nicht anzuwenden. Hier ist Abs. 2 zu beachten. Bei **Grundpfandrechten** (Hypothek, Grundschuld oder Rentenschuld) des Erblassers an dem vermachten Grundstück ist die materiell-rechtliche Lage (bspw. die Eigentümerhypothek, § 1163 BGB) und nicht die Eintragung des Grundpfandrechts maßgebend. Bei Beantwortung der Frage, ob 8

---

8 MüKo/*Rudy*, § 2165 Rn 2.

9 NK-BGB/*Horn*, § 2165 Rn 5; jurisPK-BGB/*Reymann*, § 2165 Rn 9; MüKo/*Rudy*, § 2165 Rn 2.

10 Staudinger/*Otte*, § 2165 Rn 6; jurisPK-BGB/*Reymann*, § 2165 Rn 9.

11 NK-BGB/*Horn*, § 2165 Rn 6; Ausnahmefall: BGH v. 15.10.1997 – IV ZR 327/96, NJW 1998, 682–683.

12 BGH v. 12.12.1979 – IV ZR 66/78, WM 1980, 310–312.

13 Grüneberg/*Weidlich*, § 2165 Rn 1.

14 BGH v. 15.10.1997 – IV ZR 327/96, NJW 1998, 682–683.

das Eigentümergrundpfandrecht mitvermacht sein soll, ist zu differenzieren:[15] Befriedigte der Erblasser den Gläubiger, sodass er das Eigentümergrundpfandrecht erwarb, ist davon auszugehen, dass er das Grundstück für unbelastet hielt und in seinem gesamten wirtschaftlichen Wert vermachen wollte. Hat der Erblasser dagegen eine Eigentümergrundschuld (§ 1196 BGB) bestellt oder handelt es sich um eine vorläufige Eigentümergrundschuld, die durch das Entstehen einer Forderung auflösend bedingt ist, ist der Wille des Erblassers zu erforschen. Bleibt der Bedachte den Beweis schuldig, dass der Erblasser auch das Grundpfandrecht übertragen wollte, geht das Grundstück, belastet mit dem Grundpfandrecht zugunsten des Erben, auf ihn über.[16]

V. Lebensversicherung

9 Wurde dem Erblasser zum Erwerb eines Grundstücks, das Gegenstand eines Vermächtnisses wurde, ein Darlehen gewährt, zu dessen Absicherung eine Grundschuld bestellt und eine Risikolebensversicherung abgeschlossen wurden, kann der Bedachte nach dem Tod des Erblassers von dem Erben die Löschung der Grundschuld verlangen, wenn aus der Lebensversicherung das Darlehen getilgt wurde und der Darlehensgeber daraufhin den Erben die Grundschuld abgetreten hat.[17]

C. Verfahrensfragen/Beweislast

10 Derjenige, der entgegen der Auslegungsregel, dass im Zweifel der Vermächtnisnehmer die Belastungen zu übernehmen hat, lastenfreies Eigentum begehrt, hat darzutun und zu beweisen, dass der Erblasser ihm den Vermächtnisgegenstand lastenfrei zuwenden wollte.

11 Abs. 1 S. 2 bestimmt, dass sich das Vermächtnis im Zweifel auch auf einen dem Erblasser zustehenden Anspruch auf Beseitigung der auf dem vermachten Gegenstand ruhenden Rechte erstreckt. Daher ist der Vermächtnisnehmer dafür beweispflichtig, dass der Beseitigungsanspruch bereits dem Erblasser zustand.[18] Gelingt dieser Beweis, gilt im Zweifel der **Beseitigungsanspruch** als **mitvermacht**. Hieraus ergibt sich, dass dem Beschwerten der Beweis dafür obliegt, dass der Erblasser den Beseitigungsanspruch dem Vermächtnisnehmer nicht zuwenden wollte.[19]

12 Nach Abs. 2 sollen die Umstände entscheiden, ob die Rechte mitvermacht worden sind. Diese Umstände sind durch den Bedachten darzulegen und zu beweisen.[20] Es gilt die Vermutung, dass, wenn der Erblasser die Forderung getilgt hat, der Vermächtnisnehmer das Grundstück unbelastet erhalten soll, weil i.d.R. der Rechtsunkundige das Grundstück nach der Tilgung der gesicherten Forderung als unbelastet ansieht.[21]

§ 2166 Belastung mit einer Hypothek

(1) [1]Ist ein vermachtes Grundstück, das zur Erbschaft gehört, mit einer Hypothek für eine Schuld des Erblassers oder für eine Schuld belastet, zu deren Berichtigung der Erblasser dem Schuldner gegenüber verpflichtet ist, so ist der Vermächtnisnehmer im Zweifel dem Erben gegenüber zur rechtzeitigen Befriedigung des Gläubi-

---

15 Vgl. hierzu MüKo/*Rudy*, § 2165 Rn 7.

16 MüKo/*Rudy*, § 2165 Rn 7.

17 BGH v. 12.12.1979 – IV ZR 66/78, juris; OLG München v. 19.2.1975 – 12 U 3934/74, NJW 1975, 1521.

18 OLG München v. 19.2.1975 – 12 U 3934/74, NJW 1975, 1521–1522.

19 BGH v. 12.12.1979 – IV ZR 66/78, WM 1980, 310–312; BayObLG v. 15.5.2001 – 2Z BR 52/01, NJW-RR 2001, 1665–1666.

20 MüKo/*Rudy*, § 2165 Rn 7.

21 MüKo/*Rudy*, § 2165 Rn 7; NK-BGB/*Horn*, § 2165 Rn 8.

gers insoweit verpflichtet, als die Schuld durch den Wert des Grundstücks gedeckt wird. [2]Der Wert bestimmt sich nach der Zeit, zu welcher das Eigentum auf den Vermächtnisnehmer übergeht; er wird unter Abzug der Belastungen berechnet, die der Hypothek im Range vorgehen.
(2) Ist dem Erblasser gegenüber ein Dritter zur Berichtigung der Schuld verpflichtet, so besteht die Verpflichtung des Vermächtnisnehmers im Zweifel nur insoweit, als der Erbe die Berichtigung nicht von dem Dritten erlangen kann.
(3) Auf eine Hypothek der in § 1190 bezeichneten Art finden diese Vorschriften keine Anwendung.

Literatur

Grunewald/Rizor, Wer trägt die Lasten, wenn ein vermachtes Grundstück belastet ist?, ZEV 2008, 510; *Keim*, Vermächtnisse zugunsten Minderjähriger. Schwierigkeiten und Lösungsmöglichkeiten, ZEV 2011, 563–568.

Übersicht:

A. Allgemeines/Normzweck

Der Vermächtnisnehmer hat nach § 2165 BGB grundsätzlich keinen Anspruch auf die Zuwendung eines lastenfreien Grundstücks. Würde der Vermächtnisnehmer den Hypothekengläubiger hinsichtlich seiner Forderung befriedigen, ging diese Forderung auf ihn über (§ 1143 BGB). Damit hätte der Vermächtnisnehmer eine Forderung, die er gegenüber dem Erben geltend machen könnte. § 2165 BGB würde insoweit ohne die Regelung in § 2166 BGB unterlaufen.[1] Daher soll der Vermächtnisnehmer im Zweifel dem Erben gegenüber zur rechtzeitigen Befriedigung des Gläubigers insoweit verpflichtet sein, als die Schuld durch den Wert des Grundstücks gedeckt wird (Abs. 1). 1

B. Tatbestand

I. Grundsätzliches

Es handelt sich bei § 2166 BGB um eine Auslegungsregel: Im Zweifel besteht eine Verpflichtung des Vermächtnisnehmers gegenüber dem Erben, den Gläubiger rechtzeitig zu befriedigen. Die im Zweifel sich aus § 2165 Abs. 1 BGB ergebende Pflicht des Vermächtnisnehmers, die Belastung des Grundstücks mit einer Hypothek hinzunehmen, kann so nicht durch § 1143 BGB unterlaufen werden.[2] Danach hätte der Vermächtnisnehmer nach Begleichung der Verbindlichkeit des Erblassers (Erbe) einen Anspruch gegen den Erben. § 2166 BGB ist nur im Verhältnis zwischen dem Vermächtnisnehmer und den Erben einschlägig. Der Vermächtnisnehmer haftet dem Gläubiger für die Erfüllung der Hypothekenschuld mit dem Grundstück. Dem Vermächtnisnehmer obliegt daher die Befriedigung des Gläubigers bei Fälligkeit der Schuld. Eine 2

1 MüKo/*Rudy*, § 2166 Rn 1.
2 Staudinger/*Otte*, § 2166 Rn 2.

Verpflichtung zur **Sicherheitsleitung** oder Freistellung ergibt sich aus § 2166 BGB nicht.[3]

Als Auslegungsregel greift § 2166 BGB nur dann, wenn kein anderer Wille des Erblassers feststellbar ist.[4] Der Erblasser kann die im Innenverhältnis bestehende Ausgleichspflicht des Vermächtnisnehmers ausschließen. § 2166 BGB findet als Auslegungsregel dann keine Anwendung.

II. Vermachtes Grundstück

3 Das vermachte Grundstück – oder ein Bruchteil davon – muss zur Erbschaft gehören und mit einer Hypothek für eine **persönliche Schuld** des Erblassers oder einer Schuld belastet sein, zu deren Berichtigung der Erblasser dem Schuldner gegenüber verpflichtet ist. Die Vorschrift spricht zwar nur von einer Hypothek, sie ist aber auch entsprechend auf eine Grundschuld anzuwenden, die der Sicherung einer persönlichen Schuld des Erblassers dient (§ 1192 Abs. 1 BGB).[5] Dient jedoch die Grundschuld der Sicherung eines Kreditverhältnisses in laufender Rechnung mit wechselndem Bestand der Schuld, ist § 2166 BGB ebenso wenig anwendbar, als wenn der Erblasser zur Darlehenssicherung eine Grundschuld bestellt und eine Risikolebensversicherung abgeschlossen hat, mittels derer der Erbe das Darlehen tilgte und durch Abtretung die Grundschuld erhielt.[6] Sicherungsgrundschulden, die der Absicherung einer Forderung dienen, für die weder ein Bezug zu dem Grundstück besteht noch dem Grundstück zugutekommt, fallen nicht unter § 2166 BGB.[7]

4 Kommt es bei der **Verwertung** des **Grundstücks** zu einer Befriedigung des Hypothekengläubigers hinsichtlich eines Betrages, der nicht der persönlichen Verpflichtung des Vermächtnisnehmers unterlag, entsteht bei dem Vermächtnisnehmer insoweit ein Anspruch gegen den Erben. Dieser wird hier von einer Verpflichtung aus § 1967 BGB befreit, ohne dass dafür ein Rechtsgrund gegeben ist.[8] Sofern und soweit der Erlös aus der Grundstücksverwertung hinter dem Betrag zurückbleibt, bis zu dem der Vermächtnisnehmer dem Erben gegenüber persönlich haftet, hat der Vermächtnisnehmer dem Erben gegenüber den Gläubiger zu befriedigen. Übersteigen die Leistungen des Vermächtnisnehmers an den Gläubiger seine persönliche Haftung, geht die Forderung auf den Vermächtnisnehmer nach § 1143 BGB über; wird der Gläubiger durch den Erben befriedigt, gilt § 1164 BGB bis zu dem Betrag, für den der Vermächtnisnehmer haftet.[9]

III. Bewertung

5 Der Vermächtnisnehmer soll nur insoweit zur Befriedigung des Gläubigers verpflichtet sein, als die Schuld durch den Wert des Grundstücks gedeckt wird. Bei der Bestimmung des Verkehrswertes (§ 2311 BGB) ist auf den Wert des Grundstücks im **Zeitpunkt** des **Eigentumsübergangs** auf den Vermächtnisnehmer, der Eintragung im

---

3 Staudinger/*Otte*, § 2166 Rn 3.

4 HansOLG v. 19.11.2020 – 5 U 22/20, ZEV 2021, 238–241; OLG Hamm v. 6.12.2007 – 10 U 37/07, juris.

5 BGH v. 22.5.1963 – V ZR 112/61, NJW 1963, 2612–1613; Staudinger/*Otte*, § 2166 Rn 10; MüKo/*Rudy*, § 2166 Rn 2.

6 Grüneberg/*Weidlich*, § 2166 Rn 3 m.w.N; HansOLG v. 19.11.2020 – 5 U 22/20, ZEV 2021, 238–241; OLG München v. 19.2.1975 – 12 U 3934/74, NJW 1975, 1521–1522; BGH v. 22.5.1963 – V ZR 112/61, NJW 1963, 2612–1613.

7 NK-BGB/*Horn*, § 2166 Rn 4; *Grunewald/Rizor*, ZEV 2008, 510–512.

8 Staudinger/*Otte*, § 2166 Rn 4.

9 MüKo/*Rudy*, § 2166 Rn 6; Staudinger/*Otte*, § 2166 Rn 4.

Grundbuch, abzustellen (§§ 873, 925 BGB).[10] Es ist nicht der Zeitpunkt des Erbfalls oder der Anfall des Vermächtnisses maßgebend.[11] Dieser Wert bleibt auch dann maßgebend, wenn später durch Veräußerung des Grundstücks (Verkauf oder Versteigerung) ein anderer Wert festgestellt wird.[12] Tritt nach dem Eigentumsübergang eine Wertminderung des Grundstücks ein, verringert sich nicht die Haftung des Vermächtnisnehmers. Es ist jedoch die Erschöpfungseinrede nach § 2187 BGB, § 786 ZPO in Erwägung zu ziehen.[13]

Von dem ermittelten Grundstückswert sind die der Hypothek im Rang vorgehenden Belastungen abzuziehen (Abs. 1 S. 2). Auch hier kommt es auf deren Bewertung im Zeitpunkt des Eigentumsübergangs an.[14] Soweit Belastungen des Grundstücks nicht dazu führen, dass sie von dem Vermächtnisnehmer zu tragen sind, kommt es zu keinem Abzug dieser Belastungen.[15] Eigentümergrundpfandrechte sind jedoch nicht vom Verkehrswert abzuziehen, wenn sie i.S.v. § 2165 Abs. 2 BGB mitvermacht sind; dies gilt allerdings nicht, wenn der Erblasser dem Vermächtnisnehmer den entsprechenden wirtschaftlichen Wert der Rechte erhalten wollte.[16] 6

IV. Höchstbetragshypothek

Nach Abs. 3 findet § 2166 BGB auf eine Höchstbetragshypothek (§ 1190 BGB) grund- 7
sätzlich keine Anwendung. Dies findet seine Rechtfertigung darin, dass die Hypothek zunächst dafür bestimmt ist, **Forderungen** aus laufenden Geschäftsbeziehungen zu sichern. Grundsätzlich wird das aufgenommene Geld schließlich auch nicht für das Grundstück verwendet oder wurde bei der Bestellung der Hypothek auf die Ertragskraft des Grundstücks abgestellt.[17] Es besteht somit bei der Höchstbetragshypothek keine Verpflichtung des Vermächtnisnehmers gegenüber dem Erben zur Befriedigung des Gläubigers. Die dingliche Haftung des sodann im Eigentum des Vermächtnisnehmers stehenden Grundstücks bleibt davon jedoch unberührt. Im Zweifel kann der Vermächtnisnehmer zwar nicht die Beseitigung der Hypothek verlangen, er kann aber die Forderung und die Hypothek nach den §§ 1143 Abs. 1 S. 1, 1153, 1177 Abs. 2 BGB erwerben.[18]

Die Ausnahme von der Verpflichtung zur Übernahme der einer Höchstbetragshypo- 8
thek zugrunde liegenden Darlehensverbindlichkeit nach Abs. 3 findet sich in folgenden Fallkonstellationen: Die Schwankungen des gesicherten Betrages beruhen nicht auf dem Kontokorrentverhältnis, sondern resultieren aus dem Fremdwährungscharakter und den Wechselkursschwankungen der gesicherten Forderung.[19] Ebenfalls kommt Abs. 3 nicht zur Anwendung, wenn die als Höchstbetragshypothek bezeichnete Hypothek tatsächlich eine der Höhe nach bestimmte unveränderliche Form absichert.[20] Dies soll beispielsweise der Fall sein, wenn die Höchstbetragshypothek Kredite des Erblassers aus einer bestehenden Geschäftsverbindung, die mit seinem Tod endete, absichert.[21]

10 MüKo/*Rudy*, § 2166 Rn 8; Staudinger/*Otte*, § 2166 Rn 5.
11 Grüneberg/*Weidlich*, § 2166 Rn 1.
12 MüKo/*Rudy*, § 2166 Rn 8.
13 MüKo/*Rudy*, § 2166 Rn 10; BGH NJW 1963, 1612.
14 MüKo/*Rudy*, § 2166 Rn 9.
15 NK-BGB/*Horn*, § 2166 Rn 7.
16 MüKo/*Rudy*, § 2166 Rn 9.
17 NK-BGB/*Horn*, § 2166 Rn 5.
18 NK-BGB/*Horn*, § 2166 Rn 6; jurisPK-BGB/*Reymann*, § 2166 Rn 15; Staudinger/*Otte*, § 2166 Rn 9.
19 BGH v. 22.5.1963 – V ZR 112/61, NJW 1963, 1612–1613.
20 MüKo/*Rudy*, § 2166 Rn 5.
21 BGH v. 22.5.1963 – V ZR 112/61, NJW 1963, 1612–613; a.A. Staudinger/*Otte*, § 2166 Rn 12.

V. Grundschulden

9 Grundsätzlich gilt § 2166 BGB nicht bei Grundschulden. Wurde jedoch die Grundschuld zur Sicherung einer Forderung bestellt, ist § 2166 BGB entsprechend anzuwenden, da gerade die Interessenlage des § 2166 BGB gegeben ist.[22]

10 Trifft den Vermächtnisnehmer gegenüber dem Erben die Verpflichtung, den Grundschuldgläubiger aufgrund entsprechender Anwendung des Abs. 1 zu befriedigen, und zahlt der Erbe an den Gläubiger, erwirbt der Erbe wegen § 1164 BGB nicht die Grundschuld. Als **Erbe** des Sicherungsgebers steht ihm in diesem Fall allerdings ein Anspruch auf Übertragung der Grundschuld zu.[23] Der Vermächtnisnehmer kann die Grundschuld durch Zahlung auf diese entsprechend § 1143 BGB erwerben. Hat dagegen der Erblasser eine Risikolebensversicherung im Zusammenhang mit der Darlehensgewährung abgeschlossen, ist davon auszugehen, dass der Erblasser die Versicherungsleistung dem Vermächtnisnehmer zugutekommen lassen wollte. Sofern in diesem Fall der Gläubiger nach seiner Befriedigung die Grundschuld an den Erben abgetreten hat, steht dem Vermächtnisnehmer gegen den Erben ein Anspruch auf Erteilung der Löschungsbewilligung für die Grundschuld zu.[24]

11 In den Fällen der Sicherungsgrundschuld kommt Abs. 3 entsprechend zur Anwendung. Voraussetzung ist, dass die Sicherungsgrundschuld in ihrer wirtschaftlichen Funktion der Höchstbetragshypothek (§ 1190 BGB) entspricht.[25]

C. Rechtsfolgen

12 Die Höhe des **Befriedigungsanspruchs** ergibt sich grundsätzlich aus dem für das Grundstück ermittelten Wert unter Abzug der Belastungen, die der Hypothek im Rang vorgehen. Hat der Erblasser dem Vermächtnisnehmer nur einen **Teil** des **Grundstücks** vermacht, haftet er beschränkt auf die Höhe des seinem Grundstücksanteil entsprechenden Wertes. Nach der Vorschrift des § 2167 BGB kommt es darüber hinaus zu einer Haftungsbeschränkung auf den seiner Vermächtnisquote entsprechenden Teil der persönlichen Schuld.[26]

13 Sofern und soweit der Vermächtnisnehmer den Gläubiger in vollem Umfang befriedigt, ohne hierzu unter Beachtung des § 2166 BGB verpflichtet zu sein, erwirbt er die persönliche Forderung i.H.d. überschießenden Betrages (§ 1143 BGB). Sofern der Erbe die persönliche Schuld erfüllt, erhält er die Hypothek i.H.d. Schuldbetrages (§ 1164 BGB). Er kann daher Berichtigung vom Vermächtnisnehmer verlangen. Daneben steht ihm wegen des Berichtigungsanspruchs gegen den Vermächtnisanspruch ein Zurückbehaltungsrecht zu (§ 273 BGB).[27]

14 In Abs. 2 findet sich der Gedanke der **subsidiären Haftung** des Vermächtnisnehmers: Der Vermächtnisnehmer soll für die persönliche Schuld des Erblassers nur haften, soweit dem Erblasser nicht ein Dritter zur Berichtigung der Schuld verpflichtet ist und der Erbe die Berichtigung nicht von dem Dritten verlangen kann. Hier sind insbesondere die Fälle der Bürgschaft (§ 775 BGB) oder Ausgleichung unter Gesamtschuldnern (§ 426 BGB) von Bedeutung. Hierzu gehört auch der Fall, in dem das vermachte Grundstück neben einem nicht zum Nachlass gehörenden Grundstück mit einer Gesamtgrundschuld oder Gesamthypothek belastet ist und der Erblasser vom

---

22 BGH v. 22.5.1963 – V ZR 112/61, NJW 1963, 1612–1613; jurisPK-BGB/*Reymann*, § 2166 BGB Rn 18.

23 Staudinger/*Otte*, § 2166 Rn 11.

24 BGH v. 22.5.1963 – V ZR 112/61, NJW 1975, 1521–1522.

25 BGH v. 22.5.1963 – V ZR 112/61, NJW 1963, 1612–1613; BGH v. 20.6.1962 – V ZR 219/60, NJW 1962, 1715–1718.

26 MüKo/*Rudy*, § 2166 Rn 10.

27 NK-BGB/*Horn*, § 2166 Rn 8; MüKo/*Rudy*, § 2166 Rn 11.

Eigentümer des anderen Grundstücks oder dessen Rechtsvorgänger Befriedigung des Gläubigers verlangen kann.[28] Sofern der Vermächtnisnehmer, den nach Abs. 2 keine Pflicht zur Befriedigung trifft, selbst nach Erwerb des Grundstücks den Gläubiger befriedigt, greift § 1143 Abs. 1 S. 1 BGB. Eine Abtretung des Anspruchs des Erben gegen den Dritten ist somit nicht mehr erforderlich.[29]

D. Verfahrensfragen/Beweislast

Wer sich darauf beruft, dass die Auslegungsregel des Abs. 1 greift, nach der der Vermächtnisnehmer im Zweifel verpflichtet sein soll, den Erben von der Schuld zu befreien, wenn das vermachte Grundstück mit einer Hypothek zur Sicherung einer Forderung gegen den Erblasser belastet ist, trägt dafür die **Darlegungs- und Beweislast**.[30] 15

Im Fall des Abs. 2 kann sich der Erbe nur dann an den Vermächtnisnehmer halten, 16 wenn er nachweist, dass er keine Befriedigung von einem Dritten erlangen kann. Beispielsweise: Anspruch des Bürgen auf Befreiung nach § 775 BGB oder Anspruch auf Ausgleichung unter Gesamtschuldnern nach § 426 BGB.[31] Der Nachweis der Zahlungsunfähigkeit des Dritten muss dabei nicht durch Erhebung einer Vorausklage gegen den Dritten und anschließende fruchtlose Zwangsvollstreckung geführt werden. Es sind auch andere Beweisführungsmöglichkeiten zulässig.[32]

Ist der Vermächtnisnehmer minderjährig, muss ein gesetzlicher Vertreter bei der Über- 17 tragung mitwirken, sofern die Vermächtniserfüllung nicht lediglich rechtlich vorteilhaft für ihn ist (§ 107 BGB). Besteht eine Übernahmepflicht für eine Hypothek, ist die Übereignung des Grundstücks rechtlich nachteilig i.S.d. § 107 BGB.[33]

§ 2167 Belastung mit einer Gesamthypothek

[1]Sind neben dem vermachten Grundstück andere zur Erbschaft gehörende Grundstücke mit der Hypothek belastet, so beschränkt sich die in § 2166 bestimmte Verpflichtung des Vermächtnisnehmers im Zweifel auf den Teil der Schuld, der dem Verhältnis des Wertes des vermachten Grundstücks zu dem Werte der sämtlichen Grundstücke entspricht. [2]Der Wert wird nach § 2166 Abs. 1 Satz 2 berechnet.

A. Allgemeines/Normzweck

Bei § 2167 BGB handelt es sich um eine § 2166 BGB ergänzende Auslegungsregelung 1 für den Fall, dass auf dem vermachten Grundstück und auf einem anderen Nachlassgrundstück eine Gesamthypothek ruht.[1]

B. Tatbestand

Voraussetzung ist, dass die mit der **Gesamthypothek** belasteten Grundstücke „zur 2 Erbschaft gehören". Ist ein weiteres nicht zur Erbschaft gehörendes Grundstück mit der Gesamthypothek belastet, sind lediglich die zur Erbschaft gehörenden Grundstücke für die Berechnung der Wertverhältnisse maßgebend.[2]

28 jurisPK-BGB/*Reymann*, § 2166 Rn 19; Staudinger/*Otte*, § 2166 Rn 8.
29 Grüneberg/*Weidlich*, § 2166 Rn 2; NK-BGB/*Horn*, § 2166 Rn 8; Staudinger/*Otte*, § 2166 Rn 8.
30 Baumgärtel/*Schmitz*, § 2166 Rn 1.
31 MüKo/*Rudy*, § 2166 Rn 6.
32 Baumgärtel/*Schmitz*, § 2160 Rn 2.
33 *Keim*, ZEV 2011, 563–568 (564).
1 MüKo/*Rudy*, § 2167 Rn 1.
2 MüKo/*Rudy*, § 2167 Rn 1.

Beispiel
Gesamtwert der belasteten Grundstücke des Erblassers 900.000 EUR. Wert des vermachten Grundstücks 300.000 EUR. Vollvalutierende Gesamthypothek mit 720.000 EUR.
Der Wert des vermachten Grundstücks macht ein Drittel des Wertes der gesamten belasteten Grundstücke aus. Ein Drittel der gesamten Schuld beträgt 240.000 EUR. Der Vermächtnisnehmer haftet nur mit einem Drittel, somit bis zu 240.000 EUR. Dies gilt, obwohl das Grundstück des Vermächtnisnehmers mehr wert ist und die Gesamthypothek den Wert des vermächtnisweise zugewiesenen Grundstücks übersteigt.[3]
Formel:

$$\frac{\text{Gesicherte Forderung (720.000 EUR)} \times \text{Wert des Vermächtnisgrundstücks (300.000 EUR)}}{\text{Gesamtwert der belasteten zum Nachlass gehörenden Grundstücke (900.000 EUR)}}$$

3 Die Vorschrift des § 2167 BGB bezieht sich auch nur auf das Verhältnis des Vermächtnisnehmers zum Erben.[4] Nach außen haftet der Vermächtnisnehmer dinglich dem Gläubiger der Gesamthypothek uneingeschränkt mit dem Grundstück für die Forderung (§ 1132 Abs. 1 BGB).[5]

4 Ist neben dem vermachten Grundstück ein nicht zum Nachlass gehörendes Grundstück mit einer Gesamthypothek belastet, ändert dies nichts an den **Pflichten** des Vermächtnisnehmers gegenüber dem Erben aus § 2166 Abs. 1 S. 1 BGB. Es kommt daher nicht § 2167 BGB, sondern § 2166 BGB zur Anwendung, wenn nur das belastete Grundstück dem Erblasser gehörte.[6] Sofern neben dem vermachten Grundstück noch weitere Grundstücke und nicht zum Nachlass gehörende Grundstücke mit einer Gesamthypothek belastet sind, ist für die Berechnung der Verpflichtung des Vermächtnisnehmers gegenüber dem Erben nach § 2167 BGB nicht das Verhältnis des Wertes des vermachten Grundstücks zu sämtlichen belastenden Grundstücken maßgebend, sondern das Verhältnis des Wertes des vermachten Grundstücks zu den Grundstücken, die dem Erblasser gehörten.

5 Ist ein **ideeller Anteil** eines mit einer Hypothek belasteten Grundstücks vermacht, ist § 2167 BGB entsprechend anzuwenden.[7] Wurde ein mit einer Hypothek belastetes Grundstück mehreren vermächtnisweise zugewendet, hat jeder der Vermächtnisnehmer die Schuld des Erben entsprechend seines Anteils am Grundstück zu befriedigen.[8]

§ 2168 Belastung mit einer Gesamtgrundschuld

(1) [1]Besteht an mehreren zur Erbschaft gehörenden Grundstücken eine Gesamtgrundschuld oder eine Gesamtrentenschuld und ist eines dieser Grundstücke vermacht, so ist der Vermächtnisnehmer im Zweifel dem Erben gegenüber zur Befriedigung des Gläubigers in Höhe des Teils der Grundschuld oder der Rentenschuld verpflichtet, der dem Verhältnis des Wertes des vermachten Grundstücks zu dem Wert der sämtlichen Grundstücke entspricht. [2]Der Wert wird nach § 2166 Abs. 1 Satz 2 berechnet.

3 Staudinger/*Otte*, § 2167 Rn 1.
4 NK-BGB/*Horn*, § 2167 Rn 5; Staudinger/*Otte*, § 2167 Rn 2.
5 Grüneberg/*Weidlich*, § 2167 Rn 1.
6 Staudinger/*Otte*, § 2167 Rn 3.
7 Grüneberg/*Weidlich*, § 2167 Rn 1; jurisPK-BGB/*Reymann*, § 2167 Rn 3.
8 Grüneberg/*Weidlich*, § 2167 Rn 1; Staudinger/*Otte*, § 2167 Rn 4.

(2) Ist neben dem vermachten Grundstück ein nicht zur Erbschaft gehörendes Grundstück mit einer Gesamtgrundschuld oder einer Gesamtrentenschuld belastet, so finden, wenn der Erblasser zur Zeit des Erbfalls gegenüber dem Eigentümer des anderen Grundstücks oder einem Rechtsvorgänger des Eigentümers zur Befriedigung des Gläubigers verpflichtet ist, die Vorschriften des § 2166 Abs. 1 und des § 2167 entsprechende Anwendung.

Übersicht:

A. Allgemeines/Normzweck

1 Die Vorschrift des § 2168 BGB stellt in Abs. 1 eine Parallele zu § 2167 BGB dar. Hier wurde lediglich der Begriff Hypothek durch Grund- oder Rentenschuld ersetzt.[1] Durch Abs. 2 wird § 2166 Abs. 1 S. 1 BGB für den Fall erweitert, dass bei einer Gesamtgrund- oder Gesamtrentenschuld auf dem vermachten und einem nicht zur Erbschaft gehörenden Grundstück der Erblasser dem Eigentümer des anderen Grundstücks zur Befriedigung des Gläubigers verpflichtet war.[2]

B. Tatbestand

I. Gesamtgrundschuld

2 Für die Gesamtgrundschuld und die Gesamtrentenschuld (§§ 1132, 1192, 1199 BGB) gelten die Erläuterungen zu § 2167 BGB. Zwar verweist Abs. 1 S. 2 nur auf § 2166 Abs. 1 S. 2 BGB, dies ist jedoch als Redaktionsversehen zu werten.[3] Der Vermächtnisnehmer hat daher die persönliche Schuld des Erblassers nur bis zur Höhe des Grundstückswertes des vermachten Grundstücks zu befriedigen. Er kann auch geltend machen, ein Dritter sei dem Erblasser gegenüber zur Berichtigung der Schuld verpflichtet und dazu auch in der Lage (vgl. § 2166 Abs. 2 BGB). Auch hier bleibt die **dingliche** Haftung des Vermächtnisnehmers bestehen.

3 § 2168 BGB ist entsprechend anwendbar, wenn ein **ideeller Anteil** eines dem Erblasser gehörenden Grundstücks vermacht wurde und mit einer Grund- oder Rentenschuld belastet ist; Entsprechendes gilt, wenn ein dem Erblasser gehörender ideeller Anteil an einem mit einer Grund- oder Rentenschuld belasteten, im Miteigentum anderer Personen stehenden Grundstück vermacht wurde.[4]

II. Erweiterung von § 2166 BGB

4 Durch Abs. 2 wird die Vorschrift des § 2166 Abs. 1 BGB in ihrem Tatbestand erweitert. Es wird der Fall erfasst, dass neben dem vermachten Grundstück ein nicht zur Erbschaft gehörendes Grundstück mit einer Gesamtgrundschuld oder Gesamtrentenschuld belastet ist und der Erblasser zur Zeit des Erbfalls gegenüber dem Eigentümer des anderen Grundstücks oder einem Rechtsvorgänger des Eigentümers zur Befriedigung des Gläubigers verpflichtet war.[5] Der Vermächtnisnehmer hat somit den Gläubiger im Verhältnis zum Erben zu befriedigen. § 2168 BGB ist nach seinem **Sinn** und **Zweck** darüber hinaus anwendbar, wenn der Erblasser gegenüber dem Schuldner, und

1 MüKo/*Rudy*, § 2168 Rn 1.
2 Vgl. MüKo/*Rudy*, § 2168 Rn 1.
3 Grüneberg/*Weidlich*, § 2168 Rn 1.
4 Staudinger/*Otte*, § 2168 Rn 5.
5 MüKo/*Rudy*, § 2168 Rn 3.

nicht gegenüber dem Eigentümer, zur Gläubigerbefriedigung verpflichtet war.[6] Sofern die Verpflichtung des Vermächtnisnehmers nach § 2168 BGB gegeben ist, richtet sich ihr näherer Inhalt nach den §§ 2166 Abs. 1 und 2167 BGB.[7]

5 **Beispiel**
Die Gesamtgrundschuld liegt auf den Grundstücken A, B und C. Das Grundstück A wurde vermacht. Bei dem Grundstück B handelt es sich um ein anderes zur Erbschaft gehörendes Grundstück. Das Grundstück C ist nachlassfremd. Jedes Grundstück hat einen Wert von 50.000 EUR. Das nachlassfremde Grundstück bleibt bei den Berechnungen außen vor. Es kommt daher auf das Verhältnis der Grundstücke A und B an (50:50). Der Vermächtnisnehmer muss daher den Gläubiger i.H.v. 50 % befriedigen.

§ 2168a Anwendung auf Schiffe, Schiffsbauwerke und Schiffshypotheken

§ 2165 Abs. 2, §§ 2166, 2167 gelten sinngemäß für eingetragene Schiffe und Schiffsbauwerke und für Schiffshypotheken.

1 Durch § 2168a BGB werden die §§ 2165 Abs. 2, 2166, 2167 BGB bei eingetragenen Schiffen, bei Schiffsbauwerken und bei Schiffshypotheken für sinngemäß anwendbar erklärt. Der Nießbrauch an einem eingetragenen Schiff ist nach § 2165 Abs. 1 BGB zu behandeln.[1] Zu einer Anwendung des § 2165 Abs. 2 BGB kommt es nur in den Fällen des § 64 Abs. 2 SchiffsRG. Ansonsten erlischt regelmäßig die Schiffshypothek mit der Forderung (§§ 64 Abs. 1, 57 SchiffsRG). Da nach § 28 SchiffsRG an mehreren Schiffen oder an mehreren Anteilen eines Schiffes eine Gesamtschiffshypothek eingetragen werden kann, ist § 2167 BGB entsprechend anzuwenden.[2]

2 Nach dem SchiffsRG kann an eingetragenen Schiffen und Schiffsbauwerken ein Nießbrauchsrecht bestellt werden (§§ 9, 82 SchiffsRG). § 2165 Abs. 1 BGB findet daher – ohne Verweisung aus § 2168a BGB – unmittelbare Anwendung.[3]

3 Durch § 98 Abs. 2 LuftFzgG wird die Vorschrift des § 2168a BGB für sinngemäß anwendbar erklärt. Es hat dann an die Stelle des eingetragenen Schiffes das in der Luftfahrzeugrolle eingetragene Luftfahrzeug und an die Stelle der Schiffshypothek das Registerpfandrecht an einem Luftfahrzeug zu treten.

§ 2169 Vermächtnis fremder Gegenstände

(1) Das Vermächtnis eines bestimmten Gegenstands ist unwirksam, soweit der Gegenstand zur Zeit des Erbfalls nicht zur Erbschaft gehört, es sei denn, dass der Gegenstand dem Bedachten auch für den Fall zugewendet sein soll, dass er nicht zur Erbschaft gehört.
(2) Hat der Erblasser nur den Besitz der vermachten Sache, so gilt im Zweifel der Besitz als vermacht, es sei denn, dass er dem Bedachten keinen rechtlichen Vorteil gewährt.

6 Staudinger/*Otte*, § 2168 Rn 2; MüKo/*Rudy*, § 2168 Rn 3.
7 MüKo/*Rudy*, § 2168 Rn 3.
1 jurisPK-BGB/*Reymann*, § 2168a Rn 4; Staudinger/*Otte*, § 2168a Rn 3.
2 Staudinger/*Otte*, § 2168a Rn 2.
3 Staudinger/*Otte*, § 2168a Rn 3.

(3) Steht dem Erblasser ein Anspruch auf Leistung des vermachten Gegenstands oder, falls der Gegenstand nach der Anordnung des Vermächtnisses untergegangen oder dem Erblasser entzogen worden ist, ein Anspruch auf Ersatz des Wertes zu, so gilt im Zweifel der Anspruch als vermacht.
(4) Zur Erbschaft gehört im Sinne des Absatzes 1 ein Gegenstand nicht, wenn der Erblasser zu dessen Veräußerung verpflichtet ist.

Übersicht: Rdn

A. Allgemeines/Normzweck

1 § 2169 BGB regelt die Fälle, in denen ein bestimmter Gegenstand im Zeitpunkt des Todes vermacht ist, aber nicht mehr zu Erbschaft gehört. Abs. 1 liegt der Gedanke zugrunde, dass der Erblasser, der zu Lebzeiten über sein Vermögen frei verfügen kann, grundsätzlich nur solche Gegenstände einem Dritten zuwenden möchte, die beim Erbfall zu seinem Vermögen gehören.[1] Abs. 4 ergänzt Abs. 1 insoweit, als zu einer Erbschaft dasjenige nicht gehört, zu dessen Veräußerung der Erblasser verpflichtet ist. Abs. 2 berücksichtigt, dass auch der Besitz einen rechtlichen Vorteil darstellen kann. Soweit daher der Erblasser kein Eigentum an der vermachten Sache verschaffen kann, soll er wenigstens die vorteilhafte Besitzposition daran übertragen können. Sofern ein vermachter Gegenstand nicht mehr zur Erbschaft gehört, an dessen Stelle aber ein Anspruch des Erblassers auf Ersatz des Wertes getreten ist, soll im Zweifel dieser Anspruch nach Abs. 3 an die Stelle des Vermächtnisses treten (**Surrogationsgedanke**). Etwas anderes gilt dann, wenn der Erblasser den Gegenstand auch für den Fall, dass er nicht mehr zu Erbschaft gehört, zuwenden wollte; es liegt dann ein Verschaffungsvermächtnis vor (§ 2170 BGB). Als Sonderregelung ist zudem § 2173 BGB zu beachten, wenn eine Forderung vermacht wird und § 2175 BGB im Fall der Konsolidaktion.

B. Tatbestand

I. Unwirksames Vermächtnis

2 Gegenstand eines wirksamen Vermächtnisses ist grundsätzlich nur ein bestimmter Gegenstand, der zur **Zeit** des **Erbfalls** zur Erbschaft gehört; es muss sich somit um ein Stückvermächtnis handeln.[2] Dies gilt auch, wenn das Stückvermächtnis Gegenstand eines Wahlvermächtnisses ist. Abs. 1 ist auch auf das beschränkte Gattungsvermächtnis anwendbar, wenn eine der Gattung entsprechende Sache sich im Nachlass befindet.[3] Einem „Gegenstand" i.S.d. § 2169 BGB ist auch ein an ihm noch zu bestellendes Recht gleichgestellt.[4] Dies gilt insbesondere für das vermachte Recht, den Gegenstand zu erwerben.[5] Der Inbegriff von Gegenständen kann von § 2169 BGB erfasst sein, sofern die Auslegung ergibt, dass der Erblasser sie als „Gegenstand" vermacht sehen wollte.

---

1 Vgl. BGH v. 30.9.1959 – V ZR 66/58, NJW 1959, 2252.
2 HansOLG v. 29.9.2000 – 5 U 39/2000c, ZEV 2001, 401–402; *Lange/Kuchinke*, V § 29 b.
3 HansOLG v. 29.9.2000 – 5 U 39/2000c, ZEV 2001, 401–402; MüKo/*Rudy*, § 2169 Rn 3.
4 MüKo/*Rudy*, § 2169 Rn 3; BGH v. 3.11.1982 – IVa ZR 47/81, NJW 1983, 937–938; LG Köln v. 25.4.1989 – 22 O 331/88, NJW-RR 1990, 13–14.
5 BGH v. 30.9.1959 – V ZR 66/58, NJW 1959, 2252.

Problematisch sind daher Formulierungen des Erblassers wie „meine Geschwister bekommen das, was ich von meinen Eltern erhalten habe“ oder „den von meinem Bruder stammenden Nachlass“. In diesen Fällen ist der Vermächtnisgegenstand vorrangig durch Auslegung zu ermitteln. Der Auslegung kann ergeben, dass nur das vermacht sein soll, das der Erblasser von den benannten Gegenständen noch hinterlässt.[6] Die Bestimmung des § 2169 BGB findet anerkanntermaßen auch dann Anwendung, wenn nicht ein Gegenstand, sondern andere Rechte vermacht werden. Naheliegend ist daher ein Verschaffungsvermächtnis, wenn der vermachte Gegenstand zwar rechtlich nicht zum Nachlass gehört, aber wirtschaftlich in ihm enthalten ist.[7]

3 Nicht unter § 2169 BGB fallen **persönliche Handlungen** (Dienstleistungen) des Beschwerten, seine Arbeitskraft, seine Entschlussfreiheit oder seine persönliche Haftung.[8] Das bedeutet aber nicht, dass dem Beschwerten durch ein Vermächtnis nicht Dienste – gewisse Handlungen vorzunehmen oder zu unterlassen – auferlegt werden können.[9] Auch die Zuwendung einer Erbschaft (Sach- und Rechtsgesamtheit) fällt unter § 2169 BGB.[10] Hier geht es letztlich um die Frage, ob bei einem derartigen Vermächtnis der Bestand der Erbschaft im Zeitpunkt des Erbfalls gemeint ist, das, was zur Zeit der Testamentserrichtung vorhanden war, oder nur das, was der Erblasser selbst hinterlassen hat.[11] Letzteres ist im Zweifel anzunehmen und stellt damit ein Problem i.R.d. § 2164 Abs. 1 BGB dar.[12]

4 Soll nach dem Vermächtnis ein Recht an einem Gegenstand des Nachlasses für den Vermächtnisnehmer neu begründet werden (bspw. Nießbrauch), ist § 2169 BGB mit der Maßgabe anzuwenden, dass auf die Zugehörigkeit des Gegenstandes zum Nachlass abzustellen ist.[13] Es kommt dann darauf an, dass der Gegenstand auch zur Erbschaft gehört. Entsprechendes gilt bei einem Vermächtnis, das ein Recht auf einen bestimmten Gegenstand vermittelt. Sofern dieses Recht dem Erblasser bereits zustand, ist Abs. 3 einschlägig. Ist das Recht dagegen erst noch neu zu begründen, kommt Abs. 1 zur Anwendung.

5 **Unwirksam** ist das Vermächtnis, wenn der bestimmte Gegenstand zur Zeit des Erbfalls nicht zur Erbschaft gehört. Der Zeitpunkt der Anordnung oder der Anfall des Vermächtnisses ist ohne Bedeutung. Ferner spielt es auch keine Rolle, ob der Gegenstand nach der Anordnung des Vermächtnisses erst erworben wurde.[14] Entscheidend ist, dass der Gegenstand zur Erbschaft gehört (vorbehaltlich Abs. 4). Sofern es um ein Grundstück geht, ist es ausreichend, dass die Auflassung erklärt wurde.[15]

6 Hat der Erblasser in seinem Testament eine Lebensversicherung an einen nach dem Versicherungsvertrag nicht Bezugsberechtigten vermacht, fällt sie nicht in den Nachlass. In diesem Fall kann jedoch ein Verschaffungsvermächtnis gegeben sein.[16] Entsprechendes gilt hinsichtlich einer Hinterbliebenenrente. Auch sie befindet sich zu keinem Zeitpunkt im Vermögen des Erblassers, da sie erst nach dessen Tod direkt in der Person des Hinterbliebenen entsteht. Hat der Erblasser die Hinterbliebenenrente ver-

---

6 MüKo/*Rudy*, § 2169 Rn 3; NK-BGB/*Horn*, § 2169 Rn 3.
7 BGH v. 3.11.1982 – IVa ZR 47/81, NJW 1983, 937–938.
8 JurisPK-BGB/*Reymann*, § 2169 Rn 11; Staudinger/*Otte*, § 2169 Rn 3.
9 Staudinger/*Otte*, § 2169 Rn 3.
10 JurisPK-BGB/*Reymann*, § 2169 Rn 11.
11 Staudinger/*Otte*, § 2169 Rn 3; MüKo/*Rudy*, § 2169 Rn 3; NK-BGB/*Horn*, 2196 Rn 2.
12 Staudinger/*Otte*, § 2164 Rn 3; kritisch MüKo/*Rudy*, § 2169 Rn 3.
13 KG NJW 1964, 1808 f.; Staudinger/*Otte*, § 2169 Rn 4.
14 Staudinger/*Otte*, § 2169 Rn 5.
15 RG v. 27.6.1940 – V 205/39, RGZ 164, 196–203.
16 OLG München v. 31.1.1995 – 18 U 5136/92, juris.

mächtnisweise einem Dritten vermacht, kann auch in dieser Anordnung ein Verschaffungsvermächtnis gesehen werden.[17]

7 Ist der Erblasser an Gegenständen beteiligt, die zu einem **Gesamthandsvermögen** gehören (Gesellschaftsvermögen bei Personengesellschaft, Erbengemeinschaft, Gesamtgut bei Gütergemeinschaft), fallen diese weder insgesamt noch entsprechend ihrer Beteiligungsquote in den Nachlass.[18] Hat bspw. der überlebende Ehegatte einer fortgesetzten Gütergemeinschaft ein zum Gesamtgut der fortgesetzten Gütergemeinschaft gehörendes Grundstück vermacht, ist ein nicht zur Erbschaft gehörender Gegenstand betroffen. Der überlebende Ehegatte ist nicht Alleineigentümer des vermachten Grundstücks. Er ist Teilhaber am Gesamtgut, sodass in seinen Nachlass nicht das Eigentum am gesamtgutverhafteten Grundstück, sondern nur der Anteil am Gesamtgut der fortgesetzten Gütergemeinschaft fällt.[19] Es kann jedoch in dem nach § 2169 BGB unwirksamen Vermächtnis über den Anteil an einem Gegenstand des Gesamthandsvermögens ein Verschaffungsvermächtnis an dem zum Gesamtgut gehörenden Grundstück liegen.[20]

8 Vermachte der Erblasser einen **ideellen Bruchteil** oder ein **Anwartschaftsrecht** ist das Vermächtnis grundsätzlich wirksam. Unwirksam ist das Vermächtnis nur insoweit, als der Gegenstand nicht zum Nachlass gehört (§ 2085 BGB).[21] In dem Vermächtnis könnte aber auch ein Verschaffungsvermächtnis (§ 2170 BGB) gesehen werden.[22]

9 Nach Abs. 4 (Ausnahmeregelung) gehört ein Gegenstand dann nicht mehr zur Erbschaft, wenn der Erblasser zu dessen **Veräußerung** verpflichtet ist. Das Vermächtnis gehört dann zwar noch rechtlich, nicht mehr aber wirtschaftlich zum Nachlass. Die dingliche Betrachtungsweise tritt in diesen Fällen hinter der wirtschaftlichen Betrachtungsweise zurück. Die Verpflichtung zur Veräußerung muss im Zeitpunkt des Erbfalls vorliegen. Eine Genehmigung (§ 184 Abs. 1 BGB) steht der Anwendung von Abs. 4 nicht entgegen.[23] Ob der zu zahlende Kaufpreis sodann als vermacht gilt, ist anhand ergänzender Auslegung des Erblasserwillens festzustellen.[24] Der Veräußerungserlös kann nicht nach Abs. 3 als Vermächtnis angesehen werden.[25]

10 Nach Abs. 1 letzter Hs. ist ein Vermächtnis über einen zur Zeit des Erbfalls nicht zur Erbschaft gehörenden Gegenstand wirksam, wenn der Gegenstand dem Bedachten auch für diesen Fall zugewendet sein soll. Dem Beschwerten obliegt es dann, dem Bedachten grundsätzlich den Gegenstand zu verschaffen (§ 2170 BGB). Ein **Indiz** für ein Verschaffungsvermächtnis ist die Kenntnis des Erblassers darüber, dass es sich um einen „fremden Gegenstand" handelt, der sich nicht in seinem Nachlass befindet.[26] Sofern der erforderliche qualifizierte Zuwendungswille zurzeit der Vermächtnisanord-

---

17 LG Köln v. 25.4.1989 – 22 O 331/88, NJW-RR 1990, 13–14.

18 Grüneberg/*Weidlich*, § 2169 Rn 1; NK-BGB/*Horn*, § 2169 Rn 5; *Lange/Kuchinke*, § 29 V FN 189; RG v. 6.7.1922 – IV 715/21, RGZ 105, 246–251; BayObLG v. 11.11.2002 – 1Z BR 53/01, FamRZ 2004, 59–63.

19 OLG Saarbrücken v. 27.10.2005 – 8 U 626/04–171, juris.

20 OLG Saarbrücken v. 27.10.2005 – 8 U 626/04–171, juris.

21 Staudinger/*Otte*, § 2169 Rn 8; jurisPK-BGB/*Reymann*, § 2169 Rn 12; NK-BGB/*Horn*, § 2169 Rn 4; *Lange/Kuchinke*, § 29 V FN 203; MüKo/*Rudy*, § 2169 Rn 7.

22 MüKo/*Rudy*, § 2169 Rn 5.

23 MüKo/*Rudy*, § 2169 Rn 6; NK-BGB/*Horn* § 2169 Rn 6.

24 Grüneberg/*Weidlich*, § 2169 Rn 8; OLG Nürnberg NJW 1956, 1882.

25 OLG Koblenz, Verfügung v. 2.9.2009 – 2 U 204/09, juris; BGH v. 15.12.1956 – IV ZR 238/56, BGHZ 22, 357–363; Grüneberg/*Weidlich*, § 2169 Rn 8; jurisPK-BGB/*Reymann*, § 2169 Rn 22 und Rn 21.

26 OLG Düsseldorf v. 1.12.1994 – 18 U 65/94, ZEV 1996, 142–144; OLG München v. 1.8.1996 – 19 U 1650/96, ZEV 1997, 336–338.

nung vorliegt, muss der Erblasser nicht das Bewusstsein haben, dass der vermachte Gegenstand zur Erbschaft gehört.[27] Entsprechendes gilt, wenn die Sache nicht zur Erbschaft gehört, weil sie zur Sicherheit übereignet oder abgetreten ist.[28] Gehört der vermachte Gegenstand nur deshalb nicht zum Nachlass, weil er zur Sicherheit übereignet oder abgetreten wurde,[29] liegt ein Verschaffungsvermächtnis nahe. Vor diesem Hintergrund kann von einem Verschaffungsvermächtnis ausgegangen werden, wenn der vermachte Gegenstand zwar nicht rechtlich, aber wirtschaftlich zum Nachlass gehört.[30]

Hat der Erblasser nach Errichtung seines Testaments eine Lebensversicherung gekündigt und die Auszahlung auf ein Konto verlangt, das seinem Lebensgefährten vermacht wurde und für das dieser eine Kontovollmacht besitzt, kann darin eine Zuwendung der **Lebensversicherung** im Rahmen eines Verschaffungsvermächtnisses liegen.[31] Auch die Anordnung des Erblassers, bspw. ein Sparbuch für den Bedachten anzulegen, spricht für ein Verschaffungsvermächtnis.[32]

11 Bei einem **Irrtum** des Erblassers über die Zugehörigkeit des zugewendeten Gegenstandes zu seinem Vermögen fehlt es dann an einer zur Erbschaft gehörenden Sache. Es kann aber ein Verschaffungsvermächtnis vorliegen.[33] In diesem Fall ist das Vermächtnis nicht nach § 2169 BGB unwirksam, wenn ein intensiver Zuwendungswille vorliegt.[34] Eine besondere Intensität des Zuwendungswillens im Fall eines Irrtums des Erblassers über die eigene Berechtigung an dem Gegenstand – d.h. also der zu verlangende, erkennbar gewordene unbedingte Zuwendungswille des Erblassers – kann sich bspw. aus der testamentarisch erfolgten unmissverständlichen Zuweisung des Alleineigentums sowie den Überlegungen des Erblassers anlässlich seiner Testamentserrichtung ergeben.[35]

II. Besitzvermächtnis

12 Hat der Erblasser nur den Besitz an einer Sache, gilt im Zweifel dieser als vermacht (Abs. 2). Sofern es streitig sein sollte, ob der Gegenstand zur Erbschaft gehört, findet Abs. 2 erst dann Anwendung, wenn die Frage der Zugehörigkeit des Gegenstandes zur Erbschaft feststeht. Daneben muss der Besitz dem Vermächtnisnehmer einen rechtlichen Vorteil bieten. Einen rechtlichen Vorteil bietet das Vermächtnis dem Bedachten, wenn ihm Besitzschutzansprüche (§§ 858–864 BGB) zur Seite stehen, die Möglichkeit des Eigentumserwerbs durch Ersitzung (§§ 937–945 BGB) gegeben ist oder Ansprüche des früheren Besitzers (§ 1007 BGB) vorliegen. Keinen Anspruch auf die Einräumung des **Besitzes** hat der Bedachte, wenn der Anspruch ihm keinen rechtlichen Vorteil gewährt.[36] Dies ist bspw. der Fall, wenn der Erblasser die Sache ohne Rechtsgrund besaß und nicht zur Weitergabe befugt war (§§ 540, 553, 603 S. 2 BGB), sie nur zur Verwahrung hatte und mit dem Besitz auch kein Zurückbehaltungsrecht verbunden

27 BGH v. 28.9.1983 – IVa ZR 217/81, FamRZ 1984, 41–42; BGH v. 8.12.1982 – IVa ZR 94/81, BGHZ 86, 41–51.

28 MüKo/*Rudy*, § 2169 Rn 10; Staudinger/*Otte*, § 2169 Rn 11.

29 MüKo/*Rudy*, § 2165 Rn 2; jurisPK-BGB/*Reymann*, § 2169 Rn 27.

30 BGH v. 3.11.1982 – IVa ZR 47/81, NJW 1983, 937–938.

31 OLG München v. 1.8.1996 – 19 U 1650/96, ZEV 1997, 336–338; OLG München v. 1.8.1996 – 19 U 1650/96, ZEV 1996, 142–144.

32 BayObLG v. 2.12.1997 – 1Z BR 93/97, ZEV 1998, 385–386.

33 OLG Oldenburg v. 7.7.1998 – 5 U 42/98, FamRZ 1999, 532–533; MüKo/*Rudy*, § 2169 Rn 9.

34 HansOLG v. 29.9.2000 – 5 U 39/2000c, ZEV 2001, 401–402.

35 OLG Oldenburg v. 7.7.1998 – 5 U 42/98, FamRZ 1999, 532–533.

36 Staudinger/*Otte*, § 2169 Rn 14.

ist.[37] Ebenfalls gewährt der Besitz keinen rechtlichen Vorteil, wenn mit der alsbaldigen Geltendmachung eines begründeten Herausgabeanspruchs durch den Eigentümer zu rechnen ist.[38]

III. Leistung oder Wertersatz

Nach Abs. 1 ist ein Vermächtnis unwirksam, soweit der Gegenstand zur Zeit des Erbfalls nicht zur Erbschaft gehört. Diese Rechtsfolge relativiert sich, soweit der Erblasser einen Anspruch auf Leistung oder Ersatz des Wertes der Sache hat. Im Zweifel sollen diese Ansprüche dann vermacht sein (Abs. 3). In bestimmten Fällen kann neben den Anspruch aus Abs. 3 der Anspruch auf Verschaffung des Besitzes nach Abs. 2 treten (sicherungsübereignete Sache). Abs. 3 enthält jedoch keine allgemeine Surrogationsregel.[39] 13

Der **Leistungsanspruch** steht dem Bedachten so zu, wie er dem Erblasser zustand. Wird im Rahmen einer Scheidungsfolgenvereinbarung geregelt, dass ein Grundstücksanteil der Ehefrau auf den Erblasser, der Miteigentümer ist, überführt werden soll und der Erblasser das Grundstück bereits im Rahmen eines Grundstücksvermächtnisses einem Bedachten zuzuwenden ist, ist davon auszugehen, dass der Erblasser einen Anspruch auf Leistung des vermachten Gegenstandes vermacht hat (§ 2169 Abs. 3 BGB).[40] 14

Sofern sich der Leistungsanspruch gegen den Bedachten selbst richtet, liegt ein Befreiungsvermächtnis vor.

Praxisrelevant ist die Frage, ob der Veräußerungserlös des vermachten Gegenstandes an dessen Stelle tritt. Im Falle einer entgeltlichen Übertragung des Vermächtnisgegenstandes vor dem Erbfall tritt weder der Kaufpreiszahlungsanspruch noch der Veräußerungserlös an die Stelle des vermachten Gegenstandes.[41] Auch auf die freiwillige Veräußerung des Vermächtnisgegenstandes durch den Erblasser ist Abs. 3 nicht analog anwendbar.[42] Etwas anderes kann sich jedoch aus dem Erblasserwillen (Testamentsauslegung) ergeben.[43] Dafür, dass der Veräußerungserlös vermacht sein soll, spricht, wenn der Vermächtniszweck in erster Linie auf die Zuwendung eines wirtschaftlichen Wertes abzielt und der vermachte Gegenstand nur eines von mehreren möglichen Mitteln ist, das der Verwirklichung der Absicht dient.[44] Man spricht dann von einem Wertersatzvermächtnis.

Der **Wertersatz** gilt im Zweifel als Anspruch vermacht, wenn der Gegenstand nach der Anordnung des Vermächtnisses untergegangen oder dem Erblasser entzogen worden ist. Entsprechendes gilt, wenn der Anspruch vor Anordnung des Vermächtnisses bereits entstanden war, der Erblasser hiervon jedoch keine Kenntnis hatte. Für den Fall, dass er Kenntnis von den Wertersatzansprüchen hatte, kommen die §§ 2171, 2172 BGB zur Anwendung.[45] Wurde bereits Wertersatz an den Erblasser geleistet, ist § 2173 15

37 MüKo/*Rudy*, § 2169 Rn 17 m.w.N.; NK-BGB/*Horn*, § 2169 Rn 8; Grüneberg/*Weidlich*, § 2169 Rn 7.

38 Staudinger/*Otte*, § 2169 Rn 14.

39 NK-BGB/*Horn*, § 2169 Rn 9; Staudinger/*Otte*, § 2169 Rn 27.

40 OLG Hamm v. 6.4.2017 – I-10 U 15/16, FamRZ 2018, 1118–1120.

41 OLG Hamm v. 6.4.2017 – I-10 U 15/16, BGHZ 86, 41–51; OLG Rostock v. 16.4.2009 – 3 W 9/09, ZEV 2009, 624–625; MüKo/*Rudy*, § 2169 Rn 15; Grüneberg/*Weidlich*, § 2169 Rn 7.

42 OLG Koblenz v. 29.9.2009 – 2 U 204/09, juris.

43 OLG Koblenz v. 29.9.2009 – 2 U 204/09, juris; OLG Oldenburg v. 1.3.1994 – 5 U 133/93, NJW-RR 1994, 843–844; BGH v. 15.12.1956 – IV ZR 238/56, BGHZ 22, 357–363.

44 BGH v. 30.9.1959 – V ZR 66/58, BGHZ 31, 13–24; BGH v. 15.12.1956 – IV ZR 238/56, BGHZ 22, 357–363; KG Berlin v. 13.3.1975 – 12 U 2643/74, FamRZ 1977, 267–271.

45 jurisPK-BGB/*Reymann*, § 2169 Rn 20.

BGB einschlägig. Ist die Sache weder untergegangen noch dem Erblasser entzogen, aber beschädigt, ergeben sich die Ansprüche aus § 2164 Abs. 2 BGB. Auf einen Kaufpreisanspruch aus dem Verkauf des Vermächtnisgegenstandes findet Abs. 3 keine Anwendung.[46]

C. Rechtsfolgen

16 Liegen die Voraussetzungen des Abs. 1 vor, ohne dass Abs. 1 letzter Hs. (Vorliegen eines Verschaffungsvermächtnisses) gegeben ist, hat der Vermächtnisnehmer keinen Anspruch auf die Übertragung eines bestimmten Gegenstandes. Sofern und soweit der vermachte Gegenstand nur noch teilweise vorhanden ist, kann der Vermächtnisnehmer nur den zur Zeit des Erbfalls noch zur Erbschaft gehörenden Teil verlangen (§ 2085 BGB). Dies gilt entsprechend, wenn der Gegenstand zur Zeit des Erbfalls nur teilweise zur Erbschaft gehört. Insoweit werden Anwartschaftsrechte übertragen. Die Aufwendungen zur Erlangung des Vollrechts obliegen dem Bedachten.[47]

D. Verfahrensfragen/Beweislast

17 Der Beschwerte hat, weil die Vermutung des Abs. 1 zu seinen Gunsten wirkt, zu beweisen, dass der Gegenstand nicht zum Nachlass gehört. Sofern dem Beschwerten dieser **Beweis** gelingt, obliegt es dem Bedachten, Umstände vorzutragen, die den Willen des Erblassers erkennen lassen, ihm, dem Bedachten, ggf. auch einen nachlassfremden Gegenstand zuzuwenden.[48] Hierbei ist die Kenntnis des Erblassers von der dinglichen Rechtslage ein wesentliches Indiz. Wusste der Erblasser im Zeitpunkt seiner Anordnung des Vermächtnisses, dass der vermachte Gegenstand nicht mehr zu seinem Vermögen gehört, spricht dies für ein Verschaffungsvermächtnis.[49]

18 In den Fällen des Abs. 2 und Abs. 3 trägt der Bedachte, dem die Ausnahme zugutekommt, die Beweislast dafür, dass der Erblasser die fremde Sache im Besitz gehabt hat bzw. dass ihm ein Anspruch auf Leistung des vermachten Gegenstandes oder auf Wertersatz zustand.[50] Dem Beschwerten obliegt dagegen der Nachweis, dass die Ausnahmeregelung von dem Erblasser nicht gewollt war und allein die Unwirksamkeit des Vermächtnisses seinem Willen entspricht.[51] Der Vermächtnisnehmer muss auch beweisen, dass dem Erblasser ein Wertersatzanspruch (Abs. 3) zur Zeit des Erbfalls zustand; der Beschwerte trägt die Beweislast dafür, dass der Erblasser diesen Anspruch nicht zuwenden wollte.[52]

§ 2170 Verschaffungsvermächtnis

(1) Ist das Vermächtnis eines Gegenstands, der zur Zeit des Erbfalls nicht zur Erbschaft gehört, nach § 2169 Abs. 1 wirksam, so hat der Beschwerte den Gegenstand dem Bedachten zu verschaffen.

---

46 OLG Koblenz v. 29.9.2009 – 2 U 204/09, juris; BGH v. 15.12.1956 – IV ZR 238/56, BGHZ 22, 357–363; Grüneberg/*Weidlich*, § 2169 Rn 8; jurisPK-BGB/*Reymann*, § 2169 Rn 21.

47 MüKo/*Rudy*, § 2169 Rn 7.

48 OLG Karlsruhe v. 26.10.2007 – 10 U 134/06, juris.

49 BGH v. 23.11.1983 – IVa ZR 230/81, NJW 1984, 731, 732; BGH v. 3.11.1982 – IVa ZR 47/81, NJW 1983, 937–938.

50 jurisPK-BGB/*Reymann*, § 2169 Rn 37.

51 Baumgärtel/*Schmitz*, § 2169 Rn 3.

52 OLG Rostock v. 16.4.2009 – 3 W 9/09, juris, ZEV 2009, 624–625.

(2) [1]Ist der Beschwerte zur Verschaffung außerstande, so hat er den Wert zu entrichten. [2]Ist die Verschaffung nur mit unverhältnismäßigen Aufwendungen möglich, so kann sich der Beschwerte durch Entrichtung des Wertes befreien.

Übersicht: Rdn

A. Allgemeines/Normzweck

Durch § 2170 BGB wird das gestalterische Spektrum des Erblassers erweitert. Der Erblasser kann durch das Verschaffungsvermächtnis bestimmen, dass der Beschwerte einen nicht zum Nachlass gehörenden bestimmten Gegenstand dem Bedachten zuwendet (Abs. 1). Nach Abs. 2 hat der Beschwerte den Wert des zu verschaffenden Gegenstandes – vorbehaltlich Abs. 2 S. 2 – zu entrichten, wenn er zur Verschaffung des Gegenstandes außerstande ist. 1

B. Tatbestand

I. Grundsätzliches

Grundsätzlich können nur im Nachlass befindliche Gegenstände oder einem Erben einräumbare Rechte Gegenstand eines Vermächtnisses sein (§ 2169 BGB).[1] Bei einem **Verschaffungsvermächtnis** besteht die Besonderheit gegenüber sonstigen Vermächtnisanordnungen darin, dass gerade ein nicht zum Nachlass gehörender bestimmter Gegenstand oder ein bestimmtes Recht vermacht wird. Bei dem Verschaffungsvermächtnis kann es sich dann um ein Stück- oder Gattungsvermächtnis (§ 2155 BGB), ein Wahlvermächtnis (§ 2154 BGB) oder ein Zweckvermächtnis[2] (2156 BGB) handeln. Ein Verschaffungsvermächtnis liegt nahe, wenn der vermachte Gegenstand rechtlich nicht zum Nachlass gehört, aber wirtschaftlich in ihm enthalten ist,[3] oder aber der Erblasser den Gegenstand dem Bedachten auch für den Fall zuwenden wollte, dass er nicht (mehr) zur Erbschaft gehört.[4] 2

Die **Anordnung** eines Verschaffungsvermächtnisses, das den Erben beschwert, führt zu einer Nachlassverbindlichkeit (§ 1967 Abs. 2 BGB). Sofern der Erbe die Überschwerungseinrede nach § 1992 BGB erhebt, ist danach zu differenzieren, ob der Gegenstand einem Dritten, dem Beschwerten oder dem Bedachten gehört. Abs. 2 findet nur in dem Fall Anwendung, dass der Gegenstand einem Dritten gehört. Gehört der Gegenstand bereits dem **Bedachten**, ist das Vermächtnis unwirksam (gegenstandslos). Das ist dann auch naheliegend, wenn der Erblasser das Vermächtnis bereits zu Lebzeiten erfüllt hat.[5] Möglicherweise liegt aber auch ein Befreiungsvermächtnis vor, soweit der Beschwerte an dem Gegenstand noch Rechte hat.[6] Wenn der **Beschwerte** 3

1 OLG Bremen v. 29.9.2000 – 5 U 39/2000, ZEV 2001, 401–402.
2 MüKo/*Rudy*, § 2170 Rn 1.
3 BGH v. 3.11.1982 – IVa ZR 47/81, NJW 1983, 937; Grüneberg/*Weidlich*, § 2170 Rn 1.
4 BGH v. 28.9.1983 – IVa ZR 217/81, FamRZ 1984, 41–42; Grüneberg/*Weidlich*, § 2170 Rn 1.
5 NK-BGB/*Horn*, § 2170 Rn 4.
6 Staudinger/*Otte*, § 2171 Rn 3.

Eigentümer des Vermächtnisgegenstandes ist, findet § 2170 BGB keine Anwendung. Die Pflicht zur Erfüllung des Vermächtnisses ergibt sich dann aus § 2174 BGB.[7] Sofern der Beschwerte Miterbe ist, kann er die Erfüllung des Vermächtnisses bis zur Teilung des Nachlasses verweigern (§ 2059 Abs. 1 BGB), weil der Gegenstand auch zu seinem eigenen Vermögen gehört.[8]

4 Hat der Erblasser das Vermächtnis durch **Erbvertrag** angeordnet, ist § 2288 Abs. 2 BGB zu beachten. Sofern der Erblasser den Gegenstand in der Absicht, den Bedachten zu beeinträchtigen, veräußert oder belastet hat, ist der Erbe verpflichtet, dem Bedachten den Gegenstand zu verschaffen oder die Belastung zu beseitigen. Eine Beeinträchtigungsabsicht des durch Erbvertrag gebundenen Erblassers (§ 2288 Abs. 2 S. 1 BGB) ist anzunehmen, wenn die Veräußerung des vermachten Gegenstandes in dem Bewusstsein erfolgt, dass damit dem Vermächtnis seine Grundlage entzogen wird und dass die Gegenleistung für die Veräußerung keinen Ersatz für den Vermächtnisnehmer darstellt.[9] Ein lebzeitiges Eigeninteresse des Erblassers, das den Missbrauch des gem. § 2286 BGB bestehenden Verfügungsrechts ausschließen würde, kann im Hinblick auf ein erbvertragliches Vermächtnis nur bejaht werden, wenn sich das Interesse des Erblassers gerade auf die Veräußerung des Vermächtnisgegenstandes richtet und der erstrebte Zweck auch nicht durch andere wirtschaftliche Maßnahmen erreicht werden kann.[10] § 2170 Abs. 2 BGB ist insoweit entsprechend anwendbar.[11]

II. Gegenstand

5 Dem Beschwerten wird die Pflicht auferlegt, dem Bedachten Sachen (nebst Zubehör), Rechte (Nießbrauch) an Sachen oder Forderungen zu verschaffen.[12] Das gilt auch, wenn der Erblasser im Zeitpunkt seiner Testamentserrichtung wusste, dass sich der Gegenstand später nicht mehr im Nachlass befinden wird.[13]

Bedenken gegen die Wirksamkeit eines Verschaffungsvermächtnisses ergeben sich, wenn es um die Verschaffung der Arbeitskraft oder die Übernahme der persönlichen Haftung in Personengesellschaften geht.[14] Diese Bedenken können dadurch vermieden werden, dass allgemein Dienste vermacht werden, die von dem Beschwerten zu bezahlen sind.[15]

Wurde eine Forderung vermacht, kann ohne nähere Anhaltspunkte grds. nicht davon ausgegangen werden, dass im Unterschied zu einem Forderungsvermächtnis (§ 2173 BGB) auch deren **Surrogat** vermacht sein soll.[16]

6 Hat der Erblasser testamentarisch bestimmt, dass seine Lebensversicherung einer bestimmten Person zufallen soll, die im Versicherungsvertrag nicht als Bezugsberechtigte benannt ist, fällt die Versicherungssumme nicht in den Nachlass. Es liegt dann jedoch insoweit ein Verschaffungsvermächtnis vor.[17] Von der Zuwendung einer Lebensversi-

---

7 LG München II, Urt. v. 5.7.1994 – 3 O 3650/93, ZEV 1995, 373–375; MüKo/*Rudy*, § 2170 Rn 8; Grüneberg/*Weidlich*, § 2170 Rn 1.

8 MüKo/*Rudy*, § 2170 Rn 8.

9 BGH v. 17.12.1997 – IV ZR 138/96, ZEV 1998, 68–96.

10 BGH v. 17.12.1997 – IV ZR 138/96, ZEV 1998, 68–96; BGH v. 23.11.1983 – IVa ZR 230/81, NJW 1984, 731–732.

11 BGH v. 17.12.1997 – IV ZR 138/96, ZEV 1998, 68–69; OLG Celle v. 14.1.2010 – 6 U 114/09, ZEV 2010, 409–410.

12 OLG Bremen v. 29.9.2000 – 5 U 39/2000, ZEV 2001, 401–402.

13 *Nieder/Kössinger*, § 9 Rn 62.

14 Vgl. hierzu MüKo/*Rudy*, § 2170 Rn 5; Staudinger/*Otte*, § 2169 Rn 3.

15 *Lange/Kuchinke*, § 29 V 2 d.

16 MüKo/*Rudy*, § 2170 Rn 5 m.w.N.

17 OLG München v. 31.1.1995 – 18 U 5136/92, OLGR 1995, 139.

cherung im Rahmen eines Verschaffungsvermächtnisses kann im Einzelfall ausgegangen werden, wenn der Erblasser die Lebensversicherung kündigte und die Auszahlung der Versicherungssumme auf ein Konto forderte, das einem Dritten (Lebensgefährten) vermacht ist und über das dem Dritten Vollmacht erteilt wurde.[18]

III. Verschaffungspflicht

7 Der Regelfall beim Verschaffungsvermächtnis ist, dass der nicht zur Erbschaft gehörende Gegenstand einem Dritten gehört. Der Beschwerte hat dann den Gegenstand dem Bedachten zu verschaffen. Dabei handelt es sich um ein **einseitiges** Schuldverhältnis, dessen Erfüllung grundsätzlich durch dingliche Übertragung erfolgt. Die Leistung eines Grundstücks erfolgt durch Auflassung und Eintragung im Grundbuch (§§ 873, 925 BGB; § 20 GBO). Ein Nießbrauchs- oder Wohnungsrecht wird durch formlose dingliche Einigung, förmliche Eintragungsbewilligung und Grundbucheintragung eingeräumt (§ 873 BGB; §§ 19, 29 GBO). Hat das Verschaffungsvermächtnis eine Forderung zum Gegenstand, erfolgt die Übertragung durch Abtretung des Anspruchs gegenüber dem Dritten (§ 398 BGB).

8 Die Erfüllung des Verschaffungsvermächtnisses kann erfolgen durch:[19]

- **Auftragserwerb**: Der Bedachte wird beauftragt, sich den Vermächtnisgegenstand gegen Erstattung der Anschaffungskosten selbst zu besorgen.
- **Durchgangserwerb**: Der Beschwerte erwirbt den Gegenstand und überträgt ihn auf den Bedachten.
- **Geheißerwerb**: Der Dritte wird veranlasst, den Vermächtnisgegenstand auf Kosten des Beschwerten direkt auf den Bedachten zu übertragen.

Dabei erstreckt sich im Zweifel das Verschaffungsvermächtnis auch auf das Zubehör (§ 2164 Abs. 1 BGB).

IV. Unvermögen

9 Ist der Beschwerte auf Dauer[20] außerstande, dem Bedachten den Gegenstand zu verschaffen (Unvermögen), wird dieser nicht von seiner Leistungspflicht frei, sondern hat Wertersatz zu leisten (Abs. 2 S. 1). Davon ist auszugehen, wenn der Dritte nicht zu einer Veräußerung oder nur gegen eine unverhältnismäßige Gegenleistung bereit ist.[21] Das Unvermögen muss dauerhaft sein. Der Beschwerte hat insoweit zu beweisen, dass er alles getan hat, um das Vermächtnis den Bedachten zu verschaffen.[22] Es liegt jedoch dann kein **dauerndes Unvermögen** vor, wenn der Beschwerte den Vermächtnisgegenstand an eine Person veräußert, die dann sein Alleinerbe wird.[23] Abs. 2 ist jedoch insoweit nicht anwendbar, als der Gegenstand dem Beschwerten gehört.

10 Ist die Verschaffung des Vermächtnisses dem Beschwerten nur mit unverhältnismäßigen Aufwendungen möglich, entfällt ebenfalls die Verschaffungspflicht (§ 2170 Abs. 2 S. 2 BGB).

Ein überhöhter Kaufpreis ist nicht ausreichend; erforderlich ist ein weit über das normale Maß hinausgehendes Ungleichgewicht zwischen dem Wert des Vermächtnisgegenstandes und dem dafür geforderten Preis.[24] Die Wertfestsetzung ist dabei bezogen auf den Zeitpunkt der tatsächlichen Leistung.[25]

---

18 OLG München v. 1.8.1996 – 19 U 1650/96, ZEV 1997, 336–338.
19 MüKo/*Rudy*, § 2170 Rn 6; NK-BGB/*Horn*, § 2170 Rn 6.
20 BGH v. 17.12.1997 – IV ZR 138/96, ZEV 1998, 68–69.
21 MüKo/*Rudy*, § 2170 Rn 11.
22 JurisPK-BGB/*Reymann*, § 2170 Rn 13; NK-BGB/*Horn*, § 2170 Rn 10.
23 OLG Köln v. 7.2.1997 – 19 U 147/96, FamRZ 1998, 197–199.
24 MüKo/*Rudy*, § 2170 Rn 14; NK-BGB/*Horn*, § 2110 Rn 17.
25 NK-BGB/*Horn*, § 2110 Rn 17.

Der Aufwand muss unter dem liegen, der nach § 275 Abs. 2 BGB (synallagmatische Verträge) besteht.[26]

11 Liegt Unvermögen vor, hat der Beschwerte Wertersatz zu leisten. Der Wert bestimmt sich nach dem Verkehrswert der Sache.[27] Besondere Liebhaberwerte oder Steuerwerte finden keine Berücksichtigung.[28] Für die Bewertung ist der Zeitpunkt maßgeblich, in dem der Anspruch auf Wertersatz entsteht.[29] Der Anspruch auf Wertersatz entsteht, sobald Unvermögen des Beschwerten zur Verschaffung des Gegenstandes vorliegt. Dieser Zeitpunkt kann dadurch näher bestimmt werden, dass der Vermächtnisnehmer in entsprechender Anwendung von § 281 Abs. 1 S. 1 BGB einen Endtermin für die Verschaffung des Gegenstandes setzt.[30] Bei nachträglichen vom Beschwerten zu vertretenden Unvermögen hatte dieser nach §§ 275 Abs. 2, 280, 283 ff. BGB einzugestehen.[31]

V. Unmöglichkeit

12 Ist die Erfüllung des Verschaffungsvermächtnisses zur Zeit des Erbfalls **objektiv unmöglich**, liegt ein unwirksames Vermächtnis nach § 2171 BGB vor.[32] § 2170 Abs. 2 BGB ist nicht anwendbar. Tritt die objektive Unmöglichkeit, die nicht von dem Beschwerten zu vertreten ist, nach dem Erbfall ein, besteht kein Primäranspruch auf das Vermächtnis (§ 275 BGB). Ggf. besteht ein Anspruch auf Herausgabe des Ersatzes (§ 285 BGB) oder eine Haftung wegen Verzuges (§ 287 BGB).[33] Hat der Beschwerte die Unmöglichkeit zu vertreten, wird er von seiner Verschaffungspflicht gem. § 275 BGB frei, schuldet aber möglicherweise Schadensersatz nach §§ 275 Abs. 4, 280, 283 BGB.[34] Sieht man dagegen die Regelung in § 2170 Abs. 2 BGB als vorrangig an, wird übersehen, dass der nicht sorgfältig handelnde Beschwerte privilegiert wird.[35] § 280 BGB findet statt Abs. 2 aber auch nur dann Anwendung, wenn der Beschwerte – ohne die Unmöglichkeit – zur Erfüllung des Vermächtnisses in der Lage gewesen wäre. Kam es zur Unmöglichkeit durch Verbindung oder Vermischung des zugewandten Gegenstandes, ist § 2172 BGB, nicht § 2170 Abs. 2 BGB einschlägig.[36]

VI. Befreiungsmöglichkeit

13 Abs. 2 S. 2 eröffnet dem Beschwerten die Möglichkeit, sich durch die Entrichtung des Wertes von seiner Verschaffungspflicht zu befreien. Es handelt sich bei der Regelung um einen Unterfall der Ersetzungsbefugnis nach Abs. 2 S. 1. Voraussetzung ist dabei, dass dem Beschwerten die Verschaffung des Gegenstandes nur mit unverhältnismäßigen Aufwendungen möglich ist.[37] Unverhältnismäßig ist die Pflicht zur Verschaffung dann, wenn ein weit über das Normale hinausgehendes Ungleichgewicht zwischen dem Wert des vermachten Gegenstandes und dem von dem Dritten dafür geforderten Preis liegt (vgl. auch Rdn 9).

---

26 JurisPK-BGB/*Reymann*, § 2170 Rn 14.

27 Staudinger/*Otte*, § 2170 Rn 11.

28 JurisPK-BGB/*Reymann*, § 2170 BGB Rn 24; BGH v. 17.12.1997 – IV ZR 138/96, ZEV 1998, 68–69.

29 Staudinger/*Otte*, § 2170 Rn 11.

30 Staudinger/*Otte*, § 2170 Rn 5.

31 NK-BGB/*Horn*, § 2170 Rn 15; jurisPK-BGB/*Reymann*, § 2170 Rn 24.

32 Grüneberg/*Weidlich*, § 2170 Rn 1.

33 NK-BGB/*Horn*, § 2170 Rn 14; MüKo/*Rudy*, § 2170 Rn 13; a.A. *Amend*, ZEV 2002, 441, 442.

34 BGH v. 29.2.1984 – IVa ZR 188/82, NJW 1984, 2570–2573; Grüneberg/*Weidlich*, § 2170 Rn 3; jurisPK-BGB/*Reymann*, § 2170 Rn 19.

35 NK-BGB/*Horn*, § 2170 Rn 15.

36 JurisPK-BGB/*Reymann*, § 2170 Rn 19.

37 Staudinger/*Otte*, § 2170 Rn 11.

„Wert" i.S.d. Abs. 2 S. 2 meint den Verkehrswert.[38] Es ist daher nicht ein Schadensersatzanspruch, Liebhaberwert oder Steuerwert in Ansatz zu bringen.[39] Für den Zeitpunkt der Bewertung ist – in Abweichung zu Abs. 2 S. 1 – auf den Wert zum Zeitpunkt der tatsächlichen Leistung abzustellen.[40] 14

C. Verfahrensfragen

Soweit der Beschwerte sich auf sein Unvermögen (§ 2170 Abs. 2 S. 1 BGB) beruft, obliegt ihm hierüber die Beweislast.[41] 15

Auch wenn beim Verschaffungsvermächtnis ein Dritter in die Erfüllung des Vermächtnisses eingeschaltet ist, ist der Anspruch und gegebenenfalls die Klage gegen den mit dem Vermächtnis Beschwerten zu richten. Der Bedachte kann nicht unmittelbar auf Wertersatz (Abs. 2 S. 2) klagen, auch wenn die Verschaffung des Vermächtnisses mit unverhältnismäßigem Aufwand verbunden ist. Primär besteht eine Verschaffungspflicht.[42] 16

Die Durchsetzung des Anspruchs gegen den Beklagten erfolgt durch die Vollstreckung nach § 887 BGB. Dieser zwangsweisen Durchsetzung steht § 887 Abs. 3 ZPO nicht entgegen.[43] Der Bedachte kann den Beschwerten nach § 887 Abs. 2 ZPO auch zur Vorschusszahlung hinsichtlich des Kaufpreises und der mit dem Kaufvertrag notwendig verbundenen Aufwendungen verurteilen lassen.[44] 17

Die Vollstreckung von Ansprüchen wegen Vermächtnisgegenständen, die im Eigentum des Beschwerten stehen, richtet sich nach § 894 ZPO (Einigung) und § 897 ZPO (Übergabe).[45] 18

§ 2171 Unmöglichkeit, gesetzliches Verbot

(1) Ein Vermächtnis, das auf eine zur Zeit des Erbfalls für jedermann unmögliche Leistung gerichtet ist oder gegen ein zu dieser Zeit bestehendes gesetzliches Verbot verstößt, ist unwirksam.
(2) Die Unmöglichkeit der Leistung steht der Gültigkeit des Vermächtnisses nicht entgegen, wenn die Unmöglichkeit behoben werden kann und das Vermächtnis für den Fall zugewendet ist, dass die Leistung möglich wird.
(3) Wird ein Vermächtnis, das auf eine unmögliche Leistung gerichtet ist, unter einer anderen aufschiebenden Bedingung oder unter Bestimmung eines Anfangstermins zugewendet, so ist das Vermächtnis gültig, wenn die Unmöglichkeit vor dem Eintritt der Bedingung oder des Termins behoben wird.

Literatur

Amend, Probleme beim Teilflächenvermächtnis, ZEV 2002, 441; *Gebhardt*, Der Zeitpunkt für die Beurteilung der Sittenwidrigkeit eines Testaments, Rpfleger 2008, 622; *Lüdtke-Handjery/v. Jeinsen*, Höfeordnung, 11. Aufl. 2015.

---

38 Staudinger/*Otte*, § 2170 Rn 11.
39 BGH v. 17.12.1997 – IV ZR 138/96, ZEV 1998, 68–69.
40 Grüneberg/*Weidlich*, § 2170 Rn 2; jurisPK-BGB/*Reymann*, § 2170 Rn 25.
41 NK-BGB/*Horn*, § 2170 Rn 18; MüKo/*Rudy*, § 2170 Rn 11.
42 MüKo/*Rudy*, § 2170 Rn 7; jurisPK-BGB/*Reymann*, § 2170 Rn 30 (Klageantrag).
43 MüKo/*Rudy*, § 2170 Rn 7.
44 MüKo/*Rudy*, § 2170 Rn 7.
45 Staudinger/*Otte*, § 2170 Rn 4.

Übersicht: Rdn

A. Allgemeines/Normzweck

1 Für die Fälle der anfänglichen objektiven Unmöglichkeit und des Verstoßes gegen ein gesetzliches Verbot durch die Vermächtnisanordnung bestimmt § 2171 BGB die Unwirksamkeit des Vermächtnisses. Insoweit liegt eine Abweichung vom allgemeinen Schuldrecht vor. Nach deren Bestimmungen steht selbst die anfängliche objektive Unmöglichkeit der Wirksamkeit des Vertrages nicht entgegen (§ 311a BGB). Die Bedeutung des § 2171 BGB liegt darin, dass er zu der Frage der Unmöglichkeit oder eines Gesetzesverstoßes im Zeitpunkt des Erbfalls Stellung nimmt. Es kommt für die Frage der Unmöglichkeit oder eines gesetzlichen Verbotes nicht auf den Zeitpunkt der Testamentserrichtung oder den Abschluss eines Erbvertrages an. Kann somit eine bestehende Unmöglichkeit oder ein Verstoß gegen ein gesetzliches Verbot beseitigt werden, bleibt das Vermächtnis bestehen, wenn und soweit dies auch dem Willen des Erblassers entspricht. Abs. 2 und Abs. 3 stellen sodann Sonderregelungen gegenüber § 311a BGB dar.[1]

B. Tatbestand

I. Unmögliche Leistung

2 Die Vorschrift des § 2171 BGB findet sowohl bei tatsächlicher als auch bei rechtlicher Unmöglichkeit Anwendung, bspw. wenn der Gegenstand in der Zeit zwischen Testamentserrichtung und Erbfall untergegangen ist. Möglicherweise ist dann jedoch ein Anspruch auf Wertersatz nach § 2169 Abs. 3 BGB entstanden. Ist eine vermachte Forderung erloschen, sind die §§ 2173, 2175 BGB zu beachten. Trat Unmöglichkeit wegen Verbindung, Vermischung oder Verarbeitung ein, ist die besondere Regelung des § 2172 BGB einschlägig. Eine rechtliche Unmöglichkeit liegt bspw. vor, wenn an einem Nachlassgegenstand ein von der Rechtsordnung nicht anerkanntes Recht begründet werden soll – z.B. Stockwerkseigentum; in diesem Fall ist jedoch eine Umdeutung in ein dingliches Wohnrecht in Erwägung zu ziehen[2] – oder der vermachte Gegenstand dem Bedachten bereits gehört.[3] Im Fall von Unvermögen ist § 2171 BGB nicht einschlägig; es kommen in diesem Fall die Vorschriften der §§ 2169, 2170 BGB zum Verschaffungsvermächtnis zur Anwendung.

3 Da für die Entscheidung der Unwirksamkeit des Vermächtnisses die Unmöglichkeit im **Zeitpunkt** des Erbfalls maßgebend ist,[4] ergeben sich Besonderheiten bei einem bedingten oder befristeten Vermächtnis. Bei einem Vermächtnis, das erst mit dem Eintritt einer aufschiebenden Bedingung oder einem Anfangstermin (§ 2177 BGB) anfällt, kommt es darauf an, ob die Unmöglichkeit auch bei Eintritt der Bedingung oder des Termins noch besteht (Abs. 3). Ist daher die Leistungserbringung zu dem nach Abs. 1 und Abs. 3 maßgeblichen Zeitpunkt unmöglich – diese Unmöglichkeit aber nur vorübergehend –, bleibt das Vermächtnis dennoch wirksam, wenn es auch

---

1 Grüneberg/*Grüneberg*, § 311a Rn 3; MüKo/*Rudy*, § 2171 Rn 1.
2 MüKo/*Rudy*, § 2171 Rn 3.
3 Staudinger/*Otte*, § 2171 Rn 3.
4 NK-BGB/*Horn*, § 2171 Rn 4.

für den Fall angeordnet ist, dass die Leistung noch möglich wird.[5] Nach Abs. 2 kommt es für die Wirksamkeit des Vermächtnisses nicht auf den Zeitpunkt des Erbfalls an. Entscheidend ist, ob die Unmöglichkeit nur vorübergehend ist und behoben werden kann.[6] Insoweit stellt das Möglichwerden der Vermächtniserfüllung eine aufschiebende Bedingung dar. Die §§ 158 ff. BGB sind anzuwenden.

Im Fall des § 2178 BGB kommt es auf den Zeitpunkt der **Geburt** des **Bedachten** oder den Eintritt des Ereignisses an, durch das die Persönlichkeit bestimmt wird.[7] 4

II. Genehmigungsbedürftigkeit

Die Wirksamkeit eines Vermächtnisses kann von einer Genehmigung abhängen. Im Hinblick auf die Genehmigung ist zunächst zu differenzieren, ob sich eine Genehmigungspflicht bereits auf die Vermächtnisanordnung bezieht oder lediglich auf das Erfüllungsgeschäft erstreckt. 5

Ist die Vermächtnisanordnung genehmigungspflichtig, ist das Vermächtnis schwebend unwirksam.[8] Das Vermächtnis fällt während des Schwebezustandes nicht an.

Betrifft die Genehmigungspflicht das Erfüllungsgeschäft, bspw. § 19 BauGB, § 1643 BGB, § 15 Abs. 5 GmbHG oder § 12 WEG, beeinträchtigt dies nicht die Wirksamkeit des Vermächtnisses.[9] Wird die Genehmigung versagt, tritt erst nachträglich objektive Unmöglichkeit ein; es kommen die §§ 275, 280, 283, 285 BGB zur Anwendung.[10]

Nach § 16 Abs. 2 S. 1 HöfeO sind Vermächtnisse zulasten des Hoferben grundsätzlich zulässig. Es ergibt sich aber eine Genehmigungsbedürftigkeit aus der Höfeordnung (§ 16 Abs. 1 HöfeO). Im Zeitpunkt des Erbfalls ist zur Leistungserbringung eine **Genehmigung** erforderlich.[11] Das Vermächtnis ist schwebend unwirksam.[12] Das Vermächtnis zulasten des Hoferben wird dann unmöglich, wenn die Genehmigung endgültig versagt wurde.[13] Unzulässig ist jedoch ein Grundstücksvermächtnis zulasten des Hofes, wenn das Grundstücksvermächtnis die Existenz des Hofes oder seiner ordnungsgemäßen Bewirtschaftung gefährdet (§ 16 Abs. 1 S. 1 HöfeO, § 134 BGB).[14]

Ebenfalls liegt nicht eine anfängliche, sondern nachträgliche Unmöglichkeit vor, wenn die Erfüllung des Vermächtnisses aufgrund bestehender Rechtslage dem Erben künftig unmöglich wird.[15]

III. Gesetzliches Verbot

Ein Vermächtnis, das gegen ein **gesetzliches Verbot** verstößt, ist nicht erst nach § 2171 BGB, sondern bereits nach § 134 BGB nichtig.[16] Maßgebend ist auch hier die Beurtei- 6

---

5 Staudinger/*Otte*, § 2171 Rn 5; KG v. 4.9.1998 –17 U 3053/97, ZEV 1999, 494–496; BGH v. 16.3.2005 – IV ZR 246/03, ZEV 2005, 391–393.

6 Grüneberg/*Grüneberg*, § 2171 Rn 2.

7 MüKo/*Rudy*, § 2171 Rn 4.

8 BGH v. 20.6.1962 – V ZR 219/60, NJW 1962, 1715–1718; jurisPK-BGB/*Reymann*, § 2171 Rn 8.

9 BGH v. 20.6.1962 – V ZR 219/60, NJW 1962, 1715–1718.

10 Grüneberg/*Weidlich*, § 2171 Rn 1; BGH v. 20.6.1962 – V ZR 219/60, NJW 1962, 1715–1718; KG v. 4.9.1998 – 17 U 3053/97, ZEV 1999, 494–496.

11 *Lüdtke-Handjery/v. Jeinsen*, § 16 Rn 18 ff. für Grundstücksvermächtnisse.

12 BGH v. 20.6.1962 – V ZR 219/60, NJW 1962, 1715–1718.

13 Staudinger/*Otte*, § 2171 Rn 4; BGH v. 20.6.1962 – V ZR 219/60, NJW 1962, 1715–1718.

14 Staudinger/*Otte*, Vorbem. zu §§ 2147–2191; BGH v. 20.11.1951 – V BLw 65/50, BGHZ 3, 391–394; OLG Celle v. 10.8.1971 – 7 WLw 22/71, AgrarR 1972, 297–298; OLG Oldenburg v. 15.12.1955 – WLw 76/55, DNotz 1956, 427–429.

15 MüKo/*Rudy*, § 2171 Rn 5; RG DR 1944, 292.

16 Grüneberg/*Grüneberg*, § 2171 Rn 4 (bspw. Einfuhrverbot, Devisenbestimmungen).

lung im Zeitpunkt des Erbfalls.[17] Im Falle einer aufschiebenden Bedingung oder eines Endtermins sind deren Eintritte maßgebend.[18] Verstößt das Vermächtnis gegen die guten Sitten, tritt Nichtigkeit nach § 138 BGB ein. Von einem Verstoß gegen die guten Sitten kann ausgegangen werden, wenn der Erblasser durch seine Verfügung unter Berücksichtigung der höchstpersönlichen und wirtschaftlichen Umstände einen nicht zu billigen Druck auf die Entschließungsfreiheit oder andere Rechte des Bedachten ausübt. Dies ist beispielsweise der Fall, wenn die Erblasserin eine außereheliche Beziehung der Tochter als anstößig empfinden und daher mit ihrer Verfügung erschwert und unterbunden werden soll.[19] Für die Beurteilung der Sittenwidrigkeit sind dann nicht die Verhältnisse zur Zeit des Erbfalls, sondern der Vermächtnisanordnung maßgebend.[20] Sofern sich die sittlichen Maßstäbe seit der Testamentserrichtung wesentlich verändert haben, ist auf den Zeitpunkt des Richterspruchs als maßgeblichen Beurteilungszeitpunkt abzustellen.[21]

IV. Querverweis

7 § 2171 BGB ist bei der Auflage (§ 2192 BGB) entsprechend anwendbar.

C. Verfahrensfragen/Beweislast

8 Macht der Vermächtnisnehmer die Erfüllung des Vermächtnisses geltend, trifft den Beschwerten die Beweislast für die Unmöglichkeit der Erfüllung des Vermächtnisses. Fordert der Vermächtnisnehmer Schadensersatz statt Leistung (§§ 275, 280, 283 BGB), trifft ihn die Darlegungs- und Beweislast für die Unmöglichkeit der Vermächtniserfüllung.[22]

§ 2172 Verbindung, Vermischung, Vermengung der vermachten Sache

(1) Die Leistung einer vermachten Sache gilt auch dann als unmöglich, wenn die Sache mit einer anderen Sache in solcher Weise verbunden, vermischt oder vermengt worden ist, dass nach den §§ 946 bis 948 das Eigentum an der anderen Sache sich auf sie erstreckt oder Miteigentum eingetreten ist, oder wenn sie in solcher Weise verarbeitet oder umgebildet worden ist, dass nach § 950 derjenige, welcher die neue Sache hergestellt hat, Eigentümer geworden ist.

(2) [1]Ist die Verbindung, Vermischung oder Vermengung durch einen anderen als den Erblasser erfolgt und hat der Erblasser dadurch Miteigentum erworben, so gilt im Zweifel das Miteigentum als vermacht; steht dem Erblasser ein Recht zur Wegnahme der verbundenen Sache zu, so gilt im Zweifel dieses Recht als vermacht. [2]Im Falle der Verarbeitung oder Umbildung durch einen anderen als den Erblasser bewendet es bei der Vorschrift des § 2169 Abs. 3.

---

17 JurisPK-BGB/*Reymann*, § 2171 Rn 5; NK-BGB/*Horn*, § 2171 Rn 8; MüKo/*Rudy*, § 2171 Rn 6; Grüneberg/*Ellenberger*, § 138 Rn 4.

18 MüKo/*Rudy*, § 2171 Rn 6.

19 LG Bochum v. 29.4.2021 – I-8 O 486/20, ZEV 2022, 354–306.

20 Vgl. Staudinger/*Otte*, § 2171 Rn 8; BGH v. 15.2.1956 – IV ZR 294/55, BGHZ 20, 71–76; BayObLG v. 24.7.2001 – 1Z BR 20/01, FamRZ 2002, 915–918; OLG Stuttgart v. 19.8.1997 – 8 W 124/97, ZEV 1998, 185–187; Grüneberg/*Ellenberger*, § 138 Rn 10; a.A. OLG Hamm v. 11.9.1979 – 15 W 69/79, FamRZ 1979, 1074–1077.

21 NK-BGB/*Horn*, § 2170 Rn 9 m.w.N.; *Gebhardt*, Rpfleger 2008, 622.

22 JurisPK-BGB/*Reymann*, § 2171 Rn 15.

Übersicht: Rdn

A. Allgemeines/Normzweck

1 Die Vorschrift ergänzt § 2171 BGB hinsichtlich der Verbindung, der Vermischung und der Vermengung des vermachten Gegenstandes. Nach Abs. 1 ist die Leistung einer vermachten Sache unmöglich, wenn durch Verbindung (§§ 946, 947 BGB), durch Vermischung und Vermengung (§ 948 BGB) das Eigentum an der anderen Sache sich auf die vermachte Sache erstreckt oder wenn Miteigentum entstanden ist oder durch Verarbeitung (§ 950 BGB) derjenige, der die neue Sache hergestellt hat, Eigentümer wurde. Abs. 2 stellt eine Auslegungsregel dar, nach der bei Verbindung, Vermischung oder Vermengung durch einen Dritten davon auszugehen ist, dass dem Bedachten die hier genannten Surrogate vermacht sind.

B. Tatbestand

I. Anwendungsbereich

2 Der Anwendungsbereich des § 2172 BGB setzt voraus, dass die Verbindung, Vermischung oder Vermengung zu einer Veränderung der Eigentumsverhältnisse an der vermachten Sache geführt hat. Ohne Bedeutung ist, wer die Veränderungen vorgenommen hat.[1] Keine Anwendung findet die Vorschrift, wenn die vermachte Sache ein Grundstück (§ 946 BGB) ist, das Vermächtnis selbst die Hauptsache darstellt (§§ 947 Abs. 2, 948 Abs. 1 BGB) oder der Wert der **Verarbeitung** oder **Umbildung** des Vermächtnisgegenstandes erheblich geringer ist als dessen Wert (§ 950 Abs. 1 BGB).[2] Blieb der Erblasser trotz Verbindung, Vermischung, Vermengung oder Verarbeitung Eigentümer der betroffenen Sache, ist § 2172 BGB anwendbar; nach dem Normzweck von § 2123 BGB kommt es darauf an, dass das Eigentum des Erblassers an Sache nicht mehr besteht, gerade weil es durch Verbindung, Vermischung oder Vermengung in einer anderen Sache aufging.[3]

3 In zeitlicher Hinsicht ist § 2172 BGB nur bis zum Erbfall anwendbar. Spätere Änderungen in den Eigentumsverhältnissen durch Verbindung, Vermischung etc. können zu Ansprüchen des Bedachten nach den §§ 280, 281 ff. BGB führen.[4]

II. Rechtsfolgen

4 Liegt ein Eigentumsverlust durch Verbindung, Vermischung oder Vermengung der vermachten Sache vor, verweist Abs. 1 auf § 2171 BGB: Das Vermächtnis ist unwirksam. Der Ersatzgegenstand ist nicht vermacht, wenn der Erblasser dies nicht anordnete.[5] Ggf. kann an der neuen Sache Alleineigentum (§§ 947 Abs. 2, 948 BGB) oder Miteigentum (§§ 947 Abs. 1, 948 BGB) bei dem Erblasser entstehen. Durch Auslegung kann sich ergeben, dass der Erblasser in entsprechender Anwendung von Abs. 2 sein Eigentum/seinen Miteigentumsanteil an den einheitlichen Sachen vermachen wollte.[6]

1 Grüneberg/*Weidlich*, § 2172 Rn 1; MüKo/*Rudy*, § 2172 Rn 3.
2 JurisPK-BGB/*Reymann*, § 2172 Rn 7; NK-BGB/*Horn*, § 2171 Rn 3; MüKo/*Rudy*, § 2172 Rn 3.
3 MüKo/*Rudy*, § 2172 Rn 3; NK-BGB/*Horn*, § 2172 Rn 3.
4 MüKo/*Rudy*, § 2172 Rn 2.
5 Grüneberg/*Weidlich*, § 2172 Rn 1; jurisPK-BGB/*Reymann*, § 2172 Rn 8.
6 MüKo/*Rudy*, § 2172 Rn 4; Grüneberg/*Weidlich*, § 2172 Rn 1; Staudinger/*Otte*, § 2172 Rn 4, 7.

III. Ausnahme

5 Abs. 2 der Vorschrift legt eine Ausnahmeregelung für den Fall vor, dass ein anderer als der Erblasser ohne dessen Willen die Verbindung, Vermischung etc. vorgenommen hat. In diesen Fällen gilt im Zweifel das **Miteigentum** als vermacht. Dies gilt entsprechend, wenn die andere Sache, mit der die vermachte Sache verbunden oder vermischt wurde, auch dem Erblasser gehörte und dieser insoweit Alleineigentümer der Sache wurde.[7]

6 Hat der Erblasser selbst die Verbindung, Vermischung etc. vorgenommen, ist Abs. 2 nicht anwendbar. Hat der Erblasser Verbindung, Vermischung oder Vermengung nicht selbst vorgenommen, aber infolgedessen ein **Wegnahmerecht** erworben, kann dieses als vermacht angesehen werden (Abs. 2 S. 1 Hs. 2).[8] Führt die Umbildung des Vermächtnisses durch einen Dritten zu einem **Wertersatzanspruch** nach § 951 Abs. 1 BGB oder einer anderen Anspruchsgrundlage, ist dieser Ersatzanspruch nach § 2169 Abs. 3 BGB anstelle der umgebildeten Sache geschuldet.[9]

C. Verfahrensfragen/Beweislast

7 Abs. 2 stellt eine Auslegungsregel dar. Derjenige, der diese Regel nicht gegen sich gelten lassen will, trägt die Beweislast dafür, dass der Erblasser etwas anderes gewollt hat, als sich nach der Auslegungsregel ergibt.[10]

§ 2173 Forderungsvermächtnis

[1]Hat der Erblasser eine ihm zustehende Forderung vermacht, so ist, wenn vor dem Erbfall die Leistung erfolgt und der geleistete Gegenstand noch in der Erbschaft vorhanden ist, im Zweifel anzunehmen, dass dem Bedachten dieser Gegenstand zugewendet sein soll. [2]War die Forderung auf die Zahlung einer Geldsumme gerichtet, so gilt im Zweifel die entsprechende Geldsumme als vermacht, auch wenn sich eine solche in der Erbschaft nicht vorfindet.

Übersicht: Rdn

7 Staudinger/*Otte*, § 2172 Rn 4.
8 MüKo/*Rudy*, § 2172 Rn 1.
9 NK-BGB/*Horn*, § 2172 Rn 3; jurisPK-BGB/*Reymann*, § 2172 Rn 12; Grüneberg/*Weidlich*, § 2172 Rn 1.
10 Baumgärtel/*Schmitz*, § 2172 Rn 1.

A. Allgemeines

I. Sinn und Zweck der Vorschrift

§ 2173 BGB stellt eine Auslegungsregelung für den Fall dar, dass der Erblasser eine Forderung vermacht hat, die vor dem Erbfall durch Leistung erloschen ist, sich aber der geleistete Gegenstand noch in der Erbschaft befindet. Gäbe es diese Vorschrift nicht, wäre das Vermächtnis **auf** eine **unmögliche** Leistung gerichtet (§ 2171 BGB). Da dies nach der Lebenserfahrung nicht dem Willen des Erblassers entspricht, wird im Zweifel angenommen, dass anstelle der vermachten Forderung das Surrogat für diese zugewendet sei (S. 1). Sofern und soweit es sich um Zahlungsansprüche handelt, gilt eine entsprechende Geldsumme als vermacht (S. 2). 1

II. Systematische Einordnung

Aus systematischen Gründen werden unter dieser Vorschrift auch das Befreiungsvermächtnis und das Schuldvermächtnis dargestellt. 2

B. Tatbestand

I. Forderung

Vermächtnisgegenstand ist der Anspruch auf Übertragung der vermachten Forderung (§ 398 BGB) des Erblassers nebst Zinsen seit Anfall des Vermächtnisses (§ 2184 BGB) und etwaigen Nebenrechten (§§ 401, 402 BGB).[1] Bei der **Forderung** kann es sich auch um eine künftige, bedingte oder betagte Forderung handeln. Der Übertragung kann jedoch ein Abtretungsverbot entgegenstehen. 3

Unter die Forderungen i.S.d. Vorschrift fallen auch verbriefte Forderungen, Sparbuch, Hypotheken- und Grundschuldbriefe, Anteile an Investmentgesellschaften und Immobilienfonds.[2] Wurde ein Sparbuch vermacht, soll nach h.M. regelmäßig nur das beim Erbfall noch vorhandene Guthaben vermacht sein und nicht zusätzlich die Summen, über die der Erblasser nach Anordnung des Vermächtnisses verfügt hat.[3] Dies wird damit begründet, dass der Erblasser beim Vermächtnis eines Guthabens die Ausübung seiner Verfügungsbefugnis unter Lebenden nicht zulasten des Beschwerten gehen lassen möchte.[4] Soweit der Erblasser allerdings die abgehobenen Gelder noch nicht verbraucht hat, sind diese im Zweifel mitvermacht.[5] Hat der Erblasser über das Guthaben in der Weise verfügt, dass er es bei anderen Banken – ggf. auch in anderen Anlageformen – angelegt hat, gilt dieses Bankguthaben als vermacht.[6] Dies gilt entsprechend, wenn der Erblasser ein Sparbuch zwar auflöst, das Guthaben jedoch noch nicht verbraucht hat.[7] Nach dem OLG Karlsruhe[8] ist ggf. durch Testamentsauslegung zu ermitteln, ob der Erfahrungssatz, dass bei vermächtnisweiser Zuwendung eines Sparbuchs, von Bundesschatzbriefen oder des Festgeldguthabens nur der wirtschaftlich zum Zeitpunkt des Erbfalls noch vorhandene Rest zugewandt werden soll, anzuwenden ist. Hinsichtlich eines Guthabens, das i.d.R. keinem ständigen Wechsel unterliegt 4

---

1 Grüneberg/*Weidlich*, § 2173 Rn 1.

2 Staudinger/*Otte*, § 2173 Rn 2.

3 OLG Karlsruhe v. 24.3.2005 – 9 U 152/04, ZEV 2005, 396–397; OLG Koblenz v. 28.11.1997 – 10 U 491/96, FamRZ 1998, 579 ff.; OLG Düsseldorf v. 2.6.1995 – 7 U 2/94, juris; Grüneberg/*Weidlich*, § 2173 Rn 2.

4 Staudinger/*Otte*, § 2173 Rn 9.

5 OLG Koblenz v. 28.11.1997 – 10 U 491/96, FamRZ 1998, 579–581; OLG Düsseldorf v. 2.6.1995 – 7 U 2/94, juris; jurisPK-BGB/*Reymann*, § 2173 Rn 16.

6 OLG Oldenburg v. 20.4.2000 – 15 U 103/99, ZEV 2001, 276–278; OLG Koblenz v. 27.6.1996 – 5 U 210/96, WM 1997, 870–871; MüKo/*Rudy*, § 2173 Rn 1.

7 OLG Düsseldorf v. 2.6.1995 – 7 U 2/94, juris.

8 OLG Karlsruhe v. 24.3.2005 – 9 U 152/04, ZEV 2005, 396–397.

– wie bspw. Guthaben aus der Auseinandersetzung einer Erbengemeinschaft oder Gesellschaft –, ist § 2173 BGB uneingeschränkt anwendbar.[9] Dies gilt insbesondere auch im Fall des Vermächtnisses einer Hypothekenforderung.[10] Des Weiteren fallen mittelbar vermachte Forderungen, wie der Ersatzanspruch für den untergegangenen ursprünglichen Vermächtnisgegenstand (§ 2169 Abs. 3 BGB), unter den Begriff der Forderung im Rahmen des § 2173 BGB.[11] Auch unverbriefte Rechte, kraft derer eine Leistung verlangt werden kann, wie bspw. bei einer Buchgrundschuld, fallen unter § 2173 BGB.[12]

5 Mitgliedschaftsrechte wie **GmbH-Geschäftsanteile oder Aktien** als Vermächtnisgegenstand stellen keine Forderung i.S.d. § 2173 BGB dar.[13] Durch Auslegung des Erblasserwillens kann sich jedoch ergeben, dass die auf den GmbH-Geschäftsanteil entfallende Liquidationsquote ersatzweise vermacht sein soll.[14]

II. Erfüllung

1. Erfüllung vor dem Erbfall

6 Die Vorschrift regelt nur den Fall, dass „vor dem Erbfall die Leistung erfolgt“ ist. Die Art und Weise der Leistung ist dabei unerheblich. Ebenso ist es unerheblich, ob die Leistung vor oder nach Anordnung des Vermächtnisses erfolgt ist. Ob die Leistung zum Untergang der Forderung (§ 362 BGB) oder zum Übergang der Forderung vom Erblasser auf den Leistenden führte (bspw. §§ 268 Abs. 3, 426 Abs. 2, 774 Abs. 1, 1143 Abs. 1 BGB), ist unerheblich.[15] Wird eine andere als die geschuldete Leistung erbracht, tritt grundsätzlich keine Erfüllung ein. S. 1 findet jedoch dann Anwendung, wenn der Erblasser statt des eigentlich geschuldeten Gegenstandes eine andere Leistung an Erfüllungs statt (§ 364 Abs. 1 BGB) annahm.[16] Hat der Erblasser zu Lebzeiten eine Forderung (Geldforderung) erlassen (§ 397 BGB), ist § 2173 BGB nicht anwendbar; es fehlt an einer Vermögensmehrung des Erblassers, S. 2).[17] Soweit die Aufrechnung für den Erbfall denselben wirtschaftlichen Erfolg hat wie die Erfüllung, greif die Auslegungsregel des S. 2.[18] Allerdings greift die Auslegungsregel nach S. 2, sofern die Aufrechnung vor dem Erbfall erfolgte und für den Erblasser den gleichen wirtschaftlichen Erfolg hat wie die Erfüllung.

2. Erfüllung nach dem Erbfall

7 Erfolgt die Leistung auf die Forderung an den Erben nach dem Tod des Erblassers, ist die Vorschrift nicht anwendbar. Es entsteht bei dem Vermächtnisnehmer ein Anspruch auf Ausgleich nach den §§ 275 ff. BGB; insbesondere § 285 BGB kommt zur Anwendung. Kommt es nach dem Erbfall zu einer **Aufrechnung** durch den Schuldner mit seiner Forderung gegen den Nachlass oder einen Erben, muss der Beschwerte dem Bedachten nach den bereicherungsrechtlichen Vorschriften einen Ausgleich verschaffen.[19]

---

9 Staudinger/*Otte*, § 2173 Rn 9.
10 JurisPK-BGB/*Reymann*, § 2173 Rn 7.
11 MüKo/*Rudy*, § 2173 Rn 1; NK-BGB/*Horn*, § 2173 Rn 2; vgl. jurisPK-BGB/*Reymann*, § 2173 Rn 2, wonach § 2169 Abs. 3 BGB zur Anwendung kommt.
12 Staudinger/*Otte*, § 2173 Rn 2.
13 MüKo/*Rudy*, § 2173 Rn 2; NK-BGB/*Horn*, § 2173 Rn 2; jurisPK-BGB/*Reymann*, § 2173 Rn 8.
14 MüKo/*Rudy*, § 2173 Rn 2.
15 MüKo/*Rudy*, § 2173 Rn 3.
16 JurisPK-BGB/*Reymann*, § 2173 Rn 9.
17 NK-BGB/*Horn*, § 2173 Rn 4; jurisPK-BGB/*Reymann*, § 2173 Rn 18.
18 Grüneberg/*Weidlich*, § 2173 Rn 3.
19 Grüneberg/*Weidlich*, § 2173 Rn 3.

III. Befreiungsvermächtnis

Das sog. Befreiungsvermächtnis ist gesetzlich nicht geregelt. Unter ihm versteht man, dass der Erblasser dem Bedachten die **Befreiung** von einer **Schuld** zuwendet.[20] Bestand die Schuld gegenüber dem Erblasser oder dem Beschwerten, hat Letzterer dem Bedachten die Schuld zu erlassen (§ 397 BGB). Der Erlass ist erforderlich, da die Schuld nicht von selbst mit dem Erbfall erlischt.[21] Der Bedachte kann die Freigabe von Sicherheiten und die Rückgabe des Schuldscheins oder eine Quittung verlangen (§§ 368, 371 BGB). Soweit der Vermächtnisanspruch verjährt war, kann der Bedachte die Einrede aus § 821 BGB erheben.[22] 8

Bestand die Schuld gegenüber einem Dritten, obliegt es dem Beschwerten, den Bedachten zu befreien.[23] Soweit der Bedachte die bestehende Schuld bereits **getilgt** hat, kann sich durch Auslegung ergeben, dass dem Bedachten der entsprechende Geldbetrag vermacht sein soll.[24] 9

IV. Schuldvermächtnis

Von einem **Schuldvermächtnis** wird gesprochen, wenn der Erblasser dem Bedachten etwas zuwenden will, was er diesem ohnehin schuldet.[25] Sinn und Zweck dieser Regelung ist es, die rechtliche Stellung des Bedachten zu verbessern. In seiner rechtlichen Wirkung ist das Schuldvermächtnis einem Schuldanerkenntnis gleichzusetzen.[26] Ging der Erblasser irrtümlich von dem Bestehen der Schuld aus, kann der Beschwerte nach § 2078 BGB anfechten. Bestand die Schuld dagegen nicht mehr, ist das Vermächtnis unwirksam (§ 2171 BGB). Soweit es dem Erblasser darum ging, eine möglicherweise unwirksame Zuwendung (bspw. eine Schenkung) an den Bedachten zu bestätigen, kann dieses als Vermächtnis ausgelegt werden.[27] 10

C. Rechtsfolgen

Befindet sich der auf die Forderung des Erblassers erbrachte Gegenstand – keine Geldforderung – im Nachlass, ist dieser Gegenstand im Zweifel als vermacht anzusehen (S. 1). Das Vermächtnis wird somit nicht unwirksam, solange der geleistete Gegenstand sich noch im Nachlass befindet.[28] Es kommt nicht zu einer **weitergehenden Surrogation,** falls nicht § 2169 Abs. 3 BGB zur Anwendung gelangt. 11

Im Fall einer **Geldforderung** des Erblassers ist S. 2 zu beachten. Befindet sich die Geldsumme nicht mehr in der Erbschaft, gilt im Zweifel eine entsprechende Summe als vermacht. Das Forderungsvermächtnis wird zu einem Geldvermächtnis. Die Auslegungsregelung ist insbesondere dann von Bedeutung, wenn sich im Nachlass nur ein geringerer Geldbetrag oder überhaupt kein Geld befindet. Dabei ist es unerheblich, ob der Erblasser das Geld aus der Forderung anderweitig investiert oder für sich selbst verbraucht hat. Soweit eine Forderung mit einem wechselnden Bestand (Sparkonto, Girokonto, Tagesgeld) vermacht wurde, ist der Wille des Erblassers regelmäßig dahin gehend auszulegen, dass das beim Erbfall vorhandene Guthaben vermacht sein soll.[29] Insoweit widerspricht die Auslegungsregel des S. 3 der Lebenserfahrung, wenn Forde- 12

---

20 MüKo/*Rudy*, § 2173 Rn 7; Grüneberg/*Weidlich*, § 2173 Rn 4; *Roth*, NJW-Spezial 2017, 231.
21 BGH v. 16.7.1997 – IV ZR 356/96, ZEV 1997, 376–377.
22 MüKo/*Rudy*, § 2173 Rn 7.
23 Grüneberg/*Weidlich*, § 2173 Rn 4.
24 MüKo/*Rudy*, § 2173 Rn 7; Staudinger/*Otte*, § 2173 Rn 12; Grüneberg/*Weidlich*, § 2173 Rn 4.
25 MüKo/*Rudy*, § 2173 Rn 8.
26 BGH v. 10.6.1985 – III ZR 178/84, NJW 1986, 2571–2573; Grüneberg/*Weidlich*, § 2173 Rn 5.
27 RG v. 10.4.1913 – IV 647/12, RGZ 82, 149–155; Grüneberg/*Weidlich*, § 2173 Rn 5.
28 Grüneberg/*Weidlich*, § 2173 Rn 3.
29 NK-BGB/*Horn*, § 2173 Rn 10; jurisPK-BGB/*Reymann*, § 2173 Rn 15; MüKo/*Rudy*, § 2173 Rn 5.

rungen mit wechselndem Bestand vermacht wurden; insoweit entfällt das Forderungsvermächtnis hinsichtlich eines ursprünglich höheren Betrages. Dieses Problem stellt sich insbesondere, wenn sich das Guthaben auf dem Konto nach der Testamentserrichtung wesentlich erhöht. Hierzu kann es kommen, wenn der Erblasser bspw. selbst erbt oder Immobilien veräußert hat und die dadurch erlangten Mittel dem vermächtnisweise zugewendeten Konto zugeführt wurden. In diesen Fällen ist regelmäßig davon auszugehen, dass nicht das Guthaben im Zeitpunkt des Erbfalls vermacht sein soll. Dachte der Erblasser im Zeitpunkt der Testamentserrichtung nicht an den Verkauf einer Immobilie, ist nicht anzunehmen, dass dieser sich auf dem Konto niederschlagende Erlös vermacht sein soll.[30]

13 Die Leistung einer geschuldeten Geldsumme an den Erblasser führt dazu, dass das Forderungsvermächtnis durch ein Geldvermächtnis ersetzt wird.[31] Zahlt der Erblasser sodann das Geld erneut auf ein Konto ein, stellt sich die Frage, ob das Geldvermächtnis wieder zum Forderungsvermächtnis wird. Entscheidend ist, ob es sich aus Sicht des Erblassers lediglich um eine Umbuchung handelt – dann Forderungsvermächtnis – oder mit der **Wiederanlage** eine neue Entscheidung getroffen werden sollte – dann Geldvermächtnis.[32] Ist die Höhe des eingezogenen und erneut angelegten Geldbetrages identisch, liegt es nahe, eine Umbuchung anzunehmen, sodass ein Forderungsvermächtnis vorliegt.[33] Legt der Erblasser Guthaben bei einer anderen Bank an, ist das dortige Guthaben bis zu Höhe des ursprünglichen Guthabens vermacht (Surrogat),[34] sofern sich dies durch Auslegung ergibt.[35]

D. Verfahrensfragen/Beweislast

14 Bei der Vorschrift handelt es sich um eine Auslegungsregel. Die individuelle Auslegung der letztwilligen Verfügung ist daher zunächst vorzunehmen und gegenüber der Anwendung von S. 2 vorrangig. Sie kann Anwendung in den Fällen finden, in denen ein Forderungsvermächtnis durch Leistung zu Lebzeiten des Erblassers erloschen sind.[36] Daher ist im Zweifel davon auszugehen, dass der Vermächtnisnehmer den an die Stelle der Forderung getretenen Gegenstand erhalten soll. Für die Behauptung des Beschwerten, der Erblasser habe einen von der Auslegungsregel abweichenden Willen gehabt, ist er hinsichtlich der Umstände **darlegungs-** und **beweispflichtig**, aus denen sich der abweichende Wille des Erblassers ergeben soll. Ist die vermachte Forderung nicht mehr im Nachlass, der ein wesentlich höheres Festgeldguthaben aufweist, dessen Herkunft streitig ist, ist die Vermutung des S. 2 nicht widerlegt.[37] Nach der Rechtsprechung ist dagegen im Fall des Vermächtnisses eines Sparbuchs die Beweisregeln des S. 2 widerlegt.[38]

15 Den Vermächtnisnehmer trifft die Beweislast dafür, dass sich der aufgrund der Forderungen in das Vermögen des Erblassers gelangte Gegenstand noch dort befindet.[39]

---

30 Horn/Kroiß/*Horn*, Testamentsauslegung, § 7 Rn 27; *Warlich/Kühne*, ZErb 2012, 259–267.

31 OLG Oldenburg v. 20.4.2000 – 15 U 103/99, ZEV 2001, 276–278; MüKo/*Rudy*, § 2173 Rn 6.

32 Staudinger/*Otte*, § 2173 Rn 10.

33 OLG Koblenz v. 27.6.1996 – 5 U 210/96, WM 1997, 870–871.

34 OLG Koblenz v. 27.6.1996 – 5 U 210/96, WM 1997, 870–871; NK-BGB/*Horn*, § 2173 Rn 10.

35 OLG Karlsruhe v. 24.3.2005 – 9 U 152/04, ZEV 2005, 396–397.

36 MüKo/*Rudy*, § 2173 Rn 1.

37 OLG Karlsruhe v. 24.3.2005 – 9 U 152/04, ZEV 2005, 396–397; jurisPK-BGB/*Reymann*, § 2173 Rn 19.

38 OLG Koblenz v. 28.11.1997 – 10 U 491/96, FamRZ 1998, 579–581.

39 Baumgärtel/*Schmitz*, § 2173 Rn 2.

§ 2174 Vermächtnisanspruch

Durch das Vermächtnis wird für den Bedachten das Recht begründet, von dem Beschwerten die Leistung des vermachten Gegenstands zu fordern.

Literatur

Birk, Ausländische Vermächtnisse im deutschen Sachenrecht, ZEV 1995, 283; *Damrau*, Zur Frage der Verjährung von Grundstücksvermächtnissen, ZErb 2015, 333; *DNotI*, Gutachten DNotI-Report 3/2007, 18 (Testamentsvollstreckervergütung); *Grziwotz*, Wohnungsrechtsvermächtnis und Grundbucheintragung, ZEV 2010, 130; *Jänicke*, Vertretungsausschluss bei rechtlich nachteiligen Verfügungen zugunsten Minderjähriger, NJW 2013, 2474; *Kiethe*, Ausschluss der Auseinandersetzung der Erbengemeinschaft mit Verfügungsverbot über den Erbteil – Schutz vor unerwünschten Dritten beim Unternehmernachlass, ZEV 2003, 225; *Kuchinke*, Die Rechtsfolgen der Vorausleistung eines Vermächtnisgegenstandes an den Bedachten, JZ 1983, 483; *Landsittel*, Der Stichtag bei Erwerben durch Vermächtnis und Erbanfall, ZEV 2003, 221; *Mayer*, Die Sicherung des Vermächtnisnehmers – Darstellung und Vergleich der verschiedenen Möglichkeiten, BWNotZ 1997, 62; *Muscheler*, Erbrecht, Bd. I und II, 2010; *ders.*, Das gemeinschaftliche Vermächtnis, NJW 2012, 1399; *Pfleiderer*, „Selbstvornahme" bei der Erfüllung eines Grundstücksvermächtnisses?, ZEV 2023, 135; *Reymann*, Das Vermächtnis des Kommanditisten, ZEV 2006, 307; *Roth/Maulbetsch/Schulte*, Vermächtnisrecht, 2013; *Sarres*, Erbrechtliche Auskunftsansprüche aus Treu und Glauben (§ 242 BGB), ZEV 2001, 225; *Zawar*, Gedanken zum bedingten oder befristeten Rechtserwerb im Erbrecht, NJW 2007, 2353.

Übersicht:

A. Allgemeines/Normzweck

Bei § 2174 BGB handelt es sich um die zentrale Norm im Vermächtnisrecht. Der Bedachte erhält das Recht, von dem Beschwerten die Leistung des vermachten Gegenstandes zu fordern. Er hat einen schuldrechtlichen Anspruch auf Leistung des Vermächtnisses. Ein unmittelbarer Erwerb des zur Erbschaft gehörenden Gegenstandes durch den Vermächtnisnehmer findet somit nicht statt. Der Bedachte hat im Vergleich zum Erben eine deutlich schwächere rechtliche Position in Bezug auf den Nachlass. Er ist Nachlassgläubiger und nicht dinglich berechtigt (Damnationslegat), wenn man 1 von dem Fall des Vorausvermächtnisses bei einem Alleinerben einmal absieht. Dies gilt auch dann, wenn das als Erbstatut berufene ausländische Recht vorsieht, dass das in Deutschland belegene Grundstück unmittelbar mit dinglicher Wirkung (Vindikationslegat) auf den Bedachten übergeht.[1]

B. Tatbestand

I. Vermächtnisform

2 Das Vermächtnis kann grundsätzlich nur durch Testament (privatschriftlich oder in notarieller Form) angeordnet werden (§ 1939 BGB). Es kann darüber hinaus in einem Erbvertrag vertragsmäßig (§ 2378 Abs. 2 BGB) oder einseitig (§ 2299 BGB) enthalten sein. In der letztwilligen Verfügung müssen alle Elemente eines Vermächtnisses enthalten sein; insbesondere Vermächtnisnehmer und Vermächtnisgegenstand müssen zumindest ansatzweise zum Ausdruck gebracht werden.[2]

II. Vermächtnisanspruch

1. Vermächtnisgegenstand

3 Gegenstand des Vermächtnisanspruchs kann jeder Vermögensvorteil i.S.d. § 1939 BGB sein. Der Begriff des Vermögensvorteils ist weit auszulegen.

a) Sachen

4 Gegenstand eines Vermächtnisses können bewegliche und unbewegliche Sachen (körperliche Gegenstände) i.S.d. § 90 BGB sein. Ebenso können Sachgesamtheiten (Sachbegriff nach § 92 BGB) Gegenstand eines Vermächtnisses sein. Nicht Gegenstand eines Vermächtnisses können dagegen wesentliche Bestandteile einer Sache sein (§§ 93, 94 BGB). Dies gilt selbst dann, wenn sie in steuerlicher Hinsicht als selbstständige Wirtschaftsgüter angesehen werden.[3]

b) Rechte

5 Auch Rechte, wie bspw. Urheberrechte/Schutzrechte (§ 34 VerlG, § 13 GebrauchsmusterG, § 29 DesignG, § 15 PatentG, § 27 MarkenG) können Gegenstand eines Vermächtnisses sein.

6 Höchstpersönliche Rechte des Erblassers können nicht unmittelbar Gegenstand eines Vermächtnisses sein. Zu den höchstpersönlichen Rechten zählen bspw. das Nießbrauchsrecht (§ 1061 BGB), beschränkt persönliche Dienstbarkeiten (§§ 1090, 1061 Abs. 2 BGB), das Wohnungsrecht[4] nach § 1093 BGB als persönliche Dienstbarkeit, die subjektiv-persönliche oder ausdrückliche oder ihrer Natur nach auf die Lebenszeit des Berechtigten beschränkte Reallast (§ 1111 Abs. 2 BGB)[5] und das nicht ausdrücklich vertraglich erklärte dingliche Vorkaufsrecht (§§ 1094 Abs. 1, 1098, 473 BGB).[6] Zwar sind diese Rechte nicht übertragbar, der Erblasser kann jedoch ein Verschaffungsvermächtnis (§ 2169 BGB) anordnen, das auf die Neubegründung der höchstpersönlichen Rechte wie insbesondere das Wohn- und Nießbrauchsrecht gerichtet ist.[7]

7 Vermächtnisse können auch auf die Einräumung von Besitz- oder Nutzungsrechten gehen. Der Erblasser kann so bspw. dem Bedachten einen bestimmten Gegenstand bis zu einem bestimmten Zeitpunkt (bspw. Lebensende) zum Besitz einräumen. Dem

---

1 BGH v. 28.9.1994 – IV ZR 95/93, ZEV 1995, 298–300.
2 OLG Koblenz v. 15.11.2013 – 10 U 430/13, juris.
3 BFH v. 14.2.2007 – XI R 18/07, DStR 2007, 855.
4 OLG Bamberg v. 28.6.1994 – 1 W 35/94, NJW-RR 1994, 1359–1360.
5 BayObLG v. 5.5.1983 – BReg 2 Z 31/83, Rpfleger 1983, 308.
6 BGH v. 23.5.1962 – V ZR 123/60, BGHZ 37, 147–1541344; jurisPK-BGB/*Heintz*, § 1094 Rn 23.
7 jurisPK-BGB/*Reymann*, § 2174 Rn 20.

Bedachten stehen dann die sich aus dem Gesetz ergebenden Früchte und Nutzungen (§§ 99, 100 BGB) zu. Darunter fallen dann bspw. Miet- und Pachtzinszahlungen.[8]

Auch Forderungen können einen Vermögensvorteil i.S.d. § 1939 BGB darstellen und somit Gegenstand eines Vermächtnisses sein (Forderungsvermächtnis § 2173 BGB). Hierzu gehört bspw. das Recht auf die Anerkennung oder Sicherung einer Schuld, auf Leistung von Diensten, auf Unterlassung, auf Aufnahme in eine Gesellschaft oder aber auch Honoraransprüche, sonstige Geldforderungen, Ansprüche aus Bankkonten und Sparguthaben sowie Herausgabeansprüche. Die Forderung muss dabei jedoch abtretbar (§ 399 BGB) und pfändbar (§ 400 BGB) sein.[9] 8

c) Mitgliedschaftsrechte

Grundsätzlich sind auch Mitgliedschaftsrechte – insbesondere solche an juristischen Personen und Gesamthandsgemeinschaften – einem Vermächtnis zugänglich.[10] Dies setzt jedoch voraus, dass das Mitgliedschaftsrecht überwiegend vermögensbezogen und nicht an eine Person gebunden ist. 9

Die **Vereinsmitgliedschaft** ist grundsätzlich nicht vererblich, wie sich aus § 38 S. 1 BGB ergibt. Sofern die Satzung des Vereins etwas anderes bestimmt (§ 40 BGB), kann es zu einer Vererblichkeit der Vereinsmitgliedschaft kommen. 10

Nach dem Genossenschaftsgesetz geht der **Genossenschaftsanteil** mit dem Tod eines Mitglieds auf den Erben über (§ 77 Abs. 1 S. 1 GenG). Jedoch endet dann die Mitgliedschaft für den Erben mit dem Schluss des Geschäftsjahres, in dem der Erbfall eingetreten ist (§ 77 Abs. 1 S. 2 GenG). Für das Vermächtnis bedeutet dies, dass auch dieses spätestens mit dem Schluss des Geschäftsjahres, in dem der Erbfall eingetreten ist, sich auflöst. Durch Auslegung ist zu ermitteln, ob dies vom Erblasser so gewollt war oder das Vermächtnis von vornherein auf eine unmögliche Leistung gerichtet ist (§ 2171 BGB). Die Satzung kann in Abweichung von § 77 Abs. 1 GenG vorsehen, dass die Genossenschaft mit den Erben fortgesetzt werden kann (§ 77 Abs. 2 GenG). 11

Aktien können Gegenstand eines Vermächtnisses sein. Ihre Übertragung von Todes wegen kann in der Satzung nicht ausgeschlossen werden. Dies gilt auch dann, wenn die Satzung die Übertragung an die Zustimmung der Gesellschafter bindet (§ 68 Abs. 2 S. 1 AktG).[11] Zulässig ist eine Satzungsregelung zur Einziehung für den Fall des Todes eines Aktionärs (§ 237 AktG). Zur Beantwortung der Frage, ob ein Abfindungsanspruch besteht, ist daher der Gesellschaftsvertrag mit der Vermächtnisanordnung abzustimmen. 12

GmbH-Anteile sind nach § 15 Abs. 1 GmbHG vererblich und damit auch möglicher Gegenstand eines Vermächtnisses. Die Anordnung des Vermächtnisses selbst bedarf nicht der notariellen Form (§ 15 Abs. 4 GmbHG).[12] 13

Die Erfüllung des Vermächtnisses, die Abtretung des Gesellschaftsanteils, hat jedoch in notarieller Form zu erfolgen (§ 15 Abs. 3 GmbHG). Das Vermächtnis ist mit dem Gesellschaftsvertrag abzustimmen. Die Satzung kann jedoch nie eine Sonderrechtsnachfolge begründen oder die Vererblichkeit ausschließen.[13] Die Beteiligung fällt in den Nachlass. Der Erbe kann jedoch verpflichtet sein, den Geschäftsanteil auf eine durch die Satzung näher bestimmte Person zu übertragen. Sieht der Gesellschaftsvertrag im Fall der Übertragung des Anteils von Todes wegen bspw. Regelungen vor

8 jurisPK-BGB/*Reymann*, § 2174 Rn 21.
9 LG Köln v. 25.4.1989 – 22 O 331/88, NJW-RR 1990, 13.
10 MüKo/*Leipold*, § 1939 Rn 13
11 jurisPK-BGB/*Reymann*, § 2174 Rn 17.
12 jurisPK-BGB/*Reymann*, § 2174 Rn 16 m.w.N.
13 Grüneberg/*Weidlich*, § 1922 Rn 43.

(Abtretungsregelungen, Abtretungsverbote, Einziehungsbestimmungen, bestimmter Personenkreis etc.), die bei der Vermächtnisanordnung nicht berücksichtigt wurden, kann es zu einer Versagung der Übertragung des Gesellschaftsanteils kommen.[14] Dies hätte dann die Unwirksamkeit des Vermächtnisses nach § 2171 BGB zur Folge.
Die Zulässigkeit einer Einziehungsbestimmung ergibt sich aus § 34 GmbHG. Ist ein Abfindungsanspruch im Falle der Einziehung vorgesehen, kann dieser vermacht sein.

14 Der Tod eines Gesellschafters einer **BGB-Gesellschaft** führt seit dem 1.1.2024 zu seinem Ausscheiden aus der Gesellschaft (bisher: grundsätzlich Auflösung der Gesellschaft mit dem Tod eines ihrer Gesellschafter, § 727 Abs. 1 BGB a.F.), sofern sich aus dem Gesellschaftsvertrag nichts anderes ergibt. Insoweit fand durch den Gesetzgeber eine Angleichung an das Recht der Personenhandelsgesellschaften (insbes. die OHG) vor. Vorbehaltlich gesellschaftsvertraglicher Regelungen entsteht ein Abfindungsguthaben (§ 728 Abs. 1, S. 1 Hs. 2 BGB), das einem Vermächtnis zugänglich ist. In der Praxis dürfte es zu Bewertungsproblemen kommen. Die Bewertung des BGB-Gesellschaftsanteils ist gesetzlich nicht geregelt. Soweit erforderlich, ist der Wert des Gesellschaftsanteils im Wege der Schätzung zu ermitteln (§ 728 Abs. 2 BGB). Verstirbt einer von zwei Gesellschaftern, besteht kein Anspruch auf eine Abfindung. Der Tod eines Gesellschafters einer zweigliedrigen BGB-Gesellschaft führt kraft Gesetzes zur Auflösung der Gesellschaft (§ 712a BGB). Die Gesellschaft erlischt ohne Liquidation. Die Rechte des vorletzten Gesellschafters anlässlich seines Ausscheidens richten sich nach §§ 728–728b BGB in entsprechender Anwendung (§ 712a Abs. 2 BGB). Wird die Gesellschaft mit dem Tod eines Gesellschafters aufgrund gesellschaftsvertraglicher Bestimmung nicht aufgelöst, wächst der Gesellschaftsanteil den verbleibenden Gesellschaftern an – den Erben steht nach § 728 BGB ein Abfindungsanspruch zu, sofern sich aus dem Gesellschaftsvertrag (Nachfolgeklausel § 711 Abs. 1 BGB)[15] nichts anderes ergibt. Nur sofern der Gesellschaftsvertrag eine Fortsetzung mit dem durch das Vermächtnis Bedachten vorsieht, geht dieser Anteil im Wege der Sondererbfolge auf den Bedachten über.[16] Sind mehrere Vermächtnisnehmer vorhanden, fällt der Gesellschaftsanteil jedem Erben entsprechend seiner Erbquote zu (§ 711 Abs. 2 S. 2 BGB). In haftungsrechtlicher Hinsicht ist § 721a BGB (ab 1.1.2024 – MoPeG) zu beachten: Der durch die Nachfolge von Todes wegen in die Gesellschaft neu eingetretene Vermächtnisnehmer (Gesellschafter) haftet für vor seinem Eintritt begründeten Verbindlichkeiten persönlich und unbeschränkt.

15 Die **OHG** wird nach dem Tod eines Gesellschafters – vorbehaltlich gesellschaftsvertraglicher Regelungen – fortgesetzt (§ 131 Abs. 1 Nr. 1 HGB, seit 1.1.2024 – MoPeG). Die OHG-Anteile können Gegenstand eines Vermächtnisses sein. Der Gesellschaftsvertrag kann bestimmen, wie die Gesellschaft beim Tod eines Mitgesellschafters fortgesetzt wird. Sofern nach dem Gesellschaftsvertrag die Erfüllung des Vermächtnisses an einem OHG-Anteil wegen des Fehlens einer Fortsetzungsklausel, einer qualifizierten oder einfachen Nachfolgeklausel oder einer erbrechtlichen Eintrittsklausel nicht möglich ist, kann dies zur Unwirksamkeit des Vermächtnisses nach § 2171 BGB führen. Durch Auslegung kann sich möglicherweise ergeben, dass der designierte Vermächtnisnehmer einen Abfindungsanspruch erhält.
Im Rahmen der Erfüllung des Vermächtnisses ist zu sehen, dass der Gesellschaftsanteil zunächst den Erben zufällt. Bei Miterben treten diese nicht gesamthänderisch an die

14 OLG Koblenz v. 19.1.1995 – 6 U 829/93, GmbHR 1995, 586–588; jurisPK-BGB/*Reymann*, § 2174 Rn 16.
15 BGH, Beschluss vom 20. Mai 1981 – V ZB 25/79; Grüneberg/*Weidlich*, § 1922 Rn 14.
16 Vgl. jurisPK-BGB/*Reymann*, § 2174 Rn 18; *Lange/Kuchinke*, § 5 VI A 4; BGH v. 24.11.1980 – II ZR 194/79, NJW 1981, 749–750.

Stelle des Erblassers. Nach den Grundsätzen des Personengesellschaftsrechts kann eine Erbengemeinschaft nicht Mitglied einer Personengesellschaft sein.[17] Aus organisatorischen und haftungsrechtlichen Gründen wird jeder zum Gesellschaftsnachfolger berufene Erbe selbstständiger Gesellschafter. Der Kapitalanteil des Erblassers wird unter den Miterben entsprechend ihrer Quote geteilt. Ist eine Übertragung des OHG-Anteils gesellschaftsvertraglich zulässig, haben die Miterben ihren jeweiligen OHG-Anteil an den Vermächtnisnehmer herauszugeben.

Die **Kommanditgesellschaft** wird nach dem Tod eines Gesellschafters fortgesetzt, sofern der Gesellschaftsvertrag nichts anderes bestimmt (§§ 161 Abs. 2, 131 Abs. 3 Nr. 1 HGB). Der Kommanditanteil (§ 177 HGB) und der Anteil des Komplementärs können Gegenstand eines Vermächtnisses sein.[18] Der Anteil fällt zunächst mit dinglicher Wirkung den Erben zu. Eine Erbengemeinschaft kann nicht Mitglied einer Personengesellschaft sein.[19] Sind mehrere Erben vorhanden, übernehmen sie den Anteil nicht als Erbengemeinschaft, sondern im Wege der „Sondererbfolge" entsprechend ihrer Erbquote.[20] Entsprechend seiner Beteiligung an dem Gesellschaftsanteil muss sodann jeder Miterbe das Vermächtnis erfüllen. Nach der Übertragung der einzelnen Anteile durch die Erben bildet sich dann bei dem Vermächtnisnehmer wieder ein einheitlicher Gesellschaftsanteil.[21] 16

Es sind jedoch die gesellschaftsvertraglichen Regelungen zu beachten. Räumt der Gesellschaftsvertrag das Recht ein, seinen Anteil zu veräußern, ist eine Zustimmung der Mitgesellschafter zur Übertragung des Anteils auf den Vermächtnisnehmer nicht erforderlich; bei den Mitgesellschaftern besteht im Übrigen eine Treuepflicht zur Zustimmung.[22] Der Eintritt des Vermächtnisnehmers in die Kommanditgesellschaft kann so erfolgen über eine qualifizierte Nachfolgeklausel, rechtsgeschäftliche Nachfolgeklausel oder Eintrittsklausel i.S.v. Verträgen zugunsten Dritter auf den Todesfall.

Ist eine Übertragung aus gesellschaftsrechtlichen Erwägungen nicht möglich, kann sich durch Auslegung ergeben, dass dem Bedachten die übertragbaren Rechte, wie Gewinnausschüttung und Auseinandersetzungsguthaben, abzutreten sind.[23]

Die **Partnerschaftsgesellschaft** wird in der Regel nicht durch den Tod eines Partners aufgelöst. Der Partner scheidet bei Tod aus der Partnerschaft aus. Die Partnerschaft ist grundsätzlich nicht vererblich (§ 9 Abs. 4 PartGG). Den Erben steht ein Auseinandersetzungsanspruch zu (§ 1 Abs. 4 PartGG; § 738 Abs. 1 S. 2 BGB). Dieser Anspruch kann zum Gegenstand eines Vermächtnisses gemacht werden. Sofern der Partnerschaftsvertrag bestimmt, dass der Anteil vererblich ist, kann er an Personen i.S.d. § 1 Abs. 1 und 2 PartGG vererbt oder als Vermächtnis zugewendet werden (§ 9 Abs. 4 S. 2 PartGG). In entsprechender Anwendung von § 9 Abs. 4 S. 3 PartGG kann der Vermächtnisnehmer seinen Austritt aus der Partnerschaft erklären. Auf den Austritt folgt dann die Auseinandersetzung nach den §§ 738 ff. BGB, sofern der Gesellschaftsvertrag keine vom Gesetz abweichende Regelung enthält. 17

17 BGH v. 4.5.1983 – IVa ZR 229/81, NJW 1983, 2376–2378; BGH v. 22.11.1956 – II ZR 222/55, BGHZ 22, 186–197; BGH v. 10.2.1977 – II ZR 120/75, NJW 1977, 1339–1344.

18 *Reymann*, ZEV 2006, 307.

19 BGH v. 4.5.1983 – IVa ZR 229/81, NJW 1983, 2376–2378; BGH v. 22.11.1956 – II ZR 222/55, BGHZ 22, 186–197; BGH v. 10.2.1977 – II ZR 120/75, NJW 1977, 1339–1344.

20 BGH v. 4.5.1983 – IVa ZR 229/81, NJW 1983, 2376; BGH v. 22.11.1956 – II ZR 222/55, BGHZ 22, 186–197; BGH v. 10.2.1977 – II ZR 120/75, NJW 1977, 1339–1344.

21 *Demuth*, BB 2001, 947–951.

22 OLG Stuttgart v. 5.11.2015 – 19 U 19/15, ErbR 2017, 424–426; OLG Stuttgart v. 3.12.1991 – 12 U 99/91, DStR 1992, 623.

23 BGH v. 20.11.1975 – III ZR 112/73, WM 1976, 251–253.

d) Sonstige Ansprüche

18 Gegenstand eines Vermächtnisses können auch sonstige Ansprüche sein. Insbesondere kann es sich hierbei handeln um das Anfechtungsrecht (§ 119 BGB), das Recht zur Annahme eines Vertragsantrags (§ 153 BGB), das Recht auf Abschluss eines Übergabevertrages eines landwirtschaftlichen Anwesens,[24] das Ankaufsrecht,[25] das Bezugsrecht von Fondsanteilen,[26] die Mietverbilligung[27] und die Verlängerung der Verjährungsfrist.[28] Den Ansprüchen dürfen aber nicht die §§ 399, 400 BGB entgegenstehen; sie müssen abtretbar und pfändbar sein.

2. Anspruchsentstehung

19 Grundsätzlich entsteht der Vermächtnisanspruch mit dem Erbfall (§ 2176 BGB). Die Annahme des Vermächtnisses durch den Bedachten ist nicht erforderlich. Handelt es sich um ein Vermächtnis, das unter einer aufschiebenden **Bedingung** steht, einer **Befristung** (§ 2177 BGB) unterliegt oder bei dem die Person des Bedachten noch nicht feststeht (§ 2178 BGB), fällt das Vermächtnis zu einem späteren Zeitpunkt an.

20 Der aus den §§ 2147–2191 BGB folgende Anspruch richtet sich grundsätzlich nach den Bestimmungen des allg. Schuldrechts (§§ 241–304 BGB), sofern der Erblasser nichts anderes bestimmt hat oder sich aus den erbrechtlichen Bestimmungen nichts anderes ergibt. Die Grundsätze über den Wegfall der Geschäftsgrundlage (§ 313 BGB) sind wie im Erbrecht auch bei einer Vermächtnisanordnungen nicht anwendbar.[29] Den Bestimmungen des allg. Schuldrechts gehen bspw. die Normen über die beschränkte Erbenhaftung,[30] Gewährleistung für Sach- und Rechtsmängel des Vermächtnisgegenstandes (§§ 2182, 2183 BGB) oder Unmöglichkeit (§ 2171 BGB) vor. Des Weiteren kommen noch Elemente eines gegenseitigen Vertrags zur Anwendung, wenn es z.B. um die Verschaffung einer Sache oder ein Übernahmerecht geht.[31]

21 Die Entstehung des Vermächtnisses (§ 2176 BGB) ist von seiner **Fälligkeit** zu unterscheiden. Der Vermächtnisanspruch wird, sofern der Erblasser nichts anderes bestimmt hat, mit dem Anfall des Vermächtnisses gem. § 271 Abs. 1 BGB (Todestag) fällig.[32] Dies ist grundsätzlich der Zeitpunkt des Todes des Erblassers (§ 2176 BGB). Dieser Zeitpunkt kann sich in den Fällen der §§ 2177, 2178 BGB nach hinten verschieben. Darüber hinaus kann der Erblasser die Erfüllung des Vermächtnisses dem Belieben des Beschwerten überlassen (§ 2181 BGB). Das Untervermächtnis ist fällig, wenn der Vermächtnisnehmer das ihm zugewendete Vermächtnis verlangen kann (§ 2186 BGB). Die sofortige Fälligkeit des Vermächtnisses führt bei dem Erben oft zu Problemen. Der Erblasser ist verstorben, der Nachlass durch den Erben noch nicht gesichtet, der Vermächtnisnehmer hat aber bereits Verzug hinsichtlich seines Vermächtnisses hergestellt. Es stehen somit Verzugsschäden im Raum. Der Erblasser sollte daher klare und eindeutige Fälligkeitsfristen hinsichtlich der Vermächtnisse in seinem Testament bestimmen.

---

24 BayObLG v. 11.11.2002 – 1Z BR 53/01, FamRZ 2004, 59–63.

25 Staudinger/*Otte*, § 2174 Rn 12; BGH v. 27.6.2001 – IV ZR 120/00, ZEV 2001, 362–363.

26 BGH v. 16.12.2009 – IV ZR 108/08, ZEV 2010, 84–85.

27 FG München, Urt. v. 24.1.2007 – 4 K 816/05, DStRE 2007, 1168–1169.

28 *Keim*, ZEV 2004, 173, jurisPK-BGB/*Reymann*, § 2174 Rn 19.

29 BGH v. 25.11.1992 – IV ZR 147/91, NJW 1993, 850–851; OLG Düsseldorf v. 29.3.1996 – 7 U 45/95, ZEV 1996, 466–467; NK-BGB/*Horn*, § 2174 Rn 6; MüKo/*Rudy*, § 2174 Rn 13.

30 MüKo/*Rudy*, § 2174 Rn 5.

31 MüKo/*Ann*, § 2048 Rn 10.

32 OLG München v. 18.2.2021 – 33 W 92/21, ZEV 2021, 753–755; OLG Hamm v. 6.4.2017 – 10 U 15/16, FamRZ 2018, 1118–1120; OLG Karlsruhe v. 24.3.2005 – 9 U 152/04, ZEV 2005, 396–397; Grüneberg/*Weidlich*, § 2174 Rn 3; NK-BGB/*Horn*, § 2174 Rn 3.

3. Bedachter und Beschwerter

22 Bedachter und somit Anspruchsinhaber kann jede natürliche oder juristische Person sein. Auch der Erbe kann hinsichtlich eines Vorausvermächtnisses Vermächtnisnehmer sein (§ 2150 BGB). Handelt es sich bei dem Vermächtnisnehmer um eine natürliche Person, muss er zum Zeitpunkt des Erbfalls nicht bereits gezeugt sein (§ 2178 BGB). Ist der Bedachte vorverstorben, ist das Vermächtnis unwirksam (§ 2160 BGB). Vermächtnisnehmer kann auch die Gesamthandsgemeinschaft sein.[33] Der Bedachte kann von dem Erblasser bestimmt sein (§ 2065 Abs. 2 BGB) oder nach §§ 2151 Abs. 1, 2152 BGB von einem Dritten bestimmt werden.

23 Der Beschwerte ist der Schuldner des Vermächtnisanspruchs. Nach § 2147 S. 1 BGB können sowohl der Erbe als auch der Vermächtnisnehmer mit einem Vermächtnis beschwert sein. Im Zweifel ist der Erbe beschwert (§ 2147 S. 2 BGB).

III. Inhalt des Vermächtnisanspruchs

1. Hauptpflicht

24 Grundsätzlich geht der Anspruch des Bedachten auf die Übereignung des vermachten Gegenstandes (§§ 873, 925, 929 ff. BGB) oder die Abtretung des vermachten Rechts (§§ 398 ff.BGB). Es kommt somit darauf an, was der Erblasser konkret vermacht hat. Der Umfang der Übereignung bzw. Übertragung ist ggf. durch Auslegung zu ermitteln.[34]

25 Das Vermächtnis muss grundsätzlich bis zur völligen Ausschöpfung des Nachlasses erfüllt werden.[35] Die Grenzen der Erfüllung finden sich bei der **Nachlassinsolvenz** in § 327 Abs. 1 Nr. 2 InsO und dem Vermögen, das nach Abzug der Nachlassverbindlichkeiten und Schulden des Erblassers vorhanden ist (§§ 1972, 1992, 2060, 2306, 2318, 2322 BGB). Der Vermächtnisnehmer ist Nachlassgläubiger zweiter Klasse. Wird ein Aufgebotsverfahren durchgeführt, ist der Vermächtnisnehmer erst hinter den ausgeschlossenen Gläubigern zu befriedigen (§§ 1971, 1974 BGB). Hat der Erblasser mehrere Vermächtnisse errichtet, sind diese ggf. zu kürzen (§ 1991 Abs. 4 BGB i.V.m. § 327 InsO). Davon unabhängig kann der Erblasser nach § 2189 BGB den Vorrang eines Vermächtnisses anordnen. Ordnete der Erblasser keinen Vorrang an, haben Vermächtnis und Auflage den gleichen Rang (§§ 1980 Abs. 1 S. 3, 1991 Abs. 4 BGB, §§ 322, 327 InsO).

26 Verschlechtern sich nach dem Erbfall die wirtschaftlichen Verhältnisse, kann der Beschwerte auch bei **wesentlicher Änderung** der Verhältnisse nicht eine Anpassung verlangen, wenn sich nur ein Risiko verwirklicht hat, das von einer Partei zu tragen ist.[36] Insbesondere kommt auch keine Anpassung nach den Regeln über den Wegfall der **Geschäftsgrundlage** (§ 313 BGB) in Betracht, solange sich nur ein Risiko verwirklicht, das eine Partei zu tragen hat.[37] Dem Beschwerten steht auch nicht die Entreicherungseinrede nach § 818 Abs. 3 BGB zur Seite.[38]

---

33 Grüneberg/*Weidlich*, § 2174 Rn 2.

34 MüKo/*Rudy*, § 2174 Rn 16; Grüneberg/*Weidlich*, § 2174 Rn 3.

35 BGH v. 25.11.1992 – IV ZR 147/91, NJW 1993, 850.

36 BGH v. 25.11.1992 – IV ZR 147/91, NJW 1993, 850–851; OLG Düsseldorf v. 29.3.1996 – 7 U 45/95, ZEV 1996, 466–467 m. Anm. *Medicus*.

37 BGH v. 25.11.1992 – IV ZR 147/91, NJW 1993, 850–851; OLG Düsseldorf v. 29.3.1996 – 7 U 45/95, ZEV 1996, 466–467; BGH v. 1.6.1979 – V ZR 80/77, NJW 1979, 1818–1820; BGH v. 12.6.1987 – V ZR 91/86, NJW 1987, 2674–2676; BGH v. 8.2.1984 – VIII ZR 254/82, NJW 1984, 1746; BGH v. 27.2.1985 – VIII ZR 85/84, NJW 1985, 2693; BGH v. 14.5.1991 – X ZR 2/90, NJW-RR 1991, 1269.

38 OLG Sachsen-Anhalt v. 20.10.2006 – 10 U 33/06, ZEV 2007, 381–383.

2. Genehmigungspflicht

27 Die Erfüllung des Vermächtnisses kann Genehmigungen erforderlich machen. Dies kann sich bspw. für Grundstücke aus § 16 HöfeO oder § 2 GrdstVG ergeben. Im Einzelfall sind auch familiengerichtliche Genehmigungen zu beachten (§§ 1643, 1821, 1822 BGB). Bei der Übertragung von GmbH-Anteilen sind die §§ 15, 17 GmbHG und bei der Übertragung von Wohnungseigentum ist § 12 WEG[39] zu beachten.

28 Nach **Kirchenrecht** besteht eine Genehmigungsbedürftigkeit nur, wenn der Vermögenswert zum „rechtmäßigen Stammvermögen" der kirchlichen, öffentlich-rechtlichen juristischen Person gehört.[40] Dies ist nicht der Fall, wenn ein der Kirche übereignetes Grundstück von Anfang an mit einem Vermächtnis hinsichtlich eines Nachlassgrundstücks belastet ist.[41]

29 Bei einem Grundstücksvermächtnis zugunsten eines Minderjährigen liegen die Voraussetzungen des § 1850 BGB nicht vor. Der Anfall des Vermächtnisses erfolgt nach der gesetzlichen Bestimmung des § 2174 BGB. In diesen Fällen verfügt in der Regel der Erbe über das Vermächtnisgrundstück. Für Wohnungseigentum als Vermächtnis sind nach dem Inkrafttreten des Gesetzes zur Reform des Vormundschaft-Betreuungsrecht[42] Besonderheiten zu beachten. Es bedarf nach §§ 1643 Abs. 1, 1850 Nr. 4 BGB der Genehmigung durch das Familiengericht.[43] Obliegt einem nicht voll geschäftsfähigen Beschwerten die Erfüllung eines Vermächtnisses, ist die Einwilligung bzw. Genehmigung des gesetzlichen Vertreters erforderlich (§§ 107, 1626, 1629 BGB). Fällt das Erfüllungsgeschäft jedoch unter §§ 1850 ff. BGB, ist die Genehmigung des **Familiengerichts** notwendig. Dies gilt entsprechend für Eltern eines minderjährigen Beschwerten im Falle genehmigungsbedürftiger Geschäfte (§§ 1643 Abs. 1 i.V.m. 1850 f. BGB). Im Fall von Vor- und Nacherbschaft bedarf der Vorerbe keiner Genehmigung des Nacherben nach § 2113 Abs. 1 BGB, sofern es i.R.d. Erfüllung eines Vermächtnisses um eine Verfügung über ein zur Erbschaft gehörendes Grundstück oder Grundstücksrecht geht.[44]

30 Wird die Genehmigung endgültig versagt, ist das Vermächtnis nach § 2171 BGB unwirksam, es sei denn, die Auslegung des Erblasserwillens ergibt, dass dem Bedachten statt des Gegenstandes bspw. der entsprechende Geldbetrag zugewendet sein soll.

31 Soweit der Erblasser den Vermächtnisanspruch bereits zu Lebzeiten erfüllt hat, wird das Vermächtnis grundsätzlich unwirksam (§§ 2169, 2171 BGB), da es auf eine zur Zeit des Erbfalls nicht mehr mögliche Leistung gerichtet ist.[45]

32 Wurde ein Stückvermächtnis bereits zu Lebzeiten des Erblassers durch diesen erfüllt, entfällt grundsätzlich dieses Vermächtnis. Es liegt eine unwirksame Vermächtnisanordnung nach § 2171 BGB vor. Das Vermächtnis ist auf eine unmögliche Leistung gerichtet. Demgegenüber wird auch vertreten, der Erblasser erfülle mit der lebzeitigen Übertragung der Sache an den Vermächtnisnehmer den künftigen Vermächtnisanspruch als Dritter im Voraus (§ 267 BGB).[46] Der Vermächtnisanspruch geht danach nicht durch Unmöglichkeit unter, sondern erlischt durch Erfüllung (§ 362 Abs. 1 BGB). In der

39 Grüneberg/*Weidlich*, § 2174 Rn 4.

40 Can. 1291 CIC.

41 LG Memmingen v. 23.10.1989 – 4 T 1577/89, NJW 1990, 2069.

42 Gesetz zur Reform des Vormundschafts- und Betreuungsrechts, BGBl I 2021, 82.

43 Gutachten des Deutschen Notarinstituts Abruf-Nr.: 194991; jurisPK-BGB/*Reymann*, § 2174 Rn 147.

44 BayObLG v. 15.5.2001 – 2Z BR 52/01, FamRZ 2002, 135–136; Staudinger/*Otte*, § 2174 Rn 26.

45 Grüneberg/*Weidlich*, § 2174 Rn 1; MüKo/*Rudy*, § 2174 Rn 18; OLG Frankfurt v. 19.6.1996 – 19 U 163/95, ZEV 1997, 297 m. Anm. *Skibbe*; *Kuchinke*, JZ 1983, 483.

46 Staudinger/*Otte*, § 2174 Rn 29.

lebzeitigen Leistung kann nach § 267 BGB eine zulässige Leistung auf eine künftige Schuld des Beschwerten gesehen werden, sodass auch in diesem Fall der Vermächtnisnehmer nichts mehr zu fordern hat.[47] In diesem Fall bleibt die Grundlage für Untervermächtnisse (§ 2186 BGB) und Nachvermächtnisse (§ 2191 BGB) bestehen.[48] Sie entfallen nicht wegen anfänglicher Unmöglichkeit (§ 2171 Abs. 1 BGB).
Hat der Erblasser die lebzeitige Schenkung des Vermächtnisgegenstandes zu seinen Lebzeiten rückabgewickelt, ist grundsätzlich weder von einem Widerruf des Erblassers noch einem Verzicht des Bedachten auf das Vermächtnis auszugehen; der Bedachte kann nach dem Erbfall erneut die Erfüllung des Vermächtnisses verlangen.[49]

Das **Gattungsvermächtnis** oder **Geldvermächtnis** geht grundsätzlich nicht durch 33
lebzeitige Leistung des Erblassers unter.[50] Unwirksam wird das Geld- oder Gattungsvermächtnis jedoch dann, wenn der Erblasser bei der Leistung erklärt, der Bedachte erhalte den Gegenstand bereits zu Lebzeiten. Es ist dann möglicherweise von einem Widerruf der Vermächtnisanordnung auszugehen (§ 2254 BGB).[51]

Neben dem Vermächtnisgegenstand kann der Bedachte Zinsen verlangen, wenn der 34
Erblasser dies angeordnet hat oder **Verzug** bzw. Rechtshängigkeit gem. §§ 288 Abs. 1, 291 BGB vorliegt.[52] Zinsen stehen dem Vermächtnisnehmer ab Anfall des Vermächtnisses zu, wenn es sich hierbei um Früchte oder Nutzungen handelt (§ 2184 BGB).

3. Nebenpflichten

Die Nebenpflichten des durch die Vermächtniserfüllung Beschwerten ergeben sich 35
durch die Auslegung des Vermächtnisses und aus Treu und Glauben (§ 242 BGB).

Grundsätzlich ist der Beschwerte nicht zur Auskunft über den Nachlassbestand ver- 36
pflichtet.[53] Der Erblasser kann jedoch in seinem Testament Auskunftsansprüche des Bedachten einräumen, einschränken, ausschließen oder konkretisieren. Aus § 242 BGB kann sich jedoch der Auskunftsanspruch ergeben, wenn dies für die Sicherstellung des Anspruchs durch den Bedachten erforderlich ist.[54] Insbesondere bei einem Quotenvermächtnis, Vermächtnis eines Sachinbegriffs oder Vermächtnisses, deren Höhe sich aus dem Wert anderer Nachlassbestandteile ergibt, besteht ein Auskunftsanspruch.[55] Ist bspw. die Hälfte des Nachlasswertes vermacht, soll ein einklagbares Recht auf **Auskunft** (§ 260 BGB) mitvermacht sein, weil die Geltendmachung des Anspruchs Kenntnis vom Bestand des Nachlasses erfordert.[56] Ein Anspruch auf die Vorlage eines notariellen Nachlassverzeichnisses besteht jedoch nicht.[57] Wurde dem Bedachten der Anteil an einem vom Finanzamt festgestellten steuerlichen Gewinn vermacht, steht ihm ein Anspruch auf Vorlage des Gewinnfeststellungsbescheides zu. Er hat keinen Anspruch auf Auskunft oder Rechnungslegung über die Einnahmen und Ausgaben des Unternehmens.[58] Sofern der Bedachte auch Pflichtteilsberechtigter ist, steht ihm der Aus-

---

47 Staudinger/*Otte*, § 2155 Rn 6.
48 OLG Frankfurt v. 19.6.1996 – 19 U 163/95, ZEV 1997, 297 m. Anm. *Skibbe*.
49 OLG München v. 20.6.1989 – 25 U 3632/88, NJW-RR 1989, 1410–1412.
50 Staudinger/*Otte*, § 2155 Rn 3 und § 2174 Rn 29.
51 Staudinger/*Otte*, § 2174 Rn 27.
52 MüKo/*Rudy*, § 2174 Rn 21.
53 OLG München v. 21.11.2022 – 33 U 2216/22, ZEV 2023, 107–109; RG v. 23.6.1930 – IV 59/30, RGZ 129, 239–246; Grüneberg/*Weidlich*, § 2174 Rn 9; Staudinger/*Otte*, § 2174 Rn 14.
54 *Sarres*, ZEV 2001, 225, 228; LG Köln v. 25.4.1989 – 22 O 331/88, NJW-RR 1990, 13.
55 RG v. 23.6.1930 – IV 59/30, RGZ 129, 239–246; OLG Naumburg v. 23.8.2007 – 1 U 28/07, ZEV 2008, 241–242; Staudinger/*Otte*, § 2174 Rn 14.
56 RG v. 23.6.1930 – IV 59/30, RGZ 129, 239–246; MüKo/*Rudy*, § 2174 Rn 8 m.w.N.
57 OLG München v. 21.11.2022 – 33 U 2216/22, ZEV 2023, 107–109.
58 Staudinger/*Otte*, § 2174 Rn 14 m.w.N.

kunftsanspruch nach § 2314 BGB zur Seite.[59] Der Anspruch auf Auskunft kann sich auch gegen den befreiten Vorerben richten; dies gilt insbesondere, wenn dieser beabsichtigt, den Vermächtnisgegenstand zu veräußern.[60]
Erhielt der Bedachte einen Sachinbegriff als Vermächtnis, kann er nach § 260 Abs. 1 BGB ein Bestandsverzeichnis und sodann die Erklärung an Eides statt (§ 260 Abs. 2 BGB) über die Richtigkeit und Vollständigkeit des Bestandsverzeichnisses verlangen.

37 Eine weitere **Nebenpflicht** des durch das Vermächtnis Beschwerten kann die Kostentragung sein, soweit der Erblasser dazu keine Bestimmung getroffen hat. Während die **Kosten** der Erfüllung des Vermächtnisses grundsätzlich dem Beschwerten zur Last fallen, sollen die der Abnahme und Übersendung im Zweifel dem Bedachten obliegen (§§ 242, 448 Abs. 1, 449 BGB).[61] Hierunter fallen bspw. die Kosten eines Transports; schließlich ist Erfüllungsort i.d.R. der Wohnsitz des Schuldners (Holschuld).[62] Eine Bring-/Schickschuld kann vorliegen, wenn die Übertragungskosten vom Nachlass leicht, von dem Vermächtnisnehmer nur schwer zu tragen sind (Transport eines Flügels bei geringer Liquidität des Bedachten) oder die Kosten im Verhältnis zum Wert des Vermächtnisses hoch sind (aufwendige Transportkosten einer Skulptur, deren Wert gegen Null tendiert).[63] Die Kosten einer Grundstücksübertragung (Notar- und Grundbuchkosten) hat der Beschwerte zu tragen.[64] Auch die Kosten der Erfüllung eines Geldvermächtnisses gehen zulasten des Beschwerten (§ 270 Abs. 1 BGB). Die Erbschaftsteuer schuldet regelmäßig der Vermächtnisnehmer (§ 20 Abs. 1 ErbStG). Der Erblasser kann auch hier eine andere Regelung treffen; bis zur Auseinandersetzung des Nachlasses haftet aber in jedem Fall der Nachlass für die Erbschaftsteuer (§ 20 Abs. 3 ErbStG).

38 Die Kosten der Testamentsvollstreckung sind grundsätzlich von dem Nachlass zu tragen.[65] Soweit es um eine Vermächtnisvollstreckung i.S.v. § 2223 BGB geht, trägt nach h.M. der Vermächtnisnehmer die Kosten.[66] Im Übrigen ist eine differenzierte Betrachtung gegeben. Bei der Übertragung bestimmter Vermächtnisgegenstände trifft den Vermächtnisnehmer keine – auch keine anteilige – Kostentragungspflicht. Der Charakter der Nachlassverbindlichkeit überwiegt im Zweifel. Es handelt sich um Kosten der Vermächtniserfüllung, die nach allgemeinen Grundsätzen der Erbe zu tragen hat.[67] Im Falle eines Quotenvermächtnisses wird vertreten, dass der Wille des Erblassers dahin gehend besteht, die anteiligen Kosten der Testamentsvollstreckung auch dem Vermächtnisnehmer aufzuerlegen;[68] dies gilt auch, wenn das Vermächtnis im Vergleich zum verbleibenden Restnachlass unverhältnismäßig hoch ist.[69]

39 Darüber hinaus hat der Beschwerte im allg. die Pflicht, seine Einwirkungsmöglichkeiten einzusetzen, damit das Vermächtnis erfüllt wird. Dies ist bspw. der Fall, wenn Gesellschafterrechte ausgeübt werden müssen (siehe §§ 15 Abs. 5, 17 Abs. 1 GmbHG)

---

59 BGH v. 1.10.1958 – V ZR 53/58, NJW 1958, 1964.
60 OLG Oldenburg v. 20.2.1990 – 5 U 130/89, FamRZ 1990, 912–913.
61 Grüneberg/*Weidlich*, § 2174 Rn 9.
62 Grüneberg/*Weidlich*, § 2174 Rn 4.
63 Grüneberg/*Weidlich*, § 2174 Rn 9.
64 MüKo/*Rudy*, § 2174 Rn 9; BGH v. 20.3.1963 – V ZR 89/62, NJW 1963, 1602–1604.
65 Grüneberg/*Weidlich*, § 2221 Rn 12.
66 Grüneberg/*Weidlich*, § 2174 Rn 12; *Winkler*, Der Testamentsvollstrecker, Rn 641.
67 Bengel/Reimann/*Eckelskemper*, 5. Aufl. 2013, Kap. 10 Rn 137; *Zimmermann*, Die Testamentsvollstreckung, Rn 726.
68 *Winkler*, Der Testamentsvollstrecker, Rn 639; Bengel/Reimann/*Eckelskemper*, Kap. 10 Rn 137; *Zimmermann*, Die Testamentsvollstreckung, Rn 726; *DNotI*, Gutachten DNotI-Report 3/2007, 18 f.
69 *DNotI*, Gutachten DNotI-Report 3/2007, 18 f.

oder satzungsmäßige Bestimmungen. So ist auch der Gesellschafter-Erbe verpflichtet, auf eine Hinterbliebenenversorgung aufgrund eines Vermächtnisses durch die Gesellschaft hinzuwirken.[70] Wurde nur ein Grundstücksteil vermacht, trifft den Beschwerten eine Mitwirkungspflicht im Fall der Grundstücksteilung. Der entsprechende Antrag ist vom Eigentümer des Grundstücks zu stellen.[71]

Sofern der Erblasser nichts anderes bestimmt hat, ist der Vermächtnisanspruch am **Wohnort** des **Beschwerten** zu erfüllen (§ 269 Abs. 1 BGB). Von einer stillschweigenden von § 269 Abs. 1 BGB abweichenden Bestimmung ist auszugehen, wenn sich der Vermächtnisgegenstand bereits am Wohnort des Bedachten befindet; sind durch das Vermächtnis mehrere beschwert, ist bei einem Stückvermächtnis Erfüllungsort der, an dem sich die Sache befindet, und bei einem Gattungsvermächtnis der letzte Wohnsitz des Erblassers.[72] Eine Bringschuld ist dann anzunehmen, wenn der Vermächtnisgegenstand nur schwer zu transportieren ist und die Transportkosten im Verhältnis zum Nachlasswert unbedeutend sind.[73] 40

IV. Störungen im Schuldverhältnis

Kommt es zu Störungen im Verhältnis zwischen dem Bedachten und dem Beschwerten, greifen grundsätzlich die Bestimmungen des allg. Schuldrechts. Die Pflichtverletzung führt zu Ansprüchen aus §§ 280, 281–285 BGB. **Schadensersatz** statt Leistung kann der Bedachte nur unter den Voraussetzungen des § 281 BGB (Fristsetzung) verlangen. 41

Der Bedachte kann im Falle der nachträglichen Unmöglichkeit die Herausgabe des **Surrogats** verlangen.[74] Die ist unabhängig davon, ob der Beschwerte die Unmöglichkeit zu vertreten hat (§ 285 BGB).

Im Hinblick auf **Verzugsschäden** finden die gesetzlichen Bestimmungen Anwendung: §§ 280 Abs. 2, 286–288 BGB.[75] Eine Fristsetzung ist dann entbehrlich, wenn der Schuldner die Leistung ernsthaft und endgültig verweigert oder besondere Umstände vorliegen, die unter Abwägung der beiderseitigen Interessen die sofortige Geltendmachung des Schadensersatzanspruchs rechtfertigen (§ 281 Abs. 2 BGB). Kommt der Beschwerte seiner Erfüllungspflicht nicht nach, steht dem Bedachten neben dem Erfüllungsanspruch Schadensersatz wegen Verzögerung der Leistung nach **Verzugseintritt** (§ 286 BGB), die Verzinsung seiner Forderung (§ 288 BGB) und der Ersatz des weiteren Schadens (§ 288 Abs. 4 BGB) zu. Macht der Erbe die Erfüllung des Vermächtnisses – nachdem dem Bedachten Gelegenheit zum Eintritt in eine OHG zu geben ist – schuldhaft unmöglich, hat er grundsätzlich den Bedachten ohne Fristsetzung in Geld zu entschädigen (§ 251 Abs. 1 BGB).[76] 42

Hinsichtlich der Gewährleistungsrechte für **Sach-** und **Rechtsmängel** des Vermächtnisgegenstandes treten die Bestimmungen des allg. Schuldrechts hinter den §§ 2182, 2183 BGB zurück. Die Probleme der Unmöglichkeit sind unter Berücksichtigung des § 2171 BGB zu lösen. Stückvermächtnisse sind so geschuldet, wie sie sich im Nachlass befinden (§ 2165 BGB). Für Gattung- und Verschaffungsvermächtnisses ist die Rechtsmängelhaftung in § 2182 BGB geregelt (Sachmängel: § 2183 BGB). Dies gilt, sofern der Erblasser keine abweichende Bestimmung getroffen hat.[77] 43

---

70 BGH v. 2.7.1986 – IVa ZR 27/85, juris; MüKo/*Rudy*, § 2174 Rn 10.

71 Grüneberg/*Herrler*, § 890 Rn 6; vgl. auch BGH v. 20.6.1962 – V ZR 219/60, NJW 1962, 1715–1718.

72 Staudinger/*Otte*, § 2174 Rn 17.

73 Staudinger/*Otte*, § 2174 Rn 17.

74 NK-BGB/*Horn*, § 2174 Rn 10; KG Berlin v. 4.9.1998 – 17 U 3053/97, ZEV 1999, 494–496.

75 Grüneberg/*Weidlich*, § 2174 Rn 12.

76 BGH NJW 1984, 2570.

77 NK-BGB/*Horn*, § 2174 Rn 10; jurisPK-BGB/*Reymann*, § 2174 Rn 48.

V. Übertragung des Anspruchs

44 Da der Vermächtnisanspruch frühestens mit dem Erbfall entsteht (vgl. § 2176 BGB), ist er erst ab diesem Zeitpunkt vererblich und abtretbar.[78] Nach h.M. ist ein Ausschluss der Abtretbarkeit der Vermächtnisforderung durch den Erblasser nicht möglich (vgl. § 399 Alt. 2 BGB).[79] Der Erblasser kann jedoch das Ergebnis eines Abtretungsverbots dadurch erreichen, dass das Vermächtnis für den Fall seiner Abtretung auflösend bedingt ist.[80] Nach § 311b Abs. 4 BGB ist die **Abtretung** des künftigen Anspruchs nichtig. Eine Verfügung über den Vermächtnisgegenstand ist dem Berechtigten nicht möglich.

45 Der Vermächtnisanspruch kann im Falle seiner Abtretbarkeit auch **gepfändet** werden.

VI. Verjährung

46 Für das Vermächtnis gilt die allgemeine Verjährungsfrist von drei Jahren (§ 195 BGB).[81] Handelt es sich bei dem Vermächtnis um ein Grundstück, greift die zehnjährige Verjährung (§ 196 BGB).[82] Diese Meinung ist jedoch nicht unumstritten. Gegen eine Anwendung von § 196 BGB spricht, dass der Gesetzgeber für erbrechtliche Ansprüche die Regelverjährung wollte. Ansatzpunkte dafür, dass der Gesetzgeber eine Verjährung von zehn Jahren für Grundstücksvermächtnisse wollte, sind nicht ersichtlich. Soweit der Gesetzgeber eine Sonderregelung zur Verjährung im Erbrecht wünschte, hat er diese in § 199 Abs. 3a BGB ausdrücklich getroffen. Insoweit ist § 196 BGB auch kein vorrangig anzuwendendes lex spezialis.[83] Der Beginn der Verjährung richtet sich nach § 199 Abs. 1 BGB. Damit ist für den Beginn der Verjährung die Entstehung des Vermächtnisses Voraussetzung (§ 199 Abs. 1 Nr. 1 BGB). In subjektiver Hinsicht (§ 199 Abs. 1 Nr. 2 BGB) kommt es für den Verjährungsbeginn darauf an, dass Kenntnis oder Kenntnismöglichkeit des Vermächtnisnehmers von dem Vermächtnis und der beschwerten Person (Erbe) gegeben ist.[84] Sofern der Erbe nicht bekannt, aber ein Nachlasspfleger, Nachlassverwalter oder Testamentsvollstrecker ernannt ist, ist der Verjährungsbeginn unabhängig von der Kenntnis des Erben. Insoweit sind die Vorgenannten als „Schuldner" i.S.v. § 199 Abs. 1 Nr. 2 BGB anzusehen.[85] Als längste Frist ist die Frist von 30 Jahren nach § 199 Abs. 3a BGB zu beachten. Nunmehr sind auch die §§ 203 ff. BGB von größerer praktischer Bedeutung. Hierbei ist insbesondere § 207 Abs. 1 Nr. 2 BGB zu beachten. Vereinbarungen über die Verjährung sind i.R.d. § 202 BGB möglich. Sofern es um den Anspruch auf Herausgabe des Ersatzes geht (§ 285 BGB), verjährt dieser wie der ursprüngliche Anspruch. Die Frist beginnt allerdings erst mit Anspruchsentstehung.[86]

C. Verfahrensfragen und Prozesstaktik

I. Durchsetzung des Anspruchs

1. Grundsätzliches

47 Klagen wegen des Vermächtnisses können am allgemeinen Gerichtsstand (§§ 12, 13 ZPO) oder am Gerichtsstand des Erblassers zur Zeit seines Todes, der keine aus-

---

78 RG v. 17.3.1908 – VII 179/07, RGZ 67, 425–431.
79 Staudinger/*Otte*, § 2174 Rn 22; a.A. MüKo/*Rudy*, § 2174 Rn 14.
80 Staudinger/*Otte*, § 2174 Rn 22; MüKo/*Rudy*, § 2174 Rn 14.
81 Vgl. *Damrau*, ZErb 2015, 333–337.
82 Staudinger/*Otte*, § 2174 Rn 42; OLG München v. 26.7.2017 – 7 U 302/17, ZEV 2018, 35–37.
83 Vgl. hierzu sehr ausführlich: *Gerken*, ZErb 2019, 91–92; *Damrau*, ZErb 2015, 133–337.
84 OLG Frankfurt v. 9.12.2022 – 15 U 293/20, juris.
85 Staudinger/*Otte*, § 2174 Rn 44.
86 BGH v. 16.3.2005 – IV ZR 246/03, ZEV 2005, 391–393 m. Anm. *Küpper*.

schließlicher Gerichtsstand ist, erhoben werden (§ 27 Abs. 1 ZPO).[87] Nach der Sonderregelung des § 27 Abs. 2 ZPO ist der besondere Gerichtsstand eines deutschen Erblassers, der zur Zeit seines Todes im Inland keinen allgemeinen Gerichtsstand hat, dort gegeben, wo der Erblasser seinen letzten inländischen Wohnsitz hatte. Ist ein solcher Wohnsitz nicht gegeben, ist das Amtsgericht Schöneberg zuständig (§ 15 ZPO). Da der Streit aus einem Vermächtnis kein Vertragsverhältnis betrifft, kommt der Gerichtsstand des Erfüllungsorts (§ 29 ZPO) nicht in Betracht.[88]

Aktivlegitimiert ist grundsätzlich der Bedachte. Wurde für das Vermächtnis Testamentsvollstreckung angeordnet, klagt der Testamentsvollstrecker.[89] 48

Da es sich bei dem Vermächtnisanspruch grundsätzlich um eine Nachlassverbindlichkeit handelt, ist der Erbe passivlegitimiert. Sind mehrere Erben Schuldner des Vermächtnisanspruchs, sind sie zu verklagen. Nach § 2058 BGB haften die Miterben als Gesamtschuldner, wenn der Gegenstand der Klage eine gemeinschaftliche Nachlassverbindlichkeit ist.[90] Es handelt sich aber bspw. nicht um eine gemeinschaftliche Nachlassverbindlichkeit, wenn der Erblasser nur einen Miterben mit dem Vermächtnis beschwert hat (§ 2048 BGB).[91] Das gilt entsprechend, wenn der Erblasser nur einen Teil der Erben beschwert hat. Es kommt dann § 2058 BGB zwischen diesen Erben entsprechend zur Anwendung.[92] 49

Geht es um die Erfüllung eines Untervermächtnisses, ist der Hauptvermächtnisnehmer zu verklagen. Steht die Verwaltung des Nachlasses unter Testamentsvollstreckung, kann auch der Testamentsvollstrecker verklagt werden, soweit diesem die Verwaltung des Nachlasses zusteht (§ 2213 Abs. 1 S. 2 BGB). Sofern bei Testamentsvollstreckung der Erbe verklagt wird, sollte in Erwägung gezogen werden, den **Testamentsvollstrecker** auf **Duldung** mit zu verklagen. In diesem Fall wäre der Titel dann auch Grundlage einer Vollstreckung gegen den Testamentsvollstrecker (§ 748 ZPO).[93] Grundsätzlich sollte daher sowohl der Erbe als auch der Testamentsvollstrecker verklagt werden, wenn beide passivlegitimiert sind. 50

Macht der Erbe ein Vermächtnis gegenüber dem Nachlass geltend, ist die Klage im Fall der Testamentsvollstreckung ausschließlich gegen den Testamentsvollstrecker zu richten. 51

Im Fall der **Nachlassverwaltung** oder Nachlasspflegschaft ist die Klage gegen den Nachlassverwalter (§ 1984 BGB) oder Nachlasspfleger (§ 1960 BGB) zu richten, wenn der Erbe die Erbschaft noch nicht angenommen hat. Ggf. muss der Bedachte Antrag auf Nachlasspflegschaft stellen, um seinen Anspruch durchsetzen zu können. 52

Der Vermächtnisnehmer kann die gegenwärtigen und künftigen Rechtswirkungen seines Vermächtnisses im Wege der Feststellungsklage feststellen lassen. Dies gilt selbst dann, wenn nur noch Wertersatz- oder Schadensersatzansprüche bestehen. Nur wenn der Beschwerte nachweist, dass jedweder Anspruch entfallen ist, gilt dies nicht.[94] 53

2. Kosten

Gem. § 3 ZPO bestimmt sich der **Streitwert** grundsätzlich nach dem Interesse des Bedachten an der Erfüllung seines Vermächtnisanspruchs. 54

---

87 Zöller/*Vollkommer*, § 27 ZPO Rn 1.
88 Zöller/*Vollkommer*, § 29 ZPO Rn 5.
89 BGH v. 29.4.1954 – IV ZR 152/53, NJW 1954, 1036.
90 MüKo/*Fest*, § 2058 Rn 15.
91 MüKo/*Fest*, § 2058 Rn 17.
92 MüKo/*Fest*, § 2058 Rn 17.
93 MüKo/*Zimmermann*, § 2213 Rn 1.
94 OLG Koblenz v. 31.10.2012 – 5 U 232/12, juris.

II. Sicherung des Anspruchs

55 Vor dem Erbfall stehen dem Vermächtnisnehmer keine **Sicherungsrechte** zu.[95] Er hat lediglich die Aussicht auf einen Rechtserwerb, die nicht sicherungsfähig ist. Auch nach dem Erbfall bestehen keine Sicherungsrechte für den Bedachten, sofern diese nicht mitvermacht sind. Aufgrund der schuldrechtlichen Qualität des Vermächtnisanspruchs kann sich dessen Erfüllung hinziehen und sich ein Bedürfnis nach Absicherung des Anspruchs ergeben.[96] Eine Absicherung kann durch den Abschluss eines Erbvertrages mit Bindungswirkung herbeigeführt werden (§ 2278 Abs. 2 BGB). Ein lebzeitiger Widerruf des Vermächtnisses ist dann unmöglich. In Abwendung von der Anordnung eines Vermächtnisses kann in Erwägung gezogen werden, den Gegenstand zu Lebzeiten auf den Todesfall zu übertragen (§ 2301 Abs. 1 BGB).

56 Das Gesetz sieht kein Recht des Vermächtnisnehmers auf Sicherheitsleitung durch den Beschwerten vor[97] – anders allerdings § 2128 BGB für den Nacherben. Der Erblasser kann jedoch dem Vermächtnisnehmer besondere Sicherungsrechte mit vermachen.

57 Sofern der Anspruch des Bedachten nach dem Eintritt des Erbfalls gefährdet ist, steht ihm ein Anspruch auf **Arrest** oder **einstweilige Verfügung** (§§ 916 Abs. 2, 936 ZPO)[98] oder Nachlassverwaltung nach § 1981 BGB[99] zu. Dies gilt jedoch nicht, wenn der Anspruch wegen der entfernten Möglichkeit des Bedingungseintritts keinen gegenwärtigen Vermögenswert hat.[100] Der Antrag auf Erlass einer einstweiligen Verfügung auf Eintragung einer Vormerkung (§§ 883, 885 Abs. 1 BGB) ist unabhängig von der Glaubhaftmachung der Gefährdung des Anspruchs zulässig.

58 Für die Sicherung eines Grundstücksvermächtnisses besteht bei dem Bedachten ein besonderes Interesse. Ohne das Vorliegen einer testamentarischen Sicherungsmaßnahme – wie z.B. der mitvermachte Anspruch auf Eintragung einer **Vormerkung** (§ 883 Abs. 1 S. 2 BGB) – kann das Grundstück bis zur abschließenden Durchsetzung des Vermächtnisanspruchs veräußert, belastet oder durch Zwangsvollstreckungsmaßnahmen gefährdet sein. Hat der Erblasser mit dem Bedachten einen Verfügungsunterlassungsvertrag geschlossen, kann dieser Vertragsinhalt durch eine Vormerkung abgesichert werden.[101]

59 Vor dem Erbfall besteht im Hinblick auf die Sicherung von Grundstücksvermächtnissen nicht die Möglichkeit einer Absicherung des Vermächtnisses durch eine Vormerkung, auch wenn der Erblasser sich verpflichtet hat, nicht über das Grundstück zu verfügen, oder den Vermächtnisanspruch durch einen Erbvertrag begründet hat.[102]

60 Nach dem Erbfall ist der Vermächtnisanspruch grundsätzlich **vormerkungsfähig**.[103] Das OLG Hamm[104] begründet dies damit, dass die Bewilligung der Vormerkung einer **gesetzlichen Nebenpflicht** entspricht und mit dem Vermächtnisanspruch auf Auflassung des Grundstücks auch ein Anspruch auf Eintragung einer Vormerkung verbunden ist. Des Weiteren ist zu sehen, dass sich der Anspruch aus der **Auslegung** des Testaments herleitet, wenn sich nichts Gegenteiliges aus der letztwilligen Verfügung des Erblassers ergibt.

---

95 Staudinger/*Otte*, § 2174 Rn 21; BGH v. 19.1.1954 – IV ZB 28/53, BGHZ 12, 115–124.
96 *Mayer*, BWNotZ 1997, 62.
97 MüKo/*Rudy*, § 2174 Rn 23.
98 MüKo/*Rudy*, § 2174 Rn 23.
99 Grüneberg/*Weidlich*, § 2174 Rn 10.
100 MüKo/*Rudy*, § 2179 Rn 8; BGH v. 27.6.2001 – IV ZR 120/00, ZEV 2001, 362–363.
101 jurisPK-BGB/*Reymann*, § 2174 Rn 60.
102 BGH v. 19.1.1954 – IV ZB 28/53, BGHZ 12, 115–124; Grüneberg/*Herrler*, § 2174 Rn 18; NK-BGB/*Horn*, § 2174 Rn 36.
103 BGH v. 19.1.1954 – IV ZB 28/53, BGHZ 12, 115–124.
104 OLG Hamm v. 24.11.1983 – 10 U 118/83, MDR 1984, 402.

Die Vormerkung dient auch der Sicherung des Anspruchs, wenn es sich nur um ein befristet vermachtes Grundstück[105] oder um einen bedingten Auflassungsanspruch eines Nachvermächtnisnehmers[106] handelt, sofern der Vorvermächtnisnehmer bereits im Grundbuch eingetragen ist. Ein Vermächtnisanspruch, der von einer Gegenleistung des Berechtigten abhängt, ist ebenso vormerkungsfähig.[107] Ein Vermächtnisanspruch, der allerdings erst mit dem Eintritt des Nacherbfalls zu erfüllen ist, soll zuvor nicht durch eine Vormerkung abgesichert werden können.[108] 61

III. Testamentsvollstreckung

Der Erblasser kann den Vermächtnisnehmer zum Testamentsvollstrecker berufen. Dabei kann er dessen Aufgabe auf die Erfüllung des ihm zugedachten Vermächtnisses beschränken (§§ 2203, 2208 BGB). In diesem Fall muss der Testamentsvollstrecker von den Beschränkungen des § 181 BGB befreit sein, um das Vermächtnis unmittelbar erfüllen zu können.[109] 62

Im Falle angeordneter Testamentsvollstreckung sollte der Testamentsvollstrecker, der nicht Bedachter ist, neben dem Erben mitverklagt werden, damit bei erforderlicher Zwangsvollstreckung der Titel gegenüber dem Testamentsvollstrecker durchgesetzt werden kann (§ 748 ZPO).

§ 2175 Wiederaufleben erloschener Rechtsverhältnisse

Hat der Erblasser eine ihm gegen den Erben zustehende Forderung oder hat er ein Recht vermacht, mit dem eine Sache oder ein Recht des Erben belastet ist, so gelten die infolge des Erbfalls durch Vereinigung von Recht und Verbindlichkeit oder von Recht und Belastung erloschenen Rechtsverhältnisse in Ansehung des Vermächtnisses als nicht erloschen.

Übersicht: Rdn

A. Allgemeines/Normzweck

Aufgrund des schuldrechtlichen Charakters des Vermächtnisses würde der Vermächtnisanspruch durch **Konfusion** (Schuld und Forderung vereinigen sich in einer Person) oder **Konsolidation** (beschränkte dingliche Rechte an einer Sache fallen mit dem Vollrecht in einer Person zusammen) erlöschen, wenn der Erblasser dem Vermächtnisnehmer eine ihm gegen den Erben zustehende Forderung oder ein zustehendes Recht vermacht, mit dem eine Sache oder ein Recht des Erben belastet ist. Das Vermächtnis würde unwirksam (§§ 2169, 2171 BGB). Da dieses vom Gesetzgeber nicht gewollt ist, 1

105 OLG Hamm v. 24.11.1983 – 10 U 118/83, MDR 1984, 402.
106 LG Stuttgart v. 14.11.1997 – 27 O 491/97, BWNotZ 1999, 22.
107 BGH v. 27.6.2001 – IV ZR 120/00, ZEV 2001, 362.
108 OLG Schleswig-Holstein v. 28.1.1992 – 3 W 105/91, NJW-RR 1993, 11–12.
109 BGH v. 29.4.1954 – IV ZR 152/53, BGHZ 13, 203–206; BayObLG v. 26.5.1982 – 2 Z 30/82, Rpfleger 1982, 344–345.

fingiert er, dass die Forderung bei Konfusion und Konsolidation in Ansehung des Vermächtnisses als nicht erloschen gilt.[1]

B. Tatbestand

I. Forderung

2 Voraussetzung ist zunächst, dass es sich bei dem Vermächtnis um eine Forderung des Erblassers handelt, die ihm gegen den Erben zusteht. Diese Forderung des Erblassers muss zudem vererblich sein. Nicht vererbliche Rechte fallen daher nicht unter § 2175 BGB: §§ 1059, 1061 BGB (Nießbrauch), §§ 1090 Abs. 2, 1092 BGB – beschränkte persönliche Dienstbarkeit.[2]

II. Recht an einer Sache

3 Hat der Erblasser ein Recht vermacht, mit dem ein Recht oder eine Sache des Erben belastet ist, soll dies nach § 2175 BGB nicht erlöschen. Liegt bspw. eine Konsolidation in Bezug auf ein **dingliches** Recht an einem Grundstück vor, führt die Vereinigung von Recht und Belastung in einer Person nicht zum Erlöschen des dinglichen Rechts (§§ 889, 1063 Abs. 2, 1068, 1256, 1273 BGB).[3] Nicht vererbliche Rechte, wie insbesondere das Nießbrauchsrecht, bestehen fort bei einem rechtlichen Interesse an seinem Fortbestand (§ 1063 Abs. 2 BGB).

C. Rechtsfolgen

4 Sind die Voraussetzungen des § 2175 BGB erfüllt, so gelten die infolge des Erbfalls durch **Vereinigung** von Recht und Verbindlichkeit oder von Recht und Belastung erloschenen Rechtsverhältnisse in Ansehung des Vermächtnisses als nicht erloschen. Die Forderung oder das Recht erlischt nur insoweit nicht („… in Ansehung. …"), als sie zur Wirksamkeit des Vermächtnisses erforderlich sind.[4] Damit haften Bürgen und Pfänder weiterhin für die vermachte Forderung.[5] Der Vermächtnisnehmer kann sich daher auch Dritten gegenüber auf das Fortbestehen seines Vermächtnisses berufen; es ist zur Erfüllung seines Vermächtnisses erforderlich.[6]

Gläubiger des Erben können aus § 2175 BGB keine Rechte herleiten.[7] Besteht die vermachte Forderung fort, dient sie auch weiterhin der Sicherung (Bürgschaft, Pfandrecht, Grundschuld, Hypothek) gegenüber Dritten.[8]

D. Verfahrensfragen und Prozesstaktik

5 Auch die Forderung aus einem Vermächtnis fällt dem Bedachten nicht automatisch zu (Damnationslegat). Davon ausgehend, dass der Erbe zugleich der Beschwerte ist (§ 2147 S. 2 BGB), stehen dem Bedachten gegen den Erben zwei Forderungen zu: Zum einen besteht der Anspruch auf Übertragung der Forderung und zum anderen auf Erfüllung der übertragenen Forderung. In diesem Fall kann der Bedachte seine Begehren nach § 260 ZPO miteinander verbinden und in einem Verfahren geltend machen.[9] Gegebenenfalls ist durch Auslegung des Klageantrags, der nur auf die Erfüllung der vermachten Forderung gerichtet ist, von einer Klageverbindung auszugehen.[10]

---

1 MüKo/*Rudy*, § 2175 Rn 2; Staudinger/*Otte*, § 2175 Rn 1.
2 Staudinger/*Otte*, § 2175 Rn 4.
3 MüKo/*Rudy*, § 2175 Rn 3; Grüneberg/*Weidlich*, § 2175 Rn 1.
4 MüKo/*Rudy*, § 2175 Rn 4.
5 Grüneberg/*Weidlich*, § 2175 Rn 1; Mot. V 177.
6 NK-BGB/*Horn*, § 2175 Rn 5.
7 Grüneberg/*Weidlich*, § 2175 Rn 1.
8 jurisPK-BGB/*Reymann*, § 2175 Rn 11.
9 jurisPK-BGB/*Reymann*, § 2175 Rn 13; Staudinger/*Otte*, § 2175 Rn 3.
10 Staudinger/*Otte*, § 2175 Rn 3.

Bei der Zwangsvollstreckung ist zu beachten, dass im Falle einer Klageverbindung die Vollstreckung des Urteils auf Erfüllung der vermachten Forderung erst zulässig sein soll, wenn dieses rechtskräftig ist. Zur Begründung wird auf § 894 ZPO verwiesen.[11] Demgegenüber vergleicht *Otte* die Situation mit der, wie sie vor der Reform der Sachmängelgewährleistung bei der Klage des wandlungsberechtigten Käufers auf Rückzahlung des Kaufpreises bestand, und der Situation bei der Zahlungsklage im Falle einer unbilligen oder verzögerten Leistungsbestimmung.[12] Daher soll die Vollstreckung des Zahlungsanspruchs auch schon aufgrund eines vorläufig vollstreckbaren Titels zulässig sein. 6

§ 2176 Anfall des Vermächtnisses

Die Forderung des Vermächtnisnehmers kommt, unbeschadet des Rechts, das Vermächtnis auszuschlagen, zur Entstehung (Anfall des Vermächtnisses) mit dem Erbfall.

Literatur

Mayer, Der superbefreite Vorerbe? – Möglichkeiten und Grenzen der Befreiung des Vorerben, ZEV 2000, 1.

Übersicht:

A. Allgemeines/Normzweck

Der Vermächtnisnehmer hat lediglich einen Anspruch auf Leistung des vermachten Gegenstands (§ 2174 BGB). Dieser Anspruch entsteht grundsätzlich mit dem Erbfall (Anfall des Vermächtnisses), ohne dass es darauf ankommt, dass der Erbe die Erbschaft endgültig angenommen oder der Vermächtnisnehmer Kenntnis vom Erbfall hat.[1] Ist die Forderung des Vermächtnisnehmers entstanden, steht es ihm frei, das Vermächtnis auszuschlagen (näher zur Ausschlagung: § 2180 Abs. 1 BGB). 1

B. Tatbestand

I. Erbfall

Nach § 2176 BGB fällt das Vermächtnis i.d.R. mit dem Erbfall oder dem Tod des Erblassers an. Es kommt auch nicht darauf an, dass der Bedachte das Vermächtnis angenommen hat (Prinzip des Vonselbsterwerbs). Nach § 2160 BGB kann das Vermächtnis mit dem Tod des Erblassers nur dann anfallen, wenn der Bedachte zur Zeit 2

11 NK-BGB/*Horn*, § 2175 Rn 7; jurisPK-BGB/*Reymann*, § 2175 Rn 13.

12 Staudinger/*Otte*, § 2175 Rn 3.

1 OLG Saarbrücken v. 17.12.2021 – 5 U 22/21, juris, ErbR 2022, 1107–1116; OLG München v. 18.2.2021 – 33 W 92/21, ZEV 2021, 753–755; jurisPK-BGB/*Reymann*, § 2176 Rn 10; OLG München v. 5.6.2013 – 20 U 5005/12, ZEV 2013, 507–510.

des Erbfalls noch lebt oder für den Fall dessen Vorversterbens eine Ersatzberufung vorgesehen ist oder es eventuell zu einer Anwachsung kommt.

3 Ist der Vermächtnisnehmer im Zeitpunkt des Erbfalls noch **nicht geboren** und **nicht gezeugt** (nasciturus), so fällt das Vermächtnis mit der Geburt und nicht mit Rückwirkung auf den Erbfall an.[2] War der Bedachte im Zeitpunkt des Erbfalls bereits gezeugt, findet § 1923 Abs. 2 BGB Anwendung, der auch für Vermächtnisse gilt.[3] Es sind daher die Rechtswirkungen des Vermächtnisanfalls auf den Erbfall zurückzubeziehen. Der Bedachte kann somit vom Erbfall an das verlangen, was sich aus seinem mit dem Erbfall entstandenen Vermächtnisanspruch ergibt, z.B. § 2184 BGB.[4] Abweichend von der Ansicht, dass mit der Geburt des nasciturus der Anfall des Vermächtnisses auf den Zeitpunkt des Erbfalls fingiert wird, wird vertreten, dass das Vermächtnis analog § 2178 BGB erst mit der Geburt anfällt.[5]

II. Fälligkeit

4 Der Anfall des Vermächtnisses ist von dessen **Fälligkeit** zu unterscheiden. § 2176 BGB regelt den Anfall des Vermächtnisses, nicht aber dessen Fälligkeit. Sofern der Erblasser keine Regelung getroffen hat, ist das Vermächtnis grundsätzlich nach § 271 Abs. 1 BGB mit dem Anfall des Vermächtnisses fällig.[6] Vom Grundsatz her kann der Vermächtnisnehmer die Leistung jedoch sofort verlangen. Bis zum Ablauf von drei Monaten hat der Beschwerte die Möglichkeit, die Einrede nach § 2014 BGB – mit den prozessualen Folgen aus §§ 305 Abs. 1, 782 ZPO – zu erheben. Nach § 1958 BGB ist eine gerichtliche Geltendmachung des Vermächtnisses vor Annahme der Erbschaft unzulässig. Ein Untervermächtnis ist erst dann fällig, wenn der Hauptvermächtnisnehmer berechtigt ist, die Erfüllung des ihm zugewendeten Vermächtnisses zu verlangen (§ 2186 BGB). Handelt es sich bei der Zuwendung um ein Rentenvermächtnis, fällt dieses einheitlich an.[7]

5 Dem Erblasser steht es frei, die Fälligkeit individuell anzuordnen. Er kann die Fälligkeit auch in das freie Belieben des Beschwerten stellen (§ 2181 BGB); im Zweifel wird das Vermächtnis dann mit dem Tod des Beschwerten fällig. Steht das Vermächtnis unter einer **aufschiebenden Bedingung** oder unter der Bestimmung eines Anfangstermins, so fällt das Vermächtnis erst mit Eintritt der Bedingung oder des Termins an, wenn die Bedingung oder der Termin erst nach dem Erbfall eintritt (§ 2177 BGB). Ordnete der Erblasser an, der vermachte Betrag sei erst zu zahlen, wenn ein Nachlassgegenstand verkauft ist, liegt eine **Stundung** vor. Hat der Erblasser einen Nacherben mit einem Nachvermächtnis (§§ 2177, 2191 BGB) beschwert, ist dies ein Fall des § 2177 BGB.[8] Beschwert das Vermächtnis einen Nacherben, kann es bereits vor dem Nacherbfall anfallen. Das ist der Fall, wenn der Nacherbe dem Nachlass von dem Vorerben durch unentgeltliches Rechtsgeschäft unter Lebenden erwirbt.[9] Liegt ein Untervermächtnis vor, fällt dieses mit dem Erbfall an, sofern es sich nicht um einen

2 MüKo/*Rudy*, § 2162 Rn 3; *Lange/Kuchinke*, Erbrecht, § 29 IV 2b FN 117; *Maulbetsch*, Vermächtnisrecht, § 2 Rn 13 III.
3 Prot. VI, S. 336.
4 Staudinger/*Otte*, § 2176 Rn 3.
5 jurisPK-BGB/*Reymann*, § 2176 Rn 3; NK-BGB/*Horn*, § 2176 Rn 5.
6 LG Oldenburg v. 15.12.2009 – 17 S 670/09, ZErb 2010, 152–153.
7 MüKo/*Rudy*, § 2162 Rn 2.
8 MüKo/*Rudy*, § 2176 Rn 3; Grüneberg/*Weidlich*, § 2176 Rn 3; OLG München v. 5.6.2013 – 20 U 5005/12, ZEV 2013, 507–510.
9 OLG Celle v. 29.1.1998 – 22 W 119/97, FamRZ 1998, 1335–1336.

Fall nach den §§ 2177, 2178 BGB handelt. Im Fall der vorweggenommenen Hoferbfolge setzt der BGH diese mit dem Erbfall gleich.[10]
Die alleinige Anordnung von Testamentsvollstreckung soll dagegen noch keine Verschiebung der Fälligkeit rechtfertigen.[11] Wird ein **„betagtes"** Vermächtnis vorzeitig erfüllt, ist die Rückforderung ausgeschlossen und die Erstattung von Zwischenzinsen kann nicht verlangt werden (§ 813 Abs. 2 BGB).[12]

III. Wertverhältnisse

Die Entstehung und Fälligkeit des Vermächtnisanspruches können auseinanderfallen. 6
Es stellt sich dann die Frage, welcher Zeitpunkt für die **Wertberechnung** maßgebend ist. Ist die Höhe des Vermächtnisanspruchs nach dem Wert eines Bruchteils des Nachlasses bestimmt, ist grundsätzlich der Zeitpunkt des Erbanfalls maßgebend.[13] Nach einer Geldentwertung ist für die Bewertung des Bruchteils auf den Zeitpunkt der Tilgung abzustellen, wenn der Bedachte nach dem Willen des Erblassers den Wert eines bestimmten Teils des Nachlasses erhalten sollte.[14] Im Übrigen ist durch Auslegung der Wille des Erblassers zu bestimmen.[15]

IV. Ausschlagung des Vermächtnisses

Vgl. hierzu die Ausführungen zu § 2180 BGB. 7

C. Verfahrensfragen und Prozesstaktik

I. Verfahrensfragen

Der Vermächtnisanspruch entsteht zwar regelmäßig mit dem Erbfall und unabhängig 8
von dem Erwerb der Erbschaft durch den Erben; dies führt jedoch nicht dazu, dass der Erbe vor Annahme der Erbschaft von dem Vermächtnisnehmer verklagt werden kann (§§ 1958, 2014 ff. BGB). Die Klage des Vermächtnisnehmers ist ggf. auch gegen den Nachlasspfleger, Nachlassverwalter, Testamentsvollstrecker oder Insolvenzverwalter zu richten. Die Klage gegen den Erben setzt voraus, dass dieser die Erbschaft angenommen hat (§§ 1958, 2014 BGB).

II. Beweislast

Den Bedachten trifft die **Darlegungs-** und Beweislast hinsichtlich des Todes des Erb- 9
lassers, der wirksamen Vermächtnisanordnung und der Erbenstellung des von ihm in Anspruch Genommenen. Die Annahme des Vermächtnisses hat der Bedachte nicht zu beweisen, weil ihm das Vermächtnis ohne sein Zutun von selbst anfällt.
Den Erben trifft die Darlegungs- und Beweislast dafür, dass der Bedachte das Ver- 10
mächtnis ausgeschlagen hat.

§ 2177 Anfall bei einer Bedingung oder Befristung

Ist das Vermächtnis unter einer aufschiebenden Bedingung oder unter Bestimmung eines Anfangstermins angeordnet und tritt die Bedingung oder der Termin erst nach dem Erbfall ein, so erfolgt der Anfall des Vermächtnisses mit dem Eintritt der Bedingung oder des Termins.

---

10 BGH v. 6.6.1962 – V ZR 90/61, BGHZ 37, 192–194.
11 LG Oldenburg v. 15.12.2009 – 17 S 670/09, ZErb 2010, 152–153.
12 MüKo/*Rudy*, § 2176 Rn 6.
13 Grüneberg/*Weidlich*, § 2176 Rn 2 m.w.N.
14 Grüneberg/*Weidlich*, § 2176 Rn 2 m.w.N.
15 OLG Celle v. 29.1.1998 – 22 W 119/97, WM 1971, 1151–1153.

Literatur

Pruns, Das bedingte, befristete und betagte Vermächtnis, AnwZert ErbR 17/2012 (Teil 1) und 18/2012 (Teil 2).

Übersicht:

A. Allgemeines/Normzweck

1 Die Vorschrift des § 2177 BGB stellt eine Ausnahme von dem Grundsatz des **Anfalls** des Vermächtnisses nach § 2176 BGB dar. Steht das Vermächtnis unter einer aufschiebenden Bedingung oder unter der Bestimmung eines Anfangstermins (aufschiebend befristet), fällt es erst mit Eintritt der Bedingung oder des Termins an. Für die Schwebezeit zwischen Erbfall und dem Anfall des Vermächtnisses steht dem Bedachten eine geschützte Anwartschaft nach § 2179 BGB zu.

B. Tatbestand

I. Aufschiebende Bedingung

2 Dem Erblasser steht es frei, ein Vermächtnis unter eine **aufschiebende Bedingung** zu stellen. Ob der Erblasser eine aufschiebende Bedingung gewollt hat, ist im Einzelfall durch Auslegung zu ermitteln. Damit das unter der aufschiebenden Bedingung gewährte Vermächtnis zum Tragen kommt, muss der Bedachte im Zweifel den Erbfall und Eintritt der Bedingung erleben (§§ 2074, 2160 BGB), sofern sich aus § 2069 BGB nichts anderes ergibt.[1] Im Zusammenhang mit dem Wirksamwerden des Vermächtnisses sind zudem die zeitlichen Grenzen nach §§ 2162, 2163 BGB zu beachten: Tritt die aufschiebende Bedingung oder der Anfangstermin nicht innerhalb der gesetzlichen Grenzen nach §§ 2161, 2163 BGB ein, ist es unwirksam. Zulässig ist es, dass der Erblasser den Anfall des Vermächtnisses an ein bestimmtes Verhalten des Bedachten knüpft (Potestativbedingung).[2] Macht bspw. der Erblasser den Anfall des Vermächtnisses im Sinne einer Belohnung davon abhängig, dass der Bedachte innerhalb einer bestimmten Frist einen von ihm angestrebten Erfolg herbeiführen soll, spricht dies für ein Vermächtnis unter einer aufschiebenden Bedingung.[3] Beispielsweise ist hier die Wiederverheiratungsklausel in gemeinschaftlichen Testamenten zu nennen. Als unzulässig werden angesehen diskriminierende und Bedingungen, die höchstpersönliche Entscheidungen beeinflussen: Beitritt zu einer religiösen Vereinigung, Eheschließung[4] mit einer bestimmten Person, Scheidung, sexuelle Orientierung, Vorgaben zur Kleidung, Frisur und Lebensführung oder Veranlassung zu einer Straftat.[5] Grundsätzlich sind auch kaptatorische Verfügungen zulässig, nach denen der Bedachte das Vermächtnis unter der Bedingung erhält, in einer vorgegebenen Weise zu testieren.[6] Die Grenze

1 MüKo/*Rudy*, § 2177 Rn 3; BGH v. 23.10.1957 – IV ZR 193/57, NJW 1958, 22–23.
2 NK-BGB/*Horn*, § 2177 Rn 4; jurisPK-BGB/*Reymann*, § 2177 Rn 6.
3 OLG Bamberg v. 17.12.2007 – 4 U 33/07, ZEV 2008, 389–391.
4 BGH, Beschl. v. 2.12.1998 – IV ZB 19/97, ZEV 1999, 59–62.
5 jurisPK-BGB/*Reymann*, § 2177 Rn 7 m.w.N.
6 Grüneberg/*Weidlich*, § 2302 Rn 1; BGH v. 9.2.1977 – IV ZR 201/75, NJW 1977, 950.

zu unzulässigen kaptatorischen Verfügungen verlaufen wie die bei der Potestativbedingung.[7]

Der Bedachte erhält mit dem Erbfall eine **Anwartschaft** (§§ 160 ff., 2179 BGB; diese ist jedoch nicht vererblich, wenn der Bedachte vor Bedingungseintritt verstirbt.[8] 3
Sofern der Erblasser einen Abkömmling mit einem Vermächtnis unter aufschiebender Bedingung bedacht hat und dieser nach dem Erbfall, aber vor Bedingungseintritt verstorben ist, und der Erblasser keine ausdrückliche Regelung getroffen hat, sind die §§ 2074, 2069 BGB zu beachten (Auslegung).[9]

Der Erblasser kann für das Entstehen des Vermächtnisanspruchs auch einen Anfangs- 4
termin setzen: „Fünf Jahre nach meinem Tode erhält X meinen Konzertflügel." Mit dem Eintritt des Termins, eine aufschiebende Befristung, fällt dann das Vermächtnis an (§§ 158 Abs. 1, 163, 2179 BGB). Hier erhält der Bedachte – der den Eintritt des Termins nicht zu erleben braucht – bereits mit dem Erbfall ein **vererbliches** Anwartschaftsrecht (§§ 160 ff., 2179 BGB), da § 2074 BGB nicht anwendbar ist, sofern der Erblasser keine andere Bestimmung getroffen hat.

§ 2177 BGB ist auch anwendbar, wenn ein **Nacherbe** mit dem Vermächtnis beschwert 5
wurde. Das Vermächtnis entsteht dann erst mit dem Nacherbfall.[10] Sofern der Nacherbe schon vorher sein Anwartschaftsrecht dem Vorerben überträgt, wird ein Vermächtnis, das an den Nacherbfall anknüpft, nicht fällig[11] Überträgt dagegen der Vorerbe vor dem Nacherbfall dem Nacherben den Nachlass durch ein Rechtsgeschäft unter Lebenden, wird das Vermächtnis fällig.[12]

Das Vermächtnis fällt mit dem **Eintritt** der **Bedingung** an.[13] Diesen Zeitpunkt be- 6
stimmt der Erblasser. Kann das mit der Bedingung angestrebte Ziel nicht mehr erreicht werden, die Bedingung ist ausgefallen, endet ebenfalls der Schwebezustand nach § 2179 BGB.

II. Befristung

Das aufschiebend befristete Vermächtnis fällt nicht mit dem Erbfall an, sondern ent- 7
steht erst mit dem Eintritt des von dem Erblasser bestimmten Termins. Die Befristung grenzt sich von der Bedingung dadurch ab, dass sie eine vertragliche Bestimmung ist, die die Rechtswirkungen des Geschäfts von einem **gewissen** zukünftigen Ereignis abhängig macht. Dabei kann das Vermächtnis sowohl unter einer aufschiebenden Befristung (§§ 163, 158 Abs. 1 BGB) als auch unter einer auflösenden Befristung (§§ 163,158 Abs. 2 BGB) angeordnet sein.[14] Dabei kommt § 2074 BGB nicht zur Anwendung, was zur Folge hat, dass grundsätzlich der Bedachte mit dem Erbfall eine vererbliche Anwartschaft erwirbt.[15] Es kommt nicht zu einem Vermächtnisanfall, wenn sich bspw. durch Auslegung ergibt, dass der Bedachte den Anfangstermin erleben muss.[16]

---

7 Vgl. hierzu Grüneberg/*Weidlich*, § 2075 Rn 3; jurisPK-BGB/*Reymann*, § 2177 Rn 8; BayObLG v. 2.11.2000 - 1Z BR 86/00, ZEV 2001, 189–190.

8 Grüneberg/*Weidlich*, § 2177 Rn 1.

9 jurisPK-BGB/*Reymann*, § 2177 Rn 12, 23; Grüneberg/*Weidlich*, § 2177 Rn 1; NK-BGB/*Horn*, § 2177 Rn 5 m.w.N.; BGH v. 23.10.1957 – IV ZR 193/57, NJW 1958, 22–23.

10 Staudinger/*Otte*, § 2177 Rn 3.

11 LG Heilbronn NJW 1956, 513.

12 OLG Celle v. 29.1.1998 – 22 W 119/97, FamRZ 1998, 1335.

13 BGH v. 13.12.1978 – IV ZR 56/77, NJW 1979, 917.

14 OLG Düsseldorf v. 20.11.2015 – 7 U 148/14, ErbR 2016, 592–594.

15 NK-BGB/*Horn*, § 2177 Rn 6; *Lange/Kuchinke*, § 29 IV Fn 118.

16 Grüneberg/*Weidlich*, § 2177 Rn 4; MüKo/*Rudy*, § 2074 Rn 5.

Leistet der Beschwerte, bevor das Vermächtnis fällig ist, kann er das Vermächtnis später nicht zurückfordern (§ 813 Abs. 2 BGB); dies gilt auch dann, wenn später der Eintritt der Fälligkeit ausbleibt.

III. Auflösende Bedingung

8 Dem Erblasser steht es frei anzuordnen, dass der Vermächtnisgegenstand dem Bedachten unter einer auflösenden Bedingung oder bis zu einem Endtermin (auflösende Befristung, § 163 BGB) zustehen soll. Mit dem Eintritt der auflösenden Bedingung oder dem Endtermin steht dem Bedachten der Vermächtnisgegenstand nicht mehr zu. Es sind die allg. Vorschriften des § 158 Abs. 2 bzw. § 163 BGB zu beachten. Erhält der Bedachte ein auflösend bedingtes Vermächtnis mit Belohnungscharakter, wobei er nicht mehr in der Lage ist, die an die Bedingung geknüpfte Leistung vor dem Erbfall zu erbringen, ist das Vermächtnis unwirksam, wenn sich feststellen lässt, dass die Zuwendung auch ohne das Leistungsverhalten des Bedachten vom Erblasser keineswegs gewollt war.[17]

9 Hat der Erblasser den Gegenstand nach dem Eintritt der auflösenden Bedingung oder dem **Ablauf** des **Endtermins** einem Dritten zugewendet, liegt insoweit ein Nachvermächtnis (§ 2191 BGB) vor. Das Nachvermächtnis muss auch nicht angenommen werden. Der Anspruch aus dem Nachvermächtnis entsteht mit dem vom Erblasser bestimmten Zeitpunkt oder Ereignis und wird nach den allgemeinen schuldrechtlichen Regeln sofort fällig.[18]

10 Sofern der Erblasser keine weitere Bestimmung getroffen hat und der Bedachte das Vermächtnis dem Beschwerten zurückzugeben hat, liegt ein **Rückvermächtnis** vor. Ist angeordnet, dass ein Vermächtnisgegenstand an den zunächst mit dem Vermächtnis Beschwerten zurückfällt, liegt ebenfalls ein Rückvermächtnis vor.[19] Soll dagegen ein weiterer Vermächtnisnehmer mit dem Gegenstand bedacht werden, liegt ein Nachvermächtnis i.S.d. § 2191 BGB vor.[20] Ansonsten kann der Beschwerte die Rückgewähr des Vermächtnisgegenstandes verlangen.[21]

IV. Wiederkehrende Leistungen

11 Bei dem Vermächtnis eines Rechts auf **wiederkehrende** Leistungen ist eine Unterscheidung zwischen Aufschub des Anfalls und Aufschub der Fälligkeit unter Berücksichtigung der §§ 2162, 2163 BGB von Bedeutung. Wenn das „gesamte Bezugsrecht" sofort anfällt, werden die Ansprüche auf die einzelnen Teilleistungen allmählich fällig.[22] Es ergibt sich keine zeitliche Begrenzung aus den §§ 2162, 2163 BGB. Fällt dagegen das Vermächtnis sukzessive i.H.d. jeweils zu leistenden Teilbetrages an, kann der Bedachte nach Ablauf der sich aus den §§ 2063, 2162 BGB ergebenden Frist keine weiteren **Teilansprüche** mehr erwerben.[23] Somit ist es entscheidend, ob der Anspruch auf jede einzelne Teilleistung als selbstständiges Recht anzusehen ist oder ein einheitliches Recht vorliegt, aus dem sich ein Anspruch auf die jeweilige Teilleistung ergibt. Im Fall von Leibrenten ist davon auszugehen, dass der Anspruch ein einheitliches Recht ist und die Erträge die wiederkehrenden Teilleistungen sind.[24] Grundsätzlich ist davon

17 OLG Bamberg v. 17.12.2007 – 4 O 33/07, ZEV 2008, 389–391.
18 OLG München v. 5.6.2013 – 20 U 5005/12, ZEV 2013, 507–510.
19 Staudinger/*Otte*, § 2177 Rn 8; OLG Frankfurt v. 19.6.1996 – 19 U 163/95, ZEV 1997, 295–297.
20 MüKo/*Rudy*, § 2177 Rn 6.
21 MüKo/*Rudy*, § 2177 Rn 6 m.w.N.
22 NK-BGB/*Horn*, § 2177 Rn 8.
23 Staudinger/*Otte*, § 2177 Rn 6.
24 RG v. 12.12.1907 – IV 221/07, RGZ 67, 210; BGH v. 16.12.1965 – II ZR 2 W 74/63, WM 1966, 248–249.

auszugehen, dass der Erblasser ein einheitliches Recht zuwenden wollte, sodass die §§ 2162, 2163 BGB für die einzelnen Teilleistungen ohne Bedeutung sind.[25] In zeitlicher Hinsicht ist zu sehen, dass es ausreichend ist, dass das Stammrecht innerhalb von 30 Jahren (vgl. § 2162 BGB) nach dem Tod des Erblassers anfällt.

V. Sonderfälle

12 Hat der Erblasser nach § 2181 BGB die **Zeit** der **Erfüllung** eines Vermächtnisses dem freien Belieben des Beschwerten überlassen, ist im Zweifel das Vermächtnis mit dem Tod des Beschwerten fällig.

13 Ein konkretes Anwendungsfeld findet sich in der Jastrow'schen Klausel.[26] Verlangt ein Kind nach dem Tod des Erstversterbenden von dem Längstlebenden seinen Pflichtteil, so erhalten die anderen Kinder, die nicht ihren Pflichtteil verlangen, aus dem Nachlass des Erstversterbenden ein Vermächtnis i.H.d. Wertes ihres gesetzlichen Erbteils. Dieser Anspruch fällt zwar beim Tod des Erstversterbenden an, wird aber bis zum Tod des Längstlebenden gestundet (§§ 2269 Abs. 2, 2280 BGB).[27] [28]

14 Im Rahmen eines „Geschiedenentestaments" findet § 2177 BGB beim Herausgabevermächtnis praktische Anwendung. Hierdurch soll verhindert werden, dass beim kinderlosen Nachversterben seiner Kinder aus erster Ehe Vermögen des Erblassers an seinen geschiedenen Ehepartner fällt oder Gegenstand eines Pflichtteilsanspruchs wird.[29]

15 Im Übrigen wird eher ein Aufschub der Fälligkeit als ein Anfall des Vermächtnisses angenommen. Dies wurde in folgenden Fällen so gesehen: Der Erblasser hatte angeordnet, dass der Bedachte das Vermächtnis erst mit dem Erreichen eines bestimmten Lebensalters erhalten soll;[30] nach der Anordnung des Erblassers sollen vermachte Geldbeträge vom Erbfall an verzinst werden, die jedoch erst auszuzahlen sind, sobald der Beschwerte ein Anwesen verkauft hat;[31] der Erblasser bestimmte, dass ein Vermächtnis erst zu zahlen ist, wenn ein den Erben belastender Nießbrauch eines anderen Vermächtnisnehmers fortgefallen ist.[32]

C. Verfahrensfragen/Sicherung des Anspruchs

16 Für ein befristet vermachtes Grundstück kann eine **Vormerkung** eingetragen werden. Wird einer nicht zur Erbengemeinschaft gehörenden Person ein Grundstück als Vermächtnis vermacht, dessen Eigentümer er jedoch erst bei Auflösung der Erbengemeinschaft 30 Jahre nach dem Erbfall werden soll, hat er vorher bereits einen befristeten Auflassungsanspruch gegen die Erbengemeinschaft, der durch die Eintragung einer Vormerkung gesichert werden kann.[33] Zur Auflösung der Erbengemeinschaft beachte § 2042 BGB i.V.m. § 758 BGB.

Der Beschwerte trägt für den Fall, dass sich in der letztwilligen Verfügung keine Anhaltspunkte für eine Bedingung oder Befristung finden, die Beweislast für deren Anordnung. Enthält das Testament Anhaltspunkte dafür, dass das Vermächtnis unter einer Bedingung unter Befristung steht, ist der Vermächtnisnehmer dafür beweispflichtig, dass dieses nicht der Fall ist.[34] Sofern streitig ist, ob die aufschiebende Bedingung

25 Staudinger/*Otte*, § 2177 Rn 6.

26 Formulierung Beispiel mit weiteren Nachweisen: jurisPK-BGB/*Reymann*, § 2177 Rn 39.

27 Staudinger/*Otte*, § 2177 Rn 5.

28 Steuerliche Auswirkungen: BFH (2. Senat) v. 11.10.2023 – II R 34/20, ZEV 2024, 259–262.

29 Formulierungsbsp.: *Nieder*, ZEV1994, 156, 159.

30 Staudinger/*Otte*, § 2177 Rn 5.

31 OLG Karlsruhe OLGE 30, 206.

32 OLG Celle OLGE 30, 207.

33 OLG Hamm v. 24.11.1983 – 10 U 118/83, MDR 1984, 402–403.

34 jurisPK-BGB/*Reymann*, § 2177 Rn 31.

oder Befristung eingetreten ist, liegt die Darlegungs- und Beweislast bei dem Bedachten.[35]

§ 2178 Anfall bei einem noch nicht erzeugten oder bestimmten Bedachten

Ist der Bedachte zur Zeit des Erbfalls noch nicht gezeugt oder wird seine Persönlichkeit durch ein erst nach dem Erbfall eintretendes Ereignis bestimmt, so erfolgt der Anfall des Vermächtnisses im ersteren Falle mit der Geburt, im letzteren Falle mit dem Eintritt des Ereignisses.

Literatur

Avenarius, Zur Rechtsstellung des nondum conceptus, JR 1994, 267; *Schwarz*, § 2178 BGB und (Zweck-)Auflage, ZEV 2012, 27.

Übersicht: Rdn

A. Allgemeines/Normzweck

1 § 2178 BGB ist eine weitere Ausnahme neben § 2177 BGB zu § 2176 BGB, nach dem das Vermächtnis grundsätzlich mit dem Erbfall entsteht. Der Personenkreis, dem durch den Erblasser etwas zugewendet werden kann, wird hier für den Fall der Vermächtnisanordnung gegenüber der Erbeinsetzung erweitert. Als Erbe muss die bedachte Person zumindest gezeugt sein (§ 1923 BGB), während eine Zuwendung durch Vermächtnis auch an einen beim Erbfall noch nicht einmal erzeugten oder seiner Person nach bestimmten Vermächtnisnehmer möglich ist. Als zeitliche Grenzen sind auch hier die §§ 2162, 2163 BGB zu beachten.[1]

B. Tatbestand

I. Nicht erzeugte Personen

2 Ist der Bedachte zur Zeit des Erbfalls noch **nicht gezeugt**, fällt das Vermächtnis mit seiner Geburt an. Bis zu diesem Zeitpunkt wird das Vermächtnis als aufschiebend bedingtes Vermächtnis behandelt (§ 2179 BGB). Es findet keine Rückbeziehung auf den Zeitpunkt der Zeugung statt.[2] Grundsätzlich ist hier die 30-Jahres-Frist des § 2162 BGB zu beachten, die allerdings regelmäßig durch § 2163 Abs. 1 Nr. 1 BGB erweitert wird.

3 War der Vermächtnisnehmer bereits gezeugt, kommt es zur **Rückbeziehung** nach § 1923 Abs. 2 BGB. Das Vermächtnis fällt dann mit dem Erbfall an, § 2176 BGB.[3]

II. Nach dem Erbfall eintretendes Ereignis

4 Wird die Persönlichkeit des Bedachten durch ein erst nach dem Erbfall eintretendes Ereignis bestimmt, fällt das Vermächtnis mit dem Eintritt dieses Ereignisses an. Das

35 jurisPK-BGB/*Reymann*, § 2177 Rn 32.
1 MüKo/*Rudy*, § 2178 Rn 1.
2 Grüneberg/*Weidlich*, § 2178 Rn 1.
3 Staudinger/*Otte*, § 2178 Rn 3.

maßgebende Ereignis – bspw. „wer als erster meiner Abkömmlinge das Zweite juristische Staatsexamen besteht" – gibt der Erblasser vor. Dabei ist die Bestimmung des Bedachten nach §§ 2151, 2152 BGB kein Ereignis i.S.v. § 2178 BGB. Im Fall der §§ 2151, 2152 BGB steht der Bedachte bereits beim Erbfall fest oder er gehörte zu dem begünstigten Personenkreis, aus dem sich Ansprüche auf das Vermächtnis ergeben (§ 2151 Abs. 3 BGB).[4]

III. Juristische Personen

Auf juristische Personen, die noch nicht zur Entstehung gelangt sind, ist § 2178 BGB 5 entsprechend anzuwenden.[5]

Für die Stiftung, die erst nach dem Tod des Stifters genehmigt wird, gilt diese schon 6 vor dessen Tode als entstanden (§ 84 Abs. 2 S. 2 BGB).[6] Es kommt somit hier bereits mit dem Erbfall zum Anfall des Vermächtnisses (§ 2176 BGB).

IV. Zwischen Erbfall und Anfall

Zwischen Erbfall und Anfall des Vermächtnisses regelt sich die Rechtsstellung des 7 Bedachten nach § 2179 BGB.

C. Verfahrensfragen/Beweislast

Dem Bedachten obliegt der Nachweis der Unbedingtheit des Vermächtnisses, wenn 8 der Beschwerte behauptet, das Vermächtnis sei unter einer aufschiebenden Bedingung ausgesetzt worden. Ohne rechtliche Bedeutung ist jedoch die Behauptung des Beschwerten, wenn der Wortlaut der letztwilligen Verfügung keine Anhaltspunkte für eine aufschiebende Bedingung hergibt.[7]

Den Beschwerten trifft die **Beweislast** für seine Behauptung, das Vermächtnis sei unter 9 einer auflösenden Bedingung ausgesetzt worden. Auch für diese Behauptung muss sich in der letztwilligen Verfügung zumindest eine Andeutung finden.[8]

Bei unterschiedlicher Auffassung darüber, ob das Vermächtnis befristet sei, trägt der 10 Bedachte die Beweislast für den Anfangstermin und der Beschwerte für den Endtermin.[9] Besteht Streit über den Eintritt der Bedingung, obliegt dem Bedachten die Beweislast bei der aufschiebenden Bedingung und dem Beschwerten für die auflösende Bedingung.

Diese Beweislastverteilung gilt im Fall der Alt. 2 entsprechend.[10] 11

§ 2179 Schwebezeit

Für die Zeit zwischen dem Erbfall und dem Anfall des Vermächtnisses finden in den Fällen der §§ 2177, 2178 die Vorschriften Anwendung, die für den Fall gelten, dass eine Leistung unter einer aufschiebenden Bedingung geschuldet wird.

---

4 Staudinger/*Otte*, § 2178 Rn 3.
5 MüKo/*Rudy*, § 2178 Rn 4.
6 Grüneberg/*Weidlich*, § 2178 Rn 2.
7 Vgl. hierzu Baumgärtel/*Schmitz*, § 2178 Rn 1 m.w.N.
8 Vgl. Baumgärtel/*Schmitz*, § 2178 Rn 1.
9 Baumgärtel/*Schmitz*, § 2178 Rn 2.
10 Baumgärtel/*Schmitz*, § 2178 Rn 4.

Literatur

Muscheler, Das Vor- und Nachvermächtnis, ErbR 2011, 258; *Wübben*, Anwartschaftsrecht im Erbrecht, 2001.

Übersicht: Rdn

A. Allgemeines/Normzweck

1 Der Gesetzgeber wollte den nach den §§ 2177, 2178 BGB mit einem hinausgeschobenen Anfall des Vermächtnisses Bedachten nicht schutzlos lassen. Während der Schwebezeit sollen deshalb die Vorschriften Anwendung finden, die für den Fall gelten, dass eine Leistung unter einer aufschiebenden Bedingung geschuldet wird. Es soll die aufschiebende Bedingung oder die befristete Position geschützt werden, woraus sich ergibt, dass der Schutz nicht über den eines anspruchsberechtigten Vermächtnisnehmers hinausgehen kann.[1] Der Bedachte erhält so die Rechtsstellung, die als **Anwartschaft** bezeichnet wird.[2]

B. Tatbestand

I. Voraussetzungen

2 Voraussetzung für die Anwendbarkeit von § 2179 ist ein Schwebezustand zwischen Erbfall und Vermächtnisanfall, weil entweder ein Fall des § 2177 BGB oder ein Fall des § 2178 BGB vorliegt. Im Falle eines gestundeten Vermächtnisses findet § 2179 BGB keine Anwendung. In diesen Fällen, in denen die Fälligkeit des Anspruchs des Vermächtnisnehmers ab dem Erbfall besteht, kann auf die allgemeinen Schutzmechanismen (Arrest, einstweilige Verfügung, Auflassungsvormerkung bei Grundstücken) zurückgegriffen werden.
Ebenfalls findet § 2179 BGB keine Anwendung auf auflösend bedingte oder befristete Vermächtnisse.[3]

II. Anwendbare Vorschriften

3 § 2179 BGB verweist auf die Vorschriften, die für den Fall gelten, dass eine Leistung unter einer aufschiebenden Bedingung geschuldet wird.
Es greift somit zunächst die Haftung des Beschwerten nach § 160 Abs. 1 BGB, wenn während der Schwebezeit das von der Bedingung abhängige Recht des Vermächtnisnehmers durch das Verschulden des Beschwerten vereitelt oder beeinträchtigt wird.[4] Den grundsätzlichen Haftungsmaßstab nach § 276 Abs. 1 S. 1 BGB kann der Erblasser modifizieren.[5] Der Beschwerte haftet zudem für seine Erfüllungsgehilfen (§ 278 BGB).[6] Handeln Dritte, die weder Beschwerte noch Erfüllungsgehilfen des Beschwer-

1 MüKo/*Rudy*, § 2179 Rn 1.
2 Grüneberg/*Weidlich*, § 2179 Rn 2.
3 Staudinger/*Otte*, § 2179 Rn 16; NK-BGB/*Horn*, § 2179 Rn 3.
4 OLG Frankfurt v. 5.2.1999 – 25 U 156/98, juris; BGH v. 6.3.1991 – IV ZR 114/89, NJW 1991, 1736–1739; MüKo/*Rudy*, § 2179 Rn 3; NK-BGB/*Horn*, § 2179 Rn 5.
5 OLG Frankfurt v. 5.2.1999 – 25 U 156/98, juris Rn 51; MüKo/*Rudy*, § 2179 Rn 3 m.w.N.
6 jurisPK-BGB/*Reymann*, § 2179 Rn 11.

ten sind, kommt die Abtretung des dem Beschwerten zustehenden Ersatzanspruchs nach § 285 BGB in Betracht.[7]

Im Rahmen von § 2179 BGB ist auch § 162 BGB anwendbar. Wird der Eintritt der Bedingung von dem Beschwerten zum Nachteil des Vermächtnisnehmers wider Treu und Glauben vereitelt, gilt die Bedingung als eingetreten (§ 162 Abs. 1 BGB); entsprechend gilt, dass, wenn der Bedachte die Bedingung wider Treu und Glauben herbeiführt, das Vermächtnis nicht anfällt (§ 162 Abs. 2 BGB).[8]

Bei der Anwendbarkeit von § 161 BGB, der vor **Zwischenverfügung** schützt, ist 4 zu differenzieren. Überwiegend wird vertreten, dass § 161 nicht anwendbar ist. Die Vorschrift betrifft keine aufschiebend bedingte Verbindlichkeit, sondern eine aufschiebend bedingte Verfügung.[9] Hat der Beschwerte den Vermächtnisgegenstand bedingt an den Bedachten übereignet, ist § 161 BGB anwendbar. Dies gilt allerdings unabhängig von § 2179 BGB, zu dem insoweit kein Zusammenhang besteht, im Falle jeder bedingten Übereignung.[10]

Im Falle einer aufschiebenden Befristung (§ 163 BGB) gilt aufgrund der Verweisung 5 in § 2179 BGB das Vorstehende entsprechend.[11]

Die Anwendbarkeit von § 159 BGB ist unabhängig von § 2179 BGB zu sehen. Eine 6 Rückbeziehung kann sich aufgrund ausdrücklicher Anordnung im Testament oder aus dessen Auslegung ergeben. Ergibt sich aus dem Willen des Erblassers nicht die Anordnung einer Rückbeziehung, so sind die Früchte und Nutzungen nicht herauszugeben.[12] Der Umfang des Herauszugebenden richtet sich dann nach § 2184 BGB.[13] Sofern der Beschwerte während der Schwebezeit Verwendungen auf das Vermächtnis vornahm, sind diese zu ersetzten (§ 2185 BGB).

III. Rechtsstellung des Bedachten

Sowohl zwischen dem Erbfall und dem Eintritt oder dem Ausfall der Bedingung bzw. 7 dem Eintritt des Endtermins hat der Bedachte eine geschützte Rechtsposition. Es entsteht eine Anwartschaft.[14] Diese ist unter dem Vorbehalt des § 2074 BGB vererblich[15] und auch unter Lebenden formlos nach § 398 BGB abtretbar.[16] Sie ist auch pfändbar und kann verpfändet werden.[17] Es handelt sich bei der **Anwartschaft** auf ein Vermächtnis auch um verwertbares Vermögen i.S.v. § 27 BAföG.[18] Das Vermächtnis kann vor dem Erbfall nicht ausgeschlagen oder angenommen werden (§ 2180 Abs. 2 S. 2 BGB). Nach dem Erbfall und vor dem Anfall des Vermächtnisses ist dieses jedoch gem. §§ 1946, 2142 Abs. 1 BGB möglich. Möglich ist auch ein Erlassvertrag (§ 397 BGB) nach dem Erbfall. Der Erlassvertrag kann aber nicht über den Vermächtnisan-

---

7 MüKo/*Rudy*, § 2179 Rn 5.

8 OLG Stuttgart v. 30.12.1980 –4 U 88/80, FamRZ 1981, 818; MüKo/*Rudy*, § 2179 Rn 3; Staudinger/*Otte*, § 2179 Rn 2; NK-BGB/*Horn*, § 2179 Rn 5.

9 Grüneberg/*Weidlich*, § 2179 Rn 2; Staudinger/*Otte*, § 2179 Rn 5.

10 MüKo/*Rudy*, § 2179 Rn 4.

11 MüKo/*Rudy*, § 2179 Rn 6; NK-BGB/*Horn*, § 2179 Rn 12; *Kipp-Coing*, Erbrecht, § 62 II 5.

12 jurisPK-BGB/*Reymann*, § 2179 Rn 18; MüKo/*Rudy*, § 2179 Rn 3.

13 Grüneberg/*Weidlich*, § 2179 Rn 2; MüKo/*Rudy*, § 2179 Rn 4; Staudinger/*Otte*, § 2179 Rn 5;

14 OLG Oldenburg v 27.2.1990 - 5Q 130/89, FamRZ 1990, 912–913.

15 MüKo/*Rudy*, § 2179 Rn 7.

16 *Lange/Kuchinke*, § 29 IV 2 b (Fn 123 f.); *Bengel*, NJW 1990, 1826–1830 (1828); MüKo/*Rudy*, § 2179 Rn 7.

17 OLG Oldenburg v. 27.2.1990 - 5 U 130/89, FamRZ 1990, 912–913; Grüneberg/*Weidlich*, § 2179 Rn 1.

18 VG Schleswig-Holstein v. 20.2.2013 – 15 A 122/12, juris.

spruch desjenigen disponieren, der bei Ausfall der Bedingung an die Stelle des zunächst Bedachten tritt.[19]

8 Als Sicherungsrechte kommen die Institute des **Arrests** oder der **einstweiligen Verfügung** zur Anwendung, sofern der bedingte Anspruch wegen seiner entfernten Möglichkeit des Eintritts der Bedingung keinen gegenwärtigen Vermögenswert hat (§§ 916 Abs. 2, 936 ZPO).[20] Handelt es sich bei dem Vermächtnisgegenstand um ein Grundstück, kann der Bedachte nach dem Erbfall durch eine Vormerkung (§ 883 Abs. 1 S. 2 BGB) gesichert werden. Besteht Ungewissheit über die Person des Bedachten, wie bspw. im Fall des § 2178 BGB, ist eine Pflegerbestellung nach § 1882 BGB in Erwägung zu ziehen.

9 Der Vermächtnisanspruch kann auch durch eine Hypothek oder Sicherungsgrundschuld abgesichert werden.[21] Dies ergibt sich bei der Hypothek für den Fall des § 2177 BGB bereits aus § 1113 Abs. 2 BGB; für den Fall der Vermächtniszuwendung an eine noch nicht gezeugte Person (§ 2178 BGB) wird dies ebenfalls bejaht.[22] Da es keinen gesetzlichen Anspruch auf eine hypothekarische Sicherung des Vermächtnisses gibt, stellt sich die Frage, ob ein solches insoweit unbedingtes und nicht befristetes Recht von dem Erblasser mitvermacht wurde.[23]

10 Des Weiteren besteht die Möglichkeit, die Positionen des Vermächtnisnehmers hinsichtlich eines vermachten Grundstücks oder Grundstücksrechts während der Schwebezeit durch eine Vormerkung (§ 883 BGB) zu sichern. Wie bei dem Sicherungsmittel der Hypothek kann die **Vormerkung** eingetragen werden, wenn dem Bedachten ein insoweit unbedingtes und nicht befristetes Recht auf eine bestimmte Sicherheit mitvermacht worden ist.[24] Das Recht auf die Eintragung einer Vormerkung kann sich auch aufgrund der Auslegung der letztwilligen Verfügung ergeben.

11 Um seinen Anspruch zu sichern, steht dem Vermächtnisnehmer vor dem Vermächtnisanfall das Recht auf Auskunft zu.[25] Anspruchsgrundlage ist insoweit § 242 BGB.[26] Ist Nacherbschaft angeordnet, trifft auch den befreiten Vorerben die Auskunftspflicht.[27]

12 Bei einem Vermächtnis über den Inbegriff von Sachen und Rechten kann die Vorlage eines Bestandsverzeichnisses nach § 260 BGB verlangt werden. Dies erfolgt in Analogie zu §§ 2121, 2127 BGB.[28]

§ 2180 Annahme und Ausschlagung

(1) Der Vermächtnisnehmer kann das Vermächtnis nicht mehr ausschlagen, wenn er es angenommen hat.

(2) [1]Die Annahme sowie die Ausschlagung des Vermächtnisses erfolgt durch Erklärung gegenüber dem Beschwerten. [2]Die Erklärung kann erst nach dem Eintritt des Erbfalls abgegeben werden; sie ist unwirksam, wenn sie unter einer Bedingung oder einer Zeitbestimmung abgegeben wird.

---

19 MüKo/*Rudy*, § 2179 Rn 7; a.A. *Wübben*, S. 256 ff.
20 Grüneberg/*Weidlich*, § 2179 Rn 1.
21 MüKo/*Rudy*, § 2179 Rn 8; NK-BGB/*Horn*, § 2179 Rn 16.
22 RG v. 9.3.1907 – V 27/07, RGZ 65, 277, 284.
23 jurisPK-BGB/*Reymann*, § 2179 Rn 18; MüKo/*Rudy*, § 2179 Rn 27.
24 BGH v. 5.12.1996 – V ZB 27/96, ZEV 1997, 77–79, entgegen: OLG Hamm v. 20.9.1994 – 15 W 52/94, FamRZ 1995, 700–701; BGH v. 27.6.2001 – IV ZR 120/00, ZEV 2001, 362, 363.
25 OLG Oldenburg v. 27.2.1990 – 5 U 130/89, FamRZ 1990, 912–913.
26 NK-BGB/*Horn*, § 2179 Rn 19.
27 OLG Oldenburg v. 27.2.1990 – 5 U 130/89, FamRZ 1990, 912–913.
28 MüKo/*Rudy*, § 2179 Rn 8; NK-BGB/*Horn*, § 2179 Rn 20.

(3) Die für die Annahme und die Ausschlagung einer Erbschaft geltenden Vorschriften des § 1950, des § 1952 Abs. 1, 3 und des § 1953 Abs. 1, 2 finden entsprechende Anwendung.

Literatur

Damrau/Mayer, Zur Vor- und Nachvermächtnislösung beim sogenannten Behindertentestament, ZEV 2001, 293; *Everts*, Letztwillige Verfügungen zugunsten überschuldeter und bedürftiger Personen, ZErb 2005, 353; *Hartmann*, Das sog. Behindertentestament, Vor- und Nacherbschaftskonstruktion oder Vermächtnisvariante, ZEV 2001, 89; *Pentz*, Ausschlagung des Vermächtnisses bei mehreren Beschwerten, JR 1999, 138; *van de Loo*, Möglichkeiten und Grenzen eines Übergangs des Rechts zur Erbausschlagung durch Abtretung bzw. Überleitung, ZEV 2006, 473–479; *van Venrooy*, Annahme und Ausschlagung von Vermächtnissen, 1990.

Übersicht: Rdn

A. Allgemeines/Normzweck

1 Die Vorschrift des § 2180 BGB trägt dem Gedanken Rechnung, dass niemand sich eine Zuwendung aufdrängen lassen muss. Des Weiteren ergeben sich durch die Vorschrift Gestaltungsmöglichkeiten (§ 2307 BGB).[1] Im Gegensatz zum Erben (§ 1945 BGB) kann der Vermächtnisnehmer das ihm angefallene Vermächtnis durch **formlose**, unbefristete, ausdrückliche oder schlüssige Erklärung gegenüber dem Beschwerten ausschlagen (Abs. 2 S. 1).

B. Tatbestand

I. Annahme

2 Bei der Annahmeerklärung des Bedachten handelt es sich um eine formfreie empfangsbedürftige Willenserklärung. Der Zugang bestimmt sich nach den §§ 130–132 BGB. Die Erklärung kann ausdrücklich oder durch schlüssiges Verhalten – bspw. durch die Annahme des zugewendeten Gegenstandes – abgegeben werden.[2] Für die **Annahme** des Vermächtnisses ist es nicht erforderlich, dass der Bedachte Kenntnis von seiner Ausschlagungsmöglichkeit hatte.[3] Die Annahme des Vermächtnisses durch die Eltern, Betreuer oder einen Vormund für das Kind bzw. Mündel bedarf nicht der Genehmigung des Familiengerichts (§§ 1643 Abs. 2, 1854 BGB). Im Fall der Annahme des Vermächtnisses durch einen in **Gütergemeinschaft** (§§ 1432 Abs. 1 S. 1, 1455 Nr. 1 BGB) lebenden Bedachten ist nicht die Zustimmung des anderen Ehegatten erforderlich.[4] Der Verzicht eines in Gütergemeinschaft lebenden Bedachten auf ein endgültig angefallenes Vermächtnis – das dann bereits in das Gesamtgut der Gütergemeinschaft

1 *Everts*, ZErb 2005, 353, 355.
2 BGH v. 18.10.2000 – IV ZR 99/99, ZEV 2001, 20–21; BGH v. 8.10.1997 – IV ZR 328/96, ZEV 1998, 24; Mot. V, S. 186 f.
3 BGH v. 8.10.1997 – IV ZR 328/96, ZEV 1998, 24; BayObLG v. 29.10.1987 – BReg 1 Z 2/87, FamRZ 1988, 324–325.
4 OLG Stuttgart v. 31.10.1996 – 19 U 80/96, ZEV 1998, 24–26; NK-BGB/*Horn*, § 2180 Rn 2.

gefallen ist – bedarf jedoch der Zustimmung des Ehegatten.[5] Ebenso steht nach Eröffnung des Insolvenzverfahrens über das Vermögen des Vermächtnisnehmers diesem das Recht zu, das Vermächtnis anzunehmen (§ 83 InsO).

3 Die Annahmeerklärung kann erst nach dem Erbfall abgegeben werden Abs. 2. S. 2).[6] Da die Erklärung bedingungsfeindlich ist,[7] ist sie unwirksam, wenn sie unter einer Zeitbestimmung oder Bedingung abgegeben wird. Abs. 3 verweist auf § 1950 BGB. Danach kann die Annahme nicht auf einen Teil des Vermächtnisses beschränkt werden. Sie wäre unwirksam. Erhält der Bedachte allerdings mehrere selbstständige Vermächtnisse, kann er wählen, welche er annehmen will. Liegt ein gemeinschaftliches Vermächtnis vor, steht es dem einzelnen Bedachten frei, die Annahme zu erklären. Nach § 2180 Abs. 3 i.V.m. § 1952 Abs. 1 und 3 BGB ist das Ausschlagungsrecht vererblich. Liegt ein gemeinschaftliches Vermächtnis vor, kann jeder Bedachte autonom von den Mitvermächtnisnehmern seine Annahme erklären.[8]
Die Annahme des Vermächtnisses mit der Folge, dass es nicht mehr ausgeschlagen werden kann, kann auch durch stillschweigendes Handeln, wie bspw. die Ingebrauchnahme des Vermächtnisses, erfolgen.[9] Dabei muss für den Beschwerten erkennbar zum Ausdruck gebracht werden, dass das Vermächtnis angenommen wird.[10]

4 Bei der Annahmeerklärung handelt es sich nicht um eine höchstpersönliche Erklärung. Sie kann daher auch von einem Bevollmächtigten des Vermächtnisnehmers abgegeben werden.[11] Liegt eine Anwachsung (§ 2158 BGB) vor, umfasst die Annahmeerklärung auch den anwachsenden Vermächtnisteil, sofern kein Ersatzerbe bestimmt ist.[12]

5 Die Annahmeerklärung ist gegenüber dem Beschwerten abzugeben (Abs. 2 S. 1). Beschwerte können sein: Erben oder Vermächtnisnehmer (§§ 2147, 2148 BGB), der Begünstigte, dem der Wegfall des zunächst Beschwerten zugutekommt (§ 2161 BGB), oder Vorvermächtnisnehmer im Fall eines Nachvermächtnisses (§ 2191 BGB). Die Annahmeerklärung ist gegenüber dem Testamentsvollstrecker (§ 2213 Abs. 1 BGB) abzugeben, wenn der Vermächtnisanspruch gegen diesen geltend gemacht werden kann.[13] Wurde die Erklärung gegenüber dem Nachlassgericht abgegeben, ist die Erklärung nur wirksam, wenn dieses dem Beschwerten den mutmaßlichen Willen des Vermächtnisnehmers mitteilt.[14] Bei mehreren Beschwerten genügt die Abgabe der Erklärung gegenüber einem.[15]

6 Für die Annahme des Vermächtnisses gibt es im Gegensatz zur Ausschlagung der Erbschaft (§ 1944 BGB) **keine Frist**. Sie kann auch nicht durch den Beschwerten gesetzt werden. Eine Ausnahmeregelung hierzu findet sich in § 2307 Abs. 2 BGB, wenn ein Pflichtteilsberechtigter mit einem Vermächtnis bedacht ist. Lediglich der Erblasser hat es in der Hand, das Vermächtnis unter der aufschiebenden Bedingung

---

5 OLG Stuttgart v. 31.10.1996 – 19 U 80/96, ZEV 1998, 24–26; Grüneberg/*Weidlich*, § 2180 Rn 3; a.A. *Wolf*, ZEV 1998, 27.
6 OLG Saarbrücken v. 10.5.2023 – 5 U 57/22, ErbR 2023, 1912–1917.
7 MüKo/*Rudy*, § 2180 Rn 2 Fn 5.
8 jurisPK-BGB/*Reymann*, § 2180 Rn 29.
9 BGH v. 12.1.2011 – IV ZR 230/09, ZEV 2011, 251–254; Grüneberg/*Weidlich*, § 2180 Rn 1.
10 BGH v. 12.1.2011 – IV ZR 230/09, ZEV 2011, 251–254; OLG Karlsruhe v. 18.4.2017 – 9 W 4/17, ErbR 2017, 573–576; OLG Stuttgart v. 31.10.1996 – 19 U 80/96, ZEV 1998, 24–26.
11 MüKo/*Rudy*, § 2180 Rn 2; Grüneberg/*Weidlich*, § 2180 Rn 3.
12 Grüneberg/*Weidlich*, § 2180 Rn 3; jurisPK-BGB/*Reymann*, § 2180 Rn 52.
13 Grüneberg/*Weidlich*, § 2180 Rn 1; BGH v. 18.10.2000 – IV ZR 99/99, ZEV 2001, 20–21; OLG Oldenburg v. 10.11.1998 – 5 U 114/98, FamRZ 1999, 1618–1619.
14 RG v. 12.4.1926 – IV 315/25, RGZ 113, 234–241 (237); Grüneberg/*Weidlich*, § 2180 Rn 1.
15 Grüneberg/*Weidlich*, § 2180 Rn 1; jurisPK-BGB/*Reymann*, § 2180 Rn 32.

anzuordnen, dass die Annahme innerhalb einer bestimmten Frist erklärt wird.[16] Davon unabhängig sind die Verjährungsfristen der §§ 195, 196 BGB zu beachten.

Grundsätzlich ist der Vermächtnisanspruch pfändbar (§ 829 ZPO, §§ 846 ff. BGB).[17] 7
Der Vermächtnisnehmer kann trotz Pfändung das Vermächtnis ausschlagen.[18] Im Fall der Überleitung des Vermächtnisanspruchs auf den Sozialhilfeträger (§ 93 SGB XII) kommt es nicht dazu, dass das Ausschlagungsrecht auf den neuen Anspruchsinhaber übergeht.[19] Soweit vertreten wird, § 401 BGB sei analog anzuwenden,[20] widerspricht das dem erbrechtlichen Grundgedanken, dass der Bedachte frei über die Annahme des Zugewendeten entscheiden können soll.[21]

Nach Zugang der Annahmeerklärung des Vermächtnisses, die Erklärung widerruflich. 8
Die Erklärung der Annahme des Vermächtnisses ist aber wie jede andere Erklärung anfechtbar. Die **Anfechtung** erfolgt nach den allg. Bestimmungen der §§ 119 ff. BGB, §§ 142–144 BGB. Sie hat gegenüber dem Beschwerten zu erfolgen. Die Vorschriften der §§ 1954 ff. BGB finden keine Anwendung. Im Fall der Anfechtung des Vermächtnisses durch den Beschwerten (§ 2078 BGB) hat die Ausschlagung des Vermächtnisses nur Bedeutung, wenn die Anfechtung unbegründet oder verspätet (§ 2082 BGB) war.

Der mit einem Vermächtnis Bedachte kann im Nachhinein auch auf das angenommene 9
Vermächtnis nach § 397 BGB verzichten.[22]

II. Ausschlagung

Grundsätzlich gelten die Ausführungen zur Annahme des Vermächtnisses auch hin- 10
sichtlich der Annahme des Vermächtnisses. Eine besondere Möglichkeit der Anfechtung ergibt sich aus § 2308 BGB für den Fall, dass ein mit einem Vermächtnis bedachter Pflichtteilsberechtigter die Erbschaft annimmt.[23] Die Ausschlagung des Vermächtnisses ist im Gegensatz zu Erbausschlagung (§§ 1943, 1944 BGB) keinen Fristen unterworfen.[24] Es gibt jedoch gewisse Besonderheiten bei der Ausschlagung eines Vermächtnisses:

Sind mehrere mit einem Vermächtnis beschwert, genügt die Erklärung gegenüber 11
einem Beschwerten.[25] Fällt das Vermächtnis bei einem Kind an, bedarf die Ausschlagung des Vermächtnisses durch die Eltern der Genehmigung des Familiengerichts (§ 1643 Abs. 2 i.V.m. § 1851 Nr. 1 BGB). Die Genehmigung des Familiengerichts ist entbehrlich, wenn das Kind zum Vermächtnisnehmer wurde, weil ein Elternteil das Vermächtnis zuvor ausgeschlagen hat (§ 1643 Abs. 2 S. 2 BGB). War dagegen das Kind neben dem Elternteil zum Vermächtnisnehmer berufen, lebt die Genehmigungsbedürftigkeit wieder auf (§ 1643 Abs. 3 S. 1 BGB). Ist das Vermächtnis durch den Betreuer im Namen des Betreuten auszuschlagen, bedarf er stets der Genehmigung des Betreuungsgerichts (§ 1851 Nr. 1 BGB).[26]

---

16 MüKo/*Rudy*, § 2180 Rn 4 m.w.N.

17 Grüneberg/*Weidlich*, § 2180 Rn 2; RG v. 17.3.1908 – VII 179/07, RGZ 67, 425–431.

18 JurisPK-BGB/*Reymann*, § 2180 Rn 16; MüKo/*Rudy*, § 2180 Rn 7.

19 JurisPK-BGB/*Reymann*, § 2180 Rn 16.

20 *Van de Loo*, ZEV 2006, 473–479 (478).

21 Staudinger/*Otte*, § 2180 Rn 6.

22 OLG Stuttgart v. 31.10.1996 – 19 U 80/96, ZEV 1998, 24–26.

23 Vgl. hierzu MüKo/*Rudy*, § 2180 Rn 6; MüKo/*Lange*, § 2308 Rn 13 m.w.N.

24 BGH v. 12.1.2011 – IV ZR 230/09, ZEV 2011, 251–254; OLG Koblenz v. 5.6.2008 – 5 U 99/08, juris.

25 Grüneberg/*Weidlich*, § 2180 Rn 1; NK-BGB/*Horn*, § 2180 Rn 7.

26 NK-BGB/*Horn*, § 2180 Rn 7; jurisPK-BGB/*Reymann*, § 2180 Rn 34.

12 Das Recht zur Ausschlagung des Vermächtnisnehmers ist auch vererblich (Abs. 3, § 1952 Abs. 1 BGB). Bei mehreren Erben kann jeder den seinen Erbteil entsprechenden Anteil am Vermächtnis ausschlagen. Sofern nicht alle Erben ausschlagen, dürfte es dem Erblasserwillen in der Regel entsprechen, dass es zu einer Anwachsung (§ 2158 BGB) unter den übrigen Erben kommt.[27]

13 Bei Ausschlagung durch einen pflichtteilsberechtigten Bedachten sind Besonderheiten zu beachten: §§ 2307, 2308 BGB. Das Ausschlagungsrecht des pflichtteilsberechtigten Vermächtnisnehmers nach § 2307 BGB ist ebenfalls erblich und nicht fristgebunden. Fordert der Pflichtteilsberechtigte seinen Pflichtteil, kann in diesem Verlangen eine Ausschlagung des Vermächtnisses nur dann gesehen werden, wenn der Pflichtteilsschuldner zugleich auch mit dem Vermächtnis beschwert ist.[28] Macht der Pflichtteilsberechtigte seinen Pflichtteilsanspruch geltend, stellt dies keine stillschweigende Ausschlagung dar, wenn er keine Kenntnis von dem Vermächtnis hat oder nicht weiß, dass er dieses neben seinen Pflichtteil fordern kann. Macht der mit einem Vermächtnis bedachte Pflichtteilsberechtigte seinen vollen Pflichtteil geltend, kann unter Umständen daraus auf eine konkludente Ausschlagung des Vermächtnisses geschlossen werden.[29] Hat der Pflichtteilsberechtigte das ihm zugewandte Vermächtnis ausgeschlagen, gilt es als nicht an ihn erteilt (Abs. 3, § 1953 Abs. 1 BGB). Er kann somit den uneingeschränkten Pflichtteil verlangen (§ 2307 Abs. 1 BGB). In diesem Fall hat derjenige, dem die Ausschlagung des Vermächtnisses zustattenkommt, im Verhältnis der Erben und Vermächtnisnehmer zueinander die Pflichtteilslast i.H.d. erlangten Vorteils zu tragen (§ 2321 BGB).

C. Rechtsfolgen

I. Annahme

14 Nimmt der Bedachte das Vermächtnis an, kann er es nicht mehr ausschlagen (Abs. 1). Der Bedachte kann erst nach der Annahme des Vermächtnisses durch den Beschwerten in Annahmeverzug gesetzt werden (§§ 293 ff., 372 BGB).[30]

II. Ausschlagung

15 Durch die Bezugnahme in Abs. 3 auf § 1953 Abs. 1 und 2 BGB gilt im Fall der Ausschlagung die Annahme als nicht erfolgt. Erfolgt die Ausschlagung **vor** dem **Anfall** des Vermächtnisses, kommt ein Anfall für den Ausschlagenden nicht mehr in Betracht. Soweit nicht ein Anwachsen nach § 2158 BGB greift oder kein Ersatzvermächtnisnehmer (§ 2190 BGB) vorgesehen ist, wird das Vermächtnis hinfällig. Soweit Untervermächtnisse (§ 2186 BGB) bestehen, werden diese von der Ausschlagung im Zweifel nicht berührt (§ 2161 S. 1 BGB).[31]

16 Die Ausschlagung ist von einem vor dem Erbfall erklärten Verzicht auf Zuwendungen (§ 2352 BGB) zu einem formlosen Erlassvertrag (§ 397 BGB) mit dem Beschwerten nach dem Anfall des Vermächtnisses abzugrenzen. So wirkt der Erlassvertrag ausschließlich zugunsten des Beschwerten, dessen Schuld zum Erlöschen gebracht wird. Eine Gläubigeranfechtung nach dem AnfG und der InsO sind möglich. Die Vermächtnisforderung kann somit nicht auf einen Ersatzvermächtnisnehmer übergehen.[32] Die

27 MüKo/*Rudy*, § 2180 Rn 7.
28 MüKo/*Lange*, § 2307 Rn 13.
29 OLG Hamm v. 9.2.2023 – I-10 U 117/22, ErbR 2023, 483–486; OLG Celle v. 11.10.2001 – 22 U 68/98, juris; LG Nürnberg-Fürth v. 27.7.2023 – 8 O 4921/22, juris; LG Bochum v. 24.6.2022 – 5 O 41/22, ErbR 2022, 945–947.
30 JurisPK-BGB/*Reymann*, § 2180 Rn 22.
31 MüKo/*Rudy*, § 2180 Rn 8.
32 Staudinger/*Otte*, § 2180 Rn 22.

Ausschlagung des Vermächtnisses führt auch nicht zu einer Schenkung (§ 517 BGB). Sie kann somit auch nicht erfolgreich nach dem AnfG oder der InsO angefochten werden.[33]

§ 2181 Fälligkeit bei Beliebigkeit

Ist die Zeit der Erfüllung eines Vermächtnisses dem freien Belieben des Beschwerten überlassen, so wird die Leistung im Zweifel mit dem Tode des Beschwerten fällig.

Übersicht: Rdn

A. Allgemeines/Normzweck

1 Grundsätzlich wird das Vermächtnis mit seiner Entstehung, in der Regel also dem Erbfall, fällig (§ 271 Abs. 1 BGB). Aus § 2181 BGB ergibt sich, dass in Abweichung davon der Erblasser den Eintritt der Fälligkeit auch in das freie Belieben des Beschwerten stellen kann. In diesem Fall soll die Fälligkeit im Zweifel hinausgeschoben sein bis zum Tod des Beschwerten. Hat der Erblasser angeordnet, dass der Bedachte das Vermächtnis erst mit dem Tod des Beschwerten erhalten soll, ist in der Regel kein Fall von § 2181 BGB, sondern der Aufschub eines Vermächtnisses gegeben (§ 2177 BGB).

B. Tatbestand

2 Die Vorschrift des § 2181 BGB ist eine **Auslegungsregel** zur **Fälligkeit** des Vermächtnisses. Sie trifft keine Aussage über den Anfall des Vermächtnisses. Voraussetzung für die Anwendbarkeit des § 2181 BGB ist daher, dass der Zeitpunkt für die Erfüllung des Vermächtnisses dem Beschwerten überlassen ist. Hat der Erblasser den Zeitpunkt der Fälligkeit des Vermächtnisses nicht bestimmt und ihn in das freie Belieben des Beschwerten gestellt, findet § 2181 BGB Anwendung. Dafür, dass der Erblasser die Fälligkeit in das freie Belieben des Beschwerten gestellt hat, spricht bspw. die Formulierung, dass der Bedachte den Vermächtnisgegenstand „später" erhalten soll.[1]
Sind mehrere Erben mit dem Vermächtnis beschwert, ist durch Auslegung zu ermitteln, mit wessen Tod das Vermächtnis fällig wird.[2] Sofern das Vermächtnis nicht verzinslich ist, kann der Beschwerte es nach § 271 Abs. 2 BGB vor seinem Tod erfüllen.[3]

3 Da die Leistung in Abweichung von § 271 Abs. 1 BGB im Zweifel **mit** dem **Tod** des Beschwerten fällig wird, haben auch die Erben des Beschwerten für die Erfüllung des Vermächtnisses Sorge zu tragen. Das Vermächtnis stellt für sie eine Nachlassverbindlichkeit dar (§ 1967 Abs. 2 BGB). Sofern und soweit der Beschwerte sich auf eine Haftungsbeschränkung (§ 1992 BGB) hätte berufen können, können sich auch die Erben des Beschwerten auf die Haftungsbeschränkung berufen.[4] Entscheidend sind die finanziellen Verhältnisse des Beschwerten und nicht die der Erben des Beschwerten.[5]

---

33 MüKo/*Rudy*, § 2180 Rn 7; NK-BGB/*Horn*, § 2180 Rn 7a.
1 Vgl. BayObLG v. 2.2.1996 – 1Z BR 146/95, FamRZ 1996, 1036.
2 BayObLG v. 2.2.1996 – 1Z BR 146/95, FamRZ 1996, 1036.
3 MüKo/*Rudy*, § 2181 Rn 1.
4 MüKo/*Rudy*, § 2181 Rn 1.
5 JurisPK-BGB/*Reymann*, § 2181 Rn 7.

4 Im Falle von Vor- und Nacherbschaft sind folgende alternative Fälle zu beachten. Der Vorerbe ist mit einem Vermächtnis beschwert und der Nacherbfall soll bereits vor dem Tod des Vorerben eintreten: Das Vermächtnis wird dann grundsätzlich mit dem Eintritt des Nacherbfalls und nicht erst mit dem Tod des Vorerben fällig; ist der Nacherbe mit dem Vermächtnis beschwert, bleibt es bei der Fälligkeit mit Eintritt des Todes des Nacherben.[6]

5 Da § 2181 BGB keine Aussage zur Herausgabe **gezogener Früchte** trifft, ist durch Auslegung zu ermitteln, ob diese herauszugeben sind (§ 2184 BGB) oder bei dem Beschwerten verbleiben. Letztere wird in der Regel dem Willen des Erblassers entsprechen, sodass die Früchte des Vermächtnisgegenstandes bei den Beschwerten verbleiben.[7] In diesen Fällen ist dann davon auszugehen, dass dem Beschwerten auch nicht seine Verwendungen auf das Vermächtnis zu erstatten sind und daher auch dessen Lasten zu tragen hat (vgl. § 2185 BGB).

C. Querverweis

6 Ist der Nachlass mit einer Auflage beschwert, findet nach § 2192 BGB die Vorschrift des § 2181 entsprechende Anwendung.

D. Verfahrensfragen/Beweislast

7 Vor Fälligkeit des Vermächtnisses kann der Vermächtnisnehmer Feststellungsklage (§ 256 ZPO) auf Feststellung des noch nicht fälligen Vermächtnisanspruchs erheben.[8] Unter den Voraussetzungen des § 259 ZPO kann Leistungsklage erhoben werden.[9] Zudem kommt der Arrest (§ 916 ZPO) zu Sicherung des noch nicht fälligen Vermächtnisanspruchs in Betracht.[10]

Verlangt der Bedachte das Vermächtnis vor der vermuteten Fälligkeit, hat er die Umstände darzulegen und zu beweisen, aus denen sich der der Auslegungsregel entgegenstehende Wille des Erblassers ergibt.[11]

§ 2182 Haftung für Rechtsmängel

(1) [1]Ist ein nur der Gattung nach bestimmter Gegenstand vermacht, so hat der Beschwerte die gleichen Verpflichtungen wie ein Verkäufer nach den Vorschriften des § 433 Abs. 1 Satz 1, der §§ 436, 452 und 453. [2]Er hat den Gegenstand dem Vermächtnisnehmer frei von Rechtsmängeln im Sinne des § 435 zu verschaffen. [3]§ 444 findet entsprechende Anwendung.

(2) Dasselbe gilt im Zweifel, wenn ein bestimmter nicht zur Erbschaft gehörender Gegenstand vermacht ist, unbeschadet der sich aus dem § 2170 ergebenden Beschränkung der Haftung.

(3) Ist ein Grundstück Gegenstand des Vermächtnisses, so haftet der Beschwerte im Zweifel nicht für die Freiheit des Grundstücks von Grunddienstbarkeiten, beschränkten persönlichen Dienstbarkeiten und Reallasten.

---

6 jurisPK-BGB/*Reymann*, § 2181 Rn 6; NK-BGB/*Horn*, § 2181 Rn 5.

7 MüKo/*Rudy*, § 2181 Rn 2; Staudinger/*Otte*, § 2181 Rn 3.

8 Grüneberg/*Weidlich*, § 2181 Rn 1.

9 jurisPK-BGB/*Reymann*, § 2181 Rn 8.

10 MüKo/*Rudy*, § 2181 Rn 1; *Keim*, ZEV 2016, 6–14 (10).

11 jurisPK-BGB/*Reymann*, § 2181 Rn 8.

Übersicht:

A. Allgemeines/Normzweck

1 Die Vorschrift des § 2182 BGB regelt wie § 2183 BGB die **Haftung** des Beschwerten für **Mängel** an dem vermachten Gegenstand. Grundsätzlich findet er nur auf Gattungs- und Verschaffungsvermächtnissen Anwendung.[1] Keine Anwendung findet die Vorschrift im Falle eines Stückvermächtnisses.[2] Wird eine Sache im Rahmen eines Stückvermächtnisses vermacht, ist davon auszugehen, dass der Erblasser dem Bedachten nicht mehr zuwenden wollte, als er selbst besaß.[3] Von der Frage der Gewährleistung für Rechtsmängel ist der Fall abzugrenzen, dass der Vermächtnisgegenstand bereits vor dem Erbfall Schaden nahm oder unterging (vgl. hierzu §§ 2164 Abs. 2, 2169 Abs. 3 BGB).

B. Tatbestand

I. Haftung beim Gattungsvermächtnis

2 Der Beschwerte ist bei einem Gattungsvermächtnis verpflichtet, dem Bedachten gem. § 433 Abs. 1 S. 1 BGB eine dessen Verhältnissen entsprechende Sache (§ 2155 Abs. 1 BGB) zu übergeben und ihm das Eigentum frei von Rechtsmängeln i.S.d. § 435 BGB zu verschaffen.[4] Fragen der Sachmängelhaftung sind nach § 2183 BGB zu beantworten. Dabei kann sich die der Gattung nach bestimmte Sache bereits im Nachlass befinden oder kann erst noch zu beschaffen sein. Auch im Rahmen eines Wahlvermächtnisses (§ 2154 BGB) kann die Sache nur der **Gattung** nach bestimmt sein, sodass diese Vorschrift Anwendung findet.[5]

3 Vorab ist festzuhalten, dass der Vermächtnisnehmer bei behebbaren Rechtsmängeln Erfüllung beanspruchen kann.[6] Verletzte der Beschwerte seine Pflicht zur rechtsmängelfreien Verschaffung des Gegenstandes, kann der Bedachte unter den Voraussetzungen der §§ 440, 280, 281, 283 BGB Schadensersatz verlangen (§§ 2281 Abs. 1 S. 2, 453 i.V.m. § 437 Nr. 3 BGB). Im Hinblick auf erbrechtliche Besonderheiten ist § 2155 Abs. 1 BGB zu beachten. Danach muss der Gegenstand des Vermächtnisses den Verhältnissen des Bedachten entsprechen. Liegt anfängliche objektive Unmöglichkeit vor, findet die Sonderregelung des § 2171 BGB und nicht § 311a BGB Anwendung.

4 Dem Beschwerten steht kein Rücktritts- oder Minderungsrecht (§ 437 Nr. 2 BGB) zu. Das Vermächtnis stellt schließlich keine Gegenleistung dar. Es wird vielmehr ein einseitig verpflichtendes Schuldverhältnis durch die Anordnung des Vermächtnisses begründet.[7]

5 Ist ein Grundstück Gegenstand eines Gattungsvermächtnisses, haftet gem. Abs. 3 der Beschwerte nicht wie der Verkäufer (§ 435 S. 2 BGB) für die Freiheit des Grundstücks von Grunddienstbarkeiten (§§ 1018 ff. BGB), beschränkten persönlichen Dienstbar-

1 jurisPK-BGB/*Reymann*, § 2182 Rn 1.
2 Grüneberg/*Weidlich*, § 2182 Rn 2.
3 MüKo/*Rudy*, § 2182 Rn 1.
4 Grüneberg/*Weidlich*, § 2182 Rn 2; jurisPK-BGB/*Reymann*, § 2182 Rn 9.
5 Grüneberg/*Weidlich*, § 2182 Rn 1; jurisPK-BGB/*Reymann*, § 2182 Rn 16.
6 *Amend*, ZEV 2002, 227, 228.
7 Staudinger/*Otte*, § 2182 Rn 5.

keiten (§§ 1090 ff. BGB) und Reallasten (§§ 1105 ff. BGB).[8] Abs. 3 ist somit eine Einschränkung des Abs. 1: Der Beschwerte haftet im Zweifel nicht für die Freiheit des vermächtnisweise zugewendeten Grundstücks von Grunddienstbarkeiten, beschränkten persönlichen Dienstbarkeiten und Reallasten. Ein im Grundbuch eingetragenes, aber nicht bestehendes Recht (Erbbaurecht, Grundpfandrecht, Nießbrauchrecht, Vorkaufsrecht) steht einem Rechtsmangel gleich (§ 435 S. 2 BGB). Die **Kosten** für die **Löschung** nicht bestehender, aber eingetragener Rechte trägt der Beschwerte (Erbbaurecht, Grundschuld, Hypothek, Nießbrauchsrecht, privatrechtliches Vorkaufsrecht, Rentenschuld).[9] Der Verweis auf § 436 BGB in Abs. 1 führt dazu, dass das Gattungsvermächtnis, das die Übertragung von Grundbesitz zum Inhalt hat, erhebliche Risiken in sich birgt. Nach § 436 BGB ist der Verkäufer eines Grundstücks verpflichtet, Erschließungsbeiträge und sonstige Anliegerbeiträge für die Maßnahmen zu tragen, die bis zum Tag des Vertragsschlusses bautechnisch begonnen waren.[10] Dies gilt unabhängig vom Zeitpunkt des Entstehens der Beitragsschuld. Der Beschwerte hat daher ggf. die in § 436 BGB genannten Beiträge zu tragen, wenn vor dem Erbfall mit der Erschließungsmaßnahme bereits bautechnisch begonnen wurde.[11]

6 Gegenstand eines Gattungsvermächtnisses kann auch eine Forderung oder ein sonstiges Recht sein: eines von mehreren Konzertabonnements, eine von mehreren Aktien.[12] Dann hat der Beschwerte dem Bedachten die Rechte frei von Rechten Dritter, wie bspw. Pfandrechten, zu übertragen (§§ 435 Abs. 1, 453 S. 1 BGB). Sofern Kosten bei der Übertragung anfallen, gehen diese zulasten des Beschwerten (§ 453 Abs. 2 BGB).

7 Die Haftung kann wegen Kenntnis des Mangels nach § 442 BGB i.V.m. § 453 BGB ausgeschlossen sein.

§ 444 BGB, anwendbar über Abs. 1 S. 3, schließt einen Haftungsausschluss bei Arglist oder Garantieübernahme aus. Dabei ist allerdings zu sehen, dass der Erblasser einen umfassenden Haftungsausschluss vorsehen kann. § 444 BGB findet lediglich im Rahmen der Vermächtniserfüllung zwischen dem Beschwerten und dem Bedachten Anwendung.[13]

8 Die Verjährung richtet sich nach der kaufrechtlichen Vorschrift des § 438 BGB, sofern man von einer Gesamtverweisung auf das Kaufrecht ausgeht. Davon ausgehend, dass eine solche nicht gegeben ist – eine Verweisung auf § 437 BGB fehlt – und die §§ 275–292 BGB einschlägig sein sollen, richtet sich die Verjährung nach den §§ 195 ff. BGB.[14]

II. Haftung beim Verschaffungsvermächtnis

9 Liegt ein Verschaffungsvermächtnis vor, hat der Bedachte auch bei diesem grundsätzlich einen Anspruch darauf, dass die Sache frei von Rechtsmängeln ist. Daher finden im Zweifel bei Abs. 2 auch die kaufrechtlichen Vorschriften (Abs. 1) und die sich hieraus ergebende Pflicht zum Schadensersatz Anwendung. Es sind jedoch Besonderheiten zu beachten: Durch den Verweis auf die sich aus § 2170 Abs. 2 BGB ergebenden Haftungserleichterungen für den Beschwerten kann dieser sich durch die Leistung von **Wertersatz** von seiner Leistungspflicht befreien. Ist ein Grundstück mit dem Recht eines Dritten belastet, dessen Löschung dieser erfolgreich verweigert, kann die Übertragung des belasteten Grundstücks dennoch verlangt werden. Es ist dann

8 Grüneberg/*Weidlich*, § 2182 Rn 2.
9 jurisPK-BGB/*Reymann*, § 2182 Rn 16; MüKo/*Rudy*, § 2182 Rn 6.
10 Grüneberg/*Weidlich*, § 2182 Rn 2; MüKo/*Rudy*, § 2182 Rn 6; krit. hierzu *Brambring*, ZEV 2002, 137, 140.
11 Grüneberg/*Weidlich*, § 2182 Rn 2; NK-BGB/*Horn*, § 2182 Rn 6; *Brambring*, ZEV 2002, 137, 140.
12 Staudinger/*Otte*, § 2182 Rn 4.
13 jurisPK-BGB/*Reymann*, § 2182 Rn 7.
14 Grüneberg/*Weidlich*, § 2182 Rn 2; jurisPK-BGB/*Reymann*, § 2182 Rn 10.

Wertersatz zum Ausgleich der verbliebenen Grundstücksbelastungen zu leisten. Wurde berechtigterweise Wertersatz geleistet und anschließend der Rechtsmangel behoben, kann der Bedachte sich nicht mehr auf seinen Vermächtnisanspruch berufen.[15] Bestand entgegen der Annahme des Erblassers das vermachte Recht beim Erbfall nicht mehr, ist durch Auslegung zu ermitteln, ob Wertersatz (§ 2170 Abs. 2 BGB) zu leisten ist. Ansonsten ist das Vermächtnis auf eine unmögliche Leistung gerichtet und nach § 2171 BGB, der § 311a BGB verdrängt, unwirksam.[16] 10

C. Verfahrensfragen/Beweislast

Behauptet der Bedachte einen Rechtsmangel, richtet sich die **Beweislast** für diesen Rechtsmangel nach § 363 BGB.[17] Sie trifft somit den Bedachten. Den Beschwerten trifft die Pflicht, über die rechtlichen Verhältnisse Auskunft zu erteilen und beweisrelevante Urkunden vorzulegen.[18] 11

§ 2183 Haftung für Sachmängel

[1]Ist eine nur der Gattung nach bestimmte Sache vermacht, so kann der Vermächtnisnehmer, wenn die geleistete Sache mangelhaft ist, verlangen, dass ihm anstelle der mangelhaften Sache eine mangelfreie geliefert wird. [2]Hat der Beschwerte einen Sachmangel arglistig verschwiegen, so kann der Vermächtnisnehmer anstelle der Lieferung einer mangelfreien Sache Schadensersatz statt der Leistung verlangen, ohne dass er eine Frist zur Nacherfüllung setzen muss. [3]Auf diese Ansprüche finden die für die Sachmängelhaftung beim Kauf einer Sache geltenden Vorschriften entsprechende Anwendung.

Übersicht: Rdn

A. Allgemeines/Normzweck

Die Vorschrift regelt neben § 2182 BGB die Problematik von Gewährleistungsrechten in Bezug auf eine vermachte Sache. Im Unterschied zu § 2182 BGB regelt § 2183 BGB die Frage der Haftung für Sachmängel bei Gattungsvermächtnissen (§ 2155 BGB). Keine Anwendung findet § 2183 BGB beim Stückvermächtnis. Bei diesem spricht der mutmaßliche Wille des Erblassers dafür, dass der Bedachte den Vermächtnisgegenstand in dem Zustand erhält, in dem er sich befindet.[1] 1

15 MüKo/*Rudy*, § 2182 Rn 9.
16 MüKo/*Rudy*, § 2182 Rn 9.
17 MüKo/*Rudy*, § 2182 Rn 8.
18 *Amend*, ZEV 2002, 227, 229; *Schlichting*, ZEV 2002, 478, 479; jurisPK-BGB/*Reymann*, § 2182 Rn 18.
1 Grüneberg/*Weidlich*, § 2182 Rn 1.

B. Tatbestand

I. Sachmangel

2 Ausschließlich beim Gattungsvermächtnis (§ 2155 BGB) haftet der Beschwerte für einen Sachmangel. Ob ein **Sachmangel** vorliegt, bestimmt sich unter Berücksichtigung des § 2155 Abs. 1 BGB – „eine den Verhältnissen des Bedachten entsprechende Sache" – nach § 434 BGB. Dies gilt vorbehaltlich einer Regelung durch den Erblasser. Kein Raum ist für die Anwendung des § 434 Abs. 1 S. 3 BGB bei der Erfüllung des Vermächtnisses. Die Bestimmungen gem. § 434 Abs. 2 und 3 BGB sind hingegen anwendbar.[2] Der Erblasser kann jedoch Vorgaben zur Beschaffenheit und Eigenschaft der Sache vorgegeben (§ 443 BGB).

II. Arglistiges Verschweigen

3 Liegt arglistiges Verschweigen eines Sachmangels vor (S. 2), kann der Bedachte, ohne dass er eine Frist zur Nachlieferung setzen muss, statt der Lieferung einer mangelfreien Sache, Schadensersatz verlangen. Dem arglistigen Verschweigen eines Sachmangels ist das Vorspiegeln nicht vorhandener Eigenschaften gleichgestellt.[3] Soweit das allgemeine Schuldrecht der §§ 280, 281 BGB über § 437 Nr. 3 BGB i.V.m. S. 3 zur Anwendung kommt, ist zu beachten, dass für ein arglistiges Verhalten bloße Fahrlässigkeit des Beschwerten nicht ausreichend ist.[4]

C. Rechtsfolgen

I. Nacherfüllung

4 Nach S. 1 hat der Bedachte Anspruch auf die Lieferung einer mangelfreien Sache. Für den Anspruch gelten im Einzelnen die Bestimmungen des Kaufrechts in entsprechender Anwendung (S. 3). Dabei spricht § 2183 BGB die Nacherfüllung und den Schadensersatz ausdrücklich an. § 439 BGB regelt den **„Nacherfüllungsanspruch"**. Über § 439 Abs. 1 BGB ergibt sich für den Bedachten ein Wahlrecht zwischen Nachlieferung und Nachbesserung. Die mit der Nacherfüllung verbundenen Kosten hat der Beschwerte zu tragen (§ 439 Abs. 2 BGB). Hat der Bedachte die Nachlieferung gefordert, kann der Beschwerte von dem Bedachten die Rückgewähr der mangelhaften Sache nach Maßgabe der §§ 346–348 BGB verlangen (§ 439 Abs. 4 BGB).

5 § 2183 BGB beschränkt den Nacherfüllungsanspruch des Vermächtnisnehmers auf Nachlieferung.[5] Soweit die Auffassung vertreten wird, § 2183 BGB umfasse auch eine Nachbesserung,[6] erfolgt dies mit dem Hinweis darauf, dass der Nachbesserungsanspruch eine geringere Beschwerung darstellen kann (argumentum a maiore ad minus). Der Bedachten kann so statt der in S. 1 vorgesehenen Nachlieferung nach S. 3 die Nachbesserung – in Fällen einer Nachlieferung, die mit unverhältnismäßigen Kosten möglich ist – nach § 439 Abs. 4 BGB wählen.[7]

II. Schadensersatz

6 Der Bedachte kann statt der Lieferung einer mangelfreien Sache **Schadensersatz** im Falle des arglistigen Verschweigens des Sachmangels verlangen (S. 2). Auch hier gelten die kaufrechtlichen Bestimmungen in entsprechender Anwendung (S. 3). Über § 437 Nr. 3 BGB kommen die Vorschriften der §§ 280, 281 BGB zur Anwendung, wobei

---

2 MüKo/*Rudy*, § 2183 Rn 2.
3 MüKo/*Rudy*, § 2183 Rn 3.
4 jurisPK-BGB/*Reymann*, § 2183 BGB Rn 12; *Amend*, ZEV 2002, 227, 229.
5 jurisPK-BGB/*Reymann*, § 2183 BGB Rn 13; MüKo/*Rudy*, § 2183 Rn 4.
6 MüKo/*Rudy*, § 2183 Rn 4; Grüneberg/*Weidlich*, § 2183 Rn 2; NK-BGB/*Horn*, § 2183 Rn 6; *Brambring*, ZEV 2002, 137, 140; *Schlichting*, ZEV 2002, 479.
7 MüKo/*Rudy*, § 2183 Rn 4; Gründeberg/*Weidlich*, § 2183 Rn 2.

ein fahrlässiges Verhalten des Beschwerten nicht ausreichend ist; bedingter Vorsatz ist erforderlich.[8] Dem arglistigen Vorspiegeln einer Eigenschaft ist das arglistige Verschweigen eines Mangels gleichzustellen.[9]

Dem Bedachten stehen bei einem Sachmangel keine Ansprüche auf Schadensersatz wegen Verzögerung der Leistungen nach den §§ 280 Abs. 2, 286 BGB oder den Ersatz vergeblicher Aufwendungen nach § 284 BGB zu.[10] Nimmt der Bedachte das Vermächtnis in Kenntnis des Mangels entgegen, gilt § 442 BGB. 7

D. Verfahrensfragen/Beweislast

Die Beweislastregeln bestimmen sich nach dem Kaufrecht, sodass § 363 BGB einschlägig ist. Der Beschwerte trägt die **Beweislast** dafür, dass die Sache frei von Sachmängeln im Zeitpunkt des Gefahrübergangs (Lieferung) war. Danach muss der Bedachte den aufgetretenen Sachmangel beweisen sowie die Tatsache, dass dieser im Zeitpunkt des Gefahrübergangs bereits gegeben war.[11] 8

Die **Verjährung** richtet sich nach § 438 BGB: Der Beschwerte haftet für Rechtsmängel „wie ein Verkäufer“ (§ 2182 Abs. 1 S. 1 BGB). Nach S. 3 sind „die für die Sachmängelhaftung beim Kauf einer Sache geltenden Vorschriften“ entsprechend anzuwenden. Dies ergibt sich daraus, dass § 438 BGB als Spezialnorm die Regelverjährung nach § 195 BGB verdrängt.[12] 9

§ 2184 Früchte; Nutzungen

[1]Ist ein bestimmter zur Erbschaft gehörender Gegenstand vermacht, so hat der Beschwerte dem Vermächtnisnehmer auch die seit dem Anfall des Vermächtnisses gezogenen Früchte sowie das sonst aufgrund des vermachten Rechts Erlangte herauszugeben. [2]Für Nutzungen, die nicht zu den Früchten gehören, hat der Beschwerte nicht Ersatz zu leisten.

Literatur

Frieser/Potthast, Verwaltung, Verwertung Indexierung in der Erbengemeinschaft, ErbR 2020, 2; *Muscheler*, Die Früchte des Vermächtnisses, Hereditare – Jahrbuch für Erbrecht und Schenkungsrecht 2012, 169; *Roth*, Zuordnung von Früchten und Nutzungen bei der Teilungsanordnung, NJW-Spezial 2022, 39; *Roth/Maulbetsch*, Früchte und Nutzungen beim Vermächtnis, NJW-Spezial 2012, 167; *Trappe*, Der Anspruch auf die Nutzungen bei der Teilungsanordnung – Zur Frage der analogen Anwendung des § 2184 BGB bei der Teilungsanordnung, ZEV 2018, 123.

Übersicht: Rdn

8 jurisPK-BGB/*Reymann*, § 2183 Rn 12; *Amend*, ZEV 2002, 227, 229.
9 jurisPK-BGB/*Reymann*, § 2183 Rn 12; Staudinger/*Otte*, § 2183 Rn 3.
10 MüKo/*Rudy*, § 2184 Rn 4.
11 Grüneberg/*Weidenkaff*, § 434 Rn 46.
12 Grüneberg/*Weidlich*, § 2183 Rn 3; Staudinger/*Otte*, § 2183 Rn 4.

A. Allgemeines/Normzweck

1 I.d.R. liegt zwischen dem Anfall des Vermächtnisses (§ 2176 BGB) und seiner Erfüllung eine gewisse Zeitspanne. Während dieser Zeit kann der Vermächtnisgegenstand zum einen Früchte bringen sowie genutzt werden und zum anderen Kosten verursachen. Der Gesetzgeber hat in den §§ 2184 und 2185 BGB geregelt, wem die Früchte und Nutzungen zustehen und wer die Verwendungen auf den Vermächtnisgegenstand zu tragen hat. Die Vorschrift des § 2184 BGB stellt dabei keine zwingende Regelung dar, sodass der Erblasser eine abweichende Regelung bestimmen kann.[1]

B. Tatbestand

I. Vermächtnisarten

2 Dem Wortlaut nach ist § 2184 BGB anwendbar, wenn „ein bestimmter zur Erbschaft gehörender Gegenstand vermacht" wurde und es sich somit um ein Stückvermächtnis handelt.[2] Liegt dagegen ein Gattungsvermächtnis (§ 2155 BGB) oder Verschaffungsvermächtnis (§ 2170 BGB) vor, stehen dem Bedachten die **Früchte**, wie bspw. **Zinsen** und **Nutzungen**, erst ab Verzug zu (§§ 2080, 2081, 2086 BGB). Bei einem Verschaffungsvermächtnis ist § 2184 BGB ab der Besitzerlangung des Gegenstandes durch den Beschwerten maßgebend.[3] Im Hinblick auf das Verschaffungsvermächtnis wird auch vertreten, dass die allgemeinen Grundsätze über die Erfüllung des Vermächtnisanspruchs zum Tragen kommen; die Herausgabe von Früchten kommt danach erst ab Verzugseintritt oder Rechtshängigkeit in Betracht.[4] Im Fall eines Wahlvermächtnisses (§ 2154 BGB) hat der Beschwerte die Früchte und die Nutzungen ab der Auswahl – Konkretisierung des Gegenstandes – herauszugeben.[5]

3 Die Teilungsanordnung[6] führt zu einem schuldrechtlichen Anspruch gegen die Miterben, nach dem das angeordnete Vermächtnis zu übertragen ist. Die Rechte aus der Teilungsanordnung können grundsätzlich nur bei der Auseinandersetzung geltend gemacht werden.[7] Einen Anspruch auf die Übertragung des durch Teilungsanordnung zugewiesenen Vermögenswertes im Rahmen einer Teilerbauseinandersetzung gibt es grundsätzlich nicht.[8]

Vor diesem Hintergrund ist eine entsprechende Anwendung der §§ 2184, 2185 BGB geboten.[9] Diese Einordnung ist insbesondere wegen der Zurechnung von Einkünften bei einer sich hinziehenden Erbauseinandersetzung von besonderer Bedeutung.[10] Erst recht finden die Bestimmungen im Rahmen einer Teilungsanordnung mit Vorausvermächtnis Anwendung.[11]

II. Rechtsfolgen

4 Es sind grundsätzlich nur die tatsächlich gezogenen Früchte (§ 99 BGB) herauszugeben. Sie müssen auf den Vermächtnisgegenstand entfallen und nach dem Vermächtnisanfall (§ 2176 BGB) entstanden sein. Ist das Vermächtnis nach den §§ 2177, 2178 BGB

---

1 Vgl. MüKo/*Rudy*, § 2184 Rn 1; jurisPK-BGB/*Reymann*, § 2184 Rn 3.
2 Grüneberg/*Weidlich*, § 2184 Rn 1; *Roth/Maulbetsch*, NJW-Spezial 2012, 167.
3 NK-BGB/*Horn*, § 2184 Rn 3.
4 MüKo/*Rudy*, § 2184 Rn 2.
5 Grüneberg/*Weidlich*, § 2184 Rn 3.
6 *Trappe*, ZEV 2018, 123–127.
7 MüKo/*Ann*, § 2048 Rn 9.
8 Zu Ausnahmen: MüKo/*Ann*, § 2042 Rn 19.
9 NK-BGB/*Horn*, § 2184 Rn 4; *Trappe*, ZEV 2018, 123–127; jurisPK-BGB/*Reymann*, § 2184 Rn 23.
10 BFH v. 4.5.2000 – IV RA 10/99, ZEV 2000, 287–290; BMF-Schreiben v. 14.3.2006 – IV B 2 – S 2242 – 7/06, BStBl I 2006, 253.
11 OLG Celle v. 21.11.2002 – 6 U 43/02, OLGR Celle 2003, 86–87.

hinausgeschoben, verbleiben die während der Schwebezeit gezogenen Nutzungen bei dem Beschwerten.[12]

5 Bei einer **Geldforderung** sind dies bspw. die seit dem Erbfall fällig gewordenen Zinsen.[13] Wurde dem Bedachten im Nachlass vorhandenes Geld vermacht, ergibt sich ein Zinsanspruch nur nach Verzug oder bei Rechtshängigkeit (§§ 280, 281, 286, 288, 291 BGB), sofern und soweit der Erblasser nichts anderes angeordnet hat.[14] Wurde dem Bedachten ein **Nießbrauch** vermacht, können Früchte nach der Bestellung des Nießbrauchs anfallen, sofern sich nicht durch Auslegung ergibt, dass die Früchte mitvermacht sind.[15] Hat der Erblasser dem Bedachten das Recht vermacht, eine Wohnung unentgeltlich zu benutzen, wovon der Bedachte jedoch keinen Gebrauch macht, stellen die von dem Beschwerten vereinnahmten Mieten keine Frucht des Wohnrechts, sondern des vermieteten Gegenstandes dar (§ 99 Abs. 3 BGB).[16] Sofern der Beschwerte allerdings die Überlassung der Wohnung an den Bedachten zu dessen eigener unentgeltlichen Nutzung unmöglich macht – bspw. durch Fremdvermietung –, stehen dem Bedachten Ansprüche auf Schadensersatz (§§ 280, 283 BGB), auf Herausgabe der Miete (§ 285 BGB) oder aus Eingriffskondiktion (§ 812 Abs. 1 S. 1 BGB) zu.[17] Aus einem Immobilienvermächtnis vereinnahmte **Mieten** stehen, sofern der Erblasser keine andere Regelung getroffen hat, dem Vermächtnisnehmer zu.[18]

6 Die **Verteilung** der Früchte richtet sich grundsätzlich nach § 101 Nr. 2 BGB. Ein Unternehmensgewinn betreffend das Todesjahr des Erblassers ist pro rata temporis zwischen dem Beschwerten und Vermächtnisnehmer aufzuteilen. Sofern der Gewinn thesauriert wurde, entfällt eine Ausgleichspflicht gegenüber dem Beschwerten.[19] Die Kosten für die Fruchtziehung sind nach § 102 BGB zu ersetzen.

7 Hat der Beschwerte Früchte gezogen und kann diese nicht mehr herausgeben, weil er diese bspw. für sich selbst verbrauchte, besteht eine Schadensersatzpflicht nach den §§ 280, 281, 283 BGB. Soweit der Beschwerte für gezogene, aber nicht mehr vorhandene Früchte Ersatz erlangte (Surrogat), ist dieser nach § 285 BGB herauszugeben.[20]

8 **Nutzungen** (§ 100 BGB), die nicht zu den Früchten gehören, sind von dem Beschwerten nicht zu ersetzen (S. 2). Hierbei handelt es sich bspw. um die Benutzung eines Kfz, eines Gartens oder von Räumen. Gerät der Beschwerte jedoch mit der Erbringung der geschuldeten Leistung in Verzug, um sich bspw. die Nutzungsvorteile zu erhalten, verhält er sich unter Umständen schadensersatzpflichtig.

III. Unterlassen der Fruchtziehung

9 Unterlässt der Beschwerte es, eine Frucht zu ziehen, begründet dies grundsätzlich keine Haftung.[21] Jedoch kann er ab Verzug oder Rechtshängigkeit im Falle unterlassener Fruchtziehung schadensersatzpflichtig werden (§§ 280, 281, 286, 291, 292 BGB i.V.m. § 987 Abs. 2 BGB). Die **Kenntnis** des **Beschwerten** von seiner Erfüllungspflicht begründet jedoch noch keine verschärfte Haftung. Sofern die unterlassene Fruchtzie-

12 NK-BGB/*Horn*, § 2184 Rn 5; jurisPK-BGB/*Reymann*, § 2184 Rn 16.
13 Grüneberg/*Weidlich*, § 2184 Rn 2.
14 MüKo/*Rudy*, § 2184 Rn 2; *Brambring*, ZEV 2002, 137, 139.
15 KG NJW 1964, 1808; Grüneberg/*Weidlich*, § 2184 Rn 2.
16 MüKo/*Rudy*, § 2184 Rn 4.
17 JurisPK-BGB/*Reymann*, § 2184 Rn 13.Staudinger/*Otte*, § 2184 Rn 2; Grüneberg/*Weidlich*, § 2184 Rn 2.
18 OLG Stuttgart v. 25.11.2021 – 19 U 25/21, ErbR 2023, 539–544.
19 BGH v. 30.1.1995 – II ZR 45/94, NJW 1995, 1027–1029.
20 Grüneberg/*Weidlich*, § 2184 Rn 1; Staudinger/*Otte*, § 2184 Rn 5.
21 Grüneberg/*Weidlich*, § 2184 Rn 2.

hung vorsätzlich erfolgt, kann sich eine Schadensersatzpflicht aus § 826 BGB ergeben. § 990 Abs. 1 BGB ist nicht anwendbar.[22]

IV. Sonst Erlangtes

10 Neben den Früchten ist „das sonst aufgrund des vermachten Rechts Erlangte herauszugeben". Von Bedeutung ist die Vorschrift insbesondere bei einem Erwerb durch Verbindung oder Vermischung (§§ 946 ff. BGB) oder dem Schatzfund (§ 984 BGB). Liegt ein Fall von Surrogation vor, findet § 285 BGB unabhängig davon Anwendung, ob der Ersatzanspruch vor oder nach dem Anfall des Vermächtnisses entstanden war.[23]

V. Verjährung

11 Ist die Fruchtziehung auf wiederkehrende Leistungen gerichtet, was regelmäßig der Fall ist, richtet sich die **Verjährung** nach den §§ 195, 199 Abs. 1 und 4 BGB. Im Übrigen verjährt der Anspruch auf die Früchte und das sonst aufgrund des vermachten Rechts Erlangte wie der Anspruch auf den Vermächtnisgegenstand selbst nach der Regelverjährung des § 195 BGB nach drei Jahren.

VI. Beweislast

12 Die Beweislast über Nutzungen und Verwendungen trifft den Vermächtnisnehmer hinsichtlich der Einnahmen. Der Beschwerte ist hinsichtlich der Ausgaben darlegungs- und beweispflichtig. Eine Saldierung ist dabei unzulässig.[24]

§ 2185 Ersatz von Verwendungen und Aufwendungen

Ist eine bestimmte zur Erbschaft gehörende Sache vermacht, so kann der Beschwerte für die nach dem Erbfall auf die Sache gemachten Verwendungen sowie für Aufwendungen, die er nach dem Erbfall zur Bestreitung von Lasten der Sache gemacht hat, Ersatz nach den Vorschriften verlangen, die für das Verhältnis zwischen dem Besitzer und dem Eigentümer gelten.

Übersicht: Rdn

A. Allgemeines/Normzweck

1 Die Vorschrift ist das Spiegelbild zu § 2184 BGB. Der Beschwerte kann Verwendungen und Aufwendungen für eine zur Erbschaft gehörende Sache nach den Vorschriften, die für das Verhältnis zwischen dem Besitzer und Eigentümer gelten, ersetzt verlangen. Es handelt sich bei der Vorschrift nicht um zwingendes Recht, sodass der Erblasser eine von § 2185 BGB abweichende Regelung treffen kann. Die Vorschrift des § 2185 BGB gilt auch für **Vor- und Nachvermächtnisnehmer** und richtet sich insoweit nicht nach den §§ 2124 ff. BGB.[1]

---

22 Grüneberg/*Weidlich*, § 2184 Rn 2; MüKo/*Rudy*, § 2184 Rn 3; Staudinger/*Otte*, § 2184 Rn 3.
23 MüKo/*Rudy*, § 2184 Rn 6.
24 BGH v. 26.5.1982 – IVa ZR 242/80, WM 1982, 769–770.
1 BGH v. 6.3.1991 – IV ZR 114/89, NJW 1991, 1736–1739; *Schlichting*, ZEV 2000, 385, 386; a.A. *Maur*, NJW 1990, 1161; *Bengel*, NJW 1990, 1826, 1829.

B. Tatbestand

I. Anwendungsbereich

Die Vorschrift ist nur bei Stückvermächtnissen hinsichtlich einer bestimmten und zum Nachlass gehörenden Sache anwendbar.[2] Durch explizite Erklärung des Erblassers oder Auslegung seines Willens kann sich jedoch etwas anderes ergeben.[3] Berücksichtigung finden nur die nach dem Erbfall angefallenen Verwendungen und Aufwendungen des Beschwerten. Dies gilt unabhängig davon, ob er Erbe oder Hauptvermächtnisnehmer ist. Ohne Bedeutung ist auch, ob das Vermächtnis bereits angefallen oder angenommen war.[4] 2

II. Verwendungen/Aufwendungen

Die Vorschrift nimmt Bezug auf die Vorschriften für das Eigentümer-Besitzer-Verhältnis (§§ 994–1003 BGB, §§ 256–258 BGB). Dabei wird der Bedachte dem Eigentümer und der Beschwerte dem Besitzer gleichgestellt.[5] 3

Der Beschwerte kann daher nur seine **notwendigen Verwendungen** ersetzt verlangen (§ 994 Abs. 1 S. 1 BGB). Die Leistung beruht auf Freiwilligkeit: „Aufwendungen" sind als „freiwillige Aufopferungen von Vermögenswerten im Interesse eines anderen" definiert.[6] Gewöhnliche Erhaltungskosten können aber für die Zeit nicht geltend gemacht werden, in der dem Beschwerten die Nutzungen verbleiben (§ 994 Abs. 1 S. 1 BGB). Umfasst sind alle Verwendungen, die nach dem Erbfall anfallen. Dieser Verwendungsanspruch ist zu kürzen um den Fruchtbezug, beginnend mit dem Anfall des Vermächtnisses. Der Beschwerte kann auch seine Aufwendungen, die er zur Bestreitung von Lasten der Sache gemacht hat (bspw. Grundsteuer, Hausgelder, Erschließungskosten, Zinsen bei Grundpfandrechten), ersetzt verlangen (§ 995 BGB). Ist ein nicht von vorneherein aussichtsloser Prozess wegen des Vermächtnisgegenstandes mit einem Dritten zu führen, sind diese Kosten erstattungsfähig.[7] Sofern wegen des Vermächtnisgegenstandes Erbschaftsteuer aus dem Nachlass gezahlt wird (§ 20 Abs. 3 ErbStG), kann der Erbe von dem Vermächtnisnehmer insoweit Ersatz verlangen.[8] Dies ergibt sich aus dem Rechtsgrundsatz in §§ 1143, 1225 BGB, nach dem derjenige, der die Forderung des Gläubigers gegenüber dem Schuldner befriedigt, Ersatz verlangen kann. Die gewöhnlichen Erhaltungskosten des Beschwerten sind jedoch für die Zeit nicht zu ersetzen, in welcher dem Beschwerten die Nutzung verbleibt (§ 994 Abs. 1 S. 2 BGB). Nicht zu ersetzen sind daher bspw. die Kosten des Futters und der Hundesteuer für einen Hund; dagegen sind bspw. die Kosten einer aufwändigen ärztlichen Versorgung (§§ 285, 994 Abs. 1 S. 1 BGB) zu erstatten. So liegen auch keine erstattungsfähigen Verwendungen vor, wenn der Erbe nach dem Tod des Erblassers von diesem noch veranlasste Reparaturen an dem dem Vermächtnisnehmer vermachten Gegenstand (Haus) bezahlt. Insoweit fehlt es an der Freiwilligkeit der Leistung. Die Leistungspflicht besteht auf vertraglicher Grundlage.[9] 4

Bei fehlender **Gutgläubigkeit** des Beschwerten oder nach Eintritt der Rechtshängigkeit bestimmt sich der Anspruch des Beschwerten auf Ersatz der notwendigen Verwendungen nach den Vorschriften über die Geschäftsführung ohne Auftrag (§§ 994 5

---

2 MüKo/*Rudy*, § 2185 Rn 2; Grüneberg/*Weidlich*, § 2185 Rn 1.

3 Grüneberg/*Weidlich*, § 2185 Rn 1.

4 JurisPK-BGB/*Reymann*, § 2185 BGB Rn 9.

5 BGH, Urt. v. 6.3.1991 – IV ZR 114/89, NJW 1991, 1736–1739.

6 LG Osnabrück v. 17.1.2003 – 7 O 3125/00, FamRZ 2003, 1694–1696; BGH v. 26.4.1989 – IVb ZR 42/88, NJW 1989, 2816–2818; Grüneberg/*Grüneberg*, § 256 Rn 1.

7 MüKo/*Rudy*, § 2185 Rn 4.

8 Staudinger/*Otte*, § 2185 Rn 3.

9 LG Osnabrück v. 17.1.2003 – 7 O 3125/00, FamRZ 2003, 1694–1696.

Abs. 2, 995 i.V.m. § 990 BGB). Bösgläubigkeit des Beschwerten kann bereits mit der Kenntnis oder grob fahrlässigen Unkenntnis der Vermächtnisanordnung vorliegen, wenn ein späterer Vermächtnisanfall unzweifelhaft ist.[10] Bei einem entgegenstehenden Willen des Bedachten scheidet ein Ersatzanspruch auf die notwendigen Verwendungen bei Bösgläubigkeit oder nach Rechtshängigkeit gem. §§ 683, 994 Abs. 2 BGB aus. Sofern der entgegenstehende Wille des Bedachten die nach § 1978 BGB gebotenen Verwaltungshandlungen betrifft, ist dieser unbeachtlich, was nicht unumstritten ist.[11] Würde der entgegenstehende Wille des Bedachten maßgeblich sein, bestünde für den Erben bei Überschuldung des Nachlasses die Gefahr nach § 1978 BGB, den Nachlassgläubigern gegenüber ersatzpflichtig zu werden, wenn er die notwendigen Maßnahmen unterlässt und keinen Ersatzanspruch gegen den Nachlass (§ 1978 Abs. 3 BGB) erlangte.[12]

6 Soweit der Beschwerte andere als notwendige Verwendungen vornimmt, richtet sich der Ersatzanspruch nach § 996 BGB (nützliche Verwendungen). Nach **Bösgläubigkeit** bzw. Rechtshängigkeit entfallen die Ansprüche wegen anderer Verwendungen ohnehin.[13] Der Ersatzanspruch ist dabei auf die vorhandene Werterhöhung im Zeitpunkt der Leistung des Vermächtnisses beschränkt.[14]

7 Des Weiteren sind die Rechte des Beschwerten nach § 256 BGB (Verzinsung von Aufwendungen), § 257 BGB (Befreiungsanspruch) und § 258 BGB (Wegnahmerecht) zu berücksichtigen. Der beschwerte Nacherbe kann auch Verwendungen des Vorerben und ein beschwerter Vermächtnisnehmer Verwendungen des Erben ersetzt verlangen (§ 999 Abs. 1 BGB). Da § 2185 BGB nur Verwendungen nach dem Erbfall betrifft, können Verwendungen des Erblassers nicht nach dieser Vorschrift berücksichtigt werden.

8 Der **Verwendungsersatzanspruch** ist nach den §§ 1000–1003 BGB geltend zu machen. Handelt es sich um ein aufschiebend bedingtes oder befristetes Vermächtnis, sind die Bestimmungen der §§ 1000–1003 BGB erst ab Vermächtnisanfall einschlägig.[15] Der Beschwerte ist jedoch bis zum Anfall des Vermächtnisses befugt, den Vermächtnisgegenstand wegen seiner ihm zu ersetzenden Verwendungen als Sicherheit zu nutzen und damit auch zu belasten.[16]

III. Lasten

9 Der Beschwerte hat auch die **Lasten**, unabhängig davon, ob es sich um öffentliche, private, gewöhnliche oder außerordentliche Lasten handelt, zu tragen: Erschließungskosten, Grundpfandrechte, Grundsteuer, Zinsleistung. Dabei muss die Zahlungspflicht mit dem Eigentum des Beschwerten an dem Vermächtnisgegenstand korrespondieren.[17]

C. Verfahrensfragen/Beweislast

10 Die Geltendmachung bestimmt sich nach den §§ 1000–1003 BGB: Der Beschwerte kann von dem Vermächtnisnehmer die Herausgabe des Vermächtnisgegenstandes Zug um Zug gegen den Ersatz der getätigten Aufwendungen verlangen (§ 1000 BGB).

10 BGH v. 6.3.1991 – IV ZR 114/89, NJW 1991, 1736–1739; jurisPK-BGB/*Reymann*, § 2185 BGB Rn 13.

11 MüKo/*Rudy*, § 2185 Rn 5 m.w.N.

12 Staudinger/*Otte*, § 2185 Rn 6.

13 Staudinger/*Otte*, § 2185 Rn 7; NK-BGB/*Horn*, § 2185 Rn 10.

14 MüKo/*Rudy*, § 2185 Rn 6.

15 BGH v. 6.3.1991 – IV ZR 114/89, NJW 1991, 1736–1739.

16 BGH v. 6.3.1991 – IV ZR 114/89, NJW 1991, 1736–1739; *Schlichting*, ZEV 2000, 385, 388.

17 OLG Karlsruhe v. 27.3.2015 – 8 U 70/14, juris.

Aufwendungsersatz kann der Beschwerte von dem Vermächtnisnehmer verlangen, wenn dieser die Sache wiedererlangt oder die Verwendungen genehmigt hat (§ 1001 BGB). Zu beachten ist hier § 1002 BGB, nach dem der Verwendungsersatzanspruch einen Monat – bei Grundstücken sechs Monaten – nach Erfüllung erlischt. Hat der Beschwerte, noch im Besitz des Vermächtnisgegenstandes, den Vermächtnisnehmer aufgefordert, die Verwendungen innerhalb angemessener Frist zu ersetzen, kann er sich aus der Sache befriedigen, wenn die Genehmigung der Aufwendungen unterbleibt (§ 1003 BGB).

Der Beschwerte trägt die Beweislast für die von ihm gemachten Verwendungen. Hat 11
der Erblasser dem Bedachten im Wege eines Vermächtnisses ein Unternehmen zugewendet, obliegt es dem Bedachten im Streitfall nur, nachzuweisen, welche Einnahmen dem Beschwerten aus dem Unternehmen zugeflossen sind. Es ist dann Sache des Beschwerten, darzutun und zu beweisen, was mit den Einnahmen geschehen ist und in welchem Umfang im Übrigen die Voraussetzungen des § 2185 BGB erfüllt sind.[18] Die bloße Feststellung eines Einnahmeüberschusses unter Berücksichtigung von § 2184 BGB ist nicht ausreichend.[19]

Eine Vermutung dafür, dass der Erblasser den Erben von Zahlungsansprüchen, die auf 12
einen vermachten Gegenstand entfallen, freistellen will, gibt es nicht.[20]

Hinsichtlich der **Verjährung** greift die Regelverjährung nach §§ 195,199 BGB. 13

§ 2186 Fälligkeit eines Untervermächtnisses oder einer Auflage

Ist ein Vermächtnisnehmer mit einem Vermächtnis oder einer Auflage beschwert, so ist er zur Erfüllung erst dann verpflichtet, wenn er die Erfüllung des ihm zugewendeten Vermächtnisses zu verlangen berechtigt ist.

Übersicht: Rdn

A. Allgemeines/Normzweck

Die Vorschrift regelt die Fälligkeit des Untervermächtnisses oder einer Auflage. Da- 1
nach ist der Vermächtnisnehmer zur Leistung verpflichtet, wenn er die Erfüllung des ihm zugewendeten Vermächtnisses verlangen kann. Dadurch wird sichergestellt, dass der Hauptvermächtnisnehmer erst zur Leistung verpflichtet ist, wenn er die Sache, die mit einem Vermächtnis oder einer Auflage beschwert ist, seinerseits verlangen kann.[1]

B. Tatbestand

I. Grundsätzliches

Das Untervermächtnis findet keine ausdrückliche gesetzliche Regelung. Es wird je- 2
doch im Gesetz (§ 2147 BGB) vorausgesetzt.[2] Von einem **Untervermächtnis** spricht man, wenn ein Vermächtnisnehmer seinerseits mit einem Vermächtnis beschwert ist.

18 MüKo/*Rudy*, § 2185 Rn 8.
19 BGH v. 26.5.1982 – IVa ZR 242/80, WM 1982, 769–770; MüKo/*Rudy*, § 2185 Rn 8.
20 LG Osnabrück v. 17.1.2003 – 7 O 3125/00, FamRZ 2003, 1694; Grüneberg/*Weidlich*, § 2185 Rn 2.
1 Grüneberg/*Weidlich*, § 2186 Rn 1; Staudinger/*Otte*, § 2186 Rn 4.
2 MüKo/*Rudy*, § 2186 Rn 2.

Das Nachvermächtnis (§ 2191 BGB) ist ein besonderer Fall des Untervermächtnisses. Hier gilt der erste Vermächtnisnehmer gegenüber einem Dritten als beschwert. Im Gegensatz zu dem Nachvermächtnis kann ein Untervermächtnis auch so ausgestaltet sein, dass dieses sich auf eine andere Sache bezieht als die, die dem Hauptvermächtnisnehmer vermacht wurde: Wurde bspw. dem Hauptvermächtnisnehmer ein Gemälde alter Meister vermacht, kann er im Rahmen eines Untervermächtnisses mit einer Zahlung an einen Dritten beschwert sein.

3 Grundsätzlich gelten für das Untervermächtnis die gleichen Bestimmungen wie für das Vermächtnis im Allgemeinen (§§ 2147–2191 BGB).[3] Der Anspruch des Untervermächtnisnehmers richtet sich dabei jedoch nicht gegen den Erben, sondern gegen den beschwerten **Hauptvermächtnisnehmer**. Infolgedessen stellt das Untervermächtnis auch keine Nachlassverbindlichkeit dar.[4] Etwas anderes gilt dann, wenn der Hauptvermächtnisnehmer das Vermächtnis ausschlägt und dadurch der Erbe unmittelbar begünstigt bzw. beschwert wird (vgl. § 2161 BGB). In diesem Fall bleibt es bei der Haftungsregelung nach § 2187 BGB. Der möglicherweise beschwerte Erbe hat dann u.U. noch die Einreden der §§ 2014 f. BGB.

II. Untervermächtnisnehmer

4 Bei dem Anspruch des Untervermächtnisnehmers ergeben sich Besonderheiten, die daraus resultieren, dass sein Anspruch in Abhängigkeit des Anspruchs des Hauptvermächtnisnehmers gegenüber dem Beschwerten besteht.[5] Das unbedingte und unbefristete Untervermächtnis fällt so – entgegen § 2176 BGB – nicht bereits mit dem Erbfall an, wenn das Hauptvermächtnis aufschiebend bedingt ist. Es fällt erst mit dem Anfall des Hauptvermächtnisses an.[6] Etwas anderes gilt, wenn der Erblasser die Fälligkeit des Untervermächtnisses nach hinten verschoben hat.

5 Grundsätzlich hat der Hauptvermächtnisnehmer erst zu leisten, „wenn er die Erfüllung des ihm zugewendeten Vermächtnisses zu verlangen berechtigt ist". Eine Berechtigung liegt noch nicht vor, wenn das Hauptvermächtnis aufgrund einer Anordnung des Erblassers noch nicht fällig ist oder dem Erben ein **Leistungsverweigerungsrecht**, auf das er sich beruft, zusteht (§§ 2014–2017 BGB).[7] Wurde der Anspruch des Hauptvermächtnisnehmers zu Lebzeiten des Erblassers bereits erfüllt, wird das Untervermächtnis nicht gegenstandslos. Das Hauptvermächtnis geht nach seiner Entstehung durch Erfüllung (§ 362 Abs. 1 BGB) unter. Die Grundlage für das Untervermächtnis besteht aber fort; § 2171 Abs. 1 BGB kommt nicht zur Anwendung.[8] Für die Fälligkeit des Anspruchs des Untervermächtnisnehmers spielt es keine Rolle, ob gegenüber dem Hauptvermächtnisnehmer bereits Erfüllung eingetreten ist. Eine Stundungsabrede zwischen Beschwertem und Hauptvermächtnisnehmer ist für die Fälligkeit des Anspruchs des Untervermächtnisnehmers ohne Relevanz (Vertrag zu Lasten Dritter).[9]

C. Verfahrensfragen/Beweislast

6 Derjenige, der ein Untervermächtnis geltend macht, hat den Tod des Erblassers, die wirksame Aussetzung des Untervermächtnisses und die Stellung des Hauptvermächtnisnehmers bzw. Ersatzbeschwerten i.S.d. § 2161 S. 2 BGB darzutun und zu bewei-

---

3 jurisPK-BGB/*Reymann*, § 2186 BGB Rn 5; MüKo/*Rudy*, § 2186 Rn 3.
4 MüKo/*Rudy*, § 2186 Rn 3.
5 MüKo/*Rudy*, § 2186 Rn 4.
6 Vgl. MüKo/*Rudy*, § 2177 Rn 2; OLG Köln v. 31.7.2013 – 2 U 153/12, ErbR 2014, 593–597.
7 jurisPK-BGB/*Reymann*, § 2186 Rn 11; NK-BGB/*Horn*, § 2186 Rn 7; Staudinger/*Otte*, § 2186 Rn 4.
8 OLG Köln v. 31.7.2013 – 2 U 153/12, ErbR 2014, 593–597; jurisPK-BGB/*Reymann*, § 2186 Rn 13.
9 MüKo/*Rudy*, § 2186 Rn 5; jurisPK-BGB/*Reymann*, § 2186 Rn 12; NK-BGB/*Horn*, § 2186 Rn 8.

sen.[10] Da das Vermächtnis von selbst anfällt, muss der Untervermächtnisnehmer nicht beweisen, dass der Hauptbedachte das Vermächtnis angenommen hat.

Den Hauptvermächtnisnehmer trifft die **Beweislast** dafür, dass er seinerseits noch nicht oder nicht mehr – im Falle einer Ausschlagung – berechtigt ist, die Erfüllung des ihm zugewendeten Vermächtnisses zu verlangen.[11] 7

Der Hauptvermächtnisnehmer hat den Aufschub des Anfalls durch eine Anordnung gemäß §§ 2177 f. BGB und den Aufschub der Fälligkeit als Abweichung zum dispositiven Recht in §§ 271 Abs. 1, 2176 BGB zu beweisen.[12] 8

§ 2187 Haftung des Hauptvermächtnisnehmers

(1) Ein Vermächtnisnehmer, der mit einem Vermächtnis oder einer Auflage beschwert ist, kann die Erfüllung auch nach der Annahme des ihm zugewendeten Vermächtnisses insoweit verweigern, als dasjenige, was er aus dem Vermächtnis erhält, zur Erfüllung nicht ausreicht.
(2) Tritt nach § 2161 ein anderer an die Stelle des beschwerten Vermächtnisnehmers, so haftet er nicht weiter, als der Vermächtnisnehmer haften würde.
(3) Die für die Haftung des Erben geltende Vorschrift des § 1992 findet entsprechende Anwendung.

Übersicht: Rdn

A. Allgemeines/Normzweck

Die Vorschrift stellt eine Haftungsbeschränkung für den Beschwerten Vermächtnisnehmer dar. § 2186 BGB ist eine zeitliche Beschränkung für die Geltendmachung des Untervermächtnisses, während die §§ 2187, 2188 BGB den Umfang der Haftung des beschwerten Hauptvermächtnisnehmers regeln.[1] Der Vermächtnisnehmer soll dem Untervermächtnisnehmer nicht weiter haften als mit dem, was er selbst aus dem Vermächtnis erhält. Reicht das mit dem Hauptvermächtnis Zugewandte zur Erfüllung des Untervermächtnisses nicht aus, bleibt das Untervermächtnis wirksam. Dem Hauptvermächtnisnehmer steht dann jedoch das Recht zu, die Erfüllung zu verweigern (Abs. 1). Dies gilt auch, wenn ein Dritter nach § 2161 BGB an die Stelle des beschwerten Hauptvermächtnisnehmers getreten ist (Abs. 2). Im Übrigen verweist Abs. 3 darauf, dass die Erfüllungsverweigerung sich nach der Vorschrift des § 1992 BGB (Überschuldung durch Vermächtnisse und Auflagen) richtet. 1

10 MüKo/*Rudy*, § 2186 Rn 6; jurisPK-BGB/*Reymann*, § 2186 Rn 14.
11 MüKo/*Rudy*, § 2186 Rn 6.
12 Staudinger/*Otte*, § 2186 Rn 7; a.A. Baumgärtel/*Schmitz*, § 2186 Rn 3.
1 jurisPK-BGB/*Reymann*, § 2187 Rn 2; NK-BGB/*Horn*, § 2187 Rn 1.

B. Tatbestand

I. Grundsätzliches

2 Die Vorschrift ist nur dann anwendbar, wenn das i.R.d. Hauptvermächtnisses Zugewendete nicht zur Erfüllung des Untervermächtnisses ausreicht. Für die Beantwortung der Frage, ob das dem Hauptvermächtnisnehmer Zugewendete für die Erfüllung des Untervermächtnisses ausreichend ist, kommt es darauf an, was der Hauptvermächtnisnehmer tatsächlich wirtschaftlich erhalten hat. Es kommt somit nicht darauf an, was der Vermächtnisnehmer von dem Beschwerten zu erhalten gehabt hätte. Um die Vorschrift des § 2187 BGB nicht leerlaufen zu lassen, kann der Untervermächtnisnehmer von dem Hauptvermächtnisnehmer die Abtretung seines Anspruchs gegen den Beschwerten verlangt werden, um das Hauptvermächtnis durchzusetzen. Der Hauptvermächtnisnehmer ist nicht verpflichtet, seinen Vermächtnisanspruch selbst im Wege der Klage gegenüber dem Beschwerten geltend zu machen.[2]

II. Wegfall des Beschwerten

3 Tritt nach § 2161 BGB an die Stelle des ursprünglich beschwerten Hauptvermächtnisnehmers ein anderer, so haftet dieser nicht weiter, als der Vermächtnisnehmer haften würde (Abs. 2). Diese Privilegierung greift auch, wenn der dann Beschwerte Erbe ist und als solcher unbeschränkt haftet. Zu einem Wechsel in der Person des Beschwerten kann es dadurch kommen, dass der Ersatzvermächtnisnehmer an die Stelle des Hauptvermächtnisnehmers nach § 2190 BGB tritt. Ebenfalls kann es durch eine Anwachsung nach § 2158 BGB zu einem Wegfall des Hauptvermächtnisnehmers kommen. Dabei ist zu beachten, dass der anwachsende Teil im Hinblick auf die Beschwerung mit dem Untervermächtnis ein selbstständiges Vermächtnis darstellt (§ 2159 BGB). Auch kann im Wege der Erbfolge die Verpflichtung zur Erfüllung des Untervermächtnisses auf einen anderen als den Hauptvermächtnisnehmer übergehen.

III. Erfüllungsverweigerung

4 Der beschwerte Vermächtnisnehmer kann die Erfüllung der Beschwerung insoweit verweigern, als das ihm zugewandte Vermächtnis zur Erfüllung nicht ausreichend ist. Dabei ist darauf abzustellen, was der Hauptvermächtnisnehmer aus dem ihm zugewendeten Vermächtnis erhält, und nicht auf das, was er zu erhalten hätte, wenn das Vermächtnis ordentlich erfüllt würde.[3]

5 Der Hauptvermächtnisnehmer kann seine **Erfüllungsverweigerung** nach § 1992 BGB (Überschuldung durch Vermächtnisse und Auflagen) geltend zu machen. Die Vorschrift des § 1992 BGB verweist seinerseits auf die des § 1990 BGB (Dürftigkeitseinrede des Erben) und § 1991 BGB (Folgen der Dürftigkeitseinrede). Nach diesen Vorschriften kann sich der Hauptvermächtnisnehmer durch die Herausgabe des Erlangten bzw. durch die Abtretung seines Anspruchs (§ 1990 Abs. 1 S. 2 BGB) oder durch die Zahlung des Hauptvermächtniswertes (§ 1992 S. 2 BGB) von seiner Leistungspflicht gegenüber dem Untervermächtnisnehmer befreien.

Ist durch den Hauptvermächtnisnehmer ein bestimmter nicht zum Nachlass gehörender Gegenstand zu verschaffen, der zu einer Überschuldung des Nachlasses führt, steht dem Vermächtnisnehmer ein in entsprechendem Umfang gekürzter Betrag in Geld zu. Dem Untervermächtnisnehmer steht in diesem Fall statt des anteiligen Wertersatzes Leistung des gesamten Vermächtnisgegenstandes Zug um Zug gegen die Zahlung des nicht geschuldeten Überschuldungsbetrages zu.[4]

---

2 MüKo/*Rudy*, § 2187 Rn 2 m.w.N.; NK-BGB/*Horn*, § 2187 Rn 2.

3 jurisPK-BGB/*Reymann*, § 2187 Rn 5; NK-BGB/*Horn*, § 2187 Rn 2.

4 BGH v. 29.5.1964 – V ZR 47/62, NJW 1964, 2298–2301.

6 Hat der Hauptvermächtnisnehmer es schuldhaft unterlassen, seinen Anspruch gegen den Beschwerten geltend zu machen, kann ihm eine Berufung auf § 2187 BGB verwehrt sein, sofern er das zwischen ihm und dem Untervermächtnisnehmer bestehende Schuldverhältnis verletzt hat (§§ 280, 281, 276).[5] Den Hauptvermächtnisnehmer trifft allerdings keine Pflicht, sein Vermächtnis einzuklagen. Er hat aber dem Untervermächtnisnehmer seine Forderung aus dem Hauptvermächtnis in Höhe des Untervermächtnisses abzutreten.[6]
Es kann ein Anspruch gegen den Hauptvermächtnisnehmer auch dadurch entstehen, dass die Unzulänglichkeit seines Vermächtnisses auf seine Verwaltung der Sache zurückzuführen ist (Abs. 3, §§ 1990, 1991 Abs. 1, §§ 1978, 1979 BGB). Insoweit haftet er für jedes Verschulden (§ 276 BGB).
Erhielt der Hauptvermächtnisnehmer mehrere Vermächtnisse, ist jedes dieser Vermächtnisse im Hinblick auf die Haftung für Untervermächtnisse selbstständig und gesondert zu bewerten.[7] Auch im Falle der Anwachsung eines Vermächtnisses ist dieses nach § 2159 BGB als separates Vermächtnis zu behandeln.

C. Verfahrensfragen und Prozesstaktik

I. Zwangsvollstreckung

7 Der Hauptvermächtnisnehmer muss sich zunächst – wie der Erbe – im Erkenntnisverfahren die Haftungsbeschränkung im Urteil vorbehalten lassen (§ 780 ZPO).[8] Im Fall eingeschränkter Haftung ist das Instrument der **Vollstreckungsgegenklage** nach § 786 ZPO zu beachten. Die Vorschriften der §§ 780 Abs. 1, 781, 785 ZPO sind danach entsprechend anwendbar. Zudem können ggf. Anträge zur vorläufigen Vollstreckungsbeschränkung nach §§ 769, 770 ZPO gestellt werden.[9]

II. Insolvenz

8 Bei der Frage nach der Zahlungsunfähigkeit oder Überschuldung des Nachlasses ist die Verpflichtung aus dem Untervermächtnis mitzuzählen. Sie resultiert schließlich nicht aus dem Vermächtnis des Erblassers i.S.d. § 1980 Abs. 1 S. 3 BGB.[10] Das Vermächtnis und die Auflage haben im Insolvenzverfahren denselben Rang (§ 327 Abs. 1 Nr. 2 InsO). Die Unteransprüche sind daher grundsätzlich gleichmäßig zu kürzen. Dies gilt nicht, wenn der Erblasser einen Vorrang angeordnet hat (§ 2189 BGB).

9 Sofern der Hauptvermächtnisnehmer insolvent ist, nimmt der Untervermächtnisnehmer als gewöhnlicher Gläubiger an dessen Insolvenzverfahren teil. Es handelt sich hier auch nicht um eine unentgeltliche Leistung des Hauptvermächtnisnehmers, sondern die des Erblassers, sodass § 39 Abs. 1 Nr. 4 InsO nicht anwendbar ist.[11] Im Falle der **Insolvenz** des Hauptvermächtnisnehmers wird das Recht aus Abs. 1 durch den Insolvenzverwalter ausgeübt.

III. Beweislast

10 Dem in Anspruch genommenen Hauptvermächtnisnehmer obliegt zunächst der Beweis dafür, was er i.R.d. Vermächtnisses bereits erhalten hat bzw. noch zu erhalten habe. Darüber hinaus trifft ihn die Erbringung des Nachweises dafür, dass das, was er

---

5 jurisPK-BGB/*Reymann*, § 2187 Rn 5; NK-BGB/*Horn*, § 2187 Rn 2.
6 MüKo/*Rudy*, § 2187 Rn 2; Staudinger/*Otte*, § 2187 Rn 3.
7 Grüneberg/*Weidlich*, § 2187 Rn 1.
8 Grüneberg/*Weidlich*, § 2187 Rn 2; MüKo/*Rudy*, § 2187 Rn 5; OLG Celle v. 29.4.1999 – 22 U 133/98, ZEV 2000, 200–201.
9 jurisPK-BGB/*Reymann*, § 2187 Rn 5; NK-BGB/*Horn*, § 2187 Rn 7.
10 *Damrau*, ZEV 1998, 1, 3.
11 *Damrau*, ZEV 1998, 1, 3.

bereits erhalten hat oder noch zu erhalten habe, nicht ausreicht, das Untervermächtnis zu erfüllen.[12]

§ 2188 Kürzung der Beschwerungen

Wird die einem Vermächtnisnehmer gebührende Leistung aufgrund der Beschränkung der Haftung des Erben, wegen eines Pflichtteilsanspruchs oder in Gemäßheit des § 2187 gekürzt, so kann der Vermächtnisnehmer, sofern nicht ein anderer Wille des Erblassers anzunehmen ist, die ihm auferlegten Beschwerungen verhältnismäßig kürzen.

Übersicht: Rdn

A. Allgemeines/Normzweck

1 § 2188 BGB ergänzt die Kürzungs- und Leistungsverweigerungsrechte des Hauptvermächtnisnehmers (§§ 2186, 2187 BGB). Bei dieser Norm setzt der Gesetzgeber voraus, dass der Erblasser, der ein Untervermächtnis angeordnet hat, davon ausgeht, dass zwischen diesem und dem Hauptvermächtnis ein gewisses Wertverhältnis bestehen soll.[1] Kommt es daher zu einer Kürzung des Hauptvermächtnisses aufgrund der in § 2188 BGB angesprochenen Vorschriften, soll die auferlegte Beschwerung durch das Untervermächtnis verhältnismäßig zu kürzen sein, wenn sich aus dem Willen des Erblassers nichts anderes ergibt.

B. Tatbestand

2 Die Kürzung des Vermächtnisses muss aufgrund der Beschränkung der Haftung des Erben unter Beachtung der §§ 1990–1992 BGB, § 327 InsO erfolgen. Des Weiteren kann sich das verhältnismäßige Kürzungsrecht daraus ergeben, dass das Hauptvermächtnis wegen eines Pflichtteilsanspruchs (§§ 2318, 2322–2324 BGB) oder nach § 2187 BGB (Berufung auf Haftungsbeschränkungen) gekürzt wird.[2]
Wird das beschwerte Vermächtnis nach §§ 2157, 2090 BGB gekürzt, ist § 2188 BGB entsprechend anzuwenden.[3]

C. Rechtsfolgen

3 Kommt es zu einer Kürzung bei dem Anspruch des Hauptvermächtnisnehmers, kann er die ihm auferlegten Beschwerungen, das Untervermächtnis oder die Auflage verhältnismäßig kürzen, sofern dem nicht ein anderer Wille des Erblassers entgegensteht.[4] Erhält der Hauptvermächtnisnehmer nichts, wozu es i.d.R. bei der Nachlassinsolvenz kommt, entfällt die Beschwerung in ihrer Gesamtheit.

---

12 Baumgärtel/*Schmitz*, § 2187 Rn 1; Grüneberg/*Weidlich*, § 2187 Rn 2.

1 MüKo/*Rudy*, § 2188 Rn 1; jurisPK-BGB/*Reymann*, § 2188 BGB Rn 2.

2 MüKo/*Rudy*, § 2188 Rn 2.

3 MüKo/*Rudy*, § 2188 Rn 2; NK-BGB/*Horn*, § 2188 Rn 2; *Lutz*, notar 2014, 347–350.

4 Staudinger/*Otte*, § 2188 Rn 3; NK-BGB/*Horn*, § 2188 Rn 2; jurisPK-BGB/*Reymann*, § 2188 BGB Rn 6.

Beispiel
Das teilbare Hauptvermächtnis hat einen Wert von 50.000 EUR. Im Rahmen der Nachlassinsolvenz erhält der Hauptvermächtnisnehmer 40.000 EUR.
Lösung
Das Hauptvermächtnis wurde um 20 % gekürzt. Das Untervermächtnis ist daher entsprechend zu kürzen. Der Vermächtnisnehmer kann es somit um 20 % kürzen.

Problematisch sind die Fälle, in denen das Untervermächtnis in einer **unteilbaren Leistung** besteht. Hier ist der Vermächtnisnehmer lediglich zur Zahlung in Höhe des entsprechend gekürzten Wertes verpflichtet, sofern der mit dem Untervermächtnis Bedachte die Kürzung nicht vergüten will.[5] Ein anderer Wille des Erblassers kann sich möglicherweise daraus ergeben, dass er gerade einen nicht teilbaren Gegenstand i.R.d. Untervermächtnisses zuwendet.[6] 4

Beispiel
Das unteilbare Hauptvermächtnis hat einen Wert von 50.000 EUR. Im Rahmen der Nachlassinsolvenz erhält der Hauptvermächtnisnehmer 40.000 EUR.
Lösung
Das Hauptvermächtnis wurde um 20 % gekürzt. Der Untervermächtnisnehmer kann daher die unteilbare Leistung durch den Hauptvermächtnisnehmer nur gegen eine Zahlung von 20 % des Wertes des Untervermächtnisses verlangen. Ist der Untervermächtnisnehmer nicht bereit, diesen Betrag zu zahlen, kann der Hauptvermächtnisnehmer sich von seiner Leistungspflicht durch die Zahlung von 80 % des Wertes des Untervermächtnisses befreien.

Sofern der Hauptvermächtnisnehmer zugleich Pflichtteilsberechtigter ist, kann der Wert des Hauptvermächtnisses nicht unter den seines Pflichtteilsanspruches gekürzt werden (§ 2318 Abs. 2 BGB). Der Hauptvermächtnisnehmer kann dann, unabhängig davon, ob der Untervermächtnisnehmer Pflichtteilsberechtigter ist, dessen Vermächtnis kürzen; Verzugszinsen oder Rechtsverfolgungskosten sind nicht zu berücksichtigen, sodass sie auch nicht an den Untervermächtnisnehmer weitergegeben werden können.[7] Ist nur der Untervermächtnisnehmer pflichtteilsberechtigt, ist § 2318 Abs. 2 BGB für die Kürzung nach § 2188 BGB zu beachten.[8] 5

D. Verfahrensfragen und Prozesstaktik

I. Einrede

Mit der Kürzung des Untervermächtnisses bzw. der Auflage tritt nicht automatisch eine Kürzung des Hauptvermächtnisses ein. Sie ist vom Hauptvermächtnisnehmer im Rahmen einer Einrede geltend zu machen.[9] Die Möglichkeit der Einrede im Vollstreckungsverfahren wie bei § 2187 BGB ist nicht möglich. Die Einrede muss bereits im Erkenntnisverfahren erhoben werden (spätestens im Termin zur letzten mündlichen Verhandlung).[10] 6
Die Einrede des Hauptvermächtnisnehmers, der im Güterstand der Gütergemeinschaft lebt, kann auch durch den Gesamtgutsverwalter erhoben werden (§ 1422 BGB).

5 BGH v. 21.12.1955 – IV ZR 105/55, BGHZ 19, 309–315.
6 MüKo/*Rudy*, § 2188 Rn 3.
7 *Schmidt*, ZEV 2016, 612–619.
8 *Lutz*, Notar 2010,347–350 (349); MüKo/*Rudy*, § 2188 Rn 3.
9 NK-BGB/*Horn*, § 2188 Rn 5; Staudinger/*Otte*, § 2188 Rn 4.
10 jurisPK-BGB/*Reymann*, § 2188 BGB Rn 14.

II. Beweislast

7 Nach der Vorschrift wird vermutet, dass der Erblasser von einem bestimmten Verhältnis zwischen dem Hauptvermächtnis und dessen Beschwerung ausgegangen ist. Der mit einem Untervermächtnis Bedachte hat daher zu beweisen, dass der Hauptvermächtnisnehmer nicht zu einer **verhältnismäßigen Kürzung** berechtigt sein soll, wenn durch eine Beschränkung der Erbenhaftung wegen eines Pflichtteilsanspruchs oder durch die Regelung in § 2187 BGB sich die Relationen zwischen Hauptvermächtnis und Beschwerung verschieben.

8 Das Kürzungsrecht des Hauptvermächtnisnehmers stellt ein Leistungsverweigerungsrecht dar.[11] Von daher hat er im Streitfall die ihm bereits entstandenen bzw. noch zu erwartenden Kürzungen darzulegen und zu beweisen.[12]

§ 2189 Anordnung eines Vorrangs

Der Erblasser kann für den Fall, dass die dem Erben oder einem Vermächtnisnehmer auferlegten Vermächtnisse und Auflagen aufgrund der Beschränkung der Haftung des Erben, wegen eines Pflichtteilsanspruchs oder in Gemäßheit der §§ 2187, 2188 gekürzt werden, durch Verfügung von Todes wegen anordnen, dass ein Vermächtnis oder eine Auflage den Vorrang vor den übrigen Beschwerungen haben soll.

Übersicht: Rdn

A. Allgemeines/Normzweck

1 Voraussetzung für die Anwendung der Norm ist, dass der Erblasser den Erben oder Vermächtnisnehmer jeweils mit mehreren Vermächtnissen bzw. Auflagen belastet hat. Auch in dieser Situation hat der Erblasser die Freiheit, dem einen oder anderen Begünstigten mehr zuzuwenden. Nach § 2189 BGB hat der Erblasser die Möglichkeit, für den Fall von Kürzungen, die mehrere Vermächtnisse und Auflagen betreffen, zu verfügen, dass ein Vermächtnis bzw. eine Auflage den Vorzug vor anderen Beschwerungen haben soll: So kann der Erbe dem Beschwerten aufgeben, Kürzungen (ganz oder teilweise) nur an bestimmte Bedachte weiterzugeben und andere Bedachte von Kürzungen zu verschonen.[1]

B. Tatbestand/Anordnung des Vorrangs

2 Nach dem Gesetz haben alle Vermächtnisse und Auflagen untereinander den gleichen Rang (§ 327 Abs. 1 Nr. 2 InsO; § 327 Abs. 1 Nr. 2 InsO findet über §§ 1991 Abs. 4, 1992, 2187 Abs. 3 BGB auch außerhalb des Insolvenzverfahrens Berücksichtigung). Eine Ausnahme von diesem Gleichklang besteht für das pflichtteilsersetzende Vermächtnis. Es geht gem. § 327 Abs. 2 S. 1 InsO den vorgenannten Belastungen im Rang vor.[2] Kommt es nach § 2188 BGB oder den dort aufgeführten Fällen (§ 327 InsO; §§ 1990–1992 BGB; §§ 2318, 2322, 2187 BGB) zu einer Kürzung von Beschwerungen bei dem Hauptvermächtnisnehmer, führt dies zu einer anteiligen Kürzung bei dem

11 BGH v. 17.12.1964 – III ZR 8/63, MDR 1965, 274.
12 MüKo/*Rudy*, § 2188 Rn 4; NK-BGB/*Horn*, § 2188 Rn 6.
1 MüKo/*Rudy*, 2189 Rn 2; jurisPK-BGB/*Reymann*, § 2189 BGB Rn 2.
2 MüKo/*Rudy*, 2189 Rn 2.

Untervermächtnisnehmer oder dem Vollzugsberechtigten einer Auflage (§ 1991 Abs. 4 BGB i.V.m. § 327 InsO).

Durch Testament oder erbvertragliche Regelung kann der Erblasser eine von der verhältnismäßigen Kürzung abweichende Bestimmung anordnen. Von Gesetzes wegen ist eine abweichende Rangordnung nur gem. § 327 Abs. 2 S. 1 InsO zulässig. Wird durch ein **Vermächtnis** das **Pflichtteilsrecht** des Bedachten nach § 2307 BGB ausgeschlossen, steht es im Rang den Pflichtteilsrechten (§ 327 Abs. 1 Nr. 1 InsO) gleich, soweit es den Pflichtteil nicht übersteigt.[3] Das Vermächtnis geht insoweit anderen Vermächtnissen oder Auflagen im Rang vor. 3

Beispiel 4

Der Erblasser hatte den Vorrang des UV 1 angeordnet. Nach dem Erbfall erhält der Hauptvermächtnisnehmer (HV) aufgrund von § 1992 BGB vom Erben statt 10.000 EUR nur 5.000 EUR (1/2). Er ist mit Untervermächtnissen i.H.v. 4.000 EUR gegenüber UV 1 und 3.000 EUR gegenüber UV 2 beschwert.

Um die Quote, die der Vermächtnisanspruch des HV reduziert ist (1/2), können Untervermächtnisansprüche der Untervermächtnisnehmer gekürzt werden (§ 2188 BGB). Insgesamt hat HV 3.500 EUR an die Untervermächtnisnehmer zahlen (4.000 EUR + 3.000 EUR) / 2 = 3.500 EUR.

Ein Vorrang ist nur für das Untervermächtnis an UV 1 angeordnet. Wegen des für UV 1 angeordneten Vorrangs stehen UV 1 allein und insgesamt die 3.500 EUR zu.[4]

§ 2190 Ersatzvermächtnisnehmer

Hat der Erblasser für den Fall, dass der zunächst Bedachte das Vermächtnis nicht erwirbt, den Gegenstand des Vermächtnisses einem anderen zugewendet, so finden die für die Einsetzung eines Ersatzerben geltenden Vorschriften der §§ 2097 bis 2099 entsprechende Anwendung.

Übersicht: Rdn

A. Allgemeines

I. Sinn und Zweck der Vorschrift

Durch die Anordnung eines Ersatzvermächtnisses kann der Erblasser eine Regelung für den Fall treffen, dass der zunächst Bedachte das Vermächtnis nicht erwirbt. Die Vorschrift ordnet die entsprechende Anwendung der für den Ersatzerben geltenden Vorschriften der §§ 2097–2099 BGB an. 1

---

3 jurisPK-BGB/*Reymann*, § 2189 BGB Rn 7; Staudinger/*Otte*, § 2189 Rn 1.
4 Zu diesem Beispiel vgl. MüKo/*Rudy*, § 2189 Rn 2.

II. Systematische Einordnung

2 Die Bestimmung eines Ersatzvermächtnisnehmers ist von der eines Nachvermächtnisnehmers (§ 2191 BGB) abzugrenzen. Die Vorschrift des § 2191 BGB greift nur in den Fällen, in denen zunächst ein anderer Vermächtnisnehmer geworden war § 2190 BGB erfasst dagegen den Fall, dass der Bedachte kein Vermächtnis annimmt und statt dem Beschwerten einem anderem, dem vom Erblasser bestimmten Ersatzvermächtnisnehmer, zugutekommt. Der Erblasser kann selbstverständlich aber auch für den Nachvermächtnisnehmer einen Ersatzvermächtnisnehmer bestimmen.

B. Tatbestand

I. Grundsätzliches

3 Voraussetzung dafür, dass das Vermächtnis nicht dem Beschwerten zugutekommt, ist die Anordnung eines **Ersatzvermächtnisses** durch den Erblasser. Dies kann ausdrücklich erfolgen oder nach Auslegung des Erblasserwillens erfolgen.[1] Nach der Auslegungsregel des § 2069 BGB, die erst zur Anwendung gelangt, wenn die Auslegung des Testaments unergiebig war, wird vermutet, dass, wenn der zunächst bedachte Abkömmling des Erblassers nach der Testamentserrichtung wegfällt, dessen Abkömmlinge zu Ersatzvermächtnisnehmern berufen sein sollen.[2] Fraglich ist, ob Ersatzerbenberufungen nach § 2069 BGB bindend i.S.v. § 2270 Abs. 2 BGB sein können. Der BGH hat entschieden, dass, fällt der in einem Ehegattentestament eingesetzte **Schlusserbe** weg, § 2270 Abs. 2 BGB auf den Ersatzerben nur anwendbar ist, wenn sich Anhaltspunkte für einen auf dessen Einsetzung gerichteten Willen der testierenden Eheleute feststellen lassen und die Erbeinsetzung nicht allein auf § 2069 BGB beruht. Es kommt insoweit nicht zu einer **Ersatzberufung** durch die kumulative Anwendung der Auslegungsregeln der §§ 2069 und 2270 Abs. 2 BGB.[3] Im Einzelfall kann aber auch über die Regel des § 2069 BGB (nur Abkömmlinge betreffend) hinaus durch Auslegung eine Berufung zum Ersatzvermächtnisnehmer anzunehmen sein.[4]

4 Über die Bestimmung des § 2191 Abs. 2 BGB i.V.m. § 2102 Abs. 1 BGB stellt die Einsetzung eines **Nachvermächtnisnehmers** im Zweifel auch die Einsetzung eines Ersatzvermächtnisnehmers[5] dar.

5 § 2190 BGB ist nur einschlägig, wenn der zunächst Bedachte das Vermächtnis nicht erwirbt, d.h. es ihm nicht anfällt. Dies ist in folgenden Fällen der Fall: Vorversterben des Bedachten (§ 2160 BGB), Vermächtnisunwürdigkeit (§ 2345 BGB), Ausschlagung durch den zunächst Bedachten (§ 2180 BGB) bspw. im Fall der Insolvenz nach § 83 Abs. 1 InsO, Verzicht (§ 2352 BGB), Nichterleben einer aufschiebenden Bedingung (§ 2074 BGB), Ausfall einer aufschiebenden Bedingung, Nichtigkeit der Vermächtnisanordnung, Anfechtung des Testaments (§ 2078 BGB), Eintritt einer auflösenden Bedingung oder eines Endtermins, Nichtigkeit des Vermächtnisses.

II. Anfall des Ersatzvermächtnisses

6 Auch für den Anfall des Ersatzvermächtnisses gelten die allg. Bestimmungen für den **Anfall** eines Vermächtnisses. Das bedeutet, der Ersatzvermächtnisnehmer darf nicht vorverstorben sein. Andererseits ist es nicht erforderlich, dass der Ersatzvermächtnis-

---

1 BGH v. 23.10.1957 – IV ZR 193/57, NJW 1958, 22–23; jurisPK-BGB/*Reymann*, § 2190 BGB Rn 7.

2 Staudinger/*Otte*, § 2190 Rn 5.

3 BGH v. 16.1.2002 – IV ZB 20/01, ZEV 2002, 150–151 m. Anm. *Otte* in Abweichung von BGH v. 22.9.1982 – IVa ZR 26/81, NJW 1983, 277–278.

4 BayObLG v. 19.12.1996 – 1Z BR 107/96, ZEV 1997, 162–164.

5 MüKo/*Rudy*, § 2190 Rn 5; jurisPK-BGB/*Reymann*, § 2190 BGB Rn 10; Staudinger/*Otte*, § 2190 Rn 5.

nehmer bereits lebt oder gezeugt ist (§ 2178 BGB).[6] Grundsätzlich ist es nicht erforderlich, dass der Ersatzvermächtnisnehmer den Zeitpunkt erlebt, in dem das Vermächtnis dem zunächst Bedachten anfällt. Wurde allerdings das Vermächtnis unter derselben aufschiebenden Bedingung dem Vermächtnisnehmer bzw. Ersatzvermächtnisnehmer zugewendet, ist die Ersatzberufung unwirksam, wenn der Ersatzvermächtnisnehmer vor dem Zeitpunkt verstorben ist und die Anwartschaft auf das Vermächtnis nicht vererblich war.[7] Da das Ersatzvermächtnis im Falle des Wegfalls des zunächst Bedachten nicht mit dem Erbfall anfallen muss, fällt es – wenn der zunächst Bedachte unter einer aufschiebenden Bedingung eingesetzt war und diese ausfällt – auch bei dem Ersatzvermächtnisnehmer unter der aufschiebenden Bedingung an; d.h., es fällt durch den Ausfall der Bedingung für den ersten Vermächtnisnehmer an.[8]

III. Bestimmung des Ersatzvermächtnisnehmers

Der Ersatzvermächtnisnehmer ist durch den Erblasser zu bestimmen. Jede Person – auch die noch nicht gezeugte oder juristische Person (§ 2178 BGB) – kann zum Ersatzvermächtnisnehmer berufen werden. Dabei muss der zum Ersatzvermächtnisnehmer Berufene nur den Erbfall erleben, nicht aber auch den Wegfall des zunächst bedachten Vermächtnisnehmers (§ 2160 BGB).[9] Fehlt eine eindeutige Bestimmung des Ersatzvermächtnisnehmers, sind die gesetzlichen Auslegungs- und Ergänzungsregeln zu beachten: Nach § 2069 BGB können im Zweifel die Abkömmlinge des zunächst Bedachten zum Vermächtnisnehmer berufen sein, soweit sie bei gesetzlicher Erbfolge nach dem Erblasser nachrücken würden.[10] Bestimmte der Erblasser nur einen Nachvermächtnisnehmer, somit keinen Ersatzvermächtnisnehmer, gilt der Nachvermächtnisnehmer im Zweifel auch zum Ersatzvermächtnisnehmer (§§ 2191 Abs. 2, 2102 Abs. 1 BGB) berufen.[11] Es kommt auch eine Auslegung nach § 2084 BGB in Betracht. Auslegungsbedürftig kann bspw. die Frage sein, ob der Erblasser von einem Vermächtnis mit Anordnung eines Ersatzvermächtnisnehmers oder einem Vor- und Nachvermächtnis ausging.[12] 7

Ergibt sich aus dem Willen des Erblassers kein Ersatzvermächtnisnehmer oder kommt keine Anwachsung (§ 2058 BGB) zur Anwendung, wird das Vermächtnis nach § 2160 BGB unwirksam. Das Vermächtnis kommt dann dem Beschwerten zugute.

IV. Anzuwendende Vorschriften

Es gelten in entsprechender Anwendung die §§ 2097–2099 BGB, die für die Einsetzung eines Ersatzerben maßgebend sind. Ist ein Ersatzvermächtnisnehmer für den Fall eingesetzt, dass der zunächst berufene Vermächtnisnehmer nicht Vermächtnisnehmer sein kann oder sein will, ist im Zweifel anzunehmen, dass er für beide Fälle eingesetzt ist (§ 2097 BGB).[13] 8

Eine Besonderheit besteht bei der entsprechenden Anwendung des § 2098 BGB. Hier treten die Ersatzvermächtnisnehmer **zu gleichen Teilen** ein, falls sie nicht mit demselben Gegenstand bedacht sind. Sie sind entsprechend dem Wertverhältnis der verschie- 9

6 jurisPK-BGB/*Reymann*, § 2190 BGB Rn 7; Staudinger/*Otte*, § 2190 Rn 3.
7 NK-BGB/*Horn*, § 2190 Rn 4; Staudinger/*Otte*, § 2190 Rn 4, § 2180 Rn 5, § 2179 Rn 7 f.
8 NK-BGB/*Horn*, § 2190 Rn 4; Staudinger/*Otte*, § 2190 Rn 4.
9 Grüneberg/*Weidlich*, § 2190 Rn 1.
10 Grüneberg/*Weidlich*, § 2069 Rn 7; MüKo/*Rudy*, § 2069 Rn 22; BGH v. 23.10.1957 – IV ZR 193/57, NJW 1958, 22–23.
11 jurisPK-BGB/*Reymann*, § 2190 BGB Rn 10; MüKo/*Rudy*, § 2190 Rn 2.
12 OLG Koblenz v. 31.10.2012 – 5 U 232/12, juris.
13 MüKo/*Rudy*, § 2190 Rn 5.

denen Vermächtnisgegenstände berufen.[14] Vermächtnisnehmer, denen gemeinschaftlich ein Anteil am Vermächtnis zugewendet ist, gehen im Zweifel für diesen Anteil den anderen als Ersatzvermächtnisnehmer bestimmten Personen vor (§ 2098 Abs. 2 BGB).[15] § 2098 BGB gilt jedoch nicht, wenn **mehrere** Personen, die mit verschiedenen Vermächtnissen bedacht sind, wechselseitig oder für einen von ihnen die anderen als Ersatzvermächtnisnehmer berufen wurden. Über § 2157 BGB kommt § 2091 BGB zur Anwendung, nach dem die Ersatzberufenen zu gleichen Anteilen bedacht sind.[16]

10 Die Ersatzberufung nach § 2190 BGB geht gem. § 2099 BGB der Anwachsung aus § 2158 BGB vor.[17]

§ 2191 Nachvermächtnisnehmer

(1) Hat der Erblasser den vermachten Gegenstand von einem nach dem Anfall des Vermächtnisses eintretenden bestimmten Zeitpunkt oder Ereignis an einem Dritten zugewendet, so gilt der erste Vermächtnisnehmer als beschwert.
(2) Auf das Vermächtnis finden die für die Einsetzung eines Nacherben geltenden Vorschriften des § 2102, des § 2106 Abs. 1, des § 2107 und des § 2110 Abs. 1 entsprechende Anwendung.

Literatur

Balzer, Die Vermächtnislösung lebt!, ZEV 2008, 116; *ders.*, Das Vor- und Nachvermächtnis in der Kautelarjurisprudenz, 2007; *Bengel*, Rechtsfragen zum Vor- und Nachvermächtnis, NJW 1990, 1826; *Damrau*, Das Behinderten-Testament mit Vermächtnislösung, ZEV 1998, 1; *Damrau/Mayer*, Zur Vor- und Nachvermächtnislösung beim sog. Behindertentestament, ZEV 2001, 293; *Hartmann*, Das Vorvermächtnis mit Vorerbschaftswirkung, ZEV 2007, 458; *ders.*, Das sog. Behindertentestament, ZEV 2001, 293; *Klinger/Mörtl*, Das Vor- und Nachvermächtnis, NJW-Spezial 2009, 327; *Linnartz*, Das Vor- und Nachvermächtnis: Sicherung und Rechtsstellung des Nachvermächtnisnehmers, AnwZert ErbR 18/2021; *Muscheler*, Das Vor- und Nachvermächtnis, ErbR 2011, 258; *Neukirchen*, Vereinbarungen zwischen Vor- und Nacherben bzw. Vor- und Nachvermächtnisnehmern, RNotZ 2018, 357; *Rossak*, Problematik der gegenständlichen Beschränkung einer zeitlich gestuften Sukzession, insbesondere bei Vor- und Nacherbfolge, ZEV 2005,14; *Schlichting*, Der Verwendungsersatzanspruch des Vorvermächtnisnehmers gegen den Nachvermächtnisnehmer, ZEV 2000, 385; *Spall*, Vollzug eines Nachvermächtnisses durch den Testamentsvollstrecker, ZEV 2002, 5; *Werkmüller*, Gestaltungsmöglichkeiten des Erblassers im Rahmen der Anordnung von Vor- und Nachvermächtnissen, ZEV 1999, 343.

Übersicht: Rdn

14 Grüneberg/*Weidlich*, § 2190 Rn 1.
15 jurisPK-BGB/*Reymann*, § 2190 BGB Rn 11; Staudinger/*Otte*, § 2190 Rn 7.
16 Staudinger/*Otte*, § 2190 Rn 7.
17 jurisPK-BGB/*Reymann*, § 2190 BGB Rn 11; Staudinger/*Otte*, § 2190 Rn 8.

A. Allgemeines

I. Sinn und Zweck der Vorschrift

Bei dem Nachvermächtnis handelt es sich um ein aufschiebend bedingtes Untervermächtnis i.S.d. §§ 2177, 2186 ff. BGB.[1] Der Erblasser wendet einen vermachten Gegenstand zunächst einem Bedachten zu. Dieser hat sodann den Gegenstand nach Eintritt eines bestimmten Zeitpunkts oder Ereignisses einem Dritten zuzuwenden. Mit diesem Untervermächtnis wird der Vorvermächtnisnehmer und nicht ein Erbe beschwert. 1

II. Systematische Einordnung

Grundsätzlich finden hier die für die Einsetzung eines Nacherben geltenden Vorschriften der §§ 2102, 2106 Abs. 1, 2107 und 2110 Abs. 1 BGB analog Anwendung.[2] Alle übrigen Vorschriften über die Nacherbfolge sind auf das Nachvermächtnis weder direkt noch entsprechend anwendbar.[3] Daher findet grundsätzlich **keine Surrogation** nach Maßgabe des § 2111 BGB statt.[4] Jedoch wird der Nachvermächtnisnehmer durch die schuldrechtliche Surrogation nach § 285 BGB und Schadensersatzpflicht aus § 280 BGB geschützt.[5] Dem Nachvermächtnisnehmer steht kein Auskunftsrecht gegen den Vorvermächtnisnehmer zur Seite, wie es § 2127 BGB dem Nacherben gegenüber dem Vorerben einräumt. 2

Von einem Ersatzvermächtnis (§ 2190 BGB) unterscheidet sich das Nachvermächtnis dadurch, dass der erste Vermächtnisnehmer nicht wegfällt. Es obliegt ihm gerade, das Nachvermächtnis gegenüber dem Nachvermächtnisnehmer zu erfüllen. Sofern es zweifelhaft ist, ob der Bedachte als Ersatzvermächtnisnehmer oder als Nachlassvermächtnisnehmer bestimmt ist, gilt er im Zweifel als Ersatzvermächtnisnehmer (§ 2102 Abs. 2 BGB). 3

B. Tatbestand

I. Grundsätzliches

Das Nachvermächtnis entsteht aufgrund einer Anordnung des Erblassers in seiner letztwilligen Verfügung. Diese Anordnung kann ausdrücklich erfolgen. Sie kann sich aber auch durch die Auslegung des Erblasserwillens ergeben.[6] Wurde bspw. den Ehegatten ein Vermächtnis zugewendet mit der Bestimmung, die Werte sollen einzeln den gemeinsamen Kindern „vererbt“ werden und ein anderes Kind solle einen angemessenen Ausgleich erhalten, kann darin die **Anordnung** eines **Nachvermächtnisses** liegen.[7] Die nach Abs. 2 anwendbaren §§ 2102 und 2107 BGB können jedoch auch gegen die Anordnung eines Nachvermächtnisses sprechen. Hat der Erblasser für einen Abkömmling, der zur Zeit der Errichtung der letztwilligen Verfügung keinen Abkömmling hat oder von dem der Erblasser zu dieser Zeit keine Kenntnis hat, für die Zeit nach dessen Tod einen Nachvermächtnisnehmer bestimmt, ist anzunehmen, dass der Nachvermächtnisnehmer nur für den Fall eingesetzt ist, dass der Abkömmling ohne Nachkommen stirbt (§ 2107 BGB). Hat der Erblasser allerdings einen zum Erben 4

---

1 jurisPK-BGB/*Reymann*, § 2191 BGB Rn 4; MüKo/*Rudy*, § 2191 Rn 5; Staudinger/*Otte*, § 2191 Rn 4.

2 Mot. V, S. 208 ff.; MüKo/*Rudy*, § 2191 Rn 8; *Bengel*, NJW 1990, 1826, 1827; BGH v. 6.3.1991 – IV ZR 114/89, NJW 1991, 1736–1739.

3 jurisPK-BGB/*Reymann*, § 2191 BGB Rn 60; Grüneberg/*Weidlich*, § 2191 Rn 2, § 10 Rn 153; Staudinger/*Otte*, § 2191 Rn 9.

4 Staudinger/*Otte*, § 2191 Rn 10; jurisPK-BGB/*Reymann*, § 2191 BGB Rn 63.

5 Staudinger/*Otte*, § 2191 Rn 10; jurisPK-BGB/*Reymann*, § 2191 BGB Rn 63.

6 OLG Koblenz v. 31.10.2012 – 5 U 232/12, juris.

7 Vgl. hierzu MüKo/*Rudy*, § 2191 Rn 2 m.w.N.

berufenen Abkömmling mit einem Vermächtnis beschwert, das erst bei dessen Tod fällig werden soll, ist § 2107 BGB nicht entsprechend anzuwenden.[8]

5 Ein Rückvermächtnis liegt vor, wenn im Rahmen eines Nachvermächtnisses nach Eintritt einer Bedingung oder Befristung der Vermächtnisnehmer den Vermächtnisgegenstand an den Beschwerten zurückzuübertragen hat.[9] Ein Rückvermächtnis ist nicht gegeben, wenn der Erblasser das Vermächtnis auflösend bedingt oder auflösend befristet hat, ohne eine Bestimmung zu treffen, wer nach dem Eintritt der Bedingung oder des Endtermins den Gegenstand erhalten soll.[10] In diesem Fall erwirbt der ursprünglich Beschwerte einen bereicherungsrechtlichen Anspruch (*condictio ob causam finitam*: § 812 Abs. 1 S. 2 Alt. 1 BGB).[11]

Tritt die **aufschiebende** Bedingung ein, trifft den Vermächtnisnehmer die Verpflichtung, das Vermächtnis wieder an den Beschwerten zurückzuübertragen (schuldrechtliche Wirkung). Liegt dagegen eine **auflösende** Bedingung vor, kommt dieser eine schuldrechtliche Wirkung zu. Der Vermächtnisgegenstand fällt dann automatisch an den Beschwerten zurück.[12] Im Hinblick auf Grundstücksvermächtnisse ist § 925 Abs. 2 BGB zu beachten. Der Bedachte ist in der Schwebezeit durch § 161 Abs. 2 BGB geschützt. Am Anspruch des Nachvermächtnisnehmers ändert sich auch nichts dadurch, dass der Erblasser bereits zu Lebzeiten das Vorvermächtnis erfüllt hat.[13]

6 Wurde das Vermächtnis durch den Erblasser zu seinen Lebzeiten erfüllt, kann es insgesamt nach § 2171 Abs. 1 BGB unwirksam sein; teilweise wird die Unwirksamkeit auch aus § 2169 Abs. 1 BGB begründet.[14] Dies gilt insbesondere für das Stückvermächtnis, das grundsätzlich gegenstandslos wird. Bei Gattungs- oder Geldvermächtnissen ist anerkannt, dass diese auch im Falle einer lebzeitigen Übertragung wirksam bleiben.[15] Ggf. kann ein Verschaffungsvermächtnis nach § 2169 Abs. 1 BGB für den Nachvermächtnisnehmer angeordnet sein, weil sich der Gegenstand nicht mehr am Nachlass befindet.

7 Wurde das Vorvermächtnis zu Lebzeiten erfüllt, kann der Nachvermächtnisnehmer nach dem Tod des Vorvermächtnisnehmers von dessen Erben die Verschaffung des Vermächtnisses oder die Abtretung des Vorvermächtnisanspruches verlangen. Wurde der Vermächtnisanspruch abgetreten, kann der Nachvermächtnisnehmer aus dem Vermächtnisanspruch gegen den Erben vorgehen. Im Falle einer Unmöglichkeit stehen Ersatzansprüche nach §§ 280, 283, 285 BGB im Raum.[16]

8 Der schuldrechtliche Anspruch des Nachvermächtnisnehmers richtet sich gegen den Vorvermächtnisnehmer bzw. dessen Nachlass. Dies gilt unabhängig davon, ob dessen Vermächtnisanspruch erfüllt wurde oder der Erbe noch als Eigentümer des vermachten Grundstücks im Grundbuch eingetragen ist.

9 Sofern der Nachvermächtnisnehmer das ihm zugewendete Vermächtnis ausschlägt, verbleibt es bei dem Vorvermächtnisnehmer, wenn nicht ein Ersatzvermächtnisnehmer oder Anwachsungsberechtigter vorhanden ist.

---

8 BGH v. 24.10.1979 – IV ZR 31/78, NJW 1980, 1276–1277.
9 jurisPK-BGB/*Reymann*, § 2191 Rn 33; *Lange/Kuchinke*, § 29 V 1 c.
10 *Muscheler*, ErbR 2011, 258–275; jurisPK-BGB/*Reymann*, § 2191 Rn 34.
11 *Muscheler*, ErbR 2011, 258–275; jurisPK-BGB/*Reymann*, § 2191 Rn 34.
12 MüKo/*Rudy*, § 2177 Rn 6; jurisPK-BGB/*Reymann*, § 2191 Rn 33.
13 OLG Frankfurt v. 19.6.1996 – 19 U 163/95, ZEV 1997, 295–297; NK-BGB/*Horn*, § 2191 Rn 8.
14 jurisPK-BGB/*Reymann*, § 2191 Rn 67.
15 jurisPK-BGB/*Reymann*, § 2191 Rn 67 m.w.N.
16 KG v. 4.9.1998 – 17 U 3053/97, ZEV 1999, 494, 496; jurisPK-BGB/*Reymann*, § 2191 Rn 70.

II. Regelungsinhalt

Regelungsinhalt des Nachvermächtnisses ist, dass ein zunächst einem anderen (nämlich dem Vorvermächtnisnehmer) vermachter Gegenstand von einem bestimmten Zeitpunkt oder Ereignis an einem Dritten (Nachvermächtnisnehmer) zugewendet ist. Der vermachte Gegenstand ist somit bei dem **Vorvermächtnisnehmer** und dem **Nachvermächtnisnehmer** identisch.[17] An die erforderliche Identität sind aber keine zu strengen Anforderungen zu stellen.[18] Bei einem Sachinbegriff (§ 92 Abs. 2 BGB), wie bspw. Warenlager, Bibliothek, Hausrat, Sammlung etc., ist eine völlige Identität nicht nötig. Eine Zugehörigkeit zum selben Sachinbegriff ist ausreichend.[19] Bei einem Nachvermächtnis über eine Geldsumme ist die Identität gewahrt, wenn im Nachvermächtnis eine gleichhohe Summe zugewendet wird.[20] Ein Nachvermächtnis, das auf den „Rest", d.h. auf das, was vom Vorvermächtnis beim Anfall des Nachvermächtnisses noch vorhanden ist, gerichtet ist, ist für die Identität des Nachvermächtnisses ausreichend.[21] 10

Das Nießbrauchsrecht kommt nicht als Gegenstand eines Nachvermächtnisses in Betracht.[22] Dies ergibt sich daraus, dass das Nießbrauchsrecht ein nicht übertragbares, an die Lebzeit des Nießbrauchers gebundenes Recht ist (§§ 1059, 1061 BGB).[23] Es kommt aber einer Neubestellung eines Nießbrauchs für den zweiten Vermächtnisnehmer in Betracht.[24] Dabei ist der zeitliche Rahmen des § 2162 BGB zu beachten. § 2163 Abs. 1 Nr. 1 BGB ist hier weder direkt noch analog den Zeitraum verlängernd anwendbar; beschwert ist nicht der Vorvermächtnisnehmer, sondern der Erbe.[25] 11

III. Nachvermächtnisanfall

Da es sich bei dem Nachvermächtnis um ein aufschiebend **bedingtes** oder **befristetes** Vermächtnis (§ 2177 BGB) handelt, fällt es, sofern der Erblasser nichts anderes bestimmt hatte, mit dem Tod des ersten Vermächtnisnehmers an (Abs. 2 i.V.m. § 2119 Abs. 1 BGB). Ist der Nachvermächtnisnehmer vor dem Nachvermächtnisanfall verstorben, sind dessen Abkömmlinge im Zweifel Ersatz-Nachvermächtnisnehmer.[26] 12

Das Nachvermächtnis kann erst nach dem Eintritt des Erbfalls, aber vor dem Anfall des Nachvermächtnisses ausgeschlagen werden (§ 2180 BGB).[27] Der Nachvermächtnisnehmer kann sein Vermächtnis vor dem Anfall des Nachvermächtnisses, aber erst nach Tod des Erblassers ausschlagen (§ 2180 BGB).[28] Im Falle der Ausschlagung des Vermächtnisses durch den Nachvermächtnisnehmer verbleibt das Vermächtnis bei dem Vorvermächtnisnehmer, sofern kein Ersatzvermächtnisnehmer (§ 2190 BGB) bestimmt ist oder es zu einer Anwachsung (§ 2185 BGB) kommt.

Im Zweifel umfasst das Nachvermächtnis auch einen Vermächtnisanteil, der dem Vorvermächtnisnehmer durch Wegfall eines Mitvermächtnisnehmers (Abs. 2 i.V.m. § 2110 Abs. 1 BGB) oder aufgrund eines Ersatzvermächtnisses (§ 2190 BGB) anfällt.

---

17 MüKo/*Rudy*, § 2191 Rn 4; *Muscheler*, ErbR 2011, 258–275; LG Köln v. 15.7.2014 – 2 O 534/13, juris.

18 MüKo/*Rudy*, § 2191 Rn 4; *Lange/Kuchinke*, § 29 V 1 c.

19 Weidlich/*Grüneberg*, § 2191 Rn 1; *Muscheler*, ErbR 2011, 258–275 (259).

20 Staudinger/*Otte*, § 2191 Rn 3; *Muscheler*, ErbR 2011, 258–275 (259).

21 Staudinger/*Otte*, § 2191 Rn 3; *Muscheler*, ErbR 2011, 258–275 (259); *Werkmüller*, ZEV 1999, 343–345.

22 *Grunsky*, ErbR 2009, 209.

23 jurisPK-BGB/*Reymann*, § 2191 Rn 2.

24 Staudinger/*Otte*, § 2191 Rn 3.

25 BGH v. 26.2.1992 – IV ZR 86/91, FamRZ 1992, 667–668; Staudinger/*Otte*, § 2191 Rn 3.

26 BGH v. 23.10.1957 – IV ZR 193/57, NJW 1958, 22–23.

27 BGH v. 18.10.2000 – IV ZR 99/99, ZEV 2001, 20–21.

28 BGH v. 18.10.2000 – IV ZR 99/99, ZEV 2001, 20–21.

IV. Anwartschaft

13 Während der Schwebezeit bis zum Anfall des Vermächtnisses beim Nachvermächtnisnehmer hat dieser eine über die §§ 160 Abs. 1, 2177, 2179 BGB geschützte **Anwartschaft.**[29] Der Nachvermächtnisnehmer hat aber kein dem Erben vergleichbares Anwartschaftsrecht (bspw. § 2111 BGB).[30] Es besteht kein Anspruch auf Sicherheitsleistung nach § 2128 BGB oder die Möglichkeit der Eintragung eines Nacherbenvermerks nach § 51 GBO.[31] Diese Stellung des Nachvermächtnisnehmers ist grundsätzlich – sofern § 2074 BGB nicht entgegensteht – übertragbar, **verpfändbar** und auch **vererblich** – soweit dem nicht § 2074 BGB entgegensteht.[32] Die Rechtsstellung des Nachvermächtnisnehmers entspricht der eines Vermächtnisnehmers bei aufschiebend oder befristeten Vermächtnis; damit sind die §§ 160 Abs. 1, 162, 285 BGB anwendbar.[33] Ist die Anwartschaft des Nachvermächtnisnehmers gefährdet, kann er durch Arrest oder einstweilige Verfügung nach §§ 916 Abs. 2, 935, 936 ZPO Schutz verlangen.[34]
Sofern ein Grundstück Gegenstand des Vermächtnisses ist, kann der Nachvermächtnisnehmer eine Vormerkung nach Eintritt des Erbfalls und Eintragung des Vorvermächtnisnehmers im Grundbuch zur Sicherung seines Anspruchs eintragen lassen (§ 39 GBO).[35] Der Anspruch auf Bewilligung einer Vormerkung kann sich jedoch nur aus dem Testament ergeben, sodass die Vermächtnisanordnung für sich alleine nicht ausreichend ist.[36] Eine Sicherung durch eine Vormerkung zugunsten des Nachvermächtnisnehmers ist auch dann möglich, wenn der Vorvermächtnisnehmer im Grundbuch eingetragen ist (Identitätsgebot).[37] Der Wille des Erblassers ist daher auszulegen. Setzt der Erblasser eine Person nur „zu Lebzeiten" ein und bestimmt für den Fall deren Vorversterbens deren Söhne zu Vermächtnisnehmern, liegt eine zeitliche Einschränkung vor, nicht aber eine konkludente Nachvermächtnisanordnung zugunsten der Söhne.[38] Ergibt sich der Anspruch auf Bewilligung nicht bereits aus dem Testament, ist Raum für eine einstweilige Verfügung aus der Anordnung des Nachvermächtnisses, weil ein Verfügungsgrund nach § 885 Abs. 1 S. 2 BGB nicht erforderlich ist.[39]

V. Verwaltung des Vermächtnisses

14 Der Vorvermächtnisnehmer ist gegenüber dem Nachvermächtnisnehmer zu einer ordnungsgemäßen Verwaltung nach den §§ 2177, 2179, 160 BGB verpflichtet.[40] Daher sind notwendige Verwendungen des Vorvermächtnisnehmers zulässig, die im objektiven Interesse des Vermächtnisses erbracht werden (§§ 2185, 994 Abs. 2, 683 S. 1 BGB). Verwendungen sind ersatzfähig, die (auch) der vermachten Sachen zugutekommen,

29 MüKo/*Rudy*, § 2191 Rn 6; Grüneberg/*Weidlich*, § 2191 Rn 2 und 2179 Rn 1.
30 Grüneberg/*Weidlich*, § 2191 Rn 2; jurisPK-BGB/*Reymann*, § 2191 Rn 62; BGH v. 25.3.1963 – III ZB 2/63, NJW 1963, 1918.
31 jurisPK-BGB/*Reymann*, § 2191 Rn 54.
32 MüKo/*Rudy*, § 2179 Rn 7; NK-BGB/*Horn*, § 2191 Rn 12; Roth/Maulbetsch/Schulte/*Maulbetsch*, Vermächtnisrecht, § 4 Rn 32; a.A. jurisPK-BGB/*Reymann*, § 2191 Rn 64.
33 NK-BGB/*Horn*, § 2191 Rn 12.
34 MüKo/*Rudy*, § 2179 Rn 8; jurisPK-BGB/*Reymann*, § 2191 Rn 97; NK-BGB/*Horn*, § 2191 Rn 13.
35 LG Stuttgart v. 14.11.1997 – 27 O 491/97, juris.
36 OLG Frankfurt v. 5.2.1999 – 25 U 156/98, juris; LG Stuttgart v. 14.11.1997 – 27 O 491/97, juris; *Bengel*, NJW 1990, 1826, 1828 f.
37 MüKo/*Rudy*, § 2179 Rn 6; *Bengel*, NJW 1990, 1826, 1828; *Lange/Kuchinke*, § 29 V 1 c; BayObLG v. 22.12.1980 – 2 Z 62/80, Rpfleger 1981, 190–191; jurisPK-BGB/*Reymann*, § 2191 Rn 95; LG Stuttgart v. 14.11.1997 – 27 O 491/97, juris; a.A. OLG Schleswig v. 28.1.1992 – 3 W 105/91, NJW-RR 1993, 11–12.
38 OLG Koblenz v. 31.10.2012 – 5 U 232/12, juris.
39 BGH v. 27.6.2001 – IV ZR 120/00, NJW 2001, 2883–2884.
40 MüKo/*Rudy*, § 2191 Rn 6; *Balzer*, ZEV 2008, 116; a.A. *Wübben*, 2001.

indem sie ihrer Wiederherstellung, Erhaltung oder Verbesserung dienen. Aufwendungen, die der Vorvermächtnisnehmer zur Bestreitung von Lasten der Sache macht, sind zu ersetzen, wenn es sich um außerordentliche Lasten handelt. Außerordentliche Lasten sind solche, die nicht regelmäßig wiederkehrend sind, sondern sich als eine ausnahmsweise einmal zu erbringende Leistung darstellen.[41] Zahlungen zur Tilgung eines Darlehens sind keine ersatzfähigen Verwendungen.[42]
Insoweit liegt auch keine Beeinträchtigung i.S.v. § 883 Abs. 2 S. 1 BGB vor. Im objektiven Erhaltungsinteresse liegt bspw. der Anschluss des Grundstücks an die Wasser- und Abwasserversorgung.[43] Auf Verwendungen des Vorvermächtnisnehmers können die Verwendungsersatzansprüche nach § 994 Abs. 2 i.V.m. §§ 683 S. 1, 684 BGB, die bei dem Vorerben Anwendung finden (§§ 2124–2146 BGB), nicht angewandt werden. Ausgeschlossen sind auch Ansprüche nach § 1003 BGB vor Anfall des Nachvermächtnisses. Das heißt, Ansprüche auf Ersatz von Verwendungen, die der Vorvermächtnisnehmer auf den vermachten Gegenstand gemacht hat und vom Nachvermächtnisnehmer erstattet haben möchte, sind nicht wie beim Vorerben (§§ 2124–2126 BGB) zu beurteilen, sondern nach § 2185 BGB.[44]

C. Verfahrensfragen/Beweislast

Der Nachvermächtnisnehmer kann sich nicht mit der Drittwiderspruchsklage gegen Pfändungen beim Vorvermächtnisnehmer wenden. Der schuldrechtliche Anspruch des Nachvermächtnisnehmers stellt kein die Veräußerung hinderndes Recht i.S.d. § 771 ZPO dar.[45] Hat der Nachvermächtnisnehmer Kenntnis von einer drohenden Pfändung, kann er eine einstweilige Verfügung nach den §§ 936, 916 Abs. 2, 938 ZPO erwirken.[46] 15

Soweit die Vorschriften über die Nacherbschaft auf das Nachvermächtnis Anwendung finden, gelten die zur Nacherbschaft entwickelten Grundsätze der **Beweislastverteilung** auch für das Nachvermächtnis.[47] 16

Bei § 2102 BGB handelt es sich um eine Auslegungsregel, sodass denjenigen, der sich auf einen von der Auslegungsregel abweichenden Willen des Erblassers beruft, die Darlegungs- und Beweispflicht für die maßgebenden Umstände trifft. 17

Im Fall der entsprechenden Anwendung des § 2107 BGB hat der als Nachvermächtnisnehmer Benannte die Darlegungs- und Beweislast für die Umstände, aus denen sich der Wille des Erblassers ergibt, ihn trotz der Abkömmlinge des Vermächtnisnehmers zum Nachvermächtnisnehmer einzusetzen. Dieser Beweis ist i.d.R. dann erbracht, wenn der Nachvermächtnisnehmer das Vermächtnis nicht erst mit dem Tod des Vermächtnisnehmers, sondern zu einem früheren Zeitpunkt erhalten soll.[48] Hierdurch wird deutlich, dass der Stamm des Vermächtnisnehmers hinter dem Nacherben zurücktreten soll. 18

Kommt § 2110 BGB entsprechend zur Anwendung, hat derjenige, der sich auf einen von den Auslegungsregeln in § 2110 BGB abweichenden Willen des Erblassers beruft, die für diesen Willen maßgebenden Umstände darzulegen und zu beweisen. 19

---

41 BGH v. 21.3.1956 – IV ZR 317/55, NJW 1956, 1070.
42 OLG Karlsruhe v. 27.3.2015 – 8 U 70/14, juris.
43 MüKo/*Rudy*, § 2191 Rn 6.
44 BGH v. 6.3.1991 – IV ZR 114/89, NJW 1991, 1736–1739; *Schlichting*, ZEV 2000, 385 m.w.N.; für analoge Anwendung der §§ 2120, 2124 ff. BGB: *Leipold*, JZ 1991, 986; *Maur*, NJW 1990 1161; *Bengel*, NJW 1990, 1826, 1829; differenzierend *Balzer*, Rn 140, 190; *Muscheler*, AcP 2008, 69, 99 f.
45 *Balzer*, ZEV 2008, 116.
46 *Balzer*, ZEV 2008, 116.
47 Baumgärtel/*Schmitz*, § 2191 Rn 1.
48 Baumgärtel/*Schmitz*, § 2107 Rn 1.

Titel 5. Auflage

Vorbemerkung zu §§ 2192 ff. BGB

Literatur

Daragan, Die Auflage als erbschaftsteuerliches Gestaltungsmittel, DStR 1999, 393; *Daragan/Tanck*, Gestaltung der Nachfolge von Todes wegen durch Auflagen, ZErb 1999, 1; *Heeg*, Alternativen zur Nacherbeneinsetzung: Ist die erbrechtliche Auflage ein geeignetes Instrument zur Erbschaft(steuer)planung?, DStR 2007, 89; *Vorwerk*, Geldzuwendungen durch erbrechtliche Auflage, ZEV 1998, 297.

Übersicht: Rdn

A. Auflage und Zuwendung

Was eine Auflage ist, wird in § 1940 BGB gesagt. Der Erblasser verpflichtet einen Erben oder einen Vermächtnisnehmer zu einer Leistung, ohne einem anderen ein Recht auf die Leistung zuzuwenden. Damit die Erfüllung der Verpflichtung nicht ins Belieben des Beschwerten gestellt bleibt, können andere die Erfüllung der Leistungspflicht durchsetzen (§ 2194 BGB). 1

Die Auflage ist eine Nebenbestimmung zu einer Erbschaft oder einem Vermächtnis, die den Erwerb des Erben oder Vermächtnisnehmers einschränkt. Sie ist auch gegenüber einem gesetzlichen Erben möglich,[1] so dass sie alleiniger Inhalt einer letztwilligen Verfügung sein kann. Die Leistung soll dem Erwerb entnommen werden, weshalb einem Erben immer die **Dürftigkeitseinrede** offensteht (§ 1992 BGB). Ein Vermächtnisnehmer muss nach § 2187 Abs. 1 BGB die Auflage nur insoweit erfüllen, als er das aus dem erhaltenen Vermächtnis kann. 2

B. Auflage und Vermächtnis

Das Vermächtnis ist eine erbrechtliche Zuwendung in Gestalt eines schuldrechtlichen Anspruchs auf den Vermächtnisgegenstand. Die Auflage wird nicht als Zuwendung angesehen, da sie keinen Anspruch auf die Leistung verschafft. Unter diesem Aspekt zeigt sie sich als ein reduziertes Vermächtnis.[2] Wegen der Ähnlichkeit von Vermächtnis und Auflage gelten jedoch zahlreiche Vorschriften zum Vermächtnis für die Auflage entsprechend (§ 2192 BGB). Gegenstand eines Vermächtnisses kann nur eine vermögenswerte Leistung sein (§ 1939 BGB). Eine Auflage hingegen kann **jede Leistung** zum Inhalt haben, die Gegenstand eines Schuldverhältnisses sein kann (§ 1940 BGB), auch eine Leistung ohne Vermögenswert. Anders als ein Vermächtnis setzt die Auflage keinen individuell Begünstigten voraus, denn der Erblasser kann damit einen nicht an bestimmte oder bestimmbare Personen geknüpften objektiven Zweck verfolgen. Aus diesem Grund ist die Auflage die Zufluchtstätte für alle Leistungen, die nicht in ein Vermächtnis aufgenommen werden können.[3] 3

---

1 OLG Düsseldorf ErbR 2015, 27; OLG München ZEV 2017, 325.

2 *Lange/Kuchinke*, § 30 I. Zur Abgrenzung von Vermächtnis und Auflage siehe *Lange*, § 31 Rn 24.

3 *Lange/Kuchinke*, § 30 II.

C. Auflage und Bedingung oder Befristung

4 Auflage und Bedingung oder Befristung sind Nebenbestimmungen zu einer Erbschaft oder einem Vermächtnis. **Bedingung** und **Befristung** halten die Wirksamkeit des Erwerbs in der Schwebe, die Auflage nicht. Das zeigt sich u.a. daran, dass die Zuwendung grundsätzlich unabhängig davon besteht, ob die Auflage wirksam ist (§ 2195 BGB). Auflage und Bedingung können miteinander verknüpft werden, indem die Zuwendung dadurch auflösend bedingt ist, dass die Auflage nicht erfüllt wird.[4]

D. Auflage und Testamentsvollstreckung

5 Der Erblasser kann die Ausführung seiner letztwilligen Verfügung mit Hilfe einer Auflage regeln, er kann dafür auch Testamentsvollstreckung anordnen (§ 2203 BGB). Die Unterscheidung hat Bedeutung beim **gemeinschaftlichen Testament**. Eine Testamentsvollstreckung kann nicht wechselbezüglich sein (§ 2270 Abs. 3 BGB). Ist ein Testamentsvollstrecker ernannt, kann der länger lebende Ehegatte den Testamentsvollstrecker auswechseln oder die Anordnung aufheben. Handelt es sich hingegen um eine Auflage, kann er eine Testamentsvollstreckung, die über die Vollziehung der Auflage hinausgeht, nur dann wirksam verfügen, wenn sich durch Auslegung des Testaments ergibt, dass die erstmalige Ernennung eines Testamentsvollstreckers dem früher erklärten übereinstimmenden Willen der Ehegatten nicht zuwiderläuft.[5]

E. Rechtsstellung des Begünstigten

6 Die Rechtsstellung des Begünstigten wird bislang ausnahmslos negativ bestimmt: Sie wird durch das charakterisiert, was der Begünstigte nicht hat, nämlich einen Anspruch auf die vom Erblasser angeordnete Leistung. Dieser Ansatz führt zwangsläufig zu dem Ergebnis, dass der Begünstigte nichts hat und keinerlei Schutz genießt, wenn die Leistung ausbleibt. Aber dadurch ist gänzlich aus dem Blick geraten, was der Begünstigte hat und worin dieses Was besteht.

7 Positiv beschrieben hat der Begünstigte zweierlei: er hat das Recht, die Leistung zu behalten, die er bekommen hat, denn er hat sie mit rechtlichem Grund erworben und ist daher keinem Anspruch des Beschwerten aus § 812 BGB ausgesetzt. Damit einher geht seine Empfangszuständigkeit für die Leistung, die nur ihm gegenüber mit Erfüllungswirkung nach § 362 Abs. 1 BGB erbracht werden kann – oder mit seiner Zustimmung gegenüber einem Dritten (§ 362 Abs. 2 BGB).[6]

8 Die Rechtsstellung des Begünstigten lässt sich als Erwerbsgrund beschreiben. Es gibt ihn immer als unselbstständigen Bestandteil einer Forderung, da der Gläubiger das zur Erfüllung Geleistete im Verhältnis zum Schuldner behalten darf. Ein solcher Erwerbsgrund besteht auch bei einer relativen Rechtspflicht ohne inhaltlich entsprechenden Anspruch; auch hier schließt er eine Herausgabepflicht für das aus, was dem Inhalt der Verpflichtung entsprechend auf Kosten eines anderen erlangt wurde.

9 Aufgrund der Auflage ist eine **relative Rechtspflicht** des Beschwerten entstanden, eine Leistung an einen Begünstigten zu erbringen. Der Erblasser hat den **Beschwerten** verpflichtet, damit der Begünstigte die Leistung bekommt. Sonst hätte er es bei einem Wunsch belassen können. Da er den Beschwerten im Interesse des Begünstigten zur Leistung verpflichtet hat, ist es nicht richtig zu sagen, die Begünstigung aus der Auflage sei nur ein Rechtsreflex eines anderen Erwerbs[7] oder des objektiven Rechts. Das mag richtig sein, was die Forderungsseite betrifft, ist aber nicht richtig, was den

4 BGH ZErb 2009, 309.
5 Dazu OLG Köln FamRZ 1990, 1402.
6 Zust. *Lange*, § 31 Rn 27.
7 Staudinger/*Otte*, § 2192 Rn 12.

Erwerbsgrund betrifft. Bei einer Auflage zur Verfolgung eines objektiven Zwecks ist das allerdings anders. Hier gibt es für den, der nach dem Inhalt der Auflage zum Kreis der potentiell Begünstigten gehört, in der Tat nur eine Erwerbsaussicht, weil es an einer Anordnung des Erblassers fehlt, dass gerade er etwas bekommen soll.

Nach allg. Meinung kann der Begünstige die Auflage nicht ausschlagen; § 2180 BGB 10
gilt nicht entsprechend.[8] Aber diese Ansicht beruht auf der Annahme, dass es bei der Auflage – anders als bei einem Vermächtnis – nicht zu einem **Anfall** i.S. eines Soforterwerbs kommen kann. Das ist insofern richtig, als der Begünstigte keine Forderung gegen den Beschwerten erwirbt. Aber er erwirbt den Erwerbsgrund, der gleich einer Forderung ein subjektives Recht ist. Aus diesem Grund ist es gerechtfertigt, § 2170 BGB analog anzuwenden, auch wenn er in § 2192 BGB nicht erwähnt ist. Zumindest muss der Begünstigte analog § 333 BGB zurückweisen können.[9]

F. Auflage im Pflichtteilsrecht

Ist der Pflichtteilsberechtigte als Erbe berufen und mit einer Auflage belastet, kann er 11
den Pflichtteil verlangen, wenn er den Erbteil ausschlägt (§ 2306 Abs. 1 S. 1 BGB). Bei der Bewertung des Nachlasses nach § 2311 BGB sind Auflagen keine Abzugsposten. Sie mindern also den Wert des Nachlasses nicht, nach dem sich der Pflichtteil berechnet.[10] Ist der Pflichtteilsberechtigte durch eine Auflage begünstigt, bekommt er die Leistung aus der Auflage zusätzlich zu seinem Pflichtteil. § 2307 BGB, der für den pflichtteilsberechtigten Vermächtnisnehmer eine Anrechnung des Vermächtnisses auf den Pflichtteil vorsieht, gilt nicht entsprechend.[11] Will der Erblasser ein Zusammentreffen von Pflichtteil und Leistung aus der Auflage vermeiden, muss er mit einer Pflichtteilsstrafklausel arbeiten und die Auflage der Klausel entsprechend auflösend bedingt anordnen, so dass sie entfällt, wenn die Pflichtteilsstrafklausel greift. Der Erbe kann eine Auflage kürzen, so dass die Pflichtteilslast von ihm und dem Begünstigten aus der Auflage verhältnismäßig getragen wird (§ 2318 Abs. 1 BGB); für eine Auflage, mit der ein objektiver Zweck verfolgt wird, gilt das gleichermaßen. Auch ein Kürzungsrecht nach § 2322 BGB erfasst eine Auflage. Der Erblasser kann die Pflichtteilslast allerdings abweichend verteilen (§ 2324 BGB).

G. Auflage im Erbschaftsteuerrecht

Der Vollzug der Auflage führt zu einem Erwerb von Todes wegen (§ 3 Abs. 2 Nr. 2 12
ErbStG). Was der Begünstigte erhält, stammt vom Erblasser. Nach ihrem Verhältnis bestimmen sich die Steuerklasse (§ 15 ErbStG) und die daraus abgeleiteten Freibeträge (§§ 16, 17 ErbStG) und Steuersätze (§ 19 ErbStG). Anders als beim Vermächtnis entsteht die **Erbschaftsteuer** nicht schon mit dem Erbfall, sondern erst mit dem Vollzug der Auflage (§ 9 Abs. 1 Nr. 1 Buchst. d ErbStG). Dessen ungeachtet kann der Verpflichtete seine Verpflichtung aus der Auflage sofort von seinem Erwerb abziehen, also bevor er geleistet hat (§ 10 Abs. 5 Nr. 2 ErbStG); eine Verpflichtung, die in Geld besteht, muss ggf. abgezinst werden (§ 12 Abs. 1 ErbStG i.V.m. § 12 Abs. 3 BewG). Auflagen, die dem Beschwerten selbst zugutekommen, sind allerdings nicht abzugsfähig (§ 10 Abs. 9 ErbStG).

Die Auflage ist ein geeignetes Mittel, erbschaftsteuerliche Nachteile des **Berliner Tes-** 13
taments zu vermeiden, denn mit ihrer Hilfe können die erbschaftsteuerlichen Freibeträge erhalten werden.[12] Zu beachten ist aber, dass es aufgrund der Neufassung des § 6

---

8 Staudinger/*Otte*, § 2192 Rn 13.

9 *Lange/Kuchinke*, § 30 III; *Lange*, § 31 Rn 27; a.A. die h.M.: Staudinger/*Otte*, § 2192 Rn 13.

10 Grüneberg/*Weidlich*, § 2311 Rn 5.

11 RG HRR 28 Nr. 427; Grüneberg/*Weidlich*, § 2192 Rn 1.

12 *Daragan*, DStR 1999, 393.

Abs. 4 ErbStG nicht mehr möglich ist, die Auflage erst mit dem Tod des beschwerten Elternteils fällig werden zu lassen. Auch eine in das freie Belieben des Beschwerten gestellte Fälligkeit führt wegen der §§ 2192, 2181 BGB zur Anwendung des § 6 Abs. 4 ErbStG. Der Erblasser muss also die Fälligkeit der Auflage so festlegen, dass sie vor dem Tod des Beschwerten eintritt oder zumindest eintreten kann. Dann lassen sich durch Sofortabzug der Verpflichtung aus der Auflage und der hinausgeschobenen Besteuerung des Begünstigten, die vom Vollzug der Auflage abhängt, weiterhin vorteilhafte Steuereffekte erreichen.[13] Mit Hilfe einer Auflage können auch noch nach dem Tod des Erblassers alle zehn Jahre die Freibeträge ausgenutzt werden, indem die Auflage nach und nach in dieser Höhe erfüllt wird (**postmortaler Dekadensprung**).[14]

14 Auflagen, die keinem bestimmten oder bestimmbaren Begünstigen zugutekommen sollen, sondern einem unbestimmten Personenkreis oder einem objektiven Zweck, werden als Zweckzuwendungen besteuert, soweit sie die Bereicherung des Erwerbers mindern (§ 8 ErbStG).[15] Für sie gilt immer die Steuerklasse III (§ 15 Abs. 1 ErbStG), sofern sie nicht gemeinnützigen Zwecken dienen und deshalb befreit sind (§ 13 Abs. 1 Nr. 16 und 17 ErbStG).

§ 2192 Anzuwendende Vorschriften

Auf eine Auflage finden die für letztwillige Zuwendungen geltenden Vorschriften der §§ 2065, 2147, 2148, 2154 bis 2156, 2161, 2171, 2181 entsprechende Anwendung.

Übersicht: Rdn

13 So auch *Weinmann*, in: Moench/Weinmann, ErbStG, § 3 Rn 204 (Stand 07.21).
14 Dazu *Daragan/Tanck*, ZErb 1999, 1, 5.
15 Dazu BFH BStBl II 1993, 161.

A. Anordnung der Auflage

I. Testament, Erbvertrag

1 Eine Auflage kann in einem Testament (§ 1940 BGB) oder in einem Erbvertrag (§ 1941 Abs. 1 BGB) angeordnet werden. Im Erbvertrag kann sie vertragsmäßige Verfügung (§ 2278 BGB) und in einem gemeinschaftlichen Testament wechselbezügliche Verfügung sein (§ 2270 BGB). Ergänzend gelten aufgrund der Verweisung in § 2192 BGB bestimmte Vorschriften über das Vermächtnis entsprechend. Die Aufzählung ist aber nicht abschließend. Vielmehr können weitere Vorschriften des Vermächtnisrechts entsprechend angewendet werden, soweit dies nicht durch die fehlende Gläubigerstellung des Auflagebegünstigten gerade ausgeschlossen ist.[1]

II. Bindungswille

2 Die Auflage muss angeordnet werden. Verlangt ist daher eine Äußerung des Erblassers, die den Betroffenen rechtlich bindet. Das unterscheidet die Auflage von einem Wunsch oder einer Empfehlung.

B. Zweck der Auflage

I. Subjektiver Zweck

3 Wird ein subjektiver Zweck verfolgt, sollen bestimmte oder bestimmbare Rechtsträger in den Genuss der Leistung kommen. Begünstigte können **natürliche** oder **juristische** Personen wie auch rechtsfähige Personengesellschaften (§ 14 Abs. 2 BGB) sein. Hat die Leistung Vermögenswert, hätte statt der Auflage auch ein Vermächtnis angeordnet werden können.

II. Objektiver Zweck

4 Für einen objektiven Zweck kann ein subjektives Recht nicht begründet werden,[2] so dass ein Vermächtnis nicht in Betracht kommt, sondern nur eine Auflage. Solche Auflagen fördern einen **unbestimmten** und unbestimmbaren **Personenkreis** und können stiftungsähnlichen Dauerzwecken dienen.[3] Hierher gehören auch die Auflagen, die zugunsten eines nicht rechtsfähigen Lebewesens angeordnet werden: Der Erbe wird verpflichtet, ein Haustier zu pflegen oder die Pflege zu bezahlen.[4]

III. Nur Belastung des Beschwerten

5 Die Auflage kann den Beschwerten belasten, ohne dass die Erfüllung einem Begünstigten oder der Allgemeinheit zugutekommt. Bsp. solcher Auflagen sind Grabbesuche am Todestag oder die Verpflichtung, über einen Nachlassgegenstand nicht zu verfügen.

C. Beschwerter

I. Erbe, Vermächtnisnehmer

6 Mit einer Auflage beschwert werden kann nur ein Erbe oder ein Vermächtnisnehmer (§ 1940 BGB). Im Zweifel ist der Erbe beschwert (§ 2147 BGB). Beschwert kann auch

1 MüKo/*Rudy*, § 2192 Rn 3; *Lange*, § 31 Rn 21.
2 RGZ 96, 15, 17 f.; BGHZ 121, 357, 360.
3 Grüneberg/*Weidlich*, § 2192 Rn 2 a.E.
4 Zu den damit verbundenen erbschaftsteuerlichen Risiken vgl. *Götz*, ZEV 2012, 649.

der Vorerbe sein. Ein Nacherbe ist erst ab dem Eintritt der Nacherbfolge beschwert.[5] Mehrere Erben oder Vermächtnisnehmer, die mit der gleichen Auflage beschwert sind, sind im Zweifel nach dem Verhältnis der Erbteile oder des Wertes der Vermächtnisse beschwert (§ 2148 BGB).

II. Auflagenbegünstigter

7 Der aus einer Auflage Begünstigte kann nicht mit einer (Unter-)Auflage beschwert werden.

III. Wegfall des Erstbeschwerten

8 Sofern der Erblasser nichts Gegenteiliges angeordnet hat, bleibt eine Auflage wirksam, wenn der Beschwerte nicht Erbe oder Vermächtnisnehmer wird. Beschwert ist dann, wem der Wegfall des Erstbeschwerten unmittelbar zustattenkommt (§§ 2161, 2192 BGB). Der **Ersatzmann** muss aufgrund der Anordnung des Erblassers nachrücken. Stirbt der Beschwerte nach dem Erbfall, ohne weggefallen zu sein, geht seine Verpflichtung aus der Auflage als Nachlassverbindlichkeit (§ 1967 Abs. 2 BGB) auf seine Erben über. Eine Auflage, die nur einen bestimmten Beschwerten belasten soll und in diesem Sinne höchstpersönlich ist, erlischt jedoch mit dem Tod des Beschwerten.[6] Hat sich der Erblasser dazu nicht ausdrücklich erklärt, kann die Art der Auflage Aufschluss geben. Soll nur der Beschwerte selbst eine Handlung vornehmen, z.B. das Unternehmen des Erblassers fortführen, ist die Auflage höchstpersönlich. Geht es um die Weitergabe von Vermögenswerten, wird man Höchstpersönlichkeit nur in Ausnahmefällen bejahen können. Gegen eine höchstpersönliche Auflage spricht, wenn der Erblasser einen Ersatzauflagebegünstigten bestimmt hat.

D. Inhalt und Wirksamkeit der Auflage

I. Gegenstand einer Auflage

9 I.R.d. gesetzlichen Verpflichtungsmöglichkeiten kann der Erblasser jede Leistung zum Inhalt einer Auflage machen, ein **positives Tun** oder ein **negatives Tun** in Gestalt eines **Unterlassens** oder eines **Duldens**. Vermögenswert muss der Leistung nicht zukommen. Wenn eine Auflage zum Inhalt hat, dem Begünstigten einen Gegenstand zukommen zu lassen, muss der Gegenstand kein Bestandteil des Nachlasses sein. Der Erblasser kann den Beschwerten verpflichten, einen nachlassfremden Gegenstand zu übertragen (Verschaffungsauflage; vgl. dazu Rdn 21), auch einen Gegenstand aus seinem Eigenvermögen.

II. Vollziehbarer Inhalt

10 Die Auflage muss einen vollziehbaren Inhalt haben. Lässt er sich auch durch Auslegung (§ 2084 BGB) nicht ermitteln, ist die Auflage unwirksam, wenn sie nicht in eine andere Auflage umgedeutet werden kann, z.B. in eine Zweckauflage, die vollziehbar ist.

III. Unwirksamkeit der Auflage

11 Eine Auflage, die auf eine zur Zeit des Erbfalls für jedermann **unmögliche Leistung** gerichtet ist oder gegen ein zu dieser Zeit bestehendes gesetzliches Verbot verstößt, ist unwirksam (§§ 2171 Abs. 1, 2192 BGB). Deshalb scheitert die Auflage, ein bestimmtes Testament nicht zu errichten, an § 2302 BGB.[7] Die Wirksamkeit kann auch an dem Schikaneverbot des § 226 BGB scheitern oder daran, dass die Anordnung sittenwidrig

5 BayObLGZ 66, 271.
6 *Lange/Kuchinke*, § 30 II.
7 BayObLGZ 58, 225, 230.

ist (§ 138 BGB). Kann die Unmöglichkeit behoben werden und wurde die Auflage für den Fall angeordnet, dass die Leistung möglich wird, bleibt sie wirksam (§§ 2171 Abs. 2, 2192 BGB). Wird eine Auflage, die auf eine unmögliche Leistung gerichtet ist, unter einer aufschiebenden Bedingung oder Befristung zugewendet, ist sie gültig, wenn die Unmöglichkeit vor dem Eintritt der Bedingung oder der Befristung behoben wird (§§ 2171 Abs. 3, 2192 BGB).

E. Entstehung

I. Regelfall

Die Verpflichtung des Beschwerten entsteht mit dem Erbfall. Für den Erben ergibt 12 sich das aus § 1967 Abs. 2 BGB, für den Vermächtnisnehmer aus einer analogen Anwendung des § 2176 BGB.[8] Gleichzeitig entsteht der Erwerbsgrund des Begünstigten (siehe dazu Vorbem. zu §§ 2192 ff. Rdn 12 ff.).

II. Bedingung, Befristung

Die Auflage kann aufschiebend bedingt oder befristet angeordnet werden. Dann wird 13 sie mit dem Eintritt der Bedingung oder der Befristung wirksam. Für den Erwerbsgrund des Begünstigten bietet sich eine Analogie zu § 2177 BGB an.

III. Leben des Begünstigten

Der Begünstigte darf im Zeitpunkt des Erbfalls nicht gestorben sein. Das ergibt sich 14 trotz der fehlenden Verweisung in § 2192 BGB aus einer entsprechenden Anwendung des § 2160 BGB. Bereits leben muss er hingegen nicht. Eine Auflage zugunsten eines gezeugten Menschen, altertümlich Leibesfrucht genannt, ist möglich (§ 1923 Abs. 2 BGB), ebenso eine Auflage zugunsten eines noch nicht gezeugten Menschen (§ 2178 BGB analog).

IV. Ersatzbegünstigter

Der Erblasser kann einen Ersatzbegünstigten für den Fall bestimmen, dass der Erstbe- 15 günstigte vor oder nach dem Erbfall wegfällt. Gibt es keinen Ersatzbegünstigten, kann die Auflage nicht vollzogen werden.[9] Kraft Gesetzes kann eine Ersatzbegünstigung analog § 2069 BGB eintreten.[10]

F. Fälligkeit

Wenn man der üblichen Unterscheidung zwischen **Fälligkeit** und **Erfüllbarkeit** folgt, 16 kann die Auflage selbst nicht fällig werden. Denn Fälligkeit ist als das Recht des Gläubigers definiert, die Leistung zu verlangen.[11] Auch der Erwerbsgrund des Begünstigten kann nicht fällig werden. Die Fälligkeit kann sich daher nur auf den Vollziehungsanspruch (§ 2194 BGB) beziehen – dessen ungeachtet wird der Einfachheit halber im Folgenden von der Fälligkeit der Auflage gesprochen. Der Beschwerte kann die Auflage grundsätzlich jederzeit und unabhängig von einer Fälligkeit erfüllen, sobald sie entstanden ist (vgl. § 271 Abs. 2 BGB). Hat der Erblasser die Fälligkeit nicht bestimmt, gilt § 271 BGB: Die Auflage wird mit der Entstehung fällig, wenn sich nichts anderes aus den Umständen ergibt. Spätestens fällig wird die Auflage mit dem Tod des Beschwerten, wenn die Erfüllung der Auflage in sein Belieben gestellt ist (§§ 2181, 2192 BGB). Der Erblasser kann die Fälligkeit einer Auflage, die durch den Tod des Beschwerten nicht erlischt, über den Tod des Beschwerten hinausschieben.

8 Staudinger/*Otte*, § 2192 Rn 17; *Lange/Kuchinke*, § 30 III.
9 *Lange/Kuchinke*, § 30 III.
10 *Lange/Kuchinke*, § 30 III.
11 Grüneberg/*Grüneberg*, § 271 Rn 1.

Auf diese Weise kann er die Erfüllung der Auflage auf die Erben des Erben oder Vermächtnisnehmers verlagern. Ferner hat der Erblasser die Möglichkeit, die Fälligkeit durch einen Dritten bestimmen zu lassen (§ 315 BGB); bestimmungsberechtigt kann der Vollziehungsberechtigte sein oder ein anderer.

G. Verjährung

17 Nach § 194 Abs. 1 BGB verjähren nur Ansprüche. Andere Rechte oder Rechtsstellungen können nicht verjähren.[12] Da der Begünstigte keinen Anspruch, sondern einen Erwerbsgrund hat, gibt es in seiner Hand nichts, das verjähren könnte.

H. Arten der Auflage

I. Wahlauflage

18 Der Erblasser kann eine Auflage in der Weise anordnen, dass der Begünstigte von mehreren Gegenständen nur den einen oder den anderen erhalten soll (§§ 2154, 2192 BGB). Die Wahl kann dem Beschwerten oder dem Vollziehungsberechtigten überlassen werden. Auch der Begünstigte kann wahlberechtigt sein. Das steht nicht im Widerspruch zu § 1940 BGB, weil das Wahlrecht nicht gleichbedeutend mit einem Erfüllungsanspruch ist, den der Begünstigte nicht haben kann. Denn die Wahl verschafft dem Begünstigten weder den Gegenstand, für den er sich entschieden hat, noch einen Anspruch darauf, sondern bindet nur den Vollziehungsberechtigten und den Beschwerten.

II. Gattungsauflage

19 Hat der Erblasser die Sache, die Gegenstand der Auflage ist, nur der Gattung nach bestimmt, so ist eine den Verhältnissen des Begünstigten entsprechende Sache zu leisten (§§ 2155, 2192 BGB).

III. Zweckauflage

20 Hat der Erblasser den Zweck der Auflage bestimmt, kann er die Bestimmung der Leistung dem billigen Ermessen des Beschwerten oder eines Dritten überlassen. Es finden die §§ 315–319 BGB entsprechende Anwendung (§§ 2156, 2192 BGB). Die Regelung wird durch § 2193 BGB ergänzt und erweitert (siehe dazu im Einzelnen die Kommentierung zu § 2193). Die Zweckauflage kann auch eingesetzt werden, um die Pflichtteilsfestigkeit eines Herausgabevermächtnisses abzusichern.[13]

IV. Verschaffungsauflage (§§ 2169 Abs. 1, 2170 Abs. 1 BGB)

21 Ist eine Auflage wirksam, die einen Gegenstand zum Inhalt hat, der zur Zeit des Erbfalls nicht zur Erbschaft gehört, hat der Beschwerte den Gegenstand dem Begünstigten zu verschaffen (§ 2170 Abs. 1 BGB). Ist der Beschwerte zur Verschaffung außerstande, so hat er den Wert zu entrichten. Ist die **Verschaffung** nur mit unverhältnismäßigen Aufwendungen möglich, so kann sich der Beschwerte durch Entrichtung des Wertes befreien (§ 2170 Abs. 2 BGB).[14]

V. Ersatzauflage (§ 2190 BGB)

22 Der Erblasser bestimmt einen Ersatzbegünstigten für den Fall, dass der Erstbegünstigte vor oder nach dem Erbfall wegfällt.[15] Anlass dazu gibt es bspw., wenn der

12 Grüneberg/*Ellenberger*, § 194 Rn 3.

13 Vgl. dazu die Diskussion von *Schwarz*, ZEV 2011, 292 und *Schwarz*, ZEV 2012, 27 sowie *Hölscher*, ZEV 2011, 569.

14 *Kipp/Coing*, S. 375 f.; *Lange/Kuchinke*, § 30 II.

15 *Lange/Kuchinke*, § 30 II.

Erblasser mit einer Freibetragsauflage[16] zugunsten mehrerer Kinder arbeiten will und für den Fall, dass eines der Kinder nicht zum Zuge kommt, dessen Abkömmlinge bedacht werden.

VI. Quotenauflage

Sie beschwert nicht alle Miterben, sondern nur einen oder einige, und kommt in 23
Betracht, wenn zwar der Zweck, aber nicht der Kreis der Begünstigten bestimmt und die Erbfolge geklärt ist.[17]

VII. Unterauflage

Sie scheitert daran, dass der **Auflagenbegünstigte** nicht mit einer Auflage beschwert 24
werden kann (§ 1940 BGB). Deshalb müssen Ersatzlösungen gefunden werden.[18]

VIII. Vorausauflage

Sie soll am fehlenden Anspruch scheitern, was nicht überzeugt.[19] Begünstigter aus 25
einer Auflage kann daher auch ein **Miterbe** sein.

IX. Wertauflage

Es handelt sich um eine Kombination von **Wahlauflage** und **Zweckauflage**. Der 26
Gegenstand der Auflage wird nicht bestimmt, sondern nur der Wert dessen, was der Begünstigte erhalten soll.

X. Universalauflage

Hier möchte der Erblasser seinen Nachlass einem Erwerber zukommen lassen. Er 27
wählt dafür nicht den an sich naheliegenden Weg der Erbeinsetzung, sondern arbeitet stattdessen mit einer **Universalauflage**. Veranlassung dazu kann ihm geben, dass er die gesetzliche Erbfolge ausschließen möchte, obwohl er bei der Errichtung der letztwilligen Verfügung den Erben noch nicht oder noch nicht definitiv kennt.[20] Auch **erbschaftsteuerrechtliche** Überlegungen können dazu bewegen. Denn die Steuerpflicht des Begünstigten hängt davon ab, wann die Auflage vollzogen wird; erst dann entsteht die Steuer (§§ 3 Abs. 1 Nr. 1, 9 Abs. 1 Nr. 1 lit. d. ErbStG). Dadurch lässt sich die Automatik der Besteuerung vermeiden, die bei Erbeinsetzung und Vermächtnis mit dem Erbfall eintritt.

§ 2193 Bestimmung des Begünstigten, Vollziehungsfrist

(1) Der Erblasser kann bei der Anordnung einer Auflage, deren Zweck er bestimmt hat, die Bestimmung der Person, an welche die Leistung erfolgen soll, dem Beschwerten oder einem Dritten überlassen.

(2) Steht die Bestimmung dem Beschwerten zu, so kann ihm, wenn er zur Vollziehung der Auflage rechtskräftig verurteilt ist, von dem Kläger eine angemessene Frist zur Vollziehung bestimmt werden; nach dem Ablauf der Frist ist der Kläger berechtigt, die Bestimmung zu treffen, wenn nicht die Vollziehung rechtzeitig erfolgt.

(3) [1]Steht die Bestimmung einem Dritten zu, so erfolgt sie durch Erklärung gegenüber dem Beschwerten. [2]Kann der Dritte die Bestimmung nicht treffen, so geht

16 Dazu *Daragan*, DStR 1999, 393.
17 *Lange/Kuchinke*, § 30 II.
18 Vgl. dazu die Kommentierung in der 2. Auflage.
19 *Lange/Kuchinke*, § 30 II.
20 Dazu *Daragan*, DStR 1999, 393; *Heeg*, DStR 2007, 89.

das Bestimmungsrecht auf den Beschwerten über. [3]Die Vorschrift des § 2151 Abs. 3 Satz 2 findet entsprechende Anwendung; zu den Beteiligten im Sinne dieser Vorschrift gehören der Beschwerte und diejenigen, welche die Vollziehung der Auflage zu verlangen berechtigt sind.

Übersicht: Rdn

A. Eigenbestimmung versus Fremdbestimmung

1 Nach § 2065 Abs. 2 BGB, der nach § 2192 BGB entsprechend anzuwenden ist, muss der Erblasser zweierlei bestimmen: die Person, die von ihm eine Zuwendung erhalten soll, und den Gegenstand der Zuwendung. Er darf beides nicht der Entscheidung eines anderen überlassen. Aber dieses **Verbot** der **Fremdbestimmung** gilt strikt nur bei der Erbfolge. Für das Vermächtnis macht § 2151 BGB eine erste Ausnahme: Der Erblasser kann mehrere mit einem Vermächtnis in der Weise bedenken, dass der Beschwerte oder ein Dritter zu bestimmen hat, wer von den mehreren das Vermächtnis erhalten soll. Eine zweite Ausnahme macht § 2156 BGB, wonach der Erblasser bei der Anordnung eines Vermächtnisses, dessen Zweck er bestimmt hat, die Bestimmung der Leistung dem billigen Ermessen des Beschwerten oder eines Dritten überlassen kann.[1] Das gilt über § 2192 BGB auch für die Auflage. Zudem geht § 2193 BGB weiter. Danach kann der Erblasser einen Dritten nicht nur ermächtigen, den Begünstigten aus einem vorgegebenen Personenkreis auszuwählen, sondern es ihm überlassen, den Begünstigten selbst zu bestimmen. Im Ergebnis ist dem Erblasser eine vollständige **Fremdbestimmung** eröffnet: Er kann sowohl die Bestimmung des Begünstigten wie die Bestimmung der Leistung vollständig aus seiner Hand in die Hand eines anderen geben, der nach freiem Ermessen entscheidet.[2] Das, verbunden mit einer Universalauflage, erlaubt es ihm, Dritte nach dem Erbfall entscheiden zu lassen, wer sein gesamtes Vermögen „erbt“ (zur Universalauflage vgl. auch § 2192 Rdn 27).

B. Bestimmung des Zwecks

2 Der Erblasser muss den Zweck der Auflage selbst bestimmen. Aber die Praxis ist großzügig, was die Bestimmtheit dieser Bestimmung anbelangt. Sie lässt es genügen, dass der Erblasser den Zweck der Auflage in erkennbaren Umrissen charakterisiert.[3] Als ausreichend wurden angesehen die Anordnung, den Nachlass unter den unbemittelten Verwandten nach deren Bedürftigkeit zu verteilen,[4] oder die Anordnung, ein

1 Dazu *Mayer*, MittBayNotZ 1999, 447.
2 BGHZ 121, 357.
3 RGZ 95, 15; w. Nachw. bei Staudinger/*Otte*, § 2193 Rn 2.
4 KG OLGZ 21, 359.

Grundstück auf eine gemeinnützige Organisation zu übertragen.[5] Die Zweckauflage zur Gründung einer unselbständigen Stiftung ist selbst dann wirksam, wenn der Erblasser die Bestimmung des Stiftungsträgers dem Testamentsvollstrecker überlässt und keine näheren Angaben zum Inhalt der Satzung macht, weil sie vom Zweck der Auflage abhängig sind.[6] Deshalb würde es für eine steuerorientierte Anordnung genügen, als Zweck die Inanspruchnahme der erbschaftsteuerrechtlichen Freibeträge anzugeben. Da § 2151 BGB nicht anwendbar ist, genügt es allerdings nicht, dass der Erblasser nur einen Personenkreis benennt, aus dem der Begünstigte ausgesucht werden soll. Eine solche Auflage ist unwirksam, wenn sie sich nicht durch Umdeutung als Zweckauflage aufrechterhalten lässt. Andernfalls gibt es nur einen unverbindlichen Wunsch des Erblassers.[7]

C. Bestimmungsberechtigter

Bestimmungsberechtigt kann der Beschwerte (Abs. 2) oder ein Dritter (Abs. 3) sein. 3

D. Umfang des Bestimmungsrechts, Bestimmungspflicht

I. Umfang des Bestimmungsrechts

Der Bestimmungsberechtigte ist an die Vorgaben des Erblassers gebunden, insbesondere an den Zweck der Auflage.[8] Weitere Grenzen des Bestimmungsrechts ergeben sich aus den §§ 315 ff. BGB, die über §§ 2156 S. 2, 2192 BGB entsprechend anwendbar sind. Nach § 315 Abs. 1 BGB und nach § 317 Abs. 1 BGB hat der **Bestimmungsberechtigte** im Zweifel nach billigem Ermessen zu entscheiden.[9] Seine Entscheidung kann gerichtlich darauf überprüft werden, ob sie der Billigkeit entspricht (§ 315 Abs. 3 BGB). Der Erblasser kann ihm aber einen größeren Spielraum gewähren und eine Entscheidung nach freiem Ermessen oder freiem Belieben erlauben.[10] Nur von der Orientierung am Zweck der Auflage kann er ihn nicht befreien. Die Entscheidung des Bestimmungsberechtigten, die nach freiem Ermessen ergeht, ist gerichtlich nur darauf überprüfbar, ob sie den vom Erblasser bestimmten Zweck offensichtlich verfehlt oder auf Arglist beruht.[11] 4

II. Bestimmungspflicht

Mit den Mitteln des Erbrechts zur Bestimmung verpflichtet werden kann nur ein **Testamentsvollstrecker**. Deshalb ist eine letztwillig verfügte Pflicht zur Bestimmung als Anordnung einer Testamentsvollstreckung mit gegenständlich beschränktem Wirkungskreis (§ 2208 BGB) zu verstehen.[12] Außerhalb des Erbrechts kann die Verpflichtung durch einen **Bestimmungsvertrag** (Auftrag oder Geschäftsbesorgungsvertrag) mit dem Dritten begründet werden. Wenn der Erblasser den Bestimmungsvertrag mit dem Beschwerten geschlossen hat, muss er durch geeignete Maßnahmen sicherstellen, dass der Vertrag im Erbfall nicht durch Konfusion erlischt. 5

5 BGHZ 121, 357.
6 OLG München ZErb 2014, 233.
7 MüKo/*Rudy*, § 2193 Rn 2; Staudinger/*Otte*, § 2193 Rn 1.
8 Grüneberg/*Weidlich*, § 2193 Rn 1.
9 Dafür als Regelfall: BGHZ 121, 357, 361; Staudinger/*Otte*, § 2193 Rn 5.
10 Dafür als Regelfall: RGRK/*Johannsen*, § 2193 Rn 4; Soergel/*Dieckmann*, § 2193 Rn 5.
11 BGHZ 121, 357.
12 Staudinger/*Otte*, § 2194 Rn 6; *Lange/Kuchinke*, § 30, S. 660.

E. Durchführung der Bestimmung

I. Beschwerter

6 Für ihn gilt § 315 Abs. 2 BGB über die §§ 2156 S. 2, 2192 BGB entsprechend. Geht es um ein Vermächtnis, erfolgt die Bestimmung gegenüber dem Bedachten,[13] denn sie konkretisiert seinen Anspruch aus § 2147 BGB. Bei der Auflage muss der Beschwerte die Bestimmung gegenüber dem **Vollziehungsberechtigten** treffen, da sie dessen Vollziehungsanspruch konkretisiert. Sieht man in der Bestimmung durch den Beschwerten einen Fall der Drittbestimmung, kommt man in analoger Anwendung des § 318 Abs. 1 BGB zum selben Ergebnis. Darüber hinaus ist es dem Beschwerten auch möglich, die Bestimmung stillschweigend zu treffen, indem er dem Begünstigten gegenüber die Auflage mit dem Inhalt erfüllt, für den er sich entschieden hat.

II. Dritter

7 Der Dritte kann die Bestimmung gegenüber dem Vollziehungsberechtigten treffen oder gegenüber dem Beschwerten (§ 318 Abs. 1 BGB). Ist er, wie bspw. ein Testamentsvollstrecker, selbst vollziehungsberechtigt, erfolgt die Bestimmung durch Erklärung gegenüber dem Beschwerten.

F. Durchsetzung der Bestimmung

I. Bestimmungsrecht des Beschwerten

8 Trifft der Beschwerte die Bestimmung nicht, kann ihn ein Vollziehungsberechtigter (§ 2194 BGB) auf Vollziehung der Auflage verklagen. Ist er dazu rechtskräftig verurteilt, kann der Vollziehungsberechtigte eine angemessene Frist zur Vollziehung bestimmen. Verstreicht die Frist ergebnislos, kann nunmehr der Kläger die Bestimmung selbst treffen (Abs. 2). § 255 Abs. 2 ZPO ermöglicht, in der Klage einen Antrag auf Fristsetzung durch das Gericht zu stellen.

II. Bestimmungsrecht eines Dritten

9 Vorbehaltlich einer anderen Anordnung des Erblassers ist die Entscheidung des Dritten für den Beschwerten nicht verbindlich, wenn sie offenbar unbillig ist. In diesem Fall erfolgt sie durch Urteil; das Gleiche gilt, wenn der Dritte die Bestimmung nicht treffen kann oder nicht treffen will (§ 319 Abs. 1 BGB).

§ 2194 Anspruch auf Vollziehung

[1]Die Vollziehung einer Auflage können der Erbe, der Miterbe und derjenige verlangen, welchem der Wegfall des mit der Auflage zunächst Beschwerten unmittelbar zustatten kommen würde. [2]Liegt die Vollziehung im öffentlichen Interesse, so kann auch die zuständige Behörde die Vollziehung verlangen.

Übersicht: Rdn

13 Staudinger/*Otte*, § 2156 Rn 4.

A. Inhalt des Anspruchs

1 Nach dem Wortlaut des § 2194 BGB kann die **Vollziehung** der **Auflage** verlangt werden. Anders als ein Testamentsvollstrecker kann der Inhaber des Vollziehungsanspruchs die Auflage also nicht selbst vollziehen. Vielmehr muss und kann er vom Beschwerten verlangen, dass jener seine Verpflichtung aus der Auflage erfüllt, also die Willenserklärungen abgibt und die Handlungen vornimmt, die zur Erfüllung der Verpflichtung erforderlich sind. Insofern lässt sich sagen, dass der Inhalt des Vollziehungsanspruchs dem Inhalt der Verpflichtung folgt.

B. Rechtsstellung des Vollziehungsberechtigten

2 Der Anspruchsinhaber wird üblicherweise **Vollziehungsberechtigter** genannt. Er ist nicht Inhaber eines **privaten Amts,**[1] sondern Inhaber eines materiellrechtlichen Anspruchs gegen den Beschwerten des Inhalts, dass der Beschwerte seine Verpflichtung aus der Auflage erfüllt.[2] Soweit es um Leistungen an einen Begünstigten geht, gleicht seine Position der des Versprechensempfängers beim echten Vertrag zugunsten Dritter (vgl. § 335 BGB).[3] Der Vollziehungsberechtigte ist Gläubiger, aber nicht im eigenen, sondern im fremden Interesse. Er handelt nicht eigennützig, sondern fremdnützig, da er die Erfüllung der Auflage nicht an sich selbst, sondern nur an den Begünstigten verlangen kann, so es einen Begünstigten gibt. Andernfalls handelt er als eine Art Pfleger (vgl. § 1913 BGB) für den objektiven Zweck, dem die Auflage dient.

3 Mehrere Vollziehungsberechtigte sind **Gesamtgläubiger.**[4] Dass jeder die Leistung nicht an sich verlangt, sondern an den Begünstigten, schließt Gesamtgläubigerschaft ebenso wenig aus wie der Umstand, dass der Verpflichtete, anders als im Regelfall des § 428 S. 1 BGB, nur mittelbar an den Gläubiger leistet, indem er die Auflage erfüllt.

C. Entstehung, Fälligkeit, Erlöschen

4 Bei einer unbedingt und unbefristet angeordneten Auflage entsteht der Anspruch auf Vollziehung mit dem Erbfall,[5] sonst mit Eintritt der aufschiebenden Bedingung oder Befristung. Der Anspruch auf Vollziehung wird **fällig,** wenn der Beschwerte seine Verpflichtung erfüllen muss (vgl. dazu § 2192 Rdn 16).

---

1 Nach *Lange/Kuchinke*, § 30 III Fn 73 ähnelt seine Rechtsstellung der einer Partei kraft Amtes.
2 BGHZ 121, 357, 364 m.w.N.
3 Grüneberg/*Weidlich*, § 2194 Rn 1.
4 A.A. Grüneberg/*Weidlich*, § 2194 Rn 2.
5 Staudinger/*Otte*, § 2194 Rn 14.

Der Anspruch erlischt, soweit der Beschwerte die Auflage umgesetzt hat; dafür maßgebend sind die im Testament dazu gemachten Vorgaben. Er erlischt auch, wenn die Auflagenerfüllung unmöglich wird: Hat der Beschwerte die Unmöglichkeit zu vertreten, greift § 2196 BGB ein. Der Vollziehungsberechtigte kann vom Beschwerten die Auskünfte verlangen, die er braucht, um beurteilen zu können, ob ihm der Vollziehungsanspruch noch zusteht oder nicht.[6]

D. Zeitliche Grenzen

I. Keine Vollziehungsfrist

5 Die Vorschriften über die zeitliche Beschränkung eines Vermächtnisses (§§ 2162, 2163 BGB) sind bewusst außer Betracht geblieben, damit durch eine Auflage **stiftungsähnliche** Wirkungen herbeigeführt werden können.[7] Eine zeitliche Grenze für die Vollziehung der Auflage gibt es daher nicht.

II. Verjährung

1. Verjährungsfrist

6 Wohl aber unterliegt der Vollziehungsanspruch nach § 194 BGB der **Verjährung**,[8] so dass sich eine stiftungsähnliche Dauerlösung letztendlich nur erreichen lässt, wenn es gelingt, diese Verjährung zu verhindern. Es gilt die dreijährige Regelverjährung des § 195 BGB. Sie beginnt mit dem Schluss des Jahres, in dem der Anspruch entstanden ist und der Gläubiger von den den Anspruch begründenden Umständen und der Person des Schuldners Kenntnis erlangt oder ohne grobe Fahrlässigkeit erlangen müsste (§ 199 Abs. 1 BGB). Zu beachten ist aber § 199 Abs. 3a BGB, wonach ein Anspruch, dessen Geltendmachung die Kenntnis einer Verfügung von Todes wegen voraussetzt, ohne Rücksicht auf die Kenntnis oder grob fahrlässige Unkenntnis in 30 Jahren seit der Entstehung des Anspruchs verjährt. Als auslösender Tatbestand für einen Neubeginn der Verjährung kommt ein Anerkenntnis nach § 212 Abs. 1 Nr. 1 BGB in Betracht. Ist der Beschwerte zu wiederkehrenden Leistungen verpflichtet, so bei einer Leibrente, führt jede Leistung zu einem Neubeginn der Verjährung des Stammrechts.[9] Das bedeutet, dass die Vollziehung künftiger Leistungen weiterhin verlangt werden kann. Handelt es sich um eine oder mehrere einmalige Leistungen, steht man vor dem Problem, dass die Verjährung durch Rechtsgeschäft nicht über 30 Jahre hinaus erschwert werden kann (§ 202 Abs. 2 BGB). Denkbar sind daher nur Ersatzlösungen, die im Ergebnis auf eine mittelbare Verlängerung der Verjährungsfrist hinauslaufen.

2. Aufschiebend bedingter oder befristeter Vollziehungsanspruch

7 Die Verjährung beginnt nach § 200 BGB, wenn der Anspruch entstanden, also voll wirksam geworden ist.[10] Die Schwierigkeit hier besteht darin, eine sinnvolle Bedingung oder Befristung zu finden.

3. Aufschiebend bedingte oder befristete Zuwendung unter Auflage

8 Lässt sich der Zeitpunkt, zu dem die Auflage vollzogen werden kann, zumindest abschätzen, kann die Auflage **aufschiebend befristet** angeordnet werden. Andernfalls kann mit einer aufschiebenden Potestativbedingung gearbeitet werden, so dass ein Dritter zu gegebener Zeit den Eintritt der Bedingung herbeiführen kann. Dadurch

6 SchlHOLG SchlHA 2017, 466 Rn 46 f., 73 ff., 86.

7 *Lange/Kuchinke*, § 30 III; Grüneberg/*Weidlich*, § 2192 Rn 2.

8 OLG Frankfurt ZErb 2013, 40; SchlHOLG SchlHA 2017, 466 Rn 81 ff.

9 Grüneberg/*Ellenberger*, § 212 Rn 5; zust. SchlHOLG SchlHA 2017, 466 Rn 84.

10 Grüneberg/*Ellenberger*, § 199 Rn 3.

wird der Beginn der Verjährung hinausgeschoben, bis die **Bedingung** oder **Befristung** eingetreten ist.[11] Die Auflage kann durch Testamentsvollstreckung vollziehungsfest gemacht werden, da der Testamentsvollstrecker die zur Erfüllung der Auflage notwendige Verwaltung zeitlich unbeschränkt fortführen kann.[12] Selbst wenn die Verwaltung nach 30 Jahren enden sollte (§ 2210 BGB), würde die Testamentsvollstreckung als Abwicklungsvollstreckung fortbestehen, weil dafür die Frist von 30 Jahren nicht gilt.[13]

4. Doppelt bedingte Zuwendung unter Auflage

9 Die Zuwendung unter einer Auflage wird für den Erstbegünstigten **auflösend bedingt** und für einen Ersatzbegünstigten **aufschiebend bedingt** angeordnet. Auflösende Bedingung kann allerdings nicht sein, dass der Erstbegünstigte vor Ablauf der Verjährungsfrist kein Anerkenntnis abgibt, das zu einem Neubeginn der Verjährung führt. Denn das könnte als mittelbare Verlängerung der Verjährungsfrist durch Rechtsgeschäft angesehen werden, die an § 202 Abs. 2 BGB scheitert. Wohl aber kann die auflösende Bedingung darin bestehen, dass der Erstbegünstigte nach Eintritt der Verjährung die Einrede der Verjährung erhebt, denn das lässt die Verjährungsfrist unberührt.

5. Wirksamkeitsfragen

10 Alle diese Ersatzlösungen müssen sich jedoch die Frage gefallen lassen, ob eine unzulässige Umgehung des § 202 Abs. 2 BGB vorliegt oder eine sittenwidrige Knebelung durch eine überlange, weil ewige Bindung (§ 138 BGB). Beides ist zu verneinen, solange es als einer der Zwecke der Auflage akzeptiert wird, stiftungsähnliche Dauerlösungen herbeizuführen. Nur § 226 BGB zieht auch dann eine definitive, wenn auch selten anzutreffende Grenze.

6. Abwicklungsvollstreckung

11 Durch Anordnung einer „ewigen" Abwicklungsvollstreckung allein gelingt es nicht, die Verjährung ad calendas graecas hinauszuschieben. Zwar endet sie nicht nach 30 Jahren, sondern ist zeitlich unbeschränkt möglich.[14] Aber letztlich scheitert sie an der Verjährung des Vollziehungsanspruchs, wenn die Verjährung oder ihre Wirkungen nicht ausgeschlossen werden können. Denn dass der Testamentsvollstrecker eine verjährte Auflage vollzieht, muss der Beschwerte nicht hinnehmen (§ 214 Abs. 1 BGB).

E. Verfügung über Anspruch, Vererblichkeit

12 Nach h.M. ist der Vollziehungsanspruch nicht übertragbar und nicht pfändbar.[15] Der Vollziehungsanspruch eines Erben oder Miterben soll **vererblich** sein, alle anderen Vollziehungsansprüche nicht.[16]

13 Handelt es sich um einen Vollziehungsberechtigten, den der Erblasser neben oder anstelle eines gesetzlich Vollziehungsberechtigten bestimmt hat (gekorener Vollziehungsberechtigter), ist der Vollziehungsanspruch **unvererblich**, wenn es sich um ein höchstpersönliches Vollziehungsrecht handelt.[17] Das hängt davon ab, ob es dem Erblasser darauf ankam, dass die Auflage nur durch den vollzogen wird, den er bestimmt

---

11 Grüneberg/*Ellenberger*, § 199 Rn 3.
12 Soergel/*Damrau*, § 2210 Rn 3 und Rn 1.
13 SchlHOLG ZEV 2009, 296.
14 Soergel/*Damrau*, § 2210 Rn 3 und Rn 1.
15 Grüneberg/*Weidlich*, § 2194 Rn 1.
16 Grüneberg/*Weidlich*, § 2194 Rn 1.
17 *Vorwerk*, ZEV 1998, 297, 298, geht davon aus, dass der Vollziehungsanspruch regelmäßig ein höchstpersönliches Recht ist.

hat, oder ob es ihm darauf ankam, dass die Auflage überhaupt vollzogen wird. Üblicherweise wird das Zweite der Fall sein, so dass der Vollziehungsanspruch vererblich und übertragbar ist. Andernfalls scheitert die **Abtretung** des Anspruchs an § 399 BGB und die Vererblichkeit daran, dass der Anspruch mit dem Tode des Inhabers erlischt. Beruht der Vollziehungsanspruch auf dem Gesetz (geborener Vollziehungsberechtigter), ist der Vollziehungsanspruch vererblich, so er nicht höchstpersönlich ist. Davon zu unterscheiden ist die Frage, ob der Wegfall eines Vollziehungsberechtigten den Vollziehungsanspruch eines weiteren Vollziehungsberechtigten auslöst.

F. Kreis der Vollziehungsberechtigten

I. Erbe, Miterbe

14 Vollzugsberechtigt ist der Erbe gegenüber einem Vermächtnisnehmer. Der Erbe des Erben ist vollziehungsberechtigt, wenn der Vollziehungsanspruch vererblich ist (vgl. Rdn 12). Gehört das, was der **beschwerte Miterbe** leisten soll, nicht zum Nachlass, kann jeder Miterbe die Vollziehung verlangen. Ist ein Nachlassgegenstand betroffen, kann ein Miterbe den zweiten Miterben zur Erfüllung anhalten, einen dritten und vierten Miterben allein nur, wenn der beschwerte Miterbe die Auflage entgegen § 2038 Abs. 1 S. 1 BGB und § 2040 Abs. 1 BGB auch allein erfüllen kann. Sonst können nur die übrigen Miterben gemeinsam die Vollziehung verlangen. Denn § 2194 BGB gibt einem Miterben kein Vollziehungsrecht, das den Beschwerten von den Begrenzungen der §§ 2038, 2040 BGB befreien könnte. Von einem Vermächtnisnehmer kann jeder Miterbe die Vollziehung verlangen, da der Vollziehungsanspruch ihm persönlich zusteht und nicht der Erbengemeinschaft.

Nach OLG Karlsruhe[18] ist auch eine in § 2194 BGB genannte Person vollziehungsberechtigt, wenn sie selbst begünstigt ist. Im Urteilsfall ging es um den Vollziehungsanspruch eines Erben.

II. Wegfallbegünstigter

15 Vollziehungsberechtigt ist ferner derjenige, dem der **Wegfall** des mit der Auflage Beschwerten unmittelbar zustattenkommen würde (§§ 2161, 2192 BGB). Wem der Wegfall unmittelbar zustattenkommen würde, ist nach rein rechtlichen Gesichtspunkten zu beurteilen.[19] Entscheidend ist, dass der Nachfolger zum Eintritt in die Stellung des Weggefallenen berufen wäre. Das sind bei der Beschwerung eines gesetzlichen Erben die durch den Beschwerten von der Erbfolge ausgeschlossenen nächsten gesetzlichen Erben, mangels solcher die anwachsungsberechtigten Miterben, mangels solcher die gesetzlichen Erben. Bei der Beschwerung eines Vermächtnisnehmers sind es die Ersatzvermächtnisnehmer, mangels solcher die anwachsungsberechtigten Mitvermächtnisnehmer, mangels solcher der mit dem Vermächtnis Beschwerte. Käme der Wegfall des mit der Auflage zunächst Beschwerten unmittelbar mehreren Personen zustatten, kann jede von ihnen das Recht, die Vollziehung der Auflage auszuüben, allein ausüben.

III. Zuständige Behörde

16 Die zuständige Behörde ist vollziehungsberechtigt, wenn die Vollziehung im öffentlichen Interesse liegt. Es besteht, wenn die Vollziehung einem Zweck dient, den zu fördern Aufgabe des Staates oder einer sonstigen Person des öffentlichen Rechts ist.[20] Davon ist regelmäßig auszugehen, wenn die Auflage einem gemeinnützigen Zweck dient. Bei Auflagen mit einem Begünstigten wird das hingegen nur ausnahmsweise der

18 ZEV 2004, 331 m. Anm. *J. Mayer.*

19 Staudinger/*Otte*, § 2194 Rn 4.

20 SchlHOLG SchlHA 2017, 466 Rn 41.

Fall sein. Die Zuständigkeit richtet sich nach dem Recht, dem die **Behörde** unterliegt. Zumeist wird es Landesrecht sein. Über öffentlich-rechtliche Vorfragen wie das öffentliche Interesse oder die Zuständigkeit entscheidet das ordentliche Gericht, das über ein Vollziehungsverlangen zu entscheiden hat.

IV. Ausschluss und Erweiterung

17 Der Erblasser kann einem geborenen Vollziehungsberechtigten die Vollziehungsbefugnis entziehen.[21] Er kann den Kreis der Vollziehungsberechtigten auch erweitern.[22]

V. Testamentsvollstrecker

18 Nach den §§ 2203, 2208 BGB kann ein Testamentsvollstrecker eigens zu dem Zweck ernannt werden, für die Ausführung der Auflage zu sorgen. Wenn die Auflage aus dem Nachlass zu erfüllen ist, der seiner Verwaltung unterliegt, steht dem **Testamentsvollstrecker** kein Vollziehungsanspruch gegen den Erben zu.[23] Daneben bleibt der Erbe vollziehungsberechtigt. Geht es um einen nachlassfremden Gegenstand, kann der Testamentsvollstrecker die Auflage nicht selbst erfüllen. Er kann nur, wie jeder andere Vollziehungsberechtigte auch, vom Erben Vollziehung verlangen.

VI. Begünstigter als Vollziehungsberechtigter?

19 Trotz der Entscheidung des OLG Karlsruhe,[24] die den gesetzlichen Vollziehungsanspruch eines Erben zum Gegenstand hatte, ist daran festzuhalten, dass der Erblasser den Begünstigten nicht zum Vollziehungsberechtigten bestimmen kann.[25] Deshalb gibt es auch kein gesetzliches Vollziehungsrecht des Begünstigten, z.B. als Ersatzerbe.[26] Wohl aber kann der Begünstigte Testamentsvollstrecker sein, dessen Aufgabe sich auf den Vollzug der Auflage beschränkt. Außerdem kann der Begünstigte in Prozessstandschaft für den Vollziehungsberechtigten klagen.[27] Darüber kann er seine Begünstigung selbst durchsetzen, ist also nicht auf den guten Willen des Vollziehungsberechtigten angewiesen. Im Ergebnis hat er daher die gleiche Stellung wie ein Vermächtnisnehmer.

G. Ablehnungsrecht

20 Ein Ablehnungsrecht des Vollziehungsberechtigten analog der Nichtannahme des Testamentsvollstreckeramts ist nicht vorgesehen.

H. Verzicht auf den Vollziehungsanspruch

21 Umstritten ist, ob ein Vollziehungsberechtigter auf seinen Vollziehungsanspruch verzichten kann. Dazu werden drei Meinungen vertreten: Die wohl h.M.[28] will den Verzicht nur zulassen, wenn er dem **mutmaßlichen Erblasserwillen** entspricht. Andere halten einen Verzicht für generell zulässig[29] oder für generell unzulässig.[30] Richtigerweise wird man davon ausgehen müssen, dass ein Verzicht nicht möglich ist. Einseitig durch Erklärung des Vollziehungsberechtigten könnte ein **Verzicht** nicht erfolgen,[31] sondern nur durch Erlassvertrag mit dem Beschwerten. Damit stünde die

21 Grüneberg/*Weidlich*, § 2194 Rn 2.
22 Grüneberg/*Weidlich*, § 2194 Rn 2.
23 Staudinger/*Otte*, § 2194 Rn 5.
24 OLG Karlsruhe ZEV 2004, 331 m. Anm. *J. Mayer*.
25 Zum Meinungsstand siehe MüKo/*Rudy*, § 2194 Rn 3.
26 Vgl. RGRK/*Johannsen*, § 2194 Rn 4; Soergel/*Dieckmann*, § 2194 Rn 7.
27 MüKo/*Rudy*, § 2194 Rn 10; *Lange*, § 31 Rn 31.
28 RGRK/*Johannsen*, § 2194 Rn 9 m.w.N.
29 Erman/*Nobis*, § 2194 Rn 3 m.w.N.
30 *Lange/Kuchinke*, § 30 III m.w.N.
31 Grüneberg/*Grüneberg*, § 397 Rn 4.

Auflage zur Disposition Dritter, was mit § 2065 Abs. 1 BGB nicht zu vereinbaren wäre. Außerdem würde der Erlassvertrag dazu führen, dass der Begünstigte seinen Erwerbsgrund verliert. Dann wäre er ein Vertrag zu Lasten eines Dritten, den es nicht gibt, auch nicht mit Zustimmung des Betroffenen, hier des Begünstigten.[32]

I. Vollziehungspflicht

I. Keine erbrechtliche Vollziehungspflicht

22 Der Erblasser kann mit erbrechtlichen Mitteln einen Vollziehungsberechtigten bestimmen, aber nicht zur Vollziehung verpflichten. Ob der Vollziehungsberechtigte von seinem Recht Gebrauch macht, vom Beschwerten die Vollziehung der Auflage zu verlangen, steht in seinem Belieben. Er ist auch dem Begünstigten gegenüber dazu nicht verpflichtet.[33] Hat der Erblasser einen Vollziehungsberechtigten in der letztwilligen Verfügung verpflichtet, die Vollziehung der Auflage zu verlangen, handelt es sich nach allg. Meinung nicht mehr um die Bestimmung eines Vollziehungsberechtigten, sondern um die Ernennung eines Testamentsvollstreckers mit begrenztem Aufgabenkreis.[34] Der Wille des Erblassers kann daran nichts ändern. Das ergibt sich weniger daraus, dass niemandem ein privates Amt aufgezwungen werden kann; das ist ja auch bei einem Testamentsvollstrecker nicht möglich, der das Amt ablehnen kann. Sondern es liegt daran, dass der Erblasser nach dem Gesetz nur einen Vollziehungsberechtigten bestimmen kann und **keinen Vollziehungsverpflichteten**. Sichern kann der Erblasser die Vollziehung durch eine Vollziehungsbestimmung unter der auflösenden Bedingung der Nichtvollziehung, wobei die Bedingung in der Nichterfüllung eines Vollziehungsverlangens des Begünstigten innerhalb einer vom Begünstigten zu bestimmenden Frist bestehen kann, verbunden mit der aufschiebend bedingten Bestimmung eines Ersatzvollziehungsberechtigten. Aber dadurch löst er das Problem allenfalls faktisch und nicht rechtlich, da der Ersatzvollziehungsberechtigte genauso wenig verpflichtet werden kann, die Vollziehung zu verlangen.

II. Vollziehungsvertrag

23 Der Erblasser kann durch einen Vollziehungsvertrag, der Auftrag oder Geschäftsbesorgungsvertrag ist, den künftigen Vollziehungsberechtigten (die Bestimmung zum Vollziehungsberechtigten ist nur in einer Verfügung von Todes wegen möglich und nicht durch Rechtsgeschäft unter Lebenden) verpflichten, die Auflage einmalig oder fortlaufend zu vollziehen. Soll sie fortlaufend vollzogen werden, wird sich der Erblasser zweckmäßigerweise für eine juristische Person als Vollziehungsberechtigten entscheiden. Damit sich der Erbe nicht aus dem **Vertrag** lösen kann, muss sein ordentliches Kündigungs- oder Widerrufsrecht ausgeschlossen werden. Noch effektiver binden kann der Erblasser, indem er verhindert, dass der Erbe in die Stellung des Vertragspartners nachrückt. Da es sich hier um eine schuldrechtliche und nicht eine erbrechtliche Verpflichtung zur Vollziehung handelt, die als Testamentsvollstreckung verstanden werden könnte, gilt § 2163 Abs. 2 BGB nicht, auch nicht über § 2210 S. 3 BGB.

32 Grüneberg/*Grüneberg*, Einf v. § 328 Rn 10.

33 Staudinger/*Otte*, § 2194 Rn 13.

34 Staudinger/*Otte*, § 2194 Rn 6. Dazu auch OLG Köln NJW-RR 1991, 525.

§ 2195 Verhältnis von Auflage und Zuwendung

Die Unwirksamkeit einer Auflage hat die Unwirksamkeit der unter der Auflage gemachten Zuwendung nur zur Folge, wenn anzunehmen ist, dass der Erblasser die Zuwendung nicht ohne die Auflage gemacht haben würde.

Übersicht: Rdn

A. Zweck der Regelung

1 Mehrere Verfügungen in einer letztwilligen Verfügung sind in ihrem Bestand grundsätzlich unabhängig voneinander (§ 2085 BGB). § 2195 BGB ergänzt oder stellt zumindest klar, dass das auch im Verhältnis von Auflage und Zuwendung gilt.

B. Abhängigkeit der Zuwendung von der Auflage

2 Kraft Gesetzes ist die Zuwendung von der Wirksamkeit der Auflage unabhängig. Das ist anders, wenn der Erblasser die Zuwendung nicht ohne die Auflage gemacht hätte. Das setzt voraus, dass die Erfüllung der Auflage der einzige Zweck der Zuwendung ist. Dass sie nur der Anlass dafür ist, genügt nicht.[1] Dem Erblasser bleibt es jedoch unbenommen, in den Grenzen des rechtlich Möglichen die Wirksamkeit einer Zuwendung auf andere Weise von der Erfüllung der Auflage abhängig zu machen. Soll die Zuwendung dann vollständig entfallen, handelt es sich um eine auflösende Bedingung, andernfalls um eine Einschränkung der Zuwendung.[2] Die Beweislast für eine Abhängigkeit der Zuwendung von der Auflage trägt, wer mit dieser Begründung die Unwirksamkeit der Zuwendung geltend macht.[3]

C. Abhängigkeit der Auflage von der Zuwendung

3 Nach den §§ 2161, 2192 BGB bleibt die Auflage wirksam, wenn der Beschwerte nicht Erbe oder Vermächtnisnehmer wird. Sie beschwert dann denjenigen, dem der Wegfall des Beschwerten zustattenkommt. Ist die Zuwendung unwirksam, ist auch die Auflage unwirksam, weil es nichts und niemanden gibt, der mit einer Auflage beschwert werden könnte. Umgekehrt entfällt die Auflage nicht notwendig, wenn die Zuwendung teilweise unwirksam ist. Und veränderte Umstände machen die Auflage nicht unwirksam, wenn dem Willen des Erblassers durch eine andere Art der Vollziehung Rechnung getragen werden kann.[4]

§ 2196 Unmöglichkeit der Vollziehung

(1) Wird die Vollziehung einer Auflage infolge eines von dem Beschwerten zu vertretenden Umstands unmöglich, so kann derjenige, welchem der Wegfall des zunächst Beschwerten unmittelbar zustatten kommen würde, die Herausgabe der Zuwendung nach den Vorschriften über die Herausgabe einer ungerechtfertigten Bereicherung insoweit fordern, als die Zuwendung zur Vollziehung der Auflage hätte verwendet werden müssen.

1 So Staudinger/*Otte*, § 2195 Rn 3; zustimmende *Muscheler*, Erbrecht, § 39 Rn 2690.
2 Vgl. dazu *Lange/Kuchinke*, § 30 I 3 Fn 19.
3 Staudinger/*Otte*, § 2195 Rn 3; MüKo/*Rudy*, § 2195 Rn 2.
4 BGHZ 42, 327.

(2) Das Gleiche gilt, wenn der Beschwerte zur Vollziehung einer Auflage, die nicht durch einen Dritten vollzogen werden kann, rechtskräftig verurteilt ist und die zulässigen Zwangsmittel erfolglos gegen ihn angewendet worden sind.

Übersicht: Rdn

A. Allgemeines

I. Normzweck

1 Die Vorschrift will den Beschwerten, der eine wirksame Zuwendung unter einer wirksamen Auflage bekommen hat, dazu anhalten, seiner Verpflichtung aus der Auflage nachzukommen. Sie gilt entsprechend für den gesetzlichen Erben, der mit einer Auflage beschwert ist.[1]

II. Geregelte Fälle

2 Geregelt sind zwei Fälle: Die Vollziehung der Auflage wird aufgrund eines Umstands unmöglich, den der Beschwerte zu vertreten hat (Abs. 1). Der Beschwerte wurde rechtskräftig zur Vollziehung einer Auflage verurteilt, die nicht durch einen Dritten vollzogen werden kann, und die zulässigen Zwangsmittel wurden erfolglos gegen ihn angewendet (Abs. 2).

III. Regelungsmöglichkeiten des Erblassers

3 Die Vorschrift ist dispositiv.[2] Damit hat es der Erblasser in der Hand, selbst zu bestimmen, welche Folgen es für den Beschwerten hat, wenn er seine Verpflichtung aus der Auflage nicht erfüllt. Das kann über eine auflösende Bedingung dazu führen, dass die Zuwendung ganz oder teilweise wegfällt. Oder eine Auflage auf Herausgabe eines Gegenstands kann durch eine Auflage ergänzt werden, dass Wertersatz in Geld zu leisten ist.

B. Unmöglichkeit der Vollziehung

I. Nicht zu vertretende Unmöglichkeit

4 Wird die Vollziehung der Auflage unmöglich, ohne dass der Beschwerte das zu vertreten hat, wird er von der Leistungspflicht frei (§ 275 BGB). Er behält die Zuwendung auflagenfrei. Ein Begünstigter geht leer aus.

II. Zu vertretende Unmöglichkeit

5 Hat der Beschwerte die Unmöglichkeit nach den §§ 276, 278 BGB zu vertreten, verliert er die Zuwendung insoweit, als er sie zur Erfüllung der Auflage hätte verwenden

1 MüKo/*Rudy*, § 2196 Rn 2.
2 MüKo/*Rudy*, § 2196 Rn 2.

müssen.[3] Es wird sowohl der Fall erfasst, dass der Gegenstand der Zuwendung ganz oder teilweise hätte weitergegeben werden müssen, als auch der Fall, dass er dazu hätte verwendet werden müssen, die Mittel zur Erfüllung der Auflage zu beschaffen.[4]

C. Erfolglose Zwangsvollstreckung

6 Der Beschwerte muss sich weigern, eine unvertretbare Handlung vorzunehmen, nachdem die zulässigen Zwangsmittel erfolglos geblieben sind. Da nach § 888 ZPO vollstreckt wird, kommen Zwangsgeld und/oder Zwangshaft als Zwangsmittel in Betracht. Gleichgestellt ist der Fall, dass der Beschwerte seiner Verpflichtung zuwiderhandelt, eine Handlung zu unterlassen oder eine Handlung des Begünstigten zu dulden. Hier wird nach § 890 ZPO durch Ordnungsgeld und/oder Ordnungshaft vollstreckt.

D. Anspruchsinhalt

I. Entsprechende Anwendung des Bereicherungsrechts

7 Die Zuwendung muss insoweit herausgegeben werden, als sie zur Vollziehung der Auflage hätte verwendet werden müssen. Es gelten die Vorschriften über die Herausgabe einer ungerechtfertigten Bereicherung entsprechend. Es handelt sich um eine Rechtsfolgenverweisung.

II. Wegfall der Bereicherung

8 Die Herausgabe erfolgt nach den Regeln über den Wegfall der Bereicherung (§ 818 Abs. 3 BGB). Wenn der Beschwerte einen untergegangenen Gegenstand zur Vollziehung der Auflage hätte verwenden müssen und keinen Ersatz oder Ersatzanspruch erlangt, entfällt mit dem Gegenstand auch die Bereicherung selbst dann, wenn der Beschwerte den Untergang zu vertreten hat.[5]

E. Anspruchsberechtigter

9 Der Anspruch steht demjenigen zu, dem der Wegfall des Beschwerten unmittelbar zustattenkäme. Deshalb ist ein Testamentsvollstrecker grundsätzlich nicht anspruchsberechtigt.[6] Der Begünstigte selbst ist nur dann anspruchsberechtigt, wenn ihm der Wegfall zustattenkäme.[7] Dem Erblasser bleibt es unbenommen, etwas anderes anzuordnen. **Mehrere Wegfallbegünstigte** teilen sich den Herausgabeanspruch, wenn es um eine teilbare Leistung geht (§ 420 BGB); bei einer unteilbaren Leistung sind sie Mitgläubiger (§ 432 BGB).

10 Nicht ausdrücklich geregelt ist, ob der Anspruchsberechtigte das Erlangte seinerseits dazu verwenden muss, die Auflage zu erfüllen.[8] Richtigerweise wird man das bejahen müssen, wenn subjektive Unmöglichkeit vorliegt oder die Auflage höchstpersönlich ist. Denn der **Herausgabeanspruch** nach § 2196 BGB tritt an die Stelle des Vollziehungsanspruchs nach § 2194 BGB. Das hat zur Folge, dass sich der Beschwerte auf die Verjährung des Anspruchs aus § 2196 BGB berufen kann, wenn der Vollziehungsanspruch verjährt und danach die Unmöglichkeit der Vollziehung der Auflage eingetreten ist, so dass es nicht darauf ankommt, ob der Anspruch aus § 2196 BGB seinerseits verjährt ist.[9]

---

3 Staudinger/*Otte*, § 2196 Rn 3.
4 Staudinger/*Otte*, § 2196 Rn 4.
5 Vgl. zum Streitstand MüKo/*Rudy*, § 2196 Rn 7.
6 MüKo/*Rudy*, § 2196 Rn 4; Grüneberg/*Weidlich*, § 2196 Rn 2; a.A. *Lange/Kuchinke*, § 30 III Fn 83.
7 MüKo/*Rudy*, § 2196 Rn 4.
8 Grüneberg/*Weidlich*, § 2196 Rn 2; a.A. MüKo/*Rudy*, § 2196 Rn 8 und Staudinger/*Otte*, § 2196 Rn 8, jeweils m. Nachw. zum Meinungsstand.
9 OLG Frankfurt ZErb 2013, 40.

Titel 6. Testamentsvollstrecker

§ 2197 Ernennung des Testamentsvollstreckers

(1) Der Erblasser kann durch Testament einen oder mehrere Testamentsvollstrecker ernennen.
(2) Der Erblasser kann für den Fall, dass der ernannte Testamentsvollstrecker vor oder nach der Annahme des Amts wegfällt, einen anderen Testamentsvollstrecker ernennen.

Literatur

Heckschen, (Gesamtrechts-)Nachfolge in öffentlich-rechtliche Positionen, RFamU 2025, 51; *Keim*, Erbvertragliche Bindung und Austausch des Testamentsvollstreckers, ZEV 2021, 129; *ders.*, Die Ernennung des Notars zum Testamentsvollstrecker, DNotZ 2023, 338; *Klinger*, Die aufschiebend bedingte Testamentsvollstreckung, ZEV 2021, 148; *Lange*, Stiftungserrichtung von Todes wegen und Testamentsvollstreckung, ZStV 2019, 85; *Reimann*, Gesellschaften als Testamentsvollstrecker, ZEV 2021, 742; *Strobel*, Die Vollmacht des Testamentsvollstreckers, ZEV 2020, 589; *ders.*, Testamentsvollstreckung und Vollmacht, ZEV 2020, 449; *Uffmann*, Ermächtigung des Testamentsvollstreckers zur verbindlichen Auslegung letztwilliger Verfügungen?, ErbR 2020, 218; *Weidlich*, Die Löschung des Testamentsvollstreckervermerks im Grundbuch, ZEV 2021, 492; *ders.*, Handeln ohne Amt – Praxisfragen zum vermeintlichen Testamentsvollstrecker, ErbR 2022, 546; *Zimmermann*, Der Erbe des Testamentsvollstreckers, ZEV 2020, 20; *ders.*, Der superbefreite und superermächtigte Testamentsvollstrecker, ZEV 2021, 141 und ZEV 2021, 222; *ders.*, Die Kontrolle des Testamentsvollstreckers durch den Erben, ZEV 2024, 68.

Übersicht: Rdn

A. Allgemeines

I. Rechtliche Stellung des Testamentsvollstreckers

1 Der in der Lit. andauernde Theorienstreit ist ohne praktische Bedeutung. Die älteren Theorien sollen an dieser Stelle nicht erwähnt werden.[1] Nach Rspr.[2] und Schrifttum hat der Testamentsvollstrecker nach der sog. **Amtstheorie** die Stellung eines **Treuhänders** und ist **Inhaber eines privaten Amts** (vgl. § 116 Nr. 1 ZPO). Er ist somit weder Vertreter des Erblassers noch der Erben. Er handelt fremdnützig nach dem Gesetz und dem Willen des Erblassers gem. seiner letztwilligen Anordnungen. Zwar bleibt der Erbe eigentlicher Nachlassinhaber, der Testamentsvollstrecker steht jedoch an seiner Stelle. Aus diesem Grunde können Vertretungsvorschriften der § 166 Abs. 1, §§ 168 ff., § 181 sowie §§ 211, 254 und § 278 BGB analog auf den Testamentsvollstrecker angewandt werden.[3] Demzufolge ist die Rechtsstellung des Testamentsvollstreckers der eines gesetzlichen Vertreters angenähert.[4]

2 Wegen unterschiedlicher Ausgangslage ist § 174 BGB nicht analog auf den Testamentsvollstrecker anwendbar, so dass eine Kündigung durch den Vollstrecker ohne Nachweis der Amtsübernahme nicht zurückgewiesen werden kann. § 174 BGB ist selbst nicht auf gesetzliche Vertreter anwendbar.[5] Das Testamentsvollstreckerzeugnis ist auch keine „Vollmachtsurkunde" i.S.d. § 174 BGB, die verlangt werden könnte. In der Praxis wird es dennoch ratsam sein, die Amtsannahme und die Anordnung der Testamentsvollstreckung durch Übersendung der jeweiligen gerichtlichen Niederschriften darzulegen, um auch eine Zurückweisung nach § 174 BGB analog unmöglich zu machen. Erfolgt eine Kündigung durch den Testamentsvollstrecker, dann ist diese Kündigung sofort wirksam. Die Kündigungswirkung kann auch nicht durch AGB zeitlich nach hinten verschoben werden. Insofern ist darauf zu achten, dass z.B. Banken auf den richtigen Stichtag bei der Abwicklung von Depots etc. abstellen.

Insgesamt hat der Testamentsvollstrecker jedoch eine freie und unabhängige Stellung gegenüber dem Erben. Der Erbe kann somit nicht die Ausführungen von Verfügungen oder Verwaltungshandlungen von seiner Zustimmung abhängig machen. Der der Verwaltung und Verfügung des Testamentsvollstreckers unterliegende Nachlass ist als Sondervermögen zu qualifizieren. Wegen seiner freien Stellung unterliegt der Testamentsvollstrecker nicht der Aufsicht durch das Nachlassgericht. Lediglich der Erbe und weitere Beteiligte haben über § 2227 Abs. 1 BGB die Möglichkeit, durch Einschaltung des Nachlassgerichts, den Testamentsvollstrecker zu entlassen. In den §§ 2198, 2200, 2202 Abs. 2 S. 1, 2202 Abs. 3, 2216 Abs. 2 S. 2 und 3, 2224 Abs. 1, 2226 S. 2, 2227 Abs. 1 und 2368 Abs. 1 BGB hat das Nachlassgericht in bestimmten Situationen Mitwirkungs- und Entscheidungsbefugnisse. Die Gerichte der freiwilligen Gerichtsbarkeit sind nicht befugt, in die Amtsführung des Testamentsvollstreckers einzugreifen. Einzelne Maßnahmen können daher dem Testamentsvollstrecker nicht durch einstweilige Anordnung untersagt werden.

---

1 Vgl. hierzu ausführlich: Grüneberg/*Weidlich*, Vor § 2197 Rn 2 ff.; Mayer/Bonefeld/Tanck/*Mayer/Bonefeld*, Testamentsvollstreckung, § 2 Rn 6. Bengel/Reimann/Holtz/Röhl/*Holtz*, § 1 Rn 11 ff.; BeckOK BGB/*Lange*, § 2197 Rn 6 ff.; Staudinger/*Dutta*, Vor §§ 2197 ff. Rn 19 ff.; MüKo/*Zimmermann*, Vor § 2197 Rn 5 f.

2 BGHZ 13, 203; BGHZ 25, 275; BGHZ 30, 67; BGHZ 35, 296; BGHZ 41, 23; BGHZ 51, 214; BGH NJW 2000, 3781.

3 Hierzu Grüneberg/*Weidlich*, Einf. v. § 2197 Rn 3; Staudinger/*Dutta*, Vor §§ 2197 ff. Rn 20.

4 Bengel/Reimann/Holtz/Röhl/*Holtz*, § 1 Rn 12.

5 Grüneberg/*Ellenberger*, § 174 Rn 4; BGH NJW 2002, 1194.

II. Zielsetzung der Testamentsvollstreckung

Durch die Einsetzung eines Testamentsvollstreckers kann der Erblasser unterschiedliche Ziele verfolgen. Eine Testamentsvollstreckungsanordnung kann z.B. in den Fällen sinnvoll sein, in denen der Erblasser den Nachlassbestand auf längere Zeit erhalten will, der Erbe im Geschäftsverkehr unerfahren ist oder der Erblasser aus anderen Gründen befürchtet, der Erbe werde seine letztwilligen Anordnungen nicht oder nur unvollständig umsetzen. Ferner kann der Testamentsvollstrecker bei der Auseinandersetzung einer Erbengemeinschaft vermittelnd wirken und versuchen, durch die Erstellung eines Auseinandersetzungsplanes Streit zwischen den Erben zu verhindern. Letztendlich erhofft sich der Erblasser durch das Rechtsinstitut der Testamentsvollstreckung, dass hierdurch eine funktionierende Erbregelung erreicht wird. In der Praxis wird zunehmend Testamentsvollstreckung angeordnet, um den Zugriff von Eigengläubigern des Erben auf den Nachlass gem. § 2214 BGB zu verhindern, was insbesondere beim Behindertentestament oder beim Testament von überschuldeten Erben der Fall ist. Ferner kann die Unternehmensnachfolge durch die Testamentsvollstreckung gesichert werden, ebenso wie ein bestimmter Personenkreis unterstützt bzw. gestärkt werden kann. 3

Die Aufgaben des Testamentsvollstreckers richten sich nach den Erblasserbestimmungen. Hat der Erblasser nichts anderes bestimmt, hat der Testamentsvollstrecker gem. § 2203 BGB die letztwilligen Verfügungen des Erblassers zur Ausführung zu bringen. Sind mehrere Erben vorhanden, hat er die Auseinandersetzung unter ihnen nach den Vorschriften der §§ 2042–2056 BGB zu bewirken. Dieser Fall der **Abwicklungsvollstreckung** ist dem Gesetz nach der Regeltypus. Durch entsprechende Gestaltung im Rahmen seiner letztwilligen Verfügung kann der Erblasser den Aufgabenkreis über diesen Regeltypus auch insoweit erweitern, dass der Testamentsvollstrecker allein oder neben der Aufgabenerledigung die Nachlassverwaltung vorzunehmen hat. Neben der Abwicklungsvollstreckung steht die **schlichte Verwaltungsvollstreckung**, wonach dem Testamentsvollstrecker die bloße Nachlassverwaltung übertragen wird, ohne dass ihm weitere Aufgaben zugewiesen wurden. Sie muss ausdrücklich angeordnet sein, damit nicht der Regeltypus der Abwicklungsvollstreckung unterstellt wird. In der Praxis wird die schlichte Verwaltungsvollstreckung häufig bis zum Eintritt der Volljährigkeit eines Erben zur Nachlassverwaltung eingesetzt sowie zur Verhinderung des Zugriffs von Eigengläubigern des Erben auf den Nachlass nach § 2214 BGB. Darüber hinaus hat die schlichte Verwaltungsvollstreckung i.R.d. Pflichtteilsbeschränkung in guter Absicht nach § 2338 Abs. 1 S. 2 BGB Bedeutung. 4

Bei einer **Dauertestamentsvollstreckung** nach Maßgabe des § 2209 S. 1 BGB beinhaltet die Erblasseranordnung, dass der Testamentsvollstrecker nach der Erledigung der ihm sonst zugewiesenen Aufgaben die Verwaltung des Nachlasses fortzuführen hat. Die Abwicklungsvollstreckung und die Verwaltungsvollstreckung werden somit zeitlich nacheinander angefügt.[6] Wegen der zeitlichen Befristung der Verwaltung ist auf die Erblasseranordnung abzustellen. Fehlt eine derartige Anordnung, endet die Testamentsvollstreckung gem. § 2210 BGB 30 Jahre nach dem Erbfall. 5

Dem Testamentsvollstrecker kann aber auch die **Aufgabe** zugewiesen werden, gem. § 2222 BGB die Rechte und Pflichten der Nacherben bis zum Eintritt der Nacherbfolge gegenüber dem Vorerben wahrzunehmen. Der Nacherbenvollstrecker hat selbst kein allgemeines Verwaltungsrecht. Von der Nacherbenvollstreckung und der Anordnung der Testamentsvollstreckung für den Nacherbfall ist die Testamentsvollstreckung für den Vorerbfall abzugrenzen, welche eine Verwaltungsvollstreckung oder Dauertestamentsvollstreckung darstellt. 6

6 Vgl. MüKo/*Zimmermann*, § 2209 Rn 2.

Ebenso kann Vermächtnisvollstreckung nach Maßgabe des § 2223 BGB angeordnet werden, um die Anordnung eines Untervermächtnisses gem. § 2186 BGB, eines Nachvermächtnisses gem. § 2191 BGB, eine Auflage gem. §§ 2192 ff. BGB sicherzustellen. Der Fall der Vermächtnisvollstreckung ist streng abzugrenzen von der Möglichkeit, den Testamentsvollstrecker mit der Verwaltung des Vermächtnisgegenstandes, welcher sich in der Hand des Vermächtnisnehmers befindet, zu betrauen. Dabei handelt es sich um eine bloße Verwaltungsvollstreckung. Schließlich kann neben der Erweiterung des Aufgabenkreises auch der Aufgabenbereich des Testamentsvollstreckers beschränkt werden. Gleiches gilt für seine Befugnisse.

III. Rechtsverhältnis zwischen Erben und Testamentsvollstrecker

7 Zwischen Erben und Testamentsvollstrecker besteht **kein Auftragsverhältnis,** sondern ein **gesetzliches Schuldverhältnis eigener Art**, da § 2218 BGB nur auf das Auftragsrecht verweist. Der Erbe wird durch die Verfügungsbefugnis des Testamentsvollstreckers gem. § 2211 BGB ausgeschlossen. Der Testamentsvollstrecker kann gegenüber den Erben die **Nachlassherausgabe** gem. § 2205 S. 1 BGB ebenso verlangen, wie eine **angemessene Vergütung** gem. § 2221 BGB sowie den Ersatz seiner notwendigen Aufwendungen gem. §§ 2218, 670 BGB. Die Rechte des Erben gegenüber dem Testamentsvollstrecker bzw. die Pflichten des Testamentsvollstreckers sind in den §§ 2215–2219 BGB manifestiert und aufgrund § 2220 BGB nicht durch den Erblasser abänderbar.

8 Aufgrund des durch die Testamentsvollstreckungsanordnung entstehenden **Sondervermögens** haftet der Nachlass nur den Nachlassgläubigern, nicht aber den Privatgläubigern des Erben, vgl. § 2214 BGB. Eine Anordnung der **Nachlassverwaltung** schließt eine Testamentsvollstreckung nicht aus. Es kann Personenidentität zwischen Nachlassverwalter und Testamentsvollstrecker bestehen. Das Antragsrecht zur Nachlassverwaltung steht dem Erben auch gegen den Willen des Testamentsvollstreckers zu.[7] Ebenso wird durch die Öffnung des **Nachlassinsolvenzverfahrens** die Testamentsvollstreckung nicht ausgeschlossen.

9 Ist der Testamentsvollstrecker noch unbekannt, d.h., er ist noch nicht bestimmt, sind aber Notgeschäftsführungsmaßnahmen notwendig, ist nach einer Auffassung gem. § 1882 BGB (§ 1913 BGB a.F.) eine Pflegschaft für den **unbekannten Testamentsvollstrecker** anzuordnen, so dass nicht das Nachlassgericht, sondern das Betreuungsgericht sachlich für den Antrag zuständig ist.[8] Nach anderer Auffassung[9] ist § 1960 BGB analog anwendbar und damit Zuständigkeit des Nachlassgerichts gegeben. Aufgrund der sachlichen Nähe ist der letzteren Auffassung zuzustimmen. Vorsorglich sollte aber bei beiden Gerichten ein Antrag gestellt werden.

IV. Testamentsvollstreckung und Vollmachten

10 Der Erblasser kann ohne Weiteres dem Testamentsvollstrecker eine **transmortale Vollmacht**[10] oder eine **postmortale Vollmacht**[11] erteilen. Auch eine andere Person als die des Testamentsvollstreckers kann mit derartigen Vollmachten ausgestattet werden. Testamentsvollstreckung und Vollmacht stehen somit isoliert nebeneinander. Sofern einem Erben oder einem Dritten Vollmacht erteilt wurde, ist es Auslegungsfrage, inwieweit die Testamentsvollstreckung durch die Vollmacht (und umgekehrt) be-

---

7 Vgl. Staudinger/*Dutta*, § 2205 Rn 6.

8 So *Damrau*, ZEV 1996, 81 zum alten § 1913 BGB; vgl. dazu Grüneberg/*Götz*, § 1882 Rn 1.

9 Bengel/Reimann/Holtz/Röhl/*Holtz*, § 1 Rn 15; Grüneberg/*Weidlich*, § 2197 Rn 1; Staudinger/*Mešina*, § 1960 Rn 25.

10 BGHZ 87, 18.

11 RGZ 114, 351.

schränkt werden soll. Im Allgemeinen wird es der maßgebliche Wille des Erblassers sein, dass keine voneinander unabhängigen Machtbefugnisse verschiedener Personen mit gegenseitiger Störungsmöglichkeit nebeneinander bestehen.[12] So kann es Konstellationen geben, in denen sich die Befugnisse des Testamentsvollstreckers einerseits und des Bevollmächtigten andererseits partiell decken, z.B. wenn das vorweggenommene Geschäft auch aus Sicht des Vollmachtgebers nicht zu einer Kollision mit den Aufgaben des Testamentsvollstreckers führt und dann beide Personen die Rechtsmacht für das entsprechende Geschäft besitzen.[13] Kommt die Auslegung zu keinem Ergebnis, bleibt es bei dem isolierten Nebeneinander von Vollmacht und Testamentsvollstreckung. Durch Erteilung einer **Generalvollmacht** wird die Handlungsfähigkeit des Nachlasses nach dem Erbfall bis zum eigentlichen Amtsantritt des Testamentsvollstreckers erweitert. Im Unterschied zum Testamentsvollstrecker ist der Bevollmächtigte von Verfügungsbeschränkungen regelmäßig befreit. Er kann ohne weitere Nachweise, wie z.B. ein Testamentsvollstreckerzeugnis, seine Handlung vornehmen. Genehmigungen des Familiengerichts sind entbehrlich. Die Vertretungsmacht bezieht sich grundsätzlich nur auf den Nachlass, nicht aber auch auf das persönliche Vermögen der Erben.[14] Eine Vollmacht kann jedoch jederzeit durch den Erben widerrufen werden. Ungeachtet dessen kann eine Spezialvollmacht unwiderruflich, befristet oder bis zum Eintritt einer auflösenden Bedingung unwiderruflich erteilt werden.[15]

Besteht eine Erbengemeinschaft, hat jeder einzelne Erbe das Recht zum **Widerruf**. 11
Widerruft ein Miterbe, wird die Vertretungsmacht für die anderen Miterben nicht gleichzeitig mit widerrufen und bleibt somit unberührt.[16] Der Widerruf eines Miterben führt aber zum Verlust der alleinigen Verfügungsbefugnis über die erbengemeinschaftlichen Nachlassgegenstände. Eine Generalvollmacht ist wie auch eine isolierte Vollmacht immer widerruflich. Sofern der Erblasser einen Widerruf verhindern will, kann er z.B. die Erbenstellung unter eine auflösende Bedingung für den Fall stellen, dass der Erbe die Vollmacht widerruft. Eine Bevollmächtigung erlischt auch dann nicht, wenn der alleinige Bevollmächtigte Alleinerbe wird.[17]

Die Vollmacht kann **formfrei** wegen § 167 Abs. 2 BGB erteilt werden. Aufgrund der 12
Nachweisproblematik sollte entweder eine **notarielle Beglaubigung** der Unterschrift oder aber **Beurkundung** der Vollmacht erfolgen. Soll der Testamentsvollstrecker in **Grundbuchsachen** tätig werden, bedarf es ohnehin wegen § 29 GBO der notariellen Form. Aufgrund der Zugangsproblematik macht es wenig Sinn, im Rahmen einer letztwilligen Verfügung zusammen mit der Testamentsvollstreckung eine postmortale Vollmacht zu erteilen. Dies sollte in einer getrennten Urkunde erfolgen. Ebenso sollte das Verhältnis der Vollmacht zur Testamentsvollstreckung klargestellt werden.

---

12 OLG München ZEV 2012, 376; vgl. auch Staudinger/*Dutta*, Vor §§ 2197 ff. Rn 71 ff.; MüKo/*Zimmermann*, vor § 2197 Rn 15.

13 So OLG München ZEV 2012, 376 (zur Fortgeltung transmortaler Vollmacht trotz Testamentsvollstreckung). Vgl. auch *Weidlich*, MittBayNot 2013, 196.

14 RGZ 106, 185; BGH FamRZ 1983, 477.

15 So Bengel/Reimann/Holtz/Röhl/*Zinger*, § 1 Rn 71 ff.

16 RG JW 1938, 1892; Bengel/Reimann/Holtz/Röhl/*Zinger* § 1 Rn 71 ff.; BeckOK BGB/*Lange*, § 2197 Rn 54 ff.; Grüneberg/*Weidlich*, Vor § 2197 Rn 13.

17 So Staudinger/*Dutta*, Vor §§ 2197 ff. Rn 86 ff.; vgl. a. OLG Frankfurt, Beschl. v. 14.11.2023 – 20 W 155/22, ErbR 2024, 807 m. zust. Anm. *Wendt* sowie OLG Nürnberg, Beschl. v. 25.3.2024 – 15 Wx 2176/23, ErbR 2024, 551 m. zust. Anm. *Wendt*.

13 Übersicht: Unterschiede

	Testamentsvollstrecker	Bevollmächtigter
Unterschiede in den Befugnissen TV/ Bevollmächtigter	Schenkungsverbot (§ 2205 BGB) zeitliche Begrenzung (§ 2210 BGB) Verpflichtungsbefugnis nur hinsichtlich Nachlass	gilt für Bevollmächtigten nicht keine zeitliche Begrenzung Verpflichtungsbefugnis über den Nachlass hinaus
Amtsbeginn	erst mit Amtsannahme gem. § 2202 BGB	bei postmortaler Vollmacht mit Tod des Erblassers
Vollstreckungsschutz	Eigengläubiger des Erben können nicht in Nachlass vollstrecken	kein Vollstreckungsschutz
Widerruf durch Erben	nicht möglich	möglich, wenn nicht ausdrücklich unwiderruflich (nicht möglich bei Generalvollmacht)
verbleibende Befugnisse der Erben für Rechtshandlungen	werden i.R.d. Aufgaben des TV grds. ausgeschlossen, und zwar auch mit dinglicher Wirkung (§§ 2211, 2208 BGB)	können nicht genommen werden; keine verdrängende Vollmacht möglich nur Strafklauseln bei abweichendem Verhalten

14 Sofern der Testamentsvollstrecker Dritten eine Vollmacht erteilt, vertritt die wohl h.M.[18] die Ansicht, der vom Testamentsvollstrecker Bevollmächtigte vertrete nicht die Erben, sondern den Testamentsvollstrecker. Dies hätte zur Folge, dass mit der Amtsbeendigung gleichzeitig auch die Bevollmächtigung endet. Mit *Muscheler*[19] und *Strobel*[20] ist jedoch vielmehr auf den Einzelfall abzustellen, wie weit die Amtskompetenz des Testamentsvollstreckers reicht und wie das Rechtsgeschäft der Vollmachtserteilung auszulegen ist. Konkret sollte immer zwischen dem Erlöschen des Amts des amtierenden Testamentsvollstreckers und der Beendigung der Testamentsvollstreckung an sich unterschieden werden.[21] Insofern endet die von dem Testamentsvollstrecker erteilte Vollmacht nicht bereits mit einem Wechsel in der Person des Testamentsvollstreckers, sondern erst mit der Beendigung der Testamentsvollstreckung insgesamt. Aus den vom Bevollmächtigten abgeschlossenen Geschäften entstehen reine Nachlassverbindlichkeiten, woraus Nachlasserbenschulden werden, wenn die Voraussetzungen einer vom Erben selbst „erteilten" Duldungs- oder Anscheinsvollmacht vorliegen.[22] Der Testamentsvollstrecker ist grundsätzlich befugt, sich für die Besorgung einzelner Geschäfte eines Vertreters zu bedienen. Auch die Erteilung

18 Vgl. dazu nur Staudinger/*Dutta*, § 2225 Rn 17; *Zimmermann*, ZEV 2020, 20; Grüneberg/*Weidlich*, § 2218 Rn 3.
19 *Muscheler*, ZEV 2008, 213.
20 *Strobel*, ZEV 2020, 589.
21 So BeckOK BGB/*Lange*, § 2225 Rn 10.
22 So zu Recht *Muscheler*, ZEV 2008, 213.

einer Generalvollmacht ist jedenfalls dann nicht ausgeschlossen, wenn der Erblasser keine abweichenden Anordnungen getroffen hat und der Generalbevollmächtigte lediglich widerruflich bestellt worden ist.[23]

V. Testamentsvollstreckerzeugnis, Grundbuch, Handelsregister

Der **Testamentsvollstrecker** wird kraft Anordnung durch die Annahme des Amts 15 gem. § 2202 BGB Testamentsvollstrecker und nicht erst durch die Erteilung eines Testamentsvollstreckerzeugnisses. Damit sich der Testamentsvollstrecker im Rechtsverkehr legitimieren kann, erhält er ein Testamentsvollstreckerzeugnis oder ebenfalls auf Antrag ein Europäisches Nachlasszeugnis. Das Testamentsvollstreckerzeugnis ist mit öffentlichem Glauben in gewissem Umfang versehen, vgl. Ausführungen zu § 2368 BGB. Ebenso wird im Erbschein die Testamentsvollstreckung aufgeführt, vgl. § 2364 BGB. Des Weiteren ist wegen § 52 GBO im **Grundbuch** neben der Eintragung des Erben auch ein Testamentsvollstreckervermerk von Amts wegen miteinzutragen. Die Testamentsvollstreckerstellung wird gegenüber dem Grundbuchamt durch das Testamentsvollstreckerzeugnis oder durch das Europäische Nachlasszeugnis nachgewiesen.[24] Der Nachweis kann auch durch eine notarielle Verfügung von Todes wegen mit Eröffnungsprotokoll und dem Nachweis der Amtsannahme in grundbuchgerechter Form erfolgen.[25] Hiervon kann das Grundbuchamt nur abweichen, wenn neue, dem Nachlassgericht noch nicht bekannte Tatsachen bekannt werden, die die Einziehung des Testamentsvollstreckerzeugnisses erwarten lassen. Hierfür genügt die Annahme einer Pflichtverletzung des Testamentsvollstreckers nicht, solange diese nicht zu seiner Entlassung geführt hat.[26] Jeder Erbe hat neben dem Testamentsvollstrecker ebenfalls ein Antragsrecht nach § 82 GBO zur Grundbuchberichtigung.[27] Durch die Eintragung des Testamentsvollstreckervermerks wird ein gutgläubiger Erwerb vom Erben verhindert. Ähnliche Vermerke erfolgen aus **§ 55 SchiffsRegO** und **§ 86 Abs. 1 LuftfzgG**. Ein Testamentsvollstrecker kann weder im Wege der gewillkürten noch der gesetzlichen Prozessstandschaft vorgehen, wenn für das von ihm verfolgte, im Grundbuch eingetragene subjektivpersönliche Vorkaufsrecht eine Übertragbarkeit o.Ä. aus dem Grundbuch nicht ersichtlich ist.[28]

Durch Eintragung eines Testamentsvollstreckervermerks nach § 52 GBO von Amts 16 wegen im Grundbuch wird ein gutgläubiger Erwerb Dritter am Grundstück verhindert. Gleichzeitig wird der Erbe in das Grundbuch eingetragen. Auf den **Testamentsvollstreckervermerk** kann weder der Testamentsvollstrecker verzichten, noch kann der Erblasser diesen ausschließen. Ein Name des Testamentsvollstreckers wird nicht eingetragen. Sofern nicht der Fall einer Nacherbenvollstreckung vorliegt, wird auch nicht sein Wirkungskreis bzw. seine Befugnisse im Grundbuch vermerkt. Die Löschung des Testamentsvollstreckers erfolgt nach § 84 GBO von Amts wegen bei Gegenstandslosigkeit oder auf Antrag, wobei ein Unrichtigkeitsnachweis nach § 22 GBO vorgelegt werden muss. Der Testamentsvollstreckervermerk kann nicht gelöscht werden, wenn der Testamentsvollstrecker zwar die Löschung bewilligt, jedoch ein Unrichtigkeitsnachweis nicht beigebracht wurde. Durch den Testamentsvollstreckervermerk wird das Grundbuch gegen Eintragungen aufgrund von Verfügungen des Erben über

---

23 KG Berlin ZEV 2019, 27.
24 BayObLG ZEV 2006, 173.
25 So auch *Walloscheck*, ZEV 2011, 167.
26 BayObLG ZEV 2006, 173.
27 OLG Stuttgart ZEV 2014, 9; LG Stuttgart ZEV 1998, 357; *Walloscheck*, ZEV 2011, 167.
28 OLG Celle ZErb 2012, 173.

das Grundstück oder das Recht, bei dem der Vermerk verlautbart ist, gesperrt.[29] Bei Prüfung des Nachweises der Unrichtigkeit eines Testamentsvollstreckervermerks ist das Grundbuchamt durch die Erteilung eines die Testamentsvollstreckung ausweisenden Erbscheins und eines Testamentsvollstreckerzeugnisses seitens des Nachlassgerichts nicht gehindert, die Beendigung der Testamentsvollstreckung festzustellen.[30] Dies kann jedoch nur gelten, wenn keine Ersatzbestimmung vorliegt. Endet eine als reine Abwicklungsvollstreckung angeordnete Testamentsvollstreckung nach materiellem Recht infolge vollständiger Aufgabenerledigung, so wird das Grundbuch hinsichtlich des eingetragenen Testamentsvollstreckervermerks unrichtig. Zur Grundbuchberichtigung durch Löschung des Vermerks bedarf es grds. eines formgerechten Nachweises der Aufgabenerledigung durch Urkunde.[31]

17 Die **Verfügungsbefugnis** über ein **Grundstück** muss der Testamentsvollstrecker nicht ausschließlich nach § 35 Abs. 2 GBO durch Vorlage des Testamentsvollstreckerzeugnisses nachweisen; er kann auch den Nachweis durch Vorlage einer öffentlich beurkundeten Verfügung von Todes wegen samt Eröffnungsniederschrift und Nachweis der Amtsannahme erbringen. Die bloße Erklärung in der dem Grundbuchamt vorgelegten Bewilligung, das Amt des Testamentsvollstreckers gegenüber dem Nachlassgericht angenommen zu haben, genügt dafür nicht.[32] Es ist eine öffentliche Urkunde notwendig. Um den grundbuchrechtlichen Anforderungen zu genügen, bedarf es zumindest eines in der Praxis entwickelten sog. Annahmezeugnisses, für das wiederum die sachlichen und verfahrensrechtlichen Regelungen eines Testamentsvollstreckerzeugnisses gelten.[33] Nach dem OLG Hamm[34] ist ausreichend, dass der Nachweis der Amtsannahme durch eine gesiegelte Eingangsbestätigung seitens des Nachlassgerichts geführt wird, wenn die Erklärung der Amtsannahme ebenfalls in öffentlich beglaubigter Form oder zu Protokoll des Amtsgerichts erfolgt ist.[35] Da der Testamentsvollstrecker nicht zu unentgeltlichen Verfügungen befugt ist, ist die Entgeltlichkeit der Verfügung durch das Grundbuchamt von Amts wegen zu prüfen. Abweichend von § 29 Abs. 1 GBO ist für den Nachweis der Entgeltlichkeit ausreichend, wenn etwaige Zweifel des Grundbuchamts an der Pflichtmäßigkeit des Testamentsvollstreckerhandelns ausgeräumt werden können, was im Wege der freien Beweiswürdigung erfolgen kann.[36] Der **Nachweis über die Beendigung** der Testamentsvollstreckung kann in der Form des § 29 GBO nicht nur durch Vorlage eines Erbscheins, der die Testamentsvollstreckung nicht mehr verlautbart, sondern auch eines Testamentsvollstreckerzeugnisses, das mit einem Vermerk des Nachlassgerichts über die Beendigung der Testamentsvollstreckung versehen ist, geführt werden.[37] Die Beendigung der Testamentsvollstreckung ist für das Grundbuchamt nicht durch Bezugnahme auf Nachlassakten eines anderen Amtsgerichts offenkundig.

18 Sehr str. war, ob die Testamentsvollstreckung im **Handelsregister** einzutragen ist, da es an einer gesetzlichen Regelung fehlt. Ist über den Nachlass eines Kommanditisten Dauertestamentsvollstreckung angeordnet, so ist nach dem BGH[38] auf Antrag des

29 Hierzu instruktiv: Mayer/Bonefeld/Tanck/*Poller*, Testamentsvollstreckung, § 17 Rn 2.

30 So OLG München ZEV 2006, 173 m. abl. Anm. *Zimmermann*, ZEV 2006, 174.

31 OLG München ZEV 2019, 273. Dazu ausführlich *Weidlich*, ZEV 2021, 492.

32 OLG München ZEV 2016, 439; dazu auch OLG Hamm FamRZ 2017, 1720 m.w.N.

33 OLG München ZEV 2016, 439.

34 OLG Hamm FamRZ 2017, 1720.

35 MüKo/*Griwotz*, § 2368 Rn 59.

36 BayObLG NJW-RR 1989, 587.

37 OLG München, Beschl. v. 16.7.2020 – 34 Wx 463/19, ZEV 2020, 650. Dazu Anm. *Zimmer*, ZEV 2020, 655.

38 BGH ZErb 2012, 193; ZEV 2012, 335 (m. Anm. *Zimmermann*).

Testamentsvollstreckers ein Testamentsvollstreckervermerk in das Handelsregister einzutragen.[39] Offen ist noch, ob die Testamentsvollstreckung bei einem Einzelkaufmann bzw. Handelsgeschäft oder OHG eintragungsfähig ist.[40] Das dürfte nun jedoch nach dem Sinn der neuen BGH-Entscheidung zu bejahen sein.[41] Dies bereitet aber in der Praxis Schwierigkeiten, weil nach h.M. über einzelkaufmännische Unternehmen, bei denen eine volle persönliche Haftung des Firmeninhabers besteht, eine direkte verwaltende Testamentsvollstreckung nicht möglich ist.[42] Ein Testamentsvollstrecker, dem die Abwicklung des Nachlasses und die Auseinandersetzung unter mehreren Erben obliegt, ist jedoch nach neuerer Rspr. nicht befugt, den durch den Tod eines Kommanditisten eingetretenen Gesellschafterwechsel anstelle des oder der Erben, die im Wege der Sondererbfolge Kommanditisten geworden sind, zum Handelsregister anzumelden.[43] Der Testamentsvollstrecker ist nicht nur anmeldeberechtigt, sondern auch zur Anmeldung zur Bewirkung der Eintragung eines Gesellschafter-Erben in das Handelsregister verpflichtet, soweit seine Befugnis diesbezüglich reicht.[44]

Ist der Testamentsvollstrecker zur **Verwaltung eines Gesellschaftsanteils** oder eines **Handelsgeschäfts**, z.B. durch eine Ersatzlösung, ausnahmsweise berechtigt, ist er gegenüber dem Registergericht zur Anmeldung verpflichtet.[45] Grundsätzlich haben Registeranmeldungen im Zusammenhang mit Handelsgeschäften durch den Erben zu erfolgen. Bei der **Treuhandlösung** ist der Testamentsvollstrecker Inhaber des Geschäfts. Insofern ist er auch ins Handelsregister einzutragen, aber erst, nachdem der Erbe als Geschäftsinhaber ins Handelsregister eingetragen wurde. Die Eintragung des Testamentsvollstreckers bei der Treuhandlösung in das Handelsregister wird sowohl durch den Testamentsvollstrecker als auch den Erben angemeldet. Da bei allen anderen Ersatzlösungen (Vollmachtlösung, Weisungsgeberlösung, Beaufsichtigung der Testamentsvollstreckung) Inhaber des Geschäfts die Erben bleiben, scheidet eine Eintragung des Testamentsvollstreckers aus. Bei einer reinen Abwicklungsvollstreckung scheidet ebenfalls eine Anmeldeberechtigung des Testamentsvollstreckers aus. Das Ausscheiden des Erblassers kann der Testamentsvollstrecker dagegen für die Erben auch dann anmelden, wenn er nur die eingeschränkte Aufgabe der Abwicklungsvollstreckung wahrnimmt. Soweit der Testamentsvollstrecker zur Anmeldung befugt ist, besteht kein eigenes Anmelderecht der Erben.[46] 19

Sofern **Kommanditbeteiligungen** getroffen sind, muss der Testamentsvollstrecker die Anmeldepflichten erfüllen.[47] Problematisch ist, ob eine **postmortale Vollmacht** zugunsten des Testamentsvollstreckers ihn zur Vornahme von Handelsregisteranmeldungen ermächtigt. Dies wird von der neueren Rspr.[48] abgelehnt, weil die richtige Rechtsnachfolge vom Registergericht zu überprüfen ist, was die Vorlage eines Erbscheins bzw. die Vorlage einer beglaubigten Abschrift einer notariellen Verfügung von Todes 20

39 So früher schon die ganz h.M.: Vgl. Grüneberg/*Weidlich*, Einf. v. § 2197 Rn 7.m.w.N. So auch BeckOK BGB/*Lange*, § 2205 Rn 17; *Damrau*, BWNotZ 1990, 69 ff.; *Roth*, NZG 2012, 499.

40 Abgelehnt noch von RGZ 132, 138.

41 So auch *Zimmermann*, ZEV 2012, 338. Zur Frage eines Testamentsvollstreckervermerks in der Gesellschafterliste: *Zinger/Urich-Erber*, NZG 2011, 286 sowie *Omlor*, DStR 2012, 306. Die Nichteintragungsfähigkeit des Testamentsvollstreckervermerks in die GmbH-Gesellschafterliste ablehnend OLG München – 31 Wx 274/11, BeckRS 2012, 03043.

42 Mayer/Bonefeld/Tanck/*Kroiß*, § 7 Rn 45.

43 OLG München ZErb 2009, 295.

44 BeckOK BGB/*Lange*, § 2197 Rn 6.

45 BGHZ 108, 187 = BGH 1989, 3152.

46 Mayer/Bonefeld/Tanck/*Kroiß*, Testamentsvollstreckung, § 7 Rn 47 ff.

47 BGHZ 108, 187.

48 KG Berlin ZEV 2003, 204.

wegen i.V.m. der Eröffnungsniederschrift notwendig machen würde. Nach hiesiger Auffassung ist der postmortal bevollmächtigte Testamentsvollstrecker ohne Weiteres antragsberechtigt, jedoch hilft ihm diese Berechtigung nur dann etwas, wenn die Rechtsnachfolge von ihm nachgewiesen werden kann. Des Weiteren ist str., ob die Registeranmeldungen durch den Testamentsvollstrecker bei einer **Beteiligung als persönlich haftender Gesellschafter** an einer OHG oder KG erfolgen kann. Nach der hier vertretenen Auffassung ist der Testamentsvollstrecker hierzu nicht berechtigt, was durch die Gerichtspraxis bestätigt wird, die eine Anmeldung des Erben verlangt.[49]

21 Es ist möglich, dass ein Testamentsvollstrecker Mitglied des Vorstands oder Aufsichtsrats einer AG ist, deren Aktien sich ganz oder teilweise in dem verwalteten Nachlass befinden. Die Kumulation der Ämter als Testamentsvollstrecker und Mitglied des Vorstands bzw. des Aufsichtsrats scheitert insbesondere nicht an einem angeblichen Interessenkonflikt in der Person des Inhabers beider Ämter.[50]

VI. Testamentsvollstreckung und Stiftungsrecht

22 Sofern der Testamentsvollstrecker den Wunsch des Erblassers nach einer Gründung einer Stiftung von Todes wegen umzusetzen hat, ist darauf zu achten, dass nach der Rspr.[51] eine Dauervollstreckung über das der Stiftung zugewandte Vermögen unzulässig ist. Mit der Stiftung von Todes wegen ist eine Dauertestamentsvollstreckung für die Verwaltung des Nachlasses nicht vereinbar, weil dies mit der Aufgabe des Vorstands, das Stiftungsvermögen in Eigenverantwortung zu verwalten, und der staatlichen Aufsicht darüber in Widerspruch steht. Ein Testamentsvollstrecker, dessen Aufgabe die Errichtung einer Stiftung von Todes wegen ist, muss darum nach der Anerkennung der Rechtsfähigkeit der Stiftung die Verfügungsbefugnis über den als Stiftungsvermögen zugewendeten Teil des Nachlasses zugunsten der Stiftung freigeben.

23 Nach a.A. ist die Anordnung einer Dauervollstreckung nach § 2209 BGB mit der Einsetzung einer Stiftung zur Erbin vereinbar, da der Dauervollstreckung im Hinblick auf die haftungsrechtlichen Konsequenzen eine eigenständige Funktion zukäme.[52] Dafür solle sprechen, dass der Erblasser- und Stifterwille für die Vereinbarkeit von Dauervollstreckung und Stiftung die oberste Leitlinie für die Nachlassverwaltung bilden.[53] Nach der Stiftungsrechtsreform und § 81 Abs. 1 Nr. 2 BGB muss die Stiftung ihr gewidmetes Vermögen „zur eigenen Verfügung" erhalten. Danach ist nun eindeutig die Anordnung einer Dauertestamentsvollstreckung bei gleichzeitiger Erbeinsetzung einer Stiftung von Todes wegen unzulässig. Ausweichlösungen wären somit Stiftungsgründungen bereits zu Lebzeiten und die Implementierung des späteren Testamentsvollstreckers als Stiftungsorgan.[54]

24 Sofern eine Stiftung zur Erbin eingesetzt wird, ist zumindest gleichzeitig eine begleitende Testamentsvollstreckung anzuordnen, insbesondere um den Nachlass geordnet in die Stiftung zu überführen und das Anerkennungsverfahren mit den zumeist noch notwendigen Änderungen der Stiftungssatzung zu Ende zu bringen.[55]

25 Bei der Einsetzung einer Stiftung als Alleinerbin und gleichzeitiger Berufung als Testamentsvollstreckerin ist auch bei sorgfältiger Ausgestaltung der Kompetenzen von

49 Vgl. hierzu *Schaub*, ZEV 1994, 71.
50 So *Grunsky*, ZEV 2008, 1.
51 OLG Frankfurt ZEV 2011, 605 m. Anm. *Reimann* sowie *Neuhoff*, ZErb 2013, 81.
52 So z.B. *Schewe*, ZSt 2004, 301 ff.; *ders.*, ZEV 2012, 234 ff.; *Ponath/Jestaedt*, ZErb 2012, 253.
53 *Schewe*, ZEV 2012, 236; vgl. auch Grüneberg/*Weidlich*, § 2205 BGB Rn 7.
54 Dazu Mayer/Bonefeld/Tanck/*Bonefeld*, Testamentsvollstreckung, § 25b Rn 8.
55 *Reimann*, Anm. zu OLG Frankfurt, ZEV 2011, 605 ff.

Stiftung und Testamentsvollstreckung Vorsicht geboten. Es handelt sich insoweit noch nicht um eine gängige Gestaltung. Einzelheiten sind umstritten, da die Frage der Interessenkollision nicht endgültig geklärt ist. Zumindest bei der Erfüllung von Verbindlichkeiten besteht kein Verstoß gegen das Verbot der Mehrfachvertretung des § 181 BGB. Hinsichtlich des Kontrollbedürfnisses der Tätigkeit von Stiftungsvorstand und Testamentsvollstrecker sind die Befugnisse der Stiftungsaufsicht, die in erster Linie nur bei gemeinnützigen Stiftungen greifen, im Gesamtkonzept angemessen zu berücksichtigen.[56] Die Person des Testamentsvollstreckers, der gleichzeitig alleiniger Vorstand der Stiftung (Alleinerbe) ist, ist nicht auf der identischen Ebene eines Alleinerben. Der Fall ist nicht vergleichbar mit der Personenidentität von Vorerben und Testamentsvollstrecker. Testamentsvollstrecker können bei der Errichtung einer Stiftung von Todes wegen zum (alleinigen) Stiftungsorgan bestellt werden.[57] Auch der umgekehrte Fall ist möglich.[58] Zudem ist zu berücksichtigen, dass ein Testamentsvollstrecker erheblich mehr und andere Rechte hat als ein Stiftungsvorstand.

Ein Testamentsvollstrecker kann bei Dauervollstreckung auch nach Entstehung der 26 Stiftung zu Satzungsänderungen befugt sein, sofern der Erblasser den Testamentsvollstrecker hierzu ermächtigt hat. Allerdings wird man diese spätere Satzungsänderungsbefugnis des Testamentsvollstreckers auch bei ausdrücklicher Anordnung durch den Erblasser nur annehmen können, soweit nicht die Essentialia des Stiftungsgeschäftes (Zweckbindung etc.) betroffen sind.[59]

Die Vorschrift des § 2210 BGB findet bei der Einsetzung des Testamentsvollstreckers 27 als Stiftungsorgan keine Anwendung. Der Testamentsvollstrecker bleibt damit Stiftungsorgan, auch wenn sein Amt als Testamentsvollstrecker wegen § 2210 BGB oder aus anderen Gründen erloschen sein sollte.[60]

VII. Testamentsvollstreckung und Kollisionsrecht

Die Testamentsvollstreckung unterliegt dem **Erbstatut**.[61] Somit hat das Erbstatut Be- 28 deutung für die rechtliche Einordnung und die Beurteilung der Zulässigkeit der Testamentsvollstreckerernennung, die Zulässigkeit der Testamentsvollstreckung selbst, die Einzelbefugnisse des Testamentsvollstreckers, seine Rechtsstellung nebst seiner Entlassung.[62] Für Erbfälle am oder nach dem 17.8.2015 gilt nach Art. 83 Abs. 1 EuErbVO die Europäische Erbrechtsverordnung.[63] Dabei ist grundsätzlich nicht der Zeitpunkt der Errichtung einer Verfügung von Todes wegen maßgebend. Das Erbrecht knüpft dann an den gewöhnlichen Aufenthalt des Erblassers an (Art. 21 EuErbVO). Somit kommt es zu einem Gleichlauf zwischen Zuständigkeit der Gerichte und Erbstatut.

56 So insbesondere zu Recht *Reimann*, ZEV 2011, 605; zur Stiftung und Testamentsvollstreckung allg. auch *Pauli*, ZEV 2012, 461; *Lange*, ZStV 2019, 85. *Schwalm*, ZEV 2021, 68 m.w.N. zur Kritik und Auswirkungen des RefE.

57 *Pauli*, ZEV 2012, 461.

58 Vgl. nur *Pauli* ZEV 2012, 461; ebenso Bengel/Reimann/Holtz/Röhl/*Pauli*, § 5 Rn 295 ff. *Lange*, ZStV 2019, 85; *Schiffer/Reinke/Schürmann*, in: Schiffer, Stiftung in der Beraterpraxis, § 12 Rn 42 ff. MüKo/*Zimmermann*, § 2197 Rn 10; zur Doppelstellung als gleichzeitiger Vorstand einer Kapitalgesellschaft ebenso *Grunsky*, ZEV 2008, 1 (dort heißt es: Die Kumulation der Ämter als Testamentsvollstrecker und Mitglied des Vorstands bzw. des Aufsichtsrats scheitert insbesondere nicht an einem angeblichen Interessenkonflikt in der Person des Inhabers beider Ämter.).

59 *O. Schmidt*, ZEV 2000, 438; Grüneberg/*Weidlich*, § 2209 Rn 7.

60 *Wochner*, MittRhNotK 1994, 89.

61 LG Heidelberg IPRax 1992, 171; BGH NJW 1963, 46.

62 BGH NJW 1963, 46.

63 Dazu *Vollmer*, ZErb 2012, 227; *Dörner*, ZEV 2012, 505; *Nordmeier*, ZEV 2012, 513, *Lehmann*, ZEV 2012, 533; *Leitzen*, ZEV 2012, 520; *Wilsch*, ZEV 2012, 530.

Der Erblasser kann jedoch in einer Verfügung von Todes wegen sein Heimatrecht wählen (Art. 22 EuErbVO). Das Erbstatut wird grundsätzlich einheitlich bestimmt. Art. 25 EGBGB ist damit obsolet.

29 Nach der EuErbVO kommt es auf das Recht des Staates an, in dem der Erblasser seinen gewöhnlichen Aufenthalt hat. Nach Art. 21, 22 EuErbVO unterliegen die gesamte Rechtsnachfolge von Todes wegen sowie wegen Art. 23 Abs. 1, Abs. 2 lit. f) EuErbVO die Rechte und Pflichten des Testamentsvollstreckers dem Erbstatut (vgl. dazu Rdn 31). Ob letztendlich eine Testamentsvollstreckung faktisch im Ausland nach deutschem Recht möglich ist, bestimmt sich nicht nach dem deutschen Recht, sondern nach dem Recht des Ziellandes.[64] Die Handlungsvollmacht des deutschen Testamentsvollstreckers kann durch international-verfahrensrechtliche Bestimmungen, durch eine andere Anknüpfung des Testamentsvollstreckungsstatus oder durch den ordre public stark beschränkt werden. Sofern, z.B. wegen ausländischer Staatsangehörigkeit oder Nachlassspaltung, nicht deutsches Recht im Ausland zur Anwendung kommt, sollte der Erbe mit der Auflage belegt werden, dem Testamentsvollstrecker eine internationale Nachlassvollmacht nach dem Muster der Kommission für europäische Angelegenheiten (CAE) der internationalen Union des lateinischen Notariats (UINL) für die Dauer der Testamentsvollstreckung zu erteilen. Damit die Vollmacht nicht ohne Weiteres widerrufen werden kann, ist an eine Bedingung zu denken.

30 Auch eine **gespaltene** Testamentsvollstreckung ist möglich, so dass der deutsche Nachlass nach deutschem Recht und der ausländische Nachlass nach ausländischem Recht beurteilt werden muss.[65] Kommt ausländisches Recht zur Anwendung, können deutsche Gerichte wegen der fehlenden **internationalen Zuständigkeit** keine Entlassung gem. § 2227 BGB vornehmen. Eine Sonderzuständigkeit kann sich jedoch entweder durch staatsvertragliche Regelung ergeben oder aber, wenn die Entlassung dringend geboten ist und eine Entlassung auch nach dem ausländischen Recht möglich wäre.[66] Sofern eine internationale Nachlassvollmacht erteilt wurde, sollte den Erben dann wenigstens die Möglichkeit zum Widerruf der Vollmacht gegeben werden, wenn auch die Voraussetzungen für § 2227 BGB vorliegen.

31 Das **Erbstatut** bestimmt auch über ausländische Rechtsinstitute, die im deutschen Recht kein unmittelbares Gegenstück haben, ihrem Sinn und Zweck nach aber die Funktion einer Testamentsvollstreckung besitzen.[67] Für den anglo-amerikanischen Rechtskreis hat der trustee, der executor oder administrator ähnliche Befugnisse wie ein deutscher Testamentsvollstrecker. Hier kommt es auf den Einzelfall an. Bei den beiden letzten Begriffen ist im Zweifel aber nicht von der Einsetzung eines Testamentsvollstreckers nach deutschem Vorbild auszugehen.

Sofern ein deutscher Erblasser mit ständigem Wohnsitz in der **DDR** im Zeitraum vom 1.1.1976 bis 2.10.1990 verstorben ist, kommt nach Maßgabe des Art. 235 § 1 Abs. 1 EGBGB das Recht der früheren DDR zur Anwendung.[68]

32 Die Rechte und Pflichten des Testamentsvollstreckers richten sich nach Art. 29 EuErbVO. Im Europäischen Nachlasszeugnis[69] (Art. 63 EuErbVO), welches auch

---

64 *V. Oertzen*, ZEV 1995, 167, 170.

65 BayObLG ZEV 1999, 485.

66 BayObLG ZEV 1999, 485.

67 Zur Qualifikation der Testamentsvollstreckung: Bengel/Reimann/Holtz/Röhl/*Sieghörtner*, § 10 Rn 2, Mayer/Bonefeld/Tanck/*Fehrenbacher*, Testamentsvollstreckung, § 48 Rn 9 ff.

68 Vgl. hierzu ausführlich *v. Morgen/Götting*, DtZ 1994, 199.

69 Dazu *Buschbaum/Simon*, ZEV 2012, 525. Ausführlich Mayer/Bonefeld/Tanck/*Fehrenbacher*, Testamentsvollstreckung, § 48 Rn 55 ff.

vom Testamentsvollstrecker beantragt werden kann, befindet sich der Nachweis der Rechte und Befugnisse von Testamentsvollstreckern.

VIII. Vermeintlicher Testamentsvollstrecker

Hat der Testamentsvollstrecker das Amt angenommen und ist bereits tätig gewesen, und stellt sich dann die Rechtsunwirksamkeit seiner Ernennung heraus, ist seine Rechtsstellung fraglich. Im Einzelnen wird differenziert, ob die Anordnung des Erblassers von Anfang an **unwirksam** war oder das Amt nachträglich **weggefallen** ist. Bei Unwirksamkeit von Anfang an handelt der Testamentsvollstrecker auf eigenes Risiko, wenn die Erben der Testamentsvollstreckung widersprochen also die Anordnung bzw. Ernennung an sich bestritten haben.[70] Da kein fremdes Geschäft vorliegt, sind die Vorschriften über die **Geschäftsführung ohne Auftrag** nach §§ 677 ff. BGB nicht anwendbar. Ebenso scheidet ein Aufwendungsersatz nach §§ 670, 2218 BGB oder Vergütungsanspruch nach § 2221 BGB aus. 33

Haben hingegen die Erben die Berechtigung des Testamentsvollstreckers zur Amtsausübung bzw. die Anordnung insgesamt nicht bestritten, so soll wenigstens ein Aufwendungsersatz nach §§ 675, 612 BGB und ein Anspruch auf Vergütung aus § 2221 BGB entsprechend bestehen.[71] Für die unmittelbare Anwendung der Geschäftsführungsregeln ist bei einer nichtigen Testamentsvollstreckungsanordnung kein Raum.[72] Aufgrund der §§ 2218 Abs. 1, 674 BGB kann zugunsten des Testamentsvollstreckers die Fortdauer des Amts so lange unterstellt werden, bis er vom Erlöschen Kenntnis erlangt oder das Erlöschen kennen musste, wobei leichte Fahrlässigkeit genügt.[73] Eine analoge Anwendung der §§ 2218, 674 BGB kann dann gerechtfertigt sein, wenn der Testamentsvollstrecker in gutem Glauben an die ordnungsgemäße Ernennung zum Testamentsvollstrecker gehandelt hat.[74] Dabei ist jedoch eine **Analogie** nur dann zulässig, wenn die Ernennung nicht von Anfang an gegenstandslos ist.[75] 34

Zum **Schutz der Erben haftet** der vermeintliche Testamentsvollstrecker analog § 2219 BGB. Die Wirksamkeit von Verfügungen und Verpflichtungen richtet sich für das **Außenverhältnis** nach den allg. Gut-Glaubens-Vorschriften.[76] Im Einzelnen kommt es darauf an, ob der Testamentsvollstrecker sich durch Vorlage eines Testamentsvollstreckerzeugnisses legitimiert hat. Hat er ein Testamentsvollstreckerzeugnis vorgelegt, so gelten die Vorschriften über den Erbschein analog §§ 2368, 2365 BGB. Hat sich der Testamentsvollstrecker bspw. durch die Vorlage eines Testaments legitimiert, gelten die Grundsätze der **Anscheinsvollmacht.**[77] Das durch den vermeintlichen Testamentsvollstrecker vorgenommene Rechtsgeschäft kann durch die Erben ebenso genehmigt werden wie durch einen ordnungsgemäß ernannten Testamentsvollstrecker. Gegenüber Dritten haftet der vermeintliche Testamentsvollstrecker nach Maßgabe des § 179 BGB als **vollmachtloser Vertreter.**[78] 35

---

70 BGH NJW 1977, 1726.

71 Vgl. BGH NJW 1963, 1615.

72 So auch Staudinger/*Dutta*, § 2197 Rn 105 ff.; Mayer/Bonefeld/Tanck/*Kroiß*, Testamentsvollstreckung, § 5 Rn 42 ff.; Bengel/Reimann/Holtz/Röhl/*Holtz*, § 1 Rn 259 ff.; Grüneberg/*Weidlich*, § 2197 Rn 4.

73 Bengel/Reimann/Holtz/Röhl/*Holtz*, § 1 Rn 259 f.; Mayer/Bonefeld/Tanck/*Kroiß*, Testamentsvollstreckung, § 5 Rn 42.

74 Bengel/Reimann/Holtz/Röhl/*Holtz*, § 1 Rn 266.

75 BGHZ 41, 23; a.A. BGH NJW 1963, 1615, wonach es auf das Bestreiten der Erben ankommt, ob ein Anspruch des Testamentsvollstreckers besteht.

76 BeckOK BGB/*Lange*, § 2197 Rn 45.

77 Staudinger/*Dutta*, § 2197 Rn 107.

78 OLG Hamm NJW 1994, 666.

IX. Testamentsvollstrecker und Steuerrecht

36 Der Testamentsvollstrecker ist lediglich **Vermögensverwalter** i.S.v. § 34 Abs. 3 AO.[79] Er ist nicht Steuerschuldner, da er **kein Vermögensinhaber** ist. Der Testamentsvollstrecker ist nur so weit Steuerpflichtiger, wie Steuergesetze ihn ausdrücklich verpflichten. Die steuerrechtliche Verantwortung des Testamentsvollstreckers ist mit seiner zivilrechtlichen Aufgabenstellung verknüpft. Seine Verpflichtung geht nur so weit, wie auch sein Verwaltungsrecht als Testamentsvollstrecker reicht. Ferner ist er nur so weit berechtigt, steuerliche Rechte wahrzunehmen, wie ihn die Steuergesetze ausdrücklich ermächtigen. Die Ausübung der vom Erblasser zustehenden Wahlrechte obliegt dem Testamentsvollstrecker. In der Praxis häufig übersehen wird die Reichweite des § 20 Abs. 6 ErbStG. Befindet sich einer der Erben, Vermächtnisnehmer oder Pflichtteilsberechtigten im Ausland, müssen der Testamentsvollstrecker und insb. Banken zur Vermeidung einer Haftung so viel Vermögen zurückbehalten, dass die vollständige Erbschaftsteuer bezogen auf den Gesamtnachlass sichergestellt ist.[80] Das kann in Einzelfällen zu einer vollständigen Verfügungssperre führen.

37 Gem. § 31 Abs. 5 ErbStG hat er die Erbschaftsteuererklärung abzugeben, wobei dies lediglich für den Erwerb von Todes wegen von Seiten des Erben gilt. Ein Testamentsvollstrecker ist nach § 31 Abs. 5 S. 1 ErbStG zur Abgabe einer Erbschaftsteuererklärung für einen Erwerber nur verpflichtet, wenn sich die Testamentsvollstreckung auf den Gegenstand des Erwerbs bezieht und das Finanzamt die Abgabe der Erklärung vom Testamentsvollstrecker verlangt.[81] Das Finanzamt kann verlangen, dass die Steuererklärung auch von einem oder mehreren Erben mit unterschrieben wird (§ 31 Abs. 5 S. 2 ErbStG). Für andere Personen, wie Vermächtnisnehmer, ist er nur dann verpflichtet, wenn eine Vermächtnisvollstreckung nach § 2223 BGB angeordnet ist. Eine Erklärungspflicht für den pflichtteilsberechtigten Nichterben besteht somit für den Testamentsvollstrecker nicht. Er ist nicht ohne Vollmacht der Erben befugt, gegen einen **Erbschaftsteuerbescheid** Rechtsbehelfe einzulegen. Ein durch den Testamentsvollstrecker ohne Vollmacht eingelegter Rechtsbehelf ist unzulässig. Steuerbescheide sind an den Erben als Steuerschuldner zu richten und grundsätzlich diesem bekannt zu geben. Nur wenn dem Testamentsvollstrecker vom Erben Empfangsvollmacht erteilt wurde, ist der Bescheid dem Testamentsvollstrecker bekannt bekannt zu geben. Die Erblasserschulden hat der Testamentsvollstrecker aus den Nachlassmitteln zu tilgen.

38 Ebenso ist er nicht berechtigt, einen entsprechenden Teil des Nachlasses an die Erben auszukehren, bevor die Bezahlung der Erbschaftsteuer nicht sichergestellt ist. Dem Testamentsvollstrecker steht kein Anspruch gegen einen Vermächtnisnehmer auf Freistellung des Nachlasses von der Erbschaftsteuer zu, solange eine eventuelle Verpflichtung des Nachlasses gegenüber dem Finanzamt nicht fällig ist, weil eine Steuerfestsetzung gegen den Nachlass nicht erfolgt ist.[82] Der Testamentsvollstrecker hat im Steuerrecht eine Doppelrolle. Zum einen ist er wegen § 31 Abs. 5 ErbStG zur Abgabe der **Erbschaftsteuererklärung** für den Erben verpflichtet. Andererseits hat er aufgrund seiner Vergütung nach § 18 Abs. 1 Nr. 3 EStG **Einkünfte aus sonstiger selbstständiger Arbeit.**

39 Für die Abgabe der Erbschaftsteuererklärung hat der Testamentsvollstrecker nach § 31 Abs. 1 ErbStG mindestens einen Monat Zeit. Soweit der Testamentsvollstrecker nicht selbst über die notwendigen steuerrechtlichen Kenntnisse verfügt, ist er sogar ver-

---

79 Ausführlich: *Siebert*, ZEV 2010, 121.

80 Vgl. dazu BFH v. 12.3.2009 – II R 51/07, BStBl II 2009, 783; Meincke/Hannes/Holtz, ErbStG, § 20 Rn 33 fordern hingegen eine restriktive Auslegung der Vorschrift.

81 BFH 2013, 633.

82 OLG Karlsruhe, Beschl. v. 27.8.2015 – 9 W 39/15.

pflichtet und nicht nur berechtigt, auf Kosten des Nachlasses seinerseits steuerlichen Rat einzuholen. Der Testamentsvollstrecker hat einen Auskunftsanspruch gegenüber den Erben wegen der Vorschenkung. Dabei muss der Testamentsvollstrecker die Erben auch auf steuerliche Folgen hinweisen (Spekulationssteuer). Er ist gegenüber dem Finanzamt nicht zur **Geheimhaltung** verpflichtet. Bei vorsätzlicher oder grob fahrlässiger Verletzung haftet gem. § 69 AO der Testamentsvollstrecker wegen der Steuerausfälle. Gleiches gilt für §§ 370, 378 AO bei **Steuerverkürzung.** Der Testamentsvollstrecker haftet auch für die **Erbschaftsteuerschulden.** Erkennt der Testamentsvollstrecker vor Ablauf der Festsetzungsfrist, dass Steuern verkürzt wurden, ist er zur **Richtigstellung** an das Finanzamt verpflichtet. Der Testamentsvollstrecker muss positive Kenntnis von der Unrichtigkeit oder Unvollständigkeit einer vom Erblasser abgegebenen Steuererklärung haben. Das Erkennenmüssen oder Erkennenkönnen setzt die Anzeigepflicht nicht in Gang. Der Testamentsvollstrecker ist nicht verpflichtet, die Steuererklärung des Erblassers auf die Richtigkeit zu überprüfen. Ebenso muss er nicht nach Unrichtigkeiten suchen. Noch nicht beglichene Steuerschulden stellen Nachlassverbindlichkeiten dar, die im Wege der Gesamtrechtsnachfolge nach § 45 AO auf den Erben übergehen.

Der Testamentsvollstrecker hat insb. bei der Erfüllung von Vermächtnissen das Nicht- 40
einhalten von Behaltensfristen eine etwaige Nachsteuer zu berücksichtigen (Familienwohnheim, Unternehmensnachfolge). Eine Haftung des Testamentsvollstreckers für eine Nachsteuer ergibt sich, wenn dieser pflichtwidrig den Nachlass voreilig verteilt hatte, obwohl für ihn eine (ggf. noch bevorstehende) Verletzung der Behaltensvoraussetzungen hätte erkennbar sein müssen.[83] Es darf somit keine verfrühte Nachlassverteilung durch den Testamentsvollstrecker erfolgen. Eine solche ist dann anzunehmen, wenn dieser im Zeitpunkt der Auskehrung des Nachlassvermögens erkennbar mit einer Erbschaftsteuer(nach)forderung rechnen musste. Insofern hat er sich abzusichern (z.B. Erklärung/Wirtschaftsplan). Soweit dem Testamentsvollstrecker nicht bereits im Zeitpunkt der Nachlassverteilung Umstände bekannt sind, die eine Nachversteuerung innerhalb der Behaltensfrist wahrscheinlich machen, besteht keine Grundlage, ihm, in Ermangelung einer Mittelzurückbehaltung für etwaige Nachsteuern, eine haftungsbegründende Pflichtverletzung anzulasten.[84]

Zur Vermeidung von langwierigen Auseinandersetzungen und Einholung von weite- 41
ren Sachverständigengutachten etc., die zusätzliche Kosten verursachen, besteht die Möglichkeit, mit der Finanzbehörde Kontakt aufzunehmen und eine außergerichtliche Einigung herbeizuführen (**sog. tatsächliche Verständigung**).

Die anwaltliche Tätigkeit des Testamentsvollstreckers für den Nachlass stellt eine 42
umsatzsteuerpflichtige „sonstige Leistung" i.S.v. § 3 Abs. 9 UStG dar. Daher ist die Umsatzsteuer in einem Kostenfestsetzungsbeschluss auch zu berücksichtigen.[85] Ein Testamentsvollstrecker, der über einen längeren Zeitraum eine Vielzahl von Handlungen vornimmt, wird regelmäßig nachhaltig und damit unternehmerisch tätig. Dies gilt auch bei einer Auseinandersetzungs-Testamentsvollstreckung.[86] Die unternehmerische Tätigkeit eines Testamentsvollstreckers unterliegt auch dann der Umsatzsteuer, wenn sie aus privatem Anlass aufgenommen wurde. Allerdings ist bei geringen Vergütungen wegen § 19 UStG zu prüfen, ob keine Befreiung vorliegt.[87] Die Leistung der Testa-

---

83 Bay. Landesamt für Steuern v. 4.2.2016 – S 3812.1.1 – 12/8 St34.

84 *Worgulla/Eismann*, DtSR 2016, 2084. Mayer/Bonefeld/Tanck/*Bonefeld*, Testamentsvollstreckung, § 38 Rn 5.7.

85 OLG Köln ErbR 2010, 137.

86 So BFH ZEV 2007, 45 im Anschluss an BFH/NV 1992, 418; BFH/NV 1996, 938.

87 *Kronthaler*, ZEV 2007, 46.

mentsvollstreckung stellt weder eine hauptsächlich und gewöhnlich von einem Rechtsanwalt erbrachte Leistung dar noch eine Leistung, die diejenigen von Rechtsanwälten ähnlich ist.[88]

43 Prozesskosten des Testamentsvollstreckers für die Vertretung der Erben in einem die Erbschaftsteuer betreffenden Einspruchs- oder Klageverfahren sind nicht als Nachlassverbindlichkeit nach § 10 Abs. 5 Nr. 3 ErbStG abziehbar.[89]

44 Das Handeln eines Testamentsvollstreckers bei einer Dauervollstreckung ist den Erben auch i.R.d. Beurteilung der personellen Verflechtung von Besitz- und Betriebsunternehmen zuzurechnen.[90]

45 Aus der systematischen Stellung der §§ 13, 13a ErbStG zum einen und § 32 ErbStG zum anderen kommt eine Haftung des Testamentsvollstreckers für die Nachsteuer nicht in Betracht.[91]

B. Tatbestand

I. Ernennung durch den Erblasser (Abs. 1)

1. Grundsätzliches

46 Zu unterscheiden ist zwischen der Anordnung der Testamentsvollstreckung an sich und der Ernennung einer bestimmten Person zum Testamentsvollstrecker. Wird eine Person zum Testamentsvollstrecker ernannt, liegt darin zugleich die Anordnung der Testamentsvollstreckung. Die Anordnung selbst kann nach § 2065 BGB **nur durch den Erblasser** selbst erfolgen. Lediglich die Person des Testamentsvollstreckers kann unter den Voraussetzungen der §§ 2198–2200 BGB durch Dritte bestimmt werden. Sofern die vom Erblasser bestimmte Person nicht das Amt antritt, muss durch Auslegung des Testaments geklärt werden, ob dann auch die Testamentsvollstreckung insgesamt entfallen soll. Insofern ist anzuraten, i.R.d. letztwilligen Verfügung klare Formulierungen diesbezüglich zu wählen. Ist lediglich erklärt worden, dass Testamentsvollstreckung angeordnet wird, ist im Zweifel wegen § 2084 BGB davon auszugehen, dass das Nachlassgericht die Person des Testamentsvollstreckers ernennen soll.

47 Die Anordnung der Testamentsvollstreckung kann mit auflösenden bzw. aufschiebenden **Bedingungen** ebenso versehen werden wie mit einer Bestimmung eines Anfangs- oder Endtermins. Sofern sich eine beschränkte Zweckverfolgung nicht durch Auslegung i.R.d. Andeutungstheorie ermitteln lässt, kann die Beschränkung nach den Vorschriften der §§ 2078 ff. BGB durch Anfechtung beseitigt werden, die der Erbe selbst gem. § 2080 BGB erklären kann. Eine Anordnung der Testamentsvollstreckung kann **nur durch Verfügung von Todes wegen** erfolgen. Zwar spricht das Gesetz in Abs. 1 lediglich von Testament, jedoch sind auch Anordnungen in gemeinschaftlichen Testamenten und Erbverträgen möglich. Die Aufführung des Wortes „Testamentsvollstrecker“ in der Ernennung ist nicht notwendig, so dass sich im Wege der Auslegung die Einsetzung eines Verwalters,[92] Pflegers,[93] Treuhänders, Beistands oder Kurators als Einsetzung eines Testamentsvollstreckers umdeuten lässt. Dabei kommt es immer auf den Einzelfall an. Eine Übertragung der Hausverwaltung kann nicht als Testamentsvollstreckerernennung gewertet werden.[94]

---

88 EuGH ZEV 2008, 85.

89 FG Berlin ZErb 2007, 28.

90 BFH ZEV 2008, 495.

91 *Purucker*, ZErb 2011, 265; *Jülicher*, § 32 ErbStG Rn 35 differenziert nach der Art der Testamentsvollstreckung und plädiert, den Abwicklungsvollstrecker von einer Haftung freizustellen. Dazu ausführlich *Blum/Schauer*, ZEV 2012, 92.

92 BGH NJW 1983, 40.

93 BayObLGZ 16, 128; OLG Rostock OLGE 26, 344.

94 OGHZ 4, 223.

Eine aufschiebende Bedingung suspendiert die Wirkungen der Testamentsvollstreckung bis zum Eintritt der Bedingung. Der Testamentsvollstrecker hat in der Latenzzeit kein Verwaltungsrecht, lediglich einen vorbereitenden Auskunftsanspruch gegen den Erben. Eine präkonditionale Publikation der Testamentsvollstreckung gibt es nicht. Bei einer gestuft angeordneten Testamentsvollstreckung, bei der der Testamentsvollstrecker konstant ein zumindest latentes Verwaltungsrecht hat, greifen deren Wirkungen lückenlos. Der Erblasser hat zwei Gestaltungsmöglichkeiten, um eine gestufte Testamentsvollstreckung anzuordnen: Entweder ernennt er den Erben zum Erben-Mittestamentsvollstrecker (§ 2224 BGB); dieser ist dann als Mitvollstrecker mitwirkungsberechtigt, dh auch im Hinblick auf sonstige Verwaltungsmaßnahmen. Oder der Erblasser beschränkt den Vollstrecker in seiner Verfügungsmacht (§ 2208 Abs. 1 S. 1 i.V.m. § 2205 S. 2 BGB). Verfügungen über Nachlassgegenstände sind dann nur mit der Zustimmung des Erben möglich (§§ 177, 180, 182 ff. BGB analog). Der Erbe ist von sonstigen Verwaltungsmaßnahmen ausgeschlossen.[95] 48

Von der Ernennung zum Testamentsvollstrecker ist eine **letztwillige Zuwendung** abzugrenzen, ebenso von der familienrechtlichen Anordnung wie bspw. §§ 1639, 1837 BGB. Keine Ernennung zum Testamentsvollstrecker, sondern eine letztwillige Zuwendung liegt vor, wenn nach dem Erblasserwillen das eigene Interesse des Berufenen im Vordergrund steht.[96] Letztwillige Zuwendungen können somit vorliegen bei einer Erbeinsetzung, die mit einer Auflage verbunden ist,[97] einer Zuwendung eines Vermächtnisses, insbesondere eines Verwaltungsvermächtnisses sowie einer Teilungsanordnung.[98] Sehr problematisch ist die Konstellation, wenn ein Nießbrauchvermächtnis mit einer Testamentsvollstreckung zusammenfällt oder vom Erblasser eigentlich eine Anordnung einer Vor- und Nacherbfolge gewünscht war. Auch hier ist ausschlaggebend, in wessen Interesse die Verwaltungs- und Verfügungsbefugnis bestehen soll. Von einer **Vor-** und **Nacherbschaft** ist dann auszugehen, wenn bspw. dem Ehegatten die uneingeschränkte Verfügung über den Nachlass sowie die Nutzung zustehen soll, wobei die Kinder lediglich den verbleibenden Rest erhalten.[99] Hingegen ist von einem **Nießbrauch** verbunden mit einer Testamentsvollstreckung auszugehen, wenn das Nutzungsrecht hauptsächlich im Interesse eines Dritten erfolgt.[100] 49

Ist eine Anordnung der Testamentsvollstreckung im Rahmen eines **gemeinschaftlichen Testaments** erfolgt, in dem sich die Ehegatten gegenseitig zum Erben eingesetzt haben, so ist mangels anderer Anhaltspunkte die Testamentsvollstreckung lediglich für den Erben des Überlebenden angeordnet worden.[101] Bei fehlender gegenseitiger Erbeinsetzung ist von zwei Anordnungen in der Testamentsvollstreckung auszugehen.[102] Eine Anordnung der Testamentsvollstreckung in einem gemeinschaftlichen Testament führt nicht dazu, dass diese **wechselbezüglich** sind (vgl. § 2270 Abs. 3 BGB). Als einseitige Verfügung kann sie jederzeit widerrufen werden. Gleiches gilt für die Anordnung im Rahmen eines Erbvertrages. Nach dem Tode des Erstversterbenden kann der überlebende Ehegatte den Schlusserben nicht mehr durch Anordnung einer Testamentsvollstreckung beschränken, da die Einsetzung eines Testamentsvollstre- 50

95 So ausdrücklich: *Klinger*, ZEV 2021, 148. Vgl. a. *Hartmann*, RNotZ 2008, 150.
96 MüKo/*Zimmermann*, § 2197 Rn 7.
97 BayObLG ZEV 1996, 33.
98 Vgl. Staudinger/*Dutta*, § 2197 Rn 41; MüKo/*Zimmermann*, § 2197 Rn 7.
99 BayObLGZ 22, 75.
100 Staudinger/*Dutta*, § 2197 Rn 42.
101 KG Berlin HRR 1937 Nr. 259.
102 BayObLGZ 1985, 233; BayObLGZ 1997, 1.

ckers einem teilweisen Widerruf eines gemeinschaftlichen Testaments gleich kommt.[103] Eine derartige Erbenbeschränkung ist nur dann zulässig, wenn das gemeinschaftliche Testament einen Vorbehalt enthält, aber auch, wenn die Umstände ergeben, dass dies dem Willen des Erstverstorbenen entspricht.[104]

51 Problematisch ist, ob der Austausch des Testamentsvollstreckers als Beeinträchtigung einer wechselbezüglichen Schlusserbeneinsetzung zu werten ist. Der Austausch der Person des Testamentsvollstreckers beeinträchtigt grds. nicht die Rechtsposition eines bindend eingesetzten Vertragserben. Anders kann dies nur sein, wenn die Auswechslung untrennbar mit einer sonstigen Anordnung verbunden wird, die seine Rechtsstellung schmälert. Der Fortbestand der Testamentsvollstreckung selbst kann aber durch einen Bedingungszusammenhang an die Benennung einer bestimmten Person als Testamentsvollstrecker geknüpft werden.[105] Ob die Auswechselung der Person des Testamentsvollstreckers als unzulässige Beeinträchtigung des Bedachten zu bewerten ist, hängt davon ab, welche konkreten Rechte dem Bedachten aufgrund des Erbvertrags zustehen.[106] Es ist daher in der Kautelarpraxis dringend klarzustellen, ob die Auswechselung eines Testamentsvollstreckers wechselbezüglich sein soll.

52 Des Weiteren ist eine **Beschränkung** zulässig in den Fällen, in denen ein Rücktritt wegen Verfehlungen des Bedachten (§ 2294 BGB), eine Pflichtteilsentziehung in der Form des § 2336 BGB sowie eine Pflichtteilsbeschränkung in guter Absicht nach Maßgabe des § 2338 BGB möglich ist. Sofern keine rechtliche Benachteiligung damit verbunden ist, kann der überlebende Ehegatte die Person des Testamentsvollstreckers jederzeit auswechseln. Die Bindungswirkung des gemeinschaftlichen Testaments kann lediglich durch Ausschlagung durch den Ehegatten beseitigt werden (§ 2271 Abs. 2 BGB), ferner durch Anfechtung nach § 2079 BGB wegen Übergehung eines Pflichtteilsberechtigten oder aber durch Abschluss eines Zuwendungsverzichtsvertrages nach § 2352 BGB mit dem Bedachten und ggf. Ersatzbedachten.

2. Persönliche Voraussetzungen des Testamentsvollstreckers

a) Natürliche und juristische Personen

53 Zum Testamentsvollstrecker können sowohl **natürliche** als auch **juristische Personen** ernannt werden. Das Gesetz sieht in § 2201 BGB lediglich bei den Personen eine Einschränkung vor, die zur Zeit, in denen sie das Amt anzutreten hätten, geschäftsunfähig oder in der Geschäftsfähigkeit beschränkt sind oder wegen Gebrechlichkeit nach § 1814 BGB (§ 1896 BGB a.F.) zur Besorgung ihrer Vermögensangelegenheiten einen Pfleger erhalten haben. Wie aus Abs. 1 hervorgeht, kann der Erblasser zahlenmäßig unbegrenzt mehrere Personen zum Testamentsvollstrecker ernennen.

54 Neben juristischen Personen wie einer **Aktiengesellschaft, SE** oder **GmbH** können auch Personengesellschaften aufgrund § 124 Abs. 1 HGB wegen der Teilrechtsfähigkeit zum Testamentsvollstrecker ernannt werden, wie z.B. die OHG, KG, EWIV sowie

---

103 KG Berlin HRR 1936 Nr. 340.

104 KG Berlin DNotZ 1967, 438; MüKo/*Zimmermann*, § 2197 Rn 5; Grüneberg/*Weidlich*, § 2197 Rn 3.

105 So *Keim*, ZEV 2021, 129. Vgl. dazu a. Krätzschel/Falkner/Döbereiner/*Krätzschel*, NachlassR, § 19 Rn 6. A.A. OLG Schleswig, Beschl. v. 4.11.2019 – 3 Wx 12/19 (mit der Besonderheit, dass der erste TV unentgeltlich tätig sein sollte, der neue aber entgeltlich), ErbR 2020, 580 m. zust. Anm. *Tamoj* = MittBayNot 2020, 595 m. krit. Anm. *Weidlich* = ZEV 2020, 158 m. zust. Anm. *Knittel* = ZErb 2020, 124. OLG Hamm, Beschl. v. 6.11.2000 – 15 W 188/00, ZEV 2001, 171 m. Anm. *Reimann* und OLG Düsseldorf, ZEV 1994, 302 gehen davon aus, dass das bloße Auswechseln der Person des Testamentsvollstreckers regelmäßig keine unzulässige Beeinträchtigung des erbvertragsmäßig Bedachten sei.

106 MAH ErbR/*Malitz*, § 7 Rn 15 unter Bezug auf BGH, Urt. v. 6.4.2011 – IV ZR 232/09 (KG), NJW 2011, 1733.

die Partnerschaftsgesellschaft.[107] Ein nicht rechtsfähiger Verein ist ernennungsfähig.[108] I.R.d. Entscheidung des BGH v. 29.1.2001[109] zur Rechtsfähigkeit einer (Außen-)GbR wurde als Folge der Anerkennung der beschränkten Rechtsfähigkeit der **GbR** im Sinne einer akzessorischen Haftung der Gesellschafter für die Gesellschaftsverbindlichkeiten, vergleichbar der OHG gem. § 128 Abs. 1 HGB, entschieden. Insofern spricht einiges dafür, auch einer BGB-Gesellschaft die Ernennungsfähigkeit zum Amt des Testamentsvollstreckers zuzubilligen.[110] Lehnt man eine Ernennungsfähigkeit ab, kann aber die Ernennung einer GbR oder eines Vereins ohne Rechtspersönlichkeit dahingehend umgedeutet werden, dass die Gesellschafter Mitvollstrecker nach § 2224 BGB sein sollen.[111]

Wird eine einfache Sozietät zum Testamentsvollstrecker eingesetzt, gelten die Ausführungen zur GbR. Zudem ist zu prüfen, ob ein später ausscheidender Sozius weiterhin Testamentsvollstrecker ist, weil ggf. die Zugehörigkeit zur Sozietät Bedingung für das Amt sein sollte. Das gleiche Problem stellt sich bei einer Einsetzung eines Angestellten einer bestimmten Bank, bei der der Erblasser Konten hat. Dementsprechend ist im Wege der Auslegung zu ermitteln, ob eine auflösende Bedingung vorliegt. In der Kautelarpraxis ist daher auf klare Formulierungen zu achten. Ein später zur Sozietät stoßender Sozius wird i.d.R. nicht automatisch Mittestamentsvollstrecker. 55

Sofern ein Testamentsvollstrecker zudem Partner einer PartGmbB ist, besteht dennoch ein eigenes Haftungsrisiko, soweit er aufgrund eigener Mandate tätig wird. Dies gilt auch, wenn diese Mandate für Rechnung der Partnerschaft geführt werden. Dann greift die Haftungsbeschränkung des § 8 Abs. 4 PartGG nicht ein.[112]

Eine **Behörde**, wie z.B. das Nachlassgericht, kann wegen der fehlenden Befugnis des Erblassers, den gesetzlich festgesetzten Aufgabenkreis einer Behörde zu erweitern, nicht zum Testamentsvollstrecker ernannt werden. Inhaber eines bestimmten Amts oder Notariats können zum Testamentsvollstrecker ernannt werden.[113] Demzufolge kann die Ernennung einer Behörde regelmäßig dahingehend umgedeutet werden, dass der jeweilige Amtsträger zum Testamentsvollstrecker ernannt werden sollte. 56

b) Erben, Vermächtnisnehmer

Zwar kann der Erblasser jede natürliche Person zum Testamentsvollstrecker ernennen, bestimmte Personen sind jedoch, entweder aus rechtlichen oder aus tatsächlichen Gründen, von der Übernahme des Amts ausgeschlossen. So kann der **Alleinerbe**, weil er sich nicht selbst beschränken kann, nicht zum alleinigen Testamentsvollstrecker, hingegen aber zum Mitvollstrecker nach § 2224 BGB ernannt werden.[114] Im Rahmen einer **Vermächtnisvollstreckung** nach § 2223 BGB kann ein Alleinerbe wegen der 57

107 Staudinger/*Dutta*, § 2197, Rn 79; *Reimann*, ZEV 2021, 742.

108 So Grüneberg/*Weidlich*, § 2197 Rn 5. BeckOK BGB/*Lange*, § 2197 Rn 32; NK-BGB/*Kroiß*, § 2197 Rn 10; Staudinger/*Dutta*, § 2197, Rn 79; nunmehr auch Bengel/Reimann/Holtz/Röhl/*Röhl*, § 2 Rn 204.

109 NJW 2001, 1056.

110 So auch MüKo/*Zimmermann*, § 2197 Rn 9; NK-BGB/*Kroiß*, § 2197 Rn 10; Grüneberg/*Weidlich*, § 2197 Rn 5; Staudinger/*Dutta*, § 2197, Rn 79.

111 Vgl. MüKo/*Zimmermann*, § 2197 Rn 9; Staudinger/*Dutta*, § 2197 Rn 79, bei Überschaubarkeit des Teilnehmerkreises; Bengel/Reimann/Holtz/Röhl/*Röhl*, § 2 Rn 204.

112 Dazu *Zöbeley*, RNotZ 2017, 341.

113 BayObLGZ 20, 55.

114 RGZ 77, 177; RGZ 163, 57; OLG Düsseldorf, Beschl. v. 3.6.2016 – I-3 Wx 268/14, ZEV 2017, 204; Grüneberg/*Weidlich*, § 2197 Rn 5; Staudinger/*Dutta*, § 2197 Rn 82; MüKo/*Zimmermann*, § 2197 Rn 11; BeckOK BGB/*Lange*, § 2197 Rn 40; Bengel/Reimann/Holtz/Röhl/*Röhl*, § 2 Rn 207; a.A. *Adams*, ZEV 1998, 321.

fehlenden Erbenbeschränkung zum Testamentsvollstrecker ernannt werden.[115] Ebenso ist eine Einsetzung **aller Erben** wegen § 2224 Abs. 1 BGB möglich. Ein Alleinerbe oder alleiniger Vorerbe kann zugleich Erbentestamentsvollstrecker sein, wenn sich die Testamentsvollstreckung auf die sofortige Erfüllung eines Vermächtnisses beschränkt und das Nachlassgericht bei groben Pflichtverstößen einen anderen Testamentsvollstrecker bestimmen kann.[116] Alleinerbe oder alleiniger Vorerbe können dann über den eigenen Nachlass Testamentsvollstrecker sein, wenn diese Doppelstellung nicht sinnlos erscheint. Dies ist der Fall, wenn sich die Aufgabe des Testamentsvollstreckers auf den sofortigen Vollzug bestimmter Vermächtnisse zulasten der Erbschaft und im Interesse des Vermächtnisnehmers beschränkt und bei groben Pflichtverstößen des Erben ein anderer als Testamentsvollstrecker an seine Stelle tritt. Entgegen OLG Jena[117] ist daher nicht von vornherein ausgeschlossen, dass ein alleiniger Vorerbe Testamentsvollstrecker sein kann. Es ist immer auf den Einzelfall abzustellen.

58 Die Ernennung als Vorerbenvollstrecker und Nacherbenvollstrecker ist unwirksam, wenn durch diese Konstellation sämtliche Kontrollrechte des Nacherben ausgeschaltet werden.[118] Mit weiteren Vollstreckern kann jedoch der alleinige Vorerbe wiederum zum Testamentsvollstrecker ernannt werden, wenn gewährleistet ist, dass der Wegfall der anderen Mitvollstrecker nicht zur alleinigen Vollstreckung durch den Vorerben führt.[119] Die gleichzeitige Ernennung eines Miterben zum Testamentsvollstrecker und zum Nacherbenvollstrecker ist zulässig, wenn die Vollstreckung durch ein Kollegium von Testamentsvollstreckern ausgeübt wird.[120] Der alleinige Nacherbe kann ebenfalls nicht Testamentsvollstrecker für die Nacherbschaft sein. Gleiches gilt für ihn als Nacherbenvollstrecker nach § 2222 BGB. Hingegen ist eine Ernennung zum Testamentsvollstrecker für den Vorerben und den alleinigen Nacherben möglich.[121] Ein weiterer Interessengegensatz ist gegeben, wenn Nacherbenvollstrecker gleichzeitig der Vorerbenerbe ist.

59 Ein **Vermächtnisnehmer** kann zum Testamentsvollstrecker berufen werden, und zwar auch als Alleinvermächtnisnehmer.

c) Gesetzliche Vertreter

60 Gerichtliche Genehmigungserfordernisse entfallen, wenn ein Vormund oder ein Familienangehöriger zum Testamentsvollstrecker ernannt wird. Ggf. kann es aufgrund dieser **Doppelstellung** zum Interessengegensatz i.S.d. § 1796 BGB kommen, so dass im Einzelfall eine Ergänzungspflegschaft anzuordnen wäre.[122] Nach Rspr. des BGH[123] besteht jedoch kein genereller Interessengegensatz zwischen elterlichem Sorgerecht und Testamentsvollstreckung, so dass z.B. der überlebende Elternteil ohne Weiteres Testamentsvollstrecker über den Erbteil seines Kindes werden kann.[124] Es führt aber zu einem erheblichen Interessengegensatz, wenn konkrete Umstände dafür vorliegen, dass der alleinsorgeberechtigte Elternteil als Testamentsvollstrecker die Belange des Kindes nicht in dem gebotenen Maß wahren und fördern wird. In diesem Fall ist dem

115 Grüneberg/*Weidlich*, § 2197 Rn 5; Staudinger/*Dutta*, § 2197 Rn 82; MüKo/*Zimmermann*, § 2197 Rn 11; BeckOK BGB/*Lange*, § 2197 Rn 40; Bengel/Reimann/Holtz/Röhl/*Röhl*, § 2 Rn 207.
116 BGH ZEV 2005, 204.
117 OLG Jena ZEV 2009, 244.
118 OLG Karlsruhe MDR 1981, 943.
119 BayObLG NJW 1976, 1692.
120 BayObLG NJW 1976, 1692.
121 BayObLG NJW 1959, 1920.
122 Dazu *Damrau*, ZEV 1994, 1.
123 BGH ZEV 2008, 330.
124 So bereits *Bonefeld*, ZErb 2007, 2.

gesetzlichen Vertreter die sorgerechtliche Vertretung des Kindes zur Wahrnehmung seiner Rechte gegenüber als Testamentsvollstrecker sowie die Vertretung des Kindes bzgl. der sich aus der Erbenstellung ergebenden Rechte gegenüber dem Nachlassgericht zu entziehen und Ergänzungspflegschaft anzuordnen.[125] Der Erblasser, der dem anderen Elternteil insoweit das Sorgerecht entzogen hat, kann bestimmen, dass der Testamentsvollstrecker zugleich als Ergänzungspfleger die Vermögenssorge hinsichtlich des geerbten Vermögens ausüben soll. Der somit zulässigerweise berufene Ergänzungspfleger kann ohne seine Zustimmung nur in den in § 1778 Abs. 1 Nr. 5 BGB genannten Fällen übergangen werden. Für die Annahme einer dazu erforderlichen Kindeswohlgefährdung reicht allein die abstrakte Möglichkeit einer schädlichen Auswirkung potenziell widerstreitender Interessen nicht aus.[126]

61 Hat der Großvater seinen Sohn und dessen minderjährige Kinder zu seinen Erben eingesetzt und den Vater zum Testamentsvollstrecker bestimmt, führt dies allein nicht zu einem Interessensgegensatz, der die Bestellung eines Ergänzungspflegers notwendig machen würde. Nur im Einzelfall kann entschieden werden, ob das Interesse des Minderjährigen zu dem Interesse der Eltern bzw. des Vormunds als gesetzlicher Vertreter einerseits und als Testamentsvollstrecker andererseits in erheblichem Gegensatz steht (§ 1796 BGB). Eine abstrakt generalisierende Betrachtungsweise mag zwar typisieren, wird jedoch dem zu beurteilenden Lebenssachverhalt nicht gerecht. Das Gleiche gilt für den Konflikt zwischen den Interessen eines gesetzlichen Vertreters einerseits und eines Testamentsvollstreckers andererseits, wenn sich die obergerichtliche Rechtsprechung künftig von diesen Formulierungen löst und einen Interessengegensatz nur dann annimmt, wenn dieser bereits zu einer Pflichtverletzung des gesetzlichen Vertreters geführt hat oder mit Sicherheit führen wird.[127]

62 Wegen § 30 Abs. 1 S. 2 BtOG sollte Abstand davon genommen werden, den **Berufsbetreuer** zum Testamentsvollstrecker einzusetzen.[128]

d) Steuerberater, Wirtschaftsprüfer, Banken

63 Lange umstritten war die Frage, ob **Steuerberater** oder **Banken** das Amt des Testamentsvollstreckers übernehmen dürfen. Die Frage ist durch die Entscheidung des BGH[129] dahingehend beantwortet, dass die geschäftsmäßige Übernahme von Testamentsvollstreckungen nicht gegen das RBerG verstößt. Nunmehr ist in § 5 Abs. 1 S. 1 RDG die Übernahme des Amts zudem auch ausdrücklich gestattet.[130]

64 Kann das Amt durch einen Steuerberater oder Wirtschaftsprüfer durchgeführt werden, ist jedoch das Gewerbeverbot aus § 57 Abs. 4 Nr. 1 StBerG sowie § 43 Abs. 3 Nr. 1 WPO zu beachten.

e) Rechtsanwälte, Notare

65 Keine Probleme mit dem RDG haben naturgemäß **Rechtsanwälte** und **Notare**, für die die Übernahme des Amts als Testamentsvollstrecker grundsätzlich zulässig ist. Allerdings kann der Rechtsanwalt das Amt des Testamentsvollstreckers wegen § 45 Abs. 2 BRAO nicht ausüben, wenn er zuvor gegen den Träger des zu verwaltenden Vermögens tätig geworden ist. Aufgrund § 45 Abs. 3 BRAO erstreckt sich dieses Verbot auch auf einen Sozius. Obwohl § 45 BRAO ein Verbotsgesetz ist, steht bei

---

125 OLG Köln ZEV 2019, 149.
126 OLG Brandenburg, Beschl. v. 28.11.2018 – 15 WF 196/18, ZEV 2019, 151.
127 OLG München, Beschl. v. 3.6.2022 – 2 WF 232/22 e, RFamU 2022, 518 m. zust. Anm. *Klinger*. Vgl. a. *Muscheler*, ZEV 2008, 332; BeckOK BGB/*Lange*, § 2197 Rn 30.
128 MüKo/*Zimmermann*, § 2197 Rn 10.
129 BGH ZErb 2005, 65 = ZEV 2005, 122.
130 Hierzu *Grunewald*, ZEV 2010, 69.

verfassungskonformer Auslegung das Tätigkeitsverbot nach OLG Hamburg[131] der Wirksamkeit einer Ernennung des Rechtsanwalts als Testamentsvollstrecker nicht entgegen, wenn der Erblasser den Rechtsanwalt in dessen Funktion als Gegnervertreter kennen und schätzen gelernt hat und ihn dennoch (oder gerade deshalb) zu seinem Testamentsvollstrecker bestimmt.[132] Der Notar, der die Verfügung von Todes wegen beurkundet hat, ist wegen §§ 7, 27 BeurkG daran gehindert, das Amt durchzuführen. Der Verstoß gegen das **Mitwirkungsverbot** führt nicht dazu, dass die vollständige Verfügung von Todes wegen unwirksam ist. § 2085 BGB ist zu beachten. Wird jedoch der Notar in einem weiteren Testament zum Testamentsvollstrecker ernannt und hat er dieses Testament nicht beurkundet, so darf er das Amt ausführen.[133]

66 Dabei ist jedoch auf den Einzelfall abzustellen. Der BGH hat sich noch nicht mit der Frage beschäftigt, ob sich nicht wenigstens die Mitwirkungsverbote der §§ § 27, 7 BeurkG auch auf sonstige Amtstätigkeiten wie z.B. vorsorgenden Rechtsbetreuung (§ 24 BNotO) erstrecken, mit der Folge, dass ein Notar, der die privatschriftliche Einsetzung seiner eigenen Person zum Testamentsvollstrecker mit der von ihm errichteten notariellen Verfügung gemeinsam in die amtliche Verwahrung gibt, gegen diese Berufspflicht verstoßen hat. Dies wird man aber so werten müssen.[134] Das zwingende Verbot kann auch nicht dadurch umgangen werden, dass sich der Urkundsnotar in der Verfügung von Todes wegen selbst zum Bestimmungsberechtigten nach § 2198 BGB ernennen lässt.[135] Gleiches gilt für den Fall, in dem er ein Testament beurkundet hat, in dem das Nachlassgericht nach § 2200 BGB gebeten wird, den Notar zum Testamentsvollstrecker zu ernennen.[136] Errichtet der Erblasser im Anschluss an die notarielle Beurkundung einer letztwilligen Verfügung handschriftlich ein Testament, in welchem der Urkundsnotar zum Testamentsvollstrecker bestimmt wird, führt dies nicht zur Formunwirksamkeit des privatschriftlichen Testaments. Insoweit liegt auch kein zur Unwirksamkeit führender Umgehungstatbestand vor.[137] Da § 3 Abs. 1 Nr. 4 BeurkG lediglich eine Soll-Vorschrift ist, führt die Bestimmung eines **Sozius** des beurkundenden Notars nicht zur Unwirksamkeit der Ernennung, hingegen zu disziplinarrechtlichen Maßnahmen.[138]

f) Heimleiter, Heimmitarbeiter, Schiedsrichter, Schiedsgutachter

67 Sowohl ein Verstoß gegen das RDG sowie gegen § 14 HeimG (vgl. dazu § 1923 Rdn 10 ff.) bzw. die landesrechtlichen Vorschriften wie z.B. das BayPflegWoQ liegt vor, wenn ein **Heimleiter** oder **Heimmitarbeiter** das Amt des Testamentsvollstreckers übernimmt, sofern der Erblasser die Vergütung nicht ausgeschlossen hat.[139] Ungeklärt ist, ob das Heimgesetz o.Ä. auch in den Fällen greift, bei dem der Testamentsvollstrecker Mitglied des Vorstandes der Stiftung oder des Vereins ist, der im engen (auch nach außen sichtbaren) Kontakt mit dem Träger des Heims steht. In der Praxis ist

---

131 OLG Hamburg, Beschl. v. 26.9.2017 – 2 W 83/16, ZEV 2018, 708. Vgl. a. OLG Rostock FamRZ 2020, 796.

132 So auch Staudinger/*Dutta*, § 2197 Rn 95; krit. BeckOK BGB/*Lange*, § 2197 Rn 36.

133 Grüneberg/*Weidlich*, § 2197 Rn 6. BGH Beschl. v. 23.2.2022 – IV ZB 24/21, NJW 2022, 1450 = ZErb 2022, 179 = ZEV 2022, 402 m. zust. Anm. *Keim* = RFamU 2022, 179 m. zust. Anm. *Bonefeld*.

134 Mayer/Bonefeld/Tanck/*Wartenburger*, Testamentsvollstreckung, § 24 Rn 9.

135 Mayer/Bonefeld/Tanck/*Wartenburger*, Testamentsvollstreckung, § 24 Rn 8.

136 OLG Stuttgart DNotZ 1990, 430; OLG Oldenburg DNotZ 1990, 431.

137 S.o. BGH Beschl. v. 23.2.2022 – IV ZB 24/21 = NJW 2022, 1450; BGH FuR 2018, 278.

138 Bengel/Reimann/Holtz/Röhl/*Sandkühler*, § 11 Rn 24; Mayer/Bonefeld/Tanck/*Wartenburger*, Testamentsvollstreckung, § 24 Rn 7; Grüneberg/*Weidlich*, § 2197 Rn 6; BeckOK BGB/*Lange*, § 2197 Rn 39.

139 Bengel/Reimann/Holtz/Röhl/*Röhl*, § 2 Rn 227;

dies jedoch zu verneinen. Die Testamentsvollstreckerernennung ist nicht bereits als verbotene Zuwendung i.S.d. § 14 HeimG anzusehen.[140] Allerdings sollte vorsorglich auf derartige Konstruktionen verzichtet werden oder aber eine heimaufsichtliche Genehmigung eingeholt werden.

Ein **Schiedsrichter** und **Schiedsgutachter** als bei der Nachlassregulierung Beteiligter kann Testamentsvollstrecker sein.[141] Eine in einem Testament angeordnete Schiedsklausel ist unwirksam, soweit ein Testamentsvollstrecker als Einzelschiedsrichter auch über Streitigkeiten zwischen den Erben und dem Testamentsvollstrecker entscheiden soll.[142] Es ist aber zulässig, dem Testamentsvollstrecker eine begrenzte Auslegungskompetenz entsprechend der Regelung des § 317 BGB einzuräumen, womit eine gerichtliche Kontrolle nach § 319 BGB verbleibt, die aber so ausgestaltet wäre, dass dem Entscheidungsvorschlag des Testamentsvollstreckers ein höherer Richtigkeitsgehalt eingeräumt werden müsste.[143] 68

II. Ernennung eines Ersatztestamentsvollstreckers (Abs. 2)

Nach Abs. 2 kann der Erblasser für den Fall, dass der ernannte Testamentsvollstrecker vor oder nach der Annahme des Amts wegfällt, einen anderen Testamentsvollstrecker ernennen. Dabei spielt es keine Rolle, ob der Erblasser den Testamentsvollstrecker ernannt hat oder ob dieser von Dritten nach Maßgabe der §§ 2198 ff. BGB bestimmt wurde. Unter **Wegfall** i.S.d. Abs. 2 ist auch die Nichtannahme des Amts zu verstehen. Gleiches gilt für den Fall, dass die Ernennung des ersten Testamentsvollstreckers entweder unwirksam ist oder aber der Testamentsvollstrecker an der Durchführung des Amts gehindert ist. Der Erblasser kann einen oder zahlenmäßig unbeschränkt mehrere Personen nacheinander zu Ersatztestamentsvollstreckern ernennen. Soweit die letztwillige Verfügung des Erblassers, wonach seine beiden Kinder sein „gesamtes Barvermögen aus Konten und Versicherungen" erben und der Ehegatte bevollmächtigt ist, „das Erbe anzunehmen und das Geld zu verwalten und auch auszugeben im Sinne der Familie", als Anordnung einer Testamentsvollstreckung ausgelegt werden kann, ist jedenfalls für eine (ergänzende) Auslegung im Sinne der Bestimmung eines Ersatztestamentsvollstreckers bei Ausfall des Ehegatten als Testamentsvollstrecker in Ermangelung einer entsprechenden Andeutung kein Raum.[144] 69

C. Verfahrensfragen/Praktische Hinweise

Ist die Verfügung von Todes wegen, die die Testamentsvollstreckungsanordnung beinhaltet, ungültig oder kann der ernannte Testamentsvollstrecker wegen des Mitwirkungsverbotes aus § 27 BeurkG das Amt nicht ausüben, ist die Ernennung zum Testamentsvollstrecker unwirksam. Vor Annahme des Amts sollte daher der Testamentsvollstrecker die **Wirksamkeit der Verfügung von Todes wegen überprüfen.** Gleiches gilt für die Erben. 70

Sofern es zu einem **Interessengegensatz** aufgrund der Doppelstellung als gesetzlicher Vertreter und Testamentsvollstrecker kommen kann, ist es ratsam für den Fall des Interessengegensatzes und der Verhinderung des Testamentsvollstreckers, vorsorglich einen Nebenvollstrecker zu ernennen. Der Aufgabenkreis des Nebenvollstreckers 71

140 So aber *Rossak*, MittBayNotZ 1998, 407; *Everts*, ZEV 2006, 546.

141 Bengel/Reimann/Holtz/Röhl/*Röhl*, § 2 Rn 230; *Zimmermann*, ZEV 2021, 141.

142 BGH, Beschl. v. 8.11.2018 – I ZB 21/18, NJW 2019, 857 = ZEV 2019, 146.

143 *Uffmann*, ErbR 2020, 218, die auf den Vorteil hinweist, dass angesichts der gerichtlichen Rechtmäßigkeitskontrolle keine dem Schiedsrichteramt vergleichbaren Anforderungen an die Unparteilichkeit des Testamentsvollstreckers in seiner Rolle als Schiedsgutachter gestellt werden müssten.

144 OLG Düsseldorf ZErb 2013, 127.

kann auf den Bereich des Interessengegensatzes beschränkt werden.[145] Der Erblasser kann zu seinen Lebzeiten nicht die Anordnung der Testamentsvollstreckung durch Rechtsgeschäft unter Lebenden vornehmen.[146] Allerdings kann ein derartiges Rechtsgeschäft als **postmortale Vollmacht** umgedeutet werden. Eine solche ist jedoch durch den Erben wegen § 671 BGB jederzeit widerruflich. In der Praxis kann auch vorsorglich die Möglichkeit über § 2199 BGB geschaffen werden, dass im Falle einer Interessenkollision ein Mittestamentsvollstrecker mit dem eigenen Aufgabenkreis ernannt werden kann.[147]

72 Da durch den Widerruf eines Miterben das Vertretungsrecht des Bevollmächtigten hinsichtlich der übrigen Miterben nicht berührt wird, kann die Rückgabe der Vollmachtsurkunde nicht verlangt werden. Hier ist unbedingt auf die **Eintragung eines einschränkenden Vermerks** zu achten.[148] Ggf. kann die Ernennung zum Testamentsvollstrecker nach Maßgabe der §§ 2087 ff. BGB **angefochten** werden. Im Einzelnen kommt es auf die Beweggründe für die Testamentsvollstreckung an. Liegen bei dem Ersatzerben nach Wegfall des Erben die für die Anordnung der Testamentsvollstreckung ausschlaggebenden Gründe nicht mehr vor, ist ein Anfechtungsgrund gegeben.[149] Durch die Anfechtung wird regelmäßig nur die Anordnung der Testamentsvollstreckung beseitigt (im Einzelfall ist auf § 2085 BGB abzustellen).

73 Die **Gebührenfreiheit** für eine **Grundbucheintragung** der Erben des Grundstückseigentümers erstreckt sich nicht auf die gleichzeitig gem. § 52 GBO von Amts wegen erfolgte Eintragung der Testamentsvollstreckung. Die Eintragung der Verfügungsbeschränkung durch einen Testamentsvollstreckervermerk ist nach dem GNotKG nicht vorgesehen. Für das Testamentsvollstreckerzeugnis fällt weiterhin eine volle Gebühr an, KV Nr. 12210 GNotKG. Diese Gebühr ist bei Beendigung des Verfahrens ohne Erteilung des Zeugnisses auf 218 EUR gedeckelt. Für die Bestimmung des Geschäftswerts gilt § 40 Abs. 5 GNotKG. Der Geschäftswert orientiert sich nicht mehr am Reinwert des Nachlasses; maßgeblich sind 20 % des Bruttowerts.[150] Das Verfahren über die Ernennung oder Entlassung von Testamentsvollstreckern und über sonstige anlässlich einer Testamentsvollstreckung zu treffenden Anordnungen löst eine Gebühr von 0,5 aus, KV Nr. 12420 GNotKG. Für alle sonstigen Anordnungen im Zusammenhang mit der Testamentsvollstreckung sieht KV Nr. 12420 GNotKG eine 0,5 Gebühr vor. Dazu gehören bspw. das Außerkraftsetzen von Anordnungen nach § 2216 Abs. 2 S. 2 BGB oder ein Beschluss, durch den das Gericht Meinungsverschiedenheiten zwischen mehreren Testamentsvollstreckern über die Vornahme eines Rechtsgeschäfts entscheidet, § 355 Abs. 2 FamFG.[151]

74 Eine Amtsannahmebestätigung – im Sinne einer Eingangsbestätigung oder Niederschrift über die Amtsannahmeerklärung des Testamentsvollstreckers – stellt kein Testamentsvollstreckerzeugnis i.S.d. § 2368 BGB dar. Sie kostet nach KV Nr. 12413 55 EUR (Verfahren der Erteilung einer Bescheinigung, die die Annahme des Amtes als Testamentsvollstrecker). Dies gilt nicht für ein Annahmezeugnis.[152]

---

145 Ausführlich *Kirchner*, MittBayNotZ 1997, 203.
146 Bengel/Reimann/Holtz/Röhl/*Röhl*, § 2 Rn 22.
147 *Bonefeld*, ZErb 2007, 2 m. Formulierungsbeispiel.
148 BGH NJW 1990, 507.
149 So auch MüKo/*Zimmermann*, § 2197 Rn 18.
150 *Kroiß*, NJW 2014, 437.
151 *Kroiß*, NJW 2014, 437.
152 OLG Köln, Beschl. v. 12.5.2023 – 2 Wx 65/23, ZErb 2024, 184 = MittBayNot 2024, 576 m. Erläut. *Kloiber*. Vgl. a. OLG Braunschweig ZEV 2019, 175. Zu den Kosten: Mayer/Bonefeld/Tanck/*Kroiß*, Testamentsvollstreckung, § 7 Rn 54.

§ 2198 Bestimmung des Testamentsvollstreckers durch einen Dritten

(1)[1] Der Erblasser kann die Bestimmung der Person des Testamentsvollstreckers einem Dritten überlassen. [2]Die Bestimmung erfolgt durch Erklärung gegenüber dem Nachlassgericht; die Erklärung ist in öffentlich beglaubigter Form abzugeben.
(2) Das Bestimmungsrecht des Dritten erlischt mit dem Ablauf einer ihm auf Antrag eines der Beteiligten von dem Nachlassgericht bestimmten Frist.

Literatur
Maluche, Auswirkungen des FamFG auf die Testamentsvollstreckung, ZEV 2010, 551; *Kroiß*, Testamentsvollstreckung in der nachlassgerichtlichen Praxis, ErbR 2022, 780; *Reimann*, Gesellschaften als Testamentsvollstrecker, ZEV 2021, 742; *Zimmermann*, Die Testamentsvollstreckung im FamFG, ZErb 2009, 87.

Übersicht: Rdn

A. Allgemeines

1 Grundsätzlich ist die Vertretung des Erblassers im Willen und in der Erklärung gem. § 2065 BGB ausgeschlossen. § 2198 BGB enthält hiervon eine Abweichung, wonach es dem Erblasser gestattet ist, die Bestimmung der Person des Testamentsvollstreckers einem Dritten zu überlassen. Nicht von § 2198 BGB ist die Anordnung der Testamentsvollstreckung als solche umfasst. Diese kann nur der Erblasser selbst vornehmen.

B. Tatbestand

I. Bestimmung der Person des Testamentsvollstreckers (Abs. 1)

1. Dritter

2 Jede **geschäftsfähige natürliche** und **juristische** Person kann zum Dritten i.S.d. Abs. 1 durch den Erblasser bestimmt werden. Demzufolge können auch der **Erbe** nebst **Vorerben** Dritte sein. Eine mögliche **Interessenkollision** macht die Ernennung durch den Dritten nicht unwirksam. Der Dritte kann sich auch selbst zum Testamentsvollstrecker ernennen, sofern er nicht Alleinerbe ist und sich durch die Testamentsvollstreckung selbst beschränkt. Juristische Personen bestimmen durch ihr Vertretungsorgan. Zwar ist eine **Behörde** selbst nicht bestimmungsberechtigt, jedoch kann dem jeweiligen Leiter der Behörde als natürliche geschäftsfähige Person das Bestimmungsrecht durch den Erblasser übertragen werden.

Wegen § 7 BeurkG kann einem **Notar**, der die Verfügung von Todes wegen abgefasst hat, nicht gleichzeitig das Recht zur Bestimmung des Testamentsvollstreckers übertragen werden.[1] Die Regelung in einem notariellen Testament, dass der Notar die Person des Testamentsvollstreckers bestimmen soll, ist wegen des Verbots der Verschaffung eines rechtlichen Vorteils zugunsten des Notars gem. § 7 Nr. 1 BeurkG unwirksam.[2]

---

1 Staudinger/*Dutta*, § 2198 Rn 3; MüKo/*Zimmermann*, § 2198 Rn 3.
2 BGH ZEV 2012, 657 = BGH ErbR 2013, 55.

Der Dritte kann alle diejenigen Personen zum Testamentsvollstrecker ernennen, die auch der Erblasser hätte ernennen können, es sei denn, er hat dem Dritten genaue Anweisungen gegeben oder seine Rechte eingeschränkt. Demzufolge kann der Dritte den Testamentsvollstrecker auch unter einer Bedingung oder auf Zeit berufen. Ebenso kann er die Testamentsvollstreckung sich auch nur auf bestimmte Nachlassteile beziehen lassen. Für eine fehlerhafte Auswahl eines Testamentsvollstreckers **haftet** der Dritte nur nach Maßgabe des § 826 BGB, der im Einzelfall kaum nachzuweisen sein wird. Ist der Testamentsvollstrecker nicht geeignet, so steht den Erben die Entlassungsmöglichkeit des § 2227 BGB zur Seite.

2. Erklärung gegenüber dem Nachlassgericht

3 Die Bestimmung durch den Dritten erfolgt gegenüber dem örtlich und sachlich zuständigen Nachlassgericht nach Maßgabe des § 345 FamFG. Eine vor einem **unzuständigen Gericht** abgegebene Bestimmung ist unwirksam. Eine beim örtlich unzuständigen Gericht abgegebene Bestimmung kann wirksam werden, wenn die Erklärung durch Weiterleitung an das zuständige Gericht innerhalb einer etwaigen gesetzten Frist nach Abs. 2 erfolgt. Die Erklärung kann nicht unter einen Widerrufsvorbehalt gestellt werden. Sie ist **unwiderruflich.** Hat der Dritte seine Erklärung zur Bestimmung abgegeben, so ist das Bestimmungsrecht erschöpft. Ausnahmsweise kann aber der Dritte dann nochmals eine Bestimmung vornehmen, wenn die alte Bestimmung wegen eines Verstoßes nach § 2201 BGB unwirksam ist oder aber eine Person benannt wurde, die nicht Testamentsvollstrecker werden sollte, da dies nicht dem Erblasserwillen entsprach. Hat der vom Dritten benannte Testamentsvollstrecker das Amt anschließend beendet, so kann das Bestimmungsrecht durch den Dritten **erneut** ausgeübt werden, sofern nicht die letztwillige Verfügung eine abweichende Anordnung enthält oder die Testamentsvollstreckung insgesamt beendet werden soll. Letztendlich ist eine teleologische Interpretation der Vorschrift angezeigt.[3] Es empfiehlt sich eine Klarstellung i.R.d. Anordnung, wonach das Bestimmungsrecht im Falle des Fehlschlagens der Bestimmung wie z.B. Nichtannahme des Amtes oder der Unwirksamkeit der Ernennung nochmals ausgeübt werden kann. Eine **Stellvertretung** bei der Ausübung der Willensbildung des Dritten ist nicht möglich. Hingegen kann aber sich der Dritte bei der Erklärungsabgabe beim Nachlassgericht vertreten lassen.

4 **Pflichtverletzungen** eines Testamentsvollstreckers lassen ein ihm testamentarisch eingeräumtes Recht zur Benennung eines weiteren oder Ersatztestamentsvollstreckers nicht ohne weiteres erlöschen, selbst nicht im Fall der Entlassung des Testamentsvollstreckers aus dem Amt.[4] Allerdings wird es auf den Einzelfall ankommen, ob der Erblasser tatsächlich bei Kenntnis von den Verfehlungen des Testamentsvollstreckers nicht das Bestimmungsrecht eingeschränkt hätte. Hierfür sind tatsächliche Anhaltspunkte vorzutragen und es sollte zusätzlich nach § 2078 BGB angefochten werden.

3. Form der Erklärung

5 Der Dritte muss die Erklärungen in **öffentlich beglaubigter Form** nach Maßgabe des § 129 BGB, §§ 39 ff. BeurkG abgeben. Eine Erklärung im Rahmen eines handschriftlichen Testaments ist daher nicht ausreichend. Ist die Erklärung nicht formwirksam abgegeben, so muss das Nachlassgericht auf diesen Mangel per **Zwischenverfügung** hinweisen. Hat der Erblasser statt der ausreichenden öffentlichen Beglaubigung eine notarielle Beurkundung zur Testamentsvollstreckerbestimmung angeordnet, so bleibt trotzdem die öffentliche Beglaubigung ausreichend, da hierdurch dem Sicherungs-

---

3 So auch Staudinger/*Dutta*, § 2198 Rn 18.
4 OLG Hamburg, Beschl. v. 9.2.2021 – 2 W 53/20, ErbR 2022, 1013 = ZErb 2022, 270.

zweck Genüge getan ist. Die Bestimmung kann in einer **öffentlichen Verfügung von Todes wegen** getroffen werden. Voraussetzung ist jedoch, dass diese öffentliche Verfügung von Todes wegen mit Willen des Dritten dem Nachlassgericht zugeht. Umstritten ist, ob eine Beglaubigung entbehrlich ist, wenn die Bestimmung in einer **öffentlichen Urkunde** getroffen wird, die im Rahmen ihrer Zuständigkeit von Gerichten, Ämtern, Amtsinhabern oder Behörden errichtet wird. So bestimmt in der Praxis häufig der Notar mittels einer Eigenurkunde den Testamentsvollstrecker. In der Rspr.[5] wird keine Beglaubigung der öffentlichen Urkunde gefordert, wenn durch den Präsidenten des OLG die Bestimmung erfolgt. Bei der Bestimmung des Testamentsvollstreckers durch den Amtsgerichtsdirektor[6] wurde eine Beglaubigung nach § 129 BGB für erforderlich gehalten. Voraussetzung für die Entbehrlichkeit einer besonderen Beglaubigung ist, dass die Bestimmung des Testamentsvollstreckers durch den Leiter einer öffentlichen Behörde Teil seiner amtlichen Aufgabe ist.

II. Frist (Abs. 2)

Grundsätzlich hat der Dritte **keine Frist** bei der Ausübung seines Bestimmungsrechts 6
zu beachten. Der Erblasser kann bereits im Testament dem Dritten eine Frist zur Ausübung des Bestimmungsrechts setzen, welche jedoch vom Nachlassgericht verkürzt oder verlängert werden kann, da ungemessen lange oder kurze Fristen der Nichtanordnung einer Frist gleichstehen. Des Weiteren haben nach Abs. 2 Beteiligte die Möglichkeit, dem Dritten zur Ausübung des Bestimmungsrechts eine Frist zu setzen, nach deren Ablauf das Bestimmungsrecht entfällt. **Beteiligter** ist jeder, der ein rechtliches und nicht lediglich wirtschaftliches Interesse an der Klarstellung bzw. Testamentsvollstreckung hat. Hierunter fallen der Erbe inkl. Vor- und Nacherbe, Pflichtteilsberechtigte, Vermächtnisnehmer, Auflagenvollziehungsberechtigte nebst Auflagenbegünstigten[7] sowie der Nachlassgläubiger. Durch die Einführung des **FamFG** wurde die Zahl der Beteiligten beschränkt, um das Verfahren zu vereinfachen. Nunmehr wird zwischen Muss-Beteiligten und Kann-Beteiligten unterschieden. § 345 Abs. 3 FamFG regelt in Abweichung zu § 7 FamFG zwei Sonderfälle für das Verfahren zur Ernennung eines Testamentsvollstreckers und zur Erteilung eines Testamentsvollstreckerzeugnisses. In beiden Verfahren ist immer der Testamentsvollstrecker Beteiligter. Das Gericht kann aber die Erben und den Mitvollstrecker als Beteiligte hinzuziehen. Auf ihren Antrag sind sie hinzuzuziehen. Für den Erben zählt bei Testamentsvollstreckung für den Nacherben vor Eintritt der Nacherbfolge auch der Nacherbe. Im Gegensatz zu § 345 Abs. 4 S. 2 FamFG können weitere unmittelbar Betroffene bei der Fallgruppe des § 345 Abs. 3 FamFG nicht hinzugezogen werden. Bei der Bestimmung einer Frist zur Erklärung, ob jemand das Amt als Testamentsvollstrecker annimmt (Abs. 2), ist Beteiligter nur der, dem die Frist gesetzt wird.[8]
Der gesetzliche Vertreter ist nur dann antragsberechtigt, wenn ihm nicht die Verwaltung der Erbschaft nach Maßgabe der §§ 1638, 1803 BGB entzogen wurde.[9]
Der **Rechtspfleger** entscheidet über die Anordnung der Frist mittels Beschluss gem. 7
§ 3 Nr. 2 Buchst. c RPflG. Der Beschluss wird nach Maßgabe des § 15 Abs. 2 FamFG bekannt gegeben. Gegen eine Fristsetzung kann sich der Dritte und jeder Beteiligte mittels der **sofortigen Beschwerde** zur Wehr setzen (§ 355 Abs. 1 FamFG, §§ 567 ff. ZPO). Die **Beschwerdefrist** beginnt mit der Bekanntmachung des Beschlusses an

5 OLG Stuttgart NJW-RR 1986, 7.
6 OLG Hamm DNotZ 1965, 487.
7 A.A. Soergel/*Becker*, § 2198 Rn 9.
8 *Zimmermann*, ZErb 2009, 87.
9 BGHZ 106, 96.

den jeweiligen Beteiligten. Hat der Rechtspfleger eine Fristsetzung abgelehnt, muss einfache Beschwerde bzw. befristete Beschwerde gem. §§ 58 Abs. 1, 63 FamFG eingereicht werden, welche wegen § 59 Abs. 2 FamFG nur dem Antragsteller zusteht. Nach dem **FamFG** unterliegt die Fristsetzung der Beschwerden einer Zwei-Wochen-Frist nach § 569 ZPO entsprechend den §§ 567–572 ZPO und nicht nach §§ 58 ff. FamFG.[10]

Nimmt der Dritte sein Recht zur Ernennung innerhalb der ihm gesetzten Frist nicht wahr oder erklärt er vor Fristablauf oder generell, er werde keinen zum Testamentsvollstrecker ernennen, so **erlischt** sein **Bestimmungsrecht**. Hierdurch entfällt auch die Anordnung der Testamentsvollstreckung insgesamt, sofern sich aus der letztwilligen Verfügung nach dem Willen des Erblassers nichts anderes ergibt. Der Dritte ist somit nicht verpflichtet, eine Person zum Testamentsvollstrecker zu benennen.

C. Verfahrensfragen/Praktische Hinweise

8 Die **Kosten der Beglaubigung** und die **Kosten für die Entgegennahme** der Erklärung bei Gericht richten sich nach KV Nr. 12410 Abs. 1 Nr. 4 GNotKG.[11] Diese hat der Erklärende zu tragen, der jedoch gegen die Erben nach Auftragsrecht einen **Erstattungsanspruch** hat. Das Verfahren über die Ernennung und über sonstige anlässlich einer Testamentsvollstreckung zu treffende Anordnungen löst ferner eine Gebühr von 0,5 nach KV Nr. 12420 GNotKG aus.[12] Nach KV Nr. 12410 Abs. 1 Nr. 4 GNotKG beträgt die Gebühr für die Entgegennahme der Erklärung betreffend die Bestimmung der Person des Testamentsvollstreckers oder die Ernennung von Mitvollstreckern (§ 2198 Abs. 1 S. 2 und § 2199 Abs. 3 BGB) 16 EUR.

9 Da der Dritte alle Rechte bei der Bestimmung des Testamentsvollstreckers hat, wie auch der Erblasser, und damit auch die Testamentsvollstreckung nur auf bestimmte Nachlassteile beschränken kann, sollte bei der Testamentsgestaltung deutlich gemacht werden, ob nicht die Bestimmung durch den Dritten lediglich die Bestimmung der Person beinhalten soll, sonst aber eine Befristung oder Beschränkung nicht gewünscht ist. Eine Klarstellung ist daher vorsorglich aufzunehmen. Da der Erblasser auf gewisse Schutzrechte aus § 2198 BGB verzichten kann, ist zu prüfen, wenn ein Amtsinhaber oder eine Behörde bzw. Gericht die Bestimmung vornehmen soll, dass im Einzelfall auf eine Beglaubigung der Bestimmungserklärung von Seiten des Erblassers verzichtet wird.

10 Äußert sich der beauftragte Dritte nicht, so kann diesem auf Antrag eines Beteiligten eine Frist durch das Nachlassgericht gesetzt werden. Antragsberechtigt sind alle durch die Testamentsvollstreckung beschwerten Erben oder diejenigen Personen, die ein rechtliches Interesse an dem Amtsantritt des Testamentsvollstreckers haben. Dies können wegen § 2213 BGB Nachlassgläubiger, Nacherben, Vermächtnisnehmer oder etwa Pflichtteilsberechtigte sein, nicht aber Gläubiger der Erben.[13] Bei Gericht funktionell zuständig ist der Rechtspfleger, § 3 Nr. 2 lit. c RPflG. Gegen den die Fristsetzung anordnenden Beschluss ist das Rechtsmittel der Beschwerde nach den §§ 567 ff. ZPO zum Landgericht statthaft,[14] § 355 FamFG, § 11 RPflG, gegen die Ablehnung der Fristsetzung dagegen die Beschwerde nach den §§ 58 ff. FamFG.[15]

10 *Zimmermann*, ZErb 2009, 87.
11 *Kroiß*, ZEV 2013, 416.
12 *Kroiß*, ZEV 2013, 416.
13 *Kroiß*, ErbR 2022, 780.
14 *Kroiß*, ErbR 2022, 780.
15 *Kroiß*, ErbR 2022, 780.

Nach KV Nr. 12411 GNotKG fällt eine Gebühr in Höhe von 27 EUR an, deren Schuldner der Antragsteller ist. Verstreicht die gesetzte Frist, ohne dass der Dritte eine Bestimmung getroffen hat, erlischt das Bestimmungsrecht. 11

Eine Haftung der bestimmungsberechtigten Personen für die Auswahl des Testamentsvollstreckers (*culpa in eligendo*) ist abgesehen von den Fällen des § 826 BGB abzulehnen.[16] 12

§ 2199 Ernennung eines Mitvollstreckers oder Nachfolgers

(1) Der Erblasser kann den Testamentsvollstrecker ermächtigen, einen oder mehrere Mitvollstrecker zu ernennen.
(2) Der Erblasser kann den Testamentsvollstrecker ermächtigen, einen Nachfolger zu ernennen.
(3) Die Ernennung erfolgt nach § 2198 Abs. 1 Satz 2.

Literatur

Damrau, Das Bestimmungsrecht des Testamentsvollstreckers, FamRZ 2004, 421; *ders.*, Zur Einziehung des Erbscheins und Testamentsvollstreckerzeugnisses und zur Ernennung eines Mitvollstreckers, ZEV 2001, 27; *Knorr*, Problemkreise bei der Nachfolge des Testamentsvollstreckers, NJW 2018, 2598; *Reimann*, Gesellschaften als Testamentsvollstrecker, ZEV 2021, 742; *Säcker*, Die Bestimmung des Nachfolgers durch den Testamentsvollstrecker, ZEV 2006, 288.

Übersicht:

A. Allgemeines

Gem. § 2199 BGB kann der Erblasser den Testamentsvollstrecker ermächtigen, einen oder mehrere Mitvollstrecker oder einen Nachfolger zu ernennen. Durch § 2199 BGB wird der Testamentsvollstrecker in die Lage versetzt, vor seiner Kündigung einen Dritten zu seinem Nachfolger zu ernennen und anschließend zu kündigen, so dass sein Amt auf die ernannte Person übergehen kann. Der Testamentsvollstrecker wird lediglich zur Ernennung ermächtigt, nicht hingegen zur Absetzung eines Mitvollstreckers oder Nachvollstreckers. Sein Ernennungsrecht ist **höchstpersönlich** und kann nicht an einen Dritten oder das Nachlassgericht delegiert werden. 1

B. Tatbestand

I. Ernennungsberechtigung (Abs. 1)

Der Testamentsvollstrecker ist zur Ernennung eines Nachfolgers oder Mitvollstreckers berechtigt, wenn er gem. § 2002 Abs. 1 BGB das Amt des Testamentsvollstreckers angenommen hat, also durch **Annahmeerklärung** gegenüber dem **Nachlassgericht**. Es **endet** mit dem **Erlöschen seines Amts**. Ferner ist durch Auslegung zu ermitteln, 2

16 *Reimann*, ZEV 2021, 742.

ob zum Zeitpunkt der Ernennung die Berechtigung noch tatsächlich dem Testamentsvollstrecker zusteht. Hat er ggf. eine erhebliche Pflichtverletzung begangen, so fragt sich, ob in einem solchem Fall der Erblasser ihn noch mit dem Bestimmungsrecht betrauen wollte.[1] Auch hier bietet sich eine Klarstellung in der letztwilligen Verfügung an. Nach der Rspr.[2] muss das Nachlassgericht vor der Entlassung dem Testamentsvollstrecker Gelegenheit geben, einen Nachfolger zu bestimmen. Hat der Testamentsvollstrecker von seinem Ernennungsrecht bis zur Beendigung seines Amts nicht Gebrauch gemacht, so kann eine Auslegung des Erblasserwillens dennoch dazu führen, dass der Testamentsvollstrecker trotz Beendigung seines Amts weiterhin zur Ernennung eines Nachfolgers, nicht aber eines Mitvollstreckers berechtigt sein soll. Dann muss ein Fall des § 2198 BGB vorliegen. Verstirbt der Testamentsvollstrecker und endet so gem. § 2225 BGB sein Amt, ist § 130 Abs. 2 BGB zu beachten. Dabei ist es ausreichend, wenn der Testamentsvollstrecker vor seinem Ableben alles seinerseits Erforderliche getan hat, um die Wirksamkeit der Erklärung herbeizuführen, wobei seine Bestimmung, seine Erklärung zur Bestimmung solle erst nach seinem Tode zugehen, nicht ausreichend ist.

Ist die Testamentsvollstreckung insgesamt beendet, so endet auch das Recht zur Ernennung eines Nachfolgers, z.B. wenn Zweckerreichung der Testamentsvollstreckung eingetreten ist.

3 Der Testamentsvollstrecker ist nicht verpflichtet, einen Nachfolger oder Mitvollstrecker zu benennen. Eine Nichternennung kann nicht zu seiner **Haftung** nach § 2219 BGB führen.[3] Ob ein Entlassungsgrund nach § 2227 BGB gegeben ist, hängt davon ab, ob der ernannte Testamentsvollstrecker nur gemeinschaftlich mit dem noch zu ernennenden Mitvollstrecker handeln soll. In einem solchen Fall ist er indirekt zur Benennung verpflichtet, da er andernfalls abgesetzt werden kann. Der Testamentsvollstrecker haftet für eine sorgfältige Auswahl des zu ernennenden Nachfolgers bzw. Mitvollstreckers nach § 2219 BGB im Unterschied zum Dritten nach § 2198 BGB, der für seine Auswahl nicht haftet.[4]

4 Hat der Testamentsvollstrecker von seinem Ermächtigungsrecht Gebrauch gemacht, so kann er seinem Mitvollstrecker oder seinem designierten Nachfolger eine **Generalvollmacht**[5] erteilen, sofern sie jederzeit **widerruflich** ist und der ernennende Testamentsvollstrecker weiterhin der Herr der Verwaltung bleibt.

II. Ernennung eines Mitvollstreckers

5 Hat der Erblasser in seiner Verfügung von Todes wegen deutlich gemacht, dass der in der Verfügung berufene Testamentsvollstrecker sein Amt nur gemeinschaftlich mit einem von ihm erst noch zu berufenden Mitvollstrecker ausüben soll, so besteht zwar sein Testamentsvollstreckeramt von Anfang an, seine einzige Aufgabe ist es aber zunächst, einen Mitvollstrecker gem. Abs. 1 zu ernennen. Str. ist, ob dieser **Schwebezustand** nur durch eine Entlassung gem. § 2227 BGB behoben werden kann oder aber zunächst von einem Bestimmungsrecht nach § 2198 BGB auszugehen ist, wonach dann auch die Möglichkeit einer Fristsetzung gem. § 2198 Abs. 2 BGB besteht. Der ersten Ansicht ist zuzustimmen.[6] Danach gelten von Anfang an auch die §§ 2211,

1 *Knorr*, NJW 2018, 2598; BeckOK BGB/*Lange*, § 2199 Rn 9.
2 OLG Hamm NJW-RR 2007, 878; OLG München ZEV 2008, 532; OLG Schleswig ZEV 2014, 542.
3 Staudinger/*Dutta*, § 2199 Rn 8; MüKo/*Zimmermann*, § 2199 Rn 4.
4 *Reimann*, ZEV 2021, 742.
5 Hierzu MüKo/*Zimmermann*, § 2199 Rn 11.
6 So auch: Staudinger/*Dutta*, § 2199 Rn 9; MüKo/*Zimmermann*, § 2199 Rn 7.

2214 BGB. Alternativ kann der Schwebezustand durch Ernennung eines Pflegers überbrückt werden.

6 I.R.d. Mitvollstreckerernennung kann der Testamentsvollstrecker nicht den Aufgabenkreis des zu ermächtigenden Testamentsvollstreckers nach seinem Belieben einschränken. Sofern der Erblasser nichts anderes angeordnet hat, verfügt der Mitvollstrecker über den **gleichen Tätigkeitsbereich** wie der bereits ernannte Testamentsvollstrecker. Ist eine Person zum Testamentsvollstrecker durch den Erblasser ernannt worden, die selbst das Amt nicht ausüben kann (da z.B. Alleinerbe), hat der Erblasser aber die Ermächtigung zur Ernennung eines Mitvollstreckers erteilt, so ist davon auszugehen, dass der Alleinerbe von vornherein nur zum Mitvollstrecker ernannt wurde und somit auch zur Ernennung eines Mitvollstreckers befugt ist.[7] Von einem konkludenten Ersuchen nach Maßgabe des § 2200 BGB kann dann nicht ausgegangen werden.[8]

III. Ernennung eines Nachfolgers (Abs. 2)

7 Des Weiteren ist der Testamentsvollstrecker nach Abs. 2 berechtigt, einen **Nachfolger** zu ernennen. Nach dem Wortlaut kann der Testamentsvollstrecker nur ermächtigt werden, **einen** Nachfolger zu ernennen. Im Einzelnen ist es **Auslegungsfrage** der letztwilligen Verfügung, ob der Erblasser nicht auch zur Ernennung mehrerer Personen durch den Testamentsvollstrecker ermächtigen wollte.[9] Dies wird dann der Fall sein, wenn verschiedene Aufgabenbereiche durch den Erblasser zugewiesen wurden. Der Testamentsvollstrecker kann nur dann einen Nachfolger ernennen, wenn er selbst das Amt angenommen hat und noch im Amt ist. Der Testamentsvollstrecker kann für den Fall des Erlöschens seines eigenen Amts bereits vorsorglich einen Nachfolger ernennen. Ist die Testamentsvollstreckung insgesamt beendet, so endet auch das Recht zur Ernennung eines Nachfolgers, z.B. wenn Zweckerreichung der Testamentsvollstreckung eingetreten ist.

8 Hat der Testamentsvollstrecker eine zulässige **Teilkündigung** (vgl. dazu § 2226 BGB) erklärt und es liegen einzeln abtrennbare Aufgabenbereiche vor und die Teilniederlegung des Amts ist mit dem Erblasserwillen vereinbar, so kann der Testamentsvollstrecker für die „gekündigten" Aufgabenbereiche einen Nachfolger bestimmen. Voraussetzung hierfür ist, dass eine derartige Vorgehensweise dem Erblasserwillen entspricht. Der Testamentsvollstrecker kann den Aufgabenkreis seines Nachfolgers zulässigerweise einschränken. Der Nachfolger kann selbst keinen eigenen Nachfolger ernennen, sofern nicht der Erblasser oder der Testamentsvollstrecker ihn hierfür ermächtigt hat.

IV. Form und Frist der Ernennung (Abs. 3)

9 Im Unterschied zu § 2198 BGB ist das Ernennungsrecht entgegen verbreiteter Ansicht[10] im Fall des Abs. 2 nicht dadurch verbraucht, dass der Testamentsvollstrecker einen Nachfolger ernannt hat. Richtigerweise ist er bei teleologischer Interpretation so lange zur Nachfolger(um)ernennung befugt, solange er im Amt ist. Die Ausgangslage bei § 2198 BGB ist nämlich eine völlig andere als die bei § 2199 BGB. Abs. 2 spricht daher auch nicht wie in § 2198 BGB von „Bestimmung", sondern von „ernennen". Bei § 2198 BGB ist so lange kein Testamentsvollstrecker bestimmt, bis der Dritte eine Person benannt hat. Es kann also zu einem „Vollstreckungs-Vakuum" kommen, also einer Phase zwischen Tod der Erblassers und Bestimmung eines Testamentsvollstreckers durch einen Dritten. Dies soll nach den Motiven offenkundig verhindert werden.

---

7 *Damrau*, ZEV 2001, 27.
8 OLG Zweibrücken ZEV 2001, 27.
9 BeckOK BGB/*Lange*, § 2199 Rn 12; Staudinger/*Dutta*, § 2199 Rn 15.
10 Vgl. nur *Damrau*, FamRZ 2004, 421 f. Wie hier: *Säcker*, ZEV 2006, 288 ff.

Insofern scheint es bereits aus Gründen der Rechtssicherheit gerechtfertigt zu sein, eine einmalige Bestimmung durch einen Dritten als unwiderruflich anzusehen. Bei § 2199 BGB wird bereits die Testamentsvollstreckung durch eine Person ausgeübt. Es besteht also gerade nicht die Gefahr eines „Vollstreckungs-Vakuums". Die Notwendigkeit, sofort wissen zu müssen, wer möglicherweise Nachfolger des amtierenden Testamentsvollstreckers wird, besteht somit nicht. Im Unterschied zur Bestimmung nach § 2198 BGB hat der ernannte Nachfolger nach § 2199 BGB keinerlei Rechtsposition erlangt. Er kann weder den Nachlass verwalten, noch kann er ihn in Besitz nehmen. Der Ersatztestamentsvollstrecker kann auch nicht bereits die Annahme vor Eintritt des Amtsbeginns erklären (vgl. § 2202 Abs. 2 BGB).

10 **Pflichtverletzungen** eines Testamentsvollstreckers lassen ein ihm testamentarisch eingeräumtes Recht zur Benennung eines weiteren oder Ersatztestamentsvollstreckers nicht ohne weiteres erlöschen, selbst nicht im Fall der Entlassung des Testamentsvollstreckers aus dem Amt.[11] Allerdings wird es auf den Einzelfall ankommen, ob der Erblasser tatsächlich bei Kenntnis von den Verfehlungen des Testamentsvollstreckers nicht das Bestimmungsrecht eingeschränkt hätte. Hierfür sind tatsächliche Anhaltspunkte vorzutragen und es sollte zusätzlich nach § 2078 BGB angefochten werden.

C. Verfahrensfragen

I. Kosten

11 Dem Testamentsvollstrecker steht ein Aufwendungsersatzanspruch gem. §§ 670, 2218 BGB gegen den Nachlass wegen der Kosten für die Entgegennahme der Erklärung gegenüber dem Gericht zu. Nach KV Nr. 12410 Abs. 1 Nr. 4 GNotKG beträgt die Gebühr für die Entgegennahme der Erklärung betreffend die Bestimmung der Person des Testamentsvollstreckers oder die Ernennung von Mitvollstreckern (§ 2198 Abs. 1 S. 2 und § 2199 Abs. 3 BGB) 16 EUR.

II. Praktische Hinweise

12 Problematisch sind in der Praxis häufig die Fälle, in denen bereits mehrere Testamentsvollstrecker vorhanden sind, die berechtigt sind, wiederum Mitvollstrecker oder Nachfolger zu benennen. Ebenso problematisch ist, wenn mehrere Testamentsvollstrecker ernennungsberechtigt sind, die Frage, ob die Ermächtigungsausübung durch einstimmigen Beschluss oder Mehrheitsbeschluss erfolgen muss. Hier muss differenziert werden, ob ein Mitvollstrecker oder ein Nachfolger benannt werden soll. Im Zweifel wird man bei mehreren Testamentsvollstreckern davon ausgehen können, dass jeder einzelne Testamentsvollstrecker berechtigt ist, seinen eigenen Nachfolger zu bestimmen. Auch hier kommt es auf die Auslegung des Testaments, mithin den Erblasserwillen an. Bei der Mitvollstreckerernennung ist im Zweifel nicht anzunehmen, dass jeder Einzelne einen Mitvollstrecker ernennen kann. Regelmäßig will der Erblasser mehrere Testamentsvollstrecker zusammen entscheiden lassen. Um Streitigkeiten zu verhindern, sollte, sofern der Erblasser von seinem Recht aus § 2199 BGB Gebrauch machen will, dafür Sorge getragen werden, dass **klargestellt** wird, ob das **Einstimmigkeits- oder Mehrheitsprinzip** gelten soll. Läuft ein **Verfahren auf Entlassung gem. § 2227 BGB**, sollte der Testamentsvollstrecker vorsorglich von seinem Recht zur Ernennung eines Nachfolgers Gebrauch machen, wenn der Erblasser ihn hierzu ermächtigt hat.

13 Zudem ist anzuraten von vornherein eine sprachlich unzweifelhafte Regelung im Testament zu treffen und ausdrücklich das **Ernennungsrecht** dahingehend **einzuschrän-**

11 OLG Hamburg, Beschl. v. 9.2.2021 – 2 W 53/20, ErbR 2022, 1013 = ZErb 2022, 270.

ken, dass es entfällt, wenn gegen den Testamentsvollstrecker ein Entlassungsgrund nach § 2227 BGB vorliegt.[12]

§ 2200 Ernennung durch das Nachlassgericht

(1) Hat der Erblasser in dem Testament das Nachlassgericht ersucht, einen Testamentsvollstrecker zu ernennen, so kann das Nachlassgericht die Ernennung vornehmen.
(2) Das Nachlassgericht soll vor der Ernennung die Beteiligten hören, wenn es ohne erhebliche Verzögerung und ohne unverhältnismäßige Kosten geschehen kann.

Literatur
Breitenstein, Die Bindungswirkung des Verfahrens zu gerichtlichen Ernennung eines Testamentsvollstreckers für das Erbscheinserteilungsverfahren, ZErb 2009, 194; *Witzheller*, Wegfall des vom Erblasser benannten Testamentsvollstreckers – Anforderungen an ein Ersuchen an das Nachlassgericht gem. § 2200 BGB, ZErb 2023, 459; *Zimmermann*, Die Testamentsvollstreckung im FamFG, ZErb 2009, 86; *ders.*, Die Auswahl von Testamentsvollstreckern, Nachlasspflegern und Nachlassverwaltern durch das Nachlassgericht, ZErb 2007, 313.

Übersicht: Rdn

A. Allgemeines

1 Nach § 2200 BGB besteht neben den Ernennungsmöglichkeiten in den §§ 2197–2199 BGB die Möglichkeit, dass das Nachlassgericht einen Testamentsvollstrecker ernennt. Dieser Vorschrift kommt **große Bedeutung** zu in den Fällen des Fehlschlagens der Ernennung zum Testamentsvollstrecker oder wenn der Amtsinhaber vor Beendigung der Testamentsvollstreckung wegfällt. Um spätere Auslegungsschwierigkeiten zu verhindern, ist es ratsam, in der Verfügung von Todes wegen deutlich zu machen, dass es dem Erblasser nicht auf eine bestimmte Person, sondern auf das Amt der Testamentsvollstreckung an sich ankommt. Bei einer Kündigungsvereinbarung zwischen Testamentsvollstrecker und Erben besteht immer das Restrisiko der Bestellung eines Amtsnachfolgers gem. § 2200 BGB.[1]

B. Tatbestand

I. Ersuchen des Nachlassgerichts durch den Erblasser (Abs. 1)

2 Ausschließlich der Erblasser und kein anderer Beteiligter oder eine Behörde kann das Nachlassgericht ersuchen, einen Testamentsvollstrecker zu ernennen. Dieses Ersuchen kann nur im Rahmen einer letztwilligen Verfügung erfolgen, wobei der **Begriff des Ersuchens** durch die Rspr.[2] sehr weit ausgelegt wird. Danach soll bereits ein Ersuchen

12 So auch *Knorr*, NJW 2018, 2598.
1 *Keller*, ErbR 2021, 573.
2 OLG Hamm ZEV 2001, 271 m.w.N. Dazu zu Recht sehr krit. *Muscheler*, Schweizer Schriften zur Vermögenberatung und zum Vermögensrecht, Bd. 13 (2017), S. 203 ff., Bd. 14 (2018), S. 171.

vorliegen, wenn dem Nachlassgericht bei der Auswahl des Testamentsvollstreckers ein **Auswahlermessen** zukommt.[3] Das Ersuchen kann ausdrücklich oder konkludent erfolgen.[4] Die **Ernennungszuständigkeit** des Nachlassgerichts leitet sich von einem konkreten Ersuchen des Erblassers ab. Daher kann aus dieser Vorschrift keine allgemeine Hilfszuständigkeit des Nachlassgerichts immer schon dann hergeleitet werden, wenn im Nachlassinteresse eine Ernennung zur Sicherung der Testamentsvollstreckung angezeigt wäre.

3 In der Praxis wird der Erblasser kein eindeutiges Ersuchen ausdrücklich in eine letztwillige Verfügung aufgenommen haben. Die erstinstanzliche Rspr. behilft sich häufig zu schnell damit, entweder § 2200 BGB als Auffangnorm umzufunktionieren[5] oder aber die letztwillige Verfügung sehr weit auszulegen. Dem ist die neuere obergerichtliche Rspr.[6] teilweise entgegengetreten. Ist der vom Erblasser eingesetzte Testamentsvollstrecker – aus welchen Gründen auch immer – weggefallen, so ist nicht ohne Weiteres ein Ersuchen um Ernennung eines anderen Testamentsvollstreckers anzunehmen. Ferner ist zu prüfen, ob das Testament in seiner Gesamtheit den Willen des Erblassers erkennen lässt, die Testamentsvollstreckung auch nach dem Wegfall der vom Erblasser benannten Person fortdauern zu lassen. Dabei ist entscheidend, ob der Erblasser bei Berücksichtigung der später eingetretenen Sachlage mutmaßlich die Ernennung eines Testamentsvollstreckers durch das Nachlassgericht gewollt hätte. Insoweit kann insbesondere von Bedeutung sein, welche Gründe den Erblasser zur Anordnung der Testamentsvollstreckung veranlasst haben, und ob diese Gründe auch nach dem Wegfall der im Testament benannten Person fortbestehen. Der entsprechende Wille des Erblassers, das Nachlassgericht zu ersuchen, muss stets irgendwie, sei es auch nur unvollkommen oder versteckt, im Testament zum Ausdruck gekommen sein.[7]

4 Voraussetzung für eine derartige ergänzende Auslegung ist somit immer eine Andeutung i.S.d. Andeutungstheorie, wobei der **hypothetische Erblasserwille** zu berücksichtigen ist. Hat der Erblasser eine Testamentsvollstreckung angeordnet, aber keinen Testamentsvollstrecker benannt, so liegt ein klarer Fall des § 2200 BGB vor. Fällt aber vor oder nach Annahme des Testamentsvollstreckeramts der Ernannte weg oder nimmt er das Amt erst gar nicht an, kann regelmäßig **kein konkludentes Ersuchen** unterstellt werden. Für ein Ernennungsersuchen bedarf es des Hinzutretens weiterer Gesichtspunkte.[8] Wesentliche Voraussetzung ist das Vorliegen eines Erblasserwillens dahingehend, dass die Testamentsvollstreckung unabhängig von dem ernannten Testamentsvollstrecker durchgeführt werden soll. Für ein stillschweigendes Ersuchen des Erblassers an das Nachlassgericht, bei Wegfall des ausgewählten Testamentsvollstreckers eine Ersatzperson zu bestellen, spricht es somit, wenn es dem Erblasser bei der Anordnung der Testamentsvollstreckung weniger um die ausgewählte Person als vielmehr um sein Interesse an einer ordnungsgemäßen Nachlassabwicklung ging.[9] Insbesondere bei Vorliegen eines Bedürftigen- oder Behindertentestaments, also Anordnung einer Vollstreckung mit Schutzwirkung oder Ausschlusswirkung für den Erben, ist von einem Ersuchen auszugehen. In der Kautelarpraxis sollte daher grundsätzlich durch die ausdrückliche Aufführung „Es wird Testamentsvollstreckung angeordnet" Klarheit

3 BayObLGZ 2003 Nr. 53; Soergel/*Becker*, § 2200 Rn 2.
4 BayObLG NJW-RR 1988, 387.
5 Krit. BeckOK BGB/*Lange*, § 2200 Rn 2 sowie *Witzheller*, ZErb 2023, 459.
6 OLG Hamm, Beschl. v. 13.2.2024 – I-10 W 107/22, ErbR 2024, 445 = ZEV 2024, 564.
7 So OLG Hamm, Beschl. v. 13.2.2024 – I-10 W 107/22, ErbR 2024, 445 = ZEV 2024, 564.
8 Dazu OLG Zweibrücken ZEV 2007, 31.
9 OLG Hamburg ErbR 2019, 58 = ZEV 2018, 749.

geschaffen werden, dass es dem Erblasser primär auf die Testamentsvollstreckung und nur sekundär auf eine konkrete Person als Testamentsvollstrecker ankommt. Ein Ersuchen i.S.d. § 2200 BGB ist bspw. gegeben, wenn einem Vorerben die Verwaltungsbefugnis vollständig entzogen ist und Testamentsvollstreckung angeordnet wurde.[10] Gleiches gilt bei der unzulässigen Anordnung einer Pflegschaft für einen Volljährigen. Die Testamentsvollstreckung endet, wenn zwar der Erblasser das Nachlassgericht mit der Auswahl eines Ersatzvollstreckers beauftragt hat, das Nachlassgericht aber von dem ihm nach § 2200 BGB hierbei eingeräumten Ermessen in der Weise Gebrauch macht, dass es die Auswahl eines Testamentsvollstreckers ablehnt.[11]

In Ermangelung eines wirksamen Ersuchens des Erblassers, das sich dem Testament – 5 ggf. durch Auslegung – entnehmen lassen muss, kann das Nachlassgericht bei Zweifeln an der Amtsführung des derzeitigen Amtsinhabers auch nicht vorsorglich einen weiteren Testamentsvollstrecker bestellen.[12] Besteht nach der Entlassung des vom Erblasser eingesetzten Testamentsvollstreckers zwischen den beteiligten Erben Streit darüber, ob das Amt des Testamentsvollstreckers erloschen oder die Testamentsvollstreckung durch Erledigung der dem Testamentsvollstrecker zugewiesenen Aufgaben beendet ist, so hat hierüber zwar grundsätzlich das Prozessgericht zu entscheiden. Das Nachlassgericht hat sich jedoch mit einem solchen Streit dann als Vorfrage zu befassen, wenn die Fortdauer des Amtes Voraussetzung für eine im Verfahren der freiwilligen Gerichtsbarkeit zu treffende Entscheidung ist – hier: Entscheidung über die Einsetzung eines neuen Testamentsvollstreckers durch das Nachlassgericht.[13]

II. Verfahrensablauf und Anhörung (Abs. 2)

Die Ernennung eines neuen Testamentsvollstreckers setzt einen dahingehenden Antrag 6 eines Beteiligten nicht voraus, erfordert vielmehr ein – ggf. durch Erforschung seines Willens festzustellendes – Ersuchen des Erblassers.[14] Wie sich bereits aus dem Wortlaut des Abs. 1 ergibt, kann, muss aber nicht das Nachlassgericht dem Ersuchen nachkommen. Vielmehr muss das Gericht nach pflichtgemäßem Ermessen handeln und die Befugnis ausüben, wenn dies den Umständen angemessen ist.[15] Bei der Ausübung des Ermessens sind das Interesse des Erblassers an der Testamentsvollstreckung einerseits und die Nachlassverhältnisse andererseits zu berücksichtigen. Ist die Fortdauer oder Anordnung der Testamentsvollstreckung unzweckmäßig, kann eine Ablehnung des Gerichts gerechtfertigt sein. Unzweckmäßigkeit liegt insbesondere in den Fällen vor, in denen die Aufgaben für den Testamentsvollstrecker bereits längst erfüllt sind. Einem Ersuchen des Erblassers an das Nachlassgericht zur Bestellung eines Testamentsvollstreckers ist nur dann nicht zu entsprechen, wenn es aufgrund veränderter Umstände seinen Sinn verloren hat und davon auszugehen ist, dass der Erblasser in Kenntnis der eingetretenen Lage von der Anordnung abgesehen hätte. Wurde die Anordnung wegen einer mit erhöhter Fremdbeeinflussbarkeit einhergehenden Intelligenzminderung des Erben getroffen, wird sie durch zwischenzeitliche Einrichtung einer Betreuung (ohne Einwilligungsvorbehalt) nicht obsolet, da diese den Erben nicht vor selbstschädigenden Eigengeschäften schützt.[16]

10 So KG DRiZ 1934 Nr. 264; KG OLGE 43, 401.
11 OLG Zweibrücken ZEV 2013, 620; vgl. auch BayObLGZ 2003, 306.
12 OLG Saarbrücken, Beschl. v. 4.5.2021 – 5 W 52/20, FGPrax 2021, 186 = ErbR 2022, 65 = ZErb 2022, 20.
13 OLG Saarbrücken, Beschl. v. 17.2.2020 – 5 W 8/20, FGPrax 2020, 144 = NJW-RR 2020, 655.
14 OLG Düsseldorf RNotZ 2018, 646.
15 OLG Hamm OLGZ 1984, 282.
16 OLG Hamburg FGPrax 2017, 227.

7 **Örtlich zuständig** ist nach § 343 FamFG das Nachlassgericht in dessen Bezirk der Erblasser im Todeszeitpunkt seinen gewöhnlichen Aufenthalt hatte. Am Nachlassgericht ist funktionell der **Richter** nach § 16 Abs. 1 Nr. 2 RPflG zuständig. Die gerichtliche Ernennung des Testamentsvollstreckers nach § 2200 Abs. 1 BGB hat unter der Geltung des FamFG zwingend durch Entscheidung des Nachlassgerichts in Beschlussform nach § 38 FamFG zu erfolgen. Wird der Testamentsvollstrecker von dem Nachlassgericht stattdessen durch Verfügung ernannt, stellt dies jedoch keinen Nichtigkeitsgrund dar, sondern bleibt seine Ernennung wirksam.[17]

8 Das Nachlassgericht kann grundsätzlich jeden zum Testamentsvollstrecker ernennen. Eine besondere Eignung ist nicht Tatbestandsvoraussetzung für die Ernennung. Allerdings muss das Gericht i.R.d. pflichtgemäßen Ermessens handeln, so dass nur eine befähigte Person in Frage kommt. Dabei darf auch der **Notar** ausgewählt werden, der die Verfügung von Todes wegen beurkundet hat. Die §§ 7, 27 BeurkG stehen dem nicht entgegen. Die Entscheidung erfolgt durch **Beschluss**, der entweder auf Ernennung oder Ablehnung lautet. Ein Vorbescheid hierzu ist unzulässig. Damit der Beschluss wirksam wird, bedarf es der Bekanntgabe gegenüber dem Ernannten und allen Beteiligten. Der Beschluss kann zu Protokoll bekannt gegeben oder aber förmlich zugestellt werden. Die Erteilung eines Testamentsvollstreckerzeugnisses ist grundsätzlich ausreichend.

9 Umstritten ist der Umfang der Bindungswirkung, den ein abgeschlossenes Ernennungsverfahren hat, insbesondere, ob die Ernennungsentscheidung über die konkrete Person des Ernannten hinaus bindet. Nach OLG München[18] kann im Erbscheinsverfahren grundsätzlich auch die Frage eines stillschweigenden Ersuchens in der Beschwerdeinstanz überprüft werden, wenn zwischenzeitlich die Ernennungsverfügung des vorinstanzlich eingesetzten Testamentsvollstreckers rechtskräftig ist.

10 Bei einer Klage eines Testamentsvollstreckers hat das Prozessgericht von Amtes wegen zu prüfen, ob der Kläger wirksam zum Testamentsvollstrecker ernannt worden ist. Eine Bindung des Prozessgerichts besteht dabei nur, wenn der Testamentsvollstrecker gem. § 2200 BGB vom Nachlassgericht ernannt worden ist.[19] Die Bestellung eines neuen Testamentsvollstreckers durch das Nachlassgericht ist für das Prozessgericht nicht bindend, wenn die Voraussetzungen hierfür, insbesondere ein Ersuchen im Testament, nicht vorlagen.[20] Nach *Breidenstein*[21] ist hingegen die Annahme einer Bindungswirkung der Ernennungsentscheidung für das Erbscheinserteilungsverfahren geboten. Die Bindung umfasst danach nicht nur die Ernennung einer konkreten Person, sondern auch die Frage, ob überhaupt Testamentsvollstreckung angeordnet war. Die Bindung erfasst alle Beteiligten des Ernennungsverfahrens und endet mit der formell rechtskräftigen Entlassung des Testamentsvollstreckers. Ein Zuwarten des im Erbscheinsverfahren zuständigen Gerichts auf eine Entscheidung im Ernennungsverfahren ist nicht verfahrensrechtlich bedenklich.[22]

11 Beschwerdeberechtigt gegen die Ernennung eines Ersatztestamentsvollstreckers durch das Nachlassgericht ist auch der vom Erblasser in der letztwilligen Verfügung aufschiebend bedingt bestimmte Ersatztestamentsvollstrecker, wenn durch die gerichtliche

---

17 So OLG Frankfurt, Beschl. v. 17.5.2022 – 21 W 39/22, ErbR 2022, 807 m. Anm. *Rott* = NJW-RR 2022, 1087.

18 ErbR 2009, 229 = ZEV 2009, 341.

19 KG ZEV 2010, 40 = FamRZ 2010, 498 m. Anm. *Reimann*, FamRZ 2010, 501.

20 LG Heidelberg ZEV 2008, 535.

21 ZErb 2009, 194.

22 So auch *Breidenstein*, ZErb 2009, 194.

Ernennung der Eintritt der Bedingung hinausgeschoben wird.[23] Nach OLG Hamm[24] kann die Entscheidung, durch die ein Testamentsvollstrecker ernannt wird, von einem Miterben, dessen Erbanteil nicht von der Anordnung einer Testamentsvollstreckung betroffen ist, nicht mit dem beschränkten Ziel der Abänderung der Auswahlentscheidung zur Person des Testamentsvollstreckers angefochten werden.

Da es sich bei Abs. 2 um eine Sollvorschrift handelt, führt die **Nichtbeachtung** einer 12 vorherigen Anhörung der Beteiligten vor Testamentsvollstreckerernennung nicht zu deren Unwirksamkeit.[25] **Beteiligter** ist wie bei § 2198 BGB jeder, der ein rechtliches und nicht lediglich wirtschaftliches Interesse an der Testamentsvollstreckung hat. Hierunter fallen der Erbe inkl. Vor- und Nacherbe, Pflichtteilsberechtigte, Vermächtnisnehmer, Auflagenvollziehungsberechtigte nebst Auflagenbegünstigten sowie der Nachlassgläubiger. Nicht angehört werden muss diejenige Person, die zum Testamentsvollstrecker ernannt werden soll. (Zum Beteiligtenbegriff vgl. § 2198 Rdn 6).[26]

C. Verfahrensfragen

I. Kosten

Die Gebühren richten sich nach KV Nr. 12420 GNotKG (0,5) und sind vom Nachlass 13 zu tragen. Wird der Rechtsanwalt tätig, um die Ernennung eines Testamentsvollstreckers durchzusetzen oder zu verhindern, so ist beim Gegenstandswert auf das jeweilige dahingehende Interesse des Mandanten abzustellen. Grundsätzlich ist nach § 65 GNotKG der Geschäftswert 10 % des Wertes des Nachlasses im Zeitpunkt des Erbfalls, wobei Nachlassverbindlichkeiten nicht abgezogen werden; § 40 Abs. 2 und 3 GNotKG ist entsprechend anzuwenden. Eine Bezugnahme auf diesen Gegenstandswert erscheint aber in den Fällen unangemessen, in denen bereits seit dem Erbfall erhebliche Zeit vergangen und ein wesentlicher Teil des Nachlasses verbraucht ist. Dann wäre es sachgerecht, auf den Wert abzustellen, der zum Zeitpunkt der Ernennung noch vorhanden ist.

II. Rechtsmittel

War die Ernennung des Testamentsvollstreckers fehlerhaft, so kann sie bei fehlerhaftem 14 Ermessensgebrauch oder Nichtgebrauch des Ermessens einen Amtshaftungsanspruch aus § 839 BGB auslösen. Allerdings wird dem Nachlassgericht ein bereiter Ermessensspielraum zugebilligt. Lehnt das Gericht die Ernennung eines Testamentsvollstreckers ab, so kann der Erbe (auch bei Pfändung seiner Erbteile), Vermächtnisnehmer, Nachlassgläubiger oder der Mitvollstrecker ebenso wie der Pflichtteilsberechtigte die **fristlose Beschwerde** beim Nachlassgericht einreichen. Ist ein Testamentsvollstrecker ernannt, ist sofortige Beschwerde einzureichen (vgl. befristete Beschwerde nach §§ 58 Abs. 1, 63 FamFG). Der ernannte Testamentsvollstrecker ist selbst nicht beschwerdeberechtigt, weil dieser nicht gezwungen ist, das Amt anzunehmen. Wird jedoch die Ernennung aufgehoben, hat wiederum der Testamentsvollstrecker nach Amtsannahme die Möglichkeit der **sofortigen Beschwerde** bzw. **befristeten Beschwerde** nach dem FamFG. Abweichend von § 84 FamFG kann es billigem Ermessen entsprechen, gem. § 81 Abs. 1 S. 1 FamFG den Beteiligten die anteiligen Gerichtskosten aufzuerlegen und eine Erstattung außergerichtlicher Kosten auszuschließen, wenn die zum Rechtsstreit führenden Gründe massiv persönlich geprägt waren.[27]

---

23 OLG München ErbR 2009, 229 = ZEV 2009, 342.
24 ZEV 2008, 334 = ZErb 2008, 239.
25 MüKo/*Zimmermann*, § 2200 Rn 8.
26 Vgl. auch *Zimmermann*, ZErb 2009, 86.
27 OLG Düsseldorf RNotZ 2018, 646.

§ 2201 Unwirksamkeit der Ernennung

Die Ernennung des Testamentsvollstreckers ist unwirksam, wenn er zu der Zeit, zu welcher er das Amt anzutreten hat, geschäftsunfähig oder in der Geschäftsfähigkeit beschränkt ist oder nach § 1814 zur Besorgung seiner Vermögensangelegenheiten einen Betreuer erhalten hat.

Literatur

Zimmermann, Der geschäftsunfähige oder betreute Testamentsvollstrecker, ErbR 2020, 452.

Übersicht: Rdn

A. Allgemeines

1 Ist der Testamentsvollstrecker unfähig, das Amt auszuüben, ist gleichsam die Ernennung unwirksam, selbst wenn diese durch das Nachlassgericht nach Maßgabe des § 2200 BGB erfolgt ist.[1] Ein Entlassungsantrag nach § 2227 BGB ist somit nicht notwendig.[2]

B. Tatbestand

I. Unfähigkeitsgründe

2 Im Einzelnen führen nur die im Gesetz genannten drei Gründe zur Unfähigkeit, nämlich die **Geschäftsunfähigkeit** nach § 104 BGB, die beschränkte Geschäftsfähigkeit nach §§ 106, 114 BGB sowie die Bestellung eines Betreuers nach Maßgabe des § 1814 BGB, die sich auf sämtliche und nicht nur einzelne Vermögensangelegenheiten beziehen muss, wobei bereits eine vorläufige Betreueranordnung ausreichend ist. Das Bereuungsgericht kann dem Betreuer nicht die Testamentsvollstreckung durch den Betreuten als Aufgabe zuweisen.[3] Anderweitige Unfähigkeitsgründe führen ggf. lediglich zur Entlassung nach § 2227 BGB, weil die Auflistung in § 2201 BGB abschließend ist. Da es an einer dem § 1781 BGB entsprechenden Regelung fehlt, führt die Eröffnung des **Insolvenzverfahrens** über das Vermögen des Testamentsvollstreckers oder die Abgabe der Eidesstattlichen Versicherung nach § 807 ZPO nicht zur Unwirksamkeit der Ernennung, kann jedoch wiederum zur Entlassung nach Maßgabe des § 2227 BGB führen.[4] Auch die gleichzeitige Stellung eines Testamentsvollstreckers und Generalbevollmächtigten des Erblassers macht die Ernennung nicht unwirksam.[5]

II. Maßgeblicher Zeitpunkt

3 *Zimmermann*[6] weist zu Recht darauf hin, dass es keine Pflicht zur Annahme des Amtes gibt und daher die Worte „anzutreten hat" nicht passen. Maßgeblich ist für

1 BayObLG ZEV 1995, 63.

2 OLG Saarbrücken, Beschl. v. 28.7.2020 – 5 W 26/20, ZEV 2020, 791.

3 *Zimmermann*, ErbR 2020, 452.

4 Soergel/*Becker*, § 2201 Rn 2; Staudinger/*Dutta*, § 2201 Rn 1.

5 OLG Düsseldorf ZEV 2018, 663.

6 *Zimmermann*, ErbR 2020, 452.

Amtsannahmefähigkeit nicht der Todesfall oder die Erlangung der Kenntnis von der Ernennung als Testamentsvollstrecker,[7] sondern derjenige Zeitpunkt, in dem der Testamentsvollstrecker sein Amt anzutreten hat, somit der Zeitpunkt, in dem der Ernannte nach Kenntnis von seiner Ernennung in der Lage ist, sich über die Annahme des Amts zu erklären.[8] Ansonsten könnte z.B. der Ernannte abwarten, bis seine Unfähigkeit vorüber ist. Fällt der Grund, der zur Unfähigkeit führt, nachträglich weg, so bleibt die Ernennung trotzdem unwirksam.[9] Der nachträgliche Wegfall der Unfähigkeitsgründe bewirkt somit keine Heilung.[10] Ist zwar das Amt erloschen, die Testamentsvollstreckung aber noch existent, kann das Nachlassgericht natürlich die nun wieder geschäftsfähige Person nach Maßgabe des § 2200 BGB ernennen, falls ein entsprechendes Ersuchen im Testament vorhanden ist. Ein Anspruch auf Wiederbestellung besteht nicht.[11]

Der Betroffene „erhält" einen Betreuer i.S.d. § 2201 BGB, sobald der Beschluss des 4
Betreuungsgerichts durch Bekanntgabe an den Betreuer wirksam geworden ist (§ 287 FamFG). Der Zeitpunkt der Bekanntgabe an den Betroffenen selbst oder die Rechtskraft des Beschlusses spielt keine Rolle. Dies gilt auch, wenn der Betroffene sogleich Beschwerde einlegt. Zudem ist nicht notwendig, dass dieser Betreuer bereits Aktivitäten entfaltet hat oder nach außen aufgetreten ist.[12]

Wird die Betreuung aufgrund einer Beschwerde aufgehoben, weil sie von Anfang an 5
ungerechtfertigt war, wird man wegen der Rechtssicherheit die Rechtsgeschäfte, die durch Dritte zwischenzeitlich durchgeführt wurden, weil sie aufgrund der Unwirksamkeit der Ernennung nunmehr über den Nachlass verfügen können (wie z.B. der Ersatztestamentsvollstrecker oder der von der Testamentsvollstreckung befreite Erbe), als rechtswirksam erachten müssen (vgl. § 47 FamFG).

Wurde zunächst durch einstweilige Anordnung (§§ 300, 301 FamFG) ein „vorläufiger 6
Betreuer" bestellt, führt dies ebenfalls zur Unwirksamkeit der Ernennung zum Testamentsvollstrecker.[13] Das Testamentsvollstreckeramt lebt rückwirkend von selbst wieder auf, wenn der Betreuerbestellungsbeschluss aufgehoben wird.[14] Ist ein Nachfolger bestellt worden, ist dieser nach Maßgabe des § 2227 BGB zu entlassen.

Hat der Ernannte das Amt des Testamentsvollstreckers angenommen und wird er 7
dann unfähig, liegt ein Fall des § 2225 BGB vor und das Amt erlischt. Kommt es erst nach Eintritt einer Bedingung oder Befristung zur Ernennung, so ist der Zeitpunkt des Bedingungseintritts bzw. der Befristung maßgeblich.

C. Verfahrensfragen

I. Kosten

Wird der Rechtsanwalt tätig, um die Unwirksamkeit der Ernennung eines Testaments- 8
vollstreckers durchzusetzen, so ist beim Gegenstandswert auf das jeweilige dahingehende Interesse des Mandanten abzustellen. Bei der Feststellung der Wirksamkeit der

7 So aber Grüneberg/*Weidlich*, § 2201 Rn 1.

8 BeckOK BGB/*Lange*, § 2201 Rn 3; Staudinger/*Dutta*, § 2201 Rn 4; NK-BGB/*Kroiß*, § 2201 Rn 4; *Zimmermann*, ErbR 2020, 452; KGJ 41, 70.

9 MüKo/*Zimmermann*, § 2201 Rn 6; Staudinger/*Dutta*, § 2201 Rn 1.

10 Soergel/*Becker*, § 2201 Rn 4; Grüneberg/*Weidlich*, § 2201 Rn 1.

11 *Zimmermann*, ErbR 2020, 452; OLG Saarbrücken ZEV 2018, 406; BayObLGZ 1964, 153.

12 So zu Recht: *Zimmermann*, ErbR 2020, 452.

13 BayObLG FamRZ 1995, 962 = ZEV 1995, 63 m. Anm. *Damrau*; Grüneberg/*Weidlich*, § 2201 Rn 1. A.A. mit guten Gründen: *Zimmermann*, ErbR 2020, 452, wonach eine Anordnung der Betreuung durch „eilige einstweilige Anordnung" nicht gleichwertig mit der Anordnung im regulären Verfahren sei.

14 *Zimmermann*, ErbR 2020, 452.

Ernennung kann als Grundlage die zu erwartende Vergütung des Testamentsvollstreckers dienen.

II. Praktische Hinweise

9 Ist bspw. über das Vermögens des Testamentsvollstreckers ein **Insolvenzverfahren** eröffnet worden, so kann neben einem **Antrag auf Entlassung** nach § 2227 BGB[15] versucht werden, die Einsetzung nach § 2078 BGB **anzufechten**, sofern der Erblasser die Umstände nicht gekannt hat und unterstellt werden kann, dass er bei Kenntnis dieser Umstände die Ernennung des Testamentsvollstreckers nicht vorgenommen hätte. Ist der Unfähigkeitsgrund nachträglich weggefallen, sollte versucht werden, eine neue Ernennung nach Maßgabe der §§ 2197 Abs. 2, 2198, 2200 BGB zu verfolgen, sofern die jeweiligen Voraussetzungen vorliegen.

§ 2202 Annahme und Ablehnung des Amts

(1) Das Amt des Testamentsvollstreckers beginnt mit dem Zeitpunkt, in welchem der Ernannte das Amt annimmt.
(2) [1]Die Annahme sowie die Ablehnung des Amts erfolgt durch Erklärung gegenüber dem Nachlassgericht. [2]Die Erklärung kann erst nach dem Eintritt des Erbfalls abgegeben werden; sie ist unwirksam, wenn sie unter einer Bedingung oder einer Zeitbestimmung abgegeben wird.
(3) [1]Das Nachlassgericht kann dem Ernannten auf Antrag eines der Beteiligten eine Frist zur Erklärung über die Annahme bestimmen. [2]Mit dem Ablauf der Frist gilt das Amt als abgelehnt, wenn nicht die Annahme vorher erklärt wird.

Literatur

Muscheler, Die Verpflichtung zur Annahme der Erbschaft und zur Annahme des Testamentsvollstreckeramtes, ErbR 2020, 326.

Übersicht:

A. Allgemeines

1 Abs. 1 macht deutlich, dass das Amt des Testamentsvollstreckers erst angenommen werden muss und nicht bereits automatisch mit dem Erbfall anfällt. Demzufolge bedarf es neben der Anordnung der Testamentsvollstreckung auch der Ernennung und der Annahme des Ernannten.

B. Tatbestand

I. Annahme des Amtes (Abs. 1 und 2)

2 Die genannte Person ist grundsätzlich **nicht verpflichtet**, das Amt des Testamentsvollstreckers zu übernehmen, selbst wenn eine Ernennung durch das Nachlassgericht

15 Dazu ausf. OLG Saarbrücken, Beschl. v. 28.7.2020 – 5 W 26/20, ZEV 2020, 791.

erfolgt ist.[1] Auch durch Auflage kann eine Verpflichtung zur Annahme nicht begründet werden.[2] Der Testamentsvollstrecker könnte ohnehin nach Maßgabe des § 2226 BGB sofort kündigen.

Ausnahmen davon sind der prämortale Vertrag zwischen einem künftigen Erben und einem Dritten über die Pflicht zur Annahme der Erbschaft, die nicht unter § 311b Abs. 4 BGB fällt, sowie der mit dem Erblasser (oder postmortal mit einem Erben) geschlossene Vertrag über die Pflicht zur späteren Annahme des Testamentsvollstreckeramtes, der formfrei wirksam ist.[3]

Will die Person das Amt annehmen, bedarf es einer besonderen Erklärung gegenüber 3
dem Nachlassgericht nach § 345 FamFG, welches für die Eröffnung von Todes wegen örtlich zuständig ist. Die Erklärung muss wegen § 2228 BGB mindestens in **privatschriftlicher Form** und wegen Abs. 2 S. 2 nach dem Eintritt des Erbfalls abgegeben werden. Eine mündliche Annahmeerklärung ist nur möglich, wenn diese zu Protokoll des Nachlassgerichts abgegeben wird.[4] Eine vor dem Erbfall erklärte Annahme ist unwirksam. Die Annahme kann erst **nach Eintritt des Erbfalls und erfolgter Ernennung** stattfinden, dann aber auch **vor Annahme der Erbschaft**, Testamentseröffnung oder Beginn einer Ersatztestamentsvollstreckung.[5] Das Amt des Ersatztestamentsvollstreckers kann aber erst dann angenommen werden, wenn der „erste" Testamentsvollstrecker nicht mehr im Amt ist, da sich dieser Fall von einer latenten Testamentsvollstreckung mit aufschiebender Bedingung unterscheidet, weil hier noch kein anderer Testamentsvollstrecker im Amt ist.[6] Nur wenn der Erblasser den Testamentsvollstrecker auf einen späteren Anfangstermin oder unter einer aufschiebenden Bedingung ernannt hat, kann der Ernannte das Amt schon vorher annehmen.[7]

Erfolgt die Ernennung durch das Nachlassgericht oder durch Dritte, kann eben- 4
falls erst nach der Ernennung das Amt angenommen werden. Ferner muss die Erklärung deutlich den **Annahmewillen** zum Ausdruck bringen. Demzufolge scheidet eine **konkludente** Annahmeerklärung i.d.R. aus, es sei denn, sie erfolgt schriftlich unter Wahrung der Form, wie bspw. der Antrag auf Erteilung eines Testamentsvollstreckerzeugnisses. Hierin liegt zugleich eine Annahmeerklärung. Da die Erklärung eine Verfahrenshandlung ist, ist sie **bedingungsfeindlich** und **unwiderruflich**.[8] Ebenso kann sie nicht unter einer Zeitbestimmung abgegeben werden.[9] Statt des Widerrufes ist lediglich eine Kündigung des Amts nach Maßgabe des § 2226 BGB möglich. Wurde das Amt bereits abgelehnt, kann später keine Annahme mehr erfolgen. Die Erklärung zur Annahme wird erst **mit Eingang** beim zuständigen **Nachlassgericht** wirksam. Da es sich beim Nachlassgericht genau wie beim Grundbuchamt lediglich um Abteilungen eines Amtsgerichts handelt, ist die Annahme des Amts als Testamentsvollstrecker auch dann wirksam, wenn sie gegenüber dem Grundbuchamt des zuständigen Amtsgerichts erklärt wird. Die Wirksamkeit der Annahmeerklärung tritt aber erst mit dem Zugang

---

1 Soergel/*Becker*, § 2202 Rn 1; MüKo/*Zimmermann*, § 2202 Rn 2; BeckOK BGB/*Lange*, § 2202 Rn 11.

2 *Muscheler*, ErbR 2020, 326.

3 *Muscheler*, ErbR 2020, 326. Schlägt der Erbe nach dem Erbfall aus, ist die Ausschlagung wirksam, sie verpflichtet aber zu Schadensersatz.

4 BeckOK BGB/*Lange*, § 2202 Rn 6; Staudinger/*Dutta*, § 2202 Rn 8; a.A. Soergel/*Becker*, § 2202 Rn 3; MüKo/*Zimmermann*, § 2202 Rn 5.

5 Grüneberg/*Weidlich*, § 2202 Rn 1.

6 Daher unzutreffend: OLG Saarbrücken, Beschl. v. 6.8.2018 – 5 W 2/18, ZEV 2019, 29 = ErbR 2019, 247.

7 MüKo/*Zimmermann*, § 2202 Rn 3.

8 Staudinger/*Dutta*, § 2202 Rn 11.

9 Mayer/Bonefeld/Tanck/*Poller*, Testamentsvollstreckung, § 6 Rn 7.

beim zuständigen Nachlassgericht ein.[10] Sofern dies dem hypothetischen Willen des Erblassers entspricht, kann eine teilweise Annahme möglich sein,[11] was aber nicht der Regelfall ist.[12]

5 Des Weiteren muss der Annehmende **geschäftsfähig** sein.[13] Ist er **beschränkt geschäftsfähig**, gilt § 2201 BGB, es sei denn, die Ernennung ist aufschiebend bedingt oder befristet angeordnet. Dann kann der gesetzliche Vertreter die Annahme erklären, wenn bis zum Amtsantritt der beschränkt Geschäftsfähige die volle Geschäftsfähigkeit erlangen wird. Hat der Testamentsvollstrecker bereits **vor Annahme Rechtsgeschäfte** getätigt, sind diese grundsätzlich unwirksam und wird nicht allein dadurch wirksam, dass der Verfügende später das Amt des Testamentsvollstreckers annimmt.[14] Bei einem mehraktigen Verfügungstatbestand muss der Verfügende grds. im Zeitpunkt des letzten Teilakts noch verfügungsbefugt sein.
Einseitige Rechtsgeschäfte sind nichtig.

6 Hat der Testamentsvollstrecker bereits vor der Annahmeerklärung Rechtsgeschäfte vorgenommen, so sind sie als Rechtsgeschäfte eines Nichtberechtigten bei mehrseitigen Rechtsgeschäften nach § 177 Abs. 1 BGB schwebend unwirksam. Der Testamentsvollstrecker kann die Rechtsgeschäfte jedoch nach Annahme des Amts gemäß §§ 177, 184 BGB genehmigen und muss dies auch tun, um die Wirksamkeit des Rechtsgeschäfts einschließlich einer Grundstücksverfügung herbeizuführen.[15] Für das Grundbuchverfahren hat die Genehmigung in der Form des § 29 GBO zu erfolgen.
Dies gilt nicht für vorher als Nichtberechtigter getätigte Verfügungen nach § 185 Abs. 2 S. 1 Hs. 1 BGB, da diese Vorschrift nicht analog anwendbar ist.[16] Der Testamentsvollstrecker kann aber seine schon vor Annahme vorgenommenen Rechtsgeschäfte wegen § 108 Abs. 3 BGB nach Maßgabe der §§ 177, 180 BGB durch Genehmigung wirksam machen.[17]

II. Annahmefrist (Abs. 2)

7 Nimmt der Ernannte nicht umgehend das Amt an, können alle die Personen, die ein **rechtliches** Interesse an der Klarstellung haben, beim Nachlassgericht beantragen, dass dem Ernannten eine Frist gesetzt wird, nach deren Ablauf dann das Amt als abgelehnt gilt, sofern nicht zuvor die Annahme erklärt wurde. Berechtigte Personen sind z.B. der Erbe, Vor- und Nacherbe, Vermächtnisnehmer, Auflagenbegünstigte, Pflichtteilsberechtigte sowie der Nachlassgläubiger, nicht aber der Eigengläubiger des Erben.[18] Die Fristbestimmung erfolgt durch den Rechtspfleger nach §§ 3 Nr. 2 lit. c, 16 RPflG per Beschluss.

---

10 LG Saarbrücken ZEV 2009, Heft 4, S. VIII; BeckOK BGB/*Lange*, § 2202 Rn 3; NK-BGB/*Kroiß*, § 2202 Rn 4.

11 Staudinger/*Dutta*, § 2202 Rn 11.

12 MüKo/*Zimmermann*, § 2202 Rn 6 stellt hingegen nicht auf den Erblasserwillen ab, sondern auf die Teilbarkeit des Amts.

13 Grüneberg/*Weidlich*, § 2202 Rn 1.

14 OLG München, Beschl. v. 27.11.2023 – 34 Wx 203/23 e, ZEV 2024, 95 m. abl. Anm. *Zimmermann*; Staudinger/*Dutta*, § 2202 Rn 33.

15 So zu Recht *Weidlich*, Anm. zu OLG Stuttgart, Beschl. v. 1.8.2022 – 8 W 159/22, MittBayNot 2024, 62.

16 OLG München, Beschl. v. 24.9.2024 – 34 Wx 218/24 e, FGPrax 2024, 283 m. Anm. *Bestelmeyer* = ErbR 2025, 81. Vgl. OLG Stuttgart, Beschl. v. 1.8.2022 – 8 W 159/22, MittBayNot 2024, 62 m. Anm. *Weidlich*. Str. a.A. Staudinger/*Dutta*, § 2202 Rn 33; MüKo/*Zimmermann*, § 2202 Rn 4.

17 Grüneberg/*Weidlich*, § 2202 Rn 1.

18 Grüneberg/*Weidlich*, § 2198 Rn 4.

C. Verfahrensfragen

I. Kosten

Nach KV Nr. 12410 Abs. 1 Nr. 4 GNotKG fällt für die Annahme- oder Ablehnungserklärung eine Pauschalgebühr von 16 EUR an.[19] Diese Kosten haben wegen § 24 Nr. 8 GNotKG die Erben zu tragen. Dies gilt nicht für die Gebühr nach KV Nr. 12420 GNotGK, welche für die Fristbestimmung anfällt, die nach § 22 GNotKG vom Antragsteller zu zahlen ist. Diese beträgt 27 EUR nach KV Nr. 12411 Nr. 5 GNotKG. 8

II. Rechtsmittel

Nach dem **FamFG** unterliegt die Fristsetzung der Beschwerden entsprechend einer Zwei-Wochen-Frist nach § 569 ZPO und nicht nach §§ 58 ff. FamFG.[20] Beschwerdeberechtigt ist nur der Antragsteller, dessen Antrag abgelehnt wurde. 9

D. Praktische Hinweise

Zwar steht die Annahme durch den Testamentsvollstrecker in seinem freien Ermessen. Liegt aber eine vertragliche Verpflichtung zur Amtsübernahme vor, so kann dieser Anspruch nicht eingeklagt werden.[21] Aus dem Vertrag kann somit nicht auf Annahme geklagt werden, sondern nur Schadensersatz statt der Leistung verlangt werden.[22] Allerdings dürften in der Praxis erhebliche Probleme bestehen, denn der Nachweis eines Schadens gestaltet sich als schwierig. 10

Da die Erteilung eines Testamentsvollstreckerzeugnisses mitunter Monate dauern kann, der Testamentsvollstrecker aber sofort tätig werden und die Annahme nachweisen muss, ist es ratsam, das Nachlassgericht nicht nur um Ausstellung eines Testamentsvollstreckerzeugnisses zu bitten, sondern zudem eine (vorgefertigte) **Amtsannahmebestätigung** zu unterzeichnen, die die Annahme belegt. Diese kann dann sofort zum Nachweis der Annahme bei den jeweiligen Personen oder Institutionen vorgelegt werden. 11

Nach Nr. 12413 KV GNotKG fällt für das Verfahren über die Erteilung einer Bescheinigung, die die Annahme des Amtes als Testamentsvollstrecker bestätigt, eine Pauschalgebühr in Höhe von 55 EUR an. Die Erteilung einer Bestätigung über die Annahme des Amtes als Testamentsvollstreckers erfolgt ohne sachliche Prüfung der Voraussetzungen für die Annahme. Vielmehr wird die Bescheinigung als reine Eingangsbestätigung oder Niederschrift über die Amtsannahmeerklärung des Testamentsvollstreckers ausgestellt.[23] An die vom Gericht zu erteilende Bestätigung sind inhaltlich keine besonderen Anforderungen zu stellen. Im Grundsatz genügt es für einen Zugangsnachweis in der Form des § 29 GBO bereits, wenn das Gericht eine beglaubigte Abschrift des mit einem als solchen erkennbaren und zuordenbaren Eingangsstempel versehenen Originals erstellt. 12

Der Nachweis der Amtsannahme kann durch eine in der Form des § 29 Abs. 1 S. 2 GBO ausgestellte Bescheinigung des Nachlassgerichts erbracht werden, die über eine 13

---

19 *Kroiß*, NJW 2014, 437.

20 *Zimmermann*, ZErb 2009, 87.

21 BeckOK BGB/*Lange*, § 2202 Rn 11; A.A. Soergel/*Becker*, § 2202 Rn 2: Nach dieser Auffassung ergäbe sich die Vollstreckung der Erklärung nach § 894 ZPO. Die Klage ist aber nur dann begründet, wenn der Ernannte das Amt noch nicht ordnungsgemäß abgelehnt hat. Die Vollstreckung der Aufnahme der Tätigkeit kann nicht nach § 888 Abs. 3 ZPO erfolgen, so dass der Erfolg einer solchen Klage zweifelhaft ist.

22 *Muscheler*, ErbR 2020, 326.

23 OLG Köln, Beschl. v. 12.5.2023 – 2 Wx 65/23 = MittBayNotK 2024, 576 m. Anm. *Kloiber* = ZErb 2024, 184; OLG Braunschweig FGPrax 2019, 839. Dazu auch: Bengel/Reimann/Holtz/Röhl/*Röhl*, § 2 Rn 268.

bloße Eingangsbestätigung hinaus die Rechtswirksamkeit der Annahme bezeugt.[24] Es ist ratsam, eine Bestätigung, bei der die Unterschrift des Testamentsvollstreckers durch den Notar beglaubigt wird, vorzulegen.[25]

14 Für den grundbuchverfahrensrechtlichen Nachweis der Amtsannahme reicht eine schlichte Bestätigung des Nachlassgerichts über den dortigen Eingang einer privatschriftlichen Annahmeerklärung nicht aus.[26] Sofern gleichzeitig ein Testamentsvollstreckerzeugnis nach § 2368 BGB beantragt wird, ist darauf zu achten, dass das Gericht in den Antrag auch die **Geschäftsadresse** des Testamentsvollstreckers aufnimmt, da andernfalls zu befürchten ist, dass in der Praxis Dritte die Post an die Privatadresse, die nur im Testamentsvollstreckerzeugnis aufgeführt ist, senden werden.

15 Um so rasch wie möglich die Niederschrift zu erhalten, bietet es sich an, immer persönlich beim Nachlassgericht die Amtsannahme zu erklären, statt sie nur schriftlich zu beantragen. Andernfalls wird die Erklärung nämlich nur zur Akte genommen, so dass man allenfalls eine Abschrift der Verfügung als Beweismittel der Amtsannahme vorlegen könnte. Nach der Rspr.[27] hat der Testamentsvollstrecker keinen Anspruch auf Erteilung eines nachlassgerichtlichen Zeugnisses über die Fortdauer des Amts.

16 Bei der Abfassung von letztwilligen Verfügungen sollte daran gedacht werden, **trans- oder postmortale Vollmachten** zu erteilen, denn nicht selten kann es einige Zeit dauern, bis der Testamentsvollstrecker ernannt ist und das Amt angenommen hat. Bei angeordneter Testamentsvollstreckung bleibt den Erben die Verfügungsbefugnis entzogen, selbst wenn der Testamentsvollstrecker das Amt noch nicht angenommen hat. Um hier den aus der Zeitverzögerung sich ergebenden Problemen zu begegnen, sollte umgehend aus anwaltlicher Sicht eine **Nachlasspflegschaft** nach § 1960 BGB beantragt werden. Dabei ist allerdings umstritten, ob eine Nachlasspflegschaft möglich ist, wenn die Erben die Erbschaft angenommen haben. Nach einer Ansicht[28] ist weiterhin eine Nachlasspflegschaft nach § 1960 BGB analog möglich, nach anderer Ansicht[29] ist nach § 1913 BGB eine **Pflegschaft für den unbekannten Testamentsvollstrecker** anzuordnen, welche dann nicht beim Nachlassgericht wie bei § 1960 BGB, sondern beim Familien- bzw. Betreuungsgericht zu beantragen ist. Da wegen der Regelung in § 1913 BGB keine Analogie für § 1960 BGB notwendig ist, ist nach hiesiger Auffassung eine Pflegschaft für den unbekannten Testamentsvollstrecker zu beantragen.

§ 2203 Aufgabe des Testamentsvollstreckers

Der Testamentsvollstrecker hat die letztwilligen Verfügungen des Erblassers zur Ausführung zu bringen.

Literatur

Hauschild, Testamentsvollstreckung im Spannungsfeld von Family und Business Governance, RFamU 2022, 51; *Lange*, Die Vermächtnisvollstreckung nach § 2223 BGB, DNotZ 2018, 804; *Rapp/Koch*, Die Testamentsvollstreckung, Jura 2023, 1141; *Storz*, Befugnisse des Testamentsvollstreckers zur authentischen Interpretation unklarer erbrechtlicher Verfügungen, ZEV 2009, 265; *Uffmann*, Ermächtigung

24 OLG München, Beschl. v. 24.9.2024 – 34 Wx 218/24 e, FGPrax 2024, 283 m. Anm. *Bestelmeyer* = ErbR 2025, 81. Vgl. a. OLG Stuttgart, Beschl. v. 1.8.2022 – 8 W 159/22 = MittBayNot 2024, 62 m. Anm. *Weidlich*.

25 *Weidlich*, Anm. zu OLG Stuttgart, Beschl. v. 1.8.2022 – 8 W 159/22, MittBayNot 2024, 62.

26 OLG Hamm ZErb 2017, 143 = ZEV 2017, 235.

27 OLG Köln MittBayNot 2011, 322.

28 Bengel/Reimann/Holtz/Röhl/*Bengel*, § 1 Rn 15.

29 *Damrau*, ZEV 1996, 81.

des Testamentsvollstreckers zur verbindlichen Auslegung letztwilliger Verfügungen?, ErbR 2020, 218; *Uhrenbacher*, Rechtsprobleme des digitalen Nachlasses im Hinblick auf Pflichtteilsansprüche und Testamentsvollstreckung, ZEV 2018, 248; *Werner*, Verwirklichung des Erblasserwillens durch den Testamentsvollstrecker bei ungenauer Erbenbestimmung, ErbR 2010, 121; *Zimmermann*, Der superbefreite und superermächtigte Testamentsvollstrecker, ZEV 2021, 141 und 222.

Übersicht: Rdn

A. Allgemeines

1 Diese Vorschrift bringt zum Ausdruck, dass sich der Testamentsvollstrecker einzig an der letztwilligen Verfügung zu orientieren hat. Der Wille des Erblassers ist somit die oberste Norm für die Aufgaben und Befugnisse des Testamentsvollstreckers.[1] Hat der Erblasser keine vom Gesetz abweichenden Anordnungen getroffen, so gilt zunächst, dass der gesamte Nachlass der Testamentsvollstreckung unterworfen und der Testamentsvollstrecker sog. **Generalvollstrecker** ist. Die §§ 2203–2207 BGB bestimmen dann, welche einzelnen Aufgaben der Testamentsvollstrecker zu erfüllen hat. Im Normal- und Regelfall liegt eine Abwicklungstestamentsvollstreckung vor. Allerdings kann der Erblasser im Rahmen seiner letztwilligen Verfügung von einer Generalvollstreckung abweichen und dem Testamentsvollstrecker nur Sonderaufgaben zuordnen, so dass dieser lediglich Spezialvollstrecker ist. Kombinationen der Vollstreckungsarten sind möglich. Im Zweifel ist der Generalvollstrecker bzw. Abwicklungsvollstrecker auch **Vermächtnisvollstrecker** i.S.d. § 2223 BGB.[2] Die erste Pflicht des Testamentsvollstreckers ist die Prüfung der Wirksamkeit der letztwilligen Verfügung und ggf. deren Auslegung.[3] Dies sollte bereits im eigenen Interesse erfolgen, denn bei fehlerhafter Beurteilung haftet er nach Maßgabe des § 2219 BGB (zum Problem des vermeintlichen Testamentsvollstreckers vgl. § 2197 Rdn 32 ff.). Allerdings kann er keine rechtsverbindliche Auslegung festlegen, sofern er nicht nach § 1066 ZPO zum Schiedsrichter berufen ist.[4] Der Testamentsvollstrecker ist nicht zur authentischen Auslegung des Testaments mit bindender Kraft gegenüber allen Beteiligten berufen. Der Erblasser kann ihm diese Befugnis auch nicht übertragen.[5] Allerdings ist es zulässig, dem Testamentsvollstrecker eine begrenzte Auslegungskompetenz entsprechend der Regelung des § 317 BGB einzuräumen, womit eine gerichtliche Kontrolle nach § 319 BGB verbleibt, die aber so ausgestaltet wäre, dass dem Entscheidungsvorschlag des Testamentsvollstreckers ein höherer Richtigkeitsgehalt eingeräumt werden müsste.[6]

2 Der Erblasser kann dem Testamentsvollstrecker nicht mehr Rechte als die in §§ 2203–2210 BGB normierten verleihen, sofern es sich nicht um solche handelt, die man ohnehin jedermann verleihen könnte;[7] ebenso bestehen Befreiungsverbote in §§ 2205

1 BGH ZErb 2015, 290.
2 A.A. Soergel/*Becker*, § 2203 Rn 2. Dazu ausführlich *Lange*, DNotZ 2018, 804 ff.
3 Grüneberg/*Weidlich*, § 2203 Rn 2.
4 Zur Befugnis des Testamentsvollstreckers zur authentischen Interpretation unklarer erbrechtlicher Verfügungen: *Storz*, ZEV 2009, 265 sowie *Uffmann*, ErbR 2020, 218.
5 H.M. Soergel/*Becker*, § 2197 Rn 14; MüKo/*Zimmermann*, § 2203 Rn 17 m.w.N.; a.A. *Storz*, ZEV 2009, 265; zur Verwirklichung des Erblasserwillens durch den Testamentsvollstrecker bei ungenauer Erbenbestimmung *Werner*, ErbR 2010, 121.
6 So *Uffmann*, ErbR 2020, 218.
7 Soergel/*Becker*, § 2203 Rn 8; *Storz*, ZEV 2009, 265, 270. Zu den Grenzen und Möglichkeiten ausführlich: *Zimmermann*, ZEV 2021, 141 und 222.

S. 3, 2207 S. 2 und 2220 BGB). Die Erben können den Aufgabenkreis des Testamentsvollstreckers selbst nicht bindend erweitern. Indirekt kann es aber zur Erweiterung z.B. durch die Ernennung des Testamentsvollstreckers zum Schiedsrichter oder Schiedsgutachter kommen.[8] Wegen § 2208 BGB kann der Erblasser die Befugnisse des von ihm ernannten Testamentsvollstreckers einschränken. Bestimmt der Erblasser, wonach dem Testamentsvollstrecker alle gesetzlichen Rechte zustehen sollen, hat er i.d.R. die Rechte nach §§ 2207, 2199 BGB sowie die Befugnis der Erbauseinandersetzung nach billigem Ermessen (§ 2048 S. 2 BGB).[9] Einzelabhängig bleibt die Frage, ob ihm das Recht zur Dauervollstreckung und die Befreiung von § 2217 BGB zustehen soll.

B. Tatbestand

3 Die Ausführung der letztwilligen Verfügung des Erblassers ist die zentrale Aufgabe des Testamentsvollstreckers. Zu unterscheiden sind hierbei die Anordnung und der bloße Wunsch des Erblassers. Nur Erstere ist vom Testamentsvollstrecker auf jeden Fall – auch gegen den Willen der Erben oder sonstiger Dritter – zu beachten. Demzufolge hat der Testamentsvollstrecker seine Abwicklungspflichten zu ermitteln. Die Anordnungen können sich auch aus außerhalb der Verfügung liegenden Anhaltspunkten ergeben. Von diesen Anordnungen darf der Testamentsvollstrecker nur dann abweichen, wenn das Nachlassgericht sie nach § 2216 Abs. 2 BGB außer Kraft gesetzt hat.

4 Zunächst ist der Nachlass zu ermitteln und in Besitz zu nehmen, ohne dass damit eine Besitzerlangung nach § 857 BGB einhergehen muss. Eine **Bestattungsanordnung** ist von ihm zu beachten, sofern nicht wegen des Zeitablaufs die Bestattung bereits erfolgt ist.[10] Bei Grundstücken ist eine Testamentsvollstreckereintragung gem. § 52 GBO ins **Grundbuch** zu veranlassen. Der Nachlass ist zu konstituieren.[11] Dies bedeutet, es erfolgt eine nach außen dokumentierte Abgrenzung der verwalteten Nachlassobjekte.[12] Zugleich hat er – sofern notwendig – den Erbschein und auf jeden Fall das Testamentsvollstreckerzeugnis zu beantragen.

5 Der Testamentsvollstrecker hat das Recht, den Nachlass zu verwalten, Verbindlichkeiten nach Maßgabe der §§ 2205, 2206 BGB einzugehen und über Nachlassgegenstände zu verfügen. In erster Linie sind aber die Nachlassverbindlichkeiten zu erfüllen und die Auseinandersetzung bei Vorliegen einer Erbengemeinschaft nach § 2204 BGB zu betreiben. Zudem ist die **Erbschaftsteuererklärung** nach § 31 Abs. 5 S. 1 ErbStG zu fertigen und die festgesetzte Steuer nach § 32 Abs. 1 S. 2 ErbStG anschließend zu begleichen. Andernfalls haftet er nach § 69 AO.[13] Von dem Pflichtenverhältnis des § 34 Abs. 3 AO zwischen Finanzamt und Testamentsvollstrecker kann der Erblasser nicht befreien. Der Testamentsvollstrecker hat daher die vom Erblasser noch nicht gefertigte Einkommensteuererklärung zu fertigen und beim Finanzamt einzureichen. Kommt er zu dem Ergebnis, dass bereits abgegebene Erklärungen des Erblassers nicht korrekt sind, so trifft ihn eine Anzeige- und Berichtigungspflicht nach §§ 153 Abs. 1, 34 AO. Allerdings reicht die bloße Erkennbarkeit nicht für eine Haftung des Testamentsvoll-

8 Vgl. BeckOK BGB/*Lange*, § 2203 Rn 4.

9 Grüneberg/*Weidlich*, § 2203 Rn 1.

10 Hierzu ausführlich Mayer/Bonefeld/Tanck/*Bonefeld*, Testamentsvollstreckung, § 28 Rn 40 ff. Zum Totenfürsorgerecht BGH NJW-RR 2019, 727.

11 Dazu Bengel/Reimann/Holtz/Röhl/*Klinger/Schaub*, § 3 Rn 1 ff.

12 Staudinger/*Dutta*, § 2203 Rn 23 ff.

13 Hierzu ausführlich Mayer/Bonefeld/Tanck/*Bonefeld*, Testamentsvollstreckung, § 28 Rn 1 ff.; Bengel/Reimann/Holtz/Röhl/*Holtz*, § Rn 24.

streckers.[14] Stellt der Testamentsvollstrecker fest, dass der Nachlass nicht ausreicht, so ist das Nachlassinsolvenzverfahren nach §§ 315 ff. InsO einzuleiten. Ebenso hat er die Dürftigkeitseinrede nach § 1992 BGB zu erheben.[15]

C. Verfahrensfragen/Praktische Hinweise

Kommt es über die Wirksamkeit oder Auslegung des Testaments zum Streit mit den Erben oder Dritten, kann und sollte der Testamentsvollstrecker eine **Feststellungsklage** nach § 256 ZPO erheben.[16] Der Erbe hat ebenfalls diese Möglichkeit, wobei hinsichtlich des Feststellungsinteresses besonders substantiiert vorgetragen werden muss. Der Testamentsvollstrecker kann selbst nur Anordnungen, die ihn selbst betreffen, z.B. seine Rechte beschränken, anfechten. Ihm steht jedoch kein Recht zur **Anfechtung** der letztwilligen Verfügung nach § 2078 BGB etc. zu, wenn er nicht selbst Erbe ist. Bei **Lebensversicherungen** mit Bezugsrecht Dritter muss der Testamentsvollstrecker prüfen, ob bereits im Valutaverhältnis zwischen Erblasser und Begünstigten nach § 331 BGB ein wirksamer Rechtsgrund im Erbfall gegeben ist. Ggf. ist er gehalten, den Auftrag zur Übermittlung des Schenkungsangebotes durch die Versicherung zu widerrufen, sofern dies dem Erblasserwillen und dem Aufgabenkreis des Testamentsvollstreckers bzw. seiner Verwaltungsbefugnis entspricht. Dann fällt die auszuzahlende Versicherungssumme in den Nachlass und unterliegt damit auch der Testamentsvollstreckung. Eine Verpflichtung hierzu dürfte jedoch nur in den seltensten Fällen gegeben sein, wie z.B. in den Fällen des Behindertentestaments oder bei Einsetzung des Exgatten als Bezugsberechtigten. In der vorsorgenden Gestaltung sind im Hinblick auf den digitalen Nachlass keine zusätzlichen Regelungen betreffend die Beendigung der Testamentsvollstreckung erforderlich.[17] Bei Gemeinschaftskonten, insbesondere sog. „Oder-Konten“, ist für die umgehende Sicherung der Rechte der Erben z.B. durch Widerruf der alleinigen Verfügung zu sorgen, um ein „Und-Konto“ zu bilden.[18] Ob nach Ansicht des OLG Bamberg[19] die in den Kontoeröffnungsunterlagen einer Bank vereinbarte und dokumentierte Regelung, dass der überlebende Ehegatte berechtigt sei, das Sparkonto aufzulösen und auf seinen Namen umzuschreiben, tatsächlich nicht nur eine formale banktechnische Regelung, sondern ein Vertrag zugunsten Dritter auf den Todesfall gem. § 328 BGB darstellt, erscheint wegen des meist fehlenden aber notwendigen Zuwendungswillens[20] des Ehegatten zweifelhaft. Zum eigenen Schutz sollte zudem im Handelsregister (HRA) z.B. bei Verwaltungsvollstreckung über KG-Anteile eine Eintragung eines Testamentsvollstreckervermerks veranlasst werden. Der lediglich mit der Aufgabe der Abwicklung des Nachlasses ernannte Testamentsvollstrecker ist aber zur Anmeldung des Gesellschafterwechsels im Wege der Sondererbfolge in den Kommanditanteil des Erblassers nicht befugt.[21] 6

14 Bengel/Reimann/Holtz/Röhl/*Holtz*, § 9 Rn 24.
15 MüKo/*Zimmermann*, § 2203 Rn 13; Staudinger/*Dutta*, § 2203 Rn 29.
16 Staudinger/*Dutta*, § 2203 Rn 37, MüKo/*Zimmermann*, § 2203 Rn 7.
17 *Uhrenbacher*, ZEV 2018, 249.
18 BeckOK BGB/*Lange*, § 2203 Rn 5; Mayer/Bonefeld/Tanck/*Bonefeld*, Testamentsvollstreckung, § 28 Rn 40 ff.
19 ZEV 2019, 157.
20 BGH NJW 2004, 767.
21 OLG Hamm ZEV 2011, 200; OLG München ZEV 2009, 475.

§ 2204 Auseinandersetzung unter Miterben

(1) Der Testamentsvollstrecker hat, wenn mehrere Erben vorhanden sind, die Auseinandersetzung unter ihnen nach Maßgabe der §§ 2042 bis 2057a zu bewirken.
(2) Der Testamentsvollstrecker hat die Erben über den Auseinandersetzungsplan vor der Ausführung zu hören.

Literatur

Bonefeld, Nachlassverteilung durch Los, ZErb 2018, 3; *ders.*, Regelungen der Verwaltungs- und Verfügungsbefugnisse in der Erbengemeinschaft – Ein Vorschlag für die Praxis, ZErb 2017, 121; *Damrau*, Der Pfandverkauf als Druckmittel bei der Erbauseinandersetzung, ZEV 2008, 216; *Tanck*, Die Berücksichtigung von Vorempfängen und Ausgleichungsverpflichtungen durch den Testamentsvollstrecker, ZErb 2019, 142.

Übersicht:

A. Allgemeines

1 Sofern eine Erbengemeinschaft vorliegt, hat der Testamentsvollstrecker die Auseinandersetzung des Nachlasses durchzuführen. Hierzu hat er einen **Auseinandersetzungsplan** aufzustellen. Es besteht eine **Verpflichtung zur Auseinandersetzung,**[1] die der Erbe einfordern kann. Die Auseinandersetzung ist aufzuschieben, wenn wegen Unbestimmtheit der Erbteile, zeitweiligen Ausschlusses durch den Erblasser oder aufgrund einer von ihm bestimmten Kündigungsfrist oder wegen des Aufgebots der Nachlassgläubiger ein Auseinandersetzungshindernis nach §§ 2043–2045 BGB vorliegt.[2] Der Erblasser kann nach Maßgabe der §§ 2208, 2209 BGB abweichend von § 2204 BGB dem Testamentsvollstrecker das Recht auf Auseinandersetzung entziehen oder beschränken. Die Erbauseinandersetzung kann auch betrieben werden, wenn der Testamentsvollstrecker selbst Miterbe ist. Ein Ausschluss der Auseinandersetzung durch die Erben ist möglich.[3]

2 Hat der Erblasser keine Auseinandersetzungsanordnungen vorgegeben, hat der Testamentsvollstrecker nach der überwiegenden Ansicht[4] grundsätzlich die gesetzlichen

1 Grüneberg/*Weidlich*, § 2204 Rn 1; Staudinger/*Dutta*, § 2204 Rn 16.
2 BeckOK BGB/*Lange*, § 2204 Rn 2.
3 Grüneberg/*Weidlich*, § 2204 Rn 2.
4 OLG Saarbrücken, Urt. v. 16.11.2022 – 5 U 11/22, ZEV 2023, 591; OLG Karlsruhe NJW-RR 1994, 905; *Mayer/Bonefeld/Tanck*, Testamentsvollstreckung, § 19 Rn 70 ff.; Soergel/*Becker*, § 2204 Rn 9; Staudinger/*Dutta*, § 2204 Rn 12; *Muscheler*, AcP 95, 68; a.A. *Lange/Kuchinke*, § 29 V 6; *Zimmermann*, Testamentsvollstreckung, Rn 663.

Regeln der §§ 2042–2046 BGB und §§ 758–770 BGB zu beachten und darf hiervon nicht abweichen.[5] Eine Zuweisung von unteilbaren Gegenstände an einzelne Erben unter Anrechnung auf ihren Erbteil ist nur zulässig, wenn alle Erben mit einer solchen Abweichung von der gesetzlichen Regelung einverstanden sind.[6] Demzufolge sind zunächst alle **Nachlassverbindlichkeiten** nach § 2046 BGB zu berichtigen, wobei der Nachlass, sofern erforderlich, sogar in Geld umzusetzen ist.[7] Erst dann ist ein etwaiger Überschuss zu verteilen.[8] Ist der Nachlass aufgrund seiner Zusammensetzung nicht liquide, darf der Testamentsvollstrecker z.B. eine Immobilie veräußern, wenn er nicht anderweitig Geldmittel zur Verfügung gestellt erhält (z.B. durch Darlehen). Dies gilt sogar dann, wenn andernfalls nicht die Vergütung aus § 2221 BGB gezahlt werden könnte.

In diesem Zusammenhang besteht für den Testamentsvollstrecker eine **erhöhte Haftungsgefahr**, denn die Miterben können wegen § 2059 BGB nur bis zur Teilung des Nachlasses den Zugriff der Nachlassgläubiger auf ihr Eigentum verhindern.[9] Die Folge der Beachtungspflicht der §§ 2042 ff. BGB ist, dass der Testamentsvollstrecker ggf. Gegenstände per **Pfandverkauf**[10] oder Immobilien per **Teilungsversteigerung**[11] zu einer teilbaren Masse in Natur machen muss. Bei Immobilien besteht neben der Vorgehensweise nach den §§ 175 und 180 ZVG auch die Möglichkeit der freihändigen öffentlichen Versteigerung durch einen Notar nach § 20 Abs. 3 BNotO.[12] Grundsätzlich sollte der Testamentsvollstrecker prüfen, ob ein freihändiger Verkauf oder die Teilungsversteigerung den höheren Erlös bringt. Allerdings ist dem Testamentsvollstrecker durch den Verweis auf § 753 BGB ausdrücklich die Möglichkeit der Teilungsversteigerung zur Bewirkung der Auseinandersetzung gegeben worden. Insofern handelt er nicht ordnungswidrig, wenn er ohne vorherige Verkaufsaktivitäten die Teilungsversteigerung beantragt, um eine Auseinandersetzung der Erbengemeinschaft zu betreiben, und keine Teilungsanordnung vorliegt.[13] Der Antrag eines Erben trotz vorliegender Testamentsvollstreckung könnte vom Testamentsvollstrecker über § 766 ZPO angegriffen werden. Da die Testamentsvollstreckung wegen § 52 GBO i.d.R. aus dem Grundbuch ersichtlich ist, muss das Vollstreckungsgericht einen Antrag eines Miterben nach § 28 ZVG behandeln, d.h. es muss ihn zurückweisen, wenn er nicht mit Zustimmung des Testamentsvollstreckers gestellt wird.[14] 3

Im Nachlass befindliche, nicht in Natur teilbare Gegenstände können nur über die §§ 2042 Abs. 2, 753 BGB durch Pfandverkauf auseinandergesetzt werden. Sind die Miterben mit einem solchen Pfandverkauf nicht einverstanden, können sie durch eine entsprechende Klage dazu gebracht werden, ihr Einverständnis zu erteilen. Beim Pfandverkauf ist zwischen beweglichen Sachen und Rechten zu differenzieren. Bei beweglichen Sachen kann die Pfandverwertung zum einen durch öffentliche Versteigerung oder bei Sachen mit einem Markt- oder Börsenwert durch freihändigen Verkauf erfolgen. Ferner kann man zunächst auch auf Duldung der Pfandverwertung klagen. Liegt ein Duldungstitel vor, kann wieder zwischen öffentlicher Versteigerung bzw. 4

5 Allgemein dazu *Tanck*, ZErb 2019, 142.
6 BeckOK BGB/*Lange*, § 2204 Rn 5.
7 Nach Soergel/*Becker*, § 2204 Rn 17 darf aber der Testamentsvollstrecker auch nicht die Auseinandersetzung so lange verzögern, bis alle Nachlassverbindlichkeiten berichtigt sind.
8 OLG Köln ErbR 2018, 266 = ZEV 2018, 425.
9 *Krug*, ZErb 2000, 15.
10 Zum Pfandverkauf: *Damrau*, ZEV 2008, 216.
11 Zur Teilungsversteigerung und Testamentsvollstreckung: *Kinderlen/Roth*, NJW-Spezial 2012, 39.
12 Vgl. BeckOK BGB/*Lange*, § 2204 Rn 6; Staudinger/*Dutta*, § 2204 Rn 37.
13 A.A. *Kinderlen/Roth*, NJW-Spezial 2012, 39.
14 *Böttcher*, FPR 2013, 345.

freihändigem Verkauf und der Verwertung nach den Regeln des Vollstreckungsrechts gewählt werden. Bei Rechten erfordert der Pfandverkauf i.d.R. einen vollstreckbaren Titel gem. § 1277 S. 1 BGB.

5 Beim Pfandverkauf zum Zweck der Auseinandersetzung einer Erbengemeinschaft muss ebenfalls zwischen beweglichen Sachen und Rechten unterschieden werden. Bei ersteren kommt eine Pfandverwertung nach § 1235 Abs. 1 BGB in Betracht, und zwar durch Übergabe an eine Versteigerungsperson. Ferner kommt eine Pfandverwertung nach § 1233 Abs. 2 BGB in Frage, indem der Testamentsvollstrecker als Pfandgläubiger auf Duldung der Pfandverwertung klagt. Gerichtsstand für beide Klagen ist derjenige der Erbschaft nach § 27 ZPO. Ggf. ist eine Herausgabeklage erforderlich, wenn der Testamentsvollstrecker nicht im Besitz der Sache ist. Eine Sache mit einem Börsen- oder Marktpreis kann nach § 1235 Abs. 2 BGB durch freihändigen Verkauf verwertet werden. Statt eines Pfandverkaufs besteht wegen der Anwendbarkeit des § 2205 S. 2 BGB auch die Möglichkeit eines vollentgeltlichen **Freihandverkaufs** einzelner Gegenstände oder von Grundstücken.[15]

6 Eine Zuteilung der Nachlassgegenstände an die Erben (ohne Zustimmung der weiteren Erben) ist nur zulässig, wenn der Erblasser hierfür dem Testamentsvollstrecker freie Hand gegeben hat. Dies erfolgt über § 2048 S. 3 BGB. Verstößt der Testamentsvollstrecker gegen die Regel der Nachlassaufteilung nach billigem Ermessen, ist der Auseinandersetzungsplan unwirksam und es fehlt an der Rechtsgrundlage für die Nachlassverfügungen. Fehlt es an einer unmissverständlichen und eindeutigen Ermächtigung des Testamentsvollstreckers, die Auseinandersetzung nach seinem billigen Ermessen vorzunehmen, hat er sich bei der Aufstellung des Teilungsplans an den Erblasseranordnungen und -vorstellungen zu orientieren. Im Übrigen ist er an die gesetzlichen Vorschriften über die Auseinandersetzung von Miterben gebunden.[16]

7 Grundsätzlich ist auch ein Selbsterwerb des Testamentsvollstreckers z.B. als Miterbe zulässig.[17] Eine Befreiung des Testamentsvollstreckers vom Verbot des Selbstkontrahierens setzt voraus, dass das Insichgeschäft dem Gebot ordnungsmäßiger Verwaltung des Nachlasses entspricht; daran fehlt es, wenn die bewilligte Auflassungsvormerkung der Absicherung einer freihändigen Veräußerung u.a. an den Testamentsvollstrecker als Miterben dienen soll, dahingehende Anordnungen durch den Erblasser nicht getroffen wurden und eine angemessene Beteiligung der anderen Miterben nicht feststeht.[18] In der Ernennung eines Miterben zum Testamentsvollstrecker liegt in der Regel die Gestattung derjenigen Insichgeschäfte nach § 181 BGB, die im Rahmen ordnungsmäßiger Verwaltung des Nachlasses liegen; an die Ordnungsmäßigkeit sind strenge Anforderungen zu stellen.[19] Dieser Rspr. kann nicht uneingeschränkt gefolgt werden, da das Gebot der ordnungsgemäßen Verwaltung immer gegenüber dem Willen des Erblassers Vorrang hat.

8 Im Rahmen von § 2057a BGB[20] sind insbesondere die Pflegeleistungen zu berücksichtigen. Gleiches gilt für etwaige Ausstattungen. Ist die Höhe der einzustellenden Werte oder ist grundsätzlich streitig, ob es sich um eine Ausstattung handelt, sollte eine Feststellungsklage vor Erstellung des Auseinandersetzungsplans eingereicht werden.

15 BeckOK BGB/*Lange*, § 2204 Rn 8.
16 So OLG Köln ErbR 2008, 20.
17 Vgl. Grüneberg/*Weidlich*, § 2204 Rn 3.
18 OLG Saarbrücken, Beschl. v. 17.1.2023 – 5 W 98/22, ZEV 2023, 669 m. krit. Anm. *Muscheler*.
19 OLG Köln, Beschl. v. 5.10.2022 – 2 Wx 195/22, NJW-RR 2023, 223 = ZEV 2023, 317 m. krit. Anm. *Reimann* (im Anschluss an BGHZ 30, BGHZ 30, 67 = NJW 1959, 1429).
20 Zur Berechnung insb.: *Schneider*, ZEV 2018, 380; *Teschner*, ZErb 2017, 61; *Trappe*, ErbR 2017, 206; *Kollmeyer*, NJW 2017, 1849; *Kreienberg*, ZErb 2015 101.

Vorab sollte eine Einigung mit den Erben versucht werden. An Vereinbarungen der Erben (einschließlich Nacherben, aber nicht Ersatzerben), die einen Verzicht auf eine Ausgleichung zum Inhalt haben, ist der Testamentsvollstrecker gebunden.[21] Der Testamentsvollstrecker verletzt seine Pflicht aus § 2219 Abs. 1 BGB, wenn er die Erbengemeinschaft ohne Beachtung der §§ 2042 ff. BGB auseinandersetzt.[22] Erhält ein Erbe durch die Auseinandersetzung mehr, als ihm rechtlich zusteht, dann gilt wegen einer unentgeltlichen Verfügung des Testamentsvollstreckers nach § 2205 BGB die Vorschrift des § 985 BGB und nicht des § 812 BGB.[23]

Der Testamentsvollstrecker wird grds. nicht durch die **Teilungsregeln** des § 2204 BGB 9 i.V.m. §§ 2042 ff. BGB in seiner Verfügungsmacht beschränkt, so dass seine Nachlassaufteilung selbst dann wirksam ist, wenn er die gesetzlichen Regeln nicht beachtet. An die gesetzlichen Auseinandersetzungsvorschriften (§§ 2042 Abs. 2, 749 Abs. 2, 3 und 750–758 BGB) ist der Testamentsvollstrecker grundsätzlich gebunden.[24] Eine derartige Vorgehensweise ist recht haftungsträchtig, und zwar insbesondere, wenn sich nachträglich abweichende Werte der zugeteilten Nachlassgegenstände ergeben. Insoweit ist bei fehlender Zustimmung der Erben ein Kondiktionsanspruch gegeben. Anordnungen des Erblassers wirken selbst nicht dinglich, sondern nur schuldrechtlich, und schränken die Verfügungsmacht des Testamentsvollstreckers nicht ein. Demzufolge kann nach einem Teil des Schrifttums[25] der Testamentsvollstrecker auch bei nach § 2208 BGB eingeschränkter Verfügungsbefugnis der Erblasseranordnung widersprechende Teilungsanordnungen durchführen und entgegen einem **Veräußerungs- oder Teilungsverbot** auch **ohne Zustimmung der Erben** anderweitig verfügen.

Der BGH[26] hingegen beurteilt die Rechtslage bei einem Teilungsverbot zu Recht 10 anders. Dem Testamentsvollstrecker sei durch § 2208 BGB die Verfügungsbefugnis genommen. Danach können nur der Testamentsvollstrecker und die Erben gemeinsam verfügen und das Teilungsverbot wirke für den Testamentsvollstrecker absolut-dinglich beschränkend. Eine derartige Folge soll sogar gelten, wenn der Erblasser die Auseinandersetzung nach billigem Ermessen angeordnet hat und der vom Testamentsvollstrecker vorgelegte Plan mit der Billigkeit nicht zu vereinbaren ist.[27]

Diese Rspr. ist in Teilbereichen auf Kritik gestoßen, da nicht einzusehen sei, warum 11 der Erblasser dem Testamentsvollstrecker nicht wirksam Rechte entziehen könne, und es wird dabei mit dem Wortlaut des § 2208 Abs. 1 S. 1 BGB argumentiert, wonach der Testamentsvollstrecker durch die Einschränkung bestimmte Rechte nicht hat und eben nicht lediglich nicht ausüben soll.[28] Diese Ansicht vermag nicht zu überzeugen, denn § 2208 BGB kann nicht von der zwingenden Vorschrift des § 137 BGB oder des Sachenrechts entbinden.[29] Im Übrigen bleibt es dem Erblasser unbenommen, eine bedingte Nacherbfolge eines Dritten für den Fall der Abweichung von Erblasseranordnungen letztwillig zu verfügen, um sicherzugehen, dass die Anordnungen befolgt werden. Die Auseinandersetzung der durch Tod **beendeten Gütergemeinschaft** unterliegt nicht der Testamentsvollstreckung, sondern in den Nachlass fällt lediglich der

21 So BeckOK BGB/*Lange*, § 2204 Rn 7.
22 OLG Köln ZEV 2018, 425.
23 So Soergel/*Becker*, § 2204 Rn 27; NK-BGB/*Kroiß*, § 2204 Rn 19; BeckOK BGB/*Lange*, § 2204 Rn 13; a.A. MüKo/*Zimmermann*, § 2204 Rn 7.
24 So ausdrücklich MüKo/*Zimmermann*, § 2204 Rn. 7.
25 Vgl. dazu *Lehmann*, AcP 188, 17; *Winkler*, DNotZ 2001, 403 m.w.N.
26 BGHZ 56, 275; BGH NJW 1984, 2464.
27 OLG Hamburg (2. Zivilsenat), Urt. v. 22.8.2023 – 2 U 5/19, ZEV 2024, 302; BeckOK BGB/*Lange*, § 2204 Rn. 4.
28 *Schmucker*, Testamentsvollstrecker und Erbe, S. 100.
29 So auch *Lehmann*, AcP 188, 18.

Anspruch auf Auseinandersetzung des Gesamtgutes nach § 1482 BGB. Es erfolgt die Auseinandersetzung mit dem Ehegatten nach Maßgabe der §§ 1471 ff. BGB.

12 Verfügt der Erblasser eine Teilungsanordnung gem. § 2048 BGB, geht diese im Rahmen ihrer Reichweite den gesetzlichen Regeln für die Auseinandersetzung vor.[30] Übersteigt der im Wege der Teilungsanordnung zugewiesene Gegenstand im Wert den Erbanteil, kann eine solche Teilungsanordnung – sofern ein Vorausvermächtnis ausscheidet – nur verwirklicht werden, wenn der durch sie begünstigte Erbe den überquotalen Mehrwert durch eine freiwillige Leistung in den Nachlass ausgleicht.[31] Dabei ist der Wert zugrunde zu legen, den der Gegenstand im Moment der Teilauseinandersetzung hat bzw. in dem Moment, zu dem die Teilung verlangt werden konnte.[32] Liegt nur eine Erbteilsvollstreckung vor, kann der Testamentsvollstrecker nicht allein die Auseinandersetzung betreiben. Er kann dann selbst die Auseinandersetzung verlangen.[33] Der Testamentsvollstrecker ist an die Teilungsanordnung des Erblassers, nicht hingegen an abweichende Vereinbarungen der Erben gebunden. Die Teilungsanordnung des Erblassers wird durch das Einverständnis der Erben, von der Anordnung abzuweichen und eine anderweitige Teilung vorzunehmen, nicht aufgehoben.[34]

B. Tatbestand

I. Aufstellung eines Auseinandersetzungsplans (Abs. 1)

13 Bei der Aufstellung eines Auseinandersetzungsplans genügt der Testamentsvollstrecker seiner Pflicht, wenn der von ihm aufgestellte Plan einer möglichen Auslegung des **Erblasserwillens** entspricht.[35] Dabei handelt es sich um ein einseitiges, gegenüber den Miterben mitzuteilendes Rechtsgeschäft, welches formlos ist. Dies gilt auch dann, wenn zum Nachlass Grundstücke gehören.[36] Dem Auseinandersetzungsplan kommt lediglich **schuldrechtliche Wirkung** zu.[37] Dementsprechend bedarf es noch weiterer Verfügungsakte wie z.B. Auflassung und Grundbuchumschreibung etc. Häufiger Fehler bei den Auseinandersetzungsplänen ist die gegenständliche Zuordnung unteilbarer Gegenstände unter Anrechnung auf den Erbteil an die einzelnen Erben, wenn nicht § 2048 BGB greift. Eine derartige Vorgehensweise ist nur dann zulässig, wenn alle Erben mit einer Abweichung von der gesetzlichen Regelung einverstanden sind. Andernfalls droht eine Klage auf Feststellung, dass der Auseinandersetzungsplan unwirksam ist.

14 Ist kein schriftlicher Teilungsplan, aber dennoch die Auseinandersetzung erfolgt, berührt das Fehlen eines Planes nicht die Wirksamkeit.[38] Der Testamentsvollstrecker kann grds. nicht den Empfänger des Zuzuteilenden (z.B. bei der Auflassung) vertreten, es sei denn, er ist selbst Miterbe oder er schließt sich Verwaltungsverfügungen an. Der Erbe ist aber zur Mitwirkung verpflichtet.[39]

---

30 BGH NJW 1985, 51; BGH NJW 2002, 2712.
31 BGH NJW-RR 1996, 577 m.w.N.
32 OLG Köln ErbR 2008, 23.
33 *Muscheler*, AcP 195 (1995), 70 ff.; Grüneberg/*Weidlich*, § 2204 Rn 6.
34 OLG München ZEV 2019, 237 = ErbR 2018, 713.
35 OLG Köln ZEV 1999, 226.
36 Bengel/Reimann/Holtz/Röhl/*Schaub*, § 4 Rn 220 ff.
37 Grüneberg/*Weidlich*, § 2204 Rn 4.
38 So MüKo/*Zimmermann*, § 2204 Rn 5.
39 Grüneberg/*Weidlich*, § 2204 Rn. 5; BeckOK BGB/*Lange*, § 2204 Rn 18.

II. Pflicht zur Anhörung der Erben (Abs. 2)

1. Grundsätzliches

Bevor der Teilungsplan durchgeführt werden kann, hat der Testamentsvollstrecker nach Abs. 2 die Erben zu hören. Vernünftigerweise hat die Anhörung bereits vor endgültiger Planaufstellung zu erfolgen. Die **Anhörungspflicht** besteht gegenüber denjenigen Erben, die von der Auseinandersetzung tatsächlich betroffen sind. Für abwesende, ungeborene und – falls deren gesetzliche Vertreter an der Erbengemeinschaft beteiligt sind – minderjährige Erben ist eine **Pflegerbestellung** nach §§ 1809 ff. BGB erforderlich.[40] Gleiches gilt, wenn der Testamentsvollstrecker gesetzlicher Vertreter eines Miterben ist. Dabei ist für jeden betroffenen minderjährigen, abwesenden oder ungeborenen Miterben ein besonderer Pfleger zu bestellen.[41] Ändert der Testamentsvollstrecker aufgrund der Anhörung den bisherigen Teilungsplan, sind nach Erstellung des neuen Auseinandersetzungsplans die Erben wiederum anzuhören, sofern diese nicht alle auf erneute Anhörung verzichtet haben. 15

2. Folgen der Unterlassung

Wird die Anhörung unterlassen, führt dies nicht zur Unwirksamkeit des Auseinandersetzungsplans. Ggf. begründet dies aber eine Haftung des Testamentsvollstreckers. Ebenso ist eine **Genehmigung** des Plans durch die Erben nicht erforderlich. Der Testamentsvollstrecker kann sogar den Plan auch gegen Einwendungen der Erben vollziehen. 16

3. Genehmigungspflichten

Sind als Miterben minderjährige oder unter Betreuung stehende Personen vorhanden, so bedarf der Plan keiner familiengerichtlichen Genehmigung, sofern der Testamentsvollstrecker einen Plan aufstellt, der sich im Rahmen seiner Befugnisse hält. Sind im Plan jedoch besondere Vereinbarungen enthalten, die den Anordnungen des Erblassers oder den gesetzlichen Vorschriften widersprechen oder sich nicht i.R.d. Verfügungsbefugnis des Testamentsvollstreckers halten, oder wird ein regelrechter Auseinandersetzungsvertrag geschlossen, bedarf es einer **familiengerichtlichen Genehmigung.**[42] Sofern die Erben selbst eine Vereinbarung über die Auseinandersetzung treffen, ist diese vom Testamentsvollstrecker nur dann zu beachten, wenn es sich um eine abweichende **Ausgleichspflicht** nach §§ 2050 ff. BGB handelt,[43] da diese dispositiver Natur ist (siehe Rdn 8), ferner, wenn die Erben sich gerade nicht auseinandersetzen wollen. Miterben können untereinander vereinbaren, dass die Nachlassauseinandersetzung auch nur hinsichtlich bestimmter Nachlassgegenstände auf Dauer ausgeschlossen wird. Für den betreffenden Nachlassgegenstand endet die Testamentsvollstreckung; hinsichtlich der übrigen besteht sie gegenständlich beschränkt fort.[44] 17

Sind alle Erben damit einverstanden, kann der Testamentsvollstrecker nach vorheriger Zustimmung entgegen etwaigen Vorgaben zur Auseinandersetzung des Erblassers eine anderweitige Auseinandersetzung planen.[45] An eine derartige Vereinbarung der Erben ist er aber nicht gebunden. Sofern die Erben die vollständige Auseinandersetzung nicht wünschen, stellt sich die Frage nach der automatischen Beendigung der Auseinandersetzungstestamentsvollstreckung. Teilweise wird die Beendigung des Amts be- 18

---

40 Vgl. Staudinger/*Dutta*, § 2204 Rn 41; Grüneberg/*Weidlich*, § 2204 Rn 4.

41 A.A. für den Teilungsplan *Damrau*, ZEV 1994, 4. Dieser begründet seine Ansicht damit, dass die minderjährigen Kinder „auf derselben Seite" stünden.

42 BGHZ 56, 275; Grüneberg/*Weidlich*, § 2204 Rn 4.

43 Soergel/*Becker*, § 2204 Rn 20; Staudinger/*Dutta*, § 2204 Rn 25.

44 OLG Nürnberg NJW-Spezial 2010, 520.

45 Vgl. BGHZ 40, 115; BGHZ 56, 275.

jaht,[46] teilweise zu Recht wegen des nur schuldrechtlichen Charakters abgelehnt,[47] weil ein solcher Beschluss jederzeit wieder aufgehoben werden könnte. Insofern lebt dann nach einem actus contrarius das Amt wieder auf.[48] Der Testamentsvollstrecker darf auf jeden Fall trotz entgegenstehender Vereinbarung der Erben die Auseinandersetzung vornehmen, wenn ein wichtiger Grund für die vorzeitige Auseinandersetzung vorliegt.[49]

4. Folgen der Planaufstellung

19 Hat der Testamentsvollstrecker im Rahmen seiner Befugnisse einen Auseinandersetzungsplan aufgestellt, so **ersetzt** dieser den für die Erbauseinandersetzung erforderlichen **Auseinandersetzungsvertrag**. Der Plan verpflichtet und berechtigt die Erben. Erst wenn der Testamentsvollstrecker den Plan für endgültig erklärt hat, ist dieser verbindlich, so dass die Erbauseinandersetzung nach dem Plan durchgeführt werden kann. Eine spätere einseitige Berichtigung ist nicht mehr möglich.[50] Der Plan ist auch dann noch bindend, wenn die Testamentsvollstreckung vor seiner Durchführung wegfällt.[51]

20 Ist ein Auseinandersetzungsplan aufgestellt, enthält dieser ebenso eine **Rechenschaftslegung**. Für eine weitere Rechenschaftslegung ist daher kein Rechtsschutzbedürfnis mehr vorhanden, so dass ein zusätzlicher Bericht nicht mehr gefordert werden kann. Etwas anderes gilt in den Fällen, in denen die Auseinandersetzung bereits durchgeführt wird, um Verzögerungen zu vermeiden, obwohl noch nicht alle Nachlassverbindlichkeiten ausgeglichen sind. Dann hat auf jeden Fall noch eine abschließende Rechenschaft zu erfolgen, damit der Erbe vom Erlöschen der Verbindlichkeit erfährt. Wie oben ausgeführt (vgl. Rdn 15), sind die Erben anzuhören. Nun bestehen für die Erben zwei Möglichkeiten. Entweder sind sie mit dem Auseinandersetzungsplan einverstanden oder nicht. Sofern sie mit dem Auseinandersetzungsplan einverstanden sind, können sie diese Zustimmung entweder ausdrücklich oder konkludent erklären.

21 Ein **Schweigen** auf den Plan innerhalb einer angemessenen Frist ist nicht als Zustimmung aufzufassen. Falsch ist auch, wenn in der Praxis Formulierungen gewählt werden, dass der Testamentsvollstrecker nach Ablauf einer von ihm gesetzten Frist von der Zustimmung zum Auseinandersetzungsplan ausgeht. Richtigerweise müsste der Testamentsvollstrecker deutlich machen, dass er nach Ablauf der Frist mit der Durchführung des Auseinandersetzungsplans beginnt, denn er ist nicht von einer Zustimmung abhängig. Ein bloßes Schweigen zum Plan reicht nur dann als Zustimmung, wenn der Erbe verpflichtet gewesen wäre, gegenüber dem Testamentsvollstrecker seinen ablehnenden Willen zu äußern.[52] Eine derartige Pflicht des Erben besteht nicht.

22 Der Testamentsvollstrecker kann zudem ohne oder sogar gegen den Willen der Erben den Auseinandersetzungsplan durchführen. Dementsprechend muss eine Fristsetzung durch den Testamentsvollstrecker grundsätzlich rechtlich folgenlos für den Erben bleiben. Regelmäßig werden die späteren Verfügungen zur Durchführung des Auseinandersetzungsplans geduldet, worin ggf. eine konkludente Zustimmung liegen kann.[53] Eine Annahme eines Auflassungsangebotes muss aber nicht zwingend eine Zustim-

46 Grüneberg/*Weidlich*, § 2204 Rn 2.
47 Vgl. BeckOK BGB/*Lange*, § 2204 Rn 7; MüKo/*Zimmermann*, § 2202 Rn 22.
48 BeckOK BGB/*Lange*, § 2204 Rn 7; MüKo/*Zimmermann*, § 2202 Rn 22. A.A. Staudinger/*Dutta*, § 2204 Rn 14.
49 So Staudinger/*Dutta*, § 2204 Rn 13.
50 RG WarnR 1939 Nr. 9; *Winkler*, Rn 522 Fn 6; Bengel/Reimann/Holtz/Röhl/*Schaub*, § 4 Rn 243.
51 Bengel/Reimann/Holtz/Röhl/*Schaub*, § 4 Rn 243.
52 Vgl. Grüneberg/*Ellenberger*, Einf. vor § 116 Rn 10.
53 Vgl. OLG Karlsruhe NJW 1981, 1278.

mung zum gesamten Auseinandersetzungsplan sein, denn der Erbe nimmt nur eine Teilleistung entgegen. Ebenso liegt keine Zustimmung vor, wenn der Testamentsvollstrecker Vermögenswerte an den Erben überträgt oder ihm Geld überweist und dieser die Gegenstände oder Geldbeträge nicht zurückgibt.

Auch eine Mitwirkungshandlung der Erben führt nicht zweifelsfrei automatisch zu einem **konkludent geschlossenen Auseinandersetzungsvertrag**. Der einzelne Erbe wirkt nämlich i.d.R. bei der Ausführung des Auseinandersetzungsplans nur deshalb mit, damit er seinen Anteil erhält. Ob er gleichzeitig zusammen mit den weiteren Erben – und dies ist entscheidend – einen Vertrag mit dem Testamentsvollstrecker und gleichzeitig mit den Miterben schließen will, ist häufig fraglich. Daher muss ein gemeinsamer Vertragswille auf jeden Fall bei der konkludenten Zustimmung zum Auseinandersetzungsplan deutlich werden. Das einseitige Abstellen auf die einzelne Mitwirkungshandlung der Erben ist falsch. 23

Erteilen die Erben ihre Zustimmung zum Auseinandersetzungsplan, ist fraglich, ob damit auch gleichzeitig eine **Entlastung** erklärt wird. Eine Zustimmung ist die Einverständniserklärung zu dem von einem anderen vorgenommenen Rechtsgeschäft.[54] Der Auseinandersetzungsplan ist ein einseitiges Rechtsgeschäft, zu dessen Wirksamkeit keine Zustimmung Dritter notwendig ist. Der Auseinandersetzungsplan hat aber für die Erben den Zweck, die Art und Weise der Auseinandersetzung zu erfahren. Er sagt aber nichts darüber aus, wie die gesamte Testamentsvollstreckung an sich verlaufen ist. Mit der Zustimmung zum Auseinandersetzungsplan kann daher auch keine Entlastung verbunden sein (vgl. § 2218 Rdn 60 ff.) Sofern die Erben ihre ausdrückliche Zustimmung zum Auseinandersetzungsplan erteilen, wird damit regelmäßig ein **Auseinandersetzungsvertrag** abgeschlossen.[55] Voraussetzung ist dabei die Mitwirkung und Einigung aller Erben.[56] Dieser Vertrag tritt dann an die Stelle des Auseinandersetzungsplans. 24

III. Auseinandersetzungsvertrag

1. Voraussetzungen

Der Auseinandersetzungsvertrag selbst ist **formlos**, soweit keine Vereinbarungen enthalten sind, die nach allg. Bestimmungen formbedürftig (bei Grundstücken nach § 311b BGB, bei Geschäftsanteilen einer GmbH nach § 15 GmbHG) sind. Andernfalls sind die besonderen Formvorschriften einzuhalten.[57] Sind jedoch Gegenstände betroffen, für deren Verfügung oder Verpflichtung eine bestimmte Form vorgesehen ist, muss auch der Auseinandersetzungsvertrag diese Form einhalten. Wenn i.R.d. Erbauseinandersetzung ein Miterbe alle Erbanteile übernimmt, ist dies kein nach § 2371 BGB formbedürftiger Erbteilsverkauf, sondern ein grds. formfreier Auseinandersetzungsvertrag.[58] 25

Besteht hinsichtlich eines Miterben Betreuung oder Pflegschaft oder Vormundschaft, so bedarf der Auseinandersetzungsvertrag der **betreuungsgerichtlichen Genehmigung** nach § 1851 Nr. 2 BGB, nicht jedoch, wenn Eltern i.S.d. § 1643 Abs. 1 BGB für ihre Kinder handeln.[59] 26

---

54 Grüneberg/*Ellenberger*, Einf. vor § 182 Rn 1.

55 Vgl. hierzu BayObLG ZEV 1995, 371; Bengel/Reimann/Holtz/Röhl/*Schaub*, § 4 Rn 259. 9. Mayer/Bonefeld/Tanck/*Tanck*, Testamentsvollstreckung, § 18 Rn 29.

56 Bengel/Reimann/Holtz/Röhl/*Schaub*, § 4 Rn 259.

57 Grüneberg/*Weidlich*, § 2042 Rn 4.

58 Bengel/Reimann/Holtz/Röhl/*Schaub*, § 4 Rn 263. Mayer/Bonefeld/Tanck/*Tanck*, Testamentsvollstreckung, § 18 Rn 24 ff.

59 So auch BeckOK BGB/*Lange*, § 2204 Rn 23.

27 Wenn die Eltern selbst oder ein Verwandter von ihnen aus gerader Linie neben den Kindern an der Erbengemeinschaft beteiligt sind, so besteht ein Vertretungsverbot nach §§ 1629 Abs. 2, 1824, 181 BGB. Somit muss ein Ergänzungspfleger nach §§ 1809, 1811 BGB bestellt werden, wobei für jeden Minderjährigen ein eigener Pfleger bestellt werden muss.[60] Etwaige **Genehmigungserfordernisse** und Zustimmungspflichten zum Auseinandersetzungsvertrag richten sich nach den allg. Rechtsbestimmungen (es besteht insbesondere eine Zustimmungspflicht nach § 1365 BGB, wenn ein Miterbe im gesetzlichen Güterstand der Zugewinngemeinschaft lebt und sein Erbteil das ganze oder doch das wesentliche Vermögen bildet).[61] Bei Verfügungen über **Grundstücke** kann sich eine Genehmigungspflicht aus Grundbesitz §§ 1643 Abs. 1, 1850 Nr. 1 BGB ergeben.

2. Vorteile

28 Die Vorteile eines Auseinandersetzungsvertrages sind vielfältig: So kann ohne Weiteres von dem Willen des Erblassers abgewichen werden und auch ein Losverteilungsverfahren mit den Erben vereinbart werden.[62] Nicht zu unterschätzen sind die **Befriedungsfunktion** und ein weitreichender **Ausschluss der Haftungsgefahr** für den Testamentsvollstrecker. Dies gilt insbesondere dann, wenn durch die Zuteilung ein Miterbe mehr erhält, als seiner Teilungsquote entspricht.[63] Hinsichtlich des Vertrages besteht ein **Zustimmungsbedürfnis** durch alle Miterben, auch die Nacherben müssen mitwirken.[64] Sofern Vermächtnisse noch nicht erfüllt sind, führt die fehlende Zustimmung der Vermächtnisnehmer nicht zur Unwirksamkeit des Auseinandersetzungsvertrages, wohl aber ggf. zu Schadensersatzansprüchen der Vermächtnisnehmer nach § 2219 BGB. Der Auseinandersetzungsvertrag bedarf wie der Teilungsplan wegen seiner rein schuldrechtlichen Wirkung eines Vollzugs durch Abgabe der entsprechenden dinglichen Verfügungsgeschäfte, also etwa der Auflassung von der Erbengemeinschaft an den einzelnen erwerbenden Erben.[65] Sofern kein ausdrücklicher Haftungsverzicht oder eine ausdrückliche Entlastung im Vertrag aufgenommen wurden, ist mit Abschluss des Auseinandersetzungsvertrages keinerlei Entlastung verbunden. Hier gilt das Gleiche wie beim Auseinandersetzungsplan.

C. Verfahrensfragen

I. Kosten

29 Ist das Grundbuch aufgrund des Erbfalls zu berichtigen, berechnen sich die Gebühren nach KV Nr. 14110 GNotKG. Dies gilt auch dann, wenn aufgrund des Auseinandersetzungsplans durch den Testamentsvollstrecker die Eintragung in das Grundbuch erfolgt.

II. Praktische Hinweise/Prozessuales

30 Solange dem Testamentsvollstrecker das Recht zur Auseinandersetzung zusteht, scheidet eine **amtliche Vermittlung** zur Auseinandersetzung aus. Gleiches gilt für das Zuweisungsverfahren nach § 14 Abs. 3 GrdstVG.

---

60 BGHZ 21, 229.

61 BGHZ 35, 135; nach BGH NJW 1991, 1739 besteht die Zustimmungspflicht dann, wenn Ehegatte hierbei über mehr als 85 % seines Vermögens verfügt.

62 *Bonefeld*, ZErb 2018, 3.

63 Vgl. Bengel/Reimann/Holtz/Röhl/*Schaub*, § 4 Rn 260; Mayer/Bonefeld/Tanck/*Tanck*, Testamentsvollstreckung, § 18 Rn 29 ff.

64 BGHZ 57, 84; BayObLG FamRZ 1987, 104.

65 Bengel/Reimann/Holtz/Röh/*Schaub*, § 4 Rn 269; Mayer/Bonefeld/Tanck/*Tanck*, Testamentsvollstreckung, § 18 Rn 29 ff.

Im Rahmen einer **Feststellungsklage** nach § 256 ZPO kann sowohl der Testamentsvollstrecker als auch jeder Erbe Einwendungen gegen den Auseinandersetzungsplan abwehren bzw. durchsetzen. Da keine notwendige Streitgenossenschaft besteht, müssen nicht alle Miterben mitverklagt werden. Daneben ist **einstweiliger Rechtsschutz** in Form der einstweiligen Verfügung nach § 940 ZPO möglich, wenn der Vollzug des Auseinandersetzungsplans droht.[66] Zulässig ist auch eine **Leistungsklage**, die auf eine Auseinandersetzung nach der Vorgabe des Erblassers zielt. Fehlt diese, hat die Auseinandersetzung nach billigem Ermessen zu erfolgen. 31

Nach OLG Köln[67] kann ein Teilungsplan nicht nur unmittelbar durch einen Miterben gegenüber dem Testamentvollstrecker angefochten werden, z.B. durch eine Feststellungsklage auf Unwirksamkeit oder Leistungsklage auf anderweitige Auseinandersetzung. Möglich ist auch die inzidente Überprüfung der Wirksamkeit eines Teilungsplans als Vorfrage eines schuldrechtlichen Zahlungsanspruches.[68] Der Teilungsplan ist nach seiner Rechtsnatur eine einseitige, seitens der Erben empfangsbedürftige Willenserklärung des Testamentsvollstreckers, die mit Zugang bei den Erben bindend wird.[69] Dementsprechend stellt er den Rechtsgrund für eine Leistung nach § 812 BGB dar. Den Einwand der Fehlerhaftigkeit des Teilungsplans kann jeder Miterbe einzeln vortragen, selbst wenn die anderen Erben zugestimmt hatten. 32

Im Rahmen einer Leistungsklage auf Grundlage eines Teilungsplans darf das Prozessgericht den Zahlungsanspruch nicht einfach entsprechend der Unrichtigkeit des Teilungsplans kürzen, sondern hat lediglich diese Tatsache inzident festzustellen. Etwas anderes gilt nur, wenn es sich um eine schlichte Korrektur eines Rechnungspostens handelt.[70] Ein unrichtiger Teilungsplan kann nicht durch einen richtigen ersetzt werden, da beim fehlerhaften und damit unverbindlichen Teilungsplan die Testamentsvollstreckung noch gar nicht beendet ist. Dementsprechend muss der Testamentsvollstrecker in einem solchen Fall nochmals einen Auseinandersetzungsplan aufstellen. 33

Zur Vermeidung ewiger Streitigkeiten bei der Nachlassverteilung von Nachlassgegenständen, wie z.B. dem Hausrat oder Kunstgegenständen, bietet sich ein Losverfahren an. Ein solches Verfahren kann bereits vom Erblasser im Rahmen der letztwilligen Verfügung durch ein bedingtes Vermächtnis angeordnet werden. Eine Kombination eines derartigen Vermächtnisses mit einem Wahlvermächtnis nach § 2154 BGB sowie einem Bestimmungs- und Anteilsvermächtnis nach §§ 2151, 2153 BGB bietet sich an. Die Erben haben zusammen mit dem Testamentsvollstrecker auch die Möglichkeit, mittels Losverfahren eine Teilauseinandersetzung zu betreiben, um die Vorgehensweise nach §§ 2042, 752 ff. BGB zu vermeiden. Bei einer „Zwei-Erbengemeinschaft" ist eine Teilung nach dem Prinzip „Der Älteste teilt, der Jüngere wählt" in Erwägung zu ziehen.[71] 34

---

66 Soergel/*Becker*, § 2204 Rn 25; OLG Hamburg HansRGZ 1934 B 367 sowie OLG Saarbrücken, Urt. v. 16.11.2022 – 5 U 11/22, ZEV 2023, 591.

67 ErbR 2008, 23.

68 Staudinger/*Dutta*, § 2204 Rn 37.

69 Vgl. MüKo/*Zimmermann*, § 2204 Rn 6 ff.

70 OLG Köln ErbR 2008, 23.

71 Dazu ausführlich *Bonefeld*, ZErb 2018, 3 ff.

§ 2205 Verwaltung des Nachlasses, Verfügungsbefugnis

[1]Der Testamentsvollstrecker hat den Nachlass zu verwalten. [2]Er ist insbesondere berechtigt, den Nachlass in Besitz zu nehmen und über die Nachlassgegenstände zu verfügen. [3]Zu unentgeltlichen Verfügungen ist er nur berechtigt, soweit sie einer sittlichen Pflicht oder einer auf den Anstand zu nehmenden Rücksicht entsprechen.

Literatur

Bonefeld, Regelungen der Verwaltungs- und Verfügungsbefugnisse in der Erbengemeinschaft – Ein Vorschlag für die Praxis, ZErb 2017, 121; *Roth/Falkenhagen*, Die Dauertestamentsvollstreckung am Kommanditanteil, RFamU 2024, 452; *Schmitt*, Die Dauertestamentsvollstreckung an einem Personengesellschaftsanteil, NZG 2024, 1535; *Schwalm/Deuschl*, Die Testamentsvollstreckung über Personengesellschaftsanteile nach dem MoPeG, ZEV 2024, 438.

Übersicht:

A. Allgemeines

1 Der Testamentsvollstrecker ist durch S. 1 berechtigt und verpflichtet, den **Nachlass** zu **verwalten.** Des Weiteren wird ihm durch S. 2 das Recht eingeräumt, den Nachlass **in Besitz zu nehmen** und über die Nachlassgegenstände zu **verfügen.** Hierdurch entsteht insgesamt ein **Sondervermögen,** über das der Erbe nicht verfügen kann (vgl. § 2211 BGB). Ferner führt die Testamentsvollstreckung zum Zugriffsausschluss privater Gläubiger des Erben (vgl. § 2214 BGB). Von der Pflicht zur ordnungsgemäßen

Nachlassverwaltung kann der Erblasser den Testamentsvollstrecker nicht befreien (vgl. §§ 2216, 2220 BGB). Zweck der Nachlassverwaltung ist, die Durchführung der dem Testamentsvollstrecker obliegenden Aufgaben zu ermöglichen. Dazu gehören insbesondere die Ausführung der letztwilligen Verfügung gem. § 2203 BGB, das Bewirken der Auseinandersetzung zwischen den Miterben gem. § 2204 BGB. Lediglich bei der Verwaltungsvollstreckung i.S.d. § 2209 BGB ist die Verwaltung des Nachlasses selbstständige Aufgabe des Testamentsvollstreckers.[1]

B. Tatbestand

I. Reichweite der Verwaltungsbefugnis

Grundsätzlich unterliegt der gesamte Nachlass ausschließlich und **ohne Beschränkung** dem Verwaltungsrecht durch den Testamentsvollstrecker. Hierdurch werden alle Erben von ihrer Verfügungsmöglichkeit ausgeschlossen. Lediglich durch das **Schenkungsverbot** aus S. 3 wird die Verwaltungsbefugnis des Testamentsvollstreckers eingeschränkt. Ebenso hat er sich an Anordnungen des Erblassers nach Maßgabe des § 2208 BGB und an die Grundsätze der **ordnungsmäßige Verwaltung** aus §§ 2206, 2216 BGB zu halten. Unter die Verwaltung des Nachlasses fallen alle erforderlichen und zweckdienlichen Maßnahmen zur Sicherung, Erhaltung, Nutzung oder Verwertung bzw. Mehrung des Nachlasses. Daher ist der Testamentsvollstrecker z.B. zur Eingehung von Verbindlichkeiten, zur Verfügung über Nachlassgegenstände, zur Besitznahme und -ausübung sowie zur Prozessführung berechtigt. Die Reichweite der Verwaltungsbefugnis wird somit insbesondere durch den Erblasser bestimmt, der die Testamentsvollstreckung auch auf einen bestimmten Erbteil beschränken kann (sog. Erbteilsvollstreckung) oder auf einen Nachlassbruchteil. Selbst wenn der Erbteil ge- oder verpfändet ist, wird die Befugnis zur Verwaltung durch den Testamentsvollstrecker nicht tangiert. Gleiches gilt für Nacherbenrechte, da die §§ 2113 ff. BGB diesbezüglich nicht anwendbar sind. Insgesamt ist somit die Reichweite der Verwaltungsbefugnis des Testamentsvollstreckers **funktionsbezogen** zu betrachten. 2

Welche Rechte etc. Gegenstand der Verwaltungsbefugnis sind, zeigt die nachfolgende **Übersicht**: 3

Gegenstand der Verwaltungsbefugnis	**Nicht Gegenstand der Verwaltungsbefugnis**
– Vollständiger vererblicher Nachlass inkl. Nutzungen – Surrogationserwerb gem. § 2019 BGB bzw. § 2041 BGB – Urheberrecht, wenn Ausübung gem. § 28 UrhG auf Testamentsvollstrecker übertragen – Wahrnehmung des Namensrechts nach § 12 BGB,[2] nur sofern zur Geltendmachung durch Erblasser ermächtigt oder sofern vermögensrechtlicher Natur – Abwehr von Ehrangriffen gegen Erblasser, sofern hierzu ausdrücklich ermächtigt – Antrag auf Todeserklärung eines Beteiligten nach § 16 Abs. 2 VerschG – Kündigungsrechte aus Mietverhältnis nach § 569 BGB	– Höchstpersönliche Rechte des Erblassers, die über den Tod hinaus fortwirken, insbes. höchstpersönliche Gesellschafterrechte – Erbenrechte im Erbprätendentenstreit – Ausschlagungsrecht einer Erbschaft, die noch zu Lebzeiten des Erblassers angefallen ist – Anspruch auf Herausgabe einer beeinträchtigenden Schenkung nach § 2287 BGB – Anfechtungsrechte aus §§ 2078, 2079 BGB – Erhebung der Einrede der Anfechtbarkeit nach § 2083 BGB – Anfechtungsrecht wegen Erbunwürdigkeit nach §§ 2341, 2345 BGB

1 Soergel/*Becker*, § 2205 Rn 2.
2 Soergel/*Becker*, § 2205 Rn 6.

Gegenstand der Verwaltungsbefugnis	Nicht Gegenstand der Verwaltungsbefugnis
– Anspruch auf Schadensersatz nach § 2219 BGB gegenüber früherem Testamentsvollstrecker, sofern nicht nur einzelner Erbe oder Vermächtnisnehmer geschädigt – Widerruf eines Bezugsrechts aus einer Lebensversicherung, damit diese in den Nachlass fällt, sofern dieses noch nicht vollzogen ist – Geltendmachung von Versicherungsrechten, sofern diese in den Nachlass fallen (wie z.B. Sachversicherungen) – Ausgleichsanspruch des Handelsvertreters aus § 89b HGB – Verfügung über einen Erbteil, der bereits dem Erblasser an einem anderen Nachlass zugefallen ist	– Sondererbrecht der Ehegatten/eingetragenen Lebenspartner und Familienangehörigen nach § 563a BGB – Widerrufsrecht einer Schenkung aus § 530 Abs. 2 BGB – Anfechtung einer familiengerichtlichen Genehmigung über den Vergleich über ein Erbrecht des Betroffenen – Verfügung über den Erbteil – Ansprüche aus einem Lastenausgleich, soweit der Erblasser persönlich Geschädigter war – Haftpflichtversicherungen, die mit dem Tod des Erblassers erlöschen (hier Erbe Versicherungsnehmer)

4 Ein Erbe wird durch die Verwaltungsbefugnis des Testamentsvollstreckers nicht hinsichtlich seiner ererbten Informationsrechte gegenüber der Bank oder Versicherung verdrängt, mit der Folge, dass er unabhängig vom Testamentsvollstrecker Auskunftsrechte geltend machen kann.[3] Gleiches gilt für den Anspruch auf Herausgabe der **Bankenmitteilung** an das Finanzamt nach § 33 ErbStG. Der Testamentsvollstrecker darf diese Geltendmachung der Rechte nicht verhindern. Demzufolge hat eine Bank sowohl dem Testamentsvollstrecker als auch dem Erben auf Anfrage die Informationen zukommen zu lassen, die sie dem Erblasser hätte erteilen müssen. Durch derartige eigene Informationsrechte der Erben wird die Verwaltung des Testamentsvollstreckers nicht behindert und bleibt unabhängig. Gleichwohl kann der Erbe bei Weigerung der Bank den Auskunftsanspruch wegen § 2212 BGB nicht selbst gerichtlich durchsetzen.

5 Die Verwaltungsbefugnis des Testamentsvollstreckers muss nicht immer die des Erben ausschließen. So ist sowohl der Erbe als auch der Testamentsvollstrecker berechtigt, einen **Erbschein** gem. § 2353 BGB zu beantragen bzw. seine Einziehung als unrichtig gem. § 2361 BGB zu erwirken. Gleiches gilt für die Antragstellung für ein **Testamentsvollstreckerzeugnis** nach § 2368 BGB. Ferner können beide selbstständig **Haftungsbeschränkungsmaßnahmen** wie z.B. die Einleitung eines Nachlassinsolvenzverfahrens – bei Verwaltung hinsichtlich des gesamten Nachlasses – nach § 317 Abs. 1 InsO, die Nachlassverwaltung nach § 1981 BGB sowie das Aufgebot der Nachlassgläubiger nach Maßgabe der §§ 1970 ff. BGB, § 991 Abs. 2 ZPO beantragen. Ebenso können beide die Rechte aus §§ 1990, 1992 BGB sowie die aufschiebenden Einreden aus §§ 2014, 2015 BGB geltend machen. Die **Zwangsversteigerung** nach § 175 Abs. 1 S. 2 ZVG können ebenfalls Testamentsvollstrecker und Erbe unabhängig voneinander einleiten. Wegen § 1994 Abs. 1 S. 1 BGB kann das Nachlassgericht lediglich dem Erben, nicht aber dem Testamentsvollstrecker auf Antrag eines Nachlassgläubigers zur Errichtung des Inventars eine Frist bestimmen. Nach OLG Düsseldorf[4] sind Baumaßnahmen eines Miterben auf einem Grundstück der Erbengemeinschaft keine Verfügung über den Nachlassgegenstand, sondern eine Verwaltungsmaßnahme, über die die Erben durch Stimmenmehrheit beschließen können. Zudem wird nach h.M.[5] auch das Infor-

3 Ausführlich *Bonefeld*, ZErb 2007, 142; zustimmend auch Grüneberg/*Weidlich*, § 2205 Rn 6; BeckOK BGB/*Lange*, § 2205 Rn 11; AG Kaiserslautern ZEV 2011, 585.

4 MDR 1947, 89; ebenso *Winkler*, Rn 231.

5 *Hopt*, HGB, § 139 Rn 30 unter Hinweis auf RGZ 170, 395.

mationsrecht des Erben aus § 118 HGB nicht durch eine angeordnete Testamentsvollstreckung beschränkt.[6] Eine Grundbucheinsicht dürfte weder eine Verwaltungsmaßnahme noch eine Verfügung darstellen und somit durch die Erben geltend gemacht werden. Es ist auch kein Recht des Nachlasses.[7] Das Einsichtsrecht ist jedoch besonders zu begründen.

Bewilligt der Testamentsvollstrecker über den Nachlass eines Erblassers, der im Grundbuch noch als Berechtigter eingetragen ist, eine Grundbucheintragung wie z.B. eine Auflassungsvormerkung oder Finanzierungsgrundschuld und handelt er dabei in den Grenzen seiner Verfügungsbefugnis, so bedarf es unabhängig davon, ob die Übertragung oder Aufhebung des für den Erblasser eingetragenen Rechts eingetragen werden soll, verfahrensrechtlich keiner Voreintragung der Erben.[8] 6

Der **Verwaltungsbeginn** hängt von der Annahme des Testamentsvollstreckeramts durch den Ernannten gem. § 2202 BGB ab. Voraussetzung ist somit der Eintritt des Erbfalls. Das Verfügungsrecht des Erben ist durch die Anordnung der Testamentsvollstreckung bereits durch den Erbfall ausgeschlossen.[9] Mit dem Erlöschen des Amts **endet** auch die Verwaltungsbefugnis des Testamentsvollstreckers. Wenn vor Beendigung des Amts Nachlassobjekte nach § 2217 Abs. 1 BGB freigegeben werden, so erlischt die Verwaltungsbefugnis nicht, sondern ruht bis zum endgültigen Erlöschen des Amts.[10] Hat der Testamentsvollstrecker fälschlicherweise einen Nachlassgegenstand freigegeben, so hat er einen Herausgabeanspruch aus § 812 BGB. Dann lebt seine Verwaltungsbefugnis wieder auf. 7

Bei Anordnung einer **Nachlassverwaltung** nach §§ 1981, 1984, 1985 BGB oder eines **Nachlassinsolvenzverfahrens** ruht ebenfalls das Verwaltungsrecht des Testamentsvollstreckers. Auch hier lebt die Verwaltungsbefugnis nach Beendigung dieser Verfahren wieder auf. Durch ein Insolvenzverfahren über das Eigenvermögen des Erben werden die Rechte des Testamentsvollstreckers wegen der §§ 2211, 2214 BGB nicht berührt. 8

II. Inbesitznahme des Nachlasses

Wegen § 857 BGB geht mit dem Erbfall der Besitz auch ohne besondere Besitzergreifung direkt auf den Erben über, selbst wenn Testamentsvollstreckung angeordnet ist. Somit muss der Testamentsvollstrecker sich zunächst durch Inbesitznahme die **tatsächliche Gewalt** über die Nachlassgegenstände verschaffen. Der Erbe erhält dadurch die Stellung eines **mittelbaren Besitzers** gem. §§ 857, 868 BGB. Sofern sich der Erbe oder ein Dritter weigert, dem Testamentsvollstrecker den Gegenstand auszuhändigen, kann der Testamentsvollstrecker den Klageweg beschreiten. Dabei kann er bei Unkenntnis des im Dritt- oder Erbenbesitz befindlichen Gegenstandes zunächst Auskunftsklage, insbesondere aber Stufenklage einreichen. Der Erbe kann lediglich seinen Freigabeanspruch aus § 2217 BGB oder die dolo-agit-Einrede aus § 242 BGB gegenüber dem Herausgabeanspruch des Testamentsvollstreckers einwenden. Ansonsten steht ihm kein Zurückbehaltungsrecht zu. Die Befugnis des Testamentsvollstreckers zur Inbesitznahme der Nachlassgegenstände gem. S. 2 begründet keinen von der materiellen Rechtslage losgelösten Herausgabeanspruch. Da der Testamentsvollstre- 9

6 Zu Verwaltungsmaßnahmen ausführlich: *Bonefeld*, ZErb 2017, 121.
7 A.A. OLG München FGPrax 2019, 115, das unterstellt, dass eine Grundbucheinsicht der Verwaltung des Nachlasses dient und nur der Testamentsvollstrecker Einsicht verlangen kann.
8 OLG München ZEV 2019, 109.
9 BGHZ 48, 214.
10 A.A. MüKo/*Zimmermann*, § 2205 Rn 12.

cker das Recht des Erben geltend macht, muss er sich die Einwendungen entgegenhalten lassen, die dem Erben gegenüber bestehen würden.[11]
Ein Dritter kann lediglich sein Zurückbehaltungsrecht wegen auf den Nachlass gemachter Aufwendungen geltend machen. Nachdem der Testamentsvollstrecker unmittelbarer Besitzer wurde, kann er sämtliche Besitzschutzrechte durchsetzen, nicht aber davor.

III. Verfügungsbefugnis

10 Von der Verwaltungsbefugnis ist die **Verfügungsbefugnis** zu unterscheiden. Nach S. 2 Hs. 2 ist der Testamentsvollstrecker insbesondere berechtigt, über die Nachlassgegenstände zu verfügen. Im Grundsatz ist er somit **uneingeschränkt verfügungsberechtigt**. Die Verfügungsbefugnis kann aber aufgrund S. 3 oder aber durch § 2208 BGB per Erblasserwillen eingeschränkt sein. Befolgt der Testamentsvollstrecker eine Erblasseranordnung nach § 2216 BGB nicht oder überschreitet er seine Pflicht zur ordnungsgemäßen Verwaltung, wird dadurch die Verfügungsbefugnis nicht beschränkt. Dies gilt dann nicht, wenn der Testamentsvollstrecker missbräuchlich handelt, was für einen Dritten erkennbar war.

11 Des Weiteren wird die Verfügungsbefugnis durch das **Verbot des Selbstkontrahierens** eingeschränkt. Ansonsten ist die Verfügungsmacht ausschließlich und in gegenständlicher Hinsicht unbeschränkt. Die Art der Testamentsvollstreckung spielt für die Verfügungsbefugnis keine Rolle. Sofern der Erblasser nicht angeordnet hat, dass die Verfügungen der Zustimmung der Erben bedürfen, sind sämtliche Verfügungen ohne Erbenzustimmung wirksam. Etwaige den Erben treffende Verfügungsbeschränkungen, so dass familiengerichtliche **Genehmigungen** notwendig wären, gelten für den Testamentsvollstrecker nicht. Verstößt der Testamentsvollstrecker gegen das Verbot des Selbstkontrahierens oder das **Schenkungsverbot**, ist dadurch seine Verfügung unwirksam, sie kann jedoch durch Zustimmung der Erben und ggf. Vermächtnisnehmer wirksam werden.[12]

12 Unter den Begriff der **Verfügung** fallen alle einseitigen oder vertraglichen Rechtsgeschäfte, durch die auf ein bestehendes Recht unmittelbar eingewirkt wird oder durch die ein bestehendes Recht unmittelbar übertragen, belastet, aufgehoben oder inhaltlich verändert wird.[13] Hierzu gehören insbesondere die Belastungen von Gegenständen, Annahme von Leistungen, Verzicht, Erlass, Veräußerung, Aufrechnung, Kündigung, Löschungsbewilligung sowie Anfechtung von Willenserklärungen.[14] Keine Verfügungen sind hingegen die Bewilligung der Löschung eines Widerspruchs und die Geltendmachung von Rechten im Rahmen von Verfahren, insbesondere Prozessführung.[15]

13 In der Praxis von erheblicher Bedeutung ist die Frage, ob die Kündigung z.B. eines Depots bei einer Bank erst mit dem Nachweis durch Vorlage eines Testamentsvollstreckerzeugnisses wirksam ist, selbst wenn der Testamentsvollstrecker das Amt gem. § 2202 BGB schon angenommen und einen Nachweis über die Amtsannahme vorgelegt hat. Die Kündigung ist bereits bei nachgewiesener Amtsannahme und Anordnung des Amts wirksam. Wegen Nichtanwendbarkeit des § 174 BGB kann die Kündigung nicht sofort zurückgewiesen werden (vgl. dazu § 2197 Rdn 2). Die AGB der Banken führen nicht dazu, dass die Wirksamkeit der Kündigung vom Nachweis durch ein Testamentsvollstreckerzeugnis abhängig gemacht werden kann. Demzufolge ist nicht

---

11 KG ZErb 2013, 74, ZEV 2013, 442.
12 BGHZ 40, 115.
13 Soergel/*Becker*, § 2205 Rn 64.
14 RGZ 93, 292.
15 Soergel/*Becker*, § 2205 Rn 64.

auf den Tag der Vorlage des Testamentsvollstreckerzeugnisses abzustellen. Hierauf hat der Testamentsvollstrecker zu achten. Sofern die Bank gemäß ihrer vereinbarten AGB sich die Niederschriften vorlegen lässt, kann sie mit befreiender Wirkung leisten. Wenn sich herausstellt, dass der Testamentsvollstrecker nicht wirksam das Amt innehat, haftet dieser gegenüber dem Erben aus § 2219 BGB analog als vermeintlicher Testamentsvollstrecker.

Sofern keine Eintrittsrechte Dritter in den Mietvertrag bestehen, kann nur der Testa- 14
mentsvollstrecker das Mietverhältnis nach dem Erblasser kündigen. Da der Gesetzgeber die Kündigung durch einen Testamentsvollstrecker nicht ausdrücklich geregelt hat, ist fraglich, wann die Frist für den Testamentsvollstrecker zu laufen beginnt. Die Kenntnis vom Tod des Erblassers kann für den Testamentsvollstrecker nicht ausschlaggebend sein, vielmehr kann nach der hier vertretenen Ansicht die Frist des § 564 BGB zur Kündigung des Mietverhältnisses frühestens mit der Annahme des Amts in Gang gesetzt werden.[16] Will der Vermieter selbst nicht so lange warten, bis der Testamentsvollstrecker das Amt annimmt, kann er beim Nachlassgericht über § 2202 Abs. 3 BGB eine Fristsetzung zur Annahme des Amts erwirken. Für den Testamentsvollstrecker bedeutet dies, dass er zunächst überprüfen muss, ob es fortsetzungswillige und -berechtigte Personen i.S.d. § 563 BGB gibt. Ist von vornherein klar, dass es keine fortsetzungsberechtigten Personen gibt, muss der Testamentsvollstrecker vorsorglich die Erben befragen, ob das Mietverhältnis von diesen fortgesetzt werden soll. Die Kündigung durch den Testamentsvollstrecker ist nicht von der Vorlage eines Testamentsvollstreckerzeugnisses abhängig. Sofern es sich um eine Genossenschaftswohnung handelt, sollte auch eine Auskunft hinsichtlich des Geschäftsanteils eingeholt werden.

IV. Insichgeschäft des Testamentsvollstreckers

§ 181 BGB ist analog auf den Testamentsvollstrecker anwendbar, da dieser nicht Ver- 15
treter, sondern lediglich Inhaber eines privaten Amts ist.[17] Die Auslegung der letztwilligen Verfügung kann eine Gestattung durch den Erblasser ergeben, jedoch muss in diesem Fall bei jedem konkreten Geschäft hinzukommen, dass es sich im Rahmen **ordnungsgemäßer Verwaltung** bewegt.[18] Ebenso kann eine **Gestattung** des Insichgeschäfts durch den Erben erfolgen. Von einer konkludenten Gestattung des Erblassers kann ausgegangen werden, wenn der Testamentsvollstrecker einer Auseinandersetzungsvollstreckung ebenfalls Miterbe ist. Ferner kann eine Gestattung des Insichgeschäfts grundsätzlich angenommen werden, wenn es der ordnungsgemäßen Verwaltung nach § 2216 BGB entspricht. An eine konkludente Gestattung sind strenge Anforderungen zu stellen. Im Einzelnen kommt es darauf an, ob der Erblasser die Gefahr eines Interessenkonfliktes erkannt hat und dem Testamentsvollstrecker dennoch die Möglichkeit übertragen wollte, das Rechtsgeschäft mit sich selbst durchzuführen. Demzufolge kann ein Testamentsvollstrecker Verbindlichkeiten, die der Erblasser ihm gegenüber hatte, ohne Weiteres erfüllen.

Gleiches gilt für Vermächtnisse zugunsten des Testamentsvollstreckers, es sei denn, 16
dieser ist nicht durch den Erblasser direkt, sondern nach den Vorschriften der §§ 2198 ff. BGB durch Dritte bestimmt worden. Ist in einer letztwilligen Verfügung der mit der Erfüllung von Grundstücksvermächtnissen beauftragte Testamentsvollstrecker ausdrücklich von den Beschränkungen des § 181 BGB befreit, so spricht dies für die Auslegung, dass der Erblasser ihn nicht nur zur Erklärung der Auflassung für die

16 So auch *Jünemann*, ZErb 2007, 394.
17 BGHZ 30, 67.
18 BGHZ 30, 69.

Erben, sondern auch zur Annahme der Auflassung auf Seiten der Vermächtnisnehmer befugt hat.[19]

17 Hat der Testamentsvollstrecker ein unzulässiges Insichgeschäft vorgenommen, ist es **schwebend unwirksam**, aber noch nicht endgültig nichtig. Demzufolge kann es durch Zustimmung aller Erben, einschließlich Nacherben (nicht jedoch Ersatzerben), gem. § 177 BGB analog geheilt werden. Nach hiesiger Auffassung ist die Zustimmung noch nicht befriedigter Vermächtnisnehmer nicht notwendig. Diesen steht dann ggf. das Recht auf Schadensersatz zu. Eine Zustimmung ist auch entgegen dem ausdrücklichen Willen des Erblassers möglich.[20] Sofern der Testamentsvollstrecker zugleich Miterbe ist, besteht ein **Mitwirkungsverbot** an der Beschlussfassung der Erbengemeinschaft über die Genehmigung.

18 Sind in der Erbengemeinschaft **Minderjährige** oder unter Betreuung stehende Erben, kann eine Zustimmung zur unentgeltlichen Verfügung regelmäßig wegen des Schenkungsverbots aus § 1641 BGB nicht durch den gesetzlichen Vertreter erklärt werden. Auch eine Genehmigung des Familiengerichts ist nicht möglich, so dass eine Heilung ausgeschlossen ist. Ausnahme ist ein Betreuer, der gemäß § 1854 Nr. 8 BGB die Genehmigung durch das Betreuungsgericht einholen kann. Das Verbot unentgeltlicher Verfügungen kann durch den Erblasser durch Erteilung einer postmortalen Vollmacht übergangen werden. Ein Testamentsvollstrecker ist aber bei der Ausführung des Testaments grundsätzlich unbeschränkt verfügungsbefugt und bedarf keiner familiengerichtlichen Genehmigung auch im Hinblick auf einen in seiner Geschäftsfähigkeit beschränkten Erben.[21]

19 Sofern ein unzulässiges Insichgeschäft vorgenommen wird, kann dies als grobe Pflichtverletzung einen **Entlassungsgrund** nach § 2227 BGB darstellen. Für die Zulässigkeit des Insichgeschäfts ist der Testamentsvollstrecker **beweispflichtig**. Ein Insichgeschäft ist somit dann zulässig, wenn der Testamentsvollstrecker beweist, dass er mit dem Geschäft ausschließlich eine Verbindlichkeit erfüllt hat oder eine Gestattung von Seiten des Erben oder Erblassers vorlag. Gleiches gilt bei Beweis der Ordnungsmäßigkeit der Geschäftsführung gem. § 2216 BGB oder der Zustimmung der Erben etc. Die Gewährung eines Darlehens aus Nachlassmitteln entspricht grundsätzlich nicht ordnungsgemäßer Nachlassverwaltung.[22] Das Verbot des Insichgeschäfts gilt auch für die Bewilligung des Testamentsvollstreckers zur Löschung von Rechten der Erben an einem Grundstück.[23] Der Testamentsvollstrecker kann aber zur Erfüllung einer wirksamen Nachlassverbindlichkeit ein Grundstück an sich selbst auflassen, wenn ein entsprechendes Vermächtnis, eine Teilungsanordnung oder eine Auflage zu seinen Gunsten besteht.[24]

V. Verbot unentgeltlicher Verfügungen

20 Damit das Nachlassvermögen während der Dauer der Testamentsvollstreckung wertmäßig erhalten bleibt, erfolgt durch S. 3 ein Verbot unentgeltlicher Verfügungsgeschäfte. Es ähnelt dem Verfügungsverbot aus § 2113 Abs. 2 BGB. Somit ist der Testamentsvollstrecker nur dann zur unentgeltlichen Verfügung berechtigt, soweit sie einer

19 OLG Frankfurt DNotI-Report 2018, 126.
20 Bengel/Reimann/Holtz/Röhl/*Schaub*, § 4 Rn 188.
21 BGH ZEV 2006, 262.
22 OLG Frankfurt NJW-RR 1998, 795.
23 OLG München ZEV 2013, 205.
24 OLG Düsseldorf NJW 2014, 322; DNotI-Report 2013, 159 sowie zur Frage, welche Nachweise das Grundbuchamt zum Beleg der Wirksamkeitsvoraussetzungen einer vom Testamentsvollstrecker nach Maßgabe des § 181 BGB zu seinen Gunsten vorgenommenen Grundstücksverfügung für die Eigentumsumschreibung (im Wege der Zwischenverfügung) verlangen kann.

sittlichen Pflicht oder einer auf den **Anstand zu nehmenden Rücksicht** i.S.v. S. 3 entspricht. Hierdurch kommt es zu einer dinglichen Beschränkung der Verfügungsbefugnis des Testamentsvollstreckers.[25] Wann Verfügungen als unentgeltlich gelten, beurteilt sich nach wirtschaftlichen Gesichtspunkten zum Zeitpunkt der Verfügungsvornahme, wobei spätere Wertentwicklungen nicht zu berücksichtigen sind.[26]

Unentgeltlichkeit ist somit dann gegeben, wenn objektiv ein Opfer aus der Erbschaftsmasse ohne gleichwertige Gegenleistung erbracht wird und subjektiv der Testamentsvollstrecker weiß, dass diesem Opfer keine gleichwertige Gegenleistung an die Erbschaftsmasse gegenübersteht, oder doch bei ordnungsgemäßer Verwaltung der Masse unter Berücksichtigung seiner künftigen Pflicht, die Erbschaft an den Erben herauszugeben, das Fehlen oder die Unzulänglichkeit der Gegenleistung hätte erkennen müssen.[27] Dem Testamentsvollstrecker verbleibt daher bei der Bewertung der Gleichwertigkeit von Gegenleistungen ein gewisser Ermessensspielraum. **Teilunentgeltliche** Verfügungen sind unentgeltlichen Verfügungen gleichzusetzen. Hierdurch werden diese Verfügungen insgesamt unwirksam.[28] Auch Verfügungen, die ohne rechtlichen Grund erfüllt werden, sind unwirksam, wie die Erfüllung unwirksamer Anordnungen (z.B. Vermächtnis) im Testament.[29] 21

Der Begriff der Unentgeltlichkeit erfordert zwar objektiv, dass keine gleichwertige Gegenleistung dem Nachlass zufließt, subjektiv aber nur, dass der Testamentsvollstrecker von der fehlenden Gegenleistung weiß oder bei ordnungsgemäßer Verwaltung das Fehlen oder die Unzulänglichkeit der Gegenleistung hätte erkennen können.[30] Dementsprechend besteht kein Erfordernis der Willensübereinstimmung beider Vertragsparteien über eine Unentgeltlichkeit. Der Testamentsvollstrecker hat die Entgeltlichkeit seiner Verfügung zu beweisen, und zwar im Grundbuchverkehr grundsätzlich in der Form des § 29 GBO durch öffentlich beglaubigte oder öffentliche Urkunden.[31] Die Prüfungskompetenz des Grundbuchamts hinsichtlich einer Auflassungsvormerkung aufgrund einer Verfügung durch Testamentsvollstrecker ist eingeschränkt. Zum Nachweis der Entgeltlichkeit genügt grundsätzlich eine privatschriftliche Erklärung des Testamentsvollstreckers.[32] Das Grundbuchamt darf die Eintragung nur ablehnen, wenn es aus den vorgelegten Urkunden und aus ihm sonst bekannten Umständen mit Sicherheit erkennt, dass der zu sichernde Anspruch nicht entstanden ist und auch künftig nicht mehr entstehen kann.[33] In der Praxis ist daher dem Testamentsvollstrecker vor dem Verkauf die Einholung eines Sachverständigengutachtens anzuraten, welches er dann z.B. dem Grundbuchamt vorlegt. Ist in dem Sachverständigengutachten eine anerkannte Bewertungsmethode (z.B. IDW S1 bei Unternehmensverkäufen oder IDW S13)[34] berücksichtigt worden, so ist der Nachweis der Entgeltlichkeit erbracht, so dass auch die Vorlage eines abweichenden Sachverständigengutachtens durch den Erben nicht den Nachweis erschüttern kann, sofern nicht eindeutig bewiesen ist, dass die Bewertungsmethode inhaltlich falsch angewandt wurde. Fließt – abgekürzt – die Gegenleistung aus einer Grundstücksveräußerung unmittelbar dem vermeintlichen 22

25 RGZ 105, 246; Soergel/*Becker*, § 2205 Rn 74.
26 BGH WM 1970, 1422.
27 BGH NJW 1991, 842; Soergel/*Becker*, § 2205 Rn 75.
28 BGH NJW 1963, 1613.
29 OLG München ZEV 2011, 195.
30 *Keim*, ZEV 2007, 470 m.w.N.
31 Vgl. dazu OLG Karlsruhe ZEV 2006, 183.
32 OLG München FamRZ 2014, 158.
33 OLG Zweibrücken ZEV 2007, 32.
34 Vgl. zum Unternehmensverkauf durch einen Testamentsvollstrecker *Werkmüller*, ZEV 2006, 491.

Vermächtnisnehmer zu, ist der Gegenwert, weil nicht in den Nachlass gelangend, nicht zu berücksichtigen. In diesem Fall hat der Testamentsvollstrecker begründete Zweifel an der wirksamen Einsetzung der als Vermächtnisnehmer bezeichneten Person zur Überzeugung des Grundbuchamts auszuräumen. Andernfalls ist die Zustimmung des Erben und sonstiger Vermächtnisnehmer zur getroffenen Verfügung unerlässlich.[35]

23 Um die Probleme des Verbots von unentgeltlichen Verfügungen in der Praxis auszuräumen, sind postmortale Vollmachten oder Vorratsbeschlüsse anzuraten, ggf. mit einer Anweisung, bis zu welchem Preis verkauft werden darf. Überträgt der Testamentsvollstrecker Nachlassgegenstände an einen der beiden Miterben, hängt die Frage der Entgeltlichkeit nicht davon ab, dass der andere Miterbe zum selben Zeitpunkt ebenfalls etwas erhält. Die Entgeltlichkeit oder Unentgeltlichkeit der Verfügung entscheidet sich vielmehr anhand eines (Wert-)Vergleichs zwischen der Erbquote und dem Zugewandten.[36]

24 Die **Gegenleistung** muss grundsätzlich in den Nachlass gelangen, andernfalls kann die Verfügung nicht als entgeltlich bewertet werden.[37] Ausreichend ist, wenn ein Entgelt an den Testamentsvollstrecker entrichtet wird, welches dann Kraft **dinglicher Surrogation** in das Nachlassvermögen fällt. **Keine entgeltliche Gegenleistung** liegt vor, wenn ein Gegenwert nicht in den Nachlass, sondern in das freie Vermögen eines einzelnen Miterben gelangt. Es spielt für die Frage der Entgeltlichkeit keine Rolle, wie der Testamentsvollstrecker mit der Gegenleistung umgeht. Veruntreut der Testamentsvollstrecker die Gegenleistung oder enthält er sie dem Nachlass vor, wird hierdurch die Entgeltlichkeit nicht ausgeschlossen. Dies gilt nicht, wenn die Pflichtwidrigkeit der Verwendung der Gegenleistung mit dem Vertragspartner von vornherein vereinbart war.[38]

25 Problematisch sind die Fälle, in denen trotz **Vorleistung** des Testamentsvollstreckers die Gegenleistung nicht erbracht wird. Da die Gegenleistung nicht bewirkt sein muss, um die Entgeltlichkeit der Verfügung festzustellen, ist von einer Entgeltlichkeit der Verfügung auszugehen. Der Testamentsvollstrecker kann ohne Weiteres Schadensersatz verlangen oder vom Vertrag zurücktreten. Grundsätzlich ist anzuraten, vorsorglich Verfügungen als Testamentsvollstrecker nur unter der aufschiebenden Bedingung der vollständigen Erbringung der Gegenleistungen oder aber Eigentumsvorbehalte zu vereinbaren.[39] Andernfalls kann sich der Testamentsvollstrecker gem. § 2219 BGB schadensersatzpflichtig machen.

26 Sofern ein unentgeltliches Verfügungsgeschäft vorliegt, besteht **kein Gutglaubensschutz**, da die §§ 892 ff., 932 ff. BGB unanwendbar sind. Voraussetzung für das Fehlen des Gutglaubensschutzes ist jedoch das Vorliegen der subjektiven Tatbestandserfordernisse. Allerdings kann der Testamentsvollstrecker Verfügungen aufgrund von **Anstandspflichten** treffen. Bei einer **sittlichen Pflicht** liegt der Grund der Schenkung nicht nur in der besonderen persönlichen Verbundenheit, sondern in einem sittlichen Gebot. Auf die Anschauung bestimmter Kreise kommt es bei der Anstandspflicht an. Anstandsschenkungen sind insbesondere die üblichen Geschenke zu besonderen Angelegenheiten, wie Geburtstagen, Hochzeiten oder Weihnachten. Wegen §§ 534, 2113 BGB unterliegen Pflicht- und Anstandsschenkungen nicht der Rückforderung und dem Widerruf.

---

35 OLG München FamRZ 2014, 158; zustimmend *Keim*, MittBayNot 2014, 69.
36 OLG München ZEV 2014, 116.
37 BGHZ 7, 247; BGHZ 57, 84.
38 KG Berlin JW 1938, 949.
39 Vgl. Bengel/Reimann/Holtz/Röhl/*Schaub*, § 4 Rn 135.

Zulässige entgeltliche Verfügung	Verbotene unentgeltliche Verfügung	27
– Erfüllung eines wirksam angeordneten Vermächtnisses, einer Auflage oder Teilungsanordnung – Erfüllung von Nachlassverbindlichkeiten – Erfüllung von Schenkungsversprechen, sofern rechtswirksam – Löschung einer Eigentümergrundschuld, sofern nachrangige Grundpfandrechte aufrücken und diese einen gesetzlichen Löschungsanspruch (vgl. § 1179a BGB) haben oder Lastenfreistellungsverpflichtung aus einem Kaufvertrag besteht – Belastung von Nachlassgegenständen zum Zweck der Kreditsicherung, sofern Darlehensvaluta auch in den Nachlass fließt – Bestellung einer Eigentümergrundschuld – Zahlung eines überhöhten Kaufpreises (hier aber § 2206 BGB einschlägig) – Verjährenlassen einer Forderung – Unterlassung eines Erwerbs	– Überquotale Zuteilung i.R.d. Erbauseinandersetzung zugunsten von Erben – Vergleich, wenn wechselseitiges Nachgeben nicht gleichwertig (so wenn mehr als 2/3 der Forderung eingebüßt werden) – Übermäßige Absicherung durch Hergabe bzw. Abtretung (Eigentümergrundschuld) zur Erlangung eines Kredits – Rechtsgrundlose Verfügungen z.B. aufgrund fehlerhafter Anordnungen in letztwilligen Verfügungen – Übertragung eines Nachlassgegenstandes im Wege der Vorwegnahme der Nacherbfolge ohne gleichwertige Gegenleistung – Aufgabe einer Gesellschaftsbeteiligung durch Kündigung oder Zustimmung zur Einziehung ohne Abfindung – Schuldenerlass – Aufgabe, Minderung von Sicherheiten oder Aufhebung eines Vorkaufsrechts, wenn kein Vermögensvorteil im Gegenzug vereinbart wird – Belastung eines Nachlassgegenstandes für Verbindlichkeiten eines Dritten – Zustimmung zur unentgeltlichen Verfügung eines Erben	

C. Sonderfall: Testamentsvollstreckung im Unternehmensbereich

I. Grundsätzliches

Aufgrund der Disparität der erb- und gesellschaftsrechtlichen Haftungsordnungen (vgl. § 2 EGHGB) kommt es zu erheblichen Problemen von Testamentsvollstreckungen im Unternehmensbereich. So würde die **Fortführung eines Handelsgeschäfts** durch einen Testamentsvollstrecker auf die Führung eines Handelsgeschäfts mit beschränkter Haftung hinauslaufen.[40] Ein derartiger Widerspruch zum Handelsrecht, wonach derjenige, der ein Handelsgeschäft führt, mit seinem gesamten Vermögen für die Verbindlichkeiten haftet, kann nach h.M. von der Rechtsordnung nicht hingenommen werden. Der Testamentsvollstrecker könne den Erben nur i.R.d. Nachlassvermögens verpflichten (vgl. § 2206 BGB). Zudem spräche die höchstpersönliche Natur der Mitgliedschaftsrechte gegen eine Testamentsvollstreckung am Komplementäranteil. Daher sei eine Testamentsvollstreckung an einem Handelsgeschäft unzulässig. Die erbrechtlichen Vorschriften treten hinter denen der handelsrechtlichen Bestimmungen über die Firmenfortführung und Haftung für Geschäftsschulden zurück.[41] Die Sondererbfolge ändert aber nichts an der Nachlasszugehörigkeit z.B. des Komplementäranteils. 28

Gegen die h.M. und Rspr. wird mit gewichtigen Gründen u.a. angeführt, dass sich Haftungsunterschiede zwischen der Verwaltung durch den Erben und durch den Testamentsvollstrecker nicht feststellen lassen.[42] Der bedeutendste Unterschied bei der Außenhaftung liege darin, dass der Erbe bei der Verwaltung durch den Testamentsvoll- 29

40 BGHZ 12, 100 = BGH NJW 1954, 636.
41 Vgl. auch BGHZ 24, 106.
42 So zu Recht *Muscheler*, Haftungsordnung, S. 537, 546.

strecker für die Gesellschaftsschulden nur wie für Nachlassverbindlichkeiten einzustehen hat. Auch *Weidlich*[43] ist zu Recht der Überzeugung, dass seit der Einführung der Unternehmergesellschaft nach § 5a GmbHG und der Aufgabe des Grundsatzes der Mindestkapitalaufbringung im Handelsrecht eine unmittelbare Testamentsvollstreckerlösung möglich ist.

30 In der Lit.[44] wird zu Recht eine **Abwicklungsvollstreckung am Handelsgeschäft** für möglich erachtet, weil dann die handelsrechtlichen Haftungsgrundsätze der §§ 25, 27 HGB nicht eingreifen. Eine Fortführung des Handelsgeschäfts über die Drei-Monats-Frist des § 27 Abs. 2 HGB hinaus ist jedoch nicht zulässig.[45] Die Abwicklungsvollstreckung erlischt somit automatisch nach Ablauf dieser Drei-Monats-Frist, sofern das Einzelunternehmen nicht an die Erben gem. § 2217 BGB freigegeben bzw. bis zu diesem Zeitpunkt in eine andere Rechtsform überführt wurde. Ebenso wäre eine fristgerechte Verpachtung möglich. Führt der Testamentsvollstrecker dennoch nach Ablauf von drei Monaten die Vollstreckung fort, haftet er **analog § 177 BGB** persönlich.

31 Ein Testamentsvollstrecker, dem die Abwicklung des Nachlasses und die Auseinandersetzung unter mehreren Erben obliegt, ist nicht befugt, den durch den Tod eines Kommanditisten eingetretenen Gesellschafterwechsel anstelle des oder der Erben, die im Wege der Sondererbfolge Kommanditisten geworden sind, zum Handelsregister anzumelden.[46]

32 Erstreckt sich eine vom Erblasser angeordnete Testamentsvollstreckung auf seinen ererbten Anteil als Komplementär an einer Personengesellschaft, ist die Rechtsposition des Testamentsvollstreckers aus Gründen, die im Gesellschaftsrecht wurzeln, begrenzt.[47] I.d.R. führt eine Auslegung jedoch zur Anwendbarkeit der Vollmachtslösung, auch wenn die Verwaltungsbefugnis des Vollstreckers auf den Erbteil beschränkt wurde.[48] In der Praxis ist darauf zu achten, im Gesellschaftsvertrag die Testamentsvollstreckung ausdrücklich zuzulassen.

Sofern es zu einer Mehrfachbeteiligung des Erben an der Gesellschaft kommt, weil dieser vorher bereits Mitgesellschafter war, erstreckt sich das Verwaltungsrecht des Testamentsvollstreckers nur auf den geerbten Anteil. Insofern ist bei Schenkungsverträgen und in Testamenten durch eine Auflagenlösung dafür Sorge zu tragen, dass eine einheitliche Verwaltung zu erfolgen hat.[49]

II. Ersatzlösungen

33 Aufgrund der zahlreichen Probleme sind Ersatzlösungen entwickelt worden, die nachfolgend aufgeführt werden:

1. Vollmachtslösung

34 Der Testamentsvollstrecker kann sich durch die Erben zur Fortführung des Handelsgeschäfts bevollmächtigen lassen. Hierdurch kann der Testamentsvollstrecker den Erben mit seinem Privatvermögen verpflichten. Als Inhaber des **Handelsgeschäfts** wird der Erbe in das Handelsregister eingetragen und haftet nach den §§ 25, 27 Abs. 1 HGB

43 *Weidlich*, NJW 2011, 641 ff.

44 Staudinger/*Dutta*, § 2205 Rn 142; MüKoBGB/*Zimmermann*, § 2205 Rn 18; BeckOK BGB/*Lange*, § 2205 Rn 33; Grüneberg/*Weidlich*, § 2205 Rn 7.

45 Soergel/*Becker*, § 2205 Rn 34; Grüneberg/*Weidlich*, § 2205 Rn 7.

46 OLG München ZErb 2009, 295.

47 OLG Düsseldorf ZErb 2008, 43 = ZEV 2008, 142.

48 So auch *Behme*, ZErb 2008, 40 zu Recht entgegen der Auslegung des OLG Düsseldorf ZErb 2008, 43 = ZEV 2008, 142.

49 So richtig *Kollmeyer*, NJW 2018, 3754.

für die Verbindlichkeiten des Erblassers und persönlich und unbeschränkt für alle neu entstehenden Verbindlichkeiten aus dem Handelsgeschäft.[50] Das Problem der Vollmachtslösung liegt darin, dass wegen der Notwendigkeit einer Vollmachtserteilung die Mitwirkung des Erben Voraussetzung ist. Um diese Mitwirkung zu erreichen, wird häufig in der Praxis die Erbeinsetzung von der Bedingung abhängig gemacht, dass eine Vollmacht erteilt wird. Ebenso wird vorgeschlagen, die Erbeinsetzung unter die auflösende Bedingung für den Fall zu stellen, dass die Vollmacht grundlos widerrufen wird. Ferner kann der Erbe auch mit einer Auflage nebst zusätzlichen Straf- oder Verwirkungsklauseln zur Erteilung einer Vollmacht bewegt werden. Teilweise wird es jedoch für unzulässig erachtet, wenn der Erbe testamentarisch gezwungen werden kann, über sein Privatvermögen dem Testamentsvollstrecker die Verpflichtungsbefugnis einzuräumen.[51] Nach hiesiger Auffassung ist eine Verpflichtung zulässig, da sich der Erbe ohne Weiteres gegenüber derartigen Anordnungen durch Ausschlagung schützen kann.[52] In der Praxis ungeeignet sind jedoch Klauseln, wonach der Erbe lediglich aufgefordert wird, dem Testamentsvollstrecker eine Vollmacht zu erteilen. Vielmehr sollte dann auch die Vollmacht ganz konkret vorgegeben und unwiderruflich gestellt werden, wobei ein Widerruf der Vollmacht dann zulässig sein sollte, wenn die Voraussetzungen des § 2227 BGB gegeben sind bzw. das Amt erlischt. Des Weiteren ist zu beachten, dass zwingend die Zustimmung der Mitgesellschafter notwendig ist, wenn die dem Testamentsvollstrecker erteilte Vollmacht sich auf alle Gesellschafterrechte beziehen soll.[53] Insofern sollte bereits in der Satzung Vorsorge getroffen werden und für derartige Fälle die Zustimmung erteilt werden.

Als weiteres **Korrektiv** ist anzuraten, dem durch die Testamentsvollstreckung be- 35
schwerten Erben oder Vermächtnisnehmer wenigstens die Möglichkeit zu geben bzw. wenigstens die Möglichkeit einzuräumen, auch selbst auf die Verwaltung Einfluss zu nehmen. Um die Probleme einer möglichen **Sittenwidrigkeit** der Erteilung einer unwiderruflichen Generalvollmacht zu umgehen, empfiehlt es sich, die Vollmacht im Außenverhältnis sowohl inhaltlich als auch zeitlich zu begrenzen und insbesondere die Dauer der Bevollmächtigung auch an die Dauer der Amtszeit der Testamentsvollstreckung zu koppeln. Sofern eine Gefährdung des Privatvermögens der Erben durch die Erteilung der Vollmacht in Betracht kommt, kann dem dadurch begegnet werden, dass die Eingehung von Verbindlichkeiten von der Zustimmungspflicht der Erben abhängig gemacht werden kann.

Übersicht: Vollmachtslösung[54] 36

Inhaber des Geschäfts	Erbe
Handelsregistereintragung lautet auf	Erbe
Eigentümer des Betriebsvermögens	Erbe
Haftung für Altschulden aus Handelsgeschäft	Nur Erben, aber wegen §§ 25 Abs. 2, 27 HGB Haftungsbeschränkung möglich
Haftung für neue Geschäftsschulden	Erben
Zwangsvollstreckungsmöglichkeit für Eigengläubiger der Erben	Keine Möglichkeit wegen § 2214 BGB

50 MüKo/*Zimmermann*, § 2205 Rn 24a.
51 MüKo/*Zimmermann*, § 2205 Rn 21 m.w.N.
52 So auch BeckOK BGB/*Lange*, § 2205 Rn 28 ff.
53 So auch *Schäfer*, ZHR 2011, 557.
54 Dazu Mayer/Bonefeld/Tanck/*Weidlich*, Testamentsvollstreckung, § 19 Rn 10.

Zwangsvollstreckungsmöglichkeit für Gläubiger des Testamentsvollstreckers	Keine Möglichkeit
Vorteile	Keine persönliche Haftung des Testamentsvollstreckers bei Geschäftsverbindlichkeiten
Nachteile	Testamentsvollstrecker kann über Nachlass verfügen; da Erben ebenfalls verfügungsberechtigt, besteht Blockademöglichkeit

2. Treuhandlösung

37 Bei der Treuhandlösung führt der Testamentsvollstrecker das Handelsgeschäft treuhänderisch und im eigenen Namen für die Erben fort. Er wird im Handelsregister eingetragen und tritt nach außen nicht als Testamentsvollstrecker, sondern als Inhaber auf. Dabei sind zwei Formen zu unterscheiden: zum einen die **Verwaltungs- oder Ermächtigungstreuhand**, zum anderen die Vollrechtstreuhand. In der Rspr.[55] wird die Treuhand als Ermächtigungstreuhand begriffen, indem dem Testamentsvollstrecker nur das Recht zur Verfügung über die seiner Verwaltung unterliegenden Geschäftsgegenstände eingeräumt wird, er aber nicht Eigentümer des Geschäftsvermögens wird. Hingegen wird bei der Vollrechtstreuhand der Testamentsvollstrecker Eigentümer des Geschäftsvermögens. Dieses muss erst noch auf ihn übertragen werden, was er aber ggf. durch ein Insichgeschäft durchführen kann.

38 Kommt es zu **Zwangsvollstreckungsmaßnahmen** von Eigengläubigern des Testamentsvollstreckers in das Geschäftsvermögen, steht den Erben der Weg einer Drittwiderspruchsklage nach § 771 ZPO offen. Trotz seines persönlichen Handelns ist von einer Nachlassverpflichtung auszugehen, wenn er i.R.d. Handelsgeschäfts Gegenstände für den Nachlass erwirbt.[56] Nachdem der Testamentsvollstrecker als Inhaber des Unternehmens im Außenverhältnis gegenüber Dritten unbeschränkt persönlich haftet, hat er hingegen im **Innenverhältnis** gegenüber den Erben, für deren Rechnung und damit zu deren Vorteil er das Geschäft geführt hat, gem. §§ 670, 2218 BGB einen Anspruch auf Befreiung von der unbeschränkten Haftung, soweit die Eingehung der Verbindlichkeit für die ordnungsgemäße Verwaltung erforderlich war.[57] Die Erben können dabei ihre Haftung gegenüber dem Testamentsvollstrecker auf den Nachlass beschränken. Problematisch ist dann für den Testamentsvollstrecker, dass er für aus dem Nachlass nicht zu deckende Schadensersatzansprüche wiederum persönlich haftet. Demzufolge sollte in der Verfügung von Todes wegen dafür Sorge getragen werden, dass der Testamentsvollstrecker von seiner unbeschränkten Haftung im Innenverhältnis vollständig freigestellt wird, da ansonsten die Übernahme des Amts von ihm kaum erwartet werden kann.

39 Die Erben können auch bei der Treuhandlösung in der Verfügung von Todes wegen verpflichtet werden, eine treuhänderische Übertragung auf den Testamentsvollstrecker vorzunehmen. Dies kann entweder durch eine Auflage oder aber Bedingung erfolgen. Ist eine ausdrückliche Anordnung durch den Erblasser nicht vorgenommen worden, kann nicht von einer Vollrechtstreuhand ausgegangen werden, da diese eine ausdrückliche Erblasseranordnung voraussetzt.[58] Eine **familiengerichtliche Genehmigung** nach § 1822 Nr. 3 BGB für die Fortführung des Unternehmens bei minderjährigen Erben

55 BGH NJW 1975, 54.
56 Staudinger/*Dutta*, § 2205 Rn 149 ff.
57 BGHZ 24, 106.
58 MüKo/*Zimmermann*, § 2205 Rn 24c.

ist nach Einführung des Minderjährigenhaftungsbegrenzungsgesetzes nicht mehr notwendig.[59]

Übersicht: Treuhandlösung[60] 40

Inhaber des Geschäfts	Testamentsvollstrecker
Handelsregistereintragung lautet auf	Testamentsvollstrecker
Eigentümer des Betriebsvermögens	– Verwaltungs- oder Ermächtigungstreuhand: Erben – Vollrechtstreuhand: Testamentsvollstrecker
Haftung für Altschulden aus Handelsgeschäft	Testamentsvollstrecker und Erben, aber wegen §§ 27, 25 Abs. 2 HGB Haftungsbeschränkung möglich
Haftung für neue Geschäftsschulden	– Testamentsvollstrecker persönlich – Erben können nur bei ordnungsgemäßer Verwaltung gem. § 2206 BGB auf den Nachlass Haftung beschränken
Zwangsvollstreckungsmöglichkeit für Eigengläubiger der Erben	– Bei Verwaltungs- oder Ermächtigungstreuhand möglich – Bei Vollrechtstreuhand nicht möglich
Zwangsvollstreckungsmöglichkeit für Gläubiger des Testamentsvollstreckers	– Bei Verwaltungs- oder Ermächtigungstreuhand nicht möglich – Bei Vollrechtstreuhand möglich, aber Weg für Drittwiderspruchsklage nach § 771 ZPO offen
Vorteile	Günstig bei „unreifen Erben“, da diese wegen der vollen Unternehmerstellung des Testamentsvollstreckers ausgeschlossen werden
Nachteile	Haftung des Testamentsvollstreckers

3. Weisungsgeberlösung

Des Weiteren kann der Testamentsvollstrecker im **Außenverhältnis** das Handelsgeschäft freigeben und sich im Innenverhältnis die Entscheidungsbefugnis vorbehalten.[61] Der Erbe führt somit das Einzelunternehmen im Außenverhältnis weiter fort. Voraussetzung ist eine entsprechende Anordnung des Erblassers nach Maßgabe des § 2208 Abs. 2 BGB oder aber eine direkte Einigung mit den Erben. Sofern Verstöße gegen Weisungsauflagen erfolgen, wirken diese nicht dinglich nach außen.[62] Sehr problematisch ist wegen § 2206 BGB, ob der Testamentsvollstrecker überhaupt gegenüber dem Erben in den Fällen anweisungsbefugt ist, in denen durch die Anweisung zum Abschluss eines bestimmten Rechtsgeschäfts eine zwingende Haftung mit dem Erbenprivatvermögen begründet wird.[63] 41

59 BeckOK BGB/*Lange*, § 2205 Rn 29.
60 Dazu Mayer/Bonefeld/Tanck/*Weidlich*, Testamentsvollstreckung, § 19 Rn 14.
61 Vgl. *Weidlich*, ZEV 1998, 339.
62 BeckOK BGB/*Lange*, § 2205 Rn 31.
63 *Weidlich*, ZEV 1994, 212.

42 Übersicht: Weisungsgeberlösung[64]

Inhaber des Geschäfts	Erbe
Handelsregistereintragung lautet auf	Erbe
Eigentümer des Betriebsvermögens	Erbe
Haftung für Altschulden aus Handelsgeschäft	Nur Erben, aber wegen §§ 25 Abs. 2, 27 HGB Haftungsbeschränkung möglich
Haftung für neue Geschäftsschulden	Erben
Zwangsvollstreckungsmöglichkeit für Eigengläubiger der Erben	Möglich
Zwangsvollstreckungsmöglichkeit für Gläubiger des Testamentsvollstreckers	Keine Möglichkeit
Vorteile	– Keine persönliche Haftung des Testamentsvollstreckers bei Geschäftsverbindlichkeiten nach außen – Durch nach außen unbeschränkte Unternehmerstellung der Erben können diese selbst Geschäft führen, wenn sie dafür geeignet sind
Nachteile	Nach außen unbeschränkte Verfügungsmacht der Erben trotz Testamentsvollstreckung

4. Beaufsichtigende Testamentsvollstreckung

43 Aufgrund der neueren Rspr. zur sog. beaufsichtigenden Testamentsvollstreckung an Personengesellschaftsanteilen[65] wird eine Testamentsvollstreckung am einzelkaufmännischen Handelsgeschäft für zulässig erachtet, so dass der Erbe das Handelsgeschäft lediglich unter der Aufsicht des Testamentsvollstreckers fortführt. Demzufolge ist die Rechtslage insoweit nicht anders als bei einer vollhaftenden Beteiligung an einer Personengesellschaft.[66] Im **Innenverhältnis** können somit die Erben agieren, aber im **Außenverhältnis** können sie nicht ohne den Testamentsvollstrecker über das Handelsgeschäft teilweise oder im Ganzen verfügen. Ferner ist eine **Zwangsvollstreckung** durch Eigengläubiger der Erben wegen § 2214 BGB nicht möglich. Eine Kombination zwischen beaufsichtigender Testamentsvollstreckung und Beschränkung der Testamentsvollstreckung auf einzelne Gegenstände des Handelsgeschäfts ist möglich. Nach hiesiger Auffassung führt dies jedoch nicht dazu, dass Neugläubiger vom Zugriff auf das Geschäftsvermögen nach § 2214 BGB ausgeschlossen sind. Andernfalls könnte durch diese Konstruktion jeder Erbe trotz Fortführung eines Handelsgeschäfts haftungsfrei gestellt werden, was aber wegen der beschriebenen Disparität nicht möglich ist. Als Alternative bietet sich zivilrechtlich ggf. eine Verpachtung von Gegenständen des Geschäftsvermögens, die der Testamentsvollstrecker verwaltet, an. Diesbezüglich ist noch einiges ungeklärt.

---

64 Dazu Mayer/Bonefeld/Tanck/*Weidlich*, Testamentsvollstreckung, § 19 Rn 21.

65 BGHZ 98, 48 = BGH NJW 1986, 2431.

66 Staudinger/*Dutta*, § 2205 Rn 159; BeckOK BGB/*Lange*, § 2205 Rn 57; Mayer/Bonefeld/Tanck/*Weidlich*, Testamentsvollstreckung, § 19 Rn 22.

Übersicht: Beaufsichtigende Testamentsvollstreckung 44

Inhaber des Geschäfts	Erbe
Handelsregistereintragung lautet auf	Erbe
Eigentümer des Betriebsvermögens	Erbe
Haftung für Altschulden aus Handelsgeschäft	Nur Erben, aber wegen §§ 27, 25 Abs. 2 HGB Haftungsbeschränkung möglich
Haftung für neue Geschäftsschulden	Erben
Zwangsvollstreckungsmöglichkeit für Eigengläubiger der Erben	Keine Möglichkeit wegen § 2214 BGB
Zwangsvollstreckungsmöglichkeit für Gläubiger des Testamentsvollstreckers	Keine Möglichkeit
Vorteile	– Kein Verfügungsrecht der Erben ohne Testamentsvollstrecker, dadurch Schutz vor Eigengläubigern – Mitspracherecht der Erben im Innenverhältnis
Nachteile	Testamentsvollstrecker hat keinen Einfluss auf die „Innenseite" der Gesellschaft bzw. des Unternehmens

5. Alternativen

Als Alternative zu den Ersatzlösungen ist eine sog. **Umwandlungsanordnung** an den Testamentsvollstrecker in Betracht zu ziehen. Diese kann als Auflage für den Erben formuliert werden, wonach das Unternehmen durch den Testamentsvollstrecker entweder in eine GmbH oder Aktiengesellschaft gem. §§ 125, 135 Abs. 2, 152 S. 1 UmwG umgewandelt werden soll. Das Verwaltungsrecht des Testamentsvollstreckers wird dann an den neugeschaffenen Geschäftsanteilen bzw. Aktien fortgesetzt.[67] Bereits zu Lebzeiten kann der Erblasser z.B. durch Gründung einer sog. Vorratsgesellschaft Vorsorge treffen. Dies ist deshalb anzuraten, weil über die Drei-Monats-Frist des § 27 Abs. 2 HGB hinaus die Zulässigkeit einer Testamentsvollstreckung am Handelsgeschäft abzulehnen ist. Vorsorglich sollte in der Verfügung von Todes wegen eine Umwandlung ausdrücklich angeordnet oder zumindest ein Wahlrecht eingeräumt werden, da noch nicht geklärt ist, ob eine ausdrückliche Anordnung entbehrlich ist. Auch eine Verpachtung des Unternehmens ist möglich und auch immer zulässig, wenn keine abweichende Erblasseranordnung besteht[68] 45

Die **Gründung** einer **GmbH** (also keine Umwandlung) durch einen Testamentsvollstrecker für die Erben ist nur dann möglich, wenn eine persönliche Haftung der Gesellschafter- Erben durch sofortige Volleinzahlung bzw. entsprechende Sacheinlage ausgeschlossen ist oder der Testamentsvollstrecker aufgrund gesonderter Ermächtigung der Erben diese in vollem Umfang persönlich verpflichten kann.[69] Andernfalls liegt ein Verstoß gegen § 2206 BGB vor. Ebenso ist eine Umwandlung in eine GmbH & Co. KG vorteilhaft, in der der Erbe Kommanditist und GmbH-Gesellschafter ist. 46

67 Staudinger/*Dutta*, § 2205 Rn 159; Mayer/Bonefeld/Tanck/*Weidlich*, Testamentsvollstreckung, § 19 Rn 24 ff.

68 Vgl. Mayer/Bonefeld/Tanck/*Weidlich*, Testamentsvollstreckung, § 19 Rn 24, 26.

69 Vgl. Mayer/Bonefeld/Tanck/*Weidlich*, Testamentsvollstreckung, § 19 Rn 25.

III. Testamentsvollstreckung an Anteilen an Personengesellschaften

47 Bei der Fremdverwaltung von Anteilen an Personengesellschaften ist zwischen persönlich haftenden Gesellschaftsanteilen und Kommanditanteilen zu unterscheiden. Dies hat maßgebliche Bedeutung für die Möglichkeiten der Testamentsvollstreckung an solchen Anteilen. Eine Fremdverwaltung kommt nur bei einer Nachfolgeklausel in Betracht. Wird hingegen die Gesellschaft bei Tod eines Gesellschafters fortgesetzt, hat der Testamentsvollstrecker nur die Möglichkeit, den Abfindungsanspruch geltend zu machen. Sofern eine Eintrittsklausel vorliegt, scheidet eine Testamentsvollstreckung vollständig aus, weil das Eintrittsrecht nicht durch Verfügung von Todes wegen, sondern durch Vertrag zugunsten Dritter auf den Todesfall auf den Nachfolger übergeht.[70] Durch das zum 1.1.2024 in Kraft getretene MoPeG vom 10.8.2021 haben sich keine Änderungen für die Testamentsvollstreckung ergeben.[71]

1. Persönlich haftende Gesellschaftsanteile (OHG, GbR, Komplementär einer KG)

48 Hinsichtlich der **Abwicklungsvollstreckung** gelten im Bereich der stets durch **persönliche Haftung** gekennzeichneten Anteile an GbR, OHG sowie Komplementäranteilen an KG dieselben Grundsätze wie beim einzelkaufmännischen Handelsgeschäft.[72] Gehört zum Nachlass der Anteil eines alleinigen Komplementärs einer KG, kann der Testamentsvollstrecker jedenfalls für die dreimonatige Übergangsfrist aus § 139 Abs. 3 HGB sämtliche Rechte der Gesellschafter-Erben wahrnehmen. Nach Ende dieser Frist ist die Testamentsvollstreckung aber nur noch unter der Voraussetzung zulässig, dass durch entsprechende Gestaltung und Maßnahmen ein neuer Komplementär in die Gesellschaft eintritt. Durch die Anordnung einer Testamentsvollstreckung ist es somit zwar möglich, eine Kontrolle der Gesellschafter-Erben zu erreichen, die Verlagerung der Kompetenz auf den Testamentsvollstrecker, unternehmerische Entscheidungen zu treffen, kann auf diesem Wege nicht erreicht werden. Die Testamentsvollstreckung erfolgt nach der h.M. somit nur über die „Außenseite“.[73]

49 Sofern eine **Nachfolgeklausel** vereinbart wurde, vollzieht sich die Vererbung durch **Sondererbfolge**, wenn mehrere Erben vorhanden sind. Da der Erbe eine Beteiligung entsprechend seiner Erbquote durch diese Sondererbfolge erwirbt, braucht der Testamentsvollstrecker die Beteiligung als Nachlassteil unter den Miterben nicht mehr auseinanderzusetzen bzw. bis dahin zu verwalten. Der Testamentsvollstrecker kann den Gesellschaftsanteil mithin nicht verwalten bzw. über ihn verfügen. Verwaltungs- und Vermögensrecht am Gesellschaftsanteil werden einheitlich vererbt. Insofern tritt **keine Aufspaltung** ein.[74]

50 Die **Verwaltungstestamentsvollstreckung bzw. Dauertestamentsvollstreckung** ist anders zu beurteilen. Im Unterschied zur OHG und KG wird bei der GbR bei Tod eines Gesellschafters die Gesellschaft aufgelöst. Hierdurch entsteht eine Liquidationsgesellschaft, die in den Nachlass und damit unter das Verwaltungsrecht des Testamentsvollstreckers fällt. Der Testamentsvollstrecker kann alle Liquidationsansprüche für die Erben geltend machen.[75]

51 Bei einer **Fortsetzungsklausel** oder bei einer OHG bzw. KG kann der Testamentsvollstrecker ebenfalls die Abfindungsansprüche der Erben gegen die Gesellschaft geltend

---

70 BGHZ 22, 186.

71 BeckOK BGB/*Lange*, § 2205 Rn 59a; *Schwalm/Deuschl*, ZEV 2024, 438; Bengel/Reimann/Holtz/Röhl/*Pauli* § 5 Rn 149a.

72 Vgl. dazu insb. *Schmitt*, NZG 2024, 1535.

73 OLG Hamm ZEV 2008, 337 m.w.N.

74 *Lorz*, ZEV 1996, 112; *Weidlich*, ZEV 1994, 206.

75 MüKo/*Zimmermann*, § 2205 Rn 25; BeckOK BGB/*Lange*, § 2205 Rn 38.

machen, ebenso, wenn der Erbe wahlweise nach § 139 Abs. 2 HGB von seinem ihm allein zustehenden höchstpersönlichen Kündigungsrecht Gebrauch gemacht hat. Wird die Gesellschaft aufgrund einer Nachfolgeklausel (einfach oder qualifiziert) mit den Erben fortgesetzt, kann der Testamentsvollstrecker die Rechte eines vollhaftenden Gesellschafters nicht direkt verwalten.[76] Ist im Gesellschaftsvertrag eine **Eintrittsklausel** vereinbart worden, erfasst das Eintrittsrecht nicht die Testamentsvollstreckung, weil das Eintrittsrecht nicht durch Verfügung von Todes wegen, sondern durch Vertrag zugunsten Dritter auf den Todesfall auf den Nachfolger übergeht.[77] Sofern die Testamentsvollstreckung mit einer der erörterten Ersatzlösungen zusammenfällt, gilt das oben Beschriebene (wie beim einzelkaufmännischen Handelsgeschäft).

Da die Gesellschafterbeziehungen **höchstpersönlich** sind, müssen die Gesellschafter 52
die Rechtsausübung durch den Testamentsvollstrecker entweder im Gesellschaftsvertrag ausdrücklich zulassen oder der Testamentsvollstreckung nachträglich zustimmen.[78] Eine gesellschaftsvertragliche Zulassung kann bereits bei Vereinbarung einer einfachen Nachfolgeklausel unterstellt werden. Eine nachträgliche Zustimmung ist lediglich bei der Weisungsgeberlösung nicht notwendig. Des Weiteren ist der Erbe durch Auflage oder Bedingung zur Duldung der Ausübung der Mitgliedschaftsrechte durch den Testamentsvollstrecker verpflichtet. Aufgrund der auch zwischen Gesellschafts- und Erbrecht bestehenden Haftungsdisparität sind den Ersatzlösungen sehr enge Grenzen gesetzt. Auch wenn der Erblasser sich für eine Ersatzlösung entschieden hat, ist der Testamentsvollstrecker auf die Mitwirkung bzw. Zustimmung der weiteren Alt-Gesellschafter angewiesen. Deren Nichterteilung der Zustimmung verhindert jedoch nicht die Testamentsvollstreckung an der sog. Außenseite der Gesellschaftsbeteiligung.[79]

2. Kernrechtsbereichtheorie

Hinsichtlich der sog. **Innenseite**, also der personenrechtlichen Sphäre, ist die **Kern-** 53
rechtsbereichtheorie entwickelt worden.[80] Diese ist nicht ohne weiteres auf das Testamentsvollstreckerrecht anwendbar und zu differenzieren.[81] Danach sind die Gesellschafterrechte im eigentlichen Sinne wegen ihrer höchstpersönlichen Natur der Ausübung durch einen Dritten nicht zugänglich und können somit der Testamentsvollstreckung grundsätzlich nicht unterliegen. Der Testamentsvollstrecker kann grds. alle Gesellschafterrechte unter Ausschluss der Erben gem. §§ 2205, 2211 BGB ausüben. Dies betrifft selbst die Stimmabgabe bei sog. „Kernbereichsrechten" oder die Umwandlung der Gesellschaft. Der Testamentsvollstrecker darf lediglich nicht unentgeltlich über die Nachlassgegenstände verfügen oder Verbindlichkeiten mit Wirkung gegen den Erben begründen.[82] Nur rein höchstpersönliche Gesellschafterrechte wie z.B. ein

---

76 BGHZ 68, 225.

77 BGHZ 22, 186.

78 Bengel/Reimann/Holtz/Röhl/*Pauli*, § 5 Rn 159; *Roth/Falkenhagen*, RFamU 2024, 452; *Schmitt*, NZG 2024, 1535.

79 BGH NJW 1986, 2431. Allerdings ist nach BGH NZG 2015, 995; BGH NZG 2011, 510 und BGH NZG; 2009, 1347 fraglich, ob die reine Kernbereichslehre überhaupt noch Bestand hat. Sie dürfte überholt sein und kein Hindernis mehr für eine Testamentsvollstreckung darstellen, vgl. Bengel/Reimann/Holtz/Röhl/*Pauli*, § 5 Rn 176a.

80 BGHZ 20, 363.

81 Dazu Staudinger/*Dutta*, § 2205 Rn 205; Mayer/Bonefeld/Tanck/*Weidlich*, Testamentsvollstreckung, § 19 Rn 66 ff.; BeckOK BGB/*Lange*, § 2205 Rn 64.Gegen eine Vergleichbarkeit spricht, dass ein Testamentsvollstrecker verpflichtet ist, die Minderheitsrechte des Gesellschaftererben gegenüber den Mehrheitsgesellschaftern wahrzunehmen.

82 *Roth/Falkenhagen*, RFamU 2024, 452; *Schmitt*, NZG 2024, 1535.

satzungsmäßiges Sonderrecht auf Geschäftsführung können nicht ausgeübt werden.[83] Es kommt somit darauf an, ob das Sonderrecht mit dem Geschäftsanteil verbunden ist oder aber nur dem Gesellschafter höchstpersönlich zustehen soll.

54 Nach *Weidlich*[84] gehören zum Schutzbereich und können nur mit Zustimmung des Erben erfolgen:
- Eingriffe in mitgliedschaftliche Sonderrechte oder unentziehbare Mitgliedschaftsrechte;
- Einführung neuer Leistungspflichten wie Wettbewerbsverbote, Nachschusspflichten, Wiederanlagepflichten;
- Informationsrechte (§ 51a GmbHG, wobei eine Beschränkung auf die Fälle des § 118 Abs. 2 HGB ausreichend erscheint);
- sonstige Satzungsänderungen, für die die normale 3/4-Mehrheit nicht genügt (z.B. nachträgliche Zulassung der Einziehung von Geschäftsanteilen, Abtretungsbeschränkungen, Zustimmung zu Unternehmensverträgen, Modifizierung oder Einführung von Abfindungsregelungen, Einräumung von Erwerbs- und Vorkaufsrechten, Schaffung von Vorzugsrechten, jede Satzungsänderung der Vor-GmbH);
- Abweichungen vom Gleichbehandlungsgrundsatz.

55 Der Testamentsvollstrecker darf ohne Zustimmung des Erben in die unentziehbaren Rechte nicht eingreifen. Diese unentziehbaren Rechte sind nicht durch Mehrheitsbeschluss abänderbar, sondern nur durch die ursprüngliche Satzung oder den Ur-Gesellschaftsvertrag. So kann der Testamentsvollstrecker bspw. nicht das Recht zur Kündigung aus wichtigem Grund ausüben oder Änderungen des Kapitalanteils oder der handelsrechtlichen Haftung vornehmen. Hat der Erblasser angeordnet, dass der Testamentsvollstrecker die Personengesellschaft in eine Kapitalgesellschaft umwandeln darf, bedarf dies nicht der Zustimmung der Erben, sofern diese durch die Umwandlung nicht weitergehend persönlich verpflichtet werden. Aufgrund des Verbots unentgeltlicher Verfügungen aus S. 3 und des Gebots der ordnungsgemäßen Verwaltung des Nachlasses aus §§ 2206 Abs. 1, 2216 Abs. 1 BGB kann der Testamentsvollstrecker nicht an Satzungsänderungen oder Beschlüssen mitwirken, die eine Leistungspflicht einführen, die durch die Nachlassmittel nicht erfüllt werden kann. Gleiches gilt für Handlungen, die zu einem einseitigen Rechtsverlust für die Gesellschafter führen. Es bedarf nicht eines Rückgriffs auf die Kernbereichslehre, da der erforderliche Schutz des Gesellschafter-Erben vor der „Fremdherrschaft" des Testamentsvollstreckers durch die erbrechtlichen Vorschriften der §§ 2205, 2206, 2216, 2218, 2219 gewährleistet ist.[85]

56 Hat ein Gesellschafter einen verstorbenen Mitgesellschafter beerbt, ist fraglich, ob eine Testamentsvollstreckung unzulässig ist. Nach der Rspr.[86] kommt es zu einer **vermögensmäßigen Trennung beider Gesellschaftsanteile**. Insofern wird eine Spaltung vorgenommen, wonach der ererbte Gesellschaftsanteil dem Nachlassvermögen zuzuordnen ist, der beim Erbfall bereits vorhandene Gesellschaftsanteil wird hingegen dem Privatvermögen zugeordnet. Nach neuerer Ansicht des BGH[87] bildet der Gesellschaftsanteil, welcher der Testamentsvollstreckung unterliegt, ein abspaltbares Sondervermögen und vereinigt sich nicht uneingeschränkt mit einem bereits zuvor gehaltenen

83 Staudinger/*Dutta*, § 2205 Rn 205.
84 Mayer/Bonefeld/Tanck/*Weidlich*, Testamentsvollstreckung, § 19 Rn 66.
85 Vgl. Staudinger/*Dutta*, § 2205 Rn 205; BeckOK BGB/*Lange*, § 2205 Rn 64 sowie *Lange*, FS 25 Jahre DNotI, 2018, 665.
86 BGHZ BGH NJW 1986, 2431.
87 BGH Beschl. v. 12.3.2024 – II ZB 4/23 = RFamU 2024, 269 m. zust. Anm. *Ante* = ZEV 2024, 402 m. zust. Anm. *Reimann* = ZErb 2024, 341. Dazu auch *Roth/Falkenhagen*, RFamU 2024, 452.

Gesellschaftsanteil des Erben. Damit bleibt die Verfügungs- und Verwaltungsbefugnis des Testamentsvollstreckers über den Kommanditanteil, der im Wege der Sonderrechtserbfolge übergegangen ist, erhalten. Offen bleibt nach dem Beschluss des BGH, was zu gelten hat, wenn eine derartige Zulassung im Gesellschaftsvertrag nicht erfolgt ist. Sie wird jedenfalls ersetzt durch eine ad-hoc-Zustimmung der Mitgesellschafter im Zeitpunkt des Erbfalls, da deren Interessen damit gleichwertig gesichert sind.[88] Ist für alle Testamentsvollstreckung angeordnet und geht der Kommanditanteil auf mehrere Erben über, bleibt es bei der quotalen Sondererbfolge.

Vorsorglich sollte als **Alternative** eine **Umwandlung** von einer Personengesellschaft in eine Kapitalgesellschaft erwogen werden, wozu eine ausdrückliche Erblasseranordnung in die letztwillige Verfügung aufgenommen werden sollte. *Weidlich*[89] empfiehlt zur Entschärfung der Haftungsproblematik der Ersatzlösungen, dass aufgrund einer entsprechenden gesellschaftsvertraglichen Regelung die Geschäftsführungs- und Vertretungsbefugnis mit dem Erblassertod erlischt und die Vertretungsbefugnis des Testamentsvollstreckers durch Erteilung einer Vollmacht bzw. einer Prokura durch die übrigen Gesellschafter herbeigeführt wird. 57

Um eine direkte Testamentsvollstreckung über eine der vorgenannten Beteiligungen zu erreichen, bietet sich die Möglichkeit der sog. **beaufsichtigenden Testamentsvollstreckung** an.[90] Wegen der noch weitgehend ungeklärten Abgrenzungsfragen ist dringend zu empfehlen, bei einer bestehenden Testamentsvollstreckung nur bei der laufenden Geschäftsführung und Gesellschaftsvertragsänderungen, die nur geringfügig in die Rechtsstellung des Gesellschaftererben eingreifen, auf die Zustimmung des Testamentsvollstreckers zu verzichten. Seine Beteiligung ist jedenfalls schon beim Ergebnisverwendungsbeschluss erforderlich, da andernfalls Nichtigkeit droht.[91] 58

Die einzelnen **Auswirkungen** der beaufsichtigenden Testamentsvollstreckung sind insgesamt unübersichtlich. Der Testamentsvollstrecker kann zwar nicht Verwaltungsmaßnahmen vornehmen, die die sog. Innenseite der Beteiligung betreffen. Er kann jedoch eine beaufsichtigende Funktion über den Erben haben und damit an der Außenseite Vermögensrechte wahrnehmen und erhalten. Die Anordnung einer Testamentsvollstreckung kann verhindern, dass der Gesellschafter-Erbe Verfügungen über den ererbten Gesellschaftsanteil treffen kann, sofern der Testamentsvollstrecker keine Zustimmung hierzu erteilt hat. Das Aufgabenverhältnis zwischen Gesellschafter-Erben und Testamentsvollstrecker kann zusammenfassend wie folgt zusammengefasst werden: 59

- Die Ausübung der Gesellschafterbefugnisse einschließlich des Stimmrechts und der gerichtlichen Geltendmachung der Fehlerhaftigkeit von Gesellschafterbeschlüssen obliegt bei Anordnung der unbeschränkten Testamentsvollstreckung hinsichtlich einer zum Nachlass gehörenden Beteiligung an einer Gesellschaft grundsätzlich dem Testamentsvollstrecker.[92]
- Der Testamentsvollstrecker, der selbst kein Gesellschafter ist, unterliegt ähnlich wie der Vertreter eines Gesellschafters bei der Ausübung des Stimmrechts aus der seiner Verwaltung unterliegenden Beteiligung an einer Gesellschaft grundsätzlich

88 So *Reimann*, ZEV 2024, 402, der zu Recht darauf hinweist, dass der Testamentsvollstrecker ggf. zu einem späteren Zeitpunkt nicht in der Gesellschaft mitwirken darf. Im Zuge einer umsichtigen Planung solle man in die Gesellschaftsverträge einen Passus einzufügen, wonach die Mitwirkung eines etwaigen Testamentsvollstreckers in der Gesellschaft erlaubt ist.

89 *Weidlich*, ZEV 1994, 205.

90 BGHZ 98, 48 = BGH NJW 1986, 2431; BGHZ 108, 187 = BGH NJW 1989, 3152.

91 Instruktiv dazu Mayer/Bonefeld/Tanck/*Weidlich*, Testamentsvollstreckung, § 19 Rn 49 ff.

92 BGH ZEV 2014, 662.

den gesellschaftsrechtlichen Stimmverboten wie dem Verbot, Richter in eigener Sache zu sein.[93]

- Für den kernbereichsrelevanten Bereich ist der Testamentsvollstrecker zwar zur alleinigen Ausübung des Stimmrechts befugt, er hat jedoch die Zustimmung des Gesellschafter-Erben zur Beschlussfassung einzuholen (Doppelzuständigkeit von Testamentsvollstrecker und Gesellschafter-Erbe).[94]
- Soweit „kernbereichsrelevante" Beschlussgegenstände betroffen sind, besitzt der Gesellschafter-Erbe neben dem Testamentsvollstrecker das Recht, an der Gesellschafterversammlung teilzunehmen und seine Meinung zu äußern.
- Der Gesellschafter-Erbe hat das Recht, Anträge zu stellen und zu begründen. Liegt der Beschlussgegenstand nicht im Kernbereich der Mitgliedschaft, so können diese Rechte durch den Testamentsvollstrecker allein ausgeübt werden.[95] Ferner steht dem Testamentsvollstrecker ein Informationsrecht zu.
- Die Kontrollrechte bzw. Informationsrechte des Gesellschafter-Erben sind unentziehbar. Der Gesellschafter-Erbe hat keine Befugnisse hinsichtlich eines künftigen Auseinandersetzungsanspruchs oder ein Verfügungsrecht über den Gesellschaftsanteil. Dies steht dem beaufsichtigenden Testamentsvollstrecker allein zu.
- Gleiches gilt für Gewinnansprüche.
- Nicht zustimmungspflichtig sind Kündigungen der Gesellschaft bzw. das Wahlrecht aus § 139 HGB.

60 Letztendlich ist die Anordnung einer beaufsichtigenden Testamentsvollstreckung bei unreifen Erben nicht empfehlenswert, da die unreifen Erben die Geschäftsführung übernehmen müssen. Und wenn noch zahlreiche Probleme hinsichtlich der Kompetenzabgrenzung bestehen, sollten die Kompetenzen entweder im Gesellschaftsvertrag oder in einer Verfügung von Todes wegen klar geregelt werden.

3. Verwaltungsvollstreckung an einer Kommanditbeteiligung

61 Durch den **Tod eines Kommanditisten** wird die Gesellschaft nicht aufgelöst, sondern mit den Erben gem. § 177 HGB fortgesetzt, es sei denn, der Gesellschaftsvertrag ordnet eine anderweitige Folge an. Demzufolge ist an einer vererblichen Kommanditbeteiligung Testamentsvollstreckung möglich,[96] sofern die übrigen Gesellschafter entweder dem Gesellschaftsvertrag selbst oder im Einzelfall der Wahrnehmung der Gesellschafterrechte durch den Testamentsvollstrecker zugestimmt haben. Zwar kann die Zustimmung auch konkludent erteilt werden, was bei einer Publikums-KG unterstellt werden kann, weil dort im Gesellschaftsvertrag grundsätzlich der Anteil frei veräußerlich gestellt wird.[97] Eine einfache Duldung kann regelmäßig nicht als stillschweigende Zustimmung interpretiert werden. Der Testamentsvollstrecker kann sowohl an der Innenseite als auch an der Außenseite sämtliche Rechte der Erben wahrnehmen.[98] Auch wenn die Zustimmung der übrigen Gesellschafter fehlt, wird dadurch die Anordnung der Testamentsvollstreckung nicht insgesamt unwirksam. Lediglich im Innenverhältnis gilt die Testamentsvollstreckung als nicht angeordnet; im Außenverhältnis kann der Testamentsvollstrecker die Rechte weiterhin wahrnehmen. Um eine Testaments-

---

93 BGH ZEV 2014, 662.
94 Bengel/Reimann/Holtz/Röhl/*Pauli*, § 5 Rn 245 ff.
95 Bengel/Reimann/Holtz/Röhl/*Pauli*, § 5 Rn 245 ff.
96 BGHZ 108, 187 = BGH NJW 1989, 3152. Rpsr.übersicht insbs. bei *Roth/Falkenhagen*, RFamU 2024, 452 und *Schmitt*, NZG 2024, 1535.
97 Vgl. *Ulmer*, NJW 1990, 73.
98 BeckOK BGB/*Lange*, § 2205 Rn 49.

vollstreckung insgesamt an der Kommanditbeteiligung zu erleichtern, ist die Aufnahme einer Zustimmung im Gesellschaftsvertrag ratsam.
Aufgrund der neuen Entscheidung des BGH[99] dürfte die „Außenseite" immer, d.h. bei allen Personengesellschaftsanteilen und auch ohne Zustimmung der Mitgesellschafter, unter Testamentsvollstreckung gestellt werden können.[100]

4. Besonderheiten bei Verwaltungsvollstreckung von Gesellschaftsanteilen einer GbR

Aufgrund der durch die Rspr.[101] erfolgten Annäherung des Haftungssystems der GbR an das der OHG ist nunmehr fraglich, ob der Testamentsvollstrecker tatsächlich nur Verwaltungsmaßnahmen an der Außenseite, nicht aber an der Innenseite der GbR-Beteiligung treffen kann.[102] Überwiegend wird dies abgelehnt.[103] Die Rspr. hinsichtlich der Haftung eines GbR-Gesellschafters ist im Fluss, so dass hier weiterhin einige Rechtsunsicherheit besteht. Nach der neueren Rspr.[104] kann eine vom Erblasser angeordnete Testamentsvollstreckung sich grundsätzlich auch auf den der Sondererbfolge unterliegenden Anteil an einer GbR erstrecken. Eine Gesellschaftsbeteiligung ist „als solche" den vermögenswerten Rechten zuzuordnen, über die ein Testamentsvollstrecker verfügen kann. Hierfür spricht auch die Pfändbarkeit des GbR-Anteils nach § 859 ZPO, die anerkanntermaßen nur die sich aus der Gesellschaftsbeteiligung ergebenden vermögenswerten Rechte erfasst, ohne zum Eingriff in die „inneren Angelegenheiten" der GbR zu berechtigen.[105] 62
Die Eintragung eines Testamentsvollstreckervermerks hinsichtlich eines GbR-Anteils im Grundbuch ist somit nicht grundsätzlich unzulässig.[106] Dies gilt umso mehr, als dass nach der Rspr. des BGH[107] eine GbR ins Grundbuch eingetragen werden kann.

5. Stille Gesellschaften

Gem. § 234 Abs. 2 HGB kommt es durch den Tod eines stillen Gesellschafters nicht zur Auflösung der stillen Gesellschaft. Die Beteiligung kann daher vom Testamentsvollstrecker als Nachlassbestandteil verwaltet werden, sofern der Geschäftsinhaber zustimmt.[108] Wird hingegen durch den Tod des Geschäftsinhabers die stille Gesellschaft aufgelöst, hat der Testamentsvollstrecker das Guthaben des stillen Gesellschafters zu befriedigen. Sofern der Gesellschaftsvertrag etwas anderes gem. § 727 Abs. 1 BGB bestimmt, wird die Gesellschaft fortgeführt. Es gelten dann die Grundsätze der Testamentsvollstreckung hinsichtlich der Fortführung eines Einzelunternehmens.[109] 63

6. Genossenschaften

Aufgrund § 77 Abs. 1 GenG kommt es mit dem Tod eines Genossen zum Übergang der Mitgliedschaft auf den Erben, welche aber mit dem Schluss des Geschäftsjahres endet, in dem der Erbfall eingetreten ist. Allerdings kann das Statut nach § 77 Abs. 2 64

---

99 BGH Beschl. v. 12.3.2024 – II ZB 4/23, RFamU 2024, 269 = ZEV 2024, 402 m. zust. Anm. *Reimann* = ZErb 2024, 341 = ErbR 2024, 609 m. zust. Anm. *Muscheler*. Dazu auch *Roth/Falkenhagen*, RFamU 2024, 452.
100 So überzeugend *Muscheler* in seiner Anmerkung zur BGH Entscheidung ErbR 2024, 609.
101 BGH NJW 2003, 1803; BGH NJW 2003, 1445.
102 Hierzu ausführlich *Weidlich*, ZEV 1998, 339.
103 Vgl. Bengel/Reimann/Holtz/Röhl/*Pauli*, § 5 Rn 219m.w.N.
104 LG Leipzig ZEV 2009, 96 im Anschluss an BGH ZEV 1996, 110 m. Anm. *Lorz*, NJW 1996, 1284.
105 LG Leipzig ZEV 2009, 98.
106 So auch LG Hamburg ZEV 2009, 96.
107 Dazu Bengel/Reimann/Holtz/Röhl/*Pauli*, § 5 Rn 219.
108 MüKo/*Zimmermann*, § 2205 Rn 40.
109 Mayer/Bonefeld/Tanck/*Weidlich*, Testamentsvollstreckung, § 19 Rn 48; Staudinger/*Dutta*, § 2205 Rn 197.

GenG von dieser befristeten Nachfolgeklausel eine Abweichung vorsehen und die Fortsetzung der Mitgliedschaft anordnen. Alle Mitgliedschaftsrechte werden vom Testamentsvollstrecker wahrgenommen. Umstritten, und – soweit ersichtlich – gerichtlich noch nicht entschieden, ist die Frage, ob der Testamentsvollstrecker auch die nach § 77 Abs. 2 GenG erforderliche Erklärung zur Fortsetzung der Mitgliedschaft abgeben darf. Dies wird jedoch überwiegend verneint.[110] Diejenigen, die eine Abgabe der Erklärung durch den Testamentsvollstrecker befürworten, machen insofern eine Einschränkung, dass durch die Erklärung keine weitergehenden Verpflichtungen des Erben entstehen dürfen.[111] Diese Ansicht ist vorzugswürdig.

7. EWIV

65 Wegen § 1 EWIVAG gilt für die **EWIV** das OHG-Recht und somit die diesbezüglichen Darstellungen.

8. Partnerschaftsgesellschaft und PartmbB

66 Der Tod eines Partners einer Partnerschaftsgesellschaft führt wegen § 9 Abs. 2 PartGG zu seinem Ausscheiden aus der Gesellschaft. Hierdurch fällt der Abfindungsanspruch in den Nachlass und kann vom Testamentsvollstrecker geltend gemacht werden.[112]

67 Kann der Gesellschaftsanteil an der **Partnerschaft** oder PartmbB[113] nach § 9 Abs. 4 S. 2 PartGG vererbt werden, hängt die Fortsetzung der Partnerschaft mit dem Erben davon ab, ob dieser dieselben berufsrechtlichen Qualifikationen, die für die Partnerschaftsgesellschaft notwendig sind, erfüllt. Die berufsrechtlichen Qualifikationen müssen in der Person des Erben erfüllt sein. Es spielt keine Rolle, ob der Testamentsvollstrecker die berufsrechtlichen Qualifikationen erfüllt.[114] Wird die Partnerschaftsgesellschaft mit dem Erben fortgeführt, gelten die Grundsätze hinsichtlich der Reichweite der Testamentsvollstreckung bzgl. der persönlich haftenden Gesellschaftsanteile.

9. Mischformen

68 Für Mischformen wie GmbH & Co und „GmbH & Still" gelten die Ausführungen, die für die jeweilige Unternehmensform jeweils dargelegt wurde.[115]

IV. Testamentsvollstreckung bei Kapitalgesellschaften

69 Aufgrund der Haftungsbeschränkungen kommt es bei Kapitalgesellschaften zu weniger Problemen mit einer Testamentsvollstreckung als bei Personengesellschaften.

1. Gesellschaft mit beschränkter Haftung

70 Wird durch das Gesetz (z.B. bei Freiberufler GmbH) oder die Satzung die Ausübung der Gesellschafter durch fremde Dritte ausgeschlossen, dann ist eine Testamentsvollstreckung an der „Innenseite" ausgeschlossen, aber an der „Außenseite" zulässig.[116] Eine Testamentsvollstreckung ist im Recht der GmbH ohne Weiteres **zulässig**, wobei der Geschäftsanteil kraft eigenen Rechts unter Ausschluss der Erben durch den Testamentsvollstrecker verwaltet wird.[117] Eine Zustimmung der Mitgesellschafter ist nicht notwendig. Unter das Verwaltungsrecht fällt auch das **Stimmrecht**.[118] Des Weiteren

110 Vgl. hierzu Staudinger/*Dutta*, § 2205 Rn 211. m.w.N.
111 Vgl. BeckOK BGB/*Lange*, § 2205 Rn 69.
112 Staudinger/*Dutta*, § 2205 Rn 211; Grüneberg/*Weidlich*, § 2205 Rn 21.
113 *Zöbeley*, RNotZ 2017, 341.
114 Bengel/Reimann/Holtz/Röhl/*Pauli*, § 5 Rn 229 f.; Staudinger/*Dutta*, § 2205 Rn 199.
115 Vgl. dazu auch Staudinger/*Dutta*, § 2205 Rn 212; BeckOK BGB/*Lange*, § 2205 Rn 70.
116 Staudinger/*Dutta*, § 2205 Rn 202.
117 Sehr instruktiv mit zahlreichen Formulierungsbeispielen *Wachter*, ZNotP 1999, 226.
118 BGHZ 24, 106; BGHZ 51, 209.

sind die o.g. Grundsätze wie bei der **Kernrechtsbereichtheorie** zu berücksichtigen, wonach der Testamentsvollstrecker von der Wahrnehmung von Rechten, die dem Gesellschafter als höchstpersönliches Recht zustehen, ausgeschlossen ist. Ferner besteht ein **Mitwirkungsverbot** an seiner Wahl zum Geschäftsführer, es sei denn, dies wurde vom Erben bzw. Erblasser ausdrücklich gestattet.[119] Besteht ein **Stimmrechtsausschluss** nach § 47 Abs. 4 GmbHG, so tritt an seine Stelle der Erbe.[120]

Bei der Ladung zu einer Gesellschafterversammlung sollte, da i.d.R. eine ausdrückliche 71 Satzungsregelung fehlt, vorsorglich immer der Testamentsvollstrecker und jeder Erbe eingeladen werden. Grundsätzlich haben alle Gesellschafter immer ein unbeschränkbares Recht auf Teilnahme an der Gesellschafterversammlung, sogar dann, wenn sie nicht stimmberechtigt sind.[121] Wurde über einen Gesellschaftsanteil Testamentsvollstreckung angeordnet, stellt sich die Frage, ob das Teilnahmerecht auf den Testamentsvollstrecker übergeht und nur dieser zu laden wäre.[122] Die üblichen rechtswirksamen Vertreterklauseln bei Erbengemeinschaften greifen hier nicht, da der Testamentsvollstrecker kein Vertreter des oder der Erben ist. Es ist unbedingt anzuraten, dies in der Satzung zu regeln. Nach der Rechtsprechung des BGH[123] steht dem Testamentsvollstrecker als Geschäftsführer einer GmbH, in der er nicht Gesellschafter ist, das Einberufungsrecht auch dann zu, wenn er einem **Stimmverbot** aufgrund Interessenkollision unterliegt.

Da der Testamentsvollstrecker nur für den Nachlass wegen §§ 2206, 2207 BGB Ver- 72 bindlichkeiten eingehen kann, wird bei einer Kapitalerhöhung gegen Einlagen nur der Nachlass, nicht aber der Erbe persönlich verpflichtet. Die Satzung kann die Ausübung von Verwaltungsrechten durch Außenstehende und damit auch durch den Testamentsvollstrecker wirksam beschränken oder ausschließen.[124] Eine konkludente Satzungsänderung scheidet aus, so dass ein Ausschluss im Rahmen einer Satzungsänderung notariell beurkundet sein muss.[125] Vermögensrechtliche Ansprüche werden meist nicht unter einen solchen Ausschluss fallen.[126] Die Übertragung der wichtigsten Gesellschafterrechte und Gesellschafterpflichten nach § 46 GmbHG auf einen Beirat verstößt gegen die Verpflichtung eines Testamentsvollstreckers zur persönlichen, vollverantwortlichen Amtsführungspflicht nach §§ 2218, 664 Abs. 1 S. 1 BGB.[127] Der Erblasser kann die Stellung des Testamentsvollstreckers stärken, indem er ihm zu Lebzeiten oder von Todes wegen eine **Zwergbeteiligung** an der GmbH einräumt und diese mit bestimmten Sonderrechten verbindet (z.B. einem Vetorecht für Gesellschafterbeschlüsse, einem Recht zur Benennung des Geschäftsführers).[128]

Für die Testamentsvollstreckung an einer GmbH & Co KG gelten die obigen Ausfüh- 73 rungen entsprechend (vgl. Rdn 70).[129]

119 Grüneberg/*Weidlich*, § 2205 Rn 25.
120 BGH BB 1989, 1499; BeckOK BGB/*Lange*, § 2205 Rn 66.
121 *Lutz*, Gesellschafterstreit, Rn 117.
122 So wohl *Lutz*, Gesellschafterstreit, Rn 54.
123 BGH 13.5.2014 – II ZR 250/12, ZEV 2014, 662.
124 OLG Frankfurt EE 2009, 49.
125 *Glaser*, EE 2009, 49.
126 *Klumpp*, ZEV 2006, 258.
127 *Klumpp*, ZEV 2006, 259. Zur Frage, wann es für den Testamentsvollstrecker geboten sein kann, Anteile ganz zu veräußern, um Verluste zu vermeiden, vgl. *Iliou*, ZErb 2008, 96.
128 Bonefeld/Wachter/*Wachter*, FA ErbR, § 23 Rn 313; Bengel/Reimann/Holtz/Röhl/*Pauli*, § 5 Rn 247.
129 Dazu ausführlich *Werner*, ZErb 2008, 195.

2. Aktiengesellschaft

74 Bzgl. der **Aktiengesellschaft** gelten die gleichen Grundsätze wie bei der GmbH. Es besteht somit eine Verwaltungsbefugnis des Testamentsvollstreckers, der auch die Stimmrechte sowie das Bezugsrecht aus § 186 AktG ausüben kann.[130] Es ist möglich, dass ein Testamentsvollstrecker Mitglied des Vorstands oder Aufsichtsrats einer AG ist, deren Aktien sich ganz oder teilweise in dem verwalteten Nachlass befinden. Die Kumulation der Ämter als Testamentsvollstrecker und Mitglied des Vorstands bzw. des Aufsichtsrats scheitert insbesondere nicht an einem angeblichen Interessenkonflikt in der Person des Inhabers beider Ämter.[131]

3. Europäische Gesellschaft (SE)

75 Die Ausführungen zur Aktiengesellschaft gelten für die Europäische Gesellschaft (Societas Europea – SE) entsprechend.

D. Verfahrensfragen/Praktische Hinweise

76 Praktische Hinweise finden sich wegen der besseren Übersichtlichkeit direkt im jeweiligen Abschnitt des Kapitels.

§ 2206 Eingehung von Verbindlichkeiten

(1) [1]Der Testamentsvollstrecker ist berechtigt, Verbindlichkeiten für den Nachlass einzugehen, soweit die Eingehung zur ordnungsmäßigen Verwaltung erforderlich ist. [2]Die Verbindlichkeit zu einer Verfügung über einen Nachlassgegenstand kann der Testamentsvollstrecker für den Nachlass auch dann eingehen, wenn er zu der Verfügung berechtigt ist.
(2) Der Erbe ist verpflichtet, zur Eingehung solcher Verbindlichkeiten seine Einwilligung zu erteilen, unbeschadet des Rechts, die Beschränkung seiner Haftung für die Nachlassverbindlichkeiten geltend zu machen.

Übersicht: Rdn

A. Allgemeines

1 § 2206 BGB ist als Ergänzung zu § 2205 S. 1 BGB zu verstehen, indem die dortige unbegrenzte Verfügungsbefugnis begrenzt wird. Danach sind nur Verpflichtungsgeschäfte wirksam, sofern sie zur **ordnungsgemäßen Nachlassverwaltung** erforderlich sind. Ausnahmsweise ist nach Abs. 1 S. 2 der Testamentsvollstrecker aber befugt, über Nachlassgegenstände zu verfügen. Die Rechtsmacht des Testamentsvollstreckers bzgl. des zugrunde liegenden **Verpflichtungsgeschäfts** ist somit nicht nur auf solche Rechtsgeschäfte beschränkt, die zur ordnungsgemäßen Verwaltung erforderlich sind. Abs. 1 S. 2 beschränkt also wiederum die Beschränkung des Abs. 1 S. 1. Sinn und Zweck dieser Regelung ist es, ein Auseinanderfallen von obligatorischem und dinglichem

130 *Frank*, ZEV 2002, 389.
131 So *Grunsky*, ZEV 2008, 1.

Geschäft zu verhindern.[1] Im praktischen Ergebnis ist der Unterschied zwischen Abs. 1 S. 1 und Abs. 1 S. 2 beseitigt.[2]

B. Tatbestand

I. Verpflichtungsbefugnis (Abs. 1)

Grundsätzlich kann der Testamentsvollstrecker nur dann **reine Verpflichtungsgeschäfte**, zu deren Erfüllung über Nachlassgegenstände verfügt werden muss, eingehen, wenn diese zur ordnungsgemäßen Verwaltung des Nachlasses erforderlich sind. Darüber hinaus wird die Verpflichtungsbefugnis durch die Vorschriften der §§ 2207, 2209 S. 2 BGB erweitert. Bei der komplexen Dauer- und Verwaltungsvollstreckung mit regelmäßig zahlreichen Verpflichtungsgeschäften ist im Zweifel anzunehmen, dass der Testamentsvollstrecker die erweiterte Verpflichtungsbefugnis des § 2207 BGB besitzt.[3] **Verbindlichkeiten** können alle Rechtsgeschäfte sein, durch die der Nachlass, nicht aber das Eigenvermögen der Erben verpflichtet wird. Hierunter fällt insbesondere der Abschluss von Miet-, Kauf- und Werkverträgen. Ebenso kann der Testamentsvollstrecker Wechselverbindlichkeiten für den Nachlass eingehen. Der Abschluss von Gesellschaftsverträgen, die das Eigenvermögen der Erben betreffen, fällt ebenso nicht unter § 2206 BGB wie die Anerkennung von streitigen Pflichtteilsansprüchen Dritter.[4] Eine **Nachlassverbindlichkeit** ist immer dann wirksam vereinbart, wenn der Vertragspartner bei Vertragsabschluss angenommen hat und ohne jedwede Fahrlässigkeit annehmen durfte, die Eingehung der Verbindlichkeit durch den Testamentsvollstrecker sei zur ordnungsgemäßen Nachlassverwaltung erforderlich. Zu einer besonderen **Vorabprüfung** ist er grds. nicht verpflichtet. Die Vertretungsmacht des Testamentsvollstreckers ist nicht auf solche Geschäfte beschränkt, die zur ordnungsmäßigen Verwaltung des Nachlasses erforderlich sind. Verfügt der Testamentsvollstrecker – wozu er berechtigt ist – entgeltlich über Nachlassgegenstände, ist diese Verfügung regelmäßig nicht rechtsgrundlos.[5] Konnte der Vertragspartner die Befugnisüberschreitung des Testamentsvollstreckers erkennen, so ist das Verpflichtungsgeschäft unwirksam. Eine ansonsten bestehende persönliche Haftung des Testamentsvollstreckers scheidet dann wegen § 179 Abs. 3 BGB aus.[6] Das Rechtsgeschäft ist nach § 138 Abs. 1 BGB ausnahmsweise nichtig, wenn der Testamentsvollstrecker zusammen mit dem Dritten zum Nachteil des Nachlasses kollusiv gehandelt hat. 2

Die Verpflichtungsbefugnis nach Abs. 1 S. 2 ist lediglich durch das Schenkungsverbot aus § 2205 S. 3 BGB und die Erblasseranordnungen nach § 2208 BGB beschränkt. Demzufolge ist die Verpflichtungsbefugnis mit der **Verfügungsbefugnis** aus § 2205 S. 2 BGB kongruent. Der Testamentsvollstrecker darf somit ein Grundstück veräußern oder belasten. Die Sicherung durch ein Grundpfandrecht unterliegt als dingliches Geschäft wiederum der Beurteilung nach § 2205 BGB, wogegen die Verpflichtung zur Belastung sich nach Abs. 1 S. 2 richtet. Die Kreditaufnahme fällt ebenfalls unter Abs. 1 S. 2. Hierfür spricht die wirtschaftliche Zugehörigkeit. Der Erwerb eines Grundstücks durch einen Testamentsvollstrecker, der den Nachlass für einen minderjährigen Alleinerben verwaltet, bedarf nicht der familiengerichtlichen Genehmigung.[7] 3

1 Vgl. OLG München ZEV 2014, 658; *Lange*, Erbrecht, § 64 Rn 122; *Schmucker*, Testamentsvollstrecker und Erbe, S. 119; *Ebenroth*, Erbrecht, Rn 666.
2 Soergel/*Becker*, § 2206 Rn 1.
3 BeckOK BGB/*Lange*, § 2206 Rn 2.
4 Dazu Staudinger/*Dutta*, § 2206 Rn 5.
5 OLG München ZEV 2014, 658.
6 Grüneberg/*Weidlich*, § 2206 Rn 1; MüKo/*Zimmermann*, § 2206 Rn 8.
7 OLG Karlsruhe, Beschl. v. 1.6.2015 – 11 Wx 29/15, NJW-RR 2015, 1097.

4 Durch die ordnungsgemäße Verpflichtung des Nachlasses durch den Testamentsvollstrecker entsteht für die Erben eine **Nachlassverbindlichkeit** i.S.d. § 1967 BGB. Demzufolge können sie die **Haftung** auf den Nachlass **beschränken**. Dabei spielt es keine Rolle, wenn die Testamentsvollstreckung nur auf bestimmte Nachlassteile beschränkt ist. Ausnahmsweise wird aber bei der Erbteilsvollstreckung vor der Nachlassteilung eine Erbschaftsverwaltungsschuld begründet, für die der gesamte Nachlass haftet, und auch Nachlasseigenschulden, für die nur mit dem Erbteil gehaftet wird.[8] Für Willensmängel, Kenntnis oder Kennenmüssen kommt es nur auf den Testamentsvollstrecker an.[9] Für sein Verschulden bei Erfüllung einer Nachlassverbindlichkeit haftet der Erbe gemäß § 278 BGB.[10]

II. Verpflichtung des Erben zur Einwilligung (Abs. 2)

5 § 2206 BGB gibt dem Testamentsvollstrecker die Möglichkeit, sein Haftungsrisiko nach § 2219 BGB zu minimieren, indem er bereits während, d.h. vor Abschluss seiner Amtstätigkeit, gerichtlich klären lässt, ob die von ihm durchzuführende oder bereits durchgeführte Maßnahme ordnungsgemäßer Verwaltung entspricht. In zahlreichen Fällen wird zweifelhaft sein, ob der Testamentsvollstrecker den Nachlass verpflichten kann. Aus diesem Grund ist häufig eine **Zustimmungs- oder Einwilligungsklage** des Testamentsvollstreckers gegen die Erben geboten, die keine Zustimmung bzw. Einwilligung zur geplanten Maßnahme erteilen wollen. Die Einwilligung ist nicht Voraussetzung für das Entstehen der Nachlassverbindlichkeit.[11] Der Testamentsvollstrecker wird nur dann Erfolg haben, wenn die Voraussetzungen nach Abs. 1 gegeben sind. So darf er gem. Abs. 1 S. 1 nur über Nachlassgegenstände verfügen, wenn dies zur ordnungsgemäßen Nachlassverwaltung erforderlich ist oder eine erweiterte Verpflichtungsbefugnis nach den Vorschriften der §§ 2207, 2209 S. 2 BGB vorliegt. Dies gilt z.B. bei Miet-, Dienst- und Darlehensverträgen, ebenso bei Eingehung von Wechselverbindlichkeiten für den Nachlass, Schuldanerkenntnissen, Vergleichen und Anerkenntnissen.[12] Der Wortlaut von Abs. 1 S. 1 BGB kann missverständlich sein. Nach dem Willen des Gesetzgebers kommt es für das Zustandekommen der Verbindlichkeit nicht auf die objektive Ordnungsmäßigkeit des Testamentsvollstreckerhandelns, sondern darauf an, ob der Vertragspartner bei Vertragsschluss angenommen hat und ohne Fahrlässigkeit annehmen durfte, dass die Eingehung der Verbindlichkeit zur ordnungsmäßigen Verwaltung des Nachlasses erforderlich ist.[13]

6 Hat der Testamentsvollstrecker gesetzesgemäß gehandelt, hat er einen Anspruch auf **Einwilligung** nach Abs. 2. Er kann somit erzwingen, dass der Erbe in die Eingehung dieser Verbindlichkeit einwilligt bzw. zustimmt. Eine Verpflichtung zur Einwilligung besteht aber nur dann, sofern die Eingehung der Verbindlichkeit tatsächlich zur ordnungsgemäßen Verwaltung erforderlich ist. Dabei sind nur Erben und der Vorerbe einwilligungspflichtig.[14]

7 Willigt der Erbe ein, **entlastet** diese Einwilligung gleichzeitig den Testamentsvollstrecker von seiner Haftung nach § 2219 BGB.[15] Demzufolge kann der Erbe nicht verpflichtet sein, seine Einwilligung zu einem ordnungswidrigen Verpflichtungsgeschäft zu erklären. Da die Einschränkung der Verpflichtungsbefugnis allein im Interesse

---

8 Hierzu Soergel/*Becker*, § 2206 Rn 6.
9 BGH, Urt. v. 19.3.2021 – V ZR 158/19, ZEV 2021, 382.
10 Grüneberg/*Weidlich*, § 2206 Rn 4.
11 *Lange/Kuchinke*, § 31, dort Fn 276.
12 Zu Grauzonen rechtlicher Befugnisse des Testamentsvollstreckers: *Lauer*, S. 193 ff.
13 So zu Recht MüKo/*Zimmermann*, § 2206 Rn 7; *Muscheler*, Haftungsordnung, S. 188.
14 Grüneberg/*Weidlich*, § 2206 Rn 3.
15 Staudinger/*Dutta*, § 2206 Rn 14 m.w.N.

der Erben erfolgt, ist eine **nachträgliche Einwilligung** zu einer Verfügung, die der Testamentsvollstrecker ohne Verpflichtungsbefugnis vorgenommen hat – selbst wenn diese ordnungswidrig erfolgt ist –, möglich.[16] Durch die Einwilligung erlangt das ordnungswidrige Rechtsgeschäft nach außen gem. § 177 BGB analog Wirksamkeit.[17] Bei fehlender Verpflichtungsmacht des Testamentsvollstreckers ist Heilung möglich. Vor Amtsannahme vorgenommene Rechtsgeschäfte kann der Testamentsvollstrecker nach der Annahme durch Genehmigung über §§ 177, 180 BGB wirksam machen.[18] Ein Testamentsvollstrecker überschreitet seine Verpflichtungsbefugnis nach Abs. 1 S. 2 durch Abschluss von Verträgen, die ihm oder seinen Kindern den Erwerb eines Nachlassgegenstandes zu 80 % des Verkehrswerts und unter zweijähriger Stundung des Kaufpreises ermöglichen sollen. Entsprechend sind dahingehende Verfügungsgeschäfte nach § 2205 S. 3 BGB unwirksam.[19]

Große Probleme machen in der Praxis auch vom Testamentsvollstrecker vorgenom- 8
mene **Vergleiche**. Gerade für einen Vergleich kann nicht von vornherein ausgeschlossen werden, dass er eine (ganz oder teilweise) unentgeltliche und daher unwirksame Verfügung enthält. So hat bereits das RG[20] erklärt, es sei falsch, den Schulderlass durch einen Vorerben schon deshalb als entgeltlich anzusehen, weil er nach dem Willen der Beteiligten die Abfindung für Gegenansprüche habe bilden sollen. Wenn es dem rein subjektiven, sei es auch gutgläubigen Ermessen des Vorerben anheimgestellt bleibe, über die Angemessenheit von Leistung und Gegenleistung zu befinden, dann werde das unter Umständen zur schwersten Benachteiligung des Nacherben und damit zur Vereitelung des Gesetzeszwecks führen können. Der BGH[21] hat dieser Rspr. ausdrücklich mit der weiteren Maßgabe zugestimmt, für § 2205 S. 3 BGB könne nichts anderes gelten. Eine genaue Grenzziehung, wann eine Verfügung, die ein Testamentsvollstrecker in einem Vergleich trifft, als unentgeltlich anzusehen ist, ist nicht möglich. Regelmäßig ist die Grenze jedenfalls überschritten, wenn der Nachlass infolge des Vergleichs nahezu zwei Drittel des Wertes der aufgegebenen Forderung eingebüßt hat.[22] Die Möglichkeit zum Abschluss von Vergleichen ist dem Testamentsvollstrecker nicht gänzlich abgeschnitten, zumal ihm ein gewisser Ermessensspielraum zuzubilligen ist. Es ist daher auf jeden Fall für den Testamentsvollstrecker ratsam, von dieser Möglichkeit des § 2206 BGB Gebrauch zu machen, um vor späteren Vorwürfen sicher zu sein.

16 MüKo/*Zimmermann*, § 2206 Rn 11; *Müller*, JZ 1981, 371.

17 Soergel/*Becker*, § 2206 Rn 5; BeckOK BGB/*Lange*, § 2206 Rn. 13; Grüneberg/*Weidlich*, § 2206 Rn 3. A.A. Staudinger/*Dutta*, § 2206 Rn 17.

18 Grüneberg/*Weidlich*, § 2206 Rn 5 sowie § 2202 Rn 1.

19 OLG Düsseldorf, Urt. v. 6.3.2023 – I-9 U 149/19, BeckRS 2023, 3275.

20 RGZ 81, 364.

21 NJW 1991, 842.

22 BGH NJW 1991, 842.

9 Übersicht: Verpflichtungsbefugnis[23]

Abs. 1 S. 1	Abs. 1 S. 2 i.V.m. § 2205 BGB
Erlaubt Verpflichtungsbefugnis nur für die Geschäfte, die zur ordnungsgemäßen Nachlassverwaltung erforderlich sind	Erlaubt Verpflichtungsbefugnis ohne diese Einschränkung, sofern Verfügungsbefugnis besteht
Unwirksamer Vertrag, sofern außerhalb ordnungsgemäßer Verwaltung	
Ggf. Verkehrsschutz des Dritten	Grundsätzliche Wirksamkeit des Vertrages, selbst wenn außerhalb ordnungsgemäßer Verwaltung
Aber: Haftung des Testamentsvollstreckers nach § 2219 BGB	

C. Verfahrensfragen/Praktische Hinweise

10 Im Falle der gerichtlichen Auseinandersetzung muss der Vertragsgegner **beweisen**, dass die fehlende Verpflichtungsbefugnis des Testamentsvollstreckers nicht erkennbar war. Der Vertragspartner ist generell im Streitfall beweispflichtig, Gleiches gilt auch für den **Einwand der unzulässigen Rechtsausübung**.[24] I.R.d. §§ 2205, 2206 BGB ist vom Anwalt besonderes Augenmerk auf das **Schenkungsverbot** zu lenken. Es kommt nicht darauf an, ob der Dritte die Unentgeltlichkeit erkennen konnte. Die Rspr.[25] nimmt bereits bei kleinsten wertmäßigen Unterschieden zwischen Leistung und Gegenleistung Unentgeltlichkeit an. Der Erbe hat die Möglichkeit, seinerseits eine **Feststellungsklage** nach § 256 ZPO einzureichen, um die Unwirksamkeit der Verpflichtung durch den Testamentsvollstrecker feststellen zu lassen.[26] Hat der Testamentsvollstrecker eine Maßnahme angekündigt, kann auch auf Unterlassung geklagt werden. Ein nach Maßgabe des Abs. 2 durch den Testamentsvollstrecker erstrittener Titel vollstreckt sich quasi selbst nach § 894 ZPO. Wurde der Erbe zur Abgabe der Einwilligung als Willenserklärung verurteilt, so gilt die Erklärung als abgegeben, sobald das Urteil in Rechtskraft erwachsen ist.

11 Die Vorgehensweise nach § 2206 BGB bietet sich somit insbesondere zur Klarstellung der Fälle an, in denen zweifelhaft ist, ob der Testamentsvollstrecker im Sinne einer ordnungsgemäßen Verwaltung handelt, dieser sich aber seiner Sache sicher ist. Geht die Klage verloren, muss er mit einem **Entlassungsantrag** nach § 2227 BGB rechnen, der nicht zwingend zur Entlassung führt. Seinen Anspruch auf Aufwendungsersatz nach §§ 257, 670, 2218 BGB wegen der Verfahrenskosten verliert er nur dann, wenn er den Prozess pflichtwidrig geführt hat, also bei überflüssiger, leichtfertiger oder durch persönliche Interessen beeinflusster Prozessführung. Eine Klage nach § 2206 BGB wird zudem nicht unbedingt das Vertrauensverhältnis zwischen Erben und Testamentsvollstrecker als Basis für eine Entlastung stärken. Angesichts des fehlenden Anspruchs auf Entlastung wird dem Testamentsvollstrecker zur Vermeidung einer Haftung dieser Weg allerdings anzuraten sein.

---

23 Nach *Zimmermann*, Testamentsvollstreckung, Rn 393.

24 Grüneberg/*Weidlich*, § 2206 Rn 1; Soergel/*Becker*, § 2206 BGB Rn 3.

25 BeckOK BGB/*Lange*, § 2206 Rn 7; sehr krit. hierzu: *Muscheler*, Haftungsordnung, S. 191; MüKo/*Zimmermann*, § 2206 Rn 77 m.w.N.

26 MüKo/*Zimmermann*, § 2206 Rn 11; BeckOK BGB/*Lange*, § 2206 Rn 13; Soergel/*Becker*, § 2206 Rn 5.

§ 2207 Erweiterte Verpflichtungsbefugnis

[1]Der Erblasser kann anordnen, dass der Testamentsvollstrecker in der Eingehung von Verbindlichkeiten für den Nachlass nicht beschränkt sein soll. [2]Der Testamentsvollstrecker ist auch in einem solchen Falle zu einem Schenkungsversprechen nur nach Maßgabe des § 2205 Satz 3 berechtigt.

Literatur

Zimmermann, Der superbefreite und superermächtigte Testamentsvollstrecker, ZEV 2021, 141 und 222.

A. Allgemeines

Die Beschränkung des Testamentsvollstreckers, nur Verbindlichkeiten für den Nachlass einzugehen, die zur ordnungsgemäßen Verwaltung erforderlich sind, wird durch § 2207 BGB abgeschwächt, indem der Erblasser durch Anordnung diese Beschränkung aufheben kann. Die erweiterte Verpflichtungsbefugnis muss durch den Erblasser im Rahmen einer letztwilligen Verfügung angeordnet sein. Eine solche Befreiung führt nicht dazu, dass nach § 2216 BGB keine ordnungsgemäße Verwaltung vom Testamentsvollstrecker beachtet werden muss. Selbst bei einer ordnungswidrigen Maßnahme wird dann aber ein Anspruch des Dritten begründet. Die Anordnung wirkt aber nur im Außenverhältnis, die Haftung gegenüber den Erben bleibt unberührt.[1] Die Befreiung bezieht sich – wie sich bereits aus dem Wortlaut des S. 2 ergibt – nicht auf § 2205 Abs. 3 BGB und geht also nicht so weit, dass das Schenkungsverbot aufgehoben werden kann. Ist vom Testamentsvollstrecker ein Verschaffungsvermächtnis zu erfüllen, greift bereits § 2206 Abs. 1 S. 1 BGB, so dass § 2207 BGB nicht einschlägig ist.[2] 1

Die erweiterte Verpflichtungsbefugnis wirkt nicht, wenn Dritte den Missbrauch der Verpflichtungsbefugnis des Testamentsvollstreckers kennen oder grob fahrlässig nicht erkennen.[3] 2

Im Innenverhältnis bleibt weiterhin § 2206 BGB entscheidend, so dass alle weiteren Pflichten vom Testamentsvollstrecker, insbesondere die nach §§ 2216, 2220 BGB, zu beachten sind.[4]

B. Tatbestand/Rechtsfolgen

Die Erweiterung der Verpflichtungsbefugnis aus § 2207 BGB kommt dem jeweiligen Vertragspartner zugute. Erkennt er **leicht fahrlässig** nicht die Überschreitung der Verpflichtungsbefugnis des Testamentsvollstreckers, so bleibt – im Unterschied zu § 2206 BGB – dann das Rechtsgeschäft wirksam.[5] Eine **Prüfungspflicht** scheidet – wie bei § 2206 BGB – aus. Im Verhältnis zum Erben bleibt der Testamentsvollstrecker weiterhin zur ordnungsgemäßen Verwaltung nach § 2216 BGB verpflichtet. Wegen § 2220 BGB kommt eine Befreiung hiervon von Seiten des Erblassers nicht in Betracht. 3

C. Verfahrensfragen/Praktische Hinweise

Die **Beweislast** trifft diejenige Partei, die sich auf die Kenntnis bzw. grob fahrlässige Unkenntnis beruft. Die Einwilligungserklärung kann trotz § 2207 BGB nach § 2206 4

1 *Zimmermann*, ZEV 2021, 222.
2 So wie hier: BeckOK BGB/*Lange*, § 2207 Rn 2. Dazu auch *Zimmermann*, ZEV 2021, 222.
3 Grüneberg/*Weidlich*, § 2207 Rn 1; MüKo/*Zimmermann*, § 2207 Rn 3.
4 Grüneberg/*Weidlich*, § 2207 Rn 2.
5 Staudinger/*Dutta*, § 2207 Rn 4; *Kipp/Coing*, § 69 II; Soergel/*Becker*, § 2207 Rn 2, a.A. MüKo/*Zimmermann*, § 2207 Rn 3, wonach keine Nachlassverbindlichkeit begründet wird.

Abs. 2 BGB von den Erben im Wege einer Klage verlangt werden.[6] Voraussetzung ist aber, dass die Handlung zur ordnungsgemäßen Nachlassverwaltung erforderlich war. Wird die Einwilligung außergerichtlich erklärt, so entfällt eine Haftung nach § 2219 BGB. Die Erweiterung der Befugnisse nach § 2207 BGB ist wegen § 354 Abs. 2 FamFG, § 2368 BGB in das **Testamentsvollstreckerzeugnis** aufzunehmen.[7]

§ 2208 Beschränkung der Rechte des Testamentsvollstreckers, Ausführung durch den Erben

(1) [1]Der Testamentsvollstrecker hat die in den §§ 2203 bis 2206 bestimmten Rechte nicht, soweit anzunehmen ist, dass sie ihm nach dem Willen des Erblassers nicht zustehen sollen. [2]Unterliegen der Verwaltung des Testamentsvollstreckers nur einzelne Nachlassgegenstände, so stehen ihm die in § 2205 Satz 2 bestimmten Befugnisse nur in Ansehung dieser Gegenstände zu.
(2) Hat der Testamentsvollstrecker Verfügungen des Erblassers nicht selbst zur Ausführung zu bringen, so kann er die Ausführung von dem Erben verlangen, sofern nicht ein anderer Wille des Erblassers anzunehmen ist.

Literatur
Damrau, Gegenständlich beschränkte Testamentsvollstreckung und Vermächtnisvollstreckung über einzelne Nachlassgegenstände, ZEV 2023, 1.

Übersicht: Rdn

A. Allgemeines

1 Der Erblasser hat nicht nur die Möglichkeit, die Befugnisse des Testamentsvollstreckers zu erweitern, sondern er kann im Gegenteil bestimmte Rechte beschränken. Die **Beschränkung** muss vom Erblasser im Rahmen einer letztwilligen Verfügung entweder konkludent oder ausdrücklich erfolgen. Bei **konkludenten** Einschränkungen muss durch Auslegung ermittelt werden, inwieweit der Erblasser tatsächlich eine Beschränkung gewollt hat. Dabei können auch außerhalb der letztwilligen Verfügung liegende Umstände berücksichtigt werden. Das Problem der konkludenten Beschränkung spielt in der Praxis eine sehr große Rolle. So ist fraglich, ob nicht eine **Teilungsanordnung** oder die Anordnung einer **befreiten Vorerbschaft**[1] die Verpflichtungsbefugnis des Testamentsvollstreckers beschränkt. Die Rspr. des BGH und die in der Lit. h.M. differieren. Im Übrigen ist insbesondere die Beschränkungsanordnung von den einfachen Wünschen des Erblassers abzugrenzen. In Übereinstimmung mit der älteren

---

6 Soergel/*Becker*, § 2207 Rn 2; MüKo/*Zimmermann*, § 2207 Rn 7; Grüneberg/*Weidlich*, § 2207 Rn 2; a.A. Planck/*Flad*, § 2207 Anm. 3; RGRK/*Kregel*, § 2207 Rn 1;
7 MüKo/*Zimmermann*, § 2207 Rn 6; Staudinger/*Dutta*, § 2207 Rn 2; BeckOK BGB/*Lange*, § 2207 Rn 4; Grüneberg/*Weidlich*, § 2207 Rn. 1.
1 Dazu *Keim*, ZEV 2002, 132.

Rspr.[2] geht die überwiegende Lit.[3] zu Recht davon aus, dass nach außen wirkende dingliche Verfügungsbeschränkungen nicht ohne weiteres unterstellt werden können. Es ist lediglich von einer nach innen wirkenden schuldrechtlichen Verpflichtung auszugehen. Der BGH[4] geht von einer Beschränkung der Verfügungsmacht bei einem zeitlich beschränkten Verbot jeglicher Verfügung über ein Grundstück mit Außenwirkung aus, ebenso bei der Anordnung eines Grundstücksverkaufs und Verbot der Teilung. Bei der Teilungsanordnung hat er hingegen eine automatische Beschränkung abgelehnt. Kommt man zu dem Ergebnis, der Erblasser wünschte eine derartige Beschränkung, hat diese Beschränkung dingliche Wirkung, wofür bereits der Wortlaut des Abs. 1 S. 1 spricht.[5] Eine entgegenlaufende Verfügung des Testamentsvollstreckers ist unwirksam. Demzufolge werden nicht lediglich Schadensersatzansprüche nach § 2219 BGB gegenüber dem Testamentsvollstrecker ausgelöst. Kann der Testamentsvollstrecker wegen der Beschränkung aus § 2208 BGB nicht über einen Nachlassgegenstand verfügen, führt dies nicht zu einem generellen Ausschluss einer Verfügung. Vielmehr können dann nur Erbe und Testamentsvollstrecker gemeinsam und einvernehmlich verfügen.[6] Eine Beschränkung der Befugnisse kann angenommen werden, wenn bei der Verfügung über einen Nachlassgegenstand erhebliche Interessenkonflikte entstehen können.[7]

B. Tatbestand

I. Möglichkeiten der Beschränkung (Abs. 1)

2 Die Möglichkeiten der Beschränkungen durch den Erblasser sind vielfältig. Sie können **inhaltlicher, gegenständlicher** oder **zeitlicher** Natur sein bzw. sich **auf** den **Erbteil** eines Erben beschränken.[8] Gesetzlich geregelt sind die inhaltlichen Beschränkungen im Rahmen einer Nacherbentestamentsvollstreckung gem. § 2222 BGB, der Vermächtnisvollstreckung gem. § 2223 BGB sowie die reine Verwaltungsvollstreckung gem. § 2209 S. 1 BGB. Der Erblasser kann aber darüber hinaus ohne weiteres die Testamentsvollstreckung auf **bestimmte Aufgaben reduzieren** wie z.B. die Erfüllung eines Vermächtnisses oder einer Auflage, Ausübung eines Stimmrechts in einer Kapitalgesellschaft oder die Zustimmung zu bestimmten Erbenverfügungen. Ferner kann ihm auch nur die Durchführung **bestimmter Geschäfte** untersagt werden, wie z.B. der Verkauf von Immobilien oder die Eingehung von Wechselverbindlichkeiten. Werden die Befugnisse des Testamentsvollstreckers gegenständlich auf die Verwaltung einzelner Objekte – wie z.B. Immobilie, Unternehmen oder Urheberrechte – beschränkt, hat dies Auswirkungen auf die Anwendbarkeit weiterer Vorschriften. So sind die Vorschriften nicht anwendbar, die die Verwaltung des ganzen Nachlasses durch den Testamentsvollstrecker voraussetzen, wie z.B. § 748 Abs. 2 ZPO; § 2213 Abs. 1 BGB; §§ 779 Abs. 2 S. 2, 780 Abs. 2, 991 Abs. 2 ZPO; § 317 Abs. 2 InsO; § 359 Abs. 2 FamFG; § 40 Abs. 2 GBO.

3 Des Weiteren können Verfügungen des Testamentsvollstreckers von der **Zustimmung Dritter** abhängig gemacht werden. Dritte können nur ein (Mit-)Erbe oder ein weiterer Testamentsvollstrecker, nicht aber ein außenstehender Dritter sein. Wurde ein außen-

---

2 BGH WM 1970, 738; BayObLGZ 1967, 230.

3 BeckOK BGB/*Lange*, § 2208 Rn 3; Soergel/*Becker*, § 2208 Rn 3; Grüneberg/*Weidlich*, § 2208 Rn 3; a.A. *Zimmermann*, Testamentsvollstreckung, Rn 413.

4 NJW 1984, 2464; BGHZ 56, 275; ähnlich OLG Zweibrücken ZEV 2001, 274.

5 Grüneberg/*Weidlich*, § 2208 Rn 1; MüKo/*Zimmermann*, § 2208 Rn 4.

6 BGHZ 40, 115; BGHZ 56, 275; BGH NJW 1984, 2464; BeckOK BGB/*Lange*, § 2208 Rn 13; Staudinger/*Dutta*, § 2208 Rn 6; MüKo/*Zimmermann*, § 2208 Rn 5.

7 BeckOK BGB/*Lange*, § 2208 Rn 3.

8 Ausführlich *Damrau*, ZEV 2023, 1.

stehender Dritter ausgewählt, kann im Wege der Auslegung ggf. darin eine Mittestamentsvollstreckeranordnung oder eine Verwaltungsanordnung nach § 2216 Abs. 2 BGB gesehen werden. Darüber hinaus kann durch eine auflösende Bedingung die Testamentsvollstreckung zeitlich beschränkt werden. In diesem Zusammenhang ist § 2210 BGB zu beachten. Der Erblasser kann als Zeitpunkt auch einen festen Termin (auflösende Bedingung) setzen, sofern dieser konkret bestimmbar ist, wie z.B. die Beendigung der Testamentsvollstreckung, wenn der Nachlass gesichert ist.[9] Ebenso ist eine Beschränkung der Testamentsvollstreckung auf den Erbteil eines Miterben oder Mitvorerben möglich. Obwohl nicht geregelt ist, wie viele Rechte der Testamentsvollstrecker mindestens haben muss, darf die Beschränkung des Testamentsvollstreckers nicht so weit gehen, dass dieser keinerlei Aufgaben oder Rechte hat. So muss er mindestens eine der vom Gesetz vorgesehenen Befugnisse haben.[10] Der Erblasser kann also dem Testamentsvollstrecker nicht die Verfügungsmacht derart entziehen, dass keiner mehr über den Nachlassgegenstand verfügen kann. Hierin läge ein Verstoß gegen § 137 BGB.[11] Der Testamentsvollstrecker kann aber als einzige Aufgabe z.B. den Vollzug einer Auflage oder die Durchführung einer einzigen Anordnung haben.

II. Beaufsichtigende Testamentsvollstreckung (Abs. 2)

4 Sofern der Testamentsvollstrecker nicht selbst die Erblasserverfügungen zur Ausführung bringen muss, kann er nach Abs. 2 die Ausführung vom Erben verlangen. Der Testamentsvollstrecker kann somit nur beaufsichtigend tätig sein, da ihm weder eine Verpflichtungs- noch eine Verfügungsbefugnis zusteht. § 2211 BGB (Verfügungsbeschränkung des Erben) und § 2214 BGB (Eigengläubiger des Erben) sind **nicht anwendbar.**[12] Eine Eintragung oder ein Hinweis im Erbschein erfolgt nicht. Der Testamentsvollstrecker kann aber die Ausführung der vom Erblasser angeordneten Verfügungen verlangen, es sei denn, ein entgegenstehender Wille des Erblassers lässt sich erkennen. Hierunter fallen die Erfüllung von Vermächtnissen, Auflagen, Teilungsanordnungen sowie z.B. die Herausgabe der Erbschaft an den Nacherben. Um die Ausführung sicherzustellen, kann der Testamentsvollstrecker den Vollzug im Wege der Klage durchsetzen. Allerdings hat der Testamentsvollstrecker selbst keinen **Schadensersatzanspruch**, wenn die Auflage nicht vollzogen wird, da kein Leistungsberechtigter vorhanden ist. Für die anderen Anordnungen gilt dies nicht.

C. Verfahrensfragen/Praktische Hinweise

5 Die dem Testamentsvollstrecker als solchem obliegenden Beschränkungen gelten nicht, wenn er aufgrund einer vom Erblasser erteilten Generalvollmacht handelt.[13] Die **Kosten** der Klage trägt zunächst der Nachlass, sofern die Beschreitung des Gerichtsweges der ordnungsgemäßen Nachlassverwaltung nach § 2216 Abs. 1 BGB entspricht. Im Interesse des Verkehrsschutzes sind richtigerweise hohe Anforderungen an die Annahme dinglicher Beschränkungen zu stellen.[14] Es ist derjenige **beweispflichtig**, der sich auf die Beschränkungen nach § 2208 BGB beruft. Für die Praxis bedeutet die Unsicherheit bei der Frage, ob eine Beschränkung konkludent angeordnet ist, erhebliche Einflussmöglichkeiten und Haftungsgefahren. So bietet § 2208 BGB hinreichenden Argumentationsbedarf für die eine oder andere Seite. Die Verfügung des Testaments-

---

9 BeckOK BGB/*Lange*, § 2208 Rn 11; Staudinger/*Dutta*, § 2208 Rn 12.

10 RGZ 81, 168; *Lange/Kuchinke*, § 31 V 1a Fn 111; *Kipp/Coing*, § 69 I; *v. Lübtow*, Erbrecht II, S. 973; MüKo/*Zimmermann*, § 2208 Rn 1.

11 Staudinger/*Dutta*, § 2208 Rn 6.

12 MüKo/*Zimmermann*, § 2208 Rn 12; BeckOK BGB/*Lange*, § 2208 Rn 16.

13 OLG München ZErb 2012, 18.

14 BeckOK BGB/*Lange*, § 2208 Rn 3.

vollstreckers, die unter die Beschränkung fällt, bedarf der Zustimmung des oder der Erben, mit der Folge, dass hier wegen der Wirksamkeit der Verfügung Feststellungsklage nach § 256 ZPO eingereicht werden kann. Aus kautelarjuristischer Sicht bedarf es einer **deutlichen Anordnung**, ob und wie weit bzw. mit welcher Wirkung eine Beschränkung gewollt ist. Handeln Erbe und Testamentsvollstrecker einvernehmlich, können sie sogar Verfügungen gegen den Erblasserwillen durchführen.[15] Um dies zu verhindern, muss der Erblasser bei Verstoß gegen seine Anordnungen die Erbenstellung oder die Testamentsvollstreckereinsetzung unter eine auflösende Bedingung stellen. Die Beschränkung des Testamentsvollstreckers läuft zudem ins Leere, wenn er gleichzeitig eine Generalvollmacht, aufgrund derer er handeln und die nur widerruflich sein kann, besitzt.[16]

Es ist darauf zu achten, dass die dinglich wirkenden Verfügungsbeschränkungen des Testamentsvollstreckers auch in das **Testamentsvollstreckerzeugnis** nach Maßgabe des § 354 Abs. 2 FamFG eingetragen werden.[17] Andernfalls kann sich der Dritte, der mit dem Testamentsvollstrecker ein Rechtsgeschäft geschlossen hat, auf die unbeschränkte Verfügungsbefugnis des Testamentsvollstreckers berufen. Dies gilt jedoch nicht, wenn der Dritte zuvor die Beschränkung positiv kannte (vgl. §§ 2366, 2368 Abs. 1 und 3 BGB) oder noch kein Testamentsvollstreckerzeugnis durch das Nachlassgericht ausgestellt wurde. Der Dritte kann sich dann nicht auf den **guten Glauben** stützen. Wegen der Publizitätswirkung ist eine Vorlage nicht notwendig,[18] aber in der Praxis empfehlenswert. Eine nur beaufsichtigende Testamentsvollstreckung ist nicht im Erbschein zu vermerken.[19] Sind im Testamentsvollstreckerzeugnis keine Abweichungen vom gesetzlichen Umfang der Befugnisse angegeben, hat das Grundbuchamt in aller Regel ohne eigene Sachprüfung davon auszugehen, dass Einschränkungen der gesetzlichen Verfügungsbefugnis des Testamentsvollstreckers nicht bestehen.[20] 6

Die Eintragung der Beschränkung in das Testamentsvollstreckerzeugnis gilt insbesondere auch für die Fälle der **beaufsichtigenden Testamentsvollstreckung**. Hat der Erblasser dem Testamentsvollstrecker selbst die gemilderten Rechte aus Abs. 2 nicht zugestanden, ist trotz entgegenstehenden Wortlautes keine Testamentsvollstreckung gewollt. Vielmehr ist der vermeintliche Testamentsvollstrecker nur bloßer Berater der Erben.[21] 7

Der Erblasser kann nicht dem Testamentsvollstrecker mehr Rechte an die Hand geben, wie dies in den §§ 2209, 2220 BGB vorgesehen ist. So können aber die Befugnisse dem Testamentsvollstrecker eingeräumt werden, die ohnehin jedem Dritten übertragen werden können. Hierunter fallen z.B. die Bestimmungsrechte aus §§ 2048 S. 2, 2151, 2153–2156, 2193 BGB. Zulässig sind die **Befreiung** von den Beschränkungen des **§ 181 BGB** sowie die Erteilung einer erweiterten Verpflichtungsbefugnis nach § 2207 BGB. Ebenso kann eine Dauertestamentsvollstreckung nach § 2209 BGB oder eine Berufung zum Schiedsgutachter oder Schiedsrichter angeordnet werden. Um eine effiziente Erweiterung der Rechte des Testamentsvollstreckers dennoch zu erreichen, kann der Erblasser im Rahmen von Auflagen oder z.B. einer bedingten Erbeneinsetzung die Erben verpflichten, dem Testamentsvollstrecker Vollmacht zu erteilen (vgl. § 2197 8

---

15 Soergel/*Becker*, § 2208 Rn 1.

16 *Kipp/Coing*, Erbrecht, § 69 II 5; MüKo/*Zimmermann*, § 2208 Rn 6.

17 Dazu *Damrau*, ZEV 2023, 1.

18 So auch BeckOK BGB/*Lange*, § 2208 Rn 14; a.A. Staudinger/*Dutta*, § 2208 Rn 20; MüKo/*Zimmermann*, § 2208 Rn 4.

19 OLG Köln ZEV 2017, 521 = ErbR 2017, 585 = FamRZ 2017, 1721.

20 OLG München FGPrax 2016, 66 = ZEV 2016, 113 = ErbR 2016, 108.

21 Staudinger/*Dutta*, § 2208 Rn 21; Grüneberg/*Weidlich*, § 2208 Rn 7.

Rdn 10 ff.). Zur Streitvermeidung sollte der Inhalt der zu erteilenden Vollmacht gleich vom Erblasser festgelegt werden.

§ 2209 Dauervollstreckung

[1]Der Erblasser kann einem Testamentsvollstrecker die Verwaltung des Nachlasses übertragen, ohne ihm andere Aufgaben als die Verwaltung zuzuweisen; er kann auch anordnen, dass der Testamentsvollstrecker die Verwaltung nach der Erledigung der ihm sonst zugewiesenen Aufgaben fortzuführen hat. [2]Im Zweifel ist anzunehmen, dass einem solchen Testamentsvollstrecker die in § 2207 bezeichnete Ermächtigung erteilt ist.

Literatur

Muscheler, Testamentsvollstreckung und Nachlassnutzungen, ZEV 2017, 65.

Übersicht: Rdn

A. Allgemeines

1 Abweichend von dem Normalfall der Abwicklungstestamentsvollstreckung kann der Erblasser auch anordnen, dass dem Testamentsvollstrecker lediglich die Verwaltung des Nachlasses als einzige Aufgabe zustehen soll, was aber eindeutig festgestellt werden muss. Ob eine Verwaltungsvollstreckung bzw. Dauervollstreckung angeordnet worden ist, ist nach allgemeinen Auslegungsregeln aus den Anordnungen des Erblassers zu ermitteln.[1] Durch diese Art Verwaltungsvollstreckung will der Erblasser im Regelfall den Schutz des Erben erreichen, was ansonsten nur durch die Pflichtteilsbeschränkung in guter Absicht nach Maßgabe des § 2338 BGB erreicht werden kann. Nach S. 1 Hs. 2 besteht aber auch die Möglichkeit einer Dauervollstreckung, die zu der Abwicklungsvollstreckung **hinzutritt**. Der Zeitraum der Vollstreckung wird dadurch verlängert. Auch eine umgekehrte zeitliche Reihenfolge ist möglich.

2 Übersicht:

Verwaltungsvollstreckung (S. 1 Hs. 1)	keine Anwendung neben §§ 2203, 2204 BGB
Dauervollstreckung (S. 1 Hs. 2)	neben §§ 2203, 2204 BGB anwendbar

B. Tatbestand

I. Grundsätzliches

3 Die **Anordnung** der Verwaltungs- und Dauervollstreckung erfolgt entweder durch den Erblasser i.R.d. letztwilligen Verfügung **ausdrücklich** oder aber (qua Auslegung) **konkludent**, wobei wegen der Einschränkung durch § 2209 BGB ein strenger Maßstab

1 OLG Schleswig, Beschl. v. 8.3.2017 – 3 Wx 23/17, ErbR 2017, 439; Grüneberg/*Weidlich*, § 2209 Rn 2.

anzulegen ist.[2] Im Einzelnen wird die Auslegung schwierig sein, ob der Erblasser eine Testamentsvollstreckung nebst **Nießbrauch** oder aber **Vor- und Nacherbschaft** angeordnet hat. Es ist darauf abzustellen, in wessen **Interesse** der Erblasser die Nachlassverwaltung eingeräumt hat. Wird bspw. dem überlebenden Ehegatten als Miterben neben den Abkömmlingen nicht nur der Nießbrauch, sondern auch die Verwaltung über den Nachlass eingeräumt, so ist eine Testamentsvollstreckung nach § 2209 BGB anzunehmen.[3] Ebenso ist bei Aufeinandertreffen einer Alleinerbeneinsetzung und Testamentsvollstreckung von einer Dauervollstreckung auszugehen. Nicht immer soll aber dem Testamentsvollstrecker ein selbstständiges Verwaltungsrecht zugestanden werden. Auch hier kommt es auf die Auslegung und den Einzelfall an, was der Erblasser tatsächlich gewollt hat.

Besteht eine **Erbengemeinschaft** und ist Dauervollstreckung für alle Erben oder einzelne Nachlassgegenstände angeordnet, ist im Zweifel davon auszugehen, dass keine Auseinandersetzung der Erbengemeinschaft erfolgen soll, solange die Testamentsvollstreckung besteht.[4] Der Testamentsvollstrecker kann jedoch mit den Erben **vereinbaren**, die Auseinandersetzung durchzuführen (vgl. hierzu § 2204 Rdn 25 ff.). Die Pflichten des Testamentsvollstreckers bei § 2209 BGB unterscheiden sich hinsichtlich der §§ 2215–2218 BGB nicht wesentlich. Der Erbe kann wegen § 2218 Abs. 2 BGB eine jährliche Rechnungslegung verlangen. 4

Nach S. 2 ist im Zweifel anzunehmen, dass der Dauertestamentsvollstrecker in der Eingehung von Verbindlichkeiten für den Nachlass **nicht beschränkt** ist. Eine Ausnahme gilt hinsichtlich der Befugnis zur Abgabe von Schenkungsversprechen, die über § 2205 S. 3 BGB hinausgehen, da dort das Verkehrsschutzinteresse größer ist.[5] Grundsätzlich ist der Testamentsvollstrecker nicht zur **Herausgabe von Erträgnissen** des Nachlasses verpflichtet, es sei denn, die Herausgabe entspricht den Grundsätzen der ordnungsgemäßen Verwaltung gem. § 2216 BGB.[6] Etwas anderes gilt auch, wenn die Herausgabe ausdrücklich vom Erblasser angeordnet wurde. Dann nimmt er eine Einschränkung des Amts nach § 2208 BGB vor.[7] Ferner ist im Fall der **Pflichtteilsbeschränkung in guter Absicht** § 2338 Abs. 1 S. 2 BGB zu beachten, wonach der Abkömmling in einem solchen Fall Anspruch auf den jährlichen Reinertrag hat. Der Testamentsvollstrecker, dem nach S. 1 Hs. 1 lediglich die Verwaltung des Nachlasses ohne Zuweisung anderer Aufgaben übertragen wurde, ist im Zweifel befugt, über die Nachlassgegenstände zu verfügen.[8] 5

Bei Anordnung der **Vor- und Nacherbschaft** muss die beiderseitige Interessenlage von Vor- und Nacherben angemessen berücksichtigt werden. Grundsätzlich ist aber von einer Herausgabepflicht in der Höhe auszugehen, der der Erbe für seinen **angemessenen Unterhalt** bzw. die Erfüllung seiner gesetzlichen Unterhaltspflicht bedarf. Gleiches gilt für die Zahlungen, die der Erbe für die Begleichung der Erbschaftsteuer benötigt. Solange die Verwaltungsvollstreckung besteht, ist der Erbe in seiner Verwaltungs- und Verfügungsbefugnis eingeschränkt. Nicht davon betroffen ist aber der Tatbestand der **Einkunftserzielung** i.S.d. Einkommensteuergesetzes, der nach dem 6

2 BeckOK BGB/*Lange*, § 2209 Rn 5; Soergel/*Becker*, § 2209 Rn 3; Staudinger/*Dutta*, § 2209 Rn 10; MüKo/*Zimmermann*, § 2209 Rn 7.
3 Soergel/*Becker*, § 2209 Rn 3.
4 BayObLGZ 1976, 67; *Reimann*, DNotZ 2016, 769.
5 Staudinger/*Dutta*, § 2209 Rn 18; MüKo/*Zimmermann*, § 2209 Rn 11.
6 BGH NJW-RR 1988, 386; BGH FamRZ 1986, 900. Dazu ausführlich *Muscheler*, ZEV 2017, 65.
7 *Muscheler*, ZEV 2017, 65. A.A. OLG Frankfurt ZEV 2016, 329.
8 OLG Bremen ZEV 2013, 335.

Tode des Erblassers allein von den Erben verwirklicht wird.[9] Diese Ansprüche richten sich direkt gegen den Erben und nicht gegen den Nachlass.[10]

7 Im **Testamentsvollstreckerzeugnis** ist die Dauer- und Verwaltungsvollstreckung inkl. Dauer anzugeben.[11] **Gesetzliche Beschränkungen** der Testamentsvollstreckerbefugnisse, die sich bspw. aus dem Handels- bzw. Gesellschaftsrecht ergeben, sind nicht anzugeben.[12] Der Erblasser hat die Möglichkeit, die Verwaltung entweder auf **bestimmte Aufgaben** zu **beschränken**, wie z.B. die Ausübung von Stimmrechten in einer Kapitalgesellschaft, oder auf bestimmte Nachlassgegenstände, wie. z.B. die Immobilien. Die Vollstreckung muss sich auch nicht automatisch auf alle Erben beziehen. Vielmehr kann lediglich die Vollstreckung über einen Erbteil eines Erben angeordnet werden. Bezieht sich die Testamentsvollstreckung aber auf alle Erben, so ist eine Auseinandersetzung der Erbengemeinschaft nach § 2044 BGB ausgeschlossen, solange die Verwaltung angeordnet ist.[13] Die Verwaltungsvollstreckung ist zeitlich limitiert, wie sich aus § 2210 BGB ergibt. Danach dürfen **30 Jahre** seit dem Erbfall nicht verstrichen sein (vgl. dazu Kommentierung zu § 2210 BGB). Besondere Probleme bestehen im Zusammenhang mit § 2306 BGB, wenn der Erbe zugleich pflichtteilsberechtigt ist und durch die Testamentsvollstreckung beschränkt wird (hiervon macht § 2338 BGB – Pflichtteilsbeschränkung in guter Absicht – wiederum eine Ausnahme; vgl. dazu Kommentierung zu §§ 2306, 2338 BGB). Zudem darf der Erbe nicht sittenwidrig nach Maßgabe des § 138 BGB beschränkt werden.

II. Unterschiede zwischen Abwicklungsvollstreckung und Verwaltungs- bzw. Dauervollstreckung

8 Der Verwaltungsvollstrecker hat grundsätzlich die gleichen Befugnisse wie ein Abwicklungsvollstrecker. Durch § 2209 BGB werden die Erben nebst (befreiten) Vorerben und Erbengläubiger von der Nachlassverwaltung ausgeschlossen. Ebenso können keine gesetzlichen **Verwaltungsrechte** wie die aus §§ 1626 ff., 1678, 1793 f., 1803 BGB mehr ausgeübt werden. Die steuerlichen Pflichten des Testamentsvollstreckers sind hingegen eingeschränkter zu beurteilen als bei der Abwicklungsvollstreckung. Wegen S. 2 besteht im Zweifel keine Beschränkung des Testamentsvollstreckers bei der Eingehung von Verbindlichkeiten. Die Beschränkung aus § 2206 BGB gilt somit nicht. Tritt eine Dauervollstreckung neben die Abwicklungsvollstreckung, so gilt diese erweiterte Verpflichtungsbefugnis auch für die Zeit der Abwicklungsphase.[14] Problematisch ist, ob auch die Erträge, die aus dem verwalteten Nachlass erwachsen, unter die Verwaltungsvollstreckung fallen. Im Einzelnen ist auf die Anordnungen des Erblassers abzustellen. Regelmäßig kann der Erbe die Herausgabe der Nutzungen nur vom Testamentsvollstrecker verlangen, wenn dies der ordnungsgemäßen Verwaltung nach Maßgabe des § 2216 BGB entspricht. Bei Anordnung einer Vor- und Nacherbschaft ist die Sachlage beim Testamentsvollstrecker recht schwierig und haftungsträchtig, da die beiderseitige Interessenlage zu berücksichtigen ist. Zum einen darf er die dem Vorerben zustehenden Nutzungen nicht schmälern und zum anderen aber die Nutzungen nicht zum Nachteil des Nacherben gefährden oder verringern. Insbesondere sind die §§ 2124–2126 BGB zu beachten.

---

9 BeckOK BGB/*Lange*, § 2209 Rn 12.

10 BFHE 1979, 222 = BFH NJW-RR 1996, 1025.

11 BGH NJW-RR 1991, 835.

12 BeckOK BGB/*Lange*, § 2209 Rn 11; BGH NJW 1996, 1284.

13 MüKo/*Zimmermann*, § 2209 Rn 9; Staudinger/*Dutta*, § 2209 Rn 12; BeckOK BGB/*Lange*, § 2209 Rn 6.

14 Staudinger/*Dutta*, § 2209 Rn 18; BeckOK BGB/*Lange*, § 2209 Rn 9; MüKo/*Zimmermann*, § 2209 Rn 13.

C. Verfahrensfragen/Praktische Hinweise

Sofern die typischen Konstellationen für die Anordnung einer Verwaltungsvollstreckung gegeben sind, ist daran zu denken, ggf. vorsorglich auch eine **Generalvollmacht** dem späteren Testamentsvollstrecker zu erteilen, damit es nicht zu einem Machtvakuum kommt. Die Anordnung der Verwaltungsvollstreckung bietet sich in zahlreichen Fällen an, wie z.B.: 9

- beim Dispositionsnießbrauch des Ehegatten;
- zum Schutz des Nachlasses vor Zugriffen Dritter bei überschuldeten oder unreifen Erben/Vermächtnisnehmern (insbesondere beim sog. Behindertentestament);
- zum Ausschluss eines verschuldeten oder unfähigen gesetzlichen Vertreters des Erben von der Nachlassverwaltung alternativ zu § 1638 BGB.

Die Verwaltungsvollstreckung ist eine **Alternative zum Entzug des Verwaltungsrechts** nach §§ 1638 Abs. 1, 1909 Abs. 1 S. 2 BGB, also insbesondere in den Fällen, in denen auch der gesetzliche Vertreter der Kinder Erbe ist. Zwar ist bei Verwaltungsvollstreckung die Auseinandersetzung der Erbengemeinschaft rechtlich ausgeschlossen, dennoch kann der Testamentsvollstrecker zusammen mit den Erben sich hierüber hinwegsetzen. Will der Erblasser dies verhindern, muss er wiederum **Vorsorge** durch **Bedingungen** o.Ä. treffen. Um die Verwaltungsvollstreckung zu beseitigen, sollten neben §§ 138 und 2306 BGB die Voraussetzungen des § 2078 BGB geprüft werden, wonach die Testamentsvollstreckung **angefochten** werden kann, sofern ein Motivirrtum oder ein Drohungstatbestand gegeben ist. Ein Antrag beim Nachlassgericht nach § 2216 Abs. 2 S. 2 BGB führt kaum weiter, da hierdurch nur eine Einzelmaßnahme, nicht aber die komplette Testamentsvollstreckung außer Kraft gesetzt werden kann. Eine Anwendbarkeit des § 2217 BGB scheidet bei der Verwaltung unterliegenden Nachlassgegenständen aus, weil eine Freigabe eines Gegenstandes der Verwaltungsvollstreckung zuwiderläuft. 10

Durch eine Dauervollstreckung kann somit sowohl die Vermögenssorge der Eltern und des Vormunds (§§ 1626, 1638 f., 1798 Abs. 2, 1837 BGB) als auch die Bestellung eines Pflegers nach § 1811 Abs. 1 BGB ausgeschaltet werden.[15] Die Beschränkung des Erben etc. durch eine Verwaltungs- oder Dauervollstreckung ist nebst Dauer der Anordnung im Testamentsvollstreckerzeugnis aufzunehmen.[16] Gesellschaftsrechtliche Befugnisse oder Beschränkungen sind nicht mit aufzunehmen. Hat das Nachlassgericht die Angaben unterlassen, so ist auf Antrag das Testamentsvollstreckerzeugnis umgehend einzuziehen,[17] denn die Angaben haben erhebliche Auswirkungen für die Befugnisse des Testamentsvollstreckers. Ohne diese einschränkenden Angaben bezeugt das **Testamentsvollstreckerzeugnis**, dass der Testamentsvollstrecker (nur) die Rechte aus den §§ 2203–2206 BGB hat. 11

Mit der **Stiftung von Todes wegen** ist eine Dauertestamentsvollstreckung für die Verwaltung des Nachlasses nicht vereinbar, weil dies mit der Aufgabe des Vorstands, das Stiftungsvermögen in Eigenverantwortung zu verwalten, und der staatlichen Aufsicht darüber in Widerspruch steht. Nach der Stiftungsrechtsreform muss gem. § 81 Abs. 1 Nr. 2 BGB die Stiftung ihr gewidmetes Vermögen „zur eigenen Verfügung" erhalten. Wegen des Vorranges des sichersten Weges sollte daher vorsorglich vor der Anordnung einer Dauertestamentsvollstreckung bei gleichzeitiger Erbeinsetzung einer Stiftung von Todes wegen Abstand genommen werden. Ausweichlösungen wären 12

15 Staudinger/*Dutta*, § 2209 Rn 9; Grüneberg/*Weidlich*, § 2209 Rn 5.
16 KG ZErb 2015, 89.
17 OLG Zweibrücken FamRZ 1998, 581.

somit Stiftungsgründungen bereits zu Lebzeiten und die Implementierung des späteren Testamentsvollstreckers als Stiftungsorgan.[18]

§ 2210 Dreißigjährige Frist für die Dauervollstreckung

[1]Eine nach § 2209 getroffene Anordnung wird unwirksam, wenn seit dem Erbfall 30 Jahre verstrichen sind. [2]Der Erblasser kann jedoch anordnen, dass die Verwaltung bis zum Tode des Erben oder des Testamentsvollstreckers oder bis zum Eintritt eines anderen Ereignisses in der Person des einen oder des anderen fortdauern soll. [3]Die Vorschrift des § 2163 Abs. 2 findet entsprechende Anwendung.

Literatur

Reimann, Gesellschaften als Testamentsvollstrecker, ZEV 2021, 742; *Wendt*, Der Regent und sein Vollstrecker: Regieren aus dem Grab – unbegrenzt?, ErbR 2018, 178 und 242.

Übersicht: Rdn

A. Allgemeines

1 Die zeitliche Beschränkung des § 2210 BGB bezieht sich sowohl auf die Verwaltungsvollstreckung als auch auf die Dauervollstreckung. Demzufolge sind diese Vollstreckungsarten auf 30 Jahre beschränkt. Die Frist wird vom Erbfall an gerechnet.[1]

B. Tatbestand

I. Zeitliche Begrenzung (S. 1)

2 Eine Fristbestimmung des Erblassers, die kürzer als die **30-Jahres-Frist** ist, geht § 2210 BGB vor. Das vorherige Ende der Verwaltungsvollstreckung kann auch durch eine auflösende Bedingung bestimmt werden. Ebenso ist eine Ermächtigung des Testamentsvollstreckers möglich, selbst zu entscheiden, wann (vor Ablauf der 30 Jahre) die Vollstreckung beendet sein soll. Eine Verlängerung der Frist durch den Erblasser ist nicht möglich.

II. Ausnahmen von der Begrenzung (S. 2 und 3)

3 Der Erblasser kann lediglich nach S. 2 anordnen, dass die Verwaltung bis zum Tode des Erben oder des Testamentsvollstreckers oder bis zum Eintritt eines anderen Ereignisses in der Person des einen oder anderen fortdauern soll. Hierdurch ist eine Durchbrechung des vorgenannten Grundsatzes gegeben. Bei quasi „unsterblichen" juristischen Personen als Erben nach S. 3 i.V.m. § 2163 Abs. 2 BGB bleibt es bei der 30-jährigen Frist, auch wenn der Erblasser die Verwaltung bis zum Tode des Erben angeordnet hat. Gleiches gilt, wenn der Testamentsvollstrecker eine **juristische Person** ist und bis zum Tode das Amt innehaben soll.[2] Eine Testamentsvollstreckung bis zum Lebensende des Erben durch eine juristische Person ist hingegen möglich. Die Frist

18 Dazu Mayer/Bonefeld/Tanck/*Bonefeld*, Testamentsvollstreckung, § 25b Rn 5 ff.
1 RGZ 155, 350 = RG JW 1937, 3183.
2 Soergel/*Becker*, § 2210 Rn 2; *Wendt*, ErbR 2018, 178; Grüneberg/*Weidlich*, § 2210 Rn 2.

von 30 Jahren soll aber nur dann gelten, wenn das Ereignis, bei dessen Eintritt die Verwaltungsvollstreckung enden soll, ausschließlich mit einer juristischen Person verknüpft ist oder das Ereignis alternativ entweder in der juristischen oder in der natürlichen Person eintreten soll.[3] Müssen die Ereignisse dagegen in der juristischen Person und kumulativ in der natürlichen Person eintreten, sind die §§ 2210 S. 3, 2163 Abs. 2 BGB nur bezogen auf das mit der juristischen Person verknüpfte Ereignis anwendbar.[4] § 28 Abs. 2 UrhG regelt klarstellend die Zulässigkeit der Anordnung von Testamentsvollstreckung, wobei § 2210 BGB nicht zur Anwendung kommt.[5]

Problematisch sind die Fälle, in denen der Erblasser angeordnet hat, dass die Testamentsvollstreckung **bis zum Tode des Testamentsvollstreckers** bestehen bleiben soll, aber der Testamentsvollstrecker Nachfolger gem. § 2199 Abs. 2 BGB ermächtigen darf. Hierdurch könnte es zu einer **„unendlichen Testamentsvollstreckung"** kommen, die § 2209 BGB zuwiderläuft. Zudem ist fraglich, ob der erste Testamentsvollstrecker gemeint ist oder der Tod des Nachfolgers. 4

Entgegen der bisherigen h.M.[6] endet die Testamentsvollstreckung nicht erst mit dem Tode des Testamentsvollstreckernachfolgers, wenn der Nachfolger zur Zeit des Erbfalls bereits gelebt hat. Nach dem BGH[7] gilt (unter Hinweis auf die ähnliche Lage bei §§ 2109 Abs. 1 S. 2 Nr. 1, 2163 Abs. 1 Nr. 1 BGB) die sog. **Amtstheorie.** Sind seit dem Erbfall 30 Jahre verstrichen und soll die Verwaltung des Nachlasses nach dem Willen des Erblassers über 30 Jahre hinaus bis zum Tode des Testamentsvollstreckers fortdauern, verliert die Anordnung der Testamentsvollstreckung ihre Wirksamkeit mit dem Tode des letzten Testamentsvollstreckers, die innerhalb von 30 Jahren seit dem Erbfall zum Testamentsvollstrecker ernannt wurde. Es ist dabei nicht relevant, ob die Ernennung durch den Erblasser selbst oder über §§ 2198–2200 BGB vorgenommen wurde. Es ist lediglich darauf zu achten, dass die Amtsannahme des Nachfolgers (nicht die Ernennung) innerhalb der ersten 30 Jahre seit dem Erbfall erfolgt. Eine Testamentsvollstreckung auf Vorrat ist somit nicht möglich.[8] Im Einzelfall kann somit ohne Weiteres eine hundertjährige Testamentsvollstreckung erfolgen. Eine derartig lange Dauertestamentsvollstreckung stellt keinen Verstoß gegen Art. 14 GG dar.[9] Fraglich ist, ob es ausreichend ist, dass bei mehreren Testamentsvollstreckern nur ein Mitvollstrecker innerhalb der 30-Jahres-Frist berufen wird.[10] Dies dürfte abzulehnen sein. Ob eine Vorratsernennung ermöglicht wird, ist ungeklärt.[11]

Wendt[12] stellt für den Einfluss der 30-Jahres-Frist in ihren gesetzlichen Ausprägungen in den §§ 2044 Abs. 2 S. 3, 2109 Abs. 2, 2163 Abs. 2, 2210 S. 3 BGB auf die Dauer von Testamentsvollstreckungen folgende Faustregeln auf: 5

- Nr. 1: Der Abwicklungsvollstrecker bleibt von der 30-Jahres-Frist unberührt.
- Nr. 2: Für den Verwaltungsvollstrecker, natürliche Person, bedeutet die 30-Jahres-Frist lediglich das Ende für die Berufung des letzten Nachfolgers.

---

3 *Reich*, ZEV 2012, 349 ff.; Grüneberg/*Weidlich*, § 2210 Rn 2.
4 *Reich*, ZEV 2012, 351 f. mit Beispielen.
5 *Gloser*, DNotZ 2013, 497.
6 *Kipp/Coing*, § 69 III 2; BeckOK BGB/*Lange*, § 2210 Rn 4; Soergel/*Becker*, § 2210 Rn 3.
7 BGH ZEV 2008, 138 m. zust. Anm. *Reimann*, ZEV 2008, 142 mit Darstellung der bisherigen einzelnen Theorien.
8 Ungeklärt: Grüneberg/*Weidlich*, § 2210 Rn 4.
9 BVerfG ZEV 2009, 390.
10 *Weidlich*, MittBayNot 2008, 267.
11 *Wendt*, ZErb 2010, 45; Grüneberg/*Weidlich*, § 2210 Rn 4.
12 *Wendt*, ErbR 2018, 178.

– Nr. 3: Beim Verwaltungsvollstrecker, juristische Person, kann die 30-Jahres-Frist je nach dem testamentarisch geäußerten Willen eine Mindestfrist oder eine Höchstfrist oder bedeutungslos sein.

III. Besonderheiten

6 Nach Ablauf der 30-Jahres-Frist erlöschen alle dem Testamentsvollstrecker zustehenden Verwaltungs-, Verfügungs- und Verpflichtungsbefugnisse. Von den Verlängerungsoptionen (Tod des Erben oder des Testamentsvollstreckers oder Eintritt eines anderen Ereignisses in der Person des einen oder anderen) kann dann kein Gebrauch gemacht werden.[13] Diese Begrenzung der Testamentsvollstreckung gilt auch, wenn eine teilrechtsfähige Personengemeinschaft (OHG, KG, BGB-Gesellschaft) Testamentsvollstreckerin ist.[14] Nach Ablauf der Frist durchgeführte Rechtsgeschäfte sind unwirksam, können somit von den Erben nachträglich genehmigt werden. Etwaige **Vollmachten**, die der Testamentsvollstrecker erteilt hat, erlöschen ebenfalls mit Fristablauf. Ob umgekehrt eine Vollmachtserteilung zugunsten des Testamentsvollstreckers bestehen bleibt, ist einzelfallabhängig. Wird der Testamentsvollstrecker in der Vollmachtsurkunde aufgeführt, wird man im Zweifel davon ausgehen müssen, dass der Bestand der Vollmacht vom Amt als Testamentsvollstrecker abhängig ist. Ist die **Frist** abgelaufen, bedarf es keiner besonderen Aufhebung durch das Nachlassgericht. Ebenso muss der Testamentsvollstrecker nicht offiziell das Amt erst niederlegen. Eine Ausnahme von der 30-jährigen Begrenzung ergibt sich aus § 28 Abs. 2 S. 2 UrhG. Ist der Testamentsvollstrecker mit der Verwaltung eines **Urheberrechts** betraut worden, kommt § 2210 BGB diesbezüglich nicht zur Anwendung.[15]

C. Verfahrensfragen/Praktische Hinweise

7 Will der Erblasser erreichen, dass entgegen § 2210 BGB auch nach Ablauf von 30 Jahren seine Wünsche von den Erben berücksichtigt werden, steht ihm zwar nicht mehr die Testamentsvollstreckung zur Verfügung. Im Rahmen einer **Familienstiftung** nach § 80 BGB könnte das Vermögen aber weiterhin zweckgerichtet verwaltet werden.
S. 3 i.V.m. § 2163 Abs. 2 BGB führt nicht automatisch dazu, dass dem Erblasser verwehrt ist, die Verlängerungsoptionen des S. 2 zu nutzen. Bei einer Kombination der Verlängerungsoptionen durch den Erblasser nach S. 2 kann die Testamentsvollstreckung bis zum Tod der (Nach-)Erben andauern, u.U. also länger als 30 Jahre nach dem Erbfall, so dass eine juristische Person oder teilrechtsfähige Personengemeinschaft, die zum Testamentsvollstrecker ernannt wurde, auch bis dahin im Amt bleiben kann.[16]

8 Da der BGH[17] nicht explizit zwischen Ernennung und Amtsantritt unterschieden hat und an die Ernennungserklärung anknüpft, sollte die Erklärung mit der Bestimmung weiterer Ersatztestamentsvollstrecker rechtzeitig vor Ablauf der 30-Jahres-Frist erfolgen.[18]

---

13 *Reimann*, ZEV 2021, 742.

14 BGH v. 29.1.2001 – II ZR 331/00, NJW 2001, 1056; *Scherer/Feick*, ZEV 2003, 341.

15 BeckOK BGB/*Lange*, § 2210 Rn 5; Staudinger/*Dutta*, § 2210 Rn 25; MüKo/*Zimmermann*, § 2210 Rn 6.

16 So richtig *Reimann*, ZEV 2021, 742.

17 BGH ZEV 2008, 138.

18 *Weidlich*, MittBayNot 2008, 263.

§ 2211 Verfügungsbeschränkung des Erben

(1) Über einen der Verwaltung des Testamentsvollstreckers unterliegenden Nachlassgegenstand kann der Erbe nicht verfügen.
(2) Die Vorschriften zugunsten derjenigen, welche Rechte von einem Nichtberechtigten herleiten, finden entsprechende Anwendung.

Literatur

Wendt, Testamentsvollstreckung: Verfügungsbeschränkung vs. Verwaltungsanordnung Drittbeteiligung bei Testamentsvollstreckerhandeln, ErbR 2022, 115.

Übersicht: Rdn

A. Allgemeines

1 Die Vorschrift ist als Ergänzung des § 2205 BGB und als Ausnahme zu § 137 BGB zu verstehen. Der Testamentsvollstrecker hat somit nicht nur die alleinige Verwaltungsbefugnis, sondern auch das ausschließliche Verfügungsrecht über Nachlassgegenstände, die der Testamentsvollstreckung unterliegen.

B. Tatbestand

I. Wirkung der Verfügungsbeschränkung (Abs. 1)

2 Der Entzug des Verfügungsrechts der Erben hat **dingliche Wirkung** und stellt nicht bloß ein relatives Veräußerungsverbot i.S.d. § 135 BGB dar. Die Verfügungsbeschränkung der Erben gilt auch für deren gesetzlichen Vertreter, Betreuer, Vormund oder Pfleger. Verfügt ein Erbe dennoch, so ist die Verfügung sowohl gegenüber dem Testamentsvollstrecker als auch gegenüber jedermann **absolut unwirksam.** Es tritt hingegen keine Nichtigkeit des Rechtsgeschäfts ein. Der Testamentsvollstrecker kann somit nachträglich das Rechtsgeschäft genehmigen. Die Verfügung wird wegen §§ 184 Abs. 1, 185 BGB durch die Genehmigung von Anfang an wirksam, auch wenn sie gegen Erblasseranordnungen verstoßen würde. Durch die unberechtigte Verfügung entsteht keinerlei Nachlassverbindlichkeit. Der Erbe wird persönlich verpflichtet, so dass der Testamentsvollstrecker selbst nicht Erfüllung leisten muss. Dies gilt auch für die Fälle, in denen unter der aufschiebenden Bedingung des Wegfalls des Verwaltungsrechts des Testamentsvollstreckers vom Erben verfügt wird. Insofern können die Gläubiger wegen fehlender Konnexität gegen eine derartige Forderung keine **Aufrechnung** gegenüber einer Forderung des Testamentsvollstreckers erklären. Ein **Zurückbehaltungsrecht** besteht gleichsam nicht. Eine Verfügung mit Zustimmung des Testamentsvollstreckers durch die Erben ist hingegen möglich, was der Erblasser auch nicht durch eine Anordnung in der letztwilligen Verfügung verhindern kann.

3 Hat der Erbe ohne Zustimmung des Testamentsvollstreckers verfügt und endet das Verwaltungsrecht des Testamentsvollstreckers z.B. durch Zeitablauf, § 2217 Abs. 1 S. 2 BGB oder durch Wegfall der Testamentsvollstreckung, so tritt **Heilung** hinsichtlich der Erbenverfügung ein. Die Wirkung ist im Unterschied zur Genehmigung lediglich

ex nunc.[1] Allerdings kann nur dann Heilung eintreten, wenn nicht bereits der Testamentsvollstrecker selbst während seiner Testamentsvollstreckung eine abweichende Verfügung getroffen hat. Eine Verfügung des Testamentsvollstreckers geht einer unter einer aufschiebenden Bedingung des Wegfalls des Verwaltungsrechts des Testamentsvollstreckers durchgeführten Verfügung des Erben vor.

4 Demzufolge besteht ähnlich wie bei der Vorerbschaft ein Sondervermögen des Erben, welches neben das Privatvermögen tritt. Gläubiger des Erben können wegen § 2214 BGB nicht auf dieses Sondervermögen zugreifen. Die Verfügungsbeschränkung gilt auch für ein **Insolvenzverfahren**, da § 80 Abs. 2 InsO nicht gilt. Des Weiteren besteht keine Einsatzpflicht hinsichtlich dieses Vermögens i.R.d. Sozialhilferechts. Eine testamentarische Anordnung, dass die dingliche Wirkung einer Verfügung über einen Nachlassgegenstand von der Zustimmung oder Genehmigung eines Dritten abhängen soll, der nicht Erbe oder Mittestamentsvollstrecker ist, verstößt gegen § 137 S. 1 BGB, der verbietet, Gegenstände kraft Privatautonomie mit dinglicher Wirkung dem Rechtsverkehr zu entziehen.[2]

II. Dauer

5 Den Erben wird die Verfügungsbefugnis ab sofort durch den **Erbfall** entzogen, sofern nicht eine abweichende Erblasseranordnung vorliegt. Die Verfügungsbeschränkung gilt somit auch für die Zeit, in der der Testamentsvollstrecker das Amt entweder noch nicht angenommen hat oder Dritte bzw. das Nachlassgericht den Testamentsvollstrecker noch nicht bestimmt haben. Bei aufschiebender Bedingung tritt die Verfügungsbeschränkung erst mit Bedingungseintritt ein.[3] Nimmt keiner das Amt des Testamentsvollstreckers an bzw. kommt es zum Wegfall des Testamentsvollstreckers, sind zwischenzeitliche Verfügungen der Erben ex tunc wirksam, da die Testamentsvollstreckung gegenstandslos geworden ist. Fällt das Verfügungsrecht des Testamentsvollstreckers weg, beginnt gleichzeitig die Verfügungsbefugnis der Erben und endet deren Verfügungsbeschränkung. Im Einzelnen kommt es darauf an, wie weit – in dinglicher und zeitlicher Hinsicht – der Wegfall des Verfügungsrechts des Testamentsvollstreckers geht.

III. Reichweite der Verfügungsbeschränkung

6 Die Verfügungsbefugnis der Erben wird nur so weit durch die Testamentsvollstreckung eingeschränkt, wie die Verwaltungsbefugnis des Testamentsvollstreckers reicht (vgl. §§ 2208 Abs. 1, 2217 BGB). Kann der Testamentsvollstrecker selbst wegen einer **Interessenkollision** bzw. § 181 BGB nicht über den Nachlassgegenstand verfügen, kann seinerseits der Erbe verfügen, sofern keine Ersatztestamentsvollstreckung diesbezüglich angeordnet wurde. Des Weiteren macht eine Vollmacht zugunsten des Erben diesen trotz angeordneter Testamentsvollstreckung verfügungsberechtigt.

7 Unter den Begriff der **Verfügung** fallen u.a. Veräußerungen, Belastungen oder Verpfändung des Rechts. Er umfasst die die Rechtslage eines Gegenstandes unmittelbar ändernden Rechtsgeschäfte.[4] Damit kann der Erbe z.B. keine Kündigung über ein Mietverhältnis des Erblassers nach § 569 BGB aussprechen oder ein Vorkaufsrecht an einer Immobilie, die im Nachlass ist, einem Dritten bewilligen. Die mietrechtliche Sondererbfolge nach Maßgabe der §§ 563, 563a BGB fällt jedoch nicht unter die Testamentsvollstreckung, da die höchstpersönlichen Rechte des Erben betroffen sind.

---

1 So auch Grüneberg/*Weidlich*, § 2211 Rn 2.

2 KG Beschl. v. 25.5.2021 – 19 W 26/21, ErbR 2022, 149 m. Anm. *Wendt*, ErbR 2022, 115 = ZEV 2022, 406 m. Anm. *Reimann*.

3 Grüneberg/*Weidlich*, § 221 Rn 2, *Wendt*, ErbR 2018, 242; OLG Köln ZEV 2015, 277.

4 MüKo/*Zimmermann*, § 2211 Rn 4.

Allerdings kann der Erbe über seinen **Miterbenanteil** verfügen, da dieser wegen § 2205 BGB nicht unter die Testamentsvollstreckung fällt. Er kann somit seinen Erbanteil **verpfänden** oder nach § 2033 BGB **abtreten**. Ferner werden Verwaltungsmaßnahmen nicht von § 2211 BGB umfasst. Diese können allerdings wegen § 2205 S. 2 BGB nicht entgegen dem Willen des Testamentsvollstreckers durchgesetzt werden.

Problematisch ist der **Surrogationserwerb**. Haben die gesetzlichen Vertreter eines Kindes z.B. ein Grundstück veräußert und kommt es zur Erlösverteilung, stellt sich die Frage, ob das vom Erlös gekaufte neue Grundstück wiederum der Testamentsvollstreckung unterfällt. Die Rspr.[5] verneint dies. Richtigerweise muss darauf abgestellt werden, ob der Testamentsvollstrecker den Erlös in seiner Verwaltung behält und dann ein Surrogat erwirbt. Wegen § 2041 BGB fällt dieses Surrogat unter die Testamentsvollstreckung und ist der Verfügung durch Erben entzogen. 8

IV. Schutz des guten Glaubens Dritter (Abs. 2)

Nach Abs. 2 finden die Vorschriften zugunsten derjenigen, die Rechte von einem Nichtberechtigten herleiten, **analoge Anwendung**. Im Einzelnen handelt es sich um die Regelungen in: 9

- § 892 BGB (Öffentlicher Glaube des Grundbuchs),
- § 893 BGB (Rechtsgeschäft mit dem Eingetragenen),
- §§ 932 ff. BGB (Gutgläubiger Erwerb vom Nichtberechtigten),
- § 1032 BGB (Bestellung des Nießbrauchs an beweglichen Sachen),
- § 1207 BGB (Verpfändung durch Nichtberechtigten),
- § 1244 BGB (Gutgläubiger Erwerb bei Pfandrecht) und
- §§ 2365 ff. BGB (Vermutung der Richtigkeit des Erbscheins und Testamentsvollstreckerzeugnis).

Haben Dritte auf die Verfügungsbefugnis des Erben vertraut, weil sie die Anordnung der Testamentsvollstreckung nicht kannten oder annahmen, der verfügte Gegenstand falle nicht in den Nachlass bzw. unter die Verwaltung des Testamentsvollstreckers, so wird dieser gute Glaube geschützt. Ein **gutgläubiger Erwerb** scheidet in den Fällen aus, in denen die Testamentsvollstreckung bekannt gemacht wurde, wie z.B. durch **Eintragung ins Grundbuch** nach § 52 GBO oder **Schifffahrtsregister** nach § 55 SchiffsRegO, durch Eintragung der Verfügungsbeschränkung im Erbschein. Keinen Gutglaubensschutz vermittelt § 16 Abs. 3 GmbHG.[6] Insofern kann eine Grundbuchberichtigung nur durch den Testamentsvollstrecker selbst erfolgen. Waren die Erben noch nicht im Grundbuch eingetragen, scheitert ein guter Glaube, auch wenn keine Kenntnis von der Testamentsvollstreckung besteht. Ggf. greift dann aber § 2366 BGB, wenn ein Erbschein ohne Testamentsvollstreckervermerk vorlag. 10

Ferner scheidet ein gutgläubiger Erwerb bei **positiver Kenntnis** von der Testamentsvollstreckung durch den Dritten aus. Der Dritte ist dann zur Einsichtnahme in den Erbschein verpflichtet. Demzufolge reicht für eine **Gutgläubigkeit** nicht aus, wenn in einem solchen Fall der Dritte (irrtümlich) glaubt, der Nachlassgegenstand falle nicht unter die Testamentsvollstreckung. Problematisch ist, ob der Dritte generell bei Rechtsgeschäften mit Erben verpflichtet ist, sich den Erbschein vorlegen zu lassen, um gutgläubig erwerben zu können.[7] Dies ist im Ergebnis zu verneinen, da es auf die positive Kenntnis von der Testamentsvollstreckung ankommt. 11

---

5 BayObLGZ 1991, 390.

6 Vgl. Grüneberg/*Weidlich*, § 2211 Rn 4 m. Rspr.

7 Vgl. dazu Staudinger/*Dutta*, § 2211 Rn 25; MüKo/*Zimmermann*, § 2211 Rn 18 (beide dafür); BeckOK BGB/*Lange*, § 2211 Rn 11 (verneinend) sowie Soergel/*Becker*, § 2211 Rn 10, der wegen einer Analogieanwendung bei § 2140 BGB Fahrlässigkeit statt positiver Kenntnis ausreichen lässt.

12 Der gute Glaube an die **Verfügungsbefugnis** des Testamentsvollstreckers wird durch Abs. 2 nicht geschützt. Abs. 2 gilt auch nicht, wenn der Erbe dem Testamentsvollstrecker den Besitz entzogen hat und er damit i.S.d. § 935 BGB abhandengekommen ist. Liegt ein unrichtiger Erbschein vor, bei dem ein Testamentsvollstreckervermerk fehlt, ist Abs. 2 ebenfalls nicht anwendbar. Ein gutgläubiger Erwerb ist dann nur nach § 2366 BGB möglich, wobei sogar grobe Fahrlässigkeit nicht schadet, sondern nur die positive Kenntnis von der Unrichtigkeit. Kommt es zu einer gutgläubigen Leistung eines Dritten an den Erben statt an den Testamentsvollstrecker, so wird der Dritte nach überwiegender Auffassung entweder nach § 407 BGB analog[8] oder aber § 1984 BGB analog[9] (ebenso wird eine Analogie nach § 82 S. 1 InsO in Betracht gezogen) von seiner Leistungspflicht befreit, wenn er keine positive Kenntnis von der Testamentsvollstreckung hatte.

C. Verfahrensfragen/Praktische Hinweise

13 Grundsätzlich hat der Erbe keinen Anspruch darauf, dass der Testamentsvollstrecker seine Zustimmung zu einer Verfügung des Erben erteilt. Ausnahmsweise kann aber der Erbe Zustimmung dann verlangen, wenn ein Freigabeanspruch nach § 2217 Abs. 1 BGB hinsichtlich eines bestimmten Nachlassgegenstandes besteht, der noch nicht erfüllt ist. Statt zunächst auf Freigabe zu klagen, kann gleich die Zustimmung verlangt werden.

14 Die Vorlage des **Testamentsvollstreckerzeugnisses** ist nicht geeignet, positiv das Bestehen eines Testamentsvollstreckeramts festzustellen. Ohne Weiteres kann zum Zeitpunkt der Vorlage das Amt bereits erloschen sein und der Testamentsvollstrecker ist nicht mehr verfügungsberechtigt. Ein gutgläubiger Erwerb ist diesbzgl. nicht möglich. Aus anwaltlicher und notarieller Vorsorge sollte daher bei **Grundstücksgeschäften** mit Testamentsvollstreckern eine Mitteilung beim Nachlassgericht eingeholt werden, ob die Testamentsvollstreckung noch besteht. Ebenso kann eine Anfrage bei den von der Testamentsvollstreckung Betroffenen tunlich sein, ob die Testamentsvollstreckung schon abgeschlossen ist.

§ 2212 Gerichtliche Geltendmachung von der Testamentsvollstreckung unterliegenden Rechten

Ein der Verwaltung des Testamentsvollstreckers unterliegendes Recht kann nur von dem Testamentsvollstrecker gerichtlich geltend gemacht werden.

Literatur

Roth, Der Aktivprozess des Testamentsvollstreckers, NJW-Spezial 2021, 615.

Übersicht: Rdn

8 OLG Bremen MDR 1964, 328.
9 Vgl. Staudinger/*Dutta*, § 2211 Rn 27.

A. Stellung des Testamentsvollstreckers und des Erben im Prozess

§ 2212 BGB bezieht sich ausschließlich auf **Aktivprozesse**, mithin die Geltendmachung von Rechten, die den Nachlass betreffen. Aufgrund des Verwaltungs- und Verfügungsrechts des Testamentsvollstreckers wird ihm das **ausschließliche Prozessführungsrecht** zugewiesen. Ist Testamentsvollstreckung angeordnet, so entfällt die Verfügungsbefugnis der Erben mit dem Erbfall und nicht erst mit der Annahme des Amtes des Testamentsvollstreckers. Dies gilt auch für die alleinige Prozessführungsbefugnis des Testamentsvollstreckers.[1] Im Einzelnen ist jedoch ausschlaggebend, ob das betreffende **konkrete Recht** der Testamentsvollstreckung unterliegt. Die Prozessführungsbefugnis folgt somit grundsätzlich nicht dem materiell-rechtlich Bestehenden, sondern der Verfügungsbefugnis des Testamentsvollstreckers nach § 2205 BGB. Die Ausnahme bildet hierbei § 265 ZPO, wenn der Anspruch vom Testamentsvollstrecker abgetreten oder veräußert wurde. Gleiches gilt bei der Teilverwaltung nach § 2213 Abs. 1 S. 2 BGB. Die Prozessführungsbefugnis eines Erben kann auch nicht daraus hergeleitet werden, dass er als (Mit)Erbe aufgrund der ihm durch § 2039 S. 1 BGB eingeräumten Befugnis einen Anspruch gerade gegen Testamentsvollstrecker und Miterben geltend macht.[2] 1

Die Gerichte der freiwilligen Gerichtsbarkeit sind nicht befugt, in die Amtsführung des Testamentsvollstreckers einzugreifen. Einzelne Maßnahmen können daher dem Testamentsvollstrecker nicht durch einstweilige Anordnung nach § 49 FamFG untersagt werden.[3] 2

Der Testamentsvollstrecker ist selbst **Prozesspartei** und dabei nicht Vertreter der Erben oder des Nachlasses. Er ist wegen § 116 S. 1 Nr. 1 ZPO **Partei kraft Amts**. Der Testamentsvollstrecker klagt mithin **im eigenen Namen** und auf **Leistung an sich**. Aufgrund dieser Parteistellung kann er lediglich als Partei nach §§ 445 ff. ZPO vernommen werden. Ist der Erbe nicht **Streitgenosse** des Testamentsvollstreckers, dient er im Prozess als **Zeuge** nach §§ 373 ff. ZPO. Wird das Recht des Testamentsvollstreckers bestritten, kann der Erbe in dem Prozess als Nebenintervenient nach §§ 66, 69 ZPO oder **Hauptintervenient** nach § 64 ZPO (Streitbeitritt aus eigenem Antrieb) auftreten. Dem Erben kann auch nach Maßgabe der §§ 72 ff. ZPO der **Streit verkündet** werden. Dies bietet sich insbesondere in den Fällen an, in denen der Testamentsvollstrecker sich einem Haftungsregress nach § 2219 BGB ausgesetzt sieht. 3

Hat der Erblasser ein gemeinschaftliches Verfügungsrecht angeordnet, so steht das Prozessführungsrecht den Erben und dem Testamentsvollstrecker gemeinschaftlich zu. Dann sind beide **notwendige Streitgenossen** i.S.d. § 62 Abs. 1 Alt. 2 ZPO. Gleiches gilt nach § 62 Abs. 1 Alt. 2 ZPO, wenn mehrere Personen zum Testamentsvollstrecker berufen sind, sofern sie gem. § 2224 Abs. 1 BGB gemeinsam zur Vollstreckung berufen sind. Ist ein Mitvollstrecker gem. § 2224 Abs. 1 S. 3 BGB zur alleinigen Verwaltung des betroffenen Rechts berufen, kann er **allein klagen**. Die alleinige Klagebefugnis ist im Übrigen bei Mitvollstreckern nach § 2224 Abs. 2 BGB immer dann gegeben, wenn die Prozessführung zur Erhaltung eines Nachlassgegenstands erforderlich ist. Nach 4

1 OLG Köln, Urt. v. 30.10.2019 – 16 U 59/19, ErbR 2020, 738.

2 Dazu OLG Köln, Urt. v. 30.10.2019 – 16 U 59/19, ErbR 2020, 738.

3 So auch: *J. Mayer*, ZEV 2013, 469; OLG Karlsruhe ZEV 2013, 205; *Strobel*, NJW 2020, 3745 mit Überblick; a.A. *Zimmermann*, ZEV 2010, 368 sowie *Zimmermann*, ZEV 2024, 68; Staudinger/*Dutta*, vor § 2197 Rn 35; Grüneberg/*Weidlich*, § 2216 Rn 1. Offengelassen von OLG Schleswig, Beschl. v. 8.3.2017 – 3 Wx 23/17, ErbR 2017, 439.

h.M. haben die Gesamtvollstrecker als notwendige Streitgenossen nach § 62 ZPO eine gemeinsame Klage einzureichen. Dies gilt gleichermaßen für Gestaltungs-, Feststellungs- und Leistungsklagen und geschieht durch die gemeinsame Beauftragung eines Prozessbevollmächtigten.[4] Fehlt das Prozessführungsrecht, so ist die Klage wegen einer fehlenden Prozessvoraussetzung als **unzulässig** abzuweisen. Ein unter Verkennung der Prozessführungsbefugnis der Erben erstrittenes Urteil wirkt nicht gegen den Testamentsvollstrecker.[5]

B. Tatbestand

I. Umfang des Prozessführungsrechts

5 Der Umfang des Prozessführungsrechts des Testamentsvollstreckers hängt vom **Umfang seines Verwaltungsrechts** ab. Zunächst ist daher zu prüfen, ob der Erblasser nach § 2208 BGB das Verwaltungsrecht des Testamentsvollstreckers eingeschränkt hat. Anderenfalls ist der Testamentsvollstrecker grundsätzlich zu jeder Art der gerichtlichen Geltendmachung des seiner Verwaltung unterliegenden Nachlasses berechtigt. Dies sind z.B.:

- Erwirkung eines Mahn- oder Vollstreckungsbescheides
- Antrag auf Arrest oder einstweilige Verfügung
- Leistungsklagen
- Feststellungsklagen (sofern nicht Feststellung des Erbrechts nach dem Erblasser; eine negative Feststellungsklage ist ein Passivprozess!)
- Durchführung der Zwangsvollstreckung
- Klagen i.R.d. Zwangsvollstreckung wie Vollstreckungsgegenklage nach § 767 ZPO
- Antrag auf Teilungsversteigerung nach § 175 ZVG
- Aufgebot der Nachlassgläubiger gem. § 991 Abs. 2 ZPO
- Antrag auf Eröffnung des Insolvenzverfahrens gem. § 317 InsO
- Forderungen des Erblassers gegen den oder die Erben[6]
- Verfahren in Grundbuchsachen[7]
- Klagen gegen Erbschaftsbesitzer nach §§ 2018, 2027, 2028, 2029 BGB[8]
- Patentnichtigkeitsklage[9]

6 Ein Testamentsvollstrecker kann aber weder im Wege der gewillkürten noch der gesetzlichen Prozessstandschaft vorgehen, wenn für das von ihm verfolgte, im Grundbuch eingetragene subjektivpersönliche Vorkaufsrecht eine Übertragbarkeit o.Ä. aus dem Grundbuch nicht ersichtlich ist.[10] Die Verwaltung des Nachlasses erstreckt sich hingegen nicht auf Rechtsverhältnisse der Erben, die nicht zum Nachlass gehören, und namentlich auch nicht auf die Rechtsstellung des Erben in Bezug auf den Nachlass.[11]

7 Unterliegt der gesamte Nachlass der Testamentsvollstreckung, kann der Testamentsvollstrecker in dieser Eigenschaft auch den Erbschaftsanspruch geltend machen.[12] Der Testamentsvollstrecker kann sowohl den **ordentlichen Zivilrechtsweg** als auch den **Verwaltungsrechtsweg** begehen. Gleiches gilt für das **Schiedsverfahren**, das **finanz-**

---

4 *Damrau*, ZEV 2013, 475.
5 Soergel/*Becker*, § 2212 Rn 2.
6 Soergel/*Becker*, § 2212 Rn 7; a.A. Staudinger/*Dutta*, § 2214 Rn 1.
7 BayObLGZ 1951, 454.
8 MüKo/*Zimmermann*, § 2212 Rn 10; Soergel/*Becker*, § 2212 Rn 7; Staudinger/*Dutta*, § 2212 Rn 28.
9 BGH NJW 1966, 2059, wobei die Klage jedoch gegen den Erben zu richten ist gem. § 81 Abs. 1 S. 2 PatG.
10 OLG Celle ZErb 2012, 173.
11 OLG Koblenz ZEV 2017, 675 = ErbR 2018, 112.
12 *Lange/Kuchinke*, § 31 VI 4c.

gerichtliche Verfahren (mit Einschränkungen, sofern Erbschaftsteuerbescheid nicht an Erben gerichtet ist) sowie das **FamFG-Verfahren.**

I.R.d. Erbprozesses kann der Testamentsvollstrecker auch zur Abgabe von **Verzichten, Anerkenntnissen** und **Vergleichen** berechtigt sein. Ebenso ist die Erhebung einer **Widerklage**[13] möglich. 8

Sofern jedoch der Testamentsvollstrecker i.R.d. Prozesses verzichtet, anerkennt oder einen Vergleich abschließen will, sind auch die **Anordnungen des Erblassers** nach § 2208 BGB und das **Schenkungsverbot** nach § 2205 S. 3 BGB zu berücksichtigen. Verstößt der Testamentsvollstrecker gegen diese Anordnungen bzw. das Schenkungsverbot, tritt keine Verfahrensbeendigung ein. Nach der h.M. hat die Nichtigkeit auf der materiell-rechtlichen Seite Auswirkungen auf die prozessuale Seite mit der Folge, dass die Prozesshandlung unwirksam ist.[14] 9

Ist der Testamentsvollstrecker als **Schiedsrichter** zur Entscheidung eines Rechtsstreits berufen, an dem er selbst nicht beteiligt ist, ist eine derartige Einsetzung zulässig.[15] Etwas anderes gilt nur dann, wenn sich der Gegenstand des Verfahrens auf seine Stellung als Testamentsvollstrecker bezieht. Ist der Testamentsvollstrecker gleichzeitig Schiedsrichter, ist die Durchführung des Schiedsverfahrens nicht Teil des Amts als Testamentsvollstrecker mit der Folge, dass diese Tätigkeit nicht durch die Testamentsvollstreckervergütung abgegolten ist.[16] 10

Entgegen der h.M.[17] kann die Entscheidung nach § 2227 BGB einem **Schiedsgericht** übertragen werden.[18] Die Zuordnung des Entlassungsverfahrens zur freiwilligen Gerichtsbarkeit in der Sache ist zufällig. Die Beteiligten beherrschen in den „echten Streitsachen“ der freiwilligen Gerichtsbarkeit das Verfahren ähnlich wie die Parteien des Zivilprozesses. Diese leiten es durch ihre Anträge ein und können es durch Antragsrücknahme beenden. Insofern ist eine Gleichbehandlung gerechtfertigt.

Des Weiteren hat der Testamentsvollstrecker die **Verjährungshemmung** nach § 207 BGB zu beachten. Danach wird die Verjährung nicht vor Ablauf von sechs Monaten seit der Amtsannahme durch den Testamentsvollstrecker beendet, soweit der Anspruch der Testamentsvollstreckung unterliegt.[19] Dies gilt sowohl zum Schutz des Nachlasses als auch zum Schutz der Gläubiger. Da § 2212 BGB nicht zwingend ist,[20] kann der Erblasser im Rahmen seiner letztwilligen Anordnung das Prozessführungsrecht auch den Erben zuweisen nach § 2208 Abs. 1 S. 1 BGB. Hat der Erblasser beiden, dem Testamentsvollstrecker und den Erben, das Prozessführungsrecht übertragen, sind beide ausnahmsweise **notwendige Streitgenossen** nach § 62 Abs. 1 Alt. 2 ZPO.[21] 11

II. Fehlende Prozessführungsbefugnis

Das Prozessführungsrecht des Testamentsvollstreckers fehlt in den Fällen, in denen der Anspruch, der mit dem Prozess verfolgt werden soll, nicht oder nicht mehr (z.B. durch Freigabe oder Testamentsvollstrecker ist selbst Schuldner des Nachlasses) der Verwaltung des Testamentsvollstreckers unterliegt. Dabei ist insbesondere die **Feststel-** 12

13 Staudinger/*Dutta*, § 2212 Rn 13.

14 Staudinger/*Dutta*, § 2212 Rn 2; Mayer/Bonefeld/Tanck/*Mayer/Bonefeld*, Testamentsvollstreckung, § 11 Rn 5; a.A. Soergel/*Becker*, § 2212 Rn 8.

15 *Haas*, ZEV 2007, 54.

16 *Bandel*, NotBZ 2005, 387; *Haas*, ZEV 2007, 54.

17 Soergel/*Becker*, § 2227 Rn 1; BeckOK BGB/*Lange*, § 2227 Rn 3 m.w.N; OLG Stuttgart, Beschl. v. 7.11.2016 – 8 W 166/16, ZEV 2017, 269.

18 So mit ausführlicher Begründung *Muscheler*, ZEV 2009, 317.

19 RGZ 100, 279; Staudinger/*Dutta*, § 2212 Rn 19.

20 BGH NJW 1963, 297; Soergel/*Becker*, § 2212 Rn 2; Staudinger/*Dutta*, § 2212 Rn 8.

21 Staudinger/*Dutta*, § 2212 Rn 6.

lung des Erbrechts nach dem Erblasser[22] nicht durch den Testamentsvollstrecker durchsetzbar. Allerdings hat der Testamentsvollstrecker eine Klagebefugnis bzgl. des Erbrechts, sofern Unklarheiten bestehen, die zu seiner Haftung führen könnten. Er hat dann ausnahmsweise die Möglichkeit, eine Feststellungsklage einzureichen.[23] Gleiches gilt für das **Pflichtteilsrecht** und für **Vermächtnisse**, wenn er anderenfalls sein Amt nicht sachgerecht führen kann, weil str. ist, ob er wirksam zum Testamentsvollstrecker ernannt wurde oder wenn davon die Art der Erbteilung abhängt.[24] Dabei entsteht jedoch keine Rechtswirkung gegenüber den Miterben, die nicht am Rechtsstreit beteiligt waren, im Hinblick auf § 327 ZPO. Die Geltendmachung des **Anfechtungsrechts** nach §§ 2080 ff. BGB steht ebenfalls nur den Erben zu.[25]

13 Sind **innere Angelegenheiten der Gesellschaft** (siehe dazu § 2205 Rdn 53 ff.) betroffen, die unmittelbar auf den Mitgliedschaftsrechten der Erben beruhen, so ist eine Klage i.R.d. Gesellschaftsrechts nicht unbedingt vom Prozessführungsrecht des Testamentsvollstreckers umfasst. Dies gilt also insbesondere für Rechtsstreitigkeiten über den Kreis der Gesellschafter, wenn der Anteil an einer Personengesellschaft zum Nachlass gehört.[26] Ferner kann der Testamentsvollstrecker nicht gegen einen **Erbschaftsteuerbescheid** Einspruch erheben, da er hierfür eine Vollmacht der Erben benötigt.[27] Eine Ausnahme gilt hier nur, wenn der Bescheid fälschlicherweise dem Testamentsvollstrecker zugestellt wurde und ihn als zahlungspflichtig bezeichnet, obwohl er nur Vermögensverwalter i.S.v. § 34 Abs. 2 AO ist.[28] Lässt dabei ein **Einkommensteuer-Änderungsbescheid** nicht erkennen, ob das Finanzamt gegenüber dem Testamentsvollstrecker eine Steuerschuld des Erblassers geltend gemacht hat und ob der Bescheid dem Testamentsvollstrecker lediglich als Zustellungsbevollmächtigtem der Erben bekannt gegeben wird, so ist der Bescheid mangels ungenügender Bezeichnung des Steuerschuldners ohnehin unwirksam. Ist dieser unwirksame Änderungsbescheid vom Testamentsvollstrecker zum Gegenstand des finanzgerichtlichen Verfahrens gemacht worden, so hat das Finanzgericht zu prüfen, ob über den ursprünglichen mit der Klage angefochtenen Bescheid zu entscheiden ist, und den klagenden Erben Gelegenheit zu geben, ihren Antrag entsprechend zu ändern.[29]

14 Es ist i.d.R. auch nicht Aufgabe des Testamentsvollstreckers, **öffentlich-rechtliche Pflichten** der Erben zu erfüllen. Dies gilt jedenfalls dann, wenn die Erben feststehen und die Eigentumsverhältnisse am Nachlass geklärt sind. Hat das **Berufungsgericht** eine Klage wegen mangelnder Prozessführungsbefugnis des klagenden Erben im Hinblick auf eine bestehende Testamentsvollstreckung abgewiesen, so ist das **Revisionsgericht** bei Prüfung der Prozessführungsbefugnis des Klägers an die tatsächlichen Feststellungen des Berufungsgerichts nicht gebunden.[30] Da das Sterbegeld nach § 18 Abs. 2 BeamtG nicht in den Nachlass fällt, steht dem Testamentsvollstrecker kein Klagerecht zu.

15 Des Weiteren ist § 2212 BGB nicht anwendbar für Streitigkeiten der Erben gegen den Testamentsvollstrecker selbst, also insbesondere in den Fällen, in denen der Testa-

22 RGZ 81, 152; Soergel/*Becker*, § 2212 Rn 4; Staudinger/*Dutta*, § 2212 Rn 25.
23 BGH NJW-RR 1987, 1090.
24 MüKo/*Zimmermann*, § 2212 Rn 10.
25 BGH NJW 1962, 1058.
26 BGH ZEV 1998, 72; Staudinger/*Dutta*, § 2212 Rn 7.
27 MüKo/*Zimmermann*, § 2212 Rn 7.
28 BFH/NV 1992, 223.
29 BFH/NV 1992, 223.
30 BGH NJW 1960, 523.

mentsvollstrecker selbst Nachlassschuldner ist.[31] Ein Anspruch gegen den **Testamentsvollstrecker als Nachlassschuldner** kann vom Erben selbst gerichtlich geltend gemacht werden.[32] Ein **Anfechtungsrecht wegen Erbunwürdigkeit** gem. §§ 2341, 2345 BGB oder nach §§ 2080 ff. BGB[33] steht dem Testamentsvollstrecker nicht zu, da ein derartiges Recht nicht in den Nachlass fällt und der Verwaltung des Testamentsvollstreckers entzogen ist. Gleiches gilt für das Recht, eine **Schenkung zu widerrufen** nach § 530 Abs. 2 BGB oder nach §§ 2287, 2288 BGB[34] die Herausgabe einer Schenkung zu verlangen. In diesem Fall käme aber eine gewillkürte Prozessstandschaft des Testamentsvollstreckers in Betracht.[35] Auch ein Antrag der Miterben auf Teilungsversteigerung eines Nachlassgrundstücks (§ 180 ZVG) kann durch Genehmigung des Testamentsvollstreckers wirksam werden.[36]

III. Gewillkürte Prozessstandschaft des Erben

16 Der Testamentsvollstrecker hat die Möglichkeit, die Erben zur Prozessführung im Wege der **gewillkürten Prozessstandschaft** wirksam zu ermächtigen.[37] Die gewillkürte Prozessstandschaft bietet sich insbesondere in den Fällen an, in denen der Testamentsvollstrecker aufgrund des Risikos selbst nicht klagen will. Die Besonderheit dieser gewillkürten Prozessstandschaft liegt darin, dass ein eigenes Recht, das jedoch der Verfügungsbefugnis durch den Rechtsinhaber entzogen ist, **im eigenen Namen** geltend gemacht wird.[38] Lehnt der Testamentsvollstrecker sowohl die eigene Prozessführung als auch eine gewillkürte Prozessstandschaft ab, so muss er vom Erben nach § 2216 BGB auf Durchführung der Klage verklagt werden. Alternativ kann der Erbe bei grobem Pflichtverstoß die Entlassung des Testamentsvollstreckers beantragen.[39]

17 Die prozessuale Voraussetzung ist dann gegeben, wenn sich insbesondere das **schutzwürdige Interesse** für die Geltendmachung durch den Erben aus seiner eigenen Rechtsinhaberschaft ergibt. Erfolgt die Abtretung zur Ermöglichung der Prozessführung nur aus dem Grund, damit das Kostenrisiko verschoben wird, ist sie wegen **Missbrauch** unzulässig.[40] Dem Testamentsvollstrecker ist es jedoch nur möglich, im Rahmen seiner ordnungsgemäßen Verwaltung die Ermächtigung zu erteilen. Hierzu gehört auch, dass das durch den Prozess Zugesprochene seiner Verwaltung unterworfen bleibt. Wenn er zur Freigabe nach § 2217 Abs. 1 BGB befugt wäre, muss diese Einschränkung nicht vom Testamentsvollstrecker beachtet werden.[41] Sofern ein Erbe im Wege der gewillkürten Prozessstandschaft Klage erhebt, ist zu beachten, dass der **Antrag auf Leistung an den Testamentsvollstrecker** gerichtet sein muss, weil dieser weiterhin den Nachlass zu verwalten hat.[42] Die Rechtskraft eines gegen den Erben als gewillkürten Prozessstandschafter ergangenen Urteils wirkt auch gegen den Testamentsvollstrecker.[43]

---

31 Soergel/*Becker*, § 2212 Rn 5.
32 BGH ZErb 2003, 48.
33 Soergel/*Becker*, § 2212 Rn 6.
34 *Roth*, NJW-Spezial, 2021, 264.
35 *Tiedtke*, JZ 1981, 429.
36 Grüneberg/*Weidlich*, § 2212 Rn 5.
37 MüKo/*Zimmermann*, § 2212 Rn 18 m.w.N.
38 Dazu Mayer/Bonefeld/Tanck/*Mayer/Bonefeld*, Testamentsvollstreckung, § 11 Rn 9.
39 Soergel/*Becker*, § 2212 Rn 2.
40 BGH NJW 1961, 1528.
41 BGH NJW 1961, 1528.
42 Soergel/*Becker*, § 2212 Rn 3.
43 Soergel/*Becker*, § 2212 Rn 3; Staudinger/*Dutta*, § 2212 Rn 8.

IV. Prozesskostenhilfe

18 Sofern die Voraussetzungen der §§ 114, 116 S. 1 Nr. 1 ZPO vorliegen, ist dem Testamentsvollstrecker **Prozesskostenhilfe** zu gewähren. Dies ist dann gegeben, wenn zur Prozessführung erforderliche Mittel weder aus dem verwalteten Nachlass noch von den Erben oder den sonstigen an der Prozessdurchführung interessierten Personen aufgebracht werden können und die sonstigen Voraussetzungen hierfür vorliegen. **Prozesskostenhilfe** kann der Testamentsvollstrecker nur erhalten, wenn er ein seiner Verwaltung unterliegendes Recht geltend macht und wenn die Prozesskosten aus dem verwalteten Vermögen nicht aufgebracht werden können und den am Gegenstand des Rechtsstreits wirtschaftlich Beteiligten nicht zuzumuten ist, die Kosten aufzubringen. Dabei ist auf Seiten des Testamentsvollstreckers der Nachlass, soweit er der Testamentsvollstreckung unterliegt, einzusetzen. Macht er eigene Ansprüche geltend, so kommt es nur auf seine wirtschaftlichen Verhältnisse an.[44] Im Gesetz ist selbst nicht geregelt, wie zu verfahren ist, wenn einer der wirtschaftlich Beteiligten, etwa ein Mitglied einer Erbengemeinschaft, nicht bereit ist, die erforderlichen Erklärungen abzugeben. Das Gericht kann diese Angaben nach § 118 Abs. 2 S. 1 ZPO verlangen, deren Abgabe jedoch nicht erzwingen. Neben den Erben sind auch Vermächtnisnehmer und Pflichtteilsberechtigte wirtschaftlich Beteiligte i.S.v. § 116 Nr. 2 ZPO.

19 Die **wirtschaftlichen** und **persönlichen Verhältnisse** des Testamentsvollstreckers sind bei der Gewährung von Prozesskostenhilfe irrelevant. Er muss lediglich den Vordruck über die wirtschaftlichen Verhältnisse des Nachlasses vorlegen nebst den Vordrucken über die persönlichen und wirtschaftlichen Verhältnisse der Erben. Weigern sich diese oder einzelne Erben, die Unterlagen auszufüllen, ist es ausreichend, wenn der Testamentsvollstrecker darlegt, dass eine Weigerung vorliegt. Die Vorschaltung eines zusätzlichen Rechtsstreits ist dem Testamentsvollstrecker nicht zumutbar.[45] Das Vorgehen nach § 2206 BGB mittels einer Klage auf Zustimmung zur Eingehung von Verbindlichkeiten hinsichtlich der Prozesskosten dürfte dem Testamentsvollstrecker wenig bringen. Zwar ist der Testamentsvollstrecker durch die Erteilung der Einwilligung gegen Schadensersatzansprüche aus § 2219 BGB geschützt. Allerdings kann er schlechterdings aus dem mittellosen Nachlass kein Geld entnehmen. Wenn hierzu die Möglichkeit besteht, kann aber der Testamentsvollstrecker ein Darlehen aufnehmen, sofern der Nachlass hierfür überhaupt Sicherheiten bieten kann. Letztendlich hat der Testamentsvollstrecker keine Möglichkeit, den zahlungsfähigen, aber unwilligen Miterben zu Zahlung der Prozesskosten zu zwingen.

V. Verjährung, Unterbrechung des Prozesses, Gerichtsstand

20 Bei Ansprüchen für und gegen den Nachlass richtet sich die **Verjährungshemmung** nach § 211 BGB. Danach verjährt ein Anspruch, der zu einem Nachlass gehört oder sich gegen den Nachlass richtet, nicht vor Ablauf von sechs Monaten seit der Amtsannahme durch den Testamentsvollstrecker, soweit der Anspruch der Testamentsvollstreckung unterliegt. Ist die Verjährungsfrist kürzer als sechs Monate, so tritt die kürzere Verjährungsfrist nach § 211 S. 2 BGB an die Stelle der sechs Monate. Kommt es zu einem **Wechsel der Person** des Testamentsvollstreckers, so wird wegen § 241 ZPO kraft Gesetzes der Prozess zunächst unterbrochen. § 246 ZPO (Aussetzung auf Antrag, bei Vertretung durch einen Prozessbevollmächtigten) gilt entsprechend. Verliert der Testamentsvollstrecker sein Verwaltungsrecht an dem geltend gemachten Recht, so sind die §§ 239, 246 ZPO anzuwenden. Gleiches gilt, wenn die Testamentsvollstreckung insgesamt wegfällt. Der **Gerichtsstand** richtet sich nach dem besonderen Ge-

---

44 Zöller/*Geimer*, ZPO, § 116 Rn 5.
45 Zöller/*Geimer*, ZPO, § 116 Rn 7.

richtsstand der Erbschaft gem. §§ 27, 28 ZPO sowie dem der Vermögensverwaltung gem. § 31 ZPO und dem allg. nach § 13 ZPO.

VI. Wirkung des Urteils/Klauselumschreibung

21 Für die Urteilsrechtskraft bei Testamentsvollstreckung gilt § 327 ZPO. Danach wirkt ein Urteil, das zwischen einem Testamentsvollstrecker und einem Dritten über ein der Verwaltung des Testamentsvollstreckers unterliegendes Recht ergeht, für und gegen den Erben.[46] Hat trotz fehlender Prozessführungsbefugnis ein Erbe gleichwohl ein Urteil erwirkt, wirkt dieses weder für noch gegen den Testamentsvollstrecker.[47] Urteile, die zwischen den Erben und einem Dritten ergehen, wirken nur dann für und gegen den Testamentsvollstrecker, wenn eine gewillkürte Prozessstandschaft vorlag.[48]

22 Will der Erbe nach Beendigung der Testamentsvollstreckung aus einem vom Testamentsvollstrecker erstrittenen Urteil die **Zwangsvollstreckung** betreiben, so muss er sich nach §§ 727, 728 Abs. 2 ZPO eine vollstreckbare Ausfertigung erteilen lassen. Dabei wird die **Vollstreckungsklausel** auf den Erben **umgeschrieben.**[49] Hierfür ist ein **Nachweis** der Erbenstellung, aber auch der **Beendigung** der Testamentsvollstreckung in der Form des § 727 Abs. 1 ZPO notwendig – also öffentliche oder öffentlich beglaubigte Urkunde. Während der Testamentsvollstreckung kann der Erbe wegen des fehlenden Verwaltungsrechts selbst keine Zwangsvollstreckung durchführen. Lag bereits für den Erblasser ein Urteil oder sonstiger Vollstreckungstitel gem. § 794 ZPO (z.B. Vergleich, Kostenfestsetzungsbeschluss) vor, so wirkt dieser Titel auch für den Testamentsvollstrecker, so dass sich dieser eine vollstreckbare Ausfertigung gem. §§ 727, 749 ZPO erteilen lassen kann. In diesen Fällen muss dann nur die Vollstreckungsklausel umgeschrieben werden. Dabei muss er nachweisen, dass das betreffende Recht seiner Verwaltung unterliegt, wozu regelmäßig die Vorlage des Testamentsvollstreckerzeugnisses ausreicht.

C. Kostentragung bei Prozessen

23 Verliert der Testamentsvollstrecker einen nach § 2212 BGB geführten Rechtsstreit, erfolgt die **Kostentragung** nach den Vorschriften der §§ 91 ff. ZPO. Die Kosten trägt aber der Nachlass, in den auch allein aus dem Kostenfestsetzungsbeschluss vollstreckt werden kann.[50] Hat der Testamentsvollstrecker z.B. einen Rechtsstreit gegen den Erben wegen Einwilligung zur Eingehung einer Verbindlichkeit nach § 2206 Abs. 2 BGB geführt, so steht ihm ein **Aufwendungsersatzanspruch** nach den Grundsätzen der §§ 257, 670, 2218 BGB zu. Er kann dann die Kosten des Rechtsstreits aus dem Nachlass entnehmen. Eine Ausnahme ist von diesem Grundsatz nur dann zu machen, wenn der Testamentsvollstrecker den Prozess pflichtwidrig geführt hat. Dies ist insbesondere bei überflüssiger, leichtfertiger oder durch persönliche Interessen beeinflusster Prozessführung gegeben.[51] Zudem wäre dann auch der Testamentsvollstrecker verpflichtet, den Erben den durch die pflichtwidrige Prozessführung entstandenen **Schaden** gem. § 2219 BGB zu ersetzen. Wurde hingegen der Erbe zur Prozessführung ermächtigt, trägt das Kostenrisiko der klagende Erbe und nicht der Nachlass.

24 Macht der Testamentsvollstrecker eines Miterben eine **Nachlassforderung** gegenüber einem anderen Miterben ohne Erfolg geltend und werden ihm deshalb die Prozesskos-

46 Soergel/*Becker*, § 2212 Rn 13; Staudinger/*Dutta*, § 2212 Rn 20.
47 Zöller/*Vollkommer*, ZPO, § 327 Rn 3.
48 MüKo/*Zimmermann*, § 2212 Rn 19, Mayer/Bonefeld/Tanck/*Mayer/Bonefeld*, Testamentsvollstreckung, § 11 Rn 17 ff.
49 Soergel/*Becker*, § 2212 Rn 14; Staudinger/*Dutta*, § 2212 Rn 20.
50 Soergel/*Becker*, § 2212 Rn 12.
51 Mayer/Bonefeld/Tanck/*Mayer/Bonefeld*, Testamentsvollstreckung, § 11 Rn 21.

ten auferlegt, kann er grundsätzlich deren Erstattung von den Miterben einschließlich des Prozessgegners verlangen.[52]

25 Der vom Testamentsvollstrecker Verklagte kann alle **Einwendungen** erheben, die gegenüber dem Erben gerechtfertigt sind, soweit sie nicht ihren Grund in einer gem. § 2211 BGB unberechtigten Verfügung des Erben haben.[53] Der Beklagte kann zudem einwenden, dass der Testamentsvollstrecker nicht wirksam ernannt worden ist.[54] Bei Herausgabeklagen können insbesondere **Zurückbehaltungsrechte** geltend gemacht werden oder aber die **dolo-agit**-Einrede.

26 Besonderheiten gelten auch bei der **Widerklage.** So kann die nach § 2212 BGB verklagte Partei nur nach Maßgabe des § 2213 BGB Widerklage gegen einen Testamentsvollstrecker erheben und nur mit der gleichen Beschränkung i.R.d. Prozesses mit einer Forderung aufrechnen.[55] Der Testamentsvollstrecker kann ebenso nicht auf Erfüllung solcher Verbindlichkeiten in Anspruch genommen werden, die von den Erben ohne seine Zustimmung über Nachlassgegenstände eingegangen worden sind. Mit einer derartigen Forderung kann nicht gegen einen vom Testamentsvollstrecker geltend gemachten Anspruch des Nachlasses **aufgerechnet** werden. Des Weiteren besteht wegen der auf diese Weise begründeten Forderung kein **Zurückbehaltungsrecht** gegenüber Ansprüchen, die der Testamentsvollstrecker geltend macht. Der Erbe, gegen den der Testamentsvollstrecker eine zum Nachlass gehörende Forderung geltend macht, kann sich seiner Verpflichtung zur Leistung grundsätzlich nicht mit dem Einwand entziehen, es sei nicht erforderlich, diese Forderung einzuziehen, oder er werde durch das Vorgehen des Testamentsvollstreckers im Vergleich zu anderen Miterben benachteiligt. Die Berechtigung des Vorgehens des Testamentsvollstreckers kann i.d.R. nur i.R.d. Entscheidung über einen Antrag auf Entlassung des Testamentsvollstreckers nach § 2227 BGB überprüft werden.[56]

§ 2213 Gerichtliche Geltendmachung von Ansprüchen gegen den Nachlass

(1) [1]Ein Anspruch, der sich gegen den Nachlass richtet, kann sowohl gegen den Erben als gegen den Testamentsvollstrecker gerichtlich geltend gemacht werden. [2]Steht dem Testamentsvollstrecker nicht die Verwaltung des Nachlasses zu, so ist die Geltendmachung nur gegen den Erben zulässig. [3]Ein Pflichtteilsanspruch kann, auch wenn dem Testamentsvollstrecker die Verwaltung des Nachlasses zusteht, nur gegen den Erben geltend gemacht werden.
(2) Die Vorschrift des § 1958 findet auf den Testamentsvollstrecker keine Anwendung.
(3) Ein Nachlassgläubiger, der seinen Anspruch gegen den Erben geltend macht, kann den Anspruch auch gegen den Testamentsvollstrecker dahin geltend machen, dass dieser die Zwangsvollstreckung in die seiner Verwaltung unterliegenden Nachlassgegenstände dulde.

52 BGH ZEV 2003, 413 m. Anm. *v. Morgen*, ZEV 2003, 415.
53 RGZ 138, 132.
54 MüKo/*Zimmermann*, § 2212 Rn 4; in diesen Fällen bietet sich dann eine Haupt- oder Nebenintervention des Erben an.
55 Staudinger/*Dutta*, § 2212 Rn 13.
56 So ausdrücklich BGHZ 25, 275.

Übersicht: Rdn

A. Allgemeines

1 § 2213 BGB gilt ausschließlich bei **Passivprozessen** des Testamentsvollstreckers. Machen Dritte Ansprüche gegen den Nachlass gerichtlich geltend, kann immer der Erbe, der die Erbschaft nach § 1958 BGB angenommen hat, verklagt werden. Hat allerdings ein Testamentsvollstrecker das Verwaltungsrecht hinsichtlich des Nachlasses oder des geforderten Nachlassgegenstandes, benötigt der Nachlassgläubiger auch einen Titel gegen den Testamentsvollstrecker, um nach § 748 ZPO die Zwangsvollstreckung erfolgreich betreiben zu können. Die Vorschrift des § 2213 BGB ist **dreigeteilt** und klärt, bei welchen Konstellationen wie verfahren werden muss. Danach ist Klage einzureichen:

- bei Anspruch gegen den Nachlass sowohl gegen Erben als auch gegen Testamentsvollstrecker nach Abs. 1 S. 1;
- wenn der Testamentsvollstrecker kein Verwaltungsrecht hat, nur gegen den Erben gem. Abs. 1 S. 2;
- bei Pflichtteilsansprüchen und Nebenrechten nur gegen Erben nach Abs. 1 S. 3.

2 Eine Klage gegen die Erben **vor Annahme der Erbschaft** ist nicht zulässig. In diesen Fällen kann wegen Abs. 2 gegen den Testamentsvollstrecker vorgegangen werden, sofern dieser das Amt angenommen hat. Haben weder die Erben das Erbe noch der Testamentsvollstrecker sein Amt angenommen, ist die Klage unzulässig. Beim Testamentsvollstrecker reicht die förmliche Annahme des Amts.[1] Die Erteilung eines Testamentsvollstreckerzeugnisses oder die Inbesitznahme des Nachlasses ist nicht Voraussetzung.

B. Tatbestand

I. Umfang der Passivlegitimation

3 Unter § 2213 BGB fallen z.B.:

- alle gerichtlichen Streitigkeiten, in denen wegen einer Nachlassverbindlichkeit i.S.v. §§ 1967, 1968 BGB eine Leistung aus dem Nachlass verlangt oder deren Feststellung beansprucht wird;
- ferner solche aus einem vom Testamentsvollstrecker geschlossenen Vertrag nach § 2206 BGB.

1 Staudinger/*Dutta*, § 2213 Rn 2.

4 Dabei ist es unabhängig, welche Gerichtsbarkeit verfolgt wird, so dass auch die Klage-, Finanz- oder Verwaltungsgerichtsbarkeit nach § 2213 BGB zu beurteilen ist. Eine negative Feststellungsklage gegen einen Dritten, der sich eines Anspruchs gegen den Nachlass berühmt, fällt nicht unter § 2212 BGB, sondern vielmehr unter § 2213 BGB.[2] Der Erbe kann also im eigenen Namen klagen. Ferner fällt unter § 2213 BGB auch die Wiederaufnahme durch eine Restitutionsklage nach § 580 ZPO. Für das Vorliegen eines Passivprozesses kommt es nicht formell auf die Parteirolle im Prozess an (formelle Beklagteneigenschaft), sondern allein materiell darauf, ob ein gegen den Nachlass gerichteter Anspruch „abgewehrt" wird.[3] Haben die Erben einen Anspruch gegen den Erblasser, so bleibt dieser im Falle der Testamentsvollstreckung bestehen und geht nicht durch Konfusion unter.[4] Im Falle der Erfüllungsweigerung kann somit der Erbe den Testamentsvollstrecker verklagen, um die Bindungswirkung durch den Testamentsvollstrecker zu beseitigen.[5] Keine Passivlegitimation des Testamentsvollstreckers besteht z.B. bei Streitigkeiten der Erbprätendenten um das Erbrecht, Streitigkeiten der Miterben untereinander über das Bestehen einer Ausgleichungspflicht gem. §§ 2050 ff. BGB, Klage wegen Erbschaftsanspruchs gegen den Testamentsvollstrecker nach § 2018 BGB.[6] Der Testamentsvollstrecker hat hier den Nachlass nicht aufgrund eines zu Unrecht behaupteten Erbrechts in Besitz. Dementsprechend ist § 2213 BGB nicht anwendbar. Gleiches gilt bei Ansprüchen gegen den Testamentsvollstrecker selbst, z.B. Fordern einer Amtshandlung, und für Streitigkeiten über die Rechtsstellung des Testamentsvollstreckers, wie z.B. Wirksamkeit der Ernennung. Dabei handelt es sich um Klagen, die persönlich gegen den Testamentsvollstrecker zu richten sind.

II. Unterbrechung des Prozesses

5 Der Testamentsvollstrecker ist unter den Voraussetzungen der §§ 241, 249 ZPO berechtigt, einen durch den Tod des Erblassers unterbrochenen Prozess nach § 239 ZPO aufzunehmen. Ist das Amt des Testamentsvollstreckers beendet oder erlischt das Verwaltungsrecht während des Prozesses aus einem nicht in seiner Person liegenden Grund, so tritt eine **Unterbrechung** des Verfahrens nach § 239 ZPO ein oder es muss, sofern ein Prozessbevollmächtigter bestellt ist, einem **Aussetzungsantrag** nach § 246 ZPO entsprochen werden.[7] Der Erbe kann also bei beendeter Testamentsvollstreckung anschließend den Prozess selbst aufnehmen und weiterführen. Ist bei Unterbrechung des Verfahrens durch den Tod einer Partei ein zur Führung des Rechtsstreits berechtigter Testamentsvollstrecker vorhanden und handelt es sich um einen Aktivprozess nach § 2212 BGB, dann ist eine Aufnahme durch die Erben grundsätzlich ausgeschlossen.[8] Handelt es sich hingegen um einen Passivprozess nach § 2213 BGB, dann steht § 243 ZPO der Aufnahme durch die Erben nicht im Wege. In einem derartigen Fall kann der Gegner den Testamentsvollstrecker – auch nach der Aufnahme durch die Erben – sogar gegen den Willen des Testamentsvollstreckers durch Anzeige seiner Fortsetzungsbereitschaft in das Verfahren hineinziehen.[9] Lehnt der Testamentsvollstrecker die Führung eines Prozesses ab, so können die Erben nur seine Entlassung beim Nachlassgericht beantragen oder ihn nach § 2216 BGB im **Klageweg zur Prozessführung** anhalten, wenn die Klageeinreichung ordnungsgemäßer Verwaltung des Nachlas-

2 MüKo/*Zimmermann*, § 2213 BGB Rn 2; Staudinger/*Dutta*, § 2212 Rn 14.
3 Mayer/Bonefeld/Tanck/*Mayer/Bonefeld*, Testamentsvollstreckung, § 11 Rn 22 ff.
4 Soergel/*Becker*, § 2214 Rn 1.
5 Soergel/*Becker*, § 2213 Rn 7.
6 Staudinger/*Dutta*, § 2213 Rn 10.
7 BGH NJW 1964, 2301; Bengel/Dutta/*Pauli*, § 5 Rn 379.
8 Dazu Staudinger/*Dutta*, § 2212 Rn 3.
9 BGHZ 104, 1.

ses entspricht.[10] Eine den Umfang der Nachlassmasse betreffende **Feststellungsklage** gegen Dritte können die Erben nicht erheben.

Mehrere Testamentsvollstrecker nach § 2224 Abs. 1 BGB, die das Amt gemeinschaftlich führen, sind notwendige Streitgenossen gem. § 62 Abs. 1 Alt. 2 ZPO.[11] Ist jedoch auch bei mehreren Testamentsvollstreckern ein Testamentsvollstrecker insoweit zur alleinigen Verwaltung des betroffenen Rechts i.S.v. § 2224 Abs. 1 S. 3 BGB berufen, kann der einzelne Testamentsvollstrecker den Prozess führen. Gleiches gilt, wenn die Prozessführung zur Erhaltung eines Nachlassgegenstandes gem. § 2224 Abs. 2 BGB erforderlich ist.[12] In einem derartigen Fall ist auch nicht auf das Vorhandensein der Mitvollstrecker hinzuweisen.[13] Streiten die Testamentsvollstrecker darüber, ob die von einem Testamentsvollstrecker angestrebte Klage mit der letztwilligen Verfügung des Erblassers im Einklang steht, so liegt kein Streit über die Verwaltung des Nachlasses vor, über die das **Nachlassgericht** zu befinden hat. Zur Entscheidung dieser Frage sind die ordentlichen Gerichte berufen.[14] 6

III. Besonderheiten für den Erben im Passivprozess

Ohne Ermächtigung des Testamentsvollstreckers kann der verklagte Erbe keine **Widerklage** aufgrund eines vom Testamentsvollstrecker verwalteten Anspruchs erheben.[15] Gleiches gilt für die **Aufrechnung.** Es bedarf somit ausdrücklich einer vorherigen Zustimmung des Testamentsvollstreckers, der regelmäßig aber seine Zustimmung nicht verweigern darf, sofern dies zur ordnungsgemäßen Verwaltung nach § 2216 BGB gehört. Der Erbe kann neben dem Testamentsvollstrecker auch als **Nebenintervenient** nach § 66 ZPO beitreten und wird hierdurch Streitgenosse. Gleiches kann auch der Testamentsvollstrecker in einem Passivprozess des Erben machen. Zur Begründung des rechtlichen Interesses nach § 66 ZPO reicht schon die Gefahr eines nachteiligen Beweisergebnisses aus.[16] Allerdings wird der Testamentsvollstrecker nicht der Streitgenosse des Erben, weil die Rechtskraft des Urteils gegen den Erben und nicht gegen ihn wirkt. 7

IV. Konstellationen im Rahmen eines Passivprozesses des Testamentsvollstreckers

1. Regelfall – Testamentsvollstreckung den gesamten Nachlass umfassend gem. Abs. 1 S. 1

Bei Abs. 1 S. 1 handelt es sich um den Regelfall, dass der Nachlassgläubiger den Testamentsvollstrecker allein oder nur den Erben oder aber beide gleichzeitig auf Leistung oder Feststellung verklagen kann. Alternativ hat er die Möglichkeit, auch gegen den Erben auf Leistung und gegen den Testamentsvollstrecker auf Duldung der Zwangsvollstreckung zu klagen, und zwar sowohl gemeinsam als auch getrennt, da er zur Zwangsvollstreckung in den Nachlass ohnehin einen Titel gegen den Testamentsvollstrecker gem. § 748 Abs. 1 ZPO benötigt. Für die Zwangsvollstreckung in das Eigenvermögen des Erben benötigt er einen Titel gegen diesen.[17] 8

---

10 *Winkler*, Testamentsvollstrecker, Rn 339.

11 RGZ 98, 173; Mayer/Bonefeld/Tanck/*Mayer/Bonefeld*, Testamentsvollstreckung, § 11 Rn 38; Soergel/*Becker*, § 2212 Rn 1; Staudinger/*Dutta*, § 2212 Rn 6.

12 Mayer/Bonefeld/Tanck/*Mayer/Bonefeld*, Testamentsvollstreckung, § 11 Rn 38; Staudinger/*Dutta*, § 2212 Rn 6.

13 OLG Zweibrücken, Urt. v. 6.11.1991 – 3 W 148/91, n.v.

14 BGHZ 20, 264.

15 Staudinger/*Dutta*, § 2212 Rn 5.

16 Staudinger/*Dutta*, § 2213 Rn 23.

17 Mayer/Bonefeld/Tanck/*Mayer/Bonefeld*, Testamentsvollstreckung, § 11 Rn 44; Soergel/*Becker*, § 2213 Rn 3 m.w.N.

2. Passivprozess bei gegenständlich beschränkter Testamentsvollstreckung gem. § 2208 Abs. 1 S. 2 BGB

9 In derartigen Fällen kann der Nachlassgläubiger nur gegen den Erben **Leistungsklage** erheben. Eine Klage gegen den Testamentsvollstrecker ist nicht möglich.[18] Zulässig ist lediglich die Klage auf Duldung der Zwangsvollstreckung. Eine solche Klage ist aber auch erforderlich, wenn der Gläubiger in den dem Verwaltungsrecht des Testamentsvollstreckers unterliegenden Nachlass nach § 748 Abs. 2 ZPO vollstrecken will. Anderenfalls kann nur in das Eigenvermögen der Erben oder aber in den nicht der Testamentsvollstreckung unterworfenen Nachlass vollstreckt werden. Bedeutsam ist aufgrund dieser **Zwei-Titel-Theorie**, dass keine Rechtskrafterstreckung zwischen dem Erbentitel und Duldungstitel gegen den Testamentsvollstrecker besteht. Das Leistungsurteil wirkt also nicht gegen den Testamentsvollstrecker, weil dies in § 327 ZPO ausdrücklich nicht vorgesehen ist. Der Duldungstitel wirkt nicht gegen den Testamentsvollstrecker auf den Leistungsstreit gegen den Erben, weil der Testamentsvollstrecker wegen der eingeschränkten Verwaltungsbefugnis nach h.M. nicht zur Führung des Rechtsstreits i.S.v. § 327 Abs. 2 ZPO befugt ist.[19] Eine Klage im Wege der **subjektiven Klagehäufung** (Streitgenossenschaft) zwischen Testamentsvollstrecker und Erben ist möglich. Wird unzulässigerweise eine Leistungsklage gegen den Testamentsvollstrecker eingereicht, obwohl dieser auf Duldung der Zwangsvollstreckung hätte verklagt werden müssen, erfolgt regelmäßig von den Gerichten eine **Umdeutung** in eine zulässige Duldungsklage, und zwar auch noch in der Revisionsinstanz.[20] Soweit dem Testamentsvollstrecker nicht die Verwaltung des gesamten Nachlasses zusteht, ist eine Klage gegen ihn auf Zustimmung zur Übertragung eines der Erbengemeinschaft zustehenden Guthabens auf ein Treuhandkonto abzuweisen, da eine Geltendmachung des Anspruchs gem. Abs. 1 S. 2 nur gegen die Erben zulässig ist.[21]

3. Passivprozess bei fehlendem Verwaltungsrecht des Testamentsvollstreckers

10 Hat der Testamentsvollstrecker kein Verwaltungsrecht, ist die Klage nur gegen den Nachlass zu richten. Ein **Duldungstitel** gegen den Testamentsvollstrecker ist für die **Zwangsvollstreckung** auch nicht erforderlich.[22] Umgekehrt ist auch nur der Erbe zur Führung von Rechtsstreitigkeiten berechtigt, die sich auf Ansprüche gegen den Nachlass beziehen.[23] Ein fehlendes Verwaltungsrecht des Testamentsvollstreckers ist insbesondere in den Fällen der sog. beaufsichtigenden Testamentsvollstreckung gegeben. Mit dem Titel kann in das Eigenvermögen der Erben, aber auch in den Nachlass vollstreckt werden, sofern sich die Erben nicht auf eine beschränkte Haftung berufen.

4. Besonderheit: Pflichtteilsansprüche und Testamentsvollstreckung

11 Nach Abs. 1 S. 3 können **Pflichtteilsansprüche** nur gegen die Erben geltend gemacht werden. Dies gilt auch dann, wenn dem Testamentsvollstrecker die Verwaltung des ganzen Nachlasses zusteht. In diesen Bereich gehören sämtliche Klagen hinsichtlich einer etwaigen Pflichtteilszahlung z.B.:

- Klage auf Auskunft hinsichtlich des Nachlasses gem. § 2314 BGB;

---

18 Soergel/*Becker*, § 2213 Rn 4.

19 MüKo/*Zimmermann*, § 2213 Rn 10; Staudinger/*Dutta*, § 2213 Rn 13; Mayer/Bonefeld/Tanck/*Mayer/Bonefeld*, Testamentsvollstreckung, § 11 Rn 45.

20 MüKo/*Zimmermann*, § 2213 Rn 10.

21 LG München I, Teilurt. v. 14.6.2016 – 23 O 578/15, BeckRS 2016, 111664.

22 Soergel/*Becker*, § 2213 Rn 5.

23 Mayer/Bonefeld/Tanck/*Mayer/Bonefeld*, Testamentsvollstreckung, § 11 Rn 33.

- Klage auf Wertermittlung gem. § 2314 BGB;[24]
- Klage auf Zahlung des Pflichtteilsanspruchs;

Ob die Erfüllung von Pflichtteilsvermächtnissen unter diese Norm fällt, ist streitig, aber abzulehnen.[25]

Der gegen den Erben wegen des Pflichtteils- und Pflichtteilsergänzungsanspruchs zu führende Rechtsstreit ist nach Eröffnung des Insolvenzverfahrens über dessen Vermögen gegen den Insolvenzverwalter zu richten.[26] Ein infolge der Öffnung des Insolvenzverfahrens unterbrochener Prozess gegen den Erben ist gegen den Insolvenzverwalter aufzunehmen. Die Verurteilung des Insolvenzverwalters zur Zahlung wegen eines Pflichtteils- und Pflichtteilsergänzungsanspruchs gegen den Schuldner ist auf den vom Testamentsvollstrecker verwalteten Nachlass zu beschränken. Bei Testamentsvollstreckung kann der Pflichtteils- und Pflichtteilsergänzungsanspruch gegen den Schuldner in voller Höhe zur Tabelle angemeldet und durch Urteil festgestellt werden. Im Falle der Nachlassinsolvenz kann der Testamentsvollstrecker aufgrund des Prozessführungsrechts für Passivprozesse neben den Erben eine Forderung im Prüfungstermin nach § 178 Abs. 1 InsO bestreiten. Nur das Bestreiten des Testamentsvollstreckers verhindert die Zwangsvollstreckung aus der Eintragung in die Tabelle gem. § 201 Abs. 1 InsO. Zu dieser Vorgehensweise ist ein Testamentsvollstrecker bereits im Rahmen ordnungsgemäßer Verwaltung verpflichtet.[27] 12

Der Testamentsvollstrecker braucht somit nicht dem Pflichtteilsberechtigten Auskunft zu erteilen und kann gegen den Willen der Erben eine Pflichtteilsforderung nicht mit Wirkung gegen die Erben rechtsgeschäftlich **anerkennen.**[28] Im Einzelnen ist aber umstritten, wann und ob ein vom Testamentsvollstrecker abgegebenes **Anerkenntnis** wirksam ist. Außergerichtlich ist ein Anerkenntnis unwirksam. Es ist kein Rechtsgeschäft, sondern eine geschäftsähnliche Handlung, auf die die §§ 164 ff. BGB entsprechend anwendbar sind. Sofern allerdings ein Testamentsvollstrecker im Prozess ein Anerkenntnis abgibt, soll dieses Anerkenntnis wirksam sein.[29] Dem ist nicht zu folgen, da eine Bindungswirkung noch nicht einmal bei notwendigen Streitgenossen erfolgt. Hier sind lediglich die Grundsätze der Duldungsvollmacht zu beachten. Ist ein zu hoher Pflichtteil anerkannt worden, haftet der Testamentsvollstrecker nach Maßgabe des § 2219 BGB. 13

Aber auch **Anerkenntnisse des Erben** können u.U. den Testamentsvollstrecker nicht binden. Wenn z.B. ein Erbe einen zu hohen Pflichtteil gegenüber dem Pflichtteilsberechtigten anerkennt, ist hieran der Testamentsvollstrecker selbst nicht gebunden.[30] Der Erbe benötigt also weiterhin einen Duldungstitel gem. § 748 Abs. 3 ZPO gegen den Testamentsvollstrecker. Wollen die Erben, dass der Testamentsvollstrecker eine Summe an den Pflichtteilsberechtigten ausbezahlt, sollte der Testamentsvollstrecker überprüfen, ob nicht vorrangige Ansprüche (vgl. dazu auch § 327 InsO) zunächst zu erfüllen sind. Ferner sollte wegen des Kürzungsrechts aus § 2318 BGB ein Pflichtteil vor Erfüllung von Auflagen und Vermächtnissen berechnet werden. Ein Vermächtnis- 14

24 So auch Grüneberg/*Weidlich* § 2213 Rn 6.

25 Dafür aber: *Gergen*, ZErb 2006, 404; dagegen wie hier BeckOK BGB/*Lange*, § 2213 Rn 10; Grüneberg/*Weidlich*, § 2213 Rn 6.

26 BGH ZEV 2006, 405.

27 OLG Frankfurt ZEV 2014, 358.

28 BGH NJW 1969, 424.

29 So Soergel/*Becker*, § 2213 Rn 10; a.A. Stein/Jonas/*Leipold*, § 306 ZPO Rn 26.

30 OLG Celle MDR 1967, 46.

kürzungsrecht des Erben kann auch durch den Testamentsvollstrecker geltend gemacht werden.[31]

15 Wenn die Erben hingegen der Ansicht sind, der **Anspruch** des **Pflichtteilsberechtigten** sei zu hoch, und erkennen nur einen zu niedrigen Wert an, stellt sich für den Testamentsvollstrecker die Frage, ob er dennoch den höheren Anspruch anerkennt und ausbezahlt. Ein Anerkenntnis würde die Erben nicht binden.[32] Da Schadensersatzansprüche aus § 2219 BGB nur der Erbe und der Vermächtnisnehmer, nicht aber der Pflichtteilsberechtigte gegen den Testamentsvollstrecker geltend machen können, ist es ratsam, wenn er sich vom Erben den Wunsch nach Auszahlung bestätigen lässt. Nach erfolgter Zustimmung hat der Erbe keinen Schadensersatzanspruch.

16 Er ist daher zur **Erfüllung** von **Pflichtteilsansprüchen** nur berechtigt, wenn es sich um unstr. Forderungen handelt. Dabei ist er zur Erfüllung einer unstr. Pflichtteilsforderung aber den Erben gegenüber nicht verpflichtet, es sei denn, dass die Grundsätze einer ordnungsgemäßen Nachlassverwaltung dies gebieten und anderenfalls eine Haftung nach § 2219 BGB droht.[33] Eine Forderung ist nur dann unstr., wenn über Bestehen, Höhe, Fälligkeit oder sonstige Punkte zwischen Gläubiger und Schuldner keine ernsthaften Meinungsverschiedenheiten bestehen.[34] Problematisch bleibt es, wenn die Erben selbst uneinig wegen der richtigen Summe für den Pflichtteilsberechtigten sind. Dann muss der Testamentsvollstrecker eine Entscheidung selbst verantworten und trägt aber nicht das Risiko aus § 2219 BGB, da die Pflichtteilsforderung nicht unstr. war.

17 Nach alledem ist es somit falsch, wenn man als Vertreter des Pflichtteilsberechtigten sich zunächst direkt an den Testamentsvollstrecker wendet, um **Auskunft** zu erhalten. Der Erbe darf anschließend den Pflichtteilsberechtigten nicht damit vertrösten, er solle sich direkt an den Testamentsvollstrecker wenden, wenn er Auskunft haben wolle. Dieser braucht sich nicht auf die Abtretung von Auskunftsansprüchen einzulassen.

18 Ein Erblasser kann den Testamentsvollstrecker in Abweichung von Abs. 1 S. 3 mit der Abwicklung von Pflichtteilsansprüchen betrauen. Im Interesse der Rechtssicherheit kann der Erblasser indes nicht verfügen, dass ein Pflichtteilsberechtigter nicht mehr gegen den oder die Erben vorgehen kann.[35] Ist der Testamentsvollstrecker selbst Gläubiger der Pflichtteilsforderung, so ist die Klage gegen die Erben zu richten. In diesem Fall genügt zur Vollstreckung in den Nachlass lediglich ein Titel gegen den Erben.[36] Gleiches gilt auch für Streitigkeiten darüber, ob dem Testamentsvollstrecker ein Vermächtnis zusteht, oder über die Höhe seiner Vergütung nach § 2221 BGB.

19 Die **Zwangsvollstreckung** des Pflichtteilsberechtigten nach § 888 ZPO aus einem Auskunftstitel gegen den Erben setzt einen Duldungstitel gegen den Testamentsvollstrecker nicht voraus.[37] Der Umstand, dass nach § 748 Abs. 3 ZPO zur Zwangsvollstreckung wegen eines Pflichtteilsanspruchs auch ein Titel gegen den Testamentsvollstrecker erforderlich ist, verhindert nicht, dass auch separat ein Titel gegen den Erben ergehen und insoweit vollstreckt werden kann.

---

31 BGH, Urt. v. 10.7.1985 – IVa ZR 151/83 sowie LG Essen, Urt. v. 12.1.2017 – 6 O 420/16, BeckRS 2017, 139983.

32 Vgl. *Klingelhöffer*, ZEV 2000, 262; *Merkel*, NJW 1967, 1285.

33 Mayer/Bonefeld/Tanck/*Kroiß*, Testamentsvollstreckung, § 9 Rn 124; Staudinger/*Dutta*, § 2213 Rn 19; *Klingelhöffer*, ZEV 2000, 261; Grüneberg/*Weidlich*, § 2213 Rn 6.

34 BGH NJW 1969, 424.

35 *Köpf*, ZEV 2013, 241; BeckOK BGB/*Lange*, § 2213 Rn 8.

36 Soergel/*Becker*, § 2213 Rn 6.

37 OLG Dresden ZEV 2003, 289.

V. Klagen gegen den Testamentsvollstrecker persönlich

Wie bereits erwähnt, gehört die Geltendmachung von Ansprüchen gegen den Testamentsvollstrecker persönlich nicht zu § 2213 BGB. Dies liegt insbesondere dann vor, wenn **keine Amtshandlung** von ihm begehrt wird. Die einzelne **Abgrenzung** zwischen einer Klage gegen den Testamentsvollstrecker persönlich und einer Amtsklage ist in der Lit. umstritten. Einerseits[38] wird die Amtsklage in den Fällen befürwortet, in denen aus dem Titel gegen den Nachlass vollstreckt werden soll und der Testamentsvollstrecker die Kosten des Prozesses aus dem Nachlass bestreiten darf. Andererseits[39] wird danach unterschieden, gegen wen das Urteil im Todesfall des Testamentsvollstreckers wirken soll. Wirkt es gegen den Amtsnachfolger, dann ist die Amtsklage gegeben. Wirkt es gegen die Erben des Testamentsvollstreckers, ist er privat und persönlich zu verklagen. Letzterer Ansicht ist der Vorzug zu geben, da sie die klarere Trennung möglich macht und auch zu einem sachgerechten Ergebnis führt. 20

Ein Erbe hat im Fall eines Streits zwischen ihm und dem Testamentsvollstrecker etwa über die Gültigkeit, Auslegung oder Tragweite einer letztwilligen Verfügung regelmäßig ein Interesse an der alsbaldigen gerichtlichen Klärung der Streitfrage.[40] Die Frage der wirksamen Ernennung des Testamentsvollstreckers muss grundsätzlich bei Aktivprozessen bereits **inzident** vom Gericht geprüft werden, sofern diese bestritten ist. Ob tatsächlich auf Feststellung der Wirksamkeit der Ernennung geklagt werden kann,[41] erscheint fraglich. Im Feststellungsantrag sollten nicht bloß abstrakte Rechtsfragen ohne Bezug zum konkreten Rechtsverhältnis aufgeführt werden. Eine negative Feststellungsklage im Hinblick auf die Feststellung, dass eine bestimmte Person überhaupt nicht Testamentsvollstrecker geworden sei, ist unzulässig, und zwar wegen fehlenden Feststellungsinteresses.[42] 21

Um **persönliche Klagen gegen den Testamentsvollstrecker**, die nicht unter § 2213 BGB fallen, handelt es sich z.B. bei: 22

- Geltendmachung von Schadensersatzansprüchen nach § 2219 BGB;
- Ansprüchen auf Herausgabe von Gegenständen, die der vermeintliche Testamentsvollstrecker an sich genommen hat;
- Klagen wegen Erstattung von Beträgen, die der Testamentsvollstrecker zu Unrecht dem Nachlass entnahm, z.B. als vermeintlicher Vermächtnisnehmer;
- Klagen auf Herausgabe der Erbschaft nach Beendigung der Testamentsvollstreckung nach §§ 667, 2218 BGB;
- dem Anspruch aus § 2287 BGB, den der Testamentsvollstrecker als gewillkürter Prozessstandschafter des Erben geltend macht;[43]
- der Feststellungsklage, ob die Ernennung des Testamentsvollstreckers wirksam ist;[44]
- der Feststellungsklage, ob das Amt des Testamentsvollstreckers beendet ist;
- sämtlichen Klagen, wenn die Anstellung des Testamentsvollstreckers und seine Befugnisse str. sind.[45]

---

38 *Kessler*, DRiZ 1967, 299.
39 *Garlichs*, ZEV 1996, 447.
40 OLG Frankfurt a. M., Urt. v. 22.8.2017 – 8 U 39/17, NJW-RR 2018, 329.
41 So Staudinger/*Dutta*, § 2212 Rn 29.
42 LG Tübingen, Urt. v. 9.7.2019, ZEV 2020, 313, BeckRS 2019, 31583.
43 *Garlichs*, ZEV 1996, 449; *Tietdke*, JZ 1981, 429.
44 Staudinger/*Dutta*, § 2213 Rn 3.
45 Vgl. Mayer/Bonefeld/Tanck/*Mayer/Bonefeld*, Testamentsvollstreckung, § 11 Rn 23.

VI. Nach dem Prozess

1. Urteilskraft

23 Ergeht ein Leistungsurteil über ein der Verwaltung unterliegendes Nachlassrecht des Testamentsvollstreckers, hat dieses Urteil nach § 327 Abs. 2 ZPO auch Rechtswirkung für und gegen den Erben.[46] Dementsprechend kann in den Nachlass nach § 748 Abs. 1 ZPO vollstreckt werden. § 748 ZPO gilt ab dem Tod des Erblassers und nicht erst ab Annahme des Amts durch den Testamentsvollstreckers nach § 2202 Abs. 1 BGB.[47] Ein Duldungstitel gegen den Testamentsvollstrecker wirkt nicht gegen den Erben hinsichtlich einer Vollstreckung in sein eigenes Vermögen.[48]

2. Klauselumschreibung

24 Das Leistungsurteil gegen den Testamentsvollstrecker kann jederzeit gegen den Erben umgeschrieben werden, sofern der Titel nach § 327 Abs. 2 ZPO auch gegen ihn wirkt. Aus diesem umgeschriebenen Titel ist dann auch eine Zwangsvollstreckung in das Eigenvermögen des Erben möglich, wobei allerdings nunmehr der Erbe die Beschränkung seiner Haftung geltend machen kann, auch wenn dies im ursprünglichen Urteil nicht nach § 780 Abs. 2 ZPO vorbehalten war.[49] Haftet der Erbe z.B. nach § 2013 BGB unbeschränkt, ist eine auf die Haftungsbeschränkung gestützte Vollstreckungsgegenklage nach § 767 ZPO unbegründet.[50]

3. Zwangsvollstreckung

25 Ein **gegen den Erblasser** ergangenes Urteil oder Vollstreckungstitel i.S.d. § 794 ZPO wirkt auch gegen den Testamentsvollstrecker. I.R.d. Zwangsvollstreckung bedarf es jedoch einer Umschreibung der Vollstreckungsklausel gem. §§ 727, 749, 795 ZPO.[51] Da eine dem § 327 Abs. 2 ZPO entsprechende Regelung fehlt, wirkt die Rechtskraft eines zuungunsten des Erben ergangenen Leistungsurteils nicht auch gegen den Testamentsvollstrecker.[52] Hat der Erbe als Beklagter jedoch **obsiegt**, kann sich der Testamentsvollstrecker auf die Rechtskraft dieses klageabweisenden Urteils berufen, so dass eine weitere Klage gegen den Testamentsvollstrecker unzulässig wäre.[53] Obwohl Testamentsvollstrecker und verklagter Erbe nicht notwendige Streitgenossen sind, kann es hier nicht zu divergierenden Entscheidungen kommen. Anderenfalls würde ein neues Urteil nach § 327 Abs. 2 ZPO gegen den Nachlass unzulässigerweise wirken.[54] Will der Gläubiger in den vom Testamentsvollstrecker verwalteten Nachlass oder Nachlassteil vollstrecken, so bedarf es ebenfalls eines Duldungsurteils nach § 748 Abs. 3 ZPO gegen den Testamentsvollstrecker. Dabei spielt es keine Rolle, ob zunächst die Duldungsklage und anschließend die Leistungsklage erhoben wird. Ein Vorbehalt nach § 780 Abs. 1 ZPO ist bei einer Klage gegen den Testamentsvollstrecker allein nicht erforderlich, da er auf die Haftungsbeschränkung nicht verzichten kann.[55]

---

46 Grüneberg/*Weidlich* § 2213 Rn 7.
47 Zöller/*Stöber*, ZPO, § 748 Rn 29.
48 Staudinger/*Dutta*, § 2213 Rn 139.
49 Soergel/*Becker*, § 2213 Rn 149.
50 Staudinger/*Dutta*, § 2213 Rn 9; Mayer/Bonefeld/Tanck/*Mayer/Bonefeld*, Testamentsvollstreckung, § 12 Rn 6.
51 Mayer/Bonefeld/Tanck/*Mayer/Bonefeld*, Testamentsvollstreckung, § 11 Rn 40 ff.; Soergel/*Becker*, § 2213 Rn 14 ff.
52 MüKo/*Zimmermann*, § 2213 Rn 7.
53 Mayer/Bonefeld/Tanck/*Mayer/Bonefeld*, Testamentsvollstreckung, § 11 Rn 44.
54 Staudinger/*Dutta*, § 2213 Rn 6.
55 Grüneberg/*Weidlich*, § 2213 Rn 8.

Im **Verhältnis von Leistungsurteil** gegen den Erben und **Duldungsurteil** gegen den Testamentsvollstrecker tritt grds. keine Rechtskrafterstreckung ein.[56] Eine Konfusionswirkung bei Testamentsvollstreckung und Vorerbschaft tritt nicht ein. Ein Anspruch des Erben gegen den Erblasser, der regelmäßig durch Vereinigung von Recht und Verbindlichkeit in seiner Person erlischt, bleibt daher bestehen, wenn Testamentsvollstreckung zur Verwaltung des Nachlasses angeordnet ist.[57] Die Vorschrift des § 2143 BGB ist nicht anwendbar, wenn bereits aus anderen Gründen der Nachlass Sondervermögen geworden ist, also von dem sonstigen Vermögen des Vorerben getrennt wurde.[58] Dies ist in den Fällen der Testamentsvollstreckung wie auch bei der Nachlassverwaltung oder der Nachlassinsolvenz der Fall. 26

Da aus dem **Kostenfestsetzungsbeschluss** regelmäßig nicht klar wird, ob der Testamentsvollstrecker persönlich haftet oder nur der Nachlass, sollte im Kostenfestsetzungsverfahren ausdrücklich eine Klarstellung erfolgen, da regelmäßig lediglich das Rubrum aus dem Urteil übernommen wird. Haftet nur der Nachlass, wird aber fälschlicherweise i.R.d. Zwangsvollstreckung eine persönliche Haftung des Testamentsvollstreckers angenommen, muss nach § 766 ZPO Erinnerung eingelegt werden. 27

VII. Übersicht Kostenfolgen und Gerichtstand bei Klagen des oder gegen den Testamentsvollstrecker

Grundsätzlich richtet sich die Kostenregelung nach §§ 91 ff. ZPO. Hierzu wird auf die obigen Ausführungen verwiesen. Hinsichtlich des Gerichtsstandes gilt Folgendes: Beim **Aktivprozess** ist regelmäßig der Wahlgerichtsstand der §§ 27, 28 ZPO gegeben, auch wenn der Anspruch durch die Verwaltung des Testamentsvollstreckers erst entstanden ist.[59] Beim **Passivprozess** können sowohl der Erbe als auch der Testamentsvollstrecker am **Gerichtsstand der Erbschaft** nach den §§ 27, 28 ZPO verklagt werden.[60] § 28 ZPO gilt dabei ebenso für Nachlassverbindlichkeiten aus vom Testamentsvollstrecker abgeschlossenen Geschäften. Nach § 36 Nr. 3 ZPO kann auch ein gemeinsamer Gerichtsstand bestimmt werden. Bei der **Klage auf Herausgabe des Testamentsvollstreckerzeugnisses** handelt es sich jedoch nicht um einen Anspruch nach §§ 27, 28 ZPO, so dass dann die §§ 12 ff. ZPO gelten. 28

Richtet sich ein Verpflichtungsantrag gegen einen Testamentsvollstrecker als Beteiligter kraft Amtes, verbietet sich eine nach der Person des Testamentsvollstreckers aufgespaltene Kostenentscheidung. Zwar richtet sich die Kostenentscheidung im Falle der Inanspruchnahme eines Testamentsvollstreckers gegen diesen; er trägt die Kosten aufgrund seiner besonderen verfahrensrechtlichen Position aber nicht persönlich. Diese fallen vielmehr dem von ihm verwalteten Nachlass zur Last, in den allein aus dem Kostenfestsetzungsbeschluss vollstreckt werden kann.[61] 29

Sofern mehrere Testamentsvollstrecker auf einer Seite als prozessführungsbefugt vorhanden sind und fraglich ist, welcher Gerichtsstand aufgrund des unterschiedlichen Wohnsitzes der Testamentsvollstrecker gegeben ist, kommt auch § 31 ZPO in Betracht. § 31 ZPO ist als besonderer, nicht ausschließlicher Gerichtsstand der Vermögensverwaltung auch im Bereich der Testamentsvollstreckung anwendbar.[62] § 17 ZPO ist 30

56 BGH NJW 1969, 424; MüKo/*Zimmermann*, § 2213 Rn 14.
57 BGHZ 48, 214.
58 BGHZ 48, 214.
59 Soergel/*Becker*, § 2212 Rn 11.
60 MüKo/*Zimmermann*, § 2213 Rn 17; Soergel/*Becker*, § 2213 Rn 12.
61 OLG Oldenburg, Beschl. v. 3.7.2024 – 4 WF 146/23, ZEV 2024, 856.
62 Soergel/*Becker*, § 2213 Rn 8; Zöller/*Vollkommer*, § 31 ZPO Rn 1.

hingegen unanwendbar, da der Nachlass keine Vermögensmasse darstellt, die als solche verklagt werden könnte.[63]

Gegenstand	Grund	Grundsatz	Gerichtsstand i.d.R.
Aktivprozess des TV		Entnahme aus dem Nachlass – es sei denn, persönliche Haftung des TV	§ 27 ZPO
Passivprozess des TV		Entnahme aus dem Nachlass – es sei denn, persönliche Haftung des TV	§§ 27, 28 ZPO bei mehreren TV auch § 31 ZPO
Klage des TV gegen Erben	wegen persönlicher Ansprüche	kein Aufwendungsersatzanspruch – keine Entnahme aus dem Nachlass möglich	kein §§ 27, 28 ZPO, sondern §§ 12 ff. ZPO
	wegen Stellung als TV	Aufwendungsersatzanspruch-Entnahme aus dem Nachlass möglich (§§ 670, 2218 BGB)	§§ 27, 28 ZPO
Klage des Erben gegen TV	z.B. Klage nach § 2219 BGB auf Schadensersatz	kein Aufwendungsersatzanspruch – keine Entnahme aus dem Nachlass möglich	§ 31 ZPO
			kein §§ 27, 28 ZPO, sondern §§ 12 ff. ZPO
Klage des Erben im Wege der Prozessstandschaft		grds. kein Aufwendungsersatzanspruch – keine Entnahme aus dem Nachlass möglich; allerdings ggf. konkludente Vereinbarung hinsichtlich Aufwendungsersatzanspruchs	§ 27 ZPO
Antrag auf Entlassung nach § 2227 BGB		Entnahmerecht des Testamentsvollstreckers hängt davon ab, ob er das Verfahren für erforderlich halten durfte, um den Erblasserwillen zu verteidigen	§§ 343, 344 FamFG Nachlassgericht und nicht Zivilgericht!

§ 2214 Gläubiger des Erben

Gläubiger des Erben, die nicht zu den Nachlassgläubigern gehören, können sich nicht an die der Verwaltung des Testamentsvollstreckers unterliegenden Nachlassgegenstände halten.

Literatur

Muscheler, Die Haftungsbeschränkung des § 2214 BGB, ZEV 2024, 785.

63 Staudinger/*Dutta*, § 2212 Rn 24.

Übersicht: Rdn

A. Allgemeines

1 Aufgrund § 2214 BGB kommt es zur **Entstehung eines Sondervermögens.**[1] Eigen- bzw. Privatgläubiger des Erben haben keinen Zugriff auf das der Verwaltung durch den Testamentsvollstrecker unterliegende Vermögen. Ein Testamentsvollstrecker könnte insbesondere in den Fällen eines überschuldeten Erben (vgl. dazu § 2338 Abs. 1 BGB) oder im Rahmen eines sog. Behindertentestaments zahlreiche Aufgaben nicht erfüllen. Zudem schützt § 2214 BGB z.B. auch den Vermächtnisnehmer, dessen Vermächtnis nicht durch Zugriffe Dritter vereitelt wird. Der Schutz des § 2214 BGB tritt mit dem Erbfall ein und nicht erst mit Annahme des Amtes durch den Testamentsvollstrecker. Er ist unabhängig von der Art der Testamentsvollstreckung.

B. Tatbestand

I. Reichweite des Zugriffverbotes

2 Wegen § 2211 BGB kann der Erbe sich hinsichtlich der Nachlassgegenstände schuldrechtlich verpflichten, der Testamentsvollstrecker selbst wird dadurch aber gerade nicht verpflichtet. Die **Eigengläubiger** können nur wegen persönlicher Forderungen nicht auf den Nachlass zugreifen. **Persönliche Forderungen** sind dabei alle Forderungen, die sich direkt gegen den Erben als Schuldner richten, also auch Forderungen, die wegen § 2211 BGB aufgrund der fehlenden Verfügungsbefugnis dann direkt gegen den Erben entstehen. Grundpfandrechte bzw. dingliche Verwertungsrechte fallen nicht unter § 2214 BGB, selbst wenn sie zur Sicherung durch den Erben bestellt wurden. Das dingliche Recht wirkt somit auch gegen den Testamentsvollstrecker und kann geltend gemacht werden.

3 Die Ernennung eines Testamentsvollstreckers schließt die Anordnung der Versteigerung eines Grundstücks zum Zweck der Aufhebung der Gemeinschaft an einem der Testamentsvollstreckung unterliegenden Grundstück auch gegenüber einem Gläubiger eines Miterben aus, der dessen Anteil an dem Nachlass gepfändet hat.[2] Das Teilungsverbot wirkt auch bei Vorhandensein eines Testamentsvollstreckers. Dementsprechend ist das Recht auf Aufhebung der Gemeinschaft gem. § 181 Abs. 1 S. 1. Hs. 2 ZVG dem Erben nicht durch das Teilungsverbot genommen, sondern durch die Testamentsvollstreckung. Auch bei einer Abwicklungsvollstreckung ist ein Versteigerungsantrag des einzelnen Erben nicht möglich. Der Pfändungspfandgläubiger kann nur den Anspruch des Erben gegen den Testamentsvollstrecker, dass dieser die Auseinandersetzung bewirkt, geltend machen. Dieser Anspruch ist aber kein Recht auf Aufhebung der Gemeinschaft i.S.d. § 181 Abs. 2 ZVG, da der Testamentsvollstrecker nicht an § 753 BGB gebunden ist und damit zwischen Versteigerung und Freihandverkauf wählen kann.[3] Die Veräußerung eines Grundstücks wird durch eine Pfändung des Erbteils nicht blockiert.

4 Ein durch Testamentsvollstreckung beschränktes Vermächtnis in Form eines Geldbetrags, aus dem der Testamentsvollstrecker nach seinem billigen Ermessen dem Vermächtnisnehmer neben seinen weiteren Einnahmen für seine Lebensführung und den

1 BeckOK BGB/*Lange*, § 2214 Rn 4.
2 BGH ZErb 2009, 221 = ZEV 2009, 391 m. Anm. *Kiderlen*, ZEV 2009, 392.
3 RGZ 108, 290 ff.; *Muscheler*, AcP 195 (1995), 67 ff.

Lebensunterhalt die notwendigen Beträge zu überlassen hat, kann unter Heranziehung auch aller Umstände außerhalb des Testaments dahin ausgelegt werden, dass nicht der allgemeine Lebensunterhalt finanziert werden soll. Auch nach der Änderung der Rechtslage ab dem 1.1.2023 bleibt die richtige Einordnung der Vermögens- bzw. Einkommensqualität einer im Leistungszeitraum angefallenen Erbschaft sehr schwierig.[4] Sofern ein Testamentsvollstrecker aus der Substanz des unter seiner Verwaltung nach § 2211 BGB stehenden Nachlasses Vermögenswerte gem. § 2217 Abs. 1 BGB freigibt, dürfte es sich um Vermögen handeln.[5] Wenn der Testamentsvollstrecker Nachlasserträge freigibt, dürfte es sich um Einkommen handeln, also bereite Mittel.[6]

5 Eine Anordnung einer Testamentsvollstreckung mit der Folge des § 2214 BGB ist nicht sittenwidrig zulasten des Trägers der Grundsicherung o.Ä.[7] Im Rahmen eines „Behindertentestaments" bleibt der Testamentsvollstrecker über das der Vorerbschaft der Betreuten unterliegende Vermögen auch dann allein verfügungsbefugt und gibt dieses der Betroffenen nicht frei, wenn er ein Sparbuch auf den Namen der Betreuten anlegt, jedoch der kontoführenden Bank seine alleinige Verfügungsbefugnis offenlegt.[8]

6 Ein Betreuer kann grundsätzlich keine Vergütung aus einem dem Betreuten angefallenen Nachlassvermögen erhalten, wenn Dauertestamentsvollstreckung angeordnet ist und die Auslegung nicht zu einem anderen Ergebnis führt.[9] Ob die durch ein Behindertentestament für den Betroffenen angeordnete (Vor-)Erbschaft bei gleichzeitiger Anordnung der Testamentsvollstreckung zur Mittellosigkeit des Betroffenen führt, ist durch Auslegung der an den Testamentsvollstrecker adressierten Verwaltungsanordnungen zu ermitteln.[10] Allerdings führt die durch ein Behindertentestament auf den Betroffenen übertragene (Vor-)Erbschaft auch bei gleichzeitiger Anordnung der Testamentsvollstreckung nicht zwingend zur Mittellosigkeit des Betroffenen. Vielmehr ist durch Auslegung der an den Testamentsvollstrecker adressierten Verwaltungsanordnungen zu ermitteln, ob der Erblasser auch Vergütungsansprüche des Betreuers ausschließen wollte.[11] Nach Ansicht des BGH[12] entfällt die Mittellosigkeit selbst dann nicht, wenn der Testamentsvollstrecker beim Behindertentestament im Rahmen einer Dauertestamentsvollstreckung den Nachlassgegenstand entgegen den Anordnungen des Erblassers pflichtwidrig zugunsten des Betroffenen freigibt.

II. Zugriffsverbot und Insolvenzverfahren

7 Das **Zugriffsverbot** gilt wegen des Nichteingreifens von § 80 Abs. 2 S. 1 InsO im Insolvenzverfahren.[13] Die Testamentsvollstreckung stellt kein relatives Veräußerungsverbot i.S.d. § 135 BGB dar. Nach BGH[14] fällt ein der Testamentsvollstreckung unterliegender Nachlass mit der Eröffnung des Insolvenzverfahrens über das Vermögen des Erben in die Insolvenzmasse. Der unter Testamentsvollstreckung stehende Nachlass in jener Insolvenzmasse bildet bis zur Beendigung der Testamentsvollstreckung eine

4 Einen hervorragenden Überblick bietet: *Krauß*, Vermögensnachfolge in der Praxis, Rn 796 ff., 869 sowie *Doering-Striening*, ZErb 2014, 105 ff.
5 *Krauß*, Vermögensnachfolge in der Praxis, Rn 880.
6 *Krauß*, Vermögensnachfolge in der Praxis, Rn 880.
7 Vgl. OVG Münster ZEV 2009, 402.
8 LG Darmstadt NJW-Spezial 2017, 520.
9 OLG Köln ZEV 2009, 402; BGH ZEV 2017, 267.
10 BGH ZEV 2017, 267.
11 BGH ZErb 2013, 205; BGH ZEV 2013, 337.
12 BGH ZEV 2017, 407.
13 Dazu BeckOK BGB/*Lange*, § 2214 Rn 4 ff.
14 ZEV 2006, 405 m. Anm. *Siegmann*, ZEV 2006, 408.

Sondermasse, auf die die Nachlassgläubiger, nicht aber die Erbengläubiger Zugriff nehmen können.

8 Problematisch ist die Rechtslage bei der **Restschuldbefreiung.** Der Erbe muss während seiner siebenjährigen Wohlverhaltensphase nach § 295 Abs. 1 InsO zur Hälfte seine Erbschaft an den Treuhänder herausgeben. Erfolgt der Erbschaftserwerb erst nach der Treuhandzeit, so besteht keine Obligation zur Ablieferung. Bei einer Abwicklungsvollstreckung ist nach teilweiser Ansicht[15] der Testamentsvollstrecker verpflichtet, nach Nachlassteilung die Hälfte der dem überschuldeten Erben gebührenden Gegenstände direkt an den Treuhänder herauszugeben. Nach hier vertretener Auffassung braucht der Testamentsvollstrecker jedoch nur an den Erben herauszugeben, da die Rechtsstellung des Treuhänders aus § 292 InsO einen derartigen Anspruch nicht nach sich zieht und wegen § 295 Abs. 1 Nr. 2 InsO nur der Schuldner, also der Erbe, zur Herausgabe der Hälfte der Erbschaft verpflichtet ist. Der Testamentsvollstrecker ist nicht der Vertreter des Erben.

9 Insgesamt ist zwischen Allein- und Miterbschaft zu unterscheiden. Bei der **Alleinerbschaft** ist im Unterschied zum Miterbenanteil der Erbteil nicht pfändbar. Demzufolge fällt der **Miterbenanteil** in die Insolvenzmasse, denn der Miterbe kann über seinen Anteil wegen § 2205 BGB verfügen. Insofern muss er dem Treuhänder die Hälfte seines Anteils abtreten. Wegen dieses Unterschiedes zwischen Allein- und Miterben wird teilweise[16] die Ansicht vertreten, der Treuhänder müsse nach § 242 BGB auf die Herausgabe verzichten, da diese Differenzierung an sich sinnwidrig wäre. Dem ist wegen des Verfahrenszwecks nicht zu folgen.[17] In der Praxis hätte aber der Miterbe die Möglichkeit, seinen Anteil von der Erbschaft auszuschlagen, ohne dass ihm die Restschuldbefreiung versagt werden darf. Aus diesem Grund sollte der Miterbe mit dem Treuhänder eine Vereinbarung treffen, wonach er dann nicht die Erbschaft ausschlägt, wenn der Treuhänder nur weniger als 50 % des Miterbenanteils herausverlangt. Eine derartige Vorgehensweise stellt auf Seiten des Treuhänders keine Obliegenheitsverletzung dar.[18]

C. Verfahrensfragen/Praktische Hinweise

10 Die praktische Bedeutung des § 2214 BGB darf nicht unterschätzt werden.[19] Die weitreichendsten Beschränkungen erfolgen bei der Verwaltungsvollstreckung, denn hier kann das Vermögen über Jahrzehnte dem Zugriff der Eigengläubiger vorenthalten werden. Zwar betrifft das Zugriffsverbot nach § 2214 BGB alle Zwangsvollstreckungsarten, dennoch bestehen **einige Möglichkeiten**, die **Pfändung** zu betreiben. Das Recht auf Pfändung des Erbrechts und Aussonderungsrechte werden von § 2214 BGB nicht berührt. Zur Pfändungseintragung des Erbteils ins Grundbuch bedarf es keiner Zustimmung des Testamentsvollstreckers. Auch nach Pfändung kann der Testamentsvollstrecker weiterhin frei über einzelne Nachlassgegenstände verfügen. Der **Anspruch des Erben auf Freigabe** eines Gegenstandes nach § 2217 BGB ist ebenfalls **pfändbar.** Wurde ein Gegenstand bereits nach § 2217 BGB freigegeben, unterliegt dieser Gegenstand nicht mehr dem Zugriffsverbot. Gleiches gilt für **Nachlasseinkünfte**, die abzuführen sind.

11 In Behindertentestamenten sollte klargestellt werden, dass die Betreuervergütung nicht aus dem Nachlass zu bezahlen ist.

---

15 BeckOK BGB/*Lange*, § 2214 Rn 4.
16 *Damrau*, MDR 2000, 256.
17 Ebenso BeckOK BGB/*Lange*, § 2214 Rn 4.
18 *Damrau*, MDR 2000, 256.
19 Dazu ausführlich und instruktiv: *Muscheler*, ZEV 2024, 785.

12 Die Zwangsvollstreckung in den Nachlass trotz § 2214 BGB ist unzulässig,[20] aber macht die Zwangsvollstreckungsmaßnahme nicht nichtig. Gegen eine Maßnahme ist sowohl eine Erinnerung nach § 766 ZPO[21] möglich als auch eine Drittwiderspruchsklage nach § 771 ZPO.[22]

§ 2215 Nachlassverzeichnis

(1) Der Testamentsvollstrecker hat dem Erben unverzüglich nach der Annahme des Amts ein Verzeichnis der seiner Verwaltung unterliegenden Nachlassgegenstände und der bekannten Nachlassverbindlichkeiten mitzuteilen und ihm die zur Aufnahme des Inventars sonst erforderliche Beihilfe zu leisten.
(2) Das Verzeichnis ist mit der Angabe des Tages der Aufnahme zu versehen und von dem Testamentsvollstrecker zu unterzeichnen; der Testamentsvollstrecker hat auf Verlangen die Unterzeichnung öffentlich beglaubigen zu lassen.
(3) Der Erbe kann verlangen, dass er bei der Aufnahme des Verzeichnisses zugezogen wird.
(4) Der Testamentsvollstrecker ist berechtigt und auf Verlangen des Erben verpflichtet, das Verzeichnis durch die zuständige Behörde oder durch einen zuständigen Beamten oder Notar aufnehmen zu lassen.
(5) Die Kosten der Aufnahme und der Beglaubigung fallen dem Nachlass zur Last.

Literatur
Bonefeld, Typische Fehler in der Praxis bei der Abgabe der eidesstattlichen Versicherung im Erbrecht, ZErb 2017, 243; *Roth*, Ordnungsgemäßes Nachlassverzeichnis des Testamentsvollstreckers, NJW-Spezial 2023, 295; *Zimmermann*, Das Nachlassverzeichnis des Testamentsvollstreckers, ZEV 2019, 197.

Übersicht:

A. Allgemeines

1 Das Nachlassverzeichnis des Testamentsvollstreckers ist eines der wichtigsten Kontrollmittel des Erben. § 2215 BGB konstatiert eine **Mitteilungspflicht** des Testamentsvollstreckers gegenüber dem Erben. Es hat somit **Beweisfunktion,** was sich alles im Nachlass befindet. Der Erbe ist für die Geltendmachung bestimmter Rechte wie Rechnungslegung nach §§ 666, 2218 BGB oder die Herausgabe des Nachlasses nach §§ 2218, 667 BGB auf ein Nachlassverzeichnis angewiesen. Insofern kann grundsätzlich jede Verzögerung bei der Erstellung des Nachlassverzeichnisses die Interessen der Erben beeinträchtigen.

20 MüKo/*Zimmermann*, § 2214 Rn 7.
21 Staudinger/*Dutta*, § 2214 Rn 6.
22 BeckOK BGB/*Lange*, § 2214 Rn 8.

B. Tatbestand

I. Zeitpunkt der Erstellung (Abs. 1)

2 Die Erstellung eines Nachlassverzeichnisses durch den Testamentsvollstrecker hat **unverzüglich**, mithin ohne schuldhaftes Zögern i.S.d. § 121 Abs. 1 BGB, zu erfolgen. Der Testamentsvollstrecker darf also nicht abwarten, bis ihm das Testamentsvollstreckerzeugnis erteilt wird. Kommt es aber bei der Erfassung der Vermögenswerte zu erheblichen Schwierigkeiten, kann sich die Frist angemessen verlängern. Allerdings muss der Testamentsvollstrecker alle Anstrengungen unternehmen, um dem Erben so schnell wie möglich das Nachlassverzeichnis vorzulegen.[1] Der Zeitraum, den der Testamentsvollstrecker für die Erstellung und Übermittlung eines Nachlassverzeichnisses in Anspruch nehmen darf, ohne einen wichtigen Grund zu seiner Entlassung zu setzen, bestimmt sich nach den konkreten Umständen des Falls und hängt insbesondere vom Umfang und von der Komplexität des Sachverhalts sowie den vorhandenen Schwierigkeiten bei der Ermittlung der Nachlassmasse ab. In diesem Zusammenhang ist ferner zu berücksichtigen, ob und inwieweit der Testamentsvollstrecker von Berufs wegen oder aufgrund früherer vergleichbarer Ämter über Erfahrungen bei der Erstellung eines Nachlassverzeichnisses verfügt. Von Bedeutung ist überdies, in welchem zeitlichen Umfang von ihm unter Berücksichtigung seiner sonstigen (beruflichen oder anderweitigen) Verpflichtungen eine Tätigkeit zur Verwaltung des Nachlasses erwartet werden kann.[2]

3 Die **Mitteilung** eines Nachlassverzeichnisses hat zudem nach der Annahme des Amts zum Testamentsvollstrecker **unaufgefordert** zu erfolgen. Hat der Testamentsvollstrecker sein Amt gekündigt und noch kein Verzeichnis erstellt, so braucht er nicht nachträglich ein Nachlassverzeichnis vorzulegen. Kommt der Erbe, insbesondere aber der Vermächtnisnehmer, durch das Nichterstellen eines Nachlassverzeichnisses allerdings zu Schaden (der schwer zu beweisen ist), muss der zur Unzeit kündigende Testamentsvollstrecker aber mit Haftungsansprüchen der Erben gem. § 2219 BGB rechnen.

4 Nach dem Wortlaut besteht die Verpflichtung zur **Übermittlung eines Nachlassverzeichnisses** nur gegenüber dem Erben. Ein Nacherbe hat den Anspruch nach Eintritt des Erbfalls. Ebenso ein Pfändungspfandgläubiger des Erbteils, wie gegenüber dem Nießbrauchsberechtigten an einem Erbteil oder an einer Erbschaft (vgl. §§ 1035, 1068 BGB). Ein Nachfolge-Testamentsvollstrecker hat ein Nachlassverzeichnis nur dann zu erstellen, wenn dieses von seinem Vorgänger noch nicht erstellt wurde.[3] Weitere Dritte, wie bspw. Pflichtteilsberechtigte, Vermächtnisnehmer oder Auflagenbegünstigte, sollen die Übermittlung eines Nachlassverzeichnisses nicht verlangen können. Dem kann nicht gefolgt werden. Richtigerweise kann sich aus der Haftungsvorschrift des § 2219 BGB die mittelbare Verpflichtung ergeben, dem Vermächtnisnehmer ein Nachlassverzeichnis im Einzelfall vorzulegen.[4]

5 Wegen § 2220 BGB kann der Erblasser den Testamentsvollstrecker von seiner Verpflichtung der Übermittlung des Nachlassverzeichnisses **nicht befreien**. Hingegen kann der Erbe seinerseits auf ein Nachlassverzeichnis verzichten. Ein solcher Verzicht kann auch konkludent erfolgen, wobei jedoch allein vom Zeitablauf her nicht von

1 BayObLG ZEV 1997, 381.

2 OLG Düsseldorf, Beschl. v. 24.1.2023 – 3 Wx 105/22, ErbR 2023, 634.

3 BeckOK BGB/*Lange*, § 2215 Rn 3.

4 Einzelfallabhängig: *Zimmermann*, ZEV 2019, 197; Grüneberg/*Weidlich*, § 2215 Rn 1. Zudem allenfalls Wertauflagenbegünstigten, da diese der Stellung eines Vermächtnisnehmers ähnlich sein können.

einem Verzicht ausgegangen werden kann. Vielmehr müssen weitere Umstandsmomente hinzukommen.

II. Inhalt des Nachlassverzeichnisses (Abs. 1 und 2)

6 Nach Abs. 1 erstreckt sich die Pflicht nur auf die der Testamentsvollstreckung unterliegenden Nachlassgegenstände. Ist als Ersatzlösung bei Testamentsvollstreckung über einzelkaufmännische Unternehmen die Treuhandlösung gewählt worden, bei der der Testamentsvollstrecker Inhaber des Geschäfts ist, jedoch für Rechnung des Erben, ist Abs. 1 analog anzuwenden. Zunächst sind alle Nachlassgegenstände und -rechte nebst -verbindlichkeiten, mithin alle **Aktiva** und **Passiva,** vollständig aufzulisten. Gegenstände und Verbindlichkeiten, deren Zugehörigkeit zum Nachlass zweifelhaft ist, sind mit einer entsprechenden Erläuterung auch aufzuführen.[5] Es gilt der **Grundsatz der Vollständigkeit** der Nachlasserfassung. Ist der Testamentsvollstrecker nicht sicher, ob weitere Gegenstände oder Rechte als Aktiva oder Passiva zugerechnet werden können, hat er zumindest einen Hinweis für die Erben zu erteilen. Eine genaue Beschreibung der Nachlassgegenstände ist nicht erforderlich, ebenso ist keine Wertangabe der Nachlassgegenstände zwingend. Sämtliche Gegenstände müssen anhand des Verzeichnisses **individualisiert** werden können. Aus diesem Grund ist auch eine summarische Bezeichnung von Wertpapieren nicht ausreichend. Vielmehr ist die Bank und Depot-Nummer anzugeben. Da § 2215 BGB eine sehr sorgfältige Nachlasserfassung erfordert, hat der Testamentsvollstrecker von sich aus den Nachlass zu sichten und genau zu ermitteln, wobei er sogar verpflichtet ist, alle ihm zugänglichen Erkenntnismöglichkeiten auszuschöpfen. Dem Testamentsvollstrecker steht daher ein **Auskunftsanspruch** wegen lebzeitiger Schenkungen zu, um einerseits Ausgleichungspflichten bewerten und andererseits die Erbschaftsteuererklärung (wegen § 14 ErbStG) richtig ausfüllen zu können. **Belege** müssen dem Nachlassverzeichnis ebenso wenig beigefügt werden wie **Wertangaben.**[6] Sofern allen Erben die Aufstellung eines Teilverzeichnisses genügt oder diese auf die Aufnahme von bestimmten Gegenständen verzichten, ist das Bestandsverzeichnis dennoch vollständig errichtet.[7]

7 Nach Abs. 2 ist das Nachlassverzeichnis mit der **Angabe des Tages der Aufnahme** zu versehen und von dem Testamentsvollstrecker zu unterzeichnen. Handelt es sich beim Testamentsvollstrecker um eine juristische Person, kann wegen der Höchstpersönlichkeit nur der zur gesetzlichen Vertretung Berufene persönlich unterzeichnen. Bei Banken ist dies z.B. der Bankvorstand, allenfalls der Prokurist, nicht aber eine andere Person, selbst wenn diese das Verzeichnis erstellt hat. Nicht den Erfordernissen des Abs. 2 entspricht ein Nachlassverzeichnis, welches auf den Stichtag des Todesfalls ausgestellt wurde. Dies ist bereits deshalb nicht möglich, weil sich ein früherer Vermögensstatus seiner gesicherten Kenntnis entzieht. Der früheste Zeitpunkt ist somit der **Zeitpunkt der Amtsannahme** des Testamentsvollstreckers.[8] Ratsam ist die Berücksichtigung beider Stichtage. Der Erbe kann nach Abs. 2 Hs. 2 vom Testamentsvollstrecker verlangen, seine Unterzeichnung **öffentlich beglaubigen** zu lassen gem. § 129 BGB, §§ 36, 39, 40, 68 BeurkG. Kann der Testamentsvollstrecker erkennen, dass sich

---

5 *Zimmermann* ZEV 2019, 197.

6 Vgl. *Sarres*, ZEV 2000, 90.

7 *Schreinert*, RNotZ 2008, 61.

8 So richtig Grüneberg/*Weidlich*, § 2215 Rn 2; *Roth*, NJW-Spezial 2017, 423; Bengel/Reimann/Holtz/Röhl/*Klinger*, § 3 Rn 26; Staudinger/*Dutta*, § 2215 Rn 13 m.w.N; ebenso wegen des Sachverhaltes wohl auch OLG Hamburg, Beschl. v. 28.8.2019 – 2 W 66/19, ZEV 2020, 38; lediglich als obiter dictum entgegen der h.M.und ohne Begründung: OLG Schleswig FamRZ 2007, 308. Ebenso *Zimmermann* ZEV 2019, 197 wegen des Begriffes „Nachlassgegenstände" in § 2215 BGB.

seit dem Erbfall Veränderungen bis zur Erstellung des Nachlassverzeichnisses ergeben haben, hat er im Verzeichnis darauf hinzuweisen.

Ist der Erbe der Ansicht, das Nachlassverzeichnis sei **unvollständig**, so muss der Testamentsvollstrecker es nur dann ergänzen, wenn der Erbe dies ausdrücklich beantragt. Des Weiteren hat er die Möglichkeit, ein amtliches Nachlassverzeichnis aufnehmen zu lassen. Bei einer Erbteilsvollstreckung besteht bis zur Erbauseinandersetzung die Aufgabe des Testamentsvollstreckers zwar nur darin, die Rechte des betreffenden Miterben innerhalb der Erbengemeinschaft auszuüben. Er muss dennoch ein Verzeichnis erstellen, welches aber die zunächst nur der Mitverwaltung des Testamentsvollstreckers unterliegenden Nachlassgegenstände enthalten muss.[9] 8

Aus alledem ergibt sich, dass das Nachlassverzeichnis eines Testamentsvollstreckers völlig unterschiedlich zu einem Nachlassverzeichnis nach § 2314 BGB ist. So werden nicht nur keine Vorempfänge oder Schenkungen berücksichtigt, sondern es gilt auch ein anderer Stichtag.[10] 9

Ein Testamentsvollstrecker muss auch über Nachlassgegenstände ein Verzeichnis fertigen, die lediglich seiner Mitverwaltung unterliegen.[11] Gegenstände, die nicht seiner Verwaltung unterliegen, sind auch nicht in das Nachlassverzeichnis aufzunehmen.

Sofern der Testamentsvollstrecker zugleich **gesetzlicher Vertreter** eines Erben oder Miterben ist (Eltern, Betreuer, Vormund oder Pfleger), ist er dennoch verpflichtet, ein Vermögensverzeichnis zu erstellen. Er muss es sich dann selbst mitteilen. Ebenso ist unstr., dass Eltern gem. § 1640 BGB, Vormund, Pfleger und Betreuer ein Verzeichnis dem Familiengericht einreichen müssen. Nach überwiegender Auffassung[12] ist keine Bestellung eines Pflegers zur Entgegennahme und Überprüfung des Nachlassverzeichnisses notwendig. Der Testamentsvollstrecker-Elternteil muss jedoch das von ihm erstellte Nachlassverzeichnis nach § 1640 Abs. 1 BGB dem Familiengericht einreichen, sofern nicht eine der Ausnahmen nach § 1640 Abs. 2 BGB vorliegt. 10

Müssen die Erben ein **Inventar** nach Maßgabe der §§ 1993 ff., 2001 ff. BGB aufnehmen, so hat der Testamentsvollstrecker nach Abs. 1 Hs. 2 die zur Aufnahme des Inventars sonst erforderliche Beihilfe zu leisten. 11

Das Nachlassverzeichnis setzt **keine Vollständigkeitsvermutung** i.S.d. § 2009 BGB. Erwiesen wird durch das Nachlassverzeichnis lediglich, dass die dort aufgeführten Gegenstände und Rechte zum Zeitpunkt der Errichtung nach der Erkenntnis des Testamentsvollstreckers zum Nachlass gehörten. Ein Nachlassverzeichnis hat lediglich eine **höhere Richtigkeitsvermutung** als ein privates Verzeichnis, ist aber i.d.R. ebenfalls widerlegbar. 12

III. Hinzuziehungsrecht der Erben (Abs. 3)

Vom Termin zur Aufnahme des Nachlassverzeichnisses sind die Erben vom Testamentsvollstrecker zu **benachrichtigen**, da andernfalls der Erbe sein Recht aus Abs. 3 nicht wahrnehmen kann. Das Hinzuziehungsrecht bedeutet aber nicht, dass die Erben bereits bei den Vorbereitungshandlungen zur Erstellung persönlich anwesend sein dürfen (z.B. Anwesenheit in der Immobilie bei Hausratsauflistung). Vielmehr beschränkt sich das Hinzuziehungsrecht darauf, dass sie beim Verlesen des Verzeichnisses durch den Testamentsvollstrecker (z.B. in der Kanzlei) anwesend sein und Ergänzungshinweise für das Verzeichnis geben dürfen. 13

9 OLG München ZEV 2009, 293.
10 Übersehen von *Becker/Horn*, ZEV 2007, 62.
11 OLG München, Beschl. v. 30.12.2008 – 31 Wx 99/08.
12 Dazu *Damrau*, ZEV 1994, 1; BeckOK BGB/*Lange*, § 2215 Rn 18 m.w.N.

14 Ein **Verstoß gegen diese Mitteilungspflicht** führt aber nicht zur Unwirksamkeit des Nachlassverzeichnisses. Nach hiesiger Auffassung kann der Erbe auch nicht den Testamentsvollstrecker deshalb zur nochmaligen Erstellung eines Nachlassverzeichnisses auffordern, da die Beweis- und Sicherungsfunktion des Nachlassverzeichnisses dadurch nicht geschmälert wird. Er hat lediglich die Möglichkeit aus Abs. 4, nämlich zur Aufforderung zur Abgabe einer eidesstattlichen Versicherung. Hat der Testamentsvollstrecker jedoch absichtlich den Erben übergangen, kann dies u.U. einen **Entlassungsgrund** nach § 2227 BGB darstellen. Eine **Mitwirkungspflicht** des Erben bei der Erstellung des Nachlassverzeichnisses besteht nicht.

15 Den Erben sind hinsichtlich der Erstellung des Nachlassverzeichnisses mehrere Terminvorschläge zu unterbreiten.[13] Sofern erst nachträglich nach einer erfolgten Aufnahme das Verlangen nach Hinzuziehung erfolgt, ist nur dann eine Wiederholung notwendig, wenn nicht die §§ 226, 242 BGB entgegenstehen.[14]

IV. Aufnahme eines Nachlassverzeichnisses durch einen Notar etc. (Abs. 4)

16 Die Erben können nach Abs. 4 verlangen, dass der Testamentsvollstrecker das zu erstellende Nachlassverzeichnis durch die zuständige Behörde, einen zuständigen Beamten oder durch einen Notar aufnehmen lässt.[15] Der Testamentsvollstrecker ist selbst auch ohne Verlangen der Erben zu einem derartigen Vorgehen berechtigt. Zuständig für die **amtliche Aufnahme** sind nach § 20 BNotO die Notare. Die sachliche und örtliche Zuständigkeit des Notars richtet sich nach § 20 Abs. 1 BNotO, Art. 147 EGBGB.[16]

17 Im Hinblick auf die Urkundsgewährungspflicht des Notars sind an die Annahme eines ausreichenden Grundes i.S.d. § 15 Abs. 1 S. 1 BNotO, der den Notar zur Verweigerung der Aufnahme eines Nachlassverzeichnisses berechtigt, hohe Anforderungen zu stellen.[17] Der Notar ist verpflichtet, die einzelnen Vermögensgegenstände, wie er sie vorfindet oder wie sie ihm bezeichnet werden, aufzunehmen. Der Notar, der vom Erben mit der Aufstellung eines Nachlassverzeichnisses beauftragt worden ist, entscheidet nach eigenem pflichtgemäßem Ermessen, welche Ermittlungen er vornimmt und welcher Erkenntnisquellen er sich bedient. Die Anforderungen an den Umfang der Ermittlungen richten sich nach den konkreten Gegebenheiten des Einzelfalls und orientieren sich daran, welche Nachforschungen ein objektiver Dritter in der Lage des Gläubigers für erforderlich halten würde. Der Notar ist dagegen nicht verpflichtet, ohne konkrete Anhaltspunkte in alle denkbaren Richtungen zu ermitteln, um weiteres Nachlassvermögen aufzuspüren.[18] Er trägt die **Eigenverantwortung** für die sachgerechte Gestaltung des Aufnahmeverfahrens und die Durchführung.[19] Die vorhandenen Vermögensgegenstände sind also von ihm sorgfältig festzustellen, wobei er seine Feststellungen in einer von ihm zu unterzeichnenden berichtenden Urkunde niederzulegen hat (Tatsachenbeurkundung nach §§ 36 ff. BeurkG). Demzufolge muss der Notar nach § 37 Abs. 1 Nr. 2 BeurkG in die Niederschrift seine **Wahrnehmungen** aufnehmen und diese allein unterzeichnen. Ein Vorlesen ist nicht notwendig. In der Praxis wird häufig zulässigerweise die Form der Beurkundung einer Willenserklärung

13 OLG Brandenburg ZErb 2004, 104; LG Aurich NJW-RR 2005, 1464.
14 *Tegelkamp/Krüger*, ZErb 2011, 33; a.A. *Kuhn/Trappe*, ZEV 2011, 347.
15 Allgemein dazu *Horn*, ZEV 2025, 11.
16 Die Länderregelungen sind ersichtlich bei Bengel/Reimann/Holtz/Röhl/*Klinger*, § 3 Rn 35.
17 Vgl. BGH, Beschl. v. 19.6.2024 – IV ZB 13/23, ZEV 2024, 611 (m. Anm. *Keim*) = ZErb 2024, 330.
18 Zu § 2314 BGB: BGH, Beschl. v. 7.3.2024 – I ZB 40/23, ZEV 2024, 378.
19 BGHZ 33, 373; OLG Celle OLG-Report 1997, 160.

nach §§ 8 ff. BeurkG gewählt, weil diese Form mehr Garantien für die Beteiligten bringt.

Wie die **Vollständigkeit des Verzeichnisses** festgestellt wird, bleibt dem Notar überlassen. Er entscheidet nach freiem Ermessen und kann sich bei der Aufnahme Hilfspersonen bedienen, die auch Ermittlungen vornehmen können. Zweifelt der Notar an der Richtigkeit der erteilten Auskünfte, so ist er verpflichtet, den Auskunftsberechtigten zu informieren, damit dieser im Prozessweg die Durchsetzung der Auskunftsverpflichtung durchsetzen kann. Ebenso ist der Notar wegen seiner Verantwortung für den Inhalt des Nachlassverzeichnisses über die Entgegennahme von Auskünften und Angaben der Beteiligten hinaus zur Vornahme von Ermittlungen nicht nur berechtigt, sondern verpflichtet.[20] 18

Wegen Abs. 3 hat der Erbe ein **Anwesenheitsrecht** bei der Aufnahme des Nachlassverzeichnisses. Zwar erfolgt der Hinweis auf die Möglichkeit einer Aufnahme des Nachlassverzeichnisses durch einen Notar etc. erst in Abs. 4 der Vorschrift. Die Vorschrift ist aber nicht restriktiv auszulegen, so dass der Erbe nicht nur ein Anwesenheitsrecht bei der Erstellung eines Nachlassverzeichnisses durch den Testamentsvollstrecker hat, sondern auch bei den in Abs. 4 genannten Aufnahmefällen. Dabei ist dem Rechtsanwalt bzw. Vertreter des Erben ebenfalls ein Anwesenheitsrecht zuzubilligen. Jedoch soll nach der Rspr. sich der Erbe nicht nur durch einen Dritten vertreten lassen, sondern muss persönlich erscheinen.[21] In Fällen der gesetzlichen Vertretung dürfte dies jedoch nicht zutreffen. Ein Anwesenheitsrecht ist nicht gleichbedeutend mit einer Anwesenheit bei den Vorbereitungshandlungen wie Konteneinsicht oder Wohnungsbesichtigung des Notars.[22] 19

V. Kosten (Abs. 5)

Die Kosten des Nachlassverzeichnisses trägt der Nachlass. Im Rahmen eines Nachlassinsolvenzverfahrens handelt es sich um eine Masseverbindlichkeit (vgl. § 324 Abs. 1 Nr. 5 InsO). Die Gebühr des Notars richtet sich nach KV Nr. 23500 GNotKG: 2,0 Tabelle B. 20

C. Verfahrensfragen/Praktische Hinweise

Hat der **Notar** das Nachlassverzeichnis allein aufgrund der Erklärungen Dritter errichtet, ohne eigene Ermittlungen angestrengt zu haben und ohne in der Urkunde zum Ausdruck zu bringen, dass er für den Inhalt verantwortlich sein will, liegt **kein ordnungsgemäßes Nachlassverzeichnis** vor. Der Erbe hat somit die Möglichkeit wegen fehlender Erfüllung, den Klageweg zu bestreiten oder aber die Zwangsvollstreckung fortzuführen.[23] Der Notar sollte also immer den Versuch eigener Ermittlungen wegen des Nachlassbestandes mit in die Urkunde aufnehmen. Von der Beurkundung einer Willenserklärung nach §§ 8 ff. BeurkG ist abzuraten. 21

Ist der Erbe der Ansicht, dass der Testamentsvollstrecker das Nachlassverzeichnis nicht mit der **erforderlichen Sorgfalt** erstellt hat, so kann er von ihm verlangen, die Vollständigkeit und Richtigkeit an Eides statt zu versichern (vgl. §§ 666, 260 Abs. 2, 22

---

20 OLG Celle ZErb 2003, 166 m. Anm. *Nieder*.

21 OLG Koblenz ZEV 2007, 493.

22 *Lange* ZEV 2020, 253; Grüneberg/*Weidlich*, § 2314 Rn 6. So auch richtig OLG München, Beschl. v. 3.12.2024 – 33 W 1034/24, NJW 2025, 514. Nicht überzeugend, da sich dies gerade nicht aus den Motiven des BGB ergibt, daher die a.A. *Hindahl*, ErbR 2024, 574. Für Hinweisrecht *Außner/Schönenberg-Wessel*, ZErb 2024, 361.

23 Vgl. zum notariellen Nachlassverzeichnis im Pflichtteilsrecht OLG Koblenz ZEV 2018, 413 m. Anm. *Weidlich* m.w.N. sowie grundlegend OLG Celle ZErb 2003, 166. Ausführliche Rspr. Übersicht bei Grüneberg/*Weidlich*, § 2314 Rn 7.

261, 2018 Abs. 1 BGB). Ist eine juristische Person Testamentsvollstrecker, kann diese Versicherung nur durch den Vorstand, allenfalls durch den Prokuristen, erfolgen, nicht aber durch Dritte.[24] Für die Entgegennahme der eidesstattlichen Versicherung ist das AG zuständig, in dessen Bezirk die Verpflichtung nach § 2215 BGB zu erfüllen ist. Allerdings trägt der Erbe die **Kosten** der eidesstattlichen Versicherung. Muss die eidesstattliche Versicherung im Wege der Klage erzwungen werden, ist das Prozessgericht zuständig. Bei einer Verurteilung trifft gem. § 91 ZPO dann den Testamentsvollstrecker persönlich die Kostenfolge.

23 Erstellt der Testamentsvollstrecker kein Verzeichnis, so kann der Erbe ihn auf Aufstellung des Verzeichnisses verklagen. Wird die erforderliche Beihilfe nach Abs. 1 verlangt, so muss die gewünschte Beihilfehandlung genau im Klageantrag gem. § 253 ZPO bezeichnet werden. Wird der Testamentsvollstrecker verurteilt, treffen ihn die Kosten persönlich. Ein Aufwendungsersatzanspruch gegenüber dem Nachlass ist nicht möglich. Eine **grobe Verletzung** der Pflichten zur Erstellung des Nachlassverzeichnisses kann ein **Entlassungsgrund** gem. § 2227 BGB sein. Ist der Testamentsvollstrecker nicht in der Lage, ein Nachlassverzeichnis umgehend zu erstellen, weil ihm weitere Angaben zur Vollständigkeit des Verzeichnisses fehlen, so sollte der Testamentsvollstrecker den Erben zumindest einen Zwischenbescheid erteilen und die Gründe der Zeitverzögerung darlegen. Die Gefährdung der Interessen der Erben als Voraussetzung für eine Entlassung nach § 2227 BGB kann durch ein derartiges Schreiben verhindert werden.

24 Hat der Testamentsvollstrecker selbst festgestellt, dass sein Nachlassverzeichnis unvollständig ist oder sich Änderungen ergeben haben, so ist er zur **selbstständigen Nachbesserung** verpflichtet, ohne dass ihn die Erben dazu zuvor aufgefordert haben müssen. Eine fehlende Aufforderung kann nach hiesiger Auffassung nicht bereits bei positiver Kenntnis der Erben von der Fehlerhaftigkeit zum Wegfall eines Entlassungsgrundes nach § 2227 BGB führen. Vielmehr gehören hierzu weitere Umstände, auf die der Testamentsvollstrecker vertrauen durfte. Die Pflichtwidrigkeit kann nur beseitigt werden, wenn die Erben tatsächlich auf eine Nachbesserung verzichten wollten.

25 Fraglich ist, ob der Testamentsvollstrecker quasi ein **(zweites) Nachlassverzeichnis mit dem Stichtag Todestag** des Erblassers aufnehmen muss, damit er dem Erben, der gegenüber dem Pflichtteilsberechtigten auskunftspflichtig ist, seinerseits Auskunft geben kann. Nach hiesiger Ansicht besteht dazu keine Verpflichtung. Der Testamentsvollstrecker muss auch nicht im Rahmen von §§ 2218, 666 BGB Auskünfte erteilen für Zeiträume, die vor seiner Amtsannahme liegen. Eine Verpflichtung zur Auskunft nach Maßgabe des § 242 BGB dürfte auch nicht bestehen, da die Informationsrechte des Erben nicht durch die Verwaltungsbefugnis des Testamentsvollstreckers gegenüber der Bank verdrängt werden und er sich die Auskunft selbst beschaffen kann. Nur die Auskünfte, die der Erbe selbst nicht, aber der Testamentsvollstrecker erhalten kann, sind vom Testamentsvollstrecker in den Grenzen mitzuteilen, in denen es ihm zumutbar ist, sich Kenntnis von dem Vermögensstatus vor Amtsannahme zu verschaffen.

---

24 Dazu *Bonefeld*, ZErb 2017, 245.

§ 2216 Ordnungsmäßige Verwaltung des Nachlasses, Befolgung von Anordnungen

(1) Der Testamentsvollstrecker ist zur ordnungsmäßigen Verwaltung des Nachlasses verpflichtet.
(2) [1]Anordnungen, die der Erblasser für die Verwaltung durch letztwillige Verfügung getroffen hat, sind von dem Testamentsvollstrecker zu befolgen. [2]Sie können jedoch auf Antrag des Testamentsvollstreckers oder eines anderen Beteiligten von dem Nachlassgericht außer Kraft gesetzt werden, wenn ihre Befolgung den Nachlass erheblich gefährden würde. [3]Das Gericht soll vor der Entscheidung, soweit tunlich, die Beteiligten hören.

Literatur
Bonefeld, Regelungen der Verwaltungs- und Verfügungsbefugnisse in der Erbengemeinschaft – Ein Vorschlag für die Praxis, ZErb 2017, 121; *Schmidl*, Methodische Grundlagen und richtige Anwendung der Außerkraftsetzung gemäß § 2216 Abs. 2 S. 2 BGB mit Hinweisen zum Behindertentestament (Teil 1–3), ZErb 2017, 276, 303 und 339; *ders.*, Entscheidungshoheit und Ermessens(-einschränkung) des Dauertestamentsvollstreckers bei der Nachlassverwaltung (Teil 1–3), ZErb 2020, 153, 196 und 273.

Übersicht: Rdn

A. Allgemeines

1 Der Testamentsvollstrecker hat nicht nur das Recht zur Verwaltung des Nachlasses, sondern auch die **Pflicht zur Verwaltung.** Durch diese Verpflichtung sollen die mit der Testamentsvollstreckung verbundenen Aufgaben gesichert werden. Im BGB findet sich keine Legaldefinition für den Begriff der Verwaltung. Aus den §§ 2205, 2206 BGB sowie §§ 2212 f. BGB lässt sich aber ableiten, dass Inbesitznahme, Verfügung, Eingehung von Verbindlichkeiten und die Prozessführung als einzelne Maßnahme als Verwaltung zu qualifizieren sind.[1] Insgesamt fallen alle Maßnahmen rechtlicher und tatsächlicher Art, die der Erhaltung, Sicherung, Nutzung und Mehrung des jeweils verwalteten Gegenstandes oder Vermögens dienen, unter den Begriff der Verwaltungshandlung, ohne dass es auf die Ordnungsmäßigkeit ankommt.[2] Abs. 1 ist zwingendes

1 *Schmitz*, ZErb 2003, 3.
2 BGH NJW 1970, 1070.

Recht und ist die Grundlage des zwischen den Erben und dem Testamentsvollstrecker bestehenden Schuldverhältnis sui generis.

B. Tatbestand

I. Ordnungsmäßige Verwaltung des Nachlasses (Abs. 1)

2 Nach Abs. 1 ist der Testamentsvollstrecker zur ordnungsgemäßen Verwaltung des Nachlasses verpflichtet. Das Gesetz lässt damit offen, was unter ordnungsgemäßer Verwaltung zu verstehen ist. Die **subjektiven Fähigkeiten** des Testamentsvollstreckers sind irrelevant. Vielmehr bestimmen sich Inhalt und Pflicht zur ordnungsgemäßen Nachlassverwaltung durch die einzelnen übertragenen Aufgaben und Verwaltungsanordnungen durch den Erblasser. Ferner sind die Umstände des Einzelfalls zu berücksichtigen. Der Maßstab einer ordnungsgemäßen Verwaltung i.R.d. Abwicklungsvollstreckung gem. § 2203 BGB ist ein anderer als der bei einer Verwaltungsvollstreckung nach § 2209 BGB, zumal bei einer regelmäßig längerfristigen Verwaltungsvollstreckung der Testamentsvollstrecker häufiger mit der Frage konfrontiert wird, wer in das Nachlassvermögen zu investieren hat, um die letztwillige Verfügung bzw. die Verwaltungsanordnung des Erblassers über Jahre und Jahrzehnte hinweg zu erfüllen. Im Einzelnen kommt es somit darauf an, was der Erblasser mit der Testamentsvollstreckung bezwecken wollte. Der Testamentsvollstrecker befindet sich somit häufig im Spannungsfeld zwischen Substanzerhaltung und Substanzvermehrung.

3 An die **Ordnungsmäßigkeit** der **Nachlassverwaltung** sind strenge Anforderungen zu stellen, die durch das objektive Nachlassinteresse und die allgemeinen Regeln der Wirtschaftlichkeit konkretisiert werden. Der Testamentsvollstrecker ist zur besonderen Gewissenhaftigkeit und Sorgfalt verpflichtet. Nach der Rspr.[3] hat der Testamentsvollstrecker gleichwohl umsichtig und solide, aber auch wie ein dynamischer Geschäftsführer zu handeln, der die Risiken und Chancen kalkuliert und dementsprechend handelt. Insgesamt soll alles vermieden werden, was für das Nachlassvermögen negative Auswirkungen hätte. Der Testamentsvollstrecker hat dabei im Rahmen seiner Eigenverantwortung einen angemessenen Ermessensspielraum, der ihm auch Raum für wirtschaftlich sinnvolle Eigeninitiativen lässt.[4]

4 Bei der Auswahl von **Kapitalanlagen** hat der Testamentsvollstrecker im Einzelnen folgende Aspekte zu berücksichtigen:[5]

- die zu erwartende Rendite der Kapitalanlage,
- ihr Risiko,
- ihre Inflationsanfälligkeit,
- etwaige mit ihr verbundene Kosten und Steuern,
- ihre Liquidierbarkeit und Marktfähigkeit sowie
- ihre Beziehungen zur allg. wirtschaftlichen Entwicklung.

5 Ferner sollte insgesamt eine Anlagestrategie nebst Vermögensdiversifikation bestehen. Dabei ist der Testamentsvollstrecker auch zur Eingehung von **wirtschaftlich kalkulierbaren Risiken** berechtigt,[6] wobei die Risiken überschaubar bleiben müssen. Keinesfalls dürfen **Risikogeschäfte** durchgeführt werden, wobei der gesamte Nachlass in Mitleidenschaft gezogen werden kann. Andererseits darf sich der Testamentsvollstrecker nicht mit einem mäßigen Erfolg begnügen, wenn die Möglichkeit zu einer besseren Ergebniserzielung besteht und nach seiner Veranlagung und seinen Kenntnissen

3 BGH NJW 1987, 1017; BGH ZEV 1995, 110.
4 BGH NJW 1987, 1070.
5 Vgl. *Schmitz*, ZErb 2003, 3.
6 BayObLG ZEV 1998, 348.

er diese Möglichkeiten zu erkennen und zu verwirklichen weiß.[7] Ist der Testamentsvollstrecker überdurchschnittlich persönlich qualifiziert, steigert dies seine persönlichen Anforderungen an die Ordnungsmäßigkeit der Verwaltung. Hingegen senkt eine unterdurchschnittliche persönliche Qualifizierung die Anforderungen nicht. Der Testamentsvollstrecker ist nach Maßgabe des Abs. 1 nur gegenüber dem Erben nebst Nacherben sowie dem Vermächtnisnehmer zur ordnungsgemäßen Verwaltung verpflichtet. Diese Verpflichtung besteht nicht gegenüber dem Pflichtteilsberechtigten, den Nachlassgläubigern oder -schuldnern.[8]

Wer durch Erwerb, Veräußerung oder auf sonstige Weise 3, 5, 10, 15, 20, 25, 30, 50 oder 75 % der Stimmrechte eines börsennotierten Aktienemittenten, dessen Herkunftsstaat die Bundesrepublik Deutschland ist, erreicht, über- oder unterschreitet, hat dies § 33 WpHG spätestens innerhalb von vier Handelstagen, dem Emittenten und gleichzeitig der Bundesanstalt für Finanzdienstleistungsaufsicht (BaFin) mitzuteilen.[9] Dies hat auch der Testamentsvollstrecker zu beachten. 6

Ein aufgrund eines Behindertentestaments i.V.m. einer Dauertestamentsvollstreckung eingesetzter Testamentsvollstrecker verstößt durch die Anlageform eines offenen Treuhandkontos nicht gegen die ihr obliegende Pflicht zur ordnungsgemäßen Verwaltung des Nachlasses gegenüber dem behinderten Vorerben oder Vorvermächtnisnehmer. Darin liegt keine Überschreitung der Grenze pflichtgemäßen Ermessens.[10] 7

II. Aufgaben und Pflichten im Rahmen einer ordnungsmäßigen Verwaltung

Wenn der Erblasser keine besonderen Verwaltungsanordnungen vorgenommen hat, werden bei Vorliegen einer Verwaltungsvollstreckung nach Maßgabe des § 2209 BGB je nach Fallgestaltung folgende Aufgaben und Pflichten vom Testamentsvollstrecker im Rahmen einer ordnungsmäßigen Verwaltung zu erfüllen sein:[11] 8

1. Geltendmachung von Nachlassnachrechten im Hinblick auf ggf. noch für den Nachlass geltend zu machende Forderungen

Zunächst ist der Nachlassbestand durch den Testamentsvollstrecker zu erfassen und alle Nachlassrechte sind geltend zu machen, wobei auch der Gerichtsweg beschritten werden muss. Allerdings sind aussichtslose Prozesse nicht zu führen.[12] Ein Abwarten, wann die Forderung geltend gemacht wird, kann ermessensfehlerhaft sein, wenn der Nachlass geschädigt wird. Dies ist z.B. bei einer drohenden Insolvenz des Schuldners der Fall. 9

2. Prüfung der Rechtswirksamkeit, Ausführung aller letztwilligen Verfügungen

Hier hat der Testamentsvollstrecker zunächst die letztwillige Verfügung auszulegen und in Zweifelsfällen eine Klärung im Wege einer Feststellungsklage einzureichen. Unwirksame Verfügungen darf er nicht erfüllen. Eine Haftung des Testamentsvollstreckers nach § 2219 BGB ist abzulehnen, wenn der Testamentsvollstrecker zu einem vertretbaren Auslegungsergebnis gekommen ist.[13] 10

---

7 BGH WM 1967, 25.

8 BayObLGZ 1997, 1.

9 Zu den Gefahrenquellen für Nachlassbeteiligte in WpHG und WpÜG: *Ponath/Raddatz*, ZEV 2013, 361.

10 LG Heidelberg ZEV 2019, 152.

11 Vgl. MüKo/*Zimmermann*, § 2216 Rn 4 ff.

12 BGH ZEV 2000, 1995.

13 BGH NJW-RR 1992, 775.

3. Eingehung von Dauerschuldverhältnissen

11 Auch wenn die Zeit, für die die Testamentsvollstreckung angeordnet wurde, durch den Abschluss eines Dauerschuldverhältnisses überschritten wird, kann dennoch ein derartiger Abschluss im Einzelfall einer ordnungsgemäßen Nachlassverwaltung entsprechen. Voraussetzung hierfür ist aber, dass die Eingehung eines derartigen Dauerschuldverhältnisses zur Verwirklichung der Zwecke der Testamentsvollstreckung erforderlich war. Dies ist bspw. dann der Fall, wenn eine langfristige **Anmietung** gewerblicher Räume die angeordnete Fortführung eines hinterlassenen Handelsgeschäftes sichert. Ist hingegen eine Abwicklungsvollstreckung angeordnet worden, so ist die Eingehung langfristiger Dauerschuldverhältnisse grundsätzlich unzulässig.

4. Verwendung von Nachlasserträgen

12 Auf die Herausgabe von Erträgnissen des Nachlasses ist § 2217 BGB nicht anwendbar, kann aber als Richtschnur herangezogen werden.[14] Besteht kein gegenteiliger Wille des Erblassers oder ist die **Herausgabe** unter Berücksichtigung der Grundsätze einer ordnungsgemäßen Verwaltung erforderlich, hat der Testamentsvollstrecker auch die Befugnisse zur Thesaurierung der Erträgnisse.[15] Wenn die Erträge ausreichen, sind sie an den Erben in der Höhe auszukehren, wie er sie für seinen angemessenen Unterhalt, die Erfüllung seiner gesetzlichen Unterhaltspflichten sowie die Erfüllung zu zahlender Steuern benötigt.[16] Verstößt der Testamentsvollstrecker gegen die Grundsätze, kann der Erbe Schadensersatz nach § 2219 BGB verlangen oder die Entlassung nach § 2227 BGB beantragen.

13 Zu Ungunsten des Nacherben bzw. zugunsten des Vorerben darf durch den Testamentsvollstrecker die Substanz nicht gemindert werden. Hier ist eine Abwägung zwischen dem Interesse des Vorerben an einer Ertragsauskehrung und dem Interesse des Nacherben an einer Substanzerhaltung vorzunehmen. Weiterhin sind die sich aus §§ 2124–2126 BGB ergebenden Kosten- und Lastentragungen angemessen zu berücksichtigen.[17]

5. Anlage von Geld und Verwaltung von Wertpapieren

14 Es besteht **keine Pflicht zur mündelsicheren Anlage.**[18] Bei der ordnungsmäßigen Verwaltung des Nachlasses durch den Testamentsvollstrecker kann eine Parallele zur Verwaltung von Stiftungsvermögen gezogen werden, welches gemäß den Stiftungsgesetzen „in seinem Bestand zu erhalten" ist.[19] Aufgrund der Vorgabe des BGH vom dynamischen Geschäftsführer darf sich der Testamentsvollstrecker nicht mit nur mäßigem Erfolg seiner Tätigkeit begnügen. Ordnungsmäßig ist aber nicht gleichbedeutend mit erfolgreich. Insofern muss er (nicht alle) Möglichkeiten zum besseren Erfolg wahrnehmen. Sofern die Regeln der Wirtschaftlichkeit beachtet werden und die Risiken sowie Chancen abgewogen wurden, können sogar spekulative Anlagen in Betracht kommen.[20] Hier ist allerdings darauf zu achten, dass durch spekulative Anlagen nicht die gesamte Nachlassmasse im Falle eines Verlustes benachteiligt wird. Hoch spekulative Anlagen, die mit sehr hohen Risiken behaftet sind, dürften grundsätzlich nicht ordnungsmäßiger Verwaltung entsprechen. Demzufolge sind hoch spekulative Anla-

---

14 *Reimann*, ZEV 2010, 11.
15 BGH NJW-RR 1988, 386 = FamRZ 1988, 279; BGH FamRZ 1986, 900.
16 *Reimann*, ZEV 2010, 11; RG Recht 1922 Nr. 615.
17 BGH NJW-RR 1988, 386.
18 Hierzu mit zahlr. Nachw. *Tolksdorf*, ErbStB 2008, 57; *Schmitz*, ZErb 2003, 3; *Klumpp*, ZEV 1994, 65 ff.
19 *Farkas-Richling*, ZEV 2007, 310.
20 BGH ZEV 1995, 110.

gen allenfalls dann zulässig, wenn ein überschaubares Risiko besteht und nicht der Gesamtnachlass betroffen ist.

Sofern der Erblasser sich für den Kauf bestimmter **Wertpapiere** entschieden hatte, steht der Testamentsvollstrecker häufig vor der Frage, ob er nicht eine Vermögensumschichtung in günstigere Aktien vornehmen oder gar die Aktien (teilweise) verkaufen muss. Auch wenn die Kurse von sog. „Blue Chips" fallen, muss nicht unbedingt ein Verkauf erfolgen. Im Einzelnen ist die Langfristigkeit immer wieder zu überprüfen. Wird kurzfristig Vermögen benötigt, so kann auch ein Verkauf unter Wert zulässig sein, wenn anderweitige liquide Mittel nicht vorhanden sind. Letztendlich hängt die Anlagedauer von der Aufgabe der Testamentsvollstreckung ab. Wie bei Dauerschuldverhältnissen kommt eine längerfristige Erbenbindung bei Abwicklungsvollstreckung nicht in Betracht. Auch wenn die Erben den Testamentsvollstrecker auf andere Anlagemöglichkeiten hinweisen, so ist dieser nicht unbedingt verpflichtet, die Bank zu wechseln.[21] Hat sich eine Bank jedoch als unzuverlässig herausgestellt, dürfen dort keine weiteren Anlagevermögen getätigt werden.[22] Über aufgetretene wesentliche (mind. 10 % des Nachlasses) Verluste hat der Testamentsvollstrecker die Erben zu informieren. 15

6. Verkehrssicherungs- und Überwachungspflichten

Zur Erfüllung von Verkehrssicherungspflichten im Zusammenhang mit Nachlassgegenständen ist der Testamentsvollstrecker verpflichtet. Um bspw. Streupflichten zu erfüllen, darf er sich Hilfspersonen bedienen. Vorsorglich hat der Testamentsvollstrecker verkehrsübliche Versicherungsverträge für Nachlassgegenstände abzuschließen. 16

7. Beschränkung der Erbenhaftung durch Beantragung des Nachlassinsolvenzverfahrens (§ 317 InsO)

Zur Herbeiführung von Haftungsbeschränkungen ist ebenfalls der Testamentsvollstrecker im Rahmen ordnungsgemäßer Verwaltung verpflichtet. Die vorgenannten Haftungsbeschränkungen sind bei Überschuldung des Nachlasses vom Testamentsvollstrecker einzuleiten. Ein Inventarisierungsrecht gem. § 1993 BGB steht jedoch allein dem Erben zu. Diesem gegenüber kann auch nur die Inventarfrist nach § 1994 BGB bestimmt werden. 17

III. Besondere Anordnungen für die Verwaltung durch den Erblasser (Abs. 2 S. 1)

Sofern der Erblasser in seinem Testament besondere Anordnungen für die Verwaltung getroffen hat, so ist wegen Abs. 2 S. 1 der Testamentsvollstrecker hieran **gebunden**. Derartige Anordnungen können z.B. das Verbot, über bestimmte Nachlassgegenstände zu verfügen, die Verwendung von Nachlasserträgen oder die Zuteilung von Nachlassgegenständen bei der Nachlassteilung betreffen. Ebenso können per Verwaltungsanordnungen die Rechte der Erben **erweitert** werden, wenn bspw. die Zustimmung vor bestimmten Maßnahmen von den Erben eingeholt werden muss. Sofern mit Verwaltungsanordnungen übermäßige Beschränkungen der Erben bewirkt werden sollen, können sie gem. § 138 Abs. 1 BGB nichtig sein.[23] Verwaltungsanordnungen sind insbesondere von **bloßen Wünschen** des Erblassers abzugrenzen, die den Testamentsvollstrecker nicht unbedingt binden.[24] Zu Lebzeiten erteilte bindende Weisungen außerhalb einer letztwilligen Verfügung binden zwar den Testamentsvollstrecker, können 18

21 BGH ZEV 1995, 110.
22 RG LZ 1914, 1361.
23 OLG München JFG 14, 428.
24 BayObLG NJW 1976, 1692.

aber vom Erben nach § 671 BGB jederzeit widerrufen werden.[25] Des Weiteren müssen die Anordnungen nach § 2216 BGB von den Beschränkungen nach § 2208 BGB abgegrenzt werden. Verwaltungsanordnungen wirken lediglich schuldrechtlich, so dass im Außenverhältnis gegenüber Dritten die Verfügungsbefugnis des Testamentsvollstreckers nicht eingeschränkt wird, selbst wenn dem Dritten der Missbrauch des Verwaltungsrechts nicht erkennbar war oder er ihn sogar erkannt hat.[26] Allerdings ist dann von einer schuldhaften Pflichtverletzung auszugehen, die gegenüber den Erben zu einer **Schadensersatzverpflichtung** nach Maßgabe des § 2219 BGB führen kann. Ebenso ist dann auch ein **Entlassungsgrund** nach § 2227 BGB gegeben.

19 Sofern eine verbindliche Verwaltungsanordnung vorliegt, hat der Testamentsvollstrecker diese zu beachten. Wenn eine Verwaltungsanordnung einen Verstoß gegen die guten Sitten darstellt, so ist diese nichtig gem. § 138 Abs. 1 BGB. In einem solchen Fall sollte der Testamentsvollstrecker die Nichtigkeit im Rahmen einer **Feststellungsklage** klären. Die Befolgung einer bindenden Verwaltungsanordnung kann vom Erben und Vermächtnisnehmer verlangt und im **Klageweg** verfolgt werden. Des Weiteren kann die Nichtverfolgung einer bindenden Verwaltungsanordnung als Pflichtverletzung, ggf. zur **Entlassung** des Testamentsvollstreckers nach § 2227 BGB führen. Im Einverständnis aller Erben kann der Testamentsvollstrecker Verfügungen treffen, die einer bindenden Anordnung des Erblassers zuwiderlaufen.

20 Eine Verwaltungsordnung muss, um bindend zu wirken, im Rahmen einer **letztwilligen Verfügung** getroffen werden. Außerhalb von letztwilligen Verfügungen getroffene Anordnungen können lediglich i.R.d. Auslegung der letztwilligen Verfügungen herbeigezogen werden. Die Nichtberücksichtigung derartiger Anordnungen führt nicht zu einem Entlassungsgrund nach § 2227 BGB.[27]

IV. Außerkraftsetzung durch das Nachlassgericht (Abs. 2 S. 2 und 3)

21 Der Testamentsvollstrecker kann für den Fall, dass die Befolgung der Anordnung des Erblassers zu einer erheblichen Gefährdung des Nachlasses führen würde, die **Außerkraftsetzung** beim Nachlassgericht nach Maßgabe des Abs. 2 S. 2 beantragen. Dabei ist nicht nur die Aufhebung einer Erblasseranordnung, sondern auch deren inhaltliche Korrektur möglich.[28] Sofern sich der Testamentsvollstrecker bereits eigenmächtig über eine solche den Nachlass gefährdende Verwaltungsanordnung hinweggesetzt hat, so sollte zur Haftungsvermeidung vorsorglich die nachträgliche Entscheidung nach Abs. 2 S. 2 eingeholt werden. Eine Nachlassgefährdung kann nicht nur dann vorliegen, wenn Nachlasswerte sich stark negativ verändern könnten, wenn die Anordnung befolgt wird, sondern auch in einer Gefährdung des Testamentsvollstreckungszwecks. Die Nachlassgefährdung muss nicht von Anfang an vorliegen. Sie kann auch aufgrund einer späteren Umstandsänderung, die der Erblasser offensichtlich nicht vorhergesehen hat, eingetreten sein. Kein Fall des Abs. 2 S. 2 liegt vor, wenn bspw. der Testamentsvollstrecker gem. Anordnung nicht den Pflichtteil des Kindes auszahlen soll, weil eine nachträgliche und damit unwirksame Anrechnung entgegen § 2315 BGB erfolgt ist. Hier ist der Testamentsvollstrecker verpflichtet, die Voraussetzungen für das Pflichtteilsrecht zu überprüfen.[29] An eine derartige Anordnung ist er von vornherein nicht gebunden, da es sich lediglich um einen Wunsch handeln kann, zumal das Pflichtteilsrecht gesetzlich manifestiert ist.

---

25 MüKo/*Zimmermann*, § 2216 Rn 15.
26 Soergel/*Becker*, § 2216 Rn 17.
27 BeckOK BGB/*Lange*, § 2216 Rn 29.
28 Ausführlich *Schmidl*, ZErb 2017, 303.
29 Vgl. dazu Bengel/Reimann/Holtz/Röhl/*Klinger*, § 5 Rn 468.

Das Nachlassgericht wird **nicht von Amts wegen** tätig. Es bedarf somit eines **Antrags**, der nicht nur vom Testamentsvollstrecker gestellt werden kann, sondern auch von allen Personen, die an der Aufhebung ein **rechtliches Interesse** haben.[30] Dies sind Erben, Vermächtnisnehmer und Auflagenberechtigte. Nicht berechtigt sind der Pflichtteilsberechtigte, Nachlass- und Privatgläubiger des Erben.[31] Sofern mehrere Testamentsvollstrecker im Amt und gemeinschaftlich vertretungsbefugt sind, muss der Antrag gemeinsam gestellt werden. Bei getrennten Aufgabenbereichen kann derjenige Testamentsvollstrecker den Antrag stellen, dessen Aufgabenbereich die Verwaltungsanordnung betrifft. Eine Pflicht des Testamentsvollstreckers zur Beantragung, damit die Verwaltungsanordnung außer Kraft gesetzt werden kann, besteht nur in Ausnahmefällen, und zwar dann, wenn kein anderer Beteiligter selbst einen Antrag stellen kann. Ist dies nicht der Fall, kann eine Unterlassung ggf. zu einer Haftung nach Maßgabe des § 2219 BGB führen. Das Nachlassgericht kann neben der Antragsablehnung auch die Verwaltungsanordnung ganz oder teilweise aufheben. Eigene oder abweichende Verwaltungsanordnungen durch das Nachlassgericht sind unzulässig.[32] Gegenstand der Außerkraftsetzung können solche rechtsgeschäftlicher Art sein, ebenso wie wirtschaftliche Maßnahmen. Die Testamentsvollstreckung als solche (Dauer, Zahl der Testamentsvollstrecker, Vergütung) kann nicht Gegenstand sein.[33] Lediglich unzweckmäßige Anordnungen können nicht außer Kraft gesetzt werden, da hier keine erhebliche Gefährdung des Nachlasses vorliegt. 22

Nach § 16 Abs. 1 Nr. 3 RPflG entscheidet der **Richter** am Nachlassgericht. Dabei sind vor der Entscheidung die Beteiligten anzuhören. Der **Beschluss** wird mit Bekanntgabe an den Testamentsvollstrecker gem. § 40 Abs. 1 FamFG wirksam. I.R.d. befristeten Beschwerde nach §§ 58 Abs. 1, 63 FamFG (vormals einfache Beschwerde nach §§ 19, 20 FGG) kann sowohl der Testamentsvollstrecker als auch jeder Beteiligte, der durch die Entscheidung beeinträchtigt wird, Rechtsmittel einlegen. Sofern mehrere Testamentsvollstrecker vorhanden sind, ist nach § 355 Abs. 3 FamFG jeder Testamentsvollstrecker einzeln beschwerdeberechtigt. Bestehen keine getrennten Aufgabenbereiche, so sind die gemeinschaftlichen Testamentsvollstrecker auch nur zur gemeinsamen einfachen Beschwerde befugt. Nach KV Nr. 12420 GNotKG fällt eine 0,5 Gebühr für das Verfahren über sonstige anlässlich einer Testamentsvollstreckung zu treffenden Anordnungen an.[34] 23

C. Verfahrensfragen/Praktische Hinweise

Der Erbe kann die Ausführung einer vom Testamentsvollstrecker unmittelbar bevorstehenden Verfügung durch **Klage auf Unterlassen** verhindern und deren Erfolg durch die Erwirkung einer einstweiligen Verfügung sichern.[35] Ebenso ist eine Leistungsklage des Erben möglich, dass Erträge an ihn ausgekehrt werden.[36] Um derartige Probleme nicht auftreten zu lassen, ist es dringend erforderlich, die Ausschüttung von Erträgen des Nachlasses an die Erben im Testament bereits zu regeln. 24

Zuständig ist das Prozessgericht und nicht das Nachlassgericht. Verfügt der Erblasser über zahlreiche Geld- und Wertpapieranlagen, kommt es häufig zum Streit, ob die vom Erblasser getroffene Anlageform vom Testamentsvollstrecker weiterhin befolgt 25

30 BGHZ 35, 296.
31 BayObLGZ 1982, 459.
32 KG Berlin OLGZ 1971, 220. Für Korrekturanordnung mit guten Argumenten: *Schmidl*, ZErb 2017, 276, 303, 339.
33 KG Berlin HRR 1942 Nr. 691; BayObLGZ 1961, 155.
34 *Kroiß*, ZEV 2013, 417.
35 Staudinger/*Dutta*, § 2203 Rn 38.
36 *Reimann*, ZEV 2010, 12.

werden soll bzw. ob dies der ordnungsgemäßen Verwaltung entspricht. Um diese haftungsrelevante Situation für den Testamentsvollstrecker zu vermeiden, ist es ratsam, eine **Verwaltungsanordnung des Erblassers** gem. Abs. 2 S. 1 aufzunehmen, wonach i.R.d. Geld- und Wertpapieranlagen entweder die Zustimmung der Erben eingeholt werden soll oder (weniger streitanfällig) die Weisung Dritter, wozu auch eine Bank gehören kann, zu befolgen ist. Alternativ bietet sich die Anordnung an, dass der Testamentsvollstrecker verpflichtet ist, die bisherige Kapitalanlageentscheidung des Erblassers fortzuführen. In der Praxis hat sich die konkrete Vorgabe von Anlagerichtlinien, insbesondere auch die Einhaltung einer gewissen Vermögensstruktur und die Vermeidung bestimmter Anlageformen, bewährt. Ebenso kann der Erblasser maximale Aktienanteile bei der Verwaltung des liquiden Vermögens vorgeben oder die Auflage, sämtliche Immobilien zu verkaufen und die Erlöse in mündelsicheren Wertpapieren anzulegen.[37]

26 Bei Aufnahme von Verwaltungsanordnungen ist aufgrund der rein schuldrechtlichen Wirkung gegenüber den Erben etc. zu beachten, dass diese die Sicherheit im Rechtsverkehr nicht beeinträchtigen, wenn der Testamentsvollstrecker verfügt. Somit ist eine Verwaltungsanordnung nach § 2216 BGB einer dinglichen Beschränkung nach § 2208 BGB vorzugswürdig. In der Praxis sind andernfalls Dritte selten bereit, mit dem Testamentsvollstrecker Verträge abzuschließen.

27 Des Weiteren ist eine **hinreichende Dokumentation** des Anlageentscheidungsprozesses durch den Testamentsvollstrecker unumgänglich, um einer Inanspruchnahme durch die Erben etc. entgegenzuwirken.[38] Demzufolge sollte die verfolgte Portfoliostrategie auf der Grundlage der zu berücksichtigenden Faktoren hinreichend begründet werden. Gleiches gilt für die Umsetzung der Strategie, also der Auswahl der Kapitalanlagen und die periodisch durchzuführende Portfoliorevision.[39] Am günstigsten ist es, wenn der Testamentsvollstrecker bei wesentlichen Anlageentscheidungen bereits im Vorfeld die **Einwilligung der Erben** bzw. der betroffenen Vermächtnisnehmer einholt. Hierdurch wird die Haftung des Testamentsvollstreckers gem. § 2219 BGB wegen einer Pflichtverletzung aus § 2216 BGB ausgeschlossen.

28 Es sollten folgende Schritte beim Ablauf einer ordnungsmäßigen Verwaltung des Nachlassvermögens berücksichtigt werden:[40]

- Festlegung eines bestimmten Ertrages, der erwirtschaftet werden muss, um die laufenden Kosten der Testamentsvollstreckung und der Inflation auszugleichen;
- Festlegung von Anlagerichtlinien;
- Strukturierung des Nachlassvermögens ggf. durch Umschichtung, um die gewünschte Rendite zu erreichen und das Nachlassvermögen in seinem wirtschaftlichen Wert zu erhalten;
- Überprüfung und Abwägung der möglichen Maßnahmen unter Berücksichtigung des Wirtschaftlichkeitsgebotes und der Respektierung des letzten Willens;
- laufende Kontrolle des Nachlassvermögens in festen Zeitabständen (z.B. quartalsweise).

37 *Tolksdorf*, ErbStB 2008, 90.
38 *Schmitz*, ZErb 2003, 9.
39 Formulierungsvorschläge bei *Schmitz*, ZErb 2003, 9.
40 Nach *Farkas-Richling*, ZEV 2007, 313.

§ 2217 Überlassung von Nachlassgegenständen

(1) [1]Der Testamentsvollstrecker hat Nachlassgegenstände, deren er zur Erfüllung seiner Obliegenheiten offenbar nicht bedarf, dem Erben auf Verlangen zur freien Verfügung zu überlassen. [2]Mit der Überlassung erlischt sein Recht zur Verwaltung der Gegenstände.
(2) Wegen Nachlassverbindlichkeiten, die nicht auf einem Vermächtnis oder einer Auflage beruhen, sowie wegen bedingter und betagter Vermächtnisse oder Auflagen kann der Testamentsvollstrecker die Überlassung der Gegenstände nicht verweigern, wenn der Erbe für die Berichtigung der Verbindlichkeiten oder für die Vollziehung der Vermächtnisse oder Auflagen Sicherheit leistet.

Literatur

Keim, Die freiwillige Freigabe von Nachlassgegenständen durch den Testamentsvollstrecker, ZEV 2012, 450; *Mylich*, Die Herausgabe von Nachlasserträgen, insbesondere Unternehmenserträgen, durch den Testamentsvollstrecker an den Begünstigten, ZEV 2019, 246; *Reimann*, Muss der Testamentsvollstrecker die Erträge des Nachlasses an die Erben ausschütten?, ZEV 2010, 8.

Übersicht: Rdn

A. Allgemeines

1 Dem Erben ist aufgrund des § 2205 BGB sowohl das Verwaltungs- als auch Verfügungsrecht entzogen. Der Testamentsvollstrecker besitzt das aktive Prozessführungsrecht nach § 2212 BGB. Erst nach Abschluss der Testamentsvollstreckung erlangt der Erbe diese Befugnisse wieder zurück. § 2217 BGB gewährt dem Erben jedoch einen **Freigabeanspruch.** § 2217 BGB bezieht sich lediglich auf das **Innenverhältnis** zwischen Erben und Testamentsvollstreckung. Dabei ist zwischen der Verpflichtung zur Herausgabe und der Berechtigung der Überlassung von Nachlassgegenständen zu differenzieren. Hiervon strikt zu trennen ist die Frage der Wirksamkeit einer Überlassung eines Nachlassgegenstandes gegenüber Dritten im **Außenverhältnis.**[1] Der Erblasser kann in seinem Testament die pflichtwidrige Freigabe durch Verwirkungsklauseln sanktionieren, aber auch die Freigabebefugnis des Testamentsvollstreckers flexibler gestalten.[2]

B. Tatbestand

I. Grundsätzliches

2 Eine Verpflichtung zur Überlassung von Gegenständen nach Abs. 1 S. 1 besteht nur hinsichtlich freigabefähiger Nachlassgegenstände. **Freigabefähig** können nur solche Gegenstände sein, die der Testamentsvollstrecker zur Erfüllung seiner Obliegenheiten eindeutig nicht mehr benötigt.[3] Demzufolge hängt die Freigabefähigkeit von dem

1 Soergel/*Becker*, § 2217 Rn 1.
2 Vgl. *Keim*, ZEV 2012, 450; *Haegele*, Rpfleger 1972, 47; Staudinger/*Dutta*, § 2217 Rn 4.
3 Hierzu BGHZ 12, 100 = BGH NJW 1954, 636.

Zweck der Testamentsvollstreckung ab. Grundsätzlich bedarf ein Testamentsvollstrecker im Rahmen einer **Auseinandersetzungsvollstreckung** immer des gesamten Nachlasses bis zur Schlussverteilung, es sei denn, sein Aufgabenbereich ist gegenständlich beschränkt. Die Miterben können aber auch eine Vereinbarung treffen, wonach eine Auseinandersetzung ausgeschlossen werden soll. Hieran ist der Testamentsvollstrecker gebunden, so dass dann eine Freigabepflicht besteht. I.R.d. Abwicklungsvollstreckung benötigt der Testamentsvollstrecker nur diejenigen Gegenstände, die er bis zur Ausführung der letztwilligen Verfügung und zum Ausgleich sämtlicher Nachlassverbindlichkeiten wie z.B. Steuern[4] benötigt. Der Testamentsvollstrecker ist demnach grundsätzlich befugt, Erträge zu thesaurieren, hat dem Erben jedoch liquide Mittel zumindest insoweit zu überlassen, als sie dieser für einen angemessenen Unterhalt, zur Erfüllung seiner gesetzlichen Unterhaltspflichten und zur Begleichung fälliger Steuerschulden benötigt.[5] Die Herausgabe von Nutzungen richtet sich primär nach § 2216 BGB.[6]

3 Wurde **Verwaltungs- oder Dauervollstreckung** nach § 2209 S. 1 BGB angeordnet, so kommt eine Freigabe nicht in Betracht.[7] Im Einzelnen ist hier ebenfalls auf den Zweck der Testamentsvollstreckung abzustellen, so dass u.U. auch bei einer Verwaltungsvollstreckung etc. Nachlassgegenstände, die nicht mehr zur Verwaltung erforderlich sind, den Erben zu überlassen sind. Sind Nachlassverbindlichkeiten, insbesondere die Erbschaftsteuer, noch nicht ausgeglichen, besteht kein Anspruch auf Überlassung von Nachlassgegenständen, soweit nicht eindeutig feststeht, ob ggf. der Testamentsvollstrecker zur Erfüllung steuerlicher Pflichten den Nachlass verwerten muss. Der Erblasser kann wegen § 2220 BGB den Testamentsvollstrecker von der Freigabeverpflichtung aus § 2217 BGB befreien.[8] § 2217 BGB ist nicht analog auf Nutzungen anwendbar.[9] Die Frage, ob Nutzungen an Erben herausgegeben werden müssen, beantwortet sich aus den Grundsätzen ordnungsmäßiger Verwaltung nach § 2216 BGB.

II. Freigabeverlagen

4 Nach h.M.[10] können nur alle Miterben gemeinsam das Verlagen auf Freigabe stellen, weil die Geltendmachung den Charakter einer Verfügung über den verlangten Nachlassgegenstand hat. Dementsprechend sei § 2039 BGB unanwendbar, da der Freigabeanspruch nicht zum Nachlass gehöre. Nach hier vertretener Auffassung fällt der Freigabeanspruch, wie auch der Anspruch aus § 2218 BGB, in den Nachlass, so dass sehr wohl § 2039 BGB anwendbar ist.[11] Dies bedeutet, dass bei einer Erbengemeinschaft jeder Erbe allein den Anspruch geltend macht, wobei lediglich die Freigabe an alle Erben verlangt werden kann.

III. Rechtsnatur und Form

5 Nach heutiger h.M.[12] handelt es sich bei der Freigabe um eine **abstrakte empfangsbedürftige Willenserklärung**, die auf Beendigung des Verwaltungs- und Verfügungsrechts hinsichtlich des bestimmten zu überlassenden Nachlassgegenstandes gerichtet

4 Grüneberg/*Weidlich*, § 2217 Rn 1.
5 *Reimann*, ZEV 2010, 8.
6 So auch Grüneberg/*Weidlich*, § 2217 Rn 6.
7 BGHZ 12, 100. Dazu *Mylich*, ZEV 2019, 246.
8 Grüneberg/*Weidlich*, § 2217 Rn 2.
9 Vgl. BGH WM 1986, 1095.
10 MüKo/*Zimmermann*, § 2217 Rn 5; Soergel/*Becker*, § 2217 Rn 3; Staudinger/*Dutta*, § 2217 Rn 8 m.w.N.
11 So auch *Muscheler*, ZEV 1996, 401.
12 Soergel/*Becker*, § 2217 Rn 5; BeckOK BGB/*Lange*, § 2217 Rn 6; Grüneberg/*Weidlich*, § 2217 Rn 5.

ist. Eigentumsverhältnisse oder Rechtsverhältnisse werden durch die Freigabeforderung nicht berührt. Überlässt der Testamentsvollstrecker einem Miterben einen Nachlassgegenstand, so wird dieser nur bei Zustimmung aller Miterben Alleineigentümer. Einer besonderen **Form** ist die Freigabeerklärung nicht unterworfen. Sie kann somit auch konkludent erfolgen. Ein Nachweis nach Maßgabe des § 29 GBO muss aber gegenüber dem Grundbuchamt erfolgen.[13] Überlassen hat der Testamentsvollstrecker einen Nachlassgegenstand, wenn er dem Erben die freie Verfügung im Rechtsverkehr einräumen wollte.[14] Die reine Überlassung des Besitzes oder des Nießbrauchs an einem Nachlassgegenstand bedeutet somit allein noch nicht die Freigabe, sofern dem Testamentsvollstrecker das Verfügungsrecht verbleibt.[15] Fordert ein Miterbe den Testamentsvollstrecker zur Freigabe von Grundstücken auf, weil er eine Veräußerung beabsichtigt, ist der Testamentsvollstrecker gehalten, auf das Freigabeverlangen gem. § 2217 Abs. 1 BGB zu reagieren, wenn seiner Meinung nach die ordnungsgemäße Verwaltung des Nachlasses eine solche Freigabe nicht erlaubt oder er die gesetzte Frist für zu kurz hält.[16]

IV. Wirkung der Freigabe

Nach Abs. 1 S. 2 **erlischt** mit der Überlassung das Recht des Testamentsvollstreckers zur Verwaltung der überlassenen Gegenstände. Neben dem Verwaltungs- und Verfügungsrecht verliert der Testamentsvollstrecker somit auch diesbezüglich die Prozessführungsbefugnis.[17] Ein etwaiger **Pfändungsschutz** erlischt ebenfalls. Liegen die Voraussetzungen zur Überlassung von Nachlassgegenständen nach Maßgabe des § 2217 BGB nicht vor, hat der Testamentsvollstrecker dennoch den Gegenstand zur freien Verfügung im Rechtsverkehr überlassen, so ist dennoch die Freigabe dinglich wirksam. Hat der Testamentsvollstrecker irrtümlicherweise den Gegenstand herausgegeben, kann er vom Erben nach Maßgabe des § 812 BGB sowohl die Wiederherstellung seines Verwaltungsrechts als auch die Wiederauslieferung des Gegenstandes verlangen. In diesem Zusammenhang ist § 818 BGB zu beachten. Wusste der Testamentsvollstrecker, dass er nicht zur Überlassung verpflichtet ist, greift regelmäßig § 814 BGB.[18] Dies ist insbesondere in den Fällen gegeben, in denen mit Einverständnis der Erben der Gegenstand überlassen wird. Eine derartige Zustimmung der Erben allein macht die dinglich wirksame Freigabe nicht zu einer berechtigten Freigabe. Demzufolge kann bspw. der Vermächtnisnehmer weiterhin Schadensersatzansprüche aus § 2219 BGB geltend machen. 6

Im Einzelnen kommt es daher darauf an, ob auch die Voraussetzungen des § 2216 BGB gegeben sind. Nach der Rspr. kann eine Umgehung des § 2205 S. 3 BGB vorliegen, wenn der Testamentsvollstrecker **freiwillig** Gegenstände überlässt und darin eine unentgeltliche Verfügung des Erben ermöglicht (vgl. hierzu § 2205 Rdn 20 ff.). Hier bedarf es der Zustimmung des Vermächtnisnehmers. Nach hiesiger Ansicht ist die Freigabe von jeder kausalen Bindung frei, so dass keine Zustimmung durch Dritte notwendig ist. Der Vermächtnisnehmer ist durch seinen Schadensersatzanspruch hinreichend abgesichert. 7

---

13 OLG Hamm OLGZ 1973, 258 sowie OLG Hamm, Beschl. v. 31.1.2023 – 15 W 269/22, ZEV 2023, 378.

14 OLG Hamm, Beschl. v. 31.1.2023 – 15 W 269/22, ZEV 2023, 378.

15 Grüneberg/*Weidlich*, § 2217 Rn 5.

16 OLG Bremen ZEV 2018, 749.

17 BeckOK BGB/*Lange*, § 2217 Rn 8.

18 Hierzu Soergel/*Becker*, § 2217 Rn 9. Vgl. Bei Mittellosigkeit trotz Freigabe eines Nachlassgegenstandes: BGH, Beschl. v. 10.5.2017 – XII ZB 614/16, ZEV 2017, 407.

V. Möglichkeit der Sicherheitsleistung

8 Sofern Nachlassverbindlichkeiten bestehen, die nicht auf einem Vermächtnis oder einer Auflage beruhen, und wegen bedingter und betagter **Vermächtnisse** oder **Auflagen** kann der Testamentsvollstrecker nach Abs. 2 die Überlassung der Gegenstände nicht verweigern, wenn der Erbe für die Berichtigung der Verbindlichkeiten oder die Vollziehung der Vermächtnisse oder Auflagen Sicherheit leistet. Hierdurch ist dem Erben eine Möglichkeit geschaffen worden, vom Testamentsvollstrecker trotz fehlender Freigabeverpflichtung die Überlassung zu erreichen. Der Testamentsvollstrecker ist Berechtigter i.S.d. §§ 233, 240 BGB. Die Sicherheit kann auch dem Nachlassgläubiger, Vermächtnisnehmer oder Auflagenberechtigten gegenüber geleistet werden. Sie ist dann aber dem Testamentsvollstrecker nachzuweisen.[19] Die Testamentsvollstreckung kann allerdings nicht durch Leistung der Sicherheit insgesamt beseitigt werden.

C. Verfahrensfragen/Praktische Hinweise

9 Im Rahmen einer **gerichtlichen Auseinandersetzung** muss dargelegt werden, warum der Gegenstand offenbar nicht mehr i.R.d. Testamentsvollstreckung benötigt wird. Zweck ist, im Streitfall den Testamentsvollstrecker vor weitläufigen Darlegungen zu schützen. Ist eine umfangreiche Beweisaufnahme notwendig oder ist lediglich die Ermessensgrenze des Testamentsvollstreckers zweifelhaft, ist die Klage insgesamt abzuweisen. Ein Anspruch auf Überlassung von Nachlassgegenständen kann abgetreten werden und ist pfändbar.[20] Ob der Testamentsvollstrecker die Herausgabe des Nachlassgegenstandes wegen eines etwaigen Zurückbehaltungsrechts aus einem Aufwendungsersatzanspruch oder wegen seiner Vergütung verweigern kann, ist streitig, aber zuzubilligen, wenn der Nachlass nicht mehr zur Deckung der Ansprüche ausreicht.[21] Zu beachten ist auch, dass Vollmachten des Testamentsvollstreckers zur Verfügung über Grundstücke an die Erben oder Dritte auch ausdrücklich die Befugnis zur Freigabe enthalten sollten. Das OLG München hatte eine Vollmacht zur „Übertragung von Grundbesitz" als nicht ausreichend erachtet, um mit ihr auch eine Überlassung an die Erben nach § 2217 BGB vorzunehmen.[22]

10 Auch beim Behindertentestament spielt § 2217 BGB eine große Rolle. Selbst wenn dort der Testamentsvollstrecker im Rahmen einer Dauertestamentsvollstreckung den Nachlassgegenstand entgegen den Anordnungen des Erblassers pflichtwidrig zugunsten des betroffenen Behinderten freigibt, lässt dies dessen Mittellosigkeit nicht entfallen.[23] Nach Ansicht des BGH[24] besteht in der Folge ein Anspruch aus § 812 Abs. 1 S. 1 Alt. 1 BGB. Allerdings dürfte dann auch § 814 BGB zu beachten sein.[25]

---

19 Vgl. MüKo/*Zimmermann*, § 2217 Rn 12; Staudinger/*Dutta*, § 2217 Rn 23.

20 *Winkler*, Rn 498.

21 Dagegen: RG HRR 1930 Nr. 1110; BeckOK BGB/*Lange*, § 2217 Rn 5; MüKo/*Zimmermann*, § 2217 Rn 5; Staudinger/*Dutta*, § 2217 Rn 14; dafür: *Muscheler*, ZEV 1996, 401; Grüneberg/*Weidlich*, § 2217 Rn 3.

22 OLG München ZEV 2011, 590; dazu ausführlich *Keim*, ZEV 2012, 450 ff.

23 BGH ZEV 2017, 267; BGH ZEV 2018, 405 m. Anm. *Muscheler*.

24 BGH ZEV 2017, 267; BGH ZEV 2018, 405.

25 So richtig *Muscheler*, ZEV 2017, 406.

Sehr wichtig ist es wegen der sehr unterschiedlichen Rechtsprechung zu dieser Frage, in Behindertentestamenten eine Klausel aufzunehmen, wonach die Betreuungskosten nicht dem Nachlass(anteil) des Betroffenen entnommen werden dürfen.[26] 11

§ 2218 Rechtsverhältnis zum Erben; Rechnungslegung

(1) Auf das Rechtsverhältnis zwischen dem Testamentsvollstrecker und dem Erben finden die für den Auftrag geltenden Vorschriften der §§ 664, 666 bis 668, 670, des § 673 Satz 2 und des § 674 entsprechende Anwendung.
(2) Bei einer länger dauernden Verwaltung kann der Erbe jährlich Rechnungslegung verlangen.

Literatur
Göddecke/Kautler, Der Informationsanspruch des Vermächtnisnehmers gegen den Testamentsvollstrecker, ZEV 2020, 517; *Müller-Engels*, Die (Vorsorge-)Vollmacht des Testamentsvollstreckers – zugleich Untervollmacht zur Vertretung der Erben?, ZEV 2019, 251; *Strobel*, Die Vollmacht des Testamentsvollstreckers, ZEV 2020, 449 und 589; *Wendt*, Testamentsvollstrecker – Generalbevollmächtigter: Zustimmungs- oder Widerspruchslösung?, ErbR 2020, 15.

Übersicht: Rdn

26 So auch *Litzenburger* in Anm. zu OLG Nürnberg, Beschl. v. 17.8.2021 – 8 W 1738/21, ZEV 2021, 730 im Anschluss an OLG Hamm FGPrax 2020, 293 und FGPrax 2015, 278; OLG Celle NJOZ 2021, 680 und NZFam 2017, 327; OLG Stuttgart FGPrax 2020, 195; OLG Karlsruhe ZEV 2021, 186; OLG Rostock BeckRS 2021, 13095; entgegen OLG München FGPrax 2019, 89; OLG Bamberg BeckRS 2019, 44347; OLG Köln ZEV 2019, 704 und OLG Zweibrücken ZEV 2021, 184.

A. Allgemeines

1 Zwischen dem Erben und dem Testamentsvollstrecker besteht ein **gesetzliches Schuldverhältnis eigener Art**, welches auf dem Willen des Erblassers beruht, hingegen durch das Gesetz ausgestaltet ist.[1] Der Testamentsvollstrecker ist im Unterschied zum Beauftragten **nicht weisungsgebunden**. Aus diesem Grund sind nur bestimmte Vorschriften auf das Rechtsverhältnis zwischen Erben und Testamentsvollstrecker anwendbar. Obwohl auf das Rechtsverhältnis zwischen dem Testamentsvollstrecker und den Erben die für den Auftrag geltenden Vorschriften analog anwendbar sind, ist der Testamentsvollstrecker **nicht Beauftragter** des Erblassers oder des Erben.[2] Der Testamentsvollstrecker ist lediglich **Treuhänder** des hinterlassenen Vermögens und gleichzeitig Inhaber eines privaten Amts. Die früheren Theorien, wie die sog. „Vertretertheorie", nach der der Testamentsvollstrecker als Vertreter des Nachlasses oder der Erben handelt, oder die reine Treuhandtheorie, haben sich in der Rechtspraxis nicht durchgesetzt.[3]

2 Der Testamentsvollstrecker übt somit **kraft eigenen Rechts** ein Verwaltungs- und Verfügungsrecht über den Nachlass aus, und zwar unabhängig vom Willen der Erben.[4] Er muss aber darüber hinaus **fremdnützig**, d.h. nach dem Willen des Erblassers und dem Gesetz handeln. Dementsprechend ist der Testamentsvollstrecker auch nicht der Vertreter des Erben oder des Erblassers, selbst wenn durch die Annahme des Amts ein gesetzliches **„Pflichtverhältnis eigener Art"** begründet wird.[5] Die Stellung ist der eines gesetzlichen Vertreters angenähert.[6] Als **Träger eines eigenen Amts** hat er gegenüber den Erben eine weitgehend freie Stellung.[7] Dabei orientiert sich die Ausübung des Amts allein an objektiven Gesichtspunkten[8] und dem wohlverstandenen Erblasserwillen. Somit bestimmt auch die Aufgabenstellung durch den Erblasser die Befugnisse und Pflichten des Testamentsvollstreckers. Wegen § 2220 BGB können die Rechte aus § 2218 BGB nicht abbedungen werden. Wohl aber können die Erben nach dem Erbfall selbst auf ihre Rechte verzichten.

B. Tatbestand

I. Anspruchsinhaber

1. Erbe

3 Nach Abs. 1 finden auf das Rechtsverhältnis zwischen dem Testamentsvollstrecker und dem **Erben** einschließlich **Vorerben**[9] die für den Auftrag geltenden Vorschriften der §§ 664, 666–668, 670 BGB sowie des § 673 S. 2 BGB und § 674 BGB Anwendung. Dem **Nacherben** stehen diese Ansprüche aus den vorgenannten Vorschriften erst nach Eintritt des Nacherbfalls zu.[10] Dieser muss zunächst seine Rechte gegenüber dem Vorerben geltend machen, nicht jedoch vor Eintritt des Erbfalls gegen den Testaments-

1 BGHZ 25, 275; RG JW 1936, 3390.
2 Grüneberg/*Weidlich* § 2218 Rn 1; Mayer/Bonefeld/Tanck/*Mayer/Bonefeld*, Testamentsvollstreckung, § 2 Rn 9 ff.
3 Zum Theorienstreit ausführlich *Lange/Kuchinke*, § 31 III 2; Mayer/Bonefeld/Tanck/*Mayer/Bonefeld*, Testamentsvollstreckung, § 2 Rn 9 ff.; Bengel/Reimann/Holtz/Röhl/*Holtz*, § 1 Rn 11 ff.
4 *Lange/Kuchinke*, § 31 III.
5 BGHZ 25, 280; Mayer/Bonefeld/Tanck/*Mayer/Bonefeld*, Testamentsvollstreckung, § 2 Rn 9 ff.
6 Bengel/Reimann/Holtz/Röhl/*Holtz*, § 1 Rn 12; Staudinger/*Dutta*, Vorbem 19 ff. zu §§ 2197 ff.
7 RGZ 133, 128.
8 Bengel/Reimann/Holtz/Röhl/*Holtz*, § 1 Rn 11.
9 Mayer/Bonefeld/Tanck/*Mayer/Bonefeld*, Testamentsvollstreckung, § 10 Rn 14 ff.
10 .Bengel/Reimann/Holtz/Röhl/*Zinger*, § 6 Rn 32a.

vollstrecker.[11] Trotz fehlenden gesetzlichen Verweises in § 2218 BGB müssen auch weitere Personen gegenüber dem Testamentsvollstrecker ein Informationsrecht haben. Im Einzelnen kommt es insbesondere darauf an, wer Haftungsgläubiger des Testamentsvollstreckers sein könnte. Hat der Erbe einen Bevollmächtigten nach § 1814 Abs. 3 BGB, hat die Rechnungslegung ihm gegenüber zu erfolgen.[12]

2. Vermächtnisnehmer

4 Grundsätzlich bestehen keine Verpflichtungen des Testamentsvollstreckers aus § 2218 BGB gegenüber dem **Vermächtnisnehmer.** Es ist aber anerkannt, dass der Vermächtnisnehmer einen Anspruch auf Erstellung eines Nachlassverzeichnisses und auf Auskunftserteilung in den Fällen hat, in denen ihm gleichzeitig der Nießbrauch am Nachlass oder an einem Erbteil zugewendet worden ist.[13] Zudem ist dem Vermächtnisnehmer ein eigenständiges Auskunftsrecht und Rechenschaftsrecht zuzubilligen, wenn ein solches ausdrücklich oder aber wenigstens konkludent mitvermacht ist. Letztere Fälle sind insbesondere gegeben, wenn der Vermächtnisnehmer ohne Auskunft den Umfang oder den Gegenstand des Vermächtnisses selbst nicht bestimmen kann, weil es sich z.B. um ein Vermächtnis eines Sachinbegriffs mit wechselndem Bestand oder wechselnder Bezugsgröße handelt,[14] insb. bei Quotenvermächtnissen.[15] Eine Herausgabepflicht des Testamentsvollstreckers gegenüber dem Vermächtnisnehmer nach § 667 BGB kommt grundsätzlich nicht in Betracht.[16]

3. Erbteilserwerber, Pfändungsgläubiger

5 Des Weiteren sind diejenigen Personen auskunfts- und rechenschaftsberechtigt, die den **Erbteil erworben** oder **gepfändet** haben. Wird der Erbteil oder die Erbschaft nach Maßgabe des § 2371 BGB an einen Dritten verkauft, so gehen ab Erfüllung und nicht schon durch den schuldrechtlichen Vertrag die Informationsansprüche als Nebenrechte entsprechend §§ 401, 413 BGB durch Einzelübertragung der Sachen und Rechte über.[17] Wird z.B. der Anteil eines Miterben durch einen Gläubiger gem. § 859 Abs. 2 ZPO gepfändet, werden auch ohne ausdrückliche Erklärung automatisch die Hilfsansprüche auf Auskunft und Rechnungslegung mitgepfändet.[18] Eine isolierte Pfändung dieser Hilfsrechte ist jedoch nicht gem. § 851 ZPO möglich.

4. Testamentsvollstreckernachfolger

6 Des Weiteren sind nach einhelliger Auffassung[19] die in Abs. 1 genannten Vorschriften auch auf das Rechtsverhältnis zwischen dem Testamentsvollstrecker und seinem Nachfolger anwendbar. Damit ist das Recht der Erben, selbst zusätzlich noch Rechnungslegung etc. zu verlangen, nicht ausgeschlossen. Erteilt der Testamentsvollstreckernachfolger seinem Vorgänger Entlastung, kann dies wegen der fehlenden Vertretungsbefugnis keine Auswirkungen auf Rechte der Erben gegenüber dem ehe-

11 Zum Auskunftsanspruch des Nacherbenvollstreckers nach § 2222 BGB: BGHZ 127, 360 = NJW 1995, 456 = ZEV 1995, 69 m.Anm. *Skibbe* sowie Bengel/Reimann/Holtz/Röhl/*Zinger*, § 6 Rn 34 sowie Mayer/Bonefeld/Tanck/*Kroiß*, Testamentsvollstreckung, § 12 Rn 6.

12 Staudinger/*Dutta*, § 2218 Rn 25.

13 BeckOK BGB/*Lange*, § 2215 Rn 3; *Göddeke/Kautler*, ZEV 2020, 517; Staudinger/*Dutta*, § 2215 Rn 8; Mayer/Bonefeld/Tanck/*Kroiß*, Testamentsvollstreckung, § 12 Rn 7.

14 Mayer/Bonefeld/Tanck/*Kroiß*, Testamentsvollstreckung, § 12 Rn 8.

15 Dazu *Göddecke/Kartler*, ZEV 2020, 517.

16 Nur in Ausnahmefällen wie z.B. Depotauszüge nach abgeschlossener Dauervollstreckung an einem Wertpapierdepot.

17 Grüneberg/*Weidlich*, Überblick vor § 2371 Rn 2.

18 Mayer/Bonefeld/Tanck/*Kroiß*, Testamentsvollstreckung, § 12 Rn 8 f.

19 BGH NJW 1972, 1660; Staudinger/*Dutta*, § 2218 Rn 9; Soergel/*Becker*, § 2218 Rn 19 m.w.N.

maligen Testamentsvollstrecker haben. Es besteht für einen früheren Testamentsvollstrecker eine Verpflichtung gegenüber dem gegenwärtigen Testamentsvollstrecker zur Erstellung eines Verzeichnisses des Nachlasses, und zwar zum einen bezogen auf den Zeitpunkt des Amtsantritts, zum anderen bezogen auf den Endzeitpunkt seines Amts. Auf den Tag des Erbfalls oder den gegenwärtigen Zeitpunkt besteht ein solcher Anspruch dagegen nicht.[20]

5. Pflichtteilsberechtigter

7 Dem **Pflichtteilsberechtigten** bzw. sonstigen Dritten steht **kein Informationsrecht** und damit auch kein Rechenschaftsrecht zur Seite.[21] Allerdings wird in einem Teil der Lit. zum Pflichtteilsrecht[22] dem Pflichtteilsberechtigten mit Hilfe einer teleologischen Reduktion des § 2213 Abs. 1 BGB ein direktes Auskunfts- und Wertermittlungsrecht gegenüber dem Testamentsvollstrecker zugestanden.

6. Auflagenbegünstigter

8 Gleiches wird auch dem Auflagenbegünstigten verwehrt. Dies ist in seiner Absolutheit nicht richtig. Wie beim Vermächtnisnehmer kann es desgleichen beim Auflagenbegünstigten Konstellationen geben, bei denen man diesem ein eigenständiges Informations- und Rechenschaftsrecht zubilligen muss. So kann z.B. durch eine Auflage einem Miterben oder einem Dritten ohne Weiteres ein Vermögensvorteil zugewandt werden.[23] Dies können sowohl Geld als auch Sachleistungen sein.[24] Ist eine nicht rechtsfähige Vereinigung Zuwendungsempfänger, kommt ohnehin ein Vermächtnis mit einklagbarem schuldrechtlichem Anspruch nicht in Betracht, sondern lediglich die Auflage. Wird aber z.B. eine Wertauflage zugewandt, deren Höhe von einer dem Auflagenbegünstigten unbekannten Bezugsgröße abhängig ist, so muss der Auflagenbegünstigte auch einen Anspruch auf Information analog nach §§ 666, 2218 BGB haben. Hier einen Unterschied zwischen Vermächtnisnehmer und Auflagenbegünstigtem zu machen ist nicht sachgerecht. Im Einzelnen ist somit zu überprüfen, ob ggf. ein Auskunftsanspruch konkludent mitübertragen werden sollte. Dies wird bei einer Auflage aber sehr selten der Fall sein.

7. Testamentsvollstrecker als gesetzlicher Vertreter

9 Problematisch sind die Fälle, in denen der Testamentsvollstrecker zugleich gesetzlicher Vertreter eines minderjährigen Erben ist. Dann stellt sich die Frage, ob zur Wahrnehmung der Rechte aus § 2218 BGB ein Pfleger bestellt werden muss. Nach alter Rspr.[25] war grundsätzlich bei Doppelstellung als gesetzlicher Vertreter und Testamentsvollstrecker immer eine **Ergänzungspflegschaft** anzuordnen. Dies wurde mit dem **Interessengegensatz** i.S.v. § 1629 Abs. 2 S. 3 BGB i.V.m. § 1796 BGB begründet. Dieser Gegensatz sei so erheblich, dass er die Wahrung der Aufgaben der beiden Ämter durch ein und dieselbe Person ausschließt. Demgegenüber hält das neuere Schrifttum fast einhellig die Bestellung eines Ergänzungspflegers in den Fällen für entbehrlich, in denen der betreffende Elternteil unabhängig von seiner Stellung als Testamentsvollstrecker nach § 1640 Abs. 1 BGB ohnehin verpflichtet ist, ein Verzeichnis über das von

20 OLG Köln, Urt. v. 5.8.2009, n.v.

21 Bengel/Reimann/Holtz/Röhl/*Zinger*, § 6 Rn 36; Mayer/Bonefeld/Tanck/*Kroiß*, Testamentsvollstreckung, § 12 Rn 7.

22 So z.B. *Klingelhöffer*, ZEV 2000, 261 m.w.N.

23 Z.B. die sog. Daragansche Freibetragsauflage, DStR 1999, 393; vgl. KG ZEV 1998, 306.

24 Ausführlich zur Aufl. als Gestaltungsmittel: *Daragan/Tanck*, ZErb 1999, 2 ff.

25 Vgl. OLG Nürnberg ZEV 2002, 158; OLG Hamm FamRZ 1993, 1122; BayObLG Rpfleger 1977, 440.

Todes wegen erworbene Vermögen zu erstellen und dieses mit der Versicherung und Vollständigkeit dem Familiengericht vorzulegen.[26]

Sofern der Testamentsvollstrecker im Rahmen seiner Doppelfunktion als gesetzlicher Vertreter das Nachlassverzeichnis entgegennimmt, ist § 181 BGB nicht anwendbar, da die **Überprüfung** des Nachlassverzeichnisses selbst **kein Rechtsgeschäft** darstellt.[27] Gegen die Bestellung eines Ergänzungspflegers spricht zudem, dass ein gesetzlicher Vertreter über die Dauer seiner elterlichen Gewalt dem Familiengericht gegenüber nicht rechenschaftspflichtig ist. Eine Ausnahme bilden lediglich die §§ 1666, 1667 BGB, wonach die Eltern dann rechenschaftspflichtig sind, wenn sie ihr Vermögenssorgerecht missbraucht haben. 10

Nach überholter Rspr.[28] sollte der Vater und die Mutter das minderjährige Kind insoweit nicht vertreten können, als nach § 1795 BGB a.F. ein Vormund von der Vertretung des Kindes ausgeschlossen war; außerdem kann das Familiengericht beiden Eltern nach § 1796 BGB die Vertretung entziehen. Die Vorfrage, ob und wann Ansprüche auf Einhaltung oder solche aus der Verletzung von entsprechenden Pflichten geltend gemacht werden sollen, kann grundsätzlich der Inhaber der elterlichen Sorge selbst beantworten, weil seine Entscheidung nicht Teil eines Rechtsgeschäfts und auch keine geschäftsähnliche Rechtshandlung ist und daher nicht dem § 181 BGB unterliegt.[29] 11

Bereits aus den vorgenannten **Pflichten** des Testamentsvollstreckers soll sich generell, bei der **Doppelstellung** als Testamentsvollstrecker einerseits und als gesetzlicher Vertreter der Erben andererseits ein Interessengegensatz i.S.d. § 1789 BGB ergeben, der so erheblich sei, dass er die Wahrnehmung beider Aufgaben durch ein und dieselbe Person ausschließt, denn die dem durch seinen gesetzlichen Vertreter vertretenen minderjährigen Erben gegenüber dem Testamentsvollstrecker zustehenden Überwachungs- und Auskunftsrechte und ggf. Schadensersatzansprüche kann der Testamentsvollstrecker nicht gegen sich selbst geltend machen bzw. ausüben, da niemand sein eigener Aufseher sein kann. Als Tatbestandsvoraussetzung bei § 1789 BGB wird ein Rechtsgeschäft, nämlich eine rechtsgeschäftliche Vertretung i.S.d. § 1789 Abs. 1 BGB, und nicht nur eine Tathandlung benötigt, die hier nicht gegeben ist.[30] Diese Sichtweise ist abzulehnen. 12

Nach der Rspr. des BGH[31] besteht kein genereller Interessengegensatz zwischen elterlichem Sorgerecht und Testamentsvollstreckung, so dass z.B. der überlebende Elternteil ohne Weiteres Testamentsvollstrecker über den Erbteil seines Kindes werden kann.[32] Vielmehr ist der Einzelfall zu entscheiden.[33] Hat der Großvater seinen Sohn und dessen minderjährige Kinder zu seinen Erben eingesetzt und den Vater zum Testamentsvollstrecker bestimmt, führt dies allein nicht zu einem Interessensgegensatz, der die Bestellung eines Ergänzungspflegers notwendig machen würde.[34] 13

Vorsorglich sollte daher der überlebende Ehegatte nach § 2199 BGB die Möglichkeit erhalten, einen Mittestamentsvollstrecker ernennen zu können, der einen eigenen Auf-

26 *Damrau*, ZEV 1994, 1; *Schlüter*, ZEV 2002, 158; Staudinger/*Dutta*, § 2215 Rn 258m.w.N.

27 So auch *Damrau*, Minderjährige im Erbrecht, Rn 437; *Schlüter*, ZEV 2002, 159.

28 OLG Hamm MittBayNot 1994, 53 = FamRZ 1993, 1122;BayObLG Rpfleger 1977, 440; OLG Nürnberg ZEV 2002, 158; OLG Schleswig NJW-RR 2007, 1597.

29 OLG Hamm FamRZ 1993, 1122 unter Hinw. auf BayObLGZ 1967, 231, 238; LG Mannheim MDR 1977, 579.

30 Grüneberg/*Götz*, § 1789 Rn 1.

31 BGH ZEV 2008, 330.

32 So bereits *Bonefeld*, ZErb 2007, 2.

33 Bengel/Reimann/Holtz/Röhl/*Holtz*, § 1 Rn 29.

34 OLG München, Beschl. v. 3.6.2022 – 2 WF 232/22 e, RFamU 2022, 518 mit zutr. Anm. *Klinger*.

gabenkreis entgegen § 2224 BGB hat, von dem der gesetzliche Vertreter aufgrund einer Interessenkollision ausgeschlossen ist.

14 Den Eltern als gesetzlichen Vertretern muss auch **nicht** insoweit nach § 1667 BGB die **Vermögenssorge entzogen** werden, als es um die Überprüfung der Rechenschaftslegung einerseits und der Entlastung andererseits geht. Die Tatbestandsvoraussetzungen des § 1667 BGB sind aber nicht gegeben, denn es fehlt an einer Pflichtverletzung mit der Folge der Vermögensgefährdung.[35] Die bloße Möglichkeit eines Interessenkonfliktes ist kein ausreichender Grund, dem gesetzlichen Vertreter die Vermögenssorge zu entziehen. Es führt aber zu einem erheblichen Interessengegensatz, wenn konkrete Umstände dafür vorliegen, dass der alleinsorgeberechtigte Elternteil als Testamentsvollstrecker die Belange des Kindes nicht in dem gebotenen Maß wahren und fördern wird. In diesem Fall ist dem gesetzlichen Vertreter die sorgerechtliche Vertretung des Kindes zur Wahrnehmung seiner Rechte gegenüber als Testamentsvollstrecker sowie die Vertretung des Kindes bzgl. der sich aus der Erbenstellung ergebenden Rechte gegenüber dem Nachlassgericht zu entziehen und Ergänzungspflegschaft anzuordnen.[36]

II. Einzelne analog anwendbare Auftragsvorschriften

1. § 664 Abs. 1 BGB – Einschaltung Dritter

15 Der Testamentsvollstrecker hat das Amt **höchstpersönlich** durchzuführen und kann somit nicht die Testamentsvollstreckung insgesamt auf einen Dritten übertragen. Dies gilt auch, wenn der Erbe ausdrücklich zustimmt.[37] Kann jedoch der Testamentsvollstrecker gem. § 2199 Abs. 2 BGB einen Nachfolger ernennen, ist diese Übertragung durch Kündigung durch den Testamentsvollstrecker zulässig, da sie auf einer ausdrücklichen Erblasserermächtigung beruht. **Einzelne Aufgaben** zur selbstständigen Ausführung dürfen **nur mit Einwilligung des Erblassers** geschehen. Eine solche Einwilligung kann sich aus den Umständen unter Berücksichtigung des Gebots der ordnungsgemäßen Verwaltung ergeben. So kann der Testamentsvollstrecker, wenn er bspw. erkrankt ist und nicht die Voraussetzungen des § 2225 BGB oder § 2227 BGB gegeben sind, ohne Weiteres einen Dritten mit der Wahrnehmung einzelner Aufgaben betreuen. Nach hiesiger Auffassung ist aber die Übertragung der Aufnahme des Nachlassverzeichnisses an Dritte als Substitution daher nicht zulässig, sofern der Erbe nicht ausdrücklich zustimmt, da dieser auf seine diesbezüglichen Rechte verzichten kann.

16 Hiervon ist zu unterscheiden die **Hinzuziehung von Gehilfen** als **Erfüllungsgehilfen** i.S.v. § 278 BGB. Hierzu ist der Testamentsvollstrecker in den Grenzen ordnungsgemäßer Verwaltung immer berechtigt. Im Unterschied zur Übertragung der Ausführung von Einzelaufgaben hat er bei der Hinzuziehung von Gehilfen die Testamentsvollstreckung selbst in der Hand. Da der Testamentsvollstrecker nur solche Verbindlichkeiten eingehen darf, die zur ordnungsgemäßen Verwaltung erforderlich sind, darf er nicht dann selbstständig Vertragspartner zur Erfüllung einzelner Aufgaben einschalten, wenn der Erblasser ausdrücklich die Selbstausführung der Aufgabe durch den fachkundigen Testamentsvollstrecker angeordnet hat. Dies gilt insbesondere bei der Einsetzung von **Rechtsanwälten** oder **Steuerberatern**.

17 Grundsätzlich darf der Testamentsvollstrecker **selbstständige Vertragspartner** (wie z.B. Handwerker, Rechtsanwälte etc.) hinzuziehen, um Geschäfte, die besondere Sachkunde erfordern, ausführen zu lassen. Er muss dann nur die Erledigung selbst veranlassen. Im Einzelfall kann nur eine Testamentsauslegung ergeben, ob der Testamentsvoll-

35 *Damrau*, ZEV 1994, 2; *Schlüter*, ZEV 2002, 159.
36 OLG Köln ZEV 2019, 149.
37 RGZ 81, 166.

strecker tatsächlich zur Selbstvornahme bestimmter Tätigkeiten verpflichtet ist, weil er selbst die erforderliche Sachkunde hat. Im Zweifel ist jedoch davon auszugehen, dass keine derartige Verpflichtung besteht, so dass ein Rechtsanwalt als Testamentsvollstrecker auch andere Rechtsanwälte mit der Durchführung eines Prozesses betrauen kann. Dann steht ihm auch die Erstattung eines Aufwendungsersatzes zu.

Sofern Dritte eingeschaltet werden, haftet der Testamentsvollstrecker für deren **sorgfältige Auswahl** und Aufsicht sowie Anweisungen. Wurden unzulässigerweise einem Dritten Aufgaben übertragen und kommt es zu einem Schaden, haftet der Testamentsvollstrecker für den Schaden, der ohne die unzulässige Übertragung nicht entstanden wäre. Bedient sich der Testamentsvollstrecker **Erfüllungsgehilfen**, so richtet sich die Haftung nach § 278 BGB. 18

§ 664 BGB ermächtigt auch zur **Erteilung von Vollmachten**, sofern dies durch die ordnungsgemäße Verwaltung gedeckt ist. Der Testamentsvollstrecker bleibt durch die Vollmacht weiterhin für die Handlungen verantwortlich. Der Testamentsvollstrecker kann auch eine **Generalvollmacht** einem Dritten erteilen, wenn kein entgegenstehender Erblasserwille erkennbar ist und die Vollmacht widerrufen werden kann.[38] Allerdings darf nach hiesiger Auffassung die Generalvollmacht nicht dazu führen, dass der Testamentsvollstrecker sein Amt quasi aus der Hand gibt. Sie darf sich wie eine Prokura nur auf bestimmte Bereiche beziehen (wie z.B. Unternehmensfortführung), nicht aber auf alle vom Testamentsvollstrecker durchzuführenden Tätigkeiten. Auch hier haftet der Testamentsvollstrecker für seine sorgfältige Auswahl, Beaufsichtigung und Anweisung. Endet die Testamentsvollstreckung, so endet auch die Vollmacht, die der Testamentsvollstrecker erteilt hatte. Wegen § 664 Abs. 2 BGB ist es dem Erben verwehrt, seine Rechtsstellung gegenüber dem Testamentsvollstrecker im Ganzen auf einen anderen zu übertragen. Einzelansprüche, wie z.B. die aus § 2217 Abs. 1 BGB, können übertragen werden. Gleiches gilt z.B. für die Ansprüche auf Auskunft und Rechnungslegung. Mit Beendigung der Testamentsvollstreckung im Ganzen erlischt regelmäßig, aber nicht zwangsläufig die Vollmacht, nicht aber schon mit einem Wechsel in der Person des Testamentsvollstreckers.[39] Der vom Testamentsvollstrecker Bevollmächtigte vertritt nicht den Testamentsvollstrecker, sondern den Erben als Erben.[40] Eine Vorsorgevollmacht des Testamentsvollstreckers in Eigenangelegenheiten umfasst im Zweifel nicht Testamentsvollstreckungsgeschäfte.[41] 19

2. § 666 BGB – Informationspflichten

Durch die Testamentsvollstreckung werden zahlreiche Rechte wie etwa das Verfügungsrecht des Erben erheblich eingeschränkt. Aus diesem Grunde hat der Gesetzgeber den Erben bestimmte Rechte zuerkannt, die spiegelbildliche Pflichten beim Testamentsvollstrecker sind. § 2218 BGB verweist insoweit auf das Auftragsrecht, mithin 20

---

38 KG ZEV 2019, 27; so auch Grüneberg/*Weidlich*, § 2218 Rn 2; Staudinger/*Dutta*, § 2218 Rn 15.

39 BeckOK BGB/*Lange*, § 2218 Rn 6. Vgl. dazu *Muscheler*, ZEV 2008, 213 ff. sowie eingehend *Strobel*, ZEV 2020, 589. Grüneberg/*Weidlich*, § 2218 Rn 2 weist zu Recht darauf hin, dass auf das Amt und nicht auf die Person des Testamentsvollstreckers abzustellen ist.

40 So *Muscheler*, ZEV 2008, 213 ff.

41 Grüneberg/*Weidlich*, § 2218 Rn 2; *Müller-Engels*, ZEV 2019, 251; einschränkend *Wendt*, ErbR 2020, 15.

§ 666 BGB. Demgemäß bestehen für den Testamentsvollstrecker drei Arten von **Informationspflichten,** worunter man auch die Auskunftserteilung im weiteren Sinne versteht:[42]

- die Aufklärungspflicht,
- die Auskunftspflicht und
- die Rechenschaftspflicht.

a) Aufklärungspflicht

21 Die Aufklärungspflicht des Testamentsvollstreckers besteht je nach Ausgestaltung des Einzelfalls aus einer **Benachrichtigungspflicht,** einer **Anhörungspflicht** sowie einer **Warnpflicht.**[43] Die Benachrichtigungspflicht ist vom Testamentsvollstrecker immer unverzüglich und unaufgefordert zu erfüllen. Sie kann sich auch auf Beziehungen zu Dritten erstrecken. Dies gilt insbesondere für Testamentsvollstreckungen im Unternehmensbereich, wo auf die Geschäftsbeziehungen zu anderen hingewiesen werden muss. Eine bestimmte **Form** für die Benachrichtigung ist nicht vorgeschrieben. Der Testamentsvollstrecker ist im Unterschied zum Beauftragten nach § 666 BGB von Weisungen der Erben frei. § 665 BGB ist gerade nicht auf das Rechtsverhältnis zum Testamentsvollstrecker nach dem Gesetzeswortlaut des § 2218 BGB anwendbar.[44] Die Benachrichtigungspflicht ist also im Verhältnis zum Auftragsrecht inhaltlich abgeschwächt. Dennoch gilt die dem Auftragsrecht entlehnte Treuepflicht für den Testamentsvollstrecker gegenüber den Erben. Es besteht hingegen keine gegenseitige gesteigerte Treuepflicht wie bspw. im Gesellschaftsrecht zwischen Erben und Testamentsvollstrecker (ergibt sich bereits aus der freien Stellung der beiden).

22 Nach h.M.[45] gilt als Leitlinie analog zur Grundidee des § 666 BGB für die Benachrichtigungspflicht, dass der Testamentsvollstrecker dem Erben alle ihm bis dahin unbekannten Informationen zu geben hat, damit er jeweils über die Maßnahmen insgesamt, die der Testamentsvollstrecker ausführt, unterrichtet ist. Dabei muss der Erbe insbesondere über wichtige Einzelfragen und bedeutende anstehende Entscheidungen informiert werden. Insgesamt ist entscheidend, ob die jeweilige **objektive wirtschaftliche und sonstige Situation** des Nachlasses und der darauf bezogenen Geschäfte für einen umsichtigen und gewissenhaften Testamentsvollstrecker eine **Information** des Erben **gebietet,** damit dieser seine Rechte wahrnehmen, Pflichten erfüllen und sachgerechte Entscheidungen treffen kann.[46] Er muss die Übersicht über das Geschehen be- und erhalten,[47] um insbesondere auch die Frage prüfen zu können, ob der Testamentsvollstrecker sein Amt ordnungsgemäß ausübt. Mehrfache mündliche Besprechungen über die finanzielle Situation genügen bis zum Auskunftsverlangen der Erben zur Erfüllung der Benachrichtigungspflicht.[48] Dabei ist aus Beweisgründen für den Testamentsvollstrecker die schriftliche Information vorzuziehen.

---

42 Vgl. Bengel/Reimann/Holtz/Röhl/*Zinger*, § 6 Rn 58 ff.; Mayer/Bonefeld/Tanck/*Kroiß*, Testamentsvollstreckung, § 12 Rn 1 ff.

43 Mayer/Bonefeld/Tanck/*Kroiß*, Testamentsvollstreckung, § 12 Rn 11; Bengel/Reimann/Holtz/Röhl/*Zinger*, § 6 Rn 64 ff. Grüneberg/*Grüneberg*, § 666 Rn 2.

44 BGHZ 25, 279; BGH NJW 1959, 1429 = BGHZ 30, 72.

45 Bengel/Reimann/Holtz/Röhl/*Zinger*, § 6 Rn 64 ff.

46 Mayer/Bonefeld/Tanck/*Kroiß*, Testamentsvollstreckung, § 12 Rn 11 ff.; Grüneberg/*Grüneberg*, § 666 Rn 2.

47 BGHZ 109, 266 = NJW 1990, 510; BayObLG ZEV 1998, 348.

48 BayObLG ZEV 1998, 349; *Sarres*, ZEV 2000, 91.

b) Zeitpunkt der Informationspflicht

Problematisch ist, wann der Testamentsvollstrecker die Erben im Voraus über bestimmte Entscheidungen zu informieren hat. Nach der Rspr.[49] kommt es auf die Umstände des Einzelfalls an. So kann die Pflicht bestehen, die Erben unverlangt auch bei bloß vorbereitenden Verwaltungsmaßnahmen zu benachrichtigen und sogar anzuhören, um deren Vorstellungen bei der Entscheidung mit zu berücksichtigen. Besonders in den Fällen, in denen der Testamentsvollstrecker selbst Miterbe ist und vom Selbstkontrahierungsverbot des § 181 BGB befreit ist, ist eine Vorausinformationspflicht zu bejahen.[50] Die Intensität dieser Pflicht steigert sich immer dann, wenn über die gewöhnliche Amtsführung hinaus objektiv die **Gefährdung von Interessen** der Erben möglich erscheint, besonders bei Geschäften, die nur für einzelne der Erben vorteilhaft erscheinen (ungerechtfertigte Bevorzugung) oder gar bei „**Insichgeschäften**" des Testamentsvollstreckers. Gleiches gilt bei **risikobehafteten Geschäften**, insbesondere spekulativer Art, die besonders vor-, aber auch nachteilig für den Nachlass sein können. Will der Testamentsvollstrecker wesentlich von dem vom Erblasser angenommenen Lauf der Dinge im Rahmen seiner Verwaltung abweichen, so ist ebenfalls eine vorherige Anhörungspflicht gegeben.[51] Bei der Aufstellung des Auseinandersetzungsplans zur Vorbereitung der Erbauseinandersetzung nach Maßgabe des § 2204 Abs. 2 BGB ist die vorherige Anhörung gesetzlich vorgeschrieben. Ansonsten hat der Testamentsvollstrecker den oder die Erben kontinuierlich zu unterrichten.[52] 23

c) Besonderheiten bei zusätzlichen berufsspezifischen Pflichten

Unterliegt der Testamentsvollstrecker **berufsspezifischen Pflichten**, so kann dies auch Auswirkungen auf seine Benachrichtigungspflichten haben. Derartige berufsspezifische Pflichten, wie die eines **Rechtsanwaltes** oder **Steuerberaters**, überlagern die besonderen Pflichten des Testamentsvollstreckers, die ihn sonst treffen.[53] Ist ein Steuerberater oder Rechtsanwalt zum Testamentsvollstrecker berufen worden, ist dies regelmäßig deshalb erfolgt, weil der Erblasser damit gewisse Hoffnungen und Erwartungen an die Fachkompetenz und die damit verbundene besondere Pflichterfüllung dieser Berufsgruppen geknüpft hat. Die Rspr.[54] hat mehrfach deutlich gemacht, dass ein Rechtsanwalt oder Steuerberater seinen Mandanten auf mögliche, gegen ihn gerichtete Schadensersatzansprüche wegen einer fehlerhaften Beratung hinzuweisen hat. Verstößt er gegen diese Hinweispflicht, obwohl er seinen Fehler zu einer Zeit entdeckte, in der der Regressanspruch noch nicht verjährt war, so liegt ein erneuter Pflichtenverstoß vor, für den der Berufsträger nach § 280 BGB wegen einer Pflichtverletzung schadensersatzpflichtig wird. Demzufolge ist er so zu stellen, als sei der Regressanspruch aus der ersten Pflichtverletzung noch nicht verjährt. Dieser **Sekundäranspruch** verjährt drei Jahre nach der Verjährung des Primäranspruchs, wenn das Mandat noch fortbesteht, spätestens jedoch drei Jahre nach Beendigung des Mandats.[55] 24

---

49 BGH NJW 1959, 1429 = BGHZ 30, 72.

50 Mayer/Bonefeld/Tanck/*Kroiß*, Testamentsvollstreckung, § 12 Rn 13 f.; Bengel/Reimann/Holtz/Röhl/*Zinger*, § 6 Rn 66 ff.

51 Mayer/Bonefeld/Tanck/*Kroiß*, Testamentsvollstreckung, § 12 Rn 13 f.; Bengel/Reimann/Holtz/Röhl/*Zinger*, § 6 Rn 69 mit Beispielen aus der Rspr.

52 Staudinger/*Dutta*, § 2218 Rn 19.

53 Mayer/Bonefeld/Tanck/*Kroiß*, Testamentsvollstreckung, § 12 Rn 19; Bengel/Reimann/Holtz/Röhl/*Zinger*, § 6 Rn 81 ff.

54 BGHZ 83, 17 = BGH NJW 1982, 1285; BGHZ 96, 298 = BGH NJW 1986, 1162; BGH NJW-RR 1987, 86.

55 BGHZ 94, 389 = BGH NJW 1985, 2250; BGH NJW 1988, 266.

25 Hat der Berufsträger seinen Mandanten wiederum nicht auf die Möglichkeit des Vorliegens eines Sekundäranspruchs und dessen Verjährung hingewiesen, so begründet dies allerdings keinen „**Tertiäranspruch**“.[56] Nach Beendigung des Mandats trifft den Steuerberater, soweit kein Anschlussmandat über den gleichen Gegenstand erfolgt, **keine Prüfungs- und Hinweispflicht** auf einen u.U. bestehenden Regressanspruch und dessen Verjährung mehr.[57] Auch einen **Architekten** als Testamentsvollstrecker treffen gesteigerte Hinweis- und Benachrichtigungspflichten; insbesondere ist er verpflichtet, den Bauherrn bei der Verfolgung von Gewährleistungsansprüchen umfassend zu beraten und zu informieren, und zwar auch dann, wenn sich solche gegen ihn selbst richten können.[58]

26 Sofern der Testamentsvollstrecker gegen seine Aufklärungspflichten verstößt, kann eine Informationserteilung nicht eingeklagt werden, jedoch kann der Verstoß einen **Schadensersatzanspruch** gegen den Testamentsvollstrecker nach § 2219 BGB begründen.[59] Ein unter Verletzung dieser Pflicht abgeschlossenes Rechtsgeschäft macht dieses selbst aber nicht unwirksam.[60]

d) Auskunftspflicht und Vorlage eines Bestandsverzeichnisses

27 Im Unterschied zu den Anhörungspflichten setzt die **Auskunftspflicht** ein entsprechendes **Verlangen** des Berechtigten voraus, wodurch auch der Inhalt der Auskunftspflicht bestimmt wird.[61] Dabei kann jeder einzelne Erbe ohne Mitwirkung der anderen die Ansprüche geltend machen, allerdings mit der Einschränkung, lediglich Leistung an alle Miterben verlangen zu können.[62] Es handelt sich um eine **absolute Pflicht** des Testamentsvollstreckers. Die Erben als Berechtigte haben keinen Anspruch darauf, zu jeder Zeit alles umgehend zu erfahren. Das Auskunftsrecht wird durch den Zweck begrenzt, dem Berechtigten die Nachrichten und den Kenntnisstand zu verschaffen, den er benötigt, um seine jeweilige Rechtsposition und seine tatsächliche Stellung während der Dauer der Testamentsvollstreckung richtig und vollständig beurteilen zu können.[63] Dabei erfasst die Auskunftspflicht auch künftige Geschäfte.[64] Aus dem allg. **Schikaneverbot** und dem Grundsatz von Treu und Glauben ergeben sich etwaige Beschränkungen des Auskunftsbegehrens. Sofern die Erben die Auskunft instrumentalisieren und durch permanente Nachfragen lediglich erreichen wollen, dass der Testamentsvollstrecker sein Amt zur Verfügung stellt, liegt Missbräuchlichkeit hinsichtlich des Auskunftsbegehrens vor.[65] Dabei ist jedoch auf den Einzelfall abzustellen, da selbstverständlich die Erben immer über den Stand der Testamentsvollstreckung infor-

56 BGH NJW-RR 1991, 91.
57 BGH BB 1996, 1859.
58 Zum Planungsfehler Mayer/Bonefeld/Tanck/*Kroiß*, Testamentsvollstreckung, § 12 Rn 20; Bengel/Reimann/Holtz/Röhl/*Zinger*, § 6 Rn 82.
59 BGHZ 30, 67, 73 = NJW 1959, 1429; BGH DB 1959, 706; MüKo/*Zimmermann*, § 2218 Rn 9; Soergel/*Becker*, § 2218 Rn 4.
60 Mayer/Bonefeld/Tanck/*Kroiß*, Testamentsvollstreckung, § 12 Rn 22; Bengel/Reimann/Holtz/Röhl/*Zinger*, § 6 Rn 84 ff.
61 Grüneberg/*Grüneberg*, § 666 Rn 3.
62 BGH NJW 1965, 396.
63 Mayer/Bonefeld/Tanck/*Kroiß*, Testamentsvollstreckung, § 12 Rn 23 ff.; Bengel/Reimann/Holtz/Röhl/*Zinger*, § 6 Rn 87 ff.; *Sarres*, ZEV 2000, 91 f.
64 Soergel/*Becker*, § 2218 Rn 5.
65 Mayer/Bonefeld/Tanck/*Kroiß*, Testamentsvollstreckung, § 12 Rn 24; Bengel/Reimann/Holtz/Röhl/*Zinger*, § 6 Rn 88 ff.

miert sein müssen, so dass notfalls der Testamentsvollstrecker seine Auskunftserteilung wiederholen muss.[66]

Für das Auskunftsverlangen gilt ferner der **Verhältnismäßigkeitsgrundsatz**. So muss der Testamentsvollstrecker nicht bei jeder noch so bedeutungslosen Angelegenheit Auskunft erteilen. Das Begehren ist unberechtigt, wenn der Nachlass durch die Auskunft offensichtlich in keiner Weise berührt wird. Im Einzelnen kommt es darauf an, ob das Interesse der Erben an der Auskunft von so untergeordneter Bedeutung ist, dass es in keinem angemessenen Verhältnis zum Aufwand für die Erfüllung dieser Verpflichtung steht.[67] 28

Eine Pflicht zur Offenbarung besteht sogar dann, wenn er damit eine eigene Straftat aufdecken würde.[68] 29

Ein etwaiges **Aussageverweigerungsrecht** i.S.d. StPO oder der ZPO wird dem Testamentsvollstrecker zu Recht nicht zugebilligt, andernfalls kann insbesondere bei schweren Verstößen der Normzweck des § 666 BGB nicht erfüllt werden.[69] Der Rechtsschutzanspruch des betroffenen Erben hat insoweit Vorrang vor dem Schutz des Auskunftsverpflichteten vor Selbstbezichtigung.[70] Ist der Testamentsvollstrecker eine Person mit besonderer Berufsverschwiegenheit – wie z.B. ein Rechtsanwalt –, so greift die dadurch gebotene **Schweigepflicht** erst dann ein, wenn es um die Wahrung von Geheimnissen Dritter geht.[71] Der Auskunftsanspruch ist nicht auf einzelne Geschäftstätigkeiten beschränkt, sondern umfasst prinzipiell alle Aufgaben des Testamentsvollstreckers.[72] 30

Inhalt und Grenzen der Auskunftspflicht bestimmen sich zunächst nach dem Verlangen des Erben unter Beachtung der Besonderheiten des zwischen dem Testamentsvollstrecker und ihm bestehenden Rechtsverhältnisses, wobei auch der Zweck des Auskunftsrechts zu berücksichtigen ist.[73] Der **Umfang** der Auskunft hängt regelmäßig von der gestellten Einzelfrage ab. Je präziser diese ist, umso präziser und konkreter ist diese zu beantworten. Wenn der Testamentsvollstrecker weitreichende Entscheidungen plant, so muss er insbesondere die Motive und Abwägungskriterien umfangreicher darlegen. Der Auskunftsberechtigte kann seine Fragen auf die gesamte Amtsausführung und alle damit zusammenhängenden Fragen beziehen.[74] Allerdings besteht keine Auskunftspflicht, wenn die gewünschte Auskunft unter keinen Gesichtspunkten den Anspruch des Berechtigten berühren kann.[75] 31

Den Testamentsvollstrecker trifft auch eine **Wissensverschaffungspflicht**, wonach er sich die zur Auskunftserteilung notwendigen Kenntnisse notfalls zu beschaffen hat.[76] Eine bestimmte Form ist für die Auskunftserteilung grundsätzlich nicht vorgeschrie- 32

---

66 BGH NJW-RR 1988, 1073.

67 Grüneberg/*Grüneberg*, § 666 Rn 3.

68 Mayer/Bonefeld/Tanck/*Kroiß*, Testamentsvollstreckung, § 12 Rn 25; Bengel/Reimann/Holtz/Röhl/*Zinger*, § 6 Rn 91.

69 BGHZ 41, 323.

70 Mayer/Bonefeld/Tanck/*Kroiß*, Testamentsvollstreckung, § 12 Rn 25 f.; Bengel/Reimann/Holtz/Röhl/*Zinger*, § 6 Rn 91 f.

71 BGH NJW 1990, 510, 511.

72 *Sarres*, ZEV 2000, 91.

73 Grüneberg/*Grüneberg*, § 666 Rn 3.

74 *Schmucker*, S. 201 ff.

75 BGH NJW 1982, 573.

76 BGHZ 107, 104 ff.; hinsichtlich Verhältnis Erbe/Pflichtteilsberechtigter *Sarres*, ZEV 2000, 91. Mayer/Bonefeld/Tanck/*Kroiß*, § 12 Rn 28; Bengel/Reimann/Holtz/Röhl/*Zinger*, § 6 Rn 111.

ben.[77] Aus Beweisgründen empfiehlt sich aber auch hier schon die Wahrung der Schriftform. I.R.d. Zwangsvollstreckung nach § 888 ZPO ist nach Ansicht der Rspr.[78] die Auskunft eine Wissenserklärung, die der Schriftform bedarf und vom Auskunftspflichtigen persönlich zu unterzeichnen ist. Inhaltlich muss die Auskunft keine Wertangaben enthalten, aber zu jedem Gegenstand alle wertbildenden Faktoren angeben.

33 Für den Auskunftserteilungsanspruch findet sich eine Sonderregelung in § 260 Abs. 1 Hs. 2 BGB hinsichtlich des Bestands eines Sondervermögens, unter den der Begriff des Nachlasses zu subsumieren ist. Demzufolge ist ein **Bestandsverzeichnis** vorzulegen. Nach § 2215 BGB hat der Testamentsvollstrecker bereits bei Übernahme des Amts ein Nachlassverzeichnis den Erben vorzulegen. Hierdurch ist seine Auskunftspflicht nicht erschöpft. Sofern die Erben einige Zeit nach Beginn der Testamentsvollstreckung ein Bestandsverzeichnis fordern, reicht die Vorlage eines nach § 2215 BGB erstellten Nachlassverzeichnisses nicht aus, um den Anspruch zu erfüllen, da es sich um zwei verschiedene Verpflichtungen handelt.[79] Insbesondere bei Umstrukturierung des Nachlasses oder bei Neuerwerb des Bestands spiegelt ein Nachlassverzeichnis nicht mehr den tatsächlich vorhandenen Nachlass wider. Die Gliederung des Bestandsverzeichnisses orientiert sich an der des Nachlassverzeichnisses. Es ist mithin insbesondere nach **Aktiven** und **Passiven** gegliedert[80] und mit einer **Untergliederung** nach einzelnen Sachgruppen versehen, wobei seit Erstellung des Nachlassverzeichnisses eingetretene Veränderung immer zu dokumentieren sind.[81]

34 Zur **Vorlage von Belegen** ist der Testamentsvollstrecker nicht verpflichtet, es sei denn, die bisherigen Angaben waren unvollständig oder der Besitz solcher Belege (wie z.B. Steuerbescheide, Verwaltungsakte, Urteile oder Urkundsausfertigungen) ist für den Erben erforderlich, um seine Lage richtig einschätzen und danach handeln zu können.[82]

35 Diese **Kosten für die Auskunftserteilung** trägt grundsätzlich der Verpflichtete.[83] Aus § 2314 Abs. 2 BGB und einer **analogen Anwendung** des § 2215 Abs. 5 BGB hinsichtlich der Kosten eines Nachlassverzeichnisses wird zu Recht gefolgert, dass im Verhältnis Testamentsvollstrecker zum Erben der Erbe die Kosten zu tragen habe. Wenn aber der Testamentsvollstrecker zu Unrecht Auskunft verweigert oder nur eingeschränkt erbracht hat, so trägt dieser die Kosten des Rechtsstreits.[84] Dem Testamentsvollstrecker steht auch kein Zurückbehaltungsrecht hinsichtlich seines Vergütungs- oder Aufwendungsersatzanspruchs gegenüber dem Auskunftsanspruch zu, da er vorleistungspflichtig ist.[85]

---

77 *Sarres*, ZEV 2000, 91; differenzierend Grüneberg/*Grüneberg*, § 260 Rn 14 Auskunft grundsätzlich schriftlich, bedarf keiner Unterschrift, in einfachen Fällen mündliche Abgabe.

78 OLG München FamRZ 1995, 737. A.A. Bengel/Reimann/Holtz/Röhl/*Zinger*, § 6 Rn 111.

79 MüKo/*Zimmermann*, § 2218 Rn 8; Soergel/*Becker*, § 2218 Rn 5; *Sarres*, ZEV 2000, 92.

80 Bestandsverzeichnis kann nach BGH NJW 1962, 2456 vom Testamentsvollstrecker auch abschnittsweise erstellt werden, wenn einzelne Teilverzeichnisse in ihrer Gesamtheit nur den Auskunftsanspruch erfüllen.

81 Mayer/Bonefeld/Tanck/*Kroiß*, Testamentsvollstreckung, § 12 Rn 29.

82 Mayer/Bonefeld/Tanck/*Kroiß*, Testamentsvollstreckung, § 12 Rn 31; Bengel/Reimann/Holtz/Röhl/*Zinger*, § 6 Rn 113.

83 Mayer/Bonefeld/Tanck/*Kroiß*, Testamentsvollstreckung, § 12 Rn 32; Bengel/Reimann/Holtz/Röhl/*Zinger*, § 6 Rn 106 ff.

84 *Garlichs*, ZEV 1996, 447, 448.

85 BGH LM Nr. 1 zu § 2221 BGB; Soergel/*Becker*, § 2218 Rn 9; Staudinger/*Dutta*, § 2218 Rn 24.

Der Auskunftsanspruch und Rechenschaftslegungsanspruch verjährt nach der Regelverjährung gem. § 195 BGB innerhalb von drei Jahren,[86] also bei Kenntnis oder grob fahrlässiger Unkenntnis des Gläubigers hinsichtlich der den Anspruch begründenden Umstände und der Person des Schuldners. 36

Es gilt für die Altfälle die Überleitungsvorschrift zum in § 6 Art. 229 EGBGB. Dies bedeutet, dass die neuen Verjährungsvorschriften auf die an dem Tag des Inkrafttretens (1.1.2010) bestehenden und noch nicht verjährten Ansprüche Anwendung finden. Der Beginn, die Hemmung, die Ablaufhemmung und der Neubeginn der Verjährung bestimmen sich jedoch für den Zeitraum vor dem Inkrafttreten (am 1.1.2010) nach der bis zu diesem Tag geltenden Fassung. Von dem Grundsatz, dass immer dann das neue Recht greift, wenn die Verjährung nach dem neuen Recht früher einsetzt als nach dem alten Recht, gibt es wichtige Ausnahmen: Bei Vertrauen auf den früheren Verjährungsablauf tritt die Verjährung auch nach altem Recht früher ein. Wenn die Verjährung nach dem alten Recht früher einsetzt als nach dem neuen, so gilt Art. 229 § 21 Abs. 1 S. 2 EGBGB. 37

Hat der Erbe einen berechtigten Grund zur Annahme, dass das Bestandsverzeichnis nicht mit der erforderlichen Sorgfalt aufgestellt wurde, so hat der Testamentsvollstrecker nach § 260 Abs. 2 BGB, der über §§ 666, 2218 BGB auch für den Testamentsvollstrecker Geltung hat, auf Verlangen zu Protokoll die Richtigkeit an Eides Statt zu versichern. Der Testamentsvollstrecker muss demgemäß für jede Auskunftsverpflichtung, auch eine Einzelauskunft, auf Verlangen eine eidesstattliche Versicherung abgeben.[87] Bei Angelegenheiten von geringer Bedeutung ist sie hingegen nach § 259 Abs. 3 BGB ausgeschlossen. 38

e) Rechenschaftslegung

Als dritten Unterpunkt der Informationsrechte aus §§ 666, 2218 BGB ergibt sich die Verpflichtung des Testamentsvollstreckers zur **Rechenschaftslegung**. Diese Pflicht besteht auch dann, wenn der Testamentsvollstrecker Miterbe ist. 39

aa) Das Erfordernis einer ordnungsgemäßen Rechnungslegung

Die Aufklärungs-, Auskunfts- und Rechenschaftslegungspflicht unterscheiden sich nur graduell, sowohl in der Pflichtentstehung und dem Zeitpunkt ihrer Erfüllung. Sie sind lediglich unterschiedliche Ausgestaltungen einer einheitlichen Auskunftsverpflichtung im weiteren Sinne.[88] Im Gegensatz zur Aufklärungspflicht, die retrospektiv und auf früheres Verhalten sowie Aufklärung von Umständen, die dem Erben bislang verborgen geblieben sind, gerichtet ist,[89] sind die **Auskunfts- und Rechenschaftslegungspflicht nach vorne gerichtet**. Beide Informationspflichten sollen dem Erben Informationen über noch unbekannte Umstände geben, damit er neue Dispositionen treffen kann.[90] Die Rechenschaftspflicht geht in ihrer Intensität weiter als der einfache Auskunftsanspruch. 40

Wurde Rechenschaft abgelegt, ist der Auskunftsanspruch verbraucht[91] und es kann kein Anspruch mehr auf Auskunft hinsichtlich des gleichen Sachverhalts geltend ge- 41

86 Staudinger/*Dutta*, § 2218 Rn 20. Noch zur alten Regelung: BGH ZErb 2007, 260; zur alten Verjährung von Ansprüchen gegen den Testamentsvollstrecker *Bonefeld*, ZErb 2003, 247.

87 OLG Hamburg NJW-RR 1993, 829; Grüneberg/*Grüneberg*, § 261 Rn 29 ff.

88 Grüneberg/*Grüneberg*, § 666 Rn 4; Mayer/Bonefeld/Tanck/*Kroiß*, Testamentsvollstreckung, § 12 Rn 39 ff.; Bengel/Reimann/Holtz/Röhl/*Zinger* § 6 Rn 219 ff.

89 Mayer/Bonefeld/Tanck/*Kroiß*, Testamentsvollstreckung, § 12 Rn 39; Bengel/Reimann/Holtz/Röhl/*Zinger*, § 6 Rn 219 f.

90 *Sarres*, ZEV 2000, 92.

91 Vgl. auch BGHZ 93, 327 = NJW 1985, 1693.

macht werden. Bzgl. der Beschränkungen des Rechenschaftsanspruchs gelten die gleichen Grundsätze wie beim besonderen Auskunftsanspruch.

42 Ein weiterer Unterschied zur Aufklärungspflicht ist, dass die Rechenschaft immer **schriftlich** und **nur auf Verlangen** abgelegt werden muss. Inhaltlich erfordert sie genauere Informationen als die Auskunftspflicht.[92] Dabei müssen der gesamte Ablauf und alle Ergebnisse der Geschäftstätigkeit genau dargestellt werden.[93] Nicht ausreichend ist, wenn Belege ohne eine übersichtliche Aufstellung quasi ungeordnet vorgelegt werden, verbunden mit dem Angebot, diese mündlich zu erläutern.[94] Inhaltlich muss die **Rechenschaftslegung** vollständig sein,[95] mindestens alle erheblichen Tatsachen enthalten, richtig und damit mit größtmöglicher Sorgfalt erteilt, übersichtlich und verständlich sein.[96] Des Weiteren muss derjenige, dem gegenüber die Rechenschaft abgelegt wird, den Inhalt nachprüfen können.

43 Sofern die Rechenschaftslegung eine **Schlussrechnung** darstellt, muss sie alles enthalten, was Relevanz zum Nachlass hat oder auch nur haben kann.[97] Muss der Testamentsvollstrecker eine mit Einnahmen und Ausgaben verbundene Verwaltung durchführen, ist eine geordnete Zusammenstellung der Einnahmen und Ausgaben i.R.d. Rechnungslegung zu erteilen. Die **Vorlage von Belegen** muss nur in den üblichen Fällen nach § 259 Abs. 1 BGB erfolgen, wobei die Möglichkeit der Einsichtnahme ausreichend ist. Hinsichtlich des Umfangs der Rechenschaftsablegung ist in den vorgenannten Fällen § 259 Abs. 1 BGB neben § 666 BGB anzuwenden.[98] Sind erforderliche Belege verlorengegangen, so sind sie zu rekonstruieren oder Ersatz zu beschaffen.[99]

44 Liegt eine **Erbengemeinschaft** vor, so kann jeder Miterbe gegenüber dem Testamentsvollstrecker den Rechenschaftsanspruch geltend machen. Da es sich um einen Anspruch aus dem Nachlass handelt, kann aber wegen § 2039 BGB nur Leistung an alle Miterben verlangt werden.[100] Sofern dies keine besonderen Mühen und Kosten bedeutet, ist es anerkannt, dass der Testamentsvollstrecker jedem Berechtigten einen Rechenschaftsbericht zukommen zu lassen hat.[101] Wegen der heutigen kostengünstigen Möglichkeiten bei der Fertigung von Kopien oder dem Mailen ist dem Testamentsvollstrecker grundsätzlich eine Mitteilung an jeden Erben zumutbar.[102]

45 Da das Bestehen einer Erbengemeinschaft wegen § 2039 BGB die Erfüllung des Rechnungslegungs- und Rechenschaftslegungsanspruchs behindern kann, werden in der Kautelarpraxis sog. **Vertreterklauseln** in die letztwillige Verfügung aufgenommen. Danach bestimmt der Erblasser, dass nur ein gemeinsamer Vertreter der Erbengemeinschaft den jährlichen Rechnungslegungsanspruch geltend machen kann und dieser auch nur gegenüber diesem zu erfüllen ist. Sofern der Erblasser nicht die Person des Vertreters bestimmt, verstößt eine derartige Klausel nicht gegen § 2220 BGB, da

---

92 BGHZ 39, 92 ff. = NJW 1963, 950.

93 Vgl. hierzu Mayer/Bonefeld/Tanck/*Kroiß*, Testamentsvollstreckung, § 12 Rn 40; *Sarres*, ZEV 2000, 92.

94 BGHZ 39, 95 = BGH NJW 1963, 950; OLG Köln NJW-RR 1989, 568.

95 Vgl. Mayer/Bonefeld/Tanck/*Kroiß*, Testamentsvollstreckung, § 12 Rn 40; Bengel/Reimann/Holtz/Röhl/*Zinger*, § 6 Rn 223.

96 Mayer/Bonefeld/Tanck/*Kroiß*, Testamentsvollstreckung, § 12 Rn 40; Bengel/Reimann/Holtz/Röhl/*Zinger*, § 6 Rn 223.

97 Mayer/Bonefeld/Tanck/*Kroiß*, Testamentsvollstreckung, § 12 Rn 42; Bengel/Reimann/Holtz/Röhl/*Zinger*, § 6 Rn 223.

98 Bengel/Reimann/Holtz/Röhl/*Zinger*, § 6 Rn 244 ff. mit Überblick zu Umfang und Form.

99 BGHZ 39, 94.

100 MüKo/*Zimmermann*, § 2218 Rn 15.

101 BGH WM 1981, 992.

102 Bengel/Reimann/Holtz/Röhl/*Zinger*, § 6 Rn 244 ff.

hierdurch lediglich die gesetzlichen Erbenrechte modifiziert, nicht aber ausgeschlossen werden. Der Erblasser kann den Erben einen Vertreter aufzwingen, wenn der Vertreter aus der Erbengemeinschaft stammt, da dann das Prinzip der Selbstorganschaft beachtet sei.[103] Allerdings können die Erben wiederum jeder für sich die Rechte dann ausüben, wenn der Vertreter selbst untätig ist oder aber keine Einigung auf einen Vertreter erzielt werden kann.[104] Nur die Personen, die Rechenschaft vom Testamentsvollstrecker verlangen können, haben auch das Recht, auf die Rechenschaftsablegung zu verzichten. Ein Verzicht für die Erben etc. im Rahmen einer letztwilligen Verfügung durch den Erblasser ist nicht möglich.[105]

Ist der Testamentsvollstrecker **zugleich gesetzlicher Vertreter** eines minderjährigen Erben, vgl. § 2218 Rdn 9 ff. Hat der Erbe Anlass zur Annahme, dass die erteilte Rechnungslegung nicht mit der erforderlichen Sorgfalt erstellt wurde, so bleibt ihm als einziges Zwangsmittel, eine richtige Rechnungslegung zu erzwingen, das Verlangen zur Abgabe einer eidesstattlichen Versicherung nach § 259 Abs. 2 BGB.[106] Nach §§ 666, 2218 BGB muss der Testamentsvollstrecker die Rechenschaft nach Beendigung seines Amts erteilen, allerdings nur auf Verlangen der Erben. Dieses Verlangen kann auch konkludent erfolgen, so dass der Testamentsvollstrecker zumindest immer dann, wenn die Testamentsvollstreckung die Vornahme von Einnahmen und Ausgaben zur Folge hatte, von sich aus die Rechenschaftsablegung vornehmen sollte. Auf das Verlangen muss der Testamentsvollstrecker innerhalb einer angemessenen Frist reagieren und den Anspruch erfüllen. Der Erbe braucht somit keine besondere Frist zu setzen.[107] Was wiederum als angemessene Frist angesehen werden kann, hängt wiederum von den Umständen des Einzelfalls ab, insbesondere vom Umfang des Nachlasses, seiner Zusammensetzung und Übersichtlichkeit, der Zahl und Art der vom Testamentsvollstrecker durchgeführten Geschäfte.[108] 46

bb) Jährliche Rechnungslegung nach Abs. 2

Bei einer Testamentsvollstreckung, die länger als ein Jahr dauert, kann der Erbe – unabhängig davon, ob es sich um eine Verwaltungs- oder reine Abwicklungsvollstreckung handelt – aufgrund Abs. 2 eine **jährliche Rechnungslegung** verlangen.[109] Für die jährliche Rechnungslegung gelten dieselben Grundsätze wie für die Rechenschaftsablegung als Schlussabrechnung. Sie ist lediglich eine Art **Zwischenbilanz**. Bei unveränderten Beständen (wie z.B. eine Bibliothek oder eine Sammlung) käme es jedes Jahr zu Wiederholungen. Aus diesem Grunde müssen unveränderte Bestände nicht immer wieder neu aufgelistet werden. Es kann dann auf die bereits bekannte unveränderte Angabe verwiesen werden. Weiterhin müssen aber sämtliche jährlichen Einnahmen und Ausgaben genau angegeben werden. Ebenso sind Zu- und Abflüsse von Vermögen in einer **zeitlich-chronologischen Aufstellung** vorzulegen. Bereits aus diesem Grunde lohnt es sich, vorne in die Testamentsvollstreckerakte eine **Tätigkeitsübersicht** aufzunehmen.[110] Zu jedem Jahresende ist ein neuer Vermögensstatus im Form einer geordneten Vermögensübersicht zu erstellen, damit die Entwicklung und das Ergebnis der vermögensbezogenen Vorgänge des vergangenen Jahres für den Erben erkennbar 47

---

103 Bengel/Reimann/Holtz/Röhl/*Zinger*, § 6 Rn 281.
104 *Klumpp*, ZEV 1999, 307.
105 Staudinger/*Dutta*, § 2220 Rn 5.
106 Mayer/Bonefeld/Tanck/*Kroiß*, Testamentsvollstreckung, § 12 Rn 63; Bengel/Reimann/Holtz/Röhl/*Zinger*, § 6 Rn 295 ff.
107 RGZ 56, 118.
108 Mayer/Bonefeld/Tanck/*Kroiß*, Testamentsvollstreckung, § 12 Rn 52.
109 Staudinger/*Dutta*, § 2218 Rn 36; *Klingelhöffer*, § 2218 Rn 288.
110 Dazu Mayer/Bonefeld/Tanck/*Bonefeld*, Testamentsvollstreckung, § 28 Rn 38.

sind.[111] Die Bestimmung des § 1865 BGB ist nicht ohne Weiteres auf den Testamentsvollstrecker anwendbar,[112] bietet aber eine gute Orientierung.[113]

48 Hat der Erbe die Rechnungslegung jahrelang nicht gefordert, so kann die anschließende Geltendmachung gegen **Treu und Glauben** nach § 242 BGB verstoßen. Jedoch kann in einem solchen Fall die Nachholung dann verlangt werden, wenn der Erbe Tatsachen nachweist, die geeignet sind, Zweifel an der Zuverlässigkeit des Testamentsvollstreckers und seiner Amtsführung zu erwecken.[114] Der Testamentsvollstrecker hat bei seiner Rechnungslegung **alle Einnahmen und Ausgaben** lückenlos **mit Datum** versehen aufzulisten.[115] Sofern z.B. Gebäude im Nachlass sind, muss er die einzelnen Posten wie Mieteinnahmen, Reparaturaufwendungen, Nebenkostenabrechnung, Steuern, Erschließungskosten sowie Versicherungen i.R.d. Einnahmen und Ausgabenaufstellung getrennt aufführen. Eine solche nach dem Objekt der Verwaltung differenzierende, detaillierte jährliche Rechnungslegung ist schon deshalb erforderlich, weil die Erben diese i.d.R. für die Abgabe ihrer Einkommensteuererklärung brauchen.[116] Liegt bereits eine **Handelsbilanz** vor, so kann der Testamentsvollstrecker auf die kaufmännische Buchführung Bezug nehmen, sofern es sich nicht um eine reine Steuerbilanz handelt, die nicht die tatsächliche Ist-Situation widerspiegelt. Er kann dann auf den Jahresabschluss in Form einer Bilanz nach §§ 266 ff. HGB oder einer Gewinn- und Verlustrechnung schlicht verweisen. Bei nicht buchführungspflichtigen Unternehmen wie z.B. Freiberuflern ist eine **Einnahme-Überschuss-Abrechnung** ausreichend.

49 Was die Frist zur jährlichen Rechnungslegung nach Abs. 2 angeht, so hat diese wie die Schlussabrechnung ebenfalls innerhalb einer angemessenen Frist beginnend ab Verlangen zu erfolgen.[117] Dabei sind aber weitere Umstände zu berücksichtigen. So ist § 149 Abs. 3 AO vom Testamentsvollstrecker zu beachten, da bis zum 31.7. eines Jahres die jährliche Einkommensteuererklärung abzugeben ist. Bei Kapitalgesellschaften muss die Jahresabrechnung innerhalb der Frist des § 264 HGB erstellt werden.[118]

50 Weitergehende Ansprüche auf Ergänzung der Rechenschaftslegung oder auf Abgabe einer eidesstattlichen Versicherung bestehen dann nicht mehr, wenn auf der Basis einer festgestellten Schlussabrechnung das Zahlenwerk im Verhältnis zu den Erben als unstreitig gestellt wird.[119]

cc) Verpflichtung des oder der Erben zur Überprüfung der Rechnungslegung durch den Testamentsvollstrecker?

51 Nach einem Teil der Lit.[120] kann der Testamentsvollstrecker vom Erben verlangen, den Rechenschaftsbericht nicht nur schlicht entgegenzunehmen, sondern auch in ange-

111 Vgl. dazu Staudinger/*Dutta*, § 2218 Rn 22; *Klingelhöffer*, § 2218 Rn 288.

112 So h.M. RG WarnR 1936 Nr. 159; RG SeuffA 90 Nr. 172; Soergel/*Becker*, § 2218 Rn 7.

113 MüKo/*Zimmermann*, § 2218 Rn. 13.

114 Vgl. BGHZ 39, 87 ff. = BGH NJW 1963, 950; BGHZ 10, 385; RG Warn. 1, 277; RG Warn. 30, 186; nach RG HRspr 1941 Nr. 628 ist auch bei jahrelanger Entgegennahme von Leistung ohne Rechnung keine Verwirkung gegeben, wenn nicht weitere Anhaltpunkte dafür gegeben sind, und bereits 1916 hatte das RG JW 1916, 673 hinsichtlich § 2215 Abs. 4 BGB erklärt, das jahrelange Begnügen mit einem privaten Verzeichnis schließt das Fordern eines amtlichen Nachlassverzeichnisses nicht aus; die Lit., insbes. *Herzfelder*, JW 1916, 673, hat dem zugestimmt, nach neuester Rspr. des BGH FamRZ 2003, 449 setzt Verwirkung neben einem Zeitablauf auch vertrauensbildendes Verhalten voraus.

115 Vgl. *Klingelhöffer*, § 2218 Rn 286; *Sarres*, ZEV 2000, 92.

116 Muster bei: Bengel/Reimann/Holtz/Röhl/*Zinger*, § 6 Rn 283.

117 BayObLG ZEV 1998, 348.

118 Staudinger/*Dutta*, § 2218 Rn 22.

119 *Voss*, ZEV 2007, 365.

120 Bengel/Reimann/Holtz/Röhl/*Zinger*, § 6 Rn 289.

messener Zeit zu überprüfen. Dieser Ansicht kann nicht gefolgt werden. Einen Anspruch des Testamentsvollstreckers auf Überprüfung durch die Erben gibt es nicht. Es wird verkannt, dass eine Überprüfungspflicht allenfalls aus einer Treuepflicht abgeleitet werden kann. Dies mag bei einem Auftragsverhältnis zwischen Auftraggeber und Beauftragtem so sein. Ein derartiges gegenseitiges Treuepflichtverhältnis besteht aber zwischen dem Testamentsvollstrecker und den Erben nicht.

f) Besondere Aufklärungspflichten

Der Testamentsvollstrecker ist nicht verpflichtet, dem Erben die Möglichkeit einer für ihn günstigen taktischen Ausschlagung nach § 2306 Abs. 1 S. 2 BGB zu eröffnen.[121] 52

3. § 667 BGB – Herausgabepflicht

Hat der Testamentsvollstrecker sein Amt beendet, so muss er wegen § 667 BGB den vollständigen Nachlass inkl. aller Unterlagen nebst Surrogaten gem. § 2041 BGB an den Erben oder seinen Nachfolger als Testamentsvollstrecker herausgeben.[122] Gleiches gilt für einen treuhänderisch übernommenen Gesellschaftsanteil. Nach Abschluss hat er ein Bestandsverzeichnis zu erstellen und dem Erben vorzulegen. Bei berechtigten Zweifeln an der Richtigkeit kann der Erbe eine eidesstattliche Versicherung vom Testamentsvollstrecker verlangen. Allerdings kann der Testamentsvollstrecker aus Vereinfachungsgründen auf ein Nachlassverzeichnis verweisen, sofern dies inhaltlich noch aktuell ist. Dem Testamentsvollstrecker steht ein **Zurückbehaltungsrecht** zu, wenn seine eigenen Ansprüche auf Aufwendungsersatz oder Vergütung noch nicht erfüllt wurden. Der Herausgabeanspruch des Erben gegenüber dem Testamentsvollstrecker ist pfändbar und abtretbar. 53

4. § 668 BGB – Verzinsung

Es wird in der Praxis häufig übersehen, dass die Nachlassgelder, die der Testamentsvollstrecker für sich verwendet hat, nach § 246 BGB mit dem **gesetzlichen Zinssatz** von 4 % zu verzinsen sind.[123] Ist der Testamentsvollstrecker mit der Herausgabe in Verzug, fällt ggf. unter dem Gesichtspunkt der §§ 288, 2219 BGB ein höherer Zinssatz an. Die Verzinsungspflicht ist unabhängig von einer Bösgläubigkeit. Klagen auf Zahlungen von Zinsen sind gegen den Testamentsvollstrecker persönlich zu richten. 54

5. § 670 BGB – Aufwendungsersatzanspruch

Der Testamentsvollstrecker hat Anspruch auf Ersatz seiner **Aufwendungen** gem. § 670 BGB, wenn er diese den Umständen nach für erforderlich halten durfte. Im Unterschied zur Fälligkeit der Vergütung nach § 2221 BGB muss der Testamentsvollstrecker nicht bis zur Amtsbeendigung warten, denn sein Aufwendungsersatzanspruch ist wegen § 271 BGB sofort fällig. Da sie als Nachlassverbindlichkeit i.S.d. § 1967 BGB zu qualifizieren ist, stellt sie im Nachlassinsolvenzverfahren wegen § 324 Abs. 1 Nr. 6 InsO eine Masseverbindlichkeit dar. Und weil der Testamentsvollstrecker zur **Selbstentnahme** berechtigt ist, besteht keine private Vorschusspflicht der Erben nach § 669 BGB. Insofern fehlt auch zu Recht der Verweis in Abs. 1. Musste der Testamentsvollstrecker aus seinem Privatvermögen vorstrecken, so steht ihm ebenfalls ein Anspruch auf Verzinsung seiner Aufwendungen gem. § 256 BGB und ein Befreiungsanspruch aus § 257 BGB zu. Leistet der Testamentsvollstrecker berufliche Dienste oder sonstige Leistungen (z.B. Rechtsanwalt, Steuerberater), so ist die Erstattung dieser Kosten eine 55

121 *Kohler*, DNotZ 1958, 246; BeckOK BGB/*Lange*, § 2203 Rn 10.
122 BGH WM 1972, 953.
123 Grüneberg/*Weidlich*, § 2218 Rn 4.

Frage der dem Testamentsvollstrecker zustehenden Vertragsvergütung und keine Frage des Aufwendungsersatzes.

56 Die im Nachlassbeschwerdeverfahren entstandenen Aufwendungen für den jeweiligen Verfahrensbevollmächtigten sind nicht bereits kraft Gesetzes notwendig. Die Notwendigkeit der Einschaltung eines Rechtsanwalts ist anhand der Umstände des Einzelfalls im Kostenfestsetzungsverfahren zu prüfen. Die fiktiven Beträge, die ein Rechtsanwalt, der an einem gerichtlichen Verfahren der freiwilligen Gerichtsbarkeit selbst beteiligt war, als Gebühren und Auslagen nach dem RVG für die Vertretung in solchen Verfahren verlangen könnte, stellen keine notwendigen Aufwendungen bzw. außergerichtlichen Kosten dar und sind daher im Verfahren der freiwilligen Gerichtsbarkeit grundsätzlich nicht erstattungsfähig.[124] Insbesondere im Entlassungsverfahren nach § 2227 BGB ist ein Aufwendungsersatzanspruch für Anwaltskosten die Ausnahme.[125] Das Argument „man wollte den Erblasserwillen verteidigen" ist nicht stichhaltig und nur bei völlig unbegründeten Verfahren sachgerecht. Bei der Entscheidung, ob ein Entlassungsverfahren gegen den Erblasserwillen geführt wird, ist der Testamentsvollstrecker quasi Richter in eigener Sache und die Frage der Erforderlichkeit kann erst nach dem Verfahren beantwortet werden. Insbesondere hat der Testamentsvollstrecker kein Entnahmerecht bei sog. persönlichen Klagen oder Verfahren wie bei Schadensersatzklagen gegen ihn nach § 2219 BGB wegen einer Verletzung einer Amtspflicht und bei Klagen, die Vergütungsansprüche des Testamentsvollstreckers betreffen.[126]

57 Problematisch ist, ob die Kosten einer **Vermögensschadenhaftpflichtversicherung**, die der Testamentsvollstrecker abschließt, um sich gegen Regressansprüche der Erben abzusichern, zu den Aufwendungen zählen.[127] Grundsätzlich ist die Prämie in der Vergütung bereits enthalten. Letztendlich kommt es darauf an, ob der Testamentsvollstrecker einen derartigen Abschluss einer Versicherung den Umständen nach für erforderlich halten durfte. Dies wird man bei Nachlässen annehmen dürfen, deren Abwicklung oder Verwaltung mit erhöhten Haftungsgefahren verbunden sind, wie z.B. bei Unternehmen oder Kapitalanlagen im Wertpapierbereich.[128] Um hier Klarheit zu schaffen, ist ratsam, in der letztwilligen Verfügung den Erblasser anordnen zu lassen, ob die Kosten einer Vermögensschadenhaftpflichtversicherung im Wege des Aufwendungsersatzes dem Testamentsvollstrecker zu ersetzen sind. Vorsorglich kann auch ein Verschaffungsvermächtnis zugunsten des Testamentsvollstreckers aufgenommen werden, welches der Testamentsvollstrecker selbst erfüllen kann. Sogar eine Verwaltungsanordnung nach § 2216 Abs. 2 BGB ist möglich.

6. § 673 S. 2 BGB – Tod des Testamentsvollstreckers

58 Der Tod des Testamentsvollstreckers ist durch seinen Erben unverzüglich den Personen mitzuteilen, die durch die Testamentsvollstreckung betroffen sind, d.h. deren Nachlass durch den Testamentsvollstrecker verwaltet wurde. Bei **Gefahr in Verzug** ist sogar der Testamentsvollstreckererbe verpflichtet, die Aufgaben fortzusetzen, bis der Erbe oder der Testamentsvollstreckernachfolger selbst Vorsorge treffen können. Problematisch ist in diesen Fällen, dass sich die Testamentsvollstreckererben selbst nicht gegenüber Dritten legitimieren können. In der Praxis sollte dem Testamentsvoll-

---

124 OLG Frankfurt NJW 2018, 874.

125 Dazu Grüneberg/*Weidlich*, § 2218 Rn 5.

126 OLG München, Urt. v. 7.4.2025 – 33 U 241/22, RFamU 2025, 232 m. zust. Anm. *Bonefeld*.

127 So Soergel/*Damrau*, § 2218 Rn 13. A.A. neuerdings Bengel/Reimann/Holtz/Röhl/*Niemöller*, § 12 Rn 120 ff. In den Vergütungsempfehlungen des DNotV 2025 wird der Aufwendungsersatz für zulässig erachtet, Differenzierend: Schiffer/Rott/Pruns/*Pruns*, Die Vergütung des Testamentsvollstreckers, S. 149.

128 Staudinger/*Dutta*, § 2219 Rn 36.

streckererben dringend angeraten werden, ausdrücklich nur im Namen des Testamentsvollstreckers und nicht im eigenen Namen zu handeln.

7. § 674 BGB – Fortdauer des Amts

§ 674 BGB unterstellt die **Fortdauer** des Testamentsvollstreckeramts so lange, bis er vom Erlöschen seines Amts selbst Kenntnis erlangt hat oder aber das Erlöschen kennen musste. Dabei genügt bereits leichte Fahrlässigkeit gem. § 122 Abs. 2 BGB. Dies hat auch Auswirkungen für den gutgläubigen Dritten. Eine Entlassung des Testamentsvollstreckers steht einem Widerruf des Auftrags gleich, so dass § 674 BGB unanwendbar ist, sobald dem Testamentsvollstrecker die Verfügung über die Entlassung zugegangen ist. 59

C. Entlastung des Testamentsvollstreckers und Folgen

In der Lit. wird häufig die Entlastung als die Möglichkeit für den Testamentsvollstrecker erachtet, sich zu „enthaften". Die einzelnen Voraussetzungen hierfür werden jedoch nicht dargestellt. Ebenso wird häufig nur die Frage aufgeworfen, ob ein Anspruch auf Entlastung besteht. Die Entlastung des Testamentsvollstreckers spielt in der Praxis eine sehr große Rolle, zumal der Testamentsvollstrecker aufgrund der Verjährungsfrist des § 197 BGB 30 Jahre einer Haftung ausgesetzt sein kann. Die Entlastung des Testamentsvollstreckers ist die **Billigung** einer in der Vergangenheit liegenden Verwaltung durch den Testamentsvollstrecker. Sie ist nicht das Korrelat der Rechnungslegung und darf nicht über ihre Rechtsfolge erklärt werden. Vielmehr bedarf es einer strikten Trennung zwischen Rechtsnatur und Rechtsfolgen der Entlastung. Die Entlastung ist lediglich eine einseitige Erklärung ohne rechtsgeschäftlichen Charakter. Sie ist kein Vertrag oder geschäftsähnliche Erklärung, sondern eine bloße Tathandlung. Die Entlastung hat den Zweck der Schaffung von Rechtssicherheit und Rechtsklarheit. Sie hat Klarstellungs- sowie Abschluss- oder Abgrenzungsfunktion. 60

Der Testamentsvollstrecker kann nicht nur vom Erben **entlastet** werden. Trotz des fehlenden Verweises in § 2218 BGB müssen auch weitere Personen eine Möglichkeit zur Entlastung haben, sofern sie von der Testamentsvollstreckung konkret betroffen sind. Dies ist neben dem Vermächtnisnehmer auch der Auflagenbegünstigte, sofern ihm ein Vermögensvorteil, wie bspw. im Rahmen einer Wertauflage, zugewendet wird. Gleiches gilt für den Erbteilserwerber und den Pfändungsgläubiger. Ebenso hat der Testamentsvollstreckernachfolger die Möglichkeit, seinen Vorgänger zu entlasten, ohne dass dies aber Auswirkungen auf Rechte der Erben haben kann. 61

Ein **Schweigen auf einen Auseinandersetzungsplan** innerhalb einer angemessenen Frist kann nicht als Zustimmung aufzufassen sein. Ein bloßes Schweigen zum Plan würde nur dann als Zustimmung ausreichen, wenn der Erbe verpflichtet gewesen wäre, gegenüber dem Testamentsvollstrecker seinen ablehnenden Willen zu äußern. Eine derartige Pflicht des Erben besteht nicht. Mit der Zustimmung zum Auseinandersetzungsplan kann somit keine Entlastung verbunden sein. Eine rechtsgeschäftliche Deutung der Entlastung im Testamentsvollstreckerrecht ist nicht angezeigt. Rechtsfolge einer Entlastung ist nicht ein Verzichtsvertrag o.Ä. Vielmehr ist die **Präklusionswirkung** aus dem Verbot des widersprüchlichen Verhaltens herzuleiten. Für ein **venire contra factum proprium** bedarf es zunächst eines vertrauensbildenden Vorverhaltens der Erben bei der Entlastung des Testamentsvollstreckers. Dies geschieht regelmäßig durch eine ausdrückliche Entlastung durch die Erben, da hierdurch Vertrauen in die Abschlussfunktion der Entlastung beim Testamentsvollstrecker aufgebaut wird. Eine konkludente Entlastung ist entgegen der h.M. nicht möglich, da Grundlage einer Entlastung immer ein Beschluss sein muss. Eine Entlastung bedarf aktiven Handelns. 62

Die Schutzwürdigkeit des Vertrauens des Testamentsvollstreckers bestimmt die Reichweite der Präklusion. Hat der Erbe trotz Kenntnis konkreter Ansprüche oder bei 63

Erkennbarkeit von Pflichtverletzungen den Testamentsvollstrecker dennoch entlastet, kann er keine Ersatzansprüche mehr gegen ihn geltend machen. Ein Vertrauen auf die Abschlussfunktion der Entlastung kann sich hingegen nicht bei einer Entlastung unter Vorbehalt entwickeln. Als Korrektiv der Auswirkungen des venire contra factum proprium dient die Billigkeitskontrolle. Danach ist zu prüfen, ob dem Vertrauensschutz des Testamentsvollstreckers höherrangige Normen und Interessen entgegenstehen. Dies ist insbesondere der Fall, wenn die Entlastungsfolge keine reine Binnenwirkung, sondern Außenwirkung hat, und bspw. Gläubiger der Erben durch die Entlastung benachteiligt würden.

64 Die Erben sind nach der **Entlastung** mit **Präklusionswirkung** mit der Geltendmachung sämtlicher Ersatzansprüche ausgeschlossen. Hierunter fallen nicht nur Schadensersatzansprüche aus § 2219 BGB oder § 823 BGB, der Testamentsvollstrecker ist auch nicht mehr nach §§ 667, 2218 BGB verpflichtet, das aus der Geschäftsführung, aus einer Geschäftsführung ohne Auftrag oder aus ungerechtfertigter Bereicherung Erlangte herauszugeben. Ebenso verliert der Erbe die Möglichkeit, im Falle einer gesamtschuldnerischen Haftung zusammen mit dem Testamentsvollstrecker, von diesem im Innenverhältnis freigestellt zu werden.

65 Ein **Entlassungsantrag** nach § 2227 BGB kann auch auf solche Gründe gestellt werden, die zeitlich vor dem Entlastungsbeschluss liegen. Das Gericht ist nicht an einen Entlastungsbeschluss der Erben gebunden. Die Entlastungsverweigerung ist nicht unbedingt ein Vertrauensentzug gegenüber dem Testamentsvollstrecker. Es bedarf dazu einer Einzelfallbetrachtung. Sie bleibt für den Testamentsvollstrecker auch folgenlos, sofern nicht gleichzeitig ein erfolgreicher Entlassungsantrag gestellt oder Ersatzansprüche geltend gemacht wurden. Der Testamentsvollstrecker kann seinerseits die sofortige Kündigung aussprechen. Die Erbengemeinschaft bleibt in Anbetracht des **Surrogationsprinzips** aus § 2041 BGB für die Beschlussfassung zur Entlastung bestehen, auch wenn der Auseinandersetzungsplan oder -vertrag bereits vollzogen ist. Die Beschlussfassung über die Entlastung ist eine Art der Nachlassverwaltung und unterliegt damit den Regelungen der §§ 2038 ff. BGB. Die Entlastung ist, obwohl Realakt, als Verfügung i.S.d. § 2040 Abs. 1 BGB zu werten. Sie hat kraft Präklusion Gestaltungswirkung, so dass § 2040 Abs. 1 BGB anwendbar ist. Dies hat zur Folge, dass das Einstimmigkeitsprinzip gilt. Im Unterschied zum Gesellschaftsrecht können daher keine sachfremden Abstimmungen zum Schaden der Minderheit vorgenommen werden. Wollen einzelne Erben dem Testamentsvollstrecker Entlastung erteilen, um eine mögliche gerichtliche Auseinandersetzung mit dem Testamentsvollstrecker zu vermeiden, haben sie die Möglichkeit zur Mitwirkungsklage gegen den Miterben.

66 Ist der Testamentsvollstrecker zugleich **gesetzlicher Vertreter**, Vormund oder Betreuer des Erben, ist eine Bestellung eines Ergänzungspflegers nicht notwendig, denn der Minderjährige bzw. Betreute etc. hat keinerlei Nachteile durch die Entlastung, die von seinem gesetzlichen Vertreter bzw. Vormund oder Betreuer ausgesprochen wird, der zugleich Testamentsvollstrecker ist. Einerseits ist ein Testamentsvollstrecker, wenn dieser gleichzeitig Miterbe wäre, vom Stimmrecht bei der Beschlussfassung ausgeschlossen. Andererseits kann durch die Entlastung durch den gesetzlichen Vertreter etc. in Personalunion nur insoweit Präklusionswirkung entfaltet werden, wie Vertrauen entstehen konnte. Dies führt zu der paradoxen Situation, dass ein Minderjähriger oder Betreuter etc. mehr Vorteile durch eine Entlastung von Seiten seines gesetzlichen Vertreters etc. als Testamentsvollstrecker hätte als durch eine Entlastung, die durch einen Ergänzungspfleger erteilt wird. Der Testamentsvollstrecker hat also mehr Vorteile, wenn der Rspr. folgend ein Ergänzungspfleger bestellt würde und er durch ihn entlastet wird. Zu trennen sind hiervon die Fälle, bei denen Schadensersatzansprü-

che gegen den Testamentsvollstrecker nach § 2219 BGB geltend gemacht werden. Hier ist wegen der Interessenkollision ein Ergänzungspfleger zu bestellen.

Wird dem Testamentsvollstrecker als **Geschäftsführer** oder **Vorstandsmitglied** einer Gesellschaft Entlastung erteilt, hat dies nicht automatisch seine Entlastung als Testamentsvollstrecker zur Folge. Sind allerdings Gesellschafter und Erben kongruent und umfasst die Testamentsvollstreckung nur die Gesellschaftsanteile, so ist regelmäßig auch gleichzeitig eine beiderseitige Entlastung ausgesprochen. Der Testamentsvollstrecker unterliegt bei der Abstimmung zur Entlastung einem Stimmverbot. Eine Entlastung des Testamentsvollstreckers hat auch eine Entlastung des Testamentsvollstreckers als Bevollmächtigter zur Folge und umgekehrt. Lediglich in den Fällen, bei denen zeitlich unterschiedliche Beendigungen gegeben sind, kann eine Entlastung für das eine Amt nicht gleichzeitig für das andere Amt gelten. 67

Eine **Gesamt-** bzw. **Blockabstimmung** ist nur dann zulässig, wenn alle Mitglieder der Erbengemeinschaft einvernehmlich eine derartige Abstimmung wünschen. Die Testamentsvollstrecker als Miterben sind bei dieser Abstimmung weiterhin stimmberechtigt. Eine Blockabstimmung mit der Folge des Stimmverbotes für alle Testamentsvollstrecker als Miterben kann also nicht gegen ihren Willen durchgesetzt werden. 68

I.R.d. Beseitigungsmöglichkeiten einer **fehlerhaften Entlastung** muss zwischen der Beschlussfassung und der Kundgabe derselben an den Testamentsvollstrecker differenziert werden. Ist der Entlastungsbeschluss dem Testamentsvollstrecker noch nicht mitgeteilt worden, kann ebenfalls die **Stimmabgabe** noch vom einzelnen Erben **widerrufen** werden, sofern ein wichtiger Grund vorliegt. Die Stimmabgabe ist nach Maßgabe der §§ 119 ff., 142 f. BGB anfechtbar. Der Entlastungsbeschluss lässt sich hingegen nicht anfechten. Der Erbe kann nicht damit gehört werden, es hätte der ordnungsgemäßen Verwaltung der Erbengemeinschaft nach § 2038 BGB widersprochen, dem Testamentsvollstrecker die Entlastung zu erteilen. Der im Schrifttum teilweise vertretenen Ansicht ist nicht zu folgen, wonach die Regelungen zur Beschlussfassung aus dem Körperschaftsrecht, wie in §§ 34, 35 BGB, § 47 Abs. 4 GmbHG, ergänzend herangezogen werden. § 2038 BGB kennt gerade keine Formerfordernisse für die Beschlussfassung. Zudem stellt die Nichtanhörung der Minderheit eine Verletzung des zwischen den Erben bestehenden Schuldverhältnisses dar. Richtigerweise kann der Beschluss der Erbengemeinschaft über die Entlastung formfrei und jederzeit erfolgen. War der Ersatzanspruch gegen den Testamentsvollstrecker erkennbar, wurden aber einzelne Erben über das Vorhandensein dieser Ansprüche durch den Testamentsvollstrecker arglistig getäuscht, so erfolgt keine Korrektur des Ergebnisses durch eine **Anfechtung** nach §§ 123, 142 BGB, sondern es kann sich der Testamentsvollstrecker wegen des venire contra factum proprium nach Maßgabe des § 242 BGB nicht auf eine Präklusionswirkung berufen. Eine Anfechtung ist mithin nicht notwendig. Wegen des Einstimmigkeitsprinzips innerhalb der Erbengemeinschaft führt dies immer zum Ausschluss der Präklusion, auch wenn nur ein einzelner Erbe getäuscht wurde. Waren hingegen die Ersatzansprüche gegen den Testamentsvollstrecker ohne Weiteres erkennbar, hat keine arglistige Täuschung durch den Testamentsvollstrecker vorgelegen. Dann scheidet ohnehin eine Anfechtbarkeit aus. Da die Entlastung nicht rechtsgeschäftlich gedeutet werden kann, ist sie auch **nicht kondizierbar**. 69

Dem Testamentsvollstrecker ist **kein Anspruch auf Entlastung** zuzubilligen. Die Befürworter eines solchen Anspruchs fußen ihre Argumentation entweder auf der unrichtigen Behauptung, im Auftragsrecht habe der Beauftragte einen Entlastungsanspruch, oder sie halten einen Anspruch schlichtweg für notwendig. Der dort propagierte Anspruch auf Entlastung dient häufig als Prämisse und nicht als Resultat. Wenn die Entlastung ausgesprochen wird, so liegt es an der persönlichen Leistung des Entlasteten und nicht an einer ständigen Übung, die es in der Praxis nicht gibt. Es handelt 70 sich um nicht judizierbare psychologische Tatbestände. Wie man eine Verzeihung nach §§ 2337, 2343 BGB als Realakt nicht einfordern kann, kann auch keine Vertrauenskundgebung eingefordert werden. Auf die in diesem Zusammenhang im GmbH-Recht ergangene BGH-Rspr.[129] darf zurückgegriffen werden, wonach ein Recht auf Entlastung weder mit deren Zweck vereinbar noch um der an sie geknüpften – im Belieben aller Gesellschafter (oder im übertragenen Sinn: aller Erben) stehenden und deshalb nicht erzwingbaren – Rechtsfolgen willen geboten ist. Etwaige Zumutbarkeitserwägungen wegen der 30-jährigen Verjährungsfrist vermögen nicht zu überzeugen. Bei der Entscheidung der Erbengemeinschaft über die Entlastung handelt es sich um eine reine Ermessensentscheidung.

71 Ein **Auseinandersetzungsvertrag** zwischen Erben und Testamentsvollstrecker ist die in der Praxis zu favorisierende Alternative zum Haftungsausschluss. Vorsorglich sollte die Reichweite der Präklusionswirkung der Entlastung ausdrücklich geregelt werden. Entgegen der Rspr. ist keine Zustimmung des noch nicht befriedigten Vermächtnisnehmers zu dem Auseinandersetzungsvertrag erforderlich, da er selbst keine Verfügungsbefugnis hat.

72 Die Entlastung ist nicht mittels einer **Leistungsklage** durchsetzbar. Eine derartige Klage kann nur negative Feststellungsklage sein, und zwar in Bezug auf sämtliche Haftungstatbestände innerhalb der Entlastungsperiode. Bei der negativen Feststellungsklage kann ein Rechtsschutzbedürfnis nur aus einer von den beklagten Erben aufgestellten Bestandsbehauptung der vom Testamentsvollstrecker verneinten Rechtslage entstehen. Ein generelles Rechtsschutzbedürfnis wegen der verweigerten Entlastung ohne Berühmen von Ersatzansprüchen ist abzulehnen. Wegen § 2220 BGB ist es dem Erblasser im Rahmen seiner letztwilligen Verfügung nicht möglich, den Testamentsvollstrecker im Voraus von seiner Haftung zu befreien.

D. Verfahrensfragen/Praktische Hinweise

73 Zu beachten ist, dass die Benachrichtigungs- und Anhörungspflicht nicht durch den Erben eingeklagt werden kann, sondern nur die Auskunfts- und Rechenschaftslegungspflicht. Eine Nichtbeachtung der Benachrichtigungs- und Anhörungspflicht kann ggf. Schadensersatzansprüche gem. § 2219 BGB auslösen oder einen Entlassungsgrund gem. § 2227 BGB darstellen. Die **Klage** auf **Auskunfts-** und **Rechenschaftslegung** kann im Wege der Stufenklage mit dem Anspruch auf Abgabe der eidesstattlichen Versicherung verbunden werden. Hier sollte darauf geachtet werden, dass die zweite Stufe zur Abgabe der eidesstattlichen Versicherung unter eine Bedingung gestellt werden sollte, da andernfalls Zwangsvollstreckungs- und Abgrenzungsprobleme bestehen könnten. Bei der Klage handelt es sich nicht um eine Amtsklage, da das Urteil nicht gegen den Amtsnachfolger wirkt, aber gegen die Erben des Testamentsvollstreckers. Verweigert der Testamentsvollstrecker trotz Verurteilung weiterhin die Auskunft, müssen Zwangsvollstreckungsmaßnahmen beantragt werden, und zwar als unvertretbare Handlung gem. § 888 ZPO (Anordnung von Zwangsgeld, ersatzweise Zwangshaft). Bei einer Verurteilung zur Auskunft (ggf. zusätzlich verbunden mit Rechnungslegung) ist für die Bemessung des Werts des Beschwerdegegenstandes das Interesse des Rechtsmittelführers maßgebend, die Auskunft nicht erteilen und keine Rechnung legen zu müssen. Abgesehen von dem Fall eines besonderen Geheimhaltungsinteresses kommt es auf den Aufwand an Zeit und Kosten an, den die Erteilung der geschuldeten Auskunft und Rechnungslegung erfordert. Kosten für die Hinzuziehung von sachkundigen Hilfspersonen können nur berücksichtigt werden, wenn sie

129 BGHZ 94, 324.

zwangsläufig entstehen, weil der Auskunftspflichtige zu einer sachgerechten Auskunftserteilung allein nicht in der Lage ist.[130]

Aufgrund der strengen Vorgaben des § 52 BRAO sowie der §§ 305 ff. BGB bietet eine Haftungsvereinbarung dem Anwalt keine absolute Sicherheit in seiner Funktion als Testamentsvollstrecker. Im Einzelfall könnte hier eine einfache Entlastung besseren Haftungsschutz bieten, weil gerade dann keine Vereinbarung i.S.d. vorgenannten Vorschriften besteht.[131] 74

§ 2219 Haftung des Testamentsvollstreckers

(1) Verletzt der Testamentsvollstrecker die ihm obliegenden Verpflichtungen, so ist er, wenn ihm ein Verschulden zur Last fällt, für den daraus entstehenden Schaden dem Erben und, soweit ein Vermächtnis zu vollziehen ist, auch dem Vermächtnisnehmer verantwortlich.
(2) Mehrere Testamentsvollstrecker, denen ein Verschulden zur Last fällt, haften als Gesamtschuldner.

Literatur
Kretschmann, Zurechnungsprobleme bei mehreren Testamentsvollstreckern, ZEV 2022, 383.

Übersicht: Rdn

A. Allgemeines

1 Hat der Testamentsvollstrecker eine **schuldhafte Pflichtverletzung** begangen, so kann er nach § 2219 BGB haften. Handelt es sich bei dem Testamentsvollstrecker um eine Person mit **besonderen Qualifikationen**, wie z.B. die eines Rechtsanwalts, ist der Maßstab dieses Berufes ausschlaggebend. Ist der Testamentsvollstrecker Berufsträger, wie Rechtsanwalt, Notar oder Steuerberater etc., geht § 2219 BGB berufsrechtlichen Haftungsnormen vor.[1] Auch wenn den Testamentsvollstrecker selbst kein Verschulden trifft, haftet er für das Verschulden seiner **Hilfskräfte** nach §§ 278, 664, 2218 BGB. Ferner kann ihn ein Überwachungsverschulden treffen, wenn er Fachkräfte, wie z.B. einen Steuerberater für die Steuererklärung, hinzuzieht und den Fehler des eingeschalteten Beraters bei zumutbarer Aufmerksamkeit hätte erkennen und verhindern können.[2] Neben einer Haftung aus § 2219 BGB kommen als Haftungsgrundlage ggf. auch §§ 823 ff. BGB in Frage, wenn eine unerlaubte Handlung vorliegt. Allerdings führt § 2219 BGB zu einer weitreichenden Haftung, die auch bei Fahrlässigkeit des Testamentsvollstreckers die Haftung für Vermögensschäden umfasst. Ferner ist die Haf-

130 So BGH ErbR 2017, 108.
131 Dazu *Schmidl*, ZEV 2009, 123.
1 Grüneberg/*Weidlich*, § 2219 Rn 1.
2 Mayer/Bonefeld/Tanck/*Mayer/Heindl*, Testamentsvollstreckung, § 20 Rn 1 ff.

tungsnorm des § 69 AO bei der Verletzung steuerlicher Pflichten des Testamentsvollstreckers zu beachten. Eine Haftung aus § 2219 BGB hat regelmäßig die Entlassung nach Einleitung eines Verfahrens nach § 2227 BGB zur Folge.

B. Tatbestand

I. Anspruchsinhaber (Abs. 1)

2 Der Testamentsvollstrecker haftet zunächst gegenüber dem **Erben** und dem **Vorerben.** Der **Nacherbe** wird erst mit Eintritt des Nacherbfalls zum Erben und ist somit noch nicht Haftungsgläubiger aus § 2219 BGB (dieser kann also nur gegenüber dem Vorerben seine Auskunftsrechte nach § 2227 BGB geltend machen; ebenso ist der Schlusserbe in einem gemeinsamen Testament noch nicht Erbe i.S.v. § 2219 BGB). Bei mehreren Erben sind diese **Gesamtgläubiger** des Haftungsanspruchs. Wurde allerdings nur ein Erbe geschädigt, so steht ihm auch nur das alleinige Recht zur Geltendmachung des Haftungsanspruchs zu.[3] Neben den Erben haftet der Testamentsvollstrecker auch dem **Vermächtnisnehmer**, soweit er ein Vermächtnis zu vollziehen hat (dies gilt auch für Unter- und Nachvermächtnisse[4]). Der Vermächtnisnehmer hat in diesem Fall keinen zusätzlichen Ersatzanspruch gegen den Erben.[5] Gegenüber allen anderen übrigen Nachlassbeteiligten, wie z.B. den Pflichtteilsberechtigten oder Auflagenbegünstigten,[6] besteht keine Haftung nach § 2219 BGB, sondern ggf. nach §§ 823 ff. BGB.[7] Sofern dem Auflagenbegünstigten aber ein Vermögensvorteil, wie bspw. im Rahmen einer Wertauflage, zugewendet wird, ist ihm ein Haftungsanspruch zuzubilligen, da er dann der Rechtsstellung eines Vermächtnisnehmers quasi gleichkommt.[8] Eine eigene Haftung des Erben ist ggf. über § 278 BGB möglich, wenn der Testamentsvollstrecker eine Pflicht schuldhaft verletzt hat. In einem derartigen Fall hat aber der Erbe Anspruch auf Haftungsbefreiung gegenüber dem Testamentsvollstrecker.

II. Haftungsdauer und -schuldner

3 Für die Dauer der Haftung gibt es keine zeitliche Begrenzung. Dabei gilt aber folgende Differenzierung:

Status	Haftungsnorm
Tätigkeit vor Annahme der Testamentsvollstreckung	§ 2219 BGB analog
Tätigkeit nach Beendigung der Testamentsvollstreckung	Handlungen sind unwirksam. Bei unaufschiebbaren Handlungen aber § 2219 BGB analog
Nach Tod des Testamentsvollstreckers	§§ 2218 Abs. 1, 673 S. 2 BGB → § 2219 BGB analog
Vermeintlicher Testamentsvollstrecker	§ 2219 BGB analog

4 Eine Befreiung von der Haftung durch den Erblasser im Rahmen einer letztwilligen Verfügung ist nicht möglich. Der Erbe hat lediglich die Möglichkeit, einen bereits entstandenen Schadensersatzanspruch zu erlassen oder aber durch einen Verzichtsver-

---

3 Mayer/Bonefeld/Tanck/*Mayer/Heindl*, Testamentsvollstreckung, § 20 Rn 6.
4 BeckOK BGB/*Lange*, § 2219 Rn 3.
5 So zu Recht *Muscheler*, ZEV 2013, 229 entgegen der wohl h.M. wie z.B. OLG Oldenburg ZEV 2001, 276.
6 NK-BGB/*Kroiß*, § 2219 Rn 15, *Muscheler*, ZEV 2013, 229; MüKo/*Zimmermann*, § 2219 Rn 8.
7 Grüneberg/*Weidlich*, § 2219 Rn 3.
8 Anders wohl *Muscheler*, ZEV 2013, 229.

trag für die Zukunft die Haftung des Testamentsvollstreckers auszuschließen, wobei ein Ausschluss für vorsätzliche Pflichtverletzungen nicht möglich ist.[9]

III. Einzelne Haftungsvoraussetzungen

Die Haftung des Testamentsvollstreckers hat mehrere **Voraussetzungen**: 5

- objektive Verletzung der ihm obliegenden Verpflichtung;
- subjektives Verschulden (Vorsatz oder Fahrlässigkeit);[10]
- haftungsbegründende und haftungsausfüllende Kausalität.

Die vom Testamentsvollstrecker zu beachtenden Pflichten ergeben sich sowohl aus 6 dem Willen des Erblassers als auch aus dem Gesetz gem. § 2216 Abs. 1 BGB (ordnungsmäßige Verwaltung). Die **Beweislast** für eine nicht in einer Verfügung von Todes wegen niedergelegte Willensäußerung trägt der Testamentsvollstrecker.[11] Etwaige Weisungen der Erben spielen keine Rolle.[12] Ob tatsächlich eine Pflichtverletzung vorliegt, hängt wiederum von den Aufgaben des Testamentsvollstreckers ab, die ihm vom Erblasser zugedacht wurden. Haben sich die Umstände nach dem Erbfall geändert, ist auf den mutmaßlichen Willen des Erblassers abzustellen, hilfsweise auf die allg. Lebenserfahrung. Insgesamt ist der Testamentsvollstrecker zu besonderer **Gewissenhaftigkeit und Sorgfalt** verpflichtet.[13]

Eine **objektive Pflichtverletzung** kann z.B. in folgenden Fällen vorliegen: 7

- Auseinandersetzung der Erbengemeinschaft ohne Beachtung der §§ 2042 ff. BGB;[14]
- Nichtbeachtung von Ausgleichungsanordnungen und Pflichtteilsanrechnungen;[15]
- keine ordnungsmäßige Verwaltung des Nachlasses;
- Nichtbeachtung der Verkehrssicherungspflicht bei Grundstücken;
- fehlende Tätigkeit des Testamentsvollstreckers;
- Fehler bei der Geldanlage;
- fehlerhafte Erstellung der Erbschaftsteuererklärung;
- Unterlassen der Erbauseinandersetzung ohne Grund;[16]
- verspätete Klageerhebung und damit bedingter Verjährungseintritt;
- Erfüllung unwirksam angeordneter Vermächtnisse;
- öffentliche Versteigerung statt günstigerem freihändigen Verkauf;[17]
- Unterlassen von gerechtfertigten Mieterhöhungen;
- Unterlassen von Zwangsvollstreckungsmaßnahmen;
- Bewilligung einer Vormerkungslöschung, ohne dass die gesicherte Leistung erbracht wurde;[18]
- Einreichen haltloser Klagen;[19]
- erkennbar überflüssige und leichtfertige Prozessführung;[20]
- Einlegen unsinniger Rechtsmittel.

---

9 Staudinger/*Dutta*, § 2219 Rn 16.
10 Nach BeckOK BGB/*Lange*, § 2219 Rn 8 gilt zu Recht der objektive und nicht subjektive Fahrlässigkeitsbegriff. Entgegen Bengel/Reimann/Holtz/Röhl/*Niemöller*, § 13 Rn 42.
11 Mayer/Bonefeld/Tanck/*Mayer/Heindl*, Testamentsvollstreckung, § 20 Rn 1 ff.
12 MüKo/*Zimmermann*, § 2219 Rn 12.
13 BGH NJW 1959, 1820.
14 OLG Köln ZEV 2018, 425.
15 OLG München ZErb 2019, 119 = ErbR 2019, 444; *Tanck*, ZErb 2019, 142.
16 Grüneberg/*Weidlich*, § 2219 Rn 2.
17 OLG Saarbrücken JZ 1953, 509.
18 OLG Hamm FamRZ 1995, 696.
19 BGH WM 1967, 29.
20 BGH ZEV 2000, 195.

Der vormalige Betreuer des Erblassers haftet als vermeintlicher Testamentsvollstrecker, dessen Ernennung wegen Testierunfähigkeit des Erblassers bei Testamentserrichtung von Anfang an unwirksam war, für den Fall, dass er aufgrund seiner Tatsachenkenntnis die Testierunfähigkeit hätte erkennen können, dem Erben auf Ersatz der Auszahlungen, die er aus dem Nachlass an die im unwirksamen Testament Bedachten geleistet hat.[21]

8 Hinsichtlich des **Verschuldens** fehlt es an einer Sonderregelung für den Testamentsvollstrecker, so dass ein Rückgriff auf § 276 BGB erfolgt. Danach haftet der Testamentsvollstrecker für Vorsatz oder leichte, mittlere bzw. grobe Fahrlässigkeit. Somit haftet er nicht nur für die Sorgfalt, die er in seinen eigenen Angelegenheiten zu beachten pflegt. Er haftet nicht, wenn er aus von ihm nicht zu vertretenden Gründen ein Verschaffungsvermächtnis nicht erfüllen kann.[22] Es gilt ein objektiver Sorgfaltsmaßstab, wobei im Hinblick auf die Vertrauensstellung des Testamentsvollstreckers hohe Sorgfaltsanforderungen zu stellen sind.[23] Weitere Voraussetzung einer fahrlässigen Handlung ist die **Vorhersehbarkeit eines schädigenden Erfolgs**, wobei der konkrete Ablauf der Schadensentwicklung nicht vorhersehbar gewesen sein muss. Dabei hat aus der Sicht des damals zur Handlung berufenen Testamentsvollstreckers für die Beurteilung seines Verschuldens eine „Ex-Ante-Betrachtung" zu erfolgen.[24]

9 Wie bei jedem Schadensersatzanspruch muss auch die **haftungsbegründende und haftungsausfüllende Kausalität** gegeben sein. Dementsprechend muss der Fehler des Testamentsvollstreckers für die Rechtsgutverletzung ursächlich sein und ein Ursachenzusammenhang zwischen Rechtsgutverletzung und dem geltend gemachten Schaden bestehen. Von besonderer Bedeutung sind dabei die Problemkreise „Zurechnungszusammenhang und rechtmäßiges Alternativverhalten", für deren Lösung es insbesondere auf den Schutzzweck der Norm ankommt.[25] Einem Testamentsvollstrecker, der einen zum Nachlass gehörenden Geschäftsanteil an einer GmbH zu verwalten hat, ist dabei ein hinreichend weiter Ermessensspielraum zuzubilligen. Auch wenn sich eine unternehmerische Entscheidung im Nachhinein als nachteilig erweist, folgt daraus nicht zwangsläufig deren Pflichtwidrigkeit.[26] Für veruntreuende Verfügungen eines Testamentsvollstreckers über ein Konto des Erben haftet eine Bank nur, wenn massive Verdachtsmomente vorliegen.[27] Wird eine Testamentsvollstreckung durch eine Bank durchgeführt, ist eine verschärfte Haftung aus dem Gesichtspunkt der fehlerhaften Anlageberatung und Prospekthaftung gerechtfertigt.[28] Es hat insbesondere eine anleger- und objektgerechte Anlageberatung zu erfolgen.

10 Der Testamentsvollstrecker haftet für die gewissenhafte Auswahl eines qualifizierten Beraters bei Auswahlverschulden.[29] Ebenso bei Überwachungsverschulden, wenn er den Fehler des eingeschalteten Beraters bei zumutbarer Aufmerksamkeit hätte erkennen und verhindern können.[30] Bei Inanspruchnahme dritter Personen, die sodann mit Wissen und Wollen des Testamentsvollstreckers tätig werden, hat der Testamentsvoll-

---

21 OLG Celle, Urt. v. 22.7.2024 – 6 U 49/23, ZEV 2025, 32 m. Anm. *Küpper.*
22 OLG Hamm ZEV 2018, 166.
23 MüKo/*Zimmermann*, § 2219 Rn 11.
24 Grüneberg/*Grüneberg*, § 276 Rn 20.
25 Mayer/Bonefeld/Tanck/*Mayer/Heindl*, Testamentsvollstreckung, § 20 Rn 11; Bengel/Reimann/Holtz/Röhl/*Niemöller*, § 13 Rn 56 ff.
26 OLG Bamberg ErbR 2009, 386.
27 OLG Köln ZErb 2008, 238.
28 *Schaub*, FamRZ 1995, 850.
29 BeckOK BGB/*Lange*, § 2219 Rn 9.
30 Bengel/Reimann/Holtz/Röhl/*Niemöller*, § 13 Rn 46.

strecker das Verschulden seiner Erfüllungsgehilfen wie eigenes nach § 278 S. 1 BGB zu vertreten.[31]

IV. Haftung mehrerer Testamentsvollstrecker (Abs. 2)

Mehrere Testamentsvollstrecker haften nach Abs. 2 als Gesamtschuldner.[32] Für den 11
Bereich des Verschuldens bei mehreren Testamentsvollstreckern muss eine Zurechnung i.d.R. ausscheiden, da § 2219 Abs. 2 BGB ein Verschulden bei jedem einzelnen Testamentsvollstrecker fordert.[33] Wenn jedoch der einzelne Testamentsvollstrecker einen gesonderten Wirkungskreis übertragen bekommen hat, den er selbstständig wahrgenommen hat, haftet jeder nur für seinen Wirkungskreis, sofern nicht der andere Testamentsvollstrecker zur Aufsicht bestimmt wurde.[34] Soweit Testamentsvollstrecker sukzessiv tätig werden, wie z.B. der Erstvollstrecker und der Amtsnachfolger, ist Abs. 2 nicht einschlägig.[35]

V. Durchsetzung des Anspruchs

Der Testamentsvollstrecker wird **persönlich verklagt** und nicht als Amtsträger, weil 12
nicht der Nachlass haften soll. Der Schadensersatzanspruch der Erben fällt selbst in den Nachlass. Kommt es zur Entlassung des Testamentsvollstreckers nach § 2227 BGB oder kündigt er i.R.d. Prozesses nach § 2226 BGB, dann kann sein Nachfolger den Schadensersatzanspruch geltend machen und nicht die Erben.[36] Der Schadensersatzanspruch gegen den früheren Testamentsvollstrecker aus § 2219 BGB unterliegt grundsätzlich der Prozessführungsbefugnis des nachfolgenden Testamentsvollstreckers. Eine Prozessführungsbefugnis des einzelnen Miterben besteht bei dem Vorwurf einer diesen einzelnen Miterben benachteiligenden Teilauseinandersetzung jedenfalls dann nicht, wenn die Voraussetzungen für eine Teilauseinandersetzung nicht vorgelegen haben und der Miterbe deshalb Zahlung nur an den Nachlass verlangen kann.[37] Ein Schadensersatzanspruch des **Vermächtnisnehmers** fällt nicht in den Nachlass und ist vom Vermächtnisnehmer geltend zu machen.[38] Sofern der Testamentsvollstrecker noch im Amt verweilt, können die Erben den Schadensersatzanspruch selbst geltend machen, weil der amtierende Testamentsvollstrecker hier nicht Klage gegen sich einzureichen braucht. Ebenso, wenn die Testamentsvollstreckung insgesamt beendet wird, können die Erben selbst persönlich klagen. Wenn mehrere Testamentsvollstrecker mit verschiedenen Aufgabengebieten eingesetzt wurden, kann der nichthaftende Testamentsvollstrecker den haftenden Testamentsvollstrecker verklagen.[39] Hat der einzelne Miterbe alleine einen Schadensersatzanspruch, kann er die Zahlung an sich fordern. Anderenfalls muss die Leistung an den Nachlass gem. § 2039 BGB gefordert werden. Statt einer einfachen Schadensersatzklage kann auch vielmehr Leistungsklage auf Erfüllung der Verpflichtung zur ordnungsgemäßen Nachlassverwaltung eingereicht werden mit dem Hilfsantrag auf Schadensersatz nach § 2219 BGB.[40] Geht der Erbe von der Schadensersatzforderung zum Erfüllungsanspruch über, liegt darin keine Klageänderung

---

31 MüKo/*Zimmermann*, § 2219 Rn 4.
32 Grüneberg/*Weidlich*, § 2219 Rn 1.
33 *Kretschmann*, ZEV 2022, 383.
34 Staudinger/*Dutta*, § 2219 Rn 18; MüKo/*Zimmermann*, § 2219 Rn 5.
35 BeckOK BGB/*Lange*, § 2219 Rn 5.
36 RGZ 138, 132.
37 OLG Schleswig ZEV 2014, 542.
38 RGZ 138, 132.
39 RGZ 98, 173.
40 Staudinger/*Dutta*, § 2219 Rn 13.

gem. § 264 Nr. 3 ZPO.[41] Der Testamentsvollstrecker kann auf Feststellung des Nichtbestehens einer Schadensersatzpflicht klagen.[42]

VI. Verjährung

13 Der Haftungsanspruch gegen den Testamentsvollstrecker verjährt nach der Regelverjährung gem. § 195 BGB. Bei Kenntnis oder grob fahrlässiger Unkenntnis des Gläubigers hinsichtlich der den Anspruch begründenden Umstände und der Person des Schuldners verjähren auch die aus einem Erbfall herrührenden Ansprüche in drei Jahren.

14 Hinsichtlich der Neuregelung der Verjährung in Erbsachen gilt die Überleitungsvorschrift zum Verjährungsrecht in Art. 229 § 6 EGBGB. Dies bedeutet, dass die neuen Verjährungsvorschriften auf die an dem Tag des Inkrafttretens (1.1.2010) bestehenden und noch nicht verjährten Ansprüche Anwendung finden. Der Beginn, die Hemmung, die Ablaufhemmung und der Neubeginn der Verjährung bestimmen sich jedoch für den Zeitraum vor dem Inkrafttreten (1.1.2010) nach der bis zu diesem Tag geltenden Fassung. Von dem Grundsatz, dass immer dann das neue Recht greift, wenn die Verjährung nach dem neuen Recht früher einsetzt als nach dem alten Recht, gibt es wichtige Ausnahmen: Bei Vertrauen auf den früheren Verjährungsablauf tritt die Verjährung auch nach altem Recht früher ein. Wenn die Verjährung nach dem alten Recht früher einsetzt als nach dem neuen, so gilt Art. 229 § 21 Abs. 1 S. 2 EGBGB. Eine Anwendung der Höchstverjährung nach § 199 Abs. 3 lit. a BGB auf § 2219 BGB ist zu bejahen, wenn der Erbe aufgrund einer Verfügung von Todes wegen eingesetzt worden ist, so dass diese Voraussetzung für die Anspruchsberechtigung und damit ihre Kenntnis auch Voraussetzung für die Geltendmachung des Anspruchs ist.[43]

C. Verfahrensfragen/Praktische Hinweise

15 Befreiungsvermächtnisse, Vermächtnisse auf Anspruch auf Entlastung oder ein Vermächtnis auf Verkürzung der Verjährungsfrist wegen des Umgehungsverbotes des § 2220 BGB hinsichtlich der Haftung sind unwirksam. Als probates Mittel zur Klärung der eigenen Haftung als Testamentsvollstrecker im Vorfeld eignet sich die **Einwilligungsklage** nach § 2206 Abs. 2 BGB. Der Testamentsvollstrecker sollte auf jeden Fall mit den Erben im Rahmen eines **Auseinandersetzungsvertrages** dafür Sorge zu tragen, dass eine Regelung zur Verjährung der Haftungsansprüche getroffen wird. In der Praxis einfacher durchsetzbar wird aber die sog. „Entlastung" sein (vgl. dazu § 2218 Rdn 58). Eine Entlastung muss nicht unbedingt gleichbedeutend mit einer vollständigen „Enthaftung" sein. Eine Enthaftungsvereinbarung könnte nach erfolgter ausdrücklicher Zustimmung zum Auseinandersetzungsplan im Rahmen eines Auseinandersetzungsvertrages erfolgen. Hierauf sollte der Testamentsvollstrecker hinwirken. Auf jeden Fall sollte die Reichweite i.R.d. Vereinbarung deutlich gemacht und zudem klargestellt werden, dass die Erben keine Ersatzansprüche gegen den Testamentsvollstrecker mehr geltend machen können.

16 Die **Klage auf Schadensersatz** ist gegen den Testamentsvollstrecker **persönlich** zu richten. Klagegegner ist somit nicht der Testamentsvollstrecker als Partei kraft Amts. Daher handelt es sich auch um eine Klageänderung, wenn man von einer Klage auf Erfüllung (Klagegegner: Testamentsvollstrecker als Partei kraft Amts) auf eine Schadensersatzklage übergeht. Insofern sind wegen der fehlenden Parteiidentität diesbzgl.

---

41 Staudinger/*Dutta*, § 2219 Rn 14; a.A. RGLZ 1919, 1017; für Parteiänderung BGHZ 25, 285; Soergel/*Becker*, § 2219 Rn 6.

42 Staudinger/*Dutta*, § 2218 Rn 34; Grüneberg/*Weidlich*, § 2219 Rn 4.

43 OLG Celle, Urt. v. 22.7.2024 – 6 U 49/23, ZEV 2025, 32 m. Anm. *Küpper*.

keine Eventualanträge möglich (z.B. Hauptklage auf Erfüllung, hilfsweise Schadensersatz). Im Falle seines Unterliegens trägt der Testamentsvollstrecker die Kosten persönlich. Im Gegenzug hat der Testamentsvollstrecker selbst auch die Möglichkeit, eine **negative Feststellungsklage** einzureichen. Sofern der Testamentsvollstrecker mit einer Forderung gegen die Schadensersatzforderung nur eines Erben, der allein seinen eigenen Anspruch geltend macht, die **Aufrechnung** erklären will, beschränkt sich die Aufrechnung auf den Anteil des Vergütungsanspruchs, der der Quote des Erben entspricht.

Der Haftungsgläubiger hat im Prozess gegen den Testamentsvollstrecker den Schaden 17
zu beweisen, die Kausalitätsgesichtspunkte vorzutragen, die für die gerichtliche Würdigung i.R.d. § 287 ZPO ausreichen, und die objektive Pflichtverletzung darzutun. Der Testamentsvollstrecker muss sich in Bezug auf die subjektive Seite der Pflichtverletzung nach § 280 Abs. 1 S. 2 BGB exkulpieren. Besonderheiten gelten, wenn der Testamentsvollstrecker eine in den Nachlass fallende Gesellschaft zu verwalten hat.[44]

§ 2220 Zwingendes Recht

Der Erblasser kann den Testamentsvollstrecker nicht von den ihm nach den §§ 2215, 2216, 2218, 2219 obliegenden Verpflichtungen befreien.

Literatur

Zimmermann, Sind vom Erblasser angeordnete Schiedsgerichte zweckmäßig?, ErbR 2021, 181; *ders.*, Der superbefreite und superermächtigte Testamentsvollstrecker, ZEV 2021, 141 und 222.

Übersicht: Rdn

A. Allgemeines

Die Vorschrift des § 2220 BGB dient dem Schutz der Erben. Hierdurch soll erreicht 1
werden, dass den Erben ein Mindestmaß an Rechten gegenüber dem Testamentsvollstrecker verbleibt. Demzufolge kann der Erblasser folgende Pflichten des Testamentsvollstreckers gegenüber dem Erben **nicht zu dessen Ungunsten** abändern:

- Erstellung und Mitteilung eines Nachlassverzeichnisses gem. § 2215 BGB (auch nicht als Verzichtsauflage für Erben[1])
- ordnungsmäßige Verwaltung des Nachlasses sowie Befolgung von Anordnungen nach § 2216 BGB;
- Auskunftserteilung gem. § 2218 BGB;
- Rechnungslegung gem. § 666, 2218 BGB;
- Abgabe einer eidesstattlichen Versicherung (§§ 259, 260, 666, 2218 BGB);
- Anzeige- und Fortführungspflicht gem. §§ 673 S. 2, 2218 BGB;
- Herausgabepflicht des Nachlasses an den Erben (§§ 667, 2218 BGB);
- Schadensersatzpflicht des Testamentsvollstreckers (§ 2219 BGB);
- Reduzierung des Haftungsmaßstabs auf Vorsatz und grobe Fahrlässigkeit

44 Dazu ausführlich *Reimann*, ZEV 2006, 186.
1 Staudinger/*Dutta*, § 2220 Rn 5.

- Anordnung eines (Haftungs-)Befreiungsvermächtnisses zugunsten des Testamentsvollsteckers;[2]
- Ausschluss einer Entlassung des Testamentsvollstreckers nach § 2227 BGB;[3]
- Befreiung auch vom Verbot der unentgeltlichen Verfügung nach § 2205 S. 3 BGB;[4]
- Befreiung vom Verbot eines Schenkungsversprechens nach § 2207 S. 2 BGB.[5]

2 Zulässig sind hingegen Anordnungen an den Testamentsvollstrecker zur Überlassung von Nachlassgegenständen entgegen den Voraussetzungen des § 2217 BGB und zur Befreiung von den Beschränkungen des § 181 BGB.

B. Tatbestand/Rechtsfolgen

I. Besonderheiten des Befreiungsverbotes

3 Der Erbe darf in keiner Weise gehindert werden, seine Rechte aus §§ 2215, 2216, 2218 und 2219 BGB durchzusetzen. Daher ist es unzulässig, den Erben bei der Ausübung der ihm zwingend zustehenden Rechte an die Zustimmung eines Dritten oder Schiedsgerichts zu binden.[6]

Grundsätzlich kann aber der Erblasser ein Schiedsgericht gem. § 1066 ZPO einsetzen, welches bestimmte Streitigkeiten anstelle des Prozessgerichts entscheiden soll, wobei auch der Testamentsvollstrecker selbst zum Schiedsrichter bzw. Schiedsgutachter bestellt werden kann, sofern er nicht als eigener Richter entscheidet.[7] Ein Schiedsgericht ist nach Ansicht des BGH[8] nur dann in gesetzlich statthafter Weise errichtet, wenn diese Anordnung in der Verfügungsmacht des Erblassers liegt. Der Bereich der FamFG kann danach einem Schiedsgericht nicht übertragen werden.[9]

4 Gewisse Einschränkungen in Form von Modifikationen der Rechenschaftspflicht können jedoch im gewissen Umfang zulässig sein. Im Einzelnen kommt es darauf an, ob der Schutzzweck des § 2220 BGB ausgehöhlt wird. Etwaige **Gruppenvertretungsklauseln**, bei denen lediglich ein Erbe aus der Erbengemeinschaft als gemeinsamer Vertreter die Rechte gegenüber dem Testamentsvollstrecker wahrnehmen muss, sind immer dann zulässig, wenn der Erblasser lediglich allg. eine Vertretung anordnet, so dass die Erben „mit einer Zunge“ reden können. Unzulässig ist hingegen, wenn der Erblasser von vornherein lediglich einen ganz bestimmten Vertreter der Erben zulässt.

5 Sog. **Befreiungsvermächtnisse** (legatum liberationis) sind ebenfalls unwirksam.[10] Es ist somit nicht möglich, dem Testamentsvollstrecker einen Anspruch auf Erlass von Schadensersatzforderungen zuzuwenden. Der Erbe kann selbst nach Eintritt des Erbfalls insgesamt auf seinen Schutz aus § 2220 BGB verzichten. Da ein **Schadensersatzanspruch** in den Nachlass fällt, kann ein Verzicht lediglich durch die Erbengemeinschaft insgesamt erfolgen. Eine einzelne Verzichtserklärung kann die Erbengemeinschaft nicht binden (§ 2040 Abs. 1 BGB).

---

2 MüKo/*Zimmermann*, § 2220 Rn 1 f. Vgl. a. *Zimmermann*, ZEV 2021, 141, 222. Siehe unten Rdn 5.
3 Grüneberg/*Weidlich*, § 2220 Rn 1.
4 MüKo/*Zimmermann*, § 2220 Rn 5; BeckOK BGB/*Lange*, § 2220 Rn 5.
5 MüKo/*Zimmermann*, § 2220 Rn 5; BeckOK BGB/*Lange*, § 2220 Rn 5.
6 Staudinger/*Dutta*, § 2220 Rn 1; BeckOK BGB/*Lange* BGB § 2220 Rn 3.
7 *Zimmermann*, ZEV 2021, 141, 222; *Zimmermann*, ErbR 2021, 181.
8 BGH, Beschl. v. 17.5.2017 – IV ZB 25/16, ZEV 2017, 412 m. abl. Anm. *Muscheler*, ZEV 2018, 120. BGH, Beschl. v. 8.11.2018 – I ZB 21/18, ZEV 2019, 146.
9 Dazu *Zimmermann*, ErbR 2021, 181; Staudinger/*Dutta*, § 2220 Rn 1; a.A. *Muscheler*, ZEV 2018, 120.
10 BeckOK BGB/*Lange*, § 2220 Rn 3.

II. Rechtsfolgen eines Verstoßes

6 Etwaige Erblasseranordnungen, die gegen das Befreiungsverbot verstoßen, sind insgesamt wegen § 125 BGB **unwirksam.**[11] Hierdurch wird das Testament oder die Testamentsvollstreckungsanordnung jedoch nicht berührt.

C. Verfahrensfragen/Praktische Hinweise

7 Da ein Befreiungsvermächtnis nicht möglich ist, bietet sich die Möglichkeit an, in die letztwillige Verfügung eine Regelung aufzunehmen, wonach der Testamentsvollstrecker einen Aufwendungsersatzanspruch auf Zahlung einer Vermögensschadenhaftpflichtversicherung ohne Auswirkung auf seine Vergütung haben soll. Durch Auslegung ist zu ermitteln, ob der Erblasser den Testamentsvollstrecker ggf. zum befreiten Vorerben und den formalen Erben nur zum Nacherben auf den Überrest einsetzen wollte.[12]

8 Problematisch sind die Fälle, bei denen der Erblasser versucht, die Vorschrift des § 2220 BGB zu umgehen, indem er anordnet, dass die Erben ihre Erbenstellung verlieren, wenn sie die Entlassung des Testamentsvollstreckers nach § 2227 BGB beantragen. Werden die Erben übermäßig in ihrer Rechtsstellung beschränkt, kann dies die **Nichtigkeit** der Bedingung wegen **Sittenwidrigkeit** nach § 138 BGB zur Folge haben. Hierbei kommt es jedoch auf den Einzelfall an. Der Mandant ist auf die Problematik der Umgehung hinzuweisen.

§ 2221 Vergütung des Testamentsvollstreckers

Der Testamentsvollstrecker kann für die Führung seines Amts eine angemessene Vergütung verlangen, sofern nicht der Erblasser ein anderes bestimmt hat.

Literatur

Bonefeld, Die Vergütung des Testamentsvollstreckers bei Großnachlässen: ein Vorschlag für die Praxis, ZEV 2021, 153; *Bonefeld/Klinger*, Die Vergütung des Testamentsvollstreckers bei Dauervollstreckung über Unternehmensanteile, RFamU 2025, 57; *Bonefeld/Klinger*, Erste Praxishinweise zu den neuen Empfehlungen des Deutschen Notarvereins zur Vergütung des Testamentsvollstreckers, ZEV 2025, 155; *Lange*, Die Vergütung des Testamentsvollstreckers nach den Empfehlungen des Deutschen Notarvereins 2025 – ein erster Überblick, DStR 2025, 218; *Muscheler*, Der testamentarische Verweis auf Vergütungstabellen bei der Testamentsvollstreckung, notar 2024, 179; *Reimann*, Die Vergütung des Testamentsvollstreckers nach den Empfehlungen des Deutschen Notarvereins 2025 – Erste Erläuterungen, ZEV 2024, 795; *Rott*, Die Krux mit der tabellenmäßigen Vergütung des Testamentsvollstreckers, ErbR 2022, 379; *Rott/Schiffer*, Fortschritte bei der Testamentsvollstreckervergütung, ErbR 2024, 774; *Tamoj*, Die Vergütung des Testamentsvollstreckers, ErbR 2022, 438; *Zimmermann*, Probleme der Berechnung der Testamentsvollstreckervergütung nach der „Neuen Rheinischen Tabelle", ZEV 2024, 250.

11 BeckOK BGB/*Lange*, § 2220 Rn 6; MüKo/*Zimmermann*, § 2220 Rn 4; Staudinger/*Dutta*, § 2220 Rn 4.

12 NK-BGB/*Kroiß*, § 2220 Rn 6; BeckOK BGB/*Lange*, § 2220 Rn 6; Staudinger/*Dutta*, § 2220 Rn 4; a.A. MüKo/*Zimmermann*, § 2220 Rn 6.

Übersicht: Rdn

A. Allgemeines

1 Neben der Problematik der ordnungsgemäßen Verwaltung wird wohl kaum über einen anderen Bereich als über die Vergütung zwischen dem Testamentsvollstrecker und den Erben am meisten gestritten. Hintergrund hierfür ist die unzureichende gesetzliche Regelung. Grundsätzlich bestimmt der Erblasser, ob und in welcher Höhe der Testamentsvollstrecker eine **Vergütung** erhält. Hat der Erblasser, was überwiegend vorkommt, keine Vergütungsregelung getroffen, so erhält der Testamentsvollstrecker nach § 2221 BGB eine **angemessene Vergütung**. Hat der Erblasser eine Vergütung festgelegt oder ausgeschlossen, wird diese Regelung nicht von einem Gericht überprüft. Dementsprechend sollte der Testamentsvollstrecker, sofern nicht gewichtige Gründe für ihn persönlich dagegen sprechen, die Testamentsvollstreckung nicht annehmen oder kündigen. Er kann jedoch auch mit den Erben eine andere Art und Weise der Vergütung **individuell vereinbaren,**[1] die sogar von der Regelung des Erblassers abweichen oder ihr widersprechen kann. Die Beteiligten können sogar neben der vom Erblasser festgelegten Vergütung eine weitere vereinbaren.[2] Die Vereinbarungen dürfen allerdings nicht die anderen Nachlassbeteiligten, wie Vermächtnisnehmer, Nachlassgläubiger, in ihren Rechten gefährden; anderenfalls könnte dies eine Haftung des Erben gegenüber den Nachlassgläubigern begründen (§ 1978 BGB).[3]

2 Erhält ein Testamentsvollstrecker aufgrund einer letztwilligen Verfügung für eine Abwicklungsvollstreckung einen pauschalen Prozentsatz des Bruttowerts des Nachlassvermögens, können darüber hinaus grundsätzlich weder Konstituierungsgebühr noch Umsatzsteuer noch Gebühren für Teilhandlungen geltend gemacht werden.[4]

3 Hat der Testamentsvollstrecker erst durch ein später aufgefundenes Testament vom Ausschluss einer Vergütung erfahren, so kann er nach seiner Kündigung jedoch für seine bisher geleistete Tätigkeit eine angemessene Vergütung verlangen (zum Fall des

---

1 Soergel/*Becker*, § 2221 Rn 2; Mayer/Bonefeld/Tanck/*Mayer/Bonefeld*, Testamentsvollstreckung, § 21 Rn 14; Bengel/Reimann/Holtz/Röhl/*Eckelskemper/Schmitz*, § 12 Rn 5 ff.

2 RG JW 1936, 3388; Staudinger/*Dutta*, § 2221 Rn 5.

3 *Haas/Lieb*, ZErb 2002, 202 ff.

4 LG München ZEV 2007, 529.

vermeintlichen Testamentsvollstreckers siehe § 2197 Rdn 33 ff.).[5] Was im Einzelnen eine angemessene Vergütung nach § 2221 BGB ist, ist **nicht spezialgesetzlich** geregelt. Die Gebührenordnungen von Rechtsanwälten, Notaren, Steuerberatern u.a. rechtsberatenden Berufen sind für ihre Vergütung in ihrer Tätigkeit als Testamentsvollstrecker gerade nicht maßgeblich.[6]

B. Tatbestand

I. Angemessene Vergütung

Die Angemessenheit der Vergütung ist **funktionell** bezogen auf die vom Testamentsvollstrecker durchzuführenden Aufgaben zu beurteilen.[7] Somit müssen die zu erfüllenden Aufgaben und die zu beanspruchende Vergütung in einem **richtigen Preis-Leistungs-Verhältnis** stehen.[8] Dementsprechend ist die Höhe der Vergütung insbesondere von den einzelnen Aufgaben i.R.d. Testamentsvollstreckung abhängig. Die Rspr. und Lit. haben zur Frage der angemessenen Vergütung zahlreiche unterschiedliche Tabellen entwickelt.[9] Der einzelne Gebührentatbestand ist den jeweils zu erfüllenden Aufgaben aufgrund einer funktionellen Betrachtungsweise zu entnehmen. In der Lit.[10] wurde dazu folgende Tabelle entwickelt: 4

Vollstreckungsaufgabe	Gebührentatbestand
Abwicklungsvollstreckung (normale Aufgabe), mit Konstituierung Auseinandersetzung hierzu notwendige Verwaltung	**Regelvergütung** Konstituierungsgebühr nur in Ausnahmefällen
reine **Verwaltungsvollstreckung** (§ 2209 BGB)	**laufende Verwaltungsgebühr**
Dauervollstreckung Konstituierung anschließend i.d.R. (teilweise) Auseinandersetzung länger währende Verwaltung u.U. danach noch Auseinandersetzung	**Verwaltungsgebühr** u.U. Auseinandersetzungsgebühr

Anschließend ist der **Bezugswert zu ermitteln**, wobei folgende Punkte bei der Bewertung von Wichtigkeit sind:[11] 5

- Art und Umfang des Nachlasses;
- Umfang und Schwierigkeit der zu erwartenden Geschäfte;
- Dauer der Verwaltung;
- Notwendigkeit besonderer Vorkenntnisse und Erfahrungen zur Aufgabenbewältigung;
- Haftungsgefahr bzw. Größe der Verantwortung;
- Steuerbelastung der Vergütung durch Umsatzsteuer.[12]

5 Grüneberg/*Weidlich*, § 2221 Rn 1.

6 Mayer/Bonefeld/Tanck/*Mayer/Bonefeld*, Testamentsvollstreckung, § 21 Rn 14; a.A. *Kapp/Ebeling*, ErbStG, § 10 Rn 137, wonach es einer Angemessenheitsprüfung – auch in steuerlicher Hinsicht – nicht bedarf, wenn auf dieser Basis von einem Angehörigen eines solchen Berufs abgerechnet wird.

7 Mayer/Bonefeld/Tanck/*Mayer/Bonefeld*, Testamentsvollstreckung, § 21 Rn 16.

8 Dazu insbesondere bei Großnachlässen: *Bonefeld*, ZEV 2021, 153.

9 Übersicht bei Mayer/Bonefeld/Tanck/*Mayer/Bonefeld*, Testamentsvollstreckung, § 21 Rn 34 ff.; Bengel/Reimann/Holtz/Röhl/*Eckelskemper/Schmitz*, § 12 Rn 37 ff.

10 Vgl. dazu *Tiling*, ZEV 1998, 331; Mayer/Bonefeld/Tanck/*Mayer/Bonefeld*, Testamentsvollstreckung, § 21 Rn 19.

11 Bengel/Reimann/Holtz/Röhl/*Eckelskemper/Schmitz*, § 12 Rn 16.

12 BGH NJW 1963, 487; BGH NJW 1967, 2400; a.A. OLG Köln ZEV 1994, 118 m. Anm. *Klingelhöffer* = NJW-RR 1994, 328.

6 Des Weiteren ist nach den verschiedenen **Arten der Aufgaben** zu differenzieren. Im Einzelnen gibt es:[13]

– die Vollstreckungsgebühr – auch Regelvergütung oder Regelgebühr,[14] die grundsätzlich immer anfällt und für die Auseinandersetzung des Nachlasses gezahlt wird;
– die Konstituierungsgebühr zur Abgeltung der Arbeit des Testamentsvollstreckers bei Übernahme des Amts für Ermittlung und Inbesitznahme des Nachlasses (§ 2205 BGB), Aufstellung und Mitteilung des Nachlassverzeichnisses (§ 2215 BGB) sowie Regulierung der Nachlassverbindlichkeiten einschließlich der Steuerschulden (Bewertungsstichtag ist dabei der Zeitpunkt des Erbfalls, unabhängig von späteren Wertveränderungen);[15]
– die periodische Verwaltungsgebühr, wenn Aufgabe des Testamentsvollstreckers die Nachlassverwaltung ist, Verwaltungsvollstreckung (§ 2209 BGB), die jährlich zu bezahlen ist;
– eine besondere Auseinandersetzungsgebühr.

7 Folgende Grundsätze sind zu beachten:[16]

– Bei einer Abwicklungs- und Auseinandersetzungsvollstreckung (§§ 2203 ff. BGB) bleibt es bei der Grundgebühr, denn es kann eine zusätzliche Konstituierungsgebühr nicht verlangt werden. Eine zusätzliche besondere Auseinandersetzungsgebühr kommt nur ausnahmsweise in Betracht.[17] Sie kann nur dann verlangt werden, wenn die Auseinandersetzung auf Konstituierung und lange Verwaltung nach Jahren folgt und besonders anspruchsvoll und schwierig ist und damit über die Tätigkeit hinausgeht, die im Regelfall mit der normalen Abwicklungsvollstreckung (Normaltyp) verbunden ist, denn dann ist sie von der Grundgebühr nicht abgegolten.[18]
– Ebenso scheidet grundsätzlich bei einer normal verlaufenden Abwicklungsvollstreckung eine Konstituierungsgebühr aus.[19] Sie kommt dagegen neben einer anfallenden periodischen Verwaltungsgebühr in Betracht, wenn die Konstituierung eine besonders aufwendige Tätigkeit erfordert, was jedoch die Ausnahme ist.[20]
– Bei einer Verwaltungs- oder Dauertestamentsvollstreckung (§ 2209 BGB) kommt eine Verwaltungsgebühr in Betracht. Diese kann auch bei einer länger hinausgeschobenen Erbauseinandersetzung im Falle der zunächst nur als Abwicklungsvollstreckung gedachten Testamentsvollstreckung anfallen.[21] Die Verwaltungsgebühr kann zusätzlich zur Grundgebühr verlangt werden, wenn diese die ebenfalls mit angeordnete Auseinandersetzung abdeckt.[22]

---

13 Nach Mayer/Bonefeld/Tanck/*Mayer/Bonefeld*, Testamentsvollstreckung, § 21 Rn 54.

14 Grüneberg/*Weidlich*, § 2221 Rn 10; bei Sondergebühren kommen spätere Veränderungen von Wert und Zusammensetzung des Nachlasses grundsätzlich bei der Berechnung der Vergütung zum Tragen; Grüneberg/*Weidlich*, § 2221 Rn 10, MüKo/*Zimmermann*, § 2221 Rn 8; OLG Köln ZEV 1994, 118.

15 BGH NJW 1963, 380.

16 Mayer/Bonefeld/Tanck/*Mayer/Bonefeld*, Testamentsvollstreckung, § 21 Rn 54 sowie auch Grüneberg/*Weidlich*, § 2221 Rn 5; *Haas/Lieb*, ZErb 2002, 202 ff.

17 MüKo/*Zimmermann*, § 2221 Rn 12.

18 OLG Köln ZEV 1994, 120; Grüneberg/*Weidlich*, § 2221 Rn 9.

19 OLG Köln ZEV 1994, 119 MüKo/*Zimmermann*, § 2221 Rn 13; Soergel/*Damrau*, § 2221 Rn 9.

20 Grüneberg/*Weidlich*, § 2221 Rn 7.

21 MüKo/*Zimmermann*, § 2221 Rn 14.

22 So wohl OLG Köln ZEV 1994, 118 ff.

Zu beachten ist, dass sich die Gesamtgebühr keinesfalls immer aus der Summe der einzelnen Gebührentatbestände ergibt. 8

II. Vergütungstabellen

Die Literatur[23] hat zur Frage der angemessenen Vergütung zahlreiche unterschiedliche Tabellen entwickelt. *Reimann*[24] hat in diesem Zusammenhang sehr treffend festgestellt, der Umfang der literarischen Äußerungen zu diesem Thema sei umgekehrt proportional zur Kürze der gesetzlichen Regelung. 9

Da im Einzelfall problematisch ist, welche Vergütung angemessen ist, wurden von Rspr. und Lit. **Vergütungstabellen** entwickelt. Ein Großteil hiervon sind nicht mehr praxisrelevant und konnte sich in der Praxis nicht durchsetzen.[25] Gebräuchlich waren/sind die

- Rheinische Tabelle aus dem Jahre 1925
- Möhring'sche Tabelle[26]
- Eckelskemper'sche Tabelle[27]
- Tabelle nach Tschischgale[28]
- sog. Berliner Praxis.[29]

1. Vergütungsempfehlungen des Deutschen Notarvereins (DNotV) 2000

Die Vergütungsempfehlungen des Deutschen Notarvereins[30] stellen quasi eine **Fortentwicklung** der alten Rheinischen Tabelle dar. Deshalb werden sie häufig, aber falsch, bereits als „neue Rheinische Tabelle" tituliert. Beide Tabellen haben unterschiedliche Ansatzpunkte hinsichtlich der Vergütung. Hier wird unterschieden zwischen einer Regelvergütung und verschiedenen Vergütungszuschlägen.[31] 10

Diese Vergütungsempfehlung hat zwischenzeitlich zu Recht ihre Bestätigung in der obergerichtlichen Rechtsprechung gefunden.[32] Bei der Bestimmung der angemessenen Vergütung des Testamentsvollstreckers kann aber niemals eine rein schematische Anwendung einer Tabellenvergütung herangezogen werden

---

23 Eine Übersicht der Tabellen ist zu finden bei: Mayer/Bonefeld/Tanck/*Mayer/Bonefeld*, Testamentsvollstreckung, § 21 Rn 32 ff. sowie Bengel/Reimann/Holtz/Röhl/*Eckelskemper/Schmitz*, § 12 Rn 37 ff.

24 *Reimann*, MittBayNot 2010, 143. Auf den Abdruck dieser zwischenzeitlich überholten Tabellenvorschläge wird daher verzichtet.

25 Vgl. a. *Lange*, DStR 2025, 218.

26 Sog. „neue Möhring'sche Tabelle" bei *Möhring/Beisswingert/Klingelhöffer*, Vermögensverwaltung in Vormundschafts- und Nachlasssachen, 7. Aufl. 1992, S. 224 ff.; die von *Klingelhöffer* in der Neuauflage vorgestellte eigene Tabelle mit neuen Werten ist als Euro-Tabelle integriert.

27 Bengel/Reimann/Holtz/Röhl/*Eckelskemper/Schmitz*, § 12 Rn 70a.

28 *Tschischgale*, JurBüro 1965, 89.

29 *Tiling*, ZEV 1998, 335 f.

30 Notar 2000, 2 ff. = ZEV 2000, 181.

31 Vgl. Mayer/Bonefeld/Tanck/*Mayer/Bonefeld*, Testamentsvollstreckung, § 21 Rn 43.

32 Vgl. a. *Lange*, DStR 2025, 218; OLG Frankfurt, Urt. v. 23.4.2024 – 10 U 191/22, ErbR 2024, 633 mit Anm. *Rott*; OLG Köln ZEV 2008, 335; OLG Schleswig ZEV 2009, 625 m. Anm. *Klumpp*, insbes. auch bei werthaltigen Nachlässen.

a) Regelvergütung

11

Vergütungsgrundbetrag:	
bis 250.000 EUR	4 %
bis 500.000 EUR	3 %
bis 2.500.000 EUR	2,5 %
bis 5.000.000 EUR	2 %
über 5.000.000 EUR	1,5 %

mindestens aber der höchste Betrag der Vorstufe.

Beispiel
Bei einem Nachlass von 260.000 EUR beträgt der Grundbetrag nicht 7.800 EUR (= 3 % aus 260.000 EUR), sondern 10.000 EUR (= 4 % aus 250.000 EUR).

Bei einer **Nacherbentestamentsvollstreckung** erhält der Testamentsvollstrecker wegen der dann geringeren Belastung anstelle des vollen Grundbetrags 2/10 bis 5/10 des Grundbetrags.

b) Abwicklungsvollstreckung

12 Zu diesem Vergütungsgrundbetrag werden bei der **Abwicklungsvollstreckung Zuschläge** gemacht.[33] Im Einzelnen:

a) Aufwendige Grundtätigkeit	Konstituierung des Nachlasses aufwendiger als im Normalfall	Zuschlag von 2/10 bis 10/10	Fällig mit Beendigung der entspr. Tätigkeit
b) Auseinandersetzung	Aufstellung eines Teilungsplans und dessen Vollzug oder Vermächtniserfüllung	Zuschlag von 2/10 bis 10/10	Fällig mit der 2. Hälfte des Vergütungsgrundbetrags
c) Komplexe Nachlassverwaltung	Bei aus der Zusammensetzung des Nachlasses resultierenden Schwierigkeiten (Auslandsvermögen, Gesellschaftsbeteiligungen, Beteiligung an Erbengemeinschaften, Problemimmobilien, hohe oder verstreute Schulden, Rechtsstreitigkeiten, Besonderheiten wegen der Person der Beteiligten – Minderjährige, Pflichtteilsberechtigte, Erben im Ausland)	Zuschlag von 2/10 bis 10/10 Zusammen mit dem Zuschlag nach d) i.d.R. nicht mehr als 15/10 des Vergütungsgrundbetrags	Fällig wie vor

33 Nr. II der Empfehlungen.

d) Aufwendige und schwierige Gestaltungsaufgabe	Bei Vollzug der Testamentsvollstreckung, die über bloße Abwicklung hinausgehen, z.B. Umstrukturierung, Umschuldung, Verwertung des Nachlasses	Zuschlag von 2/10 bis 10/10 Zusammen mit Zuschlag nach c) i.d.R. nicht mehr als 5/10 des Vergütungsgrundbetrags	Fällig wie vor
e) Steuerangelegenheiten	Buchst. a) erfasst nur die Erbschaftsteuer; nicht jedoch die bereits vorher entstandenen oder danach entstehenden Steuern oder ausländische Steuerangelegenheiten Soweit Steuerangelegenheit nur einzelne Nachlassgegenstände erfasst, bestimmt sich Zuschlag nur aus deren Wert, jedoch mit den o.g. Prozentzahlen, die für den Gesamtnachlass gelten	Zuschlag von 2/10 bis 10/10 des Vergütungsgrundbetrags	Fällig bei Abschluss der Tätigkeit
Gesamtvergütung	Soll das Dreifache des Vergütungsgrundbetrags nicht überschreiten		

c) Dauervollstreckung

Bei der **Dauertestamentsvollstreckung** wird zzgl. zu den vorstehenden Vergütungen weiter folgende Vergütung geschuldet: 13

Normalfall	Verwaltung über den Zeitpunkt der Erbschaftsteuerveranlagung hinaus	1/3 bis 1/2 % jährlich des in diesem Jahr vorhandenen Nachlassbruttowerts oder – wenn höher – 2 bis 4 % des jährlichen Nachlassbruttoertrags	Fällig ist die Zusatzvergütung nach Ablauf des üblichen Rechnungslegungszyklus, also i.d.R. jährlich
Geschäftsbetrieb/ Unternehmen	Übernahme und Ausübung bei Personengesellschaften, u.U. durch Vollrechtstreuhand	10 % des jährlichen Reingewinns	
	Tätigkeit als Organ einer Kapitalgesellschaft, GmbH & Co. KG, Stiftung & Co., bei Ermächtigungstreuhand oder Handeln als Bevollmächtigter	Branchenübliches Geschäftsführer- bzw. Vorstandsgehalt und branchenübliche Tantieme	Fälligkeit: wie branchenüblich bei solchen Zahlungen
	Nur beaufsichtigende Tätigkeit (Aufsichtsrat, Beiratsvorsitz, Weisungsunterworfenheit der Erben)	Branchenübliche Vergütung eines Aufsichtsratsvorsitzenden bzw. Beiratsvorsitzenden	Fälligkeit: wie branchenüblich bei solchen Zahlungen

d) Periodische Verwaltungsgebühr

14 Die Empfehlungen des Deutschen Notarvereins gehen von 1/3 bis 1/2 % des gegebenen Nachlassbruttowertes oder – wenn höher – 2 bis 4 % des jährlichen Nachlassbruttoertrags aus.

e) Testamentsvollstrecker und unternehmerische Tätigkeit

15

Übernahme und Ausübung bei Personengesellschaften, u.U. durch Vollrechtstreuhand	10 % des jährlichen Reingewinns
Tätigkeit als Organ einer Kapitalgesellschaft, GmbH & Co. KG, Stiftung & Co., bei Ermächtigungstreuhand oder Handeln als Bevollmächtigter	Branchenübliches Geschäftsführer- bzw. Vorstandsgehalt und branchenübliche Tantieme
Nur beaufsichtigende Tätigkeit (Aufsichtsrat, Beiratsvorsitz, Weisungsunterworfenheit der Erben)	Branchenübliche Vergütung eines Aufsichtsratsvorsitzenden bzw. Beiratsvorsitzenden

f) Mehrere Testamentsvollstrecker

16 Bei gemeinschaftlicher Tätigkeit (ohne oder mit gleichwertiger Aufgabenverteilung im Innenverhältnis) sehen die Empfehlungen vor, dass die Vergütung nach Köpfen zu teilen ist. Bei **gemeinsamer Verantwortung** der Testamentsvollstrecker nach außen, aber nicht gleichwertiger Geschäftsverteilung im Innenverhältnis, ist die Vergütung angemessen unter Berücksichtigung der Aufgabenbereiche aufzuteilen. Bei vom Erblasser angeordneter gegenständlicher Verteilung der Aufgaben im Außenverhältnis ist die Vergütung entsprechend der jeweiligen Verantwortung des Testamentsvollstreckers aufzuteilen.[34] Wurden nacheinander mehrere Testamentsvollstrecker tätig, so erhält bei solch **„sukzessiver Tätigkeit"** der Nachfolger die Vergütung nur für die Tätigkeit, die nicht bereits der Vorgänger abgeschlossen hat. Als Bsp. wird genannt: Ist die Erbschaftsteuerveranlagung bereits erfolgt, so erhält der Nachfolger keinen Vergütungsgrundbetrag.[35]

2. Überarbeitung der Vergütungsempfehlung des Deutschen Notarvereins (DNotV) 2025

17 Knapp 25 Jahre nach der Veröffentlichung der ersten Gebührenempfehlung durch den Deutschen Notarverein (DNotV) im Jahre 2000[36] sind am 11.11.2024 die überarbeiteten Empfehlungen 2025 erschienen.[37]

---

34 Nr. V. 1 der Empfehlungen.
35 Nr. V. 2. der Empfehlungen.
36 ZEV 2000 181.
37 ZEV 2024, 790. Erste Erläuterungen von *Reimann*, ZEV 2024, 795, *Lange*, DStR 2025, 215 sowie *Bonefeld/Klinger*, ZEV 2025, 155, als auch für Dauervollstreckung an Unternehmensanteilen mit Berechnungsbeispielen *Bonefeld/Klinger*, RFamU 2025, 57.

Nachfolgend werden tabellarisch die praxisrelevanten Klarstellungen und Änderungen dargestellt:

	DNotV 2025 Neuerungen/Klarstellungen
Bemessungsgrundlage	– 8 Stufen – stärkere Orientierung an InsVV – erst ab 35 Mio. Nachlasswert Absenkung der bish. 1,5 % – nun Stufen bis 700 Mio. EUR 0,75 %[38] – explizite Bezugnahme auf § 2311 Abs. 1 BGB
Abgeltungsumfang des Vergütungsgrundbetrages bei Abwicklungsvollstreckung	Konstituierung bis zur Abgabe der Erbschaftsteuererklärung einschließlich der Überleitung des Nachlasses an einen Nachfolger als Testamentsvollstrecker oder Freigabe an die Erben. Erbschaftssteuerbescheid nicht mehr maßgebliches Kriterium.
Zuschläge	Zwischen 1/10 und 10/10 Nunmehr deutlich geregelt: Bezieht sich der Zuschlagstatbestand nur auf bestimmte Teile des Nachlasses, ist dies bei der Höhe des Zuschlags zu berücksichtigen Jetzt nicht nur bei Bemessung der Zuschläge, sondern Entlastung auch bei Abschlägen zu berücksichtigen – s.u.
Zuschlagstatbestände	Differenzierung zwischen nachlassbezogenen und personenbezogenen Erschwernissen – aufwendige Konstituierung – besondere Maßnahmen bei der Verteilung des Nachlasses – komplexe Nachlasszusammensetzung – aufwendige oder schwierige Gestaltungsaufgaben – mit Rechtsproblemen belasteter Nachlass – Steuerangelegenheiten, die über die Abgabe der Erbschaftsteuererklärung hinausgehen – Befassung mit Vermögen außerhalb des Nachlasses – Beteiligung nicht voll Geschäftsfähiger – insbesondere Minderjährige oder Betreute – Vielzahl von Beteiligten – zerstrittene Erben Vermächtnisnehmer und/oder Pflichtteilsberechtigte – Auslandsbezug
Auffangregel bei Zuschlägen	mangels besonderer Anhaltspunkte ist vom Mittelwert der Spanne auszugehen somit 5/10
Abschläge	– Abschlag beträgt zwischen 1/10 und 3/10 des Vergütungsgrundbetrages pro Abschlagsfall und richtet sich nach den Umständen des Einzelfalls – Abschlag, wenn Vermächtnisse oder Auflagen des Testamentsvollstreckers zu seinen eigenen Gunsten erfüllt – Reduzierung der Aufgaben oder Beendigung der Testamentsvollstreckung im Einvernehmen mit den Nachlassbeteiligten

38 Übersteigt die Bemessungsgrundlage 700 Mio. EUR, erhält der Testamentsvollstrecker von dem über 700 Mio. EUR hinausgehenden Betrag zusätzlich 0,2 %.

	DNotV 2025 Neuerungen/Klarstellungen
Begrenzung Gesamtvergütung	Gesamtvergütung soll i.d.R. insgesamt das Dreifache des Vergütungsgrundbetrages nicht überschreiten – Gilt nur für Regelfall – Soll mind. 5/10 des Grundbetrages erreichen – Begrenzung der Gesamtvergütung gilt nicht für Dauervollstreckung
Auslagenersatz	Wie im Auftragsrecht Zu den Auslagen gehören die Kosten für eine angemessene Vermögensschadenhaftpflichtversicherung.
Dauertestamentsvollstreckung oder länger andauernde Abwicklungsvollstreckung	– Nun auch bei länger andauernder Abwicklungsvollstreckung über die Zeit der Konstituierung des Nachlasses und Abgabe der ErbSt-Erklärung hinaus (z.B. Behindertentestament oder Nacherbfolgeanordnungen) – Keine genaue Zeitangabe ab wann – Zuschlag zum Zuschlag: bei besonderen tatsächlichen Schwierigkeiten Erhöhung des Zuschlags um 10–50 % des Zuschlags, ggf. Mittelwert – Bemessungsgrundlage bis zu 700 Mio. EUR. Darüber jährlich 0,10 % der Bemessungsgrundlage
Dauervollstreckung über Geschäftsbetrieb/Unternehmen	– Gesonderter jährlicher Zuschlag – somit zwei separate Vergütungen – Unabhängig von Rolle im Unternehmen erhält TV für Verwaltung des Vermögensstammwert einen Zuschlag – Getrennte Berechnung aufgrund unterschiedlicher Werte – keine Addition – Anpassung an Wertveränderungen – Bei Übernahme (wie Vollrechtstreuhand) 10 % des jährlichen Reingewinns oder, wenn höher, 2–4 % aus 1/3 des Brutto-Unternehmenswertes zu Beginn der Testamentsvollstreckung – Für die Übernahme eines Zwerganteils an einer Nachlassgesellschaft, verbunden mit der Regelung in der Satzung der Gesellschaft, dass der Testamentsvollstrecker als Inhaber des Anteils nicht überstimmt werden kann, erhält der TV eine Vergütung in Höhe von 1/2 der Vergütung wie bei Treuhandlösung – Für die Tätigkeit als Bevollmächtigter der Gesellschafter-Nachfolger (Vollmachtlösung) erhält der TV eine Vergütung i.H.v. 1/2 der Vergütung wie bei Treuhandlösung – Bei Weisungsgeberlösung erhält TV eine Vergütung i.H.v. 1/3 der Vergütung wie bei Treuhandlösung – Zuschlag für die Verwaltung des Vermögensstammwertes ist anzurechnen – Tätigkeit als operatives Organ: Zuschlag in Höhe der üblichen Vergütung, sofern nicht Nachlassunternehmen zahlt

	DNotV 2025 Neuerungen/Klarstellungen
Mehrere Testamentsvollstrecker	– Aufteilung in Aufgabenbereiche – Verteilung nach Köpfen – Zuschlag von 1/10–5/10 des Vergütungsgrundbetrags wegen Erschwernissen
Fälligkeit und Vorschüsse hins. des Vergütungsgrundbetrages einschl. Zu- und Abschlägen	– Vergütungsgrundbetrag einschl. Zu- und Abschlägen ist grds. fällig mit Beendigung der Testamentsvollstreckung (bereits mit Abgabe der Erbschaftssteuererklärung beziehungsweise mit Abschluss der Tätigkeit), d.h. Erbschaftsteuerbescheid muss nicht mehr abgewartet werden – Gesonderter Zuschlag für Dauervollstreckungen und länger andauernden Abwicklungsvollstreckungen ist jährlich nachträglich fällig – Vorschüsse zulässig, wenn die Verwaltung länger als 6 Monate dauert bzw. hohe Vorleistungen des TV erforderlich sind

III. Anwendung der einzelnen Tabellen

Die Vergütungsrichtsätze sind grundsätzlich nach dem **Bruttowert** des Nachlasses zu ermitteln, d.h. also von der Summe des Aktivvermögens ohne Abzug der Nachlassverbindlichkeiten, und nicht vom Nettowert.[39] Gerade die Schuldenregulierung ist besonders aufwendig und stellt eine Hauptaufgabe der Testamentsvollstreckung im Regelfall dar. Anderes gilt nur, wenn die Schuldenregulierung nicht zum Aufgabenbereich der Testamentsvollstreckung gehört (bei Erbauseinandersetzung im Rahmen einer Abwicklungsvollstreckung ist dies aber grundsätzlich der Fall, soweit solche vorhanden sind, vgl. §§ 2050 f. BGB). Gibt es besondere Aufgabenerschwernisse in der Konstituierungsphase und bei vorbereitenden Maßnahmen, so ist selbstverständlich eine höhere Vergütung angemessen, so dass es zu den einzelnen Werten einen Zuschlag gibt. Die Umsatzsteuer darf der Testamentsvollstrecker nach der h.M. nicht auf die tatsächlich geschuldete Vergütung aufschlagen.[40] Die vorbezeichneten Tabellenwerte sind „Bruttovergütungen", aus denen der Testamentsvollstrecker die Umsatzsteuer abführen muss. **Bewertungsgrundlage** ist der **Verkehrswert** (gemeine Wert) des Nachlasses (Anordnungen des Erblassers über die Wertansetzung sind zu berücksichtigen). Die genannten Tabellen geben somit doch recht unterschiedliche Vergütungswerte.[41] Für den Wert einer Nachlassimmobilie ist ein alsbald nach dem Erbfall erzielter Veräußerungserlös maßgeblich.[42] 18

Der **Bruttonachlasswert** ist aber nur dann Bemessungsgrundlage, wenn die Vollstreckung auch die Schuldenregulierung umfasst. Eine Erhöhung des Bruttonachlasswertes um die Vorausempfänge der Erben findet dabei nach OLG Schleswig[43] nicht statt. Vielmehr sei die etwaige Befassung des Testamentsvollstreckers mit der Problematik der Vorausempfänge im Rahmen von Zuschlägen bei der rechnerischen Bestimmung der einheitlichen Vergütung zu berücksichtigen. Nach anderer Auffassung gehören alle ausgleichspflichtigen Vorempfänge und Schenkungen in den letzten zehn Jahren

39 *Winkler*, Rn 592; Staudinger/*Dutta*, § 2221 Rn 34; Grüneberg/*Weidlich*, § 2221 Rn 10; MüKo/*Zimmermann*, § 2221 Rn 8.
40 *Winkler*, Rn 660; *Mümmler*, JurBüro 1989, 22; OLG Köln ZEV 1994, 118.
41 Bsp. und Vergleiche finden sich bei *Haas/Lieb*, ZErb 2002, 202 ff.
42 LG München ZEV 2007, 529.
43 ZEV 2009, 625.

vor dem Erbfall zum Bruttonachlass, da diese durch den Testamentsvollstrecker im Rahmen der Erbauseinandersetzung nach §§ 2050 ff. BGB zu berücksichtigen sind.[44] Derartige Vorempfänge sind dann bereits bei der Konstituierung zu berücksichtigen.

19 Sofern der Testamentsvollstrecker sich mit der Abwicklung einer Lebensversicherung oder Verträgen zugunsten Dritter auf den Todesfall befassen muss und Rechte ausübt, rechtfertigt dies nach einem Teil der Literatur eine Berücksichtigung der Versicherungssumme in Bruttonachlass.[45] Nach hiesiger Auffassung sind diese hingegen nur bei den Zuschlägen, nicht aber beim der Bezugsgröße zu berücksichtigen.[46] Vorempfänge dürfen nicht doppelt (bei der Bemessungsgrundlage und bei den Zuschlägen) berücksichtigt werden. Da die o.g. Vermögenswerte nicht in den Nachlass fallen und somit auch nicht der Verwaltung des Testamentsvollstreckers unterliegen, sind diese Werte nicht dem Bruttonachlass zuzurechnen, sondern im Rahmen eines angemessenen Zuschlages für die zusätzliche Tätigkeit zu berücksichtigen.[47]

20 Zur Vermeidung von Streitigkeiten ist dringend anzuraten, die Berechnungsgrundlage für den Bruttonachlass durch den Erblasser in der letztwilligen Verfügung konkretisieren zu lassen. Bei der Berechnung der Testamentsvollstreckervergütung ist vom Bruttonachlass ohne Abzug der Verbindlichkeiten aus Pflichtteil auszugehen. Sehr oft dürfte für die Berechnung und Erfüllung der Pflichtteilsschuld sogar ein Zuschlag zur Grundvergütung angemessen i.S.v. § 2221 BGB sein, sofern diese Aufgabe durch den Testamentsvollstrecker erfüllt werden soll.[48]

IV. Eigene Stellungnahme

21 Die Empfehlungen des DNotV 2025 (oder andere Tabellen) sind in der Praxis anzuwenden, wenn der Erblasser auf sie (wirksam)[49] Bezug genommen bzw. ihre Anwendung explizit und zwingend angeordnet oder ihren Inhalt in sein Testament übernommen hat. In diesen Fällen hat der Erblasser die Vergütung nach Maßgabe der Empfehlungen explizit bestimmt und das Gericht kann keine Ersetzung vornehmen.[50]

22 Wenn in einer letztwilligen Verfügung eindeutig auf eine öffentlich zugängliche Tabelle verwiesen wird, handelt es sich bei dieser um eine „offenkundige Tatsache" i.S.v. § 291 ZPO.[51] Es liegt auch kein Verstoß nach § 2065 Abs. 2 BGB vor. Für die Praxis empfehlenswert ist, wenn dem Testamentsvollstrecker testamentarisch das Recht zugebilligt wird, die Höhe der Vergütung i.S.d. § 315 BGB selbst zu bestimmen. Wendet der Vollstrecker die Tabelle falsch an und stellt das Gericht dies fest, liegt keine Entscheidung nach § 315 Abs. 3 BGB vor.[52]

---

44 So BeckOK BGB/*Lange*, § 2221 Rn 10; *Voss/Targan*, ZErb 2007, 241; *Klumpp*, ZEV 2009, 633.

45 Dafür Staudinger/*Dutta*, § 2221 Rn 37; *Voss/Targan*, ZErb 2007, 245; BeckOK BGB/*Lange*, § 2221 Rn 11 (für Vorempfänge); zu Bankkonten so LG München ZEV 2007, 529.

46 So auch MüKo/*Zimmermann*, § 2221 Rn 8;

47 Vgl. Grüneberg/*Weidlich*, § 2221 Rn 4; OLG Schleswig FamRZ 2010, 762.

48 *Muscheler*, ZEV 2014, 646.

49 Siehe zur Frage der förmlichen Bezugnahmefähigkeit krit. etwa *Zimmermann*, ErbR 2024, 250, 251 f.; für die Verbindlichkeit einer Bezugnahme hingegen zu Recht: *Muscheler*, notar 2024, 179. Zu den Problemen, wenn lediglich Bezug auf die „Rheinische Tabelle" genommen wird, OLG München, Beschl. v. 21.6.2021 – 33 U1651/21, ErbR 2022, 266 m. abl. Anm. *Rott* = ZEV 2022, 418.

50 *Bonefeld/Klinger*, ZEV 2025, 155; *Muscheler*, ZEV 2024, 305. A.A. OLG Saarbrücken, Urt. v. 26.7.2023 – 5 U 98/22, ZEV 2024, 305 = ErbR 2023, 985.

51 *Muscheler*, ZEV 2024, 305 sowie OLG Saarbrücken, Urt. v. 26.7.2023 – 5 U 98/22, ZEV 2024, 305 = ErbR 2023, 985.

52 *Muscheler*, ZEV 2024, 305.

Hat der Erblasser in seinem Testament zur Vergütung geschwiegen, dienen die Empfehlungen 2025 als wertvolle Arbeitshilfe zur Bestimmung der Angemessenheit. Die neuen Empfehlungen des DNotV sollen für Erbfälle nach dem 1.1.2025 gelten. Konsequenterweise müssen sie bei Großnachlässen über 5 Mio. EUR auch für Erbfälle davor angewandt werden können, weil hier bis dato eine ausführliche Empfehlung fehlte.[53] Der Weg, den der **Deutsche Notarverein** vorgezeigt und nun weitergeführt hat, geht in die richtige Richtung, da durch eine Anlehnung an die **insolvenzrechtliche Vergütungsordnung** tatsächlich durch die Tätigkeitsbezogenheit eine angemessene Vergütung im Einzelfall erreicht werden kann, die für die Erben transparent und verständlich ist. Durch diesen Vorschlag wird dem Äquivalenzprinzip am besten Genüge getan. 23

Problematisch bleibt aber, ob die Zuschläge immer aus dem vollen Bruttonachlasswert zu gewähren sind. Dies wird in der Praxis kaum diskutiert. Richtig dürfte sein, nicht schematisch auf den Gesamtbruttonachlasswert abzustellen.[54] Werden z.B. Vermächtnisse rasch erfüllt, spricht einiges dafür, diese Werte bei späteren Zuschlägen für eine komplexe Nachlassverwaltung oder schwierige Gestaltungsaufgaben außer Acht zu lassen. Ebenso kann man aber nicht alternativ nur den Wert für den Zuschlag heranziehen, der betroffen ist (z.B. Wert der Problemimmobilie). Wesentlich bleibt immer die Frage, ob die Zuschläge wirklich die Mehrtätigkeit angemessen abdecken oder ob dies nicht bereits durch den erhöhten Bruttowert erfolgt ist. Hier bieten sich Vergleichsberechnungen der verschiedenen Möglichkeiten an, um letztendlich besser erkennen zu können, was insgesamt angemessen erscheint. 24

Da die Gebührenempfehlung des Deutschen Notarvereins bei einem Wert von 5 Mio. EUR quasi endet, kann ebenfalls nicht schematisch der Prozentsatz von 1,5 % auf alle höheren Werte angewendet werden. Vielmehr ist eine Anpassung durch Erniedrigung des jeweiligen Prozentsatzes bei Großnachlässen notwendig. Es gibt immer eine Einzelfallbetrachtung. 25

Ein Problem bei Pauschalvergütungen ist, wie diese ggf. bei vorzeitiger Kündigung oder Entlassung aufzuteilen sind. Insofern erscheint es angemessener, nach Arbeitsabschnitten wie beim Vorschlag des Deutschen Notarvereins abzurechnen. Ist die Pauschale zu gering, so erfolgt wegen des Vorrangs des Erblasserwillens keine Angemessenheitsprüfung mehr. Dem Vollstrecker bleibt nur, das Amt nicht anzunehmen. Die herrschende Auffassung in Literatur und Rechtsprechung[55] kommt zu dem richtigen Ergebnis, dass der reine Zeitfaktor die mit der Amtsführung konkret verbundene Verantwortung, das Haftungsrisiko des Testamentsvollstreckers und den Umfang der wahrzunehmenden Aufgaben nur sehr eingeschränkt widerspiegelt und eine **Zeitgebühr** abzulehnen ist, sofern diese nicht durch den Erblasser angeordnet wurde. 26

Am einfachsten dürfte jedoch für die Durchsetzung eines Anspruches auf angemessene Vergütung sein, wenn man sich auf eine Art **Mittelwerttabelle** der wichtigsten Tabellen stützt, da hierdurch die Diskussion der „richtigen" Tabelle umgangen wird. Die Tabelle 27

---

53 Dazu *Bonefeld*, ZEV 2021, 153.

54 Kritisch dazu auch *Bonefeld/Klinger*, ZEV 2025, 155 und RFamU 2025, 57.

55 Vgl. nur BeckOK BGB/*Lange*, BGB § 2221 Rn 8–8b; Staudinger/*Dutta*, § 2221 Rn 33 m. zahlr. N. Seit jeher Rspr. BGH ZEV 2005, 22; BGH 24.11.1971 – IV ZR 228/69, WM 1972, 101; BGH 26.6.1967 – III ZR 95/65, NJW 1967, 2400 (2401); BGH 28.11.1962 – V ZR 225/60, LM § 2221 Nr. 2 BGB = NJW 1963, 487; BGH 27.10.2004 – IV ZR 243/03, ZEV 2005, 22 (23); OLG Düsseldorf 28.4.1995 – 7 U 166/94, MittRhNotK 1996, 172. Zusammenstellung der in Rspr. und Lit. verwendeten Kriterien bei Bengel/Reimann/*Eckelskemper/Schmitz*, § 10 Rn 16; *Reimann*, ZEV 1995, 57 (58); *Reimann*, DNotZ 2001, 344 (345 f.); NK-BGB/*Kroiß*, Rn 6; *Haas/Lieb*, ZErb 2002, 202; MAH ErbR/*Lorz*, § 19 Rn 185.

von *Tschischgale*, die sog. Berliner Praxis sowie die Möhringsche Tabelle bleiben werden wegen mangelnder Praxisrelevanz unberücksichtigt. Die nachfolgenden Beträge sind aufgerundet (ohne USt).

Vermögen in EUR	Alte Rheinische Tabelle[56]	Eckelskemper/ Schmitz	Deutscher Notarverein 2000	Deutscher Notarverein 2025	**Mittelwert in EUR**
50.000	1.600	2.000	2.000	2.500	2.025
250.000	5.600	8.000	10.000	17.500	10.275
500.000	10.600	14.250	15.000	20.000	14.963
1 Mio.	15.600	26.750	25.000	30.000	24.338
1,5 Mio.	20.600	38.000	37.500	45.000	35.275
2,5 Mio.	30.600	58.000	62.500	75.000	56.525
5 Mio.	55.600	83.000	100.000	105.000	85.900

V. Fälligkeit der Vergütung und Entnahmerecht sowie Verwirkung

28 Sofern der Erblasser nichts anderes bestimmt hat, ist die Vergütung erst nach Beendigung des Amts, bei länger währenden Verwaltungen aber in regelmäßigen Zeitabschnitten, nach Erfüllung der Rechenschaftslegungspflicht nach §§ 666, 2218 BGB zu entrichten.[57] Der Testamentsvollstrecker hat somit kein Recht auf Auszahlung eines Vorschusses. Er kann die von ihm als angemessen erachtete Vergütung aus dem Nachlass entnehmen, wobei es sich dann um die Erfüllung einer Nachlassverbindlichkeit handelt, für die § 181 BGB nicht anwendbar ist. In der Regel besteht kein Entnahmerecht der Vergütung des Testamentsvollstreckers vor Schlussrechnung.[58] Ob der Testamentsvollstrecker berechtigt ist, Nachlassgegenstände zu veräußern, um seine Vergütungen auszugleichen, hängt davon ab, ob es sich dabei tatsächlich um ordnungsgemäße Verwaltungen i.S.v. § 2216 BGB handelt. Die Geltendmachung einer Rückforderung gegenüber einem Testamentsvollstrecker ist nicht Aufgabe der Erben, sondern – wenn es einen solchen gibt – die von einem nachfolgenden Testamentsvollstrecker.[59]

29 Aufgrund seines Vergütungsanspruchs hat er ein **Zurückbehaltungsrecht** gegenüber Ansprüchen der Erben, insbesondere gegenüber dem Anspruch auf Erbschaftsherausgabe und Schadensersatz. Gleiches gilt hinsichtlich des Aufwendungsersatzanspruchs. Kein Zurückbehaltungsrecht besteht gegenüber dem Anspruch auf Auskunft und Rechnungslegung. Seit dem 1.1.2010 greift die Regelverjährung von **drei Jahren**. Der Vergütungsanspruch des Testamentsvollstreckers in der Verwaltungsvollstreckung wird, anders als der des Abwicklungsvollstreckers, jährlich fällig, so dass der Anspruch nach §§ 195, 199 BGB auch entsprechend verjährt.[60] Gerade der Testamentsvollstrecker, der seine Vergütung einheitlich abrechnen will, muss zukünftig auf die Verjäh-

56 Ohne Zuschläge trotz Inflation seit 1925.
57 OLG Köln ErbR 2019, 260.
58 LG Bremen, Urt. v. 5.4.2024 – 4 O 189/17, ErbR 2024, 894 = ZErb 2024, 272; OLG Oldenburg, Beschl. v. 31.5.2023 – 3 U 68/22, ErbR 2023, 794 = ZEV 2023, 852; OLG Köln, Beschl. v. 12.12.2018 – 16 U 129/16, ZEV 2019, 174; LG Köln, Urt. v. 16.12.2021 – 36 O 261/20, ZEV 2022, 420 = ErbR 2022, 425.
59 OLG Oldenburg, Beschl. v. 31.5.2023 – 3 U 68/22, ErbR 2023, 794 = ZEV 2023, 852.
60 OLG Frankfurt, Urt. v. 23.4.2024 – 10 U 191/22, ErbR 2024, 633 m. Anm. *Rott*.

rung der Teilvergütungen achten.[61] In diesem Zusammenhang ist daher dringend dem Testamentsvollstrecker eine verjährungsverlängernde Abrede anzuraten.

Nur in Ausnahmefällen kann es zur **Verwirkung** des Vergütungsanspruchs kommen, z.B. bei völliger Vernachlässigung der Amtspflichten, insbesondere bei schwerwiegenden vorsätzlichen oder grobfahrlässigen Verstößen des Testamentsvollstreckers.[62] Gründe, die zur Entlassung des Testamentsvollstreckers nach § 2227 BGB geführt haben, müssen nicht stets auch für die Verwirkung seines Vergütungsanspruchs ausreichen. Ob dies der Fall ist, beurteilt sich nach dem Sach- und Streitstand bei der Entscheidung des Prozessgerichts über den Vergütungsanspruch und nicht nach dem Kenntnisstand des Nachlassgerichts zum Zeitpunkt der Entscheidung über die Amtsenthebung.[63] Bevor eine Verwirkung angenommen wird, ist zu prüfen, ob nicht alternativ das Fehlverhalten des Testamentsvollstreckers zu einem Abschlag führt. Ein Testamentsvollstrecker kann den Anspruch auf eine angemessene Vergütung verwirken, wenn ihm eine zumindest grob fahrlässige Pflichtwidrigkeit vorgeworfen werden kann. Ein solcher Fall kann vorliegen, wenn erst zwei Jahre nach dem Erbfall wirksam die Annahme des Testamentsvollstreckeramts erklärt wird und keinerlei zur Vermächtniserfüllung förderliche Tätigkeit im Sinne einer Amtsführung entfaltet wird.[64] Ebenso, wenn der Testamentsvollstrecker zum Führen persönlicher Prozesse gegen den Erben Gelder aus dem Nachlass entnimmt.[65] 30

VI. Schuldner

Die Bezahlung der Vergütung ist eine Nachlassverbindlichkeit, so dass grundsätzlich die Erben verpflichtet sind, die Vergütung aus dem Nachlass zu zahlen. Der Rechtsbegriff der „Erbfallschulden" erfasst grds. auch die Testamentsvollstreckervergütung.[66] Die Auslegung kann aber auch das Gegenteil ergeben.[67] Unter „etwaige Kosten der Vermächtniserfüllung" ist nicht ohne weiteres die Testamentsvollstreckervergütung zu verstehen.[68] 31

Dabei haften alle **Miterben** im Außenverhältnis als Gesamtschuldner nach Maßgabe des § 2058 BGB, da das gesetzliche Schuldverhältnis zu allen Erben besteht.[69] Im Innenverhältnis kann ein Rückgriff gem. § 426 BGB unter Berücksichtigung der Höhe des jeweiligen Erbteils erfolgen. Die Haftung aller Miterben für den Vergütungsanspruch gilt auch in den Fällen, in denen nur ein Erbteil eines Miterben durch die Testamentsvollstreckung betroffen ist, solange die Erbengemeinschaft noch nicht aufgelöst wurde. Die Erben haben nur dann nicht die Vergütung des Testamentsvollstreckers hinsichtlich einer **Vermächtniserfüllung** zu tragen, sondern der Vermächtnisnehmer selbst, wenn der Vermächtnisnehmer wie bspw. bei einem Quotenvermächtnis einem Erben fast gleichgestellt ist. Die erfüllungsbezogene Verwaltung und die ange- 32

61 *Keim*, ZEV 2008, 169.
62 OLG Schleswig ZEV 2009, 625; OLG Hamm ZEV 2014, 116.
63 OLG Saarbrücken, Urt. v. 26.7.2023 – 5 U 98/22, ZEV 2024, 305 = ErbR 2023, 935. Eine Verwirkung ist nach OLG Oldenburg, Beschl. v. 31.5.2023 – 3 U 68/22, ErbR 2023, 794 = ZEV 2023, 852 z.B. der Fall, wenn innerhalb von 7 Jahren kein Nachlassverzeichnis erstellt, Gegenstände nicht herausgeben und Vermögenswerte auf ein allgemeines Geschäftskonto eingezahlt wurden.
64 OLG Hamm ZEV 2014, 116.
65 OLG München Urt. v. 7.4.2025 – 33 U 241/22 = RFamU 2025, 232 mit zust. Anm. *Bonefeld*.
66 Grüneberg/*Weidlich*, § 2221 Rn 12, § 1967 Rn 7.
67 Dazu ausführlich OLG München, Endurt. v. 13.6.2022 – 33 U 6666/21, ZEV 2022, 659 = ErbR 2022, 1096.
68 Ebenda OLG München, Endurt. v. 13.6.2022 – 33 U 6666/21, ZEV 2022, 659 = ErbR 2022, 1096.
69 So richtig *Muscheler*, ZEV 1996, 184.

ordnete Dauervollstreckung des Vermächtnisanspruchs sind Beschränkungen des Vermächtnisnehmers, die ihn alleine belasten.[70]

33 Bei einer wirtschaftlichen Gleichstellung von Erben und Vermächtnisnehmer ist eine Gesamtschuldnerschaft sachgerecht. Eine Alleinschuldnerschaft der Vergütung ist hingegen gerechtfertigt, wenn die Vermächtnisse im Verhältnis zum verbleibenden Restnachlass unverhältnismäßig hoch sind. Regelmäßig will aber der Erblasser gerade nicht, dass die Vermächtnisnehmer auch die Kosten für die Testamentsvollstreckung zu tragen haben. Etwas anderes gilt bei der Testamentsvollstreckung nach Maßgabe des § 2223 BGB (**Vermächtnisvollstreckung/Untervermächtnis**). Hier trifft die Vergütungspflicht grundsätzlich den Vermächtnisnehmer. Dieser Fall ist aber streng von der Erfüllung eines Vermächtnisses zu unterscheiden, die selbst Verwaltungsvollstreckung ist. Des Weiteren richtet sich bei einer **Nacherbenvollstreckung** der Vergütungsanspruch direkt gegen den Nacherben.

VII. Aufwendungsersatz

34 Neben dem Vergütungsanspruch besteht ein **Aufwendungsersatzanspruch**, wenn die Voraussetzungen der §§ 670, 2218 BGB gegeben sind. Hierunter fallen auch die Ausgaben, die für die Inanspruchnahme von Hilfspersonen entstanden sind, wie z.B. Anwaltskosten zur Durchführung eines Prozesses bzw. die Inanspruchnahme eines Steuerberaters. Ist der Testamentsvollstrecker selbst **Rechtsanwalt** oder **Steuerberater**, so ist im Zweifel nicht anzunehmen, dass die i.R.d. Testamentsvollstreckung ausgeübten besonderen beruflichen Dienste, wie Klageerhebung oder Erstellung einer Steuererklärung, bereits in der Testamentsvollstreckervergütung enthalten sind. Vielmehr hat er neben dem Vergütungsanspruch auch weiterhin Anspruch auf Honorierung seiner berufsmäßigen Dienste. Im Einzelnen kommt es aber auf die Auslegung der letztwilligen Verfügung an. In der Praxis wird viel zu selten die Auswirkung des Aufwendungsersatzes auf die Vergütung geregelt. Hier kann einzelfallabhängig ein Verbot der Doppelbelastung bestehen. Im Regelfall kommt es nämlich zu einer erheblichen Arbeitserleichterung bei Inanspruchnahme Dritter durch den Testamentsvollstrecker. Sofern der Vollstrecker Aufgaben delegiert, die er ohnehin selbst hätte erfüllen müssen, wie z.B. die Rechnungslegung, Auskunft oder Hausverwaltung, führt dies zu Abschlägen von seiner Vergütung. Dies gilt nicht, wenn die Einschaltung Dritter geboten war.[71] Der Abschlag ist einzelfallabhängig, wobei es sachgerecht erscheint, wenn grundsätzlich mindestens 90 % der konkreten Aufwendungsersatzsumme auf die Vergütung anzurechnen wären, weil allenfalls 10 % für die Information und Überwachung des Dritten beim Testamentsvollstrecker verbleiben dürften. Entstehen einem Mittestamentsvollstrecker vorgerichtlich Rechtsanwaltskosten zur Überprüfung der Maßnahmen eines Mittestamentsvollstreckers, sind diese Kosten mit der Vergütung nach § 2221 BGB abgegolten. Daneben besteht kein gesonderter Aufwendungsersatzanspruch gegen den Nachlass nach §§ 2218, 670 BGB.[72]

VIII. Steuern

35 Bei einer **unangemessen hohen Vergütung** kann es wegen des Vermächtnischarakters zu einer Doppelbesteuerung mit Einkommen- und Erbschaftsteuer kommen. Die Vergütung unterliegt gem. § 18 Abs. 1 Nr. 1, Nr. 3 EStG der im Rahmen einer freiberuflichen Tätigkeit ausgeübten Testamentsvollstreckung. Grundsätzlich unterliegt die Testamentsvollstreckervergütung gem. §§ 1, 2 Abs. 1 UStG der Umsatzsteuer, und

70 *Lange*, DNotZ 2018, 814.

71 BeckOK BGB/*Lange*, § 2219 Rn 29.

72 LG Flensburg, Urt. v. 26.10.2023 – 4 O 301/22, ErbR 2024, 640 = ZEV 2024, 409.

zwar auch dann, wenn nur eine einzige Testamentsvollstreckung durchgeführt wird. Die Tätigkeit als Testamentsvollstrecker ist, auch wenn sie von einem Steuerberater oder Wirtschaftsprüfer ausgeübt wird, keine Beratungsleistung i.S.d. § 3a Abs. 4 Nr. 3 UStG.[73] Für die Erfüllung des Tatbestandsmerkmals der **Nachhaltigkeit** ist bereits ausreichend, wenn ein Rechtsverhältnis aufgenommen wird, das durch eine Vielzahl von Handlungen bestimmt wird, was bei einer Verwaltungsvollstreckung ohne Weiteres gegeben ist. In Ausnahmefällen, wie z.B. bei der Auseinandersetzung eines durchschnittlichen Haushaltes, kann aber die Umsatzsteuerpflicht entfallen.

Problematisch ist in der Praxis, dass eine Gewerbesteuerpflicht entstehen kann, wenn der Testamentsvollstrecker im Rahmen seiner Tätigkeit mehrere Hilfskräfte beschäftigt. Dann kann die sog. Vervielfältigungstheorie greifen. Üben Freiberufler im Rahmen ihrer Tätigkeit die Testamentsvollstreckung aus, sind jedoch Vergütungsansprüche den sonstigen Einkünften aus selbstständiger Arbeit zuzurechnen, so dass insoweit keine Gewerbesteuer entsteht. Wenn jedoch der Testamentsvollstrecker ein Gewerbe fortführt (z.B. bei der Treuhandlösung), kann dies eine **Gewerbesteuerpflicht** nach sich ziehen. Kosten für eine auf Dauer angelegte Testamentsvollstreckung können bei den aus der Verwaltung des Nachlasses erzielten Einkünften aus VuV als Werbungskosten abgezogen werden. Werden aus der Verwaltung des Nachlasses noch andere Einkünfte erzielt, kommt eine Aufteilung der Kosten nach dem anteiligen Zeitaufwand des Testamentsvollstreckers nicht in Betracht, wenn sich der Anspruch des Testamentsvollstreckers nach dem Nachlasswert bemisst. Für die Aufteilung der einheitlichen Kosten der Testamentsvollstreckung auf verschiedene Einkunftsarten kommt es auf die Zusammensetzung des Nachlasses im jeweiligen Veranlagungszeitraum an.[74] 36

Die Vergütung für seine Tätigkeit im Rahmen der Erbschaftsteuererklärung soll der Testamentsvollstrecker als Berufsdienst unabhängig von seiner sonstigen Vergütung fordern können.[75] Da der Testamentsvollstrecker ohnehin gemäß § 31 Abs. 5 ErbStG zur Erstellung der Erbschaftsteuererklärung verpflichtet sei und wenn die Erben die von ihm erstellten Steuererklärungen auch tatsächlich zur Vorlage beim Finanzamt nutzten, liege darin die vertragliche Entgegennahme der Leistung des Testamentsvollstreckers, woraus sich dann auch dessen Vergütungsanspruch ergäbe. 37

C. Verfahrensfragen/Praktische Hinweise

Kommt es zum Streit über die Angemessenheit der Vergütung, ist das **Prozessgericht** und nicht das Nachlassgericht zuständig. Der Testamentsvollstrecker muss bei seiner Klage auf Festsetzung bzw. Leistung seiner Vergütung den Klageantrag beziffern, was ein erhebliches Prozessrisiko darstellt. Nur wenn eine Bezifferung nicht zumutbar erscheint oder nicht möglich ist, braucht sie ausnahmsweise nicht zu erfolgen. Dann muss jedoch ein Mindestbetrag im Klageantrag aufgeführt werden. Eine Klage der Erben auf Feststellung der maximalen Höhe der Testamentsvollstreckervergütung bei beendeter Testamentsvollstreckung und bereits entnommener Vergütung ist wegen des Vorrangs einer Leistungsklage unzulässig.[76] 38

Ferner sind die Bemessungsgrundlagen anzugeben. Der Testamentsvollstrecker klagt im eigenen Namen und führt den Prozess persönlich. Insbesondere wenn Berufsträger wie Rechtsanwälte oder Steuerberater zum Testamentsvollstrecker ernannt werden, sollte in der letztwilligen Verfügung ausdrücklich geregelt werden, ob zur Vergütung 39

73 BFH ZErb 2003, 322.
74 So insgesamt BFH DStR 2018, 126 = ZEV 2018, 107.
75 LG Köln, Urt. v. 16.12.2021 – 36 O 261/20, ErbR 2022, 425 m. zust. Anm. *Rott*. Vgl. a. Staudinger/*Dutta*, § 2221 Rn 61.
76 A.A. LG Bremen ErbR 2024, 894 m. abl. Anm. *Rott*.

noch **Umsatzsteuer** zu entrichten ist[77] und ob zusätzlich ein Anspruch auf Honorierung der berufsmäßigen Dienste erfolgen soll. Sind die Erben der Ansicht, der Testamentsvollstrecker habe eine zu hohe Vergütung entnommen, richtet sich die Klage auf Rückzahlung nach Maßgabe einer ungerechtfertigten Bereicherung aus § 812 Abs. 1 S. 1 BGB sowie auf Schadensersatz nach § 2219 BGB. Ggf. können auch Ansprüche aus unerlaubter Handlung gegeben sein.

40 I.R.d. Nachlassinsolvenz ist darauf zu achten, dass gem. § 324 Abs. 1 Nr. 6 InsO die Testamentsvollstreckervergütung vorweg zu begleichen ist, soweit sie Vermächtnischarakter hat, ansonsten erst nach vorhergehenden Nachlassverbindlichkeiten. Die Eröffnung des Nachlassinsolvenzverfahrens ist gem. § 26 Abs. 1 S. 1 InsO mangels Masse abzulehnen, wenn sich eine kostendeckende Masse nur bei Berücksichtigung des anfechtungsrechtlichen Rückgewähranspruchs hinsichtlich der an den Testamentsvollstrecker ausgezahlten Vergütung ergeben würde, dabei allerdings bereits feststeht, dass die nach Abzug der Verfahrenskosten verbleibende Insolvenzmasse nur zur Befriedigung des gem. § 324 Abs. 1 Nr. 6 InsO als Masseverbindlichkeit einzustufenden Vergütungsanspruchs des Testamentsvollstreckers, nicht aber zur teilweisen Befriedigung der als Insolvenzgläubiger anzusehenden Nachlassgläubiger ausreichen würde. Berücksichtigung kann dabei allerdings nur der angemessene Teil der Testamentsvollstreckervergütung finden.[78] Fraglich ist, ob die Höhe der Vergütung durch eine Verweisung auf die bekannten Tabellen erfolgen kann. Im Wege der erweiterten Auslegung der letztwilligen Verfügung ist eine derartige Verweisung möglich, wobei dann jedoch das Problem möglicher zwischenzeitlich eingetretener Veränderungen der Verhältnisse bestehen kann.[79] Hier sollte daher eine deutliche und klarstellende Formulierung gewählt werden. Sofern ein **Stundenhonorar** aufgeführt ist, sollte vorsorglich auch die Art und Weise des Nachweises geregelt werden.

41 Eine Vergütungsregelung sollte folgende Punkte umfassen:
- Höhe der Vergütung (entweder konkret oder über Tabellenbezug);
- Umfang der vergüteten Tätigkeit;
- Klärung, was unter Bruttonachlass zu verstehen ist (Vorempfänge, Lebensversicherung?);
- Fälligkeit der Vergütung bzw. der einzelnen Vollstreckungsabschnitte;
- Schuldner der Vergütung;
- Erhöhung der Vergütung bei erfolgreicher Verwaltungstätigkeit;
- ggf. Aufteilung der Vergütung in Abschnitte für Abwicklung und Verwaltungsvollstreckung (wichtig für Werbungskosten beim Erben);
- Verjährung des Vergütungsanspruchs (Verjährungsverlängerung insb. bei Dauervollstreckung);
- evtl. weitergehende Aufwendungsersatzansprüche für die Inanspruchnahme Dritter und für Versicherung;
- Auswirkung des Aufwendungsersatzes auf die Vergütung;
- Berechtigung zur Vorabentnahme eines Teils der Vergütung vor Abschluss der Vollstreckung;
- Abgrenzung zu sog. „Berufsdiensten" des Testamentsvollstreckers als Rechtsanwalt, Wirtschaftsprüfer oder Steuerberater, für die eine eigene Vergütung verlangt werden kann;
- bei mehreren Testamentsvollstreckern: Aufteilung der Vergütung;

77 Nach OLG Hamburg, Urt. v. 5.9.2018 – 2 U 8/18, BeckRS 2018, 50958 kann bei fehlender Klarstellung die Umsatzsteuer aber nach den Usancen zusätzlich verlangt werden.

78 *Floeth*, ZErb 2013, 199.

79 Zustimmend BeckOK BGB/*Lange*, § 2221 Rn 3.

- bei Bewertungsschwierigkeiten (Unternehmen, Beteiligungen hieran): Festlegung des konkreten Wertes oder aber zumindest des Bewertungsverfahrens;
- Feststellung, dass bei nachträglichem Wegfall der Anordnung der Testamentsvollstreckung dennoch die vereinbarte Vergütung geschuldet wird.

§ 2222 Nacherbenvollstrecker

Der Erblasser kann einen Testamentsvollstrecker auch zu dem Zwecke ernennen, dass dieser bis zu dem Eintritt einer angeordneten Nacherbfolge die Rechte des Nacherben ausübt und dessen Pflichten erfüllt.

Literatur

Keim, Befugnisse des Nacherben Testamentsvollstreckers bei Verfügungen über Nachlassgegenstände, ZErb 2008, 5; *Schmidl*, Der sozialhilfefeste Substanzzugriff beim Behindertentestament – ein kritisch-aktueller Überblick mit eigenem Vorschlag, ZErb 2018, 81; *Schmitz*, Rechte und Pflichten des Nacherbenvollstreckers, ErbR 2010, 184.

A. Allgemeines

§ 2222 BGB dient dem Schutz des Nacherben. Die Nacherbenvollstreckung umfasst nur die Ausübung der Rechte des Nacherben während der Dauer der Vorerbschaft. Durch § 2222 BGB soll der Vorerbe wirksam beaufsichtigt werden. Diese Art der Testamentsvollstreckung ist somit **streng** von der Testamentsvollstreckung **abzugrenzen**, die lediglich die Nacherbschaft im Rahmen einer Verwaltungs- oder Abwicklungsvollstreckung umfasst.[1] Die **echte Nacherbentestamentsvollstreckung** kann mit einer Abwicklungsvollstreckung, einer Testamentsvollstreckung nur für die Vorerbschaft und gleichzeitig dauernder Verwaltungsvollstreckung und Wahrnehmung der Verwaltungs- und Verfügungsbefugnis des Vorerben sowie mit einer Testamentsvollstreckung für die Nacherbschaft und auch einer Verwaltungsvollstreckung, die erst mit dem Nacherbfall beginnt und den Nacherben belastet, kombiniert werden. Im Zweifel ist keine reine Nacherbentestamentsvollstreckung anzunehmen. Fehlt eine Ernennung zum Nacherbenvollstrecker, so kann die Gestattung, bei einer Auseinandersetzung der Erbengemeinschaft mitzuwirken, auch kein Vertretungsrecht des Testamentsvollstreckers für den Nacherben bei der Durchführung der Auseinandersetzung begründen.[2] 1

B. Tatbestand

Die Anordnung einer Nacherbentestamentsvollstreckung erfolgt im Rahmen einer Verfügung von Todes wegen durch den Erblasser. Die **Nacherbentestamentsvollstreckung** beginnt mit dem Eintritt der Vorerbfolge und endet spätestens mit dem Eintritt der Nacherbfolge gem. § 2139 BGB. Sind mehrere Vorerben vorhanden, so fällt die Nacherbfolge mit dem Tod des letzten Vorerben an. Die Beendigung kann auch zeitlich bestimmt werden. In der Praxis wird häufig auf die Volljährigkeit des Nacherben oder das Wiederaufleben bei bestimmten Ereignissen Rückgriff genommen. Der Testamentsvollstrecker selbst darf nicht den Zeitpunkt des Eintritts der Nacherbfolge bestimmen. Die Nacherbentestamentsvollstreckung beginnt wegen Gegenstandslosigkeit nicht, wenn der Vorerbe den Vorerbfall nicht erlebt.[3] Das Amt des Testamentsvollstreckers fällt erst weg, wenn alle Nacherbfolgen eingetreten oder durch Zeitablauf erlo- 2

---

1 Vgl. Bengel/Reimann/Holtz/Röhl/*Schaub*, § 4 Rn 206 ff.
2 OLG München ZEV 2016, 325.
3 BayObLG NJW-RR 1995, 711.

schen sind, wenn das Amt bis zum Eintritt sämtlicher Nacherbfolgen bestehen bleiben soll. Aufgrund der Problematik der Interessenkollision kann ein **alleiniger Nacherbe** nicht selbst Nacherbentestamentsvollstrecker sein. Ebenso scheidet der **alleinige Vorerbe** als Nacherbentestamentsvollstrecker aus.[4] Hingegen kann der Vor- oder Nacherbe Mitnacherbentestamentsvollstrecker sein. Ebenso kann ein gesetzlicher Vertreter vom Nacherben zum Nacherbenvollstrecker ernannt werden.[5] Der Nacherbenvollstrecker hat sämtliche Rechte und Pflichten, die dem Nacherben gegenüber dem Vorerben zustehen. Dies sind insbesondere:

- Anspruch auf Hinterlegung von Wertpapieren gem. § 2116 BGB;
- Herausgabe der Wertpapiere nur mit Zustimmung (§ 2116 BGB);
- Zustimmung des Nacherbenvollstreckers über Verfügung umgeschriebener Inhaberpapiere gem. § 2117 BGB;
- Eintragung eines Sperrvermerks im Schuldbuch gem. § 2118 BGB;
- Einwilligungspflicht des Nacherben gem. § 2120 BGB;
- Fordern eines Verzeichnisses der Erbschaftsgegenstände nebst Anwesenheitsrecht bei Aufnahme des Verzeichnisses sowie Forderung, das Verzeichnis durch die zuständige Behörde oder durch einen zuständigen Beamten oder Notar aufnehmen zu lassen gem. § 2121 BGB;[6]
- Feststellung des Zustands der Erbschaft durch Sachverständigen gem. § 2122 BGB;
- Feststellung eines Wirtschaftsplans gem. § 2123 BGB;
- Auskunftsrecht gem. § 2127 BGB;
- Anspruch auf Sicherheitsleistung gem. § 2128 BGB;
- Verlangen der Aufhebung von Vollstreckungsmaßnahmen gem. § 2115 BGB, § 773 ZPO.

3 Für die Erfüllung der Pflichten des Nacherben gegenüber dem Vorerben, wie z.B. aus § 2120 BGB, ist der Testamentsvollstrecker auch dem Vorerben verantwortlich.[7] Sämtliche erforderlichen **Zustimmungen** sind vom Nacherbenvollstrecker aus eigenem Recht zu erteilen. Ist der Nacherbe noch minderjährig, bedarf es daher **keiner familiengerichtlichen Genehmigung**.[8] Ein **Zustimmungsverbot** besteht zu unentgeltlichen Verfügungen des Vorerben. Der Nacherbenvollstrecker ist an § 2216 BGB und damit an die Grundsätze der ordnungsmäßigen Nachlassverwaltung gebunden. Grundsätzlich sind die Vorschriften der §§ 2203–2205 BGB für den Nacherbenvollstrecker unanwendbar.[9] Er kann somit nicht den Nachlass aufteilen oder bis dahin verwalten. Analog § 2217 BGB kann der Nacherbentestamentsvollstrecker Nachlassgegenstände sowohl aus der bloßen Testamentsvollstreckung als auch zusätzlich aus der Nacherbenbindung freigeben.[10] Jedoch kann er nicht über die Nacherbenanwartschaft selbst verfügen. Ein Verzicht auf einen Nacherbenvermerk ist aber wirksam.

C. Verfahrensfragen/Praktische Hinweise

4 Soll der unter Testamentsvollstreckung stehende Nacherbe verklagt werden oder will dieser klagen, so ist wegen §§ 2212, 2213 BGB lediglich der Nacherbentestamentsvollstrecker aktiv und passiv legitimiert. Das gegen ihn ergehende Urteil wirkt für und gegen den Nacherben gem. § 327 ZPO. Generell handelt es sich bei dem **Vergütungs-**

4 Staudinger/*Dutta*, § 2222 Rn 15; MüKo/*Zimmermann*, § 2222 Rn 4.
5 *Keim*, ZErb 2008, 5.
6 Dazu OLG München NJW-RR 2020, 583, ZErb 2020, 136.
7 Staudinger/*Dutta*, § 2222 Rn 25.
8 BayObLG NJW-RR 1989, 1096; MüKo/*Zimmermann*, § 2222 Rn 5; *Keim*, ZErb 2008, 5.
9 BeckOK BGB/*Lange*, § 2222 Rn 7.
10 *Keim*, ZErb 2008, 6.

anspruch um eine Nachlassverbindlichkeit mit der Folge, dass der Vorerbe die Vergütung nach § 2221 BGB zu tragen hätte, zumal auch der Vorerbe durch die Beaufsichtigung beschwert wird. Die überwiegende Meinung in der Lit.[11] vertritt die Ansicht, der Anspruch auf Vergütung richte sich gegen den Nacherben, weil diese Vollstreckung allein zur Wahrung der Rechte des Nacherben angeordnet sei. Insofern ist es dringend zu empfehlen, den Schuldner der Vergütung zu bestimmen.

In der Praxis ist zu beachten, dass nicht immer bei Ernennung eines Testamentsvoll- 5
streckers und einer Vor- und Nacherbfolge bei fehlender Präzisierung der Aufgabenbereiche auch eine Vollstreckung nach § 2222 BGB gewünscht ist. Dies ist durch Auslegung zu ermitteln.[12] Im Rahmen der Verfügungsbefugnisse nach § 2205 BGB hat dann auch das Grundbuchamt Beschränkungen zu beachten, die sich daraus ergeben, dass der zur Wahrung der Rechte des nicht befreiten Vorerben eingesetzte Testamentsvollstrecker Rechte des Nacherben nicht ausüben kann.[13] I.R.d. Anordnung einer Nacherbentestamentsvollstreckung ist genau von den anderen Formen der Testamentsvollstreckung, die im Zusammenhang mit der Anordnung einer Vor- und Nacherbschaft möglich sind, abzugrenzen. Die einzelnen Aufgaben und Befugnisse sind genau zu nennen, so dass es nicht zu **Kompetenzstreitigkeiten** kommt.

Der Nacherbenvollstrecker braucht kein Nachlassverzeichnis zu fertigen, da er ledig- 6
lich die Rechte des Nacherben verwaltet. Allerdings muss er den Anspruch aus § 2121 BGB gegen den Vorerben geltend machen, wonach dieser ein Verzeichnis der zur Erbschaft gehörenden Gegenstände dem Nacherben zu erteilen hat. Der unter Testamentsvollstreckung stehende Nacherbe kann sein Auskunftsrecht gegenüber dem Nacherbenvollstrecker gem. §§ 666, 2218 BGB geltend machen. Über die Anwartschaftsrechte des Nacherben darf der Nacherbenvollstrecker selbst nicht verfügen. Er darf aber auf die Sicherung der Nacherbenrechte z.B. durch **Eintragung** eines **Nacherbenvermerks** gem. § 51 GBO verzichten. Die Anordnung einer Nacherbentestamentsvollstreckung ist in der Praxis immer dann zweckmäßig, wenn der Nacherbe entweder unter Betreuung steht oder aber minderjährig ist.

Durch die Anordnung einer Nacherbentestamentsvollstreckung kann auch die Pfleger- 7
bestellung nach § 1882 BGB entbehrlich werden, insbesondere in den Fällen des nondum conceptus. Im Gegensatz zum Pfleger unterliegt der Nacherbenvollstrecker nicht der Aufsicht eines Gerichts. Die besondere Form der Nacherbenvollstreckung gem. § 2222 BGB ist im **Testamentsvollstreckerzeugnis** gesondert anzugeben, weil sich die Vollstreckung dabei auf die Rechte des Nacherben gegenüber dem Vorerben aus den §§ 2216 ff. BGB beschränkt.

Etwas anderes gilt jedoch bei der Anordnung einer „gewöhnlichen" Testamentsvoll- 8
streckung für die Vor- und Nacherbschaft, bei der es sich im Grundsatz um zwei aufeinanderfolgende „ganz normale" Testamentsvollstreckungen handelt. Diese Form der Testamentsvollstreckung kann auch in einem einheitlichen Testamentsvollstreckerzeugnis verlautbart werden. Wird bei Vor- und Nacherbschaft im Zeugnis allgemein verlautbart, dass Testamentsvollstreckung angeordnet sei, besagt dies auch, dass sie zeitlich nicht auf die Zeit der Vorerbschaft beschränkt ist.[14] Der Erblasser kann gemäß § 2208 Abs. 1 S. 1 BGB anordnen, dass der für die Vorerbschaft ernannte Testaments-

11 Z.B. *Schmitz*, ErbR 2010, 184.

12 OLG München ZEV 2016, 325 m. Anm. *Reimann*. A.A. KG MittBayNot 2022, 471 wonach ein Testamentsvollstrecker, der nur für eine Vorerbschaft eingesetzt ist, nicht kraft Gesetzes den Beschränkungen des Vorerben gegenüber dem Nacherben unterliegen soll, m. abl. Anm. *Reimann*, der zu Recht auf den Erblasserwillen beim Behindertentestament abstellt.

13 OLG München ZEV 2016, 325.

14 OLG Düsseldorf ZEV 2013, 42.

vollstrecker nur die Rechte des (nicht befreiten) Vorerben ausüben und deshalb der Beschränkung des § 2211 3 BGB unterliegen soll. Eine solche Beschränkung ist entgegen des KG[15] nicht in einem Testamentsvollstreckerzeugnis anzugeben, wohl aber in einem Europäischen Nachlasszeugnis.[16]

9 Um die Probleme bei der Zustimmung zu Grundstücksverfügungen des Vorerben bei minderjährigen oder noch unbekannten Nacherben zu vermeiden, ist die Nacherbentestamentsvollstreckung ein geeignetes Gestaltungsmittel.[17]

§ 2223 Vermächtnisvollstrecker

Der Erblasser kann einen Testamentsvollstrecker auch zu dem Zwecke ernennen, dass dieser für die Ausführung der einem Vermächtnisnehmer auferlegten Beschwerungen sorgt.

Literatur

Damrau/Mayer, Zur Vor- und Nachvermächtnislösung beim sog. Behindertentestament, ZEV 2001, 293; *Goebel*, Probleme der treuhänderischen und der echten Testamentsvollstreckung über ein vermächtnisweise erworbenes Einzelunternehmen, ZEV 2003, 261; *Lange*, Die Vermächtnisvollstreckung nach § 2223 BGB, DNotZ 2018, 804; *Muscheler*, Testamentsvollstreckung und Vermächtnis, ZEV 2011, 230; *Spall*, Vollzug eines Nachvermächtnisses durch den Testamentsvollstrecker, ZEV 2002, 5.

A. Allgemeines

1 Der Begriff der Vermächtnisvollstreckung ist missverständlich. Der Gesetzgeber hat in § 2223 BGB lediglich die Ausführungen der dem Vermächtnisnehmer auferlegten Beschwerungen unter Testamentsvollstreckung gesetzt. Beschwerungen sind bspw. **Untervermächtnisse** oder **Auflagen**. Hiervon **abzugrenzen** ist die Verwaltungsvollstreckung eines Vermächtnisses gem. § 2209 BGB oder die bloße Erfüllung eines Vermächtnisses als Nachlassverbindlichkeit. Die Erfüllung eines Nachvermächtnisses fällt nicht unter den Aufgabenkreis des Vorvermächtnisvollstreckers.[1] In der Praxis ist daher darauf zu achten, hier genaue Abgrenzungen und Aufgabenkreise vorzugeben.

B. Tatbestand

2 Wenn Schuldner des Vermächtnisses ein anderer Vermächtnisnehmer ist und der Erblasser für die Erfüllung des Vermächtnisses Testamentsvollstreckung angeordnet hat, liegt ein Fall von § 2223 BGB vor.[2] Fehlen Vorgaben, so gelten die allg. Vorschriften über die Testamentsvollstreckung entsprechend. Hierbei ist jedoch der eingeschränkte Aufgabenkreis hinsichtlich des Vermächtnisgegenstandes zu berücksichtigen. Zum Schutz des Untervermächtnisnehmers hat der Testamentsvollstrecker den Vermächtnisanspruch zum Zweck der Ausführung geltend zu machen. Soweit dies zur Erfüllung der Beschwerungen erforderlich ist, ist der Vermächtnisnehmer dabei von der Verfügung ausgeschlossen, was sich bereits aus § 2211 BGB ergibt. Der Testamentsvollstrecker hat den Vermächtnisanspruch gem. § 2205 BGB zu verwalten und kann über den Anspruch selbst nicht verfügen. Nur der Vermächtnisnehmer kann das Vermächtnis

---

15 KG MittBayNot 2022, 471.

16 So *Reimann* in seiner Anm. zu KG MittBayNot 2022, 471 m.H.a. § 354 Abs 2 FamFG und dass das Testamentsvollstreckerzeugnis nicht alle gesetzlichen Schranken, die für das Handeln eines Testamentsvollstreckers gelten, nennen muss.

17 Ausführlich *Keim*, ZErb 2008, 8.

1 *Lange*, DNotZ 2018, 804, 809.

2 *Muscheler*, ZEV 2011, 230.

selbst annehmen oder aber ausschlagen. Sofern das Vermächtnis bereits angenommen und erfüllt ist, hat der Vermächtnisvollstrecker den Vermächtnisgegenstand in Besitz zu nehmen, um die Rechte aus § 2205 BGB geltend zu machen. Nicht vertretbare Handlungen können vom Testamentsvollstrecker nicht vollzogen werden. Nach § 2206 BGB kann der Vermächtnisvollstrecker aus § 2223 BGB auch Verbindlichkeiten eingehen, welche nur Wirkung gegenüber dem Vermächtnisnehmer selbst haben. Eine **Haftungsbeschränkung** hinsichtlich des Vermächtnisgegenstandes ist gesetzlich nicht vorgesehen. Sofern der Testamentsvollstrecker seine beschränkte Aufgabenstellung deutlich gemacht hat, vermeidet er die Haftung aus § 179 BGB und es kommt nur zur Haftung auf den vermachten Gegenstand.[3] Eine Dauervollstreckung über den Vermächtnisgegenstand ist zulässig.[4] Dabei ist § 181 BGB auf den Testamentsvollstrecker nur dann analog anzuwenden, wenn er mit sich als Privatmann oder mit einem Dritten (Nachlassfremden) ein Rechtsgeschäft vornimmt.[5] Ein Testamentsvollstrecker, zu dessen Aufgaben die Erfüllung von Vermächtnissen gehört, ist nach der Rspr. berechtigt, beim Erfüllungsgeschäft auch für den Vermächtnisnehmer zu handeln, also bei Grundstücken die Auflassung zugleich in dessen Namen zu erklären. Die Verfügungsbefugnis des Testamentsvollstreckers erstreckt sich – unabhängig davon, ob eine Annahme des Vermächtnisses bereits erklärt ist – somit auch auf die Entgegennahme der Auflassung durch den Erben.[6] Tatsächlich hat aber der Testamentsvollstrecker nicht immer diese Kompetenz vom Erblasser übertragen bekommen, so dass dies nur unter Einschränkungen gelten kann.[7]

Die Vermächtnisvollstreckung endet mit der Beendigung des Vorvermächtnisses, also 3
z.B. durch den Tod des Vorvermächtnisnehmers. Der Anspruch auf **Übertragung** des **Vermächtnisgegenstandes** muss dann vom Nachvermächtnisnehmer gegen die Erben des Vorvermächtnisnehmers geltend gemacht werden, da es sich um eine Nachlassverbindlichkeit des Vorvermächtnisnehmers handelt. § 2106 BGB ist in diesem Fall analog anwendbar.[8] Auf Antrag ist dem Vermächtnisvollstrecker ebenfalls ein Testamentsvollstreckerzeugnis i.R.d. § 2367 BGB zu erteilen, wobei jedoch der beschränkte Aufgabenkreis vermerkt werden muss. Ob im Erbschein die Vermächtnisvollstreckung aufzunehmen ist, hängt davon ab, ob neben der eigentlichen Vermächtnisvollstreckung i.S.d. § 2223 BGB auch die Verwaltung des Vermächtnisses angeordnet wurde. In dem letzteren Fall ist dies im Erbschein zu vermerken. Sofern der Vermächtnisgegenstand in einem Grundstück oder Grundstücksrecht besteht, ist auf Antrag des Vermächtnisvollstreckers die Testamentsvollstreckung im Grundbuch zu vermerken.

Die **Kosten** der Testamentsvollstreckung trägt, sofern nichts anderes angeordnet ist, 4
der (Unter-)Vermächtnisnehmer, wenn eine erfüllungsbezogene Verwaltung oder Dauerverwaltung des Vermächtnisanspruchs vorliegt.[9] Ansonsten handelt es sich um Kosten der Abwicklung, die der Erbe zu tragen hat. Bezugsgröße ist der Wert des Vermächtnisgegenstandes.

---

3 MüKo/*Zimmermann*, § 2223 Rn 6. Zu den einzelnen Ansichten ausführlich *Lange*, DNotZ 2018, 804, 813. Bejaht man eine Haftungsbegrenzung, greift § 785 ZPO analog.

4 *Muscheler*, ZEV 2011, 230; BGHZ 13, 203.

5 *Muscheler*, ZEV 2011, 230 entgegen OLG Hamm ZEV 2011, 199; *Keim*, ZEV 2011, 563.

6 OLG München NJW-RR 2013, 1231 mit zu Recht krit. Anm. *Reimann*, MittBayNot 2013, 393; OLG Hamm NJW-RR 2011, 11.

7 Vgl. nur zur Einzelproblematik *Lange*, DNotZ 2018, 804, 811, *Reimann*, MittBayNot 2013, 393 und *Muscheler*, ZEV 2011, 230.

8 Soergel/*Becker*, § 2223 Rn 5.

9 Staudinger/*Dutta*, § 2223 Rn 22; *Lange*, DNotZ 2018, 804, 814.

C. Verfahrensfragen/Praktische Hinweise

5 Nach § 2213 BGB kann der Untervermächtnisnehmer bei seiner **Klage auf Erfüllung** der Beschwerung die Klage sowohl gegen den Vermächtnisvollstrecker als auch gegen den Vermächtnisnehmer richten. Ansonsten kann ein der Verwaltung unterliegendes Recht wegen § 2212 BGB nur der Testamentsvollstrecker selbst geltend machen. In der Praxis führt es immer wieder zu Problemen, wenn der Testamentsvollstrecker bereits das Amt angenommen hat und tätig wurde, anschließend aber der Vermächtnisnehmer das **Vermächtnis ausgeschlagen** hat. Dann sind die Regeln über den vermeintlichen Testamentsvollstrecker anwendbar, mit der Folge, dass diesem noch nicht einmal ein Vergütungsanspruch zusteht. Bevor ein Vermächtnisvollstrecker das Amt annimmt und tätig wird, sollte er überprüfen, ob sowohl der (Haupt-)Vermächtnisnehmer als auch der (Unter- oder/Nach-)Vermächtnisnehmer das jeweilige Vermächtnis angenommen haben.

6 Da § 2106 BGB nicht generell entsprechend anwendbar ist, kommt es zu erheblichen Nachteilen beim **sog. Behindertentestament mit Vermächtnislösung.**[10] Dann konkurrieren nämlich der Nachvermächtnisnehmer und der Träger der Sozialhilfe, der vom Erben des behinderten Vorvermächtnisnehmers Kostenersatz verlangt. In Abweichung vom Grundsatz, dass ein Alleinerbe nicht Testamentsvollstrecker sein darf, kann bei § 2223 BGB eine **Ausnahme** erfolgen. Danach kann ein Alleinerbe Vermächtnisvollstrecker sein, denn hier vollstreckt er nicht seinen eigenen Nachlass, sondern muss im Interesse eines anderen handeln. Auch der Bedachte kann selbst Vermächtnisvollstrecker werden. Lediglich dem Allein-(Haupt-)Vermächtnisnehmer ist das Amt wegen der Interessenkollision versagt.

Aufgrund der zahlreichen ungeklärten Anwendungsbereiche der Vorschrift ist dringend anzuraten, diese in der letztwilligen Verfügung so genau wie möglich anzuordnen.[11]

Der Vermächtnisvollstrecker erhält auf Antrag nach § 2368 BGB ein **Testamentsvollstreckerzeugnis**, wird aber nicht im **Erbschein** erwähnt. Allerdings kann er sich ins **Grundbuch** eintragen lassen, wenn z.B. der Vermächtnisnehmer als Eigentümer des vermachten Grundstücks dort eingetragen wird.

§ 2224 Mehrere Testamentsvollstrecker

(1) [1]Mehrere Testamentsvollstrecker führen das Amt gemeinschaftlich; bei einer Meinungsverschiedenheit entscheidet das Nachlassgericht. [2]Fällt einer von ihnen weg, so führen die übrigen das Amt allein. [3]Der Erblasser kann abweichende Anordnungen treffen.

(2) Jeder Testamentsvollstrecker ist berechtigt, ohne Zustimmung der anderen Testamentsvollstrecker diejenigen Maßregeln zu treffen, welche zur Erhaltung eines der gemeinschaftlichen Verwaltung unterliegenden Nachlassgegenstands notwendig sind.

Literatur

Kretschmann, Die Mehrheit von Testamentsvollstreckern nach § 2224 BGB, Diss. Bayreuth 2020; *ders.*, Notwendige Erhaltungsmaßnahmen bei mehreren Testamentsvollstreckern nach § 2224 Abs. 2 BGB, ZEV 2023, 193; *ders.*, Zurechnungsprobleme bei mehreren Testamentsvollstreckern, ZEV 2022, 383; *Roth*, Praxisfragen bei Handeln mehrerer Testamentsvollstrecker, NJW-Spezial 2024, 743.

---

10 So zu Recht *Damrau/Mayer*, ZEV 2001, 293; a.A. *Spall*, ZEV 2002, 5.

11 So *Lange*, DNotZ 2018, 816.

Übersicht: Rdn

A. Allgemeines

Nach § 2224 BGB kann der Erblasser mehrere Testamentsvollstrecker benennen. Die 1
Ernennung selbst erfolgt nach Maßgabe der §§ 2197–2200 BGB, wobei keine zahlenmäßige Beschränkung besteht.[1] Der Vorteil der Ernennung mehrerer Testamentsvollstrecker liegt darin, dass so eine Verteilung der Verantwortung und gegenseitige Kontrolle geschaffen werden kann. Dies bietet sich insbesondere bei größeren Nachlässen an.

B. Tatbestand

I. Gemeinschaftliche Amtsführung (Abs. 1)

Nach Abs. 1 S. 1 müssen alle Testamentsvollstrecker das Amt gemeinschaftlich führen. 2
Es gilt das **Einstimmigkeitsprinzip.**[2] Kommt es zu Meinungsverschiedenheiten, entscheidet das Nachlassgericht, es sei denn, der Erblasser hat Abweichendes angeordnet. Ein gleichzeitiges Handeln aller Testamentsvollstrecker ist nicht notwendig. Handelt ein Testamentsvollstrecker allein, so wird die Verfügung jedoch erst wirksam, wenn die übrigen Vollstrecker nachträglich das Rechtsgeschäft gem. § 185 Abs. 1 BGB genehmigen. Fehlt die Genehmigung eines Mitvollstreckers, so ist das Rechtsgeschäft schwebend unwirksam. Sofern einem handelnden Testamentsvollstrecker von den weiteren Testamentsvollstreckern **Generalvollmacht** erteilt wurde, ist darauf zu achten, dass das **Gesamtvollstreckungsprinzip** des § 2224 BGB nicht umgangen wird.[3] So ist eine derartige Generalvollmacht nur dann wirksam, wenn sie sich auf einzelne Geschäfte beschränkt und widerruflich ist.

II. Ausnahme vom Gesamtvollstreckungsprinzip (Abs. 2)

Nach Abs. 2 ist ausnahmsweise jeder Testamentsvollstrecker berechtigt, ohne Zustim- 3
mung der anderen Testamentsvollstrecker diejenigen Maßnahmen, welche zur Erhaltung eines der gemeinschaftlichen Verwaltung unterliegenden Nachlassgegenstandes notwendig sind, auszuführen. Ebenso kann jeder einzelne Testamentsvollstrecker bei Meinungsverschiedenheiten allein das Nachlassgericht anrufen. Bei der Gesamtvollstreckung stellt sich für Dritte häufig das Problem, dass diese nicht wissen, dass tatsächlich Gesamtvollstreckung angeordnet ist und nicht nur eine einzelne Testamentsvollstreckung. Sämtliche Rechtsgeschäfte bleiben **schwebend unwirksam,** solange nicht die anderen Testamentsvollstrecker ihre **Genehmigung** erteilt haben.[4] Beruft sich der Dritte auf eine Anscheinsvollmacht gem. § 164 Abs. 1 S. 2 BGB oder auf eine ausdrückliche Erklärung des Testamentsvollstreckers, er handele im Namen auch der weiteren Gesamtvollstrecker, so bleibt dennoch das Rechtsgeschäft gegenüber dem Nachlass schwebend unwirksam, da eine tatsächliche Bevollmächtigung notwendig ist. Dann haftet aber der erklärende oder handelnde Testamentsvollstrecker nach Maß-

1 MüKo/*Zimmermann*, § 2224 Rn 2.
2 BGH NJW 1967, 2402.
3 BGHZ 34, 27.
4 RG JW 1932, 1358.

gabe des § 179 BGB.[5] Mit Ausnahme der wirksamen Bevollmächtigung eines einzelnen Testamentsvollstreckers und einer abweichenden Anordnung müssen alle Amtsführungen gemeinschaftlich vorgenommen werden, wie z.B. das Stellen eines Antrags auf Grundbuchberichtigung, eines Antrags, Verwaltungsanordnungen gem. § 2216 Abs. 2 S. 2 BGB aufzuheben sowie ein Nachlassinsolvenzverfahren zu beantragen.

III. Entscheidung bei Meinungsverschiedenheit unter Gesamtvollstreckern

4 Nach Abs. 1 S. 1 Hs. 2 entscheidet bei Meinungsverschiedenheit über die sachliche Amtsführung unter mehreren Testamentsvollstreckern das **Nachlassgericht.**[6] Im Einzelnen ist zu differenzieren, welche Art von Meinungsverschiedenheit zwischen den Testamentsvollstreckern besteht, wobei in der Praxis die Abgrenzung schwierig ist. Zum einen kann es darum gehen, wie das einzelne Amt auszuüben ist, zum anderen kann auch die Beantwortung einer Auslegungsfrage des Testaments problematisch sein. Bereits aus dem Wortlaut des Abs. 1 S. 1 Hs. 1 ergibt sich, dass nur die Frage der Art und Weise der Amtsausübung durch das Nachlassgericht bei Meinungsverschiedenheiten entscheidungsbefugt ist.

5 Bei den anderen Fragen ist lediglich das **Prozessgericht** entscheidungsbefugt, wie z.B. bei der Frage, ob eine Rechtshandlung von allen Mitvollstreckern gemeinsam vorzunehmen ist oder welcher Vollstrecker sie vorzunehmen hat.[7] Problematisch ist jedoch, ob nicht ausnahmsweise das Nachlassgericht auch dann für Fragen der Testamentsauslegung zuständig ist, wenn dies lediglich eine **Vorfrage** hinsichtlich der Amtsausübung der Gesamtvollstrecker ist. Nach der missverständlichen **Rspr.** des **BGH**[8] sei das Nachlassgericht nur befugt, über Meinungsverschiedenheiten in der Amtsführung zu entscheiden, nicht hingegen bei Rechtsfragen, auch wenn sie für die Art der gemeinschaftlichen Amtsführung von Bedeutung sind. Dies ergibt sich jedoch lediglich aus den Leitsätzen, nicht aber direkt aus den Entscheidungsgründen, die nicht ausschließen, dass rechtliche Vorfragen auch durch das Nachlassgericht entschieden werden können. Nach der **h.M.** kann das Nachlassgericht über Rechtsfragen, die eine Vorfrage für eine umstrittene Amtshandlung ist, inzident entscheiden.[9] An die Entscheidung des Nachlassgerichts ist jedoch das Prozessgericht nicht gebunden.
Typische Verwaltungsmaßnahmen, über die das Nachlassgericht zu entscheiden hat, sind Kapitalanlagenentscheidungen oder der Auseinandersetzungsplan.

6 **Antragsberechtigt** ist jeder Mitvollstrecker allein. Entgegen der überwiegenden Ansicht[10] ist sonstigen Beteiligten, wie dem Erben, Vermächtnisnehmer oder Pflichtteilsberechtigten, kein Antragsrecht zuzubilligen, da diesen die Möglichkeit aus § 2216 BGB zusteht, direkt vor dem Prozessgericht zu klagen[11] Andernfalls könnte es auch zu einer Entscheidungsdivergenz kommen. Unstr. wird dem Dritten, der das Rechtsgeschäft schließen will, kein Antragsrecht zugebilligt.

7 Der **Richter** ist gem. § 16 Abs. 1 Nr. 4 RPflG funktionell zuständig. Bei landwirtschaftlichen Grundstücken i.S.d. **Höfeordnung** entscheidet nicht das Nachlassgericht, sondern das Landwirtschaftsgericht. Das Nachlassgericht prüft in mehreren Schritten. Zunächst ist zu prüfen, ob die beabsichtigte Maßnahme mit dem Gesetz bzw. der letztwilligen Verfügung des Erblassers vereinbar ist. Anschließend ist die **Notwendig-**

---

5 *Kretschmann*, ZEV 2023, 193 m.w.N.
6 Staudinger/*Dutta*, § 2224 Rn 23.
7 MüKo/*Zimmermann*, § 2224 Rn 11; Staudinger/*Dutta*, § 2224 Rn 24.
8 BGHZ 20, 264.
9 BeckOK BGB/*Lange*, § 2224 Rn 6; Staudinger/*Dutta*, § 2224 Rn 22.
10 BeckOK BGB/*Lange*, § 2224 Rn 5; Staudinger/*Dutta*, § 2224 Rn 25; MüKo/*Zimmermann*, § 2224 Rn 13; KG OLGE 30, 209.
11 So wie hier Soergel/*Becker*, § 2224 Rn 19.

keit und **Zweckmäßigkeit**[12] des Rechtsgeschäfts zu prüfen. **Prüfungsgegenstand** ist somit nur ein tatsächliches Verhalten des Testamentsvollstreckers, das in Ausführung der Verwaltungsaufgabe vorgenommen wird. Insofern wird lediglich die sachliche Amtsführung überprüft. Das Nachlassgericht kann lediglich den von dem Testamentsvollstrecker vorgetragenen Vorschlag billigen oder ihn ablehnen bzw. in geringem Umfang modifizieren. Hingegen kann es nicht selbst eine Entscheidung treffen, welche Handlung richtig wäre. Das Gericht entscheidet somit lediglich, dass der Mitvollstrecker zu der gewünschten Maßnahme seine Zustimmung zu erteilen habe. Eine Ersetzungswirkung sieht das Gesetz nicht vor, d.h., die Zustimmung des Testamentsvollstreckers wird nicht ersetzt.[13]

Stimmt der Mitvollstrecker weiterhin der Maßnahme trotz Entscheidung des Nachlassgerichts nicht zu, so muss er vor einem Prozessgericht auf Zustimmung verklagt werden[14] bzw. es ist ein Entlassungsverfahren nach § 2227 BGB anzustrengen. Grundsätzlich macht sich der sich weiterhin weigernde Mitvollstrecker **schadensersatzpflichtig** nach Maßgabe des § 2219 BGB. 8

C. Verfahrensfragen/Praktische Hinweise

Sofern **Aktivprozesse** gem. § 2212 BGB geführt werden sollen, sind alle Gesamtvollstrecker gem. § 62 ZPO **notwendige Streitgenossen**,[15] so dass im Bereich der gemeinschaftlichen Amtsführung alle zusammen Klage erheben müssen. Hingegen müssen nur dann alle Gesamtvollstrecker bei **Passivprozessen**[16] verklagt werden, wenn die begehrte Handlung nur von allen gemeinsam erfüllt werden kann. Dies gilt z.B. nicht bzgl. der Erfüllung von Informations- und Rechenschaftspflichten gem. §§ 666, 2218 BGB, da hierzu jeder einzelne Testamentsvollstrecker verpflichtet ist. Sofern während eines Aktivprozesses ein Testamentsvollstrecker wegfällt und durch einen neuen Testamentsvollstrecker ersetzt wird, kommt es zur Unterbrechung des Rechtsstreits nach § 241 ZPO, es sei denn, die weiteren Testamentsvollstrecker sind. gem. § 246 ZPO jeweils durch Prozessbevollmächtigte vertreten. Fällt hingegen das Amt eines Mitvollstreckers vollständig fort, so kann der Rechtsstreit von den verbleibenden Mitvollstreckern allein weitergeführt werden (Abs. 1 S. 2). 9

Sind mehrere Testamentsvollstrecker gleichberechtigt eingesetzt, kann das Finanzamt wählen, an welchen es sich hält. Demzufolge genügt die Bekanntgabe des Erbschaftsteuerbescheids gegenüber nur einem Testamentsvollstrecker, um wirksam zu werden (§ 32 Abs. 1 S. 1 ErbStG). Rein interne Vereinbarungen der Mittestamentsvollstrecker tangieren das Finanzamt nicht.[17] 10

Erhebliche Probleme können bei Meinungsverschiedenheiten von mehreren Testamentsvollstreckern bei der Verwaltung über einen Gesellschaftsanteil entstehen. Können sich die einzelnen Testamentsvollstrecker nicht auf eine einheitliche Stimmabgabe einigen, stellt sich die Frage, wie dies beim Quorum zu berücksichtigen ist. Es ist daher ratsam, im Rahmen von Satzungsregelungen zu bestimmen, dass dann von vornherein die Stimme z.B. als Enthaltung zu werten ist. 11

Es besteht im Übrigen kein Anspruch mehrerer, gemeinschaftlich berufener Testamentsvollstrecker auf eine über § 2221 BGB hinausgehende Honorierung für ihre 12

---

12 BayObLG MDR 1978, 142.

13 Vgl. Grüneberg/*Weidlich*, § 2224 Rn 4, BeckOK BGB/*Lange*, § 2224 Rn 9.

14 Vgl. hierzu BeckOK BGB/*Lange*, § 2224 Rn 8; Staudinger/*Dutta*, § 2224 Rn 26; a.A. MüKo/*Zimmermann*, § 2224 Rn 14.

15 Bonefeld/Kroiß/Tanck/*Bonefeld*, Erbprozess, § 1 Rn 73.

16 Dazu Bonefeld/Kroiß/Tanck/*Bonefeld*, Erbprozess, § 8 Rn 86 ff.

17 So *Roth*, NJW-Spezial 2024, 743.

Aufgabe, untereinander das notwendige Einvernehmen herzustellen.[18] Bei gemeinschaftlicher oder paralleler Tätigkeit mehrerer Testamentsvollstrecker ist die Vergütung weder schematisch zu teilen noch einfach zu vervielfältigen.[19]

13 Im Hinblick auf Zurechnungsfragen bei mehreren Testamentsvollstreckern kann für den Zugang von Willenserklärungen zunächst auf einen für das Vertretungsrecht entwickelten Grundsatz zurückgegriffen werden, weshalb der Zugang bei einem Testamentsvollstrecker ausreicht.[20] Dies gilt auch für die Wissenszurechnung des jeweils anderen Testamentsvollstreckers. Für den Bereich des Verschuldens scheidet eine Zurechnung grds. wegen § 2219 Abs. 2 BGB aus.

14 Erst mit **Rechtskraft** wird die Entscheidung des Nachlassgerichts wirksam (§§ 355 Abs. 2, 40 Abs. 3 FamFG). Gegen die Entscheidung steht das Rechtsmittel der **sofortigen Beschwerde** (gem. §§ 58 Abs. 1, 355 Abs. 2 FamFG (Zwei-Wochen-Frist)) zur Verfügung, sofern über Meinungsverschiedenheiten bzgl. der Vornahme eines Rechtsgeschäfts entschieden wurde. Andernfalls braucht lediglich die **einfache Beschwerde** eingelegt zu werden. Nur der Antragsteller ist nach Maßgabe von § 59 Abs. 2 FamFG gegen die Antragsablehnung **beschwerdeberechtigt**. Sofern die Rechte beeinträchtigt sind, kann jeder Testamentsvollstrecker, auch gegen eine stattgebende Entscheidung, Rechtsmittel einlegen. Besteht **Gefahr im Verzug**, kann die sofortige Wirksamkeit angeordnet werden gem. § 40 Abs. 3 S. 2 FamFG. Andernfalls wird die Entscheidung erst mit Rechtskraft wirksam (§ 40 Abs. 3 S. 1 FamFG). Es gibt keine unbefristeten Beschwerden. Die Beschwerdefrist beträgt bei Entscheidungen über Meinungsverschiedenheiten zwei Wochen nach § 355 Abs. 2 FamFG. Nach KV Nr. 12420 GNotKG fällt eine 0,5 Gebühr für das Verfahren über sonstige anlässlich einer Testamentsvollstreckung zu treffenden Anordnungen an.[21]

§ 2225 Erlöschen des Amts des Testamentsvollstreckers

Das Amt des Testamentsvollstreckers erlischt, wenn er stirbt oder wenn ein Fall eintritt, in welchem die Ernennung nach § 2201 unwirksam sein würde.

Literatur

Bonefeld, Die Beendigung des Testamentsvollstreckeramtes, ZErb 2000, 184; *Damrau*, Das Ende der Testamentsvollstreckung über ein Vorvermächtnis, in: FS Kraft, 1998, S. 37; *Reimann*, Ende der Testamentsvollstreckung durch Umwandlung?, ZEV 2000, 381; *Schmucker*, Testamentsvollstrecker und Erbe (Diss.), 2001; *Zimmermann*, Der geschäftsunfähige oder betreute Testamentsvollstrecker, ErbR 2020, 452.

Übersicht: Rdn

18 BGH ZEV 2003, 413.
19 So auch BeckOK BGB/*Lange*, § 2221 Rn 20.
20 *Kretschmann*, ZEV 2022, 383.
21 *Kroiß*, ZEV 2013, 417.

A. Allgemeines

Das Amt des Testamentsvollstreckers endet in den Fällen der §§ 2225, 2226 und 2227 BGB. Diese Vorschriften über die Amtsbeendigung enthalten keine abschließende Regelung.[1] Zu differenzieren ist zwischen der Beendigung des Amts des Testamentsvollstreckers an sich und der Beendigung der Testamentsvollstreckung insgesamt. Eine Beendigung insgesamt kommt dann nicht in Frage, wenn ein weiterer Testamentsvollstrecker vorhanden ist (§ 2224 Abs. 1 S. 2) oder der Erblasser durch Ersatzbestimmungen vorgesorgt hat.[2] 1

B. Tatbestand

I. Beendigungstatbestände

Im Einzelnen gibt es folgende **Beendigungstatbestände** des Testamentsvollstreckeramts: 2
- Tod des Testamentsvollstreckers nach § 2225 Alt. 1 BGB;
- Eintritt der Amtsunfähigkeit des Testamentsvollstreckers nach § 2225 Alt. 2 BGB i.V.m. § 2201 BGB;
- Verlust der Rechtsfähigkeit bei juristischen Personen analog § 2225 BGB;
- Kündigung des Testamentsvollstreckers nach § 2226 BGB;
- Entlassung durch das Nachlassgericht nach § 2227 BGB.

Hingegen **endet** die Testamentsvollstreckung **insgesamt** z.B. durch: 3
- Erblasseranordnung (auflösende Bedingung/Befristung);
- vollständige Erschöpfung des Nachlasses;
- Erledigung aller dem Testamentsvollstrecker obliegenden Aufgaben (z.B. Gründung der Stiftung und Übertragung des vollständigen Nachlassvermögens auf sie);
- Ablauf der 30-Jahres-Frist bei Verwaltungsvollstreckung (§ 2210 BGB), sofern sich nicht nach § 2210 S. 2 BGB eine Abwicklungsvollstreckung anschließt;
- Eintritt des Nacherbfalls bei Nacherbenvollstreckung (§ 2222 BGB);
- Veräußerung oder Freigabe nach § 2217 BGB des Gegenstandes, für den allein Testamentsvollstreckung angeordnet wurde;
- „partielles Hineinwachsen" nach länger andauernder Testamentsvollstreckung in das Eigenvermögen der Erben[3] durch Eigenleistung der Erben und damit „Hinauswachsen" aus dem der Testamentsvollstreckung unterliegenden Nachlass;
- Tod der Person, für deren Lebensdauer die Testamentsvollstreckung angeordnet wurde (Erbe/Vermächtnisnehmer).

Vereinbaren bei der Abwicklungsvollstreckung die Erben, sich nicht auseinandersetzen zu wollen, und hat der Testamentsvollstrecker alle weiteren Aufgaben mit Ausnahme der Auseinandersetzung erledigt, so endet ebenfalls die Testamentsvollstreckung.[4] In der Praxis kann es somit zu taktischen Überlegungen der Erben kommen, um sich eines Testamentsvollstreckers bei einer reinen Abwicklungsvollstreckung zu entledigen. Die Erbengemeinschaft könnte theoretisch nach Beendigung der Testamentsvollstreckung durch ihren **Beschluss der Nichtauseinandersetzung** im Rahmen eines actus contrarius diesen wieder aufheben und sich ohne Testamentsvollstreckung entgegen dem Erblasserwillen auseinandersetzen. Eine derartige Vorgehensweise widerspricht den gesetzlichen Regelungen in §§ 2225–2227 BGB, wonach sich die Erben eines Testamentsvollstreckers nicht so ohne Weiteres entledigen können. Entgegen der 4

1 *Zimmermann*, Testamentsvollstreckung, Rn 791; *Schmucker*, Testamentsvollstrecker und Erbe, S. 274 m.w.N.
2 Grüneberg/*Weidlich*, § 2225 Rn 1; OLG Saarbrücken ZEV 2020, 97.
3 Bengel/Reimann/Holtz/Röhl/*J. Klinger*, § 8 Rn 115 ff.
4 BayObLGZ 1953, 357.

Rspr.[5] und einem Teil der Lit.[6] lebt daher im Falle der späteren Auseinandersetzung die vermeintlich beendete Testamentsvollstreckung wieder auf, da der Testamentsvollstrecker an den ersten Beschluss nur schuldrechtlich gebunden war.[7] Der Testamentsvollstrecker muss lediglich das Nachlassgericht um Aushändigung des alten Testamentsvollstreckerzeugnisses bitten, um anschließend die Erbauseinandersetzung zu betreiben. Am sichersten erscheint mithin der Weg zu sein, die Erbenstellung des einzelnen davon abhängig zu machen, dass er nicht die Auseinandersetzung durch eine Vereinbarung vereitelt. **Kein Erlöschen bzw. keine Beendigung** des Testamentsvollstreckeramts ergibt sich durch:
- Anordnung der Nachlassverwaltung (nur Ruhen der Testamentsvollstreckerbefugnisse);
- Eröffnung der Nachlassinsolvenz (nur Ruhen der Testamentsvollstreckerbefugnisse);
- Eröffnung der Privatinsolvenz über das Vermögen des Testamentsvollstreckers;
- irrigen Glauben des Testamentsvollstreckers, er habe alle Aufgaben erfüllt.

II. Tod des Testamentsvollstreckers nach Alt. 1

5 Verstirbt der Testamentsvollstrecker, erlischt das Amt des Testamentsvollstreckers nicht zuletzt wegen der **Unvererblichkeit** automatisch mit dem Tod. Der **Erbe des Testamentsvollstreckers** ist jedoch wegen §§ 673 S. 2, 2218 BGB gegenüber den Erben, die unter Testamentsvollstreckung standen, hinsichtlich des Todes des Testamentsvollstreckers anzeigepflichtig und auch besorgungspflichtig.[8] Diese **Notbesorgungspflicht** führt dazu, dass die Erben des Testamentsvollstreckers unaufschiebbare Maßnahmen so lange vorzunehmen haben, bis der Erbe oder der neue Testamentsvollstrecker handeln kann.[9] Zudem ist der Erbe des Testamentsvollstreckers den Erben **informationspflichtig**, sofern nicht ein Mittestamentsvollstrecker eingesetzt ist, der die Geschäfte gem. § 2224 Abs. 2 BGB fortführen kann.[10] Die Notbesorgungspflicht endet mit der Bestellung eines neuen Testamentsvollstreckers. Wegen der notwendigen Einarbeitungszeit für den Testamentsvollstrecker-Erben ist für die Erfüllung seiner Rechenschaft ein weniger strenger Sorgfaltsmaßstab anzulegen als für den „normalen" Testamentsvollstrecker. Kommt der Erbe des Testamentsvollstreckers seiner Pflicht nach, kann ihm somit ebenfalls nach Beendigung seiner Tätigkeit Entlastung erteilt oder versagt werden. Ergänzend ist gleichsam eine posthume Entlastung des ehemaligen Testamentsvollstreckers möglich, die gegenüber den Erben erklärt werden kann.

III. Eintritt der Amtsunfähigkeit des Testamentsvollstreckers nach Alt. 2 i.V.m. § 2201 BGB

6 Wird der Testamentsvollstrecker **geschäftsunfähig** i.S.d. § 104 BGB oder wird er in seiner Geschäftsfähigkeit eingeschränkt, tritt **Amtsunfähigkeit** mit der Folge ein, dass das Amt des konkret berufenen Testamentsvollstreckers **erlischt.**[11] Gleiches gilt, wenn er nach § 1896 BGB zur Besorgung seiner sämtlichen Vermögensangelegenheiten einen **Betreuer** erhalten hat. Das Amt endet bereits mit der Bestellung eines vorläufigen

---

5 BayObLGZ 1953, 357; OLG München JFG 14, 190; OLG Hamm Rpfleger 1958, 15.
6 Staudinger/*Dutta*, § 2204 Rn 5 u. § 2225 Rn 2.
7 Grüneberg/*Weidlich*, § 2225 Rn 4; RGRK/*Kregel*, § 2204 Rn 2.
8 MüKo/*Zimmermann*, § 2225 Rn 4; BeckOK BGB/*Lange*, § 2225 Rn 5.
9 Mayer/Bonefeld/Tanck/*Kroiß*, Testamentsvollstreckung, § 13 Rn 6.
10 Vgl. Bengel/Reimann/Holtz/Röhl/*J. Klinger*, § 8 Rn 9; Grüneberg/*Grüneberg*, § 673 Rn 2.
11 *Zimmermann*, ErbR 2020, 452; Mayer/Bonefeld/Tanck/*Kroiß*, Testamentsvollstreckung, § 13 Rn 8.

Betreuers.[12] Ist das Amt nach § 2225 BGB weggefallen, kann es auch nicht wieder aufleben, wenn ein Unfähigkeitsgrund später wegfällt. Dies gilt nicht für Fälle bei **rückwirkender Aufhebung** des Beschlusses über die Anordnung der Betreuung, da quasi der alte Beschluss nichtig ist.[13] Die zwischenzeitlichen Geschäfte des vermeintlich amtsunfähigenTestamentsvollstreckers sind wegen § 47 FamFG wirksam.
Die Erben etc. haben bei Eintritt der Amtsunfähigkeit die Möglichkeit, dem Testamentsvollstrecker für seine bisher geleisteten Dienste Entlastung zu erteilen.

IV. Verlust der Rechtsfähigkeit bei juristischen Personen analog § 2225 BGB

Sofern eine **juristische Person** zum Testamentsvollstrecker bestellt wurde, stellt sich 7
die Frage, ob nicht für diese juristische Person diejenige Regelung anzuwenden ist, die für natürliche Personen gilt. Mit der h.M.[14] ist zu Recht der Verlust der Rechtsfähigkeit bei juristischen Personen mit dem Tod des Testamentsvollstreckers gleichzusetzen und § 2225 BGB analog anzuwenden. Ebenso erlischt in den Fällen der **Umwandlung** gleichzeitig die Testamentsvollstreckung mit dem untergehenden Rechtsträger.[15] Grundsätzlich bleibt aber die Testamentsvollstreckung erhalten, wenn der Rechtsträger erhalten bleibt. Ein Formwechsel hat wegen § 190 UmwG keine Auswirkungen auf die Testamentsvollstreckung. Kommt es zu einer **Verschmelzung** durch Neugründung nach §§ 20 Abs. 1 Nr. 2 S. 1, 36 Abs. 1 S. 1 UmwG, erlischt hingegen die Testamentsvollstreckung. Dies gilt nicht bei Verschmelzung durch Aufnahme gem. § 20 Abs. 1 Nr. 1 UmwG, wenn der aufnehmende Rechtsträger Testamentsvollstrecker war. Die Beendigung des konkreten Testamentsvollstreckeramts führt nicht zwingend zu einem Ende der gesamten Testamentsvollstreckung. Hier kommt es im Einzelfall auf die Auslegung der letztwilligen Verfügung an, ob die Testamentsvollstreckung noch fortdauert oder nicht. Dann müsste ggf. das Nachlassgericht einen Nachtestamentsvollstrecker gem. § 2200 BGB bestimmen. Eine Entlastung nach Verlust der Rechtsfähigkeit ist bei juristischen Personen nicht mehr möglich. Eine Ausnahme besteht in den Fällen, in denen im Wege der Gesamtrechtsnachfolge die juristische Person auf einen anderen Rechtsträger übergeht oder die Handelsgesellschaft nach dem Umwandlungsgesetz umgewandelt wird.[16]

V. Rechtsfolgen der Amtsbeendigung

Alle Verwaltungs-, Verfügungs- und Verpflichtungsbefugnisse verliert der Testaments- 8
vollstrecker automatisch mit der Beendigung des Amts. Der Testamentsvollstrecker ist anschließend gem. §§ 666 ff., 2218 BGB zur **Herausgabe** des durch die Testamentsvollstreckung Erlangten und in Besitz Genommenen sowie zur **Rechenschaft** verpflichtet. Wird nur das Amt, nicht aber die Testamentsvollstreckung insgesamt beendet, sind die Pflichten gegenüber dem Testamentsvollstreckernachfolger inkl. Ersatztestamentsvollstrecker sowie Mittestamentsvollstrecker und nicht gegenüber den Erben etc. zu erfüllen. Handelt der Testamentsvollstrecker trotz Beendigung des Amts, sind diese Handlungen grundsätzlich unwirksam, wobei im Grundstücksverkehr str. ist, ob nicht § 878 BGB analog anwendbar ist, wenn der Testamentsvollstrecker seine Verfügungsbefugnis vor Grundbuchvollzug verliert. Von der h.M. wird eine analoge Anwendung abgelehnt, da die Vorwirkungen des § 878 BGB nicht bei Wegfall

12 BayObLG ZEV 1995, 63 m. zust. Anm. *Damrau*. Ablehnend *Zimmermann*, ErbR 2020, 452 da *„eilige einstweilige Anordnung"* nicht gleichwertig mit der Anordnung im regulären Verfahren sei.
13 *Zimmermann*, ErbR 2020, 452.
14 Bengel/Reimann/Holtz/Röhl/*J. Klinger*, § 8 Rn 11.
15 *Reimann*, ZEV 2000, 381 ff. m.w.N.
16 Mayer/BonefeldTanck/*Kroiß*, Testamentsvollstreckung, § 13 Rn 10; *Schmucker*, Testamentsvollstrecker und Erbe, S. 277; *Zimmermann*, Testamentsvollstreckung, Rn 831.

der gesamten Verfügungsbefugnis eingreifen. Für eine analoge Anwendung spricht jedoch der Schutzzweck des § 878 BGB, der auch dann anwendbar ist, wenn Rechtsinhaber und Verfügungsberechtigter nicht identisch sind.[17]

9 Sofern die Testamentsvollstreckung insgesamt beendet ist, erhält der Erbe das **Verwaltungs- und Verfügungsrecht**, weil § 2214 BGB fortan nicht mehr anwendbar ist. Da die Testamentsvollstreckung im Erbschein angegeben wird, wird ein so erteilter Erbschein unrichtig und muss eingezogen werden. Ebenso ist gem. §§ 84 ff. GBO von Amts wegen oder auf Antrag der **Testamentsvollstreckervermerk** nach § 52 GBO im Grundbuch zu löschen. Der Nachweis der Beendigung der Testamentsvollstreckung ist durch einen neuen Erbschein zu erbringen, in dem die Testamentsvollstreckung nicht aufgeführt ist. Gleichfalls kann ein Testamentsvollstreckerzeugnis mit Unwirksamkeitsvermerk vorgelegt werden. Der grundsätzlich zum Nachweis der Beendigung der Testamentsvollstreckung geeignete Beschluss des Nachlassgerichts kann im Grundbuchverfahren allerdings erst dann Verwendung finden, wenn der Beschluss in öffentlicher oder öffentlich beglaubigter Form zur Akte gereicht oder wegen der in der erforderlichen Form in den Akten desselben Amtsgerichts befindlichen Urkunde auf die Akten verwiesen wird und der Beschluss – durch entsprechendes Zeugnis (Rechtskraftvermerk) belegt – in Rechtskraft erwachsen ist.[18] Regelmäßig erlöschen auch alle dem Testamentsvollstrecker vom Erblasser erteilten Vollmachten, sofern sich nicht aus dem Erblasserwillen ersehen lässt, dass die Vollmacht unabhängig von der Testamentsvollstreckung erteilt wurde.

C. Verfahrensfragen/Praktische Hinweise

10 Wird das Amt während eines Prozesses beendet, so tritt gem. § 239 ZPO **Unterbrechung** ein oder kann nach § 246 ZPO auf Antrag ausgesetzt werden. Sofern Streit über die Beendigung der Testamentsvollstreckung besteht, ist nicht das Nachlassgericht, sondern vielmehr das **Prozessgericht** sachlich zuständig.[19] Allenfalls kann das Nachlassgericht über den Eintritt der Amtsbeendigung als Vorfrage entscheiden, wenn es z.B. einen Ersatzvollstrecker zu ernennen (§ 2200 BGB) oder über einen Entlassungsantrag (§ 2227 BGB) zu entscheiden hat.[20] Der Erbe kann, da kein Fall des § 2213 BGB besteht, die **Klage im eigenen Namen** auf Feststellung führen, dass die Testamentsvollstreckung beendet ist. I.R.d. letztwilligen Verfügung ist somit dringend deutlich zu machen, ob nur das Amt des Testamentsvollstreckers wegfällt oder aber die Testamentsvollstreckung insgesamt als beendet gilt. Endet das Amt des Testamentsvollstreckers, wird nach § 2368 Abs. 3 BGB das erteilte Testamentsvollstreckerzeugnis automatisch kraftlos, zumal ein förmliches Einziehungsverfahren im FamFG nicht vorgesehen ist. Demzufolge besteht auch keine gesetzliche Verpflichtung des Testamentsvollstreckers, die Beendigung des Amts dem Nachlassgericht mitzuteilen. Von Amts wegen soll das Nachlassgericht das Zeugnis zurückfordern. Insofern ist den Erben nach Beendigung der Testamentsvollstreckung zu raten, eigenständig tätig zu werden, damit das Testamentsvollstreckerzeugnis eingezogen wird. Im notariellen Bereich ist wegen § 2368 BGB unbedingt darauf zu achten, durch Einsicht in die Nachlassakten zu prüfen, ob das Amt des Testamentsvollstreckers nach Eintragung der Auflassungsvormerkung bzw. Auflassung noch besteht. Die Vorlage des Testamentsvollstreckerzeugnisses sollte vorsorglich auch verlangt werden, lässt aber keine eindeutigen Rückschlüsse darauf zu, ob das Amt noch fortbesteht.

---

17 LG Neubrandenburg MDR 1995, 491; Grüneberg/*Herrler*, § 878 Rn 11.
18 OLG Düsseldorf ZEV 2015, 164.
19 MüKo/*Zimmermann*, § 2225 Rn 3; OLG Saarbrücken ZEV 2020, 97.
20 MüKo/*Zimmermann*, § 2225 Rn 3.

Bei Prüfung des Nachweises der Unrichtigkeit eines Testamentsvollstreckervermerks ist das Grundbuchamt durch die Erteilung eines die Testamentsvollstreckung ausweisenden Erbscheins und eines Testamentsvollstreckerzeugnisses seitens des Nachlassgerichts nicht gehindert, die Beendigung der Testamentsvollstreckung festzustellen.[21] Dies kann jedoch nur gelten, wenn keine Ersatzbestimmung vorliegt. Der von dem Nacherben vorgelegte Erbschein reicht als Umschreibungsgrundlage im Grundbuchverfahren nur aus, wenn auch sonst keine Zweifel an der Nachlasszugehörigkeit des betroffenen Grundstücks bestehen.[22] Der Nachweis über die Beendigung der Testamentsvollstreckung kann in der Form des § 29 GBO nicht nur durch Vorlage eines Erbscheins, der die Testamentsvollstreckung nicht mehr verlautbart, sondern auch eines Testamentsvollstreckerzeugnisses, das mit einem Vermerk des Nachlassgerichts über die Beendigung der Testamentsvollstreckung versehen ist, geführt werden.[23] Die Beendigung der Testamentsvollstreckung ist für das Grundbuchamt nicht durch Bezugnahme auf Nachlassakten eines anderen AG offenkundig. Mit einem eingezogenen Erbschein kann der Nachweis der Erbfolge gem. § 35 Abs. 1 GBO aber nicht geführt werden.[24] 11

Sofern der Testamentsvollstrecker während der Amtszeit Vollmachten an Dritte erteilt hat, erlöschen diese nach noch h.M. ebenfalls mit Beendigung der Testamentsvollstreckung. Auch hier sollten vorsorglich sämtliche Vollmachtsurkunden zurückgefordert werden, da andernfalls bei widrigem Handeln der Vollmachtsinhaber eine **Haftung des Testamentsvollstreckers** nach § 179 BGB analog droht. Mit *Muscheler*[25] ist jedoch vielmehr auf den Einzelfall abzustellen, wie weit die Amtskompetenz des Testamentsvollstreckers reicht und wie das Rechtsgeschäft der Vollmachtserteilung auszulegen ist. Hat der Testamentsvollstrecker irrig geglaubt, er habe alle ihm obliegenden Aufgaben erledigt, stellen sich nachträglich weitere Verbindlichkeiten heraus, so wird der Fortbestand der Testamentsvollstreckung fingiert. Dieser kann dann beim Nachlassgericht entweder ein neues Testamentsvollstreckerzeugnis beantragen oder aber die Herausgabe des noch nicht mit einem Unwirksamkeitsvermerk versehenen alten Testamentsvollstreckerzeugnisses verlangen. 12

§ 2226 Kündigung durch den Testamentsvollstrecker

[1]Der Testamentsvollstrecker kann das Amt jederzeit kündigen. [2]Die Kündigung erfolgt durch Erklärung gegenüber dem Nachlassgericht. [3]Die Vorschrift des § 671 Abs. 2, 3 findet entsprechende Anwendung.

Literatur

Grunsky/Hohmann, Die Teilbarkeit des Testamentsvollstreckeramtes, ZEV 2005, 41; *Keller*, Die Beendigung der Testamentsvollstreckung durch Vereinbarung, ErbR 2021, 573; *Kühn*, Entgeltliche Amtsbeendigungsvereinbarungen bei Dauertestamentsvollstreckung, ZErb 2009, 140; *Muscheler*, Pflicht des Testamentsvollstreckers zur Kündigung seines Amtes, NJW 2009, 2081; *Reimann*, Vereinbarungen zwischen Testamentsvollstreckern und Erben über die vorzeitige Beendigung der Testamentsvollstreckung, NJW 2005, 789; *Siebert*, Wie kann vorzeitig eine überlange Testamentsvollstreckung beendet werden?, EE 2006, 16; *Steiner*, Vereinbarungen zwischen dem Testamentsvollstrecker und Erben, ZEV 2020; *Werner*, Wie man einen Testamentsvollstrecker los wird, ZEV 2010, 26.

---

21 So OLG München ZEV 2006, 173 m. abl. Anm. *Zimmermann*, ZEV 2006, 174.
22 OLG Saarbrücken NJW-RR 2023. 1130. Dazu auch OLG Saarbrücken ZEV 2020, 97.
23 OLG München ZEV 2020, 650.
24 BGH NJW 2021, 858.
25 ZEV 2008, 213.

A. Allgemeines

1 Durch § 2226 BGB wird dem Testamentsvollstrecker ermöglicht, jederzeit eine Kündigung auszusprechen. Der Erblasser kann diesen Schritt durch ein Verbot in der letztwilligen Verfügung nicht verhindern. Wohl aber kann er etwaige Zuwendungen an den Testamentsvollstrecker unter der auflösenden Bedingung von der Nichtausübung des Kündigungsrechts abhängig machen.

B. Tatbestand

2 Hat sich der Testamentsvollstrecker entschlossen, bereits vor der Erledigung sämtlicher Aufgaben das Amt aufzugeben, so kann er nach S. 2 durch einfache **unwiderrufliche, formfreie Erklärung** gegenüber dem Nachlassgericht sein Amt kündigen.[1] Die Kündigung kann jederzeit, also **ohne** Einhaltung einer **Kündigungsfrist** erfolgen. Eine Kündigung zur Unzeit nach Maßgabe des § 671 Abs. 2 BGB darf nur erfolgen, wenn ein wichtiger Grund vorliegt. Der Testamentsvollstrecker darf somit nicht kündigen, wenn der Erbe für die Besorgung des Geschäfts nicht anderweitig Fürsorge treffen kann. Sofern ein wichtiger Grund vorliegt, wie z.B. eine schwere Erkrankung, entfällt das Verbot der Kündigung zur Unzeit. Insgesamt ist an die Annahme eines wichtigen Grundes ein strenger Maßstab anzulegen. Sofern die Kündigung zur Unzeit erfolgt, ist diese wirksam, führt aber zur Schadensersatzpflicht des Testamentsvollstreckers.

3 Für die Erklärung der **amtsempfangsbedürftigen** Willenserklärung gegenüber dem Nachlassgericht gilt § 130 BGB. Sowohl eine ausdrückliche als auch eine **stillschweigende Kündigung** ist möglich,[2] wobei aus Letzterer der Kündigungswille mit hinreichender Deutlichkeit hervorgehen muss. Sie kann nicht widerrufen werden, ist aber gegenüber dem Nachlassgericht nach §§ 119, 123 BGB anfechtbar. Eine gesetzliche Regelung für eine mögliche **Teilkündigung** durch den Testamentsvollstrecker fehlt. Letztendlich ist eine Teilkündigung nur dann zulässig, wenn einzelne abtrennbare Aufgabenbereiche vorliegen und ferner davon ausgegangen werden kann, dass eine Teilniederlegung des Amts mit dem Erblasserwillen vereinbar ist.[3] Eine unzulässige Teilkündigung führt wegen des fehlenden Willens, das Amt insgesamt aufzugeben, nicht automatisch zur vollständigen Beendigung des Testamentsvollstreckeramts.[4] Jeder Mitvollstrecker kann allein das Amt mit Wirkung für sich kündigen. Nur wenn der Erblasser dies so wollte, würde dann auch das Amt der anderen Mitvollstrecker enden.

4 Erblasser oder Erben können mit dem Testamentsvollstrecker einen Vertrag schließen, wonach sein Kündigungsrecht aus § 2226 BGB ausgeschlossen werden soll. Dabei handelt es sich um einen Verzicht. Verpflichtet sich eine Person zur Ausführung des Testamentsvollstreckeramts per Vertrag, so ist darin eine Kündigungsabrede zu sehen.[5] Dabei bleibt die Kündigung aus wichtigem Grund weiterhin möglich. Sofern kein wichtiger Grund vorliegt, kann dies zu Schadensersatzpflichten des Testamentsvollstreckers führen.

5 Der Testamentsvollstrecker kann auch mit den Erben eine Abrede treffen, wonach er zur Niederlegung des Amts unter bestimmten Voraussetzungen verpflichtet wird.

---

1 BeckOK BGB/*Lange*, § 2226 Rn 3; Staudinger/*Dutta*, § 2226 Rn 4.

2 OLG Düsseldorf ZEV 1998, 353.

3 BeckOK BGB/*Lange*, § 2226 Rn 5; OLG Hamm NJW-RR 1991, 837; a.A.; MüKo/*Zimmermann*, § 2226 Rn 2 ff.

4 So auch OLG Hamm FamRZ 1992, 113; KGJ 43, 88; KG JW 1939, 421; Grüneberg/*Weidlich*, § 2226 Rn 2; *Grunsky/Homann*, ZEV 2005, 41; *Winkler*, DNotZ 1992, 320; a.A. Staudinger/*Dutta*, § 2226 Rn 6; MüKo/*Zimmermann*, § 2226 Rn 2.

5 MüKo/*Zimmermann*, § 2226 Rn 4.

Dieser Anspruch kann von den Erben eingeklagt werden.[6] Der BGH hält nur solche Vereinbarungen des Testamentsvollstreckers ausnahmsweise für unwirksam, die mit der Stellung des Testamentsvollstreckers als Träger eines unabhängigen Amts unvereinbar wären (z.B. Verpflichtung zur Kündigung auf jederzeitiges Verlangen der Erben). Dies ist dann der Fall, wenn sich der Testamentsvollstrecker verpflichtet, jederzeit quasi auf Zuruf eines Miterben zu kündigen. *Muscheler*[7] sieht hingegen in derartigen Fällen keine Sittenwidrigkeit nach § 138 BGB und hält es für unmöglich, dass der Testamentsvollstrecker als Amtsträger eine Kündigung begründen könne. Dementsprechend sei eine solche Verpflichtung nicht einklagbar, sondern die schuldhafte Verletzung der Vereinbarung löst Schadensersatzansprüche gegen den Testamentsvollstrecker aus. Dagegen vertritt *Reimann*[8] die These, dass eine Unzulässigkeit insbesondere bei sog. verdeckten Kündigungsvereinbarungen anzunehmen sei. Damit sind die Fälle gemeint, in denen die Erben mit dem Testamentsvollstrecker vereinbaren, dass dieser das Amt als Testamentsvollstrecker nur noch seiner äußeren Form nach weiterführt, jedoch alle wesentlichen Nachlassgegenstände an die Erben freigibt oder die Verwaltung von der Zustimmung der Erben abhängig macht. Auch entgeltliche Beendigungsvereinbarungen bei Dauertestamentsvollstreckung sind risikobehaftet, wobei insbesondere bei der Frage der Abfindung ein Wuchergeschäft vorliegen kann.[9]

Die Nichterfüllung dieses Anspruchs kann ggf. einen Entlassungsgrund aus § 2227 BGB darstellen. Besteht zwischen den Beteiligten über den Inhalt des die Zusage zur Aufgabe umfassenden Vertrages Streit, kann darüber nicht inzident im Entlassungsverfahren entschieden werden.[10] Der Vertrag kann aber nicht dergestalt abgeschlossen werden, dass der Testamentsvollstrecker jederzeit auf Verlangen der Erben verpflichtet ist, das Amt niederzulegen, da hierdurch seine Unabhängigkeit gefährdet ist. Verpflichtungsgrund für die Niederlegung kann daher lediglich ein Grund sein, der nicht im Ermessen der Erben steht. Eine anders lautende Vereinbarung zwischen den Erben und dem Testamentsvollstrecker ist unwirksam. 6

Die Kündigung führt zur **Beendigung des Amts** des Testamentsvollstreckers, nicht unbedingt zur Beendigung der Testamentsvollstreckung insgesamt (vgl. Ausführungen zu § 2225 BGB). 7

C. Verfahrensfragen/Praktische Hinweise

Nach KV Nr. 12410 Abs. 1 Nr. 4 GNotKG beträgt die Gebühr für die Entgegennahme der Kündigung 16 EUR. Ist die Wirksamkeit der Kündigung str., so ist das **Prozessgericht** sachlich zuständig und nicht das Nachlassgericht, welches nur die Wirksamkeit einer Kündigung als Vorfrage prüfen kann.[11] Sofern kein wichtiger Grund zur Kündigung vorliegt, kann ggf. wegen der Kündigung zur Unzeit ein **Schadensersatzanspruch** entstehen. Dieser kann dadurch verhindert werden, dass der Testamentsvollstrecker mit einer angemessenen Frist kündigt. Sofern ein Testamentsvollstrecker eine unzulässige Teilkündigung ausspricht, dürfte er als zur Ausübung des Testamentsvollstreckeramts ungeeignet anzusehen sein, so dass die Erben einen **Entlassungsantrag** nach § 2227 BGB stellen können. 8

6 BGHZ 25, 275 = BGH NJW 1962, 912, OLG Hamm ZErb 2008, 203. So auch NK-BGB/*Kroiß*, § 2226 Rn 5; Grüneberg/*Weidlich*, § 2226 Rn 4; *Steiner*, ZEV 2020, 330; *Keller*, ErbR 2021, 573.
7 NJW 2009, 2081.
8 NJW 2005, 789; ebenso *Siebert*, EE 2006, 18; *Werner*, ZEV 2010, 26.
9 Dazu ausführlich *Kühn*, ZErb 2009, 140.
10 OLG Hamm ZErb 2008, 203.
11 Grüneberg/*Weidlich*, § 2226 Rn 2.

§ 2227 Entlassung des Testamentsvollstreckers

Das Nachlassgericht kann den Testamentsvollstrecker auf Antrag eines der Beteiligten entlassen, wenn ein wichtiger Grund vorliegt; ein solcher Grund ist insbesondere grobe Pflichtverletzung oder Unfähigkeit zur ordnungsmäßigen Geschäftsführung.

Literatur

Klauck, Dogmatische Fragen der Entlassung des Testamentsvollstreckers, ZErb 2023, 161; *Lange*, Der wichtige Grund für eine Entlassung des Testamentsvollstreckers nach § 2227 BGB, ErbR 2023, 2; *Muscheler*, Die Entscheidung des BGH zur testamentarischen Schiedsklausel für die Entlassung des Testamentsvollstreckers, ZEV 2018, 120; *Strobel*, Rechtsschutz gegen den pflichtwidrig handelnden Testamentsvollstrecker, NJW 2020, 3745; *Trappe*, Die Abberufung des Testamentsvollstreckers aus wichtigem Grund, ErbR 2021, 395; *Zimmermann*, Die Kontrolle des Testamentsvollstreckers durch den Erben, ZEV 2024, 68.

Übersicht: Rdn

A. Allgemeines

1 Der Testamentsvollstrecker kann gegen seinen Willen nach Maßgabe des § 2227 BGB entlassen werden. Eine Zustimmung zum Entlassungsantrag des Testamentsvollstreckers beim Nachlassgericht entspricht einer Kündigungserklärung nach § 2226 BGB. Es ist das schärfste Mittel, welches der Erbe zum Schutz gegen den Testamentsvollstrecker einsetzen kann. Der Erblasser kann dieses Recht grundsätzlich nicht einschränken. Auch wenn § 2227 BGB nicht in § 2220 BGB aufgeführt ist, so kann eine Bedingung zur Unterlassung von Entlassungsanträgen nach Maßgabe des § 138 BGB sittenwidrig sein.

B. Tatbestand

I. Entlassungsverfahren (Abs. 1)

1. Grundsätzliches

2 Vorab muss geprüft werden, ob überhaupt eine wirksame Ernennung sowie die Annahme des Amtes vorliegt und ob nicht das Amt bereits erloschen ist.[1] Das **Antragsverfahren** wird durch **formlosen** Antrag beim **Nachlassgericht** eingeleitet. Bis zur Rechtskraft der Entscheidung kann der Entlassungsantrag jederzeit zurückgenommen werden.[2] Das Zivilgericht ist nicht zuständig. Die §§ 2212 und 2213 BGB sind nicht

1 So zu Recht Bengel/Reimann/Holtz/Röhl/*Klinger*, § 8 Rn 22.
2 RGZ 133, 128; Mayer/Bonefeld/Tanck/*Kroiß*, Testamentsvollstreckung, § 13 Rn 14 ff.

anwendbar. Ferner kann das Nachlassgericht nicht von Amts wegen tätig werden.[3] Die Zuständigkeit des Nachlassgerichts ergibt sich aus §§ 342, 343, 355 FamFG. Für eine Prüfung, ob ein Entlassungsgrund gem. § 2227 BGB vorliegt, ist im Verfahren auf Erteilung eines Testamentsvollstreckerzeugnisses kein Raum.[4] Der Entlassungsantrag kann nach Abs. 1 von jedem Beteiligten gestellt werden, wobei der sog. materielle Beteiligtenbegriff gilt. **Antragsberechtigt** sind:

- Erbe;
- Miterbe, der seinen Erbteil nach § 2033 BGB veräußert oder verpfändet hat;
- Vorerbe;
- Nacherbe;
- Vermächtnisnehmer;
- Auflagenberechtigter (nicht aber der Auflagenbegünstigte);
- Mitvollstrecker;[5]
- bestimmungsberechtigter Dritter nach § 2198 BGB.

Nach h.M.[6] gehört zu den Antragsberechtigten auch der **Pflichtteilsberechtigte.** Diese 3
Meinung ist abzulehnen, denn ein Pflichtteilsberechtigter ist weder durch die Anordnung der Testamentsvollstreckung noch durch die aufgrund des Testamentsvollstreckeramts ausgeübte Tätigkeit in der notwendigen Weise rechtlich betroffen. Die wichtigen Gründe, die die Entlassung des Testamentsvollstreckers rechtfertigen können, sind auf diejenigen beschränkt, die den gesetzlich geschützten (also rechtlichen) Interessen des Antragstellers zuwiderlaufen können.[7] Nach der gesetzgeberischen Vorstellung stellt nach *Muscheler*[8] das Antragsrecht des § 2227 BGB ein Surrogat für das dem Geschäftsherrn sonst bei der Fremdgeschäftsführung zustehende freie Widerrufsrecht dar. Der Pflichtteilsberechtigte ist deshalb nicht vom Begriff des „Geschäftsherrn" umfasst, da er nicht zu den Personen zähle, denen der Erblasser sein Vermögen zukommen lässt oder ein Recht auf Überwachung des Vollzugs der Drittzuwendung übertragen will. Daher kann er nicht die Entlassung des Testamentsvollstreckers, sondern nur die Nachlassverwaltung nach § 1981 BGB beantragen.

Der vollstreckungsfreie Miterbe ist zur Antragstellung der Entlassung des Testaments- 4
vollstreckers befugt, der sein Amt lediglich für einen mit der Testamentsvollstreckung beschwerten Miterben ausübt.[9] Ein Miterbe, dessen Anteil der Testamentsvollstreckung unterliegt, kann sowohl einen Antrag auf Entlassung eines Testamentsvollstreckers betreffend seinen eigenen, der Testamentsvollstreckung unterworfenen Erbanteil als auch betreffend einen Erbanteil eines weiteren Miterben stellen, der ebenfalls von der Testamentsvollstreckung umfasst ist.[10] Ein wichtiger Grund kann sich in dieser Konstellation aber nur daraus ergeben, dass der Testamentsvollstrecker durch konkrete Pflichtwidrigkeiten bei der Verwaltung oder Auseinandersetzung des Nachlasses die Rechte des vollstreckungsfreien Miterben gefährdet. Dies ist z.B. der Fall, wenn der

3 Staudinger/*Dutta*, § 2227 Rn 24.

4 OLG Hamburg ZEV 2014, 218.

5 Bengel/Reimann/Holtz/Röhl/*Klinger*, § 8 Rn 31.

6 BeckOK BGB/*Lange*, § 2227 Rn 6; MüKo/*Zimmermann*, § 2227 Rn 5; Bengel/Reimann/Holtz/Röhl/*Klinger*, § 8 Rn 31; KG FamRZ 2005, 1595; OLG Bremen ErbR 2016, 396 m.w.N.

7 So auch AG Nürnberg, Beschl. v. 9.1.2024 – 35 VI 6726/20, ErbR 2025, 240 (im Nachgang musste diese Frage nicht mehr entschieden werden: OLG Nürnberg, Beschl. v. 10.6.2024 – 15 Wx 462/24, ZEV 2024, 856); AG Berlin-Schöneberg ZEV 2000, 32.

8 *Muscheler*, ZErb 2009, 54.

9 OLG Hamm ZErb 2009, 298.

10 OLG München, Beschl. v. 9.7.2020 – 31 Wx 455/19, ZEV 2020, 554 m. zust. Anm. *Reimann* = ZErb 2020, 336.

Testamentsvollstrecker Verwaltungsmaßnahmen blockiert, unentgeltliche Verfügungen trifft etc.[11]

5 **Nicht antragsberechtigt** sind:
- Auflagenbegünstigter;[12]
- Nachlassgläubiger;[13]
- Eigengläubiger des Erben, die den Erbteil gepfändet haben;
- Staatsanwaltschaft, Finanzämter, Grundbuchämter oder sonstige Behörden;[14]
- der Testamentsvollstrecker, dessen Amt beendet ist (z.B. Vorgänger);[15]
- Mitgesellschafter einer Gesellschaft oder Miteigentümer einer Sache;[16]
- Stiftung von Todes wegen vor Anerkennung durch die Stiftungsbehörde.[17]

6 Der Antrag kann hingegen nicht von einem **Minderjährigen** gestellt werden, da aufgrund der Kostenpflicht bei Unterliegen kein lediglich rechtlicher Vorteil i.S.d. § 107 BGB besteht. I.d.R. wird daher die Bestellung eines **Ergänzungspflegers** nach § 1809 BGB notwendig sein, insbesondere in den Fällen des § 1638 BGB oder wenn der gesetzliche Vertreter Testamentsvollstrecker ist gem. §§ 181, 1824 BGB.[18] Ist ein Zivilverfahren z.B. nach §§ 2225 oder 2226 BGB über das Fortbestehen der Testamentsvollstreckung anhängig, so kommt eine Aussetzung des Verfahrens nach § 148 ZPO in Frage.[19] Kündigt der Testamentsvollstrecker während des Entlassungsverfahrens, so erledigt sich die Hauptsache mit der Kostenfolge gem. §§ 80, 81 FamFG.[20] Hat der Testamentsvollstrecker das Amt angenommen, so ist im Verfahren auf Erteilung des Testamentsvollstreckerzeugnisses nicht zu prüfen, ob ein Grund vorliegt, den Testamentsvollstrecker nach § 2227 BGB zu entlassen.[21]

2. Vorliegen eines Entlassungsgrundes

7 Voraussetzung, dass ein Testamentsvollstrecker durch das Nachlassgericht nach § 2227 BGB entlassen werden kann, ist das Vorliegen eines wichtigen Grundes,[22] insbesondere eine
- grobe Pflichtverletzung oder
- Unfähigkeit zur ordnungsmäßigen Geschäftsführung durch den Testamentsvollstrecker.

8 Grundvoraussetzung ist, dass zunächst der Testamentsvollstrecker ordnungsgemäß ernannt wurde und nicht anderweitig bereits eine Erlöschung des Amts vorliegt. Tatbestands- und Rechtsfolgenebene sind getrennt voneinander zu untersuchen, und das Versagungsermessen wirkt sich nicht auf die Ebene des Vorliegens eines wichtigen Grundes aus.[23]

Die **Aufzählung** der beiden Beispielsfälle in Abs. 1 ist **nicht abschließend**, wie sich bereits aus dem Wort „insbesondere“ ergibt. Vielmehr ist eine Gesamtschau aller Umstände durchzuführen, ob die Merkmale des unbestimmten Rechtsbegriffes „wich-

---

11 So zu Recht *Reimann*, ZEV 2006, 32.

12 Soergel/*Becker*, § 2227 Rn 15.

13 BGHZ 35, 296; MüKo/*Zimmermann*, § 2227 Rn 6.

14 Grüneberg/*Weidlich*, § 2227 Rn 8; Soergel/*Becker*, § 2227 Rn 16.

15 OLG München ZErb 2011, 165. Bengel/Reimann/Holtz/Röhl/*Klinger*, § 8 Rn 31.

16 OLG Hamm ZErb 2018, 252 = ZEV 2018, 524.

17 OLG Braunschweig, Beschl. v. 8.7.2020 – 3 W 19/20, ZEV 2020, 565.

18 BeckOK BGB/*Lange*, § 2227 Rn 4; Staudinger/*Dutta*, § 2227 Rn 28.

19 BayObLG FamRZ 1988, 770.

20 BayObLG ZEV 1995, 370.

21 OLG Düsseldorf FamRZ 2019, 68.

22 Dazu insbesondere *Lange*, ErbR 2023, 3; *Trappe*, ErbR 2021, 395.

23 *Lange*, ErbR 2023, 2.

tiger Grund" erfüllt sind. Ein **wichtiger Grund** dürfte immer dann vorliegen, wenn Grund zu der Annahme besteht, dass ein längeres Verbleiben im Amt der Ausführung des letzten Willens des Erblassers hinderlich ist oder sich dadurch eine **Schädigung** oder wenigstens eine erhebliche **Gefährdung der Interessen** der an der Ausführung oder dem Nachlass Beteiligten ergeben würde.[24] Ein wichtiger Grund setzt somit nicht notwendig ein Verschulden des Testamentsvollstreckers voraus.

Neben der Unfähigkeit zur ordnungsgemäßen Geschäftsführung und groben Pflicht- 9
verletzung kommen folgende **Entlassungsgründe** in Betracht:

- Untätigkeit wegen längerer Abwesenheit oder krankheitsbedingte, dauerhafte oder längere Verhinderung des Testamentsvollstreckers. Ein Entlassungsgrund kann sich aber auch aus völliger Nichteignung, Untätigkeit, Insolvenz oder Vermögensverfall des Testamentsvollstreckers oder Ableistung der eidesstattlichen Versicherung ergeben;[25]
- völlige Untätigkeit;[26]
- eigennütziges Verhalten;[27]
- erhebliche Verstöße gegen testamentarische Anordnungen des Erblassers;[28]
- Verstöße gegen gesetzliche Pflichten;
- strafbare Untreue gem. § 266 StGB;
- fehlende Sicherung von dem im Ausland belegenen Vermögen noch Nutzziehung daraus;[29]
- Ermessensüberschreitung bei der Verwaltung;[30]
- Bevorzugung einzelner Miterben;[31]
- unzulässige Übertragung der Amtsführung auf eine andere Person[32] oder auf eine andere ungeeignete Person;
- schwerwiegender Verstoß gegen Anhörungspflichten nach § 2204 Abs. 2 BGB;[33]
- mangelhafte Erstellung eines Nachlassverzeichnisses;[34] nicht bloß sachliche Fehler oder Zeitverzögerung ohne Gefährdung der Erbeninteressen,[35] sondern Fehler müssen Ausdruck einer grob nachlässigen oder gar böswillig fehlerhaften Amtsführung sein;[36]
- Weigerung, den Erben ein Nachlassverzeichnis mitzuteilen;[37]

24 OLG Saarbrücken, Beschl. v. 28.7.2020 – 5 W 26/20, ZEV 2020, 791.

25 BayObLG ZEV 1998, 348; dies gilt allerdings nur bei nachhaltiger Beeinträchtigung der Testamentsvollstreckung. OLG Hamm, Beschl. v. 15.6.2021 – 10 W 35/21, ZEV 2022, 415.

26 BGH NJW 1962, 912.

27 KG OLGE 44, 96.

28 OLG Zweibrücken Rpfleger 1989, 370.

29 BayObLG ZEV 2005, 168; *Horn*, ZEV 2010, 128.

30 BayObLG ZEV 1998, 348.

31 BGH NJW 1957, 1916.

32 *Zimmermann*, Testamentsvollstreckung, Rn 799.

33 RGZ 130, 131.

34 Hierzu insbesondere OLG München Rpfleger 2003, 655.

35 Solche Fehler begründen nur die Verpflichtung, die vorhandenen Fehler alsbald zu berichtigen.

36 OLG Düsseldorf, Beschl. v. 24.1.2023 – I-3 Wx 105/22, ZEV 2023, 404.

37 BayObLG FamRZ 1998, 325; aber nach OLG München ZErb 2009, 92 regelmäßig keine grobe Pflichtverletzung, wenn bereits ein Miterbe beim Nachlassgericht ein Verzeichnis eingereicht hat, in dem die zum Nachlass gehörenden Gegenstände und Verbindlichkeiten im Einzelnen aufgeführt sind, und der Testamentsvollstrecker kein gesondertes Verzeichnis erstellt.

- schuldhafte und grobe Missachtung der Pflicht zur unverzüglichen Vorlage eines Nachlassverzeichnisses.[38]
- fehlende Kooperation zweier Mitvollstrecker untereinander bei der Erstellung eines Nachlassverzeichnisses;[39]
- hartnäckige Verweigerung der Auskunft und Rechenschaftslegung über den Stand der Verwaltung gem. §§ 666, 2218 BGB[40] (dabei ist allerdings zu beachten, dass die Auskunfts- und Rechnungslegungspflicht nur auf Verlangen geschuldet wird und nicht sofort, sondern innerhalb angemessener Frist zu erbringen ist);
- leichtfertige oder ungerechtfertigte Führung von Prozessen, die das Interesse der Erben gefährden;[41]
- Auszahlung hoher Beträge auf streitige Forderungen;[42]
- unzulässiges Insichgeschäft;[43]
- Täuschung über den Wert des Nachlasses;[44]
- Verschweigen von Nachlassbestandteilen,[45] auch wenn der Vollstrecker diese nicht in Verwaltung genommen hat;
- Erweisen als zur ordentlichen Führung der Geschäfte unfähig, z.B. wegen eigenen Insolvenzverfahrens, Verurteilung zu einer Freiheitsstrafe, Abgabe der eidesstattlichen Versicherung über die eigenen Vermögensverhältnisse;[46] Die Unfähigkeit zur Ausübung des Amtes kann sich zudem aus Umständen ergeben, die die fachliche Eignung oder den Willen des Testamentsvollstreckers zu einer pflichtgemäßen Amtsausübung nachhaltig in Zweifel ziehen;[47]
- Entnahme einer überhöhten Vergütung;[48]
- Nichterfüllung eines Vermächtnisses;[49]
- nicht erfolgte Trennung von Mieteinnahmen und/oder fehlende Separierung von Mietkautionen[50] einer Nachlassimmobilie vom Privatvermögen des Testamentsvollstreckers;[51]

---

38 Der Zeitraum, den der Testamentsvollstrecker für die Erstellung und Übermittlung eines Nachlassverzeichnisses in Anspruch nehmen darf, ohne einen wichtigen Grund zu seiner Entlassung zu setzen, bestimmt sich nach den konkreten Umständen des Falles und hängt insbesondere vom Umfang und von der Komplexität des Sachverhalts sowie den vorhandenen Schwierigkeiten bei der Ermittlung der Nachlassmasse ab. OLG Düsseldorf, Beschl. v. 24.1.2023 – I-3 Wx 105/22, ZEV 2023, 404.

39 OLG Schleswig ZErb 2007, 16.

40 BayObLG NJW-RR 1988, 645.

41 Mayer/Bonefeld/Tanck/*Mayer/Bonefeld*, Testamentsvollstreckung, § 14 Rn 7.

42 OLG Zweibrücken FamRZ 1988, 788.

43 OLG Frankfurt ZEV 1998, 350, Testamentsvollstrecker genehmigt sich selbst ein Darlehen.

44 OLG Naumburg ZErb 2006, 199.

45 OLG Schleswig ZErb 2009, 32.

46 Dazu *Horn*, ZEV 2010, 126.

47 OLG Düsseldorf, Beschl. v. 20.4.2023 – 3 Wx 157/22, ErbR 2023, 636.

48 Bei Überentnahme zur Unzeit: KG FamRZ 2011, 930. Überentnahme ausreichend: OLG Hamburg, Beschl. v. 28.8.2019 – 2 W 66/19, ZEV 2020, 38.

49 OLG Rostock ZEV 2018, 749.

50 Diese mietvertragliche Pflicht ist Schutzgesetz i.S.d. § 823 Abs. 2 BGB und begründet eine Vermögensbetreuungspflicht der Erbengemeinschaft i.S.v. § 266 StGB.

51 OLG München, Beschl. v. 25.5.2023 – 33 Wx 36/23 e, ZEV 2024, 168 m. Anm. *Muscheler*, der darauf hinweist, dass im familiären Zusammenhang bei Mieteinnahmen solche Anforderungen ungewöhnlich streng sind, zumal die Mieteinnahmen bei der Schlussabrechnung der Testamentsvollstrecker leicht kontrollierbar sind.

- gewichtige Bedenken an der Redlichkeit und Zuverlässigkeit des Testamentsvollstreckers,[52] z.B. wenn der Ersatz-Testamentsvollstrecker an Vermögensverschiebungen mitgewirkt hat, die zur Entlassung des Testamentsvollstreckers geführt haben.
- fehlende Entrichtung der Erbschaftssteuer.[53]

Kein Entlassungsgrund liegt grds. z.B. in folgenden Fällen vor: 10
- Zweifelhafte Nachlasswerte, die der Testamentsvollstrecker behauptet und aufgrund von Sachverständigengutachten ermittelt wurden;[54]
- Verwendung eines Gegenstandes in Ausführung eines ihm von dem Erblasser lebzeitig erteilten Auftrags als Grabbeigabe, obwohl dieser Gegenstand von dem Erblasser auch einem Vermächtnisnehmer zugewandt wurde;[55]
- Wenn mit Kenntnis des Testamentsvollstreckers, der den Nachlass für einzelne Mitglieder einer Erbengemeinschaft verwaltet, mittels einer vom Erblasser noch zu Lebzeiten erteilten Kontovollmacht, ohne Zustimmung aller Erben, Verfügungen veranlasst werden, welche die seiner Testamentsvollstreckung unterliegenden Erben im Rahmen ihres Erbanspruches begünstigen. Gleiches gilt, wenn die Verfügung dem Zweck dient, die Erbschaftsteuer eines Miterben zu begleichen.[56]

Bei unternehmerischen Entscheidungen legt die Rspr. keinen strengen Maßstab an, so 11 dass eine grobe Pflichtverletzung nur dann besteht, wenn schon einfachste und ganz naheliegende Überlegungen nicht angestellt werden und das nicht beachtet wird, was jedem einleuchten muss.[57] Die Rspr. hat zu den in § 2227 BGB aufgeführten Fällen drei weitere Fallgruppen gebildet. Es wurden wegen Fehlens einer Legaldefinition zur näheren Bestimmung hierzu drei Formeln entwickelt. Diese Formeln sind zu Recht teilweise in der Lit.[58] auf erhebliche Kritik gestoßen. Nach der Kritik basieren die von der Rspr. gefundenen Lösungen selbst nicht auf den Ausgangsformeln und seien wenig überzeugend. Im Einzelnen kommen aber auch die Kritiker zu den herausgearbeiteten genannten drei Fallgruppen zurück:
- Ein wichtiger Grund liegt nach der **ersten Formel** immer dann vor, wenn Grund zu der Annahme besteht, dass ein längeres Verbleiben im Amt der Ausführung des letzten Willens des Erblassers hinderlich ist oder sich dadurch eine Schädigung oder wenigstens eine erhebliche Gefährdung der Interessen der an der Ausführung oder dem Nachlass Beteiligten ergeben würde.[59]
- Nach der **zweiten Formel** ist eine Entlassung zulässig, wenn Umstände vorliegen, die den Erblasser, wenn er lebte, mutmaßlich zum Widerruf der erwählten Testamentsvollstreckerernennung veranlasst hätten, und objektiv betrachtet diesen Widerruf so erscheinen ließen, dass er im Interesse der Erben oder sonst Beteiligten liegt.[60]

---

52 OLG Düsseldorf, Beschl. v. 20.4.2023 – 3 Wx 157/22, ErbR 2023, 636.
53 OLG Naumburg, Beschl. v. 23.2.2021 – 2 Wx 31/20, ZErb 2021, 473 = ZEV 2021, 483.
54 *Roth*, NJW-Spezial 2025, 7 sowie OLG Saarbrücken, Beschl. v. 10.9.2024 – 5 W 47/24, ErbR 2025, 151.
55 OLG Frankfurt a.M., Beschl. v. 14.12.2023 – 21 W 120/23, ZEV 2024, 230.
56 OLG Düsseldorf, Beschl. v. 7.10.2021 – 3 Wx 59/21, ErbR 2022, 142.
57 BayObLG NJW-RR 1990, 1420.
58 *Muscheler*, AcP 197, 266 ff.; BeckOK BGB/*Lange*, § 2227 Rn 12.
59 BayObLGZ 1957, 319; BayOBLGZ 1976, 76; BayObLGZ 1985, 302; OLG Düsseldorf ZEV 1994, 303; OLG Hamm Rpfleger 1994, 214; Grüneberg/*Weidlich*, § 2227 Rn 2; *Muscheler*, AcP 197, 263, dort Fn 123 m.w.N.
60 BayObLG ZEV 1995, 366; BayObLG NJW-RR 1988, 645; BayObLGZ 1985, 307; BayObLGZ 1976, 73; OLG Düsseldorf ZEV 1994, 303 m.w.N.

- Tatsachen, die dem Erblasser bei der Berufung des Testamentsvollstreckers bekannt waren, berechtigen nach der **dritten Formel** i.d.R. keine Entlassung. Es muss hierbei vielmehr berücksichtigt werden, ob der Erblasser den Testamentsvollstrecker nicht ernannt hätte, wenn er die späteren Auswirkungen dieser Tatsachen gekannt hätte.[61]

12 Die Rspr. legt hier berechtigterweise einen sehr strengen Maßstab an, da anderenfalls jeder Erbe durch Vorwürfe und z.B. Strafanzeigen einen Entlassungsgrund herbeiführen könnte.[62] Der Erbe muss sich sogar gefallen lassen, dass der Erblasser seinen Intimfeind zum Testamentsvollstrecker ernennt.[63] Eine Feindschaft kommt daher als Kündigungsgrund nur dann in Frage, wenn eine grobe Pflichtverletzung vorliegt oder eine zentrale Pflicht des Testamentsvollstreckers gerade die Aufrechterhaltung eines Vertrauensverhältnisses oder der besonderen persönlichen Beziehung ist.[64] Danach liegen andere wichtige Gründe[65] i.S.v. § 2227 BGB vor bei:

- objektiv gerechtfertigtem Misstrauen;
- Feindschaft zwischen Testamentsvollstrecker und Erben oder Mitvollstreckern;
- Interessengegensatz.

13 Ein auf Tatsachen beruhendes **Misstrauen** der Erben kann dann Entlassungsgrund i.S.v. § 2227 BGB sein, wenn ein objektiv gerechtfertigtes Misstrauen in die unparteiische Amtsführung des Testamentsvollstreckers vorliegt. Hier bedarf es ebenfalls keines Verschuldens des Testamentsvollstreckers. Als Umstände, die eine grobe Pflichtverletzung i.S.d. § 2227 Hs. 2 BGB begründen können, kommen nur solche in Betracht, die nach der Bestellung zum Testamentsvollstrecker entstanden sind.[66] Der Testamentsvollstrecker muss zum objektiv gerechtfertigten Misstrauen auf jeden Fall Anlass gegeben haben. Dies ist insbesondere bei **Insichgeschäften** der Fall oder Ausnutzen einer Generalvollmacht zum eigenen Vorteil.[67] Eine Entlassung aus Gründen von **Spannung und Feindschaften** zwischen Testamentsvollstrecker und Erben kommt nur dann in Betracht, wenn dadurch die ordnungsmäßige Amtsführung gefährdet wird.[68] Insbesondere ist zu klären, ob die Umstände den Erblasser dazu veranlasst hätten, entweder schon die Testamentsvollstreckung nicht anzuordnen oder aber jedenfalls eine andere Person als Vollstrecker zu berufen. Ist dies der Fall, können sie eine Entlassung rechtfertigen.[69] Eine Entlassung kommt dann nicht in Betracht, wenn der persönliche von dem rein geschäftlichen Verkehr getrennt werden kann und der geschäftliche noch möglich ist. Auch die **Gefährdung der Interessen** des Nachlasses

---

61 BayObLG NJW-RR 1996, 715; BayObLG FamRZ 1991, 491; OLG Düsseldorf MittRhNotK 1964, 505; ebenso Grüneberg/*Weidlich*, § 2227 Rn 2; *Lange/Kuchinke*, § 31 VIII 2b; Soergel/*Becker*, § 2227 Rn 3.

62 OLG Düsseldorf, Beschl. v. 20.4.2023 – 3 Wx 157/22, ErbR 2023, 636; OLG Brandenburg, Beschl. v. 30.4.2024 – 3 W 113/23, ZEV 2024, 779; OLG Hamm, Beschl. v. 15.6.2021 – 10 W 35/21, ZEV 2022, 415; OLG München, Beschl. v. 9.7.2020 – 31 Wx 455/19, ZEV 2020, 554 m. zust. Anm. *Reimann* = ZErb 2020, 336; OLG Hamburg, Beschl. v. 9.1.2019 – 2 W 85/18, ZEV 2020, 65; *Muscheler*, AcP 197, 227 ff.

63 *Schmucker*, Testamentsvollstrecker und Erbe, S. 298 m.w.N.

64 Mayer/Bonefeld/Tanck/*Kroiß*, Testamentsvollstreckung, § 13 Rn 31; Grüneberg/*Weidlich*, § 2227 Rn 5; MüKo/*Zimmermann*, § 2227 Rn 11; *Lange/Kuchinke*, Erbrecht, § 31 VIII 2b.

65 Dazu zu Recht krit. *Muscheler*, Schweizer Schriften zur Vermögensberatung und zum Vermögensrecht, Bd. 14, S. 192 ff.

66 OLG Brandenburg, Beschl. v. 30.4.2024 – 3 W 113/23, ZEV 2024, 779;

67 Mayer/Bonefeld/Tanck/*Kroiß*, Testamentsvollstreckung, § 13 Rn 32 Grüneberg/*Weidlich*, § 2227 Rn 5 sowie MüKo/*Zimmermann*, § 2213 Rn 15 m.w.N.

68 BayObLG FamRZ 1988, 770. Instruktiv *Lange*, ErbR 2023, 3.

69 So ausdrücklich *Lange*, ErbR 2023, 3.

und/oder der daran Beteiligten kann ein Entlassungsgrund sein. Voraussetzung hierfür ist, dass es sich um einen erheblichen Interessenkonflikt handelt.[70] Häufig lässt sich aber der Interessenkonflikt über die Anwendung des § 181 BGB lösen; bei mehreren Testamentsvollstreckern greift § 2224 Abs. 1 S. 2 BGB.[71] Dementsprechend muss auch hier das Vorliegen oder Drohen einer erheblichen Pflichtverletzung hinzukommen.[72]

Bedient ein Testamentsvollstrecker eigene Forderungen aus dem Nachlass, wie z.B. 14 angebliche Honorarforderungen, ohne diese dem Erben in einer im Einzelnen nachvollziehbaren, geschweige denn prüffähigen Weise darzutun, so stellt dies einen Entlassungsgrund dar, sofern nicht jene Verbindlichkeit dem Erblasser bei der Berufung des Testamentsvollstreckers mindestens bekannt war, von ihm ernst genommen wurde und der Erblasser eine „formlose" Bedienung des Testamentsvollstreckers aus dem Nachlass billigte.[73] Ist die Testamentsvollstreckung beendet, so kann der Testamentsvollstrecker nicht mehr entlassen werden.[74] So hat eine Testamentsvollstreckung über Gesellschaftsanteile ihr Ende gefunden, wenn die primär von der Erblasserin verfügte Tätigkeit (Verwaltung mit dem Ziel des Verkaufs der Gesellschaftsanteile und Erlösauskehr) nicht mehr erreicht werden kann. Dies ist der Fall, wenn über die betroffenen Gesellschaften entweder das Insolvenzverfahren eröffnet oder aber die Auflösung und anschließende Liquidation unter Einsetzung eines Liquidators beschlossen ist.[75]

3. Folgen bei Vorliegen eines wichtigen Grundes

Liegt tatsächlich ein wichtiger Grund i.S.v. § 2227 BGB vor, so ist das Nachlassgericht 15 dennoch nach überwiegender Auffassung nicht verpflichtet, den Testamentsvollstrecker zu entlassen. Aufgrund der Formulierung in § 2227 BGB besteht ein **Versagungsermessen**, wobei das Gericht im Rahmen seiner pflichtgemäßen Ermessensprüfung abwägen muss, ob überwiegende Gründe für das Verbleiben des Testamentsvollstreckers sprechen oder nicht.[76] In jedem Fall aber entscheidet damit letztlich das Ergebnis der Abwägung zwischen Entlassungs- und Fortführungsinteresse, so dass nur solche Gründe eine Entlassung rechtfertigen, die ein Gewicht haben, das sich auch gegenüber den für eine Fortführung des Amts sprechenden Umständen durchsetzt.[77] Beurteilungsspielraum und Versagungsermessen dürfen nicht miteinander vermengt werden.[78] Dabei ist der **mutmaßliche Wille des Erblassers**, ob dieser eine mangelhafte Verwaltung nicht einem völligen Wegfall der Testamentsvollstreckung vorgezogen hätte, als **Abwägungskriterium** zu berücksichtigen. Ferner sind die Interessen der Antragsteller und der Erben abzuwägen, die an einer Testamentsvollstreckung ggf. festhalten wollen, und ob der Erbe den Nachlass selbst ordnungsgemäß verwalten könnte.[79] Eine etwaige mangelnde Kooperationsbereitschaft der Erben kann sogar zu deren Lasten berücksichtigt werden.[80] Angesichts der Entstehungsgeschichte des § 2227 BGB bestehen

---

70 Grüneberg/*Weidlich*, § 2227 Rn 5; Staudinger/*Dutta*, § 2227 Rn 20; abl. Soergel/*Becker*, § 2227 Rn 6.
71 RGZ 98, 173 m.w.N.
72 Mayer/Bonefeld/Tanck/*Kroiß*, Testamentsvollstreckung, § 13 Rn 32.
73 OLG Düsseldorf ErbR 2013, 64.
74 KG ZEV 2012, 483.
75 KG ZEV 2012, 483.
76 OLG Brandenburg, Beschl. v. 30.4.2024 – 3 W 113/23, ZEV 2024, 779; *Winkler*, Rn 800; Staudinger/*Dutta*, § 2227 Rn 37; Soergel/*Becker*, § 2227 Rn 7 m.w.N.
77 OLG Düsseldorf ZEV 2018, 485.
78 So richtig *Lange*, ErbR 2023, 2.
79 BayObLG FamRZ 1987, 101.
80 Vgl. OLG Düsseldorf ZEV 1999, 226; Mayer/Bonefeld/Tanck/*Kroiß*, Testamentsvollstreckung, § 13 Rn 33.

allerdings erhebliche Zweifel, ob mit der Formulierung „kann" der Gesetzgeber dem Nachlassgericht wirklich ein Ermessen zubilligen wollte.[81]

II. Anhörung des Testamentsvollstreckers (Abs. 2)

16 Grundsätzlich ist vor der Entscheidung dem Testamentsvollstrecker **rechtliches Gehör** zu gewähren.[82] Insofern ist Abs. 2 verfassungskonform (Art. 103 GG) dahingehend auszulegen, dass immer, also nicht nur, wenn es tunlich ist, eine Anhörung zu erfolgen hat. Die Sollvorschrift ist somit tatsächlich eine **Mussvorschrift.** Die formlose Anhörung kann auch noch in der zweiten Tatsacheninstanz durch das Beschwerdegericht nachgeholt werden.[83] Der Verfahrensfehler wird dadurch geheilt. Die weiteren Verfahrensbeteiligten sind ebenfalls formlos anzuhören.

C. Verfahrensfragen/Praktische Hinweise

I. Entscheidung

17 Über den Entlassungsantrag entscheidet nach § 16 Abs. 1 Nr. 5 RPflG der **Nachlassrichter**, der nach Vorliegen eines Antrags alle erforderlichen Ermittlungen von Amts wegen vorzunehmen hat und sich nicht auf die Prüfung der im Antrag enthaltenen Gründe beschränken darf, wobei ihm allerdings vom Gesetzgeber Ermessen zugebilligt wurde.[84] Die durch **Beschluss** ergehende Entscheidung wird mit der Zustellung an den Testamentsvollstrecker gem. §§ 15, 40 FamFG wirksam. Hierdurch endet auch das Amt des Testamentsvollstreckers. Ein entlassener Testamentsvollstrecker hat auch nach Wegfall des Entlassungsgrundes keinen Anspruch auf Wiedereinsetzung in sein früheres Amt.[85] Ob ausreichend wichtige Gründe vorliegen, die die Entlassung des Testamentsvollstreckers rechtfertigen, ist unter Berücksichtigung aller maßgeblichen Umstände zum Zeitpunkt der (Beschwerde-)Entscheidung über das Entlassungsgesuch zu beurteilen. Dies kann zur Folge haben, dass ein zunächst möglicherweise entstandener Eindruck, der Testamentsvollstrecker wolle sich grundlos über die Interessen und Vorstellungen der Miterben hinwegsetzen, durch die nachfolgenden Entwicklungen widerlegt wird.[86] Etwaige in einem vorangegangenen Entlassungsverfahren festgestellte Pflichtverletzungen eines Testamentsvollstreckers sind in einem späteren Entlassungsverfahren nicht verbraucht.[87]

18 Der BGH[88] hat entschieden, dass die einseitige Zuweisung von Streitigkeiten über die Entlassung eines Testamentsvollstreckers an ein Schiedsgericht durch den Erblasser unter Ausschluss der staatlichen Gerichtsbarkeit nicht möglich sein soll. Diese Rspr. ist abzulehnen. *Muscheler*[89] empfiehlt daher die Aufnahme einer testamentarischen Klausel folgenden Inhalts: „Das Amt des Testamentsvollstreckers endet automatisch, wenn ein wichtiger Grund i.S.d. § 2227 BGB vorliegt. Über die Frage, ob das Amt des Testamentsvollstreckers wegen Vorliegens eines wichtigen Grundes i.S.d. § 2227 BGB, wegen Erledigung sämtlicher Aufgaben, wegen Zeitablaufs oder wegen eines sonstigen

---

81 Dazu zu Recht krit. *Muscheler*, Schweizer Schriften zur Vermögensberatung und zum Vermögensrecht, Bd. 14, S. 163 f.

82 BayObLG FamRZ 1998, 325; Soergel/*Becker*, § 2227 Rn 17.

83 BayObLG FamRZ 1998, 325.

84 OLG Zweibrücken FamRZ 1999, 472; OLG Oldenburg FamRZ 1999, 472; Grüneberg/*Weidlich*, § 2227 Rn 9.

85 OLG Saarbrücken NJW-RR 2018, 774 = ZEV 2018, 406.

86 OLG Saarbrücken, Beschl. v. 10.9.2024 – 5 W 47/24, ErbR 2025, 151.

87 OLG Naumburg, Beschl. v. 23.2.2021 – 2 Wx 31/20, ZErb 2021, 473 = ZEV 2021, 483.

88 BGH ZEV 2017, 412.

89 *Muscheler*, ZEV 2018, 120.

Grundes beendet ist, entscheidet bei Streit zwischen den Beteiligten ein Schiedsgericht i.S.d. § 1066 ZPO."

19 Ob mit der Entlassung des namentlich benannten Testamentsvollstreckers auch die Testamentsvollstreckung insgesamt beendet ist, hängt vom Einzelfall ab. Regelmäßig wird man von einem konkludenten Ersuchen nach § 2200 BGB ausgehen müssen.[90] Im Verfahren über die Entlassung eines Testamentsvollstreckers durch das Gericht, die das (Fort-)Bestehen seines Amts voraussetzt, tritt eine zur Unzulässigkeit der – ursprünglich zulässigen – Beschwerde führende Erledigung der Hauptsache ein, wenn das Amt des Testamentsvollstreckers durch Erledigung aller ihm (hier im Rahmen der Abwicklungsvollstreckung) übertragenen Aufgaben beendet ist und der Beschwerdeführer sein Rechtsmittel nicht auf den Kostenpunkt beschränkt.[91]

II. Rechtsmittel

20 Gegen den Entlassungsbeschluss ist das Rechtsmittel der sofortigen Beschwerde nach §§ 58 ff. FamFG zulässig, anschließend die Rechtsbeschwerde (§§ 70 ff. FamFG). Ein eingelegtes Rechtsmittel gegen den Entlassungsbeschluss hat keine aufschiebende Wirkung. Das Beschwerdegericht kann aber auf Antrag nach Eingang der Beschwerde durch eine einstweilige Anordnung den Testamentsvollstrecker vorläufig im Amt belassen (§ 64 Abs. 3 FamFG). Eine vorläufige Amtsenthebung ist nicht möglich.[92] Einstweilige Anordnungen im Entlassungsverfahren kann das Nachlassgericht (nicht Prozessgericht) treffen, um den bestehenden Zustand zu sichern oder vorläufig zu regeln[93] Eine vorläufige Entlassung ist nicht möglich.[94]

21 Problematisch ist, inwieweit die Gerichte Beurteilungs- und **Ermessensentscheidungen** des Nachlassgerichts überprüfen können. Die tatsächliche Beurteilung des Nachlassgerichts kann vom Rechtsbeschwerdegericht nicht nachgeprüft werden, die Beurteilungs- und Ermessensentscheidung nur insoweit, als ein Rechtsfehler zugrunde liegt.[95] Die Entscheidungen der Tatsacheninstanzen müssen jedoch in tatsächlicher und rechtlicher Beziehung so begründet werden, dass ersichtlich ist, welche Tatsachen für erwiesen erachtet werden, welche nicht und wie der festgestellte Sachverhalt rechtlich beurteilt wird.[96]

22 Wurde ein Testamentsvollstrecker nach **ausländischem Recht** ernannt, kann das nach § 343 FamFG (i.V.m. § 105 FamFG) örtlich zuständige Nachlassgericht diesen trotzdem entlassen, wenn eine Entlassung dringend geboten und eine Entlassung nach ausländischem Recht möglich ist.[97] Im Rahmen einer Nachlassspaltung sind die deutschen Nachlassgerichte nach dem Gleichlaufgrundsatz jedoch nur beschränkt international zuständig, soweit die Testamentsvollstreckung nach deutschem Recht zu beurteilen ist.[98] Ist ein Testamentsvollstrecker entlassen worden und fallen die Entlassungsgründe nachträglich weg, so scheidet dennoch eine Wiedereinsetzung des alten

---

90 Zu den Ausnahmen *Horn*, ZEV 2007, 521.
91 OLG Düsseldorf ZEV 2018, 614 = ErbR 2018, 718.
92 OLG Hamburg, Urt. v. 27.7.2023 – 2 U 2/23, ZEV 2024, 191.
93 *Strobel*, NJW 2020, 3745; Grüneberg/*Weidlich*, § 2227 Rn 13.
94 OLG Hamburg, Urt. v. 27.7.2023 – 2 U 2/23, ZEV 2024, 191. OLG Hamm FamRZ 2011, 148; *Strobel*, NJW 2020, 3745.
95 Mayer/Bonefeld/Tanck/*Kroiß*, Testamentsvollstreckung, § 13 Rn 33; OLG Düsseldorf ZEV 1994, 302.
96 Mayer/Bonefeld/Tanck/*Kroiß*, Testamentsvollstreckung, § 13 Rn 33.
97 MüKo/*Zimmermann*, § 2227 Rn 19 m.w.N.
98 BayObLG ZEV 1999, 485; zur Frage der Entlassung durch ein ausländisches Gericht vgl. MüKo/*Zimmermann*, § 2227 Rn 19.

Testamentsvollstreckers aus. Dieser muss vielmehr nach Maßgabe der §§ 2198–2200 BGB **neu ernannt** werden.

III. Kosten

23 Das Verfahren über die Entlassung löst eine Gebühr von 0,5 aus nach KV Nr. 12420 GNotKG. Nach § 65 GNotKG beträgt der Geschäftswert für das Entlassungsverfahren 10 % des Wertes des Nachlasses im Zeitpunkt des Erbfalls, wobei Nachlassverbindlichkeiten nicht abgezogen werden. Auch eine Kostenerstattung kann angeordnet werden. Ob der Testamentsvollstrecker die ihm entstandenen oder auferlegten Kosten des Verfahrens dem Nachlass entnehmen kann, hängt davon ab, ob er das Verfahren für erforderlich halten durfte, um den Erblasserwillen zu verteidigen. Dies ist aber die absolute Ausnahme und muss ausführlich und nachvollziehbar begründet werden.[99] Eine pauschale Darlegung ist nicht ausreichend. Ohnehin dürfte bei konkretem und substantiierten Vortrag eines wichtigen Grundes zur Entlassung durch die Erben es gerade nicht dem Willen entsprechen, dass eine Vorabentnahme für einen Aufwendungsersatz erfolgen darf. Eine Entnahme der Kosten wäre lediglich bei auch aus Sicht eines Dritten völlig haltlosen und unsubstantiierten Vorwürfen zuzubilligen. Der Testamentsvollstrecker verfolgt im Entlassungsverfahren i.d.R. eigene Interessen, so dass es für die Amtsausführung nicht erforderlich erscheint, ihm vor Abschluss des Verfahrens bereits ohne weiteres einen Aufwendungsersatzanspruch zuzubilligen. Kostenschuldner sind die Erben, § 24 Nr. 7 GNotKG.[100]

IV. Praktische Hinweise

24 Im Entlassungsverfahren sollte nicht nur der „wichtige Grund" vorgetragen und bewiesen werden, sondern zusätzlich ausgeführt werden, dass sich das Entlassungsermessen des Gerichts reduzieren soll. Die Entlassung des Testamentsvollstreckers nach § 2227 BGB führt nicht zwangsläufig zur Beendigung der Testamentsvollstreckung insgesamt. Insofern ist ein Entlassungsverfahren nicht immer das probate Mittel, die Testamentsvollstreckung zu beenden. Vorsorglich sollte immer parallel geprüft werden, ob nicht aus anderen Gründen die Testamentsvollstreckung unwirksam angeordnet (insbesondere § 2306 BGB) oder beendet wurde. Der Testamentsvollstrecker, der sich einem Entlassungsverfahren ausgesetzt sieht, sollte prüfen, ob er nicht vorsorglich die Rechte aus § 2199 BGB ausüben kann. Das Nachlassgericht muss dem zu entlassenden Testamentsvollstrecker grundsätzlich vorher Gelegenheit zur Ausübung dieses Bestimmungsrechts geben. Davon kann jedoch abgesehen werden, wenn im Wege der Auslegung ein dahin gehender Wille des Erblassers feststellbar ist.[101] Insofern ist immer auch eine Verwirkung dieses Rechts zu prüfen.

§ 2228 Akteneinsicht

Das Nachlassgericht hat die Einsicht der nach § 2198 Abs. 1 Satz 2, § 2199 Abs. 3, § 2202 Abs. 2, § 2226 Satz 2 abgegebenen Erklärungen jedem zu gestatten, der ein rechtliches Interesse glaubhaft macht.

1 I.R.d. Nachlassabwicklung und der Testamentsvollstreckung müssen bestimmte Erklärungen gegenüber dem Nachlassgericht abgegeben werden, so die Bestimmung des

---

99 OLG Oldenburg NJW-RR 1996, 582; Mayer/Bonefeld/Tanck/*Kroiß*, Testamentsvollstreckung, § 13 Rn 21.

100 *Trappe*, ErbR 2021, 395; Staudinger/*Dutta*, § 2227 Rn 39.

101 So OLG München – 31 Wx 3/08, EE 2009, 167; ebenso OLG Hamm ZErb 2007, 224.

Testamentsvollstreckers durch einen Dritten (§ 2198 Abs. 1 S. 2 BGB), die Bestimmung eines Mitvollstreckers (§ 2199 Abs. 3 BGB), die Amtsannahme (§ 2202 Abs. 2 BGB) sowie die Kündigungserklärung (§ 2226 S. 2 BGB). Aus diesem Grund müssen Dritte das Recht haben, die **Akten** des Nachlassgerichts **einzusehen**, um die Wirksamkeit dieser Erklärungen beurteilen zu können. Um Einsicht zu erhalten, muss beim Nachlassgericht ein rechtliches und nicht nur wirtschaftliches Interesse nach § 13 FamFG glaubhaft gemacht werden. Ein solches ist gegeben, wenn für den Interessenten die Angelegenheit bzw. die Einsichtnahme rechtliche Bedeutung hat. Erben, Ersatzerben, Nachlassgläubigern, Vermächtnisnehmern und weiteren von der Testamentsvollstreckung betroffenen Personen ist ohne Weiteres ein Einsichtsrecht zuzubilligen.[1]

Die Akteneinsicht kann neben dem Richter auch durch einen Rechtspfleger nach § 4 2
Abs. 1 RPflG gestattet werden. Sie hat **gebührenfrei** zu erfolgen. Sofern **Abschriften** verlangt werden, sind die Kosten nach KV Nr. 31000 GNotKG zu berechnen. Die Einsichtnahme in andere Akten und Abschriften bestimmt sich nach § 13 FamFG.[2] Gleiches gilt für mündliche Auskünfte. Nach § 13 Abs. 7 FamFG entscheidet über die Akteneinsicht das Gericht. Der Antrag auf gerichtliche Entscheidung nach § 23 EGGVG ist der statthafte Rechtsbehelf gegen eine Entscheidung des Nachlassgerichts nach § 13 Abs. 7 FamFG über die Nichtgewährung von Einsicht in die Nachlassakten eines abgeschlossenen Verfahrens für einen am Verfahren nicht beteiligten Dritten.[3]

Die Anfechtung der gerichtlichen Entscheidung über die Art der Aktenüberlassung 3
ist ausgeschlossen. Die Einsicht in eine eröffnete Verfügung von Todes wegen richtet sich nach § 357 FamFG. Der Vortrag, um Akteneinsicht zu erhalten, sollte drei Stufen beinhalten und berücksichtigen:

1. Vortrag, dass Dritter ein berechtigtes Interesse hat (s. obige Aufzählung des BGH für die Voraussetzungen)
2. Glaubhaftmachung dieses Interesses (z.B. Stellung als Pflichtteilsberechtigter oder Nachweis als Inhaber eines Abfindungsanspruchs)
3. Darlegung, dass keine schutzwürdigen Interessen eines Beteiligten oder Dritten entgegenstehen (ggf. mit Abwägung der unterschiedlichen Interessen).

---

1 MüKo/*Zimmermann*, § 2228 Rn 2.
2 BeckOK BGB/*Lange*, § 2228 Rn 2.
3 BGH, Beschl. v. 15.11.2023, RFamU 2024, 74 m. Anm. *Bonefeld*.

Titel 7. Errichtung und Aufhebung eines Testaments

§ 2229 Testierfähigkeit Minderjähriger, Testierunfähigkeit

(1) Ein Minderjähriger kann ein Testament erst errichten, wenn er das 16. Lebensjahr vollendet hat.
(2) Der Minderjährige bedarf zur Errichtung eines Testaments nicht der Zustimmung seines gesetzlichen Vertreters.
(3) (weggefallen)
(4) Wer wegen krankhafter Störung der Geistestätigkeit, wegen Geistesschwäche oder wegen Bewusstseinsstörung nicht in der Lage ist, die Bedeutung einer von ihm abgegebenen Willenserklärung einzusehen und nach dieser Einsicht zu handeln, kann ein Testament nicht errichten.

Literatur
Barolin/Scheffknecht, Zur Testier- und Geschäftsunfähigkeit bei organischem Psychosyndrom am Beispiel des Schlaganfall-Patienten, in: MedSachverst 1987, 110; *Bartsch*, Die postmortale Schweigepflicht des Arztes beim Streit über die Testierfähigkeit des Patienten, NJW 2001, 861; *Brah*, Die Feststellung der Testierunfähigkeit durch den Notar, 2012; *Canaris*, Verstöße gegen das verfassungsrechtliche Übermaßverbot im Recht der Geschäftsfähigkeit und im Schadensersatzrecht, JZ 987, 993; *Cording*, Die Begutachtung der Testier(un)fähigkeit, in: Fortschritte der Neurologie/Psychiatrie 2004, 142; *Edenfeld*, Die anwaltliche und notarielle Schweigepflicht nach dem Tod des Erblassers, ZBV 1997, 391; *Humm*, Relative Geschäfts- und Testierfähigkeit ZEV 2022, 253; *Kanowski/Kühl*, Zur Frage der Beurteilung der Testierfähigkeit, in: Psychiatrie und Recht 1983, 43; *Karnath/Cording*, Welche Relevanz haben bildgebende Befunde für die Beurteilung der Testier(un)fähigkeit?, ErbR 2023, 750; *Klingelhöffer*, Testierfähigkeit und ihre Geltendmachung im Nachlassverfahren, ZEV 1997, 92; *Knesevich/Martin/Berg/Danziger*, Predictive value of the boston test in mild dementia oft the Alzheimer type, Psychatric Research 1986, 155 ff.; *Kroppenberg*, Privatautonomie von Todes wegen, 2008; *Lichtenwimmer*, Die Feststellung der Geschäfts- und Testierfähigkeit durch den Notar, Mitt Bay Not 2002, 240; *Müller*, Die Beurteilung der Testierfähigkeit – eine empirische Untersuchung, 1992; *Rasch/Bayerl*, Der Mythos vom luziden Intervall, in: Lebensversicherungsmedizin 1985, 2; *Wetterling*, Geschäfts- und Testierfähigkeit bei Geistesschwäche, ErbR 2023, 500; *Wetterling/Neubauer/Neubauer*, Testierfähigkeit von Dementen, Psychiatrische Praxis 1996, 213; *dies.*, Psychiatrische Gesichtspunkte zur Beurteilung der Testierfähigkeit, ZEV 1995, 46; *Zimmer*, Demenz als Herausforderung für die erbrechtliche Praxis, NJW 2007, 1713; *Zimmermann*, Juristische und psychiatrische Aspekte der Testierfähigkeit, BWNotZ 2000, 97.

Übersicht: Rdn

A. Allgemeines

I. Normzweck

1 Mit § 2229 BGB trägt der Gesetzgeber seiner aus **Art. 14 Abs. 1 S. 1 GG** folgenden **verfassungsrechtlichen Verpflichtung** Rechnung,[1] die notwendigen Anforderungen an die Testierfähigkeit gesetzlich vorzugeben. Zweck ist es dabei, nach Möglichkeit die Selbstständigkeit des in der Verfügung von Todes wegen zum Ausdruck kommenden Willens zu verbürgen. Dabei geht der Gesetzgeber zwei unterschiedliche Wege, um dem jeweiligen körperlichen und geistigen Zustand des Erblassers am besten gerecht werden zu können. Zum einen nämlich arbeitet das BGB auch hier – wie bereits von der Geschäftsfähigkeit bekannt – mit festen Altersgrenzen in Abs. 1, daneben mit einer auf den Einzelfall abstellenden variablen und daher schwer handhabbaren Regelung in Abs. 4.

II. Testierfähigkeit

1. Begriff

2 Als Testierfähigkeit bezeichnet man die **Befähigung, ein Testament[2] rechtswirksam zu errichten, zu ändern oder aufzuheben.** Erforderlich ist die Einsicht in die Tragweite und Bedeutung der einzelnen Anforderungen mit Blick auf die jeweiligen wirtschaftlichen Verhältnisse des Testierers. Die Testierfähigkeit ist eine im Testamentsrecht besonders geregelte[3] Unterart der Geschäftsfähigkeit.[4]

2. Zeitpunkt

3 Die Testierfähigkeit muss beim **Abschluss des Testaments** vorliegen.[5] Das ist beim **privatschriftlichen Testament** grundsätzlich der Zeitpunkt der **Unterschrift.**[6] Ein im testierunfähigen Zustand errichtetes Testament kann daher durch eine erneute Unterschrift im Zustand der Testierfähigkeit bestätigt und damit wirksam werden.

1 BVerfGE 58, 377, 398; kurz rechtshistorisch dazu *Grziwotz*, MDR 2016, 737, 738.
2 Für Erbverträge gilt § 2229 BGB nicht, da § 2275 BGB insoweit als speziellere Regelung vorgeht.
3 Nach BGH ZEV 2017, 278, 280 ist sie pauschal auf das Gebiet des Erbrechts begrenzt; so auch *Losch*, ZErb 2017, 188, 189; zudem BGH LM Nr. 9 zu § 138 BGB; BayObLG FamRZ 2002, 63.
4 BayObLG FamRZ 1994, 593, 594, mit Verweis auf BayOblGZ 1982, 309, 312 = FamRZ 1983, 99; OLG München NJW-RR 2008, 164, 166.
5 BGHZ 30, 294, 297 = NJW 1959, 1822; BGH FamRZ 1958, 127.
6 Vgl. Staudinger/*Baumann*, § 2229 Rn 85; Soergel/*Klingseis*, § 2229 Rn 22.

Bei einem **öffentlichen Testament** ist der Zeitpunkt der **Erklärung des Inhalts** bzw. der **Übergabe der Schrift** sowie die Genehmigung der Niederschrift entscheidend. Problematisch erscheint es hierbei, wenn der Testierende seinen Willen dem Notar noch bei voller Geistesfähigkeit erklären kann, bis zur Verlesung und Genehmigung der Niederschrift aber eine Verschlechterung des Geisteszustandes eintritt. Der BGH ist hier „großzügig“[7] und sieht zu Recht die testierfähig vorgenommene Testamentserrichtung nebst mündlicher Genehmigung als wirksam an.[8] 4

3. Prozessuales/Beweislast

Da die Testierfähigkeit in der Regel erst nach dem Tode des Erblassers angezweifelt 5 wird, besteht die generelle Schwierigkeit neuropsychiatrischer Begutachtungen über die Testierfähigkeit darin, anhand der vorhandenen Unterlagen und aufgrund unterschiedlicher Interessenlage oft sehr unterschiedlicher Zeugenaussagen den wahren Zustand des Erblassers zum Zeitpunkt der Testamentserrichtung zu bestimmen. Insoweit sind auch die zur Verfügung stehenden ärztlichen Unterlagen sehr oft nur wenig aussagekräftig, da sie keine oder nur sehr allgemein gehaltene Aussagen über den psychopathologischen Befund bzw. kognitive Beeinträchtigungen enthalten.[9] Erschwert wird eine solche Begutachtung noch dadurch, dass nicht nur der Schweregrad der Beeinträchtigung, sondern auch deren Verlaufsdynamik, gerade bei Demenz, abzuschätzen ist, um die Testierfähigkeit bei der Abfassung des Testaments beurteilen zu können. Dabei sind v.a. Angaben zu den Bereichen zu berücksichtigen, die für eine erhebliche Beeinträchtigung der intellektuellen Leistungsfähigkeit sprechen, z.B.:

- erhöhte Vergesslichkeit (im Alter sehr häufig)
- Wortfindungsstörungen (Sonderfall: aphasische Störung nach Schlaganfall)
- Rechenstörungen
- Orientierungsstörung (Verlaufen, Heimweg nicht Finden)
- Störungen in der Planung von komplexen Abläufen (z.B. von mehrschrittigen Handlungen wie Ankleiden).

Daneben sind Hinweise auf Einschränkungen in alltäglichen Tätigkeiten, z.B. bei 6

- der Körperhygiene (Waschen, Wasserlassen, Stuhlgang, Ankleiden etc.)
- der Fähigkeit, sich selbst Essen oder ein heißes Getränk zuzubereiten
- dem Erkennen von bekannten Personen (z.B. möglichen Erben)
- dem Umgang mit häufig gebrauchten Geräten (Eierkocher, Radio, Fernseher, Telefon etc.)
- der Fähigkeit, selbstständig Einkäufe zu tätigen, dem Umgang mit Geld (eigene Kontoführung etc.)

zu berücksichtigen.

Die Anzahl und der Umfang von Einschränkungen auf den oben genannten Gebieten sind ein wesentlicher Anhaltspunkt für die Schwere der kognitiven Störungen.

Da für die Bewertung der Testierfähigkeit im Zeitpunkt der Testamentserrichtung die Einschätzung des Schweregrades der Demenz wesentlich ist, muss auch die Verlaufsdynamik der zur Demenz führenden Erkrankung in die Beurteilung einbezogen werden.[10]

---

7 So Soergel/*Klingseis*, § 2229 Rn 23.

8 BGHZ 30, 294, 298; dazu krit. *Lange/Kuchinke*, § 18 II 1 Fn 10 sowie einschränkend Soergel/*Klingseis*, § 2229 Rn 23.

9 *Karnath/Cording*, ErbR 2023, 755 f.

10 Vgl. dazu genauer *Wetterling/Neubauer/Neubauer*, Psychiatrische Praxis 1996, S. 213–216 und *dies.*, ZEV 1995, 46–50.

B. Tatbestand

I. Altersgrenze der Testierfähigkeit (Testiermündigkeit)

7 Abs. 1 knüpft die Testierfähigkeit an die **Vollendung des 16. Lebensjahres.** Mit diesem Zeitpunkt tritt die sog. **Testiermündigkeit** ein. Jüngere Minderjährige sind schlechthin testierunfähig, mögen sie im Einzelfall nach ihrer geistigen und sittlichen Entwicklung auch durchaus zur Errichtung eines eigenen Testaments befähigt sein. Ein vor diesem Zeitpunkt errichtetes Testament ist daher unheilbar nichtig und kann auch nicht durch nachträgliche Genehmigung wirksam werden.[11] Bei der Berechnung des Alters ist der Tag der Geburt mitzurechnen (§ 187 Abs. 2 BGB). Dies bedeutet, dass man am Tag seines 16. Geburtstages testierfähig ist.

8 Allerdings kann der Minderjährige zwischen dem 16. und 18. Lebensjahr trotz der vorgegebenen allg. Testierfähigkeit nicht frei zwischen den einzelnen Testamentsformen wählen, sondern ist insoweit **Beschränkungen** unterworfen. Daher kann er sein Testament nur wirksam als öffentliches Testament durch mündliche Erklärung oder durch Übergabe einer offenen Schrift zur Niederschrift einer Amtsperson errichten (§§ 2233 Abs. 1, 2247 Abs. 4, 2249 Abs. 1, 2250 Abs. 1 BGB), während ihm der Weg eines privatschriftlichen Testaments oder des Dreizeugentestaments verwehrt bleibt. Dadurch wird eine ausreichende Belehrung wegen § 17 BeurkG gesichert und so den sich aus der Herabsetzung der Altersanforderung ergebenden Gefahren begegnet.[12] Damit führt die noch immer vorliegende nur beschränkte Geschäftsfähigkeit der 16- bis 18-Jährigen im Testamentsrecht nicht zu einer materiell-rechtlichen Einschränkung der Rechtsmacht, sondern bewirkt nur den Ausschluss besonderer Errichtungsformen.[13]

9 Daraus ergibt sich folgende rein altersabhängige **Stufenform der Testierfähigkeit**:
- testierunfähig sind Personen, die das 16. Lebensjahr noch nicht vollendet haben
- grundsätzlich testierfähig, aber in der Wahl der zulässigen Errichtungsformen eingeschränkt sind die beschränkt geschäftsfähigen Personen zwischen der Vollendung des 16. und des 18. Lebensjahres;
- unbeschränkt testierfähig sind Personen ab der Vollendung des 18. Lebensjahres
- zu beachten sind allerdings die Beschränkungen aus § 2233 BGB.

II. Krankhafte Störung der Geistestätigkeit

1. Allgemein

10 Gemäß § 2229 Abs. 4 BGB sind Personen testierunfähig, die wegen **krankhafter Störung** der Geistestätigkeit, Geistesschwäche oder Bewusstseinsstörung nicht in der Lage sind, die Bedeutung einer von ihnen abgegebenen Willenserklärung einzusehen und nach dieser Einsicht zu handeln.[14] Aufgrund welcher Ursache die Testierfähigkeit besteht oder eingetreten ist, ist unerheblich. Sie kann angeboren, durch Krankheit oder Unfall verursacht sein, als reversible geistige oder seelische Veränderung auftreten oder vorübergehend auf der Einnahme von Medikamenten beruhen.[15]

11 Die für den Einzelfall festzustellende Testierunfähigkeit nach Abs. 4 erfordert das **kumulative** Vorliegen folgender drei Tatbestandsmerkmale:
- krankhafte Störung der Geistestätigkeit, Geistesschwäche oder Bewusstseinsstörung des Testierenden (= **geistige Insuffizienz**)

---

11 Bamberger/Roth/*Litzenburger*, § 2229 Rn 7.
12 Vgl. Soergel/*Klingseis*, § 2229 Rn 5.
13 Soergel/*Klingseis*, § 2229 Rn 5.
14 BayObLG FamRZ 2002, 1066; 2005, 2019; 2006, 68.
15 So Staudinger/*Baumann*, § 2229 Rn 64 ff.; vgl. auch *Wetterling*, ErbR 2015, 179, 180.

- Unfähigkeit, die Bedeutung der mit der letztwilligen Verfügung abgegebenen Willenserklärung zu erkennen (= **kognitives Element**)
- diese Unfähigkeit muss auf der zuerst genannten geistigen Insuffizienz beruhen (= **Kausalität**).[16]

Die Annahme einer Testierunfähigkeit nach Abs. 4 muss jedoch als **Ausnahmefall** von dem allg. Grundsatz aufgefasst werden, dass jeder, der das nach § 2229 Abs. 1 BGB vorgegebene Mindestalter erreicht hat, so lange als testierfähig gilt, bis das Gegenteil zur vollen Gewissheit des Gerichts bewiesen ist.[17] 12

2. Geistige Insuffizienz

a) Krankhafte Störung der Geistestätigkeit und Geistesschwäche

Zwischen der krankhaften Störung der Geistestätigkeit als Oberbegriff und der Geistesschwäche besteht nach h.M. ein **gradueller Unterschied**,[18] ohne dass ein zuverlässiges Unterscheidungsmerkmal zwischen beiden benannt werden könnte.[19] 13

Im Folgenden kann daher nur ein **Überblick** über solche **Krankheitsbilder** gegeben werden,[20] die bislang schon als zur Testierunfähigkeit führend anerkannt werden, wobei es auch insoweit bzgl. Schweregrad und Einstufung letztlich auf das Gesamtbild der Persönlichkeit im Einzelfall ankommt, so dass diese Auflistung kaum mehr als eine grobe **Orientierungshilfe** bieten kann:[21]

- altersbedingte Arteriosklerose (Zerebralsklerose);[22]
- degenerative Demenz (Demenz vom Alzheimer-Typ, der etwa 64 % aller Demenzen zuzuordnen sind)[23] in seinen mittelschweren[24] und schweren[25] Ausprägungsformen;
- vaskuläre Demenz, neben Alzheimer die häufigste Demenzerkrankung (sie wird durch einzelne oder multiple Gehirnschläge ausgelöst und tritt oft auch in Verbindung mit Alzheimer auf);[26]
- senile Demenz;[27]
- Demenz bei Parkinson-Syndrom;[28]

---

16 Siehe OLG Schleswig FamRZ 2014, 1217.

17 BayObLG NJW 1995, 3260; BayObLG NJW 2000, 1959, 1961; OLG München FamRZ 2015, 698, 700; beachte: bei der Entscheidung BGHZ 18, 184 ging es um die partielle Prozessunfähigkeit.

18 RGZ 130, 69, 71; RGZ 162, 223, 228; dazu jetzt krit. allerdings *Voit/Sammet*, in: Reimann/Dietz/Sammet, § 2229 Rn 10.

19 MüKo/*Sticherling*, § 2229 Rn 20 „gradueller Unterschied"; die krankhafte Störung wird als umfassender angesehen.

20 Der Überblick orientiert sich im Wesentlichen an den Beispielen der die Testierfähigkeit beeinträchtigenden Krankheitsbilder bei Soergel/*Klingseis*, § 2229 Rn 19–20.

21 Zur Frage der Testierfähigkeit und Demenz im Allgemeinen *Busch*, ErbR 2014, 90; *Wetterling*, ErbR 2014, 94; vgl. zudem OLG Hamburg ErbR 2019, 36; sowie OLG Hamm ErbR 2018, 210; OLG Brandenburg BeckRS 2024, 6177.

22 BGH NJW 1951, 481, 482; BayObLG NJW-RR 1991, 1098, 1100; BayObLG FamRZ 1996, 969.

23 Vgl. BayObLG FamRZ 1997, 1511, 1512; OLG Düsseldorf FamRZ 1998, 1064; *Zimmermann*, BWNotZ 2000, 97, 104.

24 Str. OLG Düsseldorf ZEV 2018, 615; OLG München ZEV 2017, 148.

25 Dazu insbesondere *Zimmermann*, BWNotZ 2000, 97, 104 f., der die drei maßgebenden Stadien darstellt.

26 Vgl. BayObLG ZErb 2005, 90; OLG Jena ZEV 2005, 343; OLG München NJW-RR 2008, 164 = FamRZ 2007, 2009; *Wetterling*, ErbR 2014, 94; *Fries*, AcP 216, 422, 424; sowie *v. Oertzen/Windeknecht*, ZEV 2019, 8, 9.

27 BayObLG ZEV 1998, 230.

28 *Wetterling/Neubauer/Neubauer*, ZEV 1995, 46, 47.

- manische Depression, insbesondere in den manischen Phasen, wenn und soweit diese von die eigene Willensentschließung ausschließenden Vorstellungen geprägt sind;[29]
- Prionkrankheit: Prionen sind infektiöse Eiweißpartikel, die in Gewebe übertragen werden können und Leiden wie die Creutzfeld-Jakob-Krankheit (BSE) erzeugen können;
- Lewy-Körperchen-Demenz: wie die Alzheimer-Plaques sind auch Lewy-Körperchen ungewöhnliche Proteinstrukturen im Gehirn, die manche Neuronenverbindungen absterben lassen und andere schädigen. Diese Form der Demenz kann auch zusammen mit der Alzheimer- oder Parkinsonkrankheit auftreten und zeigt zeitweise die gleichen Symptome;
- Frontotemporale Demenz oder Pick-Krankheit: Anders als Alzheimer befällt diese Form der Demenz nur die Stirn- und Schläfenlappen des Gehirns, weshalb sich Verwirrtheit und Ausfälle mit dem Fortschreiten der Krankheit verstärken, Testierunfähigkeit liegt daher erst bei fortgeschrittenem Krankheitsbild vor;
- hirnorganisches Syndrom;[30]
- schwere und schwerste Intelligenzminderungen (IQ unter 35);[31]
- schizophrene Psychosen mit dem Glauben, die eigenen Gedanken und Handlungen würden von anderen gelenkt oder gesteuert oder man sei ausführendes Werkzeug dritter Kräfte;[32] Achtung: hier sind lichte Momente denkbar!
- paranoide Wahnvorstellungen, insbesondere wenn sie sich auf eine als Erbe in Betracht kommende Person beziehen;[33] Achtung: auch hier lichte Momente möglich!
- fortgeschrittene altersbedingte Zerebralsklerose,[34] hier kommen im letzten Stadium auch lichte Momente nicht mehr in Betracht.[35]

14 Nicht ohne **weitere eingehende Feststellungen** zur Testierunfähigkeit sollen dagegen insbesondere folgende Krankheitsbilder führen:
- Psychose;[36]
- Epilepsie;[37]
- Debilität,[38] wobei jedoch schwere (IQ zwischen 20–34) und schwerste (IQ unter 20) Intelligenzminderungen die Testierfähigkeit ausschließen; bei mittelgradigen Intelligenzminderungen (IQ 35–49) sind sorgfältige Untersuchungen anzuraten;
- Psychopathie, hier soll selbst bei besonders hohem Grad nur in Ausnahmefällen Testierunfähigkeit vorliegen;[39]

---

29 RG WarnR 1928 Nr. 167; BGH WM 1956, 1184.

30 BayObLG FamRZ 1990, 801; OLG Frankfurt NJW-RR 1998, 870, 871.

31 Soergel/*Klingseis*, § 2229 Rn 20; *Braunbehrens/Dose*, ErbBstg 2001, 23, 28; MüKo/*Sticherling*, § 2229 Rn 34.

32 BayObLG Rpfleger 1984, 317, 318; differenzierend *Braunbehrens/Dose*, ErbBstg 2001, 23, 28; *Zimmermann*, BWNotZ 2000, 97, 105.

33 BayObLG FamRZ 2000, 701; BayObLGZ 2001, 289, 294 f; BayObLG FamRZ 2005, 658, 659, OLG München ErbR 2021, 870.

34 BayObLG FamRZ 1989, 1346, 1347; BayObLG FamRZ 1990, 801, 802.

35 OLG Celle DNotZ 1962, 657; BayObLG Rpfleger 1979, 422 u. erneut *Lichtenwimmer*, MittBayNot 2002, 240, 243.

36 BayObLG NJW 1992, 248; anders noch BayObLG FamRZ 1985, 539, 541.

37 Soergel/*Klingseis*, § 2229 Rn 20; *Braunbehrens/Dose*, ErbBstg 2001, 23, 28.

38 Soergel/*Klingseis*, § 2229 Rn 20; MüKo/*Sticherling*, § 2229 Rn 34.

39 BayObLG NJW 1992, 248; BayOblGZ 1991, 59, 64 ff.; Ausnahmefälle siehe OLG Celle FamRZ 2003, 1700; BayObLG FamRZ 2000, 701; 2005, 658.

- abnorme Persönlichkeitsbildung;[40]
- querulatorische Veranlagung, wird heute überwiegend zugunsten einer differenzierenden Beschreibung der abnormen Persönlichkeitsbilder als eigene Gruppe aufgegeben;[41]
- paranoid-halluzinatorisches Syndrom mit Wahnvorstellungen, solange sich diese Wahnvorstellungen nicht auf eine als Erbe in Betracht kommende Person beziehen;[42]
- Verwahrlosungstendenzen.[43]

Insoweit sind neben den ärztlichen Befunden vor allem auch die Pflegeberichte der Pflegedienste bzw. des Pflegeheims sowie vorliegende Sozialberichte im Rahmen eines Betreuungsverfahrens heranzuziehen, da diese oft einen genaueren Aufschluss darüber geben, ob und inwieweit der Betreffende noch in der Lage war, sich zu orientieren, Personen zu erkennen und sich selbst zu versorgen.[44]

b) Bewusstseinsstörungen

Der Geistesschwäche und damit einer krankhaften Störung der Geistestätigkeit **gleichgestellt** werden in Abs. 4 die sog. Bewusstseinsstörungen. Man versteht hierunter jede – nicht unbedingt durch Krankheit verursachte – **erhebliche Trübung der Geistestätigkeit.** Dies umfasst damit einen weiten Bereich, der von Bewusstlosigkeit über Hypnose, Suggestion, Trunkenheit, Epilepsie bis hin zu manisch seelischen Depressionen oder schweren hysterischen oder neurasthenischen Zuständen reicht.[45] 15

Der **Rauschgiftsüchtige** ist – wie der **Trunksüchtige** – im Rausch selbst und bei solchen Entzugserscheinungen testierunfähig, die zu Bewusstseinsstörungen mit Ausschluss der freien Willensbildung führen.[46] Ansonsten aber führen Rauschmittel- oder Trunksucht nur bei entsprechend starken hirnorganischen Schädigungen zur Testierunfähigkeit.[47] 16

Wichtig ist, dass auch eine sich unmittelbar an die Testamentserrichtung anschließende oder in nahem zeitlichen Zusammenhang mit dieser stehende **Selbsttötung** es nicht rechtfertigt, von einem die Testierfähigkeit ausschließenden Zustand bei der Testamentserrichtung auszugehen, wenn nicht entsprechende weitere krankheitsbezogene Umstände hinzutreten.[48] 17

3. Ausschluss der Einsichtsfähigkeit

a) Grundsatz

Zu beachten bleibt, dass **nicht** bereits das bloße Vorliegen einer Geisteskrankheit im medizinischen Sinne **automatisch** zur Testierunfähigkeit führt; erforderlich ist vielmehr, dass sich der Betreffende dadurch in einem Zustand befindet, in dem er nicht mehr in der Lage ist, seine Angelegenheiten zu besorgen.[49] Davon ist erst dann 18

40 BayObLG FamRZ 1992, 724.
41 *Braunbehrens/Dose*, ErbBstg 2001, 23, 28.
42 BayObLG NJW-RR 2000, 6 f.; BayObLG NJW 1992, 248; BayObLG MittBayNot 2005, 235; vgl. zudem OLG München ZEV 2017, 148.
43 BayObLG FamRZ 2002, 1066, 1067.
44 Siehe hierzu *Wetterling*, ErbR 2015, 355.
45 Vgl. *Wetterling*, ErbR 2010, 345; sowie *Herzog*, ErbR 2016, 34, 39.
46 BayObLGZ 1956, 377, 382; siehe auch ZEV 2003, 27; BayObLG FamRZ 2003, 713, 714; vgl. *Bongartz/Mergenröder*, JuS 2018, 679, 682 ff.; sowie OLG Brandenburg ErbR 2014, 393 bzgl. der Frage der Testierfähigkeit bei Alkoholmissbrauch.
47 Soergel/*Klingseis*, § 2229 Rn 20.
48 BGH NJW 1951, 481; BayObLG FamRZ 1985, 539; BayObLG FamRZ 1990, 801.
49 BayObLG NJW-RR 1981, 1090; BGH FamRZ 1958, 127; BayObGGZ 2001, 290, 293 ff.; OLG Celle FamRZ 2007, 417.

auszugehen, wenn die krankhaften Vorstellungen und Gedanken den Betreffenden in einer Weise beeinflussen, dass er nicht mehr die **Fähigkeit** besitzt, den eigenen Zustand zu erkennen und seine **Handlungen zu kontrollieren.**[50] Dies ist insbesondere dann der Fall, wenn er von den Trugbildern und Wahnvorstellungen so beherrscht wird, dass er nicht mehr in der Lage ist, frei von diesen Vorstellungen zu entscheiden, so dass die Erwägungen und Willensentschlüsse des Testierens nicht mehr auf selbstständigen Überlegungen und Entschließungen[51] und einer der allg. Verkehrsauffassung entsprechenden Würdigung der Außenwelt und der Lebensverhältnisse beruhen.[52] Diese fehlende Einsichtsfähigkeit muss nicht darin zutage treten, dass der Erblasser sich keine Vorstellung von der Tatsache der Errichtung eines Testaments und von dessen Inhalt oder von der Tragweite seiner letzten Anordnungen, insbesondere von ihren Auswirkungen auf die persönlichen und wirtschaftlichen Verhältnisse der Betroffenen, zu machen vermag. Sie kann sich vielmehr darauf beschränken, die Motive für die Errichtung einer letztwilligen Verfügung entscheidend zu beeinflussen. Testierunfähig in diesem Sinne ist deshalb auch derjenige, der nicht in der Lage ist, sich über die für und gegen seine Verfügung sprechenden Gründe ein klares, von krankhaften Einflüssen nicht gestörtes Urteil zu bilden und nach diesem Urteil frei von Einflüssen etwaiger interessierter Dritter zu handeln.[53] Ein Abweichen von der üblichen Schreib- und Ausdrucksweise kann als Indiz dafür dienen, dass das Testament nicht Ausdruck des eigenen und freien Willens des Testators ist.[54]

19 Neben die konkrete Abwägungs- oder Einsichtsunfähigkeit muss als voluntatives Element noch die **Steuerungsunfähigkeit** treten. Dies muss aufgrund konkreter Tatsachen und ggf. entsprechender ärztlicher Befunde für den Zeitpunkt der Testamentserrichtung nachgewiesen werden. Man spricht insoweit vom Erfordernis einer konkretsituativen Betrachtung.[55]

20 Eine so festgestellte Testierunfähigkeit schließt es andererseits nicht aus, dass einfache **Verrichtungen des täglichen Lebens** noch selbstständig und ordnungsgemäß vorgenommen werden können, denn die Verstandestätigkeit als solche muss bei Annahme einer Testierunfähigkeit nicht völlig ausgeschlossen sein.

Bloße **Intelligenzmängel**, die die freie Willensbildung unberührt lassen, genügen dagegen grundsätzlich nicht zur Annahme der Testierunfähigkeit. Entsprechendes gilt für eigenschädliches, unkluges und kurzsichtiges Handeln, bei dem die Erklärung zwar ohne hinreichende Erkenntnis der rechtlichen und/oder wirtschaftlichen Tragweite des Erklärten, aber doch auf einer freien Willensbestimmung beruht. Andererseits aber können grobe Fehler in Wortwahl und/oder Grammatik, die erkennbar unter dem erreichten intellektuellen Niveau des Erblassers liegen, einen Hinweis auf einen demenzbedingten geistigen Abbau geben, da solche Störungen häufig bereits im Frühstadium einer Demenz auftreten.[56]

21 Grundsätzlich sollte dagegen der Inhalt oder die Sinnhaftigkeit des Testaments bei der Bewertung der Testierfähigkeit außer Betracht bleiben, da die Motivation, wem und

50 *Wetterling*, ErbR 2018, 433; *Grziwotz*, MDR 2016, 737; *Wetterling*, ErbR 2017, 125.

51 Dazu eindrucksvoll OLG Celle ZEV 2007, 127.

52 Ähnlich MüKo/*Sticherling*, § 2229 Rn 36 ff.; so auch BGH FamRZ 1958, 127; BayObLGZ 2001, 290, 293 = MittBayNot 2005, 235.

53 So OLG Rostock ZEV 2009, 332; OLG Hamburg NJOZ 2020, 1224; vgl. OLG Celle ZEV 2024, 175; OLG Karlsruhe MittBayNot 2020, 515.

54 AG Bamberg ErbR 2022, 1145; das allein genügt jedoch noch nicht nach OLG Rostock ZEV 2024, 100.

55 Soergel/*Klingseis*, § 2229 Rn 12; vgl. zudem Stuttgart Recht 1916 Nr. 616; BayObLG FamRZ 2002, 1066, 1067.

56 Vgl. *Knesevich/Martin/Berg/Danziger*, S. 155 ff.

wie viel jemandem testamentarisch zugewandt werden soll, eine sehr persönliche und daher Drittwertungen weitgehend entzogene Entscheidung darstellt. Auch insoweit gilt der Grundsatz, dass der Erblasser seine letztwillige Verfügung nicht durch vernünftige und von Dritten nachvollziehbare Gründe rechtfertigen muss. Dementsprechend reichen irrationale Inhalte des Testaments alleine keinesfalls aus, um die Testierfähigkeit zu verneinen.[57] Allenfalls dann, wenn die testamentarisch Begünstigten häufig wechseln, lässt dies die Frage nach eventuellen Beeinflussungen der Motive durch Dritte zu.

b) Sittliche Befähigung

Oftmals wird in diesem Zusammenhang neben der Steuerungsfähigkeit des Erblassers zur Testierfähigkeit zusätzlich eine gewisse **„sittliche Orientiertheit“** verlangt.[58] Diese Formulierungen gehen auf eine unglückliche Sprachfassung des BGH[59] zurück, wonach der Erblasser, um testierfähig zu sein, auch in der Lage sein müsse, sich über die Gründe, die für die sittliche Berechtigung einer Verfügung sprechen, ein klares Urteil zu bilden. 22

Sittliche Fehlvorstellungen des Erblassers als solche führen nicht zur Unwirksamkeit des Testaments. Unwirksam ist das Testament nur dann, wenn die letztwillige Verfügung selbst gegen die guten Sitten verstößt und deshalb gem. § 138 BGB nichtig ist.[60] 23

c) Relative Testierfähigkeit

In Rechtsprechung und Literatur umstritten ist die Frage, ob es eine nach der Schwierigkeit der Materie abgestufte sog. „relative Testierfähigkeit“ gibt.[61] 24

In der jüngeren obergerichtlichen Rechtsprechung wurde die Frage nach einer relativen Testierfähigkeit zu Recht ablehnend entschieden.[62] Wollte man eine relative Testierfähigkeit anerkennen, erhöhte dies die Rechtsunsicherheit, da die Testierfähigkeit eines Erblassers stets für den testamentarisch geregelten Einzelfall festgestellt werden müsste.[63]

d) „Lichte Momente“

Insbesondere in den Fällen der Bewusstseinsstörungen – grundsätzlich aber auch bei Geisteskrankheit und Geistesschwäche und hier insbesondere bei der vaskulären Demenz – bleibt zu beachten, dass Testamente, die von derart Betroffenen in einem sog. **lichten Augenblick** („lucidum intervallum“) errichtet werden, wirksam sind.[64] 25

Allerdings dreht sich in diesem Fall die Beweislast um, es ist vom Vorliegen der Testier**unfähigkeit** auszugehen und der ausnahmsweise lichte Augenblick nachzuweisen.[65] Dazu sind alle Aufklärungsmöglichkeiten auszuschöpfen, doch bleibt das Vorlie- 26

---

57 Ebenso Bamberger/Roth/*Litzenburger*, § 2229 Rn 8; nur Ausschluss, wenn vernünftige Entscheidung von vornherein ausgeschlossen ist, siehe LG Stuttgart BWNotZ 1986, 13.

58 Vgl. etwa OLG Hamm FamRZ 1989, 437, 439; BayObLG NJW 1992, 248, 249; OLG Köln NJW-RR 1994, 396.

59 BGH FamRZ 1958, 127.

60 So auch Soergel/*Klingseis*, § 2229 Rn 15.

61 Ablehnend: BGH NJW 1959, 1587; NJW 1970 1681; Grüneberg/*Weidlich*, § 2229 Rn 1; Soergel/*Klingseis*, § 2229 Rn 11; Staudinger/*Baumann*, 2003, § 2229 Rn 15. Bejahend: OLG Köln NJW 1960, 1389; Staudinger/*Baumann*, 2018, § 2229 Rn 19; MüKoBGB/*Sticherling*, § 2229 Rn 22; Humm ZEV 2022, 253.

62 OLG München ZEV 2008, 37; OLG Frankfurt a.M. BeckRS 2017, 126066, Rn 25.

63 Vgl. Staudinger/*Baumann*, 2022, § 2229 Rn 35.

64 BGHZ 30, 294; OLG Karlsruhe Justiz 1982, 130.

65 BayObLG FamRZ 2006, 68.

gen solcher lichter Augenblicke schwer nachweisbar[66] und erfordert in der Regel ein nervenärztliches oder psychiatrisches Gutachten über die grundsätzliche Möglichkeit derartiger Zustände.[67] Um ein „luzides Intervall" annehmen zu können, muss eine Störung vorgelegen haben, die – wenn auch mit Hilfe medizinischer Maßnahmen – zumindest zum Teil kurzfristig rückbildungsfähig ist.[68]
Ist dies nachgewiesen, so genügt zur Beachtlichkeit des Einwands eines sog. lichten Intervalls der Nachweis einer ernsthaften Möglichkeit einer vorübergehenden Besserung des Geisteszustandes des Erblassers, so etwa, wenn umfangreiche Anordnungen erkennen lassen, dass er seine Vermögensverhältnisse noch voll überblickt hat.[69] Die Annahme von einzelnen solcher luziden Intervalle innerhalb eines größeren Zeitraumes ist dagegen kaum begründbar.[70]

e) Willensbeeinflussung

27 Auch eine Beeinflussung des Testierenden, die dessen eigenen Willen ausschließt, aber weder Gewalt noch Drohung darstellt (vgl. Rdn 34), kann zur Unwirksamkeit der letztwilligen Verfügung führen. Insoweit ist die **Grenze** zwischen einer zulässigen Bewertung und Anregung zur die eigene Willensbildung des Testierenden ausschließenden unzulässigen Beeinflussung im Einzelfall schwer zu ziehen und **fließend**. Von einer unzulässigen Beeinflussung ist jedenfalls nicht schon dann auszugehen, wenn der Testierende ohne weitere Nachprüfungen den Anregungen oder Einflüsterungen Dritter folgt oder sich deren Ansichten anschließt, wenn und solange dies nur aus dessen eigenen Entschluss geschieht. Erst dann, wenn der Eindruck entsteht, dass der Erblasser fremde Erklärungen ohne oder gegen seinen Willen nur **mechanisch wiedergibt**, ist hieran zu denken. Vor dem Notar empfiehlt es sich bei derartigem Verdacht zunächst, die einflussnehmenden Personen auszuschließen, um die bloß mechanische Wiedergabe fremder Ansichten zu vermeiden. Bleibt der Eindruck bestehen, ist die Beurkundung nach § 11 Abs. 1 BeurkG abzulehnen. Veranlasst ein Betreuer einen Testierunfähigen als undoloses Werkzeug dazu, den Betreuer mit einer letztwilligen Verfügung zu bedenken, kommt der Straftatbestand der Untreue in Betracht.[71]

4. Entmündigung und Betreuung

28 Wer wegen Geisteskrankheit, Geistesschwäche, Trunksucht, Verschwendung oder Rauschgiftsucht vor dem 1.1.1992 entmündigt war, konnte nach alter Rechtslage ein Testament nicht errichten, wobei die Testierunfähigkeit bereits zum Zeitpunkt der Stellung des Entmündigungsantrags eintrat, aufgrund dessen die Entmündigung dann später ausgesprochen worden ist.[72] Auch nach Umwandlung der Entmündigung mit Wirkung ab 1.1.1992 in eine Betreuung (Art. 9 § 1 BtG) blieben die vom Entmündigten vor Inkrafttreten des Betreuungsgesetzes errichteten letztwilligen Verfügungen un-

---

66 *Wetterling/Neubauer/Neubauer*, ZEV 1995, 45, 48 f.

67 Grundsätzlich skeptisch zur Beweisbarkeit solcher lichten Augenblicke *Rasch/Bayerl*, Lebensversicherungsmedizin 1985, 2 ff.; *Wetterling/Neubauer/Neubauer*, ZEV 1995, 46, 48.

68 Nur bei bestimmten geistigen Erkrankungen, so *Wetterling*, ErbR 2010, 345, 349; *Schmoeckel*, NJW 2016, 433, 437; kritisch allerdings *Roth*, NJW-Spezial 2014, 615; vgl. OLG Schleswig-Holstein ErbR 2022 406, 414.

69 OLG Köln FamRZ 1992, 729, 731; BayObLG ZEV 1994, 303, 304; OLG Frankfurt NJW-RR 1998, 870.

70 Bei Demenzkranken sind lichte Momente nur ausnahmsweise möglich, vgl. OLG München ZEV 2013, 504; *Roth*, NJW-Spezial 2014, 615; *Busch*, ErbR 2014, 89, 92; *Wetterling*, ErbR 2014, 94.

71 Vgl. OLG Celle NJW-Spezial 2013, 327.

72 MüKo/*Sticherling*, § 2229 Rn 16.

wirksam, da der Gesetzesänderung keine Rückwirkung zukommt.[73] Der vormals Entmündigte konnte aber nun nach neuer Rechtlage erneut testieren oder sein bisher unwirksames, aber formgültiges Testament nach § 141 BGB bestätigen, sofern er nicht nach § 2229 Abs. 4 BGB testierunfähig ist, wofür die früher ausgesprochene Entmündigung ein Anhaltspunkt sein kann.[74]

5. Gewalt

29 Schließlich sind auch solche letztwilligen Verfügungen unwirksam, die durch **Gewalteinwirkung oder Drohung** zustande kommen. Dies fällt allerdings streng genommen nicht unter den Anwendungsbereich des Abs. 4, da „vis absoluta" bereits das Vorliegen einer zurechenbaren Willenserklärung als solche verhindert, während „vis compulsiva" lediglich die Anfechtbarkeit der Erklärung im Rahmen allg. Rechtsgeschäftslehre zur Folge hat.[75]

6. Besonderheiten bei Taubheit und Stummheit

30 Sonderregelungen für taube und stumme Testatoren ergeben sich aus § 2233 BGB i.V.m. § 31 BeurkG; sie werden bei § 2233 BGB näher erläutert.

C. Rechtsfolgen

31 Das mangels Testierfähigkeit nach Abs. 1 oder Abs. 4 oder wegen Verstoßes gegen die weiteren Beschränkungen der Testierfähigkeit errichtete Testament ist **nichtig**. Die Geltendmachung dieses Nichtigkeitsgrundes ist jederzeit und durch jedermann möglich und – im Gegensatz zur Anfechtung – nicht fristgebunden. Zu Lebzeiten des Erblassers ist jedoch eine Feststellungsklage Dritter zur Frage der Testierfähigkeit und ebenso ein hierauf bezogenes selbstständiges Beweisverfahren unzulässig,[76] da in diesem Stadium nur eine Erwerbsaussicht, aber noch kein feststellungsfähiges Rechtsverhältnis besteht.[77] Hierfür spricht auch der Rechtsgedanke aus § 311b Abs. 4 BGB.[78]

32 Die **nachträgliche Beseitigung des Hindernisses** allein führt nicht zur Gültigkeit des Testaments. Erforderlich ist vielmehr die ausdrückliche und formgerechte Bestätigung des Testaments im Zustand der Testierfähigkeit.

33 Auch eine Anerkennung oder Genehmigung eines unwirksamen Testaments durch die Erben ist nicht möglich. Jedoch kann eine solche Abrede rein schuldrechtliche Verpflichtungen begründen, die Rechtslage so zu gestalten, wie dies in dem unwirksamen Testament vorgesehen war.

D. Verfahrensfragen

I. Prüfung von Amts wegen

1. Notar

34 Das Vorliegen der Testierfähigkeit ist stets **von Amts wegen** zu prüfen. Die Urkundsperson ist daher verpflichtet, sich vor der Beurkundung einer letztwilligen Verfügung von der Testierfähigkeit des Erblassers und der konkreten Testierfreiheit hinsichtlich der gewünschten Art der letztwilligen Verfügung zu überzeugen. Grundsätzlich genügt die Urkundsperson ihren Pflichten durch eine entsprechende Befragung des

73 MüKo/*Sticherling*, § 2229 Rn 16 m.w.N.

74 MüKo/*Sticherling*, § 2229 Rn 16 m.w.N.

75 Soergel/*Klingseis*, BGB § 2229 Rn 18; *Voit/Sammet*, in: Reimann/Dietz/Sammet, § 2229 Rn 17; MüKo/*Sticherling*, § 2229 Rn 46; KG NJW 2001, 903, 905 = FamRZ 2000, 912.

76 A.A. *Assmann*, ZZP 111 (1998), 354, 359; bzgl. selbstständigen Beweisverfahren OLG Koblenz ZEV 2003, 243.; zustimmend Köln JW 1930, 2064; OLG Frankfurt FamRZ 1997, 1021, 1022 ff.

77 OLG Frankfurt/M. FamRZ 1997, 1021; vgl. zudem BGHZ 37, 137, 145.

78 So *Becker/Klinger*, NJW-Spezial 2006, 493.

Erblassers und seine entsprechenden eigenen Wahrnehmungen.[79] Dies verwundert etwas, weil nirgendwo klargestellt wird, wie ein Notar als medizinischer Laie diese Prüfung des psychisch-geistigen Zustandes des Testierenden vornehmen soll.[80] Dazu wird zurzeit diskutiert, den in der Psychologie und Psychiatrie zur Feststellung von Demenzerkrankungen entwickelten Min-Mental-Status-Test und den Uhren-Zeichentest in die notarielle Praxis zu integrieren.[81] Dem ist aus juristischer Sicht allerdings entgegenzuhalten, dass dies überflüssig erscheint, da dem Notar insoweit ja gerade keine Entscheidungskompetenz zukommt[82] und aus psychologischer Sicht, dass die Gefahr falscher Schlussfolgerungen durch den insoweit nicht geschulten Notar größer als der zu erwartende Nutzen sei.[83]

35 Der Notar hat seine entsprechenden Wahrnehmungen in der Niederschrift zu vermerken (§ 28 BeurkG) und die Beteiligten entsprechend zu belehren (§ 17 Abs. 2 S. 1 BeurkG). An diese Notizen der Urkundsperson ist das Gericht nicht gebunden, sie dienen lediglich als weiteres Indiz bei der erforderlichen richterlichen Überzeugungsbildung.[84] **Beweiskraft** erlangen insoweit aber die von der Urkundsperson angegebenen Tatsachen i.S.v. § 418 ZPO. Fehlen entsprechende Vermerke der Urkundsperson zu deren Wahrnehmungen in der Niederschrift, so führt dies nicht zur Ungültigkeit des Testaments.[85] Fehlt demjenigen, der ein Testament errichten möchte, nach der Überzeugung des Notars diese Testierfähigkeit, so soll die Beurkundung abgelehnt werden (§ 11 Abs. 1 BeurkG).

36 In Zweifelsfällen ist die **Beiziehung von Vormundschafts-, Betreuungs- und Nachlassakten** zu empfehlen und ein Gespräch mit Verwandten anzuraten.

2. Richterliche Feststellung

37 Die Frage, ob die Voraussetzungen der Testierfähigkeit i.S.v. § 2229 BGB gegeben sind, ist im Wesentlichen tatsächlicher Natur. Das Rechtsmittelgericht hat die dahingehenden Feststellungen der Vorinstanz daher nur daraufhin zu überprüfen, ob dieses Verfahrensvorschriften verletzt, den maßgebenden Sachverhalt ausreichend erforscht und bei der Erörterung des Beweisstoffes alle wesentlichen Umstände berücksichtigt und hierbei nicht gegen gesetzliche Beweisregeln, Denk- oder feststehende Erfahrungssätze verstoßen hat sowie, ob die Beweisanforderungen vernachlässigt oder überspannt worden sind.

3. Erbscheinsverfahren

38 Auch im Erbscheinsverfahren erfolgt die Prüfung der Testierfähigkeit gem. § 2338 BGB i.V.m. § 26 FamFG zwar von Amts wegen.[86] Jedoch ist von dieser als Regelfall auszugehen, so dass eine entsprechende **gerichtliche Ermittlungspflicht nur** besteht, wenn etwa das Vorbringen der Beteiligten, der Inhalt oder die äußere Form der letztwilligen Verfügung oder andere objektivierbare Tatsachen berechtigten Anlass zu

79 BGHZ 40, 54.

80 So zutreffend *Brah*, S. 12; vgl. *Müller*, DNotZ 2006, 325.

81 Dazu *Stoppe/Lichtenwimmer*, DNotZ 2005, 806; dagegen *Müller*, DNotZ 2006, 325; *Cording/Foerster*, DNotZ 2006, 329.

82 Vgl. *Müller*, DNotZ 2006, 325.

83 *Cording/Foerster*, DNotZ 2006, 329.

84 KG FamRZ 2000, 912.

85 BayObLG DNotZ 1993, 471.

86 Beachte jedoch: Die Testierfähigkeit ist vom demjenigen zu beweisen, der sich auf die Unwirksamkeit des Testaments beruft, so BGH ZEV 2012, 100, 103 und OLG Zweibrücken BeckRS 2024, 12352.

Zweifeln an der Testierfähigkeit geben.[87] Bloße Vermutungen oder Wahrscheinlichkeitsurteile aus möglichen Krankheitsbildern ohne Anknüpfung an auffälliges symptomatisches Verhalten des Erblassers im zeitlichen Zusammenhang mit der Testamentserrichtung reichen nicht aus.[88] Die Beteiligten haben daher in ihrem eigenen Interesse solche objektivierbaren Umstände vorzutragen, die das Fehlen der Testierfähigkeit als wahrscheinlich erscheinen lassen. Art und Umfang der dazu erforderlichen Ermittlungen richten sich nach der Lage des Einzelfalls, der Tatrichter entscheidet nach pflichtgemäßem Ermessen, ohne an Beweisanträge gebunden zu sein.[89] Stellt allerdings bereits der die letztwillige Verfügung beurkundende Notar fest, dass Zweifel an der Geschäftsfähigkeit des Testierenden bestehen, so hat das Nachlassgericht hierzu nähere Ermittlungen anzustellen.[90] Bei nicht behebbaren Zweifeln muss auch hier von der Testierfähigkeit ausgegangen werden.[91]

II. Medizinischer Befund und Schweigepflicht

1. Ärztliche Schweigepflicht

Bei Zweifeln an der Testierfähigkeit, insbesondere aber bei Krankenhaustestamenten, ist das Gespräch mit dem behandelnden Arzt zu suchen. Denn eine Entscheidung setzt grundsätzlich die sorgfältige Ermittlung des medizinischen Befundes voraus. Dem steht jedoch die auf Art. 12 Abs. 1, Art. 1 Abs. 1 GG, § 203 Abs. 1 Nr. 1 StGB, § 53 Abs. 1 Nr. 3 StVO beruhende **ärztliche Schweigepflicht** entgegen. Diese besteht im Regelfall auch nach dem Tod des Patienten im gleichen Umfang fort, wie sie bei dessen Lebzeiten bestanden hat.[92] Dies bedeutet insbesondere, dass Angehörige nach dem Tod des Erblassers den behandelnden Arzt grundsätzlich auch nicht von seiner Schweigepflicht entbinden können.[93] 39

Es bleibt daher in diesen Fällen nichts anderes, als mit dem **mutmaßlichen Willen des Verstorbenen** zu arbeiten. Da insoweit Testierfähigkeit vermutet wird, besteht ein Anhaltspunkt für den mutmaßlichen Willen des verstorbenen Erblassers an einer Befreiung des Arztes von der Schweigepflicht erst dann, wenn ansonsten von der Ungültigkeit der letztwilligen Verfügung auszugehen wäre. Die abweichende Ansicht des BGH,[94] wonach schon „die Aufklärung von Zweifeln an der Testierfähigkeit im wohlverstandenen Interesse des Erblassers liegt",[95] steht mit der Vermutung zugunsten der Testierfähigkeit und damit der Wirksamkeit der letztwilligen Verfügung nicht in Einklang und geht m.E. zu weit. So nämlich wird ein Beharren auf der Schweigepflicht „eher zur Ausnahme"[96] als zur Regel. Auch dann aber ist eine konkrete Interessenabwägung zwischen dem Interesse des verstorbenen Erblassers an der möglichen Sicherung seiner letztwilligen Verfügung und einer Aufdeckung seines medizinischen Befunds geboten. 40

---

87 BayObLG FamRZ 2005, 656, 659; KG FamRZ 2000, 912, 913 = NJW 2001, 903; OLG Karlsruhe ErbR 2015, 456.

88 OLG Düsseldorf NJW-RR 2012, 1100; BayObLG FamRZ 1997, 1029; OLG München ZEV 2012, 43, 46.

89 BayObLG NJW-RR 1996, 1160; OLG Frankfurt FamRZ 1997, 1306, 1308; KG NJW 2001, 903, 904.

90 OLG Düsseldorf NJW-RR 2013, 782.

91 BayObLGZ 1956, 380; 1982, 312; BayObLG Rpfleger 1984, 318; BayObLG ZEV 1996, 390, 391 m. Anm. *Jerschke*; hoher Grad an Wahrscheinlichkeit genügt nach BayObLG FamRZ 2000, 701.

92 BGHZ 91, 392 = NJW 1984, 2893.

93 BayObLG 1986, 332, 335.

94 BGH NJW 1983, 2627, 2629; kritisch *Bartsch*, NJW 2001, 861, 862.

95 BGH NJW 1983, 2627.

96 So ausdrücklich Soergel/*Klingseis*, § 2229 Rn 43.

41 Bei der Prüfung der Testierfähigkeit auftretende Fragen aus dem medizinischen Bereich werden grundsätzlich erst aufgrund von Zeugenaussagen und ggf. von **Sachverständigengutachten** entschieden, schon um dem Vorwurf fehlerhafter Ermessensausübung zu entgehen.

2. Weitere Fälle gesetzlicher Schweigepflicht

42 Die gleichen Grundsätze zur Schweigepflicht gelten an sich auch in den weiteren Fällen, in denen die Einhaltung gesetzlich normierter Schweigepflichten in Rede steht. Dies betrifft insbesondere die **Notare, Rechtsanwälte** und **Steuerberater** (vgl. § 203 Abs. 1 StGB, § 383 Abs. 1 Nr. 6 ZPO, § 53 Abs. 1 Nr. 3 StVO).

43 Dies soll nach überwiegender Auffassung in gleichem Umfang auch für den **Urkundsnotar** gelten.[97] Dabei wird allerdings übersehen, dass hier **§ 18 Abs. 2 BNotO als eine abschließende Sonderregelung** vorrangig eingreift. Danach soll gerade hier nicht der handelnde Notar, sondern die Aufsichtsbehörde darüber entscheiden, ob der mutmaßliche Wille des Erblassers nun auf Wahrung oder Entbindung von der Schweigepflicht gerichtet sein wird.[98]

III. Beweislast

44 **Grundsätzlich** gilt jedermann, der das 16. Lebensjahr (Abs. 1) vollendet hat, solange als **testierfähig**, bis das Gegenteil zur vollen Überzeugung des Gerichts bewiesen ist.[99] Dies gilt auch für den unter Betreuung stehenden Erblasser.[100] Die Beweislast für eine nicht auf fehlendem Lebensalter beruhende Testierunfähigkeit des Erblassers trifft daher denjenigen, der sich auf sie beruft.[101] Ein entsprechender Vermerk des Notars nach § 28 BeurkG hat dabei nicht mehr als Indizwirkung.

45 Eine jedenfalls **tatsächliche Vermutung** für die Testierfähigkeit ist auch dann anzunehmen, wenn sich ein privatschriftliches Testament nach Form und Inhalt als wohlüberlegt, sinnvoll und zweckentsprechend darstellt.[102]

46 Ist dagegen ein zur Testierunfähigkeit führender Zustand nachgewiesen, trifft die Beweislast für einen ausnahmsweise vorliegenden **lichten Augenblick** den dies Behauptenden. Diese Fragen, ob sich der Erblasser in einem seiner Natur nach nicht nur vorübergehenden, die freie Willensbildung ausschließenden Zustand krankhafter Geistesstörung oder trotz solcher in einem sog. lichten Augenblick befunden hat, sind überwiegend tatsächlicher Natur und vom Revisionsgericht nicht nachprüfbar.

47 **Altersbezogene Beweislastprobleme**, die also die sog. Testiermündigkeit betreffen, stellen sich in der Praxis nur, wenn bei einem eigenhändigen Testament das Errichtungsdatum fehlt. Insoweit greift die Sonderregelung aus § 2247 Abs. 5 BGB ein, wonach die Beweislast dafür, dass der Testierende bei Testamentserrichtung bereits testiermündig war, denjenigen trifft, der sich auf die Wirksamkeit beruft.[103]

---

97 OLG Frankfurt FamRZ 1997, 1306.

98 So zutreffend Soergel/*Klingseis*, § 2229 Rn 43; *Frenz/Miermeister*, BNotO, § 18 Rn 41; Schönenberg-Wessel/Plottek/Sikora/*Mack*, BNotO, § 18 Rn 56; *Edenfeld*, ZEV 1997, 395, 397 ff.

99 OLG Köln NJW-RR 1994, 396; BayObLG FamRZ 2005, 345, 348; BayObLG FamRZ 1985, 314; vgl. zudem KG ErbR 2048, 443, 446; *Horn*, NJW 2017, 2392.

100 OLG Frankfurt FamRZ 1996, 635; BayObLG FamRZ 2004, 1821; 2005, 2019; OLG Rostock FamRZ 2023, 1403, 1404.

101 RGZ 162, 223, 239; BayObLG FamRZ 1989, 1346, 1347; BGH FamRZ 1958, 127; OLG Celle ErbR 2018, 269.

102 *Wetterling/Neubauer/Neubauer*, ZEV 1995, 46, 49 f.; Staudinger/*Baumann*, § 2229 Rn 104; vgl. zudem OLG Hamm MittBayNot 1997, 180, 182.

103 Soergel/*Klingseis*, § 2229 Rn 28; *Voit/Sammet*, in: Reimann/Dietz/Sammet, § 2229 Rn 21.

IV. Feststellungsklage

Feststellungsklagen Dritter, die noch zu Lebzeiten des Erblassers dessen Testierfähigkeit oder Testierunfähigkeit festgestellt haben möchten, sind schon deshalb **unzulässig**, weil in diesem Stadium nur eine Erbaussicht, aber noch **kein feststellungsfähiges Rechtsverhältnis** besteht.[104] Entsprechendes gilt auch für die Durchführung eines selbstständigen Beweisverfahrens über die Testierfähigkeit zu diesem Zeitpunkt.[105] Auch einer entsprechenden Feststellungsklage des Erblassers selbst fehlt regelmäßig das Rechtsschutzinteresse.[106] Anders ist dies nur in dem Ausnahmefall, dass eine an sich inzwischen bindend gewordene Verfügung von Todes wegen in einem gemeinschaftlichen Testament oder Erbvertrag wegen damals vorliegender Testierunfähigkeit unwirksam sei.[107] 48

§ 2230 (weggefallen)

§ 2231 Ordentliche Testamente

Ein Testament kann in ordentlicher Form errichtet werden
1. zur Niederschrift eines Notars,
2. durch eine vom Erblasser nach § 2247 abgegebene Erklärung.

Literatur

Gärtner, Die (ökonomische) Notwendigkeit notarieller Mitwirkung im Rahmen letztwilliger Verfügungen von Todes wegen, AcP 2017, 805; *Keim*, Der Erbnachweis gegenüber Banken nach dem BGH-Urt. v. 8.10.2013, ZEV 2014, 277; *Sikora*, Notar- und Gerichtskosten im Erbrecht, NJW 2018, 1577; *Streck/Kamps*, Testament: Eigenhändig oder notariell?, ErbR 2017, 72. *Duderstadt*, Auf zum Notar! Zu Risiken und Nebenwirkungen privatschriftlicher Testamente, ZErb 2025, 167.

Übersicht: Rdn

---

104 *Assmann*, ZZP 111 (1998), 357, 366; Soergel/*Klingseis*, § 2229 Rn 54; OLGKöln JW 1930, 2064 mit Anm. Herzfelder; OLG Frankfurt FamRZ 1997, 1021; BGH ZEV 2004, 243.
105 OLG Frankfurt FamRZ 1997, 1021, 1022 f.
106 Soergel/*Klingseis*, § 2229 Rn 54; a.A. *Voit/Sammet*, in: Reimann/Dietz/Sammet, § 2229 Rn 20.
107 Dazu *Schneider*, ZEV 1996, 56.

A. Allgemein/Normzweck

1 Die Vorschrift zählt die ordentlichen Testamentsformen abschließend auf und grenzt diese von den außerordentlichen Testamentsformen (Bürgermeistertestament gem. §§ 2249, 2252 BGB, Drei-Zeugen-Testament gem. §§ 2250, 2252 BGB, Seetestament gem. §§ 2251, 2252 BGB, Militärtestament aufgrund des Gesetzes über die freiwillige Gerichtsbarkeit und andere Rechtsangelegenheiten in der Wehrmacht vom 24.4.1934, RGBl I 335, 352) ab.

Die Norm ist primär rechtsgeschichtlich zu verstehen: Der historische Gesetzgeber stand dem privatschriftlich gefassten und privat verwahrten Testament zunächst zurückhaltend gegenüber. So sahen die Entwürfe zum BGB nur das öffentliche Testament als ordentliche Testamentsform vor. Erst aufgrund der Reichstagsberatungen wurde das eigenhändige Testament in das BGB eingestellt. Deshalb schien es angezeigt, auch Letzteres durch § 2231 Nr. 2 BGB ausdrücklich als ordentliches Testament gesetzlich zu verankern und damit die **Gleichwertigkeit** zu den öffentlichen Testamenten zu betonen. Denn trotz erheblicher Bedenken gegen privatschriftliche Testamente und der von diesen ausgehenden Unsicherheit wollten die Väter des BGB diese u.a. wegen deren Volkstümlichkeit, die in vielen landesrechtlichen Regelungen Ausdruck fand, der Möglichkeit zu absoluter Geheimhaltung und den mit der leichten Änderungsmöglichkeit verbundenen vordergründigen (vgl. dazu § 2247 Rdn 2) Kostenvorteilen verbundene Testamentsart im BGB verwirklichen.

B. Tatbestand

I. Errichtung zur Niederschrift eines Notars

1. Inhalt

2 Das öffentliche Testament wird zur Niederschrift eines Notars errichtet, §§ 2231 Nr. 1, 2232, 2233 BGB. Die Mitwirkung des Notars bei der Gestaltung und Formulierung des öffentlichen Testaments erhöht insbesondere die Rechtssicherheit, da der Notar zum einen Feststellungen zur Testierfähigkeit trifft, zum anderen dafür Sorge trägt, dass bei der Formulierung des Erblasserwillens die zutreffenden Termini verwendet werden.

2. Zuständigkeit

a) Notar

3 Gem. § 20 BNotO, § 1 BeurkG sind **nur die Notare** zuständig für Beurkundungen aller Art. Im Rahmen ihrer Beurkundungstätigkeit unterstehen sie der allg. Dienstaufsicht der Justizverwaltungen.[1]

b) Amtsbezirk

aa) Grundsätze

4 Grundsätzlich sind Notare nur im räumlichen Gebiet ihres **Amtsbezirks** zuständig. Amtsbezirk der Notare ist gem. § 11 Abs. 1 BNotO der **Oberlandesgerichtsbezirk**, in dem der Notar seinen Amtssitz hat.

---

1 BGHZ 35, 44, 45; zum Dienstenthebungsverfahren siehe BGHZ 27, 274 = NJW 1958, 1396.

Außerhalb des Amtsbezirks dürfen Notare Amtshandlungen gem. § 11 Abs. 2 BNotO, also auch Beurkundungen, nur bei **Gefahr in Verzug** oder mit Genehmigung der Aufsichtsbehörde vornehmen. 5

bb) Rechtsfolgen bei Verstößen gegen die örtliche Zuständigkeitsbegrenzung

Ein Verstoß gegen die räumliche Zuständigkeitsbegrenzung gem. § 11 Abs. 3 BNotO, § 2 BeurkG berührt die Gültigkeit der Amtshandlung nicht, und zwar selbst dann nicht, wenn die Beurkundung außerhalb des Bundeslandes ausgeführt wird, in dem der Notar bestellt ist.[2] 6

c) Ausschließungsgründe und Mitwirkungsverbote

Spezielle Ausschließungsgründe und Mitwirkungsverbote für Notare bei öffentlichen Beurkundungen enthalten die **§§ 3, 6, 7, 27 BeurkG.** Unzulässig ist die Beurkundung eines Testaments durch den Notar somit insbesondere dann, wenn es sich um das Testament seines Ehegatten oder eines mit ihm in gerader Linie Verwandten handelt oder wenn der Notar selbst, sein Ehegatte oder ein mit ihm in gerader Linie Verwandter durch dieses Testament eine Zuwendung erhält oder als Testamentsvollstrecker eingesetzt ist. 7

3. Amtspflichtverletzung

Verletzt ein Notar seine Amtspflichten vorsätzlich oder fahrlässig, so ist er gegenüber jedermann **ersatzpflichtig,** dessen Rechtskreis durch die letztwillige Verfügung berührt wird; dies betrifft insbesondere auch den testamentarisch Bedachten (§§ 19, 39 Abs. 4, 46, 57 Abs. 1, 61 BNotO). 8

Den **Nachweis** der Pflichtverletzung hat der **Geschädigte** zu erbringen. 9

Hat ein **Kollegialgericht** ebenso entschieden wie der Notar, so kann ihm ein Verschulden nicht vorgeworfen werden.[3] 10

4. Richterliche Beurkundung

Durch den zum 1.1.1970 aufgehobenen § 167 FGG war die Vornahme gerichtlicher Beurkundungen dem **Einzelrichter bei den AG** übertragen. Außerhalb ihres Amtsbezirks durften diese nach den §§ 2, 166 FGG nur bei Gefahr im Verzug tätig werden. Ob und inwieweit derartige, vor der Einführung des BeurkG durch Richter außerhalb ihres Amtsbezirks vorgenommene Beurkundungen gültig sind, ist str. Dies betrifft jedoch nur solche Testamente, die vor dem 1.1.1970 durch Amtsrichter außerhalb ihres Amtsbezirks beurkundet wurden. Richtigerweise ist hier davon auszugehen, dass bei richterlichem Tätigwerden außerhalb des Amtsbezirks die Gerichtsbarkeit fehlt und die Beurkundung daher unwirksam ist.[4] 11

Einige Länder oder Bezirke hatten bereits vor dem Inkrafttreten des BeurkG zum 1.1.1970 die amtsrichterliche Zuständigkeit für Beurkundungen ausgeschlossen und stattdessen eine **landesrechtliche ausschließliche Zuständigkeit** der Notare begründet. Dies betrifft gem. Art. 141 EGBGB a.F. die Länder Bayern, Saarland, Hamburg, Rheinland-Pfalz, im Land Baden-Württemberg den badischen Landesteil und aus dem Land Nordrhein-Westfalen die OLG-Bezirke Düsseldorf und Köln außer dem LG-Bezirk Duisburg und dem AG-Bereich Emmerich. Diese landesrechtlichen Regelungen hatten durch Art. 4 Nr. 1 Teil 2 des Gesetzes zur Wiederherstellung der Gesetzeseinheit die Nachkriegs-Zuständigkeitswirren überstanden und führten daher zur Nichtigkeit entgegenstehender richterlicher Beurkundungen. 12

---

2 Staudinger/*Baumann*, § 2231 Rn 34; siehe Erman/*S. Kappler/T. Kappler*, § 2231 Rn 2.

3 BGHZ 17, 69, 70; BGHZ 27, 274, 275 ff.; BGHZ 31, 5, 6 ff.

4 MüKo/*Sticherling*, § 2231 Rn 9.

II. Eigenhändiges Testament

13 Öffentliche und eigenhändige Testamente sind gleichwertig.

14 Dem Vorteil der leichten und kostenfreien Errichtung und Änderungsmöglichkeit steht der Nachteil gegenüber, dass der juristische Laie, der ein Testament ohne rechtliche Beratung errichtet, Gefahr läuft, gegen die strengen Formvorschriften zu verstoßen oder falsche Begrifflichkeiten verwendet und so ein formunwirksames oder zumindest auslegungsbedürftiges Testament errichtet.

III. Konsulartestament

1. Grundsatz

15 Nach § 10 Abs. 2 KonsG[5] stehen die von einem **Konsularbeamten** aufgenommenen Urkunden den von inländischen Notaren beurkundeten Urkunden gleich und sind damit als eine weitere Form der – im BGB allerdings nicht geregelten – ordentlichen Testamente anzusehen. Insoweit ist aber zwischen den Berufskonsuln einerseits und den Honorarkonsuln andererseits (vgl. dazu § 1 KonsG) zu differenzieren. Denn nur die **Berufskonsularbeamten**, die die **Befähigung zum Richteramt** haben, sind nach § 19 Abs. 1 KonsG ohne Einschränkung zur Wahrnehmung aller konsularischen Aufgaben befugt. Handelt dagegen zwar ein Berufskonsul, dem jedoch die Befähigung zum Richteramt ermangelt, sollen diese Willenserklärungen gem. § 19 Abs. 2 KonsG nur mit ausdrücklicher Ermächtigung des Auswärtigen Amts entgegengenommen werden. Allerdings berührt die Nichtbeachtung dieser „Soll"-Vorschrift die Gültigkeit der Urkunde nicht.[6]

16 Für **Honorarkonsularbeamte** gelten diese Einschränkungen entsprechend; weitere Eingrenzungen können gem. § 24 KonsG durch das Auswärtige Amt angeordnet werden. Doch hat auch ein Verstoß gegen derartige Eingrenzungen für die Gültigkeit der Urkunde keine Auswirkungen.

2. Verfahren

17 Für das Beurkundungsverfahren gelten die Vorschriften des Beurkundungsgesetzes mit der Maßgabe entsprechend, dass die Urkunden auf Verlangen auch in einer Fremdsprache errichtet werden können. Testamente **sollen** Konsularbeamte allerdings **nur** beurkunden, wenn die Erblasser **Deutsche** sind. Solange die Urkunden noch nicht ausgehändigt bzw. an das Amtsgericht abgegeben worden sind, sind die Konsularbeamten auch befugt, Ausfertigungen zu erteilen.[7]

18 Für die besondere **amtliche Verwahrung** ist gem. § 11 Abs. 2 KonsG das AG Berlin-Schöneberg zuständig; jedoch kann der Erblasser auch die Verwahrung bei einem anderen Gericht verlangen. § 34 BeurkG, §§ 2258a, 2258b, 2277 und 2300 BGB gelten entsprechend.

19 Der Konsularbeamte kann die **Testamentseröffnung** selbst vornehmen, wenn der Erblasser vor der Absendung der letztwilligen Verfügung an das AG stirbt oder die letztwillige Verfügung erst nach dessen Tod beim Konsularbeamten abgeliefert wird (vgl. § 11 Abs. 3 KonsG). Die §§ 2260, 2261 S. 2, 2273, 2300 BGB gelten entsprechend.

IV. Außerordentliche Testamente

20 Neben der Hauptfunktion des § 2231 BGB, also klarzustellen, dass das privatschriftliche Testament dem zur Niederschrift eines Notars abgegebenen gleichsteht, soll diese Norm die beiden oben genannten Testamentsarten zugleich von einigen anderen Testamenten **abgrenzen**, die als außerordentliche Testamente bezeichnet werden.

---

5 V. 14.9.1974, BGBl I, S. 2317.

6 MüKo/*Sticherling*, § 2231 Rn 33; Soergel/*Klingseis*, § 2231 Anh. Rn 2.

7 MüKo/*Sticherling*, § 2231 Rn 34.

21 Insgesamt sind von diesen außerordentlichen Testamentsformen hier **sechs** genauer zu benennen. Drei dieser außerordentlichen Testamentsformen regelt das BGB selbst, nämlich das sog. **Nottestament** vor dem Bürgermeister in den §§ 2249, 2250 Abs. 1 BGB, das ebenfalls als Nottestament einzustufende sog. **Drei-Zeugen-Testament** in § 2250 Abs. 1–3 BGB und schließlich das Seetestament gem. §§ 2251, 2250 Abs. 3 BGB (siehe Rdn 1). Außerhalb des BGB sind bzw. waren geregelt das Verfolgtentestament, das Militär- und das Militärnottestament.

C. Gleichwertigkeit der ordentlichen Testamente

I. Grundsatz: materiell-rechtliche Gleichheit

22 Da die beiden Testamentsformen durch § 2231 BGB ausdrücklich als gleichwertig bestimmt werden, kann ein Privattestament durch ein öffentliches Testament aufgehoben werden und umgekehrt. Auch kann in einem wegen Ungültigkeit der notariellen Urkunde nichtigen öffentlichen Testament ein vollwirksames privatschriftliches Testament enthalten sein.[8] Dennoch besteht aber für die Erblasser **keine völlig unbegrenzte Wahlfreiheit** zwischen beiden Testamentsformen. Vielmehr sind einige wenige Einschränkungen zu beachten. So kann ein testierfähiger Minderjähriger (vgl. § 2229 Abs. 1 BGB) nur öffentliche Testamente errichten; Gleiches gilt für diejenigen, die Geschriebenes nicht zu lesen verstehen (vgl. dazu näher bei § 2233 BGB).

II. Faktische Ungleichheit

23 Hinsichtlich ihrer formalen Wirkung mit Blick auf die Möglichkeiten der Rechtsdurchsetzung unterscheiden sich beide Testamentsformen erheblich, weil dem öffentlichen Testament mittelbar viel weitreichendere Wirkungen zukommen. Denn **nur das öffentliche Testament** ist zugleich **öffentliche Urkunde i.S.v. §§ 415, 418 ZPO**[9] und erbringt damit vollen Beweis hinsichtlich Zeit (wichtig wegen § 2247 Abs. 5 BGB) und Ort der Errichtung und der wiedergegebenen Umstände des Beurkundungsvorgangs sowie der Identität der erklärenden Person.[10]

24 Dies hat insbesondere bei der erbfolgebedingten Grundbuchberichtigung (vgl. § 35 Abs. 1 S. 2 GBO) und für den Nachweis der Erbfolge bei Handelsregisteranmeldungen (vgl. § 12 Abs. 2 S. 2 HGB), verfahrens- und **kostenrechtliche Vorteile**,[11] weil es im Regelfall gem. § 2248 BGB, § 34 BeurkG die Vorlage eines Erbscheins erspart.[12] Vielmehr reicht bei namentlicher Erbeinsetzung in öffentlichen Testamenten die Vorlage der beglaubigten Abschrift des Eröffnungsprotokolls nebst Testament als Anlage zur Berichtigung von öffentlichen Büchern und Registern aus.[13] Lediglich bei der Eintragung der Hoferbfolge im Grundbuch bei einem Hof i.S.d. HöfeO muss das Grundbuchamt dennoch die Vorlage eines Erbscheins oder eines Hoffolgezeugnisses verlangen, wenn die Wirtschaftsfähigkeit des Hoferben gem. § 6 Abs. 1, 6 HöfeO nicht offenkundig und durch feststellenden Bescheid des Landwirtschaftsgerichts nachge-

8 H.M., vgl. statt vieler nur MüKo/*Sticherling*, § 2231 Rn 31; Soergel/*Klingseis*, § 2231 Rn 3 je m.w.N.; BGH BWNotZ 1965, 128.

9 Dazu OLG Frankfurt NJW-RR 1990, 717; zudem BGH ErbR 2016, 376; OLG München ZEV 2018, 546.

10 LG Berlin DNotZ 1963, 250, 251; vgl. zudem die kritischen Ausführungen von *Duderstadt*, ZErb 2025, 167.

11 Vgl. hierzu *Langel*, NJW 2017, 3617; *Sikora*, NJW 2018, 1572 f.; *Blusz*, ZErb 2016, 221.

12 Zu seltenen Ausnahmen vgl. Soergel/*Klingseis*, § 2231 Rn 6 f.

13 BayObLG NJW-RR 1987, 266 f.; vgl. zudem BGH ZEV 2005, 388 = NJW 2005, 2779; OLG Bremen NJW-RR 2014, 816; OLG Frankfurt NJW-RR 2018, 902.

wiesen ist.[14] Auch bei Spar- und Wertpapierguthaben kann nach den einschlägigen AGB der Banken und Sparkassen bei Vorliegen eines öffentlichen Testaments auf die ergänzende Vorlage eines Erbscheins verzichtet werden.[15]

§ 2232 Öffentliches Testament

[1]Zur Niederschrift eines Notars wird ein Testament errichtet, indem der Erblasser dem Notar seinen letzten Willen erklärt oder ihm eine Schrift mit der Erklärung übergibt, dass die Schrift seinen letzten Willen enthalte. [2]Der Erblasser kann die Schrift offen oder verschlossen übergeben; sie braucht nicht von ihm geschrieben zu sein.

Literatur

Damm, Die Digitalisierung des Notariats, DNotZ 2017, 426; *Haug/Zimmermann*, Die Amtshaftung des Notars, 4. Aufl. 2018; *Keim*, Das notarielle Beurkundungsverfahren (1990); *Seebach*, Aktuelle Entwicklungen beim Zentralen Testamentsregister der Bundesnotarkammer, notar 2015, 373.

Übersicht:

---

14 Vgl. *Graß*, Landwirtschaftserbrecht, 12. Aufl. 2024, A. Höferecht § 18 Rn 55 ff.; so auch OLG Oldenburg Rpfleger 1984, 13, 14.

15 *Haaser*, ErbR 2014, 313; *Tersteegen*, RNotZ 2014, 98; *Bonefeld*, ZErb 2014, 157; *Keim*, ZEV 2014, 277; Soergel/*Klingseis*, § 2231 Rn 8; kritisch *Voit/Sammet*, in: Reimann/Dietz/Sammet, § 2231 Rn 5; zur Unzulässigkeit des generellen Verlangens eines Erbscheins siehe BGH ZEV 2016, 320.

A. Allgemeines

Die bis zum Jahre 1970 geltende **frühere Fassung des BGB** sah in den §§ 2234–2246 BGB a.F. für die Errichtung eines öffentlichen Testaments eine Reihe zwingender Regelungen und weitere ergänzende Ordnungsvorschriften vor, die durch § 57 Abs. 3 Nr. 8 BeurkG zum 1.1.1970 weggefallen sind. Damit sind die vor dem 1.1.1970 errichteten öffentlichen Testamente nach den damals geltenden §§ 2232–2246 BGB a.F. zu beurteilen. Wesentlich geändert hat sich allerdings dadurch nur die Beurkundungszuständigkeit, die dem Richter genommen wurde und sich seit 1970 auf den Notar konzentriert, und einige unwesentliche Verfahrensfragen. 1

Durch diese Änderungen wurde auch § 2232 BGB a.F. inhaltsleer, so dass der Gesetzgeber im neugefassten § 2232 BGB nunmehr ausdrücklich festhielt, dass es nach wie vor **drei Möglichkeiten** zur Errichtung eines öffentlichen Testaments gibt, nämlich 2
- zum einen durch mündliche Erklärung des letzten Willens durch den Erblasser vor einem Notar,
- zum anderen durch die Übergabe einer offenen Schrift an den Notar mit der Erklärung, dass diese den letzten Willen des Erblassers enthalte,
- und zum dritten durch die Übergabe einer verschlossenen Schrift an den Notar mit der Erklärung, dass diese den letzten Willen des Erblassers enthalte.

Damit regelt § 2232 BGB heute materiell-rechtlich die Errichtung ordentlicher öffentlicher Testamente, während sich die **ergänzenden verfahrensrechtlichen Bestimmungen** in den §§ 1–11, 13, 16, 17–19, 22–26, 27–35 BeurkG finden. Zwischen diesen drei Formen der Errichtung öffentlicher Testamente besteht **Wahlfreiheit** des Testierenden, die nur durch § 2233 BGB eingeschränkt ist. Die Verschließung und besondere amtliche Verwahrung des öffentlichen Testaments richtet sich nach § 34 BeurkG und § 344 FamFG. 3

B. Tatbestand

I. Errichtung eines öffentlichen Testaments durch mündliche Erklärung (persönliche Errichtung)

Wichtigstes Tatbestandselement der Errichtung eines öffentlichen Testaments durch mündliche Erklärung gegenüber einem Notar ist das Erfordernis der persönlichen Errichtung. Diese umfasst zwei Komponenten, nämlich zum einen die **persönliche Kundgabe** der Erklärung des Erblassers gegenüber dem Notar **und** zum anderen die nach Vorlesung folgende **Genehmigung** der vom Notar zu errichtenden Niederschrift durch den Erblasser selbst.[1] 4

1. Persönliche Kundgabe

Die persönliche Errichtung erfordert grundsätzlich eine mündliche Erklärung des Erblassers **gegenüber dem Notar** als Verhandlungsführer. Nicht ausreichend ist daher 5

1 Bzgl. der Kontrollfunktion des Notars vgl. BVerfG DNotZ 2009, 702, 704; DNotZ 2012, 945; *Baumann*, MittRhNotK 1996, 1.

eine mündliche Erklärung des Erblassers gegenüber anderen Verfahrensbeteiligten wie etwa Zeugen oder einem zweiten Notar.[2]

6 Entsprechendes muss auch bei der **Einschaltung technischer Hilfsmittel** gelten. So steht das Abspielen einer Tonband- oder Kassettenaufnahme der mündlichen Erklärung des Erblassers nur dann gleich, wenn es in persönlicher Gegenwart des Erblassers vor dem Notar abgespielt und vom Testierenden als seinen letzten Willen enthaltend bestätigt wird.[3]

7 Wegen des fehlenden **persönlichen Kontaktes** ist daher eine telefonische Erklärung gegenüber dem Notar nicht ausreichend, selbst wenn es sich um eine Bildtelefonanlage handeln sollte, weil auch dann keine Gewähr dafür besteht, dass das übermittelte Wort tatsächlich vom Erblasser stammt.[4] Der telefonischen Erklärung kann daher grds. nur die Bedeutung einer Vorbesprechung zukommen.[5]

8 Probleme bereiten kann daher auch die Testamentserklärung in der Isolierstation eines Krankenhauses unter Benutzung einer **Sprechanlage**. Dies ist nur dann möglich, wenn über eine bestehende Sichtverbindung hinaus auch sichergestellt ist, dass die zu vernehmende Erklärung tatsächlich vom Erblasser stammt,[6] wenn es sich also um bloße technische Lautverstärker[7] handelt.[8]

9 Entsprechendes muss auch dann gelten, wenn ein Behinderter sich nur durch Gestik und Mimik artikulieren kann, die allein der Verständigungshelfer deuten und dem Notar übermitteln kann.[9]

2. Verständlichkeit

a) Mündlichkeitsprinzip

10 Durch diese persönliche Kundgabe muss dem Notar der letzte Wille des Erblassers auch **verständlich** werden, d.h. er muss die benutzten Worte **inhaltlich verstehen.** Dies bedeutete nach der alten – **bis zum 31.7.2002** geltenden – Gesetzesfassung eine **mündliche Erklärung** des letzten Willens, so dass es für diese Testamentsform unerlässlich war, dass der Erblasser sprechen kann und sich durch Sprache verständlich machen konnte.[10] Dies setzte zwar keine zusammenhängende Rede des Erblassers voraus,[11] vielmehr war auch eine Erklärung in Form von Frage und Antwort[12] oder einzelner Erklärungspunkte möglich. Ausgeschlossen blieb damit aber die Errichtung eines Testaments durch Erklärung gegenüber dem Notar in Gebärdensprache,[13] da

---

2 MüKo/*Sticherling*, § 2232 Rn 26; vgl. zudem RG JW 1910, 61; *Burkart*, DNotZ 1989, 587, 588.

3 MüKo/*Sticherling*, § 2232 Rn 5; Soergel/*Klingseis*, § 2232 Rn 17; *Voit/Sammet*, in: Reimann/Dietz/Sammet, § 2232 Rn 10.

4 Dazu *Lange/Kuchinke*, § 19 III 3a a).

5 MüKo/*Sticherling*, § 2232 Rn 5; Staudinger/*Baumann*, § 2232 Rn 34; *Voit/Sammet*, in: Reimann/Dietz/Sammet, § 2232 Rn 10.

6 Vgl. OLG Frankfurt NJW 1973, 1131, 1132; MüKo/*Sticherling*, § 2232 Rn 5; Soergel/*Klingseis*, § 2232 Rn 17; großzügiger *Lange/Kuchinke*, § 19 III 3a a).

7 Staudinger/*Baumann*, § 2232 Rn 37; *Voit/Sammet*, in: Reimann/Dietz/Sammet, § 2232 Rn 10.

8 A.A. aber OLG Hamm DNotZ 1978, 54, 55 ff.

9 Bedenken auch bei Soergel/*Klingseis*, § 2232 Rn 14; kritisch zudem *Reimann*, FamRZ 2002, 1383, 1384; a.A. *Rossak*, ZEV 2002, 435.

10 MüKo/*Sticherling*, § 2232 Rn 7; RGZ 108, 397, 400; BGHZ 2, 172 = DNotZ 1952, 75; OLG Hamm FamRZ 1994, 993.

11 Staudinger/*Baumann*, § 2232 Rn 35; vgl. zudem RGZ 161, 378, 380; BGHZ 2, 172, 175.

12 RGZ 63, 86 f. u. RGZ 161, 378, 382; OGHZ 3, 383; vgl. auch BGHZ 2, 172, 175.

13 OLG Hamm FamRZ 1994, 993; BGHZ 2, 172, 175; bestätigt durch BVerfGE 99, 341 = NJW 1999, 1853.

von einer mündlichen Erklärung auch bei weiter Auslegung dann nicht mehr gesprochen werden konnte, wenn der Gebrauch der Sprache ganz unterbleibt.[14]

Mit diesem strengen Festhalten am Mündlichkeitsprinzip einher ging zwingend der **Ausschluss von schreib- und sprechunfähigen Mehrfachbehinderten** von der Möglichkeit, Testamente wirksam zu errichten.[15] In dem so begründeten generellen Ausschluss dieses Personenkreises von der Testierfähigkeit sah das **BVerfG** jedoch einen Verstoß gegen die Erbrechtsgarantie von Art. 14 Abs. 1 GG sowie den allg. Gleichheitssatz des Art. 3 Abs. 1 GG und ebenso gegen das spezielle Benachteiligungsverbot für Behinderte in Art. 3 Abs. 3 S. 2 GG.[16] 11

Nachdem zunächst in einer sog. „kleinen Lösung" nur vorgesehen werden sollte, ausschließlich für diese Mehrfachbehinderten in einem neuen § 2233 Abs. 4 BGB eine Testiermöglichkeit zu schaffen, ansonsten aber am Mündlichkeitsprinzip festzuhalten,[17] entschied man sich dann jedoch für die „große Lösung" unter völliger Preisgabe des Mündlichkeitsprinzips beim öffentlichen Testament für **alle** Testierenden.[18] Nunmehr genügt es zur Errichtung eines öffentlichen Testaments, dass der Erblasser dem Notar seinen letzten Willen erklärt; eine „phonetisch-stimmliche Artikulation"[19] ist nicht mehr erforderlich. Die Erklärung des letzten Willens kann nunmehr **auch** mittels **Gebärdensprache** oder anderer Zeichen (Gestik, Mimik) zum Ausdruck gebracht werden.[20] 12

Ob dies auch eine „konkludente Erklärung" einschließt,[21] erscheint jedoch fraglich, da von einer Erklärung des letzten Willens wohl nicht mehr zu sprechen ist, wenn weder phonetische noch gestikale Zeichen benutzt werden,[22] zumal im Erbrecht ein höheres Bedürfnis nach Rechtssicherheit in Bezug auf Echtheit und Authentizität einer Willenserklärung besteht als bei Rechtsgeschäften unter Lebenden, gerade weil eine vergewissernde oder Zweifel beseitigende Nachfrage hier regelmäßig ausfällt. 13

Auch ein **Stufenverhältnis**, wonach ein der Sprache fähiger Erblasser primär im Wege der mündlichen Erklärung und nicht mittels reiner Gebärden testieren soll, lässt sich der Neufassung nicht nur nicht entnehmen, sondern wurde mit der Wahl der großen Lösung vielmehr **bewusst verworfen.**[23] 14

Ob die strengen Mündlichkeitsregelungen jedoch dann beachtlich bleiben, wenn der Erbfall vor dem 1.8.2002 eingetreten ist, ist **umstritten** und wird bei den Erörterungen zu § 2233 BGB näher dargestellt (vgl. § 2233 Rdn 8 ff.). 15

b) Fremdsprachen

Der Erblasser selbst kann sich zu seiner Erklärung jeder Sprache bedienen, während **Urkunde** des Notars gem. §§ 5 Abs. 1, 16, 32 BeurkG grundsätzlich in **deutscher** 16

---

14 MüKo/*Burkart*, § 2232 Rn 4, 8, in Neuauflage nicht übernommen; *Voit/Sammet*, in: Reimann/Dietz/Sammet, § 2232 Rn 7 f.

15 Vgl. dazu die Übersicht bei *Rossak*, ZEV 1995, 236; auch BVerfGE 99, 341 = NJW 1999, 1853.

16 BVerfGE 99, 341, 350 ff. = NJW 1999, 1853.

17 Vgl. den Entwurf des Gesetzes zur Verhinderung von Diskriminierungen im Zivilrecht sowie die BR-Drucks 505/02, S. 8 f.

18 Vgl. OLG VertrÄndG BT-Drucks 14/9266 S. 49; vgl. zudem *Rossak*, ZEV 2002, 435; *v. Dickhuth-Harrach*, FamRZ 2003, 493, 497.

19 Soergel/*Klingseis*, § 2232 Rn 13; vgl. zudem *Nieder*, ZNotP 2001, 335, 337; MüKo/*Sticherling*, § 2232 Rn 7.

20 Grüneberg/*Weidlich*, § 2232 Rn 2; Soergel/*Klingseis*, § 2232 Rn 13; BT-Drucks 14/9266, S. 51 ff.; *v. Dickhuth-Harrach*, FamRZ 2003, 493.

21 So Soergel/*Klingseis*, § 2232 Rn 13; Grüneberg/*Weidlich*, § 2232 Rn 2.

22 Ähnlich krit. *Reimann*, FamRZ 2002, 1383, 1384.

23 Ebenso Soergel/*Klingseis*, § 2232 Rn 16.

Sprache errichtet werden muss. Auch die Verhandlung selbst kann in jeder beliebigen Sprache geführt werden.

17 Die Abfassung der Urkunde in einer **fremden Sprache** ist stets nur auf **Verlangen** des Erblassers zulässig; bei mehreren Beteiligten bedarf es des übereinstimmenden Verlangens aller Beteiligten.[24] Zusätzlich muss der Notar nach § 5 Abs. 2 BeurkG der benutzten Sprache hinreichend mächtig sein. Aber auch dann, wenn alle diese Voraussetzungen vorliegen, muss der Notar dem Verlangen der Beteiligten nicht stattgeben; er kann auf Errichtung der Urkunde in deutscher Sprache beharren oder die Beurkundung unterlassen.[25]

18 Wegen möglicherweise entstehender Auslegungsschwierigkeiten nicht empfehlenswert ist die Errichtung der Urkunde in **zwei Sprachen**. Sollte dies dennoch vorgenommen werden, ist die deutsche Fassung der Urkunde auch dann maßgebend, wenn der Erblasser selbst der deutschen Sprache nicht hinreichend mächtig ist.[26] Der deutschen Sprache hinreichend mächtig ist, wer das, was der deutsche Verhandelnde spricht, versteht und dasjenige, was er zu sagen hat, deutsch auszudrücken vermag.[27]

19 Ist ein Beteiligter bei der mündlichen Erklärung des letzten Willens der Sprache der Niederschrift nicht hinreichend mächtig und ist dies festgestellt, so muss eine **schriftliche Übersetzung** angefertigt werden, die der Niederschrift beizufügen ist.

20 Auch die Niederschrift selbst ist in diesem Fall auf Verlangen eines Beteiligten durch den Notar oder einen Dolmetscher zu übersetzen und den Beteiligten **zur Durchsicht vorzulegen.**

21 Ein **Verzicht** des Erblassers auf die Anfertigung der Übersetzung muss ebenfalls nach § 32 S. 2 BeurkG in der Niederschrift festgehalten werden. Eine Nichtbeachtung dieser „Muss-Vorschriften" führt zur Nichtigkeit der Urkunde.

c) Entwürfe und Notizen

22 Die Verwendung eines Entwurfs oder von Notizen, auch wenn diese nicht vom Erblasser stammen,[28] ist solange zulässig, wie dabei die **Eigenständigkeit der Willensbildung des Erblassers** gewahrt und dessen Entscheidungsfreiheit gegeben ist.[29] In einem solchen Fall soll es dann sogar entbehrlich sein, dass nach der Vorlesung und Genehmigung des Entwurfstextes dieser nach Abschrift durch den Notar nochmals vorgelesen und genehmigt wird.[30] Erscheint schon dies bedenklich, so kann auf eine Abschrift des Verfügungsentwurfs seitens des Notars jedoch keinesfalls verzichtet werden, ansonsten läge eine Testamentserrichtung durch Übergabe einer Schrift (vgl. Rdn 28 ff.) vor. Dem stünde aber der bloße Entwurfscharakter des vorgefassten Textes entgegen.

3. Vorlesung und Genehmigung

23 Nach Aufnahme des vom Erblasser erklärten Textes durch den Notar muss dieser den Text der letztwilligen Verfügung laut **vorlesen und** vom Erblasser in dieser vorgelesenen Form **genehmigen** lassen. Längere Texte werden zweckmäßigerweise abschnittsweise vorgelesen und zur Genehmigung gestellt. Dies ist insbesondere dann dringend

---

24 MüKo/*Sticherling*, § 2232 Rn 81, 87.
25 MüKo/*Sticherling*, § 2232 Rn 81; Reimann/Bengel/Mayer/*Limmer*, 5. Auflage, BeurkG, § 5 Rn 9 ff.
26 MüKo/*Sticherling*, § 2232 Rn 85; Reimann/Bengel/Mayer/*Limmer*, 5. Auflage, BeurkG, § 5 Rn 12.
27 OLG Marienwerder OLGZ 9, 410; MüKo/*Sticherling*, § 2232 Rn 91; BayOblG NJW-RR 2000, 1175, 1176.
28 RGZ 161, 378; OGHZ 3, 383; KG DNotZ 1960, 485.
29 BayOblG NJW-RR 1990, 202, 203.
30 Vgl. BGHZ 37, 79, 84.; RGZ 161, 378, 380; BayOblG FamRZ 2000, 1051, 1052; OLG Hamm RNotZ 2013, 253, 255.

anzuraten, wenn ein Testament mehrere letztwillige Verfügungen enthält.[31] Vorsichtshalber empfiehlt sich sodann nochmals eine Gesamtvorlesung,[32] auch wenn diese zur Wirksamkeit des Testaments nicht mehr erforderlich ist.[33]

24 Üblicherweise werden die Vorlesung des Textes und dessen anschließende Genehmigung in einem Verhandlungsgang zusammengefasst.[34] Die Durchführung des Beurkundungsverfahrens im Einzelnen steht insoweit allerdings im Ermessen des Notars.[35]

a) Vorlesen

25 Dieses Vorlesen des geschriebenen Textes kann **nicht** durch **lautes Diktat** des Notars **während der Aufnahme des Textes** ersetzt werden; es ist vielmehr die bereits geschriebene, also zu Papier gebrachte Textversion vorzulesen.[36]

26 Dementsprechend gilt auch ein **bloßes Durchlesen** des Textes durch den Erblasser **nicht**, kann jedoch auf dessen Wunsch der Vorlesung vorangehen oder nachgeschaltet werden. Dies erscheint insbesondere bei unzureichender Hörfähigkeit des Erblassers angezeigt. Das OLG Hamm hält in diesem Fall die Vorlage der Niederschrift zur Durchsicht neben deren Vorlesung sogar als existenziell für die Wirksamkeit des Testaments.[37]

b) Genehmigung

27 Die mündliche Erklärung nach der Vorlesung des vom Notar aufgenommenen Textes, mit der der Erblasser diese Textform genehmigt, umfasst und deckt zugleich die Form und den Inhalt der gesamten Verhandlung. Der Gebrauch bestimmter Worte ist nicht vorgeschrieben. Es genügt, wenn der Erblasser auf die an ihn gerichtete Frage, ob er mit dem verlesenen Text so einverstanden sei, mit einem deutlichen „Ja" antwortet.[38] Auch ein gehauchtes „ja" soll ausreichend sein, sofern es noch verständlich ist.[39] Jedenfalls muss **sprachlich das Einverständnis** mit dem verlesenen Text deutlich werden, wozu allerdings seit dem 1.8.2002 auch die Gebärdensprache ausreicht. Dennoch aber kann bloßes „Zuhören mit dem Ausdruck der Befriedigung" ebenso wenig als Genehmigung ausreichen[40] wie bestätigendes Abnicken mit dem Kopf.[41] Bedenklich weit gehend erscheint es daher, wenn der BGH neuerdings eine im Vollbesitz der geistigen Kräfte des Erblassers vorgenommene Testamentserrichtung auch dann wirksam sein lässt, wenn der Erblasser anschließend als Folge eines Schlaganfalls im Zustand der Bewusstseinstrübung der Vorlesung folgt und die Genehmigung erklärt, solange er nur die Bedeutung des verlesenen Testaments noch erkennen und sich frei entscheiden könne, ob er zustimmen wolle oder nicht.[42]

---

31 Vgl. BGHZ 37, 79, 84.; RGZ 108, 397; KG DNotZ 1953, 255.

32 RGZ 161, 378; BayObLG FamRZ 1993, 1370 f.

33 Unstr. seit RGZ 161, 378; OGHZ 2, 45; BGHZ 2, 172; vgl. auch BGHZ 37, 79; OLG Hamm ZErb 2013, 71, 73.

34 Vgl. BGHZ 37, 79 f.; RGZ 161, 378.

35 Staudinger/*Baumann*, §2232 Rn 39.

36 BGHZ 37, 79 f.; BayObLG DNotZ 1969, 301, 302 f.; KG DNotZ 1960, 485, 486 f.; BayOLGZ 1979, 232, 236.

37 OLG Hamm DNotZ 1989, 584 u. OLG Hamm FamRZ 1994, 993 f.; nach §23 BeurkG muss bei einem hörbehinderten Erblasser statt des Verlesens die Niederschrift zur Durchsicht vorgelegt werden.

38 BGHZ 37, 79, 84 f.; OLG Köln FG Praxis 1995, 691; BGHZ 2, 172, 175.

39 OLG Hamm ErbR 2020, 421 f.

40 RGZ 92, 27; RG JW 1929, 587; a.A. MüKo/*Sticherling*, §2232 Rn 117.

41 RGZ 108, 397; OLG Schleswig 2013 ZErb 2013, 71, 73; a.A. MüKo/*Sticherling*, §2232 Rn 117.

42 BGHZ 30, 294, 297.

II. Errichtung eines öffentlichen Testaments durch Übergabe einer Schrift

1. Erfordernis der Erklärung vom letzten Willen

28 Ein öffentliches Testament kann neben der soeben (siehe oben Rdn 4) erörterten Form auch in einer Weise errichtet werden, dass der Erblasser dem Notar eine Schrift mit der Erklärung übergibt (*testamentum notario oblatum*), diese enthalte seinen letzten Willen (vgl. auch § 30 S. 1 BeurkG). Insoweit gilt hier wieder – wie bereits bei der Erklärung des letzten Willens vor dem Notar – das soeben zu Sprachlichkeit und Verständlichkeit Gesagte. Das bedeutet, dass diese Erklärung bei Erbfällen bis zum 31.7.2002 mündlich zu erfolgen hatte, seit dem 1.8.2002 reicht hingegen jede Art der Erklärung gegenüber dem Notar aus, diese Schrift enthalte den letzten Willen des Erblassers. Im Protokoll muss vermerkt sein, dass die Schrift mit der Erklärung übergeben wurde, diese Schrift enthalte den letzten Willen des Erblassers. Dass die Erklärung **mündlich** erfolgt ist, muss im Protokoll dagegen nicht ausdrücklich festgehalten werden, sondern wird zugrunde gelegt.[43] In der Corona-Krise wurde mitunter empfohlen, von dem Instrument eines öffentlichen Testaments durch Übergabe einer Schrift Gebrauch zu machen.[44] Es ist abzuwarten, ob dies tatsächlich zu einer höheren Anzahl von Errichtungen öffentlicher Testamente durch Übergabe einer Schrift geführt hat.

2. Übergabe der Schrift

a) Übergabe

29 Haupterfordernis dieser Form der Errichtung eines öffentlichen Testaments ist neben der Erklärung, die bezeichnete Schrift enthalte den letzten Willen des Erblassers, die **Übergabe** der Schrift selbst. Hierzu genügt weder der Hinweis auf einen anderen Ort, an dem sich die Schrift befindet, noch auf eine dritte Person, die im Besitz der Schrift sei. Erforderlich ist vielmehr der Wechsel des unmittelbaren Besitzes auf Veranlassung des Erblassers an die Urkundsperson.[45] Damit muss das Schriftstück bei dem Übergabeakt jedenfalls körperlich zugegen sein.[46] Allerdings ist keine sachenrechtlich strenge Übergabe von Hand des Erblassers zur Hand des Notars erforderlich. So genügt es, wenn der Notar die im Raum befindliche Schrift mitnimmt oder diese ihm zuvor zugegangene Schrift schon mitbringt und sie dem Erblasser mit der Frage vorzeigt, ob der Erblasser sie hiermit als letzten Willen dem Notar übergebe und der Erblasser dies bejaht.[47]

b) Schrift

aa) Art der Schrift

30 Die zu übergebende Schrift kann offen oder verschlossen sein. Lediglich ein Minderjähriger kann sich insoweit nicht frei entscheiden, sondern wegen der Sperrwirkung von § 2233 Abs. 1 BGB nur durch Übergabe einer offenen Schrift testieren. Daraus folgt zwingend, dass jedenfalls der **Notar keine Kenntnis** vom Inhalt der **verschlossenen Schrift** haben und diese oder ihre Schriftzeichen weder lesen, verstehen noch entziffern können muss.[48] In diesem Fall hat er den Erblasser über die Folgen der Unwirksamkeit der Verfügung dann zu beraten, wenn sich Anhaltspunkte hierzu aus den Erörterungen mit dem Erblasser ergeben.

---

43 RGZ 161, 378.
44 Vgl. hierzu das Gutachten DNotI 177054 aus 4/20.
45 RGZ 150, 189.
46 RGZ 150, 189, 192.
47 RGZ 150, 189, 192; MüKo/*Sticherling*, § 2232 Rn 36.
48 MüKo/*Sticherling*, § 2232 Rn 39; Soergel/*Klingseis*, § 2232 Rn 24.

Vom Inhalt einer überreichten **offenen Schrift** hingegen hat der Notar nach § 17 BeurkG **Kenntnis** zu nehmen und den Erblasser zu beraten. 31

Str. ist dagegen, ob der Erblasser Kenntnis vom Inhalt der übergebenen Schrift haben muss. Soweit man dies jedoch verneint,[49] handelt es sich nicht mehr um die Erklärung des letzten Willens des Erblassers, so dass von einem Testament nicht mehr gesprochen werden kann.[50] Man wird diesen Fall so zu behandeln haben, als sei er leseunfähig und damit nicht in der Lage, analog § 2233 Abs. 2 BGB durch Übergabe einer Schrift in dieser Sprache zu testieren. Stellt der Notar daher fest, dass der Erblasser keine Kenntnis vom Inhalt der übergebenen Schrift hat bzw. deren Sprache oder Schriftzeichen nicht versteht, ist von einer Beurkundung abzusehen.[51] Richtig an der Gegenansicht ist daher nur, dass der Notar sich von der Kenntnis des Erblassers vom Inhalt der Schrift nicht überzeugen muss, sondern dass es ausreicht, wenn der Erblasser die entsprechende Kenntnis bestätigt oder auch nur die Möglichkeit einer (erneuten) Einsichtnahme hat.[52] 32

bb) Schriftform

Aus dem zuvor Gesagten ergibt sich ebenso, dass eine eigenhändige Ausfertigung der Schrift durch den Erblasser nicht erforderlich ist,[53] was durch S. **2 Hs. 2** im Gesetzestext auch nochmals eindeutig betont wird. Ebenso sind Maschinenschrift, Blindenschrift oder sonst fremde Schriftzeichen grundsätzlich zulässig,[54] solange nur der Erblasser diese Schrift lesen kann und ihre Bedeutung versteht. 33

Ob dies auch für sog. **Geheimschriften** gilt, ist indes zweifelhaft. Zumindest wird man aus dem Sinn der Testamentserrichtung fordern müssen, dass die Übersetzungsmittel mitgeliefert werden.[55] Die Schrift kann auf jedem beliebigen Material errichtet werden; je ungewöhnlicher dieses sich jedoch darstellt, umso genauer ist der Testierwille des Erblassers zu hinterfragen. 34

cc) Weiterer Umgang

Mit der Übergabe der Schrift an den Notar wird diese **Bestandteil des Testaments** und damit der öffentlichen Urkunde selbst, nicht der Niederschrift. Gem. § 30 Abs. 1 S. 2 BeurkG soll die Schrift so bezeichnet werden, dass eine Verwechslung ausgeschlossen ist und sodann mit der Niederschrift und den Anlagen in einen Umschlag getan und mit dem Prägesiegel verschlossen werden (§§ 30 S. 5, 34 BeurkG). Die Nichtbeachtung dieser Soll-Vorschriften hat auf die Wirksamkeit des Testaments allerdings keinen Einfluss.[56] Mehrere gleichzeitig überreichte Schriften gelten als einheitlich im Augenblick der Übergabe übergeben, auch wenn sie unterschiedliche Daten tragen.[57] Daraus folgt, dass sie sich bei widersprechendem Inhalt gegenseitig aufheben. Empfehlenswert erscheint zusätzlich auch ein Vermerk in der Niederschrift, dass der Erblasser dahingehend belehrt wurde, dass der Notar weder in dem Testament selbst bedacht noch zum Testamentsvollstrecker eingesetzt worden sein darf (§ 27 BeurkG). 35

---

49 So etwa Soergel/*Klingseis*, § 2232 Rn 19; *Voit/Sammet*, in: Reimann/Dietz/Sammet, § 2232 Rn 17; vgl. zudem RGZ 76, 94, 95.

50 So RGZ 76, 94; a.A. *Lange/Kuchinke*, § 19 III 3a; MüKo/*Sticherling*, § 2232 Rn 40.

51 MüKo/*Sticherling*, § 2232 Rn 40.

52 So richtig MüKo/*Sticherling*, § 2232 Rn 40.

53 Vgl. hierzu *Burandt/Pennig*, FuR 2018, 30, 31.

54 BGHZ 37, 79, 85 Fn 5; KG DNotZ 1960, 485, 487.

55 Bamberger/Roth/*Litzenburger*, § 2232 Rn 13.

56 MüKo/*Sticherling*, § 2232 Rn 103.

57 *Voit/Sammet*, in: Reimann/Dietz/Sammet, § 2232 Rn 19; Soergel/*Klingseis*, § 2232 Rn 18.

III. Verbindung beider Testamentsformen

36 Grundsätzlich ist die Errichtung eines öffentlichen Testaments auch durch eine **Verbindung** der drei in § 2232 BGB vorgesehenen **Testamentsformen** möglich, indem die mündliche Erklärung auf ein vorliegendes und übergebenes offenes oder verschlossenes Schriftstück unmittelbar oder als Anlage gem. § 9 BeurkG Bezug nimmt.[58] Dabei ist als Besonderheit zu verlangen, dass die Anlage in der notariellen Verhandlung selbst vorgelesen und genehmigt, auf Verlangen sogar den Beteiligten zur Durchsicht vorgelegt wird (vgl. § 13 Abs. 1 BeurkG). Die jeweiligen Bestandteile dieses verbundenen Testaments müssen je für sich gesondert der jeweiligen Errichtungsform entsprechen.[59] Wer die beglaubigte Abschrift eines zuvor widerrufenen notariellen Testaments unterschreibt, erstellt hierdurch kein formwirksames eigenhändiges oder notarielles Testament.[60]

IV. Umdeutung eines öffentlichen Testaments

37 Wird ein formgerecht gem. § 2247 BGB errichtetes eigenhändiges Testament nach § 2232 BGB übergeben, so liegen damit nicht zwei Testamente vor. Vielmehr wird das eigenhändige Testament Bestandteil der öffentlichen Urkunde und damit öffentliches Testament.[61] Erweist sich dann jedoch der öffentliche **Errichtungsakt** aus irgendwelchen Gründen als unwirksam, so bleibt die übergebene Schrift über § 140 BGB als Privattestament gültig, solange sie nur selbst den Erfordernissen des § 2247 BGB genügt.[62]

C. Beurkundungsverfahren

I. Unterschrift des Notars

1. Niederschrift oder Umschlag

38 Gem. § 13 Abs. 3 BeurkG muss der Notar auch bei Übergabe einer Schrift eine Niederschrift über die Errichtung einer Verfügung von Todes wegen erstellen und eigenhändig unter Beifügung seiner Amtsbezeichnung unterzeichnen. Fehlt diese Unterschrift, so macht dies jedoch die Beurkundung dann wegen § 35 BeurkG ausnahmsweise nicht unwirksam, wenn der Notar zumindest die Aufschrift auf dem verschlossenen Umschlag unterschrieben hat, weil dies die auf der Niederschriftsurkunde fehlende Unterschrift ersetzt. Dabei ist es unerheblich, ob sich das Testament mit dem Umschlag in besonderer amtlicher Verwahrung befindet.[63] Nicht ausreichend ist die Unterschrift des Notars auf der Kostenrechnung[64] oder die Unterschrift eines anderen als des beurkundenden Notars auf dem Umschlag.[65]

2. Nachholung

39 Grundsätzlich ist auch eine Nachholung der auf der Niederschrift vorgenommenen Unterschrift durch Unterzeichnung der Aufschrift auf dem verschlossenen Umschlag **möglich**. Dabei besteht jedoch **Streit** über den **Zeitpunkt**, zu dem die Unterschrift geleistet sein muss. Während eine Ansicht hier eine Nachholung noch bis zur Testa-

58 RGZ 82, 149, 154; Staudinger/*Baumann* § 2232 Rn 57.
59 Staudinger/*Baumann*, § 2232 Rn 57; RG BayZ 1918, 191; OLG Dresden OLGE 39, 22.
60 OLG München ZErb 2022, 198 f.
61 RGZ 84, 163, 165; KG ZEV 2007, 497.
62 Staudinger/*Baumann*, § 2232 Rn 63; RG WarnR 1931, Nr. 50, 104; KG RJA 15, 280.
63 MüKo/*Sticherling*, § 2232 Rn 143.
64 BayObLG Rpfleger 1977, 25 f.
65 MüKo/*Sticherling*, § 2232 Rn 143.

mentseröffnung für möglich hält,[66] ist richtigerweise auf den Zeitpunkt des Ablebens des Erblassers abzustellen, da nach diesem Zeitpunkt das Testament ohne Unterschrift als unwirksam feststeht und eine Heilung nun nicht mehr eintreten kann.[67]

II. Zuziehung von Zeugen

Ist ein Beteiligter nach eigenen Angaben oder nach Überzeugung des Notars nicht in der Lage, seinen eigenen Namen zu schreiben, so **muss** nach § 25 BeurkG bei der Vorlesung und der Genehmigung **ein** Zeuge oder ein zweiter Notar zugezogen werden, der auch die Niederschrift mit zu unterschreiben hat. Bei Stummen, Tauben, Blinden und Leseunfähigen (vgl. die Sonderregelung in § 2233 Abs. 2 BGB, §§ 22–24 BeurkG[68]) **soll** ein Zeuge oder ein zweiter Notar zugezogen werden, falls nicht die Beteiligten darauf verzichten. Dieser Verzicht soll in der Niederschrift festgehalten werden. Entsprechendes gilt nach der Neufassung für die Hinzuziehung eines Gebärdensprachendolmetschers. Ansonsten sollen gem. § 29 BeurkG bis zu zwei Zeugen oder ein zweiter Notar zur Beurkundung hinzugezogen werden, falls dies ein Beteiligter fordert. In diesem Falle haben Zeugen und/oder ein zweiter Notar bei der Beurkundung dauernd anwesend zu sein. 40

III. Niederschrift des Notars

1. Notwendiger Mindestinhalt

Die Niederschrift des Notars hat eine zuverlässige Wiedergabe des letzten Willens des Erblassers zu enthalten. Sie **muss** mindestens enthalten: 41
- die Bezeichnung des Notars und des Erblassers sowie eventuell weiterer Beteiligter (§ 9 Abs. 1 BeurkG);
- die Feststellungen des Notars zur Identität (§ 10 BeurkG);
- die Feststellungen des Notars zur Testierfähigkeit des Erblassers (§ 28 BeurkG);
- die Erklärung des letzten Willens bei mündlicher Erklärung (§ 9 Abs. 1 BeurkG);
- eine ausdrückliche Feststellung, dass der Erblasser den aufgenommenen letzten Willen mündlich erklärt hat, ist nicht erforderlich, da der Gebrauch bestimmter Worte nicht vorgeschrieben ist;
- Feststellung der Übergabe einer Schrift, falls die letztwillige Verfügung durch Übergabe einer Schrift oder zumindest kombiniert mit einer solchen Übergabe errichtet wird (§§ 9, 30 S. 1 BeurkG);
- Feststellung, dass diese Schrift den letzten Willen des Erblassers enthält (S. 1).

Ein Verstoß gegen diese Mindestinhalte der Niederschrift hat die Nichtigkeit des Testaments zur Folge.

2. Weiterer „Soll"-Inhalt

In der Niederschrift **soll** des Weiteren vermerkt werden, 42
- ob die Schrift offen oder verschlossen übergeben wurde (§ 30 S. 3 BeurkG);
- Ort und Tag der Verhandlung (§ 9 Abs. 2 BeurkG); der Zeitpunkt der Testamentserrichtung muss, um Wirksamkeit zu zeitigen, nicht zwingend die Angabe eines bestimmten Kalenderdatums umfassen, vielmehr ist auch die Umschreibung des gemeinten Datums durch Bezugnahme auf ein bestimmtes Ereignis zulässig; ist die Urkunde an mehreren Tagen errichtet, ist der letzte Tag maßgebend, die Benennung aller Errichtungstage aber ebenso möglich;

---

66 Siehe auch BayObLGZ 1976, 275, 277 ff.; *Bengel*, in: Reimann/Bengel/Mayer, 5. Auflage, § 35 BeurkG Rn 3 u. Rn 5; DNotI-Report 1998, 33, 35; OLG Hamm OLGZ 1986, 159, 161.

67 BGH NJW 1955, 788 f. = BGHZ 17, 69; Soergel/*Mayer*, BeurkG § 35 Rn 5.

68 Zur Amtspflicht des Notars zum Hinzuziehen einer Verständigungsperson nach § 24 Abs. 1 S. 2, 3 BeurkG siehe auch OLG Karlsruhe MittBayNot 2020, 511.

- Belehrungen des Notars (§ 18 BeurkG);
- Hinweise auf etwaige Genehmigungspflichten (§ 18 BeurkG);
- die Feststellung über die Zuziehung von Zeugen, eines zweiten Notars, eines Gebärdendolmetschers oder anderer Vertrauenspersonen (§§ 22, 24, 25, 29 BeurkG);
- die Feststellung der Vorlage der Niederschrift bei tauben Erblassern (§ 23 BeurkG);
- etwaige Zweifel an der Gültigkeit der Verfügung von Todes wegen (§ 17 BeurkG).

Ein Verstoß gegen diese Soll-Bestimmungen führt jedoch nicht zur Nichtigkeit der letztwilligen Verfügung.

3. Vorlesung, Genehmigung und Unterschrift

43 Die Niederschrift **muss** mit Ausnahme des übergebenen Schriftstücks in Gegenwart des Notars den Beteiligten vorgelesen, vom Erblasser genehmigt und eigenhändig unterschrieben werden. Der Notar soll gem. § 13 Abs. 3 BeurkG der Unterschrift noch seine Amtsbezeichnung beifügen.

a) Vorlesung

44 Die Vorlesung muss **alle wesentlichen Teile der Niederschrift** umfassen, wozu auch die Bezeichnung des Erblassers und der mitwirkenden Personen sowie Ort und Tag der Verhandlung zu erfassen sind. Die unterschriftliche Bestätigung des Vermerks der Vorlesung enthält bis zum Beweis des Gegenteils die Vermutung, dass tatsächlich vorgelesen wurde.[69]

b) Genehmigung und Unterschrift

45 Hier gilt das oben zur mündlichen Erklärung Gesagte sinngemäß. Grundsätzlich ist der Vermerk **„v.g.u."** eine hinreichende Feststellung der Genehmigung des Inhalts der Niederschrift.[70] Dabei muss das Wort „genehmigt" nicht ausdrücklich in der Urkunde enthalten sein, vielmehr genügt es, wenn die Urkunde in sonstiger Weise die Genehmigung des Erblassers zum Ausdruck bringt. Dies erreicht i.d.R. die auf die Feststellung des Vorlesens folgende Unterschrift.[71] Im Übrigen gilt zum Erfordernis der eigenhändigen Unterschrift als Genehmigung das zu § 2247 BGB Ausgeführte.

4. Verwahrung

46 Nach der Errichtung des öffentlichen Testaments soll der Notar die Niederschrift in **besondere amtliche Verwahrung**[72] geben. Dazu ist die Niederschrift in einem mit dem Prägesiegel des Notars versehenen verschlossenen Umschlag zu geben. Auf diesem sind der Erblasser und das Datum der Testamentserrichtung zu vermerken und vom Notar zu unterschreiben.

47 Sachlich zuständig für diese Testamentsverwahrung sind die **Amtsgerichte,**[73] deren örtliche Zuständigkeit sich aus § 344 Abs. 1 FamFG ergibt. Der Erblasser kann jedoch auch die Verwahrung bei einem anderen AG verlangen. Aber auch die Hinterlegung bei einem unzuständigen Gericht führt weder zur Ungültigkeit des Testaments noch zum Fehlen einer gesonderten amtlichen Verwahrung, vielmehr wird das unzuständige

---

69 RGZ 53, 150, 152; RGZ 75, 374.

70 RGZ 92, 27, 28 ff.; KG DNotZ 1966, 374; BayObLG NJW 1966, 56; vgl. auch hierzu OLG Schleswig ZErb 2013, 71, 73.

71 RGZ 92, 27, 28 ff.; OLG Frankfurt OLGZ 1990, 288, 291.

72 Neben der Verwahrung besteht die Pflicht zur Registrierung im Zentralen Testamentsregister, siehe hierzu auch *Seebach*, notar 2015, 373; *Seebach*, DNotZ (SoH) 2016, 172, 181; kurz *Damm*, DNotZ 2017, 426, 435.

73 Hierzu *Langel*, NJW 2017, 3617.

Gericht das öffentliche Testament weiterleiten. Funktionell zuständig sind gem. § 3 Nr. 2c RPflG die Rechtspfleger. Das Verfahren der besonderen amtlichen Verwahrung ist in § 346 FamFG geregelt.

5. Beweisfragen

Die über die Errichtung des Testaments aufgenommene Urkunde begründet als **öffentliche Urkunde** i.S.v. § 415 ZPO vollen Beweis der beurkundeten Erklärung und der anderen bezeugten Tatsachen (vgl. § 418 ZPO)[74] wie insbesondere der Identität des Erblassers[75] oder der Überzeugung des Notars von dessen Testierfähigkeit.[76] 48

IV. Mandatsausschluss

Wer als Notar ein Testament beurkundet hat, ist nach **§ 45 Nr. 2 BRAO** daran gehindert, einen der Miterben bei der Geltendmachung von Ansprüchen aus diesem Testament gegen andere Miterben als Rechtsanwalt zu vertreten, wenn die Gültigkeit des beurkundeten Testaments von einem der Miterben angefochten wurde. 49

§ 2233 Sonderfälle

(1) Ist der Erblasser minderjährig, so kann er das Testament nur durch eine Erklärung gegenüber dem Notar oder durch Übergabe einer offenen Schrift errichten.
(2) Ist der Erblasser nach seinen Angaben oder nach der Überzeugung des Notars nicht im Stande, Geschriebenes zu lesen, so kann er das Testament nur durch eine Erklärung gegenüber dem Notar errichten.

Literatur

Ertl, Gestaltung von Testamenten von sprech- und schreibbehinderten Personen, MittBayNot 1991, 196; *Frenz*, Verfahrensrechtliche Besonderheiten bei der Beurkundung von Testamenten mit behinderten Personen, ZNotP 1998, 373; *Lehmann*, Das Blindentestament, JW 1914, 1057; *Rohlfing/Mittenzwei*, Die verfassungsrechtliche Beurteilung des Ausschlusses von Mehrfachbehinderten von der Testierfähigkeit, FamRZ 2000, 654; *Rossak*, Folgen des verfassungswidrigen Ausschlusses Mehrfachbehinderter von jeglicher Testiermöglichkeit für die notarielle Praxis, ZEV 1999, 254; *ders.*, Die Testierfähigkeit bzw. Testiermöglichkeit Mehrfachbehinderter, ZEV 1995, 236; *ders.*, Kann ein schreibunfähiger Stummer ein Testament errichten?, MittBayNot 1991, 193.

Übersicht:

A. Allgemeines/Normzweck

§ 2233 BGB regelt **Sonderfälle der Testamentserrichtung** für bestimmte für schützenswert erachtete Personenkreise und schränkt damit sowohl die Möglichkeit zur Errichtung privatschriftlicher Testamente i.S.v. § 2247 BGB als auch öffentlicher Testa- 1

74 BGH JZ 1987, 522; OLG Frankfurt OLGZ 1990, 228 = NJW-RR 1990, 717.
75 LG Berlin NJW 1962, 1353.
76 Bamberger/Roth/*Litzenburger*, § 2232 Rn 20.

mente i.S.v. § 2232 BGB ein.[1] So soll der minderjährige Testierfähige durch Abs. 1 zur notariellen Beratung seines letzten Willens gezwungen werden und wird deshalb darauf beschränkt, ein öffentliches Testament entweder durch Erklärung gegenüber dem Notar oder durch Übergabe einer offenen Schrift zu errichten. Aus der Entstehungsgeschichte der Vorschrift[2] und dem Normzweck ist abzuleiten, dass die vom Minderjährigen zu übergebende offene Schrift in einer Sprache abgefasst sein muss, die der Notar beherrscht.[3]

B. Tatbestand

I. Beschränkungen wegen Minderjährigkeit (Abs. 1)

2 Da die Testierfähigkeit gem. § 2229 Abs. 1 BGB bereits mit der Vollendung des 16. Lebensjahres eintritt und damit nicht mit der allg. Geschäftsfähigkeit zusammenfällt, gibt es testierfähige Minderjährige. Während dies heute nur diejenigen betrifft, die zwar das 16. (§ 2229 Abs. 1 BGB), nicht aber auch schon das 18. Lebensjahr (§ 2 BGB) vollendet haben, ist insoweit für Testamente, die vor dem 1.1.1975 errichtet worden sind, besonders zu beachten, dass damals die **Volljährigkeitsgrenze** erst mit Vollendung des 21. Lebensjahres erreicht war. Dies bedeutet, dass deren Testamente in privatschriftlicher Form oder durch Übergabe einer verschlossenen Schrift nur dann wirksam sind, wenn sie aufgrund der damaligen §§ 3–5 BGB durch Gerichtsbeschluss für volljährig erklärt waren.[4]

3 Grundsätzlich aber geht der Gesetzgeber davon aus, dass Minderjährige hinsichtlich ihrer Testiermöglichkeiten der **Beratung** und des Schutzes bedürfen und schränkt damit deren Testierfreiheit dahingehend ein, dass ihnen nur solche Testamentsformen offenstehen, bei denen eine entsprechende Beratung gewährleistet ist. Dies sind die beiden öffentlichen Testamentsformen der Erklärung gegenüber einem Notar oder der Übergabe einer offenen Schrift an den Notar. Ausgeschlossen bleiben damit das öffentliche Testament durch Übergabe einer verschlossenen Schrift (§ 2233 Abs. 1 BGB), das privatschriftliche Testament nach § 2247 Abs. 4 BGB sowie nach bestrittener Ansicht[5] auch das Nottestament vor drei Zeugen, da auch hier keine ausreichende sichernde Beratung gewährleistet ist.[6] Ein Verstoß hiergegen hat die **Nichtigkeit des Testaments** zur Folge. Einer Einwilligung des gesetzlichen Vertreters bedarf es nach § 2229 Abs. 2 BGB ebenso wenig wie der familiengerichtlichen Genehmigung. Ein privatschriftliches Testament, das dem Notar in verschlossener Schrift mit der Erklärung des Minderjährigen übergeben wurde, es enthalte seinen letzten Willen, wird auch dann nicht mit Erreichung der Volljährigkeitsgrenze wirksam, wenn dieses den Erfordernissen des § 2247 BGB entspricht.[7] Ansonsten nämlich würde der Schutzzweck des § 2233 Abs. 1 BGB, wonach ein Minderjähriger nur mit notarieller Beratung von Todes wegen verfügen können soll, unterlaufen. Daher kommt es auch insoweit allein auf den Zeitpunkt der Errichtung an.[8]

---

1 Vgl. dazu *Rossak*, ZEV 1999, 254.

2 Dazu genauer Staudinger/*Baumann*, § 2233 Rn 1–6.

3 Staudinger/*Baumann*, § 2233 Rn 11; MüKo/*Sticherling*, § 2233 Rn 4; *Voit/Sammet*, in: Reimann/Dietz/Sammet, § 2233 Rn 3.

4 Zu Sinn und Zweck siehe *Naczinsky*, NZFam 2017, 713, 715.

5 A.A. *Voit/Sammet*, in: Reimann/Dietz/Sammet, § 2233 Rn 3; MüKo/*Sticherling*, § 2233 Rn 6.

6 Staudinger/*Baumann*, § 2233 Rn 8.

7 MüKo/*Sticherling*, § 2233 Rn 5; Staudinger/*Baumann*, § 2233 Rn 13; Soergel/*Klingseis*, § 2233 Rn 4; *Voit/Sammet*, in: Reimann/Dietz/Sammet, § 2233 Rn 3.

8 Erman/*S. Kappler/T. Kapplert*, § 2233 Rn 2; Staudinger/*Baumann*, § 2233 Rn 13.

II. Unfähigkeit, Geschriebenes zu lesen (Abs. 2)

4 Die Unfähigkeit, Geschriebenes lesen zu können oder eine entsprechende Überzeugung des Notars hinsichtlich des Testierenden schließt für diesen nach Abs. 2 die Möglichkeit aus, ein öffentliches Testament durch Übergabe einer Schrift zu errichten. Denn wer schriftlich testieren will, muss zumindest im Stande sein, sich durch eigenes Lesen Kenntnis vom Inhalt der Schrift zu verschaffen.[9] Verlangt wird insoweit **abstraktes Lesevermögen**, d.h. die Fähigkeit, den Sinn des Geschriebenen erfassen zu können.[10] Die Ursache für diese Leseunfähigkeit, sei es nun Blindheit, hochgradige Geistesschwäche, schwere Beeinträchtigung der Sehkraft (auch vorübergehend),[11] Analphabetismus usw., ist unerheblich.[12]

5 Dem gleich steht auch derjenige Testierer, der die Sprache nicht versteht, in der die Schrift verfasst ist.[13] Des Lesens unkundig ist auch der **Blinde**, soweit er die Blindenschrift nicht beherrscht,[14] während umgekehrt die Fähigkeit, Texte in Blindenschrift erfassen zu können, dazu führt, dass diese „so Geschriebenes" lesen und daher durch Übergabe einer in Blindenschrift verfassten Urkunde auch testieren können.[15] Beherrscht der Notar die Blindenschrift nicht, so soll er dies in der Niederschrift vermerken, damit deutlich wird, dass die Rechtslage in diesem Falle derjenigen bei Übergabe einer verschlossenen Schrift entspricht.[16]

Hat der Erblasser zur Überzeugung des Notars verschwiegen, dass er nicht lesen kann und hielt ihn der Notar für des Lesens kundig, so ist das Testament grds. voll wirksam.[17] Dies gilt selbst noch bei grober Fahrlässigkeit des Notars.[18] Wer sich darauf beruft, dass der Erblasser unfähig sei, Geschriebenes zu lesen, ist dafür **beweispflichtig**.[19] Es genügt allerdings, wenn sich der Erblasser selbst als leseunfähig bezeichnet; hieran ist der Notar gebunden.[20] Diese Erklärung ist deshalb nach § 22 Abs. 1 S. 3 BeurkG in die Niederschrift aufzunehmen.

III. Mehrfachbehinderungen

6 Nach wie vor sind nach der gesetzlichen Neufassung der §§ 2232, 2233 BGB noch nicht alle mit den Mehrfachbehinderungen[21] einhergehenden **Probleme** im Zusammenhang mit der Testamentserrichtung gelöst. Denn der zugleich Blinde und Stumme, der keine Blindenschrift zu lesen vermag, bleibt ebenso von den Testamentsformen ausgespart wie der Sprachunfähige, der sich auch nicht mittels Gebärdensprache zu verständigen vermag, sofern er zusätzlich des Lesens nicht mächtig ist. Ob auch hier

---

9 Mot. V, 277.

10 Staudinger/*Baumann*, § 2233 Rn 17: RGZ 76, 94, 95; Art des Lesens ist unerheblich nach AG Neuss FamRZ 2018, 390, 391.

11 OLG Hamm DNotZ 1967, 317.

12 RG JW 1903, 130.

13 MüKo/*Sticherling*, § 2233 Rn 9; Deutscher Erbrechtskommentar/*Schnabel*, § 2233 Rn 5; RGZ 76, 94, 95.

14 BayObLG FamRZ 00, 322, 323; Grüneberg/*Weidlich*, § 2233 Rn 2; MüKo/*Sticherling*, § 2233 Rn 10.

15 *Rohlfing/Mittenzwei*, FamRZ 2000, 654, 655; *Schulze*, DNotZ 1955, 629; a.A. jedoch OLG Koblenz NJW 1988, 1784.

16 Staudinger/*Baumann*, § 2233 Rn 20.

17 MüKo/*Sticherling*, § 2233 Rn 15; Staudinger/*Baumann*, § 2233 Rn 23.

18 MüKo/*Sticherling*, § 2233 Rn 15; Soergel/*Klingseis*, § 2233 Rn 10.

19 RGZ 76, 94; KG JW 1936, 3484; BayObLG MittBayNot 1995, 56, 57; OLG Hamburg FamRZ 2016, 2036.

20 Soergel/*Klingseis*, § 2233 Rn 9; OLG Hamm NJW 20020, 3410.

21 Vgl. dazu genauer *Rossak*, ZEV 1995, 236.

eine Lösung gefunden werden kann oder wegen der Art. 14 Abs. 1, Art. 3 Abs. 1 u. Art. 3 Abs. 3 S. 2 GG gar gefunden werden muss, bleibt unbeantwortet.

7 Richtigerweise ist hier wohl davon auszugehen, dass deren faktische Testierunfähigkeit nicht aufgrund erbrechtlicher Formerfordernisse, sondern allein darauf beruht, den **Willen nicht kundtun** und damit schon eine Willenserklärung nicht wirksam abgeben zu können. Dem kann das Testamentsrecht nicht abhelfen.[22]

IV. Zuziehung von Zeugen und anderen Personen

1. Zuziehung von Zeugen

8 Vermag ein Testierer nach seinen Angaben oder nach der Überzeugung des Notars nicht hinreichend zu hören, zu sprechen oder zu sehen, so wird § 2233 BGB verfahrensrechtlich durch die §§ 22, 24, 25, 29, 30–32 BeurkG ergänzt. Danach soll gem. § 22 BeurkG zu der Beurkundung ein Zeuge oder ein zweiter Notar hinzugezogen werden. Dies ist entbehrlich, wenn alle Beteiligten darauf verzichten. Die Nichtbeachtung dieser Soll-Regelung macht die Beurkundung jedoch nicht nichtig.

9 Vermag ein Beteiligter nach seinen Angaben oder nach Überzeugung des Notars seinen Namen nicht zu schreiben, so muss nach § 25 BeurkG beim Verlesen und der Genehmigung ein Zeuge oder ein zweiter Notar hinzugezogen werden, der die Niederschrift ebenfalls zu unterzeichnen hat. Ein Zeuge ist nur dann zugezogen, wenn er sich bewusst ist und darauf hingewiesen wurde, dass er bei der Errichtung einer öffentlichen Urkunde mitzuwirken hat und dem Vorgang des Vorlesens und der Genehmigung seine Aufmerksamkeit widmet.[23] Zufällige Anwesenheit genügt nicht.[24]

10 Zusätzlich soll der Notar gem. § 29 BeurkG auf Verlangen der Beteiligten bis zu zwei Zeugen oder einen zusätzlichen zweiten Notar hinzuziehen und auch dies in der Niederschrift vermerken. Sind mehrere Personen als Testierer beteiligt, kann dem Verlangen nur zugestimmt werden, wenn alle Beteiligten die Zuziehung von Zeugen wünschen.[25]

11 Die weitere Zuziehung eines Notars ist nicht mehr zulässig, wenn bereits aufgrund des § 22 BeurkG ein zusätzlicher Notar hinzugezogen wurde.[26] Für die hinzuzuziehenden Notare sind die Mitwirkungsverbote aus den §§ 26, 27 BeurkG ebenfalls zu beachten.

2. Vertrauensperson

12 Falls bei der Beurkundung andere Beteiligte außer dem Erblasser, also hinzugezogene Zeugen, ein zweiter Notar, Gebärdensprachendolmetscher u.a. mitwirken, muss zu der Beurkundung eine Vertrauensperson zugezogen werden, die sich mit dem Behinderten zu verständigen vermag. Dies ist in der Niederschrift ebenfalls festzuhalten.

§§ 2234 bis 2246 (weggefallen)

22 Im Ergebnis ebenso Grüneberg/*Weidlich*, § 2233 Rn 3.
23 MüKo/*Sticherling*, § 2232 Rn 57; BayObLGZ 1984, 141, 145 = DNotZ 1985, 217.
24 Bzgl. Drei-Zeugen-Testament siehe BGH NJW 1972, 202; OLG Celle OLGZ 1968, 487.
25 MüKo/*Sticherling*, § 2232 Rn 50.
26 MüKo/*Sticherling*, § 2232 Rn 50.

§ 2247 Eigenhändiges Testament

(1) Der Erblasser kann ein Testament durch eine eigenhändig geschriebene und unterschriebene Erklärung errichten.
(2) Der Erblasser soll in der Erklärung angeben, zu welcher Zeit (Tag, Monat und Jahr) und an welchem Ort er sie niedergeschrieben hat.
(3) [1]Die Unterschrift soll den Vornamen und den Familiennamen des Erblassers enthalten. [2]Unterschreibt der Erblasser in anderer Weise und reicht diese Unterzeichnung zur Feststellung der Urheberschaft des Erblassers und der Ernstlichkeit seiner Erklärung aus, so steht eine solche Unterzeichnung der Gültigkeit des Testaments nicht entgegen.
(4) Wer minderjährig ist oder Geschriebenes nicht zu lesen vermag, kann ein Testament nicht nach obigen Vorschriften errichten.
(5) [1]Enthält ein nach Absatz 1 errichtetes Testament keine Angabe über die Zeit der Errichtung und ergeben sich hieraus Zweifel über seine Gültigkeit, so ist das Testament nur dann als gültig anzusehen, wenn sich die notwendigen Feststellungen über die Zeit der Errichtung anderweit treffen lassen. [2]Dasselbe gilt entsprechend für ein Testament, das keine Angabe über den Ort der Errichtung enthält.

Literatur

Burkart, Das eigenhändige Testament nach § 2247 BGB, FS für Lübtow, 1991, 253; *Foerste*, Die Form des Testaments als Grenze seiner Auslegung, DNotZ 1993, 84; *Glaser*, Begriff der Eigenhändigkeit der Unterschrift i.S.v. § 2247 BGB, DB 1957, 233; *Görgens*, Überlegungen zur Weiterentwicklung des § 2247 BGB, JR 1979, 357; *ders.* Die Bindung des Richters an das Gesetz und die Formerfordernisse des eigenhändigen Testaments, Diss. 1975; *Grundmann*, Favor Testamenti – Zu Formfreiheit und Formzwang bei privatschriftlichen Testamenten, AcP 187 (1987), 429; *Häsemeyer*, Die Bedeutung der Form im Privatrecht, JuS 1980, 1; *Holzhauer*, Die eigenhändige Unterschrift, 1973; 1971; *Horn*, Gestaltung eines Einzeltestaments, NJW 2016, 3500; *Koch/Magnus/Winkler v. Mohrenfels*, IPR und Rechtsvergleichung, 4. Aufl. 2010; *Leipold*, Wille, Erklärung und Form insbesondere bei der Auslegung von Testamenten, FS für *Müller-Freienfels*, 1986, S. 421 ff.; *Michau*, Zulässige und unzulässige Schreibhilfe bei der Errichtung eines Testaments, Archiv für Kriminologie 1978, S. 1 ff.; *Muscheler*, Das Fehlen der Zeitangabe im eigenhändigen Testament, ZEV 2024, 137; *Roth*, Testament oder nur Entwurf? – Praxisprobleme des Testierwillens, NJW-Spezial 2016, 167; *Schmitz*, Die Bedeutung der Datumsangabe im eigenhändigen Testament, ErbR 2017, 260; *Schulze*, Über die Verwendung der Blindenschrift bei der Errichtung letztwilliger Verfügungen, DNotZ 1955, 629; *Stumpf*, Postscripta im eigenhändigen Testament, FamRZ 1992, 1131.

Übersicht: Rdn

A. Allgemeines

1 Wer ein eigenhändiges Testament errichten will, muss zum Zeitpunkt der Errichtung volljährig sein. Zudem darf er zum Zeitpunkt der Errichtung nicht testierunfähig sein. Das Testament muss von Anfang bis Ende vom Erblasser eigenhändig geschrieben sein. Die eigenhändige Unterschrift des Erblassers ist Wirksamkeitsvoraussetzung. Dagegen sind Zeit- und Ortsangaben für die Formwirksamkeit nicht zwingend erforderlich.

B. Tatbestandsmerkmale

I. Eigenhändig ge- und unterschriebenes Testament

2 Das Testament muss vom Erblasser vollständig eigenhändig ge- und unterschrieben worden sein. Die Eigenhändigkeit der Unterschrift soll die Identität zwischen Schreiber und Testator sicherstellen. Diesem Erfordernis genügt jede Unterzeichnung, die eindeutig auf die Urheberschaft einer bestimmten Person schließen lässt. Obwohl § 2247 Abs. 3 S. 1 BGB grundsätzlich die Unterzeichnung mit Vor- und Zunamen verlangt, genügt es gemäß § 2247 Abs. 3 S. 2 BGB für die Wirksamkeit des Testaments, wenn trotz einer mangelhaften Unterzeichnung ohne Vor- und Zunamen aus dem Testament in sonstiger Weise die Identität des Erblassers eindeutig hervorgeht.

II. Person des Testierenden

3 Der Testierende muss zum Zeitpunkt der Errichtung des eigenhändigen Testaments volljährig und testierfähig sein. Gemäß § 2247 Abs. 4 BGB sind grundsätzlich testierfähige Minderjährige ebenso von der Möglichkeit ausgeschlossen, ein privatschriftliches Testament zu erreichten, wie diejenigen, die Geschriebenes nicht zu lesen vermögen.

III. Testierfähigkeit

4 **Grundvoraussetzung** der Wirksamkeit eines jeden privatschriftlichen Testaments ist zunächst die in § 2229 BGB geregelte Testierfähigkeit. Man versteht darunter die von Gesetzes wegen zugestandene Fähigkeit, ein Testament wirksam zu errichten, zu ändern oder aufzuheben (vgl. § 2229 Rdn 2). Sie wird bei Personen mit der Vollendung des 16. Lebensjahres vermutet, sofern nicht einer der Ausschlussgründe des § 2229 Abs. 4 BGB vorliegt, also der Testierer wegen einer krankhaften Störung der Geistestätigkeit, Geistesschwäche oder Bewusstseinsstörungen nicht in der Lage ist, die Bedeutung einer von ihm abgegebenen Willenserklärung zu erkennen oder nach dieser Einsicht zu handeln (vgl. § 2229 Rdn 10 ff.).[1]

5 Diese ansonsten stillschweigende und ungeschriebene Voraussetzung der Wirksamkeit eines privatschriftlichen Testaments taucht dann aber in Abs. 4 Alt. 1 auch im Normtext als sog. **negatives Tatbestandsmerkmal** dergestalt auf, dass den minderjährigen Testierfähigen die Fähigkeit abgesprochen wird, durch Errichtung eines privatschriftlichen Testaments zu testieren. Damit wird, was in § 2233 Abs. 1 BGB positiv formuliert wird, hier als Negativvoraussetzung aufgegriffen und bestätigt (zu Einzelheiten vgl. § 2233 Rdn 2 f.).

1 Vgl. auch BGH ZErb 2022, 61.

IV. Testierwille

1. Geltungsgrund

6 Zweite ungeschriebene Voraussetzung auch und gerade des privatschriftlichen Testaments ist der in der Erklärung zum Ausdruck kommende Wille, damit **ernstlich** eine Verfügung von Todes wegen vorzunehmen.[2] Liegt dies bei dem förmlichen Procedere der öffentlichen Testamente auf der Hand, vermag manch ein privatschriftliches Testament nach Form, Urkundenmaterial oder Inhalt an der geforderten Ernstlichkeit durchaus Zweifel zu wecken.[3] Diese Ernstlichkeit muss sich in solchen Zweifelsfällen aus einer „Prüfung des Gesamtverhaltens des Erklärenden einschließlich aller Nebenumstände"[4] ergeben. Eine mittelbare Bestätigung dieses Kriteriums der Ernstlichkeit des Testierwillens findet sich auch in Abs. 3 S. 2 explizit für den Fall einer Unterzeichnung des Testaments anders als durch Vorname und Familienname ausgedrückt, muss aber ebenso für alle anderen Umstände und Inhalte des privatschriftlichen Testaments gelten.

2. Vermutung für Testierwille

7 Im **Normalfall** eines privatschriftlichen Testaments, das deutlich erkennen lässt, dass damit eine letztwillige Verfügung vorgenommen werden soll und das vom Erblasser mit Vor- und Familiennamen unterzeichnet wurde, besteht kein Grund zur ausführlichen Prüfung des hier vermuteten Testierwillens.[5] Auch wenn aufgrund der Gesamtumstände Zweifel etwa wegen des außergewöhnlichen Stoffes der Testamentsurkunde (Bierdeckel, Rückseite Einkaufszettel usw.) oder des ungewöhnlichen Aufbewahrungsortes (Toilettenspülbecken) oder des ungewöhnlichen Inhalts (Erbeinsetzung der „Regierung") aufkommen, bedarf es für den Fall, dass man den ernsthaften Testierwillen verneinen möchte, einer eingehenden Begründung.[6]

3. Entwürfe oder Ankündigungen

8 Ein Testament hat nur dann Gültigkeit, wenn der Verfasser es mit dem erforderlichen Testierwillen errichtet hat. Anhand des jeweiligen Schriftstücks muss sich zumindest feststellen lassen, dass der Verfasser das Bewusstsein hatte, dass dieses Schriftstück als Testament angesehen werden könnte.[7] Mangels Testierwillens **kein gültiges Testament** ist dagegen, was aus sich selbst heraus als bloßer Entwurf oder Ankündigung einer letztwilligen Verfügung verstanden werden muss[8] oder in der Erwartung gefertigt wurde, der Mangel der Ernstlichkeit werde nicht verkannt werden.[9] Wurde das Testament auf einer ungewöhnlichen Unterlage (z.B. Briefumschlag oder Rückseite eines Kassenzettels) errichtet, kann hieraus noch nicht zwingend geschlossen werden, dass es sich lediglich um einen Entwurf handelt, sofern die Formvorschriften im Übrigen eingehalten wurden.[10]

---

2 BayObLG NJW-RR 1989, 1092; OLG Frankfurt ErbR 2015, 618; RGZ 72, 204; OLG Hamm FamRZ 2015, 618; OLG Düsseldorf FamRZ 2015, 700.

3 Vgl. OLG München ZEV 2016, 323; OLG Düsseldorf FamRZ 2015, 700.

4 Vgl. OLG München ErbR 2016, 348; BayObLG FamRZ 2005, 656; OLG Hamburg FamRZ 2014, 2029; zutreffend MüKo/*Sticherling*, § 2247 Rn 8; Reimann/Dietz/Sammet/*Voit/Sammet*, § 2247 Rn 6.

5 BayObLG FamRZ 1992, 724; FamRZ 1992, 226, 227; BayObLG FamRZ 2005, 656, 657.

6 Vgl. OLG Hamm ErbR 2016, 157; KG ZEV 2023, 664; OLG Oldenburg MDR 2024, 450, 451.

7 Vgl. Grüneberg/*Weidlich*, § 2247 Rn 5 mit Verweis auf BayObLG NJW-RR 89, 1092.

8 OLG Düsseldorf FamRZ 2015, 700; OLG Hamm ErbR 2021, 1051.

9 MüKo/*Sticherling*, § 2247 Rn 38; Soergel/*Klingseis*, § 2247 Rn 11; BayObLG NJW-RR 1989, 1092; RGZ 104, 320, 322.

10 Grüneberg/*Weidlich*, § 2247 Rn 5; BeckOK/*Litzenburger*, § 2247 Rn 8.

V. Eigenhändigkeit

9 Schließlich muss das privatschriftliche Testament vom Verfasser eigenhändig geschrieben worden sein. Der gesamte Inhalt des Testaments muss somit vom Erblasser persönlich in der ihm eigenen Schrift geschrieben sein, so dass eine Nachprüfung der Echtheit und Einheit aufgrund der besonderen Schriftzüge des Erblassers durch ein graphologisches Gutachten möglich ist und eine Nachahmung erschwert wird.[11]

10 Der Begriff der „Eigenhändigkeit" ist dabei nicht wörtlich zu nehmen. Hat der Verfasser eine Behinderung, kann er das Testament auch mit dem Mund, den Füßen oder einer Handprothese verfassen.[12] Entscheidend ist die Erstellung des Testaments in **persönlichen Schriftzügen**.

11 Wegen der **Authentizität der Schriftzeichen** gilt auch die mittels Blaupause erstellte Durchschrift eines eigenhändig erstellten Testaments selbst als eigenhändig geschrieben.[13] In diesen Fällen ist jedoch sehr sorgsam zu prüfen, ob der Erblasser tatsächlich mehrere Testaments-Urschriften oder nicht doch nur Abschriften herstellen wollte.[14] Wer sich zum Nachweis seines Erbrechts daher nur auf eine Blaupause berufen kann, trägt im Erbscheinsverfahren die Feststellungslast dafür, dass der Erblasser mit der Durchschrift eine Testamentsurschrift errichten wollte; die Verkehrsauffassung spricht in solchen Fällen dafür, dass es sich nur um eine Abschrift handeln sollte.[15]

12 **Kopien** oder **Fax-Mitteilungen** sind mangels Authentizität der Schriftzeichen niemals als eigenhändiges Testament ausreichend.[16]

13 Nicht ausreichend ist dementsprechend auch das bloße **Abmalen** oder **Durchpausen** eines von fremder Hand gefertigten Entwurfs, weil damit die Authentizität der Schriftzeichen ebenfalls nicht gewahrt bleibt.

14 Nach Ansicht der Rspr.[17] und eines Teils der Lehre[18] kann auch nach der Erweiterung der §§ 2232, 2233 BGB das eigenhändige Testament nicht in **Blindenschrift** errichtet werden. Das liegt ausschließlich daran, dass diese keine persönlich-individuellen Schriftzüge zulässt und damit dem Merkmal der Eigenhändigkeit nicht entsprechen kann.[19] Entsprechendes gilt für Erbeinsetzungen durch Bilder oder Pfeildiagramme.[20]

15 Der **gesamte Text** des privatschriftlichen Testaments muss, um gültig zu sein, eigenhändig verfasst sein. Fehlt es daran für Teile des Testaments, so sind zumindest diese und evtl. deshalb zugleich das gesamte Testament nichtig. Das richtet sich nach § 2085 BGB, der § 139 BGB verdrängt.[21] Bloß eigenhändig verfasste Zusätze machen das ansonsten fremdverfasste Testament nicht gültig,[22] können aber an sich selbst wieder

---

11 Ein Testament in Druckbuchstaben entspricht den Formvorgaben, auch wenn der Erblasser ansonsten üblicherweise Schreibschrift verwendet hatte, AG Hameln ZEV 2023, 262.

12 Soergel/*Klingseis*, § 2247 Rn 16; MüKo/*Sticherling*, § 2247 Rn 23; Reimann/Dietz/Sammet/*Voit/Sammet*, § 2247 Rn 16; bzgl. Gebrauch der normalen „Schreibhand" OLG Köln FuR 2018, 55.

13 MüKo/*Sticherling*, § 2247 Rn 17; BGHZ 47, 68, 69 = NJW 1967, 1124.

14 BGHZ 47, 68 = NJW 1967, 1124.

15 MüKo/*Sticherling*, § 2247 Rn 25; BGHZ 47, 68, 69 = NJW 1967, 1124.

16 OLG Karlsruhe NJW-RR 2003, 653; siehe zur Abgrenzung zur Blaupause BGHZ 47, 68, 72; KG ErbR 2016, 709, 710.

17 OLG Koblenz NJW 1958, 2247; LG Hannover NJW 1972, 1204 f.

18 MüKo/*Sticherling*, § 2247 Rn 19, 67; Staudinger/*Baumann*, § 2247 Rn 37, 39; a.A. *Lange/Kuchinke*, § 20 IV; *Neuner*, NJW 2000, 1822, 1826.

19 Grüneberg/*Weidlich*, § 2247 Rn 7; Soegel/*Klingseis*, § 2247 Rn 17; MüKo/*Sticherling*, § 2247 Rn 19, 67; a.A. *Neuner*, NJW 200, 1822, 1826.

20 OLG Frankfurt ZEV 2013, 334.

21 OLG Köln ZEV 1998, 435; BayObLG NJW-RR 2005, 1025, 1026.

22 RGZ 63, 23; BayObLG FamRZ 1986, 726, 727; MüKo/*Sticherling*, § 2247 Rn 24; vgl. auch OLG München ZEV 2016, 323; OLG Düsseldorf FamRZ 2016, 166.

als ein eigenhändiges (Teil)testament angesehen werden, wenn sie für sich gesehen einen eigenständigen Sinn ergeben.

Dementsprechend problematisch gestaltet sich eine durch Dritte gewährte **Unterstützung** beim Schreiben des privatschriftlichen Testaments. Diese **fremde Hilfe** darf die individuellen Schriftzüge des Erblassers nicht ausschalten, so dass die Authentizität der Schriftzüge gewahrt sein und das Geschriebene den Erblasserwillen widerspiegeln muss. Die Einwilligung des Erblassers in die fremde Hilfeleistung schließt die Unwirksamkeit des Testaments bei Überschreiten der hier skizzierten Grenze nicht aus.[23] 16

Keine Bedenken bestehen grundsätzlich dann, wenn der Erblasser einen von einem Dritten verfassten Entwurf eigenhändig **abschreibt**,[24] sofern er nicht unter Schreibzwang steht und die Willensherrschaft des Testierenden gewahrt bleibt; dazu ist es unabdingbar, dass er die im abzuschreibenden Entwurf benutzte Schrift versteht und nicht nur nachzeichnet. Letztlich bemisst sich die Gültigkeit eines mit fremder Hilfe geschriebenen Testaments nach § 2085 BGB,[25] so dass wegen weiterer Einzelheiten auf diese Kommentierung zu verweisen ist. 17

Enthält ein Testament **mehrere Verfügungen von Todes wegen**, so ist die Selbstständigkeit jeder einzelnen Verfügung zu vermuten.[26] Die Unwirksamkeit einer einzelnen Verfügung führt daher nur dann zur Unwirksamkeit des gesamten Testaments, wenn der Nachweis erbracht ist, dass der Erblasser diese einzelnen Verfügungen ohne die unwirksame(n) nicht aufrechterhalten wollte. Dies gilt gerade auch für eigenhändige Zusätze in einem ansonsten fremdverfassten Testament. 18

Es besteht kein Erfordernis der **Einheit der Errichtungshandlung.**[27] Das Testament kann somit zu verschiedenen und sogar lange auseinanderliegenden Zeiten[28] und an verschiedenen Orten geschrieben sein, jedoch muss in diesem Falle die Unterschrift auch schon rein äußerlich die einzelnen Änderungen und Ergänzungen decken. Sicherheitshalber sollten daher spätere Einfügungen und Ergänzungen, aber auch Abänderungen, jeweils separat unterzeichnet und mit dem Änderungsdatum versehen werden. 19

Der Erblasser darf hinsichtlich des Inhalts des Testaments wegen des Erfordernisses vollständig eigenhändiger Erstellung nicht auf Schriftstücke oder Akten **Bezug nehmen**, die er nicht eigenhändig geschrieben und unterschrieben hat oder die sonst einem Erfordernis der Testamentsform des § 2247 BGB nicht entsprechen, sofern die in Bezug genommenen Schriftstücke nicht lediglich der näheren Erläuterung testamentarischer Bestimmungen (etwa Lagepläne) dienen.[29] Deshalb reicht eine Erbeinsetzung unter Verweis auf eine nicht vom Erblasser unterschriebene Liste nicht aus.[30] 20

Enthalten die in Bezug genommenen Schriftstücke selbst keine letztwillige Verfügung, sondern dienen sie nur der näheren Erläuterung der testamentarischen Bestimmungen, ist eine solche Bezugnahme auch ohne Wahrung der Testamentsform hingegen **zuläs-** 21

23 MüKo/*Sticherling*, § 2247 Rn 26; BayObLG FamRZ 1990, 441, 442.
24 Soergel/*Klingseis*, § 2247 Rn 14.
25 RG Recht 1921 Nr. 582; München DFG 1937, 131; BGHZ 27, 274.
26 MüKo/*Sticherling*, § 2247 Rn 31; vgl. auch BGHZ 80, 246, 249; BGH WM 1980, 1039.
27 BGH NJW 1974, 1083. 1084; BGHZ 30, 294; BayObLG FamRZ 2005, 1012.
28 BayObLG FamRZ 1999, 1392, 1393; BayObLG MDR 1984, 1024: 17 Jahre.
29 Siehe auch BGH DNotZ 1980, 761; OLG Zweibrücken FamRZ 1989, 900; OLG Hamm FamRZ 2006, 1484; OLG München ZEV 2008, 596; OLG Köln ErbR 2015, 315; BGH ZErb 2022, 111.
30 OLG München NJW-RR 2011, 156; OLG Köln FG Prax 2015, 85.

sig.[31] Zulässig sind auch Bezugnahmen auf ein notarielles Testament, das aus der besonderen amtlichen Verwahrung nicht zurückgenommen worden ist.[32]

22 Das Testament muss **lesbar** sein. Ist die Handschrift schwer lesbar, sind Schriftsachverständige oder solche Lesezeugen hinzuzuziehen, die die Handschrift des Erblassers kennen (z.B. Sekretärin). Die so lesbaren Teile sind als Testament aufrechtzuerhalten, wenn feststeht, dass sie nach dem Willen des Erblassers selbstständigen Bestand haben sollen; endgültig unlesbare Teile hingegen sind nichtig.[33] Insoweit ist darauf hinzuweisen, dass die Entzifferung unlesbarer Teile des Testaments nur anhand der Testamentsurkunde erfolgen kann, nicht jedoch unter Berücksichtigung von Umständen außerhalb des Testaments vorgenommen werden darf.[34]

23 Eine **später** durch **Beschädigung oder Zerstörung** eintretende Unlesbarkeit berührt die Wirksamkeit des Testaments nicht, sofern ein Beweis des Originaltextes noch möglich ist. Die Verordnung über die Ersetzung zerstörter oder abhanden gekommener gerichtlicher oder notarieller Urkunden[35] gilt für eigenhändige Testamente auch dann nicht, wenn diese in amtliche Verwahrung genommen wurden (vgl. auch § 46 BeurkG).

VI. Unterschrift

1. Grundsatz

24 Die Erklärung des Erblassers, die dieser zu seinem privatschriftlichen Testament machen will, muss von diesem nicht nur eigenhändig geschrieben, sondern eigenhändig am Ende der Urkunde unterschrieben (vgl. Abs. 1) sein. Auch dieses Unterschriftserfordernis ist absolute **Gültigkeitsvoraussetzung** des privatschriftlichen Testaments und kann durch Zeugenbeweis über die Urheberschaft des Textes und/oder die Ernstlichkeit der Erklärung nicht ersetzt werden.[36] Allein die Unterschrift gibt Gewähr für den Abschluss des Testaments durch den Erblasser.[37]

2. Namensunterschrift

25 Als Unterschrift genügt grundsätzlich jede Namensunterschrift, die nach Abs. 3 S. 1 aus dem **Vor- und Familiennamen** des Erblassers bestehen **soll**.

26 Gemäß § 2247 Abs. 3 S. 2 BGB genügt jedoch auch eine davon abweichende Unterschrift, sofern die Art der Unterzeichnung zur **Feststellung der Urheberschaft** und der Ernstlichkeit der Erklärung ausreicht. So sind Namensabkürzungen, die Unterzeichnung mit dem Vornamen allein, aber auch Pseudonyme, Künstlernamen und Kosenamen und selbst die Unterzeichnung mit der Familienstellung („Eure Mutter")[38] ausreichend, sofern im Einzelfall sichergestellt ist, dass dadurch kein Zweifel über die Person des Unterzeichnenden entsteht.

---

31 MüKo/*Sticherling*, § 2247 Rn 33; OLG Hamm FamRZ 2006, 1484.

32 MüKo/*Sticherling*, § 2247 Rn 34; vgl. BGH DNotZ 1980, 761; OLG Hamm FamRZ 2006, 1484; BayObLG FamRZ 1990, 1404; Unzulässig ist die Bezugnahme auf ein aus der besonderen amtlichen Verwahrung zurückgenommenes notarielles Testament, vgl. KG Berlin ErbR 2023, 613, 614.

33 Vgl. Grüneberg/*Weidlich* § 2247 Rn 9; OLG Schleswig MDR 2015, 188.

34 BGH LM Nr. 1 zu § 2085 BGB; OLG Hamm Rpfleger 1991, 419; OLG Hamm NJW-RR 1991, 1352 u. OLG Hamm FamRZ 1992, 355, 356; BayObLG FamRZ 2001, 771, 774; OLG Schleswig FamRZ 2016, 585.

35 V. 18.6.1942, RGBl I, S. 395.

36 BGHZ 47, 68, 70; BGHZ 113, 48; BayObLG FamRZ 1992, 724; RG DNotZ 1942, 336; BayObLG FamRZ 2005, 1012.

37 MüKo/*Sticherling*, § 2247 Rn 39; vgl. auch BGHZ 113, 48, 54; OLG Köln MittRhNotK 2000, 30; OLG München FamRZ 2012, 333.

38 BGH NJW 1985, 1227; OLG Naumburg FamRZ 2003, 407; BayObLG FamRZ 2003, 1779; BGHZ 27, 274.

Streitig ist die Frage nach der Gültigkeit von Abkürzungen als Unterschrift. Warum etwa die Benutzung eines **Handzeichens** oder Stenogramms als Unterschrift unzulässig sein soll,[39] während Initialen, Paraphen[40] oder **Anfangsbuchstaben** bei entsprechender üblicher Verwendung durch den Erblasser ausreichend sein sollen,[41] bleibt unklar. 27

Dagegen genügt auch bei aller verständlicher Aufweichung des Unterschriftserfordernisses eine **bloße Selbstbenennung** des Erblassers bzw. die Angabe seiner Personalien im Text noch nicht, um die Unterschrift zu ersetzen (etwa D.O. für Der Obengenannte).[42] Steht diese Selbstbenennung jedoch am Ende des Textes, ist zu prüfen, inwieweit auch darin eine Unterschriftsleistung gesehen werden kann.[43] 28

3. Lesbarkeit der Unterschrift

Grundsätzlich soll die Unterschrift den Namen des Unterzeichnenden als dessen sprachliches Kennzeichen auch **kenntlich machen**. Dazu aber ist eine Lesbarkeit des Namens selbst nicht erforderlich.[44] Es genügt vielmehr, wenn die Unterschrift anhand ihrer **charakteristischen und individuellen Merkmale**[45] erkennbar ist und der Schriftzug als Unterschrift gedeutet werden kann. Dazu soll mindestens ein Buchstabe erkennbar sein.[46] 29

Nach dem maßgeblichen Gesetzeszweck muss jedenfalls ein aus Buchstaben bestehendes Gebilde vorliegen, das die Urkunde als durch entsprechendes Schriftzeichen abgeschlossen erscheinen lässt.[47] Auch wenn die Anforderungen nicht überspannt werden sollten,[48] fehlt es jedenfalls an einer Unterschrift, wenn das Zeichen **keinerlei** charakteristische individuelle Merkmale mehr aufweist, so dass etwa eine gerade oder geschlängelte Linie ebenso wenig als Unterschrift anzuerkennen ist wie die bekannten drei Kreuze,[49] gerade auch weil ja eine Nachahmung durch Dritte jedenfalls erschwert werden soll. 30

4. Räumliche Anordnung

Grundsätzlich hat die Unterschriftsleistung räumlich am **Schluss der Urkunde** zu erfolgen, um anzuzeigen, dass damit der Text beendet und räumlich abgeschlossen wurde.[50] Dementsprechend sind Zusätze unter der Unterschrift regelmäßig (mit Ausnahme bloßer Zeit- und Ortsangaben) gesondert zu unterschreiben, sofern nicht im Text selbst bereits auf den Nachtrag verwiesen wird.[51] 31

---

39 So MüKo/*Sticherling*, § 2247 Rn 44; Staudinger/*Baumann*, § 2247 Rn 101.

40 OLG Celle NJW 1977, 1690, 1691; BGH NJW 2013, 1966; a.A. noch BGH NJW 1967, 2310.

41 MüKo/*Sticherling*, § 2247 Rn 44.

42 OLG Celle ZEV 2012, 47; BGHZ 17, 69 = NJW 1955, 788; a.A. *Grundmann*, AcP 187, 429, 458.

43 BayObLG NJW-RR 1986, 494; OLG Stuttgart NJW-RR 1989, 9.

44 So allgemein BGH NJW 2005, 3775; weitergehend Soergel/*Klingseis*, § 2247 Rn 24, die keine Lesbarkeit verlangen.

45 MüKo/*Sticherling*, § 2247 Rn 42; BGHSt 12, 317; BGH NJW 1975, 1704; BGH NJW 1982, 1467.

46 MüKo/*Sticherling*, § 2247 Rn 41 f.; vgl. allgemein BGH NJW 1992, 243; Vertrauensschutz bei einem unleserlichen Namenszug BGH NJW-RR 2015, 699.

47 BGH Rpfleger 1976, 127; BGH NJW 1985, 1827; BayObLG NJW 1999, 1118.

48 So MüKo/*Sticherling*, § 2247 Rn 42; Soergel/*Klingseis*, § 2247 Rn 24; Staudinger/*Baumann*, § 2247 Rn 101, vgl. OLG Köln NJW 2020, 2120 f.

49 BGH VersR 1984, 873 u. BGH NJW 1985, 1227; BGHZ 28, 188.

50 BayObLG NJW-RR 2004, 939; OLG München FamRZ 2012, 333; vgl. auch OLG Rostock FamRZ 2015, 170.

51 OLG Karlsruhe FamRZ 2012, 400; OLG Celle ZEV 2012, 47; OLG München ZEV 2012, 43; OLG München FGPrax 2018, 231.

32 Diesem Erfordernis ist aber auch dann genügt, wenn die Unterschrift sich in einem solchen räumlichen Verhältnis und Zusammenhang zu dem Text befindet, dass sie die textliche Erklärung nach der **Verkehrsauffassung** als abgeschlossen deckt.[52] Das kann, insbesondere bei Platznot, am Ende je nach Gestaltung des Einzelfalles auch einmal der Fall sein, wenn die Unterschrift neben dem Text oder mit Fortsetzungsvermerk auf der Rückseite des Blattes angebracht ist.[53] Keinesfalls ausreichend sind dagegen sog. Oberschriften.[54]

33 Daneben hat die Rspr.[55] es in Einzelfällen auch als ausreichend angesehen, dass die Unterschrift auf dem **Testamentsumschlag** die fehlende Unterschrift auf dem Testament selbst ersetzt, wenn die Urkunde in einem verschlossenen Umschlag mit der Aufschrift „Testament" aufbewahrt wurde.[56] Entsprechend wurde auch die Aufschrift auf einem Kriegstagebuch als hinreichende Unterzeichnung der darin enthaltenen letztwilligen Verfügung angesehen.[57] Sofern sich die Aufschrift auf dem Umschlag dagegen lediglich als Absenderangabe oder Kennzeichnung des Inhalts erweist oder so verstanden werden muss, fehlt es an der erforderlichen Abschließungsfunktion, so dass dies nicht als Testamentsunterschrift aufgefasst werden kann.[58]

34 Besteht ein Testament aus **mehreren Blättern**, die erkennbar in Zusammenhang stehen, genügt eine Unterschrift auf dem letzten Blatt. Dies gilt auch dann, wenn die einzelnen Blätter nicht miteinander verbunden sind, sofern nur die Zusammengehörigkeit der einzelnen Blätter durch Seitenzahlen, fortlaufenden Text usw. erkennbar ist.[59]

35 Die Mitunterzeichnung des Testaments durch den Erben gilt als nicht erfolgt[60] und diejenige durch anderweitig Bedachte macht aus dem eigenhändigen Testament keinen (formnichtigen) Erbvertrag.[61]

VII. Ort und Zeit der Niederschrift

1. Ort

36 In einem eigenhändigen Testament **soll** auch die Erklärung enthalten sein, an welchem Ort sie niedergeschrieben wurde. Fehlt es daran und ergeben sich hieraus Zweifel über die Gültigkeit des Testaments, so ist dieses nur dann als gültig anzusehen, wenn sich die notwendigen Feststellungen auch so treffen lassen (vgl. Abs. 2 und 5).

---

52 MüKo/*Sticherling*, § 2247 Rn 40; BGH NJW 1974, 1083, 1084; BayObLG FamRZ 1984, 1269; OLG Hamburg FamRZ 2014, 2029; vgl. OLG Köln ZErb 2020 464 f.

53 OLG Köln FGPrax 2000, 116 = MittRhNotK 2000, 30; OLG Karlsruhe FamRZ 2012, 400.

54 Vgl. BGH NJW 1992, 829, 830; BGHZ 113, 48 u. dazu ausführlich *Weber*, JuS 1991, 543 sowie OLG Frankfurt DNotZ 1996, 56, 57 f.; a.M. jedoch *Stumpf*, FamRZ 1992, 1131, 1138; OLG Celle ZEV 2012, 41; siehe auch OLG Köln NJW-RR 2014, 1035; *Barth*, JA 2015, 248; Unterschrift mitten im Testament nicht ausreichend, vgl. OLG München ErbR 2024, 121, 123.

55 Grds. genügt die Unterschrift auf dem Briefumschlag oder Verwahrungsumschlag nicht aus, um die Unterschrift zu ersetzen, RGZ 110, 166, 168; BGH BWNotZ 1961, 230.

56 OLG Braunschweig ZEV 2012, 40, 41; OLG Celle NJW 1996, 2938, für „Mein letzter Wille".

57 OLG Frankfurt NJW 1971, 1811; OLG Köln Rpfleger 1995, 504, 505.

58 BayObLG NJW-RR 2002, 1520, i.d.R. bei unverschlossenen Umschlag RGZ 110, 166, 168; BGHZ 47, 68; BGH NJW 1972, 260; a.A. BayObLG Rpfleger 1986, 294.

59 OLG Neustadt Rpfleger 1962, 446 f.; BayObLG FamRZ 1988, 1211, 1212; BayObLG FamRZ 1991, 370, 371; differenzierend: OLG Köln NJW-RR 2014, 1035; so auch OLG Naumburg ErbR 2022, 223 f.

60 BayObLG FamRZ 1997, 1029.

61 BayObLG NJW-RR 1998, 729.

Jedoch sind Fälle, in denen die fehlende Ortsangabe Zweifel an der Gültigkeit des Testaments weckt, eher **selten** und dürfte überhaupt nur in Fällen mit Auslandsbeziehung Probleme bereiten.[62] 37

Unvollständige Angaben können aus dem Inhalt des Testaments sowie aus dessen Umschlag **ergänzt** werden, wobei auch allg. Erfahrungssätze und offenkundige Tatsachen zu Hilfe genommen werden dürfen.[63] 38

Diese Ortsangabe kann auch als **Abkürzung** angegeben sein, selbst Maschinenschrift oder die Benutzung von Stempeln oder Vordrucken stellt die Gültigkeit der letztwilligen Verfügung nicht in Frage.[64] 39

Die eigenhändige Ortsangabe hat die **Vermutung der Richtigkeit** für sich, ein Gegenbeweis bleibt allerdings möglich.[65] 40

2. Zeitpunkt

Der Erblasser soll gem. Abs. 2 in seinem privatschriftlichen Testament festhalten, zu welchem Zeitpunkt nach **Tag**, **Monat** und **Jahr** er dieses niedergeschrieben hat. Entscheidendes Datum ist dabei der **Tag des Abschlusses des Testaments.**[66] Die eigenhändige Datumsangabe hat dabei die Vermutung der Richtigkeit für sich; der Gegenbeweis bleibt allerdings möglich.[67] Wer die Unrichtigkeit dieser Datumsangabe geltend macht, hat insoweit auch die Feststellungslast.[68] 41

Enthält ein eigenhändiges Testament keine Angabe über die Zeit der Errichtung und ergeben sich hieraus Zweifel über seine Gültigkeit, so ist das Testament nur dann als gültig anzusehen, wenn sich die notwendigen Feststellungen über Zeit und Ort der Errichtung anderweitig treffen lassen (vgl. Abs. 5). Daraus ergibt sich zwingend, dass diese Datumsangabe selbst nicht auch eigenhändig geschrieben sein muss.[69] Denn die Zeitangabe hat nicht die Bedeutung einer Willenserklärung, sondern eines **Zeugnisses über den Errichtungszeitpunkt**, dessen Zweck jene auch erfüllt, wenn sie nicht mit unterschrieben oder nicht eigenhändig geschrieben ist.[70] 42

Ein **Irrtum des Erblassers** über das Errichtungsdatum schadet nicht, sofern sich das richtige Datum aus dem sonstigen Inhalt der Urkunde ermitteln lässt und faktisch auch dann nicht, wenn dieser Irrtum unentdeckt bleibt. Ansonsten gilt die Datumsangabe als ungültig.[71] Entsprechendes gilt auch für die Benennung eines Doppeldatums.[72] 43

Die Zeitangabe hat zum ersten eine besondere Bedeutung bei Zweifeln über die Testierfähigkeit des Erblassers. Wer sich auf die Gültigkeit eines Testaments beruft, muss bei zeitweiliger Testierunfähigkeit des Erblassers nachweisen, dass der Erblasser zum 44

---

62 Bamberger/Roth/*Litzenburger*, § 2247 Rn 30; Staudinger/*Baumann*, § 2247 Rn 138; MüKo/*Sticherling*, § 2247 Rn 63.

63 MüKo/*Sticherling*, § 2247 Rn 61; auch außerhalb des Inhalts und der Beschaffenheit des Testaments liegende Umstände können berücksichtigt werden, so BayObLG FamRZ 1999, 1093; KG JW 1937, 3160.

64 MüKo/*Sticherling*, § 2247 Rn 61; Soergel/*Klingseis*, § 2247 Rn 47.

65 BayObLG FamRZ 1983, 836; RGZ 64, 423; 109, 368, 372; BayObLG FamRZ 1991, 237; BayObLG FamRZ 1994, 594.

66 MüKo/*Sticherling*, § 2247 Rn 55.

67 BayObLG FamRZ 1983, 836; RGZ 64, 423; 109, 368, 372; BayObLG FamRZ 1991, 237; BayObLG FamRZ 1994, 594.

68 MüKo/*Sticherling*, § 2247 Rn 60; Staudinger/*Baumann*, § 2247 Rn 144.

69 Vgl. auch OLG Schleswig FamRZ 2016, 585; *Schmidt*, ErbR 2017, 260.

70 MüKo/*Sticherling*, § 2247 Rn 56.

71 MüKo/*Sticherling*, § 2247 Rn 58; Soergel/*Klingseis*, § 2247 Rn 48; vgl. auch OLG Schleswig FamRZ 2016, 858; vgl. für fehlende Angaben BayObLG FamRZ 2005, 308, 310.

72 MüKo/*Sticherling*, § 2247 Rn 60.

Zeitpunkt der Testamentserrichtung testierfähig war, ansonsten ist von der Ungültigkeit des Testaments auszugehen.[73]

45 Schließlich ist die Datumsangabe bei **mehreren Testamenten** mit widersprechendem Inhalt maßgeblich für die Gültigkeit der letztwilligen Verfügungen. Mehrere Testamente mit gleichem Datum gelten als gleichzeitig errichtet. Widersprechen diese sich, heben sie sich gegenseitig auf.[74] Ansonsten hebt das zeitjüngere das ältere Testament insoweit auf, wie sich die Inhalte widersprechen.[75] Bei einander widersprechenden Testamenten, von denen nur eines mit einem Datum versehen ist, hat dieses den Vorrang vor dem undatierten, sofern bei diesem der Zeitpunkt der Errichtung auch nicht anderweitig nachweisbar ist (vgl. zu diesem Problemkreis genauer auch die Kommentierung zu § 2258 BGB).[76]

VIII. Wortlaut und Inhalt

1. Grundsatz

46 Ein bestimmter **Wortlaut** ist beim privatschriftlichen Testament weder zur Einleitung noch in irgendwelchen inhaltlichen Passagen vorgeschrieben.[77] Es muss nur klargelegt werden, dass es um die letztwillige Verfügung des Testierenden geht,[78] ohne dass allerdings eine bestimmte Bezeichnung wie „Testament" oder „Letzter Wille" oder „Letztwillige Verfügung" gebraucht werden muss.[79] Dementsprechend schadet es der Wirksamkeit eines Testaments auch nicht, wenn eine solche (überflüssige) Überschrift mit Schreibmaschine oder durch Computerausdruck geschrieben ist.[80] Das Testament muss noch nicht einmal eine Erbeinsetzung enthalten, noch weniger eine erbrechtliche Verfügung. Es genügt, wenn das Schriftstück eine nach dem Tode des Erblassers zu beachtende Verfügung enthält.[81]

47 Wenn **Rechte** aus einer letztwilligen Verfügung hergeleitet werden sollen, müssen diese ihrem vollen Inhalt nach **feststehen**. Dagegen ist es zur Gültigkeit einer letztwilligen Verfügung nicht erforderlich, dass der Bedachte im Testament mit seinem Namen bezeichnet wird. Es genügt, wenn die gemeinte Person auch mit außerhalb des Testaments liegenden Umständen zuverlässig festgestellt werden kann.[82]

48 Gebrauchte **Redewendungen** sind grundsätzlich in dem Verständnis der Errichtungszeit, nicht nach heutiger Anschauung auszulegen. Das gilt auch für Begriffe der Rechtssprache.[83]

---

73 BGH FamRZ 1974, 302 f.; BayObLG FamRZ 1995, 898 f.; BayOblGZ 2002, 359, 368 = NJW-RR 2003, 397.
74 BayObLG FamRZ 2005, 482 = Zerb 2005, 27.
75 Reimann/Dietz/Sammet/*Voit/Sammet*, § 2247 Rn 34; Staudinger/*Baumann*, § 2247 Rn 144.
76 BayObLG FamRZ 1991, 237; Rpfleger 1991, 5; KG OLGZ 1991, 144 = Rpfleger 1991, 154.
77 MüKo/*Sticherling*, § 2247 Rn 9.
78 BayObLG FamRZ 2005, 308; BayObLG FamRZ 2005, 840.
79 Soergel/*Klingseis*, § 2247 Rn 8; BayObLG FamRZ 2005, 565 = Zerb 2004, 387.
80 BayObLG NJW-RR 2005, 1025.
81 BayObLG FamRZ 1986, 728, 730.
82 MüKo/*Sticherling*, § 2247 Rn 37; RG LZ 1927, 531; BayObLGZ 32, 114, 118.
83 MüKo/*Sticherling*, § 2247 Rn 9 ff.

Grundsätzlich können Testamente daher auch Teile von **Briefen**,[84] Postkarten[85] oder von Tagebuchaufzeichnungen[86] sein, sofern die Formerfordernisse des § 2247 BGB beachtet werden. 49

2. Auslegung

Dennoch sollte der Testierende in seinem eigenen Interesse um eine klare und eindeutige Ausdrucksweise bemüht sein. Dies belegt die **umfangreiche Rspr.**, die inzwischen zur Auslegung des Wortlauts unklarer Testamente ergangen ist. Für die Auslegung ist der erklärte wirkliche Wille des Erblassers im Zeitpunkt der Testamentserrichtung maßgeblich.[87] Zu dessen Ermittlung können zwar auch Umstände außerhalb der Testamentsurkunde herangezogen werden,[88] doch muss der zu ermittelnde Erblasserwille einen, wenn auch geringen und unvollkommenen **Ausdruck im Testament** selbst finden, damit er formgerecht erklärt ist.[89] Ein nicht erklärter Wille kann nicht ausgelegt werden.[90] 50

Zusätzlich bleibt auch im Testamentsrecht Raum für eine **ergänzende Auslegung**, die immer dann geboten ist, wenn der Erblasser eine eingetretene Veränderung nicht vorausgesehen hat, die daraus sich ergebende Sachlage aber in einem bestimmten Sinne geregelt hätte, wenn er vorausschauend das spätere Ereignis schon bei Testamentserrichtung bedacht hätte.[91] 51

3. Testierverbote

Hinzuweisen ist ferner auf **§ 14 HeimG NRW**,[92] wonach die Erbeinsetzung des Trägers eines Altenheims oder der konkreten Pflegepersonen durch den Heimbewohner nichtig ist[93] (dazu ausführlich siehe § 1923 Rdn 11). Dieses Testierverbot ist entsprechend auch in anderen Pflegefällen anwendbar,[94] nicht jedoch in bloßen Betreuungsfällen.[95] Wird der behandelnde Arzt als Erbe eingesetzt, bleibt die Verfügung auch dann wirksam, wenn ein Verstoß gegen § 32 BO-Ä vorliegt, um der Testierfreiheit Rechnung zu tragen, sofern keine unzulässige Einflussnahme Dritter vorliegt.[96] Hat der Erblasser denjenigen zum Erben eingesetzt, der ihn im Alter pflegt und die Beerdigungskosten 52

84 KG JW 1907, 413; KG JW 1910, 22; BayObLG FamRZ 1983, 836; OLG Köln Rpfleger 1995, 504; BayObLG FamRZ 2001, 944; BGH NJW 1985, 969, kritisch hingegen Staudinger/*Baumann*, § 2247 Rn 89 ff.

85 MüKo/*Sticherling*, § 2247 Rn 48; KG DJ1937, 1393; KG NJW 1937, 2270.

86 OLG Frankfurt NJW 1971, 1811; OLG Köln Rpfleger 1995, 504; RG JW 1907, 143; KG OLGE 8, 282.

87 BGHZ 20, 71, 72 ff. = NJW 1956, 865; BayObLG ZEV 1995, 67.

88 BGHZ 80, 242 = NJW 1981, 1737; BGHZ 86, 41 = NJW 1983, 672.

89 MüKo/*Sticherling*, § 2247 Rn 9; Grüneberg/*Weidlich*, § 2247 Rn 8; Tanck/Krug/Süß/*Tanck*, Anwaltformulare Testamente, § 3 Rn 3; a.A. *Brox/Walker*, Erbrecht, § 16 Rn 4; BGH 80, 242, 244, 246, 249; 86, 41 = NJW 1983, 672.

90 BGH NJW 1955, 460.

91 BGHZ 80, 242; OLG Frankfurt ZEV 1995, 457, 458 f.

92 Verfassungsgemäß laut BVerfG ZEV 1998, 312; zustimmend auch BGH NJW 2012, 155; seit der Föderalismusreform im Jahre 2006 ist die Gesetzgebungskompetenz auf die Länder übergangen, es sind daher die entsprechenden Landesgesetze zu beachten.

93 Vgl. Heimgesetz v. 7.8.1964, BGBl I, S. 1873.

94 Deutscher Erbrechtskommentar/*Schnake*, § 2247 Rn 28.

95 BayObLG ZEV 1998, 232 f.; BayObLG NJW 1998, 2369; auch nicht bei häuslicher Pflege BayObLG FamRZ 2003, 713, 715; Anwendbarkeit bei ambulanter Pflege siehe auch OLG Frankfurt NJW 2015, 2351; *Bonefeld*, ZErb 2014, 241, 242.

96 OLG Frankfurt a.M. NJW 2024, 1046.

übernimmt und wird die Pflege nicht erforderlich, so ist diese letztwillige Verfügung in vollem Umfang unwirksam.[97]

4. Stoff der Urkunde

53 Grundsätzlich ist es **gleichgültig**, auf welchem Material das eigenhändige Testament des Erblassers abgefasst wird. Jedoch ist beim Gebrauch völlig ungewöhnlicher Stoffe sowohl der Testierwille als auch die Ernstlichkeit einer gewissen Prüfung zu unterziehen.[98] Der Phantasie des Erblassers sind dabei aber an sich keine Grenzen gesetzt; es kann sogar die Zellenwand einer Strafanstalt als Testamentsurkunde gebraucht werden.[99]

54 Auch bestimmte Materialien sind als Schreibvorrichtung nicht vorgeschrieben; lediglich Lesbarkeit und eine gewisse **Dauerhaftigkeit** sind zu verlangen.

§ 2248 Verwahrung des eigenhändigen Testaments

Ein nach § 2247 errichtetes Testament ist auf Verlangen des Erblassers in besondere amtliche Verwahrung zu nehmen.

Literatur

Diehn, Das zentrale Testamentsregister, NJW 2011, 483; *Roth*, Tücken der Testamentsrücknahme aus amtlicher Verwahrung, NJW-Spezial 2016, 103.

Übersicht: Rdn

A. Allgemeines

1 Die amtliche Verwahrung eines eigenhändigen Testaments wurde vom Gesetzgeber nicht vorgeschrieben, jedoch in § 2248 BGB ermöglicht. Der Sinn der Verwahrung des eigenhändigen Testaments besteht darin, die Auffindung des Testaments zu erleichtern und Schutz vor Fälschung und Unterdrückung und Beschädigung zu bieten.[1] Die amtliche Verwahrung leistet Gewähr dafür, dass das Testament unmittelbar nach dem Tod des Erblassers auch eröffnet wird. Sie hat aber keinen Einfluss auf die Rechtsnatur als privatschriftliches Testament und ist auch nicht für dessen Wirksamkeit von Bedeutung. Durch die amtliche Verwahrung wird das eigenhändige auch nicht zu einem öffentlichen Testament.[2] In die besondere amtliche Verwahrung können sowohl das eigenhändige Testament wie auch der Erbvertrag genommen werden. Das sog. „Dreizeugentestament" (§ 2250 BGB) und das Nottestament auf See (§ 2251 BGB) werden auf Verlangen des Erblassers in besondere amtliche Verwahrung genommen.

---

97 BGHZ 110, 235, 237.

98 Vgl. BGHZ 47, 72; OLG München FamRZ 2009, 372; RG JW 1910, 291.

99 BGHZ 47, 68; BayObLG MDR 1984, 1024.

1 OLG Schleswig, Beschl. v. 8.9.2021 – 2 Wx 49, 21, FGPRax 2021, 254; BeckOK BGB/*Litzenburger*, § 2248 Rn 1; MüKo/*Sticherling*, § 2248 Rn 1; MAH-Erbrecht/*Spall*, § 71 Rn 49.

2 BeckOK BGB/*Litzenburger*, § 2248 Rn 1.

Sowohl das öffentliche Testament wie auch das Nottestament nach § 2249 BGB (sog. „Bürgermeistertestament") und das Konsulartestament (§ 11 KonsG) sollen in die besondere amtliche Verwahrung genommen werden. Zwar hat eine Nichtbeachtung dieser Pflicht keine Auswirkungen auf die Wirksamkeit des Testaments (§ 2 Abs. 3 FamFG), die Pflicht zur Inverwahrgabe ist aber auch gegen den Willen des Erblassers zwingend durchzuführen.[3]
An den erforderlichen **Verwahrungsantrag** sind keine besonderen Formanforderungen zu stellen, insbesondere kann der Erblasser den Antrag durch einen Vertreter, einen Boten oder die Post übermitteln.[4] Jedoch kann das Gericht bei begründeten Zweifeln den Nachweis der Identität des Erblassers verlangen.[5]
Zu beachten ist außerdem, dass eine Erklärung, die durch ein nach § 2247 BGB errichtetes und nach § 2248 BGB verwahrtes Testament abgegeben wurde, gegenüber jedem, den es angeht, als abgegeben gilt. So kann u.a. ein Schenkungsangebot auch durch das Testament widerrufen werden.[6]

B. Verfahrensfragen

I. Zuständigkeit

Örtlich zuständig für ein notariell errichtetes Testament ist das Amtssitzgericht des Notars (§ 344 Abs. 1 Nr. 1 FamFG), bei vor einem Bürgermeister errichteten Nottestamenten das Bezirksgericht der zuständigen Gemeinde (§ 344 Abs. 1 Nr. 2 FamFG) und bei eigenhändig errichteten Testamenten (§ 2247 BGB) jedes Gericht. Diese Verteilung der örtlichen Zuständigkeit stellt allerdings kein ius cogens dar: Gem. § 344 Abs. 1 S. 2 FamFG (bei Konsulartestamenten – zuständig ist nach § 11 Abs. 1 S. 1 KonsG zunächst das Amtsgericht Berlin-Schöneberg – gilt § 11 Abs. 2 S. 2 KonsG) kann der Erblasser jederzeit (gegen Erstattung der Auslagen) die amtliche Verwahrung von einem anderen Gericht verlangen (z.B. bei einem Umzug).[7] Bei der Weiterverwahrung von gemeinschaftlichen Testamenten und Erbverträgen greift § 349 FamFG. 2

II. Verfahren

Im Rahmen der funktionellen Zuständigkeit hat der Richter die Annahme und die Herausgabe des Testaments anzuordnen und gemeinsam mit dem Urkundsbeamten der Geschäftsstelle zu bewirken. Das Testament wird unter gemeinsamem Verschluss durch den Richter und den Urkundsbeamten verwahrt. Damit ist die Verwahrung ein sehr sicheres Mittel, geht sie doch bspw. im Hinblick auf die Sicherheitsmaßnahmen über die einfache Urkundenverwahrung hinaus.[8] Das Testament wird jedoch von dem Gericht weder auf seine formelle noch auf seine inhaltliche Richtigkeit hin überprüft.[9] 3

Nach § 27 Abs. 3 AktO ist das Testament in einen zu versiegelnden Umschlag zu nehmen, auf dem die Person des Erblassers und der Zeitpunkt der Errichtung des Testaments zu vermerken ist. Eine Beglaubigung der Unterschrift des Antragstellers ist dabei ebenso wenig wie die der Identität von Antragsteller und Erblasser erforderlich. Auch die Fertigung einer Niederschrift ist nicht vorgeschrieben, jedoch aus Nachweisgründen anzuraten.[10] Wird eine Niederschrift gefertigt, ist § 34 BeurkG zu beach- 4

---

3 BGH, Beschl. v. 14.8.1989, NotZ 14/88, DNotZ1990, 436.
4 BeckOK BGB/*Litzenburger*, § 2248 Rn 2.
5 MüKo/*Sticherling*, § 2248 Rn 8.
6 BGH, Urt. v. 30.1.2018 – X ZR 119/15, NJW-RR 2018, 518 ff.
7 Brandenburgisches OLG, Beschl. v. 19.6.2007 – 3 Wx 4/07, DNotZ 2008, 295.
8 MüKo/*Sticherling*, § 2248 Rn 2.
9 MüKo/*Sticherling*, § 2248 Rn 20; BeckOK BGB/*Litzenburger*, § 2248 Rn 4.
10 MüKo/*Sticherling*, § 2248 Rn 13.

ten. Bei Errichtung eines gemeinschaftlichen Testaments kann jeder Ehegatte ohne Zustimmung des anderen Ehegatten jederzeit Einsicht und eine Abschrift verlangen.[11] Die Bundesnotarkammer ist seit dem 1.1.2012 als Registerbehörde (§ 78 BNotO) über Verfügungen von Todes wegen und andere im Zusammenhang mit der Erbfolge stehende notarielle Urkunden (z.B. Erbverzichte und Eheverträge) durch den Notar, durch das Prozessgericht oder (bei eigenhändigen Testamenten) durch das Nachlassgericht (§ 347 FamFG) in Kenntnis zu setzen. Von der Mitteilungspflicht umfasst ist auch die Rücknahme einer letztwilligen Verfügung aus der notariellen/besonderen amtlichen Verwahrung sowie die erneute Inverwahrgabe bei Ehegattentestamenten und Erbverträgen nach § 349 Abs. 2 S. 2, Abs. 4 FamFG.[12] Das Prozedere der Mitteilungskette ist geregelt in § 78e BNotO. Danach meldet das zuständige Standesamt den Todesfall der Registerbehörde. Diese wiederum prüft, ob im Zentralen Testamentsregister Angaben nach § 78d Abs. 1 S. 1 BNotO verzeichnet sind und unterrichtet dann das zuständige Nachlassgericht und die Verwahrstelle, die die in Verwahrung befindliche Urkunde dem zuständigen Nachlassgericht zuleitet. Abzuliefern sind die verwahrte letztwillige Verfügung sowie deren Aufhebung in Urschrift nebst anderen für die Erbfolge relevanten Urkunden in beglaubigter Abschrift.[13]

III. Rücknahme

5 Nimmt der Erblasser das eigenhändige Testament aus der **Verwahrung** zurück, bleibt das Testament (im Unterschied zu einem nach § 2232 oder § 2249 BGB errichteten öffentlichen Testament) wirksam (§ 2256 Abs. 3 BGB).[14] Das Testament ist ausschließlich dem Erblasser herauszugeben (bei Eheleuten an beide gemeinsam, § 2272 BGB); eine Versendung per Post verbietet sich.[15] Damit (und mit einem Rückgabeprotokoll) wird die Feststellung der Identität des Erblassers garantiert.[16]

IV. Keine Heilung

6 Durch die Verwahrung erfolgt keine Heilung eventuell vorhandener **Formmängel**,[17] da das verwahrende Gericht keine Prüfungspflicht trifft. Nur bei groben Verstößen gegen § 2247 BGB (z.B. Einreichung einer Fotokopie) kann das Amtsgericht den Verwahrungsantrag ablehnen.[18]

V. Kosten

7 Die Kosten der Beurkundung und der besonderen amtlichen Verwahrung enthält das Gerichts- und Notarkostengesetz (GNotKG). Für die amtliche Verwahrung von letztwilligen Verfügungen wird gem. Teil 1, Hauptabschnitt 2, Abschnitt 1 des Kostenverzeichnisses zum GNotKG eine Gebühr von 82 EUR erhoben (KV Nr. 12100 GNotKG). Bei letztwilligen Verfügungen, die sich in notarieller oder gerichtlicher Verwahrung befinden, kommt ferner eine Gebühr der Bundesnotarkammer für die Registrierung im Zentralen Testamentsregister in Höhe von 12,50–15,50 EUR hinzu. Befindet sich die letztwillige Verfügung in privater Verwahrung, besteht kein Registrierungszwang, sondern lediglich eine Ablieferungspflicht im Erbfall (§ 2259 Abs. 1 BGB).

---

11 Grüneberg/*Weidlich*, § 2248 Rn 3.
12 Grüneberg/*Weidlich*, § 2248 Rn 4.
13 *Diehn*, NJW 2011, 483.
14 *Roth*, NJW-Spezial 2016, 103.
15 MüKo/*Sticherling*, § 2248 Rn 24; *Roth*, NJW-Spezial 2016, 103.
16 Soergel/*Mayer*, § 2248 Rn 5.
17 BeckOK BGB/*Litzenburger*, § 2248 Rn 1.
18 BeckOK BGB/*Litzenburger*, § 2248 Rn 4.

§ 2249 Nottestament vor dem Bürgermeister

(1) [1]Ist zu besorgen, dass der Erblasser früher sterben werde, als die Errichtung eines Testaments vor einem Notar möglich ist, so kann er das Testament zur Niederschrift des Bürgermeisters der Gemeinde, in der er sich aufhält, errichten. [2]Der Bürgermeister muss zu der Beurkundung zwei Zeugen zuziehen. [3]Als Zeuge kann nicht zugezogen werden, wer in dem zu beurkundenden Testament bedacht oder zum Testamentsvollstrecker ernannt wird; die Vorschriften der §§ 7 und 27 des Beurkundungsgesetzes gelten entsprechend. [4]Für die Errichtung gelten die Vorschriften der §§ 2232, 2233 sowie die Vorschriften der §§ 2, 4, 5 Abs. 1, §§ 6 bis 10, 11 Abs. 1 Satz 2, Abs. 2, § 13 Abs. 1, 3, §§ 16, 17, 23, 24, 26 Abs. 1 Nr. 3, 4, Abs. 2, §§ 27, 28, 30, 32, 34, 35 des Beurkundungsgesetzes; der Bürgermeister tritt an die Stelle des Notars. [5]Die Niederschrift muss auch von den Zeugen unterschrieben werden. [6]Vermag der Erblasser nach seinen Angaben oder nach der Überzeugung des Bürgermeisters seinen Namen nicht zu schreiben, so wird die Unterschrift des Erblassers durch die Feststellung dieser Angabe oder Überzeugung in der Niederschrift ersetzt.

(2) [1]Die Besorgnis, dass die Errichtung eines Testaments vor einem Notar nicht mehr möglich sein werde, soll in der Niederschrift festgestellt werden. [2]Der Gültigkeit des Testaments steht nicht entgegen, dass die Besorgnis nicht begründet war.

(3) [1]Der Bürgermeister soll den Erblasser darauf hinweisen, dass das Testament seine Gültigkeit verliert, wenn der Erblasser den Ablauf der in § 2252 Abs. 1, 2 vorgesehenen Frist überlebt. [2]Er soll in der Niederschrift feststellen, dass dieser Hinweis gegeben ist.

(4) (weggefallen)

(5) [1]Das Testament kann auch vor demjenigen errichtet werden, der nach den gesetzlichen Vorschriften zur Vertretung des Bürgermeisters befugt ist. [2]Der Vertreter soll in der Niederschrift angeben, worauf sich seine Vertretungsbefugnis stützt.

(6) Sind bei Abfassung der Niederschrift über die Errichtung des in den vorstehenden Absätzen vorgesehenen Testaments Formfehler unterlaufen, ist aber dennoch mit Sicherheit anzunehmen, dass das Testament eine zuverlässige Wiedergabe der Erklärung des Erblassers enthält, so steht der Formverstoß der Wirksamkeit der Beurkundung nicht entgegen.

Übersicht: Rdn

A. Allgemeines

1 Mit der Einführung des sog. **Bürgermeistertestaments** wollte der Gesetzgeber erreichen, dass in Notsituationen bei Errichtung eines öffentlichen Testaments der nach Vorstellung der Väter der Vorschrift leichter greifbare Bürgermeister an die Stelle des Notars treten kann (Abs. 1 S. 4 letzt. Hs.). Der Umstand, dass der Erblasser in diesem Notfall ein privatschriftliches Testament hätte errichten können, spricht nicht gegen die Eröffnung der Möglichkeit, ein öffentliches Nottestament zu errichten.[1] Es handelt sich um ein **Nottestament**, das grundsätzlich nur eine bestimmte Gültigkeitsdauer hat (Abs. 3 S. 1 i.V.m. § 2252 Abs. 1, 2 BGB).

B. Tatbestand

I. Besorgnis des vorzeitigen Ablebens oder örtliche Absperrung

1. Besorgnis des vorzeitigen Ablebens

2 Präzise betrachtet muss die Besorgnis bestehen, dass der Erblasser vor der Errichtung eines Testaments vor einem Notar verstirbt. Es reicht dagegen nicht aus, wenn der Notar nur nicht erreichbar oder zeitweilig verhindert ist.[2] Der beurkundende Bürgermeister muss zumindest in **subjektiver Hinsicht** davon überzeugt sein, dass das vorzeitige Ableben des Erblassers zu befürchten ist.[3] Die subjektive Überzeugung der

---

1 Soergel/*Deuschl*, § 2249 Rn 2. Zur Änderung der Vorschrift nach dem Urt. des BVerfG v. 19.1.1999, BVerfGE 99, 341, im Hinblick auf schreib- und sprechunfähige Menschen vgl. NK-BGB/*Kroiß*, § 2249 Rn 4.

2 Reimann/Bengel/Dietz/Sammet/*Voit*, § 2249 Rn 4.

3 Soergel/*Deuschl*, § 2249 Rn 4.

Zeugen oder des Erblassers ist dagegen nicht erforderlich. **Objektiv** muss die Gefahr vorzeitigen Ablebens nicht vorliegen, d.h. das Testament ist gültig, auch wenn die Besorgnis des vorzeitigen Ablebens nicht begründet war (Abs. 2 S. 2). Liegt die Gefahr objektiv vor und errichtet der Bürgermeister das Testament, obwohl er selbst nicht die Besorgnis des vorzeitigen Ablebens des Erblassers hegt, ist das Testament gleichwohl wirksam.[4] Besteht jedoch keine Lebensgefahr und ist dies dem Bürgermeister zudem auch bewusst, so ist ein dennoch errichtetes Nottestament nichtig.

2. Örtliche Absperrung

Nach § 2250 Abs. 1 BGB kann ein Erblasser, der sich an einem Ort aufhält, der infolge 3
außerordentlicher Umstände derart abgesperrt ist, dass ein Notar zur Testamentserrichtung nicht oder nur unter erheblich erschwerten Umständen zu erreichen ist, ebenfalls ein Bürgermeistertestament errichten. Zu den Voraussetzungen der örtlichen Absperrung vgl. die Kommentierung zu § 2250.

II. Notar nicht rechtzeitig erreichbar

1. Grundfall

Weitere Voraussetzung ist, dass kein Notar – nicht zwingend der örtlich zuständige – 4
rechtzeitig erreichbar ist. Ein Irrtum des Erblassers hierüber schadet nicht, d.h. das Nottestament ist gültig, auch wenn tatsächlich ein Notar erreichbar gewesen wäre.[5]

2. Gleichgestellte Fälle

a) Untätigkeit des Notars

Will der Notar nicht tätig werden, steht dies der Besorgnis des vorzeitigen Ablebens 5
gleich.[6]

b) Bis zum Tod andauernde Testierunfähigkeit

Die Besorgnis einer bis zum Tode andauernden Testierunfähigkeit wird der Besorgnis 6
des vorzeitigen Ablebens gleichgestellt.[7] Es muss die Gefahr bestehen, dass der Erblasser ununterbrochen oder nur mit wenigen Unterbrechungen bis zum Tod testierunfähig bleibt, so dass eine Testamentserrichtung nicht mehr gewährleistet ist.[8] Dabei ist es nicht erforderlich, dass die zu erwartende Testierunfähigkeit zugleich das Leben des Erblassers bedroht.[9]

III. Zur Mitwirkung erforderliche Personen

Die nachfolgend genannten Personen müssen über den gesamten Errichtungsakt des 7
Testaments ohne Unterbrechung anwesend sein.

1. Bürgermeister oder Vorsteher eines Gutsbezirks

a) Bürgermeister

Der Bürgermeister tritt an die Stelle des Notars, er ist die **Urkundsperson** (Abs. 1 S. 4 8
letzt. Hs.). Er hat zunächst die Geschäftsfähigkeit des Erblassers festzustellen (Abs. 1 S. 4 Hs. 1 i.V.m. § 28 BeurkG). Der Bürgermeister muss anwesend sein, mit dem Erblasser verhandeln und dessen letzten Willen entgegennehmen.[10] Zudem muss er nach Abs. 1 S. 4 Hs. 1 i.V.m. §§ 17, 30 BeurkG den Erblasser aufklären und belehren.

---

4 NK-BGB/*Kroiß*, § 2249 Rn 5.
5 Vgl. Soergel/*Deuschl*, § 2249 Rn 4.
6 Soergel/*Deuschl*, § 2249 Rn 4.
7 BGHZ 3, 372, 377.
8 Soergel/*Deuschl*, § 2249 Rn 4.
9 Vgl. Reimann/Bengel/Dietz/Sammet/*Voit*, § 2249 Rn 4; MüKo/*Sticherling*, § 2249 Rn 3.
10 Grüneberg/*Weidlich*, § 2249 Rn 4.

Die bloße Anwesenheit des Bürgermeisters allein reicht nicht aus.[11] Daneben ist der nach der jeweiligen Gemeindeordnung zuständige **Vertreter** des Bürgermeisters zur Niederschrift des Testaments befugt (Abs. 5 S. 1). Hat der Vertreter nur in den Fällen der Verhinderung des Bürgermeisters Vertretungsmacht, gilt dies auch für die Befugnis nach § 2249 BGB.[12] Sonstige Gemeindeangestellte sind nicht zur Vertretung des Bürgermeisters im Hinblick auf die Niederschrift des Nottestaments befugt.[13]

9 Der Bürgermeister darf nach §§ 7, 27 BeurkG nicht tätig werden, wenn er selbst (oder sein jetziger oder früherer Ehegatte oder einer seiner dort genannten Angehörigen) durch das Testament bedacht wird, zum Testamentsvollstrecker ernannt wird oder sonst einen rechtlichen Vorteil erhalten soll. Das gilt nicht, wenn seine Gemeinde bedacht wird, was daraus geschlossen wird, dass Abs. 1 S. 4 Hs. 1 BGB nicht auf das Mitwirkungsverbot des § 3 Abs. 1 S. 1 Nr. 5, Abs. 3 Nr. 2 BeurkG verweist.[14]

10 Ebenfalls fehlt in Abs. 1 S. 4 Hs. 1 eine Verweisung auf § 11 Abs. 1 S. 1 BeurkG, woraus gefolgert wird, dass der Bürgermeister die Beurkundung nicht aus Zweifeln an der erforderlichen **Geschäftsfähigkeit** des Erblassers verweigern darf.[15] Auch aus Mangel an den notwendigen Rechtskenntnissen darf der Bürgermeister die Beurkundung nicht ablehnen.[16] Die Ablehnungsgründe des § 4 BeurkG sind abschließend. Den Bürgermeister trifft nach § 17 BeurkG eine **Prüfungs-** und **Belehrungspflicht**, im Rahmen derer er u.a. den Erblasser über die rechtliche Tragweite seines Handelns belehren soll.

11 Die Niederschrift des Testaments ist auch ohne Unterschrift des Bürgermeisters nach § 35 BeurkG wirksam, wenn der Bürgermeister die Aufschrift auf dem verschlossenen Umschlag unterschrieben hat.

b) Örtliche Zuständigkeit

12 Örtlich zuständig ist der Bürgermeister, in dessen Gemeinde sich der Erblasser in dem Moment, in dem die Besorgnis des vorzeitigen Ablebens eintritt, aufhält. Fertigt ein unzuständiger Bürgermeister die Niederschrift, führt dies nicht zur Unwirksamkeit des Testaments (Abs. 1 S. 4 Hs. 1 i.V.m. § 2 BeurkG).

2. Zwei Zeugen

13 Der Bürgermeister muss stets zwei Zeugen zur Beurkundung zuziehen (Abs. 1 S. 2), die während der ganzen Verhandlung anwesend sein müssen. Diese zwei Zeugen dürfen weder in dem Testament bedacht werden noch in dem Testament zum Testamentsvollstrecker ernannt werden (Abs. 1 S. 3). Zudem sind die Mitwirkungsverbote des Abs. 1 S. 4 Hs. 1 i.V.m. § 26 Abs. 1 Nr. 3, 4, Abs. 2 BeurkG zu beachten.

IV. Testamentserrichtung

1. Erklärung des letzten Willens

14 Zunächst erklärt der Erblasser allen Anwesenden gegenüber seinen letzten Willen. Dies kann entweder mündlich, konkludent durch Gebärden oder sonstige Zeichen (siehe Kommentierung zu § 2232) oder durch Übergabe einer offenen oder verschlossenen Schrift mit der Erklärung, dies sei sein letzter Wille (Abs. 1 S. 4 i.V.m. § 2232 BGB i.V.m. § 30 BeurkG), tun. Minderjährige können nur eine offene Schrift übergeben (Abs. 1 S. 4 i.V.m. § 2233 Abs. 1 BGB); nicht des Lesens Kundige können keine

11 BayObLGZ 17, 82; BayObLGZ 16, 139.
12 Soergel/*Deuschl*, § 2249 Rn 5.
13 KG NJW 1947/1948, 188.
14 Soergel/*Deuschl*, § 2249 Rn 9.
15 Vgl. auch MüKo/*Sticherling*, § 2249 Rn 14.
16 Soergel/*Deuschl*, § 2249 Rn 9.

Schrift übergeben (Abs. 1 S. 4 i.V.m. § 2233 Abs. 2 BGB), für sie kommt nur eine mündliche Erklärung in Betracht.

2. Fertigung der Niederschrift

Über diese Erklärung ist anschließend vom Bürgermeister zwingend eine Niederschrift zu fertigen. Die Niederschrift ist Ausdruck und Verkörperung des letzten Willens des Erblassers. Sie muss beim Tod des Erblassers grundsätzlich abgeschlossen worden sein.[17] Folgende Vorschriften aus dem BeurkG sind nach Abs. 1 S. 4 Hs. 1 im Hinblick auf die Niederschrift zu beachten: 15

a) Sprache

Nach § 5 Abs. 1 BeurkG ist die Niederschrift in **deutscher Sprache** zu errichten. Ist der Erblasser der deutschen Sprache nicht in ausreichendem Maße mächtig, ist die Niederschrift zu übersetzen (§ 16 BeurkG). Diese Übersetzung ist der Niederschrift anzufügen (§ 32 BeurkG). 16

b) Zwingende Formvorschriften des BeurkG

Die Niederschrift muss nach § 9 Abs. 1 BeurkG die Bezeichnung des Bürgermeisters und der Beteiligten und die Wiedergabe der Erklärung des Erblassers enthalten. Falls ein Schriftstück übergeben wurde, ist die Übergabe festzustellen (§ 30 S. 1 BeurkG). Daneben muss sie die Unterschriften des Erblassers, des Bürgermeisters und der Zeugen enthalten (§ 13 BeurkG, § 2249 Abs. 1 S. 5 u. 6 BGB). 17

3. Vorlesen der Niederschrift

Ist die Niederschrift abgeschlossen, ist sie den Beteiligten **vorzulesen** (Abs. 1 S. 4 Hs. 1 i.V.m. § 13 Abs. 1 S. 1 BeurkG). Das bloße Diktat der Niederschrift oder das Selbstlesen des Erblassers ersetzt das Vorlesen der Niederschrift nicht.[18] Ist der Erblasser **hörbehindert**, hat der Bürgermeister dem Erblasser die Niederschrift zur Durchsicht vorzulegen (Abs. 1 S. 4 Hs. 1 i.V.m. § 23 S. 1 BeurkG). Für den Fall, dass der Erblasser hör- und sprachbehindert und eine schriftliche Verständigung mit ihm nicht möglich ist, muss nach Abs. 1 S. 4 Hs. 1 i.V.m. § 24 Abs. 1 BeurkG eine verständigungsfähige Person hinzugezogen werden. 18

4. Genehmigung

Der Erblasser muss die vorgelesene Niederschrift **genehmigen** (Abs. 1 S. 4 Hs. 1 i.V.m. § 13 Abs. 1 S. 1 BeurkG). Die Genehmigung muss nicht mündlich erteilt werden, vielmehr reicht jede unmissverständliche Art der Willensäußerung, z.B. Kopfnicken, widerspruchsloses Unterzeichnen der Urkunde, wenn jeder Zweifel der Billigung ausgeschlossen ist.[19] 19

5. Unterschriften

Nach Abs. 1 S. 4 Hs. 1 i.V.m. § 13 Abs. 1 S. 1, Abs. 3 S. 1 BeurkG ist die Niederschrift von den folgenden Personen zu unterschreiben: 20

a) Erblasser

Die genehmigte Niederschrift ist vom Erblasser zu unterschreiben. Ist er nach seiner Auffassung oder nach Auffassung des Bürgermeisters nicht in der Lage, die Nieder- 21

17 BayObLG NJW-RR 1996, 711; Ausnahme: Die Urkundsperson kann nach erfolgter Unterschrift des Erblassers und dessen Tod den Beurkundungsvorgang durch ihre eigene Unterschrift abschließen, Soergel/*Deuschl*, § 2249 Rn 14.

18 Soergel/*Deuschl*, § 2249 Rn 11.

19 Soergel/*Deuschl*, § 2249 Rn 12.

schrift zu unterschreiben, so ersetzt die Feststellung dieser Angabe in der Niederschrift die Unterschrift des Erblassers (Abs. 1 S. 6). Mangels Verweisung in Abs. 1 S. 4 Hs. 1 ist § 25 BeurkG in diesem Fall nicht anwendbar.

b) Zwei Zeugen

22 Auch die zwei Zeugen haben zwingend das Testament zu unterschreiben (Abs. 1 S. 5).

c) Bürgermeister oder Vorsteher eines Gutsbezirks

23 Nach Abs. 1 S. 4 Hs. 1 i.V.m. § 13 Abs. 3 S. 1 BeurkG muss auch der Bürgermeister die Niederschrift eigenhändig unterzeichnen. Verstirbt der Erblasser nach seiner eigenen Unterschrift, jedoch bevor der Bürgermeister seine Unterschrift leisten konnte, muss die Urkundsperson die Möglichkeit haben, die Beurkundungsverhandlung durch ihre Unterschrift schließen zu können. Hierin verwirkliche sich nur die typische Risikolage, die durch die Schaffung der Nottestamente vermieden werden sollte.[20]

6. Verschließung

24 Nach Testamentserrichtung hat der Bürgermeister die Niederschrift in einen Umschlag zu nehmen, mit dem Amtssiegel zu verschließen, zu beschriften und zu unterschreiben (Abs. 1 S. 4 Hs. 1 i.V.m. § 34 Abs. 1 S. 1, 3 BeurkG).

7. Besondere amtliche Verwahrung

25 Unverzüglich nach Unterschrift hat der Bürgermeister die Niederschrift in die besondere amtliche Verwahrung des AG zu geben (Abs. 1 S. 4 Hs. 1 i.V.m. § 34 Abs. 1 S. 4 BeurkG). **Örtlich zuständig** ist nach § 344 Abs. 1 S. 1 Nr. 2 FamFG das AG, zu dessen Bezirk die Gemeinde gehört. Die Rücknahme aus der besonderen amtlichen Verwahrung bedeutet nach den allg. Grundsätzen den Widerruf des Testaments (§ 2256 Abs. 1 BGB).

8. EuErbVO

26 Die EuErbVO, die auf nach dem 17.8.2015 eintretende Erbfälle anwendbar ist, trifft keine Aussagen zu Nottestamenten. Es gilt Art. 24 Abs. 1, 2 EuErbVO, wonach auf Verfügungen von Todes wegen (außer Erbverträgen) grundsätzlich das Recht des letzten gewöhnlichen Aufenthalts anwendbar ist (Art. 21 Abs. 1 EuErbVO), es sei denn, es ergibt sich aus den Gesamtumständen eine offensichtlich engere Verbindung zu einem anderen Staat (Art. 21 Abs. 2 EuErbVO) oder es erfolgte die Wahl eines bestimmten Rechts, grundsätzlich das der Staatsangehörigkeit (Art. 24 Abs. 2 i.V.m Art. 22 EuErbVO). Ob der Gesetzgeber eine durch die Anwendbarkeit der EuErbVO motivierte Änderung von § 2249 BGB in Betracht zieht, kann noch nicht beantwortet werden.

V. Soll-Vorschriften

27 Nicht zwingend erfüllt werden müssen die Soll-Vorschriften des Abs. 2 S. 1 BGB, des Abs. 3 S. 1 und des Abs. 3 S. 2. In dem Testament soll schriftlich festgehalten werden, dass die **Besorgnis** bestand, der Erblasser werde sein Testament nicht mehr vor einem Notar errichten können (Abs. 2 S. 1). Der Bürgermeister soll den Erblasser darauf hinweisen, dass das Nottestament nur eine **bestimmte Gültigkeitsdauer** hat (Abs. 3 S. 1). Der vorstehend genannte Hinweis auf die begrenzte Gültigkeitsdauer des Nottestaments soll **in** dem **Testament** festgestellt werden (Abs. 3 S. 2). Erfolgt die Niederschrift durch den Vertreter des Bürgermeisters, soll der Vertreter in der Niederschrift angeben, worauf seine **Vertretungsbefugnis** basiert (Abs. 5 S. 2). Gem. Abs. 1 S. 4

---

20 Soergel/*Deuschl*, § 2249 Rn 13.

Hs. 1 i.V.m. § 9 Abs. 2 BeurkG soll die Niederschrift **Ort** und **Tag** der Verhandlung nennen.

C. Rechtsfolgen

Das Bürgermeistertestament stellt eine **öffentliche Urkunde** dar und genießt damit die Beweiskraft der §§ 415, 437 ZPO. Unter Umständen kann es nach § 35 Abs. 1 S. 2 GBO den Erbschein ersetzen, wenn das Grundbuchamt die Erbfolge durch das Nottestament als nachgewiesen betrachtet.[21] Nach § 2252 BGB hat das Bürgermeistertestament nur eine Gültigkeitsdauer von **drei Monaten**. Verstirbt der Erblasser nicht innerhalb dieser drei Monate, wird das Testament ungültig. 28

D. Verfahrensfragen

I. Beweislast

Die **Beweislast** trifft grundsätzlich denjenigen, der Rechte aus einem Bürgermeistertestament geltend machen will; er muss die unverzichtbaren Wirksamkeitsvoraussetzungen darlegen und beweisen.[22] Eine **Beweiserleichterung** tritt ein, wenn die Niederschrift die Voraussetzungen des BeurkG erfüllt. Die Niederschrift stellt dann eine öffentliche Urkunde nach § 415 ZPO dar und begründet damit vollen Beweis des beurkundeten Vorgangs. Zudem stellt die Niederschrift eine öffentliche Urkunde i.S.v. § 35 GBO dar.[23] Werden die Voraussetzungen des BeurkG nicht erfüllt, stellt die Niederschrift nur eine Privaturkunde dar, die nach § 416 ZPO vollen Beweis dafür begründet, dass die in der Niederschrift enthaltenen Erklärungen vom Erblasser stammen. Voraussetzung hierfür ist, dass die Niederschrift zumindest vom Erblasser unterschrieben wurde.[24] Der Beweis für die **zuverlässige Wiedergabe** der Erklärung des Erblassers i.S.v. Abs. 6 kann auch mit Beweismitteln erbracht werden, die außerhalb der Niederschrift zu finden sind.[25] Die in Abs. 6 verwendete Formulierung, es müsse mit Sicherheit eine zuverlässige Wiedergabe der Erklärung gewährleistet sein, gibt keinen über das gewöhnliche Beweismaß hinausgehenden Umfang vor.[26] 29

Im Erbscheinsverfahren ist die Gültigkeit des Bürgermeistertestaments von Amts wegen zu prüfen (§§ 26, 29 FamFG). Hier trägt derjenige die Feststellungslast, der sein Erbrecht aus dem Testament herleitet.[27] 30

II. Mängel

Es ist nicht abschließend geklärt, welche **Mängel** des Bürgermeistertestaments welche Rechtsfolgen auslösen. Die bisher gefundenen Abgrenzungskriterien sind nicht trennscharf, so dass die Differenzierungen im Wege des case-law abgeleitet werden müssen. 31

1. Unbeachtliche Mängel

Unterlaufen bei der **Abfassung der Niederschrift** Formverstöße, sind diese unbeachtlich, soweit mit Sicherheit anzunehmen ist, dass das Testament eine zuverlässige Wiedergabe der Erklärung des Erblassers enthält (Abs. 6). Diese Verstöße dürfen nur den Inhalt der Niederschrift betreffen, jedoch nicht den Errichtungsakt als solchen.[28] In Anbetracht der Notlage des Erblassers und der Tatsache, dass mit dem Bürgermeister 32

---

21 MüKo/*Sticherling*, § 2249 Rn 34.
22 Soergel/*Deuschl*, § 2249 Rn 19.
23 NK-BGB/*Kroiß*, § 2249 Rn 20.
24 BGHZ 37, 79, 90.
25 Soergel/*Deuschl*, § 2249 Rn 19.
26 Reimann/Bengel/Dietz/Sammet/*Voit*, § 2249 Rn 7.
27 NK-BGB/*Kroiß*, § 2249 Rn 21.
28 Grüneberg/*Weidlich*, § 2249 Rn 15.

eine nur ausnahmsweise zuständige Amtsperson handelt, ist hier eine großzügige Auslegung der Formerfordernisse angezeigt. Unschädlich sind daher Formfehler, die mit der Niederschrift in irgendeinem Zusammenhang stehen, solange nicht aufgrund besonders schwerer Mängel von keiner Niederschrift mehr gesprochen werden kann.[29]

33 Unbeachtlich ist z.B. die **Nichtfeststellung** der **Schreibunfähigkeit** des Erblassers nach Abs. 1 S. 6.[30] Daneben sind fehlende Angaben über Ort und Zeit ebenso unbeachtlich wie die ungenaue Bezeichnung des Erblassers und der übrigen mitwirkenden Personen. Die fehlende Unterschrift nur der Zeugen führt ebenfalls nicht zur Nichtigkeit des Testaments, da diese Unterschriften unproblematisch, d.h. ohne Mitwirkung anderer Personen, nachgeholt werden können.[31] Wirken mehr als zwei Zeugen mit, die unter das Mitwirkungsverbot des Abs. 1 S. 3 letzt. Hs. i.V.m. § 7 BeurkG fallen, ist dies unschädlich, solange zwei Zeugen verbleiben, die nicht unter das Mitwirkungsverbot fallen.[32]

34 Daneben sind auch alle **fehlerhaften Gestaltungen** des niedergeschriebenen Textes und fehlerhafte Bezeichnungen der Zeugen oder des Bürgermeisters unschädlich.[33]

35 Die Nichtfeststellung der Besorgnis der Todesgefahr[34] berührt die Wirksamkeit des Testaments ebenso wenig wie – falls die Feststellung getroffen wurde – der Mangel des Vorlesens, der Genehmigung und der Unterschrift dieser Feststellung.[35] Zudem ist natürlich die Verletzung der expressis verbis sog. Soll-Vorschriften unbeachtlich.

2. Teilweise Nichtigkeit

36 Wurden im Testament Bedachte als Zeugen hinzugezogen, ist das Testament nur im Hinblick auf die entsprechende Zuwendung unwirksam. Dies folgt aus der Anwendung des § 7 BeurkG („insoweit"), auf den Abs. 1 S. 3 letzt. Hs. verweist.

3. Grundsätzlich zur Nichtigkeit führende Mängel

37 Verstöße führen dagegen grundsätzlich zur Nichtigkeit des Testaments, wenn wesentliche Voraussetzungen des **Errichtungsakts** nicht erfüllt werden.

a) Beispiele

38 Der Mangel der Erklärung des letzten Willens des Erblassers (mündlich oder durch Übergabe einer Schrift) zieht die Unwirksamkeit des Testaments nach sich. Daneben führt die Fertigung der Niederschrift erst nach dem Ableben des Erblassers ebenso zur Nichtigkeit des Testaments wie die mangelnde Unterschriftsleistung aller Beteiligten oder des Bürgermeisters (Ausnahme: § 35 BeurkG) oder des schreibfähigen Erblassers.[36] Ist der Bürgermeister nicht über die ganze Dauer der Testamentserrichtung anwesend oder fehlt ihm die Vertretungsmacht, hat dies die **Nichtigkeit** des **Testaments** zur Folge. Dasselbe gilt, wenn die zwei Zeugen nicht während der gesamten Verhandlung anwesend sind.[37] Wirken keine Zeugen oder nur ein Zeuge mit, führt dies ebenfalls zur Nichtigkeit. Unterlässt es der Bürgermeister, die Niederschrift vor-

29 BGHZ 37, 79, 88; BGHZ 54, 89; BayObLGZ 1970, 53.
30 BayObLGZ 1979, 232, 238; MüKo/*Sticherling*, § 2249 Rn 32 (sofern mit Sicherheit festgestellt werden kann, dass das Nottestament eine zuverlässige Wiedergabe der Erklärung des Erblassers enthält).
31 KG NJW 1947/1948, 190.
32 Soergel/*Deuschl*, § 2249 Rn 10.
33 Soergel/*Deuschl*, § 2249 Rn 16.
34 BayObLGZ 1979, 232, 238.
35 Soergel/*Deuschl*, § 2249 Rn 16.
36 Staudinger/*Baumann*, § 2249 Rn 40 (Niederschrift zu Lebzeiten), Rn 51 (Unterschrift Erblasser), Rn 52 (Unterschrift Bürgermeister).
37 Soergel/*Deuschl*, § 2249 Rn 10.

zulesen und vom Erblasser genehmigen zu lassen, ist das ebenso ein Nichtigkeitsgrund.[38] Zudem muss der Bürgermeister bei einem **hörbehinderten** Erblasser zwingend die Niederschrift zur Durchsicht vorlegen (§ 23 BeurkG). Bei einem **Sprachunkundigen** muss eine mündliche Übersetzung erfolgen (§§ 16, 32 BeurkG). Schädlich ist die Verwandtschaft des Bürgermeisters mit dem Erblasser in gerader Linie oder die Beurkundung des Testaments des Ehegatten/Lebenspartners des Bürgermeisters. Daneben darf es im Falle der Schriftübergabe nicht an dieser Schrift als Anlage zur Niederschrift und der Erklärung, dass die Schrift den letzten Willen ausführt, fehlen (§ 2232 S. 1 BGB).

b) Heilung

Die vorstehend genannten Verstöße führen zur Nichtigkeit des Testaments, es sei 39
denn, es kann als Dreizeugentestament nach § 2250 Abs. 2, 3 BGB aufrechterhalten werden.[39]

III. Haftung

1. Allgemeines

Vom Bürgermeister wird erwartet, dass er die zwingenden Wirksamkeitserfordernisse 40
eines Bürgermeistertestaments kennt. Verursacht der Bürgermeister die Nichtigkeit des Testaments durch die Unkenntnis der Wirksamkeitsvoraussetzungen, liegt hierin grundsätzlich eine **Amtspflichtverletzung**.

Hat der Bürgermeister **Zweifel** an der **Testierfähigkeit** des Erblassers, berechtigt ihn 41
das mangels Verweisung in Abs. 1 S. 4 Hs. 1 auf § 11 Abs. 1 S. 1 BeurkG nicht zur Ablehnung der Beurkundung. Vielmehr darf der Bürgermeister nur bei Vorliegen der Voraussetzungen des § 4 BeurkG untätig bleiben.[40] Lehnt der Bürgermeister die Beurkundung ab, da nach seiner Auffassung die Besorgnis des vorzeitigen Ablebens nicht besteht, ist hierin keine „dienstliche Verfehlung“ zu sehen, selbst wenn die Besorgnis objektiv vorlag.[41]

Verletzt der Bürgermeister schuldhaft seine Pflichten im Hinblick auf die Testaments- 42
errichtung, haftet die Gemeinde nach Art. 34 GG i.V.m. § 839 BGB. Dabei besteht die **Amtspflicht** des Bürgermeisters nicht nur gegenüber dem Erblasser, sondern auch gegenüber den Bedachten.[42] Die Pflicht der Urkundsperson umfasst dabei neben der wirksamen Errichtung des Nottestaments auch die Belehrung nach § 17 BeurkG.[43]

Ein Verschulden des Erblassers oder seines Beraters kann gegen einen Anspruch auf 43
Schadensersatz wegen eines durch die Pflichtverletzung nichtigen Testaments nach neuerer Rspr. nunmehr wohl eingewendet werden.[44] Es wird jedoch aufgrund der besonderen Umstände ein geringerer Haftungsmaßstab als beim Notar anzuwenden sein.[45]

---

38 BGHZ 115, 169.

39 KG NJW 1947/1948, 188; KG NJW 1948, 80; Soergel/*Deuschl*, § 2249 Rn 17.

40 Reimann/Bengel/Dietz/Sammet/*Voit*, § 2249 Rn 14.

41 MüKo/*Sticherling*, § 2249 Rn 2.

42 RGZ 95, 214; OLG Nürnberg OLGZ 1965, 158.

43 Soergel/*Deuschl*, § 2249 Rn 18.

44 BGH NJW 1956, 260 wohl überholt durch BGH NJW 1997, 2327, 2329; Reimann/Bengel/Dietz/Sammet/*Voit*, § 2249 Rn 14: Andeutung der Änderung der Rspr. Besser: Soergel/*Deuschl*, § 2249 Rn 18.

45 RG JW 1938, 810; BayObLGZ 31, 371; a.A. Soergel/*Deuschl*, § 2249 Rn 18, mit der Begründung, dass das Bürgermeistertestament sonst ein „öffentliches Testament minderer Art“ sei.

44 Die Träger **öffentlicher Krankenhäuser** sind öffentlich-rechtlich und vertraglich verpflichtet, die Errichtung wirksamer Nottestamente zu gewährleisten.[46] Das Krankenhauspersonal trifft in diesem Zusammenhang jedoch keine Belehrungspflicht.[47]

2. Beispiele

45 Ein Amtshaftungsanspruch kommt in Frage bei Hinzuziehung eines auszuschließenden Zeugen[48] oder wenn die Urkundsperson nur die Unterschrift des Erblassers beglaubigt.[49] Weist der Bürgermeister nicht auf die beschränkte Gültigkeitsdauer des Nottestaments nach Abs. 3 S. 1 i.V.m. § 2252 Abs. 1, 2 BGB hin, kann in seinem Unterlassen eine Amtspflichtverletzung liegen.[50]

IV. Kosten

46 Die **Kosten** für ein Bürgermeistertestament sind in den Kostenvorschriften des betreffenden Bundeslands geregelt. Sie fließen in die Gemeindekasse.[51]

V. Gemeinschaftliches Testament

47 Ehegatten und eingetragene Lebenspartner können das Bürgermeistertestament auch als gemeinschaftliches Testament nach §§ 2265, 2266 BGB, § 10 Abs. 4 S. 1 LPartG errichten. Dabei ist es ausreichend, wenn die Besorgnis des vorzeitigen Ablebens bei einem Ehegatten bzw. Lebenspartner vorliegt. Beide Ehegatten/Lebenspartner müssen während der gesamten Verhandlung anwesend sein, die Niederschrift muss die Erklärung beider Ehegatten/Lebenspartner enthalten und von beiden unterschrieben sein.[52] Die Ehegatten/Lebenspartner können jedoch keinen „Noterbvertrag" schließen (§ 2276 Abs. 1 BGB).

VI. Verwaltungsanordnung in Bayern

48 Das Bundesland Bayern hat am 21.11.2000, zuletzt geändert durch Bekanntmachung vom 4.12.2014, eine neue Verwaltungsanordnung betreffend die Aufnahme von Nottestamenten durch die ersten Bürgermeister erlassen.[53]

§ 2250 Nottestament vor drei Zeugen

(1) Wer sich an einem Ort aufhält, der infolge außerordentlicher Umstände dergestalt abgesperrt ist, dass die Errichtung eines Testaments vor einem Notar nicht möglich oder erheblich erschwert ist, kann das Testament in der durch § 2249 bestimmten Form oder durch mündliche Erklärung vor drei Zeugen errichten.
(2) Wer sich in so naher Todesgefahr befindet, dass voraussichtlich auch die Errichtung eines Testaments nach § 2249 nicht mehr möglich ist, kann das Testament durch mündliche Erklärung vor drei Zeugen errichten.
(3) [1]Wird das Testament durch mündliche Erklärung vor drei Zeugen errichtet, so muss hierüber eine Niederschrift aufgenommen werden. [2]Auf die Zeugen sind die Vorschriften des § 6 Abs. 1 Nr. 1 bis 3, der §§ 7, 26 Abs. 2 Nr. 2 bis 5 und des § 27 des Beurkundungsgesetzes; auf die Niederschrift sind die Vorschriften der §§ 8

46 BGH NJW 1989, 2945.
47 Soergel/*Deuschl*, § 2249 Rn 18.
48 OLG Nürnberg OLGZ 1965, 158.
49 Soergel/*Deuschl*, § 2249 Rn 18.
50 NK-BGB/*Kroiß*, § 2249 Rn 23; MüKo/*Sticherling*, § 2249 Rn 17.
51 NK-BGB/*Kroiß*, § 2249 Rn 19.
52 MüKo/*Sticherling*, § 2249 Rn 4.
53 AllBl 2000,775 und AllMBL 2014, 626.

bis 10, 11 Abs. 1 Satz 2, Abs. 2, § 13 Abs. 1, 3 Satz 1, §§ 23, 28 des Beurkundungsgesetzes sowie die Vorschriften des § 2249 Abs. 1 Satz 5, 6, Abs. 2, 6 entsprechend anzuwenden. [3]Die Niederschrift kann außer in der deutschen auch in einer anderen Sprache aufgenommen werden. [4]Der Erblasser und die Zeugen müssen der Sprache der Niederschrift hinreichend kundig sein; dies soll in der Niederschrift festgestellt werden, wenn sie in einer anderen als der deutschen Sprache aufgenommen wird.

Übersicht: Rdn

A. Allgemeines

1 In außergewöhnlichen **Katastrophenfällen**, in denen weder ein Notar noch ein Bürgermeister greifbar ist, und bei drohender Todesgefahr wollte der Gesetzgeber dem Erblasser die Errichtung eines Testaments ermöglichen. Es handelt sich beim Dreizeugentestament um eine Privaturkunde von Laien, die grundsätzlich juristisch nicht vorgebildet sind. Daher ist die Rspr. großzügig bei der Beurteilung der Wirksamkeit dieser Testamente.[1] Wird das Testament bei Vorliegen einer Notsituation nach § 2250

1 MüKo/*Sticherling*, § 2250 Rn 1.

BGB vor einem Bürgermeister unter Beachtung der Formvorschriften des § 2249 BGB errichtet, liegt ein öffentliches Testament vor.[2]

2 Es handelt sich auch beim **Dreizeugentestament** um ein Nottestament, das grundsätzlich nur eine bestimmte Gültigkeitsdauer hat (§ 2252 Abs. 1, 2 BGB).

B. Tatbestand

3 Entscheidend für das Vorliegen der Tatbestandsmerkmale des § 2250 BGB ist der Zeitpunkt der Testamentserrichtung. Ob bspw. vor oder nach Eintritt der Notlage die Errichtung eines Testaments vor einem Bürgermeister oder Notar möglich war, ist irrelevant.[3]

I. Aufenthalt an einem abgesperrten Ort

4 Hält sich der Erblasser an einem Ort auf, der infolge außerordentlicher Umstände dergestalt abgesperrt ist, dass die Errichtung eines Testaments vor einem Notar nicht möglich oder erheblich erschwert ist, hat er die Wahl zwischen der Errichtung eines Testaments in der **Form** des Bürgermeistertestaments (vgl. hierzu die Kommentierung zu § 2249) oder eines Dreizeugentestaments.

1. Örtliche Absperrung

5 Die **Ursachen** der **örtlichen Absperrung** sind vielfältig: Naturkatastrophen wie Überschwemmungen, Lawinen, Erdbeben, Erdrutsche; aber auch Quarantäne oder Maßnahmen der Polizei oder des Militärs in Krisenregionen können zu einer örtlichen Absperrung i.S.v. Abs. 1 führen. Auch Wegzerstörungen können das Vorliegen der örtlichen Absperrung begründen.[4] Diese Gründe müssen kausal dafür sein, dass der Erblasser einen Notar nicht oder nur unter erheblichen Schwierigkeiten erreichen kann.[5] Dabei muss die örtliche Absperrung entweder objektiv oder subjektiv nach Vorstellung des Bürgermeisters oder der drei Zeugen vorliegen. Ist diese Vorstellung bei dem Bürgermeister oder den drei Zeugen nicht gegeben, und liegt auch objektiv keine Absperrung vor, ist das dennoch errichtete Testament nichtig.[6] Die subjektive Vorstellung des Erblassers, die Voraussetzungen einer örtlichen Absperrung seien gegeben, reicht nicht aus. Unbedeutend ist dabei das örtliche Ausmaß der Absperrung (gesamte Gemeinde oder nur das einzelne Haus).[7] An einem solchen Ort muss sich der Erblasser aufhalten. Damit ist der tatsächliche, momentane Aufenthaltsort gemeint, nicht etwa der Wohnsitz.[8] In zeitlicher Hinsicht trifft das Gesetz keine Feststellung. Unerhebliche Zeiträume, in denen die Notsituation besteht, berechtigen jedoch grundsätzlich nicht zur Errichtung eines Dreizeugentestaments.[9]

2. Besorgnis, Errichtung vor Notar nicht möglich oder erheblich erschwert

6 Es reicht aus, dass die **Besorgnis**, die Errichtung eines Testaments vor einem Notar sei nicht möglich oder erheblich erschwert, bei dem Bürgermeister/den drei Zeugen vorliegt. Liegt diese Besorgnis nicht vor, ist das dennoch errichtete Testament nichtig.[10]

---

2 MüKo/*Sticherling*, § 2250 Rn 6.
3 MüKo/*Sticherling*, § 2250 Rn 9.
4 MüKo/*Sticherling*, § 2250 Rn 4.
5 Soergel/*Deuschl*, § 2250 Rn 3.
6 BGHZ 3, 372.
7 BGHZ 3, 372.
8 MüKo/*Sticherling*, § 2250 Rn 5.
9 Soergel/*Deuschl*, § 2250 Rn 4; Reimann/Bengel/Dietz/Sammet/*Voit*, § 2250 Rn 3.
10 BGHZ 3, 372; KG Rpfleger 1968, 391.

3. Besorgnis des vorzeitigen Ablebens

Die Besorgnis des vorzeitigen Ablebens ist i.R.d. Abs. 1 **keine** Voraussetzung (im 7
Unterschied zu § 2249 BGB). Errichtet der Erblasser das Testament bei örtlicher Absperrung vor dem Bürgermeister, ist daher das Vorliegen der Besorgnis vorzeitigen Ablebens nicht erforderlich.

II. Nahe Todesgefahr

1. Nahe Todesgefahr

Befindet sich der Erblasser in so naher **Todesgefahr**, dass voraussichtlich die Errich- 8
tung eines Bürgermeistertestaments nicht mehr möglich ist, kann das Testament nach Abs. 2 durch mündliche Erklärung vor drei Zeugen errichtet werden. Zwar ist der Gesetzestext objektiv formuliert („Wer sich in so naher Todesgefahr befindet"), es reicht jedoch aus, wenn die Zeugen übereinstimmend vom Vorliegen der nahen Todesgefahr überzeugt sind.[11] Sind nicht alle Zeugen dieser Auffassung, ist das Testament nur gültig, wenn die nahe Todesgefahr objektiv vorlag.[12] Die Vorstellungen des Erblassers über den Grad der Todesgefahr sind irrelevant. Dabei kann die Todesgefahr auf einer schon lang anhaltenden Krankheit beruhen, d.h. sie muss nicht akut auftreten.[13] Die Todesgefahr lag objektiv vor, wenn der Erblasser wenige Tage nach der Testamentserrichtung verstirbt.[14]

2. Besorgnis, Errichtung vor Notar oder Bürgermeister nicht möglich oder erheblich erschwert

In der Konstellation des Abs. 2 ist die Besorgnis Voraussetzung, dass die Errichtung 9
eines Testaments vor einem Notar oder einem Bürgermeister nicht möglich oder erheblich erschwert ist. Liegt diese Besorgnis nicht vor, ist das dennoch errichtete Testament nichtig. Sind die drei Zeugen hiervon überzeugt, ist das Testament auch wirksam, wenn die Besorgnis objektiv unbegründet war.[15] Die Auffassung des Erblassers hierzu ist wiederum irrelevant.

III. Gleichgestellter Fall der bis zum Tod andauernden Testierunfähigkeit

Die Besorgnis einer bis zum Tod **andauernden Testierunfähigkeit** wird der nahen 10
Todesgefahr gleichgestellt.[16] Es muss die Gefahr bestehen, dass der Erblasser ununterbrochen oder nur mit wenigen Unterbrechungen bis zum Tod testierunfähig bleibt, so dass eine Testamentserrichtung nicht mehr gewährleistet ist.[17]

IV. Zur Mitwirkung erforderliche Personen

Die nachfolgend genannten Personen müssen über den gesamten Errichtungsakt des 11
Testaments ohne Unterbrechung anwesend sein.

1. Bürgermeister/Gutsbezirksvorsteher

Zum einen kann nach Wahl des Erblassers der Bürgermeister Urkundsperson sein 12
(Abs. 1 Alt. 1). Vgl. in diesem Zusammenhang die Kommentierung zu § 2249.

---

11 BGHZ 3, 372.
12 MüKo/*Sticherling*, § 2250 Rn 8.
13 BayObLGZ 1990, 294.
14 BayObLGZ 1990, 294; LG München I FamRZ 2000, 855.
15 Bamberger/Roth/Hau/Poseck/*Litzenburger*, § 2250 Rn 3.
16 BGHZ 3, 372.
17 Bamberger/Roth/Hau/Poseck/*Litzenburger*, § 2250 Rn 4; Soergel/*Deuschl*, § 2250 Rn 7.

2. Drei Zeugen

13 Zum anderen kann das Testament bei Vorliegen der örtlichen Absperrung alternativ vor drei Zeugen errichtet werden (Abs. 1 Alt. 2). Daneben ist auch bei Besorgnis des nahen Todes die Errichtung vor drei Zeugen möglich (Abs. 2). Die drei Zeugen müssen während des gesamten Errichtungsvorgangs anwesend sein. Ist auch nur einer der drei Zeugen während der Errichtung des Testaments nicht ständig anwesend, ist das Testament nichtig. In diesem Fall besteht keine Heilungsmöglichkeit.[18]

14 Nicht als Zeugen können nach Abs. 3 S. 2 i.V.m. § 6 Abs. 1 Nr. 1–3 BeurkG Personen tätig werden, die ihre eigenen Erklärungen, die ihrer Ehegatten oder Lebenspartner oder mit ihnen in gerader Linie verwandten Personen beurkunden wollen. Die Zeugen können untereinander verwandt oder verschwägert sein.[19] Daneben ist die Beurkundung von Willenserklärungen nach Abs. 3 S. 2 i.V.m. § 7 BeurkG unwirksam, wenn dem Zeugen, seinem Ehegatten/Lebenspartner oder früheren Ehegatten/Lebenspartner oder nach § 7 Nr. 3 BeurkG nahestehenden Person durch das Testament ein rechtlicher Vorteil verschafft wird. Zudem sind die Mitwirkungsverbote des § 26 Abs. 2 Nr. 2–5 BeurkG (minderjährige, geisteskranke oder geistesschwache Personen) und § 27 BeurkG (Begünstigte oder zum Testamentsvollstrecker erklärte Personen), auf die Abs. 3 S. 2 verweist, zu beachten.

V. Testamentserrichtung

15 Zur **Form** der Errichtung eines Bürgermeistertestaments vgl. die Kommentierung zu § 2249. Im Hinblick auf das Dreizeugentestament ist zu bemerken, dass das Testament noch nicht in der mündlichen Erklärung des Erblassers zu sehen ist, sondern erst in der von den Zeugen gefertigten Niederschrift, die vorgelesen, genehmigt und eigenhändig unterschrieben werden muss.

1. Ort

16 Ein deutscher Staatsangehöriger kann das Dreizeugentestament auch im **Ausland** errichten, wenn die Vorschriften des § 2250 BGB eingehalten werden. Unter der gleichen Voraussetzung ist es auch einem ausländischen Bürger möglich, bei einem Aufenthalt in Deutschland ein wirksames Dreizeugentestament zu errichten. Ob ein ausländischer Bürger im Ausland nach § 2250 BGB testieren kann, ist gem. Art. 24 Abs. 2, Art. 22 Abs. 1 S. 2 EuErbVO bei zulässiger Wahl des deutschen Rechts durchaus denkbar.

2. Erklärung des letzten Willens

17 Will der Erblasser ein Dreizeugentestament errichten, erklärt er den drei Zeugen seinen letzten Willen. Die drei Zeugen müssen die Bereitschaft zur Entgegennahme der Erklärung signalisieren und die Absicht haben und sich darüber im Klaren sein, dass sie für die richtige Wiedergabe der Erklärung des Erblassers verantwortlich sind.[20] Andernfalls ist das Testament nichtig. Dies kann entweder mündlich, konkludent durch Gebärden oder sonstige Zeichen (siehe Kommentierung zu § 2232) geschehen. Die in einer **Fremdsprache** vorgenommene Erklärung ist wirksam, wenn neben dem Erblasser sämtliche Zeugen diese Sprache in ausreichendem Maße beherrschen (Abs. 3 S. 3 u. 4). Die Übergabe einer Schrift mit der Erklärung, dies sei sein letzter Wille, reicht grundsätzlich nicht aus.[21] Lässt die Schrift den Erblasser als Urheber der Willenserklärungen erkennen, wurde ihm die Schrift vorgelesen, erteilte er seine Genehmi-

18 NK-BGB/*Kroiß*, § 2250 Rn 7.
19 NK-BGB/*Kroiß*, § 2250 Rn 8.
20 BGHZ 54, 89; MüKo/*Sticherling*, § 2250 Rn 10.
21 A.A. aus verfassungsrechtlichen Gründen: Bamberger/Roth/Hau/Poseck/*Litzenburger*, § 2250 Rn 17.

gung und erfolgten die erforderlichen Unterschriften, wird man u.U. zu dem Ergebnis kommen können, dass eine mündliche Erklärung vorlag.[22] Ausreichend ist auch, wenn die drei Zeugen den letzten Willen auf der Basis früherer Äußerungen des Erblassers formulieren und der Erblasser zustimmt. Dies gilt selbst dann, wenn die Äußerungen nur gegenüber einem Zeugen gemacht wurden.[23]

3. Fertigung der Niederschrift

18 Über diese Erklärung ist anschließend zwingend eine **Niederschrift** zu fertigen. Sie kann von einem der Zeugen oder einer dritten Person erstellt werden.[24] Die Niederschrift ist Ausdruck und Verkörperung des letzten Willens des Erblassers. Sie muss beim Tod des Erblassers grundsätzlich abgeschlossen worden sein und aus ihr muss sich ergeben, dass die in ihr zum Ausdruck gekommenen Erklärungen vor den Zeugen abgegeben wurden.[25]

19 Folgende Vorschriften aus dem BeurkG sind nach Abs. 3 S. 2 im Hinblick auf die Niederschrift zu beachten: §§ 8–10 BeurkG (Inhalt der Niederschrift u. Feststellung der Beteiligten), § 11 Abs. 1 S. 2, Abs. 2 BeurkG (Geschäftsfähigkeit des Erblassers), § 13 Abs. 1, 3 S. 1 BeurkG (Vorlesung, Genehmigung u. Unterschriften), § 23 BeurkG (hörbehinderte Beteiligte), § 28 BeurkG (Vermerk über die Geschäftsfähigkeit des Erblassers). Daneben sind nach § 2250 Abs. 3 S. 2 a.E. BGB auch die in § 2249 Abs. 1 S. 5 u. 6, Abs. 2, Abs. 6 BGB postulierten Formvorschriften zu beachten.

20 Die Niederschrift muss **zwingend** die Bezeichnung des Erblassers und der drei Zeugen und der Beteiligten enthalten, daneben die Erklärung des Erblassers. Die Identität der handelnden Personen ist ebenso festzuhalten wie die Geschäftsfähigkeit und die Testierfähigkeit des Erblassers.[26]

4. Vorlesen der Niederschrift

21 Ist die Niederschrift abgeschlossen, ist sie dem Erblasser und den Zeugen, die gleichzeitig und persönlich anwesend sein müssen,[27] **vorzulesen** (Abs. 3 S. 2 i.V.m. § 13 Abs. 1 S. 1 BeurkG). Sie kann von einem Dritten, dem Erblasser oder einem Bedachten (der nicht Zeuge ist), vorgelesen werden.[28] Ist der Erblasser hörbehindert, ist ihm die Niederschrift zur Durchsicht vorzulegen (Abs. 3 S. 2 i.V.m. § 23 S. 1 BeurkG).

5. Genehmigung

22 Der Erblasser hat die vorgelesene Niederschrift zu genehmigen (Abs. 3 S. 2 i.V.m. § 13 Abs. 1 S. 1 BeurkG).

6. Unterschriften

23 Nach Abs. 3 S. 2 i.V.m. § 13 Abs. 1 S. 1, Abs. 3 S. 1 BeurkG ist die Niederschrift von den folgenden Personen zu unterschreiben: Die genehmigte Niederschrift ist vom **Erblasser** im Beisein der drei Zeugen zu unterschreiben. Ist er nach seiner Auffassung oder nach Auffassung der drei Zeugen dazu nicht in der Lage, so ersetzt die Feststellung dieser Angabe in der Niederschrift die Unterschrift des Erblassers (Abs. 3 S. 2 i.V.m. § 2249 Abs. 1 S. 6 BGB). Die Unterschrift des Erblassers kann nicht durch

---

22 Vgl. hierzu Bamberger/Roth/Hau/Poseck/*Litzenburger*, § 2250 Rn 11, oder Aufrechterhaltung als privatschriftliches Testament, MüKo/*Sticherling*, § 2250 Rn 14, 15, 17.
23 BayObLGZ 1990, 294, 297; Reimann/Bengel/Dietz/Sammet/*Voit*, § 2250 Rn 7.
24 Soergel/*Deuschl*, § 2250 Rn 11.
25 MüKo/*Sticherling*, § 2250 Rn 14.
26 MüKo/*Sticherling*, § 2250 Rn 14.
27 BayObLGZ 1979, 232.
28 Soergel/*Deuschl*, § 2250 Rn 11.

außerhalb der Niederschrift vorliegende Umstände ersetzt werden.[29] Daneben haben die **drei Zeugen** das Testament zu unterschreiben (Abs. 3 S. 2 i.V.m. § 2249 Abs. 1 S. 5 BGB). Ihre Unterschrift kann bis zur Eröffnung des Testaments nachgeholt werden.[30]

7. Verschließung und besondere amtliche Verwahrung

24 Verschließung und besondere amtliche Verwahrung sind beim Dreizeugentestament nicht erforderlich (besondere amtliche Verwahrung jedoch möglich), da es eine Privaturkunde darstellt.[31]

8. EuErbVO

25 Die EuErbVO, die auf nach dem 17.8.2015 eintretende Erbfälle anwendbar ist, trifft keine Aussagen zu Nottestamenten. Es gilt Art. 24 Abs. 1, 2 EuErbVO, wonach auf Verfügungen von Todes wegen (außer Erbverträgen) grundsätzlich das Recht des letzten gewöhnlichen Aufenthalts anwendbar ist (Art. 21 Abs. 1 EuErbVO), es sei denn, es ergibt sich aus den Gesamtumständen eine offensichtlich engere Verbindung zu einem anderen Staat (Art. 21 Abs. 2 EuErbVO) oder es erfolgte die Wahl eines bestimmten Rechts, grundsätzlich das der Staatsangehörigkeit (Art. 24 Abs. 2 i.V.m Art. 22 EuErbVO). Bisher hat der Gesetzgeber keine durch die Anwendbarkeit der EuErbVO motivierte Änderung von § 2250 BGB in Betracht gezogen.

VI. Soll-Vorschriften

26 Nicht zwingend erfüllt werden müssen die folgenden Soll-Vorschriften: In dem Testament soll schriftlich festgehalten werden, dass die Besorgnis bestand, der Erblasser werde sein Testament nicht mehr vor einem Notar errichten können (Abs. 3 S. 2 BGB i.V.m. § 2249 Abs. 2 S. 1 BGB). Nach Abs. 3 S. 2 i.V.m. § 9 Abs. 2 BeurkG soll die Niederschrift Ort und Tag der Verhandlung bezeichnen.

27 Hörbehinderten Erblassern ist die Niederschrift zur Durchsicht vorzulegen; diese Vorlage soll in der Niederschrift festgestellt werden (Abs. 3 S. 2 i.V.m. § 23 Abs. 1 S. 1 BeurkG). Nach Abs. 3 S. 2 i.V.m. § 11 Abs. 1 S. 2 BeurkG sollen die Zeugen Zweifel an der erforderlichen Geschäftsfähigkeit des Erblassers in der Niederschrift feststellen.

C. Rechtsfolgen

I. Privaturkunde

28 Das **Dreizeugentestament** stellt eine Privaturkunde dar. Damit ist zum Nachweis der Erbfolge stets die Vorlage eines Erbscheins oder eines Testamentsvollstreckerzeugnisses erforderlich.[32] Die besondere amtliche Verwahrung des Testaments ist auf Verlangen des Erblassers möglich (§ 2248 BGB).

II. Gültigkeitsdauer

29 Nach § 2252 BGB hat das Dreizeugentestament nur eine Gültigkeitsdauer von drei Monaten. Verstirbt der Erblasser nicht innerhalb dieser drei Monate, wird das Testament ungültig. Er hat ggf. ein Anfechtungsrecht nach § 2078 Abs. 2 BGB, wenn er über die Gültigkeitsdauer des Testaments geirrt hat.[33] Wurde ein gemeinschaftliches Testament als Dreizeugentestament errichtet, bleibt es gültig, wenn einer der Ehegatten bzw. Lebenspartner innerhalb von drei Monaten nach Testamentserrichtung verstirbt.[34]

---

29 BGHZ 28, 190.
30 BayObLGZ 1979, 232; Bamberger/Roth/Hau/Poseck/*Litzenburger*, § 2250 Rn 11.
31 MüKo/*Sticherling*, § 2250 Rn 20.
32 MüKo/*Sticherling*, § 2250 Rn 20.
33 RGZ 104, 320.
34 MüKo/*Sticherling*, § 2250 Rn 21, § 2252 Rn 3.

D. Verfahrensfragen

I. Beweislast

30 Die Beweiskraft dieser Privaturkunde ergibt sich aus §§ 416, 419, 440 ZPO. Derjenige, der sich auf die Gültigkeit des Dreizeugentestaments beruft, trägt hierfür die Beweislast.[35] Ebenso trägt derjenige die Beweislast dafür, dass ein unter Verstoß gegen einfache Formvorschriften zustande gekommenes Testament den Erblasserwillen zuverlässig wiedergibt, der sich auf Wirksamkeit des Testaments beruft.[36] Im Erbscheinsverfahren muss die Gültigkeit des Testaments nach §§ 26, 29 FamFG von Amts wegen geprüft werden. Die Feststellungslast trägt der Antragsteller, da bei nicht aufzuklärenden Zweifeln an der Gültigkeit des Testaments der Antrag auf Erteilung des Erbscheins abgewiesen wird.[37]

II. Mängel

31 Die Rechtsfolgen von Mängeln sind auch beim Dreizeugentestament nicht sämtlich geklärt. Bisher wurden die folgenden Fallgestaltungen entschieden:

1. Unbeachtliche Mängel

32 Geschehen bei der **Abfassung der Niederschrift** Formverstöße, sind diese unbeachtlich, soweit mit Sicherheit anzunehmen ist, dass das Testament eine zuverlässige Wiedergabe der Erklärung des Erblassers enthält (Abs. 3 S. 2 i.V.m. § 2249 Abs. 6 BGB). Bei dem Dreizeugentestament ist die Rspr. im Hinblick auf die Bewertung von Verletzungen der Anwesenheitspflichten großzügiger als bei öffentlichen Testamenten.[38]

33 **Unschädlich** sind Formfehler, die mit der Niederschrift in irgendeinem Zusammenhang stehen, solange sie eine verlässliche Wiedergabe des letzten Willens des Erblassers gewährleistet.[39] Ebenso sind Verstöße gegen § 26 BeurkG unbeachtlich.[40]

34 Unbeachtlich ist z.B. die Nichtfeststellung der Schreibunfähigkeit des Erblassers nach § 2249 Abs. 1 S. 6 BGB.[41] Daneben sind fehlende Angaben über **Ort** und **Zeit** ebenso unbeachtlich wie die ungenaue Bezeichnung des Erblassers und der übrigen mitwirkenden Personen. Das Vorlesen und das Genehmigen dürfen mangels Kontrollmöglichkeit nicht durch ein lautes Diktat ersetzt werden.[42] Die fehlende Unterschrift von einem oder zwei Zeugen ist unschädlich, wenn dennoch mit Sicherheit anzunehmen ist, dass das Testament den Erblasserwillen zuverlässig wiedergibt.[43] Fehlen die Unterschriften sämtlicher Zeugen, führt dies ebenfalls nicht zur Nichtigkeit des Testaments, wenn diese Unterschriften unverzüglich nachgeholt werden.[44]

2. Teilweise Nichtigkeit

35 Wurden im Testament Bedachte als Zeugen hinzugezogen, ist das Testament auch hier nur im Hinblick auf die entsprechende Zuwendung unwirksam. Dies folgt aus der Anwendung des § 7 BeurkG („insoweit"), auf den Abs. 3 S. 2 verweist.

---

35 MüKo/*Sticherling*, § 2250 Rn 20 und 21.
36 Soergel/*Deuschl*, § 2250 Rn 18.
37 Vgl. dazu NK-BGB/*Kroiß*, § 2250 Rn 22.
38 BGH NJW 1962, 1149 B.
39 MüKo/*Sticherling*, § 2250 Rn 17.
40 Bamberger/Roth/Hau/Poseck/*Litzenburger*, § 2250 Rn 8.
41 BayObLGZ 1979, 232, 238.
42 Soergel/*Deuschl*, § 2250 Rn 15.
43 BGHZ 115, 169.
44 BayObLGZ 1979, 232; Soergel/*Deuschl*, § 2250 Rn 16.

3. Zur Nichtigkeit führende Mängel

36 Mängel führen dagegen auch beim Dreizeugentestament grundsätzlich zur Nichtigkeit des Testaments, wenn wesentliche Voraussetzungen des **Errichtungsakts** nicht erfüllt werden. Der Mangel der Erklärung des letzten Willens des Erblassers zieht die Unwirksamkeit des Testaments ebenso nach sich wie das Unterlassen der Fertigung der Niederschrift zu Lebzeiten des Erblassers und Verstöße gegen § 6 Abs. 1 Nr. 1–3 BeurkG, auf den Abs. 3 S. 2 verweist. Auch die fehlende Bestimmbarkeit der Person der Zeugen und des Erblassers führt nach Abs. 3 S. 2 i.V.m. § 9 Abs. 1 Nr. 1 BeurkG zur Nichtigkeit. Die mangelnde Unterschriftsleistung der Zeugen und des schreibfähigen Erblassers führt zur Nichtigkeit der Niederschrift. Unterschreiben dagegen nur die Zeugen nicht, kann deren Unterschrift bis zur Eröffnung des Testaments nachgeholt werden.[45]

37 Auch die fehlende ständige Anwesenheit der drei **Zeugen** führt zur Nichtigkeit der letztwilligen Verfügung.[46] Wirken keine oder nur zwei Zeugen oder nur ein Zeuge mit, führt dies ebenso zur Nichtigkeit. Das Testament ist darüber hinaus nichtig, wenn weder subjektiv nach Überzeugung des Bürgermeisters oder der Zeugen noch objektiv die örtliche Absperrung vorlag.[47] Im Hinblick auf die nahe Todesgefahr müssen für die Wirksamkeit des Testaments alle Zeugen subjektiv davon ausgehen, dass dieselbe bestand (falls die nahe Todesgefahr objektiv nicht bestand, bleibt das Testament gleichwohl wirksam).[48] Wird die Niederschrift nicht vorgelesen oder nicht vom Erblasser genehmigt, sind das ebenso Nichtigkeitsgründe.[49] Einem hörbehinderten Erblasser muss zwingend die Niederschrift zur Durchsicht vorgelegt werden (Abs. 3 S. 2 i.V.m. § 23 BeurkG).

III. Gemeinschaftliches Testament

38 Ehegatten und eingetragene Lebenspartner können das Dreizeugentestament auch als gemeinschaftliches Testament nach §§ 2265, 2266 BGB, § 10 Abs. 4 S. 1 LPartG errichten. Dabei ist es nach § 2266 BGB ausreichend, wenn die Voraussetzungen des § 2250 BGB bei einem Ehegatten bzw. Lebenspartner vorliegen. Beide Ehegatten/Lebenspartner müssen während der gesamten Verhandlung anwesend sein, die Niederschrift muss die Erklärung beider Ehegatten bzw. Lebenspartner enthalten und von beiden unterschrieben sein. Die Ehegatten/Lebenspartner können jedoch keinen „Noterbvertrag“ schließen (§ 2276 Abs. 1 BGB).

§ 2251 Nottestament auf See

Wer sich während einer Seereise an Bord eines deutschen Schiffes außerhalb eines inländischen Hafens befindet, kann ein Testament durch mündliche Erklärung vor drei Zeugen nach § 2250 Abs. 3 errichten.

Übersicht: Rdn

45 Vgl. MüKo/*Sticherling*, § 2250 Rn 16.
46 MüKo/*Sticherling*, § 2250 Rn 18; Soergel/*Deuschl*, § 2250 Rn 10.
47 Bamberger/Roth/Hau/Poseck/*Litzenburger*, § 2250 Rn 2.
48 Bamberger/Roth/Hau/Poseck/*Litzenburger*, § 2250 Rn 3.
49 BGHZ 115, 169.

A. Allgemeines

1 Auch auf Schiffen, in denen i.d.R. weder ein Notar noch ein Bürgermeister greifbar sein wird, wollte der Gesetzgeber dem Erblasser die Errichtung eines Testaments ermöglichen. Eine Notlage ist im Unterschied zu §§ 2249, 2250 BGB nicht erforderlich.[1] Da sich der Anwendungsbereich des § 2251 BGB weitgehend (bis auf die Notlage) mit dem des § 2250 Abs. 1 BGB überschneidet, wird § 2251 BGB keine große praktische Bedeutung eingeräumt.[2] Auch das Seetestament ist ein Nottestament (auch wenn keine Notlage vorliegt), das grundsätzlich nur eine bestimmte Gültigkeitsdauer hat (§ 2252 Abs. 1 BGB).

B. Tatbestand

I. Seereise außerhalb eines inländischen Hafens

2 Der Erblasser muss sich auf einer Seereise außerhalb eines inländischen Hafens befinden.[3] Hierunter ist eine Fahrt von gewisser Dauer[4] in den Küstengewässern oder auf offener See[5] zu verstehen. Die Mindestdauer der Seereise, die zur Errichtung eines Seetestaments berechtigt, ist davon abhängig, ob es **erforderlich** ist, die erleichterte Form des Seetestaments in Anspruch zu nehmen.[6] Dabei beginnt die Seereise mit dem Ablegen vom Hafen; sie endet in dem Moment, in dem der Erblasser an einem deutschen oder ausländischen Hafen an Land geht.[7] Der Aufenthalt im ausländischen Hafen vor Verlassen des Schiffes zählt noch zur Seereise.[8] Die Staatsangehörigkeit des Erblassers ist dabei unerheblich.[9]

II. Deutsches Schiff

3 Der Erblasser muss sich an Bord eines deutschen Schiffes befinden. Die Frage, ob ein deutsches Schiff vorliegt, ist nach dem Flaggenrechtsgesetz (FlRG) zu beantworten. Nach §§ 1–3 FlRG muss das betreffende Schiff im Eigentum eines deutschen Staatsangehörigen oder einer ihm gleichgestellten Person stehen. Das Schiff muss nicht im deutschen Schiffsregister eingetragen sein; es muss auch kein Schiffszertifikat oder Flaggenzeugnis haben.[10] Zu beachten ist, dass ein deutsches Schiff auch dann deutsches Hoheitsgebiet bleibt, wenn es in einem ausländischen Hafen ankert. Daher kann in dieser Situation an Bord des Schiffes nicht nach dem Recht des Staates testiert werden,

1 NK-BGB/*Kroiß*, § 2251 Rn 1.
2 Reimann/Bengel/Dietz/Sammet/*Voit*, § 2251 Rn 2.
3 NK-BGB/*Kroiß*, § 2251 Rn 2.
4 Keine „Vergnügungs- oder Angelfahrt", Reimann/Bengel/Dietz/Sammet/*Voit*, § 2251 Rn 3.
5 Nicht auf Binnengewässern; a.A. Soergel/*Deuschl*, § 2251 Rn 2: auch Durchquerung von Binnengewässern.
6 So Soergel/*Deuschl*, § 2251 Rn 2.
7 MüKo/*Sticherling*, § 2251 Rn 4.
8 Soergel/*Deuschl*, § 2251 Rn 4.
9 Reimann/Bengel/Dietz/Sammet/*Voit*, § 2251 Rn 3.
10 MüKo/*Sticherling*, § 2251 Rn 3.

in dessen Hafen das Schiff liegt.[11] Erblasser auf Schiffen von **ausländischen Eigentümern** können nach dem Recht der Flagge oder ggf. nach dem Ortsrecht des ausländischen Hafens testieren.[12] Keine Schiffe i.S.d. Vorschrift stellen Flugzeuge oder Luftschiffe dar.[13] Die Voraussetzungen der Analogie sind nicht gegeben, da der Terminus des „Fahrzeugs", der in der früheren Gesetzesfassung verwendet wurde, aufgegeben wurde. In einem Flugzeug kann der Erblasser ein Drei-Zeugen- oder ein privatschriftliches Testament errichten. Auch Bohrinseln oder fest verankerte Schiffe (z.B. Feuerschiffe) sind keine Schiffe i.S.v. § 2251 BGB.[14]

III. Keine Notlage erforderlich

4 Im Unterschied zu §§ 2249, 2250 BGB erfordert § 2251 BGB keine Notlage, um ein Seetestament errichten zu können, insbesondere keine Lebensgefahr oder Seenot.[15] Aus diesem Grunde kann der Erblasser selbst dann auf dem Schiff vor drei Zeugen ein Testament errichten, wenn ein Notar auf dem Schiff greifbar wäre.[16]

IV. Zur Mitwirkung erforderliche Personen

5 Drei Zeugen müssen während der gesamten Verhandlung anwesend sein. (vgl. § 2250 Rdn 13 f. Eine Mitwirkung der Schiffsbesatzung, insbesondere des Kapitäns, ist nicht erforderlich.[17]

V. Testamentserrichtung

6 Das Seetestament ist in der Form des § 2250 Abs. 3 BGB, d.h. durch mündliche Erklärung des Erblassers vor den drei Zeugen mit anschließender Niederschrift, Verlesung, Genehmigung und Unterzeichnung, zu errichten (vgl. hierzu die Kommentierung zu § 2250).

7 Die EuErbVO, die auf nach dem 17.8.2015 eintretende Erbfälle anwendbar ist, trifft keine Aussagen zu Nottestamenten. Es gilt Art. 24 Abs. 1, 2 EuErbVO, wonach auf Verfügungen von Todes wegen (außer Erbverträgen) grundsätzlich das Recht des letzten gewöhnlichen Aufenthalts anwendbar ist (Art. 21 Abs. 1 EuErbVO), es sei denn, es ergibt sich aus den Gesamtumständen eine offensichtlich engere Verbindung zu einem anderen Staat (Art. 21 Abs. 2 EuErbVO) oder es erfolgte die Wahl eines bestimmten Rechts, grundsätzlich das der Staatsangehörigkeit (Art. 24 Abs. 2 i.V.m Art. 22 EuErbVO). Bisher hat der Gesetzgeber keine durch die Anwendbarkeit der EuErbVO motivierte Änderung von § 2251 BGB in Betracht gezogen.

C. Rechtsfolgen

I. Privaturkunde

8 Das **Seetestament** stellt – wie das Drei-Zeugen-Testament nach § 2250 Abs. 1 Alt. 2, Abs. 2 BGB – eine Privaturkunde dar. Damit ist zum Nachweis der Erbfolge stets ein Erbschein erforderlich.[18] Die besondere amtliche Verwahrung des Testaments ist auch hier auf Verlangen des Erblassers möglich (§ 2248 BGB).

---

11 Reimann/Bengel/Dietz/Sammet/*Voit*, § 2251 Rn 3.
12 Soergel/*Deuschl*, § 2251 Rn 6.
13 MüKo/*Sticherling*, § 2251 Rn 3; Soergel/*Deuschl*, § 2251 Rn 3.
14 Bamberger/Roth/Hau/Poseck/*Litzenburger*, § 2251 Rn 2.
15 MüKo/*Sticherling*, § 2251 Rn 4.
16 Bamberger/Roth/Hau/Poseck/*Litzenburger*, § 2251 Rn 2.
17 Soergel/*Deuschl*, § 2251 Rn 5.
18 MüKo/*Sticherling*, § 2251 Rn 7.

II. Gültigkeitsdauer

Nach § 2252 BGB hat das Seetestament nur eine Gültigkeitsdauer von drei Monaten. Verstirbt der Erblasser nicht innerhalb dieser drei Monate, wird das Testament ungültig. Er hat ggf. ein Anfechtungsrecht nach § 2078 Abs. 2 BGB, wenn er über die Gültigkeitsdauer des Testaments geirrt hat.[19] 9

D. Verfahrensfragen

I. Beweislast

Die Beweiskraft dieser Privaturkunde ergibt sich aus §§ 416, 419, 440 ZPO. Die Erbfolge kann nicht über das Seetestament nachgewiesen werden; es ist ein Erbschein erforderlich.[20] 10

II. Mängel

Im Hinblick auf die Mängel und deren Folgen vgl. § 2250 Rdn 31 ff. 11

§ 2252 Gültigkeitsdauer der Nottestamente

(1) Ein nach § 2249, § 2250 oder § 2251 errichtetes Testament gilt als nicht errichtet, wenn seit der Errichtung drei Monate verstrichen sind und der Erblasser noch lebt.
(2) Beginn und Lauf der Frist sind gehemmt, solange der Erblasser außerstande ist, ein Testament vor einem Notar zu errichten.
(3) Tritt im Falle des § 2251 der Erblasser vor dem Ablauf der Frist eine neue Seereise an, so wird die Frist mit der Wirkung unterbrochen, dass nach Beendigung der neuen Reise die volle Frist von neuem zu laufen beginnt.
(4) Wird der Erblasser nach dem Ablauf der Frist für tot erklärt oder wird seine Todeszeit nach den Vorschriften des Verschollenheitsgesetzes festgestellt, so behält das Testament seine Kraft, wenn die Frist zu der Zeit, zu welcher der Erblasser nach den vorhandenen Nachrichten noch gelebt hat, noch nicht verstrichen war.

Übersicht: Rdn

A. Allgemeines

Die Vorschrift des § 2252 BGB ist auf alle nach §§ 2249–2251 BGB errichteten Nottestamente anwendbar.[1] Der Grund für die zeitliche Beschränkung der Gültigkeitsdauer der Nottestamente liegt in der besonderen Situation ihrer Errichtung als sog. vorläufige 1

19 RGZ 104, 320.
20 Soergel/*Deuschl*, § 2251 Rn 7.
1 Soergel/*Deuschl*, § 2252 Rn 1.

letztwillige Verfügungen.[2] Zwar erlaubt der Gesetzgeber die Errichtung von Nottestamenten und damit die Durchbrechung der üblicherweise vorgesehenen Formvorschriften für Testamente. Im Gegenzug jedoch haben die Nottestamente nur eine kurze Gültigkeitsdauer, da nach Verstreichen der Notsituation ein gewöhnliches Testament errichtet werden könnte.[3]

B. Gültigkeitsdauer

I. Grundsätzliches

2 Grundsätzlich sind die nach §§ 2249–2251 BGB errichteten Nottestamente nach Abs. 1 nur drei Monate gültig. Die Errichtung eines Testaments ist beendet, wenn der Erblasser die Niederschrift unterzeichnet hat oder wenn (bei Schreibunfähigkeit) die Zeugen den Vermerk über die Schreibunfähigkeit unterschrieben haben.[4] Verstirbt einer der Ehegatten/Lebenspartner innerhalb von drei Monaten, nachdem ein **gemeinschaftliches Testament** nach § 2249 BGB oder § 2250 BGB errichtet wurde, bleibt das Testament wirksam.[5] Selbst wenn die Voraussetzungen für die Errichtung des Nottestaments nicht vorlagen und einer der Ehegatten/Lebenspartner in diesem Zeitraum verstarb, ist das Testament wirksam, da ansonsten der Bindungswirkung wechselbezüglicher Verfügungen nicht Rechnung getragen werden kann.[6]

II. Berechnung der Frist

3 Die **Berechnung** der **Frist** erfolgt nach den allg. Vorschriften §§ 187 Abs. 1, 188 Abs. 2 BGB. Der Tag, an dem das Testament errichtet wurde, wird daher nicht mitgerechnet.[7] § 193 BGB findet keine Anwendung. Damit verlängert sich die Frist nicht, wenn das Fristende auf einen Sonntag, Feiertag oder Samstag fällt. Bei einem Nottestament nach § 2250 Abs. 1 BGB beginnt die Frist erst an dem auf den Wegfall der Absperrung folgenden Tag, bei einem Seetestament am Tag nach Beendigung der Seereise.[8] Das **Fristende** tritt mit Ablauf des Tages des letzten Monats ein, dessen Zahl dem Tag entspricht, an dem das Testament errichtet wurde.[9]

III. Hemmung der Frist

4 Nach Abs. 2 sind Beginn und Lauf der Frist gehemmt, wenn der Erblasser außerstande ist, ein Testament vor einem Notar zu errichten. Die Gelegenheit, vor einem deutschen Konsul **im Ausland** ein Testament zu errichten, beendet nicht die Hemmung der Frist.[10] Der vom Gesetzgeber verwandte Terminus „außerstande" ist grundsätzlich im Wortsinne zu verstehen, d.h. eine nur erhebliche Schwierigkeit, einen Notar zu erreichen, reicht für die Hemmung der Frist grundsätzlich nicht aus. Eine Ausnahme besteht im Fall der Absperrung nach § 2250 Abs. 1 BGB. Hier genügt eine erhebliche Erschwerung.[11]

---

2 MüKo/*Sticherling*, § 2252 Rn 1.
3 Soergel/*Deuschl*, § 2252 Rn 2.
4 Bamberger/Roth/Hau/Poseck/*Litzenburger*, § 2252 Rn 1.
5 KGJ 51, 87, 89.
6 Soergel/*Deuschl*, § 2252 Rn 3; Reimann/Bengel/Dietz/Sammet/*Voit*, § 2252 Rn 5.
7 MüKo/*Sticherling*, § 2252 Rn 2; Soergel/*Deuschl*, § 2252 Rn 4.
8 Bamberger/Roth/Hau/Poseck/*Litzenburger*, § 2252 Rn 1.
9 MüKo/*Sticherling*, § 2252 Rn 2.
10 MüKo/*Sticherling*, § 2252 Rn 4; Bamberger/Roth/Hau/Poseck/*Litzenburger*, § 2252 Rn 1; a.A. NK-BGB/*Kroiß*, § 2252 Rn 3; Soergel/*Deuschl*, § 2252 Rn 4, mit dem guten Argument, dass ein Seetestament eines Emigranten sonst „jahrzehntelang wirksam bleiben" würde, kehrte der Emigrant nicht nach Deutschland zurück.
11 Soergel/*Deuschl*, § 2252 Rn 4.

IV. Unterbrechung der Frist

Die Drei-Monats-Frist wird nach Abs. 3 im Hinblick auf Seetestamente nach § 2251 BGB „unterbrochen" (in der Terminologie des Schuldrechtsreformgesetzes müsste es i.S.v. § 212 BGB heißen „die Verjährung beginnt erneut"), wenn der Erblasser eine **neue Seereise** antritt. Dabei darf es sich nicht nur um die Fortsetzung der alten Seereise handeln. In diesem Fall würde die Frist lediglich nach Abs. 2 gehemmt.[12] Es kommt nicht darauf an, ob der Erblasser die neue Seereise von einem inländischen oder ausländischen Hafen aus antritt.[13] 5

V. Todeserklärung/Feststellung der Todeszeit nach Verschollenheitsgesetz

Wird der Erblasser nach dem Ablauf der Frist **für tot erklärt**, bestimmt Abs. 4, dass das Testament in Kraft bleibt, wenn der Erblasser nach den vorhandenen Nachrichten innerhalb der Frist gelebt hat. Die Todes- und Lebensvermutungen der §§ 9 Abs. 1, 10, 44 Abs. 2 VerschG greifen nicht. Die Vermutung, dass der Verschollene zum festgestellten, nach dem Ablauf der Drei-Monats-Frist liegenden Zeitpunkt gestorben ist, soll also nicht dazu führen, dass das Nottestament unwirksam wird, obwohl der Erblasser nach den vorhandenen Nachrichten innerhalb der Frist (und nicht darüber hinaus) lebte.[14] Ist jedoch eine Nachricht vorhanden, aus der sich ergibt, dass der Erblasser nach Ablauf der Frist noch am Leben war, ist Abs. 1 anwendbar und das Testament damit unwirksam.[15] 6

C. Rechtsfolgen

Verstirbt der Erblasser vor Ablauf der Drei-Monats-Frist, ist das errichtete Nottestament wirksam. Sind seit der Errichtung des Testaments dagegen drei Monate verstrichen und lebt der Erblasser noch, so wird mit der Folge **ex tunc** fingiert, dass das jeweilige Nottestament nicht errichtet wurde.[16] Ein in einem Nottestament enthaltener **Widerruf eines früheren Testaments** wird mit Fristablauf unwirksam. Damit erlangt das frühere Testament wieder Wirksamkeit.[17] Dasselbe gilt für Aufhebungen nach § 2258 Abs. 1 BGB. 7

D. Verfahrensfragen

I. Beweislast

Derjenige, der die Wirksamkeit eines Nottestaments behauptet, trägt die **Darlegungs- und Beweislast** dafür, dass der Erblasser noch vor Fristablauf verstorben ist.[18] Wird dagegen von einer Partei bestritten, dass der Erblasser vor dem Ende der Frist verstorben ist, trägt die Darlegungs- und Beweislast derjenige, der das Nottestament für ungültig hält. Ist unstr., dass der Erblasser die Drei-Monats-Frist überlebt hat, trägt derjenige die Beweislast für die Wirksamkeit des Testaments (was wegen Hemmung/Unterbrechung der Frist möglich ist), der Rechte aus demselben herleiten will.[19] Dies gelte auch für den Fall des Abs. 4; d.h. in diesem Fall muss der Begünstigte ein Lebenszeichen des Erblassers nach Ablauf der Drei-Monats-Frist nachweisen.[20] Um- 8

---

12 MüKo/*Sticherling*, § 2252 Rn 5; Reimann/Bengel/Dietz/Sammet/*Voit*, § 2252 Rn 8.
13 Soergel/*Deuschl*, § 2252 Rn 5.
14 Soergel/*Deuschl*, § 2252 Rn 6.
15 MüKo/*Sticherling*, § 2252 Rn 6.
16 Soergel/*Deuschl*, § 2252 Rn 3.
17 MüKo/*Sticherling*, § 2252 Rn 3.
18 Bamberger/Roth/Hau/Poseck/*Litzenburger*, § 2252 Rn 5.
19 MüKo/*Sticherling*, § 2252 Rn 9; Soergel/*Deuschl*, § 2252 Rn 7.
20 Soergel/*Deuschl*, § 2252 Rn 7.

fasst von der Darlegungs- und Beweislast sind die Fragen des Fristbeginns und der Hemmung sowie die des Todestags oder der letzten Nachricht.[21]

II. Heilung

9 Zu beachten ist jedoch, dass ein ungültig gewordenes Nottestament durchaus als **privatschriftliches Testament** aufrechterhalten werden kann, wenn dessen Voraussetzungen gegeben sind. Das ist insbesondere bei Übergabe einer Schrift i.R.d. Bürgermeistertestaments denkbar. Die Aufrechterhaltung als privatschriftliches Testament scheidet jedoch aus, wenn der Erblasserwille die Errichtung eines absichtlich zeitlich beschränkten Testaments erkennen lässt.[22]

10 Eine Anfechtung des Testaments ist nach § 2078 Abs. 2 BGB denkbar, wenn der Erblasser irrig annahm, dass das Testament mit Ablauf der Drei-Monats-Frist nicht unwirksam wird, und er daher das Nottestament errichtete.[23]

§ 2253 Widerruf eines Testaments

Der Erblasser kann ein Testament sowie eine einzelne in einem Testament enthaltene Verfügung jederzeit widerrufen.

Literatur

Baumann, Widerrufs- und Widerspruchstestamente, ErbR 2022, 452; *Roth*, Tücken der Testamentsrücknahme aus amtlicher Verwahrung, NJW-Spezial 2016, 103.

Übersicht: Rdn

A. Freies Widerrufsrecht

1 Die Möglichkeit des jederzeitigen Widerrufs eines Testaments ist Ausdruck der verfassungsrechtlich garantierten Testierfreiheit, Art. 14 Abs. 1 GG.[1] Mit Ausnahme von wechselbezüglichen Verfügungen in gemeinschaftlichen Testamenten (§ 2271 BGB) und vertragsmäßig bindenden Verfügungen in Erbverträgen (§§ 2253, 2289 ff. BGB) kann der Erblasser daher ein Testament oder einzelne in einem Testament enthaltene Verfügungen jederzeit widerrufen (**Widerrufstestament**). So wie die Errichtung des Testaments setzt auch der Widerruf eines Testaments beim Erblasser Testierfähigkeit voraus. Nach § 2257 BGB kann ebenso der Widerruf einer letztwilligen Verfügung selbst widerrufen werden. Ferner ist der Widerruf nach § 2078 BGB anfechtbar. Dies gilt auch für die Fälle der §§ 2255, 2256 und 2272 BGB.[2]

B. Widerrufsmöglichkeiten

2 Der Widerruf einer letztwilligen Verfügung kann lediglich auf vier verschiedene Arten und Weisen geschehen (sog. Numerus clausus der Widerrufsformen): So kann der

---

21 Bamberger/Roth/Hau/Poseck/*Litzenburger*, § 2252 Rn 5.

22 Sog. zeitlich befristeter Testierwille, Soergel/*Deuschl*, § 2252 Rn 3; MüKo/*Sticherling*, § 2252 Rn 8; RGZ 104, 320; Reimann/Bengel/Dietz/Sammet/*Voit*, § 2252 Rn 5.

23 MüKo/*Sticherling*, § 2252 Rn 7.

1 BVerfG, Beschl. v. 14.12.1994 – 1 BvR 720/90, BVerfGE 91, 346–366; BVerfG, Kammerbeschl. v. 3.7.1998 – 1 BvR 434/98, NJW 1998, 2964 f.

2 BayObLG, Beschl. v. 22.12.1960 – BReg. 1 Z 8/1960, BayObLGZ 1960, 490.

Erblasser eine letztwillige Verfügung nach § 2254 BGB durch ein sog. **Widerrufstestament** (§ 2254 BGB) und durch **Vernichtung** oder **Veränderung** der Testamentsurkunde (§ 2255 BGB) widerrufen. Ferner wird ein früheres Testament durch die Errichtung eines weiteren Testaments aufgehoben, soweit das spätere Testament mit dem früheren Testament im **Widerspruch** (Widerspruchstestament) steht (§ 2258 BGB).[3] Letztlich gilt die **Rücknahme** eines öffentlichen Testaments aus der besonderen **amtlichen Verwahrung** nach § 2256 BGB als Widerruf.[4]

Die Formen des Widerrufs sind abschließend geregelt. Möglich ist allerdings, den Widerruf unter eine Bedingung oder Befristung zu stellen oder einzelne Anordnungen innerhalb der Verfügung von Todes wegen auflösend bedingt auszugestalten, §§ 2074 ff. BGB. 3

Ein Widerruf der letztwilligen Verfügung ist jederzeit möglich. Dies gilt jedenfalls so lange, wie der Erblasser selbst testierfähig ist. Nach diesem Grundsatz kann also auch eine unter Betreuung stehende Person, jedenfalls solange Testierfähigkeit noch gegeben ist, grundsätzlich ein bereits errichtetes Testament widerrufen. 4

Eine Stellvertretung beim Widerruf ist infolge des Grundsatzes des actus contrarius zur Testamentserrichtung und des damit verbundenen Gebots der Höchstpersönlichkeit nicht möglich.[5] 5

C. Rechtsfolgen

Ist der Widerruf wirksam erklärt, dann gilt die widerrufene letztwillige Verfügung im Zeitpunkt des Erbfalls (ganz oder teilweise) als beseitigt.[6] Das Erbrecht beruht auch dann auf dem späteren Widerrufstestament, wenn in diesem die widerrufsfreie Erbfolge erneut angeordnet wird. Wird daher in einem späteren handschriftlichen Testament eine Erbfolge bestimmt und damit eine in einem notariellen Testament angeordnete Vorerbschaft widerrufen, ist das handschriftliche Testament für die Frage maßgebend, ob ein Erbschein zur Umschreibung des Grundbuchs benötigt wird, auch dann, wenn beide Male dieselbe Person Erbe ist.[7] Ein teilweise widerrufenes Testament kann dann als Eintragungsgrundlage dienen, wenn sich durch Auslegung ergibt, dass das Widerrufstestament den Fortbestand der Erbeinsetzung aus dem früheren Testament nicht berührt.[8] 6

Die Beweislast für den wirksamen Widerruf trägt derjenige, der das widerrufene Testament nicht gegen sich gelten lassen will.[9] Will hingegen der aufgrund einer angeblich widerrufenen Verfügung von Todes wegen Begünstigte den Widerruf unter Berufung auf einen Ausnahmetatbestand nicht hinnehmen, so hat er das Vorliegen des streitigen Ausnahmetatbestands nachzuweisen. 7

Den aus einer nachgewiesenermaßen widerrufenen Verfügung von Todes wegen Bedachten trifft die Beweislast für das Vorliegen eines Ausnahmetatbestands, wenn die Gültigkeit des Widerrufs aufgrund des Vorliegens eines Ausnahmetatbestands streitig ist.

---

3 RG, Urt. v. 11.5.1922 – IV 331/21, RGZ 104, 320 (323).
4 OLG Frankfurt a.M., Beschl. v. 20.7.2021 – 20 W 9/20, ZEV 2022, 146 ff.; *Roth*, NJW-Spezial 2016, 103.
5 MüKo/*Sticherling*, § 2253 Rn 6; *Baumann*, ErbR 2022, 452.
6 RG, Urt. v. 11.5.1922 – IV 331/21, RGZ 104, 320; MüKo/*Sticherling*, § 2253 Rn 6.
7 BayObLG, Beschl. v. 15.10.1992 – 2Z BR 90/92, FamRZ 1993, 605.
8 BayObLG, Beschl. v. 23.10.1986 – BReg. 2 Z 107/86, MittBayNot 1987, 43.
9 MAH ErbR/*Siegmann*/*Scheuing*, § 9 Rn 33.

§ 2254 Widerruf durch Testament

Der Widerruf erfolgt durch Testament.

Literatur

Baumann, Widerrufs- und Widerspruchstestamente, ErbR 2022, 452; *Roth*, Tücken der Testamentsrücknahme aus amtlicher Verwahrung, NJW-Spezial 2016, 103.

A. Widerrufstestament

1 § 2254 BGB regelt das sog. Widerrufstestament. Das **Widerrufstestament**, welches eine vorangegangene letztwillige Verfügung widerruft, bedarf grundsätzlich der **Form** einer letztwilligen Verfügung.[1] Es muss allerdings nicht in der gleichen Form wie das widerrufene Testament errichtet werden.[2]

2 Entspricht der Widerruf nicht der **Form** einer letztwilligen Verfügung, bspw. wegen eines Ungültigkeitsvermerks,[3] bleibt zu prüfen, ob nicht ein Widerruf auf Grundlage des § 2255 BGB vorliegt. Kein Widerruf liegt hingegen vor, wenn der Erblasser den Verlust eines Testaments billigt.[4]

3 Da das Widerrufstestament selbst eine letztwillige Verfügung von Todes wegen ist, muss der Erblasser nach § 2229 BGB **testierfähig** sein und das Widerrufstestament mit **Testierwillen** errichtet haben.[5] Von einem Widerrufstestament erfasst sind neben Einzeltestamenten auch einseitige Verfügungen in einem gemeinschaftlichen Testament oder einem Erbvertrag (§ 2299 BGB); ansonsten sind bei vertragsmäßigen Verfügungen die Vorschriften der §§ 2293 ff. BGB und bei wechselbezüglichen Verfügungen § 2271 BGB zu beachten. Sofern dem längerlebenden Ehegatten bei einem Ehegattentestament der Widerruf wechselseitiger Verfügungen per Öffnungsklausel vorbehalten war, kann dieser Widerruf ebenfalls nur durch Errichtung eines Testaments erfolgen.[6] Widerrufen die Eheleute ein gemeinschaftliches Testament in getrennten Urkunden, so muss der Wille beider Ehegatten zum gemeinschaftlichen Testieren sich aus beiden Urkunden zumindest andeutungsweise ergeben (sog. gemeinschaftliches Widerrufstestament in getrennten Urkunden).[7]

4 Ein widerrufenes handschriftliches Testament kann durch einen Zusatz dann wieder Gültigkeit erlangen, wenn der Zusatz neu unterschrieben wird.[8] Das gilt allerdings nicht für die erneute Unterschrift unter der beglaubigten Abschrift eines wirksam widerrufenen notariellen Testaments.[9] In einem handschriftlichen Testament ist ein unterhalb der Unterschrift später angebrachter Zusatz, der die ursprüngliche Verfü-

1 OLG Köln, Beschl. v. 26.4.1968 – 2 Wx 9/68, OLGZ 1968, 324; OLG Stuttgart, Beschl. v. 25.2.1986 – 8 W 553/85, NJW-RR 1986, 632 zum Widerruf bei Vorbehalt in einer gemeinsamen letztwilligen Verfügung.

2 Grüneberg/*Weidlich*, § 2254 Rn 1.

3 Vgl. LG München I, Urt. v. 22.5.1997 – 16 T 18326/96, FamRZ 1998, 1623.

4 BGH, Urt. v. 10.5.1951 – IV ZR 12/50, NJW 1951, 559.

5 Vgl. dazu, dass der Widerruf nicht im Prozess erklärt werden kann, BGH, Urt. v. 6.5.1959 – V ZR 97/58, FamRZ 60, 30.

6 OLG Stuttgart, Beschl. v. 25.2.1986 – 8 W 553/85, NJW-RR 1986, 632.

7 Vgl. OLG Braunschweig, Beschl. v. 13.3.2006 – 2 W 121/05, ZEV 2007, 178 f.

8 BayObLG, Beschl. 5.6.1992 – 1 Z 21/92, FamRZ 1992, 1353; vgl. aber auch OLG Schleswig, Beschl. v. 20.7.2004 – 3 W Lw 22/04, OLGR Schleswig 2004, 559–561: Eine zuvor errichtete letztwillige Verfügung, mit der der Erblasser einen Dritten als Hoferben eingesetzt hat, kann im Grundsatz nicht durch eine nachfolgende formlose Hoferbenbestimmung nach § 6 Abs. 1 HöfeO wirksam widerrufen werden.

9 OLG München, Beschl. v. 26.1.2022 – 31 Wx 441/21, ZEV 2022, 150.

gung an eine Bedingung knüpft, ohne erneute Unterschrift formunwirksam.[10] Hat der Erblasser auf seinem letzten Testament auf der Rückseite vermerkt, dass alle früheren Verfügungen von Todes wegen aufgehoben würden, kann dies dahingehend ausgelegt werden, dass alle zuvor errichteten Testamente widerrufen sind oder aber auch, dass ein Widerruf des letzten Testaments, auf dessen Rückseite der Vermerk angebracht wurde, ebenfalls mit widerrufen wurde.[11]

B. Inhalt eines Widerrufstestaments

Nach h.M. ist es ausreichend, wenn sich aus der letztwilligen Verfügung der Wille ergibt, ein Testament nicht zur Geltung bringen zu wollen.[12] Hierzu können auch **außerhalb** der **Urkunde** liegende Umstände herangezogen werden.[13] Danach ist ein in Form einer letztwilligen Verfügung errichteter Widerrufsvermerk, dessen Inhalt sich erst i.V.m. einem maschinengeschriebenen Text erkennen lässt, als gültiges Widerrufstestament zu behandeln.[14] Insoweit kann auch auf einen formunwirksamen Teil einer Verfügung Bezug genommen werden.[15] Für die Formwahrung genügt aber nicht, wenn die Verfügung objektiv nicht lesbar ist und ein Widerruf ausschließlich über außerhalb der Urkunde liegende Umstände ermittelt werden kann.[16] 5

Nicht notwendig ist, dass der Erblasser in seinem **Widerrufstestament** auch den Begriff „Widerruf" verwendet.[17] Maßgeblich ist auch hier vor allem die Tatsache, ob sich der eindeutige Wille des Erblassers, eine vorangegangene letztwillige Verfügung zu widerrufen, erkennen lässt.[18] Das Widerrufstestament kann sich inhaltlich auf alle bislang errichteten Verfügungen, auf einzelne oder auch nur auf Teile von letztwilligen Verfügungen beziehen. Bei einer allg. Widerrufsklausel in einem späteren Testament, in dem alle bisherigen Testamente widerrufen werden, ist der Umfang und die Reichweite des Widerrufs durch Auslegung zu ermitteln, bspw. ob dadurch auch handschriftliche Testamente gemeint sind, in denen der Erblasser lediglich ein Vermächtnis angeordnet hat.[19] Wird ein früheres Testament durch ein späteres ganz oder teilweise aufgehoben und wird das spätere Testament widerrufen, so wird das frühere Testament nur dann nicht wieder wirksam, wenn sich der Wille des Erblassers im Zeitpunkt des Widerrufs positiv feststellen lässt, die Wirksamkeit des früheren Testaments nicht wiederherzustellen.[20] 6

Der Erblasser kann auch gleichzeitig im Widerrufstestament die **teilweise** widerrufenen letztwilligen Verfügungen ersetzen. Abzugrenzen ist der Widerruf durch das Testament (§ 2254 BGB) im Verhältnis zum Widerruf durch ein späteres widersprechendes 7

10 OLG München, Beschl. v. 13.9.2011 – 31 Wx 289/11, ZErb 2011, 285–288.
11 BayObLG, Beschl. v. 2.11.1989 – BReg. 1a Z 52/88, NJW-RR 1990, 202.
12 BGH, Urt. v. 8.7.1981 – IVa ZR 188/80, NJW 1981, 2745.
13 BGH, Urt. v. 8.7.1981 – IVa ZR 188/80, NJW 1981, 2745; OLG Düsseldorf, Urt. v. 4.2.2000 – 7 U 23/96, BeckRS 2000, 30094204.
14 BGH, Urt. v. 25.10.1965 – III ZR 47/64, NJW 1966, 201; MAH-Erbrecht/*Siegmann/Scheuing*, § 9 Rn 11.
15 OLG Zweibrücken, Beschl. v. 17.4.2003 – 3 W 48/03, NJW-RR 2003, 872.
16 KG; Beschl. v. 20.3.1998 – 1 W 6045–96, NJW-RR 1998, 1298.
17 OLG Hamm, Beschl. v. 15.9.70 – 15 W 281/70, FHZivR 17 Nr. 3191; BayObLG, Beschl. v. 2.11.1989 – BReg. 1 a Z 52/88, NJW-RR 1990, 202; BayObLG, Beschl v. 24.1.2003 – 1Z BR 14/02, NJW-RR 2003, 659.
18 MüKo/*Sticherling*, § 2254 Rn 4; BayObLG, Beschl. v. 18.3.1965 – BReg. 1 b Z 4/65, NJW 1965, 1276 (1277).
19 Vgl. dazu OLG Naumburg, Urt. v. 28.3.2002 – 11 U 229/01, FamRZ 2003, 407; in der Entscheidung hatte der Erblasser auf einem Grundbuchauszug vermerkt, wer das Grundstück erhalten soll; Staudinger/*Baumann*, § 2254 Rn 12 m.w.N.
20 OLG Köln, Beschl. v. 8.2.2006 – 2 Wx 49/05, FamRZ 2006, 731 f.; MüKo/*Sticherling*, § 2254 Rn 8.

Testament (§ 2258 BGB) dann, wenn der Erblasser im Widerrufstestament nicht alle letztwilligen Verfügungen widerrufen hat und Teile von letztwilligen Verfügungen im Widerrufstestament ersetzt hat. In einem solchen Fall kommt nur eine Aufhebung durch widersprechendes Testament in Betracht.[21]

8 Wie jede letztwillige Verfügung kann der Widerruf durch Widerrufstestament auch unter einer **Bedingung** erfolgen.

§ 2255 Widerruf durch Vernichtung oder Veränderungen

[1]Ein Testament kann auch dadurch widerrufen werden, dass der Erblasser in der Absicht, es aufzuheben, die Testamentsurkunde vernichtet oder an ihr Veränderungen vornimmt, durch die der Wille, eine schriftliche Willenserklärung aufzuheben, ausgedrückt zu werden pflegt. [2]Hat der Erblasser die Testamentsurkunde vernichtet oder in der bezeichneten Weise verändert, so wird vermutet, dass er die Aufhebung des Testaments beabsichtigt habe.

Literatur

Goldkamp, Das verschwundene Testament, ErbR 2022, 111; *Hohmann*, Zum Widerruf durch Einwirkung auf die Testamentsurkunde, ZEV 1996, 271.

Übersicht: Rdn

A. Widerrufsgegenstand

1 Bei § 2255 BGB handelt es sich um einen Ausnahmetatbestand, der einen körperlichen Eingriff oder einen Eingriff in die Schrift eines Testaments als Widerruf gelten lässt. Es handelt sich um einen Fall der konkludenten Widerrufserklärung. Widerrufshandlung i.S.v. § 2255 BGB ist ein **tatsächliches Einwirken** auf die Testamentsurkunde, und zwar auf das Original eines **eigenhändigen** Testaments. Liegen mehrere gleichlautende Originaltestamente vor und verändert oder vernichtet der Erblasser nur eines, kann S. 1 nur für alle Testamente angewendet werden, wenn keinerlei Zweifel am Aufhebungswillen aller besteht.[1] Der Widerrufswille muss sich dabei unzweifelhaft ergeben[2] und kann nicht nach S. 2 vermutet werden,[3] da bspw. die Möglichkeit besteht, dass der Erblasser die gleichlautenden Verfügungen vernichtet hat, um Missverständnissen vorzubeugen.[4]

21 BGH, Urt. v. 8.7.1981 – IVa ZR 188/80, NJW 1981, 2745; BeckOK BGB/*Litzenburger*, § 2254 Rn 5; *Baumann*, ErbR 2022, 452 ff.

1 BayObLG, Beschl. v. 13.6.1990 – BReg. 1 a Z 54/88, NJW-RR 1990, 1480; Staudinger/*Baumann*, § 2255 Rn 21.

2 RG, Urt. v. 7.7.1883 – I 273/83, RGZ 14, 183.

3 BayObLG, Beschl. v. 13.6.1990 – BReg. 1 a Z 54/88, NJW-RR 1990, 1480.

4 Reimann/Bengel/Mayer/*Voit*, § 2255 Rn 11.

Bei einem **öffentlichen Testament**, welches sich in besonderer amtlicher Verwahrung befindet, scheidet eine Widerrufsmöglichkeit nach § 2255 BGB grundsätzlich aus. Hat der Erblasser auf der bei ihm verbliebenen **Ausfertigung** oder **beglaubigten Abschrift** des öffentlichen Testaments Widerrufshandlungen in Form von Streichungen oder Entwertungsvermerken vorgenommen, so führen diese nur dann zum Widerruf, wenn sie in Form einer letztwilligen Verfügung, also eigenhändig, ge- und unterschrieben wurden und danach als Widerrufstestament i.S.v. § 2254 BGB gelten.[5] 2

B. Objektiver Tatbestand (Einwirkungshandlung)

I. Vernichtung

Das Tatbestandsmerkmal **Vernichtung** setzt voraus, dass die Testamentsurkunde durch Zerreißen, Zerschneiden oder durch sonstige Eingriffe auf die **Substanz** der Urkunde vollständig zerstört wird. Kommt es nicht zu einer vollständigen Zerstörung, sondern nur zu einer teilweisen Vernichtung der Urkunde, weil bspw. nur eine bestimmte Stelle aus dem Testament herausgerissen wurde, liegt keine Vernichtung vor, sondern allenfalls eine Veränderung. Ebenso wenig sind ein Verlust der Testamentsurkunde oder eine Nichtauffindbarkeit eine Vernichtung i.S.d. § 2255 BGB, auch nicht die formlose Billigung eines Verlustes.[6] Ein **verlorenes** Testament kann daher nur durch ein Widerrufstestament nach § 2254 BGB oder ein widersprechendes Testament nach § 2258 BGB widerrufen werden.[7] 3

II. Veränderung

Die **Veränderung** einer letztwilligen Verfügung ist ein Eingriff in die Schrift eines Testaments, ohne die Urkunde insgesamt zu zerstören. Im Verhältnis zur Vernichtung einer Testamentsurkunde muss der Eingriff aus objektiver Sicht den Widerrufswillen des Erblassers widerspiegeln. Bejaht wird eine Anwendung von § 2255 BGB danach, wenn der Erblasser Texte durchstreicht, unleserlich macht, wegradiert oder einreißt.[8] Gleiches gilt, wenn er wesentliche Teile des Textes oder die Unterschrift wegschneidet oder wenn er das Testament zerknüllt.[9] Im Zweifelsfall ist jedoch die Frage der Formwirksamkeit von der Frage des Beweiswerts eines Testaments abzugrenzen.[10] Keine Veränderung ist hingegen, wenn das Testament ohne es zu zerknüllen weggeworfen wird.[11] Streicht ein Erblasser den Text seines Testaments und zusätzlich seine Unterschrift komplett durch, so ist davon auszugehen, dass er diese Verfügung widerrufen hat. Dasselbe gilt, wenn der Erblasser einen nicht unterschriebenen Vermerk „Wird noch genannt" durchstreicht und später nicht mehr letztwillig verfügt.[12] Das widerrufene Testament kann jedoch zur Auslegung eines späteren, unvollständig gebliebenen Testaments herangezogen werden, wenn der Erblasser dieses Testament gemeinsam mit dem widerrufenen Testament in einem Umschlag verschlossen und aufbewahrt 4

5 Zur Frage, inwieweit die Vernichtung des Entwurfs eines öffentlichen Testaments als Widerruf gewertet werden kann, vgl. BayObLG, Beschl. v. 21.2.1996 – 1Z BR 35/96, NJW-RR 1996, 1094 ff.

6 BGH, Urt. v. 10.5.1951 – IV ZR 12/50, NJW 1951, 559.

7 *Goldkamp*, ErbR 2022, 111 (113).

8 OLG München, Beschl. v. 13.10.2023 – 33 Wx 73/23e, MittBayNot 2024, 479; OLG München, Beschl. v. 28.1.2020 – 31 Wx 229719, NJW-RR 2020, 329 (besonders sorgfältige Prüfung bei Einreißen von Papier minderer Qualität); BayObLG, Beschl. v. 18.3.1996 – 1Z BR 67/95, ZEV 1996, 272; OLG Düsseldorf, Beschl. v. 29.9.2017 – I-3 Wx 63/16, FGPrax 2018, 31.

9 BayObLG, Beschl. v. 20.3.1980 – BReg. 1 Z 18/80, Rpfleger 80, 283.

10 OLG Hamm, Beschl. v. 14.8.2007 – 15 W 331/06, NJW-RR 2008, 21 ff.

11 BayObLG, Beschl. v. 7.7.1997 – 1Z BR 118/97, NJW-RR 1997, 1302.

12 OLG Stuttgart, Beschl. v. 25.3.2020 – 8 W 104/19, ErbR 2021, 64.

hat.[13] Werden lediglich einzelne Textstellen gestrichen, so führt dies nicht zwingend zum Widerruf der gesamten letztwilligen Verfügung.[14] Bei nicht eigenhändig unterschriebenen Streichungen oder Entwertungsvermerken (ungültig, veraltet etc.) ist zu prüfen, ob sie aus objektiver Sicht den Widerrufswillen der letztwilligen Verfügung bekunden.[15] Ist der Entwertungsvermerk bspw. quer über den gesamten Text geschrieben, so ist von einem Widerruf auszugehen.[16] Gleiches gilt, wenn sich der Ungültigkeitsvermerk am Rande der Urkunde befindet und den Widerrufswillen deutlich erkennbar macht.[17] Ist hingegen ein Entwertungsvermerk lediglich auf dem Umschlag angebracht, in dem sich das Testament befindet, so genügt dies für einen Widerruf nicht,[18] es sei denn, er ist in handschriftlicher Form geschrieben und mit Unterschrift versehen, so dass er einen Widerruf nach § 2254 BGB darstellt.

C. Subjektiver Tatbestand (Aufhebungswille)

5 Auch wenn der Widerruf der letztwilligen Verfügung nach § 2255 BGB durch eine tatsächliche Handlung erfolgt, stellt er eine Willenserklärung dar,[19] die zum Zeitpunkt der Vernichtungshandlung oder Veränderung **Testierfähigkeit** nach § 2229 BGB voraussetzt.[20] Ferner bedarf es unter subjektiven Gesichtspunkten eines **Aufhebungswillens** des Erblassers, so dass eine versehentliche Vernichtung oder Veränderung nicht genügt.[21] Der Erblasser muss auch im Zeitpunkt der Vernichtung oder Veränderung wissen, dass es sich um sein Testament handelt; eine spätere Billigung der Handlung reicht nicht.[22] Die durch den Erblasser gebilligte Vernichtung bzw. Veränderung, die zwar als Widerruf nicht ausreicht, kann aber ein Anfechtungsrecht nach § 2078 BGB darstellen.[23] Eines Anfechtungsrechts bedarf es nicht, wenn der Erblasser irrig annimmt, dass ein irrtümlich vernichtetes Testament unwirksam geworden sei. Hier liegt bereits mangels Widerrufsabsicht kein wirksamer Widerruf vor. Anderes gilt für den Fall, dass der Erblasser ein **formunwirksames** Testament errichtet und das bestehende formwirksame Testament danach vernichtet hat. In diesem Fall ist der Widerruf wegen **Motivirrtums** anfechtbar.[24] Ist ein Testament nicht mehr auffindbar, so ist von einer Vernichtung auszugehen, wenn sich das Testament im Besitz des Erblassers befand und wenn der Erblasser zu seinen Lebzeiten einen Aufhebungswillen kundgetan hat.[25] Nach S. 2 wird der Aufhebungswille vermutet, wenn die Vernichtung oder Veränderung des Testaments durch den Erblasser feststeht.[26] Ist das Testament dagegen ab-

13 BayObLG, Beschl. v. 1.12.2004 – 1Z BR 93/04, NJW-RR 2005, 525: Fortführung und Abgrenzung von BayObLG, Beschl. v. 7.7.1997 – 1Z BR 118/97, BayObLGZ 1997, 209.
14 BayObLG, Beschl. v. 7.7.1997 – 1Z BR 118/97, NJW-RR 1997, 1302.
15 KG, Beschl. v. 31.1.1957 – 1 W 2539/56, NJW 1957, 1364.
16 KG, Beschl. v. 31.1.1957 – 1 W 2539/56, NJW 1957, 1364.
17 KG, Beschl. v. 31.1.1957 – 1 W 2539/56, NJW 1957, 1364; BayObLG, Beschl. v. 12.2.1963 – BReg. 1 Z 35/62, NJW 1963, 1622.
18 BayObLG, Beschl. v. 12.2.1963 – BReg. 1 Z 35/62, BayObLGZ 1963, 31; MüKo/*Sticherling*, § 2255 Rn 7.
19 BGH, Urt. v. 10.5.1951 – IV ZR 12/50, NJW 1951, 559.
20 OLG Düsseldorf, Beschl. v. 30.4.2014 – I-3 Wx 141/13, FGPrax 2014, 165.
21 BayObLG, Beschl. v. 15.5.1990 – BReg. 1a Z 15/90, FamRZ 1990, 1162; OLG Köln, Beschl. v. 8.9.1986 – 2 Wx 49/85, Rpfleger 1986, 224.
22 BGH, Urt. v. 10.5.1951 – IV ZR 12/50, NJW 1951, 559; nicht entschieden in BGH, Urt. v. 14.2.1990 – IV ZR 286/88, NJW-RR 1990, 515.
23 MüKo/*Sticherling*, § 2255 Rn 3.
24 OLG Hamm, Beschl. v. 11.9.2001 – 15 W 224/01, ZEV 2002, 108; a.A. OLG Freiburg, Beschl. v. 17.1.1951 – 2 W 93/50, Rpfleger 1952, 340.
25 BayObLG, Beschl. v. 15.1.1998 – 1Z BR 68/97, NJWE-FER 1998, 109.
26 OLG Rostock, Beschl. v. 19.3.2021 – 3 W 13/18, BeckRS 2021, 25217.

handengekommen oder nicht auffindbar, so trägt derjenige, der sich auf die Vernichtung beruft, die Beweislast dafür, dass der Erblasser das Testament mit Aufhebungswillen vernichtet hat.[27] Gleiches gilt in dem Fall, dass der Erblasser die letztwillige Verfügung nicht eigenhändig vernichtet oder verändert hat. Aus der bloßen Tatsache, dass die Testamentsurkunde unauffindbar ist, lässt sich keine tatsächliche Vermutung oder ein Erfahrungssatz begründen, dass der Erblasser das Testament vernichtet hat.[28] Es müssen zumindest Indizien vorliegen, bspw. der Nachweis einer Willensänderung des Erblassers, um im Zusammenhang mit der Nichtauffindbarkeit des Testaments den Beweis der Vernichtung i.S.d. § 2255 BGB zu erbringen.[29]

D. Höchstpersönliche Veränderung bzw. Vernichtung

Auch wenn der Erblasser grundsätzlich die Einwirkung auf die Urkunde **höchstpersönlich** vornehmen muss, ist anerkannt, dass er sich hierfür eines Dritten bedienen kann, wenn dieser mit seinem Willen die Einwirkung vornimmt.[30] Nicht erforderlich ist, dass dies in Anwesenheit des Erblassers erfolgt.[31] Der Dritte muss hierbei wie ein unselbstständiges Werkzeug des Erblassers handeln. Ihm darf kein Entschluss- und Handlungsspielraum verbleiben.[32] Eine von einem Dritten vorgenommene Einwirkung ohne Willen des Erblassers kann nachträglich nicht genehmigt werden.[33] Der Dritte muss die Einwirkung auch noch zu Lebzeiten des Erblassers vornehmen.[34] Hat der Dritte das Testament nicht widerrufen, weil er selbst in der letztwilligen Verfügung als Erbe bedacht ist, liegen ggf. die Voraussetzungen einer Erbunwürdigkeit vor.[35] 6

E. Gemeinschaftliches Testament

Bei einem gemeinschaftlichen Testament findet § 2255 BGB nur Anwendung, wenn das Testament zu Lebzeiten beider Eheleute und mit **Zustimmung** beider **Eheleute** vernichtet wird. Die spätere Billigung einer von einem Ehegatten vorgenommenen Vernichtung ist nicht ausreichend. Veränderungen kann ein Ehepartner allein nur bei einseitigen, nicht wechselbezüglichen Verfügungen vornehmen. Bei wechselbezüglichen Verfügungen können Veränderungen nur mit Zustimmung des anderen Ehegatten vorgenommen werden. Auch hier genügt die spätere Zustimmung nicht. Ebenso wenig 7

---

27 KG, Beschl. v. 4.2.2021 – 19 W 1118/20, BeckRS 2021, 20326; Schleswig-Holsteinisches OLG, Beschl. v. 12.9.2011 – 3 Wx 44/10, FamRZ 2012, 903 ff. m. Anm. *Lange*, jurisPR-FamR 25/2011 Anm. 5; OLG Naumburg, Beschl. v. 29.3.2012 – 2 Wx 60/11, NJW-Spezial 2012, 391 m. Anm. *Lange*, jurisPR-FamR 13/2012 Anm. 2.

28 OLG Naumburg, Beschl. v. 29.3.2012 – 2 Wx 60/11, FamRZ 2013, 246; OLG Sachsen-Anhalt, Beschl. v. 26.7.2013 – 2 Wx 41/12, BeckRS 2013, 14046 m. Anm. *Slabon*, ErbBstg 2013, 254.

29 OLG Köln, Beschl. v. 31.3.2023 – 11 W 73/21, ErbR 2023, 614; OLG Frankfurt, Beschl. v. 16.2.2021 – 21 W 165/20, ErbR 2022, 230; LG Duisburg, Beschl. v. 29.3.2005 – 7 T 49/05, NJW-RR 2005, 884.

30 BayObLG, Beschl. v. 10.2.1992 – BReg. 1 Z 57/91, FamRZ 1992, 1350.

31 MüKo/*Sticherling*, § 2255 Rn 13; OLG Hamm, Beschl. v. 11.9.2001 – 15 W 224/01, NJW-RR 2002, 222; a.A. Staudinger/*Baumann*, § 2255 Rn 22; OLG Düsseldorf, Beschl. v. 30.4.2014 – I-3 Wx 141/13, FGPrax 2014, 164.

32 BayObLG, Beschl. v. 10.2.1992 – BReg. 1 Z 57/91, FamRZ 92, 1350 (1351); OLG Hamm, Beschl. v. 11.9.2001 – 15 W 224/01, NJW-RR 2002, 222 (223); OLG München, Beschl. v. 11.4.2011 – 31 Wx 33711, FamRZ 2011, 1900 f. = ZEV 2011, 652 f.; hierzu: *Lange*, jurisPR-FamR 15/2011 Anm. 6.

33 MüKo/*Sticherling*, § 2255 Rn 14; OLG München, Beschl. v. 11.4.2011 – 31 Wx 33711, NJW-RR 2011, 945; OLG Stuttgart, Beschl. v. 16.8.2017 – 8 W 71/16, NJW-Spezial 2018, 232.

34 BayObLG, Beschl. v. 10.2.1992 – BReg. 1 Z 57/91, FamRZ 1992, 1350; OLG München, Beschl. v. 11.4.2011 – 31 Wx 33711, FamRZ 2011, 1900 f. = ZEV 2011, 652 f.

35 BGH, Urt. v. 14.2.1990 – IV ZR 286/88, NJW-RR 1990, 515.

kann eine Veränderung nach dem Ableben eines Ehegatten vorgenommen werden. Auch wenn dem überlebenden Ehepartner bei wechselbezüglichen Verfügungen ein Recht zum Widerruf eingeräumt wurde, kann dieses nur durch Testament gem. §§ 2254, 2258 BGB ausgeübt werden und nicht in der Form des § 2255 BGB.[36]

F. Widerruf der Vernichtung oder Veränderung

8 Ein nach § 2055 BGB wirksamer Widerruf kann selbst nicht wieder durch § 2257 BGB widerrufen werden.[37] Gleiches gilt für Realhandlungen, die aus Sicht des Erblassers dazu führen sollten, die Vernichtung oder Veränderung der letztwilligen Verfügung rückgängig zu machen, bspw. das Zusammenkleben eines zerrissenen Testaments.[38] Möglich ist allerdings, dass ein Widerruf nach § 2255 BGB, der als letztwillige Verfügung gilt, nach den §§ 2078 ff. BGB angefochten wird.[39]

G. Beweislast

9 Im **Erbscheinsverfahren** ist von Amts wegen im förmlichen Beweisverfahren[40] festzustellen, ob der Erblasser oder eine in seinem Auftrag handelnde Person die letztwillige Verfügung verändert oder vernichtet hat, wobei hinsichtlich der Höchstpersönlichkeit der Vernichtung oder Veränderung kein strenger Maßstab anzulegen ist.[41] Ausreichend ist, wenn feststeht, dass der Erblasser das Testament bis zu seinem Ableben in Gewahrsam hatte und Einwirkungen Dritter nicht ersichtlich sind.[42] Für den Fall, dass die Vernichtung oder Veränderung des Testaments feststeht, wird nach S. 2 ein Aufhebungswille vermutet.[43] Anders, wenn das Testament verloren gegangen ist. In einem solchen Fall muss der Aufhebungswille festgestellt werden. Insoweit besteht keine Vermutung, dass eine nichtauffindbare letztwillige Verfügung vernichtet wurde.[44] Wurde das Testament vernichtet oder fehlte ein Aufhebungswille, so kann der Nachweis des Testaments mit allen zulässigen Beweismitteln erbracht werden.[45] Die **Beweislast** trägt grundsätzlich derjenige, der sich auf die Vernichtung oder Veränderung beruft, es sei denn, das Testament wurde beiseite geschafft.[46]

10 Im **Zivilprozess** erfolgt die Feststellung im formellen Beweisverfahren,[47] wobei S. 2 eine Tatsachenvermutung enthält, die nach § 292 S. 1 ZPO zu widerlegen ist. Die Vermutung des Satzes 2 betrifft allerdings nur die Widerrufsabsicht, nicht aber, dass die

36 OLG Stuttgart, Beschl. v. 25.2.1986 – 8 W 553/85, NJW-RR 1986, 632; die h.M. nimmt insoweit eine analoge Anwendung von § 2297 BGB an.

37 BayObLG, Beschl. v. 21.2.1996 – 1Z BR 35/96, NJW-RR 1996, 1094.

38 BayObLG, Beschl. v. 21.2.1996 – 1Z BR 35/96, NJW-RR 1996, 1094; *Hohmann*, ZEV 1996, 271.

39 RG, Urt. v. 21.3.1921 – IV 486/20, RGZ 102, 69; BayObLG, Beschl. v. 21.2.1996 – 1Z BR 35/96, NJW-RR 1996, 1094.

40 OLG Frankfurt, Beschl. v. 24.9.2001 – 20 W 244/00, BeckRS 2001, 17528.

41 BayObLG, Beschl. v. 23.12.1985 – BReg. 1 Z 97/85, FamRZ 1986, 1043; BayObLG, Beschl. v. 28.1.1992 – BReg. 1 Z 64/91, NJW-RR 1992, 653; OLG Frankfurt, Beschl. v. 20.12.1977 – 20 W 663/77, Rpfleger 78, 310; OLG Hamm, Beschl. v. 8.7.1974 – 15 Wx 42/74, NJW 1974, 1827.

42 BayObLG, Beschl. v. 22.7.1983 – BReg. 1 Z 49/83, BaxObLGZ 1983, 204.

43 OLG Rostock, Beschl. v. 19.3.2021 – 3 W 13718, BeckRS 2021, 25217; OLG Düsseldorf, Beschl. v. 28.9.2017 – 20 W 5/17, FGPrax 2018, 32.

44 OLG Hamm, Beschl. v. 8.7.1974 – 15 Wx 42/74, NJW 1974, 1827; BayObLG, Beschl. v. 21.7.1992 – 1Z BR 58/92, DNotZ 1993, 452; KG, Beschl. v. 6.1.1995 – 1 W 7563/93, NJW-RR 1995, 1099.

45 Lange/*Lange*, ErbR, Kap. 8 Rn 17.

46 OLG München, Beschl. v. 13.10.2023 – 33 Wx 73/23, ErbR 2024, 124; OLG Hamm, Beschl. v. 8.12.2021 – 10 W 27/20, BeckRS 2021, 58071; OLG Düsseldorf, Beschl. v. 18.10.1993 – 3 Wx 443/93, NJW-RR 1994, 142.

47 BayObLG, Beschl. v. 1.4.2004 – 1Z BR 13/04, FamRZ 1990, 1162.

Vernichtung oder Veränderung durch Handlung des Erblassers erfolgte.[48] Existieren mehrere Originaltestamente und hat der Erblasser nur ein Original vernichtet, greift die Vermutung aus S. 2 nicht.[49] Zu würdigen sind stets die Umstände des Einzelfalles. Die Beweislast für die Nichtnachweislichkeit der Veränderung oder Vernichtung bzw. dass dies durch eine Handlung des Erblassers geschehen ist, trägt derjenige, der aus dem Widerruf Rechte herleitet. Lassen sich nach Durchführung der im Erbscheinsverfahren gebotenen Ermittlungen weder der Inhalt des fehlenden Textbestandteils noch die Urheberschaft des Erblassers hinsichtlich der Veränderung feststellen, geht dies zu Lasten desjenigen, der sein Erbrecht auf die letztwillige Verfügung stützen will. Denn er trägt die materielle Feststellungslast für den gesamten Inhalt des Testaments.[50]

§ 2256 Widerruf durch Rücknahme des Testaments aus der amtlichen Verwahrung

(1) [1]Ein vor einem Notar oder nach § 2249 errichtetes Testament gilt als widerrufen, wenn die in amtliche Verwahrung genommene Urkunde dem Erblasser zurückgegeben wird. [2]Die zurückgebende Stelle soll den Erblasser über die in Satz 1 vorgesehene Folge der Rückgabe belehren, dies auf der Urkunde vermerken und aktenkundig machen, dass beides geschehen ist.
(2) [1]Der Erblasser kann die Rückgabe jederzeit verlangen. [2]Das Testament darf nur an den Erblasser persönlich zurückgegeben werden.
(3) Die Vorschriften des Absatzes 2 gelten auch für ein nach § 2248 hinterlegtes Testament; die Rückgabe ist auf die Wirksamkeit des Testaments ohne Einfluss.

Literatur
Goldkamp, Das verschwundene Testament, ErbR 2022, 111.

Übersicht: Rdn

A. Rücknahme des öffentlichen Testaments

I. Grundsätzliches

Das in die besondere amtliche Verwahrung (§ 346 FamFG) gebrachte **öffentliche Testament** gilt nach Abs. 1 als widerrufen, wenn der Erblasser die Herausgabe der Urkunde verlangt. Die Vorschrift bezweckt, **öffentliche Testamente** vor Manipulationen zu schützen.[1] Die Widerrufswirkung des § 2256 BGB gilt daher nur für Testamente, die vor einem Notar errichtet wurden, und für das sog. Bürgermeistertestament (§ 2249 BGB).[2] 1

In Abgrenzung zum eigenhändigen Testament stellt Abs. 3 klar, dass auch eigenhändig errichtete Testamente jederzeit aus der Hinterlegung zurückverlangt werden können. 2

---

48 OLG Düsseldorf, Beschl. v. 18.10.1993 – 3 Wx 443/93, NJW-RR 1994, 142; OLG Zweibrücken, Beschl. v. 26.2.2001 – 3 W 272/00, Rpfleger 2001, 350.
49 OLG Köln, Beschl. v. 22.4.2020 – 2 Wx 84/20, ZEV 2020, 695 f.
50 OLG Hamm, Beschl. v. 14.8.2007 – 15 W 331/06, NJW-RR 2008, 21–24.
1 Staudinger/*Baumann*, § 2256 Rn 6.
2 *Goldkamp*, ErbR 2022, 111.

Auf die Wirksamkeit des Testaments hat dies aber keinen Einfluss. Die Widerrufswirkung des Abs. 1 kommt nicht zum Tragen. Gleiches gilt auch für das Nottestament auf See (§ 2251 BGB) und das sog. Dreizeugentestament, welches nach § 2248 BGB analog ebenfalls hinterlegt werden kann. Erfüllt ein öffentliches Testament auch die Voraussetzungen einer privatschriftlichen Verfügung von Todes wegen (z.B. weil es per Übergabe einer Schrift übergeben wird, § 2232 S. 2 BGB), gilt es auch als eigenhändiges Testament als widerrufen. Abs. 3 ist nicht anwendbar.[3]

II. Rückgabeverlangen

3 Die Widerrufswirkung tritt unabhängig vom Willen des Erblassers ein. Sie knüpft einzig an den Realakt der Rückgabe an und kann weder rückgängig gemacht werden noch hat eine Missachtung der in Abs. 1 S. 2 geregelten Belehrungspflichten Einfluss auf die gesetzlich vorgegebene Widerrufsfiktion.[4] Auch eine erneute Rückgabe in die besondere amtliche Verwahrung macht das einmal widerrufene Testament nicht wieder wirksam: § 2257 BGB ist im Rahmen von § 2256 BGB nicht anwendbar.

4 Das **Rückgabeverlangen** kann gegenüber dem Nachlassgericht **formlos** gestellt werden. Ob dabei Stellvertretung möglich ist, ist umstritten.[5] § 2256 BGB setzt voraus, dass der Erblasser zum Zeitpunkt des tatsächlichen Rücknahmeaktes testierfähig ist.[6] Testierunfähigkeit lediglich zum Zeitpunkt des Rückgabeverlangens hindert den Eintritt der Widerrufswirkung daher nicht: In der Entgegennahme des Testaments liegt zugleich ein konkludent gestelltes erneutes Rückgabeverlangen.[7]

Nach Abs. 2 S. 2 darf das Testament nur an den Erblasser persönlich zurückgegeben werden. Dies gilt auch dann, wenn das Rückgabeverlangen durch einen Bevollmächtigten erfolgte.[8] Verlangt der Erblasser lediglich die Einsichtnahme bei Gericht und wird das Testament dann versehentlich zurückgegeben, liegt hierin genauso wenig eine die Widerrufsfiktion auslösende Rückgabe, wie wenn das öffentliche Testament vor Verbringung in die besondere amtliche Verwahrung dem Erblasser ausgehändigt wird.[9]

5 Nicht zwingend ist, dass die Rückgabe durch das Gericht erfolgt, bei dem das Testament hinterlegt ist. Vielmehr kann diese auch i.R.d. Rechtshilfe durch ein anderes AG oder einen Konsularbeamten erfolgen. Ist der Erblasser persönlich nicht mehr in der Lage, das Testament bei Gericht in Empfang zu nehmen, muss der Rechtspfleger den Erblasser aufsuchen, um ihm das Testament zu übergeben.[10]

6 Ein gemeinschaftliches Testament kann gem. den §§ 2272, 2256 Abs. 3, 2248 BGB nur von beiden Ehegatten zurückgenommen werden. Eine Stellvertretung ist unzulässig, da andernfalls der Schutz des gemeinsamen Willens der Ehegatten nicht gewahrt wäre. Erforderlich im Rahmen der Verwahrungssicherheit ist also das Einverständnis beider Eheleute. Ist einer der beiden Ehegatten testierunfähig, so scheitert eine wirksame

---

3 MüKo/*Sticherling*, § 2256 Rn 4; a.A. Staudinger/*Baumann*, § 2256 (2018) Rn 21–22.

4 OLG Frankfurt, Beschl. v. 20.7.2021 – 20 W 9/20, NJW-RR 2022, 225 (226); BayObLG, Beschl. v. 15.12.2004 – 1Z BR 103/04, FamRZ 2005, 841.

5 Für eine Stellvertretung: OLG Frankfurt a.M., Beschl. v. 19.9.2023 – 21 W 63/23, NJW-RR 2023, 1305; DNotI-Report 2002, 19; MüKo/*Sticherling*, § 2256 Rn 6; a.A. LG Augsburg Rpfleger 1998, 344–345; *Baumann* hält den Streit für unerheblich, da jedenfalls die Rückgabe selbst nur höchstpersönlich erfolgen kann, vgl. Staudinger/*Baumann*, § 2256 (2018) Rn 11.

6 *Scherer/Lehmann*, ZEV 2005, 453, 456.

7 jurisPK-BGB/*Bauermeister*, § 2256 Rn 6; a.A. BGH, Urt. v. 30.1.1957 – V ZR 186/55, NJW 1957, 906; BayObLG, Beschl. v. 9.3.2005 – 1Z BR 108/04, Rpfleger 2005, 541.

8 OLG Saarbrücken, Beschl. v. 16.10.1991 – 5 W 96/91, NJW-RR 1992, 586; LG Augsburg, Beschl. v. 21.4.1998 – 5 T 629/98, Rpfleger 1998, 344.

9 DNotI-Report 2002, 18; BeckOK BGB/*Litzenburger*, § 2256 Rn 3.

10 BeckOK BGB/*Litzenburger*, § 2256 Rn 2.

Rücknahme und damit auch ein Widerruf.[11] Dies gilt auch dann, wenn bei Errichtung der letztwilligen Verfügung keine Testierfähigkeit vorgelegen hat.[12] Seine eigene Verfügung kann der rücknahmewillige und testierfähige Ehegatte hingegen widerrufen – dies jedenfalls, sofern er nicht über die Errichtung wechselbezüglicher Verfügungen einer Bindungswirkung unterliegt. Ist ein Ehegattentestament untrennbar mit einem Ehevertrag in einer gemeinsamen Urkunde errichtet worden, besteht ein Anspruch auf Rückgabe des widerrufenen Testaments.[13] Anders ist das bei kombinierten Erbverträgen: hier ist die Rücknahme nach § 2300 Abs. 2 BGB ausgeschlossen.[14]

Nach Abs. 1 S. 2 ist der Erblasser bei Rückgabe des Testaments über die Widerrufswirkung nach Abs. 1 S. 1 zu belehren. Unterbleibt eine solche Belehrung oder fehlt der Vermerk auf der Urkunde, ist die Wirksamkeit des Widerrufs hiervon nicht betroffen. Allerdings kann dies zu **Amtshaftungsansprüchen** nach Art. 34 GG, § 839 BGB führen. 7

Die Widerrufswirkung des Abs. 1 S. 1 kommt nur zum Tragen, wenn die Testamentsurkunde dem Erblasser auf sein Verlangen hin tatsächlich zurückgegeben wird. Die **Beschlagnahmung** einer Testamentsurkunde nach §§ 96, 97 Abs. 1 Nr. 3 StPO stellt keinen Widerruf dar.[15] 8

Vgl. zur Rücknahme von Erbverträgen § 2300 BGB. 9

B. Rechtsfolgen

Die **Widerrufswirkung** und somit die Aufhebung der aus amtlicher Verwahrung genommenen Urkunde tritt ein, wenn seitens des Erblassers ein Antrag auf Rückgabe vorliegt, die Rückgabe höchstpersönlich an ihn erfolgte und der Erblasser zum Zeitpunkt der Antragstellung testierfähig gewesen ist. Liegen diese Voraussetzungen vor, tritt die Widerrufswirkung unabhängig davon ein, ob der Erblasser tatsächlich einen entgegenstehenden Willen hatte.[16] Nach h.M. ist die Rücknahme nach § 2078 Abs. 2 BGB anfechtbar, wenn sich der Erblasser über die Folgen der Rückgabe geirrt hat.[17] Der Erblasser, der selbst neu testieren kann, ist allerdings nicht anfechtungsberechtigt, lediglich der in § 2080 BGB genannte Personenkreis.[18] Die Frist für die Anfechtung der Rücknahme eines in amtliche Verwahrung gegebenen Testaments beginnt mit dem Zeitpunkt, in welchem der Anfechtungsberechtigte zuverlässige Kenntnis von dem behaupteten Anfechtungsgrund erlangt hat.[19] 10

11 BayObLG, Beschl. v. 9.3.2005 – 1Z BR 108/04, NJW-RR 2005, 957; Grüneberg/*Weidlich*, § 2256 Rn 4; OLG Hamm, Beschl. v. 1.8.2012 – I-15 W 266/12, FamRZ 2013, 582 m. Anm. *Jahreis*, jurisPR-FamR 25/2012 Anm. 2.

12 OLG Köln, Beschl. v. 12.7.2013 – 2 Wx 177/13, ZErb 2013, 304 f.

13 OLG Karlsruhe/Freiburg, Beschl. v. 11.1.2022 – 14 W 6/22, FGPrax 2022, 82.

14 OLG Frankfurt a.M., Beschl. v. 19.9.2923 – 21 W 63/23, NJW-RR 2023, 1305 (1306 f.).

15 BeckOK BGB/*Litzenburger*, § 2256 Rn 3.

16 MüKo/*Sticherling*, § 2256 Rn 9.

17 BayObLG, Beschl. v. 6.7.1990 – BReg. 1 a Z 30/90, NJW-RR 1990, 1481; BayObL, Beschl. v. 22.12.1960 – Breg. 1 Z 8/1960, OLGZ 1960, 494; OLG München, Beschl. v. 11.5.2005 – 31 Wx 19/05, ZEV 2005, 482; OLG Düsseldorf, Beschl. v. 23.12.2015 – I-3 Wx 285/14, FGPrax 2016, 130–131; BeckOK BGB/*Litzenburger*, § 2256 Rn 4; MüKo/*Sticherling*, § 2256 Rn 4; a.A. *Lübtow*, NJW 1968, 1851.

18 BeckOK BGB/*Litzenburger*, § 2256 Rn 4.

19 OLG München, Beschl. v. 11.5.2005 – 31 Wx 19/05, ZEV 2005, 482 f.

§ 2257 Widerruf des Widerrufs

Wird der durch Testament erfolgte Widerruf einer letztwilligen Verfügung widerrufen, so ist im Zweifel die Verfügung wirksam, wie wenn sie nicht widerrufen worden wäre.

Literatur

Hellfeier, Die Neuerrichtung eines durch schlüssige Handlung nach § 2255 Satz 1 BGB widerrufenen Testaments, ZEV 2003, 1; *Schlereth/Romanski*, Rechtswirkungen des § 2289 Abs. 1 S. 2 BGB bei Wegfall der erbvertraglichen Bindung, ZEV 2023, 637.

A. Allgemeines

1 § 2257 BGB stellt klar, dass der Widerruf einer letztwilligen Verfügung selbst ebenfalls widerrufen werden kann, so dass dann im Zweifel die zunächst widerrufene Verfügung wieder wirksam ist. Dem Wortlaut nach gilt § 2257 BGB aber nur für ein **Widerrufstestament** i.S.v. § 2254 BGB. Das durch Realakt nach § 2255 BGB durch Vernichtung oder Veränderung oder das durch Rückgabe aus der amtlichen Verwahrung widerrufene Testament (§ 2256 BGB) kann daher nicht durch einen Widerruf des Widerrufs wirksam werden.[1] Sowohl i.R.d. § 2255 BGB als auch i.R.d. § 2256 BGB ist der Erblasser daher gehalten, eine neue letztwillige Verfügung von Todes wegen zu errichten.[2] Ausreichend soll bei einem vernichteten Testament nach Ansicht *Litzenburgers* allerdings sein, wenn der Erblasser die einzelnen Bestandteile einer vernichteten Urkunde in einem Umschlag verschließt und darauf eigenhändig vermerkt, dass dies sein letzter Wille ist, und die Worte selbst unterschreibt.[3] Nimmt der Erblasser ein in besonderer amtlicher Verwahrung befindliches Testament zurück und enthält dieses zurückgenommene Testament eine Passage, wonach alle früheren Testamente widerrufen sein sollten, hat dies zur Konsequenz, dass ein früheres notarielles Testament, das in der amtlichen Verwahrung belassen wurde, gem.§ 2257 BGB wirksam ist, wie wenn es nicht widerrufen worden wäre.[4]

2 § 2257 BGB enthält eine widerlegbare Vermutung („im Zweifel"): Ist ein gegenteiliger Erblasserwille feststellbar, bleibt das frühere Testament widerrufen. Folge ist dann das Eintreten der gesetzlichen Erbfolge, es sei denn, der Erblasser hat im zweiten Widerruf gleichzeitig eine neue Verfügung getroffen.[5] Decken sich das ursprüngliche und das widerrufene Widerrufstestament, liegt kein Zweifelsfall vor.[6] Es tritt nicht etwa wieder das erste Testament in Kraft. Haben Eheleute in einem gemeinschaftlichen Testament alle früheren Verfügungen von Todes wegen ausdrücklich und unmissverständlich widerrufen und sich gegenseitig zu Alleinerben eingesetzt, bewirkt ein Widerruf dieses Testaments kein Wiederaufleben früherer Verfügungen von Todes wegen.[7]
Die Beweislast für einen von § 2257 BGB abweichenden Erblasserwillen trägt derjenige, der sich darauf beruft.[8]

1 BayObLG, Beschl. v. 13.2.1973 – Breg. 1 Z 108/72, DNotZ 1973, 630.
2 BeckOK BGB/*Litzenburger*, § 2257 Rn 1; MüKo/*Sticherling*, § 2257 Rn 4.
3 BeckOK BGB/*Litzenburger*, § 2257 Rn 1; vgl. *Hellfeier*, ZEV 2003, 4, der sogar einen offenen Briefumschlag genügen lässt.
4 OLG Celle, Beschl. v. 14.6.2001 – 22 W 34/01, BeckRS 30186598; BayObLG, Beschl. v. 18.4.1996 – 1Z BR 52/96, ZEV 1996, 275 f.
5 OLG Köln, Beschl. v. 8.2.2006 – 2 Wx 49/05, FamRZ 2006, 731; OLG Zweibrücken, Beschl. v. 17.4.2003 – 3 W 48/03, FGPrax 2003, 183.
6 BayObLG, Beschl. v. 22.6.2004 – 1Z BR 60/04, FamRZ 2005, 558.
7 OLG Hamm, Beschl. v. 29.12.2011 – 15 W 692/10, ZErb 2012, 223.
8 OLG Frankfurt, Urt. v. 15.12.1995 – 24 U 91/94, BeckRS 1996, 938.

Da der Widerruf des Widerrufs selbst eine letztwillige Verfügung darstellt, kann er wiederum durch die vier Möglichkeiten eines Widerrufs (Widerrufstestament nach § 2254 BGB, Vernichtung oder Veränderung nach § 2255 BGB, Rücknahme eines öffentlichen Widerruftestaments nach § 2256 BGB oder durch Widersprechen des Testaments nach § 2258 BGB) widerrufen werden. 3

B. Rechtsfolgen

Der wirksame Widerruf des Widerrufs führt dazu, dass das zunächst widerrufene Testament in Kraft tritt und als nicht widerrufen gilt. Insoweit tritt die Wirkung des Widerrufs ab dem Zeitpunkt des ersten Widerrufs ein. Inwieweit dann möglicherweise eine inhaltliche Anpassung zu erfolgen hat, wenn das Testament lange Zeit geruht hat, ist fraglich. Einer ergänzenden Testamentsauslegung dürfte in diesem Fall § 2257 BGB entgegenstehen.[9] 4

Wird die erbrechtliche Bindungswirkung eines Erbvertrags aufgrund eines selbstbestimmten Aktes des Erblassers gegenstandslos, so tritt die später errichtete widerläufige letztwillige Verfügung in entsprechender Anwendung der §§ 2257, 2258 Abs. 2 BGB in Kraft.[10] Ein Wirksamwerden einer zunächst unwirksamen Verfügung kommt allerdings nicht in Betracht, wenn die bindende Verfügung nicht wegen eines Aktes des Erblassers, sondern aus anderen Gründen (Vorversterben, Ausschlagung des Bedachten) gegenstandslos wird.[11] 5

Möglich ist der Widerruf des Widerrufs des Widerrufs. Beim Widerruf des zweiten Widerrufs (siehe Rdn 3) treten die Rechtsfolgen des § 2257 BGB hinsichtlich des ersten Widerrufs ein und das **ursprüngliche** Testament ist erneut **unwirksam**. 6

§ 2258 Widerruf durch ein späteres Testament

(1) Durch die Errichtung eines Testaments wird ein früheres Testament insoweit aufgehoben, als das spätere Testament mit dem früheren in Widerspruch steht.
(2) Wird das spätere Testament widerrufen, so ist im Zweifel das frühere Testament in gleicher Weise wirksam, wie wenn es nicht aufgehoben worden wäre.

Literatur

Baumann, Widerrufs- und Widerspruchstestamente, ErbR 2022, 452; *Sonntag*, Auslegungskriterien bei sich widersprechenden Testamenten vom selben Tag, ZEV 1996, 1.

Übersicht: Rdn

A. Allgemeines

§ 2258 BGB regelt das Konkurrenzverhältnis zwischen einem früheren Testament und einer späteren letztwilligen Verfügung, wenn diese keine Regelung hinsichtlich der Geltung des früheren Testaments beinhaltet. Testiert der Erblassers daher zu einem 1

---

9 Vgl. OLG Frankfurt, Urt. v. 15.12.1995 – 24 U 91/94, BeckRS 1996, 938.
10 *Schlereth/Romanski*, ZEV 2023, 637 ff.
11 *Schlereth/Romanski*, ZEV 2023, 637 (642).

späteren Zeitpunkt neu, ohne seine bisherigen letztwilligen Verfügungen zu widerrufen oder deren Fortgeltung ausdrücklich zu bestimmen, so ist nach § 2258 BGB von einer Aufhebung des früheren Testaments bzw. einzelner Verfügungen dann auszugehen, wenn die frühere Verfügung mit dem späteren Testament im **Widerspruch** steht.[1] Ein inhaltlicher Widerspruch ist dann anzunehmen, wenn mehrere letztwillige Verfügungen sachlich nicht miteinander vereinbar sind, sich also gegenseitig ausschließen.[2] Jedes unter § 2258 BGB fallende Testament muss zudem positive Anordnungen des Erblassers enthalten.[3]

Auch bei inhaltlicher Vereinbarkeit kann ein Widerspruch vorliegen, wenn der durch Auslegung ermittelte Erblasserwille ergibt, dass die spätere letztwillige Verfügung die Erbfolge abschließend und ausschließlich (insgesamt oder für einen Teilbereich) regeln sollte.[4] Keine Rolle spielt dabei, ob sich der Erblasser bei Errichtung der letztwilligen Verfügung an die frühere Verfügung von Todes wegen überhaupt erinnern konnte.[5]

Die Wirkung des Abs. 1 tritt unabhängig von der Form des späteren Testaments ein, d.h., dass es keinen Unterschied macht, ob es sich um ein öffentliches Testament handelt, welches ein eigenhändiges aufhebt, oder umgekehrt.[6] Insoweit findet Abs. 1 auch auf gemeinschaftliche Testamente Anwendung, unabhängig davon, ob dieses wechselbezügliche oder einseitige Verfügungen enthält. Bei vertragsmäßigen Verfügungen in einem Erbvertrag gilt allerdings § 2289 Abs. 1 S. 1 BGB, bei einseitigen Anordnungen ist nach § 2299 Abs. 2 S. 1 BGB der Abs. 1 anwendbar.

2 Handelt es sich bei dem **früheren Testament** um ein gemeinschaftliches Testament, so ist hinsichtlich der Widerrufswirkung zwischen einseitigen und wechselbezüglichen Verfügungen zu unterscheiden. Handelt es sich um eine wechselbezügliche Verfügung, so kann diese nicht durch eine spätere einseitige letztwillige Verfügung widerrufen werden (§ 2271 Abs. 1 S. 2 BGB).

3 Wie viele letztwillige Verfügungen der Erblasser vor dem späteren, widersprechenden Testament errichtet hat, ist für die Anwendbarkeit des Abs. 1 unbedeutend. Vielmehr ist dann das Konkurrenzverhältnis jeweils einzeln zu der vorangegangenen letztwilligen Verfügung zu prüfen, es sei denn, dass diese selbst wiederum durch nachfolgende letztwillige Verfügungen als aufgehoben gilt.

B. Errichtungszeitpunkt

4 Der Feststellung, welche der letztwilligen Verfügungen die spätere bzw. welche die frühere ist, kommt keine besondere Bedeutung zu, wenn alle Verfügungen von Todes wegen Angaben über den Errichtungszeitpunkt machen. Liegen mehrere Verfügungen von Todes wegen gleichen Datums vor, gelten sie grundsätzlich als gleichzeitig errichtet[7] und Abs. 1 findet keine Anwendung. Die mit gleichem Datum errichteten letztwilligen Verfügungen sind dann hinsichtlich ihrer widersprechenden Verfügungen unwirksam.[8] Gleiches gilt, wenn die letztwilligen Verfügungen kein Datum haben und

---

1 OLG Düsseldorf, Beschl. v. 19.12.2023 – I-3 Wx 189/23, FGPrax 2024, 71 f.; BGH, Urt. v. 7.11.1984 – IV a ZR 77/83, NJW 1985, 969.

2 OLG Düsseldorf, Beschl. v. 19.12.2023 – I-3 Wx 189/23, FGPrax 2024, 71 f.; OLG Saarbrücken, Beschl. v. 7.9.2020 – 5 W 30/20, ErbR 2021, 436 ff. m. Anm. *Reinert*; BGH, Urt. v. 7.11.1984 – IV a ZR 77/83, NJW 1985, 969.

3 *Baumann*, ErbR 2022, 452 (454).

4 BayObLG, Beschl. v. 18.3.2002 – 1Z BR 46/01, NJW-RR 2002, 1160.

5 BayObLG, Beschl. v. 15.11.1988 – 1a Z 55/88, FamRZ 1989, 441.

6 BeckOK BGB/*Litzenburger*, § 2258 Rn 1.

7 BayObLG, Beschl. v. 12.7.2004 – 1Z BR 49/04, NJOZ 2004, 3810.

8 OLG Rostock, Beschl. v. 25.11.2021 – 3 W 52/21, ErbR 2023, 305 f.; KG, Beschl. v. 6.11.1990 – 1 W 2992/90, NJW-RR 1991, 392; a.A. *Sonntag*, ZEV 1996, 1.

der Errichtungszeitpunkt sich nicht anderweitig nachweisen lässt. Liegt hingegen ein Testament mit und ein Testament ohne Datum vor, so ist nach h.M. das Testament, dessen zeitliche Errichtung nicht nachgewiesen werden kann, als das frühere Testament anzusehen und bei Widersprüchen als unwirksam zu betrachten.[9]

C. Rechtsfolgen

Grundsätzlich hebt Abs. 1 nur den widersprechenden Teil einer früheren letztwilligen Verfügung auf. Insoweit gilt, dass der Umfang bzw. die Reichweite des Widerrufs dem Umfang der Unvereinbarkeit der sich widersprechenden Verfügungen folgt.[10] Der Umfang der Unvereinbarkeit ist grundsätzlich durch Auslegung zu ermitteln. Wie bei der Auslegung aller letztwilligen Verfügungen können dabei auch Umstände außerhalb der Urkunde herangezogen werden. 5

Schwierig ist hinsichtlich der Reichweite des Widerspruchs die **Abgrenzung** zwischen **widersprüchlichen** und **ergänzenden** letztwilligen Verfügungen. Hat der Erblasser bspw. in einem früheren Testament die Erbfolge bestimmt, in einem späteren Testament eine zusätzliche Beschwerung, bspw. in Form einer Nacherbfolge oder der Anordnung eines Vermächtnisses, bestimmt, so handelt es sich hierbei grundsätzlich nicht um einen Widerspruch, sondern eine Ergänzung der früheren letztwilligen Verfügung. Ordnet der Erblasser hingegen weitere Erben an, so liegt in diesem Bereich eine widersprüchliche Anordnung vor. Gleiches gilt, wenn der Erblasser die in einem früheren Testament verfügte Erbeinsetzung wiederholt, die Nacherbeneinsetzung jedoch weglässt.[11] 6

Stehen spätere letztwillige Verfügungen mit den zuvor errichteten in Bezug auf die Erbeinsetzung nicht im Widerspruch, liegt eine Auslegung dahingehend nahe, dass die Widerrufserklärung sich nur auf die Änderungen von Vermächtnisanordnungen beziehen soll.[12] Die Anordnung von Vorausvermächtnissen ohne Regelung der Erbfolge hat nicht zwingend den Widerruf einer früheren Erbeinsetzung zur Folge.[13]

Schwierigkeiten bereitet die Abgrenzung auch dann, wenn das spätere Testament eine sog. **abschließende Regelung** enthält.[14] Ist dies der Fall, liegt kein widersprechendes Testament i.S.v. § 2258 BGB, sondern ein Widerrufstestament nach § 2254 BGB vor. In diesem Fall gilt das gesamte frühere Testament als aufgehoben. Bei gleichlautenden letztwilligen Verfügungen ist allerdings zu beachten: Selbst wenn die testamentarischen Anordnungen sachlich miteinander in Einklang stehen, kann ein Widerspruch i.S.v. Abs. 1 vorliegen, wenn die kumulative Geltung der mehreren letztwilligen Verfügungen dem im späteren Testament zum Ausdruck kommenden Willen des Erblassers zuwiderliefe, etwa weil dieser seine Erbfolge mit dem späteren Testament abschließend und umfassend – also ausschließlich – regeln wollte.[15] 7

Wiederholt die spätere letztwillige Verfügung nur Teile der früheren Verfügung, so ist darin grundsätzlich eine Aufhebung der nicht wiederholten Verfügungen zu sehen.[16] 8

---

9 BeckOK BGB/*Litzenburger*, § 2258 Rn 4; Grüneberg/*Weidlich*, § 2258 Rn 1; MüKo/*Sticherling*, § 2258 Rn 8.

10 Vgl. BeckOK BGB/*Litzenburger*, § 2258 Rn 5.

11 OLG Düsseldorf, Beschl. v. 22.7.2013 – 3 Wx 163/12, NotBZ 2013, 435 f.

12 BayObLG, Beschl. v. 13.6.1990 – BReg. 1 a Z 54/88, NJW-RR 1990, 1480.

13 OLG München, Beschl. v. 5.8.2010 – 31 Wx 1/10, ZErb 2010, 296.

14 BGH, Urt. v. 7.11.1984 – IV a ZR 77/83, FamRZ 1985, 175; BayObLG, Beschl. v. 12.7.2004 – 1Z BR 49/04, ZErb 2003, 237; BayObLG, Beschl. v. 15.11.1988 – 1a Z 55/88, FamRZ 1989, 441.

15 BayObLG, Beschl. v. 10.5.2004 – 1Z BR 110/03, ZEV 2005, 166 ff.

16 BayObLG, Beschl. v. 18.3.1965 – Breg. 1 b Z 4/65, NJW 1965, 1276; BayObLG, Beschl. v. 3.2.1997 – 1Z BR 114/96, NJWE-FER 1997, 157.

D. Subjektiver Tatbestand

9 Ein expliziter Aufhebungswille des Erblassers bei der Errichtung des späteren Testaments ist nicht notwendig. Es ist ausreichend, wenn er die Vorstellung hat, dass er die im letzten Testament errichteten Verfügungen als sein Testament gelten lassen will, auch dann, wenn diese subjektiv im Widerspruch zur früheren Anordnung stehen.[17] Ob der Erblasser daher noch an frühere letztwillige Verfügungen gedacht hat oder nicht, ist irrelevant.

E. Widerruf des späteren Testaments (Abs. 2)

10 In logischer Konsequenz gelten die früher errichteten letztwilligen Verfügungen bzw. Testamente dann fort, wenn ein widersprechendes jüngeres Testament selbst nach den Vorschriften der §§ 2254–2256 BGB widerrufen wurde.[18] Abs. 2 ist allerdings eine widerlegbare Auslegungsregel. Eine nach Abs. 1 durch widersprechendes Testament aufgehobene letztwillige Verfügung bleibt auch dann unwirksam, wenn aus tatsächlichen Gründen das letzte Testament keine Wirkung entfaltet, bspw. weil der dort Bedachte vorverstorben ist.[19]

§§ 2258a bis 2258b (weggefallen)

§ 2259 Ablieferungspflicht

(1) Wer ein Testament, das nicht in besondere amtliche Verwahrung gebracht ist, im Besitz hat, ist verpflichtet, es unverzüglich, nachdem er von dem Tode des Erblassers Kenntnis erlangt hat, an das Nachlassgericht abzuliefern.
(2) [1]Befindet sich ein Testament bei einer anderen Behörde als einem Gericht in amtlicher Verwahrung, so ist es nach dem Tode des Erblassers an das Nachlassgericht abzuliefern. [2]Das Nachlassgericht hat, wenn es von dem Testament Kenntnis erlangt, die Ablieferung zu veranlassen.

Übersicht: Rdn

A. Allgemeines

1 Die Ablieferungspflicht soll die Unterdrückung von Testamenten verhindern und gleichzeitig die Testamentseröffnung sichern, um ein **ordnungsgemäßes Nachlassver-**

17 BGH, Urt. v. 7.11.1984 – IV a ZR 77/83, NJW 1985, 969; BayObLG, Beschl. v. 26.4.1991 – 1a Z 82/91, FamRZ 1992, 607.
18 OLG Dresden, Beschl. v. 12.12.1997 – 3 W 1305/97, NJWE-FER 1998, 61.
19 BayObLG, Beschl. v. 30.11.1995 – 1Z BR 86/95, DNotZ 1996, 319.

fahren einleiten zu können. Die Verpflichtung zur Ablieferung steht insbesondere im öffentlichen Interesse. § 2259 BGB ist ein Schutzgesetz i.S.v. § 823 Abs. 2 BGB.[1] Der Erblasser kann das Gebot der Ablieferung durch seine letztwillige Verfügung nicht wirksam verhindern. Die Ablieferungspflicht besteht ab dem Zeitpunkt, zu dem der unmittelbare Besitzer Kenntnis vom Eintritt des Erbfalls erlangt hat.[2]

B. Tatbestand

I. Gegenstand der Ablieferungspflicht

Bei einem Testament i.S.d. Abs. 1 handelt es sich um jede **Urkunde**, die sich nach Form oder Inhalt als eine Verfügung von Todes wegen darstellen könnte.[3] Dabei spielt es keine Rolle, ob diese im Einzelfall formwirksam errichtet, widerrufen, mit Ungültigkeitsvermerken versehen, beschädigt, offen oder verschlossen worden ist. Es ist Sache des Gerichts (Nachlassgericht oder Prozessgericht), zu entscheiden, ob es sich um eine wirksame Verfügung von Todes wegen handelt. 2

Aus diesem Grunde müssen auch **Schriftstücke** abgeliefert werden, deren Bestimmung als Testament fraglich ist, weil z.B. die Unterschrift fehlt oder es maschinenschriftlich verfasst wurde. Dies liegt darin begründet, dass derartige Schriftstücke wenigstens zur Auslegung herangezogen werden können. Im Einzelnen kommt es lediglich darauf an, ob erbrechtliche Anordnungen vom Erblasser getroffen wurden, was z.B. bei Bestattungsanordnungen oder ausdrücklichen Entwürfen nicht der Fall ist. Schriftstücke, die sowohl erbrechtliche als auch nicht erbrechtliche Ausführungen beinhalten, sind abzuliefern, wobei dem **Geheimhaltungsinteresse** insoweit hinsichtlich des nicht erbrechtlichen Teils Rechnung getragen werden kann, als dass dieser Teil nicht miteröffnet wird. 3

Die Pflicht zur Ablieferung gilt auch für **Erbverträge** sowie für im Ausland von Deutschen bzw. von Ausländern errichtete Testamente, deren letztwillige Verfügung sich im Inland befindet. Erbverzichts-, Pflichtteilsverzichts- oder Zuwendungsverzichtsverträge müssen nicht abgeliefert werden, genauso wenig wie das Original eines Aufhebungsvertrags zu einem Erbvertrag. Hier genügt die beglaubigte Abschrift.[4] Hingegen besteht eine Ablieferungspflicht auch für Nottestamente, bei denen die Gültigkeitsdauer von drei Monaten seit der Errichtung gem. § 2252 Abs. 1 BGB verstrichen ist. Ebenso müssen aufgehobene Erbverträge abgeliefert werden.

Grundsätzlich ist immer die **Urschrift** abzuliefern. Sind mehrere Urschriften vorhanden, sind alle Dokumente abzuliefern. Ist die Urschrift verloren gegangen oder befindet sie sich im Ausland, ist eine ggf. vorhandene beglaubigte Abschrift ablieferungspflichtig. Einfache Abschriften müssen hingegen nicht abgeliefert werden, da unbeglaubigte Abschriften regelmäßig auch nicht eröffnet werden.[5] Allerdings gilt dann eine Ausnahme, wenn die einfache Abschrift zum Beweis des Inhalts einer nicht mehr vorhandenen Urschrift dienen kann.[6] 4

---

1 OLG Hamburg, Urt. v. 9.9.2021 – 2 U 9/21, ErbR 2022, 817 ff.

2 BayObLG, Beschl. v. 19.1.1988 – BReg. 1 Z 65/87, FamRZ 1988, 658.

3 BayObLG, Beschl. v. 19.1.1988 – BReg. 1 Z 65/87, FamRZ 1988, 658, 659.

4 OLG Schleswig, Beschl. v. 8.1.2024 – 3 Wx 24/23, ZEV 2024, 242 f.

5 Bumiller/Harders/Schwamb/*Harders/Schwamb*, § 348 Rn 7; BeckOK FamFG/*Schlögel*, § 348 Rn 7 m.w.N.

6 MüKo/*Sticherling*, § 2259 Rn 14; DNotI-Report 2007, 138; BeckOK BGB/*Litzenburger*, § 2259 Rn 3.

II. Ablieferungspflichtiger Personenkreis

1. Unmittelbarer Besitzer (Abs. 1)

5 Derjenige, der die **unmittelbare Sachherrschaft** an einer Testamentsurkunde hat, ist als unmittelbarer Besitzer i.S.d. § 857 BGB ablieferungspflichtig. Diese Pflicht ist unverzüglich, d.h. ohne schuldhaftes Zögern i.S.d. § 121 Abs. 1 BGB, zu erfüllen. Ansonsten können Schadensersatzansprüche gem. § 823 Abs. 2 BGB i.V.m. § 2259 Abs. 1 BGB entstehen.[7] Für die Ablieferungspflicht spielt es keine Rolle, ob der im Testament Bedachte vorverstorben ist, dieser auch bei gesetzlicher Erbfolge Alleinerbe geworden wäre oder ob in einem gemeinschaftlichen Testament Anordnungen infolge Vorversterbens hinfällig geworden sind.[8]

Neben dem **unmittelbaren Besitzer** kann auch der Mitbesitzer zur Ablieferung verpflichtet sein. Ausschlaggebend ist dabei die **Möglichkeit einer tatsächlichen Einflussnahme.** So muss eine Bank trotz der Kenntnis, dass sich im Bankschließfach ein Testament befindet, dieses Testament dann nicht abliefern, wenn sie selbst nicht ohne weiteres das Bankschließfach öffnen kann.[9]

Des Weiteren ist der **Besitzdiener** nicht ablieferungspflichtig, da er andernfalls zur verbotenen Eigenmacht gegenüber dem Besitzherrn verpflichtet würde.[10] Der Besitzer muss erst dann das Testament abliefern, wenn er vom Tode des Erblassers Kenntnis erlangt hat (Abs. 1). Die **Übergabe** muss nicht persönlich erfolgen, sondern es muss lediglich dem Nachlassgericht der unmittelbare Besitz durch Übergabe, Boten oder Zusendung per Post verschafft werden. Sofern jedoch auf diesem Wege das Testament verloren geht, haftet der Ablieferungspflichtige bei Verschulden auf Schadensersatz. Der Haftungsmaßstab richtet sich nach § 276 BGB oder in Ausnahmefällen nach § 680 BGB.[11]

2. Behörden (Abs. 2)

6 Weiterhin sind nach Abs. 2 alle **Behörden**, mit Ausnahme von Gerichten, zur Ablieferung von Testamenten verpflichtet. Mit **Gericht** i.S.v. Abs. 2 S. 1 ist aber lediglich das **zuständige Verwahrungsgericht** gemeint.[12] Daher ist ein Straf- oder Prozessgericht zur Ablieferung verpflichtet, welches das Testament zu den Akten beigezogen hat. Weiter sind folgende andere Behörden öffentlich-rechtlich zur Ablieferung der Testamente verpflichtet:

- Konsularbeamter
- Bürgermeister
- Notar

Die nachfolgenden **Urkundspersonen** sind verpflichtet, soweit sie ihren Verpflichtungen aus § 34 Abs. 1 S. 4 BeurkG (bzw. § 11 Abs. 2 KonsG, § 2249 Abs. 1 S. 4 BGB) nicht nachgekommen sind oder eine solche Pflicht erst nach dem Tode des Erblassers entsteht:

- Polizeibehörde
- Staatsanwaltschaft
- Verwaltungsbehörden

---

7 OLG Hamburg, Urt. v. 9.9.2021 – 2 U 9/21, ErbR 2022, 817 ff.; OLG Brandenburg, Urt. v. 12.3.2008 – 13 U 123/07, ZEV 2008, 287; Grüneberg/*Weidlich*, § 2259 Rn 4; MüKo/*Sticherling*, § 2259 Rn 40.

8 OLG Düsseldorf, Beschl. v. 6.1.2004 – 7 U 126/03, ZErb 2005, 92 ff.

9 LG Braunschweig, Beschl. v. 27.11.1996 – 8 T 667/96, BeckRS 1996, 10417.

10 So auch Soergel/*Mayer*, § 2259 Rn 7; jurisPK-BGB/*Bauermeister*, § 2259 Rn 8; MüKo/*Sticherling*, § 2259 Rn 17.

11 *Lange/Kuchinke*, § 38 II 2b Fn 44.

12 Grüneberg/*Weidlich*, § 2259 Rn 1; MüKo/*Sticherling*, § 2259 Rn 20.

Die Behörden bzw. der Notar können nicht wegen ausstehender Gebührenforderungen ein **Zurückbehaltungsrecht** an der Urkunde geltend machen. 7

C. Praktische Hinweise

I. Kosten

Sofern dem Besitzer bzw. der anderen Behörde i.S.d. § 2259 BGB Kosten entstehen, sind diese von dem Erben zu ersetzen, da es sich um eine **Nachlassverbindlichkeit** i.S.d. § 1967 BGB handelt. Die Nachfolgevorschrift des alten, das Zwangsgeld betreffenden § 119 KostO findet sich in Hauptabschnitt 7 („Besondere Gebühren") des GNotKG, dort unter KV Nr. 17006. Danach fallen bei Anordnung von Zwangsmaßnahmen durch Beschluss nach § 35 FamFG pro Anordnung je 24 EUR an. Ist jemand im Besitz eines Schriftstückes, dessen Eigenschaft als Testament nahe liegt, so ist er gesetzlich verpflichtet, dieses abzuliefern. Unterlässt er dies und kommt es zu einem von Anfang an unbegründeten Erbscheinsverfahren, so muss er die Kosten dieses Verfahrens tragen.[13] 8

II. Praktische Durchführung

Es ist nicht zwingend, dass das Testament bei dem nach §§ 343, 344 FamFG zuständigen Nachlassgericht abgeliefert wird. Um seine Ablieferungspflicht zu erfüllen, ist es ausreichend, es beim nächstgelegenen AG abzuliefern.[14] Der Erblasser kann wegen § 2263 BGB die Ablieferungspflicht nicht durch eine anderweitige Anordnung verhindern. 9

Weigert sich der Besitzer, das Testament abzuliefern, so erlässt der Rechtspfleger gem. §§ 35, 358 FamFG eine **Ablieferungsanordnung**, wonach das Testament unverzüglich, spätestens aber binnen einer bestimmten Frist beim Nachlassgericht abzuliefern ist. Weigert sich der Testamentsbesitzer weiterhin, kann das AG die Ablieferung des Testaments von Amts wegen nach Ablauf der Frist in der Ablieferungsanordnung nach Maßgabe der §§ 35, 87, 90, 92 Abs. 2, 95, 358 FamFG erzwingen, und zwar entweder durch Anordnung und Festsetzung eines Zwangsgeldes oder durch Anwendung von unmittelbarem Zwang. In diesem Fall wird ein Gerichtsvollzieher beauftragt, das Testament durch Wegnahme vom Besitzer selbst in Besitz zu nehmen, wobei er sich polizeilicher Hilfe bedienen darf. 10

Sofern der **Aufbewahrungsort**, wie z.B. ein Schließfach, eine Wohnung etc., bekannt ist, nicht aber der Besitzer, der den Zugang gewährleistet, sollte das Gericht auf die Anwendung unmittelbaren Zwangs hingewiesen werden, der in diesen Fällen auch angewendet werden kann.[15] Zwangsgeld und unmittelbarer Zwang setzen voraus, dass feststeht, dass der Betroffene wirklich im Besitz des Testaments ist.[16] Weigert sich der mutmaßliche Besitzer, an Eides statt zu versichern, dass er nicht wisse, wo sich das Testament befinde, oder behauptet er, er besitze es nicht (vgl. § 883 Abs. 2 ZPO), kann von Amts wegen **Haft** angedroht werden, nach Maßgabe der §§ 901, 902, 904, 905, 906, 910 und 913 ZPO. Der Beschluss ist anfechtbar (§ 35 Abs. 5 FamFG). Für das Verfahren der sofortigen Beschwerde gelten die Vorschriften der §§ 567–572 ZPO. Die Auswahl der Maßnahmen steht im **pflichtgemäßen Ermessen** des Nachlassgerichts. 11

Ein Beteiligter kann zwar die Abgabe der eidesstattlichen Versicherung anregen, darin ist jedoch **keine Verpflichtung** zu sehen, diese auch durchführen zu müssen. Ferner ist ein Antrag eines Beteiligten auch nicht Voraussetzung für die Durchführung einer 12

---

13 LG Duisburg, Beschl. v. 21.5.2008 – 7 T 164/07, FamRZ 2008, 2136.

14 BayObLG, Beschl. v. 12.5.1992 – 1 Z AR 22/92, BayObLGZ 1992, 125 = FamRZ 1992, 1222; BeckOK BGB/*Litzenburger*, § 2259 Rn 11.

15 MüKo/*Sticherling*, § 2259 Rn 34.

16 MüKo/*Sticherling*, § 2259 Rn 34.

Maßnahme. Die eidesstattliche Versicherung muss vor dem **Rechtspfleger** des Nachlassgerichts nach § 3 Nr. 2 Buchst. c RPflG erfolgen. Befindet sich der mutmaßliche Besitzer im **Ausland**, können keine Zwangsmaßnahmen durchgeführt werden.

13 Die geschilderten Zwangsmaßnahmen nach § 35 FamFG können jedoch nicht gegen eine Behörde, wie z.B. den Bürgermeister, eine Polizeibehörde oder einen Konsularbeamten, erfolgen. Es besteht dann lediglich die Möglichkeit zur **Dienstaufsichtsbeschwerde.**[17] Gleiches gilt bei einer Weigerung der Ablieferung durch einen Notar, sofern das Testament noch nicht nach § 34 Abs. 1 S. 4 BeurkG in amtliche Verwahrung gebracht wurde.

14 Ein Beteiligter kann beim Nachlassgericht **Klage auf Herausgabe** eines Testaments gegen den mutmaßlichen Besitzer erheben.[18] I.d.R. ist hierzu dem Mandanten aufgrund des erheblichen Beweis- und damit verbundenen Kostenrisikos nicht zu raten, sondern vielmehr zur Anregung von Zwangsmaßnahmen durch das Nachlassgericht, zumal hiermit keine Kosten verbunden sind.

15 Vorsorglich sollte begleitend immer eine **Strafanzeige** bei der zuständigen Staatsanwaltschaft wegen **Urkundenunterdrückung** gem. § 274 Abs. 1 Nr. 1 StGB gestellt werden. Hierdurch wird die Möglichkeit der Geltendmachung der Erbunwürdigkeit durch Anfechtung gem. § 2340 BGB i.V.m. § 2339 Abs. 1 Nr. 4 BGB eröffnet.

16 Liefert der Besitzer eines Dokumentes, das als Testament in Frage kommt, dieses schuldhaft nicht nach § 2259 BGB beim Nachlassgericht ab oder vernichtet er die Urkunde gar, macht er sich schadensersatzpflichtig.[19] § 2259 BGB stellt insoweit ein Schutzgesetz i.S.v. § 823 Abs. 2 BGB dar.

17 Aus Beweisgründen sollte nach Ablieferung des Testaments eine **Empfangsbestätigung** vom Nachlassgericht beantragt werden.[20]

III. Rechtsmittel

18 Sofern das Nachlassgericht eine Ablieferungsanordnung erlässt oder diese ablehnt, kann hiergegen **Beschwerde** nach den §§ 58 ff. FamFG eingereicht werden. Bei Maßnahmen gegen die Verhängung von Ordnungsstrafen oder der Anordnung von unmittelbarem Zwang bzw. Haftanordnung ist gem. § 35 Abs. 5 FamFG die Möglichkeit der **sofortigen Beschwerde** gegeben.

§§ 2260 bis 2262 (weggefallen)

§ 2263 Nichtigkeit eines Eröffnungsverbots

Eine Anordnung des Erblassers, durch die er verbietet, das Testament alsbald nach seinem Tode zu eröffnen, ist nichtig.

Übersicht: Rdn

17 MüKo/*Sticherling*, § 2259 Rn 41.
18 BayObLG, Beschl. v. 23.9.1983 – 1 Z 25/83, Rpfleger 1984, 19; Grüneberg/*Weidlich*, § 2259 Rn 4.
19 OLG Brandenburg, Urt. v. 12.3.2008 – 13 U 123/07, ZEV 2008, 287.
20 Vgl. *Firsching/Graf*, Nachlassrecht, Rn 4.44 f.; BeckOK BGB/*Litzenburger*, § 2259 Rn 12.

A. Allgemeines

1 Da an der Testamentseröffnung ein **öffentliches Interesse** besteht, kann der Erblasser nicht einseitig anordnen, eine solche zu unterlassen.

B. Tatbestand

2 Es ist dem Erblasser nicht möglich, die Testamentseröffnung, die nach dem Wortlaut der Vorschrift „alsbald" zu erfolgen hat, zu untersagen. Ebenso unbeachtlich ist auch eine Erblasserverfügung, wonach die letztwillige Verfügung nicht abgeliefert werden soll oder die Beteiligten nicht benachrichtigt oder keine Akteneinsicht (§ 2259 BGB, §§ 348 Abs. 2, 357 FamFG) erhalten sollen.[1] Das zuständige Nachlassgericht ist allerdings bei der Terminbestimmung und der Modalitäten der Testamentseröffnung (z.B. Ladung der Beteiligten) relativ frei (zum Verfahren vgl. nun §§ 348–351 FamFG). Sie liegen in seinem Ermessen. Insofern ist eine Beachtung der Erblasserwünsche jedenfalls in engem Rahmen möglich und zulässig.[2]

3 Unter den **Begriff des Testaments** fallen auch **gemeinschaftliche Testamente** und **Erbverträge**.[3] Da sich die Nichtigkeit des Eröffnungsverbots auf das gesamte Eröffnungsverfahren bezieht, ist auch der Erblasserwille unbeachtlich, den Schlusserben erst nach dem Tode des Letztversterbenden bei einem gemeinschaftlichen Testament zu benachrichtigen. Gleiches gilt für Zeitvorgaben, wann erst die Eröffnung zu erfolgen habe. Ebenso kann der Erblasser nicht die Eröffnungszuständigkeit des Nachlassgerichts Kraft Anordnung auf Dritte, wie z.B. einen Testamentsvollstrecker, verlagern. Folgende Verbote sind somit nichtig:

- Verbot der Ablieferung einer letztwilligen Verfügung, § 2259 BGB
- Verbot der Eröffnung einer letztwilligen Verfügung, §§ 348 Abs. 1 und 2, 350 FamFG
- Verbot der Benachrichtigung über eine letztwillige Verfügung, § 348 Abs. 3 FamFG
- Verbot der Einsichtnahme, § 357 FamFG
- Verbot, das ein Auffinden der letztwilligen Verfügung verhindern soll (z.B. Verbot, Tresor, Wohnung etc. zu öffnen, um an das Testament zu gelangen)

C. Rechtsfolgen der Nichtigkeit

4 Die **Nichtigkeit des Eröffnungsverbots** berührt die Wirksamkeit der übrigen Bestimmungen des Testaments und deren Wirksamkeit nicht. § 2065 BGB ist jedoch unanwendbar, da insofern keine letztwillige Verfügung vorliegt.

D. Praktische Hinweise

5 Fraglich kann im Einzelfall sein, ob in dem Testament mit Eröffnungsverbot in Wirklichkeit überhaupt eine letztwillige Verfügung gesehen werden kann, da es ggf. am **Testierwillen** fehlt. Sofern das Verbot später hinzugefügt wurde, kann ggf. darin ein **Widerruf** des Testaments zu sehen sein. Im Einzelfall kommt es darauf an, ob der Erblasser bestimmten Personen seinen letzten Willen vorenthalten wollte. Andernfalls kann ein Entzug der Zuwendung vorliegen.

§§ 2263a bis 2264 (weggefallen)

1 KG, Beschl. v. 19.12.1978 – 1 W 3085/78, Rpfleger 1979, 137; OLG Schleswig, Beschl. v. 23.11.2012 – 3 Wx 74/12, NJW-RR 2013, 583.

2 MüKo/*Sticherling*, § 2263 Rn 4.

3 MüKo/*Sticherling*, § 2263 Rn 3.

Titel 8. Gemeinschaftliches Testament

Vorbemerkung zu §§ 2265 ff. BGB

Literatur

Baumann, Die Bindungswirkung wechselbezüglicher Verfügungen bei gemäß § 2069 ermittelten Ersatzerben, ZEV 1994, 351; *Brambring*, Bindung beim Ehegattentestament und -vertrag, ZAP 1993, 619; *Bühler*, Zur Eröffnungspflicht der Bestimmungen des Überlebenden beim gemeinschaftlichen Testament, BWNotZ 1994, 66; *ders.*, Das Geheimhaltungsinteresse des Überlebenden bei der erstmaligen Eröffnung gemeinschaftlicher Verfügungen von Todes wegen, ZRP 1988, 59; *ders.*, Zur Eröffnung eines gemeinschaftlichen Testaments, BWNotZ 1980, 34; *Dohr*, Überwindung der aufgrund gemeinschaftlichen Testaments oder Erbvertrages entstandenen Bindungswirkung, MittRhNotK 1998, 381; *Haegele*, Wiederverheiratungsklauseln, Rpfleger 1976, 73; *ders.*, Einzelfragen zur Testamentseröffnung, Rpfleger 1968, 137; *Hausmann*, Wiederruf wechselbezüglicher Verfügungen gegenüber dem testierunfähigen Ehegatten, notar 2014, 58; *Kappler/Kappler*, Patchworkfamilie und Erbrecht – letztwillige Verfügungen zugunsten „meiner, deiner und unserer Kinder", ZEV 2015, 437; *Kollmeyer*, Umdeutung unwirksamer Verfügungen in gemeinschaftlichen Testamenten, NJW 2018, 662; *Langenfeld*, Die Bestandskraft ehebedingter Zuwendungen im Verhältnis zu Vertragserben und Pflichtteilsberechtigten, ZEV 1994, 129; *ders.*, Freiheit oder Bindung beim gemeinschaftlichen Testament oder Erbvertrag von Ehegatten, NJW 1987, 1577; *Leipold*, Die Wirkung in testamentarischer Wiederverheiratungsklauseln – Dogmatik oder Erblasserwille?, FamRZ 1988, 532; *Lübbert*, Verwirkung der Schlusserbfolge durch Geltendmachung des Pflichtteils, NJW 1988, 2707; *Luther*, Zur Umdeutung nichtiger gemeinschaftlicher Testamente von Nichtehegatten, FamRZ 1959, 273; *Mayer*, Gemeinsame erbrechtliche Gestaltungen, FPR 2013, 317; *Meincke*, Vorteile und Nachteile von Ehegattentestamenten und Erbverträgen, DStR 1981, 523; *Mohr*, Bindungswirkung beim Erbvertrag und gemeinschaftlichem Testament, BWNotZ 1997, 169; *Müller/Sass*, Das gemeinschaftliche Testament – Häufige Praxisprobleme und Gestaltungsempfehlungen, ErbStB 2016, 374; *Muscheler*, Das Berliner Testament in der neueren Rechtsprechung, ZWV 2023, 352; *Nordmeier*, EuErbVO: Neues Kollisionsrecht für gemeinschaftliche Testamente, ZEV 2012, 513; *Pfeifer*, Das gemeinschaftliche Ehegattentestament – Konzept – Bindungsgrund und Bindungswirkung, FamRZ 1993, 1266; *Radtke*, Überlegungen zur Gestaltung der Wechselbezüglichkeit im gemeinschaftlichen Testament, NotBZ 2001, 15; *Ripfel*, Das Testament für den Fall des gemeinschaftlichen Unfalltodes von Ehegatten, BB 1961, 583; *Schneider*, Wie ist der Rücktritt vom Ehevertrag, wie der Widerruf eines gemeinschaftlichen Testaments zu erklären?, ZEV 1996, 220; *Seifert*, Widerruf wechselbezüglicher Verfügungen gegenüber testierunfähigen Ehegatten, JR 2018, 121; *Simshäuser*, Auslegungsfragen bei Wiederverheiratungsklausel in gemeinschaftlichen Testamenten und Erbverträgen, FamRZ 1972, 273; *Speth*, Der Schutz des überlebenden Ehegatten bei gemeinschaftlichem Testament, NJW 1985, 463; *Strobel*, Pflichtteilsstrafklausel im Ehegattentestament, MDR 1980, 363; *Tanck*, Pflichtteilsklauseln im gemeinschaftlichen Testament (Berliner Testament) – zivilrechtliche und steuerliche Gestaltung bei der Einheitslösung, ZErb 2018, 8; *Tiedtke*, Zur Bindung des überlebenden Ehegatten an das gemeinschaftliche Testament bei Ausschlagung der Erbschaft als Eingesetzter, aber Annahme als gesetzlicher Erbe, FamRZ 1991, 1259; *Umstätter*, Gemeinschaftliche Testamente mit Auslandsberührung, DNotZ 1984, 532; *Wilhelm*, Wiederverheiratungsklausel, bedingte Erbeinsetzung und Vor- und Nacherbfolge, NJW 1990, 2857; *Wittmann*, Aushöhlung des gemeinschaftlichen Testaments, DNotZ 1958, 619; *Xaver*, Der auflösend bedingte Vollerbe, NJW 1988, 16; *Zimmer*, Testamentsgestaltung in der Patchwork-Familie, NotBZ 2014, 26.

Übersicht: Rdn

A. Geschichte

1 Erst im späteren Mittelalter hatte sich das **gemeinschaftliche Testament** gewohnheitsrechtlich herausgebildet. Dabei war auch eine gemeinschaftliche Testierung durch Nichtehegatten möglich. Im gemeinen Recht war diese Möglichkeit ebenfalls fest verankert. Die Abhängigkeit wechselbezüglicher Verfügungen voneinander war allg. anerkannt, so dass hier bereits die Rechtsfolgen von Widerruf oder Unwirksamkeit in ähnlichen Bahnen wie heute zu diskutieren waren. In den Kodifikationen der Partikularrechte waren die Grundsätze des gemeinen Rechts übernommen worden, insbesondere im Preußischen Allgemeinen Landrecht (I. 12 §§ 614 ff.; II 1. §§ 482 ff.), im Bayerischen Landrecht (III. cap 4 §§ 10, 11) und im Sächsischen Gesetzbuch (§§ 2196 ff., 2214 BGB). Dabei war das gemeinschaftliche Testament teilweise nur Ehegatten vorbehalten (Preußisches Allgemeines Landrecht).

2 Festzuhalten bleibt, dass das gemeinschaftliche Testament im deutschsprachigen Raum auf eine lange Geschichte zurückblicken kann. In der Rechtswirklichkeit spielte und spielt es daher eine große Rolle. Dennoch beschloss noch die 1. Kommission zum BGB, das gemeinschaftliche Testament nicht in das BGB aufzunehmen. Dieses wurde als eine „unklare Mitte zwischen Erbvertrag und Testament" betrachtet. Bei der Ermittlung des wirklichen Willens der Verfügenden komme es zu zahlreichen Schwierigkeiten.[1]

3 Außerdem stehe der Erbvertrag als geeignetere Alternative zur Verfügung.[2] Mit Rücksicht auf die Rechtswirklichkeit und die weite Verbreitung des gemeinschaftlichen Testaments in der Bevölkerung sah jedoch die 2. Kommission vor, selbiges nicht zu verbieten. Demgemäß wurde beschlossen, das gemeinschaftliche Testament nur für Ehegatten, aber nicht für Verlobte oder andere Personen zuzulassen. Eine inhaltliche Beschränkung wurde verworfen.[3] Ausschlaggebend für diesen Entschluss der 2. Kommission war wohl auch, dass zu diesem Zeitpunkt nur öffentliche Testamente zugelassen waren, so dass i.d.R. eine Beratung durch einen Notar zu erfolgen hatte. Die Regelung, die das gemeinschaftliche Testament heute im BGB gefunden hat, wird allg. als lückenhaft und fragmentarisch empfunden.[4]

B. Begriff des gemeinschaftlichen Testaments

I. Allgemeines

4 Der **Begriff** des gemeinschaftlichen Testaments ist im Gesetz selbst nicht definiert. Es verwundert daher nicht, wenn die Voraussetzungen für die Gemeinschaftlichkeit eines Testaments stets umstritten waren und geblieben sind. Das Gesetz gibt in § 2267 S. 1 BGB lediglich einen Typus des gemeinschaftlichen Testaments vor. Aus der dort

1 Auch heute wird das gemeinschaftliche Tesatment z.T. noch heftig kritisiert: *Muscheler*, ZEV 2023, 352, 361 bezeichnet es gar als Missgeburt.

2 Mot. V., S. 253.

3 Prot. V, S. 426 f.

4 Staudinger/*Raff*, Vor §§ 2265 ff. Rn 7; RGRK/*Johannsen*, Vor § 2265 Rn 3.

verwendeten Formulierung „zur Errichtung eines gemeinschaftlichen Testaments nach § 2247 BGB genügt es, ...“ lässt sich folgern, dass die Errichtung eines gemeinschaftlichen Testaments auch noch auf andere Art und Weise möglich sein muss.

II. Begriff der Gemeinschaftlichkeit

Daher stellt sich insbesondere bei Testamenten von Ehegatten, die räumlich und/oder zeitlich getrennt voneinander errichtet werden, die Frage, ob solche Testamente als gemeinschaftliches Testament im Sinne der §§ 2265 ff. BGB einzuordnen sind oder nicht. Die Beantwortung dieser Frage kann i.R.d. §§ 2268, 2270 BGB darüber entscheiden, ob die Verfügung des einen Ehegatten bei Unwirksamkeit oder Widerruf des anderen Ehegatten wirksam bleibt, ob die Auslegungsregeln des § 2269 und des § 2270 BGB Anwendung finden, ob und wie Verfügungen nach § 2271 BGB widerrufen werden können, wie nach § 2272 BGB die Rücknahme aus amtlicher Verwahrung zu erfolgen hat und ob bei der Eröffnung eines Testaments § 2273 BGB zu beachten ist oder nicht. Im Einzelnen werden hierzu folgende Ansichten vertreten: 5

1. Objektive Theorie

Diese früher herrschende Ansicht stellte rein formalistisch auf den Begriff der **Einheit der Urkunde** ab.[5] Diese Theorie, die zunächst den Charme einer eindeutigen Abgrenzung zu haben scheint, verliert selbigen schnell wieder, wenn man sie tatsächlich anwenden will. Die vom RG in seiner grundlegenden Entscheidung[6] verwendete Definition ist nämlich alles andere als eindeutig und widerspruchsfrei: „Das Wesen des gemeinschaftlichen Testaments besteht darin, dass die letztwilligen Verfügungen mehrerer Personen in einer einzigen Urkunde errichtet werden. Es kommt nicht darauf an, ob die Verfügungen auf einem Blatt oder ob sie auf mehreren Bogen oder Blättern stehen. Es können mehrere Personen ihre letztwilligen Verfügungen nacheinander auf dasselbe Blatt Papier schreiben, ohne dass ein gemeinschaftliches Testament hergestellt wird; andererseits kann ein gemeinschaftliches Testament aus mehreren Bogen oder Blättern bestehen. Es kommt auch nicht wesentlich auf den Inhalt der Verfügungen, auf die Einheitlichkeit oder Gemeinschaftlichkeit des Errichtungsaktes oder auf die Absicht der Verfügenden an ...“ Dementsprechend wurde die objektive Theorie zu Recht[7] angegriffen, da der Begriff der Einheit der Urkunde schwer abzugrenzen und deswegen schlecht geeignet sei. 6

2. Subjektive oder Willenstheorien

Diese Theorien sehen den Willen der Ehegatten, gemeinsam zu testieren, als maßgebliches Kriterium für das gemeinschaftliche Testament an. Begünstigt wurde das Vordringen der **subjektiven Theorie** durch das Gesetz über die Errichtung von Testamenten und Erbverträgen v. 31.7.1938,[8] welches am 4.8.1938 in Kraft trat. Dieses änderte die Bestimmungen über die Form der Errichtung gemeinschaftlicher Testamente. Somit war der Boden für ein Abrücken von der rein formalistischen objektiven Theorie bereitet.[9] Der wesentliche Meinungsstreit innerhalb der subjektiven Theorien entzündet sich an der Frage, ob der gemeinschaftliche Testierwille der Ehegatten in den Verfügungen selbst zumindest andeutungsweise zum Ausdruck gekommen sein muss oder nicht. 7

---

5 RGZ 50, 308; RGZ 72, 204; RGZ 87, 33.
6 RGZ 72, 204.
7 Bspw. *v. Hippel*, Formalismus und Rechtsdogmatik, 1935, S. 131 ff.
8 RGBl I. 973.
9 Staudinger/*Raff*, Vor §§ 2265 Rn 21.

8 Die heute h.M. verlangt, dass der Wille, **gemeinsam** zu testieren, in den Verfügungen der Ehegatten zumindest angedeutet sein muss.[10] Wenn diese Andeutungen nicht eindeutig sind, können zur weiteren Auslegung Umstände außerhalb der Urkunde herangezogen werden.[11] Der Wille, gemeinschaftlich zu testieren, kann sich auch aus späteren Nachträgen oder Zusätzen zum Testament ergeben.[12] Die subjektive Theorie i.V.m. der Andeutungstheorie kann für sich den Vorzug der Rechtssicherheit in Anspruch nehmen.[13]

9 Die i.R.d. **subjektiven Theorien** vertretene gegenteilige Ansicht lässt es genügen, wenn sich der Wille zum gemeinschaftlichen Testieren allein aus Umständen ergibt, die außerhalb der Testamentsurkunden liegen.[14]

3. Eigene Stellungnahme

10 Die Anwendung der **Andeutungstheorie** i.R.d. hier zu entscheidenden Frage kann nur dann in Betracht kommen, wenn es sich bei dem Willen, gemeinschaftlich zu testieren, um eine Willenserklärung mit rechtsgeschäftlicher Qualität handelt. Würde es sich bei diesem Willen nicht um einen rechtsgeschäftlichen, sondern um einen rein tatsächlichen bzw. rechtsgeschäftsähnlichen Willen handeln,[15] so könnte für die Äußerung dieses Willens nicht die Einhaltung von Formvorschriften für letztwillige Willenserklärungen über die Andeutungstheorie eingefordert werden.

11 Soweit die Vertreter der extrem **subjektiven Theorie** anführen, dass den testierenden Ehegatten regelmäßig die konkreten rechtlichen Wirkungen des gemeinschaftlichen Testaments unbekannt sind,[16] kann dem entgegengehalten werden, dass dies zunächst der Annahme einer rechtsgeschäftlichen Erklärung nicht entgegensteht und Irrtümer hier allenfalls eine Anfechtung nach § 2078 BGB zu begründen vermögen würden.[17] Unvollständige parteiautonome Willenserklärungen können durch Auslegungsgrundsätze und dispositive Gesetzesnormen, wenn nötig, vervollständigt werden. Letztlich bleibt damit die extrem subjektive Theorie ein Argument dafür schuldig, warum gerade der für die Annahme eines gemeinschaftlichen Testaments essentielle gemeinschaftliche Testierwille keine rechtsgeschäftliche Qualität haben soll. Der subjektiven Theorie in Kombination mit der Andeutungstheorie ist daher der Vorzug zu geben. Sie entspricht auch am ehesten der im Erbrecht auch ansonsten erkennbaren Tendenz des Gesetzgebers zur Formenstrenge.

12 Aufgabe des die Testierung begleitenden Rechtsberaters ist es ohnehin, neben vorgenannten Unsicherheiten, für eine eindeutige Erklärung des Willens zur gemeinschaftlichen Testierung zu sorgen.

---

10 BGHZ 9, 113 = NJW 1953, 698; BayObLG Rpfleger 1988, 365; BayObLG FamRZ 1991, 1485; OLG Hamm Rpfleger 1999, 207; BayObLG FamRZ 2001, 1563; KG FamRZ 2001, 794; OLG Düsseldorf FamRZ 2017, 1785; OLG Düsseldorf FamRZ 2017, 1269.

11 OLG Braunschweig ZEV 2007, 178 m. Anm. *Sticherling*.

12 OLG München ZEV 2008, 485.

13 Soergel/*Leiß*, Vor § 2265 Rn 7.

14 Staudinger/*Raff*, Vor §§ 2265 ff. Rn 25, 26, der die Beweislast für das Vorliegen eines gemeinschaftlichen Testaments bei demjenigen sieht, der die Gemeinschaftlichkeit behauptet; *Battes*, § 25 III.; *Lange/Kuchinke*, § 24 III. 2.b Rn 174, 197.

15 So etwa Grüneberg/*Weidlich*, Einf. vor § 2265 Rn 2 m.w.N.

16 So Staudinger/*Raff*, Vor § 2265 Rn 25.

17 So *Sammet*, in: Reimann/Bengel/Dietz/Sammet, Vor §§ 2265 Rn 21.

III. Verschiedene Arten gemeinschaftlicher Testamente

Folgende Formen gemeinschaftlicher Testamente können unterschieden werden: 13
Das **testamentum mere simultaneum** enthält Verfügungen beider Ehegatten, ohne dass diese Verfügungen gegenseitig oder wechselbezüglich sind. Im **testamentum reciprocum** setzen sich die Ehegatten gegenseitig oder mit Rücksicht auf den anderen einen Dritten als Erben ein, dies jedoch ohne dass diese Verfügungen als wechselbezüglich gewollt sind. Im **testamentum correspectivum** schließlich hängen die Verfügungen des einen Ehegatten von den Verfügungen des anderen derart ab, dass die Unwirksamkeit der einen Verfügung die der anderen bedingt.

C. Abgrenzung zu anderen Testierformen

Das gemeinschaftliche Testament nimmt eine Zwischenstellung zwischen Erbvertrag und einfachem Testament ein. Dabei ist für das gemeinschaftliche Testament konstitutiv, dass dieses **letztwillige Verfügungen beider Ehegatten** enthält. Andernfalls würde es sich lediglich um ein einseitiges Testament handeln. 14

I. Abgrenzung zum Erbvertrag

Auch wenn das gemeinschaftliche Testament stets Verfügungen beider Ehegatten enthalten muss, besteht doch Einigkeit darüber, dass es sich dabei nicht um einen Vertrag handelt, sondern um eine andere Art des Testaments.[18] Der Erbvertrag muss stets notariell beurkundet werden (§ 2276 BGB). Im Gegensatz hierzu gilt für das gemeinschaftliche Testament die freie Formwahl zwischen öffentlichem und eigenhändigem Testament. Wählen die Testierenden letztgenannte Alternative, steht ihnen als Besonderheit auch das sog. **Formprivileg** des § 2267 BGB zur Verfügung. Danach genügt es zur Errichtung eines gemeinschaftlichen Testaments, wenn einer der Ehegatten das Testament in der nach § 2247 BGB vorgeschriebenen Form errichtet und der andere Ehegatte die gemeinschaftliche Erklärung eigenhändig mitunterzeichnet. 15

Inhaltlich müssen die im gemeinschaftlichen Testament enthaltenen letztwilligen Verfügungen der Ehegatten nicht übereinstimmen. Hinzu kommt, dass die im gemeinschaftlichen Testament enthaltenen Verfügungen bis zum Tode des ersten Ehegatten grundsätzlich frei widerruflich sind (§ 2271 Abs. 2 BGB), soweit bei wechselbezüglichen Verfügungen die vorgesehenen Formvorschriften beachtet werden (§ 2271 Abs. 1 S. 1 i.V.m. § 2296 BGB). Im Gegensatz hierzu ist der Erbvertrag grundsätzlich unwiderruflich (Ausnahmen: Aufhebung, Anfechtung, Rücktritt, Gegenstandslosigkeit). 16

Ein gemeinschaftliches Testament kann nur von Ehegatten bzw. von zwei Personen gleichen Geschlechts, die in eingetragener Lebenspartnerschaft leben, errichtet werden (§ 2265 BGB, § 10 Abs. 4 S. 1 LPartG), ein Erbvertrag kann zwischen beliebigen und auch mehr als zwei Personen geschlossen werden. Für die Errichtung eines gemeinschaftlichen Testaments reicht die **Testierfähigkeit** aus (§ 2229 BGB), wohingegen für den Abschluss eines Erbvertrags beim Erblasser unbeschränkte Geschäftsfähigkeit erforderlich ist (§ 2275 BGB). 17

II. Gemeinsamkeiten mit einem Erbvertrag

Bei all diesen Unterschieden darf jedoch nicht übersehen werden, dass zwischen beiden Testierformen auch erhebliche Gemeinsamkeiten bestehen, die durch die Gestaltung im Einzelfall noch verstärkt werden können. So kann bspw. ein Erbvertrag durch Vereinbarung eines **Rücktrittsrechts** einem gemeinschaftlichen Testament angenähert werden. Aufgrund der sachlichen Nähe des gemeinschaftlichen Testaments zum Erbvertrag bei wechselbezüglichen Verfügungen wendet die Rspr. auch die für den Erb- 18

---

18 Staudinger/*Raff*, Vor § 2265 Rn 18.

vertrag geltenden Vorschriften über Anfechtung und Verfügungen unter Lebenden (§§ 2281 ff., 2286 ff. BGB) auf unwiderruflich gewordene Verfügungen in gemeinschaftlichen Testamenten entsprechend an.[19]

III. Einseitiges Testament und gemeinschaftliches Testament

19 Inhaltlich können in einem gemeinschaftlichen Testament alle Regelungen getroffen werden, die auch in einem einseitigen Testament getroffen werden können. Das gemeinschaftliche Testament gibt den Ehegatten zusätzlich die Möglichkeit, ihre Verfügungen als wechselbezügliche Verfügungen auszugestalten (§§ 2270, 2271 BGB) und somit eine gewisse Bindung herbeizuführen. Da es sich somit bei einem gemeinschaftlichen Testament nur um eine besondere Art des Testaments handelt, sind alle Vorschriften und Regeln über das einseitige Testament auch auf das gemeinschaftliche Testament anzuwenden, soweit sich nicht Abweichungen aus den §§ 2265 ff. BGB ergeben. Auf die Besonderheiten zur Auslegung eines gemeinschaftlichen Testaments wird unter Rdn 21 einzugehen sein.

D. Typische gemeinschaftliche Testamente

20 Da ein wesentlicher Gesichtspunkt für die Wahl der Testierform des gemeinschaftlichen Testaments die Frage der Abhängigkeit der einzelnen Verfügungen der Ehegatten voneinander ist, haben sich hier **verschiedene Grundformen** herausgebildet.[20] Eine klassische Gestaltungsalternative ist das in § 2269 Abs. 1 BGB beschriebene sog. **Berliner Testament**. Hier setzen sich die Ehegatten gegenseitig als Erben ein und bestimmen, dass nach dem Tod des Überlebenden der beiderseitige Nachlass an einen Dritten (meist insbesondere an die Kinder) fallen soll. Bei dieser Gestaltungsform werden demnach zwei Erbfälle geregelt. Ebenfalls beide Erbfälle geregelt werden bei den Konstruktionen, die zunächst eine gegenseitige Einsetzung zum jeweiligen Vorerben (mit/ohne Befreiung) und Berufung Dritter zu Nacherben vorsehen. Davon zu unterscheiden sind Gestaltungen, die lediglich eine Regelung des ersten Erbfalls beinhalten. Hier setzen sich die Ehegatten gegenseitig zu Erben ein, ggf. unter Anordnung von Vermächtnissen zugunsten Dritter. Hier gibt es auch die Variante, dass ein Dritter zum Erben des Erstversterbenden eingesetzt wird und der überlebende Ehegatte Nießbrauchsrechte oder eine Leibrente zugewendet bekommt.

E. Auslegung von gemeinschaftlichen Testamenten

21 Bei der Auslegung von gemeinschaftlichen Testamenten muss zunächst untersucht werden, ob die jeweils auszulegende Bestimmung eine **einseitige** oder eine **wechselbezügliche** Verfügung darstellt. Für Erstere gelten uneingeschränkt die gleichen Rechtsgrundsätze wie bei der Auslegung einseitiger letztwilliger Verfügungen, einschließlich der gesetzlichen Auslegungsregeln.[21] Bei der Auslegung wechselbezüglicher Verfügungen muss der übereinstimmende Wille beider Ehegatten zur Zeit der Testamentserrichtung ermittelt werden.[22] Dies gilt auch für die Ermittlung des mutmaßlichen bzw. hypothetischen Willens der Testierenden.[23] Mögliche Auslegungsergebnisse müssen daraufhin überprüft werden, ob sie auch dem Willen des jeweils anderen Ehegatten entsprochen haben.[24] Stellt man fest, dass kein gemeinsamer Wille der Ehegatten vor-

19 RGZ 87, 95; RGZ 132, 4; BGHZ 82, 274; OLG Düsseldorf NJW-RR 2007, 947.

20 Vgl. auch den Überblick bei Staudinger/*Raff*, Vor §§ 2265 ff. Rn 53–55.

21 Staudinger/*Raff*, Vor §§ 2265 ff. Rn 64.

22 BGHZ 112, 229; BGH FamRZ 1973, 189; BayObLG FamRZ 1976, 549; OLG München FamRZ 2011, 679; KG ZErb 2017, 257.

23 Grüneberg/*Weidlich*, Einf. vor § 2265 Rn 9.

24 BGHZ 112, 229.

lag, so gilt nach den allg. Grundsätzen zu §§ 133, 157 BGB der objektiv dem anderen Ehegatten erkennbare Sinn der jeweiligen wechselbezüglichen Verfügung.[25] Nur so wird sichergestellt, dass die Ehegatten die Möglichkeit haben, sich bei ihren jeweiligen Verfügungen auf die Verfügungen des anderen Teils einzustellen.[26] Erreicht wird somit ein Vertrauensschutz auf das Erklärte.[27]

F. Rechtsvergleichung

22 Andere Rechtsordnungen kennen das gemeinschaftliche Testament wegen der Gefahr der gegenseitigen Beeinflussung und seiner Bindungswirkung nicht. Im romanischen Rechtskreis ist das gemeinschaftliche Testament gar verboten (vgl. bspw. Art. 589 des italienischen codice civile oder Art. 968 des französischen code civil). Bei gestaltender Beratung ist daher besonderes Augenmerk darauf zu legen, ob eine ausländische Rechtsordnung zur Anwendung gelangen kann, die die Testierform des gemeinschaftlichen Testaments verbietet und eine Umdeutung in Einzeltestamente nicht zulässt. Insbesondere, wenn beide Testierende keine deutschen Staatsbürger sind, ist Vorsicht geboten. Verfassen zwei italienische Staatsangehörige in Deutschland ein gemeinsames Ehegattentestament, kann dieses nichtig sein.[28] Streitig können auch Fälle sein, in denen nur einer der beiden Testierenden Ausländer ist und dessen Heimatrecht ein gemeinschaftliches Testament verbietet.[29] In der ehemaligen DDR waren gemeinschaftliche Testamente nach §§ 388, 391 ZGB möglich. Doch mussten sich die Ehegatten dort zwingend gegenseitig zu Erben einsetzen, § 389 Abs. 1 S. 1 ZGB. Für die Zeit vor dem Wirksamwerden des Beitritts richten sich Errichtung und Aufhebung einer Verfügung von Todes wegen gem. Art. 235 § 2 EGBGB nach bisherigem Recht.[30]

G. Europäische Erbrechtsverordnung

23 Für Erbfälle ab dem 17.8.2015 gilt die Europäische Erbrechtsverordnung (EuErbVO[31]) in allen EU-Mitgliedstaaten mit Ausnahme von Dänemark und Irland. Für alle ab diesem Datum eintretenden Erbfälle richtet sich das Erbrechtsstatut nicht mehr wie nach alter Rechtslage nach Art. 25 EGBGB nach der Staatsangehörigkeit im Todeszeitpunkt, sondern im Regelfall nach dem letzten gewöhnlichen Aufenthaltsort des Erblassers (Art. 21 Abs. 1 EuErbVO), also auch und insbesondere wenn die letztwillige Verfügung vor dem Datum des Inkrafttretens der EuErbVO verfasst wurde.[32] Übergangsregelungen finden sich in Art. 83 EuErbVO. Nach Art. 21 Abs. 2 EuErbVO kann sich ausnahmsweise aus der Gesamtheit der Umstände die Geltung des Rechtes eines anderen Staates ergeben, wenn der Erblasser zum Zeitpunkt seines Todes offensichtlich eine engere Verbindung zu diesem Staat hatte. Der von der EuErbVO gewählte Anknüpfungspunkt des letzten gewöhnlichen Aufenthaltsortes ist erheblich unschärfer als die nach alter Rechtslage relevante Anknüpfung an die Staatsangehörigkeit. Zudem ist umstritten, nach welchen Vorschriften sich unter Geltung der EuErbVO die Wirksamkeit und Zulässigkeit eines gemeinschaftlichen Testaments richtet

---

25 Staudinger/*Raff*, Vor §§ 2265 ff. Rn 64 ff.; Soergel/*Leiß*, Vor § 2265 Rn 15.

26 BGH NJW 1993, 256; Grüneberg/*Weidlich*, Einf. vor § 2265 Rn 9.

27 Staudinger/*Raff*, Vor §§ 2265 ff. Rn 64 ff.

28 Zur Rechtslage vor Inkrafttreten der EuErbVO: OLG Koblenz NJW-RR 2013, 965.

29 OLG Zweibrücken FamRZ 1992, 608 zur Rechtslage vor Inkrafttreten der EuErbVO.

30 Einzelheiten vgl. *Sammet*, in: Reimann/Bengel/Dietz/Sammet, Vor §§ 2265 Rn 65 ff. m.w.N.

31 Verordnung (EU) Nr. 650/2012, des Europ. Parlaments und des Rates v. 4.7.2012 über die Zuständigkeit, das anzuwendende Recht, die Anerkennung und Vollstreckung von Entscheidungen und die Annahme und Vollstreckung öffentlicher Urkunden in Erbsachen sowie zur Einführung eines Europäischen Nachlasszeugnisses, ABl EU v. 27.7.2012 Nr. L 201, S. 107.

32 BGH NJW 2019, 3446.

(Art. 24 oder Art. 25 EuErbVO).[33] Ebenso ist die Frage der Wirksamkeit eines gemeinschaftlichen Testaments umstritten, bei dessen Errichtung für einen Testierenden eine Rechtsordnung gilt, nach welcher die Errichtung eines gemeinschaftlichen Testaments unzulässig ist.[34] Für den erbrechtlichen Berater ergibt sich hieraus zum einen eine Hinweispflicht auf die möglichen Auswirkungen der EuErbVO und zum anderen die Frage, wie und ob er durch eine klare Rechtswahl (Art. 22 EuErbVO) des Erbstatuts und/oder des Errichtungsstatus (Art. 25 Abs. 3 EuErbVO) in der letztwilligen Verfügung dafür Sorge tragen kann, dass die letztwillige Verfügung unabhängig von einem Wechsel des gewöhnlichen Aufenthaltsortes Bestand haben wird.[35]

H. Kosten

24 Der Gegenstandswert bei gemeinschaftlichen Testamenten berechnet sich aus dem Aktivnettonachlass beider Eheleute. Da zwei Auftraggeber vorliegen, ist eine Erhöhungsgebühr nach § 7 RVG um 0,3 anzusetzen.

§ 2265 Errichtung durch Ehegatten

Ein gemeinschaftliches Testament kann nur von Ehegatten errichtet werden.

Literatur

Grziwotz, Die Lebenspartnerschaft zweier Personen gleichen Geschlechts, DNotZ 2001, 280; *Hepting*, Das Eheschließungsrecht nach der Reform, FamRZ 1998, 713; *Leipold*, Die neue Lebenspartnerschaft aus erbrechtlicher Sicht, insbesondere bei zusätzlicher Eheschließung, ZEV 2001, 218; *Mayer*, Das Gesetz zur Beendigung der Diskriminierung gleichgeschlechtlicher Gemeinschaften – Lebenspartnerschaften, ZEV 2001, 169; *Müller/Sass*, Das gemeinschaftliche Testament, ErbStB 2016, 374.

Übersicht: Rdn

---

33 Für eine Anwendung des Art. 24 der VO: *Simon/Buschbaum*, NJW 2012, 2393; *Nordmeier*, ZEV 2012, 513; für eine Anwendung des Art. 25 der VO: BGH NJW, 2021, 1159; *Herzog*, ErbR 2013, 2; *Lehmann*, ZErb 2013, 25; *Döbereiner*, MittBayNot 2013, 437; *Looschelders*, IPRax 2016, 75; Grüneberg/*Thorn*, Anh. zu Art. 25 EGBGB, Art. 25 EU-ErbVO Rn 3.

34 Grüneberg/*Weidlich*, § 2265 Rn 1.

35 Grüneberg/*Thorn*, Anh. zu Art. 25 EGBGB, Art. 25 EU-ErbVO Rn 7.

A. Gemeinschaftliches Testament von Ehegatten

I. Allgemeines: Beschränkung auf Ehegatten

1 Ein gemeinschaftliches Testament kann wirksam **nur von Ehegatten** errichtet werden. Voraussetzung für die Wirksamkeit des jeweiligen gemeinschaftlichen Testaments ist das Bestehen einer **rechtsgültigen Ehe** zum Zeitpunkt der Testamentsabfassung. Die Eheschließung kann nicht nur durch öffentliche Urkunden belegt werden, sondern auch durch alle sonst zulässigen Beweismittel.[1] Demnach muss bei einem sukzessiv errichteten gemeinschaftlichen Testament zum Zeitpunkt der Errichtung beider Verfügungen eine rechtskräftige Ehe gegeben sein.

2 Die Beschränkung der Möglichkeit der Errichtung eines gemeinschaftlichen Testaments auf Ehegatten ist **verfassungsrechtlich** unbedenklich und verstößt nicht gegen Art. 3 Abs. 1 GG.[2] Aufgrund der Formenstrenge des Erbrechts ist eine analoge Anwendung der §§ 2265 ff. BGB auf Verlobte (und erst recht auf andere nicht verheiratete Personen) nicht möglich. Dies darf nicht durch Billigkeitserwägungen überspielt werden, etwa für den Fall, dass ein Verlobter vor der Eheschließung überraschend verstirbt.[3]

3 Waren die testierenden Eheleute zur Zeit der Errichtung des gemeinschaftlichen Testaments nicht miteinander verheiratet, so entfaltet eine nachträgliche Eheschließung keine heilende Wirkung.[4] Eine **Aufhebung** der Ehe nach § 1313 BGB wirkt nicht zurück (anders die frühere Rechtslage nach § 23 EheG). Das gemeinschaftliche Testament wird aber unwirksam, wenn die Ehe vor dem Tod eines Ehegatten aufgelöst wird, es sei denn, der Erblasser hat seine Verfügungen auch für diesen Fall getroffen (§§ 2268 Abs. 2, 2077 BGB). Wollen die Testierenden bei nachträglicher Eheschließung ein von ihnen zunächst unwirksam errichtetes gemeinschaftliches Testament nach § 141 BGB bestätigen, sind die Formvorschriften zu beachten. Dies gilt auch, wenn ein nach dem Formprivileg des § 2267 BGB errichtetes Testament vorliegt.[5] Unwirksam ist das gemeinschaftliche Testament auch in den Fällen der sog. **Nichtehe**, wobei hier die Möglichkeit der Heilung nach § 1310 Abs. 3 BGB beachtet werden muss.[6] In allen Fällen einer Bestätigung ist daher den Testierenden zu raten, ihren Bestätigungswillen in erbrechtlich gültiger Form niederzulegen.

4 Da nach vielen ausländischen Rechtsordnungen die Errichtung eines gemeinschaftlichen Testaments nicht möglich ist, ist stets Vorsicht geboten, wenn beide oder auch nur einer der testierenden Ehegatten nicht über die deutsche Staatsbürgerschaft verfügt (vgl. Vorbem. zu §§ 2265 ff. Rdn 22 und 23) und damit ein Nachlass mit grenzüberschreitendem Bezug im Sinn der EuErbVO gegeben ist. Zu beachten ist in diesem Zusammenhang, dass eine einheitliche Rechtswahl für Zulässigkeit, materielle Wirksamkeit und Bindungswirkung erlaubt ist, die ggf. sogar konkludent erfolgen kann.[7]

II. Gemeinschaftliches Testament bei Lebenspartnern

5 Durch das Gesetz zur Gleichstellung gleichgeschlechtlicher **Lebenspartnerschaften** (LPartG) v. 16.2.2001[8] wurde auch Lebenspartnern i.S.d. § 1 LPartG die Möglichkeit eröffnet, ein gemeinschaftliches Testament zu errichten, vgl. § 10 Abs. 4 S. 1 LPartG;

---

1 Soergel/*Leiß*, § 2265 Rn 4; BayObLG FamRZ 1990, 1284.
2 BVerfG NJW 1989, 1986.
3 OLG Düsseldorf FamRZ 1997, 518.
4 Staudinger/*Raff*, § 2265 Rn 5.
5 So HK-BGB/*Hoeren*, § 2265 Rn 8.
6 Vgl. hierzu *Hepting*, FamRZ 1998, 713, 725.
7 BGH FamRZ 2021, 802.
8 BGBl I 2001, S. 266.

§ 10 Abs. 4 S. 2 LPartG erklärt dazu die für das gemeinschaftliche Testament unter Ehegatten geltenden Vorschriften der §§ 2266–2272 BGB für entsprechend anwendbar. Seit dem 1.10.2017 haben gleichgeschlechtliche Paare aufgrund des sog. Eheöffnungsgesetzes die Möglichkeit zur Eheschließung. § 1353 BGB räumt seitdem auch zwei Personen gleichen Geschlechts die Möglichkeit der Eheschließung ein. Über § 20a LPartG wird bestehenden Lebenspartnerschaften das Recht eingeräumt, die Lebenspartnerschaft in eine Ehe umzuwandeln. Damit gelten erbrechtlich alle Vorschriften für gemeinschaftliche Testamente für solche Eheschließungen oder in eine Ehe umgewandelte Lebenspartnerschaften direkt.

B. Gemeinschaftliches Testament unter Nicht-Ehegatten

I. Allgemeines

6 Errichten **Verlobte,** Geschwister, Partner nichtehelicher Lebensgemeinschaften oder andere dritte Personen ein gemeinschaftliches Testament, ist ein solches nichtig. Diesen Personen steht nur die Möglichkeit zur Verfügung, entweder zwei getrennte Einzeltestamente zu errichten oder durch notariellen Erbvertrag (§ 2276 BGB) zu verfügen. Eine **Nichtigkeit** kommt nur dann nicht in Betracht, wenn es sich um lediglich in einer Urkunde verbundene voneinander unabhängige letztwillige Verfügungen handelt.

II. Umdeutung in Einzeltestament

1. Allgemeines

7 Fraglich ist, ob die als gemeinschaftliches Testament nichtigen Verfügungen zumindest als einseitige letztwillige Verfügungen wirksam aufrechterhalten bleiben können. Diskutiert wird, ob eine Aufrechterhaltung als Einzeltestamente im Wege der **Umdeutung** nach § 140 BGB möglich ist. Aus § 2265 BGB wurde ursprünglich ein Verbot für Nicht-Ehegatten hergeleitet, gemeinschaftlich ein Testament zu errichten.[9] Aus diesem Grund wurde eine Umdeutung abgelehnt. Hier hat sich jedoch zwischenzeitlich ein Anschauungswechsel vollzogen. So gilt es zwischenzeitlich als gesichert, dass zumindest **nicht wechselbezügliche** Verfügungen in einseitige letztwillige Verfügungen umgedeutet werden können. Allerdings müssen sie dazu jeweils der Form des § 2247 BGB entsprechen. Dies gilt für privatschriftliche wie auch für öffentliche Urkunden.[10] In dem häufig vorkommenden Fall, dass Nicht-Ehegatten in der ihnen nicht eröffneten Form des § 2267 BGB testiert haben, wird die Aufrechterhaltung im Wege der Umdeutung stets nur für denjenigen möglich sein, der das beabsichtigte gemeinschaftliche Testament eigenhändig niedergelegt hat.[11]

2. Aufrechterhaltung von wechselbezüglichen Verfügungen

8 Umstritten ist, ob auch **wechselbezügliche Verfügungen** in gemeinschaftlichen Testamenten von Nicht-Ehegatten aufrechterhalten werden können.[12] Grundvoraussetzung für eine **Aufrechterhaltung** ist zunächst auch hier, dass die jeweilige letztwillige Verfügung formgerecht erklärt wurde. Sodann ist danach zu differenzieren, ob es

---

9 RGZ 87, 33, 34; OLG Neustadt NJW 1958, 1785.

10 BGH NJW-RR 1987, 1410; BayObLG FamRZ 1993, 1370; OLG Zweibrücken FamRZ 1989, 790; OLG Hamm ZEV 1996, 304; OLG Düsseldorf FamRZ 1997, 518; Soergel/*Leiß*, § 2265 Rn 5.

11 Vgl. hierzu Grüneberg/*Weidlich*, § 2265 Rn 3; Bamberger/Roth/Hau/Posek/*Litzenburger*, § 2265 Rn 21.

12 Dagegen: RGZ 87, 33; KG Rpfleger 1969, 93; KG NJW 1969, 798; OLG Zweibrücken FamRZ 1989, 790; *Lutter*, FamRZ 1959, 253; dafür: Staudinger/*Raff*, § 2265 Rn 6 ff. m.w.N. zum Meinungsstreit; KG NJW 1972, 2133; OLG Frankfurt a.M. BeckRS 1975, 699; OLG Braunschweig NJW-RR 2005, 1027; Soergel/*Leiß*, § 2265 Rn 5.

sich lediglich um wechselbezügliche Verfügungen handelt, in denen sich die Nicht-Ehegatten gegenseitig bedacht haben, oder ob auch Dritte bedacht werden sollten. Im ersteren Fall wird regelmäßig eine Umdeutung nach § 140 BGB möglich sein.[13] In den Fällen, in denen beide letztwillige Verfügungen formwirksam erklärt wurden, kann unproblematisch davon ausgegangen werden, dass die beteiligten Nicht-Ehegatten den jeweils anderen in Einzeltestamenten bedacht hätten, wenn sie von der Unwirksamkeit des gemeinschaftlichen Testaments gewusst hätten.

3. Formgültige Errichtung einer Verfügung

Aber auch für den Fall, dass lediglich eine der beiden Verfügungen der Nicht-Ehegatten **formwirksam** erklärt wurde, kann selbige aufrechterhalten werden. Solange hier nicht festgestellt wird, dass die wirksame Verfügung nur und gerade für den Fall getroffen wurde, dass auch die Verfügung des anderen wirksam ist, spricht alles für eine Aufrechterhaltung der wirksam erklärten Verfügung. Da auch in den Fällen, in denen sich Ehegatten gegenseitig bedenken, nur eine der beiden Verfügungen, nämlich die des Vorversterbenden, Wirkung entfaltet, kann deren Wirksamkeit erhalten werden.[14] Liegt dem Testierenden mutmaßlich mehr an der Verwirklichung seiner letztwilligen Verfügung als an der Nichtigkeit derselben, so spricht dies für eine Wirksamkeit im Wege der Umdeutung.[15] 9

4. Bedenken eines Dritten

Wird die letztmalige Verfügung des einen Nicht-Ehegatten nur getroffen, damit als Gegenleistung der andere eine dritte, ihm **nahestehende** Person bedenkt, so wird vorgeschlagen, auch hier eine Umdeutung in ein einseitiges Testament zuzulassen, welches unter der Bedingung steht, dass der letztbegünstigte Dritte das ihm Zugewendete auch tatsächlich erhält.[16] U.U. kommt hier auch die **Umdeutung** in eine Vor- und Nacherbschaft in Betracht.[17] Zu beachten ist, dass immer sämtliche Umstände des Einzelfalls zur Auslegung heranzuziehen sind. Dabei mag dann auch berücksichtigt werden, dass es dem Erblasser im Zweifel lieber sein wird, nicht bindend, einseitig verfügt zu haben, als dass der Fiskus erben sollte.[18] Die vorgenannten Grundsätze gelten auch und gerade, wenn nur eine der als wechselbezüglich gedachten Verfügungen formgültig errichtet wurde.[19] 10

C. Wirksamkeit des gemeinschaftlichen Testaments

I. Allgemeine Nichtigkeitsgründe

Ein gemeinschaftliches Testament kann wegen Verstoßes gegen ein gesetzliches Verbot, gegen die guten Sitten oder mangels der erforderlichen Form nichtig sein nach §§ 125, 134 oder 138 BGB. Trifft der Nichtigkeitsgrund nur die Verfügungen des einen Ehegatten, so stellt sich die Frage, wie sich dies auf die Wirksamkeit der Verfügungen des anderen Ehegatten auswirkt. Diese Frage der Wirksamkeit ist für wechselbezügliche Verfügungen nach § 2270 Abs. 1 BGB zu beantworten, welcher spezieller gegenüber § 2085 BGB ist und ihn insoweit verdrängt.[20] 11

---

13 Staudinger/*Raff*, § 2265 Rn 12.
14 BayObLG Rpfleger 2001, 425; Staudinger/*Raff*, § 2265 Rn 15 ff.
15 Diesen Gedanken vertritt Erman/*S. Kappler/T. Kappler*, § 2265 Rn 6 m.w.N.
16 Staudinger/*Raff*, § 2265 Rn 21.
17 BayObLG NJW-RR 2000, 1534.
18 OLG Frankfurt FamRZ 1989, 347.
19 *Sammet*, in: Reimann/Bengel/Dietz/Sammet, § 2265 Rn 13.
20 Staudinger/*Otte*, § 2085 Rn 16.

II. Testierfähigkeit

12 Bei Abfassung des gemeinschaftlichen Testaments müssen beide Ehegatten testierfähig sein. Fehlt die Testierfähigkeit bei einem der Ehegatten, ist zunächst formell kein gemeinschaftliches Testament zustande gekommen.[21] Die Frage, ob damit die Verfügungen des anderen Ehegatten nichtig sind, ist nach den allg. Grundsätzen, bei wechselbezüglichen Verfügungen nach § 2270 Abs. 1 BGB, zu beantworten (vgl. dazu die Kommentierung zu § 2270 BGB).

III. Unwirksamkeit durch Anfechtung

13 Die Unwirksamkeit eines gemeinschaftlichen Testaments kann sich nachträglich und rückwirkend auch durch Anfechtung nach §§ 2078 ff. BGB oder durch eine **Selbstanfechtung** des Erblassers nach §§ 2281 ff. BGB analog ergeben. Auch hier sind dann über § 2270 BGB die Wechselwirkungen der angefochtenen Verfügungen auf die Verfügungen des anderen Ehegatten zu bedenken.[22]

D. Widerruf des gemeinschaftlichen Testaments

14 Prinzipiell kann ein wirksames gemeinschaftliches Testament mit den darin getroffenen Verfügungen widerrufen werden. Hier ist zu unterscheiden zwischen einseitigen Verfügungen, die wie ein einseitiges Testament widerrufen werden können, also nach den §§ 2253 ff. BGB, und wechselbezüglichen Verfügungen, bei denen der Widerruf Einschränkungen durch § 2271 BGB erfährt (vgl. dazu die Kommentierung zu § 2271 BGB).

E. Aufhebung durch gemeinschaftliches Testament/Erbvertrag

15 Die Ehegatten haben des Weiteren die Möglichkeit, mit Wirkung für die Zukunft ein wirksam errichtetes gemeinschaftliches Testament durch Errichtung eines neuen gemeinschaftlichen Testaments oder eines Erbvertrages aufzuheben. Weiter kann nach allg. Grundsätzen die Aufhebung auch alleiniger Inhalt eines weiteren gemeinschaftlichen Testaments sein.

F. Unwirksamkeit im Falle der Aufhebung der Ehe bzw. bei Vorliegen der Scheidungsvoraussetzungen und gestelltem Scheidungsantrag

16 Eine nachträgliche Unwirksamkeit kann sich kraft Gesetzes über § 2268 BGB in den Fällen des § 2077 BGB ergeben (siehe dazu die Erläuterungen zu § 2268 BGB).

§ 2266 Gemeinschaftliches Nottestament

Ein gemeinschaftliches Testament kann nach den §§ 2249, 2250 auch dann errichtet werden, wenn die dort vorgesehenen Voraussetzungen nur bei einem der Ehegatten vorliegen.

Übersicht: Rdn

21 Staudinger/*Raff*, Vor §§ 2265 ff. Rn 71.
22 Bsp. bei Staudinger/*Raff*, Vor §§ 2265 ff. Rn 72.

A. Anwendbarkeit der §§ 2249, 2250 BGB

Ehegatten bzw. Partnern einer eingetragenen Lebenspartnerschaft (§ 10 Abs. 4 LPartG) steht zur Errichtung des gemeinschaftlichen Testaments die erleichterte Form der **Nottestamente** nach § 2249 BGB oder § 2250 BGB zur Verfügung. Dafür ist es ausreichend und genügend, wenn die dort genannten Voraussetzungen **lediglich bei einem Ehegatten** vorliegen.[1] Im Allgemeinen werden aber die Voraussetzungen bei beiden Ehegatten vorliegen.[2] Gleiches gilt für die Errichtung eines sog. Seetestaments nach § 2251 BGB.[3] 1

B. Kein Zwang zur Benutzung der Nottestamentsform für beide Ehegatten

Die Ehegatten können, müssen sich aber nicht der Form des Nottestaments bedienen. 2
Möglich ist auch, dass sich zur Errichtung des gemeinschaftlichen Testaments nur ein Ehegatte der **Form** des Nottestaments bedient und der andere ein privatschriftliches oder öffentliches Testament errichtet.[4] Dabei gilt allerdings die Einschränkung, dass der Ehegatte, bei dem die Voraussetzungen für die Errichtung des Nottestaments nicht vorliegen, sich dieser Errichtungsform nicht bedienen kann, wenn sich nicht auch der andere Ehegatte dieser Errichtungsform bedient.[5] Die Gegenansicht, die i.R.d. § 2266 BGB stets eine einheitliche Testierung beider Ehegatten verlangt, argumentiert wie folgt: Bei einer Kombination verschiedener Testierformen ergäben sich nach Ablauf der jeweils befristeten Gültigkeitsdauer der Nottestamente Probleme daraus, dass dann die Verfügung des einen Ehegatten unwirksam werden würde, die andere aber nicht. Dies wäre mit dem Wesen eines gemeinschaftlichen Testaments unvereinbar.[6]

Dem ist entgegenzuhalten: Soweit es sich um wechselbezügliche Verfügungen handelt, 3
entfällt ohnehin bei **Unwirksamkeit** der Verfügung des einen Ehegatten auch die Verfügung des anderen nach § 2270 Abs. 1 BGB. Für die einseitigen Verfügungen jedoch ist nicht einzusehen, warum deren Wirksamkeit davon abhängen sollte, ob eine homogene Form der Testamentserrichtung gewählt wurde oder eine Kombination der zulässigen Errichtungsformen.[7]

C. Gültigkeitsdauer des Nottestaments

Das gemeinschaftliche Nottestament wird mit Ablauf von drei Monaten ab Errichtung 4
ungültig, § 2252 Abs. 1 BGB. Dies gilt nicht, wenn einer der Ehegatten oder beide vor dem Fristablauf sterben, unabhängig davon, ob es sich um den Ehegatten gehandelt hat, bei dem die Voraussetzungen für die Errichtung des Nottestaments erfüllt waren.[8] § 2266 BGB lässt eine Differenzierung zwischen dem gefährdeten und dem anderen Ehegatten gerade nicht zu.[9]

D. Umfang der Gültigkeit

Früher wurde teilweise vertreten, dass in den Fällen, in denen ein Ehegatte innerhalb 5
der Dreimonatsfrist stirbt, lediglich die wechselbezüglichen Verfügungen aufrechter-

1 Vgl. Grüneberg/*Weidlich*, § 2266 Rn 1.
2 Grüneberg/*Weidlich*, § 2266 Rn 2.
3 Das Seetestament nach § 2251 BGB wird in § 2266 BGB nicht erwähnt, weil sich die Ehegatten ohnehin auf demselben Schiff befinden müssen, wenn sie gemeinsam testieren wollen.
4 Soergel/*Wolf*, § 2266 Rn 2.
5 Vgl. *Sammet*, in: Reimann/Bengel/Dietz/Sammet, § 2266 Rn 2.
6 So MüKo/*Musielak*, § 2266 Rn 2.
7 Bamberger/Roth/Hau/Poseck/*Litzenburger*, § 2266 Rn 2 für das Argument der Wechselbezüglichkeit; *Sammet*, in: Reimann/Bengel/Dietz/Sammet, § 2266 Rn 2.
8 Vgl. Grüneberg/*Weidlich*, § 2266 Rn 2; *Sammet*, in: Reimann/Bengel/Dietz/Sammet, § 2266 Rn 5.
9 *Sammet*, in: Reimann/Bengel/Dietz/Sammet, § 2266 Rn 5; jurisPK-BGB/*Reymann*, § 2267 Rn 7; Grüneberg/*Weidlich*, § 2266 Rn 2.

halten bleiben sollen, nicht aber die einseitigen Verfügungen des Längerlebenden.[10] Diese Meinung findet im Gesetzestext keinen Anhaltspunkt. § 2252 BGB stellt auf die Wirksamkeit des gesamten Testaments ab und differenziert nicht zwischen wechselbezüglichen und einseitigen Verfügungen.[11] Bei den Nottestamenten nach § 2266 BGB handelt es sich um vollwertige gemeinschaftliche Testamente. Daher verbietet es sich, in diesen Fällen die vorgenannte Trennung zwischen einseitigen und wechselbezüglichen Verfügungen vorzunehmen. In der Tat würde man dadurch die Ehegatten zwingen, ihre einseitigen Verfügungen in gesonderte einseitige Testamente aufzunehmen oder nach dem Tod des anderen Ehegatten erneut zu testieren.[12]

E. Hemmung des Fristablaufs

6 Der Ablauf der Frist des § 2252 Abs. 1, Abs. 2 BGB ist so lange gehemmt, wie nur einer der Ehegatten kein notarielles gemeinschaftliches Testament errichten kann.[13] Auch i.R.d. §§ 2252 Abs. 3 und 2252 Abs. 4 BGB treten deren Wirkungen für beide Ehegatten ein, sobald und soweit deren Voraussetzungen auch nur bei einem der Ehegatten erfüllt sind.[14]

§ 2267 Gemeinschaftliches eigenhändiges Testament

[1]Zur Errichtung eines gemeinschaftlichen Testaments nach § 2247 genügt es, wenn einer der Ehegatten das Testament in der dort vorgeschriebenen Form errichtet und der andere Ehegatte die gemeinschaftliche Erklärung eigenhändig mitunterzeichnet. [2]Der mitunterzeichnende Ehegatte soll hierbei angeben, zu welcher Zeit (Tag, Monat und Jahr) und an welchem Ort er seine Unterschrift beigefügt hat.

Übersicht: Rdn

---

10 Vgl. noch Staudinger/*Kanzleiter* (2014), § 2266 Rn 5.
11 Soergel/*Leiß*, § 2266 Rn 3; so jetzt auch Staudinger/*Raff*, § 2266 Rn 8.
12 *Sammet*, in: Reimann/Bengel/Dietz/Sammet, § 2266 Rn 6.
13 Vgl. hierzu *Sammet*, in: Reimann/Bengel/Dietz/Sammet, § 2266 Rn 7; Erman/*S. Kappler/T. Kappler*, § 2266 Rn 3.
14 Soergel/*Leiß*, § 2266 Rn 3; *Sammet*, in: Reimann/Bengel/Dietz/Sammet, § 2266 Rn 7.

A. Formprivileg

1 § 2267 BGB lässt durch seine Formulierung („genügt es") erkennen, dass die Bestimmung grds. die Errichtung eines gemeinschaftlichen eigenhändigen Testaments erleichtern will, ohne jedoch andere Formen auszuschließen.[1] Neben der Möglichkeit des § 2267 BGB stehen den Ehegatten daher auch alle sonst vom Gesetz zur Verfügung gestellten ordentlichen und außerordentlichen Formen der Testamentserrichtung zur Verfügung. Die in § 2267 BGB normierte **Formerweiterung** bringt jedoch nicht nur Vorteile mit sich. Der geschäftlich und rechtlich erfahrenere Ehegatte hat unter Umständen die Möglichkeit, den anderen bei der Abfassung des Testaments zu übervorteilen.[2] Darüber hinaus führt die Möglichkeit, dass die Ehegatten als rechtliche Laien ohne Beratung gemeinschaftlich testieren können, gerade im Bereich von Fragen der Wechselbezüglichkeit häufig zu erheblichen Auslegungsschwierigkeiten und Streitigkeiten.

2 **Praxistipp**
Aufgrund der Gefahren, die die Errichtung eines gemeinschaftlichen Testaments mit sich bringt, ergibt sich für den Anwalt die Chance, durch Sensibilisierung der Mandanten Beratungsbedarf zu wecken. Als Kehrseite der Medaille ist der Anwalt im Mandanteninteresse und aus Haftungsgründen gehalten, existierende gemeinschaftliche eigenhändige Testamente einer besonders kritischen Prüfung zu unterziehen.

B. Gemeinschaftliches eigenhändiges Testament

I. Allgemeines

3 § 2267 BGB i.V.m. § 2247 BGB lässt es zur Errichtung eines **eigenhändigen gemeinschaftlichen Testaments** genügen, dass einer der Ehegatten das Testament in der nach § 2247 BGB vorgeschriebenen Form, nämlich eigenhändig geschrieben und unterschrieben hat und der andere Ehegatte die gemeinschaftliche Erklärung eigenhändig mitunterzeichnet. § 2267 BGB lautete ursprünglich: „Zur Errichtung eines gemeinschaftlichen Testaments nach § 2231 Nr. 2 genügt es, wenn einer der Ehegatten das Testament in der dort vorgeschriebenen Form errichtet und der andere Ehegatte die Erklärung beifügt, dass das Testament auch als sein Testament gelten solle. Die Erklärung muss unter Angabe des Ortes und Tages eigenhändig geschrieben und unterschrieben werden." Die nach Satz 2 der ursprünglichen Fassung notwendige Beitrittserklärung des zweiten Ehegatten war mithin Wirksamkeitsvoraussetzung. Sie musste zwingend den wirklichen Ort und Tag der Erklärung enthalten. Dadurch kam es in zahlreichen Fällen zur Nichtigkeit von gemeinschaftlichen Testamenten. Daher wurde die Vorschrift durch § 28 Abs. 2 TestG, welcher unverändert als § 2267 BGB in das BGB übernommen wurde, in die heutige Fassung überführt.[3] Dass die in § 2267 BGB vorgesehene Formerleichterung nur für Ehegatten und über § 10 Abs. 4 LPartG für eingetragene Lebenspartnerschaften gilt, verstößt nicht gegen Art. 3 GG.[4]

---

1 MüKoBGB/*Musielak*, § 2267 Rn 2; Burandt/Rojahn/*Braun/Schuhmann*, § 2267 Rn 1; BGH NJW 1958, 547.

2 HK-BGB/*Hoeren*, Vor §§ 2265–2273 Rn 6; BeckOGK/*Braun*, § 2267 Rn 4.

3 Wortlaut des § 2267 a.F. abgedr. bei Staudinger/*Kanzleiter* (2019), Rn 1 – zu den insoweit auftretenden Altfällen vgl. RGRK/*Johannsen*, § 2267 Nr. 2–4.

4 BVerfG NJW 1989, 1986.

II. Voraussetzungen des gemeinschaftlichen eigenhändigen Testaments

1. Allgemeines/Grundgedanke zum Errichtungsablauf

4 § 2267 BGB sieht folgenden grundsätzlichen Gedanken zum Ablauf der Testamentserrichtung durch die Ehegatten vor: Zunächst legt einer der Ehegatten handschriftlich die gemeinsamen Verfügungen nieder und unterzeichnet diese. Der andere Ehegatte muss die gemeinsame Erklärung dann ebenfalls eigenhändig mitunterzeichnen. Unterlässt er es hierbei, nach S. 2 der Vorschrift anzugeben, zu welcher Zeit und an welchem Ort er seine Unterschrift beigefügt hat, so führt dies nicht zur Unwirksamkeit des gemeinschaftlichen Testaments, da es sich hierbei nur um Sollvorschriften handelt.[5] Bei entsprechender äußerer Form besteht die tatsächliche Vermutung, dass die vorgenannte Reihenfolge bei der Errichtung eingehalten wurde.[6] Dabei ist Voraussetzung, dass die Unterschrift des beitretenden Ehegatten die Haupterklärung räumlich abschließt.[7]

2. Unterschrift beider Ehegatten

5 **Nicht zulässig** ist es, dass ein Ehegatte vorweg, ohne den Text der gemeinschaftlichen Verfügungen zu kennen, eine **Blankounterschrift** leistet. Eine solche kann den Inhalt der getroffenen Verfügungen nicht decken.[8] Unter Beachtung dieser Prämisse ist die Reihenfolge der Unterschriften der Ehegatten gleichgültig. So kann auch derjenige Ehegatte, der die Verfügungen eigenhändig niedergelegt hat, das gemeinschaftliche Testament als Letzter unterzeichnen.[9] Grund hierfür ist, dass § 2267 BGB die Unterschriften beider Ehegatten als völlig gleichwertig betrachtet. Zudem entspricht diese Interpretation der Vorschrift dem Sinn und Zweck des Gesetzes, die **Errichtung** von gemeinschaftlichen Testamenten **zu vereinfachen**. Solange die Unterschriften beider Ehegatten die gemeinschaftlichen Verfügungen decken, also insbesondere nach deren schriftlicher Niederlegung beigefügt worden sind, sind keine Gründe ersichtlich, weshalb die zur Formerleichterung dienende Vorschrift des § 2267 BGB zur Begründung einer Unwirksamkeit des gemeinschaftlichen Testaments herangezogen werden sollte.[10] Eine **Mitunterzeichnung** kann auch **durch** eine sog. **Selbstbezeichnung in einem Abschlussvermerk** liegen, weshalb folgende Formulierung als formwirksam angesehen werden kann: „Ich, NN, will die vorstehenden Verfügungen auch als mein Testament gelten lassen."[11]

6 Voraussetzung hierfür ist, dass der Erklärende mit diesem Vermerk die Urkunde abschließen und unterzeichnen wollte.

3. Abwechselnde Niederlegung des Textes der Verfügung

7 In Abweichung von dem Grundgedanken der Errichtung nach § 2267 BGB besteht auch die Möglichkeit, dass die Ehegatten sich bei der Niederlegung des gemeinschaftlichen Testamentstextes abwechseln.[12] Ebenfalls als zulässig angesehen wird es teilweise, wenn ein Ehegatte zunächst seine eigenen Verfügungen niederlegt und unterschreibt und dann die Verfügungen des anderen zwar ebenfalls schreibt, diese dann aber nur

---

5 OLG Düsseldorf FamRZ 2017, 1785.
6 OLG Hamm FamRZ 1993, 606 = NJW-RR 1993, 269.
7 KG ErbR 2017, 512.
8 OLG Hamm FamRZ 1993, 606 = NJW-RR 1993, 269; Soergel/*Leiß*, § 2267 Rn 3.
9 Staudinger/*Raff*, § 2267 Rn 25.
10 Anders noch zu § 2267 BGB a.F. BayObLGZ 31, 293; KGJ 26, 44; KGJ 51, 82.
11 Staudinger/*Raff*, § 2267 Rn 19; OLG Düsseldorf DNotZ 1954, 487.
12 KG HRR 1928, 718; Soergel/*Leiß*, § 2267 Rn 3.

von dem anderen unterzeichnet werden.[13] Diese Ansicht ist jedoch nicht zutreffend. Grundsätzlich gilt es, hinsichtlich der eigenhändigen Errichtung eines gemeinschaftlichen Testaments wie folgt zu unterscheiden: Entweder liegt eine Errichtung nach § 2267 BGB vor oder die Errichtung richtet sich nach § 2247 BGB. **Zwischenformen** sind nicht zulässig. Alleine der Wille, gemeinschaftlich zu testieren, ist für die formgültige Errichtung eines gemeinschaftlichen Testaments nicht ausreichend. Es muss dieser Wille auch formgerecht zum Ausdruck gebracht werden.[14] Handeln nun die Ehegatten auf die vorbeschriebene Weise, ist unzweifelhaft die Form des § 2267 BGB nicht beachtet. Denn hier hat jeder Ehegatte nur den Text seiner eigenen Verfügungen unterzeichnet und nicht einen Text, der gemeinschaftliche Verfügungen enthält. Beurteilt sich dann die Wirksamkeit allein nach § 2247 BGB, so ist derjenige Teil der Verfügungen, die von dem einen Ehegatten geschrieben, aber von dem anderen unterschrieben wurden, formunwirksam, da hier gegen das Erfordernis der Eigenhändigkeit verstoßen wurde.[15]

4. Zeitliche Reihenfolge der Unterschriften

Die **Unterschrift** des beitretenden Ehegatten wird i.d.R. **zeitlich unmittelbar nach der Abfassung und Unterzeichnung** der gemeinschaftlichen Erklärung durch den anderen Ehegatten erfolgen. Dies ist aber **nicht zwingend** der Fall. Der andere Ehegatte kann daseine Unterschrift auch später beifügen.[16] Als Voraussetzung hierfür wird Folgendes angesehen: Die Beifügung der Unterschrift des beitretenden Ehegatten muss noch zu Lebzeiten des anderen Ehegatten geschehen.[17] Nach dem Tod des anderen Ehegatten kann die Unterzeichnung nicht mehr nachgeholt werden, da dann die Beitrittserklärung nicht mehr mit Wissen und Wollen des verstorbenen Ehepartners erfolgen kann.[18] 8

5. Kein Beitritt zu einer einseitigen Verfügung oder deren bloße Kenntnisnahme

Die Natur des gemeinschaftlichen Testaments erfordert, dass die Unterschriftsleistung des beitretenden Ehegatten stets nur **mit Wissen und Wollen des anderen Ehegatten** erfolgt. Dafür soll es genügen, wenn der Ehegatte, der das Testament errichtet hat, den später erfolgenden Beitritt des anderen Teiles zumindest in Betracht gezogen hat.[19] Das OLG München hat hierzu entschieden, dass ein nachträglicher Beitritt auch nach längerer Zeit noch möglich ist, wenn im Zeitpunkt des Beitritts der Wille des ersttestierenden Ehegatten zur gemeinschaftlichen Testierung weiterhin besteht.[20] Die- 9

---

13 OLG Celle NJW 1957, 876; OLG Hamm NJW-RR 1991, 1352; LG München FamRZ 1998, 1391 sofern sämtliche Verfügungen von den Unterschriften beider Ehegatten gedeckt sind.

14 MüKo/*Musielak*, § 2267 Rn 17.

15 BGH NJW 1958, 547.

16 Staudinger/*Raff*, § 2267 Rn 26; Bamberger/Roth/Hau/Poseck/*Litzenburger*, § 2267 Rn 7, dort wird ebenfalls in Rn 4 festgehalten, dass das eigenhändige gemeinschaftliche Testament entweder nur in der Form des § 2267 BGB oder unter Einhaltung der Bestimmungen des § 2247 BGB errichtet werden kann; OLG Hamm ZErb 2018, 19 zu einem Fall, in dem 40 Jahre später ein gemeinschaftliches Testament geschaffen wurde.

17 Grüneberg/*Weidlich*, § 2267 Rn 1; *Sammet*, in: Reimann/Bengel/Dietz/Sammet, § 2267 Rn 23; Bamberger/Roth/Hau/Poseck/*Litzenburger*, § 2268 Rn 7.

18 Vgl. *Sammet*, in: Reimann/Bengel/Dietz/Sammet, § 2267 Rn 23.

19 Staudinger/*Raff*, § 2267 Rn 26; *Pfeiffer*, FamRZ 1993, 1266; vgl. hierzu auch *Sammet*, in: Reimann/Bengel/Dietz/Sammet, § 2267 Rn 23, der zutreffend darauf hinweist, dass sich die Zustimmung des zuerst testierenden Ehegatten vielfach schon aus der Form der Haupterklärung ergibt, wenn dort in der Wir-Form testiert ist.

20 OLG München ZErb 2012, 14 = NJW-RR 2012, 338; so auch OLG Hamm ZErb 2018, 19 – vgl. bereits Fn 16.

ser Wille zur gemeinschaftlichen Testamentserrichtung durch späteren Beitritt muss zum Zeitpunkt der Beifügung der zweiten Unterschrift noch bei beiden Ehegatten vorhanden sein. Ein gemeinschaftliches Testament kann daher nicht errichtet werden, indem sich der eine Ehegatte der als einseitig gedachten Verfügung des anderen Ehegatten nachträglich anschließt.[21]

10 Ebenso müssen die Fälle abgegrenzt werden, in denen der hinzutretende Ehegatte lediglich die Kenntnisnahme oder Billigung des Testaments des testierenden Ehegatten schriftlich mit seiner Unterschrift bestätigt. Bleiben bei der Auslegung hieran Zweifel, hat das Gericht sich für die näherliegende Deutung zu entscheiden.[22]

6. Zusätze und Nachträge

11 Zusätze bei der Unterschrift des beitretenden Ehegatten sind unschädlich und brauchen von der Unterschrift des anderen Ehegatten nicht gedeckt zu sein, solange diese Zusätze nicht inhaltlich von der **Haupterklärung** abweichen. Das kann insbesondere der Fall sein, wenn sie eigene Verfügungen des beitretenden Ehegatten enthalten. Ist dies der Fall, kommt eine Umdeutung in eine einseitige letztwillige Verfügung nach § 140 BGB in Betracht.[23] Nachträge, also nachträgliche Ergänzungen, die von der ursprünglichen Unterschrift beider Ehegatten nicht mehr gedeckt sind, sind nur zulässig, wenn sie erneut von beiden Ehegatten unterzeichnet werden.[24]

7. Änderung der gemeinschaftlichen Verfügungen

12 Das gemeinschaftliche Testament kann, soweit es wechselbezügliche Verfügungen enthält, unter Beachtung der Vorschrift des § 2271 BGB zu Lebzeiten beider Ehegatten einseitig geändert werden, d.h. durch notariell beurkundete Rücktrittserklärung (vgl. auch § 2271 Rdn 1–43). **Einseitige** Verfügungen können nach den für einseitige letztwillige Verfügungen geltenden Vorschriften der §§ 2253 ff. BGB geändert werden. Eine gemeinschaftliche Änderung oder Ergänzung des Testaments durch beide Ehegatten kann grundsätzlich wiederum in allen möglichen Formen der Errichtung des gemeinschaftlichen Testaments erfolgen. Dabei wird es teilweise auch als zulässig erachtet, wenn die Ehegatten gemeinsam oder ein Ehegatte mit der Billigung des anderen den Text des ursprünglichen Testaments ändert oder in der Weise ergänzt, dass diese Änderungen oder Ergänzungen durch die ursprünglichen Unterschriften gedeckt sind.[25]

13 **Praxistipp**

Vor einer solchen Art der Testamentsänderung kann nur ausdrücklich abgeraten und gewarnt werden, da ein gemeinsamer Wille zur entsprechenden Abänderung nur schwer nachweisbar sein wird. In der Regel wird dieser gemeinsame Wille nicht mehr nachvollzieh- und damit beweisbar sein und in einem etwaigen Prozess den Einwand provozieren, die entsprechenden Passagen seien einseitig aus dem Testament herausgestrichen oder geändert worden.

---

21 *Sammet*, in: Reimann/Bengel/Dietz/Sammet, § 2267 Rn 23, der hier von einer nachträglichen Vergemeinschaftung spricht.
22 BayObLG FGPrax 2004, 33.
23 Staudinger/*Raff*, § 2267 Rn 31.
24 Staudinger/*Raff*, § 2267 Rn 33, 34; BayObLG FamRZ 1986, 392.
25 BGH NJW 1974, 1083; OLG München, ErbR 2010, 56; Staudinger/*Raff*, § 2267 Rn 31 m.w.N.

8. Analphabetischer Ehegatte

Ist einer der Ehegatten minderjährig[26] oder vermag er nicht zu lesen, können die Ehegatten ein gemeinschaftliches Testament nicht als eigenhändiges Testament errichten, § 2247 Abs. 4 BGB. Solchen Ehegatten verbleibt nur die Möglichkeit eines öffentlichen gemeinschaftlichen Testaments. 14

9. Ein Ehegatte unterschreibt nicht

Kommt ein formwirksames gemeinschaftliches eigenhändiges Testament i.S.d. § 2267 BGB nicht zustande, weil die Unterschrift des beitretenden Ehegatten nicht erfolgt, so liegt nur der Entwurf eines gemeinschaftlichen Testaments vor. Darin kann ein formwirksames einseitiges Testament des Ehegatten, der die gemeinschaftliche Erklärung vollständig niedergeschrieben und unterschrieben hat, liegen. Die Form des § 2247 BGB ist dann gewahrt. I.R.d. **Umdeutung nach § 140 BGB** ist darauf abzustellen, ob die Geltung als Einzeltestament dem Willen desjenigen, der die Haupterklärung niedergelegt und unterschrieben hat, entsprach.[27] Soweit wechselbezügliche Verfügungen oder die Einsetzung eines Schlusserben in der Haupterklärung enthalten waren, wird eine Umdeutung nur in Einzelfällen möglich sein.[28] § 2084 BGB ist in diesem Rahmen nicht anwendbar.[29] Eine **bloße Beitrittserklärung** des Inhaltes „Dies ist auch mein Testament und Wille“ stellt im Regelfall kein vollständiges regelgerechtes Einzeltestament dar. Daher kann bei Formunwirksamkeit der Haupterklärung die bloße Beitrittserklärung nicht als ein rechtswirksames Einzeltestament aufrechterhalten bleiben.[30] Auch diese Erklärung ist dann ungültig.[31] 15

10. Zwei getrennte Urkunden

Ein gemeinschaftliches Testament kann auch in **getrennten Schriftstücken** errichtet werden.[32] Dabei ist eine zeitgleiche Abfassung der Schriftstücke nicht erforderlich. Ein gemeinschaftliches Testament liegt aber nur dann vor, wenn der Wille beider Ehegatten, gemeinsam über den Nachlass zu verfügen, zu einer **gemeinschaftlichen Erklärung** geführt hat, **die** aus den beiden Einzeltestamenten selbst **nach außen erkennbar** ist.[33] Oder anders formuliert: Der Wille zur gemeinsamen Testamentserrichtung muss im Inhalt der Urkunde zum Ausdruck kommen, um gemäß der Andeutungstheorie formgerecht niedergelegt zu sein.[34] Dies ist nicht der Fall, wenn es an jeder gegenseitigen Bezugnahme in den Einzelerklärungen auf die Erklärung des anderen fehlt und die Eheleute nur die Worte „ich“ und „mein gesamtes Vermögen“ verwenden.[35] Die Annahme eines gemeinschaftlichen Testaments wurde auch in Fällen abgelehnt, in welchen die zeit- und wortgleich errichteten Verfügungen offensichtlich 16

26 Dieser Fall ist wegen des 2017 neu eingeführten § 1303 S. 1 BGB für in Deutschland geschlossene Ehen nicht mehr denkbar.
27 BGH NJW-RR 1987, 1410; BayObLG NJW-RR 2003, 659; BayObLG NJW-RR 2000, 1534; OLG Frankfurt a.M. NJW-RR 2012, 11 = FamRZ 2012, 330.
28 BGH NJW-RR 1987, 1410; OLG Frankfurt a.M. FGPrax 1998, 145; BayObLG NJW-RR 2000, 1534.
29 BayObLG FamRZ 1992, 353.
30 BayObLGZ 68, 311.
31 JurisPK-BGB/*Reymann*, § 2267 Rn 31.
32 OLG Zweibrücken FGPrax 2002, 231; BayObLG FamRZ 1993, 240; BayObLG FamRZ 1991, 1485; OLG München ZErb 2010, 157 = FamRZ 2010, 1846; OLG Karlsruhe FGPrax 2023, 40.
33 BGHZ 9, 113; OLG Zweibrücken FGPrax 2002, 231; OLG Zweibrücken FGPrax 2000, 244 = FamRZ 2001, 518; BayObLG FamRZ 1993, 240.
34 BayObLG FamRZ 1991, 1485; OLG Düsseldorf FamRZ 2017, 1785.
35 BGHZ 9, 113; OLG Zweibrücken FGPrax 2002, 231; BayObLG FamRZ 1993, 240; BayObLG FamRZ 1991, 1485.

abgesprochen waren, in denen aber weder die Pluralform noch die Formulierung „gemeinsam" verwendet wurde.[36] Findet sich in den Einzelerklärungen kein Anhalt für den Willen zu einer gemeinschaftlichen Testierung, ist es irrelevant, ob außerhalb der Schriftstücke liegende Umstände oder Erklärungen der Ehegatten auf einen derartigen Testierwillen schließen lassen.[37] Damit die Unterschriften beider Ehegatten die in gesonderten Schriftstücken enthaltenen Verfügungen auch umfassen, muss die Zusammengehörigkeit bei losen Blättern durch fortlaufenden Text, Seitenangaben oder andere Umstände feststehen; eine nicht dauerhafte Verbindung oder die gemeinsame Aufbewahrung reicht daher i.d.R. nicht aus.[38]

C. Gemeinschaftliches öffentliches Testament

I. Gleichwertigkeit der öffentlichen Errichtungsformen

17 Da § 2267 BGB lediglich eine – erleichterte – **Form** zur Errichtung eines gemeinschaftlichen Testaments zur Verfügung stellt, stehen den Ehegatten auch alle anderen Formen der Testamentserrichtung zur Verfügung, insbesondere die Möglichkeit des öffentlichen Testaments, §§ 2231 Nr. 1, 2232 BGB.

II. Errichtungsarten

18 Wie bei allen Arten der Errichtung eines gemeinschaftlichen Testaments, ist auch bei Verwendung der **öffentlichen Testamentsformen** stets zu beachten, dass beide Erblasser Verfügungen treffen müssen und dass diese als gemeinschaftliche Verfügungen gewollt sind. Ansonsten sind sämtliche Formen der Errichtung des öffentlichen Testaments gleichwertig und können auch nebeneinander verwendet werden. So kann bspw. der eine Ehegatte seinen Willen gegenüber dem Notar mündlich erklären, während der andere durch Übergabe einer Schrift testiert. Gleichfalls kann jeder Ehegatte eine gesonderte Schrift übergeben, oder ein Ehegatte ergänzt die übergebene Schrift des anderen durch mündliche Erklärung oder umgekehrt.

19 Grds. wird die Errichtung eines gemeinschaftlichen Testaments in einer notariellen Verhandlung der Regelfall sein. Da aber das Erfordernis der Einheitlichkeit des Errichtungsaktes aufgegeben ist, ist es nach h.M. (anders als beim Erbvertrag) auch zulässig, ein gemeinschaftliches Testament **in getrennten Beurkundungsverhandlungen**, sogar vor verschiedenen Notaren, zu errichten.[39] Erforderlich ist, dass beide Ehegatten zum Zeitpunkt der späteren Beurkundungsverhandlung noch leben.[40] Im Übrigen gelten die Vorschriften des BeurkG, d.h. auch hier müssen beide Testierenden jeweils anwesend sein, sich beide jeweils vor dem Notar erklären, beide die Niederschrift genehmigen und sie unterzeichnen (§§ 9 Abs. 1 Nr. 2 u. 13 Abs. 1 BeurkG).

20 Es ist lediglich zu beachten, dass es für das Wesen des gemeinschaftlichen Testaments unabdingbar ist, dass die Ehegatten hierbei in Kenntnis von der jeweils getroffenen Verfügung des anderen handeln und diese billigen.[41]

21 Treffen die Ehegatten ihre jeweiligen Verfügungen in unterschiedlichen Urkunden, verschiedenen Formen oder getrennten Verfahren, so sind die **gesetzlichen Schutzvorschriften** nur bei dem Ehegatten **zu beachten**, bei dem deren Voraussetzungen vorliegen.[42] Dies gilt mit der bereits genannten Einschränkung, dass trotz der unterschiedlichen Verfahrenshandhabung für beide Ehegatten die Möglichkeit der Kennt-

36 BayObLG FamRZ 1993, 240 = NJW-RR 1992, 1356.
37 OLG Zweibrücken FGPrax 2002, 231.
38 KG ErbR 2017, 512.
39 *Sammet*, in: Reimann/Bengel/Dietz/Sammet, § 2267 Rn 5.
40 Soergel/*Leiß*, § 2265 Rn 9.
41 Staudinger/*Raff*, § 2267 Rn 8; *Sammet*, in: Reimann/Bengel/Dietz/Sammet, § 2267 Rn 2.
42 Staudinger/*Raff*, § 2267 Rn 10.

nisnahme und Billigung der Verfügungen des jeweils anderen Ehegatten gewährleistet ist.[43]

III. Grundsatz der „ärgeren Hand"

22 Wird, wie im Regelfall, nur eine Beurkundungsverhandlung zur Errichtung des gemeinschaftlichen Testaments durchgeführt, so sind Form- und Verfahrensvorschriften, deren Voraussetzungen nur in der Person eines Ehegatten erfüllt sind, grundsätzlich auch auf den anderen Ehegatten und die Beurkundung seiner Erklärung anzuwenden. Dies wird als **Grundsatz der ärgeren Hand** bezeichnet.[44]

23 Bei **Minderjährigkeit** eines Ehegatten kann dieser nach § 2233 Abs. 1 BGB sein Testament nur durch mündliche Erklärung oder durch Übergabe einer offenen Schrift errichten. Dies muss dann auch für den anderen Ehegatten gelten, da ansonsten der Notar seiner Belehrungspflicht nach §§ 17, 30 BeurkG gegenüber dem Minderjährigen nicht nachkommen könnte.[45] Hier muss zum Zeitpunkt der Errichtung der Verfügung des Minderjährigen die korrespondierende Verfügung des anderen Ehegatten, sei es, dass diese vor demselben oder vor einem anderen Notar errichtet wurde oder gleichzeitig errichtet wird, in der Form des § 2233 Abs. 1 BGB vorliegen.[46]

24 Vermag der Erblasser **Geschriebenes nicht zu lesen**, so steht ihm für die Testamentserrichtung nur die Form der mündlichen Erklärung nach § 2233 Abs. 2 BGB zur Verfügung. Hier ist umstritten, ob auch der andere Ehegatte sich dieser Form bedienen muss.[47]

25 Die Erklärung des letzten Willens eines **stummen Ehegattens** ist seit der Neufassung des § 22 BeurkG im Jahr 2002 in jeder beurkundungsrechtlich zulässigen Form möglich, insbesondere auch durch Gebärden oder Mithilfe eines Gebärdensprachdolmetschers. Übergibt der Sprechunfähige eine verschlossene Schrift, muss der Ehegatte den Inhalt der verschlossenen Schrift kennen und dies, wie auch nach alter Rechtslage, ausdrücklich erklären.[48] Für die Verfügung des anderen Ehegatten wird eine Testierung durch mündliche Erklärung oder durch Übergabe einer Schrift zugelassen.[49]

D. Mischformen zwischen öffentlichen und privatschriftlichen Testamenten

26 Schließlich sind auch **Mischformen** zwischen **öffentlichen** und **privatschriftlichen Testamenten** zur Errichtung des gemeinschaftlichen Testaments denkbar.[50] Stets muss dabei aber der Wille, ein gemeinschaftliches Testament zu errichten, hinreichend erkennbar sein. Gleichfalls muss, wie immer beim gemeinschaftlichen Testament, für jeden Ehegatten die Kenntniserlangung der Verfügung des anderen gewährleistet sein.[51]

E. Feststellungs- und Beweislast

27 Nach den allg. Grundsätzen trägt derjenige die **Beweis-** oder **Feststellungslast**, der sich auf die Wirksamkeit des gemeinschaftlichen Testaments beruft. Diese bezieht

---

43 *Sammet*, in: Reimann/Bengel/Dietz/Sammet, § 2267 Rn 7.
44 *Sammet*, in: Reimann/Bengel/Dietz/Sammet, § 2267 Rn 6; *Lange/Kuchinke*, § 24 II 1b.
45 Soergel/*Leiß*, § 2265 Rn 10; Staudinger/*Raff*, § 2267 Rn 13.
46 Staudinger/*Raff*, § 2267 Rn 8.
47 Vgl. Soergel/*Leiß*, § 2265 Rn 10; *Sammet*, in: Reimann/Bengel/Dietz/Sammet, § 2267 Rn 9; Staudinger/*Raff*, § 2267 Rn 8, 10 und MüKo/*Musielak*, § 2267 Rn 6 vertreten die Auffassung, dass die Bekanntgabe an den anderen Ehegatten und seine Aufklärung durch den Notar ausreichend sind.
48 MüKo/*Musielak*, § 2267 Rn 7.
49 Staudinger/*Raff*, § 2267 Rn 11; *Sammet*, in: Reimann/Bengel/Dietz/Sammet, § 2267 Rn 10.
50 Soergel/*Leiß*, § 2265 Rn 12; Staudinger/*Raff*, § 2267 Rn 4; *Krätzschel*, in: Krätzschel/Falkner/Döbereiner, § 11 Rn 4; a.A. MüKo/*Musielak*, § 2267 Rn 3.
51 Staudinger/*Raff*, § 2267 Rn 9.

sich insbesondere auf den Testierwillen und auf die Echtheit der Unterschrift des Erblassers.[52] Er muss ebenfalls beweisen, dass die in § 2267 BGB beschriebene Reihenfolge eingehalten wurde, wofür aber eine tatsächliche Vermutung spricht, wenn das Testament seinem äußeren Erscheinungsbild nach einem nach § 2267 BGB formgerecht errichteten Testament entspricht.[53] Umgekehrt trägt derjenige, der die Unwirksamkeit eines gemeinschaftlichen Testaments durch Widerruf geltend macht, hierfür die Beweislast. Er muss daher bspw. beweisen, dass eine Vernichtung der Testamentsurkunde einvernehmlich geschah.[54]

§ 2268 Wirkung der Ehenichtigkeit oder -auflösung

(1) Ein gemeinschaftliches Testament ist in den Fällen des § 2077 seinem ganzen Inhalt nach unwirksam.
(2) Wird die Ehe vor dem Tod eines der Ehegatten aufgelöst oder liegen die Voraussetzungen des § 2077 Abs. 1 Satz 2 oder 3 vor, so bleiben die Verfügungen insoweit wirksam, als anzunehmen ist, dass sie auch für diesen Fall getroffen sein würden.

Übersicht: Rdn

A. Normzweck

1 Im Falle der Errichtung eines gemeinschaftlichen Testaments gehen die Eheleute im Regelfall vom Bestand der Ehe bis zum Tod eines Ehegatten aus. Die Lebenserfahrung spricht daher dafür, dass sie ein gemeinschaftliches Testament nicht errichtet hätten, hätten sie mit dem Scheitern ihrer Ehe gerechnet. Dieser **Erfahrungssatz** liegt der Vorschrift des § 2268 BGB zugrunde. In den **Protokollen zum BGB** ist niedergelegt, „dass alle Gründe, die für die Zulassung des gemeinschaftlichen Testaments sprechen, entfielen, sobald eine Ehe getrennt wäre und, dass es sich aus Zweckmäßigkeitsgründen empfehle, mit der Grundlage des gemeinschaftlichen Testaments das ganze Testament wegfallen zu lassen."[1] Wenn es die Vorschrift des § 2268 BGB nicht gäbe, müsste man nach § 2077 BGB diejenigen letztwilligen Verfügungen eines Ehegatten als unwirksam

52 BayObLG ZEV 1997, 259.
53 OLG Hamm NJW-RR 1993, 269.
54 Zu den Anforderungen an diese Beweisführung vgl. BayObLG MDR 1981, 933.
1 Prot. V, S. 447.

betrachten, durch die er seinen Ehepartner bedacht hat. Die Wirksamkeit der restlichen Verfügungen wäre nach § 2085 BGB und für den Fall des Bedenkens dritter Personen nach § 2270 BGB zu beurteilen, soweit diese Verfügungen wechselbezüglich sind.[2]

B. Auslegungsregel des Abs. 1

I. Allgemeines

Abs. 1 ist eine dispositive Auslegungsregel, die gilt, solange nicht die Regelung des Abs. 2 eingreift.[3] In den Fällen des § 2077 BGB, nämlich bei **Scheidung, Scheidungsantrag** oder **Zustimmung** zu einem solchen, **Aufhebung** und **Tod** des Antragstellers während des laufenden Scheidungs- oder Aufhebungsverfahrens, soll das gemeinschaftliche Testament seinem ganzen Inhalt nach unwirksam sein. Als **lex specialis** erweitert § 2268 BGB die Rechtsfolgen des § 2077 BGB, indem er diese auch auf Verfügungen ausdehnt, mit denen Dritte bedacht werden.[4] Das gemeinschaftliche Testament der Ehegatten ist in diesen Fällen insgesamt und vollständig unwirksam – nicht nur hinsichtlich der wechselbezüglichen Verfügungen.[5] Das gilt selbst dann, wenn in dem gemeinschaftlichen Testament ausschließlich Dritte bedacht wurden. Zwar setzt § 2077 BGB voraus, dass wenigstens einem Ehegatten von dem anderen etwas zugewendet wird, so dass man bei rein wörtlicher Auslegung dazu neigen könnte, hier das Vorliegen eines Falles des § 2077 BGB zu verneinen. Richtigerweise wird man nach Normzweck und Entstehungsgeschichte des § 2268 BGB aber annehmen müssen, dass mit den Worten „in den Fällen des § 2077" lediglich die dort genannten Ehebeseitigungsfälle gemeint sind.[6] 2

II. Eingetragene Lebenspartnerschaft

Die Vorschrift des § 2268 BGB ist auch auf die eingetragene Lebenspartnerschaft anwendbar, § 10 Abs. 4 LPartG, bei Auflösung der Lebenspartnerschaft nach § 15 LPartG. 3

III. Erneute Heirat

Haben die Ehegatten ein gemeinschaftliches Testament verfasst und ist ihre Ehe geschieden worden, so lebt das gemeinschaftliche Testament, das durch die rechtskräftige Scheidung der Ehe nach Abs. 1 unwirksam geworden ist, nicht wieder auf, wenn die Eheleute erneut heiraten.[7] 4

IV. Analoge Anwendung

1. Tod während des Scheidungsverfahrens

Stirbt ein Ehegatte während eines anhängigen Scheidungsverfahrens, dann wird ein gemeinschaftliches Testament unwirksam, wenn es der verstorbene Ehegatte war, der die **Scheidung** der Ehe **beantragt**, ihr zugestimmt oder eine begründete Aufhebungsklage erhoben hatte. Hat der Gegner des Scheidungsantrags dem Antrag zugestimmt 5

---

2 MüKo/*Musielak*, § 2268 Rn 1; Staudinger/*Raff*, § 2268 Rn 1.

3 BGH NJW 2004, 3113; BayObLG NJW 1996, 133.

4 *Sammet*, in: Reimann/Bengel/Dietz/Sammet, § 2268 Rn 2; BGHZ 9, 113; BayObLG Rpfleger 1988, 365; BayObLG FamRZ 1991, 1485, 1486; BayObLG FamRZ 1994, 193; OLG Hamm Rpfleger 1999, 207; BayObLG FamRZ 2001, 1563, 1564; KG FamRZ 2001, 794, 795.

5 MüKo/*Musielak*, § 2268 Rn 4.

6 BayObLGZ 1993, 240 = FamRZ 1994, 193; *Muscheler*, DNotZ 1994, 733, 734; MüKo/*Musielak*, § 2268 Rn 4.

7 Staudinger/*Raff*, § 2268 Rn 10; *Krätzschel*, in: Krätzschel/Falkner/Döbereiner, § 11 Rn 67; BayObLG NJW 1996, 133; KG FamRZ 1968, 217; OLG Hamm FGPrax 2011, 83 = ZEV 2011, 265; Grüneberg/*Weidlich*, § 2268 Rn 2, jedoch kann die Wiederverheiratung i.R.d. Ermittlung des Aufrechterhaltungswillens nach Abs. 2 eine Rolle spielen, siehe BayObLG vorstehend.

und löst damit die Wirkungen des § 2077 Abs. 1 S. 2 BGB aus, kann er diese Erklärung nach § 134 Abs. 2 FamFG bis zum Schluss der mündlichen Verhandlung widerrufen.[8] Der Gesetzeswortlaut umfasst allerdings nicht den Fall, dass der Ehegatte, gegen den der Scheidungsantrag gerichtet ist und der der Ehescheidung nicht zugestimmt hat, zuerst verstirbt.[9] Die sich hieraus ergebende Konsequenz wird im Schrifttum zum Teil heftig kritisiert.[10]

6 In der Lit. wird daher teilweise vertreten, auf diesen Fall §§ 2077, 2268 BGB analog anzuwenden. Als Grund hierfür wird angeführt, dass die Eheauflösung in diesen Fällen nur durch den von niemandem zu beeinflussenden, zufällig eingetretenen Tod verhindert wurde. Es widerspräche dem Gerechtigkeitsempfinden, wenn der überlebende Ehegatte aufgrund ihn begünstigender Zuwendungen etwas erhalten solle, obwohl er unter Umständen gegen den erklärten Willen des Verstorbenen die Scheidung betrieben habe. Gegen eine analoge Anwendung kann angeführt werden, dass der Ehegatte, der die Scheidung nicht wollte, ggf. auch an seinen testamentarischen Verfügungen festhalten wollte. Zudem hat der Gesetzgeber trotz des bekannten Meinungsstreits die gesetzliche Formulierung bei der Änderung des EheRG bewusst beibehalten.

2. Unwirksamkeit durch Auslegung bzw. Anfechtung

7 Soweit zutreffender Weise eine Analogie abgelehnt wird, kann **durch Auslegung oder Anfechtung** die ganze oder teilweise **Unwirksamkeit** des gesamten gemeinschaftlichen Testaments in solchen Fällen herbeigeführt werden.[11] I.d.R. wird hier eine Anfechtung nach § 2078 Abs. 2 BGB in Betracht kommen, da der Erblasser in der irrigen Erwartung des Fortbestandes der Ehe testiert bzw. seine Zuwendung unter der Voraussetzung, dass die Ehe nicht zerrüttet wird, gemacht hat.[12] Eine solche Anfechtung nach § 2078 BGB kommt auch in Betracht, wenn die Ehegatten in zerrütteter Ehe getrennt leben, ohne dass ein Scheidungsantrag gestellt wurde.[13]

8 Der **Nachteil der Lösung** vorstehenden Problems **über** eine **Anfechtung** liegt zum einen darin, dass durch die Beachtung der für die Anfechtung geltenden Fristen formelle Hürden zum Scheitern der Durchsetzung der Anfechtung führen können. Zudem liegt im Verfahren der Anfechtung die Darlegungs- und Beweislast beim Anfechtenden, während sie bei der Lösung über eine analoge Anwendung des § 2077 BGB über Abs. 1 bei demjenigen liegen würde, der sich auf die Wirksamkeit des Testaments beruft.

9 **Praxistipp**
Es kann dem Berater, der bei der Erstellung eines gemeinschaftlichen Testaments tätig ist, nur empfohlen werden, auf die vorstehende Problematik hinzuweisen und, soweit gewünscht, durch eine entsprechende Klausel Vorsorge für diese Fallgestaltung zu treffen.

10 **Formulierungsvorschlag**
Sollte einer von uns zu einem Zeitpunkt versterben, in welchem der andere die Scheidung oder die Aufhebung der Ehe beantragt hat, ohne dass dazu die Zustim-

8 OLG Oldenburg FamRZ 2019, 926.

9 BayObLG NJW-RR 1990, 200; Staudinger/*Raff*, § 2268 Rn 13; *Lange/Kuchinke*, § 24 I 6; *Muscheler*, DNotZ 1994, 735.

10 *Sammet*, in: Reimann/Bengel/Dietz/Sammet, § 2268 Rn 19 spricht von „Ungleichbehandlung"; MüKo/*Musielak*, § 2268 Rn 12; *Krätzschel*, in: Krätzschel/Falkner/Döbereiner, § 11 Rn 67.

11 Staudinger/*Raff*, § 2268 Rn 13.

12 Staudinger/*Raff*, § 2268 Rn 13; *Battes*, FamRZ 1977, 438; *ders.*, JZ 1978, 733.

13 *Sammet*, in: Reimann/Bengel/Dietz/Sammet, § 2268 Rn 19.

mung des jeweils anderen erteilt worden wäre, so sollen die unter Ziffer (...) getroffenen Verfügungen unwirksam sein.

C. Ausnahme nach Abs. 2: Wirksamkeit bei Aufrechterhaltungswillen

I. Auslegungsregel

Abs. 2 regelt Ausnahmen von der Folge der Unwirksamkeit. Dies gilt allerdings nicht 11 für die Fälle der Nichtigkeit der Ehe nach den bis zum 1.7.1998 geltenden Vorschriften des § 23 EheG (Übergangsvorschrift in Art. 226 EGBGB). In diesen Fällen ist das gemeinschaftliche Testament stets unwirksam. Hier kommt aber für die Anordnungen, die einen Dritten begünstigen und keinen Bezug zur Ehe haben, eine Umdeutung in Einzeltestamente nach § 140 BGB in Betracht.[14]

Abs. 2 enthält nach richtiger Ansicht eine **Auslegungsregel** und **keine dispositive** 12 **Norm.**[15] Ermittelt werden muss nämlich über Abs. 2 durch Auslegung (§§ 133, 2084 BGB) entweder der **tatsächliche** oder der **mutmaßliche** (hypothetische) Wille des (bei nicht wechselbezüglichen Verfügungen) oder der Ehepartner (bei wechselbezüglichen Verfügungen) zum Zeitpunkt der Errichtung des gemeinschaftlichen Testaments.[16]

II. Nicht wechselbezügliche Verfügungen

Soweit nicht wechselbezügliche Verfügungen betroffen sind, kommt es auf den wirkli- 13 chen oder hypothetischen **Aufrechterhaltungswillen** des jeweiligen Verfügenden zum Zeitpunkt der Testamentserrichtung an.[17] Liegen keine Anhaltspunkte für die Ermittlung des tatsächlichen Willens zum Zeitpunkt der Testierung vor, so muss aufgrund der Umstände des Einzelfalls der hypothetische Erblasserwille ermittelt werden. Wie auch sonst können dabei Tatsachen, die erst nach Errichtung des gemeinschaftlichen Testaments eingetreten sind, nur als Indizien für den wirklichen oder hypothetischen Erblasserwillen im Zeitpunkt der Testamentserrichtung berücksichtigt werden.[18] Lässt sich bei einem Ehegatten hinsichtlich bestimmter nicht wechselbezüglicher Verfügungen auf diese Art und Weise ein **Aufrechterhaltungswille** feststellen, bei dem anderen hingegen nicht, so ist die Verfügung des einen Ehegatten wirksam, die des anderen unwirksam.[19] Wenn dem Aufrechterhaltungswillen **mehrere Überlegungen** zugrunde lagen, muss auszuschließen sein, dass die Erwartung, die Ehe werde fortbestehen, sich neben den anderen Gründen als wesentlich mitbestimmend für die Entscheidung der Aufrechterhaltung ausgewirkt hat.[20]

III. Wechselbezügliche Verfügungen

Bei Wechselbezüglichkeit der Verfügungen kommt es nicht auf den Willen allein des 14 Erblassers an, um dessen Verfügungen es geht. Stets ist zu prüfen, ob bei der betreffenden Verfügung, die Bestandteil eines gemeinschaftlichen Testaments ist, das nach dem

---

14 Staudinger/*Raff*, § 2268 Rn 6, 7; *Muscheler*, DNotZ 1994, 733; dagegen *Gossrau*, NJW 1947–48, 365; *Lutter*, FamRZ 1959, 273.

15 Für die Annahme einer dispositiven Norm: Staudinger/*Raff*, § 2268 Rn 3; *Muscheler*, DNotZ 1994, 733; a.A. BGH FamRZ 1960, 26, der die Vorschrift allerdings als „dispositive Auslegungsvorschrift" bezeichnet; OLG Hamm OLGZ 1992, 272; BayObLG NJW 1996, 133; ebenso Grüneberg/*Weidlich*, § 2268 Rn 1; MüKo/*Musielak*, § 2268 Rn 3; *Sammet*, in: Reimann/Bengel/Dietz/Sammet, § 2268 Rn 9.

16 BayObLGZ 1993, 240; BayObLG NJW 1996, 133.

17 BGH NJW 2004, 3113.

18 BGH FamRZ 1960, 26; BGH FamRZ 1961, 364; BayObLG NJW 1996, 133.

19 Soergel/*Leiß*, § 2268 Rn 3; *Muscheler*, DNotZ 1994; 733, 740; *Sammet*, in: Reimann/Bengel/Dietz/Sammet, § 2268 Rn 10.

20 OLG Hamm OLGZ 1992, 272; BayObLG NJW 1996, 133; *Sammet*, in: Reimann/Bengel/Dietz/Sammet, § 2268 Rn 19.

Verhalten eines Ehegatten mögliche Auslegungsergebnis auch dem Willen des anderen Ehegatten entsprochen hat. Dabei ist auf den Zeitpunkt der Testamentserrichtung als maßgeblichen Zeitpunkt abzustellen.[21]

15 In der Wechselbezüglichkeit als solches ist i.d.R. ein starkes Indiz gegen den Aufrechterhaltungswillen gegeben.[22] Auch hier sind jedoch Fälle denkbar, in denen ein Aufrechterhaltungswille bejaht werden kann. Dies ist etwa dann der Fall, wenn gemeinsame Kinder bereits nach dem Erstverstorbenen als Erben eingesetzt sind.[23]

16 Werden nach Abs. 2 wechselbezügliche Verfügungen weiterhin als wirksam betrachtet, stellt sich die Frage, ob diese **auch nach der Eheauflösung bzw. Scheidung** als **wechselbezüglich** i.S.d. §§ 2270, 2271 BGB anzusehen sind. Zum Teil wird vertreten, **dass mit** der **Auflösung der Ehe** zwangsläufig **die Wechselbezüglichkeit** der Verfügungen **entfällt;** diese sollen danach frei widerruflich sein. Eine über die Auflösung der Ehe hinausbestehende Bindung könne nur in einem Erbvertrag vereinbart werden.[24]

17 Insbesondere das BayObLG geht in seiner Rspr. von einer **Fortgeltung auch der Wechselbezüglichkeit** aus.[25] Das Gesetz enthält zu dieser Frage keine Regelung. Dies spricht eher dafür, die Wechselbezüglichkeit der Verfügungen auch nach Ehescheidung zu bejahen. Es erscheint wenig konsequent, zunächst bei der Feststellung des Aufrechterhaltungswillens nach § 2268 BGB zu einer Fortgeltung der wechselbezüglichen Verfügung zu gelangen, in dieser an sich ungewöhnlichen und vom Regelfall abweichenden Konstellation dann aber auf jeden Fall die Wechselbezüglichkeit fortfallen zu lassen. Vielmehr spricht hier alles dafür, die über die Scheidung hinaus als wirksam betrachteten Verfügungen auch als wechselbezüglich fortbestehen zu lassen, bspw. im Fall der Einsetzung der gemeinsamen Kinder bereits als Erben des Erstversterbenden.

18 Aus der Tatsache, dass das Gesetz das Formprivileg der Errichtung eines gemeinschaftlichen Testaments nur Ehegatten bzw. den Partnern nach dem LPartG einräumt, kann nicht gefolgert werden, dass zwingend jede Wechselbezüglichkeit mit der Auflösung der Ehe bzw. der Lebenspartnerschaft zu enden hätte. Das **Formprivileg** betrifft nur den Errichtungsakt. Über die Wirkung einer Scheidung auf die Wechselbezüglichkeit ist damit nichts ausgesagt. Es wird daher in jedem Einzelfall zu prüfen sein, ob der Wille der Testierenden zum Zeitpunkt der Testamentserrichtung dahin ging, dass auch für den Fall der Scheidung die Wechselbezüglichkeit aufrechterhalten bleiben sollte.[26]

19 Der BGH hat diesen Meinungsstreit dahingehend entschieden, dass wechselbezügliche Verfügungen ihren wechselbezüglichen Charakter nicht mit Beendigung der Ehe verlieren. Demgemäß gelten für diese Verfügungen weiterhin die §§ 2270, 2271 BGB. Wechselbezügliche Verfügungen können demnach auch nach Scheitern der Ehe nicht einseitig aufgehoben werden.[27]

IV. Partiell einseitige Wechselbezüglichkeit

20 Einen Sonderfall in dieser Hinsicht bildet die sog. **„partiell einseitige Wechselbezüglichkeit“**.[28] Dabei handelt es sich um eine Verfügung, deren Wechselbezüglichkeit der

---

21 BGH NJW 1993, 256; BayObLG NJW 1996, 133; BayObLGZ 1993, 240.

22 OLG Hamm OLGZ 1992, 272; Staudinger/*Raff*, § 2268 Rn 16.

23 BayObLGZ 1993, 240; *Mayer*, ZEV 1997, 280.

24 So *Kanzleiter*, ZEV 2005, 181; *Muscheler*, DNotZ 1994; 733, 742 ff.; für eine Prüfung im Einzelfall *Sammet*, in: Reimann/Bengel/Dietz/Sammet, § 2268 Rn 17; *Kuchinke*, DNotZ 1996, 310.

25 BayObLGZ 1993, 240 = NJW-RR 1993, 1157 m.w.N.; BayObLG NJW 1996, 133.

26 Grüneberg/*Weidlich*, § 2268 Rn 2, der allerdings darauf hinweist, dass der Wille der Ehegatten auch auf eine eingeschränkte Fortgeltung gerichtet sein kann.

27 BGH NJW 2004, 3113; zur Kritik *Kanzleiter*, ZEV 2005, 181; *Sammet*, in: Reimann/Bengel/Dietz/Sammet, § 2268 Rn 15 ff.

28 *Muscheler*, DNotZ 1994, 733, 740.

Erblasser dahingehend einschränkt, dass sie unabhängig von einem etwaigen anders lautenden Willen des Ehepartners im Falle der Eheauflösung nicht mehr als wechselbezüglich, sondern als einseitige Verfügung weiter gelten soll.[29] Der ebenfalls denkbare Weg über eine Umdeutung in ein einseitiges Testament ist dann nicht mehr erforderlich. Diese Konstruktion kann entscheidend sein in den Fällen, in denen die Verfügung des aufrechterhaltungswilligen Ehegatten das Formerfordernis des einseitigen Testaments nicht erfüllt.

V. Reichweite des Aufrechterhaltungswillens

In allen Fällen, in denen ein **Aufrechterhaltungswille** hinsichtlich einzelner Verfügungen festgestellt werden kann, bleibt das gemeinschaftliche Testament, soweit der Aufrechterhaltungswille reicht, wirksam. Der entscheidende **Unterschied zu den Fällen einer Umdeutung** in ein einseitiges Testament liegt entsprechend den Ausführungen unter Rdn 22 ff. darin, dass in diesem Fall kein über § 2267 BGB hinausgehendes Formerfordernis beachtet zu werden braucht.[30] 21

VI. Umdeutung in Einzeltestament

Prinzipiell ist es auch möglich, die **Umdeutung in ein Einzeltestament** vorzunehmen, wenn bei einer Ehescheidung oder Eheaufhebung zwar der Fortbestand des gemeinschaftlichen Testaments nach Abs. 2 verneint werden muss, aber festgestellt werden kann, dass ein Ehegatte auch für diesen Fall die Gültigkeit seiner letztwilligen Verfügung wünschte. 22

Da § 2268 BGB nur die **Ungültigkeit** des gemeinschaftlichen Testaments anordnet, steht die Vorschrift der Zulässigkeit einer solchen Umdeutung nicht entgegen. 23

Jedoch werden sich in der Praxis hierfür kaum Fälle finden lassen: In den Konstellationen, in denen festgestellt werden kann, dass die Ehegatten auch für den Fall der Aufhebung der Ehe die Gültigkeit der letztwilligen Verfügungen gewünscht haben, wird man regelmäßig einen Aufrechterhaltungswillen nach Abs. 2 feststellen können. Eine Umdeutung ist dann nicht mehr erforderlich. In Betracht kommen wird dies wohl allein für Fälle von wechselbezüglichen Verfügungen, die nicht nach Abs. 2 aufrechterhalten werden können, da der Aufrechterhaltungswille nur bei einem der beiden Ehegatten, und nicht wie erforderlich bei beiden Ehepartnern, festgestellt werden konnte. 24

VII. Feststellungs- und Beweislast

Wenn im Prozess nicht festgestellt werden kann, welchen tatsächlichen oder hypothetischen Willen die Testierenden bei der Errichtung des gemeinschaftlichen Testaments hatten, wirkt sich die Auslegungsregel des § 2268 BGB dahingehend aus, dass die Unwirksamkeit der letztwilligen Verfügung anzunehmen ist. Die Partei, die sich auf die Gültigkeit der jeweiligen Verfügungen und damit auch auf den Aufrechterhaltungswillen beruft, ist mit der materiellen **Feststellungslast** im FG-Verfahren bzw. mit der **Beweislast** im streitigen Verfahren belastet.[31] 25

VIII. Prozessuales

Die Frage, ob die Voraussetzungen für die Unwirksamkeit des gemeinschaftlichen Testaments nach § 2268 BGB erfüllt sind, muss in einem Rechtsstreit über das Erbrecht inzident als Vorfrage vor dem Prozessgericht/Nachlassgericht geprüft und entschieden 26

---

29 Hierzu auch *Sammet*, in: Reimann/Bengel/Dietz/Sammet, § 2268 Rn 11.

30 Andeutungsweise auch MüKo/*Musielak*, § 2268 Rn 14; *Muscheler*, DNotZ 1994, 733.

31 Grüneberg/*Weidlich*, § 2268 Rn 3; OLG Hamm OLGZ 1992, 272; BGH NJW 2004, 3113; OLG Oldenburg ErbR 2019, 171.

werden.[32] Zulässig ist auch eine Klage eines im Testament Bedachten gegen den oder die Erblasser auf Feststellung der Wirksamkeit oder Unwirksamkeit des gemeinschaftlichen Testaments.[33]

§ 2269 Gegenseitige Einsetzung

(1) Haben die Ehegatten in einem gemeinschaftlichen Testament, durch das sie sich gegenseitig als Erben einsetzen, bestimmt, dass nach dem Tode des Überlebenden der beiderseitige Nachlass an einen Dritten fallen soll, so ist im Zweifel anzunehmen, dass der Dritte für den gesamten Nachlass als Erbe des zuletzt versterbenden Ehegatten eingesetzt ist.
(2) Haben die Ehegatten in einem solchen Testament ein Vermächtnis angeordnet, das nach dem Tode des Überlebenden erfüllt werden soll, so ist im Zweifel anzunehmen, dass das Vermächtnis dem Bedachten erst mit dem Tode des Überlebenden anfallen soll.

Übersicht: Rdn

32 MüKo/*Musielak*, § 2269 Rn 15; Staudinger/*Raff*, § 2268 Rn 17.
33 BGHZ 37, 331 = NJW 1962, 1913; MüKo/*Musielak*, § 2268 Rn 15.

A. Allgemeines

I. Vorrang der Auslegung

Abs. 1 enthält nach allg. Ansicht eine Auslegungsregel und keine gesetzliche Vermutung.[1] Keinesfalls kann daher von einem bestimmten Erblasserwillen ohne Beweis ausgegangen werden,[2] sondern auch beim gemeinschaftlichen Testament ist zunächst der tatsächliche Erblasserwille durch erläuternde Auslegung der letztwilligen Verfügung gem. § 133 BGB zu erforschen. Dabei sind auch außerhalb der Urkunde liegende Umstände zur Auslegung heranzuziehen, wobei nicht am Wortlaut zu haften ist. Dieser bildet nur den Ausgangspunkt, nicht jedoch die Grenze der Auslegung.[3] Bei der Auslegung ist zu berücksichtigen, dass insbesondere juristische Laien oft Ausdrücke aus der Gesetzessprache falsch verwenden.[4] Hier ist sorgfältig zu ermitteln, was der oder die Erblasser mit der Verwendung der jeweiligen Begriffe tatsächlich sagen wollten. Wenn der (mögliche) Wille des oder der Erblasser in dem Testament auch nicht andeutungsweise oder versteckt zum Ausdruck gekommen ist, ist der unterstellte, aber nicht formgerecht erklärte Wille des oder der Erblasser unbeachtlich (sog. Andeutungstheorie).[5] 1

1 BGH WM 1973, 41; BayObLG NJW-RR 1992, 200; Grüneberg/*Weidlich*, § 2269 BGB Rn 1.
2 Soergel/*Leiß*, § 2269 Rn 9.
3 BGHZ 86, 41 = NJW 1983, 672; Staudinger/*Raff*, § 2269 Rn 9.
4 OLG Hamm FamRZ 2003, 1503; OLG München ZErb 2012, 14; Grüneberg/*Weidlich*, § 2269 Rn 6; OLG Schleswig FamRZ 2017, 403.
5 BGH NJW 2019, 2317.

2 Selbst wenn das gemeinschaftliche Testament von einem **Notar** beurkundet wurde, kommt es letztlich für die Auslegung des Testaments auf das Verständnis beider Erblasser an.[6] Entscheidend für die Auslegung ist nicht, welchen Sinn der Notar den in der Urkunde verwendeten Begriffen beigemessen hat, sondern wie die Erblasser sie aufgefasst haben.[7] Allerdings kann dann, wenn ein Notar das Testament entworfen hat, i.d.R. davon ausgegangen werden, dass der Notar den letzten Willen der Erblasser unter Verwendung der rechtlich zutreffenden Begriffe niedergelegt hat.[8] Ergeben sich aber aus der Urkunde Zweifel daran, ob die fraglichen Rechtsbegriffe zutreffend verwendet wurden, so entfällt die vorgenannte Annahme.[9]

3 Häufig verwechselt werden die Begriffe Alleinerbe (Gegensatz: Miterbe) und Vollerbe (Gegensatz: Vorerbe). So kann z.B. mit der Verwendung des Begriffs Alleinerbe eine Vor- und Nacherbfolge gewollt sein, denn auch der alleinige Vorerbe ist Erbe.[10] Gleiches gilt auch für den Begriff des Universalerben. Diesen Begriff kennt das Gesetz nicht. Verstanden wird darunter regelmäßig der Alleinerbe in Abgrenzung zum Miterben, auch hier kann aber im Einzelfall nur eine Vorerbschaft gewollt sein.[11] Weiter umschreibt der Begriff (Universalerbe) lediglich die gesetzliche Regel der Universalsukzession, also der Gesamtrechtsnachfolge nach § 1922 Abs. 1 BGB.[12]

II. Grundsätzliche Gestaltungsmöglichkeiten beim gemeinschaftlichen Testament

4 Grundsätzlich bieten sich den testierenden Ehegatten **drei verschiedene Wege** zur Regelung ihrer Vermögensnachfolge an. Da alle diese Wege Vor- und Nachteile mit sich bringen, ist es für die Ehegatten und ihre Berater unabdingbar, zunächst den Willen und die Interessen der Erblasser zu erforschen.[13]

1. Einheitslösung

a) Allgemeines

5 Kennzeichnend für die sog. Einheitslösung ist die Anordnung einer Voll- und Schlusserbfolge. Hierbei setzen sich die Ehegatten zunächst gegenseitig zu alleinigen Vollerben ein. Der jeweils überlebende Ehegatte soll kein Vorerbe sein (§§ 2100 ff. BGB) und nicht den Beschränkungen nach §§ 2112–2135 BGB unterliegen. Damit gelangt der gesamte Nachlass des Erstversterbenden in das Vermögen des überlebenden Ehegatten als Einheit (daher auch die Bezeichnung Einheitslösung oder Einheitsprinzip).[14] Die beiden Vermögensmassen verschmelzen beim überlebenden Ehegatten. Beim Versterben des überlebenden Ehegatten wird sodann eine Schlusserbeneinsetzung vorgenommen. Für die vorstehend beschriebene Art der Regelung der Nachfolge hat sich der Ausdruck „Berliner Testament" eingebürgert.[15] Der Schlusserbe ist nur der Erbe des überlebenden Ehegatten. Wurde ein Abkömmling ausschließlich als Schlusserbe eingesetzt, so bedeutet dies seine Enterbung nach dem zuerst Verstorbenen.[16] Für den

6 OLG Hamm JZ 1994, 628; OLG München NJW-RR 2013, 202; Grüneberg/*Weidlich*, § 2269 Rn 6.
7 BGH LM Nr. 1 zu § 2100; BayObLG FamRZ 1996, 1037; *Sammet*, in: Reimann/Bengel/Dietz/Sammet, § 2269 Rn 30.
8 *Sammet*, in: Reimann/Bengel/Dietz/Sammet, § 2269 Rn 12 unter Bezugnahme auf § 17 BeurkG; Bamberger/Roth/Hau/Poseck/*Litzenburger*, § 2269 Rn 9.
9 BGH LM Nr. 2 zu § 2100 BGB; Bamberger/Roth/Hau/Poseck/*Litzenburger*, § 2269 Rn 9.
10 *Sammet*, in: Reimann/Bengel/Dietz/Sammet, § 2269 Rn 40.
11 BayObLGZ 1997, 59, 75 f.
12 Bamberger/Roth/Hau/Poseck/*Litzenburger*, § 2269, Rn 14; BayObLGZ 1997, 59, 65 f.
13 Lit. zur Gestaltung von gemeinschaftlichen Testamenten wird aufgelistet bei *Sammet*, in: Reimann/Bengel/Dietz/Sammet, Vor §§ 2265 ff. Schrifttum 3.
14 So auch *Krätzschel*, in Krätzschel/Falkner/Döbereiner, § 11 Rn 41.
15 Zur Herkunft des Begriffes Näheres bei *Sammet*, in: Reimann/Bengel/Dietz/Sammet, § 2269 Rn 1.
16 BGH NJW 2006, 3064; Grüneberg/*Weidlich*, § 2269 Rn 10.

Schlusserben entsteht mit dem ersten Erbfall im Gegensatz zu einer Einsetzung als Nacherbe (dann § 2108 Abs. 2 BGB) noch kein Voranfall, seine Rechtsstellung ist nicht übertragbar, belastbar oder vererblich.[17] Allerdings ist er zur Erhebung einer Feststellungsklage befugt, falls der überlebende Ehegatte entgegen einer bindenden Schlusserbeneinsetzung abweichend letztwillig verfügt oder das Testament anficht.[18]

b) Wirkungsweise der Einheitslösung

Die Einheitslösung bewirkt zweierlei: Zum einen ist der überlebende Ehegatte als Vollerbe (im Gegensatz zum Vorerben oder Nießbrauchberechtigten) voll und unbeschränkt zu Verfügungen über den Nachlass berechtigt. Die Vorstellung von einem gemeinsamen Ehegattenvermögen wird hier am konsequentesten in die Wirklichkeit umgesetzt. Zum anderen wird durch die Schlusserbeneinsetzung sichergestellt, dass die gemeinsamen Abkömmlinge oder den Erblassern nahestehende Dritte in den Genuss des verbleibenden Nachlasses des Letztversterbenden gelangen, der wirtschaftlich dann auch den Nachlass des Erstversterbenden, soweit dieser nicht verbraucht ist, umfasst. 6

Die Einheitslösung führt allerdings regelmäßig dazu, dass sich beim zweiten Erbfall die Erbmasse aus dem Vermögen beider Ehegatten zusammensetzt und sich die Bemessungsgrundlage für die Erbschaftsteuer und für Pflichtteilsansprüche entsprechend vergrößert.[19]

c) Ersatzerben

Bei Wahl der Einheitslösung ist es **sinnvoll**, eine **ausdrückliche Ersatzerbenbestimmung** für den Wegfall jedes Ehegatten als Alleinerben zu treffen. Grund hierfür ist eine fehlende ausdrückliche gesetzliche Bestimmung, dass bei der Einheitslösung die Schlusserben gleichzeitig als Ersatzerben nach dem Erstversterbenden anzusehen sind. Dies wird relevant, wenn der überlebende Ehegatte die Erbschaft **ausschlagen** sollte oder dessen Erbeinsetzung wegen **Anfechtung, Zuwendungsverzicht oder Erbunwürdigkeit** in Wegfall gerät. Die Rechtsprechung behilft man sich in solchen Fällen häufig damit, dass man den Ehegatten einen mutmaßlichen oder zumindest hypothetischen Willen dahingehend unterstellt, dass das Vermögen des Erstversterbenden nicht an potentielle andere gesetzliche Erben des Erstversterbenden fallen soll, sondern sofort an die testamentarisch eingesetzten Schlusserben.[20] Hier sollte man jedoch den sicheren Weg der ausdrücklichen Bestimmung der Ersatzerben im Testament gehen. Eine solche Ersatzerbeneinsetzung kann auch auf bestimmte Wegfallgründe beschränkt sein. 7

d) Überlebender Ehegatte schlägt aus

Schlägt der überlebende Ehegatte nach § 2271 Abs. 2 S. 1 Hs. 2 BGB das ihm vom Erstversterbenden Zugewendete aus, so hätte dies nach § 2270 Abs. 1 BGB bei wörtlicher Anwendung die Unwirksamkeit der wechselbezüglichen Ersatzerbeinsetzung zur Folge. Da dieses Ergebnis regelmäßig vom Erstversterbenden nicht gewollt sein wird, wird man hier durch Ergänzung der Auslegung i.d.R. zum Fortbestand der Ersatzer- 8

---

17 BGHZ 37, 319: Nur schuldrechtliche Verträge zwischen den Schlusserben über die erwartete Erbschaft sind im Rahmen des § 311b Abs. 5 BGB vor dem zweiten Erbfall wirksam, BGHZ 104, 279.

18 Grüneberg/*Weidlich*, § 2269 Rn 10 unter Verweis auf BGHZ 37, 331.

19 MüKo/*Musielak*, § 2269 Rn 9; vgl. zu den erbschaftsteuerlichen Nachteilen auch *Steiner*, ZErb 2022, 335.

20 OLG München, NJW-RR 2024, 9; OLG Frankfurt ZEV 1995, 457 = NJW-RR 1996, 261; OLG Stuttgart BWNotZ 1979, 11; *Mayer*, ZEV 1998, 50, 60.

benregelung gelangen können. Der Erstversterbende wird regelmäßig für diese Fälle eine Beschränkung der Wechselbezüglichkeit gewollt haben.[21]

2. Trennungslösung

a) Allgemeines

9 Bei der Trennungslösung setzen sich die Ehegatten **für den ersten Erbfall gegenseitig** jeweils **zu Vorerben** ein. Sodann wird für den Nacherbfall, der meist auf den Tod des längerlebenden Ehegatten gelegt wird, ein Nacherbe bestimmt. Rechtsfolge beim ersten Erbfall ist das Entstehen zweier (getrennter) Vermögensmassen in der Hand des überlebenden Ehegatten, einerseits seines Eigenvermögens und andererseits des ererbten Nachlasses.[22]

10 Da mit einer gegenseitigen Vorerben- und einer anschließenden Nacherbeneinsetzung lediglich das Schicksal des Nachlasses des erstversterbenden Ehegatten geregelt worden ist, ist es darüber hinaus **unerlässlich**, die Erbfolge in den **Nachlass des Längerlebenden** zu regeln. Dies wird häufig vergessen, weshalb es insoweit hinsichtlich des Nachlasses des Längerlebenden an einer ausreichenden Erbeinsetzung fehlt.[23] Denn in diesen Fällen wurde vom Überlebenden nur für den nicht eingetretenen Fall seines Vorversterbens eine Regelung getroffen. Diese Regelung geht aber mit dem Vorversterben des anderen Ehegatten in die Leere, was auch zum Wegfall der Nacherbeneinsetzung des Dritten führt.[24] Für solche Fälle hat die Rspr. eine **Lösungsmöglichkeit** entwickelt: Lässt sich feststellen, dass ein Nacherbe bei Wegfall des Vorerben als dessen Ersatzerbe den Nachlass des Längerlebenden bekommen solle, so ist der Ersatzerbe Vollerbe des Letztverstorbenen.[25] Lässt sich dies nicht schon durch Auslegung feststellen, kommt die Auslegungsregelung des § 2102 Abs. 1 BGB zur Anwendung:[26] Der Dritte, der als Nacherbe des Nachlasses des Erstversterbenden eingesetzt ist, soll danach in Anwendung der Auslegungsregel des § 2102 Abs. 1 BGB darüber hinaus Ersatzerbe und damit auch Schlusserbe des Nachlasses des Längerlebenden sein. Stets soll die Einsetzung zum Nacherben an die Bedingung geknüpft sein, dass der Vorerbe den Erblasser überlebt.[27] Diese im Wege der Auslegung angenommene Ersatzerbenbestimmung ist als wechselbezüglich anzusehen, wenn auch die durch das Vorversterben entfallene Nacherbenbestimmung des überlebenden Ehegatten wechselbezüglich war.[28]

Der Ertrag des Nachlasses des Erstversterbenden steht dem Überlebenden als frei verfügbarer Bestandteil seines Eigenvermögens zu.[29]

b) Mehrere Berufungsgründe

11 Bei der Trennungserlösung erhält der Dritte, wenn er auch Schlusserbe nach dem Längerlebenden werden soll, den Nachlass der beiden Ehegatten aus **zwei verschiedenen Berufungsgründen**: Hinsichtlich des Nachlasses des erstversterbenden Ehegatten

---

21 *Sammet*, in: Reimann/Bengel/Dietz/Sammet, § 2269 Rn 53.

22 Grüneberg/*Weidlich*, § 2269 Rn 2.

23 *Sammet*, in: Reimann/Bengel/Dietz/Sammet, § 2269 Rn 3.

24 *Sammet*, in: Reimann/Bengel/Dietz/Sammet, § 2269 Rn 41.

25 OLG Hamm FamRZ 2005, 1592; BayObLG FamRZ 1992, 476.

26 OLG Karlsruhe NJW-RR 2003, 582; OLG Celle FamRZ 2003, 887; OLG Frankfurt NJW-RR 2012, 776; OLG Hamm FamRZ 2005, 1592.

27 BGH FamRZ 1987, 475; BGH ZEV 1999, 26; KG NJW-RR 1987, 451; OLG Hamburg ZEV 2000, 103; OLG Köln ZEV 2000, 232; OLG Jena FamRZ 1994, 1208; OLG Oldenburg FamRZ 1999, 1537; OLG Hamm FamRZ 2002, 201.

28 *Lange/Kuchinke*, § 24 IV, 1f.; *Sammet*, in: Reimann/Bengel/Dietz/Sammet, § 2269 Rn 41.

29 Soergel/*Leiß*, § 2269 Rn 2.

ist er Nacherbe, hinsichtlich des Nachlasses des überlebenden Ehegatten ist er Vollerbe (im Gegensatz zum Vorerben) und gleichzeitig Ersatzerbe für den erstverstorbenen Ehegatten. Da hier zwei verschiedene Berufungsgründe vorliegen, kann auch jeweils **getrennt** eine **Ausschlagung** erfolgen (§ 1948 BGB).[30]

c) Beschränkung des Überlebenden

Die Regelung der Rechtsnachfolge über eine Vor- und Nacherbschaft führt zu einer 12 **Beschränkung des längerlebenden Ehegatten.** Ob der überlebende Ehegatte befreiter oder nicht befreiter Vorerbe ist, ist erforderlichenfalls durch Auslegung zu klären. Auf eine entsprechende klarstellende Festlegung sollte bei Abfassung des Testaments besonderes Augenmerk gelegt werden. Der Nacherbe hat bereits während der Zeit der Vorerbschaft ein Anwartschaftsrecht. Die **Möglichkeit einer anderweitigen letztwilligen** Verfügung über den Nachlass des Erstversterbenden ist dem überlebenden Ehegatten versperrt.[31] Das Anwartschaftsrecht des Nacherben ist vererblich und veräußerlich. Es bezieht sich nur auf den Nachlass des erstverstorbenen Ehegatten. Hinsichtlich des Vermögens des Überlebenden hat der Dritte keine weitergehenden Rechte als ein Schlusserbe bei der Einheitslösung. Schlägt der überlebende Ehegatte die Vorerbschaft aus oder wird er für erbunwürdig erklärt, tritt der zum Nacherben berufene Dritte kraft Gesetzes an seine Stelle gem. § 2102 BGB.[32]

d) Wirkungsweise und Gestaltungsspielraum

Mit der Anordnung der Vor-/Nacherbschaft ist über den Tod des Erstversterbenden 13 hinaus eine stärkere Kontrolle des Längerlebenden zu erreichen. Über einen gezielten Umgang mit den dispositiven Gesetzesbestimmungen zur Befreiung von den Beschränkungen des Vorerben können individuelle Gestaltungen erarbeitet werden. Sowohl die Einsetzung des Nacherben als auch die Einsetzung des Dritten kann wechselbezüglich gestaltet werden, wodurch eine Bindung des überlebenden Ehegatten genauso erreicht werden kann wie bei der Einheitslösung.[33] In dem gemeinschaftlichen Testament kann jedoch auch bei der Trennungslösung dem Überlebenden das Recht eingeräumt werden, die Erbeinsetzung des Dritten aus einem oder aus beiden Berufungsgründen, also auch soweit dieser Nacherbe des vorverstorbenen Ehegatten ist, zu widerrufen und über beide Nachlässe neu zu verfügen.[34]
Steuerlich ergibt sich die Folge, dass die Erbschaftsteuer aus dem Nachlass des zuerst verstorbenen zweimal anfällt, sowohl beim Vorerbfall als auch beim Nacherbfall, § 6 ErbStG.

3. Nießbrauchslösung

a) Allgemeines

Eine weitere Möglichkeit zur Steuerung der Rechtsnachfolge besteht darin, die Voll- 14 erbschaft eines Dritten (zumeist der Kinder) anzuordnen und dem längerlebenden Ehegatten ein Nießbrauchsvermächtnis auszusetzen. Um die Rechtsposition des überlebenden Ehegatten zu stärken, kann diesem bspw. auch eine Testamentsvollstreckung auf Lebenszeit übertragen sein.[35] Damit ist **der Dritte** beim Tod des Erstversterbenden **Vollerbe** geworden. Ebenso wie bei der Trennungslösung muss dann für den Nachlass

30 OLG Jena FamRZ 1994, 1208; *Krätzschel*, in: Krätzschel/Falkner/Döbereiner, § 11 Rn 40.
31 Vgl. Staudinger/*Raff*, § 2269 Rn 33.
32 KG NJW-RR 1987, 451; MüKo/*Musielak*, § 2269 Rn 44.
33 Staudinger/*Raff*, § 2269 Rn 33.
34 BGHZ 2, 35; BGHZ 15, 199, 204; BGH JZ 1954, 98; RGZ 95, 278.
35 Kössinger/Najdecki/Zintl/*Kössinger/Zintl*, § 14 Rn 96.

des Letztversterbenden eine gesonderte Verfügung getroffen werden. Auch hier liegt mithin eine Berufung aus **zwei verschiedenen Berufungsgründen** vor.

15 Ein wesentlicher Vorteil der Nießbrauchslösung kann in der **ermäßigten Erbschaftsteuer liegen.** Diese richtet sich beim ersten Erbfall an dem Nachlasswert abzüglich des Kapitalwertes des Nießbrauchs aus und nicht an dem Wert des gesamten Nachlasses.[36] Nachteil eines solchen Vorgehens ist jedoch, dass dem überlebenden Ehegatten als Nießbraucher keine Verfügungsbefugnis über Nachlassgegenstände zukommt[37] und nach der Rechtsprechung des Bundesfinanzhofes der Befreiungstatbestand für ein Familienheim (§ 13 Abs. 1 Nr. 4b S. 1 ErbStG) nur zur Anwendung kommt, wenn der Ehegatte Allein- oder Miteigentum am Familienheim erwirbt.[38]

b) Auslegung

16 Liegt ein Testament vor, in dem Begriffe wie „Nießbrauch", „Besitz und Genuss" oder „Nutzungen" verwendet werden, darf nicht vorschnell angenommen werden, dass die Erblasser die zuvor beschriebene Nießbrauchslösung gewählt haben. Solche Verfügungen können vielmehr grds. alle dargestellten Gestaltungsvarianten enthalten.[39] Soll der überlebende Ehegatte nicht nur zur Nutzung, sondern auch zur freien Verfügung unter Lebenden befugt sein (ohne Verpflichtung zur Aufstellung eines Inventars, zur Bestellung seiner Sicherheit oder zur Rechnungslegung), liegt eine Einsetzung des überlebenden Ehegatten zum Vollerben und nicht nur zum befreiten Vorerben oder zum Nießbraucher vor.[40] Können die Zweifel daran, wie das Testament letztlich einzuordnen ist, nicht ausgeräumt werden, muss nach der Auslegungsregel des Abs. 1 von der Regelung im Sinn der Einheitslösung ausgegangen werden.[41]

III. Einseitige und wechselbezügliche Verfügungen

17 Bei der Auslegung des gemeinschaftlichen Testaments ist daneben regelmäßig danach zu unterscheiden, ob es sich um einseitige oder um wechselbezügliche letztwillige Verfügungen handelt.[42] **Einseitige Verfügungen** sind, genau wie sonst auch, nach den allg. Grundsätzen über die Auslegung einseitiger Testamente zu behandeln.

18 Nach h.M., die auch vom BGH[43] vertreten wird, kommt es bei der Auslegung **wechselbezüglicher Verfügungen** in einem gemeinschaftlichen Testament stets auf den **gemeinsamen Willen beider Ehegatten** an. Zu ermitteln ist daher der übereinstimmende, subjektive Wille beider Ehegatten im Zeitpunkt der Testamentserrichtung, und zwar gleichgültig, ob es sich dabei um die Ermittlung des tatsächlichen oder des hypothetischen Willens i.R.d. ergänzenden Auslegung handelt.[44] Dabei ist auf den Verständnishorizont nicht eines **objektiven Dritten,** sondern des anderen Ehegatten bei der konkreten Abfassung des gemeinschaftlichen Testaments abzustellen.[45] Lässt sich ein übereinstimmender Wille der Ehegatten zum Zeitpunkt der Testamentserrichtung nicht

---

36 Soergel/*Leiß*, § 2269 Rn 8; *Bühler*, BB 1997, 557.
37 *Krätzschel*, in: Krätzschel/Falkner/Döbereiner, § 11 Rn 41.
38 BFH ZEV 2014, 560.
39 MüKo/*Musielak*, § 2269 Rn 19; Staudinger/*Kanzleiter*, § 2269 Rn 33.
40 Staudinger/Raff, § 2269 Rn 72.
41 MüKo/*Musielak*, § 2269 Rn 21.
42 *Sammet*, in: Reimann/Bengel/Dietz/Sammet, Vor §§ 2265 ff. Rn 62.
43 BGH NJW 1951, 959, 960; BGH DNotZ 1953, 100, 102; BGH FamRZ 1973, 189; einschränkend MüKo/*Musielak*, § 2269 Rn 17, der nur bzgl. inhaltlich aufeinander abgestimmter Verfügungen beider Ehegatten auf ihren gemeinsamen Willen bei der Auslegung abstellen will.
44 BGHZ 112, 229 = NJW 1991, 169; BayObLGZ 1981, 79, 82; BayObLG FamRZ 1996, 1037; BayObLG ZEV 1995, 71 = FamRZ 1995, 835.
45 BayObLG FamRZ 1999, 470; OLG Oldenburg FamRZ 1998, 1390.

feststellen, kommt es auf den Willen des jeweilig testierenden Ehegatten an, allerdings ist dieser nach § 157 BGB nach dem objektiven Empfängerhorizont des anderen Ehegatten festzustellen.[46] D.h. es ist zu prüfen, ob ein nach dem Verhalten des einen Ehegatten mögliches Auslegungsergebnis auch dem Willen des anderen Ehegatten entsprochen hat.[47] Denn dieser muss die Möglichkeit haben, sich bei seinen Verfügungen auf die Verfügungen des anderen einzustellen. Dies gilt auch für die Ermittlung des mutmaßlichen und des hypothetischen Erblasserwillens.[48] Anhaltspunkte innerhalb der Urkunde können z.B. Pflichtteilsstrafklauseln (vgl. Rdn 42 ff.) oder Wiederverheiratungsklauseln (vgl. Rdn 54 ff.) sein.[49]
Erst dann, wenn die Auslegung keine Klarheit über den Erblasserwillen gebracht hat, findet die Auslegungsregel des Abs. 1 (zu deren Inhalt siehe Rdn 19 ff.) Anwendung.[50]

Praxistipp
Gerade am Beispiel der Verwendung von juristischen Ausdrücken durch Laien zeigt sich, welche Auslegungsprobleme bei gemeinschaftlichen Testamenten entstehen können, was größtenteils daraus resultiert, dass die Ehegatten ohne rechtliche Beratung testieren. Die Auslegung muss daher stets sehr sorgfältig erfolgen. Sie hat absoluten Vorrang vor einem vorschnellen Rückgriff auf die Auslegungsregel des Abs. 1.

B. Voraussetzungen der Auslegungsregel des Abs. 1

Der Auslegungsregel des Abs. 1 liegt die Erfahrung zugrunde, dass die Ehegatten im 19
Regelfall ihren Nachlass gem. der sog. Einheitslösung regeln wollen. Abs. 1 gibt daher das Grundmodell der gesetzlich als Regelfall favorisierten Einheitslösung wieder. Für die Anwendung der Auslegungsregel des Abs. 1 müssen neben einem offenen Auslegungsergebnis (erst nach Erschöpfung aller Beweise)[51] folgende Voraussetzungen hinzukommen:

I. Wirksames gemeinschaftliches Testament

Zunächst muss ein **wirksames** gemeinschaftliches Testament vorliegen (zu den Wirk- 20
samkeitsvoraussetzungen vgl. § 2265 Rdn 11–16). Über § 2280 BGB ist § 2269 BGB auch bei Erbverträgen von Ehegatten oder Lebenspartnern anzuwenden. Keine Voraussetzung für die Anwendung des Abs. 1 ist, dass die in dem Testament enthaltenen Verfügungen wechselbezüglich i.S.d. § 2270 BGB sind.[52] Abs. 1 kann hingegen nicht angewendet werden, wenn es an der vorausgesetzten Regelung zweier Erbfälle fehlt, weil die Verfügungen eines der beiden Ehegatten aus irgendeinem Grund ungültig sind.[53]

II. Gegenseitige Vollerbeneinsetzung und einheitliche Betrachtungsweise

Für den ersten Erbfall muss der überlebende Ehegatte jeweils zum alleinigen **Vollerben** 21
eingesetzt sein. Ist neben dem Ehegatten noch ein Dritter als Miterbe eingesetzt, so

46 OLG Frankfurt a.M. FamRZ 2016, 748 m.w.N.
47 BGHZ 112, 229 = NJW 1991, 169; BayObLG FamRZ 1996, 1037; OLG Oldenburg FamRZ 1998, 1390.
48 BGHZ 112, 229 = NJW 1991, 169; BayObLG ZEV 1995, 71 = FamRZ 1995, 835.
49 *Krätzschel*, ZErb 2025, 1.
50 RGZ 59, 84; RGZ 113, 234; BGHZ 22, 366; BGH WM 1973, 41; BayObLG FamRZ 1988, 542; OLG Hamm OLGZ 1968, 486; Staudinger/*Raff*, § 2269 Rn 6.
51 Soergel/*Leiß*, § 2269 Rn 8.
52 MüKo/*Musielak*, § 2269 Rn 12.
53 Vgl. hierzu KG DNotZ 1943, 137, 139; OLG Düsseldorf JW 1925, 2148 m. Anm. *Kipp*; MüKo/*Musielak*, § 2269 Rn 7; Bamberger/Roth/Hau/Poseck/*Litzenburger*, § 2269 Rn 23.

wollten die Ehegatten ihr Vermögen gerade nicht als Einheit erhalten. Abs. 1 setzt dies aber als Grundgedanken voraus.[54]

22 Nicht anzuwenden ist die Auslegungsregel des § 2269 BGB, wenn die Ehegatten ihr Gesamtvermögen auch sonst nicht als Einheit betrachten. Denn der Vorschrift des § 2269 BGB liegt das Verständnis zugrunde, dass die Ehegatten ihr Vermögen als gemeinsames ansehen. Ist daher für den Tod des Längerlebenden ersichtlich, dass das Vermögen im Wege einer **gegenständlichen Aufteilung** getrennt nach dem Vermögen des Mannes und der Frau den jeweiligen Verwandten zufallen soll, so ist zumindest die Auslegungsregel des § 2269 BGB nicht anwendbar. Dies spricht dann für eine Auslegung als Vor- und Nacherbfolge.[55]

23 Nicht ausgeschlossen ist die Anwendung der Auslegungsregelung des § 2269 BGB, wenn die Ehegatten lediglich für den Fall des Todes des Längerlebenden ihr **Gesamtvermögen auf mehrere Personen** oder Personengruppen **verteilen**, solange nur keine Aufteilung nach den Vermögensbestandteilen der Eheleute vorgenommen wird. Insbesondere bei Aufteilung des Gesamtvermögens nach ideellen Bruchteilen (z.B.: Erbeinsetzung zweier Personen als Erben zu je 1/2) bleibt § 2269 BGB anwendbar.[56]

III. Einsetzung dritter Personen nach dem Überlebenden

1. Allgemeines

24 § 2269 BGB sieht als weitere Voraussetzung vor, dass die Ehegatten auch die Erbfolge nach dem längerlebenden Ehegatten verfügen, d.h. es **muss der zweite Erbfall geregelt** sein, mit welchem die Schlusserbfolge eintritt. Mit Ausnahme etwaiger Wiederverheiratungsklauseln (vgl. Rdn 54 ff.) genügt der Vermögensübergang an den Dritten zu einem anderen Zeitpunkt oder Ereignis nicht.[57]

25 Anerkannt ist, dass § 2269 BGB auch anwendbar ist, wenn das Vermögen beim zweiten Erbfall an **mehrere Dritte** verteilt werden soll – wie häufig bei mehreren gemeinschaftlichen Kindern.[58] Der oder die Dritten können als Voll- oder als Vorerben eingesetzt sein. In beiden Fällen greift die Auslegungsregel des Abs. 1 ein.[59] Beim Vorhandensein gemeinschaftlicher Abkömmlinge ist auch ohne eine ausdrückliche Schlusserbeneinsetzung immer zu prüfen, ob sich irgendein Anhaltspunkt im Testament dafür findet, wer den Nachlass nach dem Tod des Überlebenden erhalten soll.[60] So kann eine Schlusserbeneinsetzung der Anordnung im Ehevertrag entnommen werden, dass bei Beendigung einer fortgesetzten Gütergemeinschaft das Vermögen unter den Abkömmlingen geteilt werden soll.[61] Eine Schlusserbeneinsetzung kann auch hinter der Anordnung der Enterbung der gemeinsamen Kinder für den Fall der Geltendmachung des Pflichtteils zu sehen sein.[62] Maßgebend ist der Wille beider Eheleute bei Testamentserrichtung. Dabei ist zu beachten, dass einem Erblasser ggf. gerade das aus rechtlicher

---

54 MüKo/*Musielak*, § 2269 Rn 12; Grüneberg/*Weidlich*, § 2269 Rn 1.

55 RGZ 79, 277; RGZ 113, 234; BayObLG NJW 1966, 1223; OLG Hamm FamRZ 2003, 1503; vgl. hierzu auch *Sammet*, in: Reimann/Bengel/Dietz/Sammet, § 2269 Rn 18.

56 Vgl. *Sammet*, in: Reimann/Bengel/Dietz/Sammet, § 2269 Rn 18; BayObLG FamRZ 1994, 1422; RGZ 79, 277.

57 Staudinger/*Raff*, § 2269 Rn 42.

58 MüKo/*Musielak*, § 2269 Rn 13.

59 BayObLGZ 1966, 408; BayObLG FamRZ 1986, 610; BayObLG FamRZ 1998, 324; OLG Karlsruhe FGPrax 1999, 152.

60 BayObLG FamRZ 1986, 1151; BGH v. 3.4.1952 – IV ZR 128/51.

61 BayObLG FamRZ 1986, 1151; KG ErbR 2018, 452.

62 OLG München NJW-RR 2015, 775.

Sicht Wichtige als so selbstverständlich erscheinen mag, dass er es neben seinen einzelnen Sonderanordnungen nicht ausdrücklich festhält.[63]

2. Stillschweigende Bestimmung zum Schlusserben, insbesondere durch Pflichtteilsstrafklauseln

Die Schlusserbeneinsetzung braucht nicht ausdrücklich getroffen zu sein.[64] Sie kann 26 beispielsweise im Wege der Auslegung insbesondere dann angenommen werden, soweit angeordnet ist, dass ein Kind auch beim zweiten Erbfall nur den Pflichtteil erhalten soll, wenn es ihn beim ersten Erbfall gefordert hat.[65] Dies gilt auch für ein notarielles Testament.[66] Eine solche Klausel enthält zweifellos einen **Anhaltspunkt für** eine **Schlusserbeneinsetzung** der gemeinsamen nach beiden Ehegatten pflichtteilsberechtigten Abkömmlinge.[67] Dennoch wird zu Recht darauf hingewiesen, dass eine entsprechende Anordnung auch ohne eine Schlusserbeneinsetzung sinnvoll sein kann, wenn die Ehegatten bei der Errichtung eines gemeinschaftlichen Testaments davon ausgehen, dass der überlebende Ehegatte sich bei der nach seinem Tod eintretenden Erbfolge nach der gesetzlichen Erbfolge richten werde, dies aber letztlich der freien Entscheidung des überlebenden Ehegatten überlassen wollen.[68] Der **Pflichtteilsklausel** soll nach dieser Auffassung eine reine Ausschlussfunktion zukommen. Sie soll lediglich enterbend wirken.[69] Letztgenannte Einschränkung vermag aber wohl nur im Ausnahmefall zu überzeugen. Wenn der überlebende Ehegatte ohnehin frei sein soll in seiner Verfügung, so läge es näher, wenn die Ehegatten dies ausdrücklich bestimmen würden. Die Pflichtteilsklausel ist dann nämlich überflüssig. Der mit der Pflichtteilsklausel vorgesehene Ausgleich unter den Geschwistern kann nur sinnvoll sein, wenn die Kinder auch Erben des Längstlebenden sein sollen.[70] Im Ergebnis wird aber immer eine Einzelfallentscheidung anhand des ermittelten Willens der Ehegatten vorzunehmen sein.[71] Liegt eine Schlusserbeneinsetzung durch Auslegung einer Pflichtteilsklausel vor, ist diese im Zweifel gem. der Auslegungsregel des § 2270 Abs. 2 BGB auch bindend.[72]

Praxistipp 27
Sind **einseitige Kinder** der Eheleute vorhanden, ist zu beachten, dass die Rspr. im Fall des Überlebens des Stiefelternteils den einseitigen Kindern des Erstversterbenden aufgrund der Formulierung in der Pflichtteilsklausel, dass sie auch im Schlusserbenfall nur den Pflichtteil erhalten sollen, einen Vermächtnisanspruch gewährt

63 OLG München NJW-RR 2015, 775.
64 OLG Düsseldorf ErbR 2019, 52; Staudinger/*Raff*, § 2269 Rn 43; MüKo/*Musielak*, § 2269 Rn 14.
65 OLG Frankfurt FGPrax 2001, 246; OLG Saarbrücken NJW-RR 1994, 844; OLG München FGPrax 2006, 123; OLG Frankfurt FamRZ 2011, 592; diese Auslegung ist allerdings nicht zwingend, stets soll es auf die Umstände des Einzelfalls ankommen; OLG Karlsruhe FamRZ 2006, 1303; OLG München NJW-RR 2013, 202; OLG Düsseldorf ErbR 2019, 52; OLG Düsseldorf NJW-RR 2014, 837 mit einem gegenteiligen Ergebnis im Einzelfall.
66 OLG Frankfurt FGPrax 2001, 246.
67 Vgl. BayObLG FamRZ 1988, 878 = NJW-RR 1988, 968.
68 So Staudinger/*Raff*, § 2269 Rn 44; OLG Saarbrücken NJW-RR 1992, 841; OLG Karlsruhe BWNotZ 1995, 168.
69 *Sammet*, in: Reimann/Bengel/Dietz/Sammet, § 2269 Rn 37.
70 So ausdrücklich RGRK/*Johannsen*, § 2269 Rn 5.
71 So im Ergebnis auch Staudinger/*Raff*, § 2269 Rn 47.
72 Vgl. zur Wechselbezüglichkeit von Pflichtteilsklauseln *Sammet*, in: Reimann/Bengel/Dietz/Sammet, § 2269 Rn 116.

hat.[73] In der gestaltenden Beratung ist daher auf eine eindeutige Formulierung zu achten.

3. Weitere Fälle der Schlusserbeneinsetzung

28 Eine nicht ausdrückliche **Schlusserbeneinsetzung** kann sich auch **aus** einer **Verteilung nach Gegenständen** ergeben, selbst wenn dabei bzgl. eines der Gegenstände offenbleibt, wer diesen erhalten soll.[74] Die Anordnung, dass ein Kind im Fall der **Anfechtung** des Testaments auf den Pflichtteil verwiesen sein soll, kann dagegen nicht als Schlusserbeneinsetzung ausgelegt werden.[75] Auch für den Fall, dass der Dritte zum **Nacherben** beider Ehegatten eingesetzt ist, ist nach § 2102 Abs. 1 BGB im Zweifel anzunehmen, dass dieser als Ersatzerbe Erbe des Überlebenden werden soll.[76] Bestimmt ein Testament ohne Schlusserbeneinsetzung, dass es nach dem Tod des Überlebenden bei den **gesetzlichen Bestimmungen** verbleiben soll, ist auch dieses auslegungsfähig. Eine solche Anordnung kann im Einzelfall eine Erbeinsetzung der gesetzlichen Erben zu Schlusserben bedeuten.[77]

4. Unvollständige Bestimmung der Schlusserben

29 Die Schlusserbeneinsetzung muss nicht vollständig sein, insbesondere muss die Größe der Erbteile der Schlusserben nicht ausdrücklich bestimmt werden. Ist in einem früheren Testament eine Schlusserbeneinsetzung enthalten, wiederholen die Ehegatten in einem späteren Testament jedoch nur die gegenseitige Erbeinsetzung, ohne weitere Verfügungen zu treffen, ist dadurch allein die Schlusserbeneinsetzung nicht in Wegfall geraten. Hier muss durch Auslegung ermittelt werden, ob der Wille der Erblasser dahin geht, die Schlusserbeneinsetzung aufzuheben.[78]

5. Gleichzeitiges Versterben der Ehegatten

a) Allgemeines

30 Oft ist in gemeinschaftlichen Testamenten bestimmt, was für den Fall des „gleichzeitigen Versterbens" der Ehegatten gelten soll (sog. Katastrophenklausel).[79] Festzuhalten ist zunächst, dass jemand nur dann erben kann, wenn er den Erblasser zumindest um den Bruchteil einer Sekunde überlebt. Lässt sich nicht beweisen, wer von mehreren Verstorbenen oder für tot erklärten Menschen den oder die anderen überlebt hat, so wird nach § 11 VerschG der gleichzeitige Tod vermutet.

31 Wer vor oder gleichzeitig mit dem Erblasser verstirbt, kann daher weder Erbe noch Vermächtnisnehmer sein.[80] § 2269 BGB kann in diesen Fällen nicht eingreifen, es kommt damit zu keiner Vereinigung des Vermögens beider Ehegatten in der Person des überlebenden Partners.[81] In der Folge geht deshalb das Vermögen eines jeden Ehegatten getrennt auf dessen Erben über.[82]

Die Formulierung des tatsächlich „gleichzeitigen Versterbens" besitzt im Ergebnis einen sehr engen Anwendungsbereich.[83]

---

73 BGH NJW-RR 1991, 706.
74 BayObLG NJW-RR 1998, 1230.
75 OGH MDR 1950, 669; Soergel/*Leiß*, § 2280 Rn 15; MüKo/*Musielak*, § 2269 Rn 13.
76 KG NJW-RR 1987, 451; *Muscheler*, JZ 1994, 630.
77 Vgl. BayObLG NJW 1965, 916; Staudinger/*Raff*, § 2269 Rn 42.
78 BayObLG Rpfleger 1997, 310; *Sammet*, in: Reimann/Bengel/Dietz/Sammet, § 2269 Rn 7.
79 Vgl. *Krätzschel*, ErbR 2025, 2, 3.
80 OLG München FamRZ 2008, 921; Grüneberg/*Weidlich*, § 1923 Rn 2.
81 MüKo/*Musielak*, § 2269 Rn 25.
82 BayObLG FamRZ 1997, 249.
83 Staudinger/*Raff*, § 2269 Rn 12.

b) Weite Auslegung der Formulierung „gleichzeitiges Versterben"

32 Bestimmungen zum gleichzeitigen Versterben (oder ähnliche Formulierungen) im Testament der Ehegatten müssen nicht unbedingt dahingehend verstanden werden, dass die letztwilligen Verfügungen nur für den Fall des absolut **gleichzeitigen Versterbens** gelten sollen. Aufgrund der Tatsache, dass aus medizinischer Sicht der gleichzeitige Tod kaum jemals nachgewiesen werden kann,[84] werden solche Bestimmungen der Erblasser zum gleichzeitigen Versterben regelmäßig nicht so eng zu verstehen sein, dass sie lediglich für den außergewöhnlichen Fall des exakt gleichzeitigen Versterbens gelten sollen. Entsprechende Formulierungen sind daher auslegungsfähig und -bedürftig, es kommt entscheidend auf das subjektive Verständnis der Erblasser an.[85] Gemeint sein wird damit zumeist vielmehr das kurz aufeinander folgende Versterben beider Ehegatten aufgrund ein und desselben Ereignisses, wie beispielsweise bei einem Verkehrsunfall oder Flugzeugabsturz.[86]

33 Der Fall des gleichzeitigen Versterbens wird von der Rspr. teilweise auch angenommen, wenn sich der Tod beider Ehegatten in kurzem zeitlichen Abstand auf verschiedene Todesursachen zurückführen lässt.[87] Maßgebliches Abgrenzungskriterium kann in solchen Fällen sein, ob der Überlebende nach dem Tod des Erstversterbenden praktisch keine Möglichkeit zur neuen Testierung hatte und es damit vom Zufall abhängt, welcher Ehegatte von dem jeweils anderen beerbt wird.[88]

34 Ergibt die Regelung im gemeinschaftlichen Testament erst dann einen Sinn, wenn die Regelung für das gleichzeitige Versterben als Erbeinsetzung auch für den Tod des Längerlebenden ausgelegt wird, kann in entsprechenden Klauseln auch eine Regelung einer Schlusserbeneinsetzung für den Tod des Längerlebenden ohne zeitliche Beschränkung gesehen werden.[89] Stets müssen dafür aber die Bestimmungen des Testaments entweder einzeln oder in ihrem Zusammenhang einen Anhaltspunkt aufweisen, so dass der dahingehende Wille der Ehegatten im Testament zumindest angedeutet ist.[90] So hat bspw. auch das OLG München angenommen, dass die Kombination einer Schlusserbeneinsetzung mit Einräumung einer Abänderungsbefugnis zugunsten des überlebenden Ehegatten bei ausdrücklicher Anordnung der Wechselbezüglichkeit ein Anhaltspunkt für die Annahme sei, dass die Ehegatten den Terminus „für den Fall des gleichzeitigen Versterbens" nicht im Wortsinn, sondern für den Fall des nacheinander Versterbens verwendet haben. Betont wurde gleichzeitig, dass Fälle, in denen eine solche Klausel bei einem Versterben mit erheblichem zeitlichen Abstand angewendet werden kann, die Ausnahme darstellen.[91] Ein Beispiel für die Ablehnung einer in dieser Weise ausdehnenden Auslegung bietet eine Entscheidung des OLG Koblenz.[92]

---

84 KG ZEV 1997, 247; BayObLGZ 1996, 426; zur Auslegung sog. Katastrophenklauseln *Krätzschel*, ErbR, 2025, 1.

85 *Sammet*, in: Reimann/Bengel/Dietz/Sammet, § 2269 Rn 26; BayObLG FamRZ 1997, 249: MüKo/*Musielak*, § 2269 Rn 25.

86 BayObLG ZErb 2003, 236, 238 = NJW-RR 2003, 659 ff.; BayObLGZ 1996, 243, 247 ff.; BayObLGZ 1986, 426, 431; BayObLGZ 1981, 79; OLG Stuttgart OLGZ 1982, 311.

87 BayObLG FamRZ 1997, 249; BayObLG FamRZ 1997, 389; OLG Frankfurt FamRZ 1998, 1393; OLG Düsseldorf FamRZ 2016, 408; Thüringer OLG FamRZ 2016, 412 m.w.N.

88 Grüneberg/Weidlich, § 2269 Rn 9; OLG München FamRZ 2022, 1813; OLG München ZEV 2018, 544; *Krätzschel*, ErbR 2025, 2, 3.

89 So insbesondere für den Fall, dass eine Freistellungsklausel ansonsten inhaltslos wäre, OLG Frankfurt ZEV 1999, 66; ähnlich auch OLG Stuttgart FamRZ 1994, 852; BayObLG ZEV 1996, 191; BayObLGZ 1996, 243.

90 BGH NJW 2019, 2317.

91 OLG München NJW-RR 2014, 71 = ZErb 2014, 50.

92 OLG Koblenz BeckRS 2011, 29478.

Erst recht offen für eine Auslegung ist die Verwendung von Formulierungen wie „im Falle unseres beiderseitigen Ablebens"[93] – „bei unserem gemeinsamen Tod"[94] – „sollte uns beiden ein Unglück zustoßen"[95] – „wenn beiden Ehegatten etwas gemeinsam zustößt und kein Überlebender mehr vorhanden ist"[96] oder „im Fall unseres gemeinsamen Ablebens".[97]

c) Zugleich Schlusserbfolge

35 Wollten die Ehegatten nicht lediglich eine Regelung für die besondere Situation des gleichzeitigen oder kurz aufeinander folgenden Versterbens treffen, sondern eine vollständige und abschließende Regelung der Vermögensnachfolge herbeiführen, kann eine in diesem Zusammenhang angeordnete Schlusserbeneinsetzung auch über den Fall des gleichzeitigen bzw. kurz aufeinander folgenden Versterbens hinaus Geltung beanspruchen.[98] Im gegenteiligen Fall, nämlich wenn die Schlusserbeneinsetzung nur für den Fall des gemeinschaftlichen Versterbens geregelt wurde, kann die Schlusserbeneinsetzung nicht durch ergänzende Auslegung vorgenommen werden. Es ergibt sich dann, dass der überlebende Ehegatte in seiner Testierung frei sein sollte. So kann es für die Testatoren vernünftig erscheinen, keine Schlusserbeneinsetzung vorzunehmen, sondern (nur) die Fälle zu regeln, in denen keiner der Ehegatten mehr testieren kann.[99]

IV. Prozessuales

36 Wenn eine Partei eine von der gesetzlichen Regel des gemeinschaftlichen Testaments abweichende Auslegung geltend macht, trägt sie die Beweis- und Darlegungslast für die Umstände, die eine andere Beurteilung rechtfertigen sollen.[100]

C. Auslegungskriterien für Trennungs- und Einheitslösung

I. Allgemeines

37 Kein Zweifel besteht, wenn nach dem erkennbaren Willen der Erblasser das beiderseitige Vermögen der Ehegatten eine **rechtliche und wirtschaftliche Einheit** in der Hand des Überlebenden bilden und eine Trennung der beiden Vermögensmassen ausscheiden soll. Diese rechtliche und wirtschaftliche Einheit kann nur mit der Schlusserbschaft im Rahmen der **Einheitslösung** erreicht werden.[101] Das setzt ein beiderseitiges volles Vertrauen voraus, welches in Konsequenz dazu führt, das Schicksal des gesamten Vermögens in die Hand des Längerlebenden zu legen. Hieran wird es häufig beim Vorhandensein von einseitigen Abkömmlingen fehlen.[102]

38 Für die **Trennungslösung** spricht in diesem Sinn der Wille, das Vermögen über die Lebenszeit des Längerlebenden hinaus **bestimmten Personen**, etwa den (eigenen, einseitigen) Abkömmlingen zu erhalten.[103]

---

93 OLG Düsseldorf FamRZ 1999, 1544.
94 BayObLG FamRZ 1988, 879.
95 BayObLG FamRZ 2001, 1563.
96 OLG Frankfurt Rpfleger 1988, 483.
97 Thüringer OLG FamRZ 2016, 412.
98 Grüneberg/*Weidlich*, § 2269 Rn 3; OLG Zweibrücken ErbR 2024, 794; OLG Düsseldorf ErbR 2021, 793; *Sammet*, in: Reimann/Bengel/Dietz/Sammet, § 2269 Rn 26.
99 OLG Rostock, ErbR 2023, 307.
100 BGH FamRZ 1960, 432.
101 Soegel/*Leiß*, § 2269 Rn 16.
102 *Sammet*, in: Reimann/Bengel/Dietz/Sammet, § 2269 Rn 30.
103 *Lange/Kuchinke*, § 24 IV 1 d; *Sammet*, in: Reimann/Bengel/Dietz/Sammet, § 2269 Rn 31.

II. Vermögenslosigkeit eines Ehegatten

Umstritten ist, ob und inwieweit die Tatsache der **Vermögenslosigkeit** oder der erheblich geringere Wert des Vermögens eines Ehegatten für die Anordnung einer Vor- und Nacherbschaft spricht.[104] Alleine die Vermögenslosigkeit des überlebenden Ehegatten führt nach h.M. im Verhältnis zu dem eingesetzten Schlusserben nicht zur Annahme einer Vor- und Nacherbschaft,[105] vielmehr ist in den Fällen, in denen die Auslegung zu keinem eindeutigen Ergebnis führt, nach der Auslegungsregel des § 2269 BGB von der Anwendung der Einheitslösung auszugehen.[106] 39

III. Verweisung auf die gesetzliche Erbfolge

Wird in einem gemeinschaftlichen Testament von den Ehegatten angeordnet, dass ihr Vermögen nach dem Tod des Längerlebenden auf die Verwandten oder gesetzlichen Erben beider Ehegatten übergehen soll, wird auch hier im Zweifelsfalle die Auslegungsregel des § 2269 BGB Anwendung finden. Demnach geht das Vermögen, das beim zweiten Erbfall noch vorhanden ist, auf die eingesetzten Schlusserben über, ohne dass nach getrennten Vermögensmassen des Mannes oder der Frau zu differenzieren wäre.[107] 40

Sind generell die „**Verwandten**" oder die „**gesetzlichen Erben**" eingesetzt, so ist gem. der Auslegungsregelung der §§ 2066, 2067 BGB eine Schluss- bzw. Nacherbeinsetzung derjenigen Verwandten oder gesetzlichen Erben des erstverstorbenen Ehegatten anzunehmen, die zur Zeit des zweiten Erbfalls zu seinen gesetzlichen Erben berufen wären. Ist bei mehreren Personen nicht ausdrücklich die Höhe der jeweiligen Erbteile bestimmt, muss im Wege der Auslegung festgestellt werden, ob die Beteiligten nach Kopfteilen berufen sind gem. § 2291 BGB oder auf die gesetzlichen Erben des Mannes und der Frau jeweils zur Hälfte oder möglicherweise nach dem Verhältnis des Wertes des Vermögens der Ehefrau zu dem des Ehemannes zu verteilen ist.[108] Sind „**die Kinder**" als Schlusserben eingesetzt, kann bei der gleichzeitigen Verwendung einer Pflichtteilssanktionsklausel angenommen werden, dass nur diejenigen Kinder als Schlusserben eingesetzt sind, denen ein Pflichtteil nach beiden Elternteilen zusteht.[109] 41

IV. Pflichtteilsstrafklauseln

1. Trennungslösung

Wurde beim gemeinschaftlichen Testament die **Trennungslösung** gewählt, ist der überlebende Ehegatte als Vorerbe und Dritte (pflichtteilsrechtlich relevant zumeist die Kinder) hinsichtlich des Nachlasses des erstversterbenden Ehegatten als Nacherben eingesetzt. Im ersten Erbfall sind die Nacherben nicht enterbt und haben vom Grundsatz keinen Pflichtteilsanspruch. Sie können daher ihren Pflichtteil nur verlangen, wenn sie hinsichtlich der Nacherbfolge die Ausschlagung erklären, § 2306 Abs. 2 BGB.[110] Die **Frist zur Ausschlagung** beginnt in diesen Fällen erst mit Kenntnis vom Nacherbfall.[111] Allerdings läuft die Verjährung des Pflichtteils nach dem Erstversterbenden ab Kenntnis von dessen Tod und der beeinträchtigenden Verfügung. Unproblematisch können die Erblasser hier bestimmen, dass der den Pflichtteil verlangende 42

---

104 Vgl. auch *Krätzschel*, ZErb 2025, 1, 3 m.w.N.

105 BayObLG NJW 1966, 1222; BayObLG FamRZ 1984, 211; OLG München ZEV 2012, 367; a.A. KG DNotZ 1955, 408; KG DNotZ 1956, 406; RGZ 79, 278.

106 MüKo/*Musielak*, § 2269 Rn 22.

107 Grüneberg/*Weidlich*, § 2269 Rn 3; *Sammet*, in: Reimann/Bengel/Dietz/Sammet, § 2269 Rn 43.

108 *Sammet*, in: Reimann/Bengel/Dietz/Sammet, § 2269 Rn 43.

109 BayObLG NJW-RR 1988, 968 = FamRZ 1988, 878.

110 Staudinger/*Raff*, § 2269 Rn 104.

111 *Sammet*, in: Reimann/Bengel/Dietz/Sammet, § 2269 Rn 104; Grüneberg/*Weidlich*, § 2142 Rn 2.

Nacherbe aus dem Nachlass des Überlebenden (welcher aufgrund der Trennungslösung gerade kein Vermögen des Erstversterbenden enthält) ebenfalls nur den Pflichtteil erhalten soll.[112] Bei der Trennungslösung ist somit hinsichtlich der Pflichtteilsansprüche in beide Richtungen eine angemessene Berücksichtigung der beteiligten Interessen möglich. Der Pflichtteilsberechtigte erhält aus jedem der beiden Nachlässe seinen Pflichtteil, der ihm auch sonst nur unter äußerst erschwerten Umständen entzogen oder beschränkt werden kann. Zugleich wird aufgrund der strikten Trennung der beiden Nachlassmassen verhindert, dass ein sich gegen das Regelungsprogramm des gemeinschaftlichen Testaments verhaltender Pflichtteilsberechtigter auf Kosten der anderen Pflichtteilsberechtigten einen Vorteil erlangt.

2. Einheitslösung

43 Bei der sog. **Einheitslösung** kann das **Pflichtteilsrecht zum Störfaktor** werden. Sind pflichtteilsberechtigte Personen zu Schlusserben eingesetzt, können sie beim ersten Erbfall ihren Pflichtteil nach dem erstversterbenden Ehegatten verlangen, ohne dazu einen Erbteil ausschlagen zu müssen. Ein Erbrecht an dem Nachlass des Erstversterbenden steht ihnen nämlich nicht zu.[113] Setzt dann der zweite Erbfall ein, kann der Schlusserbe, der beim ersten Erbfall den Pflichtteil nach dem Erstversterbenden gefordert hat, dennoch seinen Erbteil nach dem zuletzt Versterbenden geltend machen. In dessen Nachlass werden aber oft Vermögenswerte des Erstverstorbenen enthalten sein, so dass derjenige, der den Pflichtteil nach dem Erstversterbenden verlangt hat, u.U. wirtschaftlich betrachtet zweimal am Nachlass des Erstversterbenden partizipiert. Hingegen erhalten die anderen Schlusserben, die ihr Pflichtteilsrecht beim ersten Erbfall nicht geltend gemacht hatten, nur einen um den Pflichtteil geschmälerten Erbteil. Da diese Rechtsfolge allg. als unbillig empfunden wird, versucht man, dem Verlangen des Pflichtteils beim ersten Erbfall mit sog. **Pflichtteilsstrafklauseln** zu begegnen.

a) Einfache Ausschlussklausel

44 Oftmals bestimmen die Erblasser in gemeinsamen Testamenten, dass derjenige Schlusserbe, der beim ersten Erbfall seinen Pflichtteil fordert, auch beim zweiten Erbfall nur den Pflichtteil erhalten soll. Mit einer solchen Regelung wird zwar verhindert, dass der den Pflichtteil Verlangende seine Schlusserbenstellung nach dem Letztversterbenden behält. Auch bei dieser Klausel partizipiert der Pflichtteilsberechtigte wirtschaftlich gesehen möglicherweise zweimal am Nachlass des Erstversterbenden, soweit Vermögensgegenstände aus dessen Nachlass im Nachlass des Letztversterbenden noch vorhanden sind. Eine Anrechnung findet insoweit nicht statt, auch nicht, wenn diese angeordnet wäre, da das Pflichtteilsrecht eine solche Beschränkung nicht zulässt.[114] Immerhin verhindert diese Klausel aber, dass der den Pflichtteil Verlangende auch in den Genuss der Schlusserbenstellung gelangt.

45 Solchen Klauseln soll eine **Abschreckungswirkung** zukommen. Mehr ist aufgrund des zwingenden Charakters des Pflichtteilsrechts auch gar nicht möglich. Für Abkömmlinge soll es wirtschaftlich so unattraktiv wie möglich gemacht werden, den Pflichtteil nach dem Erstversterbenden zu verlangen. Gelingt dies, ist der Überlebende von den mit dem Pflichtteilsverlangen möglicherweise einhergehenden enormen Auszahlungs- und Liquiditätsschwierigkeiten befreit. Immerhin beträgt die Summe aller Pflichtteilsansprüche (der sog. **Gesamtpflichtteilswert**) auch bei der Zugewinngemeinschaft noch 1/4 des gesamten Nachlasswertes. Inwieweit aber die Androhung,

---

112 Staudinger/*Raff*, § 2269 Rn 104.

113 BGHZ 22, 364; Staudinger/*Raff*, § 2269 Rn 105.

114 Vgl. Staudinger/*Raff*, § 2269 Rn 108.

nach dem zweiten Erbfall ebenfalls nur den Pflichtteil zu erhalten, eine Abschreckungswirkung entfalten kann, wird vom Einzelfall abhängen. So wird ein Abkömmling aufgrund seiner persönlichen finanziellen Lage möglicherweise gezwungen sein, bereits beim ersten Erbfall seinen Pflichtteil zu verlangen. Möglicherweise wird er – berechtigterweise – befürchten, beim zweiten Erbfall werde nichts mehr vom Nachlass des Erstversterbenden bzw. überhaupt nichts mehr vorhanden sein. Der Längerlebende kann auch noch so jung sein, dass der Schlusserbfall aufgrund seiner zeitlichen Ferne keine wirtschaftlich verlockende Perspektive bieten kann. Alle diese Überlegungen bieten jedoch Ansatzpunkte für die **gestaltende Beratung**[115] (dazu, dass eine solche Pflichtteilsklausel auch eine Schlusserbeneinsetzung darstellen kann, vgl. Rdn 26).

Gegen die **generelle Zulässigkeit** einer solchen Klausel bestehen nach allg. Meinung keine Bedenken.[116] Dies gilt auch in den Fällen, in denen einseitige Kinder des Vorversterbenden Gefahr laufen, beim Schlusserbfall nichts zu erhalten, wenn der überlebende Ehegatte den Nachlass des Erstversterbenden aufbraucht.[117] Auch nach ZGB waren solche Klauseln wirksam.[118] In Einzelfällen kann aber eine Nichtigkeit nach §§ 134, 138 BGB in Betracht kommen.[119] 46

Konstruktiv handelt es sich um eine durch das Pflichtteilsverlangen **auflösend bedingte** (§ 2075 BGB) Schlusserbeneinsetzung, regelmäßig auch mit Wirkung für die eigenen Abkömmlinge,[120] wobei der Eintritt der Bedingung auch noch nach dem Tod des Erstversterbenden eintreten kann.[121] In solchen Fällen, also nach dem Tod des Letztversterbenden, aber vor dem Ablauf der Frist für die Geltendmachung des Pflichtteils nach dem Erstversterbenden, handelt es sich zusätzlich um eine durch das Pflichtteilsverlangen **auflösend bedingte Vorerbschaft**.[122] Die Klausel kann den Ausschluss automatisch oder erst aufgrund einer entsprechenden letztwilligen Verfügung des Längerlebenden vorsehen. Man unterscheidet sog. automatische von sog. fakultativen Ausschlussklauseln.[123] Bei der Anwendung automatischer Ausschlussklauseln ist Vorsicht geboten. Man sollte hier stets bedenken, dass solche Klauseln unflexibel, starr und erbschaftsteuerlich möglicherweise kontraproduktiv sein können.[124] 47

b) Subjektives Element

Nach h.M. ist für das Eingreifen der Pflichtteilsklausel ein **subjektives Tatbestandsmerkmal** erforderlich, nämlich dass der den Pflichtteil verlangende Erbe sich in vorwerfbarer Weise „gegen den Willen des Erblassers aufgelehnt haben muss".[125] Dafür wird in der Rspr. als ausreichend erachtet, dass ein bewusster Verstoß gegen die Klausel vorliegt. Ein solcher soll bereits bei Kenntnis der Pflichtteilsklausel gegeben sein.[126] 48

---

115 Überblick dazu *Borkfeld*, 1992, S. 38 ff.

116 BayObLG NJW-RR 1990, 969; BayObLG NJW-RR 1994, 1495.

117 Staudinger/*Raff*, § 2269 Rn 110.

118 KG FamRZ 1998, 124.

119 BayObLGZ 1994, 164; Grüneberg/*Weidlich*, § 2269 Rn 13.

120 BayObLG NJW-RR 1988, 968; OLG München ZEV 2006, 411.

121 OLG Stuttgart OLGZ 1979, 52; OLG Zweibrücken FamRZ 1999, 468.

122 Vgl. *Sammet*, in: Reimann/Bengel/Dietz/Sammet, § 2269 Rn 107; OLG Stuttgart OLGZ 1979, 52; OLG Zweibrücken ZEV 1999, 108.

123 *Weirich*, Erben und Vererben, Rn 919.

124 jurisPK-BGB/*Reymann*, § 2269 Rn 80.

125 Grüneberg/*Weidlich*, § 2269 Rn 14.

126 OLG München NJW-RR 2008, 1034; OLG München ZEV 2006, 411 m.w.N.; BayObLG NJW-RR 1990, 969; KG FamRZ 1998, 124, 127.

Ein böswilliges oder gar pietätsloses Verhalten ist hingegen nicht Voraussetzung für das Eingreifen der Pflichtteilsklausel.[127] Nach Ansicht des OLG Düsseldorf handelt es sich bei dem Erfordernis eines subjektiven Elements nur um eine Auslegungsregel, auf die verzichtet werden kann, wenn das Testament in diesem Sinne ausgelegt werden kann.[128] Weitergehend wird in der Lit. teilweise der völlige Verzicht auf jede subjektive Voraussetzung gefordert.[129] Dies erscheint vor dem Hintergrund des mit der Pflichtteilsklausel bezweckten Schutzes des Längerlebenden und der weiteren loyalen Schlusserben auch konsequent. Der den Pflichtteil Verlangende ist auch dann nicht schutzwürdig, wenn er, was kaum vorstellbar ist, die Pflichtteilsklausel nicht kennen sollte. Denn es ist ihm zuzumuten, sich vom Inhalt der letztwilligen Verfügung Kenntnis zu verschaffen. Auch sonst ist im Übrigen die Geltung einer letztwilligen Verfügung nicht von der Kenntnis dritter Personen abhängig.

c) Umfang der Pflichtteilsklausel

49 Genaues Augenmerk ist darauf zu legen, welches Verhalten nach der konkreten Formulierung der Klausel den Ausschluss des Pflichtteils **auslösen** soll. Wird in der Klausel auf das Verlangen oder das Geltendmachen des Pflichtteils abgestellt, so ist lediglich das ernsthafte außergerichtliche oder gerichtliche Auszahlungsbegehren Voraussetzung und nicht, dass der Anspruchsteller die Auszahlung des Pflichtteils tatsächlich erlangt.[130] Das Verhalten eines gesetzlichen Vertreters (Betreuers oder Ergänzungspflegers) wird den den Pflichtteil Verlangenden zugerechnet.[131]

50 Ist in der Klausel nichts Gegenteiliges bestimmt, wird der Ausschluss im Schlusserbfall noch nicht durch den Eintritt in Verhandlungen über die Ansprüche ausgelöst, auch wenn im Hintergrund die ansonsten erfolgende Geltendmachung des Pflichtteils droht.[132] Auch in der Geltendmachung eines bloßen **Auskunftsanspruchs** liegt regelmäßig noch keine Geltendmachung des Pflichtteils i.S.d. Pflichtteilsstrafklausel.[133] Ebenfalls kein Ausschluss soll in den Fällen erfolgen, in denen der Pflichtteil freiwillig an den bedürftigen Pflichtteilsberechtigten ausbezahlt wird.[134] Teilweise wird daraus abgeleitet, dass die Strafklausel im Wege der Auslegung so zu verstehen sei, dass sie nicht eingreift, wenn eine Auszahlung im Einverständnis mit dem überlebenden Ehegatten erfolgt.[135] Dem kann entgegengehalten werden, dass in diesen Fallkonstellationen lediglich der Schutz des überlebenden Ehegatten, nicht immer aber der Schutz der loyalen weiteren Abkömmlinge sichergestellt ist.[136] Das OLG Frankfurt hat selbst für den Fall, dass alle Abkömmlinge in Abstimmung mit dem überlebenden Ehegatten ihren Pflichtteil geltend machen, das Eingreifen der Pflichtteilsklausel angenommen.[137] Eine Stundung des Pflichtteils als hochverzinsliches Darlehen gekoppelt mit einer Absicherung durch eine Grundschuld wurde als Verlangen des Pflichtteils angese-

127 OLG Hamm ZErb 2013, 181, OLG München, FamRZ 2011, 1691.
128 OLG Düsseldorf NJW-RR 2016, 779.
129 *Sammet*, in: Reimann/Bengel/Dietz/Sammet, § 2269 Rn 109.
130 OLG München NJW-RR 2008, 1034; OLG München ZEV 2006, 411; BayObLG NJW-RR 1990, 969; *Lübbert*, NJW 1988, 2706; Soergel/*Leiß*, § 2269 Rn 37.
131 BayObLG NJW-RR 1990, 969; OLG Braunschweig OLGZ 1977, 185; Staudinger/*Raff*, § 2269 Rn 121. Vgl. zur Geltendmachung des Pflichtteils durch den Betreuer *Ivo*, ZErb 2004, 174.
132 OLG Schleswig ZEV 1997, 331; Staudinger/*Raff*, § 2269 Rn 118.
133 BayObLG FamRZ 1991, 494 = NJW-RR 1991, 394.
134 BayObLG FamRZ 1995, 1019.
135 Staudinger/*Raff*, § 2269 Rn 115.
136 *Sammet*, in: Reimann/Bengel/Dietz/Sammet, § 2269 Rn 114.
137 OLG Frankfurt FamRZ 2011, 592; krit. hierzu *Kanzleiter*, DNotZ 2011, 555; ähnlich OLG Hamm ZEV 2021, 570.

hen.[138] Die Aufforderung zur Zahlung des Pflichtteils durch Anwaltsschreiben genügt ebenfalls für ein Geltendmachen.[139]
Soweit im Testament allerdings angeordnet ist, dass ein Kind seinen Pflichtteil beansprucht und erhalten hat, setzt dies einen tatsächlichen Mittelabfluss voraus.[140]

3. Rechtsfolgen

Wird nur durch das Verlangen des Pflichtteils der Ausschluss bzgl. der Schlusserbschaft bewirkt, so ist zu fragen, was mit dem Erbteil des Ausgeschlossenen am Nachlass des Längerlebenden geschehen soll. In Betracht kommt insoweit eine **Anwachsung** (§ **2094 BGB**) an andere Schlusserben oder der Anfall an etwaige **Ersatzberufene**, häufig die Kinder desjenigen, der den Pflichtteil geltend gemacht hat. Notfalls ist das, was gewollt ist, durch (ergänzende) Auslegung festzustellen.[141] Im Regelfall wird man zur Anwachsung gelangen.[142] Ist im Testament keine besondere Bestimmung vorhanden, so kann der Längerlebende neu testieren und über den Schlusserbteil des Ausgeschlossenen frei verfügen. Eine etwaige Bindungswirkung aufgrund Wechselbezüglichkeit ist dann nicht mehr gegeben.[143] Die Ehegatten können in dem gemeinschaftlichen Testament auch bestimmen, dass die Schlusserbenstellung im Fall des Pflichtteilsverlangens bestehen bleibt, der Anspruchsteller sich aber beim Schlusserbfall die erhaltene Pflichtteilszahlung auf den Erbteil anrechnen lassen muss.[144] Eine solche Anrechnung wird auch ohne ausdrückliche Anordnung zu erfolgen haben.[145] Die Ehegatten können weiter bestimmen, dass die Schlusserbenstellung bei einem Pflichtteilsverlangen erhalten bleibt, für diesen Fall aber einen ausdrücklichen Änderungsvorbehalt durch den Längerlebenden aufnehmen. Dies kann auch stillschweigend geschehen.[146] 51

V. Jastrow'sche Klausel

Unter der Jastrow'schen Klausel[147] sind Anordnungen zu verstehen, wonach zum einen die Enterbung desjenigen, der den Pflichtteil verlangt, verbunden ist mit der Bestimmung, dass die loyalen Abkömmlinge dann ebenfalls ihren Pflichtteil (oder ihren gesetzlichen Erbteil oder mehr) am Nachlass des Erstversterbenden erhalten sollen, diese Ansprüche aber erst bei Eintritt des Schlusserbfalls fällig werden. Damit wird die Bemessungsgrundlage für den Pflichtteil des illoyalen Abkömmlings beim zweiten Erbfall vermindert. Zugleich wird aber der längerlebende Ehegatte in seinem finanziellen Spielraum erheblich beeinträchtigt.[148] 52

---

138 OLG München ZEV 2006, 411.
139 OLG München NJW-RR 2008, 1034.
140 OLG Frankfurt, ZEV 2023, 450.
141 BayObLG NJW-RR 1996, 262.
142 OLG München NJW-RR 2008, 1034; OLG München ZEV 2006, 411; BayObLGZ 2004, 5; BayObLG NJW-RR 1996, 262.
143 BayObLGZ 1990, 58; *Steiner*, MDR 1991, 156; Bamberger/Roth/Hau/Poseck/*Litzenburger*, § 2269 Rn 52.
144 Staudinger/*Raff*, § 2269 Rn 125.
145 Soergel/*Leiß*, § 2269 Rn 39, im Zweifel gem. § 2052 BGB; RGRK/*Johannsen*, § 2269 Rn 34, Auslegungsfrage; Staudinger/*Raff*, § 2269 Rn 125, wenn Umstände in oder außerhalb der Urkunde Anhaltspunkte für eine solche Annahme bieten.
146 Staudinger/*Raff*, § 2269 Rn 126.
147 Nach *Jastrow*, DNotZ 1904, 424.
148 *Sammet*, in: Reimann/Bengel/Dietz/Sammet, § 2269 Rn 120.

Praxistipp
Die Testierenden sollten etwaige konkret gewünschte Sanktionsfolgen des Pflichtteilsverlangens bzw. der Pflichtteilszahlung ausdrücklich anordnen.[149]

VI. Pflichtteilsverzicht

53 Natürlich können die Erblasser die Einheitslösung auch über mit ihren Abkömmlingen freiwillig vereinbarte Pflichtteilsverzichte absichern, §§ 2346, 2348 BGB.[150]

VII. Klauseln für den Fall der Wiederverheiratung

1. Allgemeines

54 In gemeinschaftlichen Testamenten ist häufig eine Regelung für den Fall der **Wiederverheiratung**[151] des überlebenden Ehegatten getroffen. Sinn und Zweck einer solchen Klausel soll es sein, den Schlusserben (bei der Einheitslösung) oder den Nacherben (bei der Trennungslösung) den Nachlass des Erstversterbenden ungeschmälert von erbrechtlichen oder sonstigen Beeinträchtigungen des neuen Ehegatten und dessen etwaiger Abkömmlinge aus der neuen Ehe zu erhalten. Diesen Personen steht zumindest ein Pflichtteilsrecht an dem Nachlass des längerlebenden Ehegatten zu, in welchem bei der Einheitslösung zudem wirtschaftlich der Nachlass des Erstversterbenden enthalten ist. Bei der Trennungslösung wird der Vorerbe vielfach von den Beschränkungen der §§ 2113 ff. BGB befreit sein. Der Erstversterbende wird aber regelmäßig nicht bereit sein, diese Befreiungen auch im Fall der Wiederheirat bestehen zu lassen. Deshalb ist auch bei der Trennungslösung Regelungsbedarf für den Fall der Wiederheirat gegeben.

2. Klauselgruppen

55 In der Praxis haben sich dazu im Wesentlichen **drei verschiedene Klauselgruppen** herausgebildet:
- Für den Fall der Wiederheirat wird angeordnet, dass sich der überlebende Ehegatte mit den Abkömmlingen nach der gesetzlichen Erbfolge auseinanderzusetzen hat.
- Es wird bestimmt, dass der überlebende Ehegatte im Falle der Wiederheirat den gesamten Nachlass oder Teile davon an die Abkömmlinge herauszugeben hat.
- Es werden für den Fall der Wiederheirat Vermächtnisse angeordnet.

56 Denkbar ist bei allen Klauseln auch die Anordnung, dass die Auseinandersetzung mit den Abkömmlingen auf den Tod des Längerlebenden aufgeschoben wird.[152] Die Wiederverheiratungsklausel greift nicht bereits dann ein, wenn der Längerlebende eine nichteheliche Lebensgemeinschaft begründet, sofern sich nicht aus der entsprechenden Verfügung etwas anderes ergibt.[153]

3. Sittenwidrigkeit der Wiederverheiratungsklausel

57 Nicht alle Wiederverheiratungsklauseln sind rechtlich unbedenklich. In der Lit. wird teilweise versucht, für bestimmte Fallkonstellationen eine Sittenwidrigkeit solcher Wiederverheiratungsklauseln zu begründen.[154] Aufgrund der Hohenzollern-Entscheidung des BVerfG vom 22.3.2004 muss die mittelbare Drittwirkung der Grundrechte auch bei Wiederverheiratungsklauseln berücksichtigt werden. Neben dem Zweck einer

149 juris-PK BGB/*Reymann*, § 2269 Rn 86.
150 Staudinger/*Raff*, § 2269 Rn 128.
151 *Sammet*, in: Reimann/Bengel/Dietz/Sammet, § 2269 Rn 65 ff.; Staudinger/*Raff*, § 2269 Rn 78 ff.; zu testamentarischen Gestaltungsmöglichkeiten bei Patchwork-Familien: *Boving*, ZErb 2022, 460.
152 Vgl. Staudinger/*Raff*, § 2269 Rn 84; Soergel/*Leiß*, § 2269 Rn 27.
153 OLG Düsseldorf NJW-RR 2013, 1353.
154 Vgl. dazu Überblick bei *Sammet*, in: Reimann/Bengel/Dietz/Sammet, § 2269 Rn 66.

entsprechenden Klausel wird man auf Verhältnismäßigkeitserwägungen abstellen müssen.[155] Dabei wird man sich von der **Faustregel** leiten lassen können, dass eine Sittenwidrigkeit desto eher droht, je weniger dem überlebenden Ehegatten im Fall der Wiederverheiratung verbleiben soll. Gleichfalls wird vertreten, dass eine Sittenwidrigkeit dann in Betracht kommen soll, wenn die Klausel den Zweck hat, den überlebenden Ehegatten über den Tod hinaus zu binden und ihn im Fall der Wiederheirat mit Enterbung zu bestrafen (sog. Zölibatsklausel). Beweispflichtig ist derjenige, der sich auf Sittenwidrigkeit beruft.[156]
Das OLG Saarbrücken hat in einer eingehend begründeten Entscheidung eine Wiederverheiratungsklausel für sittenwidrig erklärt.[157]

Praxistipp 58
Will man angesichts der vorgenannten Entscheidung des OLG Saarbrücken auf der sicheren Seite sein, wird man empfehlen, dem Überlebenden für den Fall der Wiederheirat **zumindest wertmäßig seinen Pflichtteil und den Zugewinnausgleich** zu belassen. Gleichfalls wird empfohlen, dass die Beschränkungen des Überlebenden für den Fall der Wiederheirat nicht weiter gehen sollten, als dass der Überlebende ab der Wiederheirat zum Vorerben eingesetzt ist, der Nacherbfall aber erst mit seinem Tod eintreten soll.[158] Das BayObLG hatte eine Klausel mit Anordnung der gesetzlichen Erbfolge im Fall der Wiederheirat für unbedenklich erklärt.[159]

4. Rechtsstellung der Beteiligten im Fall der ersten beiden Klauseltypen

Je nachdem, ob das gemeinschaftliche Testament die Trennungslösung oder die Ein- 59
heitslösung anwendet, ist hinsichtlich der Rechtsstellung der Beteiligten zu unterscheiden:

a) Trennungslösung

Hier ergibt sich durch die Wiederverheiratungsklausel lediglich ein weiterer Fall des 60
ohnehin angeordneten **Eintritts** der **Nacherbfolge**. Dieser ist aufschiebend bedingt an die Wiederheirat geknüpft und führt zu einer zusätzlichen Bedingung mit einer Vorverlagerung des Eintritts des Nacherbfalls.[160] Die Nacherbfolge selbst ist unbedingt angeordnet, weshalb in dieser Fallkonstellation § 2108 Abs. 2 S. 2 BGB nicht anwendbar ist. Deswegen geht das Anwartschaftsrecht des Nacherben auf dessen Erben über, wenn der Nacherbe vor dem Nacherbfall versterben sollte.[161] Mangels gegenteiliger Anordnung hat der Vorerbe im Nacherbfall den gesamten Nachlass an die Nacherben herauszugeben.[162] Dies ist aber nicht unumstritten. Es wird auch vertreten, dass der Vorerbe mit Eintritt des Nacherbfalls hinsichtlich seines gesetzlichen Erbteils Vollerbe werde.[163]

b) Einheitslösung

Die h.M. geht davon aus, dass der überlebende Ehegatte eine Doppelstellung ein- 61
nimmt. Er soll durch die Wiederheirat zum einen auflösend bedingter Vollerbe sein

155 *Sammet*, in: Reimann/Bengel/Dietz/Sammet, § 2269 Rn 71.
156 MüKo/*Musielak*, § 2269 Rn 47.
157 OLG Saarbrücken DNotZ 2015, 691.
158 Grüneberg/*Weidlich*, § 2269 Rn 17; *Otte*, AcP 187, 603.
159 BayObLG NJW-RR 2002, 366.
160 Grüneberg/*Weidlich*, § 2269 Rn 21; *Sammet*, in: Reimann/Bengel/Dietz/Sammet, § 2269 Rn 74.
161 MüKo/*Musielak*, § 2269 Rn 49.
162 *Sammet*, in: Reimann/Bengel/Dietz/Sammet, § 2269 Rn 75; Grüneberg/*Weidlich*, § 2269 Rn 21.
163 MüKo/*Musielak*, § 2269 Rn 49; *Otte*, AcP 187, 603.

und gleichzeitig aufschiebend bedingter Vorerbe.[164] Eine a.A. geht von einer aufschiebend bedingten Vollerbschaft (nämlich durch den Nichteintritt des Wiederverheiratungsfalls) und einer auflösend bedingten Vorerbschaft aus.[165] Die Praxis wird sich an der h.M. zu orientieren haben. Sie bietet das passendste konstruktive Kleid für den regelmäßig anzunehmenden Willen der Erblasser: Diese wollen den Überlebenden für gewöhnlich **weitestgehende Verfügungsfreiheit** einräumen. Liegt keine Wiederheirat vor, was erst in einer logischen Sekunde vor dem Tod des Überlebenden festgestellt werden kann, so war der überlebende Ehegatte von Anfang an Vollerbe. Sämtliche seiner lebzeitigen Verfügungen unterliegen somit nicht den für den Vorerben geltenden Beschränkungen der §§ 2113 ff. BGB. Hatte er jedoch erneut geheiratet, unterlagen seine Verfügungen bereits vom ersten Erbfall an den für die Vorerbschaft angeordneten Verfügungsbeschränkungen, so dass darüber ein ausreichender Schutz der Nacherben erreicht werden kann. Denn auch der potentielle Vorerbe unterliegt den Beschränkungen der §§ 2113 ff. BGB.[166] Die h.M. geht allerdings mangels gegenteiliger Anordnungen davon aus, dass der Wille der Ehegatten regelmäßig dahin geht, den Überlebenden, soweit nach § 2136 BGB gesetzlich möglich, von den Beschränkungen der §§ 2113 ff. BGB zu befreien.[167]

62 **Praxistipp**

Soll daher der überlebende Ehegatte zum Zweck des Schutzes der Nacherben stärker eingeschränkt werden, so ist dies **im Testament explizit zu regeln**. Ansonsten wären sämtliche Verfügungen des Vorerben wirksam gegenüber den Nacherben bis auf unentgeltliche Verfügungen oder solche, die zum Zweck der Erfüllung eines vom Vorerben erteilen Schenkungsversprechens erfolgen. Nach § 2113 Abs. 2 BGB kann der Vorerbe von diesen Beschränkungen auch nach § 2136 BGB nicht befreit werden.

5. Rechtsstellung bei der Vermächtnislösung

63 Bei der Wiederverheiratungsklausel mit Vermächtnislösung wird den Kindern oder sonstigen Verwandten für den Fall der Wiederheirat ein aufschiebend bedingtes Vermächtnis zugewendet. Das Vermächtnis kann sich auf einen bestimmten Geldbetrag, bestimmte Gegenstände oder auf eine bestimmte Quote des Nachlasses beziehen. Der überlebende Erbe ist von Anfang an Vollerbe. Zu beachten ist, dass die **Vermächtnislösung keinen dinglich wirkenden Schutz** bietet. Über § 2179 BGB wird der Vermächtnisnehmer lediglich nach §§ 158, 159, 160, 162 BGB, nicht aber nach § 161 BGB geschützt.[168] Sowohl der mit dem Vermächtnis Beschwerte als auch Gläubiger desselben können hier die Rechte des Vermächtnisnehmers beeinträchtigende Verfügungen vornehmen. Darin liegt der Nachteil gegenüber der Regelung einer Vor-/Nacherbschaft. Andererseits ist hier der überlebende Ehegatte weitestgehend in seiner Verfügungsmacht unbeschränkt, insbesondere über die Möglichkeiten des § 2136 BGB hinaus.

64 Für den **Pflichtteilsberechtigten** birgt die Vermächtnislösung Fallstricke: Macht dieser seine Pflichtteilsrechte nach dem ersten Erbfall geltend, so hat er sich den Wert des

164 BGHZ 1996, 198; OLG Zweibrücken FGPrax 2011, 176.

165 MüKo/*Musielak*, § 2269 Rn 60 eine dritte Meinung (*Wilhelm*, NJW 1990, 2857; *Zawar*, NJW 1988, 16) verneint generell die Möglichkeit einer Kombination von Vollerbschaft und Vor-/Nacherbschaft. Anzunehmen sei in solchen Fällen stets eine Regelung nach der Trennungslösung.

166 Staudinger/*Raff*, § 2269 Rn 87.

167 BGH WM 1961, 276; BayObLGZ 1966, 227; OLG Düsseldorf FamRZ 2017, 1428; Grüneberg/*Weidlich*, § 2269 Rn 18.

168 *Sammet*, in: Reimann/Bengel/Dietz/Sammet, § 2269 Rn 97; *Bungenroth*, NJW 1967, 1357.

durch die Wiederheirat aufschiebend bedingten Vermächtnisses auf seinen Pflichtteil nach § 2307 Abs. 1 S. 2 Hs. 1 BGB anrechnen zu lassen.[169] Der Pflichtteilsanspruch wird demnach in Höhe des Vermächtnisses reduziert. Tritt dann der Fall der Wiederheirat nicht ein, so erhält er aber eben jenes ihm angerechnete Vermächtnis nicht.

Praxistipp 65
Dem Pflichtteilsberechtigten ist daher zu empfehlen, innerhalb der Verjährungsfrist des § 2332 BGB das Vermächtnis auszuschlagen. Nur so kann er sich den vollen Pflichtteilsanspruch sichern.[170] Lediglich eine **Mindermeinung** rechnet das Vermächtnis erst im Fall der Wiederheirat auf den Pflichtteilsanspruch an.[171]

6. Verfügungsfreiheit des Längerlebenden nach der Wiederverheiratung

a) Wiedererlangung der Testierfreiheit

Im Fall der Wiederverheiratung stellt sich, sowohl bei der Einheitslösung als auch bei 66
der Trennungslösung, die Frage, ob der Längstlebende seine, durch die Bindungswirkung beschränkte, Testierfreiheit voll wiedererlangt. Nach h.M. entfällt mit der Wiederheirat die Bindung des Überlebenden an seine wechselbezüglichen Verfügungen im Ehegattentestament, soweit der Überlebende seiner Beteiligung am Nachlass des Erstverstorbenen verlustig geht.[172] Ist daher im Testament nichts Gegenteiliges bestimmt, kann der Überlebende nunmehr wieder frei testieren.[173] Diese Testierfreiheit entfällt auch nicht wieder, wenn die neue Ehe geschieden wird.[174] Ist dagegen aufgrund entsprechender Bestimmung oder durch Auslegung des Ehegattentestaments davon auszugehen, dass die Bindungswirkung auch im Fall der Wiederheirat bestehen bleibt, wird vertreten, dass der **überlebende Ehegatte** analog § 2078 Abs. 2 BGB seine **eigenen Verfügungen** wegen Übergehens des neuen Ehegatten als Pflichtteilsberechtigten **anfechten** könne.[175] Dies überzeugt nicht. Man wird richtigerweise darauf abstellen müssen, dass eine Irrtumsanfechtung nicht in Betracht kommen kann, weil der Überlebende den Fall der Wiederheirat gerade bei Abfassung des Ehegattentestaments bereits bedacht hatte. Wenn dann zusätzlich bestimmt war, dass die Bindung gleichwohl fortbestehen sollte, lässt sich nicht begründen, weswegen eine Anfechtung zulässig sein sollte.[176]

Eine Gegenansicht versucht differenzierend zu lösen. Je nachdem, wie viel Vermögen 67
der überlebende Ehegatten hatte bzw. ihm auch bei Wiederheirat vom Vermögen des Erstversterbenden verbleiben soll, wird eine entsprechende **Teilbindung** an seine eigenen letztwilligen Verfügungen angenommen.[177] Die mit dieser Meinung zu erzielende Einzelfallgerechtigkeit würde man mit einer enormen Rechtsunsicherheit erkaufen. Die Praxistauglichkeit einer solchen differenzierenden Lösung muss darüber hinaus angezweifelt werden, da hier zu viele Parameter vorstellbar wären, an denen die Einzelfallentscheidung festgemacht werden könnte. Teilweise wird sogar vertreten,

---

169 Soergel/*Beck*, § 2307 Rn 3; *Lange/Kuchinke*, § 37 V, S. 6 Fn 108 m.w.N.

170 *Sammet*, in: Reimann/Bengel/Dietz/Sammet, § 2269 Rn 101.

171 So *Strecker*, ZEV 1996, 327.

172 BGH FamRZ 1985, 1123; OLG Karlsruhe NJW 1961, 1410; BayObLG FamRZ 2002, 640 = ZErb 2002, 131; BayObLGZ 1962, 137; OLG Hamm FamRZ 1995, 250; OLG Hamm NJW-RR 1994, 1355; OLG Hamm NJW-RR 1993, 1225.

173 Grüneberg/*Weidlich*, § 2269 Rn 20.

174 RG DJZ 1934, 281; *Sammet*, in: Reimann/Bengel/Dietz/Sammet, § 2269 Rn 94.

175 Bamberger/Roth/Hau/Poseck/*Litzenburger*, § 2269 Rn 41.

176 *Sammet*, in: Reimann/Bengel/Dietz/Sammet, § 2269 Rn 95 für den Regelfall; Staudinger/*Raff*, § 2269 Rn 95.

177 Vgl. die Meinungsübersicht zur Teilbindung bei *Sammet*, in: Reimann/Bengel/Dietz/Sammet, § 2269 Rn 89.

dass der Überlebende im Fall der Wiederheirat nicht frei wird von seinen wechselbezüglichen Verfügungen im Ehegattentestament.[178]

68 **Praxistipp**

Es kann wegen der Wichtigkeit dieses Punktes nur empfohlen werden, die Frage des Wegfalls der Bindungswirkung des Überlebenden im Testament klar und eindeutig zu regeln.

b) Verfügungen des Überlebenden bei Wiederverheiratung

69 Noch nicht entschieden ist damit die Frage, was mit den Verfügungen des Überlebenden im Ehegattentestament im Augenblick der Wiederheirat geschieht. Hier ist umstritten, ob diese Verfügungen automatisch gegenstandslos werden und als nicht geschrieben zu betrachten sind.[179] Der BGH hat diese Frage offengelassen.[180] Die wohl überwiegende Meinung geht dahin, dass die Verfügungen des überlebenden Ehegatten bis zu einer anderweitigen Testierung bestehen bleiben.[181] Beide Ansichten können nur darüber spekulieren, wovon der Überlebende im Regelfall ausgehen wird: von der Fortgeltung seiner Verfügung im Ehegattentestament oder vom automatischen Wegfall. Dies wird sich aber nicht im Generellen klären lassen, auch wenn hier viel dafür spricht, dass ein Laie, der bereits eine Verfügung getroffen hat, davon ausgeht, dass er diese ändern muss, wenn er an ihr nicht festhalten will. Ebenso kann nur darüber spekuliert werden, ob und welche Beteiligung des neuen Ehegatten und der potentiellen Abkömmlinge vom Überlebenden im Zeitpunkt der Wiederheirat gewünscht wird. Die Lösung zu dem geschilderten Problem kann daher nur normativ gefunden werden mit der Frage, welche Regelung einerseits noch am praktikabelsten ist und die größtmögliche Rechtssicherheit bietet, andererseits den Beteiligten zumutbar ist. Danach wird man hier verlangen können, dass der Überlebende seinen nach der Wiederheirat aktuellen erbrechtlichen Willen in einer entsprechenden Verfügung äußert und niederlegt. Sollte der Erblasser fälschlicherweise von einer automatischen Gegenstandslosigkeit seiner ursprünglichen Verfügungen im Ehegattentestament ausgegangen sein, wird den neuen Familienangehörigen das Recht der Anfechtung nach §§ 2281, 2285 BGB i.V.m. §§ 2078, 2079 BGB zugebilligt.[182]

Praxistipp

Angesichts der umstrittenen Rechtslage sollte dem längerlebenden wiederverheirateten Ehegatten angeraten werden, einen ausdrücklichen Widerruf seiner Verfügungen zu erklären.

7. Grundbuch/Erbschein

70 Da mit einer Wiederverheiratungsklausel eine **Beschränkung** der Verfügungsbefugnis des überlebenden Ehegatten verbunden ist, ist dies sowohl **im Erbschein** als auch **im**

178 *Sammet*, in: Reimann/Bengel/Dietz/Sammet, § 2269 Rn 90; *Jünemann*, ZEV 2000, 81, 85.
179 OLG Hamm ZEV 1994, 365 = NJW-RR 1994, 1355; Soergel/*Leiß*, § 2269 Rn 32, der dies beschränkt auf den Umfang, in dem die Bindung entfallen ist.
180 BGH WM 1985, 1178 = FamRZ 1985, 1123.
181 MüKo/*Musielak*, § 2269 Rn 62; Grüneberg/*Weidlich*, § 2269 Rn 20; Erman/*S. Kappler/T. Kappler*, § 2269 Rn 17; Staudinger/*Raff*, § 2269 Rn 101.
182 Staudinger/*Raff*, § 2269 Rn 101; *Sammet*, in: Reimann/Bengel/Dietz/Sammet, § 2269 Rn 93.

Grundbuch einzutragen.[183] Der Inhalt des Vermerks wird dabei von der jeweiligen Fassung der Wiederverheiratungsklausel vorgegeben.[184]

D. Vermächtnisse im gemeinschaftlichen Testament

I. Auslegungsregel

Auch **Abs. 2** enthält nach h.M. eine Auslegungsregel.[185] Daher ist auch hier zunächst 71 im Wege der Auslegung der tatsächliche Erblasserwille festzustellen. Verbleiben Zweifel, so gilt Folgendes: Ist in einem gemeinschaftlichen Testament ein Vermächtnis angeordnet, das nach dem Tod des Überlebenden erfüllt werden soll, so entsteht der Anspruch des Vermächtnisnehmers erst mit dem zweiten Erbfall, d.h. erst mit dem Tod des Längerlebenden, § 2176 BGB. Ist zu diesem Zeitpunkt der Vermächtnisnehmer bereits verstorben, greift § 2160 BGB ein, mit der Folge, dass das Vermächtnis unwirksam ist.[186] Handelt es sich jedoch bei dem künftigen Vermächtnisnehmer um einen Abkömmling des überlebenden Ehegatten, so wird über § 2069 BGB regelmäßig eine stillschweigende Einsetzung seiner Abkömmlinge zu Ersatzvermächtnisnehmern anzunehmen sein,[187] solange nicht ein anderer Wille des Erblassers zu ermitteln ist.

Auch wenn nur zu der Frage, wann das Vermächtnis anfallen soll, im Testament nichts 72 geregelt ist, greift Abs. 2 ein. Die Bestimmung bedeutet daher – über ihren Wortlaut hinaus –, dass das **Vermächtnis im Zweifel als vom überlebenden Ehegatten angeordnet anzusehen** ist.[188] Da das Vermächtnis erst beim Tod des Längstlebenden anfällt, greifen die **Schutzbestimmungen** der §§ 2074, 2177, 2179 BGB i.V.m. §§ 158 ff. BGB nicht ein. Vor dem zweiten Erbfall hat der Vermächtnisnehmer kein vererbliches oder übertragbares Recht und auch kein **Anwartschaftsrecht.**[189]

II. Verfügungsmöglichkeit des Überlebenden

Der Längstlebende ist infolge fehlender Beschränkungen weitestgehend frei in seinen 73 lebzeitigen Verfügungen. Er ist nicht gehindert, über den Vermächtnisgegenstand zu seinen Lebzeiten zu verfügen.[190] Zu beachten sind aber die Beschränkungen, die sich aus der analogen Anwendung der Vorschriften über den Erbvertrag ergeben.[191] Nach § 2288 BGB analog werden Beeinträchtigungen und Verfügungen dann angreifbar, wenn sie in **Benachteiligungsabsicht** vorgenommen werden, **kein lebzeitiges Eigeninteresse** gegeben und das Vermächtnis nach § 2270 Abs. 1 BGB **wechselbezüglich** und damit bindend nach § 2271 Abs. 2 BGB ist. Diese Ansprüche können jedoch erst nach dem Tod des Längstlebenden geltend gemacht werden.[192] Noch dazu sind diese Ansprüche als Bereicherungsansprüche ausgestaltet. Der Vermächtnisnehmer hat damit eine weitgehend ungesicherte Rechtsposition vor dem Tod des Längerlebenden.

---

183 Staudinger/*Raff*, § 2269 Rn 101; Soergel/*Leiß*, § 2269 Rn 33; Bamberger/Roth/Hau/Poseck/*Litzenburger*, § 2269 Rn 38.

184 Beispiele zur Fassung von Erbscheinen bei gemeinschaftlichen Testamenten mit Wiederverheiratungsklauseln: *Krätzschel*, in: Krätzschel/Falkner/Döbereiner, § 38 Rn 136 ff.

185 *Sammet*, in: Reimann/Bengel/Dietz/Sammet, § 2269 Rn 131; OLG Schleswig FamRZ 2017, 403; Staudinger/*Raff*, § 2269 Rn 132.

186 BGH LM 2271 Nr. 6 m. Anm. *Johannsen*; Staudinger/*Raff*, § 2269 Rn 124.

187 Staudinger/*Raff*, § 2269 Rn 135.

188 Staudinger/*Raff*, § 2269 Rn 131; BGH NJW 1983, 277.

189 Staudinger/*Raff*, § 2269 Rn 134.

190 BGHZ 26, 274; BGHZ 31, 13.

191 BGHZ 26, 274; Staudinger/*Raff*, § 2269 Rn 138; MüKo/*Musielak*, § 2269 Rn 128; Grüneberg/*Weidlich*, § 2269 Rn 23.

192 BGHZ 26, 274; BGHZ 31, 16.

III. Weitere Regelungsmöglichkeiten

74 Die Ehegatten können die Vermächtnisanordnung abweichend von Abs. 2 ausgestalten. Folgende Möglichkeiten kommen in Betracht: Das Vermächtnis fällt bereits mit dem Tod des Erstversterbenden an und nur die Fälligkeit wird bis zum Tod des Längerlebenden hinausgeschoben.[193] Das Vermächtnis ist vom Erstversterbenden angeordnet, es fällt aber erst mit dem Tod des Längerlebenden nach § 2177 BGB an[194] oder das Vermächtnis fällt beim Tod des Erstversterbenden an und ist sofort fällig.[195]

IV. Auslegungsregel

75 Die Auslegungsregel beruht auf einer angeblichen Lebenserfahrung, dass Ehegatten i.d.R. wollen, dass ein Vermächtnis erst mit dem Tod des Längerlebenden anfällt.[196] Sie greift demnach nicht ein, wenn demjenigen, der sich darauf beruft, der Beweis gelingt, dass eine der vorgenannten Varianten von den gemeinsam testierenden Ehegatten gewollt war. Bei einseitigen Kindern des Erstversterbenden kann die Auslegung ergeben, dass ein Vermächtnis des Längerlebenden um den nach dem ersten Erbfall verlangten Pflichtteil zu korrigieren ist.[197] Die Auslegungsregel des Abs. 2 greift auch ein bei Vorliegen von zwei Einzeltestamenten, wenn dann durch ein gemeinschaftliches Testament oder Erbvertrag ein Vermächtnis angeordnet wurde, welches bei Tod des Überlebenden zu erfüllen ist.[198]

V. „Abfindung"

76 Haben die Erblasser bestimmt, dass ein von der Erbfolge ausgeschlossener Abkömmling eine Abfindung erhalten soll, deren Höhe der Überlebende bestimmt, so kann dies ein Vermächtnis des Überlebenden darstellen oder ein Zweckvermächtnis des Erstversterbenden nach § 2156 BGB, wobei dem Überlebenden das Bestimmungsrecht eingeräumt ist.[199]

§ 2270 Wechselbezügliche Verfügungen

(1) Haben die Ehegatten in einem gemeinschaftlichen Testament Verfügungen getroffen, von denen anzunehmen ist, dass die Verfügung des einen nicht ohne die Verfügung des anderen getroffen sein würde, so hat die Nichtigkeit oder der Widerruf der einen Verfügung die Unwirksamkeit der anderen zur Folge.
(2) Ein solches Verhältnis der Verfügungen zueinander ist im Zweifel anzunehmen, wenn sich die Ehegatten gegenseitig bedenken oder wenn dem einen Ehegatten von dem anderen eine Zuwendung gemacht und für den Fall des Überlebens des Bedachten eine Verfügung zugunsten einer Person getroffen wird, die mit dem anderen Ehegatten verwandt ist oder ihm sonst nahe steht.
(3) Auf andere Verfügungen als Erbeinsetzungen, Vermächtnisse, Auflagen und die Wahl des anzuwendenden Erbrechts findet Absatz 1 keine Anwendung.

193 RGZ 11, 258.
194 Staudinger/*Raff*, § 2269 Rn 132.
195 Staudinger/*Raff*, § 2269 Rn 133.
196 BGH FamRZ 1960, 432.
197 BGH NJW-RR 2002, 292.
198 BGH FamRZ 1960, 432.
199 BGH NJW 1983, 277.

Literatur

Bengel, Zum Begriff „nahestehende Person" in § 2270 Abs. 2 BGB, DNotZ 1977, 5; *Jünemann*, Rechtsstellung und Bindung des überlebenden Ehegatten bei vereinbarter Wiederverheiratungsklausel im gemeinschaftlichen Testament, ZEV 2000, 81; *Kanzleiter*, Die Berücksichtigung des Erblasserwillens bei der Umdeutung fehlerhafter gemeinschaftlicher Testamente, ZEV 1996, 306; *Keim*, Zur Wechselbezüglichkeit bei Ersatzerbfolge, ZEV 2004, 245; *ders.*, Das BGH-Urteil vom 16.1.2002: eine Erleichterung für den Testamentsgestalter?, ZEV 2002, 437; *Nieder*, Die Feststellung der Wechselbezüglichkeit beim gemeinschaftlichen Ehegattentestament, ZErb 2001, 120; *Pfeiffer*, Das gemeinschaftliche Ehegattentestament – Konzept, Bindungsgrund und Bindungswirkungen, FamRZ 1993, 1266; *Schmucker*, Die Wechselbezüglichkeit von Verfügungen in gemeinschaftlichen Testamenten in der Rechtsprechung des BayObLG, MittBayNot 2001, 526; *Soutier*, Verbindliche Rechtswahlen im Erbrecht, ZEV 2015, 515; *Tanck*, Bindungswirkung bei gemeinschaftlichen Testamenten: Wann kann der überlebende Ehegatte neu testieren?, ZEV 2020, 15; *Zimmer*, Erbrecht – Wechselbezügliche Verfügungen beim Gemeinschaftlichen Testament, NJW 2009, 2364.

Übersicht: Rdn

A. Wechselbezügliche Verfügungen

I. Allgemeines

§ 2270 BGB i.V.m. § 2271 BGB ermöglicht es Ehegatten, durch gemeinschaftliches Testament sog. **wechselbezügliche** oder **korrespektive, d.h. bindende Verfügungen** 1 zu treffen und damit ohne notarielle Form weitgehend ähnliche Ziele wie durch eine vertragsmäßige Verfügung in einem Erbvertrag zu erreichen.[1]

2 Ein gemeinschaftliches Testament kann wechselbezügliche und nicht wechselbezügliche Verfügungen enthalten, zwingend muss es eine wechselbezügliche Verfügung allerdings nicht aufweisen. Demnach gibt es **kein wechselbezügliches Testament**, sondern lediglich **einzelne wechselbezügliche Verfügungen.**[2] Dies besagt schon die eindeutige Formulierung in Abs. 1.

3 Entscheidend ist daher, welchen Verfügungen die Ehegatten in dem gemeinschaftlichen Testament den Charakter der Wechselbezüglichkeit beimessen wollten. Alleine daraus, dass sich eine Verfügung in einem gemeinschaftlichen Ehegattentestament befindet, kann daher nicht auf ihre Wechselbezüglichkeit geschlossen werden.[3] Ebenfalls kann lediglich aus dem Umstand, dass eine Klarstellung zur Wechselbezüglichkeit fehlt, nicht gefolgert werden, dass eine Wechselbezüglichkeit nicht gewollt war.[4]

II. Begriff der Wechselbezüglichkeit

4 Die heute gängige Definition der Wechselbezüglichkeit geht zurück auf die Protokolle zum BGB.[5] Wechselbezüglich i.S.d. Vorschrift sind diejenigen Verfügungen der Ehegatten, von der jede mit Rücksicht auf die andere getroffen ist und die **miteinander stehen und fallen** sollen.[6] Untersucht werden muss daher, ob einer der Ehegatten eine Verfügung vorgenommen hat, die ohne die Verfügung des anderen nicht gewollt sein würde.[7] Für die Beantwortung der Frage, ob und in welchem Umfang in einem gemeinschaftlichen Testament getroffene Anordnungen wechselbezüglich sind, ist ausschließlich auf den **übereinstimmenden Willen der Ehegatten zum Zeitpunkt der Testamentserrichtung** abzustellen.[8] Es besteht kein allg. Erfahrungssatz, dass Eheleute ihre in einem gemeinschaftlichen Testament erklärten letztwilligen Verfügungen als insgesamt wechselseitig bindend ansehen.[9] Dabei haben die Rspr. und die allgemeine Meinung in der Lit. über den Wortlaut des Abs. 1 hinaus auch die **lediglich einseitige Wechselbezüglichkeit** anerkannt. Diese ist gegeben, wenn nur die Verfügung des einen Ehegatten von der des anderen abhängig ist, im umgekehrten Verhältnis aber keine Abhängigkeit besteht. §§ 2270, 2271 BGB sind auf diese Konstellation analog anzuwenden.[10] Wechselbezüglichkeit kann unabhängig davon vorliegen, ob die Ehegatten einander bedenken.[11]

5 Da ein gemeinschaftliches Testament wechselbezügliche und nicht wechselbezügliche Verfügungen enthalten kann, muss die Frage, ob eine Verfügung wechselbezüglich ist

---

1 Vgl. beim Erbvertrag: §§ 2278, 2290 BGB.

2 BGHZ 112, 229, 233 = NJW 1991, 169 = FamRZ 1991, 52; OLG München ZErb 2008, 235 = FamRZ 2007, 2111; Grüneberg/*Weidlich*, § 2270 Rn 1.

3 BayObLG NJW-RR 1987, 1410; BayObLG ZEV 1994, 362; *Nieder*, ZErb 2001, 120; *Bengel*, DNotZ 1977, 5.

4 BayObLG FamRZ 2001, 1734; BayObLG FamRZ 1993, 366.

5 Prot. V, S. 450.

6 RGZ 116, 149; KG FamRZ 1977, 485; OLG Stuttgart FamRZ 1977, 274; BayObLGZ 1987, 23; BayObLG FamRZ 1991, 1358; BayObLG FamRZ 1992, 1102; BayObLG FamRZ 2001, 1734; OLG Hamm FamRZ 2004, 662; BayObLG FGPrax 2005, 164; OLG Nürnberg FamRZ 2010, 1765 = ZEV 2010, 411; OLG ZEV 2015, 476.

7 BGH NJW-RR 1987, 1410; RGZ 170, 163, 172; BayObLG NJW-RR 1991, 1288.

8 OLG Bamberg ZErb 2016, 47.

9 BayObLG FamRZ 2001, 1734; OLG Nürnberg FamRZ 2010, 1765 = ZEV 2010, 411.

10 BayObLG FamRZ 2001, 1734; BayObLG FamRZ 1986, 392; BayObLGZ 1983, 213.

11 BayObLG NJW-RR 1991, 1288; BayObLG ZEV 1996, 188.

oder nicht, für jede einzelne Verfügung gesondert untersucht werden.[12] Dies gilt auch für das sog. Berliner Testament. Es kann sogar nötig sein, Teile einer einzelnen Verfügung als wechselbezüglich anzusehen, andere Teile derselben Verfügung jedoch nicht.[13] Wechselbezügliche Verfügungen können auch in **zwei getrennten Urkunden** niedergelegt sein.[14] Es ist nicht einmal erforderlich, dass die beiden getrennten Verfügungen zeitnah zueinander errichtet werden. Anerkannt ist zwar, dass ein großer zeitlicher Abstand zwischen den Verfügungen gegen eine Wechselbezüglichkeit sprechen kann,[15] das Zeitmoment ist jedoch nicht der einzige zu berücksichtigende Umstand. Die Ehegatten müssen daher nicht nur den Willen zur Zusammenfassung beider Testamente zum Ausdruck bringen – etwa durch die Bezeichnung des zweiten Testaments als Nachtrag –, sondern sie müssen zusätzlich deutlich machen, dass auch inhaltlich von einem Abhängigkeitsverhältnis auszugehen ist.[16] Anhaltspunkte für eine nachträgliche Verknüpfung können sich etwa aus einer inhaltlichen Bezugnahme und einer gemeinsamen Verwahrung der Testamente ergeben.[17]

Es ist daher stets danach zu fragen, welche konkrete Verfügung des anderen Ehegatten 6
zu der in der Prüfung stehenden Verfügung wechselbezüglich sein soll.[18] Am Beispiel der gegenseitigen Erbeinsetzung mit gemeinsamer Schlusserbeneinsetzung kann dies verdeutlicht werden: Hier ist zu prüfen, ob der eine Ehegatte den anderen nur deswegen eingesetzt hat, weil auch der andere für den ersten Erbfall gleichlautend verfügt hat. Geht es um die Frage, ob die Schlusserbeneinsetzung des Überlebenden wegen ihrer Wechselbezüglichkeit für den Überlebenden bindend geworden ist, ist zu fragen, ob der vorverstorbene Ehegatte den anderen nur eingesetzt hat, damit dieser die in Rede stehende Schlusserbeneinsetzung verfüge oder ob die Einsetzung des Schlusserben nur deshalb erfolgte, weil dieser auch vom anderen Ehegatten berufen war[19] und es dem Erstversterbenden letztlich egal war, ob die konkret benannte Person Schlusserbe würde. Dabei wird bspw. selbst für gemeinsame Kinder angenommen, dass deren Schlusserbeneinsetzung nicht bindend erfolgt, da hier anzunehmen sei, dass die Einsetzung auf dem Verwandtschaftsverhältnis beruht und nicht auf der Tatsache, dass auch der andere Ehegatte das Gleiche verfügt.[20] In diesen Fällen ist jedoch eine Bindungswirkung möglich, wenn die Einsetzung der Kinder als Schlusserben durch den Überlebenden in Wechselbezüglichkeit zu dessen Einsetzung als Erbe des Erstversterbenden steht.[21] Werden hingegen nicht mit den Ehegatten oder nur mit dem überlebenden Ehegatten verwandte Personen zu Schlusserben eingesetzt, so entspricht es der Lebenserfahrung, dass diese Schlusserbeneinsetzung nicht bindend sein soll.[22]

---

12 OLG Düsseldorf FamRZ 2012, 1587; BGH NJW-RR 1987, 1410; BayObLGZ 1964, 94; BayObLG Rpfleger 1982, 285; BayObLG FamRZ 2001, 1734; OLG München ZErb 2008, 235 = FamRZ 2007, 2111; SchlHOLG ZErb 2010, 264 = FamRZ 2011, 66; OLG München ErbR 2018, 206 m. Anm. *Wendt*, ErbR 2018, 194.

13 Vgl. MüKo/*Musielak*, § 2270 Rn 6.

14 OLG Hamm ZErb 2018, 19; SchlHOLG ZEV 2018, 717.

15 SchlHOLG FamRZ 2016, 1306.

16 SchlHOLG ZEV 2018, 717.

17 OLG Hamm ZErb 2018, 19.

18 BayObLG FamRZ 1999, 1538; ein ABC der Gründe, die für oder gegen die Annahme von Wechselbezüglichkeit sprechen können, findet sich bei *Sammet*, in: Reimann/Bengel/Dietz/Sammet, § 2270 Rn 32 ff.

19 OLG Düsseldorf ZErb 2008, 20 = FamRZ 2008, 307.

20 BayObLG FamRZ 2001, 1734; BayObLG FamRZ 1986, 392.

21 BGH NJW 2002, 1126; OLG Düsseldorf NJW-RR-2013, 1353; KG FamRZ 2016, 1309 so im Ergebnis auch OLG Celle ZEV 2025, 108.

22 BayObLG FamRZ 2001, 1734; BayObLG FamRZ 1991, 1232.

III. Auslegung wechselbezüglicher Verfügungen

1. Allgemeines

7 Da die Anordnung der Wechselbezüglichkeit allein dem Willen der Ehegatten überlassen ist, erfolgt die **Feststellung** derselben durch Auslegung **nach den allg. Auslegungsgrundsätzen** (§§ 133, 2084 BGB).[23] Wie stets bei der Auslegung von gemeinschaftlichen Testamenten ist darauf zu achten, ob die nach dem Willen des einen Ehegatten mögliche Auslegung auch dem Willen des anderen entsprochen hat.[24] Maßgeblich ist dabei der **gemeinsame Wille der Ehegatten bei Testamentserrichtung.**[25] Nachträglich eingetretene Umstände sind daher für die Auslegung nicht heranzuziehen. In diesem Sinn nicht relevant sind nachträgliche Vermögensänderungen,[26] nachträgliche Familienstreitigkeiten[27] oder eine nachträgliche abweichende Testierung durch den Überlebenden.[28] Auch eine Ermittlung der Wechselbezüglichkeit durch ergänzende Auslegung ist möglich,[29] wobei außerhalb des Testaments liegende Umstände zur Auslegung herangezogen werden können.[30] Solche Umstände können sein die Vermögensverhältnisse der Ehegatten, insbesondere eine erhebliche Vermögensdiskrepanz,[31] die Wertigkeit der gegenseitigen Zuwendungen, Äußerungen der Erblasser, Zuwendungen während der Ehe etc. Wichtig ist es jedoch, festzuhalten, dass all diese Gesichtspunkte zwar in die pflichtgemäße Willenserforschung einfließen müssen, es aber keine festen Regeln dafür gibt, welches Auslegungsergebnis sich am Ende ergeben wird.[32] Deswegen ist es z.B. nicht möglich, alleine aufgrund der Tatsache, dass die Ehegatten die Form des sog. Berliner Testaments nach § 2269 Abs. 1 BGB gewählt haben, von wechselbezüglichen Verfügungen auszugehen.[33]

8 Die Testamentsauslegung ist Sache des Richters bzw. des Nachlassrechtspflegers, soweit ihm diese Aufgabe nach §§ 3 Nr. 2 lit. c, 16, 19 RPflG übertragen wurde. Das Beschwerdegericht hat eine umfassende Prüfung in tatsächlicher und rechtlicher Hinsicht vorzunehmen, neue Tatsachen und Beweismittel sind zu berücksichtigen, § 65 Abs. 3 FamFG.[34]

2. Indizien für eine Wechselbezüglichkeit

9 Stark für eine Wechselbezüglichkeit[35] spricht es, wenn **gleichlautende Verfügungen** der Ehegatten bzw. Verfügungen in der „Wir"-Form im gemeinschaftlichen Testament vorliegen.[36] Alleine das Vorliegen eines gemeinschaftlichen Testaments sagt hingegen

---

23 BayObLG FamRZ 2001, 1734.

24 BayObLGZ 1981, 79; HK-BGB/*Hoeren*, § 2270 Rn 3: dem anderen Ehegatten erkennbar gemacht.

25 BGHZ 112, 229 = NJW 1991, 169 = FamRZ 1991, 52; Grüneberg/*Weidlich*, § 2270 Rn 2.

26 OLG Hamm ZErb 2002, 160 = FamRZ 2002, 777; OLG München ZErb 2011, 212 = NJW-RR 2011, 1020 = FamRZ 2011, 1817.

27 OLG Hamm ZErb 2002, 160 = FamRZ 2002, 777.

28 OLG Düsseldorf BeckRS 2012, 2348; OLG München ZErb 2010, 334 = NJW-RR 2011, 227 = FamRZ 2011, 679; OLG Stuttgart MDR 2018, 1442.

29 KG NJW 1963, 766; BayObLG FamRZ 1999, 1388; BayObLG FamRZ 1995, 251.

30 RGZ 116, 148; BayObLGZ 1983, 217; BayObLG FamRZ 1995, 251.

31 RGZ 116, 148; OLG Hamm NJW-RR 1995, 777; BayObLG FamRZ 1984, 1154; OLG Brandenburg FamRZ 1999, 1541.

32 BayObLG NJW-RR 1992, 1223; OLG Hamm FamRZ 2007, 678; OLG Nürnberg ZErb 2013, 306 = NJW 2013, 2909 = FamRZ 2013, 1842; Grüneberg/*Weidlich*, § 2270 Rn 3.

33 OLG Düsseldorf BeckRS 2012, 2348; OLG Hamm ZErb 2002, 160 = FamRZ 2002, 777.

34 *Krätzschel*, in: Krätzschel/Falkner/Döbereiner, § 33 Rn 9.

35 Vgl. hierzu das ABC der Indizien für und wider Wechselbezüglichkeit bei *Sammet*, in: Reimann/Bengel/Dietz/Sammet, § 2270 Rn 32 ff.

36 OLG Hamm FamRZ 1994, 1210; BayObLG FamRZ 2001, 1734; BayObLGZ 1964, 95.

nichts aus.[37] Die Bestimmung, dass nach dem Tod des Überlebenden nach der gesetzlichen Erbfolge geteilt werden solle, kann wechselbezüglich sein und eine bindende Einsetzung der gesetzlichen Erben bedeuten.[38] War Sinn und Zweck des gemeinschaftlichen Testaments die Absicherung der gemeinsamen Kinder, so spricht auch dies stark für eine Wechselbezüglichkeit.[39] Aber auch, wenn nur die Kinder des vorverstorbenen Ehegatten als Schlusserben eingesetzt sind, soll dies nach der allgemeinen Lebenserfahrung für Wechselbezüglichkeit sprechen. In diesen Fällen enterbt der Vorverstorbene zugunsten des Überlebenden seine eigenen Kinder. Es soll daher naheliegen, dass der Vorverstorbene dies nur tut, weil der Überlebende im Gegenzug dafür als Schlusserben die Kinder des Vorverstorbenen einsetzt.[40] Für Wechselbezüglichkeit soll es auch sprechen, wenn der Überlebende eine nur mit dem Vorverstorbenen verwandte oder diesem nahestehende Person als seinen Schlusserben eingesetzt hat[41] oder die Einsetzung als Belohnung für langjährige Dienste erfolgte.[42]

3. Indizien gegen eine Wechselbezüglichkeit

Gegen Wechselbezüglichkeit spricht eine unterschiedliche Regelung der beiden Erbfälle,[43] also wenn die gegenseitigen Zuwendungen der Ehegatten voneinander abweichen, etwa wenn der eine den anderen zum Vorerben, dieser den anderen aber zum Vollerben einsetzt und für den Überlebenden eine Freistellungsklausel enthalten ist[44] oder wenn die Zuwendung eines Ehegatten an den anderen hinter dessen Erbteil oder Pflichtteil zurückbleibt.[45] Ebenso sollten erhebliche Abweichungen in den Vermögensverhältnissen der beiden Ehegatten stets Anlass sein, die Frage der Wechselbezüglichkeit besonders genau zu prüfen.[46] Es besteht natürlich auch hier kein Automatismus, stets geht es nur um Indizien.[47] Gleiches gilt für die Einsetzung nicht oder nur mit dem Überlebenden verwandter Personen als Schlusserben.[48] Hier soll die Lebenserfahrung gegen eine bindende Erbeinsetzung des Schlusserben sprechen.[49] In diesem Fall will ein Ehegatte seinem Partner regelmäßig das Recht belassen, als Überlebender jederzeit die Einsetzung als Schlusserbe abzuändern, insbesondere bei Verschlechterung seiner persönlichen Beziehungen zu dem Bedachten.[50] So verhält es sich auch bei der Erbeneinsetzung von karitativen oder gemeinnützigen Organisationen.[51] Wechselbezüglichkeit entfällt nicht allein deswegen, weil der überlebende Ehegatte erhebliches Vermögen von seiner Verwandtschaft nach dem Tod des Vorverstorbenen erhalten hat.[52] 10

37 BayObLG NJW-RR 1987, 1410; BayObLG ZEV 1994, 362.
38 OLG Karlsruhe FGPrax 2007, 87.
39 OLG München ZErb 2010, 266 = NJW-RR 2011, 227 = FamRZ 2011, 679.
40 So OLG München ZErb 2011, 212 = NJW-RR 2011, 1020 = FamRZ 2011, 1817.
41 OLG Saarbrücken ZEV 2015, 433.
42 *Tanck*, ZEV 2020, 15; BayOblG FamRZ 2001, 1327.
43 BayObLG FamRZ 2001, 1734.
44 OLG Zweibrücken FamRZ 2004, 984.
45 Grüneberg/*Weidlich*, § 2270 Rn 6.
46 OLG Frankfurt FamRZ 2016, 2037; OLG Hamm ErbR 2016, 33.
47 BayObLG FamRZ 1995, 251; OLG Hamm NJW RR 1995, 777; OLG Brandenburg FamRZ 1999, 1541.
48 OLG Saarbrücken ZEV 2015, 433.
49 BayObLG FamRZ 1985, 1287; BayObLG FamRZ 2001, 1734; OLG München FamRZ 2007, 2111; SchlHOLG FamRZ 2012, 402; OLG München ErbR 2018, 206 m. Anm. *Wendt*, ErbR 2018, 194; zu gegenteiligen Anhaltspunkten OLG München NJW-RR 2024, 494.
50 OLG Düsseldorf ZEV 2022, 596.
51 OLG München ErbR 2018, 206 m. Anm. *Wendt*, ErbR 2018, 194.
52 OLG München ZErb 2011, 212 = NJW-RR 2011, 1020 = FamRZ 2011, 1817.

B. Auslegungsregelung des Abs. 2

I. Allgemeines

11 Führt die Auslegung trotz Ausschöpfung aller **Auslegungsmöglichkeiten** nicht zu einem eindeutigen Ergebnis, ist der Weg frei für die Anwendung der Auslegungsregel des Abs. 2.[53] Danach ist die Wechselbezüglichkeit hinsichtlich der konkret untersuchten einzelnen Verfügung anzunehmen, wenn sich die Ehegatten gegenseitig bedacht haben, oder wenn ein Ehegatte den anderen bedacht und dieser Verfügungen zugunsten eines Dritten getroffen hat, der mit dem Erstgenannten verwandt ist oder diesem sonst nahe steht.

II. Einzelne Varianten

12 Die einzelnen Varianten können auch miteinander verbunden werden.[54]

1. Variante 1

13 Die Ehegatten bedenken sich dabei gegenseitig. Sie können sich gegenseitig als Erben oder Vorerben[55] einsetzen. Daneben ist es ausreichend, wenn die Ehegatten sich gegenseitig mit Vermächtnissen bedenken[56] oder für den einen eine Vermächtnisanordnung erfolgt und der andere als Erbe eingesetzt wird.[57]

14 Umstritten ist aber, ob die Begünstigung in einer **Auflage** ausreichend ist.[58] Da Abs. 3 ausdrücklich die Anwendbarkeit des Abs. 1 auf Auflagen erstreckt, steht fest, dass auch Auflagen wechselbezüglich sein können. Der Begriff des sich gegenseitigen Bedenkens in Abs. 2 schließt die Zuwendung durch Auflagen sprachlich mit ein und ist kein gesetzestechnischer Spezialbegriff, der ansonsten in der Gesetzessprache nur mit Erbeinsetzung oder Vermächtnisanordnung in Verbindung gesetzt wird. Auch vom Ergebnis her betrachtet erscheint es wenig sinnvoll, ein Bedenken durch Auflagen vom Anwendungsbereich des Abs. 2 auszuschließen. Die Grenze zwischen Auslegung und Anwendung der Auslegungsregel ist in der Anwendungspraxis fließend. Insbesondere im Bereich der ergänzenden Auslegung bzw. der Anwendung der Andeutungstheorie handelt man tatsächlich mit Fiktionen und Wertungen. Ob man hier durch Auslegung zu einem Ergebnis gelangt, wird oft von Zufälligkeiten (welche Umstände außerhalb der Testamentsurkunde, die angedeutet sind, bekannt sind, wer die Auslegung in welcher Situation und vor welchem Hintergrund vornimmt) abhängen. Dieses zufällige Element wird ausgeschaltet, wenn eine Anwendbarkeit der Auslegungsregel des Abs. 2 auf Auflagen bejaht wird.[59]

15 Auch die **testamentarische Anordnung der gesetzlichen Erbfolge** kann wechselbezüglich sein,[60] wobei dafür schon genügen soll, wenn die Ehegatten im Testament der gesetzlichen Erbfolge nur stillschweigend freien Lauf lassen.[61]

2. Variante 2 und 3

16 Der andere Ehegatte wird bedacht, wobei dieser eine mit dem zuwendenden Ehegatten verwandte oder diesem nahestehenden Person bedenkt.

---

53 SchlHOLG FamRZ 2012, 402.

54 Grüneberg/*Weidlich*, § 2270 Rn 7.

55 jurisPK-BGB/*Reymann*, § 2270 BGB Rn 42.

56 OLG Hamm FamRZ 1994, 1210; *Grüneberg/Weidlich*, § 2270 Rn 7.

57 MüKo/*Musielak*, § 2270 Rn 10.

58 Dafür MüKo/*Musielak*, § 2270 Rn 10; *Jauernig/Stürner*, § 2270 Rn 3; Burandt/Rojahn/*Braun/Schuhmann*, § 2270 Rn 30; Soergel/*Leiß*, § 2270 Rn 8.

59 BayObLG FamRZ 1988, 878.

60 BayObLGZ 1964, 94, 98; MüKo/*Musielak*, § 2270 Rn 10; Burandt/Rojahn/*Braun/Schuhmann*, § 2270 Rn 30.

61 Burandt/Rojahn/*Braun/Schuhmann*, § 2270 Rn 30.

a) Verwandte

17 Diese Regelung beruht auf dem Gedanken, dass der den anderen bedenkende Ehegatte in der Einsetzung der verwandten oder nahestehenden Person eine Gegenleistung erblickt. Der Begriff der Verwandtschaft ergibt sich aus dem Gesetz, § 1589 BGB. Da Verschwägerte nicht verwandt sind i.S.d. Gesetzes, können sie nur unter der Fallgruppe der sonst nahestehenden Personen berücksichtigt werden.[62]

b) Gemeinsame Kinder

18 Auch die **gemeinsamen Kinder** sind Verwandte.[63] Da die Auslegungsregel des Abs. 2 nur anwendbar ist auf Verwandte, zugunsten derer eine Verfügung „getroffen" wurde, war str., ob eine solche Anordnung auch für diejenigen wechselbezüglich sein kann, die bei Wegfall der bedachten Abkömmlinge an deren Stelle treten. Das soll nur dann der Fall sein, wenn sich positiv ein dahingehender Wille der Erblasser im Wege der Auslegung feststellen lässt, nicht aber wenn dieses Ergebnis sich nur auf die Auslegungsregel des § 2069 BGB stützt.[64] Diese Ansicht wurde auf den Vorlagebeschluss des BayObLG hin[65] durch den BGH bestätigt. Die Ersatzerbenberufung muss auf einem feststellbaren Willen der Ehegatten beruhen und nicht auf einer Anwendung des § 2069 BGB.[66] Ein solcher feststellbarer Wille ist bspw. in den Fällen gegeben, in denen die Ehegatten ihre Abkömmlinge als Schlusserben einsetzen, ohne Rücksicht darauf, ob es sich um gemeinsame Kinder handelt oder nur um Kinder eines der Ehegatten. Dann sind auch die Nachkommen eines vorverstorbenen Schlusserben zu Ersatzerben berufen.[67]

c) Nahestehende Personen

19 Ob diese Voraussetzung erfüllt ist, ist nach den Umständen des Einzelfalls zu entscheiden,[68] wobei an die Annahme des Näheverhältnisses hohe Anforderungen zu stellen sind, um den Anwendungsbereich des Abs. 2 nicht ausufern und so zur gesetzlichen Regel werden zu lassen.[69] Als **nahestehende Personen** kommen im Regelfall natürliche Personen in Betracht.[70] Mittlerweile entsprich es h.M.,[71] dass auch juristische Personen einem Erblasser nahestehen können, wobei das Nahestehen dann nicht mit einem natürlich-persönlichen Näheverhältnis gleichzusetzen ist, sondern z.B. in einem besonderen Engagement der Erblasser für eine Einrichtung gesehen werden kann.[72] Positiv gewendet, liegt ein **Näheverhältnis** bei den Personen vor, zu denen der Ehegatte, der den anderen Ehegatten letztwillig bedacht hat, enge persönliche und innere Bindungen gehabt hat, die zumindest dem üblichen Verhältnis zu nahen Verwandten

62 KG FamRZ 1993, 1251.
63 Staudinger/*Raff*, § 2270 Rn 57; RGZ 116, 150; OLG München FamRZ 2011, 679.
64 Staudinger/*Raff*, § 2270 Rn 61.
65 ZErb 2002, 57.
66 BGH NJW 2002, 1126.
67 BGH ZErb 2001, 142 = FamRZ 2001, 993; BayObLG NJW-RR 1991, 8.
68 BayObLGZ 1982, 474; BayObLG FamRZ 1994, 191; Staudinger/*Raff*, § 2270 Rn 61.
69 OLG Hamm NJWE-FER 2001, 157; OLG Hamm = FamRZ 2010, 1201; BayObLG FamRZ 1991, 1232; BayObLG FamRZ 1994, 191; KG FamRZ 1993, 1251.
70 Staudinger/*Raff*, § 2270 Rn 65; Soegel/*Leiß*, § 2270 Rn 8.
71 OLG München FamRZ 2000, 853; für den Fall der Einsetzung einer Stiftung zur Fortführung des Lebenswerks; *Muscheler*, ErbR, Rn 2125; Erman/*S. Kappler*/*T. Kappler*, § 2270 Rn 7; Staudinger/*Raff*, § 2270 Rn 65; Bamberger/Roth/Hau/Poseck/*Litzenburger*, § 2270 Rn 23; offengelassen BayObLG FamRZ 1986, 604.
72 *Wendt*, ErbR 2017, 700.

entsprechen.[73] Bei **verschwägerten** Personen kann nicht generell von einem solchen Näheverhältnis ausgegangen werden.[74] Ein Näheverhältnis kann insbesondere bestehen zu engen Freunden, langjährigen (Haus-)Angestellten, **Adoptiv-** oder **Stiefkindern** oder bewährten **Hausgenossen.**[75] Ein konkretes Näheverhältnis muss aber bei all diesen Personengruppen jeweils im einzelnen Fall festgestellt werden.[76] Negativ betrachtet genügen nicht gutes Einvernehmen, gute nachbarschaftliche Beziehungen oder gar das Schreiben von Briefen und Karten.[77] Werden bestimmte Personen nur abstrakt bezeichnet, wie „die Abkömmlinge" von Geschwistern des überlebenden Ehegatten, so soll dies nicht zur Annahme eines Näheverhältnisses ausreichen.[78] Personen, die zur Zeit der Testamentserrichtung noch nicht geboren waren oder dem Erblasser unbekannt waren, können keine nahestehenden Personen sein.[79] Soweit angenommen wird, Abs. 2 sei einschränkend dahingehend auszulegen, dass er die Personen nicht umfasst, die dem überlebenden Ehegatten noch näher als dem Erstversterbenden stehen,[80] vermag dies nicht zu überzeugen. Abs. 2 kennt eine dahingehende Unterscheidung nicht. Entscheidend ist, dass das Gesetz darauf abstellt, ob zu dem Erstversterbenden im Zeitpunkt der Testamentserrichtung ein konkretes Näheverhältnis in dem oben dargestellten Sinne bestand. Es entspricht nicht den Interessen des Erstversterbenden, in dieser Konstellation die Anwendung des Abs. 2 zu verneinen, nur weil der Bedachte auch dem Überlebenden nahestand. Denn auch wenn Letzteres der Fall gewesen sein sollte (praktisch wird sich dies ohnehin kaum feststellen lassen), kann es dem Erstversterbenden dennoch darauf angekommen sein, die auch ihm nahestehende Person zu bedenken und diese Verfügung mit dem Schutz der Wechselbezüglichkeit zu versehen. Dies kann nicht zuletzt deswegen sinnvoll sein, weil für den Erstversterbenden zu diesem Zeitpunkt die zukünftigen Entwicklungen, insbesondere die Entwicklung des Näheverhältnisses des Bedachten zum überlebenden Ehegatten, ungewiss sein wird.

3. Gegenseitige Erbeinsetzung, Kinder Schlusserben

20 Die Norm des Abs. 2 findet häufig für den praxisrelevanten Fall der gegenseitigen Erbeinsetzung der Ehegatten unter Berufung der gemeinsamen Kinder zu Schlusserben Anwendung.

21 Beim **ersten Erbfall** greift, wenn die Auslegung zu keinem Ergebnis führt, die Auslegungsregel des Abs. 2 Alt. 1 ein, so dass von einer Wechselbezüglichkeit der gegenseitigen Erbeinsetzung auszugehen ist. Damit können diese Verfügungen zu Lebzeiten der Ehegatten nur nach § 2271 Abs. 1 S. 1 BGB widerrufen werden. Zudem stehen und fallen diese Verfügungen mit der Wirksamkeit/Unwirksamkeit einer dieser Verfügungen gem. Abs. 1.

22 Tritt der **zweite Erbfall** ein, besteht kein Erfahrungssatz dahingehend, dass jeder Ehegatte die gemeinsamen Kinder nur deshalb bedenkt, weil auch der andere dies

---

73 KG FamRZ 1993, 1251; BayObLGZ 1982, 474; BayObLG FamRZ 1986, 604; OLG München ErbR 2018, 206 m. Anm. *Wendt*, ErbR 2018, 194.

74 KG FamRZ 1993, 1251; OLG Koblenz FamRZ 2007, 1917.

75 *Sammet*, in: Reimann/Bengel/Dietz/Sammet, § 2270 Rn 69.

76 Grüneberg/*Weidlich*, § 2270 Rn 9; *Sammet*, in: Reimann/Bengel/Dietz/Sammet, § 2270 Rn 69; Staudinger/*Raff*, § 2270 Rn 8; Soergel/*Leiß*, § 2270 Rn 8.

77 BayObLG FamRZ 1991, 1232; BayObLG FamRZ 1985, 1287; BayObLG FamRZ 1984, 1154.

78 Soergel/*Leiß*, § 2270 Rn 8; *Bengel*, DNotZ 1977, 5, 9.

79 KG FamRZ 1983, 98; Staudinger/*Raff*, § 2270 Rn 67; Grüneberg/*Weidlich*, § 2270 Rn 9.

80 KG FamRZ 1993, 1251 = OLGZ 1993, 398; ebenso OLG Düsseldorf MDR 2011, 1299; so Staudinger/*Raff*, § 2270 Rn 68; *Sammet*, in: Reimann/Bengel/Dietz/Sammet, § 2270 Rn 69.

tut.[81] Vielmehr wird davon ausgegangen, dass jeder der beiden Ehegatten die gemeinsamen Kinder auch unabhängig voneinander eingesetzt hätte.[82] Demnach gelangt man mit der h.M. zu einer Anwendung des Abs. 2. Danach ist wechselbezüglich jeweils sowohl die Erbeinsetzung der Ehegatten untereinander (gem. Abs. 2 Alt. 1) als auch jeweils die Erbeinsetzung des anderen Ehegatten zu der Erbeinsetzung der gemeinsamen Kinder (Abs. 2 Alt. 2). Im Verhältnis der jeweiligen Einsetzung der Kinder zu Schlusserben ist Abs. 2 seinem Wortlaut nach jedoch nicht anwendbar.

Teilweise wird dennoch für eine entsprechende Anwendung des Abs. 2 auf diese Verfügungen zueinander plädiert.[83] Der von den Ehegatten verfolgte Bindungszweck gebiete eine entsprechende Anwendung der Vorschrift des Abs. 2. Werde von einem Ehegatten die gegenseitige Erbeinsetzung widerrufen, so wäre nach Abs. 1 S. 1 auch die damit im Verhältnis der Wechselbezüglichkeit stehende Erbeinsetzung der Kinder des anderen Ehegatten unwirksam. Dies könne weittragende Konsequenzen haben, wenn die Schlusserbeneinsetzung desjenigen, dem gegenüber widerrufen wurde, von der gesetzlichen Erbfolge bewusst abwich.[84] Dies vermag nicht zu überzeugen. Der Widerruf einer wechselbezüglichen Verfügung hat nach Abs. 1 S. 1 BGB in der Form des § 2296 BGB zu geschehen und muss dem anderen Ehegatten zugehen. Dieser kann dann auf die neue Situation angemessen reagieren und sein Testament entsprechend neu gestalten. Kein Ehegatte hat zu Lebzeiten Anspruch darauf, dass der gemeinsame Nachfolgeplan aufrechterhalten bleibt, nur weil ein gemeinsames Testament verfasst wurde. Dazu müssten sich die Ehegatten des Erbvertrags bedienen, ohne einen Rücktrittsvorbehalt nach § 2293 BGB zu vereinbaren. 23

4. Ersatzerbenstellung und Bindungswirkung nach Abs. 2, Kombination von Auslegungsregeln

Aus der Wechselbezüglichkeit einer Schlusserbeneinsetzung kann nicht ohne weiteres auf eine Wechselbezüglichkeit einer Ersatzerbeneinsetzung geschlossen werden.[85] Zunächst ist stets zu prüfen, ob sich im Wege der Auslegung ein Wille zur Einsetzung von Ersatzerben ergibt, sei es auch aus Umständen, die außerhalb der Testamentsurkunde liegen. Bei einer so gefundenen Ersatzerbenstellung ist auch eine Anwendung der Auslegungsregel des Abs. 2 möglich.[86] Wenn die Ersatzerbenstellung allerdings alleine auf der Auslegungsregel des § 2069 BGB beruht, kommt eine Kombination dieser Auslegungsregel mit der des Abs. 2 nicht in Betracht.[87] 24

Hintergrund ist folgender: Bei den Fallgruppen der Auslegungsregel des § 2270 Abs. 2 BGB kann nach der zugrundeliegenden Lebenserfahrung angenommen werden, dass die Verfügung des einen die Gegenleistung für die Verfügung des anderen ist. Dies rechtfertigt es, den Verfügungen der Ehegatten im Wege der Auslegungsregel eine Wechselbezüglichkeit auch dann beizulegen, wenn sich ein entsprechender Wille durch individuelle Auslegung nicht feststellen lässt. Bei einer allein aus § 2069 BGB hergelei- 25

81 BGH NJW 2002, 1126; BayObLG Rpfleger 1985, 445; BayObLG FamRZ 1986, 392; BayObLG FamRZ 1996, 1040; OLG Köln FamRZ 1993, 1371; MüKo/*Musielak*, § 2270 Rn 12.

82 Bamberger/Roth/Hau/Poseck/*Litzenburger*, § 2270 Rn 21; *Sammet*, in: Reimann/Bengel/Dietz/Sammet, § 2270 Rn 63.

83 *Sammet*, in: Reimann/Bengel/Dietz/Sammet, § 2270 Rn 64; *Pfeiffer*, FamRZ 1993, 1266.

84 So *Pfeiffer*, FamRZ 1993, 1266, 1274 f.

85 SchlHOLG FamRZ 2012, 402.

86 OLG Hamm FamRZ 2004, 662; *Keim*, ZEV 2002, 437 auch zu anderen Auslegungsregeln und *Keim*, ZEV 2004, 245.

87 BGH ZErb 2002, 128 = NJW 2002, 1126 = FamRZ 2002, 747; BayObLG, Vorlagebeschl. an den BGH, FGPrax 2001, 248 = ZErb 2002, 57; SchlHOLG NJW-RR 2014, 73 = FamRZ 2014, 695; OLG Frankfurt FamRZ 2016, 1012.

teten Ersatzerbenstellung trifft dieser innere Rechtfertigungsgrund des § 2270 Abs. 2 BGB nicht zu. § 2069 BGB sagt nämlich für sich genommen über die Bindungswirkung in einem gemeinschaftlichen Testament nichts aus und hindert somit den überlebenden Ehegatten nicht an einer Änderung der nach dieser Vorschrift berufenen Ersatzerbfolge.[88]

26 Die Kombination der Auslegungsregel des § 2270 Abs. 2 BGB mit den Auslegungsregeln des § 2102 Abs. 1 BGB und § 2097 BGB soll hingegen möglich sein.[89] Diese Ansicht ist allerdings anzuzweifeln. Es erscheint näherliegend, die Argumentation des BGH zur nicht möglichen Kombination der Auslegungsregeln der § 2069 BGB mit § 2270 Abs. 2 BGB auf die beiden anderen Auslegungsregeln zu übertragen. Sowohl die Auslegungsregel des § 2102 Abs. 1 BGB als auch die des § 2097 BGB kommt nur zur Anwendung, wenn sich nicht durch eine vorrangig vorzunehmende individuelle Auslegung des Testaments eine konkrete letztwillige Verfügung ermitteln lässt. Gleiches gilt für § 2270 Abs. 2 BGB. Bejaht man eine Kombination der Auslegungsregeln, bewegt man sich auf schwankenden, weil rein auf hypothetischen Annahmen beruhenden Boden, denn wie es der BGH formuliert, führt dies *„dazu, daß ein durch individuelle Auslegung nicht feststellbarer Wille zur Bindung bezüglich einer durch individuelle Auslegung nicht zu ermittelnden Verfügung angenommen werde. Eine derartige Gesetzesanwendung lasse sich nicht mehr mit allgemeinen Erfahrungen rechtfertigen"*.[90] Diese Argumentation lässt sich auf die Auslegungsregeln der § 2097 BGB und § 2102 Abs. 1 BGB übertragen. Auch hier würde die jeweilige Kumulation dazu führen, dass ein nicht feststellbarer Wille zur Bindung in Bezug auf eine durch individuelle Auslegung nicht feststellbare Verfügung angenommen wird. Eine solche Gesetzesanwendung lässt sich nicht mehr durch einen allgemeinen Erfahrungssatz rechtfertigen. Zudem ist für den BGH entscheidend, dass es für die Feststellung der Wechselbezüglichkeit auch nach § 2270 Abs. 2 BGB auf den Zeitpunkt der Testamentserrichtung ankommt, während es für § 2069 BGB auf den Zeitpunkt des Schlusserbfalles ankommt.[91]

C. Rechtsfolgen der Wechselbezüglichkeit und ihre Beschränkung

I. Unwirksamkeit der korrespektiven Verfügung

1. Allgemeines

27 Der **Widerruf** oder die **Nichtigkeit** einer Verfügung hat die Unwirksamkeit aller Verfügungen zur Folge, die zu ihr im Verhältnis der Wechselbezüglichkeit stehen. Diese Wirkung tritt unabhängig vom Willen des Ehegatten ein, dessen Verfügungen von der Unwirksamkeit der Verfügungen des anderen Ehegatten infiziert werden.[92] Die Verfügungen sind kraft Gesetzes und automatisch unwirksam.[93] Bei Nichtigkeit einer wechselbezüglichen Verfügung oder Nichtigkeit derselben durch Anfechtung ist die entsprechende wechselbezügliche Verfügung von Anfang an unwirksam.[94] Bei Unwirksamkeit einer wechselbezüglichen Verfügung durch Widerruf oder durch den

88 So OLG München ZErb 2010, 157 = FamRZ 2010, 1846 unter Bezugnahme auf BayObLG FamRZ 2004, 1671.

89 OLG Brandenburg FGPrax 2005, 74 für § 2102 Abs. 1 BGB stützt sich dabei fälschlicherweise auf die Entscheidung des OLG Hamm FamRZ 2005, 1592, denn dort ist unter Rz 75 gerade festgestellt, dass sich die Einsetzung als Ersatzerbe aus individueller Auslegung ergab und nicht aufgrund der Auslegungsregel des § 2102 Abs. 1 BGB; Grüneberg/*Weidlich*, § 2270 Rn 10.

90 BGH ZErb 2002, 128 = NJW 2002, 1126 = FamRZ 2002, 747.

91 BGH ZErb 2002, 128 = NJW 2002, 1126 = FamRZ 2002, 747.

92 *Sammet*, in: Reimann/Bengel/Dietz/Sammet, § 2270 Rn 72.

93 Staudinger/*Raff*, § 2270 Rn 69; MüKo/*Musielak*, § 2270 Rn 15; *Nieder*, ZErb 2001, 121.

94 BGH FamRZ 1985, 1019.

Eintritt einer Bedingung (§ 158 BGB) hingegen tritt die Unwirksamkeit erst ab dem jeweiligen Zeitpunkt oder Ereignis ein. Über § 159 BGB kann jedoch eine schuldrechtliche Rückwirkung des Bedingungseintritts gewollt sein.[95] Worauf die Nichtigkeit beruht, ist gleichgültig. In Betracht kommen sämtliche formelle als auch materielle Nichtigkeitsgründe.[96]

2. Wirksamkeit anderer, nicht wechselbezüglicher Verfügungen

Die sich aus Abs. 1 ergebende Rechtsfolge der Unwirksamkeit wechselbezüglicher 28
Verfügungen wird durch Abs. 3 auf Erbeinsetzungen, Vermächtnisse, Auflagen und die Wahl des anzuwendenden Erbrechts beschränkt. Die Wirksamkeit aller anderen nicht wechselbezüglichen Verfügungen beurteilt sich nach § 2085 BGB. So bleiben andere Verfügungen, wie z.B. die Ernennung eines Testamentsvollstreckers (§ 2197 BGB), Teilungsanordnungen (§ 2048 BGB), die Enterbung eines Verwandten (§ 1938 BGB) und die Entziehung des Pflichtteils (§§ 2333 ff. BGB), die nach dem Willen der Testierenden durchaus von anderen Verfügungen im gemeinschaftlichen Testament abhängig sein können, bei Unwirksamkeit von Verfügungen des anderen Ehegatten grundsätzlich gültig (§ 2085 BGB), es sei denn, der Bestand der fremden Verfügung ist zur Bedingung der eigenen testamentarischen Anordnungen erhoben worden, was auch stillschweigend erfolgen kann.[97]

3. Widerruf

Besteht keine wechselbezügliche Verknüpfung, kann sich der Erblasser nach §§ 2253 ff. 29
BGB durch Widerruf von den seinem aktuellen Willen nicht mehr entsprechenden Verfügungen lösen. Nach seinem Tod bestehen des Weiteren möglicherweise Anfechtungsgründe, § 2078 Abs. 2 BGB.[98]

Der **Widerruf** wechselbezüglicher Verfügungen hingegen kann zu Lebzeiten nur nach 30
§ 2271 Abs. 1 S. 1 BGB i.V.m. § 2296 BGB erfolgen. Danach ist der Widerruf durch einen Vertreter unzulässig, bedarf der notariellen Beurkundung und ist eine empfangsbedürftige Willenserklärung. Mit dem Zugang des Widerrufs tritt die Unwirksamkeit der dazu wechselbezüglichen Verfügungen ex nunc ein.[99] Der Widerruf erfordert Testierfähigkeit.[100]

Nach dem Tod des anderen Ehegatten und nachdem der Überlebende das ihm Zugewendete angenommen hat (§ 2271 Abs. 2 BGB), tritt Bindungswirkung an die wechselbezüglichen Verfügungen ein.

4. Tod, Erbunwürdigkeit, Ausschlagung

Nicht zur **Unwirksamkeit** nach Abs. 1 führen die Fälle, in denen eine Verfügung des 31
anderen Ehegatten wegen Todes des Bedachten, Erbunwürdigkeit oder Ausschlagung lediglich gegenstandslos geworden ist.[101] Gleiches gilt wegen Gegenstandslosigkeit aufgrund des Ausfalls einer Bedingung.[102] Allerdings ist in diesen Fällen stets zu ermitteln, ob nicht der Wille der Ehegatten auch in diesen Fällen auf die Unwirksamkeit gerichtet war. Dies ist durch Auslegung des wirklichen oder des hypothetischen

95 Soergel/*Wolf*, § 2270 Rn 18.
96 Grüneberg/*Weidlich*, § 2270 Rn 12; MüKo/*Musielak*, § 2270 Rn 15.
97 MüKo/*Musielak*, § 2270 Rn 15.
98 Vgl. BGH FamRZ 1956, 83.
99 MüKo/*Musielak*, § 2270 Rn 16.
100 *Krätzschel*, in: Krätzschel/Falkner/Döbereiner, § 11 Rn 19.
101 MüKo/*Musielak*, § 2270 Rn 17; Soergel/*Leiß*, § 2270 Rn 21; Staudinger/*Raff*, § 2270 Rn 75; *Nieder*, ZErb 2001, 120.
102 BayObLG OLGE 44, 104.

Willens der Ehegatten zu ermitteln.[103] Dasselbe Ergebnis kann durch die Annahme einer auflösenden Bedingung für diese Fälle erreicht werden.[104]

II. Bindungswirkung

1. Bindungswirkung

32 Die zweite Wirkung der Wechselbezüglichkeit ist die nach dem Tod eines der Ehegatten eintretende Bindungswirkung (§ 2271 Abs. 2 S. 1 BGB). Der Überlebende ist nunmehr an seine wechselbezüglichen Verfügungen gebunden und kann nicht mehr abweichend testieren, nachdem er das ihm Zugewendete angenommen hat (§ 2271 Abs. 2 BGB). Mit dieser Rechtsfolge trägt das Gesetz dem Umstand Rechnung, dass der erstverstorbene Ehegatte seine Verfügung nur im Vertrauen auf die Beständigkeit der Verfügungen des anderen getätigt hatte und in diesem Vertrauen über den Tod hinaus geschützt werden muss. In diesem Vertrauen würde er enttäuscht werden, wäre ein Widerruf ohne weiteres möglich.[105] Erfolgen dennoch entgegenstehende einseitige Verfügungen des Überlebenden, können diese gegen § 2287 BGB verstoßen, der insoweit analog anzuwenden ist. Dazu ist eine Verfügung in **missbräuchlicher** Absicht ohne lebzeitiges Eigeninteresse des Verfügenden Voraussetzung.[106]

2. Abweichende Regelung durch die Ehegatten

33 Abweichend von dieser gesetzlichen **Wirkung** der Wechselbezüglichkeit können die Folgen, die das Gesetz an die Wechselbezüglichkeit knüpft, von den Ehegatten **ausgeschlossen** oder **beschränkt** werden,[107] ebenso können sie auf einzelne Teile ihrer Verfügungen eingeschränkt werden.[108] Die Frage, ob das von den Ehegatten gewollt war, ist nach den allg. Auslegungsgrundsätzen zu ermitteln. Denkbar ist hier die Annahme einer Abänderungsbefugnis des Überlebenden im Wege eines ausdrücklichen oder stillschweigend vereinbarten Änderungsvorbehaltes[109] bzw. im Wege der ergänzenden Auslegung. Eine solche Abänderungsbefugnis muss allerdings in der letztwilligen Verfügung der testierenden Eheleute irgendeinen – wenn auch nur unvollkommenen – Anklang gefunden haben.[110] Im Hinblick auf die grundsätzliche Bindungswirkung wechselbezüglicher Verfügungen und das damit geschützte Vertrauen des Vorverstorbenen an dem Weiterbestand der von den Ehegatten getroffenen Verfügungen ist sowohl hinsichtlich der Annahme der Abänderungsbefugnis als auch hinsichtlich deren Umfangs ein strenger Maßstab anzulegen.[111] Ist kein abweichender Wille festzustellen, enthält Abs. 1 selbst wieder eine Auslegungsregel, nach der sich im Zweifel die Wirkungen der Wechselbezüglichkeit richten.[112]

---

103 Staudinger/*Raff*, § 2270 Rn 75.
104 MüKo/*Musielak*, § 2270 Rn 17.
105 BayObLG FamRZ 1999, 1538.
106 BGHZ 82, 274; BGH NJW 1982, 43.
107 BGHZ 2, 35 = NJW 1951, 959; OLG Hamm NJW 1972, 1088, 1089; Staudinger/*Raff*, § 2270 Rn 14; *Nieder*, ZErb 2001, 120.
108 MüKo/*Musielak*, § 2270 Rn 4.
109 OLG München ZErb 2010, 334 = NJW-RR 2011, 227 = FamRZ 2011, 679.
110 OLG Hamm RNotZ 2013, 307.
111 So OLG München ZErb 2011, 212 = NJW-RR 2011, 1020 = FamRZ 2011, 1817, im konkreten Fall eine Abänderungsbefugnis verneinend.
112 Staudinger/*Raff*, § 2270 Rn 10; *Nieder*, ZErb 2001, 120.

a) Beispiele

Ermächtigt ein Ehegatte den anderen, Verfügungen einseitig aufzuheben oder zu ändern, so bedeutet das nicht zwangsweise den Ausschluss der Wechselbezüglichkeit,[113] kann aber daraus gefolgert werden.[114] Möglich ist auch, dass die Ehegatten durch die Ermächtigung zu anderweitigen Verfügungen lediglich die Bindungswirkung beschränken oder aufheben wollten. Dann bleibt es dabei, dass die wechselbezüglichen Verfügungen in ihrer Wirksamkeit aneinander gebunden sind, dem überlebenden Ehegatten jedoch abweichende Verfügungen zu Lebzeiten und von Todes wegen erlaubt sind. Im Zweifel wird diese Auslegung den Vorrang verdienen.[115] Die Klausel „Der Überlebende von uns darf frei und unbeschränkt über das Vermögen verfügen“ ist mangels entgegenstehender Anhaltspunkte im oder außerhalb des Testaments im Zweifel dahingehend auszulegen, dass die testierenden Ehegatten nur zu Verfügungen unter Lebenden, nicht aber zu abweichenden Verfügungen von Todes wegen ermächtigt sein sollten.[116] Es ist auch möglich, dass sich eine **Ermächtigung zum Widerruf** der Bindungswirkung im Wege einer **ergänzenden Auslegung** des gemeinschaftlichen Testaments ergeben kann.[117] Für die Ermittlung dieses mutmaßlichen (hypothetischen) Willens ist, wie stets bei einem Ehegattentestament, die Willensrichtung beider Ehegatten maßgebend.[118] Es gibt keinen Erfahrungssatz dahin, dass in den Fällen, in denen Eltern ihre gemeinschaftlichen Kinder zu Schlusserben bestimmen, es ihrem gemeinschaftlichen Willen entspricht, dass der überlebende Elternteil bei Vermögenszuwächsen nach dem Tod des Erstversterbenden oder dann entstehenden Familienstreitigkeiten zu einer Änderung des Testaments berechtigt sein sollte.[119] Stets ist sowohl hinsichtlich der Annahme als auch des Umfangs der Abänderungsbefugnis ein strenger Maßstab anzulegen.[120] Zu weitgehend erscheinen daher die Bemühungen *Kanzleiters*, der für Fälle des Eingreifens einer Pflichtteilsstrafklausel dieser im Wege der ergänzenden Auslegung eine Abänderungsbefugnis des Überlebenden zugunsten eines behinderten Kindes entnehmen will.[121] 34

b) Folgen einer Abänderungsklausel

Wie sich die Ausnützung einer **Abänderungsklausel** durch einen Ehegatten auf die wechselbezüglichen Verfügungen des anderen auswirkt, ist umstritten. Ist durch die Abänderungsklausel insgesamt die Wechselbezüglichkeit abbedungen, so kommt eine Auswirkung nach Abs. 1 nicht in Betracht. Ist dies nicht der Fall, ist zu prüfen, ob die Freistellung von der Bindungswirkung auch die Befreiung von der Wechselbezüglichkeit umfasst, da eine Freistellungsklausel nicht notwendigerweise auch eine Wechselbezüglichkeit ausschließt.[122] 35

---

113 BGH NJW 1987, 901; BGH NJW 1964, 2056; OLG Stuttgart MDR 1986, 674; BayObLG FamRZ 1987, 638.

114 BGH FamRZ 1956, 83; BayObLG FamRZ 1987, 638.

115 Staudinger/*Raff*, § 2270 Rn 16.

116 SchlHOLG NJW-RR 2014, 965; OLG Hamm ZErb 2002, 160; BayObLG FamRZ 1985, 209; KG JW 1936, 3264; OLG München JFG 15, 353, 358; Staudinger/*Raff*, § 2271 Rn 99.

117 OLG München NJW-RR 2011, 1020 = ZErb 2011, 212; OLG Hamm ZErb 2002, 160.

118 OLG Hamm ZErb 2002, 160; BayObLG FamRZ 1993, 366.

119 OLG Hamm ZErb 2002, 160; ablehnend im konkreten Fall bspw. OLG München ZErb 2011, 212 = NJW-RR 2011, 1020 = FamRZ 2011, 1817.

120 OLG München NJW-RR 2011, 1020 = ZErb 2011, 212.

121 *Kanzleiter*, DNotZ 2014, 5, dort unter V., in einer Urteilsanm. zu OLG Hamm, NJW-RR 2013, 202 = FamRZ 2013, 405.

122 BGH NJW 1964, 2056; BGH FamRZ 1987, 272 = NJW 1987, 901 = DNotZ 1987, 430 m. Anm. *Kanzleiter*.

c) Eingeschränkte Abänderungsbefugnis

36 Die Wirkungen der Wechselbezüglichkeit können auch nur für bestimmte Fälle von den Ehegatten abbedungen werden, z.B. für den Fall der Wiederverheiratung des überlebenden Ehegatten.[123] Enthält das Testament eine **Wiederverheiratungsklausel**, ist umstritten, was nach der Wiederheirat aus den vom Längstlebenden auf seinen Tod getroffenen wechselbezüglichen Verfügungen wird.[124]

3. Nachträgliche Aufhebung der Wechselbezüglichkeit

37 Selbstverständlich können die Ehegatten durch späteres gemeinschaftliches Testament, durch Erbvertrag oder auch durch zwei einseitige Testamente ihre wechselbezüglichen Verfügungen wieder aufheben.[125] Auf gleiche Art und Weise kann auch lediglich die Wechselbezüglichkeit von Verfügungen aus einem gemeinschaftlichen Testament aufgehoben werden. Die Verfügungen bestehen dann als einseitige fort.[126] Ein jeder Gatte kann aber auch **einseitig alleine** die **Abhängigkeit** seiner Verfügung von der des anderen Ehegatten **aufheben.**[127] Dafür stehen dem Erblasser zwei Möglichkeiten zur Verfügung: Er kann zunächst seine letztwilligen Verfügungen in ein neues einseitiges Testament aufnehmen. Dadurch wird sichergestellt, dass seine Verfügung gilt, wenn die dazu wechselbezügliche Verfügung des anderen Ehegatten unwirksam sein oder werden sollte.[128] Dabei kann sich die Aufhebung der Wechselbezüglichkeit auch im Wege der Auslegung aus dem neuen Testament ergeben.[129] Der eine Ehegatte kann ebenso in einem neuen einseitigen Testament anordnen, dass seine in dem gemeinschaftlichen Testament getroffenen letztwilligen Verfügungen unabhängig von denen des anderen gelten sollen.[130] Diese einseitige Aufhebung ist auch nicht nach § 2271 BGB unzulässig, weil damit nur die Bindung des anderen Ehegatten, nicht aber die des Aufhebenden beseitigt wird.[131]

D. Verfahrens- und Prozessfragen

I. Allgemeines

38 Die **Beweislast** im Prozess bzw. die materielle **Feststellungslast** im Erbscheinsverfahren trägt nach den allg. Regeln derjenige, der sein Erbrecht aus der Wechselbezüglichkeit herleiten will für diejenigen Tatsachen, die die Wechselbezüglichkeit einer Verfügung begründen.[132] Dieser Grundsatz ist im Anwendungsbereich der Auslegungsregel des Abs. 2, und zwar für die 1. und die 2. der dort aufgeführten Alternativen, eingeschränkt. Dies bedeutet, dass derjenige, der Tatsachen behauptet, aus denen sich eine von der Auslegungsregel der vorgenannten Vorschrift abweichende Auslegung ergibt, diese darzulegen und zu beweisen hat.[133] Diese Ausnahme gilt wiederum nicht für die 3. Alt. des Abs. 2 (Fallgruppe der nahestehenden Personen). Die Tatsachen, aus denen sich das Nahestehen ergeben soll, hat wiederum derjenige zu beweisen, der sein Erb-

---

123 Staudinger/*Raff*, § 2270 Rn 23; KG JFG 15, 325 = JW 1937, 2520.
124 *Nieder*, ZErb 2001, 120; *Jünemann*, ZEV 2000, 81.
125 Staudinger/*Raff*, § 2270 Rn 18.
126 MüKo/*Musielak*, § 2270 Rn 5.
127 MüKo/*Musielak*, § 2270 Rn 5; Staudinger/*Raff*, § 2270 Rn 26.
128 Staudinger/*Raff*, § 2270 Rn 26; KG JFG 17, 44 = JW 1938, 680.
129 Staudinger/, § 2270 Rn 26; BayObLGZ 1966, 242.
130 Staudinger/*Raff*, § 2270 Rn 26; MüKo/*Musielak*, § 2270 Rn 5.
131 BayObLGZ 1966, 242; Staudinger/*Raff*, § 2270 Rn 27.
132 BayObLG FamRZ 1993, 1126; BayObLG FamRZ 1991, 111; BayObLG FamRZ 1986, 392; *Nieder*, ZErb 2001, 120; zur materiellen Feststellungslast: *Zimmer*, NJW 2009, 2364.
133 BayObLG NJW-RR 1992, 1223; *Nieder*, ZErb 2001, 120, 123.

recht auf die sich aus dem Nahestehen ergebende Wechselbezüglichkeit stützen will.[134] Auch derjenige, der sein Erbrecht darauf stützt, dass eine ihn beeinträchtigende oder ausschließende letztwillige Verfügung nach Abs. 1 nichtig ist, weil sie zu einer nichtigen bzw. widerrufenen Verfügung des anderen Ehegatten im Verhältnis der Wechselbezüglichkeit steht, hat die Tatsachen, aus denen sich diese Wechselbezüglichkeit ergibt, zu beweisen.[135]

II. Prozessuales zur Feststellung der Wechselbezüglichkeit

Soweit die Frage der Wechselbezüglichkeit auf tatsächlichem Gebiet liegt, sind die 39 notwendigen Feststellungen vom Tatrichter zu treffen.[136] Im Beschwerde- sowie Berufungsverfahren ist das Ergebnis der richterlichen Tatsachenwürdigung grds. voll überprüfbar.[137]

III. Grundbuchrechtliche Fragen

Stellt sich für das **Grundbuchamt** bei einer vorzunehmenden Eintragung die Frage, 40 ob ein später errichtetes notarielles Testament von einer Bindungswirkung eines vorgehenden gemeinschaftlichen Testaments beeinträchtigt wird, so kann das Grundbuchamt nicht einfach zum Nachweis der Erbfolge einen Erbschein verlangen. Dazu ist es nur berechtigt, wenn die Klärung dieser Frage ausschließlich durch weitere tatsächliche Ermittlungen über den Willen des Erblassers und seines Ehegatten möglich ist.[138] Insoweit besteht daher eine **Prüfungspflicht** des Grundbuchamts. Ebenso hat das Grundbuchamt auch die Formwirksamkeit eines etwaigen Aufhebungsvertrags selbstständig zu prüfen und kann nicht einfach einen Erbschein verlangen.[139] Um den Anwendungsbereich der kostensparenden Möglichkeit des § 35 Abs. 1 S. 2 GBO nicht leerlaufen zu lassen, darf und muss das Grundbuchamt die gesetzlichen Auslegungsregeln beachten, solange zu erwarten ist, dass durch die Ermittlungen des Nachlassgerichts keine zusätzlichen Erkenntnisse zu erhalten wären.[140] Sind weitere konkrete Umstände bekannt, die weitergehende Ermittlungen sinnvoll erscheinen lassen (dies kann etwa, insbesondere wenn noch nicht allzu lange Zeit verstrichen ist, die Anhörung des Notars oder des noch lebenden Ehegatten sein), darf das Grundbuchamt nicht wie geschildert verfahren, sondern muss einen Erbschein verlangen. Das Nachlassgericht wird dann i.R.d. Erbscheinsverfahrens die erforderlichen Ermittlungen anzustellen haben.[141] Greift die Auslegungsregel des Abs. 2 nicht ein, bestehen jedoch dennoch Anhaltspunkte dafür, dass eine individuelle Auslegung des Testaments nach der Durchführung weiterer tatsächlicher Ermittlungen zur Annahme der Wechselbezüglichkeit führen könnte, so hat das Grundbuchamt die Vorlage eines Erbscheins zu verlangen.[142]

---

134 KG OLGZ 1993, 398, 402; BayObLG FamRZ 1991, 1232; *Nieder*, ZErb 2001, 120, 123.

135 *Sammet*, in: Reimann/Bengel/Dietz/Sammet, § 2270 Rn 83.

136 BayObLG FamRZ 2001, 1734; BayObLG Rpfleger 1985, 445; BayObLG FamRZ 1980, 505.

137 Soweit die richterliche Tatsachenwürdigung im Rechtsbeschwerde- und Berufungsverfahren nach früherer Rechtslage nur eingeschränkt überprüft werden konnte, ist dies entsprechend bei der Analyse von Gerichtsentscheidungen vor der Reform im Jahr 2009 zu berücksichtigen.

138 BayObLG ZEV 2000, 233 = FamRZ 2001, 42; *Sammet*, in: Reimann/Bengel/Dietz/Sammet, § 2270 Rn 84.

139 OLG Frankfurt FamRZ 1998, 1470 = Rpfleger 1998, 513; *Sammet*, in: Reimann/Bengel/Dietz/Sammet, § 2270 Rn 84.

140 OLG Stuttgart NJW-RR 1992, 516; *Sammet*, in: Reimann/Bengel/Dietz/Sammet, § 2270 Rn 84; *Demharter*, Grundbuchordnung § 35 Rn 45.

141 *Sammet*, in: Reimann/Bengel/Dietz/Sammet, § 2270 Rn 84; a.A. *Schmucker*, MittBayNot 2001, 526, 531.

142 OLG Hamm Rpfleger 2001, 71.

§ 2271 Widerruf wechselbezüglicher Verfügungen

(1) [1]Der Widerruf einer Verfügung, die mit einer Verfügung des anderen Ehegatten in dem in § 2270 bezeichneten Verhältnis steht, erfolgt bei Lebzeiten der Ehegatten nach der für den Rücktritt von einem Erbvertrag geltenden Vorschrift des § 2296. [2]Durch eine neue Verfügung von Todes wegen kann ein Ehegatte bei Lebzeiten des anderen seine Verfügung nicht einseitig aufheben.
(2) [1]Das Recht zum Widerruf erlischt mit dem Tode des anderen Ehegatten; der Überlebende kann jedoch seine Verfügung aufheben, wenn er das ihm Zugewendete ausschlägt. [2]Auch nach der Annahme der Zuwendung ist der Überlebende zur Aufhebung nach Maßgabe des § 2294 und des § 2336 berechtigt.
(3) Ist ein pflichtteilsberechtigter Abkömmling der Ehegatten oder eines der Ehegatten bedacht, so findet die Vorschrift des § 2289 Abs. 2 entsprechende Anwendung.

Literatur

Goldkamp, Bindung im Erbrecht, ErbR 2023, 828; *Kanzleiter*, „Umverteilung" des Nachlasses mit Zustimmung des Vertragserben und Eintritt der Ersatzerbfolge, ZEV 1997, 261; *Lehmann*, Ist eine Teilungsanordnung keine beeinträchtigende Verfügung?, MittBayNot 1988, 157; *v. Dickhuth-Harrach*, Die analoge Anwendung der §§ 2287, 2288 BGB auf gemeinschaftliche Testamente schon vor Eintritt der Bindungswirkung, FamRZ 2005, 322; *Wegmann*, Wege aus der erbrechtlichen Bindung nach Geschäftsunfähigkeit eines Beteiligten, ZEV 2025, 213.

Übersicht: Rdn

A. Widerruf wechselbezüglicher Verfügungen nach Abs. 1

I. Unterscheidung nach Art der Verfügung

1 Zu Lebzeiten ist der Widerruf eines gemeinschaftlichen Testaments jederzeit und ohne Angabe und Vorliegen von Gründen möglich. Sämtliche einseitigen Verfügungen werden und können nach den allg. Vorschriften der §§ 2254 ff. BGB aufgehoben werden, und zwar sowohl zu Lebzeiten als auch nach dem Tod des anderen Ehegatten.[1]

Für **wechselbezügliche Verfügungen** gilt die **Formvorschrift** des Abs. 1 i.V.m. § 2296 BGB hinsichtlich des Widerrufes und des Verbotes, diese Erklärung durch einen Vertreter abzugeben.

II. Gemeinschaftlicher Widerruf immer möglich

2 § 2271 BGB regelt nur den einseitigen Widerruf von einzelnen wechselbezüglichen Verfügungen eines gemeinschaftlichen Testaments. Beide Ehegatten können zusammen das gemeinschaftliche Testament insgesamt nach den allg. Vorschriften der §§ 2254 ff. BGB[2] oder auch nur einzelne Verfügungen davon widerrufen.[3] Möglicher Inhalt eines Widerrufs ist auch eine Herabstufung eines Vollerben zum Vorerben, Miterben, Nacherben, Vermächtnisnehmer oder eine nachträgliche Beschwerung, etwa mit Auflagen oder einer Testamentsvollstreckung.[4] Möglich ist also eine Aufhebung des gesamten Testaments oder nur der Widerruf einzelner Verfügungen durch ein neues gemeinschaftliches Testament und zwar durch ausdrückliche Erklärung (§ 2254 BGB) oder durch widersprechende Verfügungen nach § 2258 Abs. 1 BGB. Dies ist auch dadurch möglich, dass ein Ehegatte dem im Testament enthaltenen Widerruf des anderen Ehe-

---

1 RG JW 1911, 986; BayObLGZ 21, 277, 278; MüKo/*Musielak*, § 2271 Rn 4.

2 Soergel/Leiß, § 2271 Rn 1; Staudinger/*Raff*, § 2271 Rn 7; Grüneberg/Weidlich, § 2271 Rn 2.

3 MüKo/*Musielak*, § 2271 Rn 3, 5.

4 Bamberger/Roth/Hau/Poseck/*Litzenburger*, § 2271 Rn 1.

gatten im Testament zustimmt.[5] Eine formlose Zustimmung genügt dafür aber nicht.[6] Eine Aufhebung des gesamten Testaments oder einzelner Verfügungen kann auch durch einen Erbvertrag der Ehegatten erfolgen (§ 2289 Abs. 1 S. 1 BGB). Nicht ausreichend ist es dabei aber, wenn ein Ehegatte dem Erbvertrag des anderen Ehegatten mit einem Dritten lediglich formlos zustimmt.[7] Wenn das gemeinschaftliche Ehegattentestament **nur Vermächtnisse** und **Auflagen** enthält, kann es auch durch lediglich einseitiges Testament eines der Ehegatten aufgehoben werden. Der andere muss dann seine Zustimmung dazu in notarieller Form erklären. Dies ergibt sich aus einer analogen Anwendung des § 2291 BGB in diesen Fällen.[8] Für das gemeinschaftliche Testament können nämlich keine strengeren Anforderungen gelten wie beim Ehevertrag. Eine Aufhebung des gemeinschaftlichen Testaments kann ferner durch gemeinschaftliche Rücknahme aus der amtlichen Verwahrung nach § 2256 BGB i.V.m. § 2272 BGB oder nach § 2255 BGB durch Vernichtung/Veränderung der Testamentsurkunde durch einen der Ehegatten mit Zustimmung des anderen erfolgen. Von letzterer Variante ist in der Praxis jedoch abzuraten, solange der gemeinsame Vernichtungswille beider Ehegatten nicht dokumentiert wird. Ansonsten kann es später leicht zu Streitigkeiten kommen, ob ein ehemals existentes, dann aber vernichtetes/verändertes Testament tatsächlich mit dem Willen beider Ehegatten vernichtet/verändert wurde. Alleine aus der Unauffindbarkeit eines Testaments kann nicht auf seine Vernichtung geschlossen werden, weshalb ein nicht mehr vorhandenes Testament nicht allein aufgrund seiner Unauffindbarkeit ungültig ist. Es besteht im Falle der Unauffindbarkeit eines Testaments auch keine Vermutung dafür, dass es vom Erblasser vernichtet worden und deshalb gem. § 2255 BGB als widerrufen anzusehen ist.[9]

3 **Praxishinweis**

Vernichtet ein Ehegatte ohne Zustimmung des anderen Ehegatten das Testament und kann infolgedessen der Inhalt des Testaments nicht mehr festgestellt werden, so stellt sich die Lage de facto mangels Nachweismöglichkeit ebenso dar, wie wenn das Testament eigentlich nie existiert hätte. Ist jedoch feststehend, dass ein gemeinschaftliches Testament mit wechselbezüglicher Schlusserbeneinsetzung vorlag, welches später vernichtet wurde, so trifft die Beweislast/materielle Feststellungslast denjenigen, der Rechte aus der Formunwirksamkeit des Testaments herleitet.[10]

III. Widerrufserklärung durch einen Ehegatten

1. Notarielle Erklärung

4 Durch die Verweisung auf § 2296 BGB kann der Widerruf nur durch **notariell beurkundete** Erklärung vorgenommen werden. Nach § 10 Abs. 4 LPartG gilt die Vorschrift für gemeinschaftliche Testamente bei eingetragenen Lebenspartnerschaften entsprechend. Für den widerrufenden Ehegatten ist Testierfähigkeit zu fordern,[11] da auch der **Widerruf** eine **Verfügung von Todes wegen** darstellt. Anzuwenden ist daher § 2229 BGB, insbesondere § 2229 Abs. 4 BGB. Da der Widerruf eine Verfügung von Todes wegen ist, ist auch der Widerruf selbst nach § 2078 BGB anfechtbar.[12]

---

5 KG DNotZ 1935, 400; MüKo/*Musielak*, § 2271 Rn 3, 5.
6 KG DNotZ 1935, 400; KG ZErb 2017, 257; Staudinger/*Raff*, § 2271 Rn 7.
7 OLG Schleswig SchlHA 1957, 181; MüKo/*Musielak*, § 2271 Rn 3.
8 Staudinger/*Raff*, § 2271 Rn 7.
9 OLG Köln FamRZ 2017, 1164; SchlHOLG NJW-RR 2014, 73.
10 Staudinger/*Raff*, Rn 39.
11 Staudinger/*Raff*, § 2271 Rn 20.
12 Soergel/*Leiß*, § 2271 Rn 6.

2. Zugang beim Ehegatten

Der Widerruf als **einseitige empfangsbedürftige** Willenserklärung muss durch Erklärung gegenüber dem anderen Ehegatten erfolgen (§ 2296 Abs. 2 S. 1 BGB), ansonsten entfaltet sie keine Wirksamkeit. Dadurch ist sichergestellt, dass der Ehegatte, dem gegenüber wechselbezügliche Verfügungen widerrufen werden, von diesem Widerruf erfährt und er dann seinerseits darauf reagieren kann. Denn zwar fallen die im Verhältnis der Wechselbezüglichkeit stehenden Verfügungen auch dieses Ehegatten automatisch und kraft Gesetzes nach § 2270 Abs. 1 BGB weg, dennoch kann der aufgrund der geänderten Umstände ein Interesse daran haben, nunmehr die Erbfolge nach ihm grundlegend neu zu gestalten. Dies zu erreichen ist **Sinn und Zweck** der Gestaltung des Widerrufs als einseitige, empfangsbedürftige Willenserklärung.[13] 5

Praxistipp 6

Die Erklärung muss sicherheitshalber an den anderen Ehegatten ausdrücklich adressiert werden. Zwar genügt es, wenn sich aus den Umständen ergibt, dass sie für den anderen Ehegatten bestimmt war,[14] wie z.B., wenn ein Widerruf durch ein einseitiges notariell beurkundetes Testament erfolgt und der widerrufende Ehegatte diese Erklärung dem anderen zukommen lässt. Dies ist jedoch nicht unbestritten,[15] so dass der rechtliche Berater den sichersten Weg zu gehen hat. Es ist daher zu raten, dass sich aus dem Inhalt des notariell beurkundeten Testaments selbst ergibt, dass die darin enthaltene Widerrufserklärung gegenüber dem anderen Ehegatten erfolgen soll.[16]

3. Keine Stellvertretung/Art der Übermittlung

Die Erklärung des Widerrufs kann **nicht durch einen Stellvertreter** erfolgen und auch nicht durch einen gesetzlichen Vertreter (§ 2296 Abs. 1 BGB; § 2064 BGB).[17] Die Übermittlung des einseitigen Widerrufs muss in der Form der Urschrift oder einer Ausfertigung der Erklärung geschehen. Nicht ausreichend ist eine einfache oder beglaubigte Abschrift.[18] Für die Art der Übermittlung und den Zeitpunkt des Wirksamwerdens des Widerrufs gelten die Bestimmungen der §§ 130–132 BGB.[19] 7

Praxistipp 8

Vorzugsweise sollte die Zustellung des Widerrufs aus Beweiszwecken durch den Gerichtsvollzieher nach § 132 Abs. 1 BGB, §§ 192 ff. ZPO erfolgen, auch wenn ansonsten jede Art des Zugangs ausreichend ist.[20] Möglich ist, bei unbekanntem Aufenthaltsort des Widerrufsgegners, auch die öffentliche Zustellung über § 132 Abs. 2 BGB i.V.m. §§ 185 ff. ZPO.[21]

Wird die **öffentliche Zustellung** erschlichen, ist sie dennoch wirksam, der Ausübung der sich daraus ergebenden Rechtsposition kann jedoch der Einwand der unzulässigen Rechtsausübung entgegengehalten werden.[22] Dieser Einwand ist nicht nur gegenüber 9

---

13 MüKo/*Musielak*, § 2271 Rn 1; Soergel/*Leiß*, § 2271 Rn 1.
14 Staudinger/*Raff*, § 2271 Rn 22.
15 KG JFG 14, 280 = JW 1937, 476; OLG Dresden JFG 8, 127.
16 Soergel/*Leiß*, § 2271 Rn 6.
17 Grüneberg/*Weidlich*, § 2271 Rn 4; *Sammet*, in: Reimann/Bengel/Dietz/Sammet, § 2271 Rn 9.
18 BGHZ 31, 5, 7; BGHZ 36, 201, 203; BGHZ 48, 374, 377; OLG Hamm ZErb 2015, 92; MüKo/*Musielak*, § 2271 Rn 8; a.A. Soergel/*Leiß*, § 2271 Rn 8 m.w.N. zur Gegenmeinung; zweifelnd ebenso Grüneberg/*Weidlich*, § 2271 Rn 5 m.w.N.
19 BGHZ 9, 233; RGZ 65, 272.
20 MüKo/*Musielak*, § 2271 Rn 8; OLG Zweibrücken FamRZ 2006, 447.
21 MüKo/*Musielak*, § 2271 Rn 8; Soergel/*Leiß*, § 2271 Rn 7.
22 BGHZ 64, 5.

dem Widerrufenden, sondern gegenüber jedem, der Rechte aus einer neuen nach Widerruf errichteten letztwilligen Verfügung herleiten möchte,[23] gegeben. Beweisbelastet ist derjenige, der den Rechtsmissbrauch geltend macht.[24] Der Widerruf wird wirksam mit Zugang der Erklärung. Wie stets beim Zugang einer Willenserklärung ist es daher ohne Belang, ob und wann der Ehegatte, dem gegenüber der Widerruf erklärt wird, von der ihm zugegangenen Widerrufserklärung Kenntnis erlangt.

IV. Widerrufserklärung gegenüber einem in seiner Geschäftsfähigkeit beschränkten oder geschäftsunfähigen Ehegatten

10 Bei beschränkt geschäftsfähigen Ehegatten[25] richtet sich die **Wirksamkeit** des **Widerrufs** nach der Regel des § 131 Abs. 2 BGB.[26] Liegt nach § 131 Abs. 2 S. 2 BGB die Einwilligung des gesetzlichen Vertreters vor, so genügt der Zugang des Widerrufs bei dem beschränkt geschäftsfähigen Ehegatten. Gegenüber einem Ehegatten, der zwar in seiner Geschäftsfähigkeit beschränkt ist, der aber nach den Regelungen des § 2229 BGB über die Testierfähigkeit selbst einen Widerruf seiner wechselbezüglichen Verfügungen erklären könnte, kann auch der Widerruf selbst erklärt werden.[27] Es wäre in der Tat nicht einleuchtend, könnte jemand einen Widerruf erklären, diesem gegenüber aber ein Widerruf selbst nicht erklärt werden. Insofern werden die Regelungen des § 131 BGB durch die Regelungen des § 2229 BGB ergänzt. Gleiches gilt, wenn man den Gedanken der Vorschrift des § 164 Abs. 3 BGB nutzbar machen will.[28]

11 Ansonsten hindert die **Geschäftsunfähigkeit** des Widerrufsadressaten die Möglichkeit des Widerrufs nach h.M. nicht.[29] Dementsprechend soll ein **Betreuer** mit dem Aufgabenkreis der Vermögenssorge Vertreter des Betreuten sein, so dass diesem gegenüber der Widerruf wirksam nach § 131 BGB erklärt werden kann.[30] Der Aufgabenkreis zur Entgegennahme von Post („Postvollmacht") soll hingegen nicht genügen.[31] Wenn der widerrufende Ehegatte Betreuer ist, ist die Bestellung eines Ergänzungsbetreuers (§ 1817 Abs. 5 BGB) erforderlich.[32] Möglich ist auch der Zugang bei einem **Bevollmächtigten**, dessen Vollmacht die Entgegennahme solcher Erklärungen einschließt.[33]

12 Freilich vermag hierbei nicht überzeugend erklärt werden, wie in den Fällen eines geschäftsunfähigen Erklärungsempfängers der Schutzzweck des Abs. 1 S. 1 gewahrt sein kann. Danach soll der Widerrufsempfänger durch den formalisierten Widerruf ja gerade in die Lage versetzt werden, auf die durch den Widerruf bedingte Unwirksam-

23 BGHZ 64, 5, 8.

24 Soergel/*Leiß*, § 2271 Rn 7.

25 Mit Inkrafttreten des Gesetzes zur Bekämpfung von Kinderehen zum 22.7.2017 (BGBl S 2429) ist die Möglichkeit verheirateter beschränkt geschäftsfähiger Minderjähriger entfallen, weshalb es sich hierbei nunmehr nur um Fälle von partiell geschäftsfähigen Volljährigen handelt.

26 Staudinger/*Raff*, § 2271 Rn 25, 28.

27 Staudinger/*Raff*, § 2271 Rn 28.

28 § 164 Abs. 3 BGB geht davon aus, dass jemand, der die Rechtsmacht hat, eine bestimmte Erklärung abzugeben, auch die Rechtsmacht hat, Erklärungen desselben Inhalts entgegenzunehmen.

29 BGH NJW 2021, 1455; OLG Hamm ZErb 2014, 81; OLG Nürnberg ZEV 2013, 450 = NJW 2013, 2909, 2911; Grüneberg/*Weidlich*, § 2271 Rn 6; *Helms*, DNotZ 2003, 104, 108; *Zimmer*, NJW 2007, 1713.

30 OLG Hamm ZErb 2014, 81; *Wegmann*, ZEV 2025, 213, 216.

31 OLG Karlsruhe FamRZ 2016, 586.

32 OLG Nürnberg ZEV 2013, 450; Staudinger/*Raff*, § 2271 Rn 25; *Litzenburger*, ZEV 2024, 112; Wegmann, ZEV 2025, 213, 217.

33 H.M.: BGH FamRZ 2021, 708 m. Anm. *Zimmermann* = ErbR 2021, 410 m. Anm. *Horn* = DNotZ 2021, 528 = ZEV 2021, 245 m. Anm. *Reimann* = MittBayNot 2021, 460 m. Anm. *Keim*; LG Leipzig FamRZ 2010, 403; *Keim*, ZEV 2010, 358; *Keim*, ZEV 2013, 452; *Müller-Engels*, DNotZ 2021, 501; Staudinger/*Raff*, § 2271 Rn 26; einschränkend *Zimmer*, NJW 2021, 1434.

keit zu reagieren und der veränderten Sachlage nach entsprechende Verfügungen zu treffen.[34] Allerdings kann weder der Betreuer noch der Geschäftsunfähige (soweit er nicht noch testierfähig ist) auf den Widerruf reagieren. Nach einer Auffassung in der Literatur wird daher eine teleologische Reduktion des § 2271 BGB befürwortet.[35] Dass der andere Ehegatte, wenn er testierunfähig ist, auf den Widerruf nicht mit einer neuen Verfügung von Todes wegen reagieren kann, ist eine unerfreuliche Konsequenz, die es aber nach zutreffender h.M. nicht rechtfertigt, ihm gegenüber einen Widerruf gänzlich auszuschließen.[36]

Ist (noch) kein **Betreuer** für den betreffenden Ehegatten bestellt, wird auf jeden Fall sicherheitshalber dem anderen Ehegatten gegenüber zunächst der Zugang des Widerrufs sichergestellt werden müssen. In der weiteren zeitlichen Abfolge sollte dann versucht werden, einen Betreuer mit dem Aufgabenkreis der Wahrnehmung von Vermögensangelegenheiten für den möglicherweise geschäftsunfähigen Ehegatten bestellen zu lassen. 13

V. Unterschiede zum Erbvertrag

In der Möglichkeit des jederzeitigen Widerrufs unterscheidet sich das gemeinschaftliche Testament wesentlich vom Erbvertrag. Dort kann eine Vertragspartei ihre vertragsmäßigen Verfügungen auch zu Lebzeiten grds. nicht mehr frei widerrufen (§ 2289 Abs. 1 S. 2 BGB).[37] Die Möglichkeit des jederzeitigen Widerrufs vertragsmäßiger Verfügungen zu Lebzeiten kann aber auch im Rahmen eines Ehegattentestaments von den Ehegatten ausgeschlossen werden. Ist dann die Form eines Erbvertrages nach § 2276 BGB gewahrt, kann ggf. ein Erbvertrag anzunehmen sein.[38] 14

Auch durch Ausschlagung des ihm Zugewendeten nach Abs. 1 S. 1 Hs. 2 kann der überlebende Ehegatte im Gegensatz zu einem Erbvertrag vom Grundsatz seine Verfügungsfreiheit wiedergewinnen.[39] 15

VI. Widerrufszugang nach Ableben des Ehepartners

Der **Zugang** des **Widerrufs** kann grds. nur gegenüber dem lebenden Erklärungsempfänger erfolgen;[40] deswegen ist der Widerruf nur wirksam, wenn er dem Erklärungsempfänger noch zu dessen Lebzeiten zugeht, nicht aber, wenn dieser nach Abgabe, aber vor Zugang der Erklärung verstirbt. Nach § 130 Abs. 2 BGB kann der Zugang des Widerrufs aber noch nach dem Tod des Erklärenden möglich und wirksam sein,[41] wobei § 130 Abs. 2 BGB einer eingeschränkten Auslegung unterworfen ist, um den Schutz des Erklärungsempfängers zu gewährleisten. Dieser soll sich nach Möglichkeit im Todeszeitpunkt darüber im Klaren sein, ob die wechselbezüglichen Verfügungen gelten oder ob sie qua Widerruf unwirksam sind (§ 2270 Abs. 1 BGB).[42] 16

Daher ergibt sich nach der Rechtsprechung des BGH bei Anwendung des § 130 Abs. 2 BGB folgende Einschränkung: Lässt der Versterbende seinen Widerruf bewusst und geplant dem anderen Ehegatten erst **nach** seinem **Tod** zugehen, ist der Widerruf nicht 17

34 So BGHZ 9, 233, 236; BGHZ 48, 374, 383 ff.
35 *Damrau/Bittler*, ZErb 2004, 77; *Grunsky*, ErbR 2013, 98.
36 Staudinger/*Raff*, § 2271 Rn 29; *Sammet*, in: Reimann/Bengel/Dietz/Sammet, § 2271 Rn 21.
37 Ausgenommen den Fall, dass die Vertragspartei zum Rücktritt nach § 2297 BGB berechtigt ist.
38 KG OLGE 35, 19; Soergel/*Leiß*, § 2271 Rn 4; Staudinger/*Raff*, § 2271 Rn 3.
39 Staudinger/*Raff*, § 2271 Rn 3.
40 RGZ 65, 270; MüKo/*Musielak*, § 2271 Rn 9; Grüneberg/*Weidlich*, § 2271 Rn 7; *Sammet*, in: Reimann/Bengel/Dietz/Sammet, § 2271 Rn 16.
41 BGHZ 48, 374.
42 Grüneberg/*Weidlich*, § 2271 Rn 7.

wirksam erklärt.[43] Dies würde Sinn und Zweck des § 130 Abs. 2 BGB widersprechen, der nicht eine Zustellung nach dem Tod erlaubt, sondern die Wirksamkeit einer Willenserklärung bei zufälligem Versterben des Erklärenden nach Abgabe, aber vor Zugang beim Erklärungsempfänger regeln will. Auch würde dies der Regelung der §§ 2270, 2271 BGB zuwiderlaufen: Der widerrufende Ehegatte hätte im Falle des Vorversterbens des anderen erreicht, dass die zu seiner Verfügung wechselbezüglichen Verfügungen des anderen Ehegatten wirksam blieben, hätte im gegenteiligen Fall aber die von ihm selbst getroffenen Verfügungen, die er wechselbezüglich für den anderen Ehegatten getroffen hätte, aufgehoben, ohne dem anderen Ehegatten die Chance eines Reagierens zu lassen.[44]

18 Weiter darf der **Zugang** des **Widerrufs** zeitlich nicht erst so lange nach dem Tod des Erklärenden erfolgen, dass der Erklärungsempfänger redlicherweise mit dem Widerruf der wechselbezüglichen Verfügung nicht mehr rechnen musste. Maßgeblich dafür, ob nach dem Tod des Erklärenden der Widerruf eines gemeinschaftlichen Testaments noch wirksam zugestellt werden kann, ist, dass der Widerrufende zu Lebzeiten alles dafür getan hat, dass seine Willenserklärung dem Erklärungsempfänger zugeht – sie sich bei seinem Tod also „auf dem Weg" zum Erklärungsempfänger befindet – und die Zustellung alsbald nachfolgt.[45]

19 War die Zustellung der Widerrufserklärung zu Lebzeiten unwirksam, etwa aufgrund **Formmangels** der Übermittlung (Beispiel: Übermittlung lediglich einer Abschrift und nicht einer Ausfertigung), kann dieser Mangel nicht dadurch geheilt werden, dass dem Erklärungsempfänger nach dem Tod des Erklärenden durch den Notar eine Ausfertigung zugestellt wird.[46]

VII. Teilweiser Widerruf

1. Allgemeines

20 Hier ist danach zu differenzieren, ob der Ehegatte, dem gegenüber der Widerruf eines Teiles einer wechselbezüglichen Verfügung erklärt wurde, seine korrespondierenden wechselbezüglichen Verfügungen auch dann getroffen hätte, wenn der durch den anderen widerrufene Teil des Ehegattentestaments von Anfang an gefehlt hätte. Ist dies nicht der Fall, so ist der widerrufene Teil tatsächlich nicht wechselbezüglich und damit muss auch der Widerruf nicht nach Abs. 1 S. 1 i.V.m. § 2296 BGB erklärt werden. Ist hingegen davon auszugehen, dass der teilweise Widerruf den Partner von der Errichtung seiner wechselbezüglichen Verfügung abgehalten hätte, so gilt es, die Form des § 2296 BGB zu beachten.[47]

21 **Praxistipp**
Im Zweifel sollte hier immer der Widerruf in der Form des § 2296 BGB erklärt werden, um den sichersten Weg zu gehen.

2. Fälle der Beschränkungen und Beschwerungen

22 Wie ein teilweiser Widerruf sind Fälle der Beschränkung oder Beschwerung eines Bedachten durch eine neue Anordnung, die ihn schlechter stellen, zu behandeln.[48] Dies gebietet der Schutzzweck des § 2271 BGB. Man kann dies aus einem Umkehr-

43 BGHZ 9, 236; BGH NJW 1968, 496.
44 MüKo/*Musielak*, § 2271 Rn 9.
45 BGHZ 48, 381; OLG Oldenburg NJW-RR 2018, 773; OLG Koblenz MDR 2017, 1251; Grüneberg/*Ellenberger*, § 130 Rn 12; OLG Hamm ZErb 2015, 92.
46 BGHZ 48, 380; OLG Hamm NJW-RR 1991, 1480.
47 Staudinger/*Raff*, § 2271 Rn 30; MüKo/*Musielak*, § 2271 Rn 10.
48 MüKo/*Musielak*, § 2271 Rn 10.

schluss zu §§ 2271 Abs. 3, 2306 BGB herleiten. Dort werden Beschränkungen und Beschwerungen verschiedener Art als teilweise Aufhebung der zugestandenen Rechtspositionen angesehen.[49] Auch in diesem Rahmen ist daher § 2296 BGB für die Form des Widerrufs zu beachten.

Solche **Beschränkungen** und **Beschwerungen**, die zu einem Widerruf nach § 2296 BGB zwingen, liegen in der nachträglichen Einsetzung eines Nacherben[50] oder in der Ernennung eines **Testamentsvollstreckers**,[51] wenn diese Anordnung dem anordnenden Ehegatten nicht ausdrücklich oder stillschweigend erlaubt war, was sich auch durch ergänzende Auslegung unter verständiger Würdigung der tatsächlichen Umstände ergeben kann.[52] 23

Keine Beeinträchtigung stellt die Aufhebung einer angeordneten **Testamentsvollstreckung** sowie die bloße Auswechslung der Person des Testamentsvollstreckers dar.[53] 24

Weitere Bsp. für eine Beschränkung sind die Anordnung einer **Teilungsanordnung**,[54] solange nicht eine Ausgleichungspflicht angeordnet wurde,[55] die Anordnung eines Vermächtnisses, mit welchem der Bedachte beschwert wird,[56] die Beschwerung mit einer Auflage[57] und Ausschließung der Rechte des Schwiegersohnes vom Erbteil der Tochter.[58] 25

Keine Beeinträchtigung liegt vor, wenn der Vater oder die Mutter der **minderjährigen Erben** von der Verwaltung der Zuwendungen ausgeschlossen werden.[59] 26

Zur Frage, ob der überlebende Ehegatte einem der Erben zum Zwecke der Erbteilung eine **Generalvollmacht** erteilen kann, hat das BayObLG Stellung genommen.[60] Auch bei Erteilung einer entsprechenden Vollmacht ist diese nur dann der unwirksamen Einsetzung eines Testamentsvollstreckers gleichzustellen, wenn sie unwiderruflich gewährt worden ist. Ist sie widerruflich, so können die Erben das jederzeit tun. Damit liegt dann keine Beschränkung der Erben gegen deren Willen vor. Anders ist es bei der Testamentsvollstreckung, die unabhängig vom Willen der Erben gilt.[61] 27

3. Kein einseitiger Widerruf durch neue Verfügung

Durch Abs. 1 S. 2 wird klargestellt, dass der Widerruf wechselbezüglicher Verfügungen nicht einseitig durch neue Verfügungen von Todes wegen erfolgen kann. 28

4. Beschränkung in guter Absicht

Neben dem **Widerruf** ist auch die **Beschränkung in guter Absicht** noch zu Lebzeiten des anderen Ehegatten einseitig für einen Ehegatten möglich. Die Form des § 2271 BGB muss hierfür nicht gewahrt werden. Hat sich ein pflichtteilsberechtigter Abkömmling beider Ehegatten oder einer von ihnen der Verschwendung ergeben oder 29

---

49 Staudinger/*Raff*, § 2271 Rn 31.
50 Staudinger/*Raff*, § 2271 Rn 31; MüKo/*Musielak*, § 2271 Rn 10.
51 OLG Köln NJW-RR 1991, 525 = FamRZ 1990, 1402; BayObLG FamRZ 1991, 111.
52 KG OLGZ 1966, 503; OLG Köln NJW-RR 1991, 525 = FamRZ 1990, 1402.
53 OLG Hamm ZEV 2001, 271 m. Anm. *Reimann*; KG FamRZ 1977, 485.
54 MüKo/*Musielak*, § 2271 Rn 10.
55 BGHZ 82, 274; a.A. *Lehman*, MittBayNot 1988, 157, der jede Teilungsanordnung als Beschränkung auffasst.
56 BGH FamRZ 1969, 207; BGH NJW 1978, 423; KG OLGZ 1977, 457; BayObLG Rpfleger 1989, 457.
57 KG OLGE 12, 386; *Sammet*, in: Reimann/Bengel/Dietz/Sammet, § 2271 Rn 23; Staudinger/*Raff*, § 2271 Rn 64.
58 Grüneberg/*Weidlich*, § 2271 Rn 14; OLG Hamburg Recht 12, Nr. 2298.
59 OLG Braunschweig DNotZ 1951, 374; Grüneberg/*Weidlich*, § 2271 Rn 14.
60 BayObLGZ 19 A 171.
61 BayObLGZ 19 A 171, 174.

ist er in erhebliche Überschuldung geraten, kann jeder Ehegatte in einem einseitigen Testament eine Anordnung nach § 2338 BGB treffen. Dabei sind die inhaltlichen Anforderungen des § 2336 BGB in entsprechender Anwendung zu beachten, §§ 2271 Abs. 3, 2289 Abs. 2, 2338 Abs. 2 S. 1 BGB.[62]

30 Auch ist unerheblich, ob der Abkömmling ein Abkömmling des Verfügenden ist. Entscheidend ist für die Zulässigkeit der Beschränkung, dass die zu beschränkende Zuwendung von demjenigen Ehegatten gemacht wurde, der die Anordnung nach § 2338 BGB treffen will.[63]

VIII. Wirkung des Widerrufs

31 Nach § 2270 Abs. 1 BGB werden bei wirksamem Widerruf die wechselbezüglichen Verfügungen des anderen Ehegatten unwirksam. Die Ehegatten sind dann in diesem Rahmen frei, neu zu testieren, d.h. soweit nicht andere, weiterhin geltende wechselbezügliche Verfügungen die Testiermöglichkeiten begrenzen. Auch diese müssten dann widerrufen werden. Oftmals werden aber die Wirkungen des Widerrufs **ausdrücklich** oder **konkludent** beschränkt sein. Zu den hier auftretenden Konstellationen wurde bereits bei § 2270 BGB Stellung genommen (vgl. § 2270 Rdn 33 ff.). Ein Widerruf des Widerrufs selbst ist unzulässig und damit unwirksam.[64] Existierten vor dem gemeinschaftlichen Testament weitere Testamente, die im Widerspruch zum gemeinschaftlichen Testament stehen, so werden diese i.R.d. Wegfalles der wechselbezüglichen Verfügungen bei beiden Ehegatten wieder wirksam.[65]

IX. Keine Anfechtung zu Lebzeiten

32 Neben dem Widerruf ist zu Lebzeiten der Ehegatten eine **Anfechtung** nicht möglich, weil entbehrlich. Jeder Ehegatte kann zu Lebzeiten des anderen seine einseitigen und seine wechselbezüglichen Verfügungen jederzeit ohne Angabe von Gründen widerrufen.[66] Eine Anfechtung durch Dritte kommt zu Lebzeiten beider Ehegatten ebenfalls mangels Anfechtungsberechtigung nicht in Betracht.[67]

B. Bindungswirkung nach Abs. 2

I. Eintritt der Bindungswirkung

33 Mit dem Tod des Erstversterbenden erlischt das Recht zum Widerruf der wechselbezüglichen Verfügungen (Abs. 2 S. 1). Die sich hieraus ergebende Bindungswirkung ähnelt derjenigen von vertragsmäßigen Verfügungen eines Erbvertrages, weshalb bei der Aufhebung dieser Bindung einige Bestimmungen über den Erbvertrag entsprechend anzuwenden sind (Abs. 2 S. 2, Abs. 3). Die Bindung des Überlebenden scheidet nicht schon deswegen aus, weil der Nachlass des Erstversterbenden überschuldet oder wegen dessen Vermögenslosigkeit wirtschaftlich gesehen nichts wert ist.[68]

34 Die **Bindungswirkung** tritt **kraft Gesetzes** mit dem Tod des Erstversterbenden ein. Dem Überlebenden steht aber gem. Abs. 2 S. 1 Hs. 2 das Recht zur Ausschlagung zu, um so seine Verfügungsfreiheit wieder zu erlangen. Es handelt sich daher um eine auflösend bedingte Bindungswirkung. Daraus ergibt sich auch, dass die Bindung besteht, wenn der Überlebende stirbt, ohne zuvor ausgeschlagen oder angenommen zu

62 Staudinger/*Raff*, § 2271 Rn 45.
63 Staudinger/*Raff*, § 2271 Rn 45.
64 Staudinger/*Raff*, § 2271 Rn 48.
65 RGZ 65, 257; *Sammet*, in: Reimann/Bengel/Dietz/Sammet, § 2271 Rn 30; MüKo/*Musielak*, § 2271 Rn 14.
66 RGZ 77, 169; RGZ 87, 97; LG Karlsruhe NJW 1958, 714; MüKo/*Musielak*, § 2271 Rn 34.
67 MüKo/*Musielak*, § 2271 Rn 34.
68 MüKo/*Musielak*, § 2271 Rn 15.

haben.[69] Dies bedeutet beim Vermächtnis, bei dem für die Ausschlagung keine Frist vorgesehen ist (§§ 1943, 1944, 2180 BGB), dass die Bindung bestehen bleibt, wenn der Ehegatte verstirbt, bevor er ausgeschlagen hat.[70]

Die Bindungswirkung tritt auch ein, wenn der **überlebende Ehegatte** überhaupt **nicht bedacht** wurde, dann liegt nämlich keine Zuwendung vor, die ausgeschlagen werden könnte, und erstreckt sich nicht nur auf das Vermögen des Erstverstorbenen, sondern auch auf das Vermögen des Überlebenden, gleichgültig ob dieser es bis zum ersten Todesfall erworben hatte oder erst danach.[71] Der Überlebende muss daher auch in diesen letztgenannten Fällen ausschlagen, will er sich von der Bindungswirkung befreien. Gleiches gilt, wenn zwar eine Zuwendung erfolgte, der Nachlass aber wirtschaftlich wertlos ist.[72] 35

Für den Fall der Wiederheirat hindert die Bindungswirkung den Überlebenden nicht daran, in der neuen Ehe **Gütergemeinschaft** zu vereinbaren. Weiter kann der neue Ehegatte bei Zugewinngemeinschaft nach dem Tod des Überlebenden **Pflichtteils-** und **Zugewinnausgleichsansprüche** gegen die Schlusserben geltend machen.[73] 36

II. Zweck der Bindungswirkung

Der Zweck der Bindungswirkung liegt darin, dass der Überlebende sich nach dem Tod des Erstversterbenden nicht mehr vom gemeinschaftlichen Testament soll lösen können, auf dessen Bestand der Erstversterbende vertraute, nachdem er dessen Vorteile durch Annahme des Nachlasses nach dem Erstverstorbenen in Anspruch genommen hat.[74] Damit dient sie dem postmortalen Vertrauensschutz des Erstverstorbenen, nicht hingegen dem Schutz des für den Schlusserbfall Bedachten. 37

III. Reichweite der Bindungswirkung

Die **Bindungswirkung** wirkt sich nur auf letztwillige Verfügungen aus, sie ist also eine rein erbrechtliche.[75] Der Überlebende kann seine im gemeinschaftlichen Testament enthaltenen wechselbezüglichen Verfügungen nicht mehr widerrufen (Abs. 2 S. 1), es sei denn, dass er von der Bindungswirkung befreit ist oder sich befreien kann (vgl. sogleich unter Rdn 45). Die Möglichkeit der Erteilung einer solchen Abänderungsbefugnis ist allgemein anerkannt.[76] Hierbei ist jedoch ein strenger Maßstab anzuwenden.[77] 38

IV. Verfügungsfreiheit zu Lebzeiten des Längerlebenden

Durch den Eintritt der **Bindungswirkung** wird nicht die Testierfähigkeit **beschränkt,** sondern lediglich die **Testierfreiheit.**[78] Weiterhin wird durch die Bindungswirkung nicht die Befugnis des Überlebenden zu **Verfügungen unter Lebenden** beschränkt. Dieser kann insoweit frei verfügen, da § 2286 BGB entsprechend anwendbar ist.[79] Auch hier wirkt sich also die Ähnlichkeit zum Erbvertrag und dessen Bindungswirkung der vertragsmäßigen Verfügungen aus. In einer Formulierung wie „Der Überle- 39

69 OLG Zweibrücken NJW-RR 2005, 8; Staudinger/*Raff*, § 2271 Rn 50.
70 Staudinger/*Raff*, § 2271 Rn 52.
71 RG JW 1915, 1121; Staudinger/*Raff*, § 2271 Rn 52.
72 BGH NJW 1961, 1111; MüKo/*Musielak*, § 2271 Rn 15.
73 BGHZ 116, 178, 181; *Sammet*, in: Reimann/Bengel/Dietz/Sammet, § 2271 Rn 30; MüKo/*Musielak*, § 2271 Rn 42.
74 *Sammet*, in: Reimann/Bengel/Dietz/Sammet, § 2271 Rn 35.
75 Grüneberg/*Weidlich*, § 2271 Rn 10.
76 OLG Bremen ZEV 2018, 90 m.w.N.; OLG München NJW-RR 2011, 1020.
77 OLG München NJW-RR 2011, 1020.
78 Grüneberg/*Weidlich*, § 2271 Rn 9.
79 BGH DNotZ 1951, 344; Grüneberg/*Weidlich*, § 2271 Rn 10.

bende von uns ist durch dieses Testament nicht beschwert oder beschränkt und kann in jeder Weise frei verfügen" liegt regelmäßig keine über die Befugnis zu Lebzeiten des Überlebenden hinausgehende Abänderungsbefugnis des gemeinschaftlichen Testaments.[80] Damit stehen den Überlebenden insbesondere die Vereinbarung gesellschaftsrechtlicher Nachfolgeklauseln, welche ein Rechtsgeschäft unter Lebenden darstellen,[81] sowie Schenkungen unter Lebenden auf den Todesfall und Verträge zugunsten Dritter nach § 331 BGB frei.

40 Im Regelfall liegt in solchen Geschäften keine Umgehung von Abs. 2.[82] Schließlich sind sogar **Schenkungen** wirksam, die in der Absicht, die Schlusserben zu benachteiligen, vorgenommen werden. Dies ergibt sich aus einer analogen Anwendung des § 2287 BGB, da der Schlusserbe in diesem Fall nur einen Bereicherungsanspruch gegen den Beschenkten hat.[83] Wirksam sind die lebzeitigen Verfügungen auch, wenn dadurch ein Vermächtnis beeinträchtigt wird. Solange kein Verschaffungsvermächtnis nach § 2169 Abs. 1 BGB vorliegt, stehen dem Vermächtnisnehmer nur die Rechte aus § 2288 Abs. 2 BGB zu.[84]

41 Festzuhalten bleibt also: Lebzeitige Verfügungen sind selbst dann wirksam, wenn Nachlassgegenstände in Benachteiligungsabsicht übertragen werden. Lediglich bei Vorliegen besonderer Umstände kann ein Fall des § 138 BGB gegeben sein.[85] Zu prüfen ist allerdings, ob ein Bereicherungsanspruch gegen den Beschenkten analog §§ 2287, 2288 BGB besteht.[86] Deren Schutz kann nie weiter reichen als die Bindung.[87] Daher kann deren Schutz auch nicht vor Eintreten der Bindungswirkung eingreifen.[88] Neben diesen Vorschriften ist § 826 BGB nur unter ganz besonderen Voraussetzungen gegeben. Der bindend Bedachte ist daher nur unzuverlässig vor beeinträchtigenden Rechtsgeschäften unter Lebenden geschützt.[89]

V. Rechtsstellung der für den Schlusserbfall Bedachten

42 Die für den Schlusserbfall Bedachten haben nach dem ersten Erbfall noch **kein** dem Erbvertrag ähnliches **Anwartschaftsrecht**, da für den Überlebenden noch die Möglichkeit der Ausschlagung und damit zum Widerruf besteht.[90] Selbst nach dem Eintritt der Bindungswirkung durch die Annahme des Überlebenden erwerben die Dritten noch keine gesicherte Rechtsposition. So muss der Dritte den zweiten Erbfall erst noch erleben und es muss dann noch Vermögen im Nachlass vorhanden sein (§ 2286 BGB: lebzeitige Verfügungen sind im weiten Umfang, insbesondere bei gegebenem lebzeitigen Eigeninteresse möglich).

43 Dem Dritten steht damit allenfalls ein schwaches Anwartschaftsrecht zu, das nicht vererblich ist und über das er wegen § 311b Abs. 4 BGB nicht verfügen kann. Diese Rechtsposition ist daher besser als eine **„rechtlich begründete Aussicht"** zu beschreiben.[91] Falls jedoch Verfügungen des überlebenden Ehegatten gegen bindend gewordene letztwillige wechselbezügliche Verfügungen erfolgen, kann der Dritte bereits zu

80 OLG Düsseldorf NJW-RR 2018, 1160; OLG Hamburg ErbR 2019, 48.
81 BGH WM 1966, 367.
82 BGHZ 66, 8 = NJW 1976, 749, 750.
83 BGHZ 66, 8; BGH NJW 1982, 43; Grüneberg/*Weidlich*, § 2271 Rn 10.
84 BGH NJW 1958, 547; Grüneberg/*Weidlich*, § 2271 Rn 10.
85 BGHZ 59, 343; BGH WM 1973, 680.
86 BGH NJW 1976, 749; BGH NJW 1982, 43.
87 BGHZ 87, 19; OLG Frankfurt a.M. ZEV 2009, 393.
88 A.A. wohl *v. Dickhuth-Harrach*, FamRZ 2005, 322.
89 *Goldkamp*, ErbR 2023, 828, 835.
90 MüKo/*Musielak*, § 2271 Rn 48.
91 *Lange*, NJW 1963, 1571, 1573; Staudinger/*Raff*, § 2269 Rn 21.

Lebzeiten Feststellungsklage erheben.[92] Gleiches gilt, falls der überlebende Ehegatte das Testament anficht[93] oder dieser eine ausnahmsweise wegen Umgehung der Bestimmungen des Abs. 2 nichtige Verfügung trifft.[94]

Eine solche **Feststellungsklage** kann nur auf die Gültigkeit der Erbeinsetzung gerichtet sein. Nicht Gegenstand kann die Feststellung sein, dass ein bestimmter Gegenstand zum Nachlass gehört und dass dieser beim zweiten Erbfall dem Schlusserben zufallen wird.[95] Ansprüche der Schlusserben wegen beeinträchtigender Schenkungen analog §§ 2287, 2288 BGB entstehen erst nach dem zweiten Erbfall. Davor können die Schlusserben oder die sonstigen wechselbezüglich bindend Bedachten mangels ihnen zukommender Rechtsposition keinen Arrest und auch keine einstweilige Verfügung erwirken.[96] 44

VI. Ausnahmen von der Bindungswirkung aufgrund Änderungsbefugnis bzw. Freistellungsklausel

Anerkannt ist, dass es Ausnahmen gibt, die zum Entfallen der Bindungswirkung führen, insbesondere, wenn der überlebende Ehegatte im gemeinschaftlichen Testament aufgrund einer Freistellungsbefugnis[97] zum Widerruf ermächtigt ist. 45

1. Postmortales Widerrufsrecht

Da die Ehegatten die Bindungswirkung beschränken oder ganz ausschließen können, ist es ihnen auch möglich, Widerrufsmöglichkeiten über den Tod des erstversterbenden Ehegatten hinaus vorzusehen. Dies kann bis zu einem völlig freien Widerrufsrecht des überlebenden Ehegatten gehen[98] und kann unbedingt oder unter beliebigen Bedingungen erfolgen. Beispiel: Wiederheirat/Geltendmachung des Pflichtteils beim ersten Erbfall.[99] In einer solchen Berechtigung zum Widerruf liegt nicht notwendigerweise ein Ausschluss der Wechselbezüglichkeit.[100] Die Ausübung dieses **„postmortalen"** Widerrufsrechts kann entsprechend § 2297 BGB nur durch Errichtung eines neuen Testaments erfolgen. Eine Vernichtung des gemeinschaftlichen Testaments oder die Anbringung von nicht unterschriebenen Ungültigkeitsvermerken auf dem gemeinschaftlichen Testament ist wirkungslos.[101] Eine notarielle Beurkundung des Widerrufs und eine Zustellung ist nach dem Tod des erstversterbenden Ehegatten nicht nötig.[102] Es ist daher hier zutreffend, zur Abgrenzung vom Widerruf zu Lebzeiten von einer Aufhebungs- oder Abänderungsbefugnis zu sprechen. Auch diese Aufhebung selbst braucht wiederum nicht ausdrücklich erklärt zu werden, sondern kann sich erst durch Auslegung des Erklärten ergeben. Wiederholt der überlebende Ehegatte etwa die Verfügungen aus dem gemeinschaftlichen Testament, lässt er dabei aber einen dort eingesetzten 46

---

92 Vgl. dazu BGHZ 37, 331, 337; OLG Düsseldorf ZEV 1994, 171; MüKo/*Musielak*, § 2269 Rn 39; a.A. Staudinger/*Raff*, § 2269 Rn 24.

93 BGHZ 37, 331.

94 Grüneberg/*Weidlich*, § 2269 Rn 10.

95 OLG Karlsruhe FamRZ 1989, 1351, 1352.

96 MüKo/*Musielak*, § 2269 Rn 38.

97 Teilweise wird zwischen Freistellungsklauseln und Änderungsvorbehalten unterschieden, teilweise werden diese Begriffe synonym verwendet, vgl. *Sammet*, in: Reimann/Bengel/Dietz/Sammet, § 2271 Rn 30; MüKo/*Musielak*, § 2271 Rn 67.

98 BGHZ 2, 35; BGH FamRZ 1956, 83; BGH DB 1959, 943; KG OLGZ 1977, 457; OLG Hamm NJW-RR 1995, 777; OLG Zweibrücken NJW-RR 1992, 587, 588.

99 Staudinger/*Raff*, § 2271 Rn 109.

100 BGH NJW 1964, 2056; BayObLG FamRZ 1991, 1488; OLG Stuttgart MDR 1986, 674.

101 OLG Hamm NJW-RR 1996, 1095; OLG Stuttgart MDR 1986, 674 = NJW-RR 1986, 632; a.A. Staudinger/*Raff*, § 2271 Rn 114.

102 Grüneberg/*Weidlich*, § 2271 Rn 23.

Ersatzerben unerwähnt, so kann darin eine Aufhebung der Ersatzerbeneinsetzung liegen.[103] Dazu müsste aber festgestellt werden, dass die neuerliche Verfügung von Todes wegen als abschließende Regelung gewollt war.

47 Die **Nennung** eines **Entziehungsgrundes** entsprechend § 2336 Abs. 2 BGB ist nicht erforderlich.[104] Ist dem überlebenden Ehegatten eine Aufhebungsbefugnis nur bei Vorliegen bestimmter Gründe eingeräumt, so ist die Angabe von Gründen jedenfalls dann nicht nötig, wenn das Testament nur einen solchen Aufhebungsgrund vorsieht.[105] Ein Änderungsvorbehalt kann ausdrücklich im gemeinschaftlichen Testament enthalten sein oder sich erst im Wege der Auslegung entnehmen lassen.[106] Die besonders häufig anzutreffende Formulierung, der überlebende Ehegatte solle zur freien Verfügung über die Erbschaft berechtigt sein, gibt im Zweifel dem überlebenden Ehegatten nur die Befugnis zu freien lebzeitigen Verfügungen, nicht aber zu freien Verfügungen von Todes wegen.[107] Der stillschweigende Vorbehalt des Widerrufs ist nicht schon deshalb anzunehmen, weil der erstversterbende Ehegatte vermögenslos war.[108] Wird die Änderungsbefugnis des Überlebenden von bestimmten Tatsachen abhängig gemacht, gleichzeitig aber angeordnet, dass eine gerichtliche Nachprüfung ausgeschlossen sein soll, ist es den Gerichten verwehrt, die sachliche Berechtigung des Widerrufsgrundes zu überprüfen.[109]

Praxistipp

Wollen die Erblasser bei gewissen Bedingungen dem Überlebenden ein Widerrufsrecht einräumen, so empfiehlt sich die Aufnahme einer entsprechenden Klausel, damit Streitigkeiten über die sachliche Berechtigung des Widerrufs weitgehend vermieden werden können.

2. Änderungsvorbehalt bei Wiederverheiratungsklauseln

48 Besonders häufig ist der Fall der Einräumung eines durch die Wiederheirat **bedingten Aufhebungsrechts** für den Überlebenden. Haben die Ehegatten bei einem Berliner Testament (§ 2269 BGB) bestimmt, dass im Falle der Wiederheirat der Überlebende sich mit den zu Schlusserben eingesetzten Kindern nach der gesetzlichen Erbfolge auseinanderzusetzen hat, so ist im Zweifel bestimmt, dass der Überlebende zumindest hinsichtlich der Einsetzung der Kinder auf seinen Nachlass befreit ist.[110] Nach Durchführung der Teilung des Nachlasses des Erstverstorbenen mit den Kindern kann der Überlebende dann frei über den restlichen Nachlass und sein sonstiges Vermögen verfügen.[111] Fehlt eine Wiederverheiratungsklausel im gemeinschaftlichen Testament, kann daraus nicht auf eine Abänderungsbefugnis des Überlebenden geschlossen werden.[112]

3. Änderungsvorbehalt bei Versorgung

49 Geht aus dem Testament hervor, dass die Eheleute eine Versorgung des überlebenden Ehegatten durch die wechselbezüglich Bedachten erwarten und wollten sie dessen Versorgung dadurch sicherstellen, dann spricht vieles für die Annahme, dass dem

103 OLG Köln OLGZ 1993, 275.
104 OLG Köln OLGZ 1993, 275.
105 Grüneberg/*Weidlich*, § 2271 Rn 23.
106 Staudinger/Raff, § 2271 Rn 97.
107 BayObLG FamRZ 1985, 209; OLG Hamm ZErb 2002, 160, 161; Staudinger/*Raff*, § 2271 Rn 99.
108 OLG München DNotZ 1937, 704; Staudinger/*Raff*, § 2271 Rn 97.
109 BGH NJW 1951, 959.
110 KG JFG 15, 325; Staudinger/*Raff*, § 2271 Rn 109.
111 Staudinger/*Raff*, § 2271 Rn 109.
112 BayObLG FamRZ 1995, 251, 253 = ZEV 1994, 362; Staudinger/*Raff*, § 2271 Rn 109.

Überlebenden ein **Änderungsvorbehalt** eingeräumt sein soll, wenn objektiv die Befürchtung besteht, dass dessen Versorgung durch den/die Bedachte nicht mehr gewährleistet ist.[113] Ist die Befugnis, das Testament abzuändern, „den Eltern" eingeräumt, so kann die Auslegung ergeben, dass die Befugnis den Ehegatten nur gemeinsam zusteht.[114] Allein die Tatsache, dass es sich um relativ junge Ehegatten handelt, führt nicht zur Annahme eines Änderungsvorbehaltes.[115]

4. Änderungsbefugnis aufgrund einer Pflichtteilsklausel

In der Bestimmung, dass ein zum Schlusserben bestimmtes Kind bei Verlangen des 50
Pflichtteils nach dem ersten Erbfall auch beim Tod des Letztversterbenden nur den Pflichtteil verlangen können soll, kann eine Änderungsbefugnis für diesen Fall angenommen werden.[116] Für den Fall der Trennungslösung, also der Anordnung von Vor- und Nacherbschaft nach dem Erstversterbenden, soll nach h.M. die Aufhebung oder Änderung der Nacherbeneinsetzung durch den überlebenden Ehegatten möglich sein.[117] Darin soll keine Aufhebung der letztwilligen Verfügungen des erstversterbenden Ehegatten entgegen § 2065 BGB liegen. Vielmehr nimmt man hier an, dass die Nacherbeneinsetzung unter der ausdrücklichen oder stillschweigenden Bedingung erfolgt ist, dass der überlebende Ehegatte nicht anders verfügt.[118]

5. Widerruf bei Vermächtnissen

Die gleiche Möglichkeit besteht auch für **Vermächtnisse**. Diese können ebenfalls unter 51
der Bedingung angeordnet werden, dass der Überlebende sie nicht widerruft.[119] Zu Recht wird jedoch darauf hingewiesen, dass bei der Annahme von derart weitgehenden Befugnissen besondere Zurückhaltung geboten ist.[120] Wenn dem Überlebenden die Befugnis eingeräumt ist, die Höhe der Beträge von Vermächtnissen zu ändern, so ist er dadurch nicht befugt, auch die Vermächtnisnehmer der Person nach auszutauschen. Ist bestimmt, dass der Überlebende die „Erbfolge" nach seinem Tod ändern darf, so umfasst diese Abänderungsbefugnis im Zweifel nicht die Vermächtnisse, mit denen der Erstversterbende die Erbschaft des Überlebenden beschwert hat.[121] Wird dem Überlebenden das Recht eingeräumt, das Testament durch weitere Vermächtnisanordnung zu ergänzen, wird darin nicht ohne weiteres die Befugnis des Überlebenden erblickt werden können, einem Bedachten seine Zuwendung zu entziehen.[122]

Sind dem Überlebenden Anordnungen über die Art der Verteilung unter den Kindern 52
vorbehalten, muss dies nicht bedeuten, dass er auch die Erbteile der Kinder verändern darf.[123] Ist dem weitgehend vermögenslosen überlebenden Ehegatten gestattet, über sein Vermögen anderweitig zu verfügen, kann in dieser Einräumung eine Beschränkung liegen, wenn die Ehegatten bei Errichtung des gemeinschaftlichen Testaments

---

113 OLG Hamm FamRZ 1995, 1022 = ZEV 1995, 146 m. Anm. *Kössinger.*

114 BayObLG NJW-RR 1989, 587.

115 BayObLG FamRZ 1995, 251, 253 = ZEV 1994, 362; Staudinger/*Raff*, § 2271 Rn 100.

116 OLG Dresden OLGE 40, 143; Staudinger/*Raff*, § 2271 Rn 101: Ein solcher Abänderungsvorbehalt kann sich auch erst durch ergänzende Auslegung ergeben oder stillschweigend im Testament enthalten sein, maßgeblich ist die Willensrichtung beider Ehegatten.

117 MüKo/*Musielak*, § 2271 Rn 32; *Sammet*, in: Reimann/Bengel/Dietz/Sammet, § 2271 Rn 30; MüKo/*Musielak*, § 2271 Rn 80.

118 BGHZ 2, 36; BGHZ 59, 220, 222; BayObLG FamRZ 1991, 1488; Staudinger/*Otte*, § 2065 Rn 49.

119 LG München ZEV 1995, 373, 374 m. Anm. *Skibbe*; MüKo/*Musielak*, § 2271 Rn 32.

120 Vgl. BayObLG FamRZ 1991, 1488; BayObLG DNotZ 1992, 50; Staudinger/*Raff*, § 2271 Rn 103.

121 OLG Stuttgart JW 1934, 1294 m. Anm. *Zilkens*; Staudinger/*Raff*, § 2271 Rn 103.

122 RG Recht 1920 Nr. 423; Staudinger/*Raff*, § 2271 Rn 103.

123 BayObLGZ 1919, 105; Staudinger/*Raff*, § 2271 Rn 103; zu einem anderen Ergebnis im Einzelfall gelangt das OLG Frankfurt ErbR 2020, 734.

davon ausgingen, dass das Vermögen im Wesentlichen den von ihnen eingesetzten Schlusserben zufallen sollte.[124] Ist dem überlebenden Ehegatten das Recht eingeräumt, einem nicht als Schlusserben bedachten Kind durch Vermächtnis eine Abfindung auszusetzen, dann muss ihm damit nicht die Befugnis eingeräumt sein, die Erbeinsetzungen der anderen Kinder wertmäßig unter den gesetzlichen Erbteil zu mindern.[125]

VII. Neue spätere Verfügungen des Überlebenden

1. Allgemeines

53 Für neue Verfügungen des Überlebenden fehlt es an einer gesetzlichen Vorschrift, die Umfang und Wirkung der Bindung regelt. Wegen der Ähnlichkeit zum Erbvertrag wird § 2289 BGB analog angewendet.[126] Damit ergibt sich Folgendes: Neue Verfügungen sind nicht per se nichtig, sondern spätere einseitige Verfügungen sind nur insoweit unwirksam, als sie in Widerspruch zu einer wechselbezüglichen Verfügung stehen. Umgekehrt sind sie wirksam, wenn sie lediglich eine Besserstellung des Bedachten bewirken.[127] Eine solche Besserstellung kann etwa in einer Einsetzung zum Alleinerben statt in der Zuwendung eines lebenslangen Nießbrauchs liegen.[128]

54 Auch können die Ehegatten die Bindungswirkung beschränkt oder sogar völlig ausschlossen haben,[129] wodurch spätere Verfügungen im jeweiligen Umfang wirksam sind. Ebenso zulässig und wirksam ist es, wenn lediglich die Verfügungen aus dem gemeinschaftlichen Testament wiederholt werden.[130] In der gleichen Weise unproblematisch ist eine neue letztwillige Verfügung, wenn die wechselbezügliche Bestimmung unwirksam ist oder gegenstandslos wird.[131] Eine solche Gegenstandslosigkeit kann sich ergeben durch den ersatzlosen Wegfall eines Bedachten in Folge Vorversterbens (§§ 1923, 2160 BGB) oder durch einen **Erb-** oder **Zuwendungsverzicht** nach § 2346 BGB, durch Ausschlagung (§§ 1953, 2180 Abs. 3 BGB) oder durch Erbunwürdigkeitserklärung nach § 2344 BGB.[132] Eine Gegenstandslosigkeit tritt nicht ein, wenn an die Stelle des Weggefallenen ein Ersatzerbe tritt nach §§ 2069, 2096 BGB oder eine Erbteilsanwachsung eingreift nach § 2094 BGB.[133]

55 Insoweit ist es bedeutungslos, ob der Wegfall des im gemeinschaftlichen Testament Bedachten vor oder nach der Errichtung der neuen Verfügung eintritt,[134] da bei späterem Wegfall eine **Heilung** der einseitigen Verfügung durch die Erledigung der wechselbezüglichen Verfügung eintritt. Weiter sind oder werden neue Verfügungen des Überlebenden dann wirksam, wenn der im gemeinschaftlichen Testament Bedachte den Verzicht auf erbrechtliche Zuwendungen formgerecht nach §§ 2348, 2352 S. 2 BGB erklärt.[135] Dazu muss der Überlebende mit dem Bedachten einen Erbverzichtsvertrag

---

124 BGH FamRZ 1973, 189, 190; MüKo/*Musielak*, § 2271 Rn 32.
125 BGH NJW 1983, 277; Staudinger/*Raff*, § 2271 Rn 103.
126 RGZ 58, 64; OLG Frankfurt a.M. NJW-RR 1995, 265; MüKo/*Musielak*, § 2271 Rn 15, 16.
127 BGHZ 30, 261.
128 BGHZ 30, 261; BGH NJW 1960, 142 m. Anm. *Bärmann*.
129 BGHZ 2, 35.
130 BayObLGZ 1961, 12; OLG Hamm OLGZ 1967, 77; MüKo/*Musielak*, § 2271 Rn 19; Staudinger/*Raff*, § 2271 Rn 67.
131 BayObLG FamRZ 2001, 319; OLG Frankfurt a.M. NJW-RR 1995, 265; OLG Celle ErbR 2018, 269; OLG Bremen ErbR 2013, 221.
132 RGZ 130, 213; RGZ 149, 200; BayObLGZ 22, 126; BayObLGZ 32, 411; OLG Hamm NJW-RR 1991, 1349, 1351; OLG Frankfurt a.M. FamRZ 1995, 1026; Staudinger/*Raff*, § 2271 Rn 68.
133 BayObLG FamRZ 1995, 251; Staudinger/*Raff*, § 2271 Rn 69.
134 RGZ 130, 213; Staudinger/*Raff*, § 2271 Rn 70.
135 MüKo/*Musielak*, § 2271 Rn 16; Staudinger/*Kanzleiter*, § 2271 Rn 31, 38; BayObLG FamRZ 2001, 319.

abschließen.[136] Seit Inkrafttreten des Gesetzes zur Änderung des Erb- und Verjährungsrechts zum 1.1.2010 werden von einem Zuwendungsverzicht wegen des ausdrücklichen Verweises in § 2352 S. 3 auf § 2349 BGB auch Ersatzerben erfasst.[137]

2. Teilerbverzichtsvertrag

Der Überlebende kann sich auch in einem **Teilerbverzichtsvertrag** die Befugnis einräumen lassen, den Bedachten durch Vermächtnis zu beschweren.[138] Eine lediglich formlos erklärte Zustimmung des Bedachten zu der ihn beeinträchtigenden letztwilligen Verfügung ist unwirksam.[139] Nur ausnahmsweise kann dem Bedachten, der sich auf die Formunwirksamkeit seiner Zustimmung beruft, der Einwand der Arglist entgegengehalten werden.[140] Unwirksam sind daher alle neuen letztwilligen Verfügungen des Überlebenden, wenn und soweit sie die Rechte oder auch nur die wirtschaftliche Position der im gemeinschaftlichen Testament bedachten Personen beeinträchtigen.[141] Insoweit ist auch keine Ausnahme zu machen bei Verfügungen, die auf eine sittliche Pflicht Rücksicht nehmen oder die anstandshalber erfolgen.[142] 56

3. Keine Anordnung von Beschwerungen

Die Beeinträchtigung eines Bedachten liegt auch in sonstigen einschränkenden Anordnungen des überlebenden Ehegatten. Der Bedachte darf nicht schlechter gestellt werden, als in der wechselbezüglichen Verfügung vorgesehen.[143] Hier gilt das Gleiche wie bei einem Widerruf wechselbezüglicher Verfügungen zu Lebzeiten des anderen Ehegatten, für welche die Form des § 2296 BGB einzuhalten ist. Daher kann der Überlebende den Bedachten nicht mit einem **Vermächtnis** beschweren.[144] Er kann entgegen dem gemeinschaftlichen Testament keine **Testamentsvollstreckung** anordnen.[145] Umgekehrt ist die Anordnung natürlich zulässig, wenn sie dem Überlebenden gestattet war. Dies kann sich auch durch (ergänzende) Testamentsauslegung ergeben.[146] Keine Beeinträchtigung liegt hingegen in der **Aufhebung** einer Testamentsvollstreckung oder in dem Austauschen nur der Person des Testamentsvollstreckers.[147] Die Anordnung einer **Testamentsvollstreckung** kann dabei bereits als solche nicht wechselbezüglich sein (§ 2270 Abs. 3 BGB).[148] Daher kann diese Anordnung aufgehoben oder abgeändert werden, selbst wenn sie als wechselbezügliche gewollt war.[149] Eine Beschränkung des Bedachten kann auch in der **Einsetzung** eines **Nacherben** liegen[150] oder in der Anordnung einer Teilungsanordnung.[151] Dies ergibt sich aus einem Blick auf § 2306 BGB, der diese Art von Anordnungen als Beschwerung und Beschränkung 57

---

136 BGH FamRZ 1958, 275 = DNotZ 1958, 495; BGH FamRZ 1969, 207.
137 Für Altfälle ist zu prüfen, ob § 2069 BGB eingreift, wogegen bei vollständiger Abfindung im Erbverzichtsvertrag eine tatsächliche Vermutung sprechen sollte (OLG Hamm MDR 1982, 320).
138 OLG Köln FamRZ 1983, 837; Staudinger/*Raff*, § 2271 Rn 73.
139 MüKo/*Musielak*, § 2271 Rn 16; Soergel/*Leiß*, § 2271 Rn 17.
140 RGZ 134, 325, 327; BGH DNotZ 1958, 495, 497 = FamRZ 1958, 275.
141 Staudinger/*Raff*, § 2271 Rn 57.
142 BGH NJW 1978, 423; Staudinger/*Raff*, § 2271 Rn 63; MüKo/*Musielak*, § 2271 Rn 18.
143 BGH FamRZ 1969, 207, 208; Staudinger/*Raff*, § 2271 Rn 57.
144 Vgl. BGH NJW 1978, 423; BGH FamRZ 1969, 207; BayObLG Rpfleger 1989, 457; Staudinger/*Raff*, § 2271 Rn 58.
145 BayObLG FamRZ 1991, 111, 113; OLG Köln NJW-RR 1991, 525; Staudinger/*Raff*, § 2271 Rn 58.
146 KG OLGZ 1966, 503; OLG Köln NJW-RR 1991, 525; MüKo/*Musielak*, § 2271 Rn 17.
147 KG FamRZ 1977, 485; OLG Hamm ZEV 2001, 271 m. Anm. *Reimann*.
148 MüKo/*Musielak*, § 2271 Rn 17; Staudinger/*Raff*, § 2270 Rn 59.
149 BayObLG FamRZ 1988, 660.
150 Staudinger/*Kanzleiter*, § 2271 Rn 33.
151 MüKo/*Musielak*, § 2271 Rn 17; Staudinger/*Kanzleiter*, § 2271 Rn 33.

ansieht. Dies gilt allerdings nur, solange es in Folge der Teilungsanordnung nicht zu Wertverschiebungen zu Lasten des Bedachten kommt.[152] Deswegen ist die Teilungsanordnung wirksam, wenn zugleich eine Ausgleichsbestimmung getroffen wird, nach der die ursprünglichen Wertigkeiten aus dem gemeinschaftlichen Testament aufrechterhalten werden.[153]

VIII. Befreiung von der Bindungswirkung durch Ausschlagung

1. Allgemeines

58 Der Überlebende kann sich von der Bindungswirkung durch Ausschlagung nach Abs. 2 S. 1 Hs. 2 befreien. Der Vermögensanfall gilt dann als nicht erfolgt, §§ 1953, 2180 BGB. Hatte der Überlebende die Erbschaft nach dem Erstverstorbenen bereits angenommen, hatte er die Ausschlagungsfrist des § 1944 Abs. 1 BGB versäumt oder verstarb er selbst vor der Ausschlagung, ist die Ausschlagung nach dem Tod des Überlebenden durch dessen Erben nicht mehr möglich,[154] da die Möglichkeit, durch den Verzicht auf das Zugewendete die Testierfreiheit wiederzuerlangen, nur dem überlebenden Ehegatten selbst zusteht.[155]

2. Ausschlagung der Zuwendung

59 Der Überlebende muss das ihm Zugewendete ausschlagen. Unter einer **Zuwendung** i.d.S. ist jedes Rechtsgeschäft zu verstehen, durch das jemand einem anderen **einen Vermögensvorteil** verschafft.[156] Dies kann in einem gemeinschaftlichen Testament durch Erbeinsetzung oder Vermächtnis geschehen. Auch dem durch Auflage Begünstigten muss die Möglichkeit gegeben werden, durch Ausschlagung seine Testierfreiheit wieder zu gewinnen.[157]

3. Wirkung der Ausschlagung

60 Die Ausschlagung bewirkt **nicht** etwa eine **automatische Aufhebung** der wechselbezüglichen Verfügungen des überlebenden Ehegatten. Dieser gewinnt **lediglich** seine **Testierfreiheit** wieder. Will der Überlebende sich von seinen wechselbezüglichen Verfügungen aus dem gemeinschaftlichen Testament lösen, so muss er ein neues Testament errichten oder einen entsprechenden Erbvertrag schließen.[158] Dabei ist es unerheblich, ob dies bereits vor der Ausschlagung erfolgt ist.[159]

4. Ausschlagung durch Dritte

61 Eine **Ausschlagung durch einen Dritten**, etwa den Bedachten, ist **nicht möglich** und hat keine Wirkung auf die Testierfreiheit des Überlebenden.[160] Auch in den Fällen, in denen dem Überlebenden vom Erstverstorbenen nichts zugewendet wurde, ist eine Ausschlagung durch sonstige (ggf. bedachte) Personen nicht möglich. Dem Ehegatten steht in dieser Konstellation nach überwiegender Auffassung kein Recht zur Ausschla-

---

152 MüKo/*Musielak*, § 2271 Rn 17.
153 BGHZ 82, 274, 279.
154 RGZ 95, 218; Staudinger/*Raff*, § 2271 Rn 81.
155 Staudinger/*Raff*, § 2271 Rn 81.
156 MüKo/*Musielak*, § 2271 Rn 21.
157 *Sammet*, in: Reimann/Bengel/Dietz/Sammet, § 2271 Rn 48; MüKo/*Musielak*, § 2271 Rn 21.
158 BGH NJW 2011, 1353; Grüneberg/*Weidlich*, § 2271 Rn 19; MüKo/*Musielak*, § 2271 Rn 22.
159 RGZ 65, 275; MüKo/*Musielak*, § 2271 Rn 22.
160 Staudinger/*Raff*, § 2271 Rn 77; *Sammet*, in: Reimann/Bengel/Dietz/Sammet, § 2271 Rn 50; MüKo/*Musielak*, § 2271 Rn 23.

gung zu, weshalb der Überlebende hier seine Testierfreiheit nur durch eine Aufhebung nach Abs. 2 S. 2 u. Abs. 3 sowie durch Anfechtung wiedergewinnen kann.[161]

Ist sowohl dem **Dritten** als auch dem **Überlebenden** etwas zugewendet, dann genügt 62 es, wenn der Überlebende die Ausschlagung erklärt. Eine Ausschlagung durch den Dritten ist weder erforderlich noch möglich.[162] Durch die Ausschlagung und die nachfolgende Neutestierung wird die Verfügung des Erstverstorbenen zugunsten des Dritten unwirksam nach § 2270 Abs. 1 BGB. Sollte der Überlebende dann wieder neu testieren und zu seiner anfänglichen Testierung zurückkehren, so würde dies nichts an der eingetretenen Unwirksamkeit der wechselbezüglichen Verfügung ändern.[163]

5. Wertlose Zuwendung

Ist die **Zuwendung** lediglich **wirtschaftlich wertlos**, so muss der Überlebende ebenso 63 ausschlagen, um seine Testierfreiheit wieder zu gewinnen.[164]

6. Ausschlagung und gesetzlicher Erbteil des Überlebenden

Problematisch ist die Behandlung folgender Fallkonstellation: Der Überlebende hat 64 durch gemeinschaftliches Testament eine Zuwendung erhalten, wäre aber für den Fall der Ausschlagung auch gesetzlicher Erbe, wie im Regelfall, wenn sich die Ehegatten wechselbezüglich bedenken und wenn der Schlusserbe nicht Ersatzerbe für den Ausschlagenden ist nach § 2096 BGB.[165] Für den Fall, dass der gesetzliche Erbteil wertmäßig an die testamentarische Zuwendung heranreicht, was noch bei 3/4 des Wertes der testamentarischen Zuwendung bejaht wird,[166] oder diesen sogar übersteigt, verlangt die h.M.,[167] dass der Überlebende auch sein gesetzliches Erbrecht **ausschlagen** muss, um seine Testierfreiheit wieder zu erlangen.[168] Die Begründung dafür soll darin liegen, dass die Ehegatten im Regelfall dem Überlebenden eine bestimmte Rechtsposition unabhängig vom Berufungsgrund einräumen wollen. Die Stellung des Überlebenden soll dann nach dem Willen der Erblasser davon abhängig sein, dass er nicht ausschlägt. Erforderlich ist lediglich, dass sich die Ehegatten ausdrücklich oder stillschweigend auf den gesetzlichen Erbteil eingesetzt haben. In den sonstigen Fällen kann der beschriebene Erblasserwille zu einer **bedingten Enterbung** im Fall der Ausschlagung führen.[169]

Die vorgenannte Ansicht vermischt bei genereller Anwendung die Wirkung der Aus- 65 schlagung (nämlich eine durchaus mögliche dadurch bedingte Enterbung) mit der Frage der Wiedererlangung der Testierfreiheit, sowie die verschiedenen Berufungsgründe. Sie findet im Gesetzeswortlaut keine Stütze. Eine individuelle Auslegung wird sich in keinem Fall vermeiden lassen.[170] Die Berufung zum gesetzlichen Erben besteht kraft Gesetzes und damit unabhängig von testamentarischen Verfügungen. Fallen die

---

161 *Sammet*, in: Reimann/Bengel/Dietz/Sammet, § 2271 Rn 50; MüKo/*Musielak*, § 2271 Rn 23; Grüneberg/*Weidlich*, § 2271 Rn 19.

162 MüKo/*Musielak*, § 2271 Rn 24; *Sammet*, in: Reimann/Bengel/Dietz/Sammet, § 2271 Rn 50; Staudinger/*Raff*, § 2271 Rn 78; Grüneberg/*Weidlich*, § 2271 Rn 19.

163 BGH NJW 2011, 1353; Staudinger/*Raff*, § 2271 Rn 78.

164 BGH MDR 1961, 402; *Sammet*, in: Reimann/Bengel/Dietz/Sammet, § 2271 Rn 48; Grüneberg/*Weidlich*, § 2271 Rn 19; Soergel/*Leiß*, § 2271 Rn 19.

165 MüKo/*Musielak*, § 2271 Rn 25.

166 KG NJW-RR 1991, 330; Soergel/*Leiß*, § 2271 Rn 19.

167 Vgl. eine Übersicht zum Meinungsstand bei *Sammet*, in: Reimann/Bengel/Dietz/Sammet, § 2271 Rn 52–55.

168 OLG München JFG 15, 36, 38; KG NJW-RR 1991, 330, 331; Soergel/*Leiß*, § 2271 Rn 19.

169 MüKo/*Musielak*, § 2271 Rn 25.

170 So auch *Sammet*, in: Reimann/Bengel/Dietz/Sammet, § 2271 Rn 55; Grüneberg/*Weidlich*, § 2271 Rn 18.

vorrangigen testamentarischen Verfügungen durch Ausschlagung und Aufhebung weg, so erlangt der Überlebende seine Testierfreiheit wieder. In einem weiteren Schritt ist dann zu klären, ob für den Fall der Ausschlagung eine bedingte Enterbung vorgesehen ist. Hier wird in der Tat nach der Höhe der testamentarischen Zuwendungen und des gesetzlichen Erbteils zu differenzieren sein.[171] Ist der Wert der testamentarischen Zuwendung erheblich größer als der gesetzliche Erbteil, so müssen sich für die Enterbung eindeutige Hinweise im Testament finden lassen.[172] Umgekehrt ergibt sich für den Fall, dass der testamentarische Erbteil erheblich geringer ist als der gesetzliche Erbteil, ein starkes **Indiz für den Enterbungswillen**, jedenfalls soweit der gesetzliche Erbteil über den testamentarischen Erbteil hinausgeht.[173]

Praxistipp
Der ausschlagungswillige Mandant wird auf das Risiko des Verlustes seines gesetzlichen Erbteils hinzuweisen sein, ebenso wie auf das Erfordernis, diesen ausschlagen zu müssen, um die Testierfreiheit wiederzuerlangen.
Auf der vorgelagerten Beratungsstufe bei der Testamentserstellung empfiehlt sich die Aufnahme einer ausdrücklich klarstellenden Regelung für den Fall der Ausschlagung.

IX. Aufhebung bei Verfehlungen des Bedachten

1. Allgemeines

66 Bei Verfehlungen des Bedachten ist eine Aufhebung der Bindungswirkung möglich, Abs. 2 S. 2 i.V.m. §§ 2333, 2336, 2294 BGB. Auch nach Annahme des Zugewendeten ist eine solche Aufhebung möglich, wenn der Bedachte sich einer Verfehlung schuldig macht, die den Erblasser zur Entziehung des Pflichtteils berechtigt (§ 2333 BGB) oder ihn für den Fall, dass der Bedachte pflichtteilsberechtigt wäre, zur Entziehung berechtigen würde (§ 2294 BGB). Es muss also in beiden Varianten eine Verfehlung nach § 2333 BGB vorliegen. Gemäß § 2294 BGB kommt es nicht darauf an, dass der Bedachte tatsächlich pflichtteilsberechtigt ist.[174]

67 Es wird vertreten, dass die **Verfehlung**, die einer Aufhebung zugrunde gelegt werden soll, nach Errichtung des gemeinschaftlichen Testaments begangen worden sein muss. Wenn die Verfehlung vor der gemeinschaftlichen Testierung begangen ist, soll lediglich eine Anfechtung in Betracht kommen.[175] Diese Ansicht findet keine Stütze im Gesetzeswortlaut. Abs. 2 S. 2 trifft keine derartigen Einschränkungen, sondern legt in zeitlicher Abfolge lediglich fest, dass nach Annahme der Zuwendung in den Fällen der §§ 2294 und 2333 BGB eine Aufhebung erfolgen kann. § 2336 BGB legt als relevanten Zeitpunkt ebenfalls nur fest, dass die Verfehlung bei Errichtung der entziehenden Verfügung begangen sein muss, setzt aber keine weitere zeitliche Grenze. Damit greift die Vorschrift grundsätzlich auch für Verfehlungen, die vor Testamentserrichtung begangen sind. Waren diese bei Testierung bekannt, scheidet eine Anfechtung mangels Irrtums allerdings aus. In der gleichwohl erfolgenden Erbeinsetzung wird regelmäßig eine Verzeihung nach § 2337 BGB liegen, so dass eine Aufhebung nach Abs. 2 S. 2 erneut ausscheidet.

68 Der Grund hierfür liegt in Folgendem: Die Anfechtung betrifft Fälle der irrtumsbehafteten Willensbildung bei Testamentserrichtung und liegt damit strukturell auf einer anderen Ebene als die rein objektiv an das Vorliegen einer schweren Verfehlung an-

171 MüKo/*Musielak*, § 2271 Rn 25.
172 MüKo/*Musielak*, § 2271 Rn 25.
173 Staudinger/*Raff*, § 2271 Rn 80.
174 MüKo/*Musielak*, § 2271 Rn 26.
175 *Sammet*, in: Reimann/Bengel/Dietz/Sammet, § 2271 Rn 59.

knüpfende Normen des Abs. 2 S. 2 i.V.m. § 2294 BGB und des § 2333 BGB. Dass in der schweren Verfehlung auch ein Anfechtungsgrund liegen kann, wenn die Verfehlung bereits bei Testamentserrichtung begangen (aber unbekannt) war, führt nicht zu einem Alternativverhältnis der beiden Rechtsinstitute, sondern dazu, dass in solchen Fällen sowohl die Anfechtung als auch die Aufhebung für den überlebenden Ehegatten in Betracht kommen können.

Die **Aufhebung** muss in der Form des § 2336 BGB durch **letztwillige Verfügung** 69
erfolgen. Darin ist zwingend der Grund der Aufhebung so genau wie möglich zu bezeichnen.

Praxistipp 70
Dringend zu empfehlen ist in der Praxis für den Aufhebenden eine Sicherung der Beweismittel, denn die Tatsachen, die die Aufhebung rechtfertigen sollen, müssen von demjenigen bewiesen werden, der die Aufhebung geltend macht (§ 2336 Abs. 3 BGB). Diese Beweispflicht erstreckt sich sogar auf die Pflicht, auch Rechtfertigungs- und Entschuldigungsgründe des Bedachten zu widerlegen.[176]

2. Vorliegen des Aufhebungsgrundes

Der **Aufhebungsgrund** muss **zur Zeit der Aufhebung** noch gegeben sein. Er darf 71
daher nicht durch Verzeihung nach § 2337 S. 1 BGB entfallen sein.

Unklar ist, was gelten soll, wenn eine Verzeihung zeitlich nach der Aufhebung erfolgt. Hierzu wird vertreten, die nachträgliche Verzeihung würde nichts an einer einmal erfolgten Aufhebung ändern. Begründet wird dies damit, dass sowohl in § 2294 BGB wie auch in Abs. 2 S. 2 eine Verweisung auf die Anwendbarkeit von § 2337 S. 2 BGB fehlt.[177] Nach derselben Ansicht soll es aber anders sein, wenn die Verzeihung vor der Aufhebung erfolgt. Damit soll auch nach dieser Ansicht das Recht zur Aufhebung entfallen.[178] Dem kann nicht gefolgt werden: In Abs. 2 S. 2 wird weder auf § 2337 S. 1 BGB noch auf § 2337 S. 2 BGB Bezug genommen. Es ist daher inkonsistent, daraus für § 2337 S. 2 BGB auf Nichtanwendbarkeit schließen zu wollen, den S. 1 der Vorschrift aber gleichwohl anzuwenden.

3. Wirkung der Aufhebung

Im Umfang der Aufhebung wird der Überlebende von der Bindung an das gemein- 72
schaftliche Testament befreit.[179] Die Aufhebung führt nicht nur zum **Wegfall** des Bedachten, der sich der schweren Verfehlung schuldig gemacht hat, mit der Folge, dass nun dessen Abkömmlinge als Ersatzerben (ggf. i.S.d. § 2069 BGB) an dessen Stelle treten würden. Der Erblasser wird durch die Aufhebung vielmehr frei, neu zu testieren.[180] Etwas anderes kann sich selbstverständlich dann ergeben, wenn der auszulegende Wille beider Erblasser im gemeinschaftlichen Testament in eine andere Richtung ging.

Da Abs. 2 S. 2 davon ausgeht, dass der Überlebende die Zuwendung des Erstverster- 73
benden angenommen hat, bleiben die Verfügungen des Erstversterbenden auch im Fall der Aufhebung der Verfügung des Überlebenden wirksam und werden nicht unwirksam nach § 2270 Abs. 1 BGB.[181] Dies wird auf die Annahme einer stillschwei-

176 MüKo/*Musielak*, § 2271 Rn 29.
177 MüKo/*Musielak*, § 2271 Rn 29; KG ZEV 2011, 266; *Sammet*, in: Reimann/Bengel/Dietz/Sammet, § 2271 Rn 63.
178 MüKo/*Musielak*, § 2271 Rn 29; *Sammet*, in: Reimann/Bengel/Dietz/Sammet, § 2271 Rn 63.
179 BayObLG FamRZ 1964, 472; BGH FamRZ 1965, 321.
180 BGH FamRZ 1965, 321; BayObLG FamRZ 1964, 472; Staudinger/*Raff*, § 2271 Rn 92.
181 Staudinger/*Raff*, § 2271 Rn 89; MüKo/*Musielak*, § 2271 Rn 28.

genden Ermächtigung zu einer Aufhebung durch die Erblasser im gemeinschaftlichen Testament gestützt.[182]

74 Auch bei der Aufhebung wegen **schwerer Verfehlungen** kann der Überlebende nur seine eigenen Verfügungen aufheben und nicht die Verfügungen des Erstversterbenden. Dies wirkt sich aber de facto wie eine Aufhebung der Verfügungen des Erstverstorbenen aus, soweit der überlebende Ehegatte vom Erstversterbenden bedacht war, beim Berliner Testament also hinsichtlich des gesamten dem Erben anfallenden Nachlasses.[183] Denn der Nachlass des Erstversterbenden befindet sich insoweit wirtschaftlich im Vermögen des Überlebenden und ist damit dessen letztwilligen Verfügungen unterworfen.

X. Beschränkung in guter Absicht

75 Abs. 3 i.V.m. §§ 2238, 2289 Abs. 2 BGB gibt die Möglichkeit, bei bedachten **Pflichtteilsberechtigten** beider oder eines Ehegatten bestimmte Beschränkungen anzuordnen, die in § 2338 BGB näher beschrieben sind. Der Umfang der Beschränkung bezieht sich auf die gesamte Zuwendung aus dem gemeinschaftlichen Testament und nicht nur auf die Zuwendung i.H.d. Pflichtteils.

76 Formal muss diese **Beschränkung** nach § 2289 Abs. 3 BGB i.V.m. § 2336 Abs. 1 BGB durch letztwillige Verfügung angeordnet werden. Auch hier muss wiederum dringend dazu geraten werden, die strengen Anforderungen des § 2336 Abs. 2 BGB, der über § 2289 Abs. 2 BGB für anwendbar erklärt wird, in der Praxis ernst zu nehmen. Der Grund für die Beschränkung in guter Absicht muss in der Verfügung so konkret wie möglich angegeben werden. Für eine Sicherung der Beweismittel ist Sorge zu tragen, da nach § 2336 Abs. 3 BGB auch hier den Beschränkenden oder demjenigen, der sich später auf die Beschränkung berufen will, die volle Beweis- und Darlegungslast für das Vorliegen eines die Beschränkung rechtfertigenden Grundes obliegt.[184]

77 Es genügt nicht, dass der **Eintritt der Überschuldung** nach § 2338 Abs. 1 BGB lediglich droht.[185] Ebenso genügt nicht die bloße Besorgnis, dass der Bedachte nicht im Stande sein wird, das Erbe zu erhalten.[186]

78 Die **Beschränkung** nach Abs. 3 kann schon zu Lebzeiten beider Ehegatten angeordnet werden.[187] Dieser Weg ist aber aus oben genannten Gründen zur Beweisbarkeit des Entziehungsgrundes nur dann zu empfehlen, wenn eine gemeinsame Aufhebung des gemeinschaftlichen Testaments und eine situationsangepasste gemeinsame Neutestierung nicht möglich sind, etwa weil sich der andere Ehegatte der Neutestierung verweigert.

79 Da Abs. 3 die Beschränkung in guter Absicht nicht als Widerruf nach Abs. 1 betrachtet, tritt über § 2270 Abs. 1 BGB keine Unwirksamkeit der Verfügungen des Erstversterbenden ein.[188] Auch hier kann der Überlebende eine Beschränkung immer nur hinsichtlich seiner eigenen Verfügungen anordnen.

---

182 MüKo/*Musielak*, § 2271 Rn 28.
183 Staudinger/*Raff*, § 2271 Rn 90.
184 OLG Köln MDR 1983, 318.
185 OLG Köln MDR 1983, 318; Staudinger/*Raff*, § 2271 Rn 94.
186 MüKo/*Musielak*, § 2271 Rn 30.
187 Staudinger/*Raff*, § 2271 Rn 94; MüKo/*Musielak*, § 2271 Rn 30.
188 Staudinger/*Raff*, § 2271 Rn 94.

XI. Anfechtung des gemeinschaftlichen Testaments

1. Allgemeines

80 Eine **Anfechtung** des gemeinschaftlichen Testaments kommt **erst nach dem Tod** des Erstversterbenden in Betracht. Vorher ist sie durch die jederzeitige Möglichkeit des Widerrufs nach Abs. 1 verdrängt.[189]

Umstritten ist, ob ein Recht zur Anfechtung einseitiger Verfügungen analog § 2282 Abs. 2 BGB entsteht, wenn ein Ehegatte testierunfähig wird und daher keinen Widerruf mehr zu erklären vermag. Hier wird vertreten, dass einem Betreuer mit Genehmigung des Betreuungsgerichts ein Anfechtungsrecht zustehen könne.[190] Dagegen spricht allerdings bereits, dass der Gesetzgeber die Problematik beim Erbvertrag gesehen hat, beim gemeinschaftlichen Testament aber keine Regelung getroffen hat. Damit liegt die für eine Analogie erforderliche gesetzliche Regelungslücke nicht vor.[191] Ein Dritter kann bereits nach allg. Grundsätzen zu Lebzeiten nicht anfechten. Nach dem Tod des Erstversterbenden ist eine Anfechtung sowohl von dem Überlebenden als auch von Dritten möglich.

2. Anfechtung des Überlebenden

81 Angefochten werden können vom Überlebenden sowohl die eigenen als auch die Verfügungen des vorverstorbenen Ehegatten. Hinsichtlich der eigenen Verfügungen kommt eine Anfechtung aber nur für die wechselbezüglichen Verfügungen in Betracht. Die eigenen einseitigen Verfügungen kann der Überlebende auch nach dem Tod des Erstversterbenden nach §§ 2253 ff. BGB[192] widerrufen.

82 Die **wechselbezüglichen Verfügungen** werden genauso angefochten wie vertragsmäßige Verfügungen, die in einem Erbvertrag enthalten sind, nach §§ 2281 ff. BGB i.V.m. §§ 2078, 2079 BGB.[193] Aufgrund der ähnlichen Bindungswirkung von wechselbezüglichen Verfügungen beim gemeinschaftlichen Testament und vertragsmäßigen Verfügungen im Erbvertrag besteht eine vergleichbare Interessenlage, die eine analoge Anwendung der vorstehenden Vorschriften bedingt.[194]

83 Die **Anfechtungsgründe** sind die der §§ 2078, 2079 BGB. Auf die Kommentierung zu diesen Vorschriften kann insoweit verwiesen werden. Eine Anfechtung setzt voraus, dass der Überlebende bei Kenntnis der wahren Sachlage seine Verfügungen nicht getroffen haben würde (§§ 2078 Abs. 1, Abs. 2, 2079 S. 2 BGB).[195] Ob eine Anfechtung nach § 2078 BGB bei einem Irrtum des Erblassers über die Bindungswirkung wechselbezüglicher Verfügungen berechtigt ist, erscheint fraglich.[196]

84 Beim gemeinschaftlichen Testament stellt sich damit die umstrittene Frage, ob bei der Ermittlung des maßgeblichen Willens der Wille beider Ehegatten, also auch der des Verstorbenen, berücksichtigt werden muss.[197] Da die Anfechtung auf Mängel bei der Willensbildung zielt, es aber auch beim gemeinschaftlichen Testament zunächst einmal individuelle Willensbildungen bei den einzelnen Ehegatten geben muss, wird man bei der Anfechtung entgegen den sonstigen Grundsätzen bei der Auslegung von gemeinschaftlichen Testamenten auf den Willen allein des Ehegatten abstellen müssen, dessen

189 RGZ 77, 169; RGZ 87, 97; RGZ 132, 1; BGH NJW 2016, 2566; Staudinger/*Raff*, § 2271 Rn 118.

190 Vgl. die Nachweise bei Grüneberg/*Weidlich*, § 2271 Rn 27.

191 OLG Bamberg FamRZ 2016, 83.

192 BGH FamRZ 1956, 83, 84; BayObLGZ 21, 277, 278.

193 BGHZ 37, 331, 333; BGH FamRZ 1970, 79, 80.

194 RGZ 77, 168; RGZ 87, 98; MüKo/*Musielak*, § 2271 Rn 36.

195 BayObLG NJW 1971, 1565; MüKo/*Musielak*, § 2271 Rn 37.

196 BayObLG FamRZ 2003, 359; MüKo/*Musielak*, § 2271 Rn 36 mit weiteren Nachweisen zum Meinungsstand.

197 OLG Hamm NJW 1972, 1088.

Verfügung angefochten werden soll.[198] Der andere Ehegatte wird ausreichend durch § 2270 Abs. 1 BGB geschützt.

85 Die Anfechtung kann im gemeinschaftlichen Testament ausgeschlossen werden, so können die Ehegatten bestimmen, dass das Testament auch beim etwaigen Übergehen von Pflichtteilsberechtigten Bestand haben soll.[199]

86 Wird die **anfechtbare Verfügung** von dem anfechtungsberechtigten Ehegatten **bestätigt**, geht das Anfechtungsrecht insoweit verloren (§§ 144, 2284 BGB).[200] Eine solche Bestätigung kann formlos und konkludent erfolgen.[201] Eine Anfechtung ist dem Überlebenden auch verwehrt, wenn er die Voraussetzungen der Anfechtung gegen Treu und Glauben oder durch ein gegen die guten Sitten gerichtetes Verhalten selbst herbeigeführt hat.[202]

3. Form und Frist der Anfechtung

87 Für die **Form** und **Frist** der Anfechtung sind §§ 2282 und 2283 BGB entsprechend anzuwenden.[203] Insbesondere bedarf die Anfechtung der notariellen Beurkundung nach § 2282 Abs. 3 BGB analog.[204] Insofern kann auf die Erläuterungen zu §§ 2282 und 2283 BGB verwiesen werden. Die Anfechtungsfrist beginnt frühestens mit dem Tod des vorverstorbenen Ehegatten.[205]

88 Die Anfechtungsfrist beginnt auch zu laufen, wenn der Überlebende an das gemeinschaftliche Testament zeitweise nicht mehr denkt.[206] Anders ist es, wenn der Erblasser das Testament so weit vergessen hat, dass es ich selbst auf Fragen des Nachlassgerichts nicht mehr einfällt, und zwar so lange, bis er konkret wieder an seine früheren Verfügungen erinnert wird.[207]

89 Ebenfalls kommt es nicht auf die Kenntnis des Erblassers von seinem Anfechtungsrecht oder der Notwendigkeit und Möglichkeit einer Anfechtung an.[208] Liegt beim Überlebenden ein **Rechtsirrtum** vor, dann ist dieser **beachtlich**, wenn er zur Unkenntnis einer die Anfechtung begründenden Tatsache führt. **Unbeachtlich** ist er hingegen, wenn es sich nur um eine rechtsirrige Beurteilung des Anfechtungstatbestandes selbst handelt.[209] Eine lediglich unrichtige Auslegung des Testaments soll den Fristlauf nicht hemmen.[210]

90 Meint der Erblasser, das gemeinschaftliche Testament sei formnichtig oder aus sonstigen Gründen (Wiederverheiratung) unwirksam oder es wäre bereits wirksam angefochten,[211] fängt die Anfechtungsfrist nicht zu laufen an.[212]

91 Für das **Selbstanfechtungsrecht** des Überlebenden gilt die 30-jährige Ausschlussfrist des § 2082 Abs. 3 BGB nicht entsprechend. Grund dafür ist, dass das Recht zur Selbst-

198 BayObLG FamRZ 2001, 1250; MüKo/*Musielak*, § 2271 Rn 38; Grüneberg/*Weidlich*, § 2271 Rn 28.
199 MüKo/*Musielak*, § 2271 Rn 39.
200 BayObLGZ 1954, 71, 77; MüKo/*Musielak*, § 2271 Rn 39.
201 MüKo/*Musielak*, § 2271 Rn 39; Staudinger/*Raff*, § 2271 Rn 138.
202 BGHZ 4, 91; BGH NJW 1970, 279.
203 BGH FamRZ 1970, 80; MüKo/*Musielak*, § 2271 Rn 40; Soergel/*Leiß*, § 2271 Rn 34.
204 RGZ 87, 95, 98; OLG Düsseldorf DNotZ 1972, 42; Staudinger/*Raff*, § 2271 Rn 134.
205 MüKo/*Musielak*, § 2271 Rn 40; Soergel/*Leiß*, § 2271 Rn 35.
206 Staudinger/*Raff*, § 2271 Rn 136; Soergel/*Leiß*, § 2271 Rn 35.
207 BayObLG FamRZ 1995, 1024; OLG Düsseldorf NJW-RR 2007, 947; Grüneberg/*Weidlich*, § 2271 Rn 29.
208 RGZ 107, 193; RGZ 132, 1; Staudinger/*Raff*, § 2271 Rn 136.
209 BGH FamRZ 1970, 79; Staudinger/*Raff*, § 2271 Rn 136.
210 OLG Koblenz NJW 1948, 628 m. Anm. *Sommer;* Staudinger/*Raff*, § 2271 Rn 136.
211 KG FamRZ 1968, 218.
212 BGH FamRZ 1970, 79; Staudinger/*Raff*, § 2271 Rn 136; Soergel/*Leiß*, § 2271 Rn 35.

anfechtung das vor dem Tod des anderen Ehegatten bestehende Recht zum Widerruf ersetzt.[213]

Wichtige Fallgruppen der Selbstanfechtung sind: Wiederheirat des Überlebenden, der Überlebende bekommt ein weiteres Kind oder die Annahme eines Kindes durch den Überlebenden.[214] 92

4. Wirkung der Selbstanfechtung

Durch die Anfechtung fallen nicht nur die angefochtenen eigenen Verfügungen, sondern auch die dazu im wechselbezüglichen Verhältnis stehenden Verfügungen des erstverstorbenen Ehegatten weg.[215] Damit wird oft nach langer Zeit eine **Rückabwicklung des ersten Erbfalls** notwendig. 93

Praxistipp 94
Es wird daher für die Praxis empfehlenswert sein, insbesondere für die vorgenannten Fälle, im Testament Regelungen zu treffen und die Anfechtung für diese Fälle auszuschließen.[216] Zu beachten ist auch, dass frühere Verfügungen, die durch das gemeinschaftliche Testament aufgehoben waren, mit dem durch die Anfechtung bedingten Wegfall insoweit wieder in Kraft treten.[217]

Der **Erbe** oder der **Vermächtnisnehmer** nach dem zweiten Erbfall hat zu Lebzeiten des überlebenden Ehegatten das Recht zur Erhebung einer **Klage** auf **Feststellung** der Unwirksamkeit einer Anfechtung.[218] 95

5. Anfechtung der Verfügungen des Erstverstorbenen

Der Überlebende kann sowohl die einseitigen als auch die wechselbezüglichen Verfügungen des Erstverstorbenen nach § 2078 BGB anfechten. Eine Anfechtung der vorgenannten Verfügungen nach § 2079 BGB ist ihm hingegen verwehrt. Dieses Anfechtungsrecht steht allein einem übergangenen Pflichtteilsberechtigten zu.[219] 96

Die Anfechtung nach § 2078 BGB bedarf nicht der **notariellen Beurkundung** nach § 2282 Abs. 3 BGB analog, sondern kann nach § 2081 BGB ohne besondere Form erklärt werden.[220] 97

6. Wirkung der Anfechtung auf die Verfügungen des anfechtenden Ehegatten

Bei wirksamer Anfechtung entfallen nicht nur die angefochtenen Verfügungen, sondern auch diejenigen Verfügungen des anderen Ehegatten, die hierzu wechselbezüglich getroffen wurden.[221] 98

7. Anfechtung durch Dritte

Die **Anfechtung** richtet sich nach den allg. Vorschriften des Anfechtungsrechtes der §§ 2078 ff. BGB.[222] Die Anfechtungsberechtigung kann vorrangig einem neuen Ehegatten und etwaigen aus einer neuen Ehe hervorgegangenen Kindern zustehen wie auch 99

213 Staudinger/*Raff*, § 2271 Rn 137.
214 Staudinger/*Raff*, § 2271 Rn 129.
215 OLG München FamRZ 2015, 1323; Grüneberg/*Weidlich*, § 2271 Rn 33.
216 Staudinger/*Raff*, § 2271 Rn 130.
217 RGZ 65, 275; RGZ 130, 213; Staudinger/*Raff*, § 2271 Rn 133.
218 BGHZ 37, 331.
219 MüKo/*Musielak*, § 2271 Rn 41; Staudinger/*Raff*, § 2271 Rn 123.
220 MüKo/*Musielak*, § 2271 Rn 41.
221 Staudinger/*Raff*, § 2271 Rn 123.
222 BayObLG FamRZ 2004, 1068.

denjenigen, die nach Errichtung des gemeinschaftlichen Testaments sonst pflichtteilsberechtigt geworden sind.[223]

100 Das **Anfechtungsrecht des Dritten** hinsichtlich etwaiger **Verfügungen des Überlebenden** entsteht erst **mit dem Tod des Überlebenden.**[224] Ein **Ausschluss** der Anfechtung der wechselbezüglichen Verfügung des Überlebenden kann sich aus einer **analogen Anwendung des § 2285 BGB** ergeben, wenn der Überlebende in Kenntnis der die Anfechtung begründenden Tatsachen die Anfechtungsfrist nach § 2283 BGB analog verstreichen hat lassen oder er aus anderen Gründen sein Anfechtungsrecht verloren hat[225] (vgl. hierzu die Kommentierung zu § 2283 BGB).

101 **Verfügungen des Erstverstorbenen** können die Dritten bereits nach dessen Tod anfechten. Hier kommen insbesondere solche Pflichtteilsberechtigte in Betracht, die zwischen der Errichtung des gemeinschaftlichen Testaments und dem Tod des Erstversterbenden hinzugekommen sind.[226] In Betracht kommt auch eine Anfechtung durch Kinder aus einer neuen Ehe, soweit diese Variante nicht bereits in einer Wiederverheiratungsklausel geregelt ist.[227]

102 Die Anfechtung erfolgt nach § 2081 BGB durch Erklärung gegenüber dem **Nachlassgericht.** § 2282 BGB ist nicht zu beachten.[228] Bei der Anfechtung von wechselbezüglichen Verfügungen des erstverstorbenen Ehegatten kommt mangels vergleichbarer Interessenlage ein Ausschluss der Anfechtung analog § 2285 BGB nicht in Betracht, da § 2285 BGB von einem Anfechtungsrecht des Erblassers ausgeht, der aber wegen seines Widerrufsrechts nicht anfechten konnte.[229] Aufgrund der Tatsache, dass der Überlebende von Anfechtungsgründen Kenntnis hatte, dennoch aber seine wechselbezüglichen Verfügungen bestehen ließ, kann sich daher für Dritte kein Ausschluss des Anfechtungsrechtes hinsichtlich der Verfügungen des Erstversterbenden ergeben.

103 Etwas anderes kann daraus folgen, dass der Erstversterbende noch zu Lebzeiten von Tatsachen Kenntnis erlangte, die ein Anfechtungsrecht Dritter rechtfertigen würden. Lässt der Erstversterbende hier bewusst dennoch seine Verfügungen weiter bestehen, die er problemlos widerrufen hätte können, so hat er sich für den Weiterbestand seiner Verfügungen entschieden. Es spricht dann vieles dafür, dass er seine Verfügungen auch bei Kenntnis der Tatsachen zum Zeitpunkt der Testamentserrichtung getroffen hätte. Damit scheidet ein Anfechtungsrecht Dritter bereits nach allg. Grundsätzen aus. Dies ist aber kein Fall des § 2285 BGB.[230]

8. Wirkung der Anfechtung für alle Fallgruppen

104 Bei **Selbstanfechtung** und der Anfechtung durch Dritte kommen der Anfechtung folgende Wirkungen zu: Die Anfechtung führt zunächst unmittelbar zur Nichtigkeit der angefochtenen Verfügungen oder der Teilverfügungen, § 142 Abs. 1 BGB.[231] Nach § 2085 BGB ist im Anschluss zu beurteilen, welche Folgen sich für die anderen Verfügungen desjenigen Ehegatten ergeben, gegen den sich die Anfechtung richtet. Demnach folgt aus der Anfechtung die Unwirksamkeit anderer Verfügungen, wenn anzunehmen ist, dass der betroffene Erblasser die anderen Verfügungen ohne die angefochtenen nicht getroffen haben würde.

---

223 RGZ 132, 4; BGH FamRZ 1970, 80; KG OLGE 11, 217.
224 KG FamRZ 1968, 219; MüKo/*Musielak*, § 2271 Rn 42; Grüneberg/*Weidlich*, § 2271 Rn 32.
225 BGH NJW 2016, 2566 = ZErb 2016, 236 = ZEV 2016, 442; Grüneberg/*Weidlich*, § 2271 Rn 32.
226 BGH FamRZ 1970, 79.
227 KG JFG 15, 330; Grüneberg/*Weidlich*, § 2271 Rn 31.
228 MüKo/*Musielak*, § 2271 Rn 44.
229 BGH NJW 2016, 2566 = ZErb 2016, 236 = ZEV 2016, 442.
230 MüKo/*Musielak*, § 2271 Rn 43.
231 OLG Hamm OLGZ 1977, 389; Grüneberg/*Weidlich*, § 2271 Rn 33; MüKo/*Musielak*, § 2271 Rn 45.

Die Wirksamkeit der Verfügungen des anfechtenden Ehegatten beurteilt sich nach § 2270 Abs. 1 BGB. Wechselbezügliche Verfügungen werden danach unwirksam. Wenn die Anfechtung wechselbezügliche Verfügungen vernichtet, die den ersten Erbfall betreffen, tritt rückwirkend gesetzliche Erbfolge nach dem ersten Erbfall ein,[232] soweit nicht ein früheres Testament, welches durch das gemeinschaftliche Testament verdrängt worden war, in seiner Wirksamkeit wieder auflebt.[233] Bei der angefochtenen Verfügung selbst stellt sich die Frage, ob diese aufgrund der Anfechtung zur Gänze oder nur teilweise nichtig ist. Hier ist zu klären, wieweit die Verfügung kausal auf dem **Irrtum** oder der **Drohung** beruht.[234] Ist anzunehmen, dass der verfügende Ehegatte Teile der Verfügungen auch ohne den nichtigen Teil angeordnet hätte, dann sind diese Teile entsprechend § 2085 BGB aufrechtzuerhalten.[235] Für die Wirksamkeit der wechselbezüglichen Verfügung des Ehegatten, dessen Verfügungen nicht angefochten wurden, ist wegen § 2270 Abs. 1 BGB zu fragen, ob dieser Ehegatte auch bei Kenntnis der unwirksamen Teile der wechselbezüglichen Verfügungen des anderen Ehegatten seine Verfügungen dennoch getroffen haben würde. Ist dies zu bejahen, liegt insoweit keine Wechselbezüglichkeit vor, mit der Folge, dass § 2270 Abs. 1 BGB nicht eingreift und diese Verfügungen wirksam bleiben.[236] 105

C. ZGB

Für die neuen Bundesländer ist Art. 235 § 2 S. 2 EGBGB zu beachten. Danach gilt das Recht der **ehemaligen DDR**, wenn das gemeinschaftliche Testament vor dem Wirksamwerden des Beitritts errichtet wurde. In diesen Fällen greift § 390 ZGB. Solange keine Aufhebung oder kein Widerruf des Testaments erfolgt ist, sind die Erblasser an das gemeinschaftliche Testament gebunden (§ 393 ZGB). Für lebzeitige Verfügungen der Erblasser und nach dem ersten Todesfall für lebzeitige Verfügungen des Überlebenden gibt es keinerlei Einschränkungen (vgl. § 390 Abs. 1 S. 1 ZGB). Eine entsprechende Anwendung der §§ 2287, 2288 BGB findet nicht statt.[237] 106

§ 2272 Rücknahme aus amtlicher Verwahrung

Ein gemeinschaftliches Testament kann nach § 2256 nur von beiden Ehegatten zurückgenommen werden.

Übersicht: Rdn

A. Normzweck und Anwendungsbereich

I. Normzweck

Gemeinschaftliche Testamente können nach §§ 2253 ff. BGB widerrufen werden. Soweit im gemeinschaftlichen Testament wechselbezügliche Verfügungen enthalten sind, 1

232 MüKo/*Musielak*, § 2271 Rn 45.
233 RGZ 65, 265; RGZ 130, 213, 214; OLG Naumburg OLGE 24, 73, 74.
234 OLG Hamburg MDR 1955, 168, 169; MüKo/*Musielak*, § 2271 Rn 46; a.A. OLG Hamm OLGZ 1972, 388, das von grundsätzlicher Gesamtnichtigkeit bei wechselbezüglichen Verfügungen ausgeht.
235 MüKo/*Musielak*, § 2271 Rn 46.
236 OLG Hamm NJW 1972, 1088; MüKo/*Musielak*, § 2271 Rn 46.
237 BGHZ 128, 302, 306 = NJW 1995, 1087 = ZEV 1995, 221 m. Anm. *Leipold*.

richtet sich der Widerruf nach § 2271 Abs. 1 BGB. Damit ein Ehegatte nicht einseitig ohne Wissen des anderen das gemeinschaftliche Testament durch **Rücknahme** aus der **amtlichen Verwahrung** nach § 2256 BGB widerrufen kann, bestimmt die Vorschrift des § 2272 BGB, dass eine Rücknahme nur gemeinschaftlich erfolgen kann. Die Vorschrift gilt für gemeinschaftliche Testamente eingetragener Lebenspartnerschaften entsprechend nach § 10 Abs. 4 LPartG.

II. Anwendungsbereich

2 § 2272 BGB gilt für alle Fälle, in denen eine amtliche Verwahrung vorliegt und das Testament nach § 2256 BGB aus dieser Verwahrung zurückgenommen werden soll. Es gilt daher für sämtliche **öffentlichen Testamente** und für das **Nottestament** nach § 2249 BGB. Die Rücknahme bewirkt in diesen Fällen den Widerruf des gemeinschaftlichen Testaments nach § 2256 Abs. 1 S. 1 BGB. § 2272 BGB wird analog aber auch auf eigenhändige gemeinschaftliche Testamente angewendet, die nach § 2248 BGB in amtliche Verwahrung genommen worden sind.[1] Durch diese Rücknahme wird aber gem. § 2256 Abs. 3 Hs. 2 BGB das Testament nicht unwirksam. Der Sinn der Anwendung von § 2272 BGB auf diese Fälle liegt in dem Interesse der Ehegatten an einer vernichtungs- und fälschungssicheren Aufbewahrung.[2]

B. Rücknahme aus der amtlichen Verwahrung

3 Eine Rückgabe darf nur an beide Ehegatten gemeinschaftlich erfolgen. Beide Ehegatten müssen daher bei der verwahrenden Amtsstelle persönlich und gleichzeitig erscheinen, § 2256 Abs. 2 S. 2 BGB.[3] Die Herausgabe an einen Bevollmächtigten ist nicht möglich.[4]

4 Da mit der Rückgabe aller nicht eigenhändigen gemeinschaftlichen Testamente der Widerruf als erklärt gilt, ist diese Rücknahme eine negative Verfügung von Todes wegen.[5] Sie setzt daher **Testierfähigkeit** beider Ehegatten im Zeitpunkt der Rückgabe,[6] nicht aber zum Zeitpunkt der Stellung des Antrags auf Rückgabe voraus.[7] Für das Rückgabeverlangen eines eigenhändigen gemeinschaftlichen Testaments wird von der h.M. Geschäftsfähigkeit verlangt, obwohl hier die Rücknahme keine Widerrufswirkung hat. Das Rückgabeverlangen stellt aber eine rechtsgeschäftsähnliche Handlung dar, für die Geschäftsfähigkeit erforderlich ist.[8] Können sich die Ehegatten nicht über Ort und Zeit der Rücknahme einigen, kann eine Rückgabe nicht stattfinden.[9] Die Einsichtnahme in das verwahrte gemeinschaftliche Testament hingegen kann von jedem Ehegatten auch alleine und ohne die Zustimmung des anderen Ehegatten verlangt werden.[10] Gleiches gilt von der Erteilung einer Abschrift des gemeinschaftlichen Testaments. Auch nach Aufhebung oder Scheidung der Ehe kann die Rückgabe nur an beide Ehegatten gemeinsam erfolgen, unabhängig davon, ob das Testament noch wirksam ist oder nicht.[11] Verstirbt einer der Ehegatten, kann das gemeinschaftliche Testament

---

1 MüKo/*Musielak*, § 2272 Rn 2; Soergel/*Leiß*, § 2272 Rn 2; Staudinger/*Raff*, § 2272 Rn 3.
2 MüKo/*Musielak*, § 2272 Rn 2.
3 Staudinger/*Raff*, § 2272 Rn 7.
4 MüKo/*Musielak*, § 2272 Rn 4.
5 BGHZ 23, 207, 211.
6 BGHZ 23, 207, 211; MüKo/*Musielak*, § 2272 Rn 4.
7 Staudinger/*Raff*, § 2272 Rn 10.
8 OLG Hamm FamRZ 2013, 582; Staudinger/*Raff*, § 2272 Rn 11; Soergel/*Leiß*, § 2272 Rn 2.
9 Staudinger/*Raff*, § 2272 Rn 8.
10 OLG Hamm MDR 2012, 1349 = FamRZ 2013, 582; KG JFG 4, 159; Staudinger/*Raff*, § 2272 Rn 10.
11 KGJ 48 A, 103, 104; Soergel/*Leiß*, § 2272 Rn 2; MüKo/*Musielak*, § 2272 Rn 3; DNotI-Gutachten, DNotI-Report 20/2012, S. 165, 166.

nicht mehr aus der amtlichen Verwahrung zurückgenommen werden.[12] Dies gilt unabhängig von einer Ausschlagung durch den Überlebenden.[13]

C. ZGB

Nach § 392 Abs. 1 S. 1 ZGB i.V.m. § 387 Abs. 2 Nr. 1 ZGB bewirkt die Rücknahme 5
eines notariellen Testaments aus der amtlichen Verwahrung den Widerruf. Da auch nach ZGB sichergestellt ist, dass der andere Ehegatte von einem Widerruf des Testaments durch den anderen Ehegatten erfährt (vgl. § 392 Abs. 2 ZGB), kann für die Rücknahme eines gemeinschaftlichen Testaments nichts anderes gelten als nach § 2272 BGB. Die Rücknahme kann nur gemeinschaftlich erfolgen.[14]

§ 2273 (weggefallen)

12 Soergel/*Leiß*, § 2272 Rn 2; MüKo/*Musielak*, § 2272 Rn 3.
13 MüKo/*Musielak*, § 2272 Rn 3; Staudinger/*Raff*, § 2272 Rn 5.
14 *Sammet*, in: Reimann/Bengel/Dietz/Sammet, § 2272 Rn 11.

Abschnitt 4. Erbvertrag

Vorbemerkung zu §§ 2274 ff. BGB

Literatur

Beisenherz, „Berechtigte Erberwartung" des Vertragserben, Anwachsung und Ausschlagung, ZEV 2005, 8; *Damrau*, Zu den Grenzen und Gestaltungsmöglichkeiten des Erbschaftsvertrages, ZErb 2004, 206; *Dohr*, Erbrechtliche Gestaltungsmöglichkeiten für die Beschränkung des erbvertraglich zu bindenden überlebenden Ehegatten auf die Einsetzung der gemeinschaftlichen Abkömmlinge, 2002; *Eisele*, Vertragliches Einvernehmen über die Auslegung unklarer letztwilliger Verfügungen, 2002; *Fensterer*, Der Erbvertrag, 2002; *Fetsch*, Auslandsvermögen im Internationalen Erbrecht – Testamente und Erbverträge, Erbschein und Ausschlagung bei Inlandsvermögen, RNotZ 2006, 1; *Gebel*, Der Erbschaft- oder Schenkungsteuer unterliegende Zuwendungen im Rahmen von Dreiecksverhältnissen, ZEV 2000, 173; *Goldkamp*, Bindung im Erbrecht, ErbR 2023, 828; *Grziwotz*, Verfügungen von Todes wegen, FPR 2005, 283; *Helms*, Der Widerruf und die Anfechtung wechselbezüglicher Verfügungen bei Geschäfts- und Testierunfähigkeit, DNotZ 2003, 104; *Joussen*, Die erbrechtliche Anfechtung durch Minderjährige, ZEV 2003, 181; *Keim*, Der Änderungsvorbehalt beim Erbvertrag – bei richtiger Handhabung ein sicheres Gestaltungsmittel!, ZEV 2005, 365; *ders.*, Die Aufhebung von Erbverträgen durch Rücknahme aus amtlicher oder notarieller Verwahrung, ZEV 2003, 55; *ders.*, Bindung im Erbrecht, Fluch oder Segen?, ErbR 2024, 326; *Keller*, Aufhebung, Änderung und Ergänzung eines Erbvertrages durch die Vertragspartner, ZEV 2004, 93; *Kilian*, Die causa beim entgeltlichen Erbvertrag, Diss., 2002; *Krebber*, Die Anfechtbarkeit des Erbvertrages wegen Motivirrtums – ein Beitrag zum Verständnis des Erbvertrages, DNotZ 2003, 20; *Lautner*, Besondere Nachfolgeregelungen in der GmbH-Satzung, DNotZ 2003, 718; *Mayer*, Der Abfindungssausschluss im Gesellschaftsrecht: pflichtteilsfester Vermögenstransfer am Nachlass vorbei?, ZEV 2003, 355; *ders.*, Ausgewählte erbrechtliche Fragen des Vertrages zugunsten Dritter, DNotZ 2000, 905; *Pompey*, Die Stellung des vertragsmäßig bedachten Vermächtnisnehmers vor dem Erbfall, 2000; *Poser*, Der entgeltliche Erbvertrag im Zivil- und Steuerrecht, 2000; *Reich*, Erbschaft- und schenkungssteuerliche Rahmenbedingungen der Vermögensnachfolge eingetragener Lebenspartner, ZEV 2002, 395; *Reimann*, Die qualifizierte Nachfolgeklausel – Gestaltungsmittel und Störfaktor, ZEV 2002, 487; *Rohlfing/Mittenzwei*, Der Erklärungsgegner bei Schumann, Erbvertragsrecht: Kommentar zu den §§ 1941, 2274–2302 BGB mit Vertragsmustern für die Rechtspraxis, 2002; *Schwald*, Die Bedeutung erbschaft- und schenkungssteuerlicher Folgen für zivilrechtliche Rechtsgeschäfte zur Regelung der Vermögensnachfolge: zugleich ein Beitrag zu den zivilrechtlichen Konsequenzen erbschaft- und steuerrechtlicher Folgen, 2001; *Vollkommer*, Erbrechtliche Gestaltung des Valutaverhältnisses beim Vertrag zugunsten Dritter auf den Todesfall?, ZEV 2000, 10; *Vollmar*, Der entgeltliche Erbvertrag: Konstruktion und Rechtsfolgen, 2002; *Zimmer*, Der Widerruf wechselbezüglicher Verfügungen bei Geschäftsunfähigkeit des Widerrufsgegners, ZEV 2007, 159.

Übersicht: Rdn

A. Historie

Während der Erbvertrag vielen germanischen Stämmen bekannt war, erfolgte die Berufung zum Erben im römischen Recht nur aufgrund der gesetzlichen Erbfolgeordnung 1 oder einer testamentarischen Bestimmung; der Erbvertrag wurde dagegen wegen seiner Bindungswirkung missbilligt. Entsprechend gab es bei Aufnahme des Erbvertrages ins BGB Bedenken.[1] Da das **römische Recht** für das Testament nur die Erbeinsetzung und das Vermächtnis kannte, wurde von der Aufnahme der Auflage als weitere vertragsmäßige Verfügung abgesehen. Diese ist erst später von der II. Kommission eingeführt worden.[2] Die §§ 2274–2277, 2300 BGB sind durch das TestG mit Wirkung zum 4.8.1938 zunächst aufgehoben, durch das Gesetz zur Wiederherstellung der Gesetzeseinheit auf dem Gebiet des bürgerlichen Rechts mit Wirkung zum 1.4.1953 aber wieder ins BGB aufgenommen worden. Zu Änderungen der einzelnen Vorschriften vgl. die Rechtsentwicklung dort.

B. Systematische Einordnung

I. Rechtsnatur

2 Der Erbvertrag ist zum einen ein echter Vertrag, der durch zwei übereinstimmende, empfangsbedürftige Willenserklärungen zu Stande kommt. Zum anderen ist er eine Verfügung von Todes wegen. Er weist also eine **„Doppelnatur"** auf, die zur Folge hat, dass er als Vertrag zwar eine (erbrechtliche) Bindungswirkung entfaltet, aber durch ihn keine schuldrechtlichen Verpflichtungen entstehen, d.h. es wird niemals ein Anspruch gegen den Erblasser begründet,[3] Rechte und Pflichten des Bedachten entstehen erst mit dem Erbfall. Es besteht auch keine rechtlich gesicherte Anwartschaft, denn der Bedachte erhält keine Rechtsposition, die vererbt oder übertragen werden könnte.[4] Demzufolge sind erbrechtliche Ansprüche zu Lebzeiten des Erblassers nicht vormerkbar, selbst wenn der Erblasser die Eintragung bewilligt.[5] § 1365 BGB[6] oder § 311b Abs. 2 BGB finden auf den Erbvertrag als Verfügung von Todes wegen keine Anwendung. Der Erblasser kann außerdem über sein Vermögen unter Lebenden nach §§ 2286 ff. BGB verfügen. Allg. Vorschriften zum Vertragsrecht, insbesondere §§ 104 ff. BGB (vgl. § 2275 BGB), §§ 116 ff. BGB,[7] §§ 145 ff. BGB und §§ 164 ff. BGB (vgl. § 2274 BGB) ebenso wie §§ 125, 134, 138 BGB[8] finden dagegen grundsätzlich Anwendung.

II. Vertragliche Bindung

3 Durch die Einigung der Vertragsparteien entsteht hinsichtlich der vertragsmäßigen Verfügungen eine vertragliche Bindung; sowohl frühere als auch spätere letztwillige Verfügungen sind, soweit der vertragsmäßig Bedachte beeinträchtigt wird, unwirksam (§ 2289 Abs. 1 BGB). Beim **gemeinschaftlichen Testament** ergibt sich die Bindungswirkung dagegen erst durch die Wechselbezüglichkeit (§§ 2270, 2271 BGB). Vertragsmäßig können – müssen aber nicht – nur Erbeinsetzungen, Vermächtnisse, Auflagen oder die Wahl der Anwendung eines bestimmten Erbrechts getroffen werden (§§ 1941 Abs. 1, 2278 Abs. 2 BGB). Der **Erbvertrag** muss mindestens eine vertragsmäßige Verfügung enthalten, andernfalls liegt kein Erbvertrag, sondern ein Testament vor.[9] Andere letztwillige Verfügungen wie z.B. die Teilungsanordnung, Erbausschließung oder Ernennung eines Testamentsvollstreckers können dagegen nur einseitig verfügt

---

1 Staudinger/*Kanzleiter*, Einl. zu §§ 2274 ff. Rn 3.
2 Prot. V, S. 405.
3 BGHZ 12, 115, 118 = NJW 1954, 633.
4 BGHZ 37, 319.
5 BGHZ 12, 115, 118; BayObLG FamRZ 2003, 486.
6 BGHZ 40, 218.
7 Vgl. RGZ 134, 325, 327.
8 Zur Ausnutzung psychischer Zwangslage vgl. BGHZ 50, 63, 70.
9 BGHZ 26, 204.

werden; sie sind vollständig nach Testamentsrecht zu beurteilen (§ 2299 BGB). Während das Testament und die einseitigen Verfügungen frei widerruflich sind (§§ 2253 ff. BGB), ist die Widerruflichkeit der letztwilligen vertragsmäßig getroffenen Verfügung ausgeschlossen. Die erbvertragliche Bindung kann jedoch entfallen durch Anfechtung (§§ 2281 ff. BGB), durch einen Aufhebungsvertrag (§§ 2290 ff. BGB), durch Rücktritt (§§ 2293 ff. BGB) oder sie kann gegenstandslos werden: durch Ausschlagung, Erbverzicht oder Vorableben des Bedachten; ferner kann die Bindung dadurch ausgeschlossen werden, dass sich der Erblasser die Befugnis zur abweichenden letztwilligen Verfügung vorbehält, wobei dieser Vorbehalt nicht alle vertragsmäßigen Verfügungen erfassen darf, da ansonsten kein Erbvertrag vorliegt.[10] Eine Anwendung der Grundsätze der Störung der Geschäftsgrundlage, § 313 BGB, wird i.d.R. nicht in Betracht kommen,[11] da der Motivirrtum in den §§ 2078 Abs. 2, 2079, 2281 BGB berücksichtigt wird.

III. Vertragsschließende

Im Unterschied zum gemeinschaftlichen Testament sind nicht nur die Ehegatten (§ 2265 BGB) oder gleichgeschlechtliche Lebenspartner (§ 10 Abs. 4 LPartG) zum Abschluss berechtigt, sondern auch andere Personen, wie z.B. Eltern und Kinder. Auch kann der Erbvertrag die **Verfügung** nur **einer** Person oder **mehrerer** Personen enthalten.[12] Begünstigter kann entweder der Vertragspartner oder ein nicht beteiligter Dritter sein (§ 1941 Abs. 2 BGB). Wird ein Dritter bedacht, liegt kein Vertrag zugunsten Dritter gem. § 328 BGB vor,[13] da der Erblasser keine Verpflichtung gegenüber dem Dritten eingeht. Bei Aufhebung des Erbvertrages ist daher die Zustimmung des bedachten Dritten nicht erforderlich. Der Erblasser kann die vertragsmäßige Verfügung nur höchstpersönlich treffen (§ 2274 BGB); dagegen kann der annehmende Vertragspartner, soweit er keine einseitige Verfügungen vornimmt (vgl. § 2064 BGB), sich vertreten lassen. Als Vertrag setzt der Erbvertrag zudem Geschäftsfähigkeit voraus, § 2275 BGB; die Besonderheiten bei Ehegatten und Verlobten, § 2275 Abs. 2 und 3 BGB a.F., sind durch das Gesetz zur Bekämpfung von Kinderehen, welches am 22.7.2017 in Kraft getreten ist, weggefallen. 4

IV. Arten des Erbvertrages

Während in einem einseitigen Erbvertrag nur der Erblasser vertragsmäßig Verfügungen von Todes wegen trifft und der Vertragspartner lediglich die Annahme erklärt und sich ggf. gleichzeitig zur Leistung unter Lebenden verpflichtet oder einseitig von Todes wegen verfügt (§ 2299 BGB), treffen in einem **zwei-** oder **mehrseitigen Erbvertrag** beide oder mehrere Vertragspartner letztwillige vertragsmäßige Verfügungen über ihr Vermögen (§§ 2278, 2298 BGB). In einem zwei- bzw. gegenseitigen Vertrag werden die Verfügungen i.d.R. wechselbezüglich getroffen. Ist Wechselbezüglichkeit anzunehmen, so führt die Unwirksamkeit einer vertragsmäßigen Verfügung zur Unwirksamkeit des gesamten Vertrages (§ 2298 Abs. 1 u. 2 BGB), soweit ein anderer Wille der Vertragsschließenden nicht anzunehmen ist (§ 2298 Abs. 3 BGB). Für einseitige Verfügungen gilt § 2085 BGB.[14] Übernimmt der Vertragspartner oder Bedachte gegenüber dem Erblasser eine schuldrechtliche Verpflichtung als Gegenleistung für die Erbeinsetzung, dann liegt ein entgeltlicher Erbvertrag vor, vgl. § 2295 BGB. Der Erbvertrag wird dadurch jedoch nicht zu einem gegenseitigen Vertrag, vielmehr stehen beide 5

---

10 BGHZ 26, 204.
11 *Mayer*, DNotZ 1990, 755.
12 *Reithmann*, DNotZ 1957, 527.
13 BGHZ 12, 115.
14 *Bühler*, DNotZ 1962, 359, 367 ff.

Verträge selbstständig nebeneinander.[15] Demzufolge finden die §§ 320 ff. BGB auf den Erbvertrag keine Anwendung.[16] Die Vereinbarung einer Zweckverbindung gem. § 812 Abs. 1 S. 2 Hs. 2 BGB ist möglich.[17] Die Vertragspartner können die Leistung oder Verpflichtung des Bedachten auch zur Bedingung der vertragsmäßigen Zuwendung machen (§§ 2279, 2074 BGB). Im Zweifel wird die Annahme eines einheitlichen Geschäfts und damit die Anwendung von § 139 BGB den Interessen der Vertragsparteien am besten gerecht.[18]

V. Auslegung

6 Trotz notarieller Beurkundung sind Erbverträge auszulegen, wobei insbesondere für die unzutreffende Verwendung juristischer Fachbegriffe Anhaltspunkte in der Urkunde selbst vorhanden sein müssen.[19] Die **einseitigen Verfügungen** sind nach den Grundsätzen für das Testament auszulegen (§§ 2085, 2279 Abs. 1, 2299 Abs. 2 BGB). Für die vertragsmäßigen Verfügungen ist entsprechend den Auslegungsgrundsätzen für Verträge der erklärte übereinstimmende Wille beider Vertragsparteien zum Zeitpunkt der Vertragserrichtung maßgeblich.[20] § 157 BGB ist heranzuziehen.[21] Haben sich die Parteien tatsächlich nicht geeinigt, so kommt eine Umdeutung (§ 140 BGB) der Verfügung des Erblassers in eine einseitige letztwillige Verfügung in Betracht.

VI. Verbindung mit anderen Verträgen

7 Der Erbvertrag kann mit anderen Verträgen, z.B. einem Erbverzichtsvertrag oder einem Stiftungsgeschäft unter Lebenden,[22] verbunden werden. Er kann auch im Text eines anderen Vertrages enthalten sein, ohne dass es einer besonderen Kenntlichmachung bedarf.[23] Grundsätzlich behält jeder Vertrag seine **rechtliche Eigenständigkeit**, auch hinsichtlich der Form. Bei der Verbindung des Erbvertrages mit einem Ehevertrag besteht jedoch eine Besonderheit; es gilt die für den Ehevertrag vorgeschriebene Form (§§ 1410, 2276 Abs. 2 BGB). Zur Form des Erbvertrages im Übrigen vgl. §§ 2276, 2277 BGB und die Erläuterungen zu diesen Vorschriften.

Auch wenn ein Erbvertrag mit Rücksicht auf eine Versorgungszusage (Verpfründungsvertrag)[24] des anderen Vertragschließenden abgeschlossen wird, stehen die vertragsmäßigen Zuwendungen grundsätzlich nicht in einem Leistungs-/Gegenleistungsverhältnis i.S.v. §§ 320 ff. BGB.[25] Werden aber zusätzlich zu Pflege- bzw. Versorgungsverpflichtungen weitere Pflichten übernommen, kommt ein Gegenseitigkeitsverhältnis i.S.v. §§ 320 ff. BGB in Betracht.[26]

VII. Abgrenzung zu anderen Verträgen

8 Erbfolgeregelungen können durch Verträge unter Lebenden vorweggenommen werden. In Betracht kommt der Schenkungsvertrag, als reiner oder gemischter **Schenkungsvertrag** (§§ 516, 518 BGB) oder unter Auflage (§ 125 BGB). I.d.R. wird sich

---

15 BGHZ 36, 65, 70, BayObLG NJW-RR 1998, 729.
16 BGHZ 125, 355.
17 *Lüke*, Vertragliche Störungen, S. 16 ff.
18 *Lüke*, Vertragliche Störungen, S. 31 ff.
19 OLG Saarbrücken NJW-RR 1994, 844; OLG München NJW-RR 2024, 9.
20 BGH FamRZ 1983, 380; BayObLG FamRZ 1976, 549.
21 BGH NJW 1989, 2885.
22 BGHZ 70, 313 = NJW 1978, 943.
23 BGH NJW 1984, 46.
24 Zum Begriff vgl. MüKo/*Musielak*, Vor § 2274 Rn 18.
25 BGH NJW 2011, 224.
26 Vgl. MüKo/*Musielak*, Vor § 2274 Rn 19 unter Hinw. auf BGH NJW 2011, 224.

der Übertragende seinerseits Rechte vorbehalten, z.B. durch Nießbrauch.[27] Unter den Voraussetzungen des § 2050 BGB oder § 2315 BGB wird sich der Beschenkte die Leistungen auf seinen Erbteil ggf. anrechnen lassen müssen; außerdem können sich Ansprüche gegen ihn aus den §§ 2287, 2288 Abs. 2 S. 2 BGB ergeben. Der künftige Erblasser kann die Beschenkten auch verpflichten, Ausgleichzahlungen an die weniger Bedachten zu erbringen (Gleichstellungsgelder).[28] Dagegen wird ein Schenkungsversprechen, das für den Fall des Todes des Schenkers unter der Voraussetzung des Überlebens des Beschenkten erteilt wird und erst nach dem Tode des Schenkers vollzogen werden soll, dem Erbvertrag gleichgestellt, § 2301 Abs. 1 BGB. Wird das Schenkungsversprechen noch zu Lebzeiten erfüllt, dann gelten nach § 2301 Abs. 2 BGB die Vorschriften für die Schenkung.

Ein **Vertrag** über den Nachlass eines **noch lebenden Dritten** (§ 311b Abs. 4 BGB) 9
oder die Übertragung eines künftigen Vermögens (§ 311b Abs. 2 BGB) ist nichtig, ebenso, wenn sich jemand verpflichtet, eine Verfügung von Todes wegen zu errichten oder nicht zu errichten, aufzuheben oder nicht aufzuheben, § 2302 BGB. Es besteht jedoch die Möglichkeit, eine solche unzulässige Verpflichtung in eine Erbeinsetzung umzudeuten.

VIII. Steuerliche Fragen

Nach §§ 1 Abs. 1 Nr. 2, 7 ErbStG unterliegt auch die vorweggenommene Erbfolge der 10
Schenkungsteuer. Die in §§ 16, 17 ErbStG vorgesehenen Freibeträge gelten jeweils für einen Zeitraum von 10 Jahren, so dass die Freibeträge bei der Schenkung mehrfach in Anspruch genommen werden können. Entscheidend ist, dass die Schenkung einer Erbfolge gleichkommt. Steuerschuldner ist nach § 20 ErbStG sowohl der Erwerber als auch der Schenker; übernimmt der Schenker die Steuerlast, dann wird sie der Schenkung zugerechnet, § 10 Abs. 2 ErbStG. Beide Vertragsparteien sind, wenn der Vertrag nicht vor einem Notar geschlossen wird (§ 30 Abs. 3 ErbStG), gegenüber dem FA anzeigepflichtig, § 30 Abs. 1 u. 2 ErbStG. Bei Grundstücken fällt die Erwerbsteuer nicht zusätzlich an, § 3 Nr. 2 GrEStG. I.R.d. **Einkommensteuer** können Anschaffungskosten geltend gemacht werden; hierzu gehören die sog. Gleichstellungsgelder für Geschwister, Abstandszahlungen an die Eltern oder auch die Übernahme von Schulden, nicht aber die Gewährung von Versorgungsleistungen.[29] Bei einem entgeltlichen Erbvertrag stellen die erbrachten Gegenleistungen Nachlassverbindlichkeiten dar, die bei der Erbschaftsteuer zu berücksichtigen sind.[30]

IX. Internationales Privatrecht

Nach dem deutschen IPR richtet sich das Erbstatut mit Inkrafttreten der EuErbVO 11
am 17.8.2015 nach dem letzten **gewöhnlichen Aufenthalt** des Erblassers (Art. 21 Abs. 1 EuErbVO). Es gibt Staaten, die aufgrund der Bindungswirkung sowohl den Erbvertrag als auch das gemeinschaftliche Testament ablehnen. Es ist daher stets zu prüfen, ob der Staat, in dem der Erblasser seinen letzten gewöhnlichen Aufenthalt hatte, gemeinschaftliche letztwillige Verfügungen zulässt; ist das nicht der Fall, wird der Erbvertrag – nach ausländischem Recht – i.d.R. nichtig sein. An dieser Abgrenzungsproblematik hat sich auch durch die EuErbVO nichts Grundsätzliches geändert, da sich die Zulässigkeit von Erbverträgen nach wie vor nach dem jeweiligen nationalen Recht richtet. Allerdings regelt Art. 25 EuErbVO, dass es für die Beurteilung von

27 BGH NJW-RR 1990, 1283.
28 BGH BB 1991, 795.
29 Vgl. *Schmidt-Liebig*, BB 1986, 2244.
30 BFH FamRZ 1995, 481 = ZEV 1995, 117.

Erbverträgen nicht auf den gewöhnlichen Aufenthalt im Todeszeitpunkt, sondern im Zeitpunkt der Errichtung ankommt. Ein späterer Umzug ist insoweit unschädlich. Darüber hinaus eröffnet Art. 22 EuErbVO die Möglichkeit, eine Rechtswahl dahingehend zu treffen, welches Erbrecht anzuwenden sein soll. Vorsorglich sollte daher eine solche Rechtswahl in den Erbvertrag aufgenommen werden. Diese Verfügung kann vertragsmäßig getroffen werden, § 2278 Abs. 2 BGB.

§ 2274 Persönlicher Abschluss

Der Erblasser kann einen Erbvertrag nur persönlich schließen.

Übersicht: Rdn

A. Allgemeines

1 Der Erbvertrag kann als Verfügung von Todes wegen ebenso wie das Testament (§ 2064 BGB) nur **höchstpersönlich** geschlossen werden. Dadurch soll gewährleistet werden, dass der Erblasser die Erbfolge selbst bestimmt hat und sein Wille nicht verfälscht worden ist.[1] Aus dem Grund haben auch die Anfechtung (§ 2282 BGB), die Bestätigung des Erbvertrages (§ 2284 BGB), seine Aufhebung (§ 2290 BGB) sowie die Erklärung des Rücktritts (§ 2296 BGB) höchstpersönlichen Charakter. Die Vorschrift entspricht § 2064 BGB. Sie betrifft nicht die Form, die allein in § 2276 BGB geregelt ist.[2]

B. Tatbestand

I. Erblasser

2 Als Erblasser ist beim Erbvertrag anzusehen, wer **vertragsmäßige** Verfügungen von Todes wegen trifft, §§ 1941, 2278 BGB.[3] Jeder Vertragschließende kann Erblasser und Vertragsgegner sein, §§ 2278, 2298, 2299 BGB. Der Erblasser muss geschäftsfähig sein, § 2275 BGB.

II. Höchstpersönlichkeit

3 Das Erfordernis des persönlichen Abschlusses schließt die Stellvertretung generell aus. Das gilt insbesondere auch für die gesetzliche Stellvertretung oder die Vertretung durch einen Betreuer, § 1902 BGB.[4] Der **Einwilligungsvorbehalt** erstreckt sich nicht auf den Erbvertrag, vgl. § 1903 Abs. 2 BGB.

---

1 Prot. V, S. 16; OLG Düsseldorf ZErb 2007, 54.
2 RG JW 1901, 474; a.A. Soergel/*Wolf*, § 2274 Rn 8, wo von der Formvorschrift des § 2274 BGB gesprochen wurde.
3 NK-BGB/*Hölscher*/*Kornexl*, § 2274 Rn 2.
4 Mot. V, S. 247; BeckOK BGB/*Litzenburger*, § 2274 Rn 7.

III. Vertragsgegner

Trifft der Vertragsgegner keine Verfügungen, kann er sich vertreten lassen,[5] daher kann der Vertragsgegner auch eine juristische Person sein, die jedoch wirksam vertreten sein muss.[6] Für einseitige Verfügung gilt § 2064 BGB. 4

C. Rechtsfolgen

Ein von einem Dritten als **Vertreter** des Erblassers geschlossener Erbvertrag ist nichtig.[7] Der Erbvertrag kann jedoch in einen Vertrag unter Lebenden auf den Todesfall, z.B. Schenkung, unter den allg. Voraussetzungen des § 140 BGB **umgedeutet** werden. 5

§ 2275 Voraussetzungen

Einen Erbvertrag kann als Erblasser nur schließen, wer unbeschränkt geschäftsfähig ist.

Übersicht: Rdn

A. Allgemeines

1 Für den Erbvertrag als echten Vertrag gelten die allg. Vertragsregeln der §§ 104 ff. BGB. Die Vorschrift setzt für die Errichtung eines Erbvertrages entsprechend unbeschränkte **Geschäftsfähigkeit** des Erblassers voraus. Für Verlobte und Ehegatten galt bis zum Inkrafttreten des Gesetzes zur Bekämpfung von Kinderehen am 22.7.2017 nach Abs. 2 u. 3 eine Ausnahme; sie konnten beschränkt geschäftsfähig sein und hatten die Möglichkeit, den Ehevertrag mit einem Erbvertrag zu verbinden.[1] Anders als der Erbvertrag geht das Testament von der Testierfähigkeit aus (§§ 2229, 2230, 2233 Abs. 1, 2247 Abs. 4 BGB). Ein wegen beschränkter Geschäftsfähigkeit nichtiger Erbvertrag kann daher unter den Voraussetzungen des § 140 BGB in ein Testament umgedeutet werden.[2]

B. Tatbestand

I. Unbeschränkte Geschäftsfähigkeit des Erblassers

2 Ein Geschäftsunfähiger oder beschränkt Geschäftsfähiger kann einen Erbvertrag nicht schließen. Dies gilt auch dann, wenn der gesetzliche Vertreter zustimmt;[3] eine nachträgliche Heilung, z.B. nach §§ 108 Abs. 3, 182 BGB ist ebenfalls nicht möglich.[4] Der Einwilligungsvorbehalt bei einem betreuten Erblasser erfasst den Erbvertrag nicht,

---

5 Allg.M.; Mot. V, S. 314; MüKoBGB/*Musielak*, § 2274 Rn 2; NK-BGB/*Hölscher/Kornexl*, § 2274 Rn 3.

6 Grüneberg/*Weidlich*, § 2274 Rn 3.

7 BeckOK BGB/*Litzenburger*, § 2274 Rn 9; Soergel/*Wolf*, § 2274 Rn 8 nahm eine Nichtigkeit nach § 125 BGB an; bei § 2276 Rn 13 stellte er aber fest, dass § 2274 BGB nicht die Form betrifft.

1 MüKo/*Musielak*, § 2275 Rn 2.

2 Vgl. BayObLG NJW-RR 1996, 7.

3 NK-BGB/*Hölscher/Kornexl*, § 2275 Rn 4.

4 Vgl. Grüneberg/*Weidlich*, § 2275 Rn 1.

§ 1903 Abs. 2 BGB. Nach § 28 BeurkG soll der Notar Wahrnehmungen über die erforderliche Geschäftsfähigkeit des Erblassers in der Niederschrift vermerken. Bei Fehlen der Geschäftsfähigkeit kommt unter den Voraussetzungen des § 140 BGB eine **Umdeutung** in ein Testament in Betracht.[5]

3 Im Beschl. v. 18.12.2002[6] hat das BVerfG entschieden, dass „trotz erheblicher Zweifel an der Geschäftsfähigkeit im Übrigen eine partielle Geschäftsfähigkeit für die Eheschließung gegeben sein kann". Die Frage, ob aus dieser Entscheidung auch eine partielle Geschäftsfähigkeit für einen Ehegatten-Erbvertrag angenommen werden kann, ist im Hinblick auf die Änderung des § 2275 BGB durch Aufhebung der Abs. 2 und 3 irrelevant geworden. Der Erblasser muss bei Abschluss des Erbvertrags voll geschäftsfähig sein.

II. Vertragsgegner

4 Der lediglich annehmende Vertragsgegner kann sich vertreten lassen, vgl. § 2274 BGB; als beschränkt Geschäftsfähiger kann er auch alleine handeln, sofern die Annahme für ihn lediglich einen **rechtlichen Vorteil** darstellen wird, §§ 106, 107 BGB. Geht er dagegen eine Verpflichtung, z.B. in einem anderen Vertrag, ein, so ist zu unterscheiden: Grundsätzlich stehen beide Verträge nebeneinander, so dass nur der Vertrag einer Zustimmung bedarf, durch den sich der beschränkt Geschäftsfähige verpflichtet hat, nicht dagegen der Erbvertrag. Bilden beide Verträge eine Einheit, dann bedarf der Vertrag der Zustimmung;[7] wird der Erbvertrag z.B. mit einem Erbverzichtsvertrag verbunden, ist sogar eine Genehmigung durch das FamG erforderlich, § 2347 Abs. 1 BGB.

III. Ehegatten und Verlobte

5 Abs. 2 u. 3 sahen bis zu ihrer Aufhebung durch das Gesetz zur Bekämpfung von Kinderehen am 22.7.2017 für beschränkt geschäftsfähige Ehegatten die Möglichkeit vor, bei **Zustimmung** des **gesetzlichen Vertreters** einen Erbvertrag zu schließen. Da gleichgeschlechtliche Partner nach § 1 Abs. 2 Nr. 1 LPartG a.F. volljährig sein mussten, galt für sie die Ausnahme nicht. Vor dem 22.7.2017 unter Bezugnahme auf die Abs. 2 und 3 a.F. geschlossene Erbverträge dürften wirksam sein.[8]

C. Rechtsfolgen

6 Fehlt die Geschäftsfähigkeit, soll der Notar von einer Beurkundung absehen, § 11 Abs. 1 S. 1 BeurkG. Er hat seine Wahrnehmungen über die Geschäftsfähigkeit des Erblassers in die Urkunde aufzunehmen, § 28 BeurkG. War der Erblasser zum Zeitpunkt der Errichtung des Erbvertrages nicht unbeschränkt geschäftsfähig, ist der Erbvertrag nichtig.[9]

D. Verfahrensfragen

7 In Erbrechtsprozessen geht es häufig um die Frage der Geschäftsfähigkeit des Erblassers. Soll der behandelnde **Arzt** befragt werden, besteht das Problem der ärztlichen Schweigepflicht. Es ist daher anzuraten, in die Verfügung von Todes wegen eine entsprechende Entbindungserklärung aufzunehmen. Für die Beweislast gelten die allg. Grundsätze; die fehlende Geschäftsfähigkeit hat derjenige zu beweisen, der sich auf

5 BayObLG NJW-RR 1996, 7; BayObLG Rpfleger 1986, 286.
6 BVerfG FamRZ 2003, 359.
7 MüKo/*Musielak*, § 2275 Rn 7.
8 Grüneberg/*Weidlich*, § 2275 Rn 3.
9 BayObLG Rpfleger 1982, 286.

sie beruft.[10] In einem Rechtsstreit ist von der Geschäftsfähigkeit so lange auszugehen, bis der Richter das Gegenteil festgestellt hat;[11] ggf. ist das Gericht jedoch verpflichtet, ein **psychiatrisches** Gutachten einzuholen.[12]

Unter Umständen können bereits zu Lebzeiten des Erblassers Feststellungen zu seinem Geisteszustand in einem selbstständigen Beweisverfahren getroffen werden.[13] 8

Die Feststellungen des Notars über die Geschäftsfähigkeit bzw. Testierfähigkeit, die gem. § 28 BeurkG in notariellen Urkunden aufgenommen werden sollen, bringen zwar nicht den Beweis für die Geschäftsfähigkeit bzw. Testierfähigkeit i.S.d. §§ 415 ff. ZPO, sind aber im Prozess und FamFG-Verfahren gem. § 286 ZPO bzw. § 29 FamFG zu würdigen. 9

§ 2276 Form

(1) [1]Ein Erbvertrag kann nur zur Niederschrift eines Notars bei gleichzeitiger Anwesenheit beider Teile geschlossen werden. [2]Die Vorschriften des § 2231 Nr. 1 und der §§ 2232, 2233 sind anzuwenden; was nach diesen Vorschriften für den Erblasser gilt, gilt für jeden der Vertragschließenden.
(2) Für einen Erbvertrag zwischen Ehegatten oder zwischen Verlobten, der mit einem Ehevertrag in derselben Urkunde verbunden wird, genügt die für den Ehevertrag vorgeschriebene Form.

Übersicht: Rdn

A. Allgemeines

§ 2276 BGB verlangt für den Erbvertrag die **notarielle Beurkundung**; sie dient der Beweisbarkeit[1] sowie der Vollständigkeit, Verbindlichkeit und Authentizität des Erblasserwillens. Daher sind die Formen des privatschriftlichen Testaments (§ 2247 BGB) und des Nottestaments (§§ 2249 ff. BGB) ebenso wie eine öffentliche Beglaubigung für den Erbvertrag nicht vorgesehen. Für die Form des Erbvertrages verweist Abs. 1 auf die Formvorschriften für das ordentliche öffentliche Testament, §§ 2231 Nr. 1, 2232, 2233 BGB. Das Beurkundungsverfahren richtet sich nach dem BeurkG, die rechtliche Beratung durch den Notar nach § 17 BeurkG. Die Vorschrift entspricht § 30 TestG. Sie wurde nach Inkrafttreten des BeurkG mit Wirkung zum 1.1.1970 neu gefasst. Zuständig ist nur der Notar, nicht mehr die Gerichte; eine Ausnahme bildet 1

10 BGH FamRZ 1984, 1003.
11 I.E. auch BayObLG Rpfleger 1982, 286 f.
12 BGH FamRZ 1984, 1003.
13 OLG Koblenz ZErb 2002, 325.
1 BGH FamRZ 1981, 651 f.

die gerichtliche Protokollierung in einem **Prozessvergleich** (§ 127a BGB). Durch die § 2233 Abs. 3 BGB, § 31 BeurkG waren schreib- und sprachunfähige Personen von der Errichtung des Erbvertrages ausgeschlossen. Das BVerfG[2] erklärte diesen Zustand wegen Verstoßes gegen die Erbrechtsgarantie (Art. 14 Abs. 1 GG) sowie gegen den allg. Gleichheitsgrundsatz (Art. 3 Abs. 1 GG) und das Benachteiligungsverbot für Behinderte (Art. 3 Abs. 3 S. 2 GG) für verfassungswidrig und gab den Betroffenen die Möglichkeit, bis zu einer gesetzlichen Neuregelung eine notarielle Beurkundung nach den Vorschriften über die rechtsgeschäftlichen Erklärungen (§§ 22 ff. BeurkG) vorzunehmen. Mit Wirkung v. 1.8.2002 wurden § 2233 Abs. 3 BGB, § 31 BeurkG aufgehoben.

B. Tatbestand

I. Zuständigkeit

1. Notar

2 Zuständig ist nur der Notar, im **Ausland** auch der **Konsularbeamte**, wenn der Erblasser die deutsche Staatsangehörigkeit besitzt (§§ 10, 11 KonsG). Der Notar unterliegt bestimmten Mitwirkungsverboten, § 3 BeurkG, und Ausschließungstatbeständen, § 6 BeurkG; ein Verstoß gegen § 6 BeurkG führt zur Unwirksamkeit der Beurkundung. Unwirksam sind auch Beurkundungen zugunsten des Notars, § 7 BeurkG, wegen des Verhältnisses des Notars zum Bedachten nach §§ 7, 27 BeurkG, und bei Vorliegen der Ausschließungsgründe nach § 26 BeurkG. Bei zulässiger Vertretung ist für die Mitwirkungsverbote und Ausschließungsgründe auf die Person des Vertretenen abzustellen.

2. Gericht

3 Das Gericht ist nur im Fall der gerichtlichen Protokollierung des Erbvertrages in einem Prozessvergleich zuständig (§ 127a BGB). Der **Prozessvergleich** kann im streitigen, aber auch im nichtstreitigen Verfahren (freiwillige Gerichtsbarkeit) geschlossen worden sein;[3] er muss nur entsprechend formwirksam sein.[4] Bei **Anwaltszwang** müssen beide, der Erblasser und der Prozessbevollmächtigte, die entsprechenden Erklärungen abgeben.[5] Aus der bloßen Anwesenheit des Erblassers kann nicht auf seine Billigung des Vergleichs geschlossen werden,[6] die Feststellung der Billigung im Protokoll ist aber nicht erforderlich.[7]

II. Gleichzeitige Anwesenheit beider Teile

4 Während der Erblasser persönlich erscheinen muss (§ 2274 BGB), kann sich der Vertragspartner vertreten lassen (vgl. Erläuterungen zu § 2274 BGB). Im Fall des § 2275 Abs. 2 S. 2 BGB a.F. galt § 182 Abs. 2 BGB mit der Folge, dass die **Anwesenheit** des gesetzlichen Vertreters nicht verlangt wurde. § 128 BGB findet keine Anwendung.[8] § 13 BeurkG erstreckt die Anwesenheitspflicht auf das Vorlesen, Genehmigen und

---

2 BVerfG NJW 1999, 1853.
3 MüKo/*Musielak*, § 2276 Rn 7.
4 BGHZ 14, 381, 386, 391.
5 OLG Stuttgart NJW 1989, 2700; OLG Düsseldorf NJW 2007, 1290, 1292 = ZEV 2007, 95 m. Anm. *Damrau*.
6 Grüneberg/*Weidlich*, § 2276 Rn 1.
7 OLG Stuttgart NJW 1989, 2700; OLG Düsseldorf NJW 2007, 1290, 1292 = ZEV 2007, 95 m. Anm. *Damrau*; Grüneberg/*Weidlich*, § 2276 Rn 1; MüKo/*Musielak*, § 2276 Rn 7.
8 Burandt/Rojahn/*Burandt*, § 2276 Rn 3.

Unterschreiben. Eine eigenhändige Unterschrift ist auch bei Schreibhilfe zu bejahen, wenn der Erblasser aktiv mitwirkt.[9]

III. Urkundensprache

Die Urkunde wird grundsätzlich in **deutscher Sprache** errichtet (§ 5 Abs. 1 BeurkG). 5
Auf Verlangen kann der Notar die Urkunde auch in einer anderen Sprache errichten; ist ein Beteiligter nicht genügend sprachkundig, muss eine schriftliche Übersetzung angefertigt werden (§§ 32, 33 BeurkG). Der Sprachunkundige kann hierauf verzichten (§§ 32, 33 BeurkG).

IV. Formen

Nach § 2232 BGB kann der Erblasser wahlweise seinen letzten Willen vor dem Notar 6
erklären (vgl. § 32 BeurkG) oder er kann ihm eine Schrift mit der Erklärung, dass diese seinen letzten Willen enthalte, übergeben (vgl. § 30 BeurkG); die Schrift kann verschlossen oder offen übergeben werden und muss nicht vom Erblasser geschrieben worden sein. Einschränkungen hinsichtlich der Art der Errichtung ergeben sich für **Minderjährige** aus § 2233 Abs. 1 BGB, für **Lesekundige** aus § 2233 Abs. 2 BGB. Für das Vorliegen eines Sonderfalls ist im Fall einer Vertretung auf den Vertreter abzustellen. Der Vertragspartner muss die Annahme erklären; die Annahme kann auch konkludent erfolgen.[10] Sie bedarf nicht der Erklärungsform des Erblassers;[11] Abs. 1 S. 1, §§ 30, 32 BeurkG sind aber zu beachten (vgl. § 2276 Abs. 1 S. 2 BGB; § 33 BeurkG). Der Vertragspartner muss den Inhalt der Verfügung kennen, damit eine Einigung angenommen werden kann. Ist der Vertragspartner nicht lesekundig (§ 2233 Abs. 2 BGB), dann muss auch der Erblasser seinen Willen mündlich erklären.[12] Bei **verschlossenen Schriften** haben die Vertragsparteien vor dem Notar die Kenntnis und die Annahme der Verfügungen des anderen Vertragspartners zu erklären; die Erklärungen sind in die Niederschrift aufzunehmen (§§ 8, 9 Abs. 1 Nr. 2, § 30 BeurkG).[13] Die Erklärungen können auch in einer gemeinsamen Schrift enthalten sein.[14]

V. Verbindung mit dem Ehevertrag

Die Verbindung in einer Urkunde ist ausreichend, ein innerer Zusammenhang ist 7
nicht erforderlich.[15] Der Ehevertrag kann den gesetzlichen oder bisherigen Güterstand abändern oder zur Behebung von Zweifeln auch nur bestätigen.[16] Es gilt die Form des Ehevertrages. Auf die **Formen** des **Erbvertrages** kann nicht zurückgegriffen werden, z.B. durch Übergabe einer verschlossenen Schrift (vgl. §§ 9 Abs. 1 Nr. 2, 13 Abs. 1 BeurkG). Die praktische Bedeutung dieser Vorschrift ist gering, denn auch für den Ehevertrag ist die Anwesenheit beider Vertragspartner erforderlich; es gelten auch hier die Vorschriften des Beurkundungsgesetzes. Beide Verträge stehen – ebenso wie bei der Verbindung des Erbvertrages mit anderen Verträgen[17] – grundsätzlich selbstständig nebeneinander; die Anfechtung bzw. der Rücktritt von einem dieser Verträge impliziert nicht die Nichtigkeit des anderen Vertrages.[18] Maßgebend hierfür ist der Wille

9 BGH FamRZ 1981, 651 f.
10 OLG Frankfurt OLGZ 1980, 404: Annahme durch Unterschrift des Erbvertrages.
11 Staudinger/*Raff*, § 2276 Rn 6.
12 Grüneberg/*Weidlich*, § 2276 Rn 4.
13 MüKo/*Musielak*, § 2276 Rn 3.
14 Vgl. Grüneberg/*Weidlich*, § 2276 Rn 3.
15 Grüneberg/*Weidlich*, § 2276 Rn 6.
16 Differenzierend: NK-BGB/*Hölscher*/*Kornexl*, § 2276 Rn 25.
17 BGHZ 36, 65, 70.
18 OLG Frankfurt FamRZ 2003, 610.

der Vertragsschließenden, die bloße Zusammenfassung in einer Urkunde reicht hierfür nicht aus – die Vermutungsregelung des § 139 BGB findet somit grundsätzlich keine Anwendung.[19] Die Vorschrift betrifft ausschließlich die Form. §§ 2231–2233, 2274, 2275 BGB sowie §§ 7, 27 BeurkG bleiben anwendbar, nicht dagegen die §§ 28 ff. BeurkG als Sondervorschriften für den Erbvertrag. Verstirbt ein Verlobter vor der Eheschließung, ist von der Wirksamkeit des Erbvertrages auszugehen, anders bei Auflösung der Verlobung (§ 2279 Abs. 2 BGB i.V.m. § 2077 BGB). Eine abweichende Regelung ist möglich.

VI. Höferecht

8 Nach § 7 Abs. 2 HöfeO ist eine formlose **Hoferbenbestimmung** möglich; die Vorschrift wurde der Rspr. des BGH[20] angepasst. Eine Übertragung auf andere Fälle[21] oder andere Personen als die Abkömmlinge[22] hat der BGH jedoch ausdrücklich abgelehnt. Für den Fall, dass in einem Erbvertrag dem überlebenden Ehegatten das Recht eingeräumt wird, den Hoferben zu bestimmen, hat das OLG Hamm nach Wegfall der Hofeseigenschaft eine erbvertragliche Regelung des Inhalts angenommen, dass die gemeinschaftlichen Kinder zu Schlusserben des Letztversterbenden berufen sein sollten.[23]

C. Rechtsfolgen

9 Ein Erbvertrag, der nicht den Formvorschriften entspricht, ist nichtig. Es kommt jedoch eine **Umdeutung** nach § 140 BGB in ein Testament in Betracht.[24] Auch eine Umdeutung in ein Rechtsgeschäft unter Lebenden ist grundsätzlich möglich, wobei sich hier die Frage stellen muss, ob eine Verpflichtung zu Lebzeiten gewollt sein kann.[25]

D. Verfahrensfragen/Kosten

10 Die Kosten der Verwahrung richten sich nach § 34 i.V.m. KV Nr. 12100 GNotKG.

§ 2277 (weggefallen)

§ 2278 Zulässige vertragsmäßige Verfügungen

(1) In einem Erbvertrag kann jeder der Vertragschließenden vertragsmäßige Verfügungen von Todes wegen treffen.
(2) Andere Verfügungen als Erbeinsetzungen, Vermächtnisse, Auflagen und die Wahl des anzuwendenden Erbrechts können vertragsmäßig nicht getroffen werden.

---

19 BeckOK BGB/*Litzenburger*, § 2276 Rn 11; Grüneberg/*Weidlich*, § 2276 Rn 10 m. Hinw. auf OLG Stuttgart FamRZ 1987, 1034, welches aus der Zusammenfassung der Rechtsgeschäfte in einer Urkunde eine tatsächliche Vermutung herleitet.
20 BGHZ 12, 286.
21 BGHZ 47, 184.
22 BGHZ 87, 237.
23 OLG Hamm FGPrax 2012, 202.
24 BayObLG ZEV 1995, 413.
25 BGH NJW 1978, 423; BGH NJW 1984, 46, 47.

Literatur

Frieser, Übergabeverträge und den Vertragserben beeinträchtigende Schenkungen – ein Beitrag zu Freiheit und Bindung im Erbrecht, ErbR 2024, 402; *Goldkamp*, Bindung im Erbrecht, ErbR 2023, 828; *Keim*, Bindung im Erbrecht – Fluch oder Segen?, ErbR 2024, 326; *Schmitz*, Nochmals: Die Verteilung der Beweislast in den Fällen des § 2287 BGB, ErbR 2016, 624.

Übersicht:

A. Allgemeines

1 Die Vorschrift ergänzt § 1941 Abs. 1 BGB, in dem sie deutlich macht, dass zum einem jeder Vertragsschließende vertragsmäßige letztwillige Verfügungen treffen kann, zum anderen, dass andere Verfügungen als Erbeinsetzungen, Vermächtnisse und Auflagen vertragsmäßig nicht getroffen werden können. Die Beschränkung der vertragsmäßigen Verfügungen entspricht der Regelung für wechselbezügliche Verfügungen beim Ehegattentestament (§ 2270 Abs. 3 BGB). Die Beschränkung der vertragsmäßigen Verfügungen ist angelehnt an das gemeine Recht, das nur die Erbeinsetzung und das Vermächtnis kannte; die Auflagenverträge waren zunächst auch nicht vorgesehen, sind aber später von der II. Kommission eingeführt worden.[1]

B. Tatbestand

I. Vertragsschließende

2 Der Erbvertrag ist anders als das gemeinschaftliche Testament nicht nur Ehegatten (§ 2265 BGB) und gleichgeschlechtlichen Lebenspartnern (§ 10 Abs. 4 LPartG) vorbehalten; er kann die vertragsmäßigen Verfügungen nur einer Person, aber auch mehrerer Personen enthalten.[2]

II. Vertragsmäßige Verfügungen

3 Als vertragsmäßige Verfügungen kommen nur Erbeinsetzungen, Vermächtnisse und Auflagen sowie die Rechtswahl in Betracht (Abs. 2). Der Erblasser kann den Vertragspartner oder einen Dritten als Erben einsetzen (§ 1941 Abs. 2 BGB) bzw. mit einem Vermächtnis bedenken. Mit einem Vermächtnis beschwert werden kann entweder ein Erbe oder ein Vermächtnisnehmer, nicht dagegen deren Erben. Darüber hinaus kann auch eine **Stiftung** durch vertragsmäßige Verfügung errichtet werden, § 83 BGB.[3] Andere letztwillige Verfügungen, wie z.B. Teilungsanordnung,[4] Erbausschließung (§ 1938 BGB)[5] oder Ernennung eines **Testamentsvollsteckers**,[6] können nur als einseitige Verfügungen getroffen werden und sind ausschließlich nach Testamentsrecht zu beurteilen (§ 2299 BGB). Der Erbvertrag muss mindestens eine vertragsmäßige Verfü-

1 Prot. V, S. 405.
2 *Reithmann*, DNotZ 1957, 527.
3 BGHZ 70, 313.
4 BGH NJW 1982, 441.
5 Für die Pflichtteilsentziehung siehe BGH FamRZ 1961, 437.
6 OLG Düsseldorf ZEV 1994, 302.

gung enthalten, anderenfalls liegt kein Erbvertrag, sondern es kann nur eine Umdeutung in ein Testament möglich sein.[7] Betrifft die letztwillige Verfügung die Erbeinsetzung, ein Vermächtnis oder eine Auflage, liegt nicht zwingend eine vertragsmäßige Verfügung vor.[8] Wird sie nicht ausdrücklich als solche bezeichnet, ist die Vertragsmäßigkeit einer solchen Verfügung nach §§ 133, 157 BGB durch Auslegung zu ermitteln.[9]

III. Auslegung

4 Ist zweifelhaft, ob eine vertragsmäßige Verfügung vorliegt, ist zu prüfen, inwieweit eine vertragliche Bindung gewollt war.[10] § 2270 BGB kann ergänzend herangezogen werden.[11] Das Interesse des Vertragspartners an der Vertragsmäßigkeit und damit an der Bindungswirkung einer Verfügung ist ausschlaggebend.[12] Eine solche **vertragliche Bindung** ist daher anzunehmen, wenn der Vertragspartner selbst[13] oder eine ihm nahestehende dritte Person bedacht wird,[14] ferner, wenn ein Vertragspartner ein Interesse an der Bindungswirkung hatte.[15] Setzen die Ehegatten für den Fall des Todes des überlebenden Ehegatten ihre Kinder ein, wird eine vertragsmäßige Verfügung ebenfalls anzunehmen sein,[16] ebenso, wenn die ein Kind begünstigende Verfügung dem Ausgleich einer lebzeitigen Zuwendung an ein anderes Kind dienen soll.[17] Anders dagegen, wenn Verwandte bedacht werden. Eine Bindung an die Verfügung zugunsten der eigenen Verwandten ist i.d.R. abzulehnen.[18]

IV. Bindung

5 Nur hinsichtlich der vertragsmäßigen Verfügungen entsteht aufgrund der Einigung der Vertragsschließenden eine vertragliche Bindung. Die Bindung **wirkt** nur **erbrechtlich** und macht alle früheren und späteren letztwilligen Verfügungen, soweit sie den vertragsmäßig Bedachten beeinträchtigen (§ 2289 BGB), unwirksam. Dagegen bestehen keine schuldrechtlichen Verpflichtungen; der Erblasser kann über sein Vermögen unter Lebenden nach §§ 2286 ff. BGB verfügen. Während das Testament und damit die einseitigen Verfügungen, die nach Testamentsrecht zu beurteilen sind (§ 2299 BGB), frei widerruflich sind (§§ 2253 ff. BGB), ist die freie Widerruflichkeit bei den vertragsmäßig getroffenen Verfügungen ausgeschlossen.

V. Vorbehalt

6 Ein Änderungsvorbehalt ist zulässig;[19] er kann ausdrücklich in der Form des § 2276 BGB vereinbart oder durch Auslegung ermittelt werden.[20] Der BGH[21] verlangt aber, dass der Vorbehalt mindestens eine den Erblasser bindende Verfügung bestehen lässt; wenn der Erblasser nämlich eine Verfügung von Todes wegen vertragsmäßig errichtet,

---

7 BGHZ 26, 204; NK-BGB/*Hölscher/Kornexl*, § 2274 Rn 3.
8 BayObLG FamRZ 1997, 911; OLG Hamm FamRZ 1996, 637; BayObLG FamRZ 1994, 196.
9 BayObLG FamRZ 1994, 190, 191; OLG Saarbrücken NJW-RR 1994, 844.
10 BayObLG FamRZ 1994, 196.
11 BGH NJW 1961, 120; OLG Zweibrücken FamRZ 1995, 1021.
12 BayObLG FamRZ 1989, 1353, 1354.
13 BGHZ 106, 359 = NJW 1989, 2885.
14 BayObLG FamRZ 1997, 911, das in dem zu entscheidenden Fall eine Bindungswirkung verneint.
15 BGH ZEV 2002, 150; BayObLG ZEV 2004, 244 – jeweils zur Ersatzerbfolge.
16 OLG Saarbrücken NJW-RR 1994, 844.
17 OLG Hamm NJW-RR 2005, 450.
18 BGH NJW 1961, 120.
19 BGH NJW 1982, 441; OLG Stuttgart ZEV 2003, 79; OLG Köln MDR 1994, 71; OLG München, FGPrax 2008, 254; *Weiler*, DNotZ 1994, 427, 429.
20 OLG Köln MDR 1994, 71.
21 BGHZ 26, 208 f.

dann kann er sie nicht zugleich einseitig gestalten wollen. Ein sog. Totalvorbehalt ist also unzulässig. Erhält der Erbvertrag nur eine einzige vertragsmäßige Verfügung (oder stehen alle Verfügungen unter Vorbehalt), dann muss gewährleistet sein, dass die Ausübung des Vorbehalts nur unter bestimmten, genau festgelegten Voraussetzungen möglich ist (Lehre vom spezifischen Änderungsvorbehalt).[22] Beurteilungsmaßstab ist stets die Frage, ob die Testierfreiheit des Erblassers durch die Voraussetzungen des Änderungsvorbehalts eingeschränkt wird.[23] Nicht zu beanstanden ist, wenn sich der Erblasser eine Quote vorbehält, zu dieser er neben dem Alleinerben noch andere Erben berufen kann.[24] Er kann sich auch vorbehalten, das Erbrecht des Vertragserben durch Vermächtnisse und Auflagen in einem bestimmten Umfang einzuschränken[25] oder Testamentsvollstreckung anzuordnen.[26]

C. Rechtsfolgen

Der Erbvertrag muss mindestens **eine** vertragsmäßige Verfügung enthalten, damit ein 7
Erbvertrag vorliegt.[27] Vertragsmäßige Verfügungen, die von beiden Vertragsschließenden getroffen werden, erfolgen im Zweifel wechselbezüglich und führen bei Nichtigkeit im Zweifel zur Nichtigkeit des gesamten Erbvertrages (§ 2298 Abs. 1 BGB); für die Beurteilung, ob vertragsmäßige Verfügungen wechselbezüglich sind, ist der Wille der Vertragsschließenden ausschlaggebend (§ 2298 Abs. 3 BGB).

D. Gestaltungshinweise

Nach § 2286 BGB kann der Erblasser über sein Vermögen unter Lebenden verfügen. 8
Um das zu vermeiden, kann ein schuldrechtlicher Vertrag geschlossen werden (§ 137 S. 2 BGB), in dem sich der Erblasser verpflichtet, nicht über den Gegenstand der erbrechtlichen Anordnung zu verfügen. Ein solcher Vertrag ist grundsätzlich auch formlos gültig, jedoch werden an seinen Nachweis hohe Anforderungen gestellt.[28] Der Vertrag hat nur schuldrechtliche Wirkung, das bedeutet, dass die Verfügungen, auch wenn sie gegen den Vertrag verstoßen, wirksam sind; der Erblasser macht sich dann aber schadensersatzpflichtig; der Schadensersatzanspruch ist eine Nachlassverbindlichkeit, §§ 1937, 2058 BGB.[29]

§ 2279 Vertragsmäßige Zuwendungen und Auflagen; Anwendung von § 2077

(1) Auf vertragsmäßige Zuwendungen und Auflagen finden die für letztwillige Zuwendungen und Auflagen geltenden Vorschriften entsprechende Anwendung.
(2) Die Vorschrift des § 2077 gilt für einen Erbvertrag zwischen Ehegatten, Lebenspartnern oder Verlobten auch insoweit, als ein Dritter bedacht ist.

Literatur

Bonefeld, Erbe trotz Scheidung? – die unterschätzte Gefahr, RFamU 2024, 356; *Kanzleiter*, Keine wechselbezüglichen Verfügungen in gemeinschaftlichen Testamenten nach der Ehescheidung!, ZEV 2005, 181;

22 OLG München ZEV 2007, 33; *Keim*, ZEV 2005, 365, 368; *Weiler*, DNotZ 1994, 427, 430 ff.; *Mayer*, DNotZ 1990, 755, 757, 774.
23 OLG München DNotZ 2009, 138, 139 = MittBayNot 2009, 237 m. Anm. *Kornexl*.
24 BGHZ 26, 204.
25 OLG Stuttgart ZEV 2003, 79; OLG Düsseldorf OLGZ 1966, 68, 70.
26 BGHZ 26, 204, 209.
27 BGHZ 26, 204; OLG München FGPrax 2008, 254.
28 OLG Köln ZEV 1996, 23.
29 BGH FamRZ 1967, 470.

Keim, Die einseitig angeordnete Schlusserbeneinsetzung im Erbvertrag bei Auflösung der Ehe – gesetzliche Folgen und Gestaltungen, DNotZ 2022, 654; *Kellermann*, Die Auswirkungen einer Scheidung auf das Ehegattenerbrecht, JuS 2004, 1071.

Übersicht:

A. Allgemeines

1 Abs. 2 erklärt § 2077 BGB ausdrücklich für anwendbar und erweitert seinen Anwendungsbereich auch auf bedachte Dritte. Er geht davon aus, dass die **Ehegatten**, Lebenspartner oder Verlobten die Verfügungen für den Fall des Scheiterns ihrer Verbindung nicht aufrechterhalten wollen. Abs. 1 stellt klar, dass die Regelungen zum Testament auf die vertragsmäßigen Verfügungen Anwendung finden, soweit keine besonderen Bestimmungen für den Erbvertrag vorgesehen sind. Für einseitige Verfügungen gilt das Testamentsrecht nach § 2299 Abs. 2 BGB. Durch das **Lebenspartnerschaftsgesetz** ist Abs. 2 mit Wirkung zum 1.8.2001 durch die Erwähnung der Lebenspartner ergänzt worden. Nach der Ermöglichung der Eheschließung auch für gleichgeschlechtliche Paare können neue Lebenspartnerschaften nicht mehr geschlossen werden, weshalb mit Wirkung zum 22.12.2018 die diesbezügliche Erweiterung auf Verlobte nach dem Lebenspartnerschaftsgesetz gestrichen wurde. Die bisher geschlossenen Lebenspartnerschaften bleiben bestehen, weshalb in § 2279 Abs. 2 BGB auch weiterhin Lebenspartner ausdrücklich erwähnt werden.

B. Tatbestand

I. Anwendbare Vorschriften

1. Erbrechtliche Vorschriften

2 Folgende Vorschriften sind entsprechend anwendbar: (Anfall, Erwerb und Ausschlagung) §§ 1937–1959, 2094, 2095 BGB; (Auslegung) §§ 2065–2077, 2084–2093 BGB; (Ersatzerbfolge) §§ 2096–2099 BGB; (Nacherbschaft) §§ 2100–2146 BGB; (Vermächtnis) §§ 2147–2191 BGB; (Auflage) §§ 2192–2196 BGB. §§ 2265–2268 BGB sind dagegen nicht anwendbar, ebenso enthält § 2298 BGB zu § 2085 BGB eine Sonderregelung. Auf das Ausschlagungsrecht kann nicht verzichtet werden;[1] ein solcher Verzicht erfolgt insbesondere nicht durch die Annahme der Zuwendung im Erbvertrag, da hierin keine Annahme i.S.d. §§ 1943, 2180 BGB zu sehen ist.

2. Allgemeine Vorschriften

3 Für die Vertragsauslegung sind grundsätzlich die §§ 133, 157 BGB maßgeblich, für die Willenserklärungen die §§ 116 ff. BGB. Bei der **Auslegung** kommt es entscheidend auf den Willen der Vertragsschließenden und den Empfängerhorizont des Vertragspartners an.[2]

---

1 Grüneberg/*Weidlich*, § 2279 Rn 1; Staudinger/*Raff*, § 2279 Rn 5.
2 BGHZ 106, 359 = NJW 1989, 2885.

II. Ehe, Lebenspartnerschaft, Verlöbnis

Abs. 2 macht die Wirksamkeit des Erbvertrages vom Bestehen der Ehe, der Lebenspartnerschaft oder des **Verlöbnisses** abhängig; dies gilt auch, wenn Dritte, z.B. Kinder, bedacht werden; es ist jedoch stets zu prüfen, ob die Ehegatten bei Abschluss des Vertrages[3] etwas anderes gewollt haben (§ 2077 Abs. 3 BGB); das wird bei der Erbeinsetzung der gemeinsamen Kinder i.d.R. der Fall sein.[4] Ein später erkennbarer Wille dient als Indiz.[5] 4

Der BGH hat in seinem Beschl. v. 22.5.2024[6] klargestellt, dass ein Erbvertrag zwischen nichtehelichen Lebenspartnern auch bei nachfolgender Eingehung und Scheidung einer Ehe der Vertragspartner wirksam bleibt, wenn zum Zeitpunkt des Abschlusses des Erbvertrags ausschließlich eine nichteheliche Lebensgemeinschaft bestand und der Erbvertrag auch nicht im Hinblick auf ein künftiges Verlöbnis bzw. eine künftige Ehe abgeschlossen wurde.

III. Erblasser

Bei einem gegenseitigen Erbvertrag ist Erblasser nur der Erstverstorbene;[7] entscheidend ist daher, ob er die Scheidung beantragt oder ihr zugestimmt hatte (§ 2077 Abs. 1 S. 2 BGB). Verstirbt der Ehegatte, der den Scheidungsantrag nicht gestellt hat, bleiben die Verfügungen wirksam, sofern er dem Scheidungsantrag nicht zugestimmt hatte.[8] Für den Überlebenden kommt dann allenfalls die **Anfechtung** nach § 2281 BGB in Betracht. Wird in einem einseitigen Erbvertrag ein Dritter bedacht, kommt es auf den Tod des Erblassers an und darauf, ob er die Scheidung beantragt oder ihr zugestimmt hatte. Der Scheidungsantrag des Erstverstorbenen, wenn er dem Dritten gegenüber nicht Erblasser ist, berührt die Wirksamkeit des Erbvertrages nicht.[9] 5

C. Rechtsfolgen

Scheitert die Verbindung zwischen den Ehegatten, Verlobten oder Lebensgefährten vor dem Tod des Erblassers, sind die vertragsmäßigen Verfügungen im Zweifel unwirksam, wenn ein anderer Wille nicht erkennbar ist, § 2077 Abs. 3 BGB. Dies gilt grundsätzlich auch für Verfügungen, durch die ein Dritter begünstigt wird.[10] Die Unwirksamkeit der Erbeinsetzung führt beim gegenseitigen Erbvertrag i.d.R. zur Unwirksamkeit des gesamten Erbvertrages, § 2298 Abs. 1 BGB. 6

Diese Rechtsfolge gilt allerdings jeweils nur, soweit nicht ein anderer Wille des Erblassers erkennbar ist. An die Feststellung dieses „Aufrechterhaltungswillens" sind aber nach der Rechtsprechung hohe Anforderungen zu stellen.[11]

§ 2280 Anwendung von § 2269

Haben Ehegatten oder Lebenspartner in einem Erbvertrag, durch den sie sich gegenseitig als Erben einsetzen, bestimmt, dass nach dem Tode des Überlebenden der beiderseitige Nachlass an einen Dritten fallen soll, oder ein Vermächtnis ange-

3 OLG München ZEV 2008, 290 m. Anm. *Purrucker*.
4 OLG Stuttgart OLGZ 1976, 17.
5 BayObLG NJW-RR 1997, 7.
6 BGH NJW 2024, 2537.
7 BayObLG NJW-RR 1990, 200.
8 BayObLG NJW-RR 1990, 200, 201; MüKo/Musielak, § 2279 Rn 7, Rn 8.
9 Differenzierend MüKo/*Musielak*, § 2279 Rn 10.
10 OLG München ZEV 2008, 290.
11 Vgl. BGH NJW 2004, 3113; OLG München ZEV 2008, 290 m. Anm. *Purrucker*.

ordnet, das nach dem Tode des Überlebenden zu erfüllen ist, so findet die Vorschrift des § 2269 entsprechende Anwendung.

Übersicht: Rdn

A. Allgemeines

1 § 2280 BGB verweist auf die Auslegungsregel des § 2269 Abs. 1 BGB. Danach gilt auch beim Erbvertrag im Zweifel die Einheitslösung, d.h. der Dritte wird Schlusserbe. Nach § 2269 Abs. 2 BGB gilt Entsprechendes für Vermächtnisse; im Zweifel soll das Vermächtnis dem Bedachten erst mit dem Tod des Überlebenden anfallen. Da sich die gegenseitige Bindung beim Erbvertrag aus der Einigung der Vertragsschließenden ergibt, war eine Verweisung auf §§ 2270, 2271 BGB nicht erforderlich.

B. Tatbestand

I. Ehegatten, Lebenspartner

2 § 2280 BGB spricht ausdrücklich nur vom Erbvertrag der Ehegatten oder Lebenspartner. Allerdings ist die Vorschrift vor dem Hintergrund, dass den Erbvertrag auch andere Personen in dieser Weise schließen können, auch auf solche Verträge anwendbar, wobei zwischen den Vertragschließenden ein ähnlich starkes Vertrauensverhältnis bestehen muss wie zwischen den Ehegatten oder Lebenspartnern[1] auch wenn in der Praxis die Feststellung eines derartigen Vertrauensverhältnisses oftmals schwierig sein dürfte.[2]

II. Dritter

3 Dritter ist derjenige, den die **Vertragschließenden** zum **Erben** eingesetzt haben. Er kann auch am Vertragsschluss beteiligt gewesen sein,[3] z.B. wenn die Kinder als Dritte gegenüber dem Erstversterbenden auf ihre Pflichtteilsansprüche verzichten. Wird der Dritte nicht ausdrücklich als Erbe bezeichnet, kann sich seine Erbenstellung auch durch Auslegung ergeben.[4] Eine Erbeinsetzung der Kinder ist grundsätzlich abzulehnen, wenn der Erbvertrag die Kinder bei Anfechtung des Erbvertrages lediglich auf ihren Pflichtteil verweist,[5] anders, wenn die Kinder auch beim zweiten Erbfall nur den Pflichtteil erhalten sollen, falls sie diesen nach dem ersten Erbfall gefordert haben,[6] oder wenn der Erbvertrag eine Pflichtteilsverwirkungsklausel und Wiederverheiratungsklausel enthält.[7]

III. Wiederverheiratungsklausel

4 Fehlt eine **Wiederverheiratungsklausel**, kann der Erbvertrag von dem Überlebenden (§§ 2079, 2281 BGB) oder von dem neuen Ehegatten nach dem Tod des Überlebenden

---

1 OLG Köln FamRZ 1974, 387; Grüneberg/*Weidlich*, § 2280 Rn 1; MüKo/*Musielak*, § 2280 Rn 4.
2 MüKo/*Musielak*, § 2280 Rn 4.
3 NK-BGB/*Hölscher/Kornexl*, § 2280 Rn 10.
4 OLG Bremen ZEV 1994, 365.
5 OLG Köln MDR 1950, 669.
6 OLG Bremen ZEV 1994, 365; OLG Saarbrücken NJW-RR 1994, 844, 845.
7 OLG Saarbrücken NJW-RR 1994, 844, 845.

(§§ 2079, 2281, 2285 BGB) angefochten werden; wird die Anfechtung nicht erklärt, dann hat der neue Ehegatte einen Pflichtteilsanspruch, der sich nach dem gesamten Vermögen berechnet. Lebten die Eheleute im gesetzlichen Güterstand, kommt zudem ein Zugewinnausgleich nach § 1371 Abs. 2 BGB in Betracht.

C. Verfahrensfragen

Der als Schlusserbe eingesetzte Dritte kann gegen den überlebenden Ehegatten auf Feststellung seiner Erbeinsetzung klagen,[8] wenn er ein schutzwürdiges Interesse hat, z.B. wenn der überlebende Ehegatte entgegen der eingetretenen Bindung abweichend letztwillig verfügt oder von der Unwirksamkeit infolge der Anfechtung ausgeht; auch eine **Feststellungsklage** zwischen zwei Schlusserben ist zulässig.[9] Ansprüche wegen böswilliger Schenkungen des Überlebenden kann der Schlusserbe dagegen erst nach dessen Tod geltend machen; eine Feststellungsklage ist insoweit unzulässig.[10] 5

§ 2281 Anfechtung durch den Erblasser

(1) Der Erbvertrag kann aufgrund der §§ 2078, 2079 auch von dem Erblasser angefochten werden; zur Anfechtung aufgrund des § 2079 ist erforderlich, dass der Pflichtteilsberechtigte zur Zeit der Anfechtung vorhanden ist.
(2) [1]Soll nach dem Tode des anderen Vertragschließenden eine zugunsten eines Dritten getroffene Verfügung von dem Erblasser angefochten werden, so ist die Anfechtung dem Nachlassgericht gegenüber zu erklären. [2]Das Nachlassgericht soll die Erklärung dem Dritten mitteilen.

Literatur

Kanzleiter, Die Anfechtung wegen Übergehens eines Pflichtteilsberechtigten nach §§2079, 2281 BGB bei Erbvertrag und gemeinschaftlichem Testament, DNotZ 2016, 745; *ders.*, Der Irrtum über die Bindungswirkung als Grundlage der Selbstanfechtung von wechselbezüglichen Verfügungen in einem gemeinschaftlichen Testament durch den Erblasser, MittBayNot 2012, 264; *Krebber*, Die Anfechtbarkeit des Erbvertrages wegen Motivirrtums – ein Beitrag zum Verständnis des Erbvertrages, DNotZ 2003, 20.

Übersicht: Rdn

---

8 MüKo/*Musielak*, § 2269 Rn 39; Grüneberg/*Weidlich*, § 2269 Rn 10; a.A. Staudinger/*Raff*, § 2269 Rn 23; *Lange*, NJW 1963, 1571, 1574.

9 BGH ZEV 2010, 468.

10 OLG Schleswig-Holstein OLGR 2003, 89.

A. Allgemeines

1 Anders als das Testament kann der Erbvertrag nicht jederzeit frei widerrufen werden; daher sieht Abs. 1 das Anfechtungsrecht, anders als das Testament, auch für den Erblasser vor. Für die Anfechtung verweist § 2281 BGB auf §§ 2078, 2079 BGB, wobei die §§ 2281–2285 BGB zu beachten sind; ergänzend kann auch auf die allg. Vorschriften der §§ 119 ff., 142 ff. BGB zurückgegriffen werden. Entsprechende Anwendung finden die §§ 2281–2285 BGB auf wechselbezügliche Verfügungen in einem gemeinschaftlichen Testament.[1]

B. Tatbestand

I. Anfechtungsberechtigter

2 Anfechtungsberechtigt nach Abs. 1 ist ausschließlich der Erblasser. **Anfechtbar** sind nur die vertragsmäßigen Verfügungen, während die einseitigen Verfügungen nach Testamentsrecht zu beurteilen sind (§ 2299 Abs. 2 BGB) und daher jederzeit frei widerruflich sind. Grundsätzlich können auch Dritte den Erbvertrag anfechten, wenn ihnen die Aufhebung unmittelbar zustattenkommen würde (§ 2080 Abs. 1 BGB); beachte hierzu aber die Ausnahmen in § 2080 Abs. 2 u. 3 BGB, wonach im Fall des § 2079 BGB (Übergehung eines Pflichtteilsberechtigten) das Anfechtungsrecht neben dem Erblasser nur dem **Pflichtteilsberechtigten** zusteht. Der Dritte kann den Erbvertrag nur nach dem Tode des Erblassers anfechten, wenn das Anfechtungsrecht noch besteht und z.B. durch Bestätigung des Erbvertrages (§ 2284 BGB) noch nicht erloschen ist, vgl. § 2285 BGB. Für den bloß annehmenden Vertragspartner gilt § 2281 BGB nicht. Er kann seine Erklärungen vor oder nach dem Erbfall nach §§ 119 ff. BGB anfechten, als Nächstberufener auch die des Erblassers nach §§ 2078 ff. BGB.[2] Betrifft die Anfechtung eine Erklärung, die zwar im Erbvertrag enthalten ist, aber eine Willenserklärung unter Lebenden darstellt, dann kommen nur die §§ 119 ff. BGB in Betracht.

II. Anfechtungsgegner

3 Anfechtungsgegner ist zu Lebzeiten der Vertragspartner. Nach seinem Tod sind die Verfügungen zu seinen Gunsten gegenstandslos geworden. **Anfechtungsgegner** ist dann das Nachlassgericht (Abs. 2 S. 1). Die Zuständigkeit richtet sich nach § 343 FamFG. Hat der Vertragsgegner einen Dritten bedacht, kann der Erblasser die Verfügungen nur nach §§ 2078 ff. BGB anfechten, weil der Erblasser in diesem Fall nicht seine eigenen Verfügungen anficht. Beim Vermächtnis ist die Anfechtung dem Bedachten gegenüber zu erklären, § 143 BGB.[3]

III. Form, Frist

4 Die Form richtet sich nach § 2282 Abs. 3 BGB (notarielle Beurkundung), die **Frist** nach § 2283 Abs. 1 BGB, vgl. die Erläuterungen dort. Ergänzend ist anzumerken, dass die Anfechtung, die vor einem tatsächlich unzuständigen Gericht, das sich selbst aber irrtümlich für zuständig hält, nach § 2 Abs. 3 FamFG wirksam ist.[4]

IV. Anfechtungsgründe

5 Nach Abs. 1 i.V.m. § 2078 Abs. 2 BGB kann eine erbvertragliche letztwillige Verfügung angefochten werden, soweit der Erblasser zu der Verfügung durch die irrige Annahme

---

1 BGH NJW 1970, 279; OLG Düsseldorf DNotZ 1972, 42.
2 Vgl. Grüneberg/*Weidlich*, § 2281 Rn 1.
3 BGHZ 37, 331 m. Verw. auf RGZ 143, 350, 353.
4 Vgl. OLG Frankfurt ZEV 2012, 417, 420; MüKo/*Musielak*, § 2281 Rn 21.

oder Erwartung des Eintritts oder Nicht-Eintritts eines Umstands bestimmt worden ist.[5]
Als Anfechtungsgründe kommen in Betracht: der Inhaltsirrtum (§ 2078 Abs. 1 Alt. 1 BGB), Erklärungsirrtum (§ 2078 Abs. 1 Alt. 2 BGB), Motivirrtum (§ 2078 Abs. 2 Alt. 1 BGB),[6] die widerrechtliche Drohung (§ 2078 Abs. 2 Alt. 2 BGB) sowie die Anfechtung wegen Übergehung eines Pflichtteilsberechtigten (§§ 2079 S. 1, 2281 Abs. 1 Hs. 2 BGB).

1. Irrtum

Für den Inhalts-, Erklärungs- oder Motivirrtum vgl. Erläuterungen zu § 2079 BGB. 6
Eine Anfechtung kommt insbesondere dann in Betracht, wenn sich der Erblasser über die Bindungswirkung des Erbvertrages,[7] über das Verhalten des Bedachten,[8] z.B. hinsichtlich seiner **Betreuung**,[9] Beseitigung von Spannungen zwischen den Vertragsparteien[10] oder die **Erfüllung** der **Gegenleistung**, § 2295 BGB,[11] geirrt hat. Bei Vortäuschen eines Selbstmordversuchs kommt eine Anfechtung wegen arglistiger Täuschung in Betracht.[12] Der Tatbestand der arglistigen Täuschung ist zwar nicht ausdrücklich erwähnt, wird aber von § 2078 BGB umfasst.[13] Für den Motivirrtum nach § 2078 Abs. 2 BGB ist entscheidend, welche Vorstellungen und Erwartungen der Erblasser wirklich hatte.[14] Unbewusste Vorstellungen, z.B. ein bestimmtes Vertrauensverhältnis,[15] sind ausreichend, wenn sie für die Erbeinsetzung ursächlich waren. Der irreale Wille, das bedeutet der Wille, den der Erblasser bei Kenntnis unbekannter Tatsachen gehabt hätte, ist nicht zu beachten.[16]

2. Übergehung eines Pflichtteilsberechtigten

Ficht der Erblasser den Erbvertrag wegen **Übergehung** eines **Pflichtteilsberechtigten** 7
an, dann ist für den Umfang des Anfechtungsrechts § 2079 S. 2 BGB zu beachten; es ist daher zu prüfen, wie der Erblasser verfügt hätte, wenn er von dem Pflichtteilsberechtigten Kenntnis gehabt hätte; eine Beschränkung auf den gesetzlichen Pflichtteil ist aber nicht vorgesehen.[17] Abs. 1 Hs. 2, wonach der Pflichtteilsberechtigte zur Zeit der Anfechtung vorhanden sein muss, gilt nur bei der Anfechtung durch den Erblasser. Das Pflichtteilsrecht muss jeweils zum Zeitpunkt der Anfechtung bestehen.[18] Die Verzeihung (§ 2237 BGB) kann ein Anfechtungsrecht nach §§ 2079, 2281 Abs. 1 BGB begründen. Zu der Anfechtung durch den übergangenen Pflichtteilsberechtigten vgl. die Kommentierung zu § 2079 BGB.

V. Ausschluss

Die **Anfechtung** ist **ausgeschlossen**, wenn anzunehmen ist, dass der Erblasser auch 8
bei Kenntnis der Sachlage die Verfügung getroffen hätte (§§ 2078 Abs. 1 u. 2, 2279 S. 2

---

5 OLG München ZEV 2007, 530.
6 OLG München ZEV 2007, 530.
7 BayObLG NJW-RR 1997, 1027; OLG Frankfurt FamRZ 1998, 194.
8 BGH NJW 1963, 246, 247; BayObLG FamRZ 2000, 1053.
9 BGH FamRZ 1973, 539.
10 BGH FamRZ 1973, 539.
11 BGH NJW 1952, 419.
12 BGH FamRZ 1996, 605.
13 Staudinger/*Raff*, § 2281 Rn 11.
14 BGH NJW-RR 2008, 747, 749 m.w.N.; ebenso OLG München FamRZ 2008, 550, 551.
15 BGH NJW-RR 1987, 1412, 1413; BayObLG FamRZ 1998, 1625.
16 BGH NJW-RR 1987, 1412, 1413.
17 BGH NJW 1970, 279.
18 BGH NJW 1970, 279.

BGB), ferner, wenn der Erblasser sich selbst treuwidrig verhält,[19] im Falle des § 2078 Abs. 2 BGB den Eintritt des Umstandes selbst vereitelt,[20] nicht bloß erschwert,[21] oder eine Adoption vornimmt, nur um ein Anfechtungsrecht zu erhalten, § 2079 BGB.[22] Der Erblasser kann auf sein Anfechtungsrecht im Erbvertrag **verzichten;**[23] ein allg. Verzicht umfasst unvorhersehbare Umstände nicht.[24]

VI. Anfechtung und Rücktritt

9 Die Anfechtung ist von dem Rücktritt zu unterscheiden. Das **Rücktrittsrecht** muss sich der Erblasser grundsätzlich im Vertrag vorbehalten (§ 2293 BGB); zu den gesetzlichen Rücktrittsrechten vgl. §§ 2294, 2295 BGB. Eine Umdeutung der Rücktrittserklärung in eine Anfechtung (und umgekehrt) ist möglich.

C. Rechtsfolgen

10 Die Frage, ob nur die einzelne Verfügung oder der gesamte Vertrag von der Anfechtung erfasst wird, hängt davon ab, ob aufgrund § 2078 BGB oder § 2079 BGB angefochten wurde. Bei Anfechtung aufgrund § 2078 BGB gilt für einseitige Verfügungen § 2085 BGB, für einseitige Erbverträge §§ 2085, 2279 Abs. 1 BGB; bei vertraglichen Verfügungen ist der Wille beider Vertragspartner entscheidend (§ 2298 BGB: im Zweifel Unwirksamkeit des ganzen Vertrages). Bei Anfechtung aufgrund § 2079 BGB ist danach zu differenzieren, wer den Erbvertrag angefochten hat: Hat der Erblasser selbst angefochten, führt das i.d.R. zur Nichtigkeit des gesamten Vertrages.[25] Ficht ein Pflichtteilsberechtigter nach dem Tod des Erblassers an, ist der Erbvertrag i.d.R. nur insoweit unwirksam, als die Verfügungen dem Erbrecht des Pflichtteilsberechtigten entgegenstehen.[26]

D. Verfahrensfragen

11 Eine **Klage** auf **Feststellung** der Nichtigkeit des Erbvertrages nach Anfechtung ist zulässig.[27] Für das Vorliegen[28] oder den Ausschluss[29] eines Anfechtungsgrundes ist derjenige beweispflichtig, der sich darauf beruft. Die Frage, ob ein i.S.v. § 2281 BGB relevanter Irrtum vorlag, liegt im Wesentlichen auf tatsächlichem Gebiet. Die Feststellung des Sachverhalts und die Würdigung der Tatsachen können daher in der Berufungsinstanz nur auf Rechtsfehler überprüft werden.[30]

§ 2282 Vertretung, Form der Anfechtung

(1) Die Anfechtung kann nicht durch einen Vertreter des Erblassers erfolgen.
(2) Für einen geschäftsunfähigen Erblasser kann sein Betreuer den Erbvertrag anfechten.
(3) Die Anfechtungserklärung bedarf der notariellen Beurkundung.

---

19 BGHZ 4, 91.
20 BGH FamRZ 1973, 539, 541.
21 BayObLG FamRZ 1998, 1625.
22 BGH FamRZ 1970, 79.
23 BGH NJW 1983, 2247.
24 Staudinger/*Raff*, § 2281 Rn 23.
25 Grüneberg/*Weidlich*, § 2281 Rn 8.
26 MüKo/*Musielak*, § 2281 Rn 19 m. Verw. auf § 2079 Rn 28.
27 OLG Düsseldorf ZEV 1994, 171.
28 BGH NJW 1962, 1913.
29 BayObLG FamRZ 1995, 1024.
30 OLG München ZEV 2007, 530; BayObLG NJW-RR 1997, 1027, 1029.

Literatur

Helms, Der Widerruf und die Anfechtung wechselbezüglicher Verfügungen bei Geschäfts- und Testierunfähigkeit, DNotZ 2003, 104; *Joussen*, Die erbrechtliche Anfechtung durch Minderjährige, ZEV 2003, 181; *Wegemann*, Wege aus der erbrechtlichen Bindung nach Geschäftsunfähigkeit eines Beteiligten, ZEV 2025, 213; *Zimmer*, Rücktritt vom Erbvertrag bei Testier- und Geschäftsunfähigkeit, NJW 2021, 1434; *Zimmermann*, Rücktritt vom Erbvertrag bei Testier- und Geschäftsunfähigkeit, NJW 2021, 1434.

Übersicht:

A. Allgemeines

1 Die Anfechtung kann nur höchstpersönlich erklärt werden; dadurch soll verhindert werden, dass der Wille des Erblassers verfälscht wird.[1] Die notarielle Beurkundung der Anfechtungserklärung (Abs. 3) dient dem Schutz des Erblassers vor Übereilung und der Rechtsklarheit. Das Erfordernis der Höchstpersönlichkeit besteht aus dem gleichen Grund auch bei der Errichtung (§ 2274 BGB), Bestätigung (§ 2284 BGB), Aufhebung (§ 2290 BGB) des Erbvertrages bei sowie bei Erklärung des Rücktritts (§ 2296 BGB). Zuständig für die Beurkundung der Anfechtungserklärung ist nur der Notar, nicht auch das Gericht.

B. Tatbestand

I. Höchstpersönlichkeit

2 Der Erblasser kann die Anfechtung nur **höchstpersönlich** erklären, ebenso wie er den Erbvertrag nur höchstpersönlich errichten (§ 2274 BGB), bestätigen (§ 2284 BGB), aufheben (§ 2290 BGB) oder den Rücktritt vom Erbvertrag erklären kann (§ 2296 BGB). Die Vertretung ist ausgeschlossen. Der beschränkt geschäftsfähige Erblasser bedurfte bis zum Inkrafttreten des Gesetzes zur Bekämpfung von Kinderehen mit Wirkung zum 22.7.2017 nicht der Zustimmung seines **gesetzlichen Vertreters**; das galt auch für die Aufhebung (§ 2290 Abs. 2 BGB) oder den Rücktritt (§ 2296 Abs. 1 BGB), nicht dagegen für die Errichtung (§ 2275 Abs. 2 BGB) oder Bestätigung (§ 2284 S. 2 BGB) des Erbvertrages, weil sich der Geschäftsfähige in diesen Fällen (endgültig) bindet. Ob die Anfechtung lediglich rechtlich vorteilhaft war, war irrelevant.[2] Bei Geschäftsunfähigen kann der Betreuer den Erbvertrag anfechten, nicht aber der Vorsorgebevollmächtigte.[3] Das ursprünglich ebenfalls in Abs. 2 normierte Genehmigungserfordernis durch das Betreuungsgericht ist nach der Gesetzesänderung zum 1.1.2023 in § 1851 Nr. 4 BGB normiert. Zur Fristversäumung durch den gesetzlichen Vertreter vgl. § 2283 Abs. 3 BGB.

II. Form

3 Die Anfechtung durch den Erblasser – bzw. durch seinen Betreuer (Abs. 2) – bedarf der **notariellen Beurkundung**. Das dient zum einen dem Schutz des Erblassers vor Übereilung, zum anderen der Rechtsklarheit, auch für den Vertragspartner.[4] Die notarielle Beurkundung ist auch dann erforderlich, wenn die Anfechtungserklärung durch den Erblasser gegenüber dem Nachlassgericht erklärt wird. Für den Zugang der An-

1 BGHZ 198, 32.
2 Soergel/*Wolf*, § 2282 Rn 2.
3 OLG Brandenburg, ZEV 2020, 417.
4 Staudinger/*Raff*, § 2282 Rn 11, § 2296 Rn 9.

fechtungserklärung gelten die §§ 130 ff. BGB, der Zugang bedarf nicht der Beurkundung.[5] Die **Anfechtungserklärung** muss wie beim Rücktritt in Urschrift oder in Ausfertigung zugehen; eine beglaubigte Abschrift genügt nicht.[6] Für die Rücktrittserklärung hat der BGH zwischenzeitlich entschieden, dass diese Erklärung auch gegenüber dem Vorsorgebevollmächtigten erklärt werden kann, sodass es einer Bestellung eines Ergänzungsbetreuers nicht bedarf.[7] Dies sollte für jede einseitige empfangsbedürftige Willenserklärung, d.h. auch die Anfechtungserklärung gelten. Die Formvorschrift des Abs. 3 gilt ausschließlich für die Anfechtung durch den Erblasser und in den Fällen des Abs. 2 für seinen Betreuer; ficht der **Vertragspartner** oder ein **Dritter** den Erbvertrag an, so ist die Anfechtung formlos wirksam, §§ 2080, 2081 BGB.[8] Die Umdeutung einer unwirksamen Rücktrittserklärung in eine Anfechtung ist grundsätzlich möglich.[9]

§ 2283 Anfechtungsfrist

(1) Die Anfechtung durch den Erblasser kann nur binnen Jahresfrist erfolgen.
(2) [1]Die Frist beginnt im Falle der Anfechtbarkeit wegen Drohung mit dem Zeitpunkt, in welchem die Zwangslage aufhört, in den übrigen Fällen mit dem Zeitpunkt, in welchem der Erblasser von dem Anfechtungsgrund Kenntnis erlangt. [2]Auf den Lauf der Frist finden die für die Verjährung geltenden Vorschriften der §§ 206, 210 entsprechende Anwendung.
(3) Hat im Falle des § 2282 Abs. 2 der gesetzliche Vertreter den Erbvertrag nicht rechtzeitig angefochten, so kann nach dem Wegfall der Geschäftsunfähigkeit der Erblasser selbst den Erbvertrag in gleicher Weise anfechten, wie wenn er ohne gesetzlichen Vertreter gewesen wäre.

Übersicht:

A. Tatbestand

I. Erblasser

1 Die Anfechtungsfrist des § 2283 BGB gilt nur für den Erblasser, ebenso wie für den gesetzlichen Vertreter des geschäftsunfähigen Erblassers (§ 2282 Abs. 2 BGB). Bei **Fristversäumung** durch den gesetzlichen Vertreter kann der Erblasser nach Wegfall der Geschäftsunfähigkeit – innerhalb von sechs Monaten (§ 210 BGB) – noch selbst anfechten (Abs. 3). Ficht ein Dritter an, so gelten die §§ 2080, 2082 BGB, für den Vertragspartner zusätzlich §§ 121, 124 BGB.

---

5 MüKo/*Musielak*, § 2282 Rn 4; BGH ZEV 2013, 495.

6 St. Rspr., BGH NJW 1960, 33; BGH NJW 1981, 2299; BGH NJW 1995, 2217; MüKo/*Musielak*, § 2282 Rn 4; Staudinger/*Raff*, § 2282 Rn 14, aA Staudinger/*Kanzleiter* (2019), § 2282 Rn 6, § 2296 Rn 8, aber m. Hinw., dass sich die Praxis aufgrund der st. Rspr. daran angepasst hat.

7 BGH RNotZ 2021, 282; *Zimmermann*, NJW 2021, 143 – ob dies auch dann gilt, wenn Erklärender und Bevollmächtigter personenidentisch sind, ist ungeklärt.

8 BayObLG FamRZ 1983, 1275, 1277.

9 MüKo/*Musielak*, § 2282 Rn 4.

II. Frist

Die Anfechtungsfrist beträgt ein Jahr (Abs. 1). Sie beginnt grundsätzlich mit der **Kenntnis** vom **Anfechtungsgrund**, bei Anfechtbarkeit wegen Drohung mit dem Zeitpunkt, in welchem die Zwangslage aufhört (Abs. 2). Es ist die Kenntnis aller für die Anfechtung wesentlicher Tatumstände erforderlich,[1] auch die Kenntnis von der entsprechenden Verfügung, wobei ausreichend ist, dass der Erblasser diese Kenntnis ohne weitere Gedächtnishilfen gehabt hätte, wenn er sich mit der Erbsituation beschäftigt hätte.[2] Die Unkenntnis einer Tatsache kann auch auf einem **Rechtsirrtum** beruhen,[3] z.B. wenn der Erblasser den Erbvertrag für unwirksam hält, aufgrund einer Anfechtung,[4] der Einreichung des Scheidungsantrags[5] oder eines Widerrufs,[6] nicht dagegen, wenn der Erblasser aufgrund von tatsächlichen Änderungen davon ausgeht, er sei an den Erbvertrag nicht mehr gebunden,[7] auch dann nicht, wenn der Irrtum die Voraussetzungen des Anfechtungstatbestandes betrifft.[8] Für die Bestimmung der Anfechtungsfrist ist eine genaue Feststellung des Anfechtungsgrundes erforderlich.[9] 2

B. Rechtsfolgen

Die Anfechtungsfrist ist eine **Ausschlussfrist**, die bei Versäumung zum Ausschluss der Anfechtung führt. § 2083 BGB ist nicht entsprechend anwendbar, wenn der Erblasser selbst die Anfechtungsfrist versäumte, so dass bei Anfechtbarkeit ein Leistungsverweigerungsrecht nicht besteht.[10] 3

C. Verfahrensfragen

Für die Berechnung der Frist gelten §§ 187 ff. BGB. Da Voraussetzung für die Anfechtung die Kenntnis von der anzufechtenden Verfügung ist, schließt fehlende Kenntnis den Fristbeginn grundsätzlich aus. Dies gilt aber nicht, wenn der Erblasser die Kenntnis ohne weitere Gedächtnishilfen gehabt hätte, wenn er sich mit der Erbsituation beschäftigt hätte.[11] Im Übrigen gilt, dass der Anfechtungsgegner, der sich auf den Ablauf der Anfechtungsfrist beruft, hierfür beweispflichtig ist.[12] Nach Abs. 2 S. 2 i.V.m. § 206 BGB wird die Verjährung bei höherer Gewalt gehemmt; hierzu gehört auch der Stillstand in der Rechtspflege.[13] 4

---

1 BGH FamRZ 1973, 539; OLG Frankfurt FamRZ 1998, 194; LG Frankfurt ZErb 2010, 125.
2 BayObLG FamRZ 1995, 1024; *Leipold*, ZEV 1995, 99.
3 BayObLG NJW-RR 1997, 1027.
4 BayObLG FamRZ 1992, 1102.
5 BayObLG NJW-RR 1990, 200, 201.
6 OLG Köln OLGZ 1967, 496.
7 BayObLG NJW-RR 1991, 454.
8 BGH FamRZ 1970, 79: Dem Erblasser ist unbekannt, dass auch die zweite Ehefrau pflichtteilsberechtigt ist.
9 BayObLG FamRZ 1990, 322.
10 BGH NJW 1989, 2885.
11 BayObLG FamRZ 1995, 1024; Staudinger/*Raff*, § 2283 Rn 17; a.A. Staudinger/*Kanzleiter* (2019), § 2283 Rn 8a m. Hinw. auf *Leipold*, ZEV 1995, 99, der die Feststellungslast für den Wegfall der Kenntnis, mithin das Vergessen, demjenigen auferlegen möchte, der aus der Anfechtung Rechte herleitet.
12 BayObLG FamRZ 1995, 1024; a.A. MüKo/*Musielak*, § 2283 Rn 6.
13 Grüneberg/*Weidlich*, § 2283 Rn 1.

§ 2284 Bestätigung

Die Bestätigung eines anfechtbaren Erbvertrags kann nur durch den Erblasser persönlich erfolgen.

Übersicht: Rdn

A. Allgemeines

1 § 2284 BGB wird durch § 144 BGB ergänzt. Die **Bestätigung** des anfechtbaren Erbvertrages schließt die Anfechtung aus. Sie hat ebenso wie die Errichtung des Erbvertrages (§ 2274 BGB), seine Anfechtung (§ 2282 BGB) oder Aufhebung (§ 2290 BGB) sowie die Erklärung des Rücktritts (§ 2296 BGB) zum Schutze des Erblasserwillens höchstpersönlichen Charakter.

B. Tatbestand

I. Erblasser

2 Die Bestätigung kann nur von dem Erblasser **höchstpersönlich** vorgenommen werden (vgl. die Erläuterungen zur Höchstpersönlichkeit bei § 2274 BGB). Ein in der Geschäftsfähigkeit Beschränkter oder Geschäftsunfähiger kann daher den Erbvertrag nicht wirksam bestätigen.[1] Für den beschränkt Geschäftsfähigen schloss der durch das Gesetz zur Bekämpfung von Kinderehen zum 22.7.2017 weggefallene, weil entbehrliche S. 2 die Bestätigung ausdrücklich aus.

§ 2281 BGB sieht die Bestätigung nur für den **Erblasser** vor. Andere Anfechtungsberechtigte können den Erbvertrag daher nicht bestätigen; hierfür besteht aber – anders als beim Erblasser (vgl. § 2285 BGB) – auch kein Bedürfnis, da sie die Möglichkeit haben, auf ihr Anfechtungsrecht zu verzichten.[2]

II. Bestätigung

3 Die Bestätigung betrifft nur die vertragsmäßigen Verfügungen; einseitige Verfügungen sind widerrufbar (§§ 2253 Abs. 1, 2299 Abs. 2 BGB), nicht anfechtbar und können daher auch nicht bestätigt werden. Ist eine Verfügung bereits wirksam angefochten worden, ist sie nichtig und kann ebenfalls nicht bestätigt werden; es kann allenfalls die Anfechtung ihrerseits nach §§ 119 ff. BGB angefochten werden.[3] Die Bestätigung kann nur dann erfolgen, wenn der Erblasser sein Anfechtungsrecht kennt; von der Bestätigung werden Anfechtungsgründe, von denen der Erblasser erst später erfährt, nicht umfasst.[4] Allerdings kann der Erblasser bereits im Erbvertrag umfassend auf sein Anfechtungsrecht verzichten (vgl. auch die Erläuterungen zu § 2281 BGB).[5]

---

1 Staudinger/*Raff*, § 2284 Rn 2.
2 Grüneberg/*Weidlich*, § 2284 Rn 1; a.A. MüKo/*Musielak*, § 2284 Rn 2.
3 Staudinger/*Raff*, § 2284 Rn 8.
4 RGZ 128, 116, 119.
5 Staudinger/*Raff*, § 2284 Rn 3 m. Verw. auf § 2281 Rn 20.

III. Form

Die Bestätigung bedarf nicht der für das Rechtsgeschäft bestimmten **Form** (§ 144 Abs. 2 BGB); § 2276 BGB gilt nicht.[6] Sie kann auch konkludent erfolgen und ist nicht empfangsbedürftig.[7] 4

C. Rechtsfolgen

Durch die Bestätigung des Erbvertrages verzichtet der Erblasser auf sein Anfechtungsrecht; er schließt damit andere Anfechtungsberechtigte – außer im Falle des § 2285 BGB – von ihrem Anfechtungsrecht nicht aus. 5

D. Gestaltungshinweise

Möchte der Erblasser von seinem Anfechtungsrecht nicht Gebrauch machen, dann sollte er den Erbvertrag bestätigen und nicht bloß den **Ablauf** der **Anfechtungsfrist** abwarten; verstirbt er nämlich in der Zwischenzeit, dann kann ein Dritter (gegen seinen Willen!) den Erbvertrag anfechten (§ 2285 BGB). 6

§ 2285 Anfechtung durch Dritte

Die in § 2080 bezeichneten Personen können den Erbvertrag aufgrund der §§ 2078, 2079 nicht mehr anfechten, wenn das Anfechtungsrecht des Erblassers zur Zeit des Erbfalls erloschen ist.

Übersicht: Rdn

A. Allgemeines

Das Anfechtungsrecht des Dritten ist abhängig vom Bestehen des Anfechtungsrechts des Erblassers; der Erbvertrag soll nicht gegen den Willen des Erblassers unwirksam werden können. § 2285 BGB ist auf wechselbezügliche gemeinschaftliche Testamente (§ 2270 BGB) entsprechend anwendbar.[1] 1

B. Tatbestand

I. Anfechtungsrecht Dritter

Das Anfechtungsrecht des Dritten entsteht erst mit dem Tod des Erblassers, wenn die Aufhebung dem Dritten unmittelbar zustattenkommen würde, § 2080 BGB. Die Anfechtungserklärung ist formlos wirksam. **Anfechtungsgegner** ist bei Erbeinsetzung und Auflagen das **Nachlassgericht** (§ 2081 Abs. 1 u. 3 BGB), bei Vermächtnissen der **Bedachte**, § 143 BGB.[2] Das Anfechtungsrecht besteht nur dann, wenn das Anfechtungsrecht des Erblassers zur Zeit des Erbfalls noch bestand, d.h. weder durch Fristversäumung (§ 2283 BGB) noch Bestätigung (§ 2284 BGB) erloschen ist. Konnte der Erblasser wegen mehrerer Anfechtungsgründe den Erbvertrag anfechten, dann ist die 2

---

6 BayObLG NJW 1954, 1039; Grüneberg/*Weidlich*, § 2284 Rn 2; Staudinger/*Raff*, § 2284 Rn 11; a.A. *Bengel*, DNotZ 1984, 132, 134 ff.
7 BayObLG NJW 1954, 1039.
1 BGH ZErb 2016, 236.
2 RGZ 143, 350, 353.

Frage nach dem Erlöschen des Anfechtungsrechts (und damit auch die Frage nach der Entstehung des Anfechtungsrechts Dritter) für jeden Anfechtungsgrund gesondert zu entscheiden.[3] Die Anfechtungsfrist richtet sich nach § 2082 BGB, wobei die beim Erblasser verstrichene Zeit dem Dritten nicht angerechnet wird. Denn mit dem Tod des Erblassers entsteht das Anfechtungsrecht des Dritten neu.[4]

II. Rechtskraft

3 Hat der Erblasser einen Prozess geführt, in dem das Nichtbestehen eines Anfechtungsgrundes festgestellt wurde, so wirkt die **Rechtskraft** dieses Urteils nach § 325 ZPO nur inter partes und bindet daher nicht den anfechtungsberechtigten Dritten. § 2285 BGB kann die Grundsätze des § 325 ZPO nicht aushebeln. Aufgrund der Regelung des § 2285 BGB ist das Anfechtungsrecht des Dritten aber dann ausgeschlossen, wenn er sein Anfechtungsrecht ausschließlich auf die in diesem Urteil festgestellten Tatsachen stützen möchte,[5] nicht dagegen, wenn der Dritte nur ergänzend auf diese Tatsachen zurückgreift, um den Gesamtkontext darzulegen.[6]

III. Leistungsverweigerungsrecht

4 Hat der Dritte die Anfechtungsfrist nach § 2082 BGB versäumt, steht dem Beschwerten ein Leistungsverweigerungsrecht nach § 2083 BGB zu; dagegen ist § 2083 BGB bei Fristversäumung durch den Erblasser (§§ 2281, 2283 BGB) nicht anwendbar.

IV. Verfahrensfragen

5 Die Feststellungslast dafür, dass das Anfechtungsrecht des Erblassers im Zeitpunkt des Erbfalls bereits erloschen war und dass damit das Anfechtungsrecht des Dritten nicht infolge Fristablaufs oder Bestätigung erloschen ist, obliegt demjenigen, der sich auf den Fristablauf oder die Bestätigung beruft, und nicht dem Anfechtungsberechtigten.[7]

§ 2286 Verfügungen unter Lebenden

Durch den Erbvertrag wird das Recht des Erblassers, über sein Vermögen durch Rechtsgeschäft unter Lebenden zu verfügen, nicht beschränkt.

Literatur

Frieser, Übergabeverträge und den Vertragserben beeinträchtigende Schenkungen – ein Beitrag zu Freiheit und Bindung im Erbrecht – Teil 1: Freiheiten des Erblasssers und seine erbrechtliche (Selbst-)Bindung – unter besonderer Berücksichtigung von § 2287 BGB, ErbR 2024, 402; *ders.*, Übergabeverträge und den Vertragserben beeinträchtigende Schenkungen – ein Beitrag zu Freiheit und Bindung im Erbrecht – Teil 2: § 2287: Angriffs- und Abwehrberatung, ErbR 2024, 494; *Bühler/Schmitt*, Die Bindungswirkung von Erbverträgen und gemeinschaftlichen Testamenten, JuS 2022, 1004; *Mittmann*, Die Bindungswirkung von gemeinschaftlichen Testamenten und Erbverträgen gemäß EuErbVO – zugleich Besprechung von BGH, 24.2.2021 – IV ZB 33/20, ZErb 2021, 183.

3 Staudinger/*Raff*, § 2285 Rn 8.
4 MüKo/*Musielak*, § 2285 Rn 1, 3.
5 BGHZ 4, 91.
6 Grüneberg/*Weidlich*, § 2285 Rn 2 unter Verw. auf BGHZ 4, 91, wo die Beantwortung der Frage offengelassen wurde; a.A. MüKo/*Musielak*, § 2285 Rn 6.
7 NK-BGB/*Hölscher/Kornexl*, § 2285 Rn 11; a.A. MüKo/*Musielak*, § 2285 Rn 8 m. Verw. auf § 2283 Rn 6.

Übersicht: Rdn

A. Allgemeines

1 Der Erbvertrag ist zum einen ein echter Vertrag, der durch zwei übereinstimmende, empfangsbedürftige Willenserklärungen zu Stande kommt. Zum anderen ist er eine Verfügung von Todes wegen. Er weist also eine „**Doppelnatur**" auf, die zur Folge hat, dass er als Vertrag zwar eine (erbrechtliche) Bindungswirkung entfaltet, aber durch ihn keine schuldrechtlichen Verpflichtungen entstehen, d.h. es wird niemals ein Anspruch gegen den Erblasser begründet.[1] Der Erblasser kann weiterhin über sein Vermögen unter Lebenden verfügen (§ 2286 BGB). § 2286 BGB gilt auch für gemeinschaftliche Testamente. Um die Möglichkeiten des Missbrauchs der Verfügungsgewalt einzudämmen, hat der BGH[2] bei „**Aushöhlung**" der letztwilligen Verfügung durch einen Vertrag unter Lebenden Nichtigkeit angenommen, wenn der Vertrag unter Lebenden eine verdeckte Verfügung von Todes wegen sei. Diese „Aushöhlungsnichtigkeit" wurde als Verstoß gegen die Wertung der §§ 2287, 2288 BGB kritisiert, da diese bei beeinträchtigenden Verfügungen gerade keine Nichtigkeit vorsehen, sondern lediglich einen Bereicherungsanspruch gewähren. Der BGH[3] gab daraufhin die Rspr. in dieser Form auf. Zu Korrekturvorschlägen, z.B. bei Fehlen eines lebzeitigen Eigeninteresses, vgl. die Erläuterungen zu § 2287 BGB.

B. Tatbestand

I. Verfügungsfreiheit

2 Der Erblasser ist zwar erbrechtlich, nicht aber schuldrechtlich gebunden; er kann weiterhin über sein Vermögen unter Lebenden verfügen (§ 2286 BGB), sich insbesondere auch auf den Todesfall verpflichten, z.B. durch Nachfolgeklauseln im Gesellschaftsvertrag[4] oder Zuwendungen an Dritte nach § 331 BGB.[5]

II. Mittelbare Beeinträchtigungen

3 Mittelbare Beeinträchtigungen des Bedachten, die sich aus der Änderung der persönlichen Verhältnisse des Erblassers ergeben, z.B. aufgrund einer **Eheschließung** oder **Adoption**, sind grundsätzlich nicht als vertragswidrig aufzufassen. Durch den Abschluss eines Erbvertrages können beispielsweise Pflichtteilsrechte, die aus einer erneuten Eheschließung resultieren, nicht umgangen werden.[6] Als nicht vertragswidrig gelten grundsätzlich auch tatsächliche Handlungen, wie die Vereinbarung einer Gütergemeinschaft oder die Aufhebung eines Erb- bzw. Pflichtteilsverzichts nach § 2351 BGB, es sei denn, diese Institute werden zweckentfremdet eingesetzt. Dagegen können

---

1 BGHZ 12, 115, 118 = NJW 1954, 633.
2 BGH JZ 1954, 676.
3 BGHZ 59, 343, 349.
4 BGHZ 62, 20, 23.
5 OLG Düsseldorf NJW-RR 1986, 806, 807.
6 BGH FamRZ 1969, 207.

die ehebedingten bzw. unbenannten Zuwendungen zwischen Ehegatten unter die §§ 2286 ff. BGB (vgl. auch die Erläuterungen bei § 2287 BGB) fallen.

III. Rechtsstellung des Bedachten

4 Durch den Erbvertrag werden keine schuldrechtlichen Verpflichtungen begründet, es entstehen keine Ansprüche gegen den Erblasser.[7] **Rechte** und **Pflichten** des Bedachten entstehen erst mit dem Erbfall (§§ 1922, 2032, 2176 BGB); es besteht auch keine rechtlich gesicherte Anwartschaft, denn der Bedachte erhält keine Rechtsposition, die vererbt oder übertragen werden könnte.[8] Demzufolge sind erbrechtliche Ansprüche zu Lebzeiten des Erblassers nicht vormerkbar, selbst wenn der Erblasser die Eintragung bewilligt,[9] und auch nicht pfändbar.[10]

IV. Missbrauch und Ansprüche des Bedachten

5 Missbraucht der Erblasser seine Verfügungsfreiheit, werden die vertragsmäßig Bedachten durch die §§ 2287, 2288 BGB geschützt. Allg. Vorschriften sind nur unter Berücksichtigung der Wertung der §§ 2287, 2288 BGB anwendbar; so impliziert die Existenz dieser Regelungen, dass das **erbvertragswidrige** Verhalten allein noch nicht zur Nichtigkeit der entsprechenden Verträge gem. § 138 BGB führen kann.[11] § 826 BGB ist dagegen grundsätzlich nicht anwendbar.[12] Anders nur, wenn der Anspruch bereits beim Erblasser entstanden und im Wege der Erbfolge auf den Vertragserben übergegangen ist, denn der Vertragserbe rückt in die Stellung des Erblassers ein.[13] Folglich kann der Vertragserbe auch Ansprüche wegen ungerechtfertigter Bereicherung aus §§ 812 ff. BGB gegen den Dritten geltend machen, wenn der Erwerb schuldrechtlich unwirksam war, §§ 138, 2113, 2329 Abs. 1 S. 1 BGB.[14] Deliktische Ansprüche wegen Beeinträchtigung bestehen dagegen nicht, da die Rechtsstellung weder ein „sonstiges" Recht i.S.d. § 823 Abs. 1 BGB ist, noch die §§ 2287, 2288 BGB Schutzgesetze i.S.d. § 823 Abs. 2 BGB darstellen.

V. Verfügungsunterlassungsvertrag

6 Nach § 2286 BGB kann der Erblasser über sein Vermögen unter Lebenden verfügen. Um das zu vermeiden, kann ein schuldrechtlicher Vertrag geschlossen werden (§ 137 S. 2 BGB), in dem sich der Erblasser verpflichtet, nicht über den Gegenstand der erbrechtlichen Anordnung zu verfügen (**Verfügungsunterlassungsvertrag**). Ein solcher Vertrag ist grundsätzlich auch formlos gültig, jedoch werden an seinen Nachweis hohe Anforderungen gestellt.[15] Der Vertrag hat nur schuldrechtliche Wirkung, das bedeutet, dass die Verfügungen, auch wenn sie gegen den Vertrag verstoßen, wirksam sind; der Erblasser macht sich dann aber schadensersatzpflichtig; der Schadensersatzanspruch ist eine Nachlassverbindlichkeit, §§ 1937, 2058 BGB.[16] Möglich ist auch ein sog. Sicherungsschenkungsvertrag, aus dem sich ein aufschiebend bedingter Übereignungsanspruch ergibt, sobald der Erblasser vertragswidrig über den Gegenstand verfügt. So kann der überlebende Ehegatte bei Wiederheirat verpflichtet sein, das Haus

---

7 BGHZ 12, 115, 118 = NJW 1954, 633.
8 BGHZ 37, 319.
9 BayObLG FamRZ 2003, 486; BGHZ 12, 115, 118 = NJW 1954, 633.
10 LG Trier ZErb 2018, 308 zur Pfändbarkeit von Pflichtteilsansprüchen vor Eintritt des Erbfalls.
11 BGH NJW 1991, 1952; BGH FamRZ 1973, 537, 538.
12 BGHZ 108, 73 = NJW 1989, 2389, 2390; OLG Köln ZEV 1996, 23, 24.
13 BGHZ 108, 73 = NJW 1989, 2389, 2390.
14 BeckOK BGB/*Litzenburger*, § 2287 Rn 34.
15 OLG Köln ZEV 1996, 23, 24.
16 OLG München ErbR 2010, 25.

auf die Kinder zu übertragen. Der Vorteil ist, dass – anders als beim Verfügungsunterlassungsvertrag – ein bedingter Übereignungsanspruch entsteht, der durch **Vormerkung** gesichert werden kann;[17] die Übertragungsverpflichtung kann daher gem. § 311b BGB formbedürftig sein. Die schuldrechtlichen Vereinbarungen können vorsehen, dass der Erblasser in bestimmten Situationen – beispielsweise einer Notlage – über den zuzuwendenden Gegenstand verfügen kann.[18] Ansprüche gegen den Dritten können dadurch begründet werden, dass dieser sich verpflichtet, keine Zuwendungen vom Erblasser anzunehmen.[19]

C. Gestaltungshinweis

Um Auslegungsprobleme, beispielsweise hinsichtlich einer Notlage, zu vermeiden, 7
sollte insbesondere in den Sicherungsschenkungsverträgen, durch die eine Übertragungsverpflichtung an einen Dritten begründet wird, ausdrücklich ein Vorbehalt vereinbart werden, der es den Vertragsschließenden ermöglicht, auch ohne Zustimmung des Dritten die Vereinbarung aufzuheben.

D. Verfahrensfragen

Die Zulässigkeit einer Feststellungsklage gegen den Erblasser auf Feststellung der 8
Wirksamkeit des Erbvertrages hängt davon ab, ob ein Feststellungsinteresse gegeben ist. Ein solches Feststellungsinteresse kann beispielsweise dann gegeben sein, wenn ein Streit um die Gültigkeit einer Anfechtung oder eines Rücktritts (gegenwärtiges Rechtsverhältnis!) besteht.[20]

§ 2287 Den Vertragserben beeinträchtigende Schenkungen

(1) Hat der Erblasser in der Absicht, den Vertragserben zu beeinträchtigen, eine Schenkung gemacht, so kann der Vertragserbe, nachdem ihm die Erbschaft angefallen ist, von dem Beschenkten die Herausgabe des Geschenks nach den Vorschriften über die Herausgabe einer ungerechtfertigten Bereicherung fordern.
(2) Die Verjährungsfrist des Anspruchs beginnt mit dem Erbfall.

Literatur

Schindler, Irrtum über die rechtliche Bindung und Beeinträchtigungsabsicht nach § 2287 BGB, ZEV 2005, 334; *Horn*, Ansprüche des beeinträchtigten Vertragserben – Durchsetzung und Abwehr, NJW 2019, 1123; *Gockel*, Der – unterschiedliche – Schutzbereich von §§ 2113 Abs. 2 und 2287 BGB, ErbR 2024, 260.

Übersicht: Rdn

---

17 BayObLGZ 1978, 287.
18 BGH FamRZ 1967, 470.
19 OLG Köln ZEV 1996, 23, 24.
20 MüKo/*Musielak*, § 2286 Rn 7 m.w.N.

A. Allgemeines

1 Der Erbvertrag entfaltet nur eine (erbrechtliche) Bindungswirkung; der Erblasser kann daher weiterhin über sein Vermögen unter Lebenden verfügen (§ 2286 BGB). **Missbraucht** der Erblasser seine Verfügungsfreiheit, werden die vertragsmäßig Bedachten durch die §§ 2287, 2288 BGB geschützt. Sie haben dann die Möglichkeit, das Geschenk nach den Vorschriften über die Herausgabe einer ungerechtfertigten Bereicherung herauszuverlangen. § 2287 BGB enthält nur eine Rechtsfolgenverweisung. Die Vorschrift gilt auch für gemeinschaftliche Testamente.[1] Für die Rspr. des BGH zur „Aushöhlungsnichtigkeit" vgl. die Erläuterungen zu § 2286 BGB.

B. Tatbestand

I. Rechtsstellung des Vertragserben

2 Durch den Erbvertrag wird der Erblasser zwar erbrechtlich, nicht aber schuldrechtlich gebunden; er kann weiterhin über sein Vermögen unter Lebenden verfügen (§ 2286 BGB). Durch die Erbeinsetzung erhält der Vertragserbe keine rechtlich gesicherte **Anwartschaft**, so dass ihm zu Lebzeiten grundsätzlich keine Ansprüche gegen den Erblasser zustehen.[2] Auch die Ansprüche aus §§ 2287, 2288 BGB, die die vertragsmäßig Bedachten schützen, wenn der Erblasser seine Verfügungsfreiheit missbraucht, entstehen erst nach seinem Tod, §§ 1922 Abs. 1, 1942 Abs. 1 BGB; zur Anwendbarkeit allg. Vorschriften vgl. die Erläuterungen zu § 2286 BGB. Der Anspruch aus Abs. 1 entsteht originär bei dem einzelnen Vertragserben und fällt daher nicht in den Nachlass. Das hat zur Folge, dass er nicht von einem **Testamentsvollstrecker** erhoben werden kann;[3] auch § 2039 BGB greift nicht, so dass jeder Vertragserbe den Anspruch in Höhe seiner Erbquote geltend machen muss, §§ 420, 741 ff. BGB.[4] Wenn die Leistung unteilbar ist, sind die Vertragserben Gesamthandgläubiger nach § 432 BGB.

II. Schenkung

3 In Betracht kommen nur Schenkungen, die nach dem Abschluss des Erbvertrages gemacht werden, denn nur solche können den Vertragserben beeinträchtigen. Der Begriff der Schenkung richtet sich nach den §§ 516 ff. BGB. Er umfasst daher die gesetzlich normierte **Pflicht-** und **Anstandsschenkung** (§ 534 BGB), aber auch die gemischten und verschleierten Schenkungen[5] sowie die Ausstattungsschenkungen (§ 1624 Abs. 1 BGB). Auch Schenkungsversprechen fallen unter den Begriff der Schenkung. Allerdings können bei Vorliegen der Voraussetzungen des § 2287 BGB im Ergeb-

1 Vgl. BGHZ 82, 274.
2 BGHZ 12, 115, 118 = NJW 1954, 633.
3 BGHZ 78, 1 = NJW 1980, 2461 f.
4 BGHZ 108, 73 = NJW 1989, 2389, 2391.
5 BGH FamRZ 1961, 72, 73.

nis keine Ansprüche gegen den Vertragserben geltend gemacht werden.[6] Auf **Schenkungsversprechen**, die unter der Bedingung erteilt werden, dass der Beschenkte den Erblasser überlebt, sind nach § 2301 Abs. 1 BGB die Vorschriften über die Verfügungen von Todes wegen anzuwenden. Sie sind daher, wenn sie dem Erbvertrag widersprechen, schon nach § 2289 Abs. 1 S. 2 BGB unwirksam; ein Vorgehen nach § 2287 BGB kommt dann nicht in Frage. Ist die Schenkung dagegen bereits vollzogen, greifen nach § 2301 Abs. 2 BGB die Vorschriften über die Schenkung unter Lebenden ein. Als Schenkung i.S.v. § 2287 BGB kann auch die unentgeltliche Einräumung des Bezugsrechts aus einer Lebensversicherung anzusehen sein, wenn diese erst nach Abschluss des Erbvertrages erfolgt.[7] Die ehebedingten bzw. unbenannten Zuwendungen zwischen Ehegatten können ebenfalls unter § 2287 BGB fallen, wenn sie unentgeltlich erfolgt sind, nicht dagegen, wenn sie unterhaltsrechtlich geschuldet waren oder ihnen eine konkrete **Gegenleistung** gegenüberstand.[8] Die bloße Haushaltsführung reicht hierfür aber nicht aus, da sie als Beitrag zum Familienunterhalt gesetzlich vorgesehen ist (§ 1360 BGB). Etwas anderes gilt aber, wenn vertraglich eine Pflegeverpflichtung begründet wurde. Diese ist – jedenfalls dann, wenn die Pflege tatsächlich geleistet wird – als Gegenleistung anzuerkennen. Soweit sich aus dem Vertrag kein anderer Anhaltspunkt ergibt, kann auf die Werte nach dem Pflegeversicherungsgesetz abgestellt werden.[9] Eine Schenkung kann aufgrund der weitreichenden vermögensrechtlichen Folgen auch in der Begründung einer Gütergemeinschaft gesehen werden. Vor dem Hintergrund aber, dass die Ehegatten den Güterstand selbst wählen und jederzeit auch ändern können, ist für die Annahme einer Schenkung erforderlich, dass durch die Begründung der Gütergemeinschaft ehefremde Zwecke verfolgt werden sollten.[10] Auch bei Übertragung eines Gegenstandes unter Nießbrauchsvorbehalt muss unter Einbeziehung des Wertes des Nießbrauchs im Einzelfall festgestellt werden, ob es sich um eine Schenkung handelt. Der Vorbehalt eines Nießbrauchs mindert den Wert der Zuwendung; eine Gegenleistung des Beschenkten stellt der Nießbrauchsvorbehalt dagegen nicht dar.[11] Auf entgeltliche Rechtsgeschäfte des Erblassers ist § 2287 BGB nicht anwendbar, so dass der Vertragserbe, der bereits Aufwendungen erbrachte, im Falle der Veräußerung des Grundstücks durch den Erblasser nur Ansprüche aus §§ 812 Abs. 1 S. 2, 818, 819 BGB geltend machen kann.

III. Beeinträchtigung des Vertragserben

Eine Beeinträchtigung des Vertragserben kommt nur dann in Betracht, wenn der Erblasser durch die Zuwendung gegen die erbvertragliche Bindungswirkung verstößt.[12] Ist der Erbvertrag also unwirksam – z.B. infolge einer Anfechtung –, dann ist eine Beeinträchtigung ausgeschlossen. Gleiches gilt, wenn der Erblasser in der Zeit, in der er den Erbvertrag hätte anfechten können, eine Zuwendung macht, und zwar selbst dann, wenn der Erblasser den Erbvertrag dann gar nicht anficht.[13] Verschenkt der Erblasser Gegenstände, die nicht Gegenstand des Erbvertrages waren, und hätte der Erblasser daher diese dem Beschenkten auch durch Verfügung von Todes wegen, 4

6 A.A. MüKo/*Musielak*, § 2287 Rn 3: Der Erfüllung des Schenkungsversprechens steht die Arglisteinrede entgegen, weil der Vertragserbe das Geschenk nach § 2287 BGB sofort wieder herausverlangen könnte.

7 OLG Köln ErbR 2009, 288, 290.

8 BGHZ 116, 167, 174 f.

9 OLG Stuttgart, Urt. v. 30.8.2007 – 19 U 27/07, n.v.

10 BGHZ 116, 178, 181 f.

11 BGH ZErb 2017, 20; BGHZ 107, 156.

12 BGH WM 1986, 1221, 1222.

13 OLG Hamm ZEV 2024, 105.

z.B. durch Vermächtnis, zuwenden können, dann wird der Vertragserbe durch § 2287 BGB nicht geschützt.[14] Dasselbe gilt, wenn der Erbvertrag zugunsten des Erblassers ausdrücklich das Recht vorsieht, den Vertragserben beeinträchtigende Verfügungen (von Todes wegen oder unter Lebenden) zu treffen.[15] Der Erblasser kann sein Vermögen auch im Wege der **vorweggenommenen Erbfolge** einem Vertragserben zuwenden, wenn er zu einer Teilungsanordnung in einer Verfügung von Todes wegen befugt gewesen wäre und eine Ausgleichsanordnung zugunsten der anderen Vertragserben getroffen hat. Schenkungen an einen Pflichtteilsberechtigten können den Vertragserben ebenfalls nicht beeinträchtigen, wenn diese wertmäßig dem Pflichtteil entsprechen;[16] das gilt auch bei Erbverzicht, wenn dieser unter Berücksichtigung des § 2289 Abs. 1 S. 2 BGB aufgehoben werden kann, § 2351 BGB.[17] Übersteigt die Schenkung den Pflichtteil, dann beschränkt sich der Anspruch aus § 2287 BGB auf den übersteigenden Betrag.[18]

IV. Beeinträchtigungsabsicht

5 Das Gesetz verlangt, dass der Erblasser die Absicht hatte, den Vertragserben zu beeinträchtigen. Die frühere Rspr. verlangte daher, dass für den Erblasser bei der Schenkung die Minderung der **Erwerbsaussichten** des Vertragserben im Vordergrund gestanden haben muss. Abgesehen davon, dass der Erblasser nur in wenigen Ausnahmefällen ein solches Ziel verfolgen wird, wurde der Vertragserbe vor große **Beweisschwierigkeiten** gestellt. Der BGH[19] gab daher seine Rspr. zur Beeinträchtigungsabsicht auf und stellt nun darauf ab, ob der Erblasser ein anerkennenswertes Eigeninteresse an der Zuwendung hatte. Zur Feststellung, ob ein lebzeitiges Interesse bestand oder der Erblasser seine Verfügungsfreiheit missbraucht hat, sind alle Umstände gegeneinander abzuwägen;[20] es kommen wirtschaftliche, aber auch ideelle Motive in Betracht.[21]

1. Lebzeitiges Eigeninteresse

6 Ein lebzeitiges Eigeninteresse ist dann zu bejahen, wenn die Gründe, die den Erblasser zu der Schenkung bewegt haben, so beschaffen sind, dass der Vertragserbe sie anerkennen und deshalb die sich aus der Verfügung ergebende Benachteiligung hinnehmen muss.[22] Dies gilt bspw. für Schenkungen, die der Erblasser ausführt, um sich die Pflege bzw. Betreuung durch den Beschenkten zu sichern.[23] Für die Anerkennung eines **lebzeitigen Eigeninteresses** ist nicht Voraussetzung, dass der maßgebliche Umstand sich erst nach dem Abschluss des Erbvertrages ergeben hat; notwendig ist aber, dass sich die Sachlage seit Vertragsschluss geändert hat.[24] Ein Sinneswandel reicht hierfür nicht,[25] ebenso wenig eine nachträgliche Korrektur der erbvertraglichen Regelung zugunsten einer nunmehr genehmeren Person.[26] Gleiches gilt für den Wunsch, Ab-

14 BGH WM 1986, 1221, 1222.
15 OLG Frankfurt ZEV 2009, 393.
16 BGHZ 88, 269, 272 = NJW 1984, 121; OLG Hamm ErbR 2022, 1034.
17 BGHZ 77, 264, 268 ff. = NJW 1980, 2307; LG Aachen FamRZ 1996, 61, 62; a.A. Soergel/*Wolf*, § 2287 Rn 17: Aufhebung des Erbverzichts beseitigt Beeinträchtigungsabsicht nur bei Änderung der Verhältnisse.
18 BGHZ 88, 269, 272 = NJW 1984, 121.
19 BGHZ 59, 349 f.; BGHZ 88, 269, 272 = NJW 1984, 1219.
20 BGHZ 88, 269, 272 = NJW 1984, 121.
21 BGHZ 97, 188 = NJW 1986, 1755, 1757.
22 BGHZ 83, 44, 45 = NJW 1982, 1100.
23 Vgl. BGH NJW 1992, 2630, 2631; BGH NJW-RR 2012, 207, 208; *Dichler*, Jura 1988, 72, 78 m.w.N.
24 BGHZ 83, 44, 45 = NJW 1982, 1100.
25 BGH NJW 1980, 2307, st. Rspr.
26 BGH NJW 1980, 2307, 2308; BGHZ 66, 8, 15 = NJW 1976, 749.

kömmlinge gleichzustellen,[27] oder für einen Sinneswandel aufgrund unerwarteten Vermögenszuwachses.[28] Ebenfalls nicht ausreichend ist es, wenn der Erblasser durch seine Schenkung seiner Zuneigung zum Beschenkten Ausdruck verleihen möchte.[29] Der BGH legt in diesem Zusammenhang Wert darauf, dass sich die subjektiven Motive des Erblassers aufgrund objektiver Kriterien nachvollziehen lassen müssen.[30]

2. Pflicht- und Anstandsschenkung

Die Pflicht- und Anstandsschenkung ist bereits gesetzlich normiert, § 534 BGB. Sie 7
erfolgt aufgrund einer sittlichen Pflicht, z.B. Unterstützung bedürftiger naher Verwandter, oder einer auf den Anstand zu nehmenden Rücksicht, z.B. Hochzeitsgeschenk.[31] Die Geschenke müssen dabei in einem angemessenen Verhältnis zu der wirtschaftlichen Lage des Schenkers stehen.[32]

3. Schenkungen zu ideellen Zwecken

Ob bei Schenkungen zu ideellen Zwecken oder aus persönlicher Rücksicht[33] ein Miss- 8
brauch angenommen werden kann, ist eine Frage des Einzelfalls. Dagegen spricht, wenn der Erblasser schon früher Schenkungen zu mildtätigen Zwecken vorgenommen hat bzw. in einer akuten Notlage angemessen hilft[34] – dafür könnte sprechen, wenn er bei der Schenkung auf den Stamm seines Vermögens zugreift und diese nicht lediglich aus den Erträgen entnimmt.[35]

4. Schenkungen zu materiellen Zwecken

Sie sollen den Beschenkten zu einem bestimmten Verhalten veranlassen, z.B. **Betreu-** 9
ung und **Pflege**[36] – auch durch die jüngere Ehefrau[37] –, Versorgung für sich oder die Ehefrau bei Krankheit oder Alter,[38] es sei denn, die **Altersversorgung** war schon sichergestellt,[39] ferner als Dank für besondere Hilfe,[40] insbesondere erbrachte Pflegeleistungen,[41] wobei auch schon gegenseitige alltägliche und in einer Lebensgemeinschaft übliche Unterstützungsleistungen ausreichend sein können.[42] Dabei ist jedoch stets zu prüfen, ob die Schenkung nicht als Entgelt für das bestimmte Verhalten angesehen werden kann, dann ist § 2287 BGB schon nicht einschlägig.

5. Schwere Verfehlungen des Vertragserben

Bei Schenkungen des Erblassers als Reaktion auf schwere Verfehlungen des Vertragser- 10
ben ist die **Beeinträchtigungsabsicht** offensichtlich und daher ein billiges Eigeninteresse des Erblassers zu verneinen. Der Erblasser hat die Möglichkeit, nach § 2294 BGB (Rücktritt bei Verfehlungen des Bedachten) vom Erbvertrag zurückzutreten.

---

27 BGH ZEV 2005, 479; BGH ZEV 2006, 312.
28 BGHZ 83, 44, 45 = NJW 1982, 1100.
29 OLG Celle ZEV 2006, 506.
30 BGH NJW-RR 2012, 207, 208; ebenso OLG Celle FamRZ 2006, 1876, 1877.
31 MüKo/*Musielak*, § 2287 Rn 15.
32 BGH WM 1984, 642.
33 Prot. V, S. 393.
34 MüKo/*Musielak*, § 2287 Rn 16.
35 Staudinger/*Raff*, § 2287 Rn 7.
36 BGHZ 83, 44, 45 = NJW 1982, 1100.
37 BGH NJW 1992, 2630, 2631.
38 BGHZ 77, 264 = NJW 1980, 2307, 2308; OLG Köln ZEV 2000, 317.
39 OLG Hamm NJW-RR 2018, 454; OLG Koblenz NJW-RR 2005, 883.
40 BGH ZErb 2017, 20.
41 LG Coburg ErbBstg 2003, 8.
42 OLG Karlsruhe MittBayNot 2023, 609.

V. Umfang der Herausgabe

11 Liegen die Voraussetzungen des § 2287 BGB vor, dann kann der Vertragserbe die Herausgabe des Geschenks nach §§ 812 ff. BGB verlangen; § 2287 BGB enthält eine Rechtsfolgenverweisung. Ist der Beschenkte nicht mehr bereichert (§ 818 Abs. 3 BGB), dann entfällt der Anspruch; im Übrigen haftet der Beschenkte für **Nutzungen** sowie **Wertersatz** nach § 818 Abs. 1 BGB, nach § 819 BGB verschärft, wenn er die Tatsachen kennt, die ihn zur Herausgabe verpflichten. Gegenüber einem Pflichtteilsberechtigten kann der Vertragserbe nur den Wert der Schenkung geltend machen, der den Pflichtteil übersteigt.[43] Der Anspruch aus § 2287 BGB kann aber selbst dann nicht höher sein als die durch die Schenkung herbeigeführte Beeinträchtigung des Schlusserben, wenn der Erblasser eine darüber hinausgehende Benachteiligung beabsichtigt hat.[44]

VI. Ausschluss des Anspruchs

12 Der Erblasser kann sich im Erbvertrag vorbehalten, Schenkungen zu machen,[45] oder mit dem Vertragserben vereinbaren, dass der Anspruch aus § 2287 BGB ausgeschlossen wird;[46] ein Ausschluss ist dann anzunehmen, wenn der überlebende Ehegatte frei über das gesamte Vermögen verfügen darf,[47] nicht dagegen, wenn sich der Erblasser den **Rücktritt** vorbehalten hat; solange der Erblasser den Rücktritt nicht erklärt hat, ist der Erbvertrag wirksam. Ein Anspruch ist auch dann ausgeschlossen, wenn der Vertragserbe der Schenkung zustimmt oder auf den bereits entstandenen Anspruch verzichtet (§ 397 BGB). Verzichtet der Vertragserbe schon vor dem Erbfall auf den Anspruch aus § 2287 BGB, dann bedarf es – wegen der erbverzichtsähnlichen Wirkung – der Einhaltung der Form des § 2348 BGB.[48] Aus dem gleichen Grund bedarf es auch, wenn der gesetzliche Vertreter eines Minderjährigen sein Einverständnis erklärt, der Genehmigung des FamG nach §§ 2347 Abs. 1, 2352 S. 3 BGB.[49] Eine gleichwohl formlos erklärte Zustimmung ist zwar unwirksam, kann jedoch dazu führen, dass dem Anspruch aus § 2287 BGB dann der Einwand arglistigen Verhaltens entgegensteht.[50]

C. Gestaltungshinweise

13 Bei erbvertraglich gebundenen Schenkern sollten anerkennenswerte Motive der Zuwendung (Betreuung, Pflege, Altersversorgung) in der Schenkungsvereinbarung dokumentiert werden, damit der Beschenkte nach dem Erbfall eine Haftung nach § 2287 BGB abwehren kann.

D. Verfahrensfragen

I. Prozessrecht

14 **Gläubiger** des Anspruchs nach § 2287 BGB ist der Vertragserbe persönlich, und zwar entsprechend der **Höhe** seiner **Erbquote**.[51] Es handelt sich daher bei dem Anspruch nicht um eine Nachlassforderung. Ist der Anspruch nicht teilbar, gilt § 432 BGB.[52] Ist der Anspruch teilbar, dann richtet er sich auf Einräumung eines entsprechenden

43 BGHZ 88, 269 = NJW 1984, 121, 122.
44 BGH NJW-RR 1989, 259.
45 BGH WM 1986, 1221, 1222.
46 Grüneberg/*Weidlich*, § 2287 Rn 1; MüKo/*Musielak*, § 2287 Rn 26.
47 OLG München ZEV 2005, 61.
48 BGHZ 108, 252 = NJW 1989, 2618; MüKo/*Musielak*, § 2287 Rn 26.
49 BGHZ 83, 44 = NJW 1982, 1100, 1102.
50 BGHZ 108, 252 = NJW 1989, 2618.
51 BGHZ 78, 1; BGHZ 108, 73, BGH DNotZ 2022, 295.
52 MüKo/*Musielak*, § 2287 Rn 21.

Miteigentums in Höhe der jeweiligen Erbquote.[53] **Schuldner** des Anspruchs ist grundsätzlich der Beschenkte selbst, und nach § 822 BGB der vom Empfänger beschenkte Dritte.[54] Vor Eintritt des Erbfalls kann der Anspruch nicht durch Arrest oder einstweilige Verfügung und auch nicht durch Eintragung einer Vormerkung gesichert werden.[55] Der Anspruch kann vor dem Erbfall auch nicht Gegenstand einer Feststellungsklage sein.[56] Nach dem Eintritt des Erbfalls hat der Gläubiger die Möglichkeit, bspw. im Wege der **einstweiligen Verfügung** eine **Vormerkung** ins Grundbuch eintragen zu lassen.[57]

II. Auskunftsanspruch

§ 2287 BGB gibt dem Vertragserben keinen Anspruch auf **Auskunftserteilung** gegen 15
den vermeintlich Beschenkten. Auch §§ 2027, 2028 BGB sind nicht anwendbar, weil der Gegenstand, den der Erblasser dem Dritten zu Lebzeiten zugewendet hat, nicht zu seinem Nachlass gehört.[58] Es kommt aber ein Auskunftsanspruch aus § 242 BGB in Betracht, wenn der Vertragserbe den Hauptanspruch schlüssig darlegt und in substanziierter Weise Tatsachen vorträgt und beweist, die auf eine beeinträchtigende Schenkung schließen lassen.[59]

III. Beweislast

Die **Beweislast** für das Vorliegen der Voraussetzungen des § 2287 BGB trifft den 16
Vertragserben. Dies gilt auch für den Schenkungscharakter der Zuwendung und die Beeinträchtigungsabsicht.[60] Anders kann es sein, wenn eine dem Erblasser zurechenbare Urkunde den Schenkungscharakter indiziert[61] oder es Anhaltspunkte gibt, die auf eine Benachteiligungsabsicht schließen lassen; dann obliegt es dem Beschenkten als an der Schenkung Beteiligten, die Gründe für die Schenkung darzulegen, insbesondere Umstände, die den Erblasser zur Schenkung aufgrund eines lebzeitigen Eigeninteresses bestimmt haben könnten.[62]

IV. Verjährung

Die Verjährungsfrist beträgt **drei Jahre**. Sie beginnt mit dem Anfall der Erbschaft 17
(§§ 1922, 1942 BGB), im Fall der Nacherbschaft mit deren Anfall, § 2139 BGB, ohne dass es darauf ankommt, ob der Vertragserbe in diesem Zeitpunkt Kenntnis von der Schenkung erlangt hatte. Auch der Auskunftsanspruch unterliegt Abs. 2, da er nicht weiter gehen kann als der Hauptanspruch selbst. Bei nicht vollzogenen Schenkungs-

---

53 BGHZ 108, 73; vgl. zu der Frage, ob und inwieweit ein herauszugebender Gegenstand in die Verwaltung eines Testamentsvollstreckers zu geben ist, BeckOK BGB/*Litzenburger*, § 2287 Rn 26.

54 MüKo/*Musielak*, § 2287 Rn 21.

55 BayObLGZ 1952, 290; OLG Koblenz MDR 1987, 935.

56 OLG Schleswig OLGR 2003, 89; Staudinger/*Raff*, § 2287 Rn 54 m.w.N.; a.A. OLG Koblenz MDR 1987, 935; BeckOK BGB *Litzenburger*, § 2287 Rn 31; Grüneberg/*Weidlich*, § 2287 Rn 17: sobald dem Vertragserben sein Erbrecht nicht mehr entzogen werden kann.

57 Vgl. hierzu m. Formulierungsbeispiel *Krug/Rudolf/Kroiß/Bittler*, Anwaltformulare Erbrecht, § 21 Rn 150.

58 BGHZ 18, 67 = NJW 1955, 1354.

59 BGHZ 97, 188, 193 = NJW 1986, 1755.

60 LG Köln ZErb 2003, 19; bestätigt und ergänzt durch OLG Köln ZErb 2003, 21; allerdings genügt es, wenn der Vertragserbe ein auffallendes Missverhältnis der Werte von Leistung und Gegenleistung anhand konkreter Tatschen darlegt, vgl. zum Pflichtteilsergänzungsanspruch OLG Stuttgart FamRZ 2011, 1823; vgl. auch *Klingelhöffer*, ZEV 2007, 361, 362.

61 OLG Koblenz ZEV 2005, 480.

62 BGHZ 66, 8, 17; OLG Köln ZErb 2003, 21.

versprechen dagegen kann eine Verjährung nach Abs. 2 nicht eintreten; die Vorschrift umfasst nur den Herausgabeanspruch, nicht die Erfüllungsverweigerung.

§ 2288 Beeinträchtigung des Vermächtnisnehmers

(1) Hat der Erblasser den Gegenstand eines vertragsmäßig angeordneten Vermächtnisses in der Absicht, den Bedachten zu beeinträchtigen, zerstört, beiseite geschafft oder beschädigt, so tritt, soweit der Erbe dadurch außerstande gesetzt ist, die Leistung zu bewirken, an die Stelle des Gegenstands der Wert.
(2) [1]Hat der Erblasser den Gegenstand in der Absicht, den Bedachten zu beeinträchtigen, veräußert oder belastet, so ist der Erbe verpflichtet, dem Bedachten den Gegenstand zu verschaffen oder die Belastung zu beseitigen; auf diese Verpflichtung findet die Vorschrift des § 2170 Abs. 2 entsprechende Anwendung. [2]Ist die Veräußerung oder die Belastung schenkweise erfolgt, so steht dem Bedachten, soweit er Ersatz nicht von dem Erben erlangen kann, der im § 2287 bestimmte Anspruch gegen den Beschenkten zu.

Literatur
Damrau, Wann muss bei beeinträchtigenden Schenkungen (§§2288, 2287 BGB) der Miterbe, wann der Beschenkte in Anspruch genommen werden?, ZEV 2016, 413; *Tanck*, Die Durchsetzung der Ansprüche bei vertragsmäßigem oder bindend gewordenem Vermächtnis (§ 2288 BGB), ZErb 2003, 198.

Übersicht:

A. Allgemeines

1 Durch die (erbrechtliche) Bindungswirkung des Erbvertrages wird der Erblasser nicht in seiner Verfügungsfreiheit beeinträchtigt; das bedeutet, er kann weiterhin über sein Vermögen unter Lebenden verfügen, § 2286 BGB. Die §§ 2287, 2288 BGB schützen die vertragsmäßig Bedachten, wenn der Erblasser seine **Verfügungsfreiheit missbraucht.** § 2287 BGB dient dem Schutz des Vertragserben, § 2288 BGB dem Schutz des Vermächtnisnehmers. Weil das Vermächtnis nach §§ 2169, 2171, 2279 BGB nur dann wirksam ist, wenn sich der vermachte Gegenstand zur Zeit des Erbfalls im Nachlass befindet, geht § 2288 BGB weiter als § 2287 BGB und gewährt dem Vermächtnisnehmer Ansprüche auch bei entgeltlicher Zuwendung, ebenso wie bei Beeinträchtigung durch tatsächliche Maßnahmen, wie Zerstörung oder Beschädigung. Im Fall der Schenkung richtet sich der Anspruch in erster Linie gegen den Erben und nur ersatzweise gegen den Beschenkten, Abs. 2 S. 2. Die Vorschrift ist auch auf bindend gewordene wechselbezügliche Verfügungen anzuwenden. Sie ist für Auflagen nicht vorgesehen.[1] Zur „Aushöhlungsnichtigkeit"-Rspr. des BGH vgl. die Erläuterungen zu § 2286 BGB.

1 MüKo/*Musielak*, § 2288 Rn 7.

B. Tatbestand

I. Tatsächliche Beeinträchtigung

Durch § 2288 BGB wird die Verfügungsfreiheit des Erblassers nicht beeinträchtigt, § 2286 BGB; der Erblasser kann weiterhin über sein Vermögen unter Lebenden verfügen. Missbraucht der Erblasser aber diese Verfügungsfreiheit, indem er den vermachten Gegenstand absichtlich **zerstört**, beiseiteschafft oder **beschädigt**, um den Vermächtnisnehmer zu beeinträchtigen, dann greift Abs. 1 ein. Abs. 1 umfasst auch den Untergang des Gegenstandes durch Verbrauch oder Verbindung und Vermischung, nicht aber Beeinträchtigungen durch Unterlassen.[2] Der Vermächtnisnehmer wird daher nicht beeinträchtigt, wenn das vermachte Grundstück Schäden aufweist, weil der Erblasser das Objekt nicht instandgehalten hat.[3] 2

II. Veräußerung oder Belastung

Abs. 2 regelt die Beeinträchtigung durch **Veräußerung** in Abweichung zu § 2169 BGB und die Beeinträchtigung durch **Belastung** in Abweichung zu § 2165 BGB, indem er in diesen Fällen dem Vermächtnisnehmer einen Anspruch gegen den Erben gibt. Er richtet sich auf Verschaffung des vermachten Gegenstandes oder Beseitigung der Belastung; damit wird das Vermächtnis als Verschaffungsvermächtnis behandelt, § 2170 BGB. Abs. 2 enthält eine Verweisung auf diese Vorschrift, insoweit als sich der Erbe bei (subjektiver) Unmöglichkeit oder bei unverhältnismäßigen Aufwendungen von der Verschaffung des vermachten Gegenstandes oder der Beseitigung der Belastung durch Entrichtung des Wertes befreien kann. Erfasst wird jedes Verfügungsgeschäft – entgeltlich oder unentgeltlich (vgl. Abs. 1 S. 2) –, durch das der Gegenstand völlig oder auch nur teilweise veräußert oder belastet wird. Auch das schuldrechtliche Verpflichtungsgeschäft fällt darunter.[4] Eine Vermietung oder Verpachtung von Vermächtnisgrundstücken wird nicht vom Schutz des § 2288 BGB umfasst. Dies gilt selbst für den Fall, dass es sich bei dem Mietverhältnis um verschleierte langfristige unentgeltliche Gebrauchsüberlassungen handelt.[5] 3

III. Beeinträchtigungsabsicht

§ 2288 BGB setzt ebenso wie § 2287 BGB voraus, dass der Erblasser die Absicht hatte, den Bedachten zu beeinträchtigen, und damit seine Verfügungsfreiheit nach § 2286 BGB missbraucht hat. Der Missbrauch ist bei **anerkennenswertem Eigeninteresse** des Erblassers an der Zuwendung zu verneinen. Der BGH hat dabei seine Rspr. zum lebzeitigen Eigeninteresse bei § 2287 BGB auf § 2288 BGB übertragen;[6] insoweit wird auf die Erläuterungen zu § 2287 BGB verwiesen. Entscheidend für das Vorliegen eines lebzeitigen Eigeninteresses ist, dass es sich z.B. gerade auf die Veräußerung des vermachten Gegenstandes richtet und der erstrebte Zweck nicht durch andere wirtschaftliche Maßnahmen erreicht werden kann.[7] Im Übrigen ist auch i.R.d. § 2288 BGB erforderlich, dass sich nach Abschluss des Erbvertrages die Sachlage geändert hat.[8] 4

---

2 BGH NJW 1994, 317 = FamRZ 1994, 165.

3 BGH NJW 1994, 317 = FamRZ 1994, 165; einschränkend MüKo/*Musielak*, § 2288 Rn 2, der das Unterlassen von Instandhaltungsmaßnahmen einem Tun gleichsetzt; zum Streitstand siehe auch NK-BGB/*Horn*, § 2288 Rn 10.

4 BGHZ 31, 23 = NJW 1959, 2252.

5 OLG Stuttgart, Urt. v. 30.8.2007 – 19 U 27/07, n.v.

6 BGH NJW 1984, 731.

7 BGH NJW 1984, 731.

8 BGH NJW 1984, 731 = FamRZ 1984, 165.

IV. Erbe/Beschenkter

5 Der Anspruch des vertragsmäßig – nicht einseitig (§ 2299 BGB) – bedachten Vermächtnisnehmers nach § 2288 BGB richtet sich gegen den **Erben** bzw. die Erbengemeinschaft als Gesamtrechtsnachfolger, unabhängig davon, ob der Erbe bzw. die Erben beschwert sind, § 2174 BGB.[9] Das gilt grundsätzlich auch bei einer Veräußerung oder Belastung nach Abs. 2. Erfolgte die Veräußerung oder Belastung schenkungsweise, dann besteht daneben die Möglichkeit, ersatzweise auch den **Beschenkten** in Anspruch zu nehmen, §§ 2287, 2288 Abs. 2 S. 2 BGB. Der Rückgriff auf den Beschenkten ist nur für den Fall vorgesehen, dass der Erbe den Vermächtnisnehmer nicht entschädigen kann, z.B. wegen Beschränkung der Haftung oder Zahlungsunfähigkeit, bei Geld- und anderen Gattungsvermächtnissen dann, wenn der Erblasser durch Schenkungen sein Vermögen so schmälert, dass das Geldvermächtnis hieraus nicht erfüllt werden kann.[10] Das Gesetz sieht den Rückgriff nur für den Vermächtnisnehmer vor, nicht auch für den Erben; dieser wird durch die Schenkung grundsätzlich nicht beeinträchtigt, denn durch die Anordnung des Vermächtnisses sollte der vermachte Gegenstand gerade nicht dem Erben zufallen, anders wenn die Schenkung mit der Absicht erfolgte, einen Vertragserben zu beeinträchtigen, dann hat der Vertragserbe einen eigenen Anspruch aus § 2287 BGB.

V. Umfang

6 Abs. 1 sieht vor, dass bei tatsächlicher Beeinträchtigung, z.B. durch Zerstörung, der Wert des Gegenstandes an die Stelle des vermachten Gegenstandes tritt, dann gilt der Wert als vermacht. Das gilt aber nur, soweit der Erbe außerstande ist, die Leistung zu bewirken; in erster Linie also hat der Erbe den Gegenstand zu beschaffen oder wiederherzustellen.[11] Im Fall der Beschädigung muss er den vermachten Gegenstand herausgeben und den Minderwert – entscheidend ist der Zeitpunkt des Vermächtnisanfalls (§ 2176 BGB) – ersetzen.[12] Im Falle der Veräußerung oder Belastung nach Abs. 2 richtet sich der Anspruch ebenfalls vorrangig auf **Verschaffung** des vermachten Gegenstandes oder Beseitigung der Belastung, dann auch auf Wertersatz, §§ 2170 Abs. 2, 2288 BGB. Bei Schenkungen durch den Erblasser hat der Vermächtnisnehmer außerdem (ersatzweise) einen Anspruch gegen den Beschenkten, der sich aufgrund der Verweisung auf § 2287 BGB nach den Bereicherungsvorschriften der §§ 812 ff. BGB richtet.

VI. Ausschluss

7 § 2288 BGB dient dem Schutz des vertragsmäßig, nicht dagegen dem des einseitig bedachten Vermächtnisnehmers, da bei einseitigen Verfügungen das Testamentsrecht für anwendbar erklärt wird, § 2299 BGB. Ist der Erbvertrag unwirksam, dann kann der vertragsmäßig Bedachte nicht beeinträchtigt sein, da eine erbrechtliche Bindungswirkung nicht vorliegt und ein Verstoß hiergegen daher nicht möglich ist; im Übrigen ist die Vorschrift nicht zwingend, ein Verzicht auf den Anspruch aus § 2288 BGB ist möglich; vgl. die entsprechenden Ausführungen zu § 2287 BGB.

C. Verfahrensfragen/Prozessrecht

8 Der Anspruch aus § 2288 BGB **verjährt** entsprechend § 2287 Abs. 2 BGB in drei Jahren nach Anfall des Vermächtnisses (§§ 2176 ff. BGB). **Gläubiger** des Anspruchs nach § 2288 BGB ist derjenige, der durch ein vertragsmäßig angeordnetes Vermächtnis

---

9 BGHZ 26, 274 f. = NJW 1958, 547.
10 BGHZ 111, 138 = NJW 1990, 2063.
11 BGH NJW 1963, 1602, 1604.
12 MüKo/*Musielak*, § 2288 Rn 5; Staudinger/*Raff*, § 2288 Rn 10.

bedacht wurde. **Schuldner** ist grundsätzlich der Erbe, lediglich wenn der Vermächtnisgegenstand unentgeltlich übertragen wurde und eine Haftung der Erben ausscheidet, ist der Beschenkte nach den Vorschriften über die ungerechtfertigte Bereicherung zur Herausgabe verpflichtet. Der Vermächtnisnehmer hat grundsätzlich die objektiven Tatbestandsvoraussetzungen darzulegen und zu beweisen. Macht er Wertersatzansprüche gem. Abs. 1 geltend, dann hat er nachzuweisen, dass der Erblasser den Gegenstand mit Beeinträchtigungsabsicht zerstört, beschädigt oder beiseitegeschafft hat.[13] Macht der Vermächtnisnehmer Ansprüche nach Abs. 2 geltend, muss der Vermächtnisnehmer beweisen, dass der Erblasser durch die Veräußerung oder Belastung sein lebzeitiges Verfügungsrecht missbraucht hat, was am Maßstab des lebzeitigen Eigeninteresses zu prüfen ist. Bei Ansprüchen gegen den Beschenkten nach Abs. 2 S. 2 gilt der Prüfungsmaßstab des § 2287 BGB, allerdings mit der Maßgabe, dass der vertragsmäßig bedachte Vermächtnisnehmer zusätzlich nachweisen muss, dass ein Anspruch gegen den Erben nicht durchsetzbar ist.[14] Im Hinblick auf die Anforderungen der **Darlegungs-** und **Beweislast**, dass der Erblasser ohne lebzeitiges Eigeninteresse gehandelt hat, muss zunächst der Beschenkte die Umstände darlegen, die für ein solches Interesse des Erblassers sprechen.[15] Erst dann ist es Aufgabe des vertragsmäßig Bedachten, die Umstände zu widerlegen und die Benachteiligungsabsicht des Erblassers zu beweisen.[16] Eine Beweislastumkehr, dass die Darlegung der Schenkung eine **Benachteiligungsabsicht** indiziert, lehnt die Rspr. aber grundsätzlich ab.[17] Nach Eintritt des Erbfalls steht dem vertragsmäßig Bedachten ein Anspruch auf Sicherung zu, wenn die jeweiligen Voraussetzungen vorliegen. Grundsätzlich müssen daher **Verfügungsanspruch** und **Verfügungsgrund** glaubhaft gemacht und die Voraussetzungen des Herausgabeanspruchs nach § 2288 BGB genau dargelegt werden.[18] Richtet sich der Herausgabeanspruch auf ein Grundstück, kommt insbesondere die Eintragung einer Vormerkung durch **einstweilige Verfügung** (§§ 935, 938 ZPO) in Betracht. Gem. § 885 Abs. 1 S. 2 BGB ist der Verfügungsgrund hier nicht glaubhaft zu machen.[19] Ist der Beschenkte selbst pflichtteilsberechtigt oder steht ihm ein Zugewinnausgleichsanspruch zu, dann ist der vertragsmäßig geschützte Vermächtnisnehmer nur insoweit beeinträchtigt, als die Zuwendung den Pflichtteils- oder Zugewinnausgleichsanspruch übersteigt.[20] Der vertragsmäßig Bedachte kann daher nach Abs. 2 S. 2 die Herausgabe nur **Zug um Zug** gegen Zahlung des Pflichtteils- oder Zugewinnausgleichsanspruchs verlangen.[21]

D. Steuerliche Fragen

Die Erbschaftsteuer entsteht mit dem Tod des Erblassers, nicht erst mit dem Zufluss 9
des Erbes oder Vermächtnisses. Im Gegensatz zum Erben wird der Vermächtnisnehmer jedoch nicht unmittelbar Rechtsnachfolger des Erblassers. Er hat nur einen schuldrechtlichen Anspruch auf die Zuwendung. Daher tritt die wirtschaftliche Bereicherung des Vermächtnisnehmers oft lange Zeit nach dem Tode des Erblassers ein, z.B. weil der schuldrechtliche Anspruch noch gerichtlich durchgesetzt werden muss. Das hat,

13 BGHZ 124, 35.
14 Staudinger/*Raff*, § 2288 Rn 20.
15 BGH NJW 1986, 1755.
16 OLG Köln ErbR 2009, 288.
17 OLG Köln ZErb 2003, 21.
18 Zöller/*Vollkommer*, § 935 Rn 8, 12.
19 LG Offenburg BeckRS 2019, 39925; vgl. zum Antrag auf einstweilige Verfügung *Tanck*, ZErb 2003, 198, 203.
20 BGHZ 88, 269.
21 Vgl. zum Formulierungsbeispiel *Tanck*, ZErb 2003, 198, 202.

gerade wenn sich der Wertbestand des Vermächtnisses, z.B. bei Wertpapierdepots, stark vermindert, gravierende Folgen. Der Vermächtnisnehmer hat die Aktien mit dem Kurswert zu Beginn des Todestages zu versteuern, obwohl er rechtlich keine Verfügungsmöglichkeit über das Wertpapierdepot hat.

Gestaltungshinweis
Wird ein Wertpapierdepot vermacht, dann sollte der Erblasser sicherstellen, dass das Wertpapiervermögen nach dem Tod, z.B. durch eine Vermögensverwaltung, beaufsichtigt und entsprechend der Anlagestrategie gemanagt wird.

§ 2289 Wirkung des Erbvertrags auf letztwillige Verfügungen; Anwendung von § 2338

(1) [1]Durch den Erbvertrag wird eine frühere letztwillige Verfügung des Erblassers aufgehoben, soweit sie das Recht des vertragsmäßig Bedachten beeinträchtigen würde. [2]In dem gleichen Umfang ist eine spätere Verfügung von Todes wegen unwirksam, unbeschadet der Vorschrift des § 2297.
(2) Ist der Bedachte ein pflichtteilsberechtigter Abkömmling des Erblassers, so kann der Erblasser durch eine spätere letztwillige Verfügung die nach § 2338 zulässigen Anordnungen treffen.

Literatur
Schlereth/Romanski, Rechtswirkungen des § 2289 Abs. 1 S. 2 BGB bei Wegfall der erbvertraglichen Bindungswirkung, ZEV 2023, 637.

Übersicht: Rdn

A. Allgemeines

1 Der Erbvertrag entfaltet nur eine (erbrechtliche) Bindungswirkung, so dass der Erblasser weiterhin über sein Vermögen unter Lebenden verfügen kann (§ 2286 BGB), nicht dagegen durch Verfügungen von Todes wegen; § 2289 BGB regelt dabei die Rechtsfolgen einer Verfügung von Todes wegen, die gegen die Bindungswirkung einer vertragsmäßigen – nicht zwingend auch wechselbezüglichen – Verfügung verstößt.[1] Soweit teilweise versucht wird, zum Schutz der vertragsmäßig Bedachten § 2289 BGB auch auf lebzeitige Schenkungen entsprechend anzuwenden, ist dieser Auffassung nicht zu folgen. Hiergegen spricht neben den Abgrenzungsschwierigkeiten vor allem die

1 Vgl. hierzu BGHZ 26, 204, 206 = NJW, 1958, 498, wonach sich die Bindungswirkung des Erbvertrages aus seiner Rechtsnatur als Vertrag, nicht erst aus § 2289 BGB ergibt.

Rechtssicherheit, weil sich die Rechtspraxis auf eine solche Auslegung nicht eingestellt hat und viele Rechtsgeschäfte sich im Nachhinein als unwirksam herausstellen würden.[2]

B. Tatbestand

I. Aufhebungswirkung

1. Frühere Verfügungen

Durch den Erbvertrag wird eine frühere letztwillige Verfügung aufgehoben, soweit sie das Recht des vertragsmäßig Bedachten beeinträchtigen würde, Abs. 1 S. 1. Anders als bei § 2258 BGB muss die letztwillige Verfügung also nicht dem Erbvertrag widersprechen, sie kann sogar mit dem Erbvertrag vereinbar sein.[3] Enthält die frühere Verfügung von Todes wegen eine Vermächtnisanordnung und wird ein Dritter **alleiniger Vertragserbe**, dann ist die Vermächtnisanordnung unwirksam, da sie den Dritten als Alleinerben beeinträchtigt. Würde der Dritte nicht durch Erbvertrag, sondern durch ein späteres Testament zum Alleinerben berufen, so wäre die Vermächtnisanordnung weiterhin wirksam, da sie nicht in Widerspruch zur Erbeinsetzung steht, §§ 2258, 2161 BGB. Die Beeinträchtigung muss die Rechtsstellung des vertragsmäßig Bedachten betreffen, eine bloß wirtschaftliche Beeinträchtigung reicht nicht aus.[4] 2

2. Spätere Verfügungen

Auch spätere Verfügungen von Todes wegen sind – anders als i.R.d. § 2258 BGB – unwirksam, wenn sie den vertragsmäßig Bedachten (in seiner Rechtsstellung) beeinträchtigen; sie sind auch dann unwirksam, wenn sie wirtschaftlich gesehen für ihn günstiger sind.[5] Unwirksam ist daher eine spätere letztwillige Verfügung, durch die der vertragliche Vollerbe nunmehr zum **Vorerben** eingesetzt werden soll,[6] weil er hierdurch in seiner Verfügungsfreiheit beeinträchtigt wird; dasselbe gilt im Falle der nachträglichen Anordnung der Testamentsvollstreckung.[7] Die Anordnung einer **Testamentsvollstreckung** beeinträchtigt die Rechtsstellung des Vertragserben, weil sie zu Verfügungsbeschränkungen führt;[8] dasselbe gilt, wenn die Befugnisse des Testamentsvollstreckers erweitert werden,[9] dagegen nicht zwingend, wenn lediglich die Person des Testamentsvollstreckers ausgewechselt wird.[10] Eine Beeinträchtigung kann aber im Einzelfall sehr wohl anzunehmen sein. Dies kommt insbesondere dann in Betracht, wenn nach dem Erbvertrag der vertragsmäßig Bedachte selbst Testamentsvollstrecker sein sollte.[11] Der im Erbvertrag bedachte Vermächtnisnehmer wird durch die Anordnung der Testamentsvollstreckung nur dann beeinträchtigt, wenn es sich um eine Vermächtnisvollstreckung nach § 2223 BGB handelt. Dagegen fehlt es an einer Beeinträchtigung, wenn die Ehegatten sich zunächst gegenseitig zu Alleinerben eingesetzt haben, dann aber jeder Ehegatte noch zu Lebzeiten des anderen eine weitere Verfügung von Todes wegen getroffen hat, für den Fall, dass der andere zuerst verstirbt.[12] Gleiches gilt, wenn der Erbvertrag den Erbfall nur nach dem zuerst verstorbenen, das spätere 3

2 Zum Diskussionsstand vgl. Staudinger/*Raff*, § 2289 Rn 49 ff.
3 BGHZ 26, 204, 206 = NJW, 1958, 498.
4 Str., Grüneberg/*Weidlich*, § 2289 Rn 2; MüKo/*Musielak*, § 2289 Rn 10; offen: BGHZ 26, 204, 213 f.
5 BGHZ 26, 204, 206 = NJW, 1958, 498.
6 OLG Hamm NJW 1974, 1774.
7 BGH NJW 1962, 912 = MDR 1962, 470.
8 BGH NJW 1962, 912 = MDR 1962, 470; OLG Hamm FamRZ 1996, 637; KG ZEV 2010, 40.
9 MüKo/*Musielak*, § 2289 Rn 10.
10 OLG Düsseldorf FamRZ 1995, 123; OLG Düsseldorf MDR 1994, 1016.
11 KG ZEV 2010, 40.
12 OLG Stuttgart JW 1933, 2779.

Testament den Erbfall nur nach dem überlebenden Ehegatten regelt.[13] Auch eine **Teilungsanordnung**, die zugleich eine Ausgleichungsanordnung zugunsten der anderen Vertragserben enthält, stellt keine Beeinträchtigung dar;[14] ebenso, wenn die spätere Verfügung von Todes wegen die Rechtsstellung des vertragsmäßig Bedachten verbessert,[15] eine wirtschaftliche Besserstellung reicht hierfür aber nicht aus.[16]
Die Unwirksamkeitsfolge tritt allerdings nur insoweit ein, als nicht die spätere Änderung bzw. Benachteiligung des Vertragserben durch einen entsprechenden Vorbehalt im ursprünglichen Erbvertrag gerechtfertigt ist. Dies ist grundsätzlich zulässig, soweit nicht durch den Vorbehalt der Erbvertrag seines eigentlichen Wesens entkleidet wird.[17] Der erbvertragliche Vorbehalt einer Abänderung der Schlusserbeinsetzung durch den überlebenden Ehegatten ist beispielsweise wirksam, wenn der Vorbehalt nicht nur an bestimmte Voraussetzungen geknüpft wird, sondern die Verfügungsmöglichkeit des Überlebenden auch insoweit beschränkt ist, als er nur zugunsten der gemeinschaftlichen Abkömmlinge, nicht aber zugunsten Dritter oder eines etwaigen zweiten Ehegatten verfügen darf, und der Erbvertrag darüber hinaus mit der gegenseitigen Alleinerbeinsetzung der Ehegatten eine weitere, keinem Vorbehalt unterliegende vertragsmäßige Verfügung enthält.[18]

II. Umfang der Aufhebungswirkung

4 Abs. 1 S. 1 gilt nicht für familienrechtliche Geschäfte (vgl. auch die Ausführungen zu § 2286 BGB – mittelbare Beeinträchtigungen). Ist der Erblasser durch ein gemeinschaftliches Testament (§ 2271 BGB) oder einen früheren Erbvertrag mit einer anderen Person gebunden, dann kann er aufgrund dieser Bindungswirkung keine neuen vertragsmäßigen Verfügungen treffen, also auch keinen Erbvertrag, der Aufhebungswirkung hätte. Nur wenn der spätere Erbvertrag mit derselben Person wie der frühere geschlossen wird, ist der spätere Erbvertrag wirksam, weil darin die Aufhebung des früheren Erbvertrages gesehen werden kann (§ 2290 BGB).[19] § 2289 BGB regelt nur den Verstoß einer Verfügung von Todes wegen gegen die Bindungswirkung einer vertragsmäßigen – nicht zwingend auch wechselbezüglichen – Verfügung.[20]
Die Aufhebungswirkung ist auf die Beeinträchtigung beschränkt. Ob eine solche Beeinträchtigung vorliegt, ist danach abzugrenzen, ob dem nach dem Erbvertrag Bedachten im Falle der Fortgeltung der in Rede stehenden Anordnung weniger Rechte zustünden als nach der erbvertraglichen Anordnung.[21] Eine Beeinträchtigung kann daher auch in der Anordnung einer Testamentsvollstreckung bestehen.[22] Ob die Verfügungen

---

13 BGH NJW 1987, 901 = FamRZ 1987, 272.

14 BGH NJW 1982, 43; a.A. Staudinger/*Raff*, § 2289 Rn 32, nur beim ausdrücklichen oder stillschweigenden Vorbehalt im Erbvertrag.

15 BGHZ 30, 261.

16 BGHZ 26, 204, 206 = NJW, 1958, 498.

17 OLG München ZErb 2008, 387.

18 OLG München ZErb 2008, 387.

19 MüKo/*Musielak*, § 2289 Rn 8.

20 Vgl. hierzu BGHZ 26, 204, 206 = NJW, 1958, 498, wonach sich die Bindungswirkung des Erbvertrages aus seiner Rechtsnatur als Vertrag, nicht erst aus § 2289 BGB ergibt.

21 BGH NJW 2011, 1733, 1735; OLG München NJW-RR 2009, 19, 20; MüKo/*Musielak*, § 2289 Rn 10.

22 BGH NJW 1962, 912; OLG München ZEV 2008, 340, 341; *Weidlich*, MittBayNot 2011, 453, 454; die bloße Auswechslung der Person des Testamentsvollstreckers soll hingegen nicht beeinträchtigend wirken, vgl. OLG Düsseldorf ZEV 1994, 302, MüKo/*Musielak*, § 2289 Rn 10; a.A. OLG Stuttgart OLGZ 1979, 49, 51; siehe aber auch KG ZEV 2010, 40, 42, das auf die konkrete Situation abstellen will.

im Übrigen wirksam sind, richtet sich nach § 2085 BGB. Einseitigen Verfügungen kommt die Aufhebungswirkung dagegen nicht zu; sie entfalten keine Bindungswirkung und können nach § 2299 BGB jederzeit frei widerrufen werden. Stimmt der Vertragspartner der Beeinträchtigung des vertragsmäßig Bedachten zu, dann wirkt dieses Einvernehmen wie ein Aufhebungsvertrag, so dass die **Zustimmung** entsprechend § 2290 Abs. 4 BGB einer notariellen Beurkundung bedarf.[23] Für Ehegatten reicht die Form des gemeinschaftlichen Testaments, vgl. § 2292 BGB. Die Zustimmung des Bedachten ist grundsätzlich unbeachtlich, da die Aufhebung des Erbvertrages ausschließlich den Vertragsschließenden vorbehalten ist, es sei denn, es liegt ein formwirksamer Erbverzicht vor, §§ 2348, 2352 BGB.[24] Nach dem Erbfall ist eine Zustimmung, die den §§ 1944, 1945 BGB entspricht, (frist- u. formgerechte Ausschlagung) möglich, weil der vertragsmäßig Bedachte auch die ganze Zuwendung hätte ausschlagen können.[25] Eine formlose Zustimmung ist grundsätzlich unwirksam; wird sie aber dennoch von dem Vertragspartner oder dem Bedachten erklärt, dann kann sie eine Arglisteinrede begründen; der Zustimmende kann sich dann nicht mehr auf die Unwirksamkeit einer beeinträchtigenden Verfügung berufen.[26] Die Aufhebungswirkung ist **ausgeschlossen**, wenn der Erbvertrag nichtig ist, wirksam angefochten wird oder – z.B. durch Vorableben des Bedachten – gegenstandlos geworden ist,[27] ferner, wenn die frühere oder spätere Verfügung einen anderen als den Gegenstand des Erbvertrages betrifft. Des Weiteren tritt die Aufhebungswirkung nicht ein, wenn sich der Erblasser die spätere Verfügung vorbehalten hat, denn in diesem Falle war das Recht des vertragsmäßig Bedachten von vornherein durch den Vorbehalt eingeschränkt (zum Vorbehalt vgl. die Ausführungen zu § 2278 BGB).

III. Pflichtteilsberechtigter

Für **Pflichtteilsberechtigte** enthält Abs. 2 eine Sonderregelung; danach können trotz 5
erbvertraglicher Bindungswirkung Anordnungen nach § 2338 BGB (Pflichtteilbeschränkung bei Verschwendung oder Überschuldung) getroffen werden. Die Anordnung ist nicht auf den Pflichtteil beschränkt,[28] allerdings müssen die Voraussetzungen des § 2338 BGB vorliegen, die bloße Besorgnis genügt nicht.[29] Der Erblasser kann nicht im Voraus auf die Ausübung des Rechts nach § 2338 BGB verzichten; ein solcher Verzicht wäre als Verstoß gegen die guten Sitten nach § 138 BGB nichtig.[30]

IV. Auflage

§ 2289 BGB regelt die Rechtsfolgen eines Verstoßes gegen die vertragsmäßigen Verfü- 6
gungen (vgl. § 2278 Abs. 2 BGB), daher hat auch die **Auflage** eine aufhebende Wirkung, obwohl es bei der Auflage weder einen Bedachten geben muss, noch einem solchen ein Anspruch zuerkannt wird, § 1940 BGB.[31]

---

23 BGHZ 108, 252 = NJW 1989, 2618.
24 BGHZ 108, 252 = NJW 1989, 2618; BayObLGZ 1974, 401.
25 MüKo/*Musielak*, § 2289 Rn 18.
26 BGHZ 108, 252 = NJW 1989, 2618.
27 OLG Zweibrücken DNotZ 1990, 814.
28 AG Charlottenburg KGJ 48, 144, 150.
29 OLG Köln MDR 1983, 318.
30 Grüneberg/*Weidlich*, § 2289 Rn 12.
31 Staudinger/*Raff*, § 2289 Rn 23; MüKo/*Musielak*, § 2289 Rn 9 differenziert: § 2289 BGB kommt nur dann keine Bedeutung zu, wenn die Auflage ausschließlich dem Interesse des Erblassers dient.

C. Steuerrechtliche Fragen

7 Wird eine letztwillige Verfügung erfüllt, obwohl sie wirksam aufgehoben worden ist, dann ist diese Erfüllung steuerrechtlich zu berücksichtigen. Erfolgt die Erfüllung durch Schenkung, ist diese nach § 7 Abs. 1 Nr. 1 ErbStG schenkungsteuerpflichtig.

D. Angrenzende Rechtsfragen

8 Der Hofübergabevertrag, §§ 7 Abs. 1, 17 HöfeO, weist als Rechtsgeschäft unter Lebenden auf, dass eine vorweggenommene Erbfolge eine Doppelnatur enthält. Als Verfügung von Todes wegen ist er daher unwirksam, wenn er den Vertragserben beeinträchtigt.[32] Keine Verfügung von Todes wegen ist dagegen die Löschung des Hofvermerks nach § 1 Abs. 4 HöfeO.[33] Im Übrigen gilt auch hier die Verfügungsfreiheit des Erblassers nach § 2286 BGB samt den entsprechenden Schutzvorschriften (§§ 2287, 2288 BGB).[34]

§ 2290 Aufhebung durch Vertrag

(1) [1]Ein Erbvertrag sowie eine einzelne vertragsmäßige Verfügung kann durch Vertrag von den Personen aufgehoben werden, die den Erbvertrag geschlossen haben. [2]Nach dem Tode einer dieser Personen kann die Aufhebung nicht mehr erfolgen.
(2) Der Erblasser kann den Vertrag nur persönlich schließen.
(3) Der Vertrag bedarf der in § 2276 für den Erbvertrag vorgeschriebenen Form.

Literatur

Keller, Aufhebung, Änderung und Ergänzung eines Erbvertrages durch die Vertragspartner, ZEV 2004, 93; *Wegemann,* Wege aus der erbrechtlichen Bindung nach Geschäftsunfähigkeit eines Beteiligten, ZEV 2025, 213.

Übersicht: Rdn

A. Allgemeines

1 Durch den Erbvertrag sind die Vertragschließenden hinsichtlich ihrer vertragsmäßigen Verfügungen (erbrechtlich) gebunden; möchten sie sich hiervon lösen, um z.B. eine anderweitige Verfügung von Todes wegen treffen zu können, dann können sie den Erbvertrag anfechten, zurücktreten oder eine (auch teilweise) Aufhebung des Erbvertrages vereinbaren.

32 BGH LM Nr. 3 zu § 12 HöfeO.
33 BGHZ 73, 324.
34 Zur Reichweite der rechtlichen Bindung eines Erblassers durch einen Erbvertrag betreffend einen Hof i.S.d. HöfeO vgl. OLG Schleswig NJOZ 2005, 1079.

B. Tatbestand

I. Aufhebungsvertrag

Durch den Aufhebungsvertrag kann der gesamte Erbvertrag, aber auch nur einzelne vertragsmäßige Verfügungen[1] aufgehoben werden, Abs. 1. Der **Aufhebungsvertrag** kann ausdrücklich als solcher geschlossen werden, er kann aber auch konkludent in dem Abschluss eines neuen Erbvertrages zwischen denselben Vertragsschließenden enthalten sein;[2] der Erbvertrag unter Ehegatten kann auch durch gemeinschaftliches Testament aufgehoben werden, § 2292 BGB. Betrifft die vertragsmäßige Verfügung ein Vermächtnis, eine Auflage oder eine Rechtswahl, dann kann die Aufhebung der entsprechenden Verfügung unter den Voraussetzungen des § 2291 BGB durch Testament aufgehoben werden. Soll die vertragsmäßige Verfügung wiederhergestellt werden, damit eine zwischenzeitliche Verfügung von Todes wegen zugunsten eines Dritten nach § 2289 Abs. 1 S. 2 BGB unwirksam bleibt, dann kann der Aufhebungsvertrag wieder aufgehoben werden. Für diese Aufhebung gelten dann aber die (strengeren) §§ 2274 ff. BGB, nicht § 2290 BGB, weil die Aufhebung des Aufhebungsvertrages die erbrechtliche Bindung wiederherstellt und damit wie der Abschluss eines neuen, inhaltsgleichen Erbvertrages wirkt.[3] Der Aufhebungsvertrag lässt die Bindungswirkung auch dann nicht entfallen, wenn er nichtig ist oder wirksam angefochten worden ist.[4] Eine **Nichtigkeit** nach § 138 BGB ist jedoch nicht schon dann anzunehmen, wenn der Erbvertrag aufgehoben wird, um den Erbteil den Gläubigern des Vertragserben zu entziehen[5] – vgl. § 2338 BGB – oder um die Erbschaft einem Dritten zukommen zu lassen, weil der vertragsmäßig Bedachte vor dem Erbfall keinen Rechtsanspruch auf die Zuwendung hat. Die **Anfechtung** richtet sich für den Erblasser nach §§ 2281 ff., für den Nächstberufenen nach §§ 2078 ff. BGB.[6] Die entsprechende Anwendung ist wegen der Ähnlichkeit der Rechtslage geboten.[7] 2

II. Vertragsparteien

Der Erbvertrag bzw. einzelne vertragsmäßige Verfügungen können nur bei Mitwirkung der Vertragsschließenden aufgehoben werden; ein entsprechender Vertrag mit den Erben eines verstorbenen Vertragspartners ist unzulässig, Abs. 1 S. 1 und 2. Die Mitwirkung eines bedachten Dritten ist nicht erforderlich, da er vor dem Erbfall keine rechtlich gesicherte Anwartschaft hat.[8] Außerdem kann der Erblasser den Aufhebungsvertrag nur persönlich schließen (Abs. 2), auch wenn er unter **Betreuung** steht (§ 1825 Abs. 2 Nr. 4), nicht dagegen, wenn er geschäftsunfähig ist.[9] Der bloß annehmende Vertragspartner kann sich vertreten lassen; er bedarf jedoch der Zustimmung des Betreuers und der Genehmigung des BetreuungsG, wenn er insoweit unter Betreuung steht. Fehlt die Genehmigung durch das BetreuungsG, dann kann der Vertragspartner, wenn er geschäftsfähig wird, die Zustimmung (§ 108 Abs. 3 BGB) und Genehmigung (§§ 1829 Abs. 3, 1908 BGB) selbst erteilen. Bis zum 31.12.2022 war die 3

1 *Keller*, ZEV 2004, 93 f.; *Lehmann*, ZErb 2009, 351; MüKo/*Musielak*, § 2290 Rn 3 m.w.N.
2 BayObLG FamRZ 1994, 190; OLG Hamm ZEV 2012, 266, 267 m. Anm. *Gockel*.
3 Burandt/Rojahn/*Burandt*, § 2290 Rn 13; Staudinger/*Raff*, § 2290 Rn 28.
4 Zu einer treuwidrigen Berufung auf eine nichtige Erbvertragsaufhebung vgl. OLG Schleswig NJW-RR 2006, 1665.
5 RG LZ 1919, 435, 436.
6 Grüneberg/*Weidlich*, § 2290 Rn 4; Staudinger/*Raff*, § 2290 Rn 31; MüKo/*Musielak*, § 2290 Rn 12.
7 Vgl. auch MüKo/*Musielak*, § 2290 Rn 12.
8 BGHZ 37, 319; mit ihm kommt aber ggf. dennoch ein Verzichtsvertrag in Betracht, vgl. OLG Hamm FGPrax 2012, 69, 70; MüKo/*Musielak*, § 2290 Rn 6 m.w.N.
9 MüKo/*Musielak*, § 2290 Rn 7.

Genehmigungspflicht in Abs. 3 geregelt; ab dem 1.1.2023 ergibt sich die Genehmigungspflicht aus § 1851 Nr. 5 BGB.

III. Rechtsstellung des Dritten

4 Die Mitwirkung eines bedachten Dritten ist nicht erforderlich, da er vor dem Erbfall keine rechtlich gesicherte **Anwartschaft** hat.[10] Mit ihm kann der Erblasser aber einen Erbverzichtsvertrag schließen,[11] § 2352 S. 2 BGB; im Umkehrschluss bedeutet das, dass, wenn der Bedachte der (einzige) Vertragspartner, also „Nicht-Dritter" ist, der Erbverzichtsvertrag wegen Umgehung der strengeren Formvorschriften nicht möglich sein soll.[12] Dritter ist dabei nicht zwangsläufig der am Erbvertrag Unbeteiligte (vgl. auch die Ausführungen zu § 2280 BGB). So ist der Erbverzicht zwischen dem Erblasser und jedem Bedachten in einem mehrseitigen Erbvertrag – z.B. zwischen Eltern und Kindern – möglich.[13] Anders als der Aufhebungsvertrag kann der **Erbverzichtsvertrag** auch von einem geschäftsunfähigen Erblasser, vertreten durch seinen gesetzlichen Vertreter, geschlossen werden, §§ 2347 Abs. 2 S. 2, 2352 S. 3 BGB. Eine formlose Zustimmung des Bedachten zur Aufhebung der ihn begünstigenden Verfügung ist unwirksam.[14] Hat der bedachte Dritte die Aufhebung des Erbvertrages jedoch arglistig verhindert, dann gilt ihm gegenüber die Aufhebung als erfolgt; er kann sich nicht auf den Erbvertrag berufen.[15]

IV. Form

5 Für die Form verweist Abs. 4 auf § 2276 BGB: Erforderlich ist daher die **notarielle Beurkundung**; es müssen alle Vertragsschließenden gleichzeitig anwesend sein, § 128 BGB ist nicht anwendbar. Ein Aufhebungsvertrag in einem Prozessvergleich ist nach § 127a BGB möglich, wobei in einem Verfahren mit Anwaltszwang beide, sowohl der Erblasser als auch der Anwalt, die Erklärung entsprechend abgeben müssen (vgl. auch die Ausführungen zu § 2276 BGB).

C. Rechtsfolgen

6 Werden die vertragsmäßigen Verfügungen (teilweise) aufgehoben oder nur als einseitige aufrechterhalten, dann entfällt die erbvertragliche Bindung und der Erblasser kann wieder frei von Todes wegen verfügen. Bei Aufhebung des gesamten Erbvertrages gelten die einseitigen Verfügungen im Zweifel als mitaufgehoben, § 2299 Abs. 3 BGB. Ein der Form nicht entsprechender Aufhebungsvertrag ist gem. § 125 BGB nichtig; hat zunächst nur der Erblasser allein die Aufhebung vor dem Notar erklärt, dann kommt trotz Nichtigkeit eine Umdeutung der Aufhebungserklärung in eine Rücktrittserklärung nach § 2295 BGB in Betracht.[16]

D. Verfahrensfragen

7 Für die Erteilung der Genehmigung des BetreuungsG ist der Rechtspfleger zuständig, § 3 Nr. 2 Buchst. b RPflG.

10 BGHZ 37, 319.
11 KG Berlin RJA 15, 180.
12 OLG Stuttgart OLGE 1979, 129.
13 BeckOK BGB/*Litzenburger*, § 2290 Rn 2.
14 BGHZ 108, 252, 254 f. = NJW 1989, 2618.
15 RGZ 134, 325.
16 Burandt/Rojahn/*Burandt*, § 2295 Rn 8.

§ 2291 Aufhebung durch Testament

(1) [1]Eine vertragsmäßige Verfügung, durch die ein Vermächtnis oder eine Auflage angeordnet sowie eine Rechtswahl getroffen ist, kann von dem Erblasser durch Testament aufgehoben werden. [2]Zur Wirksamkeit der Aufhebung ist die Zustimmung des anderen Vertragschließenden erforderlich.
(2) Die Zustimmungserklärung bedarf der notariellen Beurkundung; die Zustimmung ist unwiderruflich.

Übersicht: Rdn

A. Allgemeines

1 § 2291 BGB sieht für vertragsmäßige Verfügungen, durch die ein Vermächtnis oder eine Auflage angeordnet sowie eine Rechtswahl getroffen ist, die Möglichkeit vor, die Verfügung durch Testament aufzuheben. Aufgrund der erbvertraglichen Bindungswirkung muss der Vertragspartner aber seine **Zustimmung** erklären; diese bedarf nach Abs. 2 der notariellen Beurkundung. Die Erleichterung gegenüber dem **Aufhebungsvertrag** nach § 2290 BGB liegt darin, dass zum einen für die Aufhebung ein privatschriftliches Testament reicht, zum anderen die Vertragsparteien nicht gleichzeitig vor dem Notar anwesend sein müssen. § 2291 BGB gilt nicht für Erbeinsetzungen. Die Zustimmung bedarf der notariellen Beurkundung; zuständig ist demnach ausschließlich der Notar, nicht auch das Gericht. Die Zustimmung in einem Prozessvergleich ist wirksam, § 127a BGB.

B. Tatbestand

I. Aufhebungstestament

2 § 2291 BGB bezieht sich nur auf die Aufhebung der entsprechenden vertragsmäßigen Verfügungen; einseitige Verfügungen sind dagegen auch ohne Zustimmung des Vertragspartners jederzeit frei widerruflich (§§ 2253 Abs. 1, 2299 Abs. 2 BGB). Die Aufhebung der vertragsmäßigen Verfügung erfolgt durch Testament, ihre Wirksamkeit hängt aber von der Zustimmung des Vertragspartners ab; es müssen also beide Parteien mitwirken. Aufgrund dieser Tatsache ist die Rechtsnatur des **Aufhebungstestaments** strittig. Stellt man auf das Testament als solches ab, dann handelt es sich um eine einseitige Anordnung des Erblassers. Die Zustimmung ist dann eine einseitige empfangsbedürftige Willenserklärung, die als Einwilligung oder auch Genehmigung erteilt werden kann;[1] §§ 182 ff. BGB gelten entsprechend. Stellt man darauf ab, dass die Parteien zusammenwirken müssen und § 2291 BGB im Zusammenhang mit § 2290 BGB insoweit gesehen werden muss, als § 2291 BGB nur eine Formerleichterung bewirken wollte, nicht aber die Rechtsnatur einer „Aufhebung" des Erbvertrages ändern wollte, dann wird man das Aufhebungstestament als Vertrag sehen müssen.[2] Gegen diese Auffassung spricht jedoch weder Wortlaut des § 2291 BGB, der anders

1 MüKo/*Musielak*, § 2291 Rn 2.
2 Grüneberg/*Weidlich*, § 2291 Rn 1; Staudinger/*Raff*, § 2291 Rn 1.

als bei § 2290 BGB nicht von der Aufhebung durch Vertrag, sondern der Aufhebung durch Testament, also einseitige Anordnung des Erblassers, ausgeht, auf die sich die Zustimmung bezieht.[3] Die Unterscheidung ist wichtig für die Frage, ob das Testament frei widerruflich ist.

II. Widerruf

3 Das Aufhebungstestament kann durch den Erblasser nach §§ 2253 ff. BGB frei widerrufen werden, solange der Vertragspartner nicht zugestimmt hat. Hat der Vertragspartner zugestimmt, dann kann der **Widerruf** des Aufhebungstestaments nur mit Zustimmung des Vertragspartners in der Form des Abs. 2 erfolgen, weil die erbvertragliche Bindung an die vertragsmäßige Verfügung auflebt.[4] Ein **einseitiger** Widerruf ist demnach unwirksam; er kann aber ggf. in die Errichtung einer einseitigen Verfügung von Todes wegen umgedeutet werden.

III. Zustimmung

4 Weil die Zustimmung empfangsbedürftig ist, kann sie nach dem Tod des Erblassers nicht mehr erklärt werden;[5] das **Zustimmungsrecht** steht nur dem Vertragspartner des Erbvertrages zu, nicht auch seinen Erben. Stimmt der Vertragspartner zu, dann wird die Wirksamkeit der Zustimmung nicht dadurch beeinflusst, dass er vor Zugang der Erklärung stirbt, § 130 Abs. 2 BGB. Die Zustimmung zur Aufhebung eines vertragsmäßigen Vermächtnisses oder einer Auflage kann auch schon im Erbvertrag enthalten sein; erfolgt die Einwilligung uneingeschränkt, dann wird die „vertragsmäßige" Verfügung aufgrund der fehlenden Bindungswirkung als eine einseitige zu behandeln sein, die nach § 2299 Abs. 2 BGB jederzeit frei widerrufen werden kann. In diesem Zusammenhang ist zu beachten, dass die Zustimmung nicht alle vertragsmäßigen Verfügungen umfassen darf, weil der Erbvertrag entsprechend seiner Rechtsnatur mindestens eine (bindende) vertragsmäßige Verfügung erhalten muss (vgl. auch die Ausführungen zu § 2278 BGB). Ist der Vertragspartner mit einem Rücktrittsvorbehalt des Erblassers im Erbvertrag einverstanden, dann kann darin nicht zugleich die Zustimmungserteilung nach § 2291 BGB erblickt werden; das würde ansonsten zu einer Umgehung der strengeren Formvorschriften für den Rücktritt führen, § 2296 Abs. 2 BGB.

Seit dem 1.1.2023 ist der Verweis auf § 2290 Abs. 3 entfallen; die bis zu diesem Zeitpunkt in § 2290 Abs. 3 normierte Genehmigungsvorbehalt findet sich künftig in § 1851 Abs. Nr. 6 wieder.

IV. Form

5 Das Testament kann in jeder zulässigen **Form** errichtet werden, §§ 2229 ff. BGB; § 2291 BGB enthält insoweit keine Formvorgaben. Die Zustimmungserklärung bedarf der notariellen Beurkundung, Abs. 2. Diese Formvorschrift dient nicht nur Beweiszwecken, sondern auch der Rechtssicherheit der Parteien, die nun wieder frei von Todes wegen verfügen können.[6] Wird die Zustimmung von einem Vertreter erklärt, ist gem. § 2290 Abs. 3 BGB entsprechend die Genehmigung durch das Betreuungsgericht erforderlich, Abs. 1 S. 2 Hs. 2. Die Zustimmung in einem Prozessvergleich ist wirksam, § 127a BGB.

---

3 So auch MüKo/*Musielak*, § 2291 Rn 2.

4 Grüneberg/*Weidlich*, § 2291 Rn 3; Staudinger/*Raff*, § 2291 Rn 17; a.A. MüKo/*Musielak*, § 2291 Rn 6 m. Hinw., dass dieses Erfordernis nur dann folgerichtig sein kann, wenn man Aufhebung Vertragscharakter zusagt.

5 OLG Hamm NJW 1974, 1774.

6 Grüneberg/*Weidlich*, § 2291 Rn 2.

C. Rechtsfolgen

6 Die Aufhebung betrifft nur die vertragsmäßige Anordnung eines Vermächtnisses, einer Auflage oder die Anordnung einer Rechtswahl. Ob die Aufhebung auch die Wirksamkeit anderer Verfügungen beeinflusst, richtet sich nach § 2085 BGB; führt die Aufhebung zur Unwirksamkeit einer vertraglichen Erbeinsetzung, dann ist § 2291 BGB nicht anwendbar;[7] damit würde sonst die gesetzliche Wertung, dass die Erbeinsetzung nicht in der Form des § 2291 BGB aufgehoben werden kann, – mittelbar – umgangen.

§ 2292 Aufhebung durch gemeinschaftliches Testament

Ein zwischen Ehegatten oder Lebenspartnern geschlossener Erbvertrag kann auch durch ein gemeinschaftliches Testament der Ehegatten oder Lebenspartner aufgehoben werden.

Übersicht: Rdn

A. Allgemeines

1 § 2292 BGB erleichtert die Aufhebung eines zwischen Ehegatten oder Lebenspartnern geschlossenen Erbvertrages; das gemeinschaftliche Testament geht daher dem früheren Erbvertrag vor, ungeachtet dessen, dass der Erbvertrag strengeren Formvorschriften unterliegt und seine Aufhebung grundsätzlich der notariellen Beurkundung bedarf (§§ 2276, 2290 Abs. 4, 2291 Abs. 2 BGB). Darüber hinaus gilt § 2292 BGB im Gegensatz zu § 2291 BGB auch für vertragsmäßige Erbeinsetzungen und nicht nur für Vermächtnisse und Auflagen.

B. Tatbestand

I. Aufhebungstestament

2 Die Aufhebung erfolgt durch ein gemeinschaftliches Testament. Da § 2292 BGB eine bestimmte Form nicht vorschreibt, ist die Errichtung in jeder nach §§ 2231 ff., 2266, 2267 BGB zulässigen Form möglich. § 2292 BGB sieht ausdrücklich ein **„gemeinschaftliches"** Testament vor, so dass zwei selbstständige Testamente der Ehegatten nicht ausreichen, auch wenn sie im beiderseitigen Einvernehmen über die Aufhebung errichtet worden sind.[1] Die **Testierfähigkeit** richtet sich nach § 2229 Abs. 1 BGB, nicht nach § 2290 Abs. 2 BGB.[2] Hat aber ein Ehegatte im Erbvertrag keine vertragsmäßigen Verfügungen getroffen, dann verwies Hs. 2 bis zum 1.1.2023 insoweit auf § 2290 Abs. 3 BGB, was bedeutet, dass der Vertragspartner für die Errichtung des gemeinschaftlichen Testaments, durch den der Erbvertrag aufgehoben werden soll, u.U. der Zustimmung des **gesetzlichen Vertreters** oder der Genehmigung des BetreuungsG bedarf (vgl. hierzu die Ausführungen zu § 2290 BGB). Stand der Vertragspartner unter elterlicher Sorge, dann griff i.R.d. § 2292 BGB bis zum Inkrafttreten des Gesetzes zur Bekämp-

---

7 Soergel/*Wolf*, § 2291 Rn 5.

1 Staudinger/*Raff*, § 2292 Rn 4; unklar bei MüKo/*Musielak*, § 2292 Rn 3, der nur auf das Fehlen der Erkennbarkeit des Errichtungszusammenhangs abstellt.

2 Staudinger/*Raff*, § 2292 Rn 9.

fung von Kinderehen zum 22.7.2017 stets die Ausnahme des § 2290 Abs. 3 S. 2 Hs. 2 BGB, wonach beim Erbvertrag unter Ehegatten eine Genehmigung des BetreuungsG nicht erforderlich war. Seit dem 1.1.2023 ist die Genehmigungspflicht in § 1851 Nr. 7 geregelt. Die bisherige Verweisung auf § 2290 Abs. 3 BGB hatte des Weiteren zur Folge, dass die fehlende Zustimmung des gesetzlichen Vertreters oder Genehmigung des BetreuungsG von dem geschäftsfähig gewordenen Vertragspartner selbst erteilt werden kann (§ 108 Abs. 3 i.V.m. § 1956 Abs. 3).[3] Eine **Heilung** ist aber ausgeschlossen, wenn das Testament, z.B. wegen Verstoßes gegen § 2247 Abs. 4 BGB, wonach ein minderjähriger Erblasser kein eigenhändiges Testament errichten darf, nichtig ist.[4] Für den bloßen Vertragspartner gilt § 2247 Abs. 4 BGB aber nicht.

II. Inhalt

3 Durch das gemeinschaftliche Testament kann der gesamte Erbvertrag oder auch nur einzelne Verfügungen – auch eine Erbeinsetzung[5] – aufgehoben bzw. geändert werden.[6] Das gemeinschaftliche Testament kann auch, ohne den Erbvertrag inhaltlich zu ändern, Wechselbezüglichkeit zwischen den vertragsmäßigen Verfügungen und den Verfügungen im gemeinschaftlichen Testament herstellen;[7] im Falle einer **Ergänzung** des **Erbvertrages** durch das gemeinschaftliche Testament bilden beide eine Gesamterbenregelung.[8] Das gemeinschaftliche Testament kann die Aufhebung ausdrücklich vorsehen, die Aufhebung kann aber auch konkludent erfolgen, indem in dem gemeinschaftlichen Testament Verfügungen getroffen werden, die inhaltlich im Widerspruch zum Erbvertrag stehen, § 2292 BGB analog.[9]

III. Ehegatten, Lebenspartner

4 Für die Errichtung des gemeinschaftlichen Testaments gelten die §§ 2229 ff. BGB; berechtigt sind nur Ehegatten, § 2265 BGB und Lebenspartner, § 10 Abs. 4 LPartG. Dagegen kann der Erbvertrag auch von anderen Personen geschlossen werden (vgl. auch die Ausführungen Vor §§ 2274 ff. BGB), so dass nicht gefordert werden kann, dass die Ehegatten bereits zum Zeitpunkt der Errichtung des Erbvertrages miteinander verheiratet waren.[10] Allerdings müssen die Ehegatten Vertragspartner des Erbvertrages gewesen sein, denn seine Aufhebung ist grundsätzlich nur durch die Vertragsschließenden möglich; war ein Ehegatte lediglich Bedachter, ist § 2292 BGB nicht anwendbar, da der Bedachte an der Aufhebung des Erbvertrages nicht mitwirkt.[11]

C. Rechtsfolgen

5 Durch die Errichtung des gemeinschaftlichen Testaments werden die vertragsmäßigen Verfügungen aufgehoben. Durch den einseitigen Widerruf nach §§ 2253, 2271 BGB können die aufgehobenen vertragsmäßigen Verfügungen als solche aber nicht wieder in Kraft treten. Um die erbvertragliche Bindungswirkung wiederherzustellen, müssen die Ehegatten vielmehr eine gleichwertige Rechtshandlung vornehmen; entsprechend § 2292 BGB, der eine **Formerleichterung** für Ehegatten bezweckt, können die vertragsmäßigen Verfügungen dadurch wieder in Kraft gesetzt werden, dass die Ehegatten

3 Grüneberg/*Weidlich*, § 2292 Rn 2; MüKo/*Musielak*, § 2292 Rn 3.
4 MüKo/*Musielak*, § 2292 Rn 3.
5 RGZ 134, 325, 327.
6 BayObLG FamRZ 1986, 392.
7 BayObLG FamRZ 1985, 839, 841.
8 BGH NJW 1987, 901 = WM 1987, 379; BayObLG NJW-RR 2003, 658.
9 BGH NJW 1987, 901 = WM 1987, 379.
10 OLG Frankfurt ErbR 2016, 453.
11 RGZ 134, 325.

den Widerruf der Aufhebung durch gemeinschaftliches Testament vornehmen, im Übrigen auch durch einen Erbvertrag, Aufhebungsvertrag nach § 2290 BGB oder ein Testament mit notariell beurkundeter Zustimmung des Vertragspartners nach § 2291 BGB.[12]

§ 2293 Rücktritt bei Vorbehalt

Der Erblasser kann von dem Erbvertrag zurücktreten, wenn er sich den Rücktritt im Vertrag vorbehalten hat.

Literatur

Wegmann, Wege aus der erbrechtlichen Bindung nach Geschäftsunfähigkeit eines Beteiligten, ZEV 2025, 213; *Zimmer*, Rücktritt vom Erbvertrag bei Testier- und Geschäftsunfähigkeit, NJW 2021, 1434.

Übersicht: Rdn

A. Allgemeines

1 Durch den Erbvertrag sind die Vertragsschließenden hinsichtlich ihrer vertragsmäßigen Verfügungen (erbrechtlich) gebunden; möchten sie sich hiervon lösen, um z.B. eine anderweitige Verfügung von Todes wegen treffen zu können, dann können sie den Erbvertrag auflösen, anfechten oder von ihm zurücktreten. § 2293 BGB gibt nur dem Erblasser die Möglichkeit, vom Erbvertrag zurückzutreten und sich damit einseitig von allen oder auch nur einzelnen vertragsmäßigen Verfügungen zu lösen. Der Erblasser muss sich den Rücktritt aber im Erbvertrag **vorbehalten** haben; ein **gesetzliches** Rücktrittsrecht ist nur in Ausnahmefällen vorgesehen (§§ 2294, 2295 BGB). Damit wird auch deutlich, dass der bloße Vorbehalt des Rücktritts die Rechtsnatur des Erbvertrages nicht beeinflusst; der Erbvertrag ist daher nicht wie im Falle eines umfassenden Vorbehalts abweichender Verfügungen von Todes wegen (vgl. hierzu die Ausführungen bei § 2278 BGB) als Testament zu qualifizieren.

B. Tatbestand

I. Rücktrittsvorbehalt

2 Der Erblasser kann sich den Rücktritt von dem gesamten Erbvertrag, aber auch nur von einzelnen vertragsmäßigen Verfügungen vorbehalten; einseitige Verfügungen kann er dagegen jederzeit widerrufen, § 2299 Abs. 2 BGB. In der Ausgestaltung des Rücktrittsvorbehalts sind die Vertragsschließenden grundsätzlich frei, so kann der Vorbehalt befristet werden, bedingt sein oder vom Vorliegen bestimmter Rücktrittsgründe ab-

12 Staudinger/*Raff*, § 2292 Rn 13; a.A. MüKo/*Musielak*, § 2292 Rn 6.

hängig gemacht werden,[1] z.B. wenn Unterhaltszahlungen an den Erblasser, für die sich der Vertragserbe vertraglich verpflichtet hat, ausbleiben. Der Erblasser muss den Vertragserben vor dem Rücktritt grundsätzlich nicht abmahnen;[2] war aber die Pflicht nicht genau bestimmt worden, dann ist eine Abmahnung erforderlich, in der der Verstoß – und als Konsequenz der Rücktritt – deutlich gemacht werden.[3] Hat der Erblasser den Verstoß stillschweigend geduldet, dann kann er nicht zurücktreten.[4] Die Vertragsschließenden können aber vereinbaren, dass nur der Erblasser, nicht dagegen auch die Gerichte darüber entscheiden dürfen, ob der Rücktrittsgrund vorliegt oder nicht.[5] Die Vertragsschließenden müssen den Rücktrittvorbehalt nicht ausdrücklich in den Erbvertrag aufgenommen haben; er kann auch durch Auslegung ermittelt werden. Ergibt er sich nicht aus dem Erbvertrag, dann können sich die Vertragsschließenden den Rücktritt auch in einem Nachtragsvertrag vorbehalten.[6] Seit dem 22.7.2017 kann ein Aufhebungsvertrag nur durch den Erblasser persönlich geschlossen werden, sodass der Erblasser voll geschäftsfähig sein muss.

II. Abgrenzung

3 Hat sich der Erblasser den Rücktritt nicht vorbehalten und greift auch kein **gesetzlicher Rücktrittsgrund** (§§ 2294, 2295 BGB), dann kann der Erblasser im Zusammenwirken mit dem Vertragspartner den Vertrag **aufheben** (§§ 2290 ff. BGB) oder **anfechten** (§ 2281 BGB).

1. Änderungsvorbehalt

4 Der Rücktrittsvorbehalt ist von einem Änderungsvorbehalt zu unterscheiden, bei dem sich der Erblasser vorbehält, später abweichende Verfügungen von Todes wegen zu errichten. In diesem Falle ist der Erblasser an die entsprechende vertragsmäßige Verfügung von vornherein erbvertraglich nicht gebunden, so dass er insoweit anderweitige widersprechende letztwillige Verfügungen treffen kann, ohne den formgebundenen Rücktritt erklären zu müssen. Ein **umfassender Änderungsvorbehalt**, der alle vertragsmäßigen Verfügungen erfasst, nimmt dem Erbvertrag aber seine Rechtsnatur, mit der Folge, dass kein Erbvertrag, sondern ein Testament vorliegt (vgl. hierzu die Ausführungen zu § 2278 BGB), daher wird man einen Änderungsvorbehalt nicht ohne weiteres als Rücktrittsvorbehalt auslegen dürfen.[7] Wird einem „Vertragsteil das Recht eingeräumt, beliebige andere Verfügungen von Todes wegen zu treffen", dann kann darin ein Rücktrittsvorbehalt liegen.[8]

2. Auflösende Bedingung

5 Statt eines Rücktritts kann auch eine **auflösende Bedingung** vereinbart werden, z.B. für den Fall der Wiederverheiratung des Erblassers. Tritt die Bedingung ein, dann wird die vertragsmäßige Verfügung von selbst unwirksam, § 158 Abs. 2 BGB; eines Rücktritts bedarf es dann nicht mehr. Haben die Ehegatten eine Wiederverheiratungsklausel in ihren Erbvertrag aufgenommen, dann wird diese i.d.R. auch einen stillschweigenden Rücktrittsvorbehalt enthalten.[9]

---

1 MüKo/*Musielak*, § 2293 Rn 2.
2 BGH NJW 1981, 2299.
3 OLG Hamm DNotZ 1999, 142; OLG Düsseldorf ZEV 1994, 171, 172 = NJW-RR 1995, 141.
4 OLG Oldenburg NdsRpfl 1955, 191.
5 BGHZ 2, 35 = NJW 1951, 959.
6 MüKo/*Musielak*, § 2293 Rn 4.
7 BayObLG FamRZ 1996, 898; BayObLG FamRZ 1989, 1353.
8 BayObLG FamRZ 1989, 1353, 1354.
9 OLG Karlsruhe NJW 1961, 1410.

III. Berechtigter

§ 2293 BGB sieht den Rücktritt nur für den Erblasser höchstpersönlich vor, nicht auch 6
für den Vertragspartner; dieser kann aber die gemachten Zuwendungen ausschlagen. Hat sich aber der Vertragspartner im Zusammenhang mit dem Erbvertrag schuldrechtlich verpflichtet, dann kann er mit dem Erblasser ein schuldrechtliches Rücktrittsrecht zu seinen Gunsten vereinbaren; für den Rücktritt von dem schuldrechtlichen Vertrag gelten dann die §§ 346 ff. BGB.

IV. Form und Frist

Die Form des Rücktritts richtet sich nach §§ 2296, 2297 BGB; die Rücktrittserklärung 7
bedarf der notariellen Beurkundung, § 2296 Abs. 2 BGB. Eine **Rücktrittsfrist** ist im Gesetz nicht vorgesehen; eine solche kann jedoch im Erbvertrag vereinbart werden.[10] Im Übrigen gilt, dass das Rücktrittsrecht bei einem zweiseitigen Erbvertrag mit dem Tod des Vertragspartners erlischt, § 2298 Abs. 2 S. 2 BGB; bei einem einseitigen Erbvertrag tritt nach dem Tod des Vertragspartners an die Stelle des Rücktrittsrechts die Möglichkeit, den Erbvertrag durch Testament aufzuheben, § 2297 BGB.

V. Widerruf des Rücktritts

Ein **Widerruf** des Rücktritts ist nicht möglich, weil der Rücktritt ein Gestaltungsrecht 8
ist; eine Ausnahme gilt nur für den Rücktritt durch Testament nach § 2297 BGB, weil das Testament selbst widerruflich ist.

C. Rechtsfolgen

Tritt der Erblasser vom gesamten Erbvertrag zurück, dann werden alle vertragsmäßi- 9
gen, im Zweifel auch die **einseitigen** Verfügungen (vgl. § 2299 Abs. 3 BGB) aufgehoben. Beim Rücktritt von einzelnen vertragsmäßigen Verfügungen richtet sich die Wirksamkeit der übrigen Verfügungen nach §§ 2085, 2279 Abs. 1 BGB; beim **zweiseitigen** Erbvertrag ist aber § 2298 Abs. 2 S. 1 BGB zu beachten, wonach durch den Rücktritt im Zweifel der gesamte Erbvertrag als aufgehoben gilt. War der Erbvertrag mit anderen Verträgen verbunden, z.B. mit einem Ehevertrag, dann beurteilt sich die Wirksamkeit des anderen Vertrages beim Rücktritt vom Erbvertrag nach § 139 BGB; i.d.R. wird aber der Ehevertrag durch den Rücktritt vom Erbvertrag nicht beeinflusst.[11]

D. Verfahrensfragen

Eine Feststellungsklage über die Wirksamkeit des Erbvertrages oder einer vertragsmä- 10
ßigen Verfügung ist generell zulässig, sowohl als Klage des Erblassers als auch des Vertragspartners.[12] Entsprechend den allg. **Beweistragungsregeln** hat der Erblasser, der sich auf einen wirksamen Rücktritt beruft, diesen zu beweisen.[13] Ist der Erblasser aufgrund eines entsprechenden Rücktrittsvorbehalts vom Erbvertrag zurückgetreten, weil der Vertragspartner eine schuldrechtliche Pflicht nicht erfüllt hat, dann hat der Vertragspartner die Erfüllung zu beweisen, wenn er sich hierauf beruft.[14]

---

10 MüKo/*Musielak*, § 2293 Rn 2, 8.

11 BGHZ 29, 129 = NJW 1959, 625.

12 BGH FamRZ 1985, 919 = NJW-RR 1986, 371: als Widerklage; OLG Düsseldorf FamRZ 1995, 58; nur ausnahmsweise: OLG München FamRZ 1996, 253 = NJW-RR 1996, 328; differenzierend: Staudinger/*Raff*, § 2293 Rn 20: nur für den Erblasser, nicht auch für den Bedachten zu Lebzeiten des Erblassers.

13 BGH FamRZ 1985, 919 = NJW-RR 1986, 371.

14 Vgl. hierzu MüKo/*Musielak*, § 2293 Rn 11.

§ 2294 Rücktritt bei Verfehlungen des Bedachten

Der Erblasser kann von einer vertragsmäßigen Verfügung zurücktreten, wenn sich der Bedachte einer Verfehlung schuldig macht, die den Erblasser zur Entziehung des Pflichtteils berechtigt oder, falls der Bedachte nicht zu den Pflichtteilsberechtigten gehört, zu der Entziehung berechtigen würde, wenn der Bedachte ein Abkömmling des Erblassers wäre.

Literatur

Müller, Abänderung bindender Verfügungen bei schweren Verfehlungen des Bedachten, ZEV 2011, 240.

Übersicht: Rdn

A. Allgemeines

1 § 2293 BGB gewährt dem Erblasser ein Rücktrittsrecht, wenn er sich dieses im Erbvertrag vorbehalten hat. §§ 2294, 2295 BGB enthalten gesetzliche Rücktrittsrechte. Nach § 2294 BGB kann der Erblasser zurücktreten, wenn sich der vertragsmäßig Bedachte einer **Verfehlung** i.S.d. Pflichtteilsrechts schuldig gemacht hat, §§ 2333 ff. BGB.

B. Tatbestand

I. Verfehlung

2 Nach § 2294 BGB kann der Erblasser zurücktreten, wenn sich der vertragsmäßig **Bedachte** (der bedachte Vertragspartner oder auch ein Dritter) einer Verfehlung i.S.d. Pflichtteilsrechts nach § 2333 BGB schuldig gemacht hat. Gehört der Bedachte nicht zu den Pflichtteilsberechtigten, dann wird er wie ein Abkömmling behandelt, Hs. 2; § 2294 BGB gilt dagegen nicht bei Verfehlungen des **nichtbedachten** Vertragspartners.[1] Der Rücktritt kann nur aufgrund von Verfehlungen erklärt werden, die nach dem Errichten des Erbvertrages begangen worden sind. Anders als bei § 2297 BGB wird nämlich gerade nicht auf § 2336 Abs. 2 und 3 BGB verwiesen. Verfehlungen vor Abschluss des Erbvertrages können dann allenfalls ein Anfechtungsrecht begründen, §§ 2078, 2281 BGB, und anders auch, wenn der vertragsmäßig Bedachte die Verfehlungen nach der Errichtung des Erbvertrages fortsetzt, dann ist ein Rücktritt möglich.[2] Entscheidend ist auch, ob der Rücktrittsgrund zum Zeitpunkt des Rücktritts noch vorliegt; das ist dann nicht der Fall, wenn der Erblasser dem Bedachten die Verfehlung verziehen hat, vgl. § 2337 S. 1 BGB. Eine Verzeihung kann z.B. darin gesehen werden, dass der Erblasser im Hinblick auf eine zurückliegende Verfehlung auf sein **Rücktrittsrecht verzichtet**.[3] Dagegen findet § 2337 S. 2 BGB keine Anwendung. Hat also der Erblasser den Rücktritt erklärt, dann kann die „nachträgliche" Verzeihung an der Wirksamkeit des Rücktritts nichts mehr ändern.[4] Der Erblasser muss dann die ver-

1 Staudinger/*Raff*, § 2294 Rn 3, Rn 4.
2 BayObLGZ 1963, 271.
3 Staudinger/*Raff*, § 2294 Rn 7.
4 MüKo/*Musielak*, § 2294 Rn 5.

tragsmäßige Verfügung erneut treffen; ein Widerruf des Rücktritts ist auch nicht möglich, weil der Rücktritt ein Gestaltungsrecht ist.

II. Berechtigter

§ 2294 BGB sieht den Rücktritt nur für den Erblasser höchstpersönlich, nicht für seine Erben, auch nicht für den Vertragspartner, vor. Er kann auf dieses Recht im Voraus nicht verzichten, § 2302 BGB. 3

III. Ausübung des Rücktrittsrechts

Der Erblasser kann vom gesamten Erbvertrag, aber auch nur von einzelnen vertragsmäßigen Verfügungen zurücktreten. Rücktrittsgründe brauchen nicht angegeben zu werden, weil auf § 2336 Abs. 2 BGB anders als in § 2297 BGB (Rücktritt durch Testament nach dem Tod des Vertragspartners) nicht verwiesen wird.[5] 4

C. Rechtsfolgen

Das Rücktrittsrecht kann nur zu Ungunsten desjenigen ausgeübt werden, der sich der Verfehlung schuldig gemacht hat, nicht dagegen gegenüber den übrigen Bedachten; die vertragsmäßigen Verfügungen bleiben insoweit bestehen.[6] Tritt der Erblasser vom gesamten Erbvertrag zurück, dann werden alle vertragsmäßigen, im Zweifel auch die einseitigen Verfügungen (vgl. § 2299 Abs. 3 BGB) aufgehoben. Beim Rücktritt von einzelnen vertragsmäßigen Verfügungen richtet sich die Wirksamkeit der übrigen Verfügungen nach §§ 2085, 2279 Abs. 1 BGB; beim zweiseitigen Erbvertrag ist aber § 2298 Abs. 2 S. 1 BGB zu beachten, wonach durch den Rücktritt im Zweifel der gesamte Erbvertrag als aufgehoben gilt. War der Erbvertrag mit anderen Verträgen verbunden, z.B. mit einem Ehevertrag, dann beurteilt sich die Wirksamkeit des anderen Vertrages beim Rücktritt vom Erbvertrag nach § 139 BGB; i.d.R. wird aber der Ehevertrag durch den Rücktritt vom Erbvertrag nicht beeinflusst.[7] § 2294 BGB lässt das Recht des Erblassers nach §§ 2289 Abs. 2, 2338 BGB (sog. Beschränkung in guter Absicht) unberührt, ebenso die Bestimmungen über die Erbunwürdigkeit, §§ 2339 ff. BGB.[8] 5

D. Verfahrensfragen

Eine Feststellungsklage über die Wirksamkeit des Erbvertrages oder einer vertragsmäßigen Verfügung ist zulässig (vgl. die Erläuterungen zu § 2286 BGB und § 2293 BGB). Zwar verweist § 2294 BGB nicht auf § 2336 Abs. 3 BGB; nach den allg. Beweislastgrundsätzen hat aber derjenige den Rücktritt zu beweisen, der sich darauf beruft. Der Erblasser ist daher beweispflichtig für das Vorliegen des Tatbestands, der die Pflichtteilsentziehung begründet, z.B. die schuldhafte Begehung eines Verbrechens oder schweren vorsätzlichen Vergehens gegenüber einer nahestehenden Person, § 2333 Abs. 1 Nr. 3 BGB; entsprechend den allg. **Beweistragungsregeln** hat der Bedachte aber die Möglichkeit, Rechtfertigungs- oder Schuldausschließungsgründe darzulegen und zu beweisen, die den Straftatbestand entfallen lassen.[9] Sind die Verfehlungen nicht nachgewiesen worden, dann war der Rücktritt unwirksam und hat den Erbvertrag nicht außer Kraft gesetzt.[10] 6

---

5 BGH NJW 1952, 700.
6 Vgl. MüKo/*Musielak*, § 2294 Rn 2.
7 BGHZ 29, 129 = NJW 1959, 625.
8 Staudinger/*Raff*, § 2294 Rn 16.
9 BGH FamRZ 1985, 919 = NJW-RR 1986, 371.
10 MüKo/*Musielak*, § 2294 Rn 6.

§ 2295 Rücktritt bei Aufhebung der Gegenverpflichtung

Der Erblasser kann von einer vertragsmäßigen Verfügung zurücktreten, wenn die Verfügung mit Rücksicht auf eine rechtsgeschäftliche Verpflichtung des Bedachten, dem Erblasser für dessen Lebenszeit wiederkehrende Leistungen zu entrichten, insbesondere Unterhalt zu gewähren, getroffen ist und die Verpflichtung vor dem Tode des Erblassers aufgehoben wird.

Literatur

Vollmar, Der entgeltliche Erbvertrag: Konstruktion und Rechtsfolgen, 2002.

Übersicht: Rdn

A. Allgemeines

1 § 2295 BGB ist von der II. Kommission eingeführt worden. Er gilt für Verträge, in denen sich der vertragsmäßig Bedachte in Hinblick auf die vertragsmäßige Zuwendung verpflichtet, für die Lebenszeit des Erblassers wiederkehrende Leistungen zu erbringen, sog. Verpfändungsverträge. Ist eine solche Verpflichtung des Bedachten aufgehoben worden, so kann der Erblasser von den vertragsmäßigen Verfügungen, die mit Rücksicht auf diese schuldrechtliche Verpflichtung getroffen worden sind, zurücktreten. § 2295 BGB gewährt ein gesetzliches Rücktrittsrecht; der Erblasser muss sich dieses nicht im Erbvertrag vorbehalten haben.

B. Tatbestand

I. Verpflichtung des Bedachten

2 Die Verpflichtung des Bedachten muss darin bestehen, für die Lebenszeit des Erblassers wiederkehrende Leistungen zu erbringen; sie müssen zwar nicht regelmäßig erfolgen, dürfen aber zeitlich nicht befristet sein.[1] Die Bestimmung sieht des Weiteren vor, dass die Verpflichtung eine rechtsgeschäftliche sein muss; es reicht daher nicht, dass der Bedachte gesetzlich verpflichtet ist, Unterhalt an den Erblasser zu leisten.[2]

II. Zusammenhang

3 Die vertragsmäßigen Verfügungen zugunsten des Bedachten müssen „mit Rücksicht" auf seine schuldrechtliche Verpflichtung getroffen worden sein, das bedeutet, dass zwischen beiden ein Zusammenhang bestehen muss: Der Erblasser trifft die vertragsmäßigen Verfügungen, weil der Bedachte sich verpflichtet hat, eine **rechtsgeschäftliche** Verpflichtung i.S.d. § 2295 BGB zu übernehmen.[3] Diesen Zusammenhang muss der Bedachte auch kennen. Grundsätzlich stehen aber beide Verträge rechtlich selbststän-

1 MüKo/*Musielak*, § 2295 Rn 2.
2 NK-BGB/Horn, § 2295 Rn 2.
3 Vgl. OLG Hamburg MDR 1950, 615; OLG München ZEV 2009, 345, 346 m. Anm. *Keim*; MüKo/*Musielak*, § 2295 Rn 2, 3 m.w.N.

dig nebeneinander;[4] sie müssen daher nicht in **einer Urkunde** zusammengefasst sein,[5] insbesondere stehen sie nicht im Verhältnis von Leistung und Gegenleistung zueinander; §§ 320 ff. BGB sind insoweit nicht anwendbar.[6] Hiervon zu unterscheiden ist der Fall, dass sich auch der Erblasser in der schuldrechtlichen Vereinbarung seinerseits zu einer Leistung verpflichtet hat; auf diesen gegenseitigen Vertrag sind die §§ 320 ff. BGB anwendbar; der Erblasser kann daher zunächst gem. § 346 BGB von dem schuldrechtlichen Vertrag zurücktreten; anschließend kann er dann – aufgrund der Aufhebung dieses schuldrechtlichen Vertrages – den Rücktritt vom Erbvertrag gem. § 2295 BGB erklären.[7]

III. Aufhebung der Verpflichtung

Die Verpflichtung muss vor dem Tod des Erblassers aufgehoben worden sein; darunter 4
fällt aber nicht nur die vertragliche Vereinbarung über die Aufhebung zwischen dem Erblasser und dem Bedachten, sondern auch der **nachträgliche Wegfall**, unabhängig vom Rechtsgrund,[8] z.B. dadurch, dass die Leistung nachträglich unmöglich geworden ist (§ 275 BGB)[9] oder der Bedachte von der Vereinbarung zurückgetreten ist (§ 346 BGB)[10] oder aus einem wichtigen Grund gekündigt hat[11] oder weil die Vereinbarung (einvernehmlich) aufgehoben wurde.[12] Ist die (schuldrechtliche) Verpflichtung nichtig, z.B. aufgrund einer Anfechtung (§ 142 Abs. 1 BGB), dann ist § 2295 BGB nach dem Zweck der Vorschrift daher gleichwohl anwendbar.[13] Dagegen führen **Nichterfüllung** oder **Verzug** nicht dazu, dass die Leistungspflicht beseitigt wird,[14] die Verpflichtung wird nicht „aufgehoben“ und der Erblasser daher auch nicht zum Rücktritt berechtigt. Für diese Fälle kann sich der Erblasser aber den Rücktritt vorbehalten (vgl. die Ausführungen zu § 2293 BGB) oder – auch stillschweigend – eine auflösende Bedingung vereinbaren, die die vertragsmäßige Verfügung z.B. bei Nichterfüllung automatisch aufhebt.[15] Möglich ist auch eine Anfechtung des Erblassers nach §§ 2078, 2281 BGB.

IV. Ausübung des Rücktritts

§ 2295 BGB sieht das Rücktrittsrecht nur für den Erblasser vor; die **Rücktrittserklärung** bedarf nach § 2296 Abs. 2 BGB der notariellen Beurkundung. Ein formnichtiger 5
Aufhebungsvertrag, der sich daraus ergibt, dass nicht beide Vertragsschließenden gleichzeitig, sondern zunächst nur der Erblasser allein die Aufhebung des Erbvertrages vor dem Notar erklärt, kann in eine Rücktrittserklärung nach § 2295 BGB umgedeutet werden.[16] Die Rücktrittserklärung muss den Rücktrittsgrund nicht enthalten; sie kann auch der Aufhebung zeitlich vorgehen; entscheidend ist, dass der Rücktritt im Hin-

4 OLG Hamburg MDR 1950, 615.

5 Grüneberg/*Weidlich*, § 2295 Rn 2.

6 BGH NJW 2011, 224; BayObLG NJW-RR 1998, 729; OLG Karlsruhe NJW-RR 1997, 708 = FamRZ 1997, 1180.

7 BGH NJW 2011, 235.

8 *Kornexl*, MittBayNot 2011, 320, 321; BeckOK BGB/*Litzenburger*, § 2295 Rn 3.

9 BGH ZEV 2013, 330.

10 MüKo/*Musielak*, § 2295 Rn 4.

11 OLG Karlsruhe NJW-RR 1997, 708 = FamRZ 1997, 1180; LG Köln MDR 1978, 1023 = DNotZ 1978, 685.

12 BGH ZEV 2011, 254, 255.

13 Grüneberg/*Weidlich*, § 2295 Rn 2; a.A. Staudinger/*Raff*, § 2295 Rn 11; MüKo/*Musielak*, § 2295 Rn 6, der eine Anfechtung nach §§ 2078, 2281 BGB vorsieht, wenn die vertragsmäßige Verfügung nicht ohnehin nach § 139 BGB unwirksam ist.

14 MüKo/*Musielak*, § 2295 Rn 5.

15 OLG Hamm DNotZ 1977, 751, 754.

16 OLG Hamm DNotZ 1977, 751, 754.

blick auf die Aufhebung der Leistungspflicht erfolgte, mithin diese Beweggrund für den Rücktritt war.[17] Haben die Vertragsschließenden (stillschweigend) die Wirksamkeit des Erbvertrages davon abhängig gemacht, dass die rechtsgeschäftliche Verpflichtung besteht (§ 158 Abs. 2 BGB), dann wird der Erbvertrag automatisch unwirksam, wenn die rechtsgeschäftliche Verpflichtung aufgehoben wird; eines Rücktritts bedarf es dann nicht mehr.

C. Rechtsfolgen

6 Der Erblasser kann den Rücktritt nur insoweit erklären, als eine vertragsmäßige Verfügung „mit Rücksicht" auf die schuldrechtliche Verpflichtung getroffen worden ist; die Wirksamkeit der übrigen vertragsmäßigen Verfügungen richtet sich nach §§ 2279 Abs. 1, 2085 BGB, beim zweiseitigen Erbvertrag nach § 2298 Abs. 2 S. 1 BGB, für einseitige Verfügungen gilt § 2299 Abs. 3 BGB (vgl. auch die Ausführungen zu § 2293 BGB). Der vertragsmäßig Bedachte kann die **bereits erbrachten** Leistungen nach § 812 Abs. 1 S. 2 BGB zurückfordern, weil der mit der Leistung bezweckte Erfolg durch die Aufhebung der vertragsmäßigen Verfügungen nicht mehr eintreten kann.[18] Auf das Rücktrittsrecht nach § 2295 BGB kann nicht im Voraus verzichtet werden.[19]

D. Verfahrensfragen

7 Der Erblasser, der sich auf einen wirksamen Rücktritt beruft, hat diesen zu beweisen (vgl. auch die Ausführungen zu § 2293 BGB).

§ 2296 Vertretung, Form des Rücktritts

(1) Der Rücktritt kann nicht durch einen Vertreter erfolgen.
(2) [1]Der Rücktritt erfolgt durch Erklärung gegenüber dem anderen Vertragschließenden. [2]Die Erklärung bedarf der notariellen Beurkundung.

Literatur
Goldkamp, Bindung im Erbrecht, ErbR 2023, 828.

Übersicht: Rdn

A. Allgemeines

1 Für die Form des Rücktritts ist entscheidend, ob der Rücktritt zu **Lebzeiten** des Vertragspartners erfolgt, § 2296 BGB, oder nach dessen Ableben, § 2297 BGB. Nach § 2296 BGB muss der Rücktritt zu Lebzeiten des Vertragspartners diesem gegenüber durch den Erblasser höchstpersönlich erklärt werden. Zu Beweiszwecken und aufgrund der Belehrungspflicht des Notars nach § 17 BeurkG (Schutzfunktion) bedarf

17 OLG Hamm DNotZ 1977, 751, 754.
18 OLG München ZEV 2009, 345, 347; Grüneberg/*Weidlich*, § 2295 Rn 3.
19 Soergel/*Wolf*, § 2295 Rn 6.

die Rücktrittserklärung der notariellen Beurkundung, Abs. 2 S. 2. Vom Grundsatz her entspricht § 2296 BGB den Regelungen des § 2282 BGB. Zu beachten ist aber, dass für den geschäftsunfähigen Erblasser sein Betreuer die Anfechtung erklären kann, § 2282 Abs. 2 BGB, während beim Rücktritt eine Vertretung ausgeschlossen wird; demnach kann ein geschäftsunfähiger Erblasser vom Erbvertrag nicht zurücktreten. Nach § 2271 Abs. 1 S. 1 BGB findet § 2296 BGB auf den Widerruf einer wechselbezüglichen Verfügung in einem gemeinschaftlichen Testament Anwendung. Die Rücktrittserklärung bedarf der notariellen Beurkundung; zuständig ist demnach ausschließlich der Notar, nicht auch das Gericht; die Zustimmung in einem Prozessvergleich ist wirksam, § 127a BGB.

B. Tatbestand

I. Höchstpersönlichkeit

2 Der Erblasser kann den Rücktritt nur **höchstpersönlich** erklären, ebenso wie er den Erbvertrag nur höchstpersönlich errichten (§ 2274 BGB), anfechten (§ 2282 Abs. 1 S. 1 BGB), bestätigen (§ 2284 S. 1 BGB) oder aufheben kann (§ 2290 Abs. 2 S. 1 BGB). Die Vertretung – auch die gesetzliche Vertretung – ist ausgeschlossen;[1] daher kann der geschäftsunfähige Erblasser vom Erbvertrag nicht zurücktreten. Durch das Gesetz zur Bekämpfung von Kinderehen ist Abs. 1 S. 2 mit Wirkung zum 22.7.2017 weggefallen. Vor der Änderung war der beschränkt Geschäftsfähige zum selbstständigen Rücktritt vom Erbvertrag berechtigt und benötigte hierzu nicht die Zustimmung seines gesetzlichen Vertreters, weil die Beschränkung der Testierfähigkeit beseitigt wurde. Dies galt daher auch für die Anfechtung (§ 2282 Abs. 1 S. 2 BGB a.F.) und Aufhebung (§ 2290 Abs. 2 S. 2 BGB a.F.), nicht dagegen für die Errichtung (§ 2275 Abs. 2 S. 2 BGB a.F.) oder Bestätigung (§ 2284 S. 2 BGB a.F.) des Erbvertrages, weil der Erblasser sich in diesen Fällen endgültig gebunden hat.

II. Rücktritt

3 Die Rücktrittserklärung ist eine einseitige **empfangsbedürftige** Willenserklärung, die der notariellen Beurkundung bedarf. Den Grund des Rücktritts muss die Rücktrittserklärung nicht enthalten, weil § 2296 BGB anders als § 2297 BGB (Rücktritt nach dem Tod des Vertragspartners) nicht auf § 2336 Abs. 2 BGB verweist, wonach der Grund der Entziehung in der Verfügung angegeben werden muss. Der Rücktritt muss auch nicht ausdrücklich erklärt werden, sondern kann sich auch durch Auslegung einer notariellen Urkunde ergeben.[2] Der Erblasser kann den Rücktritt z.B. auch dadurch erklären, dass er mit einem Dritten beurkundete, dem Erbvertrag widersprechende vertragsmäßige Verfügungen trifft; entscheidend ist in allen diesen Fällen aber, dass der „Rücktritt“ z.B. in der Form der widersprechenden vertragsmäßigen Verfügungen dem Vertragspartner entsprechend zugeht.[3]

III. Zugang

4 Die notariell beurkundete Rücktrittserklärung muss als empfangsbedürftige Willenserklärung allen Vertragspartnern zugehen.[4] Es gelten die Grundsätze der Rechtsprechung über die Wirksamkeit einer öffentlichen Zustellung ohne Einschränkung.[5] Sie muss in **Urschrift** oder **Ausfertigung** übermittelt werden, eine beglaubigte Abschrift

1 Staudinger/*Raff*, § 2296 Rn 5.
2 BGH NJW-RR 1986, 371.
3 Offengelassen in BGHZ 106, 359 = NJW 1989, 2885 = FamRZ 1989, 496.
4 BGH FamRZ 1985, 919 = NJW-RR 1986, 371.
5 KG NJW-RR 2006, 1380.

genügt nicht[6] (vgl. hierzu auch die Ausführungen bei § 2282 BGB). Der **Zugang** ist auch dann wirksam, wenn die Rücktrittserklärung des Erblassers dem Vertragspartner erst nach dem Tod des Erblassers zugeht (§ 130 Abs. 2 BGB). Allerdings muss die Erklärung beim Tod des Erblassers bereits auf den Weg gebracht worden sein;[7] es genügt daher nicht, dass der Erblasser den Notar anweist, die Rücktrittserklärung erst nach dem Tod an den Vertragspartner zu übermitteln,[8] ebenso kann ein Zustellungsmangel – Zustellung einer beglaubigten Abschrift – nach dem Tod des Erblassers – durch Zustellung einer Ausfertigung – nicht mehr geheilt werden.[9] Hat der Erblasser alles Erforderliche für einen rechtzeitigen Zugang getan, dann ist weitere Voraussetzung, dass der Zugang in einer angemessenen Zeit nach dem Tod des Erblassers erfolgt; musste der Vertragspartner nicht mehr mit dem Zugang einer Rücktrittserklärung rechnen – z.B. nach sieben Monaten[10] –, dann ist die Zustellung unwirksam. Verstirbt der Vertragspartner, dann sind der Zugang der Rücktrittserklärung und damit auch der Rücktritt nicht mehr möglich; eine Zustellung an die Erben ist unwirksam.[11] Der Erblasser kann jedoch ein **Aufhebungstestament** nach § 2297 BGB errichten. Es empfiehlt sich, die Rücktrittserklärung zu Beweiszwecken durch einen Gerichtsvollzieher zustellen zu lassen, § 132 BGB. Ist der Aufenthaltsort des Vertragspartners nicht bekannt, dann kommt eine öffentliche Zustellung nach § 132 Abs. 2 BGB i.V.m. §§ 185 ff. ZPO in Betracht. Wird öffentlich zugestellt, obwohl der Erblasser den Aufenthaltsort des Vertragspartners kennt, dann kann das den Einwand der unzulässigen Rechtsausübung begründen, den der Vertragspartner der Rücktrittserklärung des Erblassers entgegenhalten kann.[12]

C. Rechtsfolgen

5 Der Erblasser kann den Rücktritt vom gesamten Erbvertrag oder auch nur von einzelnen vertragsmäßigen Verfügungen erklären (zum Umfang des Rücktrittsrechts vgl. die Ausführungen zu den einzelnen Rücktrittsvorschriften, §§ 2293–2295 BGB); die Wirksamkeit der übrigen vertragsmäßigen Verfügungen richtet sich nach §§ 2085, 2279 Abs. 1 BGB, beim zweiseitigen Erbvertrag nach § 2298 Abs. 2 S. 1 BGB, für einseitige Verfügungen gilt § 2299 Abs. 3 BGB (vgl. auch die Ausführungen zu § 2293 BGB).

D. Verfahrensfragen

6 Für die Kosten der notariellen Beurkundung gilt § 34 i.V.m. KV Nr. 12100 GNotKG. Allerdings ist anzumerken, dass bei gleichzeitiger Beurkundung einer neuen letztwilligen Verfügung Gegenstandsidentität (§ 109 Abs. 2 Nr. 2 GNotKG) besteht.

E. Gestaltungshinweise

7 Ist der Erblasser nicht sicher, ob der Vertragspartner noch lebt, dann kann er notariell beurkundet den Rücktritt erklären, die **Rücktrittserklärung** ggf. **öffentlich zustellen** (§ 132 Abs. 2 BGB i.V.m. §§ 185 ff. ZPO) und zugleich vorsorglich ein Aufhebungstestament errichten, § 2297 BGB. § 2296 BGB ist zwingend, so dass andere Formen des Rücktritts nicht wirksam vereinbart werden können.[13] Allerdings bestehen andere

---

6 St. Rspr., BGH NJW 1960, 33; BGH NJW 1981, 2299; BGH NJW 1995, 2217; MüKo/*Musielak*, § 2282 Rn 4; Staudinger/*Raff*, § 2296 Rn 14 ff.
7 BGHZ 9, 233.
8 BGHZ 9, 233.
9 BGHZ 48, 374 = NJW 1968, 496.
10 BGHZ 48, 374 = NJW 1968, 496.
11 OLG Düsseldorf OLGZ 1966, 68.
12 BGHZ 64, 5 = NJW 1975, 827.
13 OLG Hamm DNotZ 1999, 142.

Gestaltungsmöglichkeiten, z.B. die Vereinbarung einer auflösenden Bedingung; bei Eintritt der Bedingung erfolgt die Aufhebung der vertragsmäßigen Verfügung automatisch, § 158 Abs. 2 BGB (vgl. auch die Ausführungen zu § 2295 BGB). Das Rücktrittsrecht selbst ist als Gestaltungsrecht bedingungsfeindlich.[14]

§ 2297 Rücktritt durch Testament

[1]Soweit der Erblasser zum Rücktritt berechtigt ist, kann er nach dem Tode des anderen Vertragschließenden die vertragsmäßige Verfügung durch Testament aufheben. [2]In den Fällen des § 2294 findet die Vorschrift des § 2336 Abs. 2 und 3 entsprechende Anwendung.

Übersicht: Rdn

A. Allgemeines

1 Nach dem Tod des Vertragspartners ist ein Rücktritt in der Form des § 2296 BGB nicht mehr möglich; § 2297 BGB macht nun deutlich, dass das Rücktrittsrecht nach dem Tod des Vertragspartners grundsätzlich nicht erlischt; eine Ausnahme gilt im Zweifel für die zweiseitigen Erbverträge nach § 2298 Abs. 2 S. 2 BGB. Für alle anderen Fälle ändert § 2297 BGB nur die Rücktrittsform.

B. Tatbestand

I. Rücktrittsrecht

2 Nach dem Tod des Vertragspartners kann der Rücktritt nach § 2296 BGB nicht mehr erklärt werden, insbesondere ist die Erklärung gegenüber den Erben unwirksam.[1] Das Rücktrittsrecht erlischt aber nicht, es ändert sich nur die **Rücktrittsform**: Der Erblasser kann die vertragsmäßigen Verfügungen durch Testament einseitig aufheben, S. 1. Eine Ausnahme hiervon gilt im Zweifel für die zweiseitigen Erbverträge nach § 2298 Abs. 2 S. 2 BGB; ein Rücktrittsrecht nach dem Tod des Vertragspartners ist ausgeschlossen, weil davon ausgegangen wird, dass bei wechselbezüglichen Verfügungen der Erbvertrag als „ganzes" bestehen soll. Die vertragsmäßigen Verfügungen, die zugunsten des Vertragspartners getroffen worden sind, werden mit dessen Tod gegenstandslos; der Rücktritt nach § 2297 BGB kommt daher i.d.R. nur dann in Betracht, wenn ein Dritter bedacht worden ist, oder im Fall einer Auflagenanordnung.[2] Bei einem zweiseitigen Erbvertrag, bei dem wechselseitige Verfügungen getroffen werden, und angenommen wird, dass der Erbvertrag im Zweifel als „ganzes" bestehen soll, erlischt das (vorbehaltene) Rücktrittsrecht mit dem Tod des Vertragspartners, § 2298 Abs. 2 S. 2 BGB. Der Überlebende kann seine Verfügungen nur dann aufheben, wenn er das ihm vertragsmäßig Zugewandte ausschlägt, § 2298 Abs. 2 S. 3 BGB. Der Erblasser muss testierfähig sein.

---

14 OLG Stuttgart DNotZ 1979, 107, 109.
1 OLG Düsseldorf OLGZ 1966, 68.
2 Staudinger/*Raff*, § 2297 Rn 1.

II. Rücktrittsgrund

3 Der Rücktritt durch Testament nach § 2297 BGB ist möglich, soweit der Erblasser zum Rücktritt berechtigt ist, S. 1. Dabei ist unerheblich, ob die Voraussetzungen für den Rücktritt bereits zu Lebzeiten des Vertragspartners bestanden.[3]

III. Rücktrittserklärung

4 Der Erblasser muss den Rücktritt nicht ausdrücklich erklären. Die Rücktrittserklärung kann auch darin liegen, dass der Erblasser neue zu dem Erbvertrag in Widerspruch stehende Verfügungen trifft[4] oder in dem neuen Testament nur einzelne Verfügungen wiederholt und andere, die nicht mehr seinem Willen entsprechen, bewusst weglässt.[5] Bei mehreren Vertragspartnern kommt § 2297 BGB nur dann in Betracht, wenn alle Vertragspartner verstorben sind; ist einer der Vertragspartner noch am Leben, ist der Rücktritt nach § 2296 Abs. 2 BGB zu erklären.[6] Hat der Erblasser bereits zu Lebzeiten des Vertragspartners den Rücktritt durch Testament erklärt, dann ist diese Rücktrittserklärung unwirksam; sie wird auch nicht durch den nachfolgenden Tod des Vertragspartners wirksam.[7] Ist der Erblasser nicht sicher, ob der Vertragspartner noch lebt, dann kann er notariell beurkundet den Rücktritt erklären, die Rücktrittserklärung ggf. öffentlich zustellen (§ 132 Abs. 2 BGB i.V.m. §§ 185 ff. ZPO) und zugleich vorsorglich ein Aufhebungstestament errichten, § 2297 BGB.

IV. Rücktritt nach § 2294 BGB

5 Im Gegensatz zu § 2296 BGB enthält § 2297 BGB für den Rücktritt nach § 2294 BGB wegen Verfehlungen des Bedachten eine Verweisung auf § 2336 Abs. 2 und 3 BGB. Das bedeutet zunächst, dass der **Rücktrittsgrund** zum einem zum Zeitpunkt der Testamentserrichtung vorliegen muss, zum anderen, dass dieser in der Verfügung anzugeben ist, § 2336 Abs. 2 BGB. Aufgrund der Verweisung auf § 2336 Abs. 3 BGB ist der Erblasser beweispflichtig für das Vorliegen des Rücktrittsgrundes, wenn er sich hierauf beruft, z.B. für die schuldhafte Begehung eines Verbrechens gegenüber dem Erblasser oder einer diesem nahestehenden Person (§ 2333 Abs. 1 Nr. 3 BGB); im Gegensatz zu §§ 2294, 2296 BGB hat er aber auch die geltend gemachten Rechtfertigungs- oder Schuldausschließungsgründe zu widerlegen.[8]

C. Rechtsfolgen

6 Ein Widerruf des Rücktritts ist grundsätzlich nicht möglich, weil der Rücktritt ein Gestaltungsrecht ist; eine Ausnahme gilt nur für den Rücktritt durch Testament nach § 2297 BGB, weil das Testament selbst **widerruflich** ist. Durch den Widerruf leben die vertragsmäßigen Verfügungen wieder auf;[9] das gilt nicht bei der nachträglichen Verzeihung, weil § 2297 BGB nicht auf § 2337 S. 2 BGB verweist. Hat der Erblasser dem Bedachten dagegen bereits vor dem Rücktritt verziehen, so führt diese **Verzeihung** zum Erlöschen des Rücktrittsrechts, § 2337 S. 1 BGB; ein Rücktritt ist dann unwirksam.[10]

---

3 NK-BGB/*Horn*, § 2297 Rn 2.
4 MüKo/*Musielak*, § 2297 Rn 3.
5 OLG Köln NJW-RR 1992, 1418 = FamRZ 1993, 242.
6 MüKo/*Musielak*, § 2297 Rn 2.
7 Staudinger/*Raff*, § 2297 Rn 8.
8 MüKo/*Musielak*, § 2297 Rn 4.
9 MüKo/*Musielak*, § 2297 Rn 5.
10 Staudinger/*Raff*, § 2297 Rn 11.

§ 2298 Gegenseitiger Erbvertrag

(1) Sind in einem Erbvertrag von beiden Teilen vertragsmäßige Verfügungen getroffen, so hat die Nichtigkeit einer dieser Verfügungen die Unwirksamkeit des ganzen Vertrags zur Folge.
(2) [1]Ist in einem solchen Vertrag der Rücktritt vorbehalten, so wird durch den Rücktritt eines der Vertragschließenden der ganze Vertrag aufgehoben. [2]Das Rücktrittsrecht erlischt mit dem Tode des anderen Vertragschließenden. [3]Der Überlebende kann jedoch, wenn er das ihm durch den Vertrag Zugewendete ausschlägt, seine Verfügung durch Testament aufheben.
(3) Die Vorschriften des Absatzes 1 und des Absatzes 2 Sätze 1 und 2 finden keine Anwendung, wenn ein anderer Wille der Vertragschließenden anzunehmen ist.

Übersicht: Rdn

A. Allgemeines

Bei einem zweiseitigen Erbvertrag, bei dem beide Vertragsschließenden vertragsmäßige Verfügungen treffen, wird angenommen, dass diese Verfügungen voneinander abhängen sollen, mithin jede von ihnen gegenüber allen anderen wechselbezüglich sein soll; daher gilt im Falle der Nichtigkeit einer vertragsmäßigen Verfügung (Abs. 1) oder des Rücktritts von einer vertragsmäßigen Verfügung (Abs. 2 S. 1) im Zweifel der gesamte Vertrag als aufgehoben; aus gleichem Grund erlischt mit dem Tod des Vertragspartners das vorbehaltene Rücktrittsrecht, es sei denn, dass in diesen Fällen ein anderer Wille der Vertragsschließenden anzunehmen ist, Abs. 3. Der Überlebende kann sich das (vorbehaltene) Rücktrittsrecht dadurch erhalten, dass er das ihm Zugewendete ausschlägt und seine Verfügungen durch Testament aufhebt. 1

B. Tatbestand

I. Nichtigkeit einer vertragsmäßigen Verfügung

Nach Abs. 1 hat die Nichtigkeit einer wechselbezüglichen vertragsmäßigen Verfügung die Unwirksamkeit des ganzen Erbvertrages zur Folge, wenn nicht ein anderer Wille der Vertragsschließenden anzunehmen ist, Abs. 3. Es müssen beide Vertragsschließenden als Erblasser vertragsmäßige Verfügungen im Erbvertrag getroffen haben; die nach dem Willen der Vertragsschließenden voneinander abhängig sein sollen. Eine solche **Abhängigkeit** bzw. Wechselbezüglichkeit wird in einem **zweiseitigen** Erbvertrag i.d.R. anzunehmen sein.[1] Dagegen setzt Abs. 1 nicht voraus, dass die vertragsmäßigen Verfügungen gegenseitig sind, d.h. dass sich die Vertragsschließenden gegenseitig bedacht haben.[2] Die Aufhebungswirkung erstreckt sich nur auf die vertragsmäßigen Verfügungen, auch wenn das Gesetz von der Aufhebung des „ganzen“ Erbvertrages 2

1 BGH NJW 1961, 120.
2 Grüneberg/*Weidlich*, § 2298 Rn 1.

spricht. Auf die **einseitigen** Verfügungen hat die Aufhebung der vertragsmäßigen Verfügungen zunächst keinen Einfluss; die Wirksamkeit einer solchen Verfügung richtet sich vielmehr nach § 2085 BGB. § 2299 Abs. 2 und Abs. 3 BGB ist nicht einschlägig; er erwähnt die Nichtigkeit nicht, sondern nimmt die Unwirksamkeit auch einer einseitigen Verfügung nur im Fall des Rücktritts vom Erbvertrag oder der Aufhebung des Erbvertrages an.[3] Die Umdeutung einer einseitigen Verfügung in ein Testament ist möglich.[4] Hiervon zu unterscheiden ist die Frage, ob die Nichtigkeit einer einseitigen Verfügung Einfluss auf den Erbvertrag – also die vertragsmäßigen Verfügungen – haben kann. Da die einseitigen Verfügungen ausschließlich nach Testamentsrecht zu beurteilen sind, § 2299 Abs. 2 BGB, sind sie nur äußerlich Bestandteil des Erbvertrages, so dass ihre Unwirksamkeit auf die vertragsmäßigen Verfügungen ohne Einfluss ist. Allerdings können die Vertragsschließenden eine **auflösende Bedingung** vereinbaren, wonach die Wirksamkeit der vertragsmäßigen Verfügungen von der Wirksamkeit der einseitigen Verfügung abhängig gemacht wird, oder sie können sich für den Fall der Nichtigkeit der einseitigen Verfügung den Rücktritt vorbehalten; in diesen Fällen hat auch die Nichtigkeit einer einseitigen Verfügung Bedeutung für den gesamten Erbvertrag.[5] Eine vertragsmäßige Verfügung kann von Anfang an **nichtig** sein, z.B. aufgrund eines Formmangels; die Nichtigkeit kann sich aber auch aus einer wirksamen Anfechtung ergeben, des Weiteren aufgrund der Auflösung der Ehe bzw. Verlobung nach §§ 2077, 2279 Abs. 2 BGB oder im Fall einer (späteren) beeinträchtigenden Verfügung nach § 2289 Abs. 1 S. 2 BGB. Die Nichtigkeit ist nicht gleichzusetzen mit den Fällen, in denen die vertragsmäßige Verfügung gegenstandslos wird, z.B. durch vorzeitigen Tod des Bedachten (§§ 1923 Abs. 1, 2160 BGB) oder durch Ausschlagung (§§ 1953, 2180 Abs. 3 BGB); die Wirksamkeit des Erbvertrages richtet sich in diesen Fällen nach § 2085 BGB.[6]

II. Rücktritt

1. Wirkung des Rücktritts

3 Tritt ein Vertragsschließender aufgrund vorbehaltenen Rücktrittsrechts zurück, dann gilt im Zweifel der ganze Erbvertrag als aufgehoben, wenn nicht ein anderer Wille der Vertragsschließenden anzunehmen ist, Abs. 3. Abs. 2 gilt nur für den vorbehaltenen Rücktritt; erfolgt der Rücktritt aufgrund der §§ 2294, 2295 BGB, dann richtet sich die **Wirksamkeit** des **Erbvertrags** nach §§ 2085, 2279 Abs. 1 BGB.[7] Es können sich beide Vertragsschließenden oder auch nur ein Vertragsschließender den Rücktritt vorbehalten; der Vorbehalt kann befristet oder bedingt sein, er kann sich auf den gesamten Erbvertrag oder auch nur auf einzelne vertragsmäßige Verfügungen beziehen (vgl. hierzu die Ausführungen zu § 2293 BGB); umfasst der Rücktritt nur einzelne vertragsmäßige Verfügungen, dann wird eine Wechselbezüglichkeit der vertragsmäßigen Verfügungen i.d.R. nicht gewollt sein (Abs. 3).

2. Erlöschen des Rücktrittsrechts

4 Das Rücktrittsrecht erlischt mit dem Tod eines Vertragsschließenden, es sei denn, dass die Parteien etwas anderes gewollt haben (Abs. 3). So können die Vertragsschließenden im Erbvertrag – auch stillschweigend[8] – vereinbaren, dass das Rücktrittsrecht nicht

---

3 Vgl. Staudinger/*Raff*, § 2298 Rn 24.

4 MüKo/*Musielak*, § 2299 Rn 3.

5 MüKo/*Musielak*, § 2298 Rn 2.

6 H.M.: Grüneberg/*Weidlich*, § 2298 Rn 2; Staudinger/*Raff*, § 2298 Rn 13; MüKo/*Musielak*, § 2298 Rn 2.

7 Staudinger/*Raff*, § 2298 Rn 21.

8 BayObLG FamRZ 1994, 196.

erlöschen soll; sie eröffnen damit dem Überlebenden die Möglichkeit, die vertragsmäßigen Verfügungen durch ein Aufhebungstestament gem. § 2297 BGB zu beseitigen. Die Aufhebung durch Testament ist zwar auch in Abs. 2 S. 3 vorgesehen, sie setzt aber voraus, dass der Vertragsschließende zunächst das ihm Zugewendete ausschlägt. Das ist im Rahmen des § 2297 BGB nicht erforderlich.

III. Ausschlagung

Der Überlebende kann sein (vorbehaltenes) Rücktrittsrecht durch **Ausschlagung** des ihm Zugewendeten aufrechterhalten. Das setzt zunächst voraus, dass der überlebende durch den verstorbenen Vertragsschließenden bedacht worden ist; ist das nicht der Fall, dann kann er auch nichts ausschlagen; Abs. 2 S. 3 ist dann nicht anwendbar. Ist ein Dritter bedacht worden und hat er das Zugewandte ausgeschlagen, so hat seine Ausschlagung auf das Rücktrittsrecht des Überlebenden keinen Einfluss; das Rücktrittsrecht bleibt ausgeschlossen.[9] Auf der anderen Seite kann der Überlebende, der neben einem Dritten bedacht worden ist, sein Rücktrittsrecht allein dadurch erhalten, dass nur er das ihm Zugewandte ausschlägt; nicht erforderlich ist demnach, dass auch der Dritte das ihm Zugewandte ausschlägt.[10] Auszuschlagen ist die **gesamte Zuwendung**, also alle vertragsmäßigen Verfügungen. Da die Zuwendungen aufgrund einer einseitigen Verfügung gerade nicht vertragsmäßig erfolgt sind, gilt § 2298 BGB für diese nicht; sie müssen daher von der Ausschlagung nicht umfasst sein.[11] Auch Abs. 2 S. 3 gilt nur, wenn ein anderer Wille nicht anzunehmen ist; Abs. 3 findet Anwendung, auch wenn die Vorschrift hier nicht genannt wird; das beruht offenbar auf einem Redaktionsversehen.[12] Daher können die Vertragsschließenden abweichende Vereinbarungen treffen. Sie können vereinbaren, dass das Rücktrittsrecht durch Testament ohne Ausschlagung möglich ist (vgl. die Ausführungen zum Rücktritt); sie können Abs. 2 S. 3 aber auch ganz ausschließen.[13] 5

IV. Auslegung

Im Falle der Nichtigkeit einer vertragsmäßigen Verfügung (Abs. 1) oder des Rücktritts von einer vertragsmäßigen Verfügung (Abs. 2 S. 1) gilt im Zweifel der gesamte Vertrag, also alle vertragsmäßigen Verfügungen, als aufgehoben, wenn nicht ein anderer Wille der Vertragsschließenden anzunehmen ist, Abs. 3. Ob ein anderer Wille anzunehmen ist, ist durch Auslegung zu ermitteln;[14] entscheidend ist, inwieweit die Verfügungen wechselbezüglich sind, mithin, inwieweit die Vertragsschließenden eine gegenseitige Abhängigkeit der Verfügungen gewollt haben. Zur Feststellung des Parteiwillens können auch Umstände berücksichtigt werden, die außerhalb des Erbvertrages liegen.[15] Ist ein abweichender Wille anzunehmen, dann bleiben die anderen vertragsmäßigen Verfügungen bestehen; nur für einseitige Verfügungen gilt § 2085 BGB. 6

C. Rechtsfolgen

§ 2298 BGB gilt nur für vertragsmäßige Verfügungen; nur diese gelten im Falle der Nichtigkeit einer vertragsmäßigen Verfügung (Abs. 1) oder des Rücktritts von einer vertragsmäßigen Verfügung (Abs. 2 S. 1) im Zweifel als aufgehoben; für einseitige Verfügungen gelten im Fall der Nichtigkeit aller vertragsmäßigen Verfügungen oder 7

---

9 Staudinger/*Raff*, § 2298 Rn 33; MüKo/*Musielak*, § 2298 Rn 6.
10 MüKo/*Musielak*, § 2298 Rn 6.
11 Grüneberg/*Weidlich*, § 2298 Rn 5; Staudinger/*Raff*, § 2298 Rn 17.
12 MüKo/*Musielak*, § 2298 Rn 7.
13 Grüneberg/*Weidlich*, § 2298 Rn 5.
14 OLG Hamm FamRZ 1994, 994.
15 Zur Auslegung eines gemeinschaftlichen Testaments vgl. OLG Schleswig-Holstein ZEV 2018, 717.

des Rücktritts von einzelnen vertragsmäßigen Verfügungen §§ 2085, 2299 Abs. 2 BGB. Nur beim Rücktritt oder der Aufhebung aller vertragsmäßigen Verfügungen gelten die einseitigen nach § 2299 Abs. 3 BGB im Zweifel als mit aufgehoben.

D. Verfahrensfragen

8 Die Beweislast für einen abweichenden Willen der Vertragsschließenden nach Abs. 3 trägt derjenige, der sich darauf beruft.[16]

§ 2299 Einseitige Verfügungen

(1) Jeder der Vertragschließenden kann in dem Erbvertrag einseitig jede Verfügung treffen, die durch Testament getroffen werden kann.
(2) [1]Für eine Verfügung dieser Art gilt das Gleiche, wie wenn sie durch Testament getroffen worden wäre. [2]Die Verfügung kann auch in einem Vertrag aufgehoben werden, durch den eine vertragsmäßige Verfügung aufgehoben wird.
(3) Wird der Erbvertrag durch Ausübung des Rücktrittsrechts oder durch Vertrag aufgehoben, so tritt die Verfügung außer Kraft, sofern nicht ein anderer Wille des Erblassers anzunehmen ist.

Übersicht: Rdn

A. Allgemeines

1 § 2299 BGB ist als Parallelvorschrift zu § 2278 BGB zu sehen; nach § 2278 BGB kann jeder Vertragsschließende vertragsmäßige, nach § 2299 BGB auch einseitige Verfügungen treffen. Nur Erbeinsetzungen, Vermächtnisse und Auflagen können Gegenstand einer vertragsmäßigen Verfügung sein; diese können aber auch, wie die übrigen Verfügungen, einseitig getroffen werden. Die Abgrenzung, ob eine vertragsmäßige oder einseitige Verfügung vorliegt, kann im Einzelfall schwierig sein (z.B. beim Änderungsvorbehalt). Sie ist aber erforderlich, denn der Erbvertrag zeichnet sich als echter Vertrag durch seine Bindungswirkung aus; diese kann aber nur Verfügungen erfassen, die auch vertragsmäßig getroffen worden ist. Die (vertragliche) Natur des Erbvertrages fordert daher mindestens eine vertragsmäßige Verfügung. Dagegen sind die einseitigen Verfügungen nur äußerlich Bestandteil des Erbvertrages; sie hätten ebenso auch durch ein Testament getroffen werden können, daher ist es auch sachgerecht, sie nach Testamentsrecht zu beurteilen; genau das macht § 2299 BGB deutlich.

B. Tatbestand

I. Einseitige Verfügungen

2 In einem Erbvertrag kann nicht nur der Erblasser, sondern auch der nur **annehmende** Vertragspartner einseitige Verfügungen treffen; einseitige Verfügungen sind auch bei

16 OLG Stuttgart OLGR 1998, 111.

Erbeinsetzungen, Vermächtnissen, Auflagen oder einer Rechtswahl möglich, die in einem Erbvertrag zwar vertragsmäßig getroffen werden können, aber nicht müssen, vgl. § 2278 Abs. 2 BGB.[1] Andere letztwillige Verfügungen, wie z.B. Teilungsanordnung[2] – soweit sie kein Vorausvermächtnis enthält[3] –, Erbausschließung, § 1938 BGB,[4] oder Ernennung eines Testamentsvollsteckers[5] können dagegen nur als einseitige Verfügungen getroffen werden. Auch eine Enterbung kann nicht in vertragsmäßiger Weise, sondern nur als einseitige Verfügung getroffen werden.[6]

II. Auslegung

3 Die Abgrenzung, ob eine vertragsmäßige oder einseitige Verfügung vorliegt, kann im Einzelfall schwierig sein; sie ist aber erforderlich, denn die (vertragliche) Natur des Erbvertrages fordert, dass **mindestens eine** vertragsmäßige Verfügung getroffen worden ist. Ist zweifelhaft, ob eine vertragsmäßige Verfügung vorliegt, ist zu prüfen, inwieweit eine vertragliche Bindung gewollt war.[7] Das Interesse des Vertragspartners an der Vertragsmäßigkeit und damit an der Bindungswirkung einer Verfügung ist dabei besonders zu berücksichtigen, §§ 133, 157 BGB.[8] Eine solche vertragliche Bindung ist daher anzunehmen, wenn der Vertragspartner selbst[9] – insbesondere bei Anerkennung für seine Dienste[10] – oder eine ihm nahestehende dritte Person bedacht wird.[11] Setzen die Ehegatten für den Fall des Todes des überlebenden Ehegatten ihre Kinder ein, wird eine vertragsmäßige Verfügung ebenfalls anzunehmen sein.[12] Anders dagegen, wenn Verwandte bedacht werden; eine Bindung an die Verfügung zugunsten der eigenen Verwandten ist i.d.R. abzulehnen.[13] Steht fest, dass es sich um eine einseitige Verfügung handelt, dann ist die Auslegung ausschließlich nach §§ 133, 2084 BGB, nicht nach § 157 BGB vorzunehmen.[14]

III. Anwendung des Testamentsrechts

4 Nach Abs. 2 S. 1 unterfallen die einseitigen Verfügungen dem Testamentsrecht. Daher muss der einseitig Verfügende auch testierfähig sein (§ 2229 BGB) und kann die einseitigen Verfügungen – auch wenn er beim Erbvertrag nur Annehmender ist – nur persönlich treffen, § 2064 BGB. Eine Vertretung ist nicht möglich; schon vor Aufhebung des § 2275 Abs. 2 und 3 BGB durch das Gesetz zur Bekämpfung von Kinderehen mit Wirkung zum 22.7.2017 war § 2275 BGB als besondere Bestimmungen für den Erbvertrag (und die dort getroffenen vertragsmäßigen Verfügungen) nicht anwendbar.[15]

---

1 Vgl. auch BayObLG FamRZ 1997, 911; OLG Hamm FamRZ 1996, 637.
2 BGH NJW 1982, 441, 442.
3 RG JW 1925, 359.
4 Für die Pflichtteilsentziehung siehe BGH FamRZ 1961, 437.
5 OLG Düsseldorf ZEV 1994, 302.
6 OLG München NJW-RR 2006, 82.
7 BayObLG FamRZ 1994, 196.
8 BayObLG Rpfleger 1993, 448, 449; BayObLG FamRZ 1989, 1353, 1354.
9 BGHZ 106, 359 = NJW 1989, 2885.
10 BayObLGZ 1982, 474.
11 BayObLG FamRZ 1997, 911.
12 OLG Saarbrücken NJW-RR 1994, 844.
13 BGH NJW 1961, 120.
14 Horn/Kroiß/*Horn*, Testamentsauslegung, § 7 Rn 4.
15 NK-BGB/*Horn*, § 2299 Rn 5.

IV. Nichtigkeit des Erbvertrages

5 Da die vertragsmäßigen Verfügungen zumindest rein äußerlich in einem Erbvertrag getroffen werden, sind sie zunächst nur wirksam, wenn auch der Erbvertrag wirksam ist.[16] Ist der Erbvertrag jedoch nichtig, z.B. wegen Formmangels, dann sind die einseitigen Verfügungen nicht automatisch unwirksam; sie sind auch nicht im Zweifel unwirksam, weil Abs. 3 die Nichtigkeit des Erbvertrages neben dem Rücktritt und der Aufhebung nicht erwähnt. Eine analoge Anwendung wäre nicht sachgerecht, denn nur beim Rücktritt oder der Aufhebung durch Vertrag möchten sich die Vertragsschließenden bewusst von dem „ganzen" Erbvertrag, und damit im Zweifel auch von den einseitigen Verfügungen, lösen; bei Nichtigkeit, insbesondere bei der anfänglichen Nichtigkeit, z.B. wegen Formmangels, wird ein solcher Wille der Vertragsschließenden dagegen nicht ohne weiteres anzunehmen sein.[17] Vielmehr ist ein **nichtiger Erbvertrag** als einseitiges oder auch gemeinschaftliches Testament aufrechtzuerhalten, wenn das dem Willen desjenigen, der die einseitige Verfügung getroffen hat, entspricht, § 140 BGB.[18] Eine **Umdeutung** in ein gemeinschaftliches Testament kommt aber nur dann in Betracht, wenn der Erbvertrag zwischen Ehegatten geschlossen worden ist. Ist das nicht der Fall und haben die Vertragsschließenden die einseitigen Verfügungen in ein Abhängigkeitsverhältnis – Wechselbezüglichkeit i.S.d. § 2270 BGB – stellen wollen, dann können die einseitigen Verfügungen dadurch aufrechterhalten werden, dass sie unter eine Bedingung gestellt werden.[19] Werden dagegen die vertragsmäßigen Verfügungen (nur) gegenstandslos, z.B. durch Vorableben des Bedachten, dann bleiben die einseitigen Verfügungen wirksam, weil ein wirksamer Erbvertrag vorliegt.[20] Sind nur einzelne vertragsmäßige Verfügungen unwirksam, gelten §§ 2085, 2299 Abs. 2 BGB.

V. Aufhebung der einseitigen Verfügungen

6 Für einseitige Verfügungen gilt gem. Abs. 2 S. 1 das Testamentsrecht; sie sind damit jederzeit frei widerruflich, §§ 2253, 2254, 2258 BGB; dagegen kommt eine Aufhebung nach § 2255 BGB (Widerruf durch Vernichtung) oder § 2256 BGB (Widerruf durch Rücknahme aus der amtlichen Verwahrung) nicht in Betracht. Die einseitigen Verfügungen können auch durch einen Vertrag aufgehoben werden, durch den eine vertragsmäßige Verfügung aufgehoben wird, §§ 2290, 2299 Abs. 2 S. 2 BGB.

VI. Rücktritt

7 Beim Rücktritt oder der Aufhebung durch Vertrag möchten sich die Vertragsschließenden bewusst von dem „ganzen" Erbvertrag, und damit im Zweifel auch von den einseitigen Verfügungen, lösen, Abs. 3. Diese Vermutung kann aber widerlegt werden, Abs. 3 a.E., die Vertragsschließenden können also **ausdrücklich** oder **stillschweigend** etwas anderes vereinbaren. Die Vermutung des Abs. 3 gilt aber nur, wenn der ganze Erbvertrag, also alle vertragsmäßigen Verfügungen, aufgehoben worden sind. Sind nur einzelne vertragsmäßige Verfügungen aufgehoben worden, so gelten §§ 2085, 2299 Abs. 2 BGB.

C. Rechtsfolgen

8 Für einseitige Verfügungen gilt gem. Abs. 2 S. 1 das Testamentsrecht; sie sind damit jederzeit frei widerruflich. Sie können auch durch einen Vertrag aufgehoben werden, durch den eine vertragsmäßige Verfügung aufgehoben wird, §§ 2290, 2299 Abs. 2 S. 2

16 MüKo/*Musielak*, § 2299 Rn 3.
17 So auch Staudinger/*Raff*, § 2299 Rn 18 ff.
18 Staudinger/*Raff*, § 2299 Rn 5; MüKo/*Musielak*, § 2299 Rn 3.
19 Staudinger/*Raff*, § 2299 Rn 5.
20 Staudinger/*Raff*, § 2299 Rn 8.

BGB. Werden vertragsmäßige Verfügungen aufgehoben, so ist hinsichtlich der Wirksamkeit der einseitigen Verfügungen zu unterscheiden: Im Fall der Nichtigkeit aller vertragsmäßigen Verfügungen oder der Aufhebung von einzelnen vertragsmäßigen Verfügungen gelten §§ 2085, 2299 Abs. 2 BGB. Nur beim Rücktritt oder der Aufhebung aller vertragsmäßigen Verfügungen gelten die einseitigen nach Abs. 3 im Zweifel als mit aufgehoben.

D. Verfahrensfragen

Die Beweislast für einen abweichenden Willen der Vertragsschließenden nach Abs. 3 trägt derjenige, der sich darauf beruft. 9

§ 2300 Anwendung der §§ 2259 und 2263; Rücknahme aus der amtlichen oder notariellen Verwahrung

(1) Die §§ 2259 und 2263 sind auf den Erbvertrag entsprechend anzuwenden.
(2) [1]Ein Erbvertrag, der nur Verfügungen von Todes wegen enthält, kann aus der amtlichen oder notariellen Verwahrung zurückgenommen und den Vertragsschließenden zurückgegeben werden. [2]Die Rückgabe kann nur an alle Vertragsschließenden gemeinschaftlich erfolgen; § 2290 Absatz 1 Satz 2 und Absatz 2 gilt entsprechend. [3]Wird ein Erbvertrag nach den Sätzen 1 und 2 zurückgenommen, gilt § 2256 Abs. 1 entsprechend.

Literatur

Keim, Die Aufhebung von Erbverträgen durch Rücknahme aus amtlicher oder notarieller Verwahrung, ZEV 2003, 55; *Kroiß*, Die Verwahrung letztwilliger Verfügungen in der nachlassgerichtlichen und notariellen Praxis, ZErb 2023, 281.

Übersicht:

A. Allgemeines

Für die amtliche Verwahrung und die Eröffnung eines Erbvertrages erklärt § 2300 BGB die Vorschriften des Testamentsrechts für anwendbar. § 2300 BGB wird ergänzt durch § 34 BeurkG. Nach § 34 Abs. 1 S. 4, Abs. 2 BeurkG hat der Notar zu veranlassen, dass der Erbvertrag unverzüglich in **besondere amtliche Verwahrung** gebracht wird; die Zuständigkeit und das Verfahren regeln die §§ 342 Abs. 1 Nr. 1, 344 Abs. 1–3 FamFG. Die Parteien können jedoch die besondere amtliche Verwahrung ausschließen; ein solcher Ausschluss wird bei Verbindung des Erbvertrages mit einem anderen Vertrag in derselben Urkunde vermutet. Ist die besondere amtliche Verwahrung ausgeschlossen, dann bleibt die Urkunde in Verwahrung des Notars, § 34 Abs. 3 BeurkG. Die Bestimmungen sollen gewährleisten, dass der abgeschlossene Erbvertrag auch zur Wirkung gelangt. 1

B. Tatbestand

I. Ablieferungspflicht

Nach § 34 Abs. 1 S. 4, Abs. 2 BeurkG hat der Notar zu veranlassen, dass der Erbvertrag unverzüglich in besondere amtliche Verwahrung gebracht wird. Die Vertragsschließen- 2 den können die besondere **amtliche Verwahrung** auch **ausschließen** (§ 34 Abs. 3 BeurkG), es reicht aber nicht, wenn nur ein Vertragsschließender dieser widerspricht.[1] Ist der Erbvertrag mit einem anderen Vertrag in einer Urkunde verbunden, dann wird der Ausschluss vermutet (§ 34 Abs. 2 Hs. 2 BeurkG). Ein innerer Zusammenhang ist nicht erforderlich; der Ausschluss wird auch bei der Verbindung des Erbvertrages mit dem **Ehevertrag** vermutet. Haben die Vertragsschließenden die besondere amtliche Verwahrung ausgeschlossen, verbleibt die Urkunde beim Notar, § 34 Abs. 3 BeurkG. Nach Eintritt des Erbfalls wird sie dem Nachlassgericht übergeben, in dessen Verwahrung sie verbleibt, § 34 Abs. 3 S. 2 BeurkG, §§ 2259, 2300 BGB, § 20 Abs. 5 S. 1 DONot. Diese Ablieferungspflicht besteht nicht nur für wirksame Erbverträge, sondern für alle, auch wenn sie gegenstandlos geworden sind.[2] Sie gilt auch für Privatpersonen (§ 2259 Abs. 1 BGB) und Behörden (§ 2259 Abs. 2 BGB), wenn sie einen Erbvertrag in Besitz oder in Verwahrung haben.

II. Eröffnung und Verkündung

3 Für die Eröffnung eines Erbvertrages erklärt § 2300 BGB die Vorschriften des Testamentsrechts, §§ 2259 und 2263 BGB, für anwendbar. Nach § 348 FamFG erfolgt die **Eröffnung** des **Erbvertrages** durch das Nachlassgericht, nach § 344 Abs. 6 FamFG ausnahmsweise durch das Verwahrungsgericht. Eröffnet werden alle Verträge, auch die aufgehobenen.[3] Der Verstorbene muss Erblasser gewesen sein, d.h. er muss vertragsmäßig verfügt haben. Ist das zweifelhaft, so ist der Erbvertrag dennoch zu eröffnen, wobei sich die Verkündung – sollte er doch nur Annehmender gewesen sein – auf diese Tatsache beschränkt.[4] Hat der Verstorbene vertragsmäßig verfügt, dann sind alle Verfügungen zu verkünden, auch wenn sie gegenstandslos geworden sind oder nur für den Fall seines Überlebens getroffen worden sind.[5] Die Verfügungen des Überlebenden sind dagegen, wenn sie trennbar sind, nicht **mitzuverkünden**, § 349 Abs. 1, Abs. 4 FamFG. Befand sich der Erbvertrag in besonderer amtlicher Verwahrung, dann ist von den Verfügungen des Verstorbenen eine beglaubigte Abschrift zu fertigen, der Erbvertrag ist wieder zu verschließen und in die besondere amtliche Verwahrung – des örtlich zuständigen Nachlassgerichts – zurückzubringen, § 349 Abs. 2 FamFG. Betreffen die Verfügungen nur den ersten Erbfall, dann muss der Erbvertrag nicht wieder verschlossen werden; er bleibt vielmehr offen bei den Akten des Nachlassgerichts, vgl. § 349 Abs. 3 FamFG. Das Gleiche gilt, wenn die besondere amtliche Verwahrung ausgeschlossen worden ist, wobei der Ehegatte nun die besondere amtliche Verwahrung beantragen kann.[6] Da hierbei die Gefahr besteht, dass versehentlich auch die Verfügungen des Überlebenden bekannt gemacht werden – durch Ausübung des Einsichtsrechts – kann die besondere amtliche Verwahrung jedoch auch nachträglich noch beantragt werden.[7] Beim zweiten Erbfall ist der Erbvertrag erneut zu eröffnen; er ist wieder zu verschließen, wenn Verfügungen für einen weiteren Erbfall getroffen worden sind (mehrseitiger Erbvertrag) – im Übrigen wird er offen zu den Akten des Nachlassgerichts genommen.[8] Ist der Erbvertrag durch den ersten Erbfall gegenstandslos geworden, so ist er dennoch zu eröffnen.[9]

---

1 BeckOK BGB/*Litzenburger*, § 2300 Rn 2.
2 Zum Testament vgl. BayObLG FamRZ 1988, 658.
3 BayObLG NJW-RR 1990, 135 = FamRZ 1990, 215.
4 BGH NJW-RR 1990, 135 m. Verw. auf BGHZ 91, 105 bezogen auf § 2260 BGB.
5 BGHZ 91, 105, 108 = NJW 1984, 2098 = FamRZ 1984, 690.
6 Burandt/Rojahn/*Burandt*, § 2300 Rn 3.
7 AG/LG Altona KGJ 24, B 5, B 11.
8 KG Berlin MDR 1977, 229 = Rpfleger 1977, 24.
9 RG JW 1934, 2999.

III. Einsichtsrecht

Das Einsichtsrecht in den eröffneten Erbvertrag richtet sich nach § 13 FamFG. Das Einsichtsrecht in die beglaubigte Abschrift, die nach dem ersten Erbfall erstellt wird und beim Notar verbleibt,[10] ergibt sich aus § 51 BeurkG. 4

IV. Rücknahme aus der Verwahrung

Mit der Rücknahme gilt der Erbvertrag als aufgehoben.[11] Voraussetzung der Rücknahme ist daher, dass der Erbvertrag nur Verfügungen von Todes wegen und keine anderen Erklärungen wie ein Rechtsgeschäft unter Lebenden oder Pflichtteilsverzicht enthält. Enthält ein zurückgenommener Erbvertrag den Widerruf früherer Verfügungen von Todes wegen, dann werden diese im Zweifel wieder wirksam.[12] Die Rückgabe kann nur an alle Vertragsparteien erfolgen und erstreckt sich auch auf Ausfertigungen, beglaubigte Abschriften oder einfache Abschriften.[13] Sie ist ein höchstpersönliches Recht (vgl. die Verweisung auf § 2290 BGB), die Vertretung des Erblassers daher ausgeschlossen. Folglich kann auch, wenn ein Vertragspartner, der Verfügungen von Todes wegen getroffen hat, geschäftsunfähig geworden ist, der Erbvertrag nicht aus der Verwahrung zurückgenommen werden. Der bloß annehmende Vertragspartner kann sich dagegen vertreten lassen. Die amtliche Verwahrung kann nach § 34 Abs. 3 BeurkG ausgeschlossen werden. 5

§ 2300a (weggefallen)

§ 2301 Schenkungsversprechen von Todes wegen

(1) [1]Auf ein Schenkungsversprechen, welches unter der Bedingung erteilt wird, dass der Beschenkte den Schenker überlebt, finden die Vorschriften über Verfügungen von Todes wegen Anwendung. [2]Das Gleiche gilt für ein schenkweise unter dieser Bedingung erteiltes Schuldversprechen oder Schuldanerkenntnis der in den §§ 780, 781 bezeichneten Art.
(2) Vollzieht der Schenker die Schenkung durch Leistung des zugewendeten Gegenstands, so finden die Vorschriften über Schenkungen unter Lebenden Anwendung.

Literatur

Lautner, Besondere Nachfolgeregelungen in der GmbH-Satzung, DNotZ 2003, 718; *Mayer*, Der Abfindungssausschluss im Gesellschaftsrecht: pflichtteilsfester Vermögenstransfer am Nachlass vorbei?, ZEV 2003, 355; *ders.*, Ausgewählte erbrechtliche Fragen des Vertrages zugunsten Dritter, DNotZ 2000, 905; *Meyer*, Die Schenkung von Todes wegen: Probleme de lege lata und Plädoyer für eine rein schuldrechtliche Lösung de lege ferenda, ZEV 2017,682; *Reimann*, Die qualifizierte Nachfolgeklausel – Gestaltungsmittel und Störfaktor, ZEV 2002, 487; Stein, Die Schenkung auf den Todesfall (§2301 BGB), DNotZ 2023, 247; *Vollkommer*, Erbrechtliche Gestaltung des Valutaverhältnisses beim Vertrag zugunsten Dritter auf den Todesfall?, ZEV 2000, 10.

10 § 34 Abs. 3 S. 2 BeurkG.
11 MüKo/*Musielak*, § 2300 Rn 6.
12 Staudinger/*Raff*, § 2300 Rn 19.
13 Staudinger/*Raff*, § 2300 Rn 15.

Übersicht: Rdn

A. Allgemeines

1 Gegenstand des § 2301 BGB ist ein **Schenkungsversprechen**, das unter der Bedingung erteilt wird, dass der Beschenkte den Schenker überlebt. Ist die Schenkung noch nicht vollzogen, hat das Schenkungsversprechen die Wirkung einer Verfügung von Todes wegen und wird daher den erbrechtlichen Vorschriften unterstellt, Abs. 1: Der Schenker hat sich nur bedingt und nicht endgültig verpflichtet, die Erfüllung steht ebenfalls noch aus. Dadurch soll vermieden werden, dass erbrechtliche (Form-)Vorschriften umgangen werden. Da die Schenkung vertragsrechtlicher Natur ist, kommt in erster Linie die Anwendung der Vorschriften für vertragsmäßige Verfügungen in einem Erbvertrag, §§ 2274 ff. BGB,[1] oder – wenn die Vertragsparteien Ehegatten sind – der Vorschriften für das gemeinschaftliche Testament in Betracht. Wurde die Schenkung dagegen bereits zu Lebzeiten des Schenkers vollzogen, dann ist es sachgerechter, die Vorschriften für die Schenkung unter Lebenden anzuwenden. Entscheidend für die Beurteilung ist daher, ob die Schenkung zum Zeitpunkt des Todes des Schenkers vollzogen worden ist oder nicht. Der Regelungsbereich des § 2301 BGB ist abzugrenzen von Verträgen, die stets als Rechtsgeschäft unter Lebenden behandelt werden; das sind zum einen die erst mit dem Tod wirkenden, aber bereits vollzogenen Schenkungen und zum anderen Verträge zugunsten Dritter auf den Todesfall, §§ 330, 331 BGB.

B. Tatbestand

I. Schenkungsversprechen

1. Entgeltliche Verträge

2 § 2301 BGB setzt ein Schenkungsversprechen oder – diesem gleichgestellt – ein selbstständiges Schuldversprechen bzw. Schuldanerkenntnis voraus; die Vorschrift ist daher auf **entgeltliche Verträge** nicht anwendbar,[2] so z.B. wenn der Schenker dem Beschenkten für seine geleisteten Dienste nach seinem Tod Geld verspricht. In diesem und in anderen vergleichbaren Fällen wird regelmäßig ein formloser Dienstvertrag anzunehmen sein.[3] Eine entgeltliche „Zuwendung" liegt auch vor, wenn ein Gesellschaftsanteil einem Gesellschafter zuwachsen soll, dieser aber den Erben den Wert des Anteils zu erstatten hat,[4] oder auch ohne Abfindungszahlung, wenn bereits zu Lebzeiten Rechte und Pflichten erzeugt werden.[5] Obwohl § 2301 BGB von „Schenkungsversprechen" spricht, ist nach Sinn und Zweck der Vorschrift der Schenkungsvertrag i.S.d. §§ 516 ff. BGB gemeint, so dass § 2301 BGB auf einseitige Versprechen nicht anwendbar ist.[6]

1 Staudinger/*Raff*, § 2301 Rn 3, Rn 7; a.A. MüKo/*Musielak*, § 2301 Rn 13.
2 BGHZ 8, 23.
3 RG JW 1920, 139.
4 BGH NJW 1959, 1433 = MDR 1959, 657.
5 BGHZ 22, 186.
6 Grüneberg/*Weidlich*, § 2301 Rn 4; Staudinger/*Raff*, § 2301 Rn 14 ff.; a.A. MüKo/*Musielak*, § 2301 Rn 5.

Da eine „einseitige Schenkung" von Todes wegen bei Einhaltung der Testamentsform in ein Testament umgedeutet werden kann (§§ 133, 140, 2084 BGB), kommt man letztlich zum selben Ergebnis.[7]

2. Nichtvollzogene Schenkungen

Ist die **Schenkung noch nicht vollzogen**, dann erklärt § 2301 BGB die erbrechtlichen Vorschriften für anwendbar. Da es sich bei der Schenkung um einen Vertrag handelt, kommen als erbrechtliche Vorschriften in erster Linie die erbvertraglichen (§§ 2274 ff. BGB),[8] bei Ehegatten auch die Vorschriften über das gemeinschaftliche Testament in Betracht. Die Anwendung erbrechtlicher Vorschriften hat folgende Konsequenz: Wird ein Grundstück verschenkt, wird der Beschenkte aber erst nach dem Tod des Schenkers Eigentümer (zum Vollzug der Schenkung vgl. die Ausführungen dort), dann ist die Schenkung unwirksam, weil durch die Eigentumsumschreibung zwar der Formmangel des § 311b Abs. 1 S. 1 BGB nach § 311b Abs. 1 S. 2 BGB geheilt wird, nicht aber der Formmangel nach §§ 2267, 2301 BGB.[9] **Handschenkungen**, d.h. Schenkungen, die sofort vollzogen werden, fallen grundsätzlich nicht unter den Begriff des „Schenkungsversprechens" und damit nicht in den Anwendungsbereich des § 2301 BGB. 3

II. Überlebensbedingung

Die Schenkung bzw. das selbstständige Schuldversprechen oder **Schuldanerkenntnis** müssen unter der Bedingung erteilt worden sein, dass der Beschenkte den Schenker überlebt; die Bedingung kann eine aufschiebende oder auch eine auflösende – nämlich dass der Beschenkte vorverstirbt – sein. Hat der Schenker ein unbedingtes Schenkungsversprechen abgegeben oder hat er die Schenkung unter einer anderen Bedingung erteilt, dann ist der Anwendungsbereich des § 2301 BGB nicht eröffnet. Entscheidend ist, dass das Schenkungsversprechen – nicht die Erfüllung – bedingt ist; das bedeutet, dass bei einem unbedingten Schenkungsversprechen, bei dem nur die **Erfüllung** bis zum Tod des Schenkers hinausgeschoben werden soll, § 2301 BGB keine Anwendung findet,[10] z.B. wenn unter Lebenden eine Geldsumme zugewendet wird, die dem Bedachten beim Tod des Schenkers entgeltlich zufallen soll. Für ein unbedingtes Schenkungsversprechen kommt es daher darauf an, ob bereits zu Lebzeiten Rechte und Pflichten begründet werden sollten (auch wenn sie erst mit dem Tod eines Beteiligten wirksam werden sollten).[11] Der **Widerrufsvorbehalt** als solcher steht der Annahme als (unbedingte) Schenkung unter Lebenden jedoch nicht entgegen.[12] Erfolgt die Schenkung unter der Bedingung, dass beide – Schenker und Beschenkter – gleichzeitig versterben, ist § 2301 BGB nicht anwendbar. 4

In der Praxis wird die Schenkung nur ausnahmsweise ausdrücklich unter diese Bedingung gestellt werden; sie wird sich in den meisten Fällen aus den Umständen, insbesondere der Interessenlage, ergeben.[13] Soll die Schenkung auf die Erben des Beschenkten übergehen, dann liegt eine unbedingte Schenkung vor; kommt der Person des Beschenkten entscheidende Bedeutung zu, dann kann eine Übertragung auf Erben im Zweifel nicht gewollt sein, so dass eine bedingte Schenkung anzunehmen ist.[14] Rechnet der Schenker mit seinem Tod oder erfolgt die Zuwendung an seine juristische Person 5

7 So auch MüKo/*Musielak*, § 2301 Rn 5.
8 LG Aachen NJW-Spezial 2013, 552.
9 BGHZ 87, 19.
10 BGHZ 99, 97 = NJW 1987, 840.
11 BGHZ 8, 23.
12 Staudinger/*Raff*, § 2301 Rn 35.
13 BGH FamRZ 1988, 945 = NJW 1988, 2731.
14 Staudinger/*Raff*, § 2301 Rn 33.

(vgl. hierzu die Ausführungen zum „Bonifatius-Fall", Rdn 7), dann wird man dem Willen des Schenkers nur mit der Annahme einer unbedingten Schenkung gerecht;[15] insbesondere bedeutet die Angabe eines Beweggrundes, z.B. baldiges Versterben, nicht die Aufstellung einer Bedingung.[16] In diesen Fällen tritt aber die Umgehung der erbvertraglichen Vorschriften besonders deutlich zu Tage, so dass auch dieser Aspekt zu berücksichtigen ist und nicht verdrängt werden darf.[17] Beide Aspekte sind in Einklang zu bringen.[18] Ob nun eine letztwillige Verfügung oder ein Rechtsgeschäft unter Lebenden vorliegt, ist in den Fällen entscheidend, in denen die Schenkung **nach** dem **Tod** des Schenkers **vollzogen** wird; denn durch den Vollzug der Schenkung tritt zwar eine Heilung nach § 518 Abs. 2 BGB, nicht aber nach § 2301 Abs. 2 BGB ein.[19] Bestehen Zweifel darüber, ob die Zuwendung im Wege einer letztwilligen Verfügung oder als Rechtsgeschäft unter Lebenden erfolgen solle, dann ist § 2084 BGB analog heranzuziehen; das bedeutet, dass im Zweifel diejenige Rechtsform anzunehmen ist, bei der die Zuwendung wirksam ist.[20]

III. Vollzug

6 Wurde die Schenkung bereits zu Lebzeiten des Schenkers vollzogen, dann ist es sachgerechter, die Vorschriften für die Schenkung unter Lebenden anzuwenden, Abs. 2. Eine **vollzogene Schenkung** unterliegt daher §§ 516 ff. BGB, kann daher auch nur nach §§ 530 ff. BGB widerrufen werden.[21] Für die Frage, ob die Schenkung vollzogen ist oder nicht, ist entscheidend, ob der Beschenkte mit dem Tod des Schenkers die geschenkte Rechtsposition erhalten hat,[22] mithin der Schenker alles Erforderliche getan hat, was ohne sein weiteres Zutun zur Erlangung der entsprechenden Rechtsposition führt.[23] Die Erlangung eines Anwartschaftsrechts reicht hierfür schon aus, weil es das Vermögen des Beschenkten mehrt, das des Erblassers zu seinen Lebzeiten mindert.[24] So liegt bei Grundstücken der Vollzug der Schenkung vor, wenn die Auflassung erklärt ist und der Erbwerber einen Umschreibungsantrag gestellt hat,[25] bei einer Auflassungsvormerkung – da die **Auflassungsvormerkung** kein Bestandteil des für die Rechtsübertragung erforderlichen Verfügungsgeschäfts ist – dagegen nur, wenn der Schenker sich zugleich verpflichtet hat, eine anderweitige Verfügung zu unterlassen.[26] Bei beweglichen Sachen ist eine (bedingte) Übereignung und Übergabe bzw. Übergabesurrogat gem. §§ 929 ff. BGB erforderlich, wobei die vollzogene Schenkung, die unter der (aufschiebenden) Bedingung erfolgt, dass der Beschenkte den Schenker überlebt, ebenso unter Abs. 2 fällt[27] wie die Schenkung unter einer (auflösenden) Bedingung, bei der beim Eintritt der auflösenden Bedingung das Zugewendete an den Schenker fällt, § 158 Abs. 2 BGB. Der Vorbehalt eines Widerrufs, der mit dem Tod des Schenkers erlischt, steht der Anwendbarkeit des Abs. 2 ebenfalls nicht entgegen.

---

15 Staudinger/*Raff*, § 2301 Rn 38.
16 Vgl. BayObLGZ, 5, 466.
17 BGHZ 99, 97 = NJW 1987, 840.
18 BGH FamRZ 1988, 945 = NJW 1988, 2731, 2732; Bedenken hiergegen äußert MüKo/*Musielak*, § 2301 Rn 9.
19 BGHZ 99, 97 = NJW 1987, 840.
20 BGH FamRZ 1985, 693, 695 = NJW 1986, 113.
21 OLG München WM 1973, 1252.
22 Vgl. BGHZ 87, 19, 26 = NJW 1983, 1487.
23 OLG Düsseldorf NJW-RR 1997, 199 = FamRZ 1997, 61.
24 BGHZ 191, 354; vorangehend OLG Frankfurt, Urt. v. 13.11.2008 – 1 U 127/07, n.v.
25 BGHZ 106, 108 = NJW 1989, 1093.
26 OLG Hamm NJW-RR 2000, 1389; vgl. zum Unterlassungsverfügungsvertrag § 2286 BGB.
27 NK-BGB/*Müßig*, § 2301 Rn 26.

Auch bei Forderungen genügt, dass diese bedingt abgetreten[28] oder erlassen[29] werden: Verspricht der Schenker einen **schenkungsweisen Erlass** auf den Todesfall, dann handelt es sich hierbei um ein Befreiungsvermächtnis, das erst dadurch vollzogen wird, dass der Erbe mit dem Bedachten einen Erlassvertrag schließt; der Erblasser kann daher zu Lebzeiten noch frei über die Forderung verfügen, vgl. § 2286 BGB. Der Schenker kann aber auch das Schenkungsversprechen durch einen aufschiebend bedingten Erlass erfüllen.

Einzelfälle: Der Vollzug einer Verfügung von Todes wegen ist **anzunehmen** bei Errichtung eines Sparkontos auf den Namen des Bedachten (Kontoinhaber) und Einzahlung auf dieses Konto,[30] bei Einrichtung eines Oder-Kontos, bei dem eine Mitverfügungsbefugnis eingeräumt wird, die im Zeitpunkt des Todes auf den Überlebenden als Alleinberechtigten übergehen soll,[31] Schuldenerlass auch unter Vorbehalt des Zinsgenusses auf Lebenszeit.[32] Den Vollzug abgelehnt hat das RG im **„Bonifatius-Fall"**,[33] bei dem Wertpapiere an einem Boten übergeben worden sind und der Bote diese dem Beschenkten erst nach dem Tod des Schenkers übergeben hat, weil es im Zeitpunkt der Übereignung des Willens der Erben zur Übereignung bedurft hätte und diese den Willen nicht gehabt hätten. Diese Lösung wurde dem Willen des Schenkers nicht gerecht, denn Beschenkter war ein Verein, so dass im Zweifel anzunehmen war, dass die Schenkung nicht unter der Bedingung des Überlebens des Beschenkten erfolgte; demnach war eine Heilung durch Vollzug der Schenkung auch noch nach dem Tod des Schenkers gem. § 516 Abs. 2 BGB möglich. **Beauftragt** der Erblasser einen Dritten damit, nach seinem Tod das Erfüllungsgeschäft vorzunehmen, dann ist ein Vollzug abzulehnen, selbst wenn der Erblasser den Auftragnehmer unwiderruflich bevollmächtigt hat (postmortale Vollmacht).[34] Das wird bei Übergabe an einen Treuhänder anders zu beurteilen sein, da das Zugewendete bereits vor dem Tod aus dem Vermögen des Schenkers ausscheidet und dem Beschenkten i.d.R. ein Anspruch gegen den Treuhänder zustehen wird; ein solcher Anspruch kann sich entweder aus §§ 328, 331 BGB ergeben oder daraus, dass der Schenker seinen Anspruch gegen den Treuhänder – aufschiebend bedingt durch seinen Tod – an den Beschenkten abgetreten hat.[35] Zu beachten ist in diesen Fällen jedoch stets die Regelung der **§§ 130 Abs. 2, 153 BGB**, wonach ein Vollzug auch dann zu bejahen ist, wenn der Beschenkte zum Zeitpunkt des Todes des Schenkers noch keine Rechtsposition erwerben konnte, weil zwischen der Abgabe und Annahme der Willenserklärung zufällig der Tod des Schenkers eingetreten ist; entscheidend ist, dass der Tod „zufällig" eingetreten ist. Hat der Schenker den Zugang der entsprechenden Willenserklärung absichtlich bis nach dem Tod hinausgezögert, dann finden §§ 130 Abs. 2, 153 BGB keine Anwendung.[36] Dadurch würde nämlich eine Abgrenzung, wann ein Rechtsgeschäft unter Lebenden und wann eine Verfügung von Todes wegen vorliegt, anhand des „Vollzugs" unmöglich. 7

28 OLG Köln 2007, 483.
29 OLG Karlsruhe NJW-RR 1989, 367, 368 = FamRZ 1989, 322.
30 BGH FamRZ 1994, 625.
31 BGH FamRZ 1986, 982.
32 RGZ 53, 296.
33 RGZ 83, 223.
34 BGHZ 87, 19, 26 = NJW 1983, 1487.
35 Grüneberg/*Weidlich*, § 2301 Rn 14; aA Staudinger/*Kanzleiter*, § 2301 Rn 93.
36 OLG Düsseldorf NJW-RR 1997, 199 = FamRZ 1997, 61.

IV. Vertrag zugunsten Dritter

8 Der Vertrag zugunsten Dritter (§§ 328, 331 BGB) ist stets ein Rechtsgeschäft unter Lebenden.[37] Dabei schließen zwei Parteien, der Versprechende (z.B. Bank, Versicherung) und der Versprechungsempfänger (z.B. Schenker), einen Vertrag, in dem sie vereinbaren, dass ein Dritter nach dem Tod des Versprechungsempfängers (z.B. Schenkers) einen eigenen Anspruch auf eine Leistung gegen den Versprechenden (z.B. Bank, Versicherung) erhalten soll. Dieses Vertragsverhältnis zwischen dem Versprechenden (z.B. Bank, Versicherung) und dem Versprechungsempfänger (z.B. Schenker) ist das **Deckungsverhältnis**; dieses unterliegt schuldrechtlichen Vorschriften.[38] Entscheidend ist, dass der Dritte die Leistung unmittelbar von dem Versprechenden (z.B. Bank, Versicherung) – aufgrund des Vertrages – erhält und nicht aus dem Nachlass. Allerdings kann der Dritte die Leistung nur dann behalten, wenn zwischen ihm und dem Versprechungsempfänger (z.B. Schenker) ein Vertragsverhältnis besteht, das Grundlage der Zuwendung ist (Valutaverhältnis); andernfalls besteht kein Rechtsgrund für die Leistung des Versprechungsempfänger (z.B. Schenker) an den Dritten, so dass die Erben Herausgabe nach § 812 BGB verlangen können.[39] Das **Valutaverhältnis** wird i.d.R. eine Schenkung sein; es ist aber auch möglich, dass die Zuwendung Entgelt aus einem Dienstvertrag ist.[40] Bei der Schenkung ist zu beachten, dass diese eigentlich nach § 518 Abs. 1 BGB formbedürftig ist. Nach § 518 Abs. 2 BGB tritt jedoch im Zeitpunkt des Todes des Versprechungsempfängers (z.B. Schenkers) Heilung nach § 518 Abs. 2 BGB ein, weil mit dem Entstehen des Anspruchs des Dritten gegen den Versprechenden (z.B. Bank, Versicherung) die Schenkung vollzogen wird. Die Erben können die Schenkung nicht verhindern.[41] Daher bedarf die Schenkung praktisch keiner Form, selbst wenn sie unter der Überlebensbedingung des bedachten Dritten vorgenommen wird.[42] Besteht kein Valutaverhältnis, z.B. in Form eines Schenkungsvertrages, kann ein entsprechendes Angebot auf Abschluss eines Schenkungsvertrages nach dem Tod des Erblassers durch einen Beauftragten abgegeben werden; hierbei besteht jedoch die Gefahr, dass die Erben das Angebot vor Zugang widerrufen können (vgl. § 130 Abs. 1 S. 2 BGB); anschließend können sie – da kein Rechtsgrund für die Zuwendung besteht – nach § 812 BGB Herausgabe verlangen. Das Widerrufsrecht steht den Erben nach § 1922 BGB zu,[43] wenn es nicht ausgeschlossen worden ist, wobei es nicht möglich ist, das Widerrufsrecht für den Versprechungsempfänger (z.B. Schenker) bestehen zu lassen und für die Erben – ohne Zustimmung oder letztwillige Verfügung – auszuschließen (§§ 166, 180 VVG).[44] **Gegenstand eines Vertrages zugunsten Dritter** werden i.d.R. Versicherungsverträge sein;[45] möglich sind aber auch andere Geschäfte: So kann der Inhaber eines Wertpapierdepots mit der Bank vereinbaren, dass mit seinem Tod ein Anspruch des Dritten gegen die Bank auf Übertragung der Wertpapiere entstehen soll;[46] zulässig ist auch ein formloses Versprechen der Bank,

37 Vgl. BGH NJW 1984, 480; BGH NJW 1987, 3131.
38 BGH NJW 1984, 4.
39 OLG Düsseldorf OLGR 1994, 72.
40 BGH NJW 1975, 1360 = MDR 1975, 742.
41 OLG Düsseldorf NJW-RR 1996, 1329.
42 BGH NJW 1993, 2171 = FamRZ 1993, 1059; OLG Köln NJW-RR 1995, 1224 = FamRZ 1996, 380.
43 BGH NJW 1975, 382 = MDR 1975, 301.
44 OLG Celle WM 1993, 591.
45 RG RGZ 128, 189.
46 BGHZ 41, 95.

durch das sie sich verpflichtet, einen bestimmten Betrag an den Dritten im Falle des Todes des Zuwendenden zu zahlen.[47]

C. Rechtsfolgen

Wird die Schenkung nicht vollzogen, sind die erbrechtlichen, insbesondere die erbvertragsrechtlichen Vorschriften anwendbar. Möchte sich der Schenker von seinem, Schenkungsversprechen lösen, dann sind nicht die Vorschriften über den Widerruf, §§ 530 ff. BGB, sondern die Vorschriften über die Aufhebung des Erbvertrages, §§ 2290 ff. BGB, anzuwenden. 9

§ 2302 Unbeschränkbare Testierfreiheit

Ein Vertrag, durch den sich jemand verpflichtet, eine Verfügung von Todes wegen zu errichten oder nicht zu errichten, aufzuheben oder nicht aufzuheben, ist nichtig.

Literatur

Bäßler, Familiengerichtliche (Scheidungs-/Scheidungsfolgen-)Vergleiche und § 2302 BGB, ZErb 2017, 243; *Leitzen*, Teilnichtigkeit von Poolvereinbarungen bei Beschränkung der Testierfreiheit, ZEV 2010, 401.

Übersicht: Rdn

A. Allgemeines

Ein Vertrag über den Nachlass eines noch lebenden Dritten (§ 311b Abs. 4 BGB) oder die Übertragung eines künftigen Vermögens (§ 311b Abs. 2 BGB) ist nichtig, ebenso, wenn sich jemand verpflichtet, eine Verfügung von Todes wegen zu errichten oder nicht zu errichten, aufzuheben oder nicht aufzuheben, § 2302 BGB. § 2302 BGB verbietet schuldrechtliche Verträge, durch die sich der Erblasser erbrechtlich bindet und dadurch in seiner Testierfreiheit eingeschränkt wird. Eine erbrechtliche Bindung besteht nur beim Erbvertrag (§ 2289 Abs. 1 S. 2 BGB) und beim gemeinschaftlichen Testament (§ 2271 Abs. 2 S. 1 BGB); die Regelungen hierzu, z.B. die besonderen Formvorschriften, sollen nicht umgangen werden. 1

B. Tatbestand

I. Nichtiger Vertragsinhalt

Zunächst einmal sind die (schuldrechtlichen) Verträge nichtig, die den in § 2302 BGB genannten Inhalt haben. Da aber § 2302 BGB generell Verträge verbieten will, durch die sich der Erblasser unter **Umgehung** der Vorschriften zum Erbvertrag oder gemeinschaftlichen Testament erbrechtlich bindet, sind auch Verträge nichtig, durch die sich der Erblasser verpflichtet, eine letztwillige Verfügung in einer bestimmten Form oder mit einem bestimmten Inhalt zu treffen,[1] auch eine Verfügung von Todes wegen nicht 2

47 RGZ 88, 137.

1 Grüneberg/*Weidlich*, § 2302 Rn 1.

zu ändern,[2] ebenso auf das Aufhebungsrecht (§§ 2290 ff. BGB) oder den Rücktritt (§§ 2294 ff. BGB) zu verzichten.[3] Unzulässig sind aber nicht nur schuldrechtliche Verträge, sondern auch einseitige Verpflichtungen des Erblassers,[4] ebenso wie erbrechtliche Verfügungen, z.B. Auflagen, wenn sie geeignet sind, die Testierfreiheit des Erblassers einzuschränken: So ist eine Auflage, die den Beschwerten verpflichtet, eine bestimmte letztwillige Verfügung zu treffen, nichtig.[5] Möglich ist aber, dass der Erblasser eine Zuwendung an die **Bedingung** knüpft, dass der Bedachte seinerseits eine bestimmte Person bedenkt,[6] denn dabei wird nur die Zuwendung, nicht aber die Testierfreiheit selbst eingeschränkt. Eine vertragliche Verpflichtung, eine Erbschaft auszuschlagen, ist wirksam; erfolgte die Verpflichtung gegenüber dem Erblasser in der Form des § 2348 BGB, dann ist eine Umdeutung in einen Erbverzicht (§§ 2346, 2352 BGB) möglich;[7] erfolgte die Vereinbarung mit einem Dritten, gilt § 311b Abs. 4 u. 5 BGB. Auf Rechtsgeschäfte unter Lebenden, selbst wenn sie auf den Todesfall getroffen werden, ist § 2302 BGB nicht anwendbar.

II. Auslegung, Umdeutung

3 Ist ein Vertrag nach § 2302 BGB nichtig, besteht die Möglichkeit, eine solche unzulässige Verpflichtung auszulegen oder in eine letztwillige Anordnung umzudeuten. Diente die Verpflichtung zu einer letztwilligen Verfügung der Abgeltung von erbrachten Dienstleistungen, kann in dieser Verpflichtung die Vereinbarung einer **Vergütung** nach § 612 Abs. 2 BGB gesehen werden;[8] dagegen kommt § 812 BGB in diesen Fällen nicht in Betracht, da Voraussetzung wäre, dass ein (dienst)vertragliches Verhältnis zwischen den Parteien nicht bestanden hat.[9] Eine Umdeutung der vertraglichen Verpflichtung in eine erbrechtliche Verfügung kommt in folgenden Fällen in Betracht: Haben sich die Ehegatten in einem Erbvertrag gegenseitig zu Erben eingesetzt und vereinbart, dass der Überlebende das beim Tod vorhandene Vermögen auf die gemeinsamen Kinder überträgt, dann kann diese Verpflichtung in eine Schlusserbeneinsetzung **umgedeutet** werden;[10] soll ein der Ehefrau zugewandtes Vermächtnis den Kindern vererbt werden, kann diese Verpflichtung als Nachvermächtnis aufrechterhalten werden.[11] Ist die Erbeinsetzung der Ehefrau mit der Verpflichtung verbunden worden, testamentarische Verfügungen ausschließlich zugunsten gemeinsamer Kinder zu treffen, kommt eine Umdeutung in die Anordnung einer Nacherbfolge in Betracht.[12]

C. Rechtsfolgen

4 Wird die Testierfreiheit i.S.d. § 2302 BGB unzulässig eingeschränkt, ist der entsprechende Vertrag nichtig. Handelt es sich bei diesem Vertrag um einen synallagmatischen Vertrag, dann ist auch das Versprechen der Gegenleistung grundsätzlich nichtig, es sei denn, dass diese auch ohne den nichtigen Teil vereinbart worden wäre (§ 139 BGB). Aufgrund der Nichtigkeit werden keine (Schadensersatz-)Ansprüche begründet;[13] eine

---

2 OLG Frankfurt FamRZ 2015, 1318.
3 BGH NJW 1959, 625 = FamRZ 1959, 147.
4 BayObLG FamRZ 2001, 771 = Rpfleger 2001, 181.
5 OLG Hamm NJW 1974, 60 = MDR 1974, 141.
6 BGH NJW 1977, 950.
7 Burandt/Rojahn/*Burandt*, § 2301 Rn 3; *Weidlich*, ZEV 2007, 463.
8 RG JW 1920, 139.
9 BGH NJW 1965, 1224 = FamRZ 1965, 318.
10 OLG Hamm JMBl NRW 1960, 125.
11 *Kessler*, DRiZ 1966, 395, 398.
12 OLG Hamm NJW 1974, 60 = MDR 1974, 141.
13 BGH NJW 1977, 950.

Vertragsstrafe zur Absicherung des Anspruchs kann nicht wirksam vereinbart werden.[14] Hat sich der Erblasser in einem Prozessvergleich verpflichtet, einen Erbvertrag abzuschließen, dann kann die Verpflichtung nicht nach § 888 BGB erzwungen werden.[15] War die Verpflichtung Geschäftsgrundlage eines anderen Rechtsgeschäfts,[16] findet § 313 BGB Anwendung.

14 Grüneberg/*Weidlich*, § 2302 Rn 1.
15 OLG Frankfurt Rpfleger 1980, 117.
16 Vgl. hierzu BGH NJW 1977, 950.

Abschnitt 5. Pflichtteil

Vorbemerkung zu §§ 2303 ff. BGB

Literatur

Baumann, Die Pflichtteilsbeschränkung „in guter Absicht“, ZEV 1996, 121; *Bestelmeyer*, Die Entwicklung des Erbrechts in den Jahren 2001 bis 2003 aus der Sicht der nachlassgerichtlichen Praxis, Rpfleger 2004, 604; *Bißmaier*, Zur Wertermittlung durch Sachverständige im Pflichtteilsrecht, ZEV 1997, 149; *Bonefeld/Lange/Tanck*, Die geplante Reform des Pflichtteilsrechts, ZErb 2007, 292; *Bowitz*, Zur Verfassungsmäßigkeit der Bestimmungen über die Pflichtteilsentziehung, JZ 1980, 304; *Dauner-Lieb*, Pflichtteilsrecht und Pflichtteilsentziehung auf dem Prüfstand, FF 2001, 78; *dies.*, Bedarf es einer Reform des Pflichtteilsrechts?, DNotZ 2001, 460; *dies.*, Das Pflichtteilsrecht – Ketzerische Fragen an ein altwürdiges Institut, FF 2000, 110; *Dieckmann*, Teilhabe des Pflichtteilsberechtigten an Vorteilen des Erben nach dem Vermögensgesetz, ZEV 1994, 198; *Doering-Striening/Horn*, Der Übergang von Pflichtteilsansprüchen von Sozialleistungsbeziehern, NJW 2013, 1276; *Faßbender*, Zur pflichtteilsrechtlichen Privilegierung der Erbhöfe und Landgüter, AgrarR 1986, 131; *Frenz*, Zum Verhältnis von Pflichtteil und Unterhaltsrecht bei Ehescheidung, MittRhNotK 1995, 227; *Gerken*, Pflichtteilsrecht zwischen Testierfreiheit und Familienerbfolge, Rpfleger 1989, 45; *Haas*, Der Pflichtteilsanspruch als Störfall bei der Unternehmensnachfolge, ZNotP 2001, 370; *ders.*, Ist das Pflichtteilsrecht verfassungswidrig?, ZEV 2000, 249; *Herzog*, Die Pflichtteilsentziehung im Lichte der neueren Rechtsprechung von Bundesgerichtshof und Bundesverfassungsgericht, FF 2006, 86; *ders.*, Reform der Pflichtteilsentziehung? – Ein Vorschlag, FF 2003, 19; *Huber*, Das Pflichtteilsrecht aus positivrechtlicher, rechtsvergleichender und rechtspolitischer Sicht, 1999; *Kaiser*, Pflichtteilsrecht der eingetragenen Lebenspartner, FPR 2005, 286; *Kappler/Kappler*, Patchworkfamilie und Erbrecht – letztwillige Verfügungen zugunsten „meiner, deiner und unserer Kinder“, ZEV 2015, 437; *Keim*, Die unergiebige Pfändung des Pflichtteilsanspruchs – Konsequenzen für die Testamentsgestaltung, ZEV 1998, 127; *Kleensang*, Familienerbrecht versus Testierfreiheit – Das Pflichtteilsrecht auf dem Prüfstand des BVerfG, ZEV 2005, 277; *Klingelhöffer*, Das Testament des geschiedenen, unterhaltspflichtigen Ehegatten – Praktische Überlegungen zu § 1586b BGB, ZEV 1999, 13; *ders.*, Die Stundung des Pflichtteilsanspruchs, ZEV 1998, 121; *ders.*, Pflichtteilsrecht, 4. Aufl. 2014; *ders.*, Ehegattenpflichtteil und Zugewinnausgleich im Todesfall, ZEV 1995, 444; *ders.*, Lebensversicherung und Pflichtteilsrecht, ZEV 1995, 180; *Klumpp*, Der Pflichtteilsanspruch als Gegenstand des Rechtsverkehrs und als Vollstreckungsobjekt, ZEV 1998, 123; *Köpf*, Die Geltendmachung des Pflichtteilsanspruchs bei Testamentsvollstreckung: § 2213 Abs. 1 Satz 3 BGB als halbzwingendes Recht; *Kuchinke*, Unterhalt und Pflichtteil, FF 2002, 161; *ders.*, Der Pflichtteilsanspruch als Gegenstand des Gläubigerzugriffs, NJW 1994, 1769; *Lange*, Die Möglichkeit zur Privilegierung unternehmerischen Vermögens im Pflichtteilsrecht unter besonderer Berücksichtigung des § 2312 BGB, in: Röthel (Hrsg.), Reformfragen des Pflichtteilsrechts, 2007, S. 57; *ders.*, Pflichtteilsrecht und Pflichtteilsentziehung, ZErb 2005, 205; *ders.*, Die Pflichtteilsentziehung gegenüber Abkömmlingen de lege lata und de lege ferenda, AcP 204 (2004), 804; *Marotzke*, Das Wahlrecht des pflichtteilsberechtigten Erben bei ungünstigem Testament, AcP 191 (1991), S. 563; *Mayer*, Nachträgliche Änderung von erbrechtlichen Anrechnungs- und Ausgleichungsbestimmungen, ZEV 1996, 441; *ders.*, Erbteil oder Pflichtteil? Frist läuft, DNotZ 1996, 422; *Mertens*, Die Entstehung der Vorschriften des BGB über die gesetzliche Erbfolge und das Pflichtteilsrecht, 1970; *Meyer, T.*, Erbrechtsreform als Reaktion auf die gesellschaftlichen Veränderungen, FPR 2008, 537; *Otta*, Vorausleistungen auf den Pflichtteil, 2000; *Otte*, Pflichtteil und Erbrechtsgarantie, JZ 2005, 1007; *ders.*, Das Pflichtteilsrecht – Verfassungsrechtsprechung und Rechtspolitik, AcP 202 (2002), S. 317; *ders.*, Um die Zukunft des Pflichtteilsrechts, ZEV 1994, 193; *Pentz*, Berechnung des Nachlasswertes bei Pflichtteilsausgleich nach § 2313 BGB, MDR 1999, 830; *ders.*, Haftung des Beschenkten nach § 2329 BGB, MDR 1998, 132; *ders.*, Auswirkungen des Erbverzichts auf die Pflichtteilsergänzung nach §§ 2325 ff. BGB, FamRZ 1998, 660; *Petri*, Die Pflicht zum Pflichtteil, ZRP 1993, 205; *Rauscher*, Die erbrechtliche Stellung nicht in einer Ehe geborener Kinder nach dem Erbrechtsgleichstellungsgesetz und dem Kindschaftsrechtsreformgesetz, ZEV 1998, 41; *ders.*, Reformfragen des gesetzlichen Erb- und Pflichtteilsrechts, Bd. II, 1993; *Rißmann*, Kein Geld zu verschenken: Verzug und seine Folgen im Pflichtteilsrecht, ZErb 2002, 181; *Röthel*, Verzicht auf den Kindespflichtteil: Plädoyer für mehr Wachsamkeit, NJW 2012, 337; *Schanbacher*, Nichtberücksichtigung ausgleichungspflichtiger Zuwendungen bei der Pflichtteilsergänzung – Rückkehr zu RGZ 77, 282, ZEV 1997, 349; *Schlitt*, Der mit einem belasteten Erbteil und einem Vermächtnis bedachte Pflichtteilsberechtigte, ZEV 1998, 216; *ders.*, Aufteilung der Pflichtteilslast zwischen Erbe und Vermächtnisnehmer, ZEV 1998, 91; *Schlüter*, Die Änderung der Rolle des Pflichtteilsrechts im sozialen Kontext, 50 Jahre BGH, Festgabe der Wissenschaft, 2000, S. 1047; *Schmidt-Kessel*, Erbrecht in der Rechtsprechung des Bundesgerichtshofes 1985–1987 – Pflichtteil, WM 1988, Sonderbeilage Nr. 8, S. 14; *Schöpflin*, Verfassungsmäßigkeit des Pflichtteilsrechts und Pflichtteilsentziehung, FamRZ 2005, 225; *Schröder, R.*, Pflichtteilsrecht, DNotZ 2001, 465; *Stöcker*, Pflichtteilsvereitelung durch das Landwirtschaftserbrecht: ein Lösungsvorschlag de lege ferenda, FamRZ 1993, 1261; *Strätz*, Rechtspolitische Gesichtspunkte des gesetzlichen Erbrechts und Pflichtteilsrechts nach 100 Jahren BGB, FamRZ 1998, 1553; *Stüber*, BVerfG zum Pflichtteilsentziehungsrecht: Kein Beitrag zur Klarheit, NJW 2005, 2122; *Sturm/Sturm*, Zur Ausgleichung beim Pflichtteilsergänzungsanspruch nach § 2325 BGB, in: FS v. Lübtow, 1991, S. 132; *Tanck*, § 2318 Abs. 3 BGB schützt nur den „Pflichtteilskern", ZEV 1998, 132; *Thubauville*, Die Anrechnung lebzeitiger Leistungen auf Erb- und Pflichtteilsrechte, MittRhNotK 1992, 289; *Tiedtke*, Die Voraussetzungen des Pflichtteilsergänzungsanspruchs, DNotZ 1998, 85; *v. Dickhuth-Harrach*, Ärgernis Pflichtteil?, Möglichkeiten der Pflichtteilsreduzierung im Überblick, in: FS Rheinisches Notariat, 1998, 185; *v. Hoyenberg*, Ausgewählte Fragen zum Unternehmertestament, RNotZ 2007, 377; *v. Olshausen*, Gesellschaftsvertragliche Gestaltung zur Pflichtteilsreduzierung, ZEV 1998, 135; *ders.*, Die Verteidigung des Erbenpflichtteils gegen Pflichtteils- und Vermächtnisansprüche, FamRZ 1986, 524; *Wegmann*, Ehevertragliche Gestaltungen zur Pflichtteilsreduzierung, ZEV 1996, 201; *Werkmüller*, Rechtspolitische und rechtsvergleichende Aspekte des geltenden Pflichtteilsrechts, 2002.

Übersicht: Rdn

A. Systematische Einordnung

I. Allgemeines

1 Das in §§ 2303 ff. BGB verankerte Pflichtteilsrecht garantiert einem bestimmten Personenkreis nächster Angehöriger des Erblassers eine Mindestteilhabe an dessen Nachlass. Auf Grund der sich aus der das deutsche Zivilrecht prägenden Privatautonomie ergebenden Testierfreiheit hat der Erblasser zwar grundsätzlich die Möglichkeit, auch seine nächsten Angehörigen zu enterben. Dieser Grundsatz wird jedoch durch das Pflichtteilsrecht durchbrochen.[1] Das gesetzliche Erbrecht ist durch den Gedanken der Familienbindung des Vermögens („Das Gut rinnt wie das Blut" [germanischer Rechtsgrundsatz]) geprägt. Hierzu stünde eine unbeschränkte Testierfreiheit in Widerspruch. Das Pflichtteilsrecht ist daher der Kompromiss des BGB, der sich in diesem Spannungsfeld bewegt.[2] Der Aufnahme des Pflichtteilsrechts in das BGB lag der Gedanke zugrunde, dass den Erblasser eine über seinen Tod hinausgehende Sorgfaltspflicht gegenüber dem genannten Personenkreis treffe (familiäre Solidarität und Verantwortung).[3] Hinzu kam auch der Wunsch, eine wirtschaftliche Absicherung und Versorgung der Pflichtteilsberechtigten zu gewährleisten.[4] In der **Institution** des **Pflichtteilsrechts** wurde von den Vätern des BGB gleichzeitig ein Mittel gesehen,

1 BeckOGK/*Obergfell*, § 2303 Rn 5; *Otte*, JZ 2005, 1007, 1008.
2 *Strätz*, FamRZ 1998, 1553, 1566; BeckOGK/*Obergfell*, § 2303 Rn 5 m.w.N.
3 BeckOGK/*Obergfell*, § 2303 Rn 8 m.w.N.
4 Deren Bedürftigkeit wurde dabei quasi unterstellt, vgl. BeckOGK/*Obergfell*, § 2303 Rn 10 m.w.N.

Vermögenskonzentrationen entgegenzuwirken und damit Klassengegensätze zu mildern.[5] Außerdem sollte durch das Pflichtteilsrecht einer unerwünschten Machtpositionen des Erblassers entgegengewirkt werden, die die unbeschränkte Testierfreiheit mit sich gebracht hätte.[6]

Bei Aufnahme des Pflichtteilsrechts in das BGB war gleichzeitig über die pflichtteilsrechtliche Legitimation, den Umfang des Pflichtteilsrechts sowie seine rechtliche Gestalt zu entscheiden: Pflichtteilsberechtigt sind seitdem die **Abkömmlinge**, die **Eltern** und der **Ehegatte** des Erblassers, seit 2001[7] gem. § 10 Abs. 6 LPartG auch der **Lebenspartner** einer eingetragenen Lebenspartnerschaft, § 2303 BGB. Gem. § 2303 Abs. 1 S. 2 BGB besteht ein Pflichtteilsanspruch i.H.d. Hälfte des Wertes des gesetzlichen Erbteils. Der Pflichtteilsanspruch entsteht gem. § 2317 BGB mit dem Erbfall und gewährt dem Pflichtteilsberechtigten einen Geldanspruch gegenüber dem bzw. den Erben. Der Vergleich des Pflichtteilsrechts des BGB mit Regelungen anderer (geltender) Rechtsordnungen führt zu nachfolgenden Überlegungen, die sich im Zusammenhang mit der gesetzlichen Ausgestaltung der Mindestteilhabe am Vermögen des Erblassers ergeben.[8] 2

II. Höhe des Pflichtteils

U.a. drängte sich in der Vergangenheit die Frage auf, ob die starren **Pflichtteilsquoten** auch zukünftig unbedingt beibehalten werden müssen. Das Pflichtteilsrecht erlegt dem Erblasser eine über seinen Tod hinausgehende vermögensrechtliche Verantwortlichkeit gegenüber dem Kreis der Pflichtteilsberechtigten auf. Eine bedarfsabhängige Regelung für den einzelnen Pflichtteilsberechtigten würde aber dem Versorgungsgedanken des Pflichtteilsrechts u.U. besser gerecht werden.[9] Die einzelfallbezogene Bildung variabler Quoten würde jedoch eine nicht hinnehmbare Rechtsunsicherheit mit sich bringen und zudem ein exorbitant hohes Streitpotential in sich bergen. Derartige Tendenzen waren und sind daher nicht zu befürworten. Vereinzelt ist die Reduzierung der Pflichtteilsquote auf 1/3 diskutiert worden.[10] Der Gesetzgeber hat aber derartige Vorschläge im Rahmen der Erbrechtsreform 2010 unberücksichtigt gelassen. 3

III. Personenkreis der Pflichtteilsberechtigten

Der **Personenkreis** ist, wie *Strätz*[11] ausführt, sehr eng ausgestaltet. Seiner Ansicht nach ist jedoch eine Erweiterung der pflichtteilsrechtlichen Legitimation absolut nicht erforderlich. Dieser Ansicht ist zuzustimmen, zumal die Regelungen des Lebenspartnerschaftsgesetzes zu einer zusätzlichen, aber gesetzgeberisch konsequenten, Erweiterung des Pflichtteilsrechts geführt haben. 4

IV. Rechtsnatur des Pflichtteilsanspruchs

Der Pflichtteilsanspruch ist ein reiner Geldanspruch. Durch diese Ausgestaltung wird dem berechtigten Interesse des Erblassers Rechnung getragen, seinen Nachlass geschlossen, sozusagen als Einheit, an eine oder mehrere von ihm ausgewählte Personen zu vererben. Besteht der Nachlass aber zum größten Teil aus nicht ohne weiteres liquidierbaren Vermögensgegenständen, droht gerade wegen dieser Ausgestaltung des Pflichtteilsanspruches eine Zerschlagung des Nachlasses. Unter diesem Gesichtspunkt 5

---

5 *Kipp/Coing*, § 8 II; BeckOGK/*Obergfell*, § 2303 Rn 11.
6 *Strätz*, FamRZ 1998, 1553, 1566.
7 Nach § 7 LPartG, vgl. BGBl I 2001, 266, verkündet am 22.2.2001.
8 Anschaulich: *Strätz*, FamRZ 1998, 1553, 1565.
9 Dagegen aber BVerfG ZErb 2005, 169 m. Anm. *Lange*.
10 *Mertens*, S. 105.
11 FamRZ 1998, 1553, 1561, 1566.

stellt sich die Frage, ob der Pflichtteilsanspruch wirklich als reiner Geldanspruch ausgestaltet sein sollte. Denkbar wäre es z.B., den Pflichtteilsberechtigten dinglich am Nachlass zu beteiligen, ihm also – wie in anderen europäischen Ländern üblich – eine **Art Noterbrecht** einzuräumen und ihm zur Abgeltung seiner Ansprüche Nachlassgegenstände zukommen zu lassen. Denkbar wäre es hierbei auch, dem Erben die Auswahl der Nachlassgegenstände zu überlassen. Diskutiert wurde insoweit auch die richterliche Zuweisung bestimmter Nachlassgegenstände an den Pflichtteilsberechtigten.[12] Ob hierdurch wirklich der Zerschlagung des Nachlasses entgegengewirkt werden könnte, ist indes fraglich. Denn im Zweifel führt auch die Herausgabe bestimmter Nachlassgegenstände zu dieser Konsequenz. Außerdem würde durch die dingliche Beteiligung des Pflichtteilsberechtigten am Nachlass die Testierfreiheit des Erblassers in noch weitergehender Weise beschränkt. Denn Wunsch bzw. Wille des Erblassers ist es in aller Regel, dass sein Nachlass als Gesamtheit an die von ihm erwählten Personen übergeht. Der Pflichtteilsberechtigte soll zumeist gerade nicht in den Besitz einzelner Nachlassgegenstände kommen. Vor diesem Hintergrund ist es ausdrücklich zu begrüßen, dass der Gesetzgeber im Rahmen der letzten Anpassungen des Pflichtteilsrechts von derartigen strukturellen Veränderungen abgesehen hat.

V. Aufbau der gesetzlichen Regelungen

6 Das Pflichtteilsrecht ist im BGB in den §§ 2303–2338 BGB geregelt. Im Einzelnen lassen sich die Vorschriften wie folgt gliedern:

- §§ 2303, 2309, 2310 BGB bestimmen den Pflichtteilsanspruch und den Personenkreis der Pflichtteilsberechtigten.
- § 2305 BGB beinhaltet den Zusatzpflichtteil bei unzureichender testamentarischer Erbeinsetzung.
- §§ 2306, 2307 BGB regeln die Pflichtteilsberechtigung trotz Ausschlagung der Erbschaft bzw. eines Vermächtnisses.
- §§ 2311–2313 BGB treffen Anordnungen über die Höhe des Pflichtteilsanspruchs.
- § 2314 regelt den Auskunftsanspruch.
- §§ 2315, 2316 BGB bestimmen, wie sich der Pflichtteilsanspruch bei Vorempfängen berechnet.
- §§ 2318–2324 BGB regeln die Pflichtteilslast im Innenverhältnis zwischen Erben, Vermächtnisnehmern und Auflagenbegünstigten.
- §§ 2325–2330 BGB beinhalten die Voraussetzungen des Pflichtteilsergänzungsanspruchs bei lebzeitigen Schenkungen.
- §§ 2332 ff. BGB regeln die Verjährung von Pflichtteilsansprüchen sowie die Möglichkeiten des Erblassers, Pflichtteilsrechte seiner Angehörigen in zulässiger Weise zu verkürzen.

VI. Funktionsprinzipien des Pflichtteilsrechts

7 Aus der Reihenfolge der gesetzlichen Regelungen erschließt sich die Wechselwirkung zwischen „freiwillig gewährter" Teilhabe am gesamtlebzeitigen Vermögen einerseits und der „erzwungenen" Teilhabe andererseits nur unzureichend. Das Zusammenspiel der einzelnen Regelungen kann aber wie folgt umrissen werden: Wie bereits angedeutet, bezieht sich die dem Pflichtteilsberechtigten garantierte Mindestteilhabe nicht nur auf das Vermögen, das der Erblasser – mehr oder weniger zufällig – tatsächlich hinterlässt (realer Nachlass). Vielmehr will der Gesetzgeber eine Mindestteilhabe an dem Vermögen sicherstellen, das die Lebensverhältnisse des Erblassers tatsächlich – wenigstens in den letzten zehn Lebensjahren – geprägt hat, wenn nicht gar an seinem gesamt-

12 *Rauscher*, Bd. II, S. 103 m.w.N.

lebzeitigen Vermögen. Hierzu dient in erster Linie der Pflichtteilsergänzungsanspruch, der es ermöglicht, wenigstens solche Zuwendungen des Erblassers an andere Personen, die bei Eintritt des Erbfalls nicht länger als zehn Jahre zurückliegen, in die Pflichtteilsberechnung mit einzubeziehen. Für Zuwendungen an den Ehegatten/Lebenspartner gilt sogar eine nicht fristgebundene Einbeziehung.

Der **ordentliche Pflichtteil** bezieht sich grundsätzlich nur auf den realen Nachlass, 8
dessen Wert sich aus § 2311 BGB ergibt. Im Regelfall handelt es sich um einen Quotenpflichtteil. Denn gem. § 2303 Abs. 1 BGB besteht der Pflichtteil „in der Hälfte des Wertes des gesetzlichen Erbteils"; da sich der Erbteil i.d.R. aus einer Quote des Nachlasses ergibt, beläuft sich der ordentliche Pflichtteil i.d.R. auf die Hälfte der Quote dieses gesetzlichen Erbteils. Haben der Pflichtteilsberechtigte oder/und der Erbe ausgleichungspflichtige Zuwendungen erhalten, berechnet sich der jeweilige Erbteil nach §§ 2055, 2056, 2057a BGB und der Pflichtteilsanspruch bei anzurechnenden Zuwendungen gem. § 2315 BGB und bei auszugleichenden Zuwendungen gem. § 2316 BGB. In den Fällen der Ausgleichung ist der Pflichtteil als sog. Wertpflichtteil[13] zu verstehen. Maßgeblich ist hier nicht mehr die Quote im eigentlichen Sinne, sondern vielmehr der dem Pflichtteilsberechtigten zustehende Wertanteil. Ist der Pflichtteilsberechtigte auf weniger als die Hälfte des ihm gebührenden gesetzlichen Erbteils eingesetzt, wird die freiwillig gewährte Mindestteilhabe am Vermögen des Erblassers durch den Pflichtteilsrestanspruch gem. § 2305 BGB ergänzt. Gleiches gilt für ein ihm gewährtes Vermächtnis. Ist der Erbteil eines Pflichtteilsberechtigten beschränkt oder beschwert, gilt die Sondernorm des § 2306 BGB, die es – in der aktuellen Fassung[14] – dem Pflichtteilsberechtigten ermöglicht, zu wählen, ob er die Erbschaft (mit allen Belastungen) annimmt oder ausschlägt, um seinen Pflichtteil zu verlangen.

Hat der Erblasser lebzeitig einem Dritten Zuwendungen gewährt, so ist innerhalb 9
bestimmter Grenzen ein **Pflichtteilsergänzungsanspruch** gegeben. Dabei ist allerdings die dem Pflichtteilsberechtigten „freiwillig gewährte Teilhabe am gesamtlebzeitigen Vermögen" in zweifacher Weise zu berücksichtigen: seine Teilhabe am realen Nachlass, soweit diese über seinem Erbteil liegt, gem. § 2326 S. 2 BGB und jede an den Pflichtteilsberechtigten erfolgte Schenkung, auch die länger als zehn Jahre zurückliegende, gem. § 2327 BGB.

Aus § 2303 BGB ergibt sich, dass der Pflichtteilsanspruch von dem oder den Erben 10
zu tragen ist. Einzelheiten regeln die §§ 2318–2324 BGB. Bedeutsam – wenn auch in der Praxis eher selten relevant – sind auch die Vorschriften über die Entziehung des Pflichtteils und seine Beschränkung in guter Absicht gem. §§ 2333–2338 BGB.

B. Historische Entwicklung

Bereits im römischen Recht war der Gedanke einer Beschränkung der Testierfreiheit 11
des Erblassers verankert.[15] Im Wege der **Anfechtungsklage** konnten die nächsten Angehörigen gegen das sie beschränkende Testament vorgehen („Querela inofficiosi testamenti")[16] Die Klage war unzulässig, wenn dem Angehörigen wenigstens die „Quota legittima", also 1/4 des Nachlasses hinterlassen war.[17] Dabei richtete sich die Klage nicht wirklich auf den Pflichtteil, sondern gegen die Gültigkeit des Testaments,[18]

13 Vgl. *Kerscher/Riedel/Lenz*, Pflichtteilsrecht, § 8 Rn 8 ff.

14 Auf der Grundlage des Gesetzes zur Änderung des Erb- und Verjährungsrechts, BGBl I 2009, 3142 f.

15 *Kipp/Coing*, § 8 I 1; *Gerken*, Rpfleger 1989, 45, 47.

16 Vgl. RGZ 6, 247, 248; *Kipp/Coing*, § 8 I 1.

17 Vgl. *v. Lübtow*, I, S. 554.

18 RGZ 6, 247, 249.

da das römische Recht davon ausging, dass ein Erblasser, der seine nächsten Angehörigen übergangen hatte, nicht „gesunden Geistes" gewesen sei.[19] Im **germanischen Recht** bestand für den Erblasser ursprünglich gar keine Möglichkeit, eine Verfügung von Todes wegen zu errichten,[20] daher gab es auch kein mit dem Pflichtteilsrecht vergleichbares Institut. Der Nachlass wurde ausschließlich innerhalb der Familie vererbt. Erst im Zuge der Christianisierung wurde dem Erblasser ein sog. „Freiteil" („pro salute animae") zugestanden, über den er ohne Zustimmung der Angehörigen verfügen konnte.[21] Diese beiden Strömungen prägten die Rechtswirklichkeit in Deutschland vor dem Inkrafttreten des BGB. Die meisten in Deutschland geltenden Rechtsordnungen kannten damals eine Art Pflichtteilsrecht,[22] das überwiegend als reiner Geldanspruch des Enterbten ausgestaltet war.[23] Die Übernahme des in den Partikularrechten allg. anerkannten Pflichtteilsrechts in das BGB war nicht unumstritten (z.T. wurde eine existenzbedrohende Belastung des Handwerker- und Bauernstandes mit zu hohen Abfindungen befürchtet),[24] wurde jedoch von einer großen Mehrheit unterstützt.[25] Durch das **Gleichberechtigungsgesetz** von 1957 sowie das **Nichtehelichengesetz** von 1969 erfuhr das Pflichtteilsrecht einige Umgestaltungen. Weitere Vorstöße zu einer Reform[26] verebbten ohne nennenswerte Auswirkungen. Lediglich im Zuge der deutschen Wiedervereinigung wurde in Art. 235 § 1 Abs. 1 EGBGB die Anwendbarkeit des ZGB-Pflichtteilsrechts für einige Fälle verankert.[27] Weniger gravierende Auswirkungen auf das Pflichtteilsrecht hatten auch das Gesetz zur erbrechtlichen Gleichstellung nichtehelicher Kinder (ErbGleichG) vom 16.12.1997,[28] das u.a. die Streichung des § 2338a BGB mit sich brachte, sowie das Nichtehelichengleichstellungsgesetz. Durch das Gesetz zur Beendigung der Diskriminierung gleichgeschlechtlicher Partnerschaften vom 22.2.2001[29] wurde außerdem der Kreis der pflichtteilsberechtigten Personen um den eingetragenen gleichgeschlechtlichen Lebenspartner erweitert. Weitere Änderungen ergaben sich aus dem Gesetz zur Änderung des Erb- und Verjährungsrechts (Erbrechtsreform 2010; vgl. hierzu Rdn 15 ff.).[30]

C. Verfassungsmäßigkeit des Pflichtteilsrechts

12 In diesem Spannungsverhältnis zwischen **Testierfreiheit** einerseits und Verwandtenerbrecht andererseits steht das **Pflichtteilsrecht**. Es beschränkt die Testierfreiheit des Erblassers, indem es den nahen Angehörigen eine Mindestteilhabe am Vermögen des Erblassers sichert.

13 Der BGH[31] vertrat bereits in der Vergangenheit – ebenso wie die überwiegende Meinung im zivil- und verfassungsrechtlichen Schrifttum – stets die Auffassung, das Pflichtteilsrecht stelle einen Bestandteil der grundgesetzlich gewährleisteten **Erb-**

19 *Mertens*, S. 83.
20 *Kipp/Coing*, § 8 I 2; *Kick*, S. 169; *Heitmeier*, S. 14 ff.
21 *Kick*, S. 170; *Heitmeier*, S. 18; *Gerken*, Rpfleger 1989, 45, 47.
22 Mot. V, S. 382; *Otte*, ZEV 1994, 193; *Kick*, S. 170.
23 Staudinger/*Haas* (2006), Vorbem. zu §§ 2303 ff. Rn 7; Staudinger/*Otte* (2021), Einl. zu §§ 2303 ff. Rn 8.
24 Vgl. *Bruns* u. *Meyersburger*, Verh., 14. DJT/1878, S. 172 ff. u. 50 ff.; *Stöcker*, WM 1979, 214, 221.
25 Mot. V, S. 382; Staudinger/*Haas* (2006), Vorbem. zu §§ 2303 ff. Rn 8.
26 Vgl. BT-Prot. v. 14.5.1969, 1318 A u. 13025 C sowie *Berger/Marko/Orth*, NJ 1990, 384 ff.; *Marko*, ZRP 1995, 240; *Kick*, S. 170; *Trittel*, DNotZ 1991, 237, 246; *Bosch*, FamRZ 1992, 993, 999 f.
27 Staudinger/*Haas* (2006), Vorbem. zu §§ 2303 ff. Rn 10.
28 BGBl I 1997, 2968.
29 BGBl I 2001, 266.
30 BGBl I 2009, 3142 f.
31 BGH NJW 1987, 122, 123; BGH NJW 1990, 911.

rechtsgarantie des Art. 14 Abs. 1 GG dar.[32] Der BGH war sogar so weit gegangen, dass bei einer Pflichtteilsentziehung wegen körperlicher Misshandlung des Erblassers (§ 2333 Nr. 2 BGB a.F.)[33] mit Rücksicht auf das verfassungsrechtliche Übermaßverbot eine konkrete Abwägung der gegen den Pflichtteilsberechtigten erhobenen Vorwürfe mit dem Gewicht der Pflichtteilsentziehung zu erfolgen habe.[34] Das BVerfG war lange Zeit einer ausdrücklichen Entscheidung über die Verfassungsmäßigkeit des Pflichtteilsrechts ausgewichen.[35] Eine Verfassungsbeschwerde, die die Verfassungswidrigkeit des Pflichtteilsrechts rügte, wurde im August 2000 wegen mangelnder grundsätzlicher Bedeutung (§ 93a BVerfGG) nicht zur Entscheidung angenommen.[36] Erst mit Beschl. v. 19.4.2005[37] hat sich das BVerfG schließlich umfassend zur verfassungsrechtlichen Rechtfertigung des Pflichtteilsrechts geäußert. Insoweit ist Folgendes festzuhalten: Das BVerfG stellt klar, dass die durch das Pflichtteilsrecht gewährleistete bedarfsunabhängige und grundsätzlich unentziehbare wirtschaftliche Mindestbeteiligung der Kinder des Erblassers an dessen Nachlass nicht nur mit dem Grundgesetz vereinbar ist, sondern sogar zu den tragenden Strukturprinzipien des durch die Erbrechtsgarantie des Art. 14 Abs. 1 S. 1 GG von Verfassungs wegen geschützten Kerngehalts des deutschen Erbrechts zählt.[38] Das BVerfG setzt hier seine Begründung des Nichtannahmebeschlusses aus dem Jahr 2000[39] fort. Dort hatte das Gericht bereits das Prinzip des Verwandtenerbrechts zum „grundlegenden Gehalt" der Erbrechtsgarantie gezählt und darauf hingewiesen, dass auch die Erbrechtsgarantie „nicht das (unbedingte) Recht, den vorhandenen Eigentumsbestand von Todes wegen ungemindert auf Dritte zu übertragen" beinhalte.

Trotz der Eindeutigkeit der Aussagen ist die – zum Großteil durch historische Betrachtungen geprägte – Begründung des BVerfG dogmatisch nur eingeschränkt überzeugend bzw. konturlos.[40] In der Literatur wurde sie daher ohne größere Begeisterung aufgenommen.[41] Vor dem Hintergrund dieser Begründungsmängel ist davon auszugehen, dass auch zukünftig die Diskussion über den Inhalt und die Ausgestaltung des gesetzlichen Pflichtteilsrechts weiter fortgesetzt werden wird. 14

32 *Haas*, ZEV 2000, 249, 250 ff.; *Kuhla*, in: FS Bezzenberger, S. 497, 498 ff.; *Leisner*, S. 48 ff.; *Leipold*, JZ 1990, 700, 702; *ders.*, JZ 1996, 287, 288; *Otte*, AcP 202 (2002), 317, 318 ff.; *Schlüter*, in: FS 50 Jahre BGH, S. 1047, 1064 f.; *Steffen*, DRiZ 1972, 263, 267. A.A. *Petri*, ZAP 1993, 205, 206, der die Pflichtteilsregelungen des BGH für verfassungswidrig hielt.

33 Also vor der Erbrechtsreform 2010.

34 BGHZ 109, 306, 313.

35 Vgl. insoweit BVerfG ZEV 1999, 147: zur Testiermöglichkeit von Mehrfachbehinderten; BVerfG NJW 1995, 29, 77: zum Zuweisungsverfahren nach dem GrdstVG; BVerfGE 67, 329, 342: zu Abfindungsansprüchen nach den §§ 12, 13 HöfeO.

36 BVerfG, Beschl. v. 30.8.2000, ZErb 2000, 209.

37 BVerfG ZErb 2005, 169 m. Anm. *Lange*, 205.

38 Vgl. auch BeckOGK/*Obergfell*, § 2303 Rn 6.

39 BVerfG ZEV 2000, 399 m. krit. Anm. *J. Mayer*, 447.

40 So etwa *J. Mayer*, in: Bamberger/Roth (2014), § 2303 Rn 3; MüKo/*Lange*, § 2303 Rn 5; dem BVerfG zustimmend aber Staudinger/*Otte* (2021), Einl. zu §§ 2303 ff. Rn 22 ff.

41 Vgl. etwa *Kleensang*, ZEV 2005, 277; *Lange*, ZErb 2005, 205; *Stüber*, NJW 2005, 2122; *J. Mayer*, FamRZ 2005, 1441; Staudinger/*Otte* (2015), Vorbem. zu §§ 2303 ff. Rn 24; Staudinger/*Haas* (2006), Einl. zu §§ 2303 ff. Rn 12 ff.; Staudinger/*Olshausen* (2021), vor §§ 2333 bis 2338 Rn 1; MüKo/*Lange*, § 2303 Rn 5; *Herzog*, FF 2006, 86; *v. Hoyenberg*, RNotZ 2007, 377, 388; *Schöpflin*, FamRZ 2005, 2025; vgl. auch *Hölscher/Mayer*, in: Mayer/Süß/Tanck/Bittler, HB Pflichtteilsrecht, § 1 Rn 6. m.w.N.

D. Erbrechtsreform 2010

15 Vor dem Hintergrund der verfassungsgerichtlichen Rechtsprechung war von Anfang an klar, dass auch im Rahmen des Gesetzes zur Änderung des Erb- und Verjährungsrechts[42] das Pflichtteilsrecht nicht grundsätzlich in Frage gestellt werden würde. Die Zielsetzung bestand vielmehr darin, das Pflichtteilsrecht an die seit Inkrafttreten des BGB eingetretenen gesellschaftlichen Veränderungen anzupassen. Dabei hat sich der Gesetzgeber auf einige wenige punktuelle Änderungen beschränkt.[43] Demzufolge wird auch nach Inkrafttreten der Neuregelungen zum 1.1.2010 eine bedarfsunabhängige und unentziehbare Mindestteilhabe der Pflichtteilsberechtigten am Nachlass gewährleistet. Die Rechtfertigung hierfür sieht der Gesetzgeber in einem Verhältnis gegenseitiger familiärer Verantwortung füreinander, wobei diese Verantwortung sowohl im Verhältnis Eltern zu Kindern als auch im umgekehrten Verhältnis Kinder zu Eltern ihren Niederschlag finden müsse. Testierfreiheit auf der einen und verfassungsrechtlich garantiertes Pflichtteilsrecht auf der anderen Seite bilden daher die beiden Contra-Punkte, zwischen denen die Überarbeitung des Pflichtteilsrechts zu erfolgen hatte.[44] Konkret ging es dem Gesetzgeber darum, das Selbstbestimmungsrecht und damit verbunden die Testierfreiheit des Erblassers zu erweitern, die Rechte der Erben gegenüber den Pflichtteilsberechtigten zu stärken, Leistungen aufgrund von Familiensolidarität (insbesondere Pflegeleistungen) stärker zu honorieren bzw. auszugleichen und Vereinfachungen einzelner Regelungen sowie insgesamt eine Modernisierung des Pflichtteilsrechts vorzunehmen. Gleichzeitig sollte die erbrechtliche Sonderverjährung so weit wie möglich zugunsten der dreijährigen Regelverjährung zurückgedrängt werden.[45] Einige der anfänglich in den Gesetzentwurf aufgenommenen Vorschläge wurden im Rahmen des Gesetzgebungsverfahrens wieder gestrichen. Dies gilt insbesondere für die ursprünglich geplante Möglichkeit des Erblassers, auch nachträglich noch Ausgleichungs- bzw. Anrechnungsanordnungen durch letztwillige Verfügung treffen zu können.

16 Im Ergebnis lassen sich die wesentlichen Veränderungen durch das Gesetz zur Änderung des Erb- und Verjährungsrechts vom 24.9.2009 in Ansehung des Pflichtteilsrechts wie folgt zusammenfassen:

17 § 2057a Abs. 1 S. 2 BGB wurde neu gefasst. Er lautet nunmehr: „Dies gilt auch für einen Abkömmling, der den Erblasser während längerer Zeit gepflegt hat". Das bisherige Erfordernis, dass diese Pflege unter Verzicht auf eigenes Einkommen erfolgen musste, ist gleichzeitig entfallen. Auch wenn sich die Ausgleichung nach § 2057a BGB in erster Linie auf die Erbauseinandersetzung bezieht, wirkt sie sich über § 2316 BGB auch – und das mitunter ganz erheblich – auf den Pflichtteil aus.

18 Für den rechtlichen Berater besonders wichtig sind die Änderungen in § 2306 Abs. 1 BGB. Hier galten für Erbfälle vor dem 1.1.2010 unterschiedliche Rechtsfolgen, je nachdem, ob der dem Pflichtteilsberechtigten hinterlassene Erbteil über oder unter seiner Pflichtteilsquote lag. Diese Unterscheidung ist für Erbfälle nach dem 31.12.2009 entfallen. Nach aktuellem Recht kann der Pflichtteilsberechtigte, dem (irgend) ein beschwerter bzw. belasteter Erbteil hinterlassen ist, stets frei wählen, ob er den Erbteil (dann allerdings mit allen Beschränkungen und Beschwerungen) annehmen oder ihn

---

42 Gesetz zur Reform des Erb- und Verjährungsrechts, BGBl I 2009, 3142 f.

43 *Hölscher/Mayer*, in: Mayer/Süß/Tanck/Bittler, HB Pflichtteilsrecht (4. Aufl.), § 1 Rn 6; MüKo/*Lange*, § 2303 Rn 2.

44 Vgl. Gesetzesbegründung, BT-Drucks 16/8954, S. 9; *Bonefeld/Lange/Tanck*, ZErb 2007, 292 f.; *T. Meyer*, FPR 2008, 537.

45 Vgl. Staudinger/*Otte* (2015), Vorbem. zu §§ 2303 ff. Rn 26; *Hölscher*, in: Mayer/Süß/Riedel/Bittler, HB Pflichtteilsrecht, § 1 Rn 41.

ausschlagen und seinen Pflichtteil geltend machen möchte. Die Rechtslage ist dadurch der beim Vermächtnis (§ 2307 BGB) angenähert.

§ 2325 Abs. 3 BGB wurde um eine sog. pro-rata-Regelung ergänzt. Die Folge ist, 19
dass bereits während der schon nach altem Recht bekannten Zehn-Jahres-Frist eine wertmäßige Abschmelzung der im Rahmen von Pflichtteilsergänzungsansprüchen zu berücksichtigenden lebzeitigen Zuwendungen erfolgt. Für jedes volle Jahr, das zwischen Schenkung und Erbfall vergangen ist, mindert sich der in die Pflichtteilsergänzungsberechnung einzubeziehende Wert der Zuwendung um 1/10.

Die Stundungsvorschrift des § 2331 a BGB hat im Wesentlichen redaktionelle Änderun- 20
gen erfahren. Sprach das Gesetz früher von einer „ungewöhnlichen Härte", soll nunmehr eine „unbillige Härte" für die Stundung genügen. Der Gesetzgeber hat hiermit eine Herabsetzung der Anforderungen angestrebt, gleichzeitig aber angeordnet, dass im Rahmen der Stundungsentscheidung auch die Interessen des Pflichtteilsberechtigten zu berücksichtigen seien. Große praktische Bedeutung scheint diese Änderung nicht gehabt zu haben.

Schließlich wurde auch das Recht der Pflichtteilsentziehung (§§ 2333 ff. BGB) überar- 21
beitet. Die Pflichtteilsentziehungsgründe wurden für alle Pflichtteilsberechtigten einheitlich in § 2333 BGB zusammengefasst. Die früheren §§ 2334 und 2335 BGB konnten daher entfallen. Gleichzeitig hat der Gesetzgeber den Kreis der Personen, bei denen ein vom Pflichtteilsberechtigten gezeigtes Fehlverhalten eine Pflichtteilsentziehung rechtfertigt, erweitert. Nunmehr sind auch Lebenspartner und andere nahestehende Personen in den Schutzbereich der Pflichtteilsentziehungsnormen miteinbezogen.

Weiterhin wurde der als nicht mehr zeitgemäß empfundene Entziehungsgrund des 22
„ehrlosen oder unsittlichen Lebenswandels wider den Willen des Erblassers" (§ 2333 Nr. 5 BGB a.F.) vollständig neu gefasst. Daher bildet nach geltendem Recht die rechtskräftige Verurteilung wegen einer vorsätzlich begangenen Straftat zu einer Freiheitsstrafe von mindestens einem Jahr ohne Bewährung den maßgeblichen Anknüpfungspunkt. Im Hinblick darauf, dass das BVerfG für die Pflichtteilsentziehung einen natürlichen Schuldvorwurf, dessen Anforderungen deutlich unter den strafrechtlichen liegen, fordert, kann die Pflichtteilsentziehung auch im Falle der Unterbringung des Pflichtteilsberechtigten in einem psychiatrischen Krankenhaus oder einer Entziehungsanstalt wegen einer ähnlich schwerwiegenden vorsätzlichen Tat erfolgen.

Gem. Art. 229 § 23 EGBGB gilt das neue Recht für alle Erbfälle, die ab dem 1.1.2010 23
(also nach dem 31.12.2009) eintreten. Hinsichtlich der pro-rata-Regelung des § 2325 Abs. 3 S. 1 und 2 BGB n.F. bedeutet dies, dass auch Schenkungen, die vor Inkrafttreten der gesetzlichen Neuregelung erfolgten, im Rahmen der Berechnung des Pflichtteilsergänzungsanspruchs neuem Recht unterliegen.

§ 2303 Pflichtteilsberechtigte; Höhe des Pflichtteils

(1) [1]Ist ein Abkömmling des Erblassers durch Verfügung von Todes wegen von der Erbfolge ausgeschlossen, so kann er von dem Erben den Pflichtteil verlangen. [2]Der Pflichtteil besteht in der Hälfte des Wertes des gesetzlichen Erbteils.
(2) [1]Das gleiche Recht steht den Eltern und dem Ehegatten des Erblassers zu, wenn sie durch Verfügung von Todes wegen von der Erbfolge ausgeschlossen sind. [2]Die Vorschrift des § 1371 bleibt unberührt.

Literatur
Siehe Vorbemerkung zu §§ 2303 ff.

Übersicht: Rdn

A. Allgemeines

Aufgrund seiner Testierfreiheit hat der Erblasser die Möglichkeit, auch seine **nächsten** 1
Angehörigen zu enterben. Wirtschaftlich wird die Testierfreiheit durch die §§ 2303 ff. BGB für den dort definierten Personenkreis durch die Gewährung eines Pflichtteilsanspruchs eingeschränkt.[1] Der Aufnahme eines solchen Pflichtteilsrechts durch den Gesetzgeber lag der Gedanke zugrunde, dass den Erblasser eine über seinen Tod hinausgehende Sorgfaltspflicht gegenüber seinen nächsten Angehörigen treffe. Das Pflichtteilsrecht gewährleistet diesen eine Mindestteilhabe am Nachlass, allerdings nicht in der Form eines echten Noterbrechts (mit dinglicher Beteiligung), sondern in Form eines reinen Geldanspruchs.[2] Entsprechend den Ausführungen des BVerfG[3] ist die Mindestbeteiligung der Kinder bzw. Eltern bedarfsunabhängig und steht als tragendes Strukturprinzip unter dem verfassungsrechtlichen Schutz der Erbrechtsgarantie des Art. 14 Abs. 1 S. 1 GG.

Vor diesem Hintergrund steht dem Pflichtteilsberechtigten auch im Verhältnis gegenüber Dritten, z.B. seinen Angehörigen, grundsätzlich ein freies Entscheidungsrecht zu, ob er seine Ansprüche geltend machen möchte oder nicht. Insbesondere stellt das Einfordern rechtsfehlerfrei festgestellter Pflichtteilsansprüche grundsätzlich keinen die Annahme einer feindlichen Gesinnung rechtfertigenden Grund für einen Schenkungswiderruf wegen groben Undanks (§ 530 BGB) dar.[4] Auf der anderen Seite bildet der Verzicht auf die Geltendmachung eines Pflichtteilsanspruchs während der insolvenzrechtlichen Wohlverhaltensphase keine Obliegenheitsverletzung.[5] Auch wenn der Pflichtteilsanspruch mit dem Erbfall entsteht (§§ 2317 Abs. 1, 1922 Abs. 1 BGB) und von diesem Zeitpunkt an zum Vermögen des Pflichtteilsberechtigten gehört,[6] ist der Anspruch nach § 852 Abs. 1 ZPO nur pfändbar, wenn er entweder durch Vertrag anerkannt oder rechtshängig geworden ist. Dennoch geht der BGH davon aus, dass die Entscheidung über die Geltendmachung von Pflichtteilsansprüchen (ebenso wie die Entscheidung über die Ausschlagung) einen so höchstpersönlichen Charakter auf-

1 „Gegengewicht" zur Testierfreiheit, vgl. Burandt/Rojahn/*Horn*, Erbrecht, § 2303 Rn 2.
2 MüKo/*Lange*, § 2303 Rn 1; Burandt/Rojahn/*Horn*, Erbrecht, § 2303 Rn 3; BeckOGK/*Obergfell*, § 2303 Rn 2, 20 m.w.N.
3 Beschl. v. 19.4.2005, BVerfGE 112, 332 = ZErb 2005, 169 m. Anm. *Lange*, 205.
4 OLG Karlsruhe ZErb 2010, 55 f.
5 BGH ZEV 2013, 268, 269; BGH ZErb 2009, 281.
6 BGHZ 123, 183, 187; BGH ZInsO 2009, 299, 300.

weist, dass eine Verpflichtung zur Pflichtteilsgeltendmachung auch für einen insolventen Pflichtteilsgläubiger nicht bestehen kann. Nichtsdestotrotz hat der Gesetzgeber mit § 93 Abs. 1 S. 4 SGB XII eine spezialgesetzliche Sonderregelung geschaffen, die § 852 Abs. 1 ZPO verdrängt und es dem Träger der Sozialhilfe ermöglicht, Pflichtteilsansprüche – bereits vor Geltendmachung – auf sich überzuleiten. Der Sozialhilfeträger ist auch nicht daran gehindert, gegen den Willen des Pflichtteilsberechtigten dessen Ansprüche geltend zu machen.[7] Einschränkungen bestehen hier aber dann, wenn mit der Geltendmachung aufgrund einer Pflichtteilsstrafklausel (z.B. in einem gemeinschaftlichen Testament) der Verlust eines späteren testamentarischen Erbteils verbunden ist.[8]

B. Tatbestand

I. Allgemeines (Tatbestandsmerkmale)

2 Voraussetzung für das Bestehen eines ordentlichen Pflichtteilsanspruchs ist, dass der Anspruchsteller zum Kreis der pflichtteilsberechtigten Personen gehört und durch Verfügung des Erblassers von der Erbfolge ausgeschlossen wurde.[9]

Mit dem Eintritt des Erbfalls wandelt sich unter diesen Voraussetzungen die bereits zu Lebzeiten des Erblassers bestehende abstrakte Pflichtteilsberechtigung in einen konkreten und bezifferbaren Geldanspruch, den Pflichtteilsanspruch.[10]

II. Pflichtteilsberechtigte Personen

1. Kreis der Pflichtteilsberechtigten

3 Zum Kreis der pflichtteilsberechtigten Personen zählen die Abkömmlinge des Erblassers (Abs. 1) sowie seine Eltern und sein Ehegatte (Abs. 2). Für Erbfälle seit dem 1.8.2001[11] ist auch der eingetragene Lebenspartner einer gleichgeschlechtlichen Partnerschaft pflichtteilsrechtlich einem Ehegatten gleichgestellt.[12] Für die Bestimmung des jeweiligen Verwandtschaftsverhältnisses sind ebenso wie bei der gesetzlichen Erbfolge die familienrechtlichen Regelungen maßgeblich.[13]

Nicht pflichtteilsberechtigt sind sämtliche Verwandte, die in § 2303 BGB nicht ausdrücklich genannt sind, insbesondere also die Großeltern oder entferntere Voreltern sowie die Geschwister des Erblassers und deren Abkömmlinge (Nichten, Neffen etc.).

2. Abkömmlinge des Erblassers

a) Grundsatz

4 Die Abkömmlinge des Erblassers sind die Erben **erster Ordnung** i.S.d. § 1924 Abs. 1 BGB, also seine Verwandten in gerader absteigender Linie (§ 1589 Abs. 1 S. 1 BGB)[14] (Kinder, Enkel, Urenkel etc.). Das Verwandtschaftsverhältnis eines Abkömmlings zur Mutterfamilie wird nach § 1591 BGB durch die Frau vermittelt, die das Kind geboren

7 BGH ZEV 2006, 76.

8 OLG Frankfurt ZErb 2004, 201 ff.; OLG Karlsruhe ZErb 2004, 193 ff.

9 BeckOGK/*Obergfell*, § 2303 Rn 21; Burandt/Rojahn/*Horn*, Erbrecht, § 2303 Rn 18, 21; MüKo/*Lange*, § 2303 Rn 17.

10 BeckOGK/*Obergfell*, § 2303 Rn 22.

11 Gesetz zur Beendigung der Diskriminierung gleichgeschlechtlicher Partnerschaften vom 22.2.2001, BGBl I 2001, 266.

12 Staudinger/*Otte* (2021), § 2303 Rn 2, 21; BeckOGK/*Obergfell*, § 2303 Rn 30; MüKo/*Lange*, § 2303 Rn 11.

13 Staudinger/*Haas* (2006), § 2303 Rn 2; BeckOGK/*Obergfell*, § 2303 Rn 23.

14 MüKo/*Lange*, § 2303 Rn 26; Staudinger/*Otte* (2021), § 2303 Rn 4 ff.; BeckOGK/*Obergfell*, § 2303 Rn 24; Burandt/Rojahn/*Horn*, Erbrecht, § 2303 Rn 35.

hat,[15] und zwar auch dann, wenn das Kind nicht genetisch von ihr abstammt.[16] Demgegenüber setzt das Verwandtschaftsverhältnis zur Vaterfamilie die Zuordnung des in Betracht kommenden Mannes als rechtlicher Vater des Kindes i.S.v. § 1592 BGB voraus.[17] Gem. § 1592 Nr. 1 BGB ist Vater eines Kindes der Mann, der zum Zeitpunkt der Geburt mit der Mutter des Kindes verheiratet ist.[18] Dies gilt selbst dann, wenn es offenbar unmöglich ist, dass die Frau das Kind von ihm empfangen hat.[19] Entscheidend ist die rechtliche, nicht die genetische Abstammung.[20] § 1592 BGB gilt übrigens nicht für die Ehefrau der Mutter; sie wird daher nicht rechtlicher Elternteil des Kindes.[21]
Die Frage der (tatsächlichen) Abstammung kann im Rahmen eines Pflichtteilsprozesses nicht – z.B. auf Einwand des beklagten Erben – zum Prozessgegenstand gemacht und inzidenter geprüft werden.[22] Es handelt sich vielmehr um eine eigenständige, selbstständig zu klärende Vorfrage. Pflichtteilsansprüche können im Streitfall erst nach rechtskräftiger Feststellung der Vaterschaft geltend gemacht werden.[23]
Soweit der Mann die Vaterschaft für ein außerhalb (s)einer Ehe geborenes Kind anerkannt hat oder seine Vaterschaft rechtskräftig festgestellt ist (§§ 1592 Nr. 2 und 3, 1594, 1600d, 1600e BGB), handelt es sich auch bei diesem Kind um einen Abkömmling im pflichtteilsrechtlichen Sinne.[24]
Durch das Zweite Gesetz zur erbrechtlichen Gleichstellung nichtehelicher Kinder vom 12.4.2011[25] ist zwischenzeitlich sichergestellt, dass auch vor dem 1.7.1949 geborene nichteheliche Kinder nach ihrem Vater vollumfänglich erb-und pflichtteilsberechtigt sind (Details vgl. Rdn 10 ff.).
Weiterhin ist zu beachten, dass das Pflichtteilsrecht der entfernteren Abkömmlinge ausgeschlossen ist, wenn der die Verwandtschaft vermittelnde nähere Abkömmling bei Eintritt des Erbfalls noch am Leben ist.[26] Darüber hinaus gelten gem. § 2309 BGB Einschränkungen für den Fall, dass der die Verwandtschaft vermittelnde nähere Abkömmling noch am Leben, aber erbrechtlich weggefallen ist. Zu den Abkömmlingen i.S.d. § 2303 BGB zählt, für den Fall dass er lebend geboren wird, auch der nasciturus (vgl. § 1923 Abs. 2 BGB), der zur Zeit des Erbfalles bereits gezeugt war.[27]

---

15 Burandt/Rojahn/*Horn*, Erbrecht, § 2303 Rn 36.
16 BeckOGK/*Obergfell*, § 2303 Rn 24.
17 LG Hagen ZErb 2017, 109; Staudinger/*Otte* (2021), § 2303 Rn 5; Staudinger/*Haas* (2006), § 2303 Rn 4; MüKo/*Lange*, § 2303 Rn 26; Burandt/Rojahn/*Horn*, Erbrecht, § 2303 Rn 37; vgl. auch *Karczewski*, ZEV 2014, 641.
18 BeckOGK/*Obergfell*, § 2303 Rn 24; MüKo/*Lange*, § 2303 Rn 26. Der Nachweis kann z.B. durch Abstammungsurkunde geführt werden (§ 54 Abs. 2 PStG), LG Hagen ZErb 2017, 109.
19 BeckOK BGB/*Hahn*, § 1592 Rn 3; *Mayer*, ErbR 2010, 34, 37.
20 LG Hagen ZErb 2017, 109; *Horn*, in: MAH Erbrecht, § 29 Rn 8.
21 Vgl. BGH NJW 2019, 153; OLG Dresden FamRZ 2018, 1165; OLG Stuttgart FamRZ 2022, 1292; BeckOK BGB/*Hahn*, § 1592 Rn 3.
22 OLG Koblenz ZEV 2013, 389, 390; OLG Frankfurt NJW-RR 2017, 519; Staudinger/*Otte* (2021), § 2303 Rn 5; *Horn*, in: MAH Erbrecht, § 29 Rn 8 unter Hinweis auf OLG Frankfurt ErbR 2017, 164; vgl. auch BGH ZEV 2013, 388 zu § 1593 BGB a.F.
23 OLG Düsseldorf ZEV 2017, 717; keine inzidente Feststellung im Zivilprozess, vgl. OLG Frankfurt NJW-RR 2017, 519 zum Erbscheinsverfahren.
24 Vgl. MüKo/*Lange*, § 2303 Rn 26; BeckOGK/*Obergfell*, § 2303 Rn 24; Staudinger/*Otte* (2021), § 2303 Rn 5.
25 BGBl I 2011, 615; vgl. auch BeckOGK/*Obergfell*, § 2303 Rn 24; *Krug*, ZEV 2011, 397; *Bäßler*, ZErb 2011, 92, 95 f.
26 *Kerscher/Riedel/Lenz*, Pflichtteilsrecht, § 6 Rn 12; vgl. auch RGZ 93, 193, 196: „Demselben Stamm darf nicht zweimal ein Pflichtteil gewährt werden."
27 Staudinger/*Otte* (2021), § 2303 Rn 8; Staudinger/*Haas* (2006), § 2303 Rn 3; BeckOGK/*Obergfell*, § 2303 Rn 24.

b) Adoptivkinder

aa) Adoptionen in der Zeit bis zum 31.12.1976

5 Die Annahme an Kindes statt löste nach altem Recht (gültig bis 31.12.1976) das Verwandtschaftsband zu den natürlichen Eltern und Verwandten des zu adoptierenden Kindes nicht auf. Das Adoptivkind behielt also sein Erb- und Pflichtteilsrecht gegenüber seinen Blutsverwandten, § 1764 BGB a.F. Durch die **Adoption** erwarb das Kind zusätzlich ein Erb- und Pflichtteilsrecht nach dem Annehmenden, nicht jedoch nach dessen Verwandten (z.B. Eltern und Großeltern des Annehmenden), § 1763 BGB a.F. Durch die Annahme an Kindes statt wurde auch kein Erbrecht des Annehmenden begründet, § 1759 BGB a.F. Nach § 1767 Abs. 1 BGB a.F. konnte das Erbrecht des Adoptivkindes gegenüber dem Annehmenden im Adoptionsvertrag ausgeschlossen werden. Es war auch möglich, den Ausschluss nur auf das Pflichtteilsrecht zu beschränken. Regelfall der Adoption war die Minderjährigenadoption. Die Volljährigenadoption war nur ausnahmsweise möglich. Wurde bei der Adoption eines Volljährigen vor dem 1.1.1977 das Erbrecht gegenüber dem Annehmenden im Adoptionsvertrag ausgeschlossen, hat diese Regelung auch noch heute und für die Zukunft Bestand und schließt somit auch das Pflichtteilsrecht aus.

bb) Adoptionen seit dem 1.1.1977

6 Seit dem 1.1.1977[28] wird die Adoption Minderjähriger von der Adoption Volljähriger unterschieden.[29] Die **Adoption** eines **minderjährigen Kindes** – maßgeblich ist der Zeitpunkt des familiengerichtlichen Ausspruchs der Annahme[30] – führt zur sog. Volladoption, so dass das angenommene Kind die Stellung eines ehelichen Kindes des Annehmenden (bzw. eines gemeinschaftlichen ehelichen Kindes) erlangt.[31] D.h., das Verwandtschaftsband des adoptierten Kindes zu seiner natürlichen Familie wird aufgelöst.[32] Dies hat zur Folge, dass das Kind sein Erb- und Pflichtteilsrecht gegenüber seinen natürlichen Eltern und Großeltern verliert, § 1755 BGB. In die Familie des Annehmenden wird es vollständig und mit allen rechtlichen Konsequenzen eingegliedert.[33] Es erlangt sowohl gegenüber dem Annehmenden als auch gegenüber dessen Eltern und Großeltern volle Erb- und Pflichtteilsrechte, § 1754 BGB.[34] Nur in Ausnahmefällen wird das Band zu den Blutsverwandten nicht aufgelöst. Es handelt sich hierbei um die Fälle der Verwandten-, Verschwägerten- und Stiefkindadoption, §§ 1755 Abs. 2, 1756 Abs. 1, 2 BGB. In diesen Fällen bleiben Erb- und Pflichtteilsrechte nach den Blutsverwandten des Adoptivkindes erhalten[35] (im Falle der Stiefkindadoption gilt dies allerdings nur dann, wenn der Elternteil, an dessen Stelle der Annehmende tritt,

---

28 Adoptionsgesetz (AdoptG) v. 2.7.1976, BGBl I 1976, 1749.

29 Zum Übergangsrecht nach Art. 12 Adoptionsgesetz vgl. *Horn*, in: MAH Erbrecht, § 29 Rn 13.

30 Die Adoption kann auch noch nach dem Tod des Annehmenden ausgesprochen werden, wenn er sie zu Lebzeiten beantragt hatte. Sie wirkt in diesen Fällen zurück, so dass der Angenommene als Kind gilt und somit auch pflichtteilsberechtigt ist; vgl. auch Burandt/Rojahn/*Horn*, Erbrecht, § 2303 Rn 46.

31 OLG Köln FamRZ 2012, 483, 484; BeckOGK/*Obergfell*, § 2303 Rn 24; Staudinger/*Otte* (2021), § 2303 Rn 8; MüKo/*Lange*, § 2303 Rn 27.

32 BeckOGK/*Obergfell*, § 2303 Rn 24; Burandt/Rojahn/*Horn*, Erbrecht, § 2303 Rn 47; *Klingelhöffer*, Pflichtteilsrecht, Teil 2 Rn 49; MüKo/*Lange*, § 2303 Rn 28.

33 OLG Köln FamRZ 2012, 483, 484.

34 Staudinger/*Otte* (2021), § 2303 Rn 10; Staudinger/*Haas* (2006), § 2303 Rn 22; MüKo/*Lange*, § 2303 Rn 27; BeckOGK/*Obergfell*, § 2303 Rn 25; vgl. auch OLG Köln FamRZ 2012, 483, 484.

35 Staudinger/*Otte* (2021), § 2303 Rn 10; MüKo/*Lange*, § 2303 Rn 28; BeckOGK/*Obergfell*, § 2303 Rn 26.

verstorben ist und zuvor die elterliche Sorge innehatte; § 1756 Abs. 2 BGB).[36] Es kommt so zu einer „Aufblähung" der Pflichtteilsrechte.[37]
Als Volladoption sind auch alle vor der Wiedervereinigung erfolgten Annahmeverhältnisse von minderjährigen Kindern in der damaligen DDR anzusehen.[38]

7 Bei der Annahme Volljähriger wird das Verwandtschaftsband zu den Blutsverwandten hingegen grundsätzlich nicht zerschnitten, § 1770 Abs. 2 BGB. Der Angenommene bleibt daher gegenüber den natürlichen Verwandten erb- und pflichtteilsberechtigt.[39] Die verwandtschaftlichen Beziehungen gegenüber dem Annehmenden werden quasi zusätzlich begründet;[40] nicht jedoch gegenüber dessen Verwandten, § 1770 Abs. 1 BGB.[41] Auf Antrag kann das FamG der Adoption eines Volljährigen die rechtlichen Wirkungen der Adoption eines Minderjährigen zusprechen. Geschieht dies, gelten die Regeln der Volladoption eines Minderjährigen entsprechend, § 1772 BGB.[42]

8 Übersicht zum Erb- und Pflichtteilsrecht des adoptierten Kindes[43]

Erbrecht des adoptierten Kindes gegenüber	**vor dem 1.1.1977 minderjährig/ volljährig**	**nach dem 1.1.1977 minderjährig**	**nach dem 1.7.1977 volljährig**
seinen leiblichen Eltern	§ 1764 BGB a.F., Erbrecht bleibt bestehen	§ 1755 Abs. 1 BGB, Erbrecht erlischt außer bei Halbwaisenadoption (§ 1756 Abs. 2 BGB)	§ 1770 BGB, Erbrecht bleibt erhalten außer bei Adoption mit starker Wirkung (§ 1772 BGB)
Verwandten der leiblichen Eltern	§ 1764 BGB a.F., Erbrecht bleibt bestehen	§ 1755 Abs. 1 BGB, Erbrecht erlischt außer bei Verwandtenadoption (§ 1756 Abs. 1 BGB)	§ 1770 BGB, Erbrecht bleibt erhalten außer bei Adoption mit starker Wirkung (§ 1772 BGB)
seinen Adoptiveltern	§ 1757 BGB a.F., Erbrecht entsteht, falls nicht ausgeschlossen (1767 Abs. 1 BGB a.F.)	§ 1754 BGB, Erbrecht entsteht	§§ 1754, 1767 Abs. 2 BGB, Erbrecht entsteht
Verwandten der Adoptiveltern	§ 1763 BGB a.F., Erbrecht entsteht nicht	§ 1754 BGB, Erbrecht entsteht	§ 1770 Abs. 1 BGB, Erbrecht entsteht nicht, es sei denn § 1772 BGB greift ein

36 Vgl. BGH ErbR 2010, 93 f.
37 Staudinger/*Haas* (2006), § 2303 Rn 22; MüKo/*Lange*, § 2303 Rn 28.
38 LG Mühlhausen ZErb 2009, 69.
39 MüKo/*Lange*, § 2303 Rn 29; BeckOGK/*Obergfell*, § 2303 Rn 25; Staudinger/*Otte* (2021), § 2303 Rn 10; Burandt/Rojahn/*Horn*, Erbrecht, § 2303 Rn 48.
40 BeckOGK/*Obergfell*, § 2303 Rn 25; Staudinger/*Otte* (2021), § 2303 Rn 10; MüKo/*Lange*, § 2303 Rn 30; *Kappler*, ZEV 2015, 437.
41 BeckOGK/*Obergfell*, § 2303 Rn 25.
42 Auch § 1756 Abs. 2 BGB ist insoweit anzuwenden, so dass bei Vorliegen der entsprechenden Voraussetzungen das Verwandtschaftsverhältnis zu den leiblichen Verwandten aufrechterhalten bleibt mit der Folge, dass insoweit auch – nach wie vor – Pflichtteilsansprüche in Betracht kommen, BGH FamRZ 2010, 273; vgl. MüKo/*Lange*, § 2303 Rn 30.
43 Nach *Kerscher/Riedel/Lenz*, Pflichtteilsrecht, § 4 Rn 44.

9 Übersicht zum Erb- und Pflichtteilsrecht der Adoptiveltern und Verwandten gegenüber dem adoptierten Kind[44]

Erbrecht gegenüber dem adoptierten Kind	vor dem 1.1.1977 minderjährig/ volljährig	nach dem 1.1.1977 minderjährig	nach dem 1.7.1977 volljährig
leibliche Eltern	§ 1764 BGB a.F., Erbrecht bleibt bestehen	§ 1751 Abs. 1 BGB, Erbrecht erlischt	§ 1770 Abs. 2 BGB, Erbrecht bleibt erhalten
Verwandte der leiblichen Eltern	§ 1764 BGB a.F., Erbrecht bleibt bestehen	§ 1755 Abs. 1 BGB, Erbrecht erlischt außer bei Verwandtenadoption (§ 1756 Abs. 1 BGB) und bei Halbwaisenadoption (§ 1756 Abs. 2 BGB)	§ 1770 Abs. 2 BGB, Erbrecht bleibt erhalten
Adoptiveltern	§ 1759 BGB a.F., Erbrecht entsteht nicht	§ 1754 BGB, ein Erbrecht entsteht	§§ 1754, 1767 Abs. 2 BGB, ein Erbrecht entsteht
Verwandte der Adoptiveltern	§§ 1759, 1763 BGB a.F., Erbrecht entsteht nicht	§ 1754 BGB, Erbrecht entsteht	§ 1770 Abs. 1 BGB, Erbrecht entsteht nicht

c) Nichteheliche Kinder

aa) Bedeutung des Kindschaftsrechtsreformgesetzes und des Erbrechtsgleichstellungsgesetzes

10 Mit Inkrafttreten des KindRG sind die Vorschriften über die Legitimation nichtehelicher Kinder (§§ 1719–1740g BGB a.F.) ersatzlos entfallen. Mit der früheren Regelung sollte einem nichtehelichen Kind bei nachfolgender Eheschließung der Eltern der Status eines ehelichen Kindes zukommen. Mit der Gleichstellung ehelicher und nichtehelicher Kinder seit dem 1.4.1998[45] war diese Regelung überflüssig geworden, insbesondere im Hinblick auf die neuen Abstammungsvorschriften. Das bisherige Recht gilt aber in Ausnahmefällen weiter, nämlich dann, wenn vor dem 1.4.1998

- der Erblasser verstorben ist,
- eine rechtswirksame Vereinbarung über den Erbausgleich getroffen wurde oder
- der Erbausgleich durch rechtskräftiges Urteil zuerkannt worden war.

11 An diesen Ausnahmen hat sich auch durch die letzten gesetzgeberischen Maßnahmen (Zweites Gesetz zur erbrechtlichen Gleichstellung nichtehelicher Kinder)[46] nichts geändert. Im Übrigen ist nach aktueller Gesetzeslage (mit Wirkung ab dem 29.5.2009) eine völlige Gleichstellung ehelicher und nichtehelicher Kinder gewährleistet.[47]
In der Zeit vor dem 29.5.2009 galt dies jedoch (noch) nicht uneingeschränkt. Denn vor dem 1.7.1949 geborene Kinder nahmen eine Sonderstellung ein; für sie stellte sich die Situation wie folgt dar:

---

44 *Kerscher/Riedel/Lenz*, Pflichtteilsrecht, § 4 Rn 45.

45 Erbrechtsgleichstellungsgesetz – ErbGleichG – v. 16.12.1997, BGBl I 1997, 2968, in Kraft getreten am 1.4.1998.

46 V. 12.4.2011, verkündet am 15.4.2011 in BGBl I 2011, 615; vgl. hierzu: *Krug*, ZEV 2011, 397; *Bäßler*, ZErb 2011, 92, 95 ff.; *Rebhan*, MittBayNot 2011, 285.

47 *Hölscher*, in: Mayer/Süß/Riedel/Bittler, HB Pflichtteilsrecht, § 2 Rn 8 mit instruktiver Übersicht Rn 10.

Gem. § 10 Abs. 2 NEhelG hatten nichteheliche Kinder, die vor dem 1.7.1949 geboren wurden (und deren Vater zur Zeit der Geburt in den „alten Bundesländern“ lebte), kein gesetzliches Erbrecht nach ihrem Vater und umgekehrt. Hieran hatte sich auch durch das Inkrafttreten des Erbrechtsgleichstellungsgesetzes (zunächst) nichts geändert. Die Regelung wurde vielmehr ausdrücklich beibehalten,[48] um zu verhindern, dass Väter nach über 40 Jahren mit Erb- und Pflichtteilsansprüchen konfrontiert wurden, die sie bei ihren vermögens- und erbrechtlichen Dispositionen bislang außer Acht lassen konnten. Mangels **erbrechtlicher Legitimation** bestand bei diesen nichtehelichen Kindern auch kein Pflichtteilsrecht nach dem Vater.[49] Art. 14 § 14 KindRG eröffnete aber durch die Einführung eines neuen § 10a NEhelG a.F. die Möglichkeit, dass Vater und nichteheliches Kind durch notariell beurkundete Vereinbarung die Anwendung des § 10 Abs. 2 NEhelG a.F. ausschließen konnten. Waren Vater oder Kind verheiratet, bedurfte die Vereinbarung der notariell beurkundeten Einwilligung des jeweiligen Ehegatten, § 10a Abs. 3 S. 1 NEhelG a.F. Wurde von dieser Möglichkeit Gebrauch gemacht, bestanden konsequenterweise auch wechselseitige Pflichtteilsansprüche.

Nichteheliche Kinder, die vor dem 1.7.1949 geboren wurden, deren Vater jedoch seinen gewöhnlichen Aufenthalt in der ehemaligen DDR hatte, hatten entsprechend dem damaligen Recht der DDR nach ihm ein volles Erbrecht, und zwar unabhängig davon, ob der Vater vor oder nach dem Beitritt der DDR am 3.10.1990 verstarb, Art. 235 § 1 Abs. 1 EGBGB. Für das Erbrecht des Vaters und der väterlichen Verwandten beim Tod des nichtehelichen Kindes kam es entscheidend auf den Wohnsitz des Vaters im Zeitpunkt der Wiedervereinigung an.

Zwischen dem 1.7.1949 und der Wiedervereinigung (3.10.1990) in der damaligen DDR 12
geborene und durch den Vater dort anerkannte nichteheliche Abkömmlinge waren nach ihrem Vater ebenfalls pflichtteilsberechtigt. Soweit dieser bis zur Wiedervereinigung im Beitrittsgebiet gelebt hatte und vor dem 1.4.1998 verstorben war, resultierten diese Ansprüche aus Art. 235 § 1 Abs. 2 EGBGB a.F.[50] Seit dem 1.4.1998 waren auch die (seit dem 1.7.1949) in der ehemaligen DDR geborenen nichtehelichen Kinder den ehelichen gleichgestellt.

Die unterschiedliche Behandlung der vor dem 1.7.1949 geborenen nichtehelichen 13
Kinder hatte das BVerfG[51] ausdrücklich für zulässig erklärt. Dem widersprach aber – zu Recht – der Europäische Gerichtshof für Menschenrechte (EGMR), der diese Differenzierung als Verletzung der Rechte der Betroffenen aus Art. 14 EMRK (Diskriminierungsverbot i.V.m. Art. 8 EMRK) wertete.[52] Der Gesetzgeber reagierte hierauf mit dem Zweiten Gesetz zur erbrechtlichen Gleichstellung nichtehelicher Kinder.[53]

Im Zeitablauf ergeben sich vor diesem Hintergrund folgende unterschiedliche Rechtslagen:[54]

Erbfälle vor dem 29.5.2009 unterliegen weiterhin dem seinerzeit geltenden Recht. Eine rückwirkende Anwendung des neuen Rechts für die Zeit vor der Entscheidung des

48 Vgl. *Rauscher*, ZEV 1998, 41, 44.

49 Zur Verfassungsmäßigkeit vgl. BVerfG FamRZ 2004, 433 ff.

50 OLG Dresden ZEV 2010, 260.

51 BVerfGE 44, 1.

52 EGMR ZEV 2009, 510; vgl. hierzu auch *Leipold*, ZEV 2009, 488.

53 V. 12.4.2011, BGBl I 2011, 615.

54 Vgl. hierzu auch *Hölscher*, in: Mayer/Süß/Riedel/Bittler, HB Pflichtteilsrecht, § 2 Rn 7 ff. mit instruktiver Übersicht Rn 10.

EGMR kommt aus verfassungsrechtlichen Gründen prinzipiell nicht in Betracht.[55] Das Rückwirkungsverbot schützt allerdings nur den Bürger, nicht den Staat. Daher regelt Art. 12 § 10 Abs. 2 NEhelG n.F. einen Ersatzanspruch solcher nichtehelicher Kinder, die nach früherem Recht kein Erbrecht nach ihrem Vater besaßen, wenn dieser nach § 1936 BGB vom Fiskus beerbt wurde. Leistungspflichtig ist das jeweilige Land, dem der Nachlass angefallen ist, bzw. der Bund.
Erbfälle ab dem 29.5.2009 unterliegen – ungeachtet des Umstandes, dass die Änderungen des NEhelG erst am 4.11.2011 verkündet wurden – der neuen Rechtslage. Durch die Entscheidung des EGMR sah der Gesetzgeber das Vertrauen der Betroffenen darauf, unter Ausschluss der nichtehelichen Kinder ihres Vaters zu erben, als ausreichend erschüttert an.
Dieser Auffassung hat der EGMR mit seiner jüngsten Entscheidung vom 9.2.2017 aber widersprochen.[56] Seiner Meinung nach diskriminierte Deutschland nichteheliche Kinder weiterhin. Dies veranlasste den BGH[57] dazu, Art. 5 des Zweiten Erbrechtsgleichstellungsgesetzes im Rahmen der Auslegung teleologisch zu erweitern und einer Tochter auch ein Erbrecht nach ihrem bereits am 13.6.1993 verstorbenen nichtehelichen Vater zu gewähren.[58]
Für seit der Verkündung des Gesetzes eintretende Erbfälle ist dessen Anwendung, also die vollständige Gleichstellung, ohnehin klar.[59]

14 Ergänzend ist anzumerken, dass die Gleichstellung nichtehelicher und ehelicher Kinder (bereits anlässlich des Erbrechtsgleichstellungsgesetzes) auch in der **Höfeordnung** (HöfeO) mitvollzogen wurde. §§ 5 und 10 HöfeO wurden entsprechend geändert. Will ein Erblasser vermeiden, dass sein nichteheliches Kind nach aktuellem Recht Hoferbe wird, muss er entweder von der Möglichkeit Gebrauch machen, die Hofübergabe bereits zu Lebzeiten vorzunehmen, oder eine entsprechende letztwillige Verfügung – ebenso wie bzgl. ehelicher Kinder – errichten. Tut er keins von beiden, enthält § 6 HöfeO Regelungen, die den vom Gesetzgerber vermuteten Willen des Erblassers wiedergeben.

bb) Vaterschaftsfeststellung

15 Das gesetzliche Erbrecht und damit auch das Pflichtteilsrecht des nichtehelichen Kindes setzt prinzipiell voraus, dass die Vaterschaft des nichtehelichen Vaters feststeht, und zwar entweder durch Vaterschaftsanerkennung oder durch gerichtliche Feststellung.[60] Für den Fall, dass diese nicht mehr zu Lebzeiten des Erblassers erfolgt, sondern erst nach dem Erbfall wirksam wird, wirkt der Vaterschaftstatbestand in rechtsgestaltender Weise auf den Zeitpunkt der Geburt des jeweiligen Kindes zurück.[61] Mithin besteht auch eine rückwirkende Pflichtteilsberechtigung, so dass das Kind nunmehr den Pflichtteilsanspruch nach seinem Vater[62] (ggf. auch nach dessen Eltern) geltend machen kann.

55 Dies könnte allerdings ebenfalls als Diskriminierung der Betroffenen anzusehen sein, vgl. *Krug*, ZEV 2011, 397, 399; anders aber BVerfG ZEV 2013, 326, das eine entsprechende Verfassungsbeschwerde nicht angenommen hat, da seiner Auffassung nach eine Unvereinbarkeit mit dem GG nicht vorliegt; ebenso BGH ZEV 2012, 32; vgl. auch OLG München ZErb 2013, 60; Staudinger/*Otte* (2021), § 2303 Rn 6.

56 EGMR ErbR 2018, 143; vgl. auch *Litzenburger*, FD-ErbR 2017, 387049.

57 BGH ZEV 2017, 510.

58 Burandt/Rojahn/*Horn*, Erbrecht, § 2303 Rn 44; vgl. auch *Rohlfing*, ErbR 2018, 118, 121.

59 Vgl. *Lange*, ErbR 2013, 183.

60 Staudinger/*Otte* (2021), § 2303 Rn 5.

61 Staudinger/*Otte* (2021), § 2303 Rn 7; Burandt/Rojahn/*Horn*, Erbrecht, § 2303 Rn 37.

62 BGHZ 85, 274, 277; Staudinger/*Otte* (2021), § 2303 Rn 7; MüKo/*Wellenhofer*, § 1594 Rn 18.

Wird nach dem Erbfall festgestellt, dass ein während des Bestehens der Ehe des Erblassers mit der Mutter des Kindes geborenes Kind nicht von dem Erblasser abstammt, kommt auch dieser Feststellung Rückwirkung zu, so dass sich die Erb- und Pflichtteilsquoten der übrigen Abkömmlinge (ggf. auch des überlebenden Ehegatten) rückwirkend erhöhen.[63]

Die Vaterschaftsfeststellung erfordert in jedem Fall ein selbstständiges Verfahren, sie kann nicht inzidenter im Rahmen eines Zivilprozesses über das Pflichtteilsrecht erfolgen.[64]

16 In diesem Zusammenhang ist auch auf den mit Wirkung ab dem 1.7.2018 neu gefassten § 1600d Abs. 4 BGB[65] hinzuweisen, dem zufolge ein Kind, das durch eine ärztlich unterstützte künstliche Befruchtung gezeugt wurde, nicht als Kind des Samenspenders gilt, und dessen Vaterschaft auch nicht gerichtlich festgestellt werden kann.[66]

cc) Pflichtteilsrecht nach der Mutter

17 Nach ihrer Mutter hatten nichteheliche Kinder schon bisher ein volles gesetzliches Erb- bzw. Pflichtteilsrecht; Gleiches galt auch im umgekehrten Fall bzgl. des Erb- und Pflichtteilsrechts der Mutter nach dem Kind. Die Mutterschaft definiert § 1591 BGB n.F. seit dem 1.7.1998 erstmalig wie folgt: „Mutter eines Kindes ist die Frau, die es geboren hat." Entscheidend ist also der Vorgang der Geburt, nicht die genetische Abstammung. Die Herkunft der befruchteten Eizelle ist nicht entscheidend. Die Mutterschaft kann nicht angefochten werden. Die erbrechtlichen Wirkungen zwischen nichtehelichem Kind und Vater treten demgegenüber erst dann ein, wenn die Vaterschaft positiv feststeht. Vorher besteht weder ein Erb- noch ein Pflichtteilsrecht des nichtehelichen Kindes.

3. Eltern des Erblassers

18 Gem. Abs. 2 S. 1 Alt. 1 zählen auch die Eltern zum Kreis der pflichtteilsberechtigten Personen. Auf den Grund der Elternschaft kommt es nicht an,[67] so dass als Eltern grundsätzlich auch die Adoptiveltern anzusehen sind.[68] In den Fällen der Minderjährigenadoption sowie der Volladoption eines Volljährigen verlieren die leiblichen Eltern ihr Pflichtteilsrecht.[69]

Handelt es sich bei dem Erblasser um ein nichteheliches Kind, so gilt die Pflichtteilsberechtigung nicht nur für dessen Mutter, sondern auch für den Vater, wenn dieser die Vaterschaft anerkannt hat oder die Vaterschaft festgestellt wurde (§ 1592 Nr. 2, 3 BGB).[70] Zwar sah Art. 12 § 10 NEhelG a.F. vor, dass dem Vater eines vor dem 1.7.1949 geborenen nichtehelichen Kindes kein Pflichtteilsrecht (nach diesem) zustehen sollte. Diese Vorschrift wurde allerdings durch das BVerfG für verfassungswidrig (Verstoß gegen Art. 6 Abs. 5 GG) erklärt[71] und daher neugefasst. Mithin sind pflichtteilsrecht-

---

63 Staudinger/*Otte* (2021), § 2303 Rn 7.

64 Vgl. OLG Koblenz ZEV 2013, 389 ff.; BGH ZEV 2013, 388; OLG Frankfurt NJW-RR 2017, 519 zum Erbscheinsverfahren.

65 BGBl I 2017, 2513.

66 Vgl. hierzu auch *Grziwotz*, notar 2018, 163; Burandt/Rojahn/*Horn*, Erbrecht, § 2303 Rn 41.

67 Staudinger/*Haas* (2006), § 2303 Rn 25.

68 Das gilt sowohl für die Volladoption Minderjähriger als auch für die Volljährigenadoption; vgl. BeckOGK/*Obergfell*, § 2303 Rn 27; Staudinger/*Otte* (2021), § 2303 Rn 12; MüKo/*Lange*, § 2303 Rn 31.

69 BeckOGK/*Obergfell*, § 2303 Rn 27; Staudinger/*Otte* (2021), § 2303 Rn 12; MüKo/*Lange*, § 2303 Rn 31.

70 BeckOGK/*Obergfell*, § 2303 Rn 27; MüKo/*Lange*, § 2303 Rn 31; Burandt/Rojahn/*Horn*, Erbrecht, § 2303 Rn 53.

71 BVerfG ZErb 2009, 122 Staudinger/*Otte* (2021), § 2303 Rn 12.

lich nunmehr nicht nur nichteheliche Kinder den ehelichen gegenüber ihren jeweiligen Vätern gleichgestellt, sondern auch umgekehrt. Dieselben Grundsätze gelten auch dann, wenn dem nichtehelichen Vater von Gesetzes wegen nur ein Erbersatzanspruch nach § 2338a BGB a.F. zustünde.[72] Wurde ein vorzeitiger Erbausgleich durchgeführt, hat dies allerdings einen Verlust des Pflichtteilsrechts nicht nur für das nichteheliche Kind, sondern auch für den nichtehelichen Vater zur Folge (§§ 1934d und 1934e BGB a.F.).

Pflichtteilsansprüche der Eltern kommen dessen ungeachtet aber nur dann in Betracht, wenn diese als Erben zweiter Ordnung auch tatsächlich – nach den gesetzlichen Regeln – zur Erbfolge berufen wären und nicht gem. § 1930 BGB durch Abkömmlinge (also Erben erster Ordnung) verdrängt würden, vgl. § 2309 BGB.[73]

4. Ehegatte/Gleichgeschlechtlicher Lebenspartner des Erblassers

19 Auch der überlebende Ehegatte zählt zum Kreis der Pflichtteilsberechtigten. Voraussetzung ist, dass er im Zeitpunkt des Erbfalls mit dem Erblasser in einer gültigen Ehe verheiratet war.[74] Zu den gültigen Ehen in diesem Sinne zählen auch die sog. **„freien Ehen"** rassisch und politisch Verfolgter[75] sowie die durch **Fern-** und **Nottrauungen** geschlossenen Ehen.[76] War die Ehe vor dem Tod des Erblassers rechtskräftig für nichtig erklärt (§§ 16, 23 EheG) oder aufgehoben (§§ 28 ff. EheG) worden, besteht kein Pflichtteilsrecht (mehr).[77] Dasselbe gilt, wenn die Ehe rechtskräftig geschieden[78] (§§ 1564 ff. BGB) oder durch Schließung einer neuen Ehe nach einer Todeserklärung (§ 38 Abs. 2 EheG)[79] oder Feststellung der Todeszeit (§ 39 VerschG) aufgelöst worden war.[80] Das bloße Getrenntleben der Ehegatten beseitigt die wechselseitigen Erb- und Pflichtteilsberechtigungen nicht.[81] Nur wenn im Zeitpunkt des Erbfalls bereits alle Voraussetzungen für die Ehescheidung erfüllt waren und der Erblasser die Scheidung beantragt oder ihr zugestimmt[82] hatte, entfallen gem. § 1933 BGB die Erb- und Pflichtteilsrechte.[83]

In diesem Zusammenhang ist zu erwähnen, dass nur dann von einem wechselseitigen Erb- und Pflichtteilsausschluss ausgegangen werden kann, wenn im Scheidungsverfahren auch der Antragsgegner der Scheidung zugestimmt hat.[84] Denn nach § 1933 BGB

72 MüKo/*Lange*, § 2303 Rn 31.

73 BeckOGK/*Obergfell*, § 2303 Rn 27; MüKo/*Lange*, § 2303 Rn 31; Staudinger/*Otte* (2021), § 2303 Rn 11.

74 Staudinger/*Otte* (2021), § 2303 Rn 13; Staudinger/*Haas* (2006), § 2303 Rn 31; Burandt/Rojahn/*Horn*, Erbrecht, § 2303 Rn 57; BeckOGK/*Obergfell*, § 2303 Rn 29.

75 BVerwG NJW 1958, 725; KG FamRZ 1973, 91; vgl. MüKo/*Leipold*, § 1931 Rn 20; Staudinger/*Werner* (2000), § 1931 Rn 8.

76 Vgl. MüKo/*Leipold*, § 1931 Rn 20; Staudinger/*Werner* (2000), § 1931 Rn 9.

77 BeckOGK/*Obergfell*, § 2303 Rn 29.

78 BeckOGK/*Obergfell*, § 2303 Rn 29; MüKo/*Lange*, § 2303 Rn 32; Burandt/Rojahn/*Horn*, Erbrecht, § 2303 Rn 59.

79 MüKo/*Leipold*, § 1931 Rn 19; Staudinger/*Otte* (2021), § 2303 Rn 15.

80 Staudinger/*Otte* (2021), § 2303 Rn 15; Staudinger/*Haas* (2006), § 2303 Rn 31; vgl. auch Staudinger/*Werner* (2000), § 1931 Rn 10 ff.

81 OLG Schleswig SchlHA 2000, 175 f.

82 OLG Düsseldorf DNotZ 2012, 221; OLG Köln v. 11.3.2013 – 2 Wx 64/13, BeckRS 2013, 6724; OLG Koblenz ZEV 2007, 379; OLG Köln ZEV 2003, 326 m. Anm. *Werner*; BeckOGK/*Obergfell*, § 2303 Rn 29.

83 OLG Frankfurt OLGZ 1990, 216 ff.; OLG Köln ZEV 2003, 326; MüKo/*Lange*, § 2303 Rn 32; Staudinger/*Otte* (2021), § 2303 Rn 14; Staudinger/*Haas* (2006), § 2303 Rn 33 m.w.N.

84 Staudinger/*Otte* (2021), § 2303 Rn 14; Staudinger/*Haas* (2006), § 2303 Rn 35; BeckOGK/*Obergfell*, § 2303 Rn 29.

entfällt nur das Pflichtteilsrecht des Antragsgegners im Scheidungsverfahren bzw. des Beklagten im Aufhebungsverfahren.[85] Auch wenn die von der Rspr. bislang nicht beantwortete Frage[86] der Verfassungsmäßigkeit dieser Regelung durch die Lit.[87] äußerst kritisch beurteilt wird, bestehen insoweit erhebliche Risiken für den „passiven Teil" des Scheidungs- bzw. Nichtigkeitsverfahrens.[88]

Das Pflichtteilsrecht des überlebenden Ehegatten ist nach § 1318 Abs. 5 BGB auch dann ausgeschlossen, wenn er bei Schließung der Ehe deren Aufhebbarkeit kannte.[89] Die Rechtsfolge des § 1933 BGB ist gem. § 1933 S. 2 BGB auf die **Aufhebungsklage** entsprechend anzuwenden;[90] für die Nichtigkeitsklage gilt sie aber nicht.[91]

Durch das am 1.8.2001 **Lebenspartnerschaftsgesetz** (LPartG) wurde die Möglichkeit geschaffen, eine eingetragene Lebenspartnerschaft zu begründen. Seit dem 30.9.2017 können Lebenspartnerschaften nicht mehr geschlossen werden (§ 1 S. 1 LPartG),[92] das LPartG gilt aber für die vor diesem Zeitpunkt geschlossenen Lebenspartnerschaften fort (§ 1 S. 2 LPartG).[93] Die Eingehung einer Lebenspartnerschaft ließ u.a. auch ein gesetzliches Erbrecht der Lebenspartner entstehen, § 10 Abs. 1 LPartG. Der damit einhergehende Pflichtteilsanspruch ergibt sich aus § 10 Abs. 6 S. 1 LPartG. Nach dieser Vorschrift kann der enterbte Lebenspartner einen Pflichtteil i.H.d. Hälfte seines gesetzlichen Erbteils von dem oder den Erben des Verstorbenen verlangen.[94] Die Vorschriften des BGB über den Pflichtteil sind gem. § 10 Abs. 6 S. 2 LPartG entsprechend anzuwenden. Der überlebende Lebenspartner ist „wie ein Ehegatte zu behandeln". Diese Formulierung führt dazu, dass auf den Lebenspartner auch die Vorschrift des § 2325 Abs. 3 BGB, betreffend den Beginn der 10-Jahres-Frist bei lebzeitigen Zuwendungen des zuerst versterbenden Lebenspartners an den Überlebenden, anzuwenden ist.[95] Voraussetzung für das Bestehen eines gesetzlichen Erbrechts sowie eines Pflichtteilsanspruchs des Lebenspartners ist, dass im Zeitpunkt des Erbfalls eine rechtswirksame Lebenspartnerschaft bestand.[96] Liegen in diesem Zeitpunkt die Voraussetzungen für die Aufhebung der Lebenspartnerschaft vor und hatte der Erblasser die Aufhebung der Partnerschaft beantragt bzw. ihr zugestimmt, besteht kein gesetzliches Erbrecht des Lebenspartners; auch das Pflichtteilsrecht entfällt dann.[97] 20

Der gesetzliche Güterstand in eingetragener Partnerschaft lebender gleichgeschlechtlicher Lebenspartner ist seit dem 1.1.2005 – wie bei Ehegatten – die Zugewinngemeinschaft.[98] Alternativ besteht aber nach § 7 LPartG die Möglichkeit, durch notariell

85 *Dieckmann*, FamRZ 1979, 389, 396; *Battes*, FamRZ 1977, 433, 438; *Reimann*, ZEV 1995, 329.

86 BVerfG ZEV 1995, 184; BGHZ 111, 329, 333 f. = NJW 1990, 2382.

87 *Bengel*, ZEV 1994, 358, 360 f.; *Zopfs*, ZEV 1995, 309, 311 ff.; *Dieckmann*, FamRZ 1979, 389, 396.

88 Vgl. hierzu Staudinger/*Otte* (2021), § 2303 Rn 14; Staudinger/*Haas* (2006), § 2303 Rn 35.

89 Staudinger/*Otte* (2021), § 2303 Rn 14; MüKo/*Lange*, § 2303 Rn 32; BeckOGK/*Obergfell*, § 2303 Rn 29.

90 Staudinger/*Otte* (2021), § 2303 Rn 14; Burandt/Rojahn/*Horn*, Erbrecht, § 2303 Rn 59.

91 Staudinger/*Haas* (2006), § 2303 Rn 33; Soergel/*Dieckmann* (13. Aufl.), § 2303 Rn 20.

92 In der Fassung des „Eheöffnungsumsetzungsgesetzes" v. 18.12.2018, BGBl I 2018, 2639.

93 BeckOK BGB/*Hahn*, § 1 LPartG Rn 6.

94 BeckOGK/*Obergfell*, § 2303 Rn 30; Burandt/Rojahn/*Horn*, Erbrecht, § 2303 Rn 62; HK-Pflichtteilsrecht/*Grziwotz/Heisel*, § 2303 Rn 25.

95 *Leipold*, ZEV 2001, 221; BeckOGK/*Obergfell*, § 2303 Rn 29; MüKo/*Lange*, § 2303 Rn 42; *Hölscher*, in: Mayer/Süß/Riedel/Bittler, HB Pflichtteilsrecht, § 2 Rn 18; *Bonefeld*, ZErb 2001, 1, 3; a.A. *N. Mayer*, ZEV 2001, 169, 173.

96 BeckOGK/*Obergfell*, § 2303 Rn 30.

97 MüKo/*Lange*, § 2303 Rn 43; BeckOGK/*Obergfell*, § 2303 Rn 30.

98 Die ursprünglich durch das LPartG eingeführte sog. „Ausgleichsgemeinschaft" wurde durch das LPartÜG wieder abgeschafft.

beurkundeten Lebenspartnerschaftsvertrag Abweichendes zu vereinbaren, nämlich die Gütertrennung (§ 7 Abs. 1 LPartG) sowie die Gütergemeinschaft (§ 7 Abs. 1 S. 2 LPartG).[99] Wie der Zugewinn-Ehegatte hat auch der mit dem Erblasser in Zugewinngemeinschaft lebende überlebende Lebenspartner die Möglichkeit, die Erbschaft auszuschlagen und den konkreten Ausgleichungsanspruch sowie den kleinen Pflichtteil zu fordern.[100]

5. Keine Ausdehnung des Kreises der Pflichtteilsberechtigten

21 Pflichtteilsberechtigt sind ausschließlich die nächsten Angehörigen gemäß der gesetzlichen Definition in Abs. 1. Eine Ausdehnung über den gesetzlich definierten Kreis der Berechtigten hinaus kommt nicht in Betracht. Dies gilt bspw. für die Seitenverwandten des Erblassers[101] oder auch für den nichtehelichen Lebensgefährten[102] sowie nicht adoptierte Stief- und/oder Pflegekinder sowie die Großeltern.[103]

III. Ausschluss von der Erbfolge

1. Ausschluss durch den Erblasser

22 Ein Pflichtteilsanspruch kommt nur dann in Betracht, wenn der Berechtigte nicht oder nicht wenigstens in Höhe seiner Pflichtteilsquote Erbe oder Vermächtnisnehmer wird. Der Ausschluss von der Erbfolge muss durch Verfügung von Todes wegen erfolgen,[104] und zwar indem der Pflichtteilsberechtigte ausdrücklich enterbt (negatives Testament)[105] oder der gesamte Nachlass anderen Personen zugewendet wird (und hierin auch ein Ausschließungswille zum Ausdruck kommt).[106] Auch die **Schlusserbeneinsetzung in einem gemeinschaftlichen Testament** (§ 2269 BGB) stellt beim Tod des erstversterbenden Elternteils für den bzw. die Abkömmlinge eine Enterbung nach diesem Elternteil dar.[107] Die Aussicht, nach dem Tod des längst lebenden Ehegatten zur Erbfolge zu gelangen, hat hierauf keinen Einfluss. Auch die Begünstigung durch eine Auflage oder die Ernennung zum (alleinigen) Testamentsvollstrecker ändert an der Enterbung nichts.[108] Ist der Pflichtteilsberechtigte unter einer **auflösenden Bedingung oder Befristung** zum Erben berufen (z.B. als Vorerbe oder Ersatzerbe), fällt ihm die Erbschaft – wenn auch belastet – im Zeitpunkt des Erbfalls an, er ist also nicht enterbt.[109] In diesem Zusammenhang sind auch sog. „Verwirkungsklauseln"[110] zu erwähnen.[111] Sie zielen i.d.R. darauf ab, Erben bzw. Vermächtnisnehmer von einer Miss-

---

99 BeckOGK/*Obergfell*, § 2303 Rn 30; MüKo/*Lange*, § 2303 Rn 43.
100 MüKo/*Lange*, § 2303 Rn 44.
101 Staudinger/*Otte* (2021), § 2303 Rn 3; Burandt/Rojahn/*Horn*, Erbrecht, § 2303 Rn 33.
102 BeckOGK/*Obergfell*, § 2303 Rn 31; Soergel/*Dieckmann* (13. Aufl.), § 2303 Rn 19; Staudinger/*Otte* (2021), § 2303 Rn 3; MüKo/*Lange*, § 2303 Rn 32.
103 Burandt/Rojahn/*Horn*, Erbrecht, § 2303 Rn 33; Staudinger/*Otte* (2021), § 2303 Rn 3.
104 Burandt/Rojahn/*Horn*, Erbrecht, § 2303 Rn 18, 21.
105 Burandt/Rojahn/*Horn*, Erbrecht, § 2303 Rn 22; BeckOGK/*Obergfell*, § 2303 Rn 32.
106 BayObLG MittBayNot 1996, 116, 117; MüKo/*Lange*, § 2303 Rn 18; BeckOGK/*Obergfell*, § 2303 Rn 32; Burandt/Rojahn/*Horn*, Erbrecht, § 2303 Rn 22.
107 BGHZ 22, 364, 366 f.; Staudinger/*Otte* (2021), § 2303 Rn 35; BeckOGK/*Obergfell*, § 2303 Rn 34; Soergel/*Beck*, § 2303 Rn 25; Burandt/Rojahn/*Horn*, Erbrecht, § 2303 Rn 24; *Lange/Kuchinke*, § 37 V 1a.
108 *Lange/Kuchinke*, § 37 V 2.
109 Staudinger/*Otte* (2021), § 2303 Rn 28; Staudinger/*Haas* (2006), § 2303 Rn 47; Burandt/Rojahn/*Horn*, Erbrecht, § 2303 Rn 24.
110 Vgl. hierzu Horn/Kroiß/*Horn*, Testamentsauslegung, § 10 und § 21 Rn 10 ff.
111 MüKo/*Lange*, § 2303 Rn 22; vgl. hierzu auch Staudinger/*Otte* (2021), § 2306 Rn 40 ff.; *Lange*, Erbrecht, Kap. 4 Rn 102.

achtung bestimmter Anordnungen des Erblassers abzuhalten.[112] Für den Fall des Verstoßes gegen die Anordnungen des Erblassers entfällt das Erbrecht bzw. der Vermächtnisanspruch des Verstoßenden. Er ist in diesem Falle also durch letztwillige Verfügung des Erblassers von der Erbfolge ausgeschlossen und daher pflichtteilsberechtigt.

23 Die aufschiebend befristete Erbeinsetzung (Nacherbeinsetzung gem. § 2100 BGB) führt nicht zu einem Ausschluss von der Erbfolge, obwohl dem Pflichtteilsberechtigten die Erbschaft im Zeitpunkt des Erbfalls noch nicht anfällt.[113] Für den Fall, dass der Eintritt des Nacherbfalls später unmöglich wird, erhält der Berechtigte den Pflichtteilsanspruch, ohne die Erbschaft noch ausschlagen zu müssen. Denn er hat dann in Bezug auf die Erbschaft keine durch Ausschlagung noch aufzugebende Rechtsstellung mehr inne.[114] Hingegen stellt sich die **aufschiebend bedingte Erbeinsetzung** als Berufung zum Ersatzerben gem. § 2096 BGB dar. Der Ersatzerbe ist aber bis zum Eintritt der den Ersatzerbfall auslösenden Bedingung kein Erbe;[115] er kann daher vor Bedingungseintritt seinen Pflichtteil verlangen.[116] Tritt nach Auszahlung des Anspruchs die Bedingung ein und wird der Pflichtteilsberechtigte nun Erbe, fallen die Voraussetzungen des § 2303 BGB weg. Der Pflichtteil ist nach Bereicherungsgrundsätzen zurückzugewähren.[117]

24 Ist der Berechtigte auf einen unter seiner Pflichtteilsquote liegenden Erbteil eingesetzt, ist er nicht ausgeschlossen i.S.v. § 2303 BGB. Seine Ansprüche richten sich dann nach § 2305 BGB. Ist der zugewendete Erbteil mit Beschränkungen oder Beschwerungen belastet, greift ebenfalls nicht § 2303 BGB ein, sondern § 2306 BGB. Kein Ausschluss i.S.d. § 2303 BGB liegt vor, wenn der Berechtigte zwar von der Erbfolge ausgeschlossenen wurde, ihm aber stattdessen ein Vermächtnis hinterlassen ist, das er annimmt, § 2307 BGB. Schlägt der Pflichtteilsberechtigte das Vermächtnis aus, steht ihm der Pflichtteilsanspruch zu, und zwar selbst dann, wenn das ausgeschlagene Vermächtnis einen höheren Wert hatte. Hingegen gilt der Begünstigte einer Auflage von vornherein als von der Erbfolge ausgeschlossen.[118]

2. Auslegung der letztwilligen Verfügung

25 Der Ausschluss von der Erbfolge muss nicht ausdrücklich erklärt werden. Ggf. ist ein entsprechender Wille durch Auslegung zu ermitteln.[119] Eine gesetzliche Vermutung für das Bestehen dieses Willens existiert nicht. Vielmehr ist ein Enterbungswille nur dann anzunehmen, wenn er aus der letztwilligen Verfügung des Erblassers eindeutig hervorgeht.[120] Enthält ein Testament bspw. die Anordnung, dass dem Betroffenen der Pflichtteil entzogen sei, ist hieraus zu schließen, dass er überhaupt nichts erhalten solle. Demzufolge gilt die Enterbung selbst dann, wenn die Entziehung des Pflichtteils

---

112 Burandt/Rojahn/*Horn*, Erbrecht, § 2303 Rn 23.

113 Staudinger/*Otte* (2021), § 2303 Rn 36; Staudinger/*Haas* (2006), § 2303 Rn 48; BeckOGK/*Obergfell*, § 2303 Rn 34; Burandt/Rojahn/*Horn*, Erbrecht, § 2303 Rn 26; MüKo/*Lange*, § 2303 Rn 20.

114 Staudinger/*Otte* (2021), § 2303 Rn 37; Staudinger/*Haas* (2006), § 2303 Rn 50.

115 MüKo/*Lange*, § 2303 Rn 19; Burandt/Rojahn/*Horn*, Erbrecht, § 2303 Rn 24; Staudinger/*Haas* (2006), § 2303 Rn 50 f.

116 OLG Oldenburg NJW 1991, 988; BayObLGZ 1966, 228, 230; *Kipp/Coing*, § 10 I 5; *Ebenroth*, Rn 938.

117 OLG Oldenburg NJW 1991, 988; BayObLGZ 1966, 228, 230; *Kipp/Coing*, § 10 I 5.

118 RG SeuffA 82, 107.

119 Staudinger/*Otte* (2021), § 2303 Rn 39; Staudinger/*Haas* (2006), § 2303 Rn 59.

120 BayObLG FamRZ 1992, 986; OLG Stuttgart BWNotZ 1981, 141, 143; LG Tübingen BWNotZ 1981, 141, 142; BayObLG MittBayNot 1996, 116, 117.

wegen des Fehlens eines Entziehungsgrundes oder wegen eines Formfehlers unwirksam ist.[121]

26 Die **Enterbung** eines Abkömmlings erstreckt sich im Zweifel nicht auf dessen ganzen Stamm.[122] An die Stelle des Ausgeschlossenen treten seine Abkömmlinge, und zwar im Regelfall nach den Regeln der gesetzlichen Erbfolge, wenn der Verfügung von Todes wegen nicht im Wege der Auslegung ein anderer Wille des Erblassers entnommen werden muss.[123] Letzteres gilt z.B., wenn der Erblasser den Abkömmling „mit Anhang" enterbt hat.[124] Auch wenn im Rahmen eines gemeinschaftlichen Testaments Straf- oder Verwirkungsklauseln die Enterbung eines Abkömmlings, der nach dem Tod des Erstversterbenden seinen Pflichtteilsanspruch geltend macht, vorsehen, erstreckt sich der Ausschluss von der Erbfolge i.d.R. auf den ganzen Stamm.[125]

3. Wirksamkeit des Ausschlusses

27 Der Ausschluss von der Erbfolge kann **stillschweigend, ausdrücklich** oder auch dadurch erfolgen, dass der Erblasser seinen gesamten Nachlass verteilt, ohne dabei den Pflichtteilsberechtigten zu bedenken.[126] Die letztwillige Verfügung muss keinerlei Begründung für die Benachteiligung enthalten,[127] sie muss aber an sich wirksam sein. In diesem Zusammenhang sind insbesondere folgende Punkte zu prüfen:

– Der Erblasser muss zum Zeitpunkt der Errichtung der letztwilligen Verfügung testierfähig i.S.d. § 2294 Abs. 4 BGB gewesen sein.
– Er darf nicht durch frühere Verfügung von Todes wegen an der Errichtung der benachteiligenden Verfügung gehindert gewesen sein (Testierfreiheit); die enterbende oder beschwerende Verfügung darf demnach nicht vertragsgemäßen Verfügungen eines Erbvertrags, § 2283 Abs. 1 S. 2 BGB, oder wechselbezüglichen Verfügungen eines Ehegattentestaments, § 2279 Abs. 1 S. 2 BGB, widersprechen.
– Die notwendigen Formerfordernisse müssen eingehalten worden sein; das eigenhändige Testament muss bspw. persönlich vom Erblasser ge- und unterschrieben worden sein.
– Es darf kein Verstoß gegen die guten Sitten, § 138 BGB, vorliegen (Bsp.: Geliebtentestament).
– Es darf kein Verstoß gegen gesetzliche Vorschriften i.S.d. § 134 BGB vorliegen, wie z.B. Verstoß gegen § 14 HeimG a.F. bzw. landesrechtliche Nachfolgevorschriften oder gegen § 71 BBG.

28 Einen **Sonderfall** bildet die Situation, dass die Ausschließung durch den Erblasser anfechtbar ist. Wurde der Pflichtteilsberechtigte in der Verfügung von Todes wegen infolge Irrtums oder Unkenntnis von seinem Vorhandensein übergangen,[128] berechtigt ihn dies nicht nur zur Forderung des Pflichtteils, sondern sogar zur Anfechtung der Verfügung von Todes wegen gem. §§ 2079, 2281 Abs. 1 BGB, so dass die beeinträchtigende Verfügung als gänzlich unwirksam anzusehen ist.[129] An dieser Stelle ist anzumer-

---

121 BayObLG MittBayNot 1996, 116, 117.
122 Staudinger/*Haas* (2006), § 2303 Rn 60.
123 BGH JZ 1959, 444; BayObLG FamRZ 1989, 1006; BayObLG FamRZ 1989, 1232; BayObLGZ 1965, 165, 176; *Wacke*, DNotZ 1990, 403, 414.
124 BayObLG FamRZ 1990, 1265.
125 BayObLG DNotZ 1996, 312, 314; *Kipp/Coing*, § 80 I 4; MüKo/*Leipold*, § 2074 Rn 41; a.A. *Wacke*, DNotZ 1990, 403, 411 f.
126 MüKo/*Lange*, § 2303 Rn 18; Staudinger/*Otte* (2021), § 2303 Rn 39; BeckOGK/*Obergfell*, § 2303 Rn 32.
127 BGH NJW 1965, 584.
128 Vgl. hierzu BeckOGK/*Obergfell*, § 2303 Rn 32.
129 BeckOGK/*Obergfell*, § 2303 Rn 32; Staudinger/*Haas* (2006), § 2303 Rn 61.

ken, dass sich Pflichtteilsgeltendmachung und Testamentsanfechtung weder gegenseitig ausschließen noch die eine Maßnahme – konkludent – die andere beinhalten würde.[130]

4. Ausschlagung des Hinterlassenen

Ist ein (näherer) Pflichtteilsberechtigter auf einen **unbelasteten Erbteil** eingesetzt, der die Hälfte des gesetzlichen Erbteils erreicht oder übersteigt, und schlägt er diesen Erbteil aus, verliert er seinen Pflichtteilsanspruch.[131] Die Voraussetzungen des § 2303 BGB liegen nicht vor. Stattdessen gilt der Ausschlagende gem. § 1953 Abs. 2 BGB als vor dem Erbfall verstorben. Bei der Beurteilung der gesetzlichen Erbfolge wird er nicht mehr mitgezählt. Die entfernteren Pflichtteilsberechtigten haben daher, soweit die übrigen Voraussetzungen des § 2303 BGB vorliegen (also z.B. einer oder mehrere von ihnen enterbt sind), einen Pflichtteilsanspruch, da sie nun nicht mehr durch den näheren Abkömmling von der gesetzlichen Erbfolge ausgeschlossen werden, § 2309 BGB. Wegen der Folgen der Ausschlagung eines Erbteils, der kleiner als die Hälfte des gesetzlichen Erbteils oder beschränkt bzw. beschwert ist, vgl. §§ 2305, 2306 BGB. 29

IV. Kein Ausschluss von der Erbberechtigung oder Pflichtteilsverzicht

Voraussetzung für das Bestehen eines Pflichtteilsanspruchs ist, dass der Berechtigte – ohne die ihn beeinträchtigende Verfügung von Todes wegen – tatsächlich Erbe geworden wäre. Ist der (potentiell) Pflichtteilsberechtigte bereits aus anderen Gründen von der Erbfolge ausgeschlossen, kann durch eine Verfügung von Todes wegen seine berechtigte Erberwartung nicht mehr enttäuscht werden, folglich steht ihm auch kein Pflichtteilsanspruch zu.[132] Somit scheidet ein Pflichtteilsanspruch aus,[133] wenn der Berechtigte vor oder gleichzeitig (§ 1923 Abs. 1 BGB) mit dem Erblasser verstirbt. Das Gleiche gilt, wenn der Berechtigte im Falle der gesetzlichen Erbfolge gem. § 1930 BGB von einem Verwandten einer vorrangigen Ordnung verdrängt würde bzw. wenn ein entfernter Abkömmling durch einen näheren ausgeschlossen wird, § 1924 Abs. 2 BGB. Schließlich sind die für erbunwürdig erklärten Personen grundsätzlich nicht pflichtteilsberechtigt,[134] wobei jedoch zu beachten ist, dass sich die Erbunwürdigkeit nicht auf die Abkömmlinge des für erbunwürdig Erklärten erstreckt. 30

Der Pflichtteilsberechtigte kann seinen Anspruch auch durch entsprechende vertragliche Vereinbarungen mit dem Erblasser verloren haben.[135] Hier kommen insbesondere der **Pflichtteilsverzichtsvertrag**[136] sowie der Verzicht auf das gesetzliche Erbrecht,[137] § 2346 Abs. 1 BGB, in Betracht. Die entsprechenden Vereinbarungen sind mitunter auch in einem Ehe- bzw. Ehe- und Erbvertrag enthalten, wobei allerdings gerade 31

---

130 LG Heidelberg NJW-RR 1991, 969, 970; Staudinger/*Haas* (2006), § 2303 Rn 62; a.A. aber anscheinend Staudinger/*Otte* (2021), § 2303 Rn 41.

131 Burandt/Rojahn/*Horn*, Erbrecht, § 2303 Rn 22; BeckOGK/*Obergfell*, § 2303 Rn 35.

132 MüKo/*Lange*, § 2303 Rn 17.

133 OLG Hamm NJW 1996, 70; vgl. *Bestelmeyer*, Rpfleger 2004, 604, 607; Burandt/Rojahn/*Horn*, Erbrecht, § 2303 Rn 27; MüKo/*Lange*, § 2303 Rn 17.

134 BeckOGK/*Obergfell*, § 2303 Rn 36; MüKo/*Lange*, § 2303 Rn 17; *Kerscher/Riedel/Lenz*, Pflichtteilsrecht, § 6 Rn 16.

135 MüKo/*Lange*, § 2303 Rn 17; BeckOGK/*Obergfell*, § 2303 Rn 36; Burandt/Rojahn/*Horn*, Erbrecht, § 2303 Rn 30; *Kerscher/Riedel/Lenz*, Pflichtteilsrecht, § 6 Rn 150.

136 Ein solcher ist übrigens selbst dann nicht sittenwidrig, wenn ein behindertes Kind, das Sozialleistungen bezieht, durch ihn auf den Pflichtteil nach seinen Eltern verzichtet, vgl. OLG Köln ZErb 2010, 56 f.

137 Staudinger/*Otte* (2021), § 2303 Rn 23; Burandt/Rojahn/*Horn*, Erbrecht, § 2303 Rn 30.

hier an die Annahme eines konkludenten Erb- und/oder Pflichtteilsverzichts hohe Anforderungen zu stellen sind.[138]
Derartige Verzichtsverträge können sich grundsätzlich auch auf die Abkömmlinge des Berechtigten erstrecken. Dies setzt allerdings wenigstens eine entsprechende Andeutung im Vertragstext voraus.[139] Verzichtsverträge stellen in diesen Fällen eine Verfügung über das künftige Erb- und Pflichtteilsrecht des ganzen Stammes dar.[140] Die Verträge im eben genannten Sinne sind aber streng zu trennen von sog. **„Erbschaftsverträgen“**,[141] durch die der Berechtigte gem. § 311b Abs. 4 BGB – vormals, vor der Schuldrechtsreform, § 312 Abs. 2 BGB – zugunsten eines Miterben mit rein schuldrechtlicher Wirkung[142] auf sein gesetzliches Erbrecht verzichtet, sowie von Zuwendungsverzichten gem. § 2352 BGB, durch die das gesetzliche Erbrecht ebenfalls unberührt bleibt.[143]

C. Rechtsfolgen

I. Rechtsnatur des Pflichtteilsanspruchs

32 Der Pflichtteilsanspruch ist gem. § 2317 Abs. 1 BGB ein mit dem Erbfall entstehender, rein schuldrechtlicher Anspruch des Berechtigten. Er vermittelt gerade keine dingliche Teilhabe am Nachlass. Die Erben sind Gesamtschuldner der Pflichtteilsverbindlichkeit,[144] die als reine Geldsummenschuld zu begreifen ist.[145] Der Pflichtteilsanspruch ist eine Nachlassverbindlichkeit i.S.d. § 1967 BGB,[146] die im Rang sonstigen Nachlassverbindlichkeiten wie z.B. dem Zugewinnausgleichsanspruch nachgeht. Allerdings ist der Pflichtteil noch vor Vermächtnissen[147] und Auflagen zu befriedigen, vgl. § 327 Abs. 1 Nr. 1 InsO.[148]

II. Höhe des Pflichtteilsanspruchs

1. Grundsätzliches

33 Der Pflichtteil beträgt gem. Abs. 1 die Hälfte des Wertes des gesetzlichen Erbteils. Die Höhe des Pflichtteilsanspruchs wird somit von zwei Faktoren bestimmt,[149] erstens von der **gesetzlichen Erbquote** und zweitens vom **Wert** und **Bestand** des **Nachlasses** zum Zeitpunkt des Erbfalls (Abs. 1 S. 2, § 2311 BGB). Denn der Pflichtteilsanspruch ist grundsätzlich durch Anwendung der zutreffenden Pflichtteilsquote auf den Wert des Nachlasses zu errechnen.
Die Höhe des gesetzlichen Erbteils hängt von der Zahl der „gesetzlichen Miterben“ ab, da sich nach ihr die Erbquote bestimmt. Maßgeblich ist insoweit die hypothetische Erbquote, die sich bei Anwendung nur der gesetzlichen Vorgaben (ohne Beachtung

---

138 Nach OLG Düsseldorf ErbR 2023, 312 ist bei der Auslegung „Zurückhaltung geboten“.
139 OLG Koblenz v. 6.6.2011 – 10 U 150/11, BeckRS 2012, 9031.
140 BeckOGK/*Obergfell*, § 2303 Rn 40; Staudinger/*Otte* (2015), § 2303 Rn 23; *Kerscher/Riedel/Lenz*, Pflichtteilsrecht, § 6 Rn 152.
141 BGHZ 104, 279, 281; BGH NJW 1995, 448; MüKo/*Ruhwinkel*, § 311b Rn 122 ff.; Staudinger/*Haas* (2006), § 2303 Rn 39.
142 RGZ 71, 133, 136; BGHZ 104, 279, 281; MüKo/*Ruhwinkel*, § 311b Rn 124.
143 Staudinger/*Otte* (2015), § 2303 Rn 24; Staudinger/*Schumacher* (2012), § 311b Abs. 4 und 5 Rn 30 ff.; Staudinger/*Haas* (2006), § 2303 Rn 39.
144 BGH NJW 1983, 2378; BeckOGK/*Obergfell*, § 2303 Rn 42; MüKo/*Lange*, § 2303 Rn 23.
145 RGZ 104, 195; RGZ 196, 1.
146 „Erbfallschuld“, vgl. Staudinger/*Marotzke* (2010), § 1967 Rn 30; Staudinger/*Otte* (2021), § 2303 Rn 46; BeckOGK/*Obergfell*, § 2303 Rn 41.
147 OLG Koblenz ZErb 2020, 423.
148 Staudinger/*Otte* (2021), § 2303 Rn 46; BeckOGK/*Obergfell*, § 2303 Rn 41.
149 Staudinger/*Otte* (2021), § 2303 Rn 44; Burandt/Rojahn/*Horn*, Erbrecht, § 2303 Rn 66; Staudinger/*Haas* (2006), § 2303 Rn 77.

konkreter letztwilliger Verfügungen) ergeben hätte.[150] Vor diesem Hintergrund ist es für den Pflichtteilsberechtigten von erheblicher Bedeutung, den Kreis der gesetzlichen Erben zu kennen. Er hat daher bspw. ein rechtliches Interesse an der Todeserklärung eines die Höhe seiner Erb- bzw. Pflichtteilsquote beeinflussenden Verwandten des Erblassers.[151] Bei der Bestimmung dieser hypothetischen Erbquote werden auch die enterbten (§ 1938 BGB), die für erbunwürdig erklärten (§§ 2339 ff. BGB) und diejenigen gesetzlichen Erben, die ausgeschlagen haben, mitgezählt.[152] Auch das nichteheliche Kind ist bei der Bestimmung des Pflichtteils eines anderen Pflichtteilsberechtigten mitzuzählen.[153] Nicht mitgezählt werden dagegen diejenigen, die zum Zeitpunkt des Erbfalls vorverstorben sind, und diejenigen, die auf ihren Erbteil verzichtet haben (§ 2310 BGB). Ein Erbverzicht wirkt also für die verbleibenden gesetzlichen Erben pflichtteilserhöhend.[154] Wegen der Auswirkungen ausgleichungspflichtiger lebzeitiger Zuwendungen vgl. die Kommentierung zu § 2316.

2. Quotenbestimmung bei verheirateten Erblassern

a) Grundsätzliches zur Erbquote des Ehegatten

Der Umfang des Erbteils des überlebenden Ehegatten hängt bekanntlich von dem Güterstand ab, in dem die Eheleute bis zum Tod des Erblassers verheiratet waren; teilweise spielt auch die Zahl der Abkömmlinge eine Rolle. Dies ist umso bedeutsamer, als der Umfang des gesetzlichen Erbteils des überlebenden Ehegatten den Teil des Nachlasses bestimmt, der für eine (gleichmäßige) Verteilung unter den Abkömmlingen überhaupt noch zur Verfügung steht.[155] 34

Gem. § 1931 Abs. 1 BGB erbt der überlebende Ehegatte neben Verwandten der ersten Ordnung (Abkömmlingen) grundsätzlich 1/4, neben Verwandten der zweiten Ordnung oder neben Großeltern die Hälfte.

Soweit Gütertrennung besteht, erhöht sich der gesetzliche Erbteil des Ehegatten, wenn er neben einem Kind erbt, auf 1/2 und, wenn er neben zwei Kindern erbt, auf 1/3 des Nachlasses.[156]

b) Besonderheiten beim überlebenden Zugewinn-Ehegatten

Der **gesetzliche Güterstand** der **Zugewinngemeinschaft** kann ebenfalls zu einer Verschiebung der Erbquoten und folglich zu einer Veränderung der Pflichtteilsquoten führen. Dies hat seine Ursache in den besonderen Regelungen zum Erbrecht des überlebenden Ehegatten einer Zugewinn-Ehe.[157] Sedes materiae ist § 1371 BGB. Grundsätzlich sieht § 1371 Abs. 1 BGB eine pauschale Abgeltung etwaiger Zugewinnausgleichsansprüche im Erbfall vor, und zwar durch Erhöhung des gesetzlichen Erbteils nach § 1931 BGB um 1/4 (des Nachlasses).[158] Diese sog. erbrechtliche Lösung setzt voraus, dass der überlebende Ehegatte gesetzlicher oder testamentarischer Erbe des 35

---

150 BeckOGK/*Obergfell*, § 2303 Rn 44; MüKo/*Lange*, § 2303 Rn 13; Burandt/Rojahn/*Horn*, Erbrecht, § 2303 Rn 67.

151 Hieraus ergibt sich auch seine Befugnis, die Todeserklärung zu beantragen (§ 16 Abs. 2 lit. c) VerschG), vgl. OLG Schleswig ZEV 2015, 350.

152 Staudinger/*Otte* (2021), § 2303 Rn 48; Staudinger/*Haas* (2006), § 2303 Rn 79.

153 Vgl. Staudinger/*Haas* (2006), § 2303 Rn 79.

154 Zu weiteren Gründen, warum auf einen Erbverzicht eher verzichtet werden soll, vgl. *Mayer*, ZEV 1998, 433.

155 BeckOGK/*Obergfell*, § 2303 Rn 48; Erman/*Röthel/Simon*, § 2303 Rn 19; Grüneberg/*Weidlich*, § 2303 Rn 16; Burandt/Rojahn/*Horn*, Erbrecht, § 2303 Rn 67; vgl. auch *Horn*, NZFam 2016, 539.

156 BeckOGK/*Obergfell*, § 2303 Rn 45.

157 Vgl. hierzu z.B. *Littig*, FPR 2011, 241 ff.

158 *Littig*, FPR 2011, 241, 242; *Klingelhöffer*, ZEV 1995, 444.

Erblassers geworden ist oder ihm wenigstens ein Vermächtnis hinterlassen wurde. Auf den tatsächlichen Umfang eines etwaigen Zugewinns bzw. darauf, ob oder wer diesen erzielt hat, kommt es bei der erbrechtlichen Lösung nicht an; sie ist von den konkreten Vermögenverhältnissen losgelöst. Auch auf die Dauer der Ehe kommt es nicht an.[159]

36 Ist der überlebende Ehegatte enterbt (und erhält er auch kein Vermächtnis), sieht § 1371 Abs. 2 BGB eine Abwicklung nach den güterrechtlichen Vorgaben vor.[160] Der Zugewinnausgleich wird so bewirkt wie im Falle der Scheidung. Eine Erbteilserhöhung findet dann nicht statt (güterrechtliche Lösung).
Der überlebende Ehegatte ist allerdings an die Vorgaben des § 1371 Abs. 1 BGB (erbrechtliche Lösung) nicht gebunden; er hat vielmehr ein Wahlrecht (Abs. 3), kraft dessen er das ihm Hinterlassene (Erbteil, Vermächtnis) ausschlagen, sich also wie ein enterbter Ehegatte stellen kann, um dann den konkreten Zugewinnausgleich zu verlangen.[161] Daneben billigt ihm § 1371 Abs. 3 BGB den Pflichtteil aus dem (nicht erhöhten) gesetzlichen Erbteil zu, und zwar auch für den Fall, dass dieser nach den pflichtteilsrechtlichen Vorschriften (insbesondere § 2306 BGB) verloren ginge.[162]

c) Auswirkungen der Zugewinngemeinschaft auf den Pflichtteilsanspruch

37 Wird der Ehegatte aufgrund Enterbung oder Ausschlagung weder Erbe noch Vermächtnisnehmer, bestimmt sich sein Pflichtteil nach der nicht erhöhten Erbquote, §§ 1371 Abs. 2, 1931 BGB.[163] Neben Erben erster Ordnung hat der Ehegatte dann einen Pflichtteil von 1/8. Zu beachten ist, dass sich in einem solchen Fall auch der Pflichtteil anderer Pflichtteilsberechtigter erhöhen kann (§ 1371 Abs. 2 S. 2 BGB).[164] Wird der Ehegatte dagegen Allein- oder Miterbe, bemessen sich die Pflichtteilsquoten der anderen Pflichtteilsberechtigten nach dem erhöhten Erbteil des Ehegatten.[165] Der Zugewinn-Ehegatte hat auch stets die Möglichkeit, durch eine „taktische Ausschlagung" in die Position des Pflichtteilsberechtigten zu gelangen. § 1371 Abs. 3 BGB eröffnet dem überlebenden Ehegatten, gleichgültig, ob er gesetzlicher Erbe, gewillkürter Erbe oder Vermächtnisnehmer (ges. Vermächtnisse, §§ 1932, 1969 BGB, sind insoweit aber unbeachtlich)[166] wird, nämlich immer die Wahlmöglichkeit,[167] entweder

- die ihm zugewandte Erbschaft bzw. das Vermächtnis anzunehmen (erbrechtliche Lösung), oder
- die Erbschaft bzw. das Vermächtnis auszuschlagen, um stattdessen den güterrechtlichen Zugewinnausgleich nebst Pflichtteil, errechnet aus der nicht erhöhten Erbquote (kleiner Pflichtteil), zu fordern (güterrechtliche Lösung).

38 Wenn der Ehegatte sowohl mit einem Erbteil als auch mit einem Vermächtnis bedacht wurde, muss er beides ausschlagen, um ggf. die Vorteile der **güterrechtlichen Lösung** nutzen zu können.[168] Bei der güterrechtlichen Lösung ist für die Berechnung des kleinen Pflichtteils zu beachten, dass der konkrete Zugewinnausgleichsanspruch eine

---

159 OLG Bamberg OLGR 1999, 265.

160 *Klingelhöffer*, ZEV 1995, 444 f.; MüKo/*Lange*, § 2303 Rn 37.

161 BeckOGK/*Obergfell*, § 2303 Rn 47.

162 *Littig*, FPR 2011, 241, 243.

163 *Klingelhöffer*, ZEV 1995, 444 f.; BeckOGK/*Obergfell*, § 2303 Rn 47; MüKo/*Lange*, § 2303 Rn 37; Grüneberg/*Weidlich*, § 2303 Rn 15.

164 Vgl. *Wegmann*, ZEV 1996, 201, 203 ff.; MüKo/*Lange*, § 2303 Rn 41.

165 BeckOGK/*Obergfell*, § 2303 Rn 47; Soergel/*Beck*, § 2303 Rn 22; BGHZ 37, 58.

166 Staudinger/*Otte* (2021), § 2303 Rn 63; Soergel/*Beck*, § 2303 Rn 35; Staudinger/*Haas* (2006), § 2303 Rn 87.

167 Vgl. z.B. *Klingelhöffer*, ZEV 1995, 444; BeckOGK/*Obergfell*, § 2303 Rn 47; Staudinger/*Otte* (2021), § 2303 Rn 65; MüKo/*Lange*, § 2303 Rn 39; Staudinger/*Haas* (2006), § 2303 Rn 102.

168 BeckOK BGB/*Scheller*/*Sprink*, § 1371 Rn 30.

Nachlassverbindlichkeit darstellt[169] und der Pflichtteil sich somit nur vom Restwert des Nachlasses errechnet.[170] Ist der Ehegatte enterbt und ist ihm auch kein Vermächtnis zugewandt, kann er neben dem konkret errechneten Zugewinnausgleich den **kleinen Pflichtteil** verlangen. Dass der Pflichtteil sich aus der nicht erhöhten Erbquote errechnet, ergibt sich in dieser Konstellation unmittelbar aus der Vorschrift des § 1371 Abs. 2 Hs. 2 BGB. Eine Wahlmöglichkeit dahingehend, den **großen Pflichtteil** aus der nach § 1371 Abs. 1 BGB erhöhten Erbquote zu verlangen, besteht nicht.[171] Durch eine solche Wahlmöglichkeit würde die Testierfreiheit des Erblassers ohne gesetzliche Grundlage zu sehr eingeschränkt.[172]

Der große Pflichtteil kann daher nur in folgenden Fällen verlangt werden: 39
- als Zusatzpflichtteil gem. § 2305 BGB, soweit der Ehegatte auf eine Erbquote eingesetzt ist, die unter seinem Pflichtteil liegt, oder
- als Pflichtteilsrestanspruch gem. § 2307 BGB, soweit der Ehegatte lediglich mit einem Vermächtnis bedacht wurde, dessen Wert ebenfalls unter dem Pflichtteil liegt.

In diesen Fällen ist bei der Bestimmung der Pflichtteilsquote des Ehegatten jeweils von dem um 1/4 erhöhten Erbteil auszugehen, da eine **konkrete Zugewinnausgleichsberechnung**[173] mangels der tatsächlichen Geltendmachung des Zugewinnausgleichsanspruchs entfällt.[174] Würde in diesen Fällen der Pflichtteil aus der nicht erhöhten Erbquote ermittelt, könnte der Ehegatte nur den kleinen Pflichtteil verlangen, der Zugewinnausgleich würde dann bei der Auflösung einer im gesetzlichen Güterstand geführten Ehe durch Tod gänzlich unberücksichtigt bleiben. Festzuhalten ist daher: Ein Zugewinnausgleich hat bei Auflösung der Ehe durch Tod eines Ehegatten in jedem Fall zu erfolgen, sei es pauschal oder konkret. Hierbei hat der überlebende Ehegatte gem. § 1371 Abs. 3 BGB die freie Wahl.

d) Quotenberechnung bei Wahl-Zugewinngemeinschaft

Auch eine etwaige Wahl-Zugewinngemeinschaft (§ 1519 S. 1 BGB) endet durch den Tod eines der Ehegatten (Art. 7 WahlZugAbk). Hierdurch entstehen allerdings keine Ansprüche nach § 1371 Abs. 1 BGB; ebenso wenig ergibt sich aus anderen Normen eine Erhöhung des gesetzlichen Erbteils des überlebenden Ehegatten.[175] 40

Mithin ergeben sich für die Quotenberechnung (sowohl der Erb- als auch der Pflichtteilsquoten) bei Vorliegen des Güterstands der Wahl-Zugewinngemeinschaft keine Besonderheiten.[176]

169 BGHZ 37, 58, 64; BGH NJW 1988, 136, 137; *Riedel*, in: Mayer/Süß/Riedel/Bittler, HB Pflichtteilsrecht, § 5 Rn 30, 34 m.w.N.

170 BGH NJW 1962, 1719.

171 BGHZ 42, 182, 185 ff. = NJW 1964, 2404; BGH NJW 1976, 2131; BGH NJW 1982, 2497; BeckOGK/*Obergfell*, § 2303 Rn 47; *Hölscher*, in: Mayer/Süß/Riedel/Bittler, HB Pflichtteilsrecht, § 3 Rn 51; BeckOK BGB/*Scheller/Sprink*, § 1371 Rn 32.

172 BeckOGK/*Obergfell*, § 2303 Rn 46; *J. Mayer*, in: Mayer/Süß/Tanck/Bittler/Wälzholz, HB Pflichtteilsrecht (2. Aufl.), § 1 Rn 33.

173 Bei der erbrechtlichen Lösung ist selbst die Frage, ob überhaupt ein Zugewinn erzielt wurde, irrelevant, vgl. BGH NJW 1971, 991, 993; Staudinger/*Otte* (2021), § 2303 Rn 50; MüKo/*Lange*, § 2303 Rn 35; Staudinger/*Haas* (2006), § 2303 Rn 89.

174 Vgl. BGHZ 37, 58, 63; vgl. auch *Hölscher*, in: Mayer/Süß/Riedel/Bittler, HB Pflichtteilsrecht, § 3 Rn 49.

175 MüKo/*Leipold*, § 1931 Rn 60; *Hölscher*, in: Mayer/Süß/Riedel/Bittler, HB Pflichtteilsrecht, § 3 Rn 54.

176 *Hölscher*, in: Mayer/Süß/Riedel/Bittler, HB Pflichtteilsrecht, § 3 Rn 57.

Die dem überlebenden Ehegatten infolge der todesbedingten Beendigung des Güterstands zustehende Ausgleichforderung ist rein güterrechtlicher Natur und bildet aus der Perspektive des Pflichtteilsrechts eine Nachlassverbindlichkeit (ebenso wie bei „deutscher" Zugewinngemeinschaft im Falle der güterrechtlichen Lösung). Das gilt auch dann, wenn der Ausgleichsanspruch im Erbfall durch Konfusion erlischt.[177] Soweit der Erblasser während des Bestehens des Güterstands den höheren Zugewinn erzielt hat, nimmt die Lit. überwiegend an, dass durch seinen Tod eine Verpflichtung gegenüber dem überlebenden Ehegatten entsteht,[178] die als Verbindlichkeit ebenfalls zum pflichtteilsrelevanten Nachlass zählt.[179]

III. Schuldner des Anspruchs und Pflichtteilslast

1. Erben als Anspruchsgegner

41 Schuldner des Pflichtteilsanspruchs sind gem. § 2303 BGB grundsätzlich die Erben. **Mitglieder** einer **Erbengemeinschaft** haften – sowohl vor als auch nach der Auseinandersetzung[180] – gem. §§ 2058 ff. BGB im Außenverhältnis als Gesamtschuldner i.S.d. §§ 421 ff. BGB.[181] Der Pflichtteilsberechtigte hat also grundsätzlich die freie Wahl, welchem Miterben gegenüber er seinen Anspruch geltend macht. Bis zur Annahme der Erbschaft kann der Pflichtteilsanspruch auch gegenüber einem etwa bestellten Nachlasspfleger geltend gemacht werden.[182] Der Testamentsvollstrecker ist aber in keinem Fall der richtige Anspruchsgegner.[183] Zur Durchsetzung des Pflichtteilsanspruchs gegen den Erben ist aber ein Duldungstitel (§ 748 Abs. 3 ZPO) gegen den Testamentsvollstrecker erforderlich.[184]

42 Ist der Erbe selbst pflichtteilsberechtigt, steht ihm (in Höhe seines eigenen Pflichtteils) die Einrede des § 2319 BGB zu.[185] Diese Vorschrift ermöglicht es dem pflichtteilsberechtigten Miterben, die Erfüllung des Pflichtteils eines anderen Pflichtteilsberechtigten insoweit zu verweigern, als ihm ansonsten sein eigener Pflichtteil nicht verbleiben würde.[186]

43 Im Übrigen ist bzgl. der Haftung der Erben zu unterscheiden, ob der Pflichtteilsanspruch vor oder nach der Erbauseinandersetzung geltend gemacht wird.[187] Unmittelbar gegen den Vermächtnisnehmer kann der Pflichtteilsanspruch nie gerichtet werden. Der Erbe hat jedoch das Recht, die von ihm im Außenverhältnis (also gegenüber dem Pflichtteilsberechtigten) allein zu tragende Pflichtteilslast im Innenverhältnis zu einem bestimmten Teil auf den Vermächtnisnehmer bzw. den Begünstigten einer Auflage

177 *Hölscher*, in: Mayer/Süß/Riedel/Bittler, HB Pflichtteilsrecht, § 3 Rn 56.

178 *Dutta*, FamRZ 2011, 1829, 1838; *Jünemann*, ZEV 2013, 353; *Süß*, ZErb 2010, 281, 285; Grüneberg/*Weidlich*, § 1931 Rn 3; BeckOGK/*Kuhn*, § 1371 Rn 6 m.w.N.; zweifelnd MüKo/*Leipold*, § 1931 Rn 61 ff.; offenlassend *Becker*, ErbR 2018, 686.

179 *Hölscher*, in: Mayer/Süß/Riedel/Bittler, HB Pflichtteilsrecht, § 3 Rn 56.

180 BGH ZEV 1998, 23 = NJW 1998, 682; vgl. insoweit Burandt/Rojahn/*Horn*, Erbrecht, § 2303 Rn 71 f.

181 BGH NJW 1983, 2378; Burandt/Rojahn/*Horn*, Erbrecht, § 2303 Rn 70; *Hölscher*, in: Mayer/Süß/Riedel/Bittler, HB Pflichtteilsrecht, § 2 Rn 47.

182 BeckOGK/*Obergfell*, § 2303 Rn 42; *Ott-Eulberg*, ZErb 2000, 222 f.; *Hölscher*, in: Mayer/Süß/Riedel/Bittler, HB Pflichtteilsrecht, § 13 Rn 83, 84; MüKo/*Lange*, § 2303 Rn 23; vgl. auch *Haas*, ZEV 2009, 270–274.

183 MüKo/*Lange*, § 2303 Rn 24; BeckOGK/*Obergfell*, § 2303 Rn 42; Burandt/Rojahn/*Horn*, Erbrecht, § 2303 Rn 75; vgl. auch *Köpf*, ZEV 2013, 235 ff. m.w.N.

184 MüKo/*Lange*, § 2303 Rn 24.

185 *Kipp/Coing*, § 12 I 3.

186 Burandt/Rojahn/*Horn*, Erbrecht, § 2319 Rn 1; *Kerscher/Riedel/Lenz*, Pflichtteilsrecht, § 6 Rn 89.

187 Vgl. *Kerscher/Riedel/Lenz*, Pflichtteilsrecht, § 6 Rn 85.

abzuwälzen.[188] Hierzu sieht das Gesetz die Kürzung des Vermächtnisanspruchs nach den §§ 2318 ff. BGB vor. Die §§ 2318 ff. BGB betreffen aber – mit Ausnahme des § 2319 BGB – nur das Innenverhältnis zwischen Erben und Vermächtnisnehmern. Lediglich der Vorschrift des § 2319 BGB kommt auch eine Außenwirkung zu.[189]

Bis zur **Teilung** des **Nachlasses** haftet jeder Miterbe gesamtschuldnerisch für den Pflichtteilsanspruch. Die einzelnen Miterben können jedoch eine Beschränkung ihrer Haftung auf ihren jeweiligen Anteil am Nachlass erreichen mit der Folge, dass sie dem Pflichtteilsgläubiger nicht mit ihrem Eigenvermögen haften müssen. Diesem Ziel dient die Einrede des ungeteilten Nachlasses nach § 2059 Abs. 1 S. 1 BGB.[190] Vor der Erbauseinandersetzung unterstellt das Gesetz nämlich, dass der Nachlass einerseits und das Eigenvermögen der Erben andererseits noch hinreichend voneinander abgesondert sind. Die Einrede des ungeteilten Nachlasses wird bei der Zwangsvollstreckung aber dennoch nur dann berücksichtigt, wenn sie gem. § 780 ZPO im Urteil vorbehalten wurde.[191] Wurde die Auseinandersetzung bereits durchgeführt, greift die Einrede des § 2059 BGB nicht mehr. Nach der Teilung kann der einzelne Miterbe über die ihm zugefallenen Gegenstände frei verfügen, so dass den Nachlassgläubigern jetzt ein erweiterter Schutz gebührt. Daher ordnet das Gesetz in § 2058 BGB eine unbeschränkte, aber nach §§ 2061 ff. BGB beschränkbare Haftung der Miterben an.[192] 44

Im Falle der Insolvenz des pflichtteilsverpflichteten Erben sind Pflichtteilsansprüche gegenüber dem Insolvenzverwalter geltend zu machen.[193] Dies gilt auch dann, wenn zugleich eine Testamentsvollstreckung angeordnet wurde.[194] In diesem Fall gehört zwar der mit der Testamentsvollstreckung beschwerte Nachlass zur Insolvenzmasse, dem Insolvenzverwalter ist jedoch die Verwertungsbefugnis hierüber entzogen. Aus diesem Grunde können Gläubiger des Erben nicht in den Nachlass vollstrecken.[195] Der Pflichtteilsgläubiger ist aber aus dem zur Insolvenzmasse gehörenden Nachlass (unter Beachtung der Beschränkungen der §§ 2211, 2214 BGB) zu befriedigen. Der Nachlass bildet insoweit eine Sondermasse innerhalb der Insolvenzmasse.[196] Ein Pflichtteilsergänzungsberechtigter kann zusätzlich seine Forderungen in voller Höhe zur Insolvenztabelle anmelden, soweit der Nachlass zur Befriedigung seiner Ansprüche nicht ausreicht.[197] 45

2. Verteilung der Pflichtteilslast im Innenverhältnis

Wer im Innenverhältnis der Erben zueinander die Pflichtteilslast zu tragen hat, in welcher Höhe der einzelne Erbe verpflichtet ist und inwieweit die Pflichtteilslast auch die **Vermächtnisnehmer** und **Auflagebegünstigten** trifft, ist eine oft nur sehr schwer zu beantwortende Frage. *Kipp/Coing*[198] stellen hierzu allg. fest, dass im Innenverhältnis grundsätzlich eine gleichmäßige Verteilung der Pflichtteilslasten im Verhältnis der 46

---

188 MüKo/*Lange*, § 2318 Rn 1, 2.

189 *Hölscher*, in: Mayer/Süß/Riedel/Bittler, HB Pflichtteilsrecht, § 2 Rn 60; *Kerscher/Riedel/Lenz*, Pflichtteilsrecht, § 6 Rn 86.

190 *Hölscher*, in: Mayer/Süß/Riedel/Bittler, HB Pflichtteilsrecht, § 2 Rn 48; *Kerscher/Riedel/Lenz*, Pflichtteilsrecht, § 6 Rn 87; MüKo/*Lange*, § 2303 Rn 23.

191 *Rohlfing*, § 4 Rn 148; *Kerscher/Riedel/Lenz*, Pflichtteilsrecht, § 6 Rn 87; *Hölscher*, in: Mayer/Süß/Riedel/Bittler, HB Pflichtteilsrecht, § 2 Rn 48.

192 *Kerscher/Riedel/Lenz*, Pflichtteilsrecht, § 6 Rn 89.

193 BGH ZErb 2006, 272 f.; OLG Köln ZEV 2005, 307 ff.

194 BGH ZErb 2006, 272.

195 BGH ZErb 2006, 272 f.

196 BGH ZErb 2006, 272 f.

197 OLG Köln ZEV 2005, 307 ff.

198 *Kipp/Coing*, § 12 II.

Erbteile und der Vermächtniseinsetzungen gelte.[199] Dabei sind im Einzelnen folgende Gesichtspunkte von Bedeutung: Ausgangspunkt ist die Norm des § 426 Abs. 1 BGB. Aus dieser ergibt sich, dass die Miterben als Gesamtschuldner haften und daher im Verhältnis zueinander zu gleichen Anteilen verpflichtet sind, soweit nicht ein anderes bestimmt ist.[200] Für die Erbengemeinschaft gilt aber vorrangig die Sonderregelung der §§ 2032 ff. BGB. Gem. §§ 748, 2038 Abs. 2, 2047 BGB hat jeder Miterbe grundsätzlich die Pflichtteilslast nach dem Verhältnis seines Anteils zu tragen.[201] Dabei stellt sich die Frage, ob die Erben die Pflichtteilslast nach dem **Verhältnis** ihrer **Erbquoten** oder nach dem Verhältnis der Höhe ihrer jeweiligen Erbteile zu tragen haben und ob bzw. inwieweit ggf. Ausgleichungsvorschriften zu beachten sind. Diese Frage muss mangels eindeutiger Aussagen im Schrifttum bzw. in der Rspr. nach wie vor als nicht vollständig geklärt angesehen werden.[202] Zutreffenderweise ist in der Tat auf die abstrakte Erbquote abzustellen; sich im Rahmen der Erbauseinandersetzung ergebende Wertverschiebungen aufgrund der Ausgleichungsvorschriften dürfen die Verteilung der Pflichtteilslast im Innenverhältnis nicht beeinflussen. Denn Ziel der Ausgleichung ist es im Grunde, eine den Erbquoten entsprechende Verteilung nicht nur des real vorhandenen, sondern des sog. Ausgleichungsnachlasses zu erreichen. Diese Zielsetzung würde konterkariert, wären die Pflichtteilslasten im Innenverhältnis nicht ebenfalls auf Grundlage der abstrakten Erbquoten zu verteilen.[203] Für das Innenverhältnis von Erben und Vermächtnisnehmer bzw. Auflagenbegünstigtem sind die §§ 2318–2323 BGB maßgeblich.[204] Im Außenverhältnis bleibt es bei der alleinigen Haftung der Erben.[205] Eine Ausnahme von diesem Grundsatz bildet lediglich § 2319 BGB, der dem Pflichtteilsberechtigten unmittelbar entgegengehalten werden kann. Im Übrigen kann auch der Erblasser gem. § 2324 BGB – in den Grenzen der § 2318 Abs. 2 und 3 bzw. § 2319 BGB – Regeln zur Verteilung der Pflichtteilslast anordnen.[206]

D. Verjährung

47 Durch die Erbrechtsreform 2010 wurde auch für den Pflichtteilsanspruch die dreijährige Regelverjährung eingeführt. Die Sonderregelung des § 197 Abs. 1 Nr. 1 BGB mit ihrer 30-jährigen Verjährungsfrist gilt nur noch für bestimmte Sonderfälle, wie den Anspruch des Erben gegen den Erbschaftsbesitzer (§ 2018 BGB), den Anspruch des Nacherben gegen den Vorerben auf Herausgabe der Erbschaft (§ 2130 BGB) oder den Anspruch des Erben gegen den Besitzer eines unrichtigen Erbscheins auf Herausgabe desselben an das Nachlassgericht (§ 2362 BGB).[207] Der Pflichtteilsanspruch entsteht gem. § 2317 Abs. 1 BGB mit dem Erbfall. Die Verjährung beginnt mit dem Schluss des Jahres, in dem zum einen der Anspruch entstanden ist und zum anderen der Berechtigte von seinem Anspruch bzw. den diesen Anspruch begründenden Umständen Kenntnis erlangt hat, §§ 195, 199 Abs. 1 BGB.[208] Im Falle des ordentlichen Pflichtteilsanspruchs (§ 2303 BGB) erfordert dies, dass der Pflichtteilsberechtigte sowohl von seiner Pflichtteilsberechtigung als solcher Kenntnis haben muss als auch davon, dass

199 So auch BGH NJW 1983, 2378; *v. Olshausen*, MDR 1986, 89.
200 *Kerscher/Riedel/Lenz*, Pflichtteilsrecht, § 4 Rn 92.
201 BGH NJW 1983, 2378.
202 Vgl. schon *Kerscher/Riedel/Lenz*, Pflichtteilsrecht, § 4 Rn 93.
203 Mit gleichem Ergebnis *Hölscher*, in: Mayer/Süß/Riedel/Bittler, HB Pflichtteilsrecht, § 13 Rn 50.
204 BeckOGK/*Obergfell*, § 2303 Rn 43; MüKo/*Lange*, § 2303 Rn 25; *v. Olshausen*, MDR 1986, 89.
205 BeckOGK/*Obergfell*, § 2303 Rn 54; Staudinger/*Otte* (2021), § 2303 Rn 46; *Hölscher*, in: Mayer/Süß/Riedel/Bittler, HB Pflichtteilsrecht, § 13 Rn 45; Staudinger/*Haas* (2006), § 2318 Rn 1.
206 MüKo/*Lange*, § 2303 Rn 25.
207 Vgl. MüKo/*Lange*, § 2332 Rn 1.
208 BGH NZFam 2019, 254, 255.

er durch Verfügung des Erblassers in pflichtteilsrelevanter Weise beeinträchtigt wurde. Fehlt dem Pflichtteilsberechtigten aufgrund grober Fahrlässigkeit die Kenntnis bestimmter Umstände, hindert dies den Beginn der Verjährung nicht.[209] Vollkommen kenntnisunabhängig tritt die Verjährung 30 Jahre nach Entstehung des Anspruchs, also nach Eintritt des Erbfalls ein (§ 199 Abs. 3a BGB).[210]

E. Verfahrensfragen

I. Allgemeines

Bei der Geltendmachung des Pflichtteilsanspruchs kann der Berechtigte bei ausreichender Kenntnis von Art und Zusammensetzung des Nachlasses sogleich **Zahlungsklage** erheben. Alternativ hat er die Möglichkeit, mit Hilfe der **Auskunfts-** oder der **Stufenklage** vorzugehen, um sich zunächst die noch benötigten Informationen zu beschaffen. Dabei ist es möglich, in einzelnen, jeweils gesonderten Schritten vorzugehen und zunächst Auskunftsklage hinsichtlich der Zusammensetzung und des Werts des Nachlasses zu erheben, die Hauptansprüche dann aber im Wege einer gesonderten Zahlungsklage geltend zu machen. Nachteilig ist, dass der Pflichtteilsberechtigte hier, neben dem Risiko der Verjährung, höhere Prozesskosten in Kauf nehmen muss. Die Gebühren für die einzelnen Prozesse entstehen nämlich aus zwei getrennten Streitwerten, während bei der Stufenklage (objektive Klagehäufung)[211] die Kosten aus einem Gesamtstreitwert ermittelt werden,[212] und zwar auf der Grundlage des Zahlungsanspruchs.[213] 48

II. Zuständigkeit

Die Pflichtteilsklage kann grundsätzlich am allg. Gerichtsstand, also am Wohnsitz des Beklagten, § 13 ZPO, wahlweise aber auch am besonderen Gerichtsstand der Erbschaft, § 27 ZPO, erhoben werden.[214] Pflichtteilsansprüche, die im Zusammenhang mit einem Hof i.S.d. Höfeordnung stehen, fallen in die Zuständigkeit der Landwirtschaftsgerichte (§ 18 Abs. 1 HöfeO). Das gilt auch dann, wenn gleichzeitig ein das hofesfreie Vermögen betreffender Anspruch gegen den Nachlass geltend gemacht wird.[215] 49

III. Klagearten

1. Stufenklage

Im Regelfall geht der Pflichtteilsberechtigte prozessual im Wege der **Stufenklage** (§ 254 50
ZPO) vor.[216] Da er zumeist keine Kenntnis vom Bestand des Nachlasses hat, ist ihm diese Klageart eröffnet. Der Klageantrag in der ersten Stufe richtet sich auf Auskunftserteilung des Erben über den Bestand des Nachlasses (§§ 260, 2314 BGB), in der zweiten Stufe auf die Abgabe einer Versicherung an Eides statt (§ 260 Abs. 2 BGB)

---

209 MüKo/*Lange*, § 2332 Rn 2.

210 MüKo/*Lange*, § 2332 Rn 2; vgl. hierzu auch OLG Düsseldorf ZEV 2017, 717 zum Pflichtteilsanspruch eines nichtehelichen Abkömmlings nach einem im Jahr 1977 verstorbenen Erblasser.

211 *Hölscher*, in: Mayer/Süß/Riedel/Bittler, HB Pflichtteilsrecht, § 13 Rn 228; Staudinger/*Haas* (2006), § 2314 Rn 79.

212 *Hölscher*, in: Mayer/Süß/Riedel/Bittler, HB Pflichtteilsrecht, § 13 Rn 215, 219; Scherer/*Keim*, MAH Erbrecht, § 64 Rn 7.

213 *Hölscher*, in: Mayer/Süß/Riedel/Bittler, HB Pflichtteilsrecht, § 13 Rn 266; OLG Koblenz ZEV 2013, 44.

214 Staudinger/*Otte* (2021), § 2303 Rn 46; *Hölscher*, in: Mayer/Süß/Riedel/Bittler, HB Pflichtteilsrecht, § 2 Rn 17, 18.

215 LG Hagen ErbR 2023, 69, 70 m.w.N.

216 Vgl. *Hölscher*, in: Mayer/Süß/Riedel/Bittler, HB Pflichtteilsrecht, § 13 Rn 215 ff., 219: „sicherster Weg“; siehe auch *Kerscher/Riedel/Lenz*, Pflichtteilsrecht, § 13 Rn 5.

und in der dritten Stufe auf die Erfüllung des eigentlichen Zahlungsanspruchs, der sich betragsmäßig aus dem in der ersten Stufe ermittelten Nachlasswert und der Pflichtteilsquote ergibt. Oftmals muss zwischen der zweiten und der dritten Stufe noch zusätzlich auf **Wertermittlung** geklagt werden. Die Stufenklage unterbricht die Verjährung des Pflichtteilsanspruchs in der Höhe, in der er später beziffert wird.[217] Hierzu reicht es aus, wenn der Antrag in der ersten Stufe gestellt wird.[218] Erteilt der Beklagte nach Eintritt der Rechtshängigkeit der Stufenklage die begehrte Auskunft, kann hinsichtlich des Auskunftsantrags die Hauptsache für erledigt erklärt werden, ohne dass den Kläger die Prozesskosten treffen.[219] Erweist sich der Nachlass aufgrund der Auskunftserteilung als nicht werthaltig, so dass ein Zahlungsanspruch nicht besteht, ergibt sich hieraus hinsichtlich der anschließenden prozessualen Verfahrensweise bzw. der Kostentragungspflicht ein bislang umstrittenes Problem: Durch die bloße Erklärung der Erledigung der Hauptsache bzgl. des Zahlungsantrags kann der Kläger die Prozesskostensituation nicht retten.[220] Nach Ansicht des BGH sind in diesem Falle dem Kläger die **Kosten** nach § 92 ZPO aufzuerlegen, weil die Zahlungsklage unbegründet gewesen wäre. Auch eine analoge Anwendung des Rechtsgedanken aus § 93 ZPO kommt nicht in Betracht. Dies führt im Ergebnis zu einer als ungerecht empfundenen Kostentragungspflicht des Auskunftsklägers, der die Stufenklage im Zweifel nur zur Vermeidung der Verjährung[221] seines Zahlungsanspruchs erhoben hat.[222] Der BGH gesteht dem Kläger daher in solchen Fällen einen materiell-rechtlichen Schadensersatzanspruch in Bezug auf die angefallenen Kosten der unbegründeten Zahlungsklage zu, wenn diese bei rechtzeitiger Auskunftserteilung vermeidbar gewesen wäre.[223] Diesen Schadensersatzanspruch kann der Kläger entweder in einem Folgeprozess oder im laufenden Verfahren – durch Klageänderung – einfordern; diese ist gem. § 263 ZPO als sachdienlich anzusehen.[224]

51 Der **Streitwert** der Stufenklage bestimmt sich nach § 254 ZPO. Kann der Kläger zum Zeitpunkt der Erhebung der Stufenklage den Zahlungsanspruch noch nicht beziffern, ist der Streitwert gem. § 3 ZPO zu schätzen. Soweit ein Teilleistungsanspruch beziffert werden kann, ist dieser als Streitwert zugrunde zu legen und zusätzlich gem. § 3 ZPO der Wert des Auskunftsinteresses zu schätzen.[225] Für den Gebührenstreitwert gilt § 18 GKG, demzufolge bei der Stufenklage der höchste Wert der erhobenen Ansprüche maßgeblich ist. Dies gilt auch dann, wenn die Stufenklage bereits nach Verhandlung nur über die Auskunftsstufe abgewiesen wird. In diesem Fall richtet sich aber die für die mündliche Verhandlung entstandene Rechtsanwaltsgebühr (Terminsgebühr) lediglich nach dem Wert der Auskunftsstufe.[226]

---

217 BGH ZEV 2006, 263, 264; OLG Koblenz FamRZ 2003, 193, 194; BGH NJW 1992, 2563; BGH NJW 1975, 1409; *Hölscher*, in: Mayer/Süß/Riedel/Bittler, HB Pflichtteilsrecht, § 13 Rn 221.

218 Vgl. zu den Voraussetzungen eines Teilurteils über den Pflichtteilsanspruch OLG Hamburg NJW-RR 1999, 129; BGH NJW 1975, 1409.

219 BGH MDR 1965, 641.

220 OLG Stuttgart NJW 1969, 1216; OLG Düsseldorf FamRZ 1998, 1071; OLG Hamm MDR 1989, 461; OLG Frankfurt FamRZ 1987, 1293; *Hölscher*, in: Mayer/Süß/Riedel/Bittler, HB Pflichtteilsrecht, § 13 Rn 245.

221 Vgl. hierzu OLG Düsseldorf ZErb 2018, 43.

222 BGH NJW 1994, 2895.

223 BGHZ 79, 2075; BGH NJW 1981, 990.

224 Vgl. zum Ganzen *Hölscher*, in: Mayer/Süß/Riedel/Bittler, HB Pflichtteilsrecht, § 13 Rn 244 ff., 246.

225 *Hölscher*, in: Mayer/Süß/Riedel/Bittler, HB Pflichtteilsrecht, § 13 Rn 266.

226 OLG Celle ZErb 2009, 163. Zur Frage der PKH im Rahmen einer Stufenklage vgl. OLG Brandenburg FamRZ 1998, 1177 und OLG Düsseldorf FamRZ 2000, 101.

2. Auskunfts- und Zahlungsklage

Soweit ein Verjährungsrisiko nicht besteht,[227] kann der Pflichtteilsberechtigte zunächst eine isolierte Auskunftsklage erheben. Schließt sich daran eine Zahlungsklage an, entstehen zwar die bereits erwähnten höheren Prozesskosten, im Übrigen bestehen jedoch keine wirklichen Nachteile gegenüber der Stufenklage. Es ist aber unbedingt zu beachten, dass durch die Auskunftsklage die **Verjährung** des Pflichtteilsanspruchs nicht unterbrochen wird.[228] Der Auskunftsanspruch kann grundsätzlich nicht durch einstweilige Verfügung erzwungen werden.[229] In der Praxis bestehen mitunter Schwierigkeiten bei der Stellung des Antrags, da dieser grundsätzlich möglichst konkret gefasst werden sollte,[230] damit er später ggf. vollstreckt werden kann.[231] Nach std. Rspr. hat ein **Nachlassverzeichnis** grundsätzlich über folgende Punkte Auskunft zu geben, die daher sinnvollerweise auch der Klageantrag enthalten sollte:[232] 52

- alle beim Erbfall tatsächlich vorhandenen Sachen und Forderungen (Aktiva);
- die Nachlassverbindlichkeiten, Erblasser- und Erbfallschulden (Passiva);
- sämtliche Schenkungen (auch die an den potentiell Pflichtteilsergänzungsberechtigten selbst), die der Erblasser zu Lebzeiten getätigt hat;
- alle Zuwendungen an Abkömmlinge i.S.d. §§ 2050 ff. BGB;
- alle Zuwendungen, die in Anrechnung auf den ordentlichen Pflichtteil gem. § 2315 BGB erfolgt sein könnten;
- Güterstand, in dem der Erblasser verheiratet war.

Eine genaue Umschreibung der einzelnen Handlungen zur Erfüllung der Auskunftspflicht ist (aus prozessökonomischen Gründen) nicht erforderlich.[233]

Hat der Erbe einmal (vollständig) Auskunft erteilt, ist der Auskunftsanspruch erfüllt, so dass eine **Ergänzung** des **Nachlassverzeichnisses** oder gar die Vorlage von Belegen nicht mehr verlangt werden kann.[234] Dem Pflichtteilsberechtigten bleibt dann nur die Möglichkeit, die Abgabe der Versicherung an Eides Statt zu fordern, oder aber die Zugehörigkeit eines bestimmten Gegenstands zum Nachlass zu beweisen.[235] Der Übergang vom Auskunftsanspruch zum Wertermittlungsanspruch stellt keine Klageänderung i.S.v. § 264 Nr. 2 ZPO dar, wenn der Kläger aufgrund derselben tatsächlichen und rechtlichen Gegebenheit von dem einen auf den anderen Anspruch übergeht.[236] Über den Streitwert der Auskunftsklage entscheidet das Gericht gem. § 3 ZPO nach Ermessen. I.d.R. ist hierbei 1/10 bis 1/4 des zu erwartenden Zahlungsanspruchs als angemessen zugrunde zu legen.[237] Im Falle einer Klage mehrerer Pflichtteilsberechtigter[238] sowie bei der Geltendmachung entsprechender Auskunftsansprüche[239] liegt eine 53

227 Vgl. zu Haftungsrisiken des Rechtsanwalts BGH NZFam 2019, 254.

228 BGH NJW 1975, 1409.

229 Staudinger/*Haas* (2006), § 2314 Rn 80.

230 OLG Celle ZErb 2005, 331.

231 Für die Angaben bei Auskünften über Grundstücke siehe umfassend *Rohlfing*, Erbrecht, § 5 Rn 220.

232 BGH LM BGB § 2314 Nr. 5; *Hölscher*, in: Mayer/Süß/Riedel/Bittler, HB Pflichtteilsrecht, § 13 Rn 153 ff. (Rn 156 mit Formulierungsbeispiel); vgl. auch *Kerscher/Riedel/Lenz*, Pflichtteilsrecht, § 13 Rn 13.

233 OLG Hamburg FamRZ 1988, 1213.

234 *Hölscher*, in: Mayer/Süß/Riedel/Bittler, HB Pflichtteilsrecht, § 13 Rn 159.

235 *Kerscher/Riedel/Lenz*, Pflichtteilsrecht, § 13 Rn 17.

236 BGH NJW 2001, 833; OLG Düsseldorf OLGE 1997, 229.

237 OLG München MDR 1972, 247; OLG Düsseldorf FamRZ 1998, 1188; BGH FamRZ 1993, 1189; vgl. auch *Hölscher*, in: Mayer/Süß/Riedel/Bittler, HB Pflichtteilsrecht, § 13 Rn 169.

238 OLG München Rpfleger 1990, 270 = JurBüro 1990, 602.

239 OLG Köln JurBüro 1994, 730.

Gegenstandsverschiedenheit gem. § 22 Abs. 1 RVG vor. Die Gegenstandswerte sind daher zu addieren. Ein Mehrvertretungszuschlag gem. § 7 RVG kann nicht angesetzt werden.

3. Feststellungsklage

54 Mit Hilfe der Feststellungsklage kann bspw. die verbindliche (also in Rechtskraft erwachsende) **Feststellung** getroffen werden, ob eine wirksame Pflichtteilsentziehung[240] oder ein rechtswirksamer Erb- oder Pflichtteilsverzicht vorliegt[241] oder ein Fall der Erb- und Pflichtteilsunwürdigkeit gegeben ist. Hätte der Berechtigte aber bereits die Möglichkeit, Leistungsklage zu erheben, fehlt ihm für die Feststellungsklage das Rechtsschutzbedürfnis.

4. Sicherung des Anspruchs

55 Unter der Voraussetzung, dass der Pflichtteilsberechtigte sowohl das Bestehen seines Anspruchs dem Grunde nach darlegt und ebenso dessen Höhe (überschlägig, aber) schlüssig darlegt, kann eine Sicherung durch dinglichen Arrest (§§ 916 ff. ZPO) in Betracht kommen. Das schlüssige Darlegen der Pflichtteilshöhe erfordert dabei allerdings eine Darstellung nicht nur der Nachlass-Aktiva, sondern auch der Passiva,[242] so insoweit vergleichsweise hohe Hürden zu überwinden sind. Dies ist regelmäßig erst nach einer entsprechenden Auskunftserteilung durch den Erben möglich.

IV. Fragen zur Beweislast

56 Grundsätzlich ist der Pflichtteilsberechtigte hinsichtlich sämtlicher Voraussetzungen seines Pflichtteilsanspruchs beweispflichtig.[243] Daher trifft ihn nicht nur die Beweislast hinsichtlich der Zugehörigkeit einzelner Gegenstände zum realen Nachlass oder für das Nichtbestehen von Verbindlichkeiten,[244] sondern auch hinsichtlich der Frage, ob eine dem fiktiven Nachlass zuzurechnende Schenkung vorliegt.[245] Hierbei können allerdings die vom BGH entwickelten Grundsätze der Beweislastumkehr eingreifen, wenn der Zuwendungsempfänger sich darauf beruft, dass eine Unentgeltlichkeit nicht vorliege, zwischen Leistung und Gegenleistung aber tatsächlich ein auffälliges Missverhältnis besteht.[246] Den Pflichtteil mindernde Tatsachen müssen dagegen grundsätzlich die Erben beweisen, so z.B. die Anrechnungs- und Ausgleichungspflicht bzgl. bestimmter Vorempfänge,[247] eine etwaige Pflichtteilsunwürdigkeit, die Wirksamkeit eines Pflichtteilsverzichts oder, dass dieser sich auch auf die Abkömmlinge erstreckt.[248]

F. Steuerrecht

I. Pflichtteilsgeltendmachung

57 Nach § 3 Abs. 1 Nr. 1 ErbStG unterliegt nur der **geltend gemachte Pflichtteilsanspruch** der Erbschaftsteuer. Durch diese gesetzliche Regelung wird der Zeitpunkt der Steuerentstehung hinausgeschoben, was in erster Linie dem Schutz des Pflichtteilsberechtigten dient.[249] Er soll davor bewahrt werden, dass für ihn auch dann Erbschaft-

240 BGHZ 37, 331; BGHZ 109, 306.
241 *Hölscher*, in: Mayer/Süß/Riedel/Bittler, HB Pflichtteilsrecht, § 13 Rn 118.
242 OLG Hamburg ZErb 2017, 295.
243 BGHZ 7, 134.
244 Wenn der Erbe deren Vorhandensein substantiiert behauptet hat, vgl. BGH FF 2003, 218.
245 BGHZ 89, 24.
246 BGH ZEV 1996, 186.
247 *Kerscher/Riedel/Lenz*, Pflichtteilsrecht, § 13 Rn 25.
248 Vgl. *Hölscher*, in: Mayer/Süß/Riedel/Bittler, HB Pflichtteilsrecht, § 13 Rn 263.
249 *Kerscher/Riedel/Lenz*, Pflichtteilsrecht, § 17 Rn 2.

steuer anfällt, wenn er seinen Anspruch zunächst – oder gar dauerhaft – nicht erhebt.[250] Korrespondierend zur Erbschaftsteuerpflicht des geltend gemachten Pflichtteils besteht für den pflichtteilsbelasteten Erben die Möglichkeit, diese Belastung i.R.d. Ermittlung seines steuerpflichtigen Erwerbs wertmindernd in Ansatz zu bringen, § 10 Abs. 5 Nr. 2 ErbStG. Umfasst der steuerpflichtige Erwerb des Erben auch begünstigtes bzw. teilweise steuerbefreites Vermögen, bspw. nach § 13a ErbStG teilweise steuerbefreite Kapitalgesellschaftsanteile oder Betriebsvermögen, kann die Pflichtteilslast nur teilweise steuermindernd geltend gemacht werden. Gem. § 10 Abs. 6 S. 5 ErbStG hat eine anteilige Kürzung zu erfolgen, die sich am Verhältnis der Verkehrswerte des begünstigten/steuerbefreiten Vermögens zum Gesamtwert der Erbschaft orientiert.[251] Unter **Geltendmachung** versteht die Finanzgerichtsbarkeit seit jeher[252] das ernstliche Verlangen auf Erfüllung des Pflichtteilsanspruchs.[253] Der Berechtigte muss seinen entsprechenden Entschluss in „geeigneter Weise bekunden". Dies kann auch mündlich oder durch schlüssiges Verhalten geschehen, die Einleitung eines gerichtlichen Verfahrens zur Durchsetzung des Anspruchs ist nicht erforderlich.[254] Der Anspruch braucht auch nicht beziffert zu werden.[255] Eine Geltendmachung kann auch darin zu sehen sein, dass der Erbe die Auszahlung des Pflichtteils anbietet und der Berechtigte dieses Angebot annimmt.[256] Dasselbe gilt, wenn der Berechtigte den Pflichtteilsanspruch stundet[257] oder zunächst nur eine Teilzahlung begehrt, sich dabei aber vorbehält, auch die Restzahlung noch zu verlangen,[258] ebenso wenn der Berechtigte Handlungen zur Sicherung der Erfüllung seines Pflichtteilsanspruchs vornimmt.[259] Insoweit ist klarstellend festzuhalten, dass die zinslose Stundung eines (noch) nicht geltend gemachten Pflichtteilsanspruchs für sich keine steuerpflichtige Schenkung darstellt.[260] Inwieweit auch die bloße Abtretung des Pflichtteilsanspruchs[261] bereits als Geltendmachung zu werten ist,[262] ist nicht abschließend geklärt.[263]

Soweit die Begleichung des Pflichtteilsanspruchs durch die Übertragung eines Grund- 58
stücks erfolgt, kann hierin, sofern es sich bei diesem Grundstück entweder um Betriebsvermögen handelt oder die Spekulationsfrist des § 23 EStG noch nicht abgelaufen ist, ein entgeltlicher Veräußerungsvorgang gesehen werden, der beim verpflichteten Erben zur Aufdeckung etwaiger stiller Reserven führt.[264] Werden zwischen dem Erben

250 Vgl. dazu RFHE 15, 52, 57; Troll/Gebel/Jülicher/Gottschalk/*Gottschalk*, § 3 Rn 224.

251 FG Rheinland-Pfalz ZEV 2005, 84 f.

252 RFH RftEl 1929, 515.

253 Troll/Gebel/Jülicher/Gottschalk/*Gottschalk*, § 3 Rn 226; vgl. auch BFH ZEV 2006, 514 m.w.N.

254 Troll/Gebel/Jülicher/Gottschalk/*Gottschalk*, § 3 Rn 226; *Kerscher/Riedel/Lenz*, Pflichtteilsrecht, § 17 Rn 4.

255 BFH ZEV 2004, 127; BFH ZEV 2006, 514 m. Anm. *Messner*.

256 RFH RftEl 1936, 1131; BFH BStBl III 1958, 134; *Seer*, ZEV 2010, 57 f.

257 Dies gilt nicht, wenn mit der Stundung gleichzeitig die Abrede verbunden ist, den Pflichtteil zu Lebzeiten des Schuldners nicht einfordern zu wollen, da dann gerade keine Geltendmachung i.S. eines ernstlichen Erfüllungsverlangens anzunehmen ist; vgl. BFH ZEV 2010, 379 = DStR 2010, 1330.

258 *Lohr/Görges*, DStR 2011, 1939; vgl. auch RFH RftEl 1940, 3.

259 RFH RftEl 1936, 1131.

260 BFH BStBl II 2010, 806.

261 Zivilrechtlich ist dies eindeutig als Geltendmachung zu werten, vgl. Grüneberg/*Weidlich*, § 2317 Rn 8; *Kuchinke*, NJW 1994, 1769; vgl. auch BGH NJW 1993, 2876, 2878 m.w.N.; ablehnend zum Steuerrecht *Meincke/Hannes/Holtz*, § 9 ErbStG Rn 35; ähnlich Troll/Gebel/Jülicher/Gottschalk/*Gottschalk*, § 3 Rn 230.

262 HessFG EFG 1990, 587.

263 Vgl. hierzu *Griesel*, in: Mayer/Süß/Riedel/Bittler, HB Pflichtteilsrecht, § 16 Rn 42; *Kerscher/Riedel/Lenz*, Pflichtteilsrecht, § 17 Rn 6.

264 BFH BStBl II 2005, 554; OFD Münster DB 2006, 1293.

und dem Pflichtteilsberechtigten monatliche Zahlungen vereinbart, kann es sich hierbei um eine nach § 22 Nr. 1 S. 2 EStG nicht steuerbare Unterhaltsrente handeln.[265]

59 Der Pflichtteilsanspruch stellt aus der Sicht des Erben grundsätzlich eine erbschaftsteuerlich relevante Nachlassverbindlichkeit dar. Voraussetzung ist prinzipiell, dass der Anspruch auch ernsthaft geltend gemacht wird[266] (und nicht auf die Geltendmachung verzichtet wird). Dessen ungeachtet ist aber auch eine Geltendmachung nach dem Tod des (zunächst) überlebenden und aufgrund Berliner Testaments allein erbenden Ehegatten möglich, wenn der Pflichtteilsanspruch bei Eintritt dieses (zweiten) Erbfalls noch nicht verjährt ist. Dies gilt selbst dann, wenn der Pflichtteilsberechtigte Alleinerbe des Pflichtteilsschuldners ist und daher der Anspruch mit dem (zweiten) Erbfall durch Konfusion erlischt.[267]

II. Pflichtteilsverzicht

60 Die erbschaftsteuerliche Behandlung des **Pflichtteilsverzichts** hängt maßgeblich vom Zeitpunkt der Verzichtserklärung ab. Grundsätzlich wäre in einem unentgeltlichen Verzicht eine ebenfalls steuerpflichtige freigebige Zuwendung (§ 7 Abs. 1 Nr. 1 ErbStG) an den Erben zu sehen. Diese ist aber gem. § 13 Abs. 1 Nr. 11 ErbStG ausdrücklich von der Besteuerung ausgenommen.[268] Hierdurch soll die Entschließungsfreiheit des Berechtigten gewahrt werden, den **vor der Geltendmachung** des Pflichtteilsanspruchs bestehenden Schwebezustand durch Verzicht zu beenden,[269] ohne hierdurch eine zusätzliche Steuerbelastung für den Erben auszulösen. Dasselbe gilt auch für die stillschweigende Unterlassung der Geltendmachung.[270] Verzichtet der Pflichtteilsberechtigte erst **nach der Geltendmachung** seines Anspruchs, kann hierin bei einem unentgeltlichen oder teilentgeltlichen Verzicht eine im Ergebnis steuerpflichtige freigebige Zuwendung i.S.d. § 7 Abs. 1 Nr. 1 ErbStG zugunsten des bzw. der Erben liegen.[271] § 13 Abs. 1 Nr. 11 ErbStG greift in diesem Fall nicht ein, da gerade nicht auf die Geltendmachung des Anspruchs verzichtet wird, sondern auf den bereits geltend gemachten Anspruch.

61 Den **Pflichtteilsverzicht gegen Abfindung** regelt § 3 Abs. 2 Nr. 4 ErbStG, wonach die erlangte Abfindung der Erbschaftsteuer unterliegt. Der Verzicht gegen Abfindung soll dabei auch nach Eintritt des Erbfalls noch möglich sein, ohne dass hierin gleichzeitig eine Geltendmachung des Pflichtteils zu sehen wäre.[272] Diese Variante kann den Vorteil haben, zivilrechtliche Risiken im Zusammenhang mit Pflichtteilsstrafklauseln zu vermeiden, wenn hier nicht die einvernehmliche Pflichtteilsgeltendmachung als Enterbungsgrund ausgenommen ist.[273] Ein Missbrauch rechtlicher Gestaltungsmöglichkeiten i.S.v. § 42 AO ist hierin (wohl nur) dann zu sehen, wenn die vereinbarte Abfindungszahlung bis zum Ableben des zahlungsverpflichteten Erben aufgeschoben wird.[274]

265 Vgl. FG Nürnberg ZErb 2007, 26 zum Verzicht auf ein Pflichtteilsrecht gegen Vereinbarung monatlicher Zahlungen.

266 FG Berlin-Brandenburg v. 22.9.2010 – 14 K 14203/07, BeckRS 2011, 97019.

267 BFH DStR 2013, 523, 524.

268 Troll/Gebel/Jülicher/Gottschalk/*Gottschalk*, § 13 Rn 129, 131.

269 Troll/Gebel/Jülicher/Gottschalk/*Gottschalk*, § 3 Rn 237.

270 Troll/Gebel/Jülicher/Gottschalk/*Gottschalk*, § 13 Rn 129.

271 FG München EFG 2005, 1887; Troll/Gebel/Jülicher/Gottschalk/*Gottschalk*, § 13 Rn 237; *Kerscher/Riedel/Lenz*, Pflichtteilsrecht, § 17 Rn 10.

272 *Meincke/Hannes/Holtz*, § 3 ErbStG Rn 112; *Müller/Grund*, ZErb 2007, 205, 208.

273 Vgl. hierzu *Müller/Grund*, ZErb 2007, 205 ff.

274 Vgl. FG Düsseldorf EFG 2005, 1550, bestätigt durch BFH BStBl II 2007, 651.

Wird als Abfindung (von vornherein) eine Rentenzahlung vereinbart, stellt dies zwar einen Fall des § 3 Abs. 2 Nr. 4 ErbStG dar, eine Einkommensteuerpflicht lösen die wiederkehrenden Zahlungen aber nicht aus.[275] Anders stellt sich die Situation aber dar, wenn zunächst eine Einmalzahlung besprochen bzw. sogar vereinbart wurde, die anschließend, etwa im Rahmen einer Stundungs- oder Ratenzahlungsvereinbarung, zeitlich gestreckt oder verrentet wird. Denn hier ist der in den einzelnen Raten- bzw. Teilzahlungen enthaltene Zinsanteil einkommensteuerpflichtig.

G. Angrenzende Rechtsgebiete

Das Pflichtteilsrecht ist, nicht zuletzt im Hinblick auf die Abhängigkeit der Erbquoten vom ehelichen Güterrecht, sehr stark mit dem Familienrecht verzahnt. Taktische Überlegungen des überlebenden Ehegatten sind ohne eine genaue Analyse der güterrechtlichen Situation praktisch gar nicht denkbar. Aber auch gesellschaftsrechtliche Bezüge spielen immer wieder eine erhebliche Rolle, insbesondere i.R.d. Nachlassbewertung. 62
Gerade in jüngerer Zeit wird auch vermehrt die Frage nach der Pfändbarkeit des Pflichtteilsanspruchs bzw. nach Bezugspunkten des Pflichtteilsrechts zum Insolvenzrecht gestellt. Hierzu ist festzuhalten, dass eine Pfändung nur dann in Betracht kommt, wenn der Pflichtteilsberechtigte selbst den Entschluss gefasst (und nach außen hin kenntlich gemacht) hat, den Anspruch verfolgen zu wollen. Denn die Entscheidung über die Geltendmachung obliegt allein ihm.[276] Eine Ausnahme hierzu gilt allerdings im Bereich des Sozialhilferegresses. Denn hier kann der Träger der Sozialhilfe den Anspruch – unabhängig von der Entscheidung des Pflichtteilsberechtigten über die Geltendmachung – ab seiner Entstehung nach § 93 Abs. 1 SGB XII auf sich überleiten.[277]

Ist der Pflichtteilsberechtigte insolvent und strebt er die Restschuldbefreiung nach § 296 InsO an, stellt es nach h.M. keine Obliegenheitsverletzung dar, wenn er einen ihm zustehenden Pflichtteilsanspruch nicht geltend macht.[278] Soweit er aber auf seinen Pflichtteil Zahlungen (oder sonstige Leistungen) erhält, hat er davon die Hälfte an seine Gläubiger abzuführen (§ 295 Abs. 1 Nr. 2 InsO). War der Anspruch zum Zeitpunkt der Eröffnung des Insolvenzverfahrens bereits anerkannt oder (wenigstens) rechtshängig, zählt der Pflichtteil insgesamt zur Insolvenzmasse.[279] 63

H. Gestaltungshinweise

I. Taktisches Vorgehen des Ehegatten

Wie gesagt, hat der (nicht völlig von der Erbfolge ausgeschlossene) überlebende Zugewinn-Ehegatte stets ein Wahlrecht, das Hinterlassene anzunehmen oder auszuschlagen. Wirtschaftlich orientiert sich diese Entscheidung vor allem an der Höhe des konkreten **Zugewinnausgleichsanspruchs** im Verhältnis zum Gesamtnachlass. Einen weiteren wesentlichen Faktor bildet die Frage, neben Verwandten welcher Erbenordnung der überlebende Ehegatte zur Erbfolge gelangt.[280] Neben Verwandten der ersten Ordnung ist die güterrechtliche Lösung regelmäßig dann die wirtschaftlich sinnvollste Alternative, wenn der Zugewinn des Erblassers einen Anteil am Nachlass von mindes- 64

275 BFH ZEV 2013, 223.

276 BGH NJW 2011, 1448; Grüneberg/*Weidlich*, § 2317 Rn 8; BeckOK BGB/*Müller-Engels*, § 2303 Rn 8; *Hölscher*, in: Mayer/Süß/Riedel/Bittler, HB Pflichtteilsrecht, § 13 Rn 108.

277 BGH ZEV 2006, 76; OLG Hamm RNotZ 2013, 307, 310.

278 BGH ZEV 2013, 268, 269; BGH ZEV 2011, 327; BGH ZEV 2009, 469; *Horn*, in: MAH Erbrecht, § 29 Rn 66; *Muscheler*, Erbrecht, Rn 4139.

279 LG Göttingen ZEV 2010, 99.

280 *Wirich/Riedel*, in: Bonefeld/Wachter, FA Erbrecht, § 19 Rn 351.

tens 6/7 (= 85,7 %) ausmacht. Neben Verwandten der zweiten Ordnung erweist sich hingegen die erbrechtliche Lösung stets als vorteilhaft.[281]

	Quote der Abkömmlinge			
Anzahl der Kinder	erbrechtliche Lösung		güterrechtliche Lösung	
	Gesetzlicher Erbteil	Pflichtteil	Gesetzlicher Erbteil	Pflichtteil
1	1/2	1/4	3/4	3/8
2	1/4	1/8	3/8	3/16
3	1/6	1/12	1/4	1/8
4	1/8	1/16	3/16	3/32
5	1/10	1/20	3/20	3/40

II. Erb- und Pflichtteilsverzicht

65 Vgl. insoweit die Kommentierung zu § 2346.

I. Haftungsfallen

I. Verjährung

66 Aus der Perspektive des Anwalts stellt die Verjährungsproblematik aufgrund der zu unterschiedlichen Zeitpunkten **beginnenden Fristen** hinsichtlich des ordentlichen Pflichtteils und des Pflichtteilsergänzungsanspruchs oft ein großes Haftungsrisiko dar. Auch die praktische Schwierigkeit, den Zeitpunkt der Kenntniserlangung von Erbfall und beeinträchtigender Verfügung des Erblassers zu ermitteln und vor allem zu beweisen, sollte nicht unterschätzt werden. Ist der Anwalt bspw. aufgrund nahender Verjährung gezwungen, Klage zu erheben, trifft ihn auf jeden Fall die Pflicht, den Mandanten über alle Risiken aufzuklären,[282] insbesondere auch darüber, dass die Verjährung nicht unterbrochen wird, wenn der Gerichtskostenvorschuss nicht rechtzeitig einbezahlt wird.[283] Nach Ansicht des BGH entfällt nämlich die materiell-rechtliche Wirkung des § 270 Abs. 3 ZPO, wenn der Kläger durch nachlässiges Verhalten eine nicht nur geringfügige Verzögerung der Zustellung provoziert.[284] Dies wird bereits bei einer Verzögerung von 18–20 Tagen anzunehmen sein.[285] Der Anwalt sollte daher seinen Mandanten spätestens bei der Zusendung der Aufstellung über die vorläufigen Gerichtskosten und dem Vorschussbegehren die Eilbedürftigkeit durch einen sichtbaren Hinweis verdeutlichen. Besser ist es, bereits in der Vorbesprechung hierauf hinzuweisen. Kommt der Anwalt seiner Aufklärungspflicht nicht nach, setzt er sich erheblichen Haftungsrisiken aus.[286]

67 Hinzuweisen ist in diesem Zusammenhang auch darauf, dass Pflichtteilsansprüche eines unter Betreuung stehenden Pflichtteilsberechtigten gegenüber dem als sein Betreuer fungierenden Erben während des Bestehens der Betreuung nicht verjähren können. Nach § 207 Abs. 1 S. 2 Nr. 4 BGB ist die Verjährung von Ansprüchen zwischen dem Betreuten und dem Betreuer während der Dauer des Betreuungsverhältnis-

281 Tabelle aus *Kerscher/Riedel/Lenz*, Pflichtteilsrecht, § 6 Rn 60.
282 *Wirich/Riedel*, in: Bonefeld/Wachter, FA Erbrecht, § 19 Rn 356.
283 BGH NJW 1974, 2318.
284 BGHZ 103, 20, 28 ff.
285 BGH NJW 1967, 779.
286 OLG Düsseldorf FamRZ 1992, 1223.

ses gehemmt. Die Vorschrift ist auf Ansprüche aller Art anwendbar, so dass sie auch im Bereich des Pflichtteilsrechts Gültigkeit hat.[287]

II. Erbverzicht

Im Rahmen der lebzeitigen Planung sollen künftige Pflichtteilsansprüche vielfach durch die Vereinbarung von Verzichtsverträgen ausgeschlossen werden. Insoweit ist zu beachten, dass ein Erbverzicht zwar nach § 2336 BGB i.d.R. auch den Verzicht auf das Pflichtteilsrecht des Verzichtenden umfasst,[288] dessen ungeachtet aber oft keine wirtschaftliche Entlastung des pflichtteilsverpflichteten Erben bewirkt. Denn gem. § 2310 S. 2 BGB führt der Erbverzicht zu einer Erhöhung der Erb- und somit auch der Pflichtteilsquoten der verbleibenden Pflichtteilsberechtigten. Somit ist der Erbverzicht in den meisten Fällen nicht das geeignete Mittel zur wirksamen Pflichtteilsreduzierung. Zur Vermeidung von Haftungsrisiken sollte der rechtliche Berater bzw. der Notar auf die Folgen des § 2310 S. 2 BGB im Vorfeld der Vereinbarung des Verzichts ausdrücklich hinweisen und ggf. auf den Abschluss auch eines Pflichtteilsverzichtsvertrages[289] hinwirken. 68

III. Inverzugsetzung

Nach Ansicht des OLG Düsseldorf[290] ist der den Pflichtteilsberechtigten vertretende Rechtsanwalt verpflichtet, den Erben alsbald nach Mandatserteilung in Verzug zu setzen und entsprechend zu mahnen. 69

§ 2304 Auslegungsregel

Die Zuwendung des Pflichtteils ist im Zweifel nicht als Erbeinsetzung anzusehen.

Literatur

Biebl, Pflichtteilsrecht und Vermächtnis kumulativ, ZErb 2010, 99; *Ferid*, Die Pflichtteilszuwendung, insbesondere auch beim Güterstand der „Zugewinngemeinschaft", NJW 1960, 121; *Mayer, J.*, Erfasst der Pflichtteilsverzicht auch Pflichtteilsvermächtnisse?, ZEV 1995, 41.

Übersicht: Rdn

287 LG Nürnberg-Fürth FamRZ 2010, 1110.
288 Vgl. *Langenfeld*, Testamentsgestaltung, Rn 13; *Riedel*, in: Uricher, Erbrecht, § 8 Rn 3.
289 Vgl. hierzu *Riedel*, in: Uricher, Erbrecht, § 8 Rn 89 f., 248 ff.
290 OLG Düsseldorf ErbR 2018, 170.

A. Allgemeines

1 § 2304 BGB enthält die widerlegbare Vermutung, dass die Zuwendung des Pflichtteils – abweichend von der Regelungen des § 2087 Abs. 1 BGB – nicht als Erbeinsetzung zu werten sei. Im Anwendungsbereich von § 2304 BGB geht dieser als **lex specialis** den Anordnungen in § 2087 Abs. 1 BGB vor.[1] Dessen ungeachtet ist § 2304 BGB stets nur „im Zweifel" anzuwenden, also nur dann, wenn kein abweichender Wille des Erblassers erkennbar ist.[2]

2 Der Gesetzgeber wollte mit dieser Regelung dazu beitragen, Streitigkeiten über den rechtlichen Gehalt der testamentarischen Zuwendung des Pflichtteils vorzubeugen.[3] Die wesentlichen Fragen, die auch bei der Anwendung von § 2304 BGB zu beantworten sind, hat der Gesetzgeber aber offengelassen: So ist einerseits unklar, was unter einer „Zuwendung des Pflichtteils" zu verstehen ist, andererseits lässt sich auch bei Vorliegen der Voraussetzungen des § 2304 BGB die hieraus zu ziehende rechtliche Konsequenz aus der Vorschrift nicht unmittelbar erkennen.[4] In Betracht käme z.B. eine Vermächtnisanordnung oder eine Verweisung auf den (gesetzlichen) Pflichtteil.[5]

3 Insgesamt kommen also im Fall der letztwilligen „Zuwendung eines Pflichtteils" drei mögliche Auslegungsergebnisse in Betracht:[6]

- Erbeinsetzung in Höhe des Pflichtteils (soweit die Vermutung des § 2304 BGB widerlegt ist),
- Vermächtnisanordnung,[7]
- Verweisung auf den Pflichtteil.

B. Tatbestand

4 Als ungeschriebenes Tatbestandsmerkmal setzt § 2304 BGB voraus, dass der Zuwendungsempfänger dem **Kreis der pflichtteilsberechtigten Personen** angehört,[8] denn sonst ergibt die Anwendung dieser Auslegungsregel wenig Sinn. Der Begriff der Zuwendung ist weit auszulegen.[9] Der Gesetzgeber wollte ihn in einem nichttechnischen Sinne verstanden wissen.[10] Danach soll jede Art der (ausdrücklichen) Pflichtteilszuwendung erfasst werden.[11] Entscheidend ist aber, dass Gegenstand der Zuwendung tatsächlich der Pflichtteil sein muss, auch wenn es auf die Verwendung des Begriffs nicht entscheidend ankommt.[12] Eine Anwendung von § 2304 BGB ist ausgeschlossen, wenn dem Empfänger wertmäßig mehr oder weniger als sein Pflichtteil zukommen soll[13] oder er etwas anderes als einen reinen Geldanspruch erhält.[14] Das ist insbesondere auch dann der Fall, wenn Zuwendungen zur Deckung des Pflichtteils angeordnet

1 BGH ZEV 2004, 374, 375; Staudinger/*Otte* (2021), § 2304 Rn 31; BeckOGK/*Obergfell/Färber*, § 2304 Rn 4; MüKo/*Lange*, § 2304 Rn 1; BeckOK BGB/*Müller-Engels*, § 2304 Rn 3.

2 MüKo/*Lange*, § 2304 Rn 5.

3 Vgl. Mot. V, S. 391.

4 BGH ZEV 2004, 374, 375; RGZ 129, 239, 241; vgl. auch Soergel/*Beck*, § 2304 Rn 2; Burandt/Rojahn/*Horn*, Erbrecht, § 2304 Rn 9 f.; *Ferid*, NJW 1960, 121.

5 MüKo/*Lange*, § 2304 Rn 3; Staudinger/*Otte* (2021), § 2304 Rn 1; BeckOGK/*Obergfell/Färber*, § 2304 Rn 4 m.w.N. und unter Hinweis auf BGH ZEV 2004, 374, 375.

6 BeckOGK/*Obergfell/Färber*, § 2304 Rn 3; MüKo/*Lange*, § 2304 Rn 6.

7 BeckOGK/*Obergfell/Färber*, § 2304 Rn 3; NK-BGB/*Bock*, § 2304 Rn 1; Jauernig/*Stürner*, § 2305 Rn 1.

8 MüKo/*Lange*, § 2304 Rn 3.

9 MüKo/*Lange*, § 2304 Rn 3; Staudinger/*Otte* (2021), § 2304 Rn 1.

10 Vgl. Prot. V, S. 499 f.

11 Vgl. Staudinger/*Otte* (2021), § 2304 Rn 1.

12 Staudinger/*Otte* (2021), § 2304 Rn 1; BeckOGK/*Obergfell/Färber*, § 2304 Rn 5.

13 OLG Frankfurt ZEV 2000, 513 m. Anm. *Küpper*.

14 Aliud; Staudinger/*Otte* (2021), § 2304 Rn 5; MüKo/*Lange*, § 2304 Rn 4.

werden. Soll der Berechtigte bestimmte Gegenstände erhalten, um so wertmäßig seinen Pflichtteilsanspruch abzugelten, ist hierin grundsätzlich die Anordnung eines Vermächtnisses zu sehen,[15] dessen Gegenstand gerade nicht der Pflichtteil, sondern ein aliud ist.[16]

Für die Entscheidung, ob das Zugewendete mit dem Pflichtteil identisch ist, muss ausschließlich auf die **objektive Rechtslage** (im Zeitpunkt des Erbfalls) abgestellt werden.[17] Die diesbezüglichen Vorstellungen des Erblassers spielen hingegen keine Rolle.[18] Dies kann dazu führen, dass zwischen Testamentserrichtung und Erbfall eingetretene Veränderungen eine Anwendung von § 2304 BGB ausschließen können, selbst wenn der Erblasser tatsächlich nur den Pflichtteil zuwenden wollte.[19] In einem solchen Fall greift die gesetzliche Vermutungsregelung nicht ein, was aber natürlich nichts daran ändert, dass der Wille des Erblassers maßgeblich bleibt. Dieser ist dann im Rahmen des Möglichen anhand anderer (eigener oder gesetzlicher) Vorgaben zu ermitteln. 5

C. Rechtsfolgen

I. Erfüllung des Tatbestands

1. Keine Erbeinsetzung

Gem. § 2087 BGB liegt in der Zuwendung einer **Quote** grundsätzlich eine Erbeinsetzung. § 2304 BGB bildet hierzu eine Ausnahme, die bei Erfüllung des Tatbestandes der Anwendung von § 2087 BGB vorgeht (**lex specialis**). Soweit einer letztwilligen Verfügung kein abweichender Wille des Erblassers zu entnehmen ist, wird der auf seinen Pflichtteil Eingesetzte nicht Erbe.[20] 6

Eine Auslegungsregel, ob der nicht als Erbe berufene Pflichtteilsberechtigte allein auf seinen gesetzlichen Pflichtteilsanspruch verwiesen ist oder ob ihm ein **Vermächtnisanspruch** zusteht, enthält § 2304 BGB nicht.[21] Insoweit richtet sich die Ermittlung des Erblasserwillens nach den allg. Auslegungsregeln.[22]

2. Verweisung auf den Pflichtteil

Von einer Verweisung (nur) auf den Pflichtteil ist grundsätzlich dann auszugehen, wenn der Erblasser erkennbar die Absicht hat, dem Pflichtteilsberechtigten lediglich das belassen zu wollen, was er ihm im Hinblick auf das Pflichtteilsrecht ohnehin nicht entziehen kann, er also durch seine Anordnungen lediglich die (tatsächliche oder vermeintliche) Rechtslage wiedergibt.[23] Insoweit wird mitunter auch von einer „widerwilligen" Erwähnung des Pflichtteils gesprochen.[24] 7

Eine Verweisung auf den Pflichtteil setzt selbstverständlich voraus, dass der „Bedachte" auch tatsächlich pflichtteilsberechtigt ist. 8

15 MüKo/*Lange*, § 2304 Rn 9.
16 MüKo/*Lange*, § 2304 Rn 4; Staudinger/*Otte* (2021), § 2304 Rn 6.
17 MüKo/*Lange*, § 2304 Rn 4; *Ferid*, NJW 1960, 121, 122.
18 MüKo/*Lange*, § 2304 Rn 4; a.A. Staudinger/*Otte* (2021), § 2304 Rn 6.
19 MüKo/*Lange*, § 2304 Rn 4.
20 Burandt/Rojahn/*Horn*, Erbrecht, § 2304 Rn 3.
21 MüKo/*Lange*, § 2304 Rn 2.
22 Vgl. etwa BeckOGK/*Obergfell/Färber*, § 2304 Rn 5; Burandt/Rojahn/*Horn*, Erbrecht, § 2304 Rn 2, 4.
23 OLG Nürnberg FamRZ 2003, 1229; BGH ZEV 2004, 374 f.; RGZ 133, 237; Soergel/*Beck*, § 2304 Rn 3; *Ferid*, NJW 1960, 121, 124; Burandt/Rojahn/*Horn*, Erbrecht, § 2304 Rn 10; Staudinger/*Otte* (2021), § 2304 Rn 9 m.w.N.
24 Vgl. Staudinger/*Otte* (2021), § 2304 Rn 9.

3. Vermächtnisanordnung

9 Soweit der Erblasser die Absicht verfolgt, dem Bedachten etwas zu gewähren, was ihm nach den Vorgaben der §§ 2303 ff. BGB nicht bereits von Gesetzes wegen gebührt, hat seine Anordnung einen begünstigenden Charakter.[25] Es kann sich dann (von den Ausnahmefällen der Erbeinsetzung einmal abgesehen) nur um eine Vermächtnisanordnung handeln.

10 Ein gewährender Charakter in diesem Sinne ist jedenfalls immer dann anzunehmen, wenn der Begünstigte gar nicht zum Kreis der Pflichtteilsberechtigten gehört[26] oder er nach den Vorstellungen des Erblassers mehr (oder weniger) als den gesetzlichen Pflichtteil[27] oder etwas anderes als Geld erhalten soll.[28]

11 Dasselbe gilt, wenn der Erblasser anordnet, dass sich die Höhe des dem Bedachten zustehenden (Geld-)Anspruchs nicht nach dem Nachlassbestand im Zeitpunkt des Erbfalls (§ 2311 Abs. 1 BGB)[29] richten, sondern sich bspw. an einem später erzielten Verkaufserlös bei der Verwertung bestimmter Nachlassgegenstände orientieren soll.[30] Zu nennen ist hier auch das sog. Pflichtteilsvermächtnis (auch Deckungsvermächtnis),[31] mit dessen Hilfe der Erblasser dem Begünstigten (konkretes) Vermögen zuwendet, mit dessen Hilfe wertmäßig (wenigstens) der Pflichtteil gedeckt werden soll. Nach der Rechtsprechung ist die allgemeine Formulierung, der Alleinerbe solle seine Geschwister „finanziell abfinden", für die Annahme eines Vermächtnisses in Höhe des Pflichtteils nicht ausreichend.[32]

12 In die Kategorie „Vermächtnisanordnung" fallen i.d.R. auch Verwirkungsklauseln, bei denen die Verweisung auf den Pflichtteil als Sanktion für ein „Fehlverhalten" des Pflichtteilsberechtigten angeordnet wird.[33] Denn bis zum Eintritt der entsprechenden Bedingung (Fehlverhalten oder auch Wiederverheiratung) ist der Betroffene (ja gerade) nicht enterbt und daher (ohne Ausschlagung) auch nicht pflichtteilsberechtigt. Mithin kann hier (auch wenn auf den ersten Blick ein Begünstigungswille vorliegt) nur eine Vermächtnisanordnung vorliegen.[34]

Anders ist die Lage aber bei Pflichtteilsstrafklauseln, die für den Fall der Pflichtteilsgeltendmachung nach dem ersten Erbfall eine Enterbung für den zweiten Erbfall vorsehen. Diese sind als Verweisung auf den Pflichtteil anzusehen und haben keinen gewährenden Charakter.

4. Unterschiede zwischen Pflichtteils- und Vermächtnisanspruch

13 Zwischen Vermächtnis- und Pflichtteilsanspruch bestehen sowohl in rechtlicher als mitunter auch in tatsächlicher Hinsicht diverse Unterscheide, von denen nachfolgend einige Aspekte grob umrissen werden sollen.

Je nachdem, ob bzw. welche Vorstellungen der Erblasser im Hinblick auf diese oder ähnliche Charakteristika der Zuwendung an den Pflichtteilsberechtigten hatte, kann sich hieraus sein Wille zur Anordnung eines Vermächtnisses oder zur Verweisung auf den Pflichtteil ableiten lassen.

---

25 Staudinger/*Otte* (2021), § 2304 Rn 2.
26 Staudinger/*Otte* (2021), § 2304 Rn 3.
27 Staudinger/*Otte* (2021), § 2304 Rn 6.
28 Aliud, Staudinger/*Otte* (2021), § 2304 Rn 5.
29 Vgl. hierzu auch Staudinger/*Otte* (2021), § 2304 Rn 7.
30 BGH ZEV 2004, 374 ff.
31 MüKo/*Lange*, § 2304 Rn 9; vgl. auch Staudinger/*Otte* (2021), § 2304 Rn 11.
32 OLG München FamRZ 2015, 2085, 2086; MüKo/*Lange*, § 2304 Rn 9.
33 Vgl. hierzu auch MüKo/*Lange*, § 2304 Rn 10.
34 Ebenso zutreffend Staudinger/*Otte* (2021), § 2304 Rn 4; a.A.: anscheinend BayObLG BayObLGZ 1959, 199, 203; OLG Celle ZEV 1996, 307 ff.

Bei Vermächtnisanordnungen hat der Erblasser die Möglichkeit, den Zeitpunkt sowohl des Anfalls des Vermächtnisses als auch der Fälligkeit eigenständig zu regeln. Diese Gestaltungsmöglichkeiten bestehen im Bereich des Pflichtteils nicht. Dieser entsteht zwingend im Zeitpunkt des Erbfalls (§ 2317 Abs. 1 BGB). 14

Ähnlich stellt sich die Rechtslage im Hinblick auf weitere Gestaltungsmöglichkeiten des Erblassers dar: So kann der Pflichtteilsberechtigte (außer in den Fällen von § 2338 BGB) nicht mit einer Testamentsvollstreckung, mit Untervermächtnissen oder Auflagen beschwert werden.[35]

Auch die Vorschriften über Annahme und Ausschlagung des Vermächtnisses (§ 2180 BGB) gelten im Bereich des Pflichtteils nicht, auch nicht entsprechend.[36] 15

Wird der Pflichtteil nach seiner Entstehung nicht geltend gemacht, hat dies auf seine rechtliche Existenz im Prinzip keinen Einfluss. Er kann nur durch Vertrag zwischen Pflichtteilsberechtigtem und Erben vernichtet werden. Ein Vermächtnis kann demgegenüber (auch einseitig) ausgeschlagen werden.[37]

Auch hinsichtlich der Durchsetzung des Anspruchs sowie der Haftung für denselben weisen Vermächtnis und Pflichtteil deutliche Unterschiede auf. Während Vermächtnisansprüche prinzipiell ohne weiteres auch gegenüber dem Testamentsvollstrecker eingefordert werden können, ist Adressat des Pflichtteilsanspruchs ausschließlich der Erbe.[38] Hinsichtlich der Verjährung ergeben sich aber keine Unterschiede; es gelten in beiden Fällen die §§ 195, 199 BGB.[39] 16

Während für den Pflichtteilsanspruch im Verhältnis zu dessen Inhaber sämtliche Miterben gesamtschuldnerisch haften, muss für Vermächtnisansprüche lediglich der jeweilige Beschwerte einstehen.[40]

Im Übrigen führt die Anordnung eines Vermächtnisses aber nicht zwingend dazu, dass pflichtteilsrechtliche Vorschriften überhaupt nicht anwendbar sind.[41] Je nach Ausgestaltung können einzelne pflichtteilsrechtliche Regelungen (z.B. der Auskunftsanspruch nach § 2314 BGB)[42] wenigstens entsprechend anwendbar sein. Ob und inwieweit dies der Fall ist, muss jeweils unter Berücksichtigung des Erblasserwillens im Einzelnen geprüft werden.[43] 17

5. Erbeinsetzung

Im Bereich der **gewährenden Anordnungen** kommt mitunter auch eine Erbeinsetzung, ggf. in Höhe des Pflichtteils, in Betracht. Eine solche ist insbesondere dann anzunehmen, wenn der Erblasser die Rechtsstellung des Pflichtteilsberechtigten so ausgestaltet wissen wollte, dass dieser mit dem bzw. den (im Übrigen) eingesetzten Erben auf einer Stufe steht,[44] er also gemeinsam mit den übrigen Begünstigten in einer 18

35 Burandt/Rojahn/*Horn*, Erbrecht, § 2304 Rn 15.
36 Staudinger/*Otte* (2021), § 2304 Rn 16.
37 Vgl. MüKo/*Lange*, § 2304 Rn 8 unter Hinweis auf BGH FamRZ 2011, 468.
38 Staudinger/*Otte* (2021), § 2304 Rn 21; a.A. wohl *Köpf*, ZEV 2013, 235.
39 Burandt/Rojahn/*Horn*, Erbrecht, § 2304 Rn 14; Staudinger/*Otte* (2021), § 2304 Rn 26.
40 Staudinger/*Otte* (2021), § 2304 Rn 20.
41 OLG Nürnberg FamRZ 2003, 1229; Soergel/*Beck*, § 2304 Rn 3; *Ferid*, NJW 1960, 121, 122.
42 RGZ 129, 239, 242; OLG Hamm HRR 1935, 1462. Soweit eine analoge Anwendung von § 2314 BGB ausscheidet, können Auskunftsansprüche aber noch nach § 242 BGB bestehen, vgl. Staudinger/*Otte* (2021), § 2304 Rn 13.
43 *Ferid*, NJW 1960, 121, 124 f.
44 Burandt/Rojahn/*Horn*, Erbrecht, § 2304 Rn 5 unter Verweis auf BGH NJW 2004, 3558.

Erbengemeinschaft verbunden sein und auch an Wertveränderungen des Nachlasses nach Eintritt des Erbfalls teilhaben sollte (Sachwertteilnahme).[45]

19 Wichtige Anhaltspunkte können sich sowohl aus der Wortwahl (insbesondere bei einem juristisch beratenen Erblasser)[46] als auch aus dem Kontext der übrigen Anordnungen ergeben. Bei Fehlen weiterführender Anhaltspunkte sollte stets von einer bloßen **Verweisung** auf den **Pflichtteil** und nicht von einer **Vermächtnisanordnung** oder Erbeinsetzung ausgegangen werden.[47] Verwendet der Erblasser hingegen ausdrücklich den Begriff „Vermächtnis", bleibt für anderweitige Interpretationen i.d.R. kein Raum.[48]

II. Nichterfüllung des Tatbestands

20 Werden nichtpflichtteilsberechtigte Personen mit einem Pflichtteil bedacht, ist § 2304 BGB nicht anwendbar (vgl. Rdn 4).[49] Es ist aber auch in diesen Fällen zu unterscheiden, ob es sich bei der Anordnung – nach der Vorstellung des Erblassers – um eine begünstigende oder eine beschränkende Verfügung des Erblassers handeln sollte. Nur wenn der Erblasser den Willen hatte, dem Bedachten überhaupt etwas zuzuwenden,[50] stellt sich die weitere Frage, ob dies in Form einer Erbeinsetzung oder durch Vermächtnisanordnung geschehen ist. Des Weiteren stellt sich die Frage nach der Höhe bzw. dem Wert der Zuwendung.[51] In Betracht kommen hier nämlich sowohl die Höhe des gesetzlichen Erbteils[52] als auch die Hälfte davon.[53]

21 Ebenfalls nicht anwendbar ist § 2304 BGB dann, wenn derjenige, dem der Pflichtteil zugewendet wird, aufgrund anderer Anordnungen des Erblassers bereits eine Erben- oder Vermächtnisnehmerstellung innehat, die Pflichtteilszuwendung also sozusagen zusätzlich erfolgt.[54]

22 Im Übrigen ist § 2304 BGB als Auslegungsregel ohnehin nur in Zweifelsfällen anwendbar. Die hier geregelte gesetzliche Vermutung ist jederzeit widerlegbar.[55] Soweit sich der Wille des Erblassers bereits eindeutig aus seinem Testament ergibt, bleibt für die Anwendung von § 2304 BGB kein Raum. Dabei kommt es in erster Linie darauf an, ob der Wille des Erblassers dahin ging, den Pflichtteilsberechtigten durch seine Anordnungen zu „beschränken", z.B. durch eine Enterbung, deren Folge dann der

45 OLG Hamm OLGZ 1982, 41, 44; KG OLGE 5, 359; Soergel/*Beck*, § 2304 Rn 2; MüKo/*Lange*, § 2304 Rn 7; Burandt/Rojahn/*Horn*, Erbrecht, § 2304 Rn 5.

46 OLG München DNotZ 1936, 800, 802; RG WarnR 1933 Nr. 181; BayObLG Recht 1915 Nr. 2685; OLG Hamm OLGZ 1982, 41, 44; MüKo/*Lange*, § 2304 Rn 7; vgl. auch Burandt/Rojahn/*Horn*, Erbrecht, § 2304 Rn 6.

47 *Planck/Greiff*, § 2304 Anm. II; Staudinger/*Otte* (2021), § 2304 Rn 11; BeckOGK/*Obergfell/Färber*, § 2304 Rn 6; Jauernig/*Stürner*, § 2304 Anm. 1; *Kretzschmar*, § 92 II; MüKo/*Lange*, § 2304 Rn 7.

48 MüKo/*Lange*, § 2304 Rn 10; vgl. auch *Biebl*, ZErb 2010, 99, 102, der auch ein Nebeneinander von Vermächtnis und Pflichtteil für denkbar hält. Solche Konstellationen sollten jedoch die Ausnahme darstellen.

49 Burandt/Rojahn/*Horn*, Erbrecht, § 2304 Rn 24.

50 BGH FamRZ 1991, 796, 797; *Ferid*, NJW 1960, 121, 122.

51 Vgl. BGH FamRZ 1991, 796, 797.

52 Vgl. OLG Celle ZErb 2010, 86.

53 Vgl. OLG Schleswig ZEV 2013, 501, 502; Burandt/Rojahn/*Horn*, Erbrecht, § 2304 Rn 26; Soergel/*Beck*, § 2304 Rn 4; Grüneberg/*Weidlich*, § 2304 Rn 2; *Ferid*, NJW 1960, 121, 122.

54 Staudinger/*Otte* (2021), § 2304 Rn 8.

55 BayObLGZ 1966, 391, 398; MüKo/*Lange*, § 2304 Rn 5; BeckOGK/*Obergfell/Färber*, § 2304 Rn 7.

Pflichtteilsanspruch wäre,[56] oder ob er ihn durch seine Anordnungen begünstigen, ihm also etwas (genauer gesagt, eine Erbenstellung) gewähren wollte.[57]

III. Besonderheiten bei Zuwendung des Pflichtteils an den Ehegatten

23 Mit besonderen, zusätzlichen Schwierigkeiten ist die Pflichtteilszuwendung an den überlebenden Zugewinn-Ehegatten verbunden. Denn diesem kann sowohl der „große" als auch der „kleine" Pflichtteil zustehen. Der große Pflichtteil kommt gem. § 1371 Abs. 1 und 2 BGB nur in Betracht, wenn der überlebende Ehegatte entweder Erbe oder Vermächtnisnehmer geworden ist.[58] Aus diesem Grund ist – wenigstens sinngemäß – eine Zuwendung des „großen" Pflichtteils i.d.R. als **Pflichtteilsvermächtnis**,[59] ausnahmsweise auch als Erbeinsetzung[60] auszulegen.[61] Kommt der Pflichtteilszuwendung ein beschränkender Charakter zu, insbesondere dann, wenn der Erblasser seinen Ehegatten – wenigstens sinngemäß – auf den „kleinen" Pflichtteil verweist, ist hierin weder eine Erbeinsetzung noch eine Vermächtnisanordnung zu sehen, so dass der Ehegatte enterbt ist und ohnehin nur Anspruch auf den kleinen Pflichtteil (und daneben den konkreten Zugewinnausgleich) hat, § 1371 Abs. 2 BGB (ein Wahlrecht zwischen großem Pflichtteil und kleinem Pflichtteil zzgl. Zugewinnausgleich besteht hier ausdrücklich nicht).[62]

24 Die Abgrenzung zwischen den beiden Varianten kann sich in der Praxis als äußerst schwierig erweisen. Eine feste Auslegungsregel besteht nicht.[63] Man wird aber davon ausgehen können, dass immer dann, wenn der Erblasser erkennbar die Anwendung der gesetzlichen Regelungen über das Pflichtteilsrecht zu vermeiden sucht, er also z.B. dem überlebenden Ehegatten den Weg zum großen Pflichtteil eröffnen will, eine Vermächtnisanordnung vorliegt.[64]

IV. Besonderheiten bei Zuwendung des Pflichtteils an Abkömmlinge und/oder Eltern

25 Besonderheiten können sich auch für die Quotenberechnung bei Abkömmlingen und/oder Eltern des Erblassers ergeben, wenn dieser im Güterstand der Zugewinngemeinschaft verheiratet war.

26 Soweit es für die Bestimmung der **Pflichtteilsquoten** von Eltern oder Abkömmlingen auf die Erbquote des überlebenden Ehegatten ankommt, ist wie folgt zu unterscheiden: Liegt neben der Pflichtteilszuweisung an Eltern oder Abkömmlinge auch eine Erbeinsetzung oder eine Vermächtnisanordnung zugunsten des Ehegatten vor, bestimmen sich die Quoten grundsätzlich nach dem erhöhten Ehegattenerbteil.[65] Für den Fall, dass sich der Ehegatte für die güterrechtliche Lösungen entscheidet, gilt die daraus resultierende Quotenverschiebung bei den übrigen Pflichtteilsberechtigten als vom Erblasser gewollt.[66] Eine Anwendung des § 2304 BGB bleibt also möglich.[67] Hat der

---

56 Vgl. AG Freiburg, Beschl. v. 5.6.2012 – 3 N 6 253/07, BeckRS 2013, 08740.

57 Vgl. BGH ZEV 2004, 374 f.; MüKo/*Lange*, § 2304 Rn 5; ausführlich zu Auslegungskriterien in Zweifelsfällen Staudinger/*Otte* (2021), § 2304 Rn 11 ff.; *Ferid*, NJW 1960, 121 ff.

58 MüKo/*Lange*, § 2304 Rn 11.

59 MüKo/*Lange*, § 2304 Rn 14.

60 Staudinger/*Otte* (2021), § 2304 Rn 29; MüKo/*Lange*, § 2304 Rn 14.

61 Vgl. auch Grüneberg/*Weidlich*, § 2304 Rn 1.

62 Vgl. BGHZ 42, 182 = NJW 1964, 2404.

63 MüKo/*Lange*, § 2304 Rn 11, 14 unter Hinweis auf *Ferid*, NJW 1960, 121, 126, der von einer Vermutung zugunsten des „großen Pflichtteils" ausging.

64 MüKo/*Lange*, § 2304 Rn 13; a.A. Burandt/Rojahn/*Horn*, Erbrecht, § 2304 Rn 17; BeckOGK/*Obergfell/Färber*, § 2304 Rn 10; Soergel/*Beck*, § 2304 Rn 6.

65 MüKo/*Lange*, § 2304 Rn 15.

66 MüKo/*Lange*, § 2304 Rn 15; vgl. auch Staudinger/*Otte* (2021), § 2304 Rn 19 m.w.N.

67 Soergel/*Beck*, § 2304 Rn 8; MüKo/*Lange*, § 2304 Rn 5.

Erblasser aber ausnahmsweise eindeutig klargestellt, dass eine zugewendete „Pflichtteilsquote“ unabänderlich und somit vom Verhalten des überlebenden Ehegatten unberührt bleiben soll, liegt hierin eine Erb- oder Vermächtniseinsetzung;[68] denn im Vergleich zum Pflichtteil spricht ein „Mehr oder Weniger“-Hinterlassen grundsätzlich für eine gewährende Verfügung.[69]

V. Behandlung „nichtehelicher" Kinder

27 Seit Inkrafttreten des ErbGleichG (v. 16.12.1997)[70] am 1.4.1998 werden alle leiblichen Kinder des Erblassers grundsätzlich gleich behandelt. Dies gilt auch hinsichtlich des Pflichtteilsrechts. Auslegungsschwierigkeiten sind jedoch denkbar, wenn der (nach dem 31.3.1998 verstorbene) Erblasser sein Testament vor dem 1.4.1998 errichtet hat. Soweit die letztwillige Verfügung so zu interpretieren ist, dass sie lediglich eine Bezugnahme auf die gesetzlichen Vorschriften darstellt, ist i.d.R. von einer dynamischen Verweisung auszugehen.[71] D.h., dass nach dem Willen des Erblassers das zum Zeitpunkt seines Todes gültige Erbrecht angewendet werden soll. § 2304 BGB kann in diesen Fällen einschlägig sein. Ergibt sich aber aus der letztwilligen Verfügung, dass es dem Erblasser darauf ankam, den Pflichtteilsberechtigten genau in der Höhe zu bedenken, auf die er vor Inkrafttreten des ErbGleichG Anspruch gehabt hätte, stellt dies eine Vermächtnisanordnung dar.[72]

D. Beweislastverteilung

28 Die Beweislast dafür, dass § 2304 BGB nicht anwendbar sei, trägt stets derjenige, der hieraus Rechte für sich ableiten will.[73] Das gilt sowohl für den testamentarisch Bedachten als auch bspw. für einen Gläubiger, der den Pflichtteilsberechtigten wegen einer Nachlassverbindlichkeit in Anspruch nehmen möchte.[74]

§ 2305 Zusatzpflichtteil

[1]Ist einem Pflichtteilsberechtigten ein Erbteil hinterlassen, der geringer ist als die Hälfte des gesetzlichen Erbteils, so kann der Pflichtteilsberechtigte von den Miterben als Pflichtteil den Wert des an der Hälfte fehlenden Teils verlangen. [2]Bei der Berechnung des Wertes bleiben Beschränkungen und Beschwerungen der in § 2306 bezeichneten Art außer Betracht.

Literatur

Bohnen, Zugewinngemeinschaft und pflichtteilsgleiche Zuwendungen, NJW 1970, 1531; *Frohn*, Die Erbausschlagung unter dem Vorbehalt des Pflichtteils, Rpfleger 1982, 56; *Lindner*, Die geplante Reform der §§ 2305 f. BGB – Meilenstein oder zu kurz gesprungen, ErbR 2008, 374; *Metzler*, Ausschlagung und Erbverzicht in der dogmatischen Analyse, 2013; *Stein*, Anmerkung zu OLG Düsseldorf, ZEV 1996, 73.

68 Staudinger/*Otte* (2021), § 2304 Rn 19.
69 MüKo/*Lange*, § 2304 Rn 9; vgl. auch Staudinger/*Otte* (2021), § 2304 Rn 31, 32.
70 BGBl I 1997, 2968.
71 Staudinger/*Haas* (2006), § 2304 Rn 26 m.w.N.
72 Staudinger/*Haas* (2006), § 2304 Rn 26.
73 MüKo/*Lange*, § 2304 Rn 5; Staudinger/*Otte* (2021), § 2304 Rn 1; BeckOGK/*Obergfell/Färber*, § 2304 Rn 3; MüKo/*Lange*, § 2304 Rn 5.
74 Vgl. RGRK/*Johannsen*, § 2304 Rn 2.

Übersicht: Rdn

A. Allgemeines

§ 2305 BGB sowie die nachfolgenden Vorschriften (bis einschließlich § 2308 BGB) regeln solche Fälle, in denen der Pflichtteilsberechtigte vom Erblasser **nicht „zureichend"** bedacht wurde, also das ihm Hinterlassene (sei es ein Erbteil oder Vermächtnisse) nicht den Wert der Hälfte des gesetzlichen Erbteils erreicht.[1] Während § 2305 BGB den Bestand der letztwilligen Verfügung grundsätzlich unangetastet lässt und dem Berechtigten stattdessen einen persönlichen Anspruch gegen die Miterben (Zusatzpflichtteil[2] oder auch Pflichtteilsrestanspruch[3]) einräumt, beschäftigen sich die §§ 2306 ff. BGB mit den Konstellationen, in denen den Pflichtteilsberechtigten belastende Anordnungen des Erblassers bestehen, von denen sich der Pflichtteilsberechtigte (unter Wahrung seiner Pflichtteilsansprüche) durch Ausschlagung befreien kann.[4] Der Pflichtteilsberechtigte, dem aber ein unbelasteter – hinter dem Pflichtteil zurückbleibender – Erbteil hinterlassen ist, kann – mit Ausnahme des überlebenden Ehegatten[5] – gerade nicht ausschlagen und den vollen Pflichtteil verlangen.[6] Ihm bleibt aber der Zusatzpflichtteil nach § 2305 BGB.[7] Oftmals ist § 2305 BGB zusätzlich zu § 2306 bzw. § 2307 BGB anzuwenden.[8] 1

B. Tatbestand

Voraussetzung für die Anwendung von § 2305 BGB ist, dass der Pflichtteilsberechtigte (vgl. § 2303 BGB) **Miterbe** geworden ist.[9] Die Miterbenstellung ergibt sich entweder aufgrund letztwilliger Verfügung oder aufgrund gesetzlicher Erbfolge (in Ausnahmefällen kann auch eine Schenkung von Todes wegen die Miterbenstellung begründen).[10] Letzteres allerdings nur in der Konstellation, dass der Erblasser Dritte in einem solchen 2

1 RGZ 93, 3, 5 f.; Staudinger/*Otte* (2021), § 2305 Rn 1; BeckOGK/*Obergfell/Färber*, § 2305 Rn 1; MüKo/*Lange*, § 2305 Rn 1; Soergel/*Beck*, § 2305 Rn 1.

2 MüKo/*Lange*, § 2305 Rn 1; Burandt/Rojahn/*Horn*, Erbrecht, § 2305 Rn 2; Staudinger/*Otte* (2021), § 2305 Rn 1; BeckOGK/*Obergfell/Färber*, § 2305 Rn 2.

3 *Planck/Greiff*, § 2305 Anm. III, was nach MüKo/*Lange*, § 2305 Rn 1 eine missverständliche Formulierung darstellt.

4 Dies gilt jedenfalls für alle Erbfälle, die nach dem 31.12.2009 eingetreten sind und für die § 2306 BGB in der Fassung des Gesetzes zur Änderung des Erb- und Verjährungsrechts, BGBl I 2009, 3142 f., gilt.

5 MüKo/*Lange*, § 2305 Rn 10.

6 Vgl. Mot. V, S. 392; Prot. V., S. 503; MüKo/*Lange*, § 2305 Rn 7; RGRK/*Johannsen*, § 2305 Rn 5.

7 MüKo/*Lange*, § 2305 Rn 7.

8 RGZ 93, 3 ff.; BeckOGK/*Obergfell/Färber*, § 2305 Rn 3; Staudinger/*Otte* (2021), § 2305 Rn 3 ff., 10; Soergel/*Dieckmann*, 13. Aufl., § 2305 Rn 1.

9 MüKo/*Lange*, § 2305 Rn 2; Burandt/Rojahn/*Horn*, Erbrecht, § 2305 Rn 3; BeckOGK/*Obergfell/Färber*, § 2305 Rn 5.

10 Vgl. Staudinger/*Haas* (2006), § 2305 Rn 6.

Maße zu Erben beruft, dass für den gesetzlich erbenden Pflichtteilsberechtigten nur ein Erbteil unterhalb des Werts seines Pflichtteils verbleibt.[11]

Die Einsetzung (nur) als Ersatzerbe ist keine Erbeinsetzung i.S.v. § 2305 BGB. Vielmehr ist der Betroffene (zunächst) enterbt, so dass § 2305 BGB auf ihn gerade nicht anwendbar ist.[12] Hier kommen vielmehr ordentliche (§ 2303 BGB) und Pflichtteilsergänzungsansprüche (§ 2325 BGB) in Betracht.

3 Ob der dem Pflichtteilsberechtigten zugewendete Erbteil (i.S.v. § 2306 BGB) belastet ist, spielt für die Anwendung von § 2305 BGB nach der Änderung von § 2306 BGB im Zuge der Erbrechtsreform 2010 keine Rolle mehr.[13] Entscheidend ist, dass der dem Pflichtteilsberechtigten hinterlassene Erbteil (ggf. wertmäßig, vgl. Rdn 5 ff.) hinter der Hälfte seines gesetzlichen Erbteils zurückbleibt.

Insoweit geht es grundsätzlich (zu Ausgleichung und Anrechnung vgl. Rdn 5 ff.) um einen Quotenvergleich.[14] § 2305 S. 2 BGB ordnet ausdrücklich an, dass „bei der Berechnung des Werts" des hinterlassenen Erbteils Beschränkungen und Beschwerungen der in § 2306 BGB bezeichneten Art außer Betracht bleiben.[15] Das führt dazu, dass der hinterlassene Erbteil also auch bei Annahme weiterhin belastet bleibt und die bestehenden Beschränkungen oder Beschwerungen nicht etwa durch einen erhöhten Zusatzpflichtteil ausgeglichen werden.[16] Der Anspruchsberechtigte erhält daher bei Annahme des belasteten Erbteils nur dessen „Netto-Wert" zuzüglich des Zusatzpflichtteils.[17]

4 Ist dem Pflichtteilsberechtigten genau die Hälfte seines gesetzlichen Erbteils hinterlassen, steht ihm – vorbehaltlich einer etwaigen Ausschlagungsmöglichkeit nach § 2306 BGB – weder ein Pflichtteils- noch ein Zusatzpflichtteilsanspruch zu.[18] Maßgeblich ist hierbei, wie bereits angesprochen, grundsätzlich ein Vergleich der hinterlassenen **Erbquote** mit **der Hälfte** der dem Pflichtteilsberechtigten zustehenden **gesetzlichen Erbquote.**[19] Hat der Erblasser keine Quoten bestimmt, sondern bestimmte Vermögensgegenstände dinglich zugewiesen, muss die Erbquote aus dem Wertverhältnis der zugewiesenen Gegenstände zum gesamten Nachlass abgeleitet werden.[20]

5 Anrechnungs- und Ausgleichungspflichten, §§ 2315, 2316 BGB, führten vor der Erbrechtsreform nach h.M.[21] dazu, dass statt der Quotentheorie die sog. **Werttheorie**

11 Staudinger/*Otte* (2021), § 2305 Rn 2.

12 MüKo/*Lange*, § 2305 Rn 2; Burandt/Rojahn/*Horn*, Erbrecht, § 2305 Rn 3; BeckOGK/*Obergfell/Färber*, § 2305 Rn 5.

13 BeckOGK/*Obergfell/Färber*, § 2305 Rn 3; Staudinger/*Otte* (2021), § 2305 Rn 4; Burandt/Rojahn/*Horn*, Erbrecht, § 2305 Rn 12; MüKo/*Lange*, § 2305 Rn 3 weist insoweit zwar zu Recht darauf hin, dass in Fällen des § 2306 BGB, also bei belastendem oder beschränktem Erbteil, ein Wahlrecht des Pflichtteilsberechtigten zur Ausschlagung des Hinterlassenen besteht. Dies ändert aber – gerade im Falle der Annahme des Hinterlassenen – nichts an der prinzipiellen Anwendbarkeit von § 2305 BGB.

14 OLG Celle ZEV 1996, 307, 308; OLG Köln ZEV 1997, 298; Burandt/Rojahn/*Horn*, Erbrecht, § 2305 Rn 4, 5.

15 Staudinger/*Otte* (2021), § 2305 Rn 5, 7; BeckOGK/*Obergfell/Färber*, § 2305 Rn 6.

16 BeckOGK/*Obergfell/Färber*, § 2305 Rn 8; Burandt/Rojahn/*Horn*, Erbrecht, § 2305 Rn 3.

17 Vgl. *Hölscher*, in: Mayer/Süß/Riedel/Bittler, HB Pflichtteilsrecht, § 4 Rn 7, 8.

18 Vgl. OLG Koblenz DNotZ 1974, 597, 598; MüKo/*Lange*, § 2305 Rn 4.

19 OLG Celle ZEV 1996, 307, 308; OLG Köln ZEV 1997, 298; Burandt/Rojahn/*Horn*, Erbrecht, § 2305 Rn 4, 5.

20 BGH NJW 1993, 1197, OLG Celle ZEV 1996, 307, 308; Burandt/Rojahn/*Horn*, Erbrecht, § 2305 Rn 5; MüKo/*Lange*, § 2305 Rn 5 m.w.N.

21 RGZ 93, 3, 8 f.; BGH WM 1993, 1042, 1043; OLG Celle ZEV 1996, 308; *Kerscher/Riedel/Lenz*, Pflichtteilsrecht, § 6 Rn 25; Soergel/*Beck*, § 2305 Rn 2; vgl. auch Staudinger/*Otte* (2021), § 2305 Rn 5.

anzuwenden war, mit der Folge, dass ein Pflichtteilsanspruch nur bestand, wenn der Wert des dem Pflichtteilsberechtigten hinterlassenen Erbteils geringer war als die Hälfte des sich nach Durchführung der Anrechnung bzw. Ausgleichung ergebenden Wertes des ihm gebührenden Erbteils (soweit abw. von der h.M. auch in diesen Fällen die Quotentheorie zur Anwendung kam, führte dies i.d.R. zum selben Ergebnis, allerdings nicht über § 2305 BGB, sondern über § 2316 Abs. 2 BGB).

Ob diese Sichtweise auch nach der Erbrechtsreform (also für Erbfälle nach dem 6 31.12.2009) noch ihre Gültigkeit hat, ist bislang nicht abschließend geklärt.[22] Die Anwendbarkeit der Werttheorie wird vor allem mit der Begründung in Zweifel gezogen, dass hierfür nach der Erbrechtsreform keine Notwendigkeit mehr bestehe.[23] Darüber hinaus habe der Gesetzgeber eine Gleichstellung des zum Erben eingesetzten Pflichtteilsberechtigten mit dem pflichtteilsberechtigten Vermächtnisnehmer angestrebt.[24]

Für eine Anwendbarkeit der Werttheorie bei anrechnungs- und ausgleichungspflichti- 7 gen Vorempfängen i.S.d. §§ 2315, 2316 BGB scheint vor allem der Wortlaut der Vorschrift, der auf den „Wert" der Hälfte des gesetzlichen Erbteils bzw. des hieran fehlenden Teils Bezug nimmt, zu sprechen. Darüber hinaus besteht auch nach wie vor eine Notwendigkeit für die besondere Berücksichtigung ausgleichungs- bzw. anrechnungspflichtiger Vorempfänge. Die Änderungen im Bereich des § 2306 BGB spielen insoweit keine Rolle. Denn einen unbelasteten, wertmäßig aber hinter der Hälfte des gesetzlichen Erbteils zurückbleibenden Erbteil kann der Pflichtteilsberechtigte nach wie vor nicht ausschlagen, ohne seines ordentlichen Pflichtteilsanspruchs (mit Ausnahme von § 2305 BGB) verlustig zu gehen. In dieser Konstellation hat er – das Vorliegen ausgleichungs- oder anrechnungspflichtiger Zuwendungen vorausgesetzt – nur eine Aussicht, den ihm zustehenden hälftigen Wert des gesetzlichen Erbteils zu realisieren, wenn auch im Rahmen von § 2305 BGB eine Berücksichtigung der lebzeitigen Zuwendungen gewährleistet ist.[25]

Diese erfolgt aber bereits durch Anwendung von §§ 2315, 2316 BGB, der die Einbeziehung ausgleichungs- und anrechnungspflichtiger Zuwendungen im Bereich des Pflichtteilsrechts allgemein – und somit auch für Fälle des § 2305 BGB – statuiert.[26] Auf den „Theorienstreit" kommt es daher im Ergebnis nicht an.[27]

C. Rechtsfolgen

I. Grundsätzliches

Der mit einem unzureichenden Erbteil i.S.d. § 2305 BGB bedachte Pflichtteilsberech- 8 tigte bleibt grundsätzlich zu dem ihm hinterlassenen Bruchteil Erbe. Der Pflichtteilsrestanspruch besteht in der Differenz zwischen dem Wert des zugewendeten Erbteils und dem Pflichtteil (= Hälfte des Werts des gesetzlichen Erbteils). Soweit der zugewendete Erbteil reicht, ist ein Pflichtteilsanspruch ausgeschlossen. Das führt dazu, dass

---

22 Dafür z.B. Grüneberg/*Weidlich*, § 2305 Rn 3; *Blum*, in: Schlitt/Müller-Engels, Pflichtteilsrecht, § 3 Rn 78; vgl. auch MüKo/*Lange*, § 2305 Rn 5.

23 Vgl. NK-BGB/*Bock*, § 2305 Rn 3; Erman/*Röthel/Simon*, § 2305 Rn 1; jurisPK-BGB/*Birkenheier*, § 2305 Rn 20; *Hölscher*, in: Mayer/Süß/Riedel/Bittler, HB Pflichtteilsrecht, § 4 Rn 7 m.w.N.

24 Vgl. *Hölscher*, in: Mayer/Süß/Riedel/Bittler, HB Pflichtteilsrecht, § 4 Rn 7.

25 So auch MüKo/*Lange*, § 2305 Rn 5.

26 Vgl. hierzu auch *Hölscher*, in: Mayer/Süß/Riedel/Bittler, HB Pflichtteilsrecht, § 4 Rn 7 unter Hinweis auf den RegE, BT-Drucks 16/8954, S. 20 (allerdings zu § 2306 BGB); Staudinger/*Otte* (2021), § 2305 Rn 16, 17; BeckOGK/*Obergfell/Färber*, § 2305 Rn 6; im Ergebnis ebenso Burandt/Rojahn/*Horn*, Erbrecht, § 2305 Rn 8.

27 Vgl. auch Staudinger/*Otte* (2021), § 2305 Rn 15; *Hölscher*, in: Mayer/Süß/Riedel/Bittler, HB Pflichtteilsrecht, § 4 Rn 7; BeckOGK/*Obergfell/Färber*, § 2305 Rn 6.

auch eine **Ausschlagung** nicht die Geltendmachung des vollen Pflichtteils ermöglicht.[28] Dem Berechtigten steht auch nach Ausschlagung lediglich der Pflichtteilsrestanspruch nach § 2305 BGB zu;[29] von der Teilhabe am Nachlass im Übrigen ist er ausgeschlossen.[30]

9 Wie der ordentliche Pflichtteil ist auch der **Pflichtteilsrestanspruch** ein reiner Geldanspruch[31] und stellt eine Nachlassverbindlichkeit dar,[32] für die die Miterben gesamtschuldnerisch haften.[33] Ungeachtet des Umstands, dass der Anspruch unmittelbar mit dem Erbfall entsteht,[34] ist er grundsätzlich im Rahmen der Erbauseinandersetzung zu befriedigen.[35] Da der Pflichtteilsberechtigte selbst auch Miterbe ist, können die übrigen Miterben ihm gegenüber gem. § 2063 Abs. 2 BGB die Haftung beschränken,[36] selbst wenn gegenüber anderen Nachlassgläubigern unbeschränkt gehaftet wird.[37] Für die Berichtigung des Pflichtteilsrestanspruchs bzw. seine Berücksichtigung i.R.d. Erbauseinandersetzung ist insbesondere § 2046 Abs. 2 BGB zu beachten.[38]

II. Rechtsfolgen bei Vorliegen von Beschränkungen und Beschwerungen

10 Ist der dem Pflichtteilsberechtigten hinterlassene Erbteil mit Beschränkung oder Beschwerung i.S.v. § 2306 BGB belastet, so stellt S. 2[39] klar, dass der Wert der Beschränkungen und Beschwerungen im Rahmen der Berechnung des Zusatzpflichtteils nicht zum Ansatz kommt.[40] § 2305 BGB dient also ausdrücklich nicht dem Ziel, den Pflichtteilsberechtigten vor den wirtschaftlichen Folgen von zu seinen Lasten angeordneten Beschränkungen und Beschwerungen zu befreien. Er muss dies vielmehr – unabhängig von den wirtschaftlichen Folgen – (er)tragen.[41] Will sich der Pflichtteilsberechtigte hiervon lösen, muss er – was nach § 2306 Abs. 1 BGB seit der Erbrechtsreform ohne weiteres möglich ist – das ihm Hinterlassene ausschlagen[42] und stattdessen seinen (ordentlichen) Pflichtteil verlangen.[43]

11 Der Zusatzpflichtteil stellt sich somit (rechnerisch) dar als die Hälfte des gesetzlichen Erbteils[44] abzüglich des Bruttowerts des hinterlassenen Erbteils,[45] also ohne Abzug des Werts von etwa angeordneten Belastungen und Beschwerungen.

12 S. 2 birgt damit für den Pflichtteilsberechtigten das Risiko, dass er im Falle der Annahme eines belasteten Erbteils im Ergebnis deutlich weniger erhält als seinen Pflichtteil (und auch weniger, als er vor der Erbrechtsreform bekommen hätte). Dieses Ergeb-

---

28 Mot. V, S. 392; Prot. V, S. 503; MüKo/*Lange*, § 2305 Rn 6.

29 RGZ 93, 3, 9; RGZ 113, 45, 48; BGH NJW 1958, 1964; BGH NJW 1973, 995, 996; OLG Hamm OLGZ 1982, 41, 47; MüKo/*Lange*, § 2305 Rn 9; Soergel/*Beck*, § 2305 Rn 3.

30 Mot. V, S. 392; Prot. V, S. 503; MüKo/*Lange*, § 2305 Rn 9; Staudinger/*Otte* (2021), § 2305 Rn 9.

31 Burandt/Rojahn/*Horn*, Erbrecht, § 2305 Rn 4.

32 RGRK/*Johannsen*, § 2305 Rn 4; Staudinger/*Otte* (2021), § 2305 Rn 4; MüKo/*Lange*, § 2305 Rn 7.

33 Staudinger/*Otte* (2021), § 2305 Rn 4; *Stein*, ZEV 1996, 72, 74.

34 Staudinger/*Otte* (2021), § 2305 Rn 4.

35 MüKo/*Lange*, § 2305 Rn 7.

36 OLG Düsseldorf ZEV 1996, 72, 73; *Lange*, Erbrecht, Kap. 20 Rn 48.

37 KG OLGE 11, 258, 261; *Stein*, ZEV 1996, 72, 74; MüKo/*Lange*, § 2305 Rn 7; Staudinger/*Otte* (2021), § 2305 Rn 4.

38 MüKo/*Lange*, § 2305 Rn 7.

39 In der Fassung nach der Erbrechtsreform, gültig also für alle Erbfälle nach dem 31.12.2009.

40 Staudinger/*Otte* (2021), § 2305 Rn 6.

41 MüKo/*Lange*, § 2305 Rn 8; *Metzler*, Ausschlagung und Erbverzicht in der dogmatischen Analyse, S. 344 f.

42 MüKo/*Lange*, § 2305 Rn 8.

43 Staudinger/*Otte* (2021), § 2305 Rn 9; Burandt/Rojahn/*Horn*, Erbrecht, § 2305 Rn 17.

44 Ggf. unter Berücksichtigung von § 2316 BGB.

45 Ebenfalls ggf. unter Berücksichtigung von § 2316 BGB.

nis ist aber im Hinblick auf die (gegenüber der Rechtslage vor 2010 erweiterten) Ausschlagungsmöglichkeiten nach § 2306 Abs. 1 BGB und auch vor dem Hintergrund, dass der Gesetzgeber eine weitestgehende Gleichstellung von pflichtteilsberechtigten Erben und pflichtteilsberechtigten Vermächtnisnehmern erreichen wollte,[46] durchaus angemessen.

Verdeutlichen lässt sich die Systematik einschließlich der Konsequenzen der Gesetzesänderung anhand des nachfolgenden Beispiels:[47] 13

Beispiel

Der verwitwete Erblasser E hinterlässt als einzigen Pflichtteilsberechtigten das Kind K. Diesem hat er testamentarisch einen Erbteil von 1/4 hinterlassen. Der Nachlass hat einen Wert von 10.000 EUR. In seinem Testament hat E zu Lasten des K ein Vermächtnis zugunsten des X i.H.v. 1.000 EUR angeordnet.

Lösung nach aktueller Rechtslage (ab 1.1.2010):

K hat nach neuem Recht die Wahl, den ihm hinterlassenen Erbteil anzunehmen oder auszuschlagen.

a) Nimmt K den hinterlassenen Erbteil an, gelten für ihn sämtliche angeordneten Beschränkungen und Beschwerungen, insbesondere das Vermächtnis zugunsten des X. Dies gilt unabhängig davon, ob der hinterlassene Erbteil kleiner ist als der Pflichtteil. K erhält also (nach Begleichung des Vermächtnisses) einen Erbteil von 1.500 (= 2.500 EUR ./. 1.000 EUR Vermächtnis). Daneben kann er seinen Zusatzpflichtteil geltend machen, bei dessen Berechnung aber Beschränkungen und Beschwerungen außer Betracht bleiben (§ 2305 S. 2 BGB n.F.). Somit beträgt der Zusatzpflichtteil (wie nach alter Rechtslage) 2.500 EUR. Insgesamt erhält K also aus dem Nachlass 4.000 EUR (hinterlassener Erbteil abzüglich Vermächtnis zuzüglich Zusatzpflichtteil).

b) Schlägt K den ihm hinterlassenen belasteten Erbteil aus, eröffnet ihm dies gem. § 2306 Abs. 1 BGB den Weg zur Geltendmachung seines ordentlichen Pflichtteils nach § 2303 BGB. Dieser beträgt die Hälfte des Werts des gesetzlichen Erbteils, mithin die Hälfte von 10.000 EUR, also 5.000 EUR.

Lösung nach alter Rechtslage (bis 31.12.2009):

Aus der Sicht des K gilt das Vermächtnis gem. § 2306 Abs. 1 S. 1 BGB a.F. als nicht angeordnet. Der ihm hinterlassene Erbteil hat daher einen Wert von 2.500 EUR (1/4 von 10.000 EUR). Der Zusatzpflichtteil nach § 2305 BGB a.F. hat ebenfalls einen Wert von 2.500 EUR (= Nachlass x 1/2 ./. 2.500 EUR hinterlassener Erbteil). Im Ergebnis erhält K also seinen vollen Pflichtteil i.H.v. 5.000 EUR.

Irrt sich der Pflichtteilsberechtigte über den Inhalt der maßgeblichen Bewertungsregel oder geht er irrig davon aus, dass eine Pflichtteilsgeltendmachung stets die vorherige Ausschlagung des Hinterlassenen voraussetze, stellt sich die Frage der Anfechtbarkeit einer etwa erklärten Ausschlagung.[48] Auch wenn der BGH einen grundsätzlich unbeachtlichen Rechtsirrtum in Fällen des früheren § 2306 BGB a.F. hat genügen lassen,[49] ist eine Anfechtungsberechtigung höchst fraglich.[50] Einzelheiten vgl. bei § 2306 Rdn 49 ff.

46 BT-Drucks 16/8954, S. 20.

47 Entnommen aus der amtlichen Gesetzesbegründung, BT-Drucks 16/8954, S. 19.

48 MüKo/*Lange*, § 2305 Rn 9; *Horn*, in: MAH Erbrecht, § 29 Rn 103 a.E.; Burandt/Rojahn/*Horn*, Erbrecht, § 2305 Rn 17; *Lindner*, ErbR 2008, 375.

49 BGH ZEV 2006, 498.

50 Für Anfechtbarkeit: BeckOK BGB/*Müller-Engels*, § 2305 Rn 8.

III. Zusammentreffen von Erbteil und Vermächtnis

14 Hat der Erblasser zugunsten des mit einem unzureichenden (unter seinem Pflichtteil liegenden) Erbteil bedachten Pflichtteilsberechtigten zusätzlich ein (Voraus-)Vermächtnis hinterlassen und nimmt dieser das Vermächtnis an, ist dessen Wert dem Erbteil i.S.v. § 2305 BGB hinzuzuaddieren,[51] so dass der Pflichtteilsrestanspruch (nach den Grundsätzen des § 2307 Abs. 1 S. 2 BGB) sich entsprechend reduziert.[52]

IV. Besonderheiten beim Zugewinn-Ehegatten

15 Beim **Zugewinn-Ehegatten**, dem ein (geringer) Erbteil hinterlassen ist, bestimmt sich der gesetzliche Pflichtteil auf der Grundlage des gem. § 1371 Abs. 1 BGB erhöhten Erbteils.[53] Der Ehegatte kann also die Differenz zwischen dem ihm Hinterlassenen und seinem großen Pflichtteil gem. § 2305 BGB als Pflichtteilsrestanspruch geltend machen. Ein Anspruch auf Durchführung des konkreten Zugewinnausgleichs besteht daneben nicht. Nach wohl h.M. kann der Erblasser aber anordnen, dass die Erbeinsetzung des Ehegatten unter der auflösenden Bedingung stehen soll, dass dieser den Pflichtteilsrestanspruch nicht geltend macht.[54] Dadurch kann der überlebende Ehegatte de facto auf den kleinen Pflichtteil beschränkt werden. Die Ausschlagungsmöglichkeit wird ihm jedoch nicht genommen. Nach Ausschlagung der Erbschaft hat der Ehegatte aber gem. § 1371 Abs. 3 BGB auch nur noch Anspruch auf den kleinen Pflichtteil.[55] § 2305 BGB ist mangels Erbenstellung des Ehegatten nicht anwendbar. Neben dem (kleinen) Pflichtteil kann der Ehegatte den Zugewinnausgleichsanspruch gem. § 1371 Abs. 2 BGB geltend machen.

16 Soweit die Pflichtteilsquote anderer gesetzlicher Erben (Eltern und Abkömmlinge) vom Verhalten des überlebenden Ehegatten abhängig ist, bestimmt sich der Umfang von deren Pflichtteilsrestansprüchen nach der konkreten Entscheidung des Ehegatten im jeweiligen Einzelfall; es kommt also darauf an, welche Alternative des § 1371 BGB tatsächlich angewendet wird.[56]

V. Verjährung

17 Hinsichtlich der Verjährung gelten keine Besonderheiten. Der Pflichtteilsrestanspruch ist ein (echter) Pflichtteilsanspruch, so dass er unmittelbar mit dem Erbfall entsteht und sodann die Regelungen der §§ 195, 199 BGB gelten.[57] Insbesondere ist der Verjährungsbeginn nicht etwa bis zur Teilungsreife aufgeschoben.[58] Allerdings ist als Voraussetzung für den Verjährungsbeginn (natürlich) die Kenntnis des Pflichtteilsberechtigten von der für ihn nachteiligen Wertdifferenz zwischen dem ihm hinterlassenen Erbteil (ohne Abzug von Beschränkungen und Beschwerungen) und seinem Pflichtteil zu fordern.[59]

---

51 Burandt/Rojahn/*Horn*, Erbrecht, § 2305 Rn 6 unter Hinweis auf BGH NJW 1981, 1837.

52 Vgl. auch Staudinger/*Otte* (2021), § 2305 Rn 22; MüKo/*Lange*, § 2305 Rn 15.

53 MüKo/*Lange*, § 2305 Rn 12; Staudinger/*Otte* (2021), § 2305 Rn 8; Burandt/Rojahn/*Horn*, Erbrecht, § 2305 Rn 14.

54 *Bohnen*, NJW 1970, 1531; MüKo/*Lange*, § 2305 Rn 11; Burandt/Rojahn/*Horn*, Erbrecht, § 2305 Rn 15; Soergel/*Beck*, § 2305 Rn 5; Staudinger/*Otte* (2021), § 2305 Rn 8.

55 Burandt/Rojahn/*Horn*, Erbrecht, § 2305 Rn 18; MüKo/*Lange*, § 2305 Rn 11; Staudinger/*Otte* (2021), § 2305 Rn 10.

56 Staudinger/*Otte* (2021), § 2305 Rn 10.

57 Auch wenn die Erfüllung i.d.R. im Rahmen der Teilung/Erbauseinandersetzung erfolgt; vgl. oben Rdn 9.

58 Burandt/Rojahn/*Horn*, Erbrecht, § 2305 Rn 21.

59 MüKo/*Lange*, § 2305 Rn 6.

D. Taktische Erwägungen

Vor dem Hintergrund etwaiger Unsicherheiten, ob eine beabsichtigte Ausschlagung tatsächlich zum gewünschten Erfolg, nämlich zum vollen Pflichtteil führt, wird die Möglichkeit der Ausschlagung „unter Vorbehalt des vollen Pflichtteils" diskutiert. Insoweit ist aber umstritten, ob die hier in Rede stehende Bedingung zur Unwirksamkeit der Ausschlagungserklärung führen muss. Dem wird zwar entgegengehalten, dass es sich um eine echte rechtsgeschäftliche Bedingung handele, da ihr Vorliegen oder Nicht-Vorliegen im Zeitpunkt der Abgabe der Erklärung bereits feststehe.[60] Gesichert ist dies allerdings nicht.[61] 18

Aus der Sicht des Erblassers kann es wünschenswert erscheinen, die Geltendmachung eines etwaigen Pflichtteilsrestanspruchs zu verhindern. Insoweit ist klar, dass das Pflichtteilsrecht als solches – von Ausnahmen abgesehen – grundsätzlich nicht disponibel ist und durch Erblasseranordnungen nicht ausgehebelt werden kann. Denkbar ist aber eine auflösend bedingte Erbeinsetzung, bei der die Erbenstellung durch die Geltendmachung des Pflichtteilsrestanspruchs entfällt. 19

Soweit man in einer solchen Bedingung die (wenigstens konkludente) Beschwerung mit einer Nacherbschaft sieht,[62] ist die Anordnung unproblematisch wirksam. Denn ein Eingriff in das Pflichtteilsrecht ist hiermit nicht verbunden, da der Betroffene ohne weiteres nach § 2306 Abs. 1 BGB ausschlagen und damit den Weg zum vollen Pflichtteil eröffnen kann.[63]

§ 2306 Beschränkungen und Beschwerungen

(1) Ist ein als Erbe berufener Pflichtteilsberechtigter durch die Einsetzung eines Nacherben, die Ernennung eines Testamentsvollstreckers oder eine Teilungsanordnung beschränkt oder ist er mit einem Vermächtnis oder einer Auflage beschwert, so kann er den Pflichtteil verlangen, wenn er den Erbteil ausschlägt; die Ausschlagungsfrist beginnt erst, wenn der Pflichtteilsberechtigte von der Beschränkung oder der Beschwerung Kenntnis erlangt.
(2) Einer Beschränkung der Erbeinsetzung steht es gleich, wenn der Pflichtteilsberechtigte als Nacherbe eingesetzt ist.

Literatur

Bartsch, Zur Frage der Höhe von Pflichtteilsergänzungsansprüchen des mit einem Vermächtnis beschwerten Miterben, ZErb 2009, 71; *Beckmann*, Nacherbschaft oder Pflichtteil? – Die Entscheidung des als Nacherben eingesetzten Pflichtteilsberechtigten gemäß § 2306 BGB, ZEV 2012, 637; *Behme*, Mediations- und Schlichtungsklauseln in letztwilligen Verfügungen, JZ 2021, 396; *Bestelmayer*, Zur Anwendbarkeit des § 2306 Abs. 2 BGB bei angeordneter aufschiebend bedingter oder auflösend befristeter Nacherbfolge, Rpfleger 2007, 1; *Bonefeld*, Pflichtteilsanspruch bei aufschiebenden oder auflösenden Bedingungen, ZErb 2015, 216; *Bonefeld/Lange/Tanck*, Die geplante Reform des Pflichtteilsrechts, ZErb 2007, 292; *Burchard*, Testamentarische Schiedsgerichtsklauseln und Pflichtteilsansprüche, ZEV 2017, 308; *Damrau*, Minderjährige Kinder aus geschiedenen Ehen als Erben, ZEV 1998, 90; *Daragan*, Bemerkungen zur cautela socini, ZErb 2018, 1; *de Leve*, Die Ausschlagung nach § 2306 BGB – Was hat sich

60 MüKo/*Lange*, § 2305 Rn 10 unter Hinweis auf *Bestelmeyer*, FamRZ 2004, 1327 und OLG Brandenburg ZErb 2004, 132, 133.
61 Ausdrücklich offengelassen in BayObLG FamRZ 2005, 1127, 1128; vgl. auch (ablehnend) Burandt/Rojahn/*Horn*, Erbrecht, § 2305 Rn 19.
62 So Staudinger/*Otte* (2015), § 2305 Rn 9.
63 Vgl. zur bedingten Erbeinsetzung des Ehegatten *Bohnen*, NJW 1970, 1531; MüKo/*Lange*, § 2305 Rn 11; Burandt/Rojahn/*Horn*, Erbrecht, § 2305 Rn 15; Soergel/*Beck*, § 2305 Rn 5.

geändert und was ist zu beachten?, ZEV 2010, 184; *Gottwald*, Fristen im Erbrecht: Allgemeine Fristen, ZEV 2006, 293; *Günther*, Rechtsfolgen der Erbausschlagung bei gleichzeitiger Geltendmachung des Pflichtteils im Rahmen von § 2306 Abs. 1 BGB, ZEV 2011, 357; *Hager*, Die Anfechtbarkeit der lenkenden Erbausschlagung, ErbR 2025, 8; *Herzog/Lindner*, Ausgewählte Folgeprobleme der Erbrechtsreform – Teil 2: Das Wahlrecht des pflichtteilsberechtigten Erben, §§ 2305, 2306 BGB, ZFE 2010, 219; *Horn*, Genehmigungsverfahren bei Ausschlagung für Betreute und Minderjährige, ZEV 2016, 20; *Karsten*, Die Erbrechtsreform in der Kautelarpraxis, RNotZ 2010, 357; *Keim*, Testamentsgestaltung bei „missratenen" Kindern, NJW 2008, 2072; *ders.*, Die Reform des Erb- und Verjährungsrechts und ihre Auswirkungen auf die Gestaltungspraxis, ZEV 2008, 161; *ders.*, Die vergessene Ausschlagung beim durch Vermächtnis entwerteten Erbteil, ZEV 2003, 358; *Keller*, Die Problematik des § 2306 BGB bei der Sondererbfolge in Anteile an Personengesellschaften, ZEV 2001, 297; *Kerscher/Tanck*, Die „taktische" Ausschlagung des Pflichtteilsberechtigten, ZAP 1997, 686; *Kessel*, Eingriffe in die Vorerbschaft, MittRhNotK 1991, 137; *Lange*, Die Irrtumsanfechtung bei Annahme und Ausschlagung einer Erbschaft, ZEV 2023, 270; *ders.*, Die Ausschlagung des Pflichtteilsberechtigten nach § 2306 BGB: Voraussetzungen, Durchführungsfehler und (unbeabsichtigte) Folgen, ZEV 2022, 313; *ders.*, Ausgewählte Fragen zur erbrechtlichen Nachfolge in Personengesellschaften, ErbR 2020, 378; *ders.*, Letztwillige Schiedsklauseln in der jüngsten Rechtsprechung, ZEV 2017, 1; *ders.*, Letztwillig angeordnete Schiedsklauseln, ZZP 128 (2015) 407; *ders.*, Das Gesetz zur Reform des Erb- und Verjährungsrechts, DNotZ 2009, 732; *Lange/Horn*, Die Teilungsanordnung – Annäherung an ein Mysterium, ErbR 2020, 678; *Lindner*, Die geplante Reform der §§ 2305 f. BGB – Meilenstein oder zu kurz gesprungen, ErbR 2008, 374; *Mayer, J.*, Die Auswirkungen der Erbrechtsreform auf die Kautelarpraxis, ZEV 2010, 2; *Mayer, U.*, Erbteil oder Pflichtteil? Frist läuft. Zur Auslegung des § 2306 BGB, DNotZ 1996, 422; *Reimann*, Die Wirklichkeit verändert das Erbrecht: zur Entwicklung des Erbrechts in den letzten 25 Jahren, ZEV 2018, 549; *ders.*, Anwendung von § 2306 BGB auf gesellschaftsrechtliche Beschränkungen?, ErbR 2011, 34; *Schaal/Grigas*, Der Regierungsentwurf zur Änderung des Erb- und Verjährungsrechts, BWNotZ 2008, 2; *Schindler*, Pflichtteilsanspruch für aufschiebend bedingte Nacherben nur bei Ausschlagung?, ZEV 2015, 316; *ders.*, Die Anwendung des § 2306 BGB nach altem und neuem Recht unter besonderer Berücksichtigung der Werttheorie, ZEV 2008, 125 u. 187; *ders.*, Zum Beginn der Ausschlagungsfrist nach § 2306 Abs. 1 BGB bei Bestehen einer Ausgleichungspflicht i.S.v. §§ 2316, 2050 Abs. 3 BGB, ErbR 2008, 380; *ders.*, Ersatznacherbschaft und § 2306 Abs. 2 BGB, ZErb 2007, 381; *Schmitz*, Die Verteilung der Beweislast im Pflichtteilsprozess, ErbR 2020, 684; *Spall*, Die vernachlässigten Erbquoten der Geschwisterkinder – § 2306 Abs. 2 BGB und Behindertentestament, ZEV 2008, 355; *Strobel*, § 2306 BGB und die sog. Cautela Socini, ZEV 2019, 49; *Wendelstein*, Beeinträchtigt die Entziehung der elterlichen Verwaltung nach § 1638 BGB den Pflichtteil?, BWNotZ 1974, 10; *Wendt*, Nochmals: Ausschlagungsanfechtung bei fehlgeschlagener Drittbegünstigung? Großer Wurf oder verpasste Chance? – Reaktionen auf BGH Beschl. v. 22.3.2022 – IV ZB 12/22, ErbR 2024, 13.

Übersicht:

A. Allgemeines

Schon sehr früh nach Inkrafttreten des BGB wurde § 2306 BGB als inkonsequent kritisiert[1] und als „sehr verwickelte Lösung"[2] bezeichnet. *Boehmer*[3] nannte § 2306[4] daher nicht ganz zu Unrecht die schwierigste Vorschrift des BGB.[5] Der Gesetzgeber regelt hier den Fall, dass der dem Pflichtteilsberechtigten hinterlassene Erbteil mit Beschränkungen oder Beschwerungen belastet ist, also ihm nicht zur freien Verfügung steht und ihm bei wirtschaftlicher Betrachtung evtl. weniger als sein Pflichtteil verbleibt.[6] Die Zielsetzung besteht darin, dem Pflichtteilsberechtigten seine Mindestteilhabe am Nachlass (in jedem Fall) zu sichern.[7] 1

Nach altem Recht (vor der Erbrechtsreform 2010) kam es für die Handlungsmöglichkeiten des mit einem beschränkten oder beschwerten Erbteil bedachten Pflichtteilsberechtigten darauf an, welchen Umfang der ihm hinterlassene Erbteil hatte. War er – ggf. unter Anwendung der Werttheorie – größer als die Hälfte des gesetzlichen Erbteils, konnte er das ihm Hinterlassene ausschlagen und stattdessen seinen Pflichtteil (i.S.v. § 2303 BGB) verlangen, Abs. 1 S. 2 a.F. Überstieg der belastete Erbteil (ohne Berücksichtigung des Werts von Beschränkungen und Beschwerungen) die Hälfte des Werts des gesetzlichen Erbteils nicht, galten sämtliche Beschwerungen und Beschränkungen als nicht angeordnet mit der Folge, dass eine Ausschlagung dieses Erbteils gleichzeitig auch den Verlust des ordentlichen Pflichtteilsanspruchs (mit Ausnahme des Zusatzpflichtteils nach § 2305 BGB) zur Folge hatte. Zusätzlich zu dem hinterlassenen Erbteil konnte der Pflichtteilsberechtigte auch den Zusatzpflichtteil nach § 2305 BGB geltend machen.[8] 2

Eben diese Unterscheidung war in der Praxis äußerst problematisch und führte zu erheblichen Rechtsunsicherheiten[9] sowie Haftungsgefahren für den Rechtsberater. Der Gesetzgeber hat die – größtenteils berechtigte – Kritik der Lit. schließlich aufgenommen und § 2306 BGB im Rahmen der Erbrechtsreform 2010[10] deutlich vereinfacht.[11] Nach der Neufassung der Vorschrift kann der Pflichtteilsberechtigte, dem ein mit Beschwerungen oder Beschränkungen belasteter Erbteil hinterlassen ist, diesen in je- 3

1 *v. Thur*, DJZ 1901, 121 ff.; *Boehmer*, AcP 144, 249, 252 ff.; Staudinger/*Otte* (2021), § 2306 Rn 3.
2 Staudinger/*Otte* (2015), § 2303 Rn 4; *Kipp/Coing*, § 10 I 2.
3 *Boehmer*, AcP 144, 249, 252 ff.
4 In der Fassung vor der Erbrechtsreform 2010.
5 Vgl. auch *Rauscher*, Bd. II/2, S. 166 ff.; *J. Mayer*, in: Mayer/Süß/Tanck/Bittler/Wälzholz, HB Pflichtteilsrecht (3. Aufl.), § 3 Rn 6.
6 MüKo/*Lange*, § 2306 Rn 1.
7 Staudinger/*Otte* (2021), § 2303 Rn 1; BeckOGK/*Obergfell/Färber*, § 2306 Rn 1; HK-Pflichtteilsrecht/*Schmidt-Recla*, § 2306 Rn 1.
8 *J. Mayer*, in: Mayer/Süß/Tanck/Bittler/Wälzholz, HB Pflichtteilsrecht (3. Aufl.), § 3 Rn 5.
9 Vgl. hierzu z.B. *Schindler*, ZEV 2008, 125 ff. mit anschaulichen Beispielen.
10 Gesetz zur Änderung des Erb- und Verjährungsrechts v. 24.9.2009, BGBl I 2009, 3142 f.
11 Das Echo in der Lit. ist dementsprechend überwiegend positiv, vgl. z.B. *Lange*, in: Bonefeld/Kroiß/Lange, Erbrechtsreform, § 8 Rn 12 ff.; *Schaal/Grigas*, BWNotZ 2008, 2, 9; vgl. auch *Horn*, ZEV 2009, 364.

dem Fall ohne Verlust seiner Pflichtteilsansprüche ausschlagen.[12] Der Umfang des hinterlassenen Erbteils spielt keine Rolle mehr.[13] Es reicht vielmehr aus, dass der Erbteil belastet ist.

Gleichzeitig mit der Einführung dieses keinen weiteren Einschränkungen mehr unterliegenden Wahlrechts wurde aber der automatische Entfall der einen wertmäßig hinter dem Pflichtteil zurückbleibenden Erbteil belastenden Beschränkungen und Beschwerungen aus dem Gesetz gestrichen. Der Pflichtteilsberechtigte muss sich daher nunmehr entscheiden, ob er das ihm Hinterlassene einschließlich sämtlicher Beschränkungen und Beschwerungen annehmen[14] oder den Erbteil insgesamt ausschlagen und seinen Pflichtteil geltend machen möchte.[15]

§ 2306 BGB n.F. ist nach Art. 229 § 23 Abs. 4 S. 2 EGBGB auf alle Erbfälle anwendbar, die ab dem 1.1.2010 (also nach dem 31.12.2009) eintreten. Für Erbfälle vor diesem Zeitpunkt gilt hingegen noch Abs. 1 a.F., dessen Besonderheiten nachfolgend ebenfalls dargestellt werden.

B. Tatbestand

4 Voraussetzung für die Anwendung des § 2306 BGB ist, dass ein Pflichtteilsberechtigter Erbe (Alleinerbe[16] oder Miterbe) ist.[17] Ob sich die Erbenstellung aus einer letztwilligen Verfügung oder von Gesetzes wegen ergibt, spielt keine Rolle.[18] Nach zutreffender Ansicht des OLG Schleswig[19] genügt insoweit auch eine die gesetzliche Erbfolge unberührt lassende Verfügung von Todes wegen, durch die lediglich eine **Belastung** oder **Beschwerung** angeordnet wird.

Die Einsetzung als Ersatz-[20] oder Schlusserbe[21] stellt jedoch für den „ersten" Erbfall eine Enterbung dar und genügt daher zur Anwendung von § 2306 BGB nicht. Der enterbte Pflichtteilsberechtigte kann gem. § 2303 BGB seinen ordentlichen Pflichtteil geltend machen.[22] Bei Eintritt des Ersatzerbfalls muss sich der rückwirkend die Erbenstellung erlangende Pflichtteilsberechtigte den bereits erhaltenen Pflichtteil auf sein

---

12 BeckOGK/*Obergfell/Färber*, § 2306 Rn 2; Soergel/*Beck*, § 2306 Rn 1; MüKo/*Lange*, § 2306 Rn 1. Dies stellt gleichzeitig auch eine gesetzgeberisch beabsichtigte Harmonisierung der Vorschrift mit § 2307 BGB dar, vgl. *Herzog/Lindner*, ZFE 2010, 219 f.

13 Ein automatisches Entfallen von Beschränkungen bzw. Beschwerungen bei unter der Pflichtteilsquote liegendem Erbteil (§ 2306 Abs. 1 a.F.) kommt heute nicht mehr in Betracht, vgl. auch *Bartsch*, ZErb 2009, 71; MüKo/*Lange*, § 2306 Rn 2.

14 Zusätzlich hat er ggf. die Möglichkeit zur Geltendmachung seines Zusatzpflichtteils nach § 2305 BGB. Bei dessen Berechnung ist aber gem. § 2305 S. 2 BGB der Wert der Beschwerungen oder Beschränkungen nicht abzuziehen.

15 Vgl. MüKo/*Lange*, § 2306 Rn 2; *Hölscher*, in: Mayer/Süß/Riedel/Bittler, HB Pflichtteilsrecht, § 3 Rn 18.

16 BGH ZEV 2006, 498; OLG Hamm ZEV 2006, 168, 170; Burandt/Rojahn/*Horn*, Erbrecht, § 2306 Rn 5; *Hölscher*, in: Mayer/Süß/Riedel/Bittler, HB Pflichtteilsrecht, § 3 Rn 5.

17 Staudinger/*Otte* (2021), § 2303 Rn 6a; BeckOGK/*Obergfell/Färber*, § 2306 Rn 4; vgl. auch OLG Karlsruhe ZErb 2008, 19.

18 MüKo/*Lange*, § 2306 Rn 3; Staudinger/*Otte* (2021), § 2303 Rn 6b; *Hölscher*, in: Mayer/Süß/Riedel/Bittler, HB Pflichtteilsrecht, § 3 Rn 15.

19 NJW 1961, 1929 m. Anm. *Lange*.

20 BayObLGZ 1966, 228, 230; OLG Oldenburg NJW 1991, 988; BeckOGK/*Obergfell/Färber*, § 2306 Rn 4; Staudinger/*Otte* (2021), § 2303 Rn 19, 32; vgl. auch Burandt/Rojahn/*Horn*, Erbrecht, § 2306 Rn 25.

21 MüKo/*Lange*, § 2306 Rn 3; Staudinger/*Otte* (2021), § 2303 Rn 35.

22 Soergel/*Beck*, § 2306 Rn 3; Burandt/Rojahn/*Horn*, Erbrecht, § 2306 Rn 6; Staudinger/*Otte* (2021), § 2303 Rn 33.

Erbe anrechnen lassen.[23] Die Höhe des dem Pflichtteilsberechtigten hinterlassenen Erbteils spielt nach der aktuellen Fassung des Abs. 1 keine Rolle (mehr).[24]

Der Erbteil muss aber mit (wenigstens) einer der im Gesetz enumerativ und abschließend (eine analoge Anwendung ist ausgeschlossen)[25] aufgezählten Beschränkungen oder Beschwerungen belastet sein. Diese müssen (und können sich nur) aus einer Verfügung von Todes wegen ergeben.[26] Entscheidend ist dabei, dass diese den Pflichtteilsberechtigten mit dem Erbfall[27] objektiv treffen; seine subjektiven Vorstellungen spielen indes keine Rolle.[28] Auch auf das (rechtliche und tatsächliche) Ausmaß der Belastung kommt es nicht an.[29] 5

Belastungen und Beschwerungen, die sich im **Zeitpunkt** des **Erbfalls** bereits **erledigt** haben, treffen den Erben objektiv nicht; sie werden daher i.R.d. § 2306 BGB nicht berücksichtigt.[30] Dies kann auch für nach dem Erbfall weggefallenen Beschränkungen gelten, wenn sie sich derart erledigen, dass die mit ihnen verbundenen Belastungen **ex tunc**, also von Anfang an ihre Wirkung verlieren und somit diejenige rechtliche Situation entsteht, die auch bestehen würde, wenn eine Beschränkung nie angeordnet worden wäre.[31] Bsp. hierfür sind unwirksame Anordnungen, Auflagen, deren Gegenstand weggefallen ist, und infolge einer Ausschlagung gegenstandslos gewordene Vermächtnisse etc.[32] Im Hinblick auf den Regelungszweck von § 2306 BGB kann ein solcher nach dem Erbfall mit Wirkung ex tunc eintretender Wegfall von Beschränkungen und Beschwerungen aber nur dann dem Ausschlagungsrecht entgegenstehen, wenn der Pflichtteilsberechtigte vom Wegfall der Beschränkungen bzw. Beschwerungen im Zeitpunkt der Ausschlagung wusste. Treten die Umstände, die zum auf den Erbfall zurückwirkenden Wegfall der Belastungen führen, erst nach der Ausschlagung ein, muss § 2306 BGB gleichwohl anwendbar bleiben.[33] Belastungen, die sich nach dem Erbfall mit Wirkung ex nunc erledigen, haben auf die Anwendbarkeit des § 2306 BGB ebenfalls keinen Einfluss, wenn der Pflichtteilsberechtigte vor Wegfall der Belastung die Erbschaft ausgeschlagen hat.[34] Im Einzelfall kann jedoch eine Anfechtung der Ausschlagung gem. § 2308 BGB in Betracht kommen. 6

Beschränkungen und Beschwerungen i.S.v. § 2306 BGB sind insbesondere:

---

23 Vgl. Staudinger/*Otte* (2021), § 2303 Rn 43.

24 Auf die früher relevante Streitfrage, ob der Umfang des hinterlassenen Erbteils nach der Quoten- oder nach der Werttheorie zu ermitteln ist, kommt es nach aktueller Rechtslage also nicht mehr an; *Karsten*, RNotZ 2010, 357, 359; *de Leve*, ZEV 2010, 184, 185; vgl. auch MüKo/*Lange*, § 2306 Rn 5; *Riedel*, in: Bonefeld/Wachter, Der Fachanwalt für Erbrecht (3. Aufl.), § 20 Rn 37, 41.

25 Vgl. BGHZ 112, 229, 232 = NJW 1991, 169; *Kerscher/Tanck*, ZAP 1997, 689, 690; *Lange/Kuchinke*, § 37 Fn 84; MüKo/*Lange*, § 2306 Rn 6; Burandt/Rojahn/*Horn*, Erbrecht, § 2306 Rn 7; BeckOGK/*Obergfell/Färber*, § 2306 Rn 5; RGRK/*Johannsen*, § 2306 Rn 7; *Reimann*, ErbR 2011, 34.

26 BeckOGK/*Obergfell/Färber*, § 2306 Rn 5; Staudinger/*Otte* (2021), § 2303 Rn 6b.

27 Staudinger/*Otte* (2021), § 2303 Rn 6d; Staudinger/*Haas* (2006), § 2306 Rn 15; MüKo/*Lange*, § 2306 Rn 6; Burandt/Rojahn/*Horn*, Erbrecht, § 2306 Rn 9.

28 BGHZ 112, 229, 232 = NJW 1991, 169.

29 Staudinger/*Otte* (2021), § 2306 Rn 6; BeckOGK/*Obergfell/Färber*, § 2306 Rn 5; Burandt/Rojahn/*Horn*, Erbrecht, § 2306 Rn 8; MüKo/*Lange*, § 2306 Rn 7.

30 Soergel/*Beck*, § 2306 Rn 17; Staudinger/*Otte* (2021), § 2306 Rn 7; MüKo/*Lange*, § 2306 Rn 7; Burandt/Rojahn/*Horn*, Erbrecht, § 2306 Rn 26; *Hölscher*, in: Mayer/Süß/Riedel/Bittler, HB Pflichtteilsrecht, § 3 Rn 6; RGRK/*Johannsen*, § 2306 Rn 11.

31 BeckOGK/*Obergfell/Färber*, § 2306 Rn 5; Staudinger/*Otte* (2021), § 2306 Rn 7; MüKo/*Lange*, § 2306 Rn 7.

32 Vgl. Mot. V, S. 396.

33 Staudinger/*Otte* (2021), § 2306 Rn 7; MüKo/*Lange*, § 2306 Rn 20; *Hölscher*, in: Mayer/Süß/Riedel/Bittler, HB Pflichtteilsrecht, § 3 Rn 6.

34 MüKo/*Lange*, § 2306 Rn 27; Staudinger/*Otte* (2021), § 2306 Rn 7.

I. Teilungsanordnung

7 Gleichgültig, ob in Form eines Teilungsverbots (§ 2044 BGB) oder als positive Anordnung, wie die Nachlassteilung zu erfolgen hat (§ 2048 BGB), stellt die **Teilungsanordnung** eine Beschränkung des Erben dar.[35] Teilweise wird in diesem Zusammenhang diskutiert, ob das Ausschlagungsrecht voraussetzt, dass der Pflichtteilsberechtigte durch die Teilungsanordnung überhaupt belastet sei.[36] Diese Überlegung überzeugt allerdings im Ergebnis nicht. Teilungsanordnungen stellen immer eine (rechtliche) Beeinträchtigung des (jeden) Erben dar.[37] Denn auch wenn sie zu keinerlei Wertverschiebungen (gegenüber den Erbquoten) führen, belasten sie doch die Entscheidungsfreiheit sämtlicher Erben im Hinblick auf die Aufteilung des Nachlasses. Eine „neutrale" oder gar (rechtlich) „begünstigende" Teilungsanordnung ist daher prinzipiell nicht vorstellbar.[38] Mithin führen Teilungsanordnungen stets zum Ausschlagungsrecht nach Abs. 1.[39] Dasselbe gilt auch für ein Teilungsverbot nach § 2044 BGB.[40] Anordnungen, aus denen sich lediglich eine Begünstigung des pflichtteilsberechtigten Erben ergibt, können nur in der Form von Vorausvermächtnissen zu seinen Gunsten in Frage kommen.[41] Dass die Abgrenzung zur (überquotalen) Teilungsanordnung mitunter schwierig sein kann, ändert hieran nichts.

Erfolgt die Erbeinsetzung durch gegenständliche Zuweisung einzelner Nachlassgegenstände,[42] bilden Erbeinsetzung und Teilungsanordnung eine Einheit. § 2306 BGB findet auch hier Anwendung.[43] Will sich daher der Pflichtteilsberechtigte dieser Teilungsanordnung entziehen, bleibt ihm nichts anderes übrig, als die Erbschaft insgesamt auszuschlagen. Der nach früherem Recht eintretende Wegfall der Teilungsanordnung bei einem den Pflichtteil nicht erreichenden Erbteil[44] kommt nach der aktuellen Fassung von Abs. 1 nicht mehr in Betracht.[45]

II. Vermächtnisse und Auflagen

8 Vom Erblasser angeordnete Vermächtnisse, §§ 2147 ff. BGB, und Auflagen, §§ 2192 ff. BGB, stellen stets Beschwerungen i.S.d. § 2306 BGB dar.[46] Nicht durch den Erblasser angeordnet sind das gesetzliche Vermächtnis des Dreißigsten, § 1969 BGB,[47] sowie der

---

35 Burandt/Rojahn/*Horn*, Erbrecht, § 2306 Rn 15.

36 MüKo/*Lange*, § 2306 Rn 12; Soergel/*Beck*, § 2306 Rn 5; *U. Mayer*, DNotZ 1996, 422, 423; Staudinger/*Haas* (2006), § 2306 Rn 25; Grüneberg/*Weidlich*, § 2306 Rn 3.

37 Staudinger/*Otte* (2021), § 2306 Rn 11; Burandt/Rojahn/*Horn*, Erbrecht, § 2306 Rn 16; *Hölscher*, in: Mayer/Süß/Riedel/Bittler, HB Pflichtteilsrecht, § 3 Rn 9; vgl. zum Ganzen auch *Lange/Horn*, ErbR 2020, 678, 682 f.; *Lange*, ZEV 2022, 313, 315.

38 Im Ergebnis ebenso *Lange*, ZEV 2022, 313, 315.

39 BeckOGK/*Obergfell/Färber*, § 2306 Rn 9; MüKo/*Lange*, § 2306 Rn 13; Staudinger/*Otte* (2021), § 2306 Rn 11.

40 *Hölscher*, in: Mayer/Süß/Riedel/Bittler, HB Pflichtteilsrecht, § 3 Rn 9; *Lange*, ZEV 2022, 313, 314.

41 MüKo/*Lange*, § 2306 Rn 13; Staudinger/*Otte* (2021), § 2306 Rn 11; BeckOGK/*Obergfell/Färber*, § 2306 Rn 9; vgl. auch BGH ZEV 1995, 144, 145; *J. Mayer*, in: Mayer/Süß/Tanck/Bittler/Wälzholz, HB Pflichtteilsrecht (3. Aufl.), § 3 Rn 17.

42 Vgl. BGH FamRZ 1990, 396 = NJW-RR 1990, 391; Grüneberg/*Weidlich*, § 2087 Rn 6.

43 Staudinger/*Otte* (2021), § 2306 Rn 12; Soergel/*Dieckmann* (13. Aufl.), § 2306 Rn 9; *Lange/Kuchinke*, § 37 V 4b; *U. Mayer*, DNotZ 1996, 422, 423.

44 Vgl. zur alten Rechtslage: BGH FamRZ 1990, 396, 397 = NJW-RR 1990, 391.

45 Vgl. *Hölscher*, in: Mayer/Süß/Riedel/Bittler, HB Pflichtteilsrecht, § 3 Rn 19.

46 MüKo/*Lange*, § 2306 Rn 19; Staudinger/*Otte* (2021), § 2306 Rn 14; Burandt/Rojahn/*Horn*, Erbrecht, § 2306 Rn 23, 24; BeckOGK/*Obergfell/Färber*, § 2306 Rn 10.

47 Staudinger/*Otte* (2021), § 2306 Rn 14; Staudinger/*Haas* (2006), § 2306 Rn 29; MüKo/*Lange*, § 2306 Rn 19.

gesetzliche Voraus des Ehegatten,[48] zumal dieser nach § 2311 Abs. 1 S. 2 BGB ohnehin dem Pflichtteilsanspruch vorgeht.[49]
Soweit man eine Schiedsgerichtsanordnung nach § 1066 ZPO als Auflage qualifiziert,[50] könnte auch sie unter § 2306 BGB fallen.[51] Soweit diese es dem Schiedsrichter ermöglichte, seine Entscheidung nach billigem Ermessen (§ 1051 Abs. 3 ZPO) zu treffen, käme ihr auch ein belastender Charakter zu.[52] Gewährleistete die Anordnung hingegen eine unparteiliche und unabhängige Entscheidung, hätte sie keinen belastenden Charakter[53] mit der Folge, dass sie eine Ausschlagung unter gleichzeitigem Erhalt des Pflichtteilsrechts nicht ermöglicht.[54]

III. Testamentsvollstreckung

Die Anordnung einer Testamentsvollstreckung (§§ 2197 ff. BGB) ist in § 2306 BGB ebenfalls ausdrücklich als Beschränkung des Erben genannt. Wegen des mit ihr verbundenen Ausschlusses der Verfügungs- und Verwaltungsbefugnis des bzw. der Erben stellt sie stets eine Beschränkung des pflichtteilsberechtigten Erben dar.[55] Auf die Frage, wer die Person des Testamentsvollstreckers auswählt, kommt es nicht an.[56] 9

IV. Vor- und Nacherbschaft

Wird der Pflichtteilsberechtigte als Vorerbe eingesetzt, ist er nach § 2306 BGB belastet.[57] Dies gilt auch bei **befreiter Vorerbschaft** oder Einsetzung eines Nacherben auf den Überrest, § 2137 BGB.[58] Gleichgültig ist, ob der Pflichtteilsberechtigte auflösend befristet oder auflösend bedingt zum Erben berufen ist.[59] Denn im Ergebnis unterliegt der auflösend Bedachte in jedem Fall den Beschränkungen des § 2113 BGB.[60] Vor diesem Hintergrund wird auch diskutiert, ob der potentiell von einer Wiederverheiratungsklausel betroffene überlebende Ehegatte, der bei Wiederverheiratung seine Erbenstellung verlieren soll (sog. konstruktive Vorerbenstellung[61]), als beschränkt i.S.v. § 2306 BGB anzusehen ist.[62] 10

---

48 BeckOGK/*Obergfell/Färber*, § 2306 Rn 10; MüKo/*Lange*, § 2306 Rn 22; *Lange/Kuchinke*, § 37 V A 4 Fn 86.
49 MüKo/*Lange*, § 2306 Rn 19; Soergel/*Beck*, § 2306 Rn 7; Staudinger/*Haas* (2006), § 2306 Rn 29; Staudinger/*Otte* (2021), § 2306 Rn 14.
50 Dafür z.B.: Stein/Jonas/*Schlosser*, ZPO, § 1048 Rn 3. Dagegen: MüKo/*Leipold*, § 1937 Rn 30 ff.; Staudinger/*Otte* (2021), § 2306 Rn 15; *Hölscher*, in: Mayer/Süß/Riedel/Bittler, HB Pflichtteilsrecht, § 3 Rn 11; vgl. auch unten Rdn 18.
51 MüKo/*Lange*, § 2306 Rn 23.
52 MüKo/*Lange*, § 2306 Rn 23; vgl. auch Soergel/*Beck*, § 2306 Rn 7.
53 *J. Mayer*, in: Mayer/Süß/Tanck/Bittler/Wälzholz, HB Pflichtteilsrecht (3. Aufl.), § 3 Rn 19 m.w.N.
54 BeckOGK/*Obergfell/Färber*, § 2306 Rn 10; vgl. auch unten Rdn 18 f.
55 MüKo/*Lange*, § 2306 Rn 11; Staudinger/*Otte* (2021), § 2306 Rn 10; Burandt/Rojahn/*Horn*, Erbrecht, § 2306 Rn 13; BeckOGK/*Obergfell/Färber*, § 2306 Rn 8; *Hölscher*, in: Mayer/Süß/Riedel/Bittler, HB Pflichtteilsrecht, § 3 Rn 8.
56 Staudinger/*Otte* (2021), § 2306 Rn 10; BeckOGK/*Obergfell/Färber*, § 2306 Rn 8.
57 MüKo/*Lange*, § 2306 Rn 8; BeckOGK/*Obergfell/Färber*, § 2306 Rn 6; Burandt/Rojahn/*Horn*, Erbrecht, § 2306 Rn 10.
58 OLG Naumburg OLGE 5, 539, 540; KG OLGE 11, 258, 261.
59 MüKo/*Lange*, § 2306 Rn 9; Soergel/*Beck*, § 2306 Rn 4; *Damrau*, ZEV 1998, 90.
60 Staudinger/*Otte* (2021), § 2306 Rn 23; Soergel/*Beck*, § 2306 Rn 4.
61 Vgl. Burandt/Rojahn/*Horn*, Erbrecht, § 2306 Rn 12; a.A. OLG Celle ZEV 2013, 40.
62 So z.B. *Horn*, in: MAH Erbrecht, § 19 Rn 116; Staudinger/*Otte* (2021), § 2306 Rn 9; *Horn*, in: MAH Erbrecht, § 29 Rn 116.

11 Ist der Pflichtteilsberechtigte als **Nacherbe** berufen, steht diese Anordnung des Erblassers gem. Abs. 2 den Beschränkungen und Beschwerungen des Abs. 1 gleich.[63] Die Beschränkung besteht darin, dass er den ihm zugedachten Erbteil erst nach einem anderen, dem Vorerben, erhält.[64] Ist der **Eintritt** der **Nacherbfolge** nicht nur hinsichtlich des „Wann", sondern auch des „Ob" fraglich, ist die Nacherbeneinsetzung also aufschiebend bedingt (und nicht nur befristet), sind die Rechtsfolgen umstritten.[65] Teilweise wird vertreten, der Pflichtteilsberechtigte sei aufgrund des ungewissen Bedingungseintritts vollständig von der Erbfolge ausgeschlossen[66] mit der Folge, dass ihm – ohne Ausschlagung – ein ordentlicher Pflichtteilsanspruch zusteht.[67] Soweit es später zum Bedingungseintritt kommt, muss sich nach dieser Auffassung der Nacherbe das aufgrund der (nun rechtsgrundlos gewordenen) Pflichtteilsgeltendmachung Erlangte auf seine Nacherbschaft anrechnen lassen.[68]
Nach zutreffender Ansicht stellt aber Abs. 2 für alle Fälle der Nacherbfolge eine einheitliche Regelung dar,[69] die es nicht sinnvoll erscheinen lässt, die aufschiebend bedingte Nacherbeneinsetzung aus dem Anwendungsbereich der Vorschrift herauszunehmen.[70] § 2306 BGB ist auf diese Fälle anzuwenden. Der Pflichtteilsberechtigte muss also zunächst ausschlagen, um dann seinen Pflichtteilsanspruch geltend machen zu können.[71] Für diese Sichtweise spricht – neben dem Wortlaut[72] – auch, dass der aufschiebend bedingt zum Erben Eingesetzte ebenfalls ein Anwartschaftsrecht auf die Nacherbschaft erlangt.[73] Des Weiteren weist *Lange*[74] zu Recht darauf hin, dass die Rechtspositionen des unter einer aufschiebenden Befristung bzw. unter einer aufschiebenden Bedingung zum Nacherben berufenen Pflichtteilsberechtigten auch wirtschaftlich vergleichbar sind bzw. sein können. Der Eintritt einer Bedingung ist im Vergleich zu dem einer Befristung nicht zwingend unkalkulierbarer, zumal auch bei einer Befristung keinesfalls gesichert ist, dass der Pflichtteilsberechtigte den Fristablauf erlebt. Umgekehrt sind jedoch ohne Weiteres Konstellationen vorstellbar, in denen der Eintritt des Nacherbfalls an ein bestimmtes Verhalten des Pflichtteilsberechtigten geknüpft ist, so dass dieser selbst den Eintritt des Nacherbfalls herbeiführen kann. Schließlich würde die unterschiedliche Behandlung befristeter und bedingter Erbeinsetzungen auch erhebliche praktische Schwierigkeiten bereiten und zu Rechtsunsicherheiten füh-

63 BeckOGK/*Obergfell/Färber*, § 2306 Rn 7; Burandt/Rojahn/*Horn*, Erbrecht, § 2306 Rn 9; Grüneberg/*Weidlich*, § 2306 Rn 31.
64 MüKo/*Lange*, § 2306 Rn 10; *Hölscher*, in: Mayer/Süß/Riedel/Bittler, HB Pflichtteilsrecht, § 3 Rn 33.
65 Burandt/Rojahn/*Horn*, Erbrecht, § 2306 Rn 21; *Bonefeld*, ZErb 2015, 216; vgl. auch BeckOGK/*Obergfell/Färber*, § 2306 Rn 7 m.w.N.
66 RGRK/*Johannsen*, § 2306 Rn 9; *Lange/Kuchinke*, § 37 V A 4a.
67 BeckOGK/*Obergfell/Färber*, § 2306 Rn 7; vgl. auch Staudinger/*Otte* (2021), § 2306 Rn 23 m.w.N.
68 BeckOGK/*Obergfell/Färber*, § 2306 Rn 7.
69 Staudinger/*Otte* (2021), § 2306 Rn 25; *Lange*, ZEV 2022, 313, 316.
70 KG OLGE 21, 344, 345; OLG Köln ZEV 2015, 280; Staudinger/*Otte* (2021), § 2306 Rn 25; Soergel/*Beck*, § 2306 Rn 10; a.A. Burandt/Rojahn/*Horn*, Erbrecht, § 2306 Rn 21; a.A. BeckOGK/*Obergfell*, § 2306 Rn 7.
71 OLG Köln ZEV 2015, 280, 281; Burandt/Rojahn/*Horn*, Erbrecht, § 2306 Rn 21; Staudinger/*Otte* (2021), § 2306 Rn 25 ff.; *Schindler*, ZEV 2015, 316, 318; a.A.: BayObLG FamRZ 1967, 695; *Hölscher*, in: Mayer/Süß/Riedel/Bittler, HB Pflichtteilsrecht, § 3 Rn 38.
72 Burandt/Rojahn/*Horn*, Erbrecht, § 2306 Rn 21; MüKo/*Lange*, § 2306 Rn 11.
73 RGZ 170, 163, 168; MüKo/*Lieder*, § 2100 Rn 2.
74 MüKo/*Lange*, § 2306 Rn 11.

ren, wenn beide Elemente miteinander vermischt sind.[75] So geht bspw. auch das OLG Köln zu Recht vom Nichtvorliegen einer planwidrigen Regelungslücke aus.[76]

V. Andere Beeinträchtigungen

Wie bereits erwähnt, ist die Aufzählung der Beschränkungen und Beschwerungen, die dem Pflichtteilsberechtigten ein Recht zur Ausschlagung (und anschließender Pflichtteilsgeltendmachung) eröffnen, abschließend; Analogien kommen nicht in Betracht.[77] Vor diesem Hintergrund muss der Pflichtteilsberechtigte z.B. familienrechtliche Anordnungen des Erblassers akzeptieren, eine Möglichkeit zur Ausschlagung und Pflichtteilsgeltendmachung hat er – das Fehlen anderweitiger Beschränkungen oder Beschwerungen vorausgesetzt – nicht.[78] Dies gilt z.B. für eine Bestimmung i.S.v. § 1638 Abs. 1 BGB, der zu Folge das einem Kind hinterlassene Vermögen nicht der Verwaltung seiner Eltern unterliegen soll,[79] sowie Bestimmungen nach §§ 1418 Abs. 2 Nr. 2 und 1486 Abs. 1 BGB.[80] Dasselbe gilt für Anordnungen bezüglich der Vermögensverwaltung (§§ 1638, 1639 BGB).[81] 12

Ob auch die Pflichtteilsbeschränkung in guter Absicht nach § 2338 BGB eine Ausschlagungsmöglichkeit nach Abs. 1 eröffnet, wird zwar uneinheitlich beurteilt.[82] Tatsächlich besteht aber auch in den Fällen des § 2338 BGB für den beschwerten Abkömmling kein Hindernis, den ihm hinterlassenen Erbteil auszuschlagen.[83] Er kann sich hierdurch aber nur von solchen Belastungen befreien, die über das von § 2338 BGB vorgesehene Maß hinausgehen.[84] Die durch die Pflichtteilsbeschränkung in guter Absicht gerechtfertigten Beschränkungen und Beschwerungen bleiben jedoch auch im Hinblick auf den nach Ausschlagung geltend zu machenden Pflichtteilsanspruch bestehen. 13

Anders ist die Lage aber dann, wenn der Erblasser, der den Pflichtteilsberechtigten belastende Beschwerungen und Beschränkungen angeordnet hat, zur Entziehung des Pflichtteils nach § 2333 BGB berechtigt gewesen wäre. Die Belastung der Erbschaft stellt nämlich gegenüber der vollständigen Pflichtteilsentziehung das mildere Mittel dar und ist daher vom Pflichtteilsberechtigten hinzunehmen.[85] 14

Schließt der Erblasser gem. §§ 1638, 1639 BGB die gesetzlichen Vertreter eines Minderjährigen von der Verwaltung des ererbten Vermögens aus, stellt dies allein noch keine Beschränkung dar. Werden in diesem Zusammenhang aber weitergehende Bestimmungen getroffen, z.B. eine Person benannt, die für die Verwaltung verantwortlich sein soll, kann hierin die Anordnung einer Testamentsvollstreckung liegen, die ihrerseits ggf. zur Anwendung des § 2306 BGB führt. 15

---

75 So auch *Herzog/Lindner*, ZFE 2010, 219, 220; Staudinger/*Otte* (2021), § 2306 Rn 23–25; Soergel/*Beck*, § 2306 Rn 10; MüKo/*Lange*, § 2306 Rn 11.

76 OLG Köln ZEV 2015, 280, 281; vgl. auch Burandt/Rojahn/*Horn*, § 2306 Rn 21.

77 BGHZ 112, 229, 232 = NJW 1991, 169; *Reimann*, ErbR 2011, 34; BeckOGK/*Obergfell/Färber*, § 2306 Rn 15; Staudinger/*Otte* (2021), § 2306 Rn 6c; Burandt/Rojahn/*Horn*, Erbrecht, § 2306 Rn 27; MüKo/*Lange*, § 2306 Rn 6 m.w.N.

78 MüKo/*Lange*, § 2306 Rn 6; Burandt/Rojahn/*Horn*, Erbrecht, § 2306 Rn 25.

79 Vgl. *Wendelstein*, BWNotZ 1974, 10; BeckOGK/*Obergfell/Färber*, § 2306 Rn 5.

80 MüKo/*Lange*, § 2306 Rn 8; BeckOGK/*Obergfell/Färber*, § 2306 Rn 5; Grüneberg/*Weidlich*, § 2306 Rn 4.

81 *Damrau*, ZEV 1998, 90.

82 Dagegen z.B. *Kessel*, MittRhNotK 1991, 137, 145. Siehe auch MüKo/*Lange*, § 2306 Rn 8; BeckOGK/*Obergfell/Färber*, § 2306 Rn 5; Staudinger/*Otte* (2021), § 2306 Rn 19; vgl. im Übrigen Kommentierung zu § 2338.

83 BeckOGK/*Rudy*, § 2338 Rn 16; Staudinger/*Otte* (2021), § 2338 Rn 33.

84 Staudinger/*Otte* (2021), § 2338 Rn 33; *Lange/Honzen*, ZErb 2011, 289, 291.

85 Ebenso MüKo/*Lange*, § 2306 Rn 8; Burandt/Rojahn/*Horn*, Erbrecht, § 2306 Rn 25.

16 **Keine Beschränkung** oder **Beschwerung** ist in der ersatzweisen Erbeinsetzung eines Dritten zu sehen,[86] da die Rechtstellung des – eigentlichen – Erben hierdurch nicht beeinträchtigt wird.

17 Setzen sich Ehegatten in einem „Berliner Testament" gegenseitig zu Vollerben ein (sog. Einheitslösung) und bestimmen die Abkömmlinge zu Schlusserben nach dem Tod des Längstlebenden, sind die Abkömmlinge für den ersten Todesfall enterbt. § 2306 BGB ist in dieser Konstellation nicht anwendbar. Die Abkömmlinge können aber nach dem Tod des erstversterbenden Elternteils ohne Weiteres ihren Pflichtteil nach § 2303 BGB fordern.[87]

18 Die Bestimmung, Streitigkeiten in Bezug auf den Nachlass seien vor einem **Schiedsgericht** (§ 1066 ZPO) auszutragen (Schiedsgerichtsklausel), wird teilweise als Auflage angesehen.[88] Im Hinblick darauf, dass der Gesetzgeber die Schiedsgerichtsbarkeit als eine gleichwertige, privatautonome Alternative zur staatlichen Gerichtsbarkeit ansieht, soweit sie die Gewähr für eine unabhängige und unparteiliche Rspr. bietet,[89] kann von einer Belastung des Erben in diesem Zusammenhang aber wohl nicht gesprochen werden.[90] Dies gilt jedenfalls dann, wenn die Schiedsgerichtsanordnung die Gewähr dafür bietet, dass der Streit unparteilich und unabhängig entschieden wird.[91] Wäre demgegenüber eine Entscheidung des Schiedsgerichts nach billigem Ermessen (§ 1051 Abs. 3 ZPO) vorgesehen, müsste von einer belastenden Beschwerung, die auch das Recht zur Ausschlagung eröffnet, ausgegangen werden.[92]

19 Allerdings ist die Einordnung einer testamentarisch angeordneten Schiedsklausel als erbrechtliche Auflage unzutreffend,[93] dies insbesondere deshalb, weil die Auflage nur dem Vollziehungsberechtigten einen Erfüllungsanspruch gewährt. Die Schiedsgerichtsanordnung würde also leerlaufen, wenn einer der Nachlassbeteiligten einen anderen, der nicht als Vollziehungsberechtigter anzusehen wäre, vor einem ordentlichen Gericht verklagte. Denn der Vollziehungsberechtigte wäre hier nicht Prozesspartei, der Beklagte aber könnte sich nicht auf die Schiedsgerichtsanordnung berufen.[94] Im Übrigen werden Schiedsklauseln, die auch die Auseinandersetzung über Pflichtteilsansprüche einem Schiedsgericht unterwerfen, überwiegend für grundsätzlich unzulässig gehalten, weil sie die Grenzen der Testierfreiheit sprengen.[95]

86 Staudinger/*Otte* (2021), § 2306 Rn 19.

87 Vgl. *J. Mayer*, in: Mayer/Süß/Tanck/Bittler/Wälzholz, HB Pflichtteilsrecht (3. Aufl.), § 3 Rn 15.

88 Vgl. z.B. *Kohler*, DNotZ 1962, 125, 126 f.; *Schwab/Walter*, Schiedsgerichtsbarkeit, Kap. 32 Rn 25; Stein/Jonas/*Schlosser*, ZPO, § 1048 Rn 3.

89 BT-Drucks 13/5274, S. 34.

90 Ähnlich: Staudinger/*Haas* (2006), § 2306 Rn 30.

91 *J. Mayer*, in: Mayer/Süß/Tanck/Bittler/Wälzholz, HB Pflichtteilsrecht (3. Aufl.), § 3 Rn 19; MüKo/*Lange*, § 2306 Rn 23.

92 MüKo/*Lange*, § 2306 Rn 23; vgl. auch Staudinger/*Haas* (2006), § 2306 Rn 30, der dieses Ergebnis auf eine analoge Anwendung von § 2306 BGB und im Übrigen auf § 138 BGB stützt.

93 Staudinger/*Otte* (2021), § 2306 Rn 15; *Hölscher*, in: Mayer/Süß/Riedel/Bittler, HB Pflichtteilsrecht, § 3 Rn 11 m.w.N.

94 Staudinger/*Otte* (2021), § 2306 Rn 15; *Hölscher*, in: Mayer/Süß/Riedel/Bittler, HB Pflichtteilsrecht, § 3 Rn 11.

95 Vgl. BGH ZEV 2017, 416; OLG München ZEV 2018, 97; OLG München ZEV 2016, 334; MüKo/*Lange*, § 2306 Rn 23; *Burchard*, ZEV 2017, 308; *Behme*, JZ 2021, 396; *Lange*, ZEV 2017, 1, 3; *ders.*, ZZP 128 (2015), 407 ff.

20 Ob die **Cautela Socini**[96] in den Anwendungsbereich von § 2306 Abs. 1 fällt, ist umstritten.[97] In ihrer ursprünglichen Form bedeutet sie eine zweifache Erbeinsetzung mit der Maßgabe, dass für den Fall (also unter der Bedingung) der Ausschlagung des einen (beschränkten bzw. beschwerten) Erbteils der andere Erbteil (meist in Höhe der Pflichtteilsquote) unbeschwert bzw. unbeschränkt zugewendet sein sollte. Dieses Konzept war und ist im Hinblick auf § 2306 BGB unproblematisch. Der belastete Erbteil kann bzw. muss ausgeschlagen werden, wenn sich der Pflichtteilsberechtigte der angeordneten Belastungen entledigen will. Dies führt aber nicht zum Pflichtteilsanspruch, da durch die Ausschlagung die Bedingung für den Anfall des anderen, unbeschwerten Erbteils eintritt, so dass der Pflichtteilsberechtigte weder enterbt noch unter Berufung auf Abs. 1 zur Ausschlagung berechtigt ist. Diese Konsequenz entspricht den gesetzlichen Vorgaben und ist daher für den Pflichtteilsberechtigten auch zumutbar. Die Situation ist nicht anders, als wenn der Erblasser ihm von vornherein (nur) den seiner Pflichtteilsquote entsprechenden Erbteil hinterlassen hätte.[98]
Eine hiervon abweichende Beurteilung ist nur (dann aber auch zwingend) angezeigt, wenn auch die (aufschiebend) bedingte Erbeinsetzung mit Beschränkungen und/oder Beschwerungen versehen ist.[99]

VI. Nachfolgeklausel bei Personengesellschaften

21 Die Nachfolge in einen Personengesellschaftsanteil vollzieht sich – in den Fällen der einfachen und der qualifizierten Nachfolgeklausel – erbrechtlich im Wege der Singularsukzession.[100] Dies stellt das Gesetz – seit dem MoPeG[101] – in § 711 Abs. 2 BGB[102] ausdrücklich klar.[103] Die nachfolgeberechtigten Erben erwerben ihre Gesellschafterstellung sozusagen am Nachlass vorbei und unmittelbar mit der Folge, dass der Gesellschaftsanteil des Erblassers niemals Bestandteil eines gesamthänderisch gebundenen Nachlasses werden kann.[104] Die gesellschaftsvertragliche Nachfolgeregelung wirkt daher im Ergebnis wie eine sich von selbst vollziehende Teilerbauseinandersetzung.[105]

22 In den Fällen der einfachen Nachfolgeklausel werden alle Erben entsprechend ihrer jeweiligen Erbquoten Gesellschafter, so dass auch pflichtteilsberechtigte Erben hierdurch im Ergebnis keinen Nachteil erleiden können. Eine beschränkende Wirkung, wie sie für eine zur Ausschlagung berechtigende Teilungsanordnung i.S.v. Abs. 1 zu fordern wäre, besteht also nicht.[106] Hinzu kommt, dass es sich bei der Nachfolgeklausel um eine gesellschaftsvertragliche Vereinbarung handelt und nicht um eine erbrechtliche Anordnung im Rahmen einer Verfügung von Todes wegen. Auch vor diesem Hintergrund ist § 2306 BGB hier nicht anwendbar.[107]

---

96 Vgl. hierzu Staudinger/*Otte* (2021), § 2306 Rn 34.
97 Vgl. hierzu nur Staudinger/*Otte* (2021), § 2306 Rn 35; MüKo/*Lange*, § 2306 Rn 39; *Daragan*, ZErb 2018, 1.
98 Staudinger/*Otte* (2021), § 2306 Rn 36; kritisch MüKo/*Lange*, § 2306 Rn 30 m.w.N.
99 Vgl. hierzu *Daragan*, ZErb 2018, 1.
100 BGH NJW 1983, 2376, 2377; *Keller*, ZEV 2001, 297.
101 BGBl I 2021, 3436.
102 Der über § 105 Abs. 3 HGB auch für die Personenhandelsgesellschaften gilt.
103 MüKo/*Schäfer*, § 711 Rn 53; Ebenroth/Boujong/*Lorz*, HGB, § 131 Rn 10.
104 Vgl. hierzu BGH NJW 1983, 2376, 2377; BGH NJW 1989, 3152; *Hölscher*, in: Mayer/Süß/Riedel/Bittler, HB Pflichtteilsrecht, § 3 Rn 14.
105 *K. Schmidt*, Gesellschaftsrecht (4. Aufl.), § 45 V 3 a; MüKo/*Lange*, § 2306 Rn 18; *Keller*, ZEV 2001, 297, 298.
106 Vgl. BeckOGK/*Obergfell/Färber*, § 2306 Rn 9; MüKo/*Lange*, § 2306 Rn 18; *Hölscher*, in: Mayer/Süß/Riedel/Bittler, HB Pflichtteilsrecht, § 3 Rn 14; *Keller*, ZEV 2001, 297, 298.
107 MüKo/*Lange*, § 2306 Rn 18; Staudinger/*Otte* (2021), § 2306 Rn 17; BeckOGK/*Obergfell/Färber*, § 2306 Rn 9; *Hölscher*, in: Mayer/Süß/Riedel/Bittler, HB Pflichtteilsrecht, § 3 Rn 14.

23 Dasselbe gilt im Ergebnis auch für die qualifizierte Nachfolgeklausel.[108] Auch wenn hier nicht alle sondern nur einzelne Miterben Gesellschafter werden, handelt es sich auch bei der qualifizierten Nachfolgeklausel um eine Vereinbarung gesellschaftsrechtlicher Natur. Überdies bewirkt sie erst die Vererblichkeit des Gesellschaftsanteils und hat somit zwar für den nachfolgeberechtigten Erben eine begünstigende Wirkung, für die nicht Nachfolgeberechtigten aber keine belastende. Denn sie könnten – jedenfalls beim Anteil eines persönlich haftenden Gesellschafters – ohne eine entsprechende gesellschaftsvertragliche Regelung ohnehin nicht von Todes wegen als Gesellschafter nachrücken.[109] Auch eine analoge Anwendung von § 2306 BGB scheidet im Hinblick auf die gesellschaftsrechtliche Natur der Nachfolgeklausel aus.[110] Im Übrigen darf bei alldem auch nicht übersehen werden, dass den nicht nachfolgeberechtigten Erben ein – auch pflichtteilsrelevanter – erbrechtlicher Wertausgleichsanspruch zusteht;[111] denn wertmäßig ist der vererbte Gesellschaftsanteil als Nachlassbestandteil anzusehen.[112] Anders sind aber Konstellationen zu bewerten, in denen sich eine von den (gesetzlichen) Erbquoten abweichende Gesellschaftsbeteiligung nicht auf gesellschaftsrechtlicher, sondern auf erbrechtlicher Grundlage (also z.B. durch testamentarische Zuweisung des vererblich gestellten Gesellschaftsanteils) ergibt. Denn hier besteht kein Vorrang des Gesellschaftsrechts, die Beurteilung folgt hier allein erbrechtlichen Kategorien. Erfolgt die Zuweisung des Gesellschaftsanteils also durch Teilungsanordnung und/oder Vermächtnis, kann der hierdurch belastete Erbe ausschlagen und seinen Pflichtteil verlangen.[113]

C. Rechtsfolgen

I. Rechtsfolgen nach aktuellem Recht

1. Rechtsfolgen des Abs. 1

a) Wahlrecht

24 Bei Bestehen von Beschwerungen und/oder Beschränkungen, also im Falle des Vorliegens des Tatbestandes des Abs. 1, hat der Pflichtteilsberechtigte ein Wahlrecht, das ihm Hinterlassene anzunehmen (mit allen Beschwerungen und Beschränkungen)[114] oder es auszuschlagen, um seinen Pflichtteil zu verlangen.

Dieses Wahlrecht entsteht mit der Ausschlagung von Gesetzes wegen, hat höchstpersönlichen Charakter und ist daher nicht selbstständig übertragbar,[115] wohl aber vererblich (§ 1952 BGB).[116] Eine Überleitung des Ausschlagungsrechts auf den Sozialhilfeträger (§ 93 SGB XII) ist ausgeschlossen,[117] da der Sozialhilfeträger sonst Einfluss auf die

---

108 BeckOGK/*Obergfell/Färber*, § 2306 Rn 9 m.w.N.

109 Im Ergebnis ebenso *Hölscher*, in: Mayer/Süß/Riedel/Bittler, HB Pflichtteilsrecht, § 3 Rn 15; MüKo/*Lange*, § 2306 Rn 20; *Lange*, ErbR 2020, 378, 380.

110 Vgl. *Keller*, ZEV 2001, 297, 299 f.; ebenso *J. Mayer*, in: Mayer/Süß/Tanck/Bittler/Wälzholz, HB Pflichtteilsrecht (3. Aufl.), § 3 Rn 25; zweifelnd Staudinger/*Otte* (2021), § 2306 Rn 18 unter Hinweis auf die Rechtslage bei Kapitalgesellschaftsanteilen.

111 Vgl. hierzu auch *Hölscher*, in: Mayer/Süß/Riedel/Bittler, HB Pflichtteilsrecht, § 3 Rn 15 m.w.N.; a.A.: *Keller*, ZEV 2001, 297, 301; *Reimann*, ErbR 2011, 37 f.; ebenso anscheinend Staudinger/*Otte* (2021), § 2306 Rn 18; Burandt/Rojahn/*Horn*, Erbrecht, § 2306 Rn 18.

112 Vgl. *Riedel*, in: Mayer/Süß/Riedel/Bittler, HB Pflichtteilsrecht, § 15 Rn 38; *Flume*, NJW 1988, 161.

113 Vgl. *Reimann*, ErbR 2011, 34, 37 f.; *Keller*, ZEV 2001, 297, 301 f.; BeckOGK/*Obergfell/Färber*, § 2306 Rn 9; MüKo/*Lange*, § 2306 Rn 20 m.w.N.

114 BeckOGK/*Obergfell/Färber*, § 2306 Rn 12.

115 BeckOGK/*Obergfell/Färber*, § 2306 Rn 11; MüKo/*Lange*, § 2306 Rn 24.

116 Vgl. MüKo/*Lange*, § 2306 Rn 24.

117 BGH ZErb 2011, 117, 120; OLG Karlsruhe ZEV 2004, 24; BeckOGK/*Obergfell/Färber*, § 2306 Rn 11; *v. Proff*, ZErb 2010, 206 f.; *Hölscher*, in: Mayer/Süß/Riedel/Bittler, HB Pflichtteilsrecht, § 3 Rn 32; Burandt/Rojahn/*Horn*, Erbrecht, § 2306 Rn 40.

Erbfolge nehmen und so den Erblasserwillen konterkarieren könnte.[118] Da es sich bei dem Wahlrecht auch nicht um ein selbstständiges Nebenrecht handelt, scheidet auch eine Anwendung von § 401 BGB aus.[119]

b) Annahme der Erbschaft

Wie gesagt, hat der Pflichtteilsberechtigte, dem ein mit Beschränkungen oder Beschwerungen belasteter Erbteil hinterlassen ist, immer ein Wahlrecht, ob er das ihm Hinterlassene (samt sämtlichen Beschränkungen und Beschwerungen) annehmen oder aber die Erbschaft ausschlagen und seinen Pflichtteil geltend machen will.[120] Der Umfang bzw. das Ausmaß der Belastungen spielt für die Anwendbarkeit von Abs. 1 keine Rolle. Die Vorschrift gilt auch dann, wenn der Pflichtteilsberechtigte zum Alleinerben berufen ist.[121] 25

Nimmt der Pflichtteilsberechtigte das ihm Hinterlassene an, bleibt er Erbe und hat alle sich daraus ergebenden Rechte. Gleichzeitig bleiben aber die zu seinen Lasten angeordneten Beschwerungen und Beschränkungen bestehen, so dass er bspw. auch zu seinen Lasten angeordnete Vermächtnisse selbst dann erfüllen muss, wenn hierdurch der Wert des ihm hinterlassenen Erbteils vollständig ausgehöhlt wird.[122] Hiergegen wird der Pflichtteilsberechtigte auch nicht durch § 2318 Abs. 3 BGB[123] oder § 2305 BGB geschützt.[124] 26

War der Pflichtteilsberechtigte bei Annahme der Erbschaft über das Bestehen von Beschränkungen und Beschwerungen bzw. über deren Ausmaß im Irrtum, kann aber eine Anfechtung nach § 119 Abs. 2 BGB in Betracht kommen, wenn durch die Erfüllung der Anordnungen wertmäßig der Pflichtteilsanspruch gefährdet wäre (Einzelheiten vgl. Rdn 50). 27

c) Ausschlagung der Erbschaft

Alternativ hat der Pflichtteilsberechtigte in den Fällen des Abs. 1 immer die Möglichkeit, das ihm Hinterlassene, also die Erbschaft insgesamt bzw. seinen Erbteil auszuschlagen. Umstritten ist dabei teilweise, welchen genauen Inhalt die hier in Rede stehende Ausschlagungserklärung konkret haben muss. Zum einen wird vertreten, die Ausschlagung müsse sich auf die testamentarische Erbeinsetzung beschränken, da im Falle einer Ausschlagung auch einer etwa bestehenden gesetzlichen Erbberechtigung der Pflichtteil verloren ginge (keine Beschränkung durch den Erblasser).[125] Die Gegenauffassung fordert die Ausschlagung aus allen in Betracht kommenden Berufungsgründen,[126] was aber nicht zwingend eine Erklärung beinhalte, auch auf den Pflichtteil zu verzichten.[127] Insoweit ist davon auszugehen, dass auch eine Ausschlagung „aus allen 28

---

118 Burandt/Rojahn/*Horn*, Erbrecht, § 2306 Rn 40; MüKo/*Lange*, § 2306 Rn 24.

119 MüKo/*Lange*, § 2306 Rn 24; BeckOGK/*Obergfell/Färber*, § 2306 Rn 11 m.w.N.

120 *Hölscher*, in: Mayer/Süß/Riedel/Bittler, HB Pflichtteilsrecht, § 3 Rn 18; MüKo/*Lange*, § 2306 Rn 17; *Riedel*, in: Bonefeld/Wachter, Der Fachanwalt für Erbrecht (3. Aufl.), § 20 Rn 52.

121 OLG Karlsruhe ZErb 2008, 19; Staudinger/*Otte* (2021), § 2306 Rn 32; MüKo/*Lange*, § 2306 Rn 25.

122 BeckOGK/*Obergfell/Färber*, § 2306 Rn 12; Burandt/Rojahn/*Horn*, Erbrecht, § 2306 Rn 27; *Hölscher*, in: Mayer/Süß/Riedel/Bittler, HB Pflichtteilsrecht, § 3 Rn 19; MüKo/*Lange*, § 2306 Rn 25; vgl. *U. Mayer*, DNotZ 1996, 422, 424.

123 Vgl. *Hölscher*, in: Mayer/Süß/Riedel/Bittler, HB Pflichtteilsrecht, § 3 Rn 19 und § 2 Rn 70 ff., insb. Rn 71.

124 BeckOGK/*Obergfell/Färber*, § 2306 Rn 12; *Hölscher*, in: Mayer/Süß/Riedel/Bittler, HB Pflichtteilsrecht, § 4 Rn 7; vgl. auch § 2305 Rdn 10.

125 *de Leve*, ZEV 2010, 184, 185; *ders.*, ZEV 2010, 557.

126 BeckOGK/*Obergfell/Färber*, § 2306 Rn 13.

127 Vgl. *Sachs*, ZEV 2010, 556 f.

Berufungsgründen" grundsätzlich nicht als Verzicht auf jegliche Nachlassbeteiligung, insbesondere auf den Pflichtteil, zu verstehen ist.[128]
An Tatbestand und Normzweck des Abs. 1 orientiert, kommt allein eine differenzierende Betrachtung zum korrekten Ergebnis: Die Ausschlagung muss sich immer auf all diejenigen Berufungsgründe beziehen, nach denen dem Ausschlagenden ein beschwerter bzw. belasteter Erbteil hinterlassen ist.[129] Eine darüber hinaus gehende Ausschlagung auch des gesetzlichen Erbrechts (soweit dies im konkreten Fall überhaupt zum Tragen kommt) ist weder zu fordern noch zuzulassen. Denn als gesetzlicher (also nicht beschwerter) Erbe bedarf der Pflichtteilsberechtigte des Schutzes durch das Wahlrecht nach Abs. 1 gerade nicht. Allerdings steht ihm auch kein Pflichtteilsanspruch zu, wenn er durch die Ausschlagung einen unbelasteten bzw. unbeschwerten Erbteil erlangt,[130] bestenfalls ein Pflichtteilsrestanspruch nach § 2305 BGB.

29 In Folge der Ausschlagung steht dem Ausschlagenden der volle Pflichtteilsanspruch (auch der Auskunftsanspruch nach § 2314 BGB)[131] zu.[132] Soweit es sich bei dem Pflichtteilsberechtigten um den überlebenden Ehegatten oder den eingetragenen Lebenspartner eines in Zugewinngemeinschaft lebenden Paares handelt, kommt es durch die Ausschlagung zur sog. güterrechtlichen Lösung.[133] Mithin steht dem Ausschlagenden nur der kleine Pflichtteil (berechnet aus dem nicht erhöhten gesetzlichen Erbteil) und daneben der Zugewinnausgleichsanspruch nach § 1371 Abs. 3 BGB zu.[134] Ein Anspruch auf den großen Pflichtteil ist ausgeschlossen.[135]

30 Weitere Folge der Ausschlagung des Pflichtteilsberechtigten ist, dass die Erbschaft (rückwirkend) gem. § 1953 Abs. 2 BGB demjenigen anfällt, der als Erbe berufen wäre, wenn der Ausschlagende zur Zeit des Erbfalls nicht gelebt hätte (Ersatzerbe).[136] Durch den Erblasser angeordnete Beschränkungen und Beschwerungen sind dann von diesem (Ersatz-)Erben zu erfüllen, soweit sie nicht speziell die Person des Pflichtteilsberechtigten treffen sollten.[137] Der an die Stelle des Pflichtteilsberechtigten Getretene hat nach § 2320 BGB auch die Pflichtteilslast zu tragen.[138] Er kann aber ggf. Vermächtnisse und Auflagen nach § 2322 BGB kürzen, soweit dies zur Deckung der Pflichtteilslast erforderlich ist.[139]

d) Ausschlagungsfrist

31 Grundsätzlich richtet sich die Ausschlagungsfrist nach § 1944 Abs. 2 S. 1 BGB. Ihr Beginn erfordert demnach die Kenntnis vom Erbfall sowie die Kenntnis vom Beru-

---

128 OLG Schleswig ZEV 2015, 109, 110; Burandt/Rojahn/*Horn*, Erbrecht, § 2306 Rn 32.

129 Ebenso MüKo/*Lange*, § 2306 Rn 20; Burandt/Rojahn/*Horn*, Erbrecht, § 2306 Rn 22; BeckOGK/*Obergfell/Färber*, § 2306 Rn 13; im Ergebnis zustimmend auch *Hölscher*, in: Mayer/Süß/Riedel/Bittler, HB Pflichtteilsrecht, § 4 Rn 26, der jedoch die praktischen Auswirkungen als gering erachtet.

130 *Lange*, ZEV 2022, 313, 317.

131 OLG Karlsruhe MittBayNot 2024, 379.

132 MüKo/*Lange*, § 2306 Rn 20; *Riedel*, in: Bonefeld/Wachter, Der Fachanwalt für Erbrecht (3. Aufl.), § 20 Rn 53; Burandt/Rojahn/*Horn*, Erbrecht, § 2306 Rn 28.

133 BeckOGK/*Obergfell/Färber*, § 2306 Rn 13; Staudinger/*Otte* (2021), § 2306 Rn 29.

134 *Hölscher*, in: Mayer/Süß/Riedel/Bittler, HB Pflichtteilsrecht, § 3 Rn 41; vgl. auch Staudinger/*Otte* (2021), § 2306 Rn 29; vgl. auch *Braga*, FamRZ 1987, 334, 338 f.

135 MüKo/*Lange*, § 2306 Rn 29.

136 Burandt/Rojahn/*Horn*, Erbrecht, § 2306 Rn 29; BeckOGK/*Obergfell/Färber*, § 2306 Rn 13; Soergel/*Beck*, § 2306 Rn 16; *Lange*, ZEV 2022, 313, 318.

137 MüKo/*Lange*, § 2306 Rn 19.

138 BeckOGK/*Obergfell/Färber*, § 2306 Rn 13; MüKo/*Lange*, § 2306 Rn 19 unter Hinweis auf *Bonefeld/Lange/Tanck*, ZErb 2007, 292, 293; *Lindner*, ErbR 2008, 375, 376.

139 *Hölscher*, in: Mayer/Süß/Riedel/Bittler, HB Pflichtteilsrecht, § 3 Rn 29.

fungsgrund. Dies wird jedoch der Situation des pflichtteilsberechtigten Erben in Fällen des Abs. 1 regelmäßig nicht gerecht, da es für seine Entscheidung insbesondere auf die Kenntnis der zu seinen Lasten angeordneten Beschränkungen und Beschwerungen ankommt. Aus diesem Grund erweitert Abs. 1 Hs. 2 die allgemeinen Voraussetzungen für den Beginn der Ausschlagungsfrist und fordert zusätzlich zu diesen, dass der Pflichtteilsberechtigte „von der Beschränkung oder der Beschwerung Kenntnis erlangt" hat.[140] Kenntnis von den Beschränkungen bzw. Beschwerungen bedeutet dabei lediglich das Bewusstsein über deren rechtliche Existenz, nicht etwa über ihre wirtschaftlichen Auswirkungen (vgl. hierzu Rdn 34). Die Kenntniserlangung setzt nach OLG München[141] – soweit es um letztwillige Verfügungen bzw. deren Inhalt geht – eine Verkündung an den betroffenen Pflichtteilsberechtigten in seiner Funktion als Verfahrensbeteiligten (z.B. eines Erbscheinsverfahrens) voraus.[142] Erlangt der Pflichtteilsberechtigte lediglich als gesetzlicher Vertreter eines Verfahrensbeteiligten Kenntnis, soll dies für den Beginn der ihn selbst betreffenden Ausschlagungsfrist nicht ausreichen. Bei einem im Güterstand der Zugewinngemeinschaft lebenden Erblasser ist im Übrigen der Erbteil von Abkömmlingen bzw. Eltern so lange nicht bekannt, wie der überlebende Ehegatte noch keine Entscheidung getroffen hat, ob er die Erbschaft annehmen oder ausschlagen wird.[143]

Im Falle der Geschäftsunfähigkeit oder Minderjährigkeit des Pflichtteilsberechtigten 32
ist die Kenntnis des gesetzlichen Vertreters entscheidend,[144] bei unter Betreuung Stehenden die des Betreuers.[145] Im Falle eines Irrtums über das Bestehen oder die Wirksamkeit angeordneter Beschränkungen oder Beschwerungen ist wie folgt zu unterscheiden: Geht der Pflichtteilsberechtigte irrig davon aus, dass Beschränkungen oder Beschwerungen zu seinen Lasten nicht angeordnet seien, so bewirkt Abs. 1 Hs. 2, dass die Ausschlagungsfrist nicht vor Aufklärung des Irrtums zu laufen beginnt.[146] Nimmt der Pflichtteilsberechtigte irrig an, zu seinen Lasten bestünden Beschränkungen oder Beschwerungen, so hat dies auf den Lauf der Ausschlagungsfrist keinen Einfluss.[147] Hält der Pflichtteilsberechtigte die relevante Verfügung von Todes wegen insgesamt für nichtig, beginnt die Ausschlagungsfrist bereits im Hinblick auf § 1944 Abs. 2 S. 1 BGB nicht zu laufen.[148] Dasselbe gilt auch dann, wenn nur die Beschränkungen und/oder Beschwerungen für unwirksam gehalten werden. Auch dann liegt ein Fall von Abs. 1 Hs. 2 vor.[149]

---

140 BeckOGK/*Obergfell/Färber*, § 2306 Rn 14; Burandt/Rojahn/*Horn*, Erbrecht, § 2306 Rn 33. Zum Begriff „Kenntnis" vgl. BGH WM 1968, 542; OLG Koblenz ErbR 2022, 249, 250; deutlich geringere Anforderungen aber bei OLG Stuttgart FamRZ 2009, 1182, wonach die Möglichkeit eines (abstrakten) Quotenvergleichs genügen soll und eine Kenntnis der Nachlasswerte nicht erforderlich sei. Vgl. auch LG Mönchengladbach v. 28.1.2014 – 1 O 163/13, BeckRS 2014, 14358.

141 OLG München RNotZ 2011, 114; ebenso OLG Koblenz ErbR 2022, 249, 250.

142 Ebenso OLG Hamm ErbR 2018, 224, 225.

143 MüKo/*Lange*, § 2306 Rn 34.

144 BayObLG FamRZ 1998, 642, 643.

145 OLG Hamm ErbR 2018, 224, 225; Burandt/Rojahn/*Horn*, Erbrecht, § 2306 Rn 37; *Horn*, ZEV 2016, 20, 21.

146 BGH WM 1968, 542; BGH ZEV 2000, 401.

147 BGH NJW 1991, 169; MüKo/*Lange*, § 2306 Rn 21.

148 OLG Düsseldorf BeckRS 2017, 105819; RG WarnR 1914 Nr. 26 = DJZ 1913, 1322 f.; Staudinger/*Otte* (2021), § 2306 Rn 15; vgl. auch *Hölscher*, in: Mayer/Süß/Riedel/Bittler, HB Pflichtteilsrecht, § 3 Rn 30.

149 *Hölscher*, in: Mayer/Süß/Riedel/Bittler, HB Pflichtteilsrecht, § 3 Rn 30 unter Hinweis auf BGH WM 1968, 542, 544; a.A. BeckOGK/*Obergfell/Färber*, § 2306 Rn 4.

33 Für solche Fälle, in denen der dem Pflichtteilsberechtigten hinterlassene Erbteil unter Berücksichtigung ausgleichungs- und anrechnungspflichtiger lebzeitiger Zuwendungen zu ermitteln ist, gestand die Rspr. zu Abs. 1 a.F. dem Pflichtteilsberechtigten die Möglichkeit zu, sich vor seiner Ausschlagungsentscheidung Kenntnis über den Wert dieser Vorempfänge zu verschaffen, um eine entsprechende Berechnung vornehmen zu können. Erst nach Kenntnis der insoweit relevanten Tatsachen sollte die Ausschlagungsfrist zu laufen beginnen.[150] Ob an dieser Sichtweise auch nach der Erbrechtsreform noch festzuhalten ist, wird uneinheitlich beurteilt. Während Teile der Lit. meinen, der geschilderten Rspr. sei der Boden dadurch entzogen worden, dass der Pflichtteilsberechtigte ohne Rücksicht auf die Höhe seines Erbteils ausschlagen könne,[151] warnen andere vor der Konsequenz, dass die Ausschlagungsfrist dann regelmäßig mit der Kenntnis des Inhalts des Testaments beginnen würde. Gerade bei komplex zusammengesetzten Nachlässen[152] bestünde kaum die Möglichkeit, innerhalb der Ausschlagungsfrist eine sinnvolle Wertermittlung vorzunehmen,[153] um auf dieser Basis über Sinn bzw. Unsinn einer Ausschlagung zu entscheiden. Dies gilt insbesondere auch in Fällen, in denen der Pflichtteilsberechtigte – z.B. im Hinblick auf fehlenden persönlichen Kontakt zum Erblasser – keinerlei Kenntnisse von den Vermögensverhältnissen des Erblassers hat.[154]

34 Ob der Gesetzgeber tatsächlich bei der Beibehaltung des Wortlauts von Abs. 1 Hs. 2 die vorerwähnte Rspr. ins Kalkül gezogen und deren Verständnis auch im Hinblick auf Erbfälle ab dem 1.1.2010 berücksichtigt sehen wollte,[155] ist zweifelhaft.[156] Klar ist aber, dass der Gesetzgeber eine weitgehende Gleichbehandlung von belasteten Erbteilen und Vermächtnissen (§ 2307 BGB) anstrebte.[157] Nach dem klaren Wortlaut des Gesetzes reichen aber Kenntnis von Erbfall und Berufungsgrund sowie von Beschränkungen oder Beschwerungen aus.[158] Auf die Wertverhältnisse und die konkreten wirtschaftlichen Folgen der letztwilligen Anordnungen kommt es hingegen nicht an.[159] In diesem Zusammenhang darf auch nicht übersehen werden, dass die zitierte Rspr. zum Beginn der Ausschlagungsfrist ihren Ausgangspunkt nicht etwa bei der Frage des wirtschaftlichen Werts von Beschränkungen und Beschwerungen hatte. Vielmehr ging es hier um die Frage, ob – unter Anwendung der Werttheorie – überhaupt die Tatbestandsvoraussetzungen des Abs. 1 S. 2 a.F. erfüllt waren und eine Ausschlagung ohne Verlust des Pflichtteilsrechts möglich war.[160] Diese Problematik besteht nach der Neufassung des Gesetzes eindeutig nicht mehr. Vor diesem Hintergrund wäre – aller-

---

150 Vgl. insoweit OLG Zweibrücken ZErb 2006, 421; *Gottwald*, ZEV 2006, 293, 294; Staudinger/*Haas* (2006), § 2306 Rn 64.

151 So *Schaal/Grigas*, BWNotZ 2008, 2, 9; *Lindner*, ErbR 2008, 374, 375; *Schindler*, ErbR 2008, 380, 383.

152 Z.B. mit Unternehmensbeteiligungen, Kunstwerken etc.

153 Vgl. *Hölscher*, in: Mayer/Süß/Riedel/Bittler, HB Pflichtteilsrecht, § 3 Rn 31; MüKo/*Lange*, § 2306 Rn 33.

154 Vgl. hierzu auch *Herzog/Lindner*, ZFE 2010, 219; *Lange*, DNotZ 2009, 732, 736.

155 *Lange*, in: Bonefeld/Kroiß/Lange, Erbrechtsreform, § 8 Rn 28.

156 BeckOGK/*Obergfell/Färber*, § 2306 Rn 14.

157 Vgl. Gesetzesbegründung, BT-Drucks 16/8954, S. 19.

158 *Hölscher*, in: Mayer/Süß/Riedel/Bittler, HB Pflichtteilsrecht, § 3 Rn 31.

159 Staudinger/*Otte* (2021), § 2306 Rn 45; BeckOGK/*Obergfell/Färber*, § 2306 Rn 14.

160 Vgl. hierzu auch *Hölscher*, in: Mayer/Süß/Riedel/Bittler, HB Pflichtteilsrecht, § 3 Rn 31; Staudinger/*Otte* (2021), § 2306 Rn 45.

dings de lege ferenda – der spätere Beginn der Ausschlagungsfrist die vorzuziehende Lösung.[161]

Wegen etwaiger Anfechtungsmöglichkeiten vgl. Rdn 48 ff.

2. Rechtsfolgen des Abs. 2

Gem. Abs. 2 (alter und neuer Fassung) wird der zum Nacherben berufene Pflichtteils- 35 berechtigte hinsichtlich seiner Ausschlagungsmöglichkeit nach Abs. 1 wie ein mit einer Beschränkung belasteter Erbe behandelt. Er hat daher gem. Abs. 1 stets die Wahlmöglichkeit, auszuschlagen und seinen Pflichtteil geltend zu machen. Da die Nacherbeinsetzung keinen (vollständigen) Ausschluss von der Erbfolge bedeutet, kommt eine Pflichtteilsgeltendmachung nach § 2303 BGB ohne vorherige Ausschlagung nicht in Betracht.[162]

Die Ausschlagungsfrist für den zum Nacherben berufenen Pflichtteilsberechtigten 36 beginnt gem. §§ 2139, 1944 BGB nicht vor Eintritt des Nacherbfalls. Das steht allerdings einer Erklärung der Ausschlagung in der Zeit zwischen dem Eintritt des Erbfalls und dem des Nacherbfalls nicht entgegen (§ 2142 Abs. 1 BGB).[163] Unabhängig von der Ausschlagungsfrist beginnt im Übrigen die Verjährungsfrist für den Pflichtteilsanspruch bereits mit der Kenntnis des Pflichtteilsberechtigten vom (ersten) Erbfall und der ihn beeinträchtigenden Verfügung (Einsetzung zum Nacherben); der Zeitpunkt der Ausschlagung spielt insoweit keine Rolle (§ 2332 Abs. 1 und 3 BGB).[164] Will der Pflichtteilsberechtigte also seinen Pflichtteilsanspruch sichern, so muss er – unabhängig vom Beginn der Ausschlagungsfrist – die Ausschlagung unbedingt innerhalb der pflichtteilsrechtlichen Verjährungsfrist wirksam erklären.[165] Soweit der Pflichtteilsberechtigte seinen Pflichtteil auch ohne Ausschlagung der Nacherbschaft erhält und ihm später die Nacherbschaft anfällt, hat er sich die bereits empfangenen Leistungen auf die Nacherbschaft anrechnen zu lassen.[166]

II. Rechtsfolgen nach altem Recht

1. Allgemeines

Die Rechtsfolgen, die sich aus dem Bestehen von Beschwerungen und Belastungen 37 i.S.d. § 2306 BGB ergeben, hängen – bei Erbfällen vor dem 1.1.2010 – vom Umfang des dem Pflichtteilsberechtigten hinterlassenen Erbteils ab. Übersteigt dieser den gesetzlichen Pflichtteil nicht, gelten sämtliche Beschwerungen und Beschränkungen als nicht angeordnet. Ist er höher, hat der Pflichtteilsberechtigte die Möglichkeit, den belasteten Erbteil auszuschlagen, ohne hierdurch seinen Pflichtteilsanspruch einzubü-

---

161 Staudinger/*Otte* (2021), § 2306 Rn 47 ff. m.w.N.; wegen weiterer Gründe, die für einen späten Beginn der Ausschlagungsfrist sprechen, vgl. MüKo/*Lange*, § 2306 Rn 33.

162 Vgl. auch Staudinger/*Haas* (2006), § 2303 Rn 48; *Hölscher*, in: Mayer/Süß/Riedel/Bittler, HB Pflichtteilsrecht, § 3 Rn 34 unter Hinweis auf OLG Karlsruhe BeckRS 2014, 13785.

163 Vgl. *Hölscher*, in: Mayer/Süß/Riedel/Bittler, HB Pflichtteilsrecht, § 3 Rn 35.

164 Vgl. *Hölscher*, in: Mayer/Süß/Riedel/Bittler, HB Pflichtteilsrecht, § 3 Rn 35.

165 LG Kassel BeckRS 2013, 22706; Soergel/*Dieckmann* (13. Aufl.), § 2306 Rn 24; MüKo/*Lange*, § 2306 Rn 35; Burandt/Rojahn/*Horn*, Erbrecht, § 2306 Rn 33; vgl. auch *Lange*, ZEV 2022, 313, 318.

166 BayObLGZ 1973, 272, 275; Soergel/*Dieckmann* (13. Aufl.), § 2306 Rn 26; *Hölscher*, in: Mayer/Süß/Riedel/Bittler, HB Pflichtteilsrecht, § 3 Rn 36. A.A. RGRK/*Johannsen*, § 2306 Rn 33 unter Hinweis auf OLG Breslau DR 1943, 91, die meinen, dem Pflichtteilsberechtigten sei die Nacherbschaft insgesamt unter Berufung auf § 242 BGB zu verweigern.

ßen,[167] sog. taktische Ausschlagung.[168] Welche der beiden Alternativen einschlägig ist, ist bezogen auf den Zeitpunkt des Erbfalls zu beurteilen.[169]

2. Bestimmung der maßgeblichen Erbquoten

a) Grundsatz – Quotenerbteil

38 Für den Vergleich des tatsächlich hinterlassenen Erbteils mit dem gesetzlichen Pflichtteil sind grundsätzlich die vom Erblasser angeordneten **Erbquoten** maßgeblich.[170] Beschränkungen und Beschwerungen, mit denen der hinterlassene Erbteil belastet ist, bleiben hierbei unberücksichtigt.[171] Fällt dem Pflichtteilsberechtigten mehr als ein Erbteil zu, sind sämtliche Erbteile zusammenzurechnen.[172] Es gilt die Faustformel des RG „Quote statt Quantum".[173] Soweit die Pflichtteilsquote davon abhängt, ob der überlebende Ehegatte die erbrechtliche oder die güterrechtliche Lösung wählt, ist auf dessen konkretes Verhalten im Einzelfall abzustellen.[174] Das gilt auch für in Zugewinngemeinschaft lebende Partner einer eingetragenen gleichgeschlechtlichen Lebenspartnerschaft (vgl. § 6 LPartG,[175] der auf §§ 1364–1390 BGB verweist).[176]

b) Ausnahmen – „Quantum statt Quote"

39 Liegt eine Erbeinsetzung nach Bruchteilen nicht vor, bspw. weil der Erblasser sein (mehr oder weniger) ganzes Vermögen gegenständlich zugewiesen hat – also entgegen § 2087 Abs. 2 BGB –, muss die Erbquote zunächst durch einen Vergleich der jeweils zugewandten Gegenstände mit dem Wert des Gesamtnachlasses ermittelt werden.[177] Diese Vorgehensweise ist dann auch i.R.d. § 2306 BGB maßgeblich. Gleiches gilt, wenn dem Pflichtteilsberechtigten neben seinem Erbteil auch ein Vermächtnis zugewendet wurde, da ein automatischer Wegfall der Belastungen gem. Abs. 1 S. 1 a.F. nur in Betracht kommt, wenn die Summe aus den Werten von Erbteil und Vermächtnis den sich rechnerisch ergebenden Pflichtteil nicht übersteigt.[178]

40 Auch bei **lebzeitigen Vorempfängen**, insbesondere bei ausgleichungs- oder anrechnungspflichtigen Zuwendungen, stößt die Quotentheorie an ihre Grenzen. Denn unter Berücksichtigung der Vorempfänge stellt die Quote nicht mehr den zutreffenden Maßstab für den gesetzlichen Erbteil und somit den in der Hälfte dessen Wertes bestehen-

167 *J. Mayer*, in: Mayer/Süß/Tanck/Bittler/Wälzholz, HB Pflichtteilsrecht (3. Aufl.), § 3 Rn 74.

168 *Kerscher/Tanck*, ZAP 1997, 689, 693; *J. Mayer*, in: Mayer/Süß/Tanck/Bittler/Wälzholz, HB Pflichtteilsrecht (3. Aufl.), § 3 Rn 74.

169 OLG Schleswig NJW 1961, 1929, 1930; KG OLGE 11, 258, 261.

170 BGH NJW 1983, 2378; OLG Stuttgart ZErb 2009, 297 f.; RGZ 113, 45, 48; BayObLGZ 1968, 112, 114; OLG Schleswig NJW 1961, 1929, 1930; Soergel/*Dieckmann* (13. Aufl.), § 2306 Rn 2; *Kerscher/Tanck*, ZAP 1997, 689, 690; *Kessel*, MittRhNotK 1991, 137, 141; *J. Mayer*, in: Mayer/Süß/Tanck/Bittler/Wälzholz, HB Pflichtteilsrecht (3. Aufl.), § 3 Rn 52, 71.

171 BGHZ 19, 309, 310 f.; Staudinger/*Haas* (2006), § 2306 Rn 5; *J. Mayer*, in: Mayer/Süß/Tanck/Bittler/Wälzholz, HB Pflichtteilsrecht (2. Aufl.), § 3 Rn 41.

172 Staudinger/*Haas* (2006), § 2306 Rn 5; *J. Mayer*, in: Mayer/Süß/Tanck/Bittler/Wälzholz, HB Pflichtteilsrecht (2. Aufl.), § 3 Rn 41.

173 *J. Mayer*, in: Mayer/Süß/Tanck/Bittler/Wälzholz, HB Pflichtteilsrecht (2. Aufl.), § 3 Rn 41; a.A. aber anscheinend OLG Sachsen-Anhalt ZEV 2008, 241 f.

174 Staudinger/*Haas* (2006), § 2306 Rn 6.

175 Auch wenn seit dem 1.10.2017 keine Lebenspartnerschaften mehr begründet werden können, gilt das LPartG für zuvor begründete eingetragene Lebenspartnerschaften fort, vgl. § 1 S. 2 LPartG i.d.F. des „Eheöffnungsumsetzungsgesetzes" v. 18.12.2018, BGBl I 2018, 2639.

176 *J. Mayer*, in: Mayer/Süß/Tanck/Bittler/Wälzholz, HB Pflichtteilsrecht (2. Aufl.), § 3 Rn 43.

177 BGH NJW-RR 1990, 391, 192; BGHZ 120, 93, 96; Staudinger/*Haas* (2006), § 2306 Rn 7; Soergel/*Dieckmann* (13. Aufl.), § 2306 Rn 2; *Natter*, JZ 1955, 138, 142.

178 BGHZ 80, 263, 265; OLG Neustadt NJW 1957, 1523; *Lange/Kuchinke*, § 37 V A 4 b.

den Pflichtteil dar.[179] Wie diesem Problem zu begegnen ist, ist in der Lit. heftig umstritten.[180] Die inzwischen wohl überholte, früher in der Rspr. h.M.[181] ging von der reinen Quotentheorie aus, was den Vorteil hatte, die Situation des Betroffenen rasch und auf einfachem Wege klären zu können. Rechtssicherheit und Rechtsklarheit sprechen ebenso wie der Wortlaut des Gesetzes (Abs. 1 spricht lediglich von der Hälfte des gesetzlichen Erbteils, nicht – wie § 2303 Abs. 1 S. 2 BGB – von der Hälfte des Wertes des gesetzlichen Erbteils) für diese Theorie.

Teilweise[182] wird die Quotentheorie um eine **Wertanrechnungspflicht** erweitert. Das 41
bedeutet, dass sich der Pflichtteilsberechtigte auf den nach Abs. 1 S. 1 a.F. von allen Belastungen befreiten Erbteil den Betrag anrechnen lassen muss, um den der Wert dieses Erbteils den sich unter Berücksichtigung von Anrechnungs- und Ausgleichungsverpflichtungen ergebenden (Wert-)Erbteil übersteigt.[183] Diese Methode ermöglicht zwar – ebenso wie die reine Quotentheorie – eine relativ einfache Abgrenzung, wann der Berechtigte die Erbschaft ausschlagen sollte und wann nicht. Andererseits führen die Quotentheorien aber im Ergebnis dazu, dass beschränkende Anordnungen des Erblassers, die unter Berücksichtigung von Anrechnungs- und Ausgleichungsverpflichtungen durchaus Bestand haben könnten, per se hinfällig werden. Die von *Marotzke*[184] geforderte Anrechnung verschärft dieses Problem noch, da die vom Erblasser bewusst vorgenommene Erbeinsetzung auf eine bestimmte Quote durch die Anrechnung (jedenfalls bei wirtschaftlicher Betrachtung) konterkariert werden kann.[185] Die Quotentheorien sind daher nicht in der Lage, die Probleme im Zusammenhang mit lebzeitigen Vorempfängen befriedigend zu lösen.

Nach zutreffender für das alte Recht h.M. sind Fälle, bei denen Anrechnungs- und 42
Ausgleichungspflichten berücksichtigt werden müssen, mit Hilfe der Werttheorie zu lösen.[186] Nach der **Werttheorie** sind Vorempfänge und die daraus resultierenden Anrechnungs- und Ausgleichungspflichten dadurch zu berücksichtigen, dass anstatt der Quote die Werte für die Anwendung des Abs. 1 a.F. entscheidend sein sollen. Die Erb- bzw. Pflichtteilsquoten werden also in Geldwerte umgerechnet, die sodann entsprechend den Anrechnungs- und Ausgleichungserfordernissen (ebenfalls in Geldwerten) erhöht oder vermindert werden können.[187] Auf diese Weise ergeben sich „Werterbteile" und „Wertpflichtteile". Entscheidend ist nun also das „Quantum", nicht die Quote.[188] Vereinzelt wurde auch vertreten, die Werttheorie könne nur dann angewen-

179 *Kerscher/Riedel/Lenz*, Pflichtteilsrecht, § 6 Rn 37.

180 Ausführliche Darstellung vgl. *J. Mayer*, in: Mayer/Süß/Tanck/Bittler/Wälzholz, HB Pflichtteilsrecht (2. Aufl.), § 3 Rn 45 ff.

181 OLG Stuttgart NJW 1959, 1735; OLGF Breslau HRR 1940, Nr. 654; *Natter*, JZ 1955, 138, 139 ff.

182 So inzwischen z.B. Staudinger/*Haas* (2006), § 2306 Rn 13.

183 *Marotzke*, AcP 191, 563, 580.

184 *Marotzke*, AcP 191, 563, 580.

185 So auch *J. Mayer*, in: Mayer/Süß/Tanck/Bittler/Wälzholz, HB Pflichtteilsrecht (2. Aufl.), § 3 Rn 48.

186 RGZ 93, 3, 6 ff.; RGZ 113, 45, 48; BayObLGZ 59, 77, 80; BayObLGZ 68, 112, 114; BayObLG NJW-RR 1988, 387, 389; OLG Köln ZEV 1997, 298; Soergel/*Dieckmann* (13. Aufl.), § 2306 Rn 3; RGRK/*Johannsen*, § 2306 Rn 3; *Lange/Kuchinke*, § 37 Fn 95; *Kerscher/Riedel/Lenz*, Pflichtteilsrecht, § 6 Rn 37 ff.; *Klingelhöffer*, ZEV 1996, 299; *de Leve*, ZEV 2010, 184.

187 Vgl. *Kerscher/Riedel/Lenz*, Pflichtteilsrecht, § 6 Rn 37 ff.

188 A.A. *J. Mayer*, in: Mayer/Süß/Tanck/Bittler/Wälzholz, HB Pflichtteilsrecht (2. Aufl.), § 3 Rn 46, der unter Hinweis auf OLG Stuttgart NJW 1959, 1735, OLG Breslau HRR 1940 Nr. 654 der reinen Quotentheorie den Vorzug gibt und darauf hinweist, dass sie eine größere Rechtssicherheit und Rechtsklarheit für sich habe. Des Weiteren verweist er auf den Wortlaut des Gesetzes, der die maßgebliche Wertgrenze als „die Hälfte des gesetzlichen Erbteils" definiere und gerade nicht auf dessen Wert abstelle.

det werden, wenn der Pflichtteilsberechtigte selbst zur Anrechnung oder Ausgleichung verpflichtet sei.[189] Auf diese Weise soll verhindert werden, dass der Pflichtteilsberechtigte infolge der Berücksichtigung von Vorempfängen anderer Personen im Ergebnis einen unbelasteten Erbteil, Abs. 1 S. 1, erhalten kann. Nach dieser – die Werttheorie einschränkenden – Ansicht sollen sich dann anrechnungs- und ausgleichungspflichtige Vorempfänge aber nur zu Lasten des Pflichtteilsberechtigten auswirken können. Diese Sichtweise widerspricht aber der Vorschrift das § 2316 BGB, der zufolge die Ausgleichung zwingend zu einer Erhöhung von Erb- und Pflichtteil der anderen – selbst nicht zur Ausgleichung verpflichteten – Abkömmlinge führt.

43 Die Werttheorie ist i.R.d. § 2306 BGB a.F. aber ausschließlich auf **anrechnungs-** oder **ausgleichungspflichtige** Vorempfänge anzuwenden. Eine Ausdehnung auf weitere Fälle, wie bspw. die Anordnung eines den Nachlass aushöhlenden Vermächtnisses[190] oder pflichtteilsergänzungsrelevante lebzeitige Zuwendungen – ohne Anrechnungs- oder Ausgleichungspflicht[191] – kommt nicht in Betracht.[192] Hierfür besteht auch keine Notwendigkeit, da diese Konstellationen unter Anwendung der Quotentheorie zufriedenstellend gelöst werden können.

3. Wirkungen des Abs. 1 S. 1 a.F.

44 Ergibt sich, dass der dem Pflichtteilsberechtigten hinterlassene Erbteil die Hälfte seines gesetzlichen Erbteils nicht übersteigt, gelten gem. Abs. 1 S. 1 a.F. die Beschränkungen und Beschwerungen – und zwar unabhängig von einem evtl. entgegenstehenden Willen des Pflichtteilsberechtigten selbst – als **nicht angeordnet**.[193] Dem zufolge ist der Pflichtteilsberechtigte i.H.d. ihm zugedachten Erbquote unbeschränkter Vollerbe. Liegt der ihm dadurch zufallende wirtschaftliche Wert über dem sich rechnerisch ergebenden Wert des Pflichtteils, ändert dies nichts. Dem Berechtigten steht nach Abs. 1 S. 1 a.F. der ungeschmälerte Erbteil zu. Hinsichtlich einer zum Wert seines Pflichtteils evtl. noch fehlenden Differenz hat er ggf. Anspruch auf den Zusatzpflichtteil gem. § 2305 BGB.[194] Die Wirkungen des Abs. 1 S. 1 a.F. treffen i.d.R. ausschließlich den Erbteil des Pflichtteilsberechtigten.[195] Schlägt dieser aus, bleiben die Belastungen zu Lasten derer, denen die **Ausschlagung** zustattenkommt, zunächst bestehen.[196] Soweit sie selbst pflichtteilsberechtigt sind, kann aber auch ihnen § 2306 BGB zugutekommen. Unter Umständen kann auch eine Kürzung von Belastungen wegen der (infolge der Ausschlagung entstandenen) Pflichtteilslast erfolgen, § 2322 BGB. Die Verpflichtung der übrigen Erben, (auch) zu Ihren Lasten angeordnete Beschränkungen oder Beschwerungen zu erfüllen bzw. zu dulden, wird durch die Anwendung von § 2306 BGB auf den Erbteil des Pflichtteilsberechtigten nicht tangiert (insbesondere eine Testamentsvollstreckung bleibt zu Lasten der übrigen Erben i.d.R. bestehen).[197] Etwas anderes gilt nur dann, wenn der Erblasser offenbar einen anteiligen Wegfall der

189 OLG Celle ZEV 1996, 307, 308 m. Anm. *Skibbe* – Revision v. BGH nicht angenommen; ablehnend bereits *Kerscher/Riedel/Lenz*, Pflichtteilsrecht, § 6 Rn 41 f.

190 *Klingelhöffer*, ZEV 1997, 299; a.A. aber OLG Köln ZEV 1997, 298.

191 A.A.: *Natter*, JZ 1955, 138, 139; AK/*Däubler*, § 2306 Rn 3.

192 *Weidlich*, ZEV 2001, 94, 96; *Kerscher/Riedel/Lenz*, Pflichtteilsrecht, § 6 Rn 43.

193 RG JW 1911, 370.

194 BGHZ 120, 96, 100; Soergel/*Dieckmann* (13. Aufl.), § 2306 Rn 12; *Natter*, JZ 1955, 138.

195 *J. Mayer*, in: Mayer/Süß/Tanck/Bittler/Wälzholz, HB Pflichtteilsrecht (2. Aufl.), § 3 Rn 56; *Planck/Greiff*, Anm. 3b.

196 Staudinger/*Haas* (2006), § 2306 Rn 37.

197 Vgl. *J. Mayer*, in: Mayer/Süß/Tanck/Bittler/Wälzholz, HB Pflichtteilsrecht (2. Aufl.), § 3 Rn 57 m.w.N.; *U. Mayer*, DNotZ 1996, 422, 423; Staudinger/*Haas* (2006), § 2306 Rn 37.

Beschränkungen oder Beschwerungen nicht gewollt hat, oder wenn eine inhaltliche Trennung gar nicht möglich ist.[198]

Schlägt der Pflichtteilsberechtigte in der Situation des Abs. 1 S. 1 a.F. den (nun von Gesetzes wegen unbelasteten) Erbteil aus, ist auch die Geltendmachung seines Pflichtteilsanspruchs ausgeschlossen,[199] da er kraft eigenen Entschlusses und nicht etwa aufgrund Verfügung von Todes wegen von der Erbfolge ausgeschlossen ist.[200] Etwas anders gilt nur für den überlebenden Zugewinn-Ehegatten, dem auch hier die Wahl zwischen der erbrechtlichen und der güterrechtlichen Lösung bleibt.[201] Auf einen evtl. bestehenden Pflichtteilsrestanspruch wirkt sich die Ausschlagung keinesfalls aus.[202] Ebenso ist natürlich auch die (isolierte) Ausschlagung eines dem Pflichtteilsberechtigten hinterlassenen Vermächtnisses – gleich welchen Wertes – unschädlich.[203] 45

4. Wirkungen des Abs. 1 S. 2 a.F.

Wenn der belastete Erbteil die Hälfte des gesetzlichen Erbteils des Pflichtteilsberechtigten übersteigt, gibt Abs. 1 S. 2 ihm ein mit dem Erbfall entstehendes – und daher auch vererbliches[204] – **Wahlrecht**, entweder den belasteten Erbteil anzunehmen oder aber die Erbschaft auszuschlagen und den Pflichtteil geltend zu machen. Auch für die Entstehung des Wahlrechts kommt es auf das Ausmaß der bestehenden Belastungen nicht an.[205] Nimmt der Pflichtteilsberechtigte den belasteten Erbteil an, ändert sich an seiner Rechtsstellung als Erbe nichts. Die zu seinen Lasten angeordneten Beschwerungen und Beschränkungen bleiben in vollem Umfang bestehen und müssen ohne Rücksicht darauf, ob dem Pflichtteilsberechtigten sein Pflichtteil oder überhaupt ein wirtschaftlicher Wert verbleibt, erfüllt werden.[206] Nach der Annahme der Erbschaft ist die Geltendmachung von – ordentlichen (die Möglichkeit, Pflichtteilsergänzungsansprüche – § 2326 S. 2 BGB – geltend zu machen, wird durch § 2306 BGB nicht berührt)[207] – Pflichtteilsansprüchen einschließlich des Pflichtteilsrestanspruchs ausgeschlossen.[208] Das Risiko, dass der Erbteil durch vom Erblasser angeordnete Belastungen ausgehöhlt und wertmäßig unter den Pflichtteil herabgemindert ist, liegt allein beim pflichtteilsberechtigten Erben. 46

Durch die **fristgerechte Ausschlagung**[209] verliert der Pflichtteilsberechtigte seine Erbenstellung und erwirbt den vollen Pflichtteilsanspruch, durch dessen Geltendmachung er aber nur die Stellung eines Nachlassgläubigers erlangt; eine dingliche Beteiligung am Nachlass ist ausgeschlossen. Da § 2318 BGB keinen Schutz des Erben 47

198 *Kerscher/Tanck*, ZAP 1997, 689, 694; *Schubert*, JR 1981, 466, 468; Staudinger/*Haas* (2006), § 2306 Rn 37.

199 *J. Mayer*, in: Mayer/Süß/Tanck/Bittler/Wälzholz, HB Pflichtteilsrecht (3. Aufl.), § 3 Rn 69.

200 BGHZ 80, 263, 267.

201 *J. Mayer*, in: Mayer/Süß/Tanck/Bittler/Wälzholz, HB Pflichtteilsrecht (3. Aufl.), § 3 Rn 69.

202 OLG Hamm NJW 1981, 2585; *J. Mayer*, in: Mayer/Süß/Tanck/Bittler/Wälzholz, HB Pflichtteilsrecht (3. Aufl.), § 3 Rn 69.

203 BGHZ 80, 263, 267; *J. Mayer*, in: Mayer/Süß/Tanck/Bittler/Wälzholz, HB Pflichtteilsrecht (3. Aufl.), § 3 Rn 69.

204 Staudinger/*Haas* (2006), § 2317 Rn 30 ff.; *J. Mayer*, in: Mayer/Süß/Tanck/Bittler/Wälzholz, HB Pflichtteilsrecht (2. Aufl.), § 3 Rn 64.

205 Soergel/*Dieckmann* (13. Aufl.), § 2306 Rn 15.

206 *U. Mayer*, DNotZ 1996, 422, 424.

207 Vgl. RG SeuffA 88 Nr. 147; Staudinger/*Haas* (2006), § 2306 Rn 55.

208 Staudinger/*Haas* (2006), § 2306 Rn 55; *U. Mayer*, DNotZ 1996, 422, 424; *J. Mayer*, in: Mayer/Süß/Tanck/Bittler/Wälzholz, HB Pflichtteilsrecht (2. Aufl.), § 3 Rn 64, 23.

209 Vgl. hierzu *Kerscher/Tanck*, ZAP 1997, 689. Zum Beweis derselben genügt der Nachweis des fristgerechten Zugangs der formal einwandfreien Erklärung beim Nachlassgericht; vgl. *Schmitz*, ErbR 2020, 684, 690.

bewirkt, stellt die Ausschlagung bei Erbeinsetzung über der Hälfte des gesetzlichen Erbteils den einzigen Weg dar, eine Aushöhlung des eigenen Pflichtteils durch Beschränkungen und Beschwerungen zu gewährleisten.[210]

D. Verfahrensfragen/Taktische Erwägungen

48 Die gesetzliche Neuregelung im Rahmen der Erbrechtsreform 2010 und das damit verbundene allgemeine Wahlrecht des Pflichtteilsberechtigten, die Erbschaft ausschlagen zu können, um seinen Pflichtteil geltend zu machen, vermeidet zwar das Risiko, durch die Ausschlagung eines belasteten Erbteils alles zu verlieren.[211] Das generelle Wahlrecht bringt aber auch Nachteile mit sich:[212] Der Pflichtteilsberechtigte muss sich immer entscheiden. Die Möglichkeit, einen unbelasteten (aber hinter der Hälfte des gesetzlichen Erbteils zurückbleibenden) Erbteil zu erlangen, besteht nicht mehr. Entscheidet sich daher der Pflichtteilsberechtigte zur Annahme des ihm Hinterlassenen, so nimmt er damit das Risiko in Kauf, Beschränkungen und Beschwerungen akzeptieren zu müssen,[213] deren wirtschaftlichen Wert er vielleicht noch gar nicht konkret abschätzen kann. Im Kern geht es bei der Ausschlagungsentscheidung um eine wirtschaftliche Abwägung. Diese ist aber nur schwer zu treffen, wenn nicht alle wertbeeinflussenden Faktoren bekannt sind. Im Hinblick auf die i.d.R. nur sechswöchige Ausschlagungsfrist ist eine umfassende Bewertung des Nachlasses oftmals nicht möglich, so dass die Ausschlagungsentscheidung auf der Grundlage bestimmter Annahmen getroffen werden muss.

49 Diese Situation birgt das Risiko, dass der Pflichtteilsberechtigte bei der Entscheidung über die Ausschlagung hinsichtlich maßgeblicher Entscheidungsgrundlagen im Irrtum ist. Zum alten Recht hatte der BGH entschieden, dass selbst ein Rechtsirrtum zur Anfechtung berechtigen könne,[214] nämlich dann, wenn der Pflichtteilsberechtigte die Rechtsfolgen der Annahme einer belasteten Erbschaft verkannt hatte. Ein solcher Rechtsirrtum ist heute praktisch nicht mehr denkbar, weil dem Pflichtteilsberechtigten – wie ausgeführt – stets ein Wahlrecht zusteht und mit dessen Ausübung nicht mehr das Risiko des Pflichtteilsverlusts verbunden ist.[215] Dessen ungeachtet geht der BGH nach wie vor davon aus, dass auch ein als Erbe eingesetzter Pflichtteilsberechtigter die Annahme der Erbschaft anfechten könne, wenn er irrig davon ausgegangen war, dass eine Ausschlagung auch zum Verlust des Pflichtteilsanspruchs führe.[216]

50 Auch die Anfechtung wegen eines Tatsachenirrtums, insbesondere eines Eigenschaftsirrtums nach § 119 Abs. 2 BGB, dürfte sich schwierig gestalten. Möglich ist eine Anfechtung sicherlich dann, wenn der Pflichtteilsberechtigte über die Nachlasszugehörigkeit bestimmter Gegenstände bzw. das Nichtvorhandensein bestimmter Nachlassverbindlichkeiten im Irrtum ist. Ein solcher Irrtum rechtfertigt sowohl die Anfechtung der Annahme der Erbschaft als auch die Anfechtung ihrer Ausschlagung. Demgegenüber kann ein Irrtum über (vermutete) Wertverhältnisse eine Anfechtung

---

210 Vgl. hierzu *J. Mayer*, in: Mayer/Süß/Tanck/Bittler/Wälzholz, HB Pflichtteilsrecht (2. Aufl.), § 3 Rn 66, 23.

211 Vgl. hierzu *Horn*, ZFE 2009, 364.

212 Vgl. hierzu *Schindler*, ZEV 2008, 125; *Bartsch*, ZErb 2009, 71.

213 Burandt/Rojahn/*Horn*, Erbrecht, § 2306 Rn 42.

214 BGH NJW 2006, 3353 = ZErb 2006, 378 m. Anm. *Keim*.

215 Vgl. *Lange*, in: Bonefeld/Kroiß/Lange, Erbrechtsreform, § 8 Rn 29; a.A. *Keim*, ZEV 2008, 161, 163, der eine Anfechtung nach wie vor für möglich hält.

216 BGH ZEV 2016, 574 m. krit. Anm. *Lange*, ZEV 2016, 577; ebenso KG ZEV 2020, 152. Zur mangelnden Vergleichbarkeit mit Irrtumsfällen bei „lenkender Ausschlagung“ vgl. BGH DNotZ 2023, 599; *Hager*, ErbR 2025, 8; *Wendt*, ErbR 2024, 13. Vgl. auch *Lange*, ZEV 2023, 270, 271 unter Hinweis auf § 2308 BGB.

prinzipiell nicht rechtfertigen, da der Wert keine Eigenschaft i.S.v. § 119 Abs. 2 BGB darstellt.[217] Ob dies auch dann gilt, wenn sich der Irrtum ganz konkret auf die Werthaltigkeit der in Rede stehenden Beschränkungen/Beschwerungen bezieht, ist nicht völlig klar.[218] Angesichts einer fehlenden gesetzlichen Grundlage erscheint eine Zulassung der Irrtumsanfechtung bei Bewertungsfehlern aber grundsätzlich zweifelhaft.[219] Zusätzliche Schwierigkeiten sind darüber hinaus immer dann zu erwarten, wenn der Pflichtteilsberechtigte ganz bewusst seine Entscheidung auf der Grundlage unvollständiger oder gar gänzlich fehlender Informationen über den Nachlass trifft bzw. treffen muss. Denn in dieser Situation liegt im Zweifel überhaupt kein Irrtum vor.[220]

Die Pflichtteilsgeltendmachung setzt im Falle des Abs. 1 S. 2 die Ausschlagung der 51 Erbschaft voraus. In der bloßen Geltendmachung des Pflichtteils liegt im Hinblick auf die grundsätzliche Formbedürftigkeit, § 1945 BGB, keine (konkludente) Ausschlagung des Erbteils.[221] Für die Ausschlagung gelten grundsätzlich die Fristen des § 1944 BGB.[222] Abs. 1 S. 2 Hs. 2 trifft aber eine klarstellende **Sonderregelung** für den **Fristbeginn**: Dieser setzt voraus, dass der Pflichtteilsberechtigte nicht nur vom Anfall der Erbschaft und dem Berufungsgrund, sondern auch von den ihn treffenden Beschränkungen und Beschwerungen Kenntnis haben muss.[223] Die Voraussetzungen von § 1944 u. § 2306 Abs. 1 S. 2 Hs. 2 BGB müssen also kumulativ vorliegen.[224] Dies ist regelmäßig dann der Fall, wenn der Pflichtteilsberechtigte bei der **Testamentseröffnung anwesend** war oder ihm das Testament später gem. § 2262 BGB[225] bzw. heute gem. § 348 Abs. 3 FamFG zur Kenntnisnahme übermittelt wurde.[226] Bei Geschäftsunfähigkeit oder Minderjährigkeit des Pflichtteilsberechtigten ist auf die Kenntniserlangung seines gesetzlichen Vertreters abzustellen.[227] Eine Annahme des belasteten Erbteils ist auch vor Ende der Ausschlagungsfrist, ja sogar vor Kenntnis der Belastungen und damit sogar vor Beginn der Ausschlagungsfrist möglich.[228]

Ein **Irrtum des Erben** über die Wirksamkeit der ihn belastenden Verfügung bzw. 52 einzelne darin angeordnete Belastungen führt dazu, dass er nicht in der Lage ist, die für seine Entscheidung, die Erbschaft anzunehmen oder auszuschlagen, maßgeblichen Gesichtspunkte abzuwägen. Die Frist des Abs. 1 S. 2 Hs. 2 läuft in diesen Fällen nicht.[229] Kennt der Pflichtteilsberechtigte aber die Belastungen und irrt er lediglich über deren (z.B. wirtschaftliche) Folgen, hat dies auf den Lauf der Ausschlagungsfrist

217 OLG Stuttgart ZErb 2009, 297; vgl. *Lindner*, ErbR 2008, 374, 376; MüKo/*Lange*, § 2306 Rn 36; *J. Mayer*, in: Mayer/Süß/Tanck/Bittler/Wälzholz, HB Pflichtteilsrecht (3. Aufl.), § 3 Rn 12.

218 Für deren Anfechtungs-Relevanz jedenfalls *Schlitt*, in: Schlitt/Müller-Engels, HdB Pflichtteilsrecht, § 1 Rn 103; zustimmend auch *J. Mayer*, in: Mayer/Süß/Tanck/Bittler/Wälzholz, HB Pflichtteilsrecht (3. Aufl.), § 3 Rn 12. A.A. BeckOGK/*Obergfell/Färber*, § 2306 Rn 3, 15.

219 Staudinger/*Otte* (2021), § 2306 Rn 46.

220 *J. Mayer*, in: Mayer/Süß/Tanck/Bittler/Wälzholz, HB Pflichtteilsrecht (3. Aufl.), § 3 Rn 12; MüKo/*Lange*, § 2306 Rn 36; *Lange*, ZEV 2022, 313, 320.

221 BayObLGZ 1973, 272, 275; Staudinger/*Otte* (2021), § 2306 Rn 30.

222 *Hölscher*, in: Mayer/Süß/Riedel/Bittler, HB Pflichtteilsrecht, § 3 Rn 30.

223 Staudinger/*Otte* (2021), § 2306 Rn 44.

224 RGZ 59, 341, 343 f.; BayObLG FamRZ 1998, 642, 643; Staudinger/*Otte* (2021), § 2306 Rn 44.

225 Aufgehoben und ersetzt durch § 348 Abs. 3 FamFG m.W.v. 1.9.2009 durch das FGG-Reformgesetz v. 17.12.2008, BGBl I 2008, 2586; vgl. auch MüKo/*Sticherling*, § 2262 Rn 1.

226 BGHZ 112, 229, 234 ff.; nach OLG München RNotZ 2011, 114 muss der Pflichtteilsberechtigte aber selbst Verfahrensbeteiligter sein, vgl. oben Rdn 31.

227 BayObLG FamRZ 1998, 642, 643; OLG Hamburg MDR 1984, 56.

228 Staudinger/*Haas* (2006), § 2306 Rn 55.

229 BGH LM § 2306 Nr. 4; *Mayer*, DNotZ 1996, 422, 425; Staudinger/*Otte* (2021), § 2306 Rn 45.

keinen Einfluss.[230] Umstritten war in der Vergangenheit auch, ob der Erbe neben der Kenntnis von der Belastung auch Kenntnis vom Vorliegen der Voraussetzungen des S. 1 oder 2 haben muss.[231] Da beide Alternativen zu vollkommen unterschiedlichen Ergebnissen führen, setzt eine sachgerechte Entscheidung die Kenntnis auch dieser Umstände voraus.[232]

53 Soweit der dem Pflichtteilsberechtigten zustehende gesetzliche Erbteil **vom Verhalten** eines **anderen Beteiligten**, insbesondere des überlebenden Ehegatten, abhängig ist, kann die Ausschlagungsfrist vor dessen abschließender Entscheidung bzw. der Kenntnis des Pflichtteilsberechtigten hiervon nicht zu laufen beginnen.[233] Gleiches galt vor der Erbrechtsreform auch, wenn der dem Pflichtteilsberechtigten hinterlassene Erbteil nicht quotenmäßig bestimmt oder ihm zusätzlich ein Vermächtnis hinterlassen war, da in diesen Fällen zunächst die jeweiligen Werte ins Verhältnis zum Gesamtnachlass gesetzt werden musste.[234] Bei Anwendung der Werttheorie begann der Fristlauf grundsätzlich erst, wenn der Pflichtteilsberechtigte das Verhältnis des ihm Hinterlassenen zu seinem gesetzlichen Pflichtteil kannte.[235] Diese Aspekte dürften seit der Erbrechtsreform aber obsolet sein, da nunmehr die Kenntnis vom Vorliegen der Beschwerungen bzw. Beschränkungen als solchen genügt und deren Wert rechtlich keine Rolle spielt (wohl aber wirtschaftlich). Nichtsdestotrotz erscheint es angemessen, dem Pflichtteilsberechtigten auch nach aktuellem Recht die Gelegenheit einzuräumen, sich von den Wertverhältnissen ein Bild zu machen, bevor er sich entscheiden muss.[236] Eine gesetzliche Grundlage hierfür fehlt aber derzeit leider.

E. Gestaltungsmöglichkeiten/Haftungsrisiken

54 Die in Abs. 1 gesetzlich vorgesehene Wahlpflicht kann Seitens des Erblassers durch eine **Verwirkungsklausel** (z.B. dergestalt, dass Pflichtteilsberechtigter unter der auflösenden Bedingung, den Anordnungen des Erblassers nicht zuwider zu handeln, zum Erben berufen wird)[237] ergänzt werden. Dies hat zur Folge, dass der Pflichtteilsberechtigte nicht nur durch Ausschlagung, sondern auch durch ein entsprechendes Verhalten zum Pflichtteilsanspruch überwechseln kann. Da eine Verwirkungsklausel aus der Sicht des Pflichtteilsberechtigten keine Schmälerung seiner Rechte darstellt, ist sie prinzipiell mit dem Gesetz vereinbar.[238] Grundsätzlich verliert der Pflichtteilsberechtigte durch den Eintritt der in der Verwirkungsklausel bezeichneten auflösenden Bedingung sein Erbrecht, so dass er auch ohne Ausschlagung seinen Pflichtteil geltend machen kann.[239] Einen Sonderfall bildet insoweit die Situation, dass der Pflichtteilsberechtigte aufgrund des Eingreifens einer Verwirkungsklausel seine Erbenstellung verliert, zwischenzeitlich aber die Frist des § 2332 BGB abgelaufen und der Pflichtteilsanspruch somit verjährt ist. Der Pflichtteilsberechtigte hat in diesem Fall keinerlei Ansprüche. Denn die **Verjährungsfrist** für den Pflichtteil beginnt mit Erlangung der

230 BGH ZEV 1995, 219, 220; a.A. aber anscheinend *Schlitt*, in: Schlitt/Müller, HdB Pflichtteilsrecht (2. Aufl.), § 1 Rn 115.
231 Gegen dieses Erfordernis z.B. *Gantenbrink*, Jb für Erbrecht und Schenkungsrecht 1 (2011), 1, 15; MüKo/*Lange* (6. Aufl.), § 2306 Rn 27.
232 RGZ 113, 45, 47.
233 Soergel/*Dieckmann* (13. Aufl.), § 2306 Rn 22; Staudinger/*Otte* (2021), § 2306 Rn 43.
234 RGZ 113, 45, 47; MüKo/*Lange*, § 2306 Rn 32; Soergel/*Dieckmann* (13. Aufl.), § 2306 Rn 22.
235 RGZ 113, 45, 48 f.; BayObLG NJW 1959, 1734; Staudinger/*Haas* (2006), § 2306 Rn 64; Soergel/*Dieckmann* (13. Aufl.), § 2306 Rn 22.
236 Ebenso MüKo/*Lange*, § 2306 Rn 23, 24.
237 Vgl. Staudinger/*Otte* (2021), § 2306 Rn 40 mit weiteren Einzelheiten.
238 Staudinger/*Otte* (2021), § 2306 Rn 42; MüKo/*Leipold*, § 2074 Rn 34 f.
239 KG OLGE 11, 258, 264.

doppelten Kenntnis (vom Erbfall und beeinträchtigender Verfügung). Der Zeitpunkt des Verlustes der Erbenstellung spielt insoweit keine Rolle.[240] Das „Fristrisiko" liegt allein beim Pflichtteilsberechtigten (vgl. insoweit § 2303 Rdn 47) und trifft somit mittelbar auch seinen Berater, da dieser im Falle einer unzureichenden Aufklärung über diese Gesichtspunkte u.U. zum Schadensersatz verpflichtet sein kann. Dieselbe Problematik ergibt sich auch beim zum Nacherben berufenen Pflichtteilsberechtigten[241] sowie in Fällen, in denen der Pflichtteil erst nach der Ausschlagung eines Vermächtnisses geltend gemacht werden kann.[242]

Zusätzliche Haftungsprobleme bringt die Notwendigkeit der raschen Entscheidung 55 über eine fristgerechte Ausschlagung mit sich (vgl. Rdn 47 ff.). Es ist daher dringend erforderlich, die genauen Wertverhältnisse in Bezug auf den Nachlass so rasch als möglich umfassend zu ermitteln, um die angesprochene Vorteilhaftigkeitsprüfung (Ausschlagung oder Annahme einschließlich sämtlicher Beschränkungen und Beschwerungen) durchzuführen. Dies erweist sich als umso schwieriger, als der Auskunftsanspruch nach § 2314 BGB grundsätzlich erst nach der Ausschlagung in Betracht kommt.[243] Im Übrigen sollte der Pflichtteilsberechtigte auf die mit seiner Entscheidung verbundenen Risiken ausdrücklich hingewiesen und darüber umfassend aufgeklärt werden.

§ 2307 Zuwendung eines Vermächtnisses

(1) [1]Ist ein Pflichtteilsberechtigter mit einem Vermächtnis bedacht, so kann er den Pflichtteil verlangen, wenn er das Vermächtnis ausschlägt. [2]Schlägt er nicht aus, so steht ihm ein Recht auf den Pflichtteil nicht zu, soweit der Wert des Vermächtnisses reicht; bei der Berechnung des Wertes bleiben Beschränkungen und Beschwerungen der in § 2306 bezeichneten Art außer Betracht.

(2) [1]Der mit dem Vermächtnis beschwerte Erbe kann den Pflichtteilsberechtigten unter Bestimmung einer angemessenen Frist zur Erklärung über die Annahme des Vermächtnisses auffordern. [2]Mit dem Ablauf der Frist gilt das Vermächtnis als ausgeschlagen, wenn nicht vorher die Annahme erklärt wird.

Literatur

Bengel, Die Pflichtteilsproblematik beim Tod des Nacherben vor Eintritt des Nacherbfalls, ZEV 2000, 388; *Dolle*, Tücken und Haftungsfallen im Pflichtteils- und Pflichtteilsergänzungsrecht, ErbR 2012, 232; *Gockel*, Voraussetzungen für die Ausschlagung eines Nachvermächtnisses durch Geltendmachung des Pflichtteilsanspruchs – zugleich Anmerkung zu LG Nürnberg-Fürth, Teilurt. v. 27.8.2023 – 8 O 4921/22, ErbR 2024, 419; *Gottwald*, Fristen im Erbrecht: Fristsetzung durch das Nachlassgericht und durch Beteiligte, ZEV 2006, 347; *Hölscher*, § 2307 BGB: Unerkanntes Risiko für das frühzeitige Unternehmertestament?, ZEV 2015, 676; *Lübtow*, Probleme des Erbrechts, 1967; *Menzel*, Der überschuldete Vermächtnisnehmer – zugleich Anmerkung zum Beschluss des BGH v. 10.3.2011 – IX ZB 168/09, MittBayNot 2011, 374; *Schlitt*, Zur Anrechnung aufschiebend bedingter Vermächtnisse auf den Pflichtteil, NJW 1992, 28; *Strecker*, Pflichtteilsansprüche bei Wiederverheiratungsvermächtnissen im Berliner Testament, ZEV 1996, 327.

240 Staudinger/*Otte* (2021), § 2306 Rn 42.
241 *Hölscher*, in: Mayer/Süß/Riedel/Bittler, HB Pflichtteilsrecht, § 3 Rn 35.
242 LG Kassel BeckRS 2013, 22706.
243 BGH NJW 1981, 2051, 2052; vgl. auch *Beckmann*, ZEV 2012, 637, 641; *Horn*, in: MAH Erbrecht, § 29 Rn 107.

Übersicht:

A. Allgemeines

1 Ist dem Pflichtteilsberechtigten ein Vermächtnis hinterlassen, sind seine Reaktionsmöglichkeiten wesentlich flexibler ausgestaltet als im Falle des § 2306 BGB. Unabhängig vom **Wert** des **Vermächtnisses**, von darauf liegenden Belastungen oder sonstigen Einschränkungen hat der Pflichtteilsberechtigte stets die Wahl, das Vermächtnis anzunehmen oder auszuschlagen. Ein Verlust seines Pflichtteilsrechts ist damit unter keinen Umständen verbunden.[1] Das Gesetz verhindert auf diese Weise, dass der Erblasser dem Pflichtteilsberechtigten ein an die Stelle des Pflichtteils tretendes Vermächtnis aufdrängen kann.[2] Unsinnige oder nicht dem Interesse des Pflichtteilsberechtigten entsprechende gegenständliche Zuweisungen hindern also – auch wenn sie einen über dem Pflichtteilsanspruch liegenden Wert repräsentieren – grds. nicht die Pflichtteilsgeltendmachung.[3]

1 BeckOGK/*Obergfell/Färber*, § 2307 Rn 2; BeckOK BGB/*Müller-Engels*, § 2307 Rn 1; Staudinger/*Otte* (2021), § 2307 Rn 1; MüKo/*Lange*, § 2307 Rn 1. Das galt für die Ausschlagung von Vermächtnissen bereits vor der Erbrechtsreform, so dass der Pflichtteilsberechtigte gegenüber der Situation des früheren § 2306 BGB eine deutlich größere Entscheidungsfreiheit hatte.

2 Mot. V, S. 393; Burandt/Rojahn/*Horn*, Erbrecht, § 2307 Rn 3.

3 *Kerscher/Tanck*, ZAP 1997, 689, 694.

B. Tatbestand

I. Allgemeines

2 Voraussetzung der Anwendung des § 2307 BGB ist, dass dem Pflichtteilsberechtigten ein Vermächtnis[4] hinterlassen ist. Auf die weitere Ausgestaltung des Vermächtnisses (Belastungen oder Beschwerungen) kommt es nicht an.[5] Vermächtnis i.S.d. Vorschrift ist auch das Untervermächtnis[6] oder die vermächtnisweise Zuwendung des Pflichtteils. In dieser ist übrigens meist ein **unbelastetes Vermächtnis** zu sehen, da dem Begünstigten ein ihm ohnedies zustehendes gesetzlich verbrieftes Recht, das gar nicht mehr wirksam beschränkt werden kann, zugewendet wird.

3 § 2307 BGB erfasst darüber hinaus auch **belastete Vermächtnisse**, bei denen bspw. ein Untervermächtnis (§ 2147 BGB) oder eine Auflage (§ 2192 BGB) zu Lasten des Vermächtnisnehmers[7] oder eine Testamentsvollstreckung – wenn es sich um eine reine Vermächtnisvollstreckung handelt, § 2223 BGB – angeordnet ist.[8]

4 Auch auflösend **bedingte** oder **befristete** Vermächtnisse liegen im Regelungsbereich von § 2307 BGB, und zwar unabhängig davon, ob sie nach Eintritt der Bedingung oder Befristung einem Nachvermächtnisnehmer anfallen oder nicht.[9]

II. Aufschiebende Bedingung oder Befristung

5 Umstritten ist indes teilweise die Einordnung aufschiebend bedingter oder befristeter Vermächtnisse und Nachvermächtnisse. Die überwiegende Ansicht in der Lit.[10] geht davon aus, dass § 2307 BGB auch hinsichtlich des aufschiebend befristeten Vermächtnisses anwendbar ist. Das Vermächtnis sei zwar nicht „beschränkt" im eigentlichen Sinne; angesichts des Verweises auf § 2306 BGB, in dessen Absatz 2 die Nacherbeneinsetzung anderen belasteten Erbeinsetzungen gleichgestellt wird, müsse gleiches auch für **befristete Vermächtnisse** – auch in der Form des Nachvermächtnisses – gelten.[11] Die Frage, ob dies auch für die aufschiebend bedingte Vermächtnisanordnung gilt, hängt konsequenterweise davon ab, wie die Nacherbeneinsetzung i.R.d. § 2306 BGB zu würdigen ist. Ginge man davon aus, dass die Nacherbeneinsetzung bei Eintritt des Vorerbfalls zunächst einer Enterbung gleichkomme, müsste man auch im Fall des aufschiebend bedingten Vermächtnisses – auch des Nachvermächtnisses – die Anwendbarkeit des § 2307 BGB verneinen, da (aktuell) gar keine vermächtnisweise Beteiligung am Nachlass vorläge.[12] Parallel zur bei § 2306 BGB zutreffenden Wertung, dass in der aufschiebend bedingten Berufung zum Nacherben eine Beschwerung des Betroffenen zu sehen ist, muss § 2307 BGB im Ergebnis aber auch für aufschiebend bedingte

---

4 Irgendein Vermächtnis (vgl. MüKo/*Lange*, § 2307 Rn 3; unklar Burandt/Rojahn/*Horn*, Erbrecht, § 2307 Rn 4) einschließlich des Bestimmungsvermächtnisses, a.A. *Hölscher*, ZEV 2015, 676, 680; *Hölscher*, in: Mayer/Süß/Riedel/Bittler, HB Pflichtteilsrecht, § 4 Rn 14; Burandt/Rojahn/*Horn*, Erbrecht, § 2307 Rn 4; BeckOK BGB/*Müller-Engels*, § 2307 Rn 2.

5 BayObLG ZEV 2004, 464, 466; Staudinger/*Otte* (2021), § 2307 Rn 14; BeckOGK/*Obergfell/Färber*, § 2307 Rn 3; BeckOK BGB/*Müller-Engels*, § 2307 Rn 3; MüKo/*Lange*, § 2307 Rn 3.

6 Staudinger/*Otte* (2021), § 2307 Rn 17.

7 Staudinger/*Otte* (2021), § 2307 Rn 17; BeckOGK/*Obergfell/Färber*, § 2307 Rn 4; *Schlitt*, NJW 1992, 28.

8 *Schlitt*, NJW 1992, 28; Staudinger/*Otte* (2021), § 2307 Rn 17; MüKo/*Lange*, § 2307 Rn 6; BeckOGK/*Obergfell/Färber*, § 2307 Rn 4; RGRK/*Johannsen*, § 2307 Rn 7.

9 MüKo/*Lange*, § 2307 Rn 7; Staudinger/*Haas* (2006), § 2307 Rn 5.

10 Staudinger/*Otte* (2021), § 2307 Rn 8; MüKo/*Lange*, § 2307 Rn 8; Burandt/Rojahn/*Horn*, Erbrecht, § 2307 Rn 8; RGRK/*Johannsen*, § 2307 Rn 8; Soergel/*Beck*, § 2307 Rn 2 f.; BeckOGK/*Obergfell/Färber*, § 2307 Rn 5.

11 Vgl. auch Staudinger/*Haas* (2006), § 2307 Rn 5; BeckOGK/*Obergfell/Färber*, § 2307 Rn 5; MüKo/*Lange*, § 2307 Rn 8.

12 So OLG Karlsruhe Justiz 1962, 152; *Schlitt*, NJW 1992, 28; *Strecker*, ZEV 1996, 327.

Vermächtnisse anwendbar sein.[13] Dem stimmt auch die Rspr. zu.[14] Abgesehen von der dogmatischen Einordnung sprechen auch Praktikabilitätserwägungen für diese Sichtweise, da sonst die Nachlassabwicklung erheblich verzögert würde. Der Pflichtteilsberechtigte müsste sich dann – evtl. viele Jahre nach dem Erbfall – den bereits erhaltenen Pflichtteil auf das Vermächtnis anrechnen lassen, wobei das Vermächtnis vielleicht sogar nur mit dem Wert zum Zeitpunkt des Erbfalls anzusetzen wäre.[15] Die hiermit verbundenen Probleme wären wohl kaum beherrschbar. Vor diesem Hintergrund weist auch die Rspr.[16] zu Recht auf die Zielsetzung des § 2307 BGB, rasch für klare Verhältnisse zu sorgen, hin.[17] Somit ist auch bei der bedingten Vermächtniseinsetzung eine Geltendmachung des vollen Pflichtteils nur nach Ausschlagung des Vermächtnisses möglich.[18]

Vor diesem Hintergrund müssen auch Bestimmungsvermächtnisse in den Anwendungsbereich von § 2307 BGB fallen.[19] Auch sie sind bedingt, nämlich dadurch, dass das Bestimmungsrecht zugunsten des Pflichtteilsberechtigten ausgeübt wird.[20] Gem. § 2180 Abs. 2 BGB setzt die Ausschlagung lediglich den Eintritt des Erbfalls, nicht aber den tatsächlichen Anfall des Vermächtnisses voraus.[21]

6 Aus denselben Gründen ist § 2307 BGB auch anwendbar, wenn der Pflichtteilsberechtigte nur als Ersatzvermächtnisnehmer eingesetzt ist, ihm das Vermächtnis also nur unter der Bedingung anfällt, dass der zunächst Berufene nicht Vermächtnisnehmer wird.[22] Zwar ist dem Pflichtteilsberechtigten bis zum Wegfall des zunächst berufenen Vermächtnisnehmers nichts hinterlassen,[23] so dass einer Ausschlagung ein konkretes Bezugsobjekt fehlen könnte. Das ist aber angesichts der Regelung in § 2180 Abs. 2 S. 2 BGB, die die Ausschlagung bereits vor Bedingungseintritt ermöglicht, nicht entscheidend.

Folgt man der im Schrifttum wohl nach wie vor überwiegenden Meinung, dass Ersatzvermächtnisse nicht unter § 2307 BGB fallen,[24] stellt sich die Frage, wie die Situation zu lösen ist, dass nach vollständiger Erfüllung der Pflichtteilsansprüche das Vermächtnis dem pflichtteilsberechtigten Ersatzvermächtnisnehmer anfällt. Wird das Vermächt-

---

13 Staudinger/*Otte* (2021), § 2307 Rn 8; vgl. auch Burandt/Rojahn/*Horn*, Erbrecht, § 2307 Rn 9; *Lange/Kuchinke*, § 37 V 6c Fn 115.

14 BGH ZErb 2001, 22; OLG Oldenburg NJW 1991, 988.

15 Staudinger/*Haas* (2006), § 2307 Rn 6.

16 OLG Oldenburg NJW 1991, 988.

17 A.A. BeckOGK/*Obergfell/Färber*, § 2307 Rn 5.

18 BGH ZErb 2001, 22 mit Hinweis auf OLG Oldenburg NJW 1991, 988; Staudinger/*Otte* (2021), § 2307 Rn 8; Staudinger/*Haas* (2006), § 2307 Rn 6; Soergel/*Beck*, § 2307 Rn 2; *Lange/Kuchinke*, § 37 V 6c Fn 115; a.A.: *Strecker*, ZEV 1996, 327, 328; Grüneberg/*Weidlich*, § 2307 Rn 3.

19 MüKo/*Lange*, § 2307 Rn 3.

20 A.A.: *Hölscher*, in: Mayer/Süß/Riedel/Bittler, HB Pflichtteilsrecht, § 4 Rn 14; BeckOK BGB/*Müller-Engels*, § 2307 Rn 2; *Hölscher*, ZEV 2015, 678, 670; unklar Burandt/Rojahn/*Horn*, Erbrecht, § 2307 Rn 11.

21 *Hölscher*, in: Mayer/Süß/Riedel/Bittler, HB Pflichtteilsrecht, § 4 Rn 18; Staudinger/*Otte* (2021), § 2307 Rn 12 unter Hinweis auf BGH NJW 2001, 521; vgl. auch Staudinger/*Otte* (2019), § 2180 Rn 11.

22 Staudinger/*Otte* (2021), § 2307 Rn 9; a.A.: BeckOGK/*Obergfell/Färber*, § 2307 Rn 6; BeckOK BGB/*Müller-Engels*, § 2307 Rn 2; *Hölscher*, in: Mayer/Süß/Riedel/Bittler, HB Pflichtteilsrecht, § 4 Rn 15.

23 Staudinger/*Haas* (2006), § 2307 Rn 7; a.A. Staudinger/*Otte* (2021), § 2307 Rn 9.

24 BeckOGK/*Obergfell/Färber*, § 2307 Rn 6; Staudinger/*Haas* (2006), § 2307 Rn 7; BeckOK BGB/*Müller-Engels*, § 2307 Rn 2; *Hölscher*, in: Mayer/Süß/Riedel/Bittler, HB Pflichtteilsrecht, § 4 Rn 15.

nis dann angenommen, hat sich der Pflichtteilsberechtigte den erhaltenen Pflichtteil anrechnen zu lassen oder das Geleistete zurückzugewähren.[25]

III. Anordnungen außerhalb des Regelungsbereiches von § 2307 BGB

Auf Auflagen, deren Begünstigter der Pflichtteilsberechtigte ist, kann § 2307 BGB 7
weder seinem Wortlaut nach noch analog angewendet werden. Eine Ausschlagung kommt nämlich auch hier von vornherein nicht in Betracht.[26] Das Gleiche gilt, wenn er aufgrund der **Erfüllung** einer dem Erben oder einem Vermächtnisnehmer auferlegten Bedingung etwas erhält.[27]

IV. Vermächtnis neben dem Pflichtteil

Eine besondere Situation liegt in der Gestaltung, dass dem Pflichtteilsberechtigten 8
zusätzlich zum Pflichtteil ein darüber hinausgehendes Vermächtnis hinterlassen wird. Hier kann die Anordnung, der Berechtigte solle seinen Pflichtteil erhalten, mehr als nur eine bloße **Verweisung** auf das **Pflichtteilsrecht** darstellen[28] mit der Folge, dass der Zuwendung insgesamt ein gewährender Charakter zugebilligt werden könnte (i.E. kann ggf. sogar eine Erbeinsetzung gewollt sein).[29] Insoweit wird vertreten, der Pflichtteilsberechtigte könne hier auch ohne Ausschlagung seinen Pflichtteil verlangen,[30] denn genau dies entspreche ja dem Willen des Erblassers und eine Gefahr, dass das Pflichtteilsrecht durch die Vermächtnisanordnung wirtschaftlich ausgehöhlt werde, bestehe nicht. Vielmehr sei dem Pflichtteilsberechtigten das Vermächtnis nicht an Stelle, sondern zusätzlich zum Pflichtteil zugewendet.[31]

Diese Sichtweise ist zwar wirtschaftlich plausibel, kann dogmatisch jedoch im Ergebnis 9
nicht überzeugen. Denn (immer) wenn ein Vermächtnis angeordnet ist, ist der Tatbestand von § 2307 BGB erfüllt.[32] Hinzu kommt, dass der Erblasser ohne weiteres in der Lage ist, das dem Pflichtteilsberechtigten zur Abgeltung seines Pflichtteils hinterlassene Vermächtnis zu belasten.[33] Die Frage, ob solche Belastungen bestehen, hat aber im Rahmen von § 2307 BGB ausdrücklich keine Relevanz. Der (volle) Pflichtteil kann daher stets nur dann gefordert werden, wenn der Berechtigte das Vermächtnis ausschlägt.[34] Dies gilt insbesondere auch für sog. Abgeltungsklauseln, bei denen der Erblasser zur Abgeltung etwaiger Pflichtteilsansprüche ein Vermächtnis anordnet und gleichzeitig die Geltendmachung des Pflichtteilsrestanspruchs (§ 2305 BGB) ausschließt[35] oder für diesen Fall eine auflösende Bedingung anordnet.[36]

---

25 Soergel/*Beck*, § 2307 Rn 4; MüKo/*Lange*, § 2307 Rn 10; Staudinger/*Haas* (2006), § 2307 Rn 7; BeckOGK/*Obergfell/Färber*, § 2307 Rn 5; *Hölscher*, in: Mayer/Süß/Riedel/Bittler, HB Pflichtteilsrecht, § 4 Rn 15.

26 OLG Düsseldorf FamRZ 1991, 1107, 1109; RG JW 1928, 907; Soergel/*Beck*, § 2307 Rn 2; Staudinger/*Otte* (2021), § 2307 Rn 7; Burandt/Rojahn/*Horn*, Erbrecht, § 2307 Rn 7; BeckOGK/*Obergfell/Färber*, § 2307 Rn 3; MüKo/*Lange*, § 2307 Rn 3, 11.

27 Staudinger/*Otte* (2021), § 2307 Rn 7; *Kipp/Coing*, § 10 II.

28 RGZ 129, 239, 241; Staudinger/*Haas* (2006), § 2307 Rn 8; vgl. auch MüKo/*Lange*, § 2307 Rn 5; Soergel/*Beck*, § 2307 Rn 5.

29 Vgl. Staudinger/*Haas* (2006), § 2307 Rn 8.

30 Burandt/Rojahn/*Horn*, Erbrecht, § 2307 Rn 6; BeckOK BGB/*Müller-Engels*, § 2307 Rn 2.

31 Vgl. *Mayer*, ZEV 1995, 41, 44.

32 BeckOGK/*Obergfell/Färber*, § 2307 Rn 8; Staudinger/*Otte* (2021), § 2307 Rn 3.

33 MüKo/*Lange*, § 2307 Rn 5.

34 BeckOGK/*Obergfell/Färber*, § 2307 Rn 8.

35 BayObLG ZEV 2004, 464, 466; BeckOGK/*Obergfell/Färber*, § 2307 Rn 7.

36 Staudinger/*Otte* (2021), § 2307 Rn 19; BeckOGK/*Obergfell/Färber*, § 2307 Rn 7; vgl. hierzu auch unten Rdn 24.

C. Rechtsfolgen

I. Wahlrecht

10 Wenn der Tatbestand des § 2307 BGB erfüllt ist, gibt das Gesetz dem Pflichtteilsberechtigten ein **Wahlrecht**: Einerseits kann er das Vermächtnis ausschlagen und seinen vollen Pflichtteil verlangen. Andererseits kann er auch das Vermächtnis annehmen und sich dessen Wert auf den Pflichtteil anrechnen lassen.[37] In diesem Fall schließt die Annahme des Vermächtnisses grundsätzlich auch die Übernahme aller mit ihm verbundenen Belastungen (Untervermächtnis, Testamentsvollstreckung o.Ä.) mit ein, die jedoch bei der Wertbemessung nicht zu berücksichtigen sind.[38]

Der Pflichtteilsberechtigte ist dabei in seiner Entscheidung grundsätzlich frei; „Drittinteressen" braucht er nicht zu berücksichtigen. Dies gilt insbesondere auch für insolvente Pflichtteilsberechtigte während der Wohlverhaltensphase nach § 287 Abs. 2 InsO. Weder die Vermächtnisausschlagung[39] noch der Verzicht auf die Pflichtteilsgeltendmachung[40] stellen Obliegenheitsverpflichtungen dar.[41]

11 Wie sich das Wahlrecht bzw. sein Bestehen nach § 2307 BGB auf die Möglichkeit des Pflichtteilsberechtigten, seine Ansprüche zu verfolgen, genau auswirkt, wird in der Lit. in mancherlei Hinsicht unterschiedlich beurteilt.

Teilweise wird aus Abs. 1 S. 1 der Schluss gezogen, dass der Pflichtteilsanspruch im Anwendungsbereich von § 2307 BGB erst nach Ausschlagung des Vermächtnisses entstehe, so dass er vorher auch nicht geltend gemacht werden könne.[42] Allerdings gehen die Vertreter dieser Auffassung wohl davon aus, dass der Ausschlagung des Vermächtnisses Rückwirkung auf den Zeitpunkt des Erbfalls zukäme, so dass im Ergebnis der Pflichtteilsberechtigte so zu behandeln sei, als wäre sein Anspruch (wie in § 2317 BGB vorgesehen) bereits mit dem Erbfall entstanden.[43]

12 Tatsächlich entsteht aber der Pflichtteilsanspruch auch in Fällen des § 2307 BGB unmittelbar mit dem Erbfall (§ 2317 BGB).[44] So heißt es in den Gesetzesmaterialien zu § 2307 BGB:[45] *„So lange der Berechtigte das Vermächtniß nicht ausgeschlagen hat, steht seinem Anspruch die Einrede entgegen, daß er durch das Vermächtniß befriedigt sei. Diese Einrede wird jedoch durch die Replik, daß es von ihm ausgeschlagen sei, entkräftet."*

Die Einschränkung in Abs. 1 S. 1, dass der Pflichtteil nur im Falle der Ausschlagung des Vermächtnisses verlangt werden kann, stellt also lediglich eine dem Erben zustehende

---

37 Staudinger/*Otte* (2021), § 2307 Rn 17; BeckOGK/*Obergfell/Färber*, § 2307 Rn 11; Burandt/Rojahn/*Horn*, Erbrecht, § 2307 Rn 27; MüKo/*Lange*, § 2307 Rn 7.

38 BeckOGK/*Obergfell/Färber*, § 2307 Rn 9; Burandt/Rojahn/*Horn*, Erbrecht, § 2307 Rn 12; *Hölscher*, in: Mayer/Süß/Riedel/Bittler, HB Pflichtteilsrecht, § 4 Rn 13.

39 BGH MittBayNot 2010, 52, 53.

40 BGH MittBayNot 2010, 52.

41 Vgl. zum Ganzen *Menzel*, MittBayNot 2010, 52 ff.

42 Vgl. *Planck/Greiff*, § 2307 Anm. 2a; ebenso anscheinend MüKo/*Lange*, § 2307 Rn 15; *Hölscher*, in: Mayer/Süß/Riedel/Bittler, HB Pflichtteilsrecht, § 4 Rn 20.

43 Vgl. *Bengel*, ZEV 2000, 388, 389.

44 Vgl. RG JW 1931, 1354 unter Hinweis auf RGZ 77, 238 (zu § 2306 BGB); OLG Stuttgart NJW-RR 2020, 1353 ff.; vgl. auch *Bengel*, ZEV 2000, 388, 389 unter Hinweis auf Mot. V, S. 401; vgl. auch Staudinger/*Haas* (2006), § 2307 Rn 12; *Lübtow*, Probleme des Erbrechts, 1967, S. 33 ff.; RGRK/*Johannsen*, § 2317 Rn 4.

45 Vgl. auch Mot. V, S. 393.

Einrede dar,[46] durch deren Erhebung er den Eintritt der Fälligkeit des Vermächtnisanspruchs verhindern kann.[47]

II. Ausschlagung des Vermächtnisses

Gem. § 2180 BGB erfolgt die **Ausschlagung** des **Vermächtnisses** gegenüber dem Beschwerten;[48] eine versehentlich vor dem Nachlassgericht erklärte Ausschlagung wird aber wirksam, wenn sie dem Beschwerten entsprechend dem mutmaßlichen Willen des Pflichtteilsberechtigten mitgeteilt wird.[49] Sie ist weder form- noch fristgebunden,[50] jedoch bedingungs- und befristungsfeindlich.[51] Im Übrigen gelten §§ 2176, 2180 BGB sowie §§ 1950, 1952 Abs. 1, 3 und § 1953 Abs. 1, 2 BGB entsprechend. Die Ausschlagung ist nicht vor Eintritt des Erbfalls möglich, kann aber bereits vor Anfall des Vermächtnisses erfolgen;[52] dies ist bei aufschiebend bedingten oder befristeten Vermächtnissen auch erforderlich, wenn der volle Pflichtteil geltend gemacht werden soll. Die Ausschlagung führt dazu, dass das Vermächtnis als nicht angefallen gilt bzw. ein (späterer) Anfall nicht mehr erfolgen kann.[53] Die Beschränkung der Ausschlagung auf einen Teil des Vermächtnisses ist nicht möglich, sie kann stets nur für das Vermächtnis insgesamt erfolgen.[54] Hat der Pflichtteilsberechtigte das Vermächtnis angenommen, ist eine spätere Ausschlagung nicht mehr möglich. Dasselbe gilt, wenn das Vermächtnis erlischt.[55] Während seines Bestehens ist das Wahlrecht nach § 2307 BGB einschließlich des Ausschlagungsrechts aber auch vererblich.[56] 13

Auch wenn sogar eine **Ausschlagung** durch **schlüssiges Verhalten** möglich ist,[57] kann in der Geltendmachung des Pflichtteilsanspruchs nur dann eine konkludente Ausschlagung zu sehen sein, wenn Pflichtteils- und Vermächtnisschuldner dieselbe Person sind.[58] Hat der Pflichtteilsberechtigte zum Zeitpunkt der Pflichtteilsgeltendmachung keine Kenntnis von dem Vermächtnis oder glaubt er, es stünde ihm neben dem Pflichtteil zu, scheidet eine schlüssige Ausschlagung aus.[59] Auch wenn lediglich der Pflicht- 14

46 Hinsichtlich der Abgrenzung zur Einwendung vgl. *Bengel*, ZEV 2000, 388, 390 m.w.N.

47 Ebenso *Bengel*, ZEV 2000, 388, 389. Zur Möglichkeit der Geltendmachung des Pflichtteilsrestanspruchs vgl. Staudinger/*Otte* (2021), § 2307 Rn 14.

48 Staudinger/*Otte* (2021), § 2307 Rn 10; MüKo/*Lange*, § 2307 Rn 13; *Hölscher*, in: Mayer/Süß/Riedel/Bittler, HB Pflichtteilsrecht, § 4 Rn 19.

49 Vgl. RGZ 113, 234, 238; Staudinger/*Otte* (2021), § 2307 Rn 10.

50 BeckOGK/*Obergfell/Färber*, § 2307 Rn 10.

51 MüKo/*Lange*, § 2307 Rn 12.

52 BGH NJW 2001, 521; Staudinger/*Otte* (2021), § 2307 Rn 12; Staudinger/*Otte* (2019), § 2180 Rn 11.

53 Staudinger/*Otte* (2021), § 2307 Rn 13.

54 Staudinger/*Haas* (2006), § 2307 Rn 11; Staudinger/*Otte* (2019), § 2180 Rn 20; MüKo/*Lange*, § 2307 Rn 13; *Hölscher*, in: Mayer/Süß/Riedel/Bittler, HB Pflichtteilsrecht, § 4 Rn 18.

55 Staudinger/*Otte* (2019), § 2180 Rn 11.

56 Staudinger/*Haas* (2006), § 2307 Rn 12; Burandt/Rojahn/*Horn*, Erbrecht, § 2307 Rn 19, 21; MüKo/*Lange*, § 2307 Rn 13.

57 BGH ZErb 2001, 22, 23; OLG Köln FamRZ 2007, 169; LG Nürnberg-Fürth RFamU 2023, 487; LG Bochum ErbR 2022, 945; MüKo/*Lange*, § 2307 Rn 12; Staudinger/*Haas* (2006), § 2307 Rn 11; Staudinger/*Otte* (2019), § 2180 Rn 5; *Hölscher*, in: Mayer/Süß/Riedel/Bittler, HB Pflichtteilsrecht, § 4 Rn 19; *Dolle*, ErbR 2012, 232, 234; vgl. auch *Gockel*, ErbR 2024, 419.

58 BGH ZErb 2001, 22, 23; BeckOGK/*Obergfell/Färber*, § 2307 Rn 10; Staudinger/*Haas* (2006), § 2307 Rn 12; *Planck/Greiff*, § 2307 Anm. 1.

59 BeckOGK/*Obergfell/Färber*, § 2307 Rn 10; Staudinger/*Otte* (2019), § 2180 Rn 10; Soergel/*Beck*, § 2307 Rn 9; *Hölscher*, in: Mayer/Süß/Riedel/Bittler, HB Pflichtteilsrecht, § 4 Rn 21.

teilsrestanspruch eingefordert wird, ist im Zweifel keine Ausschlagung gewollt.[60] Schließlich steht der Pflichtteilsrestanspruch dem Berechtigten auch ohne vorherige Vermächtnisausschlagung zu.[61] Im Ergebnis ist festzuhalten, dass stets die Umstände des Einzelfalls in die Entscheidung, ob das Vermächtnis ausgeschlagen wurde oder nicht, mit einzubeziehen sind. Kommt es insoweit zu Auslegungsschwierigkeiten, ist im Zweifel immer die für den Pflichtteilsberechtigten günstigere Auslegung zu bevorzugen.[62] Ob dieser Grundsatz in der Praxis in allen Fällen Beachtung findet, ist aber fraglich. Daher ist dem Pflichtteilsberechtigten zu raten, sein Verhalten und seine Erklärungen gegenüber dem Pflichtteils- und Vermächtnisschuldner so eindeutig wie möglich zu gestalten, damit Unklarheiten über die Frage der Ausschlagung gar nicht erst aufkommen können.[63] Die Vermächtnisausschlagung für einen Minderjährigen bedarf nach OLG Köln[64] der familiengerichtlichen Genehmigung (§§ 1643 Abs. 1, 1851 Nr. 1 BGB),[65] so dass hier ohne deren Vorliegen auch keine konkludente Ausschlagung in Betracht kommen kann.

15 Macht der Pflichtteilsberechtigte von seinem Ausschlagungsrecht wirksam Gebrauch, führt dies dazu, dass der **Anfall** des **Vermächtnisses** an den Pflichtteilsberechtigten gem. §§ 1953 Abs. 1, 2180 Abs. 3 BGB als nicht erfolgt gilt.[66] Der Weg zum vollen Pflichtteil ist dann frei. Die Pflichtteilsberechnung vollzieht sich in diesem Fall nach den allg. Grundsätzen, also auch unter Berücksichtigung anrechnungs- bzw. ausgleichungspflichtiger Vorempfänge.[67] Handelt es sich bei dem Ausschlagenden um den überlebenden Zugewinn-Ehegatten, hat dieser nach der güterrechtlichen Lösung lediglich Anspruch auf den kleinen Pflichtteil.[68] Ein Wahlrecht zum großen Pflichtteil besteht nicht.[69] Gleiches gilt gem. § 6 LPartG[70] auch für den überlebenden Partner einer gleichgeschlechtlichen Lebenspartnerschaft, wenn die Partner im Vermögensstand der Ausgleichungsgemeinschaft lebten.

---

60 Ebenfalls für zurückhaltende Auslegung: Soergel/*Beck*, § 2307 Rn 9; HK-Pflichtteilsrecht/*Schmidt-Recla*, § 2307 Rn 6; BeckOGK/*Obergfell/Färber*, § 2307 Rn 10. Etwas anderes gilt bestenfalls, wenn Pflichtteilsschuldner und mit dem Vermächtnis Beschwerter identisch sind, vgl. BGH NJW 2001, 520.

61 MüKo/*Lange*, § 2307 Rn 13; BeckOGK/*Obergfell/Färber*, § 2307 Rn 10; Staudinger/*Haas* (2006), § 2307 Rn 12; vgl. hierzu oben Rdn 12.

62 OLG Colmar OLGE 12, 390 = Recht 1905 Nr. 2556; Staudinger/*Haas* (2006), § 2307 Rn 12; ähnlich auch Staudinger/*Otte* (2021), § 2307 Rn 11 („zurückhaltende Auslegung").

63 Vgl. hierzu *Hölscher*, in: Mayer/Süß/Riedel/Bittler, HB Pflichtteilsrecht, § 4 Rn 19.

64 OLG Köln FamRZ 2007, 169.

65 BeckOGK/*Obergfell/Färber*, § 2307 Rn 10; MüKo/*Lange*, § 2307 Rn 13.

66 BeckOGK/*Obergfell/Färber*, § 2307 Rn 10; MüKo/*Lange*, § 2307 Rn 13; Staudinger/*Otte* (2021), § 2307 Rn 13.

67 *Hölscher*, in: Mayer/Süß/Riedel/Bittler, HB Pflichtteilsrecht, § 4 Rn 20; Staudinger/*Haas* (2006), § 2307 Rn 13.

68 *Braga*, FamRZ 1957, 334, 339; MüKo/*Lange*, § 2307 Rn 13; Staudinger/*Haas* (2006), § 2307 Rn 13; BeckOGK/*Obergfell/Färber*, § 2307 Rn 10.

69 MüKo/*Lange*, § 2307 Rn 12; *Hölscher*, in: Mayer/Süß/Riedel/Bittler, HB Pflichtteilsrecht, § 4 Rn 20.

70 Auch wenn seit dem 1.10.2017 keine Lebenspartnerschaften mehr begründet werden können, gilt das LPartG für zuvor begründete eingetragene Lebenspartnerschaften fort, vgl. § 1 S. 2 LPartG i.d.F. des „Eheöffnungsumsetzungsgesetzes" v. 18.12.2018, BGBl I 2018, 2639.

III. Annahme des Vermächtnisses

1. Art und Weise der Annahme

16 Auch die Annahme des Vermächtnisses kann erst nach Eintritt des Erbfalls erklärt werden; eine **besondere Form**[71] oder die Einhaltung einer Frist (§ 2180 Abs. 3 BGB verweist nämlich nicht auf § 1944 BGB)[72] sind nicht vorgeschrieben, so dass auch die Annahme durch schlüssiges Verhalten möglich ist.[73] Nach Abs. 2 kann dem Pflichtteilsberechtigten aber durch den beschwerten Erben eine **Frist zur Annahme** gesetzt werden. Mitunter kann auch in der Einforderung der vermächtnisweise versprochenen Leistung die konkludente Annahme zu sehen sein.[74] Dies kann allerdings nur dann gelten, wenn der Vermächtnisnehmer seinen Anspruch selbst geltend macht. Das Wahlrecht nach Abs. 1 ist höchstpersönlicher Natur, so dass eine Annahmehandlung des Testamentsvollstreckers dem Pflichtteilsberechtigten nicht zugerechnet werden kann.[75] Mit der Annahme des Vermächtnisses ist auch immer die Verpflichtung zur Erfüllung damit durch letztwillige Verfügung verbundener Belastungen und Beschwerungen – Untervermächtnis, Testamentsvollstreckung etc. – verbunden.[76]

17 Grundsätzlich ist die Annahme des Vermächtnisses (ebenso wie auch die Ausschlagung) bedingungsfeindlich. Nach zutreffender Auffassung besteht aber dessen ungeachtet die Möglichkeit, die Annahme unter dem Vorbehalt des Pflichtteils, insbesondere des Pflichtteilsrestanspruchs (§ 2305 BGB), zu erklären.[77] Dies hat seine Ursache insbesondere darin, dass der Pflichtteilsanspruch bereits mit dem Erbfall (und nicht erst mit der Ausschlagungserklärung) entsteht und auch durch die Vermächtnisannahme nicht vernichtet wird. Vielmehr steht ihm, soweit der Wert des Vermächtnisses reicht, eine Einrede entgegen. Vor diesem Hintergrund ist in der Annahme des Vermächtnisses unter Vorbehalt des Pflichtteils ein den endgültigen Rechtsgrund offenlassendes Zahlungsverlangen zu sehen, das weder als Annahme noch als Ausschlagung des Vermächtnisses gewertet werden kann.[78] Hier ist also sogar die spätere Ausschlagung des Vermächtnisses nicht ausgeschlossen.

2. Wirkungen der Annahme

a) Vermächtnisanspruch

18 Die Annahme des Vermächtnisses (ohne Pflichtteilsvorbehalt) bewirkt, dass der Pflichtteilsberechtigte dieses endgültig erwirbt und gleichzeitig seinen Pflichtteilsanspruch – soweit er durch das Vermächtnis gedeckt ist[79] – (wirtschaftlich) verliert.[80] Der Vermächtnisanspruch unterliegt den allg. Regeln über Vermächtnisse. Besonderheiten aufgrund von § 2307 BGB ergeben sich nicht.[81] Die Verjährung des Anspruchs unterliegt somit § 197 Abs. 1 Nr. 2 BGB; im **Insolvenzfalle** steht das Vermächtnis gleichran-

---

71 Staudinger/*Otte* (2019), § 2180 Rn 5; *Hölscher*, in: Mayer/Süß/Riedel/Bittler, HB Pflichtteilsrecht, § 4 Rn 21.

72 Vgl. *Hölscher*, in: Mayer/Süß/Riedel/Bittler, HB Pflichtteilsrecht, § 4 Rn 21; BeckOGK/*Obergfell/Färber*, § 2307 Rn 11.

73 OLG Stuttgart ZEV 1998, 24, 25 – Revision v. BGH nicht angenommen, vgl. BGH ZEV 1998, 24; Burandt/Rojahn/*Horn*, Erbrecht, § 2307 Rn 24.

74 OLG Braunschweig OLGE 21, 343, 344; Staudinger/*Haas* (2006), § 2307 Rn 15.

75 *Hölscher*, in: Mayer/Süß/Riedel/Bittler, HB Pflichtteilsrecht, § 4 Rn 21.

76 Staudinger/*Otte* (2021), § 2307 Rn 17, 20.

77 Staudinger/*Otte* (2021), § 2307 Rn 14; a.A. Staudinger/*Haas* (2006), § 2307 Rn 15.

78 Vgl. auch Staudinger/*Otte* (2021), § 2307 Rn 14.

79 Aber auch nicht darüber hinaus, OLG Celle NJW-RR 2024, 1394; OLG Düsseldorf ZEV 2022, 280.

80 Staudinger/*Haas* (2006), § 2307 Rn 16.

81 MüKo/*Lange*, § 2307 Rn 14; BeckOGK/*Obergfell/Färber*, § 2307 Rn 11.

gig neben dem Pflichtteilsanspruch, soweit es diesen nicht übersteigt, § 327 Abs. 2 S. 1 InsO,[82] wobei jedoch im Gegensatz zum Pflichtteil kein Pfändungsschutz nach § 852 ZPO oder einer entsprechenden Regelung besteht.[83] Erweist sich der Vermächtnisanspruch gegen den Beschwerten im Nachhinein – aus welchen Gründen auch immer – als **nicht werthaltig**, ändert dies an der Annahme und den damit verbundenen Wirkungen nichts, insbesondere ist eine nachträgliche Ausschlagung, wie oben erwähnt, ausgeschlossen.[84]

19 Problematisch sind in diesem Zusammenhang vor allem die Fälle, in denen die Vermächtnisanordnung **auflösend bedingt** ist und die Bedingung an die Geltendmachung des Pflichtteils anknüpft. Soweit derartige Anordnungen dahingehend auszulegen sind, dass das Vermächtnis anstelle des Pflichtteils zugewendet werden sollte (Regelfall),[85] führt der **Bedingungseintritt** nach Annahme des Vermächtnisses für den Pflichtteilsberechtigten u.U. zu einem vollständigen Verlust seiner Rechte. Das Vermächtnis entfällt aufgrund des Bedingungseintritts, ist aber wegen des Verweises in § 2307 BGB auf § 2306 BGB in voller Höhe auf den Pflichtteil anzurechnen,[86] so dass i.d.H. des Werts des Vermächtnisses alle Ansprüche entfallen sind. Folgert man aus der Ausgestaltung der Vermächtnisanordnung weiter, dass mit der Annahme automatisch ein Verzicht auf den – weitergehenden – Pflichtteil verbunden ist, besteht nicht einmal mehr der Pflichtteilsrestanspruch.[87] Vor dem Hintergrund, dass der Pflichtteilsberechtigte ohne weiteres die Möglichkeit hat, seinen Pflichtteil durch die Ausschlagung des Vermächtnisses zu sichern, bestehen gegen die Zulässigkeit derartiger Vermächtnisse keine Bedenken.[88]

b) Pflichtteilsrestanspruch

20 Neben dem Vermächtnis besteht – abhängig von dessen Wert bzw. der Höhe des Pflichtteilsanspruchs – unter Umständen auch der **Pflichtteilsrestanspruch**. Die (bloße) Vermächtnisannahme beinhaltet grundsätzlich keinen konkludenten Verzicht auf den Pflichtteilsrestanspruch.[89] Dieser ist aber nur so weit durchsetzbar, wie der Pflichtteil den Wert des Vermächtnisses übersteigt. Anrechnungs- und Ausgleichspflichten sind beim Wertvergleich von Pflichtteil und Vermächtnis zu berücksichtigen.[90] Im Übrigen ist das Vermächtnis dabei mit seinem Verkehrswert im Zeitpunkt des Erbfalls[91] anzusetzen.[92] Die Wertermittlung richtet sich nach denselben Grundsät-

---

82 BeckOGK/*Obergfell/Färber*, § 2307 Rn 11; Staudinger/*Haas* (2006), § 2307 Rn 17; *Hölscher*, in: Mayer/Süß/Riedel/Bittler, HB Pflichtteilsrecht, § 4 Rn 23.

83 BayObLG OLGE 16, 41 f.; *J. Mayer*, in: Mayer/Süß/Tanck/Bittler/Wälzholz, HB Pflichtteilsrecht (3. Aufl.), § 4 Rn 25.

84 Staudinger/*Haas* (2006), § 2307 Rn 17.

85 Vgl. Staudinger/*Otte* (2021), § 2307 Rn 18; *Hölscher*, in: Mayer/Süß/Riedel/Bittler, HB Pflichtteilsrecht, § 4 Rn 27.

86 Staudinger/*Haas* (2006), § 2307 Rn 23; *Hölscher*, in: Mayer/Süß/Riedel/Bittler, HB Pflichtteilsrecht, § 3 Rn 28; a.A. Soergel/*Beck*, § 2307 Rn 10.

87 *Hölscher*, in: Mayer/Süß/Riedel/Bittler, HB Pflichtteilsrecht, § 4 Rn 27.

88 BeckOGK/*Obergfell/Färber*, § 2307 Rn 11; Staudinger/*Haas* (2006), § 2307 Rn 22 f.; zustimmend auch OLG Braunschweig OLGE 21, 343, 344 für eine aufschiebende Bedingung entsprechenden Inhalts; a.A. Soergel/*Loritz/Uffmann*, § 2075 Rn 17.

89 Vgl. OLG Celle NJW-RR 2024, 1394; OLG Düsseldorf ZEV 2022, 280.

90 BGH WM 1993, 1042, 1043; BeckOGK/*Obergfell/Färber*, § 2307 Rn 11; Staudinger/*Otte* (2021), § 2307 Rn 15; MüKo/*Lange*, § 2307 Rn 15.

91 RG WarnR 1914 Nr. 168; BeckOGK/*Obergfell/Färber*, § 2307 Rn 11; Staudinger/*Otte* (2021), § 2307 Rn 16; MüKo/*Lange*, § 2307 Rn 15.

92 Staudinger/*Otte* (2021), § 2307 Rn 15; *Hölscher*, in: Mayer/Süß/Riedel/Bittler, HB Pflichtteilsrecht, § 4 Rn 27.

zen die auch hinsichtlich des Pflichtteilsanspruchs gelten, § 2311 BGB. Allerdings hat der Erblasser die Möglichkeit, hiervon abweichende Anordnungen über die Art und Weise der Wertermittlung oder auch die Berücksichtigung mit einem festen Betrag anzuordnen. Eine unangemessene Benachteiligung des Pflichtteilsberechtigten ist hiermit nicht verbunden, da es diesem freisteht, das so ausgestaltete Vermächtnis anzunehmen oder auszuschlagen und sich auf diese Weise von der Wertbestimmung zu befreien.[93]

Die Geltendmachung des Pflichtteilsrestanspruchs setzt nicht die vorherige Vermächtnisannahme voraus. Denn dieser entsteht (als Teil des Pflichtteilsanspruchs insgesamt) bereits mit dem Erbfall (§ 2317 Abs. 1 BGB).[94]

c) Beschränkungen und Beschwerungen

Auch sonstige Beschränkungen und Beschwerungen i.S.v. § 2306 BGB sind bei der 21 Bewertung des Vermächtnisses ausdrücklich (Abs. 1 S. 2 Hs. 2) nicht zu berücksichtigen.[95] Sie können daher nicht mindernd in Ansatz gebracht werden. Auch ein diesbezüglicher Ausgleichungsanspruch gegen den oder die Erben besteht nicht.[96] Will der Pflichtteilsberechtigte die damit verbundenen Risiken umgehen, bleibt ihm keine andere Wahl, als das Vermächtnis auszuschlagen (*Haas* spricht insoweit von einer „Kapitulation des Gesetzgebers vor den unendlichen Schwierigkeiten, die mit einer Schätzung des belasteten Vermächtnisses für alle Nachlassbeteiligten verbunden wäre“).[97]

d) Aufschiebend und auflösend bedingte Vermächtnisse

Die geschilderten Bewertungsregeln gelten nach wohl h.M.[98] auch für aufschiebend 22 bedingte Vermächtnisse, bei denen im Bewertungszeitpunkt noch gar nicht absehbar ist, ob die Bedingung jemals eintreten wird.[99] Als Ausweg aus dem Dilemma, einerseits den wirtschaftlichen Wert des Vermächtnisses noch nicht abschätzen zu können, anderseits aber durch Zuwarten die Verjährung des Pflichtteilsanspruchs zu riskieren, schlägt *Mayer*[100] vor, mit dem oder den Erben eine **Verjährungsvereinbarung** nach § 202 Abs. 2 BGB zu treffen, um dann die weitere Entwicklung abwarten zu können. Auch wenn dies theoretisch ein gangbarer Weg zu sein scheint, setzt seine praktische Umsetzung doch eine zwischen den Beteiligten nur sehr selten bestehende Einigkeit voraus. Vor diesem Hintergrund wird der Pflichtteilsberechtigte in den meisten Fällen um eine Entscheidung, wenn auch aufgrund unzureichender Informationen, nicht herumkommen.

Teilweise[101] wird auch vertreten, der Pflichtteilsberechtigte müsse berechtigt sein, auch 23 ohne Ausschlagung den vollen Pflichtteil zu fordern; bei Bedingungseintritt habe er

---

93 Vgl. OLG München HRR 1942 Nr. 61; Staudinger/*Otte* (2021), § 2307 Rn 16; MüKo/*Lange*, § 2307 Rn 13; RGRK/*Johannsen*, § 2307 Rn 4.

94 Staudinger/*Otte* (2021), § 2307 Rn 14; a.A. *Planck/Greiff*, § 2307 Anm. 2a; ebenso anscheinend MüKo/*Lange*, § 2307 Rn 15; *Hölscher*, in: Mayer/Süß/Riedel/Bittler, HB Pflichtteilsrecht, § 4 Rn 25; vgl. auch oben Rdn 12.

95 BeckOGK/*Obergfell/Färber*, § 2307 Rn 11; Staudinger/*Otte* (2021), § 2307 Rn 17 f.; *Hölscher*, in: Mayer/Süß/Riedel/Bittler, HB Pflichtteilsrecht, § 4 Rn 28.

96 Staudinger/*Otte* (2021), § 2307 Rn 16; Staudinger/*Haas* (2006), § 2307 Rn 19.

97 Staudinger/*Haas* (2006), § 2307 Rn 19; vgl. auch Mot. V, S. 399 f.; OLG Oldenburg NJW 1991, 988.

98 Vgl. MüKo/*Lange*, § 2307 Rn 9 m.w.N.; Burandt/Rojahn/*Horn*, Erbrecht, § 2307 Rn 9; *Hölscher*, in: Mayer/Süß/Riedel/Bittler, HB Pflichtteilsrecht, § 4 Rn 29 m.w.N.

99 So jedenfalls OLG Oldenburg NJW 1991, 998; Staudinger/*Haas* (2006), § 2307 Rn 8; Soergel/*Beck*, § 2307 Rn 3.

100 *J. Mayer*, in: Mayer/Süß/Tanck/Bittler/Wälzholz, HB Pflichtteilsrecht (3. Aufl.), § 4 Rn 31; vgl. hierzu auch *Hölscher*, in: Mayer/Süß/Riedel/Bittler, HB Pflichtteilsrecht, § 4 Rn 29.

101 *Hölscher*, in: Mayer/Süß/Riedel/Bittler, HB Pflichtteilsrecht, § 4 Rn 29.

sich jedoch den erhaltenen Pflichtteil auf seine Vermächtnisforderung anrechnen zu lassen.[102] Im Ergebnis ist die Situation hier jedoch nicht anders als im Falle der aufschiebend bedingten Nacherbeneinsetzung. Diese ist gem. § 2306 Abs. 2 BGB als eine Beschwerung der Erbeinsetzung anzusehen. Dogmatisch durchschlagende Gründe, die aufschiebende Vermächtnisanordnung anders zu beurteilen, sind nicht ersichtlich, zumal auch der Wortlaut von Abs. 1 auf keinerlei Differenzierung schließen lässt.[103] Im Übrigen ist weder einzusehen, warum in diesem Fall ein geringeres Interesse der Nachlassbeteiligten an einer raschen Abwicklung des Nachlasses (gerade hierauf zielt § 2307 BGB grundsätzlich ab) bestehen sollte,[104] noch warum der Pflichtteilsberechtigte gerade in dieser Konstellation die Möglichkeit haben sollte, sich durch bloßes Abwarten der weiteren Entwicklungen das für ihn optimale Ergebnis zu sichern. Möglichkeiten, einmal getroffene Ausschlagungsentscheidungen zu revidieren, stellt – in den dort aufgezeigten Grenzen – § 2308 BGB zur Verfügung; darüber hinausgehende Möglichkeiten hat der Gesetzgeber offenbar nicht gewollt.

24 Nicht weniger problematisch als aufschiebende können auch auflösende Bedingungen sein. So sind bspw. Anordnungen denkbar, denen zufolge der dem Pflichtteilsberechtigten zugewendete Vermächtnisanspruch wegfallen soll, wenn er einen etwaigen Pflichtteilsrestanspruch einfordert. Hier stellt sich die Frage, ob der Pflichtteilsberechtigte das Vermächtnis ausschlagen muss, um zum vollen Pflichtteilsanspruch zu gelangen (ein etwaiger Pflichtteilsrestanspruch steht ihm selbstverständlich auch bei Annahme des Vermächtnisses zu), oder ob ihm auch der spätere Wegfall des Vermächtnisses – aufgrund Bedingungseintritts – den Weg zur Pflichtteilsgeltendmachung eröffnet. Im Ergebnis ist auch hier nicht einzusehen, warum dem Pflichtteilsberechtigten ein gefahrloses Zuwarten ermöglicht und die Pflichtteilsgeltendmachung nach Eintritt der auflösenden Bedingung – und trotz vorheriger Annahme des so beschwerten Vermächtnisses – ermöglicht werden sollte. Dies gilt umso mehr, als das Risiko des späteren Wegfalls des Vermächtnisses sich unmittelbar aus der letztwilligen Verfügung des Erblassers ergibt und somit dem Pflichtteilsberechtigten von Anfang an bekannt ist. Es ist ihm also ohne weiteres zuzumuten, eine Risikoabwägung zu treffen und zu entscheiden, ob er das Vermächtnis – mit allen etwa bestehenden Beschränkungen – annehmen (und hierdurch den vollen Pflichtteilsanspruch verlieren) oder ausschlagen möchte, um den Pflichtteil geltend zu machen.[105]

25 Unproblematisch sind in diesem Zusammenhang übrigens die Fälle, in denen die auflösende Bedingung bereits vor der Annahme des Vermächtnisses eintritt. Denn hier hat gerade keine Vermächtnisannahme stattgefunden, so dass nach wie vor der Weg zum vollen Pflichtteil frei ist.[106]

e) Wertvergleich

26 Der Wert des Vermächtnisses ist mit dem Wert des Pflichtteilsanspruchs zu vergleichen. Dieser ist unter Berücksichtigung der **Anrechnungs-** und **Ausgleichungspflichten** nach §§ 2315, 2316 BGB entsprechend den auch ohne die Vermächtnisanordnung

---

102 So auch OLG Karlsruhe Justiz 1962, 152; *Schlitt*, NJW 1992, 28, 29; *Strecker*, ZEV 1996, 327, 328.

103 Staudinger/*Otte* (2021), § 2307 Rn 8; MüKo/*Lange*, § 2307 Rn 8; OLG Oldenburg NJW 1991, 988; ebenso *Hölscher*, in: Mayer/Süß/Riedel/Bittler, HB Pflichtteilsrecht, § 4 Rn 29.

104 Vgl. insoweit auch OLG Oldenburg NJW 1991, 988; *Lange/Kuchinke*, § 37 Fn 108; Soergel/*Beck*, § 2307 Rn 3; Staudinger/*Haas* (2006), § 2307 Rn 6; MüKo/*Lange*, § 2307 Rn 8.

105 Im Ergebnis ebenso Staudinger/*Haas* (2006), § 2307 Rn 23; Staudinger/*Otte* (2021), § 2307 Rn 19, 20.

106 Staudinger/*Haas* (2006), § 2307 Rn 23.

geltenden Regeln zu berechnen[107] – im Zweifel ist nicht der Quoten-, sondern der Wertpflichtteil maßgeblich.[108] Im Falle des überlebenden Ehegatten einer Zugewinngemeinschafts-Ehe ist bei der Pflichtteilsberechnung gem. § 1371 Abs. 1 BGB auf den „großen Pflichtteil" abzustellen.[109] Übersteigt der Wert des Vermächtnisses den Wert des Pflichtteils, kann ein Pflichtteilsrestanspruch nicht bestehen (der Auskunfts- u. Wertermittlungsanspruch nach § 2314 BGB ist aber auch in diesen Fällen nicht unbedingt ausgeschlossen).[110]

IV. Anfechtungsmöglichkeit

Als Willenserklärungen sind sowohl die Ausschlagungs- als auch die Annahmeerklä- 27
rung grundsätzlich nach den Regeln der §§ 119 ff. BGB anfechtbar. Im Übrigen enthält § 2308 Abs. 2 BGB eine Spezialregelung bezüglich der Anfechtungsmöglichkeiten des Pflichtteilsberechtigten.[111] Die Anfechtung ist vor diesem Hintergrund insbesondere bei Vorliegen eines Inhalts- oder eines Erklärungsirrtums gerechtfertigt. Ein Motivirrtum, bspw. wegen Fehleinschätzungen im Hinblick auf die dem Vermächtnis bzw. dem Pflichtteilsanspruch beizulegenden Werte, reicht als Anfechtungsgrund jedoch nicht aus.[112] Dasselbe gilt auch für die irrige Annahme, die Vermächtnisannahme setze den Verzicht auf sämtliche über den Wert des Vermächtnisses hinausgehenden Pflichtteilsansprüche voraus.[113] Allerdings hat der BGH im Fall eines Irrtums über die pflichtteilsrechtlichen Folgen der Annahme eine Anfechtung wegen Inhaltsirrtums zugelassen.[114]

V. Auskunftsanspruch

Wie bereits dargestellt, sind die Schwierigkeiten im Bereich der Entscheidungsfindung 28
vielfältig. Um dem Pflichtteilsberechtigten insoweit wenigstens die im Zeitpunkt der Entscheidung bereits vorliegenden Informationen zugänglich zu machen, stellt ihm das Gesetz den **Auskunfts-** und **Wertermittlungsanspruch** des § 2314 BGB zur Verfügung.[115] Im Falle bedingter Vermächtnisse hilft dies dem Berechtigten aber nur sehr eingeschränkt weiter.

VI. Ausschlagungsfiktion des Abs. 2

Da für die Annahme von Vermächtnissen weder eine gesetzliche Frist noch eine 29
Annahme-Vermutung besteht, § 2307 BGB aber grundsätzlich der raschen Abwicklung dient, sieht Abs. 2 zugunsten des mit dem Vermächtnis beschwerten Erben die Möglichkeit vor, den Pflichtteilsberechtigten zur Erklärung über die Annahme aufzufordern.[116] Da nur der mit einem Vermächtnis beschwerte Erbe sowohl mit der Ver-

---

107 BGH NJW 1993, 1197; Staudinger/*Otte* (2021), § 2307 Rn 15; MüKo/*Lange*, § 2307 Rn 15; BeckOGK/*Obergfell/Färber*, § 2307 Rn 11.

108 Vgl. *Hölscher*, in: Mayer/Süß/Riedel/Bittler, HB Pflichtteilsrecht, § 4 Rn 26 unter Hinweis auf BGH NJW 1993, 1197; ebenso MüKo/*Lange*, § 2307 Rn 15.

109 *Braga*, FamRZ 1957, 334, 339; RGRK/*Johannsen*, § 2307 Rn 10; Staudinger/*Otte* (2021), § 2307 Rn 15; BeckOGK/*Obergfell/Färber*, § 2307 Rn 11; *Hölscher*, in: Mayer/Süß/Riedel/Bittler, HB Pflichtteilsrecht, § 4 Rn 26.

110 Vgl. BGH NJW 1958, 1964, 1966.

111 MüKo/*Lange*, § 2307 Rn 22; BeckOGK/*Obergfell/Färber*, § 2307 Rn 13.

112 BeckOGK/*Obergfell/Färber*, § 2307 Rn 13.

113 MüKo/*Lange*, § 2307 Rn 22; BeckOGK/*Obergfell/Färber*, § 2307 Rn 13.

114 BGH ZEV 2016, 574; ebenso BGH NJW 2006, 3353 (zur Rechtslage vor 2010).

115 Staudinger/*Otte* (2021), § 2307 Rn 22; BeckOGK/*Obergfell/Färber*, § 2307 Rn 9; MüKo/*Lange*, § 2307 Rn 16; Burandt/Rojahn/*Horn*, Erbrecht, § 2307 Rn 37.

116 OLG München ZErb 2017, 285, 286; vgl. auch Soergel/*Beck*, § 2307 Rn 15; Staudinger/*Otte* (2021), § 2307 Rn 21.

mächtniserfüllung als auch mit dem Pflichtteil belastet sein kann, steht nur ihm die **Fristsetzungsbefugnis** zu.[117] Die Einräumung dieses Rechts zugunsten anderer Personen, z.B. dem mit einem Untervermächtnis beschwerten Vermächtnisnehmer,[118] ist daher nicht erforderlich und auch nicht Inhalt von Abs. 2 BGB. Gleiches gilt für Erben, die mit keinem Vermächtnis zugunsten des Pflichtteilsberechtigten[119] belastet sind,[120] z.B. weil diese als Untervermächtnisse einen anderen Vermächtnisnehmer beschweren. Sind mehrere Erben mit demselben Vermächtnis beschwert, steht ihnen das Recht aus Abs. 2 gemeinschaftlich, § 2038 BGB, zu,[121] woraus aber nicht geschlossen werden kann, dass es einer Mitwirkung aller Beteiligten in einem einzigen Rechtsakt bedürfte.[122] Die Fristsetzung erfolgt durch formlose, empfangsbedürftige Willenserklärung gegenüber dem Pflichtteilsberechtigten.[123] Die **Frist** muss **angemessen** sein[124] und kann daher nicht vor einer dem Erben gesetzten Frist zur Inventarerrichtung, § 1944 BGB, ablaufen.[125] Auch ein Fristende vor Erteilung der vom Pflichtteilsberechtigten nach § 2314 BGB geforderten Auskünfte kommt nicht in Betracht.[126] Eine zu kurz bemessene Frist wird automatisch durch eine angemessene ersetzt,[127] wobei für aufschiebend oder auflösend bedingte oder befristete Vermächtnisse keine Sonderregelungen gelten.[128] Verstreicht die Frist, ohne dass der Pflichtteilsberechtigte sich erklärt, gilt das Vermächtnis als ausgeschlagen,[129] so dass für ihn nur noch die Pflichtteilsgeltendmachung in Betracht kommt. Zur Möglichkeit der Anfechtung dieser (fiktiven) Ausschlagung vgl. § 2308 BGB.

D. Taktische Erwägungen – besondere Konstellationen

30 Ist der Pflichtteilsberechtigte selbst gleichzeitig auch Erbe und Vermächtnisnehmer, ist danach zu unterscheiden, ob der ihm hinterlassene Erbteil belastet oder unbelastet ist.

I. Unbelasteter Erbteil

31 Bei einem unbelasteten Erbteil, der zusammen mit dem (ebenfalls unbelasteten) Vermächtnis den Wert des Pflichtteils unterschreitet oder maximal erreicht, kann der Berechtigte beides annehmen und gem. §§ 2305, 2307 BGB seinen Pflichtteilsrest-

117 BeckOGK/*Obergfell/Färber*, § 2307 Rn 12.

118 Prot. V, S. 506; RGRK/*Johannsen*, § 2307 Rn 8; Staudinger/*Otte* (2021), § 2307 Rn 21; MüKo/*Lange*, § 2307 Rn 16; BeckOGK/*Obergfell/Färber*, § 2307 Rn 12; vgl. zum Vorausvermächtnis OLG München NJW-RR 2017, 1418, 1419.

119 Zum Fall eines Vorausvermächtnisses zugunsten eines Miterben, der die Erbschaft angenommen hat (dem also kein Pflichtteilsanspruch zustand), vgl. OLG München NJW-RR 2017, 1418.

120 Staudinger/*Otte* (2021), § 2307 Rn 21; Soergel/*Beck*, § 2307 Rn 15; MüKo/*Lange*, § 2307 Rn 16.

121 OLG München FamRZ 1987, 752; Staudinger/*Otte* (2021), § 2307 Rn 21; BeckOGK/*Obergfell/Färber*, § 2307 Rn 12; Soergel/*Beck*, § 2307 Rn 16.

122 Staudinger/*Otte* (2021), § 2307 Rn 21; MüKo/*Lange*, § 2307 Rn 16; *Hölscher*, in: Mayer/Süß/Riedel/Bittler, HB Pflichtteilsrecht, § 4 Rn 33.

123 BeckOGK/*Obergfell/Färber*, § 2307 Rn 12; Staudinger/*Otte* (2021), § 2307 Rn 22; Burandt/Rojahn/*Horn*, Erbrecht, § 2307 Rn 35.

124 Burandt/Rojahn/*Horn*, Erbrecht, § 2307 Rn 37.

125 RG Recht 1908 Nr. 350; Staudinger/*Otte* (2021), § 2307 Rn 22; BeckOGK/*Obergfell/Färber*, § 2307 Rn 12; *Hölscher*, in: Mayer/Süß/Riedel/Bittler, HB Pflichtteilsrecht, § 4 Rn 34.

126 Soergel/*Beck*, § 2307 Rn 15; Staudinger/*Otte* (2021), § 2307 Rn 22.

127 BeckOGK/*Obergfell/Färber*, § 2307 Rn 12; *Gottwald*, ZEV 2006, 347, 350.

128 Staudinger/*Haas* (2006), § 2307 Rn 26.

129 *Hölscher*, in: Mayer/Süß/Riedel/Bittler, HB Pflichtteilsrecht, § 4 Rn 35; Staudinger/*Otte* (2021), § 2307 Rn 23.

anspruch fordern.[130] Alternativ hat er auch die Möglichkeit, den Erbteil oder das Vermächtnis oder sogar beides auszuschlagen. In allen Fällen kann er den Pflichtteil maximal bis zu der Höhe geltend machen, die nicht bereits durch die angenommene Zuwendung abgedeckt ist.[131] Demgegenüber führt die Ausschlagung eines unbelasteten Erbteils zum Verlust des Pflichtteils, soweit der ausgeschlagene Erbteil (wertmäßig) reicht.[132]

Überschreiten Erbteil und Vermächtnis zusammen den Wert des Pflichtteils, hängen die Möglichkeiten des Pflichtteilsberechtigten also vom Umfang des Erbteils ab. Erreicht oder übersteigt bereits dieser (allein) den Pflichtteil, führt eine Ausschlagung der Erbschaft zum Verlust des Pflichtteilsanspruchs. Die Ausschlagung (auch) des Vermächtnisses ist dann wirtschaftlich wenig sinnvoll.[133] Ist der Erbteil geringer als der Pflichtteilsanspruch, kann durch eine Ausschlagung bestenfalls der Pflichtteilsrestanspruch nach § 2305 BGB erlangt werden.[134]

II. Belasteter Erbteil und Vermächtnis

1. Allgemeines

Es sind auch Konstellationen denkbar, in denen dem Pflichtteilsberechtigten neben einem Vermächtnis auch ein belasteter Erbteil i.S.v. § 2306 BGB hinterlassen ist. Die Wechselwirkungen von § 2306 und § 2307 BGB sind gesetzlich nicht geregelt, nichtsdestotrotz sind beide Vorschriften parallel anzuwenden, des Weiteren ist § 2305 BGB (Restpflichtteil) zu beachten.[135] 32

2. Belasteter Erbteil und Vermächtnis

Ist der dem Pflichtteilsberechtigten hinterlassene Erbteil i.S.v. § 2306 Abs. 1 BGB beschwert oder belastet, kann er sowohl den Erbteil als auch das Vermächtnis ausschlagen, ohne seine Pflichtteilsansprüche zu verlieren.[136] Die Reihenfolge der Ausschlagungen ist ohne Belang. Wird lediglich der Erbteil ausgeschlagen, hat sich der Pflichtteilsberechtigte den Wert des Vermächtnisses nach Abs. 1 S. 2 (ohne Abzug darauf lastender Beschwerungen) anrechnen zu lassen.[137] 33

Wird nur das Vermächtnis ausgeschlagen, verbleibt dem Pflichtteilsberechtigten der Anspruch auf den Pflichtteilsrestanspruch (ohne Berücksichtigung von Beschränkungen und Beschwerungen).[138]

3. Besonderheiten bei Zugewinngemeinschaft

Nimmt der überlebende Zugewinn-Ehegatte ein ihm hinterlassenes Vermächtnis an, gilt die erbrechtliche Lösung, so dass sich der Pflichtteil (unter Anrechnung des Werts 34

---

130 *Schramm*, BWNotZ 1966, 18, 25; Staudinger/*Otte* (2021), § 2307 Rn 26.

131 Vgl. Staudinger/*Haas* (2006), § 2307 Rn 30; Staudinger/*Otte* (2021), § 2307 Rn 26; BeckOGK/*Obergfell/Färber*, § 2307 Rn 14; Soergel/*Beck*, § 2307 Rn 18; *Hölscher*, in: Mayer/Süß/Riedel/Bittler, HB Pflichtteilsrecht, § 4 Rn 27.

132 BeckOGK/*Obergfell/Färber*, § 2307 Rn 14.

133 Staudinger/*Haas* (2006), § 2307 Rn 31.

134 Staudinger/*Haas* (2006), § 2307 Rn 31; BeckOGK/*Obergfell/Färber*, § 2307 Rn 14.

135 Staudinger/*Otte* (2021), § 2307 Rn 26; BeckOGK/*Obergfell/Färber*, § 2307 Rn 15; MüKo/*Lange*, § 2307 Rn 20; zum alten Recht vgl. HK-Pflichtteilsrecht/*Schmidt-Recla*, § 2307 Rn 14 ff.; *Schlitt*, ZEV 1998, 216 ff.

136 Staudinger/*Otte* (2021), § 2307 Rn 26; BeckOGK/*Obergfell/Färber*, § 2307 Rn 15; MüKo/*Lange*, § 2307 Rn 20; Soergel/*Beck*, § 2307 Rn 19.

137 MüKo/*Lange*, § 2307 Rn 20; BeckOGK/*Obergfell/Färber*, § 2307 Rn 15; BeckOK BGB/*Müller-Engels*, § 2307 Rn 15; Jauernig/*Stürner*, § 2307 Rn 3.

138 Staudinger/*Otte* (2021), § 2307 Rn 24; *Hölscher*, in: Mayer/Süß/Riedel/Bittler, HB Pflichtteilsrecht, § 4 Rn 30.

des Vermächtnisses) nach dem nach § 1371 Abs. 1 BGB erhöhten Erbteil richtet.[139] Die Vermächtnisannahme ist daher jedenfalls dann sinnvoll, wenn ein konkreter Zugewinnausgleichsanspruch entweder gar nicht besteht oder nur gering ist.[140] Umgekehrt ist eine Ausschlagung dann wirtschaftlich interessant, wenn ein hoher konkreter Zugewinnausgleichsanspruch besteht und daher die Reduzierung des Pflichtteilsanspruchs auf den sog. kleinen Pflichtteil (berechnet aus der nicht erhöhten Erbquote)[141] verschmerzbar ist.[142]
Im Übrigen ist festzuhalten, dass sich die Entscheidung des überlebenden Ehegatten natürlich auch auf die Quotenberechnung der übrigen Pflichtteilsberechtigten, also der Abkömmlinge, auswirkt.[143]

4. Rechtslage für Erbfälle vor dem 1.1.2010

35 Für Erbfälle vor dem 1.1.2010, die sich also noch nach altem Recht richten, gilt Folgendes:
Ist der hinterlassene, belastete Erbteil geringer oder gleich der Hälfte des gesetzlichen Erbteils, kommt es entscheidend auf den Umfang des zusätzlich hinterlassenen Vermächtnisses an: Wird in Summe der Wert des Pflichtteils überschritten, führt die Annahme des Vermächtnisses zur Anwendung von § 2306 Abs. 1 S. 2 BGB auf den – zunächst belasteten – Erbteil.[144] Die angeordneten Belastungen bleiben bestehen. Eine Ausschlagung des Erbteils führt zum Pflichtteil, auf den aber das Vermächtnis gem. Abs. 1 anzurechnen ist.[145] Die Ausschlagung des Vermächtnisses bewirkt, dass nach § 2306 Abs. 1 S. 1 BGB alle angeordneten Belastungen wegfallen[146] und i.H.d. Differenz zwischen hinterlassenem Erbteil und Pflichtteil ein Pflichtteilsrestanspruch gem. § 2305 BGB besteht.[147]

36 Sollen **beide Zuwendungen** ausgeschlagen werden, kommt es entscheidend auf die zeitliche Reihenfolge an. Wird zuerst die Erbschaft ausgeschlagen, ist § 2306 Abs. 1 S. 2 BGB anwendbar, da das Hinterlassene (noch) die Hälfte des Werts des gesetzlichen Erbteils übersteigt. Der Pflichtteilsberechtigte könnte den vollen Pflichtteil geltend machen.[148] Schlägt er später auch das Vermächtnis aus, ist dessen Wert nicht auf den Pflichtteil anzurechnen. Erfolgten die Ausschlagungen in der umgekehrten Reihenfolge, kommt es durch die **Vermächtnisausschlagung** zur Anwendung von § 2306 Abs. 1 S. 1 BGB, also zu einem Wegfall der Beschwerungen mit der Folge, dass eine Ausschlagung des Erbteils auch zum Verlust des Pflichtteils führte. Hier kann höchstens der Pflichtteilsrestanspruch bestehen bleiben. Übersteigen Erbteil und Vermächtnis zusammen den Pflichtteil nicht, ist stets § 2306 Abs. 1 S. 1 BGB anzuwenden, dem zufolge alle angeordneten Belastungen und Beschränkungen entfallen. Daneben kann auch ein Pflichtteilsrestanspruch nach § 2305 BGB bestehen, auf den aber auch das Vermächtnis gem. Abs. 1 anzurechnen ist, wenn es nicht ausgeschlagen wird. Im Falle

139 BeckOGK/*Obergfell/Färber*, § 2307 Rn 16; Soergel/*Beck*, § 2307 Rn 20; MüKo/*Lange*, § 2307 Rn 21; *Schlitt*, ZEV 1998, 216, 219.
140 *Hölscher*, in: Mayer/Süß/Riedel/Bittler, HB Pflichtteilsrecht, § 4 Rn 31.
141 BeckOGK/*Obergfell/Färber*, § 2307 Rn 16; BeckOK BGB/*Müller-Engels*, § 2307 Rn 16; Jauernig/*Stürner*, § 2307 Rn 3; Soergel/*Beck*, § 2307 Rn 20; MüKo/*Lange*, § 2307 Rn 21.
142 *Hölscher*, in: Mayer/Süß/Riedel/Bittler, HB Pflichtteilsrecht, § 4 Rn 31.
143 Vgl. *Hölscher*, in: Mayer/Süß/Riedel/Bittler, HB Pflichtteilsrecht, § 4 Rn 31.
144 BGHZ 80, 263, 265; OLG Düsseldorf ZEV 1996, 72, 73.
145 Staudinger/*Haas* (2006), § 2307 Rn 32.
146 BGHZ 80, 263, 266.
147 Staudinger/*Haas* (2006), § 2307 Rn 32.
148 Soergel/*Dieckmann* (13. Aufl.), § 2307 Rn 17; *Mayer/Süß/Tanck/Bittler/Wälzholz*, HB Pflichtteilsrecht (1. Aufl.), § 2 Rn 140.

der Ausschlagung der Erbschaft besteht nur der Pflichtteilsrestanspruch (allerdings auch gekürzt um den Wert des nicht ausgeschlagenen Vermächtnisses).

Nur der **Zugewinn-Ehegatte** oder der überlebende Partner zweier in **Ausgleichsgemeinschaft** lebender gleichgeschlechtlicher Lebenspartner konnte bereits nach altem Recht ohne Verlust den Pflichtteil ausschlagen. 37

§ 2308 Anfechtung der Ausschlagung

(1) Hat ein Pflichtteilsberechtigter, der als Erbe oder als Vermächtnisnehmer in der in § 2306 bezeichneten Art beschränkt oder beschwert ist, die Erbschaft oder das Vermächtnis ausgeschlagen, so kann er die Ausschlagung anfechten, wenn die Beschränkung oder die Beschwerung zur Zeit der Ausschlagung weggefallen und der Wegfall ihm nicht bekannt war.

(2) [1]Auf die Anfechtung der Ausschlagung eines Vermächtnisses finden die für die Anfechtung der Ausschlagung einer Erbschaft geltenden Vorschriften entsprechende Anwendung. [2]Die Anfechtung erfolgt durch Erklärung gegenüber dem Beschwerten.

Literatur

Gottwald, Fristen im Erbrecht: Anfechtungsfristen, ZEV 2006, 489; *Keim*, Neues Recht in niedriger Dosierung: Das Gesetz zur Änderung des Erb- und Verjährungsrechts und seine Bedeutung für den Notar, MittBayNot 2010, 85; *ders.*, Die vergessene Ausschlagung beim durch Vermächtnis entwerteten Erbteil, ZEV 2003, 358.

Übersicht: Rdn

A. Allgemeines

1 Die §§ 2306 u. 2307 BGB stellen den Pflichtteilsberechtigten vor die Wahl, entweder die ihm zugedachten belasteten Zuwendungen anzunehmen oder sie stattdessen auszuschlagen und den (vollen) Pflichtteil geltend zu machen. Im Hinblick darauf, dass die diesbezüglichen Entscheidungen des Pflichtteilsberechtigten – gerade auch wegen des Zeitdrucks, unter dem sie zu treffen sind – mit erheblichen Risiken belastet sind, gewährt § 2308 BGB unter bestimmten Voraussetzungen die Möglichkeit, eine Ausschlagung auch wegen Motivirrtums anzufechten.

2 Einerseits wird durch die **Anfechtungsmöglichkeit** verhindert, dass der ausschlagende Pflichtteilsberechtigte in Folge des nach seiner Ausschlagung bekannt werdenden (aber bereits erfolgten) Wegfalls einer Beschwerung bzw. Beschränkung i.S.d. § 2306 Abs. 1 S. 2 BGB sowohl seines Erb- als auch seines Pflichtteils verlustig geht.[1] Andererseits kann die Anfechtung auch dazu dienen, dem Pflichtteilsberechtigten mehr als nur

1 „Doppelte Belastung", vgl. MüKo/*Lange*, § 2308 Rn 1; Staudinger/*Otte* (2021), § 2308 Rn 14; Soergel/*Beck*, § 2308 Rn 2; BeckOGK/*Obergfell/Färber*, § 2308 Rn 2.

seinen Pflichtteil zu sichern, nämlich dann, wenn er die Ausschlagung wegen des Wegfalls nur einer von mehreren Belastungen anfechten kann, um durch die Annahme des – immer noch belasteten – Erbteils bzw. Vermächtnisses ein für sich wirtschaftlich günstigeres Ergebnis zu erzielen.[2]

B. Tatbestand

I. Grundsätzliches

3 Die Anwendung von Abs. 1 setzt voraus, dass dem Pflichtteilsberechtigten ein belasteter Erbteil i.S.v. § 2306 Abs. 1 BGB oder ein belastetes Vermächtnis hinterlassen war, den/das er ausgeschlagen hat. Nach Abs. 2 gelten die Regelungen über die Anfechtung der Erbteilsausschlagung im Falle der Ausschlagung eines belasteten Vermächtnisses entsprechend. Lediglich hinsichtlich der Anfechtungserklärung gelten Besonderheiten, da diese gem. Abs. 2 S. 2 nicht gegenüber dem Nachlassgericht, sondern gegenüber dem Beschwerten zu erfolgen hat.

II. Objektives Bestehen der Belastung im Zeitpunkt des Erbfalls

4 Sowohl die Ausschlagung des belasteten Erbteils als auch die des belasteten Vermächtnisses setzt voraus, dass ursprünglich, also zur Zeit des Erbfalls, Beschränkungen und Beschwerungen des Zugewendeten objektiv bestanden haben.[3] Eine entsprechende irrige Annahme des Pflichtteilsberechtigten reicht nicht aus.[4] Weiterhin müssen diese Belastungen im Zeitpunkt der Ausschlagung – wenigstens teilweise (der Wegfall einer von mehreren Belastungen genügt!)[5] – weggefallen sein.[6] Ein Wegfall der Beschränkungen bzw. Beschwerungen nach erfolgter Ausschlagung rechtfertigt die Anfechtung aber nicht.[7] Gleiches gilt auch, wenn der Pflichtteilsberechtigte (nur) über die rechtliche Tragweite bzw. den Umfang der angeordneten Belastungen[8] oder über deren wirtschaftliche Auswirkungen[9] im Irrtum war.[10] Das gilt erst recht für nach der Ausschlagung mit Wirkung **ex nunc** wegfallende Beschwerungen und Beschränkungen.[11]

5 Umstritten ist, ob auch ein nach der Ausschlagung, aber mit **Rückwirkung** auf den **Erbfall** (ex tunc) eintretender Wegfall von Belastungen[12] die Anfechtung rechtfertigen kann. Während der BGH dem Pflichtteilsberechtigten die Anfechtung gem. § 2308 BGB zubilligt, um ihm auf diese Weise das wirtschaftlich günstigste Ergebnis zu sichern,[13] lehnt die h.M. in der Lit. die Anfechtbarkeit zu Recht ab.[14] Im Zeitpunkt

---

2 Soergel/*Beck*, § 2308 Rn 2; MüKo/*Lange*, § 2308 Rn 2.

3 Burandt/Rojahn/*Horn*, Erbrecht, § 2308 Rn 7; MüKo/*Lange*, § 2308 Rn 4; BeckOGK/*Obergfell/Färber*, § 2308 Rn 5.

4 Soergel/*Beck*, § 2308 Rn 4; Staudinger/*Otte* (2021), § 2308 Rn 16; BeckOGK/*Obergfell/Färber*, § 2308 Rn 7; MüKo/*Lange*, § 2308 Rn 6.

5 RGRK/*Johannsen*, § 2308 Rn 1; *Planck/Greiff*, Anm. 1b; Staudinger/*Otte* (2021), § 2308 Rn 20.

6 MüKo/*Lange*, § 2308 Rn 4; Staudinger/*Otte* (2021), § 2308 Rn 17; BeckOGK/*Obergfell/Färber*, § 2308 Rn 6; Burandt/Rojahn/*Horn*, Erbrecht, § 2308 Rn 8.

7 BeckOGK/*Obergfell/Färber*, § 2308 Rn 6.

8 *Mayer*, DNotZ 1996, 422, 428; MüKo/*Lange*, § 2308 Rn 6.

9 RGZ 103, 21, 22 f.; zustimmend Staudinger/*Otte* (2021), § 2308 Rn 18.

10 Mot. V, S. 511; MüKo/*Lange*, § 2308 Rn 6; RGRK/*Johannsen*, § 1954 Rn 3.

11 Staudinger/*Otte* (2021), § 2308 Rn 22; BeckOGK/*Obergfell/Färber*, § 2308 Rn 4.

12 Z.B. der Wegfall des Bedachten durch Ausschlagung oder Erbunwürdigkeit; vgl. BeckOGK/*Obergfell/Färber*, § 2308 Rn 7; MüKo/*Lange*, § 2308 Rn 5 mit Hinweis auf OLG Stuttgart OLGZ 1983, 304.

13 BGHZ 112, 229, 238 f.

14 Vgl. MüKo/*Lange*, § 2308 Rn 5; ebenso OLG Stuttgart OLGZ 1983, 304 = MDR 1983, 751; Burandt/Rojahn/*Horn*, Erbrecht, § 2308 Rn 9; a.A.: Staudinger/*Otte* (2021), § 2308 Rn 18; BeckOGK/*Obergfell/Färber*, § 2308 Rn 7.

der Ausschlagung liegt keine Fehlvorstellung vor, der Pflichtteilsberechtigte ist insoweit also nicht schutzwürdig.[15] Die Ansicht des BGH würde hingegen zu dem uferlosen Ergebnis führen, dass der Pflichtteilsberechtigte immer dann, wenn er die Chance für einen nachträglichen Wegfall der Belastung falsch eingeschätzt hat, zur Anfechtung berechtigt wäre.[16]

III. Fehlende Kenntnis vom Wegfall der Belastung

Weitere Voraussetzung für eine Anfechtung der Ausschlagung ist, dass der Pflichtteils- 6
berechtigte bei Erklärung der Ausschlagung keine Kenntnis vom Wegfall der Belastung des ihm Zugewandten hatte.[17] Auf die Ursache der Unkenntnis kommt es nicht an.[18] Auch **Vorsatz** und **grobe Fahrlässigkeit** schaden insoweit nicht.[19] Ob der Irrtum für die Ausschlagung ursächlich gewesen sein muss, ist umstritten. Der Wortlaut der Vorschrift ist insoweit unklar, könnte jedoch darauf hindeuten, dass ein innerer Zusammenhang zwischen Irrtum und Ausschlagung nicht erforderlich sei. Da aber § 2308 BGB seiner Rechtsnatur nach ein Anfechtungsrecht, §§ 119 ff. BGB, darstellt,[20] kann dem Sinn und Zweck der Vorschrift entsprechend auf eine kausale Verknüpfung zwischen der Anfechtung und der ihr zugrunde liegenden Fehlvorstellung nicht verzichtet werden.[21]

IV. Anfechtung der Vermächtnisausschlagung

Abs. 2 beschäftigt sich mit der Möglichkeit der Anfechtung der Ausschlagung eines 7
Vermächtnisses. Die Vorschrift gilt allerdings ausschließlich in den Fällen, in denen Gegenstand der Ausschlagung ein belastetes (analog § 2306 Abs. 1 BGB) Vermächtnis ist bzw. war.[22] Die Art und Weise der Anfechtung – auch hinsichtlich Form und Frist – richtet sich nach den für die Anfechtung der Erbschaftsausschlagung (Abs. 1) geltenden Vorgaben (§ 1954 BGB).[23] Anfechtungsgegner ist aber der mit dem auszuschlagenden Vermächtnis Beschwerte (Abs. 2 S. 2).

C. Rechtsfolgen

Auch die Anfechtung nach § 2308 BGB entfaltet die Wirkungen des § 1957 Abs. 1 8
BGB. Daher gilt die Anfechtung der Ausschlagung als Annahme der Erbschaft[24] bzw. des Vermächtnisses, so dass die Geltendmachung des Pflichtteilsanspruchs (§ 2303 BGB) ausgeschlossen ist.[25] Der Pflichtteilsberechtigte erlangt seine Erben- bzw. Vermächtnisnehmerstellung zurück und hat die damit verbundenen, nicht weggefallenen

---

15 *Planck/Greiff*, Anm. 1a; *Lange/Kuchinke*, § 37 V A Fn 104; Soergel/*Beck*, § 2308 Rn 4; MüKo/*Lange*, § 2308 Rn 5.
16 Staudinger/*Haas* (2006), § 2308 Rn 7.
17 Burandt/Rojahn/*Horn*, Erbrecht, § 2308 Rn 7.
18 Burandt/Rojahn/*Horn*, Erbrecht, § 2308 Rn 10; MüKo/*Lange*, § 2308 Rn 7.
19 Mot. V., S. 511; MüKo/*Lange*, § 2308 Rn 7; BeckOGK/*Obergfell/Färber*, § 2308 Rn 8; Burandt/Rojahn/*Horn*, Erbrecht, § 2308 Rn 10.
20 Staudinger/*Haas* (2006), § 2308 Rn 4.
21 OLG Stuttgart OLGZ 1983, 304 = MDR 1983, 751; so auch Soergel/*Beck*, § 2308 Rn 5; MüKo/*Lange*, § 2308 Rn 7; BeckOGK/*Obergfell/Färber*, § 2308 Rn 8; *Planck/Greiff*, Anm. I a; RGRK/*Johannsen*, § 2308 Rn 4; a.A. Staudinger/*Otte* (2021), § 2308 Rn 21.
22 MüKo/*Lange*, § 2308 Rn 10.
23 MüKo/*Lange*, § 2308 Rn 8; *Gottwald*, ZEV 2006, 489.
24 BeckOGK/*Obergfell/Färber*, § 2308 Rn 10.
25 Burandt/Rojahn/*Horn*, Erbrecht, § 2308 Rn 12; MüKo/*Lange*, § 2308 Rn 9.

Beschränkungen und Beschwerungen zu erfüllen bzw. zu dulden.[26] Ggf. kann er sich aber auf § 2305 BGB berufen und einen Pflichtteilsrestanspruch geltend machen.[27]

D. Formale Gesichtspunkte

9 Die **Ausschlagungserklärung** muss unter Einhaltung der **Formvorschriften** der §§ 1945, 1955 BGB abgegeben werden.[28] Da mit ihr kein rechtsgeschäftlicher (sondern höchstens ein tatsächlicher) Verzicht auf das Pflichtteilsrecht verbunden ist, bedarf die Ausschlagungserklärung eines gesetzlichen Vertreters nicht der familiengerichtlichen Genehmigung nach § 1851 Nr. 1 BGB.[29] Die Anfechtungsfrist bestimmt sich nach § 1954 BGB und beträgt daher sechs Wochen (§ 1954 Abs. 1 BGB) bzw. sechs Monate (§ 1954 Abs. 3 BGB). Das Anfechtungsrecht nach § 2308 BGB ist ebenso wie das Pflichtteils- und Ausschlagungsrecht selbst vererblich.[30]

E. Querverweise

10 Die Annahme einer vermeintlich unbelasteten Zuwendung (Erbschaft oder Vermächtnis) oder auch ein Irrtum über die Tragweite angeordneter Belastungen sowie über den wirtschaftlichen Wert des Hinterlassenen wird von § 2308 BGB nicht erfasst.[31] Im Hinblick auf den Ausnahmecharakter der Vorschrift ist auch eine analoge Anwendung auf derartige Fälle ausgeschlossen.[32] Vielmehr muss auf die allg. Vorschriften über die **Anfechtung** der **Annahme**, §§ 119 ff. BGB, zurückgegriffen werden.[33] Obwohl man darüber streiten kann, ob sich der Pflichtteilsberechtigte nicht in einem unbeachtlichen Motivirrtum befindet, wenn er das ihm Zugewandte in Unkenntnis eventuell bestehender Belastungen annimmt, geht die h.M. von einer Anwendbarkeit des § 119 Abs. 2 BGB aus. Dies wird damit begründet, dass Beschränkungen und Belastungen als verkehrswesentliche Eigenschaften des Nachlasses anzusehen seien.[34] So hat der BGH beispielsweise einem Pflichtteilsberechtigten, der die Erbschaft in Unkenntnis eines seinen Erbteil belastenden Vermächtnisses angenommen und hierdurch seinen Pflichtteil (wirtschaftlich) gefährdet hatte, ein Anfechtungsrecht zugestanden.[35] Auch die Beschränkung durch eine Nacherbfolge wird von der Rspr. als verkehrswesentliche Eigenschaft angesehen und berechtigt daher zur Anfechtung.[36] Des Weiteren soll auch die irrige Annahme einer bestimmten Erbquote als Anfechtungsgrund ausreichen.[37]

---

26 BeckOGK/*Obergfell/Färber*, § 2308 Rn 10.

27 BeckOGK/*Obergfell/Färber*, § 2308 Rn 10.

28 NK-BGB/*Bock*, § 2308 Rn 1.

29 Soergel/*Beck*, § 2308 Rn 5; Staudinger/*Haas* (2006), § 2308 Rn 11; BeckOGK/*Obergfell/Färber*, § 2308 Rn 10; MüKo/*Lange*, § 2308 Rn 9; *Planck/Greiff*, Anm. 1c.

30 NK-BGB/*Bock*, § 2308 Rn 12.

31 Burandt/Rojahn/*Horn*, Erbrecht, § 2308 Rn 22.

32 OLG Stuttgart OLGZ 1983, 304, 307; MüKo/*Lange*, § 2308 Rn 13; Burandt/Rojahn/*Horn*, Erbrecht, § 2308 Rn 19; *Lange/Kuchinke*, § 37 V 9b.

33 BayObLG NJW-RR 1995, 904, 906; *Planck/Greiff*, Anm. 3; *Lange/Kuchinke*, § 37 V 9; Staudinger/*Haas* (2006), § 2308 Rn 13; *Krauss*, BWNotZ 1992, 31 ff.

34 Soergel/*Beck*, § 2308 Rn 9; *Planck/Greiff*, Anm. 3; *Lange/Kuchinke*, § 37 V 9b Fn 122; MüKo/*Lange*, § 2308 Rn 13; Staudinger/*Otte* (2021), § 2308 Rn 13 m.w.N.; *Keim*, ZEV 2003, 358, 360.

35 BGH NJW 1989, 2885 f.

36 OLG Hamm ZEV 2004, 286, 287; BayObLG ZEV 1996, 425, 426 f. m. abl. Anm. *Edenfeld*.

37 BayObLGZ 1995, 120, 127 = NJW-RR 1995, 904, 906; OLG Hamm NJW 1966, 1080.

Weiterhin ist eine Anfechtung nach der Rspr. auch dann möglich, wenn der Pflichtteilsberechtigte über die Notwendigkeit der Ausschlagung als Voraussetzung für die Pflichtteilsgeltendmachung im Irrtum war.[38] 11

§ 2309 Pflichtteilsrecht der Eltern und entfernteren Abkömmlinge

Entferntere Abkömmlinge und die Eltern des Erblassers sind insoweit nicht pflichtteilsberechtigt, als ein Abkömmling, der sie im Falle der gesetzlichen Erbfolge ausschließen würde, den Pflichtteil verlangen kann oder das ihm Hinterlassene annimmt.

Literatur

Bestelmeyer, Das Pflichtteilsrecht der entfernten Abkömmlinge und Eltern des Erblassers im Anwendungsbereich des § 2309 BGB, FamRZ 1997, 1124; *Ebbecke*, Der selbstständige Anspruch des in zweiter Reihe berufenen Erben oder Pflichtteilsberechtigten, LZ 1919, 505; *Kretzschmar*, Tragweite des § 2309 BGB, Recht 1908, 793; *Lange*, Der Pflichtteilsanspruch entfernter Berechtigter bei Pflichtteilsverzicht näher Berechtigter, ZEV 2015, 69; *Langheineken*, Das Pflichtteilsrecht entfernter Abkömmlinge und der Eltern, SachsArch 14, 319; *Maenner*, Streifzüge im Erbrecht, Recht 1920, 134; *Pentz*, Auswirkungen des „entgeltlichen" Erbverzichts eines Abkömmlings auf Pflichtteilsansprüche anderer, NJW 1999, 1835; *Raape*, Die Einrede der Erbunwürdigkeit aus § 2345 Abs. 1 i.V.m. § 2083 mit Bezug auf § 2309 BGB, in: FS Haff, 1950, S. 317; *Röhl*, Zum Pflichtteilsrecht entfernter Abkömmlinge, DNotZ 2012, 724; *v. Jacubezky*, Zwei Fragen aus dem Pflichtteilsrecht, Recht 1906, 281; *Wagenknecht*, Pflichtteilsrechte in der Enkelgeneration, ZErb 2012, 322.

Übersicht: Rdn

A. Allgemeines

Das Wichtigste zuerst: § 2309 BGB ist keine Anspruchsgrundlage! Die Norm begründet keinen zusätzlichen, nach §§ 2303 ff. BGB nicht bestehenden Pflichtteilsanspruch,[1] sondern hat ausschließlich zum Ziel, das **Pflichtteilsrecht** der **Eltern** und der **entfern-** 1

---

38 BGH ZEV 2016, 574 m. krit. Anm. *Lange*; ebenso OLG Düsseldorf FGPrax 2017, 82, 83; vgl. auch Burandt/Rojahn/*Horn*, Erbrecht, § 2308 Rn 23; Staudinger/*Otte* (2017), § 1954 Rn 8 f., 13; *Keim*, MittBayNot 2010, 85, 87.

1 Staudinger/*Otte* (2021), § 2309 Rn 3; MüKo/*Lange*, § 2309 Rn 2, 5; BeckOGK/*Obergfell*/*Färber*, § 2309 Rn 3; Soergel/*Beck*, § 2309 Rn 1; *Bestelmeyer*, FamRZ 1997, 1124 ff.; *Hölscher*, in: Mayer/Süß/Riedel/Bittler, HB Pflichtteilsrecht, § 2 Rn 26.

teren Abkömmlinge des Erblassers einzuschränken.[2] Er dient also dazu, eine Vervielfältigung des Pflichtteilsanspruchs zu verhindern.[3]

2 Schon bald nach Inkrafttreten des BGB wurde § 2309 BGB als „nach Inhalt und Fassung nicht recht gelungen" bezeichnet[4] und sowohl hinsichtlich des Inhalts als auch der Formulierung hart kritisiert[5] Der hier niedergelegte Rechtsgedanke fügt sich jedoch – trotz der berechtigten Kritik – logisch in die Systematik des Pflichtteilsrechts.[6] Denn das deutsche Erbrecht teilt die gesetzlichen Erben in verschiedene Ordnungen ein, wobei Erben der ersten Ordnungen (Abkömmlinge des Erblassers, § 1924 Abs. 1 BGB) die Erben entfernterer Ordnungen (z.B. die Eltern, § 1925 Abs. 1 BGB) stets von der gesetzlichen Erbfolge ausschließen. Mit dem Erblasser näher verwandte Abkömmlinge schließen gem. § 1924 Abs. 2 BGB die entfernteren Abkömmlinge ebenfalls von der Erbfolge aus (Repräsentationsgrundsatz).[7] Jeder **Stamm** hat also grundsätzlich nur einen gesetzlichen Erbteil (Stammportion). Daraus folgt, dass jeder Stamm auch nur einmal den Pflichtteil erhalten soll.[8] Soweit der näher mit dem Erblasser verwandte Abkömmling eine seinen Pflichtteil – wenigstens teilweise – ausschließende Zuwendung erhalten hat, kann entfernteren Abkömmlingen oder Erben einer nachrangigen Ordnung daher kein Pflichtteilsanspruch zustehen.[9] Diese beiden Grundsätze folgen aus der einfachen Überlegung, dass bei Vorhandensein eines „vorrangigen" gesetzlichen Erben eine Verfügung des Erblassers den „nachrangigen" gesetzlichen Erben i.d.R. gar nicht belasten kann; er ist grundsätzlich bereits von Gesetzes wegen von der Erbfolge und somit auch vom Pflichtteilsanspruch ausgeschlossen.

3 § 2309 BGB stellt aber klar, dass – soweit diese Grundsätze (ausnahmsweise) keine Gültigkeit haben – auch entferntere Abkömmlinge sowie die Eltern des Erblassers pflichtteilsberechtigt sein können. Die hier in Betracht kommenden Ausnahmetatbestände stellen sich wie folgt dar:

B. Tatbestand und Rechtsfolgen

I. Grundsätzliche Pflichtteilsberechtigung der Eltern und entfernteren Abkömmlinge

4 Voraussetzung für das Bestehen eines Pflichtteilsanspruchs nach § 2303 BGB ist grundsätzlich, dass es sich bei dem Anspruchsteller um einen Abkömmling, Ehegatten/Lebenspartner oder die Eltern des Erblassers handelt. Ist diese Voraussetzung nicht – in der einen oder anderen Form – erfüllt, ist § 2309 von vornherein nicht anwendbar. Entfernter verwandte Abkömmlinge und die Eltern des Erblassers werden aber im Regelfall durch näher verwandte Abkömmlinge von der gesetzlichen Erbfolge und somit auch vom Pflichtteilsrecht ausgeschlossen.[10] Ausnahmen von dieser Regel bilden

---

2 OLG Köln FamRZ 2000, 194; *Hölscher*, in: Mayer/Süß/Riedel/Bittler, HB Pflichtteilsrecht, § 2 Rn 26; Grüneberg/*Weidlich*, § 2309 Rn 1; MüKo/*Lange*, § 2309 Rn 2; BeckOGK/*Obergfell/Färber*, § 2309 Rn 1; Burandt/Rojahn/*Horn*, Erbrecht, § 2309 Rn 1; *Lange* ZEV 2015, 69, 70.

3 RGZ 93, 193, 195; MüKo/*Lange*, § 2309 Rn 1; Staudinger/*Otte* (2021), § 2309 Rn 1; BeckOGK/*Obergfell/Färber*, § 2309 Rn 2; *Kerscher/Riedel/Lenz*, Pflichtteilsrecht, § 6 Rn 12; *Hölscher*, in: Mayer/Süß/Riedel/Bittler, HB Pflichtteilsrecht, § 2 Rn 26; Burandt/Rojahn/*Horn*, Erbrecht, § 2309 Rn 2.

4 *Langheinecken*, SächsArch 14, 319, 320.

5 *Strohal*, I § 50 Fn 17; *Raape*, FS für Haft, S. 317, 318; *Ebbecke*, LZ 1919, 505 ff.; *Jacubezky*, Recht 1906, 281 ff.; *Kretzschmar*, Recht 1908, 793 ff.; vgl. hierzu auch Staudinger/*Otte* (2021), § 2309 Rn 2.

6 Staudinger/*Otte* (2021), § 2309 Rn 1.

7 Staudinger/*Otte* (2021), § 2309 Rn 2; BeckOGK/*Obergfell/Färber*, § 2309 Rn 2.

8 Mot. V, S. 401; Prot. V, S. 512.

9 *Kipp/Coing*, § 9 I 1c; Soergel/*Beck*, § 2309 Rn 1.

10 MüKo/*Lange*, § 2309 Rn 6.

die Fälle, in denen der **nähere Abkömmling** erbunwürdig ist, § 2344 BGB,[11] auf sein Erbrecht verzichtet, § 2346 BGB,[12] oder das ihm Hinterlassene (unter Verlust des Pflichtteilsrechts) ausgeschlagen hat (also außerhalb des Anwendungsbereichs von §§ 2306, 2307 BGB).[13] Gleiches kann im Fall der Enterbung gelten, allerdings nur, wenn der enterbte nähere Abkömmling pflichtteilsunwürdig[14] war, ihm der Pflichtteil wirksam entzogen wurde[15] oder er wirksam auf seinen Pflichtteil verzichtet hatte. Denn nach der ersten Alternative des § 2309 BGB schließt der nähere Abkömmling, der selbst den Pflichtteil verlangen kann, alle ferner verwandten Abkömmlinge aus.

II. Keine Repräsentation durch nähere Abkömmlinge

1. Erbunwürdigkeit/Pflichtteilsunwürdigkeit

5 Durch die Erbunwürdigkeitserklärung verliert der betroffene (nähere) Abkömmling gem. § 2344 Abs. 1 BGB mit rückwirkender Kraft sein Erbrecht. Er gilt als vor dem Erbfall verstorben.[16] Somit werden entferntere Abkömmlinge und die Eltern des Erblassers, gegen die die **Erbunwürdigkeit** grundsätzlich nicht wirkt,[17] nicht mehr von der gesetzlichen Erbfolge und – da der Erbunwürdige auch sein Pflichtteilsrecht verliert – vom Pflichtteilsrecht ausgeschlossen.[18] Ausgleichungspflichtige Zuwendungen, die der Erbunwürdige zu Lebzeiten des Erblassers erhalten hat, oder die Annahme eines etwa trotz der Erbunwürdigkeit bestehen bleibenden Vermächtnisses zu seinen Gunsten[19] können aber das Pflichtteilsrecht der entfernteren Verwandten – wenigstens teilweise – ausschließen.[20]

6 Ist der nähere Berechtigte (nur) pflichtteilsunwürdig, löst dies keine Vorversterbensfiktion aus.[21] Vielmehr führt es nur dazu, dass der Betroffene selbst keinen Pflichtteil verlangen kann, die gesetzliche Erbfolge bleibt aber im Übrigen unberührt. Daher wird ein entfernterer Berechtigter in dieser Situation nach wie vor durch den näheren, pflichtteilsunwürdigen repräsentiert[22] und damit pflichtteilsrechtlich verdrängt.

2. Erbverzicht/Pflichtteilsverzicht

7 Der Erbverzicht (eines näheren Abkömmlings) bewirkt gem. § 2346 BGB, dass der Verzichtende als zur Zeit des Erbfalls bereits verstorbenen gilt.[23] Sofern sich der Erbverzicht, wie in § 2349 BGB als Regelfall vorgesehen, auch auf die Abkömmlinge des Verzichtenden erstreckt,[24] sind auch diese von der gesetzlichen Erbfolge und somit auch vom Pflichtteilsrecht ausgeschlossen. Der **Erbverzicht** kann sich dann nur zugunsten anderer vom Erblasser abstammender Abkömmlinge oder seiner Eltern

11 MüKo/*Lange*, § 2309 Rn 10; Burandt/Rojahn/*Horn*, Erbrecht, § 2309 Rn 5.
12 MüKo/*Lange*, § 2309 Rn 8.
13 MüKo/*Lange*, § 2309 Rn 7; Burandt/Rojahn/*Horn*, Erbrecht, § 2309 Rn 5.
14 MüKo/*Lange*, § 2309 Rn 11.
15 Burandt/Rojahn/*Horn*, Erbrecht, § 2309 Rn 5.
16 MüKo/Lange, § 2309 Rn 10.
17 *Hölscher*, in: Mayer/Süß/Riedel/Bittler, HB Pflichtteilsrecht, § 2 Rn 29.
18 *Bestelmeyer*, FamRZ 1997, 1124, 1129; MüKo/*Lange*, § 2309 Rn 10; Burandt/Rojahn/*Horn*, Erbrecht, § 2309 Rn 12.
19 Dies ist aber eher von theoretischer Bedeutung, vgl. Staudinger/*Otte* (2021), § 2309 Rn 19.
20 Staudinger/*Haas* (2006), § 2309 Rn 25; Soergel/*Beck*, § 2309 Rn 8; *Planck/Greiff*, Anm. III f.
21 Burandt/Rojahn/*Horn*, Erbrecht, § 2309 Rn 12.
22 BeckOGK/*Obergfell/Färber*, § 2309 Rn 8; MüKo/*Lange*, § 2309 Rn 11; *Bestelmeyer*, FamRZ 1997, 1124, 1129 f.
23 BeckOGK/*Obergfell/Färber*, § 2309 Rn 5; *Hölscher*, in: Mayer/Süß/Riedel/Bittler, HB Pflichtteilsrecht, § 2 Rn 30.
24 Staudinger/*Otte* (2021), § 2309 Rn 21.

auswirken.[25] Ein Pflichtteilsrecht der Eltern ergibt sich aber nur, wenn nicht § 2350 Abs. 2 BGB eingreift, dem zufolge der Verzicht eines Abkömmlings im Zweifel nicht zugunsten der Eltern des Erblassers wirkt.[26] Ein Erbverzicht unter Vorbehalt des Pflichtteilsrechts wirkt sich i.R.d. § 2309 BGB nicht aus;[27] die entfernteren Abkömmlinge und die Eltern bleiben von der Geltendmachung des Pflichtteils ausgeschlossen. Ein isolierter Pflichtteilsverzicht, § 2346 Abs. 2 BGB, bewirkt keine Änderung der gesetzlichen Erbfolge und bringt daher auch keine Pflichtteilsberechtigung der entfernteren Berechtigten – kraft eigenen Rechts – mit sich,[28] soweit nicht eine Enterbung des näher Berechtigten hinzutritt.[29]
Beschränkt der verzichtende Abkömmling seinen Erbverzicht entgegen der Vermutungsregel des § 2349 BGB auf seine eigene Person und schließt dadurch eine Ausdehnung der Verzichtswirkung auf seine Abkömmlinge aus, bezieht sich auch die Vorversterbensfiktion allein auf den Verzichtenden. Seine Abkömmlinge (entferntere Berechtigte) sind nur pflichtteilsberechtigt, wenn sie durch letztwillige Verfügung enterbt sind. Wird in dieser Situation der Verzichtende testamentarischer Erbe und nimmt die Erbschaft an, kann auch dies zu keinem Pflichtteilsanspruch der entfernteren Abkömmlinge führen.[30] Denn die entfernteren Abkömmlinge werden von dem (ungeachtet des früheren Verzichts tatsächlich) zur Erbfolge gelangenden näheren Abkömmling ausgeschlossen. Anders sieht dies indes der BGH,[31] der die hier angesprochene Konstellation (alle beteiligten Personen gehören demselben Stamm an) als nicht vom Normzweck des § 2309 BGB gedeckt ansieht. Diese Sichtweise überzeugt nicht und birgt überdies das Risiko zufälliger Ergebnisse; gleichzeitig stellt sie eine kaum gerechtfertigte Einschränkung der Testierfreiheit dar.[32]

3. Ausschlagung des Hinterlassenen

8 Die Ausschlagung eines näheren Berechtigten führt zwar grundsätzlich zu einem gesetzlichen Erbrecht der entfernteren Verwandten. Ob und inwieweit diese aber Pflichtteilsansprüche geltend machen können, hängt davon ab, ob und in welchem Umfang dem Ausschlagenden selbst noch Pflichtteilsansprüche zustehen bzw. zugestanden haben.[33] Ist Gegenstand der Ausschlagung also ein unbeschwerter und unbelasteter Erbteil, kommen Pflichtteilsansprüche (außer ggf. dem Pflichtteilsrestanspruch nach § 2305 BGB)[34] nicht in Betracht – und zwar weder für den Ausschlagenden noch für entferntere Verwandte.[35] Für Letzteren gilt dasselbe auch dann, wenn ein beschwerter oder belasteter Erbteil ausgeschlagen wird, weil hier dem Ausschlagenden

---

25 MüKo/*Lange*, § 2309 Rn 9.

26 Staudinger/*Otte* (2021), § 2309 Rn 21; *Hölscher*, in: Mayer/Süß/Riedel/Bittler, HB Pflichtteilsrecht, § 2 Rn 31 m.w.N.

27 Vgl. auch MüKo/*Lange*, § 2309 Rn 13.

28 *Bestelmeyer*, FamRZ 1997, 1129; MüKo/*Lange*, § 2309 Rn 14; Burandt/Rojahn/*Horn*, Erbrecht, § 2309 Rn 11; *Hölscher*, in: Mayer/Süß/Riedel/Bittler, HB Pflichtteilsrecht, § 2 Rn 32; Staudinger/*Otte* (2021), § 2309 Rn 23, 30; *Lange*, ErbR 2017, 250, 254.

29 MüKo/*Lange*, § 2309 Rn 14; Soergel/*Beck*, § 2309 Rn 10; *Lange/Kuchinke*, § 37 IV 1b; *Hölscher*, in: Mayer/Süß/Riedel/Bittler, HB Pflichtteilsrecht, § 2 Rn 32.

30 MüKo/*Lange*, § 2309 Rn 8; BeckOGK/*Obergfell/Färber*, § 2309 Rn 5; *Röhl*, DNotZ 2012, 724, 728; *Wagenknecht*, ZErb 2012, 322, 323 ff.

31 BGH DNotZ 2012, 782.

32 Vgl. MüKo/*Lange*, § 2309 Rn 7 m.w.N.

33 MüKo/*Lange*, § 2309 Rn 8.

34 Burandt/Rojahn/*Horn*, Erbrecht, § 2309 Rn 7.

35 Burandt/Rojahn/*Horn*, Erbrecht, § 2309 Rn 7.

selbst gem. § 2306 Abs. 1 BGB der Pflichtteil zusteht.[36] Wegen weiterer Einzelheiten, insbesondere auch nach altem Recht, wird auf die Ausführungen zu §§ 2306, 2307 BGB verwiesen.

4. Enterbung

Die Enterbung eines näheren Abkömmlings wirkt sich auf die Pflichtteilsberechtigung entfernterer Verwandter grundsätzlich nicht aus. Denn im Falle der **Enterbung** fehlt es an einer gesetzlichen Vorversterbensfiktion,[37] vielmehr steht dem näheren Abkömmling im Regelfall ein eigener Pflichtteilsanspruch zu, so dass es gerade in dieser Situation gilt, die Entstehung konkurrierender Pflichtteilsansprüche entfernterer Verwandter zu verhindern. Dennoch ging bereits in der Vergangenheit eine beachtliche Meinung davon aus, dass eine Pflichtteilsberechtigung entfernterer Verwandter auch in dieser Situation bestehe.[38] Dieser Auffassung hat sich auch die Rspr.[39] angeschlossen. Im Fall des BGH[40] ging es um eine Konstellation, in der ein Enkelsohn gegenüber seinem Bruder Pflichtteilsansprüche nach der gemeinsamen Großmutter geltend machte. Dem Vater der Parteien hatte die Großmutter wirksam den Pflichtteil entzogen und den einen Enkel zu ihrem Alleinerben eingesetzt. Der BGH bejahte einen Pflichtteilsanspruch des übergangenen Enkels gegenüber seinem Bruder. Die Entscheidung ist im Ergebnis richtig, da die wirksame Pflichtteilsentziehung beim näheren Abkömmling zu einer mit einem Vorversterben – jedenfalls pflichtteilsrechtlich – vergleichbaren Situation führt[41] und ohne eine analoge Anwendung der gesetzlichen Vorversterbensfiktion kein angemessenes Ergebnis hätte erzielt werden können. 9

Allerdings kann diese Analogie nicht pauschal verallgemeinert werden: Ein derivativer Pflichtteilsanspruch ferner Berechtigter setzt grundsätzlich voraus, dass der enterbte Abkömmling pflichtteilsunwürdig, § 2345 Abs. 2 BGB, ist, ihm der Pflichtteil gem. §§ 2333 ff. BGB wirksam entzogen wurde[42] oder er nach § 2346 Abs. 2 BGB auf den Pflichtteil verzichtet hat.[43] Soweit der Pflichtteilsverzicht sich gem. § 2349 BGB auch auf die Abkömmlinge des Verzichtenden erstreckt, kommt nur eine Begünstigung anderer Stämme bzw. der Eltern des Erblassers (soweit nicht § 2350 Abs. 2 BGB dies verhindert) in Betracht. Allerdings sind die Auswirkungen eines Pflichtteilsverzichts teilweise umstritten.[44] So wird nicht zu Unrecht darauf hingewiesen, dass der Pflichtteilsverzicht in erster Linie der Stärkung der Testierfreiheit des Verzichtsempfängers diene,[45] was nur bei einer Erstreckung seiner Wirkung auf Abkömmlinge erreicht wird. Andererseits können die Wirkungen des Pflichtteilsverzichts durch entsprechende Vereinbarung ohne Weiteres auf den Verzichtenden selbst beschränkt werden. Derartige Parteivereinbarungen sind dann jedenfalls auch im Rahmen der Anwendung von § 2309 BGB zu beachten. Im Übrigen stellt sich die Frage, ob und inwieweit der näher verwandte Pflichtteilsberechtigte die Möglichkeit haben soll, mit Wirkung auch für 10

---

36 MüKo/*Lange*, § 2309 Rn 7; *Hölscher*, in: Mayer/Süß/Riedel/Bittler, HB Pflichtteilsrecht, § 2 Rn 34; Burandt/Rojahn/*Horn*, Erbrecht, § 2309 Rn 7.

37 *Hölscher*, in: Mayer/Süß/Riedel/Bittler, HB Pflichtteilsrecht, § 2 Rn 30.

38 RGZ 61, 14, 17; RGZ 93, 194; Grüneberg/*Weidlich*, § 2309 Rn 1.

39 BGH NJW 2011, 1878 = ZEV 2011, 366 m. Anm. *Haas/Hoßfeld* = DNotZ 2011, 866 m. Anm. *Lange*; OLG Hamm ZEV 2018, 2011, 2012; LG Hagen ZErb 2017, 109, 111.

40 BGH NJW 2011, 1878 = ZEV 2011, 366 ff.

41 Vgl. auch *Hölscher*, in: Mayer/Süß/Riedel/Bittler, HB Pflichtteilsrecht, § 2 Rn 32 mit Hinweisen zur Gesetzesentstehung; MüKo/*Lange*, § 2309 Rn 13.

42 Vgl. hierzu OLG Hamm ZEV 2018, 211, 212.

43 Staudinger/*Otte* (2021), § 2309 Rn 26; *Lange/Kuchinke*, § 37 IV 1b.

44 Vgl. *Hölscher*, in: Mayer/Süß/Riedel/Bittler, HB Pflichtteilsrecht, § 2 Rn 32, Fn 40 m.w.N.

45 BeckOGK/*Obergfell/Färber*, §2309 Rn 6; Soergel/*Beck*, § 2309 Rn 10.

entferntere Verwandte über sein (bzw. deren) Pflichtteilsrecht zu disponieren. Diese Frage beantwortet § 2349 BGB für die Abkömmlinge des Verzichtenden mit einem klaren „ja". Der Verzicht erstreckt sich – soweit nicht abweichend vereinbart – auch auf die Abkömmlinge. Vor diesem Hintergrund erscheint es konsequent, denselben Rechtsgedanken – erst recht – auf andere Verwandte anzuwenden und im Falle des Pflichtteilsverzichts der näheren Verwandten von einer grundsätzlichen Unanwendbarkeit von § 2309 BGB und somit von einem Pflichtteilsausschluss auch der entfernteren Verwandten auszugehen.[46] Im Übrigen handelt es sich beim Pflichtteilsverzicht um einen „beschränkten Erbverzicht" (§ 2346 Abs. 2 BGB), der gem. § 2310 S. 2 BGB bei der Bestimmung der Pflichtteilsquoten von vornherein unbeachtlich ist.

11 Eine **Pflichtteilsbeschränkung** in **guter Absicht** nach § 2338 BGB wirkt sich auf die Anwendung von § 2309 BGB nicht aus. Auch wenn der Betroffene enterbt ist und seinen Pflichtteil nicht in vollem Umfang geltend machen kann, können entferntere Verwandte hieraus keine Rechte ableiten.[47]

III. Eigener Pflichtteilsanspruch der entfernteren Abkömmlinge und Eltern

12 Voraussetzung für einen Pflichtteilsanspruch entfernterer Abkömmlinge oder der Eltern ist zunächst, dass sie nicht durch nähere Abkömmlinge oder etwa wegen – eigener – Erbunwürdigkeit von der gesetzlichen Erbfolge ausgeschlossen sind (vgl. Rdn 5). Weiterhin muss das Maß des ihnen **tatsächlich Hinterlassenen** hinter ihrer Pflichtteilsquote zurückbleiben. Letzteres kann sowohl auf einer beeinträchtigenden letztwilligen Verfügung des Erblassers als auch auf einer Ausschlagung gem. §§ 2306 Abs. 1, 2307 Abs. 1 S. 1 BGB beruhen. Soweit hiernach ein Pflichtteilsrecht entfernterer Abkömmlinge oder der Eltern dem Grunde nach besteht, kann es aber durch die Möglichkeit des von der gesetzlichen Erbfolge ausgeschlossenen (oder weggefallenen) näheren Abkömmlings, den Pflichtteil selbst geltend zu machen, wieder ausgeschlossen bzw. eingeschränkt werden.[48]

IV. Alt. 1: näherer Abkömmling kann Pflichtteil verlangen

13 Die Geltendmachung eines Pflichtteilsanspruchs durch einen entfernteren Abkömmling oder die Eltern des Erblassers ist ausgeschlossen, soweit ein näherer Abkömmling berechtigt ist, den Pflichtteil zu fordern.[49] Dieser Anspruch kann sowohl auf einer **Enterbung**, § 1938 BGB,[50] als auch auf einer **Ausschlagung** nach § 2306 Abs. 1 oder § 2307 Abs. 1 S. 1 BGB beruhen. Darauf, ob der nähere Abkömmling seinen Pflichtteilsanspruch tatsächlich geltend macht, kommt es nicht an; die bloße Möglichkeit der Geltendmachung genügt.[51] Andererseits ist es für die Anwendung von § 2309 BGB zwingend erforderlich, dass der Anspruch auch materiell-rechtlich besteht. Wenn ein näherer Abkömmling den Pflichtteil fordert und auch vom Erben erhält, ohne dass ihm dieser Anspruch von Rechts wegen zugestanden hätte, werden die Pflichtteilsrechte der entfernteren Abkömmlinge oder der Eltern hierdurch nicht berührt.[52] Das gilt selbst dann, wenn der nähere Abkömmling gegen den Erben ein rechtskräftiges

---

46 Mit gleichem Ergebnis: Soergel/*Beck*, § 2309 Rn 10; MüKo/*Lange*, § 2309 Rn 9.

47 RGRK/*Johannsen*, § 2309 Rn 14; Soergel/*Beck*, § 2309 Rn 15; Staudinger/*Haas* (2006), § 2309 Rn 32; Burandt/Rojahn/*Horn*, Erbrecht, § 2309 Rn 15.

48 *Hölscher*, in: Mayer/Süß/Riedel/Bittler, HB Pflichtteilsrecht, § 2 Rn 27.

49 Staudinger/*Otte* (2021), § 2309 Rn 7; vgl. *Kerscher/Riedel/Lenz*, Pflichtteilsrecht, § 6 Rn 16.

50 RGRK/*Johannsen*, § 2309 Rn 4; Soergel/*Beck*, § 2309 Rn 12 u. 17.

51 RGZ 91, 193, 195; Staudinger/*Otte* (2021), § 2309 Rn 7 MüKo/*Lange*, § 23 Rn 15; *Kretzschmar*, Recht 1908, 793, 795; *Lange/Kuchinke*, § 37 IV 1b Fn 64.

52 RGZ 93, 193, 195; Soergel/*Beck*, § 2309 Rn 18; Staudinger/*Otte* (2021), § 2309 Rn 8.

Urteil erstritten hat.[53] Das auf den vermeintlichen Pflichtteil Geleistete gilt in solchen Fällen auch nicht als „Hinterlassen" i.S.d. Alt. 2, da ansonsten der Erbe über die Pflichtteilsberechtigung entfernterer Abkömmlinge bzw. Eltern entscheiden könnte.[54] Im Einzelfall gilt Folgendes:

14 Schlägt der nähere Abkömmling einen unbeschränkten und unbeschwerten Erbteil aus, sind Pflichtteilsansprüche zu seinen Gunsten ausgeschlossen.[55] Soweit entferntere Verwandte an die Stelle des Ausschlagenden treten und Erben werden, gilt für sie dasselbe. Sind aber Ersatzerben benannt, die anstelle des Ausschlagenden erben, können (anstelle des Ausschlagenden) die entfernteren Verwandten Pflichtteilsansprüche geltend machen. Auch in Fällen, in denen die Pflichtteilsgeltendmachung nach Ausschlagung grundsätzlich möglich ist, der nähere Abkömmling aber durch eine wirksame Pflichtteilseinziehung an der Durchsetzung gehindert ist, kommen entferntere Berechtigte zum Zuge. Steht dem Ausschlagenden wegen des geringen Umfangs des ausgeschlagenen Erbteils ein Pflichtteilsrestanspruch nach § 2305 BGB zu, schließt er insoweit die entfernten Verwandten von der Pflichtteilsgeltendmachung aus.[56] Ihre Ansprüche sind entsprechend (unabhängig von der tatsächlichen Geltendmachung des Restanspruchs)[57] zu kürzen.[58] Eine Pflichtteilsberechtigung entfernterer Verwandter bestand für Erbfälle vor dem 1.1.2010 auch, wenn der nähere Abkömmling einen beschränkten und beschwerten Erbteil ausgeschlagen hatte, bei dem gem. § 2306 Abs. 1 S. 1 BGB a.F. die Belastungen von Gesetztes wegen entfielen. Ein dem näher Berechtigten evtl. nach wie vor zustehender Pflichtteilsrestanspruch wurde aber auch hier angerechnet.[59]

15 Macht der nähere Abkömmling einen ihm zustehenden Pflichtteilsanspruch nicht geltend, verändert sich hierdurch die Rechtsposition **entfernterer Berechtigter** nicht.[60] Einen Vorteil hat allein der nicht in Anspruch genommene Erbe.[61] Das gilt auch für einen evtl. bestehenden Pflichtteilsrestanspruch, § 2305 BGB,[62] oder für den Fall, dass der Pflichtteilsanspruch – mit oder ohne den Willen des Berechtigten – verjährt ist[63] oder ihm sonst eine **peremptorische Einrede** entgegensteht.[64] Denn abzustellen ist allein auf die Rechtslage im Zeitpunkt des Erbfalls.[65] Ein Pflichtteilsverzicht des näheren Abkömmlings wirkt nach hier vertretener Auffassung (vgl. Rdn 7) auch gegen die entfernteren Abkömmlinge und die Eltern.[66] Dies gilt umso mehr, als durch ihn im Grunde genommen nur die Entscheidung, einen erst später entstehenden Pflichtteilsanspruch nicht geltend zu machen, vorweggenommen wird. Ob der nähere Abkömmling nach dem Erbfall das ihm Hinterlassene – pflichtteilsvernichtend – ausschlägt, spielt dann keine Rolle mehr.

---

53 Staudinger/*Otte* (2021), § 2309 Rn 8.
54 RGZ 93, 193, 195.
55 MüKo/*Lange*, § 2309 Rn 7.
56 Vgl. auch Staudinger/*Otte* (2021), § 2309 Rn 9.
57 MüKo/*Lange*, § 2309 Rn 15.
58 Vgl. auch *Hölscher*, in: Mayer/Süß/Riedel/Bittler, HB Pflichtteilsrecht § 2 Rn 27, 39 ff.
59 Vgl. hierzu *Kerscher/Riedel/Lenz*, Pflichtteilsrecht, § 6 Rn 17; *Bestelmeyer*, FamRZ 1997, 1124, 1126; *J. Mayer*, in: Mayer/Süß/Tanck/Bittler/Wälzholz, HB Pflichtteilsrecht (2. Aufl.), § 2 Rn 32.
60 BeckOGK/*Obergfell/Färber*, § 2309 Rn 14; MüKo/*Lange*, § 2309 Rn 15.
61 *Lange/Kuchinke*, § 37 IV 1b Fn 64; Soergel/*Beck*, § 2309 Rn 4.
62 Soergel/*Beck*, § 2309 Rn 20; RGRK/*Johannsen*, § 2309 Rn 15.
63 Staudinger/*Otte* (2021), § 2309 Rn 7.
64 Soergel/*Beck*, § 2309 Rn 18; RGRK/*Johannsen*, § 2309 Rn 8.
65 Staudinger/*Otte* (2021), § 2309 Rn 7.
66 Soergel/*Beck*, § 2309 Rn 9, 17.

V. Alt. 2: näherer Abkömmling nimmt das ihm Hinterlassene an

16 Das Hinterlassene i.S.v. § 2309 BGB ist, was durch Verfügung von Todes wegen zugewandt wird,[67] namentlich **Erbteile,**[68] die hinter dem Wert der Hälfte des gesetzlichen Erbteils zurückbleiben,[69] und **Vermächtnisse,**[70] die an Stelle des Pflichtteils zugewendet werden,[71] nicht aber Begünstigungen aus **Auflagen.**[72] Wie letztwillige Zuwendungen (insbesondere Vermächtnisse) zu werten sind, die dem näher Berechtigten trotz seines Erbverzichts oder seiner (erklärten) Erbunwürdigkeit zufallen, war in der Vergangenheit umstritten.[73] Geht man aber vom Sinn des § 2309 BGB aus, eine mehrfache Belastung des Erben mit Pflichtteilsansprüchen zu verhindern, müssen bei wirtschaftlicher Betrachtung des Problems alle vom näher berechtigten Pflichtteilsberechtigten angenommenen Zuwendungen/Vermächtnisse als „Hinterlassenes“ i.S.v. § 2309 BGB gelten und zum Ausschluss der entfernteren Verwandten führen. Denn sonst könnte – allein aufgrund der Personenmehrheit – das Gesamtvolumen der allen Pflichtteilsberechtigten (einschließlich Personen, die ihr ursprünglich bestehendes Pflichtteilsrecht zwischenzeitlich verloren haben) insgesamt zufließenden Vermögensbeteiligung erhöht werden. Genau dem soll § 2309 BGB aber entgegenwirken.[74] Aus den gleichen Gründen führt auch der einem wegen seines Erbverzichts aus dem Kreis der gesetzlichen Erben ausgeschiedenen näheren Abkömmling hinterlassene – über der Pflichtteilsquote liegende – Erbteil zu einer die entfernteren Berechtigten ausschließenden Anrechnung.[75] Auf die Motivation des Erblassers kommt es dabei nicht an.[76]

17 Auch anrechnungs- und ausgleichungspflichtige lebzeitige Zuwendungen gehören zum Hinterlassenen i.S.d. § 2309 BGB.[77] Denn diese wirken sich auch bei der regulären Pflichtteilsberechnung auf die Höhe des Anspruchs aus, so dass ihre Verbindung zum Erbfall als so eng angesehen werden muss, dass sie einem im Voraus gewährten Pflichtteil gleichstehen.[78] Schließlich gelten auch **Abfindungsleistungen**, die dem nähern Abkömmling als Entgelt für die Erklärung eines Erbverzichts gewährt wurden, als hinterlassen.[79]

Für andere lebzeitige Zuwendungen des Erblassers, namentlich Schenkungen an den näheren Verwandten/Pflichtteilsberechtigten, ist danach zu differenzieren, ob sie be-

67 *Kretzschmar*, Recht 1908, 793, 797; Staudinger/*Otte* (2021), § 2309 Rn 10; Burandt/Rojahn/*Horn*, Erbrecht, § 2309 Rn 16.

68 Staudinger/*Otte* (2021), § 2309 Rn 10, BeckOGK/*Obergfell/Färber*, § 2309 Rn 15.

69 Soergel/*Beck*, § 2309 Rn 21; *Hölscher*, in: Mayer/Süß/Riedel/Bittler, HB Pflichtteilsrecht, § 2 Rn 40; MüKo/*Lange*, § 2309 Rn 18; a.A. *Planck/Greiff*, Anm. III 2; Burandt/Rojahn/*Horn*, Erbrecht, § 2309 Rn 16.

70 Staudinger/*Otte* (2021), § 2309 Rn 10; Soergel/*Beck*, § 2309 Rn 22; MüKo/*Lange*, § 2309 Rn 17.

71 BGH MittBayNot 2012, 475; *Planck/Greiff*, Anm. III 1 f, 2; Soergel/*Beck*, § 2309 Rn 22; Burandt/Rojahn/*Horn*, Erbrecht, § 2309 Rn 16.

72 Staudinger/*Otte* (2021), § 2309 Rn 12; MüKo/*Lange*, § 2309 Rn 18; *Hölscher*, in: Mayer/Süß/Riedel/Bittler, HB Pflichtteilsrecht, § 2 Rn 40.

73 Für Anrechnung: Soergel/*Dieckmann* (13. Aufl.), § 2309 Rn 23; dagegen: MüKo/*Frank* (3. Aufl. 1997), § 2309 Rn 14.

74 Ebenso MüKo/*Lange*, § 2309 Rn 17; vgl. auch Soergel/*Beck*, § 2309 Rn 9, 25; Staudinger/*Otte* (2021), § 2309 Rn 13.

75 So i.E. auch *Kipp/Coing*, § 9 I 1d; Soergel/*Beck*, § 2309 Rn 22; Staudinger/*Otte* (2021), § 2309 Rn 10.

76 *Wendt*, ErbR 2013, 371; Staudinger/*Otte* (2021), § 2309 Rn 10.

77 OLG Celle FamRZ 1999, 1874; *Hölscher*, in: Mayer/Süß/Riedel/Bittler, HB Pflichtteilsrecht, § 2 Rn 40; Staudinger/*Otte* (2021), § 2309 Rn 15; MüKo/*Lange*; § 2309 Rn 168; Soergel/*Beck*, § 2309 Rn 22; *Planck/Greiff*, § 2315 Anm. VIII a; a.A. *Muscheler*, Erbrecht, Rn 4103.

78 OLG Celle FamRZ 1998, 774; *Planck/Greiff*, § 2315 Anm. VIII a; Soergel/*Beck*, § 2309 Rn 22.

79 OLG Celle FamRZ 1998, 774; BeckOGK/*Obergfell/Färber*, § 2309 Rn 20; Soergel/*Beck*, § 2309 Rn 22; Staudinger/*Otte* (2021), § 2309 Rn 22; Burandt/Rojahn/*Horn*, Erbrecht, § 2309 Rn 16.

reits zu Lebzeiten des Erblassers vollzogen bzw. endgültig bewirkt wurden. Ist dies der Fall, kann von „Hinterlassenem" i.S.v. § 2309 BGB wohl kaum die Rede sein.[80] Ein anderes Ergebnis dürfte aber gerechtfertigt sein, wenn ein Schenkungsversprechen von Todes wegen vorliegt, für das § 2301 BGB (ohnehin) die Regeln für Verfügungen von Todes wegen für anwendbar erklärt.

Ein Ausschluss der entfernteren Verwandten wird nach der Alt. 2 nur bewirkt, wenn und soweit der näher Berechtigte das Hinterlassene tatsächlich annimmt.[81] 18

Nach Ansicht des BGH[82] ist die Anwendung von Alt. 2 für die Fälle – kraft teleologischer Reduktion – ausgeschlossen, wenn eine relevante lebzeitige oder von Todes wegen erfolgende Zuwendung (das „Hinterlassene") auch für den Fall der Pflichtteilsgeltendmachung durch den entfernteren Pflichtteilsberechtigten keine mehrfache Begünstigung desselben Stammes (auf Kosten anderer Stämme oder Dritter) auslöst. Das widerspricht offensichtlich der Zielsetzung des Gesetzes, das im Wesentlichen dem Schutz des vom Erblasser bedachten Erben und damit gleichzeitig dem Schutz der Testierfreiheit des Erblassers (die immerhin auch Verfassungsrang genießt, Art. 14 Abs. 1 GG)[83] dient.[84] Im Mittelpunkt der Norm steht gerade nicht der entferntere Pflichtteilsberechtigte und sein Interesse an der Erlangung eines eigenen Anspruchs. Im Gegenteil: Es geht darum, den Nachlass vor einer übermäßigen Inanspruchnahme zu schützen. Und diese droht nach dem Wortlaut des Gesetzes dann, wenn bzw. soweit der nähere Pflichtteilsberechtigte das ihm Hinterlassene (nach obigen Definitionen) annimmt/erhält. Dass der nähere und der von ihm ausgeschlossene entferntere Pflichtteilsberechtigte demselben Stamm angehören, ist der Regelfall, nicht, wie der BGH anscheinend meint, die Ausnahme. Eine teleologische Reduktion der Norm widerspricht daher der eigentlichen Intention des Gesetzgebers.[85] 19

VI. Umfang des Pflichtteilsrechts der entfernteren Berechtigten

Bleibt das Hinterlassene (und ein etwaiger Restpflichtteil) wertmäßig hinter dem Pflichtteilsanspruch (insgesamt) zurück, besteht der Anspruch des entfernten Berechtigten in der Wertdifferenz.[86] Beschwerungen und Beschränkungen bleiben bei der Wertermittlung des Hinterlassenen – nach den zu § 2306 BGB entwickelten Regeln – außer Betracht.[87] Dabei ist zu beachten, dass im Fall von Alt. 1 stets dasjenige zur Anrechnung kommt, was der näher Berechtigte (theoretisch) verlangen könnte, im Fall der Alt. 2 jedoch nur das, was er tatsächlich annimmt. 20

80 Zweifelnd Staudinger/*Otte* (2021), § 2309 Rn 13.

81 *Kretzschmar*, Recht 1908, 793, 795; Staudinger/*Otte* (2021), § 2309 Rn 12; BeckOGK/*Obergfell/Färber*, § 2309 Rn 15.

82 BGH NJW 2012, 3097.

83 BVerfG ZErb 2005, 169.

84 BeckOGK/*Obergfell/Färber*, § 2309 Rn 19.

85 Mit gleichem Ergebnis Burandt/Rojahn/*Horn*, Erbrecht, § 2309 Rn 17.

86 MüKo/*Lange*, § 2309 Rn 20; *Hölscher*, in: Mayer/Süß/Riedel/Bittler, HB Pflichtteilsrecht, § 2 Rn 40.

87 Staudinger/*Otte* (2021), § 2309 Rn 14; Soergel/*Beck*, § 2309 Rn 22; *Hölscher*, in: Mayer/Süß/Riedel/Bittler, HB Pflichtteilsrecht, § 2 Rn 53.

§ 2310 Feststellung des Erbteils für die Berechnung des Pflichtteils

[1]Bei der Feststellung des für die Berechnung des Pflichtteils maßgebenden Erbteils werden diejenigen mitgezählt, welche durch letztwillige Verfügung von der Erbfolge ausgeschlossen sind oder die Erbschaft ausgeschlagen haben oder für erbunwürdig erklärt sind. [2]Wer durch Erbverzicht von der gesetzlichen Erbfolge ausgeschlossen ist, wird nicht mitgezählt.

Literatur

Mayer, J., Unliebsame Folgen des Pflichtteilsverzichts, ZEV 2007, 556; *Pentz*, Auswirkungen des Erbverzichts auf die Pflichtteilsergänzung nach §§ 2325 ff., FamRZ 1998, 660; *Schramm*, Wie berücksichtigt § 2310 denjenigen, der sowohl durch letztwillige Verfügung als auch durch Erbverzicht von der gesetzlichen Erbfolge ausgeschlossen ist?, BWNotZ 1997, 88; *v. Proff*, Erhöht der Pflichtteilsverzicht die Quote anderer Pflichtteilsberechtigter?, ZEV 2016, 173.

Übersicht:

A. Allgemeines

1 Gem. § 2303 Abs. 1 S. 2 BGB besteht der Pflichtteil in der Hälfte des Wertes des gesetzlichen Erbteils. Die **Art** und **Weise** der **Berechnung** ist in §§ 2310–2316 BGB geregelt. Grundsätzlich richtet sich der Pflichtteil nach der sich entsprechend den Regeln der gesetzlichen Erbfolge, §§ 1924 ff. BGB, ergebenden Erbquote. Auch § 2310 BGB ändert an den allg. erbrechtlichen Grundsätzen nichts.[1] Der Gesetzgeber stellt jedoch in Satz 1 klar, dass anstatt der konkreten Erbquote (zwingend)[2] eine abstrakte Quote maßgeblich sein soll,[3] so als ob die gesetzliche Erbfolge eingetreten wäre.[4]

2 Bei der Bestimmung dieser abstrakten Erbquote ist jeder **gesetzliche Erbanwärter** mitzuzählen,[5] der nicht bereits vor dem Tod des Erblassers einen Erbverzicht erklärt hat.[6] Enterbung, Ausschlagung und Erbunwürdigkeitserklärung wirken sich auf die Quotenberechnung nicht aus.[7]

3 Dies hat zur Folge, dass der (spätere) Wegfall eines Pflichtteilsberechtigten den Anspruch der übrigen nicht erhöht, sondern stattdessen den Erben entlastet.[8] Außerdem wird auf diese Weise sichergestellt, dass die Höhe der jeweiligen Pflichtteilsansprüche

1 BeckOGK/*Szalai*, § 2310 Rn 3; Soergel/*Dieckmann* (13. Aufl. 2003), § 2310 Rn 4.

2 BeckOGK/*Szalai*, § 2310 Rn 2; Staudinger/*Otte* (2021), § 2310 Rn 1, 2; MüKo/*Lange*, § 2310 Rn 1.

3 BeckOGK/*Szalai*, § 2310 Rn 1; Burandt/Rojahn/*Horn*, Erbrecht, § 2310 Rn 1; Soergel/*Dieckmann* (13. Aufl. 2003), § 2310 Rn 1; MüKo/*Lange*, § 2310 Rn 1; Staudinger/*Otte* (2021), § 2310 Rn 1.

4 BGH NJW 2002, 672, 673; Staudinger/*Otte* (2021), § 2310 Rn 1, 2.

5 BeckOGK/*Szalai*, § 2310 Rn 3.

6 Oder bereits (vor)verstorben ist, vgl. Burandt/Rojahn/*Horn*, Erbrecht, § 2310 Rn 4 unter Hinweis auf OLG Schleswig ZEV 2015, 350; Grüneberg/*Weidlich*, § 2310 Rn 1.

7 MüKo/*Lange*, § 2310 Rn 1; Burandt/Rojahn/*Horn*, Erbrecht, § 2310 Rn 7, 8.

8 *Hölscher*, in: Mayer/Süß/Riedel/Bittler, HB Pflichtteilsrecht, § 3 Rn 59; Staudinger/*Otte* (2021), § 2310 Rn 2; BeckOGK/*Szalai*, § 2310 Rn 6 ff.; Burandt/Rojahn/*Horn*, Erbrecht, § 2310 Rn 9.

sowohl den Dispositionen des Erblassers als auch des bzw. der Erben bzw. anderen Pflichtteilsberechtigten entzogen ist.[9]

Einfluss auf die Quotenberechnung hat allein der **Erbverzicht**, Satz 2.[10] Er wirkt sich für die übrigen Pflichtteilsberechtigten quotenerhöhend aus. Dem liegt die Überlegung des Gesetzgebers zu Grunde, dass ein Erbverzicht nur in Ausnahmefällen nicht gegen Abfindung erklärt wird. Die Abfindung führt aber ohnehin bereits zu einer Schmälerung des Nachlasses[11] und daher – mittelbar – zu einer Reduzierung der Pflichtteilsansprüche. Würde nun der Verzichtende bei der Berechnung mitgezählt, könnte es auf diese Weise zu einer doppelten Benachteiligung des Pflichtteilsberechtigten kommen.[12] Die Entscheidung des Gesetzgebers, die Quotenverschiebung nicht von der Frage, ob tatsächlich eine Abfindung gezahlt wurde, oder von deren konkreter Höhe abhängig zu machen,[13] dient in erster Linie der Vereinfachung des Berechnungsverfahrens.[14] 4

B. Tatbestand/Rechtsfolgen

I. Regelung des Satz 1

Bei der Ermittlung der Pflichtteilsquote mitzuzählen sind diejenigen (alle gesetzlichen Erben),[15] die durch Enterbung, Ausschlagung der Erbschaft oder Erbunwürdigkeitserklärung von der gesetzlichen Erbfolge ausgeschlossen sind. Ob sie im konkreten Fall selbst das Recht haben, den Pflichtteil geltend zu machen, ist insoweit nicht relevant.[16] Demzufolge spielt es auch keine Rolle, ob der als gesetzlicher Erbe **Weggefallene** überhaupt zum Kreis der pflichtteilsberechtigten Personen gehört,[17] ob er für pflichtteilsunwürdig erklärt wurde[18] oder ob ihm der Pflichtteil wirksam entzogen ist.[19] 5

Ausschluss von der gesetzlichen Erbfolge setzt in jedem Fall eine Enterbung durch letztwillige Verfügung voraus. Eine wirtschaftliche Aushöhlung der Erbschaft, z.B. durch Vermächtnisse und/oder Auflagen, genügt nicht.[20] 6

Als Enterbung kommt sowohl ein entsprechendes **Negativ-Testament**,[21] durch das der Betroffene von der gesetzlichen Erbfolge ausdrücklich ausgeschlossen wird, als

---

9 Mot. V, S. 404; MüKo/*Lange*, § 2310 Rn 1; BeckOGK/*Szalai*, § 2310 Rn 2; Staudinger/*Haas* (2006), § 2310 Rn 2; *Hölscher*, in: Mayer/Süß/Riedel/Bittler, HB Pflichtteilsrecht, § 3 Rn 59.

10 OLG Köln ErbR 2021, 715, 716; MüKo/*Lange*, § 2310 Rn 2; BeckOGK/*Szalai*, § 2310 Rn 13 ff.; Burandt/Rojahn/*Horn*, Erbrecht, § 2310 Rn 10; *Hölscher*, in: Mayer/Süß/Riedel/Bittler, HB Pflichtteilsrecht, § 3 Rn 59.

11 Vgl. OLG Hamm ZEV 2000, 277, 278.

12 Prot. V, S. 611 ff.; *Kipp/Coing*, § 9 II 1b; *Schramm*, BWNotZ 1977, 88, 89; Staudinger/*Otte* (2021), § 2310 Rn 14.

13 BeckOGK/*Szalai*, § 2310 Rn 13; Staudinger/*Otte* (2021), § 2310 Rn 14.

14 Prot. V, S. 611 ff.; Soergel/*Dieckmann* (13. Aufl. 2003), § 2310 Rn 3; MüKo/*Lange*, § 2310 Rn 2; Staudinger/*Otte* (2021), § 2310 Rn 14.

15 BeckOGK/*Szalai*, § 2310 Rn 3, 4; Staudinger/*Otte* (2021), § 2310 Rn 4.

16 MüKo/*Lange*, § 2310 Rn 4; Staudinger/*Otte* (2021), § 2310 Rn 8; Soergel/*Dieckmann* (13. Aufl. 2003), § 2310 Rn 10.

17 Staudinger/*Otte* (2021), § 2310 Rn 7; BeckOGK/*Szalai*, § 2310 Rn 4; Burandt/Rojahn/*Horn*, Erbrecht, § 2310 Rn 8; *Lange/Kuchinke*, § 37 VI 2a.

18 MüKo/*Lange*, § 2310 Rn 3, 5; Staudinger/*Otte* (2021), § 2310 Rn 8; BeckOGK/*Szalai*, § 2310 Rn 4; Burandt/Rojahn/*Horn*, Erbrecht, § 2310 Rn 8.

19 *Planck/Greiff*, Anm. 2a; Staudinger/*Haas* (2006), § 2310 Rn 4; *Lange/Kuchinke*, § 37 VI 2 a.

20 BeckOGK/*Szalai*, § 2310 Rn 6.

21 Burandt/Rojahn/*Horn*, Erbrecht, § 2310 Rn 6; MüKo/*Lange*, § 2310 Rn 3.

auch eine den Nachlass erschöpfende Erbeinsetzung anderer Personen in Betracht.[22] Ein etwaiger Pflichtteilsverzicht des Enterbten ist hier ohne Bedeutung.[23] Der Ausschlagende ist stets mitzuzählen, und zwar unabhängig davon, ob er durch seine Ausschlagung pflichtteilsberechtigt wird oder aber sein Pflichtteilsrecht verliert.[24] Auch der Erbunwürdige wird bei der Pflichtteilberechnung stets mitgezählt.[25] Ob durch die Erbunwürdigkeitserklärung der Anfall des gesetzlichen oder eines gewillkürten Erbteils entfällt, spielt keine Rolle.[26] Entscheidend ist aber jedenfalls die Feststellung der Erbunwürdigkeit (§ 2344 BGB) im konkreten Erbfall; allein das Vorliegen der Voraussetzungen des § 2339 BGB genügt nicht.[27]

7 Der Fall, dass ein vom Erblasser bereits lebzeitig bedachter Abkömmling infolge von **Ausgleichungs-** oder **Anrechnungsbestimmungen** – gleichgültig, ob sie auf gesetzlicher Anordnung oder auf dem Willen des Erblassers beruhen – trotz Erbeinsetzung nichts mehr erhält (§ 2056 S. 1 BGB), fällt dem Wortlaut der Vorschrift nach nicht unter § 2310 BGB.[28] Der Vorbedachte ist hier nämlich nicht enterbt. Somit ist er – auch ohne Anwendung von § 2310 BGB – bei der Pflichtteilsberechnung selbstverständlich mitzuzählen.[29]

II. Verhältnis von Satz 1 zu § 2309 BGB und zum Ehegattenerbrecht

1. Grundsätzliche Anwendbarkeit von § 2309 BGB

8 § 2310 BGB regelt ausschließlich die Art und Weise der **Pflichtteilsberechnung.**[30] Die Frage, wer überhaupt pflichtteilsberechtigt ist, wird hierdurch aber nicht beeinflusst.[31] Demzufolge kann die Anwendung von § 2310 BGB auch nicht zu einer Abänderung der nach § 2309 BGB erlangten Ergebnisse führen.[32] Aus diesem Grunde darf bei der Berechnung des Pflichtteils eines **entfernteren Verwandten** der i.S.d. § 2309 BGB weggefallene nähere Abkömmling, den der entferntere Verwandte pflichtteilsrechtlich ersetzt, nicht mitgezählt werden. Andernfalls würde dem Eintretenden der ihm nach § 2309 BGB eröffnete Pflichtteil durch das Mitzählen des Weggefallenen wieder entzogen. § 2309 BGB stellt also insgesamt eine Sonderregelung zu § 2310 BGB dar.[33]

---

22 Staudinger/*Haas* (2006), § 2310 Rn 5; MüKo/*Lange*, § 2310 Rn 3; BeckOGK/*Szalai*, § 2310 Rn 6.

23 Vgl. BGH NJW 1982, 2497; Soergel/*Dieckmann* (13. Aufl. 2003), § 2310 Rn 10; BeckOGK/*Szalai*, § 2310 Rn 16; Burandt/Rojahn/*Horn*, Erbrecht, § 2310 Rn 17; Erman/*Röthel/Simon*, § 2309 Rn 5; *Hölscher*, in: Mayer/Süß/Riedel/Bittler, HB Pflichtteilsrecht, § 3 Rn 60; ausführlich hierzu *v. Proff*, ZEV 2016, 173 ff.

24 Vgl. *Planck/Greiff*, Anm. 2b; MüKo/*Lange*, § 2310 Rn 4; BeckOGK/*Szalai*, § 2310 Rn 7; Burandt/Rojahn/*Horn*, Erbrecht, § 2310 Rn 7; Staudinger/*Otte* (2021), § 2310 Rn 8.

25 MüKo/*Lange*, § 2310 Rn 6; BeckOGK/*Szalai*, § 2310 Rn 8; Staudinger/*Otte* (2021), § 2310 Rn 6; *Hölscher*, in: Mayer/Süß/Riedel/Bittler, HB Pflichtteilsrecht, § 3 Rn 60.

26 Staudinger/*Haas* (2006), § 2310 Rn 7; MüKo/*Lange*, § 2310 Rn 5.

27 BeckOGK/*Szalai*, § 2310 Rn 68; MüKo/*Lange*, § 2310 Rn 5; Burandt/Rojahn/*Horn*, Erbrecht, § 2310 Rn 8.

28 BeckOGK/*Szalai*, § 2310 Rn 9; MüKo/*Lange*, § 2310 Rn 3.

29 So i.E. auch Soergel/*Dieckmann* (13. Aufl. 2003), § 2310 Rn 10; Staudinger/*Haas* (2006), § 2310 Rn 17; MüKo/*Lange*, § 2310 Rn 3.

30 *Kretzschmar*, ZBlFG 8, 11/12; BeckOGK/*Szalai*, § 2310 Rn 1.

31 BeckOGK/*Szalai*, § 2310 Rn 5.2; Staudinger/*Otte* (2021), § 2310 Rn 1; Staudinger/*Haas* (2006), § 2310 Rn 10.

32 *Hölscher*, in: Mayer/Süß/Riedel/Bittler, HB Pflichtteilsrecht, § 3 Rn 62.

33 *Hölscher*, in: Mayer/Süß/Riedel/Bittler, HB Pflichtteilsrecht, § 3 Rn 62; Soergel/*Dieckmann* (13. Aufl. 2003), § 2310 Rn 7; MüKo/*Lange*, § 2310 Rn 10; Staudinger/*Otte* (2021), § 2310 Rn 1; BeckOGK/*Szalai*, § 2310 Rn 5.1; BeckOK BGB/*Müller-Engels*, § 2310 Rn 4.

Beispiel 1
Erblasser E hinterlässt drei Abkömmlinge, A, B und C, sowie seine Lebensgefährtin L. L ist testamentarische Alleinerbin. A ist für erbunwürdig erklärt, an seine Stelle tritt gem. § 2309 BGB sein Sohn S.
Bei der Berechnung der Pflichtteilsquoten von B und C ist gem. § 2310 S. 1 BGB der A mitzuzählen, so dass sich eine Pflichtteilsquote von jeweils 1/6 ergibt. Bei der Berechnung der Pflichtteilsquote von S wird aber von dessen abstrakter Erbquote ausgegangen, A wird nicht mitgezählt. Auch für S ergibt sich somit eine Pflichtteilsquote von 1/6.

Beispiel 2
Erblasser E hinterlässt seine Lebensgefährtin L sowie einen kinderlosen, erbunwürdigen Abkömmling A. Außerdem ist die Mutter des E, M, noch am Leben. L ist Alleinerbe. M erhält wegen des Wegfalls ihres Enkels A gem. § 2309 BGB einen Pflichtteilsanspruch, bei dessen Berechnung der Weggefallene aber nicht zu berücksichtigen ist. Die Pflichtteilsquote beträgt daher 1/2.

2. Vorrang von § 2310 BGB bei Ermittlung des Ehegattenpflichtteils

Der überlebende Ehegatte des Erblassers kann unter keinen Umständen von § 2309 9
BGB profitieren. Aus diesem Grund ist § 2310 BGB bei der Ermittlung des Ehegattenpflichtteils immer anwendbar. Wegfallende Abkömmlinge sind daher bei der Bestimmung der Pflichtteilsquote des überlebenden Ehegatten immer mit einzubeziehen.[34] Trifft der Ehegatte – über § 2309 BGB – mit pflichtteilsberechtigten Eltern zusammen, kann dies aber zu „Bruchteilseigentümlichkeiten" führen.[35]

Beispiel
Erblasser E hinterlässt seine Ehefrau F sowie einen kinderlosen Abkömmling A, der zum Alleinerben berufen ist (Ersatzerbe ist der Dritte D). Außerdem ist die Mutter des E, M, noch am Leben. E und F waren in Zugewinngemeinschaft verheiratet. In dieser Situation ist die Ehefrau F enterbt und kann daher gem. §§ 1931 Abs. 1, 2303 BGB nur den kleinen Pflichtteil, also 1/8 verlangen. M hat wegen § 1930 BGB weder ein gesetzliches Erbrecht noch einen Pflichtteilsanspruch.
Schlägt A die Erbschaft aus, ändert sich an der Pflichtteilsquote der F nichts, da A wegen § 2310 BGB weiterhin bei der Berechnung ihres Pflichtteils mitgezählt wird. M wird nun gem. § 2309 BGB nicht mehr durch A vom Pflichtteil ausgeschlossen. Bei der Ermittlung ihrer Pflichtteilsquote ist aber A nicht mitzuzählen, vielmehr kommt es auf ihren abstrakten Erbteil an. Neben der enterbten Zugewinnehefrau erbt die Mutter gesetzlich die Hälfte und hat daher einen Pflichtteilsanspruch von 1/4.
Alternative
Wären E und F in Gütertrennung verheiratet gewesen, hätte F gem. §§ 1931 Abs. 4, 2303 Abs. 2 S. 1 BGB ein Pflichtteilsanspruch von 1/4 zugestanden. Hieran ändert auch die Ausschlagung des A nichts; er wird bei der Pflichtteilsberechnung der F nach wie vor mitgezählt. Der Pflichtteilsanspruch der M ist auch in dieser Alternative 1/4.

---

34 *Hölscher*, in: Mayer/Süß/Riedel/Bittler, HB Pflichtteilsrecht, § 3 Rn 63.
35 Soergel/*Dieckmann* (13. Aufl. 2003), § 2310 Rn 9; *Hölscher*, in: Mayer/Süß/Riedel/Bittler, HB Pflichtteilsrecht, § 3 Rn 63; MüKo/*Lange*, § 2310 Rn 12.

III. Regelung des Satz 2

10 Gem. Satz 2 wird bei der Pflichtteilsberechnung nicht mitgezählt, wer auf seinen Erbteil verzichtet hat.[36] Ob der Verzichtende eine Abfindung erhalten hat, spielt keine Rolle.[37] Satz 2 geht grundsätzlich davon aus, dass der Erbverzicht sich gem. der Auslegungsregel des § 2349 BGB regelmäßig auch auf die Abkömmlinge des Verzichtenden erstreckt.[38] Denn wenn der Verzicht (ausnahmsweise) die Abkömmlinge nicht mit erfasst, treten diese gem. § 1924 Abs. 3 BGB an die Stelle des Verzichtenden und sind daher auch i.R.d. Quotenberechnung zu Lasten der übrigen Pflichtteilsberechtigten zu berücksichtigen.[39] Vor diesem Hintergrund ist Satz 2 im Fall des Erbverzichts, der nur für den Verzichtenden selbst gilt, nicht aber auch seine Abkömmlinge mit einschließt, nicht anwendbar.[40]

11 Erfolgte der **Verzicht** unter **Vorbehalt** des Pflichtteilsrechts,[41] ist Satz 2 ebenfalls nicht anwendbar.[42] Denn „der harte Kern des Erbrechts, das Pflichtteilsrecht" bleibt beim Pflichtteilsvorbehalt unangetastet.[43] Auch ein isolierter Pflichtteilsverzicht, § 2346 Abs. 2 BGB, stellt keinen Fall des Satz 2 dar.[44] Auch wenn der mit einer testamentarischen Enterbung verbundene Pflichtteilsverzicht hinsichtlich seiner wirtschaftlichen Auswirkungen einem Erbverzicht recht nahekommt,[45] dient er in erster Linie dazu, die Verfügungsfreiheit des Erblassers zu erweitern.[46] Mit diesem Ziel würde eine Anwendung von Satz 2 in Widerspruch stehen.[47]

12 Treffen Fälle des Satz 1 und 2 zusammen, muss Satz 2 vorrangig angewendet werden, so dass der **Verzichtende** nicht mitgezählt wird.[48] Auf die Frage, ob der Verzichtende auch noch aus anderen Gründen von der gesetzlichen Erbfolge ausgeschlossen wäre, kommt es nicht an.

Bei einem teilweisen Erbverzicht[49] fällt der Verzichtende nur insoweit bei der Quotenberechnung weg, wie sein Verzicht reicht;[50] im Übrigen ist er weiterhin zu berücksichtigen. Damit es bei der Anwendung von Satz 2 nicht zu Kollisionen mit § 2309 BGB kommen kann, ist die Regelung gegenüber allen neben dem Verzichtenden noch vor-

---

36 BGH ZEV 2009, 77, 78 m. Anm. *Schindler*; OLG Köln ErbR 2021, 715; OLG Köln ZEV 2004, 155, 156.

37 MüKo/*Lange*, § 2310 Rn 7; BeckOGK/*Szalai*, § 2310 Rn 13; *Schotten*, RNotZ 2015, 412, 413.

38 BeckOGK/*Szalai*, § 2310 Rn 14; BeckOK BGB/*Müller-Engels*, § 2310 Rn 7; vgl. auch Staudinger/*Otte* (2021), § 2310 Rn 15a.

39 Staudinger/*Otte* (2021), § 2310 Rn 8; Soergel/*Dieckmann* (13. Aufl. 2003), § 2310 Rn 11.

40 BeckOGK/*Szalai*, § 2310 Rn 14; MüKo/*Lange*, § 2310 Rn 7; BeckOK BGB/*Müller-Engels*, § 2310 Rn 7 m.w.N.; *Hölscher*, in: Mayer/Süß/Riedel/Bittler, HB Pflichtteilsrecht, § 3 Rn 66.

41 BeckOGK/*Szalai*, § 2310 Rn 14. Zur Zulässigkeit des Pflichtteilsvorbehalts vgl. Staudinger/*Otte* (2021), § 2310 Rn 18.

42 Staudinger/*Otte* (2021), § 2310 Rn 17; MüKo/*Lange*, § 2310 Rn 8; *Hölscher*, in: Mayer/Süß/Riedel/Bittler, HB Pflichtteilsrecht, § 3 Rn 66.

43 Soergel/*Dieckmann* (13. Aufl. 2003), § 2310 Rn 11.

44 BGH NJW 1982, 2497; DIV-Gutachten, DAVorm 1990, 794; RGRK/*Johannsen*, § 2310 Rn 5; Soergel/*Dieckmann* (13. Aufl. 2003), § 2310 Rn 11; Staudinger/*Haas* (2006), § 2310 Rn 17; MüKo/*Lange*, § 2310 Rn 8; a.A. Staudinger/*Otte* (2021), § 2310 Rn 21 ff. m. ausführlicher Begründung.

45 Staudinger/*Haas* (2006), § 2310 Rn 17; Staudinger/*Otte* (2021), § 2310 Rn 21a; Soergel/*Dieckmann* (13. Aufl. 2003), § 2310 Rn 11.

46 BGH NJW 1982, 2497; Staudinger/*Schotten* (2016), § 2346 Rn 32; Staudinger/*Haas* (2006), § 2310 Rn 17; *Hölscher*, in: Mayer/Süß/Riedel/Bittler, HB Pflichtteilsrecht, § 3 Rn 66.

47 *Hölscher*, in: Mayer/Süß/Riedel/Bittler, HB Pflichtteilsrecht, § 3 Rn 66.

48 Soergel/*Dieckmann* (13. Aufl. 2003), § 2310 Rn 13; *Schramm*, BWNotZ 1977, 88.

49 Zur Zulässigkeit vgl. Staudinger/*Schotten* (2016), § 2346 Rn 39 ff.

50 Staudinger/*Otte* (2021), § 2310 Rn 23; MüKo/*Lange*, § 2310 Rn 7.

handenen Pflichtteilsberechtigten anzuwenden. Dies kann sich mitunter insbesondere auch auf die Pflichtteilsquote des überlebenden Ehegatten auswirken.

Beispiel
Erblasser E hinterlässt neben seiner Ehefrau F drei Abkömmlinge, A, B und C. A ist enterbt, mit B hatte E einen Erbverzicht vereinbart; C ist Alleinerbe. E und F lebten im Güterstand der Zugewinngemeinschaft. Gem. §§ 1931 Abs. 1, 2303 Abs. 2 S. 1 BGB beträgt der Pflichtteil der F 1/8. Der Erbverzicht des B wirkt sich nicht zu ihren Gunsten aus, da eine Erhöhung ihres Erbteils durch das Vorhandensein weiterer Abkömmlinge verhindert wird. Wären E und F in Gütertrennung verheiratet gewesen, hätte sich der Erbverzicht des B für F quotenerhöhend ausgewirkt. Der gesetzliche Ehegattenerbteil hätte gem. § 1934 Abs. 4 BGB (bei nur noch zwei Abkömmlingen) 1/3 betragen, so dass sich gem. § 2303 BGB eine Pflichtteilsquote von 1/6 ergeben hätte.[51]

C. Nichtehelichenrecht

Wurde vor dem 1.4.1998 zwischen dem nichtehelichen Vater und seinem nichtehe- 13
lichen Kind ein vorzeitiger Ausgleich wirksam vereinbart oder rechtskräftig angeordnet, entfallen sämtliche gesetzlichen Erb- und Pflichtteilsrechte zwischen Vater (und väterlichen Verwandten) und Kind. Beide sind daher i.R.d. Pflichtteilsberechnung nicht mehr relevant.[52] Im Übrigen sind Kinder, die von nicht miteinander verheirateten Eltern abstammen, den ehelichen Kindern grundsätzlich erbrechtlich gleichgestellt.[53]

§ 2311 Wert des Nachlasses

(1) [1]Der Berechnung des Pflichtteils wird der Bestand und der Wert des Nachlasses zur Zeit des Erbfalls zugrunde gelegt. [2]Bei der Berechnung des Pflichtteils eines Abkömmlings und der Eltern des Erblassers bleibt der dem überlebenden Ehegatten gebührende Voraus außer Ansatz.
(2) [1]Der Wert ist, soweit erforderlich, durch Schätzung zu ermitteln. [2]Eine vom Erblasser getroffene Wertbestimmung ist nicht maßgebend.

Literatur

Amend-Traut/Hergenröder, Kryptowährungen im Erbrecht, ZEV 2019, 113; *Außner*, Pflichtteilsrecht in Bezug auf gekaufte Musik-, Film- und E-Book-Dateien – Status quo und Überlegungen zu dessen Korrektur, ErbR 2021, 370; *Ballhorn/König*, Unternehmensbewertungen nach IDW S 13: Eine konsequente Umsetzung der BGH Vorgaben, FamRZ 2018, 161; *dies.*, Die Veräußerungsfiktion bei Unternehmensbewertungen im Familien- und Erbrecht und der Tax Amortization Benefit – Wechselwirkungen anhand von Praxisbeispielen, FamRB 2017, 33; *dies.*, Die Berücksichtigung latenter Ertragsteuern bei Unternehmensbewertungen im Zugewinnausgleich – eine unvollständige Umsetzung der Veräußerungsfiktion?, FuR 2016, 383; *dies.*, Die Neuregelung der Unternehmensbewertung im Zugewinnausgleich – Zusammenspiel von Bewertungsmethode und Rechtsprechung, NZFam 2016, 1084; *Ballwieser/Hachmeister*, Unternehmensbewertung, 6. Aufl. 2021; *Barthel*, Unternehmenswert: Prognosen, Phasen und Probleme, DStR 2010, 1198; *Bartsch*, Die Vererblichkeit von Ansprüchen auf Beihilfe, ZErb 2013, 253; *Becker*, Der Ausschluß aus der Aktiengesellschaft, ZGR 1986, 383; *Bender/Lorson*, Klassische Verfahren der Unternehmensbewertung (I), BuW 1995, 109; *Biermann/Thiel*, Die Berücksichtigung latenter Steuern im Pflichtteilsrecht, ErbR 2022, 2; *Boos*, Bewertung von Arzt-und Zahnarztpraxen im Rahmen des Zugewinnausgleichs, DS 2010, 166; *Boos/Bonefeld/Schlimpert/Schlünder/Siewert*, Das modifizierte Er-

---

51 Nach Staudinger/*Haas* (2006), § 2310 Rn 18, 19.
52 Soergel/*Dieckmann* (13. Aufl. 2003), § 2310 Rn 6.
53 Details vgl. bei *Kerscher/Riedel/Lenz*, Pflichtteilsrecht, § 4 Rn 21 ff.

tragswertverfahren, 2024; *Braga*, Zur Rechtsnatur des Pflichtteils, AcP 153 (1954), 144; 16; *Bratke*, Gesellschaftsvertragliche Abfindungsklauseln und Pflichtteilsansprüche, ZEV 2000, 16; *ders.*, Die Auswirkungen gesellschaftsvertraglicher Abfindungsklauseln auf Pflichtteils- und erbrechtliche Ausgleichsansprüche (Diss.), 1998; *Braunhofer*, Unternehmens- und Anteilsbewertung zur Bemessung von familien- und erbrechtlichen Ausgleichsansprüchen, 1995; *Copeland/Koller/Murrin*, Unternehmenswert: Methoden und Strategien für eine wertorientierte Unternehmensführung, 3. Aufl. 2002; *Daragan*, Verkehrswert und Konsumwert im Pflichtteilsrecht, RFamU 2022, 412; *ders.*, Pflichtteil und latente Einkommensteuer, ZErb 2015, 329; *Eder*, Die rechtsgeschäftliche Übertragung von Aktien, NZG 2004, 107; *Erle*, Der Voraus in der Pflichtteilsberechnung, FamRZ 2018, 1885; *Fleischer/Hüttemann*, Rechtshandbuch Unternehmensbewertung,: 3. Aufl. 2024; *Großfeld*, Die Abfindung bei der Ausschließung aus einer Personengesellschaft – Stellungnahme zu *Wagner/Nonnenmacher* (ZGR 1981, 674 ff.), ZGR 1982, 141, 142; *ders.*, Unternehmensbewertung als Rechtsproblem, JZ 1981, 641; *Großfeld/Egger/Tönnes*, Recht der Unternehmensbewertung, 9. Aufl. 2020; *Haas*, Der Pflichtteilsanspruch als Störfall der Unternehmensnachfolge, ZNotP 2001, 370; *Haas/Holla*, Ausgleich für die enttäuschte Erberwartung, ZEV 2002, 169; *Heindl*, Ausschlagungsentscheidung des (Erbes-)Erben und Berücksichtigung noch nicht geltend gemachter Pflichtteilsansprüche bei der Pflichtteilsberechnung, ZErb 2016, 7; *Honzen*, Pflichtteil und Unternehmensnachfolge, 2012; *Horn*, Strategien bei Vollmachtsmissbrauch und Optionen bei der Gestaltung, ZEV 2016, 373; *Hülsmann*, Abfindungsklauseln: Kontrollkriterien der Rechtsprechung, NJW 2002, 1673, 1677; *Institut der Wirtschaftsprüfer in Deutschland e. V.*, Wirtschaftsprüfer-Handbuch 1998, Bd. II/zit. WP-HB; *Joachim/Janzen*, Gehören Erbschftsteuerschulden zu den Nachlassverbindlichkeiten i.S.v. § 1967 Abs. 2 BGB?, ZEV 2018, 74; *Kaiser*, Pflichtteilsrecht der eingetragenen Lebenspartner, FPR 2005, 286; *Karakaya/Prüßner*, Gesellschaftsvertrag – Grenzen der Zulässigkeit von Abfindungsvereinbarungen, MDR 2002, 804; *Kleiber*, Marktwertermittlung nach ImmoWertV, 10. Aufl. 2025; *Kleiber*, Verkehrswertermittlung von Grundstücken, 10. Aufl. 2023; *Klingelhöffer*, Zur Vererblichkeit der Vermarktungsmöglichkeit des Persönlichkeitsrechts, ZEV 2000, 327; *Knief*, Die „Bewertung medizinischer Praxen" nach dem 31.12.2008, DB 2009, 866; *ders.*, Der kalkulatorische Unternehmerlohn für Steuerberater – Eine neue Herausforderung durch die Rechtsprechung des BGH und die Reform des Erbschaftsteuerrechts, DStR 2008, 1895; *Köhler/Küpper/Pfingsten*, Handwörterbuch der Betriebswirtschaft, 6. Aufl. 2007; *König*, Unternehmensbewertung im Pflichtteil und Zugewinn – zu Relevanz und Eignung tatsächlich erzielter Verkaufspreise, ErbR 2020, 522; *Koller/Kindler/Drüen*, Handelsgesetzbuch: HGB, Kommentar, 10. Aufl. 2023; *Krause/Opris*, Die latente Steuer des Veräußerungsgewinns im Pflichtteilsrecht, ZEV 2019, 190; *Krentscher-Peus*, Unternehmensbewertung: Untersuchung angewandter Methoden bei der Bewertung von Arztpraxen, DS 2010, 385; *Kurth*, Inhalt und Form des Auskunftsanspruchs des Pflichtteilsberechtigten, insbesondere Anforderungen an ein notarielles Nachlassverzeichnis nach § 2314 Abs. 1 S. 3 BGB (Teil 2), ZErb 2018, 257; *Lange*, Reform des Pflichtteilsrechts: Änderungsvorschläge zu Anrechnung und Stundung, DNotZ 2007, 84; *Leuner*, Steht die Ärztekammermethode (erneut) juristisch vor dem Aus?, NJW 2011, 191; *Loll*, Besonderheiten bei Kryptowerten in der Vermögensnachfolge, insbesondere im Hinblick auf die Bewertung, ZEV 2025, 141; *Lorz*, Latente Steuern und Pflichtteilsrecht, ZErb 2003, 302; *Lübke*, Die Vererbung von Personengesellschaftsanteilen nach dem MoPeG – Gesetzlicher Rahmen und Gestaltungsaufgaben, DNotZ 2023, 896; *Mayer, J.*, Wertermittlung des Pflichtteilsanspruchs: Von gemeinen, inneren und anderen Werten, ZEV 1994, 331; *Mayer, U.*, Der Abfindungsausschluss im Gesellschaftsrecht: pflichtteilsfester Vermögenstransfer am Nachlass vorbei?, ZEV 2003, 355; *Medler*, Sterben 2.0: Erben und Vererben von Kryptowährungen, ZEV 2020, 262; *Meincke*, Das Recht der Nachlassbewertung im BGB, 1973; *Michel*, Die Einigung bei der Übertragung von Personengesellschaftsanteilen, ZGR 1991, 412; *Müller, W.*, Der Wert der Unternehmung, JuS 1973, 603; *Neuhaus*, Unternehmensbewertung und Abfindung, 1990; 472; *Nickel*, Die Teilungsversteigerung als Sonderfall der Zwangsversteigerung, FPR 2013, 370; *Nirk*, Die Bewertung von Aktien bei Pflichtteilsansprüchen, NJW 1962, 2185; *Omlor*, Kryptowährungen im Geldrecht, ZHR 2019, 294; *Peemöller*, Praxishandbuch der Unternehmensbewertung, 8. Aufl. 2023; *Piltz*, Die Unternehmensbewertung in der Rechtsprechung, 3. Aufl. 1994; *ders.*, Rechtspraktische Überlegungen zu Abfindungsklauseln in Gesellschaftsverträgen, BB 1994, 1021; *Pogorzelski*, Auswirkungen von Abfindungsbeschränkungen für den Fall des Todes des Gesellschafters einer Personengesellschaft auf Pflichtteils- und Zugewinnausgleichsansprüche – Teil I: Pflichtteilsansprüche, RNotZ 2017, 489; *Ränsch*, Die Bewertung von Unternehmen als Problem der Rechtswissenschaften, AG 1984, 202, 203; *Rappaport*, Shareholder Value, 2. Aufl. 1999; *Reimann*, Gesellschaftsvertragliche Abfindungen und erbrechtlicher Ausgleich, ZEV 1994, 7; *ders.*, Gesellschaftsvertragliche Bewertungsvorschriften in der notariellen Praxis, DNotZ 1992, 472; *Riedel*, Neues zum „idealen Erben", ErbR 2018, 493; *ders.*, Das ABC des § 2311 BGB – zum Wert des Nachlasses, ErbR 2018, 362;

ders., Gesellschaftsvertragliche Nachfolgeregelungen im Lichte der neuen Erbschaftsteuer, ZErb 2009, 2; *ders.*, Gesellschaftsvertragliche Nachfolgeregelungen – Auswirkungen auf Pflichtteil und Erbschaftsteuer, ZErb 2003, 212; *ders.*, Bewertung von Gesellschaftsanteilen im Pflichtteilsrecht, 2002; *Rittner*, Handelsrecht und Zugewinn III. Der Zugewinnausgleich, FamRZ 1961, 505, 515; *Sanfleber-Decher*, Unternehmensbewertung in den USA, WPg 1992, 597; *Saßenrath*, Die Umwandlung von Komplementär- in Kommanditbeteiligungen, 1988; *Schilling*, Zur Abfindung bei der Ausschließung ohne wichtigen Grund aus einer Personengesellschaft, ZGR 1979, 419; *Schindler*, Der derivative Pflichtteilsanspruch im Nachlass: Pfändung, Pflichtteil, Erbschaftsteuer, Testamentsvollstreckung, ZEV 2018, 60; *Schlichting*, Die Bewertung von Aktien aus Anlass von Pflichtteilsansprüchen, ZEV 2006, 197; *Schmid*, Die latente Steuer im Pflichtteilsrecht – Berücksichtigung latenter Steuern bei der Ermittlung des Nachlasswerts, ZErb 2015, 133; *Schobert/Ihlau*, Besonderheiten und Handlungsempfehlungen bei der Bewertung von Familienunternehmen, BB 2008, 2115; *Schulte, E./Schulte, L.*, Nießbrauchsvorbehalte und der Erwerb von Geschäftsanteilen vs. Pflichtteilsrecht, ErbR 2021, 821; *Schulte, M./Schulte, E./Schulte, M.*, Abfindungsausschlüsse und -beschränkungen vs. Pflichtteilsrecht, ErbR 2021, 742; *Stein/Lupberger*, Bitcoins in der Erbschaftsteuer – Gibt es am Ende eine Bitcoin-GmbH?, DStR 2019, 311; *Thelen*, Kryptowerte in der notariellen Erbrechtspraxis, RNotZ 2023, 425; *Thurow*, Zur Problematik der Ermittlung einer „Risikofreien Rendite" für das CAPM im aktuellen Marktumfeld, IRZ 2012, 11; *v. Oertzen/Grosse*, Kryptowährungsguthaben im Erbrecht und Erbschaftsteuerrecht, DStR 2020, 1651; *Wachter*, Unternehmensnachfolge bei der GmbH und GmbH & Co. KG nach dem MoMiG, DB 2009, 159; *ders.*, Schwarzgeld im Nachlass, ZErb 2003, 66; *Werner*, Berücksichtigung latenter Ertragsteuern bei der Bewertung von unternehmerischem Vermögen im Pflichtteilsrecht, ZEV 2022, 262; *Winkler*, Unternehmensnachfolge und Pflichtteilsrecht – Wege zur Minimierung des Störfaktors „Pflichtteilsansprüche", ZEV 2005, 89; *Wollny/Hallerbach/Dönmez/Liebert/Wepler*, Unternehmens- und Praxisübertragungen, 10. Aufl. 2022; *Zimmermann*, Praxishinweise zur Grundstücksbewertung, ZErb 2000, 46, ZErb 2001, 47 und ZErb 2001, 87.

Übersicht: Rdn

A. Allgemeines – Systematik der Nachlassbewertung

Der Pflichtteilsberechtigte soll durch den Pflichtteil wirtschaftlich (in Geld) so gestellt werden, als ob er mit seiner Pflichtteilsquote Erbe geworden wäre.[1] 1

Der Pflichtteilsanspruch besteht gem. § 2303 BGB in der Hälfte des Werts des gesetzlichen Erbteils. Die betragsmäßige Höhe des Pflichtteilsanspruchs hängt daher von

1 BGH ZEV 2011, 29; OLG Nürnberg v. 6.3.2009 – 5 U 1731/08, BeckRS 2010, 28685; *Horn*, in: MAH Erbrecht, § 29 Rn 210.

zwei Faktoren ab: der Erbquote und dem Wert des Nachlasses. Art und Weise der Ermittlung des Nachlasswerts sind in §§ 2311–2313 BGB geregelt. Dabei ist logischerweise in zwei Schritten vorzugehen:[2] Zunächst muss der **Bestand** des **Nachlasses** festgestellt bzw. definiert werden. Es sind also alle zum Nachlass gehörenden Aktiva und Passiva zu ermitteln, die sodann in einer Art Nachlass-Bilanz[3] angesetzt werden. Im zweiten Schritt werden die angesetzten Vermögensgegenstände bewertet. Der Netto-Wert des Nachlasses – buchhalterisch vergleichbar mit dem Eigenkapital in der Bilanz – ergibt sich dann als Differenz aus Aktiva und Passiva.

2 Für die Pflichtteilsermittlung folgt daraus folgendes Schema:[4]
Nachlassbestand

- Feststellung des **Nachlassbestandes:**
  - Ermittlung des pflichtteilsrelevanten Aktivnachlasses
  - Ermittlung des pflichtteilsrelevanten Passivnachlasses
- Feststellung des **Nachlasswerts:**
  - Wertfeststellung des pflichtteilsrelevanten Aktivnachlasses
  - Wertfeststellung des pflichtteilsrelevanten Passivnachlasses
- Pflichtteilsrelevanter Nettonachlass: Aktiv- minus Passivnachlass
- **Pflichtteil** = Pflichtteilsquote x Nettonachlass.

B. Tatbestand/Rechtsfolgen

I. Stichtagsprinzip

1. Grundsatz und Grenzen

3 Gem. Abs. 1 S. 1 ist der für die Bewertung **maßgebliche Zeitpunkt** (Stichtag) der Tod des Erblassers.[5] Wertveränderungen nach dem Stichtag dürfen im Rahmen der Bewertung des Nachlasses nicht berücksichtigt werden; sie dürfen sich auf die Höhe des Pflichtteilsanspruchs nicht auswirken.[6] Das **Stichtagsprinzip** bedeutet indes nicht, dass zukünftige Entwicklungen völlig außer acht zu lassen sind. Vielmehr sind wertbeeinflussende Faktoren, die am Stichtag bereits im Keim angelegt waren, sich jedoch erst zu einem späteren Zeitpunkt manifestieren, auf jeden Fall zu berücksichtigen (Wurzeltheorie).[7] Das Stichtagsprinzip bezieht sich also nicht auf den Wert des jeweiligen Nachlassgegenstands als solchen, sondern vielmehr auf die für die Bewertung maßgeblichen Faktoren. Diese sind zwingend aus der Sicht des Stichtages zu ermitteln.[8] Aus diesem Grunde sind also auch z.B. Zukunftserwartungen, die zum Stichtag bereits absehbar und wirtschaftlich fassbar sind, bei der Bewertung zu berücksichtigen, auch wenn sie sich im zum Stichtag am Markt anzutreffenden Normalverkaufspreis noch nicht niedergeschlagen haben.[9]

---

2 *Riedel*, in: Mayer/Süß/Riedel/Bittler, HB Pflichtteilsrecht, § 5 Rn 2; MüKo/*Lange*, § 2311 Rn 1; *Haegele*, BWNotZ 1976, 25.

3 Zum Begriff vgl. *Kerscher/Riedel/Lenz*, Pflichtteilsrecht, § 7 Rn 1.

4 Nach Groll/*Rösler*, C VI Rn 24.

5 Bei Verschollenheit der Zeitpunkt gem. § 9 VerschG, vgl. *Riedel*, in: Mayer/Süß/Riedel/Bittler, HB Pflichtteilsrecht, § 5 Rn 8; BeckOGK/*Blum/Heuser*, § 2311 Rn 163.1.

6 BGHZ 3, 394, 396; BGH JZ 1963, 320; BGH NJW 1965, 1589, 1590; BGHZ 7, 134, 138; vgl. auch BVerfG NJW 1988, 2723, 2724; MüKo/*Lange*, § 2311 Rn 2 f.; Soergel/*Beck*, § 2311 Rn 2; Staudinger/*Herzog* (2021), § 2311 Rn 199 m.w.N; a.A. *Braga*, AcP 153 (1954), 144, 164 f.

7 BGH NJW 1973, 509; *Haegele*, BWNotZ 1976, 25, 26; Staudinger/*Herzog* (2021), § 2311 Rn 201; BeckOGK/*Blum/Heuser*, § 2311 Rn 177.

8 BVerfG NJW 1988, 2723, 2724; *Meincke*, S. 214; *Mayer*, ZEV 1994, 331, 336; MüKo/*Lange*, § 2311 Rn 24; Staudinger/*Herzog* (2021), § 2311 Rn 201 f. m.w.N.; *Braga*, AcP 153 (1954), 144, 158 ff.

9 *Meincke*, S. 215; Soergel/*Beck*, § 2311 Rn 22; *Riedel*, in: Mayer/Süß/Riedel/Bittler, HB Pflichtteilsrecht, § 5 Rn 10; BGH JZ 1963, 320.

Das starre Stichtagsprinzip kann, z.B. bei Zerstörung von Nachlassgegenständen durch höhere Gewalt, zu erheblichen Härten führen, da das Risiko der Wertminderung nach dem Erbfall allein beim Erben liegt.[10] Es führt zwar zur Rechtssicherheit und einer klaren Risikoverteilung, u.U. aber auch zu großen Härten.[11] Das Risiko des Untergangs oder der Verschlechterung von Nachlassgegenständen wird im Verhältnis zum Pflichtteilsberechtigten allein dem Erben auferlegt.[12] Denn selbst wenn Nachlassgegenstände nach dem Erbfall gestohlen oder durch höhere Gewalt zerstört werden, werden sie für die Bemessung herangezogen, können aber für die Bezahlung des Pflichtteils nicht mehr verwertet werden. Dies kann zu ganz erheblichen **Liquiditätsbelastungen** beim Erben führen. Die Problemlage ist dieselbe wie auch im Erbschaftsteuerrecht, das ebenfalls das strenge Stichtagsprinzip als „ehernen Grundsatz des Erbschaftsteuerrechts" festhält.[13] Nach der Rechtsprechung[14] kann nur in Extremfällen eine Korrektur über § 242 BGB in Betracht kommen.[15] Zunehmend wird aber darauf hingewiesen, dass es mit dem Sinn und Zweck des Pflichtteilsrechts nicht vereinbar sei, in Fällen „höherer Gewalt" oder beispielsweise bei extremen Kursverlusten infolge eines Börsencrashs keine Anpassungen vorzunehmen.[16] Schließlich hätte den Pflichtteilsberechtigten, wäre er selbst Erbe geworden, aller Wahrscheinlichkeit nach derselbe Verlust getroffen.[17] Vor diesem Hintergrund ist dem Erben in solchen Fällen – unter Durchbrechung des Stichtagsprinzips – das Argument der **Unausweichlichkeit der Wertminderung** zuzubilligen.[18] Im Rahmen des Leistungsverweigerungsrechts gegen Pflichtteilsergänzungsansprüche (§ 2328 BGB) berücksichtigt die Rechtsprechung bereits nach dem Erbfall eingetretene Wertminderungen zugunsten des Pflichtteilsschuldners[19] Der h.M. ist allerdings zuzugeben, dass dann im Einzelfall Abgrenzungsprobleme entstehen können. 4

2. Ausnahmen vom Stichtagsprinzip

Ausnahmen vom Stichtagsprinzip ergeben sich 5
- aus der Berücksichtigung von Vorempfängen nach §§ 2315 f. BGB;
- aus der Pflichtteilsergänzung (§§ 2325 ff. BGB);
- aus der Beachtung von Bestandsänderungen nach § 2313 BGB.

Problematisch sind zeitlich nach dem Stichtag eintretende, aber auf diesen zurückwirkende Rechtsveränderungen.[20] Diskutiert wird dies insbesondere anhand der folgenden beiden **Fallgruppen:**[21] 6

(1) **Anfechtung:** Nach dem Stichtag wird eine zu Lebzeiten des Erblassers bereits erfolgte Eigentumsübertragung wirksam angefochten. Soweit die Möglichkeit der 7

---

10 BGHZ 7, 134, 135, 138; Staudinger/*Herzog* (2021), § 2311 Rn 13; BeckOGK/*Blum/Heuser*, § 2311 Rn 176.

11 *Braga*, AcP 153 (1954), 144, 158 ff.; MüKo/*Lange*, § 2311 Rn 2.

12 BGHZ 7, 134, 135, 138; *Riedel*, in: Mayer/Süß/Riedel/Bittler, HB Pflichtteilsrecht, § 5 Rn 11; Staudinger/*Herzog* (2021), § 2311 Rn 13; BeckOGK/*Blum/Heuser*, § 2311 Rn 176.

13 Vgl. *Halaczinsky*, in: Daragan/Halaczinsky/Riedel, ErbStG und BewG, § 11 ErbStG Rn 1 m.w.N.

14 Vgl. z.B. BGH NJW 2001, 2713 = ZEV 2001, 312 zum Stichtagsprinzip nach § 1934b Abs. 1 S. 1 BGB; vgl. auch Burandt/Rojahn/*Horn*, Erbrecht, § 2311 Rn 4.

15 Vgl. BeckOGK/*Blum/Heuser*, § 2311 Rn 169; Staudinger/*Herzog* (2021), § 2311 Rn 14 m.w.N.

16 *Nirk*, NJW 1962, 2185, 2188; a.A. aber noch die h.M.: Staudinger/*Herzog* (2021), § 2311 Rn 15; MüKo/*Lange*, § 2311 Rn 53; Soergel/*Beck*, § 2311 Rn 23.

17 *Riedel*, in: Mayer/Süß/Riedel/Bittler, HB Pflichtteilsrecht, § 5 Rn 12.

18 A.A. MüKo/*Lange*, § 2311 Rn 2; Staudinger/*Herzog* (2021), § 2311 Rn 15.

19 Vgl. hierzu *Riedel*, in: Mayer/Süß/Riedel/Bittler, HB Pflichtteilsrecht, § 5 Rn 12; Burandt/Rojahn/*Horn*, Erbrecht, § 2311 Rn 63 m.w.N.

20 Siehe dazu Staudinger/*Herzog* (2021), § 2311 Rn 9 ff.

21 *Meincke*, S. 234; Staudinger/*Herzog* (2021), § 2311 Rn 9 ff.

Rechtsänderung zum Zeitpunkt des Bewertungsstichtags bereits erkennbar war, kann ihr durch einen Bewertungsabschlag oder aber zumindest durch Anwendung des § 2313 BGB Rechnung getragen werden. Ist dies nicht möglich, so muss die Lösung unter Berücksichtigung des Sinnzusammenhangs der jeweiligen Rückwirkungsanordnung und der Interessenlage der durch das Bewertungsergebnis unmittelbar Betroffenen gefunden werden.[22] Die Berücksichtigung des Bewertungsziels ergibt hier aber gerade, dass der Pflichtteilsberechtigte von der erfolgreichen Anfechtung genauso negativ betroffen gewesen wäre, wie der Erbe als Pflichtteilsschuldner, so dass diese wertmindernd zu berücksichtigen ist.[23]

8 (2) **Ausschlagung:** Kontrovers diskutiert wird auch der Fall, dass der Erblasser **nach einem Dritten Erbe** oder Vermächtnisnehmer geworden ist und bei seinem Tod das **Ausschlagungsrecht** noch nicht erloschen ist. Dann geht dieses mit dem Erbfall auf seinen Erben über (§§ 1952 Abs. 1, 2180 Abs. 3 BGB). Schlägt der Erbeserbe aus, führt dies zu einer Minderung des Nachlasses. Hält man die Entscheidung des Erben für pflichtteilsrechtlich relevant, führt dies zu einer Durchbrechung des Stichtagsprinzips, da die Ausschlagung ja erst nach Eintritt des Erbfalls erfolgt.

II. Umfang des anzusetzenden Nachlasses

9 Alle Vermögensgegenstände und Verbindlichkeiten, die durch den Erbfall im Wege der Gesamtrechtsnachfolge gem. § 1922 BGB auf den bzw. die Erben übergegangen sind, sind in einer Art Nachlass-Bilanz[24] anzusetzen.

1. Vermögen

10 Bei der Ermittlung des Nachlassbestands sind die **vererblichen Vermögenswerte** anzusetzen, also alle Vermögensgegenstände und Verbindlichkeiten, die durch den Erbfall im Wege der Gesamtrechtsnachfolge gem. § 1922 BGB auf den bzw. die Erben übergegangen sind. Hierzu gehören auch solche, die aufgrund einer **erbrechtlichen Sonderrechtsnachfolge** übergehen, etwa die vererblichen Anteile an einer Personengesellschaft (siehe Rdn 245 ff.) oder ein landwirtschaftlicher Erwerb nach der HöfeO oder den anderen landesrechtlichen Anerbengesetzen.[25]

11 Zu berücksichtigen sind auch alle vermögensrechtlichen Positionen und Beziehungen, die der Erblasser noch zu seinen Lebzeiten eingeleitet hat, die aber erst mit oder nach seinem Tode endgültige Rechtswirkungen entfalten (sog. unfertige Rechtsbeziehungen). Dazu zählt z.B. auch der öffentlich-rechtliche Anspruch aus einem Meistgebot (§ 81 ZVG).[26] Dasselbe gilt auch für **Surrogate**, wie Lastenausgleichsansprüche für Schäden, die bereits vor dem Erbfall eintraten, auch wenn die Ausgleichsforderung

---

22 *Meincke*, S. 234 f.

23 Zustimmend BeckOGK/*Blum/Heuser*, § 2311 Rn 168.1; ähnlich Staudinger/*Herzog* (2021), § 2311 Rn 24; a.M. Staudinger/*Haas* (2006), § 2311 Rn 7.

24 *Kerscher/Riedel/Lenz*, Pflichtteilsrecht, § 7 Rn 2.

25 Die Sondergesetze enthalten hierfür meist spezielle Bestimmungen zu einer – teilweise extrem – niedrigen Bewertung des Pflichtteils; so ist nach der HöfeO Bemessungsgrundlage der sog. Hofeswert im Erbfall, das ist das Eineinhalbfache des zuletzt festgestellten (steuerlichen) Einheitswerts (§ 12 Abs. 2 i.V.m. Abs. 10 HöfeO). (Da die im Bewertungsgesetz vorgesehene Anpassung der Einheitswerte nicht erfolgt ist, ist die hieran geknüpfte Abfindungsregelung des § 12 HöfeO lückenhaft geworden, soweit sich die seinerzeit zugrunde gelegte Wertrelation zwischen Einheitswert und Ertragswert des Hofes infolge der Entwicklung der allgemeinen wirtschaftlichen Verhältnisse erheblich verschoben hat. Diese Lücke ist durch eine entsprechende Anwendung der HöfeO § 12 Abs. 2 S. 3 zu schließen, BGHZ 146, 74 = NJW 2001, 1726; dazu die Anm. von *Rinck*, AgrarR 2001, 111 und *Köhne*, AgrarR 2001, 165.).

26 BGHZ 32, 367, 369; OLG Düsseldorf FamRZ 1996, 1440, 1441; *Meincke*, S. 77; Staudinger/*Herzog* (2021), § 2311 Rn 53; BeckOGK/*Blum/Heuser*, § 2311 Rn 6.

erst in der Person des Erben entstanden ist.[27] Gleiches gilt für Ansprüche des Erblassers auf Rückgabe oder Entschädigung für Grundstücke in der ehemaligen DDR nach dem Vermögensgesetz, wenn der Erbfall nach dem 29.9.1990 eingetreten ist.[28]

Ansprüche aus einer Lebensversicherung gehören zum Nachlass, wenn kein Bezugsbe- 12
rechtigter wirksam benannt ist,[29] oder wenn und soweit sie zur Kreditsicherung unter insoweit teilweisem Widerruf der Bezugsberechtigung an einen Darlehensgeber abgetreten sind.[30] Bei der **Sicherungsabtretung** reduzieren sich entsprechend dem Umfang derselben andererseits die Nachlassverbindlichkeiten; soweit die Abtretung nicht reicht, erwirbt jedoch der Bezugsberechtigte außerhalb des Nachlasses aufgrund des Versicherungsvertrags, da er nur entsprechend dem Sicherungszweck einen Rangrücktritt erleidet; allenfalls bestehen diesbezüglich dann Pflichtteilsergänzungsansprüche.[31]

Nicht anzusetzen sind Nachlassbestandteile, die nur **ideellen Wert** haben.[32] Soweit 13
aber das allgemeine Persönlichkeitsrecht auch kommerzielle Interessen (z.B. die Möglichkeit, den Namen oder das Bild einer bekannten Persönlichkeit zu vermarkten) umfasst,[33] gehen diese vermögenswerten Bestandteile mit dem Erbfall auf den Erben über. Die hiermit verbundene wirtschaftliche Verwertungsmöglichkeit ist in diesem Fall dem Aktivbestand des Nachlasses zuzurechnen. Dasselbe gilt prinzipiell auch für Urheberrechte (§ 28 UrhG),[34] Patente[35] und gewerbliche Schutzrechte.[36]

2. Verbindlichkeiten

Zum für § 2311 BGB relevanten Nachlass zählen nur diejenigen **Schulden**, Lasten und 14
Verpflichtungen, die auch beim Eintritt der gesetzlichen Erbfolge bestehen würden.[37] Daher sind all diejenigen Verpflichtungen, die aus einer testamentarischen Verfügung des Erblassers herrühren, auszuklammern.[38] Anzusetzen sind aber die **Nachlassver-**

27 BGH MDR 1972, 851, 852; BGH FamRZ 1977, 128, 129; BeckOGK/*Blum/Heuser*, § 2311 Rn 57; Staudinger/*Herzog* (2021), § 2311 Rn 56.

28 BGHZ 123, 76, 79 f. = ZEV 1994, 245 m. krit. Anm. *Dieckmann*, ZEV 1994, 198; OLG Düsseldorf FamRZ 1996, 1440, *Fassbender*, DNotZ 1994, 359; *Casimir*, DtZ 1993, 362; *de Leve*, DtZ 1994, 270.

29 BeckOGK/*Blum/Heuser*, § 2311 Rn 20; Staudinger/*Herzog* (2021), § 2311 Rn 51. Zu den Problemen des Widerrufs der Bezugsberechtigung im versicherungsrechtlichen und im Valutaverhältnis zum Drittberechtigten *Schmalz-Brüggemann*, ZEV 1996, 84, 85 ff. und OLG Düsseldorf ZEV 1996, 142 m. Anm. *Klingelhöffer*.

30 BGH NJW 1996, 2230 = ZEV 1996, 263, 264 m. Anm. *Kummer*; BeckOGK/*Blum/Heuser*, § 2311 Rn 21; *Kerscher/Riedel/Lenz*, § 15 Rn 8 (mit Rechenbeispiel); eingehend auch *Riedel*, in: Mayer/Süß/Riedel/Bittler, HB Pflichtteilsrecht, § 5 Rn 20.

31 OLG Düsseldorf FamRZ 1998, 121, Staudinger/*Herzog* (2021), § 2311 Rn 94.

32 Soergel/*Beck*, § 2311 Rn 6; *Kerscher/Riedel/Lenz*, § 7 Rn 3.

33 Vgl. BGH ZEV 2006, 270; BGH ZEV 2004, 323; OLG München GRUR-RR 2002, 341; vgl. auch MüKo/*Lange*, § 2311 Rn 6 m.w.N.; der BGH hat allerdings die Vererblichkeit von Geldentschädigungsansprüchen wegen Verletzung des Persönlichkeitsrechts im Hinblick auf die nach dem Tod des Betroffenen nicht mehr realisierbare Genugtuungsfunktion der Entschädigung ausdrücklich abgelehnt, vgl. BGH BeckRS 2014, 10271.

34 BeckOGK/*Blum/Heuser*, § 2311 Rn 39 m.w.N.

35 BeckOGK/*Blum/Heuser*, § 2311 Rn 41.

36 BGH NJW 2000, 2201 = GRUR 2000, 715 m. Anm. *Chr. Wagner* = ZEV 2000, 326, 327 m. Anm. *Klingelhöffer* („Der blaue Engel"); BeckOGK/*Blum/Heuser*, § 2311 Rn 42.

37 OLG München BeckRS 2012, 8586; OLG Hamm FamRZ 2014, 1149; OLG Hamm BeckRS 2012, 19402; RGRK/*Johannsen*, § 2311 Rn 4; Soergel/*Beck*, § 2311 Rn 20; Staudinger/*Herzog* (2021), § 2311 Rn 99; BeckOGK/*Blum/Heuser*, § 2311 Rn 61 ff.; Burandt/Rojahn/*Horn*, Erbrecht, § 2311 Rn 27; *Riedel*, in: Mayer/Süß/Riedel/Bittler, HB Pflichtteilsrecht, § 5 Rn 23.

38 OLG Hamburg OLGE 12, 393; BeckOGK/*Blum/Heuser*, § 2311 Rn 81; Staudinger/*Herzog* (2021), § 2311 Rn 105 f.

bindlichkeiten, die im Zeitpunkt des Erbfalls bereits entstanden – mit Ausnahme der persönlichkeitsbezogenen Pflichten, die nicht vererblich sind, –[39] oder wenigstens schon im Keim angelegt waren,[40] und die sich nun gegen den Nachlass richten.[41] Dies sind sowohl die **Erblasser-**[42] als auch die **Erbfallschulden.**[43]

15 Da § 2303 Abs. 1 S. 2 BGB den Pflichtteil als die Hälfte des Werts des gesetzlichen Erbteils definiert, muss für die Bestandsaufnahme unterstellt werden, dass der Pflichtteilsberechtigte im Wege der gesetzlichen Erbfolge selbst Erbe geworden wäre. Alle Verpflichtungen, die ihn bei dieser hypothetischen Betrachtung treffen würden, sind auch bei der Berechnung des Pflichtteils mit zu berücksichtigen.[44] Aus diesem Grunde sind alle vererbbaren[45] und nicht verjährten[46] Schulden zum Nachlassbestand zu zählen, soweit sie i.S.d. § 1967 Abs. 2 BGB vom Erblasser „herrühren" (sog. Erblasserschulden).[47] Wegen **zweifelhafter Verbindlichkeiten** vgl. § 2313 Abs. 2 BGB.

16 Zum Passivbestand gehören auch die sog. Erbfallschulden, also Verpflichtungen, deren Rechtsgrund und Notwendigkeit auf den Erbfall als solchen zurückzuführen ist bzw. die zumindest auch im Interesse des Pflichtteilsberechtigten erfüllt werden oder ihn getroffen hätten, wenn er unbeschränkter und unbeschwerter gesetzlicher Erbe geworden wäre.[48]

3. Konfusion/Konsolidation

17 Forderungen und Verbindlichkeiten des Erblassers, die infolge des Erbfalls durch **Konfusion** bzw. **Konsolidation** erloschen sind, gelten i.R.d. Nachlassbewertung für Zwecke der Pflichtteilsberechnung als nicht erloschen. Auch wenn das Gesetz eine ausdrückliche Regelung dieses Gesichtspunktes nicht enthält, entspricht es der absolut h.M., diese Regel aus dem Rechtsgedanken der §§ 1978, 1991 Abs. 2, 2143, 2175 u. 2377 BGB abzuleiten.[49] Denn Sinn und Zweck des Pflichtteilsrechts ist es gerade, den

---

39 OLG Hamm Rpfleger 1979, 17; OLG München Rpfleger 1987, 109, 110.

40 OLG Saarbrücken ZEV 2020, 767, 770; RG JW 1908, 114; BeckOGK/*Blum/Heuser*, § 2311 Rn 73; MüKo/*Lange*, § 2311 Rn 15, 21.

41 BeckOGK/*Blum/Heuser*, § 2311 Rn 63 ff.; Burandt/Rojahn/*Horn*, Erbrecht, § 2311 Rn 26; Staudinger/*Haas* (2006), § 2311 Rn 27; fällt bspw. eine Ein-Mann-GmbH in den Nachlass, so sind Geschäftsschulden dieser GmbH nicht unmittelbar gegen den Nachlass gerichtet und können daher nicht als Nachlassverbindlichkeiten abgezogen werden; vgl. *Meincke*, S. 124.

42 Burandt/Rojahn/*Horn*, Erbrecht, § 2311 Rn 29.

43 RG JW 1908, 114; Staudinger/*Herzog* (2021), § 2311 Rn 99, 152; Soergel/*Beck*, § 2311 Rn 14; MüKo/*Lange*, § 2311 Rn 21; Burandt/Rojahn/*Horn*, Erbrecht, § 2311 Rn 26; BeckOGK/*Blum/Heuser*, § 2311 Rn 73 ff.

44 OLG Hamm BeckRS 2012, 19402; *Kerscher/Riedel/Lenz*, Pflichtteilsrecht, § 7 Rn 11; MüKo/*Lange*, § 2311 Rn 15; Soergel/*Beck*, § 2311 Rn 12; RGRK/*Johannsen*, § 2311 Rn 4; Staudinger/*Herzog* (2021), § 2311 Rn 56; *Riedel*, in: Mayer/Süß/Riedel/Bittler, HB Pflichtteilsrecht, § 5 Rn 24.

45 MüKo/*Lange*, § 2311 Rn 15; Staudinger/*Herzog* (2021), § 2311 Rn 100.

46 *Lange/Kuchinke*, § 37 VI 7 a: Kann der Erbe die Begleichung der Verbindlichkeit verweigern und macht er hiervon keinen Gebrauch, kann dies nicht zu Lasten des Pflichtteilsberechtigten gehen; noch weitergehend Soergel/*Beck*, § 2311 Rn 42, der verjährte Forderungen als unsinnige Forderungen einordnen will.

47 MüKo/*Lange*, § 2311 Rn 15; Staudinger/*Marotzke* (2015), § 1967 Rn 19–29.

48 Staudinger/*Herzog* (2021), § 2311 Rn 152; MüKo/*Lange*, § 2311 Rn 21; BeckOGK/*Blum/Heuser*, § 2311 Rn 73 ff.

49 BGH NJW 1975, 1123, 1124; BGH NJW 1987, 1260, 1262; BGH NJW 1982, 575, 576; BGH DNotZ 1978, 487, 489; OLG Schleswig ZEV 2013, 86, 87; OLG Frankfurt FamRZ 2014, 1149; OLG Schleswig NJW-RR 2008, 16; OLG Düsseldorf ErbR 2018, 6; *Kipp/Coing*, § 6 II 2; *Dieckmann*, FamRZ 1984, 1980, 1983; Soergel/*Beck*, § 2311 Rn 10; *Schmidt-Kessel*, WM 1988, Beil. 8, S. 15; Staudinger/*Herzog* (2021), § 2311 Rn 73; BeckOGK/*Blum/Heuser*, § 2311 Rn 7; Burandt/Rojahn/*Horn*, Erbrecht, § 2311 Rn 15.

Pflichtteilsberechtigten eine Mindestbeteiligung am Nachlass zu sichern. Sie sollen die Hälfte dessen erhalten, was ihnen zugestanden hätte, wenn die gesetzliche Erbfolge eingetreten wäre. Bei Eintritt der gesetzlichen Erbfolge wären aber die hier in Rede stehenden Forderungen bzw. Verbindlichkeiten nicht durch Konfusion bzw. Konsolidation erloschen, da eine Vereinigung in der Person des Erben dann nicht – jedenfalls nicht in voller Höhe – eingetreten wäre.[50] Dieser Grundsatz gilt selbstverständlich gleichermaßen für Forderungen wie auch Verbindlichkeiten des Erblassers.[51]

4. „Nachlass-Bilanz"

Die anzusetzenden Vermögensgegenstände und Schulden können in einer Art Nachlass-Bilanz[52] dargestellt werden. 18

Aktiva	Passiva
Abfindungsansprüche wegen Ausscheidens aus einer Personengesellschaft[53] und andere gesellschaftsrechtliche Ansprüche	Anspruch des Ehegatten aus gemeinschaftlicher Wirtschaftsführung[54]
Aktienoptionen/Stock-Options (die vom Erben ausgeübt werden können)[56]	Auskunftserteilung nach § 2314 BGB[55] inkl. der Kosten etwaiger Sachverständigengutachten[57]
Ansprüche auf Gehaltsnachzahlungen und Bezüge für den Sterbemonat[58]	Darlehensverbindlichkeiten
Anspruch auf Urlaubsabgeltung[60]	Erblasserschulden[59]
Ansprüche auf wiederkehrende Leistungen[62]	Hinterziehungszinsen[61]
	Kosten der Ermittlung der Gläubiger[63]

50 *Riedel*, in: Mayer/Süß/Riedel/Bittler, HB Pflichtteilsrecht, § 5 Rn 25.

51 Staudinger/*Herzog* (2021), § 2311 Rn 73.

52 Wegen des Begriffs und der Darstellungsweise vgl. *Riedel*, in: Mayer/Süß/Riedel/Bittler, HB Pflichtteilsrecht, § 5 Rn 30.

53 BeckOGK/*Blum/Heuser*, § 2311 Rn 31; Staudinger/*Herzog* (2021), § 2311 Rn 265.

54 *Johannsen*, WM 1973, 541.

55 BGH FamRZ 1989, 1856; Soergel/*Beck*, § 2311 Rn 17; Staudinger/*Herzog* (2021), § 2311 Rn 167 f.; MüKo/*Lange*, § 2311 Rn 21; vgl. auch *Becker/Horn*, ZEV 2007, 62; *Horn*, in: MAH Erbrecht, § 29 Rn 245; a.A. *Tegelkamp*, ZErb 2011, 33.

56 Soweit sie am Stichtag bereits ausübbar oder sogar handelbar sind, sonst nur Berücksichtigung über § 2313 BGB, vgl. unten Rdn 53; vgl. auch BeckOGK/*Blum/Heuser*, § 2311 Rn 88.

57 MüKo/*Lange*, § 2311 Rn 21; *Horn*, in: MAH Erbrecht, § 29 Rn 245.

58 Der Anspruch auf diese Leistungen ist noch in der Person des Erblassers entstanden, er gehört daher zum Nachlass, BeckOGK/*Blum/Heuser*, § 2311 Rn 99.

59 BeckOGK/*Blum/Heuser*, § 2311 Rn 63. Hierzu gehört auch der Bereicherungsanspruch nach § 812 Abs. 1 S. 2 Hs. 2 BGB (condicio ob rem), wenn der Pflichtteilsberechtigte im Hinblick auf eine erwartete, aber ausgebliebene Erbeinsetzung Zuwendungen an den Erblasser erbracht hat; vgl. *Bonefeld*, ZErb 2002, 102; a.A. OLG Karlsruhe ZErb 2002, 100 f. m. krit. Anm. *Bonefeld*.

60 BeckOGK/*Blum/Heuser*, § 2311 Rn 36; der Anspruch ist vererblich, LAG Rheinland-Pfalz v. 17.8.2016 – 4 Sa 533/15, BeckRS 2016, 111713; a.A. BAG NJW 2013, 1980.

61 BeckOGK/*Blum/Heuser*, § 2311 Rn 145.

62 Z.B. Leibrenten mit Mindestlaufzeit, vgl. BeckOGK/*Blum/Heuser*, § 2311 Rn 130; *Riedel*, in: Mayer/Süß/Riedel/Bittler, HB Pflichtteilsrecht, § 5 Rn 30.

63 MüKo/*Lange*, § 2311 Rn 21; *Lange/Kuchinke*, Erbrecht, § 37 VI 7 b; Soergel/*Beck*, § 2311 Rn 17; Staudinger/*Herzog* (2021), § 2311 Rn 160; BeckOGK/*Blum/Heuser*, § 2311 Rn 64.

Aktiva	Passiva
Ansprüche nach VermG[64] Ansprüche gegen die **(private) Krankenversicherung**[66] Ansprüche aus Zonenschäden[68] Abfindungsanspruch aus der Auflösung einer Ehegatten-Innengesellschaft[71] Bankguthaben[73] (auf gemeinsamen Konten zu 50 %)[75] Bargeld[76]	Kosten der Leichenschau[65] Kosten des Aufgebots der Nachlassgläubiger[67] Kosten der angemessenen Beerdigung[69] und Grabstätte[70] Kosten des Erbscheinsverfahrens[72] einschließlich Rechtsanwaltsgebühren[74] Kosten der Inventarerrichtung, §§ 1993 ff. BGB[77]

64 Voraussetzung ist, dass der Erbfall nach dem 29.9.1990 eingetreten ist und der Anspruch auf Umständen beruht, die vor dem Tod des Erblassers eingetreten sind, Staudinger/*Herzog* (2021), § 2311 Rn 56; vgl. auch BeckOGK/*Blum/Heuser*, § 2311 Rn 125; *Johannsen*, WM 1973, 541; Grüneberg/*Weidlich*, § 2311 Rn 2.

65 *Horn*, in: MAH Erbrecht, § 29 Rn 241 m.w.N.

66 Diese können ggf. mit korrespondierenden Passivposten zu saldieren sein, vgl. BeckOGK/*Blum/Heuser*, § 2311 Rn 92; Staudinger/*Herzog* (2021), § 2311 Rn 49, 152.

67 Staudinger/*Herzog* (2021), § 2311 Rn 160; Soergel/*Beck*, § 2311 Rn 17.

68 Allerdings nur unter der Voraussetzung, dass der anspruchsbegründende Schaden noch vor dem Erbfall eingetreten ist, BGH MDR 1972, 851, 852 = FamRZ 1977, 128, 129; Staudinger/*Herzog* (2021), § 2311 Rn 65.

69 Abzugsfähig sind die Kosten einer standesgemäßen Beerdigung des Erblassers (§ 1968 BGB), RG JW 1908, 114; LG Rottweil v. 5.2.2004 – 2 O 186/03, BeckRS 2004, 10336; Soergel/*Beck*, § 2311 Rn 17; MüKo/*Lange*, § 2311 Rn 21; nicht aber die laufenden Grabpflegekosten (vgl. unten Rdn 53).

70 MüKo/*Lange*, § 2311 Rn 21; BeckOGK/*Blum/Heuser*, § 2311 Rn 74, 137; Staudinger/*Herzog* (2021), § 2311 Rn 154; nicht aber Grabpflegekosten, vgl. OLG Schleswig ZEV 2010, 196; *Horn*, in: MAH Erbrecht, § 29 Rn 206.

71 Sofern die Ehegatten eine sog. Ehegatten-Innengesellschaft zur Erreichung eines „eheübergreifenden Zwecks" bildeten, wird diese Gesellschaft durch den Tod des einen Ehegatten aufgelöst. Ein etwaiger Abfindungsanspruch gegenüber dem überlebenden Ehegatten fällt dann in den Nachlass. Steht hingegen dem Überlebenden ein Abfindungsguthaben zu, handelt es sich insoweit um eine Nachlassverbindlichkeit, BGH NJW 1982, 99; zur Ehegatten-Innengesellschaft vgl. OLG München v. 27.2.2009 – 3 U 2427/07, ErbR 2010, 59 f.; *Henrich*, FamRZ 1975, 533; *Diederichsen*, NJW 1977, 217.

72 A.A. LG Ellwangen BeckRS 2024, 36768.

73 BeckOGK/*Blum/Heuser*, § 2311 Rn 7 ff., 48; *Prettl/Lohr/Bringmann*, in: Schlitt/Müller-Engels, Handbuch Pflichtteilsrecht, § 4 Rn 233.

74 Diese sind jedenfalls dann zu passivieren, wenn die Inanspruchnahme des Rechtsanwalts deshalb erforderlich war, weil das Erbrecht des Erben durch den Pflichtteilsberechtigten bestritten wurde; BGH MDR 1980, 831. *Horn*, in: MAH Erbrecht, § 29 Rn 244 m.w.N. Weitergehend LG Neuruppin ErbR 2017, 684 m. Anm. *Horn*; ebenso Staudinger/*Herzog* (2021), § 2311 Rn 60; a.A. BeckOGK/*Blum/Heuser*, § 2311 Rn 81, 142.

75 Vorbehaltlich abweichender Vereinbarung unter den Ehegatten werden Guthaben auf gemeinsamen Konten den Kontoinhabern jeweils zur Hälfte zugerechnet, DIV-Gutachten ZfJ 1992, 533, 534; *Horn*, in: MAH Erbrecht, § 29 Rn 228; Staudinger/*Herzog* (2021), § 2311 Rn 62 f.; *Riedel*, in: Mayer/Süß/Riedel/Bittler, HB Pflichtteilsrecht, § 5 Rn 30.

76 *Horn*, in: MAH Erbrecht, § 29 Rn 192.

77 RG JW 1906, 114; *Lange/Kuchinke*, Erbrecht, § 37 VI 7 b; Staudinger/*Herzog* (2021), § 2311 Rn 161; BeckOGK/*Blum/Heuser*, § 2311 Rn 74, 161.

Aktiva	Passiva
Beihilfeanspruch[78]	Kosten der Ermittlung des Bestands und des Werts des Nachlasses[80] einschließlich der Kosten eines hierzu geführten Prozesses[82]
Bonusanspruch des Arbeitnehmers[79]	Kosten der Leichenschau[84]
Design[81]	Kosten der Nachlasspflegschaft/Nachlasssicherung[87]
Digitaler Nachlass[83]	Kosten der Nachlassverwaltung[88]
Erbschaft[85]	Kosten der Pflichtteilsberechnung[90]
Gebrauchsmuster[86]	Kosten der Sterbeurkunde[92]
Handelsvertreterausgleichsanspruch, § 89b HGB[89]	vom Erblasser vereinnahmte Mietkautionen
Hausrat[91]	Leistungspflicht aus Schenkungsversprechen[95]
Kapitalgesellschaftsanteile[93]	
Kleidung[94]	

78 BVerwG FamRZ 2010, 1436; BeckOGK/*Blum/Heuser*, § 2311 Rn 37; *Bartsch*, ZErb 2013, 253.

79 BeckOGK/*Blum/Heuser*, § 2311 Rn 34, 95 unter Hinweis auf BAG NZA 2009, 783; LAG Düsseldorf BeckRS 2008, 58516.

80 RG JW 1906, 114; MüKo/*Lange*, § 2311 Rn 21; Staudinger/*Herzog* (2021), § 2311 Rn 167; BeckOGK/*Blum/Heuser*, § 2311 Rn 74, 161.

81 Früher „Geschmacksmuster, BeckOGK/*Blum/Heuser*, § 2311 Rn 43 unter Hinweis auf § 29 Abs. 1 DesignG.

82 OLG Hamburg OLGRspr 12, 393, 394; MüKo/*Lange*, § 2311 Rn 21. Allerdings ist in diesem Zusammenhang zu fordern, dass der Erbe den Rechtsstreit tatsächlich im Interesse des Nachlasses führt, vgl. auch Groll/*Rösler*, C VI Rn 48; *Horn*, in: MAH Erbrecht, § 29 Rn 245.

83 BeckOGK/*Blum/Heuser*, § 2311 Rn 45 ff.

84 *Horn*, in: MAH Erbrecht, § 29 Rn 241 m.w.N.

85 Soweit sie angenommen wird. Eine durch den Erben erfolgende Ausschlagung führt allerdings dazu, dass der im Nachlass befindliche Erbanspruch (rückwirkend) entfällt und an seinem Wert auch keinerlei Pflichtteilsansprüche bestehen, vgl. *Heindl*, ZErb 2016, 8, 10; *Brüstle*, BWNotZ 1976, 78, 79; MüKo/*Lange*, § 2311 Rn 10 m.w.N. Ist die Erbschaft überschuldet, hat ein Ansatz zu unterbleiben, eine Passivierung kommt im Hinblick auf die Möglichkeit, sich durch Ausschlagung vor etwaigen Verbindlichkeiten zu schützen, nicht in Betracht, vgl. MüKo/*Lange*, § 2311 Rn 10; Staudinger/*Herzog* (2021), § 2311 Rn 27 ff.

86 BeckOGK/*Blum/Heuser*, § 2311 Rn 42.

87 BeckOGK/*Blum/Heuser*, § 2311 Rn 149.

88 Das gilt jedenfalls, soweit der Pflichtteilsberechtigte an der Sicherung des Nachlasses ein Interesse hat, vgl. RG JW 1906, 114; Soergel/*Beck*, § 2311 Rn 17; *Lange/Kuchinke*, Erbrecht, § 37 VI 7 b; MüKo/*Lange*, § 2311 Rn 19; a.A. Staudinger/*Herzog* (2021), § 2311 Rn 163.

89 Mit dem Tod des Handelsvertreters geht der Anspruch auf den/die Erben über, vgl. Hopt/*Hopt*, HGB, § 89b Rn 9.

90 BGH NJW 1975, 258, 259.

91 BeckOGK/*Blum/Heuser*, § 2311 Rn 104.

92 LG Ellwangen BeckRS 2024, 36768.

93 BeckOGK/*Blum/Heuser*, § 2311 Rn 23.

94 BeckOGK/*Blum/Heuser*, § 2311 Rn 111.

95 Die beim Erbfall noch nicht vollzogen, aber an keine Überlebensbedingung geknüpft sind, vgl. *Horn*, in: MAH Erbrecht, § 29 Rn 240.

Aktiva	Passiva
Kraftfahrzeug[96]	Nachabfindungsverpflichtung nach § 13 HöfeO[98]
Krypto-Assets[97]	Nachehelicher Unterhalt[100]
Kunst[99]	Nachvermächtnis (§ 2191 BGB) und aufschiebend bedingtes Herausgabevermächtnis[102]
Lastenausgleich für Vertreibungs- und Zonenschäden[101]	Prozesskosten[104]
Lebensversicherung[103]	Rechtsanwaltskosten[106]
(vereinnahmte) Mietkautionen[105]	Reisekosten[108]
Mietvorauszahlungen[107]	

96 BeckOGK/*Blum/Heuser*, § 2311 Rn 108; vgl. auch Staudinger/*Herzog* (2021), § 2311 Rn 63 zur Bedeutung der Zulassungsbescheinigung Teil 2 als Indiz für die Eigentumsverhältnisse.

97 BeckOGK/*Blum/Heuser*, § 2311 Rn 48 ff.; *Blum*, in: Schlitt/Müller-Engels, Handbuch Pflichtteilsrecht, § 3 Rn 42e ff.; *Medler*, ZEV 2020, 262, 264.

98 Im Falle der Weiterübertragung des Hofes durch den Hofnachfolger. Soweit bei der Übertragung Altenteiler-Leistungen vereinbart wurden, können diese gegenüber dem Pflichtteilsberechtigten nur in dem Umfang berücksichtigt werden, in dem sie auch bei gesetzlicher Erbfolge angefallen wären, vgl. OLG Celle BeckRS 2014, 09010; Staudinger/*Herzog* (2021), § 2311 Rn 142.

99 BeckOGK/*Blum/Heuser*, § 2311 Rn 110.

100 Allerdings maximal in Höhe des fiktiven Pflichtteils des geschiedenen Ehegatten (§ 1586b BGB), Damrau/Riedel/*Riedel*, § 2311 Rn 19; BeckOGK/*Blum/Heuser*, § 2311 Rn 158; vgl. hierzu auch *Brocker*, NZFam 2014, 980, 981.

101 Wie Lastenausgleichsansprüche für Schäden, die bereits vor dem Erbfall eingetreten sind; BGH MDR 1972, 851, 852; BGH FamRZ 1977, 128, 129; MüKo/*Lange*, § 2311 Rn 11.

102 BGH MDR 1972, 851, 852; BGH FamRZ 1977, 128, 129. BeckOGK/*Blum/Heuser*, § 2311 Rn 159; Staudinger/*Herzog* (2021), § 2311 Rn 145; Mit diesen Verpflichtungen war bereits der Erblasser aufgrund eines von einem Dritten stammenden früheren erbrechtlichen Erwerbs belastet, vgl. auch Burandt/Rojahn/*Horn*, Erbrecht, § 2311 Rn 29; *Hölscher*, ZEV 2011, 569; *Hartmann*, ZNotP 2012, 371, 373; *Watzek*, MittRhNotK 1999, 37, 42. A.A. wohl *Zawar*, Das Vermächtnis in der Kautelarjurisprudenz, 1983, S. 61. Fiel das Vermächtnis dem Vermächtnisnehmer noch nicht an, kann dies zweifelhaft sein. – Anders liegt es, wenn der Erblasser selbst erst ein Vermächtnis anordnet.

103 Dies gilt nur, wenn nicht ausdrücklich ein Bezugsberechtigter benannt oder die Lebensversicherung vom Erblasser sicherungshalber abgetreten worden war; BeckOGK/*Blum/Heuser*, § 2311 Rn 114; MüKo/*Lange*, § 2311 Rn 12.

104 Hierunter sind lediglich die Kosten zu verstehen, die durch nicht mutwillig im Interesse des Nachlasses geführte Prozesse entstehen; OLG Hamburg OLGRspr 12, 393, 394; Soergel/*Beck*, § 2311 Rn 17; DIV-Gutachten DAVorm 1997, 623, 626. Hierunter fallen ebenfalls die Kosten eines vom Pflichtteilsberechtigten veranlassten Erbprätendentenstreits; BGH MDR 1980, 831; DIV-Gutachten DAVorm 1997, 623, 626; Im Regelfall hat aber der Streit unter Erbprätendenten für den Pflichtteilsberechtigten keine Bedeutung; die entsprechenden Kosten sind dann für die Pflichtteilsberechnung irrelevant, Staudinger/*Herzog* (2021), § 2311 Rn 119.

105 Diese sind sowohl auf der Aktivseite als auch – wegen der Rückzahlungsverpflichtung – als Passiva anzusetzen. A.A. BGH NJW 1993, 131, der einen Ansatz komplett ablehnt, ebenso Staudinger/*Herzog* (2021), § 2311 Rn 71.

106 Im Zusammenhang mit der Auskunftserteilung nach § 2314 BGB, OLG Oldenburg ErbR 2018, 533, 534, und zwar nicht nur Kosten nach RVG, sondern auch angemessene Zeithonorare, vgl. auch *Horn*, in: MAH Erbrecht, § 29 Rn 245; *Becker/Horn*, ZEV 2007, 62, 63.

107 Groll/*Rösler*, C VI 44 Fn 10.

108 Zum Zweck der Erfüllung des Auskunftsanspruchs nach § 2314 BGB, OLG Oldenburg ErbR 2018, 533, 534, und zwar nicht nur einmalige, vgl. hierzu *Horn*, in: MAH Erbrecht, § 29 Rn 245; *Tegelkamp*, ZErb 2011, 33, 37; Grüneberg/*Weidlich*, § 2314 Rn 18.

Aktiva	Passiva
Münzen[109] Namensrecht[110] und Recht am eigenen Bild[111] Patente[113] Personengesellschaftsanteil[115] (derivativer) Pflichtteilsanspruch[117] Regressansprüche wegen Vollmachtsmissbrauch[119] Rückgabe- oder Entschädigungsansprüche für Grundstücke in der ehemaligen DDR[122]	Rückforderungsanspruch des Sozialhilfeträgers[112] Steuerschulden[114] sowie damit zusammenhängende Steuerberatungskosten[116] Testamentsvollstreckungskosten[118] Verbindlichkeit aus darlehensweise gewährtem Unterhalt[120] Unterhaltsverbindlichkeiten,[121] z.B. gegenüber dem nichtehelichen Kind[123]

109 BeckOGK/*Blum/Heuser*, § 2311 Rn 102.

110 BGH NJW 2000, 2195 und NJW 2000, 2201; BeckOGK/*Blum/Heuser*, § 2311 Rn 32; Staudinger/*Herzog* (2021), § 2311 Rn 43; Burandt/Rojahn/*Horn*, Erbrecht, § 2311 Rn 21.

111 BeckOGK/*Blum/Heuser*, § 2311 Rn 32; Nutzungsmöglichkeit für die Dauer von zehn Jahren (§ 22 S. 3 KunstUrhG).

112 Es handelt sich gem. § 102 SGB XII um einen Anspruch gegen den Sozialhilfeempfänger, der demzufolge auch eine Nachlassverbindlichkeit darstellt; Grüneberg/*Weidlich*, § 2311 Rn 4; vgl. auch MüKo/*Lange*, § 2311 Rn 21.

113 BeckOGK/*Blum/Heuser*, § 2311 Rn 41.

114 Auch soweit eine Veranlagung noch nicht stattgefunden hat bzw. noch keine Fälligkeit eingetreten ist; BGH NJW 1993, 131, 132; OLG Hamm ErbR 2017, 638; vgl. auch BeckOGK/*Blum/Heuser*, § 2311 Rn 69, 155; Burandt/Rojahn/*Horn*, Erbrecht, § 2311 Rn 30; *Riedel*, in: Mayer/Süß/Riedel/Bittler, HB Pflichtteilsrecht, § 5 Rn 28; *Horn*, in: MAH Erbrecht, § 29 Rn 237. Der BGH (NJW 1979, 546) hat für den Fall der gemeinsamen Veranlagung entschieden, dass beide Ehegatten die Steuern nicht zwingend gem. § 426 Abs. 1 S. 1 BGB zu gleichen Teilen zu tragen hätten. Dies ergebe sich nicht zuletzt aus der güterrechtlichen Beziehung der Ehegatten zueinander. Denn ebenso wie das Vermögen seien im gesetzlichen Güterstand der Zugewinngemeinschaft auch die Schulden getrennt zu behandeln. Deshalb hat jeder Ehegatte für die auf seine Einkünfte entfallenden Steuern selbst aufzukommen. Nachlassverbindlichkeiten stellen daher nur diejenigen Steuern dar, für die der Erblasser im Innenverhältnis aufzukommen hat, BGHZ 73, 29 = NJW 1979, 546, 548; OLG Düsseldorf FamRZ 1988, 951; Groll/*Rösler*, C VI Rn 59.

115 Soweit vererblich, BeckOGK/*Blum/Heuser*, § 2311 Rn 26.

116 BeckOGK/*Blum/Heuser*, § 2311 Rn 155.

117 Staudinger/*Herzog* (2021), § 2311 Rn 45; zu Unrecht teilweise streitig, da der Pflichtteilsanspruch ab seiner Entstehung vererblich ist (§ 2317 Abs. 2 BGB), vgl. hierzu BeckOGK/*Blum/Heuser*, § 2311 Rn 60 m.w.N.

118 Dies gilt nur, soweit die Testamentsvollstreckung für den Pflichtteilsberechtigten von Vorteil war, z.B. weil dadurch Kosten der Nachlasssicherung erspart wurden; BGHZ 95, 222, 228; vgl. auch BGH NJW 1988, 136, 137; Grüneberg/*Weidlich*, § 2311 Rn 4; Soergel/*Beck*, § 2311 Rn 17; Staudinger/*Herzog* (2021), § 2311 Rn 111 m.w.N.

119 Durch einen vom Erblasser – z.B. im Rahmen einer Vorsorgevollmacht – Bevollmächtigten, vgl. *Horn/Schnabel*, NJW 2012, 3473; *Horn*, in: MAH Erbrecht, § 29 Rn 228; das kann auch gelten, wenn der Erbe selbst Bevollmächtigter war, vgl. OLG Schleswig ZEV 2013, 86, 87; vgl. auch *Horn*, ZEV 2016, 373.

120 Z.B. nach SGB II oder SGB XII, vgl. Staudinger/*Herzog* (2021), § 2311 Rn 155.

121 BeckOGK/*Blum/Heuser*, § 2311 Rn 60; nach Ansicht von *Lange/Kuchinke*, Erbrecht, § 37 Fn 308 (aber str.) auch der Anspruch der werdenden Kindesmutter; a.A. insoweit zu Recht *Lange*, der darauf hinweist, dass der Anspruch nach § 1963 BGB durch den Erbfall veranlasst ist und Vermächtnischarakter hat, MüKo/*Lange*, § 2311 Rn 20.

122 Das gilt auch für Erbfälle vor dem 29.9.1990, BeckOGK/*Blum/Heuser*, § 2311 Rn 74; BGH FamRZ 1977, 128 f.; *Fassbender*, DNotZ 1994, 359.

123 BGH NJW 1975, 1123; *Riedel*, in: Mayer/Süß/Riedel/Bittler, HB Pflichtteilsrecht, § 5 Rn 30.

Aktiva	Passiva
Schmuck[124] Steuererstattungsansprüche[126] Surrogate[129] Urheberrechte (§ 28 UrhG)[130] Vermächtnisanspruch[132] Zuschlag in der Zwangsversteigerung[133]	Voraus des Ehegatten,[125] soweit er nicht wirksam entzogen[127] oder ausgeschlagen wurde[128] bzw. Gegenstand eines Verzichts ist Wohngeldschulden[131] Zugewinnausgleichsanspruch des überlebenden Ehegatten (§ 1371 Abs. 2 u. 3 BGB)[134]

5. Anmerkungen zu einzelnen Nachlassaktiva und -passiva

19 Bei einigen der vorgenannten Vermögensgegenstände sind folgende Besonderheiten zu beachten:

a) Erbrechtliche Ansprüche

20 Soweit zum pflichtteilsrelevanten Nachlass erbrechtliche Ansprüche gehören, stellt sich die Frage, ob deren Einbeziehung in die Pflichtteilsberechnung davon abhängen kann, ob der Erbe die zum Nachlass zählende Erbschaft oder das Vermächtnis annimmt oder nicht.
Bislang wurde hierzu überwiegend vertreten, dass die Folgen einer etwaigen Ausschlagung auch der Pflichtteilsberechtigte gegen sich gelten lassen müsse. Sie führe zu einer Minderung des Nachlassbestandes und somit auch zu einer Reduzierung etwaiger Pflichtteilsansprüche.[135] Denn ein striktes Abstellen auf das Stichtagsprinzip würde die Freiheit der Ausschlagungsentscheidung des **Erbeserben** unzulässig beschneiden.

124 BeckOGK/*Blum/Heuser*, § 2311 Rn 120.

125 Soweit die entsprechenden Gegenstände als Aktiva erfasst wurden; vgl. BeckOGK/*Blum/Heuser*, § 2311 Rn 239; Staudinger/*Herzog* (2021), § 2311 Rn 169.

126 Dies gilt sowohl für Erstattungsansprüche, die Veranlagungszeiträume vor dem Todesjahr betreffen, als auch für solche, die das Todesjahr selbst betreffen (Rumpfsteuerjahr), für das von den Erben eine Einkommensteuererklärung abzugeben ist; BeckOGK/*Blum/Heuser*, § 2311 Rn 122; Staudinger/*Herzog* (2021), § 2311 Rn 45. Der Anteil, zu welchem dem jeweiligen Ehegatten der Erstattungsanspruch zusteht, entscheidet grundsätzlich das Verhältnis der steuerpflichtigen Einkünfte zueinander, BeckOGK/*Blum/Heuser*, § 2311 Rn 17, 54; *Horn*, in: MAH Erbrecht, § 29 Rn 228; *Kerscher/Riedel/Lenz*, Pflichtteilsrecht, § 7 Rn 22 Fn 45.

127 Staudinger/*Herzog* (2021), § 2311 Rn 174; BeckOGK/*Blum/Heuser*, § 2311 Rn 240; Grüneberg/*Weidlich*, § 2311 Rn 1.

128 Staudinger/*Herzog* (2021), § 2311 Rn 174.

129 Wie Lastenausgleichsansprüche für Schäden, die bereits vor dem Erbfall eingetreten sind; BGH MDR 1972, 851, 852; BGH FamRZ 1977, 128, 129; Burandt/Rojahn/*Horn*, Erbrecht, § 2311 Rn 14; MüKo/*Lange*, § 2311 Rn 11.

130 BeckOGK/*Blum/Heuser*, § 2311 Rn 39; *Klingelhöffer*, ZEV 1999, 421.

131 Auch Wohngeldschulden, die aus Beschlüssen der Eigentümer nach dem Erbfall herrühren, können Nachlassverbindlichkeiten sein; BayObLGZ 1999, 323 = ZErb 2000, 25 = ZEV 2000, 151.

132 Vgl. MüKo/*Lange*, § 2311 Rn 10. Dieser kann aber durch Ausschlagung mit Wirkung auch gegen den Pflichtteilsberechtigten entfallen, *Heindl*, ZErb 2016, 8, 10.

133 Wenn der Erblasser zu seinen Lebzeiten Zuschlagsberechtigter nach § 81 ZVG geworden ist, ist dieser Vermögenswert bereits vor dem Todesfall in seinem Vermögen angelegt, OLG Düsseldorf FamRZ 1997, 1440, 1441; MüKo/*Lange*, § 2311 Rn 11; Staudinger/*Herzog* (2021), § 2311 Rn 53.

134 BGHZ 37, 58, 64; BGH NJW 1988, 136, 137; MüKo/*Lange*, § 2311 Rn 19; BeckOGK/*Blum/Heuser*, § 2311 Rn 161; Soergel/*Beck*, § 2311 Rn 17; *Lange/Kuchinke*, § 37 VI 7 b; Staudinger/*Herzog* (2021), § 2311 Rn 156; *Horn*, in: MAH Erbrecht, § 29 Rn 238. Dies gilt allerdings nur bei der güterrechtlichen Lösung. Im Falle gleichgeschlechtlicher Lebenspartner, die in Zugewinngemeinschaft (früher: Ausgleichsgemeinschaft) leben, gilt Entsprechendes, vgl. *Riedel*, in: Mayer/Süß/Riedel/Bittler, HB Pflichtteilsrecht, § 5 Rn 30.

135 MüKo/*Lange*, § 2311 Rn 8; Soergel/*Beck*, § 2311 Rn 9; a.A. *de Leve*, ZEV 2010, 75.

Der Erbe müsste die Erbschaft immer annehmen, um den Pflichtteil begleichen zu können.[136] Konsequenterweise sind aber natürlich alle infolge der Ausschlagung eintretenden Rechtsfolgen im Rahmen der Pflichtteilsberechnung zu berücksichtigen: Erlangt der Erbeserbe etwa durch die Ausschlagung seinerseits einen Pflichtteilsanspruch (§§ 2306 Abs. 1 S. 2, Abs. 2, 2307 Abs. 1 S. 1 BGB), ist dessen Wert für die Bemessung des Nachlasses des Erbeserben als Nachlassaktivum zu berücksichtigen. Dasselbe gilt auch für einen etwa bestehenden Pflichtteilsrestanspruch (§ 2305 BGB).[137] Wird der Pflichtteilsberechtigte durch die Ausschlagung des Erbeserben selbst Erbe nach dem Erstverstorbenen, so kürzt der Wert dieser Erbschaft den Pflichtteilsanspruch bezüglich des dem Erbeserben zugefallenen Nachlasses.[138]
Allerdings werden auch diese Pflichtteilsansprüche des Erblassers bislang überwiegend als nicht im Nachlassbestand zu erfassende höchstpersönliche Rechte angesehen.[139]
Letzteres ist allerdings insbesondere durch der Entscheidung des BFH,[140] Pflichtteils- 21
ansprüche des Erblassers in jedem Fall bei der Bestimmung der erbschaftsteuerlichen Bemessungsgrundlage berücksichtigen zu wollen, zu Recht ins Wanken geraten.
Dogmatisch kann nämlich kein Zweifel bestehen, dass der Pflichtteilsanspruch (ebenso wie Erb- bzw. Vermächtnisansprüche) mit dem Tod des (ihn auslösenden) Erblassers entsteht (§ 2317 BGB), so dass er automatisch in das Vermögen des Pflichtteilsberechtigten eingegliedert wird – unabhängig davon, ob dieser dies wünscht oder eine Geltendmachung beabsichtigt.
Konsequenterweise muss der Anspruch im Falle des Todes des (ursprünglichen) Erben/Vermächtnisnehmers/Pflichtteilsberechtigten auch zu dessen Nachlass gehören.[141] Schlägt dieser aus, verzichtet er auf die Geltendmachung oder erlässt er den Anspruch ausdrücklich oder durch Verjähren-Lassen, bildet dies jeweils eine (unentgeltliche) Zuwendung an den bzw. die verpflichteten Erben (was potenziell Pflichtteilsergänzungsansprüche auslösen kann).[142]
Dass insoweit eine Friktion gegenüber dem Erbschaftsteuerrecht besteht, weil dieses die Ausschlagung nicht besteuert bzw. die Nicht-Geltendmachung des Pflichtteils ausdrücklich von der Besteuerung ausnimmt (§ 13 Abs. 1 Nr. 11 ErbStG) und auch die Steuer auf den Pflichtteil erst mit dessen Geltendmachung entstehen lässt (§ 3 Abs. 1 Nr. 1 ErbStG), ändert an der zivilrechtlichen Situation nichts.[143]

b) Ansprüche aus dem Steuerschuldverhältnis

Ansprüche auf **Steuererstattungen**[144] fallen insgesamt in den Nachlass, wenn nur der 22
Erblasser steuerpflichtige Einkünfte hatte.
Spiegelbildlich zählen zu den Nachlassverbindlichkeiten auch die rückständigen **Steuerschulden** des Erblassers, auch soweit sie noch nicht fällig oder auch noch nicht

136 *Brüstle*, BWNotZ 1976, 78; *Lange/Kuchinke*, § 37 Fn 315; MüKo/*Lange*, § 2311 Rn 8; Grüneberg/*Weidlich*, § 2311 Rn 2; Soergel/*Beck*, § 2311 Rn 9; Staudinger/*Herzog* (2021), § 2311 Rn 27. A.A. *Meincke*, S. 234; *Planck/Greiff*, § 2311 Anm. 2 b; *de Leve*, ZEV 2010, 75.
137 Staudinger/*Herzog* (2021), § 2311 Rn 33.
138 Vgl. Bsp. bei *Riedel*, in: Mayer/Süß/Riedel/Bittler, HB Pflichtteilsrecht, § 5 Rn 16.
139 BeckOGK/*Blum/Heuser*, § 2311 Rn 50; *Heindl*, ZErb 2016, 8.
140 BFH ZEV 2017, 283, 284 m. Anm. *Wachter*; krit. *Crezelius*, ZErb 2002, 142.
141 Ebenso *Schindler*, ZEV 2018, 60.
142 Vgl. *Schindler*, ZEV 2018, 60, 62 ff.
143 Ebenso *Schindler*, ZEV 2018, 60, 66.
144 *Horn*, in: MAH Erbrecht, § 29 Rn 237.

veranlagt sind.[145] Dasselbe gilt für hiermit zusammenhängende Steuerberatungskosten und Zinsen, insbesondere Hinterziehungszinsen,[146] die bis zum Todestag verwirkt wurden. Bei Zusammenveranlagung des Erblassers mit seinem Ehegatten (§ 26 EStG) haften beide im Außenverhältnis als Gesamtschuldner.

23 Haben beide Ehegatten verdient, so wird empfohlen, eine Aufteilung nach dem Verhältnis der steuerpflichtigen Einkünfte vorzunehmen.[147] Richtiger ist es jedoch, die Aufteilung nach dem Verhältnis der Steuerbeträge vorzunehmen, die bei getrennter Veranlagung angesetzt worden wären (analog der Behandlung bei getrennter Veranlagung während der Trennung).[148] Denn nur so werden die unterschiedlichen subjektiven Umstände (Werbungskosten, Altersfreibeträge) und die Progressionswirkung des Einkommensteuertarifs hinreichend berücksichtigt.

24 Ein nach § 10d EStG abziehbarer steuerlicher Verlustvortrag des Erblassers gehört nach neuer Rechtsprechung nicht zum Nachlass. Der Erbe bzw. die Erben können ihn nicht bei ihrer eigenen Einkommensteuer geltend machen.[149] Vor diesem Hintergrund sind Verlustvorträge des Erblassers auch beim Pflichtteil nicht zu berücksichtigen. Bereits früher war ein Verlustabzug durch den Erben nicht in Betracht gekommen, wenn dieser die Haftung auf den Nachlass beschränkt hatte.

c) Voraus und Zugewinnausgleich

25 Bei der Behandlung des Ehegattenvoraus (§ 1932 BGB) ist danach zu unterscheiden, um wessen Pflichtteilsanspruch es geht:

Der **Voraus** des überlebenden Ehegatten geht bei gesetzlicher Erbfolge (§ 1932 BGB) den **Pflichtteilsansprüchen von Abkömmlingen und Eltern** vor (Abs. 1 S. 2).[150] Dadurch soll der überlebende Ehegatte geschützt werden. Der Pflichtteil wird dann also aus dem übrigen Nachlass berechnet, was entweder dadurch erreicht wird, dass die Voraus-Gegenstände nicht als Aktiva erfasst werden[151] (dann auch keine Passivierung der Weitergabeverpflichtung), oder dadurch, dass ein Ansatz sowohl auf der Aktiv- als auch auf der Passiv-Seite erfolgt.[152] Daher sind die zum Voraus gehörenden Nachlassgegenstände als Passivposten zu berücksichtigen. Das kann u.U. zu einer erheblichen **Reduktion der Pflichtteilsbelastung** führen. Voraussetzung ist allerdings, dass dem überlebenden Ehegatten der Voraus tatsächlich **„gebührt“**. Das ist nicht der Fall, wenn der Erblasser seinem Ehegatten den Pflichtteil oder auch nur den Voraus wirksam entzogen hat oder wegen einer Erbunwürdigkeit kein Anspruch auf den Voraus besteht[153] oder weil er wirksam verzichtet hat,[154] wohl aber, wenn der Voraus ausgeschlagen wurde.[155]

---

145 BGH NJW 1993, 131, 132; BeckOGK/*Blum/Heuser*, § 2311 Rn 59; Staudinger/*Haas* (2006), § 2311 Rn 32; Soergel/*Beck*, § 2311 Rn 15; *Horn*, in: MAH Erbrecht, § 29 Rn 237; RGRK/*Johannsen*, § 2311 Rn 5.

146 BeckOGK/*Blum/Heuser*, § 2311 Rn 59.

147 BeckOGK/*Blum/Heuser*, § 2311 Rn 19; Staudinger/*Herzog* (2021), § 2311 Rn 54 m.w.N.

148 Vgl. BGH v. 31.5.2006 – XII ZR 111/03, DStR 2006, 1455; OLG Braunschweig v. 6.10.2016 – 13 UF 166/14, BeckRS 2016, 114230; AG Oranienburg v. 29.6.2021 – 40 F 43/20, BeckRS 2021, 44592.

149 BFH v. 17.12.2007 – GrS 2/04, BStBl II 2008, 608.

150 Dazu Grüneberg/*Weidlich*, § 2311 Rn 1; eingehend Staudinger/*Herzog* (2021), § 2311 Rn 169; BeckOGK/*Blum/Heuser*, § 2311 Rn 239.

151 So *Erle*, FamRZ 2018, 1885, 1886.

152 BeckOGK/*Blum/Heuser*, § 2311 Rn 239.

153 BeckOGK/*Blum/Heuser*, § 2311 Rn 240.

154 Staudinger/*Herzog* (2021), § 2311 Rn 174.

155 Allg. M., Staudinger/*Herzog* (2021), § 2311 Rn 175 m.w.N.; Staudinger/*Haas* (2006), § 2311 Rn 43 m.w.N.

Wird der überlebende Ehegatte kraft gewillkürter Erbfolge Allein- oder Miterbe, kommt ihm die Vergünstigung des Abs. 1 S. 2 nach h.M. ebenfalls nicht zugute, da § 1930 BGB an die gesetzliche Erbfolge anknüpft.[156] Der BGH verweist aber den Ehegatten auf die isolierte Ausschlagung der gewillkürten Erbschaft mit Annahme der gesetzlichen Erbfolge (§ 1948 Abs. 1 BGB).[157] Jedoch ist dies nicht unproblematisch:[158] Die gesetzliche Erbfolge kommt nur zum Zuge, wenn bezüglich der gewillkürten weder eine (ausdrückliche, konkludente oder gesetzliche, § 2069 BGB) Ersatzerbenbestimmung noch wenigstens eine Anwachsung eintritt. Dabei ist zu beachten, dass etwa bei einem Berliner Testament (§ 2269 BGB) die Schlusserbeneinsetzung auch als Ersatzerbenbestimmung auf den Tod des Erstversterbenden angesehen werden kann.[159]

Zu berücksichtigen ist auch, dass nur beim Pflichtteil der Eltern der **volle Voraus** 26 abgezogen werden kann, bei Abkömmlingen aber nur der zur angemessenen Haushaltsführung benötigte, sog. **kleine Voraus** (§ 1932 Abs. 1 S. 2 BGB).[160] Wie groß dieser tatsächlich ist, bestimmt sich nach den Verhältnissen des Einzelfalls[161] und lässt sich nicht eindeutig vorausbestimmen.[162] Der Pflichtteil des Ehegatten selbst errechnet sich aber immer aus dem Gesamtnachlass ohne den Voraus.[163]

Auch die **Zugewinnausgleichsforderung** des längerlebenden Ehegatten nach § 1371 27 Abs. 2 und 3 BGB bei der sog. güterrechtlichen Lösung geht dem Pflichtteilsanspruch vor,[164] weil diese während der Ehe gleichsam verdient wurde.[165] Auch wenn sich bei der güterrechtlichen Lösung die Erb- und Pflichtteilsquote der anderen Pflichtteilsberechtigten gegenüber der erbrechtlichen Lösung in der Zugewinngemeinschaftsehe erhöht, schmälert also die **Ausgleichsforderung** den Wert ihrer Pflichtteilsansprüche u.U. erheblich („taktische Ausschlagung"). Jedoch sind bei der Berechnung des güterrechtlichen Zugewinnausgleichs auch die Anrechnungspflichten nach § 1380 BGB zu berücksichtigen. Gleiches gilt bei gleichgeschlechtlichen Lebenspartnern im Vermögensstand der Zugewinngemeinschaft, denn hier gilt § 1371 BGB entsprechend (§ 6 S. 2 LPartG).

Die zum Voraus sowie zum Zugewinnausgleichsanspruch des überlebenden Ehegatten 28 dargestellten Grundsätze gelten in gleicher Weise für den Voraus bzw. den Zugewinnausgleichsanspruch des überlebenden Lebenspartners einer eingetragenen gleichgeschlechtlichen Lebenspartnerschaft.[166] Der eingetragene Lebenspartner wird pflichtteilsrechtlich wie ein Ehegatte behandelt (§ 10 Abs. 6 S. 2 LPartG).[167]

---

156 BGHZ 73, 29 = NJW 1979, 546; OLG Naumburg FamRZ 2001, 1406; Staudinger/*Haas* (2006), § 2311 Rn 42; *Lange/Kuchinke*, Erbrecht, § 37 Fn 252; Staudinger/*Herzog* (2021), § 2311 Rn 171 m.w.N. und kritischer Würdigung, Rn 173; Grüneberg/*Weidlich*, § 2311 Rn 1; RGRK/*Johannsen*, § 2311 Rn 10; *Horn*, in: MAH Erbrecht, § 29 Rn 230. A.A. OLG Kassel Recht 1925, 153 Nr. 463.

157 BGHZ 73, 26, 36.

158 Hierzu und zum Folgenden *v. Dickhuth-Harrach*, in: FS Rheinisches Notariat, 1998, S. 185, 209 f.

159 Dazu etwa OLG Stuttgart v. 16.3.1978 – 8 W 342/77, BeckRS 2013, 14911; OLG Stuttgart BWNotZ 1979, 11 = DNotZ 1979, 615 (LS).

160 BeckOGK/*Blum/Heuser*, § 2311 Rn 239.

161 Burandt/Rojahn/*Horn*, Erbrecht, § 2311 Rn 47.

162 *Gottwald*, § 2311 Rn 18.

163 Grüneberg/*Weidlich*, § 2311 Rn 1; Staudinger/*Herzog* (2021), § 2311 Rn 169.

164 BeckOGK/*Blum/Heuser*, § 2311 Rn 75; Staudinger/*Herzog* (2021), § 2311 Rn 156; *Kurth*, ZErb 2018, 257.

165 BGHZ 37, 58, 64 = NJW 1962, 1719.

166 Staudinger/*Herzog* (2021), § 2311 Rn 156.

167 *Kaiser*, FPR 2005, 286, 287.

d) Darlehensverbindlichkeiten

29 Bei **Darlehen** ist nach der h.M. der Schuldsaldo am Todestag anzusetzen, einschließlich der angefallenen Zinsen.[168] Etwaige Bearbeitungskosten, Vorfälligkeitsentschädigungen und Zinsen, die bis zum nächsten Kündigungstermin entstehen, sind – auch bei Annuitätendarlehen – nicht zu berücksichtigen.[169]

e) Gesamtschulden

30 Bei **gesamtschuldnerischer Haftung**, z.B. von Ehegatten, ist für die Berücksichtigung der Nachlassverbindlichkeiten das Innenverhältnis maßgebend;[170] haftet der Überlebende im Innenverhältnis allein, so ist der Nachlass durch die gesamtschuldnerische Mithaftung nicht belastet und die Verbindlichkeit wird bei der Bewertung des Nachlasses nicht berücksichtigt.[171]

f) Krypto-Assets

31 Nach Auffassung der Bundesregierung gilt der Grundsatz der Universalsukzession (§ 1922 Abs. 1 BGB) „auch für Guthaben in Kryptowährungen, die der Erblasser erworben hatte",[172] sie sind also auch Nachlassbestandteile[173] des Pflichtteilsrechts.[174] Dasselbe gilt auch für (alle) anderen Krypto-Assets,[175] insbesondere Non-Fungible-Tokens (NFTs).[176]

Dessen ungeachtet besteht (auch für den Erben) eine Verfügungsmöglichkeit über Krypto-Assets nur dann, wenn er zum einen von deren Vorhandensein überhaupt weiß und zum anderen im Besitz des sog. Private Key ist.[177] Eine Erfassung im Aktiv-Bestand des Nachlasses setzt daher die Existenz bzw. die Zugriffsmöglichkeit auf den Private Key voraus, da andernfalls bestenfalls ein unsicheres Recht i.S.v. § 2313 Abs. 2 S. 1 BGB vorliegt.[178]

g) Sicherungsrechte

32 Für die Behandlung von **Hypotheken, Sicherungsgrundschulden**, Pfandrechten und Bürgschaften werden zwei unterschiedliche Ansätze vertreten: (1) Die eine Ansicht geht den Weg über § 2313 Abs. 2 BGB und lässt die sich hieraus ergebende Haftungsgefahr zunächst außer Betracht, solange offen ist, ob und in welcher Höhe der Sicherungsgeber in Anspruch genommen wird.[179] Sie muss aber später die Pflichtteilszahlungen wieder korrigieren, wenn es doch zu einer Realisierung der Haftung kommt. (2) Nach der Gegenansicht mindern diese Sicherungsrechte den Nachlasswert, soweit sie valutiert sind.[180] Nach beiden Auffassungen ist aber ein Freistellungsanspruch des

---

168 BeckOGK/*Blum/Heuser*, § 2311 Rn 150; Groll/*Rösler*, C VI Rn 51.
169 BeckOGK/*Blum/Heuser*, § 2311 Rn 66.
170 Staudinger/*Herzog* (2021), § 2311 Rn 137; BeckOGK/*Blum/Heuser*, § 2311 Rn 68.
171 BGH NJW 1979, 546.
172 BReg v. 28.6.2018, BT-Drucks 19/3068, S. 29; vgl. auch MüKo/*Leipold*, § 1922 Rn 19 ff., 25; BeckOGK/*Preuß*, § 1922 Rn 169.
173 Vgl. BGH ZEV 2018, 582; vgl. auch *Loll*, ZEV 2025, 141, 142.
174 BeckOGK/*Blum/Heuser*, § 2311 Rn 45.1.
175 Vgl. insbesondere auch zu den technischen Grundlagen z.B. *Thelen*, RNotZ 2023, 425 ff.
176 Ebenso *Thelen*, RNotZ 2023, 425, 430.
177 *Amend-Traut/Hergenröder*, ZEV 2019, 113, 117; *Medler*, ZEV 2020, 262, 264; *Loll*, ZEV 2025, 141, 143.
178 BeckOGK/*Blum/Heuser*, § 2311 Rn 109.2; *Amend-Traut/Hergenröder*, ZEV 2019, 113, 118; *Loll*, ZEV 2025, 141, 143 m.w.N.
179 Soergel/*Beck*, § 2313 Rn 9; Staudinger/*Herzog* (2021), § 2311 Rn 138; Groll/*Rösler*, C VI Rn 53; vgl. auch RG JW 1906, 114.
180 *Klingelhöffer*, Pflichtteilsrecht, Rn 450.

Sicherungsgebers bei ihm zu aktivieren und unter Berücksichtigung seiner Realisierbarkeit dieser möglichen Haftung gegenüberzustellen ist.[181]

(3) Beide Auffassungen übersehen, dass **zwei verschiedene Fallkonstellationen** zu unterscheiden sind: Soweit die genannten Sicherungsrechte Verbindlichkeiten des Erblassers sichern, entsteht durch die von ihm gestellten Sicherheiten keine neue zusätzliche Minderung des Nachlasswerts, denn die dadurch gesicherten Verbindlichkeiten werden ohnehin wertmindernd passiviert,[182] die akzessorischen Sicherungsrechte können nur in Höhe der tatsächlichen Schuld verwertet werden, bei Sicherungsabtretung, -übereignung und -grundschuld steht einer höheren Verwertung der Rückgewähranspruch aus der Sicherungsabrede gegenüber. Würden sowohl die gesicherten Verbindlichkeiten als auch die dafür gestellten Sicherheiten jeweils gesondert berücksichtigt, so käme es zu einem ungerechtfertigten doppelten Schuldansatz zu Lasten des Pflichtteilsberechtigten. 33

Anders liegt es, wenn **fremde Schulden abgesichert** werden, wobei eine solche getrennte Betrachtung selbst bei Schulden von Ehegatten vorzunehmen ist.[183] Die vorstehend genannten Meinungen diskutieren an sich nur diese Situation. Beide Lösungsansätze erscheinen vertretbar. Die über § 2313 Abs. 2 BGB erscheint systemkonformer, weil sie weitgehend die Einschätzung zukünftiger Entwicklungen vermeidet, belastet jedoch den Sicherungsgeber mit dem Insolvenzrisiko, wenn der Pflichtteilsberechtigte ihm im Rahmen der nach § 2313 BGB vorzunehmenden Ausgleichung das nicht mehr zurückzahlen kann, was er zunächst – wegen der zu optimistischen Einschätzung der Haftungssituation – zu viel erhalten hat. 34

Derselbe Lösungsweg gilt auch für Bürgschaftsverpflichtungen. Eine Passivierung setzt voraus, dass die Inanspruchnahme nicht nur droht bzw. wahrscheinlich ist,[184] sondern (so gut wie) sicher ist. Das gilt spiegelbildlich auch für einen Regressanspruch gegen den eigentlichen Schuldner (soweit dieser überhaupt werthaltig ist).[185]

h Nachvermächtnisse

Zu passivieren und damit wertmindernd anzusetzen sind wohl auch die Ansprüche aus einem mit dem Erbfall fälligen **Nachvermächtnis** (§ 2191 BGB)[186] oder aus einem aufschiebend auf den Tod befristeten Herausgabevermächtnis,[187] mit dem bereits der Erblasser je aufgrund eines von einem Dritten stammenden früheren erbrechtlichen 35

---

181 BeckOGK/*Blum/Heuser*, § 2311 Rn 68; Soergel/*Beck*, § 2311 Rn 9; Staudinger/*Haas* (2006), § 2311 Rn 36.

182 Staudinger/*Herzog* (2021), § 2311 Rn 139; BeckOGK/*Blum/Heuser*, § 2311 Rn 67.

183 Die Besonderheiten bei Verbindlichkeiten im Rahmen einer Gütergemeinschaft sollen im Folgenden allerdings außer Betracht bleiben; hier ist eine mehr gesamtheitliche Betrachtung erforderlich, soweit es sich um Gesamtgutsverbindlichkeiten (§§ 1437, 1459 BGB) handelt; *Riedel*, in: Mayer/Süß/Riedel/Bittler, HB Pflichtteilsrecht, § 5 Rn 47 f.

184 So aber BeckOGK/*Blum/Heuser*, § 2311 Rn 68.

185 BeckOGK/*Blum/Heuser*, § 2311 Rn 68; Staudinger/*Herzog* (2021), § 2313 Rn 23.

186 BeckOGK/*Blum/Heuser*, § 2311 Rn 72; Staudinger/*Herzog* (2021), § 2311 Rn 145; *Balzer*, Vor- und Nachvermächtnis, 2007, Rn 325; *Balzer*, ZEV 2008, 117; *Randt*, BWNotZ 2001, 76.

187 Siehe etwa den Gestaltungsvorschlag Münchener Vertragshandbuch/*Otto*, Bd. 6, Bürgerliches Recht II, Form. XII 6.7.

Erwerbs belastet war.[188] Auch soweit ein Anspruch nach § 528 BGB besteht, ist dieser zu berücksichtigen.[189]

i) Unterhaltsverbindlichkeiten

36 Zu passivieren sind auch die mit seinem Tod noch nicht erloschenen Unterhaltsverbindlichkeiten des Erblassers, etwa gegenüber seinem geschiedenen Ehegatten, trotz ihrer Begrenzung auf den fiktiven Pflichtteil (§ 1586b BGB),[190] auch solche gegenüber der nichtehelichen Mutter nach § 1615k BGB (Entbindungskosten) und auf den laufenden Unterhalt (§ 1615l BGB), und zwar auch dann, wenn der Vater vor Entstehen der Ansprüche verstorben ist.[191]

6. Aufteilung des Vermögens bei Ehegatten

37 War der Erblasser verheiratet bzw. lebte in eingetragener Lebenspartnerschaft, ist zu entscheiden, ob und inwieweit bestimmte Vermögensgegenstände (und Schulden) überhaupt zu seinem Nachlass zu zählen sind. Insoweit sind auch die Auswirkungen des jeweiligen Güterstandes zu beachten. Waren die Eheleute beispielsweise in Gütergemeinschaft verheiratet, so fallen die Vermögensgegenstände des Gesamtguts (§ 1416 BGB) grundsätzlich nur zu 50 % in den Nachlass.[192] Die andere Hälfte gehört nach wie vor dem anderen Ehegatten.[193] Zum Nachlass gehören aber auf jeden Fall das Sonder- und Vorbehaltsgut (§§ 1417 f. BGB).

38 Soweit Gütertrennung oder Zugewinngemeinschaft bestanden, gilt hinsichtlich des Hausrats die in § 1568b BGB[194] enthaltene Vermutung des gemeinschaftlichen Eigentums der Ehegatten für pflichtteilsrechtliche Zwecke ausdrücklich nicht.[195] In der Praxis wird man aber bei Anschaffungen im Verlauf der Ehe grundsätzlich von hälftigem Miteigentum ausgehen können.[196] Es kann aber auch ein Surrogationserwerb nach

---

188 Ebenso BeckOGK/*Blum/Heuser*, § 2311 Rn 71 f.; *Watzek*, MittRhNotK 1999, 37, 42. A.M. wohl *Zawar*, Das Vermächtnis in der Kautelarjurisprudenz, 1983, S. 61. Fiel das Vermächtnis dem Vermächtnisnehmer noch nicht an, kann dies zweifelhaft sein. – Anders liegt es, wenn der Erblasser selbst erst ein Vermächtnis anordnet. Eingehend dazu *J. Mayer*, in: Mayer/Süß/Tanck/Bittler/Wälzholz, HB Pflichtteilsrecht (1. Aufl.), § 12 Rn 24 ff.

189 BeckOGK/*Blum/Heuser*, § 2311 Rn 60; *Riedel*, in: Mayer/Süß/Riedel/Bittler, HB Pflichtteilsrecht, § 5 Rn 45; Groll/*Rösler*, C VI Rn 58; unrichtig *Kerscher/Riedel/Lenz*, § 7 Rn 24 Fn 83 mit der Begründung, dieser Anspruch könne nur vom Schenker selbst geltend gemacht werden; dies übersieht völlig, dass der Anspruch nach § 93 Abs. 1 SGB XII auf den Sozialhilfeträger überleitbar ist und dann von diesem geltend gemacht werden kann. Der Anspruch nach § 528 BGB erlischt jedenfalls dann nicht mit dem Tod des Schenkers, wenn er bereits vor seinem Tod übergeleitet wurde, vgl. BGHZ 96, 380, 383 = NJW 1986, 1606.

190 MüKo/*Lange*, § 2311 Rn 17; *Lange/Kuchinke*, § 37 Fn 308; Soergel/*Beck*, § 2311 Rn 15 Fn 34; a.M. *Probst*, AcP 191 (1991), 138 ff.

191 Soergel/*Beck*, § 2311 Rn 15.

192 Staudinger/*Herzog* (2021), § 2311 Rn 68; BeckOGK/*Blum/Heuser*, § 2311 Rn 15.

193 Vgl. z.B. *Riedel*, in: Mayer/Süß/Riedel/Bittler, HB Pflichtteilsrecht, § 5 Rn 47.

194 Eingefügt durch das Gesetz zur Reform des Zugewinnausgleichs- und Vormundschaftsrechts (BR-Drucks 457/09), in Kraft getreten am 1.9.2009. Die Vorschrift entspricht im Wesentlichen der bis 2009 geltenden Regelung in § 8 HausratsV, vgl. MüKo/*Wellenhofer*, § 1568b Rn. 2.

195 OLG München BeckRS 2008, 4991; BeckOGK/*Blum/Heuser*, § 2311 Rn 12; Staudinger/*Herzog* (2021), § 2311 Rn 62.

196 BeckOGK/*Blum/Heuser*, § 2311 Rn 12; *Riedel*, in: Mayer/Süß/Riedel/Bittler, HB Pflichtteilsrecht, § 5 Rn 48.

§ 1370 BGB[197] vorliegen.[198] Die konkreten Eigentumsverhältnisse sind also jeweils individuell zu prüfen.

Bei während der Ehe angeschafften Kraftfahrzeugen sind die Angaben im Kraftfahrzeugbrief grundsätzlich nicht mehr als bloße Indizien,[199] ein unmittelbarer Rückschluss auf die materielle Rechtslage ist nicht möglich.

Werden bei einer **nichtehelichen Lebensgemeinschaft** Anschaffungen gemacht, so 39
wird grundsätzlich derjenige Eigentümer,[200] der die Sachen erwirbt, sofern kein anderer Wille zum Ausdruck kommt.[201] Miteigentum oder gar Gesamthandseigentum – aufgrund der Annahme einer Gesellschaft – entsteht grundsätzlich nicht.[202] Bei Hausrat und gemeinsam genutzten Gegenständen gilt auch die Vermutung des § 1568b BGB nicht entsprechend, da es gegenüber der Ehe an der rechtlich verbindlichen Verpflichtung zur Lebensgemeinschaft fehlt.[203] Jedoch greift insoweit die Vermutung des § 1006 BGB ein.[204]

Einzelkonten sind prinzipiell dem jeweiligen Inhaber zuzuordnen. Ausnahmsweise 40
kann aber auch im Innenverhältnis zwischen den Eheleuten (oder Lebenspartnern) eine Art Treuhandabrede bestehen oder anderweitig eine gemeinschaftliche Beteiligung vereinbart sein.[205]

Bei gemeinschaftlichen Bankkonten ist maßgeblich auf das Innenverhältnis abzustellen.[206] Die Bezeichnung als „Und-“ oder „Oder“-Konto wirkt nur im Außenverhältnis gegenüber der Bank, hat aber mit der tatsächlichen (internen) Berechtigung an den Einlagen nichts zu tun. Grundsätzlich wird bei Ehegatten[207] ebenso wie bei Partnern einer eheähnlichen[208] Lebensgemeinschaft davon ausgegangen, dass sie zu gleichen Teilen an den Einlagen berechtigt sind (§ 430 BGB).[209] Von diesem Halbteilungsgrundsatz ist nur dann abzuweichen, wenn etwas anderes bestimmt wurde;[210] dies ist aber nicht deswegen anzunehmen, weil die auf das Konto geflossenen Mittel ganz oder überwiegend von einem Kontoinhaber stammen; auch die Gründe für die Errichtung des gemeinschaftlichen Kontos sind ohne Belang.[211] Diese Grundsätze gelten unabhängig vom Güterstand,[212] also auch bei einer **Gütertrennungsehe**. Hier kann die Errichtung eines Gemeinschaftskontos auf eine bewusste Korrektur des gewählten Güter-

197 Die Vorschrift ist für vor dem 1.9.2009 angeschaffte Haushaltsgegenstände nach wie vor anwendbar (Art. 229 § 20 Abs. 1 EGBGB), vgl. MüKo/*Wellenhofer*, § 1568b Rn 35.

198 BGH NJW 1991, 2283; Staudinger/*Herzog* (2021), § 2311 Rn 62; *Riedel*, in: Mayer/Süß/Riedel/Bittler, HB Pflichtteilsrecht, § 5 Rn 48.

199 Vgl. z.B. Staudinger/*Herzog* (2021), § 2311 Rn 63; BeckOGK/*Blum/Heuser*, § 2311 Rn 13, „starkes Indiz“.

200 BeckOGK/*Blum/Heuser*, § 2311 Rn 16.

201 Staudinger/*Herzog* (2021), § 2311 Rn 64; BeckOGK/*Blum/Heuser*, § 2311 Rn 16.

202 *Riedel*, in: Mayer/Süß/Riedel/Bittler, HB Pflichtteilsrecht, § 5 Rn 49.

203 BeckOGK/*Blum/Heuser*, § 2311 Rn 16.

204 BeckOGK/*Blum/Heuser*, § 2311 Rn 16.

205 BeckOGK/*Blum/Heuser*, § 2311 Rn 10.2 unter Hinweis auf BGH NJW 2002, 3702, 3703; BGH NJW 2002, 2347, 2348.

206 BeckOGK/*Blum/Heuser*, § 2311 Rn 16.

207 BGH NJW 1997, 1434; OLG Köln FamRZ 1987, 1139.

208 OLG Celle FamRZ 1982, 63; BGH NJW 2000, 2347; BGH NJW 1997, 1437; BeckOGK/*Blum/Heuser*, § 2311 Rn 9.

209 Staudinger/*Herzog* (2021), § 2311 Rn 65; BeckOGK/*Blum/Heuser*, § 2311 Rn 8.2.

210 Was derjenige, der sich darauf beruft, beweisen muss, vgl. BGH NJW-RR 1993, 2; BGH NJW 1990, 705; BeckOGK/*Blum/Heuser*, § 2311 Rn 9.

211 BGH NJW 1990, 705 = FamRZ 1990, 370, 371.

212 Staudinger/*Herzog* (2021), § 2311 Rn 65.

standes abzielen.[213] Wenn ein Ehegatte auf das gemeinschaftliche Konto mehr einzahlt als der andere, kann darin, soweit die Beiträge nicht zur Wirtschaftsführung der Ehegatten dienen sollen, eine ehebezogene Zuwendung zu sehen sein.[214]

41 Bei einem **Oder-Depot** gilt § 430 BGB nicht;[215] vielmehr sind hier vorrangig sachenrechtliche Grundsätze zu beachten:[216] Für die Eigentumsverhältnisse an depotverwahrten Wertpapieren stellen § 1006 BGB eine Vermutung und § 742 BGB eine schwach ausgeprägte Auslegungsregel auf, die auf eine gleiche Beteiligung hieran hindeuten. Die Vermutung ist aber z.B. widerlegt, wenn das Oder-Depot durch Umwandlung aus einem Einzeldepot entstanden ist.[217]

7. Nicht anzusetzende Vermögensgegenstände, Verbindlichkeiten und Lasten

a) Grundsätze

42 Rechtspositionen, die **nicht vermögensrechtlicher Art** oder nicht vererblich[218] sind, haben auf den Wert des Nachlasses keinen Einfluss. Sie sind daher nicht anzusetzen. Auch Vermögenswerte, die entgegen dem Grundsatz des § 1922 BGB nicht im Wege der Gesamtrechtsnachfolge vom Erblasser auf den Erben übergehen, bleiben unberücksichtigt.

43 Das sind insbesondere Rechtspositionen, die mit dem Tod des Erblassers automatisch – entweder von Gesetzes wegen oder aufgrund einzelvertraglicher Vereinbarung – erlöschen, zählen ebenfalls nicht zum Nachlass.[219] Dies gilt z.B. für den Nießbrauch[220] (§ 1061 S. 1 BGB), für persönliche Dienstbarkeiten (§ 1090 Abs. 2 BGB) oder Wohnrechte[221] (§ 1093 BGB) sowie ebenfalls für aufschiebend bedingt erlassene Darlehensforderungen, wenn die Bedingung der Eintritt des Todes des Gläubigers (Erblassers) ist.[222]

44 Beruht die mangelnde Unvererblichkeit jedoch auf einer **unentgeltlichen rechtsgeschäftlichen Vereinbarung**, wie z.B. auf dem Erlass einer Forderung auf den Erbfall, so ist der **Rechtsgrund** hierfür zu prüfen. Zum einen kommt in Betracht, dass bei einer Schenkung auf den Todesfall (§ 2301 BGB) eine Nachlasszugehörigkeit mangels Vollzugs der Schenkung zu bejahen ist.[223] Andernfalls kann ein Pflichtteilsergänzungsanspruch (§ 2325 BGB) bestehen, wenn eine Schenkung zugrunde liegt.

45 Nicht anzusetzen sind auch solche Vermögenspositionen, die durch Rechtsgeschäft außerhalb der Erbfolge oder kraft Gesetzes auf Dritte übergehen, wie z.B. die aufschiebend auf den Erbfall bedingte Übertragung einer Forderung, die **Nachfolge** in eine **Personengesellschaft** aufgrund einer rechtsgeschäftlichen Nachfolgeklausel,[224] das

---

213 *Haußleiter/Schulz*, III Rn 123.
214 *Gernhuber*, WM 1997, 645, 656.
215 BeckOGK/*Blum/Heuser*, § 2311 Rn 10.
216 BGH NJW 1997, 1434, 1435; BeckOGK/*Blum/Heuser*, § 2311 Rn 10.
217 BGH NJW 1997, 1434.
218 Staudinger/*Herzog* (2021), § 2311 Rn 78; MüKo/*Lange*, § 2311 Rn 8; BeckOGK/*Blum/Heuser*, § 2311 Rn 58.
219 BGH NJW 2004, 1321, 1322; MüKo/*Lange*, § 2311 Rn 10.
220 OLG München Rpfleger 1987, 109, 110; Staudinger/*Herzog* (2021), § 2311 Rn 80; MüKo/*Leipold*, § 1922 Rn 19; BeckOGK/*Blum/Heuser*, § 2311 Rn 58.
221 Ein Dauerwohnrecht nach § 31 Abs. 1 S. 1 WEG ist aber gem. § 33 Abs. 1 S. 1 WEG vererblich, MüKo/*Leipold*, § 1922 Rn 89; Staudinger/*Herzog* (2021), § 2311 Rn 80; BeckOGK/*Blum/Heuser*, § 2311 Rn 58.
222 BGH NJW 1978, 423.
223 Liegt ein lebzeitiger Vollzug vor, ist eine Nachlasszugehörigkeit des Schenkungsgegenstands ausgeschlossen, MüKo/*Lange*, § 2311 Rn 22.
224 Die Beteiligung gehört hier nicht zum Nachlass, vgl. MüKo/*Leipold*, § 1922 Rn 138 m.w.N.

Eintrittsrecht in einen Mietvertrag, § 569a BGB, ein **Vertrag zugunsten Dritter** auf den Todesfall[225] (Lebensversicherung) oder der Anteilserwerb des überlebenden Ehegatten am Gesamtgut bei fortgesetzter Gütergemeinschaft, § 1438 Abs. 1 S. 3 BGB.

b) Lebensversicherungen

Ansprüche auf Lebensversicherungsleistungen gehören im Regelfall, also dann, wenn der Erblasser als Versicherungsnehmer gegenüber der Versicherungsgesellschaft einen sog. Bezugsberechtigten benannt hat, nicht zum Nachlass.[226] Vielmehr erwirbt der Begünstigte unmittelbar einen eigenen Anspruch auf die Versicherungsleistung. Dies gilt selbst dann, wenn im Versicherungsvertrag „die Erben" als Bezugsberechtigte benannt sind.[227] Die Art und Weise der Benennung des Bezugsberechtigten, also im Versicherungsvertrag selbst oder durch letztwillige Verfügung des Versicherungsnehmers (nach § 332 BGB) spielt für die Nachlasszugehörigkeit der Versicherungsleistung keine Rolle.[228] 46

Wurde die Versicherung (ganz oder teilweise) – unter (teilweisem) Widerruf der ursprünglichen Bezugsrechtseinräumung[229] – an einen Gläubiger abgetreten, fällt die spätere Versicherungsleistung (soweit die Abtretung reicht) in den Nachlass.[230] Im Falle der Sicherungsabtretung reduzieren sich allerdings entsprechend deren Umfang auch die Nachlassverbindlichkeiten. Soweit die Versicherungsleistung nicht von der Abtretung erfasst ist, erwirbt der Bezugsberechtigte auch hier außerhalb des Nachlasses aufgrund des Versicherungsvertrages, da er nur entsprechend dem Sicherungszweck (und Umfang) einen Rangrücktritt erleidet.[231] Diesbezüglich bestehen dann allenfalls Pflichtteilsergänzungsansprüche.

c) Vor- und Nacherbschaft

Besondere Beachtung verdient das der Vor- und Nacherbschaft unterliegende Vermögen. War der Erbe zum Vorerben berufen und tritt der Nacherbfall mit seinem Ableben ein, geht das der Vor- und Nacherbschaft unterliegende Vermögen mit seinem Tod auf den Nacherben über.[232] In der Hand des Erblassers bildet(e) es eine Art Sondervermögen, das zwar zu seinen Lebzeiten zustand, aber nicht im Wege der Gesamtrechtsnachfolge auf seine Erben übergehen kann.[233] Die Nacherbschaft fällt dem Nacherben unmittelbar – also außerhalb des Nachlasses des Vorerben – an, § 2106 Abs. 1 BGB. 47

Zum Nachlass des Vorerben können aber sehr wohl Auskunfts-, Herausgabe- sowie Schadensersatzverpflichtungen gem. §§ 2130 ff. BGB gehören.[234] Sie sind ggf. auch Gegenstand der später durchzuführenden Bewertung.[235] 48

---

225 MüKo/*Lange*, § 2311 Rn 12; BeckOGK/*Blum/Heuser*, § 2311 Rn 19; vgl. auch *Horn*, ZErb 2012, 38.

226 BGH ZEV 2010, 305; MüKo/*Lange*, § 2311 Rn 12.

227 OLG Dresden ZEV 2019, 23; BayObLG ZEV 1995, 415 f.; MüKo/*Lange*, § 2311 Rn 12; BeckOGK/*Blum/Heuser*, § 2311 Rn 19; Staudinger/*Herzog* (2021), § 2311 Rn 8 m.w.N.

228 BGHZ 32, 44, 47; BayObLG ZEV 1995, 193; Staudinger/*Herzog* (2021), § 2311 Rn 87.

229 Oder Vereinbarung eines entsprechend zugunsten des Gläubigers wirkenden Rangrücktritts, vgl. MüKo/*Lange*, § 2311 Rn 13.

230 Vgl. BGH NJW 1996, 2230 = ZEV 1996, 263 m. Anm. *Kummer*; OLG Düsseldorf OLGR 1997, 167; *Klingelhöffer*, ZEV 1995, 180 ff.; MüKo/*Lange*, § 2311 Rn 12; BeckOGK/*Blum/Heuser*, § 2311 Rn 21.

231 OLG Düsseldorf FamRZ 1998, 121, Staudinger/*Herzog* (2021), § 2311 Rn 94.

232 *Horn*, in: MAH Erbrecht, § 29 Rn 233.

233 *Riedel*, in: Mayer/Süß/Riedel/Bittler, HB Pflichtteilsrecht, § 5 Rn 57.

234 *Riedel*, in: Mayer/Süß/Riedel/Bittler, HB Pflichtteilsrecht, § 5 Rn 57.

235 *Kerscher/Riedel/Lenz*, Pflichtteilsrecht, § 7 Rn 5; *Riedel*, in: Mayer/Süß/Riedel/Bittler, HB Pflichtteilsrecht, § 5 Rn 57.

49 Tritt der Nacherbfall ausnahmsweise zu einem späteren Zeitpunkt als dem Tod des Vorerben ein, ist die Vorerbschaft aber grundsätzlich vererblich, so dass das mit ihr verbundene Nutzungsrecht am Vorerbenvermögen zum Nachlassbestand gehört und dementsprechend zu bewerten ist.[236]

d) Unbeachtlichkeit der Verbindlichkeit aus der Sicht des Pflichtteilsberechtigten

50 Nicht abzuziehen sind all diejenigen Lasten und Verbindlichkeiten, die den Pflichtteilsberechtigten, wäre er – ohne eine ihn belastende Verfügung von Todes wegen – gesetzlicher Erbe geworden, nicht belasten würden, also vor allem sein eigener Pflichtteilsanspruch.[237] Darüber hinaus erfasst dass Abzugsverbot aber auch sämtliche aus einer Verfügung von Todes wegen resultierenden Verbindlichkeiten[238] (Vermächtnisse,[239] Auflagen, sowie Ansprüche von Erbersatzberechtigten und etwaige Kosten einer Testamentsvollstreckung[240]) einschließlich der durch deren Eröffnung verursachten Kosten.[241] Etwas anderes gilt aber, wenn der Erblasser bereits zu seinen Lebzeiten mit Vermächtnisansprüchen belastet war, die dann nach seinem Tod durch den Erben zu erfüllen sind. Denn diese zählen nicht zu den durch Erblasseranordnungen verursachten Belastungen.[242]

e) Gegenständlich beschränkter Pflichtteilsverzicht

51 Ferner ist auf der Stufe der Erfassung der relevanten Nachlassbestandteile zu berücksichtigen, ob bzw. inwieweit der Erblasser mit dem jeweiligen Pflichtteilsberechtigten einen gegenständlich beschränkten Pflichtteilsverzicht nach § 2346 BGB vereinbart hat.[243] Diejenigen Vermögensgegenstände, die von einem solchen gegenständlich beschränkten Pflichtteilsverzicht erfasst sind, sind ebenfalls auszusondern.

f) Keine Doppelerfassung von Verbindlichkeiten und Lasten

52 Entscheidendes Kriterium für die Berücksichtigung einer Verbindlichkeit ist, dass sie sich gegen den Nachlass als solchen richten muss. Dies kann vor allem in den Fällen zweifelhaft sein, in denen die fragliche Verbindlichkeit in einem engen sachlichen Zusammenhang mit einem in den Nachlass gefallenen Aktivum, insbesondere mit sog. Wirtschafts- oder Sacheinheiten steht. In diesen Fällen stellt sich nämlich die Frage, ob die Verbindlichkeit bereits bei der Bewertung der entsprechenden Aktiva mindernd zu berücksichtigen und daher auf der Passivseite nicht gesondert in Ansatz zu bringen ist,[244] oder ob sowohl die Aktiva als auch die mit ihnen in Zusammenhang stehenden Verbindlichkeiten jeweils in voller Höhe auf der Aktiv- und der Passivseite angesetzt werden sollen.

---

236 *Riedel*, in: Mayer/Süß/Riedel/Bittler, HB Pflichtteilsrecht, § 5 Rn 57.

237 Staudinger/*Herzog* (2021), § 2311 Rn 107; MüKo/*Lange*, § 2311 Rn 22; BeckOGK/*Blum/Heuser*, § 2311 Rn 76; *Kurth*, ZEV 2018, 257, 258.

238 BGH ZErb 2014, 307; Staudinger/*Herzog* (2021), § 2311 Rn 195 f.; Soergel/*Beck*, § 2311 Rn 20; MüKo/*Lange*, § 2311 Rn 12.

239 OLG Düsseldorf ZErb 2018, 104; zur Abgrenzung vgl. BGH ZEV 2012, 167, 168 m. Anm. *Reimann*.

240 Vgl. BGH ZEV 2009, 77, es sei denn, durch sie werden gleichzeitig Kosten für die Nachlassfeststellung bzw. die Sicherung des Nachlasses erspart, MüKo/*Lange*, § 2311 Rn 21 m.w.N.

241 OLG Oldenburg ErbR 2018, 535; OLG Schleswig ZErb 2010, 90, 92; MüKo/*Lange*, § 2311 Rn 22.

242 *Hölscher*, ZEV 2011, 569.

243 MüKo/*Lange*, § 2311 Rn 8; *Kerscher/Riedel/Lenz*, Pflichtteilsrecht, § 7 Rn 9; *Riedel*, in: Mayer/Süß/Riedel/Bittler, HB Pflichtteilsrecht, § 5 Rn 60.

244 Vgl. auch Staudinger/*Herzog* (2021), § 2311 Rn 121 ff.

g) ABC der nicht anzusetzenden Vermögensgegenstände und Verbindlichkeiten

Nicht anzusetzen sind z.B. folgende Vermögens- bzw. Schuldpositionen: 53

- Abfindungsansprüche des Arbeitnehmers[245]
- Aktienoptionen/Stock-Options (die die Erben nicht ausüben können)[246]
- **Altlasten** eines Grundstücks[247]
- Anspruch des Erben nach **§ 2287 BGB**[248]
- Anspruch des Erbersatzberechtigten[249]
- Anteilserwerb des überlebenden Ehegatten am Gesamtgut bei **fortgesetzter Gütergemeinschaft**, § 1483 Abs. 1 S. 3 BGB[250]
- Auflagenverpflichtungen[251]
- Auseinandersetzungsverpflichtung (gegen Miterben)[252]
- **Aufschiebend bedingt** (auf den Tod des Erblassers) erlassene Darlehensschuld[253]
- **Bürgschaftsverpflichtungen**[254]
- **Dreißigster**, § 1969 BGB[255]
- Eintrittsrecht in einen Mietvertrag, § 569a BGB[256]
- **Eintrittsrecht** in eine Personengesellschaft aufgrund gesellschaftsvertraglicher Eintrittsklausel[257]

---

245 Soweit diese gemäß der Abfindungsvereinbarung ratierlich gezahlt werden, um so die wirtschaftliche Existenz nach dem Verlust des Arbeitsplatzes zu sichern; dann keine Vererblichkeit, vgl. LAG Düsseldorf v. 2.5.2007 – 7 Sa 1122/06, BeckRS 2007, 46868; BeckOGK/*Blum/Heuser*, § 2311 Rn 35.

246 BeckOGK/*Blum/Heuser*, § 2311 Rn 60.

247 Diese sind bei Bewertung des Grundstücks zu berücksichtigen, der Ansatz eines gesonderten Passiv-Postens hat nicht zu erfolgen, vgl. BGH, Beschl. v. 21.2.1996 – IV ZB 27/95, n.v.; Staudinger/*Haas* (2006), § 2311 Rn 46.

248 BGH NJW 1989, 2389, 2391; OLG Frankfurt NJW-RR 1991, 1157, 1159; Staudinger/*Herzog* (2021), § 2311 Rn 58; MüKo/*Lange*, § 2311 Rn 11; Soergel/*Beck*, § 2311 Rn 11.

249 MüKo/*Lange*, § 2311 Rn 22.

250 Staudinger/*Herzog* (2021), § 2311 Rn 97.

251 Diese sind gegenüber den Pflichtteilsverbindlichkeiten nachrangig i.S.d. § 327 Abs. 1 Nr. 2, 3 InsO; sie können daher den Pflichtteil nicht schmälern; BGH Rpfleger 1987, 501 = NJW 1988, 136; *Lange/Kuchinke*, Erbrecht, § 37 VI 7 c, d; BeckOGK/*Blum/Heuser*, § 2311 Rn 67; MüKo/*Lange*, § 2311 Rn 22; *Horn*, in: MAH Erbrecht, § 29 Rn 246.

252 Auch die in diesem Zusammenhang anfallenden Kosten einschließlich der Kosten gerichtlicher Auseinandersetzungen oder Kosten für die Erwirkung eines Erbscheins sind nicht abzugsfähig; DIV-Gutachten ZfJ 1992, 92, 93; OLG Stuttgart JABl BW 1978, 76. Gleiches gilt für die Prozessführung unter den Erbprätendenten, denn solche Prozesse sowie deren Ausgang haben auf die Ansprüche des Pflichtteilsberechtigten keinen Einfluss; Soergel/*Beck*, § 2311 Rn 17; Staudinger/*Herzog* (2021), § 2311 Rn 113.

253 BGH NJW 1978, 423.

254 OLG Köln ZEV 2004, 155 f.

255 MüKo/*Lange*, § 2311 Rn 22; Soergel/*Beck*, § 2311 Rn 20; Staudinger/*Herzog* (2021), § 2311 Rn 108.

256 Es handelt sich um eine Vermögensposition, die außerhalb der Erbfolge kraft Gesetzes auf einen Dritten, der nicht notwendigerweise Erbe sein muss, übergeht; Staudinger/*Herzog* (2021), § 2311 Rn 82.

257 Vgl. *Kerscher/Riedel/Lenz*, Pflichtteilsrecht, § 16 Rn 10 ff.

- **Erbschaftsteuer**[258]
- **Gesetzliches Vermächtnis** gem. § 1371 Abs. 4 BGB[259]
- Hinterbliebenenbezüge[260]
- Kosten der Erbauseinandersetzung[261]
- Kosten der **Grabpflege**[262]
- Kosten einer Nachlassinsolvenz[263]
- Kosten der Testamentseröffnung[264]
- Kosten der Testamentsvollstreckung[265]
- Kosten der Verwertung des Nachlasses[266]
- Latente **Ertragsteuern**[267]

---

258 LG Oldenburg ErbR 2018, 533, 535; OLG Hamm ZEV 2018, 211, 214; LG Hagen ZErb 2017, 109, 114; OLG Düsseldorf FamRZ 1999, 1465; *Horn*, in: MAH Erbrecht, § 29 Rn 208. Nicht als Verbindlichkeit anzusetzen sind ebenfalls die auf die Erstellung der Erbschaftsteuererklärung entfallenden Steuerberatungskosten. Die Erbschaftsteuer trifft nämlich nicht den Nachlass als solchen, sondern vielmehr die Erben; OLG Hamm OLGZ 1990, 393, 395; OLG Düsseldorf FamRZ 1999, 1465; Staudinger/*Marotzke* (1996), § 1967 Rn 33; BeckOGK/*Blum/Heuser*, § 2311 Rn 70; Staudinger/*Herzog* (2021), § 2311 Rn 118; MüKo/*Lange*, § 2311 Rn 22; a.A. aber BFH NJW 1993, 350.

259 MüKo/*Lange*, § 2311 Rn 22; BeckOGK/*Blum/Heuser*, § 2311 Rn 67; Soergel/*Beck*, § 2311 Rn 20; Staudinger/*Herzog* (2021), § 2311 Rn 108; *Horn*, in: MAH Erbrecht, § 29 Rn 246.

260 Witwen- bzw. Waisenrenten, die Hinterbliebenen von Beamten und Richtern nach §§ 19 ff. BeamtenVersG i.d.F. vom 24.2.2010 oder von Soldaten nach §§ 56 ff. SoldatenVersG i.d.F. vom 20.8.2021 gewährt werden, entstehen unmittelbar in der Person der Versorgungsempfänger und fallen daher nicht in den Nachlass. Gleiches gilt für Witwen- bzw. Waisengelder, die von der gesetzlichen Rentenversicherung aufgrund des § 46 bzw. § 48 SGB VI gewährt werden.

261 MüKo/*Lange*, § 2311 Rn 20.

262 BGH ZEV 2021, 521, 522; OLG Düsseldorf ZErb 2018, 104, 105; OLG Oldenburg ErbR 2018, 533, 536; OLG Schleswig ZErb 2010, 90 ff.; OLG München ErbR 2010, 59 f.; BeckOGK/*Blum/Heuser*, § 2311 Rn 81; *Horn*, in: MAH Erbrecht, § 29 Rn 244 m.w.N.; a.A. aber *Damrau*, ZEV 2004, 456; *Müller*, DStZ 1999, 905, 908; *ders.*, DStZ 2000, 329, 330; ebenso AG Neuruppin ZEV 2007, 597, jeweils unter Hinweis auf die Abzugsfähigkeit nach § 10 Abs. 5 Nr. 3 ErbStG; vgl. auch LG Heidelberg ZEV 2011, 583. Im Hinblick auf die „sittliche Pflicht", das Grab des Erblassers in ordentlichem Zustand zu halten, ist den Kritikern zuzugeben, dass Grabpflegekosten abzugsfähig sein sollten; nach geltendem Recht sind sie es aber – da keine rechtliche Verpflichtung besteht – nicht. Anders nur, wenn der Erblasser zu Lebzeiten einen entsprechenden Grabpflegevertrag geschlossen und so echte Verbindlichkeiten begründet hat, vgl. BGH NJW 1991, 1885; OLG Schleswig ZErb 2010, 90 ff.; *Schindler*, ZErb 2012, 149, 151.

263 Staudinger/*Herzog* (2021), § 2311 Rn 114; BeckOGK/*Blum/Heuser*, § 2311 Rn 79.

264 OLG Schleswig ZErb 2010, 90; LG Neuruppin ErbR 2017, 684; LG Ellwangen BeckRS 2024, 36768; Staudinger/*Herzog* (2021), § 2311 Rn 164; BeckOGK/*Blum/Heuser*, § 2311 Rn 81; MüKo/*Lange*, § 2311 Rn 22; *Horn*, in: MAH Erbrecht, § 29 Rn 244; Burandt/Rojahn/*Horn*, Erbrecht, § 2311 Rn 42.

265 Es sei denn, sie liegt ausnahmsweise im Interesse des Pflichtteilsberechtigten und/oder sie erspart sonst anfallende Kosten einer Nachlasssicherung, BGH ZEV 2009, 77, 78 m. Anm. *Schindler*; BGHZ 95, 222, 228 = NJW 1985, 2828, 2830; MüKo/*Lange*, § 2311 Rn 22; Staudinger/*Herzog* (2021), § 2311 Rn 111; BeckOGK/*Blum/Heuser*, § 2311 Rn 72; *Horn*, in: MAH Erbrecht, § 29 Rn 243.

266 Die Verwertungskosten sind aber normalerweise im Rahmen der Bewertung des Nachlassgegenstands zu berücksichtigen; Staudinger/*Herzog* (2021), § 2311 Rn 208; BeckOGK/*Blum/Heuser*, § 2311 Rn 69.

267 BGH NJW 1972, 1269; Staudinger/*Herzog* (2021), § 2311 Rn 128; *Riedel*, in: Mayer/Süß/Riedel/Bittler, HB Pflichtteilsrecht, § 5 Rn 62; *Kapp*, BB 1972, 829; *Lorz*, ZErb 2003, 302; *Daragan*, ZErb 2015, 323 ff.; *Horn*, in: MAH Erbrecht, § 29 Rn 237; ebenso wohl auch MüKo/*Lange*, § 2311 Rn 20.

- Lebensversicherung, soweit ein Bezugsberechtigter für die Lebensversicherungssumme benannt ist[268]
- Leistung aufgrund Vertrages zugunsten Dritter auf den Todesfall[269]
- **Nacherbschaft** (nach dem Tod des Vorerben)[270]
- **Negatives Kapitalkonto**[271] (nicht nur bei Abschreibungsgesellschaften)[272]
- Nießbrauchsrecht, § 1061 Abs. 1 BGB[273]
- Persönliche Dienstbarkeit (§ 1090 Abs. 2 BGB)[274]
- Persönlichkeitsrechte[275]
- die Pflichtteilsverbindlichkeit selbst[276]
- Rechtsanwaltskosten zur Regulierung von Pflichtteilsansprüchen[277]
- Rückforderungsanspruch wegen Verarmung des Schenkers[278] oder aus anderen Gründen[279]
- Schenkungen von Todes wegen[280]
- **Sterbegelder**[281]

---

268 *Riedel*, in: Mayer/Süß/Riedel/Bittler, HB Pflichtteilsrecht, § 5 Rn 62; zum Fall, dass „die gesetzlichen Erben" als Bezugsberechtigte benannt sind, vgl. OLG Köln FamRZ 2005, 552, 553.

269 Staudinger/*Herzog* (2021), § 2311 Rn 83 ff.; BeckOGK/*Blum/Heuser*, § 2311 Rn 59.

270 BGH NJW 2002, 672 f.

271 Jedenfalls soweit keine Nachschusspflicht besteht, BeckOGK/*Blum/Heuser*, § 2311 Rn 74.

272 Das Abzugsverbot gilt immer dann, wenn den einzelnen Gesellschafter trotz des negativen Kapitalkontos keine Nachschusspflicht trifft; auch eine Außenhaftung gegenüber den Gläubigern der Gesellschaft besteht in aller Regel nicht, Staudinger/*Herzog* (2021), § 2311 Rn 131. Das negative Kapitalkonto ist aber selbstverständlich im Rahmen der Bewertung des Gesellschaftsanteils zu berücksichtigten, BGH NJW-RR 1986, 226 = FamRZ 1986, 37; BGH NJW-RR 1992, 262.

273 Es handelt sich um ein höchstpersönliches Recht des Erblassers, das von Gesetzes wegen mit seinem Tod erlischt, Staudinger/*Herzog* (2021), § 2311 Rn 80; BeckOGK/*Blum/Heuser*, § 2311 Rn 58; OLG München Rpfleger 1987, 109, 110.

274 Es handelt sich um ein höchstpersönliches Recht des Erblassers, das von Gesetzes wegen mit seinem Tod erlischt, Staudinger/*Herzog* (2021), § 2311 Rn 80; BeckOGK/*Blum/Heuser*, § 2311 Rn 58; OLG München Rpfleger 1987, 109, 110.

275 Die ideellen Bestandteile, denen kein Vermögenswert zukommt, vgl. BGH ZEV 2011, 370, 371; BeckOGK/*Blum/Heuser*, § 2311 Rn 32.2 m.w.N.

276 Die Höhe des Pflichtteilsanspruchs ist ja gerade das Ziel der Nachlassbewertung, Staudinger/*Herzog* (2021), § 2311 Rn 10; MüKo/*Lange*, § 2311 Rn 22; Burandt/Rojahn/*Horn*, Erbrecht, § 2311 Rn 38; BeckOGK/*Blum/Heuser*, § 2311 Rn 76.

277 OLG Düsseldorf ZErb 2018, 104, 105; Staudinger/*Herzog* (2021), § 2311 Rn 162; Burandt/Rojahn/*Horn*, Erbrecht, § 2311 Rn 245.

278 Aufgrund seines Zwecks kann dieser Anspruch grundsätzlich nur vom Schenker selbst, nicht aber von seinen Erben geltend gemacht werden, vgl. OLG Stuttgart BWNotZ 1985, 70; mit gleicher Tendenz in BGH NJW 1995, 2287, 2288; MüKo/*Lange*, § 2311 Rn 14, der zu Recht darauf hinweist, dass der Anspruch mit dem Tod des Schenkers (= Erblassers) erlischt, wenn er nicht bereits geltend gemacht oder abgetreten worden war.

279 Soweit das Recht zum Nachlass gehört; MüKo/*Leipold*, § 1922 Rn 21.

280 Solche Schenkungen, die im Zeitpunkt des Todes nicht bereits vollzogen waren, werden wie Vermächtnisse behandelt, da auf sie gem. § 2301 Abs. 1 BGB die Vorschriften über Verfügungen von Todes wegen anwendbar sind; BeckOGK/*Blum/Heuser*, § 2311 Rn 78.

281 Gem. § 58 SGB V werden zwar die Beerdigungskosten denjenigen Personen erstattet, die sie zu tragen haben, mithin also gem. § 1968 BGB den Erben, jedoch entsteht der Anspruch unmittelbar in der Person der Berechtigten, er gehört daher nicht zum Nachlass des Erblassers. Vgl. auch *Horn*, in: MAH Erbrecht, § 29 Rn 235. Allerdings mindern sie die als Verbindlichkeiten abzuziehenden Beerdigungskosten. Dieselben Grundsätze gelten auch für Sterbegelder nach § 18 BeamtVG oder nach § 99 SGB XIV.

- Steuerliche Verlustvorträge[282]
- Unterhaltsansprüche des Erblassers[283]
- Unterhaltsverpflichtungen gegenüber der werdenden Mutter[284]
- Verjährte Verbindlichkeiten[285]
- Vermächtnisverpflichtungen[286]
- Verpflichtungen aus Erbersatzansprüchen[287]
- **Vorerbenvermögen**[288]
- Wohnrecht (§ 1093 BGB)[289]
- Zugewinnausgleichsforderung[290]

54 Nicht abzugsfähig sind auch die Kosten, die durch eine Nachlassverwaltung bzw. Nachlasssicherung entstehen, von der der Pflichtteilsberechtigte keinen Nutzen hat. Sobald nämlich der Wert der Nachlassgegenstände festgestellt oder geschätzt ist, endet das Interesse des Pflichtteilsberechtigten an einer weiteren Nachlasssicherung; an hiernach eintretenden Wertveränderungen nimmt er ohnehin nicht teil.[291]

III. Bewertung des Nachlasses – Grundsätze

1. Bewertungsziel

a) Gesetzliche Vorgaben

55 Für die Werthaltigkeit des Nachlasses ist der Pflichtteilsberechtigte darlegungs- und beweispflichtig.[292] Umso mehr stellt sich vor diesem Hintergrund die Frage, wie insbesondere der Wert der Nachlassgegenstände zu bestimmen ist.[293] Die vom Gesetzgeber

282 Diese sind nach neuerer BFH-Rspr. grundsätzlich nicht vererblich; vgl. BFH BStBl II 2008, 608 = ZErb 2008, 129; Staudinger/*Herzog* (2021), § 2311 Rn 55; BeckOGK/*Blum/Heuser*, § 2311 Rn 17.

283 Der Unterhaltsanspruch ist ein höchstpersönliches Recht und erlischt daher mit dem Tod des Berechtigten (vgl. §§ 1615, 1360a Abs. 3 BGB); Staudinger/*Herzog* (2021), § 2311 Rn 79.

284 MüKo/*Lange*, § 2311 Rn 22; BeckOGK/*Blum/Heuser*, § 2311 Rn 77; Soergel/*Beck*, § 2311 Rn 15; *Lange/Kuchinke*, Erbrecht, § 37 Fn 308.

285 Staudinger/*Herzog* (2021), § 2311 Rn 101; differenzierend MüKo/*Lange*, § 2311 Rn 18.

286 Diese sind gegenüber den Pflichtteilsverbindlichkeiten nachrangig i.S.d. § 327 Abs. 1 Nr. 2, 3 InsO; sie können daher den Pflichtteil nicht schmälern; BGH Rpfleger 1987, 501 = NJW 1988, 136; LG Bonn ZEV 1999, 154, 155; RGRK/*Johannsen*, § 2311 Rn 7; *Lange/Kuchinke*, Erbrecht, § 37 VI 7 c, d; Staudinger/*Herzog* (2021), § 2311 Rn 108; BeckOGK/*Blum/Heuser*, § 2311 Rn 76; *Horn*, in: MAH Erbrecht, § 29 Rn 246; Burandt/Rojahn/*Horn*, Erbrecht, § 2311 Rn 39.

287 Diese sind gegenüber den Pflichtteilsverbindlichkeiten nachrangig i.S.d. § 327 Abs. 1 Nr. 2, 3 InsO; sie können daher den Pflichtteil nicht schmälern; BGH Rpfleger 1987, 501 = NJW 1988, 136; MüKo/*Lange*, § 2311 Rn 22; *Lange/Kuchinke*, Erbrecht, § 37 VI 7 c, d.

288 Der Vorerbe besitzt das der Vor- und Nacherbschaft unterliegende Vermögen nur für die Dauer der Vorerbschaft; endet die Vorerbschaft mit seinem Tod, fällt das ihr unterliegende Vermögen insgesamt dem Nacherben an, und zwar als vom (ursprünglichen) Erblasser stammend, § 2106 Abs. 1 BGB. Das der Vor- und Nacherbschaft unterliegende Vermögen zählt also mit dem Eintritt des Nacherbfalls nicht mehr zum Vermögen des Vorerben; vgl. auch Staudinger/*Herzog* (2021), § 2311 Rn 90; *Horn*, in: MAH Erbrecht, § 29 Rn 233.

289 Es handelt sich um ein höchstpersönliches Recht des Erblassers, das von Gesetzes wegen mit seinem Tod erlischt, Staudinger/*Herzog* (2021), § 2311 Rn 80; BGH NJW 2004, 1321; OLG München Rpfleger 1987, 109, 110.

290 BeckOGK/*Blum/Heuser*, § 2311 Rn 14; es sei denn, diese wäre schon zu Lebzeiten des Erblassers entstanden bzw. geltend gemacht worden.

291 OLG Hamburg OLGE 12, 393, 394; noch weitergehend Staudinger/*Herzog* (2021), § 2311 Rn 163.

292 Dies gilt auch hinsichtlich des Nichtbestehens substantiiert geltend gemachter Verbindlichkeiten, vgl. OLG Brandenburg ZErb 2009, 187.

293 Vgl. zum Ganzen auch *Horn*, ErbR 2017, 685 ff.

in den §§ 2311, 2312, 2313 BGB niedergelegten Vorgaben sind in weiten Teilen unvollständig.[294]

Der historische Gesetzgeber[295] ging davon aus, der Pflichtteilsberechtigte sei durch den Pflichtteil materiell in Geld so zu stellen, als wäre er mit seiner Pflichtteilsquote Erbe geworden. 56

Konsequenterweise fordern sowohl das BVerfG[296] als auch der BGH[297] grundsätzlich, den Pflichtteilsberechtigten wirtschaftlich so zu stellen, als wenn er zu einem dem Pflichtteil entsprechenden Bruchteil Erbe geworden wäre; das Pflichtteilsrecht stellt also eine Art Abfindung für die enttäuschte Erberwartung dar, die der Pflichtteilsberechtigte aufgrund der Regelungen der gesetzlichen Erbfolge haben durfte.[298] Daher ist es das Ziel der Bewertung, den vollen, wirklichen Wert der einzelnen Nachlassgegenstände und somit des Nachlasses insgesamt zu ermitteln.[299] 57

Vor diesem Hintergrund müssen etwa vom Erblasser getroffene **Wertfestsetzungen** unbeachtlich sein (Abs. 2 S. 2).[300] Das folgt bereits aus der zwingenden Natur des Pflichtteilsrechts. Etwas anderes gilt nur nach Maßgabe des § 2312 BGB bei einem Landgut, bei dem der i.d.R. wesentlich niedrigere Ertragswert (zu den Wertunterschieden zwischen normalem Verkehrswert und landwirtschaftlichem Ertragswert siehe § 2312 Rdn 20 ff.) der Pflichtteilsberechnung zugrunde gelegt werden kann, oder wenn die Voraussetzungen der Pflichtteilsentziehung gegeben wären (§§ 2333 ff. BGB).[301] 58

Davon abgesehen gibt das Gesetz aber keine eindeutige Antwort auf die Frage, wie die Wertermittlung tatsächlich durchzuführen ist.[302] Dies gilt umso mehr, als eine allgemeinverbindliche Wertdefinition nicht existiert[303] – weder in § 2311 BGB noch in anderen heranzuziehenden gesetzlichen Vorschriften. Dessen ungeachtet werden aus dem Kontext der §§ 2311–2313 BGB verschiedene Wertungen des Gesetzgebers deutlich, aus denen sich weitere Grundsätze für die Bewertung des Nachlasses zum Zweck der Pflichtteilsberechnung ableiten lassen.[304] 59

b) Sichtweise der Rechtsprechung

Der BGH umschreibt das pflichtteilsrechtliche Bewertungsziel in mittlerweile als „ständig" zu bezeichnender Rechtsprechung wie folgt:[305] *„Der Pflichtteilsberechtigte ist wirtschaftlich so zu stellen, als sei der Nachlass beim Tod des Erblassers in Geld umgesetzt worden."* 60

---

294 *Riedel*, in: Mayer/Süß/Riedel/Bittler, HB Pflichtteilsrecht, § 5 Rn 64.

295 Vgl. Motive zu dem Entwurfe eines Bürgerlichen Gesetzbuches für das Deutsche Reich, Band V, Amtliche Ausgabe, (Mot. V), § 1986, S. 407: *„daß der Pflichttheilsberechtigte durch den Pflichttheil materiell in Geld soviel erhalten soll, wie er erhalten haben würde, wenn er zu dem dem Pflichttheile entsprechenden Bruchtheile Erbe wäre".*

296 BVerfG NJW 1988, 2723, 2724.

297 BGH NJW-RR 1991, 900, 901; BGH NJW 1954, 1764, 1765; BGHZ 7, 134, 138.

298 *Riedel*, in: Mayer/Süß/Riedel/Bittler, HB Pflichtteilsrecht, § 5 Rn 65.

299 BGH LM § 2311 Nr. 5; OLG München BB 1988, 429, 431; *Meincke*, S. 147 f.; *Riedel*, in: Mayer/Süß/Riedel/Bittler, HB Pflichtteilsrecht, § 5 Rn 65.

300 OLG München FamRZ 2013, 329; Burandt/Rojahn/*Horn*, Erbrecht, § 2311 Rn 50; Staudinger/*Herzog* (2021), § 2311 Rn 192; MüKo/*Lange*, § 2311 Rn 19.

301 Vgl. MüKo/*Lange*, § 2311 Rn 31 f.; Grüneberg/*Weidlich*, § 2311 Rn 6.

302 BGH NJW-RR 1993, 131; BGH NJW 1982, 575.

303 Staudinger/*Herzog* (2021), § 2311 Rn 177; BeckOGK/*Blum/Heuser*, § 2311 Rn 171; *Prettl/Lohr/Bringmann*, in: Schlitt/Müller-Engels, Handbuch Pflichtteilsrecht, § 4 Rn 2.

304 Staudinger/*Herzog* (2021), § 2311 Rn 179; *Großfeld*, JZ 1981, 641, 643.

305 Vgl. nur BGH ZEV 2015, 349, 350, Rn 4; BGH ZEV 2011, 29, Rn 5; BGH NJW-RR 1993, 131 unter I.2.a; BGH NJW-RR 1991, 900, 901.

Dabei bezeichnet der IV. Senat diese Aussage als Grundgedanken des Gesetzes[306] und bezieht sich insoweit auf ein Urt. v. 30.9.1954.[307] Dort ist von einem Umsetzen des Nachlasses in Geld jedoch bezeichnenderweise gar keine Rede. Vielmehr beschränkte sich das Gericht seinerzeit auf die Aussage,[308] *„dass bei der Berechnung des Pflichtteilsanspruchs dem Berechtigten wirtschaftlich der Teil des Nachlasses zukommen soll, der der Hälfte seines gesetzlichen Erbteils gleichsteht"*.
Das bestätigte der BGH auch in späteren Entscheidungen;[309] Gleiches gilt für das BVerfG.[310]
Weiter führte der IV. Senat 1954 aus,[311] dass *„für Nachlassaktiven (Sachen und sonstige Rechte) … in der Regel der Verkehrswert maßgebend sein"* wird, aber auch dies *„nicht ausnahmslos"*.

61 Dementsprechend stellte der BGH in der Folgezeit mitunter auch auf den „inneren" oder den „wahren" Wert ab.[312] Die „Denkfigur" des „wahren inneren Werts" dient dazu, bei Vorliegen außergewöhnlicher Preisverhältnisse und Ausnahmebedingungen unangemessene Ergebnisse zu vermeiden. Eine Herabsetzung eines festgestellten Verkaufswerts auf einen darunterliegenden fiktiven „inneren" Wert zum Nachteil von Pflichtteilsberechtigten komme jedoch nicht in Betracht.[313]

62 Dessen ungeachtet sind nach Ansicht der Rechtsprechung grundsätzlich bevorzugt zeitnah zum Erbfall (vgl. hierzu Rdn 90 ff.) erzielte tatsächliche Verkaufspreise der Bewertung zugrunde zu legen, soweit nicht außergewöhnliche Umstände vorliegen,[314] die diese als nicht „repräsentativ" erscheinen lassen.[315]

c) Dogmatische Einordnung und Kritik

aa) Grundsätzliches

63 Die Grundaussage des Gesetzgebers, der Pflichtteilsberechtigte sei in Geld so zu stellen, als wäre er mit seiner Pflichtteilsquote Erbe geworden, hat mit der von der Rechtsprechung unterstellten „Versilberung" des Nachlasses nichts zu tun.[316] Sie deutet auch nicht auf eine der Bewertung zugrunde zu legende Veräußerungsfiktion hin. Im Gegenteil: Der Erbe ist in seiner Entscheidung hinsichtlich der Verwendung des Nachlasses völlig frei. Versilbern, nutzen, später versilbern oder dauerhaft behalten – all diese Varianten oder – bezogen auf verschiedene Nachlassgegenstände – beliebige Kombinationen davon kommen infrage. Dies entspricht auch der gesetzgeberischen Entscheidung, den Pflichtteilsanspruch seinem Wesen nach als reinen Geldanspruch auszugestalten und dem Pflichtteilsberechtigten jede gegenständliche Nachlassbeteiligung zu verwehren. Vor diesem Hintergrund war im Laufe des Gesetzgebungsverfahrens auch die zwischenzeitlich vorgeschlagene Textpassage *„Auf die Veräußerung der Nachlassgegenstände zum Zwecke der Werthsermittlung oder die Uebernahme dersel-*

---

306 BGH NJW-RR 1991, 900, 901.
307 BGH DNotZ 1955, 143 ff. = NJW 1954, 1764 ff.
308 BGH DNotZ 1955, 143 ff. = NJW 1954, 1764 ff., Rn 24.
309 BVerfG NJW 1988, 2723, 2724.
310 Z.B. BGH NJW-RR 1991, 900, 901.
311 BGH DNotZ 1955, 143 ff. = NJW 1954, 1764 ff., Rn 24.
312 Vgl. z.B. BGH LM § 2311 BGB Nr. 5; OLG München BB 1998, 429, 43.
313 Vgl. BGH NJW-RR 1991, 900, 901 m.w.N.
314 Für solche Umstände ist der Pflichtteilsberechtigte beweispflichtig, vgl. BGH ZEV 2015, 349, 350; Burandt/Rojahn/*Horn*, Erbrecht, § 2311 Rn 54.
315 Z.B. Verkauf eines Gesellschaftsanteils an Mitgesellschafter, vgl. OLG Köln ZEV 2014, 660, 661.
316 A.A.: BeckOGK/*Blum/Heuser*, § 2311 Rn 172; BeckOK BGB/*Müller-Engels*, § 2311 Rn 17; Burandt/Rojahn/*Horn*, Erbrecht, § 2311 Rn 49; Staudinger/*Herzog* (2021), § 2311 Rn 181 m.w.N., 206.

ben zu den in Absatz 1 und 2 erwähnten Werthsansätzen hat der Pflichtteilsberechtigte keinen Anspruch." gestrichen worden,[317] weil die Kommission sie für überflüssig hielt. Entgegen der Auffassung des BGH ist also eine Veräußerungsfiktion im Zeitpunkt des Erbfalls gerade nicht, jedenfalls nicht unmittelbar, der Grundgedanke des Gesetzes.

bb) Maßgebliches Verwertungsszenario

(1) Tatsächlicher Erbe vs. „idealer Erbe"

Mithin stellt sich die Frage, welches Verwertungsszenario der Gesetzgeber stattdessen im Auge hatte. Denn unbestritten und unbestreitbar ist der Wert einer Sache keine absolute Größe. Er ist vielmehr relativ und wird durch die Beziehungen des Bewertungsgegenstands zur Umwelt, insbesondere aber auch durch die Verwendungsabsichten des jeweiligen Eigentümers geprägt.[318] 64

Vor diesem Hintergrund wird teilweise vertreten, dass die konkreten Verwendungsabsichten des Erben auf die Bewertung durchschlügen[319] und daher eine „subjektivierte Nachlassbewertung" angebracht sei.[320] Der Pflichtteilsberechtigte solle lediglich an dem Wert teilhaben, der sich aufgrund der subjektiven Verwendungsentscheidung des Erben in dessen Hand realisiert.[321] 65

Dies kann jedoch bereits aus systematischen Gründen nicht richtig sein.[322] Denn dem Wesen des Pflichtteilsrechts, dem Berechtigten eine Mindestbeteiligung am Nachlass zu sichern, würde es widersprechen, wenn der Erbe (bzw. mittelbar sogar der Erblasser durch die Auswahl des Erben) die Möglichkeit hätte, das Maß dieser Mindestbeteiligung aktiv zu beeinflussen. 66

Außerdem gebietet es das Stichtagsprinzip, bei der Bewertung auf die Situation in der logischen Sekunde des Todes des Erblassers abzustellen.[323] Konkrete Entscheidungen des Erben, wie der Nachlass weiterverwendet werden soll, können jedoch – selbst wenn sich der Erbe bereits zu Lebzeiten des Erblassers seine Gedanken gemacht hat – erst nach dem Anfall der Erbschaft manifest werden. Ihre Berücksichtigung bei der Bewertung würde daher einen Verstoß gegen das Stichtagsprinzip des § 2311 BGB darstellen. 67

Da die Frage der weiteren Verwendung offenbar erheblichen Einfluss auf die den einzelnen Nachlassgegenständen beizulegenden Werte hat, bedarf sie einer normativen, allgemeingültigen Kriterien folgenden Definition, anhand derer die Frage der (für Bewertungszwecke) zu unterstellenden Verwendung des Nachlasses beantwortet werden kann. 68

317 Vgl. *Jakobs/Schubert*, ER II, S. 1875: Prot. U 10204 TE-ErbR § 261.

318 Staudinger/*Herzog* (2021), § 2311 Rn 171; BeckOGK/*Blum/Heuser*, § 2311 Rn 171; *Müller*, JuS 1973, 603, 604 ff.; *Großfeld*, JZ 1981, 641, 643.

319 RGRK/*Johannsen*, § 2311 Rn 20.

320 *Haas*, Pflichtteilsanspruch als Störfall, S. 84.

321 *Haas*, Pflichtteilsanspruch als Störfall, S. 77.

322 BeckOK BGB/*Müller-Engels*, § 2311 Rn 20; Staudinger/*Herzog* (2021), § 2311 Rn 184; Burandt/Rojahn/*Horn*, Erbrecht, § 2311 Rn 52 m.w.N.

323 Zum Spannungsverhältnis zwischen subjektivierter Bewertung und Stichtagsprinzip vgl. auch *Keiler*, Anrechnung und Ausgleichung im Pflichtteilsrecht, S. 83.

69 Den Ausgangspunkt der Überlegung muss dabei der Anspruch des historischen Gesetzgebers bilden, also die Intention, den Pflichtteilsberechtigten (in Geld) wirtschaftlich so zu stellen, als wäre er mit seiner Pflichtteilsquote Erbe geworden.[324] Das wird, einen wirtschaftlich überlegt und sinnvoll handelnden Pflichtteilsberechtigten vorausgesetzt, nur dann erreicht, wenn (auch) dem Erben (unabhängig von der konkreten Person und deren persönlichen Vorlieben und Absichten) ein wirtschaftlich sinnvolles Verhalten unterstellt wird. Das bedeutet für die pflichtteilsrechtliche Nachlassbewertung, dass stets die wirtschaftlich sinnvollste, also die den höchsten (langfristig erzielbaren) Gewinn versprechende Verwertungsalternative – bezogen auf die einzelnen Nachlassgegenstände – zugrunde zu legen ist. Im Ergebnis spielt also die konkrete Person des Erben für die Bewertung keine Rolle. Maßgeblich ist vielmehr, welcher Wert dem Nachlass in der Hand eines „idealen Erben", oder anders gewendet, in der Hand von „jedermann" zukäme.[325]

70 Soweit in diesem Zusammenhang die Frage nach dem wirtschaftlich sinnvollsten Verwertungsszenario zu beantworten ist, kann diese auch vom Liquiditätsbedarf zur Abwicklung des Nachlasses, insbesondere zur Begleichung der Pflichtteilsverbindlichkeiten, beeinflusst werden. Auch insoweit muss wohl davon ausgegangen werden, dass der ideale Erbe außer dem Nachlass kein einzusetzendes Vermögen besitzt. Für diese Sichtweise spricht insbesondere die Ausgestaltung des Pflichtteilsanspruchs als Nachlassverbindlichkeit[326] sowie die in §§ 2059, 2061 ff. BGB gesetzlich vorgesehenen Möglichkeiten, die Haftung (auch für den Pflichtteil) auf den Nachlass zu beschränken.[327]

(2) Gemeiner Wert

71 Der der Pflichtteilsberechnung zugrunde zu legende Wert ist i.d.R. der „gemeine Wert".[328] Auch eine Definition dieses Begriffes enthält das BGB nicht. Nach Auffassung des BGH kann diese Lücke jedoch durch den Rückgriff auf § 9 Abs. 2 BewG geschlossen werden, soweit beide Vorschriften den gleichen Normzweck verfolgen.[329]

72 Gem. § 9 Abs. 2 BewG wird der gemeine Wert durch den Preis bestimmt, der im gewöhnlichen Geschäftsverkehr nach der Beschaffenheit des Wirtschaftsgutes bei einer Veräußerung (Normalverkaufswert)[330] zu erzielen wäre. Dabei sind alle Umstände, die den Preis beeinflussen, zu berücksichtigen. Ungewöhnliche oder besondere persönliche Verhältnisse bleiben jedoch außen vor. Die Übernahme dieser steuerrechtlichen Definition führt i.d.R. zu zutreffenden Ergebnissen.[331]

---

324 Dieser Sichtweise hat sich auch das BVerfG angeschlossen und ausgeführt: *„Das Pflichtteilsrecht will einen übergangenen gesetzlichen Erben dafür entschädigen, dass er nicht Allein- oder Gesamthandseigentum am Nachlass erworben hat. Der Pflichtteilsberechnung würde daher der Erbteil zugrunde gelegt, der dem betreffenden Berechtigten gebührt hätte, wenn er im Augenblick des Erbfalls Erbe geworden wäre. Dem Berechtigten soll in Geld der Teil des Nachlasses zukommen, der der Hälfte seines gesetzlichen Erbteils gleichsteht (BGHZ 7, 134, 138). Diese Zielrichtung für die Wertberechnung hat zur Folge, dass auf die Wertverhältnisse im Zeitpunkt des Erbfalls abgestellt wird (§ 2311 BGB) und der konkrete Bestand sowie die realitätsgerechte wirtschaftliche Ertragsfähigkeit des jeweiligen Nachlasses ermittelt werden."*

325 Ebenso BGH NJW 1954, 1037.

326 Grüneberg/*Weidlich*, § 1967 Rn 7: Der Pflichtteil zählt zu den sog. Erbfallschulden.

327 Für den Pflichtteil vgl. *Kerscher/Riedel/Lenz*, Pflichtteilsrecht, § 6 Rn 87 ff.

328 BeckOK BGB/*Müller-Engels*, § 2311 Rn 17; Staudinger/*Herzog* (2021), § 2311 Rn 182 ff.

329 BGHZ 14, 368, 379; vgl. auch BeckOGK/*Blum/Heuser*, § 2311 Rn 173.

330 Staudinger/*Herzog* (2021), § 2311 Rn 182; BeckOGK/*Blum/Heuser*, § 2311 Rn 173; *Meincke*, S. 187; *J. Mayer*, ZEV 1994, 331, 336 m.w.N.; OLG Düsseldorf ZEV 1994, 361; vgl. auch *Daragan*, RFamU 2022, 412.

331 RGRK/*Johannsen*, § 2311 Rn 14; *J. Mayer*, ZEV 1994, 331; BGHZ 8, 213, 221; *Kerscher/Riedel/Lenz*, Pflichtteilsrecht, § 7 Rn 29.

Problematisch sind aber Fälle, in denen der bei Veräußerung zu erzielende Erlös vom Vollwert des Vermögensgegenstands abweicht, z.B. weil sich die abgezinsten, langfristig erzielbaren Mieterträge einer Immobilie infolge einer Flaute auf dem Immobilienmarkt nicht vollständig im marktüblichen Kaufpreis niederschlagen.[332] 73

(3) „Wahrer innerer Wert"

Diese Sichtweise entspricht auch den Feststellungen des BVerfG[333] sowie den Erwägungen des BGH,[334] wenn er statt auf den unmittelbar nach dem Erbfall erzielbaren Veräußerungserlös auf den „wahren inneren Wert" von Nachlassgegenständen abgestellt hat, um auf diese Weise die Zugrundelegung von aktuellen Marktpreisen, die nicht auf der Grundlage eines funktionierenden freien Marktes zustande gekommen waren, zu vermeiden. 74

Im Urt. v. 25.3.1954[335] hält der BGH beispielsweise den unter Berücksichtigung der Bestimmungen über Stoppreise im Grundstücksverkehr zustande gekommenen tatsächlichen Verkaufspreis eines Grundstücks nicht für maßgeblich und begründet dies damit, dass der Wert i.S.d. §2311 BGB „in normalen Zeiten" dem Verkaufswert entspreche, aber nicht notwendig mit ihm übereinstimmen müsse.[336] Wenn nämlich kein funktionierender Markt existiere, insbesondere wenn Höchstpreise bestünden, entspreche es „der allgemeinen Verkehrsanschauung, dass der innere Wert des Gegenstands höher ist, als es durch den Höchstpreis ausgedrückt wird". Bei der Ermittlung des inneren Werts muss in dieser Situation notwendigerweise unterstellt werden, dass der jeweilige Nachlassgegenstand (jedenfalls vorerst) nicht veräußert, sondern auf andere Weise genutzt wird.

Solche Ausnahmen, sog. **Marktanomalien**, sah die Rechtsprechung in der Vergangenheit z.B. anlässlich des Zusammenbruchs des Berliner Grundstücksmarktes aufgrund des Chruschtschow-Ultimatums[337] oder in Zeiten der Inflation. Dasselbe Prinzip soll zwar grundsätzlich auch für sog. Schwarzmarktpreise[338] gelten. Zu Recht wendet die Rechtsprechung die Denkfigur des inneren Werts stets nur zugunsten, nie aber zum Nachteil des Pflichtteilsberechtigten an.[339] 75

Teilweise hat die Rechtsprechung sogar darauf abgestellt, ob auf dem relevanten Markt eine (vorübergehende) Flaute herrsche. Soweit der Erbe im Hinblick auf die ihm zur Verfügung stehenden Barmittel nicht auf einen zeitnahen Verkauf der Nachlassgegenstände angewiesen sei, sei auch hier anstatt auf den aktuell erzielbaren Verkaufspreis auf den inneren Wert abzuheben.[340] Das ist aber im Ergebnis nicht mit dem Stichtagsprinzip vereinbar.[341] Zu lösen ist das Problem vielmehr anhand der Frage nach dem wirtschaftlich sinnvollsten Verwertungsszenario. 76

Die seitens des Gesetzgebers intendierte Mindestbeteiligung des Pflichtteilsberechtigten am Nachlass kann im Ergebnis nur dann erreicht werden, wenn der Pflichtteilsberechnung ein Wert zugrunde gelegt wird, in den alle für die realitätsgerechte wirtschaft- 77

332 *Riedel*, Bewertung, Rn 86.
333 BVerfG NJW 1988, 2723, 2724.
334 BGHZ 13, 45, 47; BGH NJW 1965, 1589.
335 BGHZ 13, 45 ff.; vgl. auch *Kummer*, ZEV 1995, 319, 320.
336 BGHZ 13, 45, 47.
337 BGH NJW 1965, 1589, 1590.
338 BGHZ 5, 12, 21; BGH JZ 1963, 320; OLG Hamburg MDR 1950, 420, 422; *Kummer*, ZEV 1995, 319, 321; *Meincke*, S. 149.
339 BGH NJW-RR 1991, 900.
340 BGH NJW-RR 1992, 899.
341 BeckOGK/*Blum*/*Heuser*, §2311 Rn 174.1.

liche Ertragsfähigkeit des jeweiligen Vermögensgegenstands maßgeblichen Faktoren eingeflossen sind.[342]

78 Soweit keine sog. Marktanomalien bestehen und Nachlassgegenstände tatsächlich verkauft werden, führt die Praxis des BGH, der Wertbestimmung die in engem zeitlichem Zusammenhang mit dem Erbfall realisierten Veräußerungserlöse zugrunde zu legen, i.d.R.[343] zu zutreffenden Ergebnissen. Das gilt jedenfalls dann, wenn der Verkauf die sinnvollste Verwertungsalternative bildet bzw. andere Verwertungsalternativen keinen höheren Wert rechtfertigen würden.

Die Begründung hierfür liegt aber nicht etwa darin, dass der tatsächlich erzielte Verkaufserlös ein besserer Wertmaßstab sei als der innere wahre Wert,[344] sondern folgt vielmehr aus dem Umstand, dass der Verkaufserlös (zufällig) dem wahren Wert entspricht.

d) Zu fordernde Bewertungsprämissen

79 Der Aussage des BGH, eine Bewertung, die an einen konkreten Verkauf des betroffenen Gegenstands anknüpft, verdiene den Vorzug vor einer Schätzung, die sich nur an allgemeinen Erfahrungswerten orientiere,[345] ist – jedenfalls in dieser Allgemeinheit – nicht zu folgen. Sie trifft nämlich nur auf solche Fälle zu, in denen die Wertgutachten bzw. ihre Würdigung durch die Gerichte der Vorinstanzen grobe Fehler aufwiesen bzw. unzulänglich waren, weil besondere wertbestimmende Faktoren nicht berücksichtigt wurden.[346] Dies bestätigten dann auch die tatsächlich erzielten Verkaufspreise, die der BGH in derartigen Fällen als vorrangigen Wertmaßstab bevorzugt.

80 Lässt sich aber durch eine Veräußerung der wirkliche Wert (z.B. der Ertragswert eines Grundstücks) nicht kurzfristig realisieren, würde ein vernünftiger Kaufmann den Gegenstand anderweitig nutzen, um auf diese Weise das wirtschaftlich bessere Ergebnis zu realisieren. Hier würde die Zugrundelegung des Verkaufspreises zu einer mit dem Anspruch des Gesetzes nicht zu vereinbarenden Benachteiligung des Pflichtteilsberechtigten führen.

81 Die vom BGH aufgestellte These, der Pflichtteilsberechtigte sei wirtschaftlich so zu stellen, als sei der Nachlass beim Tod des Erblassers in Geld umgesetzt worden,[347] kann mithin nicht vollständig überzeugen. Sie ist vielmehr um das Wort „wenigstens" zu ergänzen. Der Pflichtteilsberechtigte ist also wenigstens so zu stellen, als sei der Nachlass (bzw. sämtliche zu ihm gehörende Gegenstände) im Zeitpunkt des Erbfalls (unter den Verhältnissen eines funktionierenden Marktes) veräußert worden.

82 Ein unter dem dabei erzielbaren Erlös liegender innerer Wert ist tatsächlich nicht vorstellbar. Selbst wenn jeder Gutachter (unter Beachtung der entsprechenden Regeln von Wissenschaft und Technik) zu einem niedrigeren Schätzwert gelangte, würde jeder wirtschaftlich vernünftig handelnde Erbe eine Verkaufsmöglichkeit zu einem höheren als dem Gutachtenwert nicht ungenutzt lassen. Kann aber auf andere Weise als durch

342 *Riedel*, Bewertung, Rn 105 unter Hinweis darauf, dass den beiden Entscheidungen, in denen der BGH eine unverzügliche Veräußerung des Nachlasses als für die Bewertung maßgeblich unterstellt hat, jeweils Fälle zugrunde liegen, in denen die tatsächlich realisierten Kaufpreise deutlich über den zuvor gutachterlich ermittelten Verkehrswerten lagen (BGH NJW-RR 1993, 131).

343 Mit Ausnahme kollusiven Zusammenwirkens des Erben und des Käufers.

344 So aber BGH NJW-RR 1993, 131.

345 BGH NJW-RR 1993, 131.

346 Das gilt beispielsweise für BGH NJW-RR 1991, 900, 901 sowie für BGH NJW-RR 1993, 131.

347 BGH NJW-RR 1993, 131; BGH NJW-RR 1991, 900, 901.

Veräußerung ein wirtschaftlich besseres Ergebnis erzielt werden,[348] würde er diese Alternative wählen. Der Wert ist dann durch eine sachgerechte Schätzung zu ermitteln.

2. Praktische Vorgaben für die Nachlassbewertung – Grundsätzliches

a) Gemeiner Wert

I.d.R. entspricht der gemeine Wert eines Vermögensgegenstands seinem Verkehrswert und somit dem Normalverkaufswert.[349] Unter **Normalverkaufswert** ist derjenige Preis zu verstehen, der unter normalen Marktbedingungen von jedem Marktteilnehmer erzielt werden könnte.[350] 83

Würde zu jedem Zeitpunkt ein aus betriebswirtschaftlicher Sicht idealer Markt bestehen, würden notwendigerweise auch stets alle maßgeblichen Bewertungsfaktoren in eine Kaufpreisfindung einbezogen. In diesem Fall würde ein tatsächlich erzielter Veräußerungserlös dem wahren inneren Wert eines jeden Vermögensgegenstands entsprechen. 84

b) Tatsächlicher Verkaufspreis

Diese Vorstellung ist zwar unrealistisch. Dessen ungeachtet wird man unterstellen dürfen, dass i.d.R. der Wert eines Vermögensgegenstands seinem Verkehrswert und somit dem Normalverkaufswert[351] entspricht. 85

Daher orientiert sich auch die Rechtsprechung i.d.R. an tatsächlich in zeitlicher Nähe zum Erbfall erzielten Verkaufserlösen, sofern ein Nachlassgegenstand relativ bald nach dem Erbfall veräußert wird.[352] Sie sieht diese grundsätzlich als verlässlichste Bewertungsgrundlage an und zieht sie daher jeder Art der Schätzung nach allgemeinen Erfahrungswerten vor.[353] Der BGH geht sogar so weit, im Rahmen eines Versteigerungsverfahrens oder einer Liquidation erzielte Erlöse als maßgeblich anzusehen[354] und begründet dies damit, dass der tatsächlich erzielte Veräußerungserlös bei einer zeitnahen Veräußerung eine relativ gesicherte Ebene darstelle, deren Verlassen im erbrechtlichen Bewertungsrecht grundsätzlich nicht gerechtfertigt sei,[355] und zwar unabhängig davon, ob der tatsächliche Erlös über oder unter einer sachverständigen Schätzung liegt.[356] 86

Eine Ausnahme hiervon gilt aber, wenn der insoweit darlegungs- und beweispflichtige Pflichtteilsberechtigte Tatsachen vorträgt und unter Beweis stellt, nach welchen der Verkaufserlös nicht dem tatsächlichen Verkehrswert im Zeitpunkt des Erbfalls entspricht.[357] Dieselbe Nachweismöglichkeit muss selbstverständlich auch zugunsten des Erben bestehen. 87

---

348 Vgl. hierzu auch Staudinger/*Herzog* (2021), § 2311 Rn 183; BeckOK BGB/*Müller-Engels*, § 2311 Rn 20.

349 *Meincke*, S. 187; *J. Mayer*, ZEV 1994, 331, 336 m.w.N.; OLG Düsseldorf ZEV 1994, 361.

350 So definiert in § 9 Abs. 1 BewG; vgl. auch *Kerscher/Riedel/Lenz*, Pflichtteilsrecht, § 7 Rn 32.

351 *Meincke*, S. 187; *J. Mayer*, ZEV 1994, 331, 336 m.w.N.; OLG Düsseldorf ZEV 1994, 361.

352 BGH NJW-RR 1993, 834; BGH WM 1991, 1553, 1554 = NJW-RR 1991, 900; BGH BB 1982, 887 = NJW 1982, 2497; BGH NJW-RR 1993, 131; OLG Düsseldorf ZEV 1994, 361, 362; *Piltz/Wissmann*, NJW 1985, 2673, 2677; Staudinger/*Herzog* (2021), § 2311 Rn 206 m.w.N.

353 Vgl. BGH ZErb 2011, 83.

354 BGH NJW-RR 1993, 131; BGH NJW 1982, 2497, 2498 = BB 1982, 887; a.A. RG JW 1910, 238.

355 BGH NJW-RR 1993, 131; BGH WM 1991, 1553, 1554 = NJW-RR 1991, 900; vgl. auch OLG Düsseldorf ZEV 1994, 361, 362; *J. Mayer*, ZEV 1994, 331, 336; Staudinger/*Herzog* (2021), § 2311 Rn 207; vgl. auch *König*, ErbR 2020, 522, 523.

356 *König*, ErbR 2020, 522, 524 m.w.N.

357 BGH ZEV 2015, 349. Aus diesem Grund besteht auch im Falle einer Veräußerung nach dem Erbfall ein Wertermittlungsanspruch nach § 2314 BGB, vgl. BGH NJW 2022, 192.

88 Im Übrigen ist die Preisentwicklung zwischen dem Zeitpunkt des Erbfalls und dem Zeitpunkt der Realisierung des Veräußerungspreises durch entsprechende Korrekturen zu berücksichtigen.[358] Gleiches gilt auch für etwa vorhandene „individuelle Faktoren", die sich im Preis niedergeschlagen haben können.[359] Angefallene Veräußerungskosten sind von dem Verkaufserlös in Abzug zu bringen.[360] Hierzu zählen z.B. die Maklercourtage bei der Veräußerung eines Grundstücks, die Kosten für die Schaltung von Anzeigen oder auch evtl. erforderlich werdende Beurkundungskosten.
Solche Veräußerungskosten sind nicht nur im Falle der tatsächlichen Veräußerung von Nachlassgegenständen in die Bewertung einzubeziehen. Vielmehr müssen sie auch dann berücksichtigt werden, wenn die Bewertung auf der Grundlage eines fiktiven (Normal-)Verkaufspreises erfolgt. Maßgebend ist allein der fiktive Nettoerlös.[361]

c) Mögliche Einwendungen gegen den Ansatz eines Verkaufspreises

89 Soweit die Veräußerung eines Vermögensgegenstands die wirtschaftlich sinnvollste Verwendungsmöglichkeit darstellt, bildet der tatsächlich erzielte Verkaufserlös im Regelfall tatsächlich den sichersten Bewertungsmaßstab.[362]
Lässt sich durch eine Veräußerung der wirkliche Wert (z.B. der Ertragswert eines Grundstücks) aber nicht realisieren, würde ein vernünftiger Kaufmann den Gegenstand anderweitig nutzen, um auf diese Weise das wirtschaftlich bessere Ergebnis zu erzielen. Hier würde die Zugrundelegung des Verkaufspreises zu einer mit der Sichtweise des BVerfG nicht zu vereinbarenden Benachteiligung des Pflichtteilsberechtigten führen[363] (vgl. Rdn 64 ff.).

d) Zeitliche Nähe zum Erbfall

90 Hinsichtlich der Frage, bis zu welchem Zeitpunkt eine **zeitnahe Veräußerung** noch angenommen werden kann, liegt eine abschließende und allgemeingültige Entscheidung durch die Rechtsprechung bislang nicht vor.
Vielmehr besteht (insbesondere zu Grundstücksverkäufen) eine relativ große Bandbreite von Verkaufszeitpunkten, die in der Vergangenheit für ausreichend zeitnah zum Erbfall gehalten wurden, so z.B. sechs Monate,[364] sieben Monate,[365] ein Jahr,[366] 28 Monate[367] und sogar fünf Jahre[368] (abgelehnt aber für einen Verkaufsfall nach drei Jahren).[369] In einem Einzelfall wurde sogar sechseinhalb Jahre[370] nach dem Stichtag noch ein ausreichender zeitlicher Zusammenhang angenommen.
Als gesichert wird man annehmen müssen, dass Veräußerungen binnen eines Jahres nach dem Stichtag auf jeden Fall noch als zeitnah gelten (dies ergibt sich bereits aus

358 BGH NJW-RR 1993, 834; BeckOK BGB/*Müller-Engels*, § 2311 Rn 23; BeckOGK/*Blum/Heuser*, § 2311 Rn 181.
359 BeckOGK/*Blum/Heuser*, § 2311 Rn 179, 181.
360 BGH NJW 1982, 2497, 2498; BGH FamRZ 1986, 776, 779; Soergel/*Beck*, § 2311 Rn 25; BeckOGK/*Blum/Heuser*, § 2311 Rn 182; a.A. DIV-Gutachten ZfJ 1992, 92, 93 für Maklercourtage beim Grundstücksverkauf.
361 Vgl. Burandt/Rojahn/*Horn*, Erbrecht, § 2311 Rn 68; Staudinger/*Herzog* (2021), § 2311 Rn 208; *Prettl/Lohr/Bringmann*, in: Schlitt/Müller-Engels, Handbuch Pflichtteilsrecht, § 4 Rn 8 m.w.N.
362 *Riedel*, Bewertung, Rn 114.
363 *Riedel*, Bewertung, Rn 114.
364 BGH NJW-RR 1991, 900.
365 OLG Düsseldorf ZEV 1994, 361.
366 LG Hamm ZErb 2017, 109, 113.
367 OLG Frankfurt ZEV 2003, 264.
368 BGH NJW-RR 1993, 131 in Fortentwicklung von BGH NJW-RR 1991, 900.
369 OLG Düsseldorf FamRZ 1995, 1236, 1237.
370 OLG Düsseldorf FamRZ 1989, 1181 bezogen auf ein Unternehmen.

§ 11 Abs. 2 S. 2 BewG).[371] Diese Rechtsprechung ist seitens der Literatur zu Recht heftiger Kritik ausgesetzt: Nach der dargestellten Definition entspricht der tatsächlich erzielte Veräußerungspreis nämlich nur dann dem gemeinen Wert eines Nachlassgegenstands (und dieser ist das Ziel der Bewertung), wenn er den Wert darstellt, der sich im Zusammenwirken der preisbestimmenden Faktoren eines funktionierenden Marktes gebildet hat. Von dieser (also seiner eigenen) Definition löst sich aber der BGH, wenn er auch im Rahmen von **Zwangsversteigerungs- oder Insolvenzverfahren** zustande gekommene Verkaufserlöse zur Ermittlung des wahren Werts heranzieht. Gerade Veräußerungen im Rahmen derartiger Verfahren zeichnen sich in der Praxis dadurch aus, dass nur deutlich unter dem Verkehrswert liegende Erlöse erzielt werden können.[372] Der tatsächlich erzielte Erlös repräsentiert in diesen Fällen gerade nicht den wirklichen Verkehrswert des Nachlassgegenstands. Hier ist daher einer Schätzung – die wenigstens die Chance auf eine zutreffende Wertbestimmung bietet – der Vorzug zu geben.

Auch die vom BGH noch als zeitnah angenommene Fünf-Jahres-Frist ist für die Mehrzahl der Fälle ungeeignet. In diesem Zusammenhang weist *Mayer*[373] zu Recht darauf hin, dass die vom BGH gemachten Einschränkungen (keine wesentlichen Veränderungen der Marktverhältnisse und der Bausubstanz) ein erhebliches Streitpotenzial begründen und durch eine Verallgemeinerung der zitierten Entscheidung die Möglichkeit eröffnet wird, auch nach Ablauf der Verjährungsfrist eine Art Nachabfindung zu verlangen. Im Übrigen scheitert die Heranziehung eines fünf Jahre nach dem Erbfall erzielten Veräußerungserlöses in der Mehrzahl der Fälle bereits an den vom BGH selbst für die Grundstücksbewertung aufgestellten Regeln. Denn Voraussetzung für die Nachlassbewertung anhand eines Verkaufserlöses ist stets, dass 91

1. seit dem Erbfall eine wesentliche Veränderung der Marktverhältnisse nicht eingetreten ist,[374]
2. wesentliche Veränderungen in der Bausubstanz von den Erben nicht dargelegt werden können[375] und
3. außergewöhnliche (Markt-)Verhältnisse nicht vorliegen.[376]

Dass diese Voraussetzungen kumulativ erfüllt sind, dürfte in der Praxis kaum vorkommen.[377]

e) Berücksichtigung besonderer Umstände

Ein kollusives Zusammenwirken von Erben und Käufer zum Nachteil des Pflichtteilsberechtigten[378] schließt die Heranziehung des tatsächlich erzielten Verkaufserlöses selbstverständlich aus (enge verwandtschaftliche Nähebeziehung zwischen den Beteiligten reicht für die Annahme eines kollusiven Zusammenwirkens aber grundsätzlich nicht aus).[379] Umgekehrt müsste eigentlich auch ein auf besonderes Verkaufsgeschick 92

371 *Kerscher/Riedel/Lenz*, Pflichtteilsrecht, § 7 Rn 44. Dies ergibt sich bereits aus § 11 Abs. 2 S. 2 BewG.

372 *Kerscher/Riedel/Lenz*, Pflichtteilsrecht, § 7 Rn 45; kritisch auch BeckOK BGB/*Müller-Engels*, § 2311 Rn 23; MüKo/*Lange*, § 2311 Rn 35.

373 *Mayer*, ZEV 1994, 331.

374 BGH NJW-RR 1993, 131.

375 BGH NJW-RR 1993, 131.

376 BGH WM 1991, 1553, 1554 = NJW-RR 1991, 900.

377 Staudinger/*Herzog* (2021), § 2311 Rn 212; *Kerscher/Riedel/Lenz*, Pflichtteilsrecht, § 7 Rn 47.

378 OLG Düsseldorf ZEV 1994, 361, 362.

379 *Mayer*, ZEV 1994, 331.

zurückzuführender besonders hoher Verkaufserlös korrigiert werden.[380] Die Abgrenzung und Bemessung des Korrekturbetrages dürfte in der Praxis allerdings (wenigstens) schwierig sein.

93 Allein das Auseinanderklaffen von tatsächlich erzieltem Preis und ursprünglich geschätztem Wert des Vermögensgegenstands stellt, für sich genommen, jedenfalls (noch) keinen außergewöhnlichen Umstand dar.[381] Auch der Entscheidung des BGH,[382] der zufolge offenbar **subjektive Wertfaktoren**, hier die Absicht einer Flughafenbetreibergesellschaft, ihren erhöhten Landbedarf durch den Erwerb eines Nachlassgrundstücks zu decken, die Maßgeblichkeit des tatsächlich erzielten Verkaufserlöses hindern sollen, kann nicht gefolgt werden. Denn in dieser Konstellation stellt die besondere Lage des Nachlassgrundstücks einen wertbildenden Faktor dar. Das besondere Interesse der Flughafenbetreibergesellschaft an diesem Stück Land beeinflusst selbstverständlich den Marktpreis des Grundstücks, und zwar auch mit Wirkung für und gegen alle übrigen Interessenten. Etwas anderes könnte nur dann gelten, wenn sich der erhöhte Landbedarf des Interessenten erst nach dem Erbfall eingestellt hätte, dieser wertbildende Faktor im Zeitpunkt des Erbfalls also noch nicht gegeben gewesen wäre.[383]

f) Schätzung des gemeinen Werts

94 Theoretisch entspricht der gemeine Wert dem **Normalverkaufspreis.**[384] Dessen Feststellung ist aber, soweit ein tatsächlicher Verkauf nicht stattfindet, in der Praxis nicht ohne weiteres möglich.

Dass die Wertermittlung im Wesentlichen durch entsprechend qualifizierte Sachverständige erfolgen muss, versteht sich von selbst. Das ändert allerdings nichts daran, dass auch im Rahmen der Begutachtung bestimmte Prämissen zugrunde zu legen sind, die insbesondere das wirtschaftlich sinnvollste Verwertungsszenario aus der Perspektive des idealen Erben umfassen. Auch bei der gutachterlichen Bewertung muss es nicht immer um die Ermittlung des schnellstmöglich erzielbaren Verkaufspreises gehen. Das gilt insbesondere für Ertrag bringendes Vermögen wie beispielsweise vermietete bzw. vermietbare Immobilien und Unternehmen.

95 Da eine bestimmte Wertberechnungsmethode für die Schätzung des gemeinen Werts nicht vorgegeben ist,[385] obliegt die sachgerechte Entscheidung über die anzuwendende Bewertungsmethode dem Tatrichter,[386] der hierfür jedoch i.d.R. auf die Hilfe sachverständiger Dritter angewiesen ist.[387]

Die von einem Sachverständigen getroffene Auswahl der Bewertungsmethode ist in vollem Umfang gerichtlich überprüfbar.[388]

---

380 *Prettl/Lohr/Bringmann*, in: Schlitt/Müller-Engels, Handbuch Pflichtteilsrecht, § 4 Rn 10 m.w.N.; a.A. OLG Frankfurt ZEV 2003, 364 zu einem „tüchtigen Makler".

381 OLG Düsseldorf ZEV 1994, 361, 362: Schätzung 1,9 Mio. DM, tatsächlicher Verkaufserlös 1,26 Mio. DM; vgl. auch Staudinger/*Herzog* (2021), § 2311 Rn 212.

382 NJW-RR 1993, 834.

383 *Kerscher/Riedel/Lenz*, Pflichtteilsrecht, § 7 Rn 50; *Riedel*, in: Mayer/Süß/Riedel/Bittler, HB Pflichtteilsrecht, § 5 Rn 101.

384 *Kerscher/Riedel/Lenz*, Pflichtteilsrecht, § 7 Rn 42.

385 BGH NJW-RR 1993, 131; BGH NJW 1973, 509; OLG München BB 1988, 429, 430; OLG Düsseldorf FamRZ 1997, 58, 59.

386 BeckOGK/*Blum/Heuser*, § 2311 Rn 183.

387 BGH NJW-RR 1993, 131; BGH WM 1982, 17, 18 = NJW 1982, 575; BGH BB 1982, 887 = NJW 1982, 2497; BGH NJW 1972, 1269; BGH NJW-RR 1986, 226, 228 = FamRZ 1986, 37; OLG Düsseldorf ZEV 1994, 361; Staudinger/*Herzog* (2021), § 2311 Rn 214; BeckOGK/*Blum/Heuser*, § 2311 Rn 183 f.

388 BGH NJW 1991, 1547; BeckOGK/*Blum/Heuser*, § 2311 Rn 187 f.

Die nach den Grundsätzen ordnungsgemäßer Buchführung ermittelten sog. Buchwerte[389] oder die steuerlichen Einheitswerte scheiden jedenfalls als Bewertungsgrundlage aus.[390] Dasselbe gilt aber auch für den reinen **„Liebhaberwert"**, der insoweit unbeachtlich ist, weil er allein auf subjektiven Wertvorstellungen einzelner Personen beruht.[391] Wenn jedoch die Liebhaberei zur Entwicklung eines eigenen, besonderen Marktes mit objektiv nachprüfbaren Bewertungen (Briefmarken mit Auktions- und Katalogpreisen, Liebhaberaufschläge bei „Oldtimern") führt, so sind diese der Pflichtteilsberechnung zugrunde zu legen.[392] 96

3. Definition des Bewertungsobjekts – Bildung von Bewertungseinheiten

Verbindlichkeiten, die in einem unmittelbaren sachlichen Zusammenhang mit bestimmten Aktiva stehen und hinsichtlich derer sich auch die Haftung auf diese Aktiva beschränken lässt, sind nicht auf der Passivseite anzusetzen.[393] Die Verbindlichkeiten werden vielmehr bei der Bewertung der wirtschaftlichen Einheit berücksichtigt.[394] Handelsrechtlich gesprochen sind Bewertungseinheiten zu bilden.[395] Solche Verbindlichkeiten, die zwar einen wirtschaftlichen Zusammenhang mit bestimmten Aktiva aufweisen, für die jedoch zwingend der gesamte Nachlass haftet, werden aber gesondert passiviert.[396] 97

4. Stichtagsprinzip und Wertaufhellung

Bewertungsstichtag ist, wie ausgeführt, der Tag des Todes des Erblassers[397] (Abs. 1 S. 1; siehe Rdn 3 ff.). Später eintretende Wertsteigerungen und Wertverluste berühren den pflichtteilsrelevanten Nachlasswert und damit den Pflichtteilsanspruch als solchen grundsätzlich nicht mehr.[398] Auf diese Weise bürdet der Gesetzgeber dem Pflichtteilsberechtigten auch das Risiko der Geldentwertung auf, da der Pflichtteilsanspruch nach § 2317 Abs. 1 BGB mit dem Erbfall als Geldsummen- und nicht etwa Geldwertanspruch entsteht.[399] Soweit es dem Pflichtteilsberechtigten nicht gelingt, den Erben möglichst rasch nach dem Erbfall in Verzug zu setzen, geht daher eine verzögerte Pflichtteilserfüllung allein zu Lasten des Pflichtteilsberechtigten.[400] 98

Jedoch darf dies nicht dazu führen, dass die Nachlassbewertung völlig statisch auf die am Tag des Erbfalls festzustellenden Wertverhältnisse fixiert ist. Denn spätere Entwicklungen können bzw. müssen aufgrund des sog. **Wertaufhellungsprinzips** in bestimmtem Umfang berücksichtigt werden.[401] Das Stichtagsprinzip besagt insoweit 99

389 BVerfGE 78, 132; *Piltz*, S. 94; Staudinger/*Herzog* (2021), § 2311 Rn 181; MüKo/*Lange*, § 2311 Rn 31; BeckOK BGB/*Müller-Engels*, § 2311 Rn 21.

390 Eingehend hierzu BVerfGE 78, 132 zu § 23 SchlHAGBGB a.F.

391 Vgl. BGH LM Nr. 20 = NJW-RR 1993, 131, 132; BGHZ 13, 45, 47; MüKo/*Lange*, § 2311 Rn 25; BeckOGK/*Blum/Heuser*, § 2311 Rn 163; Staudinger/*Herzog* (2021), § 2311 Rn 186.

392 *Meincke*, S. 188; *J. Mayer*, ZEV 1994, 331; Staudinger/*Herzog* (2021), § 2311 Rn 186; MüKo/*Lange*, § 2311 Rn 31; *Prettl/Lohr/Bringmann*, in: Schlitt/Müller-Engels, Handbuch Pflichtteilsrecht, § 4 Rn 7. Zur Bewertung eines „künstlerischen Nachlasses" OLG Oldenburg NJW 1999, 1974.

393 Staudinger/*Herzog* (2021), § 2311 Rn 121; MüKo/*Lange*, § 2311 Rn 16.

394 So auch Staudinger/*Herzog* (2021), § 2311 Rn 122, 124; BeckOGK/*Blum/Heuser*, § 2311 Rn 84.

395 *Kerscher/Riedel/Lenz*, Pflichtteilsrecht, § 7 Rn 66.

396 *Kerscher/Riedel/Lenz*, Pflichtteilsrecht, § 7 Rn 26.

397 BGH NJW 2001, 2713, 2714; BGHZ 7, 134, 138; *Hoyenberg*, RNotZ 2007, 377, 390.

398 BGHZ 7, 134, 138; BeckOGK/*Blum/Heuser*, § 2311 Rn 176; Staudinger/*Herzog* (2021), § 2311 Rn 199 m.w.N.; MüKo/*Lange*, § 2311 Rn 24.

399 BGHZ 7, 134, 137 f. = NJW 1952, 1173 f.

400 Vgl. hierzu auch MüKo/*Lange*, § 2311 Rn 24 m.w.N.

401 *Braunhofer*, S. 49 f.; allgemein dazu aus betriebswirtschaftlicher Sicht *Moxter*, Grundsätze ordnungsmäßiger Unternehmensbewertung, 2. Aufl. 1983, S. 168; vgl. auch BGH NJW 1971, 509, 511.

nur, dass die notwendigen Bewertungsdaten aus der Sicht dieses Stichtags zu ermitteln sind,[402] der Stichtag ist nicht ein „fiktives Realisierungsdatum" für die „Versilberung" des Nachlasswerts. Berücksichtigungsfähig sind daher alle zu diesem Zeitpunkt nahe liegenden und wirtschaftlich fassbaren, in ihrem Keim bereits angelegten Entwicklungen.[403] Üblich, ja selbstverständlich ist dies etwa bei den betriebswirtschaftlichen Bewertungen im Unternehmensbereich.[404] Dasselbe muss aber auch bei anderen bereits absehbaren, kurzfristig eintretenden Veränderungen der Wertverhältnisse gelten.[405] Dies entspricht auch dem Bewertungsziel: Der Pflichtteilsberechtigte ist zwar nicht direkt dinglich, aber doch wertmäßig so zu stellen, als ob er in Höhe der Hälfte des gesetzlichen Erbteils am Nachlass „beteiligt" wäre. Aus diesem **Beteiligungsgedanken** ergibt sich zugleich, dass er auch im Keim bereits im Todeszeitpunkt angelegte Entwicklungen bis zu einem gewissen Grad gegen sich gelten lassen muss.

5. Latente Steuern – grundsätzliche Berücksichtigung

100 Der Wert einzelner Nachlassgegenstände kann oftmals nur durch deren Versilberung realisiert werden. Vor allem, wenn zum Nachlass auch Betriebsvermögen gehört, können durch dessen Veräußerung einkommensteuerpflichtige Gewinne entstehen (§ 16 Abs. 3 EStG). Die daraus resultierende **Steuerbelastung** haben – im Verhältnis zum FA – grundsätzlich der bzw. die Erben zu tragen. Die Gewinne sind deren jeweiligen Steuersätzen zu unterwerfen. Der BGH hat die Frage, wie diese sog. **latenten Steuerlasten** sich auf den Wert der betroffenen Nachlassgegenstände auswirken, bereits im Jahre 1972 dahingehend entschieden, dass es sich in keinem Fall um abzugsfähige Nachlassverbindlichkeiten handeln könne.[406] Gleichzeitig stellte er aber fest, dass eine Berücksichtigung z.B. im Rahmen einer Unternehmensbewertung durchaus angebracht sein könne.[407] Dies insbesondere dann, wenn die Auflösung der stillen Reserven durch Verkauf absehbar oder sogar vom Erblasser angeordnet sei. Auch in späteren Entscheidungen hat der BGH mehrfach bestätigt, dass latente Steuern i.R.d. Bewertung zu berücksichtigen seien,[408] wenn der Wert der betreffenden Nachlassgegenstände nur durch Verkauf realisiert werden könne.[409]

101 Fraglich ist aber (neben der Frage nach der dogmatischen Einordnung; vgl. hierzu Rdn 356 ff.) nach wie vor, mit welchem Steuersatz die latenten Ertragsteuern zu berechnen sind.[410] Denn zum Bewertungsstichtag ist noch gar nicht klar, ob es tatsächlich zu einer Veräußerung kommen wird. Außerdem hängt das Ausmaß der späteren Steuerlast maßgeblich von den individuellen Gegebenheiten, insbesondere von den Familien- und Einkommensverhältnissen des bzw. der Erben ab. Auch Änderungen der gesetzlichen Rahmenbedingungen können einen erheblichen Einfluss haben. Dies wird

---

402 BVerfGE 78, 132; Staudinger/*Herzog* (2021), § 2311 Rn 199; BeckOGK/*Blum/Heuser*, § 2311 Rn 177; MüKo/*Lange*, § 2311 Rn 34; *Meincke*, S. 214 f.

403 BGH NJW 1973, 509; Staudinger/*Herzog* (2021), § 2311 Rn 20; MüKo/*Lange*, § 2311 Rn 34; BeckOGK/*Blum/Heuser*, § 2311 Rn 177.

404 *Riedel*, Bewertung, Rn 51 m.w.N.

405 Staudinger/*Herzog* (2021), § 2311 Rn 20 mit eingehender Problemdarstellung; Soergel/*Beck*, § 2311 Rn 22; *Meincke*, S. 214 f.; *J. Mayer*, ZEV 1994, 331, 336; die Rspr. behilft sich hier oftmals mit der Wendung „vom inneren Wert".

406 BGH NJW 1972, 1269.

407 BGH verwies dabei auf *Bankmann*, Wpg 1959, 148 ff.; *Peupelmann*, DB 1961, 1397 ff. m.w.N.

408 Ebenso OLG München NJW-RR 2003, 1518, 1519.

409 BGH NJW 1982, 2497, 2498; BGH FamRZ 1986, 776; BGHZ 98, 382, 389.

410 MüKo/*Lange*, § 2311 Rn 28; Staudinger/*Herzog* (2021), § 2311 Rn 129; *Schmidt*, ZErb 2015, 133, 137; *Riedel*, ErbR 2018, 362 f.; *Krause/Opris*, ZEV 2019, 190 ff.; *Werner*, ZEV 2022, 262 ff.

auch in einer der wenigen zum Thema ergangenen Entscheidung des BGH[411] deutlich, der zufolge der Ansatz der (auf einem Praxisanteil lastenden) latenten Ertragsteuer i.H.d. halben Steuersatzes, § 34 Abs. 3 EStG (in der damals gültigen Fassung), nicht in Betracht komme, wenn am Bewertungsstichtag solche Steuervergünstigungen nicht bestanden haben. Bei tatsächlicher Veräußerung besteht das Problem, dass die Steuersituationen des Erben und des Pflichtteilsberechtigten nicht übereinstimmen müssen und daher die Zugrundelegung des Steuersatzes des Erben zu Unbilligkeiten führen kann.[412] Festzuhalten ist, dass eine allgemeingültige Regel zur Bestimmung des anzuwendenden Steuersatzes derzeit nicht auszumachen ist; hier besteht in der Praxis ein erhebliches Streitpotenzial.[413] Wegen weiterer Einzelheiten vgl. Rdn 349 ff.

IV. Auswahl der Bewertungsmethode

Besteht kein gängiger Marktpreis und kommt auch kein Wertansatz aufgrund eines 102
tatsächlich erzielten Kaufpreises in Frage, so ist eine **Schätzung** erforderlich. Dies gilt auch und gerade dann, wenn bei einem **landwirtschaftlichen Anwesen** nach § 2312 BGB der i.d.R. im Vergleich zum Verkehrswert wesentlich niedrigere Ertragswert zugrunde gelegt werden kann,[414] wobei es hier besonders schwierig ist, einen qualifizierten Gutachter zu finden. Eine bestimmte Methode für die Wertermittlung ist im Pflichtteilsrecht nicht vorgeschrieben.[415] Für die Bewertung kommen grundsätzlich folgende Verfahren in Betracht. Sie können untereinander kombiniert oder aber durch entsprechende Differenzierung weiterentwickelt werden:[416]

- **Vergleichswertverfahren:** Wenn ein Markt mit festen Preisvorstellungen für ver- 103
  gleichbare Objekte besteht, kann auf Vergleichspreise zurückgegriffen werden.[417]
- **Substanz-** oder **Sachwertverfahren:** Angesetzt wird der Wiederbeschaffungspreis des veräußerungsfähigen Vermögensgegenstands (Reproduktionswert).[418] Dem liegt die Vorstellung zugrunde, dass der Nachlass so viel wert ist, wie benötigt würde, um ein vergleichbares Objekt zu reproduzieren.[419]
- **Ertragswertverfahren:** Es kommt zur Anwendung bei ihrer Art nach grundsätzlich ertragsfähigen Nachlassobjekten und ist der Barwert der zukünftig erzielbaren Einnahme-Überschüsse.[420] Dem liegt die Überlegung zugrunde, dass ein Käufer sich bei seiner Investitionsentscheidung und damit Kalkulation des Kaufpreises immer an dem zu erwartenden Ertrag orientieren würde.

Das **Wertgutachten** bildet oft eine ganz erhebliche **Weichenstellung** im Rahmen der 104
Pflichtteilsauseinandersetzung; es kann sogar über Wohl oder Wehe des Verfahrensausgangs entscheiden. Daher ist auf seine Einholung und Überprüfung besondere Sorgfalt zu verwenden. Dies beginnt bereits bei der Auswahl des Gutachters.

---

411 BGH NJW 1999, 784, 788 zum Zugewinnausgleich.

412 Vgl. hierzu ausführlich *Riedel*, Bewertung, Rn 629 ff.; Staudinger/*Herzog* (2021), § 2311 Rn 129.

413 Staudinger/*Herzog* (2021), § 2311 Rn 129; *Kerscher/Riedel/Lenz*, Pflichtteilsrecht, § 7 Rn 37.

414 Unzutreffend Groll/*Rösler*, C VI Rn 86, wonach bei § 2312 BGB „der Wert … vorgegeben ist".

415 BGH NJW-RR 1993, 131; NJW 1972, 1269 (r. Sp.); LM Nr. 5 zu § 2311; *Lange/Kuchinke*, § 37 VI 3 d; Staudinger/*Herzog* (2021), § 2311 Rn 177. Bei Immobilien dürfte ein Makler nicht unbedingt geeignet sein (so auch *Bißmaier*, ZMR 1995, 106, 107 gegen *Schopp*, ZMR 1994, 552, 553).

416 Dazu etwa Staudinger/*Herzog* (2021), § 2311 Rn 177 ff.; *Piltz*, S. 38 ff.; *Piltz/Wissmann*, NJW 1985, 2673, 2674; *Lange/Kuchinke*, § 37 VI 3 d.

417 BGH NJW-RR 1990, 68 (zu § 1376); OLG Düsseldorf BB 1988, 1001 (Mietgrundstück); BeckOGK/*Blum/Heuser*, § 2311 Rn 184.

418 BeckOGK/*Blum/Heuser*, § 2311 Rn 186; Staudinger/*Herzog* (2021), § 2311 Rn 218.

419 Staudinger/*Herzog* (2021), § 2311 Rn 218; *Braunhofer*, S. 29; *Piltz*, S. 34.

420 *Korth*, BB 1992 Beilage 19, 4; BeckOGK/*Blum/Heuser*, § 2311 Rn 185; *Braunhofer*, S. 30.

105 Zu beachten sind auch die beschränkten prozessualen Auswirkungen eines **Privatgutachtens**, das der Erbe veranlasst: Der Pflichtteilsberechtigte ist hieran nicht gebunden, vielmehr stellt es nur ein substantiiertes Vorbringen des Pflichtteilsschuldners dar. Anders liegt es, wenn im Einvernehmen mit dem Pflichtteilsberechtigten ein Schiedsgutachten erstellt wird, das aber auch dann angefochten werden kann, wenn sich die Unbilligkeit aufdrängt.[421]

106 Nach der Rechtsprechung ist es grundsätzlich Aufgabe des Tatrichters, unter Zuziehung eines Sachverständigen zu entscheiden, welche von mehreren in Betracht kommenden Bewertungsmethoden im jeweiligen Einzelfall zu einem angemessenen Ergebnis führt.[422] Dabei hängt es von der Entscheidung der Tatsacheninstanz ab, ob diese dem Gutachter die anzuwendende Bewertungsmethode vorgibt.[423] Aufgabe des sachverständig beratenen Gerichts ist dabei, die richtige Bewertungsmethode im Hinblick auf ihre Eignung im konkreten Fall sachverhaltsspezifisch auszuwählen und anzuwenden.[424] Bestehen hinsichtlich der Anwendbarkeit der Bewertungsmethode aus betriebswirtschaftlichen oder juristischen Gründen Zweifel, hat sich der Gutachter mit diesen im Rahmen seines Gutachtens auseinanderzusetzen und darzulegen, wieso er einer bestimmten Methode den Vorzug gibt. Die dem Sachverständigen zustehende Wahlfreiheit in der Bewertungsmethode darf im Rahmen der Wertermittlung des Pflichtteilsanspruchs bei der dort festzustellenden Offenheit des Gesetzes bezüglich des Bewertungsansatzes zu keiner Methodenverkürzung in dem Sinne führen, dass der Sachverständige die einschlägigen Befundtatsachen nur nach Maßgabe der von ihm bevorzugten Methode feststellt.[425]

107 Die Entscheidung des Tatrichters über die Art und Weise der vorzunehmenden Bewertung ist Tatfrage,[426] die im Rahmen des Revisionsverfahrens nur eingeschränkt überprüfbar ist, und zwar im Wesentlichen nur darauf, ob die Tatsacheninstanz von rechtsfehlerhaften Erwägungen ausgegangen ist und gegen Denk- und Erfahrungssätze verstoßen hat.[427] Rechtsfrage ist dagegen das Bewertungsziel; gerade im Bewertungsrecht wird beides häufig miteinander verschwimmen.
Daher ist es auch erforderlich, dass der Tatrichter etwaige Entscheidungen über die zugrunde zu legende Bewertungsmethode entsprechend begründet.[428]
Nach dem ZPO-Reformgesetz hat diese Frage aber u.U. auch bereits für das **Berufungsverfahren** erhebliche Bedeutung.[429] Denn die Berufung kann gem. § 513 Abs. 1 ZPO nur auf eine Rechtsverletzung gestützt werden oder darauf, dass nach § 529 ZPO

---

421 BGH DStR 1996, 350 = NJW 1996, 453.

422 BGH NJW-RR 1993, 1993, 131; BGH NJW 1982, 575, 576; BGH NJW 1972, 1269; Staudinger/*Herzog* (2021), § 2311 Rn 214; BeckOGK/*Blum/Heuser*, § 2311 Rn 183; *Prettl/Lohr/Bringmann*, in: Schlitt/Müller-Engels, Handbuch Pflichtteilsrecht, § 4 Rn 17.

423 *Piltz*, S. 126 f.

424 BGH NJW 1991, 1547, 1548 = FamRZ 1991, 43 (Zugewinnausgleich); OLG München BB 1988, 429, 430; *Piltz*, S. 127; *Riedel*, in: Mayer/Süß/Riedel/Bittler, HB Pflichtteilsrecht, § 5 Rn 115.

425 OLG München NJW-RR 1988, 390 = BB 1988, 429, 430.

426 BGH NJW 1991, 1547, 1548; a.M. *Großfeld*, JZ 1981, 641, 643: Auswahl und richtiger Anwendung der Bewertungsmethode ist Rechtsfrage.

427 BGH NJW 1991, 1547, 1548 (Zugewinnausgleich); BGH NJW-RR 1986, 1066 = LM § 1477 Nr. 4 = FamRZ 1986, 776, 779; *Prettl/Lohr/Bringmann*, in: Schlitt/Müller-Engels, Handbuch Pflichtteilsrecht, § 4 Rn 17; Staudinger/*Herzog* (2021), § 2311 Rn 222.

428 BGH ZEV 2015, 349, 350; BGH NJW-RR 2011, 609; BGH NJW-RR 2009, 1192.

429 Dies wird auch in den neueren Darstellungen übersehen, etwa bei *Kerscher/Riedel/Lenz*, Pflichtteilsrecht, § 7 Rn 57, § 13 Rn 47.

zugrunde zu legende Tatsachen eine andere Entscheidung rechtfertigen.[430] Dabei sind auch die weitreichenden Präklusionsmöglichkeiten nach §§ 530, 531 ZPO zu beachten.

V. Bestimmung des gemeinen Werts – Einzelfälle

1. Bewertung von Bargeld und auf Geld gerichteter Forderungen

Problemlos ist stets die Bewertung von Bargeld und zumeist auch von auf Geld gerichteten Forderungen (Ausnahme: unsichere oder zweifelhafte Forderungen, § 2313 BGB), da für diese – abgesehen von inflationären Verhältnissen – der Nennbetrag im Zeitpunkt des Erbfalls maßgeblich ist.[431] Die abweichende Ansicht von *Meincke*,[432] der bei Forderungen grundsätzlich eine Pauschalwertberichtigung zur Abdeckung des seiner Ansicht nach jeder Forderung anhaftenden – wenigstens latenten – **Risikos der Uneinbringlichkeit** berücksichtigen will, überzeugt nicht.[433] Der Pflichtteilsberechtigte hat einen gesetzlich fixierten Anspruch auf Einzelbewertung aller Nachlassgegenstände, § 2314 Abs. 1 BGB, weshalb selbst bei Übertragung der handelsrechtlichen Bilanzierungsgrundsätze eine Pauschalwertberichtigung nicht angebracht wäre. Denn die Pauschalwertberichtigung wird nur hinsichtlich derjenigen Forderungen durchgeführt, die nicht bereits einzelwertberichtigt wurden. Wertkorrekturen sind aber angebracht, wenn die Forderung erst zu einem späteren Zeitpunkt fällig wird, also betagt ist. Dann ist der Nennbetrag um die entsprechenden Zwischenzinsen zu kürzen.[434] 108

2. Bewertung anhand von Marktpreisen/Kurswerten

Nachlassgegenstände, die im allg. Geschäftsverkehr unter Zugrundelegung allgemeiner Markt- oder Kurswerte gehandelt werden; sind grundsätzlich mit diesen Werten anzusetzen.[435] Hinsichtlich der übrigen Nachlassgegenstände stellt sich die Ermittlung des gemeinen Werts oftmals deutlich schwieriger dar. 109

3. Bewertung wiederkehrender Leistungen

Bereits das RG[436] vertrat die Auffassung, dass der Wert einer lebenslänglichen **Rente** nach versicherungsmathematischen Grundsätzen durch Schätzung zu ermitteln sei; hierbei müsse i.R.d. Kapitalisierung des ermittelten Jahresbetrages nicht notwendigerweise der gesetzliche Zinsfuß zugrunde gelegt werden, vielmehr sei der anzuwendende Zinsfuß unter Berücksichtigung der zeitlich und örtlich verschiedenen Verhältnisse zu bestimmen. Aus heutiger Sicht sind diejenigen wiederkehrenden Leistungen, für deren Bewertung sich im geschäftlichen Verkehr bestimmte Grundsätze herausgebildet haben, nach eben diesen Grundsätzen zu bewerten (z.B. Leibrenten, bei deren Bewertung die Sätze der Versicherungsunternehmen einen Anhalt bieten können). Lässt sich ein einem Marktpreis vergleichbarer Wert nicht feststellen, muss die Kapitalisierung zu einem Zinsfuß erfolgen, der auf den gegenwärtigen Geldmarktverhältnissen bzw. der derzeitigen Ertragsfähigkeit des mit den wiederkehrenden Leistungen belasteten Vermögens beruht. Wenn die Laufzeit der wiederkehrenden Leistungen von nicht exakt planbaren Ereignissen, z.B. dem Todeszeitpunkt des Berechtigten, abhängt, bietet sich zwar zunächst der Rückgriff auf die amtlichen Sterbetafeln des Statistischen Bundes- 110

430 BGH ZErb 2011, 83.

431 RG JW 1910, 238; BGHZ 14, 368, 376; BGH FamRZ 1991, 43, 45; *Lange/Kuchinke*, § 37 VI 3 c; *Mayer*, ZEV 1994, 331; Soergel/*Beck*, § 2311 Rn 21; Staudinger/*Herzog* (2021), § 2311 Rn 204.

432 *Meincke*, S. 203 ff.

433 *Riedel*, in: Mayer/Süß/Riedel/Bittler, HB Pflichtteilsrecht, § 5 Rn 118.

434 *Riedel*, in: Mayer/Süß/Riedel/Bittler, HB Pflichtteilsrecht, § 5 Rn 118; Staudinger/*Herzog* (2021), § 2311 Rn 204 m.w.N.

435 *Veith*, NJW 1963, 1521, 1522 f.; Staudinger/*Herzog* (2021), § 2311 Rn 204.

436 RGZ 72, 379, 382.

amtes an. Besonderheiten in der Person des Berechtigten (z.B. eine im Zeitpunkt der Bewertung bereits bekannte schwere Erkrankung, die auf eine wesentlich kürzere Lebenserwartung schließen lässt) müssen aber gesondert berücksichtigt werden.[437] Die Bestimmung des anzuwendenden Kapitalisierungszinsfußes anhand der steuerlichen Bewertungsvorschriften (§§ 13–16 BewG nebst den dazu erlassenen Anlagen bzw. ab 2009 den jährlich herausgegebenen BMF-Schreiben) wird den zivilrechtlichen Anforderungen im Hinblick auf den im BewG vorgegebenen Zinssatz von 5,5 % p.a. nicht gerecht.

4. Grundstücke

a) Allgemeines

111 Soweit der gemeine Wert nicht anhand eines tatsächlich erzielten Kaufpreises bestimmt werden kann, kommen für die Schätzung des Verkehrswerts verschiedene Bewertungsmethoden in Betracht. In diesem Zusammenhang differenziert die h.M. zwischen verschiedenen Arten von Grundstücken, deren Bewertung sich jeweils nach unterschiedlichen Grundsätzen richtet.[438] Dies entspricht auch der (schon seit langem in der Literatur favorisierten)[439] Vorgehensweise nach der Immobilienwertermittlungsverordnung (ImmoWertV),[440] die gem. § 1 ImmoWertV bei der Ermittlung der Verkehrswerte (Marktwerte) von Grundbesitz anzuwenden ist.
Nach der Definition in § 194 BauGB stellt der **Verkehrswert** eine objektivierte Größe dar, die weder durch einen evtl. Verkaufsdruck des Besitzers oder seine Verkaufsunwilligkeit noch durch Sonderfaktoren beeinflusst wird. Er ist mit dem „wahren", „inneren", „wirklichen" Wert eines Grundstücks gleichzusetzen.[441] Sie genügt daher also prinzipiell den Vorgaben des § 2311 BGB.

112 Die **allgemeinen Verhältnisse auf dem Grundstücksmarkt** nach § 2 Abs. 1 ImmoWertV bilden einen wesentlichen Faktor für die Wertbestimmung.[442] Diese richten sich nach der Gesamtheit der am Wertermittlungsstichtag für die im gewöhnlichen Geschäftsverkehr nach den Regeln von Angebot und Nachfrage erfolgende Preisbildung maßgeblichen Umstände (§ 2 Abs. 2 ImmoWertV).[443] Somit wirken sich zwar die allgemeine wirtschaftliche Situation, der Kapitalmarkt sowie die örtlichen Entwicklungen auf die Bewertung aus, nicht aber persönliche oder ungewöhnliche Verhältnisse der Beteiligten (§ 9 Abs. 2 ImmoWertV).[444] Ziel der Wertermittlung ist vielmehr der im gewöhnlichen Geschäftsverkehr erzielbare Wert.[445] Die Gepflogenheiten des ge-

---

437 *Kerscher/Riedel/Lenz*, Pflichtteilsrecht, § 7 Rn 62.

438 BGH FamRZ 1992, 918, 919; *Kleinle*, FamRZ 1997, 1133; Soergel/*Dieckmann*, § 2311 Rn 33; Grüneberg/*Weidlich*, § 2311 Rn 8; Staudinger/*Herzog* (2021), § 2311 Rn 224 f.; BeckOGK/*Blum/Heuser*, § 2311 Rn 183; MüKo/*Lange*, § 2311 Rn 40 f.

439 MüKo/*Lange*, § 2311 Rn 40; Staudinger/*Herzog* (2021), § 2311 Rn 224 f.

440 Verordnung über die Grundsätze für die Ermittlung der Verkehrswerte von Immobilien und der für die Wertermittlung erforderlichen Daten (Immobilienwertermittlungsverordnung – ImmoWertV) v. 14.7.2021, BGBl I 2021, 2805.

441 *Kleiber*, Verkehrswertermittlung, Vorbem. ImmoWertV Rn 1; *ders.*, Marktwertermittlung, Allgemeines Rn 1.

442 *Kleiber*, Verkehrswertermittlung, § 2 ImmoWertV Rn 6 ff; *ders.*, Marktwertermittlung, § 2 ImmoWertV Rn 7 ff.

443 Vgl. *Kleiber*, Verkehrswertermittlung, § 2 ImmoWertV Rn 6 m.w.N.; *ders.*, Marktwertermittlung, § 2 ImmoWertV Rn 6.

444 *Kleiber*, Verkehrswertermittlung, Vorbem. ImmoWertV Rn 15 ff.; 18; *ders.*, Marktwertermittlung, Allgemeines Rn 55 ff.

445 *Kleiber*, Verkehrswertermittlung, Vorbem. ImmoWertV Rn 15 m.w.N.; *ders.*, Marktwertermittlung, Allgemeines Rn 15.

wöhnlichen Geschäftsverkehrs sind daher auch bei der Wahl des Bewertungsverfahrens zu beachten.[446]

Gem. § 2 Abs. 1 und 3 ImmoWertV kommt natürlich auch dem **Zustand des Grundstücks** entscheidende Bedeutung zu. Der „Zustand" in diesem Sinne (§ 2 Abs. 3 ImmoWertV) beschreibt die Gesamtheit der wertbeeinflussenden rechtlichen Gegebenheiten und tatsächlichen Eigenschaften und wird durch den Entwicklungszustand (§ 2 Abs. 3 Nr. 1 ImmoWertV) sowie durch Art und Ausmaß der baulichen Nutzung (§ 2 Abs. 3 Nr. 2 i.V.m. § 5 Abs. 1 ImmoWertV) bestimmt. Gem. § 2 Abs. 3 Nr. 12 ImmoWertV sind auch wertbeeinflussende Rechte und Belastungen zu berücksichtigen. Gleiches gilt gem. § 5 Abs. 2 ImmmoWertV für den beitrags- und abgabenrechtlichen Zustand sowie gem. § 2 Abs. 3 Nr. 4 i.V.m. § 5 Abs. 4 ImmoWertV für die Verkehrsanbindung, die Nachbarschaft, die Wohn- und Geschäftslage und die Umwelteinflüsse (Lagemerkmale, § 2 Abs. 3 Nr. 5 ImmoWertV). 113

Weitere relevante Merkmale sind schließlich die tatsächliche Nutzung (§ 2 Abs. 3 Nr. 3 ImmoWertV), die Erträge (§ 2 Abs. 3 Nr. 6 ImmoWertV), die Grundstücksgröße (§ 2 Abs. 3 Nr. 7 ImmoWertV) und der Zuschnitt (§ 2 Abs. 3 Nr. 8 ImmoWertV) sowie die Bodenbeschaffenheit (§ 2 Abs. 3 Nr. 9 ImmoWertV), bei bebauten Grundstücken zusätzlich die Gebäudeart (§ 2 Abs. 3 Nr. 10 Buchst. a ImmoWertV), die Bauweise und die Baugestaltung (§ 2 Abs. 3 Nr. 10 Buchst. b ImmoWertV), die Größe (§ 2 Abs. 3 Nr. 10 Buchst. c ImmoWertV), Ausstattung und Qualität (§ 2 Abs. 3 Nr. 10 Buchst. d ImmoWertV), der bauliche Zustand sowie die energetischen Eigenschaften. § 2 Abs. 3 Nr. 10 Buchst. f ImmoWertV nennt außerdem die Restnutzungsdauer, also die Zahl der Jahre, in denen eine bauliche Anlage bei ordnungsgemäßer Bewirtschaftung voraussichtlich noch genutzt werden kann.

§ 6 Abs. 1 S. 1 und § 7 Abs. 1 ImmoWertV nennen verschiedene Bewertungsmethoden, 114
die zur Wertermittlung in Betracht kommen, nämlich das **Vergleichswertverfahren** (§§ 24–26 ImmoWertV), das **Ertragswertverfahren** (§§ 27–34 ImmoWertV) und das **Sachwertverfahren** (§§ 35–39 ImmoWertV). Diese sind grundsätzlich gleichrangig.[447] In der Praxis werden die einzelnen Verfahren aber zumeist wie folgt angewendet:

Grundsätzlich sind nach § 8 ImmoWertV im Rahmen der Bewertung sowohl die 115
allgemeinen (§ 8 Abs. 2 ImmoWertV) als auch die objektspezifischen (§ 8 Abs. 3 ImmoWertV) Grundstücksmerkmale zu berücksichtigen. Diese werden (wenigstens) durch marktübliche Zu- bzw. Abschläge berücksichtigt (§ 8 Abs. 3 S. 3 ImmoWertV), die sich im Hinblick auf die Unterschiedlichkeit der Bewertungsobjekte an allgemeinen Erfahrungssätzen orientieren (müssen).[448]

Das **Vergleichswertverfahren** wird regelmäßig zur Bewertung unbebauter Grundstü- 116
cke sowie zur Bestimmung des Werts des sog. Bodenwert-Anteils bebauter Grundstücke herangezogen. Soweit im Einzelfall taugliche Vergleichspreise verfügbar sind, können auch bebaute Grundstücke, insbesondere Eigentumswohnungen oder Reihenhäuser (oder vergleichbare Objekte, die einem mehr oder weniger einheitlichen Standard entsprechen), nach dem Vergleichswertverfahren bewertet werden.[449]

Nach dem **Sachwertverfahren** werden – soweit keine tauglichen Vergleichspreise verfügbar sind – vor allem Ein- und Zweifamilienhäuser bewertet.[450]

---

446 *Kleiber*, Marktwertermittlung, Allgemeines Rn 15.

447 *Kleiber*, Marktwertermittlung, § 6 ImmoWertV Rn 38.

448 *Kleiber*, Marktwertermittlung, § 8 ImmoWertV Rn 22.

449 *Kleiber*, Marktwertermittlung, § 6 ImmoWertV Rn 91.

450 Wegen der mangelnden Eignung zur Bewertung von Gewerbe- und Industrieobjekten sowie – grundsätzlich – der Bewertung von Immobilien für den Gemeinbedarf vgl. *Kleiber*, Marktwertermittlung, Syst. Darst. Sachwertverfahren Rn 3.

Das **Ertragswertverfahren** schließlich findet vorrangig Anwendung auf die Bewertung von Mietwohnhäusern, gewerblich-industriell genutzten Grundstücken, gemischt genutzten Grundstücken, öffentlich genutzten Grundstücken und Sonderimmobilien (z.B. Dienstleistungs- und Freizeitimmobilien).
Ungeachtet dieser grundsätzlichen Aussagen ist der Grundstücksachverständige bei der Wahl des Verfahrens aber frei,[451] muss die Verfahrenswahl aber begründen.[452]

117 Belastungen eines Grundstücks mit Rechten Dritter, die die wirtschaftliche Verwertbarkeit als „Vermögenshandelsobjekt" mindern, können und müssen – auch/gerade im Rahmen der Wertermittlung nach § 2311 BGB – nach allen Bewertungsmethoden durch angemessene Wertabschläge berücksichtigt werden.[453]

118 Von den so ermittelten Werten sind die Kosten abzuziehen, die bei der Veräußerung einer Immobilie regelmäßig anfallen,[454] die sich aber im Wert nach § 194 BauGB nicht niederschlagen.[455] Auch eine latente Ertragsteuerbelastung kann hier in Betracht kommen.

b) Bewertung unbebauter Grundstücke

119 Unbebaute Grundstücke sind grundsätzlich anhand der **Vergleichswertmethode** zu bewerten.[456] Der Vergleich kann entweder anhand konkreter Verkaufsfälle[457] durchgeführt werden (§ 24 Abs. 2 Nr. 1 ImmoWertV) oder auch nach § 24 Abs. 2 Nr. 2 ImmoWertV mit Hilfe der nach § 196 BauGB ermittelten Bodenrichtwerte (§§ 15 ff. ImmoWertV)[458] oder (anderen) Vergleichsfaktoren (§ 20 ImmoWertV).[459] In beiden Fällen ist sicherzustellen, dass das Vergleichsgrundstück bzw. der Bodenrichtwert (§ 196 BauGB) hinsichtlich der den Wert beeinflussenden Merkmale hinreichend mit dem zu bewertenden Grundstück übereinstimmt (§ 25 ImmoWertV).[460]

120 Die von den Gutachterausschüssen festgestellten **Bodenrichtwerte** (§ 196 BauGB) sind leicht zugänglich, denn sie werden veröffentlicht und jedermann kann hierüber Auskunft verlangen. Nachteilig ist aber, dass sie hinter den tatsächlichen Wertentwicklungen „hinterherhinken", da sie auf der Basis der in den letzten Jahren eingereichten, entgeltlichen Veräußerungsverträge nur in gewissen Abständen ermittelt werden. Zudem ist genau zu prüfen, ob die Erschließungsbeiträge und -kosten enthalten sind und

---

451 *Kleiber*, Marktwertermittlung, Syst. Darst. Vergleichswertverfahren Rn 1.

452 *Kleiber*, Marktwertermittlung, Syst. Darst. Vergleichswertverfahren Rn 2.

453 BGH FamRZ 1993, 1183, 1184; OLG Koblenz FamRZ 1988, 64 ff. im Zusammenhang mit der Bewertung eines durch ein Wohnrecht belasteten Grundstücks; OLG Celle FamRZ 1993, 1204 f.

454 BGH NJW 1987, 1260, 1262; vgl. auch *Kleiber*, MarktwertermittlungSyst. Allgemeines Rn 45, der von durchschnittlichen Transaktionskosten i.H.v. wenigstens 12 % des Kaufpreises ausgeht (Notar/Grundbuch: ca. 1,5 %; Grunderwerbsteuer: ab 4 %; Makler: ca. 6 %; Bank und Begutachtung: ca. 1 %).

455 *Kleiber*, Marktwertermittlung, Allgemeines Rn 43.

456 BGH FamRZ 1989, 1276, 1279; OLG Düsseldorf BB 1988, 1001, 1002; *Kleiber*, Marktwertermittlung, § 6 ImmoWertV Rn 95 u. Syst. Darst. Vergleichswertverfahren Rn 4 f. m.w.N.; *J. Mayer*, ZEV 1994, 331, 333; Staudinger/*Herzog* (2021), § 2311 Rn 228; BeckOGK/*Blum/Heuser*, § 2311 Rn 194. Gleiches gilt für den Bodenanteil bebauter Grundstücke: *Kleiber*, Marktwertermittlung, Syst. Darst. Vergleichswertverfahren Rn 4 m.w.N.

457 Vgl. z.B. BGH NJW 2004, 2671, 2672; *Kleiber*, Marktwertermittlung, Syst. Darst. Vergleichswertverfahren Rn 73.

458 BGH NJW-RR 1990, 68; *J. Mayer*, ZEV 1994, 331, 333; Grüneberg/*Weidlich*, § 2311 Rn 8; BeckOGK/*Blum/Heuser*, § 2311 Rn 194; Staudinger/*Herzog* (2021), § 2311 Rn 228; Burandt/Rojahn/*Horn*, Erbrecht, § 2311 Rn 58, 60.

459 *Kleiber*, Marktwertermittlung, Syst. Darst. Vergleichswertverfahren Rn 73.

460 Vgl. hierzu ausführlich *Kleiber*, Marktwertermittlung, Syst. Darst. Vergleichswertverfahren Rn 26 ff.

ob das zu beurteilende Grundstück nach seinen wertbestimmenden Zustandsmerkmalen i.S.v. § 2 Abs. 3 ImmoWertV, insbesondere hinsichtlich der wertbeeinflussenden Grundstücksmerkmale i.S.v. § 16 Abs. 2 ImmoWertV, mit den Bodenrichtwerten auch vergleichbar ist.[461]

Soweit die Vergleichsgrundstücke hinsichtlich ihrer wertbestimmenden Merkmale von dem zu bewertenden Grundstück (erheblich) abweichen, muss der objektspezifische Vergleichsfaktor (§ 26 Abs. 1 ImmoWertV) durch Anpassung des Vergleichsfaktors i.S.v. § 20 ImmoWertV unter Berücksichtigung der spezifischen Grundstücksmerkmale (§ 9 Abs. 1 ImmoWertV) ermittelt werden. Eine Vergleichbarkeit von Grundstückspreisen kann auch mit Hilfe von Indexreihen (§ 9 Abs. 2 ImmoWertV),[462] Umrechnungskoeffizienten (§ 19 ImmoWertV) oder Vergleichsfaktoren (§ 26 ImmoWertV)[463] erreicht werden.[464] Eine weitere Berücksichtigung besonderer Eigenschaften des zu bewertenden Grundstücks ist bei solchen Überleitungsrechnungen i.d.R. nicht erforderlich.[465] 121

Da die konkreten Nutzungsabsichten des Erben im Rahmen der Ermittlung des gemeinen Werts keine Rolle spielen,[466] hat bei baureifen Grundstücken die mangelnde Absicht des Erben, das Grundstück tatsächlich zu bebauen, hinsichtlich der Wertbestimmung keine Relevanz.[467] Handelt es sich bei dem unbebauten Grundstück – abweichend vom Vergleichsgrundstück – um Bauerwartungsland und unterscheidet sich das zu bewertende Grundstück durch diese Eigenschaft von den Vergleichsgrundstücken, ist der Vergleichswert um einen angemessenen Aufschlag zu erhöhen.[468] Nach § 42 ImmoWertV muss der Wert in solchen Fällen unter Anwendung von § 40 Abs. 3 ImmoWertV ausgehend vom Wert entsprechend genutzter oder nutzbarer baureifer Grundstücke ermittelt bzw. geschätzt werden.[469] 122

c) Bewertung bebauter Grundstücke

aa) Grundsätzliches

Gebäude gehören grundsätzlich zu den **wesentlichen Bestandteilen** eines Grundstücks (§ 94 Abs. 1 S. 1 BGB). Wesentliche Bestandteile eines Gebäudes sind auch die zur Herstellung desselben eingefügten Sachen (§ 94 Abs. 2 BGB), so dass deren Wert auch Teil des Grundstückswerts ist. Jedoch sind auch hier **Ausnahmen** zu beachten: Nach § 95 Abs. 1 BGB sind **Scheinbestandteile** eines Grundstücks, die somit nicht als seine wesentlichen Bestandteile anzusehen sind, solche, die nur zu einem vorübergehenden Zweck mit dem Grund und Boden verbunden sind, oder Gebäude oder andere Werke, die in Ausübung eines dinglichen Rechts an diesem Grundstück (etwa **Erbbaurecht**, vgl. § 12 Abs. 1 S. 1 ErbbauRG) von dem Berechtigten hiermit verbunden wur- 123

---

461 Vgl. hierzu ausführlich *Kleiber*, Marktwertermittlung, Syst. Darst. Vergleichswertverfahren Rn 20 f., 26.

462 *Kleiber*, Marktwertermittlung, § 18 ImmoWertV Rn 40.

463 Die für die genannten Hilfsmittel benötigten Daten werden von den örtlichen Gutachterausschüssen berechnet; vgl. *Kleiber*, Marktwertermittlung, Syst. Darst. Vergleichswertverfahren Rn 142 ff.

464 Vgl. *Kleiber*, Marktwertermittlung, Syst. Darst. Sachwertverfahren Rn 179 ff. u. § 26 ImmoWertV Rn 22 ff.

465 *Riedel*, in: Mayer/Süß/Riedel/Bittler, HB Pflichtteilsrecht, § 5 Rn 133.

466 Staudinger/*Herzog* (2021), § 2311 Rn 229; BeckOGK/*Blum*/*Heuser*, § 2311 Rn 194.

467 *J. Mayer*, ZEV 1994, 331, 333; vgl. auch Staudinger/*Herzog* (2021), § 2311 Rn 229; MüKo/*Lange*, § 2311 Rn 39; a.A. *Weber*, Gedanken zum Ertragswertprinzip des § 2312 BGB, BWNotZ 1992, 14, 16, der eine Berücksichtigung der Nutzungsabsichten des Erben fordert, da ansonsten die Entscheidungsfreiheit des Erben unangemessen beeinträchtigt würde.

468 Vgl. OLG Stuttgart NJW 1967, 2410, 2411.

469 Details vgl. bei *Kleiber*, Marktwertermittlung, § 42 ImmoWertV Rn 1 ff.

den. Sachen, die nur zu einem vorübergehenden Zweck in das Gebäude eingefügt wurden, sind ebenfalls nicht Bestandteil des Gebäudes (§ 94 Abs. 2 BGB).

124 Nur soweit für die vorhandenen Gebäude die erforderlichen öffentlich-rechtlichen Genehmigungen und Erlaubnisse, insbesondere die **Baugenehmigung**, vorliegen, können diese bei der Ermittlung des Verkehrswerts werterhöhend berücksichtigt werden. Denn anderenfalls droht wegen des baurechtswidrigen Zustands ein Bußgeld, eine Nutzungsuntersagung, eine Stilllegungs- oder im Einzelfall sogar eine Rückbau- oder Abrissverfügung. Zur Überprüfung müssen die entsprechenden Genehmigungsunterlagen eingesehen werden, insbesondere die einschlägigen Bauakten bei den Baugenehmigungsbehörden (Bauaufsichtsbehörden). **Echte Schwarzbauten**[470] sind zwar selten, jedoch fehlen für nachträgliche Umbauten, Erweiterungen oder baurechtliche Nutzungsänderungen mitunter am Stichtag die erforderlichen Genehmigungen, die sich i.d.R. nach den Bestimmungen der Landesbauordnungen richten.[471] Wird ein solcher Tatbestand festgestellt, so kommt es weiter darauf an, ob ein nur formal baurechtswidriger Zustand vorliegt, weil das Bauwerk zwar so nicht genehmigt, aber immerhin genehmigungsfähig ist, oder aber ob es materiell baurechtswidrig ist, weil es auch nicht genehmigungsfähig ist.

Nach § 5 Abs. 1 S. 2 ImmoWertV ist bei Abweichungen vom rechtlich Zulässigen grundsätzlich das Maß der Nutzung maßgeblich, das auf dem jeweiligen Grundstücksmarkt üblicherweise zugrunde gelegt wird. Außerdem ist nach § 40 ImmoWertV grundsätzlich die tatsächliche bauliche Nutzung entscheidend,[472] insbesondere auch nach § 40 Abs. 5 Nr. 2 ImmoWertV bei ungenehmigten Gebäuden im planungsrechtlichen Außenbereich.[473]

Für die Bewertung bebauter Grundstücke kommen – wie bereits angesprochen – unterschiedliche Bewertungsverfahren in Betracht. Die Auswahl der Bewertungsmethode hängt dabei vor allem von der Art des bebauten Grundstücks sowie den für die Bewertung zur Verfügung stehenden Daten und Informationen ab. Die für Immobilienbewertungen im Rahmen pflichtteilsrechtlicher Fragestellungen praktisch bedeutsamsten Aspekte sollen nachfolgend kurz umrissen und erläutert werden.

bb) Bewertung selbstgenutzter Immobilien

125 Die Ermittlung des Werts selbstgenutzter Immobilien, vor allem von Ein- und Zweifamilienhäusern,[474] erfolgt im Regelfall nach dem **Vergleichswertverfahren**.[475] Soweit verwendbare Vergleichswerte bzw. Vergleichsfaktoren nicht zur Verfügung stehen,[476] kommt dies allerdings nicht in Betracht; dann findet i.d.R. das **Sachwertverfahren** Anwendung.[477] Maßgeblich ist in erster Linie der Preis, den ein potenzieller Erwerber für eine Immobilie, die er selbst nutzen will, zu zahlen bereit wäre.[478] Dieser hängt vor allem davon ab, wie viel er für ein anderes Grundstück in vergleichbarer Lage aufwenden müsste und welche Kosten die Herstellung eines vergleichbaren Gebäudes

470 Vgl. auch Staudinger/*Herzog* (2021), § 2311 Rn 238.
471 *Zimmermann/Heller*, Verkehrswert von Grundstücken, § 4 Rn 123 ff.
472 Vgl. hierzu *Kleiber*, Marktwertermittlung, § 40 ImmoWertV Rn 202 ff.
473 *Kleiber*, Marktwertermittlung, § 40 ImmoWertV Rn 226 ff.
474 Bei Eigentumswohnungen kann der Wert oftmals aus Vergleichspreisen abgeleitet werden, vgl. *Kleiber*, Marktwertermittlung, § 6 ImmoWertV Rn 91.
475 BGH NJW 1970, 2018 f.; *Kleiber*, Marktwertermittlung, Syst. Darst. Sachwertverfahren Rn 2 u. § 6 ImmoWertV Rn 91; Staudinger/*Herzog* (2021), § 2311 Rn 230.
476 *Kleiber*, Marktwertermittlung, § 6 ImmoWertV Rn 124.
477 *Kleiber*, Marktwertermittlung, § 6 ImmoWertV Rn 116 f., 122.
478 *Kleiber*, Marktwertermittlung, § 6 ImmoWertV Rn 118.

auf diesem Grundstück verursachen würde.[479] Die Nutzungs- und Ertragsmöglichkeiten stehen hier regelmäßig nicht im Vordergrund.[480]

Das Sachwertverfahren geht von der Vorstellung aus, dass die Ersatzbeschaffungskosten der zu bewertenden Immobilie für deren Bewertung maßgeblich sind. Sein Anwendungsbereich ist daher immer dann eröffnet, wenn die Kosten der Ersatzbeschaffung im gewöhnlichen Geschäftsverkehr als preisbestimmend angesehen werden können.[481] 126

Den Ausgangspunkt der Wertermittlung mit Hilfe des Sachwertverfahrens bilden die gewöhnlichen Herstellungskosten[482] (Normalherstellungskosten – NHK 2010)[483] unter Berücksichtigung der am Wertermittlungsstichtag vorherrschenden wirtschaftlichen Rahmenbedingungen wie sie im Falle einer Neuerrichtung des Bewertungsobjekts anfallen würden.[484] Es geht also im Grunde nicht um die Reproduktion des bestehenden Objekts (unter Zugrundelegung des im Errichtungszeitpunkt gültigen Baustandards etc.), sondern um die „neuzeitlichen Erstbeschaffungskosten".[485] Auf diese Weise ergibt sich ein vorläufiger Sachwert (§ 36 ImmoWertV), der anschließend mit Hilfe von sog. Sachwertfaktoren (§ 39 ImmoWertV), die empirisch aus Beobachtungen am Grundstücksmarkt abgeleitet werden, den tatsächlichen Verhältnissen am Grundstücksmarkt im Bewertungszeitpunkt anzupassen ist (§ 41 Abs. 4 ImmoWertV). Außerdem sind auch die besonderen objektspezifischen Grundstücksmerkmale nach Maßgabe von § 8 Abs. 3 ImmoWertV zu berücksichtigen.[486] Die einzelnen Schritte des Verfahrens stellen sich – grob umrissen – wie folgt dar: 127

Im ersten Schritt ist der vorläufige Sachwert nach § 35 Abs. 2 ImmoWertV zu ermitteln. 128
Dieser setzt sich zusammen aus[487]

- dem (vorläufigen) Sachwert der baulichen Anlage (i.S.v. § 36 ImmoWertV – Gebäudesachwert),
- dem (vorläufigen) Sachwert der (nutzbaren) baulichen Außenanlagen und sonstigen Anlagen (i.S.v. § 37 ImmoWertV) und
- dem (vorläufigen) Bodenwert (§§ 40–43 ImmoWertV).

Der Bodenwert, also der Wert des (gedanklich unbebauten) Grundstücks, wird nach § 40 Abs. 1 ImmoWertV grundsätzlich aus dem Bodenwert vergleichbarer unbebauter Grundstücke nach dem Vergleichswertverfahren (§§ 24–26 ImmoWertV) abgeleitet. 129

Der Sachwert der baulichen Anlagen ist auf der Grundlage der „gewöhnlichen" Herstellungskosten (§ 36 Abs. 2 ImmoWertV) zu bestimmen. Basis für deren Ermittlung sind die „gewöhnlichen" bzw. „marktüblichen Herstellungskosten" (Normalherstellungskosten) für den Fall der Neuerrichtung einer nach der Art der baulichen Anlage, der Ausstattung und der Beschaffenheit (Gebäude) vergleichbaren Immobilie.[488] Anzuwenden sind insoweit die in Anlage 4 zur ImmoWertV ausgewiesenen Normalherstellungskosten 2010 (NHK 2010).[489] Diese bilden das Baukostenniveau für bestimmte 130

479 BGH NJW 1970, 2018, 2019; *Bißmaier*, ZMR 1995, 106, 107; Staudinger/*Herzog* (2021), § 2311 Rn 230; *Kleiber*, Marktwertermittlung, § 6 ImmoWertV Rn 118.

480 *Kleiber*, Marktwertermittlung, § 6 ImmoWertV Rn 10; demzufolge spielt das Ertragswertverfahren bei Ein- und Zweifamilienhäusern nur eine untergeordnete Rolle.

481 *Kleiber*, Marktwertermittlung, § 6 ImmoWertV Rn 116.

482 *Kleiber*, Marktwertermittlung, Syst. Darst. Sachwertverfahren Rn 9.

483 *Kleiber*, Marktwertermittlung, Syst. Darst. Sachwertverfahren Rn 44 ff.

484 *Kleiber*, Marktwertermittlung, Syst. Darst. Sachwertverfahren Rn 10.

485 Vgl. hierzu *Kleiber*, Marktwertermittlung, Syst. Darst. Sachwertverfahren Rn 9.

486 Vgl. hierzu *Kleiber*, Marktwertermittlung, Syst. Darst. Sachwertverfahren Rn 259.

487 Vgl. hierzu *Kleiber*, Marktwertermittlung, Syst. Darst. Sachwertverfahren Rn 51.

488 Vgl. hierzu *Kleiber*, Marktwertermittlung, Syst. Darst. Sachwertverfahren Rn 44.

489 *Kleiber*, Marktwertermittlung, Syst. Darst. Sachwertverfahren Rn 48.

Gebäudetypen, Ausstattungsstandards etc. (aber nur) bezogen auf das Jahr 2010 ab.[490] Die Werte sind daher auf den Bewertungszeitpunkt zu indexieren.[491] Außerdem schreibt § 36 Abs. 1 ImmoWertV die Anwendung eines durch die jeweiligen Gutachterausschüsse festgelegten Regionalfaktors (§ 36 Abs. 3 ImmoWertV) sowie eines Alterswertfaktors (§ 38 ImmoWertV), der in Abhängigkeit von Gebäudealter und Gesamtnutzungsdauer zu bestimmen ist,[492] vor.[493]

131 Die Ermittlung des vorläufigen Sachwerts stellt sich – ganz grob – wie folgt dar: Die gewöhnlichen Herstellungskosten je Flächen-, Raum- oder sonstiger Bezugseinheit werden mit der Anzahl der entsprechenden Bezugseinheiten der bewertungsgegenständlichen baulichen Anlage multipliziert. So ergeben sich die vorläufigen Herstellungskosten des Gebäudes. Als maßgebliche Bezugseinheit wird vielfach die sog. reduzierte Brutto-Grundfläche zugrunde gelegt.

132 Anschließend werden die vorläufigen Herstellungskosten auf die Preisverhältnisse am Bewertungsstichtag indexiert, und zwar anhand von Baupreisindexzahlen.[494] Außerdem erfolgt (zuvor) noch eine Umrechnung der vorläufigen Herstellungskosten auf die örtlichen Marktverhältnisse anhand des Regionalfaktors (§ 36 Abs. 1 und 3 ImmoWertV).[495] Das Ergebnis ist der regionalisierte vorläufige Sachwert am Wertermittlungsstichtag (Neubauwert).[496]
Dieser ist mittels Anwendung eines Alterswertfaktors (§ 36 Abs. 1 und § 38 ImmoWertV) zum vorläufigen Sachwert der baulichen Anlage fortzuentwickeln. Ihm ist sodann – soweit nicht in den NHK bereits enthalten – der Wert der baulichen Außenanlagen und sonstigen Anlagen hinzuzusetzen, der gem. § 37 Abs. 3 ImmoWertV mit den gewöhnlichen Herstellungskosten (nach § 36 Abs. 2 ImmoWertV, nach Erfahrungssätzen oder aufgrund sachverständiger Schätzung) ermittelt wird.[497]

133 Anschließend gilt es, mit Hilfe eines sog. Sachwertfaktors den marktangepassten vorläufigen Sachwert zu ermitteln. Insofern muss der nach § 21 Abs. 3 ImmoWertV ermittelte Sachwertfaktor nach § 39 ImmoWertV auf seine Eignung i.S.v. § 9 Abs. 1 S. 1 ImmoWertV geprüft und im Falle von Abweichungen nach § 9 Abs. 1 S. 2 und 3 ImmoWertV entsprechend an die Gegebenheiten des Bewertungsobjekts angepasst werden. Der vorläufige Sachwert wird mit dem objektspezifisch angepassten Sachwertfaktor multipliziert. Es ergibt sich der marktangepasste vorläufige Sachwert.[498]

134 Zur Ermittlung des Verkehrswerts müssen nun noch die bislang nicht erfassten „besonderen objektspezifischen Grundstücksmerkmale" i.S.v. § 8 Abs. 3 ImmoWertV durch angemessene Zu- bzw. Abschläge berücksichtigt werden.[499] Derartige objektspezifische Grundstücksmerkmale sind beispielsweise Baumängel und Bauschäden (Instandhaltungsrückstau), wirtschaftliche Überalterung, überdurchschnittlicher Erhaltungszustand, besondere architektonische Gestaltung, atypische Nutzung, Altlasten, Rechte am Grundstück, bevorstehender Abbruch etc.[500] Außerdem können auch besondere

490 *Kleiber*, Marktwertermittlung, Syst. Darst. Sachwertverfahren Rn 52.
491 *Kleiber*, Marktwertermittlung, Syst. Darst. Sachwertverfahren Rn 53.
492 *Kleiber*, Marktwertermittlung, Syst. Darst. Sachwertverfahren Rn 185 f.
493 *Kleiber*, Marktwertermittlung, Syst. Darst. Sachwertverfahren Rn 43.
494 Herausgegeben vom Statistischen Bundesamt, vgl. *Kleiber*, Marktwertermittlung, Syst. Darst. Sachwertverfahren Rn 170 ff.
495 *Kleiber*, Marktwertermittlung, Syst. Darst. Sachwertverfahren Rn 161 ff.
496 *Kleiber*, Marktwertermittlung, Syst. Darst. Sachwertverfahren Rn 43.
497 *Kleiber*, Marktwertermittlung, Syst. Darst. Sachwertverfahren Rn 223 ff.
498 *Kleiber*, Marktwertermittlung, § 39 ImmoWertV Rn 5, 17 ff.
499 Vgl. hierzu *Kleiber*, Marktwertermittlung, Syst. Darst. Sachwertverfahren Rn 258, 266 ff.
500 BeckOGK/*Blum/Heuser*, § 2311 Rn 197; Staudinger/*Herzog* (2021), § 2311 Rn 231; *Kleiber*, Marktwertermittlung, Syst. Darst. Sachwertverfahren Rn 258.

objektspezifische Grundstücksmerkmale Korrekturen erfordern, da nur in seltenen Fällen ein bebautes Grundstück in allen Belangen den Grundstücksmerkmalen entspricht, die mit einem auf der Grundlage von Normalherstellungskosten ermittelten Grundstückssachwert und dem zur Anwendung kommenden Sachwertfaktor zutreffend erfasst werden.[501]

Der nach den dargestellten Grundsätzen ermittelte, die jeweilige Marktlage und die besonderen objektspezifischen Grundstücksmerkmale berücksichtigende Sachwert kann regelmäßig als Verkehrswert angesehen werden.[502] Soweit im Rahmen der Bewertung auch andere Wertermittlungsverfahren unterstützend herangezogen werden, ist der Verkehrswert nach Maßgabe von § 6 Abs. 4 ImmoWertV unter Berücksichtigung der Ergebnisse auch dieser Verfahren abzuleiten.[503] 135

cc) Bewertung vermieteter Immobilien

Da Renditeimmobilien grundsätzlich der Erzielung laufender Einkünfte dienen, ist für ihre Bewertung konsequenterweise das Ertragswertverfahren anzuwenden.[504] Denn für einen potenziellen Erwerber stellen die zukünftig erzielbaren Überschüsse den für die Wertbemessung entscheidenden Gesichtspunkt dar.[505] Ein Grundstück kann demnach nur so viel wert sein, wie sich durch seine Nutzung an Gewinn erwirtschaften lässt.[506] 136

Das Ertragswertverfahren ist vor diesem Hintergrund die geeignete Bewertungsmethode für alle Objekte, bei denen die Verzinsung des investierten Kapitals für die Preisbildung im gewöhnlichen Geschäftsverkehr ausschlaggebend ist, also insbesondere Mietwohn- und Geschäftsgrundstücke, gemischt genutzte Grundstücke, Gewerbe- und Industriegrundstücke.[507] Das Ertragswertverfahren kann aber auch bei der Bewertung von Ein- und Zweifamilienhäusern Anwendung finden. Auch wenn hier grundsätzlich das Sachwertverfahren typischerweise zu zutreffenden Ergebnissen führt (vgl. Rdn 125 ff.), kommt alternativ auch das Ertragswertverfahren in Betracht. Voraussetzung ist allerdings im Regelfall, dass geeignete Liegenschaftszinssätze zur Verfügung stehen.[508] 137

Der Ertragswert stellt sich prinzipiell als die auf den Bewertungsstichtag abdiskontierte Summe aller künftigen Nettoerträge des Bewertungsobjekts dar.[509] Er setzt sich zusammen aus der Summe der (auf den Bewertungsstichtag abdiskontierten) über die verbleibende wirtschaftliche Restnutzungsdauer der baulichen Anlagen jährlich anfallenden Reinerträge und dem hernach voraussichtlich noch verbleibenden (abdiskontierten) Restwert des Bewertungsobjekts.[510] 138

§ 27 ImmoWertV stellt für die Durchführung des Ertragswertverfahrens verschiedene Varianten zur Verfügung, nämlich das sog. vereinfachte Ertragswertverfahren (§ 27 Abs. 5 Nr. 2 i.V.m. § 29 ImmoWertV), das ohne eine Aufteilung des Ertragswerts in 139

---

501 Vgl. hierzu *Kleiber*, Marktwertermittlung, Syst. Darst. Sachwertverfahren Rn 267.

502 *Kleiber*, Marktwertermittlung, Syst. Darst. Sachwertverfahren Rn 269.

503 Vgl. hierzu *Kleiber*, Marktwertermittlung, Syst. Darst. Sachwertverfahren Rn 269.

504 BGH NJW 1970, 2018; OLG Düsseldorf BB 1988, 1001, 1002; BeckOGK/*Blum/Heuser*, § 2311 Rn 196; Staudinger/*Herzog* (2021), § 2311 Rn 234 m.w.N.

505 OLG Düsseldorf BB 1988, 1001, 1002.

506 *Riedel*, in: Mayer/Süß/Riedel/Bittler, HB Pflichtteilsrecht, § 5 Rn 148.

507 OLG Nürnberg BeckRS 2010, 28685; vgl. hierzu auch *Kleiber*, Marktwertermittlung, Syst. Darst. Ertragswertverfahren Rn 1.

508 Dies ist in der Praxis aber nicht immer gewährleistet, vgl. hierzu *Kleiber*, Marktwertermittlung, Syst. Darst. Ertragswertverfahren Rn 3.

509 Vgl. hierzu *Kleiber*, Marktwertermittlung, Syst. Darst. Ertragswertverfahren Rn 7.

510 Vgl. hierzu *Kleiber*, Marktwertermittlung, Syst. Darst. Ertragswertverfahren Rn 8.

einen Boden- und einen Gebäudewertanteil auskommt,[511] und das allgemeine Ertragswertverfahren (§ 27 Abs. 5 Nr. 1 i.V.m. § 28 ImmoWertV), bei dem eine Aufteilung des Ertragswerts in einen Boden- und einen Gebäudewertanteil erfolgt.[512] Daneben existiert noch das sog. periodische Ertragswertverfahren auf der Grundlage alternierender Erträge (§ 27 Abs. 5 Nr. 3 i.V.m. § 30 ImmoWertV).

140 Das vereinfachte Ertragswertverfahren wurde in der Vergangenheit auch als eingleisiges Ertragswertverfahren[513] bezeichnet. Grundsätzlich sind aber alle drei Verfahren mathematisch identisch und sollten daher zu denselben Wertfeststellungen führen.

141 Das „Standardverfahren" ist das (zweigleisige) allgemeine Ertragswertverfahren nach § 27 Abs. 5 Nr. 1 i.V.m. § 28 ImmoWertV. Dieses stellt sich im Wesentlichen wie folgt dar:[514]

Wie bereits erwähnt, werden Bodenwert und Gebäudewert getrennt voneinander ermittelt. Für die Bestimmung des vorläufigen Bodenwerts (§ 40 ImmoWertV) gelten die oben für die Bewertung unbebauter Grundstücke dargestellten Grundsätze. Die ImmoWertV fordert grundsätzlich, dass der Bodenwert „vorrangig" aus geeigneten Vergleichspreisen (§ 24 Abs. 1 S. 1 ImmoWertV) abgeleitet werden solle, lässt nachrangig aber auch eine Ableitung auf der Grundlage geeigneter Bodenrichtwerte zu.[515] Gerade bei bebauten Grundstücken, bei denen die Gebäude eine lange Nutzungsdauer aufweisen, kann in der Praxis aber wohl davon ausgegangen werden, dass die Verwendung des Bodenrichtwerts die an eine ordnungsgemäße Durchführung des Ertragswertverfahrens zu stellenden Anforderungen erfüllt, jedenfalls dann, wenn der Bodenrichtwert unter Heranziehung des Liegenschaftszinssatzes ermittelt wurde.[516]

142 Die Ermittlung des Gebäudeertragswerts beginnt mit der Bestimmung des Gebäudereinertrages.[517] Der Reinertrag bestimmt sich gem. § 31 Abs. 1 ImmoWertV als Differenz von Rohertrag und Bewirtschaftungskosten.

143 Sowohl Roh- als auch Reinertrag verstehen sich als die „bei ordnungsgemäßer Bewirtschaftung und zulässiger Nutzung (am Bewertungsstichtag) marktüblich erzielbaren Erträge" (für den Rohertrag ausdrücklich: § 31 Abs. 2 S. 1 ImmoWertV).[518] Folgerichtig verstehen sich auch die Bewirtschaftungskosten als die „bei ordnungsgemäßer Bewirtschaftung und zulässiger Nutzung marktüblich entstehenden" Aufwendungen (§ 32 Abs. 1 ImmoWertV).[519] Die marktüblich erzielbaren Erträge bzw. zu erwartenden Aufwendungen können im Einzelfall von den tatsächlich vereinbarten bzw. anfallenden Mieten/Kosten abweichen. Sie sind insbesondere auch – unabhängig von den tatsächlichen Verhältnissen[520] – bei eigengenutzten Gebäuden bzw. Gebäudeteilen sowie im Falle von Leerständen anzuwenden.[521]

144 Bei (selbstgenutzten) Wohnimmobilien kann als marktüblich erzielbare Miete regelmäßig die ortsübliche Vergleichsmiete angesehen werden.[522] Diese ist aus einem repräsentativen und angemessenen Querschnitt der in den letzten sechs Jahren tatsächlich

---

511 *Kleiber*, Marktwertermittlung, § 29 ImmoWertV Rn 1.
512 *Kleiber*, Marktwertermittlung, § 28 ImmoWertV Rn 4.
513 Nach ImmoWertV, nicht zu verwechseln mit dem vereinfachten Ertragswertverfahren zur Unternehmensbewertung für erbschaft- und schenkungsteuerliche Zwecke nach §§ 199 ff. BewG.
514 Vgl. hierzu *Kleiber*, Marktwertermittlung, Syst. Darst. Ertragswertverfahren Rn 123 ff.
515 *Kleiber*, Marktwertermittlung, Syst. Darst. Ertragswertverfahren Rn 127.
516 Vgl. hierzu *Kleiber*, Marktwertermittlung, Syst. Darst. Ertragswertverfahren Rn 127.
517 *Kleiber*, Marktwertermittlung, Syst. Darst. Ertragswertverfahren Rn 175.
518 *Kleiber*, Marktwertermittlung, § 31 ImmoWertV Rn 24.
519 Vgl. hierzu *Kleiber*, Marktwertermittlung, § 32 ImmoWertV Rn 14 f.
520 Vgl. hierzu *Kleiber*, Marktwertermittlung, § 32 ImmoWertV Rn 14 f.
521 *Kleiber*, Marktwertermittlung, Syst. Darst. Ertragswertverfahren Rn 181.
522 Vgl. hierzu *Kleiber*, Marktwertermittlung, § 31 ImmoWertV Rn 28 ff.

und üblicherweise gezahlten Bestandsmieten für nicht preisgebundene Wohnungen vergleichbarer Art, Größe, Ausstattung, Beschaffenheit und Lage abzuleiten.[523] Sie kann oftmals durch Rückgriff auf den Mietspiegel nach § 558c BGB bestimmt werden.[524] Maßgeblich ist grundsätzlich die Nettokaltmiete.

Bei Gewerbeobjekten kommt ein Rückgriff auf den örtlichen Mietspiegel regelmäßig nicht in Betracht. Hier sind stattdessen entsprechende Vergleichsmieten von hinreichend vergleichbaren Objekten in hinreichend vergleichbaren Lagen heranzuziehen.[525] 145

Vom nach vorstehenden Grundsätzen ermittelten Rohertrag sind die Bewirtschaftungskosten (§ 32 ImmoWertV) abzuziehen. Sie sind in § 32 Abs. 1 ImmoWertV definiert als die bei ordnungsgemäßer Bewirtschaftung und zulässiger Nutzung regelmäßig entstehenden Aufwendungen, die nicht durch Umlagen oder sonstige Kostenübernahmen gedeckt sind. Allerdings sind nur die in § 32 Abs. 1 ImmoWertV enumerativ aufgeführten Arten von Bewirtschaftungskosten berücksichtigungsfähig. Dies sind die Verwaltungskosten, die Instandhaltungskosten, das Mietausfallwagnis sowie die Betriebskosten. Nicht zu den berücksichtigungsfähigen Bewirtschaftungskosten gehören demzufolge insbesondere die Abschreibungen,[526] die Aufwendungen, die durch Umlage oder sonstige Kostenübernahmen gedeckt werden, sowie die aufgrund vertraglicher Bindungen, persönlicher Verhältnisse oder aufgrund anderer Gegebenheiten temporär von den marktüblichen Bewirtschaftungskosten abweichenden Bewirtschaftungskosten. Insofern ist anzumerken, dass nach § 32 Abs. 4 Nr. 1 ImmoWertV ein nur vorübergehender Leerstand grundsätzlich dem Mietausfallwagnis zuzurechnen ist.[527] Soweit Betriebskosten umlagefähig sind, gehören sie nicht zu den abzuziehenden Bewirtschaftungskosten.[528] 146

Verwaltungskosten sind die Aufwendungen im Zusammenhang mit den zur Verwaltung des Grundstücks einschließlich seiner baulichen Anlagen erforderlichen Arbeitskräfte und Einrichtungen sowie die Kosten der Aufsicht und der Geschäftsführung (§ 32 Abs. 2 ImmoWertV).[529] Sie sind gem. § 32 Abs. 1 Nr. 1 ImmoWertV in der bei ordnungsgemäßer Bewirtschaftung am Bewertungsstichtag marktüblichen Höhe anzusetzen. 147

Unter Instandhaltungskosten sind diejenigen Kosten zu verstehen, die während der Nutzungsdauer zur Erhaltung des bestimmungsgemäßen Gebrauchs anfallen, um die durch Abnutzung, Alterung und Witterungseinwirkungen entstehenden baulichen oder sonstigen Mängel ordnungsgemäß zu beseitigen.[530] Hinsichtlich der anzusetzenden Höhe gilt auch hier § 32 Abs. 1 Nr. 2, Abs. 3 ImmoWertV („ordnungsgemäße Bewirtschaftung", „marktübliche Höhe"). 148

Durch Verminderung des Jahresrohertrages um die (nicht umlegbaren) Bewirtschaftungskosten ergibt sich der (marktübliche) Jahresreinertrag des Grundstücks (§ 31 Abs. 1 ImmoWertV). Dieser ist – im Anwendungsbereich des allgemeinen Ertragswertverfahrens (§ 27 Abs. 5 Nr. 1 ImmoWertV) – um den Bodenwertverzinsungsbetrag zu 149

---

523 *Kleiber*, Marktwertermittlung, § 31 ImmoWertV Rn 71.

524 Vgl. hierzu *Kleiber*, Marktwertermittlung, § 31 ImmoWertV Rn 26.

525 *Kleiber*, Marktwertermittlung, § 31 ImmoWertV Rn 158 ff.

526 *Kleiber*, Marktwertermittlung, § 32 ImmoWertV Rn 3.

527 Vgl. hierzu *Kleiber*, Marktwertermittlung, § 32 ImmoWertV Rn 171.

528 Vgl. hierzu *Kleiber*, Marktwertermittlung, § 32 ImmoWertV Rn 1; wegen des Betriebskostenbegriffs vgl. Betriebskostenverordnung; vgl. auch hierzu *Nickel*, FPR 2013, 370.

529 Vgl. hierzu *Kleiber*, Marktwertermittlung, § 32 ImmoWertV Rn 88, 89.

530 Vgl. hierzu *Kleiber*, Marktwertermittlung, § 32 ImmoWertV Rn 106 ff.

mindern, um so den marktüblichen Reinertrag der baulichen Anlage zu bestimmen (§ 28 S. 1 Nr. 1 ImmoWertV).[531]

150 Der Bodenwertverzinsungsbetrag repräsentiert den rechnerischen jährlichen Ertragsausfall, der sich durch die Bindung des in dem bebauten Grund und Boden investierten Kapitals ergibt, weil dieses nicht anderweitig zu banküblichen Zinsen angelegt werden kann.[532]

151 Der Bodenwertverzinsungsbetrag ergibt sich durch Anwendung des objektspezifisch angepassten Liegenschaftszinssatzes nach § 33 ImmoWertV auf den ermittelten Bodenwert (§ 24 ImmoWertV).[533] Es handelt sich um den – ggf. – angepassten Liegenschaftszinssatz nach § 21 Abs. 2 ImmoWertV. Derselbe Zinssatz ist auch für die Kapitalisierung des Reinertrags der baulichen Anlage bzw. für die Bestimmung des nach § 28 S. 2 und 3 ImmoWertV heranzuziehenden Vervielfältigers maßgeblich.[534]

152 Nach § 21 Abs. 1 ImmoWertV sollen die allgemeinen Wertverhältnisse auf dem Grundstücksmarkt mit den von den Gutachterausschüssen für Grundstückswerte abgeleiteten Liegenschaftszinssätzen[535] erfasst werden. Soweit also für das entsprechende Bewertungsobjekt von den Gutachterausschüssen veröffentlichte Liegenschaftszinssätze vorliegen, sind diese für die Bewertung nach dem Ertragswertverfahren heranzuziehen.[536]

Die Liegenschaftszinssätze sind unter anderem von der jeweiligen Grundstücksart abhängig. Sie sind tendenziell umso höher, je größer der gewerbliche Nutzungsanteil ist und umso niedriger, je „feiner" bzw. „aufwendiger" sich die Wohnnutzung darstellt.[537] Somit bewegen sich die Liegenschaftszinssätze i.d.R. zwischen 0 % (z.B. für die Wohnnutzung einer Villa) und 8 % (für Industrieimmobilien wie Fabrikhallen und Ähnliches).[538] Anzuwenden ist der modellkonform ermittelte (§ 10 Abs. 1 ImmoWertV) und objektspezifisch angepasste (§ 33 i.V.m. § 9 ImmoWertV) Liegenschaftszinssatz.[539] Ggf. sind also Zu- bzw. Abschläge von den veröffentlichten Liegenschaftszinssätzen angebracht, um erforderlichenfalls lagebezogene, objektbezogene oder ggf. sogar mieterbezogene Kriterien angemessen zu berücksichtigen. Ebenso kommt die Anwendung geeigneter Umrechnungskoeffizienten in Betracht.[540]

153 Der Liegenschaftszinssatz als solcher wird, wie oben bereits ausgeführt, in die Ermittlung des Bodenwertverzinsungsbetrages einbezogen. Darüber hinaus bildet er – wie erwähnt – eine Komponente zur Bestimmung des Vervielfältigers (Barwertfaktors) i.S.v. § 34 S. 1 ImmoWertV.[541] Die zweite Komponente zur Bestimmung dieses Barwertfaktors ist die Restnutzungsdauer (§ 4 Abs. 3 ImmoWertV).[542] Diese ergibt sich als Differenz zwischen der üblichen Gesamtnutzungsdauer und dem aktuellen Alter der baulichen Anlage (§ 4 Abs. 3 ImmoWertV).[543] Der anzuwendende Vervielfältiger ergibt sich nach den Vorgaben des § 34 ImmoWertV. Durch Multiplikation des markt-

531 Vgl. hierzu *Kleiber*, Marktwertermittlung, Syst. Darst. Ertragswertverfahren Rn 2301.
532 Vgl. hierzu *Kleiber*, Marktwertermittlung, § 32 ImmoWertV Rn 231.
533 *Kleiber*, Marktwertermittlung, Syst. Darst. Ertragswertverfahren Rn 241.
534 Vgl. hierzu *Kleiber*, Marktwertermittlung, Syst. Darst. Ertragswertverfahren Rn 241 ff.
535 Beim Sachwertverfahren mit dem Sachwertfaktor, vgl. *Kleiber*, Marktwertermittlung, Syst. Darst. Ertragswertverfahren Rn 249 und Syst. Darst. Sachwertverfahren Rn 20 ff.
536 Vgl. hierzu *Kleiber*, Marktwertermittlung, Syst. Darst. Ertragswertverfahren Rn 249 f.
537 Vgl. hierzu *Kleiber*, Marktwertermittlung, Syst. Darst. Ertragswertverfahren Rn 255.
538 Vgl. hierzu *Kleiber*, Marktwertermittlung, Syst. Darst. Ertragswertverfahren Rn 255.
539 *Kleiber*, Marktwertermittlung, Syst. Darst. Ertragswertverfahren Rn 257.
540 *Kleiber*, Marktwertermittlung, Syst. Darst. Ertragswertverfahren Rn 2619.
541 *Kleiber*, Marktwertermittlung, Syst. Darst. Ertragswertverfahren Rn 244 ff.
542 Vgl. hierzu *Kleiber*, Marktwertermittlung, Syst. Darst. Ertragswertverfahren Rn 265.
543 Vgl. hierzu *Kleiber*, Marktwertermittlung, Syst. Darst. Ertragswertverfahren Rn 265.

üblichen Jahresreinertrags der baulichen Anlage mit dem Vervielfältiger ergibt sich der Ertragswert der baulichen Anlage, der zusammen mit dem Bodenwert des Grundstücks zum (vorläufigen) Ertragswert führt.[544]

Um aus dem vorläufigen Ertragswert den (endgültigen) Ertragswert, also den Marktwert, abzuleiten, sind gem. § 8 Abs. 3 ImmoWertV noch (möglichst) mit Hilfe von Umrechnungskoeffizienten[545] bzw. durch Zu- bzw. Abschläge aufgrund von Marktanpassungen (allgemeine Wertverhältnisse auf dem Grundstücksmarkt) und etwa erforderliche Anpassungen wegen besonderer objektspezifischer Grundstücksmerkmale des zu bewertenden Grundstücks vorzunehmen.[546] 154

Auch wenn der BGH[547] für Renditeimmobilien bzw. Mietshäuser grundsätzlich die Anwendung des Ertragswertverfahrens vorschreibt, hat die Rechtsprechung in der Vergangenheit mitunter auch die Bildung eines Mittelwerts aus Sach- und Ertragswert für vertretbar gehalten.[548] Die Abweichung vom Ertragswertverfahren dürfte aber dessen ungeachtet nur in sehr seltenen Fällen gerechtfertigt sein, so z.B. wenn die Möglichkeit besteht, ein als Renditeobjekt genutztes Mehrfamilienhaus in Eigentumswohnungen aufzuteilen und diese anschließend zu einem deutlich günstigeren (höheren) Preis zu veräußern.[549] 155

d) Bewertung besonderer Immobilienarten

Bei einem **landwirtschaftlichen Betrieb** (Landgut) besteht die Möglichkeit, den i.d.R. gegenüber dem Verkehrswert wesentlich niedrigeren Ertragswert anzuordnen (§ 2312 BGB). 156

Bei **Reichsheimstätten** ist zu beachten, dass das Reichsheimstättengesetz mit Wirkung zum 1.10.1993 außer Kraft getreten ist; für ab diesem Zeitpunkt eintretende Erbfälle findet es daher keine Anwendung mehr und es ist auch hier der Verkehrswert anzusetzen.[550] 157

Besonderheiten gelten für die Bewertung eines **Erbbaurechts**, da dies nur ein dingliches Recht an einem Grundstück ist, wenn auch veräußerlich und belastbar (§ 1 Abs. 1 ErbbauRG). Der Verkehrswert wird entweder nach der finanzmathematischen Methode aus dem Gebäudewert, dem Wert der Außenanlagen und dem Bodenwertanteil[551] oder nach dem Vergleichswertverfahren[552] ermittelt. 158

e) Miteigentumsanteile

Besondere Probleme sind mit der Bewertung eines Miteigentumsanteils an einer Immobilie verbunden. Während der weit überwiegende Teil der Literatur[553] für die Bewertung von (einzelnen) Miteigentumsanteilen an Immobilien einen deutlichen Abschlag vom anteilig auf den einzelnen Miteigentümer entfallenden Verkehrswert der 159

---

544 *Kleiber*, Marktwertermittlung, Syst. Darst. Ertragswertverfahren Rn 276.

545 *Kleiber*, Marktwertermittlung, Syst. Darst. Ertragswertverfahren Rn 276.

546 Vgl. hierzu *Kleiber*, Marktwertermittlung, § 4 ImmoWertV Rn 277 ff.

547 BGH NJW 1970, 2018; ebenso OLG Düsseldorf BB 1988, 1001, 1002; OLG Frankfurt FamRZ 1980, 576.

548 OLG Köln NJW 1961, 785 f; vgl. auch BGH JZ 1963, 320; BGH NJW RR 1986, 226 f.

549 BGH NJW RR 1993, 131, 132; Staudinger/*Herzog* (2021), § 2311 Rn 235.

550 *J. Mayer*, ZEV 1994, 331, 334; für die Rechtslage unter der Geltung des RHG siehe die Hinweise bei Staudinger/*Haas* (2006), § 2311 Rn 79.

551 BGH NJW 1992, 1454; *Prettl/Lohr/Bringmann*, in: Schlitt/Müller-Engels, Handbuch Pflichtteilsrecht, § 4 Rn 57.

552 *Prettl/Lohr/Bringmann*, in: Schlitt/Müller-Engels, Handbuch Pflichtteilsrecht, § 4 Rn 56.

553 *Schopp*, ZMR 1994, 552; Staudinger/*Herzog* (2021), § 2311 Rn 240; Staudinger/*Haas* (2006), § 2311 Rn 79; *Riedel*, in: Mayer/Süß/Riedel/Bittler, HB Pflichtteilsrecht, § 5 Rn 171; Groll/*Rösler*, C VI Rn 88; AG Andernach FamRZ 2008, 190, 192.

Gesamtimmobilie für erforderlich hält, hat der BGH[554] im Jahr 2015 (überraschenderweise) den gegenteiligen Standpunkt eingenommen.

160 Seiner Meinung nach ist jedenfalls dann, wenn der (tatsächliche) Erbe vom Erblasser eine ideelle Miteigentumshälfte an einem Grundstück erhält, dessen anderer Miteigentümer er selbst ist, der durch den Erbfall erworbene Miteigentumsanteil mit dem anteiligen Verkehrswert der Immobilie anzusetzen. Eine Verwertung des ererbten Miteigentumsanteils sei bei dieser Sachlage problemlos möglich. Gründe, die es rechtfertigen könnten, einen Abschlag vorzunehmen, konnte der BGH nicht erkennen. Vielmehr weist er darauf hin, dass im Falle der Vornahme eines Wertabschlags dem Erben im Moment des Erbfalls der volle Wert der ideellen Miteigentumshälfte im Sinne des hälftigen Verkehrswerts zufließe, weil er als Alleineigentümer den vollen Verkehrswert realisieren könne, der Pflichtteilsberechtigte hieran aber nicht angemessen beteiligt würde.

161 Sowohl das Ergebnis als auch die Begründung widersprechen sämtlichen Grundsätzen, die der BGH selbst bislang zutreffenderweise der pflichtteilsrechtlichen Nachlassbewertung zugrunde gelegt hat, insbesondere auch dem Stichtagsprinzip:[555]
Der BGH geht, wie dargestellt, davon aus, dass der Nachlass so zu bewerten sei, als ob er im Zeitpunkt des Erbfalls versilbert, also in Geld umgesetzt würde. Bezogen auf den zum Nachlass gehörenden Miteigentumsanteil des Erblassers (nicht bezogen auf die Immobilie insgesamt) stellt sich zunächst die Frage, ob es für diesen überhaupt einen funktionierenden Markt gäbe und – wenn ja – welcher Preis auf diesem erzielbar wäre. Außer dem anderen Miteigentümer käme wohl realistischerweise kaum ein Erwerber in Betracht. Vor diesem Hintergrund ist gerade nicht damit zu rechnen, dass der anteilige Verkehrswert der Gesamtimmobilie erzielt werden könnte.

162 Außerdem hat der BGH in der Vergangenheit zu Recht betont, dass es für die Nachlassbewertung gerade nicht auf die Person des konkreten Erben ankommen könne, sondern vielmehr die Frage zu beantworten sei, welchen Wert der Nachlass bzw. ein einzelner Nachlassgegenstand „in der Hand jedes Erben haben würde".[556] Auch von diesem Grundsatz weicht die in Rede stehende Entscheidung dramatisch ab. Die Bewertung des Miteigentumsanteils mit dem anteiligen Verkehrswert der Gesamtimmobilie erfolgt gerade im Hinblick auf die Person des konkreten Erben.

163 Auch mit dem Petitum des Gesetzgebers, der Pflichtteilsberechtigte sei wirtschaftlich so zu stellen, als ob er mit seiner Pflichtteilsquote Erbe geworden wäre, ist dies nicht vereinbar. Im entschiedenen Fall handelte es sich bei dem Erben um den Lebensgefährten der Erblasserin, beim Pflichtteilsberechtigten um ihr einziges Kind. Wäre dieses tatsächlich – mit welcher Quote auch immer – Miteigentümer der Immobilie geworden, hätte man wohl nicht nur über einen Abschlag vom quotalen Wert des vererbten Miteigentumsanteils nachdenken müssen, sondern auch über die Wertminderung des dem Erben von vornherein gehörenden Miteigentumsanteils. Denn Uneinigkeit unter den beiden Miteigentümern hätte sicher sowohl eine Minderung der praktischen Nutzbarkeit (insbesondere im Fall der Selbstnutzung durch einen Miteigentümer) als auch der wirtschaftlichen Verwertbarkeit (durch Verkauf) zur Folge.

164 Schließlich ist darauf hinzuweisen, dass für pflichtteilsrechtliche Zwecke mit dem Erbfall durch Konfusion oder Konsolidation erloschene Rechtsverhältnisse als nicht

554 BGH ZEV 2015, 482 m. krit. Anm. *Lange*.
555 MüKo/*Lange*, § 2311 Rn 40; Staudinger/*Herzog* (2021), § 2311 Rn 198, 240.
556 Vgl. BGH NJW 1954, 1037.

erloschen gelten.[557] Im Entscheidungsfall fielen durch den Erbfall (zufällig) beide Miteigentumsanteile in einer Hand zusammen, das bis dato bestehende Miteigentumsverhältnis endete dadurch (faktisch). Dies muss im Rahmen der pflichtteilsrechtlichen Nachlassbewertung entsprechend den zu Konfusion und Konsolidation geltenden Grundsätzen fiktiv „ausgeblendet" werden.

Dessen ungeachtet lässt sich aber argumentieren, dass jeder Miteigentümer die Möglichkeit hat, die Aufhebung der Miteigentümergemeinschaft zu verlangen (§ 749 Abs. 1 BGB) und die Versilberung seines Miteigentumsanteils im Wege der Teilungsversteigerung zu erzwingen (§§ 180 ff. ZVG).[558] 165

Soweit im Rahmen der Teilungsversteigerung mit der Realisierung des Verkehrswerts des Objekts gerechnet werden kann, ist ein Wertabschlag tatsächlich nicht erforderlich bzw. gerechtfertigt. In diesem Fall stellt sich dasselbe Ergebnis ein wie in der Entscheidung des BGH. Muss aber mit Versteigerungsergebnissen unterhalb des tatsächlichen Werts gerechnet werden, ist dies auch bei der Bewertung des zum Nachlass gehörenden Miteigentumsanteils zu berücksichtigen – unabhängig von den konkreten Eigentumsverhältnissen.

f) Auslandsimmobilien

Ausländische Immobilien, insbesondere Ferienwohnungen, sind oftmals nur eingeschränkt verwertbar (z.B. wegen Beschränkungen für den Grundstückserwerb durch Ausländer in Polen, Österreich, Tschechien, Ungarn oder der Schweiz). Diesbezügliche Besonderheiten können – je nach den Umständen des Einzelfalls – sowohl einen Wertabschlag als auch eine Werterhöhung rechtfertigen, wenn die potenzielle Nachfrage nach solchen Immobilien durch diese besonderen Umstände beschränkt oder infolge einer künstlichen Verknappung angeregt wird.[559] 166

g) Berücksichtigung von Nießbrauchs- und Wohnungsrechten

Ist eine Immobilie mit einem Nießbrauchs- oder einem Wohnungsrecht belastet, wirkt sich dies mindernd auf ihren Verkehrswert aus.[560] 167

Die Grundlage für die Bewertung bildet zunächst der Wert des unbelasteten Grundstücks. Von diesem wird (jedenfalls) der abgezinste Wert des aus dem Nießbrauchs- bzw. Wohnungsrecht für den Berechtigten resultierenden wirtschaftlichen Vorteils abgezogen.[561]

Der Wert dieses wirtschaftlichen Vorteils für den Berechtigten ergibt sich durch Multiplikation des Jahreswerts des Nießbrauchs- bzw. Wohnungsrechts mit einem aus der statistischen Lebenserwartung abgeleiteten Leibrentenbarwertfaktor.[562] Für den Jahreswert sind die marktüblich zu zahlenden Mieten oder Pachten maßgeblich. Darüber

---

557 BGH NJW 1975, 1123, 1124; BGH NJW 1987, 1260, 1262; BGH NJW 1982, 575, 576; BGH DNotZ 1978, 487, 489; OLG Schleswig ZEV 2013, 86, 87; *Kipp/Coing*, § 6 II 2; *Dieckmann*, FamRZ 1984, 1980, 1983; Soergel/*Beck*, § 2311 Rn 10; *Schmidt-Kessel*, WM 1988, Beil. 8, S. 15; Staudinger/*Herzog* (2021), § 2311 Rn 73; Staudinger/*Haas* (2006), § 2311 Rn 15; ebenso DNotI-Gutachten, DNotI-Report 2004, 11, 13.

558 Vgl. hierzu *Nickel*, FPR 2013, 370.

559 BeckOGK/*Blum/Heuser*, § 2311 Rn 200; Staudinger/*Herzog* (2021), § 2311 Rn 242; *Kerscher/Riedel/Lenz*, Pflichtteilsrecht, § 7 Rn 71.

560 *Kleiber*, Marktwertermittlung, § 46 ImmoWertV Rn 1; *ders.*, Verkehrswertermittlung, Abschn. VIII Rechte und Belastungen Rn 342 ff.

561 *Kleiber*, Marktwertermittlung, § 47 ImmoWertV Rn 28; *ders.*, Verkehrswertermittlung, Abschn. VIII Rechte und Belastungen Rn 347.

562 *Kleiber*, Marktwertermittlung, § 47 ImmoWertV Rn 28; *ders.*, Verkehrswertermittlung, Abschn. VIII Rechte und Belastungen Rn 342.

hinaus sind auch diejenigen Instandhaltungs- bzw. Unterhaltungsaufwendungen zu berücksichtigen, die – typischerweise oder nach der konkreten vertraglichen Gestaltung – vom Grundstückseigentümer zu tragen sind und den Nießbraucher/Wohnungsberechtigten daher nicht belasten.[563]

168 Zusätzlich ist bei der Bewertung zu berücksichtigen, dass ein gedachter Erwerber einer nießbrauchs- bzw. wohnungsrechtsbelasteten Immobilie aus dem Risiko, dass der Berechtigte länger lebt, als die statistische Lebenserwartung es vermuten lassen würde, typischerweise einen zusätzlichen Preisabschlag ableitet.

Hinzu kommt, dass auch die Beleihung belasteter Immobilien deutlich erschwert ist und wegen der zu erwartenden Erlösminderung im Falle der Verwertung der Beleihungswert oft um 60 % reduziert ist.[564]

Diese beiden Faktoren können dazu führen, dass der Verkehrswert der Immobilie noch deutlich unter der Differenz aus dem Wert des unbelasteten Objekts und dem kapitalisierten Wert des Nießbrauchs- bzw. Wohnungsrechts liegt.

5. Gewerbliche Unternehmen

a) Allgemeines

169 Unter der Voraussetzung, dass der gemeine Wert eines im Nachlass befindlichen gewerblichen Unternehmens nicht aus einem zeitnahen Kauf- bzw. Verkaufspreis abgeleitet werden kann, ist auch hier der Wert im Wege der Schätzung zu ermitteln. Für die Praxis äußerst problematisch ist jedoch der Umstand, dass eine allgemein anerkannte und durch durchweg gültige Bewertungsmethode weder in der Rechtsprechung noch im Schrifttum ausgemacht werden kann.[565]

Einige Kernaussagen sind jedoch unbestritten:[566] Der Unternehmenswert ist nicht mit der Summe der Werte der einzelnen Gegenstände des Betriebsvermögens identisch.[567] Eine Wertermittlung nach der Vergleichswertmethode scheidet aus.[568]

b) Rechtlicher Rahmen für die Auswahl der Bewertungsmethode

170 Eine klare gesetzliche Vorgabe bezüglich der anzuwendenden Bewertungsmethode findet sich im Bereich des Pflichtteilsrechts ebenso wenig wie in den meisten anderen Rechtsbereichen, in denen der Unternehmenswert eine Rolle spielen kann.[569] Auch die Regelung in § 728 Abs. 1 S. 1 BGB (i.d.F. des MoPeG, also ab 1.1.2024), nach der dem ausscheidenden Gesellschafter einer GbR eine „dem Wert seines Anteils angemessene Abfindung zu zahlen" ist, hat dies nicht grundlegend geändert. Denn eine Definition des zugrunde liegenden Wertbegriffs bzw. der in Bezug genommenen „Angemessenheit" bleibt das Gesetz nach wie vor schuldig.

---

563 *Kleiber*, Verkehrswertermittlung, Abschn. VIII Rechte und Belastungen Rn 345.

564 *Kleiber*, Verkehrswertermittlung, Abschn. IX Lasten und Beschränkungen Rn 73.

565 BGH NJW 1982, 2441; Soergel/*Beck*, § 2311 Rn 25; *Zehner*, DB 1981, 2109, 2111; Staudinger/*Herzog* (2021), § 2311 Rn 243; MüKo/*Lange*, § 2311 Rn 46.

566 Vgl. z.B. *Kerscher/Riedel/Lenz*, Pflichtteilsrecht, § 7 Rn 75.

567 BGHZ 75, 195, 199 = FamRZ 1980, 37 = NJW 1980, 229; BGH NJW 1972, 1269; BGH NJW 1973, 509; MüKo/*Lange*, § 2311 Rn 46; *Kapp*, BB 1972, 829, 830; *Lange/Kuchinke*, § 39 VI 2 b; *Braunhofer*, S. 234; *J. Mayer*, ZEV 1994, 331, 334; Staudinger/*Herzog* (2021), § 2311 Rn 243.

568 Ein Markt für ganze Unternehmen (der diese Bezeichnung verdient) existiert praktisch nicht; aus diesem Grund können sich auch keine Vergleichspreise herausbilden, *Müller*, JuS 1973, 603, 604. Darüber hinaus lassen sich kaum zwei Unternehmen finden, die wirklich miteinander vergleichbar wären, OLG Saarbrücken FamRZ 1984, 699, 701; Soergel/*Beck*, § 2311 Rn 25, *J. Mayer*, ZEV 1994, 331, 334; Staudinger/*Herzog* (2021), § 2311 Rn 243.

569 Vgl. *Hüttemann*, in: Fleischer/Hüttemann, Unternehmensbewertung, Rn 1.7.

Bislang sind nur sehr wenige höchstrichterliche Entscheidungen ergangen, die sich mit Fragen der Unternehmenswertermittlung zur Bemessung von Pflichtteils-[570] oder Pflichtteilsergänzungsansprüchen beschäftigen.[571]

Im Hinblick auf das Alter dieser Entscheidungen darf auch nicht übersehen werden, dass sich mittlerweile die Betriebswirtschaftslehre gerade im Bereich der Unternehmensbewertung sehr stark weiterentwickelt hat. Galten früher der Rückgriff auf den Substanzwert oder die Bildung eines Mittelwerts aus Substanz- und Ertragswert noch durchaus als „lege artis“,[572] nehmen heute die ertrags- bzw. cashflow-orientierten Bewertungsverfahren eine beherrschende Stellung ein.[573] Auch der BGH gibt heute der Ertragswertmethode eindeutig den Vorzug,[574] weshalb Substanz- und Mittelwertmethode wohl endgültig – auch aus Sicht der Rechtsprechung – als überholt angesehen werden können.[575]

Von besonderem Interesse ist – trotz ihres Alters – die Entscheidung vom 17.1.1973, 171 in deren Leitsatz der BGH ausführt, der Liquidationswert eines zur Zeit des Erbfalls ertraglosen Unternehmens könne der Wertermittlung grundsätzlich nicht zugrunde gelegt werden, wenn das Unternehmen durch den Erben fortgeführt werde. Zur Begründung führte er aus, dass bei Fortführung des Unternehmens der Liquidationswert lediglich eine theoretische Größe sei, die aber tatsächlich nicht wirksam werde. Daher sei es nicht gerechtfertigt, den Liquidationswert im Verhältnis zu Dritten, namentlich zum Pflichtteilsberechtigten, der Bewertung zugrunde zu legen. Eingeschränkt wird diese Aussage nur für Fälle, in denen eine Fortführung durch den Erben als unter wirtschaftlichen Gesichtspunkten widersinnig angesehen werden müsse.

Sowohl die Entscheidung als auch ihre Begründung sind in der Literatur zu Recht auf 172 heftigen Widerstand gestoßen. Zutreffend führt beispielsweise *Beck*[576] aus, dass es wohl richtiger sei, den Pflichtteilsberechtigten nicht mit den Folgen zu belasten, die unökonomisches oder spekulatives Verhalten des Erben auslösen.[577] Dem kann im Hinblick auf die Bedeutung des Stichtagsprinzips nur beigepflichtet werden.[578]

Nach heute wohl herrschender Ansicht in der Literatur[579] bildet der Liquidationswert 173 grundsätzlich die Untergrenze des für die Pflichtteilsberechnung anzusetzenden Un-

570 BGH NJW 1973, 509 ff.; BGH NJW 1982, 575 f.

571 BGH NJW 1982, 2497 f.

572 „Heute überholt“, vgl. *Lange*, in: Fleischer/Hüttemann, Unternehmensbewertung, Rn 28.38.

573 *Lange*, in: Fleischer/Hüttemann, Unternehmensbewertung, Rn 28.39.

574 BGH NJW 1985, 192. Auch wenn diese Entscheidung nicht zum Pflichtteilsrecht ergangen ist, kann aus ihr die Maßgeblichkeit der Ertragswertmethode für sämtliche Verkehrswertschätzungen im Unternehmensbereich abgeleitet werden.

575 *J. Mayer*, ZEV 1994, 331, 335; *Reimann*, ZEV 1994, 7, 8; Soergel/*Beck*, § 2311 Rn 26. Nach Auffassung des OLG Koblenz FamRZ 2002, 1190 soll jedoch das Ergebnis der Ertragswertmethode zu korrigieren sein, wenn besonders hohe Substanzwerte einzelner Vermögensgegenstände sonst nicht zutreffend abgebildet werden; dem ist der BGH jedoch mit Urt. v. 8.9.2004 – XII ZR 194/01 zu Recht entgegengetreten.

576 Soergel/*Beck*, § 2311 Rn 27; ebenso bereits Soergel/Dieckmann (13. Aufl.), § 2311 Rn 21.

577 Ebenso *Prettl/Lohr/Bringmann*, in: Schlitt/Müller-Engels, Handbuch Pflichtteilsrecht, § 4 Rn 75.

578 Gleiches gilt für seine Überlegungen, ob die Fortführung eines zwar ertragslosen, dem Erben aber beispielsweise als Beschäftigungsort für Angehörige dienenden Unternehmens dem Ansatz des Liquidationswerts entgegenstehe. Zwar stellt die Fortführung hier u.U. ein „wirtschaftsrationales“ Verhalten des Erben dar. Da aber für die Bewertung nicht die Sichtweise des tatsächlichen, sondern eines idealen Erben maßgeblich ist, können derartige persönliche (wenn auch vernünftige) Motive keinen Einfluss auf die Bewertung haben; vgl. insoweit auch *Riedel*, Bewertung, Rn 259.

579 *Prettl/Lohr/Bringmann*, in: Schlitt/Müller-Engels, Handbuch Pflichtteilsrecht, § 4 Rn 72; vgl. auch *J. Mayer*, ZEV 1994, 331 m.w.N.

ternehmenswerts.[580] Die ursprünglich gesehene Ausnahme für den Fall, dass der Erbe zur Fortführung des Unternehmens verpflichtet ist,[581] hat der BGH zwischenzeitlich relativiert:[582] Soweit am Stichtag kein positiver Ertragswert vorhanden gewesen sei, dürfe der Tatrichter auch bei einer erst drei Jahre später erfolgenden Liquidation den auf den Stichtag geschätzten Liquidationswert den Berechnungen zur Höhe des Pflichtteils(ergänzungs)anspruchs zugrunde legen.

174 Die juristische Literatur greift in Ermangelung weiterer Urteile vielfach auf zum Zugewinnausgleich ergangene Entscheidungen und in diesem Zusammenhang getroffene Aussagen zurück, deren Gültigkeit auch für die Wertermittlung im Rahmen des Pflichtteilsrechts als selbstverständlich unterstellt wird. Der BGH geht offenbar ebenfalls von der grundsätzlichen Vergleichbarkeit der Situationen bei Zugewinnausgleichs- und Pflichtteilsanspruch aus.[583] Ob diese Vergleichbarkeit tatsächlich besteht, erscheint aber zweifelhaft:

175 Zuzugeben ist sicherlich, dass Abweichungen beim Bewertungsziel wohl nicht bestehen. Vor dem Hintergrund von § 1378 Abs. 1 BGB (ein Zugewinnausgleichsanspruch besteht nur dann, wenn der Zugewinn eines Ehegatten den des anderen übersteigt) besteht das Bewertungsziel (auch)[584] beim Zugewinnausgleich in der Ermittlung des vollen, wirklichen Werts.[585] Ebenso gilt in beiden Bereichen das Stichtagsprinzip. Denn für die Bestimmung des Anfangsvermögens kommt es nach § 1374 Abs. 1 BGB auf den Zeitpunkt des Beginns des Güterstands an, für die Bewertung des Endvermögens nach § 1372 BGB auf den Zeitpunkt der Beendigung des Güterstands oder den Zeitpunkt der Rechtshängigkeit des Scheidungsantrags (§ 1384 BGB). Für einen vorzeitigen Zugewinnausgleich definiert § 1387 BGB als Stichtag den Zeitpunkt der Erhebung der Klage auf vorzeitigen Ausgleich.

176 Allerdings sind die Ausgangssituationen beim lebzeitigen Zugewinnausgleich und beim Pflichtteil sowie beim Zugewinnausgleich i.S.d. § 1371 Abs. 2 und 3 BGB vollkommen unterschiedlich.[586] Denn in den beiden zuletzt genannten Fällen ist der Stichtag der Todestag des Erblassers/Unternehmer-Ehegatten. Dieser markiert nicht nur den (unternehmerisch nicht weiter bedeutsamen) Bewertungszeitpunkt, sondern hat (wegen des Wegfalls des Unternehmers) auch erheblichen Einfluss auf die Bewertung als solche.[587]

177 Vor diesem Hintergrund ist bei der Anwendung zum Zugewinnausgleich gewonnener Erkenntnisse auf pflichtteilsrechtlich veranlasste Unternehmensbewertungen stets darauf zu achten, ob sich aus dem Tod des bisherigen Unternehmers nicht maßgebliche Unterschiede hinsichtlich des verfolgten Bewertungsziels ergeben.[588]

Gerade für pflichtteilsrechtliche Zwecke scheint es daher sachgerecht, im Wesentlichen auf betriebswirtschaftliche Grundsätze zurückzugreifen und die Wertermittlung an dem zu orientieren, was auch bei **Unternehmenstransaktionen** außerhalb erbrechtli-

580 *Lange*, in: Fleischer/Hüttemann, Unternehmensbewertung, Rn 28.34.

581 BGH NJW 1973, 509; Soergel/*Beck*, § 2311 Rn 27; ebenso *Piltz/Wissmann*, NJW 1985, 2673ff; *Riedel*, Bewertung, Rn 260; vgl. aber auch MüKo/*Lange*, § 2311 Rn 39 unter Hinweis auf OLG München FamRZ 2013, 329.

582 BGH NJW 1982, 2497.

583 BGHZ 75, 195, 199; BGHZ 68, 163 ff. = FamRZ 1978, 332 ff.

584 Vgl. zum Pflichtteilsrecht BVerfG NJW 1988, 2723.

585 Vgl. BVerfG NJW 1985, 1329 ff.: Art. 6 Abs. 1 GG steht der Anwendung des Ertragswertverfahrens nur dann entgegen, wenn es dadurch zu einer unverhältnismäßigen Verschiebung der Ausgleichslast zum Nachteil des anderen Ehegatten kommt.

586 Vgl. ausführlich *Riedel*, Bewertung, Rn 278 ff.

587 *Riedel*, Bewertung, Rn 289.

588 *Riedel*, Bewertung, Rn 291.

cher Vorgänge üblich ist. Soweit also nicht – wie wohl nur in Ausnahmefällen – ein zeitnah zum Stichtag realisierter Kaufpreis (unter fremden Dritten) festgestellt werden kann, ist eine betriebswirtschaftlichen Grundsätzen entsprechende Unternehmensbewertung nach dem jeweils aktuellen Stand von Wissenschaft und Praxis durchzuführen.

Hieraus folgt auch, dass die in IDW S 13 niedergelegten Grundsätze zur Berücksichtigung der steuerlichen Auswirkungen des unterstellten Verkaufs eines Unternehmens (vgl. Rdn 194) nur dann auf pflichtteilsrechtliche Bewertungsanlässe übertragen werden dürfen, wenn auch hier der Bewertung ein Verkaufs-Szenario zugrunde gelegt wird. Dies wird tatsächlich verschiedentlich gefordert,[589] ist aber mit dem Petitum, den Pflichtteilsberechtigten am wirklichen „wahren" Wert des Nachlasses zu beteiligen, also die wirtschaftlich objektiv sinnvollste Verwertungsalternative der Bewertung zugrunde zu legen, schlussendlich nicht (bzw. nicht immer) vereinbar[590] (vgl. Rdn 64 ff., „idealer Erbe"). 178

c) Grundsätze und Methoden der Unternehmensbewertung aus betriebswirtschaftlicher Sicht

aa) Allgemeines

Da es im Rahmen pflichtteilsrechtlicher Überlegungen nur um einen objektivierten Unternehmenswert gehen kann,[591] muss die Bewertung unter der Voraussetzung finanzieller Ziele erfolgen. Die Bewertung kann dessen ungeachtet unter Zugrundelegung verschiedener Methoden erfolgen. Diese lassen sich systematisch in vier Bewertungsansätze aufgliedern: Gesamtbewertungsverfahren, Einzelbewertungsverfahren, Mischverfahren und Überschlagsrechnungen.[592] 179

Bei den Gesamtbewertungsverfahren wird das zu bewertende Unternehmen grundsätzlich als eine Bewertungseinheit angesehen.[593] Der Wert wird dabei aus den zukünftig erwarteten finanziellen Überschüssen ermittelt,[594] die auf den Bewertungsstichtag zu diskontieren sind.[595] Klassische Gesamtbewertungsverfahren sind die auch vom Institut der Wirtschaftsprüfer (IDW) favorisierten Methoden, nämlich das Ertragswertverfahren[596] sowie die Discounted Cash Flow Method (DCF).[597] Daneben kommen gerade für kleinere, mehr personenbezogene Unternehmen, Handwerksbetriebe und freiberufliche Praxen auch das sog. modifizierte Ertragswertverfahren,[598] der AWH-Standard und sog. Kammer-Methoden in Betracht. 180

Bei den Einzelbewertungsverfahren wird der Unternehmenswert aus der Summe der Werte der Einzelbestandteile des zu bewertenden Unternehmens ermittelt.[599] Hierun- 181

---

589 BGH NJW-RR 1991, 900; OLG München BeckRS 2012, 08586 m.w.N.

590 Ähnlich *Lange*, in: Fleischer/Hüttemann, Unternehmensbewertung, Rn 28.33.

591 BeckOGK/*Blum/Heuser*, § 2311 Rn 205; *Wollny*, Der objektivierte Unternehmenswert, S. 65; *Riedel*, Bewertung, Rn 121; *Prettl/Lohr/Bringmann*, in: Schlitt/Müller-Engels, Handbuch Pflichtteilsrecht, § 4 Rn 75.

592 Vgl. *Ballwieser/Hachmeister*, Unternehmensbewertung, S. 9.

593 *Mandl/Rabel/Enzinger*, in: Peemöller, Praxishandbuch der Unternehmensbewertung, S. 56.

594 Vgl. *Sieben*, BFuP 1998, 191; *Siepe*, in: Wirtschaftsprüfer-Handbuch 2002, Band II, Rn 159.

595 Vgl. *Ballwieser/Hachmeister*, Unternehmensbewertung, S. 8.

596 Vgl. BVerfG NJW 2011, 2497 „Verfassungsrechtlich unbedenklich […], ohne dass ihre Anwendung von Verfassungs wegen geboten wäre"; OLG Frankfurt v. 29.3.2011 – 21 W 12/11, „… allgemein anerkannte Bewertungsmethode […], deren Heranziehung keinen Bedenken unterliegt".

597 Vgl. IDW S 1 (i.d.F. 2008), FN-IDW 2008, 271 ff.

598 Vgl. hierzu *Boos/Bonefeld/Schlimpert/Schlünder/Siewert*, Das modifizierte Ertragswertverfahren, 2024.

599 *Mandl/Rabel/Enzinger*, in: Peemöller, Praxishandbuch der Unternehmensbewertung, S. 92.

ter fallen insbesondere die Substanzwertmethode sowie die Liquidationswertbestimmung.

182 Bei den sog. **Mischverfahren** kommen sowohl Elemente der Gesamt- als auch der Einzelbewertungsverfahren zur Anwendung.[600] Die Basis bildet im Regelfall der Substanzwert, der dann um Ertragswert-Elemente erweitert wird.[601] Ein solches Mischverfahren stellte z.B. auch das bis Ende 2008 für die erbschaft- und schenkungsteuerrechtliche Bewertung von nicht notierten Kapitalgesellschaftsanteilen maßgebliche **Stuttgarter Verfahren** dar. Gleiches gilt auch für sog. **Mittelwertverfahren.**[602]

183 Trotz der Vielzahl der zur Verfügung stehenden Bewertungsansätze ist ein unter allen Gesichtspunkten zutreffender objektiv feststellbarer Unternehmenswert praktisch nicht ermittelbar.[603] Dessen ungeachtet kann bzw. muss ein von einem redlichen und sachverständigen Bewerter ermittelter Unternehmenswert bzw. das Bewertungsergebnis als „wirklicher" Unternehmenswert angesehen werden.[604]

bb) Einzelbewertungsverfahren

(1) Substanzwertverfahren

184 Der Substanzwert ergibt sich aus der Summe der Wiederbeschaffungs- bzw. Reproduktionswerte aller zum Unternehmen gehörigen Vermögensgegenstände (Aktiva) abzüglich der Schulden und sonstigen Verbindlichkeiten.[605] Der Substanzwert orientiert sich grundsätzlich am Beschaffungsmarkt,[606] nicht an den potenziell erzielbaren Veräußerungserlösen. Voraussetzung für die Bewertung nach dem Substanzwertverfahren ist, dass die Reproduktion, also der „Nachbau" des Unternehmens (aus der Sicht eines potenziellen Erwerbers) tatsächlich eine realistische Handlungsalternative darstellt.[607] Tendenziell wird dies umso schwerer zu realisieren sein, je bedeutender die immateriellen Vermögensgegenstände (insbesondere der Firmenwert) für das Unternehmen sind, da diese nicht ohne weiteres von Dritten am Markt erworben werden können. In der Praxis kommt der „Nachbau" des Unternehmens meistens nicht in Betracht.

185 Vor diesem Hintergrund haben auch die zivilrechtliche Rechtsprechung und das entsprechende Schrifttum ihre frühere Präferenz[608] des Substanzwertverfahrens inzwischen aufgegeben.[609] Das gilt auch für sog. Mittelwertverfahren,[610] die im Grunde

---

600 Vgl. *Mandl/Rabel/Enzinger*, in: Peemöller, Praxishandbuch der Unternehmensbewertung, S. 96; *Ballwieser/Hachmeister*, Unternehmensbewertung, S. 8 ff.

601 Vgl. *Ballwieser/Hachmeister*, Unternehmensbewertung, S. 10.

602 Vgl. *Ballwieser/Hachmeister*, Unternehmensbewertung, S. 10.

603 OLG München WM 2009, 1848; vgl. *Großfeld/Egger/Tönnes*, Unternehmensbewertung, Rn 79 ff.; *Ballwieser/Hachmeister*, Unternehmensbewertung, S. 10; *Bieg*, Betriebswirtschaftslehre, Band 1: Investition Unternehmensbewertung, Rn 192; *Kußmaul*, StB 1996, 264, 265; *Kußmaul/Pfirmann/Hell/Meyering*, BB 2008, 472, 476.

604 *Kußmaul/Pfirmann/Hell/Meyering*, BB 2008, 472, 476; *Moxter*, Grundsätze ordnungsmäßiger Unternehmensbewertung, S. 33.

605 „Nachbau auf der grünen Wiese", *Ballwieser/Hachmeister*, Unternehmensbewertung, S. 204; *Mandl/Rabel/Enzinger*, in: Peemöller, Praxishandbuch der Unternehmensbewertung, S. 92; *Liebert*, in: Wollny/Hallerbach/Dönmez/Liebert/Wepler, Rn 1841, 260 ff.; *Piltz*, Unternehmensbewertung, S. 34, 36, 203, 204.

606 Vgl. *Böcking/Rauschenberg*, in: Fleischer/Hüttemann, Unternehmensbewertung, Rn 2.40.

607 *Piltz*, Unternehmensbewertung, S. 185.

608 Soergel/*Hadding*, § 738 Rn 1; RGZ 106, 128 ff., 132; BGHZ 17, 130 ff., 136; BGHZ 75, 195 ff., 199; BGH BB 1984, 2082 ff., 2083.

609 RGZ 106, 128, 132; BGHZ 17, 130, 136; BGHZ 75, 195, 199; BGH BB 1984, 2082, 2083; *Böcking/Rauschenberg*, in: Fleischer/Hüttemann, Unternehmensbewertung, Rn 2.43.

610 BGH NJW 1973, 509.

genommen eine Kombination aus Substanz- und Ertragswertmethode darstellen.[611] Dem Substanzwert kommen nach heutigem Stand aber vielfältige Hilfsfunktionen zu.[612]

186 Ein Rückgriff auf das Substanzwertverfahren ist nach der zivilrechtlichen Rechtsprechung auch in solchen Fällen angebracht, in denen das zu bewertende Unternehmen im Wesentlichen aus nicht betriebsnotwendigem Vermögen besteht und sich im Betriebsvermögen vor allem Grundstücke befinden, die keine zukünftigen Erträge erwarten lassen,[613] aber erhebliche stille Reserven bergen.

(2) Liquidationswertbestimmung

187 Der Liquidations- oder auch Zerschlagungswert[614] ist der Betrag, der nach Abschluss einer Liquidation des Unternehmens für dessen Eigner verbleibt.[615] Er setzt sich aus drei Komponenten zusammen: dem Zerschlagungswert des Vermögens, dem Betrag der bei Zerschlagung noch zu bedienenden Schulden und den Liquidationskosten.[616]

188 Die Vermögensgegenstände des Aktivvermögens sind mit ihren jeweiligen – im Rahmen einer Liquidation erzielbaren – Veräußerungserlösen anzusetzen.[617] Bei unveräußerlichen Gegenständen ist deren Schrottwert, ggf. sogar der (negative) Betrag der zu erwartenden Entsorgungskosten maßgeblich.[618] Grundsätzlich ist das (kosten)günstigste Verwertungs- und Liquidationskonzept zugrunde zu legen.[619]

189 Die Posten der Passivseite sind nur insoweit anzusetzen, als die Verbindlichkeiten tatsächlich getilgt werden müssen. Insbesondere Rückstellungen, die wegen der Zerschlagung des Unternehmens nicht mehr benötigt werden (z.B. Instandhaltungs- oder Jubiläumsrückstellungen) sind aufzulösen. Die zu deckenden Schulden werden mit den jeweiligen Rückzahlungsbeträgen bewertet.[620] Zu den Liquidationskosten zählen beispielsweise Aufwendungen aus Sozialplänen oder auch die bei der Aufdeckung stiller Reserven anfallenden Ertragsteuern.[621]

190 Übersteigt der Liquidationswert eines Unternehmens den Wert der bei Fortführung zu erwartenden Erträge bzw. der den Unternehmenseignern zufließenden Zahlungsströme, besteht die wirtschaftlich sinnvollste Handlungsalternative in der Durchführung der Liquidation. Vor diesem Hintergrund wird der Zerschlagungswert oftmals

611 *Bender/Lorson*, BuW 1995, 109, 110; *van Randenborgh*, BB 1986, 75, 76.

612 *Piltz*, Unternehmensbewertung, S. 35; *Mandl/Rabel/Enzinger*, in: Peemöller, Praxishandbuch der Unternehmensbewertung, S. 94 ff.; vgl. auch IDW S 1 (2008), Rn 171.

613 BGH GmbHR 1993, 505.

614 Vgl. *Fleischer/Schneider*, DStR 2013, 1736.

615 Vgl. IDW S 1 (2008), Rn 61; *Mandl/Rabel/Enzinger*, in: Peemöller, Praxishandbuch der Unternehmensbewertung, S. 95; *Liebert*, in: Wollny/Hallerbach/Dönmez/Liebert/Wepler, Rn 1881 ff., 1987 ff.

616 *Mandl/Rabel/Enzinger*, in: Peemöller, Praxishandbuch der Unternehmensbewertung, S. 95.

617 *Böcking/Rauschenberg*, in: Fleischer/Hüttemann, Unternehmensbewertung, Rn 2.38.

618 *Piltz*, Unternehmensbewertung, S. 188.

619 Vgl. WP-Handbuch Band II, 2014, Abschnitt A, Rn 197.

620 Vgl. WP-Handbuch Band II, 2014, Abschnitt A, Rn 196.

621 *Meinert*, in: Fleischer/Hüttemann, Unternehmensbewertung, Rn 8.38 ff.; *Piltz*, Unternehmensbewertung, S. 188; WP-Handbuch Band II, 2014, Abschnitt A, Rn 199.

als Wertuntergrenze im Rahmen der Unternehmensbewertung (gerade bei kleinen und mittleren Betrieben) angesehen.[622]
Soweit die Liquidation nicht tatsächlich durchgeführt wird, ist die Bestimmung des Zerschlagungswerts recht problematisch, da die Zerschlagungssituation nur schwer vorhergesehen werden kann.[623] Daher sind der Bewertung entsprechende Annahmen über die Form der Unternehmensauflösung zugrunde zu legen.[624]

d) Gesamtbewertungsverfahren – Grundlagen ertragswertorientierter Bewertungen nach IDW S 1

aa) Bewertungsansatz

191 Die Vorgaben des IDW[625] zur ordnungsgemäßen Durchführung ertragswertorientierter Unternehmensbewertungen sind nicht allein auf die Ermittlung von Stichtagswerten zugeschnitten. Vielmehr wird zwischen verschiedenen Bewertungsanlässen[626] und verschiedenen Bewertungsperspektiven unterschieden. So ist etwa die Berücksichtigung sog. echter Synergieeffekte[627] nur aus der Sicht eines konkreten Erwerbers sinnvoll, weil nur unter Einbeziehung der bei diesem vorhandenen betrieblichen bzw. unternehmerischen Gegebenheiten die Existenz bzw. die Auswirkung von Synergieeffekten beurteilt werden kann. Die nachfolgende Darstellung beschränkt sich vor diesem Hintergrund auf die Aspekte, die – nach IDW S 1[628] – die Ermittlung objektivierter Stichtagswerte betreffen,[629] wobei auf eine detaillierte Darstellung des Verfahrens verzichtet wird. Die vom IDW aufgestellten Grundsätze sind allgemein akzeptiert[630] und können auch als gerichtsfest angesehen werden.[631]
Nach überwiegender Ansicht in der Betriebswirtschaftslehre sowie nach den berufsständischen Empfehlungen der Wirtschaftsprüfer ist das Ertragswertverfahren (neben der im angloamerikanischen Raum stärker verbreiteten DCF-Methode) derzeit die im Regelfall maßgebliche Bewertungsmethode.[632]

---

622 *Mandl/Rabel/Enzinger*, in: Peemöller, Praxishandbuch der Unternehmensbewertung, S. 96; *Großfeld/Egger/Tönnes*, Unternehmensbewertung, Rn 136; *Piltz*, Unternehmensbewertung, S. 189; Abweichungen von diesem Grundsatz und ihre Voraussetzungen werden in der Rspr. kontrovers diskutiert: BGH WM 1978, 401, 405 f.; BGH DB 1973, 563, 564; BGH FamRZ 1986, 776, 778 f.; OLG Düsseldorf AG 2009, 907; zum Pflichtteilsrecht vgl. *Riedel*, in: Mayer/Süß/Riedel/Bittler, HB Pflichtteilsrecht, § 14 Rn 44.

623 *Mandl/Rabel/Enzinger*, in: Peemöller, Praxishandbuch der Unternehmensbewertung, S. 96; *Moxter*, Grundsätze ordnungsmäßiger Unternehmensbewertung, S. 103.

624 *Mandl/Rabel/Enzinger*, in: Peemöller, Praxishandbuch der Unternehmensbewertung, S. 96; *Moxter*, Grundsätze ordnungsmäßiger Unternehmensbewertung, S. 103.

625 IDW S 1, FN-IDW 2008, 271 ff.

626 Vgl. IDW S 1, Tz 8 ff., FN-IDW 2008, 271, 273.

627 Vgl. IDW S 1, Tz 50, FN-IDW 2008, 271, 278.

628 FN-IDW 2008, 271 ff.

629 Zu Bewertungsansätzen im internationalen Kontext vgl. *Barthel*, DStR 2010, 2003.

630 Vgl. *Jonas*, in: Fleischer/Hüttemann, Unternehmensbewertung, jetzt Rn 3.22 f.

631 Vgl. *Rohde*, DStR 2016, 1566.

632 Vgl. IDW S 1, FN-IDW, 2008, 271 ff.; ebenso bereits IDW, St/HFA 2/1983, 468, 469; *Peemöller*, in: Peemöller, Praxishandbuch der Unternehmensbewertung, S. 33, 34; *Piltz*, Unternehmensbewertung, S. 16; zur praktischen Verbreitung vgl. auch *Peemöller/Kunowski*, in: Peemöller, Praxishandbuch der Unternehmensbewertung, S. 353; zur Präferenz der Rspr. für die Ertragswert- bzw. die DCF-Methode vgl. *Liebert*, in: Wollny/Hallerbach/Dönmez/Liebert/Wepler, Rn 1996, 1870 m.w.N.; ausführlich auch *Meyer*, in: Fleischer/Hüttemann, Unternehmensbewertung, Rn 7.15 ff. *J. Mayer*, ZEV 1994, 331, 335; *Reimann*, ZEV 1994, 7, 8; *Barthel*, DB 1990, 1145, 1146; *Braunhofer*, S. 238 f.; Staudinger/*Haas* (2006), § 2311 Rn 81.

Das Ertragswertverfahren basiert auf der Idee der **Diskontierung** der den Unternehmenseignern zukünftig zufließenden finanziellen Überschüsse auf den Bewertungsstichtag.[633] Die erwarteten finanziellen Überschüsse werden grundsätzlich aus den zu prognostizierenden zukünftigen handelsrechtlichen Erfolgen des Unternehmens abgeleitet.[634] Ausgangspunkt der Bewertung sind die den Unternehmenseignern zufließenden Einnahmen (entnahmefähige Gewinne) bzw. Ausschüttungen.[635] 192

Diesem Ansatz liegt die Überlegung zugrunde, dass ein Unternehmen nur so viel wert sein kann, wie sich in der Zukunft an Erträgen aus ihm erwirtschaften („herausholen“[636]) lässt.[637] Der „wirkliche“ Wert entspricht nach dieser Methode also dem zu erwartenden Zukunftserfolg.[638] Somit kann – jedenfalls theoretisch – der richtige Unternehmenswert als **Barwert** aller zukünftig erzielbaren, auf den Bewertungsstichtag abgezinsten Unternehmenserfolge (= Einnahmeüberschüsse) ausgedrückt werden.[639] 193

bb) Bewertungsgrundsätze

(1) Bewertungsziel

Im Rahmen pflichtteilsrechtlicher Auseinandersetzungen bzw. der Analyse pflichtteilsrechtlicher Ansprüche gilt es stets, den **objektivierten Unternehmenswert** (aus der Sicht eines „idealen Erben“) festzustellen.[640] Eine individuelle Betrachtung ist ausdrücklich nicht gewollt.[641] Individuelle Einschätzungen sind daher durch nachvollziehbare Typisierungen zu ersetzen, so dass ein intersubjektiv nachprüfbarer Zukunftserfolgswert aus Sicht eines typisierten Anteilseigners ermittelt wird.[642] Denn das Ziel der Unternehmensbewertung ist es hier, den objektivierten Unternehmenswert aus der Sicht eines gedachten Erwerbers festzustellen. „Gedachter Erwerber“ bedeutet dabei, dass auf einen idealtypischen Erwerber abzustellen ist, nicht auf eine möglicherweise vorstellbare konkrete Motivation oder irgendwelche – bei bestimmten Erwerbern denkbare – Synergieeffekte. 194

Soweit der Bewertung die Prämisse zugrunde gelegt wird, dass das Unternehmen am Stichtag verkauft worden wäre, sind auch die damit einhergehenden Steuerlasten typisiert zu berücksichtigen. Dabei können auch die im Bereich des Zugewinnausgleichs in Rechtsprechung[643] und Literatur[644] diskutierten Aspekte, insbesondere betreffend die Berücksichtigung eines sog. Tax Amortisation Benefit,[645] eine Rolle spielen.

---

633 *Wollny*, Der objektivierte Unternehmenswert, S. 31.

634 IDW S 1, Tz 102 f., FN-IDW 2008, 271, 284.

635 IDW S 1, Tz 24, FN-IDW 2008, 271, 276; *Hüttemann*, in: Fleischer/Hüttemann, Unternehmensbewertung, Rn 1.54 f.

636 *König*, ErbR 2020, 522.

637 *Bratke*, Abfindungsklauseln, S. 11.

638 IDW S 1, Tz 5, 7, FN-IDW 2008, 271, 274; *Großfeld/Egger/Tönnes*, Unternehmensbewertung, Rn 245; *Piltz*, Unternehmensbewertung, S. 35; *Helbling*, Unternehmensbewertung, S. 177 f.; *Peemöller*, in: Peemöller, Praxishandbuch der Unternehmensbewertung, S. 33.

639 IDW S 1, Tz 102, FN-IDW 2008, 271, 284; *Großfeld/Egger/Tönnes*, Unternehmensbewertung, Rn 246; OLG Zweibrücken AG 1995, 421 ff.

640 *Riedel*, Bewertung, Rn 144.

641 Vgl. u.a. BGH FamRZ 2011, 622, Rn 17.

642 Vgl. IDW S 1, Tz 29.

643 BGH FamRZ 2011, 622.

644 Vgl. *Ballhorn/König*, ErbR 2015, 415 m.w.N.

645 Vgl. hierzu *Kohl/Ballhorn/König*, DB 2016, 2428, 2429 f.; *Siewert*, DS 2016, 188 f.

(2) Wirtschaftliche Unternehmenseinheit als Bewertungsobjekt

195 Bei einem (funktionierenden) Unternehmen handelt es sich nicht nur um eine willkürliche Ansammlung von Vermögensgegenständen und Schulden. Vielmehr lässt erst die zweckgerichtete Kombination von materiellen und immateriellen Werten einen „lebenden" Organismus entstehen, der geeignet ist, durch das Zusammenwirken aller seiner Bestandteile finanzielle Überschüsse zu erwirtschaften. Vor diesem Hintergrund wird klar, dass der Wert eines Unternehmens nicht durch die Summe der Werte der einzelnen Bestandteile des Vermögens und der Schulden bestimmt wird, sondern durch das Zusammenwirken all dieser Werte.[646] Im Rahmen der Bewertung ist es daher von entscheidender Bedeutung, alle an der Erwirtschaftung des Unternehmenserfolgs beteiligten Faktoren[647] zu erfassen und in die Analyse mit einzubeziehen. Die Frage, ob und inwieweit die auf dieser Grundlage vorgenommene Abgrenzung mit den formaljuristischen Gegebenheiten übereinstimmt, ist in diesem Zusammenhang von untergeordneter Bedeutung. Das Bewertungsobjekt muss nach wirtschaftlichen Kriterien definiert werden.[648]

(3) Stichtagsprinzip

196 Unternehmenswerte sind grundsätzlich zeitpunktbezogen.[649] Der Bewertungsstichtag[650] determiniert, welche finanziellen Überschüsse den bisherigen Unternehmenseignern bereits zugeflossen sind und daher nicht mehr berücksichtigt werden dürfen, und ab welchem Zeitpunkt zu erwartende bzw. schon realisierte finanzielle Überschüsse den künftigen Eigentümern zuzurechnen sind. Gegenstand der Bewertung ist also die zum Stichtag vorhandene Ertragskraft des Unternehmens (Stichtagsprinzip).[651] Für das Pflichtteilsrecht ist der Stichtag der Zeitpunkt des Todes des Erblassers (Abs. 1 S. 1) oder – bei Pflichtteilsergänzungsansprüchen i.S.v. § 2325 BGB – ggf. der Zuwendungszeitpunkt. Folge des Stichtagsprinzips ist auch, dass bei der praktischen Durchführung der Bewertung stets auf den Kenntnisstand abzustellen ist, der bei angemessener Sorgfalt auch zum Bewertungsstichtag hätte erlangt werden können.[652]

(4) Unbeachtlichkeit des Vorsichtsprinzips

197 Zu den prägenden Grundsätzen ordnungsgemäßer Buchführung und Bilanzierung zählt das sog. **Vorsichtsprinzip** (§ 252 Abs. 1 Nr. 4 HGB), das vor allem dem **Gläubigerschutz** dient.[653] Risiken und Verluste, die bis zum Abschlussstichtag bzw. zwischen dem Abschlussstichtag und dem Tag der Aufstellung des Jahresabschlusses bekannt

---

646 IDW S 1, Tz 18, FN-IDW 2008, 271, 275.

647 Vgl. IDW S 1, Tz 19, FN-IDW 2008, 271, 275: z.B. Beschaffungs- und Absatzbeziehungen bzw. -märkte, Forschung und Entwicklung, Organisation, Finanzierung und Management.

648 IDW S 1, Tz 19, FN-IDW 2008, 271, 275.

649 IDW S 1, Tz 22, FN-IDW 2008, 271, 275; vgl. zum Stichtagsprinzip *Moxter*, Grundsätze ordnungsmäßiger Unternehmensbewertung, S. 168; *Fleischer*, RIW 2013, 24.

650 Vgl. zum Stichtagsprinzip *Peemöller/Kunowski*, in: Peemöller, Praxishandbuch der Unternehmensbewertung, S. 293; *Vahl*, Die Stellungnahme des Instituts der Wirtschaftsprüfer zur Unternehmensbewertung, DB 1984, 1205 f.; IDW S 1, Tz 22, FN-IDW 2008, 271, 275; *Piltz*, Unternehmensbewertung, S. 110–120.

651 *Vahl*, Die Stellungnahme des Instituts der Wirtschaftsprüfer zur Unternehmensbewertung, DB 1984, 1205 f.; IDW S 1, Tz 22, FN-IDW 2008, 271, 275; *Piltz*, Unternehmensbewertung, S. 110–120; vgl. auch *König*, ErbR 2020, 522, 523.

652 IDW S 1, Tz 23, FN-IDW 2008, 271, 275.

653 *Drüen*, in: Koller/Kindler/Drüen, HGB, § 252 Rn 5; Ebenroth/Boujong/*Böcking/Gros/Wirth*, HGB, § 252 Rn 26.

geworden sind, werden im Abschluss berücksichtigt (**Imparitätsprinzip**).[654] Gewinne sind nur anzusetzen, wenn sie am Abschlussstichtag bereits realisiert waren (**Realisationsprinzip**).[655]

198 Bei der Unternehmensbewertung geht es um die Ermittlung des „wirklichen" Werts des Unternehmens. Daher ist eine Bereinigung der Jahresabschlüsse um aus dem Vorsichtsprinzip resultierende Effekte vorzunehmen, da sich sonst automatisch eine (zu) „vorsichtige" Einschätzung des künftigen Unternehmenserfolgs ergäbe. Man würde also im Prinzip einen **Mindestertragswert** erhalten, wie er dem Unternehmen selbst bei ungünstigsten Entwicklungen auf jeden Fall zukommen müsste.

(5) Betriebsnotwendiges und nicht betriebsnotwendiges Vermögen

199 Das als wirtschaftliche Unternehmenseinheit definierte Bewertungsobjekt umfasst auf jeden Fall das sog. betriebsnotwendige Vermögen, also all diejenigen Vermögensgegenstände, derer das Unternehmen zur Erwirtschaftung seiner Ertragsüberschüsse bedarf.[656] Alle dem Unternehmen darüber hinaus rechtlich zuzuordnenden anderen Vermögensgegenstände bilden gemeinsam das nicht betriebsnotwendige Vermögen.

200 Bei einer Wertermittlung durch Abzinsung der erwarteten zukünftigen Unternehmenserfolge wird naturgemäß nur das betriebsnotwendige Vermögen erfasst. Da Ziel der Unternehmensbewertung aber auch im Rahmen der Ertragswertmethode die Bewertung des gesamten Unternehmens ist, müssen die nichtbetriebsnotwendigen Vermögensgegenstände einschließlich der dazugehörigen Schulden unter Berücksichtigung ihrer bestmöglichen Verwertung gesondert bewertet werden.[657]

(6) Bewertung des betriebsnotwendigen Vermögens

(a) Zahlungsstromorientiertheit der Analyse

201 Der Unternehmenswert wird im Wesentlichen durch die Höhe der Netto-Einnahmen der Unternehmenseigner bestimmt. Daher kommt es darauf an, welche finanziellen Überschüsse das Unternehmen zukünftig erwirtschaften wird. Eine Unternehmensbewertung setzt somit die auf einer Vergangenheitsanalyse beruhende[658] Prognose der künftig erzielbaren Überschüsse voraus. Wertbestimmend sind dabei nur diejenigen finanziellen Überschüsse, die den Unternehmenseignern auch tatsächlich zufließen werden (Zuflussprinzip).[659] Grundlage sind aufeinander abgestimmte Plan-Bilanzen, Plan-Gewinn- und Verlustrechnungen sowie eine Finanzplanung des Unternehmens.[660]

---

654 *Drüen*, in: Koller/Kindler/Drüen, HGB, § 252 Rn 5; Hopt/*Merkt*, HGB, § 252 Rn 11; Ebenroth/Boujong/*Böcking/Gros/Wirth*, HGB, § 252 Rn 26.

655 *Drüen*, in: Koller/Kindler/Drüen, HGB, § 252 Rn 5; Hopt/*Merkt*, HGB, § 252 Rn 11; Ebenroth/Boujong/*Böcking/Gros/Wirth*, HGB, § 252 Rn 26.

656 Funktionales Abgrenzungskriterium, IDW S 1, Tz 59, FN-IDW 2008, 271, 279; *Meinert*, in: Fleischer/Hüttemann, Unternehmensbewertung, Rn 8.6; *Piltz*, Unternehmensbewertung, S. 30.

657 IDW S 1, Tz 60, FN-IDW 2008, 271, 279; *Großfeld/Egger/Tönnes*, Unternehmensbewertung, Rn 292; *Fleischer*, in: Fleischer/Hüttemann, Unternehmensbewertung, Rn 1.57; *Meinert*, in: Fleischer/Hüttemann, Unternehmensbewertung, Rn 8.31; *Hachmeister/Ruthardt*, BB 2014, 877.

658 IDW S 1, Tz 72, 73, FN-IDW 2008, 271, 280; *Großfeld/Egger/Tönnes*, Unternehmensbewertung, Rn 363, 364 mit Hinweis auf BGH, Urt. v. 30.9.1981 – IVa ZR 127/80, NJW 1982, 575 = JZ 1982, 156.

659 IDW S 1, Tz 25, FN-IDW 2008, 271, 276; *Großfeld/Egger/Tönnes*, Unternehmensbewertung, Rn 249.

660 IDW S 1, Tz 27, FN-IDW 2008, 271, 276; *Großfeld/Egger/Tönnes*, Unternehmensbewertung, Rn 328, 364.

(b) Substanzbezogenheit des Erfolgs

202 Voraussetzung für die Fähigkeit eines Unternehmens, die dem Unternehmenszweck entsprechenden betrieblichen Leistungen zu erbringen und auf diese Weise finanzielle Überschüsse zu erwirtschaften, ist, dass eine – je nach Branche unterschiedlich – umfangreiche Unternehmenssubstanz (Anlagen, Material, Know-how etc.) zur Verfügung steht.

203 Da die Erhaltung dieser Substanz für den Fortbestand des Unternehmens erforderlich ist, müssen bei der Planung der Zukunftserfolge alle hierzu erforderlichen Aufwendungen bzw. Ausgaben berücksichtigt werden, um auf diese Weise die Erzielung der geplanten Erfolge auf Dauer sicherzustellen[661] (erfolgsorientierte Substanzerhaltung).[662]

(c) Ertragsteuerliche Einflüsse

204 Der Wert eines Unternehmens wird durch die Höhe der dem Investor frei zur Verfügung stehenden Nettozuflüsse bestimmt. Bei der Ermittlung dieser Zuflüsse müssen konsequenterweise auch die das Unternehmen als solches bzw. den Unternehmer treffenden Ertragsteuern berücksichtigt werden.[663]

(d) Finanzielle Überschüsse bei Ermittlung eines objektivierten Unternehmenswerts

205 Obwohl die Unternehmensbewertung grundsätzlich zukunftsbezogen ist,[664] bildet die am Bewertungsstichtag vorhandene Ertragskraft des Unternehmens den Ausgangspunkt der Betrachtungen.[665] Aus diesem Grunde können auch nur solche Erfolgsfaktoren berücksichtigt werden, die am Stichtag bereits vorhanden waren bzw. die aus zu diesem Zeitpunkt bereits eingeleiteten Maßnahmen (z.B. Erweiterungsinvestitionen o.Ä.) resultieren (Wurzeltheorie).[666] Zu solchen Maßnahmen gehören aber keine „bloßen Ideen".[667]

(7) Ausschüttungsannahme

206 Aus der Sicht eines gedachten Investors gilt: „A stock is worth only what you can get out of it."[668] Bei der Unternehmensbewertung steht daher der Gedanke im Vordergrund, die an die Anteilseigner auszuschüttenden (bzw. von diesen zu entnehmenden) finanziellen Überschüsse des Unternehmens zu kapitalisieren. Zur Ausschüttung steht aber nur das zur Verfügung, was nach Berücksichtigung aller Aufwendungen zur Aufrechterhaltung des unveränderten Unternehmenskonzepts (Substanzerhaltung, Finanzierungsstruktur) und unter Berücksichtigung evtl. rechtlicher Restriktionen (z.B.

661 *Bratke*, Abfindungsklauseln, S. 13.
662 IDW Stellungnahme HFA 2/1983, WPg 1983, 468ff, 474.
663 *Henrichs*, ZHR 164 (2000), 453 ff., 462 m.w.N.; IDW S 1, Tz 28, FN-IDW 2008, 271, 276.
664 *Großfeld/Egger/Tönnes*, Unternehmensbewertung, Rn 245.
665 *Großfeld/Egger/Tönnes*, Unternehmensbewertung, Rn 260 ff.; OLG Stuttgart AG 2011, 560, dem zufolge die Vergangenheitsanalyse die „Grundlage der Prognose" bildet.
666 BGH NZG 1998, 379, 380; HansOLG Hamburg NZG 2001, 471, 472; OLG Düsseldorf DB 2000, 81; OLG Celle NZG 1998, 987, 988 m. Anm. *Bungert*, 990; BGH DB 1973, 563; OLG Koblenz OLG Report Frankfurt 2009, 608; BGH NZG 2013, 987; OLG Stuttgart AG 2019, 262; OLG Karlsruhe ZIP 2018, 122; *Großfeld/Egger/Tönnes*, Unternehmensbewertung, Rn 265, 267; *Liebert*, in: Wollny/Hallerbach/Dönmez/Liebert/Wepler, Rn 1917; *Meyer*, in: Fleischer/Hüttemann, Unternehmensbewertung, Rn 14.41; vgl. auch ausführlich *Popp*, Vergangenheits- und Lageanalyse, S. 180 ff.
667 Vgl. WP-Handbuch Band II, 2014, Abschnitt A, Rn 87.
668 *Williams*, The Theory of Investment Value, S. 57 (= Eine Aktie ist nur so viel wert, wie man aus ihr herausholen kann.); vgl. auch *Moxter*, Grundsätze ordnungsmäßiger Unternehmensbewertung (1976), S. 49.

Bilanzgewinn, ausschüttbarer handelsrechtlicher Jahresüberschuss) an freien Mitteln verbleibt.[669] Daher kann nicht grundsätzlich von einer Vollausschüttung sämtlicher Erträge ausgegangen werden. Vielmehr muss auch die zugrunde zu legende Ausschüttungsprämisse unternehmens-individuell analysiert werden.

(8) Managementfaktoren

Der zukünftige Erfolg des Unternehmens wird wesentlich von der Qualität des Managements beeinflusst.[670] Insoweit ist für die Ermittlung objektivierter Unternehmenswerte grundsätzlich typisierend zu unterstellen, dass das bisherige Management im Unternehmen verbleibt[671] bzw. – gerade im erbrechtlichen Kontext – durch gleichwertiges Personal ersetzt werden kann. 207

Personenbezogene Wertfaktoren müssen eliminiert werden.[672] Hängt der wirtschaftliche Erfolg eines Unternehmens maßgeblich vom persönlichen Einsatz des oder der Inhaber ab, sind diejenigen Erfolgsbeiträge, die untrennbar mit diesen Personen verbunden sind, für die Wertberechnung außer Ansatz zu lassen; die erwarteten zukünftigen finanziellen Überschüsse müssen entsprechend korrigiert werden.[673] Außerdem ist für die Mitarbeit der Inhaber ein angemessener **Unternehmerlohn** zu berücksichtigen.[674] Angemessen ist diejenige Vergütung, die an eine nicht am Unternehmen beteiligte Geschäftsführung zu zahlen wäre.[675]

Erscheint eine Unternehmensfortführung (ausnahmsweise) wegen des Wegfalls des bisherigen Führungspersonals (Erblassers) nicht möglich, ist im Zweifel der Liquidationswert anzusetzen, und zwar selbst dann, wenn sich unter Berücksichtigung eines angemessenen Unternehmerlohns ein höherer Ertragswert ergeben sollte.[676] 208

cc) Wesentliche „Stellschrauben" bei der Bewertung nach IDW S 1

(1) Prognose der künftigen finanziellen Überschüsse (Phasenmethode)

Der entscheidende Gesichtspunkt für die Feststellung des Unternehmenswerts ist die zukünftige Ertragskraft.[677] Deren Einschätzung erfordert – jedenfalls vom Stichtag aus betrachtet – eine entsprechende Zukunftsprognose.[678] 209

Insoweit hat sich inzwischen die Auffassung durchgesetzt,[679] dass die Prognose auf detaillierteren Planungen der Zukunftsergebnisse beruhen sollte.[680] Dabei sind für alle wesentlichen erfolgswirksamen Faktoren einzelne Pläne aufzustellen, die – jeder für sich – mit den entsprechenden Vergangenheitsergebnissen korrelieren. Um die in der Vergangenheit tatsächlich entscheidenden Erfolgsfaktoren erkennbar zu machen, sind die Vergangenheitsrechnungen – üblicherweise der letzten fünf Jahre[681] – zu bereinigen. 210

669 IDW S 1, Tz 35, FN-IDW 2008, 271, 277.
670 IDW S 1, Tz 38, FN-IDW 2008, 271, 277.
671 IDW S 1, Tz 39, FN-IDW 2008, 271, 277.
672 IDW Stellungnahme HFA 2/1995, WPg 1995, 522, 523; *König/Möller*, BB 2014, 983, 986.
673 IDW S 1, Tz 40, FN-IDW 2008, 271, 277.
674 *Peemöller*, in: Peemöller, Praxishandbuch der Unternehmensbewertung, S. 27; vgl. auch *Hüttche/Schmid*, in: Peemöller, Praxishandbuch der Unternehmensbewertung, S. 1178; *Neuhaus*, Unternehmensbewertung und Abfindung, S. 130 f.
675 IDW S 1, Tz 40, FN-IDW 2008, 271, 277.
676 IDW S 1, Tz 42, FN-IDW 2008, 271, 277; IDW Stellungnahme HFA 2/1995, WPg 1995, 522 ff.
677 Vgl. z.B. OLG Düsseldorf FamRZ 1984, 699, 702 f.; *Piltz*, Unternehmensbewertung, S. 19.
678 *Piltz*, Unternehmensbewertung, S. 19, 21.
679 *Piltz*, Unternehmensbewertung, S. 20.
680 IDW S 1, Tz 76, FN-IDW 2008, 271, 280.
681 IDW Stellungnahme HFA 2/1983, WPg 1983, 468, 475.

211 Da die Planungssicherheit mit wachsendem zeitlichem Abstand zum Stichtag naturgemäß abnimmt, wird die – jedenfalls theoretisch unendliche – Zukunft des Unternehmens in verschiedene Phasen zerlegt.[682] Im Allgemeinen werden zwei Phasen unterschieden:[683]

212 Für die erste, also dem Stichtag am nächsten liegende Phase (drei bis maximal fünf Jahre)[684] können noch relativ genaue Vorausberechnungen angestellt werden, die auf Einzelplanansätzen der jeweiligen Aufwendungen und Erträge beruhen.

213 Bei der Betrachtung der zweiten Phase sind Einzelplanansätze zumeist nicht mehr möglich, vielmehr beruhen die Ertragsprognosen auf allgemeinen Trenderwartungen, die auf den vorangegangenen Planungen aufbauen und in konstanten oder konstant wachsenden Erträgen resultieren.[685] Da den Annahmen für diese zweite Phase im Rahmen der Bewertung erhebliches Gewicht zukommt, sind die hier getroffenen Annahmen besonders kritisch zu überprüfen.[686] Dabei ist insbesondere das Unternehmenskonzept mit den erwarteten Rahmenbedingungen des Marktes und des Wettbewerbs sowie deren Veränderungen abzustimmen. Eine Kontrolle anhand von Branchenkennzahlen (z.B. Umsatzrenditen) ist praktisch unerlässlich.[687]

(2) Kapitalisierung der künftigen finanziellen Überschüsse

214 Als Zukunftserfolgswert stellt sich der Unternehmenswert als auf den Bewertungsstichtag diskontierter Barwert der künftigen finanziellen Überschüsse dar. Im Regelfall ist von einer unbegrenzten Lebensdauer des zu bewertenden Unternehmens auszugehen;[688] bestehen konkrete Anhaltspunkte für eine nur begrenzte Lebensdauer, ist dies entsprechend zu berücksichtigen.

215 Bei unterstellter unbegrenzter Lebensdauer des Unternehmens entspricht der Unternehmenswert dem Barwert der künftigen finanziellen Überschüsse aus dem betriebsnotwendigen Vermögen zuzüglich des Barwerts der künftigen finanziellen Überschüsse aus dem nicht betriebsnotwendigen Vermögen.[689] Bei nur begrenzter Lebensdauer ist im Rahmen der Barwertermittlung der Zeitpunkt der Aufgabe des Unternehmens zu berücksichtigen; der Barwert der künftigen finanziellen Überschüsse aus der Unternehmensaufgabe (z.B. der Liquidation) ist dem Barwert der laufenden finanziellen Überschüsse hinzu zu addieren.[690]

216 Im Hinblick auf die einer zukunftsbezogenen Bewertung immanenten Prognoseunsicherheiten sowie die mit einem unternehmerischen Engagement stets verbundenen Chancen und Risiken, ist beim Abzinsungsfaktor eine Risikoprämie zu berücksichtigen. Insoweit gehen Theorie und Praxis übereinstimmend davon aus, dass die Wirtschaftssubjekte künftige Risiken stärker gewichten als zukünftige Chancen (Risikoaversion).[691] Insoweit kann die sog. Zinszuschlagsmethode derzeit als Standard angesehen werden.[692]

682 IDW S 1, Tz 76, FN-IDW 2008, 271, 280; *Barthel*, DStR 2010, 1198, 1199 ff.
683 IDW S 1, Tz 77, FN-IDW 2008, 271, 281; *Ballwieser/Hachmeister*, Unternehmensbewertung, S. 289.
684 OLG Stuttgart BeckRS 2011, 11195; ebenso OLG Frankfurt BeckRS 2014, 8608; OLG Frankfurt NZG 2020, 339.
685 IDW S 1, Tz 78, FN-IDW 2008, 271, 281.
686 Zur Kritik an der Phasen-Methode vgl. ausführlich *Barthel*, DStR 2010, 1198, 1199 ff.
687 IDW S 1, Tz 79, FN-IDW 2008, 271, 281.
688 IDW S 1, Tz 85, FN-IDW 2008, 271, 282.
689 IDW S 1, Tz 86, FN-IDW 2008, 271, 282.
690 IDW S 1, Tz 87, FN-IDW 2008, 271, 282.
691 IDW S 1, Tz 88, FN-IDW 2008, 271, 282.
692 IDW S 1, Tz 90, FN-IDW 2008, 271, 282.

In der Praxis kann die Höhe des Risikozuschlags nur mit vereinfachenden Annahmen festgelegt werden. Hierfür bilden am Markt beobachtete Risikoprämien zumeist eine geeignete Ausgangsgröße, die an die Besonderheiten des jeweiligen Bewertungsfalls anzupassen ist. Eine bloße Übernahme beobachteter Risikoprämien scheidet grundsätzlich aus, da sich das zu bewertende Unternehmen naturgemäß mehr oder weniger stark von den Vergleichsunternehmen unterscheidet, für die Risikoprämien am Markt tatsächlich beobachtet wurden. 217

Rechnerisch lässt sich der Unternehmenswert entweder direkt (einstufig) durch Nettokapitalisierung ermitteln, indem die um Fremdkapitalkosten verminderten finanziellen Überschüsse in einem Schritt diskontiert werden. Dies ist die Vorgehensweise beim klassischen Ertragswertverfahren sowie im Rahmen des sog. Equity-Ansatzes beim DCF-Verfahren. Der Unternehmenswert lässt sich aber auch indirekt (mehrstufig) durch Bruttokapitalisierung ermitteln, indem einzelne Komponenten der finanziellen Überschüsse mit unterschiedlichen Zinssätzen kapitalisiert werden oder indem nur die finanziellen Überschüsse aus der Geschäftstätigkeit in einem Schritt diskontiert und anschließend um den Marktwert des Fremdkapitals gemindert werden. Diese Überlegung liegt dem Konzept des angepassten Barwerts (Adjusted Present Value – oder auch APV-Ansatz) zugrunde, ebenso auch dem Konzept der gewogenen Kapitalkosten (Weighted Average Cost of Capital – oder WACC-Ansatz). Beides sind Varianten des DCF-Verfahrens.[693] 218

Unabhängig vom konkreten Bewertungsverfahren ist aber auf jeden Fall die Kapitalstruktur des zu bewertenden Unternehmens für die Bestimmung des Kapitalisierungszinssatzes von Bedeutung. Denn mit Erhöhung des Verschuldungsgrades steigt auch das finanzielle Risiko, was bei im Übrigen unveränderten Bedingungen zu höheren Risikozuschlägen beim Kapitalisierungsfaktor führt. 219

(3) Ertragswert- oder DCF-Verfahren

Hinsichtlich ihrer konzeptionellen Grundlage, dem sog. **Kapitalwertkalkül**, bauen Ertragswert- und Discounted Cash Flow-Verfahren (DCF-Verfahren) auf derselben Basis auf.[694] In beiden Fällen wird der Barwert zukünftiger finanzieller Überschüsse ermittelt. Bei gleichen Bewertungsannahmen bzw. Typisierungen, insbesondere hinsichtlich der Finanzierung, führen beide Verfahren grundsätzlich zu gleichen Unternehmenswerten.[695] 220

In der Praxis zeigt sich aber mitunter, dass der Durchführung des DCF-Verfahrens höhere Hürden im Wege stehen als der Durchführung des Ertragswertverfahrens. Dies ist insbesondere darauf zurückzuführen, dass Cash Flow-Daten, gerade auch entsprechende Plandaten in vielen, insbesondere in mittelständisch geprägten Unternehmungen in Deutschland nicht zur Verfügung stehen. In diesen Fällen sind also mitunter erhebliche Vorarbeiten erforderlich, um überhaupt die Ausgangsdaten für eine DCF-Bewertung zu ermitteln. Zudem stellt auch die Bestimmung des Kapitalisierungsfaktors nach dem WACC-Modell oder dem APV-Ansatz zusätzliche Schwierigkeiten bei der Anwendung dieses Verfahrens dar. 221

e) Besonderheiten bei der Bewertung von kleinen und mittleren Unternehmen

In Rechtsprechung und Betriebswirtschaftslehre ist anerkannt, dass mit der Bewertung kleinerer und mittlerer Betriebe ebenso wie mit der von freiberuflichen Praxen einige 222

693 Vgl. IDW S 1, Tz 99, FN-IDW 2008, 271, 283.

694 *Baetge/Kümmel/Schulz/Wiese*, in: Peemöller, Praxishandbuch der Unternehmensbewertung, S. 428; *Ballwieser/Hachmeister*, Unternehmensbewertung, S. 9.

695 IDW S 1, Tz 101, FN-IDW 2008, 271, 284; *Baetge/Kümmel/Schulz/Wiese*, in: Peemöller, Praxishandbuch der Unternehmensbewertung, S. 428 m.w.N.

Sonderprobleme verbunden sein können, die – auch bei Anwendung einer der hier beschriebenen Methoden – besonderer Berücksichtigung bedürfen.[696]

223 Das IDW hat auf diese Besonderheiten im Jahr 2014 reagiert und die aus seiner Sicht zu beachtenden Besonderheiten bei der Ermittlung des objektivierten Unternehmenswerts kleiner und mittelgroßer Unternehmen in einem Praxishinweis[697] zusammengefasst.[698] Dabei werden als wesentliche qualitative Unterscheidungsmerkmale folgende Spezifika kleiner und mittlerer Unternehmen gegenüber (nach IDW S 1 typischerweise zu bewertenden) (Groß-)Unternehmen genannt:[699]

- Zusammenfallen von Eigentum und Geschäftsführung,
- Überschneidungen zwischen betrieblicher und privater Sphäre,
- fehlende oder nicht dokumentierte Unternehmensplanung,
- geringe Diversifikation,
- Rechtsformspezifika sowie
- mangelnde oder eingeschränkte Fungibilität.

In eine ähnliche Richtung geht auch der b.v.s Standard BW1[700] zur Bewertung kleiner und mittlerer Unternehmen (KMU).

224 Die Besonderheiten beginnen bereits mit der Notwendigkeit einer exakten Abgrenzung des Bewertungsobjekts (vom übrigen Vermögen des/der Inhaber).[701] Im Vordergrund steht dabei, die der übertragungsgegenständlichen unternehmerischen Einheit innewohnende Ertragskraft zu erfassen.[702] Allein die rechtliche Eigentumszuordnung spielt insoweit keine entscheidende Rolle (Stichwort: Sonderbetriebsvermögen). Ebenso ist auch auf eine klare Trennung betrieblicher und privater Ausgaben zu achten,[703] da sich auch diese Faktoren oft ganz erheblich auf die Planungsrechnungen (die vielfach allein zum Zweck der Bewertung erstellt werden) auswirken.[704] Gleiches gilt auch für Aufwendungen, die bei näherer Betrachtung eher privat veranlasst sind (Pensionszusagen an mitarbeitende Angehörige, unangemessene Miet- und Pachtzinsen, private Nutzung betrieblichen Vermögens), sowie – spiegelbildlich – für entsprechende ersparte Aufwendungen (insbesondere Unternehmerlohn bzw. unangemessen niedrige Vergütungen mitarbeitender Familienangehöriger).[705] Soweit derartige (auch ersparte) Aufwendungen voraussichtlich auch nach dem Bewertungsstichtag dauerhaft in gleicher Weise fortgeführt werden, ist dies im Rahmen der Bewertung (für die zu erwartende Dauer) ebenfalls zu berücksichtigen.[706]

---

696 Vgl. *Zeidler*, Besonderheiten der Bewertung von Unternehmensanteilen sowie von kleinen und mittleren Unternehmen, S. 53 ff.; *Peemöller*, BB Special 2005, 30 ff.; *Jonas*, WPg. 2008, Sonderheft 8, 117 ff.; *Behringer*, Unternehmensbewertung der Mittel- und Kleinbetriebe, S. 240 ff.; *Nestler*, BB 2012, 1271 ff.; *Ihlau/Duscha/Gödecke*, Besonderheiten bei der Bewertung von KMU, 2013, S. 3 ff.

697 IDW Praxishinweis 1/2014: Besonderheiten bei der Ermittlung eines objektivierten Unternehmenswerts kleiner und mittelgroßer Unternehmen, FN-IDW 2014, 282 ff.

698 Vgl. hierzu *Ballwieser/Franken/Ihlau/Jonas/Kohl/Mackenstedt/Popp/Siebler*, WPg 2014, 463; *König/Möller*, BB 2014, 983; *Peemöller*, BB 2014, 1963.

699 Vgl. IDW Praxishinweis 1/2014, FN-IDW 2014, 282 ff., Tz 6.

700 Stand 06/2024, abrufbar unter: https://www.bvs-ev.de/fileupload/files/66964bb72cb43_BVS_Standpunkte_Standard_BW1.pdf.

701 *König/Möller*, BB 2014, 983, 984.

702 IDW Praxishinweis 1/2014, FN-IDW 2014, 282 ff., Tz 14.

703 IDW Praxishinweis 1/2014, FN-IDW 2014, 282 ff., Tz 13; IDW S 1, Tz 157, FN-IDW 2008, 271, 290.

704 *Ihlau/Duscha/Gödecke*, Besonderheiten bei der Bewertung von KMU, S. 125; *Ballwieser/Franken/Ihlau/Jonas/Kohl/Mackenstedt/Popp/Siebler*, WPg 2014, 463, 464.

705 *Ballwieser/Franken/Ihlau/Jonas/Kohl/Mackenstedt/Popp/Siebler*, WPg 2014, 463. 464.

706 IDW Praxishinweis 1/2014, FN-IDW 2014, 282 ff., Tz 14.

Gerade bei kleinen und mittelgroßen Unternehmen bilden oft das persönliche Engagement des Unternehmers sowie seine persönlichen Kenntnisse, Fähigkeiten und Beziehungen einen (wenn nicht den) kritischen Erfolgsfaktor. Der Wegfall dieser Person ist daher auch bei der Prognose der künftigen finanziellen Überschüsse angemessen zu berücksichtigen.[707]

Kleinere und mittlere Unternehmen zeichnen sich mitunter durch eine höhere Verschuldung aus. I.d.R. sind die Verbindlichkeiten durch den Unternehmer oder seine Familie mit privatem Vermögen besichert; auch persönliche Haftungszusagen/Bürgschaften und mitunter sogar Nachschusspflichten sind verbreitet.[708] Auch diese Besonderheiten müssen bei der Bewertung berücksichtigt werden, beispielsweise durch den Ansatz angemessener Provisionen (Aval- bzw. Bürgschaftsprovisionen)[709] im Rahmen der Unternehmensplanung. 225

Weitere Besonderheiten bestehen hinsichtlich der Bestimmung des Kapitalisierungszinssatzes, da vielfach die erforderliche Vergleichbarkeit des Bewertungs-Unternehmens mit dem Kapitalmarkt nicht gegeben ist. Daher sollten zum Vergleich vor allem Unternehmen herangezogen werden, deren Geschäftsmodell mit dem des zu bewertenden Unternehmens vergleichbar ist,[710] hilfsweise solche, deren Geschäftsmodell durch vergleichbare Risikofaktoren gekennzeichnet ist. Dies können auch Unternehmen vor- oder nachgelagerter Wertschöpfungsstufen sein.[711] Als Maßstab für die Vergleichbarkeit kommen sowohl qualitative (Diversifikationsgrad, Stellung im Produktlebenszyklus, regionale Absatzverteilung etc.) als auch quantitative Merkmale (Umsatz, Marge, Wachstumsraten, Unternehmensgröße) in Betracht.[712] Soweit börsennotierte Vergleichsunternehmen gar nicht ausgemacht werden können, ist Aufgabe des Gutachters, einen angemessenen Risikozuschlag zu bestimmen, wobei die konkrete Risikosituation des Bewertungsobjekts individuell berücksichtigt werden muss.[713] Pauschale Zu- oder Abschläge sind prinzipiell nicht sachgerecht.[714] 226

Nach IDW S 1 wird für die Bewertung grundsätzlich eine unbegrenzte Lebensdauer des Unternehmens zugrunde gelegt.[715] Erweist sich diese Prämisse, beispielsweise wegen der Personenabhängigkeit des Geschäftsmodells, im Hinblick auf zu bewertende Unternehmen als unrealistisch, ist dessen objektivierter Wert auf den Barwert der künftigen finanziellen Überschüsse bis zur Einstellung des Betriebs zuzüglich des Barwerts der zu erwartenden finanziellen Überschüsse aus der dann erfolgenden Aufgabe begrenzt.[716] 227

707 Vgl. hierzu IDW Praxishinweis 1/2014, FN-IDW 2014, 282 ff., Tz 25 mit beispielhafter Aufzählung.

708 *Peemöller*, BB 2014, 1963, 1966.

709 IDW Praxishinweis 1/2014, FN-IDW 2014, 282 ff., Tz 41.

710 Vgl. hierzu IDW Praxishinweis 1/2014, FN-IDW 2014, 282 ff., Tz 46.

711 IDW Praxishinweis 1/2014, FN-IDW 2014, 282 ff., Tz 48.

712 *Dröschell/Franken/Schulte*, Der Kapitalisierungszinssatz in der Unternehmensbewertung, 2012, S. 257.

713 IDW Praxishinweis 1/2014, FN-IDW 2014, 282 ff., Tz 50.

714 IDW Praxishinweis 1/2014, FN-IDW 2014, 282 ff., Tz 47.

715 Vgl. IDW Praxishinweis 1/2014, FN-IDW 2014, 282 ff., Tz 36; kritisch hierzu *Peemöller*, BB 2014, 1963, 1966.

716 IDW Praxishinweis 1/2014, FN-IDW 2014, 282 ff., Tz 37; *Peemöller*, BB 2014, 1963, 1966; *Ballwieser/Franken/Ihlau/Jonas/Kohl/Mackenstedt/Popp/Siebler*, WPg 2014, 463, 469.

f) Bewertung von Handwerksbetrieben und Freiberuflerpraxen

aa) Bewertung von Handwerksbetrieben

228 Bei kleinen und mittelständischen Unternehmen, zu denen i.d.R. auch Handwerksbetriebe gehören, liefert die Anwendung der Ertragswertmethode nach IDW S 1 nur eingeschränkte verwertbare Ergebnisse. Dies ist insbesondere darauf zurückzuführen, dass der Detaillierungsgrad der verfügbaren Planungsdaten nicht ausreichend ist und der Abhängigkeit des Unternehmenswerts von individuellen Eigenschaften des Inhabers, bestimmter Mitarbeiter, Lieferanten und einzelner Kunden bzw. Kundengruppen nicht ausreichend Rechnung getragen wird. Außerdem bleiben die individuelle Konkurrenzsituation und das individuelle Leistungsangebot sowie die damit verbundenen Chancen und Risiken bei der Bewertung nach der Ertragswertmethode weitgehend unberücksichtigt. Vor diesem Hintergrund hat der Zentralverband des deutschen Handwerks (ZDH) den sog. AWH-Standard[717] geschaffen.[718]

229 Das Bewertungsverfahren nach dem AWH-Standard folgt dogmatisch der Ertragswertmethode, ist jedoch auf die Besonderheiten von kleinen und mittelständischen Handwerksunternehmen abgestimmt. Da in der handwerklichen Praxis im Regelfall kein die Strategie des Alteigentümers fortschreibendes, betriebswirtschaftlich fundiertes Planungsmodell existiert, bilden anstelle der für die Ertragswertmethode maßgeblichen Planungsdaten die Jahresabschlüsse der letzten drei bis fünf Jahre die Bewertungsgrundlage. Die Jahresüberschüsse sind um betriebsfremde und außerordentliche Aufwendungen bzw. Erträge zu korrigieren und hinsichtlich persönlich oder familiär motivierter Faktoren, z.B. unangemessener Entlohnung von Familienangehörigen, zu überprüfen. Da auch Zinsen und Skonti in kleineren Betrieben oftmals durch eine persönlich motivierte Finanz- und Entnahmepolitik des Inhabers beeinflusst werden, sind auch diese Posten kritisch zu hinterfragen.[719]

230 Eine wesentliche wertbeeinflussende Größe stellt der kalkulatorische Unternehmerlohn dar. Da dieser im Einzelfall kaum unstreitig ermittelt werden kann, ihm jedoch für das Bewertungsergebnis eine erhebliche Bedeutung zukommt, sieht der AWH-Standard hier einen pragmatischen Ansatz vor, der auf dem tariflichen Meistergehalt zuzüglich Arbeitgeberanteil für Sozialversicherung und 20 % bis 50 % Zuschlag für die Unternehmertätigkeit (Mehrarbeit, Haftung etc.) aufbaut. Die Angemessenheit des so ermittelten Ergebnisses ist jedoch im jeweiligen Einzelfall konkret zu überprüfen.[720]

231 Die Bewertung umfasst grundsätzlich die gesamte wirtschaftliche Unternehmenseinheit als „intakte Einkommensquelle". Vor diesem Hintergrund sind sämtliche Gegenstände des betriebsnotwendigen Anlagevermögens sowie der betriebsnotwendige Waren- und Materialbestand einzubeziehen. Bei Übernahme zusätzlicher Werte, wie z.B. Forderungen, teilfertigen Leistungen etc., oder Verbindlichkeiten ist der ermittelte Ertragswert entsprechend anzupassen. Die Bewertung erfolgt grundsätzlich ohne Betriebsgrundstücke und Gebäude. Die sich hieraus ergebenden Korrekturen werden im Bereich der kalkulatorischen Kosten erfasst.[721]

bb) Bewertung von freiberuflichen Praxen und Apotheken

232 Freiberufliche Praxen sind in noch stärkerem Maße durch eine ausgeprägte persönliche Bindung des Praxisinhabers zu seinen Klienten und Patienten gekennzeichnet. Die

717 Arbeitsgemeinschaft Wertermittlung im Handwerk.
718 Vgl. AWH-Standard, Version 5.2, Stand 27.8.2024.
719 AWH-Standard, S. 9.
720 AWH-Standard, S. 9.
721 AWH-Standard, S. 9. Wegen weiterer Einzelheiten bzw. zur Anwendung des AWH-Standards vgl. *Riedel*, in: Mayer/Süß/Riedel/Bittler, HB Pflichtteilsrecht, § 14 Rn 191 ff.

Gerichte lehnen daher i.d.R. zu Recht hierfür die Anwendung der Ertragswertmethode i.S.v. IDW S 1 ab.[722] Vielmehr wird das Sachwertverfahren[723] zugrunde gelegt und ein „Goodwill" berücksichtigt, soweit ein solcher feststellbar ist.[724] Dieser „Goodwill" wird i.d.R. aus einem gewissen Prozentsatz der bereinigten Durchschnittsumsätze der Vorjahre ermittelt, wobei dies branchenabhängig variiert.[725] Dabei werden von der Rechtsprechung auch die Bewertungsgrundsätze der entsprechenden **Berufsvertretungen** (Ärztekammer, Rechtsanwaltskammer) zugrunde gelegt.[726] Bei Auflösung der Praxis kommt für die Bewertung nur der Sachausstattungswert in Betracht.[727] Dem Veräußerungserlös bei einem Verkauf im Ganzen kommt auch hier erhebliche Bedeutung zu, zumal sonst kaum Vergleichswerte zur Verfügung stehen.[728]

Die Bundesärztekammer und die Kassenärztliche Bundesvereinigung haben am 233
22.12.2008 ihre neuen gemeinsamen Hinweise zur Bewertung von Arztpraxen vom 9.9.2008 veröffentlicht.[729] Auch wenn diese Hinweise die mit Wirkung zum 1.1.2009 eingeführte Gebührenordnung durch den einheitlichen Bewertungsmaßstab und damit einhergehende wesentliche Veränderungen der zu erwartenden Umsätze nicht berücksichtigen und daher berechtigter Kritik ausgesetzt sind,[730] ist davon auszugehen, dass sie in der Praxis Beachtung finden.[731]

Der BGH geht (bzw. ging) davon aus, dass bei einer schon vom Erblasser langfristig 234
verpachteten Apotheke, bei der der Pächter ein Ankaufsrecht besitzt, auch der Goodwill der Apotheke als zum Nachlass gehörig angesehen werden und mit bewertet werden müsse, weil er sich auf die Kalkulation des Pachtzinses ausgewirkt habe.[732] Ob dies in dieser Allgemeinheit zutrifft, darf wohl bezweifelt werden. Im Einzelfall wird die Lösung von der Frage abhängig sein, wie bei Ausübung des Ankaufsrechts der Kaufpreis bemessen werden soll, oder ob eine anderweitige Verwertung der Apotheke (unter Nutzung des Goodwills) möglich ist.

---

722 BGH NJW 1991, 1547 (Arztpraxis bei Zugewinnausgleich); eingehend *Piltz*, S. 249 ff.; Staudinger/*Herzog* (2021), § 2311 Rn 260.

723 BeckOGK/*Blum/Heuser*, § 2311 Rn 214.

724 BeckOGK/*Blum/Heuser*, § 2311 Rn 215. Verneint aber von OLG München FamRZ 1984, 1096 bei einem Architekturbüro, da hier die persönliche und schöpferische Leistung des Inhabers für die Beauftragung durch seine Klientel im Vordergrund stünde; zustimmend *Kerscher/Riedel/Lenz*, § 7 Rn 90.

725 Vgl. die ausführliche Übersicht bei *Piltz*, S. 258 ff.; *Rohlfing*, Erbrecht in der anwaltlichen Praxis, 2. Aufl. 1999, § 5 Rn 68 ff.; Groll/*Rösler*, C VI Rn 94; Staudinger/*Herzog* (2021), § 2311 Rn 260 unter Verweis auf das modifizierte Ertragswertverfahren.

726 BGH FamRZ 1991, 43 (Arztpraxis im Zugewinnausgleich); Staudinger/*Herzog* (2021), § 2311 Rn 262 m.w.N.; Groll/*Rösler*, C VI Rn 94. Für Anwendung des Ertragswertverfahrens aber *Michalski/Zeidler*, FamRZ 1997, 397, 400 f.

727 Hierzu und zum Folgenden Soergel/*Beck*, § 2311 Rn 29.

728 BGH bei *Schmidt-Kessel*, WM 1988, Beil Nr. 8, S. 15.

729 Vgl. Deutsches Ärzteblatt 2008, Heft 51–52, S. A 4 ff.; vgl. zur Bewertung von Arzt- und Zahnarztpraxen im Rahmen des Zugewinnausgleichs *Boos*, DS 2010, 166 f.; kritische Würdigung dieses Verfahrens siehe bei *Leuner*, NJW 2011, 191.

730 Vgl. insoweit nur *Knief*, DB 2009, 866 ff.

731 Zur tatsächlichen Anwendungshäufigkeit vgl. *Krentscher-Peus*, DS 2010, 358; auch die Finanzverwaltung geht davon aus, dass das hier dargestellte Verfahren als anerkanntes Verfahren für nicht steuerliche Zwecke anzusehen ist, vgl. FinMin. Bayern vom 30.12.2009 – 34-S 3715-009-36659/09, verfügbar über Beck-Online BeckVerw 233633. Weitere Einzelheiten vgl. z.B. bei *Riedel*, in: Mayer/Süß/Riedel/Bittler, HB Pflichtteilsrecht, § 14 Rn 211 ff.

732 BGH NJW-RR 1986, 163 (Nichtannahme der Revision).

235 Ähnlich wie für Arztpraxen besteht auch für Rechtsanwaltskanzleien ein Leitfaden zur Bewertung, den die Bundesrechtsanwaltskammer[733] (BRAK) zuletzt im Jahr 2018 aktualisiert hat.[734]
Die BRAK favorisiert das sog. **Umsatzverfahren,**[735] nach dem sich der Wert einer Anwaltskanzlei aus zwei Komponenten zusammensetzt, nämlich dem **Substanzwert** (bestehend aus Anlagevermögen,[736] Forderungen, Kanzleiverbindlichkeiten und bei Sozietätsbeteiligungen Verbindlichkeiten des Übergebers/Erblassers)[737] sowie dem sog. **ideellen Wert (Firmenwert).**[738] Dessen ungeachtet spricht die BRAK insoweit von der „Umsatzmethode".

236 Für die Ermittlung des Substanzwerts ist der Verkehrswert (ausdrücklich nicht der Anschaffungswert) maßgeblich. Bei der Ermittlung des inneren Werts ist zu beachten, dass dieser nachhaltig personengebunden und daher mit dem Geschäftswert eines gewerblichen Unternehmens nicht vergleichbar ist.[739]

237 Bemessungsgrundlage für den inneren Wert ist grundsätzlich der bereinigte Ist-Umsatz ohne Umsatzsteuer. Zu bereinigen sind insbesondere die außerordentlichen personenbezogenen Einnahmen (z.B. als Politiker, Mitglied eines Aufsichtsrats oder Beirats, Organ eines Verbands, Vereins und/oder einer sonstigen Organisation, Schriftsteller, Lehrer, Referent in Fort-, Aus- und Weiterbildungsveranstaltungen). Daneben sind aber auch die außerordentlichen anwaltsbezogenen Einnahmen (als Testamentsvollstrecker, Insolvenzverwalter, Zwangsverwalter, Vormund, Pfleger, Vermögensverwalter, Treuhänder, Mediator, Mitglied eines Schiedsgerichts, Sachverständiger, Betreuer etc.) zu bereinigen, soweit diese Einnahmen nur gelegentlich erzielt werden und nicht aus der Haupttätigkeit des Rechtsanwalts resultieren.[740]

238 Der bereinigte Umsatz ist mit einem Berechnungsfaktor zu multiplizieren, dessen Höhe sich grundsätzlich nach den Umständen des Einzelfalles richtet, der aber i.d.R. zwischen 0,3 und 1,0 liegt, in besonderen Fällen aber auch auf 0 sinken bzw. bis auf 1,3 steigen kann.[741] Eine Reduzierung auf 0 kommt insbesondere dann in Betracht, wenn durch Krankheit oder aus anderen Gründen eine Kanzlei lange nicht mehr betrieben wurde oder völlig unwirtschaftliche oder zerrüttete Verhältnisse vorliegen.[742] Der pauschale Ansatz eines Mittelwerts ist nicht gerechtfertigt; vielmehr sind die Bewertungsmerkmale im Einzelfall konkret zu gewichten.[743]

---

733 Auch die Finanzverwaltung erwähnt diese Kammer-Methode ausdrücklich als anerkannte branchenspezifische Bewertungsmethode, vgl. FinMin. Bayern v. 4.1.2013, ZEV 2013, 104.

734 BRAK-Mitt. 1/2018, 6 ff.

735 BRAK-Mitt. 1/2018, 7.

736 Dieses umfasst neben der Büroeinrichtung insbesondere auch die Bibliothek, vgl. BRAK-Mitt. 1/2018, 7.

737 BRAK-Mitt. 1/2018, 7.

738 BRAK-Mitt. 1/2018, 7, 8.

739 Der Kanzleiwert verflüchtigt sich relativ rasch; vgl. BFH BStBl II 1994, 903.

740 BRAK-Mitt. 1/2018, 8.

741 Vgl. BRAK-Mitt. 1/2018, 8.

742 BRAK-Mitt. 1/2018, 8.

743 BRAK-Mitt. 1/2018, 8.

Auch die Bewertung von Steuerberaterkanzleien[744] erfolgt i.d.R. mit Hilfe des Umsatzverfahrens,[745] also durch eine Addition von Sachwert (Vermögensgegenstände abzüglich Schulden zu Verkehrswerten) und Goodwill. Der Goodwill wird hierbei häufig in Größenordnungen zwischen 80 % und 140 % des (durchschnittlichen, nachhaltigen) Umsatzes angegeben.[746] Alternativ kann auch nach dem Ertragswertverfahren bewertet werden.[747] 239

Das Präsidium der Bundessteuerberaterkammer hat am 12.3.2024 aktualisierte Hinweise für die Ermittlung des Werts einer Steuerberaterpraxis beschlossen.[748] Demnach existiert für die Bewertung von Steuerberaterpraxen kein allgemein gültiges Verfahren. In den Hinweisen angesprochen bzw. erläutert werden das sog. Umsatzverfahren als ein vereinfachtes Preisfindungsverfahren sowie das Ertragswertverfahren. Die Hinweise haben jedoch ausdrücklich keinen verbindlichen Charakter.[749] 240

Bei einem reinen Architekturbüro verneint die Rechtsprechung einen „Goodwill", da hier die persönliche kreative Leistung des Architekten allein als wie Beauftragung ausschlaggebend anzusehen sei.[750] Die Frage, ob ein Vermessungsingenieurbüro einen über den Substanzwert hinausgehenden Wert hat, wurde bislang noch nicht ausdrücklich entschieden,[751] sie unterliegt daher stets der Prüfung im Einzelfall.[752] 241

g) Besonderheiten bei unterstelltem Verkaufsszenario

Aus der Sicht des IDW weisen Unternehmensbewertungen im familien- sowie auch im erbrechtlichen Kontext Besonderheiten gegenüber sonstigen Bewertungsanlässen auf. Diese wurden im Jahr 2016 in dem Bewertungsstandard IDW S 13 „Besonderheiten bei der Unternehmensbewertung zur Bestimmung von Ansprüchen im Familien- und Erbrecht" zusammengefasst.[753] 242

IDW S 13 ergänzt die eigentliche Unternehmensbewertung um eine weitere Begutachtungsstufe, nämlich die Überleitung des Unternehmenswerts zu einem familien- oder erbrechtlichen Ausgleichs- bzw. Auseinandersetzungsanspruch. Diese zweite Stufe spielt insbesondere dann eine Rolle, wenn, beispielsweise aufgrund rechtlicher Vorgaben, von einer gedachten Veräußerung des Unternehmens bzw. der Beteiligung auszugehen ist.[754] Das ist im Recht des Zugewinnausgleichs regelmäßig der Fall.[755] Für das

744 Für die Bewertung von Wirtschaftsprüferpraxen sollen i.d.R. dieselben Grundsätze gelten, zumal der Anteil der Prüfungsmandate am Gesamtumsatz gewöhnlich vergleichsweise gering sei, vgl. *Prettl/Lohr/Bringmann*, in: Schlitt/Müller-Engels, Handbuch Pflichtteilsrecht, § 4 Rn 187. Soweit diese Annahme im konkreten Fall tatsächlich zutrifft, ist diesem Ansatz zuzustimmen.

745 Hinweise der Bundessteuerberaterkammer für die Ermittlung des Werts einer Steuerberaterpraxis (Stand März 2024) Tz 14; *Fecher/Rullkötter*, in: Peemöller, Praxishandbuch der Unternehmensbewertung, S. 1248.

746 Hinweise der Bundessteuerberaterkammer für die Ermittlung des Werts einer Steuerberaterpraxis (Stand März 2024), Tz 44; vgl. auch *Fecher/Rullkötter*, in: Peemöller, Praxishandbuch der Unternehmensbewertung, S. 1252; *Piltz*, DStR 2008, 745, 747.

747 Vgl. hierzu Hinweise der Bundessteuerberaterkammer für die Ermittlung des Werts einer Steuerberaterpraxis (Stand März 2024), Tz 14.

748 Diese sind auf der Homepage der Bundessteuerberaterkammer (www.bstbk.de) abrufbar.

749 So ausdrücklich Hinweise der Bundessteuerberaterkammer für die Ermittlung des Werts einer Steuerberaterpraxis (Stand März 2024), Tz 1. Vgl. auch *Knief*, DStR 2010, 2000 f. Weitere Einzelheiten vgl. z.B. bei *Riedel*, in: Mayer/Süß/Riedel/Bittler, HB Pflichtteilsrecht, § 14 Rn 233 ff.

750 OLG München FamRZ 1984, 1069.

751 Offengelassen z.B. in BGH FamRZ 1977, 386.

752 *Riedel*, in: Mayer/Süß/Riedel/Bittler, HB Pflichtteilsrecht, § 14 Rn 242.

753 IDW Life 7/2016, 574 ff.

754 Vgl. IDW S 13, Rn 9.

755 Vgl. IDW S 13, Rn 37 unter Hinweis auf BGHZ 188, 249 ff.; vgl. BGH FamRZ 2011, 622 ff.

Pflichtteilsrecht gilt – jedenfalls nach Auffassung der Rechtsprechung (vgl. Rdn 60) – dasselbe (hier allerdings zu Unrecht, vgl. Rdn 63 ff.).

243 Bei Unterstellung eines Veräußerungsszenarios sind (aus systematisch zwingenden Gründen) die dabei anfallenden **(latenten) Ertragsteuerlasten** (vgl. hierzu Rdn 349 ff.) (wenigstens fiktiv) zu berücksichtigen, da es sich bei diesen um „unvermeidbare Veräußerungskosten" handelt.[756]

244 Allein die Berechnung dieser (latenten) Steuern birgt in der Praxis erhebliche Probleme. Dessen ungeachtet ist aus Sicht des IDW aber – in bestimmten Konstellationen – spiegelbildlich zu den latenten Steuern auf der (fiktiven) Veräußererseite auch zu prüfen, ob bzw. welche steuerlichen Effekte auf der Erwerberseite zu erwarten sind und wie sich diese ggf. auf einen erzielbaren Verkaufspreis auswirken.
Jedenfalls bei Personenunternehmen ist nach IDW S 13 ein (kaufpreiserhöhender) **abschreibungsbedingter Steuervorteil (Tax Amortisation Benefit)**[757] zu berücksichtigen. Dem liegt die Überlegung zugrunde, dass eine (fiktive) Veräußerung, die mit einer Aufdeckung der stillen Reserven durch den Veräußerer einhergeht, für den Erwerber zu Anschaffungskosten in entsprechender Höhe führt. Diese sind prinzipiell in der Zeit nach dem Erwerb mit steuerlicher Wirkung abzuschreiben, was zu einer Reduzierung der steuerlichen Bemessungsgrundlage und somit zu einer zukünftigen Steuerersparnis für den Erwerber führt.[758] Da der sich hieraus ergebende abschreibungsbedingte Steuervorteil durch jeden gedachten Erwerber realisiert werden könnten,[759] ist er auch (und gerade) im Rahmen der Ermittlung eines objektivierten Unternehmenswerts zu berücksichtigen, und zwar werterhöhend.[760]

6. Bewertung gesellschaftsrechtlicher Beteiligungen

a) Anteile an Personengesellschaften

aa) Grundsätzliches

245 Je nach dem, für welche Art der Nachfolgeregelung sich die Gesellschafter bei der Abfassung ihres Gesellschaftsvertrages entscheiden, kommt es beim Ausscheiden eines von ihnen durch Tod zu völlig unterschiedlichen Konsequenzen. Geht in einigen Fällen der Gesellschaftsanteil als solcher auf einen oder mehrere Nachfolger durch Erbanfall – also erbrechtlich – über, fällt in anderen Konstellationen lediglich ein – in welcher Höhe auch immer bestehender – Abfindungsanspruch in den Nachlass.

bb) Nachfolge bei Personengesellschaften

(1) Gesetzliche Regelungen

246 In der Zeit vor dem 1. Januar 2042 regelte § 727 Abs. 1 BGB a.F., dass die GbR – vorbehaltlich abweichender Regelungen des Gesellschaftsvertrages – mit dem Tod eines Gesellschafters als aufgelöst galt.[761]
Nunmehr unterscheidet das Gesetz zwischen der **rechtsfähigen GbR** (§§ 706 ff. BGB) und der **nicht rechtsfähigen GbR** (§§ 740 ff. BGB) und sieht für die zuerst genannte in § 723 Abs. 1 S. 1 BGB vor, dass ein versterbender Gesellschafter mit seinem Tod aus der Gesellschaft ausscheidet, die im Übrigen aber – soweit mehr als ein Gesellschafter überleben – fortbesteht. Nur die nicht rechtsfähige Gesellschaft wird beim Tod eines

---

756 Zur ausführlichen Kritik zum Ansatz latenter Steuern bei Fortführung vgl. *Ballhorn/König*, FuR 2016, 385; vgl. auch BGH FamRZ 2011, 622 ff.

757 Vgl. IDW S 13, Rn 38.

758 Zur Wirkungsweise des abschreibungsbedingten Steuervorteils (TAB) vgl. *Ballhorn/König*, FamRB 2017, 33 ff.; *Ihlau/Kohl*, WPg 2016, 163 ff.

759 Vgl. *Jonas*, Abfindung und Besteuerung ausgeschlossener Gesellschafter, S. 277 f.

760 Vgl. *Jonas/Wieland-Blöse*, in: Fleischer/Hüttemann, Unternehmensbewertung, Rn 17.84.

761 MüKo/*Leipold*, § 1922 Rn 119.

Gesellschafters beendet (§ 740a Abs. 1 Nr. 3 BGB) und wird dann nach § 740b BGB unter den Gesellschaftern auseinandergesetzt. An der so entstehenden Liquidationsgesellschaft sind auch die Erben des Verstorbenen beteiligt.[762]

Bei **Personenhandelsgesellschaften** unterscheidet das Gesetz grundsätzlich zwei Kategorien von Gesellschaftern, deren Tod zu völlig unterschiedlichen Rechtsfolgen führt, nämlich persönlich haftende Gesellschafter auf der einen Seite und Kommanditisten auf der anderen. 247

Der Tod eines persönlich haftenden Gesellschafters führt gem. § 130 Abs. 1 Nr. 1 HGB zu seinem Ausscheiden aus der Gesellschaft. Diese wird dann unter den verbleibenden Gesellschaftern fortgesetzt. Auch hier kommt es für die fortsetzenden Mitgesellschafter zu einem (anteiligen) Anwachsungserwerb (§ 105 Abs. 3 HGB, § 712 Abs. 1 BGB), und zwar ipso iure, also automatisch mit dem Todesfall.[763] 248

§ 130 Abs. 1 Nr. 1 HGB gilt unmittelbar für die OHG. Sein Regelungsgehalt ist aber auch für den Fall des Todes eines Komplementärs einer Kommanditgesellschaft maßgeblich (§§ 161 Abs. 2, 130 Abs. 1 Nr. 1 HGB). 249

Kommanditanteile sind von Gesetzes wegen vererblich, § 177 HGB. Beim Tod eines Kommanditisten wir daher die Gesellschaft grundsätzlich, also vorbehaltlich abweichender gesellschaftsvertraglicher Regelungen,[764] mit seinen Erben fortgesetzt.[765]

Die erbrechtliche Nachfolge[766] vollzieht sich im Wege der Singularsukzession,[767] und zwar ipso iure, also im Wege des Vonselbsterwerbs.[768]

Für den Fall, dass mehrere Erben vorhanden sind, wird also jeder von ihnen (eigenständig) Gesellschafter/Kommanditist. Personengesellschaftsanteile sind nicht Gegenstand der gesamthänderischen Bindung des Nachlasses in einer etwaigen Erbengemeinschaft. Im Übrigen gelten für (von Gesetzes wegen) vererbte Kommanditanteile dieselben Regeln wir für alle (z.B. durch eine Nachfolgeklausel) vererblichen bzw. vererblich gestellten Gesellschaftsanteile.

Die gesetzliche Regelung ist aber gem. § 108 HGB ausdrücklich dispositiv, so dass der Gesellschaftsvertrag abweichende Regelungen vorsehen kann.[769]

(2) Fortsetzungsklausel, Möglichkeiten der Abfindungsbeschränkung

Fortsetzungsklauseln bilden im Grunde den (aktuellen) gesetzlichen Regelfall nach, indem sie eine Fortsetzung der Gesellschaft unter den verbleibenden Gesellschaftern unter gleichzeitigem (todesbedingtem) Ausscheiden des Verstorbenen vorsehen.[770] Seit dem Inkrafttreten des HRefG 1998 beschränkte sich die praktische Bedeutung im Wesentlichen auf GbRs, wo sie aber – jedenfalls im Hinblick auf die rechtsfähige GbR (§§ 706 ff. BGB) – künftig wohl auch zunehmend an Bedeutung verlieren wird. Allerdings sind Fortsetzungsklauseln auch in älteren Gesellschaftsverträgen von Personenhandelsgesellschaften noch weit verbreitet. 250

762 *Servatius*, GbR, § 740a BGB Rn 8.

763 Hopt/*Roth*, HGB, § 130 Rn 24; Ebenroth/Boujong/*Lorz*, HGB, § 130 Rn 30; BeckOGK/*Riedel*, § 1922 Rn 81.

764 Ebenroth/Boujong/*v. Selle*, HGB, § 177 Rn 1; Hopt/*Roth*, HGB, § 177 Rn 7.

765 Ebenroth/Boujong/*v. Selle*, HGB, § 177 Rn 9; Hopt/*Roth*, HGB, § 177 Rn 2.

766 BGH NJW 1957, 180; BGH NJW 1977, 1339; MüKo-HGB/*K. Schmidt*, § 139 Rn 12; *K. Schmidt*, Gesellschaftsrecht, § 45 V 4 b; Hopt/*Roth*, HGB, § 131 Rn 1; MüKo/*Schäfer*, § 711 Rn 46.

767 Ebenroth/Boujong/*v. Selle*, HGB, § 177 Rn 9; Hopt/*Roth*, HGB, § 177 Rn 3.

768 *Crezelius*, Unternehmenserbrecht, § 6 Rn 257.

769 *K. Schmidt*, NJW 1998, 2161, 2166.

770 Vgl. MHdB GesR I/*Klein*/*Lindemeier*, § 11 Rn 12; *K. Schmidt*, Gesellschaftsrecht, § 45 V 3 a m.w.N.

251 Im Anwendungsbereich einer Fortsetzungsklausel führt der Tod eines Gesellschafters dazu, dass der Verstorbene im Zeitpunkt seines Todes aus der Gesellschaft ausscheidet, wodurch auch automatisch alle ihm zu seinen Lebzeiten zustehenden gesellschaftsrechtlichen Mitgliedschaftsrechte erlöschen.[771] Die gesamthänderische Beteiligung des Verstorbenen am Gesellschaftsvermögen wächst den überlebenden (Mit-)Gesellschaftern nach § 105 Abs. 3 HGB, § 712 Abs. 1 BGB zu. Dieser sog. **Anwachsungserwerb** vollzieht sich automatisch, also ohne dass es hierzu irgendeiner weiteren Handlung bedürfte.[772]

252 Zum Nachlass des Erblassers gehört (bestenfalls)[773] ein ihm als Ausgleich für den Verlust der Gesellschafterstellung zustehender **Abfindungsanspruch** nach § 728 Abs. 1 S. 1 BGB (ggf. i.V.m § 105 Abs. 3, § 161 Abs. 2 HGB). Bei diesem handelt es sich um einen reinen Geldanspruch,[774] der gegen die Gesellschaft (als solche) gerichtet ist.[775]

253 Grundlage der Bemessung des Abfindungsanspruchs ist grundsätzlich der **Ertragswert des Anteils.**[776] Schon zu § 738 Abs. 1 S. 2 BGB a.F. ging der BGH zutreffend davon aus, dass die Fortsetzungsklausel gerade auf eine Fortführung der Gesellschaft bzw. ihres Unternehmens abziele, so dass sich der angemessene Ausgleich für den Verlust der Möglichkeit, hieran zu partizipieren, am Fortführungswert orientieren müsse. Auf den Liquidationswert könne es daher (trotz des seinerzeit darauf hindeutenden Gesetzeswortlauts) nicht ankommen.[777] Das muss nach aktuellem Recht (§ 727 BGB) erst recht gelten.

Maßgeblich ist also der tatsächliche Wert, der entweder (traditionell) nach dem Ertragswertverfahren oder nach der Discounted Cash Flow-Method zu ermitteln ist.[778]

254 Um die sich bei einer Bestimmung des Abfindungsanspruches nach diesen Kriterien ergebende Liquiditätsbelastung der Gesellschaft, die durchaus existenzbedrohende Ausmaße annehmen kann, sowie langwierige Auseinandersetzungen zwischen der Gesellschaft und den Erben des Verstorbenen zu vermeiden,[779] wird die Fortsetzungsklausel in der Praxis oftmals durch eine Abfindungsklausel flankiert. Da die gesetzlichen Vorgaben in § 728 Abs. 1 S. 1 BGB nach § 708 BGB ausdrücklich dispositiv sind,[780] steht es den Gesellschaftern – in gewissen Grenzen – frei, abweichende Vereinbarungen vertraglich zu treffen. Verbreitet sind insoweit einerseits Regelungen zur betragsmäßigen Begrenzung des Abfindungsguthabens und andererseits Fälligkeitsregelungen, die beispielsweise eine ratenweise Auszahlung der geschuldeten Abfindung

---

771 BGH WM 1987, 981, 982.

772 *Servatius*, GbR, § 723 Rn 17; *Pogorzelski*, RNotZ 2017, 489; vgl. zum möglichen Abfindungsausschluss zulasten der Erben *v. Proff*, DStR 2017, 2555, 2557 ff.; *Lange/Kretschmann*, ZEV 2021, 545, 548; *K. Schmidt*, Gesellschaftsrecht, § 45 V II d.

773 Soweit kein zulässiger Abfindungsausschluss oder eine Begrenzung der Abfindung eingreift.

774 *Hölscher*, ErbR 2016, 422.

775 MüKo/*Schäfer*, § 728 Rn 12; *Reimann*, DNotZ 1992, 472.

776 BGH NJW 1982, 2441; bei rein vermögensverwaltenden Gesellschaften ggf. der Sachwert, vgl. *Servatius*, GbR, § 728 Rn 36 m.w.N.

777 BGH NJW 1985, 192.

778 *Servatius*, GbR, § 728 Rn 38.

779 Vgl. hierzu z.B. *Lübke*, DNotZ 2023, 896, 911.

780 *Servatius*, GbR, § 728 Rn 53 f.; vgl. zur Rechtsalge vor dem MoPeG BGHZ 22, 186; RGZ 145, 289; *Lange*, ZErb 2014, 121; *ders.*, ErbR 2020, 378, 382; *Lübke*, DNotZ 2023, 896, 904; *Götz*, ZEV 2020, 342, 343; *M. Schulte/E. Schulte/L. Schulte*, ErbR 2021, 742, 746.

vorsehen.[781] Die Bandbreite möglicher Inhalte von **Abfindungsklauseln** ist enorm,[782] wobei meist die Absicherung der Gesellschaft gegen unerwartete und mitunter sehr erhebliche Liquiditätsabflüsse im Vordergrund steht.[783]

Buchwertklauseln[784] und andere Formen der Abfindungsbeschränkung sind grundsätzlich auch bei lebzeitigem Ausscheiden aus der Gesellschaft rechtlich anzuerkennen.[785] Demgegenüber wird die Wirksamkeit eines völligen Abfindungsausschlusses für den Fall des Ausscheidens unter Lebenden grundsätzlich abgelehnt.[786] Scheidet ein Gesellschafter durch Tod aus der Gesellschaft aus, ist der vollständige Abfindungsausschluss jedoch wirksam,[787] jedenfalls dann, wenn er für alle Gesellschafter gleichermaßen gilt.[788] 255

Soweit der Abfindungsausschluss bzw. die Beschränkung der Abfindung gesellschaftsrechtlich zulässig ist, führt dies dazu, dass im Erbfall gar keine bzw. nur eine reduzierte Abfindung geschuldet wird und ein auf eine höhere Abfindung gerichteter Anspruch daher auch nicht Bestandteil des Nachlasses sein kann.[789]

Im Übrigen ist davon auszugehen, dass alle denkbaren weniger einschneidenden Abfindungsbeschränkungen für den Todesfall ebenfalls unproblematisch sein sollten. Der Gesellschaftsvertrag unterliegt auch bei der Vereinbarung derartiger Regelungen keinen zusätzlichen formalen Anforderungen. Insbesondere besteht kein Beurkundungsbedürfnis nach § 2301 Abs. 1 oder § 518 Abs. 1 BGB.[790] 256

Unabhängig von seiner konkreten Höhe im Einzelfall ist der **Abfindungsanspruch**[791] für den Verlust seines Gesellschaftsanteils in jedem Fall Bestandteil des Nachlasses[792] des Verstorbenen und daher auch in die Berechnung etwaiger Pflichtteilsansprüche einzubeziehen. 257

(3) Nachfolgeklauseln

Den sog. Nachfolgeklauseln ist gemeinsam, dass sie die Fortführung der Gesellschaft mit dem bzw. den Erben/Vermächtnisnehmern des verstorbenen Gesellschafters vorse- 258

781 *Crezelius*, Unternehmenserbrecht, § 6 Rn 254.

782 Z.B. Abfindungsausschluss, Beschränkung der Abfindung auf den Buch-, Substanz-, Ertrags- oder Liquidationswert, Ratenzahlungsvereinbarungen; vgl. z.B. *Crezelius*, Unternehmenserbrecht, § 6 Rn 254; *Hölscher*, ErbR 2016, 422, 423 f.

783 MüKo/*Schäfer*, § 728 Rn 36; *Ulmer*, Abfindungsklauseln in Personengesellschafts- und GmbH-Verträgen, S. 477, 478; *Piltz*, BB 1994, 1021; *Flume*, in: FS Ballerstedt, S. 197, 203, 214 f.; *Hölscher*, ErbR 2016, 422; *Lübke*, DNotZ 2023, 896, 898.

784 Vgl. OLG Dresden NZG 2001, 658; BGH NJW 1993, 2101; BGH NJW 1993, 3193; BGH DB 1994, 873, 875; BGH DB 1989, 1399. Eine Ausnahme gilt für den Fall der Kündigung aus wichtigem Grund, vgl. BGH NJW 1979, 104.

785 MüKo/*Schäfer*, § 728 Rn 63.

786 RG Recht 1909 Nr. 1319; vgl. MüKo/*Schäfer*, § 728 Rn 60 m.w.N.

787 BGHZ 50, 316; MüKo/*Schäfer*, § 728 Rn 60; die Grenzen der Zulässigkeit sind im Übrigen anhand der §§ 138, 242 BGB und der §§ 133, 135 HGB zu bemessen; vgl. im Übrigen *Hölscher*, ErbR 2016, 422, 423; *ders.*, ZEV 2010, 609, 610; *Lange*, Zerb 2014, 121, 122.

788 *Götz*, ZEV 2020, 342, 343; *M. Schulte/E. Schulte/L. Schulte*, ErbR 2021, 742, 743.

789 Vgl. auch *Götz*, ZEV 2020, 342, 343 m.w.N.

790 BGH NJW 2020, 2396, 2398; BGH WM 1971, 1338, 1339; MüKo/*Schäfer*, § 728 Rn 60 m.w.N.; MHdB GesR I/*Klein/Lindemeier*, § 11 Rn 47 u. § 79 Rn 105 m.w.N.; *Hölscher*, ErbR 2016, 422, 423.

791 Der Zeitpunkt der Anspruchsentstehung (BGH v. 20.10.2003 – II ZR 7/01, DStR 2004, 97) und grundsätzlich auch der Fälligkeit ist der Zeitpunkt des Ausscheidens. Allerdings kann die Fälligkeit – auch konkludent – abweichend vereinbart werden, MüKo/*Schäfer*, § 728 Rn 64 m.w.N.

792 BGHZ 22, 186; MüKo/*Leipold*, § 1922 Rn 122 m.w.N.; MüKo/*Lange*, § 2325 Rn 39; *Lange*, ZErb 2014, 121, 122; *Hölscher*, ErbR 2016, 422, 423; *ders.*, ZEV 2010, 609.

hen.[793] Es handelt sich um einen erbrechtlichen Übergang der Gesellschaftsrechte. Dieser vollzieht sich aber nicht[794] im Wege der Gesamtrechtsnachfolge, sondern im Wege der Sonderrechtsnachfolge (Singularsukzession).[795] Dies stellt das Gesetz in § 711 Abs. 2 BGB (der über § 105 Abs. 3 HGB auch für die Personenhandelsgesellschaft gilt) ausdrücklich klar[796] und führt dazu, dass infolge einer gesellschaftsvertraglichen Nachfolgeklausel die Beteiligung eines persönlich haftenden Gesellschafters nicht etwa einer möglicherweise entstehenden Erbengemeinschaft anfällt, sondern stattdessen unmittelbar auf die einzelnen Erben übergeht.[797]

259 Bei Vereinbarung einer **einfachen Nachfolgeklausel** rücken sämtliche Erben des verstorbenen Gesellschafters automatisch in dessen Gesellschafterstellung ein.[798] Sind mehrere Erben vorhanden, erhält zwar jeder von ihnen grundsätzlich die volle Gesellschafterstellung, hinsichtlich der Ausübung ihrer Mitgliedschaftsrechte sind sie aber zur Bestimmung eines gemeinsamen Vertreters verpflichtet.[799] Nur die (höchst)persönlichen Gesellschafterrechte, wie beispielsweise das Recht zur Kündigung, können von den einzelnen Gesellschaftern selbst ausgeübt werden, da diese nur persönlich und unmittelbar gegenüber der Gesellschaft geltend zu machen sind.

260 Die **qualifizierte Nachfolgeklausel** zeichnet sich dadurch aus, dass nur bestimmten Personen, z.B. solchen, die eine bestimmte fachliche Eignung nachgewiesen haben, das Nachrücken in die Gesellschafterstellung ermöglicht wird.[800] Die Bandbreite der möglichen Qualifikationsmerkmale ist groß, wird aber jedenfalls durch die Vorgaben des Allgemeinen Gleichbehandlungsgesetzes begrenzt (vgl. insoweit insbesondere § 2 Abs. 1 Nr. 1 und § 6 Abs. 3 i.V.m. § 7 Abs. 2 AGG).[801]

261 Auch der kraft einer qualifizierten Nachfolgeklausel berufene Gesellschafter-Erbe rückt unmittelbar in die Position des verstorbenen Gesellschafters ein.[802] Voraussetzung ist jedoch auch bei ihm, dass er Erbe bzw. Vermächtnisnehmer des Verstorbenen geworden ist. Auf die ihm hinterlassene Erbquote kommt es indes nicht an;[803] der qualifizierte Nachfolger wird auch dann vollumfänglich Personengesellschafter, wenn er nur eine geringere Erbquote (als dem Wert des Gesellschaftsanteils entspricht) erhält.[804]

262 Soweit der gesellschaftsvertraglich qualifizierte Nachfolger weder als Erbe noch als Vermächtnisnehmer berufen ist, geht die Nachfolgeklausel ins Leere[805] mit der Folge, dass der Anteil nicht – wie gesellschaftsvertraglich vorgesehen – weitergegeben (also

---

793 *Lübke*, DNotZ 2023, 896, 900.

794 Ausnahme: Liquidationsgesellschaft (siehe Rdn 246).

795 BGHZ 22, 186; OLG Frankfurt NJW 1983, 1806; Hopt/*Roth*, HGB, § 131 Rn 14 u. § 177 Rn 3; MüKo/*Schäfer*, § 711 Rn 53; Ebenroth/Boujong/*Lorz*, HGB, § 131 Rn 10.

796 MüKo/*Schäfer*, § 711 Rn 53; Ebenroth/Boujong/*Lorz*, HGB, § 131 Rn 10.

797 MüKo/*Schäfer*, § 711 Rn 53.

798 Hopt/*Roth*, HGB, § 131 Rn 2; MüKo/*Schäfer*, § 711 Rn 53; MHdB GesR I/*Klein/Lindemeier*, § 79 Rn 20 u. § 41 Rn 20.

799 BGHZ 46, 291.

800 Vgl. MHdB GesR I/*Klein/Lindemeier*, § 79 Rn 22 u. § 41 Rn 22.

801 *Lübke*, DNotZ 2023, 896, 901.

802 BGHZ 68, 225.

803 BGHZ 68, 225, 236 ff.; Hopt/*Roth*, HGB, § 131 Rn 17; Ebenroth/Boujong/*Lorz*, HGB, § 131 Rn 19; *Weipert*, ZEV 2002, 300, 303.

804 *Crezelius*, Unternehmenserbrecht, § 6 Rn 260; MHdB GesR I/*Klein/Lindemeier*, § 79 Rn 45 m.w.N.

805 MHdB GesR I/*Klein/Lindemeier*, § 79 Rn 23.

vererbt) wird.[806] Die Gesellschaft wird dann unter den verbleibenden Gesellschaftern fortgesetzt.[807] Der Gesellschaftsanteil fällt also nicht in den Nachlass.

263 Da es sich in den Fällen der einfachen und der qualifizierten Nachfolgeklausel um einen Übergang des Gesellschaftsanteils im Wege des Erbrechts handelt,[808] fällt der Gesellschaftsanteil in den Nachlass und ist daher im Rahmen der Berechnung des ordentlichen Pflichtteils zu berücksichtigen.[809]

(4) Eintrittsklausel

264 Sieht der Gesellschaftsvertrag[810] ein Eintrittsrecht für einen oder alle Erben oder auch für fremde Dritte vor,[811] wird die Gesellschaft zunächst – wie bei der Fortsetzungsklausel – mit den übrigen Gesellschaftern fortgesetzt. Die in der Eintrittsklausel genannten Personen haben aber das Recht (Option), in die Gesellschaft einzutreten. Die Besonderheit dieser Nachfolgeregelung besteht darin, dass die Mitgliedschaft in der Gesellschaft nicht erbrechtlich, sondern durch Rechtsgeschäft unter Lebenden begründet wird. Insoweit handelt es sich bei der Eintrittsklausel um einen Vertrag zugunsten Dritter i.S.d. §§ 328 ff. BGB.[812]

265 Das Recht, in die Gesellschaft eintreten zu dürfen, entbindet den Berechtigten aber an und für sich nicht von der Verpflichtung, eine Einlage in die Gesellschaft leisten zu müssen. Auch ein Übergang des Kapitalkontos des ausscheidenden Gesellschafters auf den Eintrittsberechtigten findet gewöhnlich nicht statt. Der Eintretende begründet vielmehr eine neue und von der des Ausgeschiedenen völlig unabhängige Mitgliedschaft. Darum steht es ihm auch grundsätzlich frei, sich für oder gegen die Ausübung seiner Option zu entscheiden; eine Verpflichtung, in die Gesellschaft einzutreten, ergibt sich aus dem Gesellschaftsvertrag jedenfalls nicht.[813] Will der Erblasser an dieser Stelle sicher gehen, muss er entsprechende Anordnungen in seiner letztwilligen Verfügung treffen und z.B. eine Auflage[814] (§ 1940 BGB) anordnen, aus der sich – sozusagen mittelbar – eine Eintrittspflicht ergibt. Ebenfalls möglich wäre eine aufschiebend oder auflösend bedingte Erb- bzw. Vermächtniseinsetzung, bei der die Bedingung an den Eintritt in die Gesellschaft anknüpft.[815] Sinnvoll ist es sicherlich auch, dem Eintrittsberechtigten – selbstverständlich verbunden mit den entsprechenden Bedingungen – die erforderlichen Mittel zu hinterlassen, um seiner Einlageverpflichtung nachkommen zu können.

---

806 Ggf. kommt aber eine Umdeutung der qualifizierten Nachfolgeklausel in eine sog. Eintrittsklausel in Betracht, vgl. BGH NJW 1978, 264; BGH WM 1987, 981; Staub/*Schäfer*, HGB, § 139 Rn 36; MüKo/*Leipold*, § 1922 Rn 126 f.

807 Es sei denn, die gescheiterte Nachfolgeklausel könnte in eine sog. rechtsgeschäftliche Nachfolgeklausel umgedeutet werden, vgl. auch MüKo/*Schäfer*, § 711 Rn 62, 80, was aber voraussetzt, dass der Nachfolger in irgendeiner Weise am Vertragsschluss beteiligt war, BGHZ 68, 225, 235; *Ulmer*, BB 1977, 807.

808 BGHZ 22, 168; BGHZ 68, 225; MüKo/*Leipold*, § 1922 Rn 125, 126; MüKo/*Schäfer*, § 711 Rn 51, 64.

809 *Flume*, NJW 1988, 161.

810 Ein Formzwang nach § 2301 Abs. 1 BGB besteht nach h.M. nicht, MüKo/*Leipold*, § 1922 Rn 140; MüKo/*Musielak*, § 2301 Rn 31 f.; MüKo-HGB/*K. Schmidt/Fleischer*, § 139 Rn 29.

811 BGH DNotZ 1977, 387.

812 MüKo/*Schäfer*, § 711 Rn 71, 72; MüKo-HGB/*K. Schmidt/Fleischer*, § 139 Rn 29; Staub/*Schäfer*, HGB, § 139 Rn 146.

813 Hopt/*Roth*, HGB, § 131 Rn 52.

814 MüKo-HGB/*K. Schmidt/Fleischer*, § 139 Rn 31.

815 *Crezelius*, Unternehmenserbrecht, § 6 Rn 263.

266 Nach der Rechtsprechung des BGH[816] können die Rechtsfolgen der Eintrittsklausel auch dann zur Anwendung kommen, wenn eine einfache oder qualifizierte Nachfolgeklausel scheitert, weil z.B. Gesellschaftsvertrag und Erbfolge nicht aufeinander abgestimmt sind und demzufolge nicht harmonieren. Hier kann die ins Leere gehende Nachfolgeklausel unter Umständen auch als Eintrittsklausel ausgelegt werden, so dass der vom Erblasser ausersehene Unternehmensnachfolger im Ergebnis doch in die Gesellschaft nachrücken kann.

267 Für die Frage des Bestehens von Pflichtteils- bzw. Pflichtteilsergänzungsansprüchen kommt es entscheidend darauf an, ob und inwieweit der eintretende Gesellschafter eine Einlage in die Gesellschaft zu leisten hat bzw. welche Abfindung den Erben des verstorbenen Gesellschafters zusteht. Pflichtteilsansprüche der Erben selbst kommen nämlich nur in Betracht, wenn sie keine bzw. eine hinter dem Verkehrswert zurückbleibende Abfindung erhalten.[817] Sieht die Eintrittsklausel beispielsweise vor, dass der Gesellschaftsanteil des verstorbenen Gesellschafters unter Ausschluss eines Abfindungsanspruchs der Erben treuhänderisch auf die Mitgesellschafter übertragen wird, von denen der Eintrittsberechtigte sodann die Abtretung (mit oder ohne Einlageverpflichtung) verlangen kann,[818] stellen sich dieselben Probleme wie im Zusammenhang mit der Fortsetzungsklausel.[819] Wendet der Erblasser dem Eintrittsberechtigten einen eventuellen Abfindungsanspruch – z.B. im Wege einer Alleinerbeinsetzung, durch ein Vermächtnis bzw. Vorausvermächtnis oder auch durch eine Teilungsanordnung nach § 2048 BGB – zu, fällt der Abfindungsanspruch in den Nachlass und ist daher bei der Berechnung des ordentlichen Pflichtteils zu berücksichtigen.[820] Bei Eingreifen abfindungsbeschränkender Regelungen gelten die obigen Ausführungen.

268 Wird einem Nichterben im Wege eines Vertrags im Sinne des § 328 BGB ein Eintrittsrecht eingeräumt[821] und ihm darüber hinaus der Abfindungsanspruch im Voraus abgetreten,[822] wird ein Schutz des Pflichtteilsberechtigten nur über § 2325 BGB gewährleistet.[823] Denn der im Voraus abgetretene Abfindungsanspruch bildet den Gegenstand einer Schenkung auf den Todesfall, die einen Ergänzungsanspruch des bzw. der Pflichtteilsberechtigten (Erben) rechtfertigen kann. Ob und in welcher Höhe der Anspruch entsteht, hängt ebenso wie die Frage, ob er sich gegen den Erben oder gegen den Eintrittsberechtigten richtet, von der letztwilligen Verfügung des Erblassers sowie vom Umfang des (übrigen) Nachlasses ab.[824]

b) Nachfolge bei Kapitalgesellschaften

269 Bei Kapitalgesellschaften ist die in den Geschäftsanteilen (GmbH) bzw. den Aktien[825] (AG) verbriefte Mitgliedschaft frei vererblich (§ 15 Abs. 1 GmbHG).[826] Mit dem Erb-

816 BGH NJW 1978, 264.
817 *Kerscher/Riedel/Lenz*, Pflichtteilsrecht, § 16 Rn 29.
818 *Crezelius*, Unternehmenserbrecht, § 3 Rn 144.
819 *Riedel*, Bewertung, Rn 385.
820 MüKo/*Schäfer*, § 711 Rn 77; Staudinger/*Herzog* (2021), § 2311 Rn 271.
821 Ebenroth/Boujong/*Lorz*, HGB, § 131 Rn 46; Staudinger/*Herzog* (2021), § 2325 Rn 114.
822 Staudinger/*Herzog* (2021), § 2311 Rn 271; MüKo/*Schäfer*, § 711 Rn 77.
823 Staudinger/*Herzog* (2021), § 2325 Rn 30 ff.; *Riedel*, in: Mayer/Süß/Riedel/Bittler, HB Pflichtteilsrecht, § 15 Rn 47.
824 *Riedel*, Bewertung, Rn 387.
825 Da sich im AktG keine spezialgesetzliche Regelung findet, folgt die Vererblichkeit von Aktien aus der allgemeinen Vorschrift des § 1922 BGB; MüKo/*Leipold*, § 1922 Rn 112.
826 Grüneberg/*Weidlich*, § 1922 Rn 23, 24, § 2032 Rn 9 f.; MüKo/*Leipold*, § 1922 Rn 113. Das gilt auch für die GmbH in Liquidation, vgl. Noack/Servatius/Haas/*Servatius*, GmbHG, § 69 Rn 3; BeckOK GmbHG/*Wilhelmi*, § 15 Rn 47.

fall fällt automatisch auch die Mitgliedschaft gem. § 1922 Abs. 1 BGB dem Erben,[827] ggf. der Erbengemeinschaft zur gesamten Hand (§§ 2032 ff. BGB bzw. § 18 GmbHG, § 69 AktG), an.[828]

Dieser freien Vererblichkeit steht es aber nicht entgegen, in der Satzung der Gesellschaft eine den individuellen Verhältnissen angepasste Regelung über die Nachfolge in Anteile eines versterbenden Gesellschafters zu treffen.[829] Dabei sind die verschiedenartigsten Bestimmungen denkbar und zulässig. Gemeinsam ist ihnen, dass sie unmittelbar die gesellschaftsrechtliche Behandlung des vererbten Geschäftsanteils betreffen und daher auch nicht durch letztwillige Verfügung abgedungen werden können.[830]

Bei der **GmbH** sind insbesondere die **Zwangseinziehungsklausel**[831] und die **Zwangsabtretungsklausel**[832] recht weit verbreitet.[833] Auch die Kaduzierung[834] von Anteilen oder andere Beschränkungen der Rechte der Erben kann die Satzung vorsehen, so z.B. die Vinkulierung der Geschäftsanteile.[835] Denkbar und zulässig sind auch satzungsmäßige Regelungen, durch die die Mitgliedschaftsrechte des Erben inhaltlich beschränkt werden. Solange durch diese Beschränkungen der Kernbereich des Mitgliedschaftsrechts nicht ausgehöhlt wird und sie sich sachlich rechtfertigen lassen, bestehen insoweit keine Bedenken. Bestimmungen, denen zufolge der Erbe beispielsweise sein Stimmrecht oder das Bucheinsichtsrecht nach § 51a GmbHG nur durch einen Bevollmächtigten ausüben darf, wenn er Wettbewerber des Unternehmens der Gesellschaft ist, sind daher zulässig.[836] 270

Der Gesellschaftsvertrag kann aber vorsehen, dass beim Tode eines Gesellschafters sein **Geschäftsanteil eingezogen** werden darf oder muss.[837] Soweit dies in der Satzung einer GmbH vorgesehen ist, kann die Einziehung der Geschäftsanteile auch ohne Zustimmung des betroffenen Gesellschafters bzw. seiner Erben erfolgen (§ 34 Abs. 2 GmbHG). Voraussetzung für die Durchführung der Einziehung ist jedoch nach dem Grundsatz der Erhaltung des Stammkapitals (§ 34 Abs. 3 i.V.m. § 30 Abs. 1 GmbHG), dass der einzuziehende Geschäftsanteil voll eingezahlt ist.[838] Im Übrigen hat die Einziehung von Geschäftsanteilen zu unterbleiben, wenn bzw. soweit nicht sichergestellt 271

827 Noack/Servatius/Haas/*Servatius*, GmbHG, § 15 Rn 10; *Altmeppen*, GmbHG, § 15 Rn 28.

828 Vgl. BeckOGK/*Riedel*, § 1922 Rn 232; *Riedel*, in: Riedel, Praxishandbuch Unternehmensnachfolge, § 4 Rn 335 f.

829 BayObLG WM 1989, 138, 142; BeckOK GmbHG/*Wilhelmi*, § 15 Rn 57.

830 *Altmeppen*, GmbHG, § 15 Rn 29; *Ebbing*, in: Michalski/Heidinger/Leible/Schmidt, GmbHG, § 15 Rn 23 ff.

831 Rowedder/Pentz/*Görner*, GmbHG, § 15 Rn 135; *Ebbing*, in: Michalski/Heidinger/Leible/Schmidt, GmbHG, § 15 Rn 31; Scholz/*Seibt*, GmbHG, § 15 Rn 30; *Altmeppen*, GmbHG, § 15 Rn 29; BeckOGK/*Riedel*, § 1922 Rn 244.

832 BGH DB 1985, 268 ff.; Hachenburg/*Zutt*, GmbHG, § 15 Rn 106; Rowedder/Pentz/*Görner*, GmbHG, § 15 Rn 134; *Altmeppen*, GmbHG, § 15 Rn 29; BeckOGK/Riedel, § 1922 Rn 244; *Wachter*, DB 2009, 159, 165; *ders.*, GmbH-Geschäftsanteile im Erbfall, Rn 1189 ff.; *Ebbing*, in: Michalski/Heidinger/Leible/Schmidt, GmbHG, § 15 Rn 24 f.

833 BGH BB 1977, 563 = GmbHR 1977, 81 ff.; *Altmeppen*, GmbHG, § 15 Rn 29; *Ivens*, ZEV 2011, 177, 180; *Crezelius*, Unternehmenserbrecht, § 8 Rn 320; MüKo-GmbHG/*Reichert/Weller*, § 15 Rn 456.

834 Entsprechend § 21 GmbHG, vgl. *Ebbing*, in: Michalski/Heidinger/Leible/Schmidt, GmbHG, § 15 Rn 31 unter Hinweis auf BGH GmbHR 1984, 74 f.

835 Hinsichtlich eines evtl. Anspruchs auf Erteilung der Zustimmung vgl. auch OLG Hamm NGZ 2000, 1185, 1186; OLG Düsseldorf ZIP 1987, 227 m.w.N.

836 Rowedder/Pentz/*Görner*, GmbHG, § 15 Rn 137.

837 Rowedder/Pentz/*Görner*, GmbHG, § 15 Rn 133; *Ebbing*, in: Michalski/Heidinger/Leible/Schmidt, GmbHG, § 15 Rn 31; Noack/Servatius/Haas/*Servatius*, GmbHG, § 15 Rn 13; Scholz/*Seibt*, GmbHG, § 15 Rn 30; BGH BB 1977, 563; OLG München ZIP 1984, 1349.

838 BGH NZG 2020, 1067; Rowedder/Pentz/*Görner*, GmbHG, § 34 Rn 20.

ist, dass eine etwaige Abfindung an den oder die Erben aus das Stammkapital übersteigenden Mitteln der Gesellschaft geleistet werden kann.[839] Diese Voraussetzungen hat die Gesellschaft stets vor der Einziehung zu prüfen. Somit scheidet eine „automatische" Amortisation, deren einzige Bedingung im Tod des Gesellschafters besteht, aus.[840]

272 Gesellschaftsvertragliche Zwangsabtretungsklauseln können vorsehen, dass der ererbte bzw. vermächtnisweise erworbene Geschäftsanteil an einen anderen Gesellschafter,[841] an einen vom Erblasser bestimmten Dritten[842] oder eine von der Gesellschaft zu bestimmende Person oder auch die Gesellschaft selbst[843] abgetreten werden muss. Aus solchen Vereinbarungen ist im Regelfall die Gesellschaft selbst anspruchsberechtigt.[844] Der Gesellschaftsvertrag kann jedoch auch den Mitgesellschaftern oder sogar den ins Auge gefassten Erwerbern[845] das Recht einräumen, die Abtretung zu verlangen (sog. Eintrittsklausel).[846] In diesem Fall richtet sich das Forderungsrecht des Begünstigten – soweit nicht dem Vertrag ein abweichender Wille zu entnehmen ist – unmittelbar gegen den Gesellschaftererben,[847] nicht etwa gegen die Gesellschaft.[848]

273 Prinzipiell kann auch bei **Aktiengesellschaften** eine statutarische Möglichkeit zur Einziehung von Aktien vorgesehen werden. In Betracht kommt insoweit zum einen die sog. **angeordnete Zwangseinziehung** (Automatismus bei Vorliegen der entsprechenden Voraussetzungen)[849] und zum anderen die sog. **gestattete Einziehung** (Satzungsermächtigung, von der der Vorstand Gebrauch machen kann, aber nicht muss).[850] Ob bei Eintritt eines dieser Fälle aber tatsächlich eine Einziehung erfolgen kann, lässt sich leider nicht pauschal beantworten.[851] Denn im Hinblick auf §§ 53a, 54, 55 AktG erscheint es aktienrechtlich problematisch, Aktionären Pflichten aufzuerlegen, die (eindeutig) über die Kapitaleinzahlungsverpflichtung hinausgehen und nicht in der Erbringung wiederkehrender Leistungen bestehen. Aus § 54 Abs. 1 AktG ergibt sich, dass den Aktionär neben der Einlagepflicht keine weiteren Pflichten treffen, soweit diese nicht in der Satzung festgelegt sind.[852] Vor diesem Hintergrund ist ein Ausschluss eines Gesellschafters aus in seiner Person liegenden bzw. verhaltensbezogenen Gründen stets problematisch und birgt die Gefahr eines Verstoßes gegen § 54 Abs. 1 AktG.[853] Das gilt auch für die Ausübung eines satzungsmäßig vorgesehenen Einziehungsrechts beim Übergang von Aktien an satzungsmäßig unerwünschte Perso-

---

839 Rowedder/Pentz/*Görner*, GmbHG, § 34 Rn 24 unter Hinweis auf BGHZ 144, 365, 369 f. = NJW 2000, 2819, 2820; BGH DStR 2006, 1900, 1901; BGH NZG 2011, 783, 784 = NJW 2011, 2294.

840 MüKo-GmbHG/*Weller/Reichert*, § 15 Rn 444; *Ebbing*, in: Michalski/Heidinger/Leible/Schmidt, GmbHG, § 15 Rn 27; Scholz/*Seibt*, GmbHG, § 15 Rn 7; Noack/Servatius/Haas/*Kersting*, GmbHG, § 34 Rn 17.

841 Vgl. BGHZ 92, 386, 390 = NJW 1985, 2592.

842 Vgl. OLG Celle GmbHR 1959, 113; OLG Koblenz GmbHR 1995, 586; BGH NJW 1985, 2592, 2593.

843 Vgl. RG DR 1943, 812.

844 Rowedder/Pentz/*Görner*, GmbHG, § 15 Rn 134; Scholz/*Seibt*, GmbHG, § 15 Rn 32; BeckOK GmbHG/*Wilhelmi*, § 15 Rn 61.

845 BGHZ 92, 386, 391 = NJW 1985, 2592; Rowedder/Pentz/*Görner*, GmbHG, § 15 Rn 134; Scholz/*Seibt*, GmbHG, § 15 Rn 32.

846 BeckOK GmbHG/*Wilhelmi*, § 15 Rn 61.

847 BeckOK GmbHG/*Wilhelmi*, § 15 Rn 61.

848 BGH ZIP 1985, 348, 349.

849 *Koch*, AktG, § 237 Rn 10; MHdB GesR IV/*Scholz*, § 63 Rn 9; *Terbrack*, RNotZ 2003, 90, 110.

850 *Koch*, AktG, § 237 Rn 6, 14.

851 Bejahend: *Bratke*, Abfindungsklauseln, S. 3 f.; *Hölscher*, ErbR 2016, 478.

852 Vgl. MüKo-AktG/*Oechsler*, § 237 Rn 53.

853 MüKo-AktG/*Oechsler*, § 237 Rn 53, 54; a.A. MHdB GesR IV/*Scholz*, § 63 Rn 10.

nen.[854] So begründete Einziehungen können daher überhaupt nur in Betracht kommen, wenn die AG als solche mitunternehmerisch, also personal strukturiert[855] und daher die Persönlichkeit/Individualität/Familienzugehörigkeit aller Aktionäre für die Erreichung des Gesellschaftszwecks konstitutiv ist.[856]

Wird ein Kapitalgesellschaftsanteil nach dem Erbfall aufgrund einer Zwangseinziehungsklausel eingezogen oder unterliegt er einer zwangsweisen Abtretung und wird dem Erben dabei kein vollwertiges Entgelt gewährt, bildet dies einen Anwendungsfall von § 2313 BGB, so dass der Wertansatz entsprechend der Höhe des dem Erben tatsächlich zustehenden Entgelts anzupassen ist (vgl. § 2313 Rdn 4). 274

c) Entstehung von (neuen) Gesellschaftsanteilen durch den Erbfall

Fällt ein Einzelunternehmen im Erbfall einer Erbengemeinschaft an, kann es nach höchstrichterlicher Rechtsprechung[857] ohne zeitliche Begrenzung in ungeteilter Erbengemeinschaft fortgeführt werden. Eine Änderung der Rechtsform, insbesondere die (automatische) Entstehung einer GbR oder OHG ist hiermit nicht verbunden.[858] Auch das nachträgliche Ausscheiden einzelner Miterben bzw. eine personenbezogene Teilerbauseinandersetzung[859] ändern hieran nichts, solange noch wenigstens zwei Miterben verbleiben.[860] 275

Bei der Vererbung eines einzelkaufmännischen Unternehmens kommt es demzufolge also gar nicht zur Entstehung von Gesellschaftsanteilen, sondern lediglich von Miterbenanteilen. Für die Bewertung evtl. zu beachtende Besonderheiten ergeben sich in dieser Konstellation nicht.[861] 276

Neue Gesellschaftsanteile können aber durch die Nachfolge in Personengesellschaftsanteile des Erblassers entstehen. Insoweit handelt es sich um eine gesellschaftsrechtliche Besonderheit, die losgelöst von der nach erbrechtlichen Gesichtspunkten zu beurteilenden wertmäßigen Zuordnung des Nachlassvermögens zu sehen ist. 277

Sofern eine solche, auf gesellschaftsrechtlichen Besonderheiten beruhende Zersplitterung der Beteiligung des Erblassers sich auf den Verkehrswert der Anteile auswirken sollte, kann dies aber für die Wertbemessung im Pflichtteilsrecht keine Relevanz haben. Denn zum einen war die Zersplitterung „im Zeitpunkt des Erbfalls" noch nicht eingetreten und stellt somit eine nach dem Stichtag eingetretene Entwicklung dar. Zum anderen beruht sie auf Entscheidungen und Dispositionen des Erblassers, der ja ohne weiteres Anordnungen hätte treffen können, die eine Zersplitterung seines Anteils verhindern.[862] 278

Schließlich spricht auch die Vorstellung vom idealen Erben gegen eine Berücksichtigung: Denn, wenn überhaupt, kann eine Wertminderung ja nur darauf beruhen, dass die einzelnen Miterben von den ihnen zugefallenen Gesellschaftsrechten nicht gemeinsam („wie ein Mann") Gebrauch machen. Uneinigkeit innerhalb einer Erbengemeinschaft ist aber nie ein den Pflichtteilsanspruch irgendwie beeinflussender Faktor. Auch im umgekehrten Fall, wenn also der Wert der den Miterben zugefallenen Teil-Anteile insgesamt höher sein sollte als der Wert des ungeteilten (Erblasser-)Anteils, gelten 279

---

854 Vgl. MüKo-AktG/*Oechsler*, § 237 Rn 53.
855 OLG München NZG 2015, 1027; vgl. auch *Becker*, ZGR 1986, 383, 402.
856 Vgl. MüKo-AktG/*Oechsler*, § 237 Rn 55.
857 BGHZ 92, 259, 262 = NJW 1985, 136, 137 = JZ 1985, 243; Hopt/*Merkt*, HGB, § 22 Rn 2.
858 BGHZ 92, 259.
859 Hopt/*Merkt*, HGB, § 22 Rn 2.
860 BGHZ 92, 259.
861 *Riedel*, Bewertung, Rn 394.
862 *Riedel*, Bewertung, Rn 396.

dieselben Grundsätze.[863] Denn die auf Gesellschaftsrecht beruhende automatische Aufteilung des Gesellschaftsanteils stellt im Grunde genommen eine gesetzlich vorgeschriebene Teilerbauseinandersetzung dar.[864] Maßnahmen der Auseinandersetzung und ihre Folgen sind aber der Pflichtteilsberechnung nachgelagert und haben auf sie keinen Einfluss. Bewertungsobjekt ist daher grundsätzlich der (ursprüngliche) Gesellschaftsanteil des Erblassers.

d) Anteilsbewertung

aa) Grundsätzliches

280 Bewertungsobjekt im Sinne des Pflichtteilsrechts ist – sofern nicht ein ganzes (einzelkaufmännisches) Unternehmen übergeht – die in den Nachlass gefallene oder wenigstens nach dem Tod des Erblassers fortgeführte gesellschaftsrechtliche Beteiligung.[865] Deren gemeiner Wert kann sich in einem zeitnah zum Erbfall erfolgenden Verkauf manifestieren. Ist die Veräußerung die objektiv günstigste Verwertungsmöglichkeit und kommt der Kaufpreis unter den Bedingungen eines funktionierenden Marktes zustande, wird er regelmäßig dem gemeinen Wert entsprechen. In diesem Fall ist die Bewertung unproblematisch. Der Verkauf ist immer dann die wirtschaftlich günstigste Alternative, wenn der Verkaufserlös den objektiven Wert der Beteiligung übersteigt oder wenigstens erreicht. Nachfolgend geht es daher um die Frage nach der wirtschaftlich sinnvollsten Verwendungsmöglichkeit, da von ihr abhängt, wie viel der Anteil objektiv wert ist.

281 Im Hinblick auf die Vielfalt der gesellschaftsrechtlich zulässigen Möglichkeiten, bestimmte Anteile mit besonderen Rechten auszustatten oder andererseits mit über das gesetzlich vorgesehene Maß hinausgehenden Verpflichtungen oder Beschränkungen zu belasten, ist aber oftmals eine differenzierte Betrachtung erforderlich. Dabei ist insbesondere festzustellen, wie unterschiedliche Eigenschaften der Beteiligungen den jeweiligen Anteilswert beeinflussen.[866]

282 Vor diesem Hintergrund bildet die Anteilsbewertung eine eigenständige, über die reine Unternehmensbewertung hinausgehende Problematik.[867] Dem begegnet die Betriebswirtschaftslehre mit zwei unterschiedlichen Methoden der Beteiligungsbewertung, nämlich der indirekten Methode, bei der der Anteilswert vom Wert des Gesamtunternehmens abgeleitet wird, und der direkten Methode, die eine unmittelbare Bewertung des Anteils zum Ziel hat.

bb) Methoden der Anteilsbewertung

283 Bei der indirekten Methode entspricht die Summe aller Anteilswerte dem Wert des ganzen Unternehmens.[868] Der Wert des einzelnen Anteils wird daher prinzipiell durch Multiplikation des Unternehmensgesamtwerts mit der jeweiligen Anteilsquote bestimmt.[869] Zur Bestimmung der Anteilsquote ist nach zutreffender Auffassung der

---

863 *Riedel*, Bewertung, Rn 397.

864 Vgl. BFH BStBl II 1992, 669.

865 *Riedel*, in: Mayer/Süß/Riedel/Bittler, HB Pflichtteilsrecht, § 15 Rn 62.

866 *Piltz*, Unternehmensbewertung, S. 207; vgl. auch *König*, in: Peemöller, Praxishandbuch der Unternehmensbewertung, S. 1698.

867 So bereits *Elmendorff*, Bewertung von Unternehmensanteilen im Streubesitz, WPg 1966, 548.

868 *Wiechers*, in: Peemöller, Praxishandbuch der Unternehmensbewertung (6. Aufl. 2015), S. 911, 914; *Wollny*, Der objektivierte Unternehmenswert, S. 842.

869 *Großfeld/Egger/Tönnes*, Unternehmensbewertung, Rn 143; *König*, in: Peemöller, Praxishandbuch der Unternehmensbewertung, S. 1698; *Helbling*, Unternehmensbewertung, S. 473.

jeweilige Anteil am Ertrag maßgeblich,[870] nicht etwa die Beteiligung am Gesellschaftskapital. Denn das aus dem Anteil „Herausholbare“ wird in erster Linie durch den Gewinnanteil ausgedrückt.[871]

Aus dem so errechneten sog. quotalen Anteilswert lässt sich anschließend durch die Vornahme bestimmter Zu- und Abschläge für besondere Eigenschaften und/oder eine besondere gesellschaftsrechtliche Ausstattung des Anteils der Verkehrswert der Beteiligung ermitteln.[872] Die Bestimmung der im konkreten Fall angemessenen Zu- und Abschläge bereitet aber in der Praxis erhebliche Probleme. 284

Bei der direkten Methode wird die Beteiligung einstufig und unmittelbar bewertet. Nach dieser Methode wird der Anteilswert – vereinfacht gesprochen – durch den Barwert der zu erwartenden Zahlungsströme vom Unternehmen an seine Anteilseigner bestimmt.[873] Das Unternehmen als Ganzes und der Anteil am Unternehmen werden als voneinander unabhängige Bewertungsobjekte angesehen. Dieser gedankliche Ansatz ist dann plausibel, wenn – z.B. bei größeren Gesellschafterkreisen – der Wert des Gesamtunternehmens für den einzelnen Gesellschafter nur von untergeordneter Bedeutung ist und es aus seiner Sicht vor allem auf die zu erwartenden Ausschüttungen und ggf. die mögliche Realisierung von Veräußerungsgewinnen im Fall des Anteilsverkaufs ankommt.[874] 285

Diese Betrachtungsweise kann auch dazu führen, dass die rechnerische Summe der so ermittelten Anteilswerte nicht mit dem Wert des Gesamtunternehmens übereinstimmt.[875]

Die betriebswirtschaftliche Praxis bevorzugt die direkte Methode vor allem zur Kaufpreisfindung bei Beteiligungsakquisitionen, da es hier vor allem auf die dem Anteilseigner voraussichtlich zufließenden Zahlungsströme bzw. deren Vergleich mit einer Alternativinvestition ankommt.[876] 286

cc) Methodenauswahl aus Sicht von Rechtsprechung und Literatur

Rechtsprechung[877] und (juristisches) Schrifttum[878] bevorzugen zur Anteilsbewertung die **indirekte Methode**, bei der der Anteilswert aus dem (Ertrags-)Wert der Gesellschaft (insgesamt) abgeleitet wird. Der BGH führt hierzu aus, dass der Umfang der Beteiligung am Unternehmen und der Unternehmenswert im Regelfall die wesentli- 287

---

870 *König*, in: Peemöller, Praxishandbuch der Unternehmensbewertung, S. 1704; *Wiechers*, in: Peemöller, Praxishandbuch der Unternehmensbewertung (6. Aufl. 2015), S. 911, 914; *Wollny*, Der objektivierte Unternehmenswert, S. 842, 843; *Prettl/Lohr/Bringmann*, in: Schlitt/Müller-Engels, Handbuch Pflichtteilsrecht, § 4 Rn 147.

871 *Riedel*, Bewertung, Rn 406.

872 *Piltz/Wissmann*, NJW 1985, 2673, 2680; *Fleischer*, in: Fleischer/Hüttemann, Unternehmensbewertung, Rn 25.15 ff.: „Fungibilitätsabschlag“; 25.20 ff., 25.40: „Abschlag für Schlüsselpersonen“, 25.37: „unterschiedlich ausgestaltete Anteile“; *Helbling*, Unternehmensbewertung, S. 473.

873 *Großfeld/Egger/Tönnes*, Unternehmensbewertung, Rn 146; *Wagner/Nonnenmacher*, ZGR 1981, 674, 677.

874 *Wiechers*, in: Peemöller, Praxishandbuch der Unternehmensbewertung (6. Aufl. 2015), S. 911, 913.

875 *Wiechers*, in: Peemöller, Praxishandbuch der Unternehmensbewertung (6. Aufl. 2015), S. 911, 914; *Fleischer*, in: Fleischer/Hüttemann, Unternehmensbewertung, Rn 25.1 m.w.N.

876 Vgl. hierzu *Helbling*, Unternehmensbewertung, S. 472.

877 BGH AG 1967, 264 = DB 1967, 854; BGH NJW 1980, 229; BGH GmbHR 1992, 257, 261.

878 OLG Köln NZG 1999, 1224; *Großfeld/Egger/Tönnes*, Unternehmensbewertung, Rn 150; *Großfeld*, ZGR 1982, 141, 142; MüKo-GmbHG/*Weller/Reichert*, § 14 Rn 20; Rowedder/Pentz/*Pentz*, GmbHG, § 14 Rn 46 ff.; *Koch*, AktG, § 305 Rn 24 ff.; *Koppensteiner*, in: Kölner Kommentar zum AktG, § 305 Rn 58; *Meilicke*, Barabfindung, S. 55 ff.; *Piltz*, Unternehmensbewertung, S. 55, 207; *ders.*, BB 1994, 1021; *Piltz/Wissmann*, NJW 1985, 2673, 2680; *Ränsch*, AG 1984, 202, 203; *Winkler*, ZEV 2005, 89, 90.

chen Grundlagen für die Bemessung des Werts der Beteiligung bildeten.[879] Denn der vermögenswerte Gehalt der Beteiligung liege in der Mitberechtigung am Unternehmen und der anteiligen Nutzungsmöglichkeit des Unternehmenswerts.[880] Das bestätigt auch das BVerfG,[881] das in der DAT/Altana-Entscheidung den Wert des „arbeitenden Unternehmens unter Einschluss der stillen Reserven und des inneren Geschäftswerts" als Bemessungsgrundlage der zu zahlenden Abfindung definiert hat. Die direkte Methode wird hingegen als zu summarisch abgelehnt.[882]

288 Nach einhelliger Meinung[883] sind Anteile an börsennotierten Kapitalgesellschaften im Rahmen der Nachlassbewertung – sowohl für Zwecke des Pflichtteilsrechts als auch im Hinblick auf andere erbrechtliche Ausgleichsansprüche – mit ihrem Kurswert am Todestag des Erblassers anzusetzen. Maßgeblich ist dabei der mittlere Tageskurs der Aktien an dem Börsenplatz, der dem letzten Wohnsitz des Erblassers am nächsten liegt.[884] Das Risiko, dass es durch diese Bewertung zu extrem hohen bzw. niedrigen Werten, die mit dem eigentlich realistischen Wert der Aktien gar nichts zu tun haben, kommen kann, ist nach herrschender Meinung systemimmanent und zwingt zu keiner abweichenden Sichtweise.[885] Soweit es sich bei den im Nachlass befindlichen Aktien um Anteile im Streubesitz handelt, ist der Sichtweise der herrschenden Meinung zuzustimmen. Denn im **Börsenkurs** spiegeln sich die Dividendenerwartungen und die Chance, Kursgewinne zu erzielen, wider.[886] Daher kann der Börsenkurs grundsätzlich als Verkehrswert des Anteils (der Aktie) angesehen werden.

289 Eine andere Sichtweise ist jedoch angezeigt, wenn sich im Nachlass eine so große Beteiligung befindet, dass dem Anteilseigner eine unternehmerische Betätigung möglich ist. Bei der Veräußerung derart maßgeblicher Aktienpakete wird in der Praxis oftmals ein über dem Börsenkurs liegender Preis gezahlt; der Börsenkurs wird um sog. Paketzuschläge aufgestockt. Im Recht des Zugewinnausgleichs ist daher anerkannt, dass bei Aktienpaketen, „die unternehmerischen Einfluss sichern", der Börsenkurs um einen Paketzuschlag aufzustocken ist.[887] Soweit die Größe der Beteiligung und der mit der Bewertung verbundene Aufwand in einem angemessenen Verhältnis zueinander stehen, soll sogar eine Ableitung aus dem Unternehmensgesamtwert zu bevorzugen sein.[888] Umso mehr gilt dies, wenn nicht unmaßgebliche Teile der Aktien außerhalb der Börse gehandelt werden und der Börsenkurs daher wenig repräsentativ ist, insbesondere also bei Familiengesellschaften.[889]
Diese Grundsätze sind auch auf das Pflichtteilsrecht zu übertragen.

---

879 BGH NJW 1980, 229; zur Anteilsbewertung im Zugewinnausgleich vgl. auch BGH GmbHR 1992, 257, 265.

880 Vgl. auch BeckOGK/*Blum/Heuser*, § 2311 Rn 202.1.

881 BVerfG AG 1999, 566; vgl. auch BVerfG AG 2011, 873 = NZG 2011, 1379.

882 *Helbling*, Unternehmensbewertung, S. 472, 474.

883 Soergel/*Beck*, § 2311 Rn 23; *Ebenroth*, Erbrecht, Rn 950; *Meincke*, S. 193, 200; *Piltz*, Unternehmensbewertung, S. 201; *Veith*, NJW 1963, 1521, 1523; Vgl. hierzu auch Mot. V, 407, 216; a.A. noch: *Nirk*, NJW 1962, 2185; *Winkler*, ZEV 2005, 89, 90.

884 Vgl. hierzu Mot. V, 407, 216; *Riedel*, Bewertung, Rn 415.

885 Staudinger/*Herzog* (2021), § 2311 Rn 13; Soergel/*Beck*, § 2311 Rn 23; BeckOGK/*Blum/Heuser*, § 2311 Rn 87; MüKo/*Lange*, § 2311 Rn 53; a.A. *Nirk*, NJW 1962, 2185, 2188; ebenso *Lange/Kuchinke*, Erbrecht, § 39 VI 2 b für den Fall, dass der Erbe die Aktien behalten muss; zu Ausnahmen vgl. *Riedel*, Bewertung, Rn 415.

886 *Großfeld/Egger/Tönnes*, Unternehmensbewertung, Rn 149; *Elmendorff*, WPg 1966, 548.

887 Staudinger/*Herzog* (2021), § 2311 Rn 298; Grüneberg/*Weidlich*, § 2311 Rn 7.

888 *Piltz*, Unternehmensbewertung, S. 201; *Rittner*, FamRZ 1961, 505, 515.

889 *Nirk*, NJW 1962, 2185, 2188; Staudinger/*Herzog* (2021), § 2311 Rn 298; *Elmendorff*, WPg 1966, 548.

dd) Gesellschaftsrechtlich begründete Korrekturerfordernisse – Einzelfälle

Unterschiede zwischen dem quotalen Anteil des Gesellschafters am Gesellschaftsvermögen und dem ihm zustehenden Gewinnanteil können ohne weiteres gesellschaftsvertraglich vereinbart werden. Dies gilt umso mehr, als der Gesetzgeber selbst in § 709 Abs. 3 BGB (vor dem MoPeG in § 722 BGB a.F.) vorgesehen hat, dass in der **GbR** die Gewinne im Zweifel (also bei fehlender Regelung durch die Gesellschafter) nicht entsprechend den geleisteten Einlagen, sondern nach Köpfen unter den Gesellschaftern verteilt werden. 290

Grundsätzlich gilt aber das Primat der Gestaltungsfreiheit der Gesellschafter. Demzufolge richtet sich die Gewinnverteilung vorrangig nach den vereinbarten Beteiligungsverhältnissen (§ 709 Abs. 3 S. 1 BGB).[890] Das bis Ende 2023 vorrangige „Kopf-Prinzip" bildet nach der jetzigen Konzeption des Gesetzes die Ausnahme.[891]

Für die OHG nimmt § 120 Abs. 1 S. 2 HGB (i.d.F. des MoPeG) ebenfalls auf § 709 BGB Bezug. Der nach § 121 Abs. 1 S. 1 HGB a.F. jedem Gesellschafter zustehende Gewinnvoraus in Höhe von jährlich 4 % seines Kapitalanteils wurde mit Wirkung zum 1.1.2024 gestrichen.[892] Auch hier gilt also vorrangig die individuelle Vereinbarung der Gesellschafter.[893] Der Gewinnanspruch entsteht mit der Feststellung des Jahresabschlusses.[894] 291

Dieselben Grundsätze gelten über die Verweisung in § 161 Abs. 2 HGB[895] auch für die Kommanditgesellschaft.[896] Die bis Ende 2023 bestehende Sonderregelung (§ 168 HGB a.F.) wurde durch die Änderungen in §§ 120 ff. HGB obsolet.[897] 292

Auch in GmbH-Satzungen können disquotale Gewinnbezugsrechte vereinbart werden. § 29 Abs. 3 S. 2 GmbHG erlaubt ausdrücklich Abweichungen von dem in § 29 Abs. 3 S. 1 GmbHG fixierten Grundsatz, dass die Gewinnverteilung entsprechend dem Verhältnis der Geschäftsanteile zu erfolgen hat.[898] Schließlich kann im Aktienrecht über §§ 60 Abs. 3 AktG ein vom Aktiennennbetrag abweichender Gewinnverteilungsschlüssel satzungsmäßig geregelt werden.[899] 293

Nach zutreffender Ansicht der Rechtsprechung ist für den Wert des Anteils der zwischen Unternehmen und Anteilseigner fließende Entnahmestrom entscheidend.[900] Daher muss nach h.M.[901] zur Anteilsbewertung mit Hilfe der indirekten Methode die 294

---

890 MüKo/*Schäfer*, § 709 Rn 28.

891 MüKo/*Schäfer*, § 709 Rn 26.

892 Hopt/*Roth*, HGB, § 122 Rn 1; vgl. zur Rechtslage vor dem MoPeG *Riedel*, Bewertung, Rn 433; MüKo-HGB/*Priester* (5. Aufl.), § 121 Rn 16.

893 Hopt/*Roth*, HGB, § 121 Rn 11; Ebenroth/Boujong/*Lorz*, HGB, § 131 Rn 41. Vor dem MoPeG galt auch hier das Kopf-Prinzip, von dem sich das Gesetz nun verabschiedet hat, vgl. Ebenroth/Boujong/*Lorz*, HGB, § 131 Rn 40.

894 Hopt/*Roth*, HGB, § 121 Rn 2.

895 Ebenroth/Boujong/*Oepen*, HGB, § 161 Rn 22; Hopt/*Roth*, HGB, § 161 Rn 14.

896 Ebenroth/Boujong/*Oepen*, HGB, § 161 Rn 14.

897 Hopt/*Roth*, HGB, § 161 Rn 1.

898 *Mock*, in: Michalski/Heidinger/Leible/Schmidt, GmbHG, § 29 Rn 209 ff.; Noack/Servatius/Haas/*Kersting*, GmbHG, § 29 Rn 52; *Riedel*, Bewertung, Rn 435; Rowedder/Pentz/*Pentz*, GmbHG, § 29 Rn 107.

899 *Koch*, AktG, § 60 Rn 6; MüKo-AktG/*Bayer*, § 60 Rn 14 m.w.N.

900 BGH WM 1979, 432.

901 Vgl. *Fleischer*, in: Fleischer/Hüttemann, Unternehmensbewertung, Rn 25.50 m.w.N.; *Riedel*, Bewertung, Rn 437.

Quote, mit der der jeweilige Anteil am Wert des Gesamtunternehmens teilhat, von vornherein anhand der Gewinnanteilsquote bestimmt werden.[902]

295 Auch der Umfang des Beteiligungsanteils ist immer dann als wertbildender Faktor anzusehen, wenn von ihm die Möglichkeit abhängt, auf die Geschäftsführung der Gesellschaft und somit auf den wirtschaftlichen Erfolg des Unternehmens und die Gewinnverteilungspolitik aktiv Einfluss zu nehmen.[903] Dies gilt grundsätzlich für sämtliche Gesellschaftsformen.[904]

296 Soweit also Paketzuschläge oder Minderheitenabschläge im Einzelfall aus betriebswirtschaftlicher Sicht gerechtfertigt sind, sind sie auch in die Bewertung der Beteiligung für pflichtteilsrechtliche Zwecke mit einzubeziehen.[905]

297 Auch aus einer unterschiedlichen gesellschaftsrechtlichen Ausstattung der einzelnen Anteile kann sich eine besondere Machtstellung einzelner Gesellschafter ergeben. So eröffnet bei Aktiengesellschaften § 12 AktG ausdrücklich die Möglichkeit, stimmrechtslose Vorzugsaktien auszugeben, also die Anteile mit unterschiedlichen Herrschaftsrechten auszustatten.[906] Dieselbe Möglichkeit besteht im Ergebnis auch bei der GmbH[907] sowie bei Personengesellschaften.[908]

298 Die Rechtsprechung zum Aktienrecht geht grundsätzlich davon aus, dass die unterschiedlichen Einflussmöglichkeiten, die Stammaktien einerseits und Vorzugsaktien andererseits gewähren, auf die Bewertung durchschlagen.[909] Im Hinblick auf die Zielsetzung der Bewertung im Pflichtteilsrecht, nämlich den wirklichen Wert der Anteile zu ermitteln, müssen dieselben Grundsätze auch hier Anwendung finden.[910] Dasselbe gilt auch für GmbH-Anteile.

299 Soweit die zu bewertenden Anteile Veräußerungsbeschränkungen unterliegen, muss die Frage eines Wertabschlags vor dem Hintergrund der weiteren Verwendung des Anteils gesehen werden. Ist aus der Sicht des (idealen) Erben eine rasche Veräußerung des Anteils angezeigt, sind die wirtschaftlichen Auswirkungen einer bestehenden Veräußerungsbeschränkung in vollem Umfang bei der Bewertung zu berücksichtigen.[911] Im Extremfall kann dies dazu führen, dass der Anteil lediglich mit seinem Klauselwert anzusetzen ist.[912]

---

902 So auch BGH, Urt. v. 12.12.1979 – II ZR 106/78, WM 1979, 432; wegen weiterer Einzelheiten vgl. *Riedel*, in: Mayer/Süß/Riedel/Bittler, HB Pflichtteilsrecht, § 15 Rn 88 ff.

903 *Kohl*, in: Fleischer/Hüttemann, Unternehmensbewertung, Rn 30.43; 30.128 ff.; *Helbling*, Unternehmensbewertung, S. 474 ff.; *Elmendorff*, WPg 1966, 548; Rowedder/Pentz/*Pentz*, GmbHG, § 14 Rn 29 f., 46; vgl. auch *Altmeppen*, GmbHG, § 14 Rn 21; Noack/Servatius/Haas/*Fastrich*, GmbHG, § 14 Rn 18; Scholz/*Seibt*, GmbHG, § 14 Rn 12b.

904 Vgl. *Riedel*, Bewertung, Rn 441 ff. mit ausführlichen Erläuterungen.

905 BeckOGK/*Blum/Heuser*, § 2311 Rn 221; vgl. ausführlich *Riedel*, Bewertung, Rn 445; *Riedel*, in: Mayer/Süß/Riedel/Bittler, HB Pflichtteilsrecht, § 15 Rn 94, 95.

906 OLG Düsseldorf AG 1973, 282, 284; LG Frankfurt AG 1987, 315, 317; *Koppensteiner*, in: Kölner Kommentar zum AktG, § 305 Rn 97; vgl. auch MüKo-AktG/*van Rossum*, § 305 Rn 178; *Koch*, AktG, § 305 Rn 35.

907 Rowedder/Pentz/*Pentz*, GmbHG, § 14 Rn 29 f.; Scholz/*Seibt*, GmbHG, § 14 Rn 21.

908 *Riedel*, in: Mayer/Süß/Riedel/Bittler, HB Pflichtteilsrecht, § 15 Rn 97 f., 102.

909 OLG Düsseldorf AG 1973, 282; LG Frankfurt AG 1987, 315.

910 *Riedel*, in: Mayer/Süß/Riedel/Bittler, HB Pflichtteilsrecht, § 15 Rn 99 f.

911 *Riedel*, Bewertung, Rn 470.

912 *Meincke*, S. 200; weitere Einzelheiten siehe *Riedel*, in: Mayer/Süß/Riedel/Bittler, HB Pflichtteilsrecht, § 15 Rn 107 ff.

Auch die Möglichkeit, den Erben (in seiner Stellung als neuer Gesellschafter) aus der Gesellschaft auszuschließen[913] bzw. seinen Anteil einzuziehen, wirkt sich nur dann auf den Anteilswert aus, wenn für diesen Fall eine unter dem Verkehrswert liegende Abfindung bzw. ein entsprechend niedriges Einziehungsentgelt vorgesehen ist.[914] Soweit der entsprechende Gesellschaftsvertrag in zulässiger und wirksamer Weise die für den Fall des Ausscheidens aus der Gesellschaft zu zahlende Abfindung beschränkt,[915] darf dies – u.U. – bei der Bewertung nicht unberücksichtigt bleiben. Denn sonst ergäbe sich für den Erben das Risiko, dass einerseits im Rahmen der Pflichtteilsberechnung der volle Wert der Beteiligung in Ansatz gebracht würde, andererseits aber im Falle eines späteren Ausscheidens aus der Gesellschaft lediglich der (deutlich geringere) Abfindungsbetrag realisiert werden könnte.[916] Eine eindeutige Rechtsprechung zu dieser Problematik ist bislang nicht zu erkennen, in der Literatur ist das Problem heftig umstritten.[917] 300

Der BGH geht in seiner Entscheidung vom 10.10.1979[918] davon aus, dass eine Abweichung vom Vollwert im Wege tatrichterlicher Würdigung nach der Verkehrsanschauung festzustellen sei. 301

Dieser Bewertungsansatz erscheint auf den ersten Blick durchaus sinnvoll, jedenfalls macht er Spekulationen über die Wahrscheinlichkeit bestimmter Entwicklungen entbehrlich. 302

Auf den zweiten Blick stellt sich aber die Frage, wie die Wertminderung anhand der Verkehrsanschauung ermittelt werden soll. *Piltz/Wissmann*[919] führen diesbezüglich aus: „eine Verkehrsanschauung zu dieser Frage gibt es nicht, weil es für unveräußerliche Beteiligungen keinen Geschäftsverkehr gibt, in dessen Rahmen sie sich bilden könnte." Tatsächlich ist der Gesellschaftsanteil im Zeitpunkt des Eingreifens der Abfindungsklausel unveräußerlich. Hätte der ausscheidende Gesellschafter eine Möglichkeit, seinen Anteil (frei) zu veräußern, würde sich die Frage der Abfindung zum Klauselwert gar nicht stellen. Eine Ableitung des Betrages der Wertminderung aus den Vorgängen am Markt kommt dann also nicht (mehr) in Betracht.[920] 303

Vor diesem Hintergrund muss sich die Überlegung auf die Frage konzentrieren, wie sich Abfindungsbeschränkungen, Einziehungsmöglichkeiten und Hinauskündigungsklauseln bei einem möglichen Verkauf des Gesellschaftsanteils auf den zu erzielenden Preis auswirken. Diese Frage kann anhand der Verkehrsanschauung beantwortet werden, da die Veräußerung von mit derartigen Risiken belasteten Anteilen praktisch an der Tagesordnung ist. 304

Ein Ansatz der zum Nachlass gehörenden Gesellschaftsbeteiligung unterhalb des angemessenen Abfindungsbetrags kommt im Übrigen auch im Rahmen der Pflichtteilsberechnung keinesfalls in Betracht.[921]

913 *Kindler*, in: Koller/Kindler/Drüen, HGB, § 140 Rn 6; Hopt/*Roth*, HGB, § 134 Rn 27; Ebenroth/Boujong/*Kindler/Lorz*, HGB, § 134 Rn 45; MüKo-HGB/*K. Schmidt/Fleischer*, § 140 Rn 90 ff. m.w.N.

914 *Riedel*, Bewertung, Rn 479.

915 Vgl. hierzu *Riedel*, in: Mayer/Süß/Riedel/Bittler, HB Pflichtteilsrecht, § 15 Rn 134 ff. m.w.N.

916 *Riedel*, Bewertung, Rn 512.

917 Übersicht zum Ganzen: *Haegele*, BWNotZ 1976, 25, 27 f.; *Kerscher/Riedel/Lenz*, Pflichtteilsrecht, § 7 Rn 106 ff.; Staudinger/*Herzog* (2021), § 2311 Rn 274 ff.

918 BGH NJW 1980, 229, 231.

919 *Piltz/Wissmann*, NJW 1985, 2673, 2682.

920 *Riedel*, Bewertung, Rn 517.

921 Vgl. *Kerscher/Riedel/Lenz*, Pflichtteilsrecht, § 7 Rn 109 m.w.N.

Der BGH[922] geht insoweit im Rahmen der Berechnung von Zugewinnausgleichsansprüchen davon aus, dass entsprechend der Wahrscheinlichkeit des Eingreifens der Abfindungsbeschränkung ein „Zwischenwert" anzusetzen sei. Konkrete Vorgaben für dessen Ermittlung sind aber ebenso wenig auszumachen wie entsprechende Entscheidungen zum Pflichtteilsrecht.[923]

ee) Besonderheiten bei der Bewertung von KG-Anteilen

305 Ob und wie sich die unterschiedlichen Haftungsrisiken der Komplementäre und der Kommanditisten auf die Anteilsbewertung auswirken, ist bislang ungeklärt. Die Rechtsprechung hat diesen Gesichtspunkt in der Vergangenheit praktisch noch nicht problematisiert.[924] Im Hinblick auf die aktuelle wirtschaftliche Entwicklung und die steigende Zahl der Firmeninsolvenzen kommt der Frage des mit einer Unternehmensbeteiligung verbundenen Haftungsrisikos aber eine wachsende Bedeutung zu, die sich auch in der Anteilsbewertung widerspiegeln sollte.

306 Dies gilt insbesondere für Unternehmen, die von persönlich haftenden Gesellschaftern betrieben werden. Denn diese können zwar alle erwirtschaften Gewinne dem Unternehmen entnehmen, haben jedoch nicht die Sicherheit, die ihnen einmal zugeflossenen Zahlungen auch dauerhafte behalten zu dürfen. Vielmehr müssen sie bei ihren Vermögensdispositionen das Risiko der persönlichen Haftung für Schulden der Gesellschaft berücksichtigen. Ob dies durch eine zurückhaltendere Entnahmepolitik geschieht oder die Vorsorge durch einen entsprechenden Umgang mit dem Privatvermögen erfolgt, spielt dabei letztendlich keine Rolle. Festzuhalten ist jedenfalls, dass es sich bei der persönlichen Gesellschafterhaftung um ein spezielles Risiko handelt, das bei der Ermittlung der entnahmefähigen Gewinne zu berücksichtigen ist.[925] Ein **Risikozuschlag** bei der Bemessung des Kapitalisierungszinssatzes ist indes nach wohl h.M. nicht gerechtfertigt, weil dieser nicht die speziellen, sondern vielmehr die allgemeinen Risiken widerspiegeln sollte.[926]

7. ABC der Bewertung des sonstigen Nachlasses

307 **Aktien**, die an der Börse gehandelt werden, sind grundsätzlich mit dem Kurswert am Todestag – ohne zeitanteilige Berücksichtigung der zu erwartenden Dividende[927] –

---

922 BGHZ 75, 195.

923 BeckOGK/*Blum/Heuser*, § 2311 Rn 220.2; MüKo/*Lange*, § 2311 Rn 60; eine Übertragung der Rspr. zum Zugewinnausgleich erscheint wenig zielführend; vgl. Rdn 176 ff.

924 Vgl. *Piltz*, Unternehmensbewertung, S. 237.

925 *Franken/Koeln*, in: Peemöller, Praxishandbuch der Unternehmensbewertung, S. 1212.

926 *Piltz*, Unternehmensbewertung, S. 153; vgl. auch *Franken/Koeln*, in: Peemöller, Praxishandbuch der Unternehmensbewertung, S. 1215, 1216, die den Ansatz einer finktiven „Avalprovision" im prognostizierten Aufwand empfehlen; ebenso *Schoberth/Ihlau*, BB 2008, 2115; a.A. *Moxter*, Grundsätze ordnungsmäßiger Unternehmensbewertung, der diesem Ansatz insoweit widerspricht, als er neben einem „sicherheitsäquivalenten Ertrag" auch eine Berücksichtigung durch Risikozuschlag im Kapitalisierungszinssatz für vertretbar hält.

927 BeckOGK/*Blum/Heuser*, § 2311 Rn 87; MüKo/*Lange*, § 2311 Rn 53.

anzusetzen,[928] mag er dann auch ungewöhnlich hoch oder niedrig liegen.[929] Starke Kursschwankungen sind typisch für diese Form der Vermögensanlage, was auch bei der erbrechtlichen Bewertung zu beachten ist. Dies muss auch bei besonders heftig ausfallenden Kursschwankungen gelten.[930] Soweit kein DAX-Wert vorliegt, ist der mittlere Tageskurs an dem Börsenplatz, der dem Erblasserwohnsitz am nächsten liegt, anzusetzen.[931]

Daneben können besondere Umstände Zu- und Abschläge rechtfertigen, so einen „Paketzuschlag" bei Aktienpaketen und Aktienbesitz an Familiengesellschaften, die eine Sperrminorität oder sonst besondere Einflussmöglichkeit verschaffen.[932] Ein zusätzlicher Ansatz des Dividendenanspruchs erfolgt nicht.[933] Nach OLG Oldenburg sind latente Steuern auf Basis der Abgeltungssteuer abzuziehen[934] (vgl. hierzu auch Rdn 364, 366).

Vinkulierte Aktien sind i.d.R. nicht börsennotiert; ihr Wert ist daher aus Verkäufen 308
oder dem anteiligen Unternehmenswert abzuleiten.[935] Die nur eingeschränkte Übertragbarkeit ist dabei ggf. durch angemessene Abschläge zu berücksichtigen. Aktien ausländischer Kapitalgesellschaften sind so wie die inländischer zu bewerten, wenn sie im amtlichen Handel erfasst werden. Andernfalls kann auch auf Telefonkurse oder ausländische Kursnotierungen (insbesondere im Emissions-Staat) zurückgegriffen werden.[936]

Das **Anwartschaftsrecht** des **Nacherben** wird von der h.M. als unsicheres Recht 309
angesehen, auf das § 2313 BGB anzuwenden ist. Soweit ein Anwartschaftsrecht als solches marktgängig oder wenigstens grundsätzlich veräußerbar ist, muss es mit seinem Verkehrswert angesetzt werden.[937] Zum Anwartschaftsrecht an einem **Grundstück** siehe DIV-Gutachten DA-Vorm 1989, 669 f.[938]

---

928 LG Frankfurt NZG 2009, 553; Staudinger/*Herzog* (2021), § 2311 Rn 295.

929 MüKo/*Lange*, § 2311 Rn 45; Soergel/*Beck*, § 2311 Rn 23; Staudinger/*Herzog* (2021), § 2311 Rn 296; grundsätzlich auch *Kerscher/Riedel/Lenz*, Pflichtteilsrecht, § 7 Rn 93. Dagegen will *Nirk*, NJW 1962, 2185 den durch Schätzung zu ermittelnden „inneren Wert" ansetzen, um die sich aus erheblichen Kursschwankungen ergebenden Unwägbarkeiten auszuschalten; ebenso *Meincke*, S. 194, wenn ein atypisches Verhältnis von Angebot und Nachfrage vorliegt und daher das System der freien Preisbildung nicht funktioniert. Für besondere Korrekturen nach § 242 BGB in besonders krassen Einzelfällen: *Veith*, NJW 1963, 1521, 1524; Soergel/*Beck*, § 2311 Rn 23; Staudinger/*Herzog* (2021), § 2311 Rn 296; *Kerscher/Riedel/Lenz*, Pflichtteilsrecht, § 7 Rn 93. *Lange/Kuchinke*, Erbrecht, § 37 VII 3 d will eine zufällige Hausse und Baisse im Erbfall nicht berücksichtigen, wenn der Erbe „genötigt ist, die Wertpapiere zu behalten". Für Abstellen auf Durchschnittskurs etwa drei Monate vor und nach dem Stichtag bei „extremen Kursausreißern" *Piltz*, Unternehmensbewertung, S. 226.

930 Staudinger/*Herzog* (2021), § 2311 Rn 296.

931 Staudinger/*Herzog* (2021), § 2311 Rn 295; BeckOGK/*Blum/Heuser*, § 2311 Rn 87; MüKo/*Lange*, § 2311 Rn 53.

932 Staudinger/*Herzog* (2021), § 2311 Rn 298; *Gehringer*, Einfluss latenter Chancen und Risiken im Pflichtteilsrecht, S. 103 ff.; *Kerscher/Riedel/Lenz*, Pflichtteilsrecht, § 7 Rn 93.

933 BeckOGK/*Blum/Heuser*, § 2311 Rn 87; MüKo/*Lange*, § 2311 Rn 53; *Blum*, in: Schlitt/Müller-Engels, Handbuch Pflichtteilsrecht, § 3 Rn 48.

934 OLG Oldenburg ErbR 2018, 533 f.

935 MüKo/*Lange*, § 2311 Rn 43.

936 *Riedel*, in: Daragan/Halaczinsky/Riedel, ErbStG und BewG, § 11 BewG Rn 15.

937 Staudinger/*Herzog* (2021), § 2311 Rn 15; BeckOGK/*Blum/Heuser*, § 2311 Rn 89; *Blum*, in: Schlitt/Müller-Engels, Handbuch Pflichtteilsrecht, § 3 Rn 48; Staudinger/*Herzog* (2021), § 2311 Rn 304; a.A. Soergel/*Beck*, § 2311 Rn 6.

938 Staudinger/*Herzog* (2021), § 2311 Rn 304.

310 **Bargeld** ist selbst der Wertmesser und bereitet keine Bewertungsprobleme.[939] **Ausländische Zahlungsmittel** sind mit dem mittleren Kurswert im Zeitpunkt des Erbfalls anzusetzen,[940] zu dem die Banken des Landes, in dem der Erblasser verstorben ist, die ausländische Währung ankaufen.[941]

311 **Bausparverträge:** Bis zur Auszahlung des Bausparguthabens ist grundsätzlich nur dieses Guthaben als Kapitalforderung zu erfassen und mit ihrem jeweiligen Wert anzusetzen. Dies gilt unabhängig davon, ob bei einer etwaigen Veräußerung eventuell ein höherer Betrag erzielt werden könnte, weil der Bausparvertrag in Kürze zuteilungsreif ist. Das Bausparguthaben besteht aus den eingezahlten Bauspareinlagen, den aufgelaufenen Guthabenzinsen und den Abschlussgebühren.[942] Nach Auszahlung der Bausparsumme stellt nur der das Bausparguthaben übersteigende zugeteilte Betrag eine Darlehensschuld dar, die dann entsprechend zu bewerten ist. Hierbei bleiben jedoch Zinszahlungen und Verwaltungskosten außer Ansatz; Gleiches gilt für eine etwa abzuschließende Risikolebensversicherung (da diese keinen Rückkaufswert hat). Haben Ehegatten gemeinsam einen Bausparvertrag abgeschlossen, steht ihnen das Guthaben im Zweifel jeweils zu gleichen Teilen zu,[943] wobei unterschiedlich hohe Einzahlungen aber ggf. Pflichtteilsergänzungsansprüche auslösen können.

312 **Briefmarken** sind mit dem gemeinen Wert anzusetzen, da es einen eigenen, wenn auch allein an den Sammlern orientierten Markt gibt.[944] Die gängigen Sammlerkataloge (z.B. der sog. „Michel-Katalog") weisen allerdings viel zu hohe Werte aus und sind für die Bewertung nicht entscheidend.[945] Realitätsgerecht sind die bei Versteigerungsaktionen erzielten Preise oder die in den einschlägigen Läden zu zahlenden. Für komplette Sammlungen wird dabei oftmals ein Zuschlag gegenüber der Einzelverwertung gezahlt, so dass der Gesamtwert anzusetzen ist. Dagegen muss außer Betracht bleiben, dass über eine über lange Zeit hinweg erfolgende Verkaufsbestrebungen u.U. ein höherer Wert zu erzielen ist.[946]

313 **Bundesschatzbriefe** werden nach Typ A und Typ B unterschieden.[947] Bei Bundesschatzbriefen des Typ B erhöht sich der Wert jährlich um die im jeweils abgelaufenen Jahr angefallenen Zinsen bzw. Zinseszinsen. Aus diesem Grund sind Bundesschatzbriefe Typ B mit ihrem jeweiligen Rückzahlungswert im Besteuerungszeitpunkt anzusetzen. Aufgrund der Vergleichbarkeit mit Zero-Bonds erfolgt die Wertermittlung nach den dort aufgezeigten Grundsätzen.

314 Bundesschatzbriefe des Typ A werden demgegenüber mit dem jeweiligen Nennwert angesetzt. Die jährlichen Zinsen werden hier jeweils an den Anleger ausgekehrt.[948]

---

939 BeckOGK/*Blum/Heuser*, § 2311 Rn 93.

940 BGH ZEV 2009, 401; BeckOGK/*Blum/Heuser*, § 2311 Rn 93.

941 Staudinger/*Herzog* (2021), § 2311 Rn 301; *Riedel*, in: Mayer/Süß/Riedel/Bittler, HB Pflichtteilsrecht, § 5 Rn 186.

942 Vgl. BFH BStBl II 1994, 454, zu § 6 EStG.

943 OLG München NJW-RR 1992, 498; BeckOGK/*Blum/Heuser*, § 2311 Rn 94.

944 *Prettl/Lohr/Bringmann*, in: Schlitt/Müller-Engels, Handbuch Pflichtteilsrecht, § 4 Rn 7; *Mayer*, ZEV 1994, 331; zur steuerlichen Bewertung von Briefmarken siehe *H.E. Maier*, DBZ (Deutsche-Briefmarken-Zeitung) 1993, 379 ff.; die dort gemachten Grundsätze wird man auf das Pflichtteilsrecht übertragen können, *J. Mayer*, ZEV 1994, 331 Fn 9.

945 Staudinger/*Herzog* (2021), § 2311 Rn 308; *Riedel*, in: Mayer/Süß/Riedel/Bittler, HB Pflichtteilsrecht, § 5 Rn 188.

946 Staudinger/*Herzog* (2021), § 2311 Rn 308.

947 BeckOGK/*Blum/Heuser*, § 2311 Rn 96.

948 BeckOGK/*Blum/Heuser*, § 2311 Rn 96.

Eine ähnliche Differenzierung wie bei Bundesschatzbriefen muss auch für Sparbriefe gelten, die in ähnlicher Weise ausgestaltet sind.[949]

315 Soweit Bestandteilen des **digitalen Nachlasses** ein Vermögenswert zukommt (so beispielsweise bei E-Books, gespeicherter Musik und Filmen[950] oder auch bei Internet-Adressen/Domains), ist dieser zu ermitteln.[951] Die dogmatischen Vorgaben unterscheiden sich hier nicht von der Bewertung anderer Nachlassgegenstände (maßgeblich ist der Verkehrswert).[952] Die Wertermittlung kann sich aber im Einzelfall als äußerst komplex darstellen.

316 **Finanzierungsschätze** und andere Wertpapiere, die mit einem unter dem Einlösungsbetrag liegenden Preis ausgegeben werden (Diskontpapiere), sind mit dem jeweiligen Ausgabebetrag zuzüglich der bis zum Stichtag aufgelaufenen (fiktiven) Zinsen zu bewerten.[953] Wie bei Zero-Bonds ist eine taggenaue Wertermittlung vorzunehmen. Dasselbe gilt für abgezinste Sparbriefe. Hat der Anleger bei Zeichnung der Kapitalanlage ein Agio (Aufgeld) geleistet, wird dieses zusätzlich zum Nennbetrag angesetzt.[954]

317 **Fischereirechte** können nach den jeweiligen landesrechtlichen Fischereigesetzen grundsätzlich vererblich sein und haben einen eigenen Marktwert, der heute weit über dem liegt, was durch den reinen fischereilichen Ertrag gerechtfertigt ist, und bei Salomindengewässern (Forelle, Äsche, Huchen) für einen Kilometer den Preis eines kleinen Einfamilienhauses erreichen kann. Anhaltspunkte für den Wert geben die Inserate in den einschlägigen Fachzeitschriften.[955]

318 Die Bewertung von **Forderungen** erfolgt grundsätzlich mit dem Rückzahlungsbetrag[956] (der meist dem Nennwert entspricht).[957] Ein genereller Wertabschlag für das (immanente/theoretische) Risiko der Uneinbringlichkeit im Sinne einer Pauschalwertberichtigung kommt nicht in Betracht.[958] Etwa zum Todestag noch offene Zinsansprüche sind gesondert zu erfassen.[959]

319 **Gedenkmünzen, Goldmünzen** haben i.d.R. einen Sammlerwert, dieser ist anzusetzen.[960] Es handelt sich hierbei nicht um einen reinen Liebhaberwert, sondern um einen „echten" Marktwert. Die einschlägigen Sammlerkataloge weisen aber auch hier oftmals einen zu hohen Wert aus; realitätsgerecht sind die bei Versteigerungen tatsächlichen Erlöse oder die im Handel einschlägigen zu zahlenden Preise.

320 **Genussscheine**, also Urkunden, die Genussrechte (künftig fällig werdende Leistungsansprüche) verbriefen, werden grundsätzlich mit dem Verkehrswert angesetzt.[961] Soweit ein Kurswert vorliegt, ist dieser anzusetzen.[962]

---

949 Vgl. auch *Jülicher*, in: Troll/Gebel/Jülicher/Gottschalk, ErbStG, § 12 Rn 108; *Griesel/Mertes/Riedel*, Die Besteuerung komplexer Kapitalanlagen, Rn 831.

950 Vgl. hierzu *Außner*, ErbR 2021, 370.

951 Staudinger/*Herzog* (2021), § 2311 Rn 43; *Uhrenbacher*, ZEV 2018, 248.

952 Vgl. insoweit auch BeckOGK/*Blum/Heuser*, § 2311 Rn 98.

953 *Griesel/Mertes/Riedel*, Die Besteuerung komplexer Kapitalanlagen, Rn 828.

954 Vgl. RFH RStBl 1943, 622; *Jülicher*, in: Troll/Gebel/Jülicher/Gottschalk, ErbStG, § 12 Rn 95.

955 Grundsätzlich zur Bewertung von Fischereirechten siehe *Jens*, Die Bewertung der Fischgewässer, 1969, jedoch sind die dort genannten Preisangaben naturgemäß überholt.

956 BeckOGK/*Blum/Heuser*, § 2311 Rn 100; Staudinger/*Herzog* (2021), § 2311 Rn 301.

957 *Klingelhöffer*, Pflichtteilsrecht Rn 411.

958 Staudinger/*Herzog* (2021), § 2311 Rn 301 m.w.N.; a.A. *Meincke*, Nachlassbewertung, S. 303 ff.

959 BeckOGK/*Blum/Heuser*, § 2311 Rn 100.

960 BeckOGK/*Blum/Heuser*, § 2311 Rn 102; *Riedel*, in: Mayer/Süß/Riedel/Bittler, HB Pflichtteilsrecht, § 5 Rn 194; *J. Mayer* ZEV 1994, 331.

961 BeckOGK/*Blum/Heuser*, § 2311 Rn 103.

962 Vgl. zur (vergleichbaren) steuerlichen Bewertung *Eisele*, in: Rössler/Troll, BewG, § 11 Rn 23.

321 **Gewerbliche Schutzrechte:** Hier geht es um die Ermittlung künftiger Erträge; Einigkeit besteht, dass diese nicht nach § 2313 BGB zu behandeln sind,[963] weil Ansprüche, bei denen nur ihre Höhe unsicher ist, nicht unter diese Norm fallen. *Klingelhöffer* differenziert: Besteht ein **Lizenzvertrag**, so lässt sich der Ertragswert ermitteln. Bei der Verwertung **musikalischer Rechte** (GEMA) und bei **Verlagshonoraren** ist die Bewertung schwieriger. Der Vorschlag, den Pflichtteilsberechtigten entsprechend seiner Quote an den Tantiemen zu beteiligen,[964] kollidiert jedenfalls – soweit es um nach dem Erbfall entstehende Tantiemen geht – mit dem Stichtagsprinzip. Demzufolge sind die künftigen Erträge ihrer Höhe nach zu schätzen.[965] Bei Patenten, Designs und anderen veräußerbaren Rechten orientiert sich der Wert im Zweifel am erzielbaren Veräußerungspreis. Soweit der Erblasser (Honorar-)Vorschüsse vereinnahmt hat, die zurückzuzahlen sind, liegen insoweit Nachlassverbindlichkeiten (Erblasserschulden) vor.[966]

322 **Hausrat, Möbel** sind mit dem Veräußerungswert anzusetzen, der i.d.R. ganz erheblich unter den Anschaffungskosten liegt,[967] die deshalb nicht maßgeblich sein können.[968] Bei **elektronischen Geräten** (Hifi-Anlage, Fernseher, Videogeräte) besteht ein gewisser Markt, so dass der dort erzielbare Erlös angesetzt werden kann.[969] Bei alten, aber wertvollen **Teppichen** lässt sich ebenfalls regelmäßig ein Wert ermitteln.[970]

323 **Index-Zertifikate** bzw. sog. **Full-Index-Link-Anleihen** und ähnliche Zertifikate bzw. Anleihen, die in Abhängigkeit von einem Index oder einem anderen ungewissen Ereignis eine ungewisse Kapitalrückzahlung vorsehen, werden – soweit kein Börsenkurs existiert – grundsätzlich mit dem Einlösungs(nenn)betrag bewertet. Dieser ist jedoch zumeist nicht ohne weiteres zu ermitteln, da sich bei Eintritt des Stichtages während der Laufzeit der Kapitalanlage der bei Fälligkeit auszuzahlende Betrag nicht mit Sicherheit ermitteln lässt. Die tatsächliche Entwicklung des jeweiligen Index bis zu einem in der Zukunft liegenden Termin ist regelmäßig gerade nicht mit Sicherheit bestimmbar[971] und daher zu berücksichtigen.[972]

324 **Jagdrechte** sind wegen § 3 Abs. 1 S. 3 BJagdG nicht übertragbar,[973] sondern an Grund- und Boden gebunden; der hieraus erzielbare Jagdpachtzins kann im Einzelfall (Hochwildjagd mit Rotwild, Gamswild) bei der Grundbesitzbewertung erhöhend zu berücksichtigen sein.[974]

325 **Kapitalforderungen** sind grundsätzlich mit ihrem Nennwert anzusetzen.[975] Das ist der Betrag, der nach dem Inhalt des Schuldverhältnisses vom Schuldner bei Fälligkeit

963 *Riedel*, in: Mayer/Süß/Riedel/Bittler, HB Pflichtteilsrecht, § 5 Rn 196.

964 *Riedel*, in: Mayer/Süß/Riedel/Bittler, HB Pflichtteilsrecht, § 5 Rn 196; zustimmend Groll/*Rösler*, C VI Rn 105.

965 Staudinger/*Herzog* (2021), § 2311 Rn 310.

966 BeckOGK/*Blum/Heuser*, § 2311 Rn 40; Staudinger/*Herzog* (2021), § 2311 Rn 310.

967 Staudinger/*Herzog* (2021), § 2311 Rn 313.

968 *Blum*, in: Schlitt/Müller-Engels, Handbuch Pflichtteilsrecht, § 3 Rn 48; *Prettl/Lohr/Bringmann*, in: Schlitt/Müller-Engels, Handbuch Pflichtteilsrecht, § 4 Rn 240.

969 BeckOGK/*Blum/Heuser*, § 2311 Rn 104.

970 Staudinger/*Herzog* (2021), § 2311 Rn 318.

971 *Griesel/Mertes/Riedel*, Die Besteuerung komplexer Kapitalanlagen, Rn 833.

972 *Jülicher*, in: Troll/Gebel/Jülicher/Gottschalk, ErbStG, § 12 Rn 92; *Riedel*, in: Daragan/Halaczinsky/Riedel, ErbStG und BewG, § 12 BewG Rn 40.

973 BeckOGK/*Blum/Heuser*, § 2311 Rn 93.

974 BeckOGK/*Blum/Heuser*, § 2311 Rn 105; *Blum*, in: Schlitt/Müller-Engels, Handbuch Pflichtteilsrecht, § 3 Rn 48.

975 *Prettl/Lohr/Bringmann*, in: Schlitt/Müller-Engels, Handbuch Pflichtteilsrecht, § 4 Rn 235

der Forderung zu entrichten ist.[976] Zu nennen sind hier insbesondere verzinsliche Darlehensforderungen, durch Hypotheken, Grundschulden usw. gesicherte Geldforderungen, Kaufpreisforderungen, Zinsforderungen, Forderungen aus typischen stillen Beteiligungen, Bankguthaben, Instandhaltungsrücklagen nach dem WEG. In Betracht kommen daneben auch Kapitalforderungen, die in Wertpapieren verbrieft sind, soweit diese nicht mit dem jeweiligen Stichtagskurs anzusetzen sind (beispielsweise weil eine Börsennotierung gar nicht besteht). Auch beim bereits geltend gemachten Pflichtteilsanspruch handelt es sich um eine Kapitalforderung. Vor Geltendmachung gilt dies nur, wenn mit der Geltendmachung ernsthaft zu rechnen ist.[977] Als Kapitalforderungen sind auch Steuererstattungsansprüche anzusehen.

Sind Forderungen aufschiebend bedingt, ungewiss, **unsicher** oder zweifelhaft, so ist § 2313 BGB anwendbar.

Ist die zu bewertende Kapitalforderung am Stichtag bereits teilweise getilgt, ist nur 326 der noch offene Restbetrag anzusetzen, und zwar unabhängig von der Art und Weise, wie die Tilgungsleistungen verrechnet werden.[978] Zu unterscheiden ist hierbei zwischen Raten- und Annuitätentilgungen: Bei einer **Ratentilgung** werden jeweils gleich hohe Raten gezahlt, das Verhältnis von Zins- zu Tilgungsanteil verändert sich über die Laufzeit.[979] Bei einer **Annuitätentilgung** (also in Jahresraten) werden i.d.R. die Tilgungsbeträge am Jahresende, also nachschüssig, gezahlt. Die Tilgungen sind zumeist immer gleich hoch. Vor diesem Hintergrund ist bei vereinbarter Ratentilgung nur der am Stichtag nach Abzug der bereits geleisteten Tilgungsraten noch offene Teil der Kapitalforderung anzusetzen. Bei Annuitätendarlehen muss zunächst der Barbetrag der Forderung bzw. Schuld berechnet werden. Die noch ausstehenden Annuitäten werden dabei als Rentenzahlung betrachtet und kapitalisiert.

Eine vom Nennbetrag abweichende Bewertung ist für solche Fälle vorgesehen, in 327 denen besondere Umstände vorliegen, die der Forderung bzw. Verbindlichkeit immanent sind.[980] Dies gilt insbesondere bei Vorliegen einer niedrigen oder hohen Verzinsung bzw. eines Ausschlusses der Kündbarkeit für einen längeren Zeitraum.[981] Der sich aus einer niedrigen bzw. hohen Verzinsung ergebende Wertab- bzw. -aufschlag wird durch Kapitalisierung des jeweiligen Zinsverlustes bzw. Zinsgewinns für den Zeitraum vom Stichtag bis zur möglichen Kündigung bzw. Fälligkeit der zu beurteilenden Forderung ermittelt. Der jeweilige Zinsgewinn bzw. -verlust wird zusätzlich zum eigentlichen Nennbetrag der Kapitalforderung berücksichtigt.[982]

Soweit einer niedrigen oder hohen Verzinsung gegenläufige wirtschaftliche Vor- bzw. 328 Nachteile gegenüberstehen und sich diese Effekte – wirtschaftlich betrachtet – gegenseitig kompensieren, ist diese Kompensation auch im Rahmen der Bewertung der Kapitalforderung bzw. -schuld zu berücksichtigen.[983] Eine vom Nennwert abweichende Bewertung kann dann ausgeschlossen sein. Typische Beispiele für derartige Fälle sind **Bausparverträge**, bei denen eine niedrige Guthabenverzinsung durch einen

---

976 *Eisele*, in: Rössler/Troll, BewG, § 12 Rn 3.

977 *Riedel*, in: Mayer/Süß/Riedel/Bittler, HB Pflichtteilsrecht, § 5 Rn 202; vgl. zur erbschaftsteuerlichen Bewertung, die auch auf den gemeinen Wert/Verkehrswert abzielt, BFH BStBl II 1972, 100.

978 Vgl. hierzu *Eisele*, in: Rössler/Troll, BewG, § 12 Rn 4.

979 Zu Beginn ist der Zinsanteil (wegen der hohen Darlehensvaluten) vergleichsweise hoch, nimmt aber entsprechend der geleisteten Tilgungen ab, so dass der Tilgungsanteil stetig zunimmt.

980 Vgl. z.B. BFH BStBl II 1984, 539.

981 Insoweit wird teilweise ein Abschlag für das allgemeine Kreditrisiko vorgeschlagen (z.B. 0,3 %), vgl. *Blum*, in: Schlitt/Müller-Engels, Handbuch Pflichtteilsrecht, § 3 Rn 48.

982 Vgl. BFH BStBl II 1981, 247.

983 Vgl. zur Erbschaftsteuer BFH BFH/NV 1993, 354.

zukünftigen Anspruch auf ein zinsgünstiges Bauspardarlehen kompensiert wird.[984] Gleiches gilt für Verbindlichkeiten aus niedrig verzinslichen öffentlichen Wohnungsbaudarlehen, die – unabhängig von der niedrigen Verzinsung – mit ihrem Nennwert als Schulden berücksichtigt werden können.[985]

329 Ist zusätzlich zu der Kapitalforderung ein Agio (Aufgeld) vereinbart, ist dieses neben dem Nennbetrag anzusetzen.[986] Hingegen rechtfertigt der Einbehalt eines Disagios (Abgeldes) grundsätzlich keine Minderbewertung. Soweit es sich bei dem Disagio – nach zivilrechtlicher Würdigung – um eine Zinsvereinbarung handelt, ist es aber als schuldmindernd zu berücksichtigen. Es stellt dann einen eigenständigen Vermögensgegenstand dar, das sich entsprechend den getroffenen Vereinbarungen „verbraucht". Der Verbrauch ist im Zweifel nach der Zinsstaffelmethode zu ermitteln.[987] Ist das Disagio aber laufzeitunabhängig, also nicht als vorausgezahlter Zins anzusehen, bleibt es insgesamt unberücksichtigt; dasselbe gilt für laufzeitunabhängige Bearbeitungsgebühren bei Teilzahlungskrediten.

330 **Kleidung, Gegenstände des persönlichen Bedarfs** haben nach überkommener Lesart meist keinen Wert mehr.[988] Etwas anderes gelte nur für Pelzmäntel und exklusive Bekleidungsstücke. Die Entwicklung der „second hand"-Läden und die dortige Nachfrage zeigen aber, dass diese Auffassung nur eingeschränkt zutrifft. Sinnvoll dürfte es jedoch sein, sich hier auf einen Pauschalbetrag zu einigen.[989]

331 **Kraftfahrzeuge** sind mit dem am Markt erzielbaren Wert anzusetzen.[990] Für Personenkraft-wagen kann der Wert durch Wertgutachten ermittelt werden.[991] Daneben kommen auch Preisvergleiche bei den einschlägigen Internetbörsen (etwa www.mobile.de; www.autoscout24.de) als Anhaltspunkte in Betracht.[992] Bei gebrauchten Pkws liegt der Preis, den ein Autohändler bei der „Inzahlungnahme" im Zusammenhang mit dem Ankauf eines neuen gewährt, oft ganz erheblich über dem, der sich durch einen normalen Verkauf, insbesondere an Private erzielen ließe. Da es sich jedoch hier um eine Sondersituation handelt und der höhere Preis deshalb gezahlt wird, weil der Händler an dem neuen Verkauf interessiert ist, kann dies nicht zu einer Bewertungserhöhung mit Vorteilen für den Pflichtteilsberechtigten führen.[993] Bei **Oldtimern** besteht ein entsprechender Markt, so dass der dort erzielbare Preis anzusetzen ist.

332 Digitale Zahlungsmittel, die auf kryptographischen Werkzeugen wie sog. Blockchains und digitalen Signaturen basieren,[994] sog. **Kryptowährungen**[995] (aber auch andere **Krypto-Assets**, z.B. Non-Fungible-Tokens – NFTs), können in ähnlicher Weise gehandelt bzw. getauscht werden wie konventionelle Zahlungsmittel. Da sie allerdings

---

984 Vgl. *Jülicher*, in: Troll/Gebel/Jülicher/Gottschalk, ErbStG, § 12 Rn 113.

985 BFH BStBl II 1982, 639.

986 So bereits RFH RStBl 1943, 622.

987 Vgl. zur Berechnung *Eisele*, in: Rössler/Troll, BewG, § 12 Rn 3.

988 *Blum*, in: Schlitt/Müller-Engels, Handbuch Pflichtteilsrecht, § 3 Rn 48; *Prettl/Lohr/Bringmann*, in: Schlitt/Müller-Engels, Handbuch Pflichtteilsrecht, § 4 Rn 240.

989 Vgl. auch *Klingelhöffer*, Pflichtteilsrecht, Rn 424, der für eine vollständige Herausnahme aus der Pflichtteilsberechnung plädiert.

990 BeckOGK/*Blum/Heuser*, § 2311 Rn 96; *Prettl/Lohr/Brtingmann*, in: Schlitt/Müller-Engels, Handbuch Pflichtteilsrecht, § 4 Rn 239.

991 Staudinger/*Herzog* (2021), § 2311 Rn 314.

992 *Riedel*, in: Mayer/Süß/Riedel/Bittler, HB Pflichtteilsrecht, § 5 Rn 207.

993 Demgegenüber will *Klingelhöffer*, Pflichtteilsrecht, Rn 422 einen Mittelwert bilden, übersieht aber, dass es sich um keine Normalverkaufssituation i.S.d. Rspr. und auch nicht um „subjektive Wertfaktoren" (siehe Rdn 93) handelt.

994 *Eisele*, in: Rössler/Troll, BewG, § 12 Rn 2a.

995 Bspw. Bitcoin, Bitcoin Cash, Ether, Litecoin, Ripple, Tether, Dash etc.

im Unterschied zu diesen keiner institutionellen/staatlichen Kontrolle unterliegen, stellen sie keine Währungen im eigentlichen Sinne dieses Begriffs dar.[996] Sie verkörpern auch keinen Anspruch gegen einen Dritten und stellen deshalb keine Forderungen dar.[997] Vielmehr handelt es sich bei ihnen um eigenständige, einen eigenen Wert repräsentierende Rechtsobjekte,[998] die nach den allgemeinen Grundsätzen zu bewerten sind.[999]

Soweit Marktpreise bzw. Kurse (typischerweise an entsprechenden online-Börsen) existieren,[1000] sind diese anzusetzen.[1001]

Voraussetzung für einen Wertansatz ist allerdings, dass die Krypto-Assets nicht nur (virtuell) vorhanden, sondern auch tatsächlich verfügbar sind. Das sind sie nur dann bzw. für denjenigen, der im Besitz des sog. Private Key ist. Denn ohne den Private Key ist ein Zugriff auf Krypto-Assets (typischerweise über die sog. Wallet) nicht möglich.[1002] 333

Soweit der Erblasser also über Krypto-Assets verfügte, nach seinen Tod aber der Private Key nicht verfügbar ist, kommt ein Ansatz bzw. dessen Bewertung nicht in Betracht; es liegen dann unsichere Rechte (§ 2313 Abs. 2 S. 1 BGB) vor.[1003]

Kunstgegenstände (Gemälde, Plastiken, antike Möbel) haben einen eigenen Markt, so dass ein ansetzbarer gemeiner Wert besteht.[1004] Maßgeblich ist der in der Hand des Erben erzielbare Veräußerungserlös.[1005] Jedoch können angesichts der Besonderheiten dieses Marktes starke Schwankungsbreiten bestehen; daher wird teilweise eine Korrektur des tatsächlich erzielten Preises befürwortet, wenn dieser auf der besonderen Geschicklichkeit des verkaufenden Erben beruht.[1006] 334

Nach OLG Köln[1007] kann – mangels konkreter Verkaufserlöse – auch eine Bewertung durch Auktionshäuser wie Sotheby's oder Christie's ausreichend sein. Der Mangel, dass deren Bewertungen mit herkömmlichen Sachverständigengutachten nicht vergleichbar seien und auch die Bewertungsmethode nicht erläuterten könne vor dem Hintergrund des Renommees dieser Auktionshäuser vernachlässigt werden. Vor dem Hintergrund des Geschäftsmodells von Auktionshäusern, deren Interesse darin bestehen muss, dem Kunden zwar keinen unrealistischen aber auch keinesfalls einen zu niedrigen Preis in Aussicht zu stellen, kann diese Entscheidung sicherlich nicht verallgemeinert werden.[1008] Soweit es nach der Taxierung zu einer (zeitnahen) Veräußerung kommt, wird die ursprüngliche Schätzung ohnehin durch den tatsächlich erzielten 335

996 *v. Oertzen/Grosse*, DStR 2020, 1651.

997 Vgl. *Pinkernell*, Ubg 2015, 19, 20; *Engelhardt/Klein*, MMR 2014, 355, 357.

998 *v. Oertzen/Grosse*, DStR 2020, 1651.

999 Vgl. zur steuerlichen Bewertung *Eisele*, in: Rössler/Troll, BewG, § 12 Rn 2a; ebenso *v. Oertzen/Grosse*, DStR 2020, 1651; vgl. auch *Medler*, ZEV 2020, 262; zur Behandlung von Kryptowährung im Betriebsvermögen vgl. *Bünning/Park*, BB 2018, 1835 sowie *Richter/Augel*, FR 2017, 937; *Loll*, ZEV 2025, 141, 144.

1000 Z.B. für Bitcoin, Bitcoin Cash, Ether, Litecoin, Ripple, Tether, Dash.

1001 BeckOGK/*Blum/Heuser*, § 2311 Rn 109; vgl. zu Problemen *Loll*, ZEV 2025, 141, 144 f.

1002 BeckOGK/*Blum/Heuser*, § 2311 Rn 109.1.

1003 BeckOGK/*Blum/Heuser*, § 2311 Rn 109.2; *Amend-Traut/Hergenröder*, ZEV 2019, 113, 118.

1004 BeckOGK/*Blum/Heuser*, § 2311 Rn 210.

1005 Staudinger/*Herzog* (2021), § 2311 Rn 308; BeckOGK/*Blum/Heuser*, § 2311 Rn 110.

1006 *Heuer*, DB 1964, 85 ff.; Staudinger/*Haas* (2006), § 2311 Rn 114.

1007 OLG Köln NJW 2006, 625.

1008 *Heuer* hält sie – nicht ganz zu Unrecht – für die Ermittlung des Warenwerts für grundsätzlich ungeeignet, vgl. *Heuer*, NJW 2008, 689.

Veräußerungserlös ersetzt. Kommt es nicht zum Verkauf, kann dies geeignet sein, Zweifel an der Zuverlässigkeit der in Rede stehenden Schätzung zu begründen.[1009]

336 **Lebensversicherungsansprüche (noch nicht fällige):** Anders als gewöhnliche Schadens-, Haftpflicht-, Kranken- und andere Risikoversicherungen, bei denen der Versicherungsnehmer bis zum Eintritt des Versicherungsfalles nur eine Art Anwartschaft besitzt, stellen kapitalbildende Lebens- und Rentenversicherungen auch schon vor Eintritt des Versicherungsfalls einen realisierbaren Vermögenswert dar.[1010] Der wirtschaftliche Wert des Versicherungsvertrages kann durch Kündigung in Form des dann auszuzahlenden Rückkaufswerts jederzeit realisiert werden. Der Rückkaufswert bildet daher auch den Maßstab für die Bewertung.

337 Für die Bewertung von **Markenrechten** werden verschiedene Methoden diskutiert bzw. angewendet. Zu nennen sind hier die Vergleichswertmethode,[1011] die Ergebnisbeitragsmethode,[1012] der Lizenzgebührenvergleich, die Mehrgewinnermittlungsmethode[1013] sowie schließlich die sog. Verkehrswertmethode.[1014]

338 Das **Namensrecht** stellt einen vermögenswerten Bestandteil des Persönlichkeitsrechts dar und kann im Falle seiner Verletzung Schadensersatzansprüche vermitteln, die auch vererblich sind[1015] und dann nach allgemeinen Grundsätzen mit dem Verkehrswert (also dem Wert des Anspruchs) zu erfassen sind.

339 **Negative Kapitalkonten** bei Gesellschaftsbeteiligungen stellen nur insoweit eine Nachlassverbindlichkeit dar, als der Erbe zu deren Auffüllung verpflichtet ist.[1016] Bei Kommanditbeteiligungen ist ein negatives Kapitalkonto also regelmäßig nicht gesondert zu erfassen bzw. zu bewerten; es hat aber Auswirkungen auf die Anteilsbewertung.[1017]

340 **Offene Investmentfonds** bzw. **Beteiligungen an ihnen** bilden zwar keine unmittelbare Beteiligung an einer börsennotierten Kapitalgesellschaft. Mitunter existieren aber dennoch Kursnotierungen. Falls ja, richtet sich die Bewertung allein hiernach.[1018] Fehlt es an einer Kursnotierung, kann gem. § 12 Abs. 1 ErbStG i.V.m. § 11 Abs. 4 BewG anstelle eines nicht vorhandenen Börsenkurses der Rücknahmepreis zum Bewertungsstichtag zugrunde gelegt werden.[1019] Dabei kommt es nicht darauf an, welchen Zweck ein Fonds verfolgt. Die Regelung gilt vielmehr für alle Investmentfonds einschließlich Hedgefonds sowie ausländische und inländische Fonds[1020] und auch dann, wenn der Fonds geschlossen wurde.[1021]

1009 Zur Bewertung von Kunstgegenständen nach den Vorgaben des BFH vgl. BFH DStRE 2002, 460; zur Bewertungsmethode nach Heuer vgl. *Heuer*, NJW 2008, 689 f.; vgl. im Übrigen BeckOGK/*Blum/Heuser*, § 2311 Rn 210 ff.; Staudinger/*Herzog* (2021), § 2311 Rn 308; vgl. auch ausführlich *Prettl/Lohr/Bringmann*, in: Schlitt/Müller-Engels, Handbuch Pflichtteilsrecht, § 4 Rn 227 ff.

1010 *Eisele*, in: Rössler/Troll, BewG, § 12 Rn 68.

1011 Vgl. *Fezer*, MarkenG, § 27 Rn 92; *Stein/Ortmann*, BB 1996, 787, 791.

1012 Vgl. *Fezer*, MarkenG, § 27 Rn 91; *Stein/Ortmann*, BB 1996, 787, 791.

1013 BeckOGK/*Blum/Heuser*, § 2311 Rn 217 m.w.N.

1014 Weitere Einzelheiten vgl. bei BeckOGK/*Blum/Heuser*, § 2311 Rn 214 ff.

1015 Vgl. BeckOGK/*Blum/Heuser*, § 2311 Rn 115.

1016 *Riedel*, in: Mayer/Süß/Riedel/Bittler, HB Pflichtteilsrecht, § 5 Rn 213 m.w.N.

1017 Staudinger/*Herzog* (2021), § 2311 Rn 131.

1018 Vgl. zur Erbschaftsteuer: R B 11.1 Abs. 5 S. 1 ErbStR 2019; *Jülicher*, in: Troll/Gebel/Jülicher/Gottschalk, ErbStG, § 12 Rn 337 unter Hinweis auf FG Hessen DStR 2016, 1378.

1019 R B 11.1 Abs. 5 S. 2 ErbStR 2019; *Eisele*, in: Rössler/Troll, BewG, § 11 Rn 59; *Griesel/Mertes/Riedel*, Die Besteuerung komplexer Kapitalanlagen, Rn 839.

1020 *Eisele*, in: Rössler/Troll, BewG, § 11 Rn 59.

1021 FG Münster v. 15.1.2015 – 3 K 1997/14, EFG 2015, 793.

Als Rücknahmepreis gilt hierbei der Preis, für den ein Anteil von der Investmentgesellschaft bindend zurückgenommen wird.[1022]
Im Zweifel sollte versucht werden, in Zusammenarbeit mit dem Bundesverband des privaten Bankgewerbes einen zutreffenden Rücknahmepreis zu ermitteln.

Bei einer Beteiligung an **REITs**, bei denen es sich um börsennotierte Immobilien-Aktiengesellschaften handelt, sind Gegenstand einer Übertragung (unter Lebenden oder von Todes wegen) grundsätzlich Aktien mit einer stichtagsbezogenen Börsennotierung. Diese ist auch der Bewertung zugrunde zu legen. 341

Bei **Optionsrechten** ist zunächst danach zu differenzieren, ob es sich um einen unselbstständigen Teil eines festverzinslichen Wertpapiers handelt oder ob ein selbstständiges Wertpapier vorliegt. Bei unselbstständigen Optionsrechten ist grundsätzlich der Kurs der zugrunde liegenden Anleihe maßgeblich. Ist für diese keine Notierung festzustellen, kann auf Vergleichskurse ähnlich ausgestatteter Optionsanleihen zurückgegriffen werden.[1023] Demgegenüber sind selbstständige Optionsrechte mit den jeweiligen Anschaffungskosten anzusetzen, wobei jedoch zu berücksichtigen ist, dass es sich – vor Ausübung der Option – um aufschiebend bedingte Ansprüche handelt.[1024] Für Wandelanleihen und Wandelschuldverschreibungen[1025] gelten diese Grundsätze entsprechend. 342

Schmuck ist oftmals nur zu einem Bruchteil der Anschaffungskosten zu veräußern, insbesondere gerade bei erlesenen Stücken, was der Pflichtteilsberechtigte hinnehmen muss. Die Untergrenze bilden aber hier die Materialkosten.[1026] 343

Für die Bewertung von **Sparbriefen** gelten dieselben Grundsätze wie für alle (anderen) Forderungen. Der Ansatz erfolgt mit dem Nenn- bzw. Rückzahlungsbetrag. Bis zum Todestag aufgelaufene Zinsen sind zusätzlich zu erfassen.[1027] 344

Vermögensverwaltende Gesellschaften: Bei den bisherigen Betrachtungen standen vor allem gewerblich tätige Unternehmen im Vordergrund. Als Gegenstand der Tätigkeit erwerbswirtschaftlich orientierter Gesellschaften kommt aber daneben auch die Vermögensverwaltung in Betracht. Während Gewerbebetriebe aktiv am Wertschöpfungsprozess beteiligt sind, beschränkt sich die vermögensverwaltende Tätigkeit auf die reine Fruchtziehung[1028] durch entgeltliche Überlassung oder Umschichtung eigenen Vermögens. Obwohl die Unterscheidung zwischen gewerblicher und vermögensverwaltender Tätigkeit in der Praxis vor allem hinsichtlich der ertragsteuerlichen Behandlung von Bedeutung ist, hat sie doch einen betriebswirtschaftlich nachvollziehbaren Hintergrund, der sich auch auf die Art und Weise der Bewertung auswirkt. Denn während gewerbliche Betriebe grundsätzlich mehr (wert) sind als die Summe ihrer Teile, gibt es hierfür bei vermögensverwaltenden Unternehmen kaum eine Rechtfertigung. Bei der Vermögensverwaltung kommt es gerade nicht auf das zielgerichtete Zusammenspiel der einzelnen Vermögensgegenstände an. Vielmehr wird jeder Gegenstand für sich (möglichst ertragbringend) verwaltet. Dass auch hierbei „Synergie- 345

1022 Vgl. hierzu R B 11.1 Abs. 5 S. 3 ErbStR 2019; kritisch *Mannek*, in: Stenger/Loose, Bewertungsrecht, § 11 BewG Rn 516; ebenso *Eisele*, in: Rössler/Troll, BewG, § 11 Rn 59.

1023 *Griesel/Mertes/Riedel*, Die Besteuerung komplexer Kapitalanlagen, Rn 832.

1024 *Jülicher*, in: Troll/Gebel/Jülicher/Gottschalk, ErbStG, § 12 Rn 116.

1025 Die Schuldverschreibung als solche ist nach den allgemeinen für Kapitalforderungen geltenden Grundsätzen zu bewerten; *Jülicher*, in: Troll/Gebel/Jülicher/Gottschalk, ErbStG, § 12 Rn 117.

1026 Staudinger/*Herzog* (2021), § 2311 Rn 309; zur Frage, ob eine Wertermittlung auf der Grundlage von Auktionsergebnissen (z.B. auch im Internet) in Betracht kommen kann, vgl. auch *Klingelhöffer*, Pflichtteilsrecht, Rn 253; ebenso im Zugewinnausgleich *Schröder*, Bewertungen im Zugewinnausgleich, Rn 131.

1027 BeckOGK/*Blum/Heuser*, § 2311 Rn 121.

1028 Vgl. Schmidt/*Weber-Grellet*, EStG, § 15 Rn 46.

effekte" auftreten können, etwa weil die Vermietung eines ganzen Bürohauses im Einzelfall profitabler sein kann als die Vermietung lediglich einer in diesem Haus belegenen Büroetage, ändert an diesem Grundsatz nichts. Besonderheiten der beschriebenen Art sind vielmehr bei der Abgrenzung der einzelnen Bewertungsobjekte zu berücksichtigen. Im skizzierten Fall wäre daher bei der Wertermittlung nicht auf die einzelnen Büroetagen, sondern stattdessen auf das Bürohaus insgesamt abzustellen.

346 Wertpapiere. Unter dem Begriff Wertpapiere werden hier sämtliche börsennotierten Papiere verstanden. Ihrer Bewertung ist grundsätzlich der mittlere Börsenkurs am Todestag des Erblassers zugrunde zu legen,[1029] denn dieser entspricht – jedenfalls bei funktionierenden Marktkräften – im Allgemeinen dem wahren Wert.[1030] Eine zusätzliche Berücksichtigung der (zeitanteilig) aufgelaufenen Dividendenansprüche erfolgt nicht.[1031]

347 **Zero-Bonds/Null-Koupon-Anleihen:** Zero-Bonds sind – wenn sie eine Börsennotierung aufweisen – grundsätzlich mit dem niedrigsten im Besteuerungszeitpunkt im amtlichen Handel notierten Kurs anzusetzen. Kann keine Börsenkursnotierung ermittelt werden, orientiert sich die Bewertung von Zero-Bonds an den Kursnotierungen von hinsichtlich ihrer Ausstattung und Laufzeit vergleichbaren Anleihen. Hilfsweise ist auf den um die bis zum Besteuerungszeitpunkt aufgelaufenen Zinsen erhöhten Ausgabebetrag (Rückzahlungswert bzw. Nennbetrag) zurückzugreifen.[1032] Dieser ist grundsätzlich taggenau zu errechnen. Ein zusätzlicher Ansatz von Zinsen ist nicht erforderlich, da der Anspruch auf Verzinsung bis zum Besteuerungszeitpunkt bereits im zu errechnenden Stichtagswert enthalten ist.

348 Der Pflichtteilsberechtigte hat grundsätzlich die Darlegungs- und Beweislast für den von ihm angenommenen Wert des Nachlasses im Zeitpunkt des Todes des Erblassers.[1033] Dies gilt auch für das etwaige Nicht-Bestehen einer vom Erben behaupteten Verbindlichkeit.[1034] Ebenso trifft den Pflichtteilsberechtigten die Beweislast, wenn er bestimmten Gegenständen einen höheren als dem vom Erben angesetzten oder ggf. auch tatsächlich erzielten Verkaufspreis beimessen will. Selbst eine objektiv unrichtige Auskunft des Erben über den Wert kann nicht zu einer Beweislastumkehr führen, und zwar selbst dann nicht, wenn der Erbe sich – erkennbar zu Unrecht – auf eine angebliche Überschuldung des Nachlasses beruft.[1035]

VI. Berücksichtigung latenter Steuern

1. Begriffsbestimmung

349 Dass laufende Einkünfte im Regelfall der Einkommensteuer unterliegen, ist kein Geheimnis und im Grunde auch nichts Neues. Daneben können aber auch (in einer zunehmenden Zahl von Konstellationen) Gewinne im Rahmen der Veräußerung von Vermögensgegenständen, insbesondere solcher, mit deren Hilfe Einkünfte erzielt wurden, einkommensteuerpflichtig sein. Dies gilt nicht nur bei der Veräußerung von Betriebsvermögen (§ 16 EStG), von sog. wesentlichen Beteiligungen an Kapitalgesell-

---

1029 Vgl. nur *Prettl/Lohr/Bringmann*, in: Schlitt/Müller-Engels, Handbuch Pflichtteilsrecht, § 4 Rn 234 m.w.N.

1030 LG Frankfurt NZG 2009, 553; *Riedel*, in: Mayer/Süß/Riedel/Bittler, HB Pflichtteilsrecht, § 5 Rn 220; wegen weiterer Einzelheiten vgl. auch die Ausführungen zu: Aktien, Bundesschatzbriefe, Indexzertifikate, offene Investmentfonds etc.

1031 BeckOGK/*Blum/Heuser*, § 2311 Rn 129.

1032 *Griesel/Mertes/Riedel*, Die Besteuerung komplexer Kapitalanlagen, Rn 822.

1033 BGH ZErb 2011, 83 f.

1034 BGH NJW 1952, 1173, 1174; OLG Brandenburg ZErb 2009, 187, 188; OLG Frankfurt ZEV 2003, 364.

1035 BGH ZEV 2010, 312; OLG Oldenburg ZEV 2009, 36, 37; *Horn*, in: MAH Erbrecht, § 29 Rn 240.

schaften (§ 17 EStG) und Immobilien, für die die Spekulationsfrist noch nicht abgelaufen ist (§ 23 EStG), sondern – seit Einführung der Abgeltungssteuer im Jahr 2009 – auch für Kapitalanlagen, insbesondere (unabhängig von der Haltedauer) Wertpapiere (Aktien, Investmentfonds etc.), § 20 Abs. 2 EStG.[1036]

Eine Einkommensteuer, die bei einer (späteren) Veräußerung einmal anfallen wird, am Bewertungsstichtag aber (mangels Verkaufsfalls) noch nicht angefallen (im steuerlichen Sinne „entstanden") ist, wird gemeinhin als **latente Steuer** bezeichnet. Der Begriff ist indes nicht wirklich glücklich gewählt, denn § 274 Abs. 1 S. 1 HGB definiert (passive) latente Steuern als Differenzen zwischen handelsrechtlichen und steuerlichen Wertansätzen (insbesondere von Vermögensgegenständen), die sich in späteren Geschäftsjahren voraussichtlich abbauen werden. 350

Hierum geht es aber bei den im pflichtteilsrechtlichen Kontext interessierenden künftig anfallenden Steuerbelastungen nicht. Denn Differenzen zwischen handels- bzw. zivilrechtlichen und steuerrechtlichen Wertansätzen spielen, pflichtteilsrechtlich betrachtet, keine Rolle. Vor diesem Hintergrund erscheint es sachgerecht, nicht von latenten, sondern vielmehr von zukünftigen oder fiktiven zukünftigen Steuerbelastungen zu sprechen. 351

Um **zukünftige** Steuerbelastungen geht es dann, wenn der Bewertung des Nachlassvermögens bzw. einzelner Gegenstände ein tatsächlich zeitnah zum Erbfall eintretendes Veräußerungsszenario zugrunde zu legen ist, um **fiktive zukünftige** Steuerbelastungen dann, wenn eine tatsächliche Veräußerung nicht absehbar ist.[1037]

2. Berücksichtigung fiktiver Steuern dem Grunde nach

a) Wirtschaftlicher Hintergrund

Der BGH hat einen Abzug fiktiver (von ihm natürlich als latent bezeichneter) Steuerlasten als Nachlassverbindlichkeiten bereits im Jahre 1972 kategorisch ausgeschlossen.[1038] Gleichzeitig stellte er aber fest, dass eine Berücksichtigung z.B. im Rahmen der Bewertung (im seinerzeitigen Fall konkret einer Unternehmensbewertung) angebracht sei bzw. wenigstens sein könne.[1039] Das gelte insbesondere dann, wenn die Auflösung der stillen Reserven durch Verkauf absehbar oder sogar vom Erblasser angeordnet sei. 352

Auch in späteren Entscheidungen hat der BGH mehrfach bestätigt, dass fiktive Steuern im Rahmen der Bewertung zu berücksichtigen seien, wenn der Wert der betreffenden Nachlassgegenstände nur durch Verkauf realisiert werden könne.[1040] Dies muss umso mehr gelten, wenn die Steuerlast bei einer tatsächlich nach dem Erbfall erfolgenden Veräußerung nicht fiktiv bzw. „latent" bleibt, sondern real wird.[1041]

Dieser Sichtweise kann man weder unter rechtlichen noch unter wirtschaftlichen Gesichtspunkten viel entgegenhalten. Zu Recht hat der BGH dabei in der Vergangenheit auch regelmäßig auf das zugrunde zu legende Verwertungsszenario abgestellt.[1042] Denn ohne einen tatsächlichen (oder wenigstens unterstellten) Verkauf des jeweiligen Ver- 353

1036 *Schmid*, ZErb 2015, 133, 136.

1037 Vgl. auch BeckOGK/*Blum/Heuser*, § 2311 Rn 221.

1038 BGH NJW 1972, 1269; MüKo/*Lange*, § 2311 Rn 27; Staudinger/*Herzog* (2021), § 2311 Rn 128 m.w.N.

1039 Der BGH verwies dabei auf *Bankmann*, Wpg 1959, 148 ff.; *Peupelmann*, DB 1961, 1397 ff. m.w.N.

1040 BGH NJW 1982, 2497, 2498; BGH FamRZ 1986, 776; BGHZ 98, 382, 389; ebenso OLG München NJW-RR 2003, 1518, 1519; a.A. aber *Daragan*, ZErb 2015, 329, 331 f.

1041 *Riedel*, ErbR 2018, 362, 368; ebenso *Schmid*, ZErb 2015, 133, 135.

1042 BGH NJW 1972, 1269, 1270; MüKo/*Lange*, § 2311 Rn 29.

mögensgegenstands kommt es zu keiner (zukünftigen) Besteuerung eines etwaigen Veräußerungsgewinns. Die Steuer bleibt dann dauerhaft fiktiv.[1043]
Zunehmend zeigt der BGH jedoch die Tendenz, im Rahmen des Pflichtteilsrechts ebenso wie im Recht des Zugewinnausgleichs (wenigstens fiktiv) eine Versilberung des Nachlassvermögens am Bewertungsstichtag (Todestag des Erblassers) zu unterstellen.[1044]

354 Dessen ungeachtet bleibt festzuhalten, dass immer dann, wenn eine zukünftige Veräußerung das maßgebliche Verwertungsszenario bildet, auch die zukünftige bzw. die fiktive zukünftige Steuerbelastung in die Bewertung einfließen muss. Denn ohne diese Steuerbelastung in Kauf zu nehmen (auszulösen), ist eine Realisierung des Veräußerungspreises nicht möglich.[1045] Dies gilt jedenfalls dann, wenn „jedermann", also der Erblasser und der Erbe auf der einen ebenso wie der Pflichtteilsberechtigte (wenn er Erbe geworden wäre) auf der anderen Seite, dem Grunde nach dieser Besteuerung unterläge bzw. unterliegt.[1046]

355 Konsequenterweise muss in diesem Zusammenhang aber auch gefragt werden, ob bzw. wie sich bei Personenunternehmen (freiberuflichen Praxen, Einzelunternehmen, Mitunternehmerschaften) die Steuersituation auf den erzielbaren Verkaufspreis auswirkt. Denn der Steuerbelastung auf der Verkäuferseite stehen typischerweise neue Abschreibungsmöglichkeiten (für die erworbenen Wirtschaftsgüter) auf der Erwerberseite gegenüber,[1047] deren Existenz sich – im Einzelfall – kaufpreiserhöhend auswirken kann[1048] (sog. Tax Amortisation Benefit).[1049]

b) Dogmatische Einordnung

356 Entgegen der Auffassung des BGH, dass die latente (oder fiktive) Steuer im Rahmen der Bewertung der Aktiva erfasst werden müsse, hat das OLG Oldenburg[1050] jüngst angenommen, die im Falle der Veräußerung von Kapitalanlagen anfallende Abgeltungssteuer (§ 20 Abs. 2 Nr. 6 EStG) sei eine Verbindlichkeit, die dem Grunde nach bereits in der Person des Erblassers entstanden und daher als gesonderter Passivposten im Nachlassverzeichnis zu berücksichtigen sei.

357 Diese Sichtweise stellt einen (krassen) Verstoß gegen das Stichtagsprinzip dar.[1051] Denn die in Rede stehenden Steuern auf einen etwaigen Veräußerungsgewinn fallen erst und auch nur dann an, wenn es tatsächlich zu einer Veräußerung und damit zu einer Gewinnrealisierung kommt. Im Übrigen entstehen Steuerverbindlichkeiten nach § 38 AO erst (und nur) dann, wenn der jeweilige gesetzliche Steuertatbestand verwirklicht wird, an den das Gesetz die Leistungspflicht knüpft. Das war zu Lebzeiten des Erblassers nicht der Fall. Die Steuerverbindlichkeiten entstanden erst nach dem Tod. Vor diesem Hintergrund könnte man – wenn überhaupt[1052] – lediglich von aufschiebend bedingten bzw. zweifelhaften Verbindlichkeiten (§ 2313 BGB) sprechen, die im Rah-

---

1043 Vgl. auch BeckOGK/*Blum/Heuser*, § 2311 Rn 221.
1044 BGH NJW-RR 1991, 900, 901.
1045 BGH NJW 2011, 2572.
1046 Für grundsätzliche Berücksichtigung (unabhängig vom Verwertungsszenario) *Daragan*, RFamU 2022, 412, 415.
1047 *Werner*, ZEV 2022, 262, 264 m.w.N.
1048 Was aber unsicher und nur schwer prognostizierbar bzw. quantifizierbar ist, vgl. *Werner*, ZEV 2022, 262, 264.
1049 Vgl. hierzu ausführlich IDW S 13, IDW Life 2016, 574 ff.
1050 OLG Oldenburg ErbR 2018, 533.
1051 *Daragan*, RFamU 2022, 412; BeckOGK/*Blum/Heuser*, § 2311 Rn 211; a.A.: *Schmid*, ZErb 2015, 133, 137; *Siebert*, EE 2017, 136, 139; *Werner*, ZEV 2022, 262, 263.
1052 Ablehnend zu Recht *Werner*, ZEV 2022, 262, 263; *Biermann/Thiele*, ErbR 2022, 2, 8.

men der Pflichtteilsberechnung zu berücksichtigen sind, sobald die Bedingung eingetreten oder die Zweifel weggefallen sind.

Dogmatisch überzeugender erscheint daher die Herangehensweise des BGH, der die fiktiven bzw. zukünftigen fiktiven (latenten) Steuern im Rahmen der Bewertung des jeweiligen Nachlass-Aktivums berücksichtigt wissen will.[1053] 358

Eine ausdrückliche gesetzliche Grundlage hierfür sucht man jedoch vergeblich. Denn in § 2311 BGB geht es um den „Wert“. Wenn man diesen, wie der BGH das zu Recht tut, (grundsätzlich) mit dem Normalverkaufspreis gleichsetzt,[1054] kann bei dessen Bestimmung die (mögliche) Steuerbelastung des Erben keine Rolle spielen.

Denn der Verkaufspreis ist eine Größe, die der Bestimmung einer etwaigen Steuerbelastung logisch vorgelagert ist. Dies wird deutlich, wenn man sich den Rechenweg zur Bestimmung der fiktiven/latenten Steuer – jedenfalls für Fälle, in denen steuerliches Betriebsvermögen verkauft bzw. ein (ruhender) Betrieb aufgegeben wird – vergegenwärtigt: 359

Insoweit regelt § 16 Abs. 3 i.V.m. Abs. 2 EStG, dass ein Betriebsaufgabegewinn zu ermitteln ist, indem die Summe aus den erzielten Veräußerungspreisen und Entnahmewerten (in Bezug auf nicht veräußerte Wirtschaftsgüter) den steuerlichen Buchwerten gegenübergestellt wird. Veräußerungs- bzw. Aufgabekosten mindern den Gewinn ebenfalls.

Das Konzept der Berechnung stellt sich daher wie folgt dar: 360

	Veräußerungserlös
./.	Veräußerungskosten
./.	Buchwert
	Gewinn

Für steuerverstricktes Privatvermögen (z.B. Immobilien bei Verkauf innerhalb der Spekulationsfrist oder Kapitalanlagen) tritt an die Stelle des Buchwerts der Betrag der Anschaffungskosten (bei vermieteten Immobilien vermindert um die AfA).

Mithin ist die Frage der latenten/fiktiven Steuer eigentlich keine, die dogmatisch auf die Bewertungsebene gehört. Dessen ungeachtet ist aber (wirtschaftlich) eindeutig, dass sie auch pflichtteilsrechtlich relevant sein muss. 361

Die Begründung hierfür liegt in der (positiv-rechtlich nicht geregelten) Intention des Pflichtteilsrechts, den Berechtigten wirtschaftlich so zu stellen, als sei er mit seiner Pflichtteilsquote Erbe geworden.[1055] Würde man die latente/fiktive Steuer außer Betracht lassen, würde der Pflichtteilsberechtigte wirtschaftlich besser gestellt, als der Gesetzgeber dies beabsichtigt hat.

Rein praktisch erscheint aber der Ansatz des BGH, die mögliche Steuerbelastung in die Bewertung einzubeziehen, sinnvoll, da auf diese Weise eine spätere Korrektur des auf Grundlage der „reinen“ Werte rechnerisch ermittelten Pflichtteilsanspruchs vermieden wird. Die dogmatische Rechtfertigung der Berücksichtigung der Steuer ist aber dessen ungeachtet keine Frage rein wissenschaftlichen Interesses, vielmehr wirkt sie sich ganz praktisch auch auf die Bestimmung des zu berücksichtigenden Steuerbetrages aus. 362

1053 Ähnlich im Ergebnis *Schmid*, ZErb 2015, 133, 135.
1054 *Kerscher/Riedel/Lenz*, Pflichtteilsrecht, § 7 Rn 42.
1055 BGHZ 7, 135, 138; BGHZ 14, 368, 376. Dem folgend BVerfGE 78, 132, 149.

3. Berücksichtigung „latenter" Steuern der Höhe nach
a) Grundsätzliches

363 Festzuhalten ist, dass eine allgemeingültige Regel zur Bestimmung der Höhe der fiktiven („latenten) Steuerbelastungen derzeit nicht auszumachen ist; hier besteht in der Praxis ein erhebliches Streitpotenzial.[1056]

364 Ein Weg, das Problem zu lösen, könnte darin bestehen, auf die steuerlichen Verhältnisse des Erblassers abzustellen. Dies scheint auch das OLG Oldenburg in der bereits angesprochenen Entscheidung annehmen zu wollen. Und auch die Entscheidung des BGH zur Behandlung von kapitalbildenden Lebensversicherungen im Rahmen von Pflichtteilsergänzungsansprüchen[1057] könnte in diese Richtung deuten.
Allerdings bleibt festzuhalten, dass dieser Ansatz dogmatisch nicht zu rechtfertigen ist, da er im krassen Widerspruch zum Stichtagsprinzip steht. Außerdem darf bei all dem auch nicht übersehen werden, dass das Abstellen auf den (einzigen) Erblasser die fiktive Steuerbelastung auf eine Person konzentriert, was sich tendenziell zum Nachteil des Pflichtteilsberechtigten auswirkt. Dies spielte im oben angesprochenen Fall des OLG Oldenburg keine Rolle, weil es ohnehin um eine Belastung mit der pauschalen Abgeltungssteuer ging. Es erscheint jedoch vergleichsweise unwahrscheinlich, dass die Rechtsprechung einen solchen Ansatz goutieren könnte, wenn der Erblasser tatsächlich von mehreren Erben beerbt wird und sich die Verteilung eines etwaigen steuerpflichtigen Veräußerungsgewinns auf mehrere Steuerpflichtige im Ergebnis steuermindernd auswirkt.
Mithin ist für die Bestimmung der fiktiven Steuer, dogmatisch betrachtet, auf die Person des Erben (des tatsächlichen[1058] oder des idealen) abzustellen[1059] (vgl. hierzu Rdn 64 ff.).

b) Steuerliche Eigenschaften des „idealen" Erben
aa) Konkreter Erbe vs. idealer Erbe

365 Das Thema der fiktiven Einkommensteuerbelastungen spielt nicht nur pflichtteilsrechtlich eine Rolle; viel prominenter ist es in der jüngeren Vergangenheit im Bereich des Zugewinnausgleichs vom BGH diskutiert worden.
Auch hier legt die Rechtsprechung zu Bewertungszwecken ein Veräußerungsszenario zugrunde, so dass veräußerungsbedingte Steuerbelastungen zu berücksichtigen sind.[1060] Der wesentliche Unterschied der Situation des lebzeitigen Zugewinnausgleichs gegenüber der Pflichtteilsgeltendmachung besteht jedoch darin, dass für die Steuerberechnung beim Zugewinn auf die konkreten steuerlichen Verhältnisse der Eheleute abgestellt werden kann bzw. muss.
Im Pflichtteilsrecht ist das leider nicht so einfach. Denn hier kommt es prinzipiell nicht auf die tatsächlichen individuellen Verhältnisse der Beteiligten an, sondern vielmehr darauf, wie sich die Besteuerung des Nachlassvermögens in der Hand von jedermann, also des idealen[1061] Erben, darstellen würde.[1062]

1056 *Kerscher/Riedel/Lenz*, Pflichtteilsrecht, § 7 Rn 37.
1057 BGH ZErb 2010, 189.
1058 *Krause/Opris*, ZEV 2019, 190.
1059 So auch *Krause/Opris*, ZEV 2019, 190 m.w.N.; MüKo/*Lange*, § 2311 Rn 28.
1060 BGH NJW 2011, 2572; BGH FamRZ 2011, 622.
1061 Nicht des konkreten, a.A. *Krause/Opris*, ZEV 2019, 190, 191.
1062 A.A. *Schmid*, ZErb 2015, 133, 137, der auf den konkreten Erben abstellen möchte, um eine wirtschaftliche Überforderung des Pflichtteilsschuldners zu vermeiden.

bb) Steuerliches Profil des idealen Erben

(1) Grundsätzliches

Wie die steuerlichen Verhältnisse des idealen Erben zu bestimmen sind, hat die Rechtsprechung bislang nicht einheitlich entschieden. Klare Vorgaben hierzu existieren (noch) nicht.[1063] 366

Insofern stellt sich zunächst die Frage nach dem anzuwendenden Steuersatz – aber auch nach anderen persönlichen (Besteuerungs-)Merkmalen.

Im Bereich des Güterrechts (Zugewinnausgleich) wird vorgeschlagen, jedenfalls bei Einzelunternehmen und Personengesellschaften zur Vermeidung großer praktischer Probleme, auf einen standardisierten Steuersatz i.H.v. 35 % zurückzugreifen.[1064]

Derartige Pauschalierungen erscheinen für Körperschaften plausibel, da bei deren Besteuerung ein einheitlicher Steuersatz die Regel ist.[1065] Für natürliche Personen steht dieser allerdings im Widerspruch zu dem progressiven, die individuelle Leistungsfähigkeit des Steuerpflichtigen berücksichtigenden Steuersatz. Mit steigendem Einkommen steigt auch der Steuersatz. Eine einheitliche flat-tax-Besteuerung hat sich in der Bundesrepublik (abgesehen von der Abgeltungssteuer nach § 32d EStG) gerade nicht durchgesetzt und würde im Zuge der Pflichtteilsberechnung – dogmatisch – zu unrichtigen Ergebnissen führen.[1066]

Dessen ungeachtet könnten Praktikabilitätserwägungen u.U. für eine solche Herangehensweise sprechen. Das gilt insbesondere auch für Einkünfte nach § 20 EStG, die der Abgeltungssteuer unterliegen.

Eine klare Linie für die Lösung des anstehenden Problems ist bislang nicht erkennbar. 367
Festzuhalten ist an dieser Stelle jedenfalls, dass jegliche Pauschalierung mit einer gewissen Willkür verbunden wäre.

Genau diese Willkür verträgt sich aber nicht mit dem Grundgedanken des Pflichtteilsrechts. Denn vor der Willkür des Erblassers, seine nächsten Angehörigen enterben zu können, soll der Pflichtteilsberechtigte geschützt werden. Es ergäbe wenig Sinn, ihn nun im Rahmen der im Pflichtteilsrecht verkörperten Korrekturbemühungen einer anderen Art von Willkür auszusetzen.

(2) Zugrunde zu legendes Einkommen und sonstige Besteuerungsmerkmale

(a) Abstellen auf den Erben?

Das gilt auch für das mögliche Abstellen auf den konkreten Erben und seine individu- 368
ellen Besteuerungsmerkmale, da in diesem Fall der Erblasser durch die Auswahl des/der Erben mittelbar die Höhe des Pflichtteils beeinflussen könnte.[1067]

Vergleichsweise einfach zu lösen sind dessen ungeachtet diejenigen Fälle, in denen der die fiktive/latente Einkommensteuer auslösende Veräußerungsgewinn so hoch ist, dass der Erbe allein wegen dieser Einkünfte dem Spitzensteuersatz unterliegt.

Ohnehin ist festzuhalten, dass die zugrunde zu legenden Einkünfte in ihrem Mindestmaß immer durch den (fiktiven) Veräußerungsgewinn bestimmt werden.

(b) Abstellen auf den Pflichtteilsberechtigten

Das Pflichtteilsrecht nach § 2303 BGB ist im Grunde Ausfluss der verfassungsrechtli- 369
chen Garantie einer Mindestbeteiligung des Pflichtteilsberechtigten am Nachlass des

1063 Vgl. aber OLG Hamm BeckRS 2014, 11567, das sich für die Zugrundelegung der individuellen Verhältnisse des Erben ausspricht.

1064 Vgl. *Schmid*, ZErb 2015, 133, 137.

1065 Vgl. *Schmid*, ZErb 2015, 133, 137.

1066 Vgl. *Schmid*, ZErb 2015, 133, 137.

1067 Vgl. zum Beispiel einer gemeinnützigen Stiftung als Erbin *Krause/Opris*, ZEV 2019, 190, 191.

Erblassers (Art. 14 Abs. 1 i.V.m. Art. 6 Abs. 1 GG).[1068] Dabei zielt der Pflichtteilsanspruch, wie bereits ausgeführt, darauf ab, den Pflichtteilsberechtigten wirtschaftlich (in Geld) so zu stellen, als sei er mit seiner Pflichtteilsquote selbst Erbe geworden.[1069]

370 Wäre der Pflichtteilsberechtigte entsprechend seiner Pflichtteilsquote Eigentümer des steuerverstrickten Nachlassvermögens geworden, wäre er an den stillen Reserven der entsprechenden Nachlassgegenstände beteiligt und müsste sie im Verkaufsfall anteilig versteuern.[1070]

Da das Pflichtteilsrecht lediglich eine Mindestbeteiligung garantiert, dem Berechtigten aber keinen wirtschaftlichen Vorteil gegenüber der Situation, dass er mit seiner Pflichtteilsquote (anteilig) Gesamtrechtsnachfolger geworden wäre, verschaffen soll, erscheint es konsequent, die fiktive/latente Steuer wenigstens in der Höhe zu berücksichtigen, in der sie beim (konkreten) Pflichtteilsberechtigten anfallen würde, wenn er mit seiner Pflichtteilsquote geerbt hätte.[1071] Dies gilt umso mehr, wenn (aufgrund normativer Wertung[1072] oder tatsächlich) der Bewertung ein Verkaufsszenario zugrunde zu legen ist.

371 Vor diesem Hintergrund können (abgesehen vom ohnehin geltenden Konzept des idealen Erben) auch besondere persönliche Eigenschaften des (konkreten) Erben, die eine (gegenüber den Verhältnissen beim Pflichtteilsberechtigten) nur geringere Besteuerung zur Folge haben oder einen Besteuerungszugriff vollständig vermeiden (beispielsweise Gemeinnützigkeit),[1073] für die Bemessung der fiktiven/latenten Steuer keine Rolle spielen. Dies wäre vom verfassungsrechtlich gerechtfertigten Schutzzweck des Pflichtteilsrechts m.E. nicht gedeckt.

372 Wenn nach dem soeben Gesagten die steuerlichen Verhältnisse des (konkreten) Pflichtteilsberechtigten die Grundlage für die Ermittlung des (ihm gegenüber) anzusetzenden Mindestmaßes der fiktiven/latenten Steuer bilden, muss ihm hinsichtlich des Ansatzes von Freibeträgen, der Ausübung steuerlicher Wahlrechte etc. zugebilligt werden, dass diese im Rahmen der fiktiven Steuerberechnung in maximal möglichem Umfang berücksichtigt werden. Denn wäre der Pflichtteilsberechtigte nicht nur Gläubiger eines schuldrechtlichen Anspruchs, sondern tatsächlich Erbe, hätte er die Möglichkeit der Inanspruchnahme dieser Steuervorteile (unabhängig davon, ob dies tatsächlich wirtschaftlich sinnvoll wäre oder nicht) ebenfalls. Eine Regel, der zufolge sich der Pflichtteilsberechtigte (wie ein idealer Erbe) ausschließlich wirtschaftlich sinnvoll zu verhalten hätte, besteht insoweit nicht.

373 Davon abgesehen kommt es aber auf die steuerlichen Verhältnisse, insbesondere auch das übrige Einkommen, im Veranlagungszeitraum, in den der Erbfall fällt, an. Typisierungen oder Abweichungen hiervon sind nicht geboten; denn für den Fall, dass der Pflichtteilsberechtigte mit seiner Pflichtteilsquote Erbe geworden wäre, würden derartige Typisierungen ebenfalls nicht eingreifen.

374 Wie gesehen, muss sich der Mindestansatz der fiktiven/latenten Steuer vor dem Hintergrund des Schutzzwecks der §§ 2303 ff. BGB an den individuellen steuerlichen Verhältnissen des einzelnen (jeweiligen) Pflichtteilsberechtigten orientieren.

1068 Vgl. für das Pflichtteilsrecht von Kindern BVerfGE 112, 332 ff. Tz. 65; vgl. auch *Daragan*, ZErb 2015, 329, 332.

1069 BGHZ 7, 135, 138; BGHZ 14, 368, 376. Dem folgend BVerfGE 78, 132, 149.

1070 Ebenso *Daragan*, ZErb 2015, 329, 332; *ders.*, RFamU 2022, 412, 414.

1071 A.A. *Krause/Opris*, ZEV 2019, 190, 191.

1072 Vgl. BGH ZEV 2015, 349, 350, Rn 4; BGH ZEV 2011, 29, Rn 5; BGH NJW-RR 1993, 131 unter I.2.a; BGH NJW-RR 1991, 900, 901.

1073 *Krause/Opris*, ZEV 2019, 190, 191.

Denkt man diesen Gedanken konsequent weiter, ergibt sich, dass die steuerlichen Verhältnisse des Pflichtteilsberechtigten nicht nur das Mindest-, sondern auch das Höchstmaß der ihm entgegenzuhaltenden fiktiven/latenten Steuern definieren. Denn jede andere Vorgehenswiese könnte nicht gewährleisten, dass der Pflichtteilsberechtigte tatsächlich wirtschaftlich so gestellt wird, als wäre er mit seiner Pflichtteilsquote Erbe geworden.[1074]

Eine wirtschaftliche Überforderung des pflichtteilsbelasteten Erben ist hiermit grundsätzlich nicht verbunden und wäre im Übrigen systembedingt hinzunehmen, da der Pflichtteilsberechtigte nach dem dem Pflichtteilsrecht zugrunde liegenden Konzept schutzwürdiger ist als der gewillkürte Erbe. Außerdem hat dieser die Möglichkeit, entweder die Erbschaft auszuschlagen oder Maßnahmen zur Beschränkung seiner Haftung zu ergreifen, so dass ein Rückgriff auf sein Eigenvermögen auch in extrem gelagerten Fällen vermieden werden könnte.

cc) Feststellung der maßgeblichen steuerlichen Daten

Folgt man der hier dargestellten Sichtweise und hält für die Ermittlung der anzusetzen- 375
den fiktiven/latenten Steuern allein die steuerlichen Verhältnisse des jeweiligen Pflichtteilsberechtigten für maßgeblich, müssen diese festgestellt und dem Erben gegenüber offengelegt werden, um ihm überhaupt erst eine Berechnung des jeweiligen Pflichtteilsanspruchs zu ermöglichen.

Insoweit muss dem Erben ein Auskunftsanspruch gegen den (jeweiligen) Pflichtteils- 376
berechtigten zugebilligt werden, da ohne die entsprechenden Kenntnisse keine Pflichtteilsberechnung möglich ist.

Ein erb-, speziell ein pflichtteilsrechtlicher Auskunftsanspruch ist insoweit nicht erkennbar,[1075] zumal die Rechtsprechung bezüglich Auskunftsansprüchen des Erben gegenüber dem Pflichtteilsberechtigten sehr zurückhaltend agiert.[1076]

Vor diesem Hintergrund scheint ein Rückgriff auf die allgemeinen Regeln des § 242 377
BGB geboten.[1077] Der BGH[1078] geht insoweit davon aus, dass ein solcher Auskunftsanspruch immer dann besteht, wenn bzw. soweit es um Rechtsverhältnisse geht, *„deren Wesen es mit sich bringt, dass der [Auskunfts-]Berechtigte entschuldbarerweise über das Bestehen und den Umfang im Ungewissen ist, während der Verpflichtete in der Lage ist, die Auskunft unschwer zu erteilen, wobei die Ungewissheit aus dem besonderen Wesen des Rechtsverhältnisses herrühren muss"*.

Dies gilt umso mehr, als der BGH etwaige Auskunftspflichten des Pflichtteilsberechtigten (im Zusammenhang mit § 2315 BGB) ausdrücklich auch auf wertbildende Faktoren (hierzu gehört die fiktive/latente Steuer, die im Rahmen der Bewertung des jeweiligen Aktivums berücksichtigt wird) erstreckt.[1079]

Im Übrigen dürfte wegen eben dieser Situation der Eintritt des Zahlungsverzugs 378
ausgeschlossen sein, solange der Pflichtteilsberechtigte (trotz entsprechender Aufforderung des Erben) die relevanten Daten nicht bekanntgibt. Denn nach allgemeinen Regeln ist es grundsätzlich Sache des Forderungsinhabers (Pflichtteilsberechtigten),

---

1074 A.A. *Krause/Opris*, ZEV 2019, 190 ff. u. *Werner*, ZEV 2022, 262, die aber verkennen, dass die latente Steuer – dogmatisch – kein den „Wert" des mit ihr belasteten Nachlassgegenstands beeinflussender Faktor ist; vgl. hierzu *Daragan*, RFamU 2022, 412, 414.

1075 Ebenso *Krause/Opris*, ZEV 2019, 190, 191; *Werner*, ZEV 2022, 262, 265.

1076 Vgl. nur OLG München NJW 2013, 2690 ff.

1077 A.A.: *Krause/Opris*, ZEV 2019, 190, 191; *Werner*, ZEV 2022, 262, 265.

1078 BGH NJW 1964, 1414; vgl. auch BGH NJW 2017, 2755, 2756.

1079 Vgl. BGH ZEV 2010, 190, 192.

seinen Anspruch nachvollziehbar geltend zu machen. Soweit der Schuldner (Erbe) den Inhalt und Umfang seiner Leistungspflicht nicht kennt, ohne dass er dies zu vertreten hat, kann er nicht in Verzug geraten.[1080]

§ 2312 Wert eines Landguts

(1) [1]Hat der Erblasser angeordnet oder ist nach § 2049 anzunehmen, dass einer von mehreren Erben das Recht haben soll, ein zum Nachlass gehörendes Landgut zu dem Ertragswert zu übernehmen, so ist, wenn von dem Recht Gebrauch gemacht wird, der Ertragswert auch für die Berechnung des Pflichtteils maßgebend. [2]Hat der Erblasser einen anderen Übernahmepreis bestimmt, so ist dieser maßgebend, wenn er den Ertragswert erreicht und den Schätzungswert nicht übersteigt.
(2) Hinterlässt der Erblasser nur einen Erben, so kann er anordnen, dass der Berechnung des Pflichtteils der Ertragswert oder ein nach Absatz 1 Satz 2 bestimmter Wert zugrunde gelegt werden soll.
(3) Diese Vorschriften finden nur Anwendung, wenn der Erbe, der das Landgut erwirbt, zu den in § 2303 bezeichneten pflichtteilsberechtigten Personen gehört.

Literatur

Böck, Ertragswert und Schuldenabzug, MittBayNot 1984, 243; *Haegele*, Landgut und Ertragswert im Bürgerlichen Recht, BWNotZ 1973, 243; *Hausmann*, Die Vererbung von Landgütern nach dem BGB, 2000; *Kegel*, Zum Pflichtteil von Großgrundbesitz, in: FS Cohn, 1975, S. 85; *Kempfler*, Die Bewertung landwirtschaftlicher Betriebe im Hinblick auf pflichtteilsrechtliche Ansprüche, ZEV 2011, 337; *Kronthaler*, Landgut, Ertragswert und Bewertung im bürgerlichen Recht, 1991; *Mayer, J.*, Pflichtteil und Ertragswertprivileg, MittBayNot 2004, 334; *Müller-Feldmann*, Das Ertragswertverfahren bei der Hofübergabe, ZEV 1995, 161; *Söbbeke*, Landwirtschaftserbrecht: Die Nordwestdeutsche HöfeO, ZEV 2006, 395; *Steffen*, Ertragswert des Landguts, RdL 1980, 143; *Weber*, Gedanken zum Ertragswertprinzip des § 2312 BGB, BWNotZ 1992, 14; *Weidlich*, Ertragswertverordnung und Ehegattenbeteiligung an einem Landgut, ZEV 1996, 380; *Zechiel*, Die „Ertragswertklausel" in der bayerischen Notariatspraxis und ihr Bedeutungswandel bei verfassungsgemäßer Auslegung des § 2312 BGB (Diss.), 1993.

Übersicht:

1080 BGH NJW 1981, 1729; ebenso OLG München NJW 2013, 2690, 2691.

A. Allgemeines

§ 2312 BGB bildet eine agrarpolitische Schutzvorschrift,[1] die dem Ziel dient, dem Erben die Erhaltung des Betriebs zu ermöglichen. Denn der Erhalt leistungsfähiger **landwirtschaftlicher Betriebe** in bäuerlichen Familien liegt nach Auffassung des BVerfG im öffentlichen Interesse.[2] Insbesondere soll der Erbe davor geschützt werden, wegen der Befriedigung der Pflichtteilsberechtigten einzelne oder mehrere Grundstücke zu veräußern und dadurch die Wirtschaftlichkeit und Leistungsfähigkeit des Betriebs insgesamt zu gefährden.[3] Dabei spielt sein privates Interesse am Erhalt des erworbenen Vermögens gegenüber den erwähnten öffentlichen Interessen nur eine untergeordnete Rolle.[4] Die Rechtsprechung geht bislang davon aus, dass die Privilegierung landwirtschaftlichen Vermögens nicht gegen den Gleichheitssatz (Art. 3 Abs. 1 GG) verstoße.[5] Dies gelte allerdings nur, soweit im Einzelfall davon ausgegangen werden könne, dass der Gesetzeszweck (Erhaltung leistungsfähiger landwirtschaftlicher Betriebe) auf diese Weise auch tatsächlich erreicht werde. Eine ausnahmslose, also an keine weiteren Voraussetzungen gebundene Anwendung eines unter dem Verkehrswert liegenden Ertragswerts (wie sie früher in § 1356 Abs. 4 BGB im Zusammenhang mit dem Zugewinnausgleich vorgesehen war) hat das BVerfG für eine „unverhältnismäßige Verschiebung der Opfergrenze" und daher für verfassungswidrig gehalten.[6] Eine Wertprivilegierung, die ausdrücklich dem Zweck dient, überkommene bäuerliche Familienbetriebe dauerhaft zu erhalten, ist dem gegenüber aber verfassungsrechtlich nicht zu beanstanden.[7] 1

Technisch betrachtet stellt § 2312 BGB eine lex specialis zu § 2311 BGB dar,[8] indem abweichend vom Grundsatz der Maßgeblichkeit des tatsächlichen Werts ein typisierter, i.d.R. weit hinter dem Verkehrswert zurückbleibender[9] (in Bayern lag das Verhältnis von Liquidationswert zu Ertragswert i.S.d. § 2312 BGB in der Vergangenheit bspw. bei 8:1 – 14:1)[10] **Wertansatz** für **Landgüter** vorgesehen wird.[11] Das den weichenden Erben bzw. den Pflichtteilsberechtigten hierdurch abverlangte Opfer ist im Hinblick auf das öffentliche Interesse am Erhalt gesunder agrarpolitischer und agrarökonomischer Strukturen im Grundsatz verfassungsrechtlich unbedenklich. Dies gilt jedoch dann nicht, wenn die Erhaltung des landwirtschaftlichen Betriebs in der Hand einer vom Gesetz begünstigten Person tatsächlich nicht erreicht werden kann.[12] 2

1 *Becker*, AgrarR 1975, 57, 61; *Müller-Feldhammer*, ZEV 1995, 161, 162; MüKo/*Lange*, § 2312 Rn 1 m.w.N.; BeckOGK/*Blum/Heuser*, § 2312 Rn 1; Staudinger/*Herzog* (2021), § 2312 Rn 2.

2 BVerfG NJW 1985, 1329, 1330; *Kerscher/Riedel/Lenz*, Pflichtteilsrecht, § 7 Rn 119.

3 BGH AgrarR 1977, 173; *Weidlich*, ZEV 1996, 380; Staudinger/*Herzog* (2021), § 2312 Rn 3; vgl. auch *Kempfler*, ZEV 2011, 337.

4 Vgl. z.B.: BGHZ 98, 375, 379; BGH FamRZ 1995, 352; BGH FamRZ 1992, 172; BGH FamRZ 1989, 1276, 1277; *Kronthaler*, Landgut, S. 39 ff.; vgl. auch Staudinger/*Herzog* (2021), § 2312 Rn 5.

5 BGHZ 98, 382 = NJW 1987, 1260; BGH NJW 1995, 1253; BGH NJW 1987, 1951.

6 BVerfGE 67, 318, 368 = NJW 1985, 1329, 1330.

7 BVerfGE 91, 346 = NJW 1995, 2977; vgl. aber auch *Krenz*, FamRZ 1995, 534; vgl. hierzu auch *Kempfler*, ZEV 2011, 337, 338; strikt gegen eine Privilegierung aber *Muscheler*, Erbrecht, Rn 965 ff.

8 BeckOGK/*Blum/Heuser*, § 2312 Rn 2.

9 Staudinger/*Herzog* (2021), § 2312 Rn 6.

10 Vgl. *Riedel*, in: Mayer/Süß/Riedel/Bittler, HB Pflichtteilsrecht, § 5 Rn 282; *Kronthaler*, Landgut, S. 16.

11 Staudinger/*Herzog* (2021), § 2312 Rn 2; *Weyrauch*, DNotZ 1919, 174 ff.

12 BVerfG NJW 1985, 1329, 1330; BGHZ 98, 375, 380; BGHZ 98, 382, 388; BGH FamRZ 1992, 172; Staudinger/*Herzog* (2021), § 2312 Rn 6 BeckOGK/*Blum/Heuser*, § 2312 Rn 4; *Riedel*, in: Mayer/Süß/Riedel/Bittler, HB Pflichtteilsrecht, § 5 Rn 282.

3 Die Besonderheit des Ertragswerts i.S.v. § 2312 BGB besteht vor allem darin, dass – anders als bei der sonst auch im Pflichtteilsrecht maßgeblichen betriebswirtschaftlich fundierten Unternehmensbewertung – nicht der **Liquidationswert** die **Untergrenze** (siehe § 2311 Rdn 173) des Bewertungsergebnisses darstellt.[13] Dies führt dazu, dass meistens der Ertragswert nach § 2312 BGB wesentlich niedriger ist als der Verkehrswert.[14]

B. Tatbestand

I. Anwendungsbereich

4 Die Vorgaben von § 2312 BGB sind prinzipiell für alle pflichtteilsrechtlichen Ansprüche zu beachten,[15] also nicht nur i.R.d. Berechnung des ordentlichen Pflichtteils, sondern auch beim Pflichtteilsrestanspruch.

Bei der Berechnung etwaiger **Pflichtteilsergänzungsansprüche** setzt die Anwendung des Ertragswertprivilegs jedoch voraus, dass jedenfalls im Zeitpunkt des Erbfalls die Landguteigenschaft i.S.d. § 2312 BGB gegeben ist und ein Wille zur Fortführung besteht.[16] Ob diese auch im Zeitpunkt der Zuwendung schon bestand oder ob der Übernehmer die Anwendungsvoraussetzungen des § 2312 BGB erst durch eigenes Handeln zwischen Übernahme und Erbfall herbeiführt, ist irrelevant.[17]

Fällt die Landguteigenschaft zwischen Abschluss des Schenkungsvertrags und Erbfall weg, ist § 2312 BGB nicht anwendbar.[18] Das gilt auch, wenn das Landgut vor dem Erbfall aufgegeben wird.[19]

Ist der Erblasser Eigentümer zweier oder mehrerer Landgüter, wird die Anwendbarkeit von § 2312 BGB teilweise abgelehnt,[20] was aber im Zweifel mit den agrarpolitischen Zielsetzungen der Vorschrift nicht vereinbar ist, selbst wenn es hierdurch im Ergebnis zu massiven Begünstigungen des Übernehmers kommen kann.[21]

Eine Anwendung von § 2312 BGB scheidet im Übrigen aus, wenn die Nachfolge in das Landgut sich aufgrund einer landwirtschaftlichen Sondernachfolge nach den höfe- bzw. anerbenrechtlichen Bestimmungen i.S.d. Art. 64 EGBGB vollzieht.[22] Die Sonderbestimmungen der HöfeO gelten (teilweise) in Baden-Württemberg,[23] Brandenburg,[24]

---

13 BeckOGK/*Blum/Heuser*, § 2312 Rn 2; vgl. auch bereits Staudinger/*J. Mayer* (1997), Art. 137 EGBGB Rn 4.

14 Staudinger/*Herzog* (2021), § 2312 Rn 6; BeckOGK/*Blum/Heuser*, § 2312 Rn 2; vgl. hierzu auch *Hasselhof*, RdL 1993, 225; vgl. auch *G. Winkler*, AgrarR 1979, 53, 55.

15 BGH FamRZ 1995, 352; *Weidlich*, ZEV 1996, 380, 381; MüKo/*Lange*, § 2312 Rn 4; Staudinger/*Herzog* (2021), § 2312 Rn 8; *Riedel*, in: Mayer/Süß/Riedel/Bittler, HB Pflichtteilsrecht, § 5 Rn 284.

16 BeckOGK/*Blum/Heuser*, § 2312 Rn 6; Staudinger/*Herzog* (2021), § 2312 Rn 8; maßgeblich sind die Verhältnisse im Zeitpunkt des Erbfalls, vgl. OLG Braunschweig ErbR 2017, 36; LG Landshut ErbR 2016, 349.

17 Vgl. *Riedel*, in: Mayer/Süß/Riedel/Bittler, HB Pflichtteilsrecht, § 5 Rn 284.

18 Vgl. OLG Braunschweig ErbR 2017, 36 zum Wegfall der Landguteigenschaft zwischen Abschluss des Übergabevertrags und Eintragung des Eigentumswechsels im Grundbuch.

19 BGH FamRZ 1995, 352; BeckOGK/*Blum/Heuser*, § 2312 Rn 7.

20 Vgl. *Kegel*, Zum Pflichtteil vom Großgrundbesitz, in: FS Cohn, S. 106 f.

21 Ausführlich hierzu Soergel/*Beck*, § 2312 Rn 11.

22 Staudinger/*Herzog* (2021), § 2312 Rn 7; MüKo/*Lange*, § 2312 Rn 4; BeckOGK/*Blum/Heuser*, § 2312 Rn 5; Burandt/Rojahn/*Horn*, Erbrecht, § 2312 Rn 6; *Müller-Feldhammer*, ZEV 1965, 161, 162.

23 Hofgütergesetz, aktuelle Fassung v. 19.11.1991, GBl BW 1991, 686.

24 Vgl. § 4 BbgHöfeOG v. 19.6.2019, Bbg GVBl. I/19, Nr. 28.

Bremen,[25] Hessen,[26] Hamburg, Niedersachsen, Nordrhein-Westfalen, Rheinland-Pfalz[27] und Schleswig-Holstein. Keine derartigen Sonderbestimmungen gelten in Bayern sowie in den meisten neuen Bundesländern.[28] Allerdings steht es dem Hofeigentümer frei, die Löschung des Hofvermerks zu betreiben und so den Anwendungsbereich des Höferechts auszuschließen, so dass im Falle seines Todes auch der Hof nach BGB vererbt wird.[29] Dann ist auch § 2312 BGB anwendbar.[30]

II. Person des Übernehmers

Gem. Abs. 3 muss der (alleinige/einzige)[31] Übernehmer dem Kreis der nach § 2303 BGB pflichtteilsberechtigten Personen angehören. Dabei reicht aber eine „abstrakte" Pflichtteilsberechtigung aus;[32] dass dem Übernehmer nach § 2309 BGB im konkreten Fall tatsächlich ein Pflichtteilsanspruch zusteht, ist nicht erforderlich.[33] Allerdings muss er nach dem Gesetzeswortlaut grundsätzlich Gesamtrechtsnachfolger, also Erbe sein;[34] ein Übergang des Landguts aufgrund Vermächtnisanordnung eröffnet nicht die Anwendbarkeit von § 2312 BGB.[35] Ist das Landgut aber Gegenstand eines Vorausvermächtnisses, ist dies für die Anwendung von § 2312 BGB (wenigstens analog) ausreichend,[36] da der Übernehmer in dieser Situation Erbe geworden und durch das Vermächtnis lediglich gegenüber den übrigen Miterben privilegiert wird. Anders als im Falle einer Teilungsanordnung erhält er das Gut neben dem ihm im Übrigen hinterlassenen Erbteil. 5

Soweit das Landgut lebzeitig übertragen und der Übernehmer später gar nicht Erbe wird, ist fraglich, wie ein etwaiger Pflichtteilsergänzungsanspruch zu berechnen ist. Zum einen kommt eine Berechnung auf Verkehrswertbasis in Betracht, zum anderen eine Art „gespaltene" Berechnung, in die im Falle der Inanspruchnahme des Erben (nach § 2325 BGB) der Verkehrswert und im Falle der Inanspruchnahme des Beschenkten (nach § 2329 BGB) der Ertragswert einbezogen wird.[37] Sowohl nach dem Wortlaut als auch nach der ratio der Vorschrift wird man im Ergebnis davon ausgehen müssen, dass nur ein einheitlicher Berechnungsmodus zu nachvollziehbaren und stringenten Ergebnissen führen kann.[38] 6

---

25 § 9 Bremisches Höfegesetz, zuletzt geändert durch Art. 1 des Gesetzes zur Änderung von Vorschriften zum Wegfall von Befristungen v. 19.12.2014 (BremGBl 2014, S. 775) und seit Dezember 2014 wieder unbefristet in Kraft, vgl. BeckOGK/*Ruby*, EGBGB Art. 64 Rn 38.

26 Hessische Landgüterverordnung i.d.F. v. 13.8.1970, GVBl. 1970, 548.

27 Landesgesetz über die HöfeO, aktuelle Fassung v. 26.9.2000, GVBl. 2000, 397.

28 Vgl. Staudinger/*Herzog* (2021), § 2312 Rn 7; MüKo/*Lange*, § 2312 Rn 10; *Riedel*, in: Mayer/Süß/Riedel/Bittler, HB Pflichtteilsrecht, § 5 Rn 285; *Kerscher/Riedel/Lenz*, Pflichtteilsrecht, § 7 Rn 125.

29 *Kempfler*, ZEV 2011, 337, 338; *Ruby*, ZEV 2006, 351, 352.

30 Staudinger/*Herzog* (2021), § 2312 Rn 67 MüKo/*Lange*, § 2312 Rn 4.

31 BeckOGK/*Blum/Heuser*, § 2312 Rn 9; BeckOK BGB/*Müller-Engels*, § 2312 Rn 6.

32 BeckOGK/*Blum/Heuser*, § 2312 Rn 8; Burandt/Rojahn/*Horn*, Erbrecht, § 2312 Rn 12; *Riedel*, in: Mayer/Süß/Riedel/Bittler, HB Pflichtteilsrecht, § 5 Rn 287.

33 OLG Jena ZEV 2007, 531; BGH NJW 1964, 1414, 1415 = LM § 2329 Nr. 5/6; BeckOGK/*Blum/Heuser*, § 2312 Rn 8; Staudinger/*Herzog* (2021), § 2312 Rn 16; MüKo/*Lange*, § 2312 Rn 11; *Strohal*, § 52 Anm. 23; *Haegele*, BWNotZ 1973, 50; *Planck/Greiff*, Anm. 4.

34 BeckOGK/*Blum/Heuser*, § 2312 Rn 8.

35 OLG München ZErb 2009, 182; Staudinger/*Herzog* (2021), § 2312 Rn 9; MüKo/*Lange*, § 2312 Rn 10.

36 OLG München ZErb 2009, 301; BeckOGK/*Blum/Heuser*, § 2312 Rn 8; Staudinger/*Herzog* (2021), § 2312 Rn 9; *J. Mayer*, in: Mayer/Süß/Tanck/Bittler/Wälzholz, HB Pflichtteilsrecht (1. Aufl.), § 5 Rn 167; vgl. auch *Ruby*, ZEV 2007, 263, 266 f.

37 Vgl. MüKo/*Lange*, § 2312 Rn 12.

38 MüKo/*Lange*, § 2312 Rn 12.

Insoweit ist davon auszugehen, dass § 2312 BGB jedenfalls analog anzuwenden ist, soweit im Zeitpunkt des Erbfalls[39] (nicht zwingend bereits zum Zeitpunkt der Übertragung; vgl. Rdn 4) die Landguteigenschaft besteht.[40] Das Ertragswertprivileg muss in diesen Fällen auch zugunsten des nicht das Landgut übernehmenden Erben anwendbar sein,[41] und zwar unabhängig davon, ob der Landgut-Übernehmer später Erbe wird oder nicht.[42] Dies gilt umso mehr, als im Falle der Inanspruchnahme des (selbst pflichtteilsberechtigten) Übernehmers nach § 2329 BGB zu dessen Gunsten in jedem Fall eine Berufung auf § 2312 BGB möglich wäre.[43]

7 Die Anwendbarkeit von § 2312 BGB setzt in jedem Fall voraus, dass das Landgut lediglich auf einen (einzigen) Erwerber übergeht, nicht auf mehrere.[44] Dies ergibt sich zum einen aus dem insoweit eindeutigen Wortlaut der Vorschrift („einer von mehreren Erben") und entspricht zum anderen auch dem Gesetzeszweck, den Erhalt leistungsfähiger Wirtschaftseinheit und die Vermeidung deren Zersplitterung durch Teilungsversteigerung zu gewährleisten. Der Erblasser muss also im Falle einer Erbenmehrheit eine Zuweisung/ein Übernahmerecht zugunsten eines einzelnen Erben anordnen.[45] Vor diesem Hintergrund ist § 2312 BGB **nicht anwendbar**, wenn

- nur ein Miteigentumsbruchteil an einem Landgut zugewendet wird,[46]
- mehrere Pflichtteilsberechtigte das Landgut im Wege der vorweggenommenen Erbfolge (gemeinsam) zu Bruchteilseigentum erhalten,[47]
- das Landgut an eine Erbengemeinschaft ohne Einräumung eines Übernahmerechts fällt,[48]
- ein pflichtteilsberechtigter Abkömmling mit seinem Ehegatten in Bruchteilseigentum erwirbt.[49]

Unproblematisch ist die Anwendung von § 2312 BGB hingegen, wenn – wie gesetzlich vorgesehen – das Landgut an einen einzigen Erwerber übertragen oder vererbt wird,

39 MüKo/*Lange*, § 2312 Rn 14; Staudinger/*Herzog* (2021), § 2312 Rn 19. Eine Aufgabe des Landguts zwischen Übertragung und Erbfall führt zur Unanwendbarkeit von § 2312 BGB, vgl. BeckOGK/*Blum/Heuser*, § 2312 Rn 8.

40 MüKo/*Lange*, § 2312 Rn 6; BeckOGK/*Blum/Heuser*, § 2312 Rn 8; Staudinger/*Herzog* (2021), § 2312 Rn 19 m.w.N.

41 So jedenfalls OLG Jena ZEV 2007, 531 m. krit. Anm. *Ruby*; vgl. auch Soergel/*Beck*, § 2312 Rn 6; MüKo/*Lange*, § 2312 Rn 11.

42 BeckOGK/*Blum/Heuser*, § 2312 Rn 6.1.

43 MüKo/*Lange*, § 2312 Rn 12.

44 BeckOGK/*Blum/Heuser*, § 2312 Rn 9; Burandt/Rojahn/*Horn*, Erbrecht, § 2312 Rn 10; BeckOK BGB/*Müller-Engels*, § 2312 Rn 6.

45 Staudinger/*Herzog* (2021), § 2312 Rn 14.

46 BGH LM § 2325 Nr. 9 = NJW 1973, 995, bestätigt von BGH FamRZ 1977, 195, 196 = RdL 1977, 119; MüKo/*Lange*, § 2312 Rn 11; Staudinger/*Werner* (1996), § 2049 Rn 3; Soergel/*Beck*, § 2312 Rn 8 mit der überlegenswerten Einschränkung, wenn einheitliche Bewirtschaftung gewahrt bleibt; a.M. *Hausmann*, S. 261 ff.: Für das Ertragswertprivileg sei allein entscheidend, ob das gesamte Landgut mit dem Erbfall von einer pflichtteilsberechtigten Person fortgeführt werde, so wenn etwa der längerlebende Ehegatte zu seinem Miteigentumshälfteanteil den des anderen hinzuerbt.

47 BGH LM Nr. 4 = FamRZ 1977, 195; *Lange/Kuchinke*, § 37 Fn 255; MüKo/*Lange*, § 2312 Rn 10; a.M. *Hausmann*, S. 256 f., wenn nur sichergestellt sei, dass bei Ausscheiden des einen Miterben dem anderen die Fortführung zum Ertragswert ermöglicht werde (rechtsgeschäftliche Vereinbarung erforderlich).

48 Staudinger/*Herzog* (2021), § 2312 Rn 17; Soergel/*Beck*, § 2312 Rn 8.

49 MüKo/*Lange*, § 2312 Rn 11; BeckOGK/*Blum/Heuser*, § 2312 Rn 9; *Weidlich*, ZEV 1996, 380, 381 f. (von *Hausmann*, S. 261 Fn 1123 zu Unrecht als Gegenauffassung zitiert).

der anschließend einen Miteigentumsanteil an seinen Ehegatten überträgt.[50] Ebenso sollte die Rechtslage sich darstellen, wenn das Landgut durch Übergabe an ein in Gütergemeinschaft verheiratetes Kind in das Gesamtgut übergeht.[51]

8 Gehört das Landgut auf Erblasser- bzw. Übergeberseite zum Gesamtgut einer ehelichen **Gütergemeinschaft,** steht dies nach zutreffender und ganz überwiegender Ansicht der Anwendbarkeit von § 2312 BGB nicht entgegen.[52] Das gilt nicht nur für den Fall der lebzeitigen Übertragung durch beide Ehegatten gemeinsam, sondern auch dann, wenn sich die Ehegatten, z.B. durch einen „klassischen Ehe- und Erbvertrag", gegenseitig zu Alleinerben einsetzen,[53] so dass im ersten Erbfall Pflichtteilsansprüche der Abkömmlinge ausgelöst werden. Soweit eine entsprechende Anordnung getroffen wurde, ist bei deren Berechnung der Ertragswert zugrunde zu legen.[54]

III. Zuwendung eines Landguts

1. Begriffsbestimmung

9 Gegenstand des Bewertungsprivilegs ist die (einheitliche) Zuwendung (unter Lebenden oder von Todes wegen) eines – im Zeitpunkt des Erbfalls[55] – lebensfähigen Landguts (an einen einzigen Erwerber).[56] Eine Legaldefinition des Landgut-Begriffs enthält das Gesetz nicht.[57] Entsprechend den Regelungen des § 585 Abs. 1 S. 2 BGB setzt das Bestehen eines Landguts aber sicherlich voraus, dass Grundstücke vorhanden sind, auf denen Landwirtschaft im Sinne einer Bodenbewirtschaftung oder eine mit Bodennutzung verbundene Tierhaltung betrieben wird, um pflanzliche oder tierische Erzeugnisse zu gewinnen.[58] Dementsprechend versteht die Rechtsprechung unter einem „Landgut" i.S.d. §§ 2312, 2049 BGB eine Besitzung, die eine zum selbstständigen und dauernden Betrieb der Landwirtschaft einschließlich der Viehzucht oder der Forstwirtschaft geeignete und bestimmte Wirtschaftseinheit darstellt und mit den nötigen Wohn- und Wirtschaftsgebäuden versehen ist, so dass die dazugehörigen Grundstücke von einer Stelle aus bewirtschaftet werden können.[59]

---

50 Staudinger/*Herzog* (2021), § 2312 Rn 17; BeckOGK/*Blum/Heuser*, § 2312 Rn 9; *Weidlich*, ZEV 1996, 380, 381 f.; vgl. auch *Riedel*, in: Mayer/Süß/Riedel/Bittler, HB Pflichtteilsrecht, § 5 Rn 290 unter Hinweis auf BGH NJW 1995, 1352.

51 *Weidlich*, ZEV 1996, 380, 382.

52 BGH FamRZ 1983, 1220; OLG Oldenburg RdL 1957, 220; MüKo/*Lange*, § 2312 Rn 11; BeckOGK/*Blum/Heuser*, § 2312 Rn 9; Soergel/*Beck*, § 2312 Rn 8; *Zechiel*, S. 100 f.; *Hausmann*, S. 258 f. (in Analogie zu § 1515 BGB); a.M. *Faßbender*, AgrarR 1986, 131, 133. Für Anwendung auch auf die Vererbung von Bruchteilseigentum, wenn dieses der pflichtteilsberechtigte Miteigentümer erhält und einheitliche Bewirtschaftung sichergestellt ist: Soergel/*Beck*, § 2312 Rn 8; *Weidlich*, ZEV 1995, 380, 381.

53 BGH FamRZ 1983, 1220, 1221; BeckOGK/*Blum/Heuser*, § 2312 Rn 9.

54 *Weidlich*, ZEV 1996, 380; *Hausmann*, S. 259.

55 BGH ZEV 1995, 74; OLG München ZErb 2009, 182, 183; OLG München ZErb 2006, 322; MüKo/*Lange*, § 2312 Rn 14.

56 BGHZ 98, 382, 388.

57 Vorschriften außerhalb des BGB sind zur Definition wohl nicht geeignet, vgl. OLG München NJW-RR 2003, 1518, 1519; BeckOGK/*Blum/Heuser*, § 2312 Rn 13; Staudinger/*Herzog* (2021), § 2312 Rn 19.

58 MüKo/*Lange*, § 2312 Rn 13; Staudinger/*Herzog* (2021), § 2312 Rn 19.

59 BGHZ 98, 375, 377; BGH AgrarR 1977, 173; BGH MDR 1972, 496; BGH NJW-RR 1992, 770; OLG Braunschweig ErbR 2017, 36; OLG Hamm v. 10.4.2014 – 10 U 35/13, BeckRS 2014, 11567; Burandt/Rojahn/*Horn*, Erbrecht, § 2312 Rn 3; *Weber*, BWNotZ 1992, 14, 15; *Becker*, AgrarR 1975, 57, 62; Staudinger/*Herzog* (2021), § 2312 Rn 20 m.w.N.; vgl. auch *Riedel*, in: Mayer/Süß/Riedel/Bittler, HB Pflichtteilsrecht, § 5 Rn 297.

Kein Landgut bilden daher einzelne Grundstücke oder auch eine Mehrheit von solchen, die nicht einer (einzigen) Hofstelle zugeordnet sind, von der aus sie einheitlich bewirtschaftet werden können.[60] Die Art der Nutzung ist in diesem Fall irrelevant.[61] Dasselbe gilt für Grundstücke, die mit einem anderen landwirtschaftlichen Besitztum wirtschaftlich so verbunden sind, dass ihre eigenständige Bewirtschaftung nicht möglich ist oder wenn dokumentiert ist, dass eine solche nicht beabsichtigt wird.

Zum Landgut gehören auch sog. Sonderkulturen wie Weinbau, Erwerbsobstbau[62] und Imkerei.[63] Gleiches kann für einen Gärtnereibetrieb,[64] Vieh- und Geflügelzucht[65] sowie ein reines Forstgut[66] gelten.

Betriebe mit Massentierhaltung, die im Wesentlichen mit Hilfe zugekauften Futters betrieben wird, stellen i.d.R. keine Landgüter dar.[67] Auch für eine Pferdepension hat das OLG München die Landguteigenschaft zutreffend verneint.[68] Das gilt auch dann, wenn ein Zusammenhang mit einer Grünland- oder Forstbewirtschaftung besteht. Denn die Pensionstierhaltung stellt keine landwirtschaftliche Urproduktion dar.[69]

Werden auf einem Landgut weitere Gewerbe, bspw. ein Gasthof, eine Brennerei oder Brauerei betrieben, handelt es sich um einen sog. Mischbetrieb. Die einzelnen Betriebsteile sind hier grundsätzlich getrennt voneinander zu bewerten.[70]

10 Eine (vorübergehende) Verpachtung des Betriebs vor der Übergabe führt grundsätzlich nicht zum Verlust der Landguteigenschaft (Interimsverpachtung).[71] Dies gilt allerdings nur unter der Voraussetzung, dass eine realisierbare Absicht des Übernehmers besteht, den Betrieb selbst wieder aufzunehmen und dauerhaft fortzuführen.

Daher führt eine längerfristige Verpachtung dann zum Verlust der Landguteigenschaft, wenn (nach objektiven Kriterien) eine Wiederaufnahme der Eigenbewirtschaftung (in absehbarer Zeit) nicht beabsichtigt oder nicht realistisch ist.[72] Das gilt insbesondere auch bei (endgültiger) Einstellung (noch) durch den Erblasser[73] oder bei Veräußerung wesentlicher Teile des Betriebs.[74]

---

60 BGH AgrarR 1977, 173; MüKo/*Lange*, § 2312 Rn 13 m.w.N.

61 Staudinger/*Herzog* (2021), § 2312 Rn 22; *Zechiel*, S. 40.

62 BeckOGK/*Blum/Heuser*, § 2312 Rn 13.3; Staudinger/*Herzog* (2021), § 2312 Rn 21; BeckOK BGB/*Müller-Engels*, § 2312 Rn 8; *Riedel*, in: Mayer/Süß/Riedel/Bittler, HB Pflichtteilsrecht, § 5 Rn 297.

63 Staudinger/*Herzog* (2021), § 2312 Rn 21.

64 BGH AgrarR 1977, 173 f.; OLG Oldenburg FamRZ 1992, 726; Staudinger/*Herzog* (2021), § 2312 Rn 21; BeckOGK/*Blum/Heuser*, § 2312 Rn 13.3.

65 BGH NJW 1987, 951; BGH NJW 1964, 1414,1416; Staudinger/*Herzog* (2021), § 2312 Rn 21; BeckOGK/*Blum/Heuser*, § 2312 Rn 13.3; es ist im Einzelfall darauf zu achten, dass sich die Tätigkeit nicht als eigenständiger Gewerbebetrieb darstellt; in diesem Fall ist § 2312 BGB nämlich nicht anwendbar – zur Abgrenzung vgl. *Kronthaler*, S. 130 ff.; BGH NJW-RR 1996, 528.

66 Soergel/*Beck*, § 2312 Rn 1; MüKo/*Lange*, § 2312 Rn 15; BeckOGK/*Blum/Heuser*, § 2312 Rn 13.3.

67 BGH NJW 1987, 951; BGH NJW 1964, 1414, 1416; BeckOGK/*Blum/Heuser*, § 2312 Rn 13.3.

68 OLG München NJW-RR 2003, 1518; BeckOGK/*Blum/Heuser*, § 2312 Rn 13.4; MüKo/*Lange*, § 2312 Rn 15.

69 MüKo/*Lange*, § 2312 Rn 15; BeckOGK/*Blum/Heuser*, § 2312 Rn 13.4; Staudinger/*Herzog* (2021), § 2312 Rn 21 m.w.N.; a.A. *J. Mayer*, MittBayNot 2004, 334, 337 f.

70 MüKo/*Lange*, § 2312 Rn 15.

71 BGH NJW 1964, 1414; OLG Stuttgart NJW-RR 1986, 823; Staudinger/*Herzog* (2021), § 2312 Rn 30.

72 Staudinger/*Herzog* (2021), § 2312 Rn 30; Burandt/Rojahn/*Horn*, Erbrecht, § 2312 Rn 8; vgl. OLG Oldenburg FamRZ 1992, 726 auch zum Fall einer längerfristigen Verpachtung aus gesundheitlichen Gründen.

73 BeckOGK/*Blum/Heuser*, § 2312 Rn 16.3.

74 BayObLG FamRZ 1989, 540, 541; MüKo/*Lange*, § 2312 Rn 18.

2. Mindestanforderungen an die Leistungsfähigkeit des Betriebs

Zusätzlich zu den vorgenannten qualitativen Anforderungen an den Betrieb setzt die Landguteigenschaft auch dessen Leistungsfähigkeit voraus,[75] also seine Fähigkeit, am Markt wirtschaftlich bestehen zu können.[76] Dafür ist zwar eine **„gewisse Größe"** erforderlich.[77] Das Gesetz schreibt aber weder eine Mindestgröße[78] noch einen absoluten Mindestwirtschaftswert vor.[79] Ebenso wenig existiert eine Maximalgröße.[80] Grundsätzlich wird man davon ausgehen müssen, dass ein Landgut für seinen Inhaber eine selbstständige Nahrungsquelle darstellen muss, ohne dass aber eine sog. Ackernahrung vorliegen muss.[81] Die Deckung wenigstens eines erheblichen Teils des Lebensunterhalts des Betreibers genügt.[82] Reine „Hobby-Betriebe" erfüllen diese Anforderung nicht.[83] 11

Ob die Bewirtschaftung des Gutes wirtschaftlich sinnvoll ist oder ob eine andere als die landwirtschaftliche Nutzung ökonomisch ertragreicher zu gestalten wäre, bspw. durch die Umqualifizierung landwirtschaftlicher Flächen in Bauland, spielt keine Rolle.[84] Nur im Falle einer wirtschaftlichen Unvertretbarkeit der Betriebsfortführung, also wenn auf Dauer kein genügend positives Betriebsergebnis erzielt werden kann,[85] ist zwingend vom Verkehrswert auszugehen,[86] § 2312 BGB also nicht anwendbar.[87] Maßgeblicher Beurteilungszeitpunkt ist der Erbfall.[88] Ist der Erblasser Eigentümer zweier oder mehrerer Landgüter, wird die Anwendbarkeit von § 2312 BGB teilweise abgelehnt,[89] was aber im Zweifel mit den agrarpolitischen Zielsetzungen der Vorschrift nicht vereinbar ist, selbst wenn es hierdurch im Ergebnis zu massiven Begünstigungen des Übernehmers kommen kann.[90]

Die vorstehend dargestellten Grundsätze bergen für die praktische Anwendung insbesondere zwei wesentliche Probleme: Zum einen ist die Frage zu klären, ob insbesondere **landwirtschaftliche Nebenerwerbsbetriebe** überhaupt noch als Landgüter i.S.d. 12

75 OLG München ZErb 2006, 322 = FamRZ 2006, 507; BGH NJW 1987, 951, 952; BeckOGK/*Blum/Heuser*, § 2312 Rn 13.1.

76 Vgl. *Lange*, in: Röthel, Reformfragen des Pflichtteilsrechts, S. 57, 63 ff.; MüKo/*Lange*, § 2312 Rn 13; Staudinger/*Herzog* (2021), § 2312 Rn 23.

77 BGH NJW-RR 1992, 770; BGHZ 98, 375, 377 f.; BGH NJW 1964, 1414, 1416; Soergel/*Beck*, § 2312 Rn 7.

78 5,625 ha Acker und Grünland sowie 2,902 ha Wald können ggf. ausreichend sein, vgl. BGH NJW-RR 1992, 770; BeckOGK/*Blum/Heuser*, § 2312 Rn 13.2.

79 *Müller-Feldhammer*, ZEV 1995, 161, 163; *Stöcker*, AgrarR 1977, 245, 247; anderes gilt nach § 1 Abs. 3 HöfeO u. anderen Anerbenrechten, vgl. Staudinger/*Herzog* (2021), § 2312 Rn 23.

80 BeckOGK/*Blum/Heuser*, § 2312 Rn 15; Staudinger/*Herzog* (2021), § 2312 Rn 23.

81 BGH NJW-RR 1992, 770; BGHZ 98, 375, 377 f.; BGH NJW 1964, 1414, 1416; BeckOGK/*Blum/Heuser*, § 2312 Rn 13.1; Soergel/*Beck*, § 2312 Rn 7; *Riedel*, in: Mayer/Süß/Riedel/Bittler, HB Pflichtteilsrecht, § 5 Rn 301.

82 Vgl. *Weber*, BWNotZ 1992, 14, 15; MüKo/*Lange*, § 2312 Rn 13; BeckOGK/*Blum/Heuser*, § 2312 Rn 13.1.

83 BeckOGK/*Blum/Heuser*, § 2312 Rn 13.1; MüKo/*Lange*, § 2312 Rn 13.

84 *Becker*, AgrarR 1975, 57, 63; Staudinger/*Herzog* (2021), § 2312 Rn 26; grds. siehe BGH MDR 1972, 496.

85 *Zechiel*, S. 47 f.

86 OLG Stuttgart NJW 1967, 2410, 2411; Staudinger/*Herzog* (2021), § 2312 Rn 26.

87 BGH FamRZ 1992, 172, 173 = WM 1991, 2115; OLG Stuttgart AgrarR 1986, 233.

88 OLG München ZErb 2009, 182 f.; BGH NJW 1987, 951. Das gilt auch dann, wenn das Landgut lebzeitig übertragen wurde, vgl. oben Rdn 4, 6.

89 Vgl. *Kegel*, S. 106 f.

90 Ausführlich: Soergel/*Beck*, § 2312 Rn 11.

§ 2312 BGB anzusehen sind.[91] Zum anderen stellt sich bei Bejahung der Landguteigenschaft die Folgefrage, welchen konkreten Umfang das Landgut hat.[92]
Da nach h.M. neben Vollerwerbsbetrieben auch Nebenerwerbslandwirtschaften als Landgüter zu qualifizieren und damit bewertungsmäßig privilegiert sein können,[93] kommt der Frage der Ertragskraft und der Abgrenzung ausreichend ertragbringender von unwirtschaftlichen Betrieben erhebliche Bedeutung zu. Insoweit wird teilweise das Abstellen auf Kriterien wie die Tragung berufstypischer Risiken[94] oder die Orientierung des zu fordernden Mindesteinkommens der bäuerlichen Familie an den entsprechenden Sozialhilfesätzen vorgeschlagen. Ob dies tatsächlich zu angemessenen Ergebnissen führt, erscheint aber zweifelhaft.[95] Allgemeingültige Kriterien lassen sich kaum ausmachen.

3. Umfang des Landguts

13 Bei der Bestimmung des Umfangs eines Landguts ist zwar zunächst auf die Widmung[96] der einzelnen Vermögensgegenstände durch den **Betriebsinhaber** abzustellen. Entscheidend ist aber eine funktionale Betrachtungsweise.[97] Aus diesem Grunde können z.B. solche Grundstücke, die ohne eine Beeinträchtigung des aus dem landwirtschaftlichen Betrieb zu erzielenden Ertrags aus dem Betriebsvermögen entnommen werden können, nicht unter die Privilegierung nach § 2312 BGB fallen.[98] Dies gilt insbesondere für praktisch baureife Grundstücke,[99] die ohnehin nicht bewirtschaftet werden oder für zur Auskiesung bestimmte Grundstücke, für die bereits eine Abbaugenehmigung vorliegt.[100]

14 Allein die Großstadtnähe und die dadurch bedingte besonders große Diskrepanz zwischen Ertragswert und Verkehrswert führt aber nicht zum automatischen Ausscheiden aus dem vom Landgut umfassten Vermögen.[101] Denn privilegierte Bewertung landwirtschaftlich genutzten Vermögens erfasst sämtliches tatsächlich dieser Nutzungsart unterliegendes Vermögen, unabhängig davon, ob bei Aufgabe dieser Nutzungsart ein höherer Wert realisiert werden könnte. Dieser Mechanismus bildet den Kern der Privilegierung und ist daher in jedem Fall dann maßgeblich, wenn der höhere Verkehrswert beim gewöhnlichen Verlauf der Dinge (Fortführung des Betriebs) gar nicht realisiert werden kann.[102] Etwas anderes gilt bestenfalls dann, wenn es sich um

---

91 Wegen der Möglichkeit, auch Nebenerwerbsbetriebe als Landgut zu qualifizieren, siehe oben Rdn 12, vgl. auch BGHZ 98, 375, 377 = NJW 1987, 377; BGH NJW-RR 1992, 770; OLG München ZErb 2006, 322; MüKo/*Lange*, § 2312 Rn 13; siehe auch *Kempfler*, ZEV 2011, 337, 340.

92 Vgl. *Riedel*, in: Mayer/Süß/Riedel/Bittler, HB Pflichtteilsrecht, § 5 Rn 302.

93 OLG München ZErb 2006, 322; BGH NJW-RR 1992, 770; OLG Stuttgart AgrarR 1986, 233; BayObLG FamRZ 1989, 540, 541.

94 Vgl. *Zechiel*, S. 163 ff.

95 *Riedel*, in: Mayer/Süß/Riedel/Bittler, HB Pflichtteilsrecht, § 5 Rn 303 m.w.N.

96 BGHZ 98, 382, 386.

97 *Kronthaler*, S. 123 ff.; *Riedel*, in: Mayer/Süß/Riedel/Bittler, HB Pflichtteilsrecht, § 5 Rn 304 m.w.N.

98 Vgl. *Riedel*, in: Mayer/Süß/Riedel/Bittler, HB Pflichtteilsrecht, § 5 Rn 304.

99 BGHZ 98, 382, 388; *Riedel*, in: Mayer/Süß/Riedel/Bittler, HB Pflichtteilsrecht, § 5 Rn 304; *Müller-Feldhammer*, ZEV 1995, 161, 166, der dies sogar für Bauerwartungsland annimmt.

100 BGH FamRZ 1992, 172.

101 BGH LM § 2312 Nr. 2 = MDR 1972, 496; anders aber OLG Stuttgart NJW 1967, 2410; Staudinger/*Herzog* (2021), § 2312 Rn 26.

102 Staudinger/*J. Mayer* (2006), Art. 137 EGBGB Rn 53. Strengere Anforderungen bei Soergel/*Beck*, § 2312 Rn 13; vgl. aber auch MüKo/*Lange*, § 2312 Rn 4 und *Kegel*, S. 111 ff., die darauf abstellen, dass die landwirtschaftliche Nutzung sinnvoll ist.

wertvolles Bau- oder Bauerwerbungsland handelt, dessen landwirtschaftliche Nutzung unter ökonomischen Gesichtspunkten eigentlich nicht vertretbar ist.[103]
Auch eine Flächenstilllegung führt für sich allein nicht zum Verlust der Ertragswertprivilegierung.[104] Zur Berücksichtigung der hier gerade bei einem Veräußerungsszenario u.U. in ganz erheblicher Höhe anfallenden Ertragsteuern vgl. § 2311 Rdn 349 ff.

Umfasst das Landgut neben der eigentlichen Landwirtschaft noch sog. Nebenbetriebe, können auch diese in die Privilegierung einzubeziehen sein, wenn sie objektiv (also aus der Sicht der allgemeinen Verkehrsauffassung) dem Hauptzweck des Landguts (also der Unterstützung der Landwirtschaft) dienen.[105] Das kann bspw. bei einem Hofladen, einer Käserei, einer Metzgerei (in der vor allem eigenproduziertes Fleisch und Wurst angeboten werden) oder einer Gaststätte gelten.[106] 15
Soweit sie ein eigenständiges Nebengewerbe darstellen, sind sie nicht Teil des Landguts und daher gesondert vom Landwirtschaftsbetrieb zu bewerten.[107] Gleiches gilt für weitere im Eigentum des Landgut-Inhabers stehende Betriebe, die (außer dem räumlichen) keinen Bezug zur Landwirtschaft aufweisen.[108]

IV. Fortführung des Betriebs

Neben der Landguteigenschaft im Zeitpunkt des Erbfalls[109] setzt die Anwendung von § 2312 BGB auch voraus, dass der privilegierte Betrieb von dem Erben übernommen, also fortgeführt wird.[110] Fortführung in diesem Sinne bedeutet, dass entweder der bislang vom Übergeber geführte Betrieb vom Übernehmer aufrechterhalten wird oder wenigstens die Absicht besteht, einen (vorübergehend) ruhenden oder verpachteten Betrieb in absehbarer Zeit[111] wieder aufzunehmen.[112] Neben der bloßen Absicht ist auch deren Manifestation in konkreten, objektiv erkennbaren äußerlichen Anhaltspunkten erforderlich.[113] Insoweit wird auch von einer Prognose aus objektivierender Sicht gesprochen.[114] Dabei hat der vom Pflichtteilsberechtigten in Anspruch genommene Erbe darzulegen und ggf. auch zu beweisen, dass eine Fortführung, also eine nachhaltige Bewirtschaftung, tatsächlich möglich und auch beabsichtigt ist.[115] Allerdings reicht es aus, wenn anstatt des Übernehmers selbst einer seiner pflichtteilsberechtigten Abkömmlinge die Führung des Betriebs übernimmt.[116] 16

103 Ebenso MüKo/*Lange*, § 2312 Rn 4; Staudinger/*Herzog* (2021), § 2312 Rn 26.
104 Näher Staudinger/*J. Mayer* (2006), Art. 137 EGBGB Rn 54.
105 BeckOGK/*Blum/Heuser*, § 2312 Rn 14.
106 BeckOGK/*Blum/Heuser*, § 2312 Rn 14; Staudinger/*Herzog* (2021), § 2312 Rn 25 mit berechtigten Zweifeln hinsichtlich solcher Betriebe, die lediglich das Vorhandensein der Landwirtschaft (aus)nutzen, aber nicht zur Produktion bzw. zum Absatz beitragen, wie z.B. Pensionsangebote wie „Ferien auf dem Bauernhof".
107 Staudinger/*Herzog* (2021), § 2312 Rn 25; BeckOGK/*Blum/Heuser*, § 2312 Rn 14.
108 Staudinger/*Herzog* (2021), § 2312 Rn 25; „gemischte Betriebe", vgl. BeckOGK/*Blum/Heuser*, § 2312 Rn 14.
109 Das Landgut darf also insbesondere nicht bereits aufgegeben sein; vgl. BGH NJW 1995, 1352; MüKo/*Lange*, § 2312 Rn 16.
110 BeckOGK/*Blum/Heuser*, § 2312 Rn 16; MüKo/*Lange*, § 2312 Rn 18.
111 „eines Tages" genügt nicht; vgl. BeckOGK/*Blum/Heuser*, § 2312 Rn 16.3.
112 BeckOGK/*Blum/Heuser*, § 2312 Rn 16; Staudinger/*Herzog* (2021), § 2312 Rn 30.
113 „begründete Erwartung"; vgl. Burandt/Rojahn/*Horn*, Erbrecht, § 2312 Rn 8 unter Hinweis auf OLG Braunschweig ErbR 2017, 36.
114 BGH NJW-RR 1992, 770; BGH ZEV 1995, 74 = NJW 1995, 1352.
115 BGH FamRZ 1989, 1276; OLG München ZErb 2006, 322; MüKo/*Lange*, § 2312 Rn 18.
116 Vgl. *Riedel*, in: Mayer/Süß/Riedel/Bittler, HB Pflichtteilsrecht, § 5 Rn 307 m.w.N.

17 Ob eine **Verpachtung** des Betriebs einer solchen positiven Prognose entgegensteht, hängt in erster Linie von der Dauer der Verpachtung ab.[117] Soll lediglich ein kurzer Zeitraum, bspw. bis zum Eintritt der jüngeren Generation in den Betrieb, überbrückt werden, führt eine Verpachtung wohl nicht zum Verlust der Bewertungsprivilegien.[118] Wie lange in diesem Zusammenhang ein „kurzer Zeitraum" sein kann, ist aber noch ungeklärt.[119]

Auch eine **längerfristige Verpachtung** schließt nach überwiegender Meinung die Anwendung des Ertragswertprivilegs nicht aus. Dieses soll leidglich dann verlorengehen, wenn weitere Anhaltspunkte bestehen, die gegen das Vorhandensein einer ernsthaften Fortführungsabsicht sprechen.[120] Dies ist insoweit nachvollziehbar, als auch im Falle der Verpachtung das Landgut als wirtschaftliche Einheit (und damit auch deren agrarpolitischer Wert) ungeschmälert erhalten wird. Besteht allerdings die Absicht, den Betrieb – oder wesentliche Teile davon – in absehbarer Zeit zu veräußern oder aufzugeben, ist die Gewährung des Bewertungsprivilegs nicht gerechtfertigt.[121]

V. Anordnung des Erblassers

18 Schließlich setzt die bewertungsmäßige Privilegierung eine entsprechende, in einer letztwilligen Verfügung enthaltene,[122] Anordnung des Erblassers zugunsten des Übernehmers des Landguts voraus. Diese Anordnung kann entweder ausdrücklich getroffen werden oder muss sich wenigstens vermuten lassen (§ 2049 BGB). Das Gesetz unterscheidet dabei zwei Szenarien:

Hinterlässt der Erblasser mehrere Erben, muss er ausdrücklich bestimmen, dass einer von ihnen zur Übernahme des Landguts zum Ertragswert berechtigt sein soll.[123] Fehlt eine solche explizite Anordnung, kann sich ein entsprechender Wille auch durch Auslegung nach den Regeln des § 2049 BGB ergeben (§ 2312 Abs. 1 BGB).[124] Demzufolge ist bei der Zuweisung des Landguts an einen von mehreren Miterben im Zweifel anzunehmen, dass dieses i.R.d. Auseinandersetzung lediglich mit dem Ertragswert angesetzt werden soll. Gem. Abs. 1 ist der Ertragswert in diesen Fällen auch der Pflichtteilsberechnung zugrunde zu legen.[125]

Bei Vorhandensein nur eines pflichtteilsberechtigten Erben ist bei fehlender ausdrücklicher Anordnung ein Rückgriff auf § 2049 BGB nicht möglich. Der Erblasser muss daher in seinem Testament eine Anordnung zur Anwendung des Ertragswertprivilegs treffen.[126] Diese kann sich allerdings auch durch eine (erläuternde oder ergänzende) Auslegung ergeben, was nach der insoweit herrschenden Andeutungstheorie aber je-

117 Vgl. für Hofeseigenschaft im Anwendungsbereich der HöfeO OLG Braunschweig v. 31.10.2011 – 2 W 4/11, BeckRS 2012, 03591.

118 BGH NJW-RR 1992, 770; BGH NJW 1964, 1414, 1416; OLG München NJW-RR 2003, 1518, 1519; vgl. auch Staudinger/*Herzog* (2021), § 2312 Rn 30; BeckOGK/*Blum/Heuser*, § 2312 Rn 16.2.

119 Das OLG Oldenburg, FamRZ 1992, 726, ging bei einer zwölfjährigen Verpachtung aus gesundheitlichen Gründen von einem hinlänglich kurzen Zeitraum und somit von der Anwendbarkeit von § 2312 BGB aus. Vgl. auch Staudinger/*Herzog* (2021), § 2312 Rn 30.

120 Soergel/*Beck*, § 2312 Rn 9; *Riedel*, in: Mayer/Süß/Riedel/Bittler, HB Pflichtteilsrecht, § 5 Rn 307 m.w.N.

121 BayObLG FamRZ 1989, 540, 541; Staudinger/*Herzog* (2021), § 2312 Rn 31.

122 BGH NJW 1975, 1831, 1832; OLG Stuttgart NJW 1967, 2410; BeckOGK/*Blum/Heuser*, § 2312 Rn 10, 12; Staudinger/*Herzog* (2021), § 2312 Rn 12.

123 BeckOGK/*Blum/Heuser*, § 2312 Rn 1; Staudinger/*Herzog* (2021), § 2312 Rn 14.

124 OLG Hamm BeckRS 2012, 19402. Im Zweifel ist von einer entsprechenden Anordnung des Erblassers auszugehen, MüKo/*Lange*, § 2312 Rn 9.

125 *Riedel*, in: Mayer/Süß/Riedel/Bittler, HB Pflichtteilsrecht, § 5 Rn 294.

126 BGH NJW 1975, 1831, 1832; OLG Hamm BeckRS 2012, 19402; OLG Stuttgart NJW 1967, 2410 f.; BeckOGK/*Blum/Heuser*, § 2312 Rn 10.

denfalls einen entsprechenden Anhalt in der Verfügung von Todes wegen voraussetzt.[127] Eine (vermutete) Anordnung kann z.B. dann angenommen werden, wenn davon auszugehen ist, dass der Erblasser eine ausdrückliche Bestimmung getroffen hätte, wenn er im Zeitpunkt der Testamentserrichtung ein deutliches Auseinanderfallen von Verkehrs- und Ertragswert (i.S.v. § 2312 BGB) vorausgesehen hätte.[128] Demgegenüber kann eine unwirksame Pflichtteilsentziehung nicht ohne Weiteres in eine Anordnung gemäß § 2312 Abs. 2 BGB umgedeutet werden.[129]

In beiden Varianten des § 2312 BGB kann die Anordnung des Erblassers sowohl die 19 unmittelbare Anwendbarkeit des Ertragswertverfahrens zum Gegenstand haben als auch die Bestimmung eines Werts, der zwischen dem Ertragswert und dem tatsächlichen Wert des Landguts liegt.[130] Wenn die Wertvorgabe den Verkehrswert überschreitet, ist die Anordnung nicht wirksam,[131] soweit hierin nicht evtl. die Zuwendung eines Vorausvermächtnisses an einen anderen Nachlassbeteiligten, z.B. den Pflichtteilsberechtigten, zu sehen ist.[132] Im Rahmen einer vorweggenommenen Erbfolge kann sich die Ertragswertanordnung auch aus der Anwendung der Auslegungsregel des § 2049 BGB ergeben.[133]

C. Rechtsfolgen – Ertragswertverfahren nach § 2312 BGB

I. Grundsätzliches

Soweit die beschriebenen tatbestandlichen Voraussetzungen vorliegen, wird der Wert 20 des übergegangenen (vererbten) bzw. übertragenen Landguts abweichend von den Vorgaben des § 2311 BGB nach dem Ertragswertverfahren, § 2049 Abs. 2 BGB, bestimmt und dieses Ergebnis der Pflichtteilsberechnung zugrunde gelegt. Ob der Übernehmer in der Lage wäre, auf der Grundlage des Verkehrswerts berechnete Pflichtteilsansprüche ohne Gefährdung des Betriebs zu erfüllen, spielt dabei keine Rolle.[134] Auch wenn teilweise eine zurückhaltendere Auslegung gefordert wird,[135] gilt diese Aussage jedenfalls dann uneingeschränkt, wenn das sonstige Vermögen dem Investitionsbedarf des Landguts dient.[136]

Der Ertragswert bestimmt sich nach folgender Formel: 21

Ertragswert[137] = Reinertrag[138] × Kapitalisierungsfaktor

127 BGHZ 98, 375, 376 = NJW 1987, 951; BGH FamRZ 1983, 1220, 1221; BGH LM § 2325 BGB Nr. 5; Staudinger/*Herzog* (2021), § 2312 Rn 15 BeckOGK/*Blum/Heuser*, § 2312 Rn 12; vgl. auch *Böck*, MittBayNot 1984, 243, 244.

128 BGHZ 98, 375, 376 = NJW 1987, 951; BGH FamRZ 1983, 1220, 1221; BGH NJW 1975, 1831; OLG München ZErb 2006, 322; MüKo/*Lange*, § 2312 Rn 9 m.w.N.

129 Jedenfalls dann nicht, wenn die Pflichtteilsentziehung wegen persönlicher Animositäten erfolgte, vgl. OLG Stuttgart NJW 1967, 2410; MüKo/*Lange*, § 2312 Rn 2; BeckOGK/*Blum/Heuser*, § 2312 Rn 12; a.M. *v. Lübtow*, I S. 563.

130 *Haegele*, BWNotZ 1973, 50; *Becker*, AgrarR 1975, 57, 59; Staudinger/*Haas* (2006), § 2312 Rn 9.

131 RGRK/*Johannsen*, § 2312 Rn 3; BeckOGK/*Blum/Heuser*, § 2312 Rn 19, 20; *Planck/Greiff*, Anm. 5; *Kipp/Coing*, § 9 II 2e; *Becker*, AgrarR 1975, 57, 59.

132 Staudinger/*Herzog* (2021), § 2312 Rn 34.

133 BGH LM § 2312 Nr. 4 = Rpfleger 1964, 312; a.M. *Kluge*, MittBayNot 1949, 1.

134 Soergel/*Beck*, § 2312 Rn 12; Staudinger/*Herzog* (2021), § 2312 Rn 35; BeckOGK/*Blum/Heuser*, § 2312 Rn 15; *Zechiel*, S. 112 f.

135 *Fassbender*, AgrarR 1986, 131, 133.

136 OLG Karlsruhe AgrarR 1977, 181, 182; Staudinger/*Herzog* (2021), § 2312 Rn 35; *Kronthaler*, S. 126 f.

137 Eine Bewertung auf der Grundlage steuerlicher Einheitswerte kommt als Alternative nicht (mehr) in Betracht. Vgl. MüKo/*Lange*, § 2312 Rn 8.

138 Zu möglichen negativen Reinerträgen vgl. *Kempfler*, ZEV 2011, 337, 339.

Die nach Art. 137 EGBGB hierzu ergangenen landesrechtlichen Ausführungsgesetze[139] regeln fast durchweg nur den Kapitalisierungsfaktor (zwischen 17 und 25,[140] entspricht einem Kapitalisierungszins von 5,88 bis 4 % jährlich) zur Berechnung desselben. Die landesrechtlichen Kapitalisierungsbestimmungen lassen aber in besonders gelagerten Fällen eine Abweichung zu (vgl. etwa Bayern: Art. 68 BayAGBGB: „vorbehaltlich der Berücksichtigung besonderer Umstände").[141]

22 Der Ertragswert des Landguts wird maßgeblich von seinem bei ordnungsgemäßer Bewirtschaftung nachhaltig erzielbaren Reinertrag[142] bestimmt. Wie dieser zu ermitteln ist, ist zwar gesetzlich nicht geregelt.[143] Dessen ungeachtet dürfte klar sein, dass er nach betriebswirtschaftlichen Grundsätzen und unter Berücksichtigung der Besonderheiten land- und forstwirtschaftlicher Betriebe zu bestimmen ist. Dabei muss zum einen die Art und Weise der bisherigen Nutzung zugrunde gelegt werden, zum anderen aber auch das Ertragspotential, das sich bei einer ordnungsgemäßen Bewirtschaftung realisieren ließe.[144] Dabei sind auch Subventionsleistungen zu berücksichtigen.[145]
Prinzipiell ist vom Rohertrag der betriebliche Aufwand in Abzug zu bringen, um so zum Reinertrag zu gelangen. Maßgeblich ist i.d.R. der Durchschnitt der letzten drei Jahre vor dem Stichtag.[146]
In der Praxis kann der Reinertrag i.d.R. nur durch Sachverständigengutachten ermittelt werden.[147] Insofern sind die diesbezüglichen Richtlinien der Deutschen Gesellschaft für Agrarrecht wegweisend.[148]

23 Die in den einzelnen Bundesländern anzuwendenden Kapitalisierungsfaktoren ergeben sich aus den auf der Grundlage des Art. 137 EGBGB ergangenen Ausführungsgesetzen[149] der Länder. Derzeit stellt sich die Situation wie folgt dar:[150]
Der 18-fache jährliche Reinertrag gilt in Baden-Württemberg,[151] Bayern,[152] Ostberlin, Hamburg, in vier der neuen Bundesländer (Mecklenburg-Vorpommern, Sachsen, Sachsen-Anhalt, Thüringen) sowie in Schleswig-Holstein.

---

139 Staudinger/*Herzog* (2021), § 2312 Rn 40; vgl. auch Staudinger/*J. Mayer* (2006), Art. 137 EGBGB Rn 55.

140 Staudinger/*Herzog* (2021), § 2312 Rn 40.

141 Vgl. dazu auch aus der Rspr. *Hausmann*, Vererbung von Landgütern nach dem BGB, S. 180.

142 *Müller-Feldhammer*, ZEV 1995, 161, 163; Staudinger/*Herzog* (2021), § 2312 Rn 36.

143 „Unvollkommene Bewertungsanweisung", vgl. BVerfG v. 26.4.1988 – 2 BvL 13/86, 2 BvL 14/86, NJW 1988, 2723; Staudinger/*Herzog* (2021), § 2312 Rn 36.

144 Vgl. BVerfG NJW 1988, 2723.

145 Staudinger/*Herzog* (2021), § 2312 Rn 38.

146 BeckOGK/*Blum/Heuser*, § 2312 Rn 17 m.w.N.

147 *Riedel*, in: Mayer/Süß/Riedel/Bittler, HB Pflichtteilsrecht, § 5 Rn 312.

148 Vgl. *Pabsch*, DGAR, AgrarR 1994, 5 ff.; *Riedel*, in: Mayer/Süß/Riedel/Bittler, HB Pflichtteilsrecht, § 5 Rn 322.

149 Staudinger/*Herzog* (2021), § 2312 Rn 40; vgl. auch Staudinger/*J. Mayer* (2006), Art. 137 EGBGB Rn 55.

150 BeckOK BGB/*Müller-Engels*, § 2312 Rn 16; vgl. auch *Ruby*, ZEV 2007, 263, 265; MüKo/*Lange*, § 2312 Rn 4; *Kerscher/Riedel/Lenz*, Pflichtteilsrecht, § 7 Rn 125.

151 § 48 AGBGB v. 26.11.1974, GBl S. 498.

152 Art. 68 AGBGB v. 20.9.1982, GVBl S. 803; allerdings nur „vorbehaltlich der Berücksichtigung besonderer Umstände" wobei der Reinertrag nach „betriebswirtschaftlichen Grundsätzen" zu ermitteln ist; kritisch hierzu *Kerscher/Riedel/Lenz*, Pflichtteilsrecht, § 7 Rn 125 m.w.N.

In Niedersachsen gilt ein Vervielfältiger von 17,[153] und der 24-fache jährliche Reinertrag wird in folgenden Ländern zugrunde gelegt: Berlin (West),[154] Brandenburg,[155] Bremen,[156] Hessen,[157] Nordrhein-Westfahlen,[158] Rheinland-Pfalz[159] und Saarland.[160]

Soweit zu dem Landgut auch ein Wohnhaus (für den Betriebsinhaber und seine Familie) gehört, umfasst der Ertragswert auch dessen Wert.[161] Dasselbe gilt für betriebliche Geldbestände, Bankguthaben und Forderungen (insbesondere aus Lieferungen und Leistungen) sowie – spiegelbildlich – für etwa vorhandene mit dem Landgut übergehende betriebliche Verbindlichkeiten. 24

Nicht vom Ertragswert i.S.v. § 2049 Abs. 2 BGB umfasst sind aber die Werte solcher Vermögensgegenstände, die ohne eine Gefährdung der dauernden Lebensfähigkeit des Betriebs aus dem Landgut herausgelöst werden und einer anderweitigen Nutzung zugeführt werden könnten[162] (betriebswirtschaftlich gesprochen: nicht betriebsnotwendiges Vermögen). Diese Teile des Landgutvermögens sind (zusätzlich zum Ertragswert) mit ihrem jeweiligen Verkehrswert anzusetzen.[163] Den Hauptanwendungsfall für diese zusätzlichen Ansätze bilden regelmäßig (vollständig oder annähernd) baureife Grundstücke.[164] Dasselbe gilt u.U. auch für Äcker, die unmittelbar an eine Kiesgrube angrenzen und/oder für die bereits eine Abbaugenehmigung erteilt wurde.[165] Das soll (zutreffenderweise) selbst dann gelten, wenn die in Rede stehenden Flächen tatsächlich weiterhin landwirtschaftlich genutzt werden. Denn allein die kaufmännische Unvernunft des Übernehmers kann eine Beeinträchtigung des Pflichtteilsberechtigten in derartigen Situationen nicht rechtfertigen.[166] Allerdings ist im Rahmen des gesonderten Wertansatzes auch eine (fiktive) latente Ertragsteuerbelastung zu berücksichtigen, soweit eine solche im Falle einer tatsächlichen Veräußerung anfallen würde.[167] 25

II. Keine Nachabfindung

Bei der Beantwortung der Frage, ob der Erbe das Landgut fortführt oder nicht, kommt es prinzipiell auf die Verhältnisse im Zeitpunkt des Übergangs an. Sind zu diesem Zeitpunkt die Voraussetzungen des § 2312 BGB erfüllt und veräußert der Erbe zu einem späteren Zeitpunkt das Landgut ganz oder teilweise, ist eine Nachabfindung 26

153 Vgl. § 28 AGBGB v. 4.3.1971 i.V.m. § 3 Abs. 2, 4 ReallastenG v. 17.5.1967.

154 Art. 83 preuß. AGBGB v. 20.9.1899, Berl. GVBl Sb. 400–1 – anderer Vervielfältiger kann durch Verordnung bestimmt werden.

155 § 12 BbgHöfeOG v. 19.6.2019, Bbg GVBl. I/19, Nr. 28.

156 § 14 Bremisches Höfegesetz (zuletzt geändert durch Art. 1 des Gesetzes zur Änderung von Vorschriften zum Wegfall von Befristungen v. 19.12.2014, BremGBl 2014, S. 775, und seit Dezember 2014 wieder unbefristet in Kraft, vgl. BeckOGK/*Ruby*, Art. 64 EGBGB Rn 38), der für Landgüter analog gilt, vgl. *Kerscher/Riedel/Lenz*, Pflichtteilsrecht, § 7 Rn 125 m.w.N.

157 § 30 Hess. AGBGB v. 18.12.1984, Hess. GVBl S. 344.

158 Im Gebiet des ehemaligen Landes Lippe, heute Regierungsbezirk Detmold nach § 46 AGBGB v. 7.11.1899; in allen übrigen Landesteilen: nach Art. 83 des preuß. AGBGB v. 20.9.1899 – anderer Vervielfältiger kann durch Verordnung der Landesregierung bestimmt werden; Grundsätze, nach denen der Reinertrag festzustellen ist, können durch allg. Anordnung des Justizministers und des Ministers für Ernährung etc. bestimmt werden.

159 § 24 AGBGB v. 18.11.1976.

160 § 32 AGJusG.

161 MüKo/*Fest*, § 2049 Rn 8.

162 MüKo/*Fest*, § 2049 Rn 8.

163 BGH FamRZ 1992, 172.

164 BGHZ 98, 382; BeckOGK/*Blum/Heuser*, § 2312 Rn 14.

165 BHG FamRZ 1992, 172; vgl. auch BeckOGK/*Blum/Heuser*, § 2312 Rn 14.

166 Vgl. insoweit MüKo/*Lange*, § 2312 Rn 23.

167 BGH NJW 1987, 1260; vgl. *Klingelhöffer*, Pflichtteilsrecht, Rn 370.

– anders als etwa in § 13 HöfeO – gesetzlich nicht vorgesehen.[168] Sie wird aber – zu Recht – zunehmend gefordert.[169]
Der BGH lässt nur in Ausnahmesituationen Abweichungen von der gesetzlichen Regel zu, und zwar dann, wenn bereits im Zeitpunkt des Erbfalls erkennbar ist, dass der Übernehmer das Landgut veräußern will oder er es aus gesundheitlichen Gründen oder wegen praktischer Erwägungen gar nicht fortführen kann.[170]

§ 2313 Ansatz bedingter, ungewisser oder unsicherer Rechte; Feststellungspflicht des Erben

(1) [1]Bei der Feststellung des Wertes des Nachlasses bleiben Rechte und Verbindlichkeiten, die von einer aufschiebenden Bedingung abhängig sind, außer Ansatz. [2]Rechte und Verbindlichkeiten, die von einer auflösenden Bedingung abhängig sind, kommen als unbedingte in Ansatz. [3]Tritt die Bedingung ein, so hat die der veränderten Rechtslage entsprechende Ausgleichung zu erfolgen.
(2) [1]Für ungewisse oder unsichere Rechte sowie für zweifelhafte Verbindlichkeiten gilt das Gleiche wie für Rechte und Verbindlichkeiten, die von einer aufschiebenden Bedingung abhängig sind. [2]Der Erbe ist dem Pflichtteilsberechtigten gegenüber verpflichtet, für die Feststellung eines ungewissen und für die Verfolgung eines unsicheren Rechts zu sorgen, soweit es einer ordnungsmäßigen Verwaltung entspricht.

Übersicht:

A. Allgemeines

1 Grundsätzlich folgt die Bewertung des Nachlasses für pflichtteilsrechtliche Zwecke dem Stichtagsprinzip des § 2311 BGB. Dessen Anwendung erweist sich jedoch in bestimmten Sachverhaltskonstellationen als problematisch.[1] Das gilt insbesondere dann, wenn unklar ist, ob ein möglicher Aktiv- oder Passivposten tatsächlich bzw. rechtlich besteht, ob er wirklich zum Nachlass gehört und/oder ob er schlussendlich realisierbar (in Geld umsetzbar) oder (im Bereich der Verbindlichkeiten) belastend (also durch den oder die Erben zu bezahlen) ist.
Solche Posten können kaum sinnvoll bewertet werden, da im Rahmen einer – prinzipiell denkbaren – Schätzung auch die Frage der Eintrittswahrscheinlichkeit bestimmter zukünftiger Entwicklungen mit in die Betrachtung einbezogen werden müsste. Im

---

168 Vgl. MüKo/*Lange*, § 2312 Rn 20; Staudinger/*Herzog* (2021), § 2312 Rn 43.

169 BGHZ 98, 382, 388; ablehnend *Lange/Kuchinke*, Erbrecht, § 37 VII 4 b; *Zechiel*, S. 120 ff.; für Nachabfindung MüKo/*Lange*, § 2312 Rn 21 m.w.N.; differenzierend Soergel/*Beck*, § 2312 Rn 13; RGRK/*Johannsen*, § 2312 Rn 1; vgl. auch Staudinger/*Herzog* (2021), § 2312 Rn 44 ff.; BeckOGK/*Blum/Heuser*, § 2312 Rn 23.

170 BGH FamRZ 1989, 1276, 1278; zur weitergehenden Kritik an dieser Gesetzeslage vgl. MüKo/*Lange*, § 2312 Rn 21 f. m.w.N.

1 Vgl. *Regenfus*, ZEV 2019, 181, 183.

Zweifel wäre regelmäßig eine Art **Sicherheitsabschlag** vorzunehmen. Ob dieser im Einzelfall tatsächlich gerechtfertigt oder richtig bemessen wäre, ließe sich aber im Bewertungszeitpunkt gerade nicht zuverlässig beurteilen.
Vor diesem Hintergrund sieht § 2313 BGB für diese „Zweifelsfälle" den Ansatz „vorläufiger Werte" vor.[2] Dabei wird der Wert jedes Vermögensgegenstandes bzw. Schuldpostens so ermittelt, als ob sein Bestand bzw. seine Realisierbarkeit von vornherein sicher wären. Erweist sich diese Unterstellung im Nachhinein als unzutreffend, ist das Ergebnis entsprechend zu korrigieren und an die tatsächlichen Verhältnisse anzupassen.
Somit durchbricht § 2313 BGB das Stichtagsprinzip nur in Bezug auf die Bestimmung des Nachlassbestandes, nicht aber hinsichtlich der Bewertung (im engeren Sinne); diese hat zwingend nach den Verhältnissen im Zeitpunkt des Todes des Erblassers zu erfolgen.[3]

Im Anwendungsbereich des § 2313 BGB liegen Vermögensgegenstände aller Art sowie 2
Verbindlichkeiten und dingliche Belastungen.[4] Die in Rede stehende Unsicherheit (Zweifelhaftigkeit) kann sowohl im Tatsächlichen als auch in der rechtlichen Beurteilung liegen.[5] Besteht lediglich eine **Befristung**, ohne dass das betroffene Recht/die betroffene Verbindlichkeit unsicher erscheint, ist § 2313 BGB aber nicht anzuwenden,[6] bei ihnen ist der Wert vielmehr nach § 2311 BGB zu ermitteln.[7] Dasselbe gilt, wenn die Unsicherheit sich allein auf die Bewertungsebene beschränkt, der tatsächliche und/oder rechtliche Bestand des Vermögensgegenstandes bzw. der Verbindlichkeit aber unzweifelhaft sind.[8]

B. Tatbestand/Rechtsfolgen

I. Beurteilungsgrundsätze

Auch wenn das Pflichtteilsrecht und insbesondere die zur Pflichtteilsberechnung vor- 3
zunehmende Bewertung des Nachlasses grundsätzlich vom Stichtagsprinzip des § 2311 BGB beherrscht wird,[9] ist i.R.d. Anwendung des § 2313 BGB eine Erweiterung dieses Ansatzes geboten. Denn bei der Beurteilung der Frage, ob ein Vermögensgegenstand oder eine Schuld als unsicher, zweifelhaft, ungewiss oder bedingt anzusehen ist, muss im Hinblick auf das Bestreben des Gesetzes, eine möglichst rasche und endgültige Regelung der Pflichtteilsansprüche zu gewährleisten, der Rechtsgedanke des § 252 Abs. 1 Nr. 4 HGB, Wertaufhellung, Anwendung finden. Deshalb gilt als maßgeblicher Beurteilungszeitpunkt – ausnahmsweise – die Geltendmachung des Pflichtteilsanspruchs. Demzufolge kommt es nicht nur darauf an, wie ein Vermögensgegenstand

2 „Spezialregelung", BeckOGK/*Blum/Heuser*, § 2313 Rn 2; Burandt/Rojahn/*Horn*, Erbrecht, § 2313 Rn 1.

3 Staudinger/*Herzog* (2021), § 2313 Rn 2; BeckOGK/*Blum/Heuser*, § 2313 Rn 2: „Spezialregelung".

4 BGH ZEV 2011, 27; BGHZ 3, 394, 397; RGRK/*Johannsen*, § 2313 Rn 4, 5; Staudinger/*Herzog* (2021), § 2313 Rn 4; *Planck/Greiff*, Anm. 1.

5 BGH WM 1977, 1410 f.; Burandt/Rojahn/*Horn*, Erbrecht, § 2313 Rn 5; *Bartsch*, ZErb 2012, 201, 202.

6 BGH JR 1980, 102, 103 m. krit. Anm. *Schubert*; OLG Celle FamRZ 2004, 1823, 1826; Staudinger/*Herzog* (2021), § 2313 Rn 6.

7 OLG Celle FamRZ 2004, 1823, 1826; BGH FamRZ 1979, 787 für Leibrente m. krit. Anm. *Schubert*, JR 1980, 103, 104; RGZ 72, 379, 381; MüKo/*Lange*, § 2313 Rn 7; *Lange/Kuchinke*, § 37 VI 5a; *Riedel*, in: Mayer/Süß/Riedel/Bittler, HB Pflichtteilsrecht, § 5 Rn 253; Grüneberg/*Weidlich*, § 2313 Rn 1.

8 BGH ZEV 2004, 377, 378; Staudinger/*Herzog* (2021), § 2313 Rn 8; *Schmidt-Kessel*, WM 1988 Beil. 81, S. 15; MüKo/*Lange*, § 2313 Rn 1.

9 BGHZ 3, 394, 396; Staudinger/*Herzog* (2021), § 2313 Rn 2; Soergel/*Beck*, § 2313 Rn 13.

oder Schuldposten zur Zeit des Erbfalls zu beurteilen war. Zwischen Erbfall und Geltendmachung eingetretene Entwicklungen sind vielmehr zu berücksichtigen. Rechte und Verbindlichkeiten, die zur Zeit des Erbfalls (noch) **bedingt**, zweifelhaft, **ungewiss** oder **unsicher** waren, aber bis zur Geltendmachung unbedingt, zweifelsfrei, gewiss oder sicher geworden sind, müssen voll in Ansatz gebracht werden.[10] Denn in diesen Fällen hat sich die anfänglich bestehende, einem (Wert-)Ansatz im Weg stehende Unsicherheit sozusagen erledigt. Soweit Bedingungen oder Zweifel nur noch teilweise bestehen, sind dementsprechend die zwischenzeitlich unbedingten oder nicht mehr zweifelhaften Teile in Ansatz zu bringen.[11]

Kommen erst nach dem Erbfall Zweifel oder Unsicherheiten, z.B. an der Realisierbarkeit einer Forderung,[12] auf, kann dies i.R.d. § 2313 BGB nicht berücksichtigt werden. Der Tatbestand der Vorschrift muss bereits zur Zeit des Erbfalls erfüllt sein.[13] Das schließt natürlich nicht aus, wertaufhellende Umstände[14] auch in die Bewertung nach § 2311 BGB einzubeziehen. Außerdem gilt auch i.R.d. Anwendung des § 2313 BGB das Stichtagsprinzip des § 2311 BGB.[15] Für die Frage, ob ein Vermögensgegenstand oder eine Verbindlichkeit als unsicher, ungewiss, bedingt oder zweifelhaft anzusehen ist, kommt es selbstverständlich nicht auf die subjektive Ansicht des Erben an, sondern auf die juristisch sachgerechte Beurteilung eines objektiven Dritten,[16] also die objektive Sachlage.[17]

II. Bei der Nachlassbewertung nicht zu berücksichtigende Rechte und Verbindlichkeiten

4 Außer Ansatz bleiben nach § 2313 BGB solche Rechte und Verbindlichkeiten, die (am Stichtag noch) aufschiebend bedingt sind. Unter aufschiebender Bedingung sind insoweit zum einen rechtsgeschäftliche, zum anderen aber auch **echte Rechtsbedingungen**[18] zu verstehen. Letztere sind dadurch gekennzeichnet, dass bis zu ihrem Eintritt ein oder mehrere zur Entstehung des Rechts/der Verbindlichkeit erforderliche Tatbestandsmerkmale nicht erfüllt sind.[19] Der Grad der Wahrscheinlichkeit des **Bedingungseintritts** ist unbeachtlich.[20] Dies gilt für jegliche Art von Vermögensgegenständen und Schulden gleichermaßen.[21]

Vor diesem Hintergrund kann als aufschiebend bedingte Verbindlichkeit beispielsweise auch eine durch den Tod des Erblassers ausgelöste Rück-, Weiterleitungs- oder Herausgabeverpflichtung im Hinblick auf ein dem Erblasser zugewendetes Geschenk in Betracht kommen. Denn die Rückforderungsmöglichkeit aufgrund des zu Lebzeiten des Erblassers begründeten Schenkungsvertrages ist im Zeitpunkt des Erbfalls (noch)

---

10 BGHZ 3, 394, 396; BGHZ 7, 134, 141 = NJW 1952, 1173; *Riedel*, in: Mayer/Süß/Riedel/Bittler, HB Pflichtteilsrecht, § 5 Rn 254; Staudinger/*Herzog* (2021), § 2313 Rn 29, 45.

11 BGHZ 3, 394, 396; RGRK/*Johannsen*, § 2313 Rn 9; Staudinger/*Herzog* (2021), § 2313 Rn 28.

12 Die am Stichtag noch voll beitreibbar erschien und deren Schuldner erst nach dem Erbfall in wirtschaftliche Schwierigkeiten geriet.

13 Staudinger/*Herzog* (2021), § 2313 Rn 45.

14 Also solche, die bereits am Stichtag bestehende Verhältnisse später in einem anderen, nämlich zutreffenden („helleren") Licht erscheinen lassen.

15 BGHZ 123, 77, 80 = NJW 1993, 2179; OLG Köln NJW 1998, 240, 241; *Riedel*, in: Mayer/Süß/Riedel/Bittler, HB Pflichtteilsrecht, § 5 Rn 254; a.A. MüKo/*Lange*, § 2313 Rn 4.

16 BGH ZEV 2004, 377, 378; MüKo/*Lange*, § 2313 Rn 5; Staudinger/*Herzog* (2021), § 2313 Rn 13.

17 BGH ZEV 2004, 377, 378; MüKo/*Lange*, § 2313 Rn 5.

18 MüKo/*Lange*, § 2313 Rn 6; Burandt/Rojahn/*Horn*, Erbrecht, § 2313 Rn 4; BeckOGK/*Blum/Heuser*, § 2313 Rn 68; *Lange/Kuchinke*, § 37 VI 5a; *Riedel*, in: Mayer/Süß/Riedel/Bittler, HB Pflichtteilsrecht, § 5 Rn 256.

19 Vgl. Staudinger/*Herzog* (2021), § 2313 Rn 14.

20 Soergel/*Beck*, § 2313 Rn 2; Staudinger/*Herzog* (2021), § 2313 Rn 14.

21 BGH ZEV 2011, 27; MüKo/*Lange*, § 2313 Rn 7.

bedingt. Erst wenn der Schenker das ihm zustehende Recht ausübt, tritt die Bedingung ein. In diesen Bereich fallen auch potentielle Zwangseinziehungen oder Zwangsabtretungen, denen zum Nachlass gehörende Kapitalgesellschaftsanteile unterliegen können. Allerdings wirken sich diese pflichtteilsrechtlich nur aus, wenn – wie in der Praxis häufig – das Abtretungs- bzw. Einziehungsentgelt hinter dem tatsächlichen Wert der betroffenen Anteile zurückbleibt (vgl. hierzu § 2311 Rdn 274).

Anders ist die Rechtslage aber bei Vereinbarung einer auflösenden Bedingung für den Fall des Versterbens des Beschenkten, da hier die Rückgabe- oder Weiterleitungsverpflichtung unmittelbar mit dem Erbfall entsteht und von keiner weiteren Bedingung abhängig ist.

Nicht angesetzt werden auch ungewisse oder unsichere Rechte. Darunter sind solche 5 Rechte zu verstehen, deren grundsätzlicher Bestand zweifelhaft ist oder bei denen Zweifel bestehen, dass tatsächlich der Erblasser der Inhaber eines etwaigen Anspruchs war.[22] Das gilt z.B. auch bei anfechtbaren oder schwebend unwirksamen Geschäften und den hieraus resultierenden Rechten bzw. Pflichten.[23] Eine Unsicherheit i.d.S. ist auch anzunehmen, wenn die tatsächliche oder wirtschaftliche Verwertbarkeit zweifelhaft ist.[24]

Hierzu gehören z.B. Steuererstattungsansprüche oder Nachzahlungsverpflichtungen des Erblassers (insbesondere für das Todesjahr), die zu Lebzeiten noch nicht durch Bescheid festgesetzt wurden. Gleiches gilt auch für Ansprüche nach dem Vermögensgesetz, die im Zeitpunkt des Erbfalls noch nicht festgestellt sind.[25]

Als ungewiss kann sich im Einzelfall auch das Eigentum an (anscheinend zum Nachlass gehörenden) Kunstgegenständen erweisen, wenn deren Herkunft und die Art und Weise des (Eigentums-)Erwerbs unklar sind (Stichwort: „Beutekunst").[26] Die Frage der Authentizität bestimmter (eindeutig zum Nachlass gehörender) Werke hat mit § 2313 BGB allerdings nichts zu tun; insoweit geht es allein um die Bewertung (§ 2311 BGB) bzw. wertbildende Faktoren.[27] Auch Krypto-Assets sind i.d.R. nicht unsicher. Etwas anderes gilt aber dann, wenn der sog. Private Key fehlt und daher kein Zugriff möglich ist.[28]

Schließlich sind hier beispielhaft auch etwaige Sanierungspflichten für mit Altlasten 6 belastete Grundstücke zu nennen, soweit die Pflicht noch nicht im Verwaltungsverfahren festgestellt wurde. Insoweit normiert § 4 Abs. 3 BBodSchG zwar eine grundsätzliche Sanierungsverpflichtung des Grundstückseigentümers als sog. Zustandsstörer, aufgrund derer es diesem obliegt, den Boden „so zu sanieren, dass dauerhaft keine Gefahren, erheblichen Nachteile oder erheblichen Belästigungen für den einzelnen oder die Allgemeinheit entstehen". Ob eine derartige, eine Sanierungspflicht auslösende Bodenbelastung tatsächlich vorliegt, regelt das Gesetz aber logischerweise nicht, ist also zunächst (bis zur Feststellung im Verwaltungsverfahren) ungewiss.

---

22 BGH ZEV 2011, 27, 28; BGHZ 3, 394, 397; RGZ 83, 253, 254; Staudinger/*Herzog* (2021), § 2313 Rn 16; MüKo/*Lange*, § 2313 Rn 10; BeckOGK/*Blum/Heuser*, § 2313 Rn 10; Soergel/*Beck*, § 2313 Rn 9; *Riedel*, in: Mayer/Süß/Riedel/Bittler, HB Pflichtteilsrecht, § 5 Rn 258.

23 Vgl. Staudinger/*Herzog* (2021), § 2313 Rn 17; BeckOGK/*Blum/Heuser*, § 2313 Rn 11.

24 BGH ZEV 2011, 27, 28; BGHZ 3, 394, 397; RGZ 83, 253, 254; MüKo/*Lange*, § 2313 Rn 10; Staudinger/*Herzog* (2021), § 2313 Rn 17; Soergel/*Beck*, § 2313 Rn 9.

25 Maßgeblicher Zeitpunkt für den Verjährungsbeginn ist hier der des Inkrafttretens des Gesetzes, BGH ZEV 2004, 377 f.; BGH ZEV 2016, 204; BeckOGK/*Blum/Heuser*, § 2313 Rn 28.

26 BeckOGK/*Blum/Heuser*, § 2313 Rn 12 unter Hinweis auf *Anton*, JR 2010, 415.

27 BeckOGK/*Blum/Heuser*, § 2313 Rn 12.

28 Staudinger/*Herzog* (2021), § 2313 Rn 22; BeckOGK/*Blum/Heuser*, § 2313 Rn 14; vgl. auch *Amend-Traut/Hergenröder*, ZEV 2019, 113, 119.

7 Unsicher i.d.S. sind auch anfechtbare und schwebend unwirksame Rechte,[29] ebenso Forderungen gegen einen **zahlungsunfähigen Schuldner.**[30] Letzteres gilt insbesondere dann, wenn dieser bereits die eidesstattliche Versicherung abgegeben hat[31] oder Vollstreckungsversuche gegen ihn bereits fruchtlos verlaufen sind.[32]
Etwas anderes gilt aber, wenn es sich um eine Forderung gegen einen am Nachlass beteiligten Miterben selbst handelt, zumindest dann, wenn die Forderung durch dasjenige gedeckt ist, was der Schuldner selbst aus dem Nachlass erhält.[33] Für die Zweifelhaftigkeit ist der Erbe beweispflichtig.[34]
Ein dem Erblasser zustehendes **Nacherbenanwartschaftsrecht** ist nach h.M. als unsicher anzusehen. Begründet wird dies mit dem Argument, dass die tatsächliche und wirtschaftliche Verwertbarkeit des Anwartschaftsrechts trotz der prinzipiell bestehenden Abtretbarkeit als zweifelhaft angesehen werden müsse.[35] Etwas anderes solle nur dann gelten, wenn es sich um leicht überschaubare Nachlässe handle und der Nacherbfall alsbald zu erwarten sei.[36] *Haas*[37] will die Nacherbschaft hingegen als aufschiebend bedingtes Recht behandelt wissen, weil die Nacherbschaft dem Nacherben nur unter der Bedingung anfällt, dass er den Vorerben überlebt. Am Ergebnis ändern die teilweise unterschiedlichen rechtlichen Einordnungen aber nichts.

8 Soweit die Inanspruchnahme noch zweifelhaft ist, sind auch Garantieversprechen, **Bürgschaftsverpflichtungen,**[38] Verpfändungen oder für fremde Schulden bestellte Grundpfandrechte[39] als unsicher anzusehen.[40] Folgerichtig können auch insoweit etwa be- oder entstehende Ausgleichungsansprüche bei den anzusetzenden Vermögensgegenständen nicht berücksichtigt werden.[41] Eine Ungewissheit besteht aber nicht mehr, wenn der persönliche Schuldner bereits zahlungsunfähig ist.[42]
Im Zeitpunkt des Erbfalls verjährte Forderungen gelten aus der Sicht des Nachlasses als zweifelhaft;[43] verjährte Verbindlichkeiten, die gegen den Erben im Falle der möglichen Einrede-Erhebung nicht mehr durchgesetzt werden können, sind demgegenüber gar nicht anzusetzen, selbst wenn sie der Erbe begleichen sollte.[44]

---

29 Staudinger/*Herzog* (2021), § 2313 Rn 14; *Riedel*, in: Mayer/Süß/Riedel/Bittler, HB Pflichtteilsrecht, § 5 Rn 260; *Kerscher/Riedel/Lenz*, Pflichtteilsrecht, § 7 Rn 16.
30 Staudinger/*Herzog* (2021), § 2313 Rn 14.
31 MüKo/*Lange*, § 2313 Rn 11; *Riedel*, in: Mayer/Süß/Riedel/Bittler, HB Pflichtteilsrecht, § 5 Rn 260.
32 OLG Dresden JW 1918, 188 im Zusammenhang m. Darlehensforderung; *Riedel*, in: Mayer/Süß/Riedel/Bittler, HB Pflichtteilsrecht, § 5 Rn 260.
33 Soergel/*Beck*, § 2313 Rn 7; *Kerscher/Riedel/Lenz*, Pflichtteilsrecht, § 7 Rn 17.
34 Staudinger/*Herzog* (2021), § 2313 Rn 23; *Regenfus*, ZEV 2019, 181.
35 RGZ 83, 253; BeckOGK/*Blum/Heuser*, § 2313 Rn 14; Soergel/*Beck*, § 2313 Rn 7; *Planck/Greif*, Anm. 2; Staudinger/*Herzog* (2021), § 2313 Rn 26.
36 RGZ 83, 253; Staudinger/*Herzog* (2021), § 2313 Rn 26; *Kerscher/Riedel/Lenz*, Pflichtteilsrecht, § 7 Rn 18; *Riedel*, in: Mayer/Süß/Riedel/Bittler, HB Pflichtteilsrecht, § 5 Rn 261.
37 Staudinger/*Haas* (2006), § 2313 Rn 9; ablehnend Staudinger/*Herzog* (2021), § 2313 Rn 27.
38 OLG Köln ZEV 2004, 155 f.; BeckOGK/*Blum/Heuser*, § 2313 Rn 16; Staudinger/*Herzog* (2021), § 2313 Rn 40; Burandt/Rojahn/*Horn*, Erbrecht, § 2313 Rn 6.
39 BGH WM 2011, 375, 377; KG ZErb 2011, 52, 53; vgl. auch OLG Köln ZEV 2004, 155, 156.
40 RG SeuffA 68 Nr. 129; *Riedel*, in: Mayer/Süß/Riedel/Bittler, HB Pflichtteilsrecht, § 5 Rn 262; MüKo/*Lange*, § 2313 Rn 17; BeckOGK/*Blum/Heuser*, § 2313 Rn 14, 15; Staudinger/*Herzog* (2021), § 2313 Rn 40 ff.; *Meincke*, Nachlassbewertung, S. 230 ff.
41 *Riedel*, in: Mayer/Süß/Riedel/Bittler, HB Pflichtteilsrecht, § 5 Rn 262; Staudinger/*Herzog* (2021), § 2313 Rn 41.
42 *Kerscher/Riedel/Lenz*, Pflichtteilsrecht, § 7 Rn 18; Soergel/*Beck*, § 2313 Rn 10.
43 Vgl. Staudinger/*Herzog* (2021), § 2313 Rn 25; BeckOGK/*Blum/Heuser*, § 2313 Rn 5.
44 Vgl. Staudinger/*Herzog* (2021), § 2313 Rn 38.

Eine zweifelhafte Verbindlichkeit hat das LG Berlin[45] auch im Hinblick auf Steuerschulden angenommen, zu deren Begleichung der Nachlass nicht genutzt wird und die von den Finanzbehörden auch nicht gegen den Nachlass vollstreckt werden.
Auch Nachlassverbindlichkeiten, die der Erbe bestritten hat, sind grds. als zweifelhaft anzusehen. Das gilt selbst dann, wenn der Gläubiger Klage erhoben[46] oder sogar bereits ein rechtskräftiges Urteil erstritten hat, gegen das sich der Erbe aber mit Rechtsmitteln zur Wehr setzt.[47]
Gehören zum Nachlass Forderungen und Verbindlichkeiten aus einer einheitlichen Geschäftsbeziehung (also gegenüber demselben Gläubiger und Schuldner), die teilweise unzweifelhaft und sicher, teilweise aber zweifelhaft bzw. unsicher sind, dürfen die zweifellos bestehenden Ansprüche oder Verbindlichkeiten aus einer solchen Geschäftsverbindung nicht als solche behandelt werden und die ungewissen Forderungen bzw. Verbindlichkeiten als ungewiss außer Ansatz bleiben.[48]
Weitere Besonderheiten gelten für die Beurteilung unsicherer Forderungen gegen einen Miterben.[49]

Wichtig ist, Unsicherheiten i.S.v. § 2313 BGB von reinen Bewertungsschwierigkeiten 9
zu unterscheiden. Denn bei diesen sind Abweichungen vom Stichtagsprinzip des § 2311 BGB nicht gerechtfertigt.[50] Nicht unsicher sind daher beispielsweise der Geschäftswert eines Handwerksbetriebs,[51] der Wert eines Gesellschaftsanteils mit einer **wertmäßigen Abfindungsbeschränkung** (siehe dazu eingehend § 2311 Rdn 252 ff. und Rdn 300 ff.),[52] ein **gewerbliches Schutzrecht**[53] und eine **latente Steuerbelastung bei Betriebsvermögen** (siehe dazu eingehend § 2311 Rdn 349 ff.).[54]

Teilweise umstritten ist die Behandlung von **Anwartschaftsrechten**, beispielsweise 10
beim Kauf unter Eigentumsvorbehalt. Insoweit ist festzuhalten, dass das Anwartschaftsrecht (als solches) im Zeitpunkt des Erbfalls besteht. Es ist zwar noch nicht zum Vollrecht erstarkt, aber dennoch weder bedingt noch zweifelhaft.[55] Außerdem kommt Anwartschaftsrechten im Wirtschaftsleben durchaus ein eigenständiger Wert zu, so dass sie nach zutreffender Meinung sofort zum Schätzwert zu berücksichtigen sind.[56]

Anders stellt sich die Lage bei reinen Erwerbsaussichten, die (gerade) noch nicht das 11
„Anwartschaftsstadium" erreicht haben, dar. Zu nennen sind hier insbesondere sog. Stock Options (Aktienoptionen für Mitarbeiter), die dem Mitarbeiter/Erblasser eingeräumt wurden und ihm (ggf. auch dem Erben) das Recht vermitteln, zum sog. Ausübungszeitpunkt Aktien (zu bestimmten Konditionen) zu erwerben. Diese Optionen sind meist (also solche) nicht marktgängig und haben im Zeitpunkt des Erbfalls zu-

45 LG Berlin, Urt. v. 28.9.2006 – 5 O 270/05.
46 Soergel/*Beck*, § 2313 Rn 10; *Kerscher/Riedel/Lenz*, Pflichtteilsrecht, § 7 Rn 18; Staudinger/*Herzog* (2021), § 2313 Rn 32.
47 Soergel/*Beck*, § 2313 Rn 10; *Riedel*, in: Mayer/Süß/Riedel/Bittler, HB Pflichtteilsrecht, § 5 Rn 226; Staudinger/*Herzog* (2021), § 2313 Rn 32.
48 BGHZ 7, 134, 141 = NJW 1952, 1173.
49 Siehe Soergel/*Beck*, § 2313 Rn 9.
50 Vgl. z.B. BGH ZErb 2013, 132; Staudinger/*Herzog* (2021), § 2313 Rn 8.
51 Staudinger/*Herzog* (2021), § 2313 Rn 8; *Lange/Kuchinke*, § 37 VI Fn 272; Grüneberg/*Weidlich*, § 2313 Rn 1. A.M. OLG Nürnberg FamRZ 1966, 512, 513.
52 Soergel/*Beck*, § 2313 Rn 9.
53 Staudinger/*Herzog* (2021), § 2313 Rn 8; MüKo/*Lange*, § 2313 Rn 12.
54 BGH NJW 1972, 1269.
55 A.A. BeckOGK/*Blum/Heuser*, § 2313 Rn 9.
56 Staudinger/*Herzog* (2021), § 2313 Rn 15; a.M. Soergel/*Beck*, § 2313 Rn 6; für diesen Fall zustimmend auch BeckOGK/*Blum/Heuser*, § 2313 Rn 9.

meist keinen aktuell realisierbaren Wert.[57] Ein solcher kommt ihnen vielmehr erst bzw. nur dann zu, wenn sie im Ausübungszeitpunkt tatsächlich ausgeübt werden und der Ausübungspreis unter dem dann aktuellen Kurswert/Marktpreis der zu erwerbenden Aktien liegt. Demzufolge liegt am Stichtag nur (bestenfalls) ein unter Abs. 1 S. 1 fallendes bedingtes Recht vor. Nur wenn die Option durch den Erben tatsächlich ausgeübt werden kann, und später auch tatsächlich ausgeübt wird, führt dies zu einer Realisierung der Option und damit zu einer Erhöhung des Vermögensbestandes, der dann nach Abs. 1 S. 2 auszugleichen ist.[58]

Auch wenn die Option am Stichtag bereits selbstständig handelbar ist, stellt sie ein unbedingtes (und dann auch sicheres) Recht dar, hinsichtlich dessen für die Sonderregelungen des § 2313 BGB kein Anwendungsbereich besteht.

Gehört zum Nachlass verpachtetes Grünland, mit dem eine Milchquote verbunden ist, stellt diese Milchquote i.d.R. ein ungewisses Recht dar. Denn solange das Pachtverhältnis besteht (bzw. nicht gekündigt werden kann), hat die Milchquote für den Erben (als Verpächter) keinen eigenständigen Wert. Das ändert sich aber, wenn sie bei Beendigung des Pachtverhältnisses auf den Verpächter (Erben) zurückfällt und dann von ihm genutzt werden kann.[59]

III. Bei der Nachlassbewertung zu berücksichtigende Rechte und Verbindlichkeiten

12 Auflösend bedingte Rechte und Verbindlichkeiten werden bei der Bewertung so berücksichtigt, wie wenn die Bedingung nicht bestünde. Anzusetzen sind auch befristete oder **betagte Forderungen** und Verbindlichkeiten. Diese fallen von vornherein nicht in den Anwendungsbereich von § 2313 BGB; vielmehr ist ihr Wert gem. § 2311 BGB zu schätzen.[60]

Das gilt beispielsweise auch für Leibrentenverpflichtungen,[61] deren Laufzeit typischerweise von der Lebenszeit des Berechtigten abhängig ist. Diese ist zwar objektiv ungewiss. Das ändert jedoch nichts daran, dass lediglich der Zeitpunkt des Versterbens, nicht aber der irgendwann zu erwartende Tod des Berechtigten ungewiss ist.[62]

13 Dass reine Bewertungsprobleme den Anwendungsbereich von § 2313 BGB gerade nicht eröffnen, wurde oben bereits herausgestellt. Demzufolge sind, wie gesagt, Anwartschaftsrechte[63] (z.B. beim Kauf unter Eigentumsvorbehalt), (schwer zu bewertende) Gesellschaftsanteile,[64] freiberufliche Unternehmen, im Rahmen einer Unternehmensbewertung relevante Firmenwerte[65] (Good will) oder gewerbliche Schutzrechte[66] nach den allgemeinen Grundsätzen des § 2311 Abs. 2 BGB zu bewerten.

57 BeckOGK/*Blum/Heuser*, § 2313 Rn 12.

58 Vgl. *Kolmann*, ZEV 2002, 216, 217; ebenso MüKo/*Lange*, § 2313 Rn 12.

59 OLG Celle FamRZ 2004, 1823, 1824; MüKo/*Lange*, § 2313 Rn 12; Staudinger/*Herzog* (2021), § 2313 Rn 18.

60 BGH FamRZ 1979, 787 zum Fall einer Leibrente; RGZ 72, 379, 381; Staudinger/*Herzog* (2021), § 2313 Rn 15; *Riedel*, in: Mayer/Süß/Riedel/Bittler, HB Pflichtteilsrecht, § 5 Rn 269; Grüneberg/*Weidlich*, § 2313 Rn 1; *Lange/Kuchinke*, § 37 VI 5a.

61 Vgl. hierzu BGH FamRZ 1979, 787.

62 BeckOGK/*Blum/Heuser*, § 2313 Rn 5; Staudinger/*Herzog* (2021), § 2313 Rn 7; Grüneberg/*Weidlich*, § 2313 Rn 3; MüKo/*Lange*, § 2313 Rn 7; Burandt/Rojahn/*Horn*, Erbrecht, § 2313 Rn 10.

63 Staudinger/*Herzog* (2021), § 2313 Rn 15; vgl. zur Bürgschaft OLG Köln v. 2.10.2003 – 2 W 95/03, ZEV 2004, 155, 156.

64 *Riedel*, in: Mayer/Süß/Riedel/Bittler, HB Pflichtteilsrecht, § 5 Rn 271; Soergel/*Beck*, § 2313 Rn 9.

65 Staudinger/*Herzog* (2021), § 2313 Rn 8; *Riedel*, in: Mayer/Süß/Riedel/Bittler, HB Pflichtteilsrecht, § 5 Rn 271; *Lange/Kuchinke*, § 37 VI Fn 272; Grüneberg/*Weidlich*, § 2313 Rn 1; a.A. OLG Nürnberg FamRZ 1966, 512, 513.

66 MüKo/*Lange*, § 2313 Rn 12; Staudinger/*Herzog* (2021), § 2313 Rn 8.

Auch latente Steuern, die im Falle einer späteren Veräußerung bestimmter Vermögensgegenstände (insbesondere Betriebsvermögen) in der Person des Erben entstehen können, sind nicht als aufschiebend bedingte Verbindlichkeiten anzusehen und fallen daher nicht unter §2313 BGB.[67]

IV. Sonderfall: Hypotheken und Sicherungsrechte

Hypotheken, Sicherungsgrundschulden, Pfandrechte und Bürgschaften bleiben als solche grundsätzlich außer Ansatz (Abs. 2).[68] Denn es handelt sich um reine Sicherungsrechte, so dass sie (zunächst) nicht als Verbindlichkeiten anzusetzen sind.[69] Gleiches gilt für die sich hieraus ergebende Haftungsgefahr. 14

Erst wenn sich später tatsächlich zeigt, ob und in welcher Höhe der Erbe als Sicherungsgeber in Anspruch genommen wird, erfolgt ggf. eine Korrektur der Pflichtteilsberechnung und ggf. auch bereits geleisteter Pflichtteilszahlungen.

Soweit sich das Haftungsrisiko durch eine Inanspruchnahme konkretisiert, muss dieser aber ein etwa bestehender Freistellungsanspruch des Sicherungsgebers (Erblassers) als zu aktivierende Forderung unter Berücksichtigung ihrer Realisierbarkeit gegenübergestellt werden.[70]

Richtigerweise sollten **zwei verschiedene Fallkonstellationen** grundsätzlich voneinander unterschieden werden, und zwar danach, wessen Verbindlichkeiten besichert werden: 15

Denn soweit die genannten Sicherungsrechte Verbindlichkeiten des Erblassers sichern, bilden sie im Grunde ohnehin keine eigenständig zu bewertenden Belastungen (weder bedingte noch unbedingte). Vielmehr stellen (bereits) die gesicherten Verbindlichkeiten die wertmindernd zu berücksichtigenden Nachlasspassiva dar. Akzessorische Sicherungsrechte (Hypotheken) können nur in Höhe der tatsächlichen Schuld verwertet werden. Und bei Sicherungsabtretung, -übereignung und -grundschuld steht einer weitergehenden Verwertung ein Rückgewähranspruch aus der Sicherungsabrede gegenüber. Würden sowohl die gesicherten Verbindlichkeiten als auch die dafür gestellten Sicherheiten jeweils gesondert berücksichtigt, führte dies zu einem ungerechtfertigten doppelten Schuldansatz zu Lasten des Pflichtteilsberechtigten.[71]

Sind die Sicherheiten aber für **fremde Schulden** bestellt, sind sie tatsächlich separat zu betrachten. Denn hier kommt eine Belastung des Nachlasses in Betracht. Daher ist in solchen Fällen die zunächst bestehende Unsicherheit über §2313 BGB zu lösen. Das gilt auch dann, wenn es sich bei den besicherten Schulden um solche des Ehegatten des Erblassers handelt.[72] 16

---

67 BGH NJW 1972, 1269; OLG Oldenburg ZEV 2018, 723; MüKo/*Lange*, §2313 Rn 12; Staudinger/*Herzog* (2021), §2313 Rn 9; a.A. *Daragan*, ZErb 2015, 329, 332.

68 BGH NJW 2011, 606; BeckOGK/*Blum/Heuser*, §2313 Rn 16; Soergel/*Beck*, §2313 Rn 10; Staudinger/*Herzog* (2021), §2313 Rn 40 m.w.N.; vgl. auch RG JW 1906, 114.

69 BGH NJW 2011, 606; LG Bonn v.13.4.2018 – 1 O 218/11, BeckRS 2018, 31392; KG ZErb 2011, 52; a.A. noch OLG Düsseldorf NJW-RR 1996, 727.

70 BGH NJW 2011, 606; OLG Nürnberg v. 6.3.2009 – 5 U 1731/08, BeckRS 2011, 28685; Soergel/*Beck*, §2313 Rn 10; Staudinger/*Herzog* (2021), §2313 Rn 41; *Riedel*, in: Mayer/Süß/Riedel/Bittler, HB Pflichtteilsrecht, §5 Rn 272.

71 Vgl. auch *Riedel*, in: Mayer/Süß/Riedel/Bittler, HB Pflichtteilsrecht, §5 Rn 273.

72 Die Besonderheiten bei Verbindlichkeiten im Rahmen einer Gütergemeinschaft sollen im Folgenden allerdings außer Betracht bleiben; hier ist eine mehr ganzheitliche Betrachtung erforderlich, soweit es sich um Gesamtgutsverbindlichkeiten (§§ 1437, 1459 BGB) handelt; *Riedel*, in: Mayer/Süß/Riedel/Bittler, HB Pflichtteilsrecht, §5 Rn 47 ff.

V. Durchführung der nachträglichen Ausgleichung

17 Soweit sich die rechtliche und/oder tatsächliche Situation gegenüber der nach § 2313 BGB zugrunde gelegten Lage nachträglich verändert, sieht das Gesetz eine Anpassung der Pflichtteilsberechnung und etwa bereits geleisteter Zahlungen vor.

Im Rahmen dieser nachträglichen Korrektur kann es sowohl zu einer Pflichtteilserhöhung als auch zu einer entsprechenden Minderung kommen. Im Ergebnis ist der Pflichtteilsberechtigte so zu stellen, als ob die (zunächst zweifelhafte) Bedingung bereits im Zeitpunkt des Erbfalls eingetreten gewesen wäre bzw. eine ursprünglich bestehende Unsicherheit, Ungewissheit oder Zweifel nicht bestanden hätte.[73] Die Bewertung richtet sich nach § 2311 BGB.[74]

Entscheidend ist der Wegfall der anfangs bestehenden Zweifelhaftigkeit, nicht unbedingt die tatsächliche Realisierung einer Forderung. Denn ob der Erbe beispielsweise eine zunächst zweifelhafte, später aber unzweifelhaft realisierbare Forderung (aus persönlichen Gründen) tatsächlich nicht einzieht, spielt für die Anwendung von § 2313 BGB keine Rolle. Denn ein pflichtwidriges Unterlassen (oder anderweitig unsinniges Verhalten) führt aus der Sicht des Pflichtteilsberechtigten zu einem Schadensersatzanspruch gegenüber dem Erben (der durch sein Verhalten den Umfang des pflichtteilsrelevanten Nachlasses schmälert).[75] Im Übrigen ist der Erbe nach Abs. 2 S. 2 ausdrücklich verpflichtet, im Rahmen einer ordnungsgemäßen Verwaltung für die Feststellung und Durchsetzung von unsicheren Rechten zu sorgen.[76]

Soweit der Pflichtteilsberechtigte bereits mehr erhalten hat, als ihm zusteht (z.B. weil eine zweifelhafte Verbindlichkeit nicht in die ursprüngliche Berechnung Eingang gefunden hatte), ist er verpflichtet, den ihm tatsächlich nicht (mehr) zustehenden Betrag an den Erben wieder herauszugeben.[77]

18 Auch im Rahmen der nachträglichen Korrektur sind alle betroffenen Vermögens- oder Schuldpositionen aus der Sicht des Stichtags zu bewerten.[78] Zwischenzeitlich eingetretene Wertveränderungen sind auszuklammern.[79] Der seit dem Erbfall **eingetretene Kaufkraftschwund** soll aber berücksichtigt werden.[80] Anschließend wird der ursprünglich der Pflichtteilsberechnung zugrunde gelegte Nachlasswert um die nun zusätzlich anzusetzenden (oder nicht anzusetzenden) und entsprechend bewerteten Vermögensgegenstände/Schuldposten ergänzt/bereinigt und sodann auf der Grundlage dieses korrigierten Netto-Nachlasses der Pflichtteil neu berechnet. Die Differenz gegenüber dem zuvor vorläufig berechneten Pflichtteil bildet den Ausgleichsbetrag nach Abs. 1 S. 3.[81]

Soweit der Pflichtteilsberechtigte bereits mehr erhalten hat, als ihm zusteht (z.B. weil eine zweifelhafte Verbindlichkeit nicht in die ursprüngliche Berechnung Eingang ge-

---

73 BGHZ 123, 77, 80 = NJW 1993, 2176; OLG Köln NJW 1998, 240; *Riedel*, in: Mayer/Süß/Riedel/Bittler, HB Pflichtteilsrecht, § 5 Rn 275.

74 OLG Köln NJW 1998, 240; BGH NJW 1993, 2176; Staudinger/*Herzog* (2021), § 2313 Rn 58; BeckOGK/*Blum/Heuser*, § 2313 Rn 6.

75 Vgl. OLG Hamm BeckRS 2013, 4904.

76 *Riedel*, in: Mayer/Süß/Riedel/Bittler, HB Pflichtteilsrecht, § 5 Rn 279; Staudinger/*Herzog* (2021), § 2313 Rn 46 f.; Soergel/*Beck*, § 2313 Rn 6.

77 BGH ZEV 2011, 27, 28.

78 So auch BGH NJW 1993, 2176, 2177; OLG Köln OLGE 97, 26, 27; Staudinger/*Herzog* (2021), § 2313 Rn 58.

79 Burandt/Rojahn/*Horn*, Erbrecht, § 2313 Rn 14.

80 BGH NJW 1993, 2176, 2177; Staudinger/*Herzog* (2021), § 2313 Rn 58; BeckOGK/*Blum/Heuser*, § 2313 Rn 18; *Riedel*, in: Mayer/Süß/Riedel/Bittler, HB Pflichtteilsrecht, § 5 Rn 276.

81 *Riedel*, in: Mayer/Süß/Riedel/Bittler, HB Pflichtteilsrecht, § 5 Rn 276.

funden hatte), ist er verpflichtet, den ihm tatsächlich nicht (mehr) zustehenden Betrag an den Erben wieder herauszugeben.[82]

Die Ausgleichsforderung des Pflichtteilsberechtigten – also im Falle einer Pflichtteilserhöhung – ist unstreitig und offensichtlich pflichtteilsrechtlicher Natur,[83] so dass für sie grundsätzlich auch die allgemeinen pflichtteilsrechtlichen Verjährungsregeln gelten, z.B. ggf. auch die Frist nach § 2332 BGB. Allerdings beginnt die Verjährung insoweit nicht vor Eintritt der Bedingung, der Sicherheit oder Gewissheit.[84]

Die Rechtsnatur der Ausgleichsforderung des Erben, die diesem im Falle einer Pflichtteilsreduzierung zusteht, ist hingegen umstritten.[85] Während eine Auffassung einen bereicherungsrechtlichen Anspruch annimmt,[86] gehen andere zutreffend von einem pflichtteilsrechtlichen Anspruch sui generis aus.[87]

Der Rückgriff auf das Bereicherungsrecht hätte insbesondere den Nachteil, dass der Pflichtteilsberechtigte sich nach § 818 Abs. 3 BGB auf den Wegfall der Bereicherung berufen könnte. Dem könnte zwar ggf. § 819 Abs. 1 BGB entgegengehalten werden,[88] an den wirtschaftlichen Risiken des Erben würde dies aber nichts ändern.

Sowohl vor diesem Hintergrund als auch aus systematischen Erwägungen ist der Qualifikation (auch) des Ausgleichsanspruchs des Erben als pflichtteilsrechtlicher Anspruch eigener Art[89] beizupflichten.

C. Prozessuale Hinweise

Unabhängig von einer etwaigen Qualifikation als bedingt, zweifelhaft oder unsicher 19
sind alle derartigen Unwägbarkeiten unterliegenden Vermögensgegenstände und Schulden in das durch den Erben zu erstellende Nachlassverzeichnis aufzunehmen.[90] Dieses bildet die Grundlage der Entscheidung, auf welche der dort genannten Posten § 2313 BGB überhaupt anwendbar ist.[91]

Die Ausgleichung erfolgt auch dann, wenn der Umfang des Pflichtteilsanspruchs gerichtlich festgestellt wurde und das Urteil keinen Vorbehalt der Ausgleichung enthält.[92]

Eine **Sicherheitsleistung** für eine etwaige Ausgleichsforderung kann weder der Erbe 20
noch der Pflichtteilsberechtigte verlangen.[93] Insoweit gelten keine Besonderheiten, sondern die allgemeinen Grundsätze für den Schutz bedingter Ansprüche (§ 916 Abs. 2 ZPO).[94]

Für die Verjährung von Ansprüchen auf nachträgliche Ausgleichung kommt es auf 21
den Zeitpunkt der Entstehung bislang nicht angesetzter Ansprüche bzw. Rechte an.

82 BGH ZEV 2011, 27, 28.
83 *Lange/Kuchinke*, § 37 VI 5a; Staudinger/*Herzog* (2021), § 2313 Rn 54; Soergel/*Beck*, § 2313 Rn 5.
84 BeckOGK/*Blum/Heuser*, § 2313 Rn 20; Soergel/*Beck*, § 2313 Rn 5; *Riedel*, in: Mayer/Süß/Riedel/Bittler, HB Pflichtteilsrecht, § 5 Rn 277; Staudinger/*Herzog* (2021), § 2313 Rn 54; *Horn*, ZEV 2020, 409; *Lange*, DNotZ 2013, 458.
85 Vgl. Staudinger/*Herzog* (2021), § 2313 Rn 56 m.w.N.
86 Soergel/*Beck*, § 2313 Rn 4; *Riedel*, in: Mayer/Süß/Riedel/Bittler, HB Pflichtteilsrecht, § 5 Rn 278; wohl RGRK/*Johannsen*, § 2313 Rn 2.
87 BeckOGK/*Blum/Heuser*, § 2313 Rn 22; Staudinger/*Herzog* (2021), § 2313 Rn 57; *Lange/Kuchinke*, Erbrecht, § 37 VI 5 a.
88 Staudinger/*Herzog* (2021), § 2313 Rn 56.
89 *Riedel*, in: Mayer/Süß/Riedel/Bittler, HB Pflichtteilsrecht, § 5 Rn 278; *Lange/Kuchinke*, § 37 VI 5a.
90 BeckOGK/*Blum/Heuser*, § 2313 Rn 3.1.
91 Vgl. OLG Dresden v. 30.9.2015 – 17 U 1338/15, BeckRS 2016, 12516.
92 OLG Koblenz NJW-RR 2020, 1274; OLG Kiel OLGE 7, 143; Staudinger/*Herzog* (2021), § 2313 Rn 61 m.w.N.
93 Staudinger/*Herzog* (2021), § 2313 Rn 62.
94 Staudinger/*Herzog* (2021), § 2313 Rn 63; Soergel/*Beck*, § 2313 Rn 6.

Maßgeblich ist also, wann aufschiebende oder auflösende Bedingungen eintreten bzw. wann bestehende Unsicherheiten oder Ungewissheiten wegfallen.[95]

§ 2314 Auskunftspflicht des Erben

(1) [1]Ist der Pflichtteilsberechtigte nicht Erbe, so hat ihm der Erbe auf Verlangen über den Bestand des Nachlasses Auskunft zu erteilen. [2]Der Pflichtteilsberechtigte kann verlangen, dass er bei der Aufnahme des ihm nach § 260 vorzulegenden Verzeichnisses der Nachlassgegenstände zugezogen und dass der Wert der Nachlassgegenstände ermittelt wird. [3]Er kann auch verlangen, dass das Verzeichnis durch die zuständige Behörde oder durch einen zuständigen Beamten oder Notar aufgenommen wird.
(2) Die Kosten fallen dem Nachlass zur Last.

Literatur
Außner, Erfüllung des Auskunftsanspruchs gem. §§ 2314 Abs. 1, 260 Abs. 1 BGB – Zu den formellen Anforderungen an Inhalt und Umfang des vorzulegenden Nachlassverzeichnisses im Pflichtteilsrecht, ZErb 2021, 293, *ders.*, Formelle Anforderungen an das privatschriftliche Nachlassverzeichnis, ZEV 2020, 743; *Bartsch*, Sind der Auskunft über den tatsächlichen Nachlass nach § 2314 Abs. 1 BGB Belege beizufügen?, ZEV 2004, 176; *Becker/Horn*, Inwieweit sind Kosten der Errichtung des Nachlassverzeichnisses als pflichtteilsrelevante Passiva zu berücksichtigen?, ZEV 2007, 62; *Bissmaier*, Zur Wertermittlung durch Sachverständige im Pflichtteilsrecht, ZEV 1997, 149; *Cornelius*, Auskunfts- und Wertermittlungsverlangen des enterbten Pflichtteilsberechtigten bei pflichtteilsergänzungsrechtlich relevanten Veräußerungen, ZEV 2005, 286; *Damrau*, Der Anspruch auf Berichtigung und Ergänzung des Bestandsverzeichnisses (§ 2314 BGB), ZEV 2009, 274; *Dodegge*, Die Entwicklung des Betreuungsrechts bis Juli 2018, NJW 2018, 2678; *Edenfeld*, Auskunftsansprüche der Pflichtteilsberechtigten, ZErb 2005, 346; *Fleischer*, Aktuelle instanzgerichtliche Rechtsprechung zu Auskunftsansprüchen in Erb- und Pflichtteilsrecht, ErbR 2013, 242; *Heidenreich*, Keine Ermittlungspflicht des Notars bei Erstellung eines notariellen Nachlassverzeichnisses, ZEV 2007, 329; *Heuer*, Die Bewertung von Kunstgegenständen, NJW 2008, 689; *Hölscher*, Verfahrensfragen bei pflichtteilsrechtlichen Auskunfts- und Stufenklagen, ErbR 2019, 398; *Hohloch*, Wertermittlungsanspruch des pflichtteilsberechtigten Erben auf eigene Kosten, JuS 1994, 76; *Horn*, Angabe von Grundschulden ohne die so gesicherten Verbindlichkeiten im notariellen Verzeichnis unzureichend, ErbR 2020, 737; *ders.*, Neuere Entwicklungen im Erbrecht seit 2017, NZFam 2019, 947; *ders.*, Auskunftsrechte des Erben gegen den Pflichtteilsberechtigten, NJW 2016, 2150; *ders.*, Kein Zurückbehaltungsrecht bei gegenseitiger Auskunftsverpflichtung im Pflichtteilsrecht, ZEV 2013, 178; *Keim*, Aktuelles zum notariellen Nachlassverzeichnis, NJW 2020, 2996; *Klinger*, Notarielles Nachlassverzeichnis – sinnvolles Mittel zur Feststellung des pflichtteilsrelevanten Nachlasses?, NJW-Spezial 2/2004, 61; *Kuhn/Tappe*, Der Anspruch auf ein notarielles Nachlassverzeichnis gemäß § 2314 Abs. 1 S. 3 BGB, ZEV 2011, 347; *Kurth*, Inhalt und Form des Auskunftsanspruchs des Pflichtteilsberechtigten, insbesondere Anforderungen an ein notarielles Nachlassverzeichnis nach § 2314 Abs. 1 Satz 3 BGB (Teil 1), ZErb 2018, 225; *Lange/Horn*, Die Vorlage eines notariellen Nachlassverzeichnisses gem. § 2314 Abs. 1 S. 3 BGB als schuldrechtliche Verpflichtung – Erfüllung, Ergänzung und Durchsetzung, ZEV 2025, 281; *Lorenz*, Auskunfts- und Wertermittlungsansprüche im bürgerlichen Recht, JuS 1995, 569; *Nieder*, Das notarielle Nachlassverzeichnis im Pflichtteilsrecht, ZErb 2004, 60; *Osterloh/Konrad*, Informationsansprüche im Erbrecht, ErbR 2012, 326; *Papenmeier*, Darf der Pflichtteilsberechtigte die Kontoauszüge des Erblassers sichten?, ErbR 2020, 783; *Purps*, Das notarielle Nachlassverzeichnis – ein geeignetes Mittel gegen das Siegel der Verschwiegenheit der Erben?, ErbR 2023, 8; *ders.*, Das 8. Gebot im Erbrecht – Wahrheits- und Auskunftspflichten der Erben, ErbR 2022, 8; *Regenfus*, Die „verfrühte" Klage auf

95 Burandt/Rojahn/*Horn*, Erbrecht, § 2313 Rn 15; Grüneberg/*Weidlich*, § 2313 Rn 4; a.A. zum alten Recht BGH NJW 2013, 1086 m. Anm. *Herrler*, der zu Recht darauf hinweist, dass in allen Fällen, in denen der Erbe Kenntnis von etwaigen bedingten Rechten etc. hat, der Verjährungseinwand an § 242 BGB scheitern dürfte.

Auskunft und Wertermittlung: Materiell-rechtliche und prozesstaktische Überlegungen, ZEV 2020, 8; *Ruby/Schneider*, ZEV-Report Zivilrecht, ZEV 2014, 353; *Sarres*, Die Entwicklung pflichtteilsrechtlicher Auskunftsansprüche, ZEV 2016, 306; *ders.*, Umfang und Grenzen der Grundbucheinsicht bei der Nachlassermittlung, ZEV 2012, 294; *Sarres/Afraz*, Auskunftsansprüche gegenüber Vertragserben sowie gegenüber der Erblasser- Bank bei lebzeitigen Zuwendungen des Erblassers, ZEV 1995, 433; *Schindler*, Eidesstattliche Versicherung im notariellen Bestandsverzeichnis? – zugleich einige allgemeine Bemerkungen zum Verzeichnis nach § 2314 BGB, BWNotZ 2004, 73; *Schlitt*, Der Umfang des Auskunftsanspruchs des Pflichtteils- und Pflichtteilsergänzungsberechtigten gegenüber dem Erben wegen des Bankvermögens des Erblassers, ZEV 2007, 515; *Schneider*, Die Zwangsvollstreckung des Wertermittlungsanspruchs im Pflichtteilsrecht, ZEV 2011, 353; *Schönenberg-Wessel*, Recherchen bei Schenkungen und Zuziehungsrecht bei notariellem Verzeichnis, ErbR 2020, 511; *ders.*, Der fiktive Nachlass – Pflichtteilsergänzungsansprüche im notariellen Nachlassverzeichnis, NJW 2019, 1481; *ders.*, Das notarielle Nachlassverzeichnis, NotBZ 2018, 204; *Schreinert*, Das notarielle Nachlassverzeichnis, RNotZ 2008, 61; *Siebert*, Die Entwicklung des Erbrechts im zweiten Halbjahr 2021, NJW 2022, 1068; *Tegelkamp/Krüger*, Anwesenheitsrecht bei der Erstellung des Nachlassverzeichnisses nach § 2314 Abs. 1 S. 2 Alt. 1 BGB, ZErb 2011, 33; *v. d. Auwera*, Die Rechte des Pflichtteilsberechtigten im Rahmen seines Auskunftsanspruchs nach § 2314, ZEV 2008, 359; *Weidlich*, Die neuere Rechtsprechung zum notariellen Nachlassverzeichnis: eine kritische Bestandsaufnahme, ZEV 2017, 241; *Winkler von Mohrenfels*, Auskunfts- und Wertermittlungsansprüche des vom Erblasser Beschenkten, NJW 1987, 2557; *Zimmer*, Ermittlungen des Notars außerhalb seines Amtsbereichs oder Amtsbezirks bei der Erstellung eines Nachlassverzeichnisses, ZErb 2012, 5; *ders.*, Die Aufnahme des Nachlassverzeichnisses durch den Notar, NotBZ 2005, 208.

Übersicht: Rdn

A. Allgemeines

1 Neben der Erb- und damit auch der Pflichtteilsquote des Berechtigten kommt dem Bestand und dem Wert des pflichtteilsrelevanten Nachlasses entscheidende Bedeutung für die Berechnung des Anspruchs zu. Zur **Ermittlung** der **Erbquote** bedarf der Pflichtteilsberechtigte, jedenfalls wenn der Erblasser zur Zeit seines Todes verheiratet war oder in eingetragener Lebenspartnerschaft lebte, näherer Informationen zum Güterstand. Die Kenntnis des Umfangs und die Bewertung des Nachlasses sind für die weitere Berechnung des Anspruchs unabdingbar.[1] Dies gilt umso mehr, als er hinsichtlich der Höhe des von ihm behaupteten Pflichtteilsanspruchs bezüglich sämtlicher diesen rechtfertigende Umstände in vollem Umfang beweisbelastet ist.[2] Oftmals hat der Pflichtteilsberechtigte aber keine Möglichkeit, sich selbst die erforderlichen Informationen zu beschaffen, so dass er zur Verwirklichung seines Anspruchs auf die Angaben Dritter, insbesondere des Erben angewiesen ist. Um den aus der dinglichen Beteiligung am Nachlass resultierenden Wissensvorsprung des Erben zu relativieren, räumt das Gesetz dem Pflichtteilsberechtigten in § 2314 BGB eigenständige, neben dem eigentlichen Zahlungsanspruch stehende Auskunftsansprüche und zusätzlich auch Wertermittlungsansprüche[3] ein, die es dem Berechtigten ermöglichen sollen, seine Unterrichtung von den für ihn maßgeblichen Umständen erforderlichenfalls sogar zu erzwingen. Der Pflichtteilsberechtigte hat dabei auch die Möglichkeit, seine Hinzuziehung bei der Aufnahme des Verzeichnisses zu verlangen bzw. das Verzeichnis – im Auftrag des Erben – durch einen Notar aufnehmen zu lassen.[4] Allerdings hat nach h.M. selbst eine schuldhafte Verletzung der Auskunftspflichten nach Abs. 1 S. 1 grundsätzlich keine Umkehr der Beweislast zur Folge. Der Erbe ist also nicht daran gehindert, im Prozess um die Höhe des Pflichtteils vorher erteilte fehlerhafte Auskünfte zu korrigieren; insoweit genügt substantiierter Vortrag, die Fehlerhaftigkeit der vorher erteilten Auskunft muss grundsätzlich nicht bewiesen werden.[5]

B. Tatbestand

I. Pflichtteilsberechtigter Nichterbe

2 Dem Wortlaut nach setzt § 2314 BGB voraus, dass der Anspruchsberechtigte pflichtteilsberechtigter Nichterbe i.S.d. §§ 2303, 2309 BGB ist.[6] Somit sind auskunftsberechtigt auf jeden Fall **enterbte Abkömmlinge** des Erblassers, ebenso der enterbte **Ehe-**

---

1 Vgl. hierzu OLG Karlsruhe ZEV 2000, 280; BeckOGK/*Blum/Heuser*, § 2314 Rn 2; BeckOK BGB/*Müller-Engels*, § 2314 Rn 1.
2 BGH ZEV 2010, 312; *Horn*, in: MAH Erbrecht, § 29 Rn 346.
3 BeckOGK/*Blum/Heuser*, § 2314 Rn 1; *Bartsch*, ZEV 2004, 176, 177.
4 *Tegelkamp/Krüger*, ZErb 2011, 33; MüKo/*Lange*, § 2314 Rn 1.
5 BGH ZEV 2010, 312 f.
6 OLG Hamm ZEV 2017, 158, 162; OLG Celle ZEV 2006, 361; OLG Karlsruhe FamRZ 2004, 410, 412; BGH NJW 1981, 2051, 2052; BeckOGK/*Blum/Heuser*, § 2314 Rn 3, 21; MüKo/*Lange*, § 2314 Rn 65; Staudinger/*Herzog* (2021), § 2314 Rn 89; *Bittler*, in: Mayer/Süß/Riedel/Bittler, HB Pflichtteilsrecht, § 9 Rn 6.

gatte oder gleichgeschlechtliche **Lebenspartner**[7] und der enterbte Elternteil, soweit Erben erster Ordnung ihn nicht vom Pflichtteil ausschließen. Aber auch solche zum Kreis der Pflichtteilsberechtigten gehörenden Erben, die unzureichend eingesetzt wurden (§ 2305 BGB) oder den ihnen hinterlassenen Erbteil – ohne Verlust des Pflichtteilsrechts – ausgeschlagen haben (§ 2306 Abs. 1 BGB),[8] sind auskunftsberechtigt,[9] ebenso der nicht zum Erben berufene Vermächtnisnehmer i.S.d. § 2307 BGB.[10] Bei Letztgenanntem spielt es insoweit keine Rolle, ob er das Vermächtnis annimmt oder ausschlägt,[11] ebenso wenig ob der Wert des Vermächtnisses den Pflichtteil unter- oder überschreitet,[12] denn er ist auf jeden Fall pflichtteilsberechtigter Nichterbe und daher zur Durchsetzung etwaiger Pflichtteilsansprüche bzw. die Ausübung seines Wahlrechts auf die Auskunft etc. angewiesen.[13] Ebenfalls zum Kreis der Nichterben gehört regelmäßig der geschiedene Ehegatte. Auch wenn er natürlich nicht pflichtteilsberechtigt ist, steht ihm gem. §§ 1386b, 2314 BGB analog ein Auskunftsanspruch zu, wenn er gegenüber dem Erblasser unterhaltsberechtigt war.[14]

II. Pflichtteilsberechtigter Erbe oder Nacherbe

Vom Wortlaut der Vorschrift[15] her ist klar, dass ein Auskunftsanspruch zugunsten 3
des Erben grundsätzlich nicht besteht. Der Gesetzgeber hat sich insoweit von der Vorstellung leiten lassen, dass der Erbe (auch der Miterbe) als Gesamtrechtsnachfolger auf eigenständige **Auskunftsansprüche** nicht angewiesen sei (Informationsrechte des Erben ergeben sich insbesondere aus §§ 2027,[16] 2028, 2038, 2057 sowie §§ 666, 668 BGB). Hieraus folgerte auch die Rspr. ursprünglich, dass dem pflichtteilsberechtigten Erben ein Auskunftsanspruch nicht zustehen könne.[17] Die ausschließliche Orientierung am Wortlaut des § 2314 BGB wird aber bestimmten Sondersituationen, in denen auch der Miterbe durch ähnliche Wissensdefizite an der erfolgreichen Geltendmachung seiner Ansprüche gehindert wird wie der pflichtteilsberechtigte Nichterbe, nicht gerecht. Hat der Erblasser bspw. zu seinen Lebzeiten den Großteil seines Vermögens auf eine Person übertragen, die später gemeinsam mit den pflichtteilsberechtigten Abkömmlingen Erbe wird, greifen die dem Miterben typischerweise zukommenden Informationsrechte nicht durch, so dass die Pflichtteilsberechtigten praktisch keine Möglichkeit hätten, Art und Umfang der lebzeitigen Zuwendungen in Erfahrung zu bringen, wenn im Nachlass keine hierüber Aufschluss gebenden Dokumente vorhan-

---

7 MüKo/*Lange*, § 2314 Rn 65; BeckOGK/*Blum/Heuser*, § 2314 Rn 23.

8 BGH NJW 2023, 452; BeckOGK/*Blum/Heuser*, § 2314 Rn 21.2; *Slabon*, ErbBstg 2023, 64 ff.

9 OLG Düsseldorf ErbR 2022, 1120; OLG Düsseldorf FamRZ 2006, 512; MüKo/*Lange*, § 2314 Rn 65; BeckOGK/*Blum/Heuser*, § 2314 Rn 29; Staudinger/*Herzog* (2021), § 2314 Rn 91; a.A. OLG Celle ZEV 2006, 557 m. zu Recht ablehnender Anm. *Damrau*.

10 MüKo/*Lange*, § 2314 Rn 67; BeckOGK/*Blum/Heuser*, § 2314 Rn 21, 21.3; Staudinger/*Herzog* (2021), § 2314 Rn 91.

11 Staudinger/*Herzog* (2021), § 2314 Rn 92.

12 BGH NJW 1958, 1964, 1965 f.; OLG Düsseldorf FamRZ 1995, 1236, 1237; OLG Oldenburg NJW-RR 1993, 782, 783; OLG Köln NJW-RR 1992, 8; Staudinger/*Herzog* (2021), § 2314 Rn 92; Soergel/*Beck*, § 2314 Rn 7.

13 OLG Düsseldorf FamRZ 1995, 1236; Staudinger/*Herzog* (2021), § 2314 Rn 92; MüKo/*Lange*, § 2314 Rn 67.

14 Staudinger/*Herzog* (2021), § 2314 Rn 91; *Kerscher/Riedel/Lenz*, Pflichtteilsrecht, § 11 Rn 15.

15 Staudinger/*Herzog* (2021), § 2314 Rn 97; *Horn*, in: MAH Erbrecht, § 29 Rn 335.

16 Dieser umfasst nicht die Mitteilung lebzeitiger Schenkungen, OLG Naumburg ZEV 2024, 816.

17 RGZ 84, 204, 206; BGHZ 18, 67, 70; BGH NJW 1993, 2737; OLG München FamRZ 2009, 1010; vgl. auch OLG Brandenburg BeckRS 2011, 6531; OLG Karlsruhe FamRZ 2015, 536; MüKo/*Lange*, § 2314 Rn 70 m.w.N.; *Horn*, in: MAH Erbrecht, § 29 Rn 335.

den sind.[18] Vor diesem Hintergrund hat sich mittlerweile sowohl in der Lit. als auch in der Rspr. die Einsicht durchgesetzt, dass in Fällen der beschriebenen Art auch dem pflichtteilsberechtigten Erben ein Auskunftsanspruch zustehen muss. Umstritten ist allerdings dessen Rechtsgrundlage:[19] Während teilweise eine entsprechende Anwendung von § 2314 BGB erwogen wird,[20] löst die h.M. das Problem durch Anwendung der Grundsätze des § 242 BGB.[21] Demnach ist ein Auskunfts- und Wertermittlungsanspruch nach Treu und Glauben immer dann anzunehmen, wenn „der Berechtigte entschuldbar über das Bestehen und den Umfang des Rechts im Unklaren und deshalb auf die Auskunft des Verpflichteten angewiesen ist, der durch sie nicht unbillig belastet wird".[22]

4 Unterschiede zwischen beiden Ansätzen ergeben sich sowohl hinsichtlich der Anspruchsvoraussetzungen[23] als auch hinsichtlich des konkreten Anspruchsinhalts[24] und nicht zuletzt bezüglich der **Kostentragungspflicht**.[25] Auch wenn der h.M. zuzugeben ist, dass sie sich am klaren Wortlaut des Gesetzes orientiert, wird sie der eigentlichen Zielsetzung des Pflichtteilsrechts nicht vollständig gerecht. Die Mindestteilhabe des Pflichtteilsberechtigten am Vermögen des Erblassers wird nämlich grundsätzlich dadurch gewährleistet, dass der Berechtigte Anspruch auf die Hälfte des Werts seines gesetzlichen Erbteils hat. Dies gilt gem. §§ 2303 ff. BGB unabhängig davon, ob der Pflichtteilsberechtigte vollständig enterbt oder unzureichend eingesetzt (§ 2305) oder als Vermächtnisnehmer berufen ist oder ohne Verlust seines Pflichtteilsrechts ausgeschlagen hat. Stellt man aber an den Auskunftsanspruch des pflichtteilsberechtigten Miterben höhere Anforderungen als an den des Nichterben, bürdet man ihm gar noch die Kosten der Auskunftserteilung und der Wertermittlung auf,[26] führt dies zu einer nicht gerechtfertigten Schlechterstellung, die es dem pflichtteilsberechtigten Miterben unmöglich macht, seinen vollen Anspruch wirtschaftlich zu realisieren. Vor diesem Hintergrund muss auch dem Miterben, wenn er selbst weder rechtlich noch tatsächlich in der Lage ist, sich die benötigten Informationen zu beschaffen, ein Auskunftsanspruch in entsprechender Anwendung des § 2314 BGB zustehen.[27] Dies gilt insbesondere hinsichtlich des fiktiven Nachlasses sowie der Wertermittlung. Abgesehen von dem Recht auf Zuziehung, das der Miterbe auch ohne ausdrückliche Anordnung in

18 LG Kleve NJW-RR 1987, 782; *Dieckmann*, NJW 1988, 1809, 1814; vgl. auch Staudinger/*Herzog* (2021), § 2314 Rn 98 m. entsprechendem Bsp.; MüKo/*Lange*, § 2314 Rn 71; BeckOGK/*Blum/Heuser*, § 2314 Rn 29.2.

19 Vgl. ausführlich Staudinger/*Herzog* (2021), § 2314 Rn 100 ff.; MüKo/*Lange*, § 2314 Rn 71.

20 *Coing*, NJW 1970, 729, 234; *Gudian*, JZ 1967, 591, 593; vgl. auch OLG Hamm NJW-RR 1986, 166 f.; OLG Düsseldorf ZEV 2008, 189; OLG München ZErb 2009, 271 f.

21 Vgl. BeckOGK/*Blum/Heuser*, § 2314 Rn 29 f.; Staudinger/*Herzog* (2021), § 2314 Rn 105.

22 BGH NJW 1993, 2737; BGH NJW 1973, 1876, 1878; BGH WM 1976, 1089; BGH WM 1985, 1346, 1347; BGH NJW 1981, 2051; OLG Karlsruhe FamRZ 2004, 410, 412; OLG München FamRZ 2009, 1010; *Lorenz*, JuS 1995, 569, 571; *Hohloch*, JuS 1994, 76; *Gerken*, Rpfleger 1991, 443, 445; *Kempeler*, NJW 1970, 1533; *Bittler*, in: Mayer/Süß/Riedel/Bittler, HB Pflichtteilsrecht, § 9 Rn 58 ff.; *Lange/Kuchinke*, § 37 XII 6.

23 BeckOGK/*Blum/Heuser*, § 2314 Rn 29.2; Staudinger/*Herzog* (2021), § 2314 Rn 102.

24 Z.B. besteht nach § 242 BGB kein Anspruch auf ein notarielles Nachlassverzeichnis, OLG München NJW-RR 2023, 295.

25 *Edenfeld*, ZErb 2005, 346, 347; BeckOGK/*Blum/Heuser*, § 2314 Rn 29.3; vgl. ausführlich Staudinger/*Herzog* (2021), § 2314 Rn 104 m.w.N.

26 Diese hat bei Anwendung von § 242 BGB grundsätzlich der Auskunftsberechtigte zu tragen, BGHZ 61, 180, 184 = NJW 1973, 1876, 1877; vgl. auch BGH NJW 1993, 2737; BGH ZEV 1998, 142, 143; LG Kleve NJW-RR 1987, 782.

27 A.A.: Staudinger/*Herzog* (2021), § 2314 Rn 105; BeckOGK/*Blum/Heuser*, § 2314 Rn 29.3.

§ 2314 BGB ohnehin hat, ist die Vorschrift auch zu seinen Gunsten in vollem Umfang anzuwenden.

Ähnlich stellt sich die Situation beim Nacherben dar. Gem. § 2306 Abs. 2 BGB gilt der zum Nacherben berufene Pflichtteilsberechtigte als Erbe (wenn auch als mit einer Beschränkung belasteter).[28] Gesetzliche Auskunftsrechte ergeben sich für ihn aus §§ 2121, 2122, 2117 BGB.[29] Ein Wertermittlungsanspruch wird hier aber nicht gewährt. Dieses Defizit will der BGH dadurch lösen, dass er den Nacherben als berechtigt ansieht, anlässlich der Feststellung des Zustandes der Erbschaft (§ 2122 S. 2 BGB) „auf seine Kosten zugleich auch den Wert ermitteln" zu lassen.[30] Dies erscheint aber aus den oben dargestellten Erwägungen unbillig und im Interesse einer sinnvollen Sicherung der Rechte des Pflichtteilsberechtigten als nicht ausreichend.[31] Gleiches gilt für den nach h.M. bestehenden allgemeinen Auskunftsanspruch nach § 242 BGB (insbesondere wegen lebzeitiger Schenkungen).[32] 5

Anders stellt sich die Situation in aller Regel beim **Alleinerben** oder Vertragserben dar. Er kann gegenüber einem nicht als Erben berufenen Dritten, namentlich dem vom Erblasser Beschenkten, nur Auskunftsansprüche nach den Grundsätzen des § 242 BGB geltend machen.[33] Diese Ungleichbehandlung gegenüber dem pflichtteilsberechtigten Miterben ist bereits aus dem Grund gerechtfertigt, dass den Beschenkten nur im Hinblick auf § 2329 BGB überhaupt irgendwelche Verpflichtungen treffen können. Er ist gerade nicht Gesamtrechtsnachfolger des Erblassers und kann daher auch nicht nach § 2314 BGB in Anspruch genommen werden. Folgerichtig scheidet eine (analoge) Anwendung in Fällen des pflichtteilsberechtigten Alleinerben aus. 6

III. Pflichtteilsberechtigter Vermächtnisnehmer

Soweit der Vermächtnisnehmer nicht gleichzeitig Erbe ist, wird er – seine grundsätzliche Pflichtteilsberechtigung vorausgesetzt – unmittelbar vom Wortlaut des § 2314 BGB erfasst.[34] Er ist Nichterbe. Am Bsp. des **Vermächtnisnehmers** i.S.d. § 2307 BGB wird die Ausgestaltung des Auskunftsanspruchs als eigenständiger, vom eigentlichen Pflichtteilsanspruch unabhängiger Anspruch deutlich. Durch die Auskunft soll der dem Kreis der pflichtteilsberechtigten Personen angehörende Auskunftsberechtigte in die Lage versetzt werden, zu beurteilen, ob bzw. in welcher Höhe ihm ein Pflichtteilsanspruch zustehen könnte. Der Vermächtnisnehmer i.S.d. § 2307 BGB erhält so überhaupt erst die Möglichkeit, das ihm zustehende Wahlrecht sachgerecht auszuüben.[35] Auskunftsansprüche des Vermächtnisnehmers sind allerdings wohl ausgeschlossen, wenn bereits feststeht, dass kein Pflichtteilsanspruch geltend gemacht werden kann.[36] Dasselbe gilt, wenn der Pflichtteilsberechtigte ein ihm anstelle des Pflichtteils hinterlas- 7

28 Vgl. Staudinger/*Herzog* (2021), § 2314 Rn 109; BeckOGK/*Blum/Heuser*, § 2314 Rn 26.

29 BGH NJW 1981, 2051, 2052; OLG Celle ZEV 2006, 361; MüKo/*Lange*, § 2314 Rn 73; Staudinger/*Herzog* (2021), § 2314 Rn 110; BeckOGK/*Blum/Heuser*, § 2314 Rn 26.

30 BGH NJW 1981, 2051, 2052; vgl. auch MüKo/*Lange*, § 2314 Rn 73.

31 A.A.: MüKo/*Lange*, § 2314 Rn 73; Staudinger/*Herzog* (2021), § 2314 Rn 107 ff.; BeckOGK/*Blum/Heuser*, § 2314 Rn 26; *Horn*, in: MAH Erbrecht, § 29 Rn 336.

32 Vgl. hierzu MüKo/*Lange*, § 2314 Rn 73; Staudinger/*Herzog* (2021), § 2314 Rn 110; BeckOGK/*Blum/Heuser*, § 2314 Rn 26; Burandt/Rojahn/*Horn*, Erbrecht, § 2314 Rn 8.

33 Vgl. zum Alleinerben: BGH NJW 1973, 1876, 1877; zum Vertragserben: BGHZ 97, 188, 192 f.; Staudinger/*Herzog* (2021), § 2314 Rn 106.

34 Staudinger/*Herzog* (2021), § 2314 Rn 91; *Horn*, in: MAH Erbrecht, § 29 Rn 332.

35 OLG Düsseldorf FamRZ 1995, 1236, 1237; OLG Oldenburg FamRZ 1993, 857, 858; DIV-Gutachten, DAVorm 1994, 412; Staudinger/*Herzog* (2021), § 2314 Rn 92; MüKo/*Lange*, § 2314 Rn 67; *Horn*, in: MAH Erbrecht, § 29 Rn 332; RGRK/*Johannsen*, § 2314 Rn 3.

36 Vgl. Staudinger/*Herzog* (2021), § 2314 Rn 92; Staudinger/*Haas* (2006), § 2314 Rn 19.

senes Vermächtnis angenommen hat und daher feststeht, dass daneben ein Pflichtteilsanspruch nicht (mehr) besteht.[37]

IV. Mehrheit von Anspruchsberechtigten

8 Soweit mehrere Pflichtteilsberechtigte vorhanden sind, kann jeder von ihnen isoliert seine Auskunftsansprüche geltend machen.[38] Eine Gesamtgläubigerschaft mehrerer Pflichtteilsberechtigter besteht nicht.[39] Selbst wenn die Pflichtteilsberechtigten gemeinsam Auskunftsklage erhoben haben, kann jeder von ihnen für sich eine vollstreckbare Ausfertigung des Urteils verlangen[40] und selbstständig die Zwangsvollstreckung betreiben.

V. Ausschluss der Ansprüche nach § 2314 BGB

9 Vor dem Hintergrund, dass das Pflichtteilsrecht dem Anspruchsinhaber eine Mindestteilhabe am Vermögen des Erblassers sichern will, sind (bspw. testamentarische) Anordnungen, die den Auskunftsanspruch beschränken, nicht beachtlich.[41] Der gesetzliche Inhalt des § 2314 BGB kann durch den Erblasser grundsätzlich nicht willkürlich abgeändert werden.[42] Etwas anders gilt nur, wenn der Erblasser nach §§ 2333 ff. BGB berechtigt ist, den Pflichtteil zu entziehen.[43] Die Einschränkung der Rechte aus § 2314 BGB wird insoweit als „Minus" gegenüber der völligen Pflichtteilsentziehung angesehen und daher für zulässig gehalten.[44]

10 Wirksam und zulässig sind **Vereinbarungen** zwischen Erblasser und späterem Pflichtteilsberechtigtem. Es gelten dieselben formellen und inhaltlichen Anforderungen wie beim Erbverzicht, § 2348 BGB.[45] Gleiches gilt i.d.R. auch, wenn der Pflichtteilsanspruch verjährt[46] oder wirksam entzogen ist.[47] Im Übrigen wäre auch das Auskunftsbegehren eines wegen Verzichts nicht (mehr) Pflichtteilsberechtigten als unzulässige Rechtsausübung einzuordnen.[48] Gegenüber dem Erben kann der Pflichtteilsberechtigte nach Eintritt des Erbfalls jederzeit und auch formlos auf seine Ansprüche aus § 2314 BGB verzichten.[49] Soweit der Verzicht nicht ausdrücklich erklärt wird, sind

37 LG Bonn ZEV 2005, 313; MüKo/*Lange*, § 2314 Rn 76; Staudinger/*Herzog* (2021), § 2314 Rn 92.
38 Staudinger/*Herzog* (2021), § 2314 Rn 95; MüKo/*Lange*, § 2314 Rn 69; BeckOGK/*Blum/Heuser*, § 2314 Rn 27; BeckOK BGB/*Müller-Engels*, § 2314 Rn 6.
39 BeckOGK/*Blum/Heuser*, § 2314 Rn 27.
40 Staudinger/*Herzog* (2021), § 2314 Rn 95; BeckOGK/*Blum/Heuser*, § 2314 Rn 27.
41 Staudinger/*Herzog* (2021), § 2314 Rn 13; BeckOGK/*Blum/Heuser*, § 2314 Rn 16; MüKo/*Lange*, § 2314 Rn 2.
42 Staudinger/*Herzog* (2021), § 2314 Rn 13; MüKo/*Lange*, § 2314 Rn 2.
43 MüKo/*Lange*, § 2314 Rn 2; Staudinger/*Herzog* (2021), § 2314 Rn 14, 23; BeckOGK/*Blum/Heuser*, § 2314 Rn 16.
44 OLG Hamm NJW 1983, 1067; RGRK/*Johannsen*, § 2314 Rn 23; BeckOGK/*Blum/Heuser*, § 2314 Rn 16; Staudinger/*Herzog* (2021), § 2314 Rn 14; *Bittler*, in: Mayer/Süß/Riedel/Bittler, HB Pflichtteilsrecht, § 9 Rn 5.
45 Vgl. MüKo/*Lange*, § 2314 Rn 2; Staudinger/*Herzog* (2021), § 2314 Rn 16; RGRK/*Johannsen*, § 2314 Rn 23; BeckOGK/*Blum/Heuser*, § 2314 Rn 17.
46 OLG Köln NJW-RR 1992, 8; Staudinger/*Herzog* (2021), § 2314 Rn 14; Ausnahmen vgl. unten Rdn 61 ff.
47 Staudinger/*Herzog* (2021), § 2314 Rn 23.
48 BGH WM 1985, 1346, 1348; Staudinger/*Herzog* (2021), § 2314 Rn 22; BeckOGK/*Blum/Heuser*, § 2314 Rn 17.
49 BeckOGK/*Blum/Heuser*, § 2314 Rn 17.1; Staudinger/*Herzog* (2021), § 2314 Rn 17.

an eine Preisgabe der Auskunftsrechte durch schlüssiges Verhalten aber sehr hohe Ansprüche zu stellen.[50]

C. Rechtsfolgen – Anspruchsinhalt

I. Auskunft über den Bestand

1. Bestand des realen Nachlasses

Gegenstand des Auskunftsanspruchs ist zuallererst der Bestand des zur Zeit des Erbfalls tatsächlich vorhandenen Nachlasses i.S.d. § 2311 BGB.[51] Hierzu zählen alle vom Erblasser hinterlassenen Vermögensgegenstände und Schulden.[52] Der Pflichtteilsberechtigte hat insoweit ein **Recht** auf **Mitteilung** aller einzelnen Gegenstände.[53] Eine Saldierung bestimmter Gruppen von Nachlassgegenständen ist daher grundsätzlich unzulässig.[54] Zur Verwirklichung des Pflichtteilsanspruchs ist es darüber hinaus erforderlich, dass auch alle tatsächlichen Umstände bzgl. des Nachlasses mitgeteilt werden, durch die eine sachgerechte Einordnung der einzelnen Gegenstände auf der Aktiv- oder Passivseite der „Nachlass-Bilanz" erst ermöglicht wird.[55] Für zulässig wird es aber gehalten, Gegenstände von geringem materiellem Wert (z.B. Hausrat,[56] Kleidung etc.) zu entsprechenden Sammelposten zusammenzufassen.[57] Das ist zwar unter Praktikabilitätsgesichtspunkten nachvollziehbar bzw. begrüßenswert, dogmatisch aber nur schwer zu rechtfertigen. Das OLG Düsseldorf hat insoweit entschieden, dass eine Zusammenfassung nur in Betracht komme, wenn dem Verzeichnis eine entsprechende Anlage mit Auflistung der Einzelposten beigefügt werde.[58] 11

Die Frage, ob bzw. welcher Wert einem Nachlassgegenstand beizumessen ist, spielt im Bereich des Auskunftsanspruchs zunächst keine Rolle. Daher sind auch solche Gegenstände anzugeben, die der Erbe für **wertlos** hält.[59] Gleiches gilt für bedingte, zweifelhafte, unsichere und ungewisse Rechte und Verbindlichkeiten i.S.d. § 2313 BGB.[60] 12

---

50 LG Deggendorf ErbR 2020, 205; LG Potsdam BeckRS 2019, 41104; Staudinger/*Herzog* (2021), § 2314 Rn 18; MüKo/*Lange*, § 2314 Rn 2 unter Hinweis auf OLG Karlsruhe ZErb 2008, 19.

51 OLG München ZEV 2022, 31; BGH NJW 1961, 602; Staudinger/*Herzog* (2021), § 2314 Rn 29; BeckOGK/*Blum/Heuser*, § 2314 Rn 8. Dies gilt aber nur, soweit der Nachlass deutschem Erbrecht unterliegt. Bei Nachlassspaltung erstreckt sich der Auskunftsanspruch daher nicht auf die nach einer ausländischen Rechtsordnung vererbten Gegenstände, z.B. dort belegenen Grundbesitz; OLG Koblenz ErbR 2010, 102 = ZEV 2010, 262 f.

52 BGHZ 33, 373, 374 = NJW 1961, 602, 603; BGH LM § 260 Nr. 1 = JZ 1952, 492; RGZ 129, 239, 242; OLG Oldenburg NJW-RR 1993, 782; *Coing*, NJW 1983, 1289; Staudinger/*Herzog* (2021), § 2314 Rn 28 ff.; BeckOGK/*Blum/Heuser*, § 2314 Rn 8; *Bittler*, in: Mayer/Süß/Riedel/Bittler, HB Pflichtteilsrecht, § 9 Rn 13.

53 Staudinger/*Herzog* (2021), § 2314 Rn 33; BeckOGK/*Blum/Heuser*, § 2314 Rn 8 f.

54 BGH BGHR ZPO, § 3 Rechtsmittelinteresse 33; BGH LM § 260 Nr. 1 = JZ 1952, 492; OLG Karlsruhe ZEV 2004, 468, 469; Staudinger/*Herzog* (2021), § 2314 Rn 30.

55 Staudinger/*Herzog* (2021), § 2314 Rn 27.

56 LG Bielefeld ErbR 2019, 527 m. Anm. *Horn*.

57 LG Berlin ErbR 2019, 449 m. Anm. *Kurth*; Staudinger/*Herzog* (2021), § 2314 Rn 30; *Schmitz*, RNotZ 2016, 231; *Sarres*, ZEV 2016, 306, 307; a.A. OLG Koblenz ZErb 2021, 453.

58 OLG Düsseldorf ErbR 2019, 772, 773.

59 BGH LM § 260 Nr. 1 = JZ 1952, 492; Staudinger/*Herzog* (2021), § 2314 Rn 33; MüKo/*Lange*, § 2314 Rn 7; BeckOGK/*Blum/Heuser*, § 2314 Rn 8.

60 Staudinger/*Herzog* (2021), § 2314 Rn 34; MüKo/*Lange*, § 2314 Rn 7; BeckOGK/*Blum/Heuser*, § 2314 Rn 8.

Der Pflichtteilsberechtigte muss – u.a. durch Mitteilung der wertbildenden Faktoren[61] – in die Lage versetzt werden, die rechtliche Einordnung der einzelnen Nachlassgegenstände selbst vorzunehmen.[62] Dies gilt auch hinsichtlich der Eigentumsverhältnisse mit der Folge, dass alle im Besitz[63] oder auch nur Mitbesitz[64] des Erblassers befindlichen Gegenstände (bspw. auch Hausrat oder Einrichtungsgegenstände) mitzuteilen sind.[65] Dasselbe gilt für den digitalen Nachlass.[66] Auch Vermögen, das Gegenstand eines lebzeitigen Schenkungsversprechens des Erblassers ist, aber noch nicht übereignet wurden, gehört (noch) zum Nachlass.[67] Auch die nach Meinung des überlebenden Ehegatten dem Voraus zuzurechnenden Gegenstände sind Bestandteile des realen Nachlasses und als solche in die Auskunft einzubeziehen[68] Zudem muss insoweit der Pflichtteilsberechtigte selbst die rechtliche Einordnung nachvollziehen können.[69] Will sich der Erbe, z.B. der überlebende Ehegatte darauf berufen, nicht der Erblasser sondern er selbst sei Eigentümer, muss er die seine rechtliche Beurteilung tragenden Tatsachen gegenüber dem Pflichtteilsberechtigten offen legen.[70] Dies gilt natürlich umso mehr, wenn der Erblasser alleiniger Besitzer solcher Gegenstände war.[71]

Zum pflichtteilsrelevanten Nachlass gehören auch Auskunftsansprüche gegen Dritte (z.B. Bevollmächtigte,[72] Arbeitgeber[73]), die der Erbe geltend zu machen hat, um auch dem Pflichtteilsberechtigten die Ergebnisse mitzuteilen.[74]

13 Bestandteil des realen Nachlasses ist auch ein evtl. vorhandener Zweitnachlass, also eine Erbschaft, die dem Erblasser selbst zu seinen Lebzeiten angefallen war. Aus diesem Grunde erstreckt sich die Auskunftspflicht des Erben auch auf die Gegenstände des Zweitnachlasses.[75] War der Erblasser an dem **Zweitnachlass** gemeinsam mit weiteren Miterben beteiligt, sind diese aber gegenüber dem Pflichtteilsberechtigten grundsätzlich nicht auskunftspflichtig;[76] sie sind weder Schuldner des Pflichtteils- noch des

---

61 Vgl. auch OLG Düsseldorf ErbR 2019, 772; a.A. Staudinger/*Herzog* (2021), § 2314 Rn 31, die die Mitteilung der wertbildenden Faktoren als Teil des Wertermittlungsanspruchs versteht; ebenso *Keim*, ZEV 2020, 2996, 2999 m.w.N.

62 BeckOGK/*Blum/Heuser*, § 2314 Rn 8; lt. DIV-Gutachten, ZfJ 1994, 48 ist der Erbe auch bei späteren Änderungen auskunftspflichtig; vgl. auch Staudinger/*Herzog* (2021), § 2314 Rn 34.

63 BGH LM § 260 Nr. 1; BeckOGK/*Blum/Heuser*, § 2314 Rn 8.3; MüKo/*Lange*, § 2314 Rn 6.

64 Staudinger/*Herzog* (2021), § 2314 Rn 33.

65 Staudinger/*Herzog* (2021), § 2314 Rn 35; vgl. auch OLG Koblenz ZErb 2021, 453.

66 BeckOGK/*Blum/Heuser*, § 2314 Rn 8.2; Staudinger/*Herzog* (2021), § 2314 Rn 29; *Horn*, in: MAH Erbrecht, § 29 Rn 348; *Uhrenbacher*, ZEV 2018, 249.

67 Vgl. LG Flensburg, Urt. v. 12.5.2002 – 3 O 426/03, n.v.; insoweit besteht auch ein Wertermittlungsanspruch.

68 RGZ 62, 109, 110; Staudinger/*Herzog* (2021), § 2314 Rn 36; BeckOGK/*Blum/Heuser*, § 2314 Rn 8.3.

69 Vgl. MüKo/*Lange*, § 2314 Rn 7; Staudinger/*Herzog* (2021), § 2314 Rn 63; BeckOGK/*Blum/Heuser*, § 2314 Rn 8.3.

70 OLG Hamburg NJW-RR 1989, 1285 f.; Staudinger/*Herzog* (2021), § 2314 Rn 35.

71 BGH LM § 260 Nr. 1 = JZ 1952, 492; vgl. auch *Edenfeld*, ZErb 2005, 346, 348.

72 *Horn*, in: MAH Erbrecht, § 29 Rn 348.

73 BeckOGK/*Blum/Heuser*, § 2314 Rn 8.6.

74 BeckOGK/*Blum/Heuser*, § 2314 Rn 8.2; MüKo/*Lange*, § 2314 Rn 15; *Horn*, in: MAH Erbrecht, § 29 Rn 349; *Regenfus*, ZEV 2020, 8, 13; *Edenfeld*, ZEV 2005, 346, 349.

75 RGZ 72, 379, 380 f.; BGH BGHR ZPO § 3 Rechtsmittelinteresse 33; BeckOGK/*Blum/Heuser*, § 2314 Rn 8.4; Staudinger/*Herzog* (2021), § 2314 Rn 37; *Horn*, in: MAH Erbrecht, § 29 Rn 348.

76 Staudinger/*Herzog* (2021), § 2314 Rn 37.

Auskunftsanspruchs, diesen hat vielmehr der (pflichtteilsrechtliche) Auskunftsschuldner allein zu erfüllen.[77]

Gehört zum Nachlass ein **gewerbliches Unternehmen** oder ein Landgut, ist eine genaue Bezeichnung aller zu diesem Unternehmen zählender Gegenstände erforderlich, damit der Pflichtteilsberechtigte auf die Auskunft einen selbstständigen Wertermittlungsanspruch stützen[78] und bspw. die Frage, ob und inwieweit § 2313 BGB anwendbar ist, selbst beurteilen kann. In diesem Zusammenhang hat der Pflichtteilsberechtigte jedenfalls Anspruch auf die Vorlage von Bilanzen, Gewinn- und Verlustrechnungen, Umsatzkennziffern, betriebswirtschaftlichen Auswertungen und anderen Unterlagen, die die Grundlage für eine Ermittlung des Unternehmenswerts bilden können.[79] Dies gilt selbst dann, wenn der Erbe bereits ein Wertermittlungsgutachten vorgelegt hat.[80] 14

2. Umfang lebzeitiger Schenkungen und sonstiger Zuwendungen

Da der Gesamtpflichtteil neben dem ordentlichen Pflichtteil (§ 2303 BGB) gem. § 2325 BGB auch den Pflichtteilsergänzungsanspruch umfasst, erstreckt sich der Auskunftsanspruch auch auf solche Gegenstände, die nur deshalb nicht (mehr) zum realen Nachlass gehören, weil sie zu Lebzeiten des Erblassers verschenkt oder auf andere Weise aus seinem Vermögen ausgegliedert wurden, sog. fiktiver Nachlass.[81] Auch wenn die Unentgeltlichkeit nicht bereits im Vorhinein feststehen muss,[82] hat der Pflichtteilsberechtigte sein Auskunftsverlangen doch entsprechend zu präzisieren,[83] wenn er auch Angaben zum fiktiven Nachlass begehrt. Eine „automatische" Verpflichtung, alle in diesen Bereich fallenden Umstände ohne konkrete Nachfrage offenzulegen, besteht auf Seiten des Erben nicht.[84] Ebenso wenig ist er verpflichtet, über (alle) lebzeitigen Vermögensdispositionen des Erblassers zu informieren.[85] Wird bei einer Stufenklage der Erbe (nur) verurteilt, über den Bestand des Nachlasses Auskunft zu geben, kann er daher nicht mit den Zwangsmitteln des § 888 ZPO zur Auskunft über Schenkungen der letzten zehn Jahre angehalten werden.[86] 15

Der fiktive Nachlass ist in jedem Fall getrennt vom realen Nachlass darzustellen.[87] Die Nennung lebzeitig verschenkter Vermögensgegenstände unter den Nachlassaktiva (auch eines notariellen Nachlassverzeichnisses) ist nicht geeignet, den Auskunftsan- 16

---

77 BeckOGK/*Blum/Heuser*, § 2314 Rn 8; *Purps*, ErbR 2022, 8, 13.

78 BGH BGHR ZPO § 3 Rechtsmittelinteresse 33; Staudinger/*Herzog* (2021), § 2314 Rn 38.

79 BGH NJW 1975, 1774, 1777; BGH FamRZ 1965, 135 f.; BGHZ 33, 373, 378 = NJW 1961, 602, 604; BeckOGK/*Blum/Heuser*, § 2314 Rn 8.5; *Schreinert*, RNotZ 2008, 61, 64; MüKo/*Lange*, § 2314 Rn 13.

80 OLG Köln ZEV 1999, 110.

81 BGHZ 89, 24, 27; BGHZ 55, 378, 379; OLG Oldenburg NJW-RR 1993, 782 = FamRZ 1993, 857, 858; OLG Zweibrücken FamRZ 1987, 1197; BGH ZEV 2011, 366; OLG Schleswig ZErb 2012, 168; BGH ZEV 2012, 478, 479; BeckOGK/*Blum/Heuser*, § 2314 Rn 10; Staudinger/*Herzog* (2021), § 2314 Rn 39; *Sarres*, ZEV 1998, 4, 5; *Kuchinke*, JZ 1990, 652; MüKo/*Lange*, § 2314 Rn 9; *Horn*, in: MAH Erbrecht, § 29 Rn 351.

82 OLG Koblenz MittBayNot 2015, 496; MüKo/*Lange*, § 2314 Rn 11; BeckOGK/*Blum/Heuser*, § 2314 Rn 12; *Werner*, ZErb 2016, 92.

83 Die bloße Forderung genügt, Anhaltspunkte für konkrete Schenkungen müssen nicht behauptet werden, vgl. OLG Frankfurt ZEV 2011, 379; BeckOGK/*Blum/Heuser*, § 2314 Rn 12; Staudinger/*Herzog* (2021), § 2314 Rn 41; Grüneberg/*Weidlich*, § 2314 Rn 9.

84 BGHZ 82, 132, 136; BGH LM Nr. 1 § 260 = JZ 1952, 492; Staudinger/*Haas* (2006), § 2314 Rn 9; *Lange/Kuchinke*, § 37 XI 5.

85 OLG Koblenz ZEV 2010, 262 f.; Staudinger/*Herzog* (2021), § 2314 Rn 48.

86 OLG München ZEV 2004, 29; vgl. auch OLG Celle ZErb 2005, 331.

87 Staudinger/*Herzog* (2021), § 2314 Rn 59.

spruch hinsichtlich des fiktiven Nachlasses zu erfüllen.[88] Der fiktive Nachlass umfasst neben den Schenkungen (§ 2325 BGB)[89] auch alle anrechnungs- und ausgleichungspflichtigen Zuwendungen i.S.d. §§ 2315, 2316 BGB[90] sowie andere unentgeltliche Zuwendungen, die – ohne als Schenkung bezeichnet zu sein – Pflichtteilsergänzungsansprüche auslösen können (z.B. Stiftungen).[91] Insoweit ist anzumerken, dass bei Zuwendungen an den Ehegatten – Schenkungen und unbenannten Zuwendungen[92] – der Ablauf der Zehn-Jahres-Frist (§ 2325 Abs. 3 BGB) der Auskunftsverpflichtung des Erben in keinem Fall entgegensteht.[93]

17 Auch hier spielt der Wert der einzelnen Gegenstände für die Frage, ob sie dem Pflichtteilsberechtigten mitzuteilen sind, keine Rolle.[94] Das gilt selbst dann, wenn es sich bei der fraglichen Zuwendung um eine Anstandsschenkung[95] handelt, der i.R.d. Pflichtteilsberechnung gem. § 2330 BGB keine Bedeutung zukommt.[96] Auch unbenannte Zuwendungen zum Zwecke der **Unterhaltssicherung** oder der **Altersvorsorge** unterliegen dem Auskunftsrecht des Pflichtteilsberechtigten.[97] Denn – wie bereits mehrfach ausgeführt – muss der Pflichtteilsberechtigte selbst in die Lage versetzt werden, die zutreffende rechtliche Einordnung selbst vorzunehmen.[98] Vor diesem Hintergrund kann es natürlich auch auf die von Erblasser und Empfänger gewählte Bezeichnung der Zuwendung als Schenkung, gemischte Schenkung oder entgeltlicher Vorgang nicht ankommen. Daher sind sämtliche Vermögensverschiebungen von § 2314 BGB erfasst, bei denen die Möglichkeit besteht,[99] dass der Erblasser nur ein hinter dem wahren Wert des weggegebenen Gegenstandes zurückbleibendes Entgelt erhalten hat, sog. gemischte Schenkung.[100] In diesen Fällen hat der Pflichtteilsberechtigte Anspruch auf

88 OLG Düsseldorf ZErb 2009, 41.

89 RGZ 73, 369, 373; BGHZ 33, 373, 374; BGH FamRZ 1965, 135; BGH NJW 1981, 2051, 2052; OLG Brandenburg FamRZ 1998, 1265, 1266; OLG Düsseldorf FamRZ 1995, 1236, 1237; OLG Zweibrücken FamRZ 1987, 1197, 1198; MüKo/*Lange*, § 2314 Rn 9; Soergel/*Beck*, § 2314 Rn 12; RGRK/*Johannsen*, § 2314 Rn 3; Staudinger/*Herzog* (2021), § 2314 Rn 41, 42.

90 BGH FamRZ 1965, 135; BGHZ 33, 373, 374; OLG Oldenburg FamRZ 1993, 857, 858; OLG Hamburg FamRZ 1988, 1213, 1214; *Lange/Kuchinke*, § 37 XI 5; Soergel/*Beck*, § 2314 Rn 12; Staudinger/*Herzog* (2021), § 2314 Rn 40; BeckOGK/*Blum/Heuser*, § 2314 Rn 11; MüKo/*Lange*, § 2314 Rn 9; RGRK/*Johannsen*, § 2314 Rn 8.

91 Staudinger/*Herzog* (2021), § 2314 Rn 46; BeckOGK/*Blum/Heuser*, § 2314 Rn 15.

92 Vgl. Staudinger/*Herzog* (2021), § 2325 Rn 73 ff. m.w.N., § 2314 Rn 46; BeckOGK/*Blum/Heuser*, § 2314 Rn 14.1 m.w.N.

93 Staudinger/*Herzog* (2021), § 2314 Rn 45.

94 Staudinger/*Herzog* (2021), § 2314 Rn 42; *Bittler*, in: Mayer/Süß/Riedel/Bittler, HB Pflichtteilsrecht, § 9 Rn 21.

95 Vgl. LG Bielefeld ZEV 2020, 65.

96 Staudinger/*Herzog* (2021), § 2314 Rn 43; BeckOGK/*Blum/Heuser*, § 2314 Rn 14.2; *Horn*, in: MAH Erbrecht, § 29 Rn 353.

97 Staudinger/*Herzog* (2021), § 2314 Rn 46; BeckOGK/*Blum/Heuser*, § 2314 Rn 14.2; *Klingelhöffer*, NJW 1993, 1097, 1102.

98 BGH NJW 1962, 245, 246; BGH FamRZ 1965, 135; BGHZ 89, 24, 27; OLG Hamburg NJW-RR 1989, 1285, 1286; OLG Hamburg MDR 1956, 169; BeckOGK/*Blum/Heuser*, § 2314 Rn 14.2; *Bittler*, in: Mayer/Süß/Riedel/Bittler, HB Pflichtteilsrecht, § 9 Rn 21; *Osterloh/Konrad*, ErbR 2012, 326, 329; Staudinger/*Herzog* (2021), § 2314 Rn 46; Soergel/*Beck*, § 2314 Rn 12; *Dieckmann*, NJW 1988, 1809, 1812 *Horn*, in: MAH Erbrecht, § 29 Rn 353.

99 Vgl. *Horn*, in: MAH Erbrecht, § 29 Rn 355 unter Hinweis auf BGH ZEV 2014, 424.

100 Vgl. BGH NJW 1984, 487, 488; OLG Schleswig ZErb 2012, 168; *Sarres*, ZEV 1998, 4, 5; Staudinger/*Herzog* (2021), § 2314 Rn 47 ff.

Vorlage der Vertragsurkunden bzw. sonstiger Unterlagen (z.B. Geschäftsbücher), aus denen die wechselseitig gewährten Leistungen hervorgehen.[101]

18 Allerdings geht die Auskunftspflicht des Erben nach bislang h.M. im Regelfall nicht über die bloße Erteilung der **geschuldeten Informationen** hinaus; eine Verpflichtung zur Erbringung von Nachweisen, Vorlage von **Belegen**[102] oder einer umfassenden **Rechnungslegung** wird bislang überwiegend abgelehnt.[103] Da mit einer umfassenden Verpflichtung zur Vorlage sämtlicher mit möglicherweise nicht vollentgeltlichen Vermögensverschiebungen verbundenen Unterlagen sehr schnell auf eine vollkommene Offenlegung der Vermögensverhältnisse nicht nur des Erblassers sondern auch des bzw. der einzelnen Zuwendungsempfänger hinausliefe, wird die Verpflichtung zur Auskunft über den fiktiven Nachlass restriktiv ausgelegt. Denn § 2314 BGB soll nach h.M. ausdrücklich keine Verdachtsausforschung ermöglichen.[104] Aus diesem Grunde müssen zur Rechtfertigung eines Auskunftsanspruchs hinsichtlich des fiktiven Nachlasses konkrete Anhaltspunkte die Annahme rechtfertigen, dass der Erblasser sein Vermögen durch unentgeltliche oder teilweise unentgeltliche Verfügungen bzw. verschleierte Schenkungen vermindert hat.[105] Konkrete Anhaltspunkte in diesem Sinne sind beispielsweise darin zu sehen, dass die Entwicklung des Vermögens des Erblassers in den letzten Jahren vor seinem Tod ohne die Annahme erheblicher Schenkungen nicht plausibel ist.[106]

Ohne derartige Anhaltspunkte ist ein Auskunftsanspruch über den fiktiven Nachlass nicht gegeben.[107] Andererseits liegt es in der Natur des Auskunftsanspruchs, dass das Vorliegen einer ergänzungspflichtigen Zuwendung nicht bereits zweifelsfrei feststehen muss, „greifbare" Anhaltspunkte genügen.[108]

19 Als Anhaltspunkt für das Vorliegen lebzeitiger ergänzungspflichtiger Zuwendungen kann bspw. angeführt werden, dass der Erblasser vor seinem Tod Guthaben oder Forderungen abgetreten oder sonstiges Vermögen weggegeben hat.[109] Insbesondere wenn der Erblasser bekanntermaßen über ein erhebliches Vermögen verfügte, hiervon im Erbfall aber nur noch ein Bruchteil vorhanden ist, deutet dies auf für den Pflichtteilsberechtigten relevante lebzeitige Verfügungen hin, die dem Auskunftsanspruch unterliegen.[110] Dies gilt umso mehr, wenn zwischen dem Erblasser und dem Pflichtteilsberechtigten seit mehreren Jahren erhebliche Feindschaft bestanden und der Erb-

---

101 OLG Hamburg ErbR 2018, 92; Staudinger/*Herzog* (2021), § 2314 Rn 60, 61; BeckOGK/*Blum/Heuser*, § 2314 Rn 13 m.w.N.

102 OLG Hamburg ErbR 2018, 92, 97; OLG Düsseldorf ErbR 2018, 605; OLG Hamburg BeckRS 2016, 125135; Staudinger/*Herzog* (2021), § 2314 Rn 82 m.w.N.

103 DIV-Gutachten, ZfJ 1992, 533, 534; MüKo/*Lange*, § 2314 Rn 12; Staudinger/*Herzog* (2021), § 2314 Rn 48.

104 BGH NJW 1993, 2737; Staudinger/*Herzog* (2021), § 2314 Rn 83; MüKo/*Lange*, § 2314 Rn 15; BeckOGK/*Blum/Heuser*, § 2314 Rn 12, 13; *Lorenz*, JuS 1995, 569, 570; *Hohloch*, JuS 1994, 76; *Dieckmann*, NJW 1988, 1809; *Baumgärtel*, in: FS Hübner, S. 402.

105 BGH NJW 1993, 2737; BGH FamRZ 1965, 135 f.; BGHZ 89, 24, 27; OLG Düsseldorf FamRZ 1995, 1236, 1238; Staudinger/*Herzog* (2021), § 2314 Rn 51 ff.; BeckOGK/*Blum/Heuser*, § 2314 Rn 12.

106 Vgl. hierzu OLG Stuttgart ZErb 2016, 107.

107 Staudinger/*Herzog* (2021), § 2314 Rn 48.

108 OLG Düsseldorf FamRZ 1995, 1236, 1237; Staudinger/*Herzog* (2021), § 2314 Rn 94; BeckOGK/*Blum/Heuser*, § 2314 Rn 12; *Hohloch*, JuS 1994, 76.

109 Staudinger/*Herzog* (2021), § 2314 Rn 15.

110 BGH NJW 1973, 1876, 1878; Staudinger/*Herzog* (2021), § 2314 Rn 53; BeckOGK/*Blum/Heuser*, § 2314 Rn 19.

lasser pflichtteilsverkürzende lebzeitige Maßnahmen plante.[111] Auch eine Mehrzahl bedeutender Schenkungen des Erblassers an seinen Ehegatten oder die aufgrund einer Vielzahl von Transaktionen schwer durchschaubare Vermögensverhältnisse der Ehegatten[112] sowie ein gemeinsamer Immobilienerwerb[113] können den Auskunftsanspruch nach § 2314 BGB rechtfertigen.[114]

20 Soweit ein Auskunftsanspruch nach diesen Grundsätzen gegeben ist, umfasst er die Erteilung aller für die **rechtliche Beurteilung** des tatsächlichen Sachverhalts erforderlichen Informationen. Der Auskunftsverpflichtete hat daher die fraglichen Transaktionen einschließlich aller evtl. erbrachten Gegenleistungen offen zu legen und durch die entsprechenden Unterlagen nachzuweisen.[115] Existieren keine Anhaltspunkte in diesem Sinne, hat der Pflichtteilsberechtigte keinen Anspruch auf Offenlegung der Vermögensverhältnisse und -transaktionen zu Lebzeiten des Erblassers, insbesondere kann er nicht Auskunft über die Kontobewegungen der letzten Jahre vor dem Tod oder über die vom Erblasser gepflegten geschäftlichen oder gesellschaftlichen Kontakte verlangen.[116]

3. Umfang von Zuwendungen auf den Todesfall, insbesondere Verträge zugunsten Dritter

21 Ergänzungspflichtige Zuwendungen bilden auch Schenkungen auf den Todesfall sowie im Valutaverhältnis als Schenkungen oder gemischte Schenkungen zu qualifizierende **Verträge zugunsten Dritter** i.S.d. §§ 328 ff. BGB. Hier spielen in der Praxis vor allem die Lebensversicherungen eine bedeutende Rolle.[117] Ebenso kommen auch gesellschaftsvertragliche Vereinbarungen in Betracht, die auf eine Fortsetzung der Gesellschaft unter den verbleibenden Gesellschaftern oder mit einem neu eintretenden Gesellschafter unter Ausschluss oder Beschränkung der Abfindung der Erben abzielen.[118] Der Umfang der zu erteilenden Auskunft richtet sich hier grundsätzlich nach denselben Grundsätzen wie bei den lebzeitigen Vermögensabflüssen.[119] Die Auskunftspflicht erstreckt sich ausdrücklich auch auf das Zuwendungsverhältnis (Valutaverhältnis).[120]

4. Güterstand des Erblassers, sonstige Umstände

22 Zur Bestimmung der anzuwendenden Erb- bzw. Pflichtteilsquote ist der Pflichtteilsberechtigte auf die Kenntnis persönlicher Umstände angewiesen. Nach allg. Ansicht hat

---

111 BGH FamRZ 1965, 135, 136; BeckOGK/*Blum/Heuser*, § 2314 Rn 19; Staudinger/*Herzog* (2021), § 2314 Rn 54.

112 OLG Frankfurt NJW-RR 1993, 1483, 1485; BeckOGK/*Blum/Heuser*, § 2314 Rn 19; Staudinger/*Herzog* (2021), § 2314 Rn 57.

113 Vgl. DIV-Gutachten, DAVorm 1991, 622, 623 f.; Staudinger/*Herzog* (2021), § 2314 Rn 58.

114 Staudinger/*Herzog* (2021), § 2314 Rn 51 ff.; *Bittler*, in: Mayer/Süß/Riedel/Bittler, HB Pflichtteilsrecht, § 9 Rn 23.

115 BGH NJW 1973, 1876, 1878; BGH WM 1976, 1089, 1090; OLG Düsseldorf FamRZ 1995, 1236, 1238; Staudinger/*Herzog* (2021), § 2314 Rn 59.

116 OLG Koblenz MDR 2012, 1101; *Nieder*, ZErb 2004, 60, 62; *Klingelhöffer*, NJW 1993, 1097, 1102; *Dieckmann*, NJW 1988, 1809, 1812; Staudinger/*Herzog* (2021), § 2314 Rn 82; BeckOGK/*Blum/Heuser*, § 2314 Rn 19; vgl. auch OLG Düsseldorf ZEV 2019, 90 m. Anm. *Lange* zu Kontoauszügen; a.A. *Schlitt*, ZEV 2008, 515 f.

117 Staudinger/*Herzog* (2021), § 2314 Rn 55; BeckOGK/*Blum/Heuser*, § 2314 Rn 79; MüKo/*Lange*, § 2314 Rn 9.

118 Staudinger/*Herzog* (2021), § 2314 Rn 56.

119 Staudinger/*Herzog* (2021), § 2314 Rn 59 ff.

120 OLG Karlsruhe ZErb 2000, 280; MüKo/*Lange*, § 2314 Rn 12; vgl. auch BeckOGK/*Blum/Heuser*, § 2314 Rn 79; *Purps*, ErbR 2022, 8, 12.

er daher Anspruch auf Aufklärung, in welchem Güterstand der Erblasser gelebt hat,[121] und ob der überlebende Ehegatte die erbrechtliche oder die güterrechtliche Lösung wählt bzw. ihr unterliegt.[122] Gleiches muss aber auch für die Frage gelten, wie viele gesetzliche Erben der Erblasser hinterlassen hat, weil sich nur auf der Grundlage dieser Kenntnis die Pflichtteilsquote bestimmen lässt, auch wenn sich ein Anspruch auf Benennung der Miterben aus § 2314 BGB grundsätzlich nicht ableiten lässt.[123] Gerade in Fällen, in denen Erblasser und Pflichtteilsberechtigter kaum persönliche Kontakte pflegten, können bezüglich Anzahl und Quoten der gesetzlichen Erben durchaus Ungewissheiten bestehen (Erblasser kann bspw. Kinder aus zweiter oder weiteren Ehen haben; ebenso ist eine Adoption denkbar, von der der Pflichtteilsberechtigte nichts weiß).

Ein Anspruch auf Auskunft über die Personen, die den Erblasser gepflegt haben, besteht grundsätzlich nicht.[124]

II. Umfang der Auskunftspflicht – Modalitäten der Anspruchserfüllung

1. Grundsätzliches

§ 2314 BGB gibt dem Berechtigten nicht nur einen, sondern vielmehr eine ganze 23
Auswahl von nebeneinander bestehenden Ansprüchen an die Hand,[125] durch deren Geltendmachung er nacheinander in immer wieder steigender Intensität seine Informationsrechte einfordern kann.[126] Auch wenn sich grundsätzlich die **Form der Auskunft** nach § 260 BGB richtet, da der Nachlass einen Inbegriff von Sachen darstellt, besteht i.R.d. § 2314 BGB die Besonderheit, dass der Pflichtteilsberechtigte seine Zuziehung bei der Aufnahme des Verzeichnisses verlangen kann.[127] Außerdem hat er die Möglichkeit, neben einem privaten Verzeichnis auch ein behördlich bzw. notariell aufgenommenes Verzeichnis zu verlangen.[128] Bestehen Zweifel daran, dass der Verpflichtete die Auskunft wahrheitsgemäß und vollständig bzw. mit der erforderlichen Sorgfalt erteilt hat, kann auch (sozusagen als letztes Druckmittel) die Abgabe einer Versicherung an Eides Statt verlangt werden.

2. Privates Bestandsverzeichnis

a) Grundsätzliches

Eine bestimmte Form ist für das Nachlassverzeichnis i.S.d. Abs. 1 S. 1 nicht vorge- 24
schrieben.[129] Da es aber dem Pflichtteilsberechtigten als Grundlage für die Berechnung des Pflichtteilsanspruchs dienen soll (insoweit unterscheidet es sich vom Nachlassinventar,[130] das in erster Linie dazu dient, Nachlassgläubigern die günstigste Vollstre-

---

121 BeckOGK/*Blum/Heuser*, § 2314 Rn 8.3 vgl. auch *Klingelhöffer*, NJW 1993, 1097, 1102; *Cornelius*, ZEV 2005, 286, 288; Staudinger/*Herzog* (2021), § 2314 Rn 63; *Horn*, in: MAH Erbrecht, § 29 Rn 363; MüKo/*Lange*, § 2314 Rn 19; *Kerscher/Riedel/Lenz*, Pflichtteilsrecht, § 11 Rn 2.

122 Staudinger/*Herzog* (2021), § 2314 Rn 65; *Horn*, in: MAH Erbrecht, § 29 Rn 363; MüKo/*Lange*, § 2314 Rn 19.

123 MüKo/*Lange*, § 2314 Rn 19.

124 *Nieder*, ZErb 2004, 60, 62; *Dieckmann*, NJW 1988, 1809; MüKo/*Lange*, § 2314 Rn 11.

125 Staudinger/*Herzog* (2021), § 2314 Rn 128 ff.

126 BGHZ 33, 373, 375 = NJW 1961, 601, 602; OLG Düsseldorf FamRZ 1995, 1236, 1239; OLG Schleswig FamRZ 2011, 1821; Staudinger/*Herzog* (2021), § 2314 Rn 129; *Kerscher/Riedel/Lenz*, Pflichtteilsrecht, § 11 Rn 13; MüKo/*Lange*, § 2314 Rn 4.

127 Staudinger/*Herzog* (2021), § 2314 Rn 135.

128 OLG München ZEV 2017, 460, 461; Staudinger/*Herzog* (2021), § 2314 Rn 131 f.; MüKo/*Lange*, § 2314 Rn 4; BeckOGK/*Blum/Heuser*, § 2314 Rn 35.

129 Dennoch steht die Art und Weise der Erfüllung des Auskunftsanspruchs nicht im Belieben des Schuldners; vgl. OLG Oldenburg FamRZ 2000, 62.

130 OLG Frankfurt NJW-RR 1994, 9.

ckungsmöglichkeit aufzuzeigen),[131] muss es alle tatsächlich vorhandenen und – soweit das Auskunftsverlangen sich auch auf diese bezog – die fiktiven Nachlassgegenstände und Schulden einzeln und übersichtlich ausweisen.[132] Der Erbe muss dafür ihm nicht ohnehin bekannte Sachverhalte aufklären, was ggf. auch die Durchsicht der Kontounterlagen zur Aufdeckung etwaiger ergänzungspflichtiger Zuwendungen einschließen kann.[133] Wenn seit dem Erbfall schon einige Zeit vergangen ist und die Nachlassgegenstände bereits im Wesentlichen veräußert oder unter den Erben aufgeteilt wurden, steht dies dem Auskunftsanspruch nicht entgegen.[134]

Das **Verzeichnis** muss nach § 260 BGB schriftlich vorgelegt werden,[135] wobei Textform (§ 126b BGB) genügt.[136] Es muss neben dem eigentlichen Nachlassbestand auch die übrigen nach § 2314 BGB geschuldeten Angaben enthalten. Bei Schenkungen ist das jeweilige Datum der Schenkung anzugeben.[137] Seinen Zweck kann es darüber hinaus nur erfüllen, wenn die einzelnen Gegenstände konkret bezeichnet bzw. individualisiert,[138] einzeln verzeichnet[139] und die Darstellung insgesamt übersichtlich ist.[140] Aus diesem Grunde sind vor allem **Aktiva** und **Passiva** getrennt voneinander auszuweisen und die Angaben zum Nachlassbestand von etwa zusätzlich aufgenommenen rechtlichen Ausführungen zu trennen.[141] Allerdings hat der Pflichtteilsberechtigte keinen Anspruch auf die Vorlage eines Gesamtverzeichnisses.[142] Es ist nicht zu beanstanden, wenn der Erbe mehrere **Teilverzeichnisse** vorlegt, wenn er dadurch insgesamt alle geschuldeten Informationen in geeigneter Form erteilt[143] und deutlich macht, dass die Teilverzeichnisse aufeinander Bezug nehmen.[144] Vor diesem Hintergrund kann auch eine Erfüllung des Anspruchs durch entsprechende **Ergänzung** eines bereits bestehenden Verzeichnisses – z.B. das dem Nachlassgericht im Testamentseröffnungsverfahren vorgelegte Verzeichnis oder ein Nachlassverzeichnis des Testamentsvollstreckers –

131 Vgl. RGZ 129, 239, 244; Staudinger/*Herzog* (2021), § 2314 Rn 127.

132 BGH ZEV 2019, 81; OLG Hamburg ErbR 2018, 92; OLG Naumburg BeckRS 2011, 25163; BeckOGK/*Blum/Heuser*, § 2314 Rn 38; Staudinger/*Herzog* (2021), § 2314 Rn 141; MüKo/*Lange*, § 2314 Rn 31; *Außner*, ZErb 2021, 293, 294.

133 OLG Düsseldorf ErbR 2025, 427; vgl. hierzu auch OLG Brandenburg BeckRS 2025, 2273.

134 OLG Düsseldorf FamRZ 1995, 1236, 1238; OLG Köln ZEV 2008, 383, 385; OLG Brandenburg FamRZ 1998, 179, 180; BeckOGK/*Blum/Heuser*, § 2314 Rn 39, 41.

135 OLG Brandenburg ZErb 2004, 132, 133; MüKo/*Lange*, § 2314 Rn 24; Staudinger/*Herzog* (2021), § 2314 Rn 144. Daher genügt es nicht, dem Pflichtteilsberechtigten die Besichtigung der Nachlassgegenstände zu ermöglichen. Dasselbe gilt für die bloße Übersendung von Belegen, *Außner*, ZEV 2020, 743; ebenso Staudinger/*Herzog* (2021), § 2314 Rn 141.

136 MüKo/*Lange*, § 2314 Rn 30; BeckOGK/*Blum/Heuser*, § 2314 Rn 43 unter Hinweis auf BGH NJW 2008, 917.

137 OLG Düsseldorf RNotZ 2008, 165, 107.

138 BeckOGK/*Blum/Heuser*, § 2314 Rn 8.1; Staudinger/*Herzog* (2021), § 2314 Rn 142.

139 BeckOGK/*Blum/Heuser*, § 2314 Rn 8.

140 OLG Bremen OLGE 97, 89, 90; OLG Brandenburg FamRZ 1998, 179, 180, 181; vgl. auch OLG Naumburg v. 12.10.2010 – 1 U 73/10, BeckRS 2011, 25163, das bei Unübersichtlichkeit die Erfüllungstauglichkeit verneint; Staudinger/*Herzog* (2021), § 2314 Rn 141; vgl. auch *Osterloh-Konrad*, ErbR 2012, 326.

141 OLG Düsseldorf ErbR 2020, 737; Staudinger/*Herzog* (2021), § 2314 Rn 141; BeckOGK/*Blum/Heuser*, § 2314 Rn 38.

142 MüKo/*Lange*, § 2314 Rn 31.

143 BGH LM § 260 Nr. 14 = FamRZ 1962, 429; OLG Brandenburg FamRZ 1998, 179; OLG Bremen OLGE 97, 89, 90; Staudinger/*Herzog* (2021), § 2314 Rn 143; *Kerscher/Riedel/Lenz*, Pflichtteilsrecht, § 11 Rn 41.

144 BeckOGK/*Blum/Heuser*, § 2314 Rn 38; *Horn*, ErbR 2020, 737.

erfolgen.[145] Die weiteren Befugnisse des Pflichtteilsberechtigten nach § 2314 Abs. 1 S. 2 u. 3 BGB (Zuziehung; amtliches Verzeichnis; eidesstattliche Versicherung) bleiben hiervon aber unberührt.[146] In der Praxis hat sich die Abfassung des Nachlassverzeichnisses in der Form einer **Bilanz** bewährt,[147] da so ein hohes Maß an Übersichtlichkeit gewährleistet werden kann. Eine Bewertung der einzelnen Posten ist nicht erforderlich.[148] Auf der Passivseite muss aber wenigstens der Rechtsgrund der einzelnen Nachlassverbindlichkeiten angegeben werden.[149]

Ob eine **Unterzeichnung** des Verzeichnisses erforderlich ist, ist derzeit nicht vollständig klar. Während die überwiegende Meinung dies zu Recht ablehnt,[150] fordern einzelne OLG[151] die Unterschrift. Diese ist aber tatsächlich nicht erforderlich, so dass die Auskunft z.B. auch durch einen Anwaltsschriftsatz erteilt werden kann.[152] Denn obwohl es sich bei der Auskunft um eine höchstpersönliche Wissenserklärung handelt,[153] kann sich der Verpflichtete der Unterstützung durch Hilfspersonen bedienen.[154] 25

b) Mitteilung wertbildender Faktoren

Der Auskunftsanspruch nach § 2314 Abs. 1 S. 1 BGB umfasst auch das Recht auf Mitteilung der wertbildenden Faktoren der einzelnen Nachlassgegenstände.[155] Dabei spielt es keine Rolle, ob diese Gegenstände nach Meinung des Auskunftsschuldners wertlos sind. Der Umfang der Auskunftspflicht wird hierdurch nicht berührt.[156] 26

In der Rechtsprechung ist insoweit anerkannt, dass alle am Stichtag zum Nachlass gehörenden Gegenstände nach Anzahl, Art und wertbildenden Merkmalen aufzuführen sind,[157] so dass sie anhand des Verzeichnisses eindeutig individualisiert[158] sind und eine wenigstens grobe Einschätzung ihres Werts ermöglicht wird.[159] Dies umfasst ausdrücklich auch die Bekanntgabe der einer Bewertung zugrunde zu legenden wesentlichen Bewertungsfaktoren.[160] Die Beschreibung der einzelnen Gegenstände muss so konkret und ausführlich sein, dass der Pflichtteilsberechtigte ihren Wert abschätzen 27

145 OLG Brandenburg FamRZ 1998, 179, 180, 181; Staudinger/*Herzog* (2021), § 2314 Rn 143, 148; MüKo/*Lange*, § 2314 Rn 31; BeckOGK/*Blum/Heuser*, § 2314 Rn 38.

146 OLG Bremen FamRZ 1997, 1437; RGZ 129, 239, 240; Staudinger/*Herzog* (2021), § 2314 Rn 148; BeckOGK/*Blum/Heuser*, § 2314 Rn 43.3; RGRK/*Johannsen*, § 2314 Rn 25.

147 Vgl. *Kerscher/Riedel/Lenz*, Pflichtteilsrecht, § 7 Rn 22; Staudinger/*Herzog* (2021), § 2314 Rn 141; MüKo/*Lange*, § 2314 Rn 30; BeckOGK/*Blum/Heuser*, § 2314 Rn 44 mit Muster.

148 BeckOGK/*Blum/Heuser*, § 2314 Rn 41; MüKo/*Lange*, § 2314 Rn 36; Staudinger/*Herzog* (2021), § 2314 Rn 42.

149 OLG Brandenburg FamRZ 1998, 179, 180, 181; OLG Frankfurt NJW-RR 1994, 9; Staudinger/*Herzog* (2021), § 2314 Rn 142; BeckOK BGB/*Müller-Engels*, § 2314 Rn 20.

150 OLG Nürnberg ZEV 2005, 312 f.; OLG Hamburg OLGE 11, 264; *Lange/Kuchinke*, § 37 XI 3a; Staudinger/*Herzog* (2021), § 2314 Rn 140; Soergel/*Beck*, § 2314 Rn 20.

151 OLG Brandenburg ZErb 2004, 132, 133; OLG München FamRZ 1995, 737 (zu § 1379 BGB); OLG Köln BeckRS 2002, 13148; OLG Hamm FamRZ 2001, 763.

152 BGH NJW 2008, 917; OLG Nürnberg ZEV 2005, 312 f.; MüKo/*Lange*, § 2314 Rn 32; Staudinger/*Herzog* (2021), § 2314 Rn 146, 147; *Außner*, ZEV 2020, 743.

153 Unvertretbare Handlung, vgl. BGH NJW 2022, 393, 397; BeckOGK/*Blum/Heuser*, § 2314 Rn 43.1.

154 Staudinger/*Herzog* (2021), § 2314 Rn 147; MüKo/*Lange*, § 2314 Rn 32; *Außner*, ZEV 2020, 743.

155 OLG Brandenburg BeckRS 2025, 2273; a.A. Staudinger/*Herzog* (2021), § 2314 Rn 31, die dies für einen Bestandteil des Wertermittlungsanspruchs hält.

156 OLG Karlsruhe MittBayNot 2015, 496; MüKo/*Lange*, § 2314 Rn 5.

157 OLG Karlsruhe MittBayNot 2015, 496 unter Hinweis auf BGH NJW 1982, 1643, 1644.

158 Staudinger/*Herzog* (2021), § 2314 Rn 32.

159 Staudinger/*Herzog* (2021), § 2314 Rn 30; BeckOGK/*Blum/Heuser*, § 2314 Rn 41.1.

160 OLG Düsseldorf ErbR 2019, 772; vgl. auch OLG Brandenburg ErbR 2020, 801, 803 zu Grundstücksunterlagen; MüKo/*Lange*, § 2314 Rn 36. A.A. Staudinger/*Herzog* (2021), § 2314 Rn 31.

oder durch einen Sachverständigen ermitteln lassen kann.[161] Hieraus kann sich im Einzelfall sogar ein Anspruch auf Belegvorlage ableiten.[162]

28 Dass insoweit neben dem Auskunftsanspruch auch ein eigenständiger Anspruch auf Wertermittlung besteht, ändert hieran nichts. Dies insbesondere deshalb, weil es dem Pflichtteilsberechtigten zunächst ermöglicht werden muss, selbst beurteilen zu können, ob die Ermittlung des Wertes durch einen Sachverständigen überhaupt sinnvoll ist.[163]

Demzufolge besteht auch hinsichtlich der (irgendwann) durch Gutachten zu bewertenden Nachlassgegenstände ein Anspruch auf Mitteilung derjenigen tatsächlichen Umstände (wertbildenden Faktoren), die für die Bewertung relevant sind.[164] Dies dient nicht zuletzt auch dazu, die Qualität etwa vorzulegender Gutachten beurteilen zu können.[165]

29 Bei dem Anspruch auf Mitteilung der wertbildenden Faktoren handelt es sich im Übrigen um eine Facette bzw. einen Teil des Auskunftsanspruchs, nicht einen Hilfsanspruch im Bereich der Wertermittlung.[166] Denn hier geht es um die Mitteilung von Tatsachen, also die Weitergabe von Wissen,[167] wohingegen Wertangaben (und ihre Herleitung) gerade keine Tatsachen sind.

Zutreffend hat daher auch das OLG Düsseldorf[168] klargestellt, dass eine Erfüllung des Auskunftsanspruchs ohne Angabe der wertbildenden Faktoren nicht in Betracht kommt.[169]

c) Belegvorlage

30 Belege sind vorzulegen, soweit sie zur Individualisierung bzw. Identifizierung von Nachlassgegenständen erforderlich sind.[170] Ob darüber hinaus im Rahmen der Auskunftserteilung an den Pflichtteilsberechtigten eine Verpflichtung der Auskunftsschuldner, ihre Angaben durch die Vorlage von Belegen zu untermauern, besteht, ist

161 OLG Düsseldorf BeckRS 1993, 09437.

162 Das gilt z.B. für Jahresabschlussunterlagen eines Unternehmens, vgl. OLG München ZEV 2022, 31, 32; MüKo/*Lange*, § 2314 Rn 13; BeckOGK/*Blum/Heuser*, § 2314 Rn 41.1; zweifelnd *Horn*, ErbR 2025, 103, der insoweit von Hilfs- bzw. Nebenansprüchen zum Wertermittlungsanspruch ausgeht.

163 Vgl. BGH BeckRS 1996, 31059736; OLG Brandenburg ZErb 2004, 132.

164 A.A.: Staudinger/*Herzog* (2021), § 2314 Rn 31; *Keim*, NJW 2020, 2996, 2999; *Horn*, ErbR 2019, 772, 774.

165 OLG Köln NJWE-FER 1998, 229, 230; *Bittler*, in: Mayer/Süß/Riedel/Bittler, HB Pflichtteilsrecht, § 9 Rn 92 f.; MüKo/*Lange*, § 2314 Rn 10.

166 So aber Staudinger/*Herzog* (2021), § 2314 Rn 31; *Horn*, ErbR 2025, 103; ähnlich *Keim*, NJW 2020, 2996, 2999.

167 OLG Karlsruhe BeckRS 2015, 01634.

168 RNotZ 2008, 105, 106.

169 OLG Karlsruhe BeckRS 2015, 01634; a.A.: Staudinger/*Herzog* (2021), § 2314 Rn 31; Burandt/Rojahn/*Horn*, Erbrecht, § 2314 Rn 27; *Horn*, in: MAH Erbrecht, § 29 Rn 358; *Keim*, NJW 2020, 2996, 2999.

170 BeckOGK/*Blum/Heuser*, § 2314 Rn 41.1; *Horn*, in: MAH Erbrecht, § 29 Rn 359; BeckOK BGB/*Müller-Engels*, § 2314 Rn 24; *Weidlich*, MittBayNot 2015, 53, 54; vgl. zum Ganzen auch *Horn*, NJW 2016, 2150 f.

zunehmend umstritten. Während die h.M.[171] bislang davon ausgeht, dass aus § 260 BGB, der auch im Rahmen von § 2314 BGB anwendbar sein soll, regelmäßig kein Anspruch auf Belegvorlage bestehe, erkennt sie bereits verschiedene Ausnahmen von diesem Grundsatz an, z.B. im Hinblick auf Bankbelege, die die Salden/Depotstände am Todestag ausweisen.[172]

Außerdem mehren sich die Stimmen in der Literatur, die zu Recht einen Anspruch des Pflichtteilsberechtigten auf Belegvorlage annehmen bzw. fordern.[173] *Herzog* führt aus, dass zumindest solche Belege vorzulegen sind, die zur Überprüfung der Wertangaben unumgänglich sind, wobei sie etwa Belege zu den Beerdigungskosten, Bankbelege über Salden am Todestag und Abrechnungen von Versicherungen nennt.[174] Außerdem ist sie zu Recht der Auffassung, dass ein Einsichtsrecht auf Konto-, Depot- und sonstige Bankauszüge per Todestag bestehen muss.[175] 31

Auch *Fleischer* hat sich dieser Auffassung angeschlossen und die Belegvorlagepflicht ausführlich und überzeugend begründet.[176] Zu Recht hält er der bislang h.M. entgegen, dass aus der fehlenden Erwähnung der Belegvorlagepflicht in § 260 Abs. 1 BGB (anders als § 259 Abs. 1 BGB) nicht ohne Weiteres zu folgern sei, dass auch § 2314 Abs. 1 BGB einen darauf gerichteten Anspruch nicht gewähre. Die Vorschrift verweise vielmehr (nur) wegen des Inhalts des Auskunftsanspruchs, aber nicht umfassend auf § 260 BGB. Vielmehr sehe sie mit den Ansprüchen auf Hinzuziehung bei der Aufnahme des Verzeichnisses, auf Wertermittlung und auf Aufnahme des Verzeichnisses durch eine Amtsperson ausdrücklich und offensichtlich Rechte vor, die nicht nur über die Anordnungen in § 260 BGB, sondern auch über die in § 259 BGB weit hinausgehen. Ihm ist daher beizupflichten, dass bei teleologischer Auslegung von § 2314 durchaus ein Anspruch auf Vorlage zumindest derjenigen Belege, die zur Überprüfung der Richtigkeit des Bestandsverzeichnisses erforderlich sind und nach der Verkehrssitte einem solchen Verzeichnis üblicherweise beigefügt werden, angenommen werden muss. Das gilt insbesondere für Bankkontoauszüge und ähnliche regelmäßig erteilte Abrechnungen. 32

In diesem Zusammenhang sollte auch nicht übersehen werden, dass das durch den Gesetzgeber ursprünglich vorgesehene „Druckmittel“, mit dessen Hilfe die Vollständigkeit und Richtigkeit der Auskunft abgesichert werden sollte, nämlich die eidesstattliche Versicherung, bei Einführung des BGB eine ganz andere Bedeutung hatte als heute. Was damals durchaus funktioniert haben mag, ist heute aus der Sicht vieler Betroffener nicht mehr als ein „Papiertiger“. Ein praktisch unwirksamer Mechanismus 33

---

171 OLG München ZEV 2022, 31; OLG Brandenburg BeckRS 2020, 17755; OLG Koblenz BeckRS 2012, 20029; OLG Hamm BeckRS 2015, 12501; LG Hamburg BeckRS 2010, 08842; OLG Hamm RNotZ 2013, 307; OLG Köln ZEV 2014, 660, 661; OLG Koblenz ZEV 2010, 262, 263; OLG Düsseldorf NJW-RR 1997, 454, 455; OLG Zweibrücken FamRZ 1987, 1197; LG Wiesbaden BeckRS 2012, 18612; OLG Saarbrücken ZEV 2011, 373, 375; LG Hamburg BeckRS 2010, 08842; jüngst OLG Düsseldorf ZEV 2019, 90, 91; vgl. auch BeckOGK/*Blum/Heuser*, § 2314 Rn 41.1; Staudinger/*Herzog* (2021), § 2314 Rn 82 m.w.N.; Grüneberg/*Weidlich*, § 2314 Rn 10 m.w.N.; a.A.: *Fleischer*, ErbR 2013, 242, 243; *Schlitt*, ZEV 2007, 515, 516.

172 Ausnahmen vgl. bei OLG Düsseldorf NJW-RR 1997, 454, 455; OLG München ZEV 2022, 31, 32.

173 *Bittler*, in: Mayer/Süß/Riedel/Bittler, HB Pflichtteilsrecht, § 9 Rn 92 unter Bezugnahme auf OLG Köln ZEV 1999, 110; *Schlitt*, ZEV 2007, 515; *v. d. Auwera*, ZEV 2008, 359; *Klingelhöfer*, Pflichtteilsrecht, Rn 289 ff.; jurisPK-BGB/*Birkenheier*, § 2314 Rn 46.

174 Staudinger/*Herzog* (2021), § 2314 Rn 85.

175 Staudinger/*Herzog* (2021), § 2314 Rn 255 unter Bezug auf LG Hamburg BeckRS 2010, 8842; OLG Zweibrücken BeckRS 2009, 24566; *Bittler*, in: Mayer/Süß/Riedel/Bittler, HB Pflichtteilsrecht, § 9 Rn 31; ähnlich *Papenmeier*, ErbR 2020, 783.

176 *Fleischer*, ErbR 2013, 242, 243.

zur Sicherung einer vollständigen Beauskunftung wird den verfassungsrechtlich garantierten Interessen des Pflichtteilsberechtigten aber sicher nicht gerecht.

3. Notarielles/amtliches Verzeichnis

34 Neben der Vorlage des **privaten** Nachlassverzeichnisses kann der Pflichtteilsberechtigte auch ein amtliches bzw. notarielles Nachlassverzeichnis verlangen.[177] Voraussetzung hierfür ist lediglich das grundsätzliche Bestehen eines Auskunftsanspruchs nach § 2314 BGB.[178] Weitere Bedingungen existieren nicht. Insbesondere wird das Recht auf ein amtliches Verzeichnis nicht durch die bereits erfolgte Vorlage eines privaten Nachlassverzeichnisses ausgeschlossen[179] Nur in Ausnahmefällen steht dem Anspruch der Einwand der Schikane bzw. unzulässigen Rechtsausübung entgegen.[180] Beide Ansprüche bestehen kumulativ.[181]

35 Auch die erfolgreiche Klage auf Erteilung der privaten Auskunft und die anschließende Erfüllung des titulierten Anspruchs ändert hieran nichts,[182] ebenso wenig die Zuziehung des Pflichtteilsberechtigten bei der Erstellung des Verzeichnisses.[183] Allerdings ist nach Vorlage eines amtlich erstellten Verzeichnisses die Anforderung eines privaten Nachlassverzeichnisses regelmäßig rechtsmissbräuchlich.[184]

36 Die **Aufnahme** des **amtlichen** Verzeichnisses ist eine Beurkundungshandlung und obliegt daher nach Bundesrecht grundsätzlich dem Notar (§ 20 Abs. 1 BNotO),[185] der die Aufnahme grundsätzlich nicht verweigern darf.[186] Demzufolge genügt es unter keinen Umständen, wenn der Erbe ein privatschriftlich erstelltes Nachlassverzeichnis nebst einer eidesstattlichen Versicherung, unter der seine Unterschrift notariell beglaubigt wurde, vorlegt.[187] Der Notar muss das Verzeichnis selbst aufnehmen und darf sich dabei nicht vertreten lassen; die Zuziehung von Hilfspersonen, insbesondere im Rahmen der Vorbereitung, also Sichtung von Unterlagen etc., ist aber zulässig.[188] Der Notar hat seine Urkunde zu unterzeichnen.[189]

37 Nach Landesrecht kann für die Aufnahme des Verzeichnisses neben der des Notars auch die Zuständigkeit des AG – nicht des Nachlassgerichts – begründet sein.[190]

---

177 Allg. Meinung, vgl. nur BeckOGK/*Blum/Heuser*, § 2314 Rn 46 m.w.N.

178 Staudinger/*Herzog* (2021), § 2314 Rn 149.

179 OLG München BeckRS 2017, 112375; BGH ZErb 2012, 248; OLG Bremen OLGE 97, 89, 90; OLG Düsseldorf FamRZ 1995, 1236, 1239; OLG Oldenburg NJW 1974, 2093; OLG Oldenburg NJW-RR 1993, 782 = FamRZ 1993, 857, 858; OLG Bremen FamRZ 1997, 1437; OLG Düsseldorf RNotZ 2008, 105, 106; OLG Oldenburg FamRZ 2000, 62; *Bittler*, in: Mayer/Süß/Riedel/Bittler, HB Pflichtteilsrecht, § 9 Rn 37; *Coing*, NJW 1983, 1298.

180 Vgl. BGH NJW 1961, 602, 604; BeckOGK/*Blum/Heuser*, § 2314 Rn 36; Staudinger/*Herzog* (2021), § 2314 Rn 132.

181 BGHZ 33, 373, 378; Staudinger/*Herzog* (2021), § 2314 Rn 131.

182 OLG Koblenz ErbR 2014, 386; LG Essen MDR 1962, 575; vgl. auch OLG Karlsruhe ZEV 2007, 329.

183 BGHZ 33, 373, 379.

184 BGHZ 33, 373, 379; BGH NJW 2013, 2730, 2731; vgl. auch OLG Düsseldorf ErbR 2022, 328, 329; Staudinger/*Herzog* (2021), § 2314 Rn 134; BeckOGK/*Blum/Heuser*, § 2314 Rn 37.

185 BeckOGK/*Blum/Heuser*, § 2314 Rn 48.

186 Staudinger/*Herzog* (2021), § 2314 Rn 153; *Horn*, in: MAH Erbrecht, § 29 Rn 371; vgl. auch jüngst BGH ZErb 2024, 330.

187 OLG Rostock ZEV 2009, 396 f.

188 Staudinger/*Herzog* (2021), § 2314 Rn 156; *Schreinert*, RNotZ 2008, 61, 70.

189 OLG Celle DNotZ 2003, 62; Staudinger/*Herzog* (2021), § 2314 Rn 156; *Nieder*, ZErb 2004, 60, 64.

190 Zu den konkreten Zuständigkeitsregeln in den einzelnen Ländern vgl. *Nieder*, ZErb 2004, 60, 54; *Zimmer*, ZErb 2012, 5 ff.; Grüneberg/*Weidlich*, § 2314 Rn 6; vgl. auch Staudinger/*Marotzke* (2002), § 2002 Rn 3.

Auftraggeber für die Erstellung des amtlichen Verzeichnisses ist stets der Erbe, der auch das Recht hat, den Notar auszuwählen.[191] Der Pflichtteilsberechtigte muss seinen Anspruch also erforderlichenfalls im Klageweg verfolgen.[192] Er selbst hat jedenfalls nicht das Recht zur Beauftragung des Notars.[193]

Inhaltlich sind das private und das notarielle Nachlassverzeichnis grundsätzlich identisch.[194] Auch das notarielle Verzeichnis kann aus mehreren Teilverzeichnissen bestehen.[195] Ob von dem notariellen Verzeichnis eine höhere Beweiswirkung ausgeht,[196] hängt vor allem von der Frage ab, wie die Aufstellung konkret zu erfolgen hat.[197] Während früher teilweise vertreten wurde, der Erbe könne die **Auflistung** der **Inventarstücke** selbst durchführen, um sie anschließend dem Notar zu übergeben,[198] muss man aus dem Sinn und Zweck des notariellen Verzeichnisses folgern, dass der Notar selbst alle zur Erstellung des Verzeichnisses notwendigen Handlungen selbst (ggf. unterstützt von Hilfspersonen) vornehmen muss.[199] Der nach der h.M. geforderte Hinweis an den Erben, dass er seine Angaben vollständig und der Wahrheit entsprechend zu machen habe,[200] genügt jedenfalls nicht. Ebenso wenig ist eine reine Plausibilitätsprüfung ausreichend.[201] Vor diesem Hintergrund bildet z.B. die Beglaubigung der Unterschrift unter einem privatschriftlich erstellten und mit einer eidesstattlichen Versicherung versehenen Nachlassverzeichnis kein notarielles Verzeichnis i.S.v. § 2314 Abs. 1 S. 3 BGB.[202] 38

Auch wenn der Erbe im Rahmen der Erstellung eines amtlichen Verzeichnisses verpflichtet ist, den Notar über Nachlassbestand, Schenkungen und Zuwendungen des Erblassers vollständig und wahrheitsgemäß zu informieren,[203] ist davon auszugehen, dass der Notar oftmals zu eigenen Ermittlungshandlungen nicht nur berechtigt, sondern auch verpflichtet ist.[204] Eine Vertretung ist grundsätzlich nicht möglich.[205] Nichtsdestotrotz setzt die Aufnahme des notariellen Nachlassverzeichnisses im Regelfall voraus, dass der Auskunftsschuldner persönlich anwesend ist und für Belehrungen,

---

191 Staudinger/*Herzog* (2021), § 2314 Rn 52; BeckOGK/*Blum/Heuser*, § 2314 Rn 49.

192 Staudinger/*Herzog* (2021), § 2314 Rn 152.

193 BGH NJW 2023, 3020; BeckOGK/*Blum/Heuser*, § 2314 Rn 49; Grüneberg/*Weidlich*, § 2314 Rn 6.

194 Staudinger/*Herzog* (2021), § 2314 Rn 159; BeckOGK/*Blum/Heuser*, § 2314 Rn 50; *Horn*, in: MAH Erbrecht, § 29 Rn 355; vgl. auch *Becker/Horn*, ZEV 2007, 62, 64; a.A. wohl: *Keim*, ZEV 2007, 332.

195 LG Memmingen BeckRS 2024, 33929; *Lange/Horn*, ZEV 2025, 281, 283.

196 So unterstellt in RGZ 72, 379, 384; BGHZ 33, 373, 377; OLG Oldenburg FamRZ 1993, 857, 858 = NJW-RR 1993, 782; OLG Celle OLGE 97, 160; LG Essen MDR 1962, 575.

197 Vgl. hierzu z.B. OLG Celle BeckRS 2021, 5738; OLG Bamberg ErbR 2016, 524; OLG Koblenz ZEV 2018, 413; vgl. auch *Schönenberg-Wessel*, NJW 2019, 1481.

198 OLG Köln NJW-RR 1992, 8, 9; LG Rottweil ZEV 2008, 189; OLG Karlsruhe ZEV 2008, 189.

199 BGH NJW 2020, 2187; OLG Celle OLGE 97, 160; LG Aurich ZErb 2005, 254; OLG Rostock ZEV 2009, 396; Staudinger/*Herzog* (2021), § 2314 Rn 161; so auch *Horn*, in: MAH Erbrecht, § 29 Rn 366; *Nieder*, ZErb 2004, 60, 63.

200 OLG Celle OLGE 97, 160; OLG Oldenburg FamRZ 1993; 857, 858 = NJW-RR 1993, 782.

201 Das gilt auch dann, wenn eigene Ermittlungen sehr zeitintensiv sind/wären, vgl. OLG Saarbrücken ZEV 2011, 373, 374; OLG Schleswig ZErb 2011, 216; MüKo/*Lange*, § 2314 Rn 50.

202 OLG Rostock ZEV 2009, 396.

203 OLG Nürnberg ZEV 2010, 31 = FamRZ 2010, 584 ff.

204 Vgl. OLG Schleswig ZErb 2011, 216 f.; OLG Saarbrücken ZEV 2011, 373, 375; Staudinger/*Herzog* (2021), § 2314 Rn 161; *Horn*, in: MAH Erbrecht, § 29 Rn 366; *Kuhn/Trappe*, ZEV 2011, 347, 350; a.A.: *Heidenreich*, ZErb 2011, 71, 73; MüKo/*Lange*, § 2314 Rn 49 f.

205 OLG Düsseldorf RNotZ 2008, 105, 106; OLG Koblenz, ZEV 2007, 493; *v.d. Auwera*, ZEV 2008, 359.

Nachfragen und Erläuterungen zur Verfügung steht.[206] Auch insoweit ist eine Vertretung (z.B. durch einen Prozessbevollmächtigten) grundsätzlich nicht möglich.[207]

39 Der Umfang der eigenen Ermittlungshandlungen liegt grundsätzlich im Ermessen des Notars.[208] Der Ermessensspielraum endet in jedem Fall an dem Punkt, an dem der Erbe den Versuch unternimmt zu entscheiden, was in das Verzeichnis aufgenommen wird und was nicht. Denn diese Entscheidung ist allein dem Notar/der Amtsperson vorbehalten.[209] Im Regelfall hat der Notar auch die vom Erblasser bewohnte Wohnung in Augenschein zu nehmen.[210] Der Erbe hat ihm den Zutritt zu der vom Erblasser bewohnten Wohnung zu gewähren.[211]

40 Darüber hinaus muss der Notar auch hinsichtlich des übrigen – sowohl des realen als auch des fiktiven – Nachlasses eigene Ermittlungen anstellen. Hierzu ist er, wie gesagt, nicht nur berechtigt, sondern auch verpflichtet.[212] Vor diesem Hintergrund wird er regelmäßig bei den Grundbuchämtern in räumlicher Nähe zum letzten Wohnsitz des Erblassers und auch bei den örtlichen Kreditinstituten Recherchen anstellen.[213] Bei Vorliegen ausreichender Anhaltspunkte sind auch die Bankbelege betreffend die Zeit (wenigstens ein Zeitraum von 10 Jahren) vor dem Erbfall daraufhin zu untersuchen, ob Anzeichen für ergänzungspflichtige Zuwendungen vorliegen.[214] Der Notar sollte im Verzeichnis seine Ermittlungen dokumentieren.[215]

4. Nachbesserung bei Unvollständigkeit und sonstigen Mängeln

41 Ein Anspruch auf Ergänzung des Bestandsverzeichnisses bei (vermuteter) **Unvollständigkeit** besteht nach h.M. nicht.[216] Nur wenn das Verzeichnis entweder keine **erfüllungstaugliche** Auskunft darstellt (durch solch mangelhafte Auskunft kann der Anspruch nach § 2314 BGB nicht zum Erlöschen gebracht werden, er besteht daher fort)[217] oder erkennbar mit Fehlern behaftet ist, die ihre Ursache in einer unzutreffenden rechtlichen Würdigung bestimmter Sachverhalte durch den Auskunftsschuldner

---

206 BeckOGK/*Blum/Heuser*, § 2314 Rn 61.1 unter Hinweis auf OLG Koblenz DNotZ 2007, 773 = ZErb 2007, 227 f.

207 OLG Koblenz ZErb 2007, 227 f.

208 OLG Koblenz ZEV 2014, 308; OLG Bamberg ZEV 2016, 508; *Schönenberg-Wessel*, NJW 2019, 1481, 1483.

209 MüKo/*Lange*, § 2314 Rn 51.

210 *Zimmer*, ZErb 2012, 5, 6; *Horn*, in: MAH Erbrecht, § 29 Rn 366.

211 Dies gilt aber nicht für die Wohnung des Erben, die der Erblasser nicht bewohnte. Diese darf der Notar gegen den Willen des Erben nicht betreten, vgl. LG Schwerin ZEV 2012, 425; *Fleischer*, ErbR 2013, 242, 243.

212 BGH BGHZ 33, 373; OLG Köln RNotZ 2013, 127; OLG Schleswig ZErb 2011, 216; OLG Saarbrücken FamRZ 2010, 2026; Staudinger/*Herzog* (2021), § 2314 Rn 161 ff., 168 m.w.N.; *Horn*, in: MAH Erbrecht, § 29 Rn 366.

213 MüKo/*Lange*, § 2314 Rn 50, 51; Staudinger/*Herzog* (2021), § 2314 Rn 168 unter Hinweis auf OLG Saarbrücken ZEV 2011, 373, 374; *Horn*, in: MAH Erbrecht, § 29 Rn 366.

214 OLG Koblenz NJW 2014, 1972, 1973; OLG Stuttgart ZEV 2016, 330, 331; BVerfG ZEV 2016, 578; Staudinger/*Herzog* (2021), § 2314 Rn 168; *Horn*, in: MAH Erbrecht, § 29 Rn 366 m.w.N.; vgl. auch *Weidlich*, ZEV 2017, 241, 244.

215 BeckOGK/*Blum/Heuser*, § 2314 Rn 54.5; *Schönenberg-Wessel*, notar 2019, 323, 326.

216 BGH LM § 260 Nr. 1 = JZ 1952, 492; Staudinger/*Herzog* (2021), § 2314 Rn 201; BeckOGK/*Blum/Heuser*, § 2314 Rn 83; MüKo/*Lange*, § 2314 Rn 35; *Kerscher/Riedel/Lenz*, Pflichtteilsrecht, § 11 Rn 47; *Coing*, NJW 1983, 1298; RGRK/*Johannsen*, § 2314 Rn 9.

217 Vgl. BGH NJW 2020, 2187, vgl. auch OLG Brandenburg ErbR 2022, 53, 56; OLG Brandenburg FamRZ 1998, 179; Staudinger/*Herzog* (2021), § 2314 Rn 202 m.w.N.; *Kerscher/Riedel/Lenz*, Pflichtteilsrecht, § 11 Rn 47; *Schönenberg-Wessel*, ErbR 2020, 511; *Siebert*, NJW 2022, 1068, 1071; vgl. auch *Lange/Horn*, ZEV 2025, 281, 283.

haben,[218] also nicht auf unzureichender Sorgfalt beruhen,[219] kann eine Wiederholung der Auskunftserteilung gefordert werden. Das ist z.B. dann der Fall, wenn der Auskunftspflichtige einen bestimmten Gegenstand nicht aufführt, weil er der Meinung ist, er gehöre gar nicht zum Nachlass. Denn hier liegt insoweit kein „Verzeichnis" vor.[220] In diesem Fall kann daher auch ein Anspruch auf Ergänzung der bereits erteilten Auskünfte eingefordert werden.[221] Allerdings kann das Verlangen nach Ergänzung eines privaten Verzeichnisses rechtsmissbräuchlich sein, wenn mit der Vorlage eines notariellen Nachlassverzeichnisses zeitnah zu rechnen ist,[222] oder wenn der Erbe zu dessen Vorlage rechtskräftig verurteilt wurde.[223]

42 Auch bei unzureichender Mitteilung wertbildender Faktoren kann eine erfüllungstaugliche Auskunft abzulehnen sein.[224] In allen anderen Fällen erlischt der Auskunftsanspruch mit der Erteilung der vollständigen Auskunft.[225] Mit (lückenhaften) Teilverzeichnissen braucht sich der Pflichtteilsberechtigte nicht zu begnügen.[226] Im Übrigen bleibt dem Pflichtteilsberechtigten nur die Möglichkeit, vom Auskunftsschuldner eine Versicherung an Eides statt zu verlangen.[227] Hierfür müssen jedoch die Voraussetzungen des §260 Abs. 2 BGB (nicht genügende Sorgfalt) erfüllt sein. Unabhängig von Nachbesserung und eidesstattlicher Versicherung kann sich der Pflichtteilsberechtigte auch in einem späteren Prozess über seinen Pflichtteilsanspruch jederzeit auf die Unvollständigkeit oder Mangelhaftigkeit des Verzeichnisses berufen.[228] Das Verzeichnis hat insoweit keine präjudizielle Wirkung.

5. Zuziehung des Berechtigten

43 Gem. Abs. 1 S. 2 hat der Pflichtteilsberechtigte das Recht, bei der Aufnahme des Nachlassverzeichnisses anwesend zu sein,[229] und zwar unabhängig davon, ob es sich

---

218 OLG Celle NJW-RR 2021, 73, 74; OLG Hamm ZEV 2020, 295; LG Bielefeld ZEV 2020, 65; OLG Schleswig ZErb 2011, 216; OLG Nürnberg ZEV 2005, 312, 313; vgl. auch *Bittler*, in: Mayer/Süß/Riedel/Bittler, HB Pflichtteilsrecht, §9 Rn 33; Staudinger/*Herzog* (2021), §2314 Rn 205; MüKo/*Lange*, §2314 Rn 28; BeckOGK/*Blum/Heuser*, §2314 Rn 85, 86.

219 BGH JZ 1952, 492; BGH FamRZ 1965, 135; OLG Brandenburg FamRZ 1998, 180, 181; OLG Oldenburg NJW-RR 1992, 777, 778; RGRK/*Johannsen*, §2314 Rn 10; Staudinger/*Herzog* (2021), §2314 Rn 201 m.w.N.

220 OLG Schleswig FamRZ 2012, 1979; BeckOGK/*Blum/Heuser*, §2314 Rn 85; Staudinger/*Herzog* (2021), §2314 Rn 205; MüKo/*Lange*, §2314 Rn 28 m.w.N.

221 BGH NJW 2020, 2187; OLG Düsseldorf ErbR 2020, 510; OLG Düsseldorf ErbR 2019, 77; BGH NJW 2014, 3647; OLG Karlsruhe MittBayNot 2015, 496; OLG Schleswig ZEV 2011, 371; OLG Schleswig BeckRS 2011, 23290; BGH LM 1952, §260 Nr. 1 = JZ 1952, 492; OLG Nürnberg ZEV 2005, 312, 313; OLG Hamburg NJW-RR 2002, 1292; OLG Oldenburg NJW-RR 1992, 777; Staudinger/*Herzog* (2021), §2314 Rn 206; MüKo/*Lange*, §2314 Rn 24.

222 OLG Düsseldorf ErbR 2022, 328, 329; BeckOGK/*Blum/Heuser*, §2314 Rn 37.

223 Staudinger/*Herzog* (2021), §2314 Rn 134; BeckOGK/*Blum/Heuser*, §2314 Rn 37.

224 OLG Düsseldorf RNotZ 2008, 105, 106; *Kuhn/Trappe*, ZEV 2011, 347, 349.

225 Staudinger/*Herzog* (2021), §2314 Rn 202; MüKo/*Lange*, §2314 Rn 35; BeckOGK/*Blum/Heuser*, §2314 Rn 83; BeckOK BGB/*Müller-Engels*, §2314 Rn 27; *Dieckmann*, NJW 1988, 1809, 1813.

226 OLG Bremen FamRZ 1997, 1437.

227 BGH DNotZ 2022, 687, 693; LG Mainz BeckRS 2017, 143327; KG OLG Rspr. 23, 1; OLG Nürnberg ZEV 2005, 312, 313; OLG Schleswig ZEV 2011, 371, 372; *Damrau*, ZEV 2009, 274, 275; *Edenfeld*, ZErb 2005, 346 f.; MüKo/*Lange*, §2314 Rn 35 m.w.N.

228 Vgl. *Coing*, NJW 1983, 1298; Staudinger/*Haas* (2006), §2314 Rn 42.

229 OLG München ZEV 2017, 460; KG FamRZ 1996, 767; Staudinger/*Herzog* (2021), §2314 Rn 184; MüKo/*Lange*, §2314 Rn 55; *Nieder*, ZErb 2004, 60, 64; *Tegelkamp/Krüger*, ZErb 2011, 33, 35; *Heinze*, DNotZ 2019, 413 f.

um ein privates oder ein amtliches Verzeichnis handelt.[230] Das **Anwesenheitsrecht** umfasst auch die Möglichkeit, sich von einem Beistand begleiten zu lassen oder einen Vertreter mit der Wahrnehmung des Termins zu beauftragen.[231] Voraussetzung des Anwesenheitsrechts ist ausschließlich das Bestehen des Auskunftsanspruchs, eine besondere zeitliche Nähe zum Erbfall ist rechtlich nicht erforderlich[232] und wirkt sich lediglich auf den praktischen Nutzen der Zuziehung aus. Außerdem ist zu beachten, dass das Recht auf Zuziehung dem Pflichtteilsberechtigten nicht die Möglichkeit gewährt, eigene Nachforschungen anzustellen oder auch nur in irgendeiner Weise auf die Erstellung des Nachlassverzeichnisses Einfluss zu nehmen[233] (dies gilt umso mehr, als die Aufnahme des Verzeichnisses nicht zwingend in der Wohnung des Erblassers erfolgen muss).[234] Er soll lediglich in die Lage versetzt werden, die Qualität der ihm zu erteilenden Auskunft besser beurteilen zu können, um so z.B. die Notwendigkeit der Abgabe einer eidesstattlichen Versicherung zu erkennen.[235] Laut zutreffender Ansicht von *Horn* darf er dem Ersteller (auch dem Notar) „über die Schulter schauen".[236] Das gilt nach dem Gesetzeswortlaut auf jeden Fall für die eigentliche „Aufnahme" des Verzeichnisses.[237] Ob hiervon aber auch deren Vorbereitung (also insbesondere Sichtung von Unterlagen, Analyse von Kontoauszügen etc.) umfasst wird, ist umstritten.[238] Ohne Rücksicht auf praktische Umsetzungsfragen[239] kann der Sinn des Zuziehungsanspruchs jedenfalls nur dann verwirklicht werden, wenn der Pflichtteilsberechtigte die Gelegenheit erhält, auch die Qualität der Vorbereitungshandlungen zu beurteilen.[240]

Ein notarielles Verzeichnis, das ohne Anwesenheit des Pflichtteilsberechtigten aufgenommen wird, obwohl dieser sein Zuziehungsrecht geltend gemacht hat, ist nicht erfüllungstauglich, so dass die Aufnahme wiederholt werden muss.[241]

Der zur Erstellung verpflichtete Erbe muss dabei mehrere Terminvorschläge unterbreiten.[242]

---

230 Staudinger/*Herzog* (2021), § 2314 Rn 184; *Horn*, in: MAH Erbrecht, § 29 Rn 373; *Tegelkamp/Krüger*, ZErb 2011, 33, 35.

231 KG FamRZ 1996, 767; *v.d. Auwera*, ZEV 2008, 359; RGRK/*Johannsen*, § 2314 Rn 15; MüKo/*Lange*, § 2314 Rn 60; BeckOGK/*Blum/Heuser*, § 2314 Rn 59; Staudinger/*Haas* (2006), § 2314 Rn 43; *Horn*, in: MAH Erbrecht, § 29 Rn 373.

232 KG FamRZ 1996, 767; Staudinger/*Herzog* (2021), § 2314 Rn 184.

233 MüKo/*Lange*, § 2314 Rn 62; Staudinger/*Herzog* (2021), § 2314 Rn 185; *Horn*, in: MAH Erbrecht, § 29 Rn 360; vgl. auch BGH NJW 2023, 3020.

234 Vgl. Staudinger/*Haas* (2006), § 2314 Rn 45; vgl. i.Ü. KG FamRZ 1996, 767; MüKo/*Lange*, § 2314 Rn 33; a.A. *Tegelkamp/Krüger*, ZErb 2011, 33, 35.

235 Staudinger/*Herzog* (2021), § 2314 Rn 185; BeckOGK/*Blum/Heuser*, § 2314 Rn 72; *Kind*, ZErb 2018, 139, 141.

236 *Horn*, in: MAH Erbrecht, § 29 Rn 373.

237 Staudinger/*Herzog* (2021), § 2314 Rn 187.

238 Staudinger/*Herzog* (2021), § 2314 Rn 189 m.w.N.

239 Vgl. MüKo/*Lange*, § 2314 Rn 63.

240 Staudinger/*Herzog* (2021), § 2314 Rn 189; anscheinend ebenso OLG Düsseldorf ZEV 2019, 90, anders aber OLG München ErbR 2025, 329; ablehnend auch MüKo/*Lange*, § 2314 Rn 63; *Keim*, ZEV 2018, 501, 502; *Weidlich*, ZEV 2019, 81, 85; vgl. zum Ganzen auch *Außner/Schönenberg-Wessel*, ZErb 2024, 321 und 361.

241 LG Duisburg ZEV 2024, 692.

242 OLG Brandenburg ZErb 2004, 104; LG Aurich ZErb 2005, 254; Staudinger/*Herzog* (2021), § 2314 Rn 62; MüKo/*Lange*, § 2314 Rn 60.

6. Eidesstattliche Versicherung

44 Einen Anspruch auf Abgabe der eidesstattlichen Versicherung hat der Pflichtteilsberechtigte nur, wenn Grund zu der Annahme besteht (und substantiiert behauptet wird),[243] dass das Verzeichnis nicht mit der erforderlichen Sorgfalt erstellt wurde.[244] Anzeichen hierfür können sich in erster Linie aus dem Verhalten des Verpflichteten ergeben, wenn er bspw. die Auskunft nur schleppend erteilt[245] oder mit allen (juristischen) Mitteln versucht, die Auskunftserteilung zu verhindern.[246] Auch die **wiederholte Korrektur** bereits erteilter Auskünfte,[247] in sich widersprüchliche Angaben in mehreren Teilverzeichnissen oder die Darlegung einer abwegigen Rechtsauffassung im Hinblick auf Art und Umfang der tatsächlich geschuldeten Auskunft (in diesen Fällen ist aber die Abgrenzung zu einer offensichtlich unvollständigen Auskunft, die zur Erfüllung des Anspruchs nach § 2314 BGB grundsätzlich ungeeignet ist, nicht immer leicht zu treffen)[248] legen den Verdacht der mangelnden Sorgfalt nahe.[249] Das gilt auch für zu unbestimmte Angaben, insbesondere dann, wenn sie erst nach längerer Weigerung erteilt werden.[250] Nicht ausreichend ist beispielsweise die Weigerung des Auskunftsverpflichteten, Belege vorzulegen,[251] es sei denn aus diesen würden sich u.U. ergänzungspflichtige Schenkungen ergeben.[252] Gleiches gilt, wenn der beanstandete Mangel entschuldbar[253] oder die Auskunft insgesamt praktisch unbedeutend sind.[254]
Gegenstand der eidesstattlichen Versicherung nach § 2314 BGB ist der reale und der fiktive Nachlassbestand, und zwar sowohl hinsichtlich der Aktiva als auch der Passiva. In dieser Beziehung kann der Pflichtteilsberechtigte verlangen, dass der Auskunftsverpflichtete seine Angaben durch die eidesstattliche Versicherung erhärtet.[255] Eine entsprechende Versicherung der Richtigkeit der gemachten Wertangaben kann aber nicht gefordert werden.
Die eidesstattliche Versicherung ist nicht vor dem Notar, sondern vor Gericht abzugeben.[256] Sie hat sich auf den gesamten Inhalt des (privaten oder notariellen) Verzeichnisses zu beziehen.[257]

---

243 OLG Naumburg BeckRS 2011, 25163; LG Wiesbaden BeckRS 2012, 18612; OLG Jena BeckRS 2013, 4138; LG Dessau-Roßlau BeckRS 2012, 00621; *Horn*, in: MAH Erbrecht, § 29 Rn 374.

244 OLG Oldenburg NJW-RR 1992, 777, 778; OLG Frankfurt NJW-RR 1993, 1483; OLG München OLGE 18, 365; OLG Koblenz FamRZ 2003, 193, 195; LG Oldenburg ZErb 2009, 1; Staudinger/*Haas* (2006), § 2314 Rn 46; *Bittler*, in: Mayer/Süß/Riedel/Bittler, HB Pflichtteilsrecht, § 9 Rn 45; *Kerscher/Riedel/Lenz*, Pflichtteilsrecht, § 11 Rn 73.

245 OLG München ZErb 2012, 135, 137; *Bittler*, in: Mayer/Süß/Riedel/Bittler, HB Pflichtteilsrecht, § 9 Rn 45.

246 OLG Frankfurt NJW-RR 1993, 1483; BeckOGK/*Blum/Heuser*, § 2314 Rn 88; MüKo/*Lange*, § 2314 Rn 33.

247 OLG Braunschweig ErbR 2010, 232, 233 m. Anm. *Schlichting*.

248 Vgl. hierzu BGH LM Nr. 1 zu § 260 = JZ 1952, 492; OLG Oldenburg NJW-RR 1992, 777, 778.

249 Vgl. auch LG Mainz BeckRS 2017, 143327.

250 OLG Zweibrücken FamRZ 1969, 230.

251 *Bartsch*, ZEV 2004, 176, 178; MüKo/*Lange*, § 2314 Rn 33; Staudinger/*Herzog* (2021), § 2314 Rn 195; a.A. OLG Bremen MDR 2000, 1324.

252 BeckOGK/*Blum/Heuser*, § 2314 Rn 88.2.

253 MüKo/*Lange*, § 2314 Rn 37; vgl. auch zum Ganzen BeckOGK/*Blum/Heuser*, § 2314 Rn 88.1 m.w.N.

254 *Bittler*, in: Mayer/Süß/Riedel/Bittler, HB Pflichtteilsrecht, § 9 Rn 49.

255 BGHZ 33, 373, 375; OLG Hamburg JW 1939, 155.

256 Staudinger/*Herzog* (2021), § 2314 Rn 199; BeckOGK/*Blum/Heuser*, § 2314 Rn 80; a.A.: *Keim*, ZEV 2022, 259; *Heinze*, RNotZ 2019, 260.

257 BGH ZEV 2022, 84; BeckOGK/*Blum/Heuser*, § 2314 Rn 89.3; ebenso bereits *Weidlich*, ZEV 2017, 241, 246.

7. Fälligkeit

45 Die Fälligkeit der Auskunftserteilung ergibt sich aus § 271 BGB (§ 1994 BGB ist insoweit nicht maßgeblich).[258] Eine Fristsetzung gegenüber dem Erben ist nicht erforderlich.[259] Soweit er die Auskunft nicht sofort erteilen kann, ist er baldmöglichst zur Erfüllung des Anspruchs verpflichtet. Erkennt er den Auskunftsanspruch nicht sofort an, kann der Pflichtteilsberechtigte etwaige Kosten der Inanspruchnahme anwaltlicher Hilfe als Verzugsschaden geltend machen.[260] Ein **Annahmeverzug** des Pflichtteilsberechtigten vor Erfüllung des Auskunftsanspruchs ist ausgeschlossen, selbst wenn ihm die Leistung des Pflichtteils angeboten wird.[261] Eine eidesstattliche Versicherung kann nicht vor erfolgter Auskunftserteilung verlangt werden.[262] Schließlich ist Gegenstand der Versicherung der konkrete Inhalt der Auskunft. Zweifel an dessen Richtigkeit bzw. an der bei der Erstellung des Nachlassverzeichnisses aufgewendeten Sorgfalt können daher erst nach Vorlage des Verzeichnisses beurteilt und geltend gemacht werden.

46 Nicht vollständig geklärt ist, ob dem Erben gegenüber dem Pflichtteilsberechtigten ein **Zurückbehaltungsrecht** (§ 273 BGB) zusteht, wenn Letzterer selbst auskunftspflichtig ist, z.B. wenn er ausgleichungspflichtige oder auf den Pflichtteil anzurechnende Zuwendungen erhalten hat.[263] Im Hinblick darauf, dass sich die gegenseitigen Auskunftsansprüche in dieser Situation auf dasselbe rechtliche Verhältnis gründen und eine vorrangige Verpflichtung des Erben nicht erkennbar ist, wird eine Anwendung von § 273 BGB hier für möglich gehalten.[264] Dem ist indes nicht zu folgen,[265] da ein Zurückbehaltungsrecht durch die besondere Natur des Auskunftsanspruchs ausgeschlossen wird.[266] Der Auskunftsschuldner hätte andernfalls die Möglichkeit, durch Zurückbehaltung der Auskunft die Anspruchsgeltendmachung (hinsichtlich des Hauptanspruchs) auf unabsehbare Zeit zu verzögern. Dies ist nicht akzeptabel. Demgegenüber kann der Erbe dem Pflichtteilsberechtigten § 273 BGB auf der Zahlungsstufe entgegenhalten, wenn dieser von ihm geschuldete Auskünfte (z.B. über ausgleichungspflichtige Zuwendungen oder Eigengeschenke) nicht erteilt.[267]

III. Wertermittlungsanspruch

47 Neben der Auskunft über den bloßen Bestand des (realen u. fiktiven) Nachlasses hat der Pflichtteilsberechtigte auch Anspruch auf die **Ermittlung** des **Wertes** der Nachlassgegenstände. Es handelt sich insoweit um einen eigenständigen Anspruch,

---

258 Vgl. Staudinger/*Herzog* (2021), § 2314 Rn 213.

259 Staudinger/*Herzog* (2021), § 2314 Rn 213.

260 OLG Brandenburg NJW-Spezial 2008, 264.

261 BGH FamRZ 1958, 23; Staudinger/*Herzog* (2021), § 2314 Rn 213 u. § 2317 Rn 63.

262 Staudinger/*Herzog* (2021), § 2314 Rn 216.

263 Vgl. hierzu auch OLG München NJW 2013, 2690, das eine Auskunftspflicht des Pflichtteilsberechtigten gegenüber dem Alleinerben grundsätzlich verneint; Staudinger/*Herzog* (2021), § 2314 Rn 224; vgl. auch *Horn*, NJW 2016, 2150, 2151; *Sarres*, ZEV 2016, 306, 311.

264 Staudinger/*Haas* (2006), § 2314 Rn 51.

265 *Bittler*, in: Mayer/Süß/Riedel/Bittler, HB Pflichtteilsrecht, § 9 Rn 64; *Horn*, ZEV 2013, 178; *Horn*, in: MAH Erbrecht, § 29 Rn 381. A.A.: Staudinger/*Herzog* (2021), § 2314 Rn 229; Staudinger/*Haas* (2006), § 2314 Rn 51; *Egner*, Der Auskunftsanspruch des Pflichtteilsberechtigten, S. 90 ff.; *Ruby/Schindler*, ZEV 2014, 27, 29; *Ruby/Schindler*, NJW-Spezial 2013, 488.

266 OLG Düsseldorf ErbR 2020, 733 sowie OLG Jena NJW-RR 1997, 578; OLG Stuttgart FamRZ 1984, 273, 275 (beide zum Zugewinnausgleich).

267 Staudinger/*Herzog* (2021), § 2314 Rn 229; MüKo/*Lange*, § 2314 Rn 1; *Horn*, in: MAH Erbrecht, § 29 Rn 382; *Horn*, NJW 2016, 2150, 2153.

der von dem Auskunftsanspruch grundsätzlich unabhängig ist.[268] Aus diesem Grunde muss er vom Pflichtteilsberechtigten auch gesondert geltend gemacht werden und ist nicht (automatisch) im allgemeinen Auskunftsbegehren enthalten.[269] Gegenstand der Wertermittlung ist das zum Nachlass gehörende Vermögen. Soweit die Nachlasszugehörigkeit bestritten ist, trägt der Pflichtteilsberechtigte insoweit die Darlegungs- und Beweislast.[270] Hat der Erblasser sich im Wege eines entgeltlichen Austauschgeschäfts zum Erwerb bzw. zur Übereignung von Vermögensgegenständen gegen Entgelt verpflichtet, so sollen Leistungs- bzw. Gegenleistungsanspruch (sozusagen Aktiv- und Passivposten) sich gegenseitig ausgleichen mit der Folge, dass eine Wertermittlung hinsichtlich beider Vermögensgegenstände rechtsmissbräuchlich sei.[271] Diese Sichtweise überzeugt tatsächlich aber nicht.[272] Denn gerade die Frage, ob sich in derartigen Fällen Leistung und Gegenleistung in einem ausgewogenen Verhältnis gegenüberstehen oder ob nicht doch teilweise unentgeltliche Zuwendungen vorliegen bzw. vom Erblasser beabsichtigt waren, ist für den Pflichtteilsberechtigten von erheblicher Bedeutung. Soweit also nicht offensichtlich feststeht, dass Leistung und Gegenleistung als gleichwertig zu betrachten sind, muss der Pflichtteilsberechtigte die Möglichkeit haben, auch hinsichtlich solcher Vermögensgegenstände eine Wertermittlung zu verlangen.

Ziel des Wertermittlungsanspruchs (der nicht auf die bloße Weitergabe von Wissen gerichtet ist)[273] ist es, den Pflichtteilsberechtigten in die Lage zu versetzen, seinen Pflichtteilsanspruch berechnen zu können.[274] Zu diesem Zweck hat der Verpflichtete alle **Unterlagen** und **Informationen**, die für die konkrete Wertermittlung der Nachlassgegenstände von Bedeutung sind, vorzulegen.[275] Der Umfang der Informationspflichten ist vor diesem Hintergrund auch von dem der Bewertung zugrunde zu legenden Verfahren abhängig. So sind, wenn die Bewertung z.B. eines gewerblichen Unternehmens oder einer Immobilie nach dem Ertragswertverfahren vorgenommen werden muss, alle hierzu benötigten Angaben (hierzu gehören u.a. Bilanzen, Gewinn- und Verlustrechnungen, Umsatzzahlen, Geschäftsbücher und Belege etc.)[276] vom Wertermittlungsanspruch umfasst.[277] Wenn, z.B. im Zusammenhang mit gewerblichen Unternehmen, zwischen dem Erben und dem Pflichtteilsberechtigten eine **Wettbewerbssituation** besteht, kann der Anspruch nach §242 BGB dahingehend einge- 48

268 OLG Frankfurt ErbR 2022, 159, 160; OLG Frankfurt ZEV 2012, 8; OLG Brandenburg ZErb 2004, 132, 133; BGH NJW 1984, 487, 488; OLG Frankfurt NJW-RR 1994, 8; OLG Schleswig NJW 1972, 586; *Coing*, NJW 1983, 1298; Staudinger/*Herzog* (2021), §2314 Rn 250.

269 Staudinger/*Herzog* (2021), §2314 Rn 250; vgl. hierzu ausführlich *Hölscher*, in: Mayer/Süß/Riedel/Bittler, HB Pflichtteilsrecht, §13 Rn 191 unter Hinweis auf BGH FamRZ 1985, 1249.

270 OLG Brandenburg BeckRS 2019, 4954; BGHZ 7, 134, 136; BGHZ 89, 24, 29f.; MüKo/*Lange*, §2314 Rn 22; BeckOGK/*Blum/Heuser*, §2314 Rn 113.

271 OLG Schleswig ZErb 2006, 417, 418.

272 Staudinger/*Herzog* (2021), §2314 Rn 271.

273 BGH NJW 1984, 487, 488; BGH NJW 1990, 180; Staudinger/*Herzog* (2021), §2314 Rn 251.

274 OLG Frankfurt NJW-RR 1994, 8; OLG Schleswig NJW 1972, 586; *Coing*, NJW 1983, 1298; Staudinger/*Herzog* (2021), §2314 Rn 252.

275 BGH FamRZ 1965, 135, 136; OLG Oldenburg NJW 1974, 2093; OLG Düsseldorf FamRZ 1997, 58, 59; Staudinger/*Herzog* (2021), §2314 Rn 255; BeckOGK/*Blum/Heuser*, §2314 Rn 115; *Purps*, ErbR 2023, 8.

276 Vgl. OLG München ZEV 2022, 31, 32; BGHZ 33, 373, 378; BGH FamRZ 1965, 135, 136; BGH NJW 1975, 258, 259; Staudinger/*Herzog* (2021), §2314 Rn 258 m.w.N.; BeckOGK/*Blum/Heuser*, §2314 Rn 117.2.

277 Vgl. OLG Oldenburg NJW 1974, 2093, *Coing*, NJW 1983, 1298, 1300; Soergel/*Beck*, §2314 Rn 31; Staudinger/*Herzog* (2021), §2314 Rn 258.

schränkt sein, dass nur einem zur **Verschwiegenheit** verpflichteten **Prüfer** die Einsicht in die Geschäftsbücher gewährt werden muss.[278] Hingegen brauchen für die Wertermittlung eindeutig nicht relevante Daten gar nicht offenbart zu werden.[279] Demzufolge sind bei einem nach § 2312 BGB zu bewertenden Landgut nur die für die Ertragswertermittlung relevanten Daten bzw. ein Gutachten über den Ertragswert vorzulegen. Darüber hinausgehende Angaben, die Rückschlüsse auf den Verkehrswert erlauben, werden nicht geschuldet.[280] Keine Vorlagepflicht besteht auch hinsichtlich etwa vorhandener Wertgutachten, die der Erbe oder der Erblasser selbst eingeholt haben.[281] Soweit der Bewertung ein zeitnah zum Erbfall erzielter Veräußerungspreis zugrunde zu legen ist, erstreckt sich der Wertermittlungsanspruch auf diejenigen Unterlagen, aus denen sich dieser Kaufpreis ergibt.[282]

49 Wenn die Mitteilung der wertbestimmenden Tatsachen allein noch kein hinlängliches Bild über den Wert als solchen vermittelt, kann der Pflichtteilsberechtigte die Anfertigung eines **Sachverständigengutachtens** auf Kosten des Nachlasses verlangen.[283] In diesem Fall hat der Pflichtteilsberechtigte Anspruch auf Vorlage des Gutachtens selbst, nicht nur auf Mitteilung des Ergebnisses.[284] Das Vorliegen eines Kaufpreises schließt den Anspruch auf Gutachtenerstellung nicht aus.[285] Schließlich kann durchaus ein berechtigtes Interesse an der sachverständigen Überprüfung der Angemessenheit des Kaufpreises bestehen. Bei dem Gutachter muss es sich um einen qualifizierten unparteiischen Sachverständigen handeln.[286] Die Schätzung durch ein Ortsgericht genügt nicht.[287]

50 Ein Recht, die gutachterliche Untersuchung selbst durchzuführen oder durchführen zu lassen, hat der Pflichtteilsberechtigte aber nicht. Der Erbe hat nicht nur die Pflicht, sondern auch das Recht, die Wertermittlung in eigener Verantwortung durchzuführen.[288] Aus diesem Grunde steht auch die Auswahl des Sachverständigen im Ermessen des auskunftsverpflichteten Erben.[289] Der Sachverständige bestimmt auch über die Auswahl der von ihm anzuwendenden Bewertungsmethode. Allerdings muss ein Gutachten die zugrundeliegende Datenbasis so ausführlich darstellen, dass dem Pflicht-

---

278 BGH NJW 1975, 1774, 1776 f., Staudinger/*Herzog* (2021), § 2314 Rn 259; BeckOGK/*Blum/Heuser*, § 2314 Rn 116.

279 Vgl. OLG Düsseldorf FamRZ 1997, 58, 60.

280 Thüringer OLG ZEV 2007, 531 f.

281 BGH FamRZ 1965, 135, 136; MüKo/*Lange*, § 2314 Rn 19; Staudinger/*Herzog* (2021), § 2314 Rn 580.

282 Staudinger/*Herzog* (2021), § 2314 Rn 255; BeckOGK/*Blum/Heuser*, § 2314 Rn 117.

283 BGH NJW 1989, 856; BGH NJW 1975, 258, 259; BGHZ 89, 24, 29; OLG Brandenburg ZErb 2004, 132, 133; OLG Köln ZEV 2006, 77, 78; OLG München NJW 1974, 2094; MüKo/*Lange*, § 2314 Rn 25; BeckOGK/*Blum/Heuser*, § 2314 Rn 118; Staudinger/*Herzog* (2021), § 2314 Rn 262 m.w.N.

284 AG Rotenburg ZEV 2009, 303; Staudinger/*Herzog* (2021), § 2314 Rn 262.

285 BGH NJW 2011, 1004; OLG Köln ErbR 2014, 290; OLG Frankfurt ZEV 2011, 397; a.A.: Staudinger/*Herzog* (2021), § 2314 Rn 263; *Fleischer*, ErbR 2013, 242, 245.

286 OLG Köln ZEV 2018, 412; BeckOGK/*Blum/Heuser*, § 2314 Rn 118; MüKo/*Lange*, § 2314 Rn 27; Staudinger/*Herzog* (2021), § 2314 Rn 262.

287 So aber OLG Frankfurt ZEV 2022, 91 m. zu Recht kritischer Anm. *Oster*, ZEV 2022, 91, 93; ablehnend auch BeckOGK/*Blum/Heuser*, § 2314 Rn 119.

288 So auch Staudinger/*Herzog* (2021), § 2314 Rn 264; BeckOGK/*Blum/Heuser*, § 2314 Rn 120; *Lange/Kuchinke*, § 37 XI 3 f.

289 OLG Schleswig NJW 1974, 586, 587; vgl. auch OLG Frankfurt ErbR 2022, 159 sowie OLG Karlsruhe NJW-RR 1990, 393, 394 u. Hinw. auf damit evtl. verbundene Kostenvorteile; ebenso Soergel/*Beck*, § 2314 Rn 30; Staudinger/*Herzog* (2021), § 2314 Rn 283; BeckOGK/*Blum/Heuser*, § 2314 Rn 124.

teilsberechtigten auch die alternative Bewertung anhand einer anderen Methode ermöglicht wird.[290] Kommen verschiedene Bewertungsmethoden ernsthaft[291] in Betracht, hat das Gutachten diese alternativ darzustellen und anzuwenden.[292] Der Sachverständige darf sich dann nicht auf eine einzige, von ihm favorisierte Bewertungsmethode zurückziehen und das Gutachten allein unter Anwendung dieser Methode erstellen. Der Pflichtteilsberechtigte hat auch keinen Anspruch auf die Beauftragung eines **„öffentlich vereidigten"** Sachverständigen,[293] denn dem Pflichtteilsberechtigten soll lediglich ermöglicht werden, die mit einem evtl. anstehenden Prozess zur Durchsetzung seines Pflichtteilsanspruchs verbundenen Kosten und Risiken besser abschätzen zu können.[294] Vor diesem Hintergrund kann hinsichtlich der Bewertung von Kunstwerken auch eine Schätzung durch professionelle Auktionshäuser (z.B. „Sothebys" oder „Christies") genügen.[295] Eine Schlichtungsfunktion – wie bei einem gerichtlich eingeholten Gutachten – kommt dem Gutachten nicht zu.[296] In einem sich anschließenden Klageverfahren zur Durchsetzung des Pflichtteils(zahlungs)anspruchs ist es für die Parteien nicht bindend.[297] Dennoch muss der Gutachter selbstverständlich unabhängig und unparteiisch (also nicht befangen[298]) sein.[299]

Gegenstand der Bewertung ist sowohl der reale als auch der fiktive Nachlass. Letzterer 51
nach Ansicht des BGH aber nur, soweit ein schutzwürdiges Interesse auf Wertermittlung geltend gemacht werden kann. Das ist nur dann der Fall, wenn es sich bei der zu beurteilenden Zuwendung (aufgrund greifbarer Anhaltspunkte)[300] um eine (wenigstens gemischte) **Schenkung** handelt.[301] Diese Auffassung ist hinsichtlich gemischter Schenkungen aber problematisch, da der Pflichtteilsberechtigte oft erst nach Feststellung der relevanten Werte beurteilen kann, ob überhaupt eine teilweise unentgeltliche Zuwendung vorliegt.[302] Nach Ansicht des BGH ergibt sich der Wertermittlungsanspruch aus § 242 BGB.[303] *Haas* schlägt insoweit vor, dass die Kosten zunächst vom Pflichtteilsberechtigten zu tragen sein sollen, im Fall des Vorliegens eines Ergänzungsanspruchs aber dem Nachlass in Rechnung gestellt werden könnten.[304]

---

290 OLG Celle OLGR 1995, 103; OLG München NJW-RR 1988, 390, 391; vgl. auch OLG Brandenburg ZErb 2004, 132, 133 f.; OLG Köln ZEV 1999, 110, 111.

291 OLG Köln ZEV 2006, 77, 79.

292 KG OLGR 1999, 19; Staudinger/*Herzog* (2021), § 2314 Rn 288.

293 BeckOGK/*Blum/Heuser*, § 2314 Rn 128.1; MüKo/*Lange*, § 2314 Rn 27; *Bißmaier*, ZEV 1997, 149 f.

294 BGHZ 107, 200, 204; OLG Düsseldorf ZEV 1996, 431 = FamRZ 1997, 58, 60; Staudinger/*Haas* (2006), § 2314 Rn 63; Staudinger/*Herzog* (2021), § 2314 Rn 281; MüKo/*Lange*, § 2314 Rn 22; *Bittler*, in: Mayer/Süß/Riedel/Bittler, HB Pflichtteilsrecht, § 9 Rn 88.

295 OLG Köln ZEV 2006, 77; BeckOGK/*Blum/Heuser*, § 2314 Rn 128.1; Staudinger/*Herzog* (2021), § 2314 Rn 282.

296 OLG Karlsruhe ZEV 2004, 468 f.

297 OLG Karlsruhe ZEV 2004, 468, 469; OLG Köln ZEV 2006, 77, 78 f.; vgl. auch LG Tübingen, ZEV 2011, 380, 382; Staudinger/*Herzog* (2021), § 2314 Rn 281; *Bittler*, in: Mayer/Süß/Riedel/Bittler, HB Pflichtteilsrecht, § 9 Rn 97; BeckOGK/*Blum/Heuser*, § 2314 Rn 122.

298 Vgl. hierzu OLG Köln ZEV 2018, 412; OLG Karlsruhe ZEV 2004, 468, 469.

299 BeckOGK/*Blum/Heuser*, § 2314 Rn 126.

300 BeckOGK/*Blum/Heuser*, § 2314 Rn 114.

301 BGH NJW 2019, 234, 237; BGHZ 89, 24, 29 f.; ebenso OLG Schleswig ZErb 2006, 417 f.; OLG Frankfurt ZEV 2012, 425; OLG Schleswig ZEV 2012, 168; OLG Schleswig ZErb 2007, 277, 278; OLG Köln ZEV 2008, 383, 384; Staudinger/*Herzog* (2021), § 2314 Rn 278.

302 Vgl. hierzu BGH ErbR 2013, 216; BeckOGK/*Blum/Heuser*, § 2314 Rn 114.1 ff.; Staudinger/*Herzog* (2021), § 2314 Rn 273 ff.; MüKo/*Lange*, § 2314 Rn 28.

303 BGH NJW 2002, 2469, 2470; BGH NJW-RR 1993, 2737.

304 Staudinger/*Haas* (2006), § 2314 Rn 71; vgl. hierzu auch BGH NJW 1986, 127; Staudinger/*Herzog* (2021), § 2314 Rn 271.

Das Gutachten muss sich auf den Verkehrswert des Nachlassvermögens zum Stichtag beziehen.[305] Soweit mehrere Bewertungsmethoden in Betracht kommen, hat sich der Gutachter mit diesen auseinanderzusetzen und die Ergebnisse ggf. alternativ darzustellen.[306] Bei der Bewertung von Gegenständen des fiktiven Nachlasses ist, soweit es sich um **nichtverbrauchbare Sachen** handelt, das Niederstwertprinzip zu beachten.[307] Das bedeutet aber nicht, dass der Pflichtteilsberechtigte Anspruch auf die Ermittlung zweier Werte (zum Todeszeitpunkt und zum Zeitpunkt der Schenkung) hat, denn hinsichtlich des Werts zum Zeitpunkt der Schenkung ist ausschließlich der Erbe beweispflichtig;[308] für den Pflichtteilsberechtigten kommt es nur auf den Wert im Zeitpunkt des Erbfalls an. Vor diesem Hintergrund fehlt ihm für eine Wertermittlung auf einen früheren Zeitpunkt regelmäßig ein schutzwürdiges Interesse.[309] Praktisch wirkt sich dieser Gesichtspunkt aber kaum aus, da es ohnehin im Interesse des Erben liegen wird, einen niedrigeren Wert zum Zeitpunkt der Schenkung zu dokumentieren, gleichgültig ob insoweit ein Anspruch des Pflichtteilsberechtigten besteht oder nicht.

IV. Schuldner und Reichweite der Auskunfts- und Wertermittlungsverpflichtung

1. Person des Auskunftsschuldners

52 Schuldner des Auskunftsanspruchs ist gem. § 2314 BGB der Erbe,[310] Miterben als Gesamtschuldner.[311] Erfolgt die Auskunftserteilung durch einen Miterben i.A. der übrigen, müssen Letztere evt. Mängel nach den Grundsätzen des § 260 Abs. 2 BGB wie **selbstverschuldete Mängel** gegen sich gelten lassen,[312] so dass alle zur Abgabe einer eidesstattlichen Versicherung verpflichtet bzw. gezwungen werden können.[313] Im Fall einer Vor- und Nacherbschaft ist bis zum Eintritt des Nacherbfalls allein der Vorerbe Erbe und als solcher auch allein zur Auskunft verpflichtet.[314] Ab Eintritt des Nacherbfalls ist auch der Nacherbe verpflichtet.[315] Hat der Erblasser Testamentsvollstreckung angeordnet, stellt § 2213 Abs. 1 S. 3 BGB klar, dass der Auskunftsanspruch nicht gegenüber dem Testamentsvollstrecker geltend gemacht werden kann.[316] Dem Erben steht aber in dieser Situation gegenüber dem **Testamentsvollstrecker** gem. § 2215 BGB ein eigener Auskunftsanspruch zu, durch dessen Verwirklichung er sich

---

305 Staudinger/*Herzog* (2021), § 2314 Rn 285.

306 Staudinger/*Herzog* (2021), § 2314 Rn 288a.

307 BGHZ 107, 200, 202; OLG Brandenburg FamRZ 1998, 1265, 1266; BeckOGK/*Blum/Heuser*, § 2314 Rn 130; Staudinger/*Herzog* (2021), § 2314 Rn 287.

308 Staudinger/*Herzog* (2021), § 2314 Rn 287.

309 Staudinger/*Herzog* (2021), § 2314 Rn 287.

310 Staudinger/*Herzog* (2021), § 2314 Rn 113; *Bittler*, in: Mayer/Süß/Riedel/Bittler, HB Pflichtteilsrecht, § 9 Rn 9. Das gilt selbstverständlich auch für eine vom Erblasser lebzeitig errichtete und zur Alleinerbin eingesetzte Stiftung, vgl. OLG Karlsruhe ZEV 2004, 470 f.

311 *Sarres*, ZEV 1998, 4; Staudinger/*Herzog* (2021), § 2314 Rn 114; BeckOGK/*Blum/Heuser*, § 2314 Rn 27; Soergel/*Beck*, § 2314 Rn 10; *Bittler*, in: Mayer/Süß/Riedel/Bittler, HB Pflichtteilsrecht, § 9 Rn 9.

312 Staudinger/*Herzog* (2021), § 2314 Rn 115; *Bittler*, in: Mayer/Süß/Riedel/Bittler, HB Pflichtteilsrecht, § 9 Rn 9; so i.E. auch RGZ 129, 239, 246.

313 RGZ 129, 239, 246; MüKo/*Lange*, § 2314 Rn 74; Staudinger/*Herzog* (2021), § 2314 Rn 115.

314 MüKo/*Lange*, § 2314 Rn 74; *Bittler*, in: Mayer/Süß/Riedel/Bittler, HB Pflichtteilsrecht, § 9 Rn 9.

315 DIV-Gutachten, ZfJ 1989, 385; Staudinger/*Herzog* (2021), § 2314 Rn 116; BeckOGK/*Blum/Heuser*, § 2314 Rn 31.4.

316 RGZ 50, 224, 225; RGRK/*Johannsen*, § 2314 Rn 13; BeckOGK/*Blum/Heuser*, § 2314 Rn 31.1; Grüneberg/*Weidlich*, § 2314 Rn 4; Staudinger/*Herzog* (2021), § 2314 Rn 18; MüKo/*Lange*, § 2314 Rn 74; *Bittler*, in: Mayer/Süß/Riedel/Bittler, HB Pflichtteilsrecht, § 9 Rn 10.

in die Lage versetzen kann, seine Verpflichtung zu erfüllen.[317] Der Testamentsvollstrecker ist verpflichtet, den Erben bei der Auskunftserteilung zu unterstützen.[318] Der Erbe kann sich auch das Verzeichnis des Testamentsvollstreckers gegenüber dem Pflichtteilsberechtigten zu eigen machen (das gilt in gleicher Weise auch für Verzeichnisse des Nachlassverwalters nach § 2012 BGB oder des Nachlasspflegers nach §§ 1890, 1960, 1965 BGB).[319] Die geschilderte Aufgabenverteilung trägt auch dem Grundsatz, dass es sich insoweit um eine persönliche Verpflichtung des Erben handelt,[320] Rechnung.[321] Aus diesem Grunde kann der Anspruch auch nach Eröffnung eines Nachlassinsolvenzverfahrens[322] oder einer Nachlassverwaltung[323] noch gegenüber dem Erben persönlich geltend gemacht werden.[324] Die Verpflichtung ist, wie gesagt, persönlich und nicht aus dem Nachlass zu erfüllen.[325] Im Falle der Nachlassinsolvenz ist allerdings neben dem Erben auch der Nachlasspfleger auskunftspflichtig (§ 2012 Abs. 2 BGB).[326]

Kommt der Erbe seinen Verpflichtungen aus § 2314 BGB nicht oder nicht vollständig 53 bzw. mangelhaft nach und verstirbt er (selbst) vor vollständiger Erfüllung, fallen seine Verpflichtungen als Nachlassverbindlichkeiten (§ 1967 BGB) in seinen Nachlass und sind – soweit unverjährt – von seinen Erben zu erfüllen.[327]

Bei lebzeitigen Vermögensabflüssen an Dritte i.S.d. § 2325 BGB kann in über den 54 Wortlaut des § 2314 BGB hinausgehender Auslegung auch der vom Erblasser beschenkte Nichterbe zur Auskunft über das ihm zugewendete Geschenk verpflichtet sein.[328] Dies gilt vor allem dann, wenn der Erbe – wie dies in der Praxis häufig der Fall ist – selbst keine eigene Kenntnis von den lebzeitigen Verfügungen des Erblassers hat und sich diese auch nicht ohne weiteres beschaffen kann und der Beschenkte gem. § 2329 BGB für den Pflichtteilsergänzungsanspruch haftet.[329] Soweit eine Haftung des Beschenkten nach § 2329 BGB ausgeschlossen ist, wird man ihm aber dennoch eine Auskunftsverpflichtung in analoger Anwendung des § 2314 BGB (bzw. § 242 BGB) zumuten können.[330] Dessen ungeachtet lehnt der BGH zu Recht einen Wertermittlungsanspruch gegen den Beschenkten auf Kosten des (fiktiven) Nachlasses ab.[331] In diesem Fall kommt nur ein Auskunftsanspruch gem. § 242 BGB in Betracht, dem

---

317 Staudinger/*Herzog* (2021), § 2314 Rn 118; *Bittler*, in: Mayer/Süß/Riedel/Bittler, HB Pflichtteilsrecht, § 9 Rn 10.

318 RGZ 50, 224, 225; *Sarres*, ZEV 1998, 4; *Edenfeld*, ZErb 2005, 346, 347; MüKo/*Lange*, § 2314 Rn 74.

319 Vgl. Staudinger/*Herzog* (2021), § 2314 Rn 119.

320 OLG Celle JZ 1960, 375; *Bittler*, in: Mayer/Süß/Riedel/Bittler, HB Pflichtteilsrecht, § 9 Rn 10.

321 *Sarres*, ZEV 1998, 4.

322 RG BayZ 20, 78; Staudinger/*Herzog* (2021), § 2314 Rn 117; vgl. auch *Bittler*, in: Mayer/Süß/Riedel/Bittler, HB Pflichtteilsrecht, § 9 Rn 10.

323 OLG Celle MDR 1960, 402.

324 OLG Celle JZ 1960, 375.

325 *Sarres*, ZEV 1998, 4; MüKo/*Lange*, § 2314 Rn 74.

326 MüKo/*Lange*, § 2314 Rn 74; a.A.: *Tegelkamp/Krüger*, ZErb 2011, 33, 34; BeckOGK/*Blum/Heuser*, § 2314 Rn 31.2.

327 OLG München EE 2011, 44; MüKo/*Lange*, § 2314 Rn 74; Staudinger/*Herzog* (2021), § 2314 Rn 113.

328 BGHZ 55, 378, 379; BGHZ 89, 24, 27; BGHZ 107, 200, 201; BGH NJW 1973, 1876, 1877; BGH WM 1985, 1346, 1347; BGH NJW 1981, 2051, 2052; *Nieder*, ZErb 2004, 60, 61; *Kuchinke*, JZ 1990, 652, 653; Staudinger/*Herzog* (2021), § 2314 Rn 120.

329 A.A. *Dieckmann*, NJW 1988, 1809, 1813; Staudinger/*Haas* (2006), § 2314 Rn 34, die der Auffassung sind, die Ansprüche gegen den Erben u. gegen den Beschenkten stünden grundsätzlich gleichberechtigt nebeneinander u. wiesen lediglich faktisch ein Subsidiaritätsverhältnis auf.

330 Staudinger/*Herzog* (2021), § 2314 Rn 121.

331 BGH NJW 1989, 2887; vgl. auch BeckOGK/*Blum/Heuser*, § 2314 Rn 136.1; Staudinger/*Herzog* (2021), § 2314 Rn 293.

zufolge der Beschenkte verpflichtet ist, eine Wertermittlung durch den Pflichtteilsberechtigten (bzw. einen von diesem beauftragten Sachverständigen) zu dulden.[332]

55 Im Übrigen ist darauf hinzuweisen, dass der Beschenkte unter keinen Umständen zur Kostentragung verpflichtet ist; somit bleibt es ihm erspart, dass das Geschenk (teilweise) durch die Kosten der Wertermittlung aufgezehrt wird.[333]

2. Pflicht zur Kenntnisverschaffung

56 Der Auskunftsschuldner ist verpflichtet, den Anspruch des Berechtigten vollständig zu erfüllen. Soweit er selbst nicht über die hierzu erforderlichen Kenntnisse verfügt, ist er daher auch verpflichtet, sich die **benötigten Informationen** – i.R.d. Zumutbaren – zu verschaffen.[334] Von eigenen Auskunftsansprüchen gegenüber Dritten, z.B. gem. § 666 BGB muss er auf jeden Fall Gebrauch machen und diese erforderlichenfalls auch (gerichtlich) durchsetzen.[335] Dies gilt auch gegenüber Kreditinstituten,[336] und zwar insbesondere auch in Fällen, in denen das Kreditinstitut dem Erblasser bei der Ausführung einer lebzeitigen Zuwendung behilflich war. Denn hier geht das Interesse des Erben an der Informationserlangung dem Interesse des Begünstigten an der Wahrung des Bankgeheimnisses vor.[337]

Im Übrigen soll die Möglichkeit bestehen, Auskunftsansprüche gegen Dritte an den Pflichtteilsberechtigten abzutreten und diesem selbst die Durchsetzung zu überlassen.[338] Dieser Ansicht kann aber im Ergebnis nicht zugestimmt werden. Der Auskunftsanspruch ist nämlich auf die Verschaffung der geschuldeten Informationen selbst gerichtet, nicht auf die Einräumung der Möglichkeit, sich diese Informationen durch eigenes Handeln zu beschaffen.[339] Die bloße Abtretung von Auskunftsansprüchen reicht daher nicht aus, dies umso mehr, als zur erfolgreichen Durchsetzung zumeist weitere Kenntnisse des zugrunde liegenden Sachverhalts benötigt werden, über die der Pflichtteilsberechtigte – oft anders als der Erbe – gar nicht verfügt. Neben der Abtretung des Auskunftsanspruchs wäre also wenigstens auch die Weitergabe aller zur Durchsetzung desselben erforderlichen Kenntnisse an den Pflichtteilsberechtigten nötig. Darüber hinaus müssen natürlich die mit der Anspruchsdurchsetzung verbundenen Kosten zu Lasten des Nachlasses gehen.[340]

57 Probleme im Zusammenhang mit der **Informationsbeschaffung** bzw. deren Vorlage treten häufiger bei gesellschaftsrechtlichen Beteiligungen des Erblassers auf, da der Erbe i.d.R. nur nach vorheriger Zustimmung der Mitgesellschafter berechtigt ist, den Gesellschaftsvertrag oder andere benötigte Dokumente weiterzugeben. In diesen Fäl-

---

332 Staudinger/*Herzog* (2021), § 2314 Rn 293; *Bittler*, in: Mayer/Süß/Riedel/Bittler, HB Pflichtteilsrecht, § 9 Rn 89 f.

333 BGH NJW 1989, 2887, 2888; MüKo/*Lange*, § 2314 Rn 75; Staudinger/*Herzog* (2021), § 2314 Rn 393.

334 BGH NJW 2020, 2187; BGH ErbR 2022, 609; BGHZ 107, 104, 108; OLG Brandenburg FamRZ 1998, 180, 181; OLG Frankfurt v. 24.7.2012 – 11 U 117/10, BeckRS 2012, 20979; *Nieder*, ZErb 2004, 60, 62; *Edenfeld*, ZErb 2005, 346, 349; *Kuchinke*, JZ 1990, 652, 653; Staudinger/*Herzog* (2021), § 2314 Rn 67; BeckOGK/*Blum/Heuser*, § 2314 Rn 9; *Horn*, in: MAH Erbrecht, § 29 Rn 347; *Kerscher/Riedel/Lenz*, Pflichtteilsrecht, § 11 Rn 35.

335 Staudinger/*Herzog* (2021), § 2314 Rn 67.

336 BGH NJW 1989, 1601; Staudinger/*Herzog* (2021), § 2314 Rn 67; *Horn*, in: MAH Erbrecht, § 29 Rn 347.

337 BGH FamRZ 1990, 41; MüKo/*Lange*, § 2314 Rn 15; Staudinger/*Herzog* (2021), § 2314 Rn 67.

338 BGHZ 107, 104, 108; OLG Bremen OLGR 2001, 201; Staudinger/*Bittner* (2001), § 260 Rn 40; Staudinger/*Haas* (2006), § 2314 Rn 17; *Bittler*, in: Mayer/Süß/Riedel/Bittler, HB Pflichtteilsrecht, § 9 Rn 18.

339 Staudinger/*Herzog* (2021), § 2314 Rn 76.

340 Staudinger/*Herzog* (2021), § 2314 Rn 76; so auch Staudinger/*Haas* (2006), § 2314 Rn 17.

len muss der Auskunftsverpflichtete die übrigen Beteiligten ggf. auf Zustimmung verklagen.[341] Ähnlich ist die Situation, wenn Bestandteil des zu beurteilenden Nachlasses ein anderer, also ein sog. **Zweitnachlass** ist. Teilweise ist der Auskunftsverpflichtete hier zwar in der Lage, sich auch ohne Mitwirkung der übrigen Miterben – des Zweitnachlasses – zu informieren (dann muss er dies auch tun u. die Informationen an den Berechtigten weitergeben),[342] teilweise kann er aber auch auf deren Mitwirkung angewiesen sein. Diese sind zur Mitwirkung verpflichtet.[343] Im Falle ihrer Weigerung der Miterben verpflichtet, deren Mitwirkung gerichtlich zu erzwingen.[344] In diesem Zusammenhang sei auch erwähnt, dass die kontoführende Bank sich bei entsprechenden Nachfragen des Erben nach lebzeitigen Vermögensverschiebungen des Erblassers nicht auf ihr „Bankgeheimnis" berufen kann.[345] Der Erbe hat insoweit Anspruch auf Erteilung der entsprechenden Auskünfte, so dass er durchaus in der Lage ist, den Auskunftsanspruch des Berechtigten zu erfüllen.[346]

V. Kostentragung

Die mit der Auskunftserteilung verbundenen Kosten sind Nachlassverbindlichkeiten.[347] Dies gilt sowohl für die Kosten der Erstellung des bzw. der Verzeichnisse, der Zuziehung des Auskunftsberechtigten oder/und seines Beistandes[348] als auch für die **Kosten** der Wertermittlung.[349] Sie sind daher bei der Bestimmung des Passivbestandes anzusetzen, so dass auch der Pflichtteilsberechtigte mittelbar in Höhe seiner Quote an ihnen beteiligt ist.[350] 58

Soweit (ausnahmsweise) der (reale) Nachlass die Kosten der Auskunft bzw. vor allem der Wertermittlung nicht deckt, also dürftig (i.S.v. § 1990 Abs. 1 S. 1 BGB) ist, muss der Erbe nur leisten,[351] wenn der Pflichtteilsberechtigte die Kosten trägt.[352] 59

Eine weitere Ausnahme kann für den Fall der Bewertung eines verschenkten Gegenstandes bestehen, wenn der Nachlass (Erbe) ausnahmsweise nicht haftet (§ 2329), vgl. Rdn 54.

Eine Sonderregelung besteht in Form des § 261 Abs. 3 BGB für die eidesstattliche Versicherung, deren Kosten der Auskunftsberechtigte zu tragen hat.[353] § 261 Abs. 3 BGB bezieht sich aber ausschließlich auf die mit der Abgabe der Versicherung als solcher verbundenen Kosten, nicht etwa auf den Aufwand zur (prozessualen) Durchsetzung des Anspruchs, der im Unterliegensfall dem Beklagten zur Last fällt.[354] 60

341 RG DR 1940, 1635; Staudinger/*Herzog* (2021), § 2314 Rn 71; MüKo/*Lange*, § 2314 Rn 13.

342 Vgl. BGH BGHR ZPO § 3 Rechtsmittelinteresse 33; RGZ 72, 379, 381; *Lange/Kuchinke*, § 37 XI 6 b; Staudinger/*Herzog* (2021), § 2314 Rn 68; MüKo/*Lange*, § 2314 Rn 18.

343 RGZ 72, 379, 381; MüKo/*Lange*, § 2314 Rn 18.

344 Staudinger/*Herzog* (2021), § 2314 Rn 68.

345 BGHZ 107, 104, 107 ff. = FamRZ 1990, 41 = JZ 1990, 650 m. Anm. *Kuchinke*, S. 653 f.

346 Staudinger/*Herzog* (2021), § 2314 Rn 72 m.w.N.

347 Staudinger/*Herzog* (2021), § 2314 Rn 8; vgl. auch *Becker/Horn*, ZEV 2007, 62.

348 OLG München Rpfleger 1997, 453; Staudinger/*Herzog* (2021), § 2314 Rn 310.

349 Staudinger/*Herzog* (2021), § 2314 Rn 8. Nur wenn der Nachlass offensichtlich wertlos ist, kann der Verpflichtete die Wertermittlung auf seine Kosten verweigern, vgl. BGH NJW 1989, 2287.

350 BGH NJW 1969, 436.

351 Zum notariellen Nachlassverzeichnis OLG Thüringen ErbR 2019, 717; OLG München ZEV 2017, 460; OLG Schleswig ZEV 2011, 31; MüKo/*Lange*, § 2314 Rn 61; Grüneberg/*Weidlich*, § 2314 Rn 18.

352 OLG München ZEV 2017, 460; Staudinger/*Herzog* (2021), § 2314 Rn 235; BeckOGK/*Blum/Heuser*, § 2314 Rn 144.

353 Staudinger/*Herzog* (2021), § 2314 Rn 313.

354 Staudinger/*Herzog* (2021), § 2314 Rn 313; BeckOK BGB/*Müller-Engels*, § 2314 Rn 35.

VI. Verjährung

61 Die eigentliche Verjährungsfrist für die Ansprüche aus § 2314 BGB richtet sich seit der Erbrechtsreform nach den allgemeinen Vorschriften der §§ 195, 199 BGB.[355] Demzufolge beginnt die Verjährungsfrist, wenn der Anspruch entstanden ist (§ 199 Abs. 1 Nr. 1 BGB) und der Gläubiger von den anspruchsbegründenden Umständen sowie der Person des Schuldners Kenntnis erlangt hat oder ohne grobe Fahrlässigkeit hätte erlangen müssen (§ 199 Abs. 1 Nr. 2 BGB). Wegen weiterer Details vgl. § 2303 Rdn 43.

62 Im Hinblick auf § 2314 BGB ist hervorzuheben, dass die Unkenntnis über die Nachlasszugehörigkeit einzelner Gegenstände im Regelfall nicht zu einer Verlängerung der Verjährungsfrist – weder hinsichtlich des Auskunftsanspruchs noch hinsichtlich des eigentlichen Pflichtteilsanspruchs – führt. Dies gilt jedenfalls dann, wenn der Pflichtteilsberechtigte es versäumt, binnen der dreijährigen Verjährungsfrist ein Bestandsverzeichnis nach § 2314 BGB zu verlangen. Denn in diesem Fall ist ihm hinsichtlich der Unkenntnis vom Bestand des Nachlasses grobe Fahrlässigkeit i.S.v. § 199 Abs. 1 Nr. 2 BGB vorzuwerfen.[356]

63 Nach Ansicht des BGH[357] ist die Verjährung des Auskunftsanspruchs nach § 2314 BGB aber in bestimmten Fällen losgelöst von der **Verjährung** des Pflichtteilsanspruchs an sich zu betrachten. Dies gilt zum einen für den Auskunftsanspruch gegen den Beschenkten, wenn der Zahlungsanspruch wegen § 2332 Abs. 1 BGB bereits verjährt ist, der Auskunftsanspruch aber wegen späteren Fristbeginns (kenntnisabhängig) noch nicht.[358]

Ist die Verjährung nach § 2332 BGB aber bereits eingetreten, kann der Auskunftsanspruch (unabhängig von der Frage der Verjährung) aber ohnehin nur noch verfolgt werden, wenn hierfür nach wie vor ein Bedürfnis besteht, der Pflichtteilsberechtigte also ein objektives Informationsbedürfnis nachweisen kann.[359] Dies ist bspw. dann der Fall, wenn der Pflichtteilsberechtigte einen Pflichtteilsergänzungsanspruch gegen den Beschenkten geltend machen will (§ 2329 BGB) oder wenn es um die Bezifferung eines Regressanspruchs gegen einen Anwalt[360] oder sonstigen Berater geht. Hingewiesen sei an dieser Stelle auch darauf, dass die Erhebung (nur) einer Auskunftsklage auf die Verjährung des eigentlichen Pflichtteilsanspruchs grundsätzlich keine Auswirkungen hat.[361]

VII. Recht auf Einsicht in Register und Akten

1. Einsicht in die Nachlassakte

64 Gemäß §§ 13 Abs. 1, 357 FamFG hat jeder Beteiligte ein Recht auf Einsicht in die Nachlassakte. In den Fällen, in denen der Pflichtteilsberechtigte aber nicht am nach-

---

355 MüKo/*Lange*, § 2314 Rn 91; früher war umstritten, ob es sich bei Auskunftsansprüchen nach § 2314 BGB bzw. nach § 242 BGB (analog) um erbrechtliche Ansprüche i.S.v. § 197 Abs. 1 Nr. 2 BGB a.F. handelte; dafür: BGH ZErb 2007, 260; *Bonefeld*, ZErb 2003, 247, 248 f.; Staudinger/*Herzog* (2021), § 2314 Rn 314; BeckOGK/*Blum/Heuser*, § 2314 Rn 108; *Kasper*, in: Schlitt/Müller-Engels, Handbuch Pflichtteilsrecht, § 9 Rn 41; *Sarres*, ZEV 2002, 96 f.; dagegen: *Baldus*, FamRZ 2003, 308; *Baldus/Roland*, ZEV 2006, 318; *Otte*, ZEV 2002, 500 f.

356 Vgl. MüKo/*Lange*, § 2314 Rn 91.

357 BGH NJW 1985, 384, 385.

358 Staudinger/*Herzog* (2021), § 2314 Rn 315.

359 BGH NJW 1985, 384, 385; OLG Hamm NJW-RR 1986, 166, 167; OLG Köln NJW-RR 1992, 8; Staudinger/*Herzog* (2021), § 2314 Rn 317; *Kerscher/Riedel/Lenz*, Pflichtteilsrecht, § 12 Rn 22.

360 Soergel/*Beck*, § 2314 Rn 22; *Kerscher/Riedel/Lenz*, Pflichtteilsrecht, § 12 Rn 21.

361 RGZ 113, 234, 239; RG JW 1927, 1206; BGH NJW 1975, 1409, 1410; OLG Koblenz FamRZ 2003, 193, 194; LG Bonn FamRZ 1991, 494, 495; OLG Zweibrücken FamRZ 1969, 230, 231; Staudinger/*Herzog* (2021), § 2314 Rn 317.

lassgerichtlichen Verfahren beteiligt ist, kann ihm dennoch nach § 13 Abs. 2 FamFG ein berechtigtes Interesse zustehen. Der Begriff ist gesetzlich nicht definiert und nach einhelliger Meinung weit zu fassen. Es genügt, wenn die Kenntnis des Akteninhalts für die Entscheidung über das künftige Handeln des Pflichtteilsberechtigten relevant ist.[362] Das berechtigte Interesse ist grundsätzlich glaubhaft zu machen.[363] Im Falle des Pflichtteilsberechtigten erklärt sich dessen Interesse aber mehr oder weniger von selbst. Ihm steht daher grundsätzlich ein Recht auf Einsichtnahme in die Nachlassakte bzw. die Erteilung von Abschriften der maßgeblichen Unterlagen, insbesondere eines Nachlassverzeichnisses,[364] zu.[365]

2. Einsicht in Grundbuch und Handelsregister

In aller Regel hat der Pflichtteilsberechtigte ein erhebliches Interesse daran, die ihm vom auskunftsverpflichteten Erben oder Beschenkten gemachten Angaben möglichst aus eigenen Erkenntnisquellen zu verifizieren bzw. auf ihre Vollständigkeit zu überprüfen. In diesem Zusammenhang kann eine Einsicht in das Grundbuch äußerst wertvoll sein, da sie nicht nur über den Umfang des Grundbesitzes im Zeitpunkt des Erbfalls sondern auch über zeitnahe Grundstücksverkäufe Aufschluss geben kann. Voraussetzung für eine Grundbucheinsicht ist gem. § 12 GBO die Darlegung eines berechtigten Interesses.[366] Dies gilt nach Maßgabe des § 142 GBO auch für die Grundakten bzw. Schenkungsverträge.[367] 65

Am Vorliegen eines solchen berechtigten Interesses ist – jedenfalls nach Eintritt des Erbfalls[368] – in der Person des Pflichtteilsberechtigten nicht zu zweifeln.[369] Dies gilt auch, wenn der Erblasser vor seinem Tod eine Immobilie an einen Dritten übertragen hat[370] bzw. wenn die Einsicht in das Grundbuch gerade dazu dienen soll zu klären, ob solche Übertragungen (die Pflichtteilsergänzungsansprüche begründen können) stattgefunden haben.[371] Besonders wertvoll ist die Einsicht in das Grundbuch dann, wenn sich aus den bei den Grundakten befindlichen Übertragungsverträgen der tatsächliche Verkehrswert ableiten lässt. Kein Einsichtsrecht soll aber bestehen, wenn der 66

---

362 Vgl. LG Bayreuth Rpfleger 1990, 258; Staudinger/*Herzog* (2021), § 2314 Rn 242. Hierzu wird auch vertreten, dass ein berechtigtes Interesse jeder hat, der von Gesetzes wegen zum Erben berufen wäre, vgl. BeckOGK/*Blum/Heuser*, § 2314 Rn 94, was auf den Pflichtteilsberechtigten stets zutrifft.

363 Staudinger/*Herzog* (2021), § 2314 Rn 242; *Bittler*, in: Mayer/Süß/Riedel/Bittler, HB Pflichtteilsrecht, § 9 Rn 82; *Bartsch*, ZErb 2004, 80.

364 LG Erfurt Rpfleger 1997, 115; DIV Gutachten, ZfJ 1992, 533, 534.

365 Staudinger/*Herzog* (2021), § 2314 Rn 242; *Schönenberg-Wessel*, NotBZ 2018, 204, 212.

366 Staudinger/*Herzog* (2021), § 2314 Rn 242; BeckOGK/*Blum/Heuser*, § 2314 Rn 92; vgl. zum Ganzen auch *Sarres*, ZEV 2012, 294 ff.

367 OLG Zweibrücken NJW-RR 2020, 1341; BeckOGK/*Blum/Heuser*, § 2314 Rn 92; *Hölscher*, ErbR 2019, 398.

368 Vor dem Erbfall wird dieses Interesse verneint, vgl. BayObLG FGPrax 1998, 90; OLG Düsseldorf FGPrax 1997, 90.

369 OLG Zweibrücken NJW-RR 2020, 1341; OLG München ZErb 2013, 8; OLG Karlsruhe ZEV 2013, 621; OLG Düsseldorf ZEV 2014, 218; OLG Düsseldorf ZEV 2011, 44; KG ZEV 2004, 338, 339; LG Stuttgart ZEV 2005, 313 m. Anm. *Damrau*; MüKo/*Lange*, § 2314 Rn 9; Staudinger/*Herzog* (2021), § 2314 Rn 244; BeckOGK/*Blum/Heuser*, § 2314 Rn 92; *Hölscher*, ErbR 2019, 398.

370 OLG Karlsruhe MittBayNot 2014, 154; es besteht auch ein Anspruch auf eine Kopie des Kaufvertrages; ebenso OLG Zweibrücken NJW-RR 2020, 1341; *Hölscher*, ErbR 2019, 398.

371 OLG München ZErb 2013, 8; OLG Karlsruhe ZEV 2013, 621; OLG Düsseldorf ZEV 2014, 218; OLG Düsseldorf ZEV 2011, 44; KG ZEV 2004, 338, 339; LG Stuttgart ZEV 2005, 313 m. Anm. *Damrau*; MüKo/*Lange*, § 2314 Rn 16; Staudinger/*Herzog* (2021), § 2314 Rn 244; BeckOGK/*Blum/Heuser*, § 2314 Rn 92.

Erblasser nie im Grundbuch eingetragen war[372] oder wenn der Erbfall bereits solange zurückliegt, dass (unverjährte) Pflichtteilsansprüche ausgeschlossen sind.[373]

67 Ebenso wie hinsichtlich des Grundbuchs stellt sich die Lage im Ergebnis auch bezüglich der Einsicht in das Handelsregister bzw. Unternehmensregister dar. Auch hier steht dem Pflichtteilsberechtigten (wie jedermann, § 9 Abs. 1 S. 1 HGB) ein Einsichtsrecht zu.[374]

3. Einsicht in die Betreuungsakte

68 Der Pflichtteilsberechtigte hat grundsätzlich ein berechtigtes Interesse i.S.v. § 13 Abs. 2 FamFG und damit ein Recht auf Einsicht in die Betreuungsakte des Erblassers.[375] Nach § 13 Abs. 2 FamFG steht auch Personen, die – aus welchen Gründen auch immer – am Betreuungsverfahren nicht beteiligt sind, ein Recht auf Einsicht in die Betreuungsakten zu, soweit sie ein berechtigtes Interesse glaubhaft machen und schutzwürdige Interessen eines Beteiligten oder eines Dritten nicht entgegenstehen. Ein berechtigtes Interesse ist, wie bereits erwähnt, insbesondere dann gegeben, wenn ein künftiges Verhalten des jeweiligen Antragstellers durch die Aktenkenntnis beeinflusst sein kann, wobei das Interesse grundsätzlich nicht durch den Verfahrensgegenstand begrenzt wird.[376]

69 Dass die vorzulegenden Aktenbestandteile (teilweise) mit einer anderen Zweckrichtung zu den Gerichtsakten gelangt sind, steht einem berechtigten Interesse des Pflichtteilsberechtigten nicht entgegen.[377] Gleiches gilt sowohl für den dem Erben gegenüber bestehenden Auskunftsanspruch nach § 2314 BGB. Das berechtigte Interesse wird nämlich grundsätzlich nicht dadurch ausgeschlossen, dass die betreffenden Informationen auch auf andere Weise beschafft werden können.[378]

D. Verfahrensfragen und Prozesstaktik

I. Geltendmachung der Ansprüche aus § 2314 BGB

70 Der Pflichtteilsberechtigte kann die ihm aus § 2314 BGB zustehenden Ansprüche im Falle der Weigerung des Erben gerichtlich geltend machen und Auskunftsklage (Leistungsklage) erheben. Der Antrag auf Wertermittlung muss die Nachlassgegenstände, deren Wert durch Gutachten festgestellt werden soll, genau bezeichnen.[379] Der Kläger (Pflichtteilsberechtigte) hat zu beweisen, dass er zum Kreis der pflichtteilsberechtigten Personen gehört (nicht das Bestehen eines konkreten Pflichtteilsanspruchs).[380] Gegenstand des Verfahrens ist im Falle der reinen Auskunftsklage jeweils der isolierte Anspruch aus § 2314 BGB. Sinnvoller ist es jedoch zumeist, dass der Pflichtteilsberechtigte seine Ansprüche im Wege der **Stufenklage**, § 254 ZPO,[381] ver-

372 OLG München DNotZ 2011, 915; MüKo/*Lange*, § 2314 Rn 16.

373 OLG München ZEV 2011, 388 f.

374 Staudinger/*Herzog* (2021), § 2314 Rn 246; BeckOGK/*Blum/Heuser*, § 2314 Rn 93; *Schönenberg-Wessel*, NotBZ 2018, 204, 212.

375 LG Mainz ZEV 2018, 417; BeckOGK/*Blum/Heuser*, § 2314 Rn 95; zweifelnd Burandt/Rojahn/*Horn*, Erbrecht, § 2314 Rn 80; *Hölscher*, ErbR 2019, 398; *Dodegge*, NJW 2018, 2678.

376 OLG Stuttgart FGPrax 2011, 263, 263 m.w.N.; Staudinger/*Herzog* (2021), § 2314 Rn 243.

377 OLG Jena NJW-RR 2012, 139 m.w.N.

378 BGH NJW-RR 1994, 381, 382; OLG Jena NJW-RR 2012, 139, 140 m.w.N.; Staudinger/*Herzog* (2021), § 2314 Rn 243.

379 OLG Köln ZErb 2008, 383 f.; *Hölscher*, in: Mayer/Süß/Riedel/Bittler, HB Pflichtteilsrecht, § 13 Rn 192.

380 MüKo/*Lange*, § 2314 Rn 49; *Hölscher*, in: Mayer/Süß/Riedel/Bittler, HB Pflichtteilsrecht, § 13 Rn 194.

381 Formulierungsbsp. vgl. z.B. *Hölscher*, in: Mayer/Süß/Riedel/Bittler, HB Pflichtteilsrecht, § 13 Rn 229.

folgt. Hierbei handelt es sich um einen Fall der objektiven Klagehäufung. I.d.R. werden drei oder vier Stufen unterschieden:[382]

71 In der ersten Stufe begehrt der Pflichtteilsberechtigte Auskunft über den Bestand und die Zusammensetzung des Nachlasses. Die zweite Stufe beinhaltet den bedingten Anspruch auf Abgabe der eidesstattlichen Versicherung (§ 260 Abs. 2 BGB), die dritte den auf Vorlage der für die Wertermittlung erforderlichen Informationen und Unterlagen bzw. die Wertermittlung selbst auf Kosten des Nachlasses. In der vierten Stufe wird auf Zahlung des sich auf der Grundlage der gewonnenen Erkenntnisse ergebenden Pflichtteils geklagt. Über die einzelnen Stufen wird gem. § 128 Abs. 1 ZPO jeweils gesondert verhandelt und durch Teilurteil entschieden (§ 301 ZPO). Vorteil der Stufenklage ist, dass im Zeitpunkt der Klageerhebung noch kein bezifferter Zahlungsantrag gestellt werden muss, der Anspruch in der sich später ergebenden Höhe aber dennoch sofort rechtshängig wird,[383] so dass die Verjährung – auch der Ansprüche nach § 2314 BGB[384] – gehemmt wird. Erkennt der Pflichtteilsschuldner den in der ersten Stufe geltend gemachten Auskunftsanspruch sofort an, hat der Pflichtteilsberechtigte ihm die Kosten einer Auskunftsklage zu erstatten.[385]

72 Da es sich bei jeder Art von Auskunftserteilung um eine unvertretbare Handlung handelt, erfolgt die Zwangsvollstreckung nach § 888 ZPO.[386] Auch die Vorlage eines Gutachtens muss erzwungen werden, eine Ersatzvornahme kommt nicht in Betracht.[387]

II. Kosten

73 Für den Streitwert ist bei der Stufenklage – sowohl für die Gerichts- als auch für die Anwaltsgebühren – regelmäßig der Wert des Leistungsanspruchs (also der höchste in Betracht kommende Wert) maßgeblich.[388] Im Regelfall kann bei Klageerhebung der **Streitwert** nur nach § 3 ZPO geschätzt werden. Dabei kommt es zunächst auf den Wert des Auskunftsinteresses des Klägers an. Kann bereits ein Teilleistungsanspruch beziffert werden, ist dieser der Streitwertbemessung zugrunde zu legen und zusätzlich der Wert des Auskunftsinteresses nach § 3 ZPO zu schätzen. Wenn der Zahlungsanspruch endgültig feststeht, bildet dieser nach § 18 GKG die Grundlage der Streitwertfestsetzung.

74 Wird dem Kläger für die Durchführung einer Stufenklage vorbehaltlos **Prozesskostenhilfe** gewährt, bezieht sich dies im Zweifel auf sämtliche Stufen des Verfahrens.[389] Beim Prozesskostenhilfeantrag des Beklagten ist aber zu unterscheiden, ob dieser den Anspruchsgrund (dann Gewährung für alle Stufen) oder ob er lediglich die Anspruchshöhe bestreiten will. Im letzteren Fall besteht für die Stufen der Auskunftserteilung

---

382 Vgl. hierzu auch *Hölscher*, in: Mayer/Süß/Riedel/Bittler, HB Pflichtteilsrecht, § 13 Rn 228 ff.

383 BGH NJW-RR 1995, 513, *Hölscher*, in: Mayer/Süß/Riedel/Bittler, HB Pflichtteilsrecht, § 13 Rn 220.

384 MüKo/*Lange*, § 2314 Rn 45; *Hölscher*, in: Mayer/Süß/Riedel/Bittler, HB Pflichtteilsrecht, § 13 Rn 221.

385 OLG Brandenburg ZErb 2006, 321.

386 OLG Brandenburg FamRZ 1998, 179; OLG Frankfurt NJW-RR 1994, 9; auch, wenn es um die Vorlage eines notariellen Verzeichnisses geht, vgl. OLG Nürnberg ZEV 2010, 417; *Hölscher*, in: Mayer/Süß/Riedel/Bittler, HB Pflichtteilsrecht, § 13 Rn 178.

387 OLG Frankfurt NJW-RR 1994, 9; Grüneberg/*Weidlich*, § 2314 Rn 20; a.A.: OLG Hamm ZEV 2011, 383, 384, das von einer vertretbaren Handlung (§ 887 ZPO) ausgeht; *Schneider*, ZEV 2011, 353, 356; *Hölscher*, in: Mayer/Süß/Riedel/Bittler, HB Pflichtteilsrecht, § 13 Rn 199.

388 OLG Karlsruhe ZEV 2009, 40.

389 OLG Düsseldorf FamRZ 2000, 101; *Hölscher*, in: Mayer/Süß/Riedel/Bittler, HB Pflichtteilsrecht, § 13 Rn 272.

und Wertermittlung kein PKH-Anspruch. Dem Erben ist in diesem Fall zuzumuten, mit seiner Verteidigung bis zur Bezifferung des Zahlungsantrags abzuwarten. Dann ist zu prüfen, ob der Zahlungsanspruch nicht bereits nach dem eigenen Vorbringen des Beklagten besteht.[390] Wegen weiterer Einzelheiten vgl. § 2303 Rdn 50 ff.

E. Querverweise

75 Die im Erb- und Pflichtteilsrecht bestehenden unterschiedlichen Auskunftsansprüche sind gedanklich streng voneinander zu trennen: § 2027 BGB regelt den Auskunftsanspruch des Erben gegenüber dem Erbschaftsbesitzer, § 2028 den Auskunftsanspruch gegenüber dem **Hausgenossen** und § 2057 BGB den Auskunftsanspruch des Abkömmlings gegenüber dem zur Ausgleichung verpflichteten Abkömmling. Aus Abs. 1 S. 1 ergibt sich der Auskunftsanspruch des pflichtteilsberechtigten Nichterben gegenüber dem Erben.[391]

§ 2315 Anrechnung von Zuwendungen auf den Pflichtteil

(1) Der Pflichtteilsberechtigte hat sich auf den Pflichtteil anrechnen zu lassen, was ihm von dem Erblasser durch Rechtsgeschäft unter Lebenden mit der Bestimmung zugewendet worden ist, dass es auf den Pflichtteil angerechnet werden soll.
(2) [1]Der Wert der Zuwendung wird bei der Bestimmung des Pflichtteils dem Nachlass hinzugerechnet. [2]Der Wert bestimmt sich nach der Zeit, zu welcher die Zuwendung erfolgt ist.
(3) Ist der Pflichtteilsberechtigte ein Abkömmling des Erblassers, so findet die Vorschrift des § 2051 Abs. 1 entsprechende Anwendung.

Übersicht: Rdn

A. Allgemeines

1 Die Vorschriften der §§ 2315, 2316 BGB stellen die Ausnahme zu dem Grundsatz des § 2311 BGB dar, wonach **Berechnungsgrundlage** für den ordentlichen Pflichtteil stets der Wert des Nachlasses im Zeitpunkt des Erbfalls ist. Dies hat zur Folge, dass lebzeitige Zuwendungen des Erblassers den ordentlichen Pflichtteil grundsätzlich nicht verringern oder erhöhen können.

2 Bei der **Anrechnung** nach § 2315 BGB muss sich der Pflichtteilsberechtigte einen Vorempfang auf seinen ordentlichen Pflichtteil anrechnen lassen, sofern der Erblasser die Zuwendung mit einer entsprechenden Anrechnungsbestimmung versehen hatte. Es reduziert sich demnach der ordentliche Pflichtteil des Anrechnungspflichtigen um den Vorempfang. Nur der Erbe wird entlastet; auf die Pflichtteilsansprüche weiterer

390 OLG Brandenburg FamRZ 1998, 1177.
391 *Kerscher/Riedel/Lenz*, Pflichtteilsrecht, § 11 Rn 3.

Pflichtteilsberechtigter wirkt sich die Anrechnung nicht aus. Die Ausgleichung nach § 2316 BGB sorgt für einen Ausgleich lebzeitiger Zuwendungen des Erblassers unter den Pflichtteilsberechtigten im Innenverhältnis. Sie hat für den Erben keinerlei Auswirkung, da die Pflichtteilslast (Wert der Summe aller Pflichtteilsansprüche) durch die Ausgleichung weder verringert noch erhöht wird. Es wird die nach §§ 2051 ff. BGB bei gesetzlicher Erbfolge stattfindende Ausgleichung unter Abkömmlingen auf das Pflichtteilsrecht übertragen.

Die Anrechnung hingegen verringert die Pflichtteilslast insgesamt und führt nicht, wie die Ausgleichung, nur zu einer Umverteilung im Innenverhältnis.

Während an der Ausgleichung nach § 2316 BGB nur Abkömmlinge des Erblassers 3 beteiligt sind, ist eine Anrechnung bei **allen** Pflichtteilsberechtigten möglich. Die Ausgleichung erfolgt grundsätzlich kraft Gesetzes; für die Anrechnung ist **immer** eine Anrechnungsbestimmung des Erblassers erforderlich. Die Anrechnungsbestimmung kann formlos erfolgen. Sie kann daher schriftlich, mündlich oder auch stillschweigend erklärt werden.[1]

B. Tatbestand

I. Anrechnungsbestimmung

Die Anrechnungsbestimmung ist eine einseitige, empfangsbedürftige Willenserklä- 4 rung,[2] die der Erblasser **spätestens bei** der **Zuwendung** getroffen haben muss.[3] Sie kann auch vorher für eine oder mehrere später noch folgende Zuwendungen erfolgen.[4] Hat der Erblasser die Anrechnungsbestimmung lediglich in einer letztwilligen Verfügung angeordnet, so genügt dies nicht.[5] Zwar muss die Erklärung gegenüber dem Pflichtteilsberechtigten nicht ausdrücklich erfolgen, sondern kann auch stillschweigend ergehen.[6] Sie muss dem Zuwendungsempfänger aber bewusst werden,[7] d.h., der Erblasser muss sich so verhalten haben, dass für den Pflichtteilsberechtigten spätestens bei Hingabe der Zuwendung deutlich wurde, dass diese mit einer Anrechnungsbestimmung versehen war.[8] Der Pflichtteilsberechtigte muss die Möglichkeit haben, die konkrete, mit dieser Anordnung versehene Zuwendung anzunehmen.[9] Unterlässt es der Erblasser, die Zuwendung mit einer Anrechnungsbestimmung zu versehen, kann er dies später nicht mehr nachholen. Einer späteren Bestimmung muss der Pflichtteilsberechtigte in der für den Pflichtteilsverzicht vorgeschriebenen Form (§§ 2346 Abs. 2, 2348 BGB) zustimmen.[10] Nicht ausreichend ist es, wenn die nachträgliche Anrechnungsbestimmung lediglich privatschriftlich erfolgt. Wegen des erbrechtlichen Typenzwangs handelt es sich bei einer solchen Erklärung nicht um einen wirksamen Vertrag sui generis über die Anrechnungspflicht.[11] Etwas anderes gilt im Hinblick auf eine nachträgliche Anordnung nur dann, wenn sich der Erblasser vorbehalten hatte, die Zuwendung nachträglich anrechenbar zu machen[12] Die Anrechnungsbestimmung

1 Grüneberg/*Weidlich*, § 2315 Rn 2.
2 OLG Düsseldorf ZEV 1994, 173.
3 RGZ 67, 306, 307 ff; BayObLGZ 1959, 77, 81; OLG Karlsruhe NJW-RR 1990, 393.
4 Staudinger/*Otte*, § 2315 Rn 20.
5 Z.B. einer Lebensversicherung: *Klingelhöffer*, ZEV 1995, 180, 182; OLG Koblenz ErbR 2020, 638.
6 RGZ 67, 306, 307; RG Recht 1921 Nr. 150; OLG Hamm MDR 1966, 330; OLG Düsseldorf ZEV 1994, 173.
7 OLG Düsseldorf ZEV 1994, 173 m. Anm. *Baumann*.
8 OLG Köln NJW-RR 2008, 240; OLG Koblenz ErbR 2020, 638.
9 Schleswig Holsteinisches OLG ZEV 2008, 386.
10 RGZ 71, 133.
11 BGH FamRZ 2010, 27; OLG München NJW-RR 2009, 19.
12 Grüneberg/*Weidlich*, § 2315 Rn 5.

kann ausnahmsweise auch dann noch nachträglich erfolgen, wenn die Voraussetzungen einer Pflichtteilsentziehung nach den §§ 2333 ff. BGB und eine entsprechende Verfügung von Todes wegen vorliegen.[13] Eine Anrechnungsbestimmung kann der Erblasser formlos oder durch einseitige Verfügung, auch von Todes wegen, wieder aufheben.[14] Eine Anrechnungsbestimmung bei einer Zuwendung an einen Minderjährigen stellt keinen rechtlichen Nachteil i.S.d. § 107 BGB dar[15] und steht einer gerichtlichen Genehmigung nicht entgegen.[16]

5 Aus der Formulierung „Anrechnung auf den Erbteil" lässt sich nicht ohne Weiteres die Schlussfolgerung ziehen, der Erblasser habe die Zuwendung mit einer Anrechnungsbestimmung nach § 2315 BGB versehen.[17] Vielmehr muss sich aus weiteren Anhaltspunkten ergeben, dass der Wille des Erblassers darauf gerichtet war, dass sich der Pflichtteilsberechtigte die Zuwendung auf seinen Pflichtteil anrechnen lassen muss.[18] Erfolgt eine Zuwendung „im Wege vorweggenommener Erbfolge unentgeltlich", ist im Wege der Auslegung zu ermitteln, was der Erblasser wollte, d.h., ob er eine Ausgleichung gem. §§ 2316 Abs. 1, 2050 Abs. 3 BGB, eine Anrechnung gem. § 2315 Abs. 1 BGB oder kumulativ Ausgleichung und Anrechnung gem. § 2316 Abs. 4 BGB anordnen wollte. Maßgeblich für den Willen des Erblassers ist, ob er mit seiner Zuwendung zugleich auch eine Enterbung des Empfängers mit bloßer Pflichtteilsberechtigung festlegen – was für eine Anrechnung spricht – oder nur klarstellen wollte, dass der Empfänger lediglich zeitlich vorgezogen bedacht wird, es im Übrigen aber bei den rechtlichen Wirkungen einer Zuwendung im Erbfall verbleiben soll, was dann für eine Ausgleichung spricht.[19]

II. Anrechnungspflichtige Zuwendung

6 Der Erblasser kann jede Art von Zuwendung mit einer **Anrechnungsbestimmung** verbinden, vorausgesetzt, es handelt sich um eine lebzeitige Zuwendung.[20] Es muss sich um eine freigebige Zuwendung unter Lebenden handeln, womit Zuwendungen außer Betracht bleiben, zu denen der Erblasser verpflichtet ist.[21] Unter den Begriff der freigebigen Zuwendung fallen auch Ausstattungen gem. § 1624 BGB,[22] Übermaßausstattungen, -zuschüsse, und -aufwendungen gem. § 2050 Abs. 2 BGB. Gleiches gilt für alle Schenkungen, auch gemischte Schenkungen mit ihrem unentgeltlichen Anteil, sowie ehebezogene Zuwendungen, soweit sie nicht ausnahmsweise als vom Erblasser geschuldet zu bewerten sind.[23] Keine anrechnungspflichtige Zuwendung ist der einseitige Verzicht auf Rückübertragung eines Gegenstandes.[24] Die Zuwendung muss aber aus dem Vermögen des Erblassers stammen, und zwar auch dann, wenn ein sog. Berliner Testament vorliegt.[25] Der sog. erweiterte Erblasserbegriff findet bei dieser Vorschrift keine Anwendung. Bei einem Berliner Testament entsteht mit jedem Erbfall der Anspruch des durch Verfügung von Todes wegen von der Erbfolge ausgeschlosse-

13 Grüneberg/*Weidlich*, § 2315 Rn 5; Staudinger/*Otte*, § 2315 Rn 21.
14 RGZ 67, 306; *Mayer*, ZEV 1996, 441; Staudinger/*Otte*, § 2315 Rn 32.
15 BGH NJW 1955, 1353; Staudinger/*Otte*, § 2315 Rn 28.
16 OLG München ZEV 2007, 493.
17 Schleswig Holsteinisches OLG ZEV 2008, 386.
18 Staudinger/*Otte*, § 2315 Rn 17.
19 BGHZ 183, 376–385.
20 *Thubauville*, MittRhNotK 1992, 289, 293.
21 OLG Düsseldorf, ZEV 1994, 173; Staudinger/*Otte*, § 2315 Rn 11.
22 MüKo/*Lange*, § 2315 Rn 8.
23 Vgl. *Kerscher/Riedel/Lenz*, Pflichtteilsrecht, § 8 Rn 34.
24 BGH WM 1983, 823.
25 BGHZ 88, 102.

nen Abkömmlings gegen den Erben auf Auszahlung des Pflichtteils. Jedes von seinen Eltern enterbte Kind hat danach zwei Pflichtteilsansprüche, je einen beim Tod jedes Elternteils. Auch bei Errichtung eines gemeinschaftlichen Testaments ist die Erbfolge der Elternteile deutlich auseinanderzuhalten. Jeder der beiden eintretenden Erbfälle löst für den Enterbten einen Pflichtteilsanspruch aus. Daran ändert auch die irrige Vorstellung der Eltern nichts, es gebe nur einen die Kinder begünstigenden Erbfall. Demzufolge müssen sich die Kinder nicht den vollen Wert der von beiden Eltern übertragenen Anteile an Immobilien auf den Pflichtteil anrechnen lassen, sondern nur denjenigen, der allein von dem letztversterbenden Ehepartner zugewendet worden ist.[26]

III. Zuwendung an den Pflichtteilsberechtigten

Der Erblasser muss die Zuwendung gegenüber dem Pflichtteilsberechtigten erbracht haben. Eine Zuwendung an seinen Ehegatten reicht nicht aus.[27] Die Zuwendung an einen Dritten genügt gleichfalls nicht,[28] es sei denn, Zuwendender und Pflichtteilsberechtigter haben vereinbart, dass es sich um eine Zuwendung an den Pflichtteilsberechtigten handeln solle.[29] Die Vorschrift erfasst auch keine mittelbaren Zuwendungen, die dem Pflichtteilsberechtigten irgendwie zugutekommen, wie bspw. solche an den Ehegatten des Pflichtteilsberechtigten.[30] 7

C. Berechnung des Pflichtteilsanspruchs/Durchführung der Anrechnung (Abs. 2 S. 1)

Nach dem Wortlaut des Gesetzes vollzieht sich die Anrechnung, indem der Wert der Zuwendung dem Nachlass hinzugerechnet und ein „Anrechnungsnachlass" gebildet wird ohne Rücksicht darauf, ob und mit welchem Wert die Zuwendung noch vorhanden ist.[31] Anschließend wird der Voremmpfang in voller Höhe von dem aus dem Anrechnungsnachlass bestimmten Pflichtteil abgezogen. Die Bildung des Anrechnungsnachlasses erfolgt gesondert für jeden Pflichtteilsberechtigten, der eine anrechenbare Zuwendung erhalten hat.[32] 8

Beispiel

Erblasser E hinterlässt 3 Kinder, A, B und C. Der Nachlasswert beträgt 50.000 EUR. A muss sich 10.000 EUR, B muss sich 4.000 EUR anrechnen lassen. Erbe ist der familienfremde F.

Pflichtteil A:	(50.000 EUR + 10.000 EUR) : 6 – 10.000 EUR = 0 EUR
Pflichtteil B:	(50.000 EUR + 4.000 EUR) : 6 – 4.000 EUR = 5.000 EUR
Pflichtteil C:	50.000 EUR : 6 = 8.333,33 EUR

Übersteigt der Wert der Zuwendung den Pflichtteil, so ist der betroffene Pflichtteilsberechtigte nicht verpflichtet, einen etwaigen **Mehrempfang** in den Nachlass zurückzuzahlen.[33] Soweit es sich bei der Zuwendung aber um eine Schenkung handelt, können Pflichtteilsergänzungsansprüche gem. §§ 2325, 2329 BGB bestehen. 9

26 OLG Koblenz ZEV 2010, 473, 475.
27 BGH DNotZ 1963, 113.
28 Staudinger/*Otte*, § 2315 Rn 13.
29 BGH DNotZ, 1963, 113, 114.
30 *Keim*, MittBayNot 2008, 8.
31 Staudinger/*Otte*, § 2315 Rn 13.
32 Grüneberg/*Weidlich*, § 2315 Rn 7; MüKo/*Lange*, § 2315 Rn 19.
33 MüKo/*Lange*, § 2315 Rn 26.

D. Bewertung der Zuwendungen

10 Nach Abs. 2 S. 2 ist der Wert der Zuwendung im Zeitpunkt des Empfangs maßgeblich, wobei Geldentwertung bzw. Kaufkraftschwund zu berücksichtigen sind:[34] Nachträgliche Veränderungen, die den Wert erhöhen, mindern oder beseitigen, bleiben daher außer Betracht.[35] Sobald sich die Zuwendung in einem gestreckten Erwerbstatbestand vollzieht, ist für die Ermittlung des Zuwendungszeitpunktes auf das Ende des Leistungsvollzugs abzustellen.[36] Der Wert des Gegenstandes im Zeitpunkt der Zuwendung ist auf den Zeitpunkt des Erbfalls hochzurechnen. Zur Bemessung des Kaufkraftschwundes ist der Verbraucherpreisindex heranzuziehen.[37] Es wird der Wert der Zuwendung mit der Preisindexzahl für die Lebenshaltung des Todesjahres multipliziert und durch die entsprechende Preisindexzahl für das Zuwendungsjahr dividiert.[38]

11 Der Erblasser hat die Möglichkeit, eine bestimmte Festsetzung der anrechenbaren Werte oder der Bewertungsmethode vorzugeben.[39] Er kann auch einen anderen Bewertungsstichtag für maßgeblich erklären oder festlegen, dass als Wert ein erzielter Kaufpreiserlös zugrunde zu legen ist.[40] Die Anordnungen des Erblassers dürfen aber nur zu einem niedrigeren Wertansatz führen,[41] da andernfalls in unzulässiger Weise Pflichtteilsrechte verkürzt würden. Die Anrechnung eines **höheren Wertes** bedarf eines Erb- bzw. Pflichtteilsverzichts des Zuwendungsempfängers.[42]

E. Wegfall eines Abkömmlings (Abs. 3)

12 Fällt der Zuwendungsempfänger vor oder nach dem Erbfall weg und treten andere Abkömmlinge des Erblassers an seine Stelle, so wirkt die Anrechnungsbestimmung des Erblassers gegen sie, Abs. 3 i.V.m. § 2051 Abs. 1 BGB.[43] Etwas anderes gilt nur dann, wenn die Anrechnungsbestimmung erkennbar nur für den Zuwendungsempfänger getroffen wurde, was der Abkömmling des Zuwendungsempfängers beweisen muss.[44] Für Eltern und Ehegatten gilt Abs. 3 nicht:[45]

13 **Beispiel 1**

Erblasser E setzt seinen Freund F zum Alleinerben ein. Sohn S, der bereits vorverstorben ist, hat eine anrechnungspflichtige Zuwendung i.H.v. 50.000 EUR erhalten; der Nachlasswert beträgt 100.000 EUR. Pflichtteilsanspruch des einzigen Enkels:
(100.000 EUR + 50.000 EUR) : 2 – 50.000 EUR = 25.000 EUR
Tritt an die Stelle des Zuwendungsempfängers kein eigener Abkömmling, sondern ein anderer pflichtteilsberechtigter Abkömmling des Erblassers, der mit dem Zuwendungsempfänger nur in der Seitenlinie verwandt ist, ist Folgendes zu beachten: Anrechnungspflichtige Zuwendungen an seinen Vorgänger dürfen den eigenen Pflichtteilsanspruch des Nachrückenden, der aus der nicht erhöhten Pflichtteilsquote zu berechnen ist, nicht beeinträchtigen (Grundgedanke des § 1935 BGB).

---

34 BGHZ 65, 75.
35 Grüneberg/*Weidlich*, § 2315 Rn 8.
36 BGHZ 65, 75 – sehr str.!
37 BGHZ 75, 78; BGH WM 1997, 860, 861.
38 Grüneberg/*Weidlich*, § 2315 Rn 8; BGH FamRZ 1992, 1071.
39 Vgl. Staudinger/*Otte*, § 2315 Rn 48.
40 Grüneberg/*Weidlich*, § 2315 Rn 9.
41 BVerfG DNotZ 2006, 772.
42 Staudinger/*Otte*, § 2315 Rn 48; *Keim*, MittBayNot 2008, 8.
43 MüKo/*Lange*, § 2315 Rn 32.
44 Grüneberg/*Weidlich*, § 2315 Rn 6.
45 Grüneberg/*Weidlich*, § 2315 Rn 6.

Beispiel 2
Erblasser E hatte 2 Kinder, S und T. S hat eine anrechnungspflichtige Zuwendung i.H.v. 60.000 EUR erhalten, ist im Erbfall aber bereits vorverstorben.
Der Nachlasswert beträgt 60.000 EUR. Alleinerbe ist der Freund F des Erblassers.
Pflichtteil der T:
(100.000 EUR + 60.000 EUR) : 2 – 60.000 EUR = 20.000 EUR
Aber: 100.000 EUR: 4 = 25.000 EUR
Der Pflichtteil der T beträgt daher nicht 20.000 EUR, sondern 25.000 EUR

Derjenige Pflichtteilsberechtigte, der selbst eine anrechnungspflichtige Zuwendung 14 vom Erblasser erhalten hat, muss als Pflichtteil mindestens den Wert erhalten, der sich aus der Erhöhung der Pflichtteilsquote ergibt.[46] Fällt ein Abkömmling durch Vorversterben oder Ausschlagung weg, wurde ihm der Pflichtteil **entzogen** oder wurde er für **erbunwürdig** erklärt, so kann die Anrechnungsbestimmung nur eigene Abkömmlinge des Erblassers betreffen, weil diese nach § 2309 BGB i.S.d. Abs. 3 i.V.m. § 2051 Abs. 1 BGB an seine Stelle treten. Abkömmlinge des Erblassers aus einer Seitenlinie des Zuwendungsempfängers sind insoweit wegen § 2310 S. 1 BGB nicht betroffen. Der weggefallene Abkömmling wird bei der Ermittlung ihrer Pflichtteilsquoten mitgezählt.[47]

Nach dem Wortlaut des Abs. 3 besteht eine Anrechnungspflicht nicht, wenn die **Eltern** 15 und der **Ehegatte** nachrücken. Dies gilt wohl auch für den Lebenspartner einer eingetragenen Lebenspartnerschaft. Über § 2309 BGB wird bzgl. der Eltern eine Korrektur bewirkt, da die Annahme des Vorempfangs der Annahme des Hinterlassenen i.S.d. § 2309 BGB gleichsteht.[48] Ein Nachrücken der Eltern wird auch dann verhindert, wenn der Zuwendungsempfänger für pflichtteilsunwürdig erklärt oder ihm sein Pflichtteil entzogen wurde.[49] Ist der Zuwendungsempfänger vorverstorben, greift § 2309 BGB nicht; die Eltern können den vollen Pflichtteil verlangen.

F. Anrechnung beim Ehegatten im gesetzlichen Güterstand

Die Anrechnung gem. § 2315 BGB steht bei Ehegatten, die im gesetzlichen Güterstand 16 der Zugewinngemeinschaft leben, im Rahmen der güterrechtlichen Lösung nach § 1371 Abs. 2 BGB in einem Konkurrenzverhältnis zu § 1380 Abs. 1 BGB. Nach dieser Vorschrift muss sich der Ehegatte eine Zuwendung des anderen Ehegatten auf den Zugewinnanspruch anrechnen lassen, wenn dies bei der Zuwendung angeordnet wurde. Bzgl. einer Zuwendung an seinen Ehegatten kann der Erblasser, der im Güterstand der Zugewinngemeinschaft lebte, anordnen, dass dieser auf den **Zugewinnausgleich** (§ 1380 BGB) **oder** auf den **Pflichtteil** (§ 2315 BGB) bzw. teilweise auf die eine oder andere Forderung anzurechnen ist.[50] Eine doppelte Anrechnung ist ausgeschlossen.[51] Wurde bei der Anrechnung bspw. auf den Zugewinnausgleich eine Zuwendung nicht ganz verbraucht, so ist nur der nicht verbrauchte Teil auf den Pflichtteil anrechenbar.[52] Der Erblasser hat das Wahlrecht, zu bestimmen, auf welche Forderung und in welcher Reihenfolge die Zuwendung anzurechnen ist.[53]

46 Staudinger/*Otte*, § 2315 Rn 58.
47 Staudinger/*Otte*, § 2315 Rn 57.
48 MüKo/*Lange*, § 2315 Rn 36.
49 Vgl. MüKo/*Lange*, § 2315 Rn 36.
50 MüKo/*Lange*, § 2315 Rn 38.
51 MüKo/*Lange*, § 2315 Rn 37; Staudinger/*Otte*, § 2315 Rn 59.
52 MüKo/*Lange*, § 2315 Rn 38; Staudinger/*Otte*, § 2315 Rn 59.
53 *V. Olshausen*, FamRZ 1978, 755, 758.

17 Fehlt eine Bestimmung des Erblassers, nach welcher Reihenfolge die Anrechnung erfolgen soll, ist streitig, wie die Reihenfolge der Anrechnung zu bestimmen ist.[54] Grundsätzlich ist zunächst auf diejenige Forderung anzurechnen, die für den Ehegatten die **geringere Sicherheit** bietet, mithin auf den Pflichtteil.[55] Der Pflichtteilsanspruch steht dem Anspruch auf Ausgleichung des Zugewinns im Range nach, § 1991 Abs. 4 BGB, § 327 Abs. 1 Nr. 1 InsO, und unterliegt außerdem der Erbschaftsteuer.[56]

G. Beweislast

18 Der Erbe ist beweispflichtig dafür, dass eine Zuwendung mit einer Anrechnungsbestimmung versehen wurde.[57] Auch wenn es sich um eine wertmäßig hohe Zuwendung an den Pflichtteilsberechtigten handelt, spricht kein Anscheinsbeweis für eine Anrechnungsbestimmung.[58]

19 Ob der Erblasser anrechnungspflichtige Zuwendungen getätigt hat, kann mithilfe des Auskunftsanspruches aus § 2314 BGB in Erfahrung gebracht werden. Dieser Anspruch erfasst auch alle seitens des Erblassers erfolgten anrechnungspflichtigen Zuwendungen i.S.d. § 2315 BGB.[59] Über lebzeitige, auf den Pflichtteil anzurechnende Zuwendungen ist der Pflichtteilsberechtigte dem Erben in entsprechender Anwendung des § 2057 BGB auskunftspflichtig.[60] Der Anspruch steht nach seinem Wortlaut in erster Linie dem pflichtteilsberechtigten Nichterben zu. Auch der pflichtteilsberechtigte Erbe kann gem. § 242 BGB von anderen beschenkten pflichtteilsberechtigten Nichterben Auskunft über lebzeitig vom Erblasser erhaltene Zuwendungen verlangen.[61]

§ 2316 Ausgleichungspflicht

(1) [1]Der Pflichtteil eines Abkömmlings bestimmt sich, wenn mehrere Abkömmlinge vorhanden sind und unter ihnen im Falle der gesetzlichen Erbfolge eine Zuwendung des Erblassers oder Leistungen der in § 2057a bezeichneten Art zur Ausgleichung zu bringen sein würden, nach demjenigen, was auf den gesetzlichen Erbteil unter Berücksichtigung der Ausgleichungspflichten bei der Teilung entfallen würde. [2]Ein Abkömmling, der durch Erbverzicht von der gesetzlichen Erbfolge ausgeschlossen ist, bleibt bei der Berechnung außer Betracht.
(2) Ist der Pflichtteilsberechtigte Erbe und beträgt der Pflichtteil nach Absatz 1 mehr als der Wert des hinterlassenen Erbteils, so kann der Pflichtteilsberechtigte von den Miterben den Mehrbetrag als Pflichtteil verlangen, auch wenn der hinterlassene Erbteil die Hälfte des gesetzlichen Erbteils erreicht oder übersteigt.
(3) Eine Zuwendung der in § 2050 Abs. 1 bezeichneten Art kann der Erblasser nicht zum Nachteil eines Pflichtteilsberechtigten von der Berücksichtigung ausschließen.

---

54 Vgl. *Bonefeld*, ZErb 2002, 189.
55 MüKo//*Lange*, § 2315 Rn 39; BeckOK BGB/*Müller-Engels*, § 2315 Rn 20.
56 Vgl. hierzu auch *Bonefeld*, ZErb 2002, 189.
57 Schleswig Holsteinisches OLG ZEV 2008, 386; OLG Koblenz ErbR 2020, 638.
58 Grüneberg/*Weidlich*, § 2315 Rn 4; OLG Köln NJW-RR 2008, 240.
59 BGHZ 33, 373 f.; BGHZ 55 378, 380.
60 OLG Koblenz NJW-RR 2016, 203; a.A. OLG München NJW 2013, 2690; OLG Köln ZEV 2014, 660.
61 BGHZ 108, 393, 395.

(4) Ist eine nach Absatz 1 zu berücksichtigende Zuwendung zugleich nach § 2315 auf den Pflichtteil anzurechnen, so kommt sie auf diesen nur mit der Hälfte des Wertes zur Anrechnung.

Übersicht: Rdn

A. Allgemeines

1 § 2316 BGB regelt die Auswirkungen der §§ 2050–2056 BGB über die **Ausgleichung** unter **Abkömmlingen** bei gesetzlicher Erbfolge auf das Pflichtteilsrecht bzw. die Berechnung des Pflichtteilsanspruchs.[1] Maßgeblich ist nach Anwendung von § 2303 BGB die Hälfte desjenigen, was dem Pflichtteilsberechtigten laut gesetzlicher Erbfolge nach vollzogener Ausgleichung zustehen würde. Für den von der Pflichtteilslast betroffenen Erben hat dies regelmäßig keinerlei Auswirkung, da die Ausgleichung nur zu einer Umverteilung der Pflichtteile unter den pflichtteilsberechtigten Abkömmlingen führt.[2]

2 Ausnahmsweise kann sich die Ausgleichung positiv auf einen nicht pflichtteilsberechtigten Erben auswirken, wenn Abkömmlinge ihr Pflichtteilsrecht durch Ausschlagung, Pflichtteilsentziehung oder Erbunwürdigkeitserklärung verloren haben. Diese Abkömmlinge werden nach Abs. 1 der Vorschrift bei der Berechnung der Pflichtteilsquote anderer Abkömmlinge mitgerechnet.[3]

B. Tatbestand

I. Voraussetzungen der Ausgleichung

1. Vorhandensein mehrerer Abkömmlinge

3 Eine Ausgleichung nach §§ 2316 Abs. 1, 2050 ff. BGB findet nur unter Abkömmlingen statt. Voraussetzung nach Abs. 1 ist daher, dass der Erblasser mehrere Abkömmlinge hinterlässt. Neben dem pflichtteilsberechtigten Abkömmling muss demnach noch mindestens ein weiterer Abkömmling vorhanden sein. Abkömmlinge sind diejenigen Personen, die direkt vom Erblasser abstammen, also Kinder, Enkel, Urenkel usw. Vorhanden i.S.d. Vorschrift ist ein Abkömmling, wenn er bei Eintritt der gesetzlichen Erbfolge Erbe geworden wäre. Abkömmlinge, die von der Erbfolge ausgeschlossen

1 OLG Nürnberg NJW 1992, 2303, 2304.
2 *Kretschmar*, ZBIFG 8, 11, 18.
3 Vgl. MüKo/*Lange*, § 2316 Rn 5.

sind, weil sie enterbt oder für erbunwürdig erklärt wurden oder die Erbschaft ausgeschlagen haben, sind demnach „vorhanden" und werden bei der **Berechnung** der **Pflichtteilsquote** mitgezählt, § 2310 S. 1 BGB.[4] Das Gleiche gilt für Abkömmlinge, denen der Pflichtteil entzogen wurde oder deren Pflichtteil durch die auszugleichende Zuwendung „verloren" geht. Vorhanden ist auch der Abkömmling, der alleine[5] oder mit Dritten Erbe wird.[6] Als nicht vorhanden i.S.d. § 2316 BGB gilt ein Abkömmling, der auf sein gesetzliches Erbrecht gem. § 2346 Abs. 1 S. 2 BGB verzichtet hat, nicht jedoch ein Abkömmling, der unter Vorbehalt des Pflichtteilsrechts verzichtet hat.[7] Gleichfalls nicht vorhanden ist ein Abkömmling, der mit dem Erblasser einen Vertrag über den vorzeitigen Erbausgleich nach § 1934d BGB geschlossen hat.

2. Ausgleichungsverpflichtung

4 Weitere Voraussetzung für eine Ausgleichung nach Abs. 1 ist, dass eine Zuwendung des Erblassers an einen Abkömmling bei **hypothetischem** Eintritt der gesetzlichen Erbfolge ausgleichungspflichtig wäre bzw. besondere Leistungen eines Abkömmlings i.S.d. § 2057a BGB zu berücksichtigen wären. Für die Berücksichtigung der Vorempfänge und die daraus resultierende Berechnung des Pflichtteilsanspruchs verweist § 2316 BGB auf die Vorschriften der §§ 2050 ff., 2057a BGB. Es kann insoweit auf die Erläuterungen zu §§ 2050 ff. BGB verwiesen werden. Für die Beantwortung der Frage, ob der Vorempfang auch ausgleichungspflichtig i.S.d. Pflichtteilsrechts ist, gelten allerdings Besonderheiten:

a) Ausstattung gem. §§ 1624, 2050 Abs. 1 BGB

5 Ausstattungen des Erblassers an einen seiner Abkömmlinge (§ 2050 Abs. 1 BGB) müssen bei der Pflichtteilsberechnung der übrigen Abkömmlinge berücksichtigt werden, Abs. 3. Eine abweichende Anordnung des Erblassers, wie sie i.R.d. gesetzlichen Erbfolge möglich ist, ist bei Abs. 1 unbeachtlich.[8] Die nach Abs. 3 zwingend vorgeschriebene Ausgleichungspflicht kann nur durch einen formgültigen **Erb-** oder **Pflichtteilsverzichtsvertrag** des Erblassers mit den übrigen Abkömmlingen ausgeschlossen werden.[9] Abs. 3 will vermeiden, dass die Ausgleichungspflicht zum Nachteil eines Pflichtteilsberechtigten erfolgt. Für die Berechnung des Pflichtteils des Ausstattungsempfängers selbst kann ein Verzicht des Erblassers auf eine Ausgleichung Berücksichtigung finden.[10] Größere Geldzuwendungen oder eine Bürgschaftsübernahme, die ein Pflichtteilsberechtigter zu Lebzeiten vom Erblasser erhalten hat und die als Ausstattungen i.S.d.§ 1624 Abs. 1 BGB zu qualifizieren sind, können ggf. auf den Pflichtteilsanspruch anzurechnen sein.[11] Die Darlegungs- und Beweislast für die Umstände, die eine Ausgleichungspflicht wegen Vorliegens einer Ausstattung begründen, trifft denjenigen, der daraus Rechte herleitet, also die Anrechnung einer Zuwendung auf den Erbteil verlangt oder einen Ausgleich im Rahmen der Pflichtteilsberechnung geltend macht.[12]

---

4 MüKo/*Lange*, § 2316 Rn 5.
5 BGH NJW 1993, 1197; OLG Schleswig ZEV 2013, 86.
6 BGH NJW 1993, 1197.
7 MüKo/*Lange*, § 2316 Rn 6.
8 *Kerscher/Tanck*, ZEV 1997, 354, 356.
9 MüKo/*Lange*, § 2316 Rn 8, *Fröhler*, BWNotZ 2010, 94.
10 Vgl. MüKo/*Lange*, § 2316 Rn 9.
11 OLG Karlsruhe ZEV 2011, 531, 534.
12 OLG Koblenz ZErb 2023, 309–313.

b) Zuwendungen i.S.d. § 2050 Abs. 2 BGB

Abs. 3 gilt entgegen seinem Wortlaut auch für Zuwendungen des Erblassers i.S.d. § 2050 Abs. 2 BGB, da es sich hierbei nur eine Ergänzung zu § 2050 Abs. 1 BGB handelt.[13] Zuschüsse zum Unterhalt und Ausbildungskosten müssen, sofern sie im Übermaß erfolgten, im Rahmen der Pflichtteilsberechnung also ebenfalls berücksichtigt werden. Den Anspruch eines Erben auf Ausgleichung für den Erblasser erbrachter Pflegeleistungen (§ 2057a BGB) kann der Erblasser durch letztwillige Verfügung ausschließen.[14] Ob das auch für den Ausschluss zum Nachteil eines von der Erbfolge ausgeschlossenen Pflichtteilsberechtigten gilt, hat der BGH in seiner Entscheidung offengelassen.[15] 6

c) Zuwendungen i.S.d. § 2050 Abs. 3 BGB

Andere Zuwendungen als die nach § 2050 Abs. 1 und Abs. 2 BGB sind nur dann zur Ausgleichung zu bringen, wenn der Erblasser dies spätestens **bei der Zuwendung** angeordnet hat. Eine später erfolgende Anordnung ist grundsätzlich wirkungslos, es sei denn, sie genügt den Voraussetzungen eines Erb- und Pflichtteilsverzichtsvertrages.[16] Eine **spätere** Anordnung der Ausgleichungspflicht ist möglich, wenn sich der Erblasser eine solche ausdrücklich vorbehalten hat[17] oder sie sich nicht nachteilig auf den Pflichtteilsanspruch auswirkt.[18] 7

Wichtig ist, dass der Zuwendungsempfänger die Anordnung der Ausgleichungspflicht erkennt.[19] Es steht dem Erblasser frei, die Ausgleichungspflicht auf den Eintritt der gesetzlichen Erbfolge zu beschränken, das Pflichtteilsrecht aber unberührt zu lassen.[20] Eine Beeinträchtigung des Pflichtteilsrechts des Empfängers durch eine nachträgliche Anordnung ist hingegen unzulässig.[21] 8

Hat der Erblasser die Anordnung einmal getroffen, so kann er sie nur aufheben, indem er bestimmte Formerfordernisse einhält. Nach einhelliger Meinung kann er eine einmal angeordnete Ausgleichungspflicht bzgl. der gesetzlichen Erbfolge durch letztwillige Verfügung wieder **rückgängig** machen,[22] indem er im Wege eines Vermächtnisses zugunsten des Zuwendungsempfängers verfügt. Ansonsten kann der Erblasser die Ausgleichungspflicht nur durch Erb- oder Pflichtteilsverzichtsvertrag mit den übrigen Pflichtteilsberechtigten beseitigen.[23] 9

II. Berechnung des Pflichtteils bei Ausgleichung

Der Pflichtteil eines Abkömmlings bestimmt sich gem. Abs. 1 nach demjenigen, was auf den gesetzlichen Erbteil unter Berücksichtigung der Ausgleichungspflichten bei der Teilung entfallen würde. Für die Berechnung sind daher die Regeln über die Berechnung der gesetzlichen Ausgleichspflicht heranzuziehen. 10

---

13 MüKo/*Lange*, § 2316 Rn 9.
14 BGH ZEV 2021, 521.
15 BeckOK BGB/*Müller-Engels*, § 2316 Rn 19.
16 RGZ 71, 133, 136 ff.
17 *Mayer*, ZEV 1996, 441, 443, 445.
18 Vgl. RGZ 67, 306, 309.
19 Vgl. RGZ 71, 133, 135; BGH FamRZ 1982, 54, 56; *Mayer*, ZEV 1996, 441, 442.
20 MüKo/*Lange*, § 2316 Rn 13.
21 BGH FamRZ 1982, 54; MüKo/*Lange*, § 2316 Rn 11.
22 Vgl. RGZ 90, 419, 422; *Mayer*, ZEV 1996, 441, 443; a.A. Staudinger/*Otte*, § 2316 Rn 14.
23 Soergel/*Dieckmann*, 13. Aufl., § 2316 Rn 7; MüKo/*Lange*, § 2316 Rn 11; BeckOK BGB/*Müller-Engels*, § 2316 Rn 5.

1. Ausgleichung bei Zuwendungen des Erblassers

11 Für die Berechnung des Pflichtteils i.R.d. Ausgleichungsvorschriften ist wie folgt vorzugehen: Im ersten Schritt wird der Ausgleichungsnachlass ermittelt, indem die nicht an der Ausgleichung beteiligten Personen mit den ihnen jeweils **„fiktiv zustehenden Erbteilen“** ausgeschlossen werden. Betroffen hiervon sind der Ehegatte sowie die nach § 2056 BGB ausscheidenden Abkömmlinge, die Eltern des Erblassers oder Dritte, die der Erblasser zu Erben eingesetzt hat. Anschließend werden nach Maßgabe der §§ 2055–2057a BGB dem Nachlass die zu berücksichtigenden ausgleichungspflichtigen Zuwendungen hinzugerechnet bzw. in Fällen des § 2057a BGB der Wert der Leistungen eines Abkömmlings in Abzug gebracht. Sodann wird die Ausgleichungserbquote unter Berücksichtigung aller an der Ausgleichung beteiligten Personen ermittelt. Der jeweilige Vorempfang wird dem Verpflichteten auf den ihm zustehenden Ausgleichungserbteil angerechnet. Bei Anwendung des § 2057a BGB wird dem Ausgleichungserbteil der Wert der Leistungen wieder hinzugerechnet. Der Pflichtteil beträgt die Hälfte des so ermittelten Ausgleichungserbteils.[24]

2. Bewertung des Vorempfangs bzw. der Leistung

12 Maßgebender Wert der ausgleichungspflichtigen Zuwendungen oder Leistungen ist in entsprechender Anwendung des § 2055 Abs. 2 BGB ihr Wert zur Leistungszeit, wobei die Zuwendungen/Leistungen um Währungsverfall und **Kaufkraftschwund** zu bereinigen sind.[25] Der Wert eines Ehegattenerbteils ist genauso wie der Wert des Erbteils eines eingetragenen Lebenspartners vor Durchführung der Ausgleichung vom Nachlass abzuziehen, § 2055 Abs. 1 S. 2 BGB.

Beispiel

Erblasser E verstirbt im Jahr 2016. Er hinterlässt neben seiner Ehefrau F die drei Kinder A, B und C. Die Eheleute lebten im gesetzlichen Güterstand der Zugewinngemeinschaft. A erhielt im Jahr 2010 einen ausgleichungspflichtigen Vorempfang i.H.v. 150.000 EUR. B erhielt 2010 ebenfalls einen ausgleichungspflichtigen Vorempfang i.H.v. 100.000 EUR. C hat keinerlei Zuwendungen erhalten. E hat seine Ehefrau F zur Alleinerbin eingesetzt. Der Nachlass hat einen Wert von 500.000 EUR.

Berechnung der Pflichtteilsansprüche von A, B und C:

(1.) Bildung des Ausgleichungsnachlasses:

F zählt nicht zu den ausgleichungspflichtigen Personen. Sie ist vorab mit ihrem Erbteil i.H.v. 1/2 = 250.000 EUR auszuscheiden.

Ausgangsnachlass: 500.000 EUR – 250.000 EUR = 250.000 EUR

(2.) Bereinigung der jeweiligen Zuwendung um die eingetretene Geldentwertung:

150.000 EUR × 1,074* = 161.100 EUR

100.000 EUR × 1,074 = 107.400 EUR

* 2010 = 100 Pkt.; 2016 = 107,4 Pkt.

Ausgleichungsnachlass: 250.000 EUR + 161.100 EUR + 107.400 EUR.

(3.) Ausgleichungserbteil jeweils 1/3 = 172.833 EUR. Von diesem Ausgleichungserbteil sind die jeweiligen Vorempfänge in Abzug zu bringen:

A: 172.833 EUR – 161.100 EUR = 11.733 EUR

B: 172.833 EUR – 107.400 EUR = 65.433 EUR

C: 172.833 EUR

24 *Kerscher/Riedel/Lenz*, Pflichtteilsrecht, § 8 Rn 15–18.

25 BGHZ 65, 75.

Hiervon 1/2 entspricht dem Pflichtteil gem. § 2303 Abs. 1 S. 2 BGB:
(4.) Pflichtteilsansprüche:

A	5.866,50 EUR
B	32.716,50 EUR
C	86.416,50 EUR

3. Ausgleichungen bei Leistungen der Abkömmlinge an ihre Eltern gem. § 2057a BGB

13 Wegen der Grundsätze zur Berücksichtigung von Leistungen i.S.d. § 2057a BGB wird auf die Erläuterungen zu dieser Vorschrift verwiesen.[26] Hier hat der Abkömmling vom Erblasser nichts erhalten. Sämtliche Ausgleichungsbeträge, die das Vermögen des Erblassers i.S.d. § 2057a BGB erhalten oder erhöht haben, sind zu ermitteln und vom Wert des Nachlasses abzuziehen, der auf die Abkömmlinge entfällt.[27] Die Ausgleichung findet auch statt, wenn der Wert der auszugleichenden Leistungen des Abkömmlings die Hälfte des Nachlasswertes übersteigt.[28] Eine vom Pflichtteilberechtigten gegenüber dem Erblasser erbrachte Leistung kann dieser zu dessen Lasten nicht ausschließen.[29]

Beispiel*
Der verwitwete Erblasser E hinterlässt die Abkömmlinge A und B. E hat seinen Freund F zum Alleinerben eingesetzt. B hat E während einer längeren Krankheit gepflegt, ohne hierfür von ihr vergütet worden zu sein mit der Folge, dass das Vermögen des E ungeschmälert erhalten bleiben konnte. Als E verstirbt, hat der Nachlass einen Wert von 500.000 EUR. Der Wert der Pflegeleistungen des B beträgt 50.000 EUR.
Berechnung der Pflichtteilsansprüche von A und B:

500.000 EUR – 50.000 EUR	= 450.000 EUR
hiervon 1/2	= 225.000 EUR

B erhält einen Erbteil v. 225.000 EUR + Pflegeleistungen i.H.v. 50.000 EUR = 275.000 EUR
hiervon 1/2 = Pflichtteilsanspruch = 137.500 EUR
→ Pflichtteilsanspruch von A beträgt 1/2 von 225.000 EUR = 112.500 EUR
* *Kerscher/Riedel/Lenz*, Pflichtteilsrecht, § 8 Rn 26.

4. Ausgleichungspflichtteil bei unzureichendem Nachlass, § 2056 BGB

14 Auch i.R.d. § 2316 BGB gilt der Grundsatz des § 2056 BGB, nach welchem die Herausgabe eines Mehrempfangs nicht zu erfolgen hat.[30] Die **Berechnung** erfolgt in der Art und Weise, dass zunächst i.R.d. Ermittlung des Ausgleichungserbteils mit der Person begonnen wird, die den höchsten Vorempfang erhalten hat. Beläuft sich nach Abzug des Vorempfangs der Erbteil auf 0, hat der Abkömmling auch keinen Pflichtteil mehr und scheidet mithin aus der Berechnung aus. Die Berechnung ist dann neu vorzunehmen, wobei sowohl der Vorempfang als auch der ausgeschiedene Abkömmling nicht mehr zu berücksichtigen sind. Folge ist, dass sich die Teilungsquotienten der übrigen an der Ausgleichung Beteiligten erhöhen, d.h., dass der Anteil des ausgeschiedenen

26 Vgl. hierzu auch BGH ZEV 2021, 449.
27 Soergel/*Dieckmann*, § 2316 Rn 15.
28 BGH FamRZ 1993, 535 = NJW 1993, 1995.
29 BGH ZEV 2021, 449.
30 RGZ 1977, 282; BGH NJW 1965, 1526; BGH FamRZ 1988, 280.

Abkömmlings entsprechend der Berechnung der Anwachsung auf die übrigen verteilt wird.[31]

Beispiel
Erblasser E hinterlässt seine Kinder A, B, C und D. A hat einen ausgleichungspflichtigen Vorempfang i.H.v. 60.000 EUR, B i.H.v. 20.000 EUR und D i.H.v. 40.000 EUR erhalten – zum Alleinerben wurde der Freund F eingesetzt; der Nachlasswert beträgt 120.000 EUR.
Bildung des Ausgleichungsnachlasses:
120.000 EUR + 60.000 EUR + 20.000 EUR + 40.000 EUR = 240.000 EUR
Ausgleichungserbteil beträgt jeweils 240.000 EUR : 4 = 60.000 EUR
A, der bereits lebzeitig 60.000 EUR erhalten hat, scheidet mithin mit seiner Person und seinem Vorempfang aus dem Berechnungsvorgang aus.
Bildung des neuen Ausgleichungsnachlasses:
120.000 EUR + 40.000 EUR + 20.000 EUR = 180.000 EUR
Bildung des Ausgleichungserbteils:
180.000 EUR : 3 = 60.000 EUR.

Pflichtteil von B: 60.000 EUR – 20.000 EUR = 40.000 EUR : 2 = 20.000 EUR
Pflichtteil von C: 60.000 EUR – 0 = 60.000 EUR : 2 = 30.000 EUR
Pflichtteil von D: 60.000 EUR – 40.000 EUR = 20.000 EUR : 2 = 10.000 EUR

Gegen den wegen des Mehrempfangs ausgeschiedenen Abkömmling kann bzgl. des zu viel Erhaltenen ein Pflichtteilsergänzungsanspruch geltend gemacht werden, sofern es sich bei der Zuwendung um eine Schenkung i.S.d. § 2325 BGB handelt.[32]

III. Pflichtteilsrestanspruch i.R.d. Ausgleichung (Abs. 2)

15 Wurde ein Pflichtteilsberechtigter zum Miterben eingesetzt, so kann die vollzogene Ausgleichung zu einem **Pflichtteils*rest*anspruch** zu seinen Gunsten führen, Abs. 2. Das ist der Fall, wenn dem ausgleichungsberechtigten Abkömmling ein Erbteil hinterlassen wurde, der zwar quotenmäßig über dem Pflichtteil, wertmäßig aber darunter liegt, weil bei einer gewillkürten Erbfolge eine Ausgleichung nicht stattfindet.[33] Abs. 2 soll verhindern, dass der zum Erben berufene Pflichtteilsberechtigte schlechter gestellt ist als im Fall der Enterbung. Mithin kann der pflichtteilsberechtigte Miterbe von den übrigen Miterben den Betrag verlangen, um den der Ausgleichungspflichtteil den hinterlassenen Erbteil übersteigt. Dies ist auch dann der Fall, wenn der hinterlassene Erbteil von der Quote her den Pflichtteil erreicht oder übersteigt. Im Grunde genommen hätte es hierfür keiner gesonderten Regelung im Gesetz bedurft. Bei konsequenter Anwendung der „**Werttheorie**" im Bereich der §§ 2305, 2307 BGB wird dasselbe Ergebnis erreicht.[34]

16 Abs. 2 kommt nicht zur Anwendung, wenn der Pflichtteilsberechtigte Alleinerbe ist und der Erblasser seinen Nachlass zu Lebzeiten durch Zuwendungen nahezu vollständig erschöpft hat. Dann kann der Pflichtteilsberechtigte ggf. aber Pflichtteilsergänzungsansprüche nach § 2329 BGB geltend machen.[35]

---

31 *Kerscher/Riedel/Lenz*, Pflichtteilsrecht, § 8 Rn 23.
32 RGZ 1977, 282.
33 *Siebert*, FamRZ 2014, 1894; MüKo/*Lange*, § 2316 Rn 33.
34 Vgl. hierzu BGH NJW 1993, 1197, 1198 = WM 1993, 1042.
35 MüKo/*Lange*, § 2316 Rn 34.

IV. Zusammentreffen von Ausgleichung und Anrechnung

1. Zuwendungen, die ausgleichungs- und anrechnungspflichtig sind (Abs. 4)

Nach Abs. 4 der Vorschrift ist eine ausgleichungspflichtige Zuwendung, die zugleich nach § 2315 BGB anrechnungspflichtig ist, nur mit der Hälfte des Wertes auf den Pflichtteil anzurechnen. Es ist somit zunächst das Ausgleichungsverfahren durchzuführen. Im Anschluss erfolgt die Berechnung des Pflichtteils unter Anrechnung des hälftigen Zuwendungswertes.[36] Bei der Berechnung des Pflichtteils wird also zunächst der Pflichtteil nach Abs. 1 errechnet. Von dem so ermittelten Ausgleichungspflichtteil ist dann die anrechnungspflichtige Zuwendung hälftig in Abzug zu bringen.[37] 17

Nur im Fall der gesetzlichen Erbfolge führt die Ausgleichung von Vorempfängen zur Gleichstellung aller Abkömmlinge. Die Ausgleichung im Pflichtteilsrecht erreicht dieses Ziel nicht, da den eingesetzten Abkömmlingen die Hälfte des Wertes ihres Vorempfangs ungekürzt verbleibt.[38] Die gleichmäßige Behandlung seiner Abkömmlinge kann der Erblasser erreichen, indem er für eine ausgleichungspflichtige Zuwendung gleichzeitig eine Anrechnungspflicht anordnet, Abs. 4. 18

Beispiel*

Erblasser E hinterlässt seine Kinder A und B; der Nachlass hat einen Wert von 20.000 EUR. A hat eine ausgleichungspflichtige Zuwendung i.H.v. 8.000 EUR und B i.H.v. 2.000 EUR erhalten. Beide Zuwendungen sind zugleich auf den Pflichtteil anzurechnen. Zum Alleinerben ist der Freund F eingesetzt.

Berechnung:

(1.) Bildung des Ausgleichungsnachlasses: 20.000 EUR + 8.000 EUR + 2.000 EUR = 30.000 EUR.

(2.) Ausgleichungsquote beträgt 1/2; es ermittelt sich mithin ein Ausgleichungserbteil für A von 15.000 EUR – Vorempfang i.H.v. 8.000 EUR = 7.000 EUR.

Ausgleichungspflichtteil für A: 7.000 EUR : 2 = 3.500 EUR – (8.000 EUR : 2) = 0.

Ausgleichungspflichtteil des B:

Ausgleichungsnachlass: 20.000 EUR + 8.000 EUR + 2.000 EUR = 30.000 EUR

Ausgleichungserbquote = 1/2

Ausgleichungserbteil: 15.000 EUR – 2.000 EUR = 13.000 EUR

Ausgleichungspflichtteil: 13.000 EUR : 2 = 6.500 EUR.

6.500 EUR – (2.000 EUR : 2) = 5.500 EUR

B erhält einen Pflichtteil i.H.v. 5.500 EUR.

Kombination von Ausgleichung und Anrechnung bewirkt neben der Gleichstellung der Abkömmlinge eine Entlastung des zur Zahlung des Pflichtteils verpflichteten Erben. Im Beispielfall beträgt die Pflichtteilslast für F nur 5.500 EUR statt 10.000 EUR.

* *Kerscher/Riedel/Lenz*, Pflichtteilsrecht, § 8 Rn 53.

Erfolgt eine Zuwendung „im Wege vorweggenommener Erbfolge unentgeltlich", ist für die Pflichtteilsberechnung im Auslegungsweg zu ermitteln, ob der Erblasser damit eine Ausgleichung gem. §§ 2316 Abs. 1, 2050 Abs. 3 BGB, eine Anrechnung gem. § 2315 Abs. 1 BGB oder kumulativ Ausgleichung und Anrechnung gem. Abs. 4 anordnen wollte. Ausschlaggebend für den Willen des Erblassers ist, ob mit seiner Zuwendung zugleich auch eine Enterbung des Empfängers mit bloßer Pflichtteilsberechtigung festgelegt (Anrechnung) oder aber nur klargestellt werden sollte, dass der Emp- 19

36 MüKo/*Lange*, § 2316 Rn 35; *Tanck*, ZErb 2003, 41.

37 BayObLGZ 1968, 112; *Kerscher/Riedel/Lenz*, Pflichtteilsrecht, § 8 Rn 53; *Schäfer*, ZEV 2013, 63.

38 Soergel/*Dieckmann*, 13. Aufl., § 2316 Rn 20.

fänger lediglich zeitlich vorgezogen bedacht wird, es im Übrigen aber bei den rechtlichen Wirkungen einer Zuwendung im Erbfall verbleiben soll (Ausgleichung).[39]

20 Die Vorschrift des Abs. 4 ist auch dann anwendbar, wenn der pflichtteilsberechtigte **überlebende Ehegatte** mit den ausgleichungsverpflichteten Abkömmlingen zusammentrifft, was lange Zeit umstritten war. Nach der Grundregel des § 2315 BGB müssen anrechnungspflichtige Zuwendungen bei der Ermittlung des Pflichtteils dem Gesamtnachlass hinzugerechnet werden, während dieselben Zuwendungen als Ausgleichsposten gem. §§ 2316 Abs. 1, 2055 Abs. 1 S. 2 BGB nur dem Teil des Nachlasses hinzuzurechnen sind, der auf die Abkömmlinge entfällt.[40] In diesen Fällen kann es zu dem ungewollten Ergebnis kommen, dass der Pflichtteil nach Ausgleichung und Anrechnung denjenigen übersteigt, der sich im Fall der bloßen Anrechnung nach § 2315 BGB errechnet hätte.[41]

Beispiel

Der Erblasser ist im gesetzlichen Güterstand der Zugewinngemeinschaft verheiratet. Er hat die Abkömmlinge A und B. Seine Ehefrau hat er zur Alleinerbin eingesetzt. Der Nachlass hat einen Wert von 700.000 EUR. Das Kind B hat einen Vorempfang in Höhe von 100.000 EUR erhalten, der sowohl ausgleichungspflichtig als auch anrechnungspflichtig ist.

Berechnung des Pflichtteils von B

Nachlass	700.000 EUR
abzgl. 1/2 Erbteil Ehegatte	350.000 EUR
zzgl. Vorempfang	100.000 EUR
ergibt	450.000 EUR
geteilt durch 2 Abkömmlinge	225.000 EUR
abzgl. Vorempfang	100.000 EUR
ergibt	125.000 EUR
Hiervon die Hälfte entspricht dem Pflichtteil i.H.v.	62.500 EUR
Anrechnung nach Abs. 4 (1/2 Vorempfang)	12.500 EUR

Wäre der Vorempfang lediglich anrechnungspflichtig nach § 2315 BGB, ergäbe sich folgende Berechnung:

Nachlass	700.000 EUR
zzgl. Vorempfang	100.000 EUR
ergibt einen Anrechnungsnachlass von	800.000 EUR
hieraus Pflichtteil i.H.v. 1/8	100.000 EUR
abzgl. Vorempfang nach § 2315 BGB	100.000 EUR
ergibt	0 EUR

21 Nach einhelliger Meinung besteht jedoch kein Anlass, die Anwendbarkeit des § 2316 Abs. 4 BGB auf den Fall zu beschränken, dass nur pflichtteilsberechtigte Abkömmlinge vorhanden sind.[42]

39 BGHZ 183, 376–385; BGH ZErb 2010, 144.

40 MüKo/*Lange*, § 2316 Rn 39.

41 *Tanck*, ZErb 2003, 41; *Schäfer*, ZEV 2013, 63.

42 MüKo/*Lange*, § 2316 Rn 39.

2. Zusammentreffen von ausgleichungspflichtigen Zuwendungen mit solchen, die nur anrechnungspflichtig sind

Abs. 4 ist nicht anwendbar, wenn ausgleichungspflichtige Zuwendungen mit solchen zusammentreffen, die nur anrechnungspflichtig sind. In diesem Fall sind die Anrechnungs- und Ausgleichungsregeln zu beachten,[43] was bzgl. der einzelnen Beteiligten mitunter zu verschachtelten Berechnungsvorgängen führen kann.[44] 22

Beispiel*
Erblasser E hinterlässt seine Ehefrau F und seine beiden Kinder A und B; die Eheleute lebten im gesetzlichen Güterstand der Zugewinngemeinschaft – E setzt seine Ehefrau F zur Alleinerbin ein. A hat einen Vorempfang i.H.v. 10.000 EUR erhalten, der auf seinen Pflichtteil angerechnet werden soll; B hat ebenfalls einen Vorempfang i.H.v. 10.000 EUR erhalten, der ausgleichungspflichtig ist.
Der Nachlasswert beträgt 100.000 EUR.
Berechnung des Pflichtteils von B erfolgt unabhängig davon, ob A sich seinen Vorempfang anrechnen lassen muss oder nicht.
Ausgangsnachlass:
100.000 EUR – 50.000 EUR (Erbteil des Ehegatten) = 50.000 EUR.
Ausgleichungsnachlass:
50.000 EUR + 10.000 EUR = 60.000 EUR.
Hiervon 1/2 = 30.000 EUR (Ausgleichungserbteil) – 10.000 EUR (Vorempfang) = 20.000 EUR.
Ausgleichungspflichtteil des B:
20.000 EUR : 2 = 10.000 EUR
Bei der Berechnung des Pflichtteils von A ist zu beachten, dass dieser einerseits einen Vorteil aus der Ausgleichung des Vorempfangs von B zieht, und zum anderen, dass bei der Anrechnung der eigenen Zuwendung diese vorher dem Nachlass hinzuzurechnen ist. In das Anrechnungsverfahren wird mithin das Ausgleichungsverfahren eingeschoben.
Zunächst ist der um die anzurechnende, nicht auszugleichende Zuwendung erhöhte Gesamtnachlass festzustellen:
100.000 EUR + 10.000 EUR = 110.000 EUR
110.000 EUR : 2 = 55.000 EUR.
Ausgleichungsnachlass:
55.000 EUR + 10.000 EUR = 65.000 EUR
65.000 EUR : 2 = 32.500 EUR
Ausgleichungspflichtteil für A: 32.500 EUR : 2 = 16.250 EUR – 10.000 EUR = 6.250 EUR
* *Kerscher/Riedel/Lenz*, Pflichtteilsrecht, § 8 Rn 56.

V. Ausgleichung und Pflichtteilsergänzung

Ausgleichungspflichtige Zuwendungen können Pflichtteilsergänzungsansprüche nach §§ 2325 ff. BGB auslösen. Dies gilt für Zuwendungen i.S.d. § 2050 Abs. 3 BGB, bei denen die Ausgleichungspflicht aus einer Anordnung des Erblassers herrührt, sowie für Übermaßausstattungen gem. § 2050 Abs. 1 BGB[45] und Zuschüssen gem. § 2050 Abs. 2 BGB. 23

---

43 MüKo/*Lange*, § 2316 Rn 40; Grüneberg/*Weidlich*, § 2316 Rn 7; BeckOK BGB/*Müller-Engels*, § 2316 Rn 22.
44 *Kerscher/Riedel/Lenz*, Pflichtteilsrecht, § 8 Rn 56.
45 *Kerscher/Tanck*, ZEV 1997, 354, 355.

24 **Pflichtteilsergänzungsansprüche** können vor allem zugunsten des überlebenden Ehegatten oder eingetragenen Lebenspartners einer Lebenspartnerschaft, der an der Ausgleichung nicht teilnimmt, entstehen. Pflichtteilsergänzungsansprüche können aber auch im Verhältnis der pflichtteilsberechtigten Abkömmlinge untereinander bestehen. Die Doppelberücksichtigung einer Zuwendung ist grundsätzlich unzulässig.[46] Bei ausgleichungspflichtigen Zuwendungen kann daher auch nur der Teil der Zuwendung der Pflichtteilsergänzung unterliegen, der bei der Ausgleichung noch nicht „verbraucht" wurde.[47]

Beispiel
Erblasser E hinterlässt die Kinder S und T. Zum Alleinerben hat er seinen Freund F eingesetzt; der Nachlass hat einen Wert von 50.000 EUR.
T hat eine ausgleichungspflichtige Zuwendung i.H.v. 80.000 EUR erhalten – nach vollzogener Ausgleichung steht T kein Pflichtteilsanspruch mehr zu. Seinen „Zuvielempfang" muss sie wegen § 2056 S. 1 BGB nicht herausgeben mit der Folge, dass dieser im Wege der Ausgleichung nach § 2316 BGB noch nicht berücksichtigt bzw. verbraucht ist.

Hat der **Zuvielempfang** gleichzeitig Schenkungscharakter, kommt insoweit ein Pflichtteilsergänzungsanspruch der übrigen pflichtteilsberechtigten Abkömmlinge in Betracht.[48]

§ 2317 Entstehung und Übertragbarkeit des Pflichtteilsanspruchs

(1) Der Anspruch auf den Pflichtteil entsteht mit dem Erbfall.
(2) Der Anspruch ist vererblich und übertragbar.

Übersicht: Rdn

46 BGH DNotZ 1963, 113 f.
47 Vgl. RGZ 77, 282, 284; BGH DNotZ 1963, 113, 114.
48 BGH NJW 1965, 1526; BGH FamRZ 1988, 280, 281; MüKo/*Lange*, § 2316 Rn 29; *Schambacher*, ZEV 1997, 349 ff.

A. Allgemeines

Der Pflichtteilsanspruch ist eine schuldrechtliche Forderung, die auf Zahlung eines der Pflichtteilsquote entsprechenden Geldbetrages gerichtet ist,[1] und die der Höhe nach der Hälfte des Wertes des gesetzlichen Erbteils entspricht. Der Pflichtteilsanspruch ist vom abstrakten Pflichtteilsrecht nach § 2303 BGB, seiner Grundlage, zu unterscheiden. Nach h.M. handelt es sich bei der Pflichtteilsverbindlichkeit um eine Geldsummenschuld[2] mit der Folge, dass Wertverschiebungen durch Währungsänderungen oder Inflation nach Eintritt des Erbfalls unbeachtlich sind.[3] 1

Der Pflichtteilsanspruch kann vor dem Erbfall weder durch Arrest noch durch einstweilige Verfügung gesichert werden.[4]

Bereits vor dem Erbfall kann aber im Wege der **Feststellungsklage** die Frage des Bestehens oder Nichtbestehens eines Pflichtteilsrechts geklärt werden.[5] Die Vorschrift gilt für jeden Pflichtteilsanspruch, also auch für den Pflichtteilsergänzungsanspruch nach §§ 2325 ff., 2329 BGB und für den Pflichtteilsanspruch des Ersatzberechtigten. 2

B. Tatbestand

I. Entstehung

Der Pflichtteilsanspruch entsteht endgültig mit dem Erbfall, Abs. 1. Der Erwerb erfolgt kraft Gesetzes.[6] Der Anspruch entsteht auch bei Pflichtteilsunwürdigkeit sowie bei angeordneter **Vor-** und **Nacherbschaft** mit dem Erbfall. Kein Pflichtteilsanspruch entsteht, wenn ein Erb- oder Pflichtteilsverzicht wirksam vereinbart oder dem Pflichtteilsberechtigten der Pflichtteil wirksam entzogen wurde.[7] 3

Umstritten ist die Frage, ob der Pflichtteilsanspruch bereits beim Erbfall entsteht, wenn er selbst bzw. seine Höhe davon abhängig ist, dass der Pflichtteilsberechtigte oder ein Dritter das ihm Zugewandte ausschlägt, §§ 2306, 2307, 1371 Abs. 4 BGB, Fälle des § 2309 BGB. Teilweise wird vertreten, dass der Anspruch erst mit der Ausschlagung entstehe, aber so behandelt werden müsse, als sei er bereits im Zeitpunkt des Erbfalls entstanden.[8] Zur Begründung wird der Wortlaut der §§ 2306, 2307 BGB herangezogen. Nach a.A. entsteht der Pflichtteilsanspruch bereits mit dem Erbfall, kann aber vor Ausschlagung nicht geltend gemacht werden.[9] Die Praxisrelevanz dieses Streites wird entschärft durch § 2332 Abs. 2 BGB. Praktische Auswirkung dürfte die Diskussion nur im Versäumnisverfahren erlangen.[10] 4

II. Fälligkeit des Anspruchs

Mit Eintritt des Erbfalls, also bereits mit seiner **Entstehung**, wird der Pflichtteilsanspruch fällig, § 271 BGB. Er kann daher vom Pflichtteilsberechtigten sofort verlangt werden, ohne Rücksicht darauf, ob eine Auseinandersetzung der Miterbengemeinschaft bereits stattgefunden hat. Die Fälligkeit des Anspruchs kann der Erblasser einseitig grundsätzlich nicht beeinflussen, es sei denn, die Voraussetzungen für eine 5

1 BGH 28, 178.
2 BGHZ 5, 12; BGHZ 7, 134; BGHZ 28, 178; Staudinger/*Herzog*, § 2317 Rn 34; MüKo/*Lange*, § 2303 Rn 5.
3 Staudinger/*Herzog*, § 2317 Rn 36; BGHZ 5, 12 ff.
4 Grüneberg/*Weidlich*, § 2317 Rn 1; Staudinger/*Herzog*, § 2317 Rn 124.
5 BGH FamRZ 1974, 303; Staudinger/*Herzog*, § 2317 Rn 127.
6 RGZ 77, 238, 239; Staudinger/*Herzog*, § 2317 Rn 7.
7 Staudinger/*Herzog*, § 2317 Rn 21 u. 25.
8 *Herzfelder*, JW 1931, 1354, 1355, Grüneberg/*Weidlich*, § 2317 Rn 1.
9 RG JW 1931, 1354, 1356; *v. Lübtow*, Probleme des Erbrechts, S. 33 ff.; Staudinger/*Herzog*, § 2317 Rn 14.
10 Soergel/*Dieckmann*, 13. Aufl., § 2317 Rn 3.

Pflichtteilsentziehung nach §§ 2333 ff. BGB liegen vor. Durch Vertrag mit dem Pflichtteilsberechtigten kann der Erblasser aber auf die Fälligkeit Einfluss nehmen.[11]

III. Zinsen

6 Für die Verzinsung des Pflichtteilsanspruchs gelten die allg. Regeln, zumal das Gesetz keine Sonderregelung enthält.[12]

IV. Verzug

7 Für die **Verzinsung** des Pflichtteilsanspruchs gelten die allg. schuldrechtlichen Vorschriften. Voraussetzungen für den Zinsanspruch sind demnach **Verzug** oder **Rechtshängigkeit.**[13] Verzug tritt durch Mahnung ein, und zwar auch dann, wenn der Anspruch nicht beziffert werden kann.[14] Zur Mahnung bedarf es keiner Fristsetzung und auch keines Hinweises auf die Folgen des Ausbleibens der Leistung.[15] Verzug tritt nicht ein, wenn der Pflichtteilsberechtigte nicht abschließend über selbst erhaltene unentgeltliche Zuwendungen Auskunft erteilt und der Erbe sich hierauf beruft.[16]

8 Ist dem Pflichtteilsberechtigten die **Bezifferung** der Höhe seines Anspruchs nicht möglich, so kann er auch eine unbezifferte Forderung erheben. Hierfür ist es erforderlich, dass die Zahlungsaufforderung einem zulässigen Antrag einer Stufenklage gem. § 254 ZPO entspricht.[17] Verzug tritt ferner dann ein, wenn der Pflichtteilsschuldner die **Erfüllung** des Pflichtteils ernsthaft und endgültig **verweigert**, § 286 Abs. 2 Nr. 3 BGB. Nach § 286 Abs. 4 BGB ist der Verzugseintritt ausgeschlossen, sofern die Erfüllung des Pflichtteils infolge eines Umstandes, den der Pflichtteilsschuldner nicht zu vertreten hat, ausbleibt.

9 Den Eintritt des Verzugs kann der Pflichtteilsschuldner nicht durch zögerliches Verhalten bei der Auskunft über den Nachlassbestand hinausschieben.[18]

V. Geltendmachung des Anspruchs

1. Allgemeines

10 Es steht dem Pflichtteilsberechtigten grundsätzlich frei, den Anspruch geltend zu machen.[19] Diese Entscheidungsfreiheit ist in § 852 Abs. 1 ZPO ausdrücklich vor den Interessen der Gläubiger des Pflichtteilsberechtigten geschützt.[20] Die Nichtgeltendmachung führt allerdings nicht zur Erhöhung der Pflichtteilsquoten der übrigen Beteiligten.

Die Entscheidungsfreiheit des Pflichtteilsberechtigten, ob er den Anspruch geltend macht oder nicht, unterliegt Grenzen. So kann ein Pflichtteilsberechtigter aus unterhaltsrechtlichen Gründen unter Umständen verpflichtet sein, den Pflichtteilsanspruch geltend zu machen.[21] Im Rahmen der Prüfung der Leistungsfähigkeit eines Unterhaltsschuldners ist der Pflichtteilsanspruch grundsätzlich zu berücksichtigen.[22] Es kommt

---

11 Staudinger/*Herzog*, § 2317 Rn 40.
12 BGH, JurionRS1968, 11838, zitiert bei *Kessler*, DRiZ 1969, 278, 281; Staudinger/*Herzog*, § 2317 Rn 45.
13 BGH, Urt. v. 11.3.1968 – III 215/65, zitiert bei *Kessler*, DRiZ 1969, 278, 281.
14 Grüneberg/*Weidlich*, § 2317 Rn 3; BGH NJW 1981, 1732, vgl. hierzu *Rißmann*, ZErb 2002, 181.
15 Staudinger/*Herzog*, § 2317 Rn 52.
16 OLG Köln ErbR 2018, 471.
17 BGHZ 80, 296 = NJW 1981, 1729 = JR 1981, 503, 506; Soergel/*Dieckmann*, 13. Aufl., § 2317 Rn 6.
18 Vgl. Soergel/*Dieckmann*, 13. Aufl., § 2317 Rn 6; Staudinger/*Herzog*, § 2317 Rn 54.
19 BGH NJW 1982, 2771, 2772.
20 BGH ZEV 2005, 117.
21 BGH NJW 1982, 2771, 2772; BGH ZEV 2013, 92.
22 Staudinger/*Herzog*, § 2317 Rn 78, 103.

insoweit nicht darauf an, ob der Anspruch geltend gemacht wurde oder nicht.[23] Ein einklagbarer Anspruch auf Geltendmachung des Pflichtteils besteht nicht.[24]

2. Pflichtteilsansprüche von Sozialhilfebeziehern

Der Pflichtteilsanspruch ist ein grundsätzlich zur Bedarfsdeckung geeigneter Anspruch, der auf den Sozialleistungsträger übergehen oder von diesem eingezogen werden kann.[25] Bezieht der Pflichtteilsberechtigte Leistungen zur Sicherung seines Lebensunterhalts nach dem SGB II, geht sein Pflichtteilsanspruch im Wege der Legalzession auf den Sozialhilfeträger über.[26] Der Sozialhilfeträger kann bei der Gewährung von Leistungen nach dem SGB XII den Pflichtteilsanspruch nach § 93 SGB XII auf sich überleiten.[27] Der Pflichtteilsanspruch kann, wenn er auf den Sozialhilfeträger übergeleitet worden ist, von diesem auch geltend gemacht werden, ohne dass es insoweit auf eine Entscheidung des Pflichtteilsberechtigten selbst ankäme.[28] Bei der Geltendmachung von Pflichtteilsansprüchen trifft den Sozialhilfeträger die gleiche Darlegungslast wie den Pflichtteilsberechtigten selbst.[29] Im Rahmen von Behindertentestamenten ist zu beachten, dass in Fällen, in denen das behinderte Kind infolge einer Verwirkungsklausel bei Geltendmachung des Pflichtteils seiner Erbeinsetzung für den Schlusserbfall verlustig geht, der Sozialhilfeträger den Pflichtteilsanspruch dennoch auf sich überleiten kann, wenn sich durch Auslegung ermitteln lässt, dass in diesen Fällen die Verwirkungsklausel nicht greift und das behinderte Kind infolgedessen im zweiten Erbfall nicht benachteiligt ist.[30] Der Pflichtteilsanspruch ist nach Abs. 1 bereits mit dem Erbfall als Vollrecht begründet. Nach Auffassung des BSG zählt der Pflichtteilsanspruch daher zum Vermögen nach § 12 SGB II.[31] Die Zuwendung eines Pflichtteils zählt zum Vermögen, wenn der Erbfall vor der Beantragung von Leistungen eingetreten ist. Ist die Erfüllung des Pflichtteilsanspruchs im Zeitraum nach der Stellung eines Antrages auf Leistungen nach dem SGB II erfolgt, stellt der Zufluss des Geldbetrags Einkommen dar.[32] 11

3. Geltendmachung für Minderjährige

Der Grundsatz der Entscheidungsfreiheit zur Geltendmachung des Pflichtteilsanspruchs durch den Pflichtteilsberechtigten selbst ist auch eingeschränkt, wenn der Pflichtteilsberechtigte **minderjährig** ist.[33] In diesen Fällen wird der Pflichtteilsanspruch vom Sorgeberechtigten des Minderjährigen geltend gemacht. Der überlebende Ehegatte als Alleinerbe kann als Inhaber des Sorgerechts entscheiden, ob der Pflichtteilsanspruch minderjähriger Kinder des Erblassers geltend gemacht oder sichergestellt wird.[34] Bei erheblichen Anhaltspunkten für einen Interessensgegensatz elterlicher Interessen und Interessen des Kindes kann das Familiengericht dem überlebenden Ehegatten insoweit die Vertretungsmacht entziehen, §§ 1629 Abs. 2 S. 3, 1796 Abs. 2 BGB, 12

23 *Winkler von Mohrenfels*, FamRZ 1981, 521.
24 BGH ZEV 2013, 92; Staudinger/*Herzog*, § 2317 Rn 106.
25 *Doering-Striening/Horn*, Der Übergang von Pflichtteilsansprüchen von Sozialhilfebeziehern, NJW 2013, 1276 f.
26 *Doering-Striening/Horn*, NJW 2013, 1276, 1277.
27 BGH ZEV 2006, 76; OLG Hamm BeckRS 2016, 110649.
28 BGH ZEV 2005, 117–119.
29 OLG Köln ZEV 2007, 489.
30 BGH FamRZ 2005, 448; a.A. OLG Frankfurt ZEV 2004, 24.
31 BSG FamRZ 2010, 1729.
32 LSG Rheinland-Pfalz, Urt. v. 28.8.2012 – L 6 AS 172/11, juris.
33 Staudinger/*Herzog*, § 2317 Rn 109.
34 BayObLGZ 1963, 132, 134 = Rpfleger 1964, 269.

und eine Pflegschaft anordnen, § 1809 BGB. Grundsätzlich ist das aber nicht der Fall. Gefährdet der erbende Elternteil den Pflichtteilsanspruch des Kindes oder wurde ihm die Vermögenssorge entzogen, ist dem Kind jedoch ein Pfleger zu bestellen.[35] In Fällen, in denen dem minderjährigen Pflichtteilsberechtigten der Anspruch gegen einen Elternteil zusteht, ist die Verjährung nach § 207 Abs. 1 Nr. 2 BGB gehemmt, sodass das Kind den Pflichtteilsanspruch bis zum Erreichen des 21. Lebensjahres geltend machen und durchsetzen kann.

13 Durch eine Anordnung nach § 1638 BGB kann der Erblasser die Eltern des Kindes von der Verwaltung des Vermögens, das dieses durch den Erbfall erwirbt, ausschließen, was letztendlich einem Entzug der Vermögenssorge gleichkommt. Dies hat zur Folge, dass die Eltern den Pflichtteil für das Kind nicht geltend machen können und nach § 1809 BGB ein Pfleger zu bestellen ist.[36]

14 Für die Beurteilung der Frage, wann ein erheblicher **Interessensgegensatz** vorliegt, ist zu berücksichtigen, ob der überlebende Ehegatte in der Lage sein wird, den Pflichtteilsanspruch nach Volljährigkeit des Kindes zu erfüllen.[37] Wird der Pflichtteilsanspruch vom überlebenden Ehegatten weder erfüllt noch sichergestellt, so reicht dies zur Teilentziehung des Sorgerechts nicht aus. Weitere Gesichtspunkte müssen im Interesse des Familienfriedens hinzutreten.[38] Geprüft werden muss, ob eine Gefährdung des Kindeswohl vorliegt. Sofern der Pflichtteilsanspruch des Minderjährigen nicht erfüllt wird, gilt für die Verjährung § 207 Abs. 1 Nr. 2 BGB. Nach dieser Vorschrift ist der Anspruch bis zum Erreichen des 21. Lebensjahres des Pflichtteilsberechtigten gehemmt. Im Interesse des Kindes wird das Familiengericht auf die Vorlage eines **Vermögensverzeichnisses** gem. § 1640 BGB drängen, um dem Minderjährigen eine Berechnungsgrundlage für seinen Pflichtteilsanspruch zu sichern, oder zur Durchsetzung des Pflichtanteilsanspruchs einen Ergänzungspfleger bestellen.[39]

VI. Erlass

15 Der Pflichtteilsberechtigte kann nach dem Eintritt des Erbfalles durch formlosen Vertrag mit dem Erben nach den allg. Regeln über den **Forderungserlass** (§ 397 BGB) auf seinen bereits entstandenen Pflichtteilsanspruch verzichten mit der Folge, dass der bereits entstandene Anspruch erlischt.[40] Hierfür ist erforderlich, dass der Pflichtteilsberechtigte Kenntnis vom Bestehen des Anspruchs hat bzw. mit der Möglichkeit des Bestehens rechnet und den Verzicht auf den Anspruch unmissverständlich erklärt.[41] Eine einseitige Ausschlagungserklärung des Pflichtteilsberechtigten reicht nicht.[42]

16 Vor Eintritt des Erbfalles ist ein Verzicht in Form eines Pflichtteilsverzichtsvertrags nach § 2346 Abs. 2 BGB möglich, der der notariellen Beurkundung bedarf, § 2348 BGB. Streitig ist, ob der Erblasser und der Pflichtteilsberechtigte auch einen Erlassvertrag hinsichtlich des künftig entstehenden schuldrechtlichen Pflichtteilsanspruchs schließen können.[43]

35 Grüneberg/*Weidlich*, § 2317 Rn 4; OLG Köln NJW 2024, 2193; BayObLGZ 1988, 385.
36 Staudinger/*Herzog*, § 2317 Rn 112.
37 Vgl. BayObLGZ 1982, 86, 88.
38 BayObLGZ 1963, 132; BayObLGZ 1988, 385.
39 *Damrau*, Der Minderjährige im Erbrecht, Rn 219 ff. Vgl. zur Geltendmachung des Pflichtteilsanspruchs durch den Betreuer BayObLG ZErb 2004, 69 und *Ivo*, ZErb 2004, 174; OLG Köln, NJW 2024, 2193.
40 Staudinger/*Herzog*, § 2317 Rn 84; OLG Düsseldorf FamRZ 2000, 367; OLG Rostock, ZEV 2020, 730.
41 Staudinger/*Herzog*, § 2317 Rn 85.
42 Staudinger/*Herzog*, § 2317 Rn 87.
43 Vgl. hierzu Staudinger/*Herzog*, § 2317 Rn 95 m.w.N.; BGH JZ 1997, 851.

Ein im gesetzlichen Güterstand der Zugewinngemeinschaft verheirateter Ehegatte, der auf seinen Pflichtteil verzichten will, benötigt hierfür nicht die Zustimmung seines Ehepartners nach § 1365 BGB, und zwar selbst dann nicht, wenn es sich hierbei um sein gesamtes Vermögen handelt.[44]
Soll auf den Pflichtteilsanspruch eines Minderjährigen durch dessen Eltern verzichtet werden, wird eine gerichtliche Genehmigung benötigt, §§ 1851 Nr. 2, 1643 Abs. 1 BGB.

VII. Vererblichkeit des Pflichtteilsanspruchs

Der Pflichtteilsanspruch ist gem. Abs. 2 **vererblich**. Verstirbt ein nach §§ 2306, 2307 BGB zur Ausschlagung berechtigter Pflichtteilsberechtigter, bevor er ausgeschlagen hat, so vererbt sich dieses Ausschlagungsrecht gem. §§ 1952 Abs. 1, 2180 Abs. 3 BGB an den Erben dieses Pflichtteilsberechtigten. Dieser kann ausschlagen und den Pflichtteil verlangen.[45] Bzgl. der **Vererbung** des **Ausschlagungsrechts** bei angeordneter Vor- und Nacherbschaft gilt: War der vorverstorbene Pflichtteilsberechtigte zum Nacherben eingesetzt und fällt das Nacherbenrecht in seinen Nachlass, so steht dem Erben das oben erwähnte Wahlrecht zu, es sei denn, die Nacherbschaft ist gem. § 2108 Abs. 2 Alt. 2 BGB auf einen Dritten als Ersatznacherben übergegangen.[46] 17

Ein Wahlrecht besteht, wenn der Pflichtteilsberechtigte nur Vorerbe war, unabhängig davon, wer zum Nacherben berufen wurde.[47] Ist ein Dritter zum Nacherben berufen, so besteht ein **Wahlrecht** des Erben, da in den Nachlass des pflichtteilsberechtigten Vorerben Nutzungen gem. §§ 2111 Abs. 1 S. 1, 2133 BGB gefallen sind, die ein Wahlrecht zwischen diesen und dem Pflichtteilsanspruch ermöglichen.[48] 18

VIII. Übertragbarkeit

Der Pflichtteilsanspruch ist gem. §§ 398 ff. BGB uneingeschränkt übertragbar. Die Einhaltung einer besonderen **Form** ist mithin nicht erforderlich. Mit der Übertragung wird der Abtretungsempfänger gem. § 401 BGB auch auskunftsberechtigt gem. § 2314 BGB.[49] Die **Übertragbarkeit** des Pflichtteilsanspruchs kann vertraglich ausgeschlossen werden. Hierfür bedarf es eines beschränkten Pflichtteilsverzichtsvertrags zwischen Erblasser und Pflichtteilsberechtigtem, der notariell zu beurkunden ist, § 2348 BGB.[50] Umstritten ist die Frage, ob der künftige Pflichtteilsanspruch vor Ausschlagung inklusive des Ausschlagungsrechts in den Fällen der §§ 2306, 2307 BGB übertragen werden kann. Das Ausschlagungsrecht ist ein höchstpersönliches Recht, das von der Erbenstellung nicht getrennt werden kann. Deshalb kann es auch nicht durch Rechtsgeschäft übertragen werden.[51] Auch das Ausschlagungsrecht des Vermächtnisnehmers ist ein höchstpersönliches Recht[52] und daher grundsätzlich nicht mit dem Vermächtnisanspruch übertragbar. 19

Die wohl h.M. in der Lit. gestattet dennoch die Übertragung des Ausschlagungsrechts gemeinsam mit dem **Vermächtnis** auf den Erwerber[53] und begründet dies damit, dass die Ausschlagung nur eine Forderung durch eine andere ersetze. Die Gegenansicht 20

44 Staudinger/*Herzog*, § 2317 Rn 90.
45 Soergel/*Dieckmann*, 13. Aufl., § 2317 Rn 12; MüKo/*Lange*, § 2317 Rn 27.
46 MüKo/*Lange*, § 2317 Rn 28; Soergel/*Dieckmann*, 13. Aufl., § 2317 Rn 12.
47 Vgl. BGH FamRZ 1965, 604, 605.
48 BGHZ 44, 152 = FamRZ 1965, 604.
49 Staudinger/*Herzog*, § 2317 Rn 191; *Klumpp*, ZEV 1998, 123, 124.
50 Staudinger/*Herzog*, § 2317 Rn 193.
51 MüKo/*Lange*, § 2317 Rn 21; Staudinger/*Herzog*, § 2317 Rn 194.
52 MüKo/*Lange*, § 2317 Rn 21; Staudinger/*Herzog*, § 2317 Rn 195.
53 NK-BGB/Bock, § 2317 Rn 9; Soergel/*Dieckmann*, 13. Aufl., § 2317 Rn 11.

weist zu Recht auf die Auswirkungen hin, die sich beim Erwerb des Vermächtnisses von einem in **Zugewinngemeinschaft** verheirateten Ehegatten ergeben.[54]

IX. Pfändung und Insolvenz

21 Der Pflichtteilsanspruch kann als in seiner zwangsweisen Verwertbarkeit aufschiebend bedingter Anspruch bereits gepfändet werden, bevor er durch Vertrag **anerkannt** oder **rechtshängig** wurde.[55] § 852 Abs. 1 ZPO steht dem nicht entgegen.[56] Der Anspruch ist dann ohne Einschränkung mit einem Pfandrecht belegt, darf aber erst verwertet werden, wenn die Voraussetzungen des § 852 Abs. 1 ZPO vorliegen.[57] Nach der Rspr. des BGH kann ein Gläubiger den entstandenen Pflichtteilsanspruch bereits vor seiner Rechtshängigkeit oder Anerkennung wie eine aufschiebend bedingte Forderung pfänden und sich so bei Eintritt der Verwertungsvoraussetzungen ein vollwertiges Pfandrecht sichern, dessen Rang sich nach dem Zeitpunkt der Pfändung bestimmt.[58] Die Überweisung zur Einziehung kann bereits vor Bedingungseintritt erfolgen, was die Erwirkung eines einheitlichen Pfändungs- und Überweisungsbeschlusses möglich macht.[59]
Die Vorschrift will vermeiden, dass der Pflichtteilsanspruch, der seine Grundlage im Familienrecht hat, nicht gegen den Willen des Pflichtteilsberechtigten geltend gemacht wird.[60] Pflichtteil i.S.d. § 852 ZPO sind der ordentliche Pflichtteil, der Pflichtteilsrestanspruch, der Pflichtteilsergänzungsanspruch und der Anspruch des von der **fortgesetzten Gütergemeinschaft** ausgeschlossenen Abkömmlings.[61] Die Sicherung eines künftigen Pflichtteilsanspruchs vor dem Erbfall ist nicht möglich. Nur der gegen den oder die Erben gerichtete Anspruch aus § 2317 BGB als solcher und nicht das bereits vor dem Erbfall bestehende Pflichtteilsrecht kann Gegenstand einer Pfändung sein.[62]

22 Wurde dem Pflichtteilsberechtigten ein Vermächtnis zugewandt, das der Höhe nach dem Pflichtteilsanspruch entspricht, so besteht kein Pfändungsschutz.[63] Durch Ausschlagung gem. § 2307 BGB kann der Pflichtteilsberechtigte den beschränkt pfändbaren Pflichtteilsanspruch erlangen.

23 Der **Pfändungsschutz** des § 852 Abs. 1 ZPO entfällt, sobald Erbe und Pflichtteilsberechtigter eine Vereinbarung getroffen haben, aus der Bestehen und Geltendmachung des Pflichtteilsanspruchs erkennbar sind.[64] Ein Anerkenntnis nach § 781 BGB ist grundsätzlich nicht erforderlich.[65] Die Geltendmachung ist nicht in einem unentgeltlichen Erlassvertrag nach § 397 BGB zu sehen, denn dieser Vertrag zeigt gerade, dass der Pflichtteilsanspruch nicht durchgesetzt werden soll.[66]

24 Tritt bei einem Schuldner nach Eröffnung des Insolvenzverfahrens ein Erbfall ein, der ihn zum Pflichtteilsberechtigten macht, so gehört dieser Pflichtteil zur Insolvenzmasse,[67] auch wenn der Pflichtteilsanspruch erst nach Beendigung der Wohlverhaltens-

54 MüKo/*Lange*, § 2317 Rn 21; Staudinger/*Herzog*, § 2317 Rn 195.
55 BGH FamRZ 1993, 1307; OLG Düsseldorf FamRZ 2000, 367; BGH FamRZ 2009, 502.
56 Grüneberg/*Weidlich*, § 2317 Rn 8.
57 BGH ZEV 2013, 266; BGH ZEV 2015, 107.
58 BGHZ 123, 183, 185 = BGH NJW 1993, 2876.
59 BGHZ 123, 183, 185 = NJW 1993, 2876.
60 BGH NJW 1982, 2771, 2772; BGH ZEV 2016, 447.
61 Vgl. *Kerscher/Riedel/Lenz*, Pflichtteilsrecht, § 14 Rn 12.
62 AG Schwabach DGVZ 2011, 148.
63 BayObLGZ 8, 261, 263.
64 OLG Karlsruhe HRR 1930, Nr. 1164; OLG Düsseldorf, FamRZ 2000, 367.
65 OLG Karlsruhe HRR 1930, Nr. 1164; MüKo/*Lange*, § 2317 Rn 29.
66 *Kuchinke*, NJW 1994, 1769.
67 BGH ZEV 2015, 107; BGH ZEV 2016, 447.

periode rechtskräftig durchgesetzt wird.[68] Über die Geltendmachung des Pflichtteils entscheidet der Pflichtteilsberechtigte allein.[69] Wird der während des Insolvenzverfahrens entstandene Pflichtteilsanspruch erst nach Aufhebung des Insolvenzverfahrens anerkannt oder rechtshängig gemacht, unterliegt er der Nachtragsverteilung gem. § 203 Abs. 1 Nr. 3 InsO.[70] Hat der Erblasser dem Pflichtteilsberechtigten ein Darlehen gewährt, ist dieses bei der Berechnung des Pflichtteils zu berücksichtigen, auch wenn dem Pflichtteilsberechtigten hinsichtlich des Rückzahlungsanspruchs in einem Privatinsolvenzverfahren über sein Vermögen Restschuldbefreiung erteilt worden ist.[71]

C. Verfahrensfragen und Beweislast

I. Örtliche Zuständigkeit

Der Pflichtteilsanspruch ist vor dem Prozessgericht geltend zu machen, wahlweise am Gerichtsstand der Erbschaft, § 27 ZPO, oder am Gerichtsstand des Beklagten, §§ 12 ff. ZPO. 25

II. Beweislast

Der Pflichtteilsberechtigte hat alle Tatsachen zu beweisen, von denen der erhobene Anspruch nach Grund und Höhe abhängt.[72] **Beweislastumkehr** kann eintreten, wenn der Erbe seine gesetzliche Auskunftspflicht nach § 2314 BGB verletzt.[73] Der Pflichtteilsberechtigte ist beweispflichtig dafür, dass eine Nachlassverbindlichkeit, die vom Schuldner des Pflichtteilsanspruchs substantiiert dargelegt wurde, tatsächlich nicht besteht.[74] Ferner trifft den Pflichtteilsberechtigten die Beweislast dafür, dass der Anspruch wegen Überschuldung des Nachlasses nicht entstanden ist.[75] 26

D. Erbschaftsteuer

Der Pflichtteilsanspruch unterliegt der **Erbschaftsteuer**, sobald er geltend gemacht worden ist, §§ 1 Abs. 1 Nr. 1 und 3 Abs. 1 Nr. 1 ErbStG.[76] Die Geltendmachung des Pflichtteilsanspruchs ist Voraussetzung für die Besteuerung als Erwerb von Todes wegen beim Pflichtteilsberechtigten bzw. für die Berücksichtigung als Nachlassverbindlichkeit beim Erben. Sie ist aber nicht erforderlich für die Stundung eines noch entstehenden Pflichtteilsanspruchs.[77] 27

Die zinslose Stundung eines nicht geltend gemachten Pflichtteilsanspruchs stellt keine der Schenkungsteuer unterliegende freigebige Zuwendung dar.[78] 28

§ 2318 Pflichtteilslast bei Vermächtnissen und Auflagen

(1) [1]Der Erbe kann die Erfüllung eines ihm auferlegten Vermächtnisses soweit verweigern, dass die Pflichtteilslast von ihm und dem Vermächtnisnehmer verhältnismäßig getragen wird. [2]Das Gleiche gilt von einer Auflage.

---

68 LG Münster NZI 2009, 657–659; BGH FamRZ 2011, 212–214.
69 BGH NJW 2011, 1448.
70 BGH FamRZ 2011, 212–214.
71 OLG Oldenburg ZEV 2014, 359.
72 BGHZ 7, 134, 136.
73 BGHZ 7, 134, offengelassen; Brandenburgisches OLG ZEV 2009, 36.
74 Grüneberg/*Weidlich*, § 2317 Rn 10; OLG Frankfurt ZEV 2003, 364.
75 Brandenburgisches OLG ZEV 2009, 36.
76 Grüneberg/*Weidlich*, § 2317 Rn 6.
77 FG Münster ZErb 2009, 213 ff.
78 BFH ZEV 2010, 379, 380.

(2) Einem pflichtteilsberechtigten Vermächtnisnehmer gegenüber ist die Kürzung nur soweit zulässig, dass ihm der Pflichtteil verbleibt.
(3) Ist der Erbe selbst pflichtteilsberechtigt, so kann er wegen der Pflichtteilslast das Vermächtnis und die Auflage soweit kürzen, dass ihm sein eigener Pflichtteil verbleibt.

Literatur

Kollmeyer/Beckmann, Zusammentreffen von Pflichtteilsrecht und Vermächtnis bzw. Auflage in der Praxis, NJW 2024, 945; *Sporré*, Die Beteiligung des Vermächtnisnehmers an der Pflichtteilslast des Erben gem. § 2318 BGB, ZEV 2022, 5; *Osthold*, Die Berechnung der Kürzung nach § 2318 Abs. 1 BGB im Lichte der Pflichtteilsergänzung, ErbR 2022, 448; *Damrau*; In diesen Fällen kann der Erbe Vermächtnisse kürzen, EE 2019, 136.

Übersicht:

A. Allgemeines

1 Die §§ 2318–2324 BGB regeln die Verteilung der **Pflichtteilslast** im **Innenverhältnis** zwischen den einzelnen Nachlassbeteiligten (Alleinerbe, Miterben, Vermächtnisnehmer und Auflagenbegünstigte). Auf das Außenverhältnis haben die Vorschriften mit Ausnahme des § 2319 BGB keinerlei Auswirkung.

2 Für den Pflichtteilsanspruch haftet(n) der bzw. die Erben. An ihn/sie muss sich der Pflichtteilsberechtigte für die Erfüllung seines Anspruchs halten.[1] Der **Alleinerbe** bzw. die **Miterben** haben auch die vom Erblasser angeordneten Vermächtnisse und Auflagen zu erfüllen. Vermächtnisse und Auflagen bleiben bei der Berechnung des Pflichtteilsanspruchs jedoch unberücksichtigt. Daher gewährt § 2318 BGB dem Erben ein Kürzungsrecht, das es ihm erlaubt, die Pflichtteilslast einschließlich Pflichtteilsergänzung im Innenverhältnis anteilsmäßig auf Vermächtnisnehmer und Auflagenbegünstigte abzuwälzen.[2]

3 Bei diesem Kürzungsrecht nach § 2318 BGB handelt es sich um eine **peremptorische Einrede.**[3] Die Vorschrift ist nach § 2324 BGB im Hinblick auf Abs. 1 abdingbar.[4] Leistet der Erbe, ohne sein Kürzungsrecht zu kennen, kann er den Kürzungsbetrag gem. § 813 BGB vom Vermächtnisnehmer bzw. Auflagenbegünstigten zurückfordern.[5] Die Kürzung ist zulässig im Hinblick auf den ordentlichen Pflichtteil und auch auf

1 RG JW 1914, 593 = WarnR 1914, Nr. 168.
2 *Osthold*, ErbR 2022, 448.
3 MüKo/*Lange*, § 2318 Rn 2; BeckOk BGB/*Müller-Engels*, § 2318 Rn 1; *v. Olshausen*, MDR 1986, 89.
4 MüKo/*Lange*, § 2318 Rn 1.
5 KG FamRZ 1977, 267, 269; *Tanck*, ZEV 1998, 132, 133; Staudinger/*Otte*, § 2318 Rn 4.

den Pflichtteilsergänzungsanspruch, der den Erben belastet.[6] Die Vorschrift des § 2318 BGB wird durch § 2322 BGB verdrängt.[7]

B. Tatbestand

I. Kürzungsbefugnis (Abs. 1)

Gem. Abs. 1 kann der Erbe gegenüber Vermächtnisnehmern und Auflagenbegünstigten anteilsmäßige Beteiligung an der Pflichtteilslast verlangen, sofern sich aus den §§ 2321, 2322 BGB nichts anderes ergibt bzw. der Erblasser keine abweichenden Anordnungen nach § 2324 BGB getroffen hat. § 2318 BGB greift grundsätzlich nicht nur zugunsten des pflichtteilsberechtigten Alleinerben, sondern auch bei einer Erbenmehrheit ein. Auch dem Testamentsvollstrecker steht in gleichem Umfang wie den Erben das Kürzungsrecht des § 2318 BGB zu.[8] 4

Das Kürzungsrecht bezieht sich auch auf **gesetzliche Vermächtnisse**, wie etwa den Dreißigsten nach § 1969 BGB,[9] nicht jedoch auf den Voraus des Ehegatten, § 2332 BGB,[10] den Unterhaltsanspruch der Mutter eines **ungeborenen Erben** nach § 1963 BGB sowie den Ausbildungsanspruch des Stiefabkömmlings nach § 1371 Abs. 4 BGB. Hierbei handelt es sich nicht um Vermächtnisse.[11] Vermächtnisnehmer und Auflagenbegünstigte haben sich entsprechend des Wertes ihrer Beteiligung am Nachlass an der Pflichtteilslast zu beteiligen, was zu einer gleichmäßigen Verteilung der Pflichtteilslast unter den Nachlassbeteiligten führt. Voraussetzung für die Kürzungsbefugnis ist, dass ein Pflichtteilsanspruch geltend gemacht wird, durch welchen der oder die Erben wirtschaftlich belastet werden.[12] Die bloße Ankündigung der Geltendmachung eines Pflichtteilsanspruchs beinhaltet aber noch keine den Erben wirtschaftlich treffende Inanspruchnahme.[13] Verzichtet der Pflichtteilsberechtigte schenkweise auf seinen Pflichtteilsanspruch, so bleibt das Kürzungsrecht bestehen.[14] Es entfällt, wenn der Pflichtteilsanspruch bereits verjährt ist.[15] Bei Vermächtnissen, die auf eine unteilbare Leistung gerichtet sind, kann eine Kürzung nicht erfolgen. Der Erbe kann vom Vermächtnisnehmer die Erstattung des hypothetischen Kürzungsbetrages verlangen. Vor der Erstattung braucht er das Vermächtnis nicht zu erfüllen. Verweigert der Vermächtnisnehmer die Zahlung, muss der Erbe nur den um den Kürzungsbetrag verminderten Vermächtniswert in Geld leisten.[16] 5

II. Durchführung der Kürzung

Die Vorschrift will die wertverhältnismäßige Verteilung der Pflichtteilslast auf Erben und Vermächtnisnehmer bzw. Auflagenbegünstigte regeln.[17] Dies wird erreicht, wenn sich die Pflichtteilslast der Erben im Verhältnis zu der des Vermächtnis- oder Auflagenbegünstigten entsprechend der wertmäßigen Nachlassbeteiligung des Erben zu der des Vermächtnisnehmers bzw. Auflagenbegünstigten verhält, wobei der Nachlasswert ohne Abzug des Pflichtteils, aber in Abweichung zu § 2311 BGB unter Berücksichti- 6

6 Grüneberg/*Weidlich*, § 2318 Rn 1; *Osthold*, ErbR 2022, 448.
7 BGH NJW 83, 2378, 2379 ff.; LG Detmold ErbR 2024, 725.
8 OLG München EE 2009, 114.
9 Grüneberg/*Weidlich*, § 2318 Rn 1; MüKo/*Lange*, § 2318 Rn 5; a.A. Staudinger/*Otte*, § 2318 Rn 8.
10 Grüneberg/*Weidlich*, § 2318 Rn 2; MüKo/*Lange*, § 2318 Rn 5.
11 Staudinger/*Otte*, § 2318 Rn 8.
12 Grüneberg/*Weidlich*, § 2318 Rn 1; OLG Frankfurt FamRZ 1991, 238, 240.
13 OLG Zweibrücken ZErb 2006, 421–423.
14 LG München II NJW-RR 1989, 8; Grüneberg/*Weidlich*, § 2318 Rn 1.
15 OLG Koblenz, Urt. v. 18.6.1932 – 5 U 1/82, n.v.
16 BGHZ 19, 309, 311, 312 = JZ 1956, 283.
17 KG FamRZ 1977, 267, 268.

gung aller Vermächtnisse und Auflagen zu ermitteln ist.[18] Der Kürzungsbetrag ermittelt sich nach der sog. Martin'schen Formel:[19]

$$\text{Kürzungsbetrag} = \frac{\text{Pflichtteilslast} \times \text{Vermächtnis}}{\text{Ungekürzter Nachlass}}$$

Beispiel
Der Nachlass beträgt 60.000 EUR. Alleinerbin ist die Lebensgefährtin L des Erblassers E. Der einzige Sohn S ist enterbt. Bzgl. des Freundes D ist ein Vermächtnis i.H.v. 20.000 EUR ausgesetzt.
Der Kürzungsbetrag beträgt nach Anwendung der Martin'schen Formel 10.000 EUR.

7 Bestehen weder **Anrechnungs-** noch **Ausgleichungspflichten**, kann der Kürzungsbetrag unter Zugrundelegung der Pflichtteilsquote des Pflichtteilsberechtigten einfacher errechnet werden. Der Kürzungsbetrag entspricht der Pflichtteilsquote, ausgedrückt in Prozent.[20]

8 Bei **mehreren** Vermächtnisnehmern bzw. Auflagebegünstigten besteht das Recht zur Kürzung gegenüber jedem durch Vermächtnis oder Auflage Begünstigten.[21] Etwas anderes gilt nur bei abweichender Anordnung des Erblassers[22] oder wenn Abs. 2 entgegensteht. Der Kürzungsbetrag errechnet sich nach der oben dargestellten Martin'schen Formel,[23] wobei sich das Verhältnis aus dem Anteil aller Zuwendungen am Nachlasswert ergibt.[24]

9 Nach Abs. 1 tragen die Erben im Innenverhältnis zu den Vermächtnisnehmern (und Auflagenbegünstigten) die Pflichtteilslast anteilig, wenn der Erblasser keine anderweitige Regelung getroffen hat (§ 2324 BGB) und kein Ausnahmetatbestand vorliegt (§§ 2321, 2322 BGB). Eine Kürzung des Vermächtnisses darf aber nur dann erfolgen, wenn ein Pflichtteilsanspruch gegen die Erben geltend gemacht werden kann. Dies ist nicht der Fall, wenn die Erben mit dem Pflichtteilsanspruch wirtschaftlich nicht belastet sind, weil dieser objektiv verjährt ist. Die Beweislast dafür, dass der Pflichtteilsanspruch nicht verjährt bzw. die Verjährung gehemmt ist, tragen die Erben. Für den Wegfall des Kürzungsrechts kommt es nicht darauf an, ob die mit dem Pflichtteilsanspruch belasteten Erben die Verjährungseinrede tatsächlich erheben[25]

III. Eingeschränktes Kürzungsrecht (Abs. 2)

10 Durch Abs. 2 wird das Kürzungsrecht des Erben eingeschränkt, wenn der Vermächtnisnehmer ebenfalls pflichtteilsberechtigt ist. Die Kürzung ist dann nur insoweit zulässig, dass dem Vermächtnisnehmer wenigstens sein Pflichtteil verbleibt. Trifft der Erblasser eine von diesem Grundsatz abweichende Regelung durch letztwillige Verfügung, so ist diese Anordnung unbeachtlich. Gekürzt werden kann nur ein den Pflichtteil übersteigender Betrag.[26]

---

18 *Martin*, ZBlFG 14, 789, 790.
19 *Martin*, ZBlFG 14, 789 ff.; Staudinger/*Otte*, § 2318 Rn 10.
20 Grüneberg/*Weidlich*, § 2318 Rn 2.
21 MüKo/Lange, § 2318 Rn 9.
22 Staudinger/*Otte*, § 2318 Rn 12.
23 Staudinger/*Otte*, § 2318 Rn 12.
24 Grüneberg/*Weidlich*, § 2318 Rn 1.
25 OLG München EE 2009, 114.
26 *Ebenroth/Fuhrmann*, BB 1989, 2049, 2055.

Wenn ein dem in Zugewinngemeinschaft verheirateten Ehegatten zugewendetes Vermächtnis gekürzt werden soll, ist bzgl. des Pflichtteils von seinem erhöhten Erbteil („großer Pflichtteil") auszugehen. Denn in den Fällen, in denen der überlebende Ehegatte Vermächtnisnehmer ist, steht ihm stets der große Pflichtteil zu.[27] Voraussetzung ist allerdings, dass der Ehegatte das ihm zugewandte Vermächtnis auch annimmt. Dies gilt nach § 6 LPartG auch für den Lebenspartner einer eingetragenen Lebenspartnerschaft. 11

Der Wert des Vermächtnisses errechnet sich unter Außerachtlassung dessen Beschwerungen.[28] 12

Beispiel*
Erblasser E hinterlässt die Kinder A und B. Der Nachlass beträgt 30.000 EUR. Alleinerbe wird der Freund F. A erhält ein Vermächtnis i.H.v. 7.500 EUR.
Der Pflichtteil von B beträgt 7.500 EUR. F und A hätten gem. Abs. 1 die Pflichtteilslast im Verhältnis ihrer Erwerbe (3:1) zu tragen. Da A aber selbst pflichtteilsberechtigt ist, besteht ein Kürzungsrecht nur insoweit, als das ihm zugewandte Vermächtnis den Pflichtteil übersteigt. Und da sich Pflichtteil und Vermächtnis entsprechen, besteht kein Kürzungsrecht mit der Folge, dass F die Pflichtteilslast alleine trägt.
* vgl. MüKo/*Lange*, § 2318 Rn 11.

Der Erbe hat den durch die Einschränkung des Kürzungsrechts entstehenden Ausfall nicht allein zu tragen, sondern kann ihn verhältnismäßig auf weitere vorhandene Vermächtnisnehmer und Auflagenbegünstigte abwälzen. Dies ergibt sich bereits aus dem Grundgedanken des Abs. 1.[29] 13

Eine gesetzliche Regelung hinsichtlich der **Beteiligung** von Erbe und übrigen Vermächtnisnehmern oder Auflagebegünstigten am **Ausfallbetrag** fehlt. Nach überwiegender Meinung haben die Vermächtnisnehmer und Auflagenbegünstigten den Ausfall in dem Verhältnis mitzutragen, in dem ihre Nachlassbeteiligung zu der des Erben steht.[30] 14

IV. Erweiterte Kürzungsbefugnis (Abs. 3)

Das Kürzungsrecht des Abs. 3 greift ein, wenn den pflichtteilsberechtigten Erben neben Vermächtnissen und Auflagen **noch eine** fremde **Pflichtteilslast** trifft.[31] Der Erbe kann in diesem Fall seinen eigenen Pflichtteil gegenüber Vermächtnisnehmern und Auflagebegünstigten wegen dieser fremden Pflichtteilslast verteidigen. Abs. 3 enthält mithin kein allg. Verteidigungsrecht gegen Vermächtnisse und Auflagen, sondern nur gegen zusätzlich belastende Pflichtteilsansprüche, und regelt somit nur die **Konkurrenzverhältnisse** beim Zusammentreffen von eigenem Pflichtteil des Erben, Vermächtnissen, Auflagen und Pflichtteilsansprüchen Dritter.[32] Die Vorschrift des Abs. 3 kann der Erblasser **nicht abbedingen**.[33] Das Kürzungsrecht besteht auch für Miterben; § 2319 BGB steht nicht entgegen.[34] 15

27 Staudinger/*Otte*, § 2318 Rn 18; Grüneberg/Weidlich, § 2318 Rn 3.
28 MüKo/*Lange*, § 2318 Rn 10.
29 Staudinger/*Otte*, § 2318 Rn 17; MüKo/*Lange*, § 2318 Rn 12.
30 Staudinger/*Otte*, § 2318 Rn 17 m.w.N.
31 BGHZ 95, 222, 227; *Tanck*, ZEV 1998, 132, 133; *Schlitt*, ZEV 1998, 91, 92.
32 Staudinger/*Otte*, § 2318 Rn 22.
33 Vgl. Staudinger/*Otte*, § 2318 Rn 25; *Ebenroth/Fuhrmann*, BB 1989, 2049, 2055; MüKo/*Lange*, § 2318 Rn 14; a.A. RGRK/*Johannsen*, § 2318 Rn 8.
34 Staudinger/*Otte*, § 2318 Rn 21.

16 Treffen Abs. 2 und 3 zusammen, so geht der Pflichtteil des Erben dem des Vermächtnisnehmers vor.[35] Schlägt der Vermächtnisnehmer nach § 2307 BGB das Vermächtnis aus, kann er seinen ungekürzten Pflichtteil verlangen.[36]

17 Im Verhältnis zu **§ 2319** gilt Folgendes: **Vor der Teilung** des Nachlasses steht auch dem pflichtteilsberechtigten Miterben das Kürzungsrecht nach § 2318 Abs. 3 zu, da er sich dann noch nicht auf die peremptorische Einrede nach § 2319 zum Schutze seines Pflichtteils berufen kann.[37] § 2319 geht **nach der Teilung** des Nachlasses § 2318 Abs. 3 vor.[38]

C. Prozessuales

18 Der Erbe sollte im Prozess mit dem Pflichtteilsberechtigen dem Vermächtnisnehmer gem. § 72 ZPO den Streit verkünden. Ein zwischen ihm und dem Pflichtteilsberechtigten ergehendes Urteil bzgl. des Pflichtteilsanspruchs wirkt sonst grundsätzlich nicht gegenüber dem Vermächtnisnehmer bzw. Auflagenbegünstigten.[39]

D. Haftungsfalle

19 Es besteht grundsätzlich eine Aufklärungspflicht des Rechtsberaters über die Beteiligungspflicht der Vermächtnisnehmer an der Pflichtteilslast, jedoch erst zu dem Zeitpunkt, zu dem konkretes Handeln erforderlich ist, wie z.B. zu dem Zeitpunkt, zu dem die Höhe des Pflichtteilsanspruchs feststeht, da zuvor weder der Pflichtteil noch der Anspruch gegenüber den Vermächtnisnehmern beziffert werden kann. Der Verjährungsbeginn richtet sich nach dem Zeitpunkt der Anspruchsentstehung, was die Fälligkeit des Anspruchs voraussetzt, die erst zu dem Zeitpunkt gegeben ist, in dem die Höhe des Pflichtteilsanspruchs feststeht.[40]

E. Erbschaftsteuer

20 Ein zivilrechtlicher Erbvergleich über die Kürzung eines Vermächtnisanspruchs durch den beschwerten Erben wegen einer Pflichtteilslast nach § 2318 BGB ist auch der Besteuerung nach dem ErbStG zugrunde zu legen.[41]

§ 2319 Pflichtteilsberechtigter Miterbe

[1]Ist einer von mehreren Erben selbst pflichtteilsberechtigt, so kann er nach der Teilung die Befriedigung eines anderen Pflichtteilsberechtigten soweit verweigern, dass ihm sein eigener Pflichtteil verbleibt. [2]Für den Ausfall haften die übrigen Erben.

Übersicht:

---

35 Str. Staudinger/*Otte*, § 2318 Rn 24; RGRK/*Johannsen*, § 2318 Rn 8; Grüneberg/*Weidlich*, § 2318 Rn 3.
36 Staudinger/*Otte*, § 2318 Rn 24.
37 Staudinger/*Otte*, § 2318 Rn 21.
38 Staudinger/*Otte*, § 2318 Rn 21.
39 Vgl. *Damrau*, ZErb 2009, 145–150.
40 LG Düsseldorf NJW-RR 2008, 678–679.
41 FG München EFG 2007, 270.

A. Allgemeines

1 Die Vorschrift enthält ein **Leistungsverweigerungsrecht** zugunsten des pflichtteilsberechtigten Miterben für die Zeit nach der Teilung. § 2319 BGB ist nur auf den ordentlichen Pflichtteil anwendbar.[1] Dieses Leistungsverweigerungsrecht steht auch dem bereits unbeschränkt haftenden Pflichtteilsberechtigten zu.[2] Die Vorschrift wirkt sich überwiegend im Außenverhältnis aus, betrifft aber auch das Innenverhältnis.[3] Das Leistungsverweigerungsrecht ist durch den Erblasser nicht abdingbar, § 2324 BGB.[4] § 2319 BGB ist zwingendes Recht. § 2328 BGB enthält für den Pflichtteilsergänzungsanspruch eine entsprechende Regel.

B. Tatbestand

I. Vor der Teilung

2 Vor der Teilung schützt § 2059 S. 1 BGB das Eigenvermögen der Miterben, die den Pflichtteil grundsätzlich als Gesamtschuldner schulden, § 2058 BGB. Hat ein Miterbe das Recht zur **Haftungsbeschränkung** verloren, so haftet er bis zur Teilung gem. § 2059 Abs. 1 S. 2 BGB mit seinem Eigenvermögen nur für seinen Anteil (entspricht Erbquote) an der Pflichtteilslast.

II. Nach der Teilung

3 Nach der Teilung besteht die Möglichkeit, den pflichtteilsberechtigten Miterben als Gesamtschuldner für den Pflichtteilsanspruch in Anspruch zu nehmen, für den dieser dann mit seinem Eigenvermögen haften müsste. Die Einrede nach § 2059 BGB kann nicht mehr erhoben werden. Hiervor schützt S. 1 den pflichtteilsberechtigten Miterben insoweit, als er selbst nach der Teilung auch im Außenverhältnis zur Erfüllung des Pflichtteilsanspruchs nur soweit verpflichtet ist, dass ihm sein eigener Pflichtteil verbleibt. Die Erfüllung des „Restpflichtteils" obliegt den übrigen Miterben als Gesamtschuldnern (§§ 421, 426, 2058 BGB) in den Ausnahmefällen der §§ 2060, 2061 BGB anteilsmäßig. § 2319 BGB schützt den pflichtteilsberechtigten Miterben **nicht** gegenüber einer Belastung durch **Vermächtnisse** oder **Auflagen.** Hat der pflichtteilsberechtigte Miterbe versäumt, bei Vorliegen der Voraussetzungen des § 2306 Abs. 1 BGB seinen belasteten Erbteil auszuschlagen, ist sein eigener Pflichtteil nicht mehr schutzwürdig.

4 § 2319 BGB soll dem Pflichtteilsberechtigten das Risiko abnehmen, dass durch das Vorhandensein mehrerer Erben verbunden mit der Pflichtteilslast sein eigener Pflichtteilsanspruch gefährdet wird. § 2319 BGB soll aber gerade nicht die Belastungsgrenze des Erben nach § 2306 Abs. 1 S. 2 BGB verschieben.[5]

Der nach § 2319 BGB zu erhaltende Pflichtteil des Zugewinnehegatten, der Miterbe geworden ist, berechnet sich aus dem nach § 1371 Abs. 4 BGB erhöhten gesetzlichen Erbteil (sog. großer Pflichtteil).[6]

1 Staudinger/*Otte*, § 2319 Rn 1.
2 Grüneberg/*Weidlich*, § 2319 Rn 1.
3 BGHZ 95, 222, 226 = NJW 1985, 2828, 2829.
4 MüKo/*Lange*, § 2319 Rn 7; Grüneberg/*Weidlich*, § 2319 Rn 1.
5 Staudinger/*Otte*, § 2319 Rn 6; MüKo/*Lange*, § 2319 Rn 4.
6 MüKo/*Lange*, § 2319 Rn 6.

§ 2320 Pflichtteilslast des an die Stelle des Pflichtteilsberechtigten getretenen Erben

(1) Wer anstelle des Pflichtteilsberechtigten gesetzlicher Erbe wird, hat im Verhältnis zu Miterben die Pflichtteilslast und, wenn der Pflichtteilsberechtigte ein ihm zugewendetes Vermächtnis annimmt, das Vermächtnis in Höhe des erlangten Vorteils zu tragen.
(2) Das Gleiche gilt im Zweifel von demjenigen, welchem der Erblasser den Erbteil des Pflichtteilsberechtigten durch Verfügung von Todes wegen zugewendet hat.

Übersicht: Rdn

A. Allgemeines

1 Miterben tragen im Innenverhältnis die Pflichtteilslast grundsätzlich nach dem Verhältnis ihrer Anteile, §§ 748, 2038 Abs. 2, 2047 Abs. 1 BGB. Diesen Grundsatz durchbricht die Vorschrift zu Lasten des Miterben, der anstelle eines Pflichtteilsberechtigten Erbe geworden ist. Der Ersatzmann hat im Innenverhältnis bis zur Höhe des erlangten Vorteils die Pflichtteilslast zu tragen.[1] Der Erblasser kann dies durch abweichende Anordnungen nach § 2324 BGB verhindern. Die Vorschrift wirkt sich nur im Innenverhältnis aus.

B. Tatbestand

I. Gesetzliche Erbfolge

2 Nach Abs. 1 hat derjenige, der anstelle des Pflichtteilsberechtigten kraft Gesetzes Miterbe wird, die Pflichtteilslast im Innenverhältnis in Höhe seines erlangten Vorteils alleine zu tragen. Der Pflichtteilsberechtigte muss von der gesetzlichen Erbfolge ausgeschlossen sein, etwa weil er enterbt wurde, § 1938 BGB, den Erbteil nach § 2306 Abs. 1 BGB ausgeschlagen oder einen Erbverzicht unter Pflichtteilsvorbehalt erklärt hat.[2] Das Gleiche gilt, wenn ein Miterbe aus diesen Gründen einen höheren gesetzlichen Erbteil erhält, §§ 1935, 2094, 2096 BGB.[3]

II. Gewillkürte Erbfolge

3 Nach Abs. 2 gilt die Grundregel des Abs. 1 im Zweifel auch für den Fall der gewillkürten Erbfolge; es handelt sich hier um eine Auslegungsregel. Voraussetzung ist, dass der Erblasser den **gesetzlichen** Erbteil des Pflichtteilsberechtigten einem anderen zugewendet hat.[4] Es ist also zunächst die gesetzliche Erbfolge zu ermitteln. Im Anschluss ist zu klären, ob der Erblasser überhaupt einem oder mehreren Begünstigten gerade den Erbteil des Pflichtteilsberechtigten zukommen lassen wollte.[5] Die **Ersetzung** des Pflichtteilsberechtigten durch einen Ersatzmann muss der Erblasser bewusst vorgenommen haben. Zwischen Enterbung und Begünstigung muss ein Zusammenhang

---

1 MüKo/*Lange*, § 2320 Rn 1.
2 Staudinger/*Otte*, § 2320 Rn 2; MüKo/*Lange*, § 2320 Rn 3.
3 Grüneberg/*Weidlich*, § 2320 Rn 2; RG JW 18, 768.
4 BGH NJW 1983, 2378.
5 MüKo/*Lange*, § 2320 Rn 12.

bestehen. Eine ausdrückliche Bestimmung ist insoweit aber nicht erforderlich.[6] Lässt sich der Wille des Erblasser nicht zweifelsfrei feststellen, haben die Miterben die Pflichtteilslast im Innenverhältnis entsprechend ihren Erbteilen zu tragen.[7] Die Vorschrift gilt entsprechend bei Ersatzerbenberufung, §§ 2096, 2097, 2102 BGB, und bei der Anwachsung, § 2094 BGB.[8] Schlägt einer von mehreren Vorerben die Erbschaft aus und verlangt den Pflichtteil und kommt sein als Nacherbe eingesetzter Abkömmling als Ersatzerbe zum Zuge, hat dieser nach Abs. 2 auch die Pflichtteilslast zu tragen.[9]

III. Lastenverteilung i.H.d. erlangten Vorteils

Der Vorteil besteht im Wert des gewonnenen bzw. erhöhten Erbteils.[10] Als **Vorteil** 4 gilt aber auch die Erhöhung des Voraus des Ehegatten,[11] wenn der Ehegatte neben den Eltern des Erblassers zur Erbfolge gelangt und nicht neben Abkömmlingen. Beschränkungen und Beschwerungen können den erlangten Vorteil mindern.[12] Tritt eine bereits als Nacherbe eingesetzte Person durch Ausschlagung des als Vorerben eingesetzten Pflichtteilsberechtigten an dessen Stelle, so bestimmt sich der Vorteil nach dem Wert dieses Erbteils im Zeitpunkt des Erbfalls und nicht nach dem Wertunterschied zwischen Erbteil und „Nacherbteil".[13]

IV. Lastenverteilung bei Vermächtnissen

In Abweichung zu § 2148 BGB, wonach Miterben im Innenverhältnis die Vermächt- 5 nislast entsprechend dem Verhältnis ihrer Erbteile tragen, bestimmt die Vorschrift des § 2320 BGB, dass der **Ersatzmann** nicht nur die Pflichtteilslast, sondern auch die Last für ein vom Pflichtteilsberechtigten angenommenes Vermächtnis zu tragen hat. Die Regel gilt auch für Vermächtnisse, die der Erblasser trotz wirksamer **Pflichtteilsentziehung** angeordnet hat.[14] Soweit der Wert des Vermächtnisses hinter dem Pflichtteil zurückbleibt, ist vom Ersatzmann im Innenverhältnis gem. Abs. 1 Alt. 1 auch die Last des Pflichtteilsrestanspruchs nach § 2307 Abs. 1 S. 2 BGB zu tragen.[15] Die Bestimmung des Abs. 1 Alt. 2 gilt auch dann, wenn das Vermächtnis den Wert des Pflichtteilsanspruchs übersteigt.[16]

§ 2321 Pflichtteilslast bei Vermächtnisausschlagung

Schlägt der Pflichtteilsberechtigte ein ihm zugewendetes Vermächtnis aus, so hat im Verhältnis der Erben und der Vermächtnisnehmer zueinander derjenige, welchem die Ausschlagung zustatten kommt, die Pflichtteilslast in Höhe des erlangten Vorteils zu tragen.

---

6 MüKo/*Lange*, § 2320 Rn 12.
7 MüKo/Lange, § 2320 Rn 12; BeckOK BGB/*Müller-Engels*, § 2320 Rn 4.
8 MüKo/*Lange*, § 2320 Rn 11; OLG Karlsruhe MDR 2023, 172.
9 OLG München BeckRS 2011, 25893.
10 MüKo/*Lange*, § 2320 Rn 8; Staudinger/*Otte*, § 2320 Rn 10.
11 Grüneberg/*Weidlich*, § 2320 Rn 2.
12 MüKo/*Lange*, § 2320 Rn 8; Staudinger/*Otte*, § 2320 Rn 10.
13 BGH NJW 1983, 2378; MüKo/*Lange*, § 2320 Rn 9.
14 Mot. V 422.
15 MüKo/*Lange*, § 2320 Rn 10.
16 MüKo/*Lange*, § 2320 Rn 10; BeckOK BGB/*Müller-Engels*, § 2320 Rn 3.

Übersicht: Rdn

A. Allgemeines

1 Die Vorschrift ist im Zusammenhang mit § 2307 Abs. 1 S. 1 BGB zu sehen, wonach ein pflichtteilsberechtigter Vermächtnisnehmer das Vermächtnis ausschlagen und stattdessen den Pflichtteil verlangen kann. Derjenige, dem die Ausschlagung zugutekommt, hat gem. § 2321 BGB die Pflichtteilslast i.H.d. erlangten Vorteils zu tragen. Die Vorschrift macht eine Ausnahme zu dem Grundsatz der anteiligen Tragung der Pflichtteilslast.[1] Sie betrifft das Innenverhältnis zwischen Erben und demjenigen, der die Pflichtteilslast nach § 2321 BGB zu tragen hat. Im Außenverhältnis bleiben der Alleinerbe bzw. die Miterben Pflichtteilsschuldner.[2] Die Vorschrift ist nach § 2324 BGB abdingbar.

B. Tatbestand

I. Personenkreis, dem die Ausschlagung des Vermächtnisses zustattenkommt

2 Fällt das Vermächtnis, mit welchem der Alleinerbe oder die Miterben beschwert waren, fort, kommt die Ausschlagung diesen zustatten. Die Grundregel des § 2318 Abs. 1 BGB gilt insoweit nicht.[3] Die Pflichtteilslast hat der durch die **Ausschlagung Begünstigte** i.H.d. erlangten Vorteils allein zu tragen. Eine Abwälzung der Pflichtteilslast auf Vermächtnisnehmer oder Auflagenbegünstigte ist sowohl den Miterben als auch dem Alleinerben untersagt. War ein Miterbe alleine mit dem Vermächtnis beschwert, so hat er im Verhältnis zu den anderen Miterben die Pflichtteilslast i.H.d. erlangten Vorteils auch allein zu tragen.[4]

3 Die Ausschlagung kommt dem **Vermächtnisnehmer** zustatten, wenn sein Vermächtnis mit dem durch Ausschlagung weggefallenen Untervermächtnis des Pflichtteilsberechtigten belastet war oder er an die Stelle des Pflichtteilsberechtigten getreten ist, als Ersatzvermächtnisnehmer, § 2190 BGB, oder durch Anwachsung, § 2158 BGB. In diesen Fällen bleiben die Erben Pflichtteilsschuldner. I.H.d. erlangten Vorteils steht ihnen ein Befreiungsanspruch bzw. Erstattungsanspruch i.S.d. § 2321 BGB gegen die Vermächtnisnehmer zu,[5] je nachdem, ob der Erbe den Pflichtteil erfüllt hatte oder nicht. Das Vermächtnis muss der Erbe nur Zug um Zug gegen Befreiung bzw. Erstattung der Pflichtteilslast erfüllen. Ihm steht insoweit ein Zurückbehaltungsrecht nach § 273 BGB zu.[6]

4 Der im Güterstand der Zugewinngemeinschaft verheiratete Ehegatte kann i.R.d. § 2321 BGB nur den kleinen Pflichtteil geltend machen.[7]

II. Lastenverteilung i.H.d. erlangten Vorteils

5 Der Wert des ausgeschlagenen Vermächtnisses bestimmt i.d.R. die Höhe des erlangten Vorteils. Dies gilt zumindest dann, wenn das Vermächtnis den Pflichtteil erreicht bzw.

1 Staudinger/*Otte*, § 2321 Rn 1.
2 MüKo/*Lange*, § 2321 Rn 1.
3 RG JW 1914, 593.
4 MüKo/*Lange*, § 2321 Rn 4.
5 MüKo/*Lange*, § 2321 Rn 5.
6 Staudinger/*Otte*, § 2321 Rn 5.
7 MüKo/*Lange*, § 2321 Rn 1.

übersteigt.[8] Ist der Wert des Vermächtnisses geringer, so ermittelt sich die Höhe des erlangten Vorteils durch eine „Vorher-Nachher-Betrachtung“ der Rechtslage der Hinblick auf die Ausschlagung.[9] Für die Wertberechnung ist der Erbfall maßgebend, ggf. wirken Zinsen und Zinseszinsen erhöhend.[10]

§ 2322 Kürzung von Vermächtnissen und Auflagen

Ist eine von dem Pflichtteilsberechtigten ausgeschlagene Erbschaft oder ein von ihm ausgeschlagenes Vermächtnis mit einem Vermächtnis oder einer Auflage beschwert, so kann derjenige, welchem die Ausschlagung zustatten kommt, das Vermächtnis oder die Auflage soweit kürzen, dass ihm der zur Deckung der Pflichtteilslast erforderliche Betrag verbleibt.

Übersicht: Rdn

A. Allgemeines

Die Vorschrift ergänzt die §§ 2320, 2321 BGB. Den nach §§ 2320, 2321 BGB eintretenden Ersatzmann trifft nicht nur die Pflichtteilslast. Vielmehr hat er auch Beschwerungen des ausgeschlagenen Erbteils oder Vermächtnisses zu tragen.[1] Die Vorschrift regelt daher das Rangverhältnis zwischen dem Pflichtteilsberechtigten, dem Vermächtnisnehmer bzw. Auflagebegünstigten und dem Ersatzmann.[2] 1

Übersteigen Pflichtteilsanspruch und Beschwerungen den vom begünstigten Ersatzmann erlangten Vorteil, so kann dieser Vermächtnisse und Auflagen so weit kürzen, dass er die ihn treffende Pflichtteilslast begleichen kann. Er muss zur Erfüllung der Beschwerungen nicht mehr aufwenden, als ihm aus dem Nachlass als Vorteil zusteht. Zwar kann der Begünstigte die Überschwerungen nach §§ 1922, 1935, 2095 BGB abwehren, wenn er Erbe ist. Gleiches regeln die §§ 2159, 2187 BGB für Begünstigte als Vermächtnisnehmer. § 2322 BGB bietet aber darüber hinaus Schutz für den unbeschränkt haftenden Begünstigten.[3] 2

B. Verhältnis zu § 2318 BGB

Die Vorschrift verdrängt § 2318 Abs. 1 BGB.[4] Nach § 2318 Abs. 1 BGB verteilt sich die Pflichtteilslast anteilsmäßig auf Erben, Vermächtnisnehmer und Auflagenbegünstigte. Nach § 2322 BGB trägt der Begünstigte die Pflichtteilslast nebst Beschwerungen allein. Ein Kürzungsrecht bzgl. Vermächtnissen und Auflagen besteht nur insoweit, als er den **erlangten Vorteil** zur Erfüllung des Pflichtteilsanspruchs benötigt. Ein Kürzungsrecht besteht nicht, wenn der Wert des erlangten Vorteils auch für die Erfüllung der Beschwerungen ausreicht, auch wenn dem Begünstigten selbst nichts mehr von der 3

8 RG JW 14, 594; Grüneberg/*Weidlich*, § 2321 Rn 3.
9 MüKo/*Lange*, § 2321 Rn 6; Grüneberg/*Weidlich*, § 2321 Rn 3.
10 RG JW 14, 594.
1 Staudinger/*Otte*, § 2322 Rn 1.
2 Staudinger/*Otte*, § 2322 Rn 3; BeckOK BGB/*Müller-Engels*, § 2322 Rn 1.
3 BGHZ 96, 359; Staudinger/*Otte*, § 2322 Rn 2; BeckOK BGB/*Müller-Engels*, § 2322 Rn 1.
4 LG Detmold ErbR 2024, 725–727.

erlangten Zuwendung verbleibt.[5] Erst wenn die vom Begünstigten erlangte Zuwendung vollständig verbraucht ist, darf er kürzen.[6]

Beispiel*
Der verwitwete Erblasser V hinterlässt seinen einzigen Sohn S. Sein Nachlass hat einen Wert von 40.000 EUR. V hat seinen Sohn S zum Alleinerben eingesetzt und zugunsten seines Freundes X ein Vermächtnis über 30.000 EUR ausgesetzt. S schlägt die Erbschaft aus. An seiner Stelle wird Enkel E Erbe.
E muss den Pflichtteilsanspruch des S in Höhe von 20.000 EUR befriedigen. Zu diesem Zweck kann er das Vermächtnis des X nach § 2322 BGB um 10.000 EUR kürzen, die er benötigt, um den Pflichtteilsanspruch des S befriedigen zu können. Er erhält selbst nichts aus dem Nachlass. Würde hier das Kürzungsrecht des § 2318 Abs. 1 BGB zugunsten des E eingreifen, hätte er das Vermächtnis des X um 15.000 EUR kürzen können, denn X hätte sich an der Pflichtteilslast zu 3/4 beteiligen müssen.
* vgl. MüKo/*Lange*, § 2322 Rn 3

C. Kürzungsfragen

4 Gekürzt werden können Vermächtnisse und Auflagen, nicht jedoch der **Voraus** des Ehegatten nach § 1932 BGB[7] oder auch der Voraus eines eingesetzten Lebenspartners, § 10 Abs. 1 S. 3, 4 LPartG.[8] Der Kürzung unterliegen kann der sog. „Dreißigste" nach § 1969 BGB.[9] Ist ein Vermächtnis auf eine unteilbare Sache gerichtet, besteht kein Kürzungsrecht.[10] Der Begünstigte kann vom Vermächtnisnehmer einen Ausgleich fordern, der seiner Höhe nach dem Wert des „eigentlichen Kürzungsbetrages" entspricht.[11] Der Begünstigte kann die Erfüllung des Vermächtnisses verweigern, wenn der Vermächtnisnehmer den Kürzungsbetrag nicht erstattet. An die Stelle des Vermächtnisanspruches tritt ein Anspruch auf Zahlung des Differenzbetrages zwischen geschätztem Vermächtniswert und Kürzungsbetrag.[12]

D. Ausschluss des Kürzungsrechts durch den Erblasser

5 Der Erblasser kann das Kürzungsrecht nach § 2322 BGB ausschließen, § 2324 BGB.[13] Der Ausschluss des Kürzungsrechts kann dem Begünstigten haftungsrechtlich Unannehmlichkeiten bereiten[14] und auf diese Weise die Nachlassinsolvenz provozieren.

§ 2323 Nicht pflichtteilsbelasteter Erbe

Der Erbe kann die Erfüllung eines Vermächtnisses oder einer Auflage aufgrund des § 2318 Abs. 1 insoweit nicht verweigern, als er die Pflichtteilslast nach den §§ 2320 bis 2322 nicht zu tragen hat.

5 *V. Thur*, DJZ 1901, 121, 122; Staudinger/*Otte*, § 2322 Rn 3.
6 BGHZ 19, 309, 311 = JZ 1956, 283; BGHZ 96, 359, 365.
7 Staudinger/*Otte*, § 2322 Rn 5; MüKo/*Lange*, § 2322 Rn 5.
8 Soergel/*Dieckmann*, § 2322 Rn 5.
9 MüKo/*Lange*, § 2322 Rn 4.
10 BGHZ 19, 309, 311 ff. = JZ 1956, 283 m. Anm. *Natter*.
11 BGH JZ 1956, 283 ff.
12 BGHZ JZ 1956, 283.
13 BGH WM 1981, 335.
14 Vgl. BGHWM 1981, 335.

Die Vorschrift hat lediglich klarstellende Funktion:[1] Der Erbe darf Vermächtnisse und Auflagen wegen einer **Pflichtteilslast** nur kürzen, wenn die Erfüllung dieser **Last** auch ihm **obliegt**. Haben andere die Pflichtteilslast zu tragen, steht ihm kein Kürzungsrecht zu. Das Kürzungsverbot greift bereits ein, wenn die Möglichkeit zur Abwälzung der Pflichtteilslast nach den §§ 2320–2322 BGB besteht, unabhängig davon, ob die Pflichtteilslast vom Verpflichteten tatsächlich übernommen wird.[2] 1

Nach ihrem Wortlaut gilt die Vorschrift nur für das Kürzungsrecht nach § 2318 Abs. 1 BGB. Die wohl h.M. wendet die Vorschrift aber auch auf die Kürzungsmöglichkeit nach § 2318 Abs. 3 BGB an, da auch hier eine Pflichtteilslast zu Lasten des Erben Voraussetzung für das Kürzungsrecht ist.[3] 2

Die Vorschrift ist nach § 2324 BGB durch den Erblasser abdingbar. 3

§ 2324 Abweichende Anordnungen des Erblassers hinsichtlich der Pflichtteilslast

Der Erblasser kann durch Verfügung von Todes wegen die Pflichtteilslast im Verhältnis der Erben zueinander einzelnen Erben auferlegen und von den Vorschriften des § 2318 Abs. 1 und der §§ 2320 bis 2323 abweichende Anordnungen treffen.

A. Allgemeines

§ 2324 BGB ermöglicht dem Erblasser, Pflichtteilslasten der Erben untereinander und im Verhältnis der Erben zu den sonstigen Nachlassbeteiligten in Abweichung zu den §§ 2318 Abs. 1, 2320–2323 BGB zu regeln. Keine **Anordnungsbefugnis** steht dem Erblasser bzgl. des Pflichtteilsrechts der Erben bzw. Vermächtnisnehmer zu oder im Hinblick auf die Pflicht zur Ergänzung des Pflichtteils nach §§ 2325 BGB. Auch das Verhältnis zwischen Pflichtteilsschuldner und Pflichtteilsberechtigten steht nicht zu seiner Disposition. 1

Mit **Wirkung** im **Innenverhältnis** kann der Erblasser eine Umverteilung der Pflichtteilslasten zwischen Miterben untereinander vornehmen und bspw. einem Erben allein auferlegen, §§ 2046 Abs. 2, 2189 BGB. Er kann das Kürzungsrecht nach § 2318 Abs. 1 BGB erweitern, beschränken oder ausschließen.[1] Der Ausschluss des Kürzungsrechts hat keine Auswirkung auf das Rangverhältnis Pflichtteilsberechtigter/Vermächtnisnehmer nach § 327 Abs. 1 Nr. 1, 2 InsO.[2] 2

B. Anordnung

Die Anordnung der **Umverteilung** hat durch Testament oder Erbvertrag zu erfolgen. Eine ausdrückliche Anordnung ist nicht erforderlich. Es genügt, wenn sich die Absicht des Erblassers aus dem Gesamtzusammenhang ergibt.[3] 3

Ist jedoch aus einem notariellen Testament die nach § 2324 BGB getroffene Umverteilung der Pflichtteilslast nicht eindeutig zu erkennen und erwächst einem Nachlassbeteiligten hieraus ein Nachteil, so kann hierfür evtl. der Notar in die Haftung genommen werden.[4] 4

---

1 MüKo/*Lange*, § 2323 Rn 1; BeckOK BGB/*Müller-Engels*, § 2323 Rn 1.

2 MüKo/*Lange*, § 2323 Rn 1.

3 MüKo/*Lange*, § 2323 Rn 2; Staudinger/*Otte*, § 2323 Rn 3; BeckOK BGB/*Müller-Engels*, § 2323 Rn 3.

1 BGH LM § 2324 Nr. 1 = WM 1981, 334; MüKo/*Lange*, § 2324 Rn 1.

2 BGH WM 1981, 335; Staudinger/*Otte*, § 2324 Rn 1.

3 BGH WM 1981, 335.

4 RG WarnR 1939 Nr. 63.

Vorbemerkung zu §§ 2325 ff. BGB

Literatur

Ahrens, Prämien oder Summe bei Lebensversicherungen – Was ist Gegenstand des Pflichtteilsergänzungsanspruchs?, ErbR 2008, 247; *Außner*, Pflichtteilsansprüche bei Immobilienübertragung unter gemeinsamem Nießbrauchsvorbehalt, ErbR 2024, 826 und 910; *Behmer*, Neues zur 10-Jahresfrist beim Pflichtteilsergänzungsanspruch? FamRZ 1999, 1254; *ders.*, Zur Berücksichtigung von Nutzungsvorbehalten bei der Pflichtteilsergänzung, FamRZ 1994, 1254; *Bestelmeyer*, Das Pflichtteilsrecht im Schenkungszeitpunkt als Voraussetzung für den Pflichtteilsergänzungsanspruch, FamRZ 1998, 1152; *Beyer*, Der erbrechtliche Ergänzungsanspruch unter besonderer Berücksichtigung des Stiftungsrechts, ZStV 2023, 126; *Birkenbeil*, Nießbrauch und Pflichtteilsergänzung, ErbR 2021, 2; *Blum*, Berechnung des Pflichtteilsergänzungsanspruchs unter Anrechnung eines Eigengeschenks, FF 2004, 111; *Bonefeld*, Der neue Ehegatte als Störfaktor für die Unternehmensnachfolge, RFamU 2023, 408; *Bonefeld/Lange/Tanck*, Die geplante Reform des Pflichtteilsrechts, ZErb 2007, 292; *Bühler*, Die Pflichtteilsergänzungsbestimmungen der §§ 2325 ff. BGB: Überblick und Hinweise für die notarielle Praxis, DNotZ 2022, 10; *Cornelius*, Zuwendungen an Stiftungen und Pflichtteilsergänzung, ZErb 2006, 230; *ders.*, Der Pflichtteilsergänzungsanspruch hinsichtlich der Übertragung von Grundstücken unter dem Vorbehalt von Rechten des Schenkers, Diss. Bayreuth, 2004; *Daragan*, Ehegattenschenkung und Pflichtteilsergänzung, ZErb 2008, 2; *Dingerdissen*, Pflichtteilsergänzung bei Grundstücksschenkung unter Berücksichtigung der neuen Rechtsprechung des BGH, JZ 1993, 402; *Draschka*, Vorweggenommene Erbfolge und Pflichtteilsergänzung, 1992; *ders.*, Pflichtteilsergänzung und Nießbrauchsvorbehalt, Rpfleger 1992, 419; *Elfring*, Die Lebensversicherung im Erbrecht, ZEV 2004, 305; *Fischer*, Zugewinnausgleichspflicht und Güterstandsschaukel im Bürgerlichen Recht und Steuerrecht, ZEV 2023, 286; *Fleischer*, Abfindungsklauseln im Personengesellschafts- und GmbH-Recht nach dem MoPeG, WM 2024, 621; *Gerken*, Entstehung und Durchsetzung von Pflichtteilsergänzungsansprüchen, Rpfleger 1991, 443; *Götz*, Abfindungsausschluss bei Tod eines Personengesellschafters, ZEV 2020, 342; *Grunsky*, Erbrecht und Nießbrauch in zivilrechtlicher Sicht, ErbR 2009, 209; *Hasse*, Lebensversicherung und Pflichtteilsergänzung, VersR 2009, 733; *Hayler*, Die Drittwirkung ehebedingter Zuwendungen im Rahmen der §§ 2287, 2288 II 2, 2325, 2329 BGB, FuR 2000, 4; *ders.*, Bestandskraft ehebedingter Zuwendungen im Bereich der Pflichtteilsergänzung (§§ 2325, 2329 BGB) – Vertragsgestaltungen durch doppelten Güterstandswechsel, DNotZ 2000, 681; *Heckschen/Hindahl*, Die Geltendmachung des Pflichtteilsergänzungsanspruchs bei Nachfolgeklauseln mit Abfindungsausschluss – Durchsetzung des Anspruchs, ZEV 2024, 727; *Heinrich*, Die Gestaltung von Übertragungsverträgen im Schatten des Pflichtteilsergänzungsrechts, MittRhNotK 1995, 157; *Herrler*, Behandlung von Lebensversicherungen im Pflichtteilsrecht: Der goldene Mittelweg des BGH?, ZEV 2010, 333; *ders.*, Anlauf der Frist nach § 2325 Abs. 3 HS. 1 BGB bei Rückbehalt eines teilweisen Wohnungsrechts verbunden mit einem dinglich gesicherten Rückerwerbsrecht?, ZEV 2008, 461; *Herzberg*, Vermögensübertragung mit Hilfe eines Güterstandswechsels, RNotZ 2019, 245; *Hilbig*, Der Umfang des § 2325 BGB bei Lebensversicherungen, ZEV 2008, 262; *Hölscher*, Pflichtteilsansprüche bei Aufnahme in Personengesellschaften ohne Kapitalaufbringung, ErbR 2019, 730; *Ivens*, Pflichtteilsergänzung bei vorweggenommener Erbfolge in Gesellschaftsanteile, ZEV 2021, 277; *Jakob*, Die Ausstattung (§ 1624 BGB) – Ein familienrechtliches Instrument moderner Vermögensgestaltung?, AcP 207 (2007), 198; *Jaspert*, Die Bewertung von Grundstücksschenkungen im Rahmen des Pflichtteilsergänzungsanspruchs, ZEV 2020, 69; *Kainer*, Wohnrechte und Pflichtteilsergänzung – zu Gestaltungsproblemen bei der vorgezogenen Erbfolge, NotBZ 2019, 281; *Kappler/Kappler*, Die vorweggenommene Erbfolge: ein schillerndes Konstrukt, MittBayNot 2019, 217; *Karczewski*, Unbenannte Zuwendungen im Rahmen von § 2325 BGB, ZEV 2023, 281; *ders.*, Pflichtteilsergänzungsansprüche gegen den beschenkten Ehegatten: Neue Entwicklungen bei § 2325 BGB, ZEV 2020, 733; *Keim*, Güterstandsschaukel und Pflichtteilsergänzung, ZEV 2024, 350; *ders.*, Pflichtteilsergänzung und ihre Vermeidung bei ehebedingten Zuwendungen, ZNotP 2018, 221; *ders.*, Pflichtteilsergänzungsansprüche des zweiten Ehegatten gegen die erstehelichen Kinder des Erblassers?, NJW 2016, 1617; *ders.*, Pflichtteilsergänzung auch ohne Pflichtteilsrecht im Schenkungszeitpunkt – Aufgabe der Theorie der Doppelberechtigung durch den BGH, NJW 2012, 3484; *ders.*, Entgeltlicher Vertrag oder belohnende Schenkung?, FamRZ 2004, 1081; *Keller*, Die Voraussetzungen und Rechtsfolgen der Ausstattung aus der Sicht der Vertragsgestaltung, MittBayNot 2023, 110; *Klinger*, Die Lebensversicherung im Pflichtteilsrecht, in: FS Spiegelberger, 2009, S. 1018; *Kreienberg*, Relevanz des mietfreien Wohnens im Pflichtteilsergänzungs- und Ausgleichungsrecht, ZErb 2020, 6; *Lange*, Das Gesetz zur Reform des Erb- und Verjährungsrechts, DNotZ 2009, 732; *ders.*, Zur Pflichtteilsfestigkeit von Zuwendungen und Stiftungen, in: FS Spiegelberger, 2009, S. 1321; *Link*, Nießbrauchsvorbehalt und Pflichtteilsergänzung, ZEV 2005, 283; *Löhnig*, Unbenannte Zuwendungen im Bereich der Pflichtteilsergänzung, NJW 2018, 1435; *Mayer*, Probleme der Pflichtteilsergänzung bei Überlassungen im Rahmen einer vorweggenommenen Erbfolge, FamRZ 1994, 739; *Mayer, U.*, Der Abfindungsausschluss im Gesellschaftsrecht: Pflichtteilsfester Vermögenstransfer am Nachlass vorbei?, ZErb 2003, 355; *Muscheler*, Die geplanten Änderungen im Erbrecht, Verjährungsrecht und Nachlassverfahrensrecht, ZEV 2008, 105; *Pentz*, Auswirkungen des Erbverzichts auf die Pflichtteilsergänzung, FamRZ 1998, 660; *ders.*, Pflichtteilsergänzung nur bei Pflichtteilsrecht auch im Schenkungszeitpunkt, MDR 1997, 717; *Pluskat*, Zu den Konsequenzen aus der Rechtsprechung des BGH zum ergänzungsrelevanten Zeitpunkt bei § 2325 Abs. 1 BGB, ZErb 2005, 173; *Pogorzelski*, Auswirkungen von Abfindungsbeschränkungen für den Fall des Todes des Gesellschafters einer Personengesellschaft auf Pflichtteils- und Zugewinnausgleichsansprüche – Teil I: Pflichtteilsansprüche, RNotZ 2017, 489; *Progl*, Die Reichweite des Pflichtteilsergänzungsanspruchs gem. § 2325 BGB bei Lebensversicherungszuwendungen, ZErb 2004, 187; *Rawert/Katschinski*, Stiftungserrichtung und Pflichtteilsergänzung, ZEV 1996, 161; *Rheinbay*, Pflichtteilsergänzungsanspruch bei Abfindungsleistungen, ZEV 2000, 278; *Richter*, Das Verhältnis von Zuwendungen an Stiftungen und Pflichtteilsergänzungsansprüchen, ZErb 2005, 134; *Riedel*, Gesellschaftsvertragliche Nachfolgeregelungen – Auswirkungen auf Pflichtteil und Erbschaftsteuer, ZErb 2003, 212; *Röthel*, Pflichtteil und Stiftungen: Generationengerechtigkeit versus Gemeinwohl?, ZEV 2006, 8; *Schauer*, Pflichtteilsergänzungsansprüche bei Zuwendungen an Stiftungen, npoR 2018, 49; *Schiffer*, Die Dresdner Frauenkirche, Die Stiftung und der Pflichtteil, NJW 2004, 1565; *Schindler, A.*, Die Abfindung für Erb- und Pflichtteilsverzichte als Schenkung (Pflichtteilsergänzung, Schenkungsteuer, § 2287 BGB), Hereditare 7 (2017), 1; *ders.*, Aktuelle (ungelöste) Fragen des Pflichtteilsrechts, ZErb 2012, 149; *ders.*, Schenkung unter Auflage, gemischte Schenkung und Herausgabe der Bereicherung nach § 2287 BGB, ZErb 2006, 16; *ders.*, Fristlauf bei pflichtteilsergänzungsrechtlichen Schenkungen, ZEV 2005, 290; *Siebert*, Der Pflichtteilsergänzungsanspruch gegenüber dem Beschenkten, ZEV 2013, 241; *Steiner*, Pflichtteilsergänzung für den „nicht enterbten" Pflichtteilsberechtigten, MDR 1997, 906; *Tanck*, Die Flucht in den Pflichtteilsergänzungsanspruch! Was tun bei unterlassener Anrechnungs- bzw. Ausgleichsanordnung, ZErb 2000, 3; *Theiss/Boger*, Möglichkeiten der Vorbeugung gegen Ansprüche aus §§ 2325, 2329 BGB wegen Abfindung für Erb- und Pflichtteilsverzichte, ZEV 2006, 143; *v. Dickhuth-Harrach*, Erbrecht und Erbrechtsgestaltung eingetragener Lebenspartner, FamRZ 2001, 1660; *v. Hoyenberg*, Ausgewählte Fragen zum Unternehmertestament, RNotZ 2007, 377; *v. Proff*, Neue Vorgaben der Pflichtteilsergänzung für die Gestaltung von Übertragungen unter Nutzungsvorbehalt, ZEV 2016, 681; *ders.*, Die nichteheliche Lebensgemeinschaft im Erbrecht, RNotZ 2008, 462; *Wachter*, Schenkungen unter Ehegatten, ZEV 2023, 333; *Walter*, Die Grundstücksschenkung unter Vorbehalt von Nutzungsrechten und die Pflichtteilsergänzung – Einige Anmerkungen zur höchstrichterlichen Rechtsprechung –, MittBayNot 2015, 373; *Weber*, Beseitigung fristschädlicher Schenkungen im Pflichtteilsergänzungsrecht: anything goes oder rien ne va plus?, ZEV 2017, 117; *ders.*, Aufgabe fristschädlicher Rechte im Pflichtteilsergänzungsrecht: Gestaltungsoptionen zur Herbeiführung eines nachträglichen Fristbeginns, ZEV 2017, 252; *Weidlich*, Das Verhältnis von vertraglichen Rückforderungsrechten und Pflichtteilsrecht, MittBayNot 2015, 193; *Wendt*, Pflichtteilsergänzung und widerrufliche Bezugsberechtigung in der Lebensversicherung, ErbR 2011, 196; *Werner, R.*, Stiftungen als Instrument der Pflichtteilsvermeidung, ZEV 2007, 560; *Winkler*, Unternehmensnachfolge und Pflichtteilsrecht – Wege zur Minimierung des Störfaktor „Pflichtteilsansprüche", ZEV 2005, 89; *Worm*, Pflichtteilsbeschwerungen und Pflichtteilsstrafklauseln, RNotZ 2003, 535.

Der ordentliche Pflichtteil ist gem. §§ 2303, 2311 BGB nach dem Wert des im Zeit- 1
punkt des Erbfalls real vorhandenen Nachlasses zu berechnen. Würde das Gesetz an dieser Stelle Halt machen, hätte der Erblasser also ohne weiteres die Möglichkeit, das Pflichtteilsrecht seiner nächsten Angehörigen, also deren gesetzlich fixierte und verfassungsrechtlich garantierte[1] **Mindestbeteiligung** an seinem Vermögen, dadurch auszuhebeln, dass er sich noch zu Lebzeiten vermögenslos stellt. Daher sieht das Gesetz in §§ 2325 ff. BGB Regelungen vor, durch die lebzeitige unentgeltliche Verfügungen des Erblassers bei der Pflichtteilsberechnung berücksichtigt werden können.

Der Berechtigte kann eine **Ergänzung** des **realen Nachlasses** verlangen, soweit dieser 2
durch lebzeitige Schenkungen des Erblassers geschmälert wurde. Eine Benachteili-

1 BVerfG ZErb 2005, 169 m. Anm. *Lange*, 205.

gungsabsicht des Erblassers ist nicht erforderlich. Da es sich beim Pflichtteilsergänzungsanspruch um einen eigenständigen, neben dem ordentlichen Pflichtteil stehenden Anspruch handelt, ist das Bestehen eines Anspruchs nach § 2303 BGB nicht Bedingung für die Geltendmachung des Ergänzungsanspruchs. So hat auch der zum Erben oder Vermächtnisnehmer berufene Pflichtteilsberechtigte die Möglichkeit, im Hinblick auf lebzeitige Schenkungen einen Ausgleich zu verlangen und auf diese Weise auch bei Annahme des Hinterlassenen wertmäßig seinen Gesamtpflichtteil (Summe aus ordentlichem Pflichtteil und Ergänzungspflichtteil) zu realisieren. Auch wenn der Pflichtteilsberechtigte seinen ordentlichen Pflichtteilsanspruch durch eine nicht von § 2306 BGB bzw. von § 1371 Abs. 3 BGB gedeckte Ausschlagung verloren haben sollte, kann ihm ein Pflichtteilsergänzungsanspruch zustehen.[2] Ein über den Gesamtpflichtteil hinausgehender Anspruch ist nach § 2326 BGB ausgeschlossen.[3]

3 Allerdings werden nicht alle **lebzeitigen Schenkungen** des Erblassers i.R.d. Pflichtteilsergänzungsanspruchs berücksichtigt. Zum einen scheiden Anstandsschenkungen gem. § 2330 BGB zur Rechtfertigung von Ergänzungsansprüchen aus. Zum anderen ist die Zeitschranke des § 2325 Abs. 3 BGB zu beachten. Sind seit der Ausführung der Schenkung wenigstens zehn Jahre verstrichen, kommt ein Ergänzungsanspruch nicht mehr in Frage. Der Gesetzgeber ging dabei davon aus, dass innerhalb dieses Zeitraums sowohl der Erblasser als auch der Pflichtteilsberechtigte ausreichend Gelegenheit hätten, sich an die neue Vermögenssituation zu gewöhnen. Vor diesem Hintergrund besteht hinsichtlich des weggegebenen Vermögens auch keine Erberwartung des Pflichtteilsberechtigten mehr, die im Todesfall enttäuscht werden könnte. Besonderheiten bestehen aber für Geschenke an den Ehegatten bzw. den gleichgeschlechtlichen Partner einer eingetragenen Lebenspartnerschaft. Hier beginnt die Frist nicht vor der Auflösung der Ehe/Partnerschaft zu laufen. Auf diese Weise soll vor allem dem angeblichen Risiko missbräuchlicher Gestaltungen vorgebeugt werden. Denn unter Ehegatten könnte es nahe liegen, zwar das zivilrechtliche Eigentum zu verschieben, die tatsächliche Nutzungsmöglichkeit des Schenkers aber unbeeinträchtigt zu lassen.

4 Durch das Gesetz zur Änderung des Erb- und Verjährungsrechts[4] wurde § 2335 Abs. 3 BGB dahingehend ergänzt, dass auch während des Laufs der vorerwähnten Zehnjahresfrist der Wert einer unentgeltlichen Zuwendung nicht in vollem Umfang dem Nachlass hinzuzurechnen ist. Es gilt seitdem ein Abschmelzungsmodell, demzufolge der Wert der Schenkung mittels einer pro-rata-Regelung (Abs. 3 S. 2)[5] kontinuierlich abgeschmolzen wird. Schenkungen werden daher nur noch dann, wenn sie zum Zeitpunkt des Erbfalls nicht mehr als ein Jahr zurückliegen, in vollem Umfange berücksichtigt. Für jedes Jahr, das zwischen dem Zeitpunkt der Ausführung der Schenkung und dem Eintritt des Erbfalls verstrichen ist, wird der zu berücksichtigende Wert um $1/10$ gekürzt.[6] Der Beginn der Zehnjahresfrist des § 2325 Abs. 3 BGB – und zwar sowohl im Hinblick auf den vollständigen Entfall der Pflichtteilsergänzung als auch im Hinblick auf die Abschmelzung – erfordert im Übrigen nach der Rechtsprechung, dass über den Wortlaut des Gesetzes hinaus der Schenker nicht nur das zivilrechtliche Eigentum überträgt, sondern auch tatsächlich auf den **„Genuss"** des verschenkten Gegenstandes verzichtet. Die Abgrenzung kann hier im Einzelfall schwierig sein. Ein weiteres Problem der Praxis bildet die Schwierigkeit der Beteiligten, die für den

---

2 *Steiner*, MDR 1997, 906; MüKo/*Lange*, § 2325 Rn 7.
3 BeckOGK/*Schindler*, § 2325 Rn 311; MüKo/*Lange*, § 2325 Rn 12.
4 BGBl I 2009, 3142 f.
5 Gesetzesbegründung, BT-Drucks 16/8954, S. 21.
6 MüKo/*Lange*, § 2325 Rn 74.

Ergänzungsanspruch maßgeblichen Umstände, insbesondere die anzusetzenden Werte zu ermitteln.

5 Im Regelfall ist **Schuldner** des Ergänzungsanspruchs der Erbe. Als Gesamtrechtsnachfolger des Erblassers hat er auch für die Schmälerung des ordentlichen Pflichtteils einzustehen.[7] Ist der Erbe selbst pflichtteilsberechtigt, kann er die Erfüllung des Pflichtteilsergänzungsanspruchs nach § 2328 BGB verweigern, soweit durch die Erfüllung sein eigener (rechnerischer) Pflichtteil beeinträchtigt würde. Außerdem kann sich der Erbe die beschränkte Haftung vorbehalten (§ 780 ZPO).[8] In bestimmten Ausnahmesituationen richtet sich der Anspruch jedoch statt gegen den Erben gegen den Empfänger des Geschenks (§ 2329 BGB), der allerdings nur nach bereicherungsrechtlichen Grundsätzen haftet.

6 Wie der ordentliche Pflichtteilsanspruch ist auch der Pflichtteilsergänzungsanspruch als reine Geldforderung ausgestaltet. Eine unmittelbare Nachlassbeteiligung vermittelt auch er nicht.[9]

Der Umstand, dass der Pflichtteilsergänzungsanspruch gegenüber dem ordentlichen Pflichtteil selbstständig ist,[10] verhindert im Übrigen nicht, dass die rechtliche Behandlung beider im Wesentlichen nach den gleichen Vorgaben erfolgt. So bildet hinsichtlich der ergänzungsrelevanten Schenkungen ebenfalls § 2314 BGB die Grundlage für den Auskunftsanspruch.[11] Entstehung, Vererblichkeit, Übertragbarkeit, Pfändbarkeit und die Behandlung im Insolvenzfall (des Pflichtteilsberechtigten) richten sich nach § 2317 BGB, § 852 ZPO, §§ 35, 36 InsO.[12] Eine Pflichtteilsentziehung nach § 2333 BGB umfasst im Regelfall auch die Entziehung des Ergänzungsanspruchs. Gleiches gilt für einen etwaigen (isolierten) Pflichtteilsverzicht, sofern nicht ausdrücklich etwas anderes vereinbart ist.[13]

§ 2325 Pflichtteilsergänzungsanspruch bei Schenkungen

(1) Hat der Erblasser einem Dritten eine Schenkung gemacht, so kann der Pflichtteilsberechtigte als Ergänzung des Pflichtteils den Betrag verlangen, um den sich der Pflichtteil erhöht, wenn der verschenkte Gegenstand dem Nachlass hinzugerechnet wird.

(2) [1]Eine verbrauchbare Sache kommt mit dem Werte in Ansatz, den sie zur Zeit der Schenkung hatte. [2]Ein anderer Gegenstand kommt mit dem Werte in Ansatz, den er zur Zeit des Erbfalls hat; hatte er zur Zeit der Schenkung einen geringeren Wert, so wird nur dieser in Ansatz gebracht.

(3) [1]Die Schenkung wird innerhalb des ersten Jahres vor dem Erbfall in vollem Umfang, innerhalb jedes weiteren Jahres vor dem Erbfall um jeweils ein Zehntel weniger berücksichtigt. [2]Sind zehn Jahre seit der Leistung des verschenkten Gegenstandes verstrichen, bleibt die Schenkung unberücksichtigt. [3]Ist die Schenkung an den Ehegatten erfolgt, so beginnt die Frist nicht vor der Auflösung der Ehe.

---

7 Mot. V, S. 454. Die Regelung ist an den französischen code civil angelehnt.

8 MüKo/*Lange*, § 2325 Rn 13.

9 Vgl. BGH NJW 1996, 1743.

10 BGH NJW 1973, 995; *Lange/Kuchinke*, § 37 X 1 c.

11 MüKo/*Lange*, § 2325 Rn 5.

12 Soergel/*Beck*, vor § 2325 Rn 2; MüKo/*Lange*, § 2325 Rn 5; *Lange/Kuchinke*, § 37 X Fn 435.

13 Dessen ungeachtet ist aber ein auf (alle oder bestimmte) Pflichtteilsergänzungsansprüche gegenständlich beschränkter Pflichtteilsverzicht möglich; vgl. *J. Mayer*, ZEV 2000, 263.

Literatur
Siehe Vorbemerkung zu §§ 2325 ff.

Übersicht:

A. Allgemeines

Als Ausdruck einer über den Tod hinausgehenden **Fürsorgepflicht** des Erblassers für seine nächsten Angehörigen soll das Pflichtteilsrecht eine Mindestteilhabe am Vermögen des Erblassers sichern. Allein eine Mindestteilhabe am (zufällig noch vorhandenen) realen Nachlass wäre hierzu aber nicht ausreichend, hätte doch der Erblasser die Möglichkeit, sich noch zu seinen Lebzeiten vermögenslos zu stellen und so den Pflichtteilsanspruch auszuschließen. Vor diesem Hintergrund verfolgt der Gesetzgeber durch den eigenständigen Ergänzungsanspruch – außerordentlicher Pflichtteilsanspruch[1] – das Ziel, eine Mindestbeteiligung nicht nur am realen Nachlass, sondern am tatsächlichen wirtschaftlichen Wert des lebzeitigen Vermögens des Erblassers zu gewährleisten.[2] 1

1 BGHZ 103, 333; BGH NJW 1997, 2676, 2677; *Pawlytta*, in: Mayer/Süß/Riedel/Bittler, HB Pflichtteilsrecht, § 7 Rn 5.
2 BGH NJW 1997, 2676; BGH ZEV 2004, 115, 117; BeckOGK/*Schindler*, § 2325 Rn 2.

B. Tatbestand

I. Person des Anspruchsberechtigten

2 Anspruchsinhaber kann nur sein, wer – abstrakt – dem Kreis der Pflichtteilsberechtigten angehört.[3] Das Bestehen eines ordentlichen Pflichtteilsanspruchs ist nicht erforderlich.[4] Daher können auch für den gesetzlichen Erben[5] oder sogar den zum Alleinerben[6] Eingesetzten durchaus Pflichtteilsergänzungsansprüche in Betracht kommen.[7] Voraussetzung ist lediglich, dass der Anspruchsteller weniger erhält, als der Summe aus Ergänzungspflichtteil und ordentlichem Pflichtteil (Gesamtpflichtteil)[8] entspricht.[9] Das gilt natürlich auch für den pflichtteilsberechtigten Vermächtnisnehmer.[10]

3 Auch der **Pflichtteilsergänzungsanspruch** unterliegt den Regelungen des § 2309 BGB, so dass entferntere Pflichtteilsberechtigte (Eltern und Abkömmlinge) durch nähere ausgeschlossen werden, soweit der nach § 2309 BGB Weggefallene selbst den Ergänzungsanspruch geltend machen kann oder das ihm Hinterlassene annimmt.[11] Im Übrigen führt eine ansonsten pflichtteilsschädliche Ausschlagung nie zum Verlust des Pflichtteilsergänzungsanspruchs;[12] es kann höchstens zu einer Minderung um den in § 2326 S. 2 BGB bezeichneten Mehrwert kommen.[13]

4 Nach der früheren Rspr. des BGH bezog sich der **Schutzzweck** des § 2325 BGB nur auf solche Personen, die sowohl im Zeitpunkt der Schenkung als auch beim Erbfall zum Kreis der Pflichtteilsberechtigten zählten, sog. Doppelberechtigung des Pflichtteilsergänzungsberechtigten.[14] Diese Theorie stützte sich auf den Gedanken, dass durch § 2325 BGB lediglich eine Art Bestandsschutz erreicht werden solle. Verschenkten Vermögenswerten, die vor dem Entstehen der abstrakten Pflichtteilsberechtigung des Betroffenen zum Vermögensbestand des (späteren) Erblassers gehört hätten und bei Eintritt der abstrakten Pflichtteilsberechtigung bereits abgeflossen gewesen seien, käme insoweit keine Bedeutung zu. Der Pflichtteilsberechtigte hätte nämlich bzgl. solcher Gegenstände zu keinem Zeitpunkt eine berechtigte Erberwartung gehabt. Eine Person, die erst nach einer Schenkung die pflichtteilsrechtliche **Legitimation** erwerbe, kenne keine anderen Vermögensverhältnisse als diejenigen nach der Schenkung[15] und sei daher auch nicht schützenswert i.S.d. §§ 2325 ff. BGB. Aufgrund dieser Rspr. konnten bspw. Ehegatten nur bzgl. nach der Heirat vom anderen Ehegatten getätigter

---

3 BGH NJW 1973, 995; OLG Köln ZEV 1998, 434, 435; OLG Hamm BeckRS 2010, 19172; MüKo/*Lange*, § 2325 Rn 7; Staudinger/*Herzog* (2021), § 2325 Rn 210; BeckOGK/*Schindler*, § 2325 Rn 7.

4 Staudinger/*Herzog* (2021), § 2325 Rn 212; BeckOGK/*Schindler*, § 2325 Rn 4 m.w.N.; Burandt/Rojahn/*Horn*, Erbrecht, § 2325 Rn 6; vgl. auch *Siebert*, ErbR 2012, 271, 272.

5 BGH NJW 1973, 995.

6 BGH ZEV 2000, 274. Insoweit geht es allerdings um Ansprüche nach § 2329 BGB, da der Alleinerbe natürlich nur gegenüber dem Beschenkten und nicht gegenüber sich selbst Ansprüche geltend machen kann. Nichtsdestotrotz setzt § 2329 BGB aber zunächst das Vorliegen des Tatbestandes des § 2325 BGB voraus.

7 BeckOGK/*Schindler*, § 2325 Rn 8.

8 BeckOGK/*Schindler*, § 2325 Rn 6; vgl. auch *Schindler*, ZErb 2006, 186, 188.

9 Staudinger/*Herzog* (2021), § 2325 Rn 212.

10 MüKo/*Lange*, § 2325 Rn 6.

11 Vgl. OLG Köln ZEV 1998, 434; Staudinger/*Herzog* (2021), § 2325 Rn 211; Soergel/*Beck*, § 2325 Rn 1; BeckOGK/*Schindler*, § 2325 Rn 7; Burandt/Rojahn/*Horn*, Erbrecht, § 2325 Rn 6, 10.

12 BGH NJW 1973, 995; OLG Hamm v. 8.6.2010 – 10 U 10/10, BeckRS 2010, 19172; BeckOGK/*Schindler*, § 2325 Rn 9; Staudinger/*Herzog* (2021), § 2325 Rn 213; BeckOK BGB/*Müller-Engels*, § 2325 Rn 3.

13 Staudinger/*Herzog* (2021), § 2325 Rn 213; RGRK/*Johannsen*, § 2325 Rn 4.

14 BGHZ 59, 210, 212 = ZEV 1997, 40; BGH NJW 1997, 2676 = DNotZ 1998, 135 = ZEV 1997, 373.

15 BGH NJW 1997, 2676 = ZEV 1997, 373, 374.

Schenkung Pflichtteilsergänzungsansprüche zustehen.[16] Auch Pflichtteilsergänzungsansprüche von Kindern konnten nur durch solche Schenkungen der Eltern ausgelöst werden, die nach ihrer Geburt bzw. nach der Eheschließung der Eltern erfolgt waren, es sei denn, das ergänzungsberechtigte Kind war schon vor der Eheschließung gezeugt.[17] Und Adoptivkinder konnten Pflichtteilsergänzungsansprüche nur wegen solcher Schenkungen geltend machen, die nach ihrer Adoption erfolgt waren.[18]

Mit dem Wortlaut[19] und der **Entstehungsgeschichte** der Vorschrift des § 2325 BGB[20] 5
war diese Rspr. aber nicht vereinbar.[21] Der im ersten Entwurf zum BGB enthaltene Aspekt, nach welchem die Pflichtteilsergänzungsberechtigung im Zeitpunkt der Schenkung vorliegen sollte, wurde von der zweiten Kommission entschieden abgelehnt. Auch in der Lit. wurde das Petitum der Doppelberechtigung überwiegend abgelehnt.[22]

Im Jahr 2012 hat erfreulicherweise auch der BGH seine Einstellung revidiert und die 6
Theorie der Doppelberechtigung – für Abkömmlinge als Ergänzungsberechtigte – ausdrücklich aufgegeben.[23] Das tragende Argument der Entscheidung ist, dass es für die (bisherige) Forderung nach einer Pflichtteilsberechtigung nicht nur zum Zeitpunkt des Erbfalls, sondern auch zur Zeit der Schenkung keinen Anhaltspunkt im Gesetz gibt. Voraussetzung für den Pflichtteilsergänzungsanspruch ist demnach nur noch, dass der Anspruchsteller zum Zeitpunkt des Erbfalls zum Kreis der pflichtteilsberechtigten Personen gehört;[24] wann er diese Eigenschaft erworben hat (vor oder nach der in Rede stehenden Schenkung), spielt hingegen keine Rolle (mehr).

Auch wenn sich der BGH in seiner Entscheidung lediglich zu den Pflichtteilsansprüchen von Abkömmlingen des Erblassers geäußert hat, sind die Grundsätze der Entscheidung für alle Pflichtteilsberechtigten anzuwenden, insbesondere also auch für pflichtteilsberechtigte Ehegatten.[25] Sie gelten umfassend.[26] Dies gilt umso mehr, als die Argumente, die die Theorie von der Doppelberechtigung ursprünglich stützten, im Ergebnis nach wie vor unhaltbar sind[27] und es schon gar nicht einzusehen wäre, diese nun für bestimmte Pflichtteilsberechtigte wiederzubeleben bzw. aufrechtzuerhalten.[28]

---

16 BGH NJW 1997, 2676 ff.

17 BGHZ 59, 210, 217.

18 BGHZ 59, 210, 217.

19 BeckOGK/*Schindler*, § 2325 Rn 11, 13.

20 Vgl. Prot. V, 1899, S. 586 ff.; vgl. auch Staudinger/*Herzog* (2021), § 2325 Rn 203.

21 *Kerscher/Riedel/Lenz*, Pflichtteilsrecht, § 9 Rn 116; *J. Mayer*, in: Mayer/Süß/Tanck/Bittler/Wälzholz, HB Pflichtteilsrecht, 1. Aufl. 2003, § 8 Rn 7; MüKo/*Lange*, § 2325 Rn 8; Staudinger/*Herzog* (2021), § 2325 Rn 203.

22 MüKo/*Lange*, § 2325 Rn 7; BeckOGK/*Schindler*, § 2325 Rn 11; Soergel/*Beck*, § 2325 Rn 3; *Muscheler*, Erbrecht, Rn 4217 ff.; Staudinger/*Herzog* (2021), § 2325 Rn 203; *Reimann*, MittBayNot 1997, 299.

23 BGH ZEV 2012, 478 m. zust. Anm. *v. Oertzen* = ZErb 2012, 225.

24 Burandt/Rojahn/*Horn*, Erbrecht, § 2325 Rn 13; *Pawlytta*, in: Mayer/Süß/Riedel/Bittler, HB Pflichtteilsrecht, § 7 Rn 7.

25 OLG Hamm BeckRS 2016, 117427; BeckOGK/*Schindler*, § 2325 Rn 14; *Ruby/Schindler*, ZEV 2018, 21, 24.

26 *Lange*, DNotZ 2012, 865; *Otte*, ZEV 2012, 481, 482; *Keim*, NJW 2012, 3484, 3485; *Röhl*, MittBayNot 2013, 146, 148; *Beyer*, ZStV 2023, 126; *Wendt*, ErbR 2013, 366, 378; BeckOGK/*Schindler*, § 2325 Rn 13; zurückhaltender Grüneberg/*Weidlich*, § 2325 Rn 4; MüKo/*Lange*, § 2325 Rn 10.

27 Vgl. hierzu auch *Wendt*, ErbR 2013, 366, 378.

28 *Ruby/Schindler*, ZEV 2014, 27, 28; *Klein*, NJW 2016, 1617, 1620; a.A. *Bonefeld*, RFamU 2023, 408, 411.

II. Schenkungsbegriff

1. Person des Schenkers

7 Pflichtteilsergänzungsansprüche können nur durch solche Schenkungen ausgelöst werden, die der Erblasser selbst ausgeführt hat.[29] Der **„erweiterte Erblasserbegriff"**, dem zufolge i.R.d. Ausgleichung neben Zuwendungen des längstlebenden Elternteils auch solche des Vorverstorbenen berücksichtigt werden können, § 2052 BGB,[30] gilt hier ausdrücklich nicht.[31] Daraus folgt gleichzeitig, dass bei der Berechnung des Ergänzungsanspruchs von Abkömmlingen jeweils differenziert werden muss, wie sich die erbrechtliche Situation im Übrigen darstellt, insbesondere ob der andere Elternteil – soweit dieser gleichzeitig der Ehegatte des Erblassers ist – noch lebt und mit welcher Quote er gesetzlich erbt (die Entscheidung für die güterrechtliche Lösung bei Zugewinnehegatten ist ebenfalls zu berücksichtigen). Wird eine Zuwendung von beiden Elternteilen gemeinsam ausgeführt, sind grundsätzlich zwei (getrennte) Schenkungen anzunehmen, im Zweifel – also wenn keine abweichenden Vereinbarungen bestehen oder die Vermögensverhältnisse zu einer anderen Beurteilung zwingen – ist davon auszugehen, dass beide Elternteile jeweils den hälftigen Wert zugewendet haben.[32]

2. Unentgeltliche Zuwendung

a) Grundsätzliches

8 Der Schenkungsbegriff des Abs. 1 ist grundsätzlich identisch mit dem der §§ 516, 517 u. 1624 BGB.[33] Kumulativ müssen eine objektive Bereicherung des Dritten und die subjektive Einigung zwischen Erblasser und Zuwendungsempfänger über die Unentgeltlichkeit der Zuwendung, § 516 Abs. 1 BGB, vorliegen.[34] Insoweit genügt eine „Parallelwertung in der Laiensphäre".[35] Unentgeltlich sind auch Zuwendungen, die nicht von einer den Erwerb ausgleichenden Gegenleistung abhängen.[36] Im Hinblick auf die das Schuldrecht beherrschende Privatautonomie reicht aber das bloße Fehlen der **objektiven Äquivalenz** von **Leistung** und **Gegenleistung** für die Annahme einer unentgeltlichen Zuwendung nicht aus.[37] Dies hat allerdings Grenzen: Eine objektiv fehlende Gegenleistung kann nämlich auch durch den Parteiwillen nicht ersetzt werden.[38] Der Parteiwille ist dann nicht maßgeblich, wenn er jeglicher sachlicher Grundlage entbehrt und auf reiner Willkür beruht.[39] Der BGH geht insoweit davon aus, dass eine über ein geringes Maß hinausgehende tatsächliche Diskrepanz der Werte von

---

29 BeckOGK/*Schindler*, § 2325 Rn 159.

30 Vgl. *Kerscher/Riedel/Lenz*, Pflichtteilsrecht, § 5 Rn 108.

31 MüKo/*Lange*, § 2325 Rn 14; ausdrücklich entschieden für die Berücksichtigung von Eigengeschenken i.S.d. § 2327 Abs. 1 BGB, vgl. BGHZ 88, 102 ff. = NJW 1983, 2875; BeckOGK/*Schindler*, § 2325 Rn 159; vgl. auch *Pawlytta*, in: Mayer/Süß/Riedel/Bittler, HB Pflichtteilsrecht, § 7 Rn 18; *Bühler*, DNotZ 2022, 10, 11.

32 OLG Schleswig BeckRS 2013, 8631; BeckOGK/*Schindler*, § 2325 Rn 159.

33 BGH ZEV 2004, 115; BGHZ 59, 132, 135 = NJW 1972, 1709; BGH NJW 1981, 1956; OLG Bamberg ZEV 2008, 386; OLG Saarbrücken ZEV 2024, 386, 388; Staudinger/*Herzog* (2021), § 2325 Rn 6; MüKo/*Lange*, § 2325 Rn 17; Burandt/Rojahn/*Horn*, Erbrecht, § 2325 Rn 24.

34 OLG Saarbrücken ZEV 2024, 386, 388; OLG Oldenburg FamRZ 2000, 638; RGZ 128, 188; Staudinger/*Herzog* (2021), § 2325 Rn 7.

35 BGH ZEV 2012, 110, 113; BeckOGK/*Schindler*, § 2325 Rn 19 m.w.N.

36 BGH NJW 1992, 2566, 2567; BGH ZEV 2020, 420, 421; BeckOGK/*Schindler*, § 2325 Rn 19.

37 Staudinger/*Herzog* (2021), § 2325 Rn 8; Burandt/Rojahn/*Horn*, Erbrecht, § 2325 Rn 24; a.A. *Jaspert*, ZEV 2020, 69.

38 So bereits RG HRR 1934 Nr. 1441; ebenso BGH NJW 1961, 604, 605; BGHZ 59, 132, 136 = NJW 1972, 1709, 1710.

39 BGH NJW 1961, 604; BGH NJW 1981, 2458, 2459; OLG Oldenburg ZErb 2008, 118; MüKo/*Lange*, § 2325 Rn 21 m.w.N.

Leistung und Gegenleistung für eine tatsächliche, allerdings widerlegbare, Vermutung zugunsten eines Schenkungswillens der Parteien spreche.[40] Maßgeblicher Beurteilungszeitpunkt ist ausschließlich der Zeitpunkt der Zuwendung,[41] später eintretende Wertverschiebungen wirken sich grundsätzlich (vorbehaltlich späterer Anpassungen von Leistung und Gegenleistung) nicht aus. Da durch ein formwirksames Schenkungsversprechen eine Forderung des Beschenkten entsteht, zu deren Erfüllung auch der Erbe als Rechtsnachfolger verpflichtet ist (Nachlassverbindlichkeit), kann auch ein solches Versprechen Ergänzungsansprüche gem. § 2325 BGB auslösen.[42] Auch die vollzogene Schenkung auf den Todesfall (§ 2301 BGB) ist Schenkung i.S.v. § 2325 BGB.[43] Dasselbe gilt auch für die Vorausleistung eines Vermächtnisgegentandes.[44]

Voraussetzung des Pflichtteilsergänzungsanspruchs ist, dass die Schenkung grds. wirksam ist.[45] In diesem Zusammenhang ist anzumerken, dass ein Schenkungsvertrag, den der Erblasser bewusst zum Nachteil des Pflichtteilsberechtigten abschließt, nicht wegen Verstoßes gegen § 138 BGB nichtig ist.[46] Auch ein zunächst formunwirksamer Schenkungsvertrag, der erst nach dem Tod des Erblassers geheilt wird (§ 518 Abs. 2 BGB), stellt eine Schenkung i.S.v. § 2325 BGB dar.[47] Im Übrigen kommt es – anders als im Zusammenhang mit § 2287 BGB – auf die Motivation des Erblassers/Schenkers bzw. eine etwaige Beeinträchtigungsabsicht nicht an.[48] Vor diesem Hintergrund schützt § 2325 BGB auch nicht gegen versuchte, sondern nur gegen tatsächliche/objektive Entreicherungen des Erblassers.[49] 9

Maßgeblich für die Beurteilung, ob eine Schenkung vorliegt oder nicht, ist nicht unbedingt die ursprüngliche Vereinbarung im Zeitpunkt der Ausführung einer Zuwendung. Nachträgliche Entgeltabreden sind schuldrechtlich ohne weiteres zulässig[50] und auch im Rahmen von § 2325 BGB zu berücksichtigen.[51] Wird also nachträglich ein vollwertiges Entgelt als Gegenleistung für eine zunächst unentgeltlich ausgeführte Zuwendung vereinbart, steht dem Pflichtteilsberechtigten insoweit kein Ergänzungs- 10

---

40 BGH ZEV 2013, 213, 215.

41 BGH NJW 1964, 1323.

42 BGHZ 85, 274, 283 = NJW 1983, 1485 f. = DNotZ 1983, 374; Staudinger/*Herzog* (2021), § 2325 Rn 23.

43 MüKo/*Lange*, § 2325 Rn 17; Staudinger/*Herzog* (2021), § 2325 Rn 24.

44 Staudinger/*Herzog* (2021), § 2325 Rn 26. Teilweise umstritten, vgl. MüKo/*Lange*, § 2325 Rn 43 unter Hinweis auf *Kuchinke*, JZ 1983, 483 ff. Schlussendlich muss aber eine pflichtteilsergänzungsrelevante Schenkung anzunehmen sein. Denn wäre der Gegenstand nicht verschenkt worden, würde er dem Vermächtnisnehmer aufgrund der letztwilligen Verfügung zufallen und wäre unzweifelhaft im Rahmen des ordentlichen Pflichtteils zu berücksichtigen. Dies kann durch eine lebzeitige Zuwendung – außerhalb der Grenzen von § 2325 Abs. 2 BGB – nicht umgangen werden.

45 OLG Bamberg ZEV 2008, 386; MüKo/*Lange*, § 2325 Rn 16; *Pawlytta*, in: Mayer/Süß/Riedel/Bittler, HB Pflichtteilsrecht, § 7 Rn 13.

46 BGH NJW 1972, 1709; MüKo/*Lange*, § 2325 Rn 16.

47 BGH ZEV 2010, 305, 306; BGH ZEV 2004, 115; BeckOGK/*Schindler*, § 2325 Rn 28.

48 OLG Brandenburg BeckRS 1998, 1133; BeckOGK/*Schindler*, § 2325 Rn 20; Staudinger/*Herzog* (2021), § 2325 Rn 9, 202; MüKo/*Lange*, § 2325 Rn 17; *Jaspert*, ZEV 2020, 69, 72; *Kainer*, NotBZ 2019, 281, 285.

49 BeckOGK/*Schindler*, § 2325 Rn 20; *Muscheler*, ErbR 2010, 279, 282; *Jaspert*, ZEV 2020, 69, 72.

50 OLG Schleswig NZG 2012, 1423, 1426; vgl. auch BGH NJW-RR 1989, 706; BGH NJW 1992, 564.

51 BeckOGK/*Schindler*, § 2325 Rn 28, 29; MüKo/*Lange*, § 2325 Rn 18; Burandt/Rojahn/*Horn*, Erbrecht, § 2325 Rn 37; *Weber*, ZEV 2017, 117, 119.

anspruch zu.[52] Dies gilt jedenfalls dann, wenn das vereinbarte Entgelt im Zeitpunkt des Erbfalles bereits geleistet wurde oder sich die entsprechende Forderung im Nachlass befindet (es sei denn, die Forderung war bereits bei ihrer Begründung wirtschaftlich wertlos). Nach dem Tod des Erblassers/Schenkers sind keine Änderungen mehr möglich.[53]

11 Eine nachträgliche Entgeltlichkeit der Zuwendung kann auch dadurch begründet werden, dass diese – im Verhältnis zwischen in Zugewinngemeinschaft verheirateten Ehegatten – gem. § 1380 Abs. 1 BGB auf den Zugewinnausgleichsanspruch angerechnet wird.[54] Dies gilt sowohl in den Fällen einer späteren Ehescheidung als auch dann, wenn einvernehmlich ein Güterstandswechsel vorgenommen und aus diesem Anlass ein (tatsächlicher) Zugewinnausgleich durchgeführt wird.

12 Gem. § 517 BGB liegt keine Schenkung vor, wenn der „Schenker" einen Vermögenserwerb unterlässt, z.B. indem er eine Erbschaft oder ein Vermächtnis ausschlägt,[55] seinen Pflichtteilsanspruch nicht geltend macht[56] oder ein ihm zustehendes **Vorkaufsrecht** nicht ausübt.[57] Gleiches gilt für das Verjährenlassen einer Forderung,[58] die Erfüllung einer verjährten Forderung[59] sowie für den Verzicht auf ein vorbehaltenes Rückforderungsrecht.[60] Auch die (selbst langfristig bzw. auf Lebenszeit angelegte) Leihe i.S.v. § 598 BGB soll keine ergänzungspflichtige Schenkung darstellen,[61] ebenso wenig die Gewährung eines zinslosen Darlehens[62] oder die mietfreie Überlassung einer Wohnung.[63]

b) Einzelfälle

aa) Pflicht- und Anstandsschenkungen

13 Die Pflicht- und Anstandsschenkungen nehmen im Bereich der Pflichtteilsergänzung eine gewisse Sonderstellung ein. Teilweise werden sie im Hinblick auf die Besonderheiten des zugrunde liegenden Verhältnisses zwischen Erblasser und Beschenktem von der Pflichtteilsergänzung ausgenommen.[64] Dies gilt allerdings nur in einigermaßen engen Grenzen, da der Pflichtteilsergänzungsanspruch (§ 2325 BGB) gerade auf einen Schutz des Pflichtteilsberechtigten vor einer Aushöhlung des Nachlasses durch lebzei-

---

52 BGH ZEV 2007, 326 = ZErb 2007, 222; BGH NJW-RR 2006, 877, 879; OLG Köln Erbrecht effektiv 2008, 32 f.; OLG Schleswig MittBayNot 2013, 59, 62; vgl. auch *Schindler*, ZErb 2004, 46; *ders.*, ZErb 2012, 149, 153; MüKo/*Lange*, § 2325 Rn 18; *Kornexl*, ZEV 2007, 328; *Weber*, ZEV 2017, 117, 118.

53 BeckOGK/*Schindler*, § 2325 Rn 30; *Schindler*, ZErb 2004, 649; *Dietz*, MittBayNot 2008, 227, 228.

54 BeckOGK/*Schindler*, § 2325 Rn 33; a.A. *Beckervordersandfort/Beckervordersandfort*, ZErb 2014, 43, 46.

55 Staudinger/*Herzog* (2021), § 2325 Rn 35; BeckOGK/*Schindler*, § 2325 Rn 64; Burandt/Rojahn/*Horn*, Erbrecht, § 2325 Rn 26.

56 BGH NJW 2002, 672 = ZEV 2002, 21.

57 Staudinger/*Herzog* (2021), § 2325 Rn 32; *Pawlytta*, in: Mayer/Süß/Riedel/Bittler, HB Pflichtteilsrecht, § 7 Rn 11.

58 OLG Saarbrücken ZEV 2020, 423, 426; Soergel/*Beck*, § 2325 Rn 35; BeckOGK/*Schindler*, § 2325 Rn 61; Staudinger/*Olshausen* (2015), § 2325 Rn 45; zweifelnd Staudinger/*Herzog* (2021), § 2325 Rn 29.

59 Staudinger/*Herzog* (2021), § 2325 Rn 30; BeckOGK/*Schindler*, § 2325 Rn 61 unter Hinweis auf OLG Saarbrücken BeckRS 2020, 31507.

60 OLG München ErbR 2017, 634; BeckOGK/*Schindler*, § 2325 Rn 62.

61 BGH NJW 1982, 820; BGH NJW 1985, 1553; *Weber*, ZEV 2017, 117, 119; BeckOGK/*Schindler*, § 2325 Rn 67; *Wachter*, ZEV 2023, 333, 342; *Beyer*, ZStV 2023, 126, 133.

62 BeckOGK/*Schindler*, § 2325 Rn 62; Staudinger/*Herzog* (2021), § 2325 Rn 32.

63 LG Kaiserslautern ZErb 2020, 36, 37; a.A. *Kreienberg*, ZErb 2020, 6, 11.

64 Burandt/Rojahn/*Horn*, Erbrecht, § 2325 Rn 38.

tige Zuwendungen abzielt; § 2330 BGB regelt insofern eine Ausnahme.[65] Für das Vorliegen einer Pflicht- oder auch einer Anstandsschenkung ist grundsätzlich der auf den Pflichtteilsergänzungsanspruch in Anspruch Genommene (also der Erbe oder, in Fällen des § 2329 BGB, der Beschenkte) beweispflichtig.[66]

Anstandsschenkungen sind kleinere Zuwendungen, die aus einem besonderen Anlass (Hochzeit, Geburtstag, Weihnachten etc.) zugewendet werden. Die konkreten gesellschaftlichen und regionalen Gepflogenheiten und Verhältnisse sind für die Einordnung als Anstandsschenkung entscheidend.[67] Zu fragen ist dabei nach den Ansichten und Gepflogenheiten sozial Gleichgestellter; insbesondere kommt es darauf an, ob die Unterlassung des Geschenks eine Einbuße an sozialer Achtung in diesem Personenkreis nach sich ziehen würde.[68] Eine Anstandsschenkung ist aber von vornherein ausgeschlossen, wenn ihr Wert die Hälfte des wesentlichen Vermögens des Schenkers übersteigt.[69] 14

Bei den sog. Pflichtschenkungen spielen die Wertverhältnisse hingegen eine untergeordnete Rolle; denn eine sittliche Pflicht kann im Einzelfall auch höherwertige Geschenke rechtfertigen.[70] Dies gilt insbesondere für Unterhaltszahlungen an nahe Angehörige[71] und Zuwendungen zur zusätzlichen Alterssicherung.[72] Maßgeblich für die Abgrenzung ist allerdings nicht die Frage, ob sich die Schenkung noch im Rahmen des sittlich zu Rechtfertigenden bewegt. Vielmehr kommt es allein darauf an, ob sie sittlich geboten war und ein Unterlassen der Zuwendung durch den Erblasser als Verletzung der ihm obliegenden sittlichen Pflichten anzusehen gewesen wäre.[73] Einschränkend ist in diesem Zusammenhang weiter anzumerken, dass auch das Gebot, den späteren Nachlass nicht vollständig auszuhöhlen (und dadurch den Pflichtteilsanspruch zu entwerten), zu den sittlichen Pflichten des Erblassers gehören kann.[74] Allgemeine Grundsätze lassen sich hier jedoch nur schwer festmachen.[75] Insbesondere sind auch die vielfältigen zu diesem Problembereich ergangenen höchst- und obergerichtlichen Entscheidungen[76] kaum verallgemeinerungsfähig.[77] Festzuhalten ist aber, dass die Abgrenzung nach objektiven Kriterien vorzunehmen ist. Hierbei spielen die persönli- 15

---

65 Vgl. Soergel/*Beck*, § 2330 Rn 1; *Pawlytta*, in: Mayer/Süß/Riedel/Bittler, HB Pflichtteilsrecht, § 7 Rn 19.

66 Vgl. OLG Schleswig ZEV 2013, 86, 89.

67 BGH NJW 1984, 2939, 2940; OLG Oldenburg BeckRS 2010, 7977; OLG Düsseldorf ZEV 2017, 328; Soergel/*Beck*, § 2330 Rn 2; *Pawlytta*, in: Mayer/Süß/Riedel/Bittler, HB Pflichtteilsrecht, § 7 Rn 20 m.w.N.; *Karczewski*, ZEV 2020, 733, 739; *ders.*, ZEV 2023, 281, 283.

68 BGH NJW 1981, 111; vgl. BeckOK BGB/*Gehrlein*, § 534 Rn 2 m.w.N.

69 BGH NJW 1984, 2939, 2940; *Pawlytta*, in: Mayer/Süß/Riedel/Bittler, HB Pflichtteilsrecht, § 7 Rn 20; a.A. aber wohl *Schlüter*, in: 50 Jahre BGH, Festgabe der Wissenschaft, 2000, S. 1047, 1060.

70 Vgl. BGH WM 1978, 905; BGH FamRZ 1967, 214, 216; OLG Celle HRR 1934 Nr. 942 (der Nachlass kann sogar im Wesentlichen ausgeschöpft werden).

71 BGH NJW 1984, 2939; *Pawlytta*, in: Mayer/Süß/Riedel/Bittler, HB Pflichtteilsrecht, § 7 Rn 21 m.w.N.

72 BGH NJW 1981, 2458, 2459; BGH FamRZ 1982, 165.

73 OLG Koblenz ZErb 2006, 419; vgl. hierzu ausführlich *Pawlytta*, in: Mayer/Süß/Riedel/Bittler, HB Pflichtteilsrecht, § 7 Rn 21.

74 Vgl. BGH NJW 1984, 2939; BGH WM 1982, 100; BGHZ 88, 102.

75 Dies gilt z.B. auch für die Entscheidung OLG Braunschweig v. 2.2.2011 – 3 U 67/10, BeckRS 2011, 21325, der zufolge auch eine Schenkung, die den Nachlass völlig erschöpft, als Pflichtschenkung gesehen werden könne.

76 Wegen Einzelheiten vgl. *Pawlytta*, in: Mayer/Süß/Riedel/Bittler, HB Pflichtteilsrecht, § 7 Rn 21 unter Hinweis auf ein Dutzend konkrete Urteile.

77 Vgl. *Kerscher/Riedel/Lenz*, Pflichtteilsrecht, § 9 Rn 13; *Pawlytta*, in: Mayer/Süß/Riedel/Bittler, HB Pflichtteilsrecht, § 7 Rn 21.

chen Beziehungen der Beteiligten, ihre Vermögens- und Lebensverhältnisse, die Quantität und Qualität der zwischen ihnen ausgetauschten Zuwendungen sowie die Wertrelation zum Restnachlass grundsätzlich die entscheidende Rolle. Des Weiteren muss sich der Schenker über das Bestehen einer Anstands- oder sittlichen Pflicht im Klaren gewesen sein und die Schenkung auch zu dem Zweck ausgeführt haben, eben dieser Pflicht zu genügen.[78] Maßgeblicher Beurteilungszeitpunkt ist nicht der Erbfall, sondern die Ausführung der Zuwendung.[79]

bb) Remuneratorische Schenkungen

16 Unter den Schenkungsbegriff des § 2325 BGB sind auch **belohnende** (sog. remuneratorische) Schenkungen zu subsumieren.[80] Eine Ausnahme hiervon gilt nur, wenn es sich gleichzeitig um Anstandsschenkungen[81] i.S.d. § 2330 BGB handelt[82] oder wenn ein sog. Vorleistungsfall gegeben ist. Eine Anstandsschenkung kann sogar in der Zuwendung eines Hauses an einen Dritten zu sehen sein, wenn zwischen diesem und dem Erblasser eine enge Beziehung bestand, die auch als Eltern-Kind-Verhältnis angesehen werden könnte.[83] Diese Konstellationen zeichnen sich oft dadurch aus, dass der Empfänger bereits vor der Schenkung erhebliche Leistungen gegenüber dem Schenker erbracht hat und sich die spätere Zuwendung objektiv als eine Art Entgelt hierfür darstellt.[84] Ob diese nachträgliche Umqualifizierung ursprünglich unentgeltlicher Vorleistungen in für § 2325 BGB beachtliche Entgelte überhaupt in Betracht kommt, ist umstritten.[85] Soweit bereits in der Vergangenheit erbrachte Dienstleistungen als Entgelt für die Zuwendung anzusehen sind (bzw. sein sollten), kommt deren Indexierung (Anpassung an den Kaufkraftschwund des Geldes) aber jedenfalls nicht in Betracht.[86]

cc) Übermaßausstattungen

17 Nach § 1624 Abs. 1 BGB gilt auch die **Übermaßausstattung** – hinsichtlich des Übermaßes – als Schenkung.[87] Dies führt dazu, dass sie – soweit im Übrigen Einigkeit über die Unentgeltlichkeit besteht – auch i.R.d. § 2325 BGB zu berücksichtigen ist.[88] Der nicht über das angemessene Maß hinausgehende Teil der Ausstattung ist hingegen bei der Ausgleichung unter quotengleichen Abkömmlingen gem. §§ 2050 ff. BGB zu berücksichtigen;[89] er stellt keine Schenkung dar.[90]

---

78 Ebenso *Pawlytta*, in: Mayer/Süß/Riedel/Bittler, HB Pflichtteilsrecht, § 7 Rn 22; a.A.: MüKo/*Lange*, § 2330 Rn 4; Staudinger/*Herzog* (2021), § 2330 Rn 9; offengelassen in BGH LM Nr. 4 zu § 2330 BGB = FamRZ 1982, 165.

79 *Pawlytta*, in: Mayer/Süß/Riedel/Bittler, HB Pflichtteilsrecht, § 7 Rn 24; Staudinger/*Herzog* (2021), § 2330 Rn 10; Soergel/*Beck*, § 2330 Rn 10.

80 BeckOGK/*Schindler*, § 2325 Rn 135.

81 Wegen der Begriffe Pflicht- und Anstandsschenkung vgl. ausführlich *Pawlytta*, in: Mayer/Süß/Riedel/Bittler, HB Pflichtteilsrecht, § 7 Rn 20 ff., 25.

82 BGH WM 1977, 1410; BGH WM 1978, 905; OLG Saarbrücken ZEV 2020, 423, 428; Staudinger/*Herzog* (2021), § 2325 Rn 15; Soergel/*Beck*, § 2325 Rn 35; *Weber*, ZEV 2017, 117, 120.

83 Vgl. OLG Frankfurt ZErb 2000, 91.

84 Vgl. OLG Düsseldorf DNotZ 1996, 652, 653.

85 Dafür: *Schindler*, ZErb 2004, 46, 47; dagegen: *Weber*, ZEV 2017, 117, 120; *Keim*, FamRZ 2004, 1081, 1084, 1086; *Bernert*, MittBayNot 2022, 162, 164; MüKo/*Lange*, § 2325 Rn 18.

86 OLG Oldenburg ZErb 2008, 118.

87 Burandt/Rojahn/*Horn*, Erbrecht, § 2325 Rn 32.

88 BeckOGK/*Schindler*, § 2325 Rn 53.

89 *Kappler/Kappler*, MittBayNot 2019, 217, 220; *Keller*, MittBayNot 2023, 110, 119.

90 OLG Karlsruhe ZErb 2024, 420, 427; vgl. auch *Keller*, MittBayNot 2023, 110, 116; *Everts*, MittBayNot 2011, 107, 110.

dd) Aleatorische Geschäfte

Ebenfalls keinen Schenkungscharakter haben Geschäfte, bei denen (wenigstens) eine der geschuldeten Leistungen ein spekulatives oder gewagtes Element beinhaltet (**aleatorisches Geschäft**).[91] Die bewusste Inkaufnahme von Risiken (und Chancen) stellt kein Indiz für eine gewollte Unentgeltlichkeit dar, selbst wenn sich das Geschäft später als – für den Nachlass – nachteilig erweist[92] Als Bsp. ist hier der Verkauf von Vermögensgegenständen gegen Vereinbarung einer Leibrente[93] zu nennen, wenn der Berechtigte bald nach Vertragsschluss verstirbt und daher nur ein weit hinter dem wahren Wert zurückbleibendes Entgelt erhält.[94] Nur wenn zwischen den Beteiligten Einigkeit über eine beabsichtigte – wenigstens teilweise – Unentgeltlichkeit besteht, ist von einer (verschleierten) Schenkung auszugehen.[95] 18

ee) Verzichte und Abfindungen für Verzichte

Die Vereinbarung eines Erb- bzw. Pflichtteilsverzichts bildet keine Schenkung.[96] Gleiches gilt auch für die spätere Aufhebung,[97] es sei denn, dass eine ursprünglich vereinbarte Abfindung beim Verzichtenden verbleibt.[98] 19

Der Schenkungscharakter von **Abfindungsleistungen**, die im Gegenzug für einen Erb- oder Pflichtteilsverzicht geleistet werden, ist bis heute umstritten.[99] 20

Für den Erbverzicht hat der BGH[100] nunmehr allerdings – ohne die Frage der Entgeltlichkeit ausdrücklich zu beantworten – klargestellt, dass wegen einer Abfindung, die ein weichender Abkömmling für den Verzicht auf sein gesetzliches Erbrecht vom Erblasser erhält, einem weiteren Abkömmling grundsätzlich kein Pflichtteilsergänzungsanspruch zustehen könne, da sich seine Pflichtteilsquote bereits nach § 2310 S. 2 BGB erhöhe und daher eine doppelte pflichtteilsrechtliche Berücksichtigung der geleisteten Abfindung nicht in Betracht komme. Ein Ergänzungsanspruch sei nur dann bzw. insoweit denkbar, als die Leistung des Erblassers an den Verzichtenden über eine angemessene Abfindung für den Erbverzicht hinausgehe.[101] Insoweit sei auf den Wert des potentiellen Erbteils abzustellen, nicht allein auf den Wert des dem Verzichtenden 21

---

91 BeckOGK/*Schindler*, § 2325 Rn 56; Staudinger/*Herzog* (2021), § 2325 Rn 13; Burandt/Rojahn/*Horn*, Erbrecht, § 2325 Rn 29.

92 RGRK/*Johannsen*, § 2325 Rn 10.

93 MüKo/*Lange*, § 2325 Rn 52.

94 Vgl. Staudinger/*Herzog* (2021), § 2325 Rn 13.

95 BGH NJW 1981, 2458 f.; BeckOGK/*Schindler*, § 2325 Rn 56: Risikodisparität.

96 LG Mosbach BeckRS 2020, 33371; BeckOGK/*Schindler*, § 2325 Rn 63; *Dietz*, MittBayNot 2009, 475, 476; *Schindler*, ZErb 2011, 227.

97 BGH NJW 1980, 2307, 2308; BeckOGK/*Schindler*, § 2325 Rn 63; *Schindler*, DNotZ 2004, 824, 826; *ders.*, ZEV 2005, 299, 300; Gutachten DNotI-Report 2019, 83, 84.

98 Diese bildet immer eine ergänzungspflichtige Zuwendung, vgl. Rdn 22. Vgl. auch Gutachten DNotI-Report 2019, 83, 84.

99 Für Entgeltlichkeit: *Lange/Kuchinke*, § 37 X 2 f.; *Kipp/Coing*, § 82 VI; *Otta*, Vorausleistungen auf den Pflichtteil, 2000, S. 64 ff.; für grundsätzliche Unentgeltlichkeit: *Speckmann*, NJW 1970, 117 ff.; *Sostmann*, MittRhNotK 1976, 479, 497; Staudinger/*Herzog* (2021), § 2325 Rn 94; Staudinger/*Schotten* (2016), § 2346 Rn 122 ff.; differenzierend: *Haegele*, BWNotZ 1971, 39; *Mauch*, BWNotZ 1995, 88; Soergel/*Beck*, § 2325 Rn 18. Vgl. zum Streitstand ausführlich *Pawlytta*, in: Mayer/Süß/Riedel/Bittler, HB Pflichtteilsrecht, § 7 Rn 69 m.w.N.

100 BGH ZEV 2009, 77, 78 = NJW 2009, 1143 ff.

101 BGH ZEV 2009, 77, 78 mit Verweis auf OLG Hamm ZEV 2000, 277 f.

voraussichtlich zustehenden Pflichtteilsanspruchs.[102] Dieser Sichtweise des BGH ist zuzustimmen.[103]

22 Auf für einen Pflichtteilsverzicht gewährte Abfindungen sind die vorstehend geschilderten Erwägungen aber nicht übertragbar.[104] Denn im Falle des Pflichtteilsverzichts gilt § 2310 S. 2 BGB nicht. Die Erb- bzw. Pflichtteilsquoten der übrigen gesetzlichen Erben bzw. der Pflichtteilsberechtigten erfahren hier gerade keine Veränderung. Darüber hinaus bleibt der Verzichtende weiterhin als gesetzlicher Erbe erbberechtigt. Vor diesem Hintergrund ist § 2325 BGB in Fällen des Pflichtteilsverzichts gegen Abfindung uneingeschränkt anwendbar.[105] Der Umfang des Ergänzungsanspruchs richtet sich grundsätzlich nach der Überlegung, welchen Wert der Nachlass ohne Zahlung der Abfindungsleistung gehabt hätte.[106] Die Abfindung für einen Pflichtteilsverzicht unterliegt daher im Ergebnis der Pflichtteilsergänzung,[107] soweit es sich nicht um eine – angemessene – Ausstattung i.S.v. § 1624 BGB handelt.[108]

23 Leistungen zur Herbeiführung eines **vorzeitigen Erbausgleichs** des nichtehelichen Kindes stellten aber nach einhelliger Meinung keine Schenkungen dar, und zwar selbst insoweit nicht, als das nichteheliche Kind unter Umständen mehr erhielt als der Pflichtteilsberechtigte.[109] Mit Wirkung v. 1.4.1998 ist der vorzeitige Erbausgleich entfallen (Art. 1 u. 8 ErbGleichG v. 16.12.1997),[110] so dass sich dieses Problem nur noch in „Altfällen“ auswirken kann.

ff) Schenkungen unter Auflage

24 Erfolgt eine Schenkung unter der Bestimmung von **Auflagen**, hat dies keinen Einfluss auf die Unentgeltlichkeit.[111] Teilweise wird sogar vertreten, der Wert der Auflage sei bei der Bewertung der Zuwendung nicht einmal abzugsfähig,[112] so dass der Abgrenzung zur gemischten Schenkung erhebliche Bedeutung zukommt. Bei **wirtschaftlicher Betrachtung** des Problems kann diese Ansicht jedoch nicht überzeugen,[113] da maßgeblich für die Berechnung des Ergänzungsanspruchs nur die Vermögensminderung (zugunsten des jeweiligen Empfängers) beim Schenker oder die Bereicherung beim Beschenkten sein kann. In beiden Varianten ist aber der Wert der Auflage vom (Brutto-)Wert der Zuwendung abzusetzen,[114] entweder weil er einem anderen Begünstigten – evtl. dem Schenker selbst – zufließt oder weil der Beschenkte insoweit nicht bereichert ist. Auch der BGH lässt grundsätzlich den Abzug des Werts vorbehaltener Nutzungsrechte zu.[115]

---

102 BGH ZEV 2009, 77, 78.

103 Vgl. auch Staudinger/*Herzog* (2021), § 2325 Rn 100; *Speckmann*, NJW 1970, 117; OLG Hamm ZEV 2000, 277; vgl. ausführlich BeckOGK/*Schindler*, § 2325 Rn 76 f.

104 BeckOGK/*Schindler*, § 2325 Rn 77; Staudinger/*Herzog* (2021), § 2325 Rn 101.

105 Staudinger/*Herzog* (2021), § 2325 Rn 101; Burandt/Rojahn/*Horn*, Erbrecht, § 2325 Rn 61.

106 Vgl. auch *Pawlytta*, in: Mayer/Süß/Riedel/Bittler, HB Pflichtteilsrecht, § 7 Rn 69.

107 BeckOGK/*Schindler*, § 2325 Rn 78 m.w.N.

108 MüKo/*Lange*, § 2325 Rn 28; BeckOGK/*Schindler*, § 2325 Rn 78.

109 Staudinger/*Herzog* (2021), § 2325 Rn 39.

110 BGBl I 1997, 2968.

111 BGH ZEV 1996, 186, 187; RGZ 60, 238.

112 OLG Köln RheinArch. 104 I 62; Staudinger/*Olshausen* (2015), § 2325 Rn 18 m.w.N.; *Schindler*, ZErb 2006, 16.

113 BGH ZEV 1996, 186, 187; BeckOGK/*Schindler*, § 2325 Rn 73; MüKo/*Lange*, § 2325 Rn 52; *Lange/Kuchinke*, § 37 X 2g; *Pawlytta*, in: Mayer/Süß/Riedel/Bittler, HB Pflichtteilsrecht, § 7 Rn 34; *Kerscher/Riedel/Lenz*, Pflichtteilsrecht, § 9 Rn 27.

114 Vgl. MüKo/*Lange*, § 2325 Rn 52; Staudinger/*Herzog* (2021), § 2325 Rn 281.

115 BGHZ 118, 49, 51 = NJW 1992, 2887; BGH NJW-RR 1996, 707 = ZEV 1996, 187, 189.

Wird eine Auflage nicht zugunsten des Schenkers selbst, sondern zugunsten eines Dritten angeordnet, kann es sich insofern um eine ergänzungspflichtige Zuwendung an den Auflagenbegünstigten (also an den Dritten) handeln. In diesem Fall liegen dann (wenigstens) zwei ergänzungspflichtige Schenkungen (des eigentlichen Schenkers) vor.[116] Eine Zuwendung im Verhältnis zwischen dem Auflagenbeschwerten und dem Auflagenbegünstigten kommt hingegen nicht in Betracht.[117] 25

gg) Treuhandverhältnisse und Zweckschenkungen

Insgesamt nicht bereichert ist der **Treuhänder**, der ein Geschenk nicht für sich selbst, 26 sondern zum Nutzen seines Treugebers erhält und es – irgendwann – an diesen herauszugeben hat.[118] Anders ist die Lage aber bei Zuwendungen an juristische Personen, die nach ihrer Satzung dem Gemeinwohl zu dienen bestimmt sind und das ihnen zugewendete Geschenk dementsprechend verwenden. Sie bleiben auch nach der satzungsmäßigen Verwendung des Geschenks um dessen Wert bereichert, so dass § 2325 BGB anwendbar ist.[119] Hingegen ist bei sog. **Zweckschenkungen**, die mit der Maßgabe erfolgen, der Beschenkte möge sie in einer bestimmten, vom Schenker vorgegebenen Art und Weise verwenden, nach den konkreten Bestimmungen des Schenkungsvertrags zu differenzieren: Ist die zweckgebundene Verwendung Vertragsbestandteil, so liegt eine auflösende Bedingung vor mit der Folge, dass bei deren Eintritt das Geschenk nach § 812 BGB wieder herausverlangt werden kann. Bis zur Beendigung des sich hieraus ergebenden Schwebezustands ist § 2325 BGB auf jeden Fall anwendbar.[120] Hat der Beschenkte das Geschenk zweckentsprechend verwendet, kommt es entscheidend darauf an, wem dies zugutegekommen ist. Erfolgte bspw. eine Geldzuwendung unter der auflösenden Bedingung, die Mittel zum Bau eines selbstgenutzten Wohnhauses einzusetzen, ändert die Einhaltung dieser Bedingung sicherlich nichts an dem Charakter der Zuwendung. Bei Zuwendungen an Stiftungen – auch in Form von sog. gebundenen Spenden – sind diese Grundsätze aber nicht anwendbar.[121]

c) Gegenseitige Verträge

Grundsätzlich scheidet bei gegenseitigen Verträgen, die unter **fremden Dritten** zu 27 üblichen Konditionen abgeschlossen werden, eine Schenkung aus. Im Einzelfall ist aber stets zu prüfen, ob die getroffenen Vereinbarungen diesem Fremdvergleich standhalten oder ob es sich um eine gemischte oder verschleierte Schenkung handelt. Die größten Probleme ergeben sich dabei aus der Möglichkeit der Vertragsparteien, sich über die Bewertung der gegenseitigen Leistungen frei verständigen zu können.[122] Weiterhin ist es schuldrechtlich ohne weiteres möglich, zu vereinbaren, dass die ursprünglich festgelegte Vergütung durch entsprechende Erklärungen – evtl. sogar nur einer Vertragspartei – abgeändert werden kann, so dass ein zunächst vollentgeltliches Geschäft sich nachträglich in ein unentgeltliches verwandeln kann oder umgekehrt.[123] Dies ist bei entsprechender Ausgestaltung sogar durch Verfügung von Todes wegen möglich.[124] Besondere Schwierigkeiten können sich ergeben, wenn die Gegenleistung

116 *Reiff*, NJW 1992, 2857, 2859; BeckOGK/*Schindler*, § 2325 Rn 73.
117 Vgl. *Feick*, ZEV 2002, 85, 89.
118 Vgl. RGZ 62, 384 ff.
119 Staudinger/*Herzog* (2021), § 2325 Rn 21; MüKo/*Kollhosser*, § 516 Rn 102 m.w.N.
120 Vgl. MüKo/*Lange*, § 2325 Rn 52; Staudinger/*Herzog* (2021), § 2325 Rn 19.
121 BGH ZErb 2004, 129.
122 Soergel/*Beck*, § 2325 Rn 15; Staudinger/*Herzog* (2021), § 2325 Rn 8; MüKo/*Lange*, § 2325 Rn 19; vgl. auch BGH NJW 1972, 1709, 1710; *Worm*, RNotZ 2003, 538.
123 BGH NJW-RR 1989, 706.
124 BGH NJW-RR 1986, 164; Staudinger/*Herzog* (2021), § 2325 Rn 12.

– wenigstens teilweise – nicht gegenüber dem Vertragspartner selbst, sondern gegenüber einem von ihm bestimmten Dritten – z.B. seinen Ehegatten – zu erbringen ist. Denn auch solche Leistungen sind in die Abwägung einzubeziehen.[125]

28 Vor dem Hintergrund, dass die **individuelle Vereinbarkeit** von Leistung und Gegenleistung und die subjektiven Vorstellungen der Parteien über deren wertmäßige Ausgeglichenheit ungezählte Manipulationsmöglichkeiten zum Nachteil des Pflichtteilsberechtigten eröffnen, setzt die Rspr. hier enge Grenzen: So kann eine objektiv fehlende Gegenleistung durch den Parteiwillen nicht ersetzt werden.[126] Auch von sachfremden Erwägungen getragene, willkürliche Bemessungen von Leistung und Gegenleistung sind nicht geeignet, die – teilweise – Unentgeltlichkeit einer Zuwendung zu verhindern.[127] Im Hinblick auf die regelmäßig auftretenden Beweisschwierigkeiten des Pflichtteilsberechtigten sind an den Nachweis einer von den Vertragspartnern gewollten – teilweisen – Unentgeltlichkeit keine allzu hohen Anforderungen zu stellen.[128] Bei einem **groben Missverhältnis** der einander gegenüberstehenden Werte spricht daher eine tatsächliche Vermutung für eine von den Parteien einvernehmlich gewollte unentgeltliche Zuwendung bzw. Bereicherung des weniger leistenden Teils.[129] Dem Pflichtteilsberechtigten obliegt aber auf jeden Fall der Nachweis des objektiven Missverhältnisses von Leistung und Gegenleistung. Er hat also die zugrunde zu legenden Werte darzutun und ggf. auch zu beweisen.[130] Der Anspruchsgegner hat die für die Begründung der Gegenleistung maßgeblichen Tatsachen im Wege des substantiierten Bestreitens der Unentgeltlichkeit vorzutragen.[131]

29 Einen Sonderfall bilden insoweit die sog. Übergabeverträge, bei denen „i.R.d. vorweggenommenen Erbfolge" Vermögen auf die nächste Generation, an sonstige Verwandte oder den Ehegatten übertragen wird. Denn hier entspricht es gerade dem Sinn und Zweck des Vertrages, bei der Bemessung des Entgelts bzw. der Gegenleistung eher großzügig zu sein. Die Rspr. erkennt daher solche Verträge als entgeltlich an, wenn sich die Werte von Leistung und Gegenleistung – auch unter Berücksichtigung des Verwandtschaftsverhältnisses – in einem vernünftigen Rahmen bewegen.[132]

d) Gemischte Schenkungen

30 Gemischte Schenkungen zeichnen sich dadurch aus, dass das vereinbarte und geleistete Entgelt wertmäßig hinter der Leistung des Zuwendenden zurückbleibt und die Parteien sich über die teilweise Unentgeltlichkeit der erfolgten Zuwendung einig sind.[133] Gerade in Fällen der vorweggenommenen Erbfolge und bei sonstigen Zuwendungen unter nahen Angehörigen kommt der **gemischten Schenkung** erhebliche Bedeutung zu, wobei hinsichtlich der Abgrenzung zu vollentgeltlichen Geschäften das oben Ge-

125 BGH DNotZ 1983, 187 m. Anm. *Wolfensteiner*.
126 BGH NJW 1961, 604; BGH NJW 1972, 1709; RG HRR 1934 Nr. 1441; OLG Hamm ErbR 2017, 638; vgl. auch *Jaspert*, ZEV 2020, 69.
127 BGH NJW 1981, 2458; BGH NJW 1961, 604; BGH NJW 1972, 1709.
128 Allerdings müssen Leistung und Gegenleistung auch nicht vollständig ausgewogen sein, BGH ZEV 2018, 274, 276; Burandt/Rojahn/*Horn*, Erbrecht, § 2325 Rn 35, 36.
129 BGHZ 59, 132 = NJW 1972, 1709; BGH NJW 1992, 558; BGH ZErb 2007, 222 f.; OLG Celle v. 14.11.2013 – 6 U 31/13, BeckRS 2013, 21108; OLG Koblenz ZEV 2002, 460, 461; OLG Saarbrücken ZEV 2024, 386, 388; vgl. MüKo/*Lange*, § 2325 Rn 21 m.w.N.; Burandt/Rojahn/*Horn*, Erbrecht, § 2325 Rn 33; Staudinger/*Herzog* (2021), § 2325 Rn 45; BeckOGK/*Schindler*, § 2325 Rn 38.
130 BGH NJW 1981, 2458; Staudinger/*Herzog* (2021), § 2325 Rn 145.
131 BGHZ 116, 178, 183 = NJW 1992, 558; BGH NJW-RR 1996, 705, 706 = ZEV 1996, 186, 187.
132 BGH LM Nr. 1 zu § 2325; OLG Hamm ErbR 2017, 683; Staudinger/*Herzog* (2021), § 2325 Rn 46; Burandt/Rojahn/*Horn*, Erbrecht, § 2325 Rn 30.
133 BGH NJW-RR 1993, 773, 774; BGH ZEV 2013, 213, 214; vgl. auch grds. *Meinert*, npoR 2025, 75.

sagte gilt. Für den Pflichtteilsergänzungsanspruch ist hier nur der unentgeltliche Teil des Zuwendungsverhältnisses relevant.[134] Für die Wertverhältnisse der wechselseitig auszutauschenden Leistungen kommt es dabei im Wesentlichen auf die Vorstellungen der Parteien an.[135] Erst bei einem auffallend groben Missverhältnis zu den wirklichen Werten von Leistung und Gegenleistung kann die Parteivereinbarung insoweit keinen Bestand haben.[136] Für die Bewertung, ob und inwieweit die Parteivereinbarungen anerkennenswert sind, ist auch das Verwandtschaftsverhältnis der Beteiligten zu berücksichtigen.[137] Maßgeblich ist jeweils der Zeitpunkt der Zuwendung.[138]

Im Übrigen sind klare Grenzwerte, bei deren Einhaltung (noch) von einer die Unent- 31
geltlichkeit ausschließenden angemessenen Gegenleistung auszugehen ist, bislang nicht erkennbar. Der BGH hat sich insoweit nicht festgelegt,[139] sondern vielmehr betont, dass mathematisch klar berechenbare und allgemeingültige Grenzwerte wohl nicht existierten.[140]

In der Lit. werden dessen ungeachtet verschiedene Schwellenwerte diskutiert. So soll bspw. jedenfalls ein Mehrwert von 20–25 % für eine (teilweise) unentgeltliche Zuwendung sprechen.[141] Mitunter wird die Schwelle zur Unentgeltlichkeit noch (deutlich) niedriger (z.B. bei 50 %)[142] angesetzt.[143]

Nach Auffassung des OLG Koblenz ist bei einer Gegenleistung, die objektiv den 32
Wert des übertragenen Grundstücks um weniger als 1/5 unterschreitet, kein grobes Missverhältnis anzunehmen, so das – vorbehaltlich eines abweichenden Willens der Vertragsparteien – nicht (automatisch) eine gemischte Schenkung angenommen werden könne.[144] Dies gelte umso mehr in Fällen, in denen die exakte Bewertung für die Vertragsparteien nicht auf der Hand liege[145] (bspw. bei Nießbrauchsgestaltungen).

Dieser Gedanke sollte auch bei der Beurteilung von Versorgungsleistungen berücksichtigt werden, zumal der BGH zu Recht davon ausgeht, dass sich der Erblasser/Schenker die häusliche Versorgung durchaus „etwas kosten lassen darf".[146] Vor diesem Hintergrund ist den Vertragsparteien jedenfalls ein gewisser (nicht zu knapp bemessener) Bewertungsspielraum einzuräumen.[147] Dabei darf auch nicht übersehen werden, dass es nach dem Prinzip der subjektiven Äquivalenz entscheidend auf die Willensrichtung der Vertragsparteien, und nicht unbedingt auf die objektiven Wertverhältnisse, ankommt. Gerade unter Verwandten sind vielfach Konstellationen denkbar, in denen

134 BGH NJW 1972, 1709; OLG Brandenburg FamRZ 2010, 933, 934; BeckOGK/*Schindler*, § 2325 Rn 37; MüKo/*Lange*, § 2325 Rn 20; Staudinger/*Herzog* (2021), § 2325 Rn 53.

135 OLG Bamberg ZEV 2008, 386.

136 BGH NJW 1981, 2458, 2459; BGH NJW 1992, 558, 559; BGH ZEV 2002, 282, 283; OLG Koblenz ZEV 2002, 460, 461; OLG Saarbrücken ZEV 2024, 386, 388; BeckOGK/*Schindler*, § 2325 Rn 38; Staudinger/*Herzog* (2021), § 2325 Rn 45.

137 OLG Bamberg ZEV 2008, 386.

138 OLG Celle FamRZ 2009, 462; OLG Bamberg ZEV 2008, 386; OLG Koblenz ZErb 2006, 282.

139 OLG Schleswig v. 25.10.2011 – 3 U 112/10, BeckRS 2013, 08631; BeckOGK/*Schindler*, § 2325 Rn 37.

140 BGH ZEV 2012, 110, 112; vgl. auch OLG Saarbrücken BeckRS 2020, 31507.

141 BeckOGK/*Schindler*, § 2325 Rn 38; *Rösler*, in: Groll/Steiner, PraxisHB Erbrechtsberatung, § 26 Rn 26.295.

142 OLG Düsseldorf BeckRS 2015, 2219; zustimmend *Karczewski*, ZEV 2020, 733, 738.

143 *Müller*, EE 2008, 30, 33: 10 %; *Cornelius*, Der Pflichtteilsergänzungsanspruch, Rn 37: maximal 5 %.

144 OLG Koblenz ZErb 2006, 282, 283. Der Kaufpreis entsprach (angeblich) 81 % des Grundstückswerts.

145 Vgl. hierzu auch BGH NJW 1995, 1349, 1350.

146 BGH ZEV 2002, 282, 283; BGH ZEV 2012, 37, 39; OLG Oldenburg NJW-RR 1992, 778, 779.

147 *Schindler*, ZErb 2004, 46, 51; BeckOGK/*Schindler*, § 2325 Rn 40; vgl. auch OLG Saarbrücken BeckRS 2020, 31507; OLG Saarbrücken ZEV 2024, 386, 389.

die objektiv fehlende Gleichwertigkeit von Leistung und Gegenleistung subjektiv nicht wahrgenommen wird, so dass die Beteiligten von einander jeweils gleichwertig gegenüberstehenden Leistungen ausgehen.[148]

33 Dies alles führt zu einer aus der Perspektive des (beweispflichtigen) Pflichtteilsberechtigten auf den ersten Blick recht schwierigen Nachweissituation. Dem trägt die Rspr. allerdings dadurch Rechnung, dass der Pflichtteilsschuldner einer zunächst behaupteten Unentgeltlichkeit im Wege des substantiierten Bestreitens entgegentreten muss.[149]

e) Gesellschaftsrechtliche Vereinbarungen

aa) Aufnahme in eine Personengesellschaft

(1) Aufnahme als persönlich haftender Gesellschafter

34 Die h.M. sieht in der Aufnahme eines persönlich haftenden Gesellschafters in eine **Personengesellschaft** selbst dann keine unentgeltliche Zuwendung, wenn sie zu besonders günstigen Konditionen erfolgt oder der neue Gesellschafter überhaupt keine Einlage zu erbringen hat.[150] Begründet wird dies damit, dass der Eintretende – gleichgültig ob er bei seinem Eintritt eigenes Kapital einsetzt oder nicht – durch die Übernahme der Pflichten eines Gesellschafters, durch die Einbringung seiner Arbeitskraft und nicht zuletzt auch in Folge des mit seinem Eintritt übernommenen Risikos der uneingeschränkten persönlichen Haftung, eine Gegenleistung erbringt, die die Anwendung des § 2325 BGB ausschließt.[151]

35 Nur in Ausnahmefällen nimmt die h.M. eine gemischte Schenkung an.[152] So hat der BGH in der **Aufnahme** eines neuen **Gesellschafters**, dem gleichzeitig hinsichtlich der Anteile des Altgesellschafters ein Übernahmerecht unter vollständigem Abfindungsausschluss eingeräumt wurde, und dessen eigene Lebenserwartung weit über der des Altgesellschafters lag, einen Fall rechtsmissbräuchlicher Gestaltung gesehen und einen Pflichtteilsergänzungsanspruch bejaht.[153]

36 Die h.M. übersieht aber, wie *Kollhosser*[154] zu Recht anmerkt, dass die Rechtsposition des persönlich haftenden Gesellschafters einer Personengesellschaft untrennbar mit der Verpflichtung zur Geschäftsführung und Übernahme der Haftung verbunden ist. Die Erfüllung dieser Pflichten kann daher unmöglich als Entgelt für die Einräumung der Mitgliedschaft angesehen werden.[155] De facto handelt es sich daher bei der Zuwendung des Anteils an einer gesunden Gesellschaft regelmäßig um eine Schenkung, bei deren Bewertung allerdings die von der h.M. als Gegenleistungen qualifizierten Gesichtspunkte in die Betrachtungen einfließen müssen.[156]

---

148 OLG Karlsruhe ErbR 2010, 296, 298; vgl. auch BeckOGK/*Schindler*, § 2325 Rn 40.

149 BGH ZEV 1996, 186, 187; OLG Saarbrücken ZEV 2024, 386, 388; BeckOGK/*Schindler*, § 2325 Rn 43.

150 BGH NJW 1959, 1433; BGH WM 1965, 359; MüKo/*Lange*, § 2325 Rn 30; Staudinger/*Herzog* (2021), § 2325 Rn 104; BGH NJW 1981, 1956 m.w.N. zur Rspr.; KG OLGZ 78, 464; BeckOGK/*Schindler*, § 2325 Rn 113.

151 BGH NJW 1981, 1956 m.w.N. zur Rspr.; KG OLGZ 78, 464; *v. Hoyenberg*, RNotZ 2007, 377; MüKo/*Lange*, § 2325 Rn 38; Staudinger/*Herzog* (2021), § 2325 Rn 104; a.A. *U. Mayer*, ZEV 2003, 355, 356 für rein vermögensverwaltende Gesellschaften. Vgl. insoweit auch OLG Schleswig ZErb 2012, 168.

152 Staudinger/*Herzog* (2021), § 2325 Rn 104.

153 BGH NJW 1981, 1956; BeckOGK/*Schindler*, § 2325 Rn 115.

154 MüKo/*Kollhosser*, 6. Aufl. 2013, § 516 Rn 71; *Kohlhosser*, AcP 194, 231, 246 ff.

155 So auch *J. Mayer*, in: Mayer/Süß/Tanck/Bittler/Wälzholz, HB Pflichtteilsrecht, 1. Aufl. 2003, § 8 Rn 58 m.w.N.; vgl. auch BeckOGK/*Schindler*, § 2325 Rn 114.

156 Vgl. hierzu auch *Schindler*, ZEV 2011, Heft 7, XII; BeckOGK/*Schindler*, § 2325 Rn 114; *Hölscher*, ErbR 2019, 730, 734.

Überdies weist *Mayer* zu Recht darauf hin, dass das Argument der Risikoübernahme z.B. bei rein **vermögensverwaltenden Gesellschaften** nicht überzeugen könne.[157] Dies umso mehr, als hier im Regelfall nur geringe Verbindlichkeiten bestehen und – wirtschaftlich betrachtet – eigentlich nicht ein Gesellschaftsanteil, sondern vielmehr die anteiligen Vermögensgegenstände übertragen werden.[158] 37

Auf der Grundlage einer Gesamtbetrachtung sowohl der gesellschaftsvertraglichen Regelungen als auch der Zusammensetzung des Gesellschaftsvermögens hat das OLG Schleswig daher in der Übertragung eines Anteils an einer vermögensverwaltenden (Familien-)GbR eine gemischte Schenkung gesehen,[159] so dass Pflichtteilsergänzungsansprüche in Betracht kommen.[160]

(2) Aufnahme als nicht persönlich haftender Gesellschafter

Die unentgeltliche Einräumung der Stellung eines nicht persönlich haftenden Gesellschafters – vor allem eines **Kommanditisten** – kann ohne weiteres eine ergänzungspflichtige Zuwendung darstellen.[161] Ob die Einräumung der Kommanditistenstellung durch Aufnahme in eine bestehende Gesellschaft bzw. ein einzelkaufmännisches Unternehmen erfolgt oder ob dem neuen Kommanditisten sein Anteil von einem ausscheidenden Alt-Gesellschafter übertragen wird, spielt dabei keine Rolle.[162] Auch unentgeltliche Anteilsübertragungen innerhalb des Kreises der bereits beteiligten Gesellschafter können daher Pflichtteilsergänzungsansprüche nach sich ziehen.[163] Nur wenn der – neue – Kommanditist innerhalb der Gesellschaft besondere Pflichten, insbesondere im Bereich der Geschäftsführung, übernimmt, soll hierdurch – trotz fehlenden Kapitaleinsatzes – die Unentgeltlichkeit unter Umständen ganz oder teilweise ausgeschlossen sein.[164] 38

Weitere Formen der (im Außenverhältnis) haftungsbeschränkten Personengesellschaftsbeteiligung sind die stille sowie die Unterbeteiligung. Konsequenterweise beurteilt der BGH die auf den Todesfall bezogene Einräumung einer atypischen Unterbeteiligung (ohne Gegenleistung) als Schenkung auf den Todesfall.[165] Auch insoweit kommen also Pflichtteilsergänzungsansprüche in Betracht.[166] 39

bb) Gesellschafternachfolge von Todes wegen

(1) Gesetzliche Regelungen

Seit dem Inkrafttreten des Gesetzes zur Modernisierung des Personengesellschaftsrechts (MoPeG)[167] zum 1.1.2024 unterscheidet das Gesetz zwischen der **rechtsfähigen GbR** (§§ 706 ff. BGB – **eGbR**) und der **nicht rechtsfähigen GbR** (§§ 740 ff. BGB). Für die **eGbR** regelt § 723 Abs. 1 S. 1 BGB, dass ein versterbender Gesellschafter mit seinem Tod aus der Gesellschaft ausscheidet, diese aber im Übrigen– soweit mehr als 40

---

157 *Mayer*, ZEV-Tagung 1998; ebenso *U. Mayer*, ZEV 2003, 355, 356.

158 Sehr anschaulich hierzu Bsp. bei *v. Dickhuth-Harrach*, in: FS Rheinisches Notariat, 1998, S. 228; vgl. auch Staudinger/*Herzog* (2021), § 2325 Rn 104; BeckOGK/*Schindler*, § 2325 Rn 117.

159 OLG Schleswig MittBayNot 2013, 59.

160 Vgl. *Kappler/Kappler*, ZEV 2017, 601, 605; BeckOGK/*Schindler*, § 2325 Rn 117.

161 BGH NJW 1990, 2616; MüKo/*Lange*, § 2325 Rn 38; BeckOGK/*Schindler*, § 2325 Rn 116; Staudinger/*Herzog* (2021), § 2325 Rn 105.

162 BGH NJW 1990, 2616; MüKo/*Lange*, § 2325 Rn 38; BeckOGK/*Schindler*, § 2325 Rn 116; Staudinger/*Herzog* (2021), § 2325 Rn 105.

163 BeckOK BGB/*Müller-Engels*, § 2325 Rn 28; *Kerscher/Riedel/Lenz*, Pflichtteilsrecht, § 16 Rn 4.

164 *Lange/Kuchinke*, § 37 IX 2h a.E.; Staudinger/*Herzog* (2021), § 2325 Rn 105.

165 BGH ZEV 2012, 169.

166 BeckOGK/*Schindler*, § 2325 Rn 118; *Hannes/v. Oertzen*, ZEV 2013, 165, 167; *Ruby/Schindler*, ZEV 2013, 381, 382.

167 BGBl I 2021, 3436.

ein Gesellschafter überleben – fortbesteht. Die Gesellschaft wird also infolge des Todesfalls nicht aufgelöst,[168] die Gesellschafterstellung ist aber dessen ungeachtet – nach wie vor – nicht vererblich.[169] Das Ausscheiden des Verstorbenen führt nach § 712 Abs. 1 BGB zum einen zum Wegfall seiner bis dato bestehenden gesellschaftsbezogenen Rechte und Pflichten in seiner Person[170] und zum anderen zur (jeweils anteiligen) Anwachsung seines Anteils bei den (überlebenden) Mitgesellschaftern.[171] Das Vermögen der GbR als solcher (§ 713 BGB) bleibt unverändert.[172] Als Ersatz für die untergegangene Gesellschaftsbeteiligung fällt in den Nachlass des Verstorbenen der Abfindungsanspruch nach § 728 BGB.[173]

Die **nicht rechtsfähige Gesellschaft** wird beim Tod eines Gesellschafters hingegen beendet (§ 740a Abs. 1 Nr. 3 BGB).

41 Bei **Personenhandelsgesellschaften** führt der Tod eines persönlich haftenden Gesellschafters gem. § 131 Abs. 3 Nr. 1 HGB (wie nun bei der eGbR) nicht zur Auflösung der Gesellschaft, sondern nur zum Ausscheiden des Verstorbenen. Auch hier kommt es für die fortsetzenden Mitgesellschafter zu einem (anteiligen) Anwachsungserwerb (§ 105 Abs. 3 HGB, § 712 Abs. 1 BGB), und zwar ipso iure, also automatisch mit dem Todesfall.[174] Das gilt auch für den Fall des Todes eines Komplementärs einer Kommanditgesellschaft maßgeblich (§§ 161 Abs. 2, 130 Abs. 1 Nr. 1 HGB).

Im Fall des Todes eines Kommanditisten gilt demgegenüber § 177 HGB, demzufolge die Gesellschaft mit den Erben oder Vermächtnisnehmern des Verstorbenen fortgesetzt wird. Sie rücken (die Erben sogar automatisch mit dem Erbfall) in die Kommanditistenstellung nach.

42 Die vorgenannten gesetzlichen Regelungen sind aber gem. § 708 BGB bzw. § 108 HGB ausdrücklich dispositiv, so dass der Gesellschaftsvertrag abweichende Regelungen vorsehen kann.[175]

(2) Fortsetzungsklausel, Möglichkeiten der Abfindungsbeschränkung

43 Als Fortsetzungsklauseln werden solche Regelungen bezeichnet, denen zufolge die Gesellschaft beim Tod eines Gesellschafters mit den übrigen Gesellschaftern **fortgeführt** wird. Der verstorbene Gesellschafter scheidet im Zeitpunkt seines Todes aus der Gesellschaft aus. Damit erlöschen automatisch auch alle ihm bis dato zustehenden gesellschaftsrechtlichen Mitgliedschaftsrechte.[176] Die gesamthänderische Beteiligung des Verstorbenen am Gesellschaftsvermögen wächst den überlebenden (Mit-)Gesellschaftern nach § 105 Abs. 3 HGB, § 712 Abs. 1 BGB zu. Dieser sog. **Anwachsungser-**

---

168 *Servatius*, GbR, § 723 Rn 8.

169 *Lange/Kretschmann*, ZEV 2021, 545, 548; *Lübke*, DNotZ 2023, 896, 899.

170 MüKo/*Schäfer*, § 712 Rn 2.

171 *Servatius*, GbR, § 723 Rn 15; MüKo/*Schäfer*, § 712 Rn 5; hierzu kritisch *Bachmann*, NZG 2020, 612, 616.

172 *Servatius*, GbR, § 723 Rn 15.

173 *Servatius*, GbR, § 723 Rn 17; *Pogorzelski*, RNotZ 2017, 489; vgl. zum möglichen Abfindungsausschluss zulasten der Erben *v. Proff*, DStR 2017, 2555, 2557 ff.; *Lange/Kretschmann*, ZEV 2021, 545, 548; siehe hierzu auch unten Rdn 45 ff.

174 Hopt/*Roth*, HGB, § 130 Rn 24; Ebenroth/Boujong/*Lorz*, HGB, § 130 Rn 30; BeckOGK/*Riedel*, § 1922 Rn 81.

175 *K. Schmidt*, NJW 1998, 2161, 2166.

176 BGH WM 1987, 981, 982.

werb vollzieht sich automatisch, also ohne dass es hierzu irgendeiner weiteren Handlung bedürfte.[177]

Beim **Abfindungsanspruch** nach § 728 Abs. 1 S. 1 BGB (ggf. i.V.m. §§ 105 Abs. 3, 161 Abs. 2 HGB) handelt es sich um einen reinen Geldanspruch,[178] der gegen die Gesellschaft (als solche) gerichtet ist.[179]

Um die sich bei einer Bestimmung des Abfindungsanspruchs nach diesen Kriterien ergebende Liquiditätsbelastung der Gesellschaft, die durchaus existenzbedrohende Ausmaße annehmen kann, sowie langwierige Auseinandersetzungen zwischen der Gesellschaft und den Erben des Verstorbenen zu vermeiden, wird die **Fortsetzungsklausel** oftmals durch eine Abfindungsregelung flankiert. Da die gesetzlichen Vorgaben in § 728 Abs. 1 S. 1 BGB nach § 708 BGB ausdrücklich dispositiv sind,[180] steht es den Gesellschaftern – in gewissen Grenzen – frei, abweichende Vereinbarungen vertraglich zu treffen. Verbreitet sind insoweit einerseits Regelungen zur betragsmäßigen Begrenzung des Abfindungsguthabens und andererseits Fälligkeitsregelungen, die bspw. eine ratenweise Auszahlung der geschuldeten Abfindung vorsehen.[181] Oftmals wird auch der Buchwert der Bemessung des Abfindungsanspruchs zugrunde gelegt.[182] 44

Selbst ein vollständiger **Abfindungsausschluss** ist für den Fall des Ausscheidens von Todes wegen zulässig[183] mit der Folge, dass im Erbfall von vornherein kein Abfindungsanspruch entsteht und daher auch nicht Bestandteil des Nachlasses sein kann. 45

Für den Fall, dass abfindungsbeschränkende gesellschaftsvertragliche Regelungen eingreifen, sind diese grundsätzlich auch i.R.d. Pflichtteilsberechnung – beim ordentlichen Pflichtteil und beim Pflichtteilsergänzungsanspruch – zu berücksichtigen.[184] Demzufolge wirken sich gesellschaftsrechtlich zulässige Abfindungsbeschränkungen bzw. auch ein vollständiger Abfindungsausschluss auf den ordentlichen Pflichtteilsanspruch i.S.d. § 2303 BGB in der Weise aus, dass weder der Gesellschaftsanteil noch ein an dessen Stelle tretender Abfindungsanspruch in die Pflichtteilsberechnung einbezogen werden kann.[185] Dies gilt nach der – noch – h.M. jedenfalls dann uneingeschränkt, wenn der Abfindungsausschluss für alle Gesellschafter gleichermaßen gilt und nicht einen der Beteiligten unangemessen benachteiligt.[186] 46

Ob und inwieweit ein gegenseitiger Abfindungsausschluss Pflichtteilsergänzungsansprüche gem. Abs. 1 auslösen kann, ist nicht vollständig geklärt. Eindeutig ist aber, dass für den Fall der Anwendbarkeit von § 2325 BGB die Frist des Abs. 3 erst mit dem Tod des Gesellschafters zu laufen beginnen würde, da erst ab diesem Zeitpunkt 47

---

177 *Servatius*, GbR, § 723 Rn 17; *Pogorzelski*, RNotZ 2017, 489; vgl. zum möglichen Abfindungsausschluss zulasten der Erben *v. Proff*, DStR 2017, 2555, 2557 ff.; *Lange/Kretschmann*, ZEV 2021, 545, 548; *K. Schmidt*, Gesellschaftsrecht, § 45 V II d.

178 *Hölscher*, ErbR 2016, 422.

179 MüKo/*Schäfer*, § 728 Rn 12; *Reimann*, DNotZ 1992, 472.

180 *Servatius*, GbR, § 728 Rn 53 f.; vgl. zur Rechtslage vor dem MoPeG BGH v. 22.11.1956 – II ZR 222/55, BGHZ 22, 186; RGZ 145, 289; *Lange*, ZErb 2014, 121; *ders.*, ErbR 2020, 378, 382; *Lübke*, DNotZ 2023, 896, 904; *Götz*, ZEV 2020, 342, 343; *Schulte/Schulte/Schulte*, ErbR 2021, 742, 746.

181 *Crezelius*, Unternehmenserbrecht, § 6 Rn 254.

182 BGH DB 1989, 1399; BGH DB 1994, 873, 875; kritisch BGH NJW 1985, 192.

183 BGHZ 22, 186, 194 f.; BGH DNotZ 1966, 620, 621; OLG Köln ZEV 1997, 210, 212; *Pogorzelski*, RNotZ 2017, 489, 495; *Götz*, ZEV 2020, 342, 343; *Fleischer*, WM 2024, 621, 628; *Wachter*, ZIP 2020, 1785, 1786; zweifelnd *Lienenlüke/Kurth*, ErbR 2020, 636, 638. Die Grenzen der Zulässigkeit sind im Übrigen anhand der §§ 138, 242 BGB und der §§ 133, 135 HGB zu bemessen.

184 *Riedel*, in: Mayer/Süß/Riedel/Bittler, HB Pflichtteilsrecht, § 15 Rn 18; *Kerscher/Riedel/Lenz*, Pflichtteilsrecht, § 7 Rn 118.

185 *Riedel*, Die Bewertung von Gesellschaftsanteilen im Pflichtteilsrecht, S. 364.

186 BeckOGK/*Schindler*, § 2325 Rn 121 m.w.N.; *Riedel*, ZErb 2003, 212, 213.

eine Beeinträchtigung des Vermögens des Erblassers gegeben sein kann – Vermögensausgliederung.[187]

48 Umstritten ist aber bereits die Frage, ob in der Vereinbarung des Ausschlusses eine Schenkung zugunsten der anderen Mitgesellschafter zu sehen ist. Hierzu wäre gem. § 516 BGB eine **objektive Bereicherung** der übrigen Gesellschafter erforderlich und weiterhin die Einigkeit der Beteiligten darüber, dass die Zuwendung unentgeltlich erfolgt.[188] Fraglich ist schon, was bei einem gesellschaftsvertraglich vereinbarten Abfindungsverzicht den Zuwendungsgegenstand bildet. Teilweise wird vertreten, dass der Abfindungsverzicht selbst ein Vermögensopfer i.S.d. Schenkungsbegriffs darstelle.[189] Andere sind der Auffassung, der Gesellschaftsanteil selbst sei Gegenstand der Zuwendung.[190]

49 Unabhängig davon stellt sich auch die Frage der **Unentgeltlichkeit**. Erfolgt der Ausschluss des Abfindungsrechts nur für einzelne Gesellschafter, ist nach h.M. auf jeden Fall von einer unentgeltlichen Zuwendung auszugehen.[191] Erfolgt die Beschränkung bzw. der Ausschluss aber wechselseitig, geht der BGH[192] bislang davon aus, dass eine Schenkung nicht vorliege.[193] Vielmehr handele es sich um einen bereits unter Lebenden vollzogenen, entgeltlichen Vertrag.[194] Die Entgeltlichkeit wird dabei vor allem aus dem Wagnischarakter der Vereinbarung (aleatorisches Geschäft) abgeleitet. Schließlich stehe dem Risiko, den eigenen Anteil zu verlieren, für alle Gesellschafter gleichermaßen die Chance gegenüber, einen anderen Gesellschaftsanteil hinzuzuerwerben.[195] Eine andere Beurteilung ist aber laut BGH geboten, wenn ein **grobes Missverhältnis** der die einzelnen Gesellschafter treffenden Risiken – bspw. in Folge erheblicher Altersunterschiede[196] oder schwerer Erkrankungen – besteht und sich dadurch einseitige Vor- oder Nachteile ergeben.[197]

50 Diese Argumentation ist bereits vielfach kritisiert worden,[198] insbesondere mit der Begründung, allein aus der Wechselseitigkeit des Abfindungsausschlusses bzw. der Abfindungsbeschränkung lasse sich ein entgeltlicher Charakter nicht ableiten. Allein der Umstand, dass die eigene Verfügung von einer entsprechenden Gegenverfügung des (potentiell) Begünstigten abhängig sei, führe noch nicht zur Entgeltlichkeit. Triebfeder dieser Kritik scheint vor allem die Sorge zu sein, dass durch die in Rede stehenden gesellschaftsvertraglichen Regelungen ermöglicht werde, den gewünschten Nachfol-

187 BGHZ 98, 226; Soergel/*Beck*, § 2325 Rn 32; MüKo/*Lange*, § 2325 Rn 46; *Heckschen/Hindahl*, ZEV 2024, 727, 729.

188 Vgl. Grüneberg/*Weidlich*, § 2325 Rn 7.

189 *Heckelmann*, Abfindungsklauseln in Gesellschaftsverträgen, S. 67.

190 *Flume*, in: FS Ballerstedt, S. 197 ff.

191 BGH NJW 1981, 1956; BGH DNotZ 1966, 620; BeckOGK/*Schindler*, § 2325 Rn 122; Staudinger/*Herzog* (2021), § 2325 Rn 109; *Deckert*, NZG 1998, 43, 45; *Pogorzelski*, RNotZ 2017, 489, 499; *Götz*, ZEV 2020, 342, 344.

192 BGHZ 22, 186, 194; BGH NJW 1957, 180; BGH DNotZ 1966, 620, 621 f.; BGH NJW 1981, 1956, 1957; KG DNotZ 1978, 109, 111.

193 Vgl. auch BeckOGK/*Schindler*, § 2325 Rn 121; Staudinger/*Herzog* (2021), § 2325 Rn 110; MüKo/*Lange*, § 2325 Rn 40 m.w.N.; *Hölscher*, ZEV 2010, 609, 610; *ders.*, ErbR 2016, 422, 427; *Lienenlüke/Kurth*, ErbR 2020, 636, 637.

194 BGH NJW 1981, 1956; BGH WM 1971, 1338; a.A. MüKo/*Ulmer*, 6. Aufl. 2013, § 738 Rn 41.

195 BGH NJW 1981, 1956; BGH WM 1971, 1338; KG DNotZ 1978, 109, 111; *Reinecke*, NJW 1957, 561 f.; *Lange/Kuchinke* § 37 IX a; vgl. auch MüKo/*Lange*, § 2325 Rn 32 m.w.N.; *Hölscher*, ZEV 2010, 609, 610 f.; *ders.*, ErbR 2016, 422, 427 f.; a.A. MüKo/*Ulmer*, 6. Aufl. 2013, § 738 Rn 41.

196 Vgl. hierzu KG DNotZ 1978, 109; BGH NJW 1981, 1956; *Lange/Kuchinke*, § 37 IX 2h.

197 *Göbel*, DNotZ 1979, 133, 143; *Götz*, ZEV 2020, 342, 344; *Hölscher*, ErbR 2016, 422, 429.

198 Vgl. *Kohl*, MDR 1995, 865, 872; Soergel/*Beck*, § 2325 Rn 27; BeckOGK/*Schindler*, § 2325 Rn 121; *Worm*, RNotZ 2003, 335, 343.

gern zum Nachteil der Pflichtteilsberechtigten das Gesamtvermögen ungeschmälert zu hinterlassen.[199] Dem ist aber im Ergebnis nicht zuzustimmen. Denn dem Risiko der ungerechtfertigten Benachteiligung der Pflichtteilsberechtigten trägt auch die von der h.M. vertretene Sichtweise ausreichend Rechnung:[200] Sie qualifiziert nämlich solche Gestaltungen, bei denen die von den einzelnen Gesellschaftern eingegangenen Risiken und die damit erstrebten Chancen nicht in einem angemessenen Verhältnis zueinander stehen, als wenigstens teilweise unentgeltlich und daher ergänzungspflichtig.[201] Im Übrigen darf nicht übersehen werden, dass die **Ausgestaltung** von **Gesellschaftsverträgen** in aller Regel[202] weniger der Benachteiligung der Pflichtteilsberechtigten, als vielmehr der Sicherung des Bestandes der Gesellschaft dient.[203] Hierzu gehört auch die Vermeidung von Kapital-, insbesondere aber Liquiditätsabflüssen, z.B. an Pflichtteilsberechtigte, die nicht durch das Unternehmen als solches veranlasst sind, sowie evtl. die Festlegung eines praktikablen Verfahrens zur Anteilsbewertung.[204] Der Zweck, das Gesellschaftsvermögen möglichst für die Gesellschaft zu erhalten, bedingt in diesem Zusammenhang die Wechselseitigkeit der Verfügungen.[205]

Auch wenn den Kritikern insoweit zuzustimmen ist, dass der von der h.M. in den 51
Vordergrund gestellte **aleatorische Charakter** des allseitigen Abfindungsausschlusses ein nicht vollständig überzeugendes Argument ist,[206] muss dem berechtigten Interesse des Erblassers an der Erhaltung und am Schutz des Bestandes des von ihm geschaffenen Werkes der Vorzug gegeben werden.[207] Dies gilt umso mehr, als es sich bei der Vereinbarung eines allseitigen Abfindungsausschlusses im Grunde genommen um eine Abrede mitgliedschaftsrechtlicher Art handelt,[208] die nicht aus dem Gesamtgefüge des Gesellschaftsvertrages herauszulösen ist und sich daher auch nicht ohne weiteres den Begriffen „entgeltlich" und „unentgeltlich" zuordnen lässt.[209] Im Hinblick auf das gesellschaftspolitische Interesse an der Erhaltung der hiervon betroffenen Unternehmen kann man nur hoffen, dass die Gerichte, allen voran der BGH, von ihrer bisherigen Rspr. nicht abweichen werden.

Ähnlich wie auch bei der Frage der Ergänzungspflicht lebzeitiger Beteiligungen kann 52
sich die Situation für rein vermögensverwaltende Gesellschaften anders darstellen: Hier wird im Falle des Eingreifens eines gesellschaftsvertraglichen Abfindungsausschlusses teilweise eine ergänzungspflichtige Zuwendung zugunsten der Mitgesellschafter angenommen, und das auch dann, wenn die Abfindungsbeschränkung alle Gesellschafter gleichermaßen trifft bzw. treffen könnte.[210] Begründet wird diese Auffassung vor allem damit, dass bei einer rein vermögensverwaltenden Tätigkeit die

199 Vgl. hierzu im Einzelnen MüKo/*Lange*, § 2325 Rn 41.

200 *Riedel*, ZErb 2003, 212, 214.

201 Staudinger/*Herzog* (2021), § 2325 Rn 111.

202 Ein Gegenbsp. findet sich bei *v. Dickhuth-Harrach*, in: FS Rheinisches Notariat, 1998, S. 228.

203 Staudinger/*Herzog* (2021), § 2325 Rn 113; BeckOGK/*Schindler*, § 2325 Rn 121; *Pogorzelski*, RNotZ 2017, 489, 502.

204 Staudinger/*Herzog* (2021), § 2325 Rn 113.

205 *Riedel*, ZErb 2003, 212, 214; vgl. auch BGH ZEV 2020, 420, 421.

206 Staudinger/*Herzog* (2021), § 2325 Rn 13; *Mayer*, DNotZ 1996, 604 zur Frage der eingeschränkten Berücksichtigungsfähigkeit von Gegenleistungen.

207 *Riedel*, ZErb 2003, 212, 214.

208 OLG Düsseldorf MDR 1977, 932; *Rittner*, FamRZ 1961, 505, 513; *Pogorzelski*, RNotZ 2017, 489, 502.

209 *Rittner*, FamRZ 1961, 505, 510; Soergel/*Mühl*, § 516 Rn 19; *Müller*, in: FS Wahl, S. 369, 387 ff.; vgl. auch BGH DNotZ 1966, 620; Soergel/*Beck*, § 2325 Rn 27.

210 BeckOGK/*Schindler*, § 2325 Rn 129; *Pogorzelski*, RNotZ 2017, 489, 508; *Schindler*, ZErb 2012, 149, 154; vgl. auch *Wachter*, ZIP 2020, 1785, 1789.

gesellschaftsrechtliche Legitimation der Abfindungsbeschränkung fehle. Schließlich ginge es nur um eine im Wesentlichen risikolose Fruchtziehung aus vorhandenem Vermögen, nicht um eine unternehmerische Tätigkeit. Vor diesem Hintergrund bestehe auch kein Bedürfnis, den Fortbestand eines (gar nicht vorhandenen) Unternehmens zu schützen.[211] Diese Argumentation mag in bestimmten Konstellationen durchaus überzeugend sein, bspw. dann, wenn sich die Tätigkeit der Gesellschaft auf das Halten der selbstgenutzten, vollständig mit Eigenkapital finanzierten Immobilie beschränkt.[212] So hat auch der BGH den Abfindungsausschluss bei einer zweigliedrigen vermögensverwaltenden Ehegatten-GbR als ergänzungspflichtige Schenkung qualifiziert.[213] In anderen Konstellationen können aber auch vermögensverwaltende Tätigkeiten risikobehaftet sein und unternehmerische Züge aufweisen, die dann auch einen Schutz der überlebenden Gesellschafter (auf der Grundlage der angesprochenen gesellschaftsrechtlichen Legitimation) rechtfertigen können.

(3) Eintrittsklausel

53 Sieht der Gesellschaftsvertrag ein **Eintrittsrecht** für einen oder alle Erben oder auch für fremde Dritte vor,[214] wird die Gesellschaft zunächst – wie bei der Fortsetzungsklausel – mit den übrigen Gesellschaftern fortgesetzt. Die in der Eintrittsklausel genannten Personen haben aber das Recht (Option), in die Gesellschaft einzutreten. Die Besonderheit dieser Nachfolgeregelung besteht darin, dass die Mitgliedschaft in der Gesellschaft nicht erbrechtlich, sondern durch Rechtsgeschäfte unter Lebenden begründet wird.[215] Insoweit handelt es sich bei der Eintrittsklausel um einen Vertrag zugunsten Dritter i.S.d. §§ 328 ff. BGB. Das Recht, in die Gesellschaft eintreten zu dürfen, entbindet den Berechtigten aber an und für sich nicht von der Verpflichtung, eine Einlage in die Gesellschaft leisten zu müssen. Auch ein Übergang des Kapitalkontos des ausscheidenden Gesellschafters auf den Eintrittsberechtigten findet gewöhnlich nicht statt. Der Eintretende begründet vielmehr eine neue und von der des Ausgeschiedenen völlig unabhängige Mitgliedschaft in der Gesellschaft. Aus diesem Grunde steht es dem Eintrittsberechtigten auch grundsätzlich frei, sich für oder gegen die Ausübung seiner Option zu entscheiden; eine Verpflichtung, in die Gesellschaft einzutreten, ergibt sich aus dem Gesellschaftsvertrag jedenfalls nicht.[216]

54 Für die Frage des Bestehens von Pflichtteils- bzw. Pflichtteilsergänzungsansprüchen kommt es entscheidend darauf an, ob und inwieweit der **eintretende Gesellschafter** eine Einlage in die Gesellschaft zu leisten hat bzw. welche Abfindung dem Erben des verstorbenen Gesellschafters zusteht. Pflichtteilsansprüche kommen nämlich nur in Betracht, wenn die Erben keine bzw. eine hinter dem Verkehrswert zurückbleibende Abfindung erhalten.[217] Sieht die Eintrittsklausel bspw. vor, dass der Gesellschaftsanteil des verstorbenen Gesellschafters unter Ausschluss eines Abfindungsanspruchs der Erben treuhänderisch auf die Mitgesellschafter übertragen wird, von denen der Ein-

211 *Braun*, DNotZ 2021, 222, 223.
212 Vgl. hierzu *U. Mayer*, ZEV 2003, 355, 358; *Schindler*, ZErb 2012, 149, 154; *Pawlytta*, in: Mayer/Süß/Riedel/Bittler, HB Pflichtteilsrecht, § 7 Rn 83; zurückhaltender *Hölscher*, ErbR 2016, 422, 429; a.A. *Kappler/Kappler*, ZEV 2017, 601, 605 f.
213 BGH ZEV 2020, 420, 421; vorgehend OLG Hamburg BeckRS 2018, 50962.
214 BGH DNotZ 1977, 387.
215 BeckOGK/*Schindler*, § 2325 Rn 124; MüKo/*Lange*, § 2325 Rn 45.
216 BeckOGK/*Schindler*, § 2325 Rn 124; *Riedel*, ZErb 2003, 212, 216.
217 BeckOGK/*Schindler*, § 2325 Rn 124; *Kerscher/Riedel/Lenz*, Pflichtteilsrecht, § 16 Rn 29.

trittsberechtigte sodann die Abtretung – mit oder ohne Einlageverpflichtung – verlangen kann,[218] stellen sich dieselben Probleme wie bei der Fortsetzungsklausel.[219]

Wendet der Erblasser dem Eintrittsberechtigten einen **eventuellen Abfindungsanspruch** – z.B. im Wege einer Alleinerbeneinsetzung, durch ein Vermächtnis bzw. Vorausvermächtnis oder auch durch eine Teilungsanordnung nach § 2048 BGB – zu, fällt der Abfindungsanspruch in den Nachlass und ist daher bei der Berechnung des ordentlichen Pflichtteils zu berücksichtigen.[220] Bei Eingreifen abfindungsbeschränkender Regelungen gelten die obigen Ausführungen. 55

Wird einem Nichterben im Wege eines Vertrages i.S.d. § 328 BGB ein Eintrittsrecht eingeräumt[221] und ihm darüber hinaus der Abfindungsanspruch im Voraus abgetreten,[222] wird ein Schutz des Pflichtteilsberechtigten nur über § 2325 BGB gewährleistet.[223] Der im **Voraus abgetretene** Abfindungsanspruch bildet den Gegenstand einer Schenkung auf den Todesfall, die grundsätzlich einen Ergänzungsanspruch rechtfertigt.[224] 56

(4) Nachfolgeklausel

Nachfolgeklauseln spielen hinsichtlich Pflichtteilsergänzungsansprüchen kaum eine Rolle, da der Gesellschaftsanteil als solcher Bestandteil des Nachlasses wird und daher bereits i.R.d. ordentlichen Pflichtteils Berücksichtigung finden kann.[225] Denn den Nachfolgeklauseln ist grundsätzlich gemein, dass sie die **Fortführung** der **Gesellschaft** mit dem bzw. den Erben des verstorbenen Gesellschafters vorsehen. Es handelt sich um einen erbrechtlichen Übergang der Gesellschaftsrechte. Dieser vollzieht sich aber nicht durch Gesamtrechtsnachfolge, sondern im Wege der Sonderrechtsnachfolge (Singularsukzession).[226] Dies stellt das Gesetz (nunmehr) in § 711 Abs. 2 BGB (der über § 105 Abs. 3 HGB auch für die Personenhandelsgesellschaften gilt) ausdrücklich klar.[227] 57

Bei Vereinbarung einer **einfachen Nachfolgeklausel** rücken sämtliche Erben des verstorbenen Gesellschafters automatisch in dessen Gesellschafterstellung ein.[228] Sind mehrere Erben vorhanden, erhält zwar jeder von ihnen grundsätzlich die volle Gesellschafterstellung, hinsichtlich der Ausübung ihrer Mitgliedschaftsrechte sind sie aber zur Bestimmung eines gemeinsamen Vertreters verpflichtet.[229] Nur die (höchst-)persönlichen Gesellschafterrechte, wie bspw. das Recht zur Kündigung, können von den einzelnen Gesellschaftern selbst ausgeübt werden, da diese nur persönlich und unmittelbar gegenüber der Gesellschaft geltend zu machen sind.[230] Von entscheidender 58

---

218 BeckOGK/*Schindler*, § 2325 Rn 124; *Crezelius*, Unternehmenserbrecht, § 3 Rn 144.

219 *Riedel*, ZErb 2003, 212, 216; *Pawlytta*, in: Mayer/Süß/Riedel/Bittler, HB Pflichtteilsrecht, § 7 Rn 87.

220 Staudinger/*Herzog* (2021), § 2311 Rn 271; MüKo/*Schäfer*, § 711 Rn 77.

221 Ebenroth/Boujong/*Lorz*, HGB, § 131 Rn 46.

222 Staudinger/*Herzog* (2021), § 2311 Rn 272; MüKo/*Schäfer*, § 711 Rn 77.

223 Vgl. Staudinger/*Herzog* (2021), § 2325 Rn 114; MüKo/*Schäfer*, § 711 Rn 77.

224 *Riedel*, ZErb 2003, 212, 216; ebenso MüKo/*Lange*, 8. Aufl., § 2325 Rn 33.

225 BeckOGK/*Schindler*, § 2325 Rn 120; *Flume*, NJW 1988, 61.

226 BGHZ 22, 186; OLG Frankfurt v. 11.2.1983 – 20 W 561/82, NJW 1983, 1806; Hopt/*Roth*, HGB, § 131 Rn 14 u. § 177 Rn 3; MüKo/*Schäfer*, § 711 Rn 53; Ebenroth/Boujong/*Lorz*, HGB, § 131 Rn 10.

227 MüKo/*Schäfer*, § 711 Rn 53; Ebenroth/Boujong/*Lorz*, HGB, § 131 Rn 10.

228 Hopt/*Roth*, HGB, § 131 Rn 2; MüKo/*Schäfer*, § 711 Rn 53; MHdB GesR I/*Klein*/*Lindemeier*, § 79 Rn 20 u. § 41 Rn 20.

229 BGHZ 46, 291.

230 *Kerscher*/*Riedel*/*Lenz*, Pflichtteilsrecht, § 16 Rn 32.

Bedeutung ist aber, dass in Folge einer gesellschaftsvertraglichen Nachfolgeklausel die Beteiligung eines persönlich haftenden Gesellschafters nicht etwa einer möglicherweise entstehenden Erbengemeinschaft anfällt, sondern stattdessen unmittelbar auf die einzelnen Erben übergeht.[231] Es handelt sich insoweit um einen Übergang im Wege der Singularsukzession.[232] Diese Konstruktion ist vor allem deshalb erforderlich, um den Gesellschafter-Erben die Möglichkeit der handelsrechtlich nicht vorgesehenen Beschränkung ihrer Haftung auf den Nachlass zu verwehren.[233]

59 Die **qualifizierte Nachfolgeklausel** zeichnet sich dadurch aus, dass nur bestimmten Personen, z.B. solchen, die eine bestimmte fachliche Eignung nachgewiesen haben, das Nachrücken in die Gesellschafterstellung ermöglicht wird. Auch hier rückt der berufene Gesellschafter-Erbe unmittelbar in die Position des verstorbenen Gesellschafters ein.[234] Voraussetzung ist jedoch auch bei ihm, dass er Erbe bzw. Vermächtnisnehmer des Verstorbenen geworden ist.[235] Auf die ihm hinterlassene Erbquote kommt es indes nicht an;[236] der qualifizierte Nachfolger wird auch dann vollumfänglich Personengesellschafter, wenn er nur eine geringere Erbquote – als dem Wert des Gesellschaftsanteils entspricht – erhält.[237]

Wird der gesellschaftsvertraglich qualifizierte Nachfolger weder Erbe noch Vermächtnisnehmer, geht die Nachfolgeklausel ins Leere,[238] so dass der Anteil nicht – wie gesellschaftsvertraglich vorgesehen – weitergegeben (also vererbt) wird.[239] Die Gesellschaft wird dann unter den verbleibenden Gesellschaftern fortgesetzt. Da der Gesellschaftsanteil nicht in den Nachlass fällt, bestehen für den ordentlichen Pflichtteil relevante Abfindungsansprüche der Erben, soweit diese nicht vertraglich ausgeschlossen sind. Zu Abfindungsbeschränkungen gelten die obigen Ausführungen.

(5) Kapitalgesellschaftsanteile

60 Kapitalgesellschaftsanteile sind von Gesetzes wegen zwingend vererblich.[240] Sie können aber Zwangseinziehungs- oder Zwangsabtretungsklauseln unterliegen, was bei unter dem tatsächlichen Wert liegendem satzungsmäßig vorgegebenem Entgelt[241] – analog zur Behandlung bei Personengesellschaften[242] – u.U. Pflichtteilsergänzungsansprüche auslösen kann.[243]

---

231 MüKo/*Schäfer*, § 711 Rn 53; *Riedel*, ZErb 2003, 212, 218.

232 BGHZ 22, 186; OLG Frankfurt NJW 1983, 1806; Hopt/*Roth*, HGB, § 131 Rn 14 u. § 177 Rn 3; MüKo/*Schäfer*, § 711 Rn 53; Ebenroth/Boujong/*Lorz*, HGB, § 131 Rn 10.

233 *Kerscher/Riedel/Lenz*, Pflichtteilsrecht, § 16 Rn 33; vgl. auch BGHZ 22, 186; OLG Frankfurt NJW 1983, 1806.

234 BGHZ 68, 225.

235 BGHZ 68, 225; Hopt/*Roth*, HGB, § 131 Rn 41; Ebenroth/Boujong/*Lorz*, HGB, § 131 Rn 19; *Lange*, ZErb 2014, 97, 98.

236 BGHZ 68, 225, 236 ff.; Hopt/*Roth*, HGB, § 131 Rn 19; Ebenroth/Boujong/*Lorz*, HGB, § 131 Rn 19; *Weipert*, ZEV 2002, 300, 303.

237 *Crezelius*, Unternehmenserbrecht, § 6 Rn 260.

238 MHdB GesR I/*Klein*/*Lindemeier*, § 79 Rn 23.

239 Ggf. kommt aber eine Umdeutung der qualifizierten Nachfolgeklausel in eine Eintrittsklausel (vgl. BGH NJW 1978, 264 ff.; BGH WM 1987, 981; Staub/*Schäfer*, HGB, § 139 Rn 36; MüKo/*Leipold*, § 1922 Rn 126 f.) oder eine sog. rechtsgeschäftliche Nachfolgeklausel (vgl. MüKo/*Schäfer*, § 711 Rn 62, 68, was aber voraussetzt, dass der Nachfolger in irgendeiner Weise am Vertragsschluss beteiligt war, BGHZ 68, 225, 235; *Ulmer*, BB 1977, 807) in Betracht.

240 *Altmeppen*, GmbHG, § 15 Rn 28; Noack/Servatius/Haas/*Servatius*, GmbHG, § 15 Rn 11.

241 Sogar der vollständige Abfindungsausschluss ist zulässig, vgl. *Fleischer*, WM 2024, 621, 628.

242 BeckOGK/*Schindler*, § 2325 Rn 131; Staudinger/*Herzog* (2021), § 2325 Rn 116.

243 BeckOGK/*Schindler*, § 2325 Rn 131; vgl. auch *Stinn*, NWB 2013, 2770, 2772.

f) Ehebezogene Zuwendungen

Zuwendungen unter Ehegatten, die zur Verwirklichung oder Ausgestaltung der ehelichen Lebensgemeinschaft und in der Erwartung, dass diese Gemeinschaft Bestand haben werde, vorgenommen werden,[244] qualifiziert der BGH als **ehebezogene** – oder unbenannte – **Zuwendungen** und grenzt sie somit klar von Schenkungen i.S.d. § 516 BGB ab.[245] Es handelt sich um – besondere – „Rechtsgeschäfte familienrechtlicher Art".[246] 61

aa) Ehebezogene Zuwendungen, die nicht durch güterrechtliche Vereinbarungen erfolgen

I.d.R. mangelt es den Eheleuten an der Einigkeit über die objektive Unentgeltlichkeit der Zuwendung. Da solche Zuwendungen im Verhältnis der Ehegatten zueinander grundsätzlich nicht als Schenkung bewertet werden,[247] müsste hieraus grundsätzlich der Schluss zu ziehen sein, dass **ehebezogene Zuwendungen** immer ergänzungsfest seien. Um den hiermit verbundenen Gestaltungs- bzw. Missbrauchsmöglichkeiten einen Riegel vorzuschieben, verzichtet der BGH bei ehebezogenen Zuwendungen auf das Tatbestandsmerkmal der Einigung über die Unentgeltlichkeit und lässt die objektive Unentgeltlichkeit der Zuwendung genügen, um den Anwendungsbereich des § 2325 BGB zu eröffnen.[248] Auf die subjektive Vorstellung der Parteien soll es nicht ankommen.[249] Ehebezogene Zuwendungen stehen daher nach der Rspr. hinsichtlich ihrer Auswirkungen auf das Erb- und Pflichtteilsrecht, §§ 2287, 2288, 2325 BGB, den Schenkungen gleich.[250] Denn für die objektive Unentgeltlichkeit genügt es, dass die gewährte Leistung nicht von einer – wenigstens subjektiv – wertgleichen Gegenleistung abhängig ist.[251] Da die Ehe als solche keinen Anspruch auf Vermögenszuwendungen begründet,[252] ist bei – nicht auf Austauschverträgen beruhenden[253] – Leistungen unter Ehegatten im Regelfall von (unentgeltlichen) ehebezogenen Zuwendungen auszugehen.[254] Im Einzelfall kann allerdings eine abweichende Beurteilung geboten sein. So insbesondere bei nach den konkreten Verhältnissen angemessenen Zuwendungen zum Zwecke der Alterssicherung des Empfängers[255] (selbst wenn diese nicht unterhaltsrechtlich geschuldet wird),[256] bei angemessenen nachträglichen Vergütungen **lang-** 62

244 Zur genauen Abgrenzung vgl. auch *Waas*, FamRZ 2000, 453 ff.

245 BGH NJW-RR 1990, 386 = FamRZ 1990, 600; keine ehebezogenen Zuwendungen sind aber Zuwendungen an das zukünftige Schwiegerkind, vgl. BGH ErbR 2010, 257.

246 Vgl. z.B. BGHZ 84, 361, 364; BGHZ 87, 145, 146.

247 BGH ZEV 2018, 274; BGH NJW 2006, 2330; Staudinger/*Herzog* (2021), § 2325 Rn 71.

248 Vgl. z.B. BGHZ 84, 361, 364; BGHZ 87, 145, 146; OLG Schleswig ZEV 2014, 260; OLG Schleswig ZErb 2010, 148; LG Elwangen ZEV 2009, 531; a.A.: AG Andernach FamRZ 2008, 190; Burandt/Rojahn/*Horn*, Erbrecht, § 2325 Rn 45.

249 BGHZ 116, 167, 170 ff. = NJW 1992, 564; OLG Koblenz ZEV 2002, 460, 461 m. krit. Anm. *Kornexl*; vgl. auch OLG Köln FamRZ 1992, 480; *Jaeger*, DNotZ 1991, 431; vgl. MüKo/*Lange*, § 2325 Rn 23 m.w.N.

250 BGH ZEV 2018, 274; OLG Schleswig ZEV 2014, 260; OLG Schleswig ZErb 2010, 148; LG Ellwangen ZEV 2009, 531; MüKo/*Lange*, § 2325 Rn 24; Burandt/Rojahn/*Horn*, Erbrecht, § 2325 Rn 46; vgl. auch *Karczewski*, ZEV 2023, 281 f.; *ders.*, ZEV 2020, 733 f.

251 BGHZ 116, 167, 170.

252 Vgl. *Pawlytta*, in: Mayer/Süß/Riedel/Bittler, HB Pflichtteilsrecht, § 7 Rn 51; MüKo/*Lange*, § 2325 Rn 25.

253 Wegen dieser Fälle vgl. BGHZ 116, 167, 173.

254 *Pawlytta*, in: Mayer/Süß/Riedel/Bittler, HB Pflichtteilsrecht, § 7 Rn 51.

255 BGH ZEV 2018, 274; BGH NJW 1972, 580; Staudinger/*Herzog* (2021), § 2325 Rn 77 m.w.N.

256 OLG Schleswig ZErb 2010, 148; OLG Stuttgart ZEV 2011, 384; *Horn*, NJW 2020, 1124 f.; Staudinger/*Herzog* (2021), § 2325 Rn 80.

jähriger Dienste[257] oder der Erfüllung entsprechender unterhaltsrechtlicher Verpflichtungen.[258] Die Instanzgerichte haben diese Grundsätze auch auf die nichteheliche Lebensgemeinschaft ausgedehnt.[259]

63 Dem Schutz der pflichtteilsberechtigten Abkömmlinge kommt in der Rspr. des BGH eindeutig der Vorrang gegenüber den (berechtigten) Interessen des überlebenden Ehegatten zu. Die eigentliche Funktion der ehebezogenen Zuwendung, nämlich die mit ihr beabsichtigte **Absicherung** der **ehelichen Lebensverhältnisse**, bleibt dabei auf der Strecke.[260] In der Lit. wird diese Sichtweise von einem großen Teil der Autoren begrüßt,[261] von einem anderen, nicht minder großen Teil aber vehement abgelehnt.[262] Die im Einzelnen vertretenen Auffassungen sind vielfältig und lassen sich nur schwer systematisieren. Mit *Mayer*[263] kann man aber folgendes Raster festhalten:

64 Zum Teil[264] wird für die Qualifizierung der ehebezogenen Zuwendung als entgeltlich oder unentgeltlich auf den jeweiligen Parteiwillen abgestellt, da die subjektiven Vorstellungen der Beteiligten ein konstitutives Merkmal des Entgeltbegriffs darstellten. Zum Schutz des Pflichtteilsberechtigten vor ungerechtfertigten Benachteiligungen soll in erster Linie auf den Gedanken des **Rechtsmissbrauchs** zurückzugreifen sein. Nach a.A.[265] ist grundsätzlich von einer Ergänzungspflicht auszugehen, im Übrigen aber danach zu unterscheiden, ob die Zuwendung – Einigkeit der Parteien über die Unentgeltlichkeit unterstellt – als Pflicht- bzw. Anstandsschenkung (§ 2330 BGB) zu qualifizieren wäre oder aufgrund einer nachträglichen Entgeltvereinbarung (sozusagen im Verrechnungsweg) eine Anwendung von § 2325 BGB ausgeschlossen werden könnte. In diesen Fällen soll auch die ehebedingte Zuwendung als ergänzungsfest anzusehen sein. Führen die genannten Fiktionen nicht zur Entgeltlichkeit, bleibt es bei der Gleichstellung mit ergänzungspflichtigen Schenkungen. Ebenfalls anzutreffen sind güterrechtlich geprägte Überlegungen, die zu einem Ausschluss der Ergänzungspflicht führen, soweit der jeweiligen Zuwendung ein – wenigstens wertgleicher – fiktiver Zugewinnausgleichsanspruch gegenübersteht.[266] Ähnliche Überlegungen spielen oft auch bei den Vertretern der Auffassung, dass es in erster Linie auf eine Interessenabwägung unter besonderer Berücksichtigung der Belange des überlebenden Ehegatten ankomme,[267] eine Rolle.

---

257 BGH ZEV 2018, 274; OLG Oldenburg FamRZ 2000, 638; in diesem Zusammenhang ist aber § 1360b BGB zu beachten. Vgl. auch MüKo/*Lange*, § 2325 Rn 25; *Pawlytta*, in: Mayer/Süß/Riedel/Bittler, HB Pflichtteilsrecht, § 7 Rn 58; Staudinger/*Herzog* (2021), § 2325 Rn 77 m.w.N.; *Karczewski*, ZEV 2020, 733, 737.

258 Vgl. MüKo/*Weber-Monecke*, § 1360a Rn 2–9; Burandt/Rojahn/*Horn*, Erbrecht, § 2325 Rn 47 unter Hinweis auf BGH NJW 2013, 686, 687.

259 Vgl. LG Koblenz ZEV 2016, 705; OLG Düsseldorf NJW-RR 1997, 1497, 1500; OLG Köln MittRhNotK 1997, 89; BeckOGK/*Schindler*, § 2325 Rn 80; MüKo/*Lange*, § 2325 Rn 24; Staudinger/*Herzog* (2021), § 2325 Rn 85; vgl. hierzu auch *v. Proff zu Irnich*, RNotZ 2008, 462, 474.

260 *Langenfeld*, NJW 1994, 2133, bezeichnet den BGH in diesem Zusammenhang mit einiger Ironie als „Schutzpatron" der pflichtteilsberechtigten Abkömmlinge.

261 *Jaeger*, DNotZ 1991, 431; *Sandweg*, NJW 1989, 1965; *Schotten*, NJW 1990, 2841; vgl. zum Meinungsstand *Pawlytta*, in: Mayer/Süß/Riedel/Bittler, HB Pflichtteilsrecht, § 7 Rn 52, 53 m.w.N.

262 Z.B. *Langenfeld*, ZEV 1997, 6; *Hayler*, FuR 2000, 4, 6 ff.; *ders.*, DNotZ 2000, 681; *Ludwig*, FuR 1992, 1.

263 Vgl. *Mayer/Süß/Tanck/Bittler/Wälzholz*, HB Pflichtteilsrecht, 1. Aufl. 2003, § 8 Rn 40.

264 *Lange/Kuchinke*, § 37 X 2a ß; vgl. auch Staudinger/*Herzog* (2021), § 2325 Rn 76.

265 Vgl. Soergel/*Beck*, § 2325 Rn 17; Staudinger/*Herzog* (2021), § 2325 Rn 76.

266 Vgl. z.B. *Weidlich*, ZEV 2014, 345, 348 f.

267 Vgl. *Kerscher/Riedel/Lenz*, Pflichtteilsrecht, § 9 Rn 43 ff.

Stein des Anstoßes ist vor allem die Entscheidung des BGH v. 27.11.1991,[268] der folgender Sachverhalt zugrunde lag: Erblasser E lebte mit seiner Ehefrau F im gesetzlichen Güterstand. E war Alleinverdiener, während F den Haushalt führte. Aus der Ehe gingen die beiden Kinder K1 und K2 hervor. E und F kauften ein Haus zu jeweils hälftigem Bruchteilseigentum, das voll fremdfinanziert wurde. E zahlte das Darlehen aus seinem laufenden Einkommen zurück. E hatte F in seinem Testament zur Alleinerbin eingesetzt. K1 machte seinen Pflichtteilsanspruch, sowie den Pflichtteilsergänzungsanspruch geltend. Nach Ansicht des BGH zählt der 1/2-Miteigentumsanteil der F zum fiktiven Nachlass des E, da es sich bei der Darlehenstilgung durch E zur Hälfte um eine ehebezogene Zuwendung an F handelte. Auf die subjektive Seite, nämlich die Frage des Einigseins über die Unentgeltlichkeit, komme es nicht an.[269] F hatte daher insgesamt 1/8 des Wertes des Hausgrundstücks an K1 zu zahlen. Davon entfällt auf den ordentlichen Pflichtteilsanspruch 1/8 des Miteigentumsanteils des E und auf den Pflichtteilsergänzungsanspruch 1/8 aus dem fiktiven Nachlass. 65

Dass dieses Ergebnis nicht als befriedigend angesehen werden kann und auch der wirtschaftlichen Wirklichkeit des ehelichen Zusammenlebens in keiner Weise entspricht, wird sich schwerlich bestreiten lassen. Angesichts der Aufgabenverteilung der Ehegatten kann wohl kaum von einer unentgeltlichen Zuwendung die Rede sein. Auch der in der Lit. mehrfach angeführte (und an sich auch zutreffende) Hinweis auf die erbschaftsteuerrechtliche Wertung, dass in der **Entschuldung** eines **gemeinsamen Hausanwesens** durch nur einen der Ehegatten eine freigebige Zuwendung an den anderen Ehegatten zu sehen sei,[270] ändert an der hier vertretenen Wertung nichts. Denn auch wenn erbschaft- und schenkungsteuerrechtlich eine freigebige Zuwendung i.S.d. § 7 Abs. 1 Nr. 1 ErbStG bejaht wird, hält der Gesetzgeber eine Besteuerung dieses Vorgangs doch für unangemessen und stellt ihn daher in § 13 Abs. 1 Nr. 4a ErbStG von der Steuer frei.[271] 66

Ungeachtet dieser Erwägungen hält die Rspr. aber an ihrer Auffassung fest,[272] wobei aber der BGH etwa erbrachte Tilgungsleistungen auf das zur Finanzierung aufgenommene Darlehen nicht als weitere Schenkung angesetzt hat.

In diesem Zusammenhang wird auch häufig die Frage nach der „legitimen Vermögensteilhabe" der Ehegatten am während der Ehe erworbenen Vermögen diskutiert.[273] Unter Rückgriff auf den Halbteilungsgrundsatz wird gefordert, dass Zuwendungen bis zur Höhe eines **fiktiven Zugewinnausgleichs** grundsätzlich ergänzungsfest sein sollten.[274] *J. Mayer*[275] hat dem entgegengehalten, dass es auf diese Weise zu einer doppelten Begünstigung des Ehegatten kommen könne, wenn einerseits eine lebzeitige Gleichstellung beider Ehegatten im Wege ergänzungsfester ehebezogener Zuwendungen durchgeführt wurde und andererseits durch die Erbteilserhöhung nach § 1371 67

268 BGHZ 116, 167 = FamRZ 1992, 300 ff. = NJW 1992, 564 ff.

269 BGH FamRZ 1992, 300 ff.

270 *Brambring*, ZEV 1997, 7, 8; *Albrecht*, ZEV 1994, 129.

271 *Riedel*, ZErb 2002, 157, 158; *Griesel*, in: Daragan/Halaczinsky/Riedel, ErbStG und BewG, § 13 ErbStG Rn 34 ff.; Troll/Gebel/Jülicher/Gottschalk/*Gottschalk*, ErbStG, § 13 Rn 55 ff.

272 BGH ZEV 2018, 274; OLG Schleswig ZEV 2014, 260; ebenso *Reich*, NotBZ 2019, 89; *Wachter*, ZEV 2023, 333, 343; *Weber*, FamRZ 2018, 777; vgl. auch MüKo/*Lange*, § 2325 Rn 27; Staudinger/*Herzog* (2021), § 2325 Rn 83 m.w.N.

273 *Langenfeld*, ZEV 1994, 129, 133 u. NJW 1994, 2133; *Kerscher/Riedel/Lenz*, Pflichtteilsrecht, § 9 Rn 54.

274 *Langenfeld*, ZEV 1994, 129, 133 u. NJW 1994, 2133; *Klingelhöffer*, NJW 1993, 1097, 1101; *Hayler*, FuR 2000, 1, 9 f.; *ders.*, DNotZ 2000, 681, 689 f.; *ders.*, MittBayNot 2000, 290, 293 f.; *Weidlich*, ZEV 2014, 345, 348 f.; *Wachter*, ZEV 2023, 333, 336.

275 In: Mayer/Süß/Tanck/Bittler/Wälzholz, HB Pflichtteilsrecht, 1. Aufl. 2003, § 8 Rn 42.

Abs. 1 BGB im Erbfall zusätzlich ein pauschalierter Zugewinnausgleich erfolge.[276] Dieser Kritik ist grundsätzlich zuzustimmen. Allerdings wird hierbei übersehen, dass die ehebezogenen Zuwendungen nach Auffassung des BGH zum fiktiven Nachlass zählen und daher i.R.d. pauschalierten Zugewinnausgleichs gar nicht berücksichtigt werden können. Denkt man *J. Mayers* berechtigte Kritik konsequent zu Ende, gelangt man zu dem Ergebnis, dass eine Qualifizierung ehebezogener Zuwendungen als ergänzungsfest jedenfalls insoweit gerechtfertigt sein muss, als der überlebende Ehegatte insgesamt nicht mehr erhält, als sich bei der Anwendung der ihm zustehenden (gesetzlichen) Erbquote auf die Summe aus realem und fiktivem Nachlass ergibt. Ungeachtet dessen ist aber für die Praxis die Sichtweise des BGH, der eine Ergänzungsfreiheit ehebezogener Zuwendungen bis zur Höhe des rechnerischen Zugewinnausgleichs ausdrücklich abgelehnt hat, unbedingt zu berücksichtigen.[277] Zu beachten sind dabei auch die vom BGH ausdrücklich vorgesehenen Ausnahmetatbestände der Unterhalts- oder Alterssicherung sowie der nachträglichen Vergütung für langjährige Dienste.[278]

(1) Unterhalts- oder Alterssicherung

68 Wann Leistungen im Hinblick auf die **Unterhalts-** oder **Alterssicherung** nicht mehr als unentgeltlich anzusehen sind, hat der BGH nicht allgemeingültig entschieden.[279] Vielmehr weist er darauf hin, dass im jeweiligen Einzelfall „eine umfassende Prüfung der Einkommens- und Vermögensverhältnisse erfolgen" müsse.[280] Dabei sind die Lebensverhältnisse der Eheleute vor dem Erbfall mit denen (ohne die Zuwendung zu erwartenden) des überlebenden Bedachten nach dem Erbfall zu vergleichen.[281] Vor diesem Hintergrund kann bspw. die Beteiligung an einer Wertpapieranlage zur Alterssicherung unter bestimmten Umständen als nicht unentgeltlich anzusehen sein.[282]

69 Allg. übertragbare Grundsätze sind dies jedoch leider nicht.[283] Allg. kann aber wohl festgehalten werden, dass es im Ergebnis keinen Unterschied machen darf, ob die **Versorgung** durch Begründung von **Rentenrechten** in einer **Sozialversicherung**, durch Abschluss einer Privatversicherung[284] oder durch Begründung oder Übertragung von ertragbringenden Vermögensanlagen bzw. die Einräumung von Nutzungsrechten an Vermögen[285] erfolgt. Voraussetzung ist aber wohl, dass periodisch wiederkehrende Nutzungen gezogen[286] oder entsprechende Leistungen erspart werden. Auch die Übertragung einer Wohnung oder eines Hauses kann zur Alterssicherung in Betracht kommen. Diese Auslegung muss vor allem in den Fällen gerechtfertigt sein, in

---

276 So auch *Pawlytta*, in: Mayer/Süß/Riedel/Bittler, HB Pflichtteilsrecht, § 7 Rn 57.

277 BGHZ 116, 167, 172 ff.; BGH ZEV 2018, 274.

278 Aktuellere höchstrichterliche Entscheidungen zu diesem Themenkomplex sind aber leider rar, vgl. auch MüKo/*Lange*, § 2325 Rn 26; hinzuweisen ist vor allem auf OLG Oldenburg FamRZ 2000, 638 zum Fall der Entlohnung der als Sprechstundenhilfe angestellten Ehefrau eines Arztes für deren 30-jährige Tätigkeit.

279 *Klingelhöffer*, NJW 1993, 1097, 1100; *Pawlytta*, in: Mayer/Süß/Riedel/Bittler, HB Pflichtteilsrecht, § 7 Rn 58.

280 BGHZ 116, 167, 173; BeckOGK/*Schindler*, § 2325 Rn 90.

281 Dabei ist auch zu berücksichtigen, dass sich die Kosten für die Aufrechterhaltung des bisherigen Lebensstandards – auch im Hinblick auf die Haushaltsführung – durch den Tod eines der Ehegatten nicht schlicht halbieren, vgl. OLG Schleswig ZErb 2010, 148.

282 BGH NJW 1972, 580.

283 *Pawlytta*, in: Mayer/Süß/Riedel/Bittler, HB Pflichtteilsrecht, § 7 Rn 58; MüKo/*Lange*, § 2325 Rn 26; *Kerscher/Riedel/Lenz*, Pflichtteilsrecht, § 9 Rn 46.

284 Vgl. hierzu OLG Stuttgart ZEV 2011, 384.

285 OLG Schleswig ZEV 2010, 369 zum Nießbrauch an einer Wohnung.

286 Vgl. zur Zuwendung einer Witwenrente OLG Hamm v. 27.10.2016 – 10 U 61/07, BeckRS 2016, 117427.

denen die selbstgenutzte Immobilie den wesentlichen Teil des Vermögens bildet und ihre Übertragung daher die einzige Möglichkeit zur Alterssicherung des Ehegatten darstellt.[287] Dies ist in der Praxis nicht selten der Fall.[288]
Dessen ungeachtet scheitert die Pflichtteilsfestigkeit oft (regelmäßig) an der fehlenden Angemessenheit der Zuwendung, so dass die Übertragung des Familienheims (oder eines Miteigentumsanteils) i.d.R. ergänzungspflichtig ist.[289]
Problematisch ist auch die Frage, welche Höhe eine **angemessene Altersvorsorge** 70 haben kann bzw. wonach sie zu bemessen ist. Der BGH führt hierzu lediglich aus, dass bei der Prüfung der Einkommensverhältnisse berücksichtigt werden müsse, in welchem Umfang für die Zukunft des Ehegatten und dessen Altersversorgung bereits vorgesorgt war".[290] Soweit eine ausreichende Versorgung bereits gewährleistet sei, müsse jede weitere Zuwendung als unentgeltliche Leistung angesehen werden.[291] Konkrete Angaben, wie hoch eine Altersversorgung sein darf bzw. sein muss und woran sie zu messen ist, hat der BGH dabei aber nicht gemacht.
Zutreffenderweise wird man davon ausgehen dürfen, dass auch eine über die unterhaltsrechtlich geschuldete Absicherung hinausgehende Altersvorsorge ergänzungsfest ist,[292] soweit sie bei großzügiger Würdigung der Verhältnisse nicht überzogen erscheint.[293]
Im Übrigen sollte jedenfalls dann eine ergänzungsfeste Zuwendung anzunehmen sein, 71 wenn ohne die Vermögensübertragung die **Sozialhilfebedürftigkeit** drohen würde.[294] Ist der Ehegatte bereits ausreichend versorgt, z.B. durch eine eigene Altersrente, ist wenigstens fraglich, ob die zusätzliche Einräumung einer weiteren vermögenswerten Position noch der Alterssicherung dient oder als unentgeltliche Zuwendung anzusehen ist. In erster Linie hängt dies davon ab, ob von einem durchschnittlichen Standard auszugehen ist oder die Betrachtung am konkreten Lebensstandard der Eheleute orientiert werden muss, wie es der BGH anscheinend vorsieht.[295] *Klingelhöffer*[296] regt hierzu an, die Höhe der der Alterssicherung dienenden Zuwendung am Unterhaltsanspruch eines geschiedenen Ehegatten zu bemessen. Weiterhin sei aber auch darauf zu achten, ob die Altersvorsorge bereits durch die Erträge des Zugewendeten gesichert werde, oder ob auch die Substanz selbst zur Alterssicherung eingesetzt werden müsste.

(2) Vergütung langjähriger Dienste

Als weitere pflichtteilsergänzungsfeste Zuwendungen kommt die nachträgliche Vergü- 72 tung langjähriger Dienste in Betracht,[297] wobei Leistung und Gegenleistung allerdings nicht in einem groben Missverhältnis stehen dürften.[298] Die Grenze der Angemessen-

287 Vgl. *Fleischer*, ErbR 2014, 524, 525; *Löhnig*, NJW 2018, 1435, 1436; Burandt/Rojahn/*Horn*, Erbrecht, § 2325 Rn 53.
288 *Kerscher/Riedel/Lenz*, Pflichtteilsrecht, § 9 Rn 46.
289 BGH ZEV 2018, 274; Burandt/Rojahn/*Horn*, Erbrecht, § 2325 Rn 53.
290 Ausgeführt bei *Klingelhöffer*, NJW 1993, 1097, 1100.
291 Burandt/Rojahn/*Horn*, Erbrecht, § 2325 Rn 49 f.
292 *Horn*, ZEV 2018, 277 f.
293 MüKo/*Lange*, § 2325 Rn 26; BeckOGK/*Schindler*, § 2325 Rn 89; *Rösler*, in: Groll/Steiner, PraxisHB Erbrechtsberatung, § 26 Rn 26.308; *Keim*, ZNotP 2018, 221, 223.
294 *Kerscher/Riedel/Lenz*, Pflichtteilsrecht, § 9 Rn 48.
295 In seiner Entscheidung hat der BGH, NJW 1972, 580, im Ansatz auf die Einkommensverhältnisse der Ehegatten abgestellt.
296 NJW 1993, 1097, 1100.
297 BeckOGK/*Schindler*, § 2325 Rn 92.
298 BGH ZEV 2018, 274, 277; BGHZ 116, 167, 173; MüKo/*Lange*, § 2325 Rn 26; *Pawlytta*, in: Mayer/Süß/Riedel/Bittler, HB Pflichtteilsrecht, § 7 Rn 60.

heit sei dort überschritten, wo durch reine Willkür eine Zuwendung mit der Bestimmung erfolge, dass sie als Vergütung für langjährige Dienste geleistet werde. Zu beachten ist hierbei auch, dass Vergütungen für langjährige Haushaltstätigkeiten des bedachten Ehegatten grundsätzlich nicht ergänzungsfest sein können.[299] Andererseits ist ein grobes Missverhältnis nicht bereits deshalb zu vermuten, weil eine früher gewährte Zuwendung im Nachhinein erhöht wird.[300]

bb) Ehebezogene Zuwendungen durch güterrechtliche Vereinbarungen

73 Auch der Vermögenserwerb durch güterrechtliche Vereinbarung (Begründung der Gütergemeinschaft) kann im Einzelfall eine ehebezogene Zuwendung oder Schenkung darstellen.[301] Grundsätzlich ist der hälftige Vermögenserwerb des weniger vermögenden Ehegatten durch die Vereinbarung einer Gütergemeinschaft aber pflichtteilsergänzungsfest,[302] weil der Rechtsgrund der Bereicherung in einem familienrechtlichen Vertrag liegt, so dass es an der für eine Schenkung erforderlichen Einigung über die Unentgeltlichkeit fehlt.[303] Das gilt auch für die Vereinbarung der Gütergemeinschaft.[304] Die einer späteren Vereinbarung der Gütertrennung folgende Auseinandersetzung des veränderten Gesamtguts kann jedenfalls insoweit als pflichtteilsergänzungspflichtig anzusehen sein, als einem Ehegatten mehr als die Hälfte des Gesamtguts zugeteilt wird.[305]

74 Der BGH[306] stellt zur Frage des **Erwerbs** aufgrund **güterrechtlicher Vereinbarung** folgenden Grundsatz auf: „In der Begründung einer Gütergemeinschaft kann nur ausnahmsweise eine Schenkung des begüterten an den bereicherten Ehegatten liegen. Dazu bedarf es außer der Einigung über die Unentgeltlichkeit der Zuwendung noch einer Verdrängung der güterrechtlichen causa für die Bereicherung durch den schuldrechtlichen Schenkungsvertrag. Für eine solche Annahme bedarf es der Feststellung, dass die Geschäftsabsichten der Eheleute nicht in Zweckverwirklichung der Ehe auf eine Ordnung der beiderseitigen Vermögen gerichtet waren." Es geht also im Wesentlichen um den Schutz der pflichtteilsberechtigten Abkömmlinge durch die Verhinderung missbräuchlicher Gestaltungen. So kann bspw. eine kurz vor dem Tod eines Ehegatten getroffene güterrechtliche Vereinbarung Pflichtteilsergänzungsansprüche auslösen.[307] Das gilt auch, wenn kurz nach Vereinbarung der Gütergemeinschaft (wieder) Gütertrennung oder Zugewinngemeinschaft vereinbart und dadurch ein überdurchschnittlicher Teil des Vermögens auf den bisher eigentlich vermögenslosen Ehegatten übertragen wird.[308]

---

299 *Pawlytta*, in: Mayer/Süß/Riedel/Bittler, HB Pflichtteilsrecht, § 7 Rn 60.
300 BGH NJW-RR 1989, 706; RGZ 94, 157; MüKo/*Lange*, § 2325 Rn 26.
301 BGH NJW 1992, 558; MüKo/*Lange*, § 2325 Rn 29 („Ausnahmefall"); Staudinger/*Herzog* (2021), § 2325 Rn 87.
302 BGHZ 116, 178, 182 = NJW 1992, 558; BGH NJW 1975, 1774; MüKo/*Lange*, § 2325 Rn 29 m.w.N; Burandt/Rojahn/*Horn*, Erbrecht, § 2325 Rn 55; BeckOGK/*Schindler*, § 2325 Rn 95.
303 Staudinger/*Herzog* (2021), § 2325 Rn 86; *Kerscher/Riedel/Lenz*, Pflichtteilsrecht, § 9 Rn 58.
304 BeckOGK/*Schindler*, § 2325 Rn 96; *Wachter*, ZEV 2023, 333, 335; *Fischer*, ZEV 2023, 286, 288.
305 *Kerscher/Riedel/Lenz*, Pflichtteilsrecht, § 9 Rn 58.
306 NJW 1975, 1774; BGHZ 116, 178.
307 OLG Stuttgart BWNotZ 1990, 113; RGZ 87, 301.
308 BGH NJW 1992, 558, 559; RGZ 87, 301; MüKo/*Lange*, § 2325 Rn 29; *Pawlytta*, in: Mayer/Süß/Riedel/Bittler, HB Pflichtteilsrecht, § 7 Rn 62; siehe auch *Brambring*, ZEV 1996, 248, 252 f.

Grundsätzlich kann man davon ausgehen, dass auch das sog. **Gütertrennungsmodell** eine pflichtteilsfeste Gestaltung darstellt.[309] Dabei wird der gesetzliche Güterstand durch Vereinbarung einer Gütertrennung beendet und der Zugewinn durch Übertragung entsprechender Vermögensgegenstände ausgeglichen. Soweit es dabei nicht zu erheblich über dem sich rechnerisch ergebenden Ausgleichungsanspruch liegenden Vermögensverschiebungen kommt, liegt hierin keine unentgeltliche Zuwendung.[310] Allerdings mehren sich in der Lit. die Stimmen, die auch insoweit zur Vorsicht mahnen.[311] So wird zu bedenken gegeben, dass der ausgleichungsverpflichtete Ehegatte im Grunde genommen gar nichts von einem Wechsel des Güterstandes habe und daher objektiv unentgeltlich dem anderen Ehegatten den Ausgleichungsanspruch zuwende. Außerdem werde die systemkonforme Partizipation am Vermögenszuwachs des jeweils anderen Ehegatten nach dem Willen des Gesetzgebers durch die Erhöhung des gesetzlichen Erbteils gem. § 1371 BGB verwirklicht. Ein konkreter Zugewinnausgleich sei nur im Falle der güterrechtlichen Lösung (§ 1371 Abs. 3 BGB) vorgesehen, dann allerdings verbunden mit dem Verlust der Erbenstellung des überlebenden Ehegatten.

Auch wenn angesichts der Tendenz des BGH den Vermögensinteressen der pflicht- 75
teilsberechtigten Abkömmlinge im Zweifel den Vorrang gegenüber den Interessen des (ebenfalls pflichtteilsberechtigten) überlebenden Ehegatten einzuräumen, bei **güterrechtlichen Gestaltungen** tatsächlich größte Vorsicht geboten ist,[312] sollte die Freiheit der Ehegatten, ihre güterrechtlichen Dispositionen ohne das ständige Damoklesschwert des Pflichtteilsergänzungsanspruchs treffen zu können, nicht zu weit eingeschränkt werden.[313] Zu Recht weist *Pawlytta* darauf hin, dass eine lebzeitige Gestaltung, die wirtschaftlich zu einem Ergebnis führt, das der überlebende Ehegatte auch nach dem Tod des Erblassers ohne dessen Zutun hätte erreichen können, ergänzungsfest sein muss.[314] Die Zugewinnausgleichsforderung ist güterrechtlicher Natur und ihre Erfüllung damit nicht unentgeltlich.[315] Hieran wird auch die pflichtteilsfreundlichste Rspr. nichts ändern können. Aber auch weitergehende Vorteile zugunsten des Ehegatten müssen ergänzungsfest sein, soweit nicht (mehr oder weniger eindeutig) ein Missbrauchsfall vorliegt. Beim (einmaligen) Wechsel des Güterstandes sollte insoweit jedenfalls i.d.R. kein Missbrauchsverdacht angezeigt sein. Dies ergibt sich aus folgender Kontroll-Überlegung:

Angenommen, der Erblasser ist im **gesetzlichen Güterstand** verheiratet. Einige Zeit 76
vor seinem Tod hat der Ehegatte gem. § 1385 BGB auf vorzeitigen Ausgleich des Zugewinns geklagt und ein seinem Antrag stattgebendes Urteil erstritten. Die Voraussetzungen des § 1933 BGB liegen nicht vor, so dass dem überlebenden Ehegatten zweifellos ein gesetzlicher Erbteil gem. § 1931 Abs. 1 oder Abs. 4 BGB zusteht. Kann die Rspr. den überlebenden Ehegatten einer funktionierenden und unter dem besonderen Schutz des Art. 6 GG stehenden Ehe wirklich schlechter stellen als den einer

309 Vgl. *Brambring*, ZEV 1996, 248, 252 ff.; *Hayler*, FuR 2000, 4, 7 u. DNotZ 2000, 681, 686 ff.; BeckOGK/*Schindler*, § 2325 Rn 95; Burandt/Rojahn/*Horn*, Erbrecht, § 2325 Rn 56; *Pawlytta*, in: Mayer/Süß/Riedel/Bittler, HB Pflichtteilsrecht, § 7 Rn 64 f.; ähnlich *Karczewski*, ZEV 2023, 281, 285.

310 *Hayler*, FuR 2000, 4, 7; *Wegmann*, ZEV 1996, 206; *Pawlytta*, in: Mayer/Süß/Riedel/Bittler, HB Pflichtteilsrecht, § 7 Rn 64.

311 Vgl. *Pawlytta*, in: Mayer/Süß/Riedel/Bittler, HB Pflichtteilsrecht, § 7 Rn 64 m.w.N.

312 Vgl. MüKo/*Lange*, § 2325 Rn 29; Staudinger/*Herzog* (2021), § 2325 Rn 90.

313 So auch BeckOGK/*Schindler*, § 2325 Rn 97.

314 *Pawlytta*, in: Mayer/Süß/Riedel/Bittler, HB Pflichtteilsrecht, § 7 Rn 66.

315 *v. Hertzberg*, RNotZ 2019, 245, 250; *Fischer*, ZEV 2023, 286, 290; *Keim*, ZEV 2024, 350, 351; *Brambring*, ZEV 1996, 248, 252 ff.; *Hayler*, FuR 2000, 4, 7 u. DNotZ 2000, 681, 686 ff.; BeckOGK/*Schindler*, § 2325 Rn 95.

zerrütteten Ehe?! Daraus folgt, dass die Frage, welche Motive die Ehegatten zu der einen oder der anderen güterrechtlichen Gestaltung bewogen haben, für die Frage der Ergänzungsfestigkeit erst dann eine Rolle spielen darf, wenn die Grenze dessen, was auch einem scheidungswilligen Ehepartner zustehen könnte, überschritten wird. Das ist bspw. bei einem mehrfachen Güterstandswechsel (sog. Güterstandsschaukel) der Fall.[316] Hier können im Einzelfall[317] durchaus gewichtige Argumente dafür sprechen, dass es den Ehegatten in erster Linie um eine Reduzierung von Pflichtteilsansprüchen ging und die güterrechtliche Vereinbarung nur als Mittel zum Zweck diente, obwohl eigentlich „ehefremde Zwecke" verfolgt wurden (dies gilt insbesondere bei sog. Paketlösungen, also dem im engen zeitlichen Zusammenhang erfolgenden Hin- und Herwechseln).[318] Anhaltspunkte für eine Missbrauchsabsicht können auch in einem Güterstandswechsel kurz vor dem Tod des Erblassers oder bei Verschiebungen von Vermögen zwischen Vorbehalts- und Gesamtgut zu sehen sein.[319]

g) Verträge zugunsten Dritter auf den Todesfall/Lebensversicherungen

77 Hat der Erblasser (Versprechensempfänger) – z.B. mit einer Bank oder einer Versicherungsgesellschaft (Versprechensgeber) – einen **Vertrag zugunsten Dritter** i.S.d. §§ 328, 331 BGB (oder § 160 VVG) abgeschlossen, entsteht mit seinem Tod ein unmittelbarer schuldrechtlicher Anspruch in der Person des Begünstigten. Welches Valutaverhältnis dem Vertrag (zugunsten Dritter) zwischen Versprechensgeber und Erblasser (Versprechensempfänger) zugrunde liegt, spielt insoweit keine Rolle, es kann sich also auch um eine Schenkung auf den Todesfall handeln.[320] Die Besonderheit des Vertrages zugunsten Dritter besteht darin, dass die Forderung gegenüber dem Versprechensgeber (etwa der Versicherungsgesellschaft) nicht in den Nachlass fällt, da sie von vornherein als Zugang zum Vermögen des (begünstigten) Dritten – und nicht des Versprechensempfängers – entsteht.[321]

78 Bei **Lebensversicherungen** ist vor diesem Hintergrund streng zu unterscheiden, ob der Erblasser (Versicherungsnehmer) im Versicherungsvertrag einen Bezugsberechtigten benannt hat oder nicht. Während im erstgenannten Fall grundsätzlich (Ausnahme: kreditsichernde Lebensversicherungen) ein Vertrag zugunsten Dritter vorliegt mit der Folge, dass der Leistungsanspruch kein Nachlassbestandteil wird, fällt im letzteren Fall die Versicherungssumme in vollem Umfang in den Nachlass.[322] In diesem Zusammenhang ist zu beachten, dass eine ausdrückliche Bezugsberechtigung nicht unbedingt eine namentliche Benennung im Versicherungsvertrag erfordert. Gem. §§ 159 Abs. 1, 160 Abs. 2 VVG erwerben z.B. auch die (gesetzlichen oder testamentarischen) Erben den Versicherungsanspruch unmittelbar (ohne Durchgangserwerb des Nachlasses), wenn als Bezugsberechtigte nur pauschal „die" oder „meine Erben" benannt sind.[323]

---

316 Vgl. BeckOGK/*Schindler*, § 2325 Rn 99; vgl. hierzu ausführlich *Keim*, ZEV 2024, 350 f.

317 Es geht hier nicht um eine allgemeine Regel, vgl. BeckOGK/*Schindler*, § 2325 Rn 100 m.w.N.

318 Vgl. *v. Oertzen*, ErbStB 2005, 71, 72; vgl. auch *Ponath*, ZEV 2006, 49, 51 f.; *Brambring*, ZEV 1996, 248, 252; a.A. insbesondere *Hayler*, DNotZ 2000, 689; *Keim*, ZNotP 2018, 221, 224; *Kleffmann*, FuR 2017, 532, 534; vgl. zum Ganzen auch *Pawlytta*, in: Mayer/Süß/Riedel/Bittler, HB Pflichtteilsrecht, § 7 Rn 68 m.w.N.

319 Vgl. *Schindler*, ZErb 2012, 149, 152 f.; MüKo/*Lange*, § 2325 Rn 29.

320 BGH ZErb 2010, 189 f.; BGHZ 41, 96; BGHZ 66, 12; vgl. auch BeckOGK/*Schindler*, § 2325 Rn 102.

321 BGHZ 130, 377, 381; BeckOGK/*Schindler*, § 2325 Rn 102; *Kerscher/Riedel/Lenz*, Pflichtteilsrecht, § 15 Rn 5.

322 Vgl. *Kerscher/Riedel/Lenz*, Pflichtteilsrecht, § 15 Rn 15.

323 *Kerscher/Riedel/Lenz*, Pflichtteilsrecht, § 15 Rn 4; *Pawlytta*, in: Mayer/Süß/Riedel/Bittler, HB Pflichtteilsrecht, § 7 Rn 38; MüKo/*Lange*, § 2325 Rn 47.

Einen Sonderfall bildet die als Kreditunterlage verwendete und zur Sicherung **abgetretene Lebensversicherung.** Eine Einordnung lediglich anhand des Kriteriums der Benennung eines Bezugsberechtigten führt hier nicht zu befriedigenden Ergebnissen.[324] Aus diesem Grund ist der Lösung des BGH,[325] der den der Kreditsicherung dienenden Teil der Versicherungsleistung als Nachlassbestandteil ansieht, zuzustimmen. Diesem Ergebnis liegt die Überlegung zugrunde, dass der Versicherungsnehmer grundsätzlich die ursprüngliche Bezugsberechtigung auch im Falle der Sicherungsabtretung der Versicherungsleistung nicht widerrufen will.[326] Vielmehr führt die Zurverfügungstellung der Versicherung als Kreditunterlage lediglich zu einer Art Rangrücktritt gegenüber dem gesicherten Gläubiger.[327] Daher kann der zur Befriedigung des Gläubigers nicht benötigte Teil der Versicherungsleistung entsprechend der ursprünglich mit der Versicherungsgesellschaft vereinbarten Bezugsberechtigung (am Nachlass vorbei) auf den Begünstigten übergehen. Nur soweit tatsächlich der Sicherungsfall eintritt und die Lebensversicherung zur Tilgung von Schulden des Erblassers eingesetzt wird, bildet sie einen Nachlassbestandteil, der i.R.d. Berechnung des ordentlichen Pflichtteils – ebenso wie die gesicherte Verbindlichkeit – zu berücksichtigen ist.[328] 79

Ein besonderes Problem im Bereich der Verträge zugunsten Dritter bildet die genaue rechtliche Einordnung des **Valutaverhältnisses.** Denn nur wenn hier eine Schenkung vorliegt, kommen Pflichtteilsergänzungsansprüche in Betracht. Im Einzelfall ist daher stets zu prüfen, ob statt einer Schenkung evtl. eine Ausstattung (§ 1624 BGB) oder eine ehebezogene Zuwendung,[329] die unter Umständen ebenfalls pflichtteilsfest sein kann, vorliegt[330] (wegen der Berechnung des Wertes der Zuwendung vgl. Rdn 109 ff. bzw. Rdn 140 ff.). 80

h) Stiftung

Die Errichtung einer **Stiftung von Todes wegen** unterliegt unstr. den allg. Regeln des Pflichtteilsrechts, so dass insoweit ein ordentlicher Pflichtteilsanspruch (§ 2303 BGB) in Betracht kommt.[331] Die Errichtung einer Stiftung unter Lebenden stellt keine Schenkung dar. Denn es fehlt bereits an der für eine Schenkung i.S.v. §§ 516 ff. BGB kennzeichnenden Einigung der Parteien über die Unentgeltlichkeit, da das Stiftungsgeschäft eine lediglich einseitige, nicht empfangsbedürftige Willenserklärung ist.[332] § 2325 BGB ist aber nach überwiegender Meinung analog anzuwenden.[333] Ausstattungen, Zustiftungen und freie Spenden an bereits existierende Stiftungen lösen ebenfalls Pflichtteilsergänzungsansprüche aus.[334] 81

---

324 Vgl. *Klingelhöffer*, ZEV 1995, 180 m. anschaulichen Bsp.

325 BGH ZEV 1996, 263.

326 BGHZ 109, 67.

327 BGHZ 109, 67.

328 BGH ZEV 1996, 263 m. Anm. *Klumpp*; OLG Düsseldorf FamRZ 1998, 121; vgl. ausführlich *Kerscher/Riedel/Lenz*, Pflichtteilsrecht, § 15 Rn 7 ff. m.w.N.

329 BeckOGK/*Schindler*, § 2325 Rn 110; *Worm*, RNotZ 2003, 535, 544; MüKo/*Lange*, § 2325 Rn 47.

330 *Pawlytta*, in: Mayer/Süß/Riedel/Bittler, HB Pflichtteilsrecht, § 7 Rn 39.

331 Staudinger/*Herzog* (2021), § 2325 Rn 67; MüKo/*Lange*, § 2325 Rn 53; Burandt/Rojahn/*Horn*, Erbrecht, § 2325 Rn 63.

332 Vgl. MüKo/*Weitemeyer*, § 81 Rn 40 m.w.N.; Staudinger/*Herzog* (2021), § 2325 Rn 68.

333 RGZ 54, 399 ff.; LG Baden-Baden ZEV 1999, 152; MüKo/*Lange*, § 2325 Rn 53; OLG Hamburg OLGE 38, 235; *Rawert/Katschinski*, ZEV 1996, 161; *Röthel*, ZEV 2006, 8, 9; Staudinger/*Herzog* (2021), § 2325 Rn 68; Burandt/Rojahn/*Horn*, Erbrecht, § 2325 Rn 63; a.A. OLG Dresden ZErb 2002, 290.

334 BGH ZErb 2004, 129; LG Baden-Baden ZEV 1999, 152; *Cornelius*, ZErb 2009, 230, 232; *Ravert*, NJW 2002, 3151, 3152; *R. Werner*, ZEV 2007, 560, 562; a.A.: RGZ 62, 386, 391; OLG Dresden ZErb 2002, 290 = ZEV 2002, 415 m. abl. Anm. *Muscheler*; MüKo/*Lange*, § 2325 Rn 53.

Dies gilt nicht nur für gemeinnützige Stiftungen,[335] sondern auch für sog. Familienstiftungen, und zwar selbst dann, wenn diese regelmäßig bei Auszahlungen an die Pflichtteilsberechtigten leisten.[336]
Auch Spenden an gemeinnützige Organisationen werden vom BGH wie Schenkungen behandelt und sind daher ebenfalls im Rahmen des Pflichtteilsergänzungsanspruchs zu berücksichtigen.[337]

i) Rückforderbare Schenkungen, Rückfall des Geschenks

82 Da eine Schenkung (um ergänzungspflichtig zu sein) zu Lebzeiten des Erblassers wirksam ausgeführt worden sein muss, scheiden solche Schenkungen, die noch zu Lebzeiten des Erblassers rückabgewickelt wurden (egal aus welchen Gründen), für die Anwendung von § 2325 BGB von vornherein aus.[338]
Das gilt insbesondere in den Fällen, in denen der Erblasser ein Rückforderungsrecht ausübt oder ein Aufhebungsvertrag geschlossen wird.[339] Wichtig ist in diesem Zusammenhang die Abgrenzung zwischen Rückabwicklung der ursprünglichen Schenkung auf der einen und echter „Rückschenkung" auf der anderen Seite. Während die Rückabwicklung die ursprüngliche Zuwendung und die durch sie ausgelöste Ergänzungspflicht beseitigt, lässt die Rückschenkung diese bestehen.[340] Gleichzeitig kann sie ihrerseits Pflichtteilsergänzungsansprüche nach dem (ursprünglich) Beschenkten auslösen.[341] Vor diesem Hintergrund ist gerade bei als Schenkung bezeichneten Rückübertragungen (des ursprünglichen Geschenks oder eines Surrogats) umso genauer zu prüfen, ob nicht tatsächlich zwischen den Vertragsbeteiligten eine bloße Vertragsaufhebung und damit Rückabwicklung der ursprünglichen Schenkung beabsichtigt war.[342]
Ähnliche Probleme stellen sich dann, wenn das Geschenk durch Erbfall nach dem Tod des Beschenkten wieder an den Schenker zurückfällt und so (wieder) zu seinem späteren Nachlass gehört. Hier muss ein Ergänzungsanspruch (ggf. nach § 242 BGB) ausscheiden, da eine Aushöhlung des Pflichtteils durch die Schenkung gerade nicht bewirkt wird.[343]

83 Hat der Erblasser unter Missachtung der in einem Erbvertrag oder bindend gewordenen gemeinschaftlichen Testament getroffenen Bestimmungen bestimmte Vermögensgegenstände lebzeitig einem Dritten zugewendet, so dass dem (Vertrags-)Erben ein Rückgewähranspruch gem. § 2287 BGB zusteht, ändert dies am Schenkungscharakter der betroffenen Zuwendungen zunächst nichts; sie unterliegen daher grundsätzlich dem Pflichtteilsergänzungsanspruch.[344] Unproblematisch ist dies in den Fällen, in de-

335 § 2330 BGB ist hier i.d.R. nicht anzuwenden; vgl. BeckOGK/*Schindler*, § 2325 Rn 112; *Lange*, in: FS Spiegelberger, S. 1321, 1325 f.; *Richter*, ZErb 2005, 134, 137 f.

336 Vgl. auch MüKo/*Lange*, § 2325 Rn 53.

337 BGH ZEV 2003, 114, 115; BeckOGK/*Schindler*, § 2325 Rn 112; Burandt/Rojahn/*Horn*, Erbrecht, § 2325 Rn 26; *Kollhosser*, ZEV 2004, 117, 118; *Schauer*, npoR 2018, 49; *Beyer*, ZStV 2023, 126, 127.

338 RGZ 111, 151, 155; BeckOGK/*Schindler*, § 2325 Rn 151; *Außner*, ErbR 2024, 910, 911.

339 BGH FamRZ 1972, 255, 257, vgl. auch LG Kiel BeckRS 2012, 21746; *Weber*, ZEV 2017, 117, 120; *Außner*, ErbR 2024, 910, 911; MüKo/*Lange*, § 2325 Rn 18.

340 Staudinger/*Herzog* (2021), § 2325 Rn 59.

341 Vgl. *Kornexl*, ZEV 2003, 196, 197 f.; BeckOGK/*Schindler*, § 2325 Rn 151.

342 *Gehse*, RNotZ 2009, 361, 378; *Scheuber*, Pflichtteilsstreitigkeiten zu Lebzeiten des Erblassers, 2014, S. 101; Burandt/Rojahn/*Horn*, Erbrecht, § 2325 Rn 40.

343 Ebenso Burandt/Rojahn/*Horn*, Erbrecht, § 2325 Rn 41.

344 Staudinger/*Herzog* (2021), § 2325 Rn 62; Soergel/*Beck*, § 2325 Rn 14; BeckOGK/*Schindler*, § 2325 Rn 153; *Muscheler*, FamRZ 1994, 1361 ff.; MüKo/*Lange*, § 2325 Rn 16.

nen der Vertragserbe seinen Rückgewähranspruch nicht geltend macht oder ausdrücklich auf ihn verzichtet.[345]

Schwieriger zu lösen sind aber die Fälle, in denen der Vertragserbe die Rückgabe des Geschenks an sich erreicht bzw. den Anspruch durchsetzt. Denn § 2287 BGB gewährt dem benachteiligten Erben einen persönlichen Anspruch, der nicht Bestandteil des Nachlasses wird.[346] Ist der Nachlass unzureichend, folgt hieraus, dass dem Pflichtteilsberechtigten gegen den Erben weder gem. § 2303 BGB noch gem. § 2325 BGB ein Anspruch zustehen kann. Auch ein Pflichtteilsergänzungsanspruch gegen den Beschenkten nach § 2329 BGB kann nicht bestehen, da der Beschenkte nach Rückgabe des Geschenks nicht mehr bereichert ist. Dieses Ergebnis wird zu Recht als ungerecht empfunden. Somit erscheint es gerechtfertigt, dem Pflichtteilsberechtigten in analoger Anwendung von § 2329 BGB einen **Ergänzungsanspruch** gegen den Erben einzuräumen, wobei aber Schenkungen außerhalb der Zehnjahresfrist unberücksichtigt bleiben.[347] Zu demselben Ergebnis gelangt auch die Rspr., die den Herausgabeanspruch des Erben von der Zahlung des unter Einbeziehung des Geschenks berechneten ordentlichen Pflichtteils abhängig macht.[348] Hat der reale Nachlass keinen – ausreichenden – Wert, kann der Vertragserbe die Herausgabe des Geschenks nach § 2287 BGB nur verlangen, wenn er den als Pflichtteilsergänzungsanspruch aus dem Geschenk geltend gemachten Betrag an den Pflichtteilsberechtigten bezahlt.[349] Dieser Sichtweise ist im Ergebnis auf jeden Fall zuzustimmen, da der Pflichtteilsberechtigte denselben Anspruch auch gehabt hätte, wenn eine Ansprüche nach § 2287 BGB auslösende Verfügung des Erblassers nicht erfolgt wäre. Der wirtschaftliche Wert des Pflichtteilsanspruchs darf durch derartige Gestaltungen des Erblassers nicht ausgehöhlt werden. 84

Besondere Probleme werfen Gestaltungen auf, bei denen nicht ein Dritter, sondern der Pflichtteilsberechtigte selbst Empfänger einer den Vertragserben beeinträchtigenden Schenkung ist.[350] Soweit in dieser Konstellation der Vertragserbe die Herausgabe des Geschenks nach § 2287 BGB verlangt, muss dessen Wert jedenfalls in die Pflichtteilsberechnung einbezogen werden.[351] 85

Problematisch ist überdies die Behandlung von Schenkungen, die wegen Notbedarfs des Schenkers nach § 528 BGB zurückgefordert werden können.[352] Soweit das Geschenk tatsächlich zurückgewährt wurde oder die Rückgewähr durch Unterhaltszahlungen nach § 528 Abs. 1 S. 2 BGB abgewendet wurden, ist der Beschenkte nicht mehr bereichert, so dass insoweit Pflichtteilsergänzungsansprüche ausscheiden.[353] Relevant ist dann nur noch die dem Beschenkten verbliebene Bereicherung. Ebenso sind Fälle zu behandeln, in denen der Träger der Sozialhilfe Rückgewähransprüche erfolgreich auf sich übergeleitet hat.[354] 86

j) Nichtige Schenkungen

Gegen die guten Sitten verstoßende Schenkungen sind gem. § 138 BGB (gegenüber jedermann) nichtig, so dass sich der Pflichtteilsberechtigte eine Schmälerung des Nach- 87

---

345 Staudinger/*Herzog* (2021), § 2325 Rn 63.

346 BGHZ 78, 1; BGH FamRZ 1989, 961; RGZ 77, 5.

347 BeckOGK/*Schindler*, § 2325 Rn 154; Staudinger/*Herzog* (2021), § 2325 Rn 64.

348 BGH FamRZ 1989, 175; BGH FamRZ 1984, 121.

349 MüKo/*Lange*, § 2325 Rn 15; *Muscheler*, FamRZ 1994, 1361, 1366.

350 Ebenso BeckOGK/*Schindler*, § 2325 Rn 154.

351 Vgl. zutreffend MüKo/*Lange*, § 2325 Rn 16, der auf die Ratio der §§ 2287, 2303 ff. und 2325 ff. BGB verweist.

352 Vgl. BGH FamRZ 1994, 103; BGH ZEV 2001, 241; vgl. auch MüKo/*Lange*, § 2325 Rn 19.

353 A.A. anscheinend BeckOGK/*Schindler*, § 2325 Rn 156; Soergel/*Beck*, § 2325 Rn 13.

354 Vgl. hierzu Soergel/*Beck*, § 2325 Rn 13.

lasses um den jeweiligen Schenkungsgegenstand nicht entgegenhalten zu lassen braucht.[355] Die rechtsgrundlosen Leistungen können gem. §§ 812 ff. BGB kondiziert werden, so dass der entsprechende Anspruch als Nachlass-Aktivum zu erfassen ist.[356] Eine Pflichtteilsergänzung kommt vor diesem Hintergrund nicht in Frage.[357] Dasselbe gilt auch für alle anderen Fälle, in denen der zugrunde liegende Schenkungsvertrag aus anderen Gründen (ursprünglich oder nachträglich) nichtig ist.[358]

III. Person des Dritten

88 Als Dritter i.S.d. § 2325 BGB kommt jede natürliche oder juristische Person[359] oder Personenvereinigung (z.B. nicht rechtsfähige Vereine) in Betracht. Der Begriff des Dritten bezieht sich vornehmlich auf die Abgrenzung des Empfängers der zu beurteilenden Zuwendung von der Person des Pflichtteilsberechtigten selbst.[360] Als Dritter kommt daher auch der Erbe oder ein anderer Pflichtteilsberechtigter in Betracht,[361] also im Ergebnis alle Personen außer dem Ergänzungsberechtigten selbst.[362] Insbesondere können auch Allein-[363] oder Miterben Dritte i.S.v. § 2325 BGB sein.[364]

IV. Zehnjahresfrist (Abs. 3)

1. Fristbeginn – Grundsätzliches

89 Die Zehnjahresfrist des Abs. 3 ist seit den Anpassungen durch die Erbrechtsreform 2010 in doppelter Hinsicht relevant. Denn zum einen bildet sie – wie früher – eine echte Ausschlussfrist (Abs. 3 S. 2), zum anderen wirkt sie sich nach Abs. 3 S. 1 auf die Berechnung der Ergänzungsansprüche aus (zum Berechnungsmodus vgl. Rdn 152 f.).

90 Gem. Abs. 3 S. 2 sind Schenkungen grundsätzlich nur dann ergänzungspflichtig, wenn zwischen der Leistung des verschenkten Gegenstandes und dem Erbfall weniger als zehn Jahre vergangen sind. Bei dieser Zehnjahresfrist handelt es sich um eine echte Ausschlussfrist,[365] die den Anspruch per se zunichtemacht. Daher ist sie auch im Falle der gerichtlichen Geltendmachung des Pflichtteilsergänzungsanspruchs von Amts wegen zu berücksichtigen.[366]

91 Problematisch ist oft, ab welchem Zeitpunkt die **Frist zu laufen** beginnt. Der in Abs. 3 genannte Zeitpunkt der „Leistungserbringung“ lässt nämlich die Frage offen, ob schon die bloße Leistungshandlung oder erst der Eintritt des Leistungserfolges maßgeblich sein soll.[367] Die h.M. stellt grundsätzlich auf den Leistungserfolg,[368] also den Eigen-

355 BeckOGK/*Schindler*, § 2325 Rn 150; Staudinger/*Herzog* (2021), § 2325 Rn 54 m.w.N.
356 Staudinger/*Herzog* (2021), § 2325 Rn 57.
357 Staudinger/*Herzog* (2021), § 2325 Rn 55.
358 Vgl. OLG Bamberg ZEV 2008, 386.
359 Soergel/*Beck*, § 2325 Rn 40; Staudinger/*Herzog* (2021), § 2325 Rn 1.
360 Mot. V, S. 457.
361 RGZ 69, 390; BeckOGK/*Schindler*, § 2325 Rn 16; Staudinger/*Herzog* (2021), § 2325 Rn 1.
362 Die Behandlung von Schenkungen an ihn regelt § 2327 BGB; BeckOGK/*Schindler*, § 2325 Rn 17.
363 BGH NJW 2015, 623, 626.
364 OLG Hamm FamRZ 1985, 967, 968; OLG Koblenz NJW-RR 2002, 512, 513.
365 BeckOGK/*Schindler*, § 2325 Rn 225; Staudinger/*Herzog* (2021), § 2325 Rn 155; MüKo/*Lange*, § 2325 Rn 70; *Birkenbeil*, ErbR 2021, 2, 5.
366 *Pawlytta*, in: Mayer/Süß/Riedel/Bittler, HB Pflichtteilsrecht, § 7 Rn 158.
367 *Nieder*, DNotZ 1987, 319.
368 BGH ZEV 2016, 445, 446; vgl. hierzu Staudinger/*Herzog* (2021), § 2325 Rn 160; MüKo/*Lange*, § 2325 Rn 72; BeckOGK/*Schindler*, § 2325 Rn 228; Burandt/Rojahn/*Horn*, Erbrecht, § 2325 Rn 96; *Krätzschel*, ErbR 2023, 389; *Nieder*, DNotZ 1987, 319, 320; *Mayer*, FamRZ 1994, 739, 745; *Lange/Kuchinke*, § 37 X 4a Fn 289.

tumsübergang[369] ab.[370] Dies entspricht auch der Vorstellung des Gesetzgebers,[371] der sich bei Einführung der Zehnjahresfrist von der Vorstellung leiten ließ, dass der Anspruch ausgeschlossen sein sollte, wenn der Erblasser die durch die Schenkung verursachte Vermögensminderung selbst zehn Jahre lang habe tragen müssen.[372] Vor diesem Hintergrund kann weder die bloße Leistungshandlung noch der Umstand, dass der Schenker alles von seiner Seite aus Erforderliche getan hat, um den Leistungserfolg zu bewirken,[373] ausreichen, um die Frist des Abs. 3 in Lauf zu setzen.

Der BGH verlangt darüber hinaus, dass der Gegenstand der Schenkung endgültig aus 92
dem wirtschaftlichen Verfügungsbereich des Erblassers ausgegliedert wird. Sofern ein sog. „**Genussverzicht**"[374] nicht vorliegt, kommt eine Ingangsetzung der Zehnjahresfrist daher nicht in Betracht.[375] Zur Begründung verweist der BGH auf die bereits zitierten Protokolle zum Entwurf des § 2325 BGB.[376] Hintergrund der Regelung sei gewesen, das Recht des Beschenkten nicht zu lange im Schwebezustand zu halten, da sich die pflichtteilsberechtigten Angehörigen nach so langer Zeit an die eingetretene Vermögensminderung gewöhnt hätten. Eine Benachteiligungsabsicht sei bei Schenkungen, deren Folgen der Erblasser noch selbst längere Zeit zu tragen hätte, eher unwahrscheinlich.

Der BGH hat die Gültigkeit seiner zur Rechtslage vor der Erbrechtsreform entwickelten Genussverzichts-Rspr. auch für die aktuelle Rechtslage im Jahr 2016 ausdrücklich bestätigt.[377]

Die Sichtweise des BGH ist teilweise heftiger – und berechtigter – Kritik der Lit. 93
ausgesetzt. Denn insbesondere wegen der wirtschaftlich geprägten Betrachtung besteht die Gefahr erheblicher Rechtsunsicherheiten,[378] die eine konkrete Abgrenzung, ob ein „Genussverzicht" im Einzelfall vorliegt oder nicht, mitunter sehr schwierig macht. Insbesondere die Fälle, in denen sich der Schenker kein hundertprozentiges Nutzungsrecht, sondern nur bspw. einen Quotennießbrauch vorbehält, sind derzeit praktisch kaum zu lösen.[379] Angesichts der Formulierung des Gesetzes, die lediglich den rechtlichen Leistungserfolg, und nicht auch den wirtschaftlichen, fordert, kann die Rspr. des BGH wohl zu Recht als richterliche **Rechtsfortbildung** bezeichnet werden.[380] Dass diese Entwicklung in die richtige Richtung geht, darf indes bezweifelt werden.[381]

---

369 BGH NJW 2011, 3082, 3083 für Grundstücksübertragung; vgl. auch *Horn*, in: MAH Erbrecht, § 29 Rn 292; BeckOK BGB/*Müller-Engels*, § 2325 Rn 43.

370 Details und Bsp. hierzu vgl. bei BeckOGK/*Schindler*, § 2325 Rn 230 ff.; vgl. auch OLG Saarbrücken BWNotZ 2023, 248 zu einem aufschiebend bedingt bestellten Zuwendungsnießbrauch.

371 So auch *Pawlytta*, in: Mayer/Süß/Riedel/Bittler, HB Pflichtteilsrecht, § 7 Rn 165.

372 Prot. V, S. 587 f.

373 So noch BGH NJW 1970, 1638 = WM 1970, 1114.

374 BGHZ 98, 226, 233 = NJW 1987, 122; BGHZ 125, 395, 398 f. = NJW 1994, 1791.

375 BGHZ 118, 49.

376 Mot. V, S. 453 ff.

377 BGH ZEV 2016, 445, 446; Staudinger/*Herzog* (2021), § 2325 Rn 170; BeckOGK/*Schindler*, § 2325 Rn 251.

378 BeckOGK/*Schindler*, § 2325 Rn 252; MüKo/*Lange*, § 2325 Rn 72; *Frank*, JR 1987, 243, 244; *Nieder*, DNotZ 1987, 319, 320; *Paulus*, JZ 1987, 153; *Mayer*, ZEV 1994, 325, 326 f.; Staudinger/*Herzog* (2021), § 2325 Rn 162; *Birkenbeil*, ErbR 2021, 2, 4 ff.; *Kainer*, NotBZ 2019, 281, 288 ff.

379 Vgl. zum Meinungsstand *Pawlytta*, in: Mayer/Süß/Riedel/Bittler, HB Pflichtteilsrecht, § 7 Rn 174 f.

380 Staudinger/*Herzog* (2021), § 2325 Rn 168; *Siegmann*, DNotZ 1994, 787, 789; *Reiff*, ZEV 1998, 241, 246.

381 So auch *Reiff*, ZEV 1998, 241, 246 zum Nießbrauchsvorbehalt; BeckOGK/*Schindler*, § 2325 Rn 237; a.A. *Siegmann*, DNotZ 1994, 787, 789; *Beyer*, ZStV 2023, 126, 131; *Heinrich*, MittRhNotK 1997, 157, 160; *Draschka*, NJW 1993, 437 f.

2. Fristbeginn – Einzelfälle

a) Grundstücksübertragungen

94 Bei **Grundstücksübertragungen** beginnt die Frist grundsätzlich mit der Eintragung der Rechtsänderung im Grundbuch, § 873 Abs. 1 BGB,[382] nicht etwa bereits mit dem Erwerb einer Anwartschaft.[383] Vor dem Hintergrund des seit den zitierten Entscheidungen neugefassten § 8 Abs. 2 AnfG stellt sich allerdings die Frage, ob der Pflichtteilsberechtigte nicht hinsichtlich des Fristlaufs den durch das Anfechtungsgesetz geschützten Gläubigern gleichgestellt werden sollte.[384] Demnach spricht einiges dafür, bei Grundstücksschenkungen den Beginn der Zehnjahresfrist dann anzunehmen, wenn die Auflassung erklärt, die Eigentumsumschreibung beantragt und eine Vormerkung eingetragen ist.[385] Dessen ungeachtet hält der BGH aber an dem Eintragungserfordernis unverändert fest.[386]

b) Schenkungen unter Nießbrauchsvorbehalt

95 Besonderheiten gelten aber, wenn das Grundstück unter Vorbehalt eines Nießbrauchs oder eines Wohnrechts übertragen wurde.[387]
Nach Ansicht des BGH[388] kann eine den Fristbeginn auslösende Leistung i.S.d. Abs. 3 S. 2 nur dann vorliegen, wenn der Erblasser nicht nur seine Rechtsstellung als Eigentümer endgültig aufgibt, sondern auch darauf verzichtet, den verschenkten Gegenstand weiterhin im Wesentlichen zu nutzen, sei es aufgrund des Vorbehalts dinglicher Rechte oder durch Vereinbarung schuldrechtlicher Ansprüche.

96 Beim sog. **Vorbehaltsnießbrauch** gibt der Erblasser den „Genuss" des verschenkten Gegenstandes aber gerade nicht auf. Eine „Leistung" i.S.d. Abs. 3 S. 2 des verschenkten Gegenstandes liegt daher trotz Umschreibung im Grundbuch nicht vor.[389] Dasselbe gilt auch bei einem Wohnungsrecht, wenn dem Eigentümer keine eigenständige Nutzungsmöglichkeit verbleibt.[390] In der Lit. ist die Sichtweise des BGH zwar zu Recht umstritten.[391] Das Abstellen auf den rechtlichen Leistungserfolg wäre nicht nur mit einem höheren Maß an Rechtssicherheit verbunden.[392] Es würde sich vor allem auch am Wortlaut des Gesetzes orientieren. Mit einer Änderung der diesbezüglichen Rspr. kann aber wohl nicht gerechnet werden.

97 Bislang noch nicht entschieden ist auch die Frage, ob diese Grundsätze auch auf Fälle des **Quoten- bzw. Bruchteilsnießbrauchs** entsprechend anzuwenden sein sollen. Fest steht lediglich, dass der Fristbeginn bzgl. eines Objekts einheitlich entschieden werden

---

382 BGHZ 102, 289, 292 = NJW 1988, 821 = FamRZ 1988, 712.

383 Zutreffend *Pawlytta*, in: Mayer/Süß/Riedel/Bittler, HB Pflichtteilsrecht, § 7 Rn 168; Staudinger/*Herzog* (2021), § 2325 Rn 160.

384 Vgl. *Behmer*, FamRZ 1999, 1254, 1255.

385 Vgl. *Cornelius*, Der Pflichtteilsergänzungsanspruch, S. 200 Rn 775; *Draschka*, Vorweggenommene Erbfolge und Pflichtteilsergänzung, 1992, S. 93 f.; vgl. zum Ganzen auch *Pawlytta*, in: Mayer/Süß/Riedel/Bittler, HB Pflichtteilsrecht, § 7 Rn 168.

386 BGH ZEV 2016, 445, 446.

387 Staudinger/*Herzog* (2021), § 2325 Rn 167 ff.; *Kerscher/Riedel/Lenz*, Pflichtteilsrecht, § 9 Rn 91.

388 BGHZ 125, 395, 398 f.; ebenso OLG Düsseldorf FamRZ 1999, 1546; BGH ZEV 2016, 445 ff.; vgl. auch *Mayer*, ZEV 1994, 325; *Meyding*, ZEV 1994, 202.

389 BGH NJW 1994, 1791; OLG Düsseldorf FamRZ 1999, 1546.

390 *Pawlytta*, in: Mayer/Süß/Riedel/Bittler, HB Pflichtteilsrecht, § 7 Rn 182 ff. m.w.N.

391 Zustimmend: *Siegmann*, DNotZ 1994, 787, 789; *Leipold*, JZ 1994, 1121, 1122; *Pentz*, FamRZ 1997, 724, 727 f.; Grüneberg/*Weidlich*, § 2325 Rn 22; Erman/*Röthel/Simon*, § 2325 Rn 16; aber ablehnend: Staudinger/*Herzog* (2021), § 2325 Rn 168; MüKo/*Lange*, § 2325 Rn 77 ff.; *Mayer*, FamRZ 1994, 739, 745 u. ZEV 1994, 325, 326; *Lange/Kuchinke*, § 37 X 4a.

392 Staudinger/*Herzog* (2021), § 2325 Rn 168.

muss.[393] Teilweise wird die Ansicht vertreten, ein Quotennießbrauch bzgl. eines **Anteils** von **weniger als 50 %** hindere den Fristbeginn nicht.[394] Behalte sich der Übergeber aber mehr als 50 % vor, so könne dies dazu führen, dass die Frist nicht zu laufen beginne.[395] *Cornelius*[396] geht davon aus, dass ein „wesentlicher Verzicht" über einen „überwiegenden" hinausgehe.[397] Er schlägt deshalb vor, den Beginn der Zehnjahresfrist davon abhängig zu machen, dass der Erblasser/Schenker wertmäßig auf mehr als 3/4 der Nutzungen verzichtet habe. Teilweise wird auch eine Berechtigung von nur 10 %–20 % als fristhemmend angesehen,[398] da es gerade beim Quotennießbrauch für die Frage des Genussverzichts nicht nur auf die konkrete Höhe, sondern auch auf das den Nießbrauch im Innenverhältnis regelnde Verwaltungsverhältnis ankomme. Können danach Entscheidungen nur einstimmig getroffen werden, so soll dadurch der Fristbeginn auf jeden Fall gehindert werden.[399] Im Ergebnis kann ein allgemeingültiger Prozentsatz wohl nicht festgelegt werden, so dass jeder Einzelfall eine gesonderte Betrachtung und individuelle Würdigung erfordert.[400]
Ähnliche Probleme wie beim Quoten- bzw. Bruchteilsnießbrauch stellen sich auch dann, wenn der Schenker den Nießbrauch nicht nur für sich selbst, sondern auch für einen Dritten (z.B. seinen Ehegatten) vorbehält bzw. einräumen lässt.[401]
Liegt eine (gemeinsame) Schenkung beider Ehegatten vor, ist bzw. sind für die Pflichtteilsergänzung von vornherein nur der bzw. die Anteile des Erblassers, wegen dessen Tod Pflichtteilsergänzungsansprüche zu prüfen sind, relevant.
Bei der Bestellung eines Nießbrauchs für beide Schenker als Gesamtberechtigte steht dem länger Lebenden nach dem Tod des anderen der Nießbrauch alleine zu. Insoweit kann eine Schenkung an den länger Lebenden (auf den Todesfall) vorliegen, die ihrerseits ergänzungspflichtig ist. Im Übrigen kann in dieser Konstellation auch kein Zweifel bestehen, dass für keinen der beiden Schenker kein Genussverzicht vorliegt.[402]
Beim echten Zuwendungsnießbrauch an einen Dritten ist aber am Genussverzicht des Schenkers ebenso wenig zu zweifeln wie (bei unentgeltlicher Bestellung) am Vorliegen einer (weiteren) Schenkung an den Nießbraucher.[403] Das gilt auch dann, wenn der Nießbraucher der Ehegatte des Schenkers ist.[404]

---

393 Vgl. *Kerscher/Riedel/Lenz*, Pflichtteilsrecht, § 9 Rn 100; vgl. auch BeckOGK/*Schindler*, § 2325 Rn 275; differenzierend *Weber*, ZEV 2017, 252, 254.

394 *Meyding*, ZEV 1994, 204.

395 *Wegmann*, MittBayNot 1994, 307; *N. Mayer*, ZEV 1994, 325, 327; *Horn*, in: MAH Erbrecht, § 29 Rn 297.

396 Der Pflichtteilsergänzungsanspruch, S. 189 f.

397 Vgl. *Schippers*, MittRhNotK 1996, 197, 211.

398 *Heinrich*, MittRhNotK 1995, 157; *Ivens*, ZEV 2021, 277, 279; dagegen *Pawlytta*, in: Mayer/Süß/Riedel/Bittler, HB Pflichtteilsrecht, § 7 Rn 175; *Birkenbeil*, ErbR 2021, 2, 5.

399 *Mayer*, ZEV 1994, 325.

400 BeckOGK/*Schindler*, § 2325 Rn 274; *Kerscher/Riedel/Lenz*, Pflichtteilsrecht, § 9 Rn 102; vgl. zu möglichen Abgrenzungskriterien ausführlich *Pawlytta*, in: Mayer/Süß/Riedel/Bittler, HB Pflichtteilsrecht, § 7 Rn 175 ff.

401 Vgl. sehr ausführlich *Außner*, ErbR 2024, 826 ff. u. 910 ff.

402 BeckOGK/*Schindler*, § 2325 Rn 276.

403 LG Kiel ErbR 2018, 405 ff.; *Außner*, ErbR 2024, 826, 835.

404 BeckOGK/*Schindler*, § 2325 Rn 276; *Nordhues*, RNotZ 2023, 369, 389; *Schauer*, npoR 2018, 49, 53; *Gehse*, RNotZ 2009, 361, 368; *Schindler*, ZEV 2005, 290, 294; *Worm*, RNotZ 2003, 535, 548; a.A. *Cornelius*, ZErb 2006, 230, 234; zweifelnd auch *Außner*, ErbR 2024, 826, 834. Vgl. zu Zuwendungen an den nichtehelichen Lebensgefährten LG Kiel ErbR 2018, 405 ff.

c) Fristbeginn bei Einräumung eines Wohnungsrechts

98 Nach h.M.[405] ist die Einräumung eines **Wohnungsrechts** der eines Nießbrauchs jedenfalls dann gleichzustellen, wenn es sich auf den Zuwendungsgegenstand insgesamt bezieht.[406] Die Frist des Abs. 3 S. 2 beginnt erst dann zu laufen, wenn das Wohnungsrecht erlischt oder der Berechtigte vom Wohnungsrecht keinen Gebrauch mehr macht bzw. machen kann.[407] Nicht abschließend geklärt ist die Frage, wie die Zuwendung eines Hausgrundstücks unter Vorbehalt eines Wohnungsrechts nur an einem Teil des Grundstücks zu beurteilen ist.[408] Soweit sich bei einer Aufteilung des Zuwendungsgegenstandes in einen wohnrechtsbelasteten und einen nicht belasteten Anteil ergibt, dass der belastete Teil überwiegt, wird die Frist jedenfalls nicht zu laufen beginnen.[409] Dieser Abgrenzung folgt anscheinend – wenn auch mit unterschiedlicher Bewertung der Intensität vorbehaltener Nutzungsrechte und sonstiger Einschränkungen – auch die überwiegende Rspr. der Instanzgerichte,[410] was – wenn man die wirtschaftlich geprägte Sichtweise des BGH schon zugrunde legen muss – auf jeden Fall zu begrüßen ist, da so die klassischen Gestaltungen der vorweggenommenen Erbfolge, wie Wohnungsrechtsvorbehalt, Leibgedinge etc.,[411] nach wie vor möglich bleiben (zu beachten ist hierbei aber, dass ein Totalnießbrauchsvorbehalt auf keinen Fall dem Charakter eines Leibgedinges entsprechen kann und daher stets zu einer Hemmung des Fristbeginns führt).[412] Allerdings finden sich gerade in der jüngeren Vergangenheit zunehmend Entscheidungen, die dem vom Nießbrauchsvorbehalt bekannten „Alles-oder-Nichts-Prinzip" folgen.[413]
Im Bereich der Hofübergabe gelten dieselben Grundsätze.

---

405 *Mayer*, ZEV 1994, 325; *Wegmann*, MittBayNot 1994, 307; Staudinger/*Herzog* (2021), § 2325 Rn 173 m.w.N.

406 BGH NJW 2016, 2957; vgl. hierzu auch OLG München ZEV 2008, 480 f.; OLG Zweibrücken ErbR 2015, 379; OLG München ZEV 2017, 276; vgl. aber auch OLG Bremen NJW 2005, 1726; OLG Oldenburg ZEV 2006, 80; OLG Karlsruhe ZEV 2008, 244; BGH ZEV 2016, 445; *Ivens*, ZEV 2021, 277, 279; dagegen *Pawlytta*, in: Mayer/Süß/Riedel/Bittler, HB Pflichtteilsrecht, § 7 Rn 175; *Birkenbeil*, ErbR 2021, 2, 5; vgl. auch BeckOGK/*Schindler*, § 2325 Rn 285 m.w.N.

407 *Kerscher/Riedel/Lenz*, Pflichtteilsrecht, § 9 Rn 103.

408 *Cornelius*, Der Pflichtteilsergänzungsanspruch, S. 189 Rn 735, möchte auf die Wertverhältnisse abstellen; *J. Mayer*, in: Bamberger/Roth, § 2325 Rn 31, stellt auf den Typus der Vermögenszuwendung ab; *Herrler*, ZEV 2008, 461, 465, will an die Möglichkeit des Übergebers anknüpfen, das Wohnungsrecht Dritten zur Ausübung zu überlassen. Vgl. zum Diskussionsstand *Pawlytta*, in: Mayer/Süß/Riedel/Bittler, HB Pflichtteilsrecht, § 7 Rn 182.

409 *Heinrich*, MittRhNotK 1995, 157; *Kerscher/Riedel/Lenz*, Pflichtteilsrecht, § 9 Rn 104.

410 Kein Beginn der Zehnjahresfrist: OLG Düsseldorf FamRZ 1999, 1546, 1547 für den Fall, dass sich das Wohnungsrecht nur auf eine von zwei übertragenen Wohnungen bezog; OLG München, ZEV 2008, 480 f. für den Vorbehalt eines Wohnrechts am gesamten Haus (mit Ausnahme der vom Erwerber bewohnten Souterrain-Wohnung) sowie weiterer Rechte für den Übergeber. Beginn der Zehnjahresfrist: LG Münster MittBayNot 1997, 113 im Zusammenhang m. einem Wohnungsrechtsvorbehalt nur hinsichtlich einzelner Räume bei Mitbenutzung von Bad und Küche; OLG Bremen NJW 2005, 1726 für ein ausschließliches Wohnungsrecht an nur zwei Zimmern im Obergeschoss sowie Mitbenutzungsrecht an weiteren Erdgeschoss-Räumen sowie Gemeinschaftseinrichtungen; OLG Oldenburg ZEV 2006, 80 für die Übertragung eines Zweifamilienhauses mit Wohnungsrechtsvorbehalt für nur eine Wohnung; OLG Karlsruhe ZErb 2008, 164 für ein lebenslanges unentgeltliches Wohnrecht an einer Erdgeschosswohnung verbunden mit einem Mitbenutzungsrecht an Keller und Garten sowie einem Veräußerungsverbot und dem Verbot, die vom Beschenkten bewohnte Wohnung an Dritte zu vermieten.

411 Vgl. ausführlich *Langenfeld*, ZEV 1995, 348 ff.

412 Vgl. BGHZ 53, 41; BGH DNotZ 1982, 687; *Mayer*, DNotZ 1996, 604 f.

413 OLG München NJW-RR 2022, 1164, 1165; OLG Naumburg ErbR 2023, 386, 388.

d) Fristbeginn bei Rente und dauernder Last

Erfolgt eine Schenkung gegen Leibrente[414] (oder sonstige wiederkehrende Versorgungsleistungen, dauernde Lasten), beginnt die Frist grundsätzlich mit Aufgabe der Eigentümerstellung zu laufen.[415] Denn die rein finanziellen Leistungen des Beschenkten vermitteln dem Schenker gerade nicht den Genuss der verschenkten Sache,[416] sondern etwas qualitativ vollständig anderes. Ob die Kombination von Versorgungsleistung und Mietvertrag schädlich ist,[417] dürfte von der Art der konkreten Vereinbarung abhängig sein. Im Falle eines anlässlich der Immobilienübertragung vereinbarten und auf Lebenszeit des Schenkers unkündbaren Mietverhältnisses wird ein Genussverzicht sicherlich abzulehnen sein.[418] Ebenso hat das LG Weiden auch bei Vereinbarung einer Leibrente, deren Höhe den bisher erzielten Netto-Mieteinnahmen (abzüglich der Bewirtschaftungskosten) entsprach, eine wirtschaftliche Gleichstellung mit einem vorbehaltenen Nießbrauch angenommen. Es ging dabei von der Maßgeblichkeit einer „wirtschaftlichen Betrachtungsweise" aus.[419] 99

Im Detail ist vieles nach wie vor ungeklärt, so dass die pauschale Empfehlung zur „Flucht in die Leibrente" nicht als gesichert erscheint.[420] Allerdings führt diese Gestaltung zu einer gemischten Schenkung.[421] Soweit der Wert der Gegenleistung reicht, ist daher das Niederstwertprinzip nicht anwendbar.[422]

Soweit der spätere Verzicht des Erblassers auf eine ihm zustehende Rente als – weitere – Schenkung zu beurteilen ist, beginnt die Frist – hinsichtlich dieser zweiten Schenkung – mit dem Zeitpunkt, in dem der Erblasser uneingeschränkt auf seinen Anspruch verzichtet, zu laufen.[423] 100

e) Fristbeginn bei Widerrufsvorbehalt und Rückfallklausel

Obwohl höchstrichterlich noch nicht entschieden,[424] stellt sich angesichts der vom BGH für den Fristbeginn geforderten „wirtschaftlichen" Vermögensausgliederung bzw. des Genussverzichts die Frage, ob ein Widerrufsvorbehalt in einem Übergabevertrag (bedingter Rückübertragungsanspruch) der Ingangsetzung der Frist des Abs. 3 entgegensteht. In der Lit. wird der Fristbeginn bei freien, also nicht tatbestandlich eingegrenzten **Rückerwerbsrechten** teilweise verneint, da der Schenker den jeweiligen 101

414 *N. Mayer*, ZEV 1994, 325, 327; *Heinrich*, MittRhNotK 1995, 157, 164; *Schippers*, MittRhNotK 1996, 197, 211.

415 *v. Proff*, ZEV 2016, 681, 685; *Heinrich*, MittRhNotK 1995, 157; *Wegmann*, MittBayNot 1994, 307; vgl. hierzu ablehnend: Staudinger/*Herzog* (2021), § 2325 Rn 175; *Bühler*, DNotZ 2022, 10, 24.

416 BeckOGK/*Schindler*, § 2325 Rn 264.

417 So *Wegmann*, MittBayNot 1994, 307, 308; *N. Mayer*, ZEV 1994, 325, 328; *Heinrich*, MittRhNotK 1995, 157, 164; BeckOGK/*Schindler*, § 2325 Rn 264; dagegen: BeckOK BGB/*Müller-Engels*, § 2325 Rn 52; *Cornelius*, Der Pflichtteilsergänzungsanspruch, Rn 757.

418 BeckOGK/*Schindler*, § 2325 Rn 264; *Wegmann*, MittBayNot 1999, 307, 308.

419 LG Weiden BeckRS 2024, 33349.

420 BeckOGK/*Schindler*, § 2325 Rn 245; *Schindler*, ZErb 2012, 149, 157.

421 OLG Schleswig ZEV 2009, 81, 82 ff.

422 BeckOGK/*Schindler*, § 2325 Rn 266; *Ivens*, ZEV 2021, 277, 283; *Rudy/Schindler*, ZEV 2010, 186, 188.

423 BGH NJW 1987, 122; Staudinger/*Herzog* (2021), § 2325 Rn 170; *Kerscher/Riedel/Lenz*, Pflichtteilsrecht, § 9 Rn 111.

424 BGHZ 125, 395 = NJW 1994, 1791 hat diesen Gesichtspunkt nicht problematisiert.

Vermögensgegenstand nicht endgültig aus seinem Vermögen ausgegliedert habe.[425] Richtigerweise sollte man davon ausgehen, dass Rückforderungsrechte – gleich wie umfangreich sie ausgestaltet sind[426] – dem Beginn der Zehnjahresfrist nicht entgegenstehen, solange sie nicht tatsächlich ausgeübt werden. Die Ungewissheit des Beschenkten, ob er das Geschenk tatsächlich behalten darf, steht der wirtschaftlichen Ausgliederung aus dem Vermögen des Schenkers (solange dieser von seinem Rückforderungsrecht keinen Gebrauch macht) grundsätzlich nicht entgegen.[427]

102 Rückforderungsklauseln, die auf abschließend aufgezählte Fälle, bspw. das Vorversterben des Übernehmers, beschränkt sind, stehen dem Fristbeginn aber nach überwiegender Meinung nicht entgegen, da der Eintritt der Bedingung dem Einflussbereich des Erblassers entzogen ist.[428] Dem ist zuzustimmen.[429]

f) Fristbeginn in sonstigen Fällen

103 Ist das dingliche Vollzugsgeschäft auf den Tod des Erblassers aufschiebend bedingt, beginnt die Zehnjahresfrist erst mit dem Tod des Erblassers.[430] Dasselbe gilt auch bei Verfügungen über das Guthaben auf einem **Oderkonto**, über das der Erblasser zu Lebzeiten noch mitverfügen kann.[431] Bei Verträgen zugunsten Dritter ist für den Fristbeginn ebenfalls grundsätzlich auf den Erbfall abzustellen, zumindest dann, wenn der Erblasser sich die Verfügungsfreiheit vorbehalten hat.[432]

Hat der Erblasser eine Stiftung errichtet und sich dabei selbst zum Destinatär bestimmt, kann dies ebenfalls gegen einen Genussverzicht sprechen. Voraussetzung ist allerdings, dass er aufgrund eigener Einflussnahmemöglichkeiten in der Lage sein

---

425 *Draschka*, S. 63 f.; *Kollhosser*, AcP 194, 325, 329 u. FamRZ 1994, 739, 745; *N. Mayer*, ZEV 1994, 325, 329; *Gehse*, RNotZ 2009, 361, 369; BeckOK BGB/*Müller-Engels*, § 2325 Rn 60; vgl. auch *Pawlytta*, in: Mayer/Süß/Riedel/Bittler, HB Pflichtteilsrecht, § 7 Rn 184 m.w.N.; a.A.: *Heinrich*, MittRhNotK 1995, 165; *Ellenbeck*, MittRhNotK 1997, 41, 53; Staudinger/*Herzog* (2021), § 2325 Rn 178 ff.; *v. Dickhuth-Harrach*, in: FS Rheinisches Notariat, 1998, S. 218 f.; MüKo/*Lange*, § 2325 Rn 82.

426 Vgl. für ein freies Rückforderungsrecht zutreffend Staudinger/*Herzog* (2021), § 2325 Rn 181 m.w.N.; MüKo/*Lange*, § 2325 Rn 75.

427 Ebenso *Pawlytta*, in: Mayer/Süß/Riedel/Bittler, HB Pflichtteilsrecht, § 7 Rn 185; a.A. OLG Düsseldorf ZEV 2008, 525, das einen Leistungserfolg i.S.v. Abs. 3 trotz Umschreibung im Grundbuch verneint, wenn sich der Schenker vorbehält, die „unentgeltliche, kosten- und steuerfreie Rückübertragung des Grundstücks zu verlangen, wenn der Erwerber gegen die hiermit übernommene Verpflichtung verstößt, den übertragenen Grundbesitz zu Lebzeiten des Veräußerers nicht ohne dessen Zustimmung zu veräußern oder zu belasten". Vgl. auch BeckOGK/*Schindler*, § 2325 Rn 279.

428 BeckOGK/*Schindler*, § 2325 Rn 280; MüKo/*Lange*, § 2325 Rn 80; *Kerscher/Riedel/Lenz*, Pflichtteilsrecht, § 9 Rn 109; vgl. zum Meinungsstand *Pawlytta*, in: Mayer/Süß/Riedel/Bittler, HB Pflichtteilsrecht, § 7 Rn 186; *Herrler*, ZEV 2008, 461, 467 f.; *v. Proff*, ZEV 2016, 681, 684; zustimmend auch LG Kiel NJW-RR 2018, 841, 842. Siehe auch *J. Mayer*, in: Mayer/Süß/Tanck/Bittler/Wälzholz, HB Pflichtteilsrecht, 1. Aufl. 2003, § 8 Rn 134, der des weiteren bzgl. OLG Düsseldorf FamRZ 1999, 1546, 1547 Fälle der Kombination von Rückerwerbsrechten m. vorbehaltenen Nutzungsrechten problematisiert u. in diesem Zusammenhang den Begriff des wirtschaftlichen Eigentums i.S.v. § 39 AO in die Diskussion einführt; a.A. OLG Düsseldorf ZEV 2008, 523, 524.

429 BeckOGK/*Schindler*, § 2325 Rn 280; a.A.: OLG Düsseldorf ZEV 2008, 525; LG Kiel NJW-RR 2018, 841, 842.

430 BeckOGK/*Schindler*, § 2325 Rn 246; MüKo/*Lange*, § 2325 Rn 72; *Pawlytta*, in: Mayer/Süß/Riedel/Bittler, HB Pflichtteilsrecht, § 7 Rn 169; vgl. auch OLG Koblenz ZEV 2014, 361, 364; BGH NJW 2015, 623, 626.

431 Soergel/*Beck*, § 2325 Rn 60; Staudinger/*Herzog* (2021), § 2325 Rn 165; BeckOGK/*Schindler*, § 2325 Rn 245; *Pawlytta*, in: Mayer/Süß/Riedel/Bittler, HB Pflichtteilsrecht, § 7 Rn 171; MüKo/*Lange*, § 2325 Rn 58.

432 *Kerscher/Riedel/Lenz*, Pflichtteilsrecht, § 9 Rn 110.

muss, Leistungen der Stiftung zu erzwingen, so dass ihm das Vermögen nach wie vor zuzuordnen ist.[433] In derartigen Fällen würde es auch selbst am Genussverzicht fehlen, wenn der Erblasser als Stifter (nur) Leistungen an andere Begünstigte veranlassen könnte. Praktisch sollten diese Fälle allerdings die Ausnahme darstellen, weil eine so starke Position des Stifters grundsätzlich dem Prinzip der Verselbstständigung des Stiftungsvermögens zuwiderläuft.[434]
Im Übrigen ist festzuhalten, dass es für den Genussverzicht auf die wirtschaftliche Ausgliederung des Geschenks aus dem Vermögen des Erblassers ankommt. Der Vorbehalt von Kontrollmöglichkeiten, z.B. durch umfassende Stimmrechtsvollmachten bei der Übertragung von Gesellschaftsanteilen, stellt den Genussverzicht daher nicht infrage, auch wenn die Rechtsposition des Erwerbers durch sie (ggf. massiv) eingeschränkt sein mag.[435]

g) Fristbeginn bei tatsächlicher Nutzung durch den Schenker

Umstritten ist auch die Frage, wie mit Konstellation umzugehen ist, in denen nach der 104
Eigentumsübertragung der verschenkte Gegenstand nach wie vor durch den Schenker genutzt wird. Teilweise wird insoweit vertreten, dass jegliche Nutzung durch den ursprünglichen Eigentümer einen Genussverzicht ausschließe und daher den Fristlauf nicht in Gang setzen könne.[436] Dies gelte auch in Fällen der Mitbenutzung (bspw. bei Bestehen einer nichtehelichen Lebensgemeinschaft).[437]
Hierbei wird jedoch nicht ausreichend berücksichtigt, dass eine rein tatsächliche Nutzung keine gesicherte Rechtsposition vermittelt, so dass der Schenker sozusagen der Willkür des Beschenkten ausgeliefert ist[438] und so die (ggf. nur vorübergehend fortbestehende) Nutzungsmöglichkeit einem Genussverzicht nicht entgegensteht.[439] Entscheidend muss es insoweit auf die rechtliche Möglichkeit des Beschenkten, den Schenker (jederzeit) von der weiteren Nutzung auszuschließen, ankommen.[440] Ein Vorbehalt der Nutzungsmöglichkeit ist nur dann gegeben, wenn der Schenker seinen Nutzungsanspruch nicht nur faktisch, sondern auch rechtlich durchsetzen kann. Das gilt insbesondere auch in den Fällen, in denen der Schenker den Gegenstand gemeinsam mit dem Beschenkten nutzt.[441]

3. Sonderfall: Schenkungen unter Ehegatten

Eine Ausnahme von den soeben dargestellten Grundsätzen enthält das Gesetz in 105
Abs. 3 S. 3. Bei Schenkungen an den Ehegatten beginnt die Zehnjahresfrist nicht vor **Auflösung der Ehe** zu laufen. Wird die Ehe erst durch den Tod des einen Ehegatten aufgelöst, sind also alle Schenkungen ergänzungspflichtig, und zwar unabhängig vom Zeitpunkt des Eintritts des rechtlichen Leistungserfolges beim beschenkten Ehegatten. Dieser kann also auch schon mehrere Jahrzehnte zurückliegen.[442] Die Ratio dieser

---

433 BeckOGK/*Schindler*, § 2325 Rn 281.

434 Vgl. hierzu auch *Schauer*, npoR 2018, 49, 53.

435 BeckOGK/*Schindler*, § 2325 Rn 283; Gutachten DNotI-Report 2010, 129.

436 *N. Mayer*, ZEV 1994, 325, 328; so auch OLG Köln BeckRS 2012, 6836.

437 *v. Olshausen*, FamRZ 1995, 717, 719; ebenso *Schlögel*, MittBayNot 2010, 398, 400; vgl. auch OLG Düsseldorf NJW 1996, 3156.

438 Vgl. *Weber*, ZEV 2017, 252, 253; *Beyer*, ZStV 2023, 126, 132.

439 BGH ZEV 2016, 445, 447.

440 Vgl. BGH ZEV 2016, 445, 447; *Gockel*, ErbR 2016, 572, 574; BeckOGK/*Schindler*, § 2325 Rn 285; *Außner*, ErbR 2024, 910, 913.

441 Kein Ausschluss des (neuen) Eigentümers, vgl. *v. Proff*, ZEV 2016, 681, 684; jurisPK-BGB/*Birkenheier*, § 2325 Rn 192.

442 *Pawlytta*, in: Mayer/Süß/Riedel/Bittler, HB Pflichtteilsrecht, § 7 Rn 192; MüKo/*Lange*, § 2325 Rn 48; *Kerscher/Riedel/Lenz*, Pflichtteilsrecht, § 9 Rn 94; *Karczewski*, ZEV 2020, 733, 734.

oftmals als rechtspolitisch missglückt[443] kritisierten Sonderregelung beruht auf der Überlegung, dass der Erblasser bei einer Schenkung an seinen Ehegatten kein spürbares Vermögensopfer erbringe, so dass eine erhebliche Missbrauchsgefahr bestehe.[444] Diese Überlegung ist allerdings aus heutiger Sicht überholt.[445] Allein das Bestehen einer (selbst einer funktionierenden) Ehe rechtfertigt nicht (mehr) die Annahme, der Erblasser/Schenker habe nach wie vor ungehinderten Zugriff auf den verschenkten Gegenstand. Im Übrigen ist die Vorschrift im Hinblick auf Art. 6 Abs. 1 GG auch verfassungsrechtlich nicht unproblematisch.[446]
Allerdings hat das BVerfG mit Beschluss v. 26.11.2018 die Vereinbarkeit von § 2325 Abs. 3 S. 3 BGB mit dem Grundgesetz ausdrücklich bestätigt. Die Vorschrift bewege sich in jedem Fall innerhalb des dem Gesetzgeber zuzubilligenden Gestaltungsspielraums und sorge im Übrigen für einen fairen Interessenausgleich zwischen dem überlebenden Ehegatten und den übrigen Angehörigen des Erblassers.[447]

106 Die Anwendung des Abs. 3 S. 3 setzt voraus, dass die Ehegatten im Zeitpunkt der Schenkung bereits miteinander verheiratet waren. Eine analoge Anwendung der Vorschrift auf Verlobte oder Partner einer nichtehelichen Lebensgemeinschaft ist wegen ihres Ausnahmecharakters abzulehnen.[448] In der Lit. wird zwar diskutiert, Abs. 3 Hs. 2 auch auf unmittelbar vor der Eheschließung erfolgte Schenkungen auszudehnen, weil sonst die Gefahr der Umgehung der Vorschrift durch Noch-nicht-Ehegatten bestünde. Von der h.M. wird eine entsprechende Anwendung jedoch abgelehnt.[449] Eine analoge Anwendung scheidet auch in den Fällen aus, in denen sich Eheleute erst nach der Scheidung beschenken, selbst dann, wenn sie sich später erneut verheiraten.[450]

107 Auf gleichgeschlechtliche Lebenspartner einer **eingetragenen Lebenspartnerschaft** ist Abs. 3 S. 3 aber gem. § 10 Abs. 6 S. 2 LPartG entsprechend anwendbar.[451]

C. Rechtsfolgen

I. Schuldner des Ergänzungsanspruchs nach § 2325 BGB

108 Ebenso wie beim ordentlichen Pflichtteilsanspruch sind grundsätzlich der oder die Erben Schuldner des Ergänzungsanspruchs. Das gilt auch dann, wenn der (ein) Erbe selbst beschenkt[452] oder selbst pflichtteilsberechtigt ist.[453] Die Verpflichtung zur Be-

---

443 OLG Düsseldorf NJW 1996, 3156; *Dieckmann*, FamRZ 1995, 189; *v. Olshausen*, FamRZ 1995, 717, 719.

444 Prot. V, S. 588.

445 Ebenso MüKo/*Lange*, § 2325 Rn 84; *Karczewski*, ZEV 2020, 733, 734.

446 *Daragan*, ZErb 2008, 2; *Amann*, FS Brambring, 2011, S. 1; vgl. aber BVerfG NJW 1991, 217, wobei nicht auszuschließen ist, dass sich das Gericht in seiner Entscheidung von der damals noch bestehenden Möglichkeit ergänzungsfester ehebedingter Zuwendungen leiten ließ, vgl. auch *Pawlytta*, in: Mayer/Süß/Riedel/Bittler, HB Pflichtteilsrecht, § 7 Rn 193.

447 BVerfG ZEV 2019, 79.

448 OLG Düsseldorf NJW 1996, 3156; BeckOGK/*Schindler*, § 2325 Rn 307; MüKo/*Lange*, § 2325 Rn 86 m.w.N.; *Löhnig*, NJW 2018, 1435, 1437; vgl. auch LG Kiel NJW-RR 2018, 841, 842.

449 LG Kiel NJW-RR 2018, 841, 842; Staudinger/*Herzog* (2021), § 2325 Rn 188; *Löhnig*, NJW 2018, 1435, 1437; a.A. OLG Zweibrücken FamRZ 1994, 1492.

450 MüKo/*Lange*, § 2325 Rn 84; BeckOGK/*Schindler*, § 2325 Rn 307; OLG Düsseldorf NJW 1996, 3156; *v. Olshausen*, FamRZ 1995, 717; a.A. OLG Zweibrücken FamRZ 1994, 1492.

451 *Leipold*, ZEV 2001, 218; BeckOGK/*Schindler*, § 2325 Rn 309; *Pawlytta*, in: Mayer/Süß/Riedel/Bittler, HB Pflichtteilsrecht, § 7 Rn 194; MüKo/*Lange*, § 2325 Rn 86 m.w.N.

452 Staudinger/*Herzog* (2021), § 2325 Rn 221; BeckOGK/*Schindler*, § 2325 Rn 340; Soergel/*Beck*, § 2325 Rn 4.

453 Staudinger/*Herzog* (2021), § 2325 Rn 202; BeckOGK/*Schindler*, § 2325 Rn 339; Soergel/*Beck*, § 2325 Rn 4.

gleichung des Pflichtteilsergänzungsanspruchs ist eine Nachlassverbindlichkeit,[454] auf die der Pflichtteilsberechtigte jeden (einzelnen) Erben in Anspruch nehmen kann.[455] Das Vorhandensein eines positiven Saldos von Nachlassaktiva und Nachlasspassiva ist grundsätzlich nicht erforderlich.[456] Nur in Ausnahmefällen, wenn der Erbe nicht verpflichtet ist, kann auch der Beschenkte in Anspruch genommen werden, § 2329 BGB.

II. Berechnungsweise

1. Grundsätzliches

Inhalt des Pflichtteilsergänzungsanspruchs ist der Betrag, um den sich der Pflichtteil 109
erhöht, wenn der verschenkte Gegenstand dem Nachlass hinzugerechnet wird.[457] Es kann also durchaus vorkommen, dass sich bei einem negativen Wert des tatsächlich vorhandenen Nachlasses durch Hinzuzählung der Werte der ergänzungspflichtigen Zuwendungen ein **positiver Gesamtnachlass** und somit auch ein Pflichtteilsergänzungsanspruch ergibt.[458] In dieser Konstellation richtet sich der Ergänzungsanspruch aber wegen der beschränkten Erbenhaftung nach § 1990 BGB regelmäßig nicht gegen den Erben, sondern gem. § 2329 BGB gegen den vom Erblasser Beschenkten.[459] Führt auch die Hinzurechnung der lebzeitigen Schenkungen nicht zu einem positiven Gesamtnachlass, ist für einen Pflichtteilsergänzungsanspruch aber kein Raum, da dem Pflichtteilsberechtigten, auch wenn der reale Nachlass nicht durch die Schenkung gemindert worden wäre, kein Pflichtteilsanspruch zugestanden hätte.[460]

Nach dem Wortlaut des Abs. 1 ist der Pflichtteilsergänzungsanspruch durch Subtrak- 110
tion des ordentlichen Pflichtteils vom Gesamtpflichtteil zu ermitteln (= Substraktionsmethode).[461] Zu beachten ist dabei, dass die Berechnung für jeden Pflichtteilsberechtigten gesondert zu erfolgen hat.[462] Im Einzelnen stellt sich der **Berechnungsmodus** wie folgt dar:

1.) ist der reale Nachlass zu bestimmen und daraus der ordentliche Pflichtteil zu berechnen
2.) wird durch Hinzurechnung aller[463] – grundsätzlich – ergänzungspflichtigen Schenkungen[464] der fiktive (Ergänzungs-)Nachlass ermittelt
3.) ergibt sich durch Anwendung der Erbquote des Pflichtteilsberechtigten dessen fiktiver (gesetzlicher) Erbteil
4.) ist aus diesem durch Halbierung (§ 2303 BGB) der Gesamtpflichtteil abzuleiten

---

454 MüKo/*Lange*, § 2325 Rn 11; BeckOGK/*Schindler*, § 2325 Rn 338.

455 OLG Naumburg ErbR 2023, 386, 387; BeckOGK/*Schindler*, § 2325 Rn 338.

456 RGZ 58, 124, 127; RGZ 77, 282, 284; RGZ 80, 135, 136; BeckOGK/*Schindler*, § 2325 Rn 310; MüKo/*Lange*, § 2325 Rn 12 m.w.N.

457 Vgl. hierzu *Kerscher/Riedel/Lenz*, Pflichtteilsrecht, § 9 Rn 120; *Pawlytta*, in: Mayer/Süß/Riedel/Bittler, HB Pflichtteilsrecht, § 7 Rn 137.

458 Vgl. MüKo/*Lange*, § 2325 Rn 45; BeckOGK/*Schindler*, § 2325 Rn 300.

459 Vgl. *Pawlytta*, in: Mayer/Süß/Riedel/Bittler, HB Pflichtteilsrecht, § 7 Rn 138; MüKo/*Lange*, § 2325 Rn 12.

460 OLG Saarbrücken ZEV 2020, 767, 771 f.; vgl. RG JR 1927 Nr. 1655; Staudinger/*Herzog* (2021), § 2325 Rn 196, 231; BeckOGK/*Schindler*, § 2325 Rn 300; *Bühler*, DNotZ 2022, 10, 16; *Pawlytta*, in: Mayer/Süß/Riedel/Bittler, HB Pflichtteilsrecht, § 7 Rn 138 m.w.N.

461 Staudinger/*Herzog* (2021), § 2325 Rn 228; *Kerscher/Riedel/Lenz*, Pflichtteilsrecht, § 9 Rn 121; *Pawlytta*, in: Mayer/Süß/Riedel/Bittler, HB Pflichtteilsrecht, § 7 Rn 139 mit genauer Beschreibung des Berechnungsvorgangs und Formel.

462 *Pawlytta*, in: Mayer/Süß/Riedel/Bittler, HB Pflichtteilsrecht, § 7 Rn 142.

463 Vgl. Mot. V, S. 462, 467; so auch Staudinger/*Herzog* (2021), § 2325 Rn 228.

464 Ohne Abzug der „Vollzugskosten", vgl. Soergel/*Beck*, § 2325 Rn 46; BeckOGK/*Schindler*, § 2325 Rn 317 m.w.N.

5.) wird vom Gesamtpflichtteil der ordentliche Pflichtteil abgezogen, so dass im Ergebnis der Ergänzungspflichtteil verbleibt.[465]

111 Diese vermeintlich umständliche Vorgehensweise wird in der Praxis oftmals dadurch ersetzt, dass der Pflichtteilsergänzungsanspruch direkt aus der Schenkung berechnet wird. Dies führt aber nur dann zu richtigen Ergebnissen, wenn der reale Nachlass keinen negativen Wert hat[466] und keiner der sonst denkbaren Sonderfälle – bspw. Einsetzung des Pflichtteilsberechtigten zum Miterben oder zum Vermächtnisnehmer, § 2326 BGB, oder **Eigengeschenk** des Pflichtteilsberechtigten, § 2327 BGB – vorliegt.[467]

2. Mehrfache Berücksichtigung/Verhältnis zu §§ 2315, 2316 BGB

a) Allgemeines

112 Das Bestehen einer Anrechnungspflicht nach § 2315 BGB ändert an der Anwendbarkeit von § 2325 BGB nichts. Es lässt das Bestehen des Pflichtteilsergänzungsanspruchs sowie auch den Weg seiner Berechnung prinzipiell unberührt.[468]

113 Das Verhältnis von § 2325 BGB zu § 2316 BGB ist bislang nicht abschließend geklärt. Neben den Fällen des „unzureichenden Nachlasses" sind sowohl die Fälle, in denen eine Zuwendung gleichzeitig ausgleichungspflichtig ist und (wenigstens teilweise) Schenkungscharakter hat – z.B. die Übermaßausstattung, ausgleichungspflichtige Schenkung nach § 2050 Abs. 3 BGB – als auch diejenigen, in denen neben ausgleichungspflichtigen auch ergänzungspflichtige Zuwendungen erfolgten, umstritten.[469]

b) Unzureichender Nachlass

114 Die zum Problemkreis des unzureichenden Nachlasses ergangenen Entscheidungen stehen teilweise zueinander in deutlichem Widerspruch.[470] Der BGH hat zum Spannungsverhältnis von Ausgleichung und Pflichtteilsergänzung nur einmal am Rande Stellung genommen:[471] grundsätzlich vollzieht sich die Ausgleichung am realen Nachlass. Zur Durchführung der **Ausgleichung** werden sämtliche ausgleichungspflichtige Zuwendungen dem Nachlass hinzugerechnet. Anschließend erfolgt eine Anrechnung der Zuwendung auf den Erbteil desjenigen Abkömmlings, der sie erhalten hat. Die Hälfte dieses Wertes entspricht dem Wertpflichtteil gem. § 2316 Abs. 1 S. 1 BGB.[472] Hinterlässt ein Erblasser kein ausreichendes Vermögen, scheitert eine (vollständige) Ausgleichung, da nach § 2056 S. 2 BGB ein den Ausgleichungserbteil übersteigender Mehrbetrag vom Zuwendungsempfänger nicht herauszugeben ist. Die Ausgleichungsvorschriften klären somit nur die Frage, wie ein vorhandener Nachlass unter den Miterben zu verteilen ist. Das RG hat jegliche Berücksichtigung nur ausgleichungspflichtiger Vorempfänge bei der Ermittlung des Pflichtteilsergänzungsanspruchs abgelehnt, soweit ein Erblasser keinen effektiven Nachlass hinterlässt. Eine Heranziehung auch der nur ausgleichungspflichtigen Vorempfänge würde die durch § 2056 BGB gewährleistete Befreiung von jeder Herausgabepflicht vereiteln.[473] Nach Auffassung

---

465 Vgl. auch MüKo/*Lange*, § 2325 Rn 65 mit Darstellung der Berechnungsformel sowie instruktivem Bsp.; siehe auch *Pawlytta*, in: Mayer/Süß/Riedel/Bittler, HB Pflichtteilsrecht, § 7 Rn 141 ff.

466 Staudinger/*Herzog* (2021), § 2325 Rn 230; BeckOGK/*Schindler*, § 2325 Rn 320; *Schanbacher*, ZEV 1997, 349, 350; *Pawlytta*, in: Mayer/Süß/Riedel/Bittler, HB Pflichtteilsrecht, § 7 Rn 141.

467 *Kerscher/Riedel/Lenz*, Pflichtteilsrecht, § 9 Rn 122.

468 BeckOGK/*Schindler*, § 2325 Rn 324.

469 Vgl. auch *Pawlytta*, in: Mayer/Süß/Riedel/Bittler, HB Pflichtteilsrecht, § 7 Rn 147.

470 RGZ 77, 282; BGH NJW 1965, 1526 ff.

471 BGHZ 102, 289 = NJW 1988, 821.

472 *Kerscher/Riedel/Lenz*, Pflichtteilsrecht, § 9 Rn 156.

473 RGZ 77, 282.

des BGH steht jedoch § 2056 BGB einer Berücksichtigung nur **ausgleichungspflichtiger Vorempfänge** bei der Berechnung des Pflichtteilsergänzungsanspruchs nicht entgegen. Der Pflichtteilsergänzungsanspruch der §§ 2325 ff. BGB verfolge das Ziel, den Berechtigten so zu stellen, als befände sich der verschenkte Gegenstand im Zeitpunkt des Erbfalls noch im Nachlass. Dieser Grundsatz gelte auch hinsichtlich ausgleichungspflichtiger Vorempfänge. Nach Auffassung des BGH hat die Ausgleichung am Ergänzungsnachlass zu erfolgen, da §§ 2056, 2316 BGB keine lex specialis gegenüber § 2325 BGB darstellen.[474] Ob diese Grundsätze auf den Negativnachlass übertragbar sind, wurde bislang noch nicht höchstrichterlich entschieden, im Ergebnis kann hier aber wohl nichts anderes gelten.[475]

c) Pflichtteilsergänzung neben Ausgleichung

Grundsätzlich wird man festhalten können, dass eine doppelte Berücksichtigung ausgleichungspflichtiger Zuwendungen – zum einen im Rahmen der Ausgleichung, zum anderen zur Rechtfertigung eines Pflichtteilsergänzungsanspruchs – im Ergebnis nicht in Frage kommen kann. Ausgleichungspflichtige Zuwendungen werden in die Bestimmung des Ausgleichungsnachlasses einbezogen und wirken sich dadurch bei der Berechnung des ordentlichen Pflichtteilsanspruchs aus. Ihre nochmalige Berücksichtigung beim Pflichtteilsergänzungsanspruch ist daher nicht gerechtfertigt.[476] 115

Handelt es sich bei der ausgleichungspflichtigen Zuwendung gleichzeitig auch um eine Schenkung, so unterliegt nach BGH nur der bei der Ausgleichung nach §§ 2050 ff., 2316 BGB nicht berücksichtigte Betrag der Pflichtteilsergänzung.[477] Der BGH und die herrschende Lehre berechnen danach den Pflichtteilsergänzungsanspruch wie folgt:[478] Zunächst werden die Vorempfänge und Schenkungen dem Nachlass hinzuaddiert, danach mit der Erbquote des Pflichtteilsberechtigten multipliziert und sein Vorempfang abgezogen; der so errechnete Ausgleichungserbteil wird schließlich halbiert. Von dem so ermittelten Gesamtpflichtteil ist dann der ordentliche Pflichtteil in Abzug zu bringen, um den Pflichtteilsergänzungsanspruch zu ermitteln. Auf diese Weise kommt es tendenziell zu einer Begünstigung des Pflichtteilsberechtigten, der eher mit einer Zahlung des Empfängers der ausgleichungspflichtigen Zuwendung rechnen kann als bei bloßer Durchführung der Ausgleichung.[479] Es besteht daher die Gefahr, dass dem Zuwendungsempfänger trotz der Regelung des § 2056 S. 1 BGB (wertmäßig) nicht die volle Zuwendung verbleibt, da er – ggf. als Beschenkter nach § 2329 BGB – auf den Pflichtteilsergänzungsanspruch zu leisten hat. Außerdem erhöht sich durch die Anwendung von § 2056 S. 2 BGB die Pflichtteilsquote der nicht bedachten Geschwister, wodurch auch deren (quotenmäßige) Pflichtteilsberechtigung zusätzlich ansteigt. 116

---

474 Vgl. hierzu BGH NJW 1965, 1526; bestätigt durch BGH NJW 1988, 821, 822 = FamRZ 1988, 280 f.; Staudinger/*Herzog* (2021), § 2325 Rn 245; MüKo/*Lange*, § 2325 Rn 58; Soergel/*Beck*, § 2316 Rn 29.

475 *Kerscher/Riedel/Lenz*, Pflichtteilsrecht, § 9 Rn 159.

476 Vgl. BGH DNotZ 1963, 113 f.; RGZ 77, 282, 284; RG JW 1937, 2201, 2203; Staudinger/*Haas* (2006), § 2316 Rn 58; Staudinger/*Herzog* (2021), § 2325 Rn 242; BeckOGK/*Schindler*, § 2325 Rn 327; MüKo/*Lange*, § 2325 Rn 53; zum Sonderfall, dass eine ausgleichungspflichtige Zuwendung beim Ausgleichungsverpflichteten nach § 2056 S. 1 BGB nicht zu berücksichtigen ist, vgl. *Pawlytta*, in: Mayer/Süß/Riedel/Bittler, HB Pflichtteilsrecht, § 7 Rn 148.

477 BGH NJW 1965, 1526; BGH NJW 1988, 821.

478 Vgl. *Schanbacher*, ZEV 1997, 349, 351; *Kerscher/Riedel/Lenz*, Pflichtteilsrecht, § 9 Rn 161; *Pawlytta*, in: Mayer/Süß/Riedel/Bittler, HB Pflichtteilsrecht, § 7 Rn 152 ff. mit Vergleich zu RGZ 77, 282.

479 *Pawlytta*, in: Mayer/Süß/Riedel/Bittler, HB Pflichtteilsrecht, § 7 Rn 152.

117 Will man dieser **doppelten Berücksichtigung** des Vorempfangs entgegenwirken und gleichzeitig vermeiden, dass es zu einer Herausgabe des Vorempfangs entgegen § 2056 kommt, bleibt letztlich nur eine sog. getrennte Berechnungsweise:[480] Für die Frage, ob bei ausgleichungspflichtigen Zuwendungen unter Abkömmlingen ein zusätzlicher Pflichtteilsergänzungsanspruch in Betracht kommt, muss dabei vorab geprüft werden, ob der ausgleichungspflichtige Vorempfang (der gleichzeitig eine Schenkung darstellt) bei der Berechnung der Ausgleichung nach §§ 2050 ff., 2316 BGB bereits vollständig berücksichtigt wurde. Ist der Vorempfang höher als der nach § 2055 BGB ermittelte Ausgleichungserbteil, findet eine vollständige Ausgleichung wegen § 2056 Abs. 1 S. 2 BGB nicht statt. In diesem Fall ist der Mehrempfang, also der bei der Ausgleichung nicht verbrauchte Teil der Schenkung, zur Pflichtteilsergänzung heranzuziehen. Wurde die Zuwendung bereits bei der Ausgleichung voll berücksichtigt, scheidet ein Pflichtteilsergänzungsanspruch aber aus.[481]

3. Bedeutung des Güterstandes

118 Ebenso wie bei der Berechnung des ordentlichen Pflichtteils ist auch im Rahmen der Berechnung von Pflichtteilsergänzungsansprüchen der Güterstand eines verheirateten bzw. in gleichgeschlechtlicher Lebenspartnerschaft lebenden Erblassers zur berücksichtigen.[482]

Im Falle der Zugewinngemeinschaft ist insbesondere zu beachten, dass – bei der güterrechtlichen Lösung – Schenkungen des Erblassers unter Umständen doppelt berücksichtigt werden: Zum einen können Schenkungen an Dritte nach § 1375 Abs. 2 Nr. 1 BGB dem Endvermögen hinzuzurechnen sein, so dass sie im Ergebnis die güterrechtliche Ausgleichsforderung des überlebenden Ehegatten erhöhen. Zusätzlich sind sie im Rahmen der Berechnung von Pflichtteilsergänzungsansprüchen auch dem Nachlass hinzuzurechnen.[483]

III. Bewertung des Geschenks

1. Allgemeines

119 Grundsätzlich ist festzuhalten, dass hinsichtlich der Bewertung ergänzungspflichtiger Schenkungen die gleichen Prinzipien Anwendung finden wie bei der Berechnung des Nachlasswertes zur Bestimmung des ordentlichen Pflichtteils.[484] Im Regelfall ist daher der Verkehrswert maßgeblich, § 2311 BGB, bei Landgütern der zumeist wesentlich niedrigere Ertragswert gem. § 2312 BGB, dessen Voraussetzungen aber nicht nur im Übergabezeitpunkt, sondern auch noch beim Erbfall vorliegen müssen.[485]

Der Verkehrswert des Geschenks ist der tatsächliche Wert am Bewertungsstichtag, so wie er sich aufgrund der dann verfügbaren Informationen darstellt (ex-ante-Perspek-

---

480 Staudinger/*Herzog* (2021), § 2325 Rn 246; *Kerscher/Riedel/Lenz*, Pflichtteilsrecht, § 9 Rn 163; *Pawlytta*, in: Mayer/Süß/Riedel/Bittler, HB Pflichtteilsrecht, § 7 Rn 153 mit Vergleichsberechnung BGH vs. RG.

481 Weitere Einzelheiten u. Berechnungsbsp. vgl. bei *Kerscher/Riedel/Lenz*, Pflichtteilsrecht, § 9 Rn 163, 164 f.

482 Vgl. *Pawlytta*, in: Mayer/Süß/Riedel/Bittler, HB Pflichtteilsrecht, § 7 Rn 144.

483 Staudinger/*Herzog* (2021), § 2325 Rn 235; MüKo/*Lange*, § 2325 Rn 11; dagegen: LG Dortmund ZEV 1999, 30 m. krit. Anm. *Otte*; vgl. auch *Keller*, ZEV 2000, 268 ff.

484 Vgl. Staudinger/*Herzog* (2021), § 2325 Rn 247; MüKo/*Lange*, § 2325 Rn 59; BeckOGK/*Schindler*, § 2325 Rn 161; *Birkenbeil*, ErbR 2021, 2, 6.

485 Vgl. BGH NJW 1995, 1352; a.A.: OLG Jena NJW-RR 2006, 951, 952; BeckOGK/*Schindler*, § 2325 Rn 161; Staudinger/*Herzog* (2021), § 2325 Rn 248.

tive).[486] Belastungen des geschenkten Gegenstandes, die sich auf dessen Wert auswirken, sind daher im Rahmen der Bewertung zu berücksichtigen.

Für Erbfälle, die nach dem 31.12.2009[487] eintreten, gilt überdies gem. Abs. 3 S. 1 n.F. eine Art „Abschmelzungsmodell". Demzufolge vermindert sich der für die Berechnung von Pflichtteilsergänzungsansprüchen anzusetzende Wert des Geschenks für jedes Jahr, das seit der Schenkung vergangen ist, um 1/10.[488] Für Erbfälle vor dem 1.1.2010 bleibt es aber beim althergebrachten Alles-oder-Nichts-Prinzip des Abs. 3 a.F. 120

2. Bewertungszeitpunkt

Während bei der Bewertung des realen Nachlasses eindeutig der **Todestag** des Erblassers als **Stichtag** anzusehen ist (§ 2311 BGB), stellt das Gesetz in Abs. 2 für die Bestimmung des dem Wert des realen Nachlasses hinzuzurechnenden Betrages besondere Regeln auf. 121

a) Verbrauchbare Sachen

Für die Bewertung der Leistung, die dem Pflichtteilsergänzungsanspruch unterliegt, kommt es bei **verbrauchbaren** Sachen i.S.d. § 92 BGB[489] grundsätzlich auf den Zeitpunkt der Zuwendung an.[490] Verbrauchbare Sache i.S.v. Abs. 2 sind z.B. Lebensmittel, Heizmaterialien, Tiere, daneben aber auch solche Gegenstände, die grundsätzlich zur Veräußerung bestimmt sind und die als solche keinen eigentlichen Gebrauchswert haben, ebenso Geld oder (Geldsurrogate darstellende)[491] Wertpapiere.[492] Maßgeblich ist ihr Wert im Zeitpunkt der Ausführung der Schenkung (Eintritt des Leistungserfolgs).[493] Die Geldentwertung ist nach h.M. entsprechend der Entwicklung des allg. Lebenshaltungskostenindexes (heute: Verbraucherpreisindex für Deutschland – VPI)[494] auszugleichen.[495] Ob die zugewendeten Gegenstände zwischenzeitlich tatsächlich verbraucht wurden oder sonst wie untergegangen sind, spielt keine Rolle.[496] 122

Auch der schenkweise **Erlass** von **Schulden** wird wie die Hingabe einer verbrauchbaren Sache behandelt.[497] War die Forderung im Erlasszeitpunkt noch nicht fällig, ist sie entsprechend der noch ausstehenden Laufzeit abzuzinsen.[498] Das gilt auch dann, wenn 123

---

486 BeckOGK/*Schindler*, § 2325 Rn 166.

487 Vgl. Art. 2 des Gesetzes zur Änderung des Erb- und Verjährungsrechts, BGBl I 2009, 3142 f.

488 Staudinger/*Herzog* (2021), § 2325 Rn 8; BeckOGK/*Schindler*, § 2325 Rn 325.

489 *Pawlytta*, in: Mayer/Süß/Riedel/Bittler, HB Pflichtteilsrecht, § 7 Rn 97; *Kerscher/Riedel/Lenz*, Pflichtteilsrecht, § 9 Rn 74.

490 BGH NJW 1964, 1323; Staudinger/*Herzog* (2021), § 2325 Rn 251; BeckOGK/*Schindler*, § 2325 Rn 164; Burandt/Rojahn/*Horn*, Erbrecht, § 2325 Rn 81.

491 Also Schecks, Inhaberpapiere, vgl. BeckOGK/*Schindler*, § 2325 Rn 165. Aktien sollten – jedenfalls soweit es sich nicht um spekulative Anlageinstrumente handelt – eher als Unternehmensbeteiligungen und damit als „nicht verbrauchbar" angesehen werden.

492 BeckOGK/*Schindler*, § 2325 Rn 165; vgl. auch *Pawlytta*, in: Mayer/Süß/Riedel/Bittler, HB Pflichtteilsrecht, § 7 Rn 97.

493 Staudinger/*Herzog* (2021), § 2325 Rn 257; BeckOGK/*Schindler*, § 2325 Rn 164.

494 www.destatis.de.

495 BGH NJW 1983, 1485; OLG Koblenz ZErb 2006, 419; MüKo/*Lange*, § 2325 Rn 60; vgl. auch BGH NJW 1975, 1831, 1833; *Lange/Kuchinke*, § 37 VI 1d; Staudinger/*Herzog* (2021), § 2325 Rn 284; *Kerscher/Riedel/Lenz*, Pflichtteilsrecht, § 9 Rn 75; *Pawlytta*, in: Mayer/Süß/Riedel/Bittler, HB Pflichtteilsrecht § 7 Rn 101.

496 Staudinger/*Herzog* (2021), § 2325 Rn 252; BeckOGK/*Schindler*, § 2325 Rn 164; Soergel/*Beck*, § 2325 Rn 53.

497 BGHZ 98, 266 = NJW 1987, 122; RGZ 80, 135, 137; MüKo/*Lange*, § 2325 Rn 60; Staudinger/*Herzog* (2021), § 2325 Rn 252; BeckOGK/*Schindler*, § 2325 Rn 165; *Lange/Kuchinke*, § 37 Fn 508.

498 Ebenso *Pawlytta*, in: Mayer/Süß/Riedel/Bittler, HB Pflichtteilsrecht, § 7 Rn 98.

die Fälligkeit erst nach dem Erbfall eintritt, denn der Fälligkeitszeitpunkt ändert nichts an der grundsätzlichen Charakterisierung als verbrauchbarer Zuwendungsgegenstand.[499]

Bei **Rentenforderungen** ist auf den kapitalisierten Wert im Zeitpunkt des Erlasses abzustellen.[500] Dieser richtet sich nach der statistischen Lebenserwartung (ex ante)[501] und ist nicht ex post anhand der tatsächlichen verzichtsgegenständlichen Restlaufzeit zu bestimmen.[502]

Gleiches gilt beim **Verzicht** auf dingliche **Nutzungsrechte** (Nießbrauch, Wohnungsrecht).[503] Auf eine etwa durch den Verzicht bewirkte Verbesserung des Werts der (vielleicht früher geschenkten) belasteten Sache kommt es nicht an,[504] weil diese hier gerade nicht den Zuwendungsgegenstand bildet.

b) Nicht verbrauchbare Sachen

124 Für nicht verbrauchbare Gegenstände,[505] insbesondere Immobilien und Unternehmensbeteiligungen,[506] aber auch Nutzungsrechte (z.B. den Nießbrauch),[507] gilt das sog. Niederstwertprinzip[508] des Abs. 2 S. 2. Dementsprechend sind die Werte des verschenkten Gegenstandes zum **Zeitpunkt** der **Schenkung** (bei Grundstücken: Eigentumsumschreibung im Grundbuch)[509] und zum **Zeitpunkt** des **Erbfalls** miteinander zu **vergleichen**, wobei der Wert im Zeitpunkt der Schenkung anhand des Lebenshaltungskostenindexes (heute: VPI)[510] auf den Zeitpunkt des Erbfalls zu indexieren ist.[511] Der niedrigere Wert ist dann der Berechnung des Ergänzungsanspruchs zugrunde zu legen.[512] Konsequenz dieser Regelung ist, dass Wertsteigerungen, die zwischen dem Zeitpunkt der Ausführung der Schenkung und dem Erbfall eintreten, dem Pflichtteilsberechtigten nicht zugutekommen und – umgekehrt betrachtet – den Pflichtteils-

---

499 A.A. Staudinger/*Herzog* (2021), § 2325 Rn 254.

500 BGHZ 98, 226 = JZ 1987, 122 m. Anm. *Paulus*; a.A. aber MüKo/*Lange*, § 2325 Rn 55; Staudinger/*Herzog* (2021), § 2325 Rn 256, die Betrachtung ex post befürworten, also auf die tatsächliche Lebensdauer des Schenkers abstellen wollen.

501 BeckOGK/*Schindler*, § 2325 Rn 166.

502 So aber MüKo/*Lange*, § 2325 Rn 60; Staudinger/*Herzog* (2021), § 2325 Rn 256; Soergel/*Beck*, § 2325 Rn 53.

503 Nießbrauch, Wohnungsrecht; *Kerscher/Riedel/Lenz*, Pflichtteilsrecht, § 9 Rn 87; Gutachten DNotI-Report 2002, 178, 180; BeckOGK/*Schindler*, § 2325 Rn 165; *Pawlytta*, in: Mayer/Süß/Riedel/Bittler, HB Pflichtteilsrecht, § 7 Rn 99; anders aber BGHZ 148, 51 = NJW 2000, 728 = ZEV 2000, 111, 113 zur Berechnung des Wertersatzanspruchs nach § 528 BGB; vgl. *Außner*, ErbR 2024, 910, 914.

504 BeckOGK/*Schindler*, § 2325 Rn 165.

505 Deren Wert im Grunde nur durch Veräußerung realisiert werden kann, vgl. *Reimann*, ZEV 2018, 198, 199.

506 Auch in Form von börsennotierten Aktien, soweit es sich bei diesen nicht um spekulative Anlagen handelt, BeckOGK/*Schindler*, § 2325 Rn 168. Vgl. für KG-Beteiligung BGH NJW 1982, 2497, 2498; OLG Oldenburg ErbR 2014, 551, 552; vgl. für GmbH BGH NJW 1982, 2497, 2498.

507 OLG Koblenz ZEV 2002, 460, 462; *Außner*, ErbR 2024, 826, 834; BeckOGK/*Schindler*, § 2325 Rn 169.

508 Staudinger/*Herzog* (2021), § 2325 Rn 258; BeckOGK/*Schindler*, § 2325 Rn 168; Soergel/*Beck*, § 2325 Rn 54.

509 BGHZ 65, 75 = NJW 1975, 1831; bei Gesellschaftsanteilen deren Übergang, BGH NJW 1993, 2737, 2738.

510 www.destatis.de.

511 BGH NJW 1983, 1485, 1486; OLG Koblenz ZErb 2006, 418, 419; BeckOGK/*Schindler*, § 2325 Rn 176.

512 BeckOGK/*Schindler*, § 2325 Rn 176; Staudinger/*Herzog* (2021), § 2325 Rn 258; *Kerscher/Riedel/Lenz*, Pflichtteilsrecht, § 9 Rn 78; Grüneberg/*Weidlich*, § 2325 Rn 19.

schuldner nicht belasten. Andererseits wird der Pflichtteilsergänzungsberechtigte aber am Risiko einer zwischenzeitlichen Wertverringerung beteiligt.[513] Dem liegt der Gedanke zugrunde, dass der Berechtigte stets nur um den Betrag „geschädigt“ sein könne, dessen sich der Erblasser selbst unentgeltlich entäußert habe.[514] Er ist also so zu stellen, als hätte der Erblasser den Gegenstand der Zuwendung nicht (teilweise) unentgeltlich übertragen, sondern zu marktangemessenen Konditionen verkauft, so dass der entsprechende Geldeswert seinem Vermögen zugeflossen wäre.[515]

Ist eine nicht verbrauchbare Sache zwischen Schenkung und Erbfall **untergegangen**, 125
kann eine Bewertung nach Abs. 2 S. 2 nicht mehr stattfinden. Das gilt bspw. auch für einen schenkweise eingeräumten Zuwendungsnießbrauch, wenn dieser durch den Tod des Beschenkten vor dem Erbfall erlischt.[516]

Voraussetzung einer Berücksichtigung i.R.d. Pflichtteilsergänzung ist daher, dass die Sache im Zeitpunkt des Erbfalls noch vorhanden ist, entweder beim Beschenkten oder bei einem Dritten.[517] Auch wenn es im Falle des zwischenzeitlichen Untergangs auf die Frage des Verschuldens nicht entscheidend ankommt, kann im Einzelfall an die Stelle des ursprünglichen Schenkungsgegenstandes ein Schadensersatzanspruch treten, so dass das Geschenk trotz Untergangs wirtschaftlich als vorhanden anzusehen sein kann.[518] Hat der Beschenkte den Zuwendungsgegenstand zwischenzeitlich gegen Entgelt veräußert, hat die Höhe dieses Entgelts auf die Bewertung grundsätzlich keinen Einfluss.[519] Werterhöhende Investitionen des Beschenkten, die sich im Zeitpunkt des Erbfalls werterhöhend auswirken, sind bei der Bewertung auf den Erbfall zu korrigieren.[520] Maßgeblich ist der Leistungserfolg.[521]

Der BGH[522] wendet systemwidrig das Niederstwertprinzip auch auf beim Tod des 126
Erblassers noch nicht vollzogene Schenkungsversprechen an. Demnach soll auch hier ein Wertvergleich durchgeführt und dabei auf den Zeitpunkt des Schenkungsversprechens abgestellt werden. Bewertungsgegenstand sei hier nicht das – noch nicht geleistete – Geschenk, sondern vielmehr der zugewendete Anspruch.[523] Diese Sichtweise ist durch den klaren Wortlaut des Gesetzes nicht gedeckt. Gem. Abs. 2 S. 2 kommen als Vergleichszeitpunkte nur der Erbfall und die Ausführung der Schenkung, nicht aber

513 BeckOGK/*Schindler*, § 2325 Rn 163; *Kerscher/Riedel/Lenz*, Pflichtteilsrecht, § 9 Rn 79.

514 Prot. V, S. 583 f.; Staudinger/*Herzog* (2021), § 2325 Rn 260; MüKo/*Lange*, § 2325 Rn 61; Soergel/*Beck*, § 2325 Rn 54.

515 BGH ZEV 2006, 265, 267; BeckOGK/*Schindler*, § 2325 Rn 177.

516 BeckOGK/*Schindler*, § 2325 Rn 200; *Außner*, ErbR 2024, 910, 911; ebenso OLG Koblenz ZEV 2002, 460, 462.

517 OLG Brandenburg FamRZ 1998, 1177; MüKo/*Lange*, § 2325 Rn 61; Burandt/Rojahn/*Horn*, Erbrecht, § 2325 Rn 84; Staudinger/*Herzog* (2021), § 2325 Rn 264.

518 Vgl. *Pawlytta*, in: Mayer/Süß/Riedel/Bittler, HB Pflichtteilsrecht, § 7 Rn 105; Staudinger/*Herzog* (2021), § 2325 Rn 262.

519 Staudinger/*Herzog* (2021), § 2325 Rn 264; MüKo/*Lange*, § 2325 Rn 61; Soergel/*Beck*, § 2325 Rn 54; a.A. BeckOGK/*Schindler*, § 2325 Rn 166 unter Hinweis auf OLG Schleswig ZEV 2014, 260, 264; offenlassend OLG Oldenburg ErbR 2014, 551, 552.

520 Staudinger/*Herzog* (2021), § 2325 Rn 263; BeckOGK/*Schindler*, § 2325 Rn 171 unter Hinweis auf BGH NJW 1992, 2887, 2888; *Pawlytta*, in: Mayer/Süß/Riedel/Bittler, HB Pflichtteilsrecht, § 7 Rn 102; vgl. auch *Pentz*, ZEV 1999, 335.

521 Staudinger/*Herzog* (2021), § 2325 Rn 259; BeckOGK/*Schindler*, § 2325 Rn 177 m.w.N.

522 BGH NJW 1983, 1458, 1486; ebenso OLG Brandenburg FamRZ 1998, 1265, 1266; unklar: BGH NJW 1993, 2737, 2738. Ob diese Sichtweise nach der Entscheidung BGH ZErb 2010, 189 f. (Ansatz eines widerruflichen Bezugsrechts auf eine Lebensversicherung mit dem Rückkaufswert zum Todeszeitpunkt) noch aufrechterhalten werden wird, ist aber fraglich.

523 Vgl. auch OLG Schleswig ZErb 2006, 417 = ZEV 2007, 277 m. Anm. *Schindler*.

die bloße Abgabe eines Schenkungsversprechens in Betracht.[524] Mithin ist in Fällen der hier diskutierten Art allein auf den Zeitpunkt des Erbfalls abzustellen. Dies gilt auch dann, wenn der Beschenkte bereits ein Anwartschaftsrecht (auf späteren Eigentumserwerb) erworben hat.[525] Denn dieses bildet grundsätzlich eine Vorstufe des Eigentumserwerbs, aber keinen eigenständigen Zuwendungsgegenstand.

3. Verbrauchbare und nicht verbrauchbare Sachen

127 Besteht der Übertragungsgegenstand in einer Sachgesamtheit, bspw. in einem gewerblichen Unternehmen, das sowohl verbrauchbare als auch nicht verbrauchbare Gegenstände umfasst, sollen jeweils unterschiedliche Bewertungszeitpunkte maßgeblich sein. Die Frage, welche Gegenstände zu den verbrauchbaren Sachen gehören, soll auch in solchen Fällen nach § 92 BGB[526] zu beantworten sein,[527] so dass es auf die Frage der Abnutzbarkeit, § 253 Abs. 2 HGB, nicht ankomme.[528] In diesem Zusammenhang darf aber nicht übersehen werden, dass es im Falle der Übertragung von Gesellschaftsanteilen auf die Qualität des von der Gesellschaft gehaltenen Vermögens (verbrauchbare bzw. nicht verbrauchbare Sachen) nicht ankommt. Übertragungsgegenstand ist hier der Anteil als solcher, der grundsätzlich als nicht verbrauchbare Sache anzusehen ist.[529] Warum für den von einem Einzelunternehmer geführten Gewerbebetrieb oder ein sonstiges Unternehmen etwas anderes gelten soll, ist – unter wirtschaftlichen Gesichtspunkten – kaum nachvollziehbar. Mithin sollte – bei allen Abgrenzungsschwierigkeiten – eine einheitliche Bewertung des Vermögensgegenstandes „Unternehmen" angestrebt werden.[530]

4. Gemischte Schenkungen

128 Bei gemischten Schenkungen oder solchen, die **unter** einer **Auflage** erfolgen, ist für den Pflichtteilsergänzungsanspruch die Netto-Bereicherung des Erwerbers, also der „reine" Schenkungsteil maßgeblich.[531] Vom Wert des geschenkten Gegenstandes ist also der Wert der Gegenleistungen und Auflagen abzuziehen.[532] Das gilt auch für den Fall der Übernahme von Verbindlichkeiten sowie die Vereinbarung von Gleichstellungsgeldern,[533] die typischerweise weitere Schenkungen des Erblassers/Schenkers an ihre jeweiligen Empfänger darstellen.[534] Entsprechend dem Grundsatz der **subjektiven Äquivalenz** steht es den Vertragsparteien grundsätzlich frei, den Wert der Gegenleistungen bzw. Auflagen selbst zu bestimmen und auch vertraglich zu fixieren.[535] Für Schätzungen gem. § 287 Abs. 2 ZPO ist in diesen Fällen i.d.R. kein Raum.[536] Das

---

524 Ebenso *Pawlytta*, in: Mayer/Süß/Riedel/Bittler, HB Pflichtteilsrecht, § 7 Rn 108; Soergel/*Beck*, § 2325 Rn 55; Staudinger/*Herzog* (2021), § 2325 Rn 266; BeckOGK/*Schindler*, § 2325 Rn 179 m.w.N.; im Ergebnis ebenso MüKo/*Lange*, § 2325 Rn 62.

525 BeckOGK/*Schindler*, § 2325 Rn 179; Staudinger/*Herzog* (2021), § 2325 Rn 267; a.A. BeckOK BGB/*Müller-Engels*, § 2325 Rn 38.

526 Hier ist insb. § 92 Abs. 2 BGB zu beachten.

527 *Pawlytta*, in: Mayer/Süß/Riedel/Bittler, HB Pflichtteilsrecht, § 7 Rn 111.

528 Das gilt z.B. für einen etwa übertragenen Firmenwert.

529 Vgl. hierzu BGH NJW 1993, 2737, 2738; BeckOGK/*Schindler*, § 2325 Rn 169.

530 Zustimmend auch BeckOGK/*Schindler*, § 2325 Rn 222.

531 Vgl. OLG Celle FamRZ 2009, 462, 463; OLG Oldenburg ZErb 2008, 118 f.; BeckOGK/*Schindler*, § 2325 Rn 180; *Pawlytta*, in: Mayer/Süß/Riedel/Bittler, HB Pflichtteilsrecht, § 7 Rn 107.

532 OLG Schleswig ZEV 2009, 81, 83; OLG Celle FamRZ 2009, 462, 464; vgl. auch BeckOGK/*Schindler*, § 2325 Rn 182.

533 OLG Hamm BeckRS 2016, 117427.

534 Ebenso BeckOGK/*Schindler*, § 2325 Rn 218.

535 BGH NJW 1972, 1709; BGH NJW 1981, 1956; OLG Oldenburg NJW-RR 1997, 263, 264.

536 OLG Koblenz FamRZ 2002, 772, 773 f. = ZErb 2002, 104; OLG Köln OLGR 1993, 43.

bedeutet aber nicht, dass ein hiervon abweichender Wert nicht bewiesen werden könnte. Einer willkürlichen Wertfestsetzung durch die Vertragsparteien (auch in notariellen Urkunden)[537] kann also durchaus entgegengetreten werden.[538] Durch die für Zwecke der Gebührenberechnung angegebenen Werte ist das Gericht ohnehin nicht gebunden.[539]

5. Schenkung unter Vorbehalt von Nutzungsrechten

a) Berücksichtigen des Vorbehaltsnießbrauchs

Erfolgt eine Schenkung unter dem Vorbehalt von Nutzungsrechten,[540] z.B. eines Nieß- 129
brauchs- oder Wohnungsrechts, bereitet die Feststellung des Wertes nach dem Niederstwertprinzip erhebliche Schwierigkeiten.[541] Über die Frage, ob und wie der **Nießbrauch** berücksichtigt werden soll, bestehen in Rspr. und Lit. unterschiedliche Auffassungen.[542] Der BGH favorisiert insoweit eine mehrstufige Berechnung.[543] In der ersten Stufe wird bestimmt, ob der Wert im Zeitpunkt der Schenkung oder im Zeitpunkt des Erbfalls niedriger und somit gem. Abs. 2 zur weiteren Berechnung heranzuziehen ist. Dabei bleiben die vorbehaltenen Nutzungsrechte unberücksichtigt (es erfolgt lediglich eine Inflationsbereinigung).[544] Ergibt diese Ermittlung, dass der Wert des Gegenstandes im Zeitpunkt der Schenkung maßgebend ist, wird in der zweiten Stufe der Wert der Zuwendung unter Berücksichtigung des Nießbrauchs – und wiederum des seitdem eingetretenen **Kaufkraftschwundes** – ermittelt.[545] Ist dagegen der Wert des Gegenstandes im Zeitpunkt des Erbfalls maßgebend, bleibt der Nießbrauch endgültig unberücksichtigt,[546] da der Nießbrauch nach Wegfall des Berechtigten keine Belastung mehr darstellen kann. Gleiches hat der BGH auch für die Einräumung eines Wohnrechts entschieden.[547] Die Frage, ob das Nutzungsrecht i.R.d. Schenkung vorbehalten wurde, es eine Gegenleistung des Beschenkten darstellt oder durch Erfüllung einer Auflage des Schenkers entstanden ist, spielt für die Anwendung der geschilderten Bewertungsmethode keine Rolle.[548]

---

537 OLG Oldenburg NJW-RR 1992, 778, 779; OLG Oldenburg NJW-RR 1997, 263, 264.

538 BeckOGK/*Schindler*, § 2325 Rn 181; BeckOK BGB/*Müller-Engels*, § 2325 Rn 39.

539 OLG Frankfurt NJWE-FER 2000, 292; OLG Oldenburg NJW-RR 1997, 263, 264; OLG Oldenburg NJW-RR 1992, 778; dennoch besteht die Gefahr; dass das Gericht hierin eine Orientierungsgröße sieht, vgl. *Pawlytta*, in: Mayer/Süß/Riedel/Bittler, HB Pflichtteilsrecht, § 7 Rn 109 m.w.N.

540 Vgl. ausführlich *Reiff*, ZEV 1998, 241.

541 BeckOGK/*Schindler*, § 2325 Rn 183; Staudinger/*Herzog* (2021), § 2325 Rn 268 ff.; vgl. z.B. BGHZ 118, 49, 51; BGH MittBayNot 1996, 307.

542 Vgl. nur BGH NJW 1992, 2887 ff.; *Dingerdissen*, JZ 1993, 402 ff.

543 BGH NJW 1994, 1791; BGH NJW 1992, 2887; BGH NJW 1992, 2888 = FamRZ 1992, 1071; OLG Schleswig ZEV 2009, 81, 82; vgl. auch *Pawlytta*, in: Mayer/Süß/Riedel/Bittler, HB Pflichtteilsrecht, § 7 Rn 112 m.w.N.; vgl. auch *Gehse*, RNotZ 2009, 361, 372 ff.; BeckOK BGB/*Müller-Engels*, § 2325 Rn 40.

544 Vgl. *Pawlytta*, in: Mayer/Süß/Riedel/Bittler, HB Pflichtteilsrecht, § 7 Rn 112; BeckOGK/*Schindler*, § 2325 Rn 184.

545 MüKo/*Lange*, § 2325 Rn 69; BeckOGK/*Schindler*, § 2325 Rn 184; Staudinger/*Herzog* (2021), § 2325 Rn 271.

546 BGH ZEV 2006, 265 m. Anm. *Joachim*; BGH ZEV 1994, 233; BGH FamRZ 1991, 552; OLG Schleswig ZEV 2009, 81; OLG Koblenz ZErb 2006, 418, 419; MüKo/*Lange*, § 2325 Rn 66 m.w.N.; BeckOGK/*Schindler*, § 2325 Rn 184.

547 BGH NJW-RR 1990, 1185; BGH ZEV 2006, 225, 226.

548 BGH NJW-RR 1990, 1158; vgl. auch OLG Koblenz ZErb 2006, 418, 419; BeckOGK/*Schindler*, § 2325 Rn 185.

130 Die dargestellte Rspr. muss zwar als gefestigt angesehen werden.[549] Nichtsdestotrotz steht die Lit.[550] der Ansicht des BGH zu Recht äußerst kritisch gegenüber. Die im Einzelnen vertretenen Meinungen sind aber uneinheitlich.[551] Eine Meinung plädiert dafür, den Wert des Nießbrauchs immer abzuziehen, und zwar stets vom niedrigeren der beiden in Frage kommenden Werte.[552] Dies kann aber angesichts des ersatzlosen Untergangs der Nießbrauchsbelastung mit dem Tod des Erblassers in dieser Allgemeinheit nicht zutreffend sein;[553] ein Abzug des Nießbrauchswerts vom Wert des Grundstücks im Zeitpunkt des Erbfalls scheidet daher aus.

131 Andererseits wird vertreten, dass auch bei der Ermittlung zum Zeitpunkt der Schenkung der Nießbrauch nicht zu berücksichtigen sei,[554] da im Falle der Übertragung unter Nießbrauchsvorbehalt ein **„gestreckter Vermögenserwerb"** vorliege, der sich im Zeitpunkt des Todes des Erblassers vollende. Dem ist aber im Ergebnis ebenfalls nicht zuzustimmen, da grundsätzlich der Zeitpunkt der dinglichen Vollziehung der Schenkung für den Wertansatz maßgeblich ist.[555] In diesem Zeitpunkt muss aber (wenigstens) der kapitalisierte Wert vorbehaltener Nutzungsrechte auf jeden Fall berücksichtigt werden. Denn auch er hat maßgeblichen Einfluss auf einen zu diesem Zeitpunkt im Falle der Veräußerung erzielbaren Erlös, also den tatsächlichen Wert der Zuwendung.[556]
Daher sind konsequenterweise der unter Berücksichtigung der Belastung ermittelte um den Kaufkraftschwund bereinigte Wert zum Zeitpunkt der Zuwendung und der Wert im Zeitpunkt des Erbfalls einander gegenüberzustellen.[557]

b) Bewertung des Nießbrauchs

132 Der Nießbrauch ist nach derzeit überwiegender Auffassung mit seinem **kapitalisierten Jahreswert** in Ansatz zu bringen.[558] Dabei ist als Jahreswert der nachhaltig erzielbare Nettoertrag – also nach Berücksichtigung der anfallenden Bewirtschaftungs- und Erhaltungsaufwendungen – anzusetzen.[559] Teilweise wird im Hinblick auf die mit einem lebenslangen Nutzungsrecht für den Inhaber verbundene subjektiv empfundene Sicherheit ein Aufschlag für gerechtfertigt gehalten.[560] Der BGH hält aber dessen ungeachtet zu Recht die Bewertung eines Wohnungsrechts auf der Grundlage des (betrieblichen) Mietwerts für angemessen.[561] Soweit der Nutzungsberechtigte auch außerge-

---

549 So auch *Pawlytta*, in: Mayer/Süß/Riedel/Bittler, HB Pflichtteilsrecht, § 7 Rn 114.

550 U. offenbar auch das eine oder andere Instanzgericht, vgl. OLG Celle ZErb 2002, 233, das sich ausdrücklich gegen die Rspr. des BGH wendet; ebenso OLG Celle ZErb 2003, 383.

551 Staudinger/*Herzog* (2021), § 2325 Rn 273; BeckOGK/*Schindler*, § 2325 Rn 186 ff.; vgl. zum Meinungsstand *Pawlytta*, in: Mayer/Süß/Riedel/Bittler, HB Pflichtteilsrecht, § 7 Rn 115 ff.

552 *Link*, ZEV 2005, 283, 285 f.; *Mayer*, FamRZ 1994, 739, 743; *ders.*, ZEV 1994, 325, 326; *Pentz*, FamRZ 1997, 724, 728; *Pawlytta*, in: Mayer/Süß/Riedel/Bittler, HB Pflichtteilsrecht, § 7 Rn 117; *Jaspert*, ZEV 2020, 69, 74.

553 Vgl. *Rohlfing*, Erbrecht, § 5 Rn 188; *J. Mayer*, in: Mayer/Süß/Tanck/Bittler/Wälzholz, HB Pflichtteilsrecht, 1. Aufl. 2003, § 8 Rn 92.

554 OLG Hamburg FamRZ 1992, 228, aufgehoben durch BGH NJW 1992, 2888; OLG Oldenburg NJW-RR 1999, 734; *Reiff*, S. 230 ff.; BeckOGK/*Schindler*, § 2325 Rn 186; vgl. auch *Pawlytta*, in: Mayer/Süß/Riedel/Bittler, HB Pflichtteilsrecht, § 7 Rn 115 m.w.N.; *Birkenbeil*, ErbR 2021, 2, 9.

555 *Lange/Kuchinke*, § 37 IX 2g.

556 *Pawlytta*, in: Mayer/Süß/Riedel/Bittler, HB Pflichtteilsrecht, § 7 Rn 115; Soergel/*Beck*, § 2325 Rn 38; *Kerscher/Riedel/Lenz*, Pflichtteilsrecht, § 9 Rn 83.

557 Staudinger/*Herzog* (2021), § 2325 Rn 275; *Kerscher/Riedel/Lenz*, Pflichtteilsrecht, § 9 Rn 83.

558 BeckOGK/*Schindler*, § 2325 Rn 197.

559 OLG Koblenz FamRZ 2002, 772, 773 f. = ZErb 2002, 104; BeckOGK/*Schindler*, § 2325 Rn 197.

560 Vgl. LG Bonn ZEV 1999, 154, 155.

561 BGH ZEV 2003, 245.

wöhnliche Lasten und Aufwendungen im Zusammenhang mit der Immobilie zu tragen hat, muss auch dies in die Bewertung einfließen.[562]

Wird die Immobilie – teilweise – selbst genutzt, ist der Jahreswert entsprechend zu schätzen. Die entscheidende Frage ist aber, auf welche Weise die Kapitalisierung erfolgen soll, aus einer ex-ante- oder einer ex-post-Perspektive.

Nach der Rspr. ist grundsätzlich von einer „abstrakten" Berechnungsmethode – ex ante – auszugehen,[563] so dass für die Kapitalisierung die statistische Lebenserwartung des Nießbrauchsberechtigten zum Zeitpunkt der Zuwendung (Vollzug der Schenkung) zugrunde zu legen ist.[564] Diese konnte früher (bis Ende 2008) nach Anlage 9 zu § 14 BewG,[565] auf Grundlage der Sterbetafeln des Statistischen Bundesamtes unter Berücksichtigung finanzmathematischer Grundsätze oder nach § 12 Abs. 3 BewG erfolgen.[566] Im Zuge der Reform des Erbschaftsteuerrechts zum 1.1.2009 ist Anlage 9 zu § 14 BewG weggefallen. Die Bewertung lebenslänglicher Nutzungen bzw. Leistungen für erbschaft- und schenkungsteuerrechtliche Zwecke richtet sich seitdem nach den jährlich herausgegebenen BMF-Schreiben.[567] Wesentlich ist aber, dass im Hinblick auf die teilweise hinausgeschobene Fälligkeit der geschuldeten Nutzungsüberlassung eine Abzinsung stattzufinden hat.[568] 133

Dabei den steuerrechtlich vorgesehenen Zinssatz von 5,5 % anzusetzen, erscheint insbesondere angesichts des aktuellen Zinsniveaus nicht angemessen. Es sollte daher eher auf tatsächlich angemessene Zinssätze im jeweils maßgeblichen Bewertungszeitpunkt abgestellt werden.[569]

Andere favorisieren hingegen für die Kapitalisierung eine ex-post-Betrachtung.[570] Sie wollen die Bewertung an der konkreten Dauer des Nießbrauchs orientieren. Diese Auffassung wird seitens der Rspr. jedenfalls für die Konstellationen geteilt, in denen im konkreten Fall bereits zum Zeitpunkt der Zuwendung eine kürzere Lebenserwar- 134

562 OLG Hamburg BeckRS 2015, 14453; BeckOGK/*Schindler*, § 2325 Rn 197; Burandt/Rojahn/*Horn*, Erbrecht, § 2325 Rn 93.

563 BGH NJW-RR 1990, 1158, 1159 = DNotZ 1990, 902; BGH NJW-RR 1996, 705, 707; OLG Celle ZEV 2003, 83, 84; OLG Koblenz ZErb 2002, 104; LG Bonn ZEV 1999, 154, 155; vgl. auch BeckOGK/*Schindler*, § 2325 Rn 192 m.w.N.; Burandt/Rojahn/*Horn*, Erbrecht, § 2325 Rn 93; Staudinger/*Herzog* (2021), § 2325 Rn 278.

564 BGH ZEV 2016, 641, 643; BGH NJW-RR 1990, 1158, 1159 m. Anm. *Reiff*; BGH NJW-RR 1996, 705, 707 = ZEV 1996, 186, 187; OLG Oldenburg NJW-RR 1997, 263, 264; OLG Hamm ErbR 2017, 638; OLG Schleswig ZEV 2009, 81, 82; OLG Celle ZEV 2003, 83, 84 f. m. Anm. *Hannes*; vgl. auch MüKo/*Lange*, § 2325 Rn 67 m.w.N. Ausnahmen sollen aber gelten, wenn aufgrund des schlechten Gesundheitszustands des Berechtigten von vornherein mit einer geringeren Lebenserwartung gerechnet werden müsse, vgl. OLG Oldenburg NJW-RR 1997, 263, 264; *Blum/Melwitz*, ZEV 2010, 77, 78.

565 Vgl. OLG Schleswig ZEV 2009, 81; OLG Koblenz ZEV 2002, 460; ebenso OLG Celle ZEV 2003, 83; *Reiff*, NJW 1992, 2857 ff.

566 *Bengel* vertritt insoweit die Auffassung, das Vorgehen nach Anl. 9 zu § 14 BewG führe gegenüber einer Abzinsung mit 5,5 % auf der Grundlage der statistischen Lebenserwartung – nach Erhebungen des Statistischen Bundesamts – nur zu geringfügigen Abweichungen, siehe Unterlagen zur ZEV-Tagung 1998; die Heranziehung von § 24 Abs. 2 KostO (vergleichbar mit dem heutigen § 52 Abs. 4 GNotKG) wird hingegen als vollkommen ungeeignet verworfen, vgl. z.B. BGH ZEV 1999, 192, 194.

567 Z.B. für 2025: BMF-Schreiben v. 9.12.2024, BStBl I 2024, 1631.

568 *Pawlytta*, in: Mayer/Süß/Riedel/Bittler, HB Pflichtteilsrecht, § 7 Rn 130.

569 Vgl. hierzu z.B. *Gehse*, RNotZ 2009, 361, 375 mit dem Vorschlag 2–3 %.

570 Vgl. Grüneberg/*Weidlich*, § 2325 Rn 20; *Schopp*, RPfleger 1956, 119, 120 f.; *Sostmann*, MittRhNotK 1976, 479, 503; *N. Mayer*, FamRZ 1994, 739, 744; *Heinrichs*, MittRhNotK 1995, 157, 168; *Pentz*, FamRZ 1997, 724, 728; Staudinger/*Olshausen* (2015), § 2325 Rn 104; *Joachim*, ZEV 2006, 504 f.

tung des Nießbrauchsberechtigten als wahrscheinlich erscheint, z.B. wenn die Bestellung zugunsten eines der Zuwendungsempfänger erfolgt, der zu diesem Zeitpunkt bereits schwer erkrankt ist.[571] Diese Sichtweise verkennt allerdings den Grundsatz der subjektiven Äquivalenz.[572] Soweit nicht mit einem vorzeitigen Ableben des nießbrauchsberechtigten Schenkers zu rechnen ist, haben im Zeitpunkt der Vereinbarung beide Parteien regelmäßig die Vorstellung (bzw. Hoffnung/Befürchtung), dass die Dauer des Nießbrauchsrechts nicht kürzer sein wird, als nach den aktuellen Sterbetafeln zu erwarten ist.[573] Von dieser Annahme geht auch „der Markt" bei der Bewertung vorbehaltener Nießbrauchsrechte aus. Vor diesem Hintergrund ist die ex-post-Betrachtung im Ergebnis – auch in den von der Rspr. entschiedenen Ausnahmefällen – für die Bewertung vorbehaltener Nießbrauchs- bzw. sonstiger Nutzungsrechte nicht geeignet.[574]

135 Wurde der Nießbrauch nur zu **Sicherungszwecken** bestellt, kam aber mangels Eintritts des Sicherungsfalls nie zum Tragen, ist er beim Pflichtteilsergänzungsanspruch gar nicht zu berücksichtigen,[575] da er den Zuwendungsempfänger zu keinem Zeitpunkt wirtschaftlich belastet hat.

136 Insgesamt sind die bisherigen Überlegungen zur Berücksichtigung und Bewertung vorbehaltener Nießbrauchs- bzw. Wohnungsrechte offenbar von der steuerlichen Herangehensweise des BewG geprägt. Das entspricht allerdings nicht (mehr) dem heute anerkannten Bewertungssystem nach dem BauGB (§ 194 BauGB) bzw. der ImmoWertV, also den – unzweifelhaft maßgeblichen – Vorgaben für die Verkehrswertermittlung.

137 Denn der Wert einer mit einem Nießbrauchs- oder einem Wohnungsrecht belasteten Immobilie ist (über den kapitalisierten Wert der vorbehaltenen Nutzungen hinaus) erheblich gemindert.[576]

Zu berücksichtigen ist dabei nämlich auch, dass ein gedachter Erwerber einer nießbrauchs- bzw. wohnungsrechtsbelasteten Immobilie aus dem Risiko, dass der Berechtigte länger lebt, als die statistische Lebenserwartung es vermuten lassen würde, typischerweise einen zusätzlichen Preisabschlag ableitet.

Hinzu kommt, dass auch die Beleihung belasteter Immobilien deutlich erschwert ist und wegen der zu erwartenden Erlösminderung im Falle der Verwertung der Beleihungswert oft um 60 % reduziert ist.[577]

Das alles führt dazu, dass gegenüber dem Wert der unbelasteten Immobilie Abschläge von bis zu 50 % in Betracht kommen können.[578] Es gelten dieselben Bewertungsgrundsätze wie im Rahmen der Bewertung des realen Nachlasses (vgl. § 2311 Rdn 167 f.).

Nur so wird gewährleistet, dass die Bemessungsgrundlage des Pflichtteilsergänzungsanspruchs nicht den Wert übersteigt, den der Erblasser bei einer – gedachten – vollent-

---

571 BGHZ 65, 75; vgl. auch OLG Oldenburg ZEV 1999, 185, das die Berücksichtigung eines nur 14 Monate bestehenden Nießbrauchs völlig ablehnte; vgl. hierzu auch *Reiff*, ZEV 1998, 241, 247; vgl. auch jüngst OLG Celle ZEV 2023, 383, 388.

572 BeckOGK/*Schindler*, § 2325 Rn 194; Staudinger/*Herzog* (2021), § 2325 Rn 280; *Reiff*, ZEV 1998, 241, 247.

573 Anders die Situation bei OLG Hamburg BeckRS 2015, 14453; vgl. hierzu auch *Schindler*, ZEV 2016, 26, 30.

574 Im Ergebnis ebenso *Pawlytta*, in: Mayer/Süß/Riedel/Bittler, HB Pflichtteilsrecht, § 7 Rn 129.

575 Vgl. BGH FamRZ 1988, 593, 595 zum Zugewinnausgleich; BeckOGK/*Schindler*, § 2325 Rn 198.

576 *Kleiber*, Verkehrswertermittlung von Grundstücken, Abschn. VIII Rechte und Belastungen Rn 342; vgl. auch *Außner*, ErbR 2024, 826, 833; BeckOK BGB/*Müller-Engels*, § 2325 Rn 42.

577 *Kleiber*, Verkehrswertermittlung von Grundstücken, Abschn. IX Lasten und Beschränkungen Rn 73.

578 Vgl. *Kröll/Hausmann/Rolf*, Rechte und Belastungen bei der Immobilienbewertung, S. 177 ff.

geltlichen Übertragung der Immobilie unter Vorbehalt von Nutzungsrechten hätte realisieren können (vgl. hierzu Rdn 124).

c) Bewertung vorbehaltener Pflegeleistungen

Gerade im Rahmen von Vermögens-, insbesondere Immobilienübergaben im Wege der vorweggenommenen Erbfolge verpflichtet sich der Übernehmer oftmals, den Übergeber bzw. dessen Ehegatten im Bedarfsfall (zu Hause) zu versorgen und zu pflegen. Derartige Pflegeverpflichtungen können den Wert der jeweiligen Zuwendung oft ganz erheblich mindern, da sie auch erbrechtlich zu berücksichtigen sind.[579] Problematisch ist aber häufig die Bewertung der **Pflegeverpflichtung**, wobei neben der Ermittlung des Kapitalisierungsfaktors auch der Bestimmung des Jahreswerts erhebliche Schwierigkeiten anhaften. Soweit in der vertraglichen Vereinbarung auf die Pflegegrade (§ 61b SGB XII) bzw. Pflegestufen Bezug genommen wird, kann grundsätzlich von den dort festgesetzten Sachleistungswerten ausgegangen werden. Jedoch ist, wie auch die Rspr.[580] zutreffend erkannt hat, dem Umstand Rechnung zu tragen, dass die Sicherheit der häuslichen Versorgung für den Übergeber einen zusätzlichen, über die Sachleistungswerte hinausgehenden Wert darstellt, der in angemessener Weise werterhöhend zu berücksichtigen ist.[581] Der Erblasser darf sich ausdrücklich die Pflege „etwas kosten lassen“.[582] Vor diesem Hintergrund ist prinzipiell zunächst die tatsächlich vereinbarte Vergütungshöhe zugrunde zu legen.[583] Diese bzw. ihre Angemessenheit unterliegt aber trotz des Prinzips der subjektiven Äquivalenz der gerichtlichen Kontrolle.[584] Eine wesentliche Rolle spielt auch die Frage, ab welchem Zeitpunkt die Pflege voraussichtlich bzw. tatsächlich zu leisten ist. Überwiegend wird hier eine abstrakte Prognose favorisiert,[585] die sich vor allem an der statistischen Lebenserwartung des Berechtigten orientiert. Auf die tatsächliche Inanspruchnahme der Leistung kommt es nach dieser – zutreffenden – Auffassung nicht an.[586] 138

Die angemessene Bewertung ist im Einzelnen ziemlich schwierig und vieles umstritten.[587]

d) Widerrufsvorbehalt

Nach neuerer Rspr. führen auch **Widerrufsvorbehalte** zu einer Wertminderung des Übertragungsgegenstandes.[588] Dies trägt zutreffend dem Umstand Rechnung, dass in 139

579 OLG Köln FamRZ 1997, 1113; OLG Braunschweig FamRZ 1995, 443, 445 zu § 2113 BGB; *Pawlytta*, in: Mayer/Süß/Riedel/Bittler, HB Pflichtteilsrecht, § 7 Rn 132.

580 BGH ZEV 2012, 37, 39; OLG Oldenburg NJW-RR 1998, 778, 779; OLG Frankfurt OLGR 2000, 29 = ZEV 2001, 17 LS.

581 *Kerscher/Riedel/Lenz*, Pflichtteilsrecht, § 9 Rn 35; so auch *Pawlytta*, in: Mayer/Süß/Riedel/Bittler, HB Pflichtteilsrecht, § 7 Rn 132; MüKo/*Lange*, § 2325 Rn 68.

582 BGH ZEV 2012, 37, 39; OLG Oldenburg NJW-RR 1998, 778, 779; *Karczewski*, ZEV 2020, 733, 738.

583 BeckOGK/*Schindler*, § 2325 Rn 203; BeckOK BGB/*Müller-Engels*, § 2325 Rn 46.

584 *Bernert*, MittBayNot 2022, 162, 164; zustimmend BeckOGK/*Schindler*, § 2325 Rn 203.

585 Vgl. BGH NJW 1981, 2458; OLG Koblenz FamRZ 2002, 772, 774; LG Bonn ZEV 1999, 154; *Reiff*, ZEV 1998, 241, 247; a.A. OLG Hamburg FamRZ 1992, 228; DNotI-Report 1999, 45, 48 „statistische Pflegedauer“.

586 OLG Celle FamRZ 2009, 462; OLG Köln Erbrecht effektiv 2008, 32; OLG Koblenz ZErb 2002, 104; OLG Oldenburg NJW-RR 1992, 778, 779; BeckOGK/*Schindler*, § 2325 Rn 209; *Karczewski*, ZEV 2020, 733, 739; a.A. OLG Hamburg FamRZ 1992, 228, 230.

587 BeckOGK/*Schindler*, § 2325 Rn 203 ff.; siehe auch *Kreienberg*, ErbR 2015, 118 ff.

588 OLG Koblenz FamRZ 2002, 772, 774, 10 % des Verkehrswerts; OLG Düsseldorf OLGR 1999, 349; BGH ZEV 2010, 145, 149; a.A. *v. Dickhuth-Harrach*, in: FS Rheinisches Notariat, 1998, S. 238.

solchen Fällen tatsächlich die wirtschaftliche Verwertbarkeit des übertragenen Gegenstandes – etwa durch Verkauf – nur eingeschränkt möglich ist.[589] Allgemein gültige Aussagen zu den Auswirkungen auf die Bewertung sind aber nicht möglich.[590] Im Falle der Ausübung des Widerrufs und der Rückübertragung des Schenkungsgegenstandes ist der Nutzungsvorteil, den der Beschenkte während des Bestands der Schenkung hatte, i.R.d. Pflichtteilsergänzungsanspruchs zu berücksichtigen;[591] der ursprüngliche Schenkungsgegenstand – oder ein zwischenzeitlich an dessen Stelle getretenes Surrogat – ist dann aber Teil des realen Nachlasses.

6. Bewertung von Leistungen aufgrund Vertrags zugunsten Dritter/Lebensversicherungen

a) Grundsätzliches

140 Soweit im Valutaverhältnis eines **Vertrages zugunsten Dritter**, insbesondere einer Lebensversicherung, eine Schenkung vorliegt, stellt sich die Frage, auf welcher Grundlage der Pflichtteilsergänzungsanspruch zu berechnen ist. Dies war in der Lit. teils heftig umstritten. Überwiegend wurde vertreten, dass – jedenfalls bei kapitalbildenden Lebensversicherungen – auf die Summe der eingezahlten Prämien abzustellen sei.[592] Diese Sichtweise entsprach lange Zeit auch der höchstrichterlichen Rspr.[593] Die Gegenmeinung in der Lit. sah hingegen die Versicherungsleistung als maßgebliche Bezugsgröße zur Ermittlung des Pflichtteilsergänzungsanspruchs an.[594]

b) Rechtsprechung des BGH

141 Der BGH hat inzwischen mit Urteil v. 28.4.2010[595] unter Aufgabe seiner früheren Rspr. die Streitfrage zugunsten keiner der beiden maßgeblichen Fraktionen entschieden. Vielmehr soll es – bei einer widerruflichen Bezugsrechtseinräumung – auf den Wert ankommen, „den der Erblasser aus den Rechten seiner Lebensversicherung in der letzten – juristischen – Sekunde seines Lebens nach objektiven Kriterien für sein Vermögen hätte umsetzen können". Demzufolge sei i.d.R. auf den Rückkaufswert abzustellen, unter Umständen auch auf einen objektiv belegten höheren möglichen Veräußerungspreis.[596]

142 Nach Auffassung des BGH handelt es sich bei der widerruflichen Bezugsrechtseinräumung um eine Art „mittelbare Schenkung", da der Gegenstand der Bereicherung des Bezugsberechtigten nie Teil des Erblasservermögens gewesen sei, sondern vielmehr originär in der Person des Bezugsberechtigten entstehe.[597] Im Valutaverhältnis (zwischen Erblasser und Bezugsberechtigtem) sei Gegenstand der Schenkung aber trotzdem die volle Versicherungssumme, da beide Parteien darauf abzielten, dem Bezugsbe-

---

589 OLG Koblenz ZErb 2002, 104, Abschlag von 10 %; zustimmend auch *Pawlytta*, in: Mayer/Süß/Riedel/Bittler, HB Pflichtteilsrecht, § 7 Rn 135; ebenso MüKo/*Lange*, § 2325 Rn 68.

590 Vgl. *Weidlich*, MittBayNot 2015, 193, 194; BeckOGK/*Schindler*, § 2325 Rn 217; vgl. auch *Jaspert*, ZEV 2020, 69, 71 mit Überlegungen zum Niederstwertprinzip.

591 So auch *Pawlytta*, in: Mayer/Süß/Riedel/Bittler, HB Pflichtteilsrecht, § 7 Rn 135.

592 Vgl. Staudinger/*Olshausen* (2015), § 2325 Rn 38; *Leipold*, Erbrecht, Rn 581, Fn 38; *Ahrens*, ErbR 2008, 247; *Blum*, ZEV 2008, 146; *Joachim*, Pflichtteilsrecht, Rn 339; *Klingelhöffer*, ZEV 1995, 180; *Hilbig*, ZEV 2008, 262.

593 RGZ 128, 187; BGHZ 7, 134 = FamRZ 1976, 616; OLG Stuttgart ZEV 2008, 145 f.

594 *J. Mayer*, in: Bamberger/Roth, 2. Aufl., § 2325 Rn 9; *Hasse*, VersR 2009, 733; *Progl*, ZErb 2008, 288; *ders.*, ZErb 2004, 187; *Schindler*, ZErb 2008, 331, 332; *Sticherling*, ZErb 2008, 31; *ders.*, ZErb 2008, 248; *Elfring*, ZEV 2004, 305; *ders.*, NJW 2004, 483; Eulberg/Ott-Eulberg/*Halaczinsky*, Die Lebensversicherung im Erb- und Erbschaftsteuerrecht, 2. Aufl., Rn 218; so auch OLG Düsseldorf ZEV 2008, 292 f.

595 ZErb 2010, 189.

596 Vgl. BGH ZErb 2010, 189, Nr. 2 des LS.

597 BGH ZErb 2010, 189, 190.

rechtigten den Versicherungsanspruch kondiktionsfest zu verschaffen.[598] Dessen ungeachtet sei aber Berechnungsgrundlage des Pflichtteilsergänzungsanspruchs die wertmäßige Minderung des Nachlasses, maßgeblich sei insoweit der „Entreicherungsgegenstand".[599] Für die Wertermittlung will der BGH auf die letzte – logische – Sekunde des Lebens des Erblassers abstellen. Er begründet dies damit, dass – auch wenn der Anspruch auf die Versicherungsleistung eine nicht verbrauchbare Sache i.S.v. Abs. 2 S. 2 Hs. 1 sei – eine Bewertung des Vermögensabflusses aus dem Erblasser-Vermögen im Zeitpunkt des Todes nicht möglich sei, weil in eben diesem Moment der Anspruch auf die Versicherungsleistung originär in der Person des Bezugsberechtigten entstünde und auch vorher zu keinem Zeitpunkt zum Erblasser-Vermögen gehört habe.[600] Mithin folge aus der Konstruktion der mittelbaren Schenkung und den Charakteristika des Versicherungsvertrages, dass für die Durchführung des Niederstwertprinzips (Abs. 2 S. 2) „der Wert des Entreicherungsgegenstandes (in der letzten juristischen Sekunde, in der er sich noch im Vermögen des Erblassers befindet) mit dem Wert des Bereicherungsgegenstandes (in der ersten juristischen Sekunde, in der er sich im Vermögen des Bezugsberechtigten befindet) verglichen werden" müsse.[601]

c) Widerrufliche Bezugsrechtseinräumung bei kapitalbildenden Lebensversicherungen

Als zutreffenden Bewertungsmaßstab (unabhängig vom Bewertungszeitpunkt) sieht 143 der BGH den Rückkaufswert an, und zwar ohne irgendwelche Abschläge im Hinblick auf den noch nicht eingetretenen Versicherungsfall.[602] Soweit im Einzelfall die Möglichkeit bestanden hätte, den Versicherungsvertrag am Zweitmarkt zu verkaufen (etwa an gewerbliche Aufkäufer oder entsprechende Investmentfonds) oder aber einem Dritten gegen Entgelt ein (unwiderrufliches) Bezugsrecht einzuräumen, soll das hierbei erzielbare Entgelt maßgeblich sein.[603] Diese Bewertungssystematik kann derzeit als gesicherte Grundlage angesehen werden.[604]

Auch wenn die Rspr. des BGH nicht ohne kritisches Echo geblieben ist,[605] ist das 144 Ergebnis bei wirtschaftlicher Betrachtung zutreffend. Tatsächlich sollte bei einem widerruflich eingeräumten Bezugsrecht der Wert der Zuwendung mit dem Rückkaufswert der Versicherung im Zeitpunkt unmittelbar vor dem Tod des Erblassers angesetzt werden. Dieser entspricht wenigstens dem von der Versicherungsgesellschaft im Falle der vorzeitigen Vertragsbeendigung zu gewährenden Rückkaufswert. Soweit der konkrete Versicherungsvertrag auch auf andere Weise einer wirtschaftlich sinnvollen Verwertung hätte zugeführt werden können, etwa durch eine Veräußerung auf dem Versi-

598 BGH ZErb 2010, 189, 190.

599 BGH ZErb 2010, 189, 191.

600 BGH ZErb 2010, 189, 193.

601 Ablehnend (und zwar mit dogmatisch überzeugender Argumentation) *Progl*, ZErb 2010, 194, 195.

602 BGH ZErb 2010, 189, 193.

603 BGH ZErb 2010, 189, 193; der BGH spricht hier auch die zu erwartenden Beweisschwierigkeiten für den Pflichtteilsberechtigten an. Er geht davon aus, dass, soweit konkrete lebzeitige Kaufangebote nicht nachgewiesen werden können, der Beweis nur durch ein entsprechendes Sachverständigengutachten erbracht werden könne, das aufgrund abstrakter und genereller Maßstäbe unter Zugrundelegung der konkreten Vertragsdaten des betreffenden Versicherungsvertrages einen objektiven Marktwert feststellt. Dabei habe aber die schwindende persönliche Lebenserwartung des Erblassers ebenso außer Betracht zu bleiben wie andere subjektive bzw. individuelle Faktoren (insbesondere ein überdurchschnittliches Mortalitätsrisiko).

604 OLG Saarbrücken ZEV 2020, 767, 771; OLG Saarbrücken NJOZ 2022, 1284, 1285; LG Kaiserslautern ZErb 2020, 36; OLG Hamm ZEV 2024, 685, 688.

605 Vgl. z.B. *Progl*, ZErb 2010, 194 f.; *Herrler*, ZEV 2010, 333 f.; *Walker*, FamRZ 2010, 1249; *Wall*, ZEV 2010, 311, *Worm*, RNotZ 2010, 405, 412; *Papenmeyer*, ZErb 2011, 154; *J. Mayer*, DNotZ 2011, 89; BeckOGK/*Schindler*, § 2325 Rn 107.

cherungszweitmarkt, ist der hierbei realisierbare Wert maßgeblich. Dieser kann – wenn konkrete Erwerbsangebote nicht vorliegen – nur auf Gutachtenbasis ermittelt werden. Die teilweise nach wie vor geforderte Zugrundelegung der Versicherungsleistung[606] kann jedenfalls nicht zum richtigen Ergebnis führen, da sie nie zum Vermögen des Erblassers gehört hat und auch nicht zu Lebzeiten realisiert werden konnte. Sie hätte also nur – ohne Bezugsrecht – in den Nachlass fallen können. Der Pflichtteilsergänzungsanspruch ist aber stets nur auf lebzeitige Vermögensdispositionen gerichtet, nicht auf solche von Todes wegen.

145 Bei der Erstellung des Gutachtens ist allerdings entgegen der Auffassung des BGH auf die konkrete Situation des Vertragsverhältnisses bzw. der versicherten Person abzustellen. Denn auch professionelle Aufkäufer ermitteln den von ihnen maximal zu zahlenden Kaufpreis nicht (allein) anhand von Sterbetafeln oder ähnlichen Statistiken. Vielmehr kommt es auf die konkrete Moralitätserwartung, also den von Medizinern nach einer eingehenden Untersuchung der versicherten Person prognostizierten Todeszeitpunkt an. Etwas anderes kann auch bei der Wertermittlung auf Gutachtenbasis nicht gelten. Das Gutachten ist nach genau denselben Kriterien und Parametern zu erstellen, die auch der Preisfindung auf dem Versicherungszweitmarkt zugrunde liegen. Allerdings ist dem BGH insoweit zuzustimmen, dass der (im Nachhinein natürlich bekannte) konkrete Todeszeitpunkt der versicherten Person nicht in die Bewertung einfließen darf.[607]

146 Angesichts der angesprochenen Gepflogenheiten zur Preisermittlung durch professionelle Händler wird man für alle Fälle des unerwarteten Versterbens eines im Übrigen gesunden Menschen (z.B. durch Unfall) regelmäßig unterstellen können, dass der Rückkaufswert den durch den Erblasser noch zu realisierenden Wert des Versicherungsverhältnisses zutreffend abbildet.[608] Ein Anspruch auf Wertermittlung durch Gutachten sollte in derartigen Konstellationen nur dann anzunehmen sein, wenn konkrete Anhaltspunkte die Annahme rechtfertigen, dass der Rückkaufswert (deutlich) hinter dem am Markt zu realisierenden Preis zurückbleibt. Solche Umstände können insbesondere dann gegeben sein, wenn der Versicherungsnehmer die Versicherungsprämien (ganz oder zum überwiegenden Teil) vorausgezahlt hat und für die Aufrechterhaltung des Versicherungsschutzes keine oder nur vergleichsweise geringe laufende Beitragszahlungen erforderlich sind.

147 Im Übrigen darf auch nicht übersehen werden, dass bei weitem nicht jeder Lebensversicherungsvertrag für einen Verkauf auf dem Zweitmarkt in Betracht kommt. Der mit einer Prüfung der Erwerbsmöglichkeit verbundene Aufwand ist nämlich aus der Sicht eines potentiellen Käufers bei geringeren Versicherungssummen offensichtlich nicht gerechtfertigt.

d) Unwiderrufliche Bezugsrechtseinräumung bei kapitalbildenden Lebensversicherungen

148 Das Urteil des BGH v. 28.4.2010 beschäftigt sich ausdrücklich nur mit der Einräumung eines widerruflichen Bezugsrechts für eine kapitalbildende Lebensversicherung. Aus der Argumentation des BGH lassen sich aber auch Rückschlüsse ziehen, wie andere Konstellationen im Zusammenhang mit Lebensversicherungen zu beurteilen sind: So wird man unterstellen können, dass auch bei der Einräumung eines unwiderruflichen Bezugsrechts zunächst der Rückkaufswert der Versicherung im Zeitpunkt der Einräu-

606 BeckOGK/*Schindler*, § 2325 Rn 107; Erman/*Röthel/Simon*, § 2325 Rn 11; *Progl*, ZErb 2010, 194, 195; *Muscheler*, ErbR 2010, 279, 282.

607 BGH ZErb 2010, 189, 193.

608 Was in Deutschland mangels funktionierenden Zweitmarkts die Ausnahme darstellen dürfte, vgl. BeckOGK/*Schindler*, § 2325 Rn 108 unter Hinweis auf Gutachten DNotI-Report 2013, 130, 131.

mung des unwiderruflichen Bezugsrechts (Bewirkung der Schenkung) im Rahmen etwaiger Pflichtteilsergänzungsansprüche zu berücksichtigen ist.[609] Insoweit ist aber zu beachten, dass hinsichtlich dieses Werts mit Bezugsrechtseinräumung die Zehnjahresfrist des Abs. 3 zu laufen beginnt.[610] Soweit der Erblasser auch nach der Einräumung des unwiderruflichen Bezugsrechts noch weitere Versicherungsprämien leistet, handelt es sich hierbei – und zwar bei jeder einzelnen Prämienzahlung – ggf. um weitere ergänzungspflichtige Zuwendungen.[611] Im Rahmen des Niederstwertprinzips kann allerdings zu prüfen sein, inwieweit die weiteren Prämienzahlungen überhaupt zu einer (zusätzlichen) Wertsteigerung des Versicherungsverhältnisses geführt haben. Hätte bspw. der Versicherungsvertrag beitragsfrei gestellt werden können, ohne dass es hierdurch zu einer Reduzierung der Todesfallleistung gekommen wäre, wären die weiteren Prämienzahlungen durch den Erblasser im Rahmen der Bestimmung des Pflichtteilsergänzungsanspruchs nicht zu berücksichtigen.[612]

e) Risikolebensversicherungen

Soweit es sich bei dem Versicherungsverhältnis um eine reine Risikolebensversicherung 149
handelt, existiert kein Rückkaufswert. Leistungsansprüche gegenüber der Versicherungsgesellschaft bestehen erst bei Eintritt des Versicherungsfalls, also beim Tod der versicherten Person. Dies führt – auf den ersten Blick – zu dem Dilemma, dass im Zeitpunkt der Bezugsrechtseinräumung (gleichgültig ob widerruflich oder unwiderruflich) kein Rückkaufswert ermittelt werden kann, so dass bereits Zweifel an der Möglichkeit einer ergänzungspflichtigen Zuwendung bestehen könnten.[613] Nichtsdestotrotz ist die Bezugsrechtszuwendung auch bei einer reinen Risikoversicherung nicht zwingend ohne Wert.[614] Dies belegt bereits der Umstand, dass auch (ja sogar gerade) Risikolebensversicherungen durchaus auf dem Zweitmarkt gehandelt werden.[615] Nach den Vorgaben des BGH im Zusammenhang mit kapitalbildenden Lebensversicherungen (vgl. ausführlich oben) muss ein möglicher Verkaufserlös auch hier maßgeblich sein.[616] Entgegen der Auffassung des BGH[617] ist aber auch in diesem Zusammenhang der individuellen Situation des Erblassers, insbesondere der konkret bestehenden Lebenserwartung, Rechnung zu tragen. Der sowohl für die Bewertung im Rahmen des Niederstwertprinzips (Abs. 2) als auch für den Beginn der Zehnjahresfrist des Abs. 3 maßgebliche Zeitpunkt ist bei der widerruflichen Bezugsrechtseinräumung die juristische Sekunde vor dem Tod des Erblassers, im Falle eines unwiderruflichen Bezugsrechts der Zeitpunkt dessen Vereinbarung.[618]

---

609 OLG Hamm ZEV 2024, 685, 688; ebenso *Herrler*, ZEV 2010, 333, 337, der allerdings im Hinblick auf die Ungewissheit, wann der Versicherungsfall eintritt, einen „angemessenen Abschlag“ als geboten erachtet. Dem ist im Hinblick auf den Normzweck des § 2325 BGB nicht zuzustimmen. Denn Bemessungsgrundlage des Pflichtteilsergänzungsanspruchs ist nicht der Wert, den der Schenkungsgegenstand in der Hand des Beschenkten hat, sondern der Wert, der aus dem Vermögen des Erblassers/Schenkers abfließt. Dies ist der ungekürzte Rückkaufswert. Vgl. auch BeckOGK/*Schindler*, § 2325 Rn 109; MüKo/*Lange*, § 2325 Rn 48.

610 *Ahrens*, ErbR 2008, 247; *Leitzen*, RNotZ 2009, 129, 144; *Herrler*, ZEV 2010, 333, 337 m.w.N.

611 Ebenso *Herrler*, ZEV 2010, 333, 337 und anscheinend auch OLG Hamm ZEV 2024, 685, 688.

612 Vgl. hierzu auch *Herrler*, ZEV 2010, 333, 337 unter Hinweis auf BGH ZErb 2010, 189, 192.

613 So OLG Saarbrücken NJOZ 2022, 1284, 1285 f.

614 OLG Saarbrücken NJOZ 2022, 1284, 1285 f.; *Federle*, MittBayNot 2023, 156, 157.

615 Allerdings in Deutschland nur ausnahmsweise, Gutachten DNotI-Report 2013, 130, 131.

616 Ungeachtet der hiermit unstreitig verbundenen Schwierigkeiten bei der konkreten Wertermittlung.

617 BGH ZErb 2010, 189, 193.

618 Hinsichtlich der Behandlung später noch vom Erblasser gezahlter Versicherungsprämien gelten die obigen Ausführungen zur kapitalbildenden Lebensversicherung entsprechend.

Ob der BGH der Argumentationslinie seiner Entscheidung v. 28.4.2010 treu bleiben und reine Risikolebensversicherungen entsprechend den soeben skizzierten Grundsätzen behandeln wird, bleibt indes abzuwarten, da nach diesen Grundsätzen der Schuldner des Pflichtteilsergänzungsanspruchs in den meisten Fällen noch deutlich günstiger stehen dürfte als unter Heranziehung der vom Erblasser gezahlten Prämien[619] entsprechend der früheren Rspr.[620]

7. Indexierung

150 Wie bereits erwähnt, ist im Rahmen des Niederstwertprinzips eine Vergleichsrechnung anzustellen, in deren Rahmen der Wert des Zuwendungsgegenstandes im Zeitpunkt der Schenkung und im Zeitpunkt des Erbfalles miteinander zu vergleichen sind. Beide Zeitpunkte können mitunter erheblich auseinanderfallen, so dass – aus der Sicht des Todeszeitpunkts – seit dem Vollzug der Schenkung nicht selten eine erhebliche Geldentwertung eingetreten ist. Das Niederstwertprinzip dient indes nur dazu, das Risiko echter Wertminderungen der Sphäre des Pflichtteilsberechtigten zuzuordnen. Das Risiko der allgemeinen Geldentwertung braucht er aber nicht zu tragen.[621] Der Wert zum Zeitpunkt des Vollzugs der Schenkung ist daher um den bis zum Tag des Erbfalls eingetretenen Kaufkraftschwund zu bereinigen.[622] Dabei ist entsprechend der vom BGH für Zugewinn-[623] und Erbausgleich[624] entwickelten Grundsätze vorzugehen. Demzufolge ist der Wert der Zuwendung (im Zeitpunkt der Zuwendung) mit dem maßgeblichen Lebenshaltungskostenindex (heute: VPI)[625] im Zeitpunkt des Erbfalls zu multiplizieren; das Produkt wird anschließend durch den Lebenshaltungskostenindex im Zeitpunkt der Zuwendung dividiert.[626]

151 Welche der verschiedenen veröffentlichten Indexreihen anzuwenden ist, ist aber fraglich. Der BGH ist bislang von den im Statistischen Jahrbuch der Bundesrepublik Deutschland jährlich veröffentlichten Preisindizes für die Lebenshaltungskosten in langjähriger Übersicht ausgegangen.[627] Diese werden aber für verschiedene Haushaltstypen sowie getrennt für das frühere Bundesgebiet und die neuen Bundesländer (einschließlich Ost-Berlin) sowie für Gesamt-Deutschland ermittelt und veröffentlicht. Die Rspr. zum Zugewinnausgleich griff in der Vergangenheit überwiegend auf den Lebenshaltungskostenindex der 4-Personen-Arbeitnehmer-Haushalte mit mittlerem Einkommen zurück.[628] Heute ist der Verbraucherpreisindex für Deutschland (VPI) maßgeblich,[629] dessen Basisjahr alle fünf Jahre aktualisiert wird.

---

619 BGHZ 7, 134; OLG Stuttgart ZEV 2008, 145 f.

620 Vgl. hierzu auch *Herrler*, ZEV 2010, 333, 338.

621 Vgl. OLG Schleswig ZEV 2009, 81, 82; vgl. auch MüKo/*Lange*, § 2325 Rn 60; BeckOGK/*Schindler*, § 2325 Rn 166; Staudinger/*Herzog* (2021), § 2325 Rn 283.

622 Staudinger/*Herzog* (2021), § 2325 Rn 284, 285; BeckOGK/*Schindler*, § 2325 Rn 167; MüKo/*Lange*, § 2325 Rn 66; *Reiff*, ZEV 1998, 241, 248 (Fn 78); a.A. *Pentz*, ZEV 1999, 167, 169.

623 BGHZ 61, 385 = NJW 1974, 137.

624 BGH NJW 1975, 1831.

625 www.destatis.de.

626 Staudinger/*Herzog* (2021), § 2325 Rn 285; vgl. auch *Pawlytta*, in: Mayer/Süß/Riedel/Bittler, HB Pflichtteilsrecht, § 7 Rn 106.

627 Vgl. etwa BGH NJW 1974, 137; BGH NJW 1975, 1831; BGH NJW 1983, 1485; BGH NJW 1992, 2888 (die beiden letzten Entscheidungen zur Pflichtteilsergänzung).

628 So z.B. OLG Frankfurt FamRZ 1987, 62, 66; OLG Frankfurt FamRZ 1983, 395, 396; vgl. auch BGHZ 61, 385, 393.

629 BeckOGK/*Schindler*, § 2325 Rn 167; *Pawlytta*, in: Mayer/Süß/Riedel/Bittler, HB Pflichtteilsrecht, § 7 Rn 107; *Reimann*, ZEV 2018, 198, 199. Der VPI hat den früher (bis 2002) veröffentlichten „Preisindex für die Lebenshaltung aller privaten Haushalte in Deutschland" abgelöst. Das aktuelle Basisjahr ist (seit Februar 2023) 2020.

8. Abschmelzung (Abs. 3 S. 1 n.F.)

Durch das Gesetz zur Änderung des Erb- und Verjährungsrechts[630] hat der Gesetzgeber für Erbfälle nach dem 31.12.2009 das sog. Abschmelzungsmodell[631] bzw. eine pro-rata-Lösung[632] eingeführt. Für Erbfälle vor dem 1.1.2010 gilt aber nach wie vor das sog. Alles-oder-Nichts-Prinzip,[633] dem zufolge alle Geschenke innerhalb der Zehnjahresfrist in voller Höhe in die Berechnung von Pflichtteilsergänzungsansprüchen einzubeziehen sind. 152

Maßgeblich für die Frage, ob die alte oder die aktuelle Fassung von Abs. 3 anzuwenden ist, ist nicht der Zeitpunkt der Ausführung der Schenkung, sondern allein der Zeitpunkt des Erbfalls. Sofern der Erblasser nach dem Inkrafttreten der gesetzlichen Neuregelung (am 1.1.2010, 0.00 Uhr) verstirbt, richtet sich die Berechnung von Pflichtteilsergänzungsansprüchen nach Abs. 3 S. 1 n.F. (also dem Abschmelzungsmodell), Art. 229 § 21 Abs. 4 EGBGB.

Gem. Abs. 3 S. 1 wird der Wert einer lebzeitigen Schenkung nur dann vollständig in die Berechnung des Pflichtteilsergänzungsanspruchs einbezogen, wenn der Erbfall innerhalb eines Jahres nach Ausführung der Zuwendung eintritt. Andernfalls verringert sich der zu berücksichtigende Wert für jedes zwischen dem Zuwendungszeitpunkt und dem Erbfall verstrichene Jahr um 1/10. Auf diese Weise wird der Umfang des Pflichtteilsergänzungsanspruchs im Zeitverlauf kontinuierlich abgeschmolzen.[634] Der Mechanismus lässt sich beispielhaft wie folgt verdeutlichen: 153

Beispiel 154

Der alleinstehende Erblasser E verstirbt im Januar 2025 und hinterlässt lediglich einen Sohn. Alleinerbin ist seine Lebensgefährtin L, der er bereits im Februar 2020 einen Geldbetrag i.H.v. 500.000 EUR zugewendet hatte. Der real vorhandene Nachlass hat einen Nettowert von 100.000 EUR.

Der reale Nachlass ist um den zu berücksichtigenden Wert der lebzeitigen Zuwendung zu erhöhen, um den fiktiven Nachlass, also die Bemessungsgrundlage für den Gesamtpflichtteil zu bestimmen. Die Schenkung im Februar 2020 hatte einen Wert von 500.000 EUR.[635] Seit der Zuwendung sind aber vier Jahre abgelaufen.[636] Somit ist der Wert der Zuwendung um 4/10 abzuschmelzen, so dass lediglich noch ein Betrag von 300.000 EUR zur Ermittlung des fiktiven Nachlasses zu berücksichtigen ist. Der fiktive Nachlass ergibt sich daher mit einem Betrag von 400.000 EUR (realer Nachlass 100.000 EUR plus zu berücksichtigende Zuwendungen 300.000 EUR). Der Gesamtpflichtteil beträgt 200.000 EUR (= 1/2 von 400.000 EUR). Davon entfallen 50.000 EUR auf den ordentlichen Pflichtteil i.S.v. § 2303 BGB und 150.000 EUR auf den Pflichtteilsergänzungsanspruch nach § 2325 BGB.

Nach dem Wortlaut des Gesetzes kommt es für den Umfang der Abschmelzung auf die seit der Ausführung der Zuwendung verstrichenen vollen Jahre an, eine monats- oder gar tageweise Betrachtung ist nicht vorgesehen. Es gelten die Vorgaben der §§ 187 155

630 BGBl I 2009, 3142 f.
631 Vgl. *Muscheler*, ZEV 2008, 105, 107.
632 Vgl. BT-Drucks 16/8954, S. 10.
633 Vgl. BT-Drucks 16/8954, S. 21.
634 Staudinger/*Herzog* (2021), § 2325 Rn 191; BeckOGK/*Schindler*, § 2325 Rn 291.
635 Die zwischenzeitliche Geldentwertung bleibt aus Gründen der Übersichtlichkeit hier unberücksichtigt.
636 Der Erblasser starb im fünften Jahr nach der Schenkung.

Abs. 1 und 188 Abs. 1 und 2 BGB.[637] Angesichts des vom Gesetzgeber beabsichtigten Abschieds vom Alles-oder-Nichts-Prinzip ist das Abstellen auf verstrichene Jahre wenig konsequent; der Wortlaut des Gesetzes lässt eine andere zeitliche Abgrenzung aber nur schwer vertretbar erscheinen.

156 Nichtsdestotrotz erscheint die aktuelle Regelung auf den ersten Blick für den Erben bzw. den nach § 2329 BGB haftenden Beschenkten deutlich günstiger als die frühere Rechtslage. Denn die Abschmelzung führt – gerade bei nicht verbrauchbaren Sachen in Kombination mit dem Niederstwertprinzip – zu einer (mitunter) deutlichen Reduzierung des fiktiven Nachlasses und damit auch des Pflichtteilsergänzungsanspruchs.[638] Hierbei darf aber nicht übersehen werden, dass in der Praxis eine Vielzahl von Fällen der Anwendung der Abschmelzungsmethode gar nicht zugänglich sind. Namentlich die Zuwendungen unter Vorbehalt von Nießbrauchs- und sonstigen Nutzungsrechten sowie Zuwendungen an den Ehegatten/Lebenspartner lösen nämlich nach wie vor mangels Leistung i.S.v. Abs. 3 gar keinen Fristlauf aus.[639] Dies gilt sowohl für Abs. 3 S. 2 als auch für die Anwendbarkeit des Abschmelzungsmodells nach Abs. 3 S. 1.[640] Im Übrigen kann auch die Abschmelzung grundsätzlich frühestens mit dem Eintritt des Leistungserfolgs beginnen.[641]

D. Verfahrensfragen und Prozesstaktik

I. Geltendmachung des Pflichtteilsanspruchs

157 Da der Pflichtteilsergänzungsanspruch gegenüber dem ordentlichen Pflichtteilsanspruch eigenständig ist, kann er auch prozessual isoliert geltend gemacht werden. Dies kann u.U. sogar zwingend erforderlich sein, nämlich dann, wenn sich der Anspruch gem. § 2329 BGB unmittelbar gegen den Beschenkten richtet. Soweit ein Durchgriff auf den Beschenkten nicht beabsichtigt ist und der Nachlass noch nicht geteilt ist, sollte die Klage stets gegen alle in Betracht kommenden Erben (Gesamtschuldner) gerichtet werden, da sonst die einzelnen Miterben die Möglichkeit haben, dem Pflichtteilsberechtigten die Einrede des ungeteilten Nachlasses nach § 2059 Abs. 1 S. 1 BGB entgegenzuhalten. In der Zwangsvollstreckung ist dies aber nur möglich, wenn die **Einrede** im Urteil vorbehalten wurde, **§ 780 ZPO**.[642]

158 Grundsätzlich sind Schuldner des Pflichtteilsergänzungsanspruchs nach § 2325 BGB die Erben.[643] Dies gilt auch dann, wenn ein Dritter – also keiner der Erben – die Schenkung erhalten hat. Wird im Laufe eines Prozesses gegen den bzw. die Erben die Einrede der Unzulänglichkeit des Nachlasses geltend gemacht, kann der Pflichtteilsergänzungsberechtigte seinen Klageantrag auf Duldung der Zwangsvollstreckung in den verschenkten Gegenstand nach § 2329 BGB umstellen. Dies setzt jedoch voraus, dass

---

637 BeckOGK/*Schindler*, § 2325 Rn 281; MüKo/*Lange*, § 2325 Rn 73.

638 BeckOGK/*Schindler*, § 2325 Rn 292.

639 Staudinger/*Herzog* (2021), § 2325 Rn 192; BeckOGK/*Schindler*, § 2325 Rn 294; MüKo/*Lange*, § 2325 Rn 76 ff., 84 ff.; Erman/*Röthel/Simon*, § 2325 Rn 19; *Herzog*, ErbR 2008, 206, 208; *Keim*, ZEV 2008, 161, 166 f.; *G. Müller*, ZNotP 2007, 445, 447; *Schaal/Grigas*, BWNotZ 2008, 2, 13; *Trappe*, ZEV 2010, 388, 389; BeckOK BGB/*Müller-Engels*, § 2325 Rn 51; vgl. auch BGH ZEV 2016, 445, 446 sowie OLG Zweibrücken ErbR 2015, 379.

640 Vgl. hierzu *Bonefeld/Lange/Tanck*, ZErb 2007, 292, 295; BeckOGK/*Schindler*, § 2325 Rn 294; *Lange*, DNotZ 2009, 732, 737.

641 OLG Saarbrücken ZEV 2020, 767, 771; BeckOGK/*Schindler*, § 2325 Rn 295; Staudinger/*Herzog* (2021), § 2325 Rn 192.

642 *Hölscher*, in: Mayer/Süß/Riedel/Bittler, HB Pflichtteilsrecht, § 13 Rn 46.

643 BeckOGK/*Schindler*, § 2325 Rn 338; mehrere Erben sind Gesamtschuldner, vgl. OLG Naumburg ErbR 2023, 386, 387.

er neben dem bzw. den Erben gleichzeitig auch den Beschenkten verklagt hat.[644] Nach Ansicht des BGH bildet die Umstellung des Klageantrages vom Zahlungsanspruch hin zum Anspruch auf Duldung der Zwangsvollstreckung grundsätzlich keine unzulässige Klageänderung i.S.v. § 264 ZPO.[645] Obwohl hinsichtlich der beiden Ansprüche unterschiedliche Verjährungsfristen (wegen unterschiedlicher Zeitpunkte des Verjährungsbeginns) gelten, hemmt nach Ansicht der Rspr. die gegen den Erben gerichtete Zahlungsklage auch die Verjährung des Anspruchs auf Herausgabe des Geschenks bzw. der Duldung der Zwangsvollstreckung, wenn der Erbe zugleich auch der Beschenkte ist.[646]

Nach erfolgter Auseinandersetzung kommt eine gesamtschuldnerische Haftung der 159 Erben nur noch in Frage, soweit eine gemeinschaftliche Nachlassverbindlichkeit vorliegt. Dies ist hinsichtlich des Pflichtteilsergänzungsanspruchs, den einer der Miterben gegenüber einem anderen Miterben hat, aber nicht der Fall.[647] Denn der anspruchsberechtigte Miterbe haftet nicht für seinen eigenen Pflichtteilsergänzungsanspruch mit der Folge, dass er sich insoweit auch nicht selbst in Anspruch nehmen muss.[648]

II. Darlegungs- und Beweislast

Der Anspruchsberechtigte hat im Prozess substantiiert darzulegen und ggf. auch zu 160 beweisen, dass bestimmte lebzeitig zugewendete Gegenstände ohne die erfolgten Schenkungen Bestandteile des Nachlasses geworden wären.[649] Darüber hinaus trägt er auch die Beweislast für die Unentgeltlichkeit der Zuwendungen[650] bzw. für das Vorliegen von Schenkungen[651] und für die von ihm behaupteten Werte der Zuwendungsgegenstände.[652] Demgegenüber muss der in Anspruch Genommene die für etwaige Gegenleistungen maßgeblichen Tatsachen im Wege des substantiierten Bestreitens vortragen.[653]

Macht ein Miterbe im Rahmen der Erbauseinandersetzung Pflichtteilsergänzungsan- 161 sprüche geltend, hat er den Bestand des gesamten Nachlasses darzulegen.[654]

E. Querverweise

Gem. § 1586b BGB endet der dem geschiedenen Ehegatten des Erblassers zustehende 162 Unterhaltsanspruch nicht automatisch mit dem Tod des Erblassers. Er ist betragsmäßig aber auf die Höhe des dem geschiedenen Ehegatten theoretisch (also wenn die Ehe nicht geschieden worden wäre) zustehenden Pflichtteils begrenzt. Eine tatsächliche Pflichtteilsberechtigung steht dem geschiedenen Ehegatten indes nicht zu.[655] Der Anspruch nach § 1586b BGB ist daher rein unterhaltsrechtlicher Natur; die Bezugnahme

---

644 *Hölscher*, in: Mayer/Süß/Riedel/Bittler, HB Pflichtteilsrecht, § 13 Rn 276.

645 BGH NJW 1974, 1327.

646 BGH NJW 1974, 1327; BGH NJW 1986, 1610; vgl. *Hölscher*, in: Mayer/Süß/Riedel/Bittler, HB Pflichtteilsrecht, § 13 Rn 278.

647 BeckOGK/*Schindler*, § 2325 Rn 334, „Erbteilsverbindlichkeit".

648 *Hölscher*, in: Mayer/Süß/Riedel/Bittler, HB Pflichtteilsrecht, § 13 Rn 316, 344.

649 BGHZ 89, 24, 29; OLG Köln ZEV 2011, 384, 387.

650 BGH NJW 1984, 487, 488; BeckOGK/*Schindler*, § 2325 Rn 347.

651 OLG Saarbrücken ZEV 2020, 423, 425; OLG Saarbrücken ZEV 2024, 386, 388; OLG Düsseldorf BeckRS 2015, 2219.

652 OLG Oldenburg FamRZ 2000, 638; OLG Koblenz ZEV 2002, 501; MüKo/*Lange*, § 2325 Rn 55; OLG Brandenburg FamRZ 2010, 933 f.

653 BGH NJW-RR 1996, 705, 706; vgl. auch OLG Schleswig ZEV 2014, 260, 265; BGH ZEV 2018, 274, 277.

654 BGH FamRZ 2007, 723.

655 MüKo/*Lange*, § 2325 Rn 88.

auf das Pflichtteilsrecht dient lediglich der betragsmäßigen Begrenzung.[656] Hinzuweisen ist in diesem Zusammenhang aber darauf, dass es sich bei dem fiktiven Pflichtteil i.S.v. § 1586b BGB um den (theoretischen) Gesamtpflichtteil des geschiedenen Ehegatten, also einschließlich des Pflichtteilsergänzungsanspruchs, handelt.[657]

§ 2326 Ergänzung über die Hälfte des gesetzlichen Erbteils

[1]Der Pflichtteilsberechtigte kann die Ergänzung des Pflichtteils auch dann verlangen, wenn ihm die Hälfte des gesetzlichen Erbteils hinterlassen ist. [2]Ist dem Pflichtteilsberechtigten mehr als die Hälfte hinterlassen, so ist der Anspruch ausgeschlossen, soweit der Wert des mehr Hinterlassenen reicht.

Übersicht: Rdn

A. Allgemeines

1 Die Vorschrift bietet dem Pflichtteilsberechtigten, der **Erbe** oder **Vermächtnisnehmer** wurde, Schutz vor lebzeitigen Schenkungen des Erblassers und bestätigt damit den Grundgedanken der Pflichtteilsergänzung. Sie ist Ausdruck der Unabhängigkeit des Pflichtteilsergänzungsanspruchs, der auch dann besteht, wenn ein ordentlicher Pflichtteilsanspruch nach §§ 2303, 2305, 2307 BGB nicht verlangt werden kann,[1] weil dem Pflichtteilsberechtigten die Hälfte seines gesetzlichen Erbteils oder mehr hinterlassen wurde.[2]

2 Die Anwendbarkeit der Regelung des § 2326 BGB für den Erben ist unabhängig vom Grund der Erbfolge, d.h., es spielt keine Rolle, ob der Pflichtteilsberechtigte gesetzlicher oder gewillkürter Erbe wurde.[3] Auch der Alleinerbe kann pflichtteilsergänzungsberechtigt sein. Sein Anspruch richtet sich zwangsläufig gegen den Beschenkten, § 2329 Abs. 1 S. 2 BGB.[4]

B. Tatbestand

I. Pflichtteilsberechtigter als Erbe bzw. Vermächtnisnehmer (S. 1)

3 Derjenige Pflichtteilsberechtigte, dessen Erbteil geringer ist als die Hälfte des gesetzlichen Erbteils, hat Anspruch auf Pflichtteilsergänzung in voller Höhe. Das Gleiche gilt für denjenigen pflichtteilsberechtigten Erben, dessen Erbteil dem Pflichtteil entspricht, S. 1. Wurde dem Pflichtteilsberechtigten lediglich ein Vermächtnis zugewandt, so hat er Anspruch auf volle Pflichtteilsergänzung, wenn der Wert der ihm zugewandten Vermächtnisse seinen ordentlichen Pflichtteil nicht übersteigt. Erhält der Pflichtteils-

656 *Dressler*, NJW 2003, 2430.

657 BGH ZEV 2007, 584 m. Anm. *Klingelhöffer*; BGH NJW 2003, 1796, 1801; BGHZ 146, 114 ff. = ZEV 2001, 113 m. zust. Anm. *Frenz*; OLG Koblenz FamRZ 2003, 261, 263 = ZEV 2003, 111, 112 f. m. Anm. *Klingelhöffer*; OLG Stuttgart FamRZ 2003, 848 m. krit. Anm. *Hoppenz*.

1 Staudinger/*Olshausen*, § 2326 Rn 1.

2 MüKo/*Lange*, § 2326 Rn 1; Staudinger/*Olshausen*, § 2326 Rn 2.

3 RGZ 58, 124, 126; Staudinger/*Olshausen*, § 2326 Rn 3; Müko/*Lange*, § 2326 Rn 1.

4 MüKo/*Lange*, § 2326 Rn 1.

berechtigte im Wege des Vermächtnisses wertmäßig mehr als seinen ordentlichen Pflichtteil, greift S. 2 ein.[5]

II. Minderung des Pflichtteilsergänzungsanspruchs (S. 2)

Wird dem Pflichtteilsberechtigten mehr als die Hälfte seines gesetzlichen Erbteils hinterlassen, so hat er sich denjenigen Betrag auf seinen Pflichtteilsergänzungsanspruch anrechnen zu lassen, um den sein Erbteil den ordentlichen Pflichtteil übersteigt.[6] Der Anrechnungsbetrag entspricht dem Quotenerbteil des Pflichtteilsberechtigten abzüglich des ordentlichen Pflichtteils. Die Berechnung der Höhe des Pflichtteilsergänzungsanspruchs erfolgt nach der folgenden Formel, die von *J. Mayer* entwickelt wurde: 4

$$EP = N + S : 2\,Q - E$$ [7]

(EP = Pflichtteilsergänzungsanspruch; N = Nachlass im Zeitpunkt des Erbfalles; S = Summe der Schenkungen; E = Wert des hinterlassenen Erbteils; Q = Nenner des gesetzlichen Erbteils des Ergänzungsberechtigten)

Nach dieser Formel wird zunächst der Gesamtpflichtteil aus realem und fiktivem Nachlass gebildet. Der Pflichtteilsergänzungsanspruch ermittelt sich, indem vom Gesamtpflichtteil der Erbteil des pflichtteilsberechtigten Erben abgezogen wird.[8]

Die Kürzung des Pflichtteilsergänzungsanspruchs ist **von Amts wegen** zu berücksichtigen.[9] 5

III. Hälfte des gesetzlichen Erbteils

Umstritten ist, was unter dem Begriff „**Hälfte des gesetzlichen Erbteils**" zu verstehen ist. 6

Einerseits wird vertreten, dass zur Ermittlung des Kürzungsbetrages nach S. 2 auf die reine Erbquote nach §§ 2303, 1924 ff. BGB abzustellen ist.[10] Die h.M. in der Lit. stellt auf den sog. Wertpflichtteil ab,[11] der sich unter Berücksichtigung von Anrechnungs- und Ausgleichungspflichten ermittelt. Teilweise wird zur Berechnung eine „erweiterte Bemessungsgrundlage" aus Vorempfang und Werterbteil zugrunde gelegt.[12]

Maßgeblich muss richtigerweise der Normzweck des § 2326 BGB sein. Dieser liegt darin, den Pflichtteilsberechtigten gegen lebzeitige Schenkungen des Erblassers zu schützen. Insofern besteht eine Parallele zum ordentlichen Pflichtteil, bei dessen Berechnung Anrechnungs- und Ausgleichungspflichten nach §§ 2315, 2316 BGB zu berücksichtigen sind.[13] Dasselbe muss im Ergebnis aber auch beim Ergänzungsanspruch gelten. Andernfalls wären Wertungswidersprüche die Folge, wenn ordentlicher Pflichtteil und Pflichtteilsergänzungsanspruch nebeneinander zur Anwendung kommen.[14] Daher ist bei der zur Ermittlung des Kürzungsbetrages nach S. 2 auf den Wertpflichtteil abzustellen. Zur Berechnung kann auf die nachfolgende Formel abgestellt werden:

$$EP = (1/2 \times ((N+S+Z:Q) - T)) - ((N+S:Q) - T)$$ [15]

---

5 MüKo/*Lange*, § 2326 Rn 5.
6 Vgl. *Kerscher/Riedel/Lenz*, Pflichtteilsrecht, § 9 Rn 123.
7 MüKo/*Lange*, § 2326 Rn 2 m.w.N.
8 BGH WM 1989, 382 = FamRZ 1989, 273.
9 BGH NJW 1973, 995; OLG Hamm FamRZ 2011, 594, 595.
10 *Kerscher/Riedel/Lenz*, Pflichtteilsrecht, § 9 Rn 123; NK-BGB/*Bock*, § 2326 Rn 2.
11 MüKo/*Lange*, § 2326 Rn 3; *Schindler*, ZErb 2006, 186 ff.
12 *Kerscher/Kerscher*, ZEV 2005, 295.
13 MüKo/*Lange*, § 2326 Rn 3.
14 MüKo/*Lange*, § 2326 Rn 3.
15 MüKo/*Lange*, § 2326 Rn 3.

(Z ist die Summe aller zugunsten der Abkömmlinge des Erblassers erfolgten ausgleichungspflichtigen Zuwendungen; T ist der Wert der von dem jeweiligen Abkömmling zur Ausgleichung zu bringenden Zuwendung.)[16]

IV. Bei Auferlegung von Beschränkungen und Beschwerungen

7 Beschränkungen und Beschwerungen des zugewandten Erbteils können nicht vom Wert des Hinterlassenen und somit vom Kürzungsbetrag nach S. 2 in Abzug gebracht werden.[17] Der Pflichtteilsberechtigte hat aber die Möglichkeit, die Erbschaft nach den §§ 2306, 2307 BGB auszuschlagen, um stattdessen seinen ordentlichen Pflichtteil zu erhalten. Daneben steht ihm dann der ungekürzte Ergänzungspflichtteil zu.[18] Hat er die Frist zur Ausschlagung versäumt (in Unkenntnis der Schenkung), so ist dem Pflichtteilsberechtigten ein Anfechtungsrecht zu gewähren.[19] Dies führt aber nicht zu einer Hinausschiebung der Ausschlagungsfrist.[20]
Schlägt der Pflichtteilsberechtigte eine unbelastete Erbschaft aus, so mindert sich der Ergänzungspflichtteil um den Wert der ausgeschlagenen Hinterlassenschaft, soweit diese den Pflichtteil übersteigt.[21] Gleiches gilt bei der Ausschlagung eines unbelasteten oder unbeschränkten Vermächtnisses.[22]

§ 2327 Beschenkter Pflichtteilsberechtigter

(1) [1]Hat der Pflichtteilsberechtigte selbst ein Geschenk von dem Erblasser erhalten, so ist das Geschenk in gleicher Weise wie das dem Dritten gemachte Geschenk dem Nachlass hinzuzurechnen und zugleich dem Pflichtteilsberechtigten auf die Ergänzung anzurechnen. [2]Ein nach § 2315 anzurechnendes Geschenk ist auf den Gesamtbetrag des Pflichtteils und der Ergänzung anzurechnen.
(2) Ist der Pflichtteilsberechtigte ein Abkömmling des Erblassers, so findet die Vorschrift des § 2051 Abs. 1 entsprechende Anwendung.

Übersicht: Rdn

16 MüKo/*Lange*, § 2326 Rn 3.
17 RGRK/*Johannsen*, § 2326 Rn 4; MüKo/*Lange*, § 2326 Rn 4; Staudinger/*Herzog*, § 2326 Rn 25; wohl h.M.
18 MüKo/*Lange*, § 2326 Rn 6; Grüneberg/*Weidlich*, § 2326 Rn 4.
19 Grüneberg/*Weidlich*, § 2326 Rn 4; MüKo/*Lange*, § 2326 Rn 4.
20 Staudinger/*Herzog*, § 2326 Rn 33; Grüneberg/*Weidlich*, § 2326 Rn 4; BeckOK/*Müller-Engels*, § 2326 Rn 5.
21 Staudinger/*Herzog*, § 2326 Rn 23.
22 MüKo/*Lange*, § 2326 Rn 6.

A. Allgemeines

1 Grundsätzlich steht dem Pflichtteilsergänzungsberechtigten der **Gesamtpflichtteil** unter Einbeziehung sämtlicher lebzeitiger Schenkungen des Erblassers zu. § 2327 BGB regelt den Fall, dass der Erblasser nicht nur Dritte ergänzungserheblich beschenkt hat, sondern auch den Pflichtteilsberechtigten selbst. Nach dieser Vorschrift werden sog. Eigengeschenke dem Nachlass hinzugerechnet. Der Ergänzungsberechtigte muss sich diese Geschenke auf seinen Pflichtteilsergänzungsanspruch anrechnen lassen.[1] Bis zur Höhe der Eigenschenkung kann keine Pflichtteilsergänzung verlangt werden.[2] So wird vermieden, dass der Ergänzungsberechtigte am Vermögen des Erblassers über seinen Gesamtpflichtteil hinaus beteiligt wird.[3] Die Anrechnung erfolgt ohne besondere Anordnung des Erblassers.

B. Tatbestand

I. Berücksichtigungsfähige Eigengeschenke

2 Grundvoraussetzung für die Anrechnung ist, dass neben dem Ergänzungsberechtigten noch ein **Dritter** beschenkt wurde.[4] Mehrere Geschenke an den Pflichtteilsberechtigten sind insgesamt dem Nachlass hinzuzurechnen und i.S.d. Vorschrift zu berücksichtigen.[5] Als Eigengeschenk kommt jede Art von Schenkung in Betracht, mithin auch **gemischte Schenkungen**. Pflicht- und Anstandsschenkungen i.S.d. § 2330 BGB bleiben unberücksichtigt.[6] Auch ehebezogene Zuwendungen, insbesondere im Zusammenhang mit Erwerb, Errichtung oder Erhaltung des Familienwohnheims, werden als Eigengeschenke bewertet. Dies gilt selbst dann, wenn die Zuwendung auch zur Vermögensverlagerung aus Haftungsgründen erfolgte oder der zweckmäßigen Verteilung des Ehevermögens, z.B. zur Erreichung steuerlicher Vorteile (Verlagerung der Einkunftsquellen), diente.[7] Bzgl. sämtlicher Eigengeschenke ist der Ergänzungsberechtigte zur Auskunftserteilung verpflichtet.[8]

3 Eine unbenannte Zuwendung unter Ehegatten ist im Rahmen des Erbrechts grundsätzlich wie eine Schenkung zu behandeln, sofern sie sich nur als objektiv unentgeltlich erweist. Dies gilt auch im Rahmen des § 2327 BGB, sofern der Pflichtteilsberechtigte ein Eigengeschenk erhalten hat. Die pflichtteilsberechtigte Ehefrau muss sich daher im Rahmen ihrer Pflichtteilsergänzungsansprüche nach § 2325 BGB als Zuwendung („Geschenk") i.S.d. § 2327 BGB anrechnen lassen, dass sie als hälftige Miteigentümerin des allein aus finanziellen Mitteln des Ehegatten/Erblassers erworbenen Familiengrundstücks eingetragen wurde.[9] Dies gilt ggf. auch hinsichtlich der Zinszahlungen des Erblassers für ein gemeinsam mit dem Ehegatten finanziertes Hausgrundstück.[10] Für Zuwendungen des Erblassers, die dem Pflichtteilsberechtigten über eine Familienstiftung zukommen, soll § 2327 BGB analog anwendbar sein.[11] Wird der Übernehmer bei der unentgeltlichen Übergabe eines Grundstücks durch vorweggenommene Erbfolge verpflichtet, an seine Geschwister ein Gleichstellungsgeld zu bezahlen, so liegt hierin keine Schenkung i.S.d. §§ 516, 2327 Abs. 1 BGB. Nur dann, wenn das Gleichstel-

1 *Kretschmar*, Recht 1912, 39 ff.
2 OLG Schleswig BeckRS 2013, 08631.
3 Staudinger/*Herzog*, § 2327 Rn 1.
4 Staudinger/*Herzog*, § 2327 Rn 6.
5 Staudinger/*Olshausen*, § 2327 Rn 6.
6 BGH FamRZ 1982, 165.
7 Vgl. *Kerscher/Riedel/Lenz*, Pflichtteilsrecht, § 9 Rn 130.
8 BGH NJW 1964, 1414.
9 Anschluss BGH NJW 1992, 564; LG Ellwangen ZEV 2009, 531.
10 BGH ZErb 2018, 118 ff.
11 RGZ 54, 399; Staudinger/*Herzog*, § 2327 Rn 13.

lungsgeld später tatsächlich ausgezahlt wird, sind die Geschwister wirtschaftlich betrachtet aus dem Vermögen des Erblassers bereichert.[12] Hat eine Erblasserin anlässlich der Veräußerung eines Hausgrundstücks an ihren Enkelsohn unter Vorbehalt eines eigenen, lebenslangen Nießbrauchs zugleich auch ihrem Sohn ein weiteres, aufschiebend auf ihren Tod bedingtes lebenslanges Nießbrauchsrecht eingeräumt, so liegt darin mangels Unentgeltlichkeit bereits keine Schenkung als Voraussetzung eines Pflichtteilsergänzungsanspruchs und mangelt es auch in der Rechtsfolge an einem „verschenkten Gegenstand", weil der Begünstigte – wie in anderen Fällen mittelbarer Zuwendungen – dadurch nicht aus dem Vermögen der Erblasserin heraus bereichert worden ist.[13]

Besteht nach § 528 BGB oder nach § 2287 BGB eine Rückgabeverpflichtung, so darf keine Anrechnung auf den Pflichtteilsergänzungsanspruch erfolgen.[14]

II. Person des Schenkers

4 Der Pflichtteilsberechtigte muss grundsätzlich vom Erblasser beschenkt worden sein. Im Rahmen von Berliner Testament, § 2269 BGB, oder entsprechend gestaltetem Ehegattenerbvertrag, § 2280 BGB, gilt ein **„enger Erblasserbegriff"**. Eigengeschenke sind insoweit nur Schenkungen des Erblassers selbst. Der Anrechnung unterfallen nicht Geschenke, die vom anderen Ehegatten an den Pflichtteilsberechtigten gemacht wurden.[15] Im „Schlusserbfall" sind anrechnungspflichtig i.S.d. Vorschriften nur Geschenke des länger lebenden Ehegatten und nicht auch solche, die vom Erstversterbenden stammen. Geschenke des Erstversterbenden sind bereits nach dessen Tod zu berücksichtigen.[16]

5 Ist aus wirtschaftlicher Sicht fraglich, welcher **Elternteil** die Schenkung vorgenommen hat, bzw. lässt sich die wirtschaftliche Herkunft der Mittel nicht aufklären, so kann § 2331 Abs. 1 S. 1 BGB analog herangezogen werden,[17] der eine spezielle Zuordnungsregel für Schenkungen aus dem Gesamtgut der Gütergemeinschaft enthält.

III. Person des Beschenkten

6 Der Pflichtteilsberechtigte selbst muss ein Geschenk vom Erblasser erhalten haben. Geschenke des Erblassers an Dritte finden nur nach Abs. 2 der Vorschrift Berücksichtigung. Geschenke des Erblassers an den Ehegatten oder eingetragenen Lebenspartner des Pflichtteilsberechtigten stellen grundsätzlich keine Eigengeschenke dar.[18] Nur wenn es sich hierbei um „versteckte Eigengeschenke" an den Pflichtteilsberechtigten handelt, finden sie Berücksichtigung.[19]

IV. Keine Zehnjahresfrist hinsichtlich des Eigengeschenks

7 Die Zeitschranke des § 2325 Abs. 3 BGB gilt nicht für die Anrechnung der Eigengeschenke des Pflichtteilsberechtigten i.R.d. § 2327 BGB,[20] was sich bereits aus dem Gesetzeswortlaut ergibt. Die Vorschrift wird daher überwiegend als rechtspolitisch

12 OLG Karlsruhe ErbR 2010, 361–364.
13 OLG Saarbrücken, ErbR 2024, 305 ff.
14 Grüneberg/*Weidlich*, § 2327 Rn 1; MüKo/*Lange*, § 2327 Rn 3; Staudinger/*Herzog*, § 2327 Rn 5.
15 BGH NJW 1983, 2875.
16 BGH NJW 1983, 2875.
17 *Mellmann*, Pflichtteilsergänzung und -anrechnung, S. 189 ff.
18 BGH DNotZ 1963, 113; MüKo/*Lange*, § 2327 Rn 6; Staudinger/*Herzog*, § 2327 Rn 14.
19 Vgl. dazu MüKo/*Lange*, § 2327 Rn 6; Staudinger/*Herzog*, § 2327 Rn 14.
20 RGZ 69, 389; BGH DNotZ 1963, 113; BGH NJW 1990, 180, 181; OLG München NJW-Spezial 2011, 391.

bedenklich diskutiert.[21] Für die Berücksichtigung des Eigengeschenks spielt es mithin keine Rolle, wann die Schenkung vorgenommen wurde. Selbst die Eigengeschenke, die der Pflichtteilsberechtigte erhielt, bevor er pflichtteilsberechtigt wurde, sind anzurechnen.[22]

Beispiel
Hat der Erblasser seine zweite Ehefrau vor der Heirat beschenkt, so muss diese sich dieses Eigengeschenk auf ihren Pflichtteilsergänzungsanspruch anrechnen lassen, der sich auf weitere Schenkungen des Erblassers an Dritte nach der Eheschließung begründet. Der gleiche Schutz gebührt dem zweiten Ehegatten vor Pflichtteilsergänzungsansprüchen erstehelicher Abkömmlinge des Erblassers. Diese müssen sich auf ihren Pflichtteilsergänzungsanspruch wegen Geschenken an den zweiten Ehegatten auch Zuwendungen des Erblassers an sich anrechnen lassen, die aus der Zeit vor der zweiten Heirat stammen.

Dies wurde mit der Entscheidung des BGH vom 23.5.2012[23] bestätigt. Die Entscheidung bedeutet eine Abkehr von den Senatsurteilen vom 21.7.1972, IV ZR 68/71, BGHZ 59, 210 und vom 25.6.1997, IV ZR 233/96. Nach der aktuellen Rechtsprechung des BGH setzt der Pflichtteilsergänzungsanspruch eines Abkömmlings nach § 2325 Abs. 1 BGB nicht weiter voraus, dass die Pflichtteilsberechtigung bereits im Zeitpunkt der Schenkung bestand.

Wie oben ausgeführt, spielt die Zehnjahresfrist des § 2325 Abs. 3 BGB für die Frage der Anrechnung eines Eigengeschenks an den Pflichtteilsberechtigten keine Rolle. Eine hiervon abweichende Bemerkung in einem einen anderen Streitgegenstand betreffenden Berufungsurteil einer Stufenklage ist für das Berufungsgericht im Verfahren über die Berufung gegen das Schlussurteil nicht bindend.[24] 8

V. Anrechnung (Abs. 1 S. 1)

Soweit Anrechnungs- und Ausgleichungspflichten gem. §§ 2315 ff. BGB nicht bestehen, sind dem Nachlass zur Berechnung des Pflichtteilsergänzungsanspruchs gem. Abs. 1 S. 1 **sämtliche** Eigengeschenke und sonstige ergänzungspflichtige Schenkungen des Erblassers hinzuzurechnen, als wären sie noch im Nachlass vorhanden. Von dem sich so errechnenden Ergänzungspflichtteil ist anschließend das Eigengeschenk abzuziehen.[25] 9

Auf einen Pflichtteilsergänzungsanspruch ist ein Eigengeschenk des Anspruchstellers auch dann anzurechnen, wenn es sich hierbei um eine gemischte Schenkung handelt. Eine solche liegt vor, wenn ein Grundstück übertragen wird, dessen Wert die vereinbarte Gegenleistung in Form einer Rentenverpflichtung erheblich übersteigt. Bei der Ermittlung des Werts der Grundstücksübertragung ist ein Pachterlös werterhöhend und ein Nießbrauchsvorbehalt des Erblassers wertmindernd zu berücksichtigen.[26] 10

Wegen eines seit dem Zeitpunkt der Zuwendung evtl. eingetretenen Kaufkraftschwundes ist der seinerzeitige Wert entsprechend der allg. Geldwertentwicklung zu bereinigen.[27] Von dem sich errechnenden Ergänzungspflichtteil ist das Eigengeschenk in Abzug zu bringen. 11

21 MüKo/*Lange*, § 2327 Rn 7; Staudinger/*Herzog*, § 2327 Rn 9 ff.
22 MüKo/*Lange*, § 2327 Rn 8.
23 BGH ZErb 2012, 248.
24 OLG Koblenz OLGR Koblenz 2005, 113 ff.
25 MüKo/*Lange*, § 2327 Rn 10.
26 Anschluss BGH, 27.4.1997 – IV ZR 132/93, BGHZ 125; OLG Koblenz OLGR Koblenz 2005, 113 ff.
27 *Kerscher/Riedel/Lenz*, Pflichtteilsrecht, § 9 Rn 133.

Beispiel
Der Nachlass beträgt 30.000 EUR. Erblasser E hat seinen Freund F zum Alleinerben eingesetzt. Sein einziger Sohn S hat 10.000 EUR als Geschenk lebzeitig erhalten. Ein weiteres Geschenk hat D erhalten, und zwar i.H.v. 20.000 EUR.
Der ordentliche Pflichtteil des S beträgt 15.000 EUR (30.000 EUR : 2). Der Gesamtpflichtteil beträgt (30.000 EUR + 10.000 EUR + 20.000 EUR) : 2 = 30.000 EUR. Der Ergänzungspflichtteil beträgt 15.000 EUR (30.000 EUR Gesamtpflichtteil – 15.000 EUR ordentlicher Pflichtteil).
Auf den Ergänzungspflichtteil muss sich S gem. Abs. 1 S. 1 sein Eigengeschenk i.H.v. 10.000 EUR anrechnen lassen. Er kann mithin noch 5.000 EUR Ergänzungspflichtteil verlangen. Hierneben steht ihm noch der ordentliche Pflichtteil i.H.v. 15.000 EUR zu.

Stehen **mehreren Pflichtteilsberechtigten** Ansprüche nach § 2325 oder § 2326 BGB zu und hat jeder von ihnen eine Eigenschenkung erhalten, sind sämtliche Schenkungen dem Nachlass hinzuzurechnen. Allerdings ist jedem Pflichtteilsberechtigten nur jeweils sein Geschenk auf die Ergänzung anzurechnen.[28]

12 Übersteigt das Eigengeschenk den Ergänzungspflichtteil, entfällt der Anspruch auf eine Pflichtteilsergänzung. Der **„Mehrbetrag“** muss nicht erstattet werden.[29] Eine **Anrechnung** auf den **ordentlichen Pflichtteil** erfolgt nicht, da sonst die Verweisung auf § 2315 BGB bedeutungslos würde.[30] Bei unzureichendem Nachlass kann der beschränkte Pflichtteilsberechtigte aber nach § 2329 BGB in Anspruch genommen werden.[31]

13 Sofern der Nachlass nicht überschuldet ist, kann der Ergänzungspflichtteil auch ermittelt werden, indem sämtliche Geschenke addiert werden. Dies ist möglich, da die Eigengeschenke nur auf den Ergänzungspflichtteil anzurechnen sind. Von der Summe sind die Eigengeschenke abzuziehen. Nach dieser Rechenmethode lässt es sich i.d.R. einfacher rechnen.[32]

VI. Anrechnung der anrechnungspflichtigen Zuwendungen (Abs. 1 S. 2)

14 Ist ein Eigengeschenk gleichzeitig anrechnungspflichtig i.S.d. § 2315 BGB, so muss sich der Empfänger die Schenkung auf den Gesamtbetrag von Pflichtteil und Ergänzung anrechnen lassen, Abs. 1 S. 2. Zur Berechnung des Wertes des Eigengeschenks ist § 2315 Abs. 2 S. 2 BGB heranzuziehen,[33] so dass das Niederstwertprinzip nicht gilt.[34]

15 Umstritten ist, wie die Anrechnung zu erfolgen hat. Rspr. zu dieser Frage ist nicht bekannt. Es kann zunächst festgehalten werden, dass sämtliche Vorschläge zur Anrechnungsmethode zu demselben Ergebnis gelangen.
Am einfachsten dürfte die von *Olshausen*[35] vorgeschlagene Rechenvariante sein: Hiernach werden dem Nachlass zunächst sämtliche Fremd- und Eigengeschenke hinzugerechnet. Anschließend wird der Gesamtpflichtteil gebildet und hiervon die Eigenschenkung abgezogen.

---

28 MüKo/*Lange*, § 2327 Rn 10.
29 MüKo/*Lange*, § 2327 Rn 1.
30 Staudinger/*Herzog*, § 2327 Rn 19.
31 Grüneberg/*Weidlich*, § 2327 Rn 2; MüKo/*Lange*, § 2327 Rn 1.
32 Staudinger/*Herzog*, § 2327 Rn 23.
33 MüKo/*Lange*, § 2327 Rn 18.
34 MüKo/*Lange*, § 2327 Rn 18; a.A. Staudinger/*Herzog*, § 2327 Rn 36.
35 Staudinger/*Herzog*, § 2327 Rn 31 ff.

Nach a.A.[36] ist vorrangig der ordentliche Pflichtteil unter Berücksichtigung von § 2315 BGB zu ermitteln. Danach wird der Pflichtteilsergänzungsanspruch unter Zugrundelegung sämtlicher Fremdschenkungen errechnet. Auf den Pflichtteilsergänzungsanspruch wird die Eigenschenkung angerechnet, sofern sie noch nicht durch die Anrechnung auf den ordentlichen Pflichtteil verbraucht wurde. Dieser Anrechnungsbetrag wird durch Vergleich des Wertes der Eigenschenkung mit dem Wert eines „fiktiven" Pflichtteils, berechnet aus Nachlass zzgl. Eigengeschenk ohne Fremdschenkungen, ermittelt. 16

Abgesehen davon, dass diese Rechenmethode sehr kompliziert ist, können die von den §§ 2315, 2325 BGB vorgegebenen **Berechnungsverfahren** nicht immer eingehalten werden.[37]

Am sachgerechtesten erscheint der von *Dieckmann*[38] vorgeschlagene Rechenweg, der vom Grundfall des Abs. 1 S. 1 ausgeht, da diese Variante die Berechnungsverfahren der §§ 2315, 2325 BGB konsequent anwendet. *Dieckmann* geht von folgender Überlegung aus: Ist ein Eigengeschenk nicht anrechnungspflichtig i.S.d. § 2315 BGB, entspricht der Ergänzungspflichtteil des eigenbeschenkten Pflichtteilsberechtigten der Differenz zwischen dem nach Abs. 1 S. 1 berechneten Gesamtpflichtteil und dem ordentlichen Pflichtteil gem. §§ 2303, 2311 BGB. 17

Ist das Eigengeschenk **anrechnungspflichtig** i.S.d. § 2315 BGB, kann der Ergänzungspflichtteil unter Berücksichtigung der vorgegebenen Berechnungsverfahren der §§ 2315, 2325 BGB nur der Differenz zwischen nach Abs. 1 S. 1 ermitteltem Gesamtpflichtteil und ordentlichem Pflichtteil gem. §§ 2303, 2315 BGB entsprechen. 18

Beispiel*
Nachlass 100.000 EUR. Freund D ist Alleinerbe. Der einzige Sohn S des Erblassers E hat ein gem. § 2315 BGB anrechnungspflichtiges Geschenk i.H.v. 40.000 EUR erhalten. Beschenkt wurde außerdem D i.H.v. 60.000 EUR.
Gesamtpflichtteil für S:
(100.000 EUR + 60.000 EUR + 40.000 EUR) : 2 – 40.000 EUR = 60.000 EUR
Ordentlicher Pflichtteil, §§ 2303, 2315 BGB:
140.000 EUR : 2 – 40.000 EUR = 30.000 EUR
Ergänzungspflichtteil:
60.000 EUR – 30.000 EUR = 30.000 EUR
* nach Soergel/*Dieckmann*, 13. Aufl. 2002, § 2327 Rn 8–11

Die Frage der Anrechnungsmethode und insbesondere die Frage, ob das Eigengeschenk vom ordentlichen Pflichtteil oder Pflichtteilsergänzungsanspruch in Abzug zu bringen ist, ist in den Fällen zur Ermittlung des Anspruchsgegners relevant, in denen der Nachlass zur Deckung von ordentlichem Pflichtteil und Pflichtteilsergänzungsanspruch nicht ausreicht. Wegen des ordentlichen Pflichtteils kann sich der Pflichtteilsberechtigte nur an den Nachlass halten; wegen des Pflichtteilsergänzungsanspruchs kann er auf den Beschenkten durchgreifen. 19

VII. Ausgleichungspflichtige Zuwendungen

Zuwendungen des Erblassers an Pflichtteilsberechtigte können ausgleichungspflichtig sein und sich gleichzeitig als Schenkung erweisen, z.B. Übermaßausstattungen nach § 2050 Abs. 3 BGB. Soweit eine ausgleichungspflichtige Schenkung bereits bei der Berechnung des ordentlichen Pflichtteils gem. § 2316 BGB „verbraucht wurde", unter- 20

36 *F. Sturm/G. Sturm*, FG v. Lübtow, 1980, S. 599, 614 ff.
37 Vgl. *Kasper*, Anrechnung und Ausgleichung, S. 40 ff.
38 Soergel/*Dieckmann*, 13. Aufl., § 2327 Rn 8–11.

liegt sie nicht mehr der Pflichtteilsergänzung.[39] Zur Berechnung des Pflichtteilsergänzungsanspruchs eines pflichtteilsberechtigten Abkömmlings, der eine nur ausgleichungspflichtige Zuwendung vom Erblasser erhalten hat, wird zunächst der ordentliche Pflichtteil unter Berücksichtigung der Ausgleichungspflicht gem. § 2316 BGB ermittelt. Anschließend wird der Gesamtpflichtteil gebildet unter Berücksichtigung sämtlicher ergänzungspflichtiger Geschenke, der Eigengeschenke und der ausgleichungspflichtigen Zuwendungen. Wird nun der gem. § 2316 BGB ermittelte ordentliche Pflichtteil vom Gesamtpflichtteil in Abzug gebracht, ermittelt sich der Ergänzungspflichtteil.[40] Wenn die ausgleichungspflichtige Zuwendung gleichzeitig Schenkungscharakter hat, ist zu klären, wie und in welchem Umfang sich der Pflichtteilsberechtigte diese gem. § 2327 BGB auf seinen Ergänzungspflichtteil anrechnen lassen muss.

21 Zur Vermeidung einer **Doppelanrechnung** kann von einer i.R.d. Ausgleichung bereits hälftig berücksichtigten Zuwendung i.R.d. Abs. 1 S. 1 nur noch der hälftige Wert auf den Pflichtteilsergänzungsanspruch angerechnet werden.[41]

Beispiel*

Nachlasswert beträgt 20.000 EUR. Alleinerbe ist Freund D und Erblasser E hinterlässt die Kinder S und T.

S hat eine Ausstattung i.H.v. 8.000 EUR erhalten, die i.H.v. 2.000 EUR auch Schenkung ist. Weitere ergänzungspflichtige Zuwendung an X i.H.v. 6.000 EUR.

Pflichtteilsergänzungsanspruch des S:

Ordentlicher Pflichtteil nach § 2316 BGB:

(20.000 EUR + 8.000 EUR) : 2 – 8.000 EUR (: 2) = 3.000 EUR

Gesamtpflichtteil:

(20.000 EUR + 6.000 EUR + 8.000 EUR) : 2 – 8.000 EUR (: 2) = 4.500 EUR

Ergänzungspflichtteil ohne Anrechnung Eigengeschenk:

Gesamtpflichtteil 4.500 EUR – ordentlicher Pflichtteil 3.000 EUR = 1.500 EUR – 1/2 Eigengeschenk (Wert: 2.000 EUR) 1.000 EUR = 500 EUR (= effektiver Ergänzungspflichtteil)

* nach MüKo/*Lange*, § 2327 Rn 7

VIII. Geschenke an Abkömmlinge (Abs. 2)

22 Derjenige Abkömmling, der an die Stelle eines vom Erblasser beschenkten pflichtteilsberechtigten Abkömmlings tritt, muss sich behandeln lassen, als wäre er selbst der Beschenkte. Die Vorschrift entspricht § 2315 Abs. 3 BGB und gilt auch für den Beschenkten, der aus § 2329 BGB in Anspruch genommen wird.[42]

C. Beweislast, Verfahrensfragen

23 Den Beschenkten trifft nach den allg. Grundsätzen die Beweislast sowohl für den Wert der Schenkung des Erblassers an den Berechtigten als auch für die Schenkung selbst.[43] Die Eigengeschenke sind von Amts wegen bei der Berechnung des Pflichtteilsergänzungsanspruchs zu berücksichtigen.[44] Der Ergänzungsberechtigte muss über die erhaltenen Geschenke Auskunft erteilen.[45] Der Erbe kann Einsicht in das Grundbuch

39 BGH DNotZ 63, 113; MüKo/*Lange*, § 2327 Rn 12.
40 BGH LM § 2325 Nr. 5 = NJW 1965, 1526, 1527.
41 MüKo/*Lange*, § 2327 Rn 14.
42 Vgl. dazu RG JW 1912, 913.
43 BGH NJW 1964, 1414.
44 MüKo/*Lange*, § 2327 Rn 11; Staudinger/*Herzog*, § 2327 Rn 18; NK-BGB/*Bock*, § 2327 Rn 15.
45 MüKo/*Lange*, § 2327 Rn 11; Staudinger/*Herzog*, § 2327 Rn 17.

und die Grundakten verlangen, wenn er die pflichtteilsrechtliche Bedeutung eines Vorgangs darlegen kann. Dies soll etwa der Fall sein, wenn der Pflichtteilsberechtigte ein Grundstück weit unter Wert bekommen haben soll, sodass eine gemischte Schenkung vorliegen könnte, die als Eigengeschenk anzurechnen sei.[46]

§ 2328 Selbst pflichtteilsberechtigter Erbe

Ist der Erbe selbst pflichtteilsberechtigt, so kann er die Ergänzung des Pflichtteils soweit verweigern, dass ihm sein eigener Pflichtteil mit Einschluss dessen verbleibt, was ihm zur Ergänzung des Pflichtteils gebühren würde.

Übersicht:

A. Allgemeines

1 Die Vorschrift überträgt den für den ordentlichen Pflichtteil geltenden Grundsatz, nach welchem dem Pflichtteilsberechtigten sein eigener Pflichtteil verbleiben soll (§ 2319 BGB), auf den Pflichtteilsergänzungsanspruch, der sich in erster Linie gegen den Erben, §§ 2325, 2329 BGB, richtet. Ein auf Pflichtteilsergänzung in Anspruch genommener, selbst pflichtteilsberechtigter Erbe soll nicht schlechter stehen als der enterbte Pflichtteilsberechtigte. Nach § 2328 BGB ist er deshalb nur bis zu der Grenze leistungspflichtig, bis zu der ihm sein eigener Pflichtteil einschließlich ihm gebührender Ergänzungen verbleibt. Die Vorschrift beschränkt allerdings nur die Erbenhaftung.[1] Der Geltungsbereich der Vorschrift umfasst auch den pflichtteilsberechtigten Alleinerben. Der pflichtteilsberechtigte Erbe soll seinen Gesamtpflichtteil (ordentlicher Pflichtteil + gebührender Pflichtteilsergänzungsanspruch) gegenüber Ergänzungsansprüchen anderer Pflichtteilsberechtigter verteidigen. In dieser Höhe steht ihm ein Leistungsverweigerungsrecht – **peremptorische Einrede** – zu.[2] Bei der Bemessung der Haftungsgrenze des § 1586b Abs. 1 S. 3 BGB sind auch (fiktive) Pflichtteilsergänzungsansprüche zu berücksichtigen, die dem Unterhaltsberechtigten gem. § 2325 BGB gegen die Erben zustünden, wenn seine Ehe mit dem Unterhaltspflichtigen erst durch dessen Tod aufgelöst worden wäre. Gegenüber diesen (nur fiktiven) Pflichtteilsergänzungsansprüchen des Unterhaltsberechtigten können sich Erben, die selbst pflichtteilsberechtigt sind, nicht auf § 2328 BGB berufen.[3]

2 Die Vorschrift des § 2328 BGB bevorzugt den pflichtteilsberechtigten Erben in starkem Maße. Der pflichtteilsberechtigte Erbe erhält seinen ordentlichen Pflichtteil und zusätzlich den ihm gebührenden Pflichtteilsergänzungsanspruch vorneweg aus dem Nachlass. Die übrigen Pflichtteilsberechtigten müssen, soweit der Nachlass zur Befrie-

46 MüKo/*Lange*, § 2327 Rn 11; LG Stuttgart ZEV 2005, 313.
1 OLG Schleswig BeckRS 2013, 08631.
2 BGHZ 85, 274, 284 ff.
3 Fortführung BGH v. 29.11.2000 – XII ZR 165/98, BGHZ 146, 114, 118 = FamRZ 2001, 282, 283 und BGH v. 5.2.2003 – XII ZR 29/00, FamRZ 2003, 848, 854, Rn 16, 18; BGH NJW 2007, 3207 ff.

digung ihrer Ansprüche nicht ausreicht, den Beschenkten gem. § 2329 BGB in Anspruch nehmen mit dem Risiko des Entreicherungseinwandes nach § 818 Abs. 3 BGB.[4] Dieser Bevorzugung entgegenhalten kann der pflichtteilsberechtigte Erbe lediglich die Last der Nachlassabwicklung sowie das Risiko des Wertverfalls.[5]

B. Tatbestand

I. Konkreter Pflichtteil

3 Der pflichtteilsberechtigte Erbe kann mit der Einrede seinen „konkreten Pflichtteil" verteidigen. Hierunter fällt derjenige Betrag, der sich für den ordentlichen Pflichtteil nach Anrechnung und Ausgleichung, §§ 2315, 2316 BGB, und für den Ergänzungspflichtteil unter Anwendung der §§ 2325, 2327 BGB errechnet,[6] d.h. im Rahmen der Berechnung sind alle Eigengeschenke zu berücksichtigen, die der pflichtteilsberechtigte Erbe vom Erblasser erhalten hat.[7]

4 Für die Berechnung des Pflichtteils des überlebenden Ehegatten ist von dem nach § 1371 Abs. 1 BGB erhöhten Erbteil auszugehen, ebenso für den überlebenden Lebenspartner einer eingetragenen Lebenspartnerschaft im Vermögensstand der Ausgleichungsgemeinschaft, §§ 6, 10 Abs. 6 S. 2 LPartG.[8]

5 Aus dem Wortlaut der Vorschrift („gebühren würde") ergibt sich, dass der **Kürzungsbetrag** des § 2326 S. 2 BGB i.R.d. Berechnung der Einrede nicht abgezogen werden darf.[9] Es kann hier nicht auf die Höhe des tatsächlichen Pflichtteilsergänzungsanspruchs ankommen. Als Gesamtpflichtteil ist vielmehr derjenige Betrag zu ermitteln, der dem pflichtteilsberechtigten Erben gebühren würde, wenn er nicht Erbe geworden wäre. Ansonsten wäre der pflichtteilsberechtigte Erbe benachteiligt.[10] Konsequenterweise ist § 2327 BGB i.R.d. Berechnung der Einrede zu berücksichtigen.[11] Dies kann dazu führen, dass der Pflichtteilsberechtigte nur seinen ordentlichen Pflichtteil gegenüber dem Ergänzungsanspruch eines weiteren Pflichtteilsberechtigten verteidigen kann.

II. Voraussetzungen

6 Es muss Pflichtteilsergänzung verlangt werden. Das Verlangen des ordentlichen Pflichtteils reicht nicht.[12] Der Anspruch muss sich an einen pflichtteilsberechtigten Erben, als Alleinerben oder Miterben, richten, wobei insoweit die abstrakte Pflichtteilsberechtigung genügt.[13]

7 Umstritten ist die Frage, wie sich ein **Pflichtteilsverzicht** auf das **Leistungsverweigerungsrecht** auswirkt: Teilweise wird vertreten, dass ein Pflichtteilsverzicht immer zum Verlust der Einrede führe. Um dies zu vermeiden, müsse der Verzicht eingeschränkt und unter Vorbehalt der Einrede erklärt werden.[14] Nach anderer Auffassung ist diese Begründung nicht haltbar, da materielles Recht und Verfahrensrecht verwechselt würden. § 2328 BGB enthalte eine „dynamische Verweisung" auf das materielle Recht.

---

4 MüKo/*Lange*, § 2328 Rn 4; Staudinger/*Herzog*, § 2328 Rn 3.
5 Staudinger/*Herzog*, § 2328 Rn 3.
6 Staudinger/*Olshausen*, § 2328 Rn 8.
7 OLG Celle ZEV 2014, 54.
8 Staudinger/*Olshausen*, § 2328 Rn 15.
9 MüKo/*Lange*, § 2328 Rn 6.
10 *Kerscher/Riedel/Lenz*, Pflichtteilsrecht, § 9 Rn 164.
11 Staudinger/*Olshausen*, § 2328 Rn 8.
12 Staudinger/*Olshausen*, § 2328 Rn 4.
13 Staudinger/*Olshausen*, § 2328 Rn 5, 6.
14 *Tanck*, ZErb 2001, 194, 196.

Wenn der Pflichtteil infolge des Verzichts wegfiele, nütze ein verfahrensrechtlicher Vorbehalt nichts mehr.[15]

III. Zeitpunkt der Berechnung

Für die Berechnung des Gesamtpflichtteils ist auf den Zeitpunkt des Erbfalls abzustellen. Der **Wert** des Pflichtteils wird zum **Zeitpunkt des Erbfalls** ermittelt, § 2311 BGB. Für den Pflichtteilsergänzungsanspruch kann wegen des Niederstwertprinzips des § 2325 Abs. 2 BGB allenfalls noch auf den Wert im Zeitpunkt der Schenkung abgestellt werden. Kommt es nach dem Erbfall zu einem Wertverfall des Nachlasses, hätte der Erbe jedoch die Pflichtteilsergänzungsansprüche Dritter zum Zeitpunkt des Erbfalls erfüllen können, so ist fraglich, ob er auch in diesem Fall seinen konkreten Pflichtteil verteidigen darf. 8

Nach der Rspr. des BGH ist dies der Fall.[16] Der Erbe kann entsprechend § 1990 BGB die **Dürftigkeitseinrede** erheben und darf seinen Gesamtpflichtteil vorneweg aus dem Nachlass entnehmen, §§ 1978 Abs. 3, 1991 Abs. 1 BGB. Nach dieser Rspr. des BGH ist der Nachlass bereits dürftig, wenn seine Werthaltigkeit gerade noch zur Befriedigung des Gesamtpflichtteils des pflichtteilsberechtigten Erben ausreicht. Die Rspr. des BGH ist mit dem Stichtagsprinzip des § 2311 BGB nicht zu vereinbaren, nach welchem Wertveränderungen des Nachlasses grundsätzlich in den Risikobereich des Erben fallen. Wertschwankungen wirken sich auf die Höhe des ordentlichen Pflichtteils somit nicht aus. Die Rspr. des BGH führt zu einer Ungleichbehandlung der „Haftung des pflichtteilsberechtigten Erben in Bezug auf ordentlichen Pflichtteil und Pflichtteilsergänzungsanspruch". Wertsteigerungen des Nachlasses haben keinen Einfluss auf Umfang und Bestehen der Einrede.[17] 9

C. Rechtsfolgen

Entfällt die Haftung des Alleinerben wegen § 2328 BGB, so tritt die **Haftung** des **Beschenkten** ein, § 2329 BGB. Der Anspruch kann beim Vorhandensein mehrerer Erben nur dann gegen den Beschenkten gerichtet werden, soweit der Pflichtteilsergänzungsanspruch des Berechtigten von diesem nicht erfüllt werden kann bzw. wegen § 2328 BGB erfüllt werden muss.[18] Sind sämtliche Miterben mit Erbquoten zur Erbfolge berufen, die ihrer Höhe nach den gesetzlichen Quoten entsprechen, und sind die Erben alle pflichtteilsberechtigt, so kann, weil jedem Einzelnen die Einrede nach § 2328 BGB zusteht, der Pflichtteilsergänzungsanspruch von der Erbengemeinschaft nicht erfüllt werden. In diesem Falle tritt der Beschenkte gem. § 2329 BGB ein. Er hat das erhaltene Geschenk herauszugeben.[19] Befriedigt der Pflichtteilsberechtigte, der zur **Erhebung der Einrede** berechtigt wäre, den Ergänzungsberechtigten, ohne die Einrede zu erheben, und führt die Befriedigung des Ergänzungsberechtigten zu einer Gefährdung seines Gesamtpflichtteils, so kann der pflichtteilsberechtigte Erbe nach den Grundsätzen der Geschäftsführung ohne Auftrag gegen den Beschenkten vorgehen, wenn er mit Fremdgeschäftsführungswillen gehandelt hat. Durch die Leistungspflicht des berechtigten Erben wurde der Beschenkte von einer Verbindlichkeit gegenüber dem Ergänzungsberechtigten befreit. Jedenfalls kann er sich aber gem. § 813 BGB direkt an den Ergänzungsberechtigten halten, wenn er diesen bei Vorliegen der 10

15 *J. Mayer*, ZEV 2007, 556, 557 f.
16 BGHZ 85, 274, 287 = FamRZ 1983, 377.
17 MüKo/*Lange*, § 2328 Rn 11; Staudinger/*Herzog*, § 2328 Rn 17; *Schindler*, Pflichtteilsberechtigter Erbe, Rn 654 f.
18 LG Stuttgart ErbR 2018, 661; Staudinger/*Herzog*, § 2328 Rn 20.
19 OLG Zweibrücken NJW 1977, 1825.

Voraussetzungen der Einrede in Unkenntnis seines Leistungsverweigerungsrechtes befriedigt hat.[20]

D. Vermächtnisse und Auflagen

11 Das Kürzungsrecht des § 2318 Abs. 1 BGB schützt den Erben, soweit er durch Vermächtnisse und Auflagen belastet ist, die mit dem Ergänzungspflichtteil zusammentreffen. Er kann die Ergänzungslast anteilig auf Vermächtnisnehmer und Auflagenbegünstigte abwälzen.[21] Um eine Inanspruchnahme aus Vermächtnissen und Auflagen abzuwehren, muss der Pflichtteilsberechtigte nach § 2306 Abs. 1 BGB vorgehen. § 2318 Abs. 3 BGB bietet für den ordentlichen Pflichtteil des pflichtteilsberechtigten Erben insoweit keinen Schutz.[22] Konsequenterweise schützt § 2318 BGB auch nicht den eigenen Ergänzungspflichtteil.[23]

E. Haftungsfalle/Prozessuales

12 Das Leistungsverweigerungsrecht nach § 2328 BGB ist im Weg der Einrede geltend zu machen und nicht von Amts wegen zu berücksichtigen. Die Geltendmachung der Einrede kann dazu führen, dass der Pflichtteilsberechtigte darauf verwiesen ist, gegen den seinerseits pflichtteilsberechtigten Erben nach § 2329 BGB – mit der Verjährungsfrist nach § 2332 Abs. 2 BGB – vorzugehen. Die Geltendmachung der Einrede erst im zweiten Rechtszug kann zur Kostenbelastung nach § 97 Abs. 2 ZPO führen.[24]

§ 2329 Anspruch gegen den Beschenkten

(1) [1]Soweit der Erbe zur Ergänzung des Pflichtteils nicht verpflichtet ist, kann der Pflichtteilsberechtigte von dem Beschenkten die Herausgabe des Geschenks zum Zwecke der Befriedigung wegen des fehlenden Betrags nach den Vorschriften über die Herausgabe einer ungerechtfertigten Bereicherung fordern. [2]Ist der Pflichtteilsberechtigte der alleinige Erbe, so steht ihm das gleiche Recht zu.
(2) Der Beschenkte kann die Herausgabe durch Zahlung des fehlenden Betrags abwenden.
(3) Unter mehreren Beschenkten haftet der früher Beschenkte nur insoweit, als der später Beschenkte nicht verpflichtet ist.

Übersicht:

---

20 Staudinger/*Herzog*, § 2328 Rn 22; MüKo/*Lange*, § 2328 Rn 6; BeckOK BGB/*Müller-Engels*, § 2328 Rn 9.
21 MüKo/*Lange*, § 2328 Rn 13.
22 BGHZ 95, 222.
23 MüKo/*Lange*, § 2328 Rn 13; Staudinger/*Herzog*, § 2328 Rn 4.
24 OLG Koblenz ErbR 2010, 125.

A. Allgemeines

1 Oft wird angenommen, dass der Beschenkte selbst **Schuldner** des **Pflichtteilsergänzungsanspruchs** sei. Diesem Irrtum liegt der Gedanke zugrunde, dass derjenige, der vom Erblasser ein Geschenk erhalten habe, auch für den daraus resultierenden Pflichtteilsergänzungsanspruch haften müsse. Grundsätzlich sind der oder die Erben Schuldner des Pflichtteilsergänzungsanspruchs. Nur dann, wenn die Voraussetzungen des § 2329 BGB vorliegen und der Erbe selbst nicht verpflichtet ist, kann gegen den Beschenkten vorgegangen werden.

2 Der Pflichtteilsergänzungsanspruch nach § 2329 BGB gegen den Beschenkten unterscheidet sich vom Pflichtteilsergänzungsanspruch gegen den Erben nur durch **Art** und insbesondere den **Umfang** der Haftung. Der Beschenkte haftet nach § 2329 BGB erst dann, wenn der Erbe selbst nicht mehr verpflichtet ist. Kurz gesagt: Die Haftung des Beschenkten beginnt dort, wo die des Erben aufhört.[1]

Im Gegensatz zum Ergänzungsanspruch gegenüber dem Erben handelt es sich bei dem Anspruch aus § 2329 BGB nur um einen bereicherungsrechtlichen Herausgabeanspruch. Der Beschenkte hat die Möglichkeit, die Herausgabe des Geschenks durch Zahlung eines Geldbetrages abzuwenden, Abs. 2. Der Anspruch aus § 2329 BGB ist subsidiär zum Anspruch aus § 2325 BGB.

3 Der Erbe, der selbst Beschenkter ist, kann nach § 2325 BGB als Erbe und zusätzlich auch nach § 2329 BGB als Beschenkter in Anspruch genommen werden.[2] Dies ist der Fall, wenn er zur Erfüllung des Pflichtteilsergänzungsanspruchs nach § 2325 BGB nur teilweise verpflichtet ist. Ist der Beschenkte selbst pflichtteilsberechtigt, so steht ihm die Einrede des § 2328 BGB zu.[3] Der Anspruch aus § 2329 BGB ist dann dem Rechtsgrund nach Pflichtteilsergänzungsanspruch.[4] Lediglich für die Frage der Haftung ist auf die Vorschriften der §§ 812 ff. BGB zurückzugreifen.[5]

4 Die **zehnjährige Ausschlussfrist** des § 2325 Abs. 3 BGB kommt auch dem Beschenkten zugute.[6] Vererblichkeit, Übertragbarkeit und Pfändbarkeit des Anspruchs aus § 2329 BGB richten sich nach § 2317 BGB, § 852 ZPO. Der Schenkungsbegriff der §§ 2325, 2329 BGB ist grundsätzlich identisch mit dem des § 516 BGB.[7] Die Ausgleichungspflicht des § 2057a BGB kann allerdings nur bei einem Pflichtteilergänzungsanspruch nach § 2325 BGB von Bedeutung sein und nicht im Rahmen des Pflichtteilsergänzungsanspruchs nach § 2329 BGB, bei dem es an einem vorhandenen bzw. zur Befriedigung des Ergänzungsberechtigten ausreichenden Nachlass fehlt.[8]

---

1 Grüneberg/*Weidlich*, § 2329 Rn 2; Staudinger/*Herzog*, § 23329 Rn 1.
2 BGH FamRZ 1968, 150.
3 BGH FamRZ 1983, 377; BGH NJW 1983, 1480.
4 RGZ 189, 222.
5 MüKo/*Lange*, § 2329 Rn 16; Staudinger/*Herzog*, § 2329 Rn 42.
6 RGZ 81, 204.
7 LG Paderborn BeckRS 2011, 24446.
8 KG BeckRS 2010, 29656.

5 Für die **Verjährung** gilt § 2332 Abs. 2 BGB, wonach die Verjährungsfrist – **kenntnisunabhängig** – für die Inanspruchnahme des Beschenkten aus § 2329 BGB bereits mit dem Erbfall zu laufen beginnt.

B. Tatbestand

I. Gläubiger

6 Voraussetzung für die Geltendmachung des Anspruchs ist, dass der Gläubiger zum **Kreis** der **Pflichtteilsberechtigten** nach § 2303 BGB gehört. Sein Pflichtteilsrecht muss bestehen; er darf es nicht durch Pflichtteilsverzicht, § 2346 Abs. 2 BGB, oder durch eine Pflichtteilsentziehung, §§ 2333 ff. BGB, verloren haben oder aufgrund einer Pflichtteilsunwürdigkeit, § 2345 BGB, ausgeschlossen sein.[9] Pflichtteilsergänzungsansprüche des Alleinerben richten sich nach Abs. 1 S. 2 von vornherein gegen den Beschenkten. Steht mehreren pflichtteilsberechtigten Miterben ein Pflichtteilsergänzungsanspruch zu, so kann jeder der Miterben für sich und unabhängig von den übrigen seinen Anspruch gegen den Beschenkten geltend machen, wenn der Nachlass wertlos ist oder zur Befriedigung der Pflichtteilsergänzungsansprüche nicht ausreicht. Es ist nicht erforderlich, dass die anderen Miterben die Einrede des § 2328 BGB erhoben haben.[10] Grundsätzlich kann auch ein Sozialhilfeträger aus übergeleitetem Recht Pflichtteilsergänzungsansprüche gegen den Beschenkten geltend machen.[11]

II. Schuldner des Anspruchs

7 Der vom Erblasser Beschenkte ist Schuldner des Anspruchs. Er muss eine Schenkung i.S.d. § 2325 BGB erhalten haben. Ist der vom Erblasser Beschenkte im Zeitpunkt des Erbfalls bereits vorverstorben, so haften an seiner Stelle seine Erben,[12] und zwar als Gesamtschuldner.[13]

8 Ist der nach § 2325 BGB **„nicht verpflichtete"** Erbe gleichzeitig auch Beschenkter, so schließt dies seine Inanspruchnahme nach § 2325 BGB nicht aus. In Höhe seiner „Nichtverpflichtung" haftet er nach § 2329 BGB.[14]

III. Anspruch auf Pflichtteilsergänzung

9 Weitere Voraussetzung für die Haftung des Beschenkten ist der bereits eingetretene Erbfall. Vor dem Erbfall kann ein Pflichtteilsergänzungsanspruch gem. § 2329 BGB weder geltend gemacht, noch kann die einstweilige Sicherung des Anspruchs begehrt werden, da der Anspruch erst mit dem Erbfall entsteht.

IV. Durchgriff auf den Beschenkten/Enthaftung des Erben

10 Der Beschenkte haftet nur, wenn der Erbe zur Pflichtteilsergänzung „nicht verpflichtet" ist, Abs. 1 S. 1. Der Pflichtteilsergänzungsberechtigte darf **nicht ganz befriedigt** worden sein; es muss noch ein (Teil-)Betrag offenstehen, weil der Erbe insoweit zur Ergänzung nicht verpflichtet ist. Das ist der Fall, wenn feststeht, dass kein Nachlass vorhanden bzw. der Nachlass überschuldet ist,[15] der Erbe nur beschränkt auf den Nachlass bzw. nur als Teilschuldner haftet und der Nachlass nicht zur Pflichtteilsergänzung ausreicht, §§ 1975 ff., 1990, 1991 Abs. 5, 2060 BGB, § 327 InsO.[16]

---

9 Staudinger/*Herzog*, § 2329 Rn 2.
10 BGH NJW 1981, 1446.
11 OLG Köln ZEV 2007, 489, 491.
12 BGHZ 80, 205 = FamRZ 1981, 655.
13 OLG Hamm ErbR 2017, 638.
14 BGH FamRZ 1968, 150.
15 BGHZ 80, 205; BGH NJW 1974, 1327.
16 RGZ 58, 127; RGZ 80, 135; BGH NJW 1961, 870.

Die Einrede der Dürftigkeit des Nachlasses ist ausreichend.[17] Insoweit wird teilweise vertreten, es genüge bereits das Vorliegen der tatsächlichen Voraussetzungen für die Haftungsbeschränkung. Eine Geltendmachung sei nicht erforderlich, da zu unterstellen sei, dass der Erbe von seiner Möglichkeit zur Haftungsbeschränkung auch Gebrauch machen werde.[18] Nach zutreffender Auffassung des LG Stuttgart[19] muss der Erbe die Einrede der Dürftigkeit erheben. Unterlässt er das, dann haftet er dem Pflichtteilsberechtigten auch bei einer Überschuldung des Nachlasses. Allein die Überschuldung des Nachlasses ohne Erhebung der Dürftigkeitseinrede führt nicht zur Haftung des Beschenkten. 11

Zu einer Haftung des Beschenkten kommt es auch, wenn der Erbe die Pflichtteilsergänzungen nach **§ 2328 BGB verweigern** kann.[20] Auch insoweit ist str., ob bereits das Bestehen der Einrede genügt.[21] Auch diesbezüglich sollten an die **Erhebung** der Einrede keine zu hohen Anforderungen gestellt werden. Die Erhebung der Einrede kann schon bei bloßer Verweigerung der Pflichtteilsergänzung angenommen werden.[22] Ob die Unterstellung der Einredeerhebung[23] ausreicht, ist zweifelhaft. 12

Wenn der Pflichtteilsberechtigte Alleinerbe ist, gilt Abs. 1 S. 2, unabhängig davon, ob er beschränkt oder unbeschränkt haftet. Da der Pflichtteilsergänzungsanspruch eine Nachlassverbindlichkeit darstellt, richtet sich die Haftung des Beschenkten beim Vorhandensein mehrerer pflichtteilsberechtigter Erben nach Abs. 1 S. 2.[24] 13

V. Zahlungsunfähigkeit des Erben

Die Frage, ob der Pflichtteilsberechtigte sich auch dann an den Beschenkten halten kann, wenn der verpflichtete und unbeschränkt haftende Erbe **zahlungsunfähig** ist, wurde von der Rspr. bislang nicht entschieden. Diese Frage ist in der Lit. sehr stark umstritten: *Kipp/Coing*[25] bejahen den Durchgriff auf den Beschenkten. Es liege eine Regelungslücke vor, die der Gesetzgeber nicht bedacht habe. Dem Pflichtteilsberechtigten könne das Insolvenzrisiko des Erben nicht auferlegt werden. Dies liege bereits in der Natur der Sache selbst und sei auch trotz des Wortlautes des § 2329 BGB nicht gerechtfertigt. Außerdem sei nach dem Grundgedanken des Gesetzes der Durchgriff auf den Beschenkten immer dann gerechtfertigt, wenn der Anspruch aus dem Nachlass nicht beglichen werden könne.[26] Dem ist entgegenzuhalten, dass sich aus dem Gesetz gerade nicht entnehmen lässt, dass der Beschenkte auch das Insolvenzrisiko des Erben trägt. Haftete er bereits unbeschränkt für den Pflichtteilsergänzungsanspruch, bleibt es bei dieser Verpflichtung, und zwar auch dann, wenn der Erbe momentan zur Erfüllung nicht in der Lage ist. Der Erbe könnte sich seiner Verpflichtung zur Erfüllung eines Pflichtteilsergänzungsanspruchs leicht entledigen. Er bräuchte sich nur vorübergehend vermögenslos zu stellen. Der Pflichtteilsergänzungsberechtigte könnte sich dann an den Beschenkten halten. Würde der Erbe aber innerhalb der darauffolgenden 30 Jahre wieder in der Lage sein, den Ergänzungsanspruch zu befriedigen, würde 14

---

17 BGHZ 80, 205, 209; BGH NJW 1974, 1327; OLG Braunschweig BeckRS 2011, 21325, a.A. LG Stuttgart ZErb 2018, 244.

18 Soergel/*Dieckmann*, 13. Aufl., § 2329 Rn 7.

19 LG Stuttgart ZErb 2018, 244.

20 BGHZ 80, 205, 209; RGZ 58, 124, 127.

21 Vgl. Soergel/*Dieckmann*, § 2329 Rn 7; a.A. MüKo/*Lange*, § 2329 Rn 3.

22 OLG Zweibrücken NJW 1977, 1825.

23 So BGHZ 80, 205, 209.

24 Eine Analogie zu Abs. 1 S. 3 wird nicht benötigt; so aber BGHZ 80, 205, 208 = NJW 1981, 1446, 1447.

25 *Kipp/Coing*, S. 97.

26 Staudinger/*Olshausen* (2016), § 2329 Rn 10.

dies unberücksichtigt bleiben. Da der Beschenkte nach dem Willen des Gesetzgebers nur subsidiär haftet, also dann, wenn der Erbe ausnahmsweise nicht in Anspruch genommen werden kann, bürdet der Gesetzgeber ihm gerade nicht das Insolvenzrisiko des Erben auf. Der Beschenkte genießt einen besonderen Schutz. Er kann gegenüber dem Pflichtteilsergänzungsberechtigten den Einwand der Entreicherung nach § 818 Abs. 3 BGB geltend machen. Eine weitere Privilegierung des Beschenkten zeigt sich in den Vorschriften über die Verjährung.[27]

VI. Mehrere Beschenkte (Abs. 3)

15 Hat der Erblasser mehrere Personen durch zeitlich aufeinander folgende Zuwendungen beschenkt, so haftet der **frühere Beschenkte** nur, soweit der später Beschenkte nicht verpflichtet ist, Abs. 3. Die Vorschrift entspricht § 528 Abs. 2 BGB. Maßgebend für die zeitliche Reihenfolge ist der **Vollzug** der Schenkung, nicht etwa das Schenkungsversprechen.[28] Der Zeitpunkt des Erbfalles ist maßgeblich, wenn ein Schenkungsversprechen bis zum Tod des Erblassers nicht erfüllt ist.[29] An der Haftungsreihenfolge kann der Erblasser durch eigene Anordnungen nichts ändern.[30]

16 Nach Rspr. und h.M. im Schrifttum ist der früher Beschenkte für die **Leistungsfähigkeit** des später Beschenkten nicht verantwortlich. Er haftet nur bei fehlender rechtlicher Zahlungsverpflichtung des später Beschenkten, nicht aber bei dessen Zahlungsunfähigkeit.[31] Die zehnjährige Ausschlussfrist des § 2325 Abs. 3 BGB kann bei der Beurteilung der Frage, ob der später Beschenkte „nicht verpflichtet" ist, eine Rolle spielen. So kann der früher beschenkte Ehegatte, für den die Zehnjahresfrist nicht läuft, verpflichtet sein, während ein später Beschenkter nicht (mehr) haftet, weil er sein Geschenk mehr als 10 Jahre vor dem Erbfall erhalten hat.[32] Maßgeblicher Beurteilungszeitpunkt zur Entscheidung der Frage, wann der früher Beschenkte haftet, ist nach der Rspr. des BGH die Rechtshängigkeit des Pflichtteilsergänzungsanspruchs gegen den Beschenkten, § 818 Abs. 4 BGB, bzw. dessen haftungsverschärfende Kenntnis, § 819 Abs. 1 BGB, wobei das tatsächliche Ergebnis der Zwangsvollstreckung für die „Verpflichtung" des später Beschenkten und damit auch für die Möglichkeit einer Inanspruchnahme des früher Beschenkten unbeachtlich ist.[33] Das wird in der Lit. kritisch gesehen, da hierdurch der Ergänzungsberechtigte und nicht der Beschenkte das Risiko des zufälligen Untergangs zu tragen habe.[34]

17 Auf mehrere Geschenke an **dieselbe** Person ist Abs. 3 entsprechend anzuwenden.[35] Wurden **mehrere** Personen gleichzeitig beschenkt, haften sie anteilig nach dem Verhältnis der Schenkungsbeträge.[36]

---

27 Vgl. hierzu auch *Kerscher/Riedel/Lenz*, Pflichtteilsrecht, § 10 Rn 15 ff.; *Lenz/Riedel*, ZErb 2001, 4, 6.
28 BGH NJW 1983, 1485; OLG Frankfurt BeckRS 2011, 25574.
29 BGHZ 85, 274; OLG Frankfurt ErbR 2008, 231.
30 *Kerscher/Riedel/Lenz*, Pflichtteilsrecht, § 10 Rn 24.
31 BGHZ 17, 336 = NJW 1955, 1185; Soergel/*Dieckmann*, 13. Aufl., § 2329 Rn 24; MüKo/*Lange*, § 2329 Rn 24.
32 *Kerscher/Riedel/Lenz*, Pflichtteilsrecht, § 10 Rn 24.
33 BGHZ 17, 336 = NJW 1955, 1185.
34 MüKo/*Lange*, § 2329 Rn 23; Staudinger/*Herzog*, § 2329 Rn 103.
35 OLG Celle ZEV 2014, 54.
36 OLG Hamm FamRZ 2011, 594; MüKo/*Lange*, § 2329 Rn 25.

C. Rechtsfolgen

I. Inhalt des Anspruchs

18 Im Gegensatz zu § 2325 BGB ist der Anspruch nach § 2329 BGB nicht von vornherein auf Geldzahlung gerichtet, sondern auf „Herausgabe des Geschenks zum Zwecke der Befriedigung wegen des fehlenden Betrags nach den Vorschriften über die ungerechtfertigte Bereicherung". Die Bestimmung des Anspruchsinhalts ist schwierig. Nur dann, wenn der Erblasser Geld verschenkt hat, ist der Anspruch von vornherein auf Zahlung gerichtet.[37] Auf Zahlung geht der Anspruch auch dann, wenn das Geschenk nicht mehr vorhanden ist, der Entreicherungseinwand aber nicht erhoben werden kann, § 818 Abs. 2, 4, § 819 BGB.[38] Ansonsten kann der Berechtigte Duldung der Zwangsvollstreckung in das (Sach-)Geschenk i.H.d. fehlenden Betrags verlangen, analog §§ 1973 Abs. 2 S. 1, 1990 Abs. 1 und 2 BGB.[39] Der Pflichtteilsberechtigte kann wegen eines Anspruchs nach Abs. 1 BGB auch dann in den von dem Erblasser verschenkten Miteigentumsanteil an einem Grundstück vollstrecken, wenn infolge einer Vereinigung aller Miteigentumsanteile in der Hand des Beschenkten Alleineigentum entstanden ist. Der Miteigentumsanteil wird insoweit für den Zweck der Vollstreckung als fortbestehend fingiert.[40] Der Beschenkte kann die **Herausgabe** zur **Zwangsvollstreckung** durch Zahlung des fehlenden Betrages abwenden, Abs. 2. Er ist hierzu aber nicht verpflichtet,[41] und zwar auch dann nicht, wenn das Geschenk ein unteilbarer Gegenstand ist, dessen Wert über dem Pflichtteilsergänzungsanspruch des Berechtigten liegt.[42] Für die Errechnung des Fehlbetrags gelten die Wertansätze des § 2325 Abs. 2 BGB. Bei Verzug kann eine Verzinsung gem. §§ 291, 288 BGB verlangt werden.[43]

II. Haftung nach Bereicherungsrecht

19 Die Vorschrift verweist für die Haftung des Beschenkten auf die Vorschriften über die ungerechtfertigte Bereicherung (Rechtsfolgenverweisung). Dies hat zur Folge, dass die Haftung des Beschenkten entfällt, wenn dieser entreichert ist, § 818 Abs. 3 BGB. Demnach bürdet das Gesetz dem Pflichtteilsberechtigten das Risiko des zufälligen Unterganges bzw. der Verschlechterung der Schenkung auf.[44] Der Beschenkte ist auch dann nicht mehr bereichert, wenn die Schenkung im Rahmen eines **Nachlassinsolvenzverfahrens** gem. § 134 InsO oder vom Gläubiger erfolgreich angefochten wurde, § 5 AnfG.[45] Ein Weiterschenken ermöglicht den **Durchgriff** gem. **§ 822 BGB** auf den Leistungsempfänger. **Kosten** und **Aufwendungen**, die im Zusammenhang mit der Schenkung stehen, mindern die Bereicherung.[46] Surrogate und gezogene Nutzungen sind herauszugeben bzw. unterliegen der Duldung der Zwangsvollstreckung, § 818 Abs. 1 BGB. Bei Veräußerung oder Belastung wird Wertersatz geschuldet, § 818 Abs. 2 BGB.

---

37 Staudinger/*Herzog*, § 2329 Rn 54; MüKo/*Lange*, § 2329 Rn 14; Soergel/*Dieckmann*, 13. Aufl., § 2329 Rn 18.

38 Staudinger/*Herzog*, § 2329 Rn 54; MüKo/*Lange*, § 2329 Rn 14; Soergel/*Dieckmann*, 13. Aufl., § 2329 Rn 18.

39 BGHZ 85, 275, 282.

40 BGH ZEV 2013, 624.

41 RG Recht 1906, Nr. 1179.

42 Soergel/*Dieckmann*, § 2329 Rn 18; Staudinger/*Olshausen*, § 2329 Rn 35.

43 OLG Hamm ErbR 2017, 638.

44 *Stellenberg*, FamRZ 1974, 375, 378; MüKo/*Lange*, § 2329 Rn 17.

45 RG LZ 1928, 53; MüKo/*Lange*, § 2329 Rn 17.

46 RG WarnR 1908, Nr. 205 = Recht 1908, Nr. 994; OLG München ZEV 2017, 276.

20 Die verschärfte Haftung wegen Rechtshängigkeit nach § 818 Abs. 4 BGB kann erst nach dem Erbfall eingreifen. Vorher besteht kein Pflichtteilsergänzungsanspruch.[47]

D. Auskunfts- und Wertermittlungspflicht

21 Der Beschenkte hat dem Gläubiger des Pflichtteilsergänzungsanspruchs **Auskunft** zu erteilen, und zwar dem pflichtteilsberechtigten Nichterben[48] und hierneben, wenn auch eingeschränkt, dem pflichtteilsberechtigten Allein- oder Miterben.[49] Im Gegenzug hat der Ergänzungsberechtigte gegenüber dem Beschenkten Auskunft über die vom Erblasser erhaltenen Gegenstände zu erteilen.[50] Ein Anspruch des Pflichtteilsergänzungsberechtigten gegenüber dem Beschenkten auf Wertermittlung bzgl. des vom Erblasser erhaltenen Geschenks besteht nicht.[51] Eine Wertermittlungspflicht, die auf § 242 BGB gestützt wird, besteht, sofern der Auskunftsberechtigte die Kosten der Wertermittlung übernimmt.[52] Der Schuldner des Anspruchs hat gegen den Gläubiger einen Anspruch auf Auskunft über vom Erblasser nach § 2327 BGB zu berücksichtigende Schenkungen, der sich aus § 242 BGB ergibt.[53]

E. Anspruchskonkurrenzen

I. Konkurrenzverhältnis von § 2329 BGB und § 2287 BGB

22 Hat eine Schenkung des Erblassers einen Vertragserben beeinträchtigt, so steht diesem gegenüber dem Beschenkten bei Vorliegen der Voraussetzungen ein Rückforderungsanspruch gem. § 2287 BGB zu. Ist der **Vertragserbe** gleichzeitig pflichtteilsberechtigt, so kann sich der Beschenkte daneben dem Anspruch aus § 2329 BGB ausgesetzt sehen. Beide Ansprüche stehen grundsätzlich selbstständig nebeneinander.[54] Nach der Rspr. des BGH tritt der Anspruch aus § 2329 BGB hinter den aus § 2287 BGB zurück, soweit Vertragserbe und Pflichtteilsergänzungsberechtigter identisch sind.[55] Das wird in der Lit. kritisch gesehen, da der Erbe seine Wahlmöglichkeit verliert.[56] Da, wie oben erwähnt, beide Ansprüche selbstständig nebeneinander stehen, kann dies bei Personenverschiedenheit von Vertragserben und Pflichtteilsergänzungsberechtigten, je nachdem, wer seinen Anspruch zuerst durchsetzt, zu unterschiedlichen Situationen führen, wenn der Erbe zur Zahlung von Pflichtteilsergänzungsansprüchen nicht verpflichtet ist: Setzt der Vertragserbe seinen Anspruch zuerst durch, kann der Beschenkte gegenüber dem Pflichtteilsergänzungsberechtigten den **Entreicherungseinwand** nach § 818 Abs. 3 BGB erheben mit der Folge, dass die Haftung des Beschenkten entfällt.[57] Der Pflichtteilsberechtigte hat gegen den Erben einen eigenen Anspruch aus § 2329 BGB. Zu beachten ist jedoch, dass der Vertragserbe vom Beschenkten die Geschenkherausgabe nach § 2287 BGB nur insoweit verlangen kann, als die Schenkung ihn in seiner Erberwartung tatsächlich beeinträchtigt hat. Als Erbe ist er verpflichtet, den ordentlichen Pflichtteil zu zahlen. Grundlage für die Ermittlung des ordentlichen Pflichtteils wäre auch das Schenkungsobjekt gewesen, so dass der Herausgabeanspruch

47 Staudinger/*Herzog*, § 2329 Rn 49; MüKo/*Lange*, § 2329 Rn 18.
48 BGHZ 55, 378.
49 BGHZ 61, 180; BGH WM 1976, 1089.
50 BGH NJW 1964, 1414 = FamRZ 1964, 432.
51 BGHZ 107, 200 = FamRZ 1989, 856.
52 BGHZ 108, 193 = FamRZ 1990, 41.
53 BGH NJW 1990, 180.
54 MüKo/*Lange*, § 2329 Rn 27; Staudinger/*Herzog*, § 2329 Rn 88.
55 BGHZ NJW 1990, 2063.
56 MüKo/*Lange*, § 2329 Rn 28; Soergel/*Dieckmann*, 13. Aufl., § 2329 Rn 2.
57 MüKo/*Lange*, § 2329 Rn 27; Staudinger/*Herzog*, § 2329 Rn 88.

nach § 2287 BGB entsprechend zu kürzen ist. Hinsichtlich dieses Kürzungsbetrags haftet der Beschenkte nach § 2329 BGB für den Pflichtteilsergänzungsanspruch.[58]

23 Setzt der Pflichtteilsberechtigte seinen Anspruch aus § 2329 BGB zuerst durch und macht der Beschenkte von der Abwendungsbefugnis nach Abs. 2 Gebrauch, kann der Vertragserbe die Herausgabe des Geschenkes gegen Erstattung des Pflichtteilsergänzungsanspruchs vom Beschenkten verlangen. Wurde das Geschenk in der Zwangsvollstreckung verwertet, so hat der Vertragserbe Anspruch auf einen über den Pflichtteil hinausgehenden Mehrerlös.[59]

II. Konkurrenzverhältnis von § 2329 BGB und § 528 Abs. 1 S. 1 BGB

24 War das Geschenk, das der nach § 2329 BGB in Anspruch genommene Beschenkte vom Erblasser erhalten hatte, im Todeszeitpunkt des Erblassers mit einem Rückforderungsanspruch aus § 528 Abs. 1 S. 1 BGB belastet, ist ein Pflichtteilsergänzungsanspruch nach §§ 2325, 2329 BGB ausgeschlossen. Dies kommt insbesondere bei einer Überleitung des Rückforderungsanspruchs auf einen **Sozialhilfeträger** nach § 93 SGB XII, zu Lebzeiten des Schenkers in Betracht.[60] In diesen Fällen geht der Anspruch aus § 528 Abs. 1 S. 1 BGB demjenigen aus §§ 2325, 2329 BGB vor, da sich dieser Anspruch auch bei Erfüllung zu Lebzeiten wertmindernd auf den Nachlass ausgewirkt hätte. Wäre die Schenkung unterblieben, wäre der Anspruch nach § 528 BGB nicht entstanden.[61] Der Anspruch nach § 528 Abs. 1 S. 1 BGB ist auch dann vorrangig zu berücksichtigen, wenn er erst nach dem Tod des Erblassers durch den Sozialhilfeträger übergeleitet wird.[62]

F. Prozessuales und Verfahrensfragen

I. Beim Vorhandensein mehrerer Beschenkter

25 Der Pflichtteilsberechtigte kann eine Leistungsklage gegen den später Beschenkten mit einer Feststellungsklage gegen den früher Beschenkten verbinden.[63] Dies sollte er aus Zweckmäßigkeitsgründen auch tun. Solange der Pflichtteilsberechtigte sowohl vom Erben als auch vom Beschenkten noch Auskunft über den tatsächlichen und den fiktiven Nachlass verlangt, kann er Stufenklage mit dem Endziel der Leistung der Ergänzung zugleich gegen den Erben und den Beschenkten erheben, ohne dass das Gericht die Klage gegen den Beschenkten vorab als „derzeit unbegründet“ abweisen darf. Die Nachrangigkeit des Anspruchs gegen den Beschenkten rechtfertigt dieses nicht.[64]

II. Klageumstellung

26 Wird der beschenkte Erbe zunächst nach § 2325 BGB in Anspruch genommen und stellt sich im Prozessverlauf heraus, dass er „nicht verpflichtet“ ist, als Beschenkter aber nach § 2329 BGB haftet, so hat das Gericht kraft seiner Prozessleitungspflicht nach § 139 ZPO auf die Notwendigkeit einer entsprechenden Änderung oder Ergänzung des Klageantrags hinzuweisen.[65] Der Anspruch nach § 2325 BGB ist auf Geldzah-

58 *Muscheler*, FamRZ 1994, 1361, 1366/4. Fall.
59 MüKo/*Lange*, § 2329 Rn 27.
60 BGHZ 96, 380, 383 = NJW 1986, 1606; BGHZ 123, 264 ff. = NJW 1994, 256; BGH NJW 1995, 2287.
61 Staudinger/*Herzog*, § 2329 Rn 90; Soergel/*Dieckmann*, 13. Aufl., § 2329 Rn 37; MüKo/*Lange*, § 2329 Rn 29.
62 BGH ZEV 1995, 378.
63 BGHZ 17, 336, 339 = NJW 1955, 1185.
64 OLG Celle ZEV 2013, 43.
65 BGH FamRZ 1961, 472.

lung gerichtet, während mit § 2329 BGB grundsätzlich nur die Duldung der Zwangsvollstreckung erreicht werden kann.[66] Die Klageumstellung ist keine unzulässige Klageänderung.[67]

III. Beweislast

27 Der Pflichtteilsberechtigte ist beweispflichtig für die fehlende Verpflichtung des Erben, da es sich um eine anspruchsbegründende Tatsache handelt.[68]

IV. Verjährung

28 Durch eine Klage gegen den beschenkten Miterben aus § 2325 BGB wird auch die Verjährung des Anspruchs aus § 2329 BGB gehemmt. Der Anspruch gegen den Beschenkten verjährt auch dann in drei Jahren vom Eintritt des Erbfalls an, wenn erst nach Ablauf der Frist gerichtlich festgestellt wird, dass der Erblasser der Vater des Pflichtteilsberechtigten ist.[69]

V. Erbschaftsteuer

29 Zahlungen des Beschenkten gem. Abs. 2 zur Abwendung des Herausgabeanspruchs eines Pflichtteilsberechtigten nach Abs. 1 führen nicht zum Erlöschen der Erbschaftsteuer gem. § 29 Abs. 1 Nr. 2 ErbStG; sie sind jedoch gem. § 10 Abs. 5 Nr. 2 i.V.m. § 1 Abs. 2 ErbStG bei der Besteuerung der Schenkung erwerbsmindernd zu berücksichtigen.[70]
Diese Grundsätze können auch auf die Zahlungen eines Beschenkten angewendet werden, die dieser zur Abwendung eines nach niederländischem Recht entstandenen Noterbrechts an einen Pflichtteilsberechtigten leistet. Die erwerbsmindernde Berücksichtigung dieser Zahlungen setzt voraus, dass das Rechtsinstitut des niederländischen Noterbrechts unter Berücksichtigung seiner wirtschaftlichen Bedeutung einem Pflichtteilsergänzungsanspruch nach § 2329 BGB entspricht.[71]

§ 2330 Anstandsschenkungen

Die Vorschriften der §§ 2325 bis 2329 finden keine Anwendung auf Schenkungen, durch die einer sittlichen Pflicht oder einer auf den Anstand zu nehmenden Rücksicht entsprochen wird.

Übersicht:

66 MüKo/*Lange*, § 2329 Rn 9.
67 BGH NJW 1974, 1327.
68 RGZ 80, 135; RG LZ 1932, 393.
69 OLG Düsseldorf ZEV 2018, 143.
70 Anschluss an BFH-Urt. v. 8.10.2003 – II R 46/01, BFHE 204, 299, BStBl II 2004, 234.
71 BFH ZEV 2005, 445 f.

A. Allgemeines

Pflicht- und Anstandsschenkungen unterliegen nicht der Pflichtteilsergänzung. Die Vorschrift ordnet sich ein in die Reihe der Normen des BGB, die für Pflicht- und Anstandsschenkungen Sonderregelungen vorsehen. Hierunter fallen einerseits die Vorschriften, die diese Schenkungen vom allg. Schenkungsverbot ausnehmen, vgl. §§ 1425 Abs. 2, 1641, 1804, 2113 Abs. 2, 2205 BGB, und andererseits die, die vor Rückforderung bzw. Widerruf bewahren, §§ 534, 814 BGB. Ob eine **Pflicht-** oder **Anstandsschenkung** vorliegt, ist nach objektiven Kriterien zu beurteilen.[1] Hierunter fallen etwa persönliche Beziehungen, Lebensstellung, Vermögensverhältnisse des Erblassers und ggf. das Gewicht von zu belohnenden Leistungen des Beschenkten.[2] 1

B. Tatbestand

I. Anstandsschenkungen

Zu Anstandsschenkungen zählen kleinere Zuwendungen zu bestimmten Tagen, wie Geburtstag, Weihnachten und Ostern etc., oder Anlässen, wie Hochzeit, Geburt oder Abitur etc.[3] Auch Trinkgelder zählen hierzu. Eine wichtige Rolle spielen die örtlichen und gesellschaftlichen Verkehrssitten.[4] Keine Anstandsschenkungen sind etwa Zuschüsse zu Baukosten, die Zuwendung der Bezugsberechtigung einer Lebensversicherung[5] oder etwa langjährige monatliche Zahlungen auf ein Sparkonto.[6] 2

Ob eine Anstandsschenkung vorliegt, richtet sich im Übrigen nach den Umständen des Einzelfalls.[7] Für eine Anstandsschenkung kann der Umstand sprechen, dass der Erblasser bei Unterlassen derselben einen Achtungsverlust in seinem sozialen Umfeld erleiden würde.[8] 3

II. Pflichtschenkungen

Im Gegensatz zu den Anstandsschenkungen können **Pflichtschenkungen** einen erheblichen Wert haben[9] und den Nachlass u.U. aufzehren.[10] Eine Pflichtschenkung unterliegt der Pflichtteilsergänzung nur dann nicht, wenn sie sittlich geboten war mit der Folge, dass ihr Unterbleiben die Verletzung einer sittlichen Pflicht bedeuten würde.[11] Ob dies der Fall ist, beurteilt sich nach den Umständen des Einzelfalls, wobei insbesondere abzustellen ist auf die Vermögensverhältnisse des Erblassers, seine persönliche Beziehung zum Beschenkten, aber auch Leistungen, die der Bedachte für den Erblasser erbracht hat.[12] Die Schenkung darf nicht im Widerspruch zu anderen Pflichten des Erblassers stehen, insbesondere zur Pflicht, pflichtteilsberechtigten nahen Angehörigen die gesetzlich vorgesehene Mindestteilhabe am Nachlass zu erhalten.[13] In diesen Fällen ist eine Interessenabwägung vorzunehmen. 4

1 MüKo/*Lange*, § 2330 Rn 4, 6 m.w.N.
2 Staudinger/*Herzog*, § 2330 Rn 9.
3 BGH NJW 1981, 111.
4 BGH NJW 1981, 111; BGH NJW 1984, 2939.
5 OLG Koblenz FamRZ 2006, 1789.
6 OLG Celle ZEV 2020, 501; Grüneberg/*Weidlich*, § 2330 Rn 2.
7 OLG Düsseldorf, ZEV 2017, 328; BGH NJW 1981, 111.
8 BGH NJW 1981, 111.
9 OLG Karlsruhe OLGZ 1990, 457.
10 BGH WM 1978, 905; BGH WM 1981, 809.
11 BGH NJW 1984, 2939; BGH ZEV 2006, 505.
12 MüKo/*Lange*, § 2330 Rn 4 m.w.N.
13 BGHZ 88, 102.

5 **Einzelfälle:**

- Einräumung des Bezugsrechts aus einer Lebensversicherung zugunsten der unversorgten Ehefrau[14]
- Sicherung des Lebensunterhalts für den Partner einer nichtehelichen Lebensgemeinschaft[15]
- Zuwendung eines Grundstücks für unbezahlte langjährige Dienste im Haushalt oder auch für unentgeltliche Pflege und Versorgung[16]

6 Die Zuwendung eines Gesellschaftsanteils an einer GbR stellt nicht automatisch eine im Rahmen der Pflichtteilsergänzung außer Acht zu lassende Pflichtschenkung dar, auch wenn damit die Übernahme von Gesellschafterpflichten verbunden ist.[17]

7 Die Absicherung des überlebenden Ehegatten rechtfertigt nur dann die Einschränkung des Pflichtteilsrechts naher Angehöriger i.S.d. § 2330 BGB, wenn diese in einer Weise sittlich geboten war, dass ein Unterlassen der Zuwendung dem Erblasser als Verletzung einer für ihn bestehenden sittlichen Pflicht zur Last zu legen wäre.[18]

8 Die **belohnende Zuwendung** für **Pflegeleistungen** kann nur bei Vorliegen besonderer Umstände, wie z.B. schwerer persönlicher Opfer der Pflegeperson, eine Zuwendung i.S.d. § 2330 BGB sein.[19] Gleiches gilt für eine Grundstücksübertragung zum Zwecke der Absicherung eines Behinderten.[20] Die hierzu ergangenen Gerichtsentscheidungen sind nicht verallgemeinerungsfähig und stellen keine allg. gültigen Kategorien dar.

III. Belohnende Schenkung

9 Pflicht- und Anstandsschenkungen können auch belohnende Schenkungen sein. Eine belohnende Schenkung, die auf Kosten des Pflichtteilsberechtigten geht, ist nur dann i.S.d. § 2330 BGB sittlich geboten, wenn das Ausbleiben einer solchen Belohnung für die erbrachten Leistungen sittlich anstößig wäre, weil der Beschenkte einer Versorgung bedarf oder weil er infolge der für den Schenker erbrachten Leistungen in Notlage geriet.[21]

IV. Maßgeblicher Zeitpunkt

10 Für die Beurteilung der Frage, ob eine Anstands- oder Pflichtschenkung vorliegt, ist auf den **Zeitpunkt** der **Schenkung** bzw. des Schenkungsvollzugs abzustellen und nicht auf den Zeitpunkt des Erbfalls.[22] Hierbei ist maßgeblich auf die Sichtweise abzustellen, die der Erblasser im Zeitpunkt der Schenkung bei einer vorausschauenden Betrachtung haben musste, welche sämtliche Umstände in Erwägung zieht, die seiner Kenntnisnahme auch nur möglicherweise zugänglich waren.[23] Es kann insbesondere bei Schenkungen zur Sicherung der Altersversorgung nicht darauf ankommen, ob der Beschenkte im Zeitpunkt des Erbfalls auch ohne sie ausreichend versorgt wäre. Vielmehr ist zu überprüfen, ob sie im Zeitpunkt ihres Vollzugs zur Sicherung der Altersversorgung des Bedachten erforderlich waren. Andernfalls würden u.U. vom Zufall abhängige, nachträgliche Änderungen der wirtschaftlichen Situation zu großes Gewicht erhalten. Im Übrigen benötigt der Erblasser eine gewisse Sicherheit für seine Nach-

---

14 OLG Braunschweig FamRZ 1963, 376.
15 BGH NJW 1983, 674.
16 BGH WM 1977, 1410; BGH WM 1978, 905.
17 LG Flensburg BeckRS 2012, 23900.
18 OLG Koblenz ZErb 2006, 419, 421.
19 BGH NJW 1986, 1926.
20 BGH NJW-RR 1996, 705.
21 BGH ZEV 2006, 505; BGH FamRZ 2006, 1303.
22 MüKo/*Lange*, § 2330 Rn 6.
23 OLG Koblenz ZErb 2006, 419 ff.

folgeplanung insoweit, als pflichtteilsergänzungsfeste Zuwendungen auch solche bleiben.[24]

Soweit eine Schenkung das vom Anstand bzw. von sittlicher Pflicht gebotene Maß übersteigt, unterliegt nur dieses **Übermaß** der Pflichtteilsergänzung.[25] 11

C. Beweislast

Der Pflichtteilsberechtigte trägt die Beweislast dafür, dass es sich bei der Zuwendung um eine Schenkung handelte. Der Beschenkte muss beweisen, dass die ihm gegenüber erbrachte Zuwendung der Pflichtteilsergänzung nicht unterliegt,[26] weil es sich um eine Anstandsschenkung i.S.d. § 2330 BGB handelt.[27] 12

§ 2331 Zuwendungen aus dem Gesamtgut

(1) [1]Eine Zuwendung, die aus dem Gesamtgut der Gütergemeinschaft erfolgt, gilt als von jedem der Ehegatten zur Hälfte gemacht. [2]Die Zuwendung gilt jedoch, wenn sie an einen Abkömmling, der nur von einem der Ehegatten abstammt, oder an eine Person, von der nur einer der Ehegatten abstammt, erfolgt, oder wenn einer der Ehegatten wegen der Zuwendung zu dem Gesamtgut Ersatz zu leisten hat, als von diesem Ehegatten gemacht.
(2) Diese Vorschriften sind auf eine Zuwendung aus dem Gesamtgut der fortgesetzten Gütergemeinschaft entsprechend anzuwenden.

Übersicht: Rdn

A. Allgemeines

I. Normzweck

Die Vorschrift entspricht § 2054 BGB, wobei sie im Gegensatz zu § 2054 BGB auch für Zuwendungen an Personen gilt, von denen einer der Ehegatten abstammt. Sie wurde durch das **Gleichberechtigungsgesetz** neu gefasst. Die Bestimmung stellt im Sinne einer widerlegbaren Vermutung[1] klar, wer bei Zuwendungen aus dem Gesamtgut der Verfügende ist, unabhängig davon, wer tatsächlich verfügt hat. 1

II. Anwendungsbereich

Vom Geltungsbereich der Vorschrift umfasst werden **Zuwendungen** i.S.d. §§ 2315, 2316, 2325 ff. BGB. Sie gilt also sowohl für den ordentlichen als auch für den Ergänzungspflichtteil, was sich bereits aus dem Begriff „Zuwendung" anstelle des Begriffs der Schenkung in § 2325 BGB herleiten lässt.[2] 2

---

24 MüKo/*Lange*, § 2330 Rn 6; Staudinger/*Herzog*, § 2330 Rn 10; Soergel/*Dieckmann*, 13. Aufl., § 2330 Rn 5.

25 BGH NJW 1981, 2458; BGH WM 1987, 905.

26 Vgl. MüKo/*Lange*, § 2330 Rn 8.

27 Grüneberg/*Weidlich*, § 2330 Rn 1.

1 MüKo/*Lange*, § 2331 Rn 1; Soergel/*Dieckmann*, 13. Aufl., § 2331 Rn 1; a.A. Staudinger/*Otte*, § 2331 Rn 6.

2 RGZ 94, 262, 265; Staudinger/*Otte*, § 2331 Rn 2.

B. Tatbestand

I. Zuwendungen aus dem Gesamtgut

3 Nach Abs. 1 S. 1 werden Zuwendungen aus dem Gesamtgut den Ehegatten jeweils hälftig zugeordnet. Diese Zuwendungen sind bei beiden Erbfällen zu berücksichtigen. Erfolgten Zuwendungen an die in Abs. 1 S. 2 bestimmten Personen, die nur mit einem Ehegatten in gerader Linie und ersten Grades verwandt sind, so gelten die Zuwendungen als von diesem Ehegatten gemacht und werden konsequenterweise nur bei seinem Erbfall berücksichtigt. Die Zuwendung nach Abs. 1 S. 2 gilt aber nur insoweit als von einem Ehegatten gemacht, als dessen Hälfte am Gesamtgut im Zeitpunkt der Beendigung der Gütergemeinschaft[3] ausreicht.

II. Zuwendungen aus dem Gesamtgut der fortgesetzten Gütergemeinschaft

4 Gem. Abs. 2 ist Abs. 1 entsprechend anzuwenden auf Zuwendungen aus dem **Gesamtgut** einer **fortgesetzten Gütergemeinschaft** mit der Folge, dass Zuwendungen gem. Abs. 1 S. 1 je zur Hälfte dem überlebenden Ehegatten und den fortsetzungsbefugten Abkömmlingen zugerechnet werden.[4]

§ 2331a Stundung

(1) [1]Der Erbe kann Stundung des Pflichtteils verlangen, wenn die sofortige Erfüllung des gesamten Anspruchs für den Erben wegen der Art der Nachlassgegenstände eine unbillige Härte wäre, insbesondere wenn sie ihn zur Aufgabe des Familienheims oder zur Veräußerung eines Wirtschaftsguts zwingen würde, das für den Erben und seine Familie die wirtschaftliche Lebensgrundlage bildet. [2]Die Interessen des Pflichtteilsberechtigten sind angemessen zu berücksichtigen.
(2) [1]Für die Entscheidung über eine Stundung ist, wenn der Anspruch nicht bestritten wird, das Nachlassgericht zuständig. [2]§ 1382 Abs. 2 bis 6 gilt entsprechend; an die Stelle des Familiengerichts tritt das Nachlassgericht.

Übersicht:

A. Allgemeines

1 Die rücksichtslose Geltendmachung des Pflichtteils kann für den Erben eine außerordentliche Härte bedeuten und zudem volkswirtschaftlich schädlich sein, wenn die

3 RGZ 94, 262.
4 Soergel/*Dieckmann*, 13.Aufl., § 2331 Rn 3; Staudinger/*Otte*, § 2331 Rn 14; MüKo/*Lange*, § 2331 Rn 4.

Gefahr besteht, dass im Nachlassvermögen befindliche Wirtschaftseinheiten, wie etwa Unternehmen, insbesondere durch **Zwangsvollstreckungsmaßnahmen** zerschlagen werden.[1] Die Stundung dient dem wohlverstandenen Interessensausgleich zwischen Erbe und Pflichtteilsberechtigtem.

B. Tatbestand

I. Anwendungsbereich

Die Vorschrift ist anwendbar auf den ordentlichen Pflichtteilsanspruch gem. §§ 2303, 2305, 2307 BGB und den Pflichtteilsergänzungsanspruch gem. §§ 2325 ff. BGB, der sich gegen den nur beschränkt haftenden pflichtteilsberechtigten Erben richtet, nicht jedoch den Pflichtteilsergänzungsanspruch nach § 2329 BGB, unabhängig davon, ob hierfür der Beschenkte oder der Erbe selbst haftet.[2] 2

II. Stundungsberechtigte

Die Stundung kann von jedem Erben verlangt werden. Auch der Nachlasspfleger (§§ 1960, 1961 BGB), der Nachlassverwalter (§ 1984 BGB) und der Nachlassinsolvenzverwalter können die Stundung verlangen, nicht jedoch der Testamentsvollstrecker.[3] Bei Vorhandensein mehrerer Miterben sind die Voraussetzungen der Stundung für jeden Miterben einzeln zu prüfen.[4] 3

Eine dem einzelnen Miterben **gewährte Stundung** kommt auch den anderen Miterben zugute.[5]

III. Antragsgegner

Antragsgegner ist ein Pflichtteilsberechtigter, der seinen Pflichtteilsanspruch gegen den Erben durchsetzen will, also den Pflichtteil geltend macht. Werden Pflichtteilsansprüche von **mehreren** Berechtigten geltend gemacht, muss der pflichtteilsberechtigte Erbe die Stundung jedes einzelnen Anspruchs beantragen. Die Anträge müssen nicht einheitlich beschieden werden.[6] 4

IV. Voraussetzungen

Voraussetzung für die Stundung ist einerseits, dass die sofortige Erfüllung des Pflichtteilsanspruchs für den Antragsteller eine unbillige Härte bedeuten würde. Andererseits müssen die Interessen des Pflichtteilsberechtigten angemessen berücksichtigt werden. 5

1. Unbillige Härte für den Erben

Ein Antrag auf Stundung kann nur positiv beschieden werden, wenn die sofortige Erfüllung des Pflichtteilsanspruchs den Erben wegen der Art der Nachlassgegenstände **unbillig hart** treffen würde, Abs. 1 S. 1. Wann eine solche unbillige Härte vorliegt, hat der Gesetzgeber nicht ausdrücklich geregelt. Die „insbesondere"-Aufzählung im Gesetz kann nicht hierfür herangezogen werden. Beispielhaft aufgezählt sind die Aufgabe des Familienheims und die Veräußerung eines Wirtschaftsgutes, das die wirtschaftliche Lebensgrundlage des pflichtteilsberechtigten Erben bildet.[7] 6

Unter den Begriff des „**Wirtschaftsgutes**" i.S.d. Vorschrift fallen gewerbliche Unternehmungen, Mietshäuser, landwirtschaftliche Güter, Beteiligungen an Handelsgesell- 7

1 Begründung, BT-Drucks 16/8954, S. 21 (zu Nr. 26).
2 MüKo/*Lange*, § 2331a Rn 4; BeckOK/*Müller-Engels*, § 2331a Rn 3; a.A. Staudinger/*Otte*, § 2331a Rn 10.
3 Grüneberg/*Weidlich*, § 2331a Rn 1; Müko/*Lange*, § 2331a Rn 3.
4 *Kerscher/Riedel/Lenz*, Pflichtteilsrecht, § 14 Rn 3.
5 Grüneberg/*Weidlich*, § 2331a Rn 1.
6 Staudinger/*Olshausen*, § 2331a Rn 12.
7 Soergel/*Dieckmann*, 13. Aufl. § 2331a Rn 7; Grüneberg/*Weidlich*, § 2331a Rn 2.

schaften etc.[8] Das Familienheim muss nicht bereits zum Zeitpunkt des Erbfalles den Lebensmittelpunkt gebildet haben, es reicht aus, wenn es erst künftig Familienheim wird[9]

8 Allein die Tatsache, dass Nachlassvermögen wegen der Erfüllung des Pflichtteilsanspruchs zur Unzeit veräußert werden müsste, reicht für die Stundung des Anspruchs nicht aus.[10]

9 Die Stundungsvoraussetzungen sind gleichfalls nicht erfüllt, wenn der Erbe Kunstgegenstände, Antiquitäten oder Familienerbstücke veräußern muss, die zwar schon lange im Familienbesitz waren, die er aber nicht zur Sicherung seiner Existenzgrundlage benötigt. Ein **ungünstiger Aktienkurs** stellt genauso wenig einen Stundungsgrund dar.[11] Nach der Rspr. des BGH soll bei Liquiditätsproblemen auf die Möglichkeit der Stundung zurückgegriffen werden können.[12]

2. Angemessene Berücksichtigung der Interessen des Pflichtteilsberechtigten

10 Die Interessen des Pflichtteilsberechtigten sind bei der Stundung **angemessen** zu berücksichtigen. Es hat insoweit eine Interessensabwägung anhand der Umstände des Einzelfalles zu erfolgen. Der Gesetzgeber geht davon aus, dass die Interessen des Pflichtteilsberechtigten dann angemessen berücksichtigt sind, wenn eine hinreichende Absicherung seiner Rechtsposition erfolgt, damit das Vermögen nicht von den Erben durchgebracht werden kann.[13]

11 Die Interessen des Pflichtteilsberechtigten werden in erster Linie durch seine Einkommens- und Vermögensverhältnisse geprägt.[14] Zur Sicherung des Interesses des Pflichtteilsberechtigten können Sicherheiten bestellt werden, Abs. 2 S. 2 i.V.m. § 1382 Abs. 3 BGB.

C. Rechtsfolgen

12 Die Stundung führt zu einem Hinausschieben der Fälligkeit des Pflichtteilsanspruchs. Fraglich ist, ob die **Verjährung** des Pflichtteilsanspruchs nach § 205 BGB gehemmt ist. Hierfür spricht, dass es dem Pflichtteilsgläubiger nicht zugemutet werden kann, bei Anordnung einer gesetzlichen Stundungsvorschrift Gefahr zu laufen, dass sein Pflichtteilsanspruch verjährt, obwohl er ihn trotz Hinausschiebens der Fälligkeit nicht geltend machen kann. Dagegen könnte der Wortlaut der Vorschrift sprechen. Nach § 205 BGB muss eine Vereinbarung zwischen Gläubiger und Schuldner vorliegen. Für die vertraglich vereinbarte Stundung dürfte § 205 BGB daher regelmäßig anwendbar sein. Die Stundung des Pflichtteils kann jederzeit vereinbart werden, auch schon vor Entstehen des Anspruchs i.R.d. § 311b Abs. 5 BGB.[15] Vor dem Erbfall kommt außerdem eine Stundung durch Abgabe eines hierauf beschränkten Pflichtteilsverzichts in Betracht.[16] Die Stundung des Pflichtteils umfasst im Zweifel auch die Stundung des mit dem Pflichtteil verbundenen Auskunftsanspruchs.[17]

13 Die gestundete Forderung ist zu **verzinsen**, Abs. 2 S. 2 Hs. 1 i.V.m. § 1382 Abs. 2 BGB. Das Gericht entscheidet über die Zinshöhe. Auf Antrag des Pflichtteilsberechtig-

---

8 MüKo/*Lange*, § 2331a Rn 7; Staudinger/*Otte*, § 2331a Rn 13.
9 OLG Rostock, ZEV 2019, 589.
10 Vgl. BT-Drucks 5/2370, S. 99.
11 Grüneberg/*Weidlich*, § 2331a Rn 2.
12 BGH ZEV 2011, 27.
13 *Bonefeld/Kroiß/Lange*, Die Erbrechtsreform, S. 91.
14 Grüneberg/*Weidlich*, § 2331a Rn 3.
15 Grüneberg/*Weidlich*, § 2331a Rn 1; *Klingelhöffer*, ZEV 1998, 121.
16 MüKo/*Lange*, § 2331a Rn 12; Grüneberg/*Weidlich*, § 2331a Rn 1.
17 OLG Karlsruhe ZEV 2016, 88.

ten kann das Gericht eine Sicherheitsleistung anordnen, Abs. 2 i.V.m. § 1382 Abs. 3 BGB.[18]

D. Verfahren: Entscheidung über die Stundung

I. Verfahren vor dem Nachlassgericht

Auf Antrag entscheidet das örtlich zuständige Nachlassgericht gem. § 343 FamFG, 14
soweit der Pflichtteilsanspruch nach Grund und Betrag unstreitig ist, Abs. 2 S. 1 i.V.m. § 1382 Abs. 2–4 BGB, §§ 264, 362 FamFG. Im Regelfall entscheidet der **Rechtspfleger** über den Antrag, § 3 Nr. 2c RPflG. Das Nachlassgericht entscheidet nur auf Antrag eines Erben, des Insolvenzverwalters, des Nachlassverwalters und des Nachlasspflegers.

II. Ablauf des Verfahrens

Das Gericht soll mit den Verfahrensbeteiligten **mündlich verhandeln** und auf eine 15
gütliche Einigung hinwirken. Können die Parteien sich nicht einigen, so hat das Nachlassgericht von Amts wegen aller entscheidungserheblichen Tatsachen zu ermitteln, § 26 FamFG. Über eine Einigung ist eine Niederschrift aufzunehmen, §§ 159–163a ZPO, § 36 FamFG. Gegen die Entscheidung des Nachlassgerichts ist das Rechtsmittel der befristeten Beschwerde nach §§ 58, 59, 63 ff. FamFG zulässig.

III. Entscheidung des Prozessgerichts

Das Prozessgericht entscheidet durch Urteil über den Stundungsantrag, wenn der 16
Pflichtteilsanspruch streitig ist, §§ 1382 Abs. 5, 2331a Abs. 2 S. 2 BGB. Es gelten die Grundsätze, nach denen das Nachlassgericht entscheidet, entsprechend, mit Ausnahme jedoch des Amtsermittlungsgrundsatzes.[19] Ist der Pflichtteilsanspruch nur teilweise streitig, so muss der Antragsteller wegen des unstreitigen Teiles beim Nachlassgericht Antrag auf Stundung stellen. Wurde über den Pflichtteilsanspruch rechtskräftig entschieden, ist ein späterer Antrag beim Nachlassgericht unzulässig.[20]

Dem Antragsteller können nach Antragsrücknahme im Rahmen der Billigkeitsent- 17
scheidung gem. §§ 83 Abs. 2, 81 Abs. 1 S. 1 FamFG auch dann neben den Gerichtskosten die Kosten des Gegners auferlegt werden, wenn er selbst zwar die Aussichtslosigkeit seines Antrages noch nicht unbedingt i.S.v. § 81 Abs. 2 Nr. 2 FamFG erkennen musste, sich dieser Antrag aber nach sorgfältiger Prüfung als von vornherein eindeutig aussichtslos erweist.[21]

IV. Nachträgliche Änderung der Entscheidung

Ändern sich nach der Entscheidung über den Stundungsantrag die Verhältnisse, so 18
kann das Nachlassgericht seine eigene rechtskräftige Entscheidung und auch eine rechtskräftige Entscheidung des Prozessgerichts aufheben oder ändern, § 1382 Abs. 2 S. 2 i.V.m. Abs. 6 BGB. Haben sich die Parteien vergleichsweise geeinigt, gilt die Änderungs- bzw. Aufhebungsbefugnis auch insoweit.[22] Eine Abänderung der rechtkräftigen Entscheidung ansonsten oder eine Wiederaufnahme ist ausgeschlossen, § 362 FamFG i.V.m. § 264 Abs. 1 S. 2 FamFG.

Die gerichtliche Bewilligung einer Stundung gem. § 2331a BGB kann aufgrund beson- 19
derer Umstände des Einzelfalls ohne Stundungsfrist erfolgen. Für den Pflichtteilsbe-

---

18 BayObLG FamRZ 1981, 392.
19 Soergel/*Dieckmann*, 13. Aufl., § 2331a Rn 14; Müko/*Lange*, § 2331a Rn 16.
20 Soergel/*Dieckmann*, 13. Aufl., § 2331a Rn 14; OLG Karlsruhe FamRZ 2004, 661.
21 OLG Schleswig NJW-RR 2011, 576.
22 Grüneberg/*Weidlich*, § 2331a Rn 8.

rechtigten besteht die Möglichkeit der nachträglichen Aufhebung oder Abänderung der Stundungsentscheidung nach §§ 2331a Abs. 2 S. 2, 1382 Abs. 6 BGB.[23]

§ 2332 Verjährung

(1) Die Verjährungsfrist des dem Pflichtteilsberechtigten nach § 2329 gegen den Beschenkten zustehenden Anspruchs beginnt mit dem Erbfall.
(2) Die Verjährung des Pflichtteilsanspruchs und des Anspruchs nach § 2329 wird nicht dadurch gehemmt, dass die Ansprüche erst nach der Ausschlagung der Erbschaft oder eines Vermächtnisses geltend gemacht werden können.

Übersicht: Rdn

A. Allgemeines
I. Verjährungsfristen

1 Für die Verjährung von Ansprüchen nach §§ 2303, 2325 BGB gelten seit der Erbrechtsreform im Jahr 2010 die Vorschriften über die Regelverjährung nach §§ 195,199 BGB. Folglich beginnt die dreijährige Verjährungsfrist erst mit dem Schluss des Jahres zu laufen, in dem der Pflichtteilsanspruch entstanden ist und der Pflichtteilsberechtigte Kenntnis von seinem Anspruch erlangt hat. Unabhängig von einer Kenntnis tritt Verjährung nach 30 Jahren ab Entstehung des Anspruchs ein, § 199 Abs. 3a, 4 BGB. Das gilt für die Verjährung des ordentlichen Pflichtteils, § 2303 BGB, des Pflichtteilsrestanspruchs, §§ 2305, 2307 Abs. 1 S. 2 BGB, des Vervollständigungsanspruchs, § 2316 Abs. 2 BGB, und des Pflichtteilsergänzungsanspruchs gegen den Erben, §§ 2325, 2326 BGB.

2 Der Pflichtteilsergänzungsanspruch gegen den Beschenkten gem. § 2329 BGB unterliegt der Regelverjährung nicht. § 2329 Abs. 1 enthält eine Sonderregelung. Hiernach beginnt die dreijährige Verjährungsfrist für Ansprüche gegen den Beschenkten kenntnisunabhängig mit dem Erbfall zu laufen.

23 KG ZEV 2013, 262.

II. Voraussetzungen der Verjährung

1. Kenntnis vom Erbfall

Der Anspruch auf den Pflichtteil entsteht gem. § 2317 Abs. 1 BGB mit dem Erbfall und verjährt in drei Jahren. Der Beginn der Verjährungsfrist bestimmt sich nach § 199 BGB. Nach § 199 Abs. 1 BGB beginnt die Verjährungsfrist mit dem Schluss des Jahres zu laufen, in dem der Anspruch entstanden ist und der Gläubiger (hier: der Pflichtteilsberechtigte) von den anspruchsbegründenden Umständen und der Person des Schuldners Kenntnis erlangt oder ohne grobe Fahrlässigkeit hätte erlangen müssen. Das **Erfordernis der Kenntnis** der anspruchsbegründenden Umstände setzt voraus, dass der Pflichtteilsberechtigte Kenntnis vom Erbfall und der ihn beeinträchtigenden Verfügung erlangt. 3

Die Kenntnis muss in der Person des Pflichtteilsberechtigten selbst eintreten. Die Verjährungsfrist beginnt für entferntere Abkömmlinge und Eltern im Falle des § 2309 BGB erst dann zu laufen, wenn der Pflichtteilsberechtigte auch Kenntnis vom Wegfall des vorberufenen Berechtigten hat.[1] Ist der Pflichtteilsberechtigte geschäftsunfähig oder in der Geschäftsfähigkeit beschränkt, so ist grundsätzlich die Kenntnis seines gesetzlichen Vertreters maßgeblich.[2] Hat der Minderjährige keinen gesetzlichen Vertreter oder wurde ein solcher nicht wirksam bestellt, hat er keine Kenntnis und bleibt auch nicht grob fahrlässig in Unkenntnis.[3] Ist der überlebende Elternteil des minderjährigen Pflichtteilsberechtigten gleichzeitig auch Schuldner des Pflichtteilsanspruchs, beginnt nach § 207 Abs. 1 BGB die dreijährige Verjährungsfrist nicht vor der Vollendung des 21. Lebensjahres des Pflichtteilsberechtigten zu laufen. Setzt der Erblasser einen minderjährigen Abkömmling zum Erben ein und enterbt er den anderen, kann der überlebende Elternteil den Pflichtteilsanspruch für den enterbten Abkömmling nicht geltend machen. § 207 BGB ist nicht anwendbar. Es gilt § 210 Abs. 1 BGB mit der Folge, dass die Verjährung während der Dauer der Minderjährigkeit nicht eintritt, sondern aufgrund sog. Ablaufhemmung erst sechs Monate nach Eintritt der Volljährigkeit. Etwas anderes gilt, wenn für den enterbten Abkömmling eine Pflegschaft eingerichtet wird.[4] 4

Wurde für einen geschäftsunfähigen Pflichtteilsberechtigten ein Betreuer bestellt, kommt es auf die Kenntnis des Betreuers an, soweit die Geltendmachung von Pflichtteilsansprüchen in seinen Aufgabenbereich fällt.[5]

Kenntnis vom Erbfall ist gegeben, sobald der Pflichtteilsberechtigte vom Tod des Erblassers erfahren hat. Hinsichtlich eines Verschollenen ist die Kenntnis von dessen Für-Tod-Erklärung maßgeblich.[6] Bei angeordneter **Vor-** und **Nacherbschaft** durch den Erblasser beginnt die Frist des Abs. 1 mit der Kenntnis des Pflichtteilsberechtigten vom Tod des Erblassers. Der Tod des Vorerben bzw. der Eintritt des Nacherbfalls ist nicht maßgeblich.[7] Soweit ein Pflichtteilsanspruch während der Zeit der Vorerbschaft verjährt, kann auch später ein eventueller Pflichtteilsergänzungsanspruch gegenüber dem Nacherben nicht mehr geltend gemacht werden.[8] 5

1 MüKo/*Lange*, § 2329 Rn 7.
2 OLG Hamburg MDR 1984, 54; OLG Koblenz ZEV 2014, 54.
3 OLG Koblenz ZEV 2014, 54.
4 *Damrau*, Der Minderjährige im Erbrecht, Rn 150 ff.
5 MüKo/*Lange*, § 2332 Rn 7.
6 BGH NJW 1973, 1690.
7 MüKo/*Lange*, § 2332 Rn 8.
8 BGH NJW 1973, 1690.

2. Kenntnis von der beeinträchtigenden Verfügung

6 Weitere Voraussetzung ist die Kenntnis des Pflichtteilsberechtigten von der beeinträchtigenden Verfügung. **Beeinträchtigende Verfügungen** i.S.d. Vorschrift sind **Verfügungen von Todes wegen** oder Rechtsgeschäfte unter Lebenden, insbesondere ergänzungspflichtige **Schenkungen** i.S.d. §§ 2325, 2326 BGB. Eine Verfügung von Todes wegen ist stets beeinträchtigend, wenn durch sie Pflichtteilsansprüche ausgelöst werden, §§ 2303, 2305, 2306, 2307 BGB. Ist der Pflichtteilsberechtigte durch eine Verfügung von Todes wegen beeinträchtigt, so muss sich seine Kenntnis auf diese Verfügung beziehen, da sich aus ihr die Beeinträchtigung ergibt.[9]

7 Der Berechtigte muss erkannt haben, dass er aufgrund der Verfügung von Todes wegen von der Erbfolge ausgeschlossen ist. Hierfür ist es nicht erforderlich, dass er eine alle Einzelheiten berücksichtigende Prüfung der Verfügung von Todes wegen vornimmt. Ebenso wenig ist eine fehlerfreie Bestimmung ihrer rechtlichen Natur notwendig.[10] Der Pflichtteilsberechtigte muss noch nicht einmal die Urkunde selbst kennen.[11] Es genügt vielmehr, wenn er aufgrund mündlicher Mitteilung Kenntnis von der Verfügung erlangt mit der Folge, dass die Verjährungsfrist auch bereits vor der Eröffnung einer Verfügung von Todes wegen und deren amtlicher Verkündung beginnen kann.[12] Die unrichtige Auslegung einer letztwilligen Verfügung, die der Pflichtteilsberechtigte als wirksam und grundsätzlich beeinträchtigend erkannt hat, hindert den Fristbeginn nicht.[13] Berechtigte Zweifel an der Gültigkeit einer letztwilligen oder lebzeitigen Verfügung können die erforderliche Kenntnis ausschließen.[14]

3. Zeitpunkt für den Beginn der Verjährung

8 Hat ein Pflichtteilsberechtigter sowohl einen Anspruch auf den ordentlichen Pflichtteil als auch auf den Ergänzungspflichtteil und erfährt er zu unterschiedlichen Zeitpunkten von den verschiedenen Beeinträchtigungen, so stellt sich die Frage, welcher Zeitpunkt für den Beginn der Verjährungsfrist maßgebend ist:

Hat der Berechtigte **zunächst** von der beeinträchtigenden **letztwilligen Verfügung** Kenntnis erlangt, beginnt der Fristlauf für den ordentlichen Pflichtteil mit Kenntnis der Verfügung von Todes wegen und Kenntnis des Eintritts des Erbfalls. Die Verjährungsfrist für den Pflichtteilsergänzungsanspruch beginnt unabhängig hiervon erst dann, wenn der Berechtigte auch Kenntnis von der ihn beeinträchtigenden Verfügung unter Lebenden erlangt hat. Die **Kenntnis** des Pflichtteilsberechtigten muss sich immer auf diejenige Verfügung beziehen, durch die er beeinträchtigt wird mit der Folge, dass bei mehreren Schenkungen je nach Zeitpunkt der Kenntniserlangung unterschiedliche Verjährungsfristen in Lauf gesetzt werden.[15]

Hat der Pflichtteilsberechtigte **zuerst** von der **lebzeitigen Zuwendung** und erst anschließend von der letztwilligen Verfügung Kenntnis erlangt, so beginnt die Verjährungsfrist für beide Ansprüche nicht vor der Erlangung der Kenntnis von der letztwilligen Verfügung zu laufen.[16] Verjährungsfristen von Pflichtteils- und Pflichtteilsergänzungsansprüchen können also zu unterschiedlichen Zeitpunkten zu laufen beginnen.

---

9 BGH NJW 1972, 760.

10 BGH NJW 1995, 1157; OLG Rostock ZErb 2011, 86.

11 RGZ 70, 360.

12 RGZ 66, 30.

13 BGH NJW 1995, 1157.

14 BGH NJW 1964, 297; BGH NJW 1984, 2935, 2936; BGH NJW 1993, 2439; OLG Schleswig ZEV 2015, 707; OLG Düsseldorf ZEV 2017, 262.

15 Staudinger/*Olshausen* (2016), § 2332 Rn 16.

16 BGH NJW 1972, 760; BGHZ 95, 76, 80.

Der Pflichtteilsergänzungsanspruch kann jedoch niemals vor dem ordentlichen Pflichtteilsanspruch verjähren.[17]

9 Für den Beginn der Verjährung des Pflichtteilsanspruchs kommt es nicht auf die Kenntnis des Pflichtteilsberechtigten über die Zusammensetzung und den Wert des Nachlasses an. Die Verjährungsfrist beginnt nicht erneut zu laufen, wenn der Pflichtteilsberechtigte erst später von der Zugehörigkeit eines weiteren Gegenstandes zum Nachlass erfährt. § 2313 Abs. 2 S. 1 i.V.m. Abs. 1 S. 3 BGB ist nicht entsprechend anzuwenden.[18]

10 Die Verjährungsfrist beginnt allerdings zu laufen, wenn der Pflichtteilsberechtigte von den anspruchsbegründenden Umständen keine Kenntnis erlangt hat, diese aber ohne grobe Fahrlässigkeit hätte erlangen müssen. Hiervon ist auszugehen, wenn der Pflichtteilsberechtigte Kenntnis über den Tod des Erblassers erlangt hat, es aber unterlässt, sich Kenntnisse über die Erbfolge zu verschaffen.[19] Der Pflichtteilsberechtigte ist allerdings nicht verpflichtet, sich in regelmäßigen Abständen über den möglichen Tod seiner Eltern zu informieren. Etwas anderes gilt nur dann, wenn er Kenntnis von einer tödlichen Erkrankung seiner Eltern oder eines Elternteils hat.[20]

B. Tatbestand

I. Verjährung des Pflichtteilsergänzungsanspruchs gegen den Beschenkten (Abs. 1)

11 Die Verjährungsfrist des Pflichtteilsergänzungsanspruchs gegen den Beschenkten nach § 2329 BGB beginnt kenntnisunabhängig bereits mit Eintritt des Erbfalls, § 1922 BGB, zu laufen. Dies gilt auch dann, wenn der Beschenkte gleichzeitig Erbe ist.[21] Die Rspr. des BGH ist nicht ganz unbedenklich.[22] Der Pflichtteilsberechtigte kann und muss, um Härten zu vermeiden, die Verjährung beider Ansprüche hemmen durch Erhebung einer Zahlungsklage gegen den beschenkten Erben, die auf § 2325 BGB gestützt wird. Die Zahlungsklage **hemmt** nach der Rspr. des BGH auch die Verjährung des Anspruchs gegen den beschenkten Erben auf Herausgabe bzw. Duldung der Zwangsvollstreckung.[23] Sind Erbe und Beschenkter nicht identisch, gilt das nicht. Zur Hemmung der Verjährung gegen den Beschenkten muss der Pflichtteilsberechtigte Feststellungsklage gegen denselben erheben.[24]

12 Der Anspruch gegen den Beschenkten verjährt auch dann in drei Jahren von dem Eintritt des Erbfalls an, wenn erst nach Ablauf dieser Frist gerichtlich festgestellt wird, dass der Erblasser der Vater des Pflichtteilsberechtigten ist.[25]

II. Ausschlagung von Erbschaft bzw. Vermächtnis als Voraussetzung für den Pflichtteilsanspruch (Abs. 2)

13 Soweit der Pflichtteilsanspruch erst nach Ausschlagung der Erbschaft bzw. eines Vermächtnisses geltend gemacht werden kann (§§ 1371 Abs. 3, 2306 Abs. 1 S. 2, 2307 BGB), beginnt die Verjährungsfrist bereits mit Kenntnis der verjährungserheblichen Tatsachen und nicht erst mit der Ausschlagung zu laufen. Dies kann zur Folge haben, dass ein Pflichtteilsanspruch bereits verjährt ist, obwohl die Ausschlagungsfrist noch

17 BGH NJW 1972, 760.
18 BGH FamRZ 2013, 539.
19 OLG München ErbR 2017, 357.
20 Burandt/Rojahn/*Horn*, § 2332 Rn 10.
21 BGH NJW 1986, 1610.
22 Soergel/*Dieckmann*, 13.Aufl., § 2332 Rn 28.
23 BGH NJW 1974, 1327; BGH NJW 1986, 160.
24 OLG Düsseldorf FamRZ 1996, 445.
25 OLG Düsseldorf ZEV 2018, 244.

läuft bzw. noch gar nicht zu laufen begonnen hat.[26] Ein pflichtteilsberechtigter Nacherbe muss zur Geltendmachung des Pflichtteilsanspruchs die Nacherbschaft u.U. ausschlagen, bevor der Nacherbfall eingetreten ist.[27] Erhebt der Pflichtteilsberechtigte vor Ausschlagung, aber innerhalb der Verjährungsfrist Klage auf Zahlung des Pflichtteils, so wird die Verjährung des Pflichtteilsanspruchs gehemmt, wenn er bis zur letzten mündlichen Verhandlung ausgeschlagen hat. Dies gilt auch dann, wenn die Verjährungsfrist zu diesem Zeitpunkt eigentlich abgelaufen ist.[28]

C. Hemmung und Neubeginn

I. Hemmung der Verjährung

1. Verhandlungen

14 Die Verjährung des Pflichtteilsanspruchs wird gem. § 203 BGB durch Verhandlungen zwischen den Parteien gehemmt. Das ist der Fall, wenn Verhandlungen über den Anspruch selbst oder die den Anspruch begründenden Tatsachen schweben, so lange, bis eine Partei die Fortsetzung der Verhandlungen verweigert. Verhandlungen zwischen den Parteien „schweben" grundsätzlich bereits dann, wenn der Erbe die Bereitschaft zur Aufklärung des Sachverhaltes zeigt.[29] Das Verhalten des Pflichtteilsschuldners muss über die bloße Verweigerung der Erfüllung hinausgehen.[30] Eine Vergleichsbereitschaft des Pflichtteilsschuldners ist nicht erforderlich.[31]

15 Weist der Pflichtteilsschuldner die Ansprüche der Pflichtteilsberechtigten zurück und sieht er sich zur weiteren Überprüfung nicht veranlasst, kann von einem **Schweben der Verhandlungen** nicht gesprochen werden.[32] Die Verhandlungen sind beendet, wenn der Pflichtteilsberechtigte dem Schuldner das Scheitern der Verhandlungen und das Ende seiner Verhandlungsbereitschaft mitteilt. Tut er dies nicht, soll auf den Zeitpunkt abgestellt werden, zu dem eine Partei nach den Grundsätzen von Treu und Glauben mit dem nächsten Verhandlungstermin hätte rechnen können.[33]

2. Klageerhebung

16 Die Verjährung wird gem. § 204 Abs. 1. Nr. 1 BGB durch Klageerhebung gehemmt. Für die Hemmung der Verjährung des Pflichtteilsanspruchs genügt die Klage auf Auskunftserteilung nach § 2314 BGB nicht, da durch sie nicht rechtskräftig über den Pflichtteilsanspruch entschieden wird.[34] Es muss vielmehr gleichzeitig mit der Klage Zahlung begehrt werden. Bei eindeutigem Klagebegehren hemmt auch die Stufenklage nach § 254 ZPO die Verjährung.[35] Erforderlich ist wiederum, dass Auskunft wegen des Pflichtteils und nicht etwa auch des Zugewinnausgleichs begehrt wird.[36]

17 Bereits die Veranlassung der Bekanntgabe des erstmaligen Antrags auf Gewährung von Prozesskostenhilfe führt zur Hemmung der Verjährung gem. § 204 Abs. 1 Nr. 14 BGB; wird die Bekanntgabe demnächst nach der Einreichung des Antrags veranlasst, so tritt die Hemmung der Verjährung bereits mit der Einreichung ein. Die Erklärung nach § 117 Abs. 2 ZPO kann grundsätzlich nachgereicht werden. In dem Gerichtsbe-

---

26 OLG Frankfurt ZErb 2013, 336.
27 RGZ 59, 341, 346.
28 *Pentz*, NJW 1966, 1647; MüKo/*Lange*, § 2332 Rn 12.
29 BGH NJW-RR 2001, 1168.
30 BGH NJW 2004, 1654; BGH NJW 2007, 65.
31 BGH NJW-RR 2001, 1168; BGH NJW 2001, 1723; OLG Düsseldorf ZErb 2018, 43.
32 OLG Köln NJW-RR 2000, 1411.
33 BGH NJW 1986, 1337; BGH NJW-RR 2001, 1168.
34 BGH NJW-RR 2006, 948.
35 BGH NJW 1975, 1409; BGH FamRZ 1995, 797.
36 BeckOK BGB/*Müller-Engels*, § 2332 Rn 19.

schluss, der festlegt, dass neuer Termin nur auf Antrag bestimmt werde, liegt eine Verfahrenshandlung nach § 204 Abs. 2 S. 2 BGB. Sechs Monate nach dieser anderweitigen Beendigung des Verfahrens ist die Hemmung beendet (§ 204 Abs. 2 S. 1 BGB).[37]

3. Reichweite der Hemmung

Die **Hemmung** wirkt in Höhe des in der zweiten Stufe bezifferten Klageantrags,[38] jedoch nur dann, wenn das Verfahren weiter betrieben wird.[39] Die Klage auf Zahlung des Pflichtteils gem. §§ 2303, 2305, 2307 BGB hemmt gleichzeitig die Verjährung des Pflichtteilsergänzungsanspruchs und umgekehrt,[40] jedoch nur i.H.d. mit der Leistungsklage geltend gemachten Betrages.[41] Auch eine **Feststellungsklage** hemmt grundsätzlich die Verjährung des Pflichtteilsanspruchs, hinsichtlich eines Pflichtteilsergänzungsanspruchs jedoch nur, wenn im Verfahren über die Entscheidung der Feststellungsklage auch zu der beeinträchtigenden Schenkung vorgetragen wird.[42] Eine Klage gegen den Vorerben hemmt die Verjährung gegen den Nacherben, sofern der Nacherbfall nach Rechtshängigkeit eintritt.[43] Erwirkt ein Pflichtteilsberechtigter ein Urteil gegen den Vorerben, so erreicht er hierdurch nicht gleichzeitig, dass für den Anspruch gegen den Nacherben die 30-jährige Verjährung, § 197 Abs. 1 Nr. 3 BGB, gilt. Hierfür müsste er Feststellungsklage gegen den Nacherben erheben.[44] Die auf § 2325 BGB gestützte Klage auf Zahlung hemmt die Verjährung des gegen den Beschenkten aus § 2329 BGB begründeten Duldungsanspruchs, sofern sich die Ansprüche gegen denselben Schuldner richten.[45] Das Gleiche gilt, wenn der aus § 2325 BGB in Anspruch genommene „Beschenkte" nur Erbeserbe des Schenkers – Erblassers – ist,[46] unabhängig davon, ob der Beschenkte den Erben des Schenkers alleine oder als Miterbe beerbt hat.[47] Wegen § 2213 Abs. 1 S. 3 BGB hemmt eine Klage gegen den **Testamentsvollstrecker** oder ein von ihm abgegebenes Anerkenntnis die Verjährung des Pflichtteilsanspruchs nicht.[48] Pflichtteilsansprüche minderjähriger Kinder gegen den überlebenden Elternteil werden durch § 207 Abs. 1 Nr. 2 BGB vor frühzeitiger Verjährung geschützt. Die dreijährige Verjährungsfrist beginnt nicht vor Vollendung des 18. Lebensjahres des pflichtteilsberechtigten Kindes zu laufen.[49] Die Verjährungsfrist für Pflichtteilsansprüche ne. Kinder beginnt erst mit rechtskräftiger Feststellung der Vaterschaft zu laufen.[50] § 1600d Abs. 4 BGB enthält ein materiell-rechtliches Verbot, vor rechtskräftiger Feststellung der Vaterschaft erbrechtliche Ansprüche im Verhältnis Vater/Kind geltend zu machen.[51] 18

Eine durch die gerichtliche Geltendmachung eines Anspruchs eintretende Hemmung der Verjährung über den Streitgegenstand hinaus kann nur in Ausnahmefällen in 19

37 OLG München ZErb 2012, 183.
38 BGH NJW 1992, 2563.
39 OLG Hamm ZEV 1998, 187, 188.
40 MüKo/*Lange*, § 2332 Rn 13.
41 BeckOK BGB/*Müller-Engels*, § 2332 Rn 20; Soergel/*Beck*, § 2332 Rn 9.
42 BGH NJW 1995, 1614.
43 *Donau*, MDR 1958, 134, 135; Soergel/*Beck*, § 2332 Rn 11.
44 Soergel/*Beck*, § 2332 Rn 11; BeckOK BGB/*Müller-Engels*, § 2332 Rn 22.
45 BGHZ 107, 200, 203 = NJW 1989, 2887 m. Anm. *Dieckmann*.
46 BGHZ 107, 200 = NJW 1989, 2887.
47 BGHZ 107, 200 = NJW 1989, 2887.
48 BGHZ 51, 125.
49 *Damrau*, Der Minderjährige im Erbrecht, Rn 136; BayObLG FamRZ 1989, 540.
50 BGH FamRZ 1991, 736; BGH BGHZ 48, 361 für Verjährung von Unterhaltsansprüchen eines ne. Kindes; MüKo/*Lange*, § 2332 Rn 5.
51 Grüneberg/*Siede*, § 1600d Rn 16.

Betracht kommen. Ein solcher Ausnahmefall liegt nicht vor, wenn ein vermeintlich Pflichtteilsberechtigter ursprünglich Klage auf Auskunft gegen die vermeintliche Alleinerbin über die Höhe der Aktiva und Passiva des Nachlasses erhoben hatte, und, nachdem im Verlauf des Rechtsstreits ein weiteres Testament aufgefunden wird, das ihn als Alleinerben ausweist, in einer späteren Klage einen Anspruch gegen den nunmehr Pflichtteilsberechtigten auf Auszahlung des Erlöses aus der Teilungsversteigerung des ihm und dem Pflichtteilsberechtigten vom Erblasser geschenkten Grundstücks wegen Pflichtteilsergänzung geltend macht.[52]

20 I.R.d. § 211 S. 1 BGB (Ablaufhemmung) ist im Falle mehrerer Erben nicht auf die Annahme der Erbschaft durch den letzten Erben, sondern auf die Annahme der Erbschaft durch den Miterben abzustellen, der im Einzelfall in Anspruch genommen wird.[53]

II. Neubeginn der Verjährung

21 Für den Neubeginn der Verjährung gelten die allgemeinen Grundsätze des § 212 BGB. Erkennt der Schuldner den Anspruch an, führt dies trotz Einwendungen bzgl. der Höhe zum Neubeginn der Verjährung hinsichtlich des gesamten Anspruchs.[54] Ein Anerkenntnis des Erben kann im Rahmen eines Auskunftsbegehrens bereits dann vorliegen, wenn er sich bereit erklärt, über den Bestand des Nachlasses Auskunft zu erteilen, und deutlich zu erkennen gibt, dass er sich des Pflichtteilsanspruchs bewusst und auch bereit ist, denselben zu erfüllen.[55] Erkennt der Vorerbe einen Pflichtteilsanspruch an, führt dies zum Neubeginn der Verjährung gegenüber dem Nacherben selbst dann, wenn das vertragliche Anerkenntnis nach Eintritt der Verjährung abgegeben wurde.[56]

D. Wirkungen der Verjährung

22 Die Wirkungen der Verjährung richten sich nach § 214 BGB. Die Verjährung führt zu einem Leistungsverweigerungsrecht des Erben. Die Pflichtteilsansprüche anderer Pflichtteilsberechtigter erhöhen sich nicht.[57] Die Verjährung des Pflichtteilsanspruchs nur gegenüber einem von mehreren als Gesamtschuldner haftenden Miterben, § 2058 BGB, wirkt sich nicht zugunsten der Übrigen aus, § 425 Abs. 2 BGB. Im Innenverhältnis kann sich der begünstigte Miterbe gegen den Ausgleichungsanspruch nach § 426 Abs. 1 BGB gegenüber dem leistenden Miterben nicht mit der Einrede der Verjährung verteidigen.[58]

---

52 Abgrenzung BGH v. 29.5.1974 – IV ZR 163/72, NJW 1974, 1327; OLG Zweibrücken ZEV 2010, 44.
53 OLG Frankfurt ZErb 2013, 674.
54 OLG Frankfurt ErbR 2018, 30.
55 BGH FamRZ 1985, 1521; BGH NJW 2014, 2574.
56 RGZ 115, 27.
57 Soergel/*Beck*, § 2332 Rn 17; BeckOK BGB/*Müller-Engels*, § 2332 Rn 29.
58 RGZ 176, 97, 101; Grüneberg/*Weidlich*, § 2317 Rn 11; BeckOK BGB/*Müller-Engels*, § 2332 Rn 29.

Vorbemerkung zu §§ 2333 ff. BGB

Literatur

Battes, Die Änderung erbrechtlicher Vorschriften im Zusammenhang mit der Reform des Scheidungsrechts, FamRZ 1977, 433; *Baumann*, Die Pflichtteilsbeschränkung in guter Absicht, ZEV 1996, 121; *Bonefeld/Lange/Tanck*, Die geplante Reform des Pflichtteilsrechts, ZErb 2007, 292; *Bowitz*, Zur Verfassungsmäßigkeit der Bestimmungen über die Pflichtteilsentziehung, JZ 1980, 304; *Damm*, Testamentsvollstreckung und weitere letztwillige Verfügungen als wechselbezügliche bzw. vertragsmäßige Verfügungen de lege ferenda, BWNotZ 2015, 135; *Dauner-Lieb*, Pflichtteilsrecht und Pflichtteilsentziehung auf dem Prüfstand, FF 2001, 78; Dauner/Lieb, Das Pflichtteilsrecht – Ketzerische Fragen an ein altehrwürdiges Institut, FF 2000, 110 = Sonderheft 2001, 16; *Dieckmann*, Verhandlungen des 49 Deutschen Juristentages, Bd. II TB 1, K 8, 30; *Firsching*, Berechtigung zur Entziehung des Pflichtteils nach § 2333 Ziff. 2, 3 BGB, JR 1960, 129; *Gaier*, Die Bedeutung der Grundrechte für das Erbrecht, ZEV 2006, 2; *Gockel*, Nachlassplanung bei überschuldeten Kindern, notar 2020, 64;*Gotthard*, Zur Entziehung des Pflichtteils eines Abkömmlings wegen Führung eines ehrlosen und unsittlichen Lebenswandels (BGB § 2333 Nr. 5), FamRZ 1987, 757; *Grziwotz*, Die Lebenspartnerschaft zweier Personen gleichen Geschlechts, DNotZ 2001, 280; *Groß, J.*, Das Pflichtteilsentziehungsrecht, Diss. Gießen, 1985; *Haas*, Ist das Pflichtteilsrecht verfassungswidrig?, ZEV 2000, 249; *Hauck*, Irrungen und Wirrungen bei den neuen strafbarkeitsgestützten Pflichtteilsentziehungsgründen, NJW 2010, 903; *Herzog*, Die Erbrechtsreform – Vorgesehene Änderungen durch den Regierungsentwurf eines Gesetzes zur Änderung des Erb- und Verjährungsrechts, ErbR 2008, 206; *ders.*, Die Pflichtteilsentziehung im Lichte der neueren Rechtsprechung von Bundesgerichtshof und Bundesverfassungsgericht, FF 2006, 86; *ders.*, Reform der Pflichtteilsentziehung? – Ein Vorschlag, FF 2003, 19; *ders.*, Die Pflichtteilsentziehung – Ein vernachlässigtes Instrument, Diss. Köln, 2003; *Kaiser*, Pflichtteilsrecht der eingetragenen Lebenspartner, FPR 2005, 286; *Kanzleiter*, Fortgesetzter Ehebruch als ehrloser und unsittlicher Lebenswandel und damit Grund zur Entziehung des Kindespflichtteiles, DNotZ 1984, 82; *Keim*, Aktuelle Probleme der Enterbung und Pflichtteilsentziehung, DNotZ 2024, 246; *Kleensang*, Familienerbrecht versus Testierfreiheit – Das Pflichtteilsrecht auf dem Prüfstand des BVerfG, ZEV 2005, 277; *ders.*, Zur „historischen Auslegung" der Pflichtteilsentziehungsvorschriften des BGB, DNotZ 2005, 509; *Klingelhöffer*, Empfiehlt es sich, die rechtliche Ordnung finanzieller Solidarität zwischen Verwandten im Bereich des Pflichtteilsrechts neu zu gestalten?, ZEV 2002, 293; *Kroiß*, Die Reform des Pflichtteilsentziehungsrechts – Der Wegfall des Entziehungsgrundes des „ehrlosen und unsittlichen Lebenswandels", FPR 2008, 543; *Kummer*, Klage des Pflichtteilsberechtigten auf Feststellung der Unwirksamkeit des Pflichtteilsentzugs, ZEV 2004, 274; *Lange*, Das Gesetz zur Reform des Erb- und Verjährungsrechts, DNotZ 2009, 732; *ders.*, Die Pflichtteilsentziehung im Spiegel der neueren Rechtsprechung, ZErb 2008, 59; *ders.*, Pflichtteilsrecht und Pflichtteilsentziehung, ZErb 2005, 205; *ders.*, Die Pflichtteilsentziehung gegenüber Abkömmlingen de lege lata und de lege ferenda, AcP 204 (2004), 804; *ders.*, Pflichtteilsentziehung und Pflichtteilsunwürdigkeit in der aktuellen Gerichtspraxis, ErbR 2021, 274; *ders.*, Testierfreiheit vs. Pflichtteilsanspruch am Beispiel der Pflichtteilsentziehung, ZEV 2018, 237; *Lange/Honzen*, Folgeprobleme der Erbrechtsreform im Pflichtteilsrecht (2), ZErb 2011, 316; *Leipold*, Zur Entziehung des Pflichtteils wegen schwerer körperlicher Mißhandlung, JZ 1990, 700; *Leonhard*, Die Pflichtteilszuwendung und ihre Verjährung, JherJb 68, S. 309 f.; *Lipp*, Finanzielle Solidarität zwischen Verwandten im Privat- und Sozialrecht, NJW 2002, 2201; *Maurer-Stroh/Roglmeier*, Andere Länder, andere Sitten – überraschende Unterschiede zwischen dem deutschen und österreichischen Erb- und Pflichtteilsrecht, ZErb 2017, 10; *Mertens*, Ist die eingeschränkte Befugnis des Kindes-Erblassers zur Pflichtteilsentziehung gem. § 1334 BGB gerechtfertigt? FamRZ 1971, 353; *Meyer*, Erbrechtsreform als Reaktion auf die gesellschaftlichen Veränderungen, FPR 2008, 537; *Muscheler*, Die geplanten Änderungen im Erbrecht, Verjährungsrecht und Nachlassverfahrensrecht, ZEV 2008, 105; *ders.*, Verzeihung und Recht, ZfPW 2023, 267; *Mylich*, Die Herausgabe von Nachlasserträgen, insbesondere Unternehmenserträgen, durch den Testamentsvollstrecker an den Begünstigten, ZEV 2019, 246; *Otte*, Das Pflichtteilsrecht – Verfassungsrechtsprechung und Rechtspolitik, AcP 202 (2002), 317; *Pakuscher*, Zur Problematik der Pflichtteilsentziehung, JR 1960, 51; *Papachronopoulos*, Entziehung des Pflichtteils wegen eines Verbrechens oder eines schweren vorsätzlichen Vergehens ohne strafgerichtliche Verurteilung?, ErbR 2023, 346; *Rauscher*, Reformfragen des gesetzlichen Erb- und Pflichtteilsrechts, Bd. II, 1993; *Roth*, Arten der Feststellungsklagen bei Pflichtteilsentziehung, NJW-Spezial 2018, 359; *ders.*, Feststellungsklagen bei Pflichtteilsentziehung, NJW-Spezial 2018, 231; *ders.*, Arten der Feststellungsklagen bei Pflichtteilsentziehung, NJW-Spezial 2018, 359; *Schaal/Griegas*, Der Regierungsentwurf zur Änderung des Erb- und Verjährungsrechts, BWNotZ 2008, 2; *Schlüter*, Die Änderung der Rolle des Pflichtteilsrechts im sozialen Kontext, in: FS 50 Jahre BGH, Festgabe aus der Wissenschaft, 2000, S. 1047; *Schöpflin*, Verfassungsmäßigkeit des Pflichtteilsrechts und Pflichtteilsentziehung, FamRZ 2005, 2025; *Schubert*, Zu den formellen Voraussetzungen der Pflichtteilsentziehung gemäß § 2336 II (f), JR 1986, 26; *Stüber*, BVerfG zum Pflichtteilsentziehungsrecht: Kein Beitrag zur Klarheit, NJW 2005, 2122; *v. Dickhuth-Harrach*, Ärgernis Pflichtteil? Möglichkeiten der Pflichtteilsreduzierung im Überblick, in: FS Rheinisches Notariat, 1998, S. 203 ff.

Übersicht: Rdn

A. Grundsätzliches

1 Sinn und Zweck des Pflichtteilsrechts ist es, den nächsten Angehörigen des Erblassers eine Mindestteilhabe an dessen Vermögen zu sichern. Deshalb setzt es der das deutsche Erbrecht im Übrigen prägenden Testierfreiheit Grenzen,[1] über die sich der Erblasser nicht hinwegsetzen soll. Tut er es doch, kann der benachteiligte Pflichtteilsberechtigte nach dem Tod des Erblassers die ihm zustehenden Ansprüche gegenüber dessen Erben geltend machen.

2 Nur in Ausnahmefällen, wenn nämlich das familiäre Näheverhältnis zwischen Erblasser und Pflichtteilsberechtigtem nicht nur nachhaltig gestört ist, sondern durch schuldhafte Verfehlungen grob verletzt wurde, lässt der Gesetzgeber einen Ausschluss der vermögensmäßigen Mindestteilhabe des Pflichtteilsberechtigten zu.[2]

3 Die **Gründe**, die eine **Pflichtteilsentziehung** rechtfertigen können, zählt das Gesetz in § 2333 BGB abschließend auf. Was unter diese Gründe nicht subsumiert werden kann, scheidet als Rechtfertigung einer Pflichtteilsentziehung aus. Daher kommt eine solche z.B. auch wegen einer dem Erblasser nicht genehmen religiösen Überzeugung des Pflichtteilsberechtigten ebenso wenig in Frage wie wegen seiner Trennung vom Lebenspartner oder wegen einer Ehescheidung. Gleiches gilt für die – begründete oder unbegründete – Anregung einer Betreuung für den Erblasser.[3]

Die bis Ende 2009 geltende Differenzierung zwischen der Pflichtteilsentziehung zu Lasten eines Abkömmlings auf der einen Seite und der Pflichtteilsentziehung zu Lasten der Eltern oder des Ehegatten auf der anderen Seite ist durch das Gesetz zur Änderung des Erb- und Verjährungsrechts entfallen.[4] Sie war weder (noch) zeitgemäß noch in ihren Auswirkungen nachvollziehbar.[5] Eine entsprechende oder analoge Anwendung auf ähnliche Fälle ist ausgeschlossen.[6] Mitunter erweist sich aber eine genaue Subsumtion als schwierig. Dies gilt umso mehr, als die relativ weitgefassten Pflichtteilsentziehungsgründe maßgeblich vom Vorverständnis bzw. Rechtsempfinden des Anwenders beeinflusst werden. Dabei stellt sich nicht nur die Frage, wie im Spannungsfeld zwi-

1 Staudinger/*Olshausen* (2021), Vor § 2333 Rn 1; Soergel/*Beck*, Vor §§ 2303–2338 Rn 1, 2.
2 Vgl. Regierungsentwurf zum Gesetz zur Änderung des Erb- und Verjährungsrechts, BT-Drucks 16/8954, S. 9 (familienschützende Funktion des Pflichtteils).
3 BeckOGK/*Rudy*, § 2333 Rn 18; Staudinger/*Olshausen* (2021), Vor § 2333 Rn 40.
4 BGBl I 2009, 3142 f.
5 „Willkürliche Ergebnisse" vgl. *Bonefeld/Lange/Tanck*, ZErb 2007, 292, 297; *Herzog*, ErbR 2008, 206 f.
6 BGH NJW 1974, 1084; BGH NJW 1977, 339; MüKo/*Lange*, § 2333 Rn 11; RGRK/*Johannsen*, § 2333 Rn 2; Soergel/*Beck*, Vor §§ 2333–2338 Rn 2.

schen Pflichtteilsrecht und Testierfreiheit grundsätzlich abzuwägen ist.[7] Vielmehr fällt auch die Würdigung einzelner gesetzlich geregelter Tatbestände nicht immer leicht. Dabei ist mitunter die Frage zu stellen, ob dem Erblasser die Aufrechterhaltung des Pflichtteilsanspruchs noch zumutbar ist. Maßgeblich ist insoweit die konkrete Situation der betroffenen Familie.[8] So forderte bspw. der BGH konkret, dass bei einer **vorsätzlichen** körperlichen **Misshandlung** des Erblassers oder dessen Ehegatten (§ 2333 Nr. 2 BGB a.F.) im Hinblick auf das verfassungsrechtliche Übermaßverbot stets eine Abwägung des Gewichts der Verletzungshandlung und der Bedeutung des Pflichtteilsverlusts zu erfolgen habe.[9] Diese restriktive Auslegung, die von einer Steigerungen der Anforderungen an die einzuhaltende Form begleitet wird,[10] lässt – wie *Dieckmann* zutreffend ausführt – das Entziehungsrecht in die Gefahr der „gesellschaftlichen Bedeutungsarmut kraft Richterrechts" geraten.[11] Vor diesem Hintergrund kann es aus der Sicht des Erblassers sinnvoll sein, sein Recht zur Pflichtteilsentziehung im Wege einer positiven Feststellungsklage ausdrücklich feststellen zu lassen.[12]

In der Vergangenheit war die Frage, ob die Pflichtteilsentziehungsgründe überhaupt 4
(noch) verfassungsgemäß seien, teils heftig umstritten.[13] Problematisch erschien insbesondere die Ungleichbehandlung der vorsätzlichen Misshandlung eines Kindes durch seine Eltern auf der einen Seite und der Eltern durch das Kind auf der anderen Seite.[14] Auch der Befund, dass zwar der Dirne (wegen ehrlosen und unsittlichen Lebenswandels), nicht aber dem Raubmörder der Pflichtteilsanspruch entzogen werden konnte,[15] erschien mit heutigen Wertvorstellungen unvereinbar.[16] Eine hiergegen gerichtete Verfassungsbeschwerde hatte das Bundesverfassungsgericht im Jahr 2000 nicht zur Entscheidung angenommen.[17] Nach zivilgerichtlicher Rechtsprechung stellt allein der Umstand, dass einem Pflichtteilsberechtigten wegen seiner Behinderung nicht der Pflichtteilsanspruch entzogen werden kann, um ein zum Nachlass gehörendes Unternehmen vor finanziellen Belastungen zu schützen, keinen Verstoß gegen Art. 14 Abs. 1 S. 1 GG dar.[18]

Schließlich entschied das BVerfG aber am 19.4.2005[19] nicht nur, dass das Pflichtteils- 5
recht der Abkömmlinge grundsätzlich eine unentziehbare und bedarfsunabhängige wirtschaftliche Mindestbeteiligung am Nachlass des Erblassers darstelle und durch die Erbrechtsgarantie des Art. 14 Abs. 1 i.V.m. Art. 6 Abs. 1 GG gewährleistet sei. Es stellte darüber hinaus fest, dass auch die seinerzeit gültigen Bestimmungen des § 2333 Nr. 1 und 2 BGB a.F. (sowie die Regelung der Pflichtteilsunwürdigkeit, § 2345 Abs. 2

---

7 *Mayer* spricht in diesem Zusammenhang vom Erfordernis der Herstellung einer praktischen Konkordanz zwischen Testierfreiheit u. Pflichtteilsrecht; vgl. Bamberger/Roth/*J. Mayer*, § 2333 Rn 2.

8 MüKo/*Lange*, § 2333 Rn 42 f.

9 BGHZ 109, 306 = FamRZ 1990, 398.

10 Vgl. BGHZ 94, 36; MüKo/*Lange*, § 2333 Rn 1.

11 Soergel/*Beck*, Vor §§ 2333–2338 Rn 2; vgl. auch *Lange*, ZErb 2008, 59, 63; *ders.*, AcP 2004 (2004), 804, 817 ff.

12 Zur Zulässigkeit siehe RGZ 169, 98; RGZ 92, 1; BGH NJW 1974, 1080; BGHZ 109, 306; Soergel/*Beck*, Vor §§ 2333–2338 Rn 4.

13 Vgl. *Bowitz*, JZ 1980, 304; *Leipold*, JZ 1990, 700, 702; *Dauner-Lieb*, FF 2001, 78; *Leisner*, NJW 2001, 126.

14 Vgl. *Haas*, ZEV 2000, 249, 258.

15 *J. Mayer*, in: Mayer/Süß/Tanck/Bittler/Wälzholz, HB Pflichtteilsrecht, 1. Aufl. 2003, § 10 Rn 12.

16 Vgl. auch *Haas*, ZEV 2000, 249, 258; *Lange/Kuchinke*, § 2 IV Fn 77 b.

17 BVerfG NJW 2001, 141; kritisch: *J. Mayer*, ZEV 2000, 447; *Leisner*, NJW 2001, 126; eher zustimmend: *Otte*, AcP 202 (2002), 317, 323 ff.

18 OLG München ZEV 2003, 367.

19 BVerfG ZErb 2005, 169 m. Anm. *Lange*, S. 205.

i.V.m. § 2339 Abs. 1 Nr. 1 BGB) verfassungskonform waren bzw. sind. Dies gelte auch hinsichtlich der erforderlichen Normenklarheit und Justiziabilität.

6 Das BVerfG stellt in diesem Zusammenhang heraus, dass der Gesetzgeber von Verfassungs wegen Möglichkeiten vorzusehen habe, die dem Erblasser eine Entziehung des Pflichtteils ermöglichen, wenn die bedarfsunabhängige Mindestteilhabe des Pflichtteilsberechtigten an seinem Nachlass ihm im Hinblick auf ein besonders schwerwiegendes Fehlverhalten des Pflichtteilsberechtigten schlechthin nicht zugemutet werden könne.[20] Eine Unzumutbarkeit in diesem Sinne kann allerdings nur bestehen, wenn das Fehlverhalten deutlich über die (üblicherweise einen Ausschluss von der Erbfolge rechtfertigenden) Störung des familiären Beziehungsverhältnisses hinausgeht. Dies steht aber einer Ausgestaltung der Pflichtteilsentziehungsgründe in Form generalisierender und typisierender Regelungen nicht entgegen. Dies gilt insbesondere dann, wenn die Pflichtteilsentziehung an Tatbestandsmerkmale geknüpft wird, deren Vorhandensein in einem späteren Gerichtsverfahren relativ leicht nachgewiesen werden kann.[21] Nach Ansicht des Bundesverfassungsgerichts setzt eine Pflichtteilsentziehung stets ein schuldhaftes Verhalten des Betroffenen voraus, wobei es nicht auf einen Schuldbegriff im strafrechtlichen Sinne ankommen könne. Selbst bei einer strafrechtlichen Schuldunfähigkeit müsse es daher genügen, wenn der Pflichtteilsberechtigte den objektiven Unrechtstatbestand „wissentlich und willentlich" verwirklicht habe.[22] Hierzu genüge ein „natürlicher Vorsatz", der auch bei einem psychisch Kranken vorliegen könne.[23]

B. Letzte Gesetzesänderung zum Recht der Pflichtteilsentziehung

7 Das Gesetz zur Änderung des Erb- und Verjährungsrechts[24] hat im Bereich des Rechts der Pflichtteilsentziehung vergleichsweise große Veränderungen mit sich gebracht. Diese zielten insbesondere auf eine Stärkung der Testierfreiheit des Erblassers ab und sollten gleichzeitig die „Enterbung" erleichtern.[25] Das Ergebnis sind insbesondere nachfolgende Änderungen:

8 Die Pflichtteilsentziehungsgründe wurden für sämtliche Pflichtteilsberechtigten vereinheitlicht und in § 2333 BGB zusammengefasst. Die früheren §§ 2334 BGB (Elternpflichtteil) und 2335 BGB (Ehegattenpflichtteil) wurden aufgehoben, ebenso § 2336 Abs. 4 BGB.[26] § 2333 Abs. 2 BGB erklärt nunmehr die in § 2333 Abs. 1 BGB für den Pflichtteil eines Abkömmlings ausdrücklich geregelten Entziehungsgründe in Bezug auf andere Pflichtteilsberechtigte für entsprechend anwendbar.[27]

9 Der Katalog der Pflichtteilsentziehungsgründe wurde insgesamt deutlich überarbeitet und an veränderte Wert- und Moralvorstellungen angepasst. Gleichzeitig erfolgte eine (maßvolle) Erweiterung des Kreises der von entziehungsrelevanten Verfehlungen des Pflichtteilsberechtigten möglicherweise betroffenen Personen. Auf diese Weise sollten die Pflichtteilsentziehungsgründe auch an gewandelte familiäre Strukturen angepasst werden.[28] Relevant ist daher nun auch das Verhalten des Pflichtteilsberechtigten

20 BVerfGE 112, 332 Tz 79 ff.
21 Vgl. MüKo/*Lange*, § 2333 Rn 4.
22 BVerfGE 112, 332 Tz 89.
23 BVerfGE 112, 332 Tz 90, 92.
24 BGBl I 2009, 3142 f.
25 Vgl. *Hölscher*, in: Mayer/Süß/Riedel/Bittler, HB Pflichtteilsrecht, § 8 Rn 21.
26 Dieser ließ eine Pflichtteilsentziehung wegen ehrlosen und unsittlichen Lebenswandels eines Abkömmlings unwirksam werden, wenn sich der Abkömmling zur Zeit des Erbfalls von eben diesem ehrlosen oder unsittlichen Lebenswandel auf Dauer abgewendet hatte.
27 Vgl. auch BeckOGK/*Rudy*, § 2333 Rn 11.1.
28 Vgl. hierzu *Kroiß*, FPR 2008, 543, 544; *Meyer*, FPR 2008, 537, 538.

gegenüber Stief- oder Pflegekindern sowie Lebensgefährten („ähnlich nahestehende Person").[29]

Schließlich wurden auch die formellen Anforderungen an eine Pflichtteilsentziehung 10
(§ 2336 BGB) ergänzt.[30]

Nach der Gesetzesbegründung[31] sollen Pflichtteilsentziehungen grundsätzlich immer 11
dann möglich sein, wenn sich der Pflichtteilsberechtigte eines schweren Fehlverhaltens gegenüber dem Erblasser oder einer diesem nahestehenden Person schuldig[32] gemacht hat. Daneben soll auch ein allgemein schwer sozialwidriges Fehlverhalten die Pflichtteilsentziehung rechtfertigen. Dieser Gesichtspunkt ist in § 2333 Abs. 1 Nr. 4 BGB n.F. (vorsätzliche Straftat mit Freiheitsstrafe von mindestens einem Jahr ohne Bewährung oder Unterbringung in einem psychiatrischen Krankenhaus) zwar nur unvollständig umgesetzt worden. Nichtsdestotrotz ist die Reform insgesamt auf ein überwiegend positives Echo gestoßen.[33]

Insgesamt hat sich der Gesetzgeber gegen die Einführung des sog. Zerrüttungsprinzips entschieden.[34]

C. Erneute verfassungsrechtliche Bedenken

Nachdem Auslöser für die Änderungen im Rahmen der Erbrechtsreform 2010 unter 12
anderem verfassungsrechtliche Mängel des bisherigen Rechts waren, werden auch gegen die derzeitige Fassung der Vorschriften zur Pflichtteilsentziehung erneut verfassungsrechtliche Bedenken erhoben. Dies gilt insbesondere für § 2333 Abs. 1 Nr. 1 und Nr. 2 BGB.[35]

Kritisiert wird hier, dass der Begriff der „ähnlich nahestehenden Person" nicht trennscharf genug sei und daher dem Bestimmtheitsgebot des Art. 20 GG nicht gerecht würde. Dem ist aber entgegenzuhalten, dass ein Verstoß gegen das Bestimmtheitsgebot nicht bereits dann vorliegt, wenn eine Norm (so wie die hier in Rede stehende) auslegungsbedürftig ist. Soweit eine Auslegung mithilfe der allgemein anerkannten Auslegungsregeln zu einer zuverlässigen Grundlage der Gesetzesanwendung führt, ist dem Bestimmtheitsgebot genügt.[36] Dieses Petitum sollte vorliegend – trotz verschiedener Meinungsverschiedenheiten bezüglich der Auslegung der Norm – erfüllt sein.[37]

Weiterer Punkt der Kritik ist der Umstand, dass durch die Einbeziehung dem Erblasser (nur) nahestehender Personen der Kreis der Familie überschritten würde mit der Folge, dass die verfassungsrechtlich (Art. 14 Abs. 1 S. 1 i.V.m. Art. 6 Abs. 1 GG) garantierte Mindestteilhabe am Familienvermögen durch Handlungen gegen Nicht-Familienangehörige in Frage gestellt werden könnte.[38] Allerdings ist auch dieses Argument nicht überzeugend. Denn zum einen wird der Kreis derjenigen, denen eine Mindestteilhabe am Nachlass grundsätzlich (unentziehbar) zusteht, durch die Regelung nicht beeinflusst. Zum anderen stellen sich Angriffe gegen dem Erblasser nahestehende Personen

29 Vgl. auch *Hölscher*, in: Mayer/Süß/Riedel/Bittler, HB Pflichtteilsrecht, § 8 Rn 22; BeckOGK/*Rudy*, § 2333 Rn 20 ff.

30 § 2336 Abs. 2 S. 2 BGB n.F. bezieht sich auf den neu gefassten § 2333 Abs. 1 Nr. 4 BGB.

31 BT-Drucks 16/8945, S. 22.

32 Im Sinne eines natürlichen Schuldvorwurfs.

33 Vgl. etwa *Bonefeld/Lange/Tanck*, ZErb 2007, 292, 297; *Keim*, ZEV 2008, 161, 168; *Herzog*, ErbR 2008, 206, 208; eher kritisch: *Muscheler*, ZEV 2008, 105, 106.

34 Vgl. *Hölscher*, in: Mayer/Süß/Riedel/Bittler, HB Pflichtteilsrecht, § 8 Rn 20.

35 Vgl. *Muscheler*, Erbrecht II, 2010, § 51 Rn 4263 ff.

36 Vgl. BVerfGE 25, 216, 226; *Hölscher*, in: Mayer/Süß/Riedel/Bittler, HB Pflichtteilsrecht, § 8 Rn 29.

37 *Hölscher*, in: Mayer/Süß/Riedel/Bittler, HB Pflichtteilsrecht, § 8 Rn 29; vgl. auch *Lange/Honzen*, ErbR 2011, 316, 318.

38 *Muscheler*, Erbrecht II, 2010, § 51 Rn 4263 ff.

mittelbar auch stets als Angriffe gegen ihn dar und dokumentieren daher eine Störung der familiären Solidarität zwischen dem Pflichtteilsberechtigten und dem Erblasser, so dass eine Pflichtteilsentziehung gerechtfertigt erscheint.[39]

D. Rechtsfolgen der Pflichtteilsentziehung

13 Die wirksame Pflichtteilsentziehung führt dazu, dass sämtliche Ansprüche, die das Pflichtteilsrecht in den §§ 2303 ff. BGB gewährt, entfallen. Dies schließt auch den Pflichtteilsrestanspruch nach den §§ 2305, 2307 BGB, den Pflichtteilsergänzungsanspruch, §§ 2325, 2329 BGB, und den Auskunfts- und Wertermittlungsanspruch, § 2314 BGB,[40] mit ein. Auch eine, nach den Regeln des § 2306 BGB eigentlich unzulässige, Beschränkung des Pflichtteilsrechts ist im Wege der – teilweisen – Pflichtteilsentziehung möglich.[41]

14 Fällt ein Pflichtteilsberechtigter durch **wirksame Pflichtteilsentziehung** weg, erhöhen sich hierdurch weder die Erb- noch die Pflichtteilsquoten der übrigen Berechtigten.[42] Die Pflichtteilsentziehung kommt daher im Ergebnis dem Erben zugute, wenn nicht im Hinblick auf eine mit der Pflichtteilsentziehung verbundene Enterbung, § 2309 BGB, anzuwenden ist und so ein entfernterer Abkömmling oder die Eltern des Erblassers pflichtteilsberechtigt werden.[43]

15 Sowohl der Erblasser als auch der von der Entziehung betroffene Pflichtteilsberechtigte haben bereits zu Lebzeiten des Erblassers die Möglichkeit, die Berechtigung einer angeordneten Pflichtteilsentziehung im Wege der Feststellungsklage gerichtlich überprüfen zu lassen.[44]

§ 2333 Entziehung des Pflichtteils

(1) Der Erblasser kann einem Abkömmling den Pflichtteil entziehen, wenn der Abkömmling

1. dem Erblasser, dem Ehegatten des Erblassers, einem anderen Abkömmling oder einer dem Erblasser ähnlich nahe stehenden Person nach dem Leben trachtet,

2. sich eines Verbrechens oder eines schweren vorsätzlichen Vergehens gegen eine der in Nummer 1 bezeichneten Personen schuldig macht,

3. die ihm dem Erblasser gegenüber gesetzlich obliegende Unterhaltspflicht böswillig verletzt oder

4. wegen einer vorsätzlichen Straftat zu einer Freiheitsstrafe von mindestens einem Jahr ohne Bewährung rechtskräftig verurteilt wird und die Teilhabe des Abkömmlings am Nachlass deshalb für den Erblasser unzumutbar ist. [2]Gleiches gilt, wenn die Unterbringung des Abkömmlings in einem psychiatrischen Krankenhaus oder in einer Entziehungsanstalt wegen einer ähnlich schwerwiegenden vorsätzlichen Tat rechtskräftig angeordnet wird.

(2) Absatz 1 gilt entsprechend für die Entziehung des Eltern- oder Ehegattenpflichtteils.

---

39 Vgl. auch *Lange/Honzen*, ErbR 2011, 316, 318; *Hölscher*, in: Mayer/Süß/Riedel/Bittler, HB Pflichtteilsrecht, § 8 Rn 30.

40 Staudinger/*Olshausen* (2015), Vor § 2333 Rn 31; Soergel/*Beck*, Vor §§ 2333–2338 Rn 5.

41 Soergel/*Beck*, Vor §§ 2333–2338 Rn 5.

42 Soergel/*Beck*, Vor §§ 2333–2338 Rn 7; MüKo/*Lange*, § 2337 Rn 17.

43 Soergel/*Beck*, Vor §§ 2333–2338 Rn 7.

44 BGH NJW 2004, 1874; OLG Saarbrücken NJW 1086, 1182.

Übersicht: Rdn

A. Allgemeines

Im Hinblick auf den Sinn und Zweck des Pflichtteilsrechts, den Berechtigten eine bedarfsunabhängige Mindestteilhabe am Vermögen des Erblassers zu sichern, die der Dispositionsfreiheit des Erblassers entzogen sein soll,[1] sind die Anforderungen, die das Gesetz und die Rspr. an die Gründe einer Pflichtteilsentziehung stellen, sehr hoch.[2] 1

Durch das Gesetz zur Änderung des Erb- und Verjährungsrechts[3] wurden die Pflichtteilsentziehungsgründe für alle betroffenen Pflichtteilsberechtigten vereinheitlicht. Die zuvor bestehende Differenzierung zwischen den Gründen für die Entziehung des Pflichtteils eines Abkömmlings auf der einen Seite und für die Entziehung der Pflichtteile von Eltern bzw. Ehegatten/Lebenspartnern auf der anderen Seite ist hierdurch entfallen.[4] Für Erbfälle nach dem 31.12.2009 regelt Abs. 1 nun explizit die Gründe, die die Entziehung des Pflichtteils eines Abkömmlings rechtfertigen. Abs. 2 erklärt die in Abs. 1 genannten Pflichtteilsentziehungsgründe auch in Fällen der Entziehung des Eltern- bzw. Ehegattenpflichtteils für entsprechend anwendbar.[5] 2

Der eingetragene gleichgeschlechtliche Lebenspartner ist in § 2333 BGB zwar nicht genannt. Er war bzw. ist aber durch § 10 Abs. 6 S. 2 LPartG einem Ehegatten gleichgestellt. Vor diesem Hintergrund rechtfertigen Verfehlungen gegenüber dem gleichgeschlechtlichen Lebenspartner des Erblassers die Pflichtteilsentziehung in der gleichen Weise wie die entsprechenden Verfehlungen gegenüber seinem Ehegatten.[6] Dement- 3

1 BVerfG ZErb 2005, 169.
2 *Lange*, ZErb 2008, 59, 63.
3 BGBl I 2009, 3142 f.
4 BeckOGK/*Rudy*, § 2333 Rn 5.
5 Burandt/Rojahn/*Horn*, Erbrecht, § 2333 Rn 7.
6 Vgl. *Kaiser*, FPR 2005, 286, 289; *Hölscher*, in: Mayer/Süß/Riedel/Bittler, HB Pflichtteilsrecht, § 8 Rn 27; MüKo/*Lange*, § 2333 Rn 6; zweifelnd aber offenbar *Grziwotz*, DNotZ 2001, 280, 299.

sprechend ist auch in Abs. 2 der Ehegatte gleichzeitig als Synonym für den eingetragenen gleichgeschlechtlichen Lebenspartner anzusehen.

4 Das Recht zur Pflichtteilsentziehung ist ein Gestaltungsrecht[7] höchstpersönlicher Natur.[8] Es muss gem. § 2336 Abs. 1 BGB durch letztwillige Verfügung ausgeübt werden.[9] Ein Verzicht auf dieses Gestaltungsrecht kommt nicht in Betracht, lediglich der Verlust durch Verzeihung (§ 2337 BGB).[10]

B. Tatbestand

I. Grundsätzliches

5 Der Katalog der Entziehungsgründe ist abschließend;[11] die Tatbestände sind weder isoliert noch einer „Gesamtanalogie" zugänglich.[12] Ob der Pflichtteilsberechtigte die tatbestandsmäßige Handlung im In- oder im Ausland begangen hat, spielt keine Rolle.[13]

Unter Abkömmlingen sind die ehelichen und die nichtehelichen Kinder des Erblassers zu verstehen, ebenso adoptierte Kinder. Insoweit gilt dieselbe Definition wie i.R.d. § 2303 BGB.[14]

6 Traditionell setzt die Pflichtteilsentziehung in allen Fällen des § 2333 BGB ein **Verschulden** des Betroffenen voraus.[15] Auch das Bundesverfassungsgericht hat ausdrücklich das Bestehen eines Verschuldenserfordernisses festgehalten.[16] Allerdings hat es zu Recht die früher durch die Zivilgerichte angewendete Auslegung des Verschuldensbegriffes nach strafrechtlichen Vorgaben[17] für nicht mit dem GG vereinbar erklärt.[18] Statt der strafrechtlichen Verantwortlichkeit muss ein vom Bundesverfassungsgericht so bezeichneter „natürlicher Vorsatz", mit dem der Pflichtteilsberechtigte den entsprechenden Tatbestand des Entziehungsgrundes verwirklicht hat, genügen.[19] Dies gilt insbesondere dann, wenn der Pflichtteilsberechtigte im strafrechtlichen Sinne nicht voll schuldfähig ist,[20] er aber dennoch zielgerichtet dem Erblasser oder einer anderen in den Schutzbereich des Abs. 1 einbezogenen Person für den Erblasser unerträgliche Misshandlungen zufügt. Der Gesetzgeber hat dem Petitum des Bundesverfassungsgerichts – unvollständig – dadurch Rechnung zu tragen versucht, dass der Pflichtteil

---

7 BeckOGK/*Rudy*, § 2333 Rn 9; *Soergel/Beck*, Vor § 2333 – 2336 Rn 3.

8 MüKo/*Lange*, § 2333 Rn 6.

9 Burandt/Rojahn/*Horn*, Erbrecht, § 2333 Rn 3.

10 Die diesbezüglichen Anforderungen sind deutlich geringer als die an die Pflichtteilsentziehung, vgl. *Lange*, ZErb 2008, 59, 62 f.

11 BeckOGK/*Rudy*, § 2333 Rn 15; Burandt/Rojahn/*Horn*, Erbrecht, § 2333 Rn 4.

12 BGH NJW 1977, 339, 340; OLG München NJW-RR 2003, 1230; OLG Nürnberg ErbR 2018, 280, 281; OLG Farankfurt ZEV 2023, 168 m.Anm. *Lange*; Staudinger/*Olshausen* (2021), vor § 2333 Rn 5; BeckOGK/*Rudy*, § 2333 Rn 15; Soergel/*Beck*, Vor § 2333 – 2336 Rn 2; Grüneberg/*Weidlich*, § 2333 Rn 2; MüKo/*Lange*, § 2333 Rn 11; *Schöpflin*, FamRZ 2005, 2025, 2030.

13 BeckOGK/*Rudy*, § 2333 Rn 12; Grüneberg/*Weidlich*, § 2333 Rn 2; *Maurer-Stroh/Roglmeier*, ZErb 2017, 10,11.

14 Staudinger/*Olshausen* (2021), § 2333 Rn 2.

15 OLG Düsseldorf NJW 1968, 944, 945; OLG Hamburg NJW 1988, 977; KG OLGZ 21, 344, 345; *Lange/Kuchinke*, § 37 XIII Fn 666; BeckOGK/*Rudy*, § 2333 Rn 17; Soergel/*Beck*, Vor §§ 2333 – 2338 Rn 6; MüKo/*Lange*, § 2333 Rn 19, 26 f.

16 BVerfG ZErb 2005, 169 f.

17 OLG Düsseldorf NJW 1968, 944; OLG Hamburg NJW 1988, 977; KG OLG Rspr. 21, 344, 345; vgl. auch Staudinger/*Olshausen* (2021), vor § 2333 Rn 6; vgl. MüKo/*Lange*, § 2333 Rn 19 m.w.N.

18 BVerfG ZErb 2005, 169; ebenso bereits *Herzog*, FF 2003, 19, 22; *Lange/Kuchinke*, § 37 XIII 2 a Fn 665.

19 BeckOGK/*Rudy*, § 2333 Rn 17.

20 BVerfG ZErb 2005, 169.

nunmehr auch demjenigen entzogen werden kann, der nur deswegen nicht rechtskräftig zu einer Freiheitsstrafe von mindestens einem Jahr ohne Bewährung verurteilt werden kann, weil er schuldunfähig war bzw. ist und daher seine Unterbringung in einem psychiatrischen Krankenhaus oder in einer Entziehungsanstalt angeordnet wurde (Abs. 1 Nr. 4). Nichtsdestotrotz dürfte sich die Feststellung des „natürlichen Vorsatzes" in der Praxis als äußerst schwierig erweisen, insbesondere auch in Bezug auf die Pflichtteilsentziehungsgründe nach Abs. 1 Nr. 1 und 2, hinsichtlich derer es nach der Entscheidung des Bundesverfassungsgerichts auf die Definition des Schuldbegriffs im strafrechtlichen Sinne schlechterdings nicht ankommen kann.[21]

II. Die Pflichtteilsentziehungsgründe im Einzelnen

1. Nach dem Leben trachten (Abs. 1 Nr. 1)

a) Kreis der potentiellen Opfer

Abs. 1 Nr. 1 sanktioniert nicht das strafrechtlich an und für sich ohnehin verwerfliche 7
Trachten nach dem Leben eines anderen Menschen. Vielmehr kommt eine hiermit begründete Pflichtteilsentziehung nur dann in Betracht, wenn es sich bei dem Opfer um den Erblasser selbst, seinen Ehegatten bzw. gleichgeschlechtlichen Lebenspartner,[22] einen Abkömmling des Erblassers i.S.v. § 1589 Abs. 1 S. 1 BGB oder eine andere dem Erblasser ähnlich nahestehende Person handelt. Als Abkömmlinge in diesem Sinne sind neben den ehelichen auch die nichtehelichen Kinder anzusehen. Dasselbe gilt für Adoptivkinder.[23]

Nicht ohne Weiteres abzugrenzen ist aber, wer zu den dem Erblasser ähnlich naheste- 8
henden Personen gehört. Der gleichgeschlechtliche Lebenspartner kann im Hinblick auf § 10 Abs. 6 S. 2 LPartG kaum gemeint sein, er ist dem Ehegatten gleichgestellt. Die Begründung des Gesetzentwurfes nennt beispielhaft die auf Dauer angelegte Lebensgemeinschaft,[24] wobei eine allgemein gültige Abgrenzung auch auf dieser Grundlage schwierig erscheint.[25] Grundsätzlich ist eine einzelfallbezogene Betrachtung anhand der konkreten Umstände angezeigt.[26] I.d.R. wird man trotz allem davon ausgehen können, dass zu den nahestehenden Personen jedenfalls Stiefkinder und Pflegekinder gehören.[27] Das Gleiche dürfte für Lebens- bzw. Lebensabschnittsgefährten gelten.[28] Nach der Vorstellung des Gesetzgebers sollen offenbar auch dessen bzw. deren Kinder zu den ähnlich nahestehenden Personen zählen, wenn sie dauerhaft im Haushalt des Erblassers leben.[29]

Fraglich ist die Einbeziehung von Stief- und Pflegeeltern, da diese nach der Gesetzes- 9
begründung wohl nicht zum Kreis der ähnlich nahestehenden Personen zählen sollen.[30] Insoweit wird man unterstellen müssen, dass Stief- und Pflegeeltern zwar nicht „automatisch" als „ähnlich nahestehende" Personen anzusehen, aber sehr wohl im

21 MüKo/*Lange*, § 2333 Rn 19; BeckOGK/*Rudy*, § 2333 Rn 17; Staudinger/*Olshausen* (2021), vor § 2333 Rn 6; ebenso wohl auch *Kleensang*, DNotZ 2005, 509, 522; *ders.*, ZEV 2005, 277, 288.

22 Dieser ist einem Ehegatten gem. § 10 Abs. 6 S. 2 LPartG gleichgestellt.

23 Soergel/*Dieckmann*, 13. Aufl., § 2333 Rn 3.

24 Vgl. BT-Drucks 16/8954, S. 23; Burandt/Rojahn/*Horn*, Erbrecht, § 2333 Rn 8; BeckOK BGB/*Müller-Engels*, § 2333 Rn 10; vgl. auch *Maurer-Stroh/Roglmeier*, ZErb 2017, 10, 12.

25 Nach *Schaal/Grigas*, BWNotZ 2008, 2, 18 ist eine abstrakte Betrachtung ohnehin ausgeschlossen.

26 MüKo/*Lange*, § 2333 Rn 36; vgl. auch *Lange/Honzen*, ZErb 2011, 316, 317.

27 *Maurer-Stroh/Roglmeier*, ZErb 2017, 10, 12.

28 *Lange/Honzen*, ZErb 2011, 316, 317; *Karsten*, RNotZ 2010, 357, 365; *Maurer-Stroh/Roglmeier*, ZErb 2017, 10, 12.

29 Vgl. MüKo/*Lange*, § 2333 Rn 17.

30 BeckOGK/*Rudy*, § 2333 Rn 21; *Lange/Honzen*, ZErb 2011, 316.

Einzelfall aufgrund der konkreten persönlichen Bindung in den Schutzbereich von § 2333 BGB einzubeziehen sind.

10 Der maßgebliche Zeitpunkt für die Bestimmung des Näheverhältnisses muss im Übrigen der Zeitpunkt der Tathandlung des Pflichtteilsberechtigten sein.[31] Ob das Näheverhältnis auch im Zeitpunkt des Erbfalls noch besteht, ist hingegen nicht entscheidend.

Beim (ehemaligen) Ehegatten kommt es im Zweifel auf die Rechtskraft des Scheidungsurteils an.[32] Allerdings ist die Anwendung von Abs. 1 Nr. 1 in Bezug auf ehemalige Ehegatten/Lebenspartner nicht per se ausgeschlossen,[33] da es sich bei ihnen auch nach der Beendigung der Ehe/Lebenspartnerschaft nach wie vor um „ähnlich nahestehende Personen" handeln kann.[34]

b) Tathandlung des Pflichtteilsberechtigten

11 Der Abkömmling trachtet einer der genannten Personen nach dem Leben (Abs. 1 Nr. 1), wenn er den ernsthaften Willen hat, deren Tod herbeizuführen, und diesen Willen auch betätigt.[35] Ob er dies als **Täter, Mittäter, Gehilfe** oder **Anstifter** tut, spielt keine Rolle;[36] selbst straflose Vorbereitungshandlungen können genügen.[37] Wenn sich der Pflichtteilsberechtigte in einer Garantenstellung befindet, also für ihn eine Pflicht zum Handeln besteht, kann auch das bloße Unterlassen der erforderlichen Handlung ein Nach-dem-Leben-trachten darstellen.[38] Insoweit kommt auch die Nichtanzeige einer geplanten Tötung in Betracht.[39] Ein vorbedachtes oder planvolles Handeln ist nicht erforderlich,[40] ebenso wenig, dass der Erblasser oder andere Betroffene sich durch den Abkömmling bedroht gefühlt hat.[41]

Es genügt aber nicht, dass der Pflichtteilsberechtigte den Tod des Erblassers (nur) herbeigesehnt oder gewünscht hat.[42]

12 Ist die **Tötungsabsicht** im **Versuchsstadium** stecken geblieben, der Pflichtteilsberechtigte bspw. am Einsatz untauglicher Mittel gescheitert, ist Abs. 1 Nr. 1 dennoch erfüllt, wenn sich im Verhalten des Pflichtteilsberechtigten eine ernsthafte Tötungsabsicht manifestiert hat.[43] Im Übrigen lässt ein strafbefreiender Rücktritt gem. § 24 StGB die

---

31 *Lange/Honzen*, ZErb 2011, 316, 317; *Hölscher*, in: Mayer/Süß/Riedel/Bittler, HB Pflichtteilsrecht, § 8 Rn 27.

32 BeckOGK/*Rudy*, § 2333 Rn 21; a.A. *Lange/Honzen*, ZErb 2011, 316.

33 Vgl. Soergel/*Dieckmann*, 13. Aufl., § 2333 Rn 3; jurisPK-BGB/*Birkenheier*, § 2333 Rn 14, 23.

34 *Lange* geht davon aus, dass „regelmäßig" kein Nahestehen in diesem Sinne vorliege.

35 RGZ 100, 114, 115; Staudinger/*Olshausen* (2021), § 2333 Rn 6; der Begriff entspricht inhaltlich dem des § 1566 BGB a.F., der bereits durch das EheG von 1938 aufgehoben wurde; die dazu ergangene Rspr. ist demnach auch hier anwendbar.

36 Staudinger/*Olshausen* (2015), § 2333 Rn 7; Burandt/Rojahn/*Horn*, Erbrecht, § 2333 Rn 10.

37 *Lange/Kuchinke*, § 37 XII 2 a Fn 657; MüKo/*Lange*, 2333 Rn 18; Soergel/*Beck*, § 2333 Rn 3; RGRK/*Johannsen*, § 2333 Rn 5; vgl. auch WarnR 1928 Nr. 46.

38 *Planck/Greiff*, Anm. 3 a; Staudinger/*Olshausen* (2021), § 2333 Rn 7; Soergel/*Beck*, § 2333 Rn 3; MüKo/*Lange*, § 2333 Rn 18.

39 Soergel/*Beck*, § 2333 Rn 3; RGRK/*Johannsen*, § 2333 Rn 5.

40 RGZ 100, 114; RGZ 112, 320; vgl. auch *Herzog*, S. 400, die das Tatbestandsmerkmal für zu unbestimmt hält.

41 RGRK/*Johannsen*, § 2333 Rn 5.

42 LG Landshut v. 4.3.2016 – 54 O 2287/12, BeckRS 2016, 04357 unter I.1.; vgl. auch BeckOGK/*Rudy*, § 2333 Rn 22.

43 MüKo/*Lange*, § 2333 Rn 18; Staudinger/*Olshausen* (2021), § 2333 Rn 7.

einmal begangene Lebensnachstellung nicht als ungeschehen gelten.[44] Insoweit geht Abs. 1 Nr. 1 weiter als die strafrechtlichen Sanktionen.
Die bloße Androhung von Gewalt gegen Leib und Leben stellt aber noch kein Nach-dem-Leben-trachten dar.[45] Die Absicht des Pflichtteilsberechtigten, gleichzeitig mit dem Erblasser oder einer anderen geschützten Person auch sich selbst töten zu wollen, hat auf die Anwendbarkeit von Abs. 1 Nr. 1 keinen Einfluss.[46]

2. Schuldhaftes Verbrechen oder schweres vorsätzliches Vergehen (Abs. 1 Nr. 2)

a) Kreis der potentiellen Opfer

Die Ausführungen zu Abs. 1 Nr. 1 gelten entsprechend (vgl. Rdn 7 ff.). 13

b) Tathandlung des Pflichtteilsberechtigten

Abs. 1 Nr. 2 sanktioniert Verbrechen und schwere vorsätzliche Vergehen, derer sich 14 der Pflichtteilsberechtigte gegen den in Abs. 1 Nr. 1 genannten Personenkreis schuldig gemacht hat. Die Begriffe „Verbrechen“ und „Vergehen“ sind im strafrechtlichen Sinne zu verstehen. Es gelten § 12 Abs. 1 bzw. Abs. 2 StGB.[47] **Verbrechen** sind gem. § 12 Abs. 1 StGB Straftaten, die mit Freiheitsstrafen von wenigstens einem Jahr bedroht sind; **Vergehen** gem. § 12 Abs. 2 StGB solche, die im Mindestmaß mit einer geringeren Freiheitsstrafe oder Geldstrafe bedroht sind.
Beschränkungen hinsichtlich der verletzten Rechtsgüter sind nicht vorgesehen,[48] so dass sowohl Körperverletzungsdelikte[49] als auch Vermögensdelikte zur Pflichtteilsentziehung berechtigen können.[50]

Handelt es sich bei der Tat des Pflichtteilsberechtigten nicht um ein Verbrechen, 15 sondern um ein Vergehen, kommt eine Pflichtteilsentziehung nur in Betracht, wenn das Vergehen als „schweres“ zu qualifizieren ist.[51] Hinsichtlich der Abgrenzung ist davon auszugehen, dass die von der Rechtsprechung zu § 2333 Nr. 3 BGB a.F. entwickelten Grundsätze nach wie vor anwendbar sind.[52]

Die Frage, ob es sich bei einer Straftat um ein schweres Vergehen handelt, richtet sich 16 demzufolge nach den konkreten Umständen des Einzelfalls und darf nicht abstrakt nach dem vorgesehenen Strafrahmen beurteilt werden.[53] Das führt dazu, dass es bei der Beurteilung der Schwere eines sittlichen Verschuldens auch darauf ankommen

---

44 Vgl. Staudinger/*Olshausen* (2021), § 2333 Rn 7; MüKo/*Lange*, § 2333 Rn 18; Burandt/Rojahn/*Horn*, Erbrecht, § 2333 Rn 10.

45 Staudinger/*Olshausen* (2021), § 2333 Rn 7; MüKo/*Lange*, § 2333 Rn 18.

46 Ebenso zutreffend MüKo/*Lange*, § 2333 Rn 18.

47 MüKo/*Lange*, § 2333 Rn 21; *Hölscher*, in: Mayer/Süß/Riedel/Bittler, HB Pflichtteilsrecht, § 8 Rn 33.

48 Prot. V 558, VI 320.

49 Diese waren früher in § 2333 Nr. 2 BGB a.F. ausdrücklich geregelt. Nach neuem Recht kann eine Pflichtteilsentziehung auf sie aber nur noch dann gestützt werden, wenn sie gleichzeitig als Verbrechen bzw. schweres Vergehen im strafrechtlichen Sinne zu qualifizieren sind.

50 BGH NJW 1974, 1085; OLG Hamm NJW-RR 2007, 1235; BeckOGK/*Rudy*, § 2333 Rn 29; Soergel/*Beck*, § 2333 Rn 10.

51 Z.B. Schuss mit einer Schreckschusspistole auf den Ehemann der Erblasserin, vgl. LG Saarbrücken NJW-Spezial 2018, 7; vgl. auch OLG Saarbrücken v. 5.10.2016 – 5 U 61/15, BeckRS 2016, 113990, Rn 55 zu § 2333 Nr. 2 BGB a.F.

52 Vgl. Gesetzesbegründung, BT-Drucks 16/8954, S. 23; ebenso MüKo/*Lange*, § 2333 Rn 22; *Hölscher*, in: Mayer/Süß/Riedel/Bittler, HB Pflichtteilsrecht, § 8 Rn 34.

53 Staudinger/*Olshausen* (2021), § 2333 Rn 12.

kann, wer an dem Zerwürfnis zwischen dem Erblasser und seinem Abkömmling die Schuld trägt[54] bzw. wie der „Lebenswandel" des Erblassers selbst zu beurteilen ist.[55]

17 Im Übrigen verlangte die Rechtsprechung in der Vergangenheit stets eine „schwere Pietätsverletzung", die sich als nicht mehr hinzunehmende Verletzung der dem Erblasser geschuldeten Achtung darstellt und die Pflichtteilsentziehung als angemessene Reaktion auf diese Missachtung rechtfertigt.[56] Ob sich diese Anforderung nach der Entscheidung des BVerfG vom 19.4.2005[57] bzw. der Erbrechtsreform 2010 noch aufrechterhalten lässt, ist indes fraglich;[58] denn sowohl das BVerfG als auch der Gesetzgeber haben das Grundrecht der Testierfreiheit ausdrücklich betont. Das BVerfG spricht in diesem Zusammenhang auch explizit von einer Neubestimmung der „Zumutbarkeitsgrenze".[59] Vor diesem Hintergrund empfiehlt es sich, auf das Abgrenzungsmerkmal der „schweren Pietätsverletzung" zu verzichten[60] und stattdessen das vom BVerfG als „grundsätzlich aussagekräftiges und geeignetes Abgrenzungskriterium" bezeichnete „ungeschriebene Tatbestandsmerkmal" des „schuldhaften Verhaltens des Pflichtteilsberechtigten" heranzuziehen.[61] Auf diese Weise wird zwar die Abgrenzung im Einzelfall nicht unbedingt erleichtert, dem Tatrichter bliebe allerdings die Beurteilung einer gesetzlich nicht geregelten (zusätzlichen) Wertungsfrage erspart.[62]

18 Nach Ansicht des LG Hagen[63] sind weder eine schwere Pietätsverletzung noch eine grobe Missachtung des Eltern-Kind-Verhältnisses Voraussetzung für eine Pflichtteilsentziehung. Vielmehr müsse nach der Zumutbarkeit der Nachlassbeteiligung für den Erblasser gefragt werden.[64] Andererseits hat das LG Frankenthal[65] im Falle des Vorliegens einer Pietätsverletzung auch eine weniger gravierende körperliche Misshandlung zur Rechtfertigung einer Pflichtteilsentziehung für ausreichend gehalten.[66] Grundsätzlich muss im Hinblick auf die übrigen Pflichtteilsentziehungsgründe, insbesondere auf Abs. 1 Nr. 4, für das Vorliegen eines schweren Vergehens außerdem ein erheblicher Unwertgehalt der Handlung des Pflichtteilsberechtigten gefordert werden.[67]

---

54 RG JW 1929, 2707; Soergel/*Beck*, § 2333 Rn 10.

55 Staudinger/*Olshausen* (2021), § 2333 Rn 12.

56 BGH NJW 1990, 911; OLG Düsseldorf NJW-RR 1996, 520 = ZEV 1995, 410 vgl. auch OLG Stuttgart v. 24.1.2019 – 1 9 U 80/18, BeckRS 2019, 3353; *Hölscher*, in: Mayer/Süß/Riedel/Bittler, HB Pflichtteilsrecht, § 8 Rn 35.

57 BVerfGE 112, 332 f.

58 Vgl. hierzu ausführlich *Hölscher*, in: Mayer/Süß/Riedel/Bittler, HB Pflichtteilsrecht, § 8 Rn 35.

59 BVerfGE 112, 332 f. Tz. 90.

60 MüKo/*Lange*, § 2333 Rn 23.

61 BVerfGE 112, 332 f. Tz. 84; vgl. zum Ganzen auch *Kleesang*, ZEV 2005, 277, 282; *Lange*, ZErb 2005, 205, 208; *Hölscher*, in: Mayer/Süß/Riedel/Bittler, HB Pflichtteilsrecht, § 8 Rn 35.

62 Burandt/Rojahn/*Horn*, Erbrecht, § 2333 Rn 13.

63 LG Hagen ZErb 2017, 109 ff.

64 Insoweit zustimmend *Lange*, ZErb 2018, 59, 62; ebenso OLG Stuttgart v. 24.1.2019 – 1 9 U 80/18, BeckRS 2019, 3353, obwohl das Gericht hier i.Ü. am Erfordernis der groben Missachtung des Eltern-Kind-Verhältnisses festzuhalten scheint.

65 BeckRS 2021, 19651.

66 Vgl. auch BeckOGK/*Rudy*, § 2333 Rn 32.

67 Vgl. *Lange*, in: Bonefeld/Kroiß/Lange, Erbrechtsreform, § 13 Rn 19; *Hölscher*, in: Mayer/Süß/Riedel/Bittler, HB Pflichtteilsrecht, § 8 Rn 34 f. Die Pflichtteilsentziehung wird aber abgelehnt nach unberechtigter Mitnahme von Fleischprodukten und einzelnen Geldscheinen (aus einer Geldkassette), vgl. LG Mosbach NJW-RR 2014, 708, 709; vgl. hierzu auch *Lange*, ZErb 2018, 59, 61.

Als schweres Vergehen kommen unter Umständen auch (insbesondere schwere und wiederholte)[68] **Beleidigungen**[69] und falsche Verdächtigungen (§ 164 StGB)[70] in Betracht. Letztere sogar, wenn dem Bezichtigten nur geringfügige Verfehlungen zur Last gelegt werden. In beiden Fällen stellen jedoch einzelne, leichtfertig begangene Taten im Regelfall noch keine ausreichende Grundlage für eine Pflichtteilsentziehung dar (auch eine einzelne grobe Beleidigung reicht noch nicht aus).[71] Die praktische Bedeutung der Frage ist in jüngerer Zeit aber eher als gering einzustufen.[72] 19

Da Abs. 1 Nr. 2 sich in erster Linie gegen **grobe Missachtungen** des Eltern-Kind-Verhältnisses wendet, können Eigentums- und Vermögensdelikte eine Pflichtteilsentziehung nur dann rechtfertigen, wenn sie gleichzeitig – bspw. im Hinblick auf ihre Begehungsweise – eine schwere Kränkung des Erblassers bedeuten.[73] Unter dieser Voraussetzung kommt auch eine Urkundenfälschung ggf. als Entziehungsgrund in Betracht.[74] Eine gegen den Erblasser oder seinen Ehegatten begangene Untreue (§ 266 Alt. 2 StGB) kann nur dann erheblich sein, wenn sie nicht im Einverständnis mit dem Erblasser begangen wurde.[75] Dieser Aspekt dürfte auch über den vom BGH entschiedenen Einzelfall hinaus für alle Fälle des Abs. 1 Nr. 2 gelten. 20

Unter besonderen Umständen konnten auch **seelische Misshandlungen** schon nach altem Recht eine Pflichtteilsentziehung nach Abs. 1 Nr. 2 rechtfertigen. Voraussetzung war bzw. ist i.d.R., dass sie so massiv sind, dass sie die körperliche Gesundheit des Erblassers beeinträchtigen.[76] Eine bloße Beeinträchtigung des seelischen Wohlbefindens reicht nicht aus.[77] U.a. deshalb hat auch das OLG Karlsruhe in der (ungerechtfertigten) Anregung einer Entmündigung des Erblassers keinen Grund gesehen, der eine Pflichtteilsentziehung rechtfertigen könnte.[78] Dasselbe dürfte heute für die unberechtigte Anregung einer Betreuung gelten.[79] 21

In der Praxis ergibt sich oftmals das Problem, dass zwar das Vorliegen seelischer Grausamkeiten ohne Weiteres festgestellt werden kann, sich evtl. sogar ein kausaler Zusammenhang mit Gesundheitsschäden rekonstruieren lässt, aber der (wenigstens bedingte) Vorsatz des Täters, durch sein Verhalten gesundheitliche Beeinträchtigungen

68 BeckOGK/*Rudy*, § 2333 Rn 32.1 unter Hinweis auf OLG Stuttgart NJW-RR 2012, 778.

69 BGH NJW 1974, 1085; *Firsching*, JR 1960, 129; Grüneberg/*Weidlich*, § 2333 Rn 7; Staudinger/*Olshausen* (2021), § 2333 Rn 15.

70 Staudinger/*Olshausen* (2021), § 2333 Rn 15; BeckOGK/*Rudy*, § 2333 Rn 32.1; Soergel/*Beck*, § 2333 Rn 10.

71 OLG Celle Rpfleger 1992, 523; vgl. auch RG JW 1929, 2707; RG WarnR 1917 Nr. 26; RGRK/*Johannsen*, § 2333 Rn 1; Soergel/*Beck*, § 2333 Rn 10; vgl. auch BGH FamRZ 1964, 86 zu § 164 StGB a.F.; a.A. jedoch OLG Dresden OLGE 39, 3, 4 angesichts der Behauptung, die 83-jährige Mutter leide an einer Geschlechtskrankheit.

72 Staudinger/*Olshausen* (2021), § 2333 Rn 15; NK-BGB/*Herzog*, § 2333 Rn 10; siehe aber auch OLG Stuttgart NJW-RR 2012, 778.

73 BGH NJW 1974, 1085; OLG Hamm NJW-RR 2007, 1235 ff.; OLG Stuttgart v. 24.1.2019 – 1 9 U 80/18, BeckRS 2019, 3353; LG Saarbrücken NJW-Spezial 2018, 7; MüKo/*Lange*, § 2333 Rn 21; Staudinger/*Olshausen* (2025), § 2333 Rn 17; Soergel/*Beck*, § 2333 Rn 10; Burandt/Rojahn/*Horn*, Erbrecht, § 2333 Rn 19.

74 Staudinger/*Olshausen* (2021), § 2333 Rn 17.

75 BGH NJW-RR 1986, 371; das gilt auch für Untreuehandlungen zum Nachteil des Ehegatten des Erblassers, vgl. Soergel/*Beck*, § 2333 Rn 10; Grüneberg/*Weidlich*, § 2333 Rn 7.

76 BGH FamRZ 1977, 47 m. Anm. *Bosch*; OLG Karlsruhe ZErb 2009, 304; Soergel/*Dieckmann*, § 2333 Rn 6.

77 BGH NJW 1977, 339.

78 OLG Karlsruhe ZErb 2009, 304.

79 Burandt/Rojahn/*Horn*, Erbrecht, § 2333 Rn 16; Staudinger/*Olshausen* (2021), vor § 2333 Rn 40.

zu verursachen, nicht beweisbar ist.[80] Letzteres ist aber grundsätzlich Voraussetzung für die Begründung einer Pflichtteilsentziehung.[81] Daneben können nach aktuellem Recht auch – nicht in einer Körperverletzung manifestierte – seelische Misshandlungen dann eine Pflichtteilsentziehung rechtfertigen, wenn sie Folge eines Verbrechens oder eines schweren vorsätzlichen Vergehens sind.[82] Hier kommen unter Umständen auch Nötigungen (§ 240 StGB) oder Nachstellungen i.S.v. § 238 StGB in Betracht.[83] Darüber hinaus nennt *Hölscher*[84] beispielhaft die Misshandlung Schutzbefohlener (§ 225 StGB), die Verletzung der Fürsorge- oder Erziehungspflicht (§ 171 StGB) sowie die Straftaten gegen die sexuelle Selbstbestimmung (§§ 174 ff. StGB).

22 Da eine Pflichtteilsentziehung regelmäßig **schuldhaftes Handeln** des Abkömmlings voraussetzt,[85] schließt eine Notwehrsituation, die ja bereits die Rechtswidrigkeit der Handlung beseitigt, eine Pflichtteilsentziehung aus.[86] Voraussetzung ist aber, dass der Abkömmling die Notwehrsituation nicht durch eigenes Verhalten provoziert hat.[87] In Fällen der Putativnotwehr[88] kommt es ebenso wie bei **Notwehrexzessen**[89] entscheidend darauf an, ob der Täter schuldhaft gehandelt hat.[90] Soweit ein Verschulden (nach den vom Bundesverfassungsgericht aufgestellten Kriterien; vgl. Rdn 6) entfällt, ist die Pflichtteilsentziehung ausgeschlossen.[91] Den **Beweis** dafür, dass keine Notwehrlage gegeben war, hat gem. § 2336 Abs. 3 BGB derjenigen zu erbringen, dem die Pflichtteilsentziehung zustattenkommt, regelmäßig also der Erbe.[92]

23 Eine strafrechtliche Verurteilung ist im Rahmen von Abs. 1 Nr. 2 nicht erforderlich.[93] Auch die Stellung eines Strafantrages durch den Verletzten oder den Erblasser ist keine Voraussetzung der Pflichtteilsentziehung.[94] Im Unterlassen der Stellung eines Strafantrages ist auch nicht automatisch eine Verzeihung durch den Erblasser zu erblicken. Denn der Verzicht auf die Ingangsetzung der Strafverfolgung deutet nicht ohne Weiteres auf ein grundsätzliches Vergeben hin,[95] schon gar nicht in Bezug auf die

---

80 Vgl. hierzu BGH NJW 1977, 339; BGH ZEV 1996, 186; LG Kassel v. 21.3.2018 – 7 O 1218/17, BeckRS 2018, 17368.

81 So i.E. auch BGH NJW 1977, 339; Soergel/*Beck*, § 2333 Rn 10; MüKo/*Lange*, § 2333 Rn 24; Grüneberg/*Weidlich*, § 2333 Rn 7.

82 MüKo/*Lange*, § 2333 Rn 24; *Hölscher*, in: Mayer/Süß/Riedel/Bittler, HB Pflichtteilsrecht, § 8 Rn 37.

83 *Lange*, in: Bonefeld/Kroiß/Lange, Erbrechtsreform, § 13 Rn 23.

84 *Hölscher*, in: Mayer/Süß/Riedel/Bittler, HB Pflichtteilsrecht, § 8 Rn 37.

85 Ob dies im Fall der Nr. 2 am strafrechtlichen Schuldbegriff zu messen ist, ist bislang nicht ausreichend geklärt, das BVerfG hat die Frage offengelassen, vgl. BVerfG ZErb 2005, 169; ebenso BGH ZEV 2011, 370; vgl. auch MüKo/*Lange*, § 2333 Rn 27; Soergel/*Beck*, § 2333 Rn 10.

86 RG JW 1913, 207; MüKo/*Lange*, § 2333 Rn 28; Soergel/*Beck*, § 2333 Rn 10; BeckOGK/*Rudy*, § 2333 Rn 30.

87 MüKo/*Lange*, § 2333 Rn 28; BeckOGK/*Rudy*, § 2333 Rn 30.

88 Zur Beweissituation bei Putativnotwehr vgl. BGH NJW 1952, 700.

89 OLG Stuttgart BWNotZ 1976, 92.

90 BeckOGK/*Rudy*, § 2333 Rn 30; MüKo/*Lange*, § 2333 Rn 28; RGRK/*Johannsen*, § 2333 Rn 6.

91 MüKo/*Lange*, § 2333 Rn 26.

92 RG JW 1913, 207; RGRK/*Johannsen*, § 2333 Rn 6.

93 MüKo/*Lange*, § 2333 Rn 26; Staudinger/*Olshausen* (2021), § 2333 Rn 18; *Hölscher*, in: Mayer/Süß/Riedel/Bittler, HB Pflichtteilsrecht, § 8 Rn 42; Burandt/Rojahn/*Horn*, Erbrecht, § 2333 Rn 14; BeckOGK/*Rudy*, § 2333 Rn 28; a.A. Papachronopoulos, ErbR 2023, 346.

94 MüKo/*Lange*, § 2333 Rn 27; NK-BGB/*Herzog*, § 2333 Rn 7; a.A. *Groß*, S. 32 für den Fall eines rechtskräftigen Freispruchs.

95 MüKo/*Lange*, § 2333 Rn 26; ähnlich Soergel/*Dieckmann*, 13. Aufl., § 2333 Rn 9; Staudinger/*Olshausen* (2021), § 2333 Rn 18; *Hölscher*, in: Mayer/Süß/Riedel/Bittler, HB Pflichtteilsrecht, § 8 Rn 39.

private Vermögensvererbung. Allerdings kann eine strafrechtliche Verurteilung durchaus als Beweis des Vorliegens der Entziehungsvoraussetzungen in Betracht kommen.[96]

3. Böswillige Verletzung der gesetzlichen Unterhaltspflicht (Abs. 1 Nr. 3)

a) Kreis der potentiellen Opfer

Relevant sind nur Verletzungen der gesetzlichen Unterhaltspflicht gegenüber dem 24
Erblasser selbst. Eine Erweiterung des geschützten Personenkreises wie bei den Pflichtteilsentziehungsgründen i.S.d. Nr. 1 und 2 wurde bei Abs. 1 Nr. 3 nicht vorgenommen.[97] Somit kann beispielsweise die Verletzung der Unterhaltspflicht gegenüber dem einen Elternteil eine Pflichtteilsentziehung durch den anderen nicht rechtfertigen.[98] Hier kommt aber unter Umständen eine Pflichtteilsentziehung nach Nr. 2 i.V.m. § 170 StGB in Betracht.[99]

b) Tathandlung des Pflichtteilsberechtigten

Die böswillige Verletzung der Unterhaltspflicht setzt voraus, dass der Erblasser be- 25
dürftig, §§ 1602 Abs. 1, 1606 BGB, und der Pflichtteilsberechtigte leistungsfähig ist, § 1603 BGB. Darüber hinaus muss er Kenntnis von der Bedürftigkeit des Erblassers haben und ihm aus verwerflichen Gründen den Unterhalt verweigern. Nur wenn alle vier Voraussetzungen kumulativ vorliegen, kommt eine Pflichtteilsentziehung nach Nr. 3 in Betracht.[100] Die bloße Nichterfüllung der Unterhaltspflicht trotz Kenntnis der Bedürftigkeit genügt nicht.[101]

In den Schutzbereich der Nr. 3 fällt ausschließlich der auf Verwandtschaft beruhende 26
Unterhalt (§§ 528, 843, 844, 1966 BGB sind nicht Gegenstand von Nr. 3,[102] ebenso wenig Ansprüche nach § 1586b BGB).[103] Der Unterhalt wird grundsätzlich als Geldleistung geschuldet. Die **Verweigerung persönlicher Pflege** stellt daher keinen Entziehungsgrund dar.[104] Eine Verletzung der Unterhaltspflicht gegenüber Großeltern ist im Hinblick auf § 94 Abs. 1 S. 3 SGB XII wohl noch nicht gegeben, wenn diese zunächst auf ihren Sozialhilfeanspruch verwiesen werden.[105]

Eine allgemeingültige Aussage darüber, wie lange die **Unterhaltspflichtverletzung** 27
angedauert bzw. welches Ausmaß die darauf beruhende Beeinträchtigung des Erblassers gehabt haben muss,[106] lässt sich nicht treffen. Es kommt vielmehr auf die Umstände des Einzelfalls an, wobei insbesondere zu berücksichtigen ist, ob und inwieweit die Unterhaltsverweigerung den Erblasser materiell – bezogen auf seine konkrete Vermögenssituation – und moralisch schwer getroffen hat. Somit wird bei nur kurzer Unterhaltsverweigerung eine Pflichtteilsentziehung nur gerechtfertigt sein, wenn einer verzweifelten Notlage des Erblassers ein materieller Überfluss auf Seiten des Unterhaltspflichtigen gegenübersteht.[107]

---

96 OLG Stuttgart NJW-RR 2019, 1534; BeckOGK/*Rudy*, § 2333 Rn 28.

97 Vgl. MüKo/*Lange*, § 2333 Rn 29.

98 RGZ 168, 39, 41; MüKo/*Lange*, § 2333 Rn 30; *Hölscher*, in: Mayer/Süß/Riedel/Bittler, HB Pflichtteilsrecht, § 8 Rn 40.

99 BeckOGK/*Rudy*, § 2333 Rn 35; Soergel/*Beck*, § 2333 Rn 11; RGRK/*Johannsen*, § 2333 Rn 6.

100 Vgl. MüKo/*Lange*, § 2333 Rn 29; Soergel/*Beck*, § 2333 Rn 11; Staudinger/*Olshausen* (2021), § 2333 Rn 20; *Hölscher*, in: Mayer/Süß/Riedel/Bittler, HB Pflichtteilsrecht, § 8 Rn 41.

101 MüKo/*Lange*, § 2333 Rn 31.

102 Vgl. Staudinger/*Olshausen* (2021), § 2333 Rn 20; BeckOGK/*Rudy*, § 2333 Rn 37.

103 Grüneberg/*Weidlich*, § 2333 Rn 9.

104 OLG Frankfurt FamRZ 2014, 1149, 1150; RGRK/*Johannsen*, § 2333 Rn 9; Soergel/*Dieckmann*, 13. Aufl., § 2333 Rn 10.

105 Soergel/*Beck*, § 2333 Rn 12; Staudinger/*Olshausen* (2015), § 2333 Rn 22.

106 Staudinger/*Olshausen* (2021), § 2333 Rn 21; Soergel/*Dieckmann*, 13. Aufl., § 2333 Rn 11.

107 Staudinger/*Olshausen* (2021), § 2333 Rn 21.

28 Eine Pflichtteilsentziehung ist nur gerechtfertigt, wenn der Pflichtteilsberechtigte dem Erblasser den gesetzlich geschuldeten Unterhalt „böswillig" vorenthält. Hierfür genügt es nicht, dass der Unterhaltspflichtige seiner Verpflichtung in Kenntnis ihres Bestehens nicht nachkommt. Vielmehr muss er darüber hinaus auch verwerflich gehandelt haben.[108] Angesichts der Konturlosigkeit der gesetzlichen Regelung, an der sich auch im Rahmen der Erbrechtsreform nichts geändert hat, muss im konkreten Einzelfall insbesondere nach dem moralischen Schaden für den Erblasser gefragt werden.[109]

29 Im Bereich der Entziehung des Elternpflichtteils ist zusätzlich zu beachten, dass Eltern gegenüber ihren unverheirateten Kindern grundsätzlich die Art der Unterhaltsgewährung nach § 1612 Abs. 2 S. 1 BGB frei bestimmen dürfen. Somit kann eine Pflichtteilsentziehung beispielsweise nicht darauf gestützt werden, dass Eltern ausreichende Mittel für eine Heimunterbringung ihres Kindes zur Verfügung stellen, anstatt sich selbst um dessen Erziehung zu kümmern. Dies gilt selbst dann, wenn die Eltern gleichzeitig ihr Sorgerecht gröblich verletzen und eine Ersetzung ihrer Einwilligung in die Adoption nach § 1748 BGB gerechtfertigt wäre.[110] Diese Situation ist mit heutigen Wertvorstellungen nicht in Einklang zu bringen.[111] In Ausnahmefällen kann hier aber eine Pflichtteilsentziehung auf Abs. 1 Nr. 2 i.V.m. § 170 StGB gestützt werden.
Der Unterhaltsanspruch eines Kindes umfasst auch die Ermöglichung einer angemessenen Ausbildung (§ 1610 Abs. 2 S. 1 BGB). Mithin kann auch in der Verweigerung dieser angemessenen Ausbildung eine Verletzung der Unterhaltspflicht i.S.v. Abs. 1 Nr. 3 liegen.[112] Dabei genügt es allerdings nicht, dass der Abkömmling die Finanzierung einer Zusatzausbildung gerichtlich erstritten hat, nachdem seine Eltern zunächst die entsprechenden Zahlungen verweigert hatten.[113]

30 Eine zusätzliche Schwierigkeit bei der Entziehung des Elternpflichtteils liegt darin, dass diese stets nur den schuldigen Elternteil betreffen kann. Die Abgrenzung, wer für eine Unterhaltspflichtverletzung gegenüber dem Erblasser verantwortlich ist, kann aber mitunter nicht ohne Weiteres vorgenommen werden.

31 Will der Erblasser seinem Ehegatten/Lebenspartner den Pflichtteil wegen einer böswilligen Verletzung der diesen treffenden gesetzlichen Unterhaltspflicht ihm gegenüber entziehen, stellt sich die Situation noch komplizierter dar. Dies liegt daran, dass die gesetzlichen Regelungen zum Ehegattenunterhalt eine einigermaßen komplexe Struktur aufweisen. Vor diesem Hintergrund ergeben sich nicht zu unterschätzende Schwierigkeiten bereits im Bereich des Nachweises, dass überhaupt eine Unterhaltspflicht bestand und der Unterhaltspflichtige zur Erfüllung seiner Verpflichtungen im Stande war. Der weitere Nachweis einer böswilligen und erheblichen Pflichtverletzung gestaltet sich umso schwieriger.[114]

---

108 OLG Frankfurt FamRZ 2014, 1149, 1150; BeckOGK/*Rudy*, § 2333 Rn 38; Erman/*Röthel*, § 2333 Rn 12; Soergel/*Beck*, § 2333 Rn 11; MüKo/*Lange*, § 2333 Rn 35; Staudinger/*Olshausen* (2015), § 2333 Rn 20; Grüneberg/*Weidlich*, § 2333 Rn 9; a.A. *Herzog*, S. 400 f., die hier eine nicht gerechtfertigte Einschränkung sieht. Nach NK-BGB/*Herzog*, § 2333 Rn 20 soll die Kenntnis von der Bedürftigkeit des Erblassers in Kombination mit der eigenen Leistungsfähigkeit des Verpflichteten ausreichen.

109 Vgl. MüKo/*Lange*, § 2333 Rn 32.

110 Vgl. MüKo/*Lange*, § 2333 Rn 33.

111 Ebenso MüKo/*Lange*, § 2333 Rn 33; Staudinger/*Olshausen* (2015), § 2333 Rn 40; *Hölscher*, in: Mayer/Süß/Riedel/Bittler, HB Pflichtteilsrecht, § 8 Rn 42.

112 Staudinger/*Olshausen* (2021), § 2333 Rn 40.

113 NK-BGB/*Herzog*, § 2333 Rn 35; Staudinger/*Olshausen* (2021), § 2333 Rn 40.

114 Vgl. zum Ganzen MüKo/*Lange*, § 2333 Rn 33; *Hölscher*, in: Mayer/Süß/Riedel/Bittler, HB Pflichtteilsrecht, § 8 Rn 44.

Im Übrigen ist festzuhalten, dass der Pflichtteilsentziehung wegen **Unterhaltsverletzung** nur sehr geringe praktische Bedeutung zukommt. Dies liegt in erster Linie daran, dass die Pflichtteilsentziehung nur bei Vorhandensein eines ergiebigen Nachlasses wirklich sinnvoll ist und auch tatsächlich zum Tragen kommen kann. Ein solcher ist aber bei Unterhaltsbedürftigkeit des Erblassers nur in den seltensten Fällen vorhanden.[115] Praktisch anwendbar ist Nr. 3 daher eigentlich nur dann, wenn der Erblasser, nachdem er (irgendwann einmal) unterhaltsbedürftig war, wesentliches Vermögen erwirbt (z.B. durch einen Lottogewinn) oder wenn – was die absolute Ausnahme darstellen dürfte – eine Unterhaltsbedürftigkeit trotz Vorhandenseins (nicht liquidierbaren) Vermögens entsteht. 32

4. Verurteilung oder Unterbringung wegen vorsätzlicher Straftat (Abs. 1 Nr. 4)

a) Allgemeines

Abs. 1 Nr. 4 wurde durch das Gesetz zur Änderung des Erb- und Verjährungsrechts[116] vollständig neu eingefügt. Die Regelung ersetzt den bis dato gültigen § 2333 Nr. 5 BGB a.F., der eine Pflichtteilsentziehung wegen eines „ehrlosen oder unsittlichen Lebenswandels wider den Willen des Erblassers" ermöglichte und in erster Linie auf den Schutz der Familienehre abzielte.[117] Die alte Regelung galt vor der Erbrechtsreform 2010 schon länger als rechtspolitisch fragwürdig und – in Anbetracht veränderter gesellschaftlicher Wertvorstellungen – nicht mehr zeitgemäß.[118] Der Gesetzgeber versucht mit § 2333 Abs. 1 Nr. 4 BGB n.F. die Anforderungen an eine Pflichtteilsentziehung wegen eines schwerwiegenden Fehlverhaltens des Pflichtteilsberechtigten zu objektivieren und knüpft sie daher nunmehr an strafrechtliche Begriffe. Hierdurch sollen gleichzeitig Rechtsklarheit und Rechtssicherheit gestärkt werden.[119] Auf einen „ehrlosen Charakter" der Tat oder die Umstände ihrer Begehung kommt es dabei nicht entscheidend an.[120] Vielmehr genügt die auf der Straftat beruhende Unzumutbarkeit der Nachlassteilhabe aus der (subjektiven) Sicht des Erblassers. 33

b) Kreis der potentiellen Opfer

Anders als bei Nr. 1–3 ist in Nr. 4 keine Begrenzung des Personenkreises der potentiellen Opfer des Pflichtteilsberechtigten vorgesehen. Daraus folgt, dass auch nicht personenbezogene Delikte eine Pflichtteilsentziehung nach Abs. 1 Nr. 4 auslösen können. Beispielhaft genannt seien Hehlerei, Volksverhetzung oder schwere Umweltdelikte.[121] 34

c) Der Tatbestand im Einzelnen

aa) Verurteilung wegen einer Straftat

Abs. 1 Nr. 4 sanktioniert schwerwiegende Rechtsverstöße des Pflichtteilsberechtigten, bei denen sich das ethisch-moralische Unwerturteil über das kriminelle Verhalten sozusagen in dessen Strafbarkeit manifestiert.[122] Ein einmaliger Rechtsverstoß großen Ausmaßes kann für die Pflichtteilsentziehung ausreichen, unabhängig davon, wie lange er zurückliegt und wie sich das Verhalten des Pflichtteilsberechtigten seitdem verändert 35

---

115 *Lange/Kuchinke*, § 37 XII 2a Fn 663; Soergel/*Beck*, § 2333 Rn 11; Staudinger/*Olshausen* (2021), § 2333 Rn 19.
116 BGBl I 2009, 3142 f.
117 Vgl. Mot. V, S. 436 ff.; BGH NJW 1980, 936.
118 *Lange*, AcP 204 (2004), 804, 824–826; MüKo/*Lange*, § 2333 Rn 36.
119 Vgl. auch *Hölscher*, in: Mayer/Süß/Riedel/Bittler, HB Pflichtteilsrecht, § 8 Rn 46.
120 MüKo/*Lange*, § 2333 Rn 38.
121 Vgl. MüKo/*Lange*, § 2333 Rn 35.
122 MüKo/*Lange*, § 2333 Rn 37; *Hölscher* in: Mayer/Süß/Riedel/Bittler, HB Pflichtteilsrecht, § 8 Rn 45.

hat. Abgesehen von der Möglichkeit der Verzeihung durch den Erblasser (§ 2337 BGB) sind Entwicklungen nach der Tat bzw. der Verurteilung irrelevant.[123]

36 Allerdings ermöglicht nicht jede Straftat die Pflichtteilsentziehung. Vielmehr verdeutlicht die vergleichsweise hohe Strafforderung (Freiheitsstrafe[124] von wenigstens einem Jahr ohne Bewährung),[125] dass eine Pflichtteilsentziehung nur bei Straftaten von erheblichem Gewicht in Betracht kommt. Dabei hat der Gesetzgeber allerdings darauf verzichtet, an die Abgrenzung zwischen Verbrechen und Vergehen anzuknüpfen, da auch schwere Vergehen[126] ein erhebliches Unrecht darstellen und somit eine Pflichtteilsentziehung rechtfertigen können.

37 Der Pflichtteilsberechtigte muss wegen einer vorsätzlich begangenen Straftat zu einer Freiheitsstrafe von mindestens einem Jahr ohne Bewährung rechtskräftig verurteilt werden. Ob diese Verurteilung vor oder nach dem Erbfall stattfindet, ist im Ergebnis ohne Belang.[127] Somit kann der Erblasser also die Pflichtteilsentziehung auch schon vor der Verurteilung anordnen. Entscheidend ist lediglich, dass diese – vor oder nach dem Erbfall – tatsächlich erfolgt und dann auch rechtskräftig wird. Bei Antragsdelikten führt diese Ausgestaltung des Gesetzes mitunter dazu, dass der Erblasser bei Straftaten gegen sich selbst bzw. gegen seine Angehörigen gezwungen sein kann, selbst Anzeige zu erstatten bzw. den Strafantrag zu stellen, um die für die Pflichtteilsentziehung vorausgesetzte Verurteilung zu erreichen und das entsprechende Strafverfahren überhaupt erst in Gang zu setzen.[128] Ähnlich ist die Situation auch dann, wenn eine Verjährung der Straftat droht. Denn nach Eintritt der Verjährung ist eine strafrechtliche Verurteilung nicht mehr möglich, weshalb verjährte Straftaten eine Pflichtteilsentziehung nach Abs. 1 Nr. 4 nicht (mehr) rechtfertigen können.[129]

38 Das strafrechtliche Urteil muss auf eine Freiheitsstrafe von mindestens einem Jahr ohne Bewährung[130] lauten. Diese Ausgestaltung des Gesetzes ist insoweit inkonsequent, als sie gerade nicht allein auf den Unrechtsgehalt der Straftat abstellt. Vielmehr beruht die Strafaussetzung zur Bewährung auf einer positiven Sozialprognose (§ 56 StGB),[131] die mit dem im eigentlichen Strafmaß zum Ausdruck kommenden Unrechtsgehalt der Tat nichts zu tun hat.[132] Konsequenz dieser Ausgestaltung des Gesetzes ist nun, dass dem zu einer Freiheitsstrafe von 13 Monaten ohne Bewährung Verurteilten ohne Weiteres der Pflichtteil entzogen werden kann, während dies bei einem zu einer Bewährungsstrafe von zwei Jahren verurteilten Pflichtteilsberechtigten nicht möglich

---

123 MüKo/*Lange*, § 2333 Rn 38.

124 Oder Jugendstrafe, vgl. BeckOGK/*Rudy*, § 2333 Rn 40; *Hölscher* in: Mayer/Süß/Riedel/Bittler, HB Pflichtteilsrecht, § 8 Rn 47.

125 LG Bonn ErbR 2020, 285.

126 Z.B. aus dem Bereich des Sexualstrafrechts, vgl. Gesetzesbegründung, BT-Drucks 16/8954, S. 23 f.; vgl. auch *Bonefeld/Lange/Tanck*, ZErb 2007, 292, 297; *Hölscher*, in: Mayer/Süß/Riedel/Bittler, HB Pflichtteilsrecht, § 8 Rn 47.

127 *Hölscher*, in: Mayer/Süß/Riedel/Bittler, HB Pflichtteilsrecht, § 8 Rn 47; *Muscheler*, ZEV 2008, 105, 106; MüKo/*Lange*, § 2333 Rn 37; Staudinger/*Olshausen* (2021), § 2333 Rn 26; zu Recht wird dies aus der durch den Gesetzgeber gewählten Formulierung „verurteilt **wird**" abgeleitet.

128 *Hölscher*, in: Mayer/Süß/Riedel/Bittler, HB Pflichtteilsrecht, § 8 Rn 47; MüKo/*Lange*, § 2333 Rn 38.

129 *Kroiß*, FPR 2008, 543, 545; MüKo/*Lange*, § 2333 Rn 41.

130 Vgl. hierzu OLG Saarbrücken NJW 2018, 957, 958, 959; AG Homburg v. 24.1.2017 – 8 VI 526/14, BeckRS 2017, 137147.

131 MüKo/*Lange*, § 2333 Rn 40; BeckOGK/*Rudy*, § 2333 Rn 41; Staudinger/*Olshausen* (2021), § 2333 Rn 28; *Hauck*, NJW 2010, 903, 904.

132 So auch zutreffend Stellungnahme des BR v. 14.3.2008, BR-Drucks 96/08, S. 8.

ist, obwohl die Tat des zuletzt Genannten unter Umständen einen deutlich höheren Unrechtsgehalt aufweisen mag.[133]

Im Übrigen ist bislang ungeklärt, wie Fälle der Bildung einer Gesamtstrafe für mehrere Delikte (§§ 53–55 StGB) im Rahmen von Abs. 1 Nr. 4 zu behandeln sind.[134] Wahrscheinlich ist insoweit auf die der Gesamtstrafe zugrunde liegenden Einzelstrafen abzustellen.[135]

Die Verurteilung muss rechtskräftig sein bzw. nach dem Erbfall werden.[136] Durch 39 dieses Erfordernis stellt der Gesetzgeber zum einen eine Objektivierung der Betrachtung und zum anderen eine leichte Nachprüfbarkeit der Entziehungsvoraussetzungen sicher.[137] Gleichzeitig ergibt sich hieraus aber auch eine Bindung der Zivilgerichte an die strafgerichtliche Entscheidung.[138] Hat der Pflichtteilsberechtigte seinen vermeintlichen Anspruch bereits durchgesetzt, muss er nach Eintritt der Rechtskraft das Erlangte zurückgeben.[139]

bb) Unzumutbarkeit der Nachlassteilhabe für den Erblasser

Neben dem Erfordernis der rechtskräftigen strafrechtlichen Verurteilung zu einer 40 Freiheitsstrafe von mehr als einem Jahr ohne Bewährung erfordert die Pflichtteilsentziehung aber auch eine Unzumutbarkeit der Nachlassteilhabe des Pflichtteilsberechtigten aus der Sicht des Erblassers. Auf diese Weise wird abgesichert, dass der Schutz der Familie, der einen tragenden Grund auch für den verfassungsrechtlichen Schutz des Pflichtteilsrechts darstellt,[140] nicht einer automatisch eintretenden Pflichtteilsentziehungsmöglichkeit zum Opfer fällt.[141]

Auch wenn das Tatbestandsmerkmal der Unzumutbarkeit konturlos geraten ist und 41 daher das erhebliche Risiko einer breit gefächerten Einzelfallrechtsprechung mit sich bringt,[142] soll die Beurteilung daran orientiert werden, in welchem Maß die in Rede stehende Straftat den persönlichen, in der Familie gelebten Wertvorstellungen des Erblassers widerspricht.[143] Vor diesem Hintergrund kommt eine Pflichtteilsentziehung – mangels Unzumutbarkeit für den Erblasser – unter Umständen nicht in Betracht, wenn sich der Erblasser selbst strafbar gemacht hat.[144] Dies gilt jedenfalls dann, wenn der Erblasser sich an der in Rede stehenden Straftat des Pflichtteilsberechtigten beteiligt hat. Bei anderen, insbesondere auch länger zurückliegenden Straftaten des Erblassers ist aber eine differenziertere Betrachtung angezeigt. Hier ist auf die konkret

133 Zu Recht kritisch: *Lange*, in: Bonefeld/Kroiß/Lange, Erbrechtsreform, § 13 Rn 32; vgl. auch MüKo/*Lange*, § 2333 Rn 40; *Hölscher*, in: Mayer/Süß/Riedel/Bittler, HB Pflichtteilsrecht, § 8 Rn 53.

134 NK-BGB/*Herzog*, § 2333 Rn 24; Staudinger/*Olshausen* (2021), § 2333 Rn 27 m.w.N.

135 So jedenfalls OLG Oldenburg ZEV 2021, 62; LG Bonn ErbR 2020, 285 m.Anm. Birkenheier; BeckOGK/*Rudy*, § 2333 Rn 40.1; vgl. auch *Lange*, ErbR 2021, 274.

136 BeckOGK/*Rudy*, § 2333 Rn 42; Burandt/Rojahn/*Horn*, Erbrecht, § 2333 Rn 34.

137 Vgl. *Kroiß*, FPR 2008, 543, 544 f.; *Meyer*, FPR 2008, 537, 539; *Hölscher*, in: Mayer/Süß/Riedel/Bittler, HB Pflichtteilsrecht, § 8 Rn 47; Staudinger/*Olshausen* (2021), § 2333 Rn 23.

138 BeckOGK/*Rudy*, § 2333 Rn 44; *Lange*, in: Bonefeld/Kroiß/Lange, Erbrechtsreform, § 13 Rn 33.

139 Grüneberg/*Weidlich*, § 2333 Rn 11; BeckOGK/*Rudy*, § 2333 Rn 42.

140 *Meyer*, FPR 2008, 537, 539; *Lange*, DNotZ 2009, 732, 740; Burandt/Rojahn/*Horn*, Erbrecht, § 2333 Rn 38.

141 Vgl. MüKo/*Lange*, § 2333 Rn 42.

142 Vgl. BRAK-Stellungnahme Nr. 35/2007, S. 21; siehe auch MüKo/*Lange*, § 2333 Rn 43; Staudinger/*Olshausen* (2021), § 2333 Rn 30; *Hölscher*, in: Mayer/Süß/Riedel/Bittler, HB Pflichtteilsrecht, § 8 Rn 57; NK-BGB/*Herzog*, § 2333 Rn 28.

143 *Hölscher*, in: Mayer/Süß/Riedel/Bittler, HB Pflichtteilsrecht, § 8 Rn 55.

144 BT-Drucks 16/8954, S. 24.

in der Familie gelebten Werte abzustellen.[145] Hat der Erblasser beispielsweise Jahrzehnte vor der Straftat des Pflichtteilsberechtigten ein ähnliches oder vergleichbar schweres Delikt begangen, sich hiervon aber später eindeutig distanziert, kann dies der Unzumutbarkeit der Nachlassteilhabe für den Erblasser nicht nur nicht entgegenstehen,[146] sondern diese sogar unterstreichen.

42 Von diesen Sonderfällen abgesehen, soll nach der Vorstellung des Gesetzgebers eine Art Wechselwirkung zwischen der Schwere der Tat und der Unzumutbarkeit der Nachlassteilhabe bestehen.[147] Je schwerer die Tat bzw. ihre Bestrafung, desto mehr ist vom Vorliegen einer Unzumutbarkeit für den Erblasser auszugehen. Nichtsdestotrotz kann die Unzumutbarkeit nicht allein an allgemeinen gesellschaftlich anerkannten Moralvorstellungen orientiert werden, vorrangig ist stets auf die konkrete Familie und die von bzw. in ihr gelebten Werte abzustellen.[148]

cc) Pflichtteilsentziehung bei fehlendem strafrechtlichen Verschulden

43 Im Falle der Verurteilung des Pflichtteilsberechtigten ist am Bestehen eines Schuldvorwurfs im strafrechtlichen Sinne nicht zu zweifeln. Nach zutreffender Ansicht des Bundesverfassungsgerichts muss aber für die Pflichtteilsentziehung auch ein hinter dem strafrechtlichen Verschulden deutlich zurückbleibender „natürlicher Vorsatz" genügen[149] (vgl. Vorbem. zu §§ 2333 ff. Rdn 6). Denn eine strikte Orientierung an den strafrechtlichen Begrifflichkeiten könne „im Einzelfall dem verfassungsrechtlichen Erfordernis eines angemessenen Ausgleichs der gegenüberstehenden Grundrechtspositionen widersprechen". Vor diesem Hintergrund hat der Gesetzgeber im Zuge der Erbrechtsreform 2010 dem Erblasser die Möglichkeit eingeräumt, auch einem Pflichtteilsberechtigten, der nicht schuldhaft im strafrechtlichen Sinne handeln kann, etwa einem psychisch Kranken, den Pflichtteil zu entziehen.[150] Die Pflichtteilsentziehung ist daher gem. Abs. 1 Nr. 4 S. 2 möglich, wenn die Unterbringung des Pflichtteilsberechtigten in einem psychiatrischen Krankenhaus oder in einer Entziehungsanstalt wegen einer ähnlich schwerwiegenden vorsätzlichen Tat[151] rechtskräftig angeordnet wird. Es geht also im Wesentlichen um Fälle, in denen eine Verurteilung nur deshalb nicht erfolgen kann, weil der Pflichtteilsberechtigte im strafrechtlichen Sinne schuldunfähig ist.[152]

44 Problematisch kann aber im Einzelfall die Frage werden, ob die Tat des Pflichtteilsberechtigten tatsächlich ähnlich schwerwiegend ist wie die in Abs. 1 Nr. 4 S. 1 genannten, tatsächlich zu einer rechtskräftigen Verurteilung führenden Straftaten. Denn mangels strafgerichtlicher Verurteilung ist eine Bindung der Zivilgerichte an die strafrechtliche Entscheidung hier nur eingeschränkt möglich. Zwar bietet die rechtskräftige Anordnung der Unterbringung in einem psychiatrischen Krankenhaus oder in einer Entziehungsanstalt insoweit ein gewichtiges Indiz. Nichtsdestotrotz ist noch gesondert zu

145 MüKo/*Lange*, § 2333 Rn 44.
146 MüKo/*Lange*, § 2333 Rn 44.
147 *Hölscher*, in: Mayer/Süß/Riedel/Bittler, HB Pflichtteilsrecht, § 8 Rn 56; MüKo/*Lange*, § 2333 Rn 51.
148 MüKo/*Lange*, § 2333 Rn 43.
149 BVerfGE 112, 332 Tz 90, 92.
150 Ausdrücklich gedacht hat der Gesetzgeber dabei etwa an schuldunfähige Pflichtteilsberechtigte, die wegen schweren sexuellen Missbrauchs von Kindern in einem psychiatrischen Krankenhaus untergebracht werden; BT-Drucks 16/8954, S. 24.
151 Wie einer solchen, die zu einer Verurteilung zu einer Freiheitsstrafe von mindestens einem Jahr ohne Bewährung führen würde.
152 Vgl. auch *Hölscher*, in: Mayer/Süß/Riedel/Bittler, HB Pflichtteilsrecht, § 8 Rn 61; MüKo/*Lange*, § 2333 Rn 52; Burandt/Rojahn/*Horn*, Erbrecht, § 2333 Rn 36.

entscheiden, ob die angeordnete Sanktion Folge einer Tat ist, die – eine strafrechtliche Verantwortlichkeit des Pflichtteilsberechtigten vorausgesetzt – „hypothetisch“ mit einer Freiheitsstrafe von wenigstens einem Jahr ohne Bewährung zu ahnden wäre.[153]

III. Gleichstellung von pflichtteilsberechtigten Eltern und Ehegatten mit pflichtteilsberechtigten Abkömmlingen (Abs. 2)

Gem. Abs. 2 gelten die in Abs. 1 unter Nr. 1–4 enumerativ aufgezählten Pflichtteilsentziehungsgründe nicht nur für die Entziehung des Pflichtteils eines Abkömmlings. Vielmehr unterliegen auch die Entziehungen des Eltern- bzw. des Ehegattenpflichtteils denselben Anforderungen. Insoweit ist darauf hinzuweisen, dass der gleichgeschlechtliche Lebenspartner gem. § 10 Abs. 6 S. 2 LPartG dem Ehegatten gleichgestellt ist. 45

Rechtfertigung für das Bestehen der Möglichkeit der Pflichtteilsentziehung ist grundsätzlich ein sozialwidriges Fehlverhalten des Pflichtteilsberechtigten, das es für den Erblasser unzumutbar erscheinen lässt, die Mindestteilhabe des Pflichtteilsberechtigten an seinem Nachlass hinzunehmen. Dies gilt unabhängig davon, ob es sich bei dem Pflichtteilsberechtigten um einen Abkömmling, den Ehegatten/gleichgeschlechtlichen Lebenspartner oder einen Elternteil handelt.[154] 46

C. Rechtsfolgen

Die wirksame Pflichtteilsentziehung bewirkt, dass sämtliche Ansprüche des Betroffenen, die ihm das Pflichtteilsrecht in den §§ 2303 ff. BGB gewährt, entfallen. Dies schließt auch den Anspruch auf den Zusatzpflichtteil, §§ 2305, 2307 BGB, den Pflichtteilsergänzungsanspruch, §§ 2325, 2329 BGB, und den Auskunfts- und Wertermittlungsanspruch, § 2314 BGB,[155] mit ein. Verfehlungen i.S.d. § 2333 BGB berechtigen den Erblasser darüber hinaus auch zum Rücktritt vom Erbvertrag, § 2294 BGB, sowie zur Aufhebung wechselbezüglicher Verfügungen eines gemeinschaftlichen Testaments, § 2271 Abs. 2 BGB.[156] Auch die Entziehung des Anteils an einer fortgesetzten Gütergemeinschaft, § 1513 BGB, ist möglich.[157] 47

Ordnet der Erblasser eine Pflichtteilsentziehung an, ist hierin regelmäßig auch gleichzeitig eine Enterbung des Pflichtteilsberechtigten zu sehen.[158] 48

Wird die Pflichtteilsentziehung auf Abs. 1 Nr. 4 gestützt und liegt im Zeitpunkt des Todes bzw. der Pflichtteilsgeltendmachung eine rechtskräftige Verurteilung noch nicht vor, steht die Berechtigung und damit die Wirksamkeit der Pflichtteilsentziehung noch nicht endgültig fest. Im Hinblick darauf, dass die zivilrechtliche Sanktion (Pflichtteilsentziehung) nach dem Willen des Gesetzgebers an die strafrechtliche Verurteilung anknüpft, ist es konsequent, auch insoweit die Unschuldsvermutung gelten zu lassen. Dementsprechend ist der Betroffene bis zur Rechtskraft seiner Verurteilung noch als pflichtteilsberechtigt anzusehen. Die Pflichtteilsentziehung steht also bis zum Eintritt der Rechtskraft der Verurteilung einer Pflichtteilsgeltendmachung nicht entgegen. So- 49

153 Vgl. *Muscheler*, ZEV 2008, 105, 106; MüKo/*Lange*, § 2333 Rn 45; BeckOGK/*Rudy*, § 2333 Rn 43; Grüneberg/*Weidlich*, § 2333 Rn 13 *Hölscher*, in: Mayer/Süß/Riedel/Bittler, HB Pflichtteilsrecht, § 8 Rn 59.

154 Vgl. insoweit BT-Drucks 16/8954, S. 25; siehe auch *Hölscher*, in Mayer/Süß/Riedel/Bittler, HB Pflichtteilsrecht, § 8 Rn 23.

155 Staudinger/*Olshausen* (2021), vor § 2333 Rn 31; Soergel/*Beck*, Vor §§ 2333–2338 Rn 5; BeckOGK/*Rudy*, § 2333 Rn 47; Burandt/Rojahn/*Horn*, Erbrecht, § 2333 Rn 41; Grüneberg/*Weidlich*, § 2336 Rn 6; Erman/*Röthel*, § 2336 Rn 3.

156 BeckOGK/*Rudy*, § 2333 Rn 49.

157 Vgl. Soergel/*Beck*, § 2333 Rn 22; BeckOGK/*Rudy*, § 2333 Rn 49.

158 BayObLG NJWE-FER 2000, 180 = FamRZ 2000, 1459; BeckOGK/*Rudy*, § 2333 Rn 48; Staudinger/*Olshausen* (2021), vor § 2333 Rn 13; MüKo/*Lange*, § 2336 Rn 16.

weit der Pflichtteilsberechtigte seinen Pflichtteil oder einen Teil davon tatsächlich erhält, bevor seine Verurteilung rechtskräftig wird, hat er anschließend das Erhaltene zurückzuerstatten.[159] In der Praxis kann diesem Problem allerdings u.U. durch eine Aussetzung des Verfahrens nach § 149 ZPO begegnet werden, so dass das Verfahren über die Pflichtteilsgeltendmachung bis zur rechtskräftigen Entscheidung im Strafprozess ausgesetzt werden könnte.[160]

D. Verfahrensfragen/Taktische Erwägungen

50 Da die Frage, ob der Erblasser den Pflichtteil berechtigterweise entziehen kann oder nicht, für ihn mitunter von erheblicher Bedeutung ist, besteht an der bereits lebzeitigen Klärung oftmals ein nicht zu unterschätzendes Interesse. Gleiches gilt für den potentiell betroffenen Pflichtteilsberechtigten. Mithin können beide Seiten diese Frage im Wege einer Feststellungsklage bereits zu Lebzeiten des Erblassers klären lassen.[161]

51 Während der Erblasser grundsätzlich ein rechtliches Interesse an der Klärung des Umfanges seiner Testierfreiheit hat,[162] kann das Feststellungsinteresse des Pflichtteilsberechtigten im Einzelfall zweifelhaft sein. Der BGH geht jedoch davon aus, dass jedenfalls dann, wenn der Erblasser von seinem Entziehungsrecht bereits durch letztwillige Verfügung Gebrauch gemacht hat, auch der Pflichtteilsberechtigte ein entsprechendes Feststellungsinteresse hat.[163] Ob dies auch dann schon gelten soll, wenn der Erblasser lediglich glaubhaft geäußert hat, er werde von einem zu seinen Gunsten angeblich bestehenden Entziehungsrecht Gebrauch machen, ist demgegenüber zweifelhaft.[164]

52 Will der Erblasser die Pflichtteilsentziehung auf Umstände stützen, die nach seinem Tod vielleicht nur noch schwer beweisbar sein könnten, kommt zur Beweissicherung die Durchführung eines selbstständigen Beweisverfahrens nach §§ 485 ff. ZPO in Betracht.[165]

53 Ist der Erbfall bereits eingetreten, ist für eine Feststellungsklage (aus der Sicht des Pflichtteilsberechtigten) kein Raum mehr; er muss seine Ansprüche im Wege der Leistungsklage verfolgen, ein Feststellungsinteresse hat er nicht.[166] Der Erbe hingegen kann auch nach dem Erbfall durchaus ein Interesse an der Feststellung des Nichtbestehens von Pflichtteilsansprüchen haben.[167]

---

159 Vgl. hierzu auch *Lange*, in: Bonefeld/Kroiß/Lange, Erbrechtsreform, § 13 Rn 47; BeckOGK/*Rudy*, § 2333 Rn 42; Grüneberg/*Weidlich*, § 2333 Rn 11; *Hölscher*, in: Mayer/Süß/Riedel/Bittler, HB Pflichtteilsrecht, § 8 Rn 50 m.w.N.

160 Vgl. ausführlich zum dogmatischen Für und Wider *Hölscher*, in: Mayer/Süß/Riedel/Bittler, HB Pflichtteilsrecht, § 8 Rn 50 ff.

161 Vgl. RGZ 92, 1; BGH NJW 1974, 1084; BGB NJW 1990, 911, 912; BGH NJW-RR 1993, 391; OLG Saarbrücken NJW 1986, 1182; BeckOGK/*Rudy*, § 2333 Rn 51; Soergel/*Beck*, vor §§ 2333–2336 Rn 4; vgl. auch *Roth*, NJW-Spezial 2018, 231.

162 BGH NJW 1990, 911; BGH NJW 1974, 1084 ff.; Burandt/Rojahn/*Horn*, Erbrecht, § 2333 Rn 46; *Roth*, NJW-Spezial 2018, 359.

163 BGH NJW 2004, 1874 = ZEV 2004, 243 m. Anm. *Kummer*; MüKo/*Lange*, § 2333 Rn 8 m.w.N.

164 Dafür: *Kummer*, ZEV 2004, 274, 275; *Lange/Kuchinke*, § 37 III 1 b; vgl. auch MüKo/*Lange*, § 2333 Rn 10; BeckOGK/*Rudy*, § 2333 Rn 52; Staudinger/*Olshausen* (2015), vor § 2333 Rn 21.

165 Staudinger/*Olshausen* (2021), vor § 2333 Rn 28; MüKo/*Lange*, § 2333 Rn 10.

166 BGH NJW-RR 1993, 391; OLG Celle ErbR 2022, 617; BeckOGK/*Rudy*, § 2333 Rn 52; a.A. anscheinend OLG Stuttgart ZEV 2019, 284.

167 Vgl. BGH NJW-RR 1990, 130; Staudinger/*Olshausen* (2021), vor § 2333 Rn 21, 42; BeckOGK/*Rudy*, § 2333 Rn 52; *Roth*, NJW-Spezial 2018, 359.

§§ 2334 bis 2335 (weggefallen)

§ 2336 Form, Beweislast, Unwirksamwerden

(1) Die Entziehung des Pflichtteils erfolgt durch letztwillige Verfügung.
(2) [1]Der Grund der Entziehung muss zur Zeit der Errichtung bestehen und in der Verfügung angegeben werden. [2]Für eine Entziehung nach § 2333 Absatz 1 Nummer 4 muss zur Zeit der Errichtung die Tat begangen sein und der Grund für die Unzumutbarkeit vorliegen; beides muss in der Verfügung angegeben werden.
(3) Der Beweis des Grundes liegt demjenigen ob, welcher die Entziehung geltend macht.
(4) (weggefallen)

Übersicht: Rdn

A. Allgemeines

Im Hinblick auf die Tragweite der Pflichtteilsentziehung als massiver Eingriff in den verfassungsrechtlich geschützten Kernbereich des gesetzlichen Erbrechts hat der Gesetzgeber die Form der Pflichtteilsentziehung ausdrücklich geregelt. Im Übrigen geht es in § 2336 BGB um die Gewährleistung von Rechtssicherheit durch die formelle Anforderung, die Pflichtteilsentziehung im Rahmen einer letztwilligen Verfügung anzuordnen und um die Beweisbarkeit der die Pflichtteilsentziehung rechtfertigenden Gründe. Dies hat sich grundsätzlich auch durch die Erbrechtsreform 2010 nicht geändert. Im Hinblick auf die Neufassung von § 2333 Abs. 1 Nr. 4 BGB wurde aber § 2336 Abs. 2 S. 2 BGB neu in die Vorschrift aufgenommen, um eine Dokumentation der Voraussetzungen dieses Entziehungsgrundes sicherzustellen. 1

§ 2336 Abs. 4 BGB a.F. wurde hingegen gestrichen. Durch die Abschaffung des Entziehungsgrundes „ehrloser oder unsittlicher Lebenswandel wider den Willen des Erblassers“ ist sein Anwendungsbereich entfallen.

B. Tatbestand

I. Verfügung von Todes wegen

Die Pflichtteilsentziehung ist ausschließlich durch Verfügung von Todes wegen möglich, und zwar nur durch den Erblasser selbst.[1] Das Formerfordernis ist zwingend; eine Umgehung kommt nicht in Frage.[2] Allerdings existieren keine Beschränkungen 2

1 OLG Frankfurt ZEV 2023, 168 m. Anm. *Lange*; BeckOGK/*Rudy*, § 2336 Rn 7.
2 OLG Nürnberg ErbR 2018, 280; Burandt/Rojahn/*Horn*, Erbrecht, § 2336 Rn 2.

auf bestimmte Testamentsformen.[3] Die Pflichtteilsentziehung kann daher auch in einem Nottestament gem. §§ 2249 ff. BGB angeordnet werden. Als Verfügung im Rahmen eines gemeinschaftlichen Testaments, §§ 2265 ff. BGB, kommt der Entziehungsanordnung kein wechselbezüglicher Charakter zu, so dass sie auch nicht unter § 2271 BGB fällt,[4] sondern als einseitige Verfügung durch den Erblasser jederzeit widerrufen werden kann. Eine in **wechselbezüglicher** Weise angeordnete **Erbeinsetzung** Dritter bleibt aber auch nach dem einseitigen Widerruf der Pflichtteilsentziehung bestehen, wenn sie nicht gem. § 2071 BGB wirksam widerrufen wurde. Allenfalls kommt eine Anfechtung gem. § 2079 BGB in Betracht.[5] Auch bei Anordnung in einem Erbvertrag, § 2299 Abs. 1 BGB, hat die Entziehungsanordnung einseitigen Charakter; sie wird daher nicht von der vertragsmäßigen Bindungen erfasst.[6] War dennoch eine vertragsmäßige Bindung gewollt, kann die Anordnung aber in eine einseitige Verfügung umgedeutet werden.[7]

3 Wenngleich die Pflichtteilsentziehung nicht unter Verwendung dieses Wortes angeordnet zu werden braucht, muss doch der **Entziehungswille** wenigstens **schlüssig** und **unzweideutig** aus der letztwilligen Verfügung hervorgehen.[8] Bei der Auslegung der konkreten Formulierungen sind alle Umstände einschließlich landsmannschaftlicher Eigenarten, Bildungsgrad und Diktion des Erblassers zu beachten.[9] Die im landläufigen Sinne als Enterbung bezeichnete Ausschließung von der gesetzlichen Erbfolge kann nicht ohne Weiteres als Anordnung einer Pflichtteilsentziehung verstanden werden.[10] Enthält die letztwillige Verfügung aber dezidierte Angaben zu Gründen, auf die die „Enterbung" gestützt wird und stellen diese gleichzeitig Pflichtteilsentziehungsgründe i.S.v. § 2333 BGB dar, kann im Rahmen der Auslegung auch auf einen Willen des Erblassers zur Pflichtteilsentziehung geschlossen werden.[11] Führt die Auslegung zu keinem eindeutigen Ergebnis, wirken verbleibende Zweifel zugunsten des Pflichtteilsberechtigten; es ist dann anzunehmen, dass der Erblasser keine Pflichtteilsentziehung anordnen wollte.[12]

Die Person, der der Pflichtteil entzogen werden soll, muss wenigstens eindeutig individualisierbar sein; die ausdrückliche Nennung ihres Namens ist nicht erforderlich.[13] Soll mehreren Personen der Pflichtteil entzogen werden, z.B. allen Abkömmlingen,

3 Staudinger/*Olshausen* (2021), § 2336 Rn 1.

4 MüKo/*Lange*, § 2336 Rn 1; *Hölscher*, in: Mayer/Süß/Riedel/Bittler, HB Pflichtteilsrecht, § 8 Rn 66; Soergel/*Beck*, § 2336 Rn 2; Staudinger/*Olshausen* (2021), § 2336 Rn 1; Grüneberg/*Weidlich*, § 2336 Rn 1.

5 MüKo/*Lange*, § 2336 Rn 1; *Hölscher* in: Mayer/Süß/Riedel/Bittler, HB Pflichtteilsrecht, § 8 Rn 66; Soergel/*Beck*, § 2336 Rn 2; Staudinger/*Olshausen* (2021), § 2336 Rn 1.

6 BeckOGK/*Rudy*, § 2336 Rn 7.

7 BGH FamRZ 1961, 437; Soergel/*Beck*, § 2336 Rn 2; MüKo/*Lange*, § 2336 Rn 1; Staudinger/*Olshausen* (2021), § 2336 Rn 4; Grüneberg/*Weidlich*, § 2336 Rn 1.

8 OLG Düsseldorf ErbR 2020, 195; Staudinger/*Olshausen* (2021), § 2336 Rn 2; Soergel/*Beck*, § 2336 Rn 3; Burandt/Rojahn/*Horn*, Erbrecht, § 2336 Rn 3; ausführl. *Hölscher*, in: Mayer/Süß/Riedel/Bittler, HB Pflichtteilsrecht, § 8 Rn 67.

9 Vgl. Staudinger/*Olshausen* (2021), § 2336 Rn 4 mit den Formulierungsbeispielen: „soll keinen Pfennig erhalten, weil ..."; „soll durch die Röhre schauen, weil ..."; ebenso Soergel/*Beck*, § 2336 Rn 3.

10 BeckOGK/*Rudy*, § 2333 Rn 48 m.w.N.

11 Vg. OLG Hamm OLGZ 73, 83, 85 f. = FamRZ 1972, 660, 661 f.; OLG Düsseldorf ZEV 1995, 410 m. Anm. *Reimann*; OLG Köln ZEV 1996, 430; BayObLG ZEV 2000, 280, 281; BeckOGK/*Rudy*, § 2336 Rn 11.

12 MüKo/*Lange*, § 2336 Rn 2.

13 Staudinger/*Olshausen* (2021), § 2336 Rn 2; Burandt/Rojahn/*Horn*, Erbrecht, § 2336 Rn 20; Grüneberg/*Weidlich*, § 2336 Rn 1.

so genügt eine genaue Bezeichnung des Personenkreises,[14] wobei generalisierende Angaben nicht genügen.[15]

4 Da die Entziehung im Zeitpunkt des Erbfalls rechtswirksam sein muss,[16] sind an sie sämtliche Anforderungen zu stellen, die ohnehin für die Wirksamkeit letztwilliger Verfügungen gelten, insbesondere also die **Form-** und sonstigen **Vorschriften** der §§ 2229 ff. BGB.

5 In aller Regel ist mit der Pflichtteilsentziehung – wenigstens konkludent – auch eine **Enterbung** gem. § 1938 BGB verbunden.[17] Diese hat auch dann Bestand, wenn die Pflichtteilsentziehung unwirksam ist.[18] Soweit die Pflichtteilsentziehung wegen Verzeihung, § 2337 BGB, hinfällig wird, stellt sich die Frage, ob dies auch für die Enterbungsverfügung gilt. Diese ist nach § 2085 BGB zu entscheiden;[19] i.d.R. wird sie unter diesen Voraussetzungen ebenfalls entfallen.[20]

Möglich ist auch eine nur teilweise Pflichtteilsentziehung oder eine anderweitige auf den Entziehungsgrund gestützte Beschränkung des Pflichtteilsberechtigten.[21]

II. Entziehungsgrund

1. Vorliegen des Entziehungsgrundes

6 Der Grund, auf den der Erblasser die Pflichtteilsentziehung stützt, muss im **Zeitpunkt** der **Errichtung** der Verfügung von Todes wegen – schon[22] – bestehen.[23] Das ist dann der Fall, wenn der maßgebliche Lebenssachverhalt zu diesem Zeitpunkt noch gegeben ist oder bereits der Vergangenheit angehört. Einer fortgesetzten Verfehlung bedarf es grundsätzlich nicht.[24] Soweit aber eine längere Zeit andauernde Verhaltensweise die Pflichtteilsentziehung rechtfertigen soll, kommt es entscheidend auf die bei zur Zeit der Errichtung der letztwilligen Verfügung bereits verwirklichten Teilakte an. Diese müssen – für sich genommen – einen einschlägigen Entziehungsgrund darstellen und auch in der letztwilligen Verfügung entsprechend ausgeführt werden.[25]

Verfehlungen, die erst nach Testamentserrichtung begangen werden, scheiden grundsätzlich aus.[26] Das gilt auch dann, wenn der Erblasser mit einer Fortsetzung eines

---

14 Staudinger/*Olshausen* (2021), § 2336 Rn 2.

15 Vgl. MüKo/*Lange*, § 2336 Rn 3, der meint, eine Pflichtteilsentziehung z.B. gegenüber „meinen Kindern" sei nicht möglich. Diese Einschränkung geht aber wohl zu weit, jedenfalls dann, wenn sich aus dem Kontext ergibt, dass der Erblasser hiermit ganz konkrete Personen meinte und nicht etwa auch nach Errichtung seiner letztwilligen Verfügung geborene Kinder. Vgl. auch BeckOGK/*Rudy*, § 2336 Rn 12 mit Formulierungsvorschlag.

16 Staudinger/*Olshausen* (2021), § 2336 Rn 3.

17 BayObLG FGPrax 1996, 65.

18 BeckOGK/*Rudy*, § 2336 Rn 48; Soergel/*Beck*, § 2336 Rn 12; MüKo/*Lange*, § 2336 Rn 14 m.w.N.; *Hölscher*, in: Mayer/Süß/Riedel/Bittler, HB Pflichtteilsrecht, § 8 Rn 86; ebenso BayObLG FGPrax 1996, 65 zu einem Fall, in dem von vornherein gar keine Pflichtteilsberechtigung bestanden hatte.

19 OLG Hamm OLGZ 1973, 83; Soergel/*Beck*, § 2336 Rn 12.

20 OLG Hamm OLGZ 1973, 83.

21 BeckOGK/*Rudy*, § 2336 Rn 8; Grüneberg/*Weidlich*, § 2336 Rn 1.

22 Pflichtteilsentziehung wegen evtl. zukünftiger Verfehlungen ist unzulässig u. entfaltet daher keine Rechtswirkung; vgl. RGZ 168, 34; RG HRR 1942, Nr. 524; Staudinger/*Olshausen* (2021), § 2336 Rn 8; *Hölscher*, in: Mayer/Süß/Riedel/Bittler, HB Pflichtteilsrecht, § 8 Rn 68.

23 BeckOGK/*Rudy*, § 2336 Rn 1; *Hölscher*, in: Mayer/Süß/Riedel/Bittler, HB Pflichtteilsrecht, § 8 Rn 68; MüKo/*Lange*, § 2336 Rn 4.

24 RGRK/*Johannsen*, § 2336 Rn 3; Staudinger/*Olshausen* (2021), § 2336 Rn 7; Soergel/*Beck*, § 2336 Rn 4.

25 BeckOGK/*Rudy*, § 2336 Rn 4; Staudinger/*Olshausen* (2021), vor § 2333 Rn 22.

26 OLG Hamm OLGR 2007, 312; *Hölscher*, in: Mayer/Süß/Riedel/Bittler, HB Pflichtteilsrecht, § 8 Rn 68.

bereits begonnen Verhaltens(musters) rechnet.[27] Zulässig ist aber eine Entziehung, die nur für den Fall gelten soll, dass ein bestimmter Sachverhalt, über dessen Bestehen der Erblasser sich nicht eindeutig im Klaren ist, im Zeitpunkt der Testamentserrichtung tatsächlich erfüllt ist.[28] Eine später eintretende Besserung des Verhaltens des Pflichtteilsberechtigten konnte sich früher (vor der Erbrechtsreform 2010) im Rahmen einer Entziehung nach § 2333 Nr. 5 BGB a.F. (sozusagen automatisch) auswirken, nach aktuellem Recht spielt dies indes keine Rolle mehr. In Betracht kommt aber nach wie vor eine Verzeihung nach § 2337 BGB.

7 Bildet eine Verfehlung gegen den Ehegatten des Erblassers den Grund der Pflichtteilsentziehung, ist es unschädlich, wenn die Ehe zur Zeit der Testamentserrichtung nicht mehr besteht.[29] Gleiches gilt im Falle der eingetragenen Lebenspartnerschaft.[30]

8 Soweit es um eine Pflichtteilsentziehung nach § 2333 Abs. 1 Nr. 4 BGB geht, genügt es gem. Abs. 2 S. 2, dass die Straftat zum Zeitpunkt der Testamentserrichtung begangen ist. Die rechtskräftige Verurteilung muss aber noch nicht vorliegen.[31]

2. Angabe des Entziehungsgrundes

9 Der Entziehungsgrund muss in der letztwilligen Verfügung – also formgerecht[32] – angegeben werden. Dazu ist es nicht erforderlich, alle Einzelumstände ausführlich darzulegen. Die **Schilderung** muss aber doch so ausführlich sein, dass nach dem Erbfall festgestellt werden kann, auf welchen Tatbestand/Lebenssachverhalt sich die Entziehung gründet und ob sie gerechtfertigt ist.[33] Dafür ist es ausreichend, wenn der Erblasser den **Sachverhaltskern**[34] so genau darstellt, dass ein Dritter, z.B. ein Richter, durch Auslegung ermitteln kann, auf welche Vorgänge er die Pflichtteilsentziehung stützt.[35] Dafür kann es bereits genügen, eine konkrete strafrechtliche Verurteilung in Bezug zu nehmen.[36] Begründungen, die zwar für den Erblasser und den betroffenen Pflichtteilsberechtigten, aber für sonst niemanden nachvollziehbar sind („… der weiß schon, warum …"), reichen jedoch in keinem Fall aus.[37] Die vollständige Angabe aller die Entziehung rechtfertigenden Umstände ist aber nicht erforderlich.[38] *Beck*[39] weist in diesem Zusammenhang darauf hin, dass der Formzwang nicht nur die spätere Beweisbarkeit der Motivation des Erblassers sicherstellen solle, sondern darüber hinaus auch dem Zweck diene, den Erblasser zum überdachten und verantwortlichen Testieren anzuhalten.[40]

---

27 BeckOGK/*Rudy*, § 2336 Rn 4; Staudinger/*Olshausen* (2021), § 2336 Rn 8.
28 RG DR 1939, 282; Staudinger/*Olshausen* (2021), § 2336 Rn 9; RGRK/*Johannsen*, § 2336 Rn 4.
29 Grüneberg/*Weidlich*, § 2336 Rn 2; MüKo/*Lange*, § 2336 Rn 4.
30 Soergel/*Beck*, § 2336 Rn 4.
31 Vgl. auch *Lange*, DNotZ 2009, 732, 739; *Hölscher*, in: Mayer/Süß/Riedel/Bittler, HB Pflichtteilsrecht, § 8 Rn 72.
32 *Hölscher*, in: Mayer/Süß/Riedel/Bittler, HB Pflichtteilsrecht, § 8 Rn 65, 69.
33 BGHZ 94, 36; OLG Saarbrücken NJW 2018, 957, 959; Staudinger/*Olshausen* (2021), § 2336 Rn 11; Soergel/*Beck*, § 2336 Rn 5.
34 BGH LM § 2336 Nr. 1 = NJW 1964, 59; BGHZ 94, 36, 40 = NJW 1985, 1554; BGH NJW-RR 1996, 705; OLG Köln ZEV 1998, 144; OLG Frankfurt OLG-Report 1992, 206; OLG Nürnberg NJW 1976, 2020; BeckOGK/*Rudy*, § 2336 Rn 13; *Keßler*, DRiZ 1966, 395, 400; *Hölscher*, in: Mayer/Süß/Riedel/Bittler, HB Pflichtteilsrecht, § 8 Rn 69.
35 OLG Saarbrücken BeckRS 2016, 113990, Rn 50; Staudinger/*Olshausen* (2021), § 2336 Rn 11; MüKo/*Lange*, § 2336 Rn 10; Soergel/*Beck*, § 2336 Rn 5; Grüneberg/*Weidlich*, § 2336 Rn 2.
36 OLG Hamm ZEV 2018, 211, 212; vgl. auch LG Saarbrücken NJW-Spezial 2018, 7.
37 Staudinger/*Olshausen* (2021), § 2336 Rn 12.
38 Staudinger/*Olshausen* (2021), § 2336 Rn 12.
39 Soergel/*Beck*, § 2336 Rn 5; ebenso bereits *Dieckmann* in den Vorauflagen.
40 Vgl. BGHZ 94, 36, 43 f.

Die über das **erforderliche Mindestmaß** (Sachverhaltskern) hinausgehende Angabe 10
weiterer Einzelheiten, die sich später als nicht beweisbar erweisen, ist unschädlich, soweit beweisbare Umstände die Pflichtteilsentziehung rechtfertigen.[41]

Nicht vollständig geklärt ist die Frage, ob die bloße Angabe des **Gesetzeswortlauts** 11
bereits ausreichend sein kann. Für den Fall des § 2333 Nr. 5 BGB hatte das RG[42] dies bejaht, da es weder dem Erblasser zuzumuten sei, Einzelheiten auszubreiten, noch für den Betroffenen nachteilig erscheine, wenn derartige Einzelheiten im Testament nicht ausdrücklich niedergelegt würden.

Dieser Sichtweise ist aber nicht zuzustimmen.[43] Über den Gesetzeswortlaut hinaus 12
muss in jedem Fall der zugrunde liegende **Lebenssachverhalt** wenigstens stichwortartig dargelegt werden,[44] so dass durch Auslegung festgestellt werden kann, weshalb konkret der Pflichtteil entzogen werden soll.[45] Es muss daher auch angegeben werden, gegen wen sich welche Verfehlungen, Verbrechen oder Vergehen des Pflichtteilsberechtigten gerichtet haben.[46] Die in diesem Zusammenhang erhobene Forderung des OLG Düsseldorf,[47] der Erblasser, der eine Pflichtteilsentziehung mit einer Körperverletzung durch den Pflichtteilsberechtigten begründen wolle, müsse den gesamten zugrunde liegenden Geschehensablauf schildern, geht jedoch zu weit.[48] Dasselbe gilt für das Petitum, der Erblasser habe in seiner letztwilligen Verfügung deutlich zu machen, auf welche konkreten Konkursverfahren bei verschiedenen Firmen er die entziehungsrelevante Pflichtverletzung habe stützen wollen.[49] Die Anforderungen dürfen nicht so hoch geschraubt werden,[50] dass eine Pflichtteilsentziehung – gerade beim privatschriftlichen Testament – im Regelfall an formalen Mängeln scheitern muss.[51] Es sollte vielmehr genügen, wenn – wie oben ausgeführt – der konkrete Sachverhaltskern nachvollziehbar dargestellt wird, so dass – ggf. durch Auslegung – der vom Erblasser gemeinte Entziehungsgrund bestimmt[52] und seine Rechtfertigung überprüft werden kann.[53]

Im Hinblick auf die **formalen Anforderungen** reicht die Angabe des Pflichtteilsent- 13
ziehungsgrundes erst hinter der Unterschrift des eigenhändigen Testaments nicht aus.[54] Die Niederlegung der Gründe muss durch die Unterschrift gedeckt sein.[55] Kritisch ist insbesondere auch die Bezugnahme auf Aktennotizen o.Ä., die nicht den formalen

41 BGH LM Nr. 1 zu § 2336 = MDR 1964, 221; Soergel/*Beck*, § 2336 Rn 5.
42 RGZ 95, 24 = JW 1919, 503.
43 OLG Köln ZEV 1998, 144; OLG Nürnberg NJW 1976, 2020; OLG Saarbrücken JZ 1952, 47; MüKo/*Lange*, § 2336 Rn 10; Soergel/*Beck*, § 2336 Rn 6.
44 OLG Saarbrücken ZEV 2018, 957, 959; Soergel/*Beck*, § 2336 Rn 6; Staudinger/*Olshausen* (2021), § 2336 Rn 12.
45 MüKo/*Lange*, § 2336 Rn 8.
46 Staudinger/*Olshausen* (2021), § 2336 Rn 12 zur Rechtslage vor der Reform.
47 NJW-RR 1996, 520, 521 = ZEV 1995, 410 m. Anm. *Reimann*.
48 MüKo/*Lange*, § 2336 Rn 11.
49 So aber OLG Hamm NJW-RR 2007, 1235; ähnlich OLG Köln ZEV 1998, 144, 145 f.
50 Vgl. hierzu auch BGH ErbR 2011, 370 f.; OLG Saarbrücken NJW 2018, 957, 959; OLG Stuttgart NJW-RR 2012, 778.
51 *J. Mayer*, ErbR 2010, 70, 79; so auch *Schubert*, JR 1986, 26; BeckOGK/*Rudy*, § 2336 Rn 13; Staudinger/*Olshausen* (2021), § 2336 Rn 13; Grüneberg/*Weidlich*, § 2336 Rn 3; *Lange*, ZEV 2018, 237, 238 ff.; *ders.*, ErbR 2021, 274.
52 Vgl. hierzu *Lange*, ZErb 2008, 59, 63.
53 Zu Formulierungsvorschlägen vgl. *Keim*, DNotZ 2024, 246.
54 RG Recht 1914, Nr. 1292; Soergel/*Beck*, § 2336 Rn 7; Staudinger/*Olshausen* (2021), § 2336 Rn 13.
55 Vgl. LG Köln DNotZ 1965, 108; Staudinger/*Olshausen* (2021), § 2336 Rn 13; BeckOGK/*Rudy*, § 2336 Rn 14.

Anforderungen an eine letztwillige Verfügung genügen.[56] Dies gilt selbst dann, wenn die erwähnten Schriftstücke zum Zeitpunkt der Testamentserrichtung bereits vorliegen.[57] Konsequenterweise kann auch die bloße Bezugnahme auf das einem Dritten gegenüber erklärte Geständnis des Pflichtteilsberechtigten nicht ausreichen, zumal die Überprüfung nur aufgrund eines entsprechenden Beweisverfahrens möglich wäre.[58] Demzufolge soll auch der bloße Hinweis auf kriminalpolizeiliche Akten – jedenfalls ohne Angabe des Aktenzeichens oder einer anderen Kennzeichnung – der Konkretisierungspflicht nicht genügen.[59] Soweit sich aber die Tat, derentwegen der Erblasser den Pflichtteil entziehen will, unzweifelhaft einer bestimmten Ermittlungs- oder Scheidungsakte zuordnen lässt, sollte eine solche Bezugnahme ausreichen.[60] Gleiches gilt auch für die Bezugnahme auf eine nach Zeitraum und Ort konkretisierte Freiheitsstrafe, die der Pflichtteilsberechtigte verbüßt hat.[61] Denn die sonst bei nicht den Formvorschriften entsprechenden Schriftstücken zu befürchtende Manipulationsgefahr besteht hier grundsätzlich nicht.

14 Ein späterer (nach dem Erbfall erfolgender)[62] **Austausch** der **Entziehungsgründe** ist ausgeschlossen.[63] Daher kann ein im Testament benannter, gesetzlich aber nicht vorgesehener oder tatsächlich nicht bestehender Entziehungsgrund nicht durch andere, den gesetzlichen Anforderungen genügende und tatsächlich gegebene Gründe ersetzt werden.[64] Dies gilt insbesondere auch für erst nach der Testamentserrichtung eintretende Umstände.[65] Im umgekehrten Fall, wenn also der im Testament benannte, gesetzlich vorgesehene und auch beweisbare Entziehungsgrund in Wirklichkeit gar nicht die Motivation des Erblassers widerspiegelt, ist die Pflichtteilsentziehung aber wirksam.[66]

3. Besonderheiten bei der Pflichtteilsentziehung nach § 2333 Abs. 1 Nr. 4 BGB

15 Gem. Abs. 2 S. 2 setzt eine wirksame Pflichtteilsentziehung, die auf § 2333 Abs. 1 Nr. 4 BGB gestützt wird, voraus, dass die Straftat zur Zeit der Errichtung der letztwilligen Verfügung bereits begangen ist und der Grund für die Unzumutbarkeit der Nachlassteilhabe des Pflichtteilsberechtigten vorliegt. Beides muss in der letztwilligen Verfügung angegeben werden.[67]

16 Positiv an dieser Regelung ist die Klarstellung, dass die Verurteilung wegen der Straftat zum Zeitpunkt der Testamentserrichtung noch nicht vorliegen muss,[68] geschweige

---

56 MüKo/*Lange*, § 2336 Rn 9; vgl. auch BGHZ 94, 36, 42 f., wobei vor allem die Manipulationsgefahr in den Vordergrund gerückt wird.

57 BGH NJW 1985, 1554, 1555; OLG Düsseldorf FamRZ 1999, 1469; MüKo/*Lange*, § 2336 Rn 9.

58 LG Mosbach NJW-RR 2014, 708; BeckOGK/*Rudy*, § 2336 Rn 14.1.

59 So jedenfalls OLG Düsseldorf FamRZ 1999, 1469; MüKo/*Lange*, § 2336 Rn 9.

60 BeckOGK/*Rudy*, § 2336 Rn 14.1; Staudinger/*Olshausen* (2021), § 2336 Rn 13; vgl. auch OLG Hamm ZEV 2018, 211, 213; anders aber OLG Oldenburg ErbR 2021, 352 für den Fall der Bezugnahme auf eine (nur) polizeiliche Ermittlungsakte; zustimmend Burandt/Rojahn/*Horn*, Erbrecht, § 2336 Rn 10.

61 OLG Oldenburg BeckRS 2020, 28181; BeckOGK/*Rudy*, § 2336 Rn 14.1.

62 Der Erblasser selbst kann zu seinen Lebzeiten selbstverständlich beliebig oft testieren und dabei auch mehrfach unterschiedliche Pflichtteilsentziehungen aussprechen bzw. begründen.

63 BGHZ 94, 36, 40 = NJW 1985, 1554, 1555; Staudinger/*Olshausen* (2021), § 2336 Rn 14; MüKo/*Lange*, § 2336 Rn 10.

64 BeckOGK/*Rudy*, § 2336 Rn 6; Grüneberg/*Weidlich*, § 2336 Rn 2.

65 Soergel/*Beck*, § 2336 Rn 8.

66 Vgl. *Reichel*, AcP 138, 194, 212 Fn 14; RGRK/*Johannsen*, § 2336 Rn 6; Soergel/*Beck*, § 2336 Rn 8.

67 Vgl. auch *Keim*, ZEV 2008, 161, 168.

68 BeckOGK/*Rudy*, § 2336 Rn 2.

denn die Rechtskraft der Verurteilung.[69] Schwierigkeiten bereitet allerdings die Forderung, dass neben Angaben über die begangene Tat auch die Gründe, die die Nachlassteilhabe des Pflichtteilsberechtigten für den Erblasser unzumutbar erscheinen lassen, darzulegen sind.[70] Dies stellt eine nicht zu unterschätzende Verschärfung des Begründungszwanges dar.[71] Denn vor der Erbrechtsreform 2010 brauchten subjektive Erwägungen des Erblassers in seiner Entziehungsverfügung nicht weiter ausgeführt werden.[72] Der Gesetzgeber hält diese zusätzliche Anforderung jedoch nicht für ein unzumutbares Erschwernis, zumal sich der konkrete Umfang der Darlegung der für eine Unzumutbarkeit sprechenden Gründe nach den Umständen des Einzelfalls richte und auch von der Schwere der in Rede stehenden Tat abhänge. Je schwerer die Tat wiegt, desto eher ist demnach von einer Unzumutbarkeit auszugehen und desto geringer sind daher die Anforderungen an die Darlegung der Gründe der Unzumutbarkeit.[73] So sei im Falle der Verurteilung des Pflichtteilsberechtigten wegen Mordes an einem Kind zu einer lebenslangen Freiheitsstrafe unter gleichzeitiger Feststellung der besonderen Schwere der Schuld die Vermutung der Unzumutbarkeit der Nachlassteilhabe für den Erblasser naheliegend. Daher müsse es regelmäßig ausreichen, wenn der Erblasser in seiner Verfügung von Todes wegen den Pflichtteil entzieht und als Begründung hierfür schlicht die Begehung der Straftat anführt.[74] Kehrt man diese Argumentation um, so steht allerdings zu befürchten, dass bei weniger schwerwiegenden Straftaten[75] sehr ausführliche Schilderungen des Erblassers erforderlich sein dürften, um die aus seiner Sicht bestehende Unzumutbarkeit der Nachlassteilhabe des Pflichtteilsberechtigten in einer den Vorgaben des Abs. 2 S. 2 genügenden Weise anzugeben und plausibel zu machen.[76] Schlussendlich dürfen aber die Anforderungen an die Ausführung des Erblassers auch nicht überspannt werden.[77] Rechtliche Abwägungen zum Fehlverhalten können sicherlich ebenso wenig verlangt werden wie eine umfassende Darstellung der persönlichen Wertvorstellungen.[78] Dies gebietet nicht nur der Ansatz des Gesetzgebers, die Testierfreiheit stärken zu wollen, sondern vor allem auch eine verfassungskonforme Auslegung der Norm. Denn formelle Anforderungen, die das Pflichtteilsentziehungsrecht faktisch leerlaufen lassen, sind mit den Grundsätzen der Entscheidung des BVerfG zur Pflichtteilsentziehung nicht zu vereinbaren.[79] Dennoch lässt sich als Faustregel für den Erblasser festhalten: Je ausführlicher, desto besser.[80]

III. Beweislast (Abs. 3)

Die Beweislast für das tatsächliche Vorliegen der den angegebenen Entziehungsgrund 17
tragenden Umstände trifft den Pflichtteilsschuldner, der sich auf die wirksame Entzie-

69 Vgl. hierzu auch ausführlich *Hölscher*, in: Mayer/Süß/Riedel/Bittler, HB Pflichtteilsrecht, § 8 Rn 72.

70 LG Frankenthal BWNotZ 2021, 382 ff.; vgl. auch *Keim*, ZEV 2008, 161, 168; Burandt/Rojahn/*Horn*, Erbrecht, § 2336 Rn 15.

71 So auch *Keim*, ZEV 2008, 161, 168.

72 *Hölscher*, in: Mayer/Süß/Riedel/Bittler, HB Pflichtteilsrecht, § 8 Rn 74.

73 Vgl. insoweit Gesetzesbegründung, BT-Drucks 16/8954, S. 24 u. 25.

74 BT-Drucks 16/8954, S. 24; vgl. auch BeckOGK/*Rudy*, § 2336 Rn 16.

75 Von Bagatelldelikten wird man angesichts der Verurteilung zu einer Freiheitsstrafe von nicht weniger als einem Jahr ohne Bewährung wohl kaum sprechen können.

76 Vgl. hierzu *Horn*, ZFE 2009, 364, 365; Staudinger/*Olshausen* (2021), § 2336 Rn 14.

77 LG Stuttgart BeckRS 2012, 06918; MüKo/*Lange*, § 2336 Rn 13; vgl. auch Grüneberg/*Weidlich*, § 2336 Rn 3.

78 MüKo/*Lange*, § 2336 Rn 12.

79 BVerfGE 112, 332 = ZErb 2005, 169.

80 *Keim*, ZEV 2008, 161, 168; *Horn*, ZFE 2009, 364, 366; *Hölscher*, in: Mayer/Süß/Riedel/Bittler, HB Pflichtteilsrecht, § 8 Rn 77.

hung beruft.[81] In Betracht kommen insbesondere der Erbe, § 2303 BGB, der Beschenkte, § 2329 BGB und der Vermächtnisnehmer bzw. Auflagenbegünstigte,[82] der nach §§ 2318 ff. BGB zur Tragung der Pflichtteilslast mitherangezogen wird).[83] Im Rahmen einer lebzeitigen **Feststellungsklage** über das Recht zur Pflichtteilsentziehung ist der Erblasser selbst beweispflichtig.[84]

18 Nach h.M. umfasst die Beweislast auch das Nichtvorliegen einer Notwehrlage bzw. anderer Rechtfertigungsgründe[85] sowie die relevanten inneren Tatsachen, namentlich die Schuldfähigkeit (respektive den „natürlichen Vorsatz")[86] und das tatsächliche Verschulden des Pflichtteilsberechtigten.[87] *Beck*[88] äußert jedoch Zweifel, ob dieser Sichtweise nicht die deliktsrechtliche Beweislastregel des § 827 BGB vorgezogen werden müsste.[89] Dies würde dazu führen, dass Rechtfertigungs- und Entschuldigungsgründe vom Täter dargetan werden müssten.[90] Hinsichtlich der Frage der Schuldunfähigkeit ist diesem Ansatz vor dem Hintergrund der Rechtsprechung des BVerfG[91] zum Pflichtteilsrecht sicherlich zuzustimmen.[92] Die Fragestellung hat sich auch nicht dadurch erledigt,[93] dass nach zutreffender Auffassung des BVerfG ein im „natürlichen Sinne" vorsätzliches Handeln und die natürliche Fähigkeit, dessen Unrecht zu erkennen, ausreicht.[94] Denn auch wenn in den meisten Fällen eine Schuldfähigkeit im „natürlichen Sinne" zu vermuten sein wird, stellt sich im Falle eines substantiierten Bestreitens derselben nach wie vor die Frage, wen diesbezüglich die Beweislast trifft.

19 Ob auf diese Weise die oftmals ganz erheblichen **Beweisschwierigkeiten** des Erben bzw. des Beschenkten soweit gemindert werden können, dass die Pflichtteilsentziehung als praktisches Gestaltungsmittel an Gewicht gewinnen könnte, ist schwer zu beurteilen. Derzeit stellt sich die Situation jedenfalls so dar, dass der Pflichtteilsentziehung im Hinblick auf die ungünstige Beweislastregel und den Umstand, dass der Pflichtteilschuldner oftmals die näheren Einzelheiten der viele Jahre zurückliegenden Entziehungsgründe gar nicht kennt,[95] nur sehr geringe Bedeutung zukommt.[96] Vor diesem Hintergrund wird teilweise vertreten, der Urkundsnotar habe in solchen Fällen

81 Staudinger/*Olshausen* (2021), § 2336 Rn 16.
82 OLG Hamm OLGR 2007, 312; OLG Düsseldorf FamRZ 1999, 1469, 1470; MüKo/*Lange*, § 2336 Rn 14.
83 Vgl. MüKo/*Lange*, § 2336 Rn 14; Soergel/*Beck*, § 2336 Rn 9; RGRK/*Johannsen*, § 2336 Rn 6; Grüneberg/*Weidlich*, § 2336 Rn 5.
84 Soergel/*Beck*, § 2336 Rn 9; Staudinger/*Olshausen* (2021), § 2336 Rn 16.
85 BGH NJW 1974, 696; BGH FamRZ 1985, 919, 920; MüKo/*Lange*, § 2336 Rn 14; Soergel/*Beck*, § 2336 Rn 10; Grüneberg/*Weidlich*, § 2336 Rn 5.
86 BVerfG ZErb 2005, 169 f.
87 OLG Düsseldorf NJW 1968, 944; vgl. auch OLG Celle ZFE 2004, 221; Staudinger/*Olshausen* (2021), § 2336 Rn 18.
88 Soergel/*Beck*, § 2336 Rn 9; ebenso bereits *Dieckmann* in den Vorauflagen.
89 BeckOGK/*Rudy*, § 2336 Rn 17.
90 BGHZ 24, 28; vgl. hierzu auch Grüneberg/*Grüneberg*, Vor § 249 Rn 66 zur Beweislast bezüglich des Schadenseintritts auch im Falle möglichen rechtmäßigen Alternativverhaltens.
91 BVerfGE 112, 332 f.
92 LG Ravensburg ZErb 2008, 120; vgl. *Hölscher*, in: Mayer/Süß/Riedel/Bittler, HB Pflichtteilsrecht, § 8 Rn 80; siehe auch *Kleensang*, ZEV 2005, 277, 283; Staudinger/*Olshausen* (2021), § 2336 Rn 18; BeckOGK/*Rudy*, § 2336 Rn 17; Soergel/*Beck*, § 2336 Rn 9.
93 So MüKo/*Lange*, § 2336 Rn 15.
94 BVerfGE 112, 332 = ZErb 2005, 169.
95 *Gottwald*, Pflichtteilsrecht, § 2336 Rn 11.
96 *Hölscher*, in: Mayer/Süß/Riedel/Bittler, HB Pflichtteilsrecht, § 8 Rn 81.

auf die Beweislastregeln ausdrücklich hinzuweisen,[97] um so den Erblasser zur Sorgfalt anzuhalten.

C. Rechtsfolgen

I. Wirkung der Pflichtteilsentziehung

20 Die wirksame Pflichtteilsentziehung führt für den Betroffenen zum Verlust sämtlicher pflichtteilsrechtlicher Ansprüche. Das gilt sowohl für den ordentlichen Pflichtteilsanspruch (§§ 2303 ff. BGB) als auch für den Zusatzpflichtteil (§§ 2305, 2307 BGB) und den Pflichtteilsergänzungsanspruch (§§ 2325 ff. BGB) sowie auch für die Auskunftsansprüche nach § 2314 BGB. Diese Wirkungen treten allerdings erst mit dem Erbfall ein, da bis zu diesem Zeitpunkt noch eine Verzeihung nach § 2337 BGB möglich ist.[98] Im Regelfall schließt die Anordnung der Pflichtteilsentziehung konkludent auch eine Enterbung mit ein.[99] Eine Ausnahme hiervon besteht allerdings, wenn die Entziehung des Pflichtteils offenbar angeordnet wurde, um dem Betroffenen die Ausschlagung eines nach § 2306 Abs. 1 BGB belasteten Erbteils unter gleichzeitiger Pflichtteilsgeltendmachung zu verwehren, und es dem Erblasser erkennbar darauf ankam, dass der Betroffene den belasteten Erbteil annimmt.[100]

21 Der Erblasser kann dem Pflichtteilsberechtigten den Pflichtteil auch nur teilweise entziehen und/oder Anordnungen nach § 2338 BGB treffen.[101] Außerdem berechtigen die Pflichtteilsentziehungsgründe des § 2333 BGB den Erblasser auch zur Aufhebung bindend gewordener wechselbezüglicher Verfügungen in einem gemeinschaftlichen Testament (§ 2271 Abs. 2 BGB) und zum Rücktritt von erbvertraglichen Verfügungen (§ 2294 BGB).[102] Somit führt die Pflichtteilsentziehung im Ergebnis zu einer Erweiterung der Testierfreiheit des Erblassers, die ausschließlich ihm selbst bzw. den von ihm Bedachten zugutekommt und gerade nicht eine Erhöhung der Erb- bzw. Pflichtteilsquoten anderer Pflichtteilsberechtigter mit sich bringt.[103] Dies gilt allerdings nur, soweit derjenige, dem der Pflichtteil entzogen wird, nicht gem. § 2309 BGB durch seine Abkömmlinge ersetzt wird. Denn die Pflichtteilsentziehung wirkt höchstpersönlich gegen den Pflichtteilsberechtigten, in dessen Person ein Entziehungsgrund vorliegt. Seine Abkömmlinge sind hiervon nicht betroffen, so dass § 2309 BGB uneingeschränkt anwendbar ist.

22 Ungeachtet des Vorliegens eines Entziehungsgrundes i.S.v. § 2333 BGB und einer formell wirksamen Pflichtteilentziehung nach § 2336 BGB scheidet eine wirksame Pflichtteilsentziehung im Ergebnis aus, wenn der Erblasser dem Pflichtteilsberechtigten vor Eintritt des Erbfalls i.S.v. § 2337 BGB verziehen hat. Dies ändert jedoch am Fortbestand einer grundsätzlich mit der Pflichtteilsentziehung konkludent verbundenen Enterbung (vgl. Rdn 5) nichts.[104]

---

97 Vgl. z.B. OLG Köln ZEV 2003, 464; zu Recht ablehnend Grüneberg/*Weidlich*, § 2336 Rn 12; *Hölscher*, in: Mayer/Süß/Riedel/Bittler, HB Pflichtteilsrecht, § 8 Rn 80; zweifelnd auch Burandt/Rojahn/*Horn*, Erbrecht, § 2336 Rn 25.

98 BGH NJW 1989, 2054.

99 BayObLG FamRZ 1996, 826, 828; MüKo/*Lange*, § 2336 Rn 16 m.w.N.; BeckOGK/*Rudy*, § 2333 Rn 48 m.w.N.

100 BayObLG ZEV 2000, 280, 281 f.

101 MüKo/*Lange*, § 2336 Rn 17; Grüneberg/*Weidlich*, § 2336 Rn 8.

102 *Hölscher*, in: Mayer/Süß/Riedel/Bittler, HB Pflichtteilsrecht, § 8 Rn 478; MüKo/*Lange*, § 2336 Rn 17.

103 Staudinger/*Olshausen* (2021), vor § 2333 Rn 29; MüKo/*Lange*, § 2336 Rn 15; *Hölscher*, in: Mayer/Süß/Riedel/Bittler, HB Pflichtteilsrecht, § 8 Rn 784.

104 OLG Hamm FamRZ 1972, 660, 662; BayObLGZ 1921, 328, 381; MüKo/*Lange*, § 2336 Rn 18 m.w.N.

II. Unwirksame Pflichtteilsentziehung

23 Ist die Pflichtteilsentziehung nach den vorbeschriebenen Regeln gem. § 2336 BGB unwirksam, bleibt die in der Pflichtteilsentziehung im Regelfall enthaltene Enterbung des betroffenen Pflichtteilsberechtigten bestehen[105] – vorausgesetzt, die Anwendung von § 2336 BGB scheitert nicht an Formmängeln der letztwilligen Verfügung. Denn auch wenn die Pflichtteilsentziehung unwirksam ist, macht der Erblasser mit ihr unmissverständlich deutlich, dass er dem Betroffenen nichts,[106] mindestens aber so wenig als irgend möglich hinterlassen will. Dasselbe gilt auch dann, wenn die Pflichtteilsentziehung deshalb ins Leere geht, weil der Betroffene gar nicht pflichtteilsberechtigt ist.[107]

D. Gestaltungshinweise

24 Die Faustformel für die Formulierung einer Pflichtteilsentziehung, „je ausführlicher desto besser",[108] wurde bereits erwähnt. Im Hinblick auf die sehr hohen formalen Anforderungen an die Angaben der Entziehungsgründe kann dies aber nicht oft genug betont werden. Der juristische Laie wird in der Regel kaum in der Lage sein, diese Anforderungen ohne fachkundigen Rat zu erfüllen.[109] Dies gilt umso mehr, als auch ein späterer Austausch des vom Erblasser genannten aber nicht ausreichend dargelegten oder nicht beweisbaren Entziehungsgrundes gegen einen nicht genannten, aber ohne Weiteres beweisbaren nicht in Betracht kommt.[110]

25 Darüber hinaus kann auch eine begründete und formell einwandfrei angeordnete Pflichtteilsentziehung wie gesehen ins Leere laufen, wenn der Erblasser dem Pflichtteilsberechtigten vor seinem Tod verziehen hat. Da die Verzeihung nicht mehr rückgängig gemacht werden kann und daher die Pflichtteilsentziehung endgültig ausschließt, hat es – soweit nicht die Verzeihung faktisch längst eingetreten ist – gestalterische Vorteile, die Pflichtteilsentziehung nach §§ 2333 ff. BGB zu widerrufen, ohne eine Verzeihung auszusprechen.[111] Denn dieser Widerruf kann seinerseits auch widerrufen werden mit der Folge, dass die Pflichtteilsentziehung wiederhergestellt wird.[112] Voraussetzung ist aber – wie bereits angedeutet –, dass nicht (und sei es nur faktisch) eine Verzeihung i.S.v. § 2337 BGB eingetreten ist. Der Widerruf der Pflichtteilsentziehung als solcher deutet allerdings – für sich betrachtet – noch nicht auf eine Verzeihung durch den Erblasser hin.[113]

26 Wie oben bereits erwähnt, muss der Erblasser den Pflichtteil nicht in vollem Umfang entziehen. Er hat vielmehr die Möglichkeit, den Pflichtteilsberechtigten auch (nur) mit Beschwerungen oder Beschränkungen (i.S.v. § 2306 BGB) zu belegen,[114] um sein Verhalten zu sanktionieren. Eine Möglichkeit, das Hinterlassene auszuschlagen und den Pflichtteil zu fordern, hat der Betroffene dann nicht.

---

105 So auch Soergel/*Beck*, § 2336 Rn 12; *Hölscher*, in: Mayer/Süß/Riedel/Bittler, HB Pflichtteilsrecht, § 8 Rn 86; Burandt/Rojahn/*Horn*, Erbrecht, § 2336 Rn 4.

106 Grüneberg/*Weidlich*, § 2336 Rn 6; Soergel/*Beck*, § 2336 Rn 12.

107 BayObLG FamRZ 1996, 826, 828.

108 *Hölscher*, in: Mayer/Süß/Riedel/Bittler, HB Pflichtteilsrecht, § 8 Rn 77; *Keim*, ZEV 2008, 161, 168; *Horn*, ZFE 2009, 364, 366.

109 Ebenso MüKo/*Lange*, § 2336 Rn 12.

110 MüKo/*Lange*, § 2336 Rn 10.

111 Staudinger/*Olshausen* (2021), § 2337 Rn 24; *Hölscher*, in: Mayer/Süß/Riedel/Bittler, HB Pflichtteilsrecht, § 8 Rn 87; Soergel/*Beck*, § 2337 Rn 17.

112 Soergel/*Beck*, § 2333 Rn 17.

113 Staudinger/*Olshausen* (2021), § 2336 Rn 24; *Hölscher*, in: Mayer/Süß/Riedel/Bittler, HB Pflichtteilsrecht, § 8 Rn 87.

114 BeckOGK/*Rudy*, § 2336 Rn 8.

Außerdem besteht die Möglichkeit, die Pflichtteilsentziehung unter eine auflösende Bedingung zu stellen, z.B. die Schadenswiedergutmachung durch den Pflichtteilsberechtigten oder ein anderes tatsächliches Verhalten (das aber jedenfalls objektiv überprüfbar sein sollte).[115] 27

Schließlich kann der Erblasser auch eine aufschiebend bedingte Pflichtteilsentziehung anordnen. Zwar muss der Entziehungsgrund im Zeitpunkt der Anordnung bereits tatsächlich vorliegen. Das hindert aber nicht daran, die Entziehung trotz Vorliegens des Entziehungsgrundes nur für den Fall auszusprechen, dass der Pflichtteilsberechtigte denselben oder einen anderen Entziehungsgrund ein weiteres Mal verwirklicht oder ein anderes dem Erblasser sanktionswürdig erscheinendes Verhalten an den Tag legt.[116] 28

§ 2337 Verzeihung

[1]Das Recht zur Entziehung des Pflichtteils erlischt durch Verzeihung. [2]Eine Verfügung, durch die der Erblasser die Entziehung angeordnet hat, wird durch die Verzeihung unwirksam.

Übersicht: Rdn

A. Allgemeines

Die Verzeihung ist keine typisch pflichtteilsrechtliche Institution. Im Schenkungsrecht steht sie einem Widerruf der Schenkung wegen groben Undanks, § 532 BGB, entgegen, im – allg. – Erbrecht verhindert sie eine Enterbung wegen Erbunwürdigkeit, § 2343 BGB.[1] 1

Gem. S. 1 entfällt nach erfolgter Verzeihung die Möglichkeit des Erblassers, dem Betroffenen den Pflichtteil – wegen der verziehenen Handlung – zu entziehen.[2] Nach S. 2 verlieren auch alle bereits vorher getroffenen Entziehungsanordnungen mit der Verzeihung ihre Wirksamkeit.[3] Somit schützt § 2337 BGB im Ergebnis den wahren Willen des Erblassers. Denn auch ohne eine ausdrückliche Änderung bzw. Aufhebung der den Pflichtteil entziehenden Verfügung von Todes wegen fällt durch die Verzeihung die zwar einmal angeordnete, aber gar nicht mehr dem Willen des Erblassers entsprechende Pflichtteilsentziehung (automatisch) weg.[4] 2

115 Staudinger/*Olshausen* (2021), vor § 2333 Rn 18; BeckOGK/*Rudy*, § 2336 Rn 9.

116 Vgl. auch BeckOGK/*Rudy*, § 2336 Rn 9.

1 Staudinger/*Olshausen* (2021), § 2337 Rn 1.

2 Staudinger/*Olshausen* (2021), § 2337 Rn 16; BeckOGK/*Rudy*, § 2337 Rn 1.

3 MüKo/*Lange*, § 2337 Rn 8; Staudinger/*Olshausen* (2021), § 2337 Rn 7; *Hölscher*, in: Mayer/Süß/Riedel/Bittler, HB Pflichtteilsrecht, § 8 Rn 93.

4 BeckOGK/*Rudy*, § 2337 Rn 2.

B. Tatbestand

I. Kenntnis des Erblassers von der Verfehlung

3 Eine Verzeihung kommt nur in Betracht, wenn der Erblasser den Sachverhalt der zu verzeihenden Verfehlung tatsächlich kennt.[5] Für Verfehlungen, aufgrund derer er eine Entziehungsverfügung getroffen hat, ergibt sich dies ausdrücklich aus dem Gesetz, § 2336 Abs. 2 BGB, Angabe des Entziehungsgrundes in der Verfügung. Besteht lediglich eine Berechtigung zur Pflichtteilsentziehung, von der noch kein Gebrauch gemacht wurde,[6] setzt die **Verzeihung** aber bereits begriffsnotwendig dieselbe **Kenntnis** voraus, da man nur verzeihen kann, wovon man auch weiß.[7] Die Verzeihung der einen, bekannten Verfehlung schließt daher die Pflichtteilsentziehung wegen einer genauso gelagerten, bei Verzeihung aber noch unbekannten Verfehlung nicht aus. Allerdings muss wegen dieser zweiten Verfehlung erneut eine ausdrückliche und formal wirksame Pflichtteilsentziehung angeordnet werden.[8] Eine Verzeihung im Voraus, also bezogen auf künftige Verfehlungen ist nicht möglich.[9] An dieser Stelle sei auch ausdrücklich darauf hingewiesen, dass – auch bei Verfehlungen gegen dessen Abkömmlinge oder den Ehegatten – nur eine Verzeihung des Erblassers die Pflichtteilsentziehung beseitigen kann.[10] Das Empfinden bzw. Verhalten des Verletzten selbst, soweit dieser nicht der Erblasser ist, spielt keine Rolle. Auch eine – wie auch immer geartete – Stellvertretung kommt nicht in Frage.[11]

II. Verzeihung

1. Inhalt und Form der Verzeihung

4 Die Verzeihung erfordert keine diesbezügliche Willenserklärung (bzw. deren Zugang).[12] Vielmehr erfolgt sie i.d.R. durch tatsächliches Verhalten. Der BGH definiert sie daher als ein kundgetanes Verhalten des Erblassers, die mit der erlittenen Verletzung verbundene Kränkung überwunden zu haben und über sie hinweggehen zu wollen.[13] Dass dem Erblasser dabei der Verlust der Pflichtteilsentziehungsmöglichkeit bewusst ist oder er diesen gar will, ist nicht erforderlich.[14] Es kommt vielmehr lediglich auf die innere Überwindung der Kränkung an.[15] Auf diese Weise hat der nicht mehr gekränkte Erblasser auch nicht die Möglichkeit, den Pflichtteilsberechtigten wegen einer inzwischen nicht mehr wirklich bedeutsamen Angelegenheit unter Druck zu setzen.

5 Die angesprochene **innere Überwindung** des **Kränkungsempfindens** erfordert nicht unbedingt dessen völligen Wegfall,[16] darf andererseits aber auch nicht mit diesem

---

5 OLG Bamberg OLGE 10, 280 zu § 1570 BGB a.F.; vgl. auch Staudinger/*Olshausen* (2021), § 2337 Rn 5; MüKo/*Lange*, § 2337 Rn 5; Soergel/*Beck*, § 2337 Rn 10; Grüneberg/*Weidlich*, § 2337 Rn 1.

6 Auch in dieser Phase ist eine Verzeihung bereits ohne weiteres möglich; MüKo/*Lange*, § 2337 Rn 5.

7 Staudinger/*Olshausen* (2021), § 2337 Rn 5; MüKo/*Lange*, § 2337 Rn 5; BeckOGK/*Rudy*, § 2337 Rn 5.

8 Staudinger/*Olshausen* (2021), § 2337 Rn 5; Soergel/*Beck*, § 2337 Rn 10.

9 Staudinger/*Olshausen* (2021), § 2337 Rn 3; RGRK/*Johannsen*, § 2337 Rn 1; Soergel/*Beck*, § 2337 Rn 13; *Muscheler*, ZfPW 2023, 267.

10 RGRK/*Johannsen*, § 2337 Rn 1; Staudinger/*Olshausen* (2021), § 2337 Rn 15; BeckOGK/*Rudy*, § 2337 Rn 4; Soergel/*Beck*, § 2337 Rn 6.

11 Staudinger/*Olshausen* (2021), § 2337 Rn 15; BeckOGK/*Rudy*, § 2337 Rn 4; Soergel/*Beck*, § 2337 Rn 8.

12 Staudinger/*Olshausen* (2021), § 2337 Rn 7.

13 BGH NJW 1974, 1084; BGHZ 91, 273, 280; BGH FamRZ 1961, 437; OLG Köln ZEV 1998, 144; OLG Hamm MDR 1997, 844; Burandt/Rojahn/*Horn*, Erbrecht, § 2337 Rn 2, 3.

14 MüKo/*Lange*, § 2337 Rn 2; Staudinger/*Olshausen* (2021), § 2337 Rn 6.

15 OLG Hamm FamRZ 2013, 330, 331; MüKo/*Lange*, § 2337 Rn 1.

16 Staudinger/*Olshausen* (2021), § 2337 Rn 20: „Verzeihung ohne Versöhnung"; Soergel/*Beck*, § 2337 Rn 3: „Vergeben, aber nicht vergessen"; so auch BGH NJW 1974, 1084.

verwechselt werden. Einerseits kann der Erblasser dem Pflichtteilsberechtigten trotz Fortbestehens des Gefühls der Kränkung verzeihen, sich also mehr oder weniger bewusst über seine Emotionen hinwegsetzen. Andererseits kann der Wegfall des Kränkungsempfindens, der lediglich darauf beruht, dass der Erblasser sich innerlich vollkommen von der Person des Kränkenden gelöst hat und diese ihm gleichgültig geworden ist, keine innere Überwindung der erlittenen Kränkung darstellen. Eine Verzeihung i.S.d. § 2337 BGB ist in derartigen Fällen nicht anzunehmen.[17]

Die **Wiederherstellung** eines innigen **Näheverhältnisses**, wie es für Eltern und Kinder 6
oder unter Ehegatten – normalerweise – typisch wäre, ist nicht erforderlich.[18] Andererseits kann allein aus einer Wiederannäherung auch nicht „großzügig" auf eine Verzeihung im Rechtssinne geschlossen werden.[19] Im ALR (II 2 § 416) war der Fall der „Versöhnung ohne Verzeihung" ausdrücklich geregelt und sollte den Pflichtteilsentzug gerade nicht beseitigen. Getreu dem Schlagwort „Vergessen, aber nicht vergeben" hat diese Regel auch heute noch Gültigkeit.[20] Rein praktisch wird man aber wohl im Regelfall von einer Verzeihung ausgehen müssen, wenn die Beteiligten sich versöhnt haben. Der Vorbehalt, dem Pflichtteilsberechtigten nicht vergeben zu wollen, muss in dieser Situation nämlich ausdrücklich bekundet werden, da ein stillschweigender Vorbehalt nach dem Grundsatz des venire contra factum proprium unbeachtlich wäre.[21]

Da die Verzeihung i.d.R. durch schlüssiges Verhalten bekundet wird, ist die Abgrenzung, wann genau der Erblasser die erlittene Kränkung überwunden hat, nicht immer ganz einfach, da es sich meist um einen längere Zeit andauernden Prozess handelt. In diesem Zusammenhang wurde in der Vergangenheit vor allem die Wiederannäherung mit erkennbarem Entziehungsvorbehalt diskutiert.[22] Bei Inaussichtstellung einer zukünftigen Verzeihung konnte deren spätere Verweigerung nach den Grundsätzen von Treu und Glauben unzulässig sein.[23] Stellt man aber mit der heute h.M. auf die innere Überwindung der Kränkung ab, dürfte die Verzeihung in derartigen Fällen ohne Rücksicht auf den Fortbestand des Entziehungswillens des Erblassers ohnehin bereits erfolgt sein, so dass es auf § 242 BGB gar nicht mehr ankommen kann.[24]

Da die **Verzeihung**, wie bereits gesagt, einen **tatsächlichen Vorgang** darstellt, ist 7
eine bestimmte Form nicht vorgeschrieben (Verzeihung kann sich daher auch aus formnichtigem Testament ergeben).[25] Schlüssiges Handeln genügt, wobei nicht einmal erforderlich ist, dass der Pflichtteilsberechtigte hiervon überhaupt weiß.[26] Äußerungen gegenüber Dritten sind bereits ausreichend, wenn aus ihnen erkennbar wird, dass der

---

17 So i.E., aber mit leicht abweichender Begründung auch: BGHZ 91, 273, 281; Soergel/*Beck*, § 2337 Rn 3; Grüneberg/*Weidlich*, § 2337 Rn 1.

18 BGH FamRZ 1961, 437; Soergel/*Beck*, § 2337 Rn 3.

19 OLG Stuttgart ZEV 2019, 284; Staudinger/*Olshausen* (2021), § 2337 Rn 9; Soergel/*Beck*, § 2337 Rn 5.

20 Burandt/Rojahn/*Horn*, Erbrecht, § 2337 Rn 4; Staudinger/*Olshausen* (2021), § 2337 Rn 22; Grüneberg/*Weidlich*, § 2337 Rn 1; Soergel/*Beck*, § 2337 Rn 3.

21 Vgl. Soergel/*Beck*, § 2337 Rn 3; ausführlich zum Ganzen: Staudinger/*Olshausen* (2021), § 2337 Rn 20 f.

22 Soergel/*Beck*, § 2337 Rn 4; vgl. MüKo/*Lange*, § 2337 Rn 3.

23 BGH FamRZ 1974, 303; MüKo/*Lange*, § 2337 Rn 2.

24 So auch Staudinger/*Olshausen* (2021), § 2337 Rn 13; BeckOGK/*Rudy*, § 2337 Rn 6; Soergel/*Beck*, § 2337 Rn 4.

25 Vgl. OLG Hamm FamRZ 1972, 660.

26 Vgl. OLG Stuttgart DNotZ 1976, 92, 93; BayObLGZ 1921, 328, 330; BeckOGK/*Rudy*, § 2337 Rn 6; Staudinger/*Olshausen* (2021), § 2337 Rn 7; MüKo/*Lange*, § 2337 Rn 4.

Erblasser die gestörten Beziehungen als bereinigt ansieht.[27] Vor diesem Hintergrund kommt als konkludente Verzeihung z.B. die Begünstigung des Pflichtteilsberechtigten in einer letztwilligen Verfügung in Betracht,[28] ebenso eine erkennbare Verbesserung des persönlichen Verhältnisses zwischen ihm und dem Erblasser.[29]
Andererseits darf nicht jede Freundlichkeit oder Hilfsbereitschaft gegenüber dem Pflichtteilsberechtigten als Verzeihung gewertet werden. Das kann selbst dann gelten, wenn der Erblasser den Pflichtteilsberechtigten in das in seinem Eigentum stehende Haus einziehen und ihn dort wohnen lässt.[30]
Die Einhaltung der Regeln von Höflichkeit und Anstand kann allein nicht auf eine Verzeihung hindeuten. Schließlich soll der Erblasser nicht um der Aufrechterhaltung der Pflichtteilsentziehung willen gezwungen sein, sich schroff und abweisend zu verhalten, um so den Fortbestand seiner Kränkung zu dokumentieren.[31] Das Verhalten des Erblassers muss darüber hinaus wenigstens eine gewisse Versöhnungsbereitschaft erkennen lassen.[32]
Daher ist auch in dem Absehen von der Stellung eines Strafantrags gegen den Pflichtteilsberechtigten nicht zwingend eine Verzeihung zu sehen (es kann aber eine sein).[33]

8 In diesem Zusammenhang ist eine Entscheidung des OLG Hamm[34] besonders erwähnenswert: Der Erblasser hatte einem Pflichtteilsberechtigten wegen vorangegangener Verfehlungen den Pflichtteil entzogen. Als der Pflichtteilsberechtigte sich in einer verzweifelten wirtschaftlichen Lage befand, gewährte ihm der Erblasser einen Kredit i.H.v. ca. 40.000 EUR. Das OLG Hamm ging in dieser Konstellation davon aus, dass der Erblasser sich bei der Kreditgewährung offenbar nicht mehr gekränkt gefühlt habe, da er ansonsten kaum einen so starken Einsatz für den Pflichtteilsberechtigten an den Tag gelegt hätte. Die gewährte materielle Unterstützung verdeutliche, dass eine Verzeihung vorgelegen habe.

9 Die hieraus deutlich werdenden Tendenzen der Rechtsprechung, an eine Verzeihung i.S.v. § 2337 BGB vergleichsweise niedrige Anforderungen zu stellen, steht im krassen Widerspruch zur gegenläufigen Tendenz, für eine wirksame Pflichtteilsentziehung ganz erhebliche formelle Hürden aufzustellen. Vor diesem Hintergrund ist zu hoffen, dass sich – auch in der Rechtsprechung – eine Sichtweise durchsetzen wird, die nur solche Verhaltensweisen als Verzeihung deutet, die sich tatsächlich als Ausdruck einer gewissen Versöhnungsbereitschaft darstellen.[35]

2. Rechtssystematischer Charakter der Verzeihung

10 Die Verzeihung ist als tatsächliche Handlung weder ein Rechtsgeschäft noch sind die für Rechtsgeschäfte geltenden Regeln entsprechend auf sie anzuwenden. Aus diesem Grunde ist die Geschäftsfähigkeit des Erblassers keine Voraussetzung.[36] Es genügt, wenn er in der Lage ist, die Bedeutung seines Handelns zu erkennen, wobei sich dieses Erfordernis lediglich auf die Art bzw. Ausgestaltung seines Verhältnisses zum

---

27 BeckOGK/*Rudy*, § 2337 Rn 7; Soergel/*Beck*, § 2337 Rn 5.
28 OLG Karlsruhe ZErb 2009, 304; BeckOGK/*Rudy*, § 2337 Rn 7.1.
29 Vgl. hierzu OLG Nürnberg NJW-RR 2012, 1225; BeckOGK/*Rudy*, § 2337 Rn 7.1.
30 Vgl. OLG Stuttgart BeckRS 2019, 3353.
31 Vgl. Soergel/*Beck*, § 2337 Rn 5.
32 *Lange*, ZErb 2008, 59, 62 f.; Staudinger/*Olshausen* (2021), § 2337 Rn 9; Soergel/*Beck*, § 2337 Rn 5.
33 Vgl. hierzu OLG Saarbrücken NJW 2018, 957, 959; BeckOGK/*Rudy*, § 2337 Rn 47.1.
34 OLG Hamm NJW-RR 2007, 1235.
35 Vgl. hierzu *Lange*, ZErb 2008, 59, 62 f.; MüKo/*Lange*, § 2337 Rn 4; vgl. auch BeckOGK/*Rudy*, § 2337 Rn 7.1.
36 *Leonhard*, ErbR, Bem. 1 C; Staudinger/*Olshausen* (2021), § 2337 Rn 5; Soergel/*Beck*, § 2337 Rn 7; MüKo/*Lange*, § 2337 Rn 9; *Hölscher*, in: Mayer/Süß/Riedel/Bittler, HB Pflichtteilsrecht, § 8 Rn 91.

Pflichtteilsberechtigten[37] beziehen muss, nicht aber auf die daraus abzuleitenden Rechtsfolgen.[38] Vor diesem Hintergrund kann auch ein Minderjähriger bereits im Sinne des Gesetzes „verzeihen"; Gleiches gilt für unter Betreuung Stehende.[39] Ein **Widerruf**[40] oder eine **Anfechtung** wegen Willensmängeln kommt daher mangels Rechtsgeschäftscharakters ebenfalls nicht in Betracht.[41] Ging der Erblasser aber bei seiner Entscheidung, dem Pflichtteilsberechtigten zu verzeihen – und sich dementsprechend zu verhalten – von bestimmten Voraussetzungen aus, die den tatsächlichen Verhältnissen gar nicht entsprachen, stellt sich die Frage, ob von einer inneren Überwindung der erlittenen Kränkung überhaupt gesprochen werden kann.[42] Gerade in Fällen, in denen der Pflichtteilsberechtigte den Erblasser bewusst getäuscht hat, muss davon ausgegangen werden, dass eine Verzeihung trotz eindeutigen Verhaltens des Erblassers nicht vorliegt.[43] Das Gleiche gilt im Ergebnis auch bei so genannter Scheinverzeihung,[44] wenn also Erblasser und Pflichtteilsberechtigter sich – trotz widersprechenden Verhaltens – über den fehlenden Willen zur Verzeihung einig sind. Als plastisches Bsp. für derartige Fälle führt *Olshausen*[45] das „Schauspiel" des Vaters an, „der am Sterbebett des Großvaters zu dessen Beruhigung die Verzeihung gegenüber seinem, mit solcher Scheinerklärung einverstandenen Sohn ausspricht".

Obwohl § 116 BGB auf die Verzeihung nicht anzuwenden ist,[46] kann ein **geheimer** 11
Vorbehalt des Erblassers, die Verzeihung nicht zu wollen, keine Bedeutung erlangen.[47] Insoweit ist – wie oben dargestellt – auf die Grundsätze des venire contra factum proprium zurückzugreifen.[48] Die Zulässigkeit einer bedingten Verzeihung ist umstritten. Während die Befürworter das dem tatsächlichen Verhalten des Erblassers vorgelagerte Willensmoment in den Vordergrund stellen,[49] weist *Beck*[50] zu Recht darauf hin, dass der Erblasser entweder bis zum Bedingungseintritt nur (grundsätzlich) verzeihungsbereit ist, aber noch nicht verziehen hat, oder die Kränkung zum Zeitpunkt der Erklärung der (bedingten) Verzeihung schon gar nicht mehr besteht, so dass für eine (aufschiebende) Bedingung ohnehin kein Raum mehr ist. Auch wenn seine weiterführende Begründung, der Erblasser dürfe nicht die Möglichkeit eingeräumt bekommen, den Pflichtteilsberechtigten unter einen **„sachfremden Druck"** zu setzen,[51] wenig überzeugt, ist die Bedingungsfeindlichkeit der Verzeihung auf jeden Fall zu unterstreichen. Denn für die Verzeihung kommt es allein darauf an, dass der Erblasser die erlittene Kränkung überwunden hat. Solange dies (noch) nicht der Fall ist, spielt die

---

37 Soergel/*Beck*, § 2337 Rn 7: „reiner Tisch zwischen uns beiden".
38 Staudinger/*Olshausen* (2021), § 2337 Rn 6; Soergel/*Beck*, § 2337 Rn 7; Grüneberg/*Weidlich*, § 2337 Rn 1.
39 BeckOGK/*Rudy*, § 2337 Rn 4; MüKo/*Lange*, § 2337 Rn 4; Staudinger/*Olshausen* (2021), § 2337 Rn 5.
40 Staudinger/*Olshausen* (2021), § 2337 Rn 6; BeckOGK/*Rudy*, § 2337 Rn 8; Soergel/*Beck*, § 2337 Rn 11.
41 MüKo/*Lange*, § 2337 Rn 7; *Hölscher*, in: Mayer/Süß/Riedel/Bittler, HB Pflichtteilsrecht, § 8 Rn 91.
42 Vgl. Staudinger/*Olshausen* (2021), § 2337 Rn 12, 13.
43 MüKo/*Lange*, § 2337 Rn 7; Soergel/*Beck*, § 2337 Rn 7; BeckOGK/*Rudy*, § 2337 Rn 6.
44 Staudinger/*Olshausen* (2021), § 2337 Rn 12; BeckOGK/*Rudy*, § 2337 Rn 7.2.
45 Staudinger/*Olshausen* (2021), § 2337 Rn 12.
46 Soergel/*Beck*, § 2337 Rn 7; a.A. Soergel/*Hefermehl*, 13. Aufl., § 116 Rn 10.
47 Staudinger/*Olshausen* (2021), § 2337 Rn 11; Soergel/*Beck*, § 2337 Rn 5; BeckOGK/*Rudy*, § 2337 Rn 6.
48 Staudinger/*Olshausen* (2021), § 2337 Rn 11; Soergel/*Beck*, § 2337 Rn 7.
49 Staudinger/*Olshausen* (2021), § 2337 Rn 14.
50 Soergel/*Beck*, § 2337 Rn 9; ebenso bereits *Dieckmann* in den Vorauflagen.
51 Vgl. dazu Soergel/*Beck*, § 2337 Rn 9.

Frage, ob bzw. wann er sie überwinden wird, keine Rolle. Die Erwartung einer zukünftig vielleicht möglichen Verzeihung ist pflichtteilsrechtlich irrelevant.

C. Rechtsfolgen

12 Die Verzeihung führt nicht nur gem. S. 2 zur Unwirksamkeit einer bereits angeordneten Pflichtteilsentziehung, sondern macht auch eine spätere Entziehung – aus demselben Grund – unmöglich (S. 1), auf den übrigen **Inhalt** der **Entziehungsverfügung** wirkt sie sich grundsätzlich nicht aus, § 2085 BGB.[52] Auch die im Regelfall mit der Pflichtteilsentziehung verbundene Enterbung des Pflichtteilsberechtigten wird durch die Verzeihung grundsätzlich nicht tangiert.[53] Ausnahmen von dieser Regel sind aber möglich. Hat der Erblasser bspw. eine gar nicht den Tatbestand der §§ 2333–2335 BGB erfüllende Verfehlung mit einer (unwirksamen) Pflichtteilsentziehung geahndet, später aber dem Betroffenen verziehen, kann vom Wegfall der Enterbung auszugehen sein.[54] Dabei ist aber nicht etwa § 2337 BGB auf die Enterbungsverfügung analog anzuwenden;[55] vielmehr resultiert die Zuerkennung des gesetzlichen Erbteils aus dem Gedanken, dass der Pflichtteilsberechtigte, der sich lediglich minderschwerer Verfehlungen schuldig gemacht hat und dem überdies verziehen wurde, sicherlich mehr als bloß den (ohnehin nicht wirksam entzogenen) Pflichtteil erhalten solle.

13 In Ausnahmefällen soll die Verzeihung auch eine **Anfechtung** des **Testaments** ermöglichen mit der Folge, dass bspw. die dort ausgesprochene Enterbung des Pflichtteilsberechtigten hinfällig wird.[56] Die entsprechende Verfügung ist aber nicht bereits dann gem. § 2078 Abs. 2 BGB anfechtbar, wenn der Erblasser bei Testamentserrichtung irrig der Meinung war, er werde dem Pflichtteilsberechtigten nie verzeihen können.[57] Denn die Anordnung der Enterbung muss nicht unbedingt auf denselben Gründen beruhen wie die Pflichtteilsentziehung; sie ist auch ohne Begründung möglich.[58]

14 Erfolgt die Pflichtteilsentziehung gegenüber einem Abkömmling in einem gemeinschaftlichen Testament, kann der nach dem ersten Erbfall überlebende Ehegatte dem Pflichtteilsberechtigten nur mit Wirkung für den zweiten Erbfall verzeihen.[59] Vor dem Hintergrund, dass die Verzeihung höchstpersönlichen Charakter hat und **Stellvertretung ausgeschlossen** ist, kommt eine Verzeihung **„im Namen"** des zuerst verstorbenen **Ehegatten** nicht in Frage.[60] Die Verzeihung ermöglicht keinen Widerruf wechselbezüglicher Verfügungen nach § 2271 Abs. 2 S. 2 BGB.[61] Andererseits steht der Verzeihung durch den überlebenden Ehegatten keine Bindungswirkung des gemeinschaftlichen Testaments entgegen, da die Pflichtteilsentziehung keine wechselbe-

---

52 OLG Dresden AnnSächsOLG 34, 231; Staudinger/*Olshausen* (2021), § 2337 Rn 17; Soergel/*Beck*, § 2337 Rn 14.

53 OLG Karlsruhe ZEV 2023, 593; BeckOGK/*Rudy*, § 2337 Rn 10; *Hölscher*, in: Mayer/Süß/Riedel/Bittler, HB Pflichtteilsrecht, § 8 Rn 93.

54 Vgl. OLG Hamm FamRZ 1972, 660; MüKo/*Lange*, § 2337 Rn 11; Grüneberg/*Weidlich*, § 2337 Rn 2.

55 Soergel/*Beck*, § 2337 Rn 14; OLG Hamm FamRZ 1972, 660: analoge Anwendung scheitert u.a. daran, dass Enterbung, anders als Pflichtteilsentziehung, keiner besonderen Rechtfertigung bedarf.

56 RGRK/*Johannsen*, § 2337 Rn 4; Soergel/*Beck*, § 2337 Rn 14.

57 MüKo/*Lange*, § 2337 Rn 9.

58 OLG Hamm FamRZ 1972, 660; Soergel/*Beck*, § 2337 Rn 14; BeckOGK/*Rudy*, § 2337 Rn 10.

59 BeckOGK/*Rudy*, § 2337 Rn 9.1.

60 Soergel/*Beck*, § 2337 Rn 7; Staudinger/*Olshausen* (2021), § 2337 Rn 15; BeckOGK/*Rudy*, § 2337 Rn 9.1; *Hölscher*, in: Mayer/Süß/Riedel/Bittler, HB Pflichtteilsrecht, § 8 Rn 91; *Damm*, BWNotZ 2015, 135.

61 KG FamRZ 2011, 681.

zügliche Anordnung i.S.d. § 2270 Abs. 3 BGB darstellt (sie kann auch nicht erbvertraglich bindend vereinbart werden).[62]

15 Das Vorliegen der Verzeihung sowie alle damit in Zusammenhang stehenden Umstände hat derjenige zu beweisen, der sich darauf beruft; das ist i.d.R. der Pflichtteilsberechtigte.[63] Es gelten die allg. Grundsätze. Insbesondere wenn sich die Verzeihung aus einer Reihe von Einzelhandlungen ergeben soll, die sich über einen längeren Zeitraum verteilt abgespielt haben,[64] stellt die Führung des Beweises für den Pflichtteilsberechtigten oftmals ein erhebliches Problem dar.

D. Gestaltungsmöglichkeiten

16 Außer durch Verzeihung kann sich der Erblasser von einer einmal angeordneten Pflichtteilsentziehung auch durch den **Widerruf** der entsprechenden Verfügung wieder lösen.[65] Da die Pflichtteilsentziehung gem. § 2336 Abs. 1 BGB ausschließlich durch (formbedürftige) letztwillige Verfügung möglich ist, kann sie auch in der Form der §§ 2253 ff. BGB widerrufen werden. Abgesehen von der Wiedereinräumung des Pflichtteilsrechts zugunsten des Betroffenen hat aber der Widerruf der Entziehung mit der Verzeihung nicht viel gemein. Der Widerruf ist nämlich eine Willenserklärung, die den für Willenserklärungen geltenden Vorschriften sowie den besonderen (Form-)Erfordernissen der §§ 2053 ff. BGB unterliegt,[66] insbesondere auch anfechtbar bzw. ihrerseits widerruflich ist und auch das Recht zur Pflichtteilsentziehung vollkommen unberührt lässt.[67] Einschränkungen ergeben sich insoweit nur, wenn die **ausdrückliche Formulierung** oder wenigstens die näheren Umstände des Widerrufs auf eine Verzeihung durch den Erblasser schließen lassen. Der Widerruf kann nämlich durchaus als Dokumentation einer erfolgten Verzeihung gewertet werden.[68] In diesem Fall ist die einen weitergehenden Schutz des Pflichtteilsberechtigten gewährende Verzeihung vorrangig zu berücksichtigen.

17 Andererseits ist nicht bei jedem Widerruf auch von Verzeihung auszugehen, da sonst ein **Widerruf des Widerrufs** von vornherein ausgeschlossen wäre.[69] Insoweit bedarf es jeweils der Auslegung im konkreten Einzelfall.[70] Angesichts der damit verbundenen Probleme empfiehlt es sich, den Widerruf möglichst sorgfältig zu formulieren. Dabei sollte auch die rechtliche Reichweite genauer erläutert werden. Denn ähnlich wie bei der Verzeihung stellt sich auch hier die Frage, ob durch den Widerruf nur die Pflichtteilsentziehung oder auch die Enterbung beseitigt werden soll. Da in der Literatur umstritten ist, welche der beiden Auslegungen den Regelfall darstellen sollte,[71] kann letztlich nur eine eindeutige Aussage des Erblassers selbst für Klarheit sorgen.

---

62 Vgl. BayObLGZ 1921, 328; Soergel/*Beck*, § 2337 Rn 6; Staudinger/*Olshausen* (2021), § 2337 Rn 15; BeckOGK/*Rudy*, § 2337 Rn 9.1.

63 MüKo/*Lange*, § 2337 Rn 12; BeckOGK/*Rudy*, § 2337 Rn 11; Soergel/*Beck*, § 2337 Rn 16; Grüneberg/*Weidlich*, § 2337 Rn 1; *Hölscher*, in: Mayer/Süß/Riedel/Bittler, HB Pflichtteilsrecht, § 8 Rn 94.

64 Staudinger/*Olshausen* (2021), § 2337 Rn 18.

65 MüKo/*Lange*, § 2337 Rn 11; BeckOGK/*Rudy*, § 2337 Rn 3.

66 Staudinger/*Olshausen* (2021), § 2337 Rn 24.

67 Staudinger/*Olshausen* (2021), § 2337 Rn 24.

68 Staudinger/*Olshausen* (2021), § 2337 Rn 24; Soergel/*Beck*, § 2337 Rn 17.

69 Vgl. Staudinger/*Olshausen* (2021), § 2337 Rn 24; Soergel/*Beck*, § 2337 Rn 17.

70 Staudinger/*Olshausen* (2021), § 2337 Rn 24; Soergel/*Beck*, § 2337 Rn 18.

71 Staudinger/*Olshausen* (2021), § 2337 Rn 24: Widerruf beseitigt regelmäßig Ausschluss von der gesetzlichen Erbfolge; Soergel/*Beck*, § 2337 Rn 18: Widerruf kann nicht ohne weitere Anhaltspunkte eine weiter reichende Wirkung zugesprochen werden als der den Pflichtteilsberechtigten i.Ü. besser schützenden Verzeihung, somit bleibt es im Regelfall bei der Enterbung.

§ 2338 Pflichtteilsbeschränkung

(1) [1]Hat sich ein Abkömmling in solchem Maße der Verschwendung ergeben oder ist er in solchem Maße überschuldet, dass sein späterer Erwerb erheblich gefährdet wird, so kann der Erblasser das Pflichtteilsrecht des Abkömmlings durch die Anordnung beschränken, dass nach dem Tode des Abkömmlings dessen gesetzliche Erben das ihm Hinterlassene oder den ihm gebührenden Pflichtteil als Nacherben oder als Nachvermächtnisnehmer nach dem Verhältnis ihrer gesetzlichen Erbteile erhalten sollen. [2]Der Erblasser kann auch für die Lebenszeit des Abkömmlings die Verwaltung einem Testamentsvollstrecker übertragen; der Abkömmling hat in einem solchen Falle Anspruch auf den jährlichen Reinertrag.
(2) [1]Auf Anordnungen dieser Art findet die Vorschrift des § 2336 Abs. 1 bis 3 entsprechende Anwendung. [2]Die Anordnungen sind unwirksam, wenn zur Zeit des Erbfalls der Abkömmling sich dauernd von dem verschwenderischen Leben abgewendet hat oder die den Grund der Anordnung bildende Überschuldung nicht mehr besteht.

Übersicht:

A. Allgemeines

1 Trotz ihrer Stellung im Gesetz hat die Pflichtteilsbeschränkung (in guter Absicht) weder nach ihrem Sinn und Zweck noch nach den mit ihr verbundenen Rechtsfolgen etwas mit der Pflichtteilsentziehung zu tun.[1] Denn die Pflichtteilsbeschränkung hat einen fürsorglichen, aber keinen strafenden Charakter.[2] Sie führt auch nicht zum Verlust des Pflichtteilsrechts des Betroffenen, sondern soll in erster Linie dazu dienen, ihm die Substanz des ihm Hinterlassenen, wie Erbteil, Vermächtnis oder Pflichtteil,[3]

1 Vgl. schon Mot. V, 438; Soergel/*Beck*, § 2338 Rn 1.
2 BeckOGK/*Rudy*, § 2338 Rn 2.
3 Vgl. RGZ 85, 347, 349; Soergel/*Beck*, § 2338 Rn 1.

zu erhalten, indem sie vor der Verschwendungssucht des Pflichtteilsberechtigten oder dem Zugriff seiner Gläubiger geschützt wird.[4] Dies wird dadurch erreicht, dass § 2338 BGB dem Betroffenen die Ausschlagungsmöglichkeit nach § 2306 Abs. 1 BGB nimmt.[5] Die Pflichtteilsbeschränkung umfasst – unabhängig von einer Enterbung im Übrigen – auch eventuell bestehende Pflichtteilsergänzungsansprüche.[6] Zielrichtung der Vorschrift ist es, das Familienvermögen zu sichern; man könnte auch von einem Akt der **„Zwangsfürsorge"**[7] sprechen. Die Anordnung einer Pflichtteilsbeschränkung ist nur durch Verfügung von Todes wegen möglich[8] und auch nur gegenüber Abkömmlingen des Erblassers zulässig.[9] Eine Missbilligung der **verschwenderischen Lebensweise** oder der **Überschuldung** des Pflichtteilsberechtigten durch den Erblasser ist, was im Hinblick auf die Verschuldensunabhängigkeit der Pflichtteilsbeschränkung auch konsequent ist, nicht erforderlich.[10] Vor diesem Hintergrund kommt auch eine „Verzeihung" (wie bei§ 2333 BGB relevant) nicht in Frage.[11]

B. Tatbestand

I. Grundsätzliches

1. Adressaten der Beschränkung: Abkömmlinge

Wie bereits gesagt, kommt eine Pflichtteilsbeschränkung in guter Absicht nur gegenüber Abkömmlingen des Erblassers in Betracht. Ob es sich um eheliche oder nicht eheliche[12] Abkömmlinge handelt, spielt ebenso wie der Grad der Verwandtschaft mit dem Erblasser keine Rolle.[13] Im Falle der fortgesetzten Gütergemeinschaft kann sich die Pflichtteilsbeschränkung über § 1513 Abs. 2 BGB auch auf den hieran bestehenden Anteil des Abkömmlings erstrecken. Soweit die gesetzlichen Voraussetzungen vorliegen, kann der Erblasser die Beschränkungen auch im Hinblick auf den Anteil des Abkömmlings am Gesamtgut anordnen.[14] Anstatt auf den Zeitpunkt des Erbfalls ist hier auf den Zeitpunkt der Beendigung der fortgesetzten Gütergemeinschaft abzustellen.[15] 2

Eine Beschränkung des Pflichtteils der Eltern oder des Ehegatten wird von § 2338 BGB nicht ermöglicht;[16] insoweit beschränken sich die Restriktionsmöglichkeiten des Erblassers auf das Instrumentarium der §§ 2306, 2307 BGB mit der Folge, dass ein rechtlicher „Zwang" gegenüber den Pflichtteilsberechtigten nicht angeordnet werden kann.

---

4 BeckOGK/*Rudy*, § 2338 Rn 1, 11.

5 § 2338 BGB als Ausnahmevorschrift zu § 2306 BGB, vgl. Staudinger/*Olshausen* (2021), § 2338 Rn 3; Burandt/Rojahn/*Horn*, Erbrecht, § 2338 Rn 1.

6 Soergel/*Beck*, § 2338 Rn 1; Staudinger/*Olshausen* (2021), § 2338 Rn 38.

7 MüKo/*Lange*, § 2338 Rn 2; Staudinger/*Olshausen* (2021), § 2338 Rn 23; Burandt/Rojahn/*Horn*, Erbrecht, § 2338 Rn 2; Soergel/*Beck*, § 2338 Rn 1.

8 BeckOGK/*Rudy*, § 2338 Rn 1, 26.

9 Soergel/*Beck*, § 2338 Rn 2.

10 Soergel/*Beck*, § 2338 Rn 1; AK-BGB/*Däubler*, § 2338 Rn 2.

11 BeckOGK/*Rudy*, § 2338 Rn 7; Staudinger/*Olshausen* (2021), § 2338 Rn 2; MüKo/*Lange*, § 2338 Rn 1; Burandt/Rojahn/*Horn*, Erbrecht, § 2338 Rn 1; Grüneberg/*Weidlich*, § 2338 Rn 1.

12 Hier kommt auch eine Beschränkung des Erbersatzanspruchs nach altem Recht in Betracht, vgl. BeckOGK/*Rudy*, § 2338 Rn 4; Staudinger/*Olshausen* (2021), § 2338 Rn 6.

13 *Hölscher*, in: Mayer/Süß/Riedel/Bittler, HB Pflichtteilsrecht, § 8 Rn 105; vgl. auch Burandt/Rojahn/*Horn*, Erbrecht, § 2338 Rn 4; BeckOGK/*Rudy*, § 2338 Rn 4.

14 BeckOGK/*Rudy*, § 2338 Rn 4.

15 Staudinger/*Olshausen* (2021), § 2338 Rn 46; BeckOGK/*Rudy*, § 2338 Rn 4.

16 MüKo/*Lange*, § 2338 Rn 4; BeckOGK/*Rudy*, § 2338 Rn 6.

2. Gründe für die Pflichtteilsbeschränkung

3 Als Gründe für eine Pflichtteilsbeschränkung sieht das Gesetz lediglich die Verschwendung sowie die Überschuldung des Pflichtteilsberechtigten vor. In beiden Fällen setzt § 2338 BGB weiterhin voraus, dass der spätere Erwerb des Erb- bzw. Pflichtteils – hierdurch – erheblich gefährdet ist.[17] Andere als die beiden vorgenannten Gründe kommen für eine Rechtfertigung der Pflichtteilsbeschränkung nicht in Betracht. Insbesondere sind Drogen- oder Trunksucht, Medikamentenmissbrauch oder auch die Mitgliedschaft in einer das Vermögen ihrer Mitglieder beanspruchenden Sekte – für sich genommen – keine tauglichen Gründe, um den Pflichtteil zu beschränken.[18] Und dies, obwohl in den vorgenannten Fällen das Familienvermögen oft nicht minder gefährdet ist.[19] Trotz allem ist § 2338 BGB im Rahmen der Erbrechtsreform 2010 unverändert geblieben. Eine analoge oder ausdehnende (also über den Wortlaut hinausgehende) Anwendung der Vorschrift scheidet (nach wie vor) aus.[20]

4 Auf die Motive des Erblassers kommt es nicht an. Die Pflichtteilsbeschränkung ist bei Erfüllung des gesetzlichen Tatbestandes also auch dann möglich, wenn der Erblasser hiermit gar keine „guten Absichten" gegenüber dem Pflichtteilsberechtigten verfolgt.[21]

3. Maßgeblicher Zeitpunkt

5 Die Gründe für die Pflichtteilsbeschränkung müssen im Zeitpunkt der Errichtung der beschränkenden letztwilligen Verfügung tatsächlich vorliegen, ihr Eintritt muss bereits erfolgt sein, nicht erst drohen.[22] Dasselbe gilt auch für ihr Vorliegen im Zeitpunkt des Erbfalls. Ob die Verschwendungssucht oder Überschuldung auch im Zeitraum zwischen der Errichtung der letztwilligen Verfügung und dem Eintritt des Erbfalls (ununterbrochen) vorgelegen haben, spielt indes keine Rolle.[23] Ausreichend (aber auch zwingend erforderlich) ist, dass sie jedenfalls zu den beiden genannten Zeitpunkten schon bzw. noch oder wieder vorliegen. Änderungen der Verhältnisse, namentlich der Wegfall der Beschränkungsgründe nach dem Erbfall, spielen für die Wirksamkeit der Beschränkungsanordnung keine Rolle.[24]

6 Eine prophylaktische Pflichtteilsbeschränkung also nur für den Fall, dass im Zeitpunkt des Erbfalls die Beschränkungsgründe gegeben sind, ist nicht möglich. Davon zu unterscheiden ist jedoch der Fall, dass der Erblasser im Zeitpunkt der Errichtung der beschränkenden Verfügung befürchtet, der gesetzliche Tatbestand sei bereits erfüllt, dies aber nicht mit Sicherheit weiß.[25] Denn das konkrete, sichere Wissen des Erblassers ist (bzw. kann) nicht Voraussetzung der Pflichtteilsbeschränkung sein. Entscheidend ist vielmehr die objektive Situation (und zwar sowohl im Zeitpunkt der Testamentserrichtung als auch des Erbfalls).

---

17 *Hölscher*, in: Mayer/Süß/Riedel/Bittler, HB Pflichtteilsrecht, § 8 Rn 109 m.w.N.

18 Kritisch hierzu: *Baumann*, ZEV 1996, 121, 127, der eine entsprechende Erweiterung für rechtspolitisch wünschenswert hält.

19 MüKo/*Lange*, § 2338 Rn 5; Burandt/Rojahn/*Horn*, Erbrecht, § 2338 Rn 5.

20 KG OLG Rspr. 21, 344, 345; MüKo/*Lange*, § 2338 Rn 5; Staudinger/*Olshausen* (2021), § 2338 Rn 8; Burandt/Rojahn/*Horn*, Erbrecht, § 2338 Rn 5; BeckOGK/*Rudy*, § 2338 Rn 7; *Hölscher*, in: Mayer/Süß/Riedel/Bittler, HB Pflichtteilsrecht, § 8 Rn 106.

21 BeckOGK/*Rudy*, § 2338 Rn 7; MüKo/*Lange*, § 2338 Rn 5.

22 BeckOGK/*Rudy*, § 2338 Rn 8; Staudinger/*Olshausen* (2021), § 2338 Rn 8; MüKo/*Lange*, § 2338 Rn 5.

23 Staudinger/*Olshausen* (2021), § 2338 Rn 12; BeckOGK/*Rudy*, § 2338 Rn 11.

24 BeckOGK/*Rudy*, § 2338 Rn 8; Staudinger/*Olshausen* (2021), § 2338 Rn 11; Soergel/*Beck*, § 2338 Rn 7; vgl. auch unten Rdn 14.

25 BeckOGK/*Rudy*, § 2338 Rn 8; Staudinger/*Olshausen* (2021), § 2338 Rn 12.

II. Verschwendungssucht

7 Unter Verschwendungssucht (nach dem Gesetzeswortlaut: „sich der Verschwendungssucht ergeben" haben) ist ein die Lebensweise des Betroffenen prägender Hang zur zweck- und nutzlosen Vermögensverwendung zu verstehen.[26] Diese ist anzunehmen, wenn sämtliche Einnahmen unmittelbar zweck- und nutzlos vergeudet werden.[27] Diese Annahme ist bei einem Minderjährigen grundsätzlich (von Rechts wegen) ausgeschlossen, weil der durch die beschränkte Geschäftsfähigkeit bewirkte Schutz die Möglichkeit, sich der Verschwendungssucht zu ergeben, rechtlich betrachtet ausschließt.[28]

8 Eine Pflichtteilsbeschränkung wegen Verschwendungssucht ist im Übrigen nur gerechtfertigt, wenn nach dem Gesamtbild der Umstände ein (triftiger) Grund zu der Annahme besteht, der Abkömmling werde das ihm zugewandte Vermögen ganz oder teilweise vergeuden und auf diese Weise den wirtschaftlichen Bestand des späteren Erwerbs in **erheblichem Maße** gefährden.[29] Eine Betreuungsbedürftigkeit oder eine durch die Verschwendung verursachte Notlage des Abkömmlings oder seiner Familie ist nicht erforderlich.[30] Die subjektiven Vorstellungen des Erblassers spielen keine Rolle,[31] es kommt allein auf den objektiven Sachverhalt an.

III. Überschuldung

9 Die Überschuldung wird entsprechend den Regelungen der §§ 11, 19 Abs. 2, 320, 322 InsO als die Situation definiert, in der die Verbindlichkeiten das Aktivvermögen übersteigen.[32] Maßgeblich ist ausschließlich die Höhe der Schulden, nicht aber ihre Art bzw. Herkunft.[33] Auch wenn die Definition des Überschuldungsbegriffs nach insolvenzrechtlichen Maßstäben erfolgt, bilden allein die Eröffnung des Insolvenzverfahrens über das Vermögen des Pflichtteilsberechtigten noch kein zwingendes Indiz für das Vorliegen einer Überschuldung.[34] Denn bei natürlichen Personen stellt nicht die Überschuldung sondern vielmehr die Zahlungsunfähigkeit gem. § 17 InsO den maßgeblichen Insolvenzgrund dar.[35] Darüber hinaus ist festzuhalten, dass allein ein hoher Schuldenstand bzw. eine aktuelle Überschuldung im insolvenzrechtlichen Sinne nicht zwingend eine Gefährdung des späteren Erwerbs vermuten lässt. *Beck* verweist insoweit zu Recht auf das Beispiel des mit **hohen Schulden** in das Erwerbsleben startenden Berufsanfängers, der sich berechtigte Chancen auf beträchtliche zukünftige Gewinne ausrechnen kann.[36] Die Überschuldung muss im Zeitpunkt der Anordnung der Pflichtteilsbeschränkung konkret vorliegen; dass sie droht, genügt nicht.[37]

---

26 Burandt/Rojahn/*Horn*, Erbrecht, § 2338 Rn 9; Grüneberg/*Weidlich*, § 2338 Rn 1.

27 *Baumann*, ZEV 1996, 121, 122; *Hölscher*, in: Mayer/Süß/Riedel/Bittler, HB Pflichtteilsrecht, § 8 Rn 107; Staudinger/*Olshausen* (2021), § 2338 Rn 9; BeckOGK/*Rudy*, § 2338 Rn 9.

28 Staudinger/*Olshausen* (2021), § 2338 Rn 9; BeckOGK/*Rudy*, § 2338 Rn 9.

29 Vgl. MüKo/*Lange*, § 2338 Rn 6; Soergel/*Beck*, § 2338 Rn 4.

30 Staudinger/*Olshausen* (2021), § 2338 Rn 9; *Hölscher*, in: Mayer/Süß/Riedel/Bittler, HB Pflichtteilsrecht, § 8 Rn 107; Soergel/*Beck*, § 2338 Rn 4.

31 MüKo/*Lange*, § 2338 Rn 6.

32 MüKo/*Lange*, § 2338 Rn 7; Burandt/Rojahn/*Horn*, Erbrecht, § 2338 Rn 10; Soergel/*Beck*, § 2338 Rn 5; *Hölscher*, in: Mayer/Süß/Riedel/Bittler, HB Pflichtteilsrecht, § 8 Rn 108.

33 MüKo/*Lange*, § 2338 Rn 7; Soergel/*Beck*, § 2338 Rn 6.

34 OLG Dresden ZEV 2011, 310; Staudinger/*Olshausen* (2021), § 2338 Rn 10; BeckOGK/*Rudy*, § 2338 Rn 10.

35 OLG Düsseldorf ZEV 2011, 310, 311; Staudinger/*Olshausen* (2021), § 2338 Rn 10; MüKo/*Lange*, § 2338 Rn 7; Soergel/*Beck*, § 2338 Rn 5; *Hölscher*, in: Mayer/Süß/Riedel/Bittler, HB Pflichtteilsrecht, § 8 Rn 108.

36 Soergel/*Beck*, § 2338 Rn 6; ebenso bereits *Dieckmann* in den Vorauflagen.

37 OLG Düsseldorf ZEV 2011, 310, 312; BeckOGK/*Rudy*, § 2338 Rn 10.

10 Voraussetzung für eine Pflichtteilsbeschränkung in guter Absicht ist das Vorliegen der Überschuldung in der Person des Pflichtteilsberechtigten. Eine Überschuldung seiner Angehörigen, insbesondere seines Ehegatten, genügt nicht.[38] Das gilt auch für den Fall des Bestehens einer Gütergemeinschaft, soweit keine persönliche Schuld des Abkömmlings vorliegt und der Erblasser die Möglichkeit hat, eine Anordnung nach § 1418 Abs. 2 Nr. 2 BGB (Zuordnung zum Vorbehaltsgut) zu treffen.[39]

IV. Gefährdung des Nachlassvermögens

11 Weitere Voraussetzung der Pflichtteilsbeschränkung ist die Gefährdung des Nachlassvermögens, und zwar (ausdrücklich) durch die Verschwendungssucht oder/und die Überschuldung des Abkömmlings.[40]

12 Eine erhebliche Gefährdung des Erwerbs liegt vor, wenn im konkreten Einzelfall **objektiv** zu erwarten ist, dass er entweder durch die Gläubiger des Abkömmlings gepfändet und verwertet oder durch den Abkömmling selbst vergeudet wird und auf diese Weise im Ergebnis verloren geht.[41] Erwerb in diesem Sinne ist der Erb- bzw. Pflichtteil des Berechtigten; nur dieser kann durch die Anordnung einer Pflichtteilsbeschränkung geschützt werden.[42] Eine Gefährdung des sonstigen Vermögens des Abkömmlings oder auch seines eigenen bzw. des Lebensunterhalts seiner Familie sind weder erforderlich noch beachtlich.[43] Etwas anderes gilt nur dann, wenn sich hieraus möglicherweise eine erhebliche Gefährdung des ihm im Erbwege zufallenden Vermögens ergeben könnte.

13 Voraussetzung der gesetzlich geforderten „erheblichen" Gefährdung ist, dass aufgrund objektiver Anhaltspunkte eine Vergeudung oder Pfändung bzw. Verwertung zu erwarten ist.[44] Insoweit kann es auch zu einer Kumulierung verschiedener Gefährdungsmomente kommen, wenn bspw. Verschwendung und Verschuldung, die aber noch keine Überschuldung darstellt, zusammen den Erwerb erheblich gefährden.[45] Eine abstrakte Gefährdung genügt,[46] sie muss sich noch nicht in einem konkreten Vermögensverlust manifestiert haben.

Anders als die Minderjährigkeit des Abkömmlings schließt das Bestehen einer Betreuung mit Einwilligungsvorbehalt die (erhebliche) Gefährdung des ihm möglicherweise zufallenden erbrechtlichen Erwerbs nicht in jedem Fall aus.[47] Dies gilt umso mehr, als eine aktuell bestehende Betreuung zum späteren Zeitpunkt wieder aufgehoben werden könnte.[48]

14 In zeitlicher Hinsicht ist zu beachten, dass die genannten Voraussetzungen – wie auch bei der Pflichtteilsentziehung – sowohl im Zeitpunkt der Testamentserrichtung (schon)

---

38 MüKo/*Lange*, § 2338 Rn 7; BeckOGK/*Rudy*, § 2338 Rn 10.

39 BeckOGK/*Rudy*, § 2338 Rn 10; MüKo/*Lange*, § 2338 Rn 7.

40 BeckOGK/*Rudy*, § 2338 Rn 11; Burandt/Rojahn/*Horn*, Erbrecht, § 2338 Rn 8.

41 *Hölscher*, in: Mayer/Süß/Riedel/Bittler, HB Pflichtteilsrecht, § 8 Rn 109; *Kuhn*, ZEV 2011, 288, 290; MüKo/*Lange*, § 2338 Rn 8.

42 *Hölscher*, in: Mayer/Süß/Riedel/Bittler, HB Pflichtteilsrecht, § 8 Rn 109; MüKo/*Lange*, § 2338 Rn 8; a.A. Staudinger/*Olshausen* (2021), § 2338 Rn 9, wonach es auf die Gefährdung des sonstigen Vermögens des Pflichtteilsberechtigten ebenso ankommen soll.

43 OLG Düsseldorf ZEV 2011, 310; BeckOGK/*Rudy*, § 2338 Rn 11; Staudinger/*Olshausen* (2021), § 2338 Rn 9; MüKo/*Lange*, § 2338 Rn 8.

44 MüKo/*Lange*, § 2338 Rn 8; Grüneberg/*Weidlich*, § 2338 Rn 1.

45 *Hölscher*, in: Mayer/Süß/Riedel/Bittler, HB Pflichtteilsrecht, § 8 Rn 109; Staudinger/*Olshausen* (2021), § 2338 Rn 9; BeckOGK/*Rudy*, § 2338 Rn 11; Burandt/Rojahn/*Horn*, Erbrecht, § 2338 Rn 8.

46 *Hölscher*, in: Mayer/Süß/Riedel/Bittler, HB Pflichtteilsrecht, § 8 Rn 109.

47 BeckOGK/*Rudy*, § 2338 Rn 11; Soergel/*Beck*, § 2338 Rn 5; Staudinger/*Olshausen* (2021), § 2338 Rn 9.

48 Staudinger/*Olshausen* (2021), § 2338 Rn 9.

als auch im Zeitpunkt des Erbfalls (noch oder wieder) vorliegen müssen (Abs. 2 S. 2). Eine erst drohende Überschuldung (oder Verschwendungssucht) genügt ausdrücklich nicht.[49] Etwaige Veränderungen bzw. Verbesserungen der Situation zwischen dem Zeitpunkt der Testamentserrichtung und dem Eintritt des Erbfalls sind ohne Belang, soweit die erhebliche Gefährdung durch Verschwendung oder Überschuldung an den beiden maßgeblichen Stichtagen (Testamentserrichtung und Erbfall) schon bzw. noch/wieder vorliegt.[50] Unwirksam ist die Pflichtteilsbeschränkung aber dann, wenn der Abkömmling sich zur Zeit des Erbfalls dauernd von dem verschwenderischen Leben abgewendet hat oder die den Grund der Pflichtteilsbeschränkung bildende Überschuldung nicht mehr besteht (Abs. 2 S. 2).[51] Der Grund für die positive Veränderung ist irrelevant. Sie muss aber tatsächlich, also nach objektiven Kriterien, vorliegen. Eine von den objektiven Gegebenheiten abweichende Vorstellung des Erblassers ist ebenso wie eine Verzeihung (i.S.v. § 2337 BGB)[52] irrelevant.[53]

Tritt eine Besserung und ein damit verbundener Wegfall der Beschränkungsgründe erst nach dem Erbfall ein, so hat dies grundsätzlich keinen Einfluss auf die Wirksamkeit der Beschränkungsanordnung.[54] Vielmehr stellt sich die Frage, inwieweit der Erblasser, hätte er diese Situation antizipiert, die weitere Geltung der beschränkenden Anordnung gewollt hätte.[55] Dabei kann der Fortbestand der beschränkenden Anordnungen durchaus unterschiedlich zu beurteilen sein. Dies legt die Annahme nahe, dass eine angeordnete Testamentsvollstreckung, die ausschließlich den unmittelbar gefährdeten Pflichtteilsberechtigten belastet, eher entfällt[56] als eine zum Schutz des Familienvermögens insgesamt angeordnete Vor- und Nacherbschaft.

C. Rechtsfolgen (Beschränkungsmöglichkeiten)

I. Allgemeines/Numerus clausus der Beschränkungsmöglichkeiten

Die Mittel zur Pflichtteilsbeschränkung sind in Abs. 1 abschließend aufgezählt.[57] Weder stehen dem Erblasser andere Beschränkungen zur Verfügung noch kann er die vorgegebenen Gestaltungsmittel verschärfen. Er kann sie aber parallel bzw. kumulativ anordnen.[58] 15

Der betroffene Pflichtteilsberechtigte muss dies akzeptieren, und zwar unabhängig davon, ob das ihm Hinterlassene die Hälfte seines gesetzlichen Erbteils erreicht oder 16

49 OLG Düsseldorf ZEV 2011, 310, 312; MüKo/*Lange*, § 2338 Rn 9; Staudinger/*Olshausen* (2021), § 2338 Rn 9; vgl. auch Kössinger/Najdecki/Zintzl/*R. Kössinger/Zintl*, § 8 Rn 148 ff. zu diesbezüglichen Problemen beim sog. „Behindertentestament".

50 MüKo/*Lange*, § 2338 Rn 9; *Hölscher*, in: Mayer/Süß/Riedel/Bittler, HB Pflichtteilsrecht, § 8 Rn 110.

51 BeckOGK/*Rudy*, § 2338 Rn 32.

52 Vgl. auch MüKo/*Lange*, § 2338 Rn 9.

53 Will der Erblasser in einer solchen Situation an der Pflichtteilsbeschränkung nicht länger festhalten, so muss er die entsprechende letztwillige Anordnung widerrufen bzw. ändern.

54 BeckOGK/*Rudy*, § 2338 Rn 33; Staudinger/*Olshausen* (2021), § 2338 Rn 11; Soergel/*Beck*, § 2338 Rn 7.

55 Vgl. insoweit RG DFG 1942, 86; OLG Bremen FamRZ 1984, 213; MüKo/*Lange*, § 2338 Rn 9 m.w.N.

56 Vgl. *Lange/Kuchinke*, § 37 XIV 2 b; *Hölscher*, in: Mayer/Süß/Riedel/Bittler, HB Pflichtteilsrecht, § 8 Rn 110. A.A. Staudinger/*Olshausen* (2021), § 2338 Rn 13; vgl. auch OLG Bremen FamRZ 1984, 213.

57 Numerus clausus der Gestaltungsmöglichkeiten, vgl. MüKo/*Lange*, § 2338 Rn 10; BeckOGK/*Rudy*, § 2338 Rn 12; Burandt/Rojahn/*Horn*, Erbrecht, § 2338 Rn 10; *Baumann*, ZEV 1996, 121, 123.

58 MüKo/*Lange*, § 2338 Rn 10; *Hölscher*, in: Mayer/Süß/Riedel/Bittler, HB Pflichtteilsrecht, § 8 Rn 116; BeckOGK/*Rudy*, § 2338 Rn 12.

übersteigt.[59] Eine Möglichkeit, durch Ausschlagung und Pflichtteilsgeltendmachung den vollen, unbelasteten Pflichtteil zu erlangen, hat er nicht. Die vom Erblasser angeordneten Beschränkungen erfassen im Übrigen auch einen etwaigen Zusatz- bzw. Restpflichtteil (§ 2305 BGB),[60] Pflichtteilsergänzungsansprüche (§ 2325 ff. BGB)[61] sowie sich aus Ausgleichungs- und Anrechnungsvorschriften (§§ 2315, 2316 BGB) ergebende Ansprüche.[62]

17 Die Anordnung anderer als der in Abs. 1 ausdrücklich vorgesehenen Beschränkungen kann den Pflichtteilsberechtigten nur binden, soweit die Voraussetzungen des § 2333 BGB vorliegen und eine Entziehung des Pflichtteils möglich ist.[63]
Im Übrigen bestimmt sich die Wirksamkeit von Maßnahmen, die gem. Abs. 1 nicht vorgesehen sind, nach den allgemeinen Grundsätzen. Eine Rechtfertigung nach § 2338 BGB (Pflichtteilsbeschränkung in guter Absicht) kommt dann nicht in Betracht, es gelten vielmehr die §§ 2306, 2307 BGB (ohne Eingreifen von § 2338 BGB).[64] Der Pflichtteilsberechtigte hat somit die Wahl, ob er seinen vollen, unbelasteten Pflichtteil geltend machen will und vor diesem Hintergrund das ihm Hinterlassene ausschlägt oder ob er den beschränkten/belasteten Erbteil/das Vermächtnis annimmt.
Eine Milderung der in Abs. 1 vorgesehenen Beschränkungen ist ohne Weiteres möglich.

II. Nacherbschaft und Nachvermächtnis

1. Beschränkung zugunsten der gesetzlichen Erben des Pflichtteilsberechtigten

18 Soweit der Erblasser einen Pflichtteilsberechtigten, dessen Pflichtteil er zulässigerweise nach § 2338 BGB beschränken kann, zum Erben einsetzt, kann er diese Erbschaft mit der Anordnung einer Nacherbschaft beschweren. Als **Nacherben**[65] kommen hierbei nur die (grundsätzlich alle) gesetzlichen Erben des beschränkten Pflichtteilsberechtigten in Betracht.[66] Die Berufung anderer Personen, der Ausschluss einzelner gesetzlicher Erben oder die Anordnung abweichender Erbquoten[67] führt jeweils dazu, dass die eigentlich beabsichtigten Wirkungen der § 2338 BGB, § 863 ZPO (insgesamt)[68] nicht eintreten.[69] Zu den gesetzlichen Erben i.S.d. § 2338 BGB zählt jedoch nicht der Fiskus;[70] dies würde angesichts des Normzwecks der Vorschrift – Erhaltung des **Familienvermögens** – auch wenig Sinn ergeben.

59 BeckOGK/*Rudy*, § 2338 Rn 13.

60 Staudinger/*Olshausen* (2021), § 2338 Rn 16; Grüneberg/*Weidlich*, § 2338 Rn 4; Soergel/*Beck*, § 2338 Rn 9.

61 Staudinger/*Olshausen* (2021), § 2338 Rn 38.

62 BeckOGK/*Rudy*, § 2338 Rn 13.

63 Das gilt auch für die Pflichtteilsbeschränkung gegenüber dem Ehegatten/Lebenspartner oder den Eltern des Erblassers, vgl. Burandt/Rojahn/*Horn*, Erbrecht, § 2338 Rn 4.

64 Vgl. auch *Kuhn*, ZEV 2011, 288; MüKo/*Lange*, § 2338 Rn 3; Burandt/Rojahn/*Horn*, Erbrecht, § 2338 Rn 10; BeckOGK/*Rudy*, § 2338 Rn 16; Grüneberg/*Weidlich*, § 2338 Rn 4; BeckOK BGB/*Müller-Engels*, § 2338 Rn 15.

65 Oder Nachvermächtnisnehmer; vgl. BeckOGK/*Rudy*, § 2338 Rn 17; Staudinger/*Olshausen* (2021), § 2338 Rn 27; Soergel/*Beck*, § 2338 Rn 16.

66 *Hölscher*, in: Mayer/Süß/Riedel/Bittler, HB Pflichtteilsrecht, § 8 Rn 117; MüKo/*Lange*, § 2338 Rn 11; BeckOGK/*Rudy*, § 2338 Rn 12.

67 MüKo/*Lange*, § 2338 Rn 11.

68 BeckOGK/*Rudy*, § 2338 Rn 17.2: keine Teil-Wirksamkeit, „soweit" die gesetzlichen Erben zu Nacherben berufen sind; vgl. auch KG OLGE 6, 332; Staudinger/*Olshausen* (2021), § 2338 Rn 23.

69 KG OLGE 6, 332; BeckOGK/*Rudy*, § 2338 Rn 17.

70 Staudinger/*Olshausen* (2021), § 2338 Rn 24; MüKo/*Lange*, § 2338 Rn 12; Soergel/*Beck*, § 2338 Rn 12.

Auch wenn grundsätzlich alle gesetzlichen Erben des betroffenen Pflichtteilsberechtigten zu Nacherben berufen werden müssen,[71] ist es dem Erblasser doch unbenommen, die Nacherbeneinsetzung auf die gesetzlichen Erben einer bestimmten Ordnung zu beschränken.[72] Dies ermöglicht aber keinen Ausschluss des Ehegatten des Abkömmlings, der zwar zu keiner Erbenordnung aber dennoch zum Kreis der gesetzlichen Erben gehört.[73] Die Ausschließung solcher gesetzlicher Erben des Pflichtteilsberechtigten, denen gegenüber der Erblasser zur Pflichtteilsentziehung berechtigt ist, ist aber zulässig.[74] 19

Der Auslöser für den Nacherbfall/Nachvermächtnisfall muss stets der Tod des beschränkten Pflichtteilsberechtigten sein.[75] 20

Hat der Pflichtteilsberechtigte zum Zeitpunkt des Todes des Erblassers keine gesetzlichen Erben (außer dem Fiskus) oder keine gesetzlichen Erben, auf die der Erblasser zulässigerweise die Nacherbschaft beschränkt hat, ändert dies an der Vorerbenstellung des betroffenen Abkömmlings zunächst nichts. Denn zum einen beeinflusst der Mangel an potentiellen Nacherben das Schutzbedürfnis des Pflichtteilsberechtigten nicht. Zum anderen können zwischen dem Zeitpunkt des Erbfalls und dem Zeitpunkt des Nacherbfalls (Tod des beschränkten Abkömmlings) ohne weiteres noch gesetzliche Erben durch Heirat, Geburt oder Adoption hinzutreten. Nur wenn beim Tod des Abkömmlings tatsächlich keine gesetzlichen Erben (aus dem Fiskus) existieren, entfällt die Nacherbschaft, so dass der Abkömmling über seine den angeordneten Beschränkungen unterliegende Nachlassbeteiligung (letztwillig) frei verfügen kann.[76] 21

Im Übrigen hat der beschränkte Abkömmling kaum eine Möglichkeit, selbst von Todes wegen über den ihm zugefallenen Nachlass zu verfügen. Eine Ausnahme von diesem Grundsatz gilt nur für die Fälle, in denen er gegenüber einem seiner gesetzlichen Erben nach § 2333 BGB zur Entziehung des Pflichtteils berechtigt ist. Dann muss er die Möglichkeit haben, diesem auch die Nacherbschaft bzw. das Nachvermächtnis zu entziehen.[77] Dieser Gedanke sollte nicht nur im Hinblick auf tatsächlich pflichtteilsberechtigte, sondern auch für alle anderen gesetzlichen Erben gelten.[78] 22

2. Einsetzung von Nacherben

Die Einsetzung der gesetzlichen Erben des Pflichtteilsberechtigten als Nacherben (Abs. 1 S. 1 Alt. 1) ist nur möglich, wenn der Pflichtteilsberechtigte zum Vorerben berufen wird.[79] Im Falle seiner Einsetzung zum Vermächtnisnehmer oder seiner vollständigen Enterbung oder Verweisung auf den Pflichtteil ist die Anordnung einer Nacherbschaft ausgeschlossen.[80] 23

---

71 MüKo/*Lange*, § 2338 Rn 11.

72 Vgl. Prot. V, S. 573; Staudinger/*Olshausen* (2021), § 2338 Rn 23; BeckOGK/*Rudy*, § 2338 Rn 17; MüKo/*Lange*, § 2338 Rn 12 m.w.N.; Soergel/*Beck*, § 2338 Rn 9; Grüneberg/*Weidlich*, § 2338 Rn 2.

73 *Hölscher*, in: Mayer/Süß/Riedel/Bittler, HB Pflichtteilsrecht, § 8 Rn 117; vgl. auch *v. Dickhuth-Harrach*, in: FS für Rheinisches Notariat, S. 203 f.

74 RG Recht 1914 Nr. 645; *Lange/Kuchinke*, § 37 XIII 2b Fn 690; Staudinger/*Olshausen* (2021), § 2338 Rn 23; BeckOGK/*Rudy*, § 2338 Rn 17; MüKo/*Lange*, § 2338 Rn 12; Soergel/*Beck*, § 2338 Rn 12.

75 Burandt/Rojahn/*Horn*, Erbrecht, § 2338 Rn 11.

76 BeckOGK/*Rudy*, § 2338 Rn 17.3; Staudinger/*Olshausen* (2021), § 2338 Rn 25.

77 Rechtsgedanke des § 2294 BGB, vgl. Staudinger/*Olshausen* (2021), § 2338 Rn 39; BeckOGK/*Rudy*, § 2338 Rn 20.

78 BeckOGK/*Rudy*, § 2338 Rn 20.

79 Burandt/Rojahn/*Horn*, Erbrecht, § 2338 Rn 13; MüKo/*Lange*, § 2338 Rn 13.

80 MüKo/*Lange*, § 2338 Rn 13; BeckOGK/*Rudy*, § 2338 Rn 17; Staudinger/*Olshausen* (2021), § 2338 Rn 27; Soergel/*Beck*, § 2338 Rn 16.

24 Mit welcher Quote der zu beschränkende Pflichtteilsberechtigte eingesetzt wird, spielt keine Rolle. Der ihm zufallende Erbteil unterliegt in jedem Fall der Vor- und Nacherbschaft – auch die Anordnung einer befreiten Vorerbschaft ist möglich.[81] Soweit sein Erbteil wertmäßig hinter dem Pflichtteilsanspruch zurückbleiben sollte, unterliegt auch ein evtl. Pflichtteilsrestanspruch, § 2305 BGB, den Beschränkungsanordnungen, wobei die gesetzlichen Erben des Betroffenen aber (wegen des schuldrechtlichen Charakters des Restanspruchs) als Nachvermächtnisnehmer, nicht als Nacherben anzusehen sind.[82]

25 Die Anordnung der Vorerbschaft führt dazu, dass das dem Pflichtteilsberechtigten Hinterlassene gem. § 2115 BGB (§ 773 ZPO, § 83 Abs. 2 InsO) dem Vollstreckungszugriff seiner Eigengläubiger entzogen ist. Darüber hinaus sind gem. § 863 Abs. 1 S. 1 ZPO auch die Nutzungen der Erbschaft insoweit pfändungsfrei, als sie zur Sicherung des standesgemäßen Unterhalts des Pflichtteilsberechtigten sowie zur Erfüllung seiner gesetzlichen Unterhaltspflichten benötigt werden.[83]

3. Anordnung von Nachvermächtnissen

26 Soweit der Pflichtteilsberechtigte nicht zum Erben berufen werden soll, kommt die Anordnung einer Nacherbschaft nicht in Frage. In diesem Fall besteht aber die Möglichkeit, hinsichtlich eines dem Pflichtteilsberechtigten hinterlassenen Vermächtnisses oder seines Pflichtteils (einschließlich Pflichtteilsergänzungsansprüchen, § 2325 BGB, und Pflichtteilsrestansprüchen, § 2305 BGB) ein Nachvermächtnis zugunsten der gesetzlichen Erben zu bestimmen.[84]

Nimmt der Pflichtteilsberechtigte ein ihm hinterlassenes Vermächtnis an, so hat er sich der Anordnung des Nachvermächtnisses – unabhängig vom Vorliegen der Voraussetzungen des Abs. 1 – in jedem Fall zu unterwerfen. Entscheidet er sich aber gegen die Vermächtnisannahme und macht seinen Pflichtteilsanspruch geltend (§ 2307 BGB), unterliegt auch dieser Pflichtteil – allerdings nur unter den Voraussetzungen des § 2338 BGB – der Pflichtteilsbeschränkung mit der Folge, dass die gesetzlichen Erben des Pflichtteilsberechtigten als Nachvermächtnisnehmer anzusehen sind. Abs. 1 ist in diesen Fällen analog anzuwenden.[85]

27 Die Anordnung des Nachvermächtnisses bietet aber nur einen begrenzten Schutz des Familienvermögens.[86] Denn zum einen gewährt das Vermächtnis nur einen schuldrechtlichen Anspruch.[87] Zum anderen greifen mangels einer Verweisung in § 2191 Abs. 2 BGB auf die §§ 2113–2115 BGB keine Verfügungsbeschränkungen ein, so dass die Eigengläubiger des Pflichtteilsberechtigten sowohl in das ihm Hinterlassene als auch in dessen Nutzungen[88] vollstrecken können. Der Fall des Nachvermächtnisses

---

81 Vgl. *Baumann*, ZEV 1996, 121, 125 f.; *Hölscher*, in: Mayer/Süß/Riedel/Bittler, HB Pflichtteilsrecht, § 8 Rn 118.

82 Soergel/*Beck*, § 2338 Rn 9, 16; Staudinger/*Olshausen* (2021), § 2338 Rn 26; MüKo/*Lange*, § 2338 Rn 13.

83 MüKo/*Lange*, § 2338 Rn 13; *Hölscher*, in: Mayer/Süß/Riedel/Bittler, HB Pflichtteilsrecht, § 8 Rn 118.

84 Burandt/Rojahn/*Horn*, Erbrecht, § 2338 Rn 14.

85 Staudinger/*Olshausen* (2021), § 2338 Rn 27; Soergel/*Beck*, § 2338 Rn 16; *Hölscher*, in: Mayer/Süß/Riedel/Bittler, HB Pflichtteilsrecht, § 8 Rn 119.

86 Vgl. *Kretzschmar*, DNotZ 1917, 408, 415 ff.; *Heine*, DNotZ 1917, 467, 468; Staudinger/*Olshausen* (2021), § 2338 Rn 27; Burandt/Rojahn/*Horn*, Erbrecht, § 2338 Rn 15; MüKo/*Lange*, § 2338 Rn 15 m.w.N.

87 *Hölscher*, in: Mayer/Süß/Riedel/Bittler, HB Pflichtteilsrecht, § 8 Rn 119.

88 Staudinger/*Olshausen* (2021), § 2338 Rn 45.

ist in § 863 ZPO nicht erwähnt.[89] Vor diesem Hintergrund sollte die Anordnung eines Nachvermächtnisses unbedingt durch eine Testamentsvollstreckungsanordnung flankiert werden.[90]

III. Anordnung einer (Verwaltungs-)Testamentsvollstreckung

Alternativ bzw. kumulativ zur Anordnung einer Nacherbschaft/eines Nachvermächtnisses kann der Erblasser auch bestimmen, dass das dem Abkömmling Zufallende einer Verwaltungstestamentsvollstreckung i.S.d. § 2209 S. 1 Alt. 1 BGB unterliegen soll.[91] In diesem Fall verbleibt dem Abkömmling (im Zweifel) nur der **jährliche Reinertrag** seines Pflichtteils[92] bzw. des sonst Hinterlassenen. 28

Im Übrigen gelten die allg. Grundsätze der Testamentsvollstreckung[93] mit der Maßgabe, dass die Dauer der Testamentsvollstreckung nicht auf 30 Jahre beschränkt ist (§ 2210 S. 2 BGB).[94]

Der Testamentsvollstrecker ist im Zweifel auch zur Eingehung von Verbindlichkeiten für den Nachlass berechtigt. Die Überlassung von Nachlassgegenständen, derer er für die Erfüllung seines Amtes nicht mehr bedarf (§ 2217 BGB), wird in der Regel mit dem Sinn und Zweck der Pflichtteilsbeschränkung nicht in Einklang zu bringen sein. Etwas anderes gilt nur dann, wenn der Erblasser (zulässigerweise) eine entsprechende Anordnung getroffen hat.[95] 29

Was die Person des Testamentsvollstreckers angeht, ist der Erblasser in seiner Auswahl prinzipiell frei. Allerdings wäre es mit dem Sinn und Zweck der Pflichtteilsbeschränkung kaum vereinbar, wenn der Pflichtteilsberechtigte selbst zum Testamentsvollstrecker berufen würde. Eine entsprechende Anordnung demzufolge unwirksam.[96] 30

Soweit der Reinertrag des Hinterlassenen den pfändungsfreien Betrag nach § 863 Abs. 1 S. 2 ZPO übersteigt, ist ein Zugriff der Eigengläubiger[97] möglich.[98] Pfändungsfrei ist neben dem eigenen standesgemäßen (= angemessenen) Unterhalt des Pflichtteilsberechtigten selbst der Betrag seiner gesetzlichen Unterhaltspflichten gegenüber Dritten.[99] Eine Unterwerfung auch des jährlichen Reinertrages unter die Verwaltungstestamentsvollstreckung ist dem Erblasser im Rahmen von Abs. 1 nicht möglich.[100] Der Testamentsvollstrecker hat nicht die Befugnis, die Erträge zu thesaurieren.[101] Der Pflichtteilsberechtigte kann im Falle derartiger Anordnungen nach § 2306 Abs. 1 BGB die Erbschaft ausschlagen und insoweit seinen unbelasteten Pflichtteil verlangen.[102] Nimmt er aber das Hinterlassene an, ist auch die Anordnung der Testamentsvollstre- 31

---

89 MüKo/*Lange*, § 2338 Rn 15; Staudinger/*Olshausen* (2021), § 2338 Rn 27.
90 MüKo/*Lange*, § 2338 Rn 15.
91 BeckOGK/*Rudy*, § 2338 Rn 21.
92 MüKo/*Lange*, § 2338 Rn 17; *Mylich*, ZEV 2019, 246, 248.
93 Zu weiteren Details vgl. *Hölscher*, in: Mayer/Süß/Riedel/Bittler, HB Pflichtteilsrecht, § 8 Rn 121 ff.
94 BeckOGK/*Rudy*, § 2338 Rn 21; Burandt/Rojahn/*Horn*, Erbrecht, § 2338 Rn 16.
95 Staudinger/*Olshausen* (2021), § 2338 Rn 28; BeckOGK/*Rudy*, § 2338 Rn 22.
96 Staudinger/*Olshausen* (2021), § 2338 Rn 28; BeckOGK/*Rudy*, § 2338 Rn 21.
97 Eine Pfändung durch Nachlassgläubiger bzw. solche Gläubiger, denen Rechte gegenüber dem Nachlass oder dem Testamentsvollstrecker zustehen, ist aber möglich; vgl. Staudinger/*Olshausen* (2021), § 2338 Rn 45; BeckOGK/*Rudy*, § 2338 Rn 35.
98 BeckOGK/*Rudy*, § 2338 Rn 24; Burandt/Rojahn/*Horn*, Erbrecht, § 2338 Rn 17.
99 MüKo/*Lange*, § 2338 Rn 17.
100 MüKo/*Lange*, § 2338 Rn 18; Burandt/Rojahn/*Horn*, Erbrecht, § 2338 Rn 18.
101 OLG Frankfurt ZEV 2016, 326; BeckOGK/*Rudy*, § 2338 Rn 21.
102 *Hölscher*, in: Mayer/Süß/Riedel/Bittler, HB Pflichtteilsrecht, § 8 Rn 124; MüKo/*Lange*, § 2338 Rn 18.

ckung insgesamt wirksam,[103] was auch den Gläubigern des Pflichtteilsberechtigten entgegengehalten werden kann.[104] Denkbar ist insoweit auch der Abschluss einer Vereinbarung zwischen dem Abkömmling und dem Testamentsvollstrecker, dass Letzterer auch den Reinertrag des Hinterlassenen verwalten soll.[105] Dies soll selbst dann den Gläubigern des Pflichtteilsberechtigten entgegengehalten werden können, wenn die Vereinbarung unter der aufschiebenden Bedingung steht, dass die/einzelne Gläubiger versuchen, auf die Erträge zuzugreifen bzw. diese zu pfänden.[106]

32 Die Testamentsvollstreckung hindert den Abkömmling nicht daran, über das ihm vom Erblasser zugefallene Vermögen (Erbteil, Vermächtnis oder Pflichtteil) von Todes wegen zu verfügen. Ein **Schutz vor Gläubigern** der Erben des beschränkten Pflichtteilsberechtigten kann daher durch die Testamentsvollstreckung allein nicht gewährleistet werden.[107] Dies ist umso relevanter, als ja auch die Schulden des Pflichtteilsberechtigten auf seine Erben übergehen. Vor diesem Hintergrund macht es in den meisten Fällen Sinn, die Anordnung der Testamentsvollstreckung mit der der Nacherbschaft zu kombinieren.[108] Denn der Nacherbe kann natürlich ohne weiteres die ihm vom überschuldeten Pflichtteilsberechtigten (selbst) anfallende Erbschaft ausschlagen, ohne den Anspruch auf die Nacherbschaft zu verlieren.

IV. Umfang der zulässigen Beschränkungen

1. Grundsätzliches

33 Unter den Voraussetzungen des § 2338 BGB kann der Erblasser die Ansprüche des Pflichtteilsberechtigten wirtschaftlich unter den Betrag des diesem eigentlich zustehenden Pflichtteils mindern, um auf diese Weise die Erhaltung des Familienvermögens zu gewährleisten. Angesichts dieser Zielrichtung ist klar, dass § 2338 BGB die Regelungen des § 2306 BGB im Zweifel überlagert.[109] Im Einzelnen kann wie folgt unterschieden werden:

2. Behandlung nach geltendem Recht (Erbfall ab dem 1.1.2010)

34 Die aktuelle Rechtslage gilt für alle Erbfälle ab dem 1.1.2010.[110] Die zuvor geltende Differenzierung in § 2306 Abs. 1 BGB a.F. gilt seitdem nicht mehr. Vielmehr statuiert § 2306 in der aktuelle Fassung der Vorschrift ein grundsätzliches Wahlrecht des Pflichtteilsberechtigten, den belasteten Erbteil – unabhängig von dessen Umfang – anzunehmen oder auszuschlagen (vgl. im Einzelnen die Kommentierung zu § 2306 BGB).

---

103 Dies gilt uneingeschränkt in den Erbfällen, die ab dem 1.1.2010 eingetreten sind. Für frühere Erbfälle gilt § 2306 Abs. 1 BGB a.F. mit der Folge, dass ein Wahlrecht nur in den Fällen bestand, in denen das Hinterlassene den Pflichtteil überstieg. In allen anderen Fällen galten Beschränkungen und Beschwerungen, z.B. also eine Testamentsvollstreckung, als nicht angeordnet. Ein Wahlrecht hatte der Pflichtteilsberechtigte in dieser Konstellation nicht.

104 RG SeuffA 74 Nr. 101 (S. 178 f.); OLG Bremen FamRZ 1984, 213; BeckOGK/*Rudy*, § 2338 Rn 24; MüKo/*Lange*, § 2338 Rn 18 m.w.N.; Grüneberg/*Weidlich*, § 2338 Rn 3.

105 Staudinger/*Olshausen* (2021), § 2338 Rn 29; BeckOGK/*Rudy*, § 2338 Rn 24.1.

106 OLG Bremen FamRZ 1984, 213; zu Recht kritisch BeckOGK/*Rudy*, § 2338 Rn 24.1; Erman/*Röthel/Simon*, § 2338 Rn 5.

107 *Hölscher*, in: Mayer/Süß/Riedel/Bittler, HB Pflichtteilsrecht, § 8 Rn 122.

108 Zulässigkeit dieser Kombination ist nach allg. Meinung unstr.; vgl. *Hölscher*, in: Mayer/Süß/Riedel/Bittler, HB Pflichtteilsrecht, § 8 Rn 122; Soergel/*Beck*, § 2338 Rn 8 m.w.N.; vgl. auch BeckOGK/*Rudy*, § 2338 Rn 24.

109 Burandt/Rojahn/*Horn*, Erbrecht, § 2338 Rn 24 „Ausnahmevorschrift“; *Hölscher* spricht insoweit zutreffend von „Faustregel“ entsprechenden Inhalts, vgl. *Hölscher*, in: Mayer/Süß/Riedel/Bittler, HB Pflichtteilsrecht, § 8 Rn 127.

110 BGB in der Fassung des Gesetzes zur Änderung des Erb- und Verjährungsrechts, BGBl I 2009, 3142 f.

Infolge der Annahme der Erbschaft hat der Pflichtteilsberechtigte auch sämtliche Beschränkungen und Beschwerungen zu dulden.

Welche Rechtsfolgen sich im Falle einer Ausschlagung ergeben, ist in der Literatur umstritten. Teilweise[111] wird vertreten, § 2338 BGB nehme dem Pflichtteilsberechtigten die Möglichkeit, den ihm hinterlassenen Erbteil auszuschlagen oder jedenfalls nach erfolgter Ausschlagung den Pflichtteil verlangen zu können. Begründet wird dies damit, dass Anordnungen nach § 2338 BGB (wegen ihrer ausdrücklichen Rechtfertigung im Gesetz) keine Beschränkungen oder Beschwerungen i.S.v. § 2306 BGB seien, so dass eine dennoch erfolgende Ausschlagung auch den Verlust des Pflichtteilsanspruchs zur Folge hätte. Im Übrigen sei auch nicht einzusehen, warum dem Pflichtteilsberechtigten ein Wahlrecht zwischen dem beschränkten Erbteil und einem in gleicher Weise beschränken Pflichtteil zustehen solle. 35

Diese Ansicht überzeugt indes nicht. Zum einen handelt es sich nach dem Wortlaut von § 2306 BGB bei den beschränkenden Anordnungen ganz eindeutig um solche, die grundsätzlich eine pflichtteilsunschädliche Ausschlagung rechtfertigen. Zum anderen ist gerade im Hinblick darauf, dass sich der Pflichtteilsberechtigte auch im Falle der Ausschlagung nicht von den zu seinen Lasten angeordneten Beschränkungen befreien kann, ein Bedürfnis, seine Ausschlagung mit einer Sanktion zu belegen, nicht erkennbar. 36

Im Übrigen sind durchaus Situationen denkbar, in denen der Pflichtteilsberechtigte aus Vorsichtsgründen gut beraten ist, einen (vielleicht sehr unübersichtlichen und erhebliche Risiken beinhaltenden) Erbteil auszuschlagen und sich so jeglicher Haftungsrisiken zu entledigen. Warum diese Möglichkeit ausgerechnet einem Pflichtteilsberechtigten, den der Erblasser selbst für „wirtschaftlich schutzbedürftig" hält, verwehrt sein soll, ist nicht plausibel. 37

Tatsächlich besteht für den beschwerten Abkömmling kein Hindernis, den ihm hinterlassenen Erbteil auszuschlagen.[112] Ist der Pflichtteil im Falle einer vorangegangenen Ausschlagung mit einem Nachvermächtnis[113] oder/und einer Testamentsvollstreckung belastet,[114] muss der Pflichtteilsberechtigte dies hinnehmen. Der Ausschlagende kann sich daher nur von solchen Beschwerungen befreien, die über das von § 2338 BGB vorgesehene Maß hinausgehen.[115] 38

Im Bereich der Vermächtnisanordnung gilt (wie auch schon vor der Erbrechtsreform 2010), dass der Pflichtteilsberechtigte, der ein mit Beschränkungen belastetes Vermächtnis annimmt, diese Beschränkungen zu dulden hat. Im Falle der Ausschlagung nach § 2307 BGB gelten die obigen Ausführungen. 39

3. Behandlung von Altfällen (Erbfall vor dem 1.1.2010)

Nach altem Recht, also für Erbfälle vor dem 1.1.2010, galt Folgendes: War der hinterlassene Erbteil/das Vermächtnis größer als die Hälfte des gesetzlichen Erbteils, musste der Pflichtteilsberechtigte die getroffenen Anordnungen im Falle der Annahme ohnehin akzeptieren, § 2306 Abs. 1 S. 2 BGB a.F. (Vermächtnis: § 2307 BGB). Schlug er aus, stand ihm der Pflichtteil zu, und zwar grundsätzlich ungeschmälert. Bei Vorliegen der Voraussetzungen von § 2338 BGB gingen aber die angeordneten **Beschränkungen** 40

111 Staudinger/*Olshausen* (2021), § 2338 Rn 34; MüKo/*Lange*, § 2338 Rn 26; *Lange/Honzen*, ZErb 2011, 289, 291.

112 BeckOGK/*Rudy*, § 2338 Rn 16;

113 MüKo/*Lange*, § 2338 Rn 25; BeckOGK/*Rudy*, § 2338 Rn 16.2; BeckOK BGB/*Müller-Engels*, § 2338 Rn 15; Grüneberg/*Weidlich*, § 2338 Rn 4.

114 Burandt/Rojahn/*Horn*, Erbrecht, § 2338 Rn 3; vgl. auch ausführlich *J. Mayer*, in: Mayer/Süß/Tanck/Bittler/Wälzholz, HB Pflichtteilsrecht (3. Aufl.), § 8 Rn 135.

115 *Lange/Honzen*, ZErb 2011, 289, 291.

auf den **Pflichtteilsanspruch** über, so dass dieser dann mit einem Nachvermächtnis zugunsten der gesetzlichen Erben des Pflichtteilsberechtigten bzw. mit einer Verwaltungstestamentsvollstreckung belastet war.[116]

41 Überstieg das Hinterlassene von vornherein nicht die Hälfte des gesetzlichen Erbteils, galten die verfügten Beschränkungen gem. § 2306 Abs. 1 S. 1 BGB a.F. grundsätzlich als nicht angeordnet. Unter den Voraussetzungen des § 2338 BGB blieben sie aber dennoch bestehen.[117]

42 Hatte der Erblasser unter Missachtung von Abs. 1 S. 2 Hs. 2 auch die **Reinerträge** des hinterlassenen Vermögens der Verwaltung des **Testamentsvollstreckers** unterworfen, konnte sich der Betroffene gegen diese Anordnung zur Wehr setzen.[118] Unterwarf er sich aber der Anordnung, konnte er hierdurch die vom Testamentsvollstrecker verwalteten Erträge insgesamt dem Zugriff seiner Eigengläubiger entziehen. Da dieses Verhalten mit der Grundintention des § 2338 BGB übereinstimmte, war in derartigen Fällen keine Sittenwidrigkeit anzunehmen.[119] Die Ausschlagung des Pflichtteilsberechtigten verhalf ihm nicht zum unbelasteten Pflichtteil. Auch ein evtl. Pflichtteilsrestanspruch wurde von § 2338 BGB erfasst.[120]

43 Im Übrigen führten **Überschreitungen der Grenzen** des § 2338 BGB, insbesondere die Anordnung von Beschränkungen, obwohl die gesetzlichen Voraussetzungen gar nicht vorlagen, dazu, dass die Beschränkungen als nicht angeordnet galten.[121] Insbesondere auf § 2306 Abs. 1 S. 1 BGB a.F. konnte sich in diesem Fall jeder berufen, dem hieraus ein Vorteil erwuchs, neben dem Pflichtteilsberechtigten selbst also auch dessen Gläubiger.[122]

V. Wegfall der Voraussetzungen der Pflichtteilsbeschränkung

44 Fallen die Voraussetzungen der Pflichtteilsbeschränkung in guter Absicht (Verschwendungssucht bzw. Überschuldung) zwischen dem Zeitpunkt der Errichtung der beschränkenden letztwilligen Verfügung und dem Eintritt des Erbfalls weg, führt dies nach Abs. 2 S. 2 automatisch zur Unwirksamkeit der angeordneten Beschränkungen.[123] Abweichende Anordnung des Erblassers gehen ins Leere, eine ausdrückliche Aufhebung der angeordneten Beschränkungen ist nicht erforderlich. Entscheidend ist allein der objektive Wegfall der Beschränkungsgründe und dass dieser auch als dauerhaft angesehen werden kann.[124] Auf die Motivation des Pflichtteilberechtigten, seiner Verschwendungssucht Herr zu werden bzw. seine Überschuldung zu beseitigen, kommt es nicht an.

45 Da der entscheidende Beurteilungszeitpunkt der des Erbfalls ist, spielen spätere Entwicklungen grundsätzlich keine Rolle. Das führt dazu, dass ein – aus der Perspektive des Todeszeitpunkts des Erblassers – als dauerhaft anzusehender Wegfall der Beschränkungsgründe zur endgültigen Unwirksamkeit der beschränkenden Anordnungen führt. Diese leben also auch dann nicht wieder auf, wenn sich der Pflichtteilsberechtigte

116 BeckOGK/*Rudy*, § 2338 Rn 16.2; *Hölscher/J. Mayer*, in: Mayer/Süß/Tanck/Bittler, HB Pflichtteilsrecht (4. Aufl.), § 8 Rn 132.
117 BeckOGK/*Rudy*, § 2338 Rn 16.2; MüKo/*Frank* (4. Aufl.), § 2338 Rn 9; *Kerscher/Riedel/Lenz*, Pflichtteilsrecht, § 6 Rn 192 m.w.N.
118 Vgl. *J. Mayer*, in: Mayer/Süß/Tanck/Bittler/Wälzholz, HB Pflichtteilsrecht (2. Aufl.), § 8 Rn 102.
119 Vgl. Staudinger/*Olshausen* (2021), § 2338 Rn 27.
120 *J. Mayer*, in: Mayer/Süß/Tanck/Bittler/Wälzholz, HB Pflichtteilsrecht (3. Aufl.), § 8 Rn 117.
121 RG JW 1911, 370.
122 Staudinger/*Olshausen* (2006), § 2338 Rn 37.
123 BeckOGK/*Rudy*, § 2338 Rn 32.
124 BeckOGK/*Rudy*, § 2338 Rn 32.

später erneut der Verschwendungssucht ergeben oder bei ihm eine Überschuldung eintreten sollte.[125]

Der Wegfall der Beschränkungsgründe muss im Zeitpunkt des Erbfalls (objektiv) vorliegen. Eine Änderung der Lebensumstände bzw. des Verhaltens des Pflichtteilberechtigten nach Eintritt des Erbfalls ist – jedenfalls von Gesetzes wegen – irrelevant. Er kann nur dann Bedeutung erlangen, wenn die letztwilligen Verfügung des Erblassers dahingehend auszulegen ist, dass im Falle einer späteren „Läuterung" des Pflichtteilsberechtigten die angeordnete Pflichtteilsbeschränkung nicht oder nicht im angeordneten Umfang Bestand haben – also sozusagen auflösend bedingt sein – solle.[126] 46

D. Art und Weise der Anordnung

Die Pflichtteilsbeschränkung kann nur in einer letztwilligen Verfügung, allerdings einschließlich des Nottestaments, des Erbvertrags sowie des gemeinschaftlichen Testaments (in dem Fall handelt es sich aber um eine einseitige Verfügung i.S.d. § 2299 BGB; eine vertragsmäßige Bindung gem. § 2278 Abs. 2 BGB ist nicht möglich),[127] angeordnet werden,[128] Abs. 2 S. 1 i.V.m. § 2336 Abs. 1–3 BGB. Allerdings ist es nicht erforderlich, dass diese außer der Beschränkungsanordnung noch weitere Bestimmungen enthält.[129] 47

Die Bindung durch einen Erbvertrag oder ein gemeinschaftliches Testament steht der Anordnung der Pflichtteilsbeschränkung nicht entgegen, §§ 2289 Abs. 2, 2271 BGB.[130]

In der letztwilligen Verfügung muss auch der **Grund** für die **Pflichtteilsbeschränkung** angegeben werden, wobei konkret zu bezeichnen ist, ob der Erblasser eine Überschuldung, die Verschwendung oder beides im Sinn hat.[131] Nach (fast) allg. Auffassung[132] ist insoweit – ähnlich wie bei der Pflichtteilsentziehung – der jeweilige **Sachverhaltskern** anzugeben.[133] Ob dabei die Anforderungen wegen des fehlenden Strafcharakters nicht so hoch anzunehmen sind wie bei der Pflichtteilsentziehung, ist zum Teil umstritten.[134] 48

Richtigerweise sollten die Anforderungen denen im Fall der Pflichtteilsentziehung entsprechen. Der bei § 2338 BGB fehlende Strafcharakter ändert weder etwas daran, dass in das (eigentlich garantierte) Pflichtteilsrecht des Abkömmlings eingegriffen wird, noch daran, dass – nach dem Erbfall – eine eindeutige Klärung möglich sein muss, ob die gesetzlichen Tatbestandsvoraussetzungen vorliegen oder nicht. Hierzu ist es erforderlich, dass sich aus der letztwilligen Verfügung wenigstens eindeutig ergibt, welche Tatsachen der Erblasser seiner Anordnung zugrunde legen wollte, so dass über diese erforderlichenfalls auch Beweis erhoben werden kann. 49

---

125 BeckOGK/*Rudy*, § 2338 Rn 33.

126 BeckOGK/*Rudy*, § 2338 Rn 33; Staudinger/*Olshausen* (2021), § 2338 Rn 13; Soergel/*Beck*, § 2338 Rn 7; Grüneberg/*Weidlich*, § 2338 Rn 4.

127 BeckOGK/*Rudy*, § 2338 Rn 26; Staudinger/*Olshausen* (2021), § 2338 Rn 1; vgl. auch *Hölscher*, in: Mayer/Süß/Riedel/Bittler, HB Pflichtteilsrecht, § 8 Rn 114.

128 Soergel/*Beck*, § 2338 Rn 19; BeckOGK/*Rudy*, § 2338 Rn 26.

129 MüKo/*Lange*, § 2338 Rn 20.

130 MüKo/*Lange*, § 2338 Rn 4.

131 OLG Köln MDR 1983, 318; *Hölscher*, in: Mayer/Süß/Riedel/Bittler, HB Pflichtteilsrecht, § 8 Rn 115.

132 Vgl. *Hölscher*, in: Mayer/Süß/Riedel/Bittler, HB Pflichtteilsrecht, § 8 Rn 115.

133 Staudinger/*Olshausen* (2021), § 2338 Rn 16; BeckOGK/*Rudy*, § 2338 Rn 27; Soergel/*Beck*, § 2338 Rn 20.

134 Dafür: Soergel/*Beck*, § 2338 Rn 20; *Kerscher/Riedel/Lenz*, Pflichtteilsrecht, § 6 Rn 188; Staudinger/*Olshausen* (2021), § 2338 Rn 16; *Baumann*, ZEV 1996, 121, 123; dagegen BeckOGK/*Rudy*, § 2338 Rn 27; MüKo/*Lange*, § 2338 Rn 21; BeckOK BGB/*Müller-Engels*, § 2338 Rn 5; Burandt/Rojahn/*Horn*, Erbrecht, § 2338 Rn 21.

Dieses Interesse an Rechtsklarheit und Nachprüfbarkeit besteht nicht nur aus der Sicht des betroffenen Abkömmlings selbst, sondern auch aus der Sicht seiner Gläubiger.[135]

E. Prozessuales/Beweislast

50 Die Beweislast für das Vorliegen der Voraussetzungen im Errichtungszeitpunkt trifft grundsätzlich denjenigen, der sich auf die Wirksamkeit der Anordnung beruft, vielfach der betroffene Abkömmling selbst.[136] Ebenso kommen natürlich auch eine Berufung der Nacherben bzw. Nachvermächtnisnehmer oder des Testamentsvollstreckers (§§ 2336 Abs. 3, 2238 Abs. 2 S. 1 BGB) auf die Pflichtteilsbeschränkung in Betracht.[137] Für diese Berechtigten besteht in der Praxis oft das (nicht ganz unerhebliche) Problem, dass ihnen vielfach das Wissen um die entscheidenden Details des der Beschränkungsanordnung zugrunde liegenden Sachverhalts fehlt. Daher ist es umso wichtiger, dass der Erblasser die relevanten Informationen möglichst umfassend dokumentiert, im Idealfall in seiner letztwilligen Verfügung oder sogar im Rahmen eines selbstständigen Beweisverfahrens nach §§ 485 ff. ZPO.[138]

51 Ist das Vorliegen der Voraussetzungen für den Zeitpunkt der Testamentserrichtung bewiesen, wechselt die **Beweislast**, so dass nunmehr der Pflichtteilsberechtigte beweisen muss, dass im Zeitpunkt des Erbfalls weder eine Überschuldung noch der Tatbestand der Verschwendungssucht gegeben ist.[139]

135 Vgl. BeckOGK/*Rudy*, § 2338 Rn 27.

136 BeckOGK/*Rudy*, § 2338 Rn 34; Staudinger/*Olshausen* (2021), § 2338 Rn 18; Soergel/*Beck*, § 2338 Rn 22; MüKo/*Lange*, § 2338 Rn 23.

137 *Hölscher*, in: Mayer/Süß/Riedel/Bittler, HB Pflichtteilsrecht, § 8 Rn 111; MüKo/*Lange*, § 2338 Rn 23; kritisch *Baumann*, ZEV 1996, 121, 127.

138 *Hölscher*, in: Mayer/Süß/Riedel/Bittler, HB Pflichtteilsrecht, § 8 Rn 111.

139 Vgl. *Hölscher*, in: Mayer/Süß/Riedel/Bittler, HB Pflichtteilsrecht, § 8 Rn 112; *Baumgärtel*, § 2338 Rn 2; MüKo/*Lange*, § 2338 Rn 23; *Baumann*, ZEV 1996, 121, 127.

Abschnitt 6. Erbunwürdigkeit

Vorbemerkung zu §§ 2339 ff.

Literatur

Hempel, Erbunwürdigkeit. Historische Entwicklung und geltendes Recht, Diss., 1969; *Lutz*, Ist das Rechtsinstitut der Erb-, Vermächtnis- und Pflichtteilsunwürdigkeit reformbedürftig? Sinn und Zweck der Unwürdigkeitsgründe, Rechtsvergleichung und Reformvorschläge, Diss., 2005; *Muscheler*, Grundlagen der Erbunwürdigkeit, ZEV 2009, 58; *Vernekohl*, Pflichtteilsentziehung, -verjährung und Erbunwürdigkeit, ErbBstg 2001, 267; *Zimmermann*, Der Verlust der Erbschaft. Enterbung, Pflichtteilsschmälerung, Erb- und Pflichtteilsunwürdigkeit, 2. Auflage 2011, Rn 121–123, 298–321.

Übersicht:

A. Normzweck

1 Schon der Normzweck der §§ 2339 ff. BGB ist umstritten.[1] Dies liegt auch daran, dass die Sanktionsrelationen der Norm nicht immer leicht nachzuvollziehen sind: Eine schwere Körperverletzung des Erblassers zieht beispielsweise keine Erbunwürdigkeit nach sich, wohl aber die Urkundenfälschung eines Testamentes. Im Ergebnis wird die Testierfreiheit geschützt, indem ein potentieller Erbe entfällt, wenn er den Erblasser gezielt gehindert hat, eine ihn enterbende Verfügung zu verfassen. Es wird dann ein „hypothetischer Wille" zur Enterbung angenommen.[2] Die Regelungen zur Erbunwürdigkeit ergänzen damit die zur Pflichtteilsentziehung, Anfechtung und Enterbung.

B. Relevanz und Reform

2 Die Erbunwürdigkeit wird aufgrund der hohen Anforderungen an die Tat, welche die Unwürdigkeit begründet, nur selten (erfolgreich) geltend gemacht. Spektakuläre Einzelfälle lassen die Normen aber immer wieder zum Gegenstand der gesellschaftlichen Debatte werden.

3 Oft geschieht dies im Zusammenhang mit einer Auseinandersetzung über die Regelungen zur Pflichtteilsentziehung. Dies war etwa der Fall eines Sohnes, der seine Mutter im schuldunfähigen Zustand öfter misshandelt und schließlich getötet hatte. Die Frage, ob die Schuldunfähigkeit die dort relevante Pflichtteilsentziehung ausschloss, beschäftigte auch das BVerfG[3] und indirekt auch die Diskussion um die Erbunwürdigkeitsgründe. Trotzdem blieben die §§ 2339 ff. BGB in Reformdiskussionen weitgehend unbeachtet[4] und unverändert. Auch wenn die Voraussetzungen für eine Erbunwürdigkeit eher als zu eng angesehen werden,[5] ist eine gesetzliche Änderung nicht zu erwarten.

Problematisch bleibt auch die Systematik, welche eine Klage eines Nächstberufenen erfordert. Ist ein solcher nicht informiert, greifbar oder in der Lage, die Erbunwürdigkeit festzustellen zu lassen, erbt der Erbunwürdige trotz unter Umständen drastischer

---

1 Vgl. MüKo/*Helms*, § 2339 Rn 2; *Lange*, ErbR 2021, 274, 278; *Muscheler*, ZEV 2009, 58, 60.
2 *Jesgarzewski/Hermann*, NZFam 2019, 663, 664.
3 BVerfG – 1 BvR 1644/00, NJW 2005, 1561.
4 MüKo/*Helms*, § 2339 Rn 4.
5 Ähnlich: *Jesgarzewski/Hermann*, NZFam 2019, 663, 666.

Verfehlungen. Ein staatliches Eingreifen ist kaum möglich. Die Alternative, nach welcher die Erbunwürdigkeit unmittelbar eintritt, wurde vom Gesetzgeber nicht gewählt. Dies kann zwar einerseits als Ausdruck der Privatautonomie gesehen werden, andererseits beruht es aber auf der heute wohl nicht mehr zeitgemäßen Annahme, dass als gesetzliche Erben Nachberufene oder gewillkürte Ersatzerben vorhanden sind und auch eingreifen.

C. Anwendungsbereich

4 Das BGB kennt keine allgemeine Erbunwürdigkeit, sondern nur eine Erbunwürdigkeit gegenüber einem bestimmten Erblasser. Über § 2301 Abs. 1 BGB gelten die §§ 2339 ff. BGB auch für eine Schenkung von Todes wegen. Ist die Schenkung bereits vollzogen, sind die §§ 530 ff. BGB maßgebend. Auf das Höferecht finden die Vorschriften der Erbunwürdigkeit entsprechend Anwendung, § 6 HöfeO.[6]

D. Prüfungsschema

5 Die Erbunwürdigkeit tritt **nicht automatisch** eintritt. Sie muss durch einen Berechtigten mit einer fristgebundenen **Klage** gegen den Erbunwürdigen geltend gemacht werden.

Zunächst ist die **Erbunwürdigkeit** festzustellen, § 2339 Abs. 1 BGB. Vorsatz und Schuldfähigkeit müssen grundsätzlich vorliegen. Liegt ein Erbunwürdigkeitsgrund vor, ist bei gewillkürter Erbfolge nach § 2339 Abs. 2 BGB zu prüfen, ob wegen **Unwirksamkeit der Verfügung** ausnahmsweise keine Erbunwürdigkeit eintrat. Sie kann auch wegen einer **Verzeihung** (§ 2343 BGB) weggefallen oder wegen eines **Verzichtsvertrags** des Erbunwürdigen und des Anfechtungsberechtigten nicht durchsetzbar sein (vgl. § 2339 Rdn 32).

Die Erbunwürdigkeit bewirkt keine unmittelbare Erbunfähigkeit. Sie begründet ein **Anfechtungsrecht** gegenüber dem Erbunwürdigen, der zunächst Erbe wird, § 2340 BGB. Die Anfechtung muss **nach dem Erbfall** (§ 2340 Abs. 2 BGB) in der **Frist** nach § 2082 BGB (§ 2340 Abs. 3 BGB) durch den **Anfechtungsberechtigten** (§ 2341 BGB) geltend gemacht werden.

Die Erbunwürdigkeit wird mit einer zivilrechtlichen **Gestaltungsklage** durchgesetzt, § 2342 BGB. Ob in diesem Rahmen ein Anfechtungs- und ein Versäumnisurteil zulässig sind, ist umstritten (vgl. § 2342 Rdn 12–14). Die **Vermächtnis- und Pflichtteilsunwürdigkeit** muss nicht klageweise, sondern durch Anfechtungserklärung geltend gemacht werden (fehlender Verweis auf § 2342 BGB in § 2345 Abs. 1 BGB).

Mit Rechtskraft des Urteils (§ 2342 Abs. 2 BGB) gilt die Erbschaft an den Unwürdigen von Beginn an als nicht angefallen, § 2344 Abs. 1 BGB. Der Nächstberufene ist unmittelbar **Erbe**, § 2344 Abs. 2 BGB.

§ 2339 Gründe für Erbunwürdigkeit

(1) Erbunwürdig ist:

1. **wer den Erblasser vorsätzlich und widerrechtlich getötet oder zu töten versucht oder in einen Zustand versetzt hat, infolge dessen der Erblasser bis zu seinem Tode unfähig war, eine Verfügung von Todes wegen zu errichten oder aufzuheben,**
2. **wer den Erblasser vorsätzlich und widerrechtlich verhindert hat, eine Verfügung von Todes wegen zu errichten oder aufzuheben,**

6 *Gerlach-Worch*, ErbR 2022, 970, 973.

3. **wer den Erblasser durch arglistige Täuschung oder widerrechtlich durch Drohung bestimmt hat, eine Verfügung von Todes wegen zu errichten oder aufzuheben,**
4. **wer sich in Ansehung einer Verfügung des Erblassers von Todes wegen einer Straftat nach den §§ 267, 271 bis 274 des Strafgesetzbuchs schuldig gemacht hat.**

(2) Die Erbunwürdigkeit tritt in den Fällen des Absatzes 1 Nr. 3, 4 nicht ein, wenn vor dem Eintritt des Erbfalls die Verfügung, zu deren Errichtung der Erblasser bestimmt oder in Ansehung deren die Straftat begangen worden ist, unwirksam geworden ist, oder die Verfügung, zu deren Aufhebung er bestimmt worden ist, unwirksam geworden sein würde.

Literatur

Deubner, Erbunwürdigkeit durch ehewidriges Verhalten – BGHZ 49, 155, JuS 1968, 449; *Hohloch*, Beweislast für Unzurechnungsfähigkeit im Erbunwürdigkeitsverfahren, JuS 1988, 819; *Holtmeyer*, Aktuelle Praxisprobleme des Erbunwürdigkeitsrechts, ZErb 2010, 6; *Klein*, Der Irrtum im Beweggrund bei letztwilligen Verfügungen und die Erbunwürdigkeit wegen arglistiger Täuschung des Erblassers, Diss., 1931; *Kuchinke*, Erbunwürdigkeit wegen Urkundenfälschung, ZEV 1999, 317; *Kurze* (Hrsg.), Vorsorgerecht, 2023; *Ludyga*, Erbunwürdigkeit bei Tötung des Erblassers durch den Erben, ZEV 2024, 341; *Müller-Freienfels*, Fahrlässige Tötung des Erblassers durch betrunkenen Erben: Ein Grund zur Testamentsanfechtung oder zur Erbausschließung, FS Schiedermair, 1976, S. 409; *Muscheler*, Erbunwürdigkeitsgründe und Erbunwürdigkeitsklage, ZEV 2009, 101; *Röwer*, Das Verschweigen der ehelichen Untreue als Fall der Erbunwürdigkeit, FamRZ 1960, 15; *Schulz*, Erbunwürdigkeit gem. § 2339 Abs. 1 Nr. 1 BGB bei Totschlag im minder schweren Fall (§ 213 StGB), ErbR 2012, 276; *Speckmann*, Erbunwürdigkeit bei Testamentsfälschung im Sinne des Erblasserwillens – BGH NJW 1970, 197, JuS 1971, 235.

Übersicht: Rdn

A. Allgemeines

Das Gesetz geht bei den in § 2339 BGB genannten Verfehlungen typisierend davon aus, dass der **hypothetische** Erblasserwille auf eine **Enterbung** des Täters gerichtet ist. Die Erbunwürdigkeit ergänzt die Institute der Enterbung (§ 1938 BGB), der Pflichtteilsentziehung (§§ 2333 ff. BGB) und der Anfechtung letztwilliger Verfügungen (§§ 2078 ff. BGB). Soweit die §§ 2078, 2333 u. 2339 BGB tatbestandlich übereinstimmen, schließen die Regeln über die Erbunwürdigkeit eine Lücke, wenn der Erblasser 1 vom Unwürdigen am Widerruf einer letztwilligen Verfügung oder der Errichtung einer Entziehungserklärung gehindert wurde oder keine Kenntnis von den Verfehlungen hatte.

B. Tatbestand

I. Vorsatz, Rechtswidrigkeit, Schuld

2 Der Erbunwürdige muss **vorsätzlich** und **rechtswidrig** gehandelt haben und **schuldfähig** gewesen sein,[1] auch wenn Letzteres bei Abs. 1 Nr. 1–3 nicht ausdrücklich genannt ist. Aus § 2345 BGB ergibt sich, dass sich der Täter einer in der Vorschrift bezeichneten Verfehlung „schuldig" gemacht haben muss. Mit Rücksicht auf den Normzweck ist beim Eingreifen von Entschuldigungsgründen eine Verfehlung gegen den Erblasser nicht zu bejahen.

3 Dies gilt trotz der Entscheidung des BVerfG[2] zur Pflichtteilsentziehung bei der Erbunwürdigkeit weiter.[3] Das BVerfG hatte trotz Schuldunfähigkeit beim Vorliegen von „natürlichem Vorsatz" einen Fall des § 2333 Nr. 1 BGB a.F. anerkannt. Natürlicher Vorsatz soll vorliegen, wenn der Täter zwar im strafrechtlichen Sinne nicht schuldfähig, aber in der Lage war, das Unrecht seiner Tat einzusehen. Anders als bei der Pflichtteilsentziehung wird bei der Erbunwürdigkeit aber kein realer, sondern ein hypothetischer Erblasserwille verwirklicht. Ein hypothetischer Wille, nachdem ein Erblasser einen **schuldunfähigen** Täter als erbunwürdig ansieht, kann aber nicht allgemein angenommen und daher nicht als vom Gesetzgeber als ausreichend angesehen werden.[4]

4 Bei der **Pflichtteilsunwürdigkeit** (§ 2345 BGB) sollte dies nach hier vertretener Ansicht anders beurteilt werden. Es liegt immer eine Äußerung des Erblassers vor. Er hat mit einer letztwilligen Verfügung den Pflichtteilsberechtigten schon so weit ausgeschlossen, wie dies möglich war. Damit sollte ein hypothetischer Wille für eine vollständige Enterbung angenommen werden. Zumindest bei natürlichem Vorsatz kommt es daher zur Pflichtteilsunwürdigkeit. Der BGH hat diese Frage bislang bewusst unbeantwortet gelassen.[5]

Bei einem **Irrtum** über die Rechtswidrigkeit entfällt der Vorsatz und damit auch die Schuld. Die **Beweislast** für die Schuldunfähigkeit zur Tatzeit trägt derjenige, der für erbunwürdig erklärt werden soll.[6]

II. Keine Analogien

5 Die Erbunwürdigkeitsgründe sind nach h.M. **nicht analogiefähig.**[7] Zur Begründung wird auf den Strafcharakter oder die erschöpfende Aufzählung der Erbunwürdigkeitsgründe verwiesen. Zudem hätte der Gesetzgeber bei der Überarbeitung der Pflichtteilsentziehungsnormen auch die Erbunwürdigkeitsgründe erweitern können. Andererseits wird in der Lit. entgegen dem klaren Wortlaut des Gesetzes zum Teil die Anwendung unmittelbarer Gewalt unter Abs. 1 Nr. 3 subsumiert (vgl. Rdn 23), und

---

1 BGH – IV ZR 400/14, NJW 2015, 1382; BGH – IVa ZR 160/86, NJW 1988, 822.

2 BVerfG – 1 BvR 1644/00, NJW 2005, 1561.

3 BGH – IV ZR 400/14, ErbR 2015, 309 Rn 22 f.

4 Str., wie hier: *Muscheler*, ZEV 2009, 101; MüKo/*Helms*, § 2339 Rn 11; zumindest in diese Richtung; BGH – IV ZR 400/14, ErbR 2015, 309 Rn 22 f.; a.A.: OLG Köln – 2 U 77/05, BeckRS 2011, 10396 (Vorinstanz zu BGH – IV ZR 102/09, ZEV 2011, 370, der die Frage bewusst offenließ); *Holtmeyer*, ZErb 2010, 6.

5 BGH – IV ZR 102/09, ZEV 2011, 370.

6 BGH – IVa ZR 160/86, NJW 1988, 822.

7 Vgl. OLG Nürnberg – 12 U 1668/17, ErbR 2018, 280; OLG Rostock – 3 U 59/10, ZErb 2011, 86; OLG München – 19 U 3447/01, ZEV 2003, 367; a.A. *Ludyga*, ZEV 2024, 341, 345.

der BGH geht bei der Tötung des Vorerben durch den Nacherben von einer Regelungslücke i.R.d. §§ 2339 ff. BGB aus (vgl. Rdn 11).

III. Täterschaft und Teilnahme

6 Wenn **mehrere** Personen die Tat begangen haben, kommt es auf den einzelnen Tatbeitrag grundsätzlich nicht an. Ausreichend sind gem. §§ 25–27 StGB also auch Mittäterschaft, mittelbare Täterschaft, Anstiftung und Beihilfe.[8] Bei untergeordneten Beihilfehandlungen sollte aber das Vorliegen des Vorsatzes streng geprüft werden.

IV. Erbunwürdigkeitsgründe

7 Geschützt werden soll die Testierfreiheit. Daher haben die Erbunwürdigkeitsgründe die Gemeinsamkeit, dass der Täter zumindest auch die Testierfreiheit des Erblassers angegriffen haben muss.[9] Die Aufzählung ist abschließend, so dass keine Analogien oder Erweiterung über Verwirkungsargumente möglich sind (vgl. Rdn 5). Ein schwerer Diebstahl z.B. führt weder zu einer Erbunwürdigkeit noch (unter Berufung die Gedanken der §§ 2339 ff. BGB) zu einer Verwirkung des Erbrechts.[10]

1. Abs. 1 Nr. 1 1. Fall (vorsätzliche Tötung)

8 Zur vorsätzlichen Tötung gehören die Tatbestände des **Mordes**[11] und **Totschlags** (§§ 211, 212 StGB).[12] Unerheblich ist, wenn der Erblasser testierunfähig war.[13] Ist die Todesfolge nicht vom Vorsatz umfasst gewesen, liegt kein Fall des Abs. 1 Nr. 1 1. Fall vor (z.B. Körperverletzung mit Todesfolge, § 239 Abs. 4 StGB, fahrlässige Tötung, § 222 StGB[14]).[15] Möglich ist dann die Variante des Abs. 1 Nr. 1 3. Fall. Bei einer Tötung auf Verlangen (§ 216 StGB) liegt zwar Vorsatz, aber auch eine Einwilligung vor, so dass eine Erbunwürdigkeit nach der h.M. nicht gegeben ist.[16]

9 Kein Tötungsdelikt liegt vor, wenn ein **Behandlungsabbruch** entsprechend den gesetzlichen Vorschriften (§§ 1827 f. BGB) vorgenommen wird,[17] also keine so genannte „aktive Sterbehilfe" vorliegt.[18] Eine gerichtliche Genehmigung des Behandlungsabbruchs ist gem. § 1829 BGB entbehrlich, wenn zwischen dem Vertreter des Betroffenen und dem Arzt Einvernehmen besteht.[19] Wird aber nicht nach dem von §§ 1827 f. BGB vorgegebenen Verfahren gehandelt und liegt auch eine Einwilligung wie im Fall des § 216 StGB nicht vor, kommt es grundsätzlich zur Erbunwürdigkeit, etwa bei der versuchten Tötung eines geschäftsunfähigen Ehegatten.[20] Die straffreie Beihilfe zum Suizid führt nicht zur Erbunwürdigkeit.[21]

10 Denkbar ist bei solchen Verfehlungen des testamentarisch Bedachten gegen den Erblasser, die nicht unter § 2339 BGB fallen, eine Korrektur der entsprechenden letztwilligen

8 MüKo/*Helms*, § 2339 Rn 10.
9 MüKo/*Helms*, § 2339 Rn 10.
10 OLG Frankfurt a.M., ZEV 2023, 168, Rn 19 m. Anm. *Lange*.
11 Vgl. OLG Koblenz – 8 U 1467/02, ZErb 2004, 305.
12 Ausführlich: *Ludyga*, ZEV 2024, 341.
13 *Ludyga*, ZEV 2024, 341, 343; *Bock*, JR 2018, 504.
14 OLG Frankfurt – 21 U 9/10, FamRZ 2011, 1177.
15 Vgl. *Müller-Freienfels*, FS Schiedermair, S. 434 ff.
16 BGH – IV ZR 400/14, NJW 2015, 1382, 1383; *de Leve*, ZEV 2015, 682, 685; a.A. *Ludyga*, ZEV 2024, 341, 344.
17 OLG Hamm – 10 U 41/17, ErbR 2018, 601; Kurze/*Kurze*/*Jox*, Vorsorgerecht, § 1827 BGB Rn 227.
18 *Ludyga*, ZEV 2024, 341, 344.
19 Kurze/*Kurze*, Vorsorgerecht, § 1828 BGB Rn 19; mit Bezug zur Erbunwürdigkeit: OLG Hamm – 10 U 41/17, ErbR 2018, 601.
20 BGH – IV ZR 400/14, NJW 2015, 1382.
21 *Ludyga*, ZEV 2024, 341, 345; *de Leve*, ZEV 2015, 682, 685.

Verfügung über eine Anwendung der **Anfechtungsregeln gem. § 2078 BGB.** Unausgesprochenes Motiv der letztwilligen Verfügung kann das Wohlverhalten des Bedachten sein, also bspw. nicht das Opfer einer fahrlässigen Tötung durch den Erben zu werden. Dies kann aber nur im Einzelfall greifen, wenn für diesen speziellen Willen Anhaltspunkte vorliegen.

11 Als problematisch hat sich der Fall der Tötung des Vorerben durch den **Nacherben** erwiesen. Abs. 1 Nr. 1 greift hier nicht, weil der Tatbestand eine Tötung des Erblassers selbst verlangt. Die Regelungslücke soll durch die Anwendung des § 162 Abs. 2 BGB geschlossen werden. Tötet der Nacherbe den Vorerben, ist der Eintritt der Nacherbschaft treuwidrig herbeigeführt, so dass der Nacherbe sich nicht auf diesen berufen kann.[22] Gegen den Nacherben muss keine Anfechtungsklage nach § 2342 BGB erhoben werden.[23]

2. Abs. 1 Nr. 1 2. Fall (versuchte Tötung)

12 Beim Tötungsversuch muss die Schwelle zur Strafbarkeit überschritten worden sein. **Vorbereitungshandlungen** genügen nicht. Ein Wille, in die Testierfähigkeit des Erblassers einzugreifen, ist nicht notwendig. Tritt der Täter vom Versuch gem. § 24 StGB zurück, kommt es zu keiner Erbunwürdigkeit. Das OLG Frankfurt hielt zumindest bei einem Versuch eine Einzelfallprüfung für angezeigt,[24] dem trat der BGH aber entgegen.[25]

3. Abs. 1 Nr. 1 3. Fall (Herbeiführung der Testierunfähigkeit)

13 Der Täter muss den Erblasser in einen **dauerhaften Zustand** versetzt haben, in dem diesem ein Testieren aus tatsächlichen oder rechtlichen Gründen bis zu seinem Tode nicht möglich war. In Betracht kommen vor allem Siechtum, Geisteskrankheit oder körperliche Verstümmelung. Es muss auf den Körper eingewirkt werden, denn „räumliche Beschränkungen" des Erblassers genügen nicht.[26] Der Vorsatz muss nicht die Unfähigkeit des Erblassers zum Testieren und auch nicht die Dauerhaftigkeit bis zum Tod umfassen, aber das Herbeiführen des Zustandes und seiner grundsätzlichen Dauerhaftigkeit.

14 Durch die Neufassung des § 2233 BGB und Aufhebung des § 31 BeurkG wurde die verfassungswidrige[27] Beschränkung bestimmter geschäftsfähiger Mehrfachbehinderter in deren Testiermöglichkeit beseitigt, so dass ein Geschäftsfähiger fast immer auch testierfähig ist.

15 Unbefriedigend ist, dass nach dem Wortlaut der Vorschrift die **Kindesmisshandlung** durch einen Elternteil mit der Folge dauernder geistiger Behinderung nicht zur Erbunwürdigkeit führt, wenn das Kind vor dem Eintritt der potenziellen Testierfähigkeit (§ 2229 Abs. 1 BGB) verstirbt. Es genügt nach der geltenden Rechtslage nicht allein, dass eine solche Behinderung herbeigeführt wurde. Vielmehr muss das Kind erst das 16. Lebensjahr erreichen und wegen seiner geistigen Behinderung testierunfähig sein (§ 2229 Abs. 4 BGB). Erst dann tritt die Erbunwürdigkeit des Elternteils ein. Gegen dieses Ergebnis wurden verfassungsrechtliche Bedenken erhoben und vorgeschlagen, die Vorschrift auch dann analog anzuwenden, wenn der Erblasser zwar das 16. Lebens-

---

22 BGH – III ZR 67/66, NJW 1968, 2051; *Ludyga*, ZEV 2024, 341, 344.
23 *Ludyga*, ZEV 2024, 341, 345.
24 OLG Frankfurt – 1 U 152/13, BeckRS 2014, 19731.
25 BGH – IV ZR 400/14, NJW 2015, 1382.
26 OLG Frankfurt – 21 U 9/10, FamRZ 2011, 1177.
27 Vgl. *Rohlfing/Mittenzwei*, FamRZ 2000, 654.

jahr nicht erlebt, bei Erreichen der Altersgrenze aber wegen der Misshandlung testierunfähig gewesen wäre.[28]

4. Abs. 1 Nr. 2 (Verhinderung der Errichtung oder Aufhebung letztwilliger Verfügungen)

Von Abs. 1 Nr. 2 werden zunächst die Fälle erfasst, bei denen der Erblasser an der **Errichtung** einer letztwilligen Verfügung gehindert wurde. Wird der Erblasser bei einer wirksamen Verfügung auf bestimmte Art und Weise beeinflusst, kann dagegen Abs. 1 Nr. 3 einschlägig sein. Eine Hinderung i.S.d. Abs. 1 Nr. 2 kann auch vorliegen, wenn der Erblasser eine letztwillige Verfügung nicht vollständig errichten konnte, denn jede einzelne Anordnung ist eine „Verfügung".[29] 16

Der Erblasser muss die Verfügung von Todes wegen konkret beabsichtigt haben. Die Hinderung kann durch **Gewalt**, **Täuschung** oder **Drohung** erfolgen sowie durch Ausnutzung der Willensschwäche oder einer Zwangslage des Erblassers.[30] Dem Wortlaut entsprechend („verhindert hat") reicht eine nur versuchte oder vorübergehende Verhinderung nicht.[31] Es kommt dann eine Pflichtteilsentziehung in Betracht. 17

Der **Aufhebung** steht die Verhinderung eines Widerrufs durch Zerstörung der Urkunde durch den Erblasser (§2255 BGB) oder durch Zurücknahme aus der amtlichen Verwahrung (§2256 BGB) gleich. Entsprechend ist zu behandeln, wer dem Erblasser vortäuscht, die Vernichtung der Erbverzichtsurkunde sei entgegen §§2348, 2351 BGB eine wirksame Aufhebung des Erbverzichtsvertrages, wenn der Erblasser deshalb keine neue letztwillige Verfügung errichtet.[32] 18

Die Bestimmung betrifft auch die Fälle, in denen der Täter nicht die Errichtung oder Aufhebung einer Verfügung überhaupt, sondern nur deren **Wirksamkeit** verhindert, indem er den Erblasser über **Form**vorschriften täuscht.[33] Fiele dieses Verhalten nicht unter Abs. 1 Nr. 2, würde zu Unrecht das größere Geschick bei der Verhinderung einer letztwilligen Verfügung belohnt. Aus demselben Grund ist die Vorschrift auch anzuwenden, wenn der Erblasser lediglich gehindert wird, seiner letztwilligen Verfügung einen bestimmten Inhalt zu geben.[34] Häufig wird allerdings auch Abs. 1 Nr. 3 eingreifen. 19

Die Handlung des Erbunwürdigen muss für die Verhinderung **kausal** gewesen sein. Daher liegen die Voraussetzungen nicht vor, wenn die konkret beabsichtigte Verfügung aus anderen Gründen nicht erfolgt wäre, etwa wegen der fehlenden Bereitschaft des avisierten Vertragspartners zum Abschluss eines Erbvertrages.[35] 20

Vorsatz und Widerrechtlichkeit sind wie bei §123 BGB zu beurteilen.[36] In den Fällen der Verhinderung durch positives Tun ist die **Widerrechtlichkeit** indiziert. Bei der Begehung durch **Unterlassen**, insbesondere der fehlenden Aufklärung des Erblassers über die Formnichtigkeit einer letztwilligen Verfügung, muss den Täter stets eine Rechtspflicht treffen. Anderenfalls handelt dieser nicht widerrechtlich, bspw. wenn er nur rein zufällig von der Verfügung Kenntnis nimmt und nicht ganz besondere Umstände eine Handlungspflicht begründen.[37] Wurde der Erblasser nur an der beabsichtigten Form der Verfügung gehindert, etwa durch die Weigerung, einen Notar zu 21

28 DIV-Gutachten, ZfJ 1993, 538.
29 Vgl. MüKo/*Helms*, §2339 Rn 19.
30 BGH – V ZR 156/64, FamRZ 1965, 495; MüKo/*Helms*, §2339 Rn 22.
31 MüKo/*Helms*, §2339 Rn 22.
32 Staudinger/*Olshausen*, §2339 Rn 33.
33 Staudinger/*Olshausen*, §2339 Rn 33.
34 MüKo/*Helms*, §2339 Rn 19.
35 A.A. MüKo/*Helms*, §2339 Rn 23, da es nicht auf den Erfolg ankäme.
36 BGH – IV ZR 286/88, NJW-RR 1990, 515.
37 Staudinger/*Olshausen*, §2339 Rn 35.

verständigen, bedarf es auch hier einer Handlungspflicht, um das Tatbestandsmerkmal der Widerrechtlichkeit zu erfüllen. Führt der mit der Vernichtung des Testaments Beauftragte den Auftrag heimlich nicht aus, ist dies nach hiesiger Ansicht eine Verhinderung der Aufhebung einer letztwilligen Verfügung. Er hatte dann einen Auftrag (eine Handlungspflicht) übernommen. Eine Pflicht, jemanden anderes bei der Testamentserrichtung zu unterstützen, muss bestehen. Sie kann durch Übernahme (Auftrag) oder u.U. bei einem Betreuer vorliegen.[38] Ein Vertrag, durch den der Erblasser sich in seiner Testierfreiheit in bestimmter Art und Weise einschränkt, ist gem. § 2302 BGB nichtig und auch rechtswidrig. Wenn der Erblasser aufgrund eines solchen Vertrages eine letztwillige Verfügung nicht errichtet oder widerruft, ist er dafür kausal gewesen.[39] Allerdings muss der Vertragspartner hinsichtlich der Widerrechtlichkeit auch vorsätzlich gehandelt haben.

5. Abs. 1 Nr. 3 (Einflussnahme durch Täuschung oder Drohung)

22 Die Beeinflussung der Willensbildung des Erblassers durch **arglistige Täuschung** oder **widerrechtliche Drohung** (§ 123 BGB) begründet die Erbunwürdigkeit des Täters nach Abs. 1 Nr. 3. Die Definition der arglistigen Täuschung entspricht der in § 123 BGB.[40] Sie kann durch Tun oder Unterlassen geschehen.

23 Ob bei der **Anwendung von Gewalt** (vis absoluta) ein Fall des Abs. 1 Nr. 3 gegeben ist, war umstritten. Von der h.L. (Rspr. ist bislang nicht bekannt) wird inzwischen zutreffend angenommen, dass bei Errichtung des Testaments unter Anwendung unmittelbarer Gewalt kein Bedürfnis für das Eingreifen der Vorschriften der Erbunwürdigkeit bestünde, weil die letztwillige Verfügung ohnehin unwirksam sei.[41] Zweck der Vorschrift sei allein der Schutz vor letztwilligen Verfügungen, bei denen durch unlautere Einflussnahme auf den Erblasser eine Unsicherheit darüber herbeigeführt wurde, wie dieser sonst verfügt haben würde. Regelmäßig wird der Unwürdige den Erblasser auch durch Drohungen zur Errichtung des Testaments bestimmen. Hier steht neben der Erbunwürdigkeitsklage die Möglichkeit der Testamentsanfechtung zur Verfügung.

24 Nach älterer Rspr. soll der Ehegatte, der ein fortdauerndes **ehewidriges Verhältnis** verschweigt, obwohl er weiß, dass der andere Ehegatte im Vertrauen auf die Beteuerung seiner ehelichen Treue ein Testament zu seinen Gunsten errichtet, gem. Abs. 1 Nr. 3 erbunwürdig sein.[42] Der BGH nahm jedoch keine Offenbarungspflicht an, wenn es sich bei der Verfehlung um eine länger zurückliegende handelt. Die Lit. und das OLG Frankfurt gehen von einer Aufklärungspflicht bei ehelicher Untreue durch den Ehegatten nur in Ausnahmefällen bei Vorliegen besonders gravierender Umstände aus.[43] Der Entscheidung des BGH kann nicht mehr ohne Weiteres gefolgt werden. Der Gesetzgeber hat durch das 1. EheRG v. 14.6.1976 den Ehebruch als Pflichtteilsentziehungsgrund in § 2335 BGB gestrichen. Nach § 2335 BGB a.F. konnte der Erblasser dem Ehegatten den Pflichtteil entziehen, wenn ein Scheidungsgrund vorlag. Dieser war nach dem damals geltenden Verschuldensprinzip gem. § 42 EheG insbesondere bei Ehebruch gegeben. Weil gem. § 50 Abs. 2 EheG eine Scheidung nicht mehr zulässig wäre, wenn seit dem Eintritt des Scheidungsgrundes zehn Jahre verstrichen sind, ging der BGH davon aus, dass „länger zurückliegende" Eheverfehlungen nicht mehr zu

38 Vgl. auch *Holtmeyer*, ZErb 2010, 6, 7 ff.
39 Staudinger/*Olshausen*, § 2339 Rn 34.
40 BGH – III ZR 208/66, NJW 1968, 642.
41 MüKo/*Helms*, § 2339 Rn 24; BeckOK BGB/*Müller-Christmann*, § 2339 Rn 13 je m.w.N.
42 BGH – III ZR 208/66, NJW 1968, 642; ebenso *Röwer*, FamRZ 1961, 1.
43 OLG Frankfurt – 21 U 9/10, FamRZ 2011, 1177; MüKo/*Helms*, § 2339 Rn 26; *Deubner*, JuS 1968, 449.

offenbaren sind. Sind an den Ehebruch seit dem ersten EheRG v. 14.6.1976 selbst keine Rechtsfolgen mehr geknüpft, widerspricht es nunmehr dem Sinn und Zweck der gesetzlichen Regelung, dass dieser dennoch zur Erbunwürdigkeit führen soll. Schließlich würde sonst auch die Grenze zur Anfechtung verwischt: „Ausbleiben von Wohlverhalten" kann eine Anfechtung rechtfertigen, aber keine Unwürdigkeit herbeiführen.

Eine **Adoption** kann ein **gesetzliches** Erbrecht herbeiführen. Verhindert eine Person die Adoption, ist dies aber kein Fall des Abs. 1 Nr. 3.[44] Ziel des Täterhandelns ist keine letztwillige Verfügung. Die Tat kann aber die Voraussetzungen von Abs. 1 Nr. 2 erfüllen, wenn der Erblasser aufgrund einer Täuschung eine ursprünglich beabsichtigte Verfügung von Todes wegen nicht errichtete. 25

Täuschung oder Drohung stellen zugleich **Anfechtungsgründe** nach §§ 2078 ff. BGB dar mit dem Ziel, die letztwillige Verfügung zu beseitigen. Allerdings führt die Anfechtung nach § 2078 BGB nur zur Unwirksamkeit der Verfügung, bei der der Anfechtungsgrund durchgreift, während §§ 2339, 2344 BGB den Anfall der Erbschaft zugunsten des Täters insgesamt verhindert. Während bei der Anfechtung eines Testaments die Anfechtungsfristen in Bezug auf die Erbunwürdigkeitsklage und die Testamentsanfechtung gem. §§ 2078, 2082, 2340 Abs. 3 BGB gleich laufen, ist die Erbunwürdigkeitsklage die einzige Möglichkeit, nach Abschluss eines Erbvertrages die Erbenstellung des Täuschenden oder Drohenden zu beseitigen, wenn die Verfügung nicht mehr durch einen Dritten gem. §§ 2078, 2080, 2285 BGB angefochten werden kann, weil der Erblasser zu Lebzeiten die Anfechtungsfrist versäumt hat. 26

6. Abs. 1 Nr. 4 (Urkundsdelikte)

Die Tatbestände der fälschlichen Anfertigung oder **Verfälschung** der Verfügung von Todes wegen ergeben sich aus §§ 267, 271–274 StGB. Die Handlungen können auch nach dem Erbfall begangen worden sein. Die Fälschung einer anderen, mittelbar wirkenden Urkunde erfüllt die Voraussetzung nicht.[45] Denkbar ist z.B. die Beantragung eines Erbscheins.[46] Das soll aber nicht bei einer bewusst formunwirksamen letztwilligen Verfügung gelten, wenn die ausgewiesene Erbfolge auch ohne diese zutreffend sein könnte.[47] Der Verstoß gegen die Ablieferungspflicht für letztwillige Verfügungen nach dem Erbfall gem. § 2259 Abs. 1 BGB kann eine Urkundenunterdrückung nach § 274 Abs. 1 Nr. 1 StGB darstellen.[48] 27

Str. ist, ob allein der **Versuch der Tat** zur Begründung der Erbunwürdigkeit ausreicht, wenn dadurch der Erblasserwille verdunkelt werden kann.[49] Eine an Wortlaut und Systematik orientierte Auslegung führt zu keinem Ergebnis. Einerseits ist die Strafbarkeit des Versuchs der Urkundenfälschung erst nachträglich in das StGB eingeführt worden, so dass der BGB-Gesetzgeber diese nicht kannte. Andererseits hat der Gesetzgeber auch den Versuch in Abs. 1 Nr. 1 ausdrücklich erwähnt. 28

Die Frage wird insbesondere mit Blick auf die nach erbrechtlichen Vorschriften **formnichtige** oder rechtsunwirksame **Fälschung** durch den Täter diskutiert. Dabei kommt es jedoch auf die Erheblichkeit der Versuchsstrafbarkeit gar nicht an. Das Urkundsde-

44 OLG Köln – 2 U 27/50, NJW 1951, 158; vgl. dazu auch MüKo/*Helms*, § 2339 Rn 25.

45 OLG Frankfurt – 21 U 9/10, FamRZ 2011, 1177; LG Traunstein – 5 O 793/21, BeckRS 2021, 55249.

46 BeckOK BGB/*Müller-Christmann*, § 2339 BGB Rn 26.

47 OLG Köln – 24 U 152/22, BeckRS 2024, 13397, allerdings mit fraglichem Vertrauen in die Darstellung der Antragstellerin.

48 *Lorenz*, JuS 2024, 818, 820; *Goldkamp*, ErbR 2022, 111, 112.

49 Bejahend: LG Ravensburg – O 370/53, NJW 1955, 795; LG Kassel – 6 O 542/22, ZErb 2023, 152; MüKo/*Helms*, § 2339 Rn 28; a.A. *Bartholomeyczik*, NJW 1955, 795.

likt ist auch dann vollendet, wenn bspw. das gefälschte Testament formnichtig oder rechtsunwirksam wäre, z.B. weil der Erblasser an einen vorhergehenden Erbvertrag oder ein gemeinschaftliches Testament gebunden ist.[50] Für die Versuchsstrafbarkeit bleibt kaum Raum (zur Anwendung des Ausnahmegrund des Abs. 2 vgl. Rdn 31). Formnichtig sind Fälschungen regelmäßig, da sie (so) nicht vom Erblasser verfasst wurden. Dies lässt das Urkundsdelikt also nicht entfallen. Meint der Fälschende, nur eine erbrechtliche Formvorschrift zu verletzen, z.B. für den Erblasser nach dessen Anweisung zu schreiben, liegt keine Unwürdigkeit vor.[51] Die versuchte Anstiftung zur Urkundenunterdrückung soll nicht zur Erbunwürdigkeit führen.[52]

29 Erbunwürdig ist nach der h.M. auch der Fälscher, der den **wahren Willen** des Erblassers zum Ausdruck bringt.[53] Es kommt auch nicht darauf an, ob der Täter aus anerkennenswerten Motiven gehandelt hat.[54] Allerdings soll eine Vernichtung zum eigenen Nachteil nicht ausreichen.[55]

Gegenstand der Fälschung muss eine letztwillige Verfügung sein und keine Urkunde, die lediglich auf den Testierwillen einwirken soll.[56] Das Gebrauchen einer unechten Urkunde fällt nicht unter § 267 StGB.[57]

30 Ob ein Urkundendelikt vorliegt, wird ggf. in einem Zivilverfahren geprüft.[58] Der die Erbunwürdigkeit geltend Machende muss nicht nur die Fälschung an sich, sondern auch deren Vornahme durch den potentiellen Erben **beweisen**.[59] Sollte das Fälschen nicht bewiesen werden können, kommt noch in Betracht, dass der Täter die Urkunde zum Gebrauch in den Rechtsverkehr gebracht hat.[60]

V. Ausnahmegründe

1. Unwirksamkeit der Verfügung vor Eintritt des Erbfalls (Abs. 2)

31 Nach Abs. 2 tritt keine Erbunwürdigkeit ein, wenn noch **vor dem Tod** des Erblassers die Verfügung, zu deren Errichtung der Erblasser bestimmt (Abs. 1 Nr. 3) oder in Ansehung derer ein Urkundsdelikt begangen worden ist (Abs. 1 Nr. 4), unwirksam geworden ist. Das Gleiche gilt, wenn die Verfügung, zu deren Aufhebung der Erblasser bestimmt worden ist (Abs. 1 Nr. 3), unwirksam geworden sein würde. Dabei kommen nach dem Wortlaut des Gesetzes solche Tatbestände in Betracht, die sich zwischen der unlauteren Tat und dem Erbfall ereignen (z.B. Widerruf der Verfügung durch den Erblasser, Ablauf der Geltungsdauer eines Nottestaments, Tod des Bedachten). Umstritten ist der Fall, in dem ein Sohn einen Elternteil zwingt, das eigene Kind (Enkel des Erblassers) als Erben einzusetzen, und der Enkel vorverstirbt. Richtigerweise sollte der Sohn erbunwürdig sein, da die Verfügung zwar leerläuft, aber wirksam bleibt.[61]

---

50 Anders noch LG Ravensburg – O 370/53, NJW 1955, 795.

51 OLG Köln – 24 U 152/22, BeckRS 2024, 13397, wobei die Beweislastverteilung fraglich erscheint; die Last lag wohl bei der „fälschenden" Person, vgl. *Schmitz*, ErbR 2020, 684, 690.

52 OLG Dresden – 7 U 254/98, NJWE-FER 1999, 326.

53 Vgl. BGH – III ZR 208/67, NJW 1970, 197; OLG Stuttgart – 19 U 239/97, ZEV 1999, 187; *Kuchinke*, ZEV 1999, 317; a.A. MüKo/*Helms*, § 2339 Rn 13, 29; *Speckmann*, JuS 1971, 235.

54 BGH – IV ZR 400/14, ZEV 2008, 193; BGH – IV ZR 177/11, ZEV 2008, 479.

55 OLG Dresden – 7 U 254/98, NJWE-FER 1999, 326.

56 OLG Rostock – 3 U 59/10, ZErb 2011, 86.

57 OLG Hamm – 10 U 83/15, ZEV 2016, 644.

58 OLG Stuttgart – 5 U 42/07, ZEV 2008, 434.

59 OLG München – 20 U 5261/08, BeckRS 2009, 11374.

60 OLG Düsseldorf – 7 U 206/99, ErbBstg 2001, 225.

61 So auch MüKo/*Helms*, § 2339 Rn 32; *Zimmermann*, Verlust der Erbschaft, Rn 303; sehr kritisch zu Abs. 2: *Muscheler*, ZEV 2009, 58.

Eine Ausweitung auf ursprüngliche Unwirksamkeit ist mit Verweis auf den Wortlaut abzulehnen, auch wenn dies inkonsequente Ergebnisse bringen kann.[62]

2. Ausschluss der Erbunwürdigkeit

Die Erbunwürdigkeit ist ausgeschlossen, wenn der Erblasser dem Unwürdigen **verziehen** hat (§ 2343 BGB) oder die Anfechtung nicht oder nicht rechtzeitig geltend gemacht wird (§ 2340 BGB) oder der Anfechtungsberechtigte auf sein Anfechtungsrecht verzichtet hat. 32

Ausschlussgrund für die Anfechtung ist neben der Verzeihung der Verzicht des Anfechtungsberechtigten. Der **Verzicht** ist als Vertrag zwischen dem Anfechtungsberechtigten und dem Erbunwürdigen möglich.[63] Eine trotzdem erhobene Anfechtungsklage wäre wegen eines Verstoßes gegen § 242 BGB (venire contra factum proprium) unzulässig.[64] Anderen Anfechtungsberechtigten wird hierdurch ihr Anfechtungsrecht nicht genommen. Durch die Wirkung inter partes kann die Erbschaft dennoch an den Verzichtenden fallen, wenn ein Nachberufener Erbunwürdigkeitsklage erhebt. Will der Verzichtende die Erbschaft dem Unwürdigen sicher zukommen lassen, so ist eine Erbschaftsübertragung nach §§ 2371, 2385 BGB erforderlich. 33

C. Rechtsfolge

Im Gegensatz zur Pflichtteilsentziehung (§§ 2333 ff. BGB) wird der Erbunwürdige zunächst Erbe. Erst bei Erfolg der **Anfechtungsklage** gilt der Anfall an ihn als nicht erfolgt (§ 2344 Abs. 1 BGB). Mit der Rechtskraft des Urteils scheidet der Unwürdige als Erbe aus (§ 2342 Abs. 2 BGB). Er verliert auch seinen Pflichtteilsanspruch oder einen Anspruch aus einem Vermächtnis (§ 2345 BGB), allerdings ohne dass es einer Anfechtungsklage bedarf. 34

Bei **fortgesetzter Gütergemeinschaft** bezieht sich die Unwürdigkeit auch auf den Anteil am Gesamtgut. § 1506 BGB ist nicht nur auf Abkömmlinge, sondern auch auf den überlebenden Ehegatten anzuwenden.[65] Hat der Ehegatte im gesetzlichen Güterstand der Zugewinngemeinschaft gegen den Verstorbenen eine Handlung begangen, welche einen Erbunwürdigkeitsgrund darstellt, ist eine entsprechende Anwendung der Vorschriften über die Erbunwürdigkeit auf den Ausgleich des **Zugewinns** nicht vorgesehen. In diesem Fall kann der Erbe die Ausgleichung des Zugewinns gegenüber dem überlebenden Ehegatten nur verweigern, wenn diese gem. § 1381 BGB grob unbillig ist.[66] 35

D. Verfahrensfragen und Prozesstaktik

I. Verfahren

Die Erbunwürdigkeit begründet ein Anfechtungsrecht gegenüber dem Unwürdigen, der zunächst Erbe wird. Der Kreis der Anfechtungsberechtigten bestimmt sich nach § 2341 BGB. Die Anfechtung erfordert abgesehen von den Fällen des § 2345 BGB die Erhebung einer Anfechtungsklage (vgl. § 2342 BGB) und kann nur innerhalb bestimmter Fristen (§§ 2082, 2340 Abs. 3 BGB) erfolgen. 36

62 *Muscheler*, ZEV 2009, 58, 61 aE.

63 Vgl. hierzu Staudinger/*Olshausen*, § 2343 Rn 6; a.A. MüKo/*Helms*, § 2343 Rn 2: nur einseitige Erklärung des Verzichtenden erforderlich.

64 Vgl. MüKo/*Helms*, § 2343 Rn 2.

65 MüKo/*Spernath*, § 1506 Rn 2.

66 LG Nürnberg-Fürth – 7 O 8624/11, BeckRS 2012, 8169; OLG Karlsruhe – 2 UF 267/85, FamRZ 1987, 823.

II. Strafverfahren, Beweislast

37 Eine **strafrechtliche Verurteilung** ist nicht Voraussetzung der Erbunwürdigkeit. Taktisch kann es vorteilhaft sein, den Verlauf (Zeugenaussagen, Schriftgutachten) und das Ergebnis eines Strafprozesses abzuwarten, wobei aber die Anfechtungsfrist zu beachten ist (§ 2340 Abs. 3 BGB, vgl. § 2340 BGB Rdn 6). In einem Strafverfahren darf keine Einziehung des Nachlasses gem. § 73 Abs. 1 StGB angeordnet werden, da §§ 2339, 2344 BGB vorgehen und ein Übergang auf tatsächliche Erben verhindert würde.[67] Der Zivilrichter ist an ein Strafurteil nicht gebunden. Er muss sich mit dessen Feststellungen aber auseinandersetzen.[68] Das Zivilgericht kann z.B. ein Gutachten über die Schuldfähigkeit aus einem Strafverfahren verwenden.[69] Auf Antrag ist aber der Sachverständige aus dem Strafverfahren zu hören.[70] Ein rechtskräftiges Strafurteil stellt grundsätzlich eine Beweisurkunde (§§ 415 ff. ZPO) dar. Bei erhöhter Darlegungslast müssen aber auf Antrag weitere Beweise erhoben werden.[71]

38 Anders als im Strafverfahren gilt bei der Erbunwürdigkeitsklage der Grundsatz „in dubio pro reo" nicht.[72] Der Kläger muss das Vorliegen des Grundes **beweisen**,[73] der Beklagte eine eventuelle Unzurechnungsfähigkeit.[74]

§ 2340 Geltendmachung der Erbunwürdigkeit durch Anfechtung

(1) Die Erbunwürdigkeit wird durch Anfechtung des Erbschaftserwerbs geltend gemacht.
(2) [1]Die Anfechtung ist erst nach dem Anfall der Erbschaft zulässig. [2]Einem Nacherben gegenüber kann die Anfechtung erfolgen, sobald die Erbschaft dem Vorerben angefallen ist.
(3) Die Anfechtung kann nur innerhalb der in § 2082 bestimmten Fristen erfolgen.

Literatur

Gottwald, Fristen im Erbrecht: Anfechtungsfristen, ZEV 2006, 489; *Kroiß*, Die Erbunwürdigkeitsklage, FF 2004, 13.

Übersicht:

67 BGH – 5 StR 518/19, ErbR 2020, 631.
68 BGH – IV ZR 400/14, NJW 2015, 1382; BGH – IV ZR 140/04, ZEV 2005, 307.
69 OLG Düsseldorf – 7 U 144/99, NJWE-FER 2000, 156.
70 BGH – IV ZR 177/11, ZEV 2013, 34.
71 OLG Hamm – 10 U 28/19, ZEV 2023, 694.
72 BGH – IVa ZR 160/86, NJW 1988, 822.
73 OLG Hamm – 10 U 83/15, ZEV 2016, 644, 645; *Schmitz*, ErbR 2020, 684, 689; zum Grad der Sicherheit bei einer Urkundenfälschung: OLG Naumburg – 12 U 15/19, ErbR 2022, 224.
74 BGH – IV ZR 400/14, NJW 2015, 1382; BGH – IVa ZR 160/86, NJW 1988, 822; *Schmitz*, ErbR 2020, 684, 690.

A. Allgemeines

Die Erbunwürdigkeit bewirkt **keine unmittelbare Erbunfähigkeit.** Sie begründet ein **Anfechtungsrecht** gegenüber dem Erbunwürdigen, der zunächst Erbe wird. Dies stellt Abs. 1 klar. In Abs. 2 wird der Beginn der Anfechtungsmöglichkeit und in Abs. 3 werden die Ausschlussfristen festgelegt. Der Kreis der Anfechtungsberechtigten bestimmt sich nach § 2341 BGB. Die Anfechtung erfordert mit Ausnahme der Fälle des § 2345 BGB die Erhebung einer Klage (vgl. § 2342 BGB). 1

B. Tatbestand

I. Beginn der Anfechtungsmöglichkeit (Abs. 2 S. 1)

Die Klage ist erst nach dem Anfall der Erbschaft (§ 1942 Abs. 1 BGB) zulässig. Eine Feststellungsklage zu **Lebzeiten** des Erblassers ist **unzulässig.**[1] Bei der Pflichtteilsunwürdigkeit mag sie zwar denkbar sein, wird aber in der Praxis durch eine Klage auf Feststellung der Berechtigung zur Pflichtteilsentziehung (welche zulässig ist[2]) überflüssig werden.[3] Die Anfechtung kann auch noch gegen die Erben des Unwürdigen durchgeführt werden. 2

Die Anfechtung kann gegen den erbunwürdigen **Ersatzerben** nicht geltend gemacht werden, solange der Erbe nicht weggefallen ist. Das bedeutet auch, dass eine Klage nicht gleichzeitig gegen den Erben und den Ersatzerben erhoben werden kann: Für die Verurteilung des Ersatzerben ist es eine Voraussetzung, dass eine Anfechtungsklage gegen den Erben rechtskräftig Erfolg hatte.[4] Selbst wenn prozessökonomische Gesichtspunkte in solchen Fällen für eine Klageverbindung sprechen, fehlt doch die Voraussetzung des Abs. 2 S. 1. Zudem ist die Prozessverbindung unzulässig, da die Klage gegen den einen Beklagten von dem Ausgang des Verfahrens gegen den anderen Beklagten abhängig wäre, § 60 ZPO. Bei dem Verfahren gegen den anderen Beklagten handelt es sich um einen selbstständigen Prozess und mithin bei dem Ausgang des Verfahrens gegen den ersten Beklagten um eine außerprozessuale Bedingung. 3

II. Anfechtung gegenüber Nacherben (Abs. 2 S. 2)

Nach Abs. 2 S. 2 kann die Anfechtung einem Nacherben gegenüber geltend gemacht werden, sobald die Erbschaft dem **Vorerben** angefallen ist. Dem steht nicht entgegen, dass die Nacherbschaft gem. § 2139 BGB erst mit dem Nacherbfall anfällt. Der Vorerbe soll möglichst frühzeitig wissen, ob er Vollerbe geworden ist oder den Beschränkungen zugunsten des Nacherben unterliegt. Dasselbe gilt auch bei der Unwürdigkeit eines **Nachvermächtnisnehmers** oder der Erbeinsetzung unter einer Bedingung oder Befristung gem. § 2105 BGB. Die **Frist** gegenüber einem unwürdigen Nacherben beginnt trotzdem erst, wenn der Nacherbfall eintritt.[5] Die Anfechtung soll vor Eintritt der Nacherbfolge nur ermöglicht werden, was aber nicht zu Lasten des Anfechtenden wirken soll. 4

III. Anfechtungsfrist (Abs. 3)

Die Anfechtung muss binnen **Jahresfrist** erfolgen (§ 2082 Abs. 1 BGB). Ausgeschlossen ist die Anfechtung wegen Erbunwürdigkeit, wenn seit dem Erbfall (§ 1922 BGB) 30 Jahre verstrichen sind (§ 2340 Abs. 3 i.V.m. § 2082 Abs. 3 BGB). Auf den Lauf der Frist finden die für die **Verjährung geltenden Vorschriften** der §§ 206, 210, 211 BGB 5

---

1 RG – IV 324/17, RGZ 92, 1 (zur Pflichtteilsentziehung); MüKo/*Helms*, § 2340 Rn 2.
2 RG – IV 324/17, RGZ 92, 1.
3 BGH – IV ZR 123/03, NJW 2004, 1874.
4 H.M. BeckOK BGB/*Müller-Christmann*, § 2340 BGB Rn 2 m.w.N.; a.A. MüKo/*Helms*, § 2340 Rn 2: aus prozessökonomischen Gründen, die aber potenzielle Folgeprobleme außer Acht lässt.
5 MüKo/*Helms*, § 2340 Rn 5.

entsprechend Anwendung (vgl. § 2080 Abs. 2 S. 2 BGB), einschließlich der Hemmungstatbestände.[6] Es kann auch die Rechtsprechung zu § 852 BGB a.F. herangezogen werden.[7]

6 Die Frist **beginnt**, wenn der Anfechtungsberechtigte von dem Anfechtungsgrund **Kenntnis** erlangt (§ 2082 Abs. 2 S. 1 BGB). Diese liegt vor, wenn der Anfechtungsberechtigte von der die Erbunwürdigkeit begründenden Tatsache und von der Tatsache Kenntnis erlangt, durch welche die Anfechtung zulässig geworden ist (Erbanfall an den Unwürdigen).[8] Bloße Vermutungen hinsichtlich der die Erbunwürdigkeit begründenden Tatsachen genügen nicht. Da die Erbunwürdigkeit in einem Prozess durchzusetzen ist, müssen **beweisbare** Tatsachen vorliegen.[9] So kann bspw. in einem Gutachten die Fälschung des Testaments festgestellt worden sein. Bei der Testamentsfälschung ist auch die Kenntnis von der Person des Fälschers Voraussetzung für den Fristbeginn. Bei Unsicherheiten z.B. aufgrund sich widersprechender Aussagen ist es grundsätzlich zulässig, ein Strafurteil abzuwarten.[10] Im Falle des § 2339 Abs. 1 Nr. 1 BGB reicht es nicht aus, dass der Anfechtungsberechtigte die Tatsachen kennt, die den objektiven und subjektiven Tatbestand des Tötungsdelikts ausfüllen und die Rechtfertigungsgründe ausschließen. Erforderlich ist vielmehr auch die Kenntnis der schuldbegründenden Merkmale, da bei schuldlosem Verhalten eine Erbunwürdigkeit nicht in Betracht kommt.[11]

§ 2341 Anfechtungsberechtigte

Anfechtungsberechtigt ist jeder, dem der Wegfall des Erbunwürdigen, sei es auch nur bei dem Wegfall eines anderen, zustatten kommt.

A. Allgemeines

1 Im Gegensatz zu § 2080 Abs. 1 BGB ist jeder anfechtungsberechtigt, dem der Wegfall des Erbunwürdigen auch nur mittelbar, d.h. beim Wegfall eines oder mehrerer Vorberufener, zustattenkommt. Der Kreis der Anfechtungsberechtigten ist weiter gezogen, damit die Erbunwürdigkeit, die nicht von Gesetzes wegen eintritt, nicht an der Bequemlichkeit oder unlauteren Motiven eines einzelnen Anfechtungsberechtigten scheitert.

B. Tatbestand

2 Voraussetzung des Anfechtungsrechts ist die **Möglichkeit** (nicht die unmittelbare Folge), dass der am Wegfall des Unwürdigen Interessierte selbst Erbe wird. Mehrere Berechtigte sind unabhängig voneinander anfechtungsberechtigt.[1] Der Fiskus soll keine Amtspflicht zur Klageerhebung haben.[2] Gibt es keine vorranging Berechtigten, erscheint eine Ermessensausübung hin zur Klageerhebung richtig, da sonst der potentielle Wille des Erblassers nicht geschützt wäre.

---

6 *Kroiß*, FF 2004, 13, 15.

7 OLG Koblenz – 8 U 1467/02, ZErb 2004, 305; *Muscheler*, ZEV 2009, 101, 104.

8 OLG Brandenburg – 13 W 23/09, FamRZ 2010, 933, Rn 25, juris.

9 *Muscheler*, ZEV 2009, 101, 104; *Gottwald*, ZEV 2006, 489.

10 OLG Hamm – 10 U 28/19, ZEV 2023, 694, Rn 22; OLG Koblenz – 8 U 1467/02, ZErb 2004, 305.

11 OLG Düsseldorf – 7 U 114/99, NJWE-FER 2000, 156; ähnlich BayObLG – 1Z BR 48/01, NJW-RR 2002, 1159.

1 Vgl. MüKo/*Helms*, § 2341 Rn 2.

2 *Ludyga*, ZEV 2024, 341, 342 m.w.N.

Person	Anfechtungsberechtigung
Fiskus	Ja, da immer potenzieller Erbe, § 1936 BGB.[3]
An späterer Stelle zum Erben Berufener (gesetzlich oder testamentarisch)	Ja.[4]
Erbe des Anfechtungsberechtigten	Ja, aus ererbtem Recht (Frist des Verstorbenen läuft weiter).[5]
Erbe, der ausschlug	Nein.
Person, die Erbverzicht erklärte	Nein, es sei denn, der Verzicht wurde zugunsten des Erbunwürdigen gem. § 2350 BGB erklärt (vgl. § 2344 BGB Rdn 6).
Selbst Erbunwürdiger	Ja, wenn ihm gegenüber noch kein Urteil nach § 2342 BGB vorliegt.[6]
Vor- gegenüber Nacherben	Ja, da Vorerbe zum Vollerben wird.
Nach- gegenüber Vorerben	Ja, da Nacherbe im Zweifel Ersatzerbe ist, § 2102 BGB.
Gläubiger des Nächstberufenen	Nein, auch nicht nach Pfändung, da keine erbrechtliche Position erlangt wird.
„Erwerber" des Anfechtungsrechts	Nein, da Übertragung der erbrechtlichen Position nicht möglich.
Vermächtnisnehmer und Auflagenbegünstigter	Nein; der Vermächtnisnehmer nur, sofern die naheliegende Gefahr einer Kürzung des Vermächtnisses besteht.[7]
Testamentsvollstrecker	Nein, da er über §§ 2203 ff. BGB hinaus keine erbrechtliche Position hat.

§ 2342 Anfechtungsklage

(1) [1]Die Anfechtung erfolgt durch Erhebung der Anfechtungsklage. [2]Die Klage ist darauf zu richten, dass der Erbe für erbunwürdig erklärt wird.
(2) Die Wirkung der Anfechtung tritt erst mit der Rechtskraft des Urteils ein.

Literatur

Bauer, Der Erbunwürdigkeitsprozess, Diss., 2007; *Brox*, Der Schutz der Rechte Dritter bei zivilrechtlichen Gestaltungsurteilen, FamRZ 1963, 396; *Klinger/Maulbetsch*, Die Erbunwürdigkeitsklage, NJW-Spezial 2006, 349; *Kroiß*, Die Erbunwürdigkeitsklage, FF 2004, 13; *Roth*, Maßgeblichkeit des Klägerwerts bei der Streitwertbemessung bei der Erbunwürdigkeitsklage. Anmerkung zu OLG Koblenz, ZEV 1997, 253; *Unberath*, Verfahrensmaximen und Kostenentscheidungen bei der Erbunwürdigkeitsklage, ZEV 2008, 465; *Vernekohl*, Der Streitwert der Erbunwürdigkeitsklage, MDR 1972, 905.

3 OLG München – 31 Wx 164/11, ZErb 2011, 173.
4 Vgl. BeckOK BGB/*Müller-Christmann*, § 2341 Rn 2.
5 MüKo/*Helms*, § 2341 Rn 3.
6 So auch BeckOK BGB/*Müller-Christmann*, § 2341 Rn 2.
7 OLG Celle – 7 Wlw. 70/71, NdsRpfl. 1972, 238 f.; *Muscheler*, ZEV 2009, 101, 104.

Übersicht:

A. Allgemeines

1 Die Besonderheit der Erbunwürdigkeitsanfechtungsklage ist, dass bei Erfolg ein **gegen alle** wirkendes Gestaltungsurteil ergeht. Der Kläger kann nicht nur seine Rechte, sondern auch die anderer potentieller Erben geltend machen und auch Rechte Dritter beeinflussen (bspw. Gläubiger des bisherigen Erben). Daraus können sich Probleme ergeben, da das Zivilverfahren der Parteimaxime unterliegt, etwa bei Anerkenntnissen und Versäumnisurteilen.

B. Tatbestand

I. Nur Klage

2 Die Anfechtung kann nur im Wege der Klage (oder Widerklage), nicht durch bloße Anfechtungserklärung oder einredeweise erfolgen. Die Notwendigkeit einer klageweisen Geltendmachung resultiert aus dem besonderen Bedürfnis nach Klarheit und Offenkundigkeit der Anfechtungshandlung. Es handelt sich um eine **Gestaltungsklage**, die bei Erfolg zu einem Gestaltungsurteil führt.[1]

3 **Beklagter** ist der potentiell unwürdige Erbe, kein Erbschaftskäufer oder Miterbenanteilserwerber.[2]

Hat der Erbe ausgeschlagen, ist er nicht mehr Erbe. Daher ist nach der einen Ansicht eine Klage gegen ihn unbegründet.[3] Allerdings hat er noch die Möglichkeit der Anfechtung hinsichtlich der Ausschlagung, weshalb die andere, auch hier vertretene Ansicht eine Klage für möglich hält.[4] Für sie spricht der Gedanke der Rechtssicherheit. Will der Anfechtende sie trotz einer Ausschlagung erreichen, kann der Unwürdige versuchen, die Prozesskosten durch ein Anerkenntnis zu vermeiden, § 307 ZPO.[5]

Hinsichtlich der **Kosten** ergibt sich bei einem (unwirksamen) außergerichtlichen Anerkenntnis, ggf. verbunden mit einer Ausschlagung, und einem (zulässigen, siehe Rdn 12) gerichtlichen Anerkenntnis ein gewisses Dilemma: Es entstehen Kosten, obwohl keine Seite den Prozess verursachen wollte. Gem. § 93 ZPO könnten die Kosten ganz oder zum Teil dem Beklagten auferlegt werden, da dieser durch die Handlung, die zur Unwürdigkeit führte, die Klage veranlasst hat.

---

1 *Unberath*, ZEV 2008, 465.

2 MüKo/*Helms*, § 2342 Rn 2.

3 OLG Jena – 1 W 3/08, ZEV 2008, 479; *Unberath*, ZEV 2008, 465, 467; BeckOK BGB/*Müller-Christmann*, § 2342 Rn 2.

4 KG – 24 U 4354/88, NJW-RR 1989, 455; MüKo/*Helms*, § 2342 Rn 7.

5 In diese Richtung auch OLG Jena – 1 W 3/08, ZEV 2008, 479.

II. Klageverbindung

Mit der Anfechtungsklage kann nach fast allgemeiner Meinung aus prozessökonomischen Gründen die Verfolgung des **Herausgabeanspruchs** (§§ 2018 ff. BGB) verbunden werden.[6] Zwar ist der Anspruch aus § 2018 BGB erst mit Rechtskraft des stattgebenden Urteils begründet. Während der Beklagte durch eine Klageverbindung keine Nachteile erleidet, würde die Durchsetzung der Rechte des Klägers durch ein Verbot der Klagehäufung allerdings unzulässig beeinträchtigt. Die Klage nach § 2018 BGB wird regelmäßig als Annahme der Erbschaft i.S.d. § 1943 BGB gewertet. Die Klageverbindung sollte daher nur erfolgen, wenn keine Nachlassüberschuldung vorliegt. Allein in der Erhebung der Anfechtungsklage ist noch keine Annahme der Erbschaft zu sehen.[7] Bei einer Klageverbindung ist die Verurteilung zur Herausgabe erst mit Rechtskraft des (Erbunwürdigkeits-)Urteils zu beantragen. 4

Hilfsweise kann zusätzlich zu einer Erbunwürdigkeitsklage auch eine Feststellungsklage nach **Anfechtung** der letztwilligen Verfügung erhoben werden. Die Erbunwürdigkeitsklage wird dadurch nicht unschlüssig, weil beide Klagen selbstständig nebeneinanderstehen und auch die Gründe sich ähneln.[8] Eine zusätzliche Feststellungsklage dem Unwürdigen gegenüber hinsichtlich des Erbrechts wird regelmäßig unzulässig sein.[9] 5

Macht ein **Pflichtteilsberechtigter** die Unwürdigkeit des Erben und Pflichtteilsansprüche geltend, kann der Pflichtteilsprozess bis zur Erledigung der Erbunwürdigkeitsklage **ausgesetzt** werden,[10] nicht aber ohne weiteres, nur um ein Ermittlungsverfahren der Staatsanwaltschaft abzuwarten.[11] Das **Erbscheinverfahren** kann ausgesetzt werden, um ein Strafverfahren abzuwarten.[12] Für die Aussetzung gem. § 21 FamFG muss eine Erbunwürdigkeit in einer parallelen Anfechtungsklage aber substantiiert begründet worden sein.[13]

III. Zuständigkeit

Zuständig sind je nach Streitwert die Amts- oder Landgerichte am allg. Gerichtsstand des Beklagten oder dem besonderen Gerichtsstand der Erbschaft (§ 27 ZPO). 6

Zwar wurde nach hiesiger Kenntnis gerichtlich noch nicht entschieden, ob eine Anfechtungsklage **schiedsgerichtsfähig** ist. Mit Bezug auf die ablehnende Rechtsprechung des BGH zum Pflichtteilsrecht[14] und Äußerungen wie von *Zimmermann*[15] kann von keiner einseitigen Bestimmungsmöglichkeit des Erblassers in einer letztwilligen Verfügung ausgegangen werden. Damit ist eine solche Anordnung nicht bindend. Soweit allerdings kein Pflichtteilsrecht und auch kein gesetzliches Erbrecht betroffen ist, sondern nur eine Erbfolge aufgrund letztwilliger Verfügung, sollte eine Schiedsgerichtsbarkeit möglich sein. Die Anordnung kann dann als Prüfung der Bedingung angesehen werden, nach welcher der Bedachte für seine Erbenstellung keinen Erbunwürdigkeitsgrund verwirklicht haben darf. 7

Da es sich bei Erfolg um ein Gestaltungsurteil mit Wirkung auch nicht beteiligten Dritten gegenüber handelt, könnte eine **Schiedsgerichtsvereinbarung** nach § 1029

---

6 MüKo/*Helms*, § 2342 Rn 7 m.w.N.
7 MüKo/*Helms*, § 2342 Rn 1.
8 BGH – IV ZR 177/11, ZEV 2013, 34; BGH – III ZR 208/66, FamRZ 1968, 152.
9 Vgl. SaarlOLG – 8 UH 496/06, FamRZ 2007, 1275.
10 OLG Frankfurt – 11 U 117/10, NJW-Spezial 2012, 712.
11 OLG Frankfurt – 7 U 221/11, ZErb 2012, 241.
12 OLG Düsseldorf – I-3 Wx 68/12, FamRZ 2012, 1891.
13 OLG Rostock – 3 W 58/11, ZErb 2012, 90.
14 BGH – I ZB 50/16, NJW 2017, 2115, 2117.
15 *Zimmermann*, ErbR 2021, 181, 183.

ZPO unzulässig sein. Allerdings könnte der potentiell Erbunwürdige über seine Position auch durch Ausschlagung oder Anerkenntnis (vgl. Rdn 12) – allerdings grundsätzlich nicht in einer notariellen Urkunde (vgl. Rdn 11) – disponieren. Dies spricht für die Zulässigkeit einer Schiedsgerichtsvereinbarung.

IV. Erbscheinsverfahren

8 Die Erbunwürdigkeit kann nicht inzident im Erbscheinsverfahren festgestellt werden.[16] Ein laufendes Verfahren wird – wenn der Zivilprozess nicht substanzlos ist – analog § 148 ZPO ausgesetzt.[17]

C. Rechtsfolge

I. Rechtswirkung von Klage und Urteil

9 Im Gegensatz zur uneingeschränkten Rückwirkung nach § 142 Abs. 1 BGB bestimmt hier Abs. 2, dass die Wirkung der Anfechtung erst mit der **Rechtskraft** des Urteils eintritt. Die materiell-rechtlichen Wirkungen werden jedoch gem. § 2344 BGB **zurückbezogen**. Während das klageabweisende Urteil nur zwischen den Prozessparteien wirkt, so dass ein anderer Anfechtungsberechtigter erneut Klage gegen denselben Gegner erheben kann, wirkt das stattgebende Urteil auch zugunsten der übrigen Anfechtungsberechtigten.

II. Nachlasspflegschaft

10 Für die Dauer des Verfahrens kann entsprechend § 1960 BGB ein **Nachlasspfleger** bestimmt werden.[18] Das gilt auch, wenn bei einem laufenden Strafverfahren eine Klage ernsthaft angekündigt wurde.[19] Die Gefahr ist groß, dass der unter Umständen Erbunwürdige bis zur Klärung dem Nachlass schadet.

D. Verfahrensfragen und Prozesstaktik

I. Anerkenntnis

11 Die Anfechtung kann **nicht** durch ein Anerkenntnis in einer **notariellen Urkunde** oder durch **Prozessvergleich** festgestellt werden.

12 **Umstritten** ist, ob die Klage gem. **§ 307 ZPO** anerkannt werden kann.[20] Gegen die Zulässigkeit eines Anerkenntnisses wird eingewandt, dass der Streitgegenstand der Anfechtungsklage nicht der Verfügungsbefugnis der Prozessparteien – auch zum Schutz der Nachlassgläubiger – unterliegen soll. Andererseits ist aber auch im streitigen Verfahren um die Erbenstellung ein Anerkenntnis möglich. Der Schutz der Nachlassgläubiger rechtfertigt es nicht, den Streitgegenstand der Disposition der Prozessparteien zu entziehen.[21] Auch der BGH befürwortet die Geltung der Dispositionsmaxime statt des Untersuchungsgrundsatzes.[22] Es spricht gegen die Annahme, der Streitgegenstand sei der Disposition der Parteien entzogen, dass der Anfechtungsberechtigte unbestritten gegenüber dem Erbunwürdigen auf sein Anfechtungsrecht verzichten kann. Missbrauchsversuchen kann durch strenge Anforderungen an die Schlüssigkeit

---

16 BayObLG – BReg 1 Z 18/73, BayObLGZ 1973, 257.
17 Vgl. *Zimmermann*, Verlust der Erbschaft, Rn 306.
18 BayObLG – 1 Z BR 48/01, FamRZ 2002, 1349; MüKo/*Helms*, § 2342 Rn 4.
19 OLG Karlsruhe – 14 W 112/22, NJW-RR 2023, 713.
20 Gestützt durch BGH – IV ZR 400/14, ZEV 2015, 282; BGH – IV ZB 11/22, ErbR 2023, 687; OLG Jena – 1 W 3/08, ZEV 2008, 479; KG – 24 U 4354/88, FamRZ 1989, 675; *Bauer*, S. 94 ff.; *Brox*, FamRZ 1963, 392, 397; ablehnend: LG Aachen – 8 O 304/87, NJW-RR 1988, 263; MüKo/*Helms*, § 2342 Rn 8.
21 KG – 24 U 4354/88, FamRZ 1989, 6759.
22 BGH – IV ZR 400/14, ZEV 2015, 282; BGH –IV ZB 11/22, ErbR 2023, 687.

der Klage begegnet werden. Ein Anerkenntnis ist daher auch nach hier vertretener Ansicht möglich (zu den Kosten siehe Rdn 3).

Bei **missbräuchlichen Verhalten** der Prozessparteien einer Erbunwürdigkeitsklage zum Nachteil der Nachlassgläubiger ist aber mit *Brox*[23] davon auszugehen, dass das Urteil keine Rechtskraft im Verhältnis zu den Gläubigern entfaltet, sondern der inhaltlichen Überprüfung zugänglich ist. 13

II. Versäumnisurteil

Entsprechend dem Streit um ein Anerkenntnis wird die Frage der Zulässigkeit eines Versäumnisurteils diskutiert.[24] Nach hier vertretener Ansicht ist nach einer strengen Prüfung der Schlüssigkeit ein Versäumnisurteil zulässig. Dies hat der BGH inzwischen bestätigt, so dass ein Versäumnisurteil **zulässig** und für ein **Erbscheinsverfahren** bindend ist.[25] 14

III. Klageantrag

Bei der Gestaltungsklage kann im Verfahren der Antrag gestellt werden, den (die) Beklagte(n) für den Erbfall nach (...) (Name, Geburtstag, Sterbetag, letzter Wohnsitz des Erblassers) für erbunwürdig zu erklären. 15

E. Streitwert

Der **Streitwert** der Anfechtungsklage bemisst sich nach der h.M. nicht nach dem Interesse des Klägers an der für ihn aus der Erbunwürdigkeit des wegfallenden Unwürdigen resultierenden Besserstellung, sondern nach der gesamten Beteiligung des Unwürdigen am Nachlass, also nach dem **Interesse des Beklagten.**[26] Dieses Interesse ist gleich dem Wert seines Anteils am Nachlass, den der Beklagte bei erfolgreicher Klage verliert. Die Auffassung, dass der Streitwert gleich dem vollen Nachlasswert sei, wird heute nicht mehr vertreten. Nach a.A.[27] soll sich der Streitwert nach dem Interesse des Klägers bestimmen,[28] was auch dem üblichen Vorgehen entspräche. Maßgeblich sei der Vorteil, den das obsiegende Urteil für den Kläger habe. Gegen diese Auffassung wird eingewandt, der Umfang der Rechtskraft bei Stattgabe der Klage durch das Gericht betreffe den gesamten Anteil des Beklagten am Nachlass und gehe daher wirtschaftlich gesehen in vielen Fällen über den Zuwachs, den der Kläger zu erwarten habe, hinaus. Sind mehrere an dem Nachlass beteiligt, wirkt das von nur einem Miterben erstrittene Urteil auch zugunsten der übrigen nicht am Prozess beteiligten Miterben. Wenn der **Gebührenstreitwert** aber niedriger angesetzt wird als der **Rechtsmittelstreitwert** für den Beklagten, ist die a.A. wieder schlüssig.[29] Die h.M. hält dies zwar für nicht praktikabel.[30] Trotzdem ist die Differenzierung von Gebührenstreitwert und Rechtsmittelstreitwert systemkonform und auch nach hier vertretener Ansicht vorzuziehen. Zu der Kostenverteilung bei einem sofortigen Anerkenntnis siehe Rdn 3. 16

---

23 *Brox*, FamRZ 1963, 392, 396 ff.

24 Zulässig: OLG Düsseldorf- I-3 Wx 34/16, ErbR 2020, 354; KG FamRZ 1989, 675; *Bauer*, S. 94 ff.; *Brox*, FamRZ 1963, 392, 397; a.A. MüKo/*Helms*, § 2342 Rn 8.

25 BGH – IV ZB 11/22, ErbR 2023, 687; ebenso: OLG Düsseldorf- I-3 Wx 34/16, ErbR 2020, 354.

26 BGH – III ZR 208/67, NJW 1970, 197; OLG Koblenz – 14 W 739/96, ZEV 1997, 252 m. Anm. *Roth*; *Schneider*, JurBüro 1977, 433, 442.

27 MüKo/*Helms*, § 2342 Rn 6.

28 *Speckmann*, MDR 1972, 905.

29 So auch *Speckmann*, MDR 1972, 905.

30 *Schneider*, JurBüro 1977, 433, 444.

§ 2343 Verzeihung

Die Anfechtung ist ausgeschlossen, wenn der Erblasser dem Erbunwürdigen verziehen hat.

Übersicht: Rdn

A. Allgemeines

1 Die Erbunwürdigkeit soll die Verfügungsfreiheit des Erblassers schützen. Da der Erblasser über dieses subjektive Recht disponieren kann, ist auch ein Verzicht auf die ihn schützende Rechtsfolge der Erbunwürdigkeit möglich. Dies geschieht durch die (nachträgliche) Verzeihung.

Eine Verzeihung kann auch im Rahmen der Pflichtteilsentziehung (§ 2337 BGB) und des groben Undanks nach einer Schenkung (§ 530 BGB) in Frage kommen, so dass die dazu entwickelten Wertungen grundsätzlich entsprechend herangezogen werden können.

B. Tatbestand

I. Beteiligte

2 Die Verzeihung kann nur vom Erblasser **persönlich** erklärt werden. Die Verzeihung muss auf den Erbunwürdigen bezogen sein, aber nicht unbedingt ihm gegenüber erklärt werden. Nach dem Erbfall ist keine Verzeihung möglich. Es kann aber ein Verzichtsvertrag geschlossen werden (vgl. dazu § 2339 Rdn 33).

II. Verzeihung

1. Rechtsnatur und Definition

3 Die Rechtsnatur der Verzeihung ist die gleiche wie in §§ 532, 2337 BGB. Die Verzeihung ist keine rechtsgeschäftliche Willenserklärung. Sie ist ein „nach außen kundgemachter Entschluss“,[1] bei dem eine innere Einstellung wiedergegeben wird.

„Verzeihen heißt, dem Schuldigen zu erkennen geben, dass man aus seiner Tat keine ihm nachteiligen Folgerungen zu ziehen gedenke“ lautet die Definition von *Kipp/Coing*,[2] die sich an den BGH anlehnt, der in Bezug auf § 2337 BGB ausführte: „Die Verzeihung ist der nach außen kundgemachte Entschluss des Erblassers, aus den erfahrenen Kränkungen nichts mehr herleiten und über sie hinweggehen zu wollen.“[3]

---

1 BGH – IV ZR 58/72, NJW 1974, 1084 zur Verzeihung bei der Pflichtteilsentziehung.
2 *Kipp/Coing*, ErbR, § 85 II 6.
3 BGH – IV ZR 58/72, NJW 1974, 1084; entsprechend bei Verzeihung nach Schenkung: BGH – IVa ZR 229/82, NJW 1984, 2089.

Der Erblasser kann auch durch sein Verhalten die Verzeihung ausdrücken, etwa durch einen Wandel der Beziehung zu einer familiären Normalität, ohne dass ein inniges Verhältnis vorliegen muss.[4]

2. Gegenstand

Begrifflich können alle Erbunwürdigkeitsgründe verziehen werden, auch die Tötung, wenn der Erblasser nicht sofort stirbt. Dabei ist aber Verzeihung nur dann anzunehmen, wenn der Erblasser mit seinem Tod als Tatfolge rechnete, also nicht nur einen Tötungsversuch annahm. 4

3. Voraussetzungen

Nicht notwendig ist es, dass der Erblasser das Institut der Erbunwürdigkeit kannte. 5 Wenn eine Verzeihung im obigen Sinne vorlag, also der Erblasser für den Schuldigen insgesamt keine nachteiligen Folgerungen mehr wollte, kann die Frage offenbleiben, ob der Erblasser von der Erbenstellung des Schuldigen wusste. Im Zweifel muss der Erblasser bei einer teilweisen Verzeihung einen Vorbehalt ausgedrückt haben (vgl. auch §2337 Rdn 6). Kennen musste der Erblasser aber die Verfehlung (Rdn 7).

4. Keine Form

Die Verzeihung ist an keine Form gebunden. Sie kann ausdrücklich oder stillschweigend zu erkennen gegeben werden (vgl. auch §2337 Rdn 7). 6

5. Keine mutmaßliche Verzeihung

Eine Verzeihung setzt die **Kenntnis** des Erblassers von der Verfehlung voraus.[5] Exemplarisch ist ein Fall, bei dem der Versuch des Erbunwürdigen in jungen Jahren fehlgeschlagen war, die Erblasserin (Tante) zu vergiften, ohne dass diese hiervon Kenntnis erlangte. Es entwickelte sich in den folgenden Jahrzehnten zwischen dem Erbunwürdigen und der Erblasserin ein sehr herzliches Verhältnis. Eine (mutmaßliche) Verzeihung wurde nicht angenommen.[6] Damit wird der Zweck der Erbunwürdigkeit bestätigt, die Testierfreiheit zu schützen. Nur in Kenntnis der wahren Umstände kann der Erblasser verzeihen. Die Reaktion des Erblassers auf eine Offenbarung ist insbesondere bei den zum Teil schwerwiegenden Straftaten nach §2339 BGB nicht sicher zu antizipieren. Entsprechendes gilt für die Fälle, bei denen ein Testament im mutmaßlichen Sinne des Erblassers gefälscht wird. Das Gut der Testierfreiheit kann nicht ausreichend geschützt werden, wenn nur eine mutmaßliche Verzeihung angenommen werden könnte.[7] 7

6. „Verzeihung" vor der Tat?

Nach hier vertretener Ansicht liegen die Voraussetzung des §2343 BGB vor, wenn der Erblasser seiner Tötung (z.B. aktive, direkte **Sterbehilfe**, §216 StGB) durch den Erben zugestimmt hat, auch wenn dies – gebilligt vom Erblasser – gesetzeswidrig war (Verstoß gegen die Vorgaben der §§1827f. BGB).[8] Zwar liegt begrifflich keine „Verzeihung" vor, sondern eine Einwilligung. Der hinter der Strafbarkeit trotz Einwilligung stehende Strafanspruch des Staates überlagert aber nicht den hier entscheidenden, subjektiven Willen des Erblassers hinsichtlich seiner letztwilligen Verfügung. Die Einwilligung muss allerdings tatsächlich und nicht mutmaßlich sein (siehe Rdn 7). 8

---

4 OLG Nürnberg – 12 U 2016/11, NJW-RR 2012, 1225 zur Pflichtteilsentziehung.
5 OLG Frankfurt – 24 U 6/05, ZErb 2008, 393.
6 OLG Stuttgart – 5/2 U 123/55, Rpfleger 1956, 160.
7 Vgl. BGH – III ZR 208/67, NJW 1970, 197; OLG Stuttgart – 19 U 239/97, ZEV 1999, 317.
8 Ähnlich zu dem Fall der Testamentsfälschung: MüKo/*Helms*, §2339 Rn 13.

Anders sieht dies zumindest grundsätzlich der BGH.[9] Eine Verzeihung sei nur nachträglich möglich. Das ist begrifflich richtig, lässt aber den Sinn der Verzeihung und den Gedanken, dass Strafbarkeit und persönliche Missbilligung auseinanderfallen können, weitgehend außer Acht. Der BGH hält aber immerhin ausnahmsweise eine Anwendung des Rechtsgedankens des § 2343 BGB für möglich, wenn ein entsprechender Wille des Erblassers aus Äußerungen in der Vergangenheit hervorgegangen ist.[10] Keine Einwilligung kann angenommen werden, wenn die **Tat** erst **nach** dem **Tod** des Erblassers geschah und nicht bewiesen ist, dass der Erblasser informiert war. Der BGH verneinte eine Verzeihung, als eine Ehefrau einen Testamentsentwurf, bei dem sie beide Unterschriften getätigt hatte, im Erbscheinverfahren als unechte Urkunde gebrauchte (§ 267 StGB), obwohl der Erblasser diesen Entwurf noch Zeugen mit den Worten „das haben wir gemacht" gezeigt hatte.[11]

C. Rechtsfolge

9 Nach dem Wortlaut der Norm ist nur die Anfechtung nicht mehr möglich, aber die Erbunwürdigkeit besteht weiter.[12] Allerdings soll mit den Regelungen zur Erbunwürdigkeit ein hypothetischer Erblasserwille geschützt werden. Dieser geht nach einer Verzeihung nicht (mehr) dahin, dass der Handelnde erbunwürdig sein soll. Daher lässt die Verzeihung nach hiesiger Ansicht die Erbunwürdigkeit entfallen. In jedem Fall ist die **Anfechtung** des Erbschaftserwerbes wegen Unwürdigkeit **ausgeschlossen**, wenn der Erblasser dem Täter verziehen hat.

D. Verfahrensfragen und Prozesstaktik

10 Der Anfechtungsgegner muss die Verzeihung beweisen, die Kenntnis des Erblassers von der Tat und ggf. die Kenntnis des Erblassers von der Möglichkeit seines späteren Ablebens aufgrund der Tötungshandlung.[13]

§ 2344 Wirkung der Erbunwürdigerklärung

(1) Ist ein Erbe für erbunwürdig erklärt, so gilt der Anfall an ihn als nicht erfolgt.
(2) Die Erbschaft fällt demjenigen an, welcher berufen sein würde, wenn der Erbunwürdige zur Zeit des Erbfalls nicht gelebt hätte; der Anfall gilt als mit dem Eintritt des Erbfalls erfolgt.

Literatur

Ferid, Bedeutung eines ausländischen Erbunwürdigkeitsurteils für die Vererbung des Inlandsvermögens eines deutschen Staatsangehörigen, in: FS G. Beitzke, 1979, S. 479; *Skibbe*, Ergänzende Testamentsauslegung zur Ermittlung des Ersatzerben bei Wegfall des eingesetzten Erben aufgrund von Erbunwürdigkeit. Anmerkung zu dem Beschluss des OLG Frankfurt vom 7.9.1995, 20 W 551/94, ZEV 1995, 459.

---

9 BGH – IV ZR 400/14, NJW 2015, 1382.
10 BGH – IV ZR 400/14, NJW 2015, 1382, Rn 19 a.E.
11 BGH – IV ZR 138/07, ErbR 2008, 292.
12 So auch BeckOK BGB/*Müller-Christmann*, § 2339 Rn 3.
13 Baumgärtel/Laumen/Prütting/*Schmitz*, § 2343 Rn 1–3.

Übersicht:

A. Allgemeines

Die Bestimmung ist entsprechend dem § 1953 Abs. 1 u. 2 BGB gefasst (Wirkung der Ausschlagung). Es wird mit einer Fiktion geregelt, wie sich die Erbunwürdigkeit auf die Erbenstellung des Unwürdigen (Abs. 1) und auf die Nächstberufenen (Abs. 2) sowie indirekt auf weitere Betroffene, wie Pflichtteilberechtigte und Gläubiger, auswirkt. Sie schließt eine Einziehung des Nachlasses im Strafverfahren nach § 73 Abs. 1 StGB aus.[1] 1

B. Wegfall des Erbunwürdigen (Abs. 1)

Die mit rechtskräftigem Urteil ausgesprochene Erbunwürdigkeit **wirkt** auf den Erbfall **zurück**. Dies gilt auch, wenn die Tat (z.B. Fälschung des Testaments) nach dem Eintritt des Erbfalls begangen wurde. Der Anfall der Erbschaft an den Ausscheidenden gilt als nicht erfolgt und der Unwürdige scheidet rückwirkend aus der Erbfolge aus. Zur Auswirkung auf einen **Zugewinnausgleichsanspruch** siehe § 2339 BGB Rdn 35. 2

C. Anfall an Nächstberufenen (Abs. 2 Hs. 1)

Der Anfall an den Nächstberufenen erfolgt unabhängig davon, wer die Anfechtungsklage betrieben hat. Es kann also auch eine andere Person als der Kläger neuer Erbe werden. Der Nächstberufene wird nach den Vorschriften der gesetzlichen oder gewillkürten Erbfolge ermittelt, wobei fingiert wird, dass der Unwürdige zum Zeitpunkt des Erbfalls nicht mehr lebte. 3

I. Gewillkürte Erbfolge

Bei gewillkürter Erbfolge kommt zunächst ein **Ersatzerbe** (§§ 2096, 2097, 2102 BGB) zum Zuge. Ist der erbunwürdige testamentarische Erbe ein Abkömmling des Erblassers, treten gem. § 2069 BGB im Zweifel seine Abkömmlinge als Ersatzerben an seine Stelle, soweit sie bei gesetzlicher Erbfolge nach dem Erblasser nachrücken würden.[2] Dem steht nicht entgegen, dass der Unwürdige seine Abkömmlinge wiederum beerben kann. Tritt kein Ersatzerbe an die Stelle des Unwürdigen und sind mehrere Miterben berufen, wächst bei gewillkürter Erbfolge der Erbteil des Unwürdigen den übrigen Miterben an (§ 2094 BGB) oder erhöht den gesetzlichen Erbteil zugunsten der übrigen Miterben (§ 1935 BGB). 4

II. Gesetzliche Erbfolge

Ohne eine Verfügung von Todes wegen sind bei gesetzlicher Erbfolge diejenigen berufen, die bisher durch den Unwürdigen ausgeschlossen waren, also auch die Ab- 5

---

1 BGH – 5 StR 518/19, ErbR 2020, 631.
2 OLG Frankfurt – 20 W 551/94, ZEV 1995, 457 m. Anm. *Skibbe*.

kömmlinge des Unwürdigen.[3] Wer allerdings gem. §§ 2346 ff. BGB auf sein Erbrecht verzichtet hatte, wird grundsätzlich nicht wieder erbberechtigt, wenn der Erbe durch gerichtliche Entscheidung für erbunwürdig erklärt wird.

6 Keine Rechtsprechung ist zu der Frage ersichtlich, was das Schicksal des **Erbverzichts** ist, der zugunsten eines erbunwürdigen Dritten erfolgte. Im Zweifel wird gem. § 2350 BGB anzunehmen sein, dass der Verzicht nur für den Fall gelten soll, dass der Dritte auch Erbe wird. Daher ist davon auszugehen, dass der Verzichtende hier seine erbrechtliche Position zurückerlangt, wenn der Dritte, zu dessen Gunsten er verzichtet hat, für erbunwürdig erklärt wird.

III. Nacherbfolge

7 Auch für den unwürdigen Nacherben gilt die Fiktion, dass er den Erbfall nicht erlebt habe. Daher geht das Nacherbenrecht nicht auf seine Erben über.[4] Wurde der Nacherbe vor dem Eintritt der Nacherbfolge durch rechtskräftiges Urteil für erbunwürdig erklärt, so unterbleibt ihm gegenüber der Anfall der Erbschaft gem. § 2342 Abs. 2 BGB überhaupt. Damit ist § 2108 Abs. 2 BGB unanwendbar, setzt dieser doch voraus, dass zwar der Erbfall, nicht aber der Nacherbfall eingetreten ist. Wird der Nacherbe erst nach Eintritt des Nacherbfalles für erbunwürdig erklärt, wird der Anfall ex tunc rückgängig gemacht. Auch hier wird der Vorerbe zum Vollerben und der Nacherbe so behandelt, als sei er vor dem Erblasser gestorben.

D. Folgen des Erbenwechsels (Abs. 2 Hs. 2)

I. Auswirkungen auf Dritte

8 Bei der Berechnung des **Pflichtteils** wird der Erbunwürdige mitgezählt (§ 2310 S. 1 BGB). Der Erbunwürdige haftet weiter **Gläubigern** gegenüber für Nachlasserben- und Nachlasseigenschulden, die in seiner Person entstanden sind, aber nicht mehr für andere Nachlassverbindlichkeiten, selbst wenn er schon unbeschränkbar haftete.[5]

II. Rechtsverhältnis zwischen Unwürdigem und Erben

9 Der Unwürdige haftet gegenüber dem durch seinen Wegfall an seiner Stelle berufenen Erben nach den Vorschriften der §§ 2018 ff. BGB. Da die Unwürdigkeitsgründe vorsätzlich verursacht wurden, haftet der Unwürdige als bösgläubiger Erbschaftsbesitzer auch auf **Schadensersatz** entweder nach §§ 2023, 2024 BGB oder insbesondere im Falle der Testamentsfälschung nach §§ 823 ff., 2025 BGB.

10 Der Unwürdige selbst kann gem. §§ 683, 994 Abs. 2, 2022 Abs. 2 BGB Ersatz seiner notwendigen sowie gem. §§ 812 ff., 2022 Abs. 3 BGB Ersatz solcher **Verwendungen** verlangen, die nicht auf einzelne Erbschaftsgegenstände gemacht wurden, insbesondere Ersatz für die von ihm regulierten Nachlassverbindlichkeiten; er kann für verauslagte Beerdigungskosten gem. § 1968 BGB Ersatz vom Erben verlangen.

III. Rechtsgeschäfte des Unwürdigen gegenüber Dritten

11 Im Verhältnis zu Dritten hat der Erbunwürdige als Nichtberechtigter verfügt. Ist der Dritte in gutem Glauben (bspw. wegen der Besitzlage, des Grundbuchs oder eines **Erbscheins**), ist er gem. §§ 892 f., 932 ff., 2366 f. BGB geschützt. Bösgläubigkeit ist dann anzunehmen, wenn der Erwerber die Anfechtbarkeit kannte oder kennen musste. Die Nachlassgegenstände sind dem Erben nicht gem. § 935 BGB abhandengekommen.[6] Einen erhöhten Schutz des Dritten, wie nach einer Ausschlagung hinsichtlich der

3 Vgl. BGH – IV ZR 204/09, ZErb 2012, 30; OLG Frankfurt – 20 W 551/94, ZEV 1995, 457.
4 MüKo/*Helms*, § 2344 Rn 1.
5 *Muscheler*, ZEV 2009, 101, 106.
6 MüKo/*Helms*, § 2344 Rn 3; *Muscheler*, ZEV 2009, 101, 107.

Geschäfte des vorläufigen Erben nach § 1959 Abs. 2 und 3 BGB, gibt es nach der zutreffenden ganz h.M. nicht.[7]

IV. Haftung des Nachlassschuldners gegenüber dem Erben

Hat der Nachlassschuldner eine Verbindlichkeit gegenüber dem Erbunwürdigen erfüllt, so wird er im Fall des § 2367 BGB durch Leistung an den **Erbscheinserben** von der Verbindlichkeit befreit.[8] Umstritten ist, ob der durch den Wegfall des Unwürdigen berufene Erbe gem. § 407 BGB analog eine Leistung des Nachlassschuldners gegen sich geltend lassen muss, wenn dem Nachlassschuldner **kein** Erbschein vorlag. Die analoge Anwendung der Vorschrift des § 407 BGB wird damit gerechtfertigt, dass der Nachlassschuldner schutzwürdig sei, weil er seine Leistung nicht von der Vorlage eines Erbscheins abhängig machen kann.[9] Nach a.A.[10] ist § 407 BGB nicht (auch nicht analog) anwendbar. Soweit der Schuldner nach dieser Ansicht durch die Leistung an den Erbunwürdigen nicht von seiner Verpflichtung befreit wird, stehe ihm lediglich gegen den Erbunwürdigen ein Bereicherungsanspruch nach §§ 142 Abs. 2, 812, 819 Abs. 1 BGB zu. Wegen dieser Ungewissheit ist dem Nachlassschuldner stets anzuraten, die Leistung gem. § 372 S. 2 BGB zu hinterlegen. Schwierigkeiten ergeben sich, wenn sich die Leistung nicht zur Hinterlegung eignet (vgl. § 372 S. 1 BGB). 12

§ 2345 Vermächtnisunwürdigkeit; Pflichtteilsunwürdigkeit

(1) [1]Hat sich ein Vermächtnisnehmer einer der in § 2339 Abs. 1 bezeichneten Verfehlungen schuldig gemacht, so ist der Anspruch aus dem Vermächtnis anfechtbar. [2]Die Vorschriften der §§ 2082, 2083, 2339 Abs. 2 und der §§ 2341, 2343 finden Anwendung.
(2) Das Gleiche gilt für einen Pflichtteilsanspruch, wenn der Pflichtteilsberechtigte sich einer solchen Verfehlung schuldig gemacht hat.

Übersicht: Rdn

A. Allgemeines

Wer erbunwürdig ist, soll auch keinen Anspruch auf ein Vermächtnis oder den Pflichtteil haben. Die Pflichtteilsunwürdigkeit[1] ist nur dann von Bedeutung, wenn der Un- 1

---

7 MüKo/*Helms*, § 2344 Rn 5.
8 *Muscheler*, ZEV 2009, 101, 107.
9 Staudinger/*Olshausen*, § 2344 Rn 21.
10 MüKo/*Helms*, § 2344 Rn 4.
1 *Lange*, ErbR 2021, 274.

würdige zwar enterbt, ihm aber nicht vom Erblasser selbst zu Lebzeiten nach §§ 2333 ff. BGB der Pflichtteil entzogen wurde.
Es wird weitgehend auf die Vorschriften zur Erbunwürdigkeit verwiesen. Erhebliche Ausnahme ist der fehlende Verweis auf § 2342 BGB: Für die Pflichtteils- und Vermächtnisunwürdigkeit ist **keine Klage notwendig**. Es ist keine Rechtsposition zu ändern, sondern schuldrechtliche Ansprüche sind abzuwehren.

B. Tatbestand

I. Vermächtnisnehmer (Abs. 1 S. 1)

2 Angefochten werden können Vermächtnisse des Erblassers. Hierzu zählen auch der Voraus gem. § 1932 BGB und der Dreißigste gem. § 1369 BGB sowie noch nicht vollzogene **Schenkungen** von Todes wegen gem. § 2301 BGB. Ist die Schenkung von Todes wegen bereits vollzogen, gilt § 530 Abs. 2 BGB. Der Widerruf der vollzogenen Schenkung von Todes wegen kann daher nicht auf die Vorschriften des § 2339 Abs. 1 Nr. 2–4 BGB gestützt werden, weil die Widerrufsgründe gem. § 530 Abs. 2 BGB i.d.R. nur mit § 2339 Abs. 1 Nr. 1 BGB identisch sind. Hat der Unwürdige allerdings die Testierunfähigkeit des Erblassers bzw. Schenkers herbeigeführt, wird er ihn damit auch gleichzeitig am Widerruf der Schenkung gehindert haben, § 530 Abs. 2 Alt. 2 BGB.

II. Pflichtteilsberechtigter (Abs. 2)

3 Zum **Pflichtteilsanspruch** i.S.v. Abs. 2 gehören auch der Pflichtteilsrestanspruch (§§ 2305, 2307 BGB), der Pflichtteilsergänzungsanspruch gegen den Erben (§ 2325 BGB) und gegen den Beschenkten (§ 2329 BGB).

III. Auflagenbegünstigter?

4 Hat ein **Auflagenbegünstigter** (§§ 2192 ff. BGB) sich einer in § 2339 Abs. 1 Nr. 1–4 BGB genannten Verfehlung schuldig gemacht, kann danach die Vollziehung der Auflage nicht gem. § 2345 BGB verweigert werden.[2] In diesen Fällen kommt nur die Anfechtung der Verfügung von Todes wegen gem. §§ 2078, 2083 BGB in Betracht.

IV. Verfehlung nach § 2339 Abs. 1 BGB

5 Die Vermächtnis- und Pflichtteilsunwürdigkeit tritt aus den **gleichen Gründen** wie die Erbunwürdigkeit ein (vgl. § 2339 BGB). Sie ist ausgeschlossen, wenn der Erblasser dem Unwürdigen gem. § 2343 BGB **verziehen** hat oder nach § 2339 Abs. 2 BGB noch vor dem Tod des Erblassers die Verfügung, zu deren Errichtung der Unwürdige den Erblasser bestimmt oder in Ansehung deren ein Urkundsdelikt begangen worden ist, **unwirksam** geworden ist. Das Gleiche gilt, wenn die Verfügung, zu deren Aufhebung der Erblasser bestimmt worden ist, unwirksam geworden sein würde und somit ein Kausalzusammenhang zwischen der Handlung des Unwürdigen und der Erbfolge fehlt. **Keine** Anwendung findet § 2345 BGB auf Verfehlungen des Vermächtnisnehmers oder Pflichtteilsberechtigten **gegenüber dem Erben**.[3]

C. Rechtsfolge

I. Anfechtbarkeit (Abs. 1 S. 2)

6 Die Pflichtteils- bzw. Vermächtnisunwürdigkeit wird durch **(formlose) Anfechtungserklärung** durch den Anfechtungsberechtigten gegen dem Pflichtteilsberechtigten oder Vermächtnisnehmer geltend gemacht.

---

2 BeckOK BGB/*Müller-Christmann*, § 2339 BGB Rdn 7.
3 BGH – V ZR 129/62, FamRZ 1962, 256 f.; OLG Frankfurt a.M. – 10 U 88/22, ZEV 2023, 168.

1. Anfechtungsberechtigte

Anfechtungsberechtigt ist gem. § 2341 BGB derjenige, dem der Wegfall des Anspruchs des Unwürdigen zustattenkommt, sei es auch nur als Ersatzberechtigter eines anderen. Daher kann auch der Nicht-Erbe, der nur mit einem Vermächtnis bedacht ist, gegenüber dem unwürdigen Pflichtteilsberechtigten anfechten, sofern zu erwarten ist, dass der Erbe die Erfüllung des Vermächtnisses gem. § 2318 BGB zum Teil verweigert, weil der Vermächtnisnehmer anteilig die Pflichtteilslast zu tragen hätte.[4] Richtet sich der Pflichtteilsergänzungsanspruch des Unwürdigen gem. § 2329 BGB gegen den Beschenkten, ist auch dieser anfechtungsberechtigt. 7

2. Frist

Die **Rückforderung** des Pflichtteils und Vermächtnisses ist **ausgeschlossen**, wenn nicht innerhalb der Frist des § 2082 BGB die Anfechtung erklärt wurde. Die Anfechtungsfrist beginnt mit Kenntnis des Anfechtungsberechtigten von den die Pflichtteils- oder Vermächtnisunwürdigkeit begründenden Umständen zu laufen. Auf die Beweisbarkeit kommt es hier, anders als bei der Erbunwürdigkeit, nicht an. Der Erbe ist aber auch nach Ablauf der Anfechtungsfrist gem. § 2345 Abs. 1 BGB i.V.m. § 2083 BGB berechtigt, die **Erfüllung** des Vermächtnisses oder des Pflichtteilsanspruchs[5] zu **verweigern.** 8

II. Keine Klage notwendig (Abs. 1 S. 2)

Die hauptsächliche Abweichung des § 2345 BGB gegenüber der Erbunwürdigkeit im eigentlichen Sinne besteht darin, dass diese Norm nicht auf § 2342 BGB verweist und daher die Erhebung einer Klage zur Anfechtung im Gegensatz zur Erbunwürdigkeit nicht erforderlich ist. 9

Die Erhebung der Anfechtungsklage mit dem Ziel der Erklärung der Erbunwürdigkeit schließt die in § 2345 BGB geforderte Anfechtungserklärung wegen Vermächtnis- und Pflichtteilsunwürdigkeit nach ganz h.M. mit ein.[6] 10

III. Wirkungen der Anfechtung

Der Anspruch aus dem Vermächtnis oder der Pflichtteilsanspruch werden nach § 142 Abs. 1 BGB rückwirkend beseitigt. Ist ein **Ersatzvermächtnisnehmer** bestimmt (§ 2190 BGB), erwirbt dieser das Recht, während beim Vorhandensein von Mitvermächtnisnehmern eine Anwachsung des Anspruchs (§ 2158 BGB) stattfindet. Ohne Ersatz- oder Mitvermächtnisnehmer erlischt der Vermächtnisanspruch. 11

Durch die Unwürdigkeit eines Pflichtteilsberechtigten erhalten dessen Abkömmlinge, soweit diese mit dem Erblasser verwandt sind, wiederum ein Pflichtteilsrecht, weil der Unwürdige diese nicht mehr ausschließt (§ 2309 BGB). Die Einrede der Unwürdigkeit kann der Erbe noch nach Ablauf der Frist gem. § 2082 BGB geltend machen.[7] Für die **Rückforderung** bereits erfüllter Pflichtteilsansprüche gilt Bereicherungsrecht. 12

IV. Klage, Schiedsfähigkeit

Ein Rechtsstreit um die Pflichtteils- oder Vermächtnisunwürdigkeit wird vor den ordentlichen Gerichten geführt. Der potentiell Unwürdige wird eine vorrangige **Leistungsklage** erheben müssen, in der inzident die Unwürdigkeit geprüft wird.[8] Der 13

---

4 OLG Celle NdsRpfl. 1972, 235.
5 OLG Hamm – 10 U 83/15, ZEV 2016, 644.
6 *Damrau*, ZEV 2024, 11 m.w.N.
7 MüKo/*Helms*, § 2345 Rn 5.
8 So in LG Bonn – 1 O 231/19, BeckRS 2020, 6202.

Erbe kann **Feststellungsklage** erheben, wenn sich der potentiell Unwürdige eines Anspruchs trotz Unwürdigkeit berühmt.

14 Da der Erblasser über das **Vermächtnis** disponieren kann und Erbe und Vermächtnisnehmer es auch können, ist eine **Schiedsklausel** in einer letztwilligen Verfügung nach § 1066 ZPO ebenso zulässig wie eine **Schiedsvereinbarung** nach § 1029 ZPO.
Über das **Pflichtteilsrecht** kann der Erblasser nicht verfügen,[9] so dass eine Schiedsklausel nicht wirksam wäre, wohl aber eine Schiedsvereinbarung zwischen dem Erben und dem Pflichtteilsberechtigten über einen schuldrechtlichen Anspruch.

9 BGH – I ZB 50/16, NJW 2017, 2115, 2117; BGH – I ZB 49/16, ZEV 2017, 416.

Abschnitt 7. Erbverzicht

Vorbemerkung zu §§ 2346 ff. BGB

Literatur

Becker/Klinger, Verzichtsverträge im Erbrecht, NJW-Spezial 2007, 61; *Damrau*, Der Erbverzicht als Mittel zweckmäßiger Vorsorge für den Todesfall, Diss., 1966; *Keim*, Zuwendungsausgleich durch Erbverzicht, Diss., 1979; *Kurze*, Erb-, Pflichtteils- und Zuwendungsverzicht, in: Bonefeld/Wachter, Der Fachanwalt für Erbrecht, 4. Auflage 2023, § 19; *Lange*, Der entgeltliche Erbverzicht, in: FS Nottarp, 1961, S. 119; *Reul*, Erbverzicht, Pflichtteilsverzicht, Zuwendungsverzicht, MittRhNotK 1997, 373; *Rheinbay*, Erbverzicht, Abfindung, Pflichtteilsergänzung, Diss., 1983; *Siegmann*, Der Erbverzichtsvertrag, INF 1998, 561; *Wendt*, Unverzichtbares bei erbrechtlichen Verzichten, ZNotP 2006, 2; *Zellmann*, Dogmatik und Systematik des Erbverzichts und seiner Aufhebung i.R.d. Lehre von den Verfügungen von Todes wegen, Diss., 1990.

Die 1. Kommission bezeichnete in der Begründung ihres Entwurfs des BGB den Erbverzicht als „eher entbehrlich“.[1] Schließlich sei die Enterbung durch eine letztwillige Verfügung möglich. Geregelt werden müsse eigentlich nur der Pflichtteilsverzicht. Weil der Erbverzicht im „deutschen Rechtsleben“ aber „geläufig“ sei und mit ihm statt zweier Rechtsgeschäfte (Pflichtteilsverzicht und letztwillige Verfügung) nur eines erfolgen müsse, wurde er trotzdem im BGB anerkannt. 1

Der **Erbverzicht** ist zwar als Gestaltungsmittel fast nie zu empfehlen, weil er die Pflichtteilsquoten anderer Berechtigter erhöht. Da er aber – wohl auch in Unkenntnis dieses Nachteils – beurkundet wurde und wird, bleibt er Gegenstand erbrechtlicher Auseinandersetzungen. 2

Der **Pflichtteilsverzicht** kann dagegen ein hervorragendes Gestaltungsmittel sein. Er ermöglicht es, dem Erblasser seine vollständige Testierfreiheit (wieder) zu geben. Er bildet damit ein dem Grundsatz der Vertragsfreiheit entsprechendes Gegengewicht zum zwingenden Pflichtteilsrecht. 3

Durch den **Zuwendungsverzicht** verzichtet ein in einem Testament oder Erbvertrag Bedachter vor dem Erbfall auf die Zuwendung. Meist ist allerdings der Widerruf der letztwilligen Verfügung einfacher. Für Erbfälle bis zum 31.12.2009 war der Zuwendungsverzicht aber nur in seltenen Fällen zweckmäßig, da regelmäßig an die Stelle des Verzichtenden ein Ersatzerbe oder -vermächtnisnehmer trat. Durch die Aufnahme des Verweises auf § 2349 BGB ist dies für Erbfälle seit dem 1.1.2010 meist anders, so dass die Bedeutung des Zuwendungsverzichts gewachsen ist. 4

§ 2346 Wirkung des Erbverzichts, Beschränkungsmöglichkeit

(1) [1]Verwandte sowie der Ehegatte des Erblassers können durch Vertrag mit dem Erblasser auf ihr gesetzliches Erbrecht verzichten. [2]Der Verzichtende ist von der gesetzlichen Erbfolge ausgeschlossen, wie wenn er zur Zeit des Erbfalls nicht mehr lebte; er hat kein Pflichtteilsrecht.
(2) Der Verzicht kann auf das Pflichtteilsrecht beschränkt werden.

1 *Horn*, Materialienkommentar Erbrecht, § 2346 BGB Rn 4–6.

Literatur

I. Allgemein

Allgemeine Literatur siehe Vorbem. zu §§ 2346 ff. BGB

II. Vertragsschluss

Böhmer, Das postmortale Zustandekommen erbrechtlicher Verzichtsverträge, Diss., 2004; *Gierse*, Die Abschlussmöglichkeiten des Erb- und Pflichtteilsverzichts nach dem Tod des Erblassers, Diss., 2004; *Kramm*, Entstehung und Beseitigung der Rechtswirkungen eines Erbverzichts, 2004.

III. Umfang und Beschränkung

Coing, Zur Lehre vom teilweisen Erbverzicht, JZ 1960, 209; *J. Mayer*, Der beschränkte Pflichtteilsverzicht, ZEV 2000, 263; *Raude*, Der Hofübergabevertrag in der notariellen Praxis, RNotZ 2016, 69; *Spanke*, Der persönlich beschränkte Pflichtteilsverzicht, ZEV 2012, 345; *Tanck*, Umfasst der Verzicht auf den Pflichtteilsanspruch auch die Einrede nach § 2328 BGB?, ZErb 2001, 194; *Theiss/Boger*, Möglichkeiten der Vorbeugung gegen Ansprüche aus §§ 2325, 2329 BGB wegen Abfindungen für Erb- bzw. Pflichtteilsverzichte, ZEV 2006, 143.

IV. Rechtsfolgen

Dolle, Tücken und Haftungsfallen im Pflichtteils- und Pflichtteilsergänzungsrecht, ErbR 2012, 232; *Frhr. v. Proff zu Irnich*, Erhöht der Pflichtteilsverzicht die Quote anderer Pflichtteilsberechtigter?, ZEV 2016, 173; *ders.*, Die Abfindungsvereinbarung bei Erb- und/oder Pflichtteilsverzichten – eine Schenkung?, NJW 2016, 539.

V. Kausalgeschäft und Leistungsstörung

Holthaus, Leistungsstörungen beim entgeltlichen Erbvertrag, Diss., 1992; *Krupka-Göll*, Erbverzicht und Abfindung bei Störung der vorweggenommenen Erbfolge, 2002; *Larenz*, Der Erbverzicht als abstraktes Rechtsgeschäft, JherbJb 81, 1; *Frhr. v. Proff zu Irnich*, Das schuldrechtliche Grundgeschäft beim Erbverzicht, DNotZ 2017, 84; *Zimmer*, Störungen beim Erb- und Pflichtteilsverzichtsvertrag, NJW 2017, 513.

VI. Anfechtung

Horn, Angriffsstrategien gegen erklärte Erb- und Pflichtteilsverzichte und Vorkehrungen dagegen, ZEV 2010, 295; *Pentz*, Anfechtung eines Erbverzichts, MDR 1999, 785.

VII. Familienrechtliche Bezüge

Bergschneider, Der Tod des Unterhaltsverpflichteten – Praktische Anmerkung zu § 1586b BGB, FamRZ 2003, 1049; *Bonefeld*, Scheidungsvereinbarung und erbrechtliche Verzichtserklärung, ZErb 2002, 96; *ders.*, Praxistipps zum Zugewinnausgleich und Pflichtteil, ZErb 2002, 154 (Teil 1), 189 (Teil 2); *Kuchinke*, Unterhalt und Erb- und Pflichtteilsverzicht, FPR 2006, 125; *Zacher-Röder/Grimm-Hanke*, Der Unterhaltsanspruch im Todesfall, FPR 2011, 264.

VIII. Inhaltskontrolle und Sittenwidrigkeit

Armbrüster, Kindeswohl versus Gemeinwohl – zur Sittenwidrigkeit erbrechtlicher Gestaltungen, ZErb 2013, 77; *Becker/Hendricks*, Sittenwidrigkeit von Pflichtteilsverzichten als Risiko für die Unternehmensnachfolge – Vorbeugen durch Verfahren, RFamU 2022, 23; *Bengel*, Die gerichtliche Kontrolle von Pflichtteilsverzichten, ZEV 2006, 192; *Gerlach-Worch*, Entgeltlicher (sittenwidriger) Pflichtteilsverzicht, ErbR 2022, 552; *Grziwotz*, Von Geliebtentestamenten und leichtfertigen Verzichten – richterliche Kontrolle erbrechtlich relevanter Urkunden, DNotZ 2016, 732; *Inkmann*, Die Sittenwidrigkeit von Pflichtteilsverzichten, 2019; *Kapfer*, Gerichtliche Inhaltskontrolle von Erb- und Pflichtteilsverzichtsverträgen?, MittBayNot 2006, 385; *Keim*, Fallstricke bei Erb- und Pflichtteilsverzichten, RNotZ 2013, 411; *Krug*, Die Inhaltskontrolle von Eheverträgen nach der Rechtsprechung des Bundesverfassungsgerichts und ihre Auswirkung auf das Erbrecht, ZErb 2002, 39; *Kühle*, „Infektion“ eines Pflichtteilsverzichtsvertrages durch einen sittenwidrigen Ehevertrag?, ZErb 2013, 221; *Kurze*, Erb-, Pflichtteils- und Zuwendungsverzicht, in: Bonefeld/Wachter, Der Fachanwalt für Erbrecht, 4. Aufl. 2024, § 18; *Ludyga*, Inhaltskontrolle von Pflichtteilsverträgen, 2008; *Wachter*, Inhaltskontrolle von Pflichtteilsverzichtsverträgen?, ZErb 2004, 238 (Teil 1), 306 (Teil 2).

IX. Gestaltung

Beckervordersandfort, Alternativgestaltungen zum Behindertentestament bei Familien mit sehr hohem Vermögen, ErbR 2020, 528; *Keim*, Die Reform des Erb- und Verjährungsrechts und ihre Auswirkung auf die Gestaltungspraxis, ZEV 2008, 161; *Schön*, Die Pflichtteilsstrafklauseln im Berliner Testament – Eine wirksame Alternative zum Pflichtteilsverzicht?, BWNotZ 2024, 316.

X. Angrenzende Rechtsgebiete

Doering-Striening, Auf der Schnittstelle von Erbrecht zu Sozialrecht: Was gibt es Neues aus der Rechtsprechung?, ErbR 2016, 10; *Ivo*, Der Verzicht auf Abfindungs- und Nachabfindungsansprüche nach §§ 12, 13 HöfeO, ZEV 2004, 316; *ders.*, Der Verzicht auf erb- und familienrechtliche Positionen im

Insolvenzrecht, ZErb 2003, 250; *Kiesgen*, Erbrechtliche Positionen in der Insolvenz und in der Wohlverhaltensperiode – Gestaltungsüberlegungen zum Überschuldeten-Testament, RNotZ 2018, 429; *Lambrecht*, Der Zugriff des Sozialhilfeträgers auf den erbrechtlichen Erwerb, 2001; *Ponzer*, Insolvenzanfechtung beim Pflichtteilsverzicht, ErbR 2020, 831.

XI. Steuerrechtliche Bezüge

Brüggemann, Abfindungen an zukünftige gesetzliche Erben, ErbBstg 2013, 292; *Crezelius*, Erbschaftsteuerprobleme beim Pflichtteilsrecht, ZErb 2002, 142; *Holler*, Besteuerung der Abfindung für den Verzicht auf einen künftigen Pflichtteilsanspruch, ErbR 2014, 21; *Krumm*, Der lebzeitige Pflichtteilsverzicht gegen Abfindung: Schenkungsteuer- und Einkommensteuer, ErbR 2012, 139; *Meincke*, Abfindungsleistungen aus erbschaftsteuerlicher Sicht, ZEV 2000, 214.

XII. Internationale Bezüge

Böhmer, Der Erb- und Pflichtteilsverzicht im anglo-amerikanischen Rechtskreis, ZEV 1998, 251; *de Barros Fritz*, Die Auswirkungen eines Statutenwechsels auf Pflichtteilsverzichte unter Geltung der EuErbVO, ZEV 2020, 596; *ders.*, Die Qualifikation von Pflichtteilsverzichten unter Geltung der EuErbVO, ZEV 2020, 199; *Meise*, Rechtswahl in vorsorgenden Eheverträgen und Scheidungsfolgenvereinbarung – Teil 2, RNotZ 2016, 553; *Nordmeier*, Erbverträge und nachlassbezogene Rechtsgeschäfte in der EuErbVO – eine Begriffsklärung, ZEV 2013, 117; *Riering*, Der Erb- und Pflichtteilsverzicht im islamischen Rechtskreis, ZEV 1998, 455; *Schotten*, Der Erb- und Pflichtteilsverzicht im deutschen Recht und die Europäische Erbrechtsverordnung, ErbR 2020, 338.

Übersicht: Rdn

A. Allgemeines

1 Der Abschnitt 7 ist zwar mit „Erbverzicht" betitelt. Praktische Bedeutung hat aber fast ausschließlich der **Pflichtteilsverzicht**. Nur in wenigen Punkten ist eine Differenzierung wichtig, so dass im Folgenden mit dem Begriff „Verzicht" sowohl der Erb- als auch der Pflichtteilsverzicht gemeint sind, wenn es nicht ausdrücklich anders vermerkt wird.

B. Tatbestand

I. Erblasser

2 An dem Verzichtsvertrag muss auf der einen Seite der (potentielle) Erblasser beteiligt sein. Der Vertrag von Dritten über den Nachlass eines noch Lebenden ist gem. § 311b Abs. 4 BGB nichtig. Nach dem Tod des Erblassers kann ein Verzichtsvertragsangebot nach der h.M. von dessen Erben nicht mehr angenommen werden (vgl. § 2347 Rdn 9).[1] Gem. § 10 Abs. 7 LPartG gelten die Vorschriften über den Erbverzicht entsprechend.

II. Verzichtender

3 Verwandte und der Ehegatte können verzichten, der Fiskus[2] nicht. Der Verzichtende muss nicht pflichtteilsberechtigt und auch nicht nächstberufener Erbe sein. Es kann auch vor dem Entstehen des Verwandtschaftsverhältnisses bzw. vor der Eheschließung wirksam verzichtet werden, also insbesondere auch durch Verlobte und vor einer Adoption[3] oder vor der Anerkennung oder Feststellung einer Vaterschaft.

---

1 Zum Erlass: *Lange*, ZEV 2022, 557; *v. Proff*, ErbR 2021, 994.
2 *Ludyga*, ZEV 2023, 409, 412.
3 OLG Hamm, Beschl. v. 17.9.1951, Rpfleger 1952, 89.

III. Vertrag

1. Form, Vertretung

Regelungen zu Form und Vertretung enthalten §§ 2347 f. BGB. 4

2. Abstraktionsprinzip

Beim Erb- und Pflichtteilsverzicht gilt das Abstraktionsprinzip. Der Verzichtsvertrag ist ein **abstraktes, erbrechtliches Verfügungsgeschäft**. Er ist kein gegenseitiger Vertrag i.S.v. §§ 320 ff. BGB. 5

Daneben wird ein **schuldrechtliches Kausalgeschäft** geschlossen. Es ist ein Vertrag i.S.v. §§ 320 ff. BGB. Er wird im Gesetz zwar nicht erwähnt, ist aber heute nach fast allgemeiner Meinung anerkannt.[4]

3. Schuldrechtliches Kausalgeschäft

a) Allgemeines

Der Verzicht kann entgeltlich oder unentgeltlich erfolgen. Abkömmlinge können sich auf die Zusicherung von Eltern, dass sie nach dem letztversterbenden Elternteil Erben werden würden, nur mit einem Erbvertrag verlassen. 6

b) Unentgeltlicher Verzicht

Der unentgeltlich erklärte Verzicht ist nach allgemeiner Meinung **keine Schenkung** des Verzichtenden. Im Moment des Verzichts wird das Vermögen des Erblassers nicht bereichert, wie es § 516 Abs. 1 BGB verlangt, und das des Verzichtenden nicht gemindert. Schließlich stellt § 517 BGB klar, dass – obwohl der Verzichtsempfänger einen Vorteil erhält – u.a. der Verzicht auf ein angefallenes, aber noch nicht endgültig erworbenes Recht oder die Ausschlagung einer Erbschaft keine Schenkungen darstellen. 7

c) Entgeltlicher Verzicht

Eine Abfindung für einen Erbverzicht ist, soweit sie in der Höhe der Erberwartung entspricht, keine unentgeltliche Zuwendung und löst daher keine **Pflichtteilergänzungsansprüche** nach § 2325 BGB aus;[5] bei einem Pflichtteilsverzicht ist dies umstritten. 8

Der BGH hatte im Jahr 1991 über eine Anfechtung nach dem AnfG zu entscheiden.[6] Ein Pflichtteilsverzicht wurde in diesem Zusammenhang nicht als „Gegenleistung für die Übertragung wertvollen Grundbesitzes" gesehen. Im Jahr 2008 entschied der BGH, dass ein Entgelt bzw. eine angemessene Abfindung für einen **Erbverzicht nicht** der Pflichtteilsergänzung unterliegt.[7] Wesentliches Argument ist, dass sich durch den Erbverzicht zum Ausgleich die Pflichtteilsquote der anderen Berechtigten erhöhe. Dies bestätigte er im Jahr 2015 für einen Erb- und Pflichtteilsverzicht.[8] Dabei muss die Abfindung in etwa der Erberwartung entsprechen.

Ob dies auch auf den **Pflichtteilsverzicht** übertragen werden kann, ist **umstritten** und vom BGH nicht entschieden. Die überwiegende Meinung scheint einen Pflichtteilsergänzungsanspruch zu befürworten,[9] da es nicht zu dem Ausgleich durch eine Verschiebung der Erbquoten komme. Allerdings sollte es nach hier vertretener Ansicht 9

---

4 BGH – BLw 16/96, NJW 1997, 653; *Zimmer*, NJW 2017, 513; *v. Proff zu Irnich*, DNotZ 2017, 84.

5 BGH – X ZR 59/13, NJW 2016, 324.

6 BGH – IX ZR 74/90, Z 131, 383 = NJW 1991, 1610; dem folgend: FG Nürnberg – 5 K 239/16, BeckRS 2018, 24693 Rn 57.

7 BGH – IV ZR 58/07, NJW 2009, 1143.

8 BGH – X ZR 59/13, NJW 2016, 324; vgl. auch *Streßig*, ErbR 2016, 2.

9 Vgl. BeckOK BGB/*Müller-Engels*, § 2325 BGB Rn 26 f. m.w.N. *v. Proff zu Irnich*, NJW 2016, 539; *Reul*, MittRhNotK 1997, 373, 380; *Mauch*, BWNotZ 1995, 88.

auf das Geschäft zwischen den Parteien ankommen: Der Erblasser erhält zum Teil seine Testierfreiheit, was für ihn einen wirtschaftlichen Wert darstellen kann. Dafür eine Gegenleistung zu gewähren, hebt eine Unentgeltlichkeit auf. Etwas anderes kann nur in den Fällen gelten, in denen der Verzichtende dann doch bedacht wird, die Gegenleistung also tatsächlich nicht als Ausgleich für den Verzichtenden, sondern zur Benachteiligung anderer Pflichtteilsberechtigter geleistet wurde.[10]

d) Verknüpfung

10 Eine Verbindung des abstrakten Verfügungs- mit dem Kausalgeschäft zu einer vertraglichen Einheit mit der Folge des § 139 BGB ist nach h.M. nicht möglich,[11] was aber höchstrichterlich noch nicht geklärt ist. Die Geschäfte können aber mit einer **Bedingung** (vgl. Rdn 12) verknüpft werden.[12]

4. Bedingter oder befristeter Verzicht

11 Ein Erbverzicht **kann** unter einer aufschiebenden oder auflösenden Bedingung erklärt werden,[13] auch bei einem gegenständlich beschränkten Verzicht.[14] Nach inzwischen ganz h.M. muss die Bedingung auch nicht vor dem Erbfall eingetreten sein. Liegt der Zeitpunkt des Eintritts der auflösenden Bedingung oder der Befristung nach dem Erbfall, ist der Verzichtende bis dahin Vorerbe, die ohne den Verzicht begünstigten Personen sind Nacherben.[15] Wenn eine aufschiebende Bedingung vorliegt, wird der Verzichtende Nacherbe, die ohne den Verzicht Begünstigten werden Vorerben (vgl. §§ 2104 f. BGB).

12 Eine typische Bedingung ist es, dass von zwei Verzichten eines Kindes gegenüber beiden Elternteilen nur der Verzicht wirksam werden soll, der gegenüber dem erstversterbenden Elternteil erklärt wurde. Durch eine Bedingung können auch der abstrakte Erbverzicht und das kausale Geschäft (Abfindung) miteinander verknüpft werden. Mehrere Pflichtteilsberechtigte könnten den Verzicht auch zeitlich und örtlich unabhängig voneinander erklären mit der Bedingung, dass die jeweils anderen ebenfalls wirksam verzichten. Die Wirksamkeit kann schließlich von der Zahlung der Abfindung abhängig gemacht werden.[16]

IV. Umfang und Beschränkung: gesetzliche Erbfolge

1. Gesetzliche Erbfolge

13 Der Verzicht nach § 2346 BGB kann nur die gesetzliche Erbfolge betreffen. In die Erbfolge nach letztwilliger Verfügung können entweder der Testator, die (Ehegatten-)Testatoren und Parteien eines Erbvertrages oder die in § 2352 BGB genannten Personen unter den dort genannten Voraussetzungen eingreifen.

2. Beschränkter Verzicht

a) Allgemeines

14 Die Beschränkung des Erbverzichts ist **möglich**, wie aus Abs. 2 hervorgeht. Der Pflichtteilsverzicht ist ein beschränkter Erbverzicht. Die Begrenzung des Verzichts

10 So auch LG Landshut – 54 O 2287/12, ErbR 2016, 349.
11 *Edenfeld*, ZEV 1997, 134, 139 f.; a.A. wohl OLG Bamberg – 4 W 5/98, OLGR 1998, 169, das sich aber nicht entscheidend mit dieser Frage auseinandersetzte.
12 BGH – V ZR 14/61, Z 37, 319; BayObLG – 1Z BR 22/94, ZEV 1995, 228.
13 OLG Hamm – 1-10 U 18/18, ErbR 2020, 504; BayObLG – 1Z BR 22/94, ZEV 1995, 228.
14 OLG Saarbrücken – 5 U 59/19, ZErb 2020, 250; OLG München – 7 U 2983/13, BeckRS 2014, 10206.
15 Vgl. auch BayObLG – BReg. 1 Z 147/57, NJW 1958, 344.
16 Vgl. OLG Hamburg – 2 U 26/15, BeckRS 2018, 35328 (nachgehend zu einem anderen Aspekt: BGH – IX ZR 22/18, BeckRS 2018, 35327).

bspw. auf **einzelne Vermögenswerte** ist beim Pflichtteilsverzicht nach inzwischen allgemeiner Meinung weitgehend unproblematisch möglich. Beim Erbverzicht ist dies nicht zulässig, da durch ihn aufgrund der Universalsukzession nur die Erbfolge und -quoten beeinflusst werden.

b) Beschränkter Erbverzicht

15 Der Erbverzicht kann z.B. unter Beachtung des erbrechtlichen Grundsatzes der Universalsukzession auf einen Bruchteil des Erbrechts beschränkt werden. Möglich ist auch eine Beschränkung auf das Hoferbrecht nach der **Höfeordnung** bzw. das hoffreie Vermögen.[17] Soll der Pflichtteilsberechtigte nur den Pflichtteil erhalten, kann auch ein Verzicht auf das gesetzliche Erbrecht unter **Vorbehalt des Pflichtteils** vereinbart werden. Um eine Auslegung zu vermeiden, sollte klargestellt werden, ob der Verzichtende mit dem Erbfall Miterbe mit seiner Pflichtteilsquote oder nur Vermächtnisnehmer in der Höhe seines Pflichtteilsanspruches werden soll; Letzteres würde eine letztwillige Verfügung voraussetzen.

16 Ein gegenständlicher beschränkter Erbverzicht ist unzulässig. Gleichwohl ist er in Urkunden zu finden. Es ist im Einzelfall denkbar, ihn in einen gegenständlich beschränkten Pflichtteilsverzicht umzudeuten.[18] Problematisch ist es, wenn der Erbverzicht außerdem in eine positive Erklärung in der Art einer letztwilligen Verfügung (Anordnung der Verteilung des Nachlasses) umgedeutet werden soll. Eine solche Aussage enthält der Erbverzicht regelmäßig nicht.

c) Beschränkter Pflichtteilsverzicht

aa) Allgemeines

17 Es ist **möglich**, nur auf Teile des Pflichtteilsanspruchs zu verzichten.[19] Für den Gestalter ergeben sich zahlreiche Möglichkeiten, wenn Teilverzichte mit anderen familien-, erb- und gesellschaftsrechtlichen Instrumenten kombiniert werden.

bb) Beschränkungsmöglichkeiten

18 Dies betrifft etwa den Pflichtteilsergänzungsanspruch nach § 2325 BGB, wobei nach *J. Mayer* eine gewisse Unsicherheit hinsichtlich des Verzichts auf zukünftige Ansprüche besteht.[20] Zu beachten ist, dass ein Verzicht nur auf Pflichtteilsergänzungsansprüche etwaige Ausgleichsansprüche nicht umfassen würde. Denkbar ist auch der Verzicht auf den Zusatzpflichtteil, einen Anteil am Pflichtteil und/oder die Anwendung von § 2306 BGB zu beschränken.[21] Da eine Anrechnung einer Zuwendung auf den Pflichtteilsanspruch nachträglich nicht mehr möglich ist, kann versucht werden, dieses Ergebnis durch eine Verzichtsvereinbarung zu erreichen.[22] Der Verzichtende kann dem Erblasser auch die Befugnis einräumen, ihm Beschränkungen wie Vermächtnisse oder Auflagen aufzuerlegen. Schließlich kann der Pflichtteil auch persönlich beschränkt werden, so dass bspw. ein bestimmter Erbe nicht zu Pflichtteilszahlungen verpflichtet wird.[23]

---

17 *Raude*, RNotZ 2016, 69, 88; *Ivo*, ZEV 2004, 316 mit Formulierungsvorschlag.
18 *Weirich*, DNotZ 1986, 5, 10 m.w.N.
19 Umfassender Überblick: *J. Mayer*, ZEV 2000, 263.
20 *J. Mayer*, ZEV 1996, 441, 445 m.w.N.
21 Ausführlich: *Krauß*, S. 755–770.
22 *Reimann*, ZEV 2018, 549, 554.
23 Im Einzelnen *Spanke*, ZEV 2012, 345.

cc) Insbesondere: Gegenständlich beschränkter Pflichtteilsverzicht

19 Bei dem sog. gegenständlich beschränkten Pflichtteilsverzicht soll **ein Nachlassgegenstand** bei der späteren Berechnung des Pflichtteils als (zum Teil) nicht zum Nachlass gehörend angesehen werden. Im Gegensatz zum Erb- gibt das Pflichtteilsrecht dem Berechtigten keine Beteiligung am, sondern einen Geldanspruch gegen den Nachlass. Der gegenständlich beschränkte Pflichtteilsverzicht ist nach allgemeiner Ansicht zulässig.[24] Daher ist es bspw. möglich, den Pflichtteil schon zu Lebzeiten zu beziffern, einzelne **Immobilien** bei der Berechnung des Pflichtteils herauszunehmen (auch bei lebzeitigen Übertragungen zur Vermeidung von Pflichtteilsergänzungsansprüchen gegen den Empfänger, ggf. bei Ausgleichsleistungen)[25] oder eine bestimmte Bewertung eines Unternehmens[26] zu vereinbaren (etwa mit dem Buchwert). In einen gegenständlich beschränkten Pflichtteilsverzicht eine Enterbung zu sehen, ist eher abwegig,[27] da er auch rein vorsorglich vereinbart werden kann. Eine Rückübertragung einer gegen einen gegenständlich beschränkten Pflichtteilsverzicht übertragene Immobilie lässt diesen nur bei entsprechender Vereinbarung entfallen.[28]

C. Rechtsfolgen

I. Erbquote und Pflichtteilsanspruch

1. Erbverzicht

20 Die wichtigste Wirkung des Erbverzichts ist die **Veränderung der Erbquote.** Auf sie wird unmittelbar eingewirkt.[29] Eine enterbende letztwillige Verfügung ist nicht notwendig. Der Verzichtende entfällt gem. Abs. 1 S. 2 als Erbe, sog. **„Vorversterbensfiktion"**.[30] Die Quoten der anderen Erben erhöhen sich. Es können auch völlig neue Personen Erben werden.

21 Hat bspw. ein unverheirateter Erblasser, dessen Eltern vorverstorben sind, ein Kind, welches einen Erbverzicht erklärt, ergibt sich Folgendes: Hat der Erblasser Geschwister, werden diese zu Erben, sonst weiter entfernte Verwandte. Der Erblasser muss also noch eine letztwillige Verfügung verfassen, wenn er die gesetzliche Erbfolge vollständig ausschließen möchte.

22 Der pflichtteilsberechtigte Verzichtende verliert beim Erbverzicht auch seinen Pflichtteilsanspruch, da eine Tatbestandsvoraussetzung des § 2303 BGB entfällt.
Sind neben dem Verzichtenden noch weitere Pflichtteilsberechtigte vorhanden, die nicht verzichten, **erhöht** sich deren **Pflichtteilsquote.**

23 Dies geschieht **bspw.** wie folgt: Der im Güterstand der Zugewinngemeinschaft verheiratete Erblasser hat zwei Kinder. Nur eines erklärt einen Erbverzicht. Die Erbquote des anderen Kindes steigt dadurch auf ein Halb. Setzt der Erblasser in einer letztwilligen Verfügung seine Ehefrau nun als Alleinerbin ein, ist die Pflichtteilsquote des Kindes, das nicht verzichtete, so groß wie vor dem Verzicht für beide Kinder zusammen: ein Viertel.

24 In der Gestaltungspraxis ist daher der Erbverzicht fast immer ein **Gestaltungsfehler.**[31] Nur in seltenen Fällen kann ein Erbverzicht empfohlen werden, etwa wenn der geschäftsunfähige Erblasser kein Testament mehr errichten kann. Eventuell kann auch

---

24 Vgl. Bonefeld/Wachter/*Kurze*, Fachanwalt ErbR, § 18 Rn 49 m.w.N.
25 *Müller*, ZEV 2015, 322, 326 f.
26 Vgl. *Lohr*, GmbH-StB 2016, 341.
27 So OLG Brandenburg – 3 W 55/22, ZEV 2023, 30 mit ebenfalls krit. Anm. *Litzenburger*.
28 OLG Saarbrücken – 5 U 59/19, ZErb 2020, 250; OLG München – 7 U 2983/13, BeckRS 2014, 10206.
29 BGH – BLw 16/96, NJW 1997, 653.
30 BGH – IV ZR 239/10, ZErb 2012, 238.
31 Entsprechend: *Dolle*, ErbR 2012, 232.

noch, wenn nur ein Pflichtteilsberechtigter existiert und abzusehen ist, dass kein neuer hinzutreten wird, oder alle Pflichtteilsberechtigten verzichten, die nicht bedacht werden sollen, ein Erbverzicht erwogen werden, da nicht alle Mandanten wirklich dem ausdrücklich zu erteilenden Rat folgen und eine beim reinen Pflichtteilsverzicht erst die gewünschte Wirkung herbeiführende letztwillige Verfügung errichten.

2. Pflichtteilsverzicht

Beim Pflichtteilsverzicht **verändern** sich die **Erbquoten nicht**.[32] Errichtet der Erblasser keine letztwillige Verfügung, erbt der Verzichtende. In einen gegenständlich beschränkten Pflichtteilsverzicht im Rahmen eines Überlassungsvertrages eine Enterbung hineinzuinterpretieren, erscheint angesichts der Erheblichkeit des Testierwillens fraglich.[33] Enterbt der Erblasser den Verzichtenden, kann dieser auch keinen Pflichtteilsanspruch geltend machen. Die Quoten der anderen Erben verändern sich nicht. 25
Es ergeben sich **bspw.** diese Folgen:
(1.) Der unverheiratete Erblasser, dessen Eltern vorverstorben sind, hat ein Kind. Dieses erklärt einen Pflichtteilsverzicht. Errichtet der Erblasser keine letztwillige Verfügung, erbt das Kind trotzdem allein. Geschwister des Erblassers u.a. kommen nicht zum Zuge.
(2.) Der im Güterstand der Zugewinngemeinschaft verheiratete Erblasser hat zwei Kinder. Nur eines erklärt einen Pflichtteilsverzicht. Die Erbquote des anderen Kindes ändert sich dadurch nicht. Setzt der Erblasser in einer letztwilligen Verfügung seine Ehefrau nun als Alleinerbin ein, ist die Pflichtteilsquote des Kindes, das nicht verzichtete, lediglich ein Achtel.

26 Pflichtteilsverzichte können Pflichtteilsansprüche sicher vermeiden und sind zudem flexibel und individuell anzupassen. In der **Gestaltungs**praxis wird im Ergebnis fast ausschließlich der Pflichtteilsverzicht in verschiedenen Ausformungen eine Rolle spielen. Er ist auch bei einer **Insolvenz** des Verzichtenden wirksam (siehe Rdn 62). Der Verzicht wirkt nur zwischen den Vertragsparteien und verhindert nicht, dass dem Verzichtenden der Nachlass als Erbe eines Dritten, der den Erblasser vorher beerbt hat, zufällt.[34]

II. Pflichtteilsergänzungsansprüche und ähnliche Ansprüche

27 Wird auf das Pflichtteilsrecht als solches verzichtet, umfasst der Verzicht auch Pflichtteilsergänzungsansprüche, wie den Pflichtteilsrestanspruch etc. Eine Formulierung wie „verzichtet auf sein Pflichtteilsrecht und Pflichtteilsergänzungsansprüche“ kann irritieren. Die Aufzählung kann als abschließend verstanden werden, womit etwa der Ausgleichspflichtteil als nicht mehr umfasst angesehen werden kann.

III. Pflichtteilsvermächtnisse, Einrede nach § 2328 BGB, Voraus und Dreißigster

1. Pflichtteilsvermächtnisse

28 Pflichtteilsvermächtnisse bestimmen in einem gemeinschaftlichen Testament, dass die Abkömmlinge beim Tod des erstversterbenden Elternteils oder bei dessen Wiederverheiratung ein **Vermächtnis in Höhe ihres Pflichtteils** erhalten. Der Abkömmling soll meist motiviert werden, beim Tod des ersten Elternteils keinen Pflichtteil zu fordern, weil eine gewisse Absicherung besteht. Da es sich bei dem Verzicht um eine bewusste Zuwendung des Erblassers handelt, wird in einem Pflichtteilsverzicht grundsätzlich

---

32 *v. Proff zu Irnich*, ZEV 2016, 173; *Schotten*, RNotZ 2015, 412.

33 So aber OLG Brandenburg – 3 W 55/22, BeckRS 2022, 27891; kritisch wie hier: *Bärnreuther/Kraus*, ErbR 2024, 100, 101; *Keim*, MittBayNot 2023, 612, 614; *Litzenburger*, ZEV 2023, 30, 32.

34 Vgl. OLG Frankfurt – 20 W 319/95, FamRZ 1995, 1450.

kein Verzicht auf ein solches Vermächtnis gesehen. Nur im Einzelfall kommt eine Umdeutung des Pflichtteils- in einen Zuwendungsverzicht in Betracht.[35]

2. Einrede nach § 2328 BGB

29 Nach § 2328 BGB kann ein pflichtteilsberechtigter Erbe eine Pflichtteilsergänzung zugunsten eines anderen Pflichtteilsberechtigten so weit verweigern, dass ihm sein Pflichtteil einschließlich seines Pflichtteilsergänzungsanspruchs verbleibt. Es wird daher etwa von *Mayer* die Meinung vertreten, dass bei einem Pflichtteilsverzicht auch die Einrede nach § 2328 BGB verloren ginge.[36] *Tanck* empfiehlt daher, in relevanten Fällen fest- oder klarzustellen, dass dem Verzichtenden die Einrede nach § 2328 BGB erhalten bleibt.[37] Nach hier vertretener Auffassung ist dies nicht notwendig: Der Sinn der Pflichtteilsverzichts und damit auch Inhalt der Pflichtteilsverzichtsvereinbarung ist es, dem Erblasser seine Testierfreiheit zu geben. Wenn der Erblasser den Verzichtenden aber zu Lebzeiten oder in einer letztwilligen Verfügung bedenkt, soll dieser nach dem Willen des zuwendenden Erblassers und des empfangenden Verzichtenden auch so weit wie möglich geschützt sein, notfalls auch durch die Einrede des § 2328 BGB. Schon nach Sinn und Zweck des Vertrages zum Verzicht auf den Pflichtteil ist daher von einem einvernehmlichen **Vorbehalt der Einrede des § 2328 BGB** auszugehen.

3. Voraus und Dreißigster

30 Nach allgemeiner Meinung umfasst der Verzicht des Ehegatten auch den Voraus nach § 1932 BGB. Umstritten ist, ob sich der Verzicht auch auf den Dreißigsten gem. § 1969 BGB erstreckt. Die herrschende Meinung weist darauf hin, dass der Anspruch nach § 1969 BGB bestimmten „Familienangehörigen" zusteht, gleich ob sie Erbe werden oder nicht.[38] Dies ist zutreffend, denn sie erhält den persönlichen Schutz der Familie unabhängig von monetär motivierten Regelungen.

IV. Zugewinn

31 Verzichtet ein Ehegatte auf seinen Erb- oder Pflichtteilsanspruch nach dem Tod des anderen, **bleibt** sein Anspruch auf Zugewinnausgleich **bestehen**. Er kann ihn nach § 1371 Abs. 2 BGB direkt verlangen, wenn er enterbt wird und auch kein Vermächtnis erhält; sonst muss er gem. § 1371 Abs. 3 BGB ausschlagen.[39]

32 Bspw. kann angenommen werden, dass die Ehegatten im gesetzlichen Güterstand der Zugewinngemeinschaft verheiratet sind. Die Ehefrau verzichtet gegenüber dem Ehemann auf den Pflichtteil. Der Nachlass des Ehemannes ist ein Vermögen von 500.000 EUR, das komplett während der Ehe erwirtschaftet wurde. Die Ehefrau hat kein Vermögen. Der Ehemann hat seinen einzigen Sohn zum Alleinerben bestimmt. Die Ehefrau kann gem. § 1371 Abs. 2 BGB den konkreten Zugewinn fordern, also 250.000 EUR. Hat der Ehemann ihr einen geringeren Erbteil zugedacht, muss sie vorher fristgerecht das Erbe ausschlagen, § 1371 Abs. 3 BGB.

33 Soll ein Ehegatte auf seinen Pflichtteil verzichten, ist daher auch immer der mögliche Zugewinnausgleich zu prüfen. Unter Umständen ist eine zusätzliche, ehevertragliche Regelung des Zugewinnausgleichs im Todesfall erforderlich. Zu beachten sind dabei aber eventuelle negative erbschaftsteuerliche Folgen sowie unter Umständen die Erhöhung der Erb- und Pflichtteilsansprüche von Abkömmlingen.

35 Im Einzelnen: *J. Mayer*, ZEV 1995, 41.
36 *J. Mayer*, ZEV 2007, 556, 557 f.
37 *Tanck*, ZErb 2001, 194.
38 BeckOK BGB/*Litzenburger*, § 2346 BGB Rn 28 m.w.N.
39 Vgl. *J. Mayer*, ZEV 2007, 556, 557 m.w.N.; *Bonefeld*, ZErb 2002, 90 (Teil 1) und 189 (Teil 2).

V. Unterhaltsanspruch des geschiedenen Ehegatten

Ein geschiedener Ehegatte des Erblassers kann unter den Voraussetzungen des § 1586b BGB Unterhaltsansprüche gegen die Erben geltend machen. Diese Norm gilt für seit dem 1.7.1977 geschiedene Eheleute.[40] Die Forderung ist auf den fiktiven Pflichtteil des geschiedenen Ehegatten begrenzt. 34

Die Pflichtteilsquote ist nach § 2310 BGB zu ermitteln. Diejenigen, die einen Erbverzicht erklärt haben, werden nicht mitgezählt. Der fiktive Pflichtteil des geschiedenen Ehegatten erhöht sich also. Ein Pflichtteilsverzicht Dritter bleibt ohne Einfluss auf den fiktiven Pflichtteil. 35

Heftig umstritten ist, welche Wirkung ein Erb- oder Pflichtteilsverzicht eines (später) geschiedenen Ehegatten auf den Anspruch aus **§ 1586b BGB** hat.[41] *Bergschneiders* Ansicht ist zuzustimmen, wonach zunächst immer die zu prüfende Erklärung ausgelegt werden sollte.[42] Wurde der Verzicht etwa ohne Gegenleistung allein zur gemeinsamen Begünstigung der Kinder erklärt, kann dies eher für einen mutmaßlichen Willen sprechen, nach dem der Unterhaltsanspruch nicht betroffen sein sollte. 36

Ist eine Auslegung nicht möglich, muss im Streit um den Zweck der Norm § 1586b BGB Stellung bezogen werden:[43] 37

- Entweder wird der Anspruch aus § 1586b BGB als Ausgleich für das durch die Scheidung weggefallene Erbrecht gesehen, dann entfällt mit dem Verzicht auch der Unterhaltsanspruch, oder
- § 1586b BGB wird als Unterhaltsanspruch qualifiziert und der Pflichtteil wird danach nur zur höhenmäßigen Begrenzung erwähnt. Ein Erb- oder Pflichtteilsverzicht erfasst dann nicht den Anspruch nach § 1586b BGB.[44]

Die Einordnung der Norm in das Familienrecht spricht für die zweite Meinung; die sich dann aber ergebende Besserstellung des geschiedenen gegenüber dem verheirateten Ehegatten, der auf den Pflichtteil verzichtet hat, spricht für die erste – überwiegende – Meinung. Nach hier vertretener Ansicht **bleibt** der Anspruch aus § 1586b BGB auch bei einem Erb- oder Pflichtteilsverzicht **bestehen**. Eine Besserstellung des geschiedenen Ehegatten wird oft dadurch deutlich relativiert, dass der verheiratete Ehegatte eine Witwen- oder Witwerversorgung erhält. Zudem kann eine wirtschaftliche Folge nicht die Gesetzessystematik außer Kraft setzen. Mit der Regelung des § 1586b BGB hat der Gesetzgeber eine unterhaltsrechtliche Wertung getroffen. Rechtsprechung hierzu ist allerdings nicht ersichtlich; das OLHG Celle lehnte lediglich die Anwendung des § 1586b BGB auf selbstständige Unterhaltsvereinbarungen ab.[45] In der Praxis kann durch eindeutige Gestaltung, also Formulierungen, vorgesorgt werden.[46] 38

D. Leistungsstörung

Leistungsstörungen kommen hinsichtlich des **kausalen Verpflichtungsgeschäfts** in Betracht. 39

Verstirbt der Verzichtende **vor** dem potentiellen **Erblasser**, ändert das nichts an der Wirksamkeit des Verpflichtungsgeschäfts. Dies ist ein Risiko des Geschäfts.

Wurde das Verpflichtungsgeschäft wirksam abgeschlossen und weigert sich der Verzichtende, die Verpflichtung zur Erklärung des Verzichts zu erfüllen, kann der An-

40 Für Altfälle vgl. *Bergschneider*, FamRZ 2003, 1049, 1057 m.w.N.

41 Zu sogar verfassungsrechtlichen Bedenken: *Zacher-Röder/Grimm-Hanke*, FPR 2011, 264.

42 *Bergschneider*, FamRZ 2003, 1049, 1056.

43 Vgl. auch Bonefeld/Wachter/*Kurze*, Fachanwalt ErbR, § 18 Rn 41 m.w.N.

44 In diese Richtung auch über den „Umweg" der Frage nach der „Infektion" eines Pflichtteilsverzichtes durch nichtige ehevertragliche Regelungen: *Kühle*, ZErb 2013, 221.

45 OLG Celle – 6 U 36/22, NJW 2023, 1895.

46 Vgl. *Bonefeld*, ZErb 2002, 96, 97; *Frenz*, ZEV 1997, 450 f.; *Horndasch*, FuR 2011, 652, 654.

spruch gerichtlich durchgesetzt werden. Gem. § 894 ZPO ersetzt das rechtskräftige Urteil die Erklärung. Bei fruchtlosem Fristablauf nach Aufforderung zur Leistung der Abfindung kommt ein Rücktritt des Verzichtenden in Betracht.[47] War der Verzicht mit einer Bedingung an die Abfindungszahlung verbunden, ist er ohne diese nicht wirksam,[48] bei einem in einem Grundstücksübertragungsvertrag vorbehaltenen Rückabwicklungsanspruch entfällt der Verzicht bei dessen Ausübung.[49]

40 **Verstirbt** ein Beteiligter **vor** der **Abgabe** der Verzichtserklärung, wird die Pflichterfüllung nach einer Meinung unmöglich, § 275 BGB, sodass der Verpflichtete von seiner Pflicht frei wird.[50] Eine geleistete Abfindung ist dann zurückzuzahlen. Diese Ansicht wird auch hier vertreten, denn das relevante Recht kann tatsächlich gar nicht mehr entstehen. Nach dem Erbfall liegt eine neue Situation vor. Nach einer anderen Meinung soll die Verpflichtung des Verzichtenden umgedeutet werden zu einer Pflicht, die Erbschaft auszuschlagen bzw. auf den entstandenen Pflichtteilsanspruch zu verzichten.[51]

41 Äußerst **umstritten** ist auch die Frage, was die Folge eines **nichtigen Verpflichtungsvertrages** beim gültigen Verfügungsgeschäft ist. Einerseits könnte nach §§ 812 Abs. 1 S. 1, 818 BGB die erbrachte Leistung zurückzugewähren sein. Zu Lebzeiten des Erblassers könnte daher eine Aufhebung des Verzichts verlangt werden.[52] Andererseits spricht die fehlende Bereicherung des Verzichtenden, der nur über eine „Erbaussicht" verfügt, gegen die Anwendung des § 812 BGB. Dann kommt als Anspruchsgrundlage der Wegfall der Geschäftsgrundlage in Betracht.[53]

42 **Nach** dem **Tod** des **Erblassers** ist jedenfalls eine Aufhebung des Erbverzichts nicht mehr möglich. Erwogen wird dann ein Anspruch des Verzichtenden auf Wertersatz[54] oder wiederum eine Lösung über den Wegfall der Geschäftsgrundlage.

E. Beseitigung

I. Allgemeines

43 Die Beseitigung des Erbverzichts ist auf verschiedene Arten denkbar. Ihnen gemein ist, dass eine Beseitigung zumindest des abstrakten Verfügungsgeschäfts bei einem **Erbverzicht nach dem Erbfall nicht** oder nur in Ausnahmefällen **möglich** ist. Dies gebietet die Rechtssicherheit, denn der Erbverzicht wirkt direkt auf die Erbfolge oder -quoten. Zur einvernehmlichen Aufhebung vgl. § 2351 BGB. Bei Neuverheiratung von Ehegatten, die zum Ende der ersten Ehe auf den Pflichtteil verzichtet hatten, ist grundsätzlich nicht von einer Wirkung des Verzichts auch für die neue Ehe auszugehen.[55]

II. Anfechtung

44 Bei der Anfechtung ist zwischen der Zeit vor und nach dem Erbfall zu unterscheiden.

47 *V. Proff zu Irnich*, DNotZ 2017, 84, 100 f.
48 Vgl. OLG Hamburg – 2 U 26/15, BeckRS 2018, 35328 (nachgehend zu einem anderen Aspekt: BGH – IX ZR 22/18, BeckRS 2018, 35327).
49 OLG München – 7 U 2983/13, MittBayNot 2015, 240.
50 *Edenfeld*, ZEV 1997, 134, 140.
51 OLG Koblenz – 6 W 99/93, NJW-RR 1993, 708.
52 MüKo/*Wegerhoff*, § 2346 Rn 26 m.w.N.
53 MüKo/*Wegerhoff*, § 2346 Rn 27.
54 MüKo/*Wegerhoff*, § 2346 Rn 26.
55 OLG Düsseldorf – I-3 Wx 16/17, NZFam 2017, 476.

1. Vor dem Erbfall

Für die Anfechtung gelten die allgemeinen Vorschriften der **§§ 119 ff. BGB**. Anders als bei einer letztwilligen Verfügung ist ein Motivirrtum unbeachtlich, denn § 2078 BGB gilt nicht. Die Anfechtung kann das abstrakte erbrechtliche Verfügungsgeschäft und/oder ein schuldrechtliches Rechtsgeschäft unwirksam werden lassen. 45

Das Anfechtungsrecht des **Verzichtenden** zu Lebzeiten des Erblassers ist unbestritten. 46

Die ganz h.M. **bejaht** ein Anfechtungsrecht des **Erblassers** auch zu seinen Lebzeiten.[56] 47
Zwar kann er meist auch eine anderslautende letztwillige Verfügung verfassen, aber nicht bei Testierunfähigkeit oder einer Bindung. Zudem werden durch einen Erbverzicht auch die Erb- und Pflichtteilsquoten von anderen Personen beeinflusst. Die Anfechtung kann eine Wirkung entfalten, die der Erblasser sonst nicht herbeiführen kann.

2. Nach dem Erbfall

Ob der Verzichtende noch nach dem Erbfall anfechten darf, ist höchst **umstritten.**[57] 48
Die überwiegende Meinung einschließlich der hier bekannten Rechtsprechung **verneint** das Anfechtungsrecht.[58] Das Hauptargument ist die Rechtssicherheit. Durch den Erbverzicht werden die Erbfolge und/oder -quoten geändert. Allerdings kommen in diesen Fällen Schadensersatzansprüche in Betracht, etwa nach § 826 BGB.[59]
Die auch hier vertretene Gegenmeinung[60] **bejaht** das Fortbestehen des Anfechtungsrechts. Es sei ein Gebot der Rechtssicherheit, eine begründete Anfechtung – etwa wegen arglistiger Täuschung oder Drohung – nicht zu verhindern. Eine unbegrenzte Rechtsunsicherheit ist nicht zu befürchten, da eine Anfechtung fristgebunden ist. Außerdem kann auch eine Bedingung erst nach dem Tod des Erblassers eintreten, eine Testierunfähigkeit kann später festgestellt werden.

3. Anfechtungsgrund

Als Anfechtungsgrund kommt auch ein **Irrtum** über wertbildende Merkmale oder den Bestand des gegenwärtigen Vermögens des Erblassers in Betracht. Bei notarieller Aufklärung sollten relevante Irrtümer aber schwer darzulegen sein. Spätere Entwicklungen im Vermögen des Erblassers sind bei diesem Risikogeschäft unbeachtlich.[61] 49

III. Sittenwidrigkeit, Verstoß gegen Treu und Glauben oder Störung der Geschäftsgrundlage – Inhaltskontrolle

1. Allgemeines

Zumindest seit dem Jahr 2004 wird über die Inhaltskontrolle von Erb- und Pflichtteilsverzichtsverträgen vermehrt diskutiert.[62] Anlass und Ausgang für die Überlegungen war die Rechtsprechung zur Inhaltskontrolle bei Eheverträgen. 50

---

56 *Pentz*, MDR 1999, 785, 785.

57 Vgl. auch Bonefeld/Wachter/*Kurze*, Fachanwalt ErbR, § 18 Rn 64 m.w.N.; *Pentz*, MDR 1999, 785, 785.

58 KG – 19 W 169/21, ErbR 2023, 778, 783; BayObLG – 1Z BR 97/03, ZEV 2006, 209 – dazu krit. Anm. von *Damrau*, MittBayNot 2006, 253; OLG Celle – 6 W 63/03, ZEV 2004, 156; BeckOK BGB/*Litzenburger*, § 2346 BGB Rn 5 m.w.N.

59 OLG Koblenz – 6 W 99/93, NJW-RR 1993, 708.

60 So auch *Horn*, ZEV 2010, 295, 296; *Damrau* in Anm., ZEV 2004, 156, 157.

61 BGH – BLw 16/96, NJW 1997, 653; LG Coburg – 21 O 295/08, FamRZ 2009, 461.

62 Vgl. auch Bonefeld/Wachter/*Kurze*, Fachanwalt ErbR, § 18 Rn 66 ff. m.w.N., ausführlich: *Inkmann*, Die Sittenwidrigkeit von Pflichtteilsverzichten.

2. Inhaltskontrolle bei Eheverträgen

51 Nach der Entscheidung des BVerfG im Jahr 2001[63] stellte der BGH im Jahr 2004[64] erste, später verfeinerte und ergänzte Grundsätze für die Beurteilung von Regelungen in Eheverträgen auf.[65] Nach der sog. „Kernbereichslehre" wird ein Ehegatte unzumutbar einseitig belastet, je mehr durch den Vertrag in den Kernbereich des gesetzlichen Scheidungsfolgenrechts eingegriffen wird.

52 Die Prüfung selbst erfolgt in zwei Stufen, wobei die Wirksamkeitskontrolle an § 138 Abs. 1 BGB[66] und die Ausübungskontrolle an § 242 BGB anknüpft:
(1) Bei der **Wirksamkeitskontrolle** kommt es auf die Umstände im Zeitpunkt des Vertragsschlusses an. Objektive Kriterien können die Einkommens- und Vermögensverhältnisse der Ehegatten, die geplante oder bereits bestehende Ausgestaltung der ehelichen Verhältnisse und die Auswirkungen der Eheschließung auf die Ehegatten und deren Kinder sein. Subjektive Umstände sind der Zweck, der mit der Vereinbarung insgesamt verfolgt wird, und die Beweggründe der Ehegatten für einzelne Regelungen.
(2) Für die **Ausübungskontrolle** wird geprüft, ob das Festhalten an dem Vertrag im Rahmen der Scheidung missbräuchlich ist. Das Vertrauen in die Regelung muss weniger schutzwürdig sein. Ein wichtiger Ansatzpunkt ist es, wenn die ehelichen Lebensverhältnisse sich anders als geplant entwickelt haben.

3. Inhaltskontrolle bei Erb- und Pflichtteilsverträgen

a) Parallelen zur Inhaltskontrolle bei Eheverträgen

53 Die Interessenlage der Beteiligten und das Machtgefüge unter ihnen können bei Erb- und Pflichtteilsverzichten denen bei Eheverträgen **stark ähneln.** Gerade erst volljährige Kinder sind ihren Eltern oft an Lebenserfahrung und Verhandlungsgeschick unterlegen, ähnlich wie es etwa bei aus dem Ausland zugezogenen Ehegatten der Fall sein kann. Sie sind zudem meist wirtschaftlich abhängig – „Übermacht- und Schwächesituation".[67]

Denkbar ist schließlich, dass bei einer Eheschließung ein nach den Kriterien des BGH unwirksamer Ehevertrag geschlossen wird, der mit einem Erb- und/oder Pflichtteilsverzicht verbunden oder von ihm begleitet wird. Erleidet der Erbverzicht dann dasselbe Schicksal wie der Ehevertrag?[68]

b) Meinungsstand

54 Von einer Zulässigkeit der Inhaltskontrolle wird inzwischen auszugehen sein.[69] Zwar gab es vom BGH bislang noch keine Positionierung zu dieser Frage, auch nicht zu einem Sachverhalt, bei dem ein Ehevertrag mit einem Pflichtteilsverzicht kombiniert worden war.[70] Das OLG Celle prüfte die Sittenwidrigkeit eines Pflichtteilsverzichtes

---

63 BVerfG – 1 BvR 12/92, E 103, 89 = NJW 2001, 957.

64 BGH – XII ZR 265/02, Z 158, 81 = NJW 2004, 930.

65 Vgl. zuletzt *Milzer*, NZFam 2025, 6.

66 Vgl. *Ludyga*, § 5 Rn 5 f.

67 *Inkmann*, Die Sittenwidrigkeit von Pflichtteilsverzichten, S. 174–224; Weitere Beispiele: *Wachter*, ZErb 2004, 238, 238 f.

68 Ebenso in diese Richtung: *Reetz*, DNotZ 2017, 809, 822; vgl. auch *Milzer*, NZFam 2018, 271; OLG Bamberg – 2 UF 247/14, BeckRS 2016, 118611 (nachgehend, nicht dazu: BGH – XII ZB 109/17, NJW 2017, 1883); erwogen, aber in diesem Fall verneint: OLG Celle – 10 UF 43/22, BeckRS 2022, 41978.

69 So schon *Wachter*, ZErb 2004, 238, 243–246; *Inkmann*, Die Sittenwidrigkeit von Pflichtteilsverzichten; *J. Mayer*, ZEV 2007, 556, 559; *Gerlach-Worch*, ErbR 2022, 552 („in Einzelfällen"); vgl. auch *Lange*, ErbR 2017, 397; *Zimmer*, NJW 2017, 513.

70 BGH NZFam 2017, 408, worauf *Milzer* zutr. hinweist, NZFam 2018, 10, 11.

bei der eines Verzichtes auf den Zugewinn en passant mit.[71] Dass jedenfalls eine Prüfung auf **Sittenwidrigkeit** nicht nur möglich, sondern gem. § 138 BGB auch gesetzlich verankert ist, wird allgemein vorausgesetzt. Ob das Ganze dann unter dem Begriff der „Inhaltskontrolle" abgehandelt wird, erscheint nicht als wesentlich. Entscheidungen und Literatur sind daher im Wesentlichen für die Ausformung von Kriterien von Interesse.

In einem Urteil des OLG München wird der Tatbestand der Sittenwidrigkeit bejaht. 55
Der – in diesem Fall – vom Vater vorgeschlagene Erbverzichtsvertrag beruhte auf der Schilderung unrichtiger Ausgangstatsachen. Der Abfindungsbetrag war daher falsch berechnet. Zudem „wurde auch die im Vergleich zum Kindesvater als aufstrebendem Geschäftsmann schwächere Position des damals erst 19-jährigen Sohns" betroffen.[72] Nach *Rogler* „bedurfte es" wegen der Sittenwidrigkeit des Rückgriffs auf § 123 BGB „nicht".[73] Das Urteil wurde auch als Einzelfallentscheidung eingeordnet.[74]

Das OLG Hamm,[75] dem sich indirekt der BFH anschloss,[76] bejahte eine Sittenwidrig- 56
keit insbesondere bei einem erheblichen Ungleichgewicht zulasten des Verzichtenden. Dem jugendlichen Verzichtenden waren zur Erlangung der Gegenleistung für seinen Verzicht erhebliche Bedingungen auferlegt worden.

Das OLG Nürnberg bejahte in einem Urteil den „Wegfall der Geschäftsgrundlage" bei einem mit einem Ehevertrag verbundenen Pflichtteilsverzicht.[77] Ob die Geschäftsgrundlage aber überhaupt weggefallen war, wird angezweifelt.[78] Eine unterbliebene Aufklärung über Vermögenswerte wurde vom OLG Düsseldorf nicht als ausreichend für eine Inhaltskontrolle gesehen, die Frage nach der „Infektion" eines Erbverzichtes durch einen nichtigen Ehevertrag offengelassen.[79] Das OLG Koblenz verneinte in einem Hinweisbeschluss eine Sittenwidrigkeit auf Tatbestandsebene, der Ausgang des Berufungsverfahrens ist ungewiss.[80]

Das LG Nürnberg-Fürth lehnte eine gerichtliche Inhaltskontrolle wie bei Eheverträgen ab, da die Rechtsinstitute unterschiedliche Schutzzwecke und andersartige Rechtscharaktere aufweisen würden.[81] Es hielt eine Sittenwidrigkeit bei der Ausnutzung von geschäftlicher Unerfahrenheit oder Unkenntnis für möglich, in dem zu entscheidenden Fall aber nicht gegeben.

Das LG Koblenz verwandte nicht den Begriff der „Inhaltskontrolle", wies aber dezi- 57
diert auf Pflichten des Erblassers zur Aufklärung insbesondere bei Bestehen eines persönlichen Vertrauensverhältnisses hin, deren Verletzung nach dem Erbfall Schadensersatzansprüche auslösen kann.[82] Nicht verwerflich ist aber das Anbieten einer niedrigen Abfindung, wenn der Verzichtende die Vermögensumstände kennt.[83]

---

71 OLG Celle – 17 UF 172/20, NJOZ 2022, 39, 43.
72 OLG München – 15 U 4751/04, ZEV 2006, 313, nachgehend: BGH – IV ZR 50/06 n.v. („Wildmoser").
73 ErbR 2007, 155.
74 *Theiss/Boger*, ZErb 2006, 164.
75 OLG Hamm – 10 U 36/15, RNotZ 2017, 240.
76 BFH – II B 16/20 = 17/20 = 18/20, ErbR 2021, 214.
77 OLG Nürnberg ZEV 2003, 514.
78 *Bengel*, ZEV 2006, 192, 193 m.w.N.
79 OLG Düsseldorf ZErb 2013, 94.
80 OLG Koblenz – 12 U 1681/20, BeckRS 2021, 26702, nachfolgend: 12 U 1681/20.
81 LG Nürnberg-Fürth – 6 O 6494/17, RNotZ 2019, 35, 38 sowie ZEV 2018, 593 m. Anm. *Keim*.
82 LG Koblenz – 10 O 204/16, ErbR 2017, 685.
83 LG Düsseldorf – 7 O 132/13, MittBayNot 2016, 58.

Das LG Detmold bejaht Sittenwidrigkeit eines Verzichtsvertrages eines jungen Sohnes, dem ein Sportwagen als (nicht angemessene) Gegenleistung versprochen wurde.[84] Nach dem OLG Saarbrücken ist der vollständige Entfall jeglicher Erbrechte durch eine Wiederverheiratungsklausel eine unzulässige Beeinträchtigung und auf den Pflichtteil zu beschränken.[85]
Das LG Ulm verneinte eine Sittenwidrigkeit bei Pflichtteilsverzichten, welche im Zusammenhang mit Erwachsenenadoptionen durch eine sehr wohlhabende Person erklärt wurden.[86] Zutreffenderweise wurde eine etwaige Schädigungsabsicht in Richtung des leiblichen Kindes des Adoptierenden (Minderung von dessen Pflichtteilsansprüche) nicht als Grund akzeptiert. Es liegen unterschiedliche Geschäfte vor. Nach hier vertretener Ansicht müsste auch eher die Adoption unwirksam sein. Angeblicher „Druck" des Erblassers und fehlende rechtliche Beratung waren nicht ausreichend, ein Machtgefälle sowie „Überrumpelung" wurden nicht nachgewiesen.
Das OLG Celle sah für eine Sittenwidrigkeit insbesondere Elemente von „Täuschung oder Nötigung" als wesentlich an (und verneinte dies in dieser Entscheidung).[87]

c) Eigene Würdigung

58 Einige Fälle werden durch eine **Anfechtung** zu lösen sein. Wird ein Verzichtender über die Höhe des Vermögens getäuscht, sodass er eine zu geringe Gegenleistung fordert und erhält, kann eine Anfechtung nach § 123 BGB greifen,[88] was eine Nichtigkeit des Vertrages schon nach § 138 BGB nicht ausschließt.

59 Eine Kontrolle nach § 138 BGB im Sinne einer **Wirksamkeitskontrolle** ist nach hier vertretener Ansicht außerdem **möglich.** Der Schutz des strukturell Unterlegenen ist dem deutschen Recht immanent, wie neben der Rechtsprechung zu Eheverträgen auch die zu Bürgschaften von Angehörigen zeigt. Insbesondere bei persönlich und/oder finanziell von ihren Eltern abhängigen und unter Umständen zudem jungen Kindern kann ein solches Ungleichgewicht bei dem Verzicht vorliegen. Die persönliche Abhängigkeit kann sich aus der familiären und sonstigen sozialen Bindung ergeben („Der Vater bestimmt.").

60 Ändern sich die Verhältnisse später erheblich, kommt nach § 313 BGB oder § 242 BGB eine Anpassung der Vereinbarung oder eine **Ausübungskontrolle** in Betracht.[89] Dass es sich hier nur um Ausnahmen handeln wird, ergibt sich aus dem Zweck und dem Charakter des Erb- bzw. Pflichtteilsverzichts sowie dem Grundsatz der Selbstbestimmung und Vertragsfreiheit: Es handelt sich schließlich um ein Risikogeschäft. Verfolgt der Verzichtende einen bestimmten Zweck, sollte er ihn im Vertrag absichern. Macht er bestimmte Einkommens- und Vermögenslagen zur Voraussetzung, sollte er dies festschreiben. Sonst kann er bei unerwarteten Entwicklungen eine Korrektur nur verlangen, wenn er getäuscht wurde – muss also meist mit dem Mittel der **Anfechtung** vorgehen.

IV. Keine Sittenwidrigkeit bei Verzicht zu Lasten der Sozialleistungsträger; keine Unwirksamkeit bei Insolvenz

61 Ein geschäftsfähiger Sozialleistungsempfänger **kann** einen wirksamen Pflichtteilsverzicht erklären, der sich im Ergebnis **zu Lasten des Sozialleistungsträgers** auswirkt. Dieser kann bei einem wirksamen Verzicht den Pflichtteilsanspruch nicht auf sich

---

84 LG Detmold – 1 O 224/14, BeckRS 2015, 116857.
85 OLG Saarbrücken – 5 U 19/13, FD-ErbR 2015, 368526 m. zutr. Anm. *Litzenburger.*
86 LG Ulm – 2 O 189/23, ErbR 2025, 59, Rn 120–168.
87 OLG Celle – 7 W 17/23, ErbR 2024, 152, 156.
88 So auch LG Koblenz – 10 O 204/16, ErbR 2017, 685.
89 *Bengel*, ZEV 2006, 192, 194–196.

überleiten. Die Sittenwidrigkeit und damit die Nichtigkeit nach § 138 BGB wurden – zum Teil mit ähnlichen Überlegungen wie zum so genannten „Behindertentestament" – vom BGH abgelehnt.[90] Es handelt sich schließlich um kein „Vermögen", sondern lediglich um eine „Chance".[91] Zugreifen kann der Sozialhilfeträger ggf. auf eine Abfindung für einen Verzicht.[92]

Sowohl ein Erb- als auch ein Pflichtteilsverzicht **kann** während eines **Insolvenzverfahrens** und auch in der Wohlverhaltensperiode geschlossen und nicht gem. §§ 129 ff. InsO angefochten werden und ist auch nicht wegen Verstoßes gegen ein gesetzliches Verbot oder Sittenwidrigkeit gem. §§ 134, 138 BGB unwirksam.[93] Wenn gem. § 83 Abs. 1 InsO schon das Recht zur Ausschlagung einer bereits angefallenen Erbschaft dem Erben (Schuldner) verbleibt, muss dies erst recht für eine noch nicht entstandene Rechtsposition gelten. Allerdings ist ein Pflichtteilsverzicht mangels Wertzuwachses auf Seiten des Annehmenden keine entgeltliche Leistung gem. **§ 4 AnfG.**[94] *Ponzer* tritt mit Bezug auf die „Grundsätze der normativen Gläubigerbenachteiligung" für eine Differenzierung jedenfalls bei einer bewussten Besserstellung Dritter ein.[95] 62

V. Rücktritt

Ein Rücktritt vom abstrakten Verfügungsgeschäft ist nicht möglich und kann auch nicht vereinbart werden. Es ist weder ein schuldrechtlicher Vertrag, auf den die §§ 346 ff. BGB, noch eine letztwillige Verfügung, auf welche die §§ 2293 ff. BGB angewandt werden können. 63

Schuldrechtlich kann ein Rücktrittsrecht vereinbart werden oder es ergibt sich, weil die Abfindungsleistung trotz Fristsetzung nicht erbracht wird.[96] Die Rückabwicklung kann auch erfolgen, weil die Gegenleistung (z.B. eine Grundstücksübertragung) rückgängig gemacht wurde.[97] Beim Rücktritt sind die empfangenen Leistungen zurückzugewähren, § 346 BGB. Der Verzicht ist dann durch eine notarielle Erklärung (ggf. nach § 894 ZPO zu ersetzen) aufzuheben, was nach fast allgemeiner Meinung nur bis zum Tod des Erblassers möglich ist.

F. Steuerrechtliche Fragen

Ein Erbverzicht führt trotz der Vorversterbensfiktion des Abs. 1 S. 2 nicht dazu, dass die Enkel als Kinder vorverstorbener Kinder gelten und den entsprechend höheren Freibetrag erhalten.[98] 64

Der Verzicht auf den Pflichtteilsanspruch **nach eingetretenem Erbfall** ist gem. § 13 Abs. 1 Nr. 11 ErbStG ausdrücklich steuerfrei.[99]

---

90 BGH – IV ZR 7/10, Z 188, 96; instruktiv: *Wendt*, ErbR 2012, 66, 72–77; vgl. auch *Mascia*, BWNotZ 2024, 335, 342; *Pflieger*, MittBayNot 2018, 196, 199; *Armbrüster*, ZErb 2013, 77; *Keim*, RNotZ 2013, 411; *Inkmann*, Die Sittenwidrigkeit von Pflichtteilsverzichten, S. 225–299; krit. aber LSG Bayern – L 8 SO 146/15 B ER, ZEV 2016, 43; zum Erlass nach dem Erbfall: *Breuer*, SRa 2022, 237; *Weidlich*, ZEV 2022, 325.

91 *Freiherr*, ErbR 2016, 250, 253.

92 LSG Hamburg v. 21.8.2014 – L 4 AS 97/13, zit. nach *Doering-Striening*, ErbR 2016, 10, 16 f. m. weit. Erläuterungen.

93 *Kiesgen*, RNotZ 2018, 429, 440 f.; vgl. zudem BGH – IX ZR 56/12, ZEV 2013, 266, 268 Rn 18; dazu und zu einem formfreien „Erlass" vor dem Erbfall: LG Halle – NZI 2025, 30 m. Anm. *Roth*.

94 BGH – IX ZR 74/90, Z 131, 383 = NJW 1991, 1610; dem folgend: FG Nürnberg – 5 K 239/16, BeckRS 2018, 24693 Rn 57.

95 *Ponzer*, ErbR 2020, 831.

96 OLG Hamm – 10 U 74/23, ErbR 2024, 975; *v. Proff zu Irnich*, DNotZ 2017, 84, 105 f.

97 *Weidlich*, MittBayNot 2015, 193, 195.

98 BFH – II R 13/22, ZEV 2024, 844.

99 *Meincke*, ZEV 2000, 214.

Dagegen gilt die **Abfindung** für einen Erbverzicht gem. § 7 Abs. 1 Nr. 5 ErbStG als Schenkung. Zahlt ein Dritter die Abfindung, ist dies ebenfalls steuerpflichtig. Die Steuerklasse bestimmt sich – inzwischen[100] – auch nach dem Verhältnis des Verzichtenden zum Zahlenden.[101] Ein steuerbares Einkommen bildet eine Entschädigung aber nicht, auch wenn sie in Raten (ohne Zinsen) gezahlt wird.[102]
Erhält der Verzichtende keine Abfindung, ist dies keine steuerpflichtige Schenkung zugunsten des Erblassers.[103]

G. Gestaltungshinweise für Zivil- und Steuerrecht

I. Allgemein

65 Der den Erbteil oder Pflichtteilsansprüche und Pflichtteilsergänzungsansprüche umfassende abstrakte Verzicht ist einfach zu formulieren[104] und z.B. in Patchworkkonstellationen,[105] bei so genannten „Behindertentestamenten"[106] sowie als Gegenleistung bei lebzeitigen Zuwendungen[107] sehr zu empfehlen. Ein Erbverzicht soll als Mittel der Korrektur einer Ausgleichungsanordnung sinnvoll sein.[108] Die Erklärung muss gem. § 2348 BGB (entsprechend) **notariell** beurkundet werden. Der Notar sollte darauf hinweisen, dass allein durch die Vereinbarung eines Pflichtteilsverzichtes das gesetzliche Erbrecht des Verzichtenden nicht beeinträchtigt wird, sondern eine letztwillige Verfügung des Erblassers notwendig ist. Ein Ausschluss der Aufhebung soll nicht zulässig sein.[109] Sorgfältig ist bei einem gegenständlich beschränkten Pflichtteilsverzicht zu formulieren, damit nicht (fälschlicher weise) eine Enterbung in die Vereinbarung hineininterpretiert wird.[110] Eine Trennung von anderen Urkunden (z.B. Testamenten) ist zu empfehlen, damit es nicht zu Konflikten bei einer Rücknahme der anderen Urkunde aus der amtlichen Verwahrung kommt.[111]

II. Höhe der Abfindung

66 Verhandlungen über eine Abfindung können für den Rechtsanwalt schwierig sein. Wird der potentielle Erblasser vertreten, kann schlicht ohne weitere Begründung eine feste Summe angeboten werden. Der kundige oder anwaltlich vertretene Gegner wird sich aber regelmäßig eine Offenlegung des Einkommens und des Vermögens des Erblassers wünschen.

67 Bei offenen Gesprächen kann das Vermögen des Erblassers zum Zeitpunkt des Verzichts für die Abfindungsberechnung zugrunde gelegt und der Wert des Pflichtteilsanspruchs zu diesem Zeitpunkt als Abfindung vereinbart werden.

68 Denkbar ist es aber für beide Seiten auch, auf Unwägbarkeiten hinzuweisen. Für eine niedrigere Abfindung würde bspw. sprechen, dass der Erblasser zu Lebzeiten noch viel Geld verbrauchen kann, entweder für Luxusausgaben oder für die Pflege im Alter,

---

100 Überholt: BFH – II R 21/11, ZEV 2013, 523.

101 BFH – II R 25/15, NJW 2017, 2783; *Nordhues*, RNotZ 2023, 369, 384.

102 BFH – VIII R 57/10, ZErb 2013, 99; BFH – VIII B 157/12, BeckRS 2013, 94969; FG Berlin-Brandenburg – 3 K 31 89/17, DStRE 2018, 906 (Revision eingelegt BFH – VIII R 22/17); vgl. *Krumm*, ErbR 2012, 139.

103 *Crezelius*, ZErb 2002, 142, 145.

104 Vgl. Bonefeld/Wachter/*Kurze*, Fachanwalt ErbR, § 18 Rn 98.

105 *Klosky*, RNotZ 2022, 357; *Grziwotz*, ErbR 2018, 62.

106 *Beckervordersandfort*, ErbR 2020, 528.

107 *Bühler*, DNotZ 2022, 10, 29.

108 *Horn*, NJW 2020, 2609, 2610; *Schindler*, ErbR 2020, 11.

109 BGH – IV a ZR 5/80, NJW 1980, 2307; *Klosky*, RNotZ 2022, 357, 361 m.w.N.

110 So OLG Brandenburg – 3 W 55/22, ZEV 2023, 30 mit ebenfalls krit. Anm. *Litzenburger*.

111 OLG Karlsruhe – 14 W 6/22 (Wx), BeckRS 2022,4226.

und durch Eheschließung sowie Adoption noch Personen hinzutreten können, welche die Erb- und Pflichtteilsquote senken würden. Für eine höhere Abfindung spricht es bspw., wenn aufgrund hohen Einkommens auch bei Pflegebedürftigkeit keine Minderung, sondern eher ein Anwachsen des Vermögens anzunehmen oder ein vorheriger Wegfall des quotenmindernden Ehegatten wahrscheinlich ist.

III. Vermeidung von Anfechtung und Sittenwidrigkeit

Mit Blick auf eine Anfechtbarkeit und/oder Sittenwidrigkeit bei Erb- und Pflichtteils- 69
verträgen wird eine Anpassung der Vertragsgestaltung empfohlen.[112] Es werden detaillierte Aufklärungs- und Formulierungsvorschläge angeboten. Ob diese im Einzelfall praktisch umgesetzt werden können oder die Anforderungen an den Berater überspannen und daher in Belehrungspflichten umzuinterpretieren sind, ist das eine sich ergebende Problem.

Welche Gestaltung notwendig und empfehlenswert ist, ist das andere, ohne Vorgaben 70
der Rechtsprechung nicht befriedigend zu lösende Problem. Werden allerdings vom Erblasser Angaben zu seinem Vermögen gemacht, müssen diese zutreffend sein, da sonst einer Anfechtung der Boden bereitet wird.

Nach hier vertretener Ansicht dürfen die Anforderungen an die Rechtsberater im Übrigen nicht übertrieben werden. Der **Notar** hat sicher Aufklärungspflichten, insbesondere bei Situationen, in denen ein Missverhältnis der Leistungen oder ein ungleiches Kräfteverhältnis zwischen den Parteien offenkundig ist.[113] Zu Letzterem kann auf die Grundsätze bei Eheverträgen verwiesen werden. Ein Missverhältnis der Leistungen kann vorliegen, wenn insbesondere bei einem großen Vermögen des potentiellen Erblassers der Verzichtende keine Abfindung erhält. Es sollte aber bei einer **Aufklärung belassen** werden, denn niemand ist verpflichtet, auf sein Pflichtteilsrecht zu bestehen. Möchte der Verzichtende den Wert des Vermögens nicht wissen oder verzichtet er auf Informationen, ist dies nach hier vertretener Ansicht ebenfalls zulässig und unbedenklich. Sinnvoll kann noch der Hinweis an den Verzichtenden sein, dass bei einem Verzicht, der nach Angaben des potentiellen Erblassers zum Schutz des überlebenden Ehegatten abgegeben werden soll, seine eigenen Interessen nur mit einem Erbvertrag (auch wiederum in Grenzen) gesichert werden.

Der Rechtsanwalt darf **nur eine Seite beraten**: Wird der potentielle Erblasser vertre- 71
ten, ist er zu einer Aufklärung des Verzichtenden in dessen Interesse nicht verpflichtet, im Gegenteil. Unter Umständen kann ein gewisses Maß an Aufklärung – ob nun im vorbereitenden Schriftverkehr oder bei der Beurkundung – aber im Interesse des potentiellen Erblassers sein, um eine spätere Inhaltskontrolle zu vermeiden. Grundsätzlich sollten nach hier vertretener Auffassung Urkunden möglichst weitgehend ohne Erklärungen zu Motiven verfasst werden, schon um nicht unnötig Anfechtungsgründe zu dokumentieren.

IV. Rechtsanwaltskosten

Der Entwurf eines Pflichtteilsverzichts ist keine rein notarielle Aufgabe (siehe § 2348 72
BGB) – im Gegenteil. Der Rechtsanwalt kann und muss den Aufwand betreiben, den Sachverhalt und die Interessen ausreichend aufzuklären und die für den Mandanten individuell passende Formulierung zu finden. Als Parteivertreter kann und muss er insbesondere hinsichtlich des Kausalgeschäfts auf eine für den Mandanten günstige Gestaltung hinwirken.

112 *Becker/Hendricks*, RFamU 2022, 23; *Theiss/Boger*, ZEV 2006, 143, 145.
113 *Becker/Hendricks*, RFamU 2022, 23.

Um dieser Aufgabe nachkommen zu können, sollte – wie grundsätzlich im Erbrecht – eine Vergütung vereinbart werden. Sie könnte sich an den üblichen Kriterien, wie dem zeitlichen Aufwand, der Spezialisierung des Rechtsanwalts sowie dem Haftungsrisiko orientieren. Oft wird ein Pflichtteilsverzicht als Zusatz anlässlich einer Testamentsgestaltung entworfen und damit in einer Gesamtpauschale vergütet.

73 Bei der Vergütungsvereinbarung sollte darauf geachtet werden, dass der Auftrag genau bezeichnet wird. Umfangreiche Verhandlungen bspw. mit den verzichtenden Kindern sollten angemessen und grundsätzlich erfolgsunabhängig vergütet werden.
Ohne eine Vergütungsvereinbarung ist gem. Vorbem. 2.3 Abs. 3 VV RVG eine Geschäftsgebühr nach Nr. 2300 VV RVG anzusetzen. Der Gegenstandswert kann entsprechend dem Geschäftswert bei einem Notar berechnet werden (vgl. § 2348 Rdn 11). Der Gebührensatz ist nach den Vorgaben des § 14 RVG nach billigem Ermessen zu bestimmen, wobei eine spezialisierte Tätigkeit im Erbrecht einen höheren Gebührensatz rechtfertigen kann.

H. Internationale Bezüge

74 Nach der EuErbVO ist ein Erb- oder Pflichtteilsverzicht als Erbvertrag anzusehen.[114] Er muss also nach dem anzuwendenden Recht zulässig sein (Rechtswahl oder gewöhnlicher Aufenthalt).[115] Bei einem Statutenwechsel wird auch von einem „wirksam-wirkungslosen" Pflichtteilsverzicht gesprochen.[116]

§ 2347 Persönliche Anforderungen, Vertretung

Der Erblasser kann den Vertrag nach § 2346 nur persönlich schließen; ist er in der Geschäftsfähigkeit beschränkt, so bedarf er nicht der Zustimmung seines gesetzlichen Vertreters. Ist der Erblasser geschäftsunfähig, so kann der Vertrag durch den gesetzlichen Vertreter geschlossen werden.

Literatur

Edenfeld, Die Stellung weichender Erben beim Erbverzicht, ZEV 1997, 134; *Fiala/Müller/Braun*, Genehmigung bei Vormundschaft über Minderjährige, Betreuung und Nachlasspflegschaft, Rpfleger 2002, 389; *Reimann*, Angebot und Vollmacht in der erbrechtlichen Gestaltung, ZEV 1996, 420.

Übersicht: Rdn

---

114 *Schotten*, ErbR 2020, 338; *de Barros Fritz*, ZEV 2020, 199; *Meise*, RNotZ 2016, 553, 562; *Nordmeier*, ZEV 2013, 117; zu Fällen mit Frankreichbezug: *Döbereiner*, ZEV 2016, 490, 494 f.

115 Ausführlich: *Meise*, RNotZ 2016, 553, 562 ff.

116 Kritisch-differenzierend: *de Barros Fritz*, ZEV 2020, 596.

A. Allgemeines

1 Mit der Reform zum 1.1.2023 wurden die Genehmigungstatbestände für unter Betreuung oder Vormundschaft stehende Menschen gebündelt, so dass weite Teile der Norm nun in § 1851 Nr. 9 BGB zu finden sind.
Mit Wirkung zum 22.7.2017 waren die Worte „sofern nicht der Vertrag unter Ehegatten oder Verlobten geschlossen wird" am Ende von Abs. 1 S. 1 a.F gestrichen worden.[1]

B. Tatbestand

I. Vertretung des Erblassers

1. Keine rechtsgeschäftliche Vertretung

2 Der **Erblasser** kann sich rechtsgeschäftlich nicht vertreten lassen. Er **muss** den Vertrag **persönlich** abschließen, Abs. 2 S. 1.[2] Dies betrifft aber nur das Verfügungs-, nicht das Kausalgeschäft.[3] Persönliches Handeln des Erblassers bedeutet jedoch nicht, dass Angebot und Annahme gleichzeitig von beiden Vertragsparteien erklärt werden müssen; die Erklärungen können also getrennt beurkundet werden. Bei Prozessvergleichen, welche die notarielle Beurkundung ersetzen können (§ 127a ZPO), muss bei Anwaltszwang der Erblasser persönlich neben seinem Rechtsanwalt den Verzicht erklären.[4]

2. Betreuter Erblasser

3 Eine Betreuung bedeutet nicht immer, dass eine Person geschäftsunfähig ist. Ist für den Erblasser eine Betreuung angeordnet, ist er aber geschäftsfähig, kann er den Vertrag selbst abschließen.[5] Für den geschäftsunfähigen Erblasser kann ein mit dem entsprechenden Aufgabenkreis ausgestatteter Betreuer den Verzicht erklären, der dann noch vom Betreuungsgericht genehmigt werden muss.

4 Nicht immer wird die Geschäftsunfähigkeit bei einer Betreuungsanordnung festgestellt (im Zweifel sollte die Betreuungsakte nach einem entsprechenden Gutachten durchgesehen werden). Ist der Betreute geschäftsfähig, würde nach dem Wortlaut der Norm eine Vertretung durch den Betreuer auch mit Genehmigung des Betreuungsgerichts unzulässig und damit unwirksam sein. Dies kann zu Rechtsunsicherheit führen. Denkbar ist, dass der Betreute in solchen Fällen den Vertrag zum einen selbst und zum anderen vertreten durch den Betreuer abschließt. Ein anderer Weg wäre es – wenn der Zeitlauf es zulässt –, beim Betreuungsgericht speziell die Anordnung einer Betreuung mit dem Aufgabenkreis „Abschluss eines Erb-/Pflichtteilsverzichtsvertrags mit ..." anzuregen. Im Rahmen der ohnehin notwendigen Erforderlichkeitsprüfung gemäß § 1814 BGB muss dann die Geschäftsfähigkeit geprüft werden, weil bei bestehender Geschäftsfähigkeit der Betreute den Vertrag selbst schließen könnte und daher eine Betreuung mit diesem Aufgabenkreis nicht erforderlich wäre.
Es ist nicht möglich, einen Einwilligungsvorbehalt anzuordnen, welcher dem Betreuten den Erbverzicht mit Einwilligung des Betreuers erlaubt, § 1825 BGB.

3. Minderjähriger Erblasser

5 Der **beschränkt geschäftsfähige** Erblasser (§ 106 BGB) muss die Erklärung selbst abgeben. Eine vormundschaftliche Genehmigung ist nicht notwendig. Bei einem reinen Erbverzicht – also ohne Gegenleistung des Erblassers – benötigt der beschränkt

1 Art. 1 Gesetz zur Bekämpfung von Kinderehen v. 17.7.2017, BGBl I, 2429.
2 BGH – V ZR 14/61, Z 37, 319; BGH – IV ZR 263/23, ZEV 2025, 40 m. Anm. *Lange* (auch zur Notarhaftung); OLG Düsseldorf – 3 Wx 56/11, ZErb 2011, 201.
3 OLG Düsseldorf – 7 U 153/12, DNotI-Report 2014, 93.
4 BayObLG – BReg. 1 b Z 4/65, NJW 1965, 1276.
5 OLG Hamm – 10 U 5/20, BWNotZ 2021, 388.

geschäftsfähige Erblasser keine Einwilligung des gesetzlichen Vertreters, da er ausschließlich rechtlich vorteilhaft ist.

Der **geschäftsunfähige** Erblasser (§ 104 BGB) kann in Durchbrechung des Prinzips der Höchstpersönlichkeit vertreten werden. Eine Genehmigung des Familiengerichts ist dann notwendig.

4. Genehmigung

6 Ist eine gerichtliche Genehmigung notwendig, muss sie nach allg. M. **vor dem Tod des Erblassers** erteilt und der anderen Seite mitgeteilt werden. Das kann mit dem Gebot der Rechtssicherheit begründet werden, aber auch damit, dass die Vertretungsmacht des gesetzlichen Vertreters mit dem Tod des Vertretenen erlischt.

7 Die gerichtliche Genehmigung muss nach ganz h.M. auch **vor dem Tod des Verzichtenden** erteilt und mitgeteilt werden.[6] Nach dem Tod steht die Rechtsposition jemanden anderes, nicht unbedingt den Erben des Verzichtenden zu.

Mangels Sonderregelung in Art. 229 § 54 EGBGB gilt das **neue Recht** (§§ 1855 ff. BGB) für alle Genehmigungen, die ab dem 1.1.2023 erteilt werden sollen, unabhängig von Sachverhalt und Antrag.[7]

II. Vertretung des Verzichtenden

1. Rechtsgeschäftliche Vertretung möglich

8 Der **Verzichtende kann** sich vertreten lassen. Es gelten dafür die allgemeinen Regeln. Die Vollmacht kann **formlos** sein, § 167 Abs. 2 BGB, zumindest wenn sie nicht unwiderruflich ist (weil dies der Bindung des Hauptgeschäftes entsprechen würde). Nach einer vollmachtslosen Vertretung kann der Verzichtende die Genehmigung auch formfrei erklären, § 182 Abs. 2 BGB.[8] Dies eröffnet Möglichkeiten, Formvorschriften zu umgehen. Der Erblasser kann also den Vertrag mit sich selbst abschließen und sich diese vollmachtslose Vertretung vom Verzichtenden formlos genehmigen lassen.

9 Nach allgemeiner Meinung kann beim Erbverzicht die Genehmigung des Verzichtenden **nur bis zum Tod des Erblassers** erteilt werden, wenn ein Vertreter ohne Vertretungsmacht handelt (siehe auch Rdn 7).[9] Dies wird wieder mit der notwendigen Rechtssicherheit begründet. Da dies bei dem Pflichtteilsverzicht so nicht erforderlich sei, wird dort entgegen der ganz herrschenden Meinung auch eine spätere Genehmigung für möglich gehalten.[10] Der BGH hat sich noch nicht zu der Genehmigung beim Pflichtteilsverzicht geäußert, sondern nur zu der Annahme eines Angebotes, wenn also gar keine Willenserklärung vorlag.[11]

2. Gesetzliche Vertretung

10 Ist der Verzichtende **beschränkt geschäftsfähig**, kann er den Vertrag mit Zustimmung des gesetzlichen Vertreters abschließen oder wird durch ihn vertreten. Ist er **geschäftsunfähig**, so schließen seine gesetzlichen Vertreter (Eltern, Betreuer, Vormund) den Vertrag für ihn ab.

Beim Zuwendungsverzichtsvertrag soll nach *v. Proff zu Irnich* eine Vertretung auch möglich sein, wenn die Eltern gem. § 1638 BGB von der Vermögenssorge ausgeschlossen sind, da nicht das schon erlangte Erbe Gegenstand des Verzichtes ist.[12]

---

6 BGH – IV ZR 20/76, NJW 1978, 1159 (für einen Erbvertrag); MüKo/*Wegerhoff*, § 2347 BGB Rn 7.
7 OLG Karlsruhe – 14 W 28/24 (Wx), ZEV 2024, 752; BeckOK BGB/*Müller-Engels*, Rn 48.
8 BGH – V ZR 63/93, NJW 1994, 1344 zum Grundstückskauf.
9 BGH – IV ZR 20/76, NJW 1978, 1159.
10 Vgl. *Nordhues*, RNotZ 2023, 369, 384 m.w.N.
11 BGH – IV ZR 62/96, Z 134, 60.
12 *V. Proff zu Irnich*, DNotZ 2017, 84, 94 f.

Für den Fall, dass es sich um ein nichteheliches Kind handelt und der Vertrag zwischen dem 1.7.1970 und dem 1.4.1998 geschlossen wurde, musste dieses nach dem früheren § 1706 Nr. 3 BGB durch einen Pfleger vertreten werden. 11

Steht der Verzichtende unter Vormundschaft, Betreuung oder elterlicher Sorge, bedarf der Vertrag der Genehmigung des Familien- oder Betreuungsgerichts. Bis zum 22.7.2017 galt für den seltenen Fall, dass der Verzichtende unter elterlicher Sorge steht und den Vertrag mit seinem Ehegatten oder seiner bzw. seinem Verlobten schließt, dies ausnahmsweise nicht (siehe Rdn 1). Allerdings kann z.B. von Eltern gegenüber den beschränkt geschäftsfähigen Kindern ohne Ergänzungspfleger und Genehmigung auf den Pflichtteil verzichtet werden, da dies für das Kind lediglich rechtlich vorteilhaft ist.[13] 12

Entsprechend den obigen Ausführungen (siehe Rdn 7, 9) ist eine Genehmigung nach dem Tod des Erblassers oder des Verzichtenden nach allgemeiner bzw. ganz herrschender Meinung nicht mehr möglich. Entsprechendes gilt für die Zustimmung des volljährig gewordenen Minderjährigen, § 1644 Abs. 3 S. 2 BGB. 13

Die Genehmigung wird vom Rechtspfleger erteilt (§§ 3, 14 RPflG). Es sind die Vermögensverhältnisse aufzuklären. Eine Genehmigung sollte nur bei annähernd vollwertiger Abfindung erteilt werden.[14] Auf die Ungewissheit zukünftiger Entwicklungen zu verweisen und daher eine Genehmigungsfähigkeit zu verneinen, geht nach hiesiger Ansicht fehl.[15] Es muss auf den Stand bei dem Geschäft abgestellt werden, da sonst nie eine Genehmigung möglich wäre, die vom Gesetzgeber aber für möglich erachtet wurde. Eine Genehmigungsfähigkeit wird bei einem auf eine letztwillige, ggf. indirekte (Stiftung) Zuwendung bezogenen bedingten Pflichtteilsverzicht gesehen.[16] 14

C. Rechtsfolgen

Wird gegen das Persönlichkeitsprinzip verstoßen, führt dies zur Nichtigkeit des Erbverzichtsvertrages.[17] Eine Umdeutung ist nicht möglich und der Beurkundungsfehler kann zur Notarhaftung führen.[18] Ist aber das Verpflichtungsgeschäft wirksam – für das diese Vorschrift nicht gilt –, kann sich daraus eine Pflicht zum Abschluss eines wirksamen Erbverzichtsvertrages ergeben.[19] 15

D. Verfahrensfragen und Prozesstaktik

Ist ein Erbverzichtsvertrag infolge eines Notarfehlers unwirksam, kann die Klage eines anderen gesetzlichen Erben auf Feststellung der Notarhaftung bereits vor dem Tode des Erblassers zulässig sein.[20] 16

---

13 *Tschernoster*, RNotZ 2017, 125, 140.

14 BGH – III ZR 134/93, ZEV 1995, 27; OLG Köln – 2 Wx 21/89, FamRZ 1990, 99: Abweichung von 10 % zulässig.

15 So *Everts*, MittBayNot 2023, 9, 22.

16 *Schönenberg-Wessel*, NJW 2023, 2625, 2627.

17 BGH – V ZR 14/61, Z 37, 319; BGH – IX ZR 242/94, NJW 1996, 1062.

18 BGH – IV ZR 263/23, ZEV 2025, 40 m. Anm. *Lange*.

19 BGH – V ZR 14/61, Z 37, 319.

20 BGH – IX ZR 242/94, NJW 1996, 1062.

§ 2348 Form

Der Vertrag nach § 2346 bedarf der notariellen Beurkundung.

Literatur

Damrau, Nochmals: Bedarf der dem Erbverzicht zugrunde liegende Verpflichtungsvertrag notarieller Beurkundung?, NJW 1984, 1163; *Keim*, Der stillschweigende Erbverzicht: sachgerechte Auslegung oder unzulässige Unterstellung?, ZEV 2001, 1; *ders.*, Fallstricke bei Erb- und Pflichtteilsverzichten, RNotZ 2013, 411, 413; *Keller*, Die Form des Erbverzichts, ZEV 2005, 229; *Kuchinke*, Bedarf der dem Erbverzicht zugrunde liegende Verpflichtungsvertrag notarieller Beurkundung? – Zugleich zur Heilung und Umdeutung nichtiger Verpflichtungsverträge, NJW 1983, 2358; *Reul*, Erbverzicht, Pflichtteilsverzicht, Zuwendungsverzicht, MittRhNotK 1997, 373; *Schotten*, Erbverzicht und Kausalgeschäft zum Erbverzicht, RNotZ 2012, 94; *Schwarz*, Zur Geschäftswertberechnung bei einem Erbverzichtsvertrag und einem Pflichtteilsverzichtsvertrag, MittBayNot 2006, 355.

Übersicht:

A. Allgemeines

1 Der Erbverzicht kann insbesondere für den Verzichtenden und dessen Abkömmlinge erhebliche Folgen haben, die oft nicht ausreichend abzuschätzen sind, da über ein zukünftiges Recht disponiert wird. Die Formvorschrift dient daher dem Schutz vor übereilten Entscheidungen. Zum 1.1.2023 ersetzten die Worte „Vertrag nach § 2346" das Wort „Erbverzichtsvertrag", was inhaltlich keine Änderung bedeutete.

B. Tatbestand

I. Der Erbverzicht

1. Pflichtteilsverzicht u.a.

2 Das Formerfordernis erfasst neben dem reinen Erbverzicht **auch** Teilverzichte, wie den **Pflichtteilsverzicht**, einen quotalen Erbverzicht oder einen gegenständlich beschränkten Pflichtteilsverzicht.

2. Kausalgeschäft

3 § 2348 BGB wird von der zutreffenden h.M. auf das schuldrechtliche Kausalgeschäft analog angewandt, jedenfalls seitdem der Erbverzicht als abstrakt vom schuldrechtlichen Geschäft gesehen wird.[1] Sie kann sich dabei zwar nicht auf eine Entscheidung des BGH berufen, der diese Frage bislang offengelassen hat,[2] aber auf eine Entschei-

1 *Keller*, ZEV 2005, 229, 230.
2 BGH – V ZR 14/61, Z 37, 319, 328; BGH – IX ZR 242/94, NJW 1996, 1062, 1064.

dung des KG.[3] Das LG Ulm sieht in der Beurkundung die Heilung gem. § 311b Abs. 1 S. 2 BGB analog eines formunwirksamen Kausalgeschäfts.[4] Eine Uminterpretation in einen Erlassvertrag erscheint fragwürdig.[5]

3. Stellvertretung

Zu Besonderheiten bei der Stellvertretung vgl. § 2347 Rdn 8 f. 4

4. Verzicht nach dem Erbfall

Die Erbenstellung gewinnt der Berechtigte von selbst. Ein „Verzicht" ist nach dem 5 Erbfall durch die formbedürftige Ausschlagung, § 1945 BGB, oder einen Erlassvertrag möglich.

Der Pflichtteilsanspruch entsteht mit dem Erbfall und ist gemäß § 2317 Abs. 1 BGB rein schuldrechtlich. Der Berechtigte kann formlos verzichten (zu steuerlichen Folgen vgl. § 2303 BGB).

II. Notarielle Beurkundung

1. Grundsatz

Für den Erbverzicht schreibt § 2348 BGB die notarielle Beurkundung vor. **Beide** 6 **Erklärungen** – Angebot des Verzichtenden und Annahme des Erblassers oder aber auch in anderer Reihenfolge – müssen in dieser Form abgegeben werden. Inwieweit auch andere, im Zusammenhang stehende Geschäfte beurkundungspflichtig werden, ist umstritten.[6]

Es handelt sich bei der Beurkundung eines Erb-, Pflichtteils- und Zuwendungsverzichts nicht um eine Verfügung von Todes wegen i.S.v. § 27 BeurkG, so dass eine Unwirksamkeit nach § 7 BeurkG nicht möglich ist.[7] Jedenfalls für den direkt auf die Erbfolge wirkenden Erbverzicht ist dies nach hier vertretener Ansicht fraglich.

Der gerichtliche Vergleich gem. § 127a BGB steht der notariellen Beurkundung gleich,[8] wobei sich der Erblasser auch persönlich erklären muss (§ 2347 BGB). Eine Pflicht zur Vorabübersendung gem. § 17 Abs. 2a S. 2 Nr. 2 BeurkG besteht nicht.[9] Ein Verstoß gegen den Grundsatz der Unparteilichkeit des Notars durch eine Beurkundung außerhalb seiner Geschäftsstelle führt nicht zur Unwirksamkeit des Verzichts, wie auch ein Verstoß gegen Belehrungspflichten.[10]

2. Trennung von Angebot und Annahme

Angebot und Annahme müssen nicht gleichzeitig (also nicht bei Anwesenheit beider 7 Teile) abgegeben werden, §§ 128, 152 BGB. Die zu beurkundende Annahmeerklärung ist dann nicht empfangsbedürftig. Die Trennung von Angebot und Annahme sollte aber vermieden werden. Wenn der Erblasser vor der Annahme eines Verzichtsangebotes verstorben ist, kann das Angebot von seinen Erben nicht mehr angenommen werden, weder beim Erb- noch – nach der h.M. – beim Pflichtteilsverzicht.[11] Eine Umdeutung in einen Erbschafts-, Erbauseinandersetzungsvertrag, Erbteilsverkauf

---

3 KG – 12 U 2463/72, OLGZ 1974, 263, 265; ebenso: LG Bonn – 2 O 229/98, ZEV 1999, 356.

4 LG Ulm – 2 O 189/23, ErbR 2025, 59 Rn 103.

5 Wie es aber in einem Insolvenzverfahren geschah: LG Halle – 1 O 45/23, NZI 2025, 30, mit Anm. *Roth*.

6 Vgl. OLG Düsseldorf ZErb 2011, 201; *Keim*, RNotZ 2013, 411, 413; *Schotten*, RNotZ 2012, 94.

7 OLG Düsseldorf ErbR 2013, 78.

8 *v. Proff zu Irnich*, DNotZ 2017, 84, 97.

9 LG Ulm – 2 O 189/23, ErbR 2025, 59 Rn 41.

10 LG Ulm – 2 O 189/23, ErbR 2025, 59 Rn 49, zu den Belehrungspflichten Rn 52.

11 BGH – IV ZR 62/96, Z 134, 60; *v. Proff zu Irnich*, DNotZ 2017, 84, 91; a.A. BeckOK BGB/*Litzenburger*, § 2348 Rn 6.

o.Ä. erscheint denkbar, wenn alle lebzeitig Beteiligten dann auch Erben werden.[12] Auf der anderen Seite macht auch der Tod des Verzichtenden die Annahme unmöglich.[13] Eine Annahme danach ist nicht mehr möglich (zum Verlust der Geschäftsfähigkeit vgl. § 2347 Rdn 10–14).

3. In anderer Urkunde – stillschweigend?

8 Es ist **umstritten**, ob ein Erbverzicht nur ausdrücklich oder auch stillschweigend erklärt werden kann. Eine stillschweigende Erklärung kommt im Rahmen eines notariellen gemeinschaftlichen Testaments oder bei einem Erbvertrag in Betracht. Zudem können Erklärungen in Erbverträgen als Pflichtteilsverzicht auszulegen sein, wie die, dass der Pflichtteilsberechtigte durch eine Zahlung aus dem „elterlichen Vermögen unter Lebenden und von Todes wegen ein für alle Male abgefunden" sei.[14]

9 Nach der Rechtsprechung des BGH ist ein stillschweigender Erbverzicht möglich.[15] Zumindest das OLG Düsseldorf hat sich dem BGH angeschlossen,[16] wobei es nun Zurückhaltung für geboten sieht.[17] Zum Teil wird eher eine Auslegung erwogen.[18]
Der überwiegende Teil der Literatur lehnt einen stillschweigenden Erbverzicht ab.[19]
Nach hier vertretener Ansicht kann ein stillschweigender Erbverzicht im Einzelfall durch Auslegung einer anderen Vereinbarung entnommen werden.[20] Die entsprechende Erklärung des Verzichtenden kann aber nur unterstellt werden, wenn dieser wusste, dass er damit nicht nur auf eine mögliche erbrechtliche Zuwendung verzichtet, sondern auch auf eine gesetzlich besonders gesicherte Teilhabe. So ist der vollständige Entfall jeglicher Erbrechte durch eine Wiederverheiratungsklausel eine unzulässige Beeinträchtigung und auf den Pflichtteil zu beschränken.[21] Problematisch sind auch die in Patchworkkonstellationen zunehmend zu findenden Verfügungen von Ehegatten in einem gemeinschaftlichen – handschriftlichen – Testament, welche jeweils die alleinig eigenen Kinder als Erben einsetzen. Es mangelt schon an der **Form**, um darin einen wirksamen Verzicht auf den Pflichtteil nach dem Ehegatten zu sehen, auch wenn dies der gemeinsame Wille war.

C. Rechtsfolgen

10 Wird die Formvorschrift verletzt, ist der Erbverzicht **nichtig**, § 125 BGB. Dasselbe gilt auch für einen Vertrag, der auf eine Verpflichtung zum Abschluss eines Erbverzichts gerichtet ist. Eine Heilung ist nicht möglich. Das gilt auch, wenn die Abfindung oder sonstige Gegenleistung bereits erbracht wurde.[22]
Nach der zutreffenden, h.M. wird bei einem formwirksamen Erbverzicht zumindest bei Erfüllung der Erblasserverpflichtung ein Mangel des Kausalgeschäfts nach dem Rechtsgedanken des § 311b Abs. 1 S. 2 BGB geheilt.[23]

---

12 Vgl. *v. Proff zu Irnich*, DNotZ 2017, 84, 92.
13 Vgl. *Reimann*, ZEV 1996, 420, 421 f.; *Reul*, MittRhNotK 1997, 373, 375.
14 OLG Hamm – 15 W 92/14, DNotI-Report 2015, 14.
15 BGH – IV ZR 101/56, Z 22, 364 (zum Erbvertrag); BGH – IV ZR 114/75, NJW 1977, 1728 (zum gemeinschaftlichen Testament); BGH – IV ZR 54/13, NJW 2014, 782, 783 (zum Prozessvergleich).
16 OLG Düsseldorf – 7 U 236/98, MittBayNot 1999, 574.
17 OLG Düsseldorf – 7 U 110/20, ErbR 2022, 312.
18 BayObLG MDR 1981, 673; zurückhaltend: OLG Hamm FamRZ 1996, 1176.
19 Staudinger/*Schotten*, § 2346 Rn 13–15 m.w.N.; vgl. auch OLG Düsseldorf – 7 U 110/20, ErbR 2022, 312 m.w.N.
20 Vgl. auch *Keim*, ZEV 2001, 1, 4.
21 OLG Saarbrücken – 5 U 19/13, FD-ErbR 2015, 368526 m. zutr. Anm. *Litzenburger*.
22 OLG Düsseldorf – 7 U 205/00, FamRZ 2002, 1147.
23 LG Bonn – 2 O 229/98, ZEV 1999, 356; *Damrau*, NJW 1984, 1163; auch zur Verbindung mit Leibrentenvereinbarungen: *v. Proff zu Irnich*, DNotZ 2017, 84, 100 f.

D. Kosten

Für Urkunden seit dem 1.8.2013[24] richtet sich der zugrunde zu legende Wert gem. § 102 Abs. 4, 1 GNotKG nach dem Wert des Erb- oder Pflichtteils gemessen am Vermögen des Erblassers zum Zeitpunkt der Beurkundung.[25] Die Diskussion um Auf- oder Abschläge ist damit erledigt.[26] Verzichtet ein Kind gegenüber beiden Elternteilen auf den Pflichtteil nach dem Erstversterbenden, bemisst sich der Geschäftswert nach dem Vermögen beider Erblasser, §§ 86 Abs. 1 und 2, 102 Abs. 4 i.V.m. Abs. 1 S. 1 und 2, 109 Abs. 1 GNotKG.[27] 11

Nach KV Nr. 21100 GNotKG[28] beträgt der Gebührensatz 2,0 und die Gebühr mindestens 120 EUR.[29]

Beispiel
Der Mandant muss mit folgenden Kosten rechnen:
Bei einem Geschäftswert von 20.000 EUR kommen zu den (2 x 99 EUR =) 198 EUR noch die Pauschalen (Dokumentenpauschale nach KV Nr. 32001 GNotKG; Auslagenpauschale Post und Telekommunikation KV Nr. 32005 GNotKG) und die Umsatzsteuer (KV Nr. 32014 GNotKG) hinzu. Bei einem Geschäftswert von 50.000 EUR ergeben sich (ohne die Pauschalen, mit der Umsatzsteuer) Notarkosten von 330 EUR, bei einem Geschäftswert von 100.000 EUR sind es 492 EUR und bei 500.000 EUR sind es 1.870 EUR.

§ 2349 Erstreckung auf Abkömmlinge

Verzichtet ein Abkömmling oder ein Seitenverwandter des Erblassers auf das gesetzliche Erbrecht, so erstreckt sich die Wirkung des Verzichts auf seine Abkömmlinge, sofern nicht ein anderes bestimmt wird.

Literatur

Baumgärtel, Die Wirkung des Erbverzichts auf Abkömmlinge, DNotZ 1959, 63; *Lange*, Der Pflichtteilsanspruch entfernter Berechtigter bei Pflichtteilsverzicht näher Berechtigter, ZEV 2015, 69; *Regler*, Erbverzicht von Vorfahren oder Ehegatten mit Wirkung für deren Abkömmlinge?, DNotZ 1970, 646.

Übersicht: Rdn

24 Für die Rechtslage bis zum 31.7.2013 vgl. die 3. Auflage.
25 OLG Karlsruhe – 19 W 76/23 (Wx), BWNotZ 2024, 303, 305, Rn 24.
26 *Bormann*, ZEV 2013, 425, 427; *Diehn*, DNotZ 2013, 406, 433; abweichend allerdings LG Amberg – 31 T 249/18, MittBayNot 2019, 79 (m. zutreffend abl. Anm. *Sikora*).
27 BGH – IV ZB 26/22, NJW 2024, 285.
28 Anlage 1 (zu § 3 Abs. 2).
29 *Diehn*, DNotZ 2013, 406, 431.

A. Allgemeines

1 Die Regelung gilt für den Erbverzicht und den Pflichtteilsverzicht. Zum Zuwendungsverzicht, auf den diese Norm für Erbfälle seit dem 1.1.2010 auch anzuwenden ist, vgl. § 2352 Rdn 14–21.[1]

B. Tatbestand

I. Abkömmling

2 Der Begriff des Abkömmlings wird im BGB nicht definiert. Die Verwandtschaft wird in § 1589 S. 1 BGB beschrieben, nach welcher eine Person von der anderen abstammt. Abkömmlinge sind also die Kinder, Enkel, Urenkel usw. des Erblassers bzw. des Verzichtenden. Die rechtliche Abstammung bestimmt sich nach dem jeweiligen Familienrecht (vgl. zudem § 1924 Rdn 4 ff.). Nichteheliche Kinder sind grundsätzlich auch erbberechtigte Abkömmlinge (zu der Problematik von vor dem 1.7.1949 geborenen nichtehelichen Kinder vgl. § 1924 Rdn 5).

II. Seitenverwandter

3 Diese Verwandten definiert **§ 1586 S. 2 BGB**: „Personen, die nicht in gerader Linie verwandt sind, aber von derselben dritten Person abstammen, sind in der Seitenlinie verwandt."

III. Andere Personen

4 Bei anderen als den genannten Personen erstreckt sich der Verzicht nicht auf deren Abkömmlinge. Eine solche Wirkung kann auch nicht vertraglich erzielt werden.[2] Solange der auf den Pflichtteil Verzichtende lebt, ist aber z.B. das Pflichtteilsrecht der Eltern ausgeschlossen, wenn der Verzichtende ein Kind des Erblassers ist, da er ja nicht weggefallen ist.[3]

C. Rechtsfolgen

I. Grundsatz

5 Sinn des Erb- und Pflichtteilsverzichtes ist es, dem Erblasser seine vollständige Testierfreiheit wiederzugeben. Wenn Abkömmlinge des Verzichtenden weiter erb- und pflichtteilsberechtigt sein würden, könnte dieses Ziel nicht sicher erreicht werden. Abkömmlinge können erst später geboren werden oder deren Verzicht kann bei Minderjährigkeit problematisch sein. Außerdem würde unter Umständen der verzichtende Stamm bevorzugt, wenn eine Abfindung gezahlt wird.

Dieser Eingriff in das selbstständige Erbrecht eines Dritten wurde unabhängig davon zugelassen, ob eine Abfindung gezahlt wird oder nicht.

Der Verzicht gilt auch für Abkömmlinge, die erst später hinzutreten. Der Ausschluss der Abkömmlinge tritt auch dann ein, wenn der Verzichtende vor dem Erblasser stirbt.

II. Andere Bestimmung

6 Durch einen entsprechenden Vorbehalt kann diese Rechtsfolge vermieden werden. Die Wirkungen können auch dahin gehend modifiziert werden, dass sich der Verzicht nur auf bestimmte Abkömmlinge erstreckt.[4] Dagegen kann der Verzicht der Eltern oder Großeltern auf das gesetzliche Erbrecht nicht durch Vereinbarung auf deren Abkömmlinge erstreckt werden.[5]

---

1 Zudem: OLG Schleswig – 3 Wx 93/13, ZEV 2014, 425.
2 *Regler*, DNotZ 1970, 646; *Haegele*, BWNotZ 1971, 36, 41.
3 *Lange*, ZEV 2015, 69.
4 OLG Frankfurt a.M. – 21 W 39/21, ZEV 2021, 638.
5 MüKo/*Wegerhoff*, § 2349 Rn 3.

III. Aufhebung des Verzichts

Wird der Erbverzicht wirksam aufgehoben (§ 2351 BGB), lebt auch das Erbrecht der Abkömmlinge des Verzichtenden wieder auf. 7

D. Beweislast, Gestaltungshinweise für Zivil- und Steuerrecht

Im Zweifel gilt der Verzicht auch für die Abkömmlinge des Verzichtenden. Etwas anderes muss in dem Verzicht ausdrücklich vereinbart werden. Im Zweifel ist von der Erstreckung gem. § 2349 BGB auszugehen.[6] Trotzdem ist es sinnvoll, in einem Verzicht klarzustellen, dass dieser „für mich und meine Abkömmlinge" gilt, um jegliche Zweifel zu beseitigen und auch durch die mit dem Hinweis verbundene Aufklärung Unstimmigkeiten und Anfechtungsbegehren vorzubeugen. 8

§ 2350 Verzicht zugunsten eines anderen

(1) Verzichtet jemand zugunsten eines anderen auf das gesetzliche Erbrecht, so ist im Zweifel anzunehmen, dass der Verzicht nur für den Fall gelten soll, dass der andere Erbe wird.
(2) Verzichtet ein Abkömmling des Erblassers auf das gesetzliche Erbrecht, so ist im Zweifel anzunehmen, dass der Verzicht nur zugunsten der anderen Abkömmlinge und des Ehegatten oder Lebenspartners des Erblassers gelten soll.

Literatur

Kuchinke, Zur Aufhebung eines Erbverzichts mit Drittwirkung – Eine dogmatische Skizze –, ZEV 2000, 169; *ders.*, Der Erbverzicht zugunsten eines Dritten, in: FS Kralik, 1986, S. 451.

Übersicht:

6 OLG Koblenz – 10 U 150/11, BeckRS 2012, 9031.

A. Allgemeines

1 § 2350 BGB enthält lediglich **Auslegungsregeln** für den Erbverzicht. Vertragliche Vereinbarungen gehen vor. Beim Pflichtteilsverzicht gelten diese Zweifelsregelungen nach allg. M. nicht. Zur Anwendbarkeit beim Zuwendungsverzicht vgl. § 2352 Rdn 13. § 2350 BGB gibt in den beiden Absätzen zwei Regelungen vor, die getrennt voneinander gelten und betrachtet werden können.

B. Tatbestand

I. Abs. 1

1. Jemand

2 Der Verzichtende muss zumindest **potentiell gesetzlicher Erbe** sein.

2. Verzicht auf gesetzliches Erbrecht

3 Es muss sich um einen Verzicht gem. § 2346 BGB handeln und nicht um einen Verzicht auf eine Begünstigung durch letztwillige Verfügung (vgl. dazu § 2352 Rdn 12) und auch nicht um einen Pflichtteilsverzicht.

3. Zugunsten eines anderen

4 Ist dem Verzichtenden nicht gleichgültig, wer an seiner Stelle Erbe wird, besteht die Möglichkeit, den Erbverzicht zugunsten einer bestimmten Person oder eines bestimmten Personenkreises zu erklären. Der Verzicht steht dann unter einer Bedingung. Der „andere" muss bestimmt oder bestimmbar, aber kein (potentieller) gesetzlicher Erbe sein.

4. Zweifel

5 Die Auslegungsregeln sind nur anzuwenden, wenn sich aus Wortlaut oder sonstiger Auslegung kein anderer Wille ergibt.[1]

II. Abs. 2

1. Abkömmling, Lebenspartner

6 Abkömmlinge sind die Kinder, Enkel, Urenkel usw. des Erblassers **(§ 1589 S. 1 BGB)**, vgl. zudem § 2349 Rdn 2). Die Worte „oder Lebenspartner" nach „Ehegatten" wurden mit Wirkung zum 26.11.2015 eingefügt.[2]

2. Verzicht auf gesetzliches Erbrecht

7 Es muss sich um einen Verzicht gem. § 2346 BGB handeln und nicht um einen Verzicht auf eine Begünstigung durch letztwillige Verfügung (vgl. dazu § 2352 Rdn 12) und auch nicht um einen Pflichtteilsverzicht.

3. Zweifel

8 Im Gegensatz zu den Fällen des Abs. 1 hat sich der Verzichtende hier nicht ausdrücklich mit Begünstigungswillen geäußert. Die Auslegungsregeln sind nur anzuwenden, wenn sich aus Wortlaut oder sonstiger Auslegung der Wille des Verzichtenden nicht ergibt.[3]

---

1 BGH – IV ZR 266/06, NJW 2008, 298; OLG Frankfurt a.M. – 21 W 39/21, NJW-RR 2021, 1234 Rn 35.

2 Art. 18 Gesetz zur Bereinigung des Rechts der Lebenspartner v. 20.11.2015, BGBl I, 2010.

3 BGH – IV ZR 266/06, NJW 2008, 298; OLG Frankfurt a.M. – 21 W 39/21, NJW-RR 2021, 1234 Rn 35.

C. Rechtsfolgen

I. Abs. 1

1. Bedingungseintritt

Die für den Eintritt der Bedingung erforderliche Erbfolge kann entweder kraft Gesetzes oder aufgrund einer vom Erblasser errichteten Verfügung von Todes wegen erfolgen. Dem Erbverzicht selbst kommt nach der zutreffenden herrschenden Meinung keine unmittelbar das Erbrecht auf den begünstigten Dritten übertragende Wirkung zu.[4] 9

2. Gesetzliche Erbfolge

Bleibt es im Übrigen bei der gesetzlichen Erbfolge (errichtet der Erblasser also keine letztwillige Verfügung), kann es zu unklaren Rechtsfolgen kommen: Es kann fraglich sein, an wen die Erbquote des Verzichtenden fällt. Sie kann entweder ungeschmälert dem Begünstigten zufallen, auch wenn diese höher ist, als seine Quote bei gesetzlicher Erbfolge unter Wegfall des Verzichtenden wäre. Bei drei Abkömmlingen würde der Begünstigte damit Erbe zu 2/3 und der Dritte zu 1/3.[5] Oder es wird der Begünstigte nur soweit bessergestellt, wie es bei einem Wegfall des Verzichtenden der Fall wäre. Im Übrigen bliebe der Verzicht wirkungslos. Bei drei Abkömmlingen würde der Begünstigte damit Erbe zu 1/2, der Dritte zu 1/3 und der Verzichtende zu 1/6.[6] Der zweiten Meinung ist beizutreten, da sie dem Verzicht nicht mehr Wirkung gibt, als er hat. Der Erbverzicht hat eine negative Folge (Wegfall), aber keine positive. Diese muss erst durch letztwillige Verfügung herbeigeführt werden. 10

3. Kein Bedingungseintritt

Tritt die Bedingung nicht ein, ist der Verzicht **unwirksam**. Die Annahme des Verzichts zugunsten eines Dritten durch den Erblasser hat nicht die Wirkung einer bindenden vertraglichen Erbeinsetzung des Begünstigten. 11

4. Pflichtteilsanspruch bei Unwirksamkeit

Setzt der Erblasser einen Dritten als Erben ein und hat der Verzichtende eine Abfindung erhalten, soll die Geltendmachung des Pflichtteils des Verzichtenden aufgrund der Unwirksamkeit des Erbverzichts rechtsmissbräuchlich sein können. Zutreffend wird aber sein, im Wege der Auslegung ein Ergebnis zu finden. Eine relativ hohe Abfindung kann dafür sprechen, dass der Erblasser in seiner Verfügung frei sein sollte. Sonst bleibt es bei der hier festgelegten Zweifelsregelung. 12

5. Teilweiser Nichteintritt der Bedingung

Wird die Bedingung nur teilweise erfüllt, ist auch der Verzicht nach zutreffender herrschender Meinung nur teilweise wirksam. Der Verzichtende bleibt also zu dem Teil Erbe, zu dem die Bedingung nicht eingetreten ist. 13

II. Abs. 2

Verzichtet etwa ein Abkömmling, steht dies im Zweifel unter der **Bedingung** der Begünstigung eines anderen Abkömmlings oder des Ehegatten. Es steht die – nicht unbedingt mehr zeitgemäße – Annahme dahinter, dass nach dem regelmäßigen Willen des Verzichtenden keine entfernten Verwandten oder der Staat als gesetzliche Erben profitieren sollten. 14

---

4 OLG Hamm – 15 W 171/81, MDR 1982, 320; OLG Oldenburg – 5 U 102/91, FamRZ 1992, 1226.

5 MüKo/*Wegerhoff*, § 2350 Rn 9 m.w.N.

6 MüKo/*Wegerhoff*, § 2350 Rn 9 m.w.N.

15 Die Auslegungsregel des Abs. 2 lässt den Verzicht eines Abkömmlings im Zweifel nur zugunsten anderer Abkömmlinge bzw. des Ehegatten gelten. **Abkömmlinge** entsprechend dem Wortlaut der Norm und der Systematik des Erbverzichts sind nur die des Erblassers, nicht die des Verzichtenden.

16 Es entspricht ebenfalls der Systematik des Erbverzichts, dass der relevante **Zeitpunkt** der des Erbfalls ist. Daher besteht bei mangelhafter Gestaltung die Gefahr, dass ein neuer Ehegatte des Erblassers begünstigt wird, der kein Elternteil des Verzichtenden ist. Allerdings könnte sich in diesem Fall durch Auslegung des Verzichts ergeben, dass diese Folge nicht gewünscht war und die Zweifelsregelung des Abs. 2 nicht anzuwenden ist.

17 Bei **mehreren** in dieser Weise **Begünstigten** entfällt erst die Wirkung des Erbverzichts, wenn weder ein Erbe erster Ordnung noch der Ehegatte Erben werden. Eine teilweise Unwirksamkeit des Verzichts ist möglich, wenn sonst zum Teil andere als die in Abs. 2 genannten Personen erben würden.

D. Verfahrensfragen und Prozesstaktik

18 Die Unwirksamkeit eines Erbverzichts ist regelmäßig erst im Erbscheinsverfahren oder im Rechtsstreit zwischen (potentiellen) Erben zu berücksichtigen. Die **Beweislast**,[7] dass der Verzicht zugunsten eines Dritten gem. Abs. 1 erklärt wurde, trägt der Verzichtende. Dagegen muss derjenige, der sich entgegen der Auslegungsregel des Abs. 2 darauf beruft, der Verzicht sei nicht nur zugunsten anderer Abkömmlinge bzw. des Ehegatten erklärt, einen anderen Willen der Vertragsschließenden beweisen.

E. Gestaltungshinweise für Zivil- und Steuerrecht

19 Bei einer fachgerechten Gestaltung sollte die gewünschte Rechtsfolge nicht der Auslegungsregel, sondern der Urkunde zu entnehmen sein.

Beim Pflichtteilsverzicht gelten diese Zweifelsregelungen nach der allgemeinen Meinung nicht. Wenn eine solche Folge gewünscht ist, sollte auf eine entsprechende Formulierung in der Urkunde geachtet werden.[8]

§ 2351 Aufhebung des Erbverzichts

Auf einen Vertrag, durch den ein Erbverzicht aufgehoben wird, findet die Vorschrift des § 2348 und in Ansehung des Erblassers auch die Vorschrift des § 2347 Satz 1 erster Halbsatz, Satz 2 Anwendung.

Literatur

Kanzleiter, Die Beeinträchtigung des durch Erbvertrag bindend eingesetzten Erben durch die einvernehmliche Aufhebung eines Pflichtteilsverzichts, DNotZ 2009, 86; *Kramm*, Entstehung und Beseitigung der Rechtswirkungen eines Erbverzichts, 2004; *J. Mayer*, Ist die Befugnis zur Aufhebung des Erbverzichts vererblich?, MittBayNot 1999, 41; *Muscheler*, Die Aufhebung des Erbverzichts nach dem Tod des Verzichtenden, ZEV 1999, 49; *Quantius*, Die Aufhebung des Erbverzichts, Diss., 2001.

---

7 Vgl. BGH – IV ZR 266/06, NJW 2008, 298; OLG Frankfurt a. M. – 21 W 39/21, NJW-RR 2021, 1234 Rn 35; OLG Düsseldorf – 7 U 22/06, ZEV 2008, 523.

8 Vorschlag bei *J. Mayer*, ZEV 2000, 263, 266.

Übersicht: Rdn

A. Allgemeines

Diese Norm regelt die vertragliche, also regelmäßig einvernehmliche Aufhebung des Erbverzichts, einschließlich des Pflichtteilsverzichts. Zu anderen Arten der Aufhebung vgl. § 2346 Rdn 11 f. (Bedingung, Befristung), Rdn 44–49 (Anfechtung), Rdn 50–60 (Inhaltskontrolle), Rdn 63 (Rücktritt). Zur Anwendung beim Zuwendungsverzicht vgl. § 2352 Rdn 22. 1

B. Tatbestand

I. Vertragscharakter

Die Aufhebung des Erbverzichts ist ebenfalls ein abstraktes erbrechtliches Verfügungsgeschäft. 2

II. Umfang, Ausschluss

Auch eine teilweise Aufhebung, bspw. der Wegfall der Beschränkung des Verzichts zugunsten eines Dritten (§ 2350 BGB), ist möglich. 3

Ein Ausschluss der Aufhebung, etwa zum Schutz Dritter, ist nach der h.M. nicht möglich.[1]

III. Zeitpunkt

Nach fast allgemeiner Ansicht ist die Aufhebung eines **Erb**verzichts nur bis zum Tod des Erblassers möglich.[2] Die Frage, ob dieser Ausschlussgrund auch für den **Pflichtteils**verzicht gilt, wird bejaht, obgleich die Gründe insoweit weniger zwingend sind. Zwar kann ein Pflichtteilsverzicht von dem Erben und den Pflichtteilsberechtigten einvernehmlich ignoriert und dadurch tatsächlich „aufgehoben" werden, sodass eine Aufhebung **nicht notwendig** erscheint. Durch den Pflichtteilsverzicht werden aber Erbfolge und -quote nicht verändert, sodass dies nicht gegen die **Möglichkeit** der Aufhebung spricht. Da Schuldner des Pflichtteils der Erbe ist, sollte ihm die einvernehmliche Aufhebung des Verzichtsvertrags zusammen mit dem Pflichtteilsberechtigten möglich sein. Beim Vorversterben des Verzichtenden wird eine Aufhebung mit dessen Erben abgelehnt.[3] 4

---

1 BGH – IV a ZR 5/80, NJW 1980, 2307; *Klosky*, RNotZ 2022, 357, 361 m.w.N.
2 BGH – IV ZR 159–97, Z 139, 116; OLG Köln – 24 U 48/20, ZEV 2021, 635.
3 *Weidlich*, MittBayNot 2015, 193, 198 f.

IV. Gemeinschaftliche Testamente

5 Fraglich ist, ob die Bindungswirkung eines gemeinschaftlichen Testaments eine spätere Aufhebung des Verzichts unwirksam werden lassen kann, wenn das Testament auch mit Rücksicht darauf errichtet wurde.[4] Dafür spricht das Schutzbedürfnis für den Erstverstorbenen. Allerdings müsste dazu die Aufhebung als letztwillige Verfügung qualifiziert werden, was dem Charakter des Erbverzichts widerspricht. Zu bevorzugen ist daher eine Lösung über § 2287 BGB.[5]

C. Rechtsfolgen

I. Form, § 2348

6 Gemäß dem Verweis auf § 2348 BGB bedarf der Aufhebungsvertrag (nach herrschender Meinung auch das schuldrechtliche Kausalgeschäft) der notariellen Beurkundungen (zu Einzelheiten vgl. § 2348 Rdn 6–9).
Ein erbrechtlicher Aufhebungsvertrag, welcher der durch §§ 2351, 2348 BGB vorgeschriebenen Form ermangelt, ist gem. § 125 BGB nichtig. Unter Umständen kann eine einseitige Aufhebung des Erbverzichts durch den Erblasser als testamentarische Erbeinsetzung des Verzichtenden ausgelegt werden. Durch letztwillige Verfügung kann der Erblasser die Wirkungen des Verzichts zwar nicht beseitigen, der Verzichtende wird jedoch testamentarischer Erbe.

II. Vertretung, § 2347

1. Erblasser

7 Durch den Verweis auf § 2347 Abs. 2 S. 1 Hs. 1, S. 2 BGB werden von der grundsätzlichen Höchstpersönlichkeit für den Erblasser nur die auch dort erwähnten Ausnahmen gemacht (Vertretung durch den gesetzlichen Vertreter (Eltern, Vormund, Betreuer) bei Geschäftsunfähigen zulässig, vgl. § 2347 BGB).

8 Auf § 2347 Abs. 2 S. 1 Hs. 2 BGB, der beschränkt Geschäftsfähige betrifft, wird ausdrücklich nicht verwiesen. Anders als für den Abschluss des Erbverzichtsvertrags bedarf ein beschränkt geschäftsfähiger Erblasser für den Aufhebungsvertrag der Einwilligung seines gesetzlichen Vertreters (§ 107 BGB), weil das Geschäft für ihn nachteilig ist.

2. Verzichtender

9 Der Verzichtende kann bei einem Vertrag, durch den ein Erbverzicht aufgehoben werden soll, ebenso vertreten werden wie beim Abschluss des Erbverzichtsvertrages und bei sonstigen Rechtsgeschäften unter Lebenden.
Bis zur Reform konnte der Aufhebungsvertrag für den Minderjährigen, zumindest wenn keine Abfindung zurückgezahlt werden musste, als rechtlich vorteilhaft (§ 107 BGB) ohne gerichtliche Genehmigung vom gesetzlichen Vertreter geschlossen werden. Der eindeutige Wortlaut des § 1851 Nr. 9 BGB spricht jetzt für eine Genehmigungspflicht nicht nur bei Betreuten, sondern auch bei Minderjährigen (eine Ausnahmeregelung enthält die Verweisungsnorm § 1643 BGB nicht).[6]

III. Wirkungen der Aufhebung

1. Auf den Verzicht

10 Durch den Aufhebungsvertrag gilt der Verzicht als von Beginn an nicht erfolgt.[7] Der Verzichtende ist wieder erb- und pflichtteilsberechtigt.

---

4 So *Schindler*, DNotZ 2004, 824; *ders.*, ZEV 2005, 299.
5 *J. Mayer*, ZEV-Report Zivilrecht 2005, 175, 176 f.
6 A.A. *Baßler/Frese*, NZG 2023, 1302, 1305.
7 BGH – IV a ZR 5/80, Z 77 264, 269.

2. Abfindung

Der Aufhebungsvertrag beseitigt grundsätzlich nur die Wirkungen des Erb- oder Pflichtteilsverzichts, nicht jedoch diejenigen des dem Verzicht zugrunde liegenden Kausalgeschäfts. Str. ist, ob eine gezahlte Abfindung gem. § 812 Abs. 1 S. 2 BGB kondiziert werden kann (h.M.)[8] oder eine Rückforderung ausscheidet.[9] 11

3. Schenkung?

Der Verzicht selbst ist keine Schenkung (vgl. § 2346 Rdn 7). Die Aufhebung ist es entsprechend ebenfalls nicht.[10] Wurde für den Verzicht eine Gegenleistung vereinbart und geleistet und wird diese bei der Aufhebung nicht zurückgezahlt, wird sie zu einer unentgeltlichen Zuwendung. Zutreffend löst eine unentgeltliche Aufhebung Ansprüche nach § 2287 BGB aus,[11] weil die auf die Sachlage vertrauenden Vertragserben beeinträchtigt werden. 12

4. Keine Anfechtung nach § 2079 BGB

Nach der einheitlichen – wenn auch in der Rechtsprechung noch nicht bestätigten – Ansicht in der Literatur ergibt sich durch die Aufhebung kein Fall des § 2079 BGB.[12] Eine letztwillige Verfügung kann also nicht wegen Übergehung eines Pflichtteilsberechtigten angefochten werden. 13

D. Gestaltungshinweise für Zivil- und Steuerrecht

Die Aufhebung eines Erbverzichts kann anzuraten sein, wenn er erklärt wurde, ohne die Erhöhung der Pflichtteilsquoten der anderen Pflichtteilsberechtigten zu beachten. Es kann dann sogleich ein Verzicht auf den Pflichtteil erklärt werden. 14

Aufgrund der Unsicherheiten bezüglich der Rückzahlungsverpflichtung aus § 812 BGB bei einer geleisteten Abfindung sollte hierzu unbedingt eine Regelung getroffen werden.

§ 2352 Verzicht auf Zuwendungen

[1]Wer durch Testament als Erbe eingesetzt oder mit einem Vermächtnis bedacht ist, kann durch Vertrag mit dem Erblasser auf die Zuwendung verzichten. [2]Das Gleiche gilt für eine Zuwendung, die in einem Erbvertrag einem Dritten gemacht ist. [3]Die Vorschriften der §§ 2347 bis 2349 finden Anwendung.

Literatur

Herzog/Lindner, Die Erbrechtsreform 2010. Das neue Pflichtteils- und Verjährungsrecht, 2010; *Ivo*, Die Zustimmung zur erbvertragswidrigen letztwilligen Zuwendung, ZEV 2003, 101; *Kanzleiter*, Der Zuwendungsverzicht nach Änderung des § 2352 Satz 3 BGB mit Erstreckung seiner Wirkung auf die Abkömmlinge des Verzichtenden, ErbR 2013, 206; *Keim*, Der Zuwendungsverzicht nach der Reform des Pflichtteilsrechts – Ein Gestaltungsmittel wird handhabbar, RNotZ 2009, 574; *ders.*, Neues Recht in niedriger Dosierung – Das Gesetz zur Änderung des Erb- und Verjährungsrechts und seine Bedeutung für den Notar, MittBayNot 2010, 85; *Kornexl*, Der Zuwendungsverzicht, Diss., 1998; *J. Mayer*, Die Auswirkungen der Erbrechtsreform auf die Kautelarpraxis, ZEV 2010, 2; *Ortloff*, „Abänderung" wechselbezüglicher Verfügungen im Fall der irreversiblen Testierunfähigkeit eines Ehegatten, ZFE 2010, 13;

8 Wenngleich in BGH – IV a ZR 5/80, Z 77, 264, 270 nicht ausdrücklich ausgesprochen; BeckOK BGB/*Litzenburger*, § 2346 Rn 10.
9 *Kuchinke*, ZEV 2000, 169 f.
10 BGH – IV a ZR 5/80, NJW 1980, 2307, 2308.
11 So auch: *Mayer*, ZEV 2005, 175, 177; a.A. *Frieser*, ErbR 2024, 494, 499.
12 BeckOK BGB/*Litzenburger*, § 2346 Rn 9.

Weber, Die Befreiung aus erbrechtlichen Selbstbindungen, ZfPW 2020, 38; *Weidlich*, Die Erstreckung des Zuwendungsverzichts auf Ersatzerben – Alte Probleme im neuen Gewand?, FamRZ 2010, 166.

Übersicht: Rdn

A. Allgemeines

1 Durch den Zuwendungsverzicht kann auf eine letztwillige Zuwendung verzichtet und so dem Erblasser wieder Testierfreiheit gegeben werden.[1] Er kommt in Betracht, wenn der Erblasser testierunfähig ist oder er durch eine bindend gewordene, wechselbezügliche Verfügung in seiner Testierfreiheit beschränkt ist (S. 1).[2] Bei einem Erbvertrag kann auf eine Zuwendung an einen Dritten entgegen der Bindungswirkung (§§ 2290 ff. BGB) verzichtet werden (S. 2).

2 Problematisch war **bis zum 31.12.2009**, dass nicht auf § 2349 BGB verwiesen wurde. Nach der h.M. wirkte ein Zuwendungsverzicht daher nicht für die Abkömmlinge des Verzichtenden. Diese konnten damit nach einem Zuwendungsverzicht regelmäßig Ersatzerben sein, so dass das Ziel der Testierfreiheit des Erblassers nicht erreicht werden konnte. Von Zuwendungsverzichten wurde daher weitgehend abgesehen, weil sie „zwecklos" seien.[3]

3 Die hier wiedergegebene Fassung gilt für alle Erbfälle ab dem 1.1.2010, Art. 229 § 23 Abs. 4 EGBGB (Gesetz zur Änderung des Erb- und Verjährungsrechts). In der für Erbfälle bis zum 31.12.2009 geltenden Fassung lautete S. 3: „Die Vorschriften der §§ 2347, 2348 finden Anwendung."

1 *Weber*, ZfPW 2020, 38, 64.
2 *Rosiak*, RNotZ 2024, 557, 573.
3 *J. Mayer*, ZEV 1996, 127.

B. Tatbestand

I. Durch Testament Bedachter (S. 1)

1. Allgemein

4 Jeder Bedachte kann auf die ihn betreffende Zuwendung verzichten. Da die gesetzliche Erbfolge als „Auffangbecken" bleibt, kann auch der Fiskus verzichten.

2. Erben- und Vermächtnisnehmer

5 Neben der Erbenstellung kann auch auf ein Vermächtnis verzichtet werden. Der Verzicht kann auf eine bestimmte Zuwendung oder einen Bruchteil des Erbteils beschränkt werden, nicht aber bei einer Erbeinsetzung auf einzelne Gegenstände (Gesamtrechtsnachfolge). Auf ein Vermächtnis kann nicht verzichtet werden, wenn es gesetzlich angeordnet ist, wie der Voraus des Ehegatten (§ 1932 BGB) oder der Dreißigste (§ 1969 BGB). Der Verzicht auf eine künftige Zuwendung ist unzulässig.[4]

6 Ein teilweiser Verzicht in Bezug auf einzelne Zuwendungen ist möglich, ebenso eine Beschränkung auf einen ideellen Bruchteil des Erbteils oder einen Teil eines Vermächtnisses. Ferner können Beschränkungen und Beschwerungen zugelassen werden. Auch kann der Zuwendungsverzicht unter einer Bedingung oder zugunsten eines Dritten geschlossen werden.

3. Auflagenbegünstigte

7 Ein Verzicht auf eine begünstigende **Auflage** gem. § 1940 BGB ist nach überwiegender Meinung **nicht möglich**.[5] Zwar besteht, wenn bestimmte Personen die Vollziehung der Auflage verlangen können (§§ 2194 S. 1, 2208 Abs. 2, 2223 BGB), ein Bedürfnis für die Aufhebung der Auflage. Sie wird aber in § 2352 BGB nicht genannt, so dass der Wortlaut deutlich gegen die Möglichkeit spricht.

II. Durch Erbvertrag begünstigter Dritter (S. 2)

8 Bei einem Erbvertrag kann ein begünstigter Dritter gegenüber dem Erblasser verzichten. S. 2 betrifft nur vertragsmäßige Zuwendungen, nicht einseitige Zuwendungen (§ 2299 BGB), auf die S. 1 anwendbar ist.

9 Nach dem Wortlaut der Norm soll ein **Vertragschließender** in keinem Fall Dritter i.S.d. Vorschrift sein, auch wenn er nur Begünstigter, nicht aber Vertragsgegner der Zuwendung ist. Damit sollen die Vertragsparteien dazu angehalten werden, die gesetzlichen Regeln zur Aufhebung von Erbverträgen einzuhalten (§§ 2290 ff. BGB). Das ist aber nicht mehr möglich, wenn ein Vertragspartner bereits verstorben oder geschäftsunfähig geworden ist oder wenn mehr als zwei Personen am Erbvertrag beteiligt waren und einer an der Änderung nicht mitwirken kann oder will. Die wohl h.M. nimmt dieses Ergebnis mit Verweis auf den Wortlaut hin.[6] Durchaus bedeutende Gegenmeinungen halten nach Sinn und Zweck der Norm eine Anwendung für zulässig, wenn der Begünstigte zwar formal an dem Vertrag beteiligt, Vertragsgegner der Zuwendung jedoch ein anderer ist, und zum Teil auch, wenn ein Beteiligter geschäftsunfähig geworden ist.[7]

III. Vertrag

10 Die persönlichen Anforderungen werden durch den Verweis auf § 2347 BGB (grundsätzlich keine Vertretung des Erblassers, aber Vertretung des Verzichtenden möglich,

---

4 BGH – V ZB 4/59, Z 30, 261, 267; BayObLG – 1 Z 30/86, Rpfleger 1987, 374.

5 BayObLG – 1 Z 30/86, Rpfleger 1987, 374; so auch MüKo/*Wegerhoff*, § 2352 Rn 4; *J. Mayer*, ZEV 1996, 127.

6 Vgl. auch *Jackschath*, MittRhNotK 1977, 117, 119; OLG Celle – 4 Wx 7/59, NJW 1959, 1923.

7 *Weber*, ZfPW 2020, 38, 64 f.

vgl. § 2347 Rdn 2, 8 f., u.U. genehmigungsbedürftig gem. §§ 1851 Nr. 9, 1643 BGB) und die Formfragen durch den Verweis auf § 2348 BGB (notarielle Beurkundung, vgl. § 2348 Rdn 6–9) geklärt.[8]

C. Rechtsfolgen

I. Allgemein

11 Der Zuwendungsverzicht bewirkt nicht die Aufhebung der betreffenden Verfügung von Todes wegen, sondern er **verhindert** nur den **Anfall** der Erbschaft. Ein **gesetzliches Erbrecht** bleibt bestehen. Zukünftige Zuwendungen werden nicht erfasst.[9] Ein zulässiger[10] Teilverzicht lässt die Bindung des Erblassers an eine Verfügung von Todes wegen entfallen, soweit der Teilverzicht reicht. Denkbar ist auch eine **Auslegung** als Teilverzicht, etwa auf eine Testamentsvollstreckung,[11] oder eine Umdeutung in eine Teilungsanordnung.[12] Allerdings kann der begünstige Dritte nicht für seine Abkömmlinge weitergehend verzichten als für sich.[13]

II. Auslegung

1. Erbverzicht als Zuwendungsverzicht

12 Ob die Erklärungen der Vertragspartner als Zuwendungsverzicht anzusehen sind oder nicht, ist ggf. im Wege der Auslegung zu ermitteln. Schwierigkeiten kann die Auslegung solcher Erklärungen bereiten, die in einem Erbvertrag enthalten[14] sind oder die sowohl einen Erbverzicht i.S.d. § 2346 BGB als auch einen Zuwendungsverzicht nach § 2352 BGB beinhalten können. Ein Zuwendungsverzicht kann mit einem Erbverzicht verbunden werden. Weil es sich bei der gesetzlichen und gewillkürten Erbfolge um zwei unterschiedliche Berufungsgründe handelt, enthält ein Verzicht auf das Erb- und Pflichtteilsrecht nicht notwendig einen Zuwendungsverzicht. Allerdings soll z.B. die Erklärung „auf (sämtliche) Erb- und Pflichtteilsansprüche gegen den Nachlass für jetzt und in Zukunft zu verzichten" i.d.R. so auszulegen sein, dass der Verzicht den vollständigen Wegfall der künftigen Erbenstellung bedeutet mit der Folge, dass nicht nur auf das gesetzliche Erb- und Pflichtteilsrecht, sondern auch auf letztwillige Zuwendungen einer bei Abgabe der Erklärung bestehenden letztwilligen Verfügung verzichtet wird.[15] Dabei ist jedoch Vorsicht geboten. Bei einem Pflichtteilsverzichtsvertragsabschluss werden die Beteiligten regelmäßig darauf hingewiesen, dass zur Enterbung noch eine letztwillige Verfügung notwendig ist. Der Erblasser kann dabei auch beabsichtigen, eine vorhandene Verfügung bestehen zu lassen, und möchte mit dem Verzicht lediglich eine Absicherung erreichen. Ein Zuwendungsverzicht kann dann nicht gesehen werden. Haben sich die Ehepartner wechselseitig zu Erben und ihre Kinder zu Schlusserben eingesetzt, liegt es nahe, dass ein später geschlossener Erbverzicht mit einem Kind sich auch auf die Zuwendung erstreckt.[16]

---

8 Vgl. auch *Jackschath*, MittRhNotK 1977, 117, 118 f.
9 BayObLG – BReg. 1 Z 30/86, Rpfleger 1987, 374.
10 *Weber*, ZfPW 2020, 38, 65 f.; OLG Hamburg – 2 U 31/18, BeckRS 2019, 30224 ab Rn 67 mit Bezug zu BGH – IV ZR 20/76, NJW 1978, 1159 und IVa ZR 240/80, NJW 1982, 1100; OLG Oldenburg – 3 W 49/19, ZEV 2020, 164.
11 OLG Hamburg – 2 U 31/18, BeckRS 2019, 30224 ab Rn 66.
12 OLG Oldenburg – 3 W 49/19, ZEV 2020, 164.
13 OLG Köln – 2 Wx 145/21, BeckRS 2021, 21861.
14 AG Wiesbaden – 417 VI 1875/18 G, ErbR 2020, 370.
15 BGH – IV ZR 1208/68, DNotZ 1972, 500; KG – 19 W 169/21, ErbR 2023, 778, 782; OLG Düsseldorf – I-3 Wx 35/19, RNotZ 2020, 341; OLG Karlsruhe – 9 U 177/01, FamRZ 2002, 1519.
16 OLG Frankfurt – 20 W 201/93, FamRZ 1994, 197; ähnlich: OLG Celle – 6 W 32/11, FamRZ 2011, 1535.

2. Anwendung des § 2050 BGB

Nach der h.M. ist die Auslegungsregel des § 2050 Abs. 1 BGB auf den Zuwendungsverzicht **nicht anwendbar.**[17] Der Streit ist nur theoretischer Natur. Verzichtet der Zuwendungsempfänger zugunsten eines Dritten auf die Zuwendung, bedarf es dieser Auslegungsregel nicht, um davon auszugehen, dass der Verzicht unter der Bedingung steht, dass der Dritte Erbe wird.[18] Zu dem Ergebnis gelangt man auch aufgrund allgemeiner Auslegungsregeln. 13

III. Erstreckung auf Abkömmlinge: § 2349 BGB

1. Einleitung

Eine wesentliche, wenn auch kaum beachtete Änderung zum 1.1.2010 war, dass in § 2352 BGB nun auch auf § 2349 BGB verwiesen wird (vgl. Rdn 1). Es ist also zwischen Erbfällen bis zum 31.12.2009 und ab dem 1.1.2010 zu unterscheiden.[19] 14

2. Rechtslage für Erbfälle ab dem 1.1.2010

a) Grundsätzliche Wirkung

Durch die Gesetzesänderung wurden einige Probleme gelöst, andere sind neu. Geklärt ist, dass sich ein Zuwendungsverzicht nun auch auf die Abkömmlinge des Verzichtenden erstreckt.[20] Die Gefahr, einen Stamm doppelt zu begünstigen, wird beseitigt. Allerdings gilt die Verweisung auch, wenn keine Abfindung gezahlt wurde. Die Rechtsfolge des § 2349 BGB kann durch eine ausdrückliche Anordnung vermieden werden.[21] 15

b) Ausdrückliche Ersatzerbenbenennung

Die Ersatzerben (Gleiches gilt für die Ersatzvermächtnisnehmer) können zu solchen entweder durch Auslegung (§§ 2069, 2190 BGB) oder durch ausdrückliche Benennung in der letztwilligen Verfügung werden. Diskutiert wird, ob die Wirkung des § 2349 BGB auch in jedem Fall eintreten soll, wenn eine ausdrückliche Ersatzerbenberufung vorliegt. Insoweit könnte der Wille des Erblassers zum Zeitpunkt der Testamentserrichtung zu erforschen sein.[22] 16

Mit *Herzog* ist davon auszugehen, dass grundsätzlich nicht ausgelegt werden sollte, da der Verweis auf § 2349 BGB gerade Zweifel beseitigen wollte und der Erblasser in dem Zuwendungsverzichtsvertrag die Möglichkeit zur Klarstellung hat.[23] 17

In zwei Konstellationen sollten von dem Grundsatz aber Ausnahmen gemacht werden: Wenn sich die Ersatzerbenbenennung aus einem gemeinschaftlichen Testament oder einem Erbvertrag ergibt, würde deren Wegfall das Vertrauen des Erstverstorbenen in den Bestand der Anordnung enttäuschen. Auch der Wegfall eines Vorerben (Kind) könnte sich auf den Nacherben (Enkel) auswirken und damit eine Vermögensnachfolgeplanung zunichtemachen.[24] Zumindest bei gemeinschaftlichen Testamenten sollte daher § 2349 BGB aus Gründen des Vertrauensschutzes nur angewandt werden, wenn eine ergänzende Auslegung des Testaments ergibt, dass der zuerst verstorbene Ehegatte mit der Rechtsfolge einverstanden gewesen wäre.[25] 18

---

17 MüKo/*Wegerhoff*, § 2350 Rn 3; BeckOK BGB/*Litzenburger*, § 2350 Rn 2 m.w.N.
18 Vgl. OLG Hamm – 15 W 171/81, MDR 1982, 320.
19 OLG Köln – 2 Wx 145/21, BeckRS 2021, 21861.
20 Vgl. OLG Hamm – I-15 W 503/14, ZErb 2015, 123.
21 Vgl. insgesamt BT-Drucks 16/8954, S. 25 f.
22 Vgl. *Kanzleiter*, ErbR 2013, 206, 208; *Weidlich*, FamRZ 2010, 166.
23 *Herzog/Lindner*, Die Erbrechtsreform 2010, Rn 570.
24 *Klinck*, ZEV 2009, 533; vgl. aber auch *Weber*, ZfPW 2020, 38, 75.
25 Vgl. *Kanzleiter*, ErbR 2013, 206, 209 f.

c) Verzichte nur von Abkömmlingen und Seitenverwandten

19 Dass in § 2349 BGB ausschließlich auf Verzichte von Abkömmlingen und Seitenverwandten abgestellt wird, zeigt seine Konzeption für die gesetzliche Erbfolge.[26] Für den Zuwendungsverzicht passt dies nicht, denn bei einer Zuwendung durch letztwillige Verfügung werden auch andere Personen bedacht, die dann wiederum verzichten könnten. Die Auslegungsregel des § 2069 BGB kann aber auch bei diesen anzuwenden sein, bspw. bei Patchworkfamilien.[27] Es sollten beim Zuwendungsverzicht daher in Ausweitung des Wortlauts des § 2349 BGB alle Ersatzerben erfasst sein.[28]

3. Rechtslage für Erbfälle bis zum 31.12.2009

20 Nach der h.M. erstreckte sich die Wirkung des Zuwendungsverzichts eines Abkömmlings oder eines Seitenverwandten des Erblassers **nicht auf die Abkömmlinge** des Verzichtenden.[29] Ebenso wenig sollte es möglich sein, den Verzicht durch ausdrückliche Vereinbarung auf die Abkömmlinge zu erstrecken. Eine Auslegung eines Vertrages, der vor dem 1.1.2010 beurkundet wurde, in der Art und Weise, dass es zu einer Erstreckung auf Abkömmlinge kommt, ist nicht möglich.[30]

21 Eine Ersatzerbeneinsetzung konnte dann entfallen, wenn der Zuwendungsverzicht gegen eine vollständige Abfindung erfolgte;[31] in diesem Fall wurde auch davon ausgegangen, dass – ohne ausdrückliche Bestimmung – eine Vermutung gegen eine Ersatzerbenberufung der Abkömmlinge nach der Auslegungsregel des § 2069 BGB bestand.[32] Insbesondere beim bindend gewordenen gemeinschaftlichen Testament oder Erbvertrag war daher zu beachten: War der Verzichtende ein Abkömmling des Erblassers oder des (vorverstorbenen) Ehegatten, wurden gem. § 2069 BGB regelmäßig dessen Kinder (Ersatz-)Erben. Auch diese müssten in einem notariellen Vertrag auf die Zuwendung verzichtet haben, um die volle Testierfreiheit des Erblassers wiederherzustellen.

IV. Aufhebung

22 Ob ein Zuwendungsverzicht wieder aufgehoben werden kann, war lange umstritten. Problematisch ist, dass der Erblasser die Erbfolge damit wieder ändern könnte, ohne eine letztwillige Verfügung zu errichten. Dabei könnte er bspw. einen Dritten, mit dem er einen Erbvertrag geschlossen hat, benachteiligen. Mit der h.M. **bejaht** der BGH grundsätzlich die Zulässigkeit der Aufhebung gemäß § 2351 BGB analog.[33] Dies gilt zumindest, wenn der Erblasser durch einen vor dem Zuwendungsverzicht geschlossenen Erbvertrag oder ein wechselbezügliches gemeinschaftliches Testament gebunden ist und nicht neu verfügen kann. Die Mindermeinung ist damit weitgehend nicht mehr von Belang.[34]

---

26 *Klinck*, ZEV 2009, 533.

27 *Grziwotz*, ErbR 2018, 62, 64 m.w.N.

28 *Herzog/Lindner*, Die Erbrechtsreform 2010, Rn 574; a.A. für Stieftochter: OLG Celle – 6 W 37/23, ZEV 2023, 452.

29 OLG Köln – 2 Wx 21/89, FamRZ 1990, 99; OLG Frankfurt – 20 W 574/95, ZEV 1997, 454 m. Anm. *J. Mayer*; *Grziwotz*, ErbR 2018, 62, 64.

30 OLG Schleswig – 3 Wx 93/13, ZEV 2014, 425.

31 OLG Köln – 2 Wx 21/89, FamRZ 1990, 99; a.A. wohl OLG Frankfurt – 20 W 574/95, ZEV 1997, 454.

32 BGH – IV ZR 3/72, NJW 1974, 43 f.

33 BGH – IV ZR 32/06, ZErb 2008, 162 m.w.N.

34 Vgl. *Mittenzwei*, ZEV 2004, 488.

D. Gestaltungsempfehlung

Entsprechend einem Vertrag über einen Erb- oder Pflichtteilsverzicht sollte in den Zuwendungsverzichtsvertrag mit Blick auf die neue Verweisung auf § 2349 BGB eine Erklärung über die Erstreckung auf Abkömmlinge zur Klarstellung aufgenommen werden.[35] Besondere Vorsicht ist geboten, wenn eine letztwillige Verfügung entworfen wird, die auf einem vor dem 1.1.2010 beurkundeten Zuwendungsverzichtsvertrag beruht.[36] 23

35 *J. Mayer*, ZEV 2010, 2; *Kanzleiter*, ErbR 2013, 206, 211.
36 *Grziwotz*, ErbR 2018, 62, 64.

Abschnitt 8. Erbschein

Vorbemerkung zu §§ 2353 ff. BGB

Literatur

Bauer/Schaub (Hrsg.), GBO, Kommentar, 5. Auflage 2023; *Druey*, Grundriss des Erbrechts, 5. Auflage 2000; *Lange*, Erbrecht, 3. Auflage 2022; *Krätzschel/Falkner/Döbereiner*, Nachlassrecht, 12. Auflage 2022; *Lukas/Geroldinger* (Hrsg.), Kommentar zum Allgemeinen bürgerlichen Gesetzbuch, 4. Auflage 2022; *Welser/Zöchling-Jud*, Grundriss des bürgerlichen Rechts, Bd. II, 14. Auflage 2015.

Übersicht: Rdn

A. Einführung

1 Das deutsche Zivilgesetzbuch hat den Erbschein als **amtliches Zeugnis** in Anlehnung an das Gesetz über die Ausstellung gerichtlicher Erbbescheinigungen v. 12.3.1869 übernommen.[1] Ziel war es, ein Legitimationspapier für den oder die Erben zu schaffen, durch welches das Erbrecht und der Umfang des jeweiligen Erbteils amtlich dokumentiert werden soll.[2] Der Erbschein hat insbesondere **Legitimationsfunktion** im Rechtsverkehr.[3] Er genießt öffentlichen Glauben nach § 2366 BGB und es wird die Richtigkeit seines Inhalts nach § 2365 BGB vermutet. Als amtliches Zeugnis dokumentiert der Erbschein die Rechtslage im Zeitpunkt des Eintritts des Erbfalls. Zeitlich nachfolgende Ereignisse, wie Tod des Erben, Vereinbarungen zwischen den Erben über den Nachlass, dürfen **nicht** in den Erbschein aufgenommen werden.[4]

Mit dem Gesetz zum Internationalen Erbrecht und zur Änderung von Vorschriften zum Erbschein, das auf alle Erbfälle seit dem 17.8.2015 (d.h. seit dem Inkrafttreten der EuErbVO) anwendbar ist, wurden wesentliche Regelungen des Erbscheinsverfahrens, die bisher in den §§ 2353 ff. BGB enthalten waren, in das FamFG überführt (bedingt u.a. durch das Internationale Erbrechtsverfahrensgesetz). Die verfahrensrechtlichen Regelungen befinden sich jetzt in den §§ 352–355 FamFG („Erbscheinsverfahren; Testamentsvollstreckung"). Die materielle Grundlage des Erbscheins findet sich weiterhin in § 2353 BGB, die des Testamentsvollstreckerzeugnisses weiterhin

1 Soergel/*Zimmermann*, Vor § 2353 Rn 1.
2 Soergel/*Zimmermann*, Vor § 2353 Rn 1.
3 *Lange*, Erbrecht, Kapitel 19, § 78 Rn 1.
4 *Brox/Walker*, Erbrecht, Rn 585.

in § 2368 BGB. Das Gesetz zum Internationalen Erbrecht und zur Änderung von Vorschriften zum Erbschein enthält zahlreiche Regelungen zur nationalen Umsetzung der EuErbVO, aber auch gewichtige weitere Neuerungen, wie dass das bisher im BGB angesiedelte Erbscheinsverfahren nun im FamFG geregelt ist. Die Änderungen fanden mit Wirkung zum 17.8.2015 statt, dem Wirksamwerden der EuErbVO.

B. Erbscheinsarten

2 Das Gesetz unterscheidet mehrere Arten von Erbscheinen, bspw. den **Alleinerbschein**, als Erbschein des Alleinerben nach § 2353 Hs. 1 BGB, der das Erbrecht des Allein- oder Universalerben ausweist, oder den **Teilerbschein** nach § 2353 Hs. 2 BGB, der das Erbrecht eines von mehreren Miterben bezeugt. Der einzelne Miterbe kann sowohl über seinen Erbteil als auch über den Erbteil eines jeden Miterben einen Teilerbschein beantragen.[5] Bei einer Mehrheit von Erben kann auch ein **gemeinschaftlicher Erbschein** beantragt werden nach § 352a FamFG (früher § 2357 BGB). Er dient als Nachweis über die Mehrheit der Erben. Der gemeinschaftliche Erbschein weist sämtliche Miterben und den Umfang ihres jeweiligen Erbteils aus.[6] Im sog. **Gruppenerbschein** sind mehrere Teilerbscheine in einer Urkunde zusammengefasst. Er weist das Erbrecht mehrerer, aber gerade nicht aller Miterben einer Erbengemeinschaft aus. Sämtliche in der Urkunde aufgeführten Miterben müssen auch als Antragsteller auftreten. Da die Rspr. den gemeinschaftlichen Teilerbschein anerkannt hat, ist die Verwendung des Gruppenerbscheins in der Rechtspraxis nur noch selten.[7] Der **gemeinschaftliche Teilerbschein** kann im Gegensatz zum Gruppenerbschein von einem einzelnen Miterben beantragt werden. Dieser Erbschein ist für die Praxis insbesondere von Bedeutung, wenn mehrere Erbstämme vorhanden sind.

3 Der **Sammelerbschein**, teilweise auch als vereinigter Erbschein bezeichnet,[8] stellt eine Zusammenfassung mehrerer Erbscheine über aufeinanderfolgende Erbfälle in einer Urkunde dar. Diese Art von Erbschein kann also erteilt werden, wenn bspw. der Vater verstirbt, von seinen beiden Söhnen beerbt wird und dann ein Sohn verstirbt und dieser von seinem Bruder beerbt wird. Aus Gründen der Praktikabilität hat die Rspr. diese Art von Erbschein zugelassen, rechtlich ist jedoch jeder Erbfall für sich allein zu betrachten.[9]

4 Ein **gegenständlich beschränkter Erbschein** nach § 352c FamFG (früher § 2369 BGB) kann erteilt werden, wenn sich Gegenstände des Nachlasses auch im Ausland befinden.

5 Ein auf die **Hoferbfolge** beschränkter Erbschein stellt das Hoferbfolgezeugnis nach § 18 Abs. 2 HöfeO[10] dar. Nach § 1 HöfeO findet die HöfeO nur auf die Bundesländer Hamburg, Niedersachen, Nordrhein-Westfalen und Schleswig-Holstein Anwendung. Das Hoferbfolgezeugnis bezeugt, wer Hoferbe i.S.d. HöfeO geworden ist. Es wird von den zuständigen Landwirtschaftsgerichten (§§ 1 ff. LwVG) erteilt.[11]

C. Grundbuch/Erbrechtsnachweis

I. Allgemeines

6 Gemäß § 35 Abs. 1 S. 1 GBO ist die Erbfolge grundsätzlich durch die Vorlage eines Erbscheins nachzuweisen.[12] Abweichend davon ist das Grundbuchamt auch berech-

5 *Brox/Walker*, Erbrecht, Rn 586; Grüneberg/*Weidlich*, § 2353 Rn 5.
6 Soergel/*Zimmermann*, Vor § 2353 Rn 4; *Brox/Walker*, Erbrecht, Rn 586.
7 *Brox/Walker*, Erbrecht, Rn 587; Grüneberg/*Weidlich*, Vor § 2353 Rn 2.
8 Grüneberg/*Weidlich*, § 2353 Rn 5.
9 *Lange/Kuchinke*, § 39 IV 4.
10 Zimmermann/*Sticherling*, PK Erbrechtliche Nebengesetze, § 14 HöfeO Rn 55.
11 Vgl. *Graß*, Landwirtschaftserbrecht, S. 498.
12 Vgl. hierzu *Demharter*, Grundbuchordnung, § 35 Rn 4; *Schöner/Stöber*, Grundbuchrecht, Rn 781.

tigt, als Nachweis der Erbfolge die Vorlage einer Verfügung von Todes wegen, die in einer öffentlichen Urkunde enthalten ist, und die Niederschrift über die Eröffnung der Verfügung von Todes wegen zu akzeptieren.[13] Dazu kommt in Betracht ein Testament, welches zur Niederschrift vor einem deutschen Notar oder einem deutschen Konsularbeamten oder für die Zeit vor dem 1.1.1970 (Inkrafttreten des BeurkG) vor einem Richter oder Notar und vor dem 11.9.1974 (Inkrafttreten des KonsularG) vor einem ermächtigten Berufskonsul oder Konsularbeamten errichtet wurde. Eine weitere Form sind die sog. Nottestamente nach §§ 2249, 2250 BGB. Nicht darunter fällt das Nottestament auf See nach § 2251 BGB, da es gerade keine in einer öffentlichen Urkunde getroffene Verfügung von Todes wegen darstellt.[14] Inwieweit ausländische Erbnachweise vom Grundbuchamt anzuerkennen sind, ist länderspezifisch zu entscheiden, insbesondere unter Beachtung staatsvertraglicher Regelungen.[15] Auch § 108 FamFG hat an der ständigen Rspr. nichts geändert, wonach ausländische Erbnachweise nicht anerkannt werden müssen für den Grundbuchverkehr.

Die Bescheinigung des Nachlassgerichts über die Annahmen des Amtes als Testa- 7
mentsvollstreckers genügt als formgerechter Nachweis im Grundbuchverfahren. Die Annahmeerklärung des Testamentsvollstreckers genügt als Nachweis darüber i.S.v. § 29 Abs. 1 S. 2 GBO, wenn die Bescheinigung des Nachlassgerichts über die bloße Eingangsbestätigung der Annahmeerklärung des Testamentsvollstreckers, die Rechtswirksamkeit der Annahme bezeugt.[16]

II. Prüfung der Formerfordernisse

Das Grundbuchamt hat zunächst die Formgültigkeit und dann auch den Inhalt der 8
Verfügung von Todes wegen zu prüfen.[17] Die Prüfung der **Formerfordernisse** hat sich dabei an den §§ 2231, 2249, 2250 BGB sowie dem BeurkG und dem KonsularG zu orientieren. Inhaltlich ist die Verfügung von Todes wegen vom Grundbuchamt selbstständig, rechtlich vollumfänglich zu prüfen. Ergeben sich für das Grundbuchamt bei der Prüfung des Inhalts der Verfügung ernsthafte Zweifel hinsichtlich des Erbrechts, kann das Grundbuchamt die Vorlage eines Erbscheins verlangen.[18]

Lediglich abstrakte Überlegungen hinsichtlich der Auslegungsmöglichkeiten einer 9
Verfügung von Todes wegen sind dazu jedoch nicht ausreichend.[19] Da das Grundbuchamt nach § 35 Abs. 1 Hs. 2 GBO eine **eigenständige Prüfungspflicht** hat, dürfte mit der h.M. einhergehend die Pflicht des Grundbuchamts bejaht werden, dass dieses zwar keine eigenen Ermittlungen zur Auslegung einer Verfügung von Todes wegen vornehmen, jedoch sämtliche ihm zur Entscheidungsfindung zugänglichen öffentlichen Urkunden beiziehen muss; dies schließt insbesondere auch die Nachlassakten mit ein.[20] Nur wenn das Grundbuchamt konkrete Zweifel tatsächlicher Art an der letztwilligen Verfügung hat, kann es einen Erbschein als Nachweis der Erbfolge verlangen.[21] Hat das zuständige Nachlassgericht bereits eine Feststellung hinsichtlich des Erbrechts getroffen, ist das zuständige Grundbuchamt nicht mehr berechtigt, eine abweichende Erbfolge in das Grundbuch einzutragen.[22] Enthält ein Erbvertrag ein

---

13 *Schöner/Stöber*, Grundbuchrecht, Rn 786; LG Saarbrücken ZErb 2000, 244.
14 Grüneberg/*Weidlich*, § 2251 Rn 1.
15 *Gottwald*, ZEV 1997, 217, 219; *Geimer*, in: FS Ferid, S. 89, 113.
16 OLG München, Beschl. 24.9.2024, BWNotZ 2024, 436.
17 *Demharter*, Grundbuchordnung, § 35 Rn 39; *Schöner/Stöber*, Grundbuchrecht, Rn 787.
18 OLG Hamm ZEV 2001, 403; OLG Köln ZEV 2000, 232; OLG Hamm ZEV 1997, 206.
19 JMBl NRW 1963, 180.
20 *Demharter*, Grundbuchordnung, § 35 Rn 42; *Schöner/Stöber*, Grundbuchrecht, Rn 789.
21 LG Aschaffenburg ZEV 2009, 577 ff.
22 *Demharter*, Grundbuchordnung, § 35 Rn 42; *Schöner/Stöber*, Grundbuchrecht, Rn 788.

Rücktrittsrecht, hat das Grundbuchamt das Recht, eine eidesstattliche Versicherung vom Antragsteller, der eine Grundbuchberichtigung beantragt, über die Tatsache zu verlangen, dass das Rücktrittsrecht nicht ausgeübt wurde. Die h.M. lässt eine eidesstattliche Versicherung auch über eine sog. negative Tatsache zu.[23] Das Grundbuchamt ist also in den Fällen, in denen das Nachlassgericht eine eidesstattliche Versicherung verlangen kann, gleichfalls berechtigt, eine solche zu verlangen.[24] Dies gilt auch für den Fall, dass die Verwirkung des Erbrechts ausdrücklich nur mit der Geltendmachung des Pflichtteils entstehen kann.[25]

10 Selbiges gilt auch, wenn das Grundbuchamt an der Verfügungsbefugnis des Testamentsvollstreckers Zweifel hat.[26] Ist dem Grundbuch ein Nachlassgerichtliches Verfahren bekannt, in dem es um die Frage der Testierfähigkeit des Erblassers geht, dann kann es zum Nachweis der Verfügungsbefugnis des Testamentsvollstreckers nach § 35 Abs. 2 Hs. 2 i.V.m. Abs. 1 S. 2 Hs. 2 GBO ein Testamentsvollstreckerzeugnis oder Europäisches Nachlasszeugnis verlangen, wenn sich bei der Prüfung der Verfügung von Todes wegen Zweifel tatsächlicher Art ergeben, die nur durch weitere Ermittlungen über den Willen des Erblassers oder über die tatsächlichen Verhältnisse geklärt werden können. Verneint das Nachlassgericht die Erteilung des Erbscheins mit einer von dem Testament abweichenden Erbfolge, weil es das Testament für wirksam hält, kommt dieser Entscheidung zwar nicht der öffentliche Glaube zu, der dem Erbschein nach den §§ 2366, 2367, 2368 S. 2 Hs. 1 BGB beiwohnt; die Entscheidung entfaltet keine unmittelbare Bindungswirkung für das Grundbuchverfahren.

11 Regelmäßig werden die Zweifel an der Testierfähigkeit aber auch für das Grundbuchamt ausgeräumt sein und kann die Eintragung auf der Grundlage der letztwilligen Verfügung vorgenommen werden (§ 35 Abs. 1 S. 2 Hs. 1 GBO). Erteilt das Nachlassgericht den Erbschein hingegen abweichend von dem Testament, weil es dieses für unwirksam hält, entfaltet die Entscheidung jedenfalls Tatbestandswirkung für das Grundbuchverfahren.[27]

III. Weitere Nachweismöglichkeiten

12 Eine Erleichterung hinsichtlich der Nachweise der Erbfolge stellt § 35 Abs. 3 GBO dar, wonach es dem Grundbuchamt erlaubt ist, von den unter § 35 Abs. 1 u. 2 GBO vorgegebenen Nachweisen abzuweichen, sofern der Grundstückswert nicht höher ist als 3.000 EUR und die Beschaffung der Erbfolgenachweise unverhältnismäßig schwierig und kostenintensiv wäre. Das Grundbuchamt kann sich für diesen Fall mit dem Mittel der Versicherung an Eides Statt zufriedengeben.[28]

13 Das sog. **Überweisungszeugnis** nach §§ 36, 37 GBO stellt eine weitere erleichterte Möglichkeit der Eintragung der Erbfolge im Grundbuch, insbesondere für das Grundbuchamt, dar. Es dient dazu, Erben- und Gütergemeinschaften leichter auseinandersetzen zu können.[29] Lediglich die Eintragung eines der Beteiligten einer Erben- oder Gütergemeinschaft kann auf der Grundlage eines Überweisungszeugnisses nach § 36 GBO erfolgen, nicht hingegen die Eintragung eines fremden Dritten oder die Eintra-

---

23 MüKo/*Grziwotz*, § 2353 Rn 46.

24 OLG München, Beschl. v. 3.11.2011, ZErb 2012, 22 ff.

25 OLG Frankfurt, Beschl. v. 17.1.2013 – 20 W 413/12, BWNotZ 2013, 32.

26 BGH (V. Zivilsenat), Beschl. v. 19.10.2023 – V ZB 8/23; OLG Frankfurt a.M., Beschl. v. 30.1.2023 – 20 W 171/21; DNotZ 2024, 138; FamRZ, 2024.

27 Bauer/Schaub/*Bauer*, GBO, § 13 Rn 90 m.w.N.

28 *Demharter*, Grundbuchordnung, § 35 Rn 5; *Schöner/Stöber*, Grundbuchrecht, Rn 801.

29 *Krätzschel/Falkner/Döbereiner*, Nachlassrecht, § 40 Rn 42; *Demharter*, Grundbuchordnung, §§ 36, 37 Rn 1.

gung der Gesamthandsgemeinschaft insgesamt.[30] **Zuständig** für die Erteilung eines Überweisungszeugnisses ist aber das Nachlass- oder Auseinandersetzungsgericht. Das Nachlassgericht ist zuständig, sofern es sich um die Auseinandersetzung eines Nachlasses handelt, das Auseinandersetzungsgericht ist für die Auseinandersetzung einer Gütergemeinschaft zuständig nach § 373 FamFG.[31] Abweichend ist in Bayern auch der Notar zuständig, der die Auseinandersetzung herbeigeführt hat (Art. 39 AGGVG, § 20 Abs. 4 BNotO). Inhaltlich hat das zuständige Nachlass- oder Auseinandersetzungsgericht nach § 373 Abs. 2 FamFG, § 36 Abs. 2 GBO zu prüfen, ob die Voraussetzungen der Erteilung eines Erbscheins vorliegen, ferner auch, ob eine Gütergemeinschaft durch eine öffentliche Urkunde nachgewiesen wurde. Dabei ist auch zu prüfen, ob die notwendige Erklärung nach § 20 GBO vorliegt, aus der hervorgeht, dass die Parteien einer Erben- oder Gütergemeinschaft sich tatsächlich über die Rechtsänderung im Grundbuch geeinigt haben.[32] Die **Form** des § 29 GBO ist dabei zu beachten. Das Überweisungszeugnis ist auch in kostenrechtlicher Hinsicht vorteilhaft nach § 41 GNotKG, da die **Gebühren** niedriger sind als bei einem Erbscheinsverfahren.

IV. Sonstige Nachweise des Erbrechts/Bankverkehr

Das **Heimstättenfolgezeugnis** als Nachweis der Heimstättennachfolge im Wege der 14
Sondererbfolge diente bis zum 1.10.1993 zur Eintragung im Grundbuch.[33] Der Erbschein als gesetzliches Zeugnis über das Erbrecht ist in der Praxis folgerichtig auch der anerkannte Nachweis des Erbrechts. Da das Erbscheinsverfahren aber häufig längere Zeit in Anspruch nimmt, kann es empfehlenswert sein, darauf zu verzichten, einen Erbschein zu beantragen. Gerade bei Nachlassgegenständen, die einer raschen Verfügungsgewalt bedürfen, um ggf. notwendige Verfügungen kurzfristig treffen zu können, wie dies bei Wertpapieren häufig der Fall sein kann, ist der anderweitige Nachweis des Erbrechts grundsätzlich vorzuziehen.[34] Insbesondere Banken müssen sich auch mit dem Nachweis des Erbrechts durch die Vorlage einer beglaubigten Ablichtung einer letztwilligen Verfügung und dem **Eröffnungsprotokoll** begnügen gemäß Nr. 5 AGB-Banken.[35] Der Erbe sollte gerade auch aus Kostengründen der Bank gegenüber versuchen, seine Rechtsnachfolge möglichst ohne Erbschein durchzusetzen. Lässt sich die Erbfolge rechtlich einfach durch die Vorlage eines Testaments und des Nachweises, dass keine weiteren Erben vorhanden sind, führen, muss auch die Bank auf die Vorlage eines Erbscheins verzichten.[36] Die früher von Banken verwandte Klausel nach Nr. 5 Abs. 1 AGB-Sparkassen war zu weitgehend. Grundsätzlich hat zwar eine Bank nach Eintritt des Nachlassfalls ein Interesse daran, nicht doppelt in Anspruch genommen zu werden (vom Scheinerben wie vom eigentlichen Erben), jedoch war die frühere Fassung der Klausel Nr. 5 Abs. 1 AGB-Sparkassen zu weitgehend, wonach ohne jeglichen Einschränkungen immer die Vorlage eines Erbscheins verlangt werden konnte.[37] Vorrangig sind nunmehr die Interessen des eigentlichen Erben zu berücksichtigen, so dass dieser nicht in jedem Fall zur Vorlage eines Erbscheins verpflichtet werden kann. Gelangt eine Bank (Sparkasse) zu der Ansicht, dass ausländisches Recht auf einen bestimmten Erbfall anzuwenden ist, kann sie sich auch zum Nachweis des Erbrechts anderweitige ausländische Urkunden vorlegen lassen gemäß

30 Vgl. *Krätzschel/Falkner/Döbereiner*, Nachlassrecht, § 40 Rn 42.
31 Bumiller/Harders/Schwamb/*Harders*, FamFG, § 373.
32 *Demharter*, Grundbuchordnung, §§ 36, 37 Rn 11.
33 *Krätzschel/Falkner/Döbereiner*, Nachlassrecht, § 40 Rn 52; Soergel/*Zimmermann*, Vor § 2353 Rn 8.
34 *Naujok*, ZEV 2003, 94 ff.; *Ott-Eulberg/Schebesta/Bartsch*, Erbrecht und Banken, S. 9 ff.
35 Grüneberg/*Weidlich*, Vor § 2353 Rn 5; *Schimansky/Bunte/Lwowski*, BankrechtsHB, § 10 Rn 7.
36 *Ott-Eulberg/Schebesta/Bartsch*, Erbrecht und Banken, S. 13.
37 BGH, Urt. v. 8.10.2013 – XI ZR 401/12; *Werkmüller*, ZEV 2014, 41 ff.

Nr. 5 AGB-Banken, Nr. 5 Abs. 3 AGB-Sparkassen, immer jedoch mit dem Risiko verbunden, dass sie an einen Nichtberechtigten leistet, ohne von ihrer Verbindlichkeit befreit zu werden.[38] Dies trifft jedoch nur zu, sofern der Erbfall nicht nach der EuErbVO abgehandelt wird.

D. Erbrechtsnachweis im ausländischen Recht/EuErbVO

I. Ausländische Rechtsordnungen

15 Die Legitimationsnachweise eines Erben sind in vielen Rechtsordnungen ganz unterschiedlich geregelt. Auch in Europa sind die Unterschiede ganz erheblich. Das **österreichische Recht** setzt positiv nach §§ 797–799 AGBGB, §§ 116 ff. AußStrG zunächst einmal voraus, dass eine sog. Erberklärung abgegeben wird, der Erbe also erklärt, dass er die Erbschaft annimmt; zeitgleich oder später muss der sog. Erbrechtsausweis erfolgen, der Erbe also nachweisen, worauf er sein Erbrecht stützt.[39] Ähnlich dem deutschen Erbrecht hat der Nachweis des gesetzlichen Erbrechts über Standesurkunden, also Geburtsurkunden, Heiratsurkunden und dergleichen zu erfolgen. Der berufene Erbe hat ein entsprechendes formgültiges Testament nachzuweisen.[40] Das **schweizerische Recht** geht wie das deutsche Recht davon aus, dass der Erbe nahtlos in die Rechtsstellung des Erblassers mit dessen Tod eintritt.[41] Auch das Erbrecht der Schweiz sieht eine dem deutschen Erbschein vergleichbare Form des Erbausweises vor, nämlich eine Erbbescheinigung.[42] Die Stellung des eingesetzten Erben ist jedoch hinsichtlich des Nachweises über die Erbbescheinigung schwächer ausgestaltet als im deutschen Recht. Der schweizerische Gesetzgeber bevorzugt insofern die gesetzlichen Erben. Vieles ist dabei rechtlich bis dato noch nicht abschließend geklärt. Eine Erbbescheinigung nach schweizerischem Recht wird jedoch für das deutsche Grundbuch nicht als ausreichender Erbnachweis akzeptiert.[43] Hingegen wird für das schweizerische Grundbuch sowohl der deutsche Erbschein als auch ein in öffentlicher Form errichtetes Testament nebst Eröffnungsprotokoll als genügender Nachweis akzeptiert.[44] Der Erbennachweis in den **Niederlanden** wird ebenfalls nicht über einen dem deutschen Erbrecht vergleichbaren Erbschein geführt. Die sog. verklaring van erfrecht nach Art 4: 188 NBW ist nicht mit einer dem § 2365 BGB vergleichbaren Rechtsvermutung ausgestattet.[45]

16 Das **italienische Erbrecht** kennt ebenfalls keinen dem deutschen Erbrecht vergleichbaren Erbschein. Die Nachweisführung, wer Erbe geworden ist, kann aber in der Praxis durch einen sog. acte de notoriete vor einem öffentlichen Beamten abgegeben werden.[46] Einzig in den Teilgebieten von Südtirol, Triest und Görz, die bis zum I. Weltkrieg zu Österreich gehörten, gilt noch das damalige österreichische Grundbuchsystem, wonach die Gerichtsbehörden einen Erbschein erteilen können.

17 Der Nachweis des Erbrechts in **Frankreich** wird regional unterschiedlich durch zwei verschiedene Arten von Urkunden geführt. In den französischen Landesteilen, Haut

---

38 *Schimansky/Bunte/Lwowski*, BankrechtsHB, § 27 Rn 42.

39 Rummel/*Lukas/Geroldinger*, AGBGB-Kommentar, §§ 799, 800 Rn 1; *Ferid/Firsching/Dörner/Hausmann*, Bd. V Österreich, IX Rn 149; *v. Oertzen/Mondl*, ZEV 1997, 240 ff.

40 Lukas/*Geroldinger*, AGBGB-Kommentar, §§ 799, 800 Rn 20.

41 *Druey*, Grundriss des Erbrechts, § 4 Rn 1 ff.

42 *Druey*, Grundriss des Erbrechts, § 15 Rn 16.

43 LG Stuttgart ZEV 2009, 83 ff.; OLG Zweibrücken Rpfleger 1990, 121 ff.

44 www.bj.admin.ch; ausländische Erbfolgezeugnisse als Ausweis für Eintragungen im schweizerischen Grundbuch.

45 *Schimansky*, ZEV 2003, 149; *Ferid/Firsching/Dörner/Hausmann*, Bd. IV Niederlande, Vorbem. 23.

46 *Ferid/Firsching/Dörner/Hausmann*, Bd. III Italien, J I Rn 265 ff.; *Padovini*, ZfRV 2002, 207, 211; *Salaris*, ZEV 1995, 240, 241.

Rhin, Bas Rhin, Mosselle sowie Elsaß-Lothringen ist der deutsche Erbschein als sog. certification d'heriter als Besonderheit der wechselvollen Geschichte dieser Landesteile erhalten geblieben.[47] Die certification d'heriter entfaltet innerhalb der aufgeführten Landesteile die entsprechende Rechtskraft, gleich einem deutschen Erbschein. Im restlichen Staatsgebiet von Frankreich wird der Erbrechtsnachweis primär durch die sog. acte de notoriété geführt.[48] Einen ganz anderen Weg gehen die **Länder des common law**. Das Vermögen geht zunächst auf eine zwischenberechtigte Person über, den personal representative. Dieser legitimiert sich als executor durch einen grant of probate und als administrator durch einen letter of administration.[49]

II. Die EuErbVO

1. Allgemeines

18 Die **EuErbVO** trat mit Wirkung zum 17.8.2015 in Kraft. Da sich gemäß Art. 21 EuErbVO die Erbfolge nach dem Recht des gewöhnlichen Aufenthaltsortes im Todeszeitpunkt richtet (Erbstatut), kann ein Erblasser durch letztwillige Verfügung nach Art. 22 EuErbVO eine **Wahl des Erbstatuts** vornehmen. Er kann nach Art. 22 EuErbVO sein Heimatrecht wählen, also das Recht des Staates, dessen Staatsangehörigkeit er besitzt. Die EuErbVO findet auf alle Nachlassfälle in den Mitgliedstaaten der EU seit dem 17.8.2015 Anwendung, bis auf Irland, Dänemark und das Vereinigte Königreich, die der Verordnung nicht beigetreten sind. Bedeutendste Änderung gegenüber der früheren Rechtslage ist dabei, dass für die Frage des anwendbaren Erbrechts nicht mehr auf die Staatsangehörigkeit des Erblassers abgestellt wird, sondern darauf, wo der Erblasser nach Art. 21 Abs. 1 EuErbVO seinen **gewöhnlichen Aufenthalt** hatte.[50]

19 Die Ermittlung des gewöhnlichen Aufenthaltes kann im Einzelfall schwierig sein, insbesondere bei Personen, die zwischen verschiedenen Staaten pendeln und das Festmachen des gewöhnlichen Aufenthaltes an mehreren Orten in Betracht kommen kann. Ist ein Erblasser über viele Jahre beruflich im Ausland tätig und dort fest integriert, spielt auch ein späterer Rückkehrwille keine Rolle.[51]

20 Insbesondere von Bedeutung für die Abwicklung von Nachlässen ist dabei das **Europäische Nachlasszeugnis (ENZ)**. Dieses wird für alle Todesfälle seit dem 17.8.2015 auf Antrag ausgestellt (Art. 65 EuErbVO) und neben den nationalen Erbbescheinigungen, in Deutschland also neben dem Erbschein und dem Testamentsvollstreckerzeugnis, gemäß Art. 62 Abs. 3 EuErbVO erteilt. Gemäß Art. 62 Abs. 3 EuErbVO macht das ENZ, sobald es erteilt ist, den nationalen Erbnachweis entbehrlich. Das ENZ weist anders als der deutsche Erbschein gemäß Art. 63 Abs. 2 EuErbVO neben dem Erben auch den Testamentsvollstrecker und den Vermächtnisnehmer aus.

2. Zuständigkeit, Antrag, Inhalt und Wirkung des Europäischen Nachlasszeugnisses

a) Zuständigkeit

21 Für die Erteilung des ENZ sind gemäß Art. 64 Buchst. a EuErbVO Gerichte oder sonstige Institutionen i.S.d. Art. 3 Abs. 2 EuErbVO, oder gemäß Art. 64 Buchst. b EuErbVO eine Behörde, die nach innerstaatlichem Recht für Erbsachen zuständig ist, zuständig. In Deutschland sind also wie bisher die Nachlassgerichte zuständig.[52] Die

47 *Ferid/Firsching/Dörner/Hausmann*, Bd. II Frankreich, Rn 303, 22; *Schimansky/Bunte/Lwowski*, BankrechtsHB, § 27, Rn 42; *Gotthardt*, ZfRV 1991, 2 ff.
48 *Ferid/Firsching/Dörner/Hausmann*, Bd. II Frankreich, Rn 303.
49 Süß/*Worthmann*, Erbrecht in Europa, Irland Rn 165 ff.
50 *Lehmann*, ZEV 2012, 530.
51 OLG Frankfurt a.M., Beschl. v. 14.9.2020 – 21 W 59/20, MittBayNot 2022, 68.
52 *Buschbaum/Simon*, ZEV 2012, 526.

allgemeine Zuständigkeit des Gerichts bestimmt sich nach dem letzten gewöhnlichen Aufenthalt des Erblassers gemäß Art. 64 i.V.m. Art. 4 EuErbVO. Hat der Erblasser seinen letzten gewöhnlichen Aufenthalt außerhalb eines Mitgliedstaates gehabt, so sind nach Art. 10 EuErbVO die Gerichte des Mitgliedstaates zuständig, dessen Staatsangehörigkeit er hatte oder in dessen Gebiet er seinen gewöhnlichen Aufenthalt in den letzten fünf Jahren vor seinem Tod hatte. Die Zuständigkeitsregelungen der EuErbVO, also die §§ 4 ff. EuErbVO und damit auch § 10 EuErbVO, gehen dem nationalen Recht vor, so dass die internationale Zuständigkeit generell nicht mehr nach § 105 FamFG i.V.m. §§ 343 f. FamFG bestimmt werden kann.[53]

22 In Deutschland ist nach Art. 34 IntErbRVG i.V.m. Art. 64 EuErbVO das Nachlassgericht **örtlich** zuständig, in dessen Bezirk der Erblasser im Zeitpunkt seines Todes seinen gewöhnlichen Aufenthalt hatte. Ist der gewöhnliche Aufenthalt im Todeszeitpunkt nicht im Inland gewesen, ist das Amtsgericht zuständig, in dessen Bezirk der letzte gewöhnliche Aufenthalt im Inland lag; ist auch ein solcher nicht gegeben, ist das Amtsgericht Berlin-Schöneberg zuständig. Insofern verhält es sich entsprechend wie bei der Zuständigkeit für das Erbscheinsverfahren nach §§ 343 ff. FamFG.[54] Sachlich zuständig ist nach § 34 Abs. 4 IntErbRVG das Amtsgericht als Nachlassgericht.

b) Antragsberechtigung, notwendige Angaben

23 Der Antrag auf Erteilung eines ENZ kann nach Art. 65 Abs. 1 EuErbVO von jeder der in Art. 63 Abs. 1 EuErbVO genannten Personen gestellt werden. Dies sind die Erben, dinglich berechtigte Vermächtnisnehmer, Testamentsvollstrecker, Nachlassverwalter und Nachlasspfleger. Der Kreis der antragsberechtigten Personen ist also enger als bei der Beantragung eines deutschen Erbscheins, bei dem auch die Nachlassgläubiger antragsberechtigt sind. Der Nachlassinsolvenzverwalter ist auch nicht antragsberechtigt nach Art. 63 EuErbVO.

In dem Antrag auf Erteilung eines ENZ sind vom Antragsteller wesentlich umfangreichere Angaben zu machen als bei der Beantragung eines deutschen Erbscheins. Art. 65 Abs. 3 Buchst. a) bis m) EuErbVO verlangt dabei auch die Angabe des beabsichtigten Zwecks des Zeugnisses. Das ENZ soll also gerade **nicht erteilt werden**, wenn keine grenzüberschreitenden Zusammenhänge des Nachlasses vorhanden sind.

c) Inhalt

24 Der Inhalt des ENZ ist ebenfalls wesentlich umfangreicher als der eines nach deutschem Recht erteilten Erbscheins. Während ein Erbschein nach § 352b FamFG lediglich den Erblasser, den Erben, eine Vor- und Nacherbschaft sowie eine angeordnete Testamentsvollstreckung enthalten darf, sind die Angaben in einem ENZ deutlich umfangreicher. Das ENZ muss gemäß Art. 68 EuErbVO zum einen die genaue Bezeichnung der ausstellenden Behörde, des Aktenzeichens und die Umstände, aus denen die Ausstellungsbehörde ihre Zuständigkeit für die Ausstellung des Zeugnisses herleitet, enthalten, zum anderen aber auch detaillierte Angaben gemäß Art. 68 Buchst. e EuErbVO zum Antragsteller: Name (ggf. Geburtsname), Vorname(n), Geschlecht, Geburtsdatum und -ort, Personenstand, Staatsangehörigkeit, Identifikationsnummer (sofern vorhanden), Anschrift und etwaiges Verwandtschafts- oder Schwägerschaftsverhältnis zum Erblasser. Ebenso ist der Erblasser genau zu bezeichnen. Auch muss das ENZ gemäß Art. 68 Buchst. h EuErbVO Angaben zum Güterstand enthalten, aber nicht zum Güterrechtsstatut. Die nicht zwingende Angabe des Güterrechtsstatuts wirft in der Praxis Probleme auf, da das Güterrechtsstatut maßgeblich für das anzu-

---

53 Frankfurt a. M., Beschl. v. 14.8.2024 – 20 W 135/24 BeckRS 2024, 31451.

54 *Zimmermann*, Erbschein, Erbscheinsverfahren, ENZ, Q Rn 806.

wendende Recht ist.[55] Es stellt sich somit auch die Frage, inwieweit ein nach einem bestimmten Landesrecht abgeschlossener Ehevertrag, hinsichtlich der möglichen Auswirkungen auf das materielle Recht, von der das ENZ ausstellenden Behörde berücksichtigt wird. Zwar ist in Art. 1 EuErbVO geregelt, dass die EuErbVO nicht in die bestehenden nationalen güterrechtlichen Regelungen eingreift, jedoch stellt sich die Frage, wie die von Todes wegen zu beachtenden güterrechtlichen Wirkungen, wie dies bei § 1371 Abs. 1 BGB der Fall ist, im ENZ ausgewiesen werden sollen. Der EuGH hat nun entschieden, dass nur eine erbrechtliche Auswirkung im ENZ ausgewiesen werden soll, also nicht eine güterrechtliche Betrachtung auch erfolgen darf.[56] Ein Teil der Lit. und Rspr. hat dem sog. erbrechtlichen Viertel nach § 1371 Abs. 1 BGB eine güterrechtliche Qualifikation zugesprochen.[57] Die wohl h.M. geht von einer sowohl güter- als auch erbrechtlichen Qualifikation von § 1371 Abs. 1 BGB aus.[58] Die Diskussion, die sich bis zum 17.8.2015, dem Datum des Inkrafttretens der EuErbVO, rein auf die Fragen des Internationalen Privatrechts bezog, ist nun neu entbrannt anlässlich der Rechtsentwicklungen zur EuErbVO.

Das ENZ muss ferner das anzuwendende Recht nach Art. 68 Buchst. i EuErbVO 25
angeben und auch Angaben darüber enthalten, ob gemäß Art. 8 Buchst. j EuErbVO für die Rechtsnachfolge von Todes wegen die gewillkürte oder die gesetzliche Erbfolge gilt, einschließlich Angaben zu den Umständen, aus denen sich die Rechte und/oder Befugnisse der Erben, Vermächtnisnehmer, Testamentsvollstrecker oder Nachlassverwalter herleiten. Neben weiteren Angaben hat es gemäß Art. 68 Buchst. m EuErbVO darüber Angaben zu machen, ob eine dingliche Teilungsanordnung vom Erblasser getroffen wurde, und die Vermächtnisnehmer aufzuführen nach Art. 68 Buchst. n EuErbVO. Gemäß Art. 68 Buchst. o EuErbVO sind die Testamentsvollstrecker und der Nachlassverwalter jeweils mit dem Umfang ihrer Befugnisse aufzuführen.

d) Wirkung

Das ENZ dient dazu, grenzüberschreitende Nachlassfälle einfacher abwickeln zu kön- 26
nen, und stellt folglich einen weiteren Schritt in der Vereinheitlichung von europäischem Recht dar. Art. 63 Abs. 1 EuErbVO regelt, dass sich Erben, dingliche Vermächtnisnehmer, Testamentsvollstrecker und Nachlassverwalter unmittelbar durch das ENZ auf ihre Rechtsstellung berufen können. Neben den Erben werden auch die dinglichen Vermächtnisnehmer mit ihrer jeweiligen quotalen Beteiligung ausgewiesen gemäß Art. 63 Abs. 2 Buchst. a EuErbVO. Daneben wird in einem ENZ auch die Zuordnung eines bestimmten Vermögenswertes am Nachlass an bestimmte Erben oder Vermächtnisnehmer ausgewiesen, was beim Erbschein nach deutschem Recht gerade nicht möglich ist.[59]

Die Wirkung des ENZ kommt der des nach deutschem Erbrecht erteilten Erbscheins 27
nahe. Insbesondere der Gutglaubensschutz nach § 2366 BGB wird durch Art. 69 Abs. 2 EuErbVO geregelt, jedoch mit der Einschränkung, dass gemäß Nr. 71 der Erwägungsgründe auch noch beglaubigte Abschriften vorgelegt werden müssen. Diese sind jedoch nur für einen Zeitraum von sechs Monaten gemäß Art. 71 Abs. 3 EuErbVO gültig, was bei der häufig doch meist längeren Dauer der Abwicklung von Nachlässen

55 *Buchbaum/Simon*, ZEV 2012, 527 ff.

56 EuGH v. 1.3.2018 – C-558/16 (Aufnahme von Angaben zum Erbteil des überlebenden Ehegatten in das ENZ).

57 *Mankowski*, ZEV 2014, 121 ff.

58 OLG Düsseldorf v. 3.8.1987 – 3 Wx 207/87.

59 Dutta/Weber/*Fornasier*, Internationales Erbrecht, 2. Aufl. 2021, Art. 63 EuErbVO Rn 34.

in der Praxis zu Problemen führen kann.[60] Es gibt ausländische Rechtsgrundlagen, wie dies beispielsweise im italienischen Erbrecht der Fall ist, wonach Vermächtnisse eine dingliche Wirkung haben können,[61] während das deutsche Erbrecht nur das schuldrechtliche Vermächtnis kennt. Gleich muss im Zuge der EuErbVO auch ein nach italienischem Recht erteiltes Vermächtnis auf Basis eines europäischen Nachlasszeugnis unmittelbar zum Grundbuch vollzogen werden.[62]

28 Das ENZ besitzt volle Beweiskraft, stellt aber keinen vollstreckbaren Titel dar. Es enthält die Vermutungswirkung, dass das ausgewiesene Erbrecht korrekt festgestellt wurde. Im Rechtsverkehr darf ein Dritter darauf vertrauen, dass der im ENZ ausgewiesene Erbe, dingliche Vermächtnisnehmer, Testamentsvollstrecker oder Nachlassverwalter berechtigt ist, über den Nachlass oder einen bestimmten Vermögenswert des Nachlasses zu verfügen, sofern er nicht nach Art. 68 Abs. 3 und 4 EuErbVO die Unrichtigkeit des Zeugnisses kannte.

29 Gemäß Nr. 69 der Erwägungsgründe soll die Verwendung des Zeugnisses nicht verpflichtend sein. Berechtigte Personen können also das ENZ beantragen, sind aber nicht dazu verpflichtet; vielmehr können sie wie früher die anderen nach dieser Verordnung zur Verfügung stehenden Instrumente (Entscheidung, öffentliche Urkunde und gerichtlicher Vergleich) verwenden. Entscheidend für die Umsetzung der EuErbVO und damit auch die einheitliche Rechtsanwendung ist jedoch, dass eine Behörde oder Person, der ein in einem anderen Mitgliedstaat ausgestelltes Zeugnis vorgelegt wird, nicht verlangen kann, dass statt des Zeugnisses eine Entscheidung, eine öffentliche Urkunde oder ein gerichtlicher Vergleich vorgelegt wird.

§ 2353 Zuständigkeit des Nachlassgerichts, Antrag

Das Nachlassgericht hat dem Erben auf Antrag ein Zeugnis über sein Erbrecht und, wenn er nur zu einem Teil der Erbschaft berufen ist, über die Größe des Erbteils zu erteilen (Erbschein).

Übersicht: Rdn

60 *Vollmer*, ZErb 2012, 233.
61 *Ferid/Firsching/Dörner/Hausmann*, Internationales Erbrecht, Italien Rn 670.
62 KG 22.9.2022 – 1 W 348/22, ErbR 2023/304.

A. Begriff und Bedeutung des Erbscheins

1 Der Erbschein dient als Zeugnis über die Erfolge. Er dokumentiert die Erbberechtigung und den Anteil des jeweiligen Erben am Nachlass; hingegen dürfen in den Erbschein keine Angaben über konkrete einzelne Gegenstände des Nachlasses aufgenommen werden. Ebenso dürfen im Erbschein keine Angaben über vorhandene Verbindlichkeiten verzeichnet werden.[1] Die wichtigste Aufgabe des Erbscheins ist dessen Klarstellungsfunktion gegenüber Dritten, wonach der im Erbschein benannte Erbe durch den Erbschein tatsächlich als Rechtsnachfolger ausgewiesen wird.[2] Die **Rechtsvermutung** gem. § 2365 BGB für die Richtigkeit und Vollständigkeit seines Inhalts verdeutlicht die Funktion des Erbscheins als Legitimationspapier des Erben. Dem ausstellenden Nachlassgericht fällt deshalb ein hohes Maß an Verantwortung für die Überprüfung der Angaben des Erbscheinsantragstellers zu, da der Erbschein öffentlichen Glauben genießt und damit dem Grundbuch gleichgestellt ist.[3]

2 Dem Rechtsverkehr wird durch den ausgestellten **Erbschein** dokumentiert, dass das Nachlassgericht im Zuge seiner Ermittlungen zu dem amtlichen Ergebnis gekommen ist, dass der in dem Erbschein ausgewiesene Erbe tatsächlich Rechtsnachfolger des Verstorbenen geworden ist, ggf. mit den im Erbschein versehenen Einschränkungen.[4]

3 Der Erbschein dient dem Verkehrsschutz und ist durch die Ausstellung durch das Nachlassgericht auch öffentliche Urkunde i.S.v. §§ 415 ff. ZPO. Als **öffentliche Urkunde** bescheinigt er die rechtlichen Verhältnisse nach dem Tode des Erblassers und die durch ihn u.U. verfügten Beschränkungen des Erben.[5] Über die tatsächlichen Verhältnisse des Nachlasses darf im Erbschein nichts aufgenommen werden.

B. Inhalt des Erbscheins

I. Zeugnis der Erbfolge

4 Der Inhalt des Erbscheins soll die konkrete Erbfolge mit oder ohne Beschränkungen durch den Erblasser bezeugen. Durch den Erbschein als amtliches Zeugnis über das Erbrecht wird dem Erben der Nachlass zugeordnet. Es wird dem oder den Erben bescheinigt, dass er/sie Erbe/n eines bestimmten Erblassers, also dessen Rechtsnachfolger, geworden ist/sind. Der Erblasser ist mit Vor- und Nachname, Geburts- und

---

1 MüKo/*Grziwotz*, § 2353 Rn 1.
2 Soergel/*Zimmermann*, § 2353 Rn 1.
3 *Lange/Kuchinke*, § 39 Rn 1; MüKo/*Grziwotz*, § 2353 Rn 1.
4 Soergel/*Zimmermann*, § 2353 Rn 1.
5 MüKo/*Grziwotz*, § 2353 Rn 6.

Sterbedatum und letztem Wohnsitz zu bezeichnen, ebenso der Erbe.[6] Die Erbfolge ist eindeutig anzugeben. Als Sonderform dazu bestimmt § 352a FamFG früher (§ 2357 BGB) den gemeinschaftlichen Erbschein für die Erbengemeinschaft auf einen bestimmten Antrag hin.[7]

II. Berufungsgrund

5 Ein Berufungsgrund ist nicht in den **Erbschein** aufzunehmen. Außer in den Fällen, in denen der Erbe aus verschiedenen Gründen berufen ist und falls dies zur Klarstellung hinsichtlich des Umfangs oder einer Beschränkung des Erbrechts notwendig ist, kann es notwendig sein, den Berufungsgrund aufzunehmen.[8] Durch den Erbschein wird lediglich das Erbrecht als solches bezeugt. Der **Berufungsgrund**, ob durch Gesetz oder Verfügung von Todes wegen, ist deshalb unerheblich und auch nicht aufzuführen, außer in den vorgenannten Fällen.[9] Die Aufführung eines Berufungsgrundes in einem konkreten Fall, obgleich dies nicht erforderlich wäre, birgt eher für den berechtigten Erben die Gefahr, dass durch die unrichtige Angabe des Berufungsgrundes der Erbschein unrichtig wird. Anders verhält es sich beim **Erbscheinsantrag**, dort ist gerade der Berufungsgrund anzugeben.[10]

III. Umfang des Erbrechts

6 Inhaltlich hat der Erbschein genau zu bezeichnen, welchen Umfang der Erbe am Nachlass hat. Dies bezieht sich jedoch bei einer Mehrheit von Erben lediglich auf eine bestimmte Quote am Gesamtnachlass. Konkret wird dies durch den gemeinschaftlichen Erbschein ausgedrückt, der nach § 352a FamFG (früher § 2357 Abs. 2 BGB) ausdrücklich den Erbteil, also die Quote des einzelnen Miterben am Nachlass, bezeichnen soll.[11] Ein Erbschein ohne Angabe der exakten Quoten ist dann zulässig, sofern die Erben feststehen. Die Erteilung eines vorläufigen gemeinschaftlichen Erbscheins ohne Quote ist nach wohl h.M. zulässig, sofern die Quotenbestimmung noch von der Konkretisierung und Bewertung der Nachlassgegenstände abhängig ist.[12] Eine Wertangabe bzgl. des Nachlasses oder die Aufnahme von Gegenständen des Nachlasses in den Erbschein ist jedoch unzulässig.[13]

IV. Beschränkungen des Erbrechts

7 Ein Erbschein muss die Rechtslage im Todeszeitpunkt wiedergeben, also die Rechtsnachfolge nach dem Tode des Erblassers. Da diese Rechtsnachfolge aber durch Verfügung von Todes wegen durch den Erblasser einschränkbar ist, nämlich durch die Verfügung, dass lediglich eine Vor- und Nacherbschaft oder eine Testamentsvollstreckung angeordnet wurde, ist es unverzichtbar, diese Beschränkungen, wie sich dies auch aus § 352b FamFG (früher §§ 2363, 2364 BGB) ergibt, in dem Erbschein zu vermerken.[14]

1. Vor- und Nacherbfolge/Ersatzerbeneinsetzung für den Nacherben

8 Der Erblasser kann durch eine Verfügung von Todes wegen eine sog. Vor- und Nacherbschaft anordnen. Häufig kann sich eine solche Anordnung auch durch eine entspre-

6 Soergel/*Zimmermann*, § 2353 Rn 41; zu weit gehende Angaben *Lange/Kuchinke*, § 39 V Rn 1.
7 MüKo/*Grziwotz*, § 2353 Rn 11.
8 MüKo/*Grziwotz*, § 2353 Rn 25.
9 Soergel/*Zimmermann*, § 2353 Rn 41.
10 Soergel/*Zimmermann*, § 2353 Rn 41.
11 Soergel/*Zimmermann*, § 2353 Rn 42.
12 *Brox/Walker*, Erbrecht, Rn 586; *Lange/Kuchinke*, § 39 IV 2; *Gerken*, ZErb 2007, 38.
13 BayObLG FamRZ 1998, 1262.
14 *Lange/Kuchinke*, § 39 V Rn 2; *Köster*, Rpfleger 2000, 92 ff.

chende Auslegung der letztwilligen Verfügung von Todes wegen ergeben, wobei auf die Kommentierung der §§ 2100 ff. BGB verwiesen sei. Da eine Nacherbenanordnung den Vorerben erheblich in seiner Verfügungsmacht einschränken kann, ist diese Anordnung im Erbschein zu vermerken. Es hat ein sog. **Nacherbenvermerk** zu erfolgen. Ein Vermerk von Ersatznacherben hat ebenfalls bereits im Erbschein des Vorerben zu erfolgen; diese heute überwiegende Meinung dürfte auch dem Verkehrsschutz, dem Vorerben und den Ersatznacherben gerecht werden.[15] Wurde vom Erblasser kein Ersatznacherbe benannt oder lässt sich ein solcher auch nicht durch eine entsprechende Auslegung ermitteln, so ist die Anwartschaft des Nacherben im Zweifel vererblich gem. § 2108 BGB.[16] Zur Abgrenzungsproblematik zwischen § 2069 u. § 2108 BGB vgl. im Einzelnen die dortigen Kommentierungen.

Die Frage, ob auch ein **Vermerk** aufzunehmen ist, wonach gerade kein Ersatzerbe 9
vom Erblasser bestimmt wurde, ist wohl mit der h.M. zu verneinen.[17] Es dürfte für den Rechtsverkehr genügen, wenn lediglich für den Fall, dass der Erblasser gerade keine Vererblichkeit wünschte, dieses vermerkt wird. Der Erbschein des Vorerben ist nach dessen Tod einzuziehen, da dieser Erbschein durch den Eintritt des Todes des Vorerben unrichtig wird.

2. Testamentsvollstreckung

Die Anordnung einer Testamentsvollstreckung stellt eine erhebliche Einschränkung 10
für den Erben dar. Deshalb ist sie nach § 352b Abs. 2 FamFG im Erbschein zu vermerken.[18] Auf das Testamentsvollstreckerzeugnis finden nach § 2368 BGB die Regelungen des Erbscheins (§§ 2353 ff. BGB) entsprechende Anwendung.[19] Das **Testamentsvollstreckerzeugnis** genießt grds. öffentlichen Glauben und es gilt die Rechtsvermutung des § 2365 BGB, wonach dem Testamentsvollstrecker die Befugnis der Testamentsvollstreckung über den Nachlass oder Teile davon zusteht, und dass er nicht durch andere als in dem Zeugnis angegebene Anordnungen beschränkt ist.

3. Weitere Verfügungsbeschränkungen

Beschränkungen des Erben können sich auch dadurch ergeben, dass sich im Nachlass 11
bspw. ein Grundstück befindet, welches im **Ausland** liegt. Soll für diesen Fall der Erbschein nur für das Inland geltend, ist das gesondert zu vermerken. Dies ist auch unter Kostengesichtspunkten von Bedeutung, da dann für den Erbschein nur die sich im Inland befindlichen Vermögenswerte zugrunde gelegt werden nach § 40 Abs. 3 GNotKG.[20]

Die Frage, ob durch das Weglassen eines von der Rechtslage gebotenen Geltungsver- 12
merks, also gerade für den Fall der **Nachlassspaltung**, ein Erbschein unrichtig ist und insofern eingezogen werden müsste, ist streitig. Konsequenterweise ist nach der Rspr. und h.M ein Erbschein ohne entsprechenden Geltungsvermerk als unrichtig einzuziehen.[21] Denn ansonsten ergibt sich für den Rechtsverkehr der Eindruck eines unbe-

15 Vgl. hierzu Soergel/*Zimmermann*, § 2363 Rn 8; MüKo/*Grziwotz*, § 2363 Rn 13; *Köster*, Rpfleger 2000, 94.

16 Soergel/*Zimmermann*, § 2363 Rn 8.

17 Soergel/*Zimmermann*, § 2363 Rn 8; *Köster*, Rpfleger 2000, 94; MüKo/*Grziwotz*, § 2363 Rn 13.

18 Soergel/*Zimmermann*, § 2353 Rn 44; Grüneberg/*Weidlich*, § 2353 Rn 3.

19 *Krätzschel/Falkner/Döbereiner*, Nachlassrecht, § 19 Rn 48.

20 *Kroiß/Horn*, Erbrecht, § 2353 Rn 50.

21 MüKo/*Grziwotz*, § 2353 Rn 27; BayObLG NJW 1960, 775, 777; BayObLG FamRZ 1997, 318, 320; einschränkend *Johnen*, MittRhNotK 1986, 71 ff.; a.A. *Weithase*, Rpfleger 1985, 267; *Müller-Rottach*, BWNotZ 1991, 119.

schränkt für das gesamte Vermögen gültigen Erbscheins, und dies sollte gerade i.S.d. § 2365 BGB vermieden werden.

4. Unzulässige Vermerke

13 Jegliche sonstige den Erben betreffende Beschränkungen, wie **Pflichtteilsansprüche**, **Voraus**, Dreißigster, Vermächtnisse, Auflagen, Teilungsanordnungen, ein Ausschluss der Auseinandersetzung oder eine Nachlassverwaltung, eine Nachlassinsolvenz, Rechtsstreitigkeiten über den Nachlass, Vergleiche den Nachlass betreffend, sind in den Erbschein **nicht** mit aufzunehmen.[22] Wird trotzdem eine solche schuldrechtliche Beschränkung des Erben in den Erbschein aufgenommen, ist dies unerheblich, da es sich lediglich um schuldrechtliche Beschränkungen handelt, die keine Ansprüche i.S.d. eigentlichen Erbrechts darstellen, sondern in Form von schuldrechtlicher Natur gegen den Erben gerichtet sind.[23]

C. Verfahrensrecht

I. Zuständigkeit

1. Sachliche Zuständigkeit

14 Sachlich ist das Amtsgericht als Nachlassgericht nach § 2353 i.V.m § 23a GVG, § 342 Abs. 1 Nr. 6 FamFG zuständig. Funktionell ist die Erteilung des Erbscheins Aufgabe des Rechtspflegers nach § 3 Nr. 2 Buchst. c RPflG. Vorbehaltlich § 16 Abs. 1 Nr. 6 RPflG, wonach die Erteilung des Erbscheins dem **Richter vorbehalten** ist, sofern eine Verfügung von Todes wegen vorliegt, also in allen Fällen einer **gewillkürten Erbfolge**, oder sofern ausländisches Recht zur Anwendung kommt. Ferner ist dem Richter auch die Erteilung eines Testamentsvollstreckerzeugnisses nach § 2368 BGB vorbehalten, wie auch die Erteilung eines gegenständlich beschränkten Erbscheins nach § 352c FamFG.[24] Für die Erteilung eines Europäischen Nachlasszeugnisses (ENZ) ist nach § 16 Abs. 2 RPflG der Richter zuständig, sofern eine letztwillige Verfügung von Todes wegen vorliegt oder die Anwendung ausländischen Rechts in Betracht kommt. In den besonderen Fällen des § 16 Abs. 3 RPflG ist es dem Richter erlaubt, die Erteilung des Erbscheins, eines ENZ, eines Zeugnisses nach §§ 36 und 37 GBO oder nach §§ 42, 74 SchiffsRegO, sofern trotz Vorliegens einer letztwilligen Verfügung von Todes wegen gesetzliche Erbfolge Anwendung findet und deutsches Recht zur Anwendung gelangt, auf den Rechtspfleger zu übertragen. Der Rechtspfleger ist dabei an die Rechtsauffassung des Richters gebunden. Der **Rechtspfleger** ist also insbesondere in den Fällen zuständig, in denen die gesetzliche Erbfolge zur Anwendung gelangt oder der Richter ihm die Erteilung des Erbscheins übertragen hat, weil keine wirksame Verfügung von Todes wegen vorlag. Im Einzelfall hat der Richter aber zu klären, ob eine wirksame Verfügung von Todes wegen vorliegt; bejaht er dies und gelangt trotzdem die gesetzliche Erbfolge zur Anwendung, kann der Richter die Erteilung des Erbscheins auf den Rechtspfleger übertragen, sofern deutsches Erbrecht anzuwenden ist (im Einzelnen aber str).[25]

---

22 Soergel/*Zimmermann*, § 2353 Rn 46; *Krätzschel/Falkner/Döbereiner*, Nachlassrecht, § 38 Rn 115; MüKo/*Grizwotz*, § 2353 Rn 38, der jedoch das Vorausvermächtnis in den Erbschein aufzunehmen empfiehlt.

23 Vgl. Soergel/*Zimmermann*, § 2353 Rn 46; MüKo/*Grziwotz*, § 2353 Rn 38.

24 *Krätzschel/Falkner/Döbereiner*, Nachlassrecht, § 38 Rn 16.

25 Grüneberg/*Weidlich*, § 2353 Rn 17.

2. Örtliche Zuständigkeit

Die örtliche Zuständigkeit ist in § 343 FamFG geregelt. Maßgeblich ist dabei der gewöhnliche **Aufenthaltsort** des Verstorbenen im Inland im Todeszeitpunkt,[26] wobei sich jedoch durch sich verändernde Wohnformen im Alter sowie z.B. durch den Aufenthalt in einem Hospiz Abgrenzungsprobleme stellen können.[27] Für den Fall, dass der Erblasser im **Inland keinen gewöhnlichen Aufenthaltsort hatte**, ist das Nachlassgericht zuständig, in dessen Bezirk er seinen letzten Aufenthaltsort hatte. Verstirbt ein Erblasser, der mehrere Wohnsitze in Deutschland hatte, ist dasjenige Gericht zuständig gem. § 2 Abs. 1 FamFG, welches in der Sache als erstes tätig wurde. In den Fällen, in denen am Sitz des zuständigen Nachlassgerichts die deutsche Gerichtsbarkeit nicht mehr ausgeübt wird (Gebiete östlich der Oder-Neiße-Grenze), ist jedes Nachlassgericht zuständig, in dessen Bezirk sich Nachlassgegenstände befinden. Lässt sich dies nicht ermitteln, ist das AG Berlin-Schöneberg zuständig.[28] Lässt sich der gewöhnliche Aufenthaltsort im Inland nicht ermitteln, so ist der letzte gewöhnliche Aufenthaltsort im Inland nach § 343 Abs. 2 FamFG maßgeblich. Ist der Erblasser verstorben, ohne dass sein gewöhnlicher Aufenthaltsort in Deutschland lag und hat er Nachlassgegenstände im Inland hinterlassen, so ist nach § 343 Abs. 3 FamFG das AG Berlin-Schöneberg zuständig. 15

3. Interlokale Zuständigkeit

Interlokale Zuständigkeitsfragen stellen sich in Deutschland lediglich für das Gebiet der ehemaligen DDR vor der Wiedervereinigung.[29] Nach dem Vollzug der Wiedervereinigung ist die Frage der örtlichen Zuständigkeit ausschließlich nach Maßgabe des § 343 Abs. 1 FamFG zu bestimmen, dies auch für Erblasser, die vor dem 3.10.1990 mit letztem Wohnsitz in dem Staatsgebiet der ehemaligen DDR verstorben sind.[30] 16

4. Geltungsbereich einer Höfeordnung

a) Allgemeines

Hinterlässt ein Erblasser Vermögen, welches von einer Höfeordnung erfasst wird, zählt also auch ein Bauernhof zu dem Nachlass, besteht eine besondere sachliche und örtliche Zuständigkeit des Landwirtschaftsgerichts nach § 18 Abs. 2 HöfeO[31] in Abweichung von §§ § 342 Abs. 1 Nr. 6, 343 FamFG. Bundesländer, in denen die HöfeO zur Anwendung gelangt, sind: **Hamburg, Niedersachsen, Schleswig-Holstein und Nordrhein-Westfalen, Brandenburg hat am 12.6.2019** das Gesetz über die Höfeordnung für das Land Brandenburg (BbgHöfeOG) beschlossen. In **Baden-Württemberg** gilt in bestimmten festgelegten Bezirken (ehemaligen badischen Landesteilen) das badische Gesetz, die geschlossenen Hofgüter betreffend. In den Regierungsbezirken Stuttgart und Karlsruhe gilt das württembergische Gesetz über das Anerbenrecht. In allen anderen Landesteilen von Baden-Württemberg gelten lediglich die §§ 2049, 2312 BGB und die besonderen Regelungen des GrdstVG. Auch in **Bayern, Berlin, Mecklenburg-Vorpommern, Saarland, Sachsen, Sachsen-Anhaltund Thüringen** gelten lediglich die §§ 2049, 2312 BGB und die besonderen Regelungen des GrdstVG. Eine eigene HöfeO hat das Land **Rheinland-Pfalz** in Form des Landesgesetzes über die Höfeordnung erlassen. Höfe, die in die Höferolle eingetragen sind, werden von der HöfeO-RhPf erfasst, nicht eingetragene Höfe werden lediglich nach den Bestim- 17

26 Sternal/*Zimmermann*, § 343 FamFG Rn 37.
27 OLG Düsseldorf ZEV 2002, 465.
28 Grüneberg/*Weidlich* § 2353 Rn 6.
29 Soergel/*Zimmermann*, § 2353 Rn 6.
30 *Lange/Kuchinke*, § 39 I Rn 3b; *Sprau*, ZAP 1997, 1091.
31 Zimmermann/*Sticherling*, PK Erbrechtliche Nebengesetze, § 14 HöfeO Rn 56.

mungen der §§ 2049, 2312 BGB und dem GrdstVG vererbt. **Bremen** hat ein eigenes Höfegesetz, das Bremische Höfegesetz. Höfe, die in die Höferolle eingetragen sind, werden danach vererbt, nicht eingetragene Höfe werden nach den allg. Regelungen der §§ 2049, 2312 BGB und dem GrdstVG vererbt. In **Hessen** gilt für in die Landgüterrolle eingetragene Höfe die hessische Landgüterordnung. Nicht eingetragene Höfe werden nach den Bestimmungen der §§ 2049, 2312 BGB und dem GrdstVG vererbt.[32] Eines Hoffolgezeugnisses bedarf es nicht, trotz Geltung einer Höfeordung, sofern es sich um einen sog. Ehegattenhof handelt nach § 1 Abs. 1 S. 1 HöfeO i.V.m. § 8 HöfeO. Die Rechtsnachfolge des überlebenden Ehegatten ist gesetzlich zwingend geregelt in § 8 HöfeO, so dass ein Hoffolgezeugnis nicht erforderlich ist.[33]

b) Sachliche Zuständigkeit

18 Nach § 18 Abs. 2 HöfeO besteht eine ausschließliche **Zuständigkeit** des Landwirtschaftsgerichts für die Klärung der Frage, wer Hoferbe geworden ist.[34] § 1 Nr. 5 LwVG korrespondiert insoweit mit § 18 Abs. 2 HöfeO, indem die sachliche Zuständigkeit dort ebenfalls ausschließlich für die dort aufgeführten Fälle bestimmt wird. Landwirtschaftsgericht ist das AG nach § 2 LwVG. Entscheidend für die sachliche Zuständigkeit des Landwirtschaftsgerichts ist, dass ein Hofvermerk vorhanden ist. Für den Fall, dass der Hofvermerk gelöscht wurde, entfällt auch die Zuständigkeit des Landwirtschaftsgerichts, dann greifen wieder die allg. Regelungen über die Zuständigkeit nach § 343 FamFG.[35]

19 Ob das Landwirtschaftsgericht auch für die Erteilung eines Erbscheins über das sog. **hoffreie Vermögen** zuständig ist, war lange Zeit str., Rspr. und h.M. bejahen jedoch inzwischen eine ausschließliche Zuständigkeit auch für diese beschränkten Erbscheine.[36] Nach § 18 Abs. 2 S. 1 HöfeO ist das **Landwirtschaftsgericht** für die Erteilung des **Erbscheins** und auch eines ENZ zuständig. Wird ein solchermaßen beschränkter Erbschein irrtümlicherweise durch das Nachlassgericht erteilt, dürfte dieser Erbschein gleichwohl nicht als nichtig zu betrachten sein. § 2 Abs. 3 FamFG regelt, dass durch die örtliche Unzuständigkeit die Wirksamkeit eines Erbscheins nicht beeinflusst wird, jedoch sind die wohl h.M. und die Rspr. der Ansicht, dass ein solchermaßen durch ein unzuständiges Gericht erteilter Erbschein einzuziehen ist.[37] Der abweichenden Meinung ist dabei beizutreten, wonach bei einem inhaltlich richtigen Erbschein die bloße Unzuständigkeit nicht als Einziehungsgrund ausreichen soll, sofern diese gerade nicht gerügt wird.[38] Denn allein aus zeitlichen Gründen wie auch aus Gründen der entstehenden Kosten ist es vertretbar, die Unzuständigkeit zu akzeptieren und den Erbschein nicht einzuziehen.

c) Örtliche Zuständigkeit

20 Die örtliche Zuständigkeit des Landwirtschaftsgerichts bestimmt sich nicht nach dem gewöhnlichen Aufenthaltsort im Todeszeitpunkt des Erblassers, sondern gem. § 10

---

32 *Graß*, Landwirtschaftserbrecht, Einl. S. 41; *Kreuzer*, AgrarR 1990, 12 ff., 14.

33 OLG Oldenburg ZEV 1997, 128; *Graß*, Landwirtschaftserbrecht, S. 249.

34 *Graß*, Landwirtschaftserbrecht, S. 484; Soergel/*Zimmermann*, § 2353 Rn 18.

35 *Graß*, Landwirtschaftserbrecht, S. 486.

36 BGH NJW 1988, 2439 ff.; Soergel/*Zimmermann*, § 2353 Rn 20; *Gaß*, Landwirtschaftserbrecht, S. 494.

37 BGH NJW 1976, 1032; Grüneberg/*Weidlich*, § 2361 Rn 3; MüKo/*Grziwotz*, § 2361 Rn 11; a.A. Soergel/*Zimmermann*, § 2353 Rn 20, der die Einziehung verneint, sofern der Erbschein inhaltlich richtig ist.

38 MüKo/*Grziwotz*, § 2353 Rn 116; Soergel/*Zimmermann*, § 2353 Rn 25; *Sprau*, ZAP 1997, 1092.

S. 1 LwVG danach, in welchem Bezirk die Hofstelle liegt.[39] Da immer mehr Hofstellen aufgegeben werden, dürfte vor allem für die örtliche Zuständigkeit auch § 10 S. 2 LwVG heranzuziehen sein, wonach für den Fall, dass keine Hofstelle mehr vorhanden ist, das AG zuständig ist, in dessen Bezirk die Grundstücke ganz oder zum größten Teil liegen oder die Rechte im Wesentlichen ausgeübt werden.[40] Ist in dem Nachlass Vermögen vorhanden, welches unter die Bestimmungen einer Höfeordnung fällt, also ein Hof i.S.d. §§ 1 ff. HöfeO, dann bestimmt sich die örtliche Zuständigkeit allein nach § 18 Abs. 2 HöfeO, § 10 LwVG, was dazu führen kann, dass für einen Erblasser mit letztem Wohnsitz in Frankfurt, der ein großes Vermögen hinterlässt, was überwiegend hoffrei ist, und lediglich einen kleinen Bauernhof in Schleswig-Holstein in seinem Eigentum hielt, das AG als Landwirtschaftsgericht in Schleswig-Holstein für die Erteilung des Hoffolgezeugnisses und den Erbschein über das hoffreie Vermögen örtlich zuständig ist.[41]

5. Internationale Zuständigkeit

Die Frage der internationalen Zuständigkeit deutscher Nachlassgerichte ist in jeder Lage des Erbscheinsverfahrens zu prüfen. Ist aufgrund des internationalen Privatrechts (Rück- oder Weiterverweisung) deutsches Erbrecht anzuwenden,[42] kann sich die Zuständigkeit ergeben. Durch die Neuregelung in § 343 FamFG kann sich die Zuständigkeit eines deutschen Nachlassgerichts ergeben, obgleich ausländisches materielles Erbrecht zur Anwendung gelangt. § 105 FamFG regelt, dass sich die internationale Zuständigkeit des deutschen Nachlassgerichts ergeben kann, sofern es sich aus der örtlichen Zuständigkeit ableiten lässt.[43] 21

Welches materielle Recht anzuwenden ist, bestimmt sich für Erbfälle vor dem vor dem 17.8.2015 nach den Bestimmungen des deutschen IPR. Das Erbstatut wird dabei nach Art. 25 EGBGB a.F ermittelt.[44] Für Erbfälle seit dem 17.8.2015 bestimmt sich das Erbstatut nach Art. 21 Abs. 1 EuErbVO nach dem gewöhnlichen Aufenthaltsort des Erblassers. Nach Art. 22 EuErbVO kann der Erblasser eine Rechtswahl zugunsten des Staates treffen, dessen Staatsangehörigkeit er besitzt.

II. Erbscheinsantrag

1. Allgemeines

Ein Erbschein wird nur auf einen **Antrag** hin nach § 2353 BGB erteilt. Das Gericht wird also nicht von sich aus tätig.[45] Die Erteilung eines Erbscheins ohne entsprechenden Antrag ist unrichtig.[46] Er ist als unrichtig einzuziehen, wobei dies auch zu erfolgen hat, selbst wenn er inhaltlich richtig ist, denn es fehlt ihm die wesentliche zentrale Grundlage eines Erbscheins, nämlich der entsprechende Antrag. Auf die Einziehung kann verzichtet werden, sofern der Erbe später konkludent genehmigt hat.[47] Während des **Erbscheinsverfahrens** kann der Antrag auf Erteilung eines Erbscheins durch den Berechtigten jederzeit nachgeholt werden; dies ist auch noch im Beschwerdeverfahren 22

---

39 *Graß*, Landwirtschaftserbrecht, S. 485.
40 *Graß*, Landwirtschaftserbrecht, S. 485; *Steffen*, RdL 1977, 113.
41 *Graß*, Landwirtschaftserbrecht, S. 498.
42 *Kegel/Schurig*, IPR, § 21 I 1; Soergel/*Zimmermann*, § 2353 Rn 8; Grüneberg/*Weidlich*, § 2353 Rn 1.
43 Sternal/*Engelhardt*, § 105 FamFG Rn 1.
44 *Zimmermann*, Erbschein, Erbscheinsverfahren, ENZ, O Rn 714.
45 Grüneberg/*Weidlich*, § 2353 Rn 11.
46 Vgl. hierzu MüKo/*Grziwotz*, § 2353 Rn 66; Soergel/*Zimmermann*, § 2353 Rn 25; *Sprau*, ZAP 1997, 1092.
47 *Kegel/Schurig*, IPR, § 21 I 1; Soergel/*Zimmermann*, § 2353 Rn 8.

möglich.[48] Ebenso ist dem Antragsteller Gelegenheit zu geben, den ursprünglich gestellten Erbscheinsantrag zu ergänzen, dies um einer Zurückweisung des Antrags vorzubeugen.[49]

2. Antrag auf Erteilung eines Erbscheins

23 Der Antrag auf Erteilung eines Erbscheins ist **formlos** möglich. Jedoch bestimmt § 352 Abs. 3 S. 2 FamFG, dass der Antragsteller die Richtigkeit der nach § 352 Abs. 1 und 2 FamFG zu erteilenden Angaben an Eides Statt vor Gericht oder einem Notar versichert. Da das Nachlassgericht jedoch auf die Versicherung an Eides Statt verzichten kann, empfiehlt es sich, vor Antragstellung ggf. Rücksprache mit dem Nachlassgericht zu nehmen, was bei kleineren Nachlassgerichten noch möglich ist, um den Antrag so einfach und kostengünstig wie möglich stellen zu können. Eine Protokollierung durch das Nachlassgericht oder die Beurkundung durch einen Notar ist sicherlich in komplizierten Fällen empfehlenswert. Einen Erbscheinsantrag unter einer Bedingung zu stellen, ist unzulässig.[50] Der Antrag auf Erteilung des Erbscheins kann auch durch einen Rechtsanwalt oder einen sonstigen Bevollmächtigten nach § 10 FamFG gestellt und die Vollmacht formlos erteilt werden, auch konkludent.[51] Reicht ein Notar einen Erbscheinsantrag nur auf dem Postweg beim Amtsgericht/Nachlassgericht ein und nicht auch elektronisch, ist der Antrag gleichwohl wirksam eingereicht. § 14b Abs. 2 S. 1 FamFG ist nur eine Sollvorschrift.[52]

3. Inhalt des Antrags

24 Der Antrag auf Erteilung eines Erbscheins ist für das Nachlassgericht nach h.M. bindend. Eine Abweichung inhaltlicher Art ist bei der Erteilung nicht zulässig. Der Antrag muss grundsätzlich die notwendigen Angaben enthalten nach §§§ 23 Abs. 1, 352 FamFG.[53] Bei differenzierter Betrachtung der gesetzlichen Vorgaben des § 2353 BGB ist es durchaus notwendig, zu überlegen, ob eine tatsächlich absolut strikte Bindung des Gerichts an den Inhalt des Antrags sachgerecht erscheint. Sicherlich ist es nicht wünschenswert, dass der Antragsteller einen anderen Erbschein erhält als den inhaltlich beantragten. Jedoch ist in der Praxis eben gerade sehr häufig der doch relativ unbestimmte Antrag anzutreffen, wonach das Nachlassgericht nach dem eingereichten Testament oder Erbvertrag entscheiden möge, ohne dass weitere Festlegungen im Antrag selbst vermerkt wären.[54]

25 Der Erbscheinsantrag muss stets den **Berufungsrund** (anders beim Erbschein selbst, wo er gerade nicht aufgeführt werden darf) enthalten, d.h. ob er aufgrund gesetzlicher Erbfolge oder aufgrund einer Verfügung von Todes wegen beantragt wird.[55] Die alternative Angabe von Berufungsgründen ist nur dann zulässig, sofern der Erbe Zweifel über die Gültigkeit einer Verfügung von Todes wegen hat und er aus gleichem Umfang durch das Gesetz wie auch durch die Verfügung von Todes wegen berufen erscheint.[56]

26 Der Antrag soll bereits sämtliche zur Begründung des Antrags in Betracht kommenden **Beweismittel** und Tatsachen enthalten. Dabei sind insbesondere sämtliche dafür notwendigen Urkunden als Beweismittel beizufügen. Der **Urkundenbeweis** ist durch die

48 *Sprau*, ZAP 1997, 1092; MüKo/*Grziwotz*, § 2353 Rn 67.
49 MüKo/*Grziwotz*, § 2353 Rn 73.
50 BayObLG FamRZ 1999, 814.
51 Vgl. Soergel/*Zimmermann*, § 2353 Rn 28; MüKo/*Grziwotz*, § 2353 Rn 94 ff.
52 OLG Frankfurt, Beschl. v. 26.7.2023 – 20 W 151/23, ErbR 2024, 60.
53 MüKo/*Grziwotz*, § 2353 Rn 68; Grüneberg/*Weidlich*, § 2353 Rn 11; *Hilger*, BWNotZ 1992, 113.
54 Sehr ausführlich dazu *Hilger*, BWNotZ 1992, 113, 115.
55 Grüneberg/*Weidlich*, § 2353 Rn 14; *Demharter*, NJW-RR 1996, 1160.
56 *Sprau*, ZAP 1997, 1091, 1093; Grüneberg/*Weidlich*, § 2353 Rn 11.

Vorlage oder die Bezugnahme auf **öffentliche Urkunden** zu führen. Die Regelungen der §§ 415 ff. ZPO über die Beweiskraft öffentlicher Urkunden sind auch im Erbscheinsverfahren entsprechend anzuwenden.[57] Grundsätzlich obliegt es dem **Antragsteller**, die notwendigen Urkunden zu beschaffen. Auch ein staatliches Online-Authentifizierungsverfahren kann dabei herangezogen werden und die Vorlage öffentlicher Urkunden verzichtbar machen.[58]

Abstammungs- und Geburtsurkunden i.S.v. § 59 PStG sind die zulässigen Beweismittel über Ort, Zeit, Abstammung und Geschlecht eines Kindes.[59] 27

Heiratsurkunden nach § 57 PStG sind die entsprechenden Urkunden, um die Eheschließung nachweisen zu können. Ferner ist auch die Vorlage eines Auszugs aus dem Familienstammbuch oder einer beglaubigten Abschrift daraus erforderlich, um den Nachweis des Bestehens der Ehe zum Zeitpunkt des Todes des Ehegatten nachweisen zu können. Bei Eheschließungen nach ausländischem Recht ist die Anerkennung der Eheschließung durch den deutschen Staat entsprechend nach Art. 13 EGBGB zu prüfen.[60] Der Nachweis, dass **frühere Ehen** nicht mehr Bestand haben, ist durch Sterbeurkunden, entsprechende Scheidungsurteile oder Nichtigkeitserklärungen zu erbringen. Ein Nachweis des Güterstandes wird durch die Vorlage von Eheverträgen in Form notarieller Urkunden oder von Urteilen über die Gütertrennung geführt. Wurde der Güterstand in das Güterrechtsregister eingetragen, so genügt ein Auszug daraus. Wird das Güterrechtsregister beim selben Gericht geführt, so ist die Bezugnahme darauf ausreichend.[61]

Die **Sterbeurkunde** als Nachweis über den Tod des Erblassers ist die übliche Urkundenform. Der Nachweis über die Todeszeit des Erblassers kann aber auch durch die sog. Todeserklärung oder den Todeszeitfeststellungsbeschluss erfolgen, §§ 23, 44 VerschG, sofern der Erblasser als verschollen gilt. Ist der Todesnachweis nicht durch Urkunden nachweisbar, so ist bspw. für Soldaten der Weltkriege auch die Mitteilung des Militärs als **anderes Beweismittel** i.S.v. § 352 Abs. 1 Nr. 4 FamFG als zulässig erachtet worden.[62] Eine Sterbeurkunde ist auch für die Personen vorzulegen, die durch Tod weggefallen sind und den Antragsteller in seinem Erbrecht beschränkt oder ausgeschlossen hätten, sofern sie im Todeszeitpunkt des Erblassers noch gelebt hätten.[63] Die h.M spricht von einer Mitwirkungsobliegenheit des Antragstellers.[64]

Die Stellung von **Haupt- und Hilfsantrag** kann eine zulässige Hilfe für den Antragsteller bei unklarer Rechtslage sein, einen Erbschein zu erlangen. Die Haupt- und Hilfsanträge mit sachlich unterschiedlichen Inhalten müssen das behauptete Erbrecht genau bezeichnen. Haupt- und Hilfsantrag müssen sich jedoch auf denselben Nachlass beziehen. Unzulässig ist eine Verbindung von Haupt- und Hilfsantrag, wenn sie verschiedene Rechtsnachfolgen von Todes wegen betreffen.[65] Ferner muss bei der Stellung der Anträge für das Nachlassgericht deutlich bestimmbar sein, in welcher Reihenfolge die Anträge zu erledigen sind.[66] 28

---

57 Stendal/*Zimmermann*, § 352 FamFG Rn 68.
58 KG, Beschl. v. 3.4.2012 – 1 W 557/11, ZErb 2012, 166.
59 *Krätzschel/Falkner/Döbereiner*, Nachlassrecht, § 38 Rn 44.
60 Grüneberg/*Thorn*, Art. 13 EGBGB Rn 19 ff.
61 *Krätzschel/Falkner/Döbereiner*, Nachlassrecht, § 38 Rn 49.
62 Vgl. dazu *Krätzschel/Falkner/Döbereiner*, Nachlassrecht, § 38 Rn 42.
63 *Krätzschel/Falkner/Döbereiner*, Nachlassrecht, § 38 Rn 48.
64 OLG Düsseldorf ErbR 2024, 287.
65 BayObLG FamRZ 1999, 814 ff.
66 Soergel/*Zimmermann*, § 2353 Rn 25; *Sprau*, ZAP 1997, 1094; *Lange/Kuchinke*, § 39 II 4.

29 Der Erbscheinsantrag muss auch dahingehend **hinreichend bestimmt** sein, dass er bereits Angaben über die Stellung des Erben enthält, also insbesondere ob eine Alleinerbschaft beansprucht wird oder ob eine Mehrheit von Erben vorhanden ist, dann sind auch die Quoten exakt anzugeben und welche weiteren Beteiligten vorhanden sind nach §§ 23, 345 FamFG.[67] In dem Antrag ist auch bereits aufzunehmen, welche Beschränkungen des Erben bestehen i.S.d. § 352b FamFG, also ob Nacherbfolge, Ersatznacherbfolge oder Testamentsvollstreckung durch den Erblasser angeordnet wurde.[68] Auch eine gegenständliche Beschränkung nach § 352c FamFG ist bereits im Antrag anzugeben.

4. Ermittlungspflicht des Nachlassgerichts

30 Eine Ermittlungspflicht ist für das Nachlassgericht von Amts wegen gegeben. Es hat dabei insbesondere bzgl. seiner Zuständigkeit die Frage nach dem letzten Wohnsitz oder Aufenthaltsort des Erblassers zu klären.[69] Das Gericht hat dabei sämtliche zugänglichen Beweismittel zu ergreifen und entsprechende Nachweise zu fordern, denn erst wenn es die zur Begründung des Antrags erforderlichen Tatsachen für festgestellt erachtet, darf es den Erbschein nach § 352e FamFG erteilen. Die Entscheidung über die Erteilung oder Ablehnung des beantragten Erbscheins trifft das Nachlassgericht nach seinem **freien Ermessen**. Die Entscheidung auch über die materiell-rechtliche Auslegung, wie Eheverträge, Adoptionsurkunden, Erbverzichtsverträgen und dergleichen, die dem Erbscheinsantrag beigefügt sind, wird vom Nachlassgericht autonom vorgenommen.[70] Es hat zu entscheiden, ob es die ursprünglich bestehenden Zweifel hinsichtlich einzelner Tatsachen für ausreichend widerlegt hält, ohne dass es dabei an Beweisregeln, übereinstimmende Testamentsauslegung der Beteiligten oder Vergleiche der Beteiligten gebunden wäre. Im Übrigen ist es den Beteiligten auch nicht möglich, durch einen Vergleich oder eine vertragliche Einigung oder ein Anerkenntnis eine bindende Wirkung für das Nachlassgericht herbeizuführen.[71] Eine Mindermeinung in der Lit. spricht sich dafür aus, die in einem Auslegungsvertrag zwischen den Beteiligten getroffenen Vereinbarungen als rechtsverbindlich für das Gericht bei der Entscheidung über die Erteilung eines Erbscheins anzunehmen.[72] Dieser Ansicht kann jedoch nicht gefolgt werden, da die Entscheidung über die vom Erblasser getroffenen Anordnungen allein dem Richter vorbehalten ist.[73]

31 Der **Nachweis** über das Vorliegen einer Verfügung von Todes wegen ist durch die Vorlage der Originalurkunde, also der Urschrift, beim Nachlassgericht zu führen. Als ausreichend wird jedoch auch eine beglaubigte Ablichtung erachtet, sofern die Urschrift sich bereits bei einem anderen Nachlassgericht befindet oder in amtlicher Verwahrung vorhanden ist.[74] Immer wieder werden Erbscheinsanträge auch auf sog. **verloren gegangene Testamente** gestützt. Dies ist durchaus zulässig.[75] Allein für den Antragsteller bestehen naturgemäß erhebliche Schwierigkeiten, den Nachweis über das ursprüngliche Vorhandensein der Urkunde zu führen. Rspr. und Lit. lassen jedoch zu Recht eine entsprechende Beweisführung durch sämtliche zulässigen Beweismittel

---

67 Grüneberg/*Weidlich*, § 2353 Rn 17; *Richter*, FamRZ 1998, 1394; *Sprau*, ZAP 1997, 1093.
68 Grüneberg/*Weidlich*, § 2353 Rn 14.
69 Vgl. Grüneberg/*Weidlich*, § 2353 Rn 14; Soergel/*Zimmermann*, § 2353 Rn 24; *Sprau*, ZAP 1997, 1091, 1092.
70 *Krätzschel/Falkner/Döbereiner*, Nachlassrecht, § 38 Rn 58.
71 Sternal/*Zimmermann*, § 352 Rn 97.
72 *Lange/Kuchinke*, § 34 IV 3c, d.
73 *Krätzschel/Falkner/Döbereiner*, Nachlassrecht, § 38 Rn 58.
74 *Sprau*, ZAP 1997, 1089, 1098.
75 AG Hameln ErbR 2023, 556.

(Ablichtungen, Durchschriften, Zeugen) zu.[76] Der Antragsteller muss dabei jedoch nicht nur die Existenz des Testaments nachweisen, sondern insbesondere auch seinen Inhalt.[77] Denn es lässt sich allein aus der Unauffindbarkeit der Testamentsurkunde keinesfalls schließen, dass der Erblasser diese durch Vernichtung widerrufen hat. Zu vielfältig sind die Möglichkeiten, weshalb eine Verfügung von Todes wegen eben gerade nicht mehr vorhanden ist, der Erblasser sie aber nicht widerrufen hat.[78] Die **Feststellungslast** trägt derjenige, der sich auf das nicht vorlegbare Testament beruft. Er muss den erkennbaren Willen des Erblassers nachweisen können, aus dem er sein Erbrecht herleiten möchte.[79]

Hat das Nachlassgericht echte Zweifel an der **Richtigkeit von Urkunden**, so hat es die Unrichtigkeit selbst aufzuklären.[80] Sofern also die Unrichtigkeit von Urkunden für das Erbscheinsverfahren eine Relevanz hat, hat das Nachlassgericht die entsprechenden Aufklärungen vorzunehmen. Ergeben sich für das Nachlassgericht Zweifel an der Richtigkeit der vom Antragsteller vorgelegten Urkunden, ist das Nachlassgericht frei in seinem Ermessen gem. § 30 Abs. 1 FamFG, die geeignet erscheinenden Beweismittel anzufordern bzw. in Anspruch zu nehmen.[81] Dazu zählen insbesondere der **Zeugen-**, der **Sachverständigen-** und der **Urkundenbeweis.** Eine Bindung des Nachlassgerichts an die angebotenen Beweismittel oder den Beweisantrag ist nicht gegeben, da das Verfahren vom **Amtsermittlungsgrundsatz** bestimmt wird.[82] Lässt sich bei einem durch den Antragsteller vorgelegten Testament durch das Nachlassgericht nicht eindeutig klären, ob es gefälscht oder echt ist, hat das Nachlassgericht zum Nachteil des Antragstellers den Antrag auf Erteilung eines Erbscheins abzulehnen.[83] 32

Die **Ermittlungspflicht des Landwirtschaftsgerichts** in Fällen, bei denen die Höfeordnung zur Anwendung gelangt, erstreckt sich dabei insbesondere auf die Nachprüfung, ob der hinterlassene Grundbesitz Hofeigenschaft hat und ob der Antragsteller tatsächlich Hoferbe geworden ist.[84] 33

Das Nachlassgericht hat für den Fall, dass Zweifel bzgl. der **Testierfähigkeit** bestehen, die Hilfe der medizinischen Wissenschaft in Anspruch zu nehmen, um sich Klarheit über die Testierfähigkeit zu verschaffen. Insbesondere ist es zulässig, den bisherigen **Hausarzt** des Testators zur Testierfähigkeit zu befragen, aber auch die Einholung eines psychiatrischen **Gutachtens** ist zur Klärung der Frage der Testierfähigkeit ein zulässiges Mittel, dessen sich das Nachlassgericht im Rahmen seiner Ermittlungspflicht bedienen kann, denn dem posthumen Willen des Erblassers kann unterstellt werden, dass seine Testierfähigkeit festgestellt werden soll.[85] Im Einzelfall kann es auch für das Nachlassgericht geboten sein, den beurkundenden Notar zur geistigen Verfassung des Testators bei der Errichtung eines notariellen Testaments zu befragen.[86] Die Frage, inwieweit ein Notar, Rechtsanwalt oder Arzt dabei einer beruflichen **Schweigepflicht** unterliegt, hat sich an dem erklärten Willen oder, falls dieser sich nicht nachweisen lässt, an dem mutmaßlichen Willen des Erblassers zu orientieren. Grundsätzlich gilt, 34

---

76 BayObLG FamRZ 1993, 116; *Seiler*, ZErb 2003, 297; *Krätzschel/Falkner/Döbereiner*, Nachlassrecht, § 38 Rn 66.

77 *Lange/Kuchinke*, § 39 II 6.

78 OLG Zweibrücken ZErb 2001, 153; BayObLG ZErb 2003, 154 ff.

79 *Sprau*, ZAP 1997, 1089, 1098.

80 *Krätzschel/Falkner/Döbereiner*, Nachlassrecht § 38 Rn 69.

81 Sternal/*Sternal*, § 30 FamFG Rn 1.

82 *Lange/Kuchinke*, § 39 II 5a.

83 Sternal//*Zimmermann*, § 352 FamFG Rn 104.

84 *Graß*, Landwirtschaftserbrecht, S. 501.

85 BayObLG NJW-RR 1991, 1287.

86 BayObLG ZEV 1997, 510.

dass die ärztliche Schweigepflicht auch über den Tod hinaus fortbesteht.[87] Im Zweifel gilt aber wohl, dass der Erblasser gerade ein Interesse daran hätte, dass seine Testierfähigkeit festgestellt wird.[88] Hat der Notar bei der Beurkundung des Testaments Zweifel bzgl. der Geschäftsfähigkeit eines Beteiligten, so hat er dies nach § 11 Abs. 1 S. 2 BeurkG in der Urkunde zu vermerken. Grundsätzlich ist der Notar amtlich dazu verpflichtet, nach § 28 BeurkG seine Wahrnehmung über die Geschäftsfähigkeit des Erblassers in der Niederschrift aufzunehmen. Durch diese **amtliche Feststellung** hat das notarielle Testament einen eindeutigen Vorteil gegenüber dem privatschriftlichen Testament. Nimmt der Notar eine entsprechende Feststellung nach § 28 BeurkG nicht vor, wird dadurch die Urkunde nicht unwirksam, es geht jedoch ein Beweismittel verloren für einen etwaigen späteren Prozess über das Erbrecht nach dem Tod des Erblassers.[89]

35 Zu beachten ist auch, dass allein durch die Einrichtung einer **gesetzlichen Betreuung** notwendigerweise noch keine Feststellung über die Geschäftsfähigkeit des Betreuten, der testiert hat, getroffen wurde. Vielmehr hat in der Praxis der beurkundende Notar trotz der eingerichteten Betreuung eine Feststellung über die Geschäftsfähigkeit zu treffen.[90] Streitpunkt in Erbrechtsprozessen ist immer auch die Frage, zu welchem Zeitpunkt der Erblasser noch geschäftsfähig und damit testierfähig war. Gerade das Argument des „luziden Intervalls", also der Umstand, dass sich der Erblasser ggf. kurzzeitig in einem Zustand befand, in dem er geistig klar und urteilsfähig, mithin testierfähig war, spielt eine große Rolle in der Praxis. Die Feststellungslast, dass jemand aufgrund eines **luziden Intervalls** testierfähig war, trifft denjenigen, der sich darauf beruft.[91]

36 Grundsätzlich gilt jedoch, dass die **Feststellungslast** dafür, dass der Erblasser testierunfähig war, denjenigen trifft, der dies behauptet und dadurch eine das Erbrecht vernichtende Einwendung geltend macht.[92] Die Störung der Testierfähigkeit wird gemeinhin als Ausnahmezustand angenommen. Derjenige, der die Testierfähigkeit anficht, muss dies durch hinreichende Beweismittel zur Gewissheit des Gerichts bringen.[93] Lediglich in besonderen **Ausnahmefällen**, dann nämlich, wenn feststeht, dass der Testator zu einem bestimmten Zeitpunkt testierunfähig war, zu dem er Ergänzungen an einem bestehenden Testament vorgenommen hat, kann sich die Feststellungslast **umkehren**.[94] Grundsätzlich kann es aber keine nur partielle Testierfähigkeit geben. Wirkt sich eine krankhafte Störung des Geistes nur in einzelnen Teilbereichen des Lebens aus, ist trotzdem eine Testierunfähigkeit insgesamt anzunehmen.[95] Gerade bei einer vorliegenden Demenz ist aber die Ermittlung der absoluten Testierunfähigkeit schwierig. Deshalb soll es ausreichend sein, eine mit hoher Wahrscheinlichkeit anzunehmende Testierunfähigkeit festzustellen.[96]

---

87 *Hülsmann/Baldamus*, ZEV 1999, 91; OLG Köln ZEV 2018, 530.
88 *Krätzschel/Falkner/Döbereiner*, Nachlassrecht § 38 Rn 71.
89 *Winkler*, Beurkundungsgesetz, § 28 Rn 14.
90 *Winkler*, Beurkundungsgesetz, § 28 Rn 5.
91 *Wetterling/Neubauer/Neubauer*, ZEV 1995, 46; sehr lesenswerte Ausführungen zum Thema „luzides Intervall"; Müko/Sticherling, § 229 GBG Rn 44.
92 *Krätzschel/Falkner/Döbereiner*, Nachlassrecht § 38 Rn 71.
93 BayObLGZ 1988, 422, 423.
94 BayObLG NJW-RR 1996, 1160.
95 BayObLG FamRZ 1991, 990.
96 OLG Hamburg, Beschl. v. 20.2.2018 – 2 W 63/17, ZErb 2018, 280.

5. Antragsberechtigte

Der **Erbe** ist Antragsberechtigter. Er kann dabei für sich allein den Antrag stellen oder aber auch bei einer **Mehrheit von Erben** für seine Miterben den Antrag stellen (zu den einzelnen Erbscheinsarten siehe Vorbem. zu §§ 2353 ff. Rdn 2). Der Vorerbe ist auch zur Antragstellung berechtigt, der **Nacherbe** erst nach Eintritt des Nacherbfalls,[97] wobei mit Eintritt des Nacherbfalls der Erbschein des Vorerben als unrichtig einzuziehen ist.[98] Dem dürfte zuzustimmen sein, da der in dem Erbschein des Vorerben ausgewiesene Erbe durch Tod weggefallen ist. 37

Antragsberechtigt sind auch der **Testamentsvollstrecker**, der **Nachlassverwalter** und der **Nachlassinsolvenzverwalter**. Nicht berechtigt, einen Erbscheinsantrag zu stellen, sind solche Personen, denen lediglich ein schuldrechtlicher Anspruch gegen den Erben zusteht, wie dies der Fall ist bei Gläubigern des Erben oder aber auch bei Gläubigern des Nachlasses.[99] Diese haben jedoch, sofern sie bereits über einen entsprechenden Titel verfügen, gem. §§ 792, 896 ZPO zu Zwecken der Zwangsvollstreckung ein ausdrückliches Antragsrecht.[100] Auch Stellvertretung ist zulässig. Die Bevollmächtigung bedarf für die Antragstellung keiner besonderen Form. Es ist kein Anwaltszwang gegeben; nur in einem Verfahren vor dem BGH nach § 10 Abs. 4 FamFG bestünde Anwaltszwang. Die Vollmacht bedarf keiner besonderen Form, jedoch ist als Nachweis die Schriftform erforderlich gegenüber dem Gericht.[101] Die Vollmacht muss spätestens bis zum Erlass der Entscheidung vorgelegt werden.[102] Ist der Erbe als berechtigter Antragsteller noch **minderjährig**, so muss der Antrag von seinem gesetzlichen Vertreter gestellt werden.[103] Der **Abwesenheitspfleger** wie auch der **Betreuer**, sofern dessen Aufgabenkreis sich auch darauf erstreckt (gerichtliche u. außergerichtliche Vertretung, § 1902 BGB), sind ebenfalls zur Antragstellung verpflichtet. Der **Nachlasspfleger** ist gerade nicht dazu berechtigt, da die Pflegschaft gerade für den Fall des unbekannten Erben errichtet wird. Ebenfalls nicht berechtigt sind der **Vermächtnisnehmer** und der **Pflichtteilsberechtigte**, da deren Ansprüche gegen den Erben rein schuldrechtlicher Natur sind. Die Versicherung an Eides statt nach § 352 Abs. 3 FamFG ist höchstpersönlich abzugeben laut h.M.[104] Es spricht jedoch vieles dafür, dass es auch zulässig sein muss, dass ein Bevollmächtigter, der im Rahmen einer Vorsorgevollmacht (Generalvollmacht) ermächtigt wird, vollumfänglich zu handeln und jedwede rechtliche Willenserklärung für den Vollmachtgeber abzugeben, auch berechtigt ist, die Versicherung an Eides statt nach § 352 Abs. 3 FamFG abzugeben.[105] Es empfiehlt sich auf jeden Fall, in einer Vorsorgevollmacht auch die Bevollmächtigung zur Abgabe der Versicherung an Eides statt aufzunehmen und diese Vollmacht auch zu beurkunden. 38

Der **Erbteilserwerber** ist nur dann antragsberechtigt, sofern er selbst auch Erbe ist, also Miterbe des Erbschaftsverkäufers. Ist er nicht bereits Miterbe, erwirbt er durch den Erbteilserwerb nicht die Stellung eines tatsächlichen geborenen Erben, sondern lediglich die Mitberechtigung am Gesamthandvermögen der Erbengemeinschaft; der 39

97 BayObLGZ 1999, 70.
98 OLG Köln ZEV 2003, 466.
99 MüKo/*Grziwotz*, § 2353 Rn 91 ff.
100 *Sprau*, ZAP 1997, 1093.
101 Grüneberg/*Ellenberger*, § 167 Rn 2.
102 *Firsching/Graf/Krätzschel*, Nachlassrecht, § 29 Rn 11.
103 Soergel/*Zimmermann*, § 2353 Rn 28; MüKo/*Grziwotz*, § 2353 Rn 93.
104 Grüneberg/*Weidlich*, § 2353 Rn 28.
105 OLG Celle, Beschl. v. 20.6.2018 – 6 W 78/18.

Antrag kann also nur auf Erteilung eines Erbscheins lautend auf den Namen des Erben erfolgen, ebenso beim Erbschaftskäufer nach § 2371 BGB.[106]

6. Zwischenverfügungen

40 Eine **Zwischenverfügung** kann vom Nachlassgericht erlassen werden, wenn objektiv für die Erteilung des Erbscheins Unterlagen fehlen (Geburts-, Sterbeurkunde). Das Gericht verbindet auch eine solche Zwischenverfügung in der Praxis mit einer Frist. Im Lichte von § 28 Abs. 2 FamFG hat das Nachlassgericht zur Förderung des Verfahrens dem Antragsteller Gelegenheit zu geben, etwaige Entscheidungshindernisse zu beseitigen, um einen ablehnenden Beschluss möglichst zu vermeiden.[107]

7. Erbscheinserteilung

41 Die Erteilung des Erbscheins ist vom Nachlassgericht vorzunehmen, sofern es die zur Begründung des Antrags erforderlichen Tatsachen als festgestellt erachtet nach § 352e Abs. 1 FamFG. Das Nachlassgericht entscheidet nach § 352 Abs. 1 S. 2 FamFG durch Feststellungsbeschluss über die antragsgemäße Erteilung des Erbscheins. Durch den Feststellungsbeschluss nach § 352 Abs. 1 S. 2 FamFG bringt das Nachlassgericht zum Ausdruck, dass sämtliche Voraussetzungen für die Erteilung des beantragten Erbscheins erfüllt sind.[108] Mit der Erteilung des Erbscheins wird die Rechtswirkung des § 2365 BGB durch das Nachlassgericht erzeugt. Der unrichtige Erbschein kann nunmehr nur noch durch einen Einziehungsbeschluss beseitigt werden.[109] Die eigentliche **Erteilungshandlung** besteht in der Ausfertigung des Erbscheins und deren **Aushändigung an den Antragsteller**, dessen Bevollmächtigten oder eine vom Antragsteller mitgeteilte Behörde, wie bspw. das Grundbuchamt, so die überwiegende Meinung in Lit. und Rspr., ohne dass dies jedoch in Form der §§ 40, 41 FamFG erfolgen muss.[110] Die bloße Herausgabe von Kopien des eigentlichen Erbscheins oder beglaubigten Abschriften stellen keine Erteilung nach § 352 FamFG dar.[111] Einzelne Meinungen, wonach der Erbschein durch die Einfügung in die Nachlassakte bereits als erteilt gelten soll, sind abzulehnen. Für den Antragsteller und die sonstigen Beteiligten des Erbscheinsverfahrens führt dies zu einer rechtlich nicht überschaubaren Situation, denn die Überprüfbarkeit, wann denn nun der Erbschein vorliegt, ist damit kaum noch gegeben.[112] In § 352 Abs. 2 FamFG ist geregelt, dass für den Fall, dass der Beschluss dem erklärten Willen eines Beteiligten widerspricht, der Beschluss den Beteiligten bekannt zu geben ist. Das Gericht hat in diesem Fall die sofortige Wirksamkeit des Beschlusses auszusetzen und die Erteilung des Erbscheins bis zur Rechtskraft des Beschlusses zurückzustellen. Wie auch beim bisherigen Vorbescheid, der gesetzlich nicht geregelt war, soll mit § 352 Abs. 2 FamFG beim Vorliegen von zwei sich widersprechenden Erbscheinsanträgen erreicht werden, dass das Nachlassgericht vor der endgültigen Entscheidung über die Erbscheinserteilung den Beteiligten die Möglichkeit gibt, sich zu äußern. Damit soll möglichst die Erteilung eines unrichtigen Erbscheins vermieden werden. § 352 Abs. 2 FamFG soll also dazu dienen, bei einer unklaren Rechtssituation, wie dies gerade bei zwei sich widersprechenden Erbscheinsanträgen der Fall sein kann, den Beteiligten Gelegenheit zu geben, sich zu äußern, um die

106 Sehr differenzierend Soergel/*Zimmermann*, § 2353 Rn 32; MüKo/*Grziwotz*, § 2353 Rn 83.
107 Grüneberg/*Weidlich*, § 2353 Rn 15.
108 *Krätzschel/Falkner/Döbereiner*, Nachlassrecht, § 38 Rn 107.
109 Grüneberg/*Weidlich*, § 2353 Rn 14; Soergel/*Zimmermann*, § 2353 Rn 35.
110 *Lange/Kuchinke*, § 39 II 7b; MüKo/*Grziwotz*, § 2353 Rn 108; Soergel/*Zimmermann*, § 2353 Rn 35.
111 Keidel/*Zimmermann*, § 352 FamFG Rn 130.
112 *Lange/Kuchinke*, § 39 II 7b; a.A. MüKo/*Grziwotz*, § 2353 Rn 110.

Erteilung eines unrichtigen Erbscheins zu vermeiden. Dies dient dem Schutz des Rechtsverkehrs.

III. Rechtsmittel

Gemäß § 58 Abs. 1 FamFG ist gegen die Weigerung des Nachlassgerichts, einen bestimmten vom Antragsteller begehrten Erbschein zu erteilen, die **sofortige Beschwerde** zulässig. Selbst wenn ein Rechtspfleger entschieden hat, verweist § 11 Abs. 1 RPflG auf den Beschwerdeweg nach § 58 FamFG. Diese Beschwerde ist jedoch immer befristet ausgestaltet nach § 63 FamFG. Die Notfrist beträgt dabei **ein Monat. Beschwerdeberechtigt** ist jeder, der durch die Ablehnung des Erbscheinantrages in seinen Rechten beeinträchtigt ist. In der Folge haben der Miterbe, wenn der Erbschein ihn nicht als Erben ausweist, und der Nachlassgläubiger, der einen vollstreckbaren Titel besitzt, ein Beschwerderecht. Nach § 61 FamFG ist eine Beschwerde in Vermögensangelegenheiten nur zulässig, sofern der Beschwerdewert höher als 600 EUR ist. 42

Das OLG ist **zuständig** für die Beschwerde nach § 58 FamFG, gem. § 119 Abs. 1 Nr. 1 Buchst. b) GVG. Das Beschwerdegericht hat die gesamte Sach- und Rechtslage zu überprüfen und soll nach § 65 Abs. 1 FamFG seine Entscheidung sachlich und rechtlich begründen. Die **weitere Beschwerde** ist an das OLG zu richten. 43

Beschwerdeberechtigt sind der Antragsteller und jeder Antragsberechtigte.[113] Die Beschwerde ist statthaft gegen die Ablehnung der Erbscheinserteilung und die Anordnung der Erteilung an einen Nichterben.[114] Überprüft wird die gesamte Rechts- und Sachlage. Das Gericht hat auch die Zuständigkeit des Nachlassgerichts zu prüfen.[115] Die Beschwerde bleibt auch dann zulässig, wenn im Rechtsmittelverfahren durch das Nachlassgericht ein Erbschein an einen anderen Antragsteller erteilt wird.[116] Die Beschwerde gegen einen erteilten Erbschein führt nicht zu dessen Einziehung, wenn der Beschluss über die Erteilung bereits in formeller Rechtskraft erwachsen ist.[117] Die Beschwerde hat **keine aufschiebende Wirkung**, denn nach § 64 Abs. 3 FamFG muss darüber das Beschwerdegericht gesondert entscheiden. 44

Das **Erbscheinverfahren** in der Rechtsmittelbeschwerdeinstanz kann **ausgesetzt** werden, sofern zwischen den Erbprätendenten ein Feststellungsstreit über das Erbrecht besteht.[118] Die Frage, ob das angerufene Prozessgericht an die Ergebnisse des Erbscheinverfahrens gebunden ist, wird mit der h.M. und Rspr. verneint.[119] Hingegen ist das Nachlassgericht an die Entscheidung des Prozessgerichts gebunden.[120] Das Prozessgericht hat zu entscheiden, ob ein bestimmter Erbschein erteilt werden muss. Die eigentliche Ausführungshandlung, nämlich die Erteilung, also die Aushändigung als Ausführungshandlung, ist vom Nachlassgericht vorzunehmen. Dieses darf aber inhaltlich nicht mehr von der Entscheidung des Prozessgerichts abweichen.[121] Das Verbot der **reformatio in peius** ist auch im Erbscheinverfahren zu berücksichtigen.[122] Grundsätzlich ist das Rechtsmittelgericht in seiner Entscheidung an den Antrag des 45

---

113 Soergel/*Zimmermann*, § 2353 Rn 48; Beschwerde eines Testamentsvollstreckers gegen Einziehung eines Erbscheins: OLG Düsseldorf ZEV 2000, 449.

114 Sternal/*Göbel*, § 58 FamFG Rn 43.

115 OLG Frankfurt a.M. ZErb 2001, 183.

116 BayObLG ZErb 2001, 105.

117 OLG München, FGPrax, 2017, 133

118 BayObLG FamRZ 1999, 334 ff.

119 Soergel/*Zimmermann*, § 2353 Rn 57; BayObLG FamRZ 1999, 334 ff.; OLG München m. Anm. *Damrau*, ZEV 1995, 459.

120 *Lange/Kuchinke*, § 39 III.

121 Soergel/*Zimmermann*, § 2353 Rn 56.

122 Vgl. Sternal/*Sternal*, § 69 FamFG Rn 18.

Rechtsmittelführers gebunden. Der Verfahrensgegenstand darf nicht durch das Prozessgericht erweitert werden.[123] Gegen die Entscheidung des Beschwerdegerichts ist nach § 70 FamFG **die Rechtsbeschwerde** zulässig. Diese ist nach § 71 Abs. 1 FamFG beim Rechtsbeschwerdegericht (BGH) innerhalb eines Monats einzulegen. Die Rechtsbeschwerde, die in §§ 70–75 FamFG geregelt ist, entspricht der in §§ 574 ff. ZPO geregelten Rechtsbeschwerde. Die Rechtsbeschwerde ist inhaltlich wie die Revisionsinstanz ausgestaltet, da lediglich geprüft wird, ob die Rechtsanwendung in der Vorinstanz korrekt erfolgt ist. Es muss also als Begründung der Beschwerde eine Gesetzesverletzung angeführt werden. Damit sind seit Einführung des FamFG im Beschwerdeverfahren nur noch zwei Instanzen zur Überprüfung der angefochtenen Entscheidung vorhanden. Ist die Beschwerde begründet, so muss der durch die Beschwerde angefochtene Beschluss aufgehoben werden nach § 74 Abs. 5 FamFG. Das Rechtsbeschwerdegericht legt grundsätzlich den durch das Beschwerdegericht festgestellten Sachverhalt für seine Entscheidung zugrunde. Nach § 74 Abs. 7 FamFG kann das Gericht von einer Begründung der Entscheidung absehen, sofern sie nicht geeignet wäre, zur Klärung von Rechtsfragen grundsätzlicher Bedeutung, zur Fortbildung des Rechts oder zur Sicherung einer einheitlichen Rspr. beizutragen. Die **Kosten** für eine Beschwerde berechnen sich nach Anlage 1 Nr. 12220 KV GNotKG. Es wird dabei eine 1,0 Gebühr veranschlagt, jedoch maximal 872 EUR. Das Recht zur Beschwerde ist **vererblich**.[124]

IV. Kosten/Rechtsanwaltsgebühren

46 Der Antragsteller ist Kostenschuldner, § 22 Nr. 1 GNotKG. Bei mehreren sind diese als Gesamtschuldner Kostenschuldner nach § 32 Abs. 1 GNotKG. Für die Erteilung des Erbscheins fällt nach KV 12210 GNotKG eine 1,0 Gebühr an. Wird eine eidesstattliche Versicherung vom Antragsteller verlangt, verursacht dies eine weitere 1,0 Gebühr nach KV 23300 GNotKG,[125] wobei auch dann nur eine volle Gebühr anfällt, wenn mehrere Beteiligte eine eidesstattliche Versicherung in einer Urkunde abgeben.[126] Für die Eröffnung einer letztwilligen Verfügung sind die Erben Kostenschuldner nach § 24 Nr. 1 GNotKG. Der Geschäftswert errechnet sich für das Erbscheinverfahren nach dem Wert des **reinen Nachlasses** abzüglich der Nachlassverbindlichkeiten nach §§ 36, 40 GNotKG.[127] Bei Hoffolgezeugnissen ist der gemeine Wert des Hofes zugrunde zu legen.[128] Schwierigkeiten bereitet dabei häufig der Wertansatz von Immobilienvermögen. Dabei ist auch bei Gesellschaftsvermögen, welches Immobilienvermögen umfasst, dieses Immobilienvermögen mit dem Wert anzusetzen, der dem Verkehrswert möglichst nahekommt.[129] Diese Entscheidung scheint sachgerecht, denn weshalb sollte Immobilienvermögen, welches Gegenstand von Gesellschaftsvermögen ist, günstiger bewertet werden als reine private Immobilien? Vom Nachlass sind auch die den Erben belastenden Verbindlichkeiten, wie Vermächtnisse, Pflichtteilsansprüche und Auflagen, abzuziehen; dies scheint mit der h.M. auch sachgerecht, da dies nach hiesiger Auffassung echte Erbfallschulden sind.[130] Ob hingegen die vom Erben ggf. geschulde-

---

123 BayObLG NJW-RR 1992, 1223, 1225.
124 Soergel/*Zimmermann*, § 2353 Rn 48.
125 OLG Köln, Beschl. v. 27.6.2018 – 2 Wx 236/18.
126 *Hartmann/Toussaint*, KostR, 54. Auflage 2024, GNotKG, § 49 Rn 6.
127 *Sprau*, ZAP 1997, 1089, 1106.
128 *Hartmann/Toussaint*, KostR, GNotKG, § 107 Rn 26.
129 BayObLG ZEV 2002, 286.
130 Soergel/*Zimmermann*, § 2353 Rn 59.

ten **Erbschaftsteuern** als Nachlassverbindlichkeit abzugsfähig sind, ist str.[131] Wenn man tatsächlich von einem reinen Nachlasswert ausgehen möchte, so ist diese Ansicht zu bejahen, denn in der Tat fließt dem Erben rein netto der Nachlass nur unter Abzug der Erbschaftsteuern zu. Besonderheiten bzgl. der Wertfestsetzung für Immobiliennachlässe in der ehemaligen DDR wurden unterschiedlich von der Rspr. entschieden.[132]

47 In der Praxis ist es für den Rechtsanwalt unerlässlich, bei der Wertbestimmung von Grundstücken, sofern er nicht selbst über die ausreichenden Kenntnisse verfügt, den Mandanten darauf hinzuweisen, wie möglicherweise ein geringerer Verkehrswert für ein Grundstück dargestellt werden kann als von dem Nachlassgericht angenommen. Gerade bei Grundstücken, bei denen sich komplexe Fragestellungen aufgrund Lage, Beschaffenheit, Ausnutzung, künftiger Mietertrag stellen, ist die Frage nach der Ermittlung des Verkehrswertes mit großer Sachkunde zu bestimmen. Eine nachlässige Behandlung dieser Fragen kann zu erheblichen Kostennachteilen für den Mandanten führen.[133] Bei der Ermittlung des Geschäftswertes für die Erteilung eines Erbscheins, der lediglich für eine Grundbuchberichtigung benötigt wurde, ist eine vorliegende Rückauflassungsvormerkung bei der Wertberechnung entsprechend einem sonstigen dinglichen Recht in Abzug zu bringen.[134]

Das Verfahren auf Erteilung eines **Erbscheins** und das Verfahren auf Erteilung eines **Testamentsvollstreckerzeugnisses** sind in erster Instanz im Sinne des Gebührenrechts als zwei getrennte Verfahren zu behandeln, auch wenn in einem einheitlichen Beschluss darüber entschieden wird.[135]

48 Der **Notar** ist angehalten, den Beteiligten, der einen Erbschein beurkunden lassen möchte und dessen Erbrecht auf einer testamentarischen Erbfolge beruht, die in einer öffentlichen Urkunde festgehalten wurde, darauf hinzuweisen, dass es u.U. **ausreichend** und **kostengünstiger** ist, wenn er lediglich die Testamentsurkunde und die Niederschrift über die Eröffnung des Testaments z.B. bei einer Bank oder auch dem Grundbuchamt vorlegt, um die Rechtsnachfolge dokumentieren zu können.[136] Die **Rechtsanwaltsgebühren** bestimmen sich, sofern mit dem Mandanten nichts Abweichendes vereinbart wurde, nach den §§ 2, 13 RVG; i.V.m. Nr. 3100 VV RVG fällt eine Verfahrensgebühr i.H.v. 1,3 an. Kommt es zu einem Termin, fällt nach Nr. 3104 VV RVG eine Termingebühr i.H.v. 1,2 zusätzlich an. Findet eine Verständigung von verschiedenen Parteien statt, kann darüber hinaus eine Einigungsgebühr nach Nr. 1000 VV RVG anfallen Der Gegenstandswert bestimmt sich nach § 23 RVG i.V.m. §§ 36, 40 GNotKG.

49 Gerade bei niedrigen Nachlasswerten empfiehlt es sich meist, eine Stundensatzvereinbarung zu treffen, da ansonsten die Tätigkeit ggf. nicht adäquat honoriert wird. Auch bei der Mitwirkung in sehr komplizierten Erbschaftsfällen, gerade auch mit Auslandsbezug, empfiehlt sich die Prüfung, ob eine Stundensatzvereinbarung nicht empfehlenswert wäre, um eine wirtschaftliche Entlohnung des Rechtsanwaltes sichern zu können. In Erbrechtsfällen mit Auslandsbezug, die außereuropäische Länder betreffen, empfiehlt es sich, bei seiner Vermögensschadenhaftpflichtversicherung eine Zusage einzuholen, ob eine Beratung bzgl. der Rechtsfragen diese Länder betreffend vom Versiche-

131 OLG Köln ZEV 2001, 406 m. Anm. *Lappe*, ZErb 2001, 221; ablehnend *Hartmann/Toussaint*, KostR, GNotKG, § 107 Rn 12.
132 KG ZEV 1994, 314; BayObLG ZEV 1995, 231.
133 BayObLG ZEV 2002, 286, 287.
134 BayObLG ZEV 2000, 373.
135 OLG Hamburg, Beschl. v. 20.2.2018 – 2 W 63/17, ZEV 2018, 678.
136 *Winkler*, Beurkundungsgesetz, § 17 Rn 211.

rungsumfang gedeckt ist (was i.d.R. nicht der Fall ist), bzw. sich eine erweiterte Deckungszusage erteilen zu lassen.

§§ 2354 bis 2360 (weggefallen)

§ 2361 Einziehung oder Kraftloserklärung des unrichtigen Erbscheins

[1]Ergibt sich, dass der erteilte Erbschein unrichtig ist, so hat ihn das Nachlassgericht einzuziehen. [2]Mit der Einziehung wird der Erbschein kraftlos.

Übersicht: Rdn

A. Allgemeines

1 Die Einziehung eines wirksam erteilten, aber unrichtigen Erbscheins dient einzig und allein dem **Schutz des Rechtsverkehrs** i.S.d. § 2366 BGB. Denn der erteilte Erbschein ist mit öffentlichem Glauben ausgestattet und muss deshalb umgehend eingezogen werden, sobald seine Unrichtigkeit feststeht. Nur so lässt sich der gutgläubige Erwerb vom Nichterben verhindern und somit der Rechtsverkehr schützen.[1] Ein Erbschein kann auch noch lange Zeit nach seiner Erteilung eingezogen werden (27 Jahre), wenn dies dem Schutz des Rechtsverkehrs dient.[2] Im Einzelfall, kann jedoch die Anregung der Einziehung nach mehr als 30 Jahren treuwidrig sein.[3] Auch die Einziehung eines nach §§ 36, 37 GBO erteilten Zeugnisses, eines **Hoffolgezeugnisses** wie auch des **Testamentsvollstreckerzeugnisses** erfolgt nach § 2361 BGB, § 353 FamFG.[4] Ein unrichtiger Erbschein ist immer vom Nachlassgericht einzuziehen, die bloße **Ergänzung** genügt nicht.[5] Mit der h.M. ist aber davon auszugehen, dass Änderungen oder Ergänzungen immer dann zulässig sein müssen, wenn davon der öffentliche Glaube des Erbscheins nicht berührt wird, also insbesondere der sachliche Inhalt nicht erfasst wird. Im Einzelnen sind dies Korrekturen von Rechtschreibfehlern, von unerheblichen Falschbezeichnungen oder aber auch von überflüssigen Zusätzen.[6]

---

1 Soergel/*Zimmermann*, § 2361 Rn 1.
2 OLG Köln ZEV 2003, 466; Soergel/*Zimmermann*, § 2361 Rn 20.
3 OLG Hamm (10. Zivilsenat), Beschl. v. 29.5.2024 – 10 W 76/23, BeckRS 2024, 22938.
4 MüKo/*Grizwotz*, § 2361 Rn 51; Soergel/*Zimmermann*, § 2361 Rn 1; *Graß*, Landwirtschaftserbrecht, S. 504.
5 Soergel/*Zimmermann*, § 2361 Rn 6.
6 Vgl. MüKo/*Grziwotz*, § 2361 Rn 19; Grüneberg/*Weidlich*, § 2361 Rn 2; Soergel/*Zimmermann*, § 2361 Rn 16, 17.

B. Unrichtiger Erbschein

2 Die Unrichtigkeit des Erbscheins kann zeitlich in zwei Phasen vorliegen. **Ursprüngliche Unrichtigkeit** liegt vor, wenn bei Erteilung des Erbscheins dieser bereits unrichtig war. **Nachträgliche Unrichtigkeit** tritt ein, wenn die für die Erteilung des Erbscheins erforderlichen Voraussetzungen zu einem späteren Zeitpunkt – nach der zunächst richtigen Erteilung – nicht mehr gegeben sind.[7] Letzterer Fall kann bspw. gegeben sein, wenn ein bisher nicht ermittelter Erbe plötzlich auftaucht oder ein bisher unbekanntes Testament das bisher festgestellte Erbrecht verändert.

3 Zu unterscheiden sind die **inhaltliche** und die **formelle Unrichtigkeit. Inhaltliche Unrichtigkeit** ist gegeben, wenn das Erbrecht, das durch den Erbschein dokumentiert wird, unrichtig ist. Dies kann z.B. die falsche Angabe der Quote eines Erbteils sein, die unrichtige Angabe eines Erben, das Fehlen des Nacherbenvermerks oder dessen unrichtige Angabe.[8] Auch die unrichtige Angabe eines Erbstatuts im Erbschein stellt eine inhaltliche Unrichtigkeit dar, wenn z.B. statt einem beschränkten Erbschein nach § 352c FamFG ein unbeschränkter Erbschein erteilt wurde (siehe dazu § 2353 Rdn 11).[9] Falsche Angaben über das Bestehen oder Nichtbestehen einer Testamentsvollstreckung in Form eines nicht vorhandenen, unzulässigerweise vorhandenen oder fehlerhaften Testamentsvollstreckervermerks berechtigen ebenfalls zur Einziehung.[10] Eine **später eingetretene** inhaltliche Unrichtigkeit berechtigt das Nachlassgericht ebenfalls zur Einziehung.[11]

4 **Formelle Unrichtigkeit** ist gegeben, wenn durch das Nachlassgericht im Erbscheinsverfahren Fehler begangen wurden. Der Erbschein ist dann trotz ggf. vorliegender materieller Richtigkeit einzuziehen. Dies ist zwar nicht durch § 2361 BGB für den Fall der formellen Unrichtigkeit vorgesehen, jedoch wenden die h.M. und die Rspr. für diesen Fall der formellen Unrichtigkeit § 2361 BGB analog an, so dass der formell unrichtige Erbschein einzuziehen ist nach § 353 FamFG.[12] Als **formeller Fehler** kommt insbesondere die Erteilung eines Erbscheins durch ein unzuständiges Gericht in Betracht, wobei der BGH dies dahingehend eingeschränkt hat, dass dies nur gelten soll, sofern sich die örtliche Zuständigkeit aus einer eindeutigen Vorschrift ergab (vgl. § 2353 Rdn 18).[13] Ein Erbschein, der ohne entsprechenden Antrag erteilt wird, ist als unrichtig einzuziehen, da die formellen Voraussetzungen vom Nachlassgericht nicht beachtet wurden.[14] Der Erbschein ist aber genehmigungsfähig durch den Erben, so dass dann die Voraussetzungen der Einziehung entfallen würden bei entsprechender Genehmigung durch den Erben. Die Nichtgewährung des rechtlichen Gehörs stellt keinen Verfahrensmangel dar, der zu einer Unrichtigkeit des Erbscheins führen würde.[15]

5 Wird ein Erbschein durch einen Rechtspfleger erteilt, obgleich ein Richter dazu verpflichtet gewesen wäre, weil ein Beteiligter das Vorliegen eines Testaments behauptet, so ist der Erbschein **nicht unrichtig.**[16]

---

7 Soergel/*Zimmermann*, § 2361 Rn 3.
8 Soergel/*Zimmermann*, § 2361 Rn 3.
9 Grüneberg/*Weidlich*, § 2361 Rn 3.
10 MüKo/*Grziwotz*, § 2361 Rn 6; Soergel/*Zimmermann*, § 2361 Rn 12.
11 Soergel/*Zimmermann*, § 2361 Rn 3; *Krätzschel/Falkner/Döbereiner*, Nachlassrecht, § 39 Rn 4.
12 Soergel/*Zimmermann*, § 2361 Rn 5.
13 MüKo/*Grziwotz*, § 2361 Rn 14; Grüneberg/*Weidlich*, § 2361 Rn 4.
14 MüKo/*Grziwotz*, § 2361 Rn 9.
15 BGH NJW 1963, 1972; Grüneberg/*Weidlich*, § 2360 Rn 4.
16 BayObLG ZEV 1997, 383.

C. Einziehungsverfahren

6 Die Einziehung erfolgt **von Amts wegen** und kann ohne entsprechenden Antrag erfolgen, wobei in der Praxis häufig der Erbschein erst „auf Antrag" (eigentlich sollte man besser von einer „Anregung" durch die Beteiligten sprechen) eingezogen wird. Es ist also kein Antragsverfahren, sondern das Nachlassgericht kann von sich aus die Einziehung beschließen. Die Einziehung wird durch das Nachlassgericht **angeordnet**. Die Anordnung enthält die Aufforderung an den Betroffenen, den erteilten Erbschein im Original umgehend an das Nachlassgericht herauszugeben.[17]

I. Feststellung der Fehlerhaftigkeit

7 Das Nachlassgericht muss zunächst die Fehlerhaftigkeit des Erbscheins feststellen. Dazu ist es erforderlich, dass das Nachlassgericht **eigene Ermittlungen** nach § 26 FamFG anstellt und zu der vollen Überzeugung gelangen muss, dass der erteilte Erbschein unrichtig ist.[18]

8 Bloße **Zweifel an der Richtigkeit** des Erbscheins genügen für eine Einziehung nicht. Das Gericht muss in seiner Überzeugung hinsichtlich der Richtigkeit des Erbscheins erschüttert sein.[19] Es hat die gesamte Sach- und Rechtslage abschließend zu würdigen, bevor es seine abschließende Entscheidung über die Einziehung oder deren Ablehnung trifft. Der Nachweis der Unrichtigkeit ergibt sich aus der Verteilung der Feststellungslast.[20]

II. Zuständigkeit

9 Ausschließlich zuständig für die Einziehung des Erbscheins ist dasjenige Nachlassgericht, welches den **Erbschein erteilt** hat. Dies gilt auch für den Fall, dass das erteilende Nachlassgericht örtlich bei der Erteilung des Erbscheins unzuständig war.[21] Das Beschwerdegericht ist nicht zur Einziehung berechtigt, es kann lediglich das Nachlassgericht entsprechend anweisen.[22]

Eine Besonderheit ergibt sich für die Erbscheine, die durch die staatlichen Notariate der ehemaligen DDR erteilt wurden, für Vermögensgegenstände, die sich im Staatsgebiet der **ehemaligen DDR** befanden, und für einen Erblasser mit letztem Wohnsitz in der alten BRD. Für deren Einziehung ist seit dem 3.10.1990 das nach § 73 FGG a.F. (§ 343 FamFG) örtlich zuständige Nachlassgericht zuständig.[23] Unrichtige Erbscheine, die durch die staatlichen Notariate der ehemaligen DDR erteilt wurden, und zwar für einen Erblasser mit letztem Wohnsitz in der ehemaligen DDR, sind ebenfalls durch die nach § 73 FGG a.F. (§ 343 FamFG) an Stelle der ehemaligen Notariate zuständigen Nachlassgerichte einzuziehen.[24]

III. Einziehungsanordnung

10 Hat das Nachlassgericht festgestellt, dass der Erbschein unrichtig ist, muss es dessen Einziehung anordnen nach § 2361 BGB. Die **Einziehungsanordnung** ist mit den **Gründen** nach § 38 Abs. 3 FamFG zu versehen.[25] Die Bekanntgabe hat nach § 41 Abs. 1FamFG gegenüber den Beteiligten zu erfolgen. Gleichzeitig hat mit der Be-

17 MüKo/*Grziwotz*, § 2361 Rn 37.
18 Grüneberg/*Weidlich*, § 2361 Rn 9.
19 MüKo/*Grziwotz*, § 2361 Rn 27; Soergel/*Zimmermann*, § 2361 Rn 18.
20 Grüneberg/*Weidlich*, § 2358 Rn 5.
21 Soergel/*Zimmermann*, § 2361 Rn 19; Grüneberg/*Weidlich*, § 2361 Rn 8.
22 Grüneberg/*Weidlich*, § 2361 Rn 11.
23 KG ZEV 2000, 505.
24 MüKo/*Grziwotz*, § 2361 Rn 34; Soergel/*Zimmermann*, § 2361 Rn 19.
25 MüKo/*Grziwotz*, § 2361 Rn 35; *Lange/Kuchinke*, § 39 VI 2a.

kanntgabe auch die Aufforderung an die bisherigen Erbscheinserben zu ergehen, den nunmehr unrichtigen Erbschein an das Nachlassgericht herauszugeben bzw. mitzuteilen, wo sich der Erbschein befindet, falls dieser weitergegeben wurde, bspw. an ein Grundbuchamt oder eine Bank.

Bewirkt ist die Einziehung erst zu dem Zeitpunkt, in dem die Urschrift des Erbscheins und sämtliche Ausfertigungen beim Nachlassgericht abgeliefert wurden. Abschriften bleiben dabei unberücksichtigt, da sie im Rechtsverkehr nicht als erteilte Erbscheine Geltung erlangen.[26] Kommt ein Erbscheinserbe der Aufforderung zur Rückgabe nicht nach, hat das Nachlassgericht die Möglichkeit, nach § 35 FamFG ein Zwangsgeld festzusetzen. Das Nachlassgericht hat dabei strengstens darauf zu achten, dass tatsächlich sämtliche herausgegebenen Ausfertigungen eines Erbscheins wieder in die Hände des Nachlassgerichts gelangen. 11

D. Kraftloserklärung

Wird von einem Erbscheinserben bspw. mitgeteilt, die ihm erteilte Ausfertigung sei nicht mehr auffindbar, so hat das Nachlassgericht unverzüglich die Kraftloserklärung zu betreiben, da eine Einziehung mithin nicht mehr möglich ist gemäß § 353 Abs. 1 FamFG.[27] 12

Die Kraftloserklärung setzt gleich wie die Einziehung die **Unrichtigkeit** des Erbscheins voraus. Das Nachlassgericht hat die Kraftloserklärung durch Beschluss zu bewirken, dann nämlich, wenn die **Unerreichbarkeit** auch nur einer Ausfertigung feststeht. Auch der Kraftloserklärungsbeschluss ist zu begründen, ohne dass seine Wirksamkeit jedoch davon abhängt, so die Lit.;[28] dieser Ansicht ist zuzustimmen. Da die Kraftloserklärung wie eine öffentliche Zustellung nach der ZPO bekannt gemacht werden muss, dürfte die Wirksamkeit des Beschlusses zu Recht nicht von den Gründen abhängig sein. Sobald der Beschluss wirksam geworden ist, gilt der Erbschein als kraftlos. Damit **entfallen** seine Wirkungen nach **§§ 2365** und **2366 BGB**. 13

E. Einstweiliger Rechtsschutz/Sichernde Maßnahmen

In der Praxis stellt sich häufig die Frage, welche **vorläufig sichernden Maßnahmen** bis zum tatsächlichen Kraftloswerden des Erbscheins möglich sind. Denn solange ein Erbschein noch nicht eingezogen oder für kraftlos erklärt wurde, entfaltet er seine volle Wirksamkeit, sehr zum Nachteil u.U. für denjenigen, der ggf. der eigentliche Erbe wäre. Da die anzustellenden Ermittlungen hinsichtlich der Unrichtigkeit häufig einige Zeit in Anspruch nehmen, kann ein **Rechtsschutzbedürfnis** bestehen, schädliche Wirkungen des im Rechtsverkehr befindlichen Erbscheins zu vermeiden. Eine einstweilige Anordnung des Nachlassgerichts oder des Prozessgerichts kann dabei eine Maßnahme darstellen, zu versuchen, schädliche Wirkungen des Erbscheins zu verhindern. Jedoch kann auch durch eine einstweilige Anordnung oder einstweilige Verfügung nicht verhindert werden, dass dem Erbschein der öffentliche Glaube entzogen wird, denn solange dieser nicht eingezogen oder für kraftlos erklärt wurde, besitzt er den vollen öffentlichen Glauben.[29] Nach § 49 FamFG kommt deshalb nur in Betracht, dem Erbscheinserben aufzugeben, die Verfügung über den Nachlass zu unterlassen oder den Erbschein beim Nachlassgericht vorläufig zu hinterlegen.[30] 14

---

26 MüKo/*Grziwotz*, § 2361 Rn 38; Grüneberg/*Weidlich*, § 2361 Rn 10.
27 Grüneberg/*Weidlich*, § 2361 Rn 13.
28 MüKo/*Grziwotz*, § 2361 Rn 42.
29 BayObLG FamRZ 1994, 1554; Soergel/*Zimmermann*, § 2361 Rn 2.
30 MüKo/*Grziwotz*, § 2361 Rn 44.

F. Ermittlungspflicht des Nachlassgerichts

15 Das Gericht hat vollumfänglich aufzuklären, ob ein Erbschein möglicherweise unrichtig ist, sofern aufgrund eines Antrages auf Einziehung des Erbscheins für das Gericht hinreichende Zweifel geweckt werden.[31]

§ 2362 Herausgabe- und Auskunftsanspruch des wirklichen Erben

(1) Der wirkliche Erbe kann von dem Besitzer eines unrichtigen Erbscheins die Herausgabe an das Nachlassgericht verlangen.
(2) Derjenige, welchem ein unrichtiger Erbschein erteilt worden ist, hat dem wirklichen Erben über den Bestand der Erbschaft und über den Verbleib der Erbschaftsgegenstände Auskunft zu erteilen.

Übersicht: Rdn

A. Herausgabeanspruch

1 Der **Herausgabeanspruch** nach § 2362 BGB ist ein direkter Anspruch des wirklichen Erben gegenüber dem bisherigen durch den Erbschein ausgewiesenen Erben. Dieser Anspruch auf Herausgabe des Erbscheins an das **Nachlassgericht** stellt für den wirklichen Erben eine Möglichkeit dar, die schädlichen Wirkungen eines unrichtigen Erbscheins zu vermeiden, ohne ein ggf. zeitlich länger dauerndes Einziehungsverfahren durch das Nachlassgericht abwarten zu müssen.[1] Der Anspruch aus § 2362 BGB ist ein materieller Anspruch, der prozessual durchsetzbar ist, falls sich der bisher durch den Erbschein ausgewiesene Erbe weigert, diesen an das Nachlassgericht herauszugeben. In einem anhängigen Rechtsstreit zwischen Erbprätendenten kann es ggf. empfehlenswert sein, die anhängige Klage mit dem Anspruch auf Herausgabe des Erbscheins an das Nachlassgericht zu verbinden. Die **Zwangsvollstreckung** richtet sich nach § 883 ZPO über die Herausgabe von beweglichen Sachen. Der Gerichtsvollzieher hat den Erbschein an sich zu nehmen und diesen an das Nachlassgericht herauszugeben. Die erzeugte **Wirkung** der Herausgabe nach § 2362 BGB ist, dass der Erbschein, sofern er an das Nachlassgericht herausgegeben wurde, dieselbe ist wie nach § 2361 Abs. 1 BGB, der Erbschein wird dadurch **kraftlos.**[2]
Neben dem wirklichen Erben haben auch der **Nacherbe** und der **Testamentsvollstrecker** (nach § 2363 BGB) einen Herausgabeanspruch.

B. Auskunftsanspruch

2 Der Erbe hat neben dem Herausgabeanspruch auch einen **Anspruch auf Auskunft** nach Abs. 2 gegen jedermann, dem ein unrichtiger Erbschein erteilt wurde.[3] Denn der Erbschein kann nicht nur in den Händen des bisherigen durch den Erbschein ausgewiesenen Erben schädliche Wirkungen für den wirklichen Erben entfalten, sondern auch, wenn der Erbschein an einen Gläubiger des bisher ausgewiesenen Erben erteilt wurde oder an einen Testamentsvollstrecker. Der Auskunftsanspruch nach Abs. 2 i.V.m. §§ 260, 261 BGB berechtigt den wirklichen Erben, nicht nur Auskunft

31 Grüneberg/*Weidlich*, § 2361 Rn 9; Soergel/*Zimmermann*, § 2361 Rn 23.
1 MüKo/*Grziwotz*, § 2362 Rn 1.
2 Vgl. Soergel/*Zimmermann*, § 2362 Rn 1.
3 Grüneberg/*Weidlich*, § 2362 Rn 2.

über den tatsächlichen Besitz von Erbschaftsgegenständen, sondern auch über den Bestand des Nachlasses insgesamt zu verlangen.[4]
Der Auskunftsanspruch des Nacherben entsteht erst mit dem Eintritt des Nacherbfalls, da eine entsprechende Bezugnahme in § 2362 Abs. 2 fehlt.[5]

C. Praxisrelevanz

In der Praxis spielt der Herausgabeanspruch nach § 2362 BGB nur eine sehr **untergeordnete Rolle**; überwiegend erfolgt die Beseitigung des unrichtigen Erbscheins aus dem Rechtsverkehr durch die **Einziehung nach § 2361 BGB.**[6] Dies aus zwei Gründen: Zum einen ist die prozessuale Durchsetzung des Herausgabeanspruchs nach § 2362 BGB mit erheblichen **Kostenrisiken**, wie bei jedem anderen Zivilprozess, verbunden; ferner dürfte auch die prozessuale Durchsetzung des Herausgabeanspruches nicht wirklich schneller zum Ziel führen, da im regulären Zivilprozess, gerade im Erbprozess, die Beweisaufnahme sehr viel Zeit in Anspruch nimmt. Zum anderen erzeugt der Einziehungsbeschluss nach § 2361 BGB die Wirkung nach § 2366 Hs. 2 BGB, dass derjenige, der von dem Einziehungsbeschluss Kenntnis hat, sich nicht mehr auf den öffentlichen Glauben des Erbscheins berufen kann, was einen redlichen Erwerb in diesem Moment ausschließt.[7] 3

§ 2363 Herausgabeanspruch des Nacherben und des Testamentsvollstreckers

Dem Nacherben sowie dem Testamentsvollstrecker steht das in § 2362 Absatz 1 bestimmte Recht zu.

Der Nacherbe hat wie der Testamentsvollstecker nach § 2363 BGB einen Anspruch auf Herausgabe des Erbscheins, sofern dieser unrichtig ist. Der Nacherbe kann diesen Anspruch auch schon **vor Eintritt des Nacherbfalls** geltend machen.[1] Das Recht steht folgerichtig auch dem Ersatznacherben zu. § 2363 BGB verweist nicht auf § 2362 Abs. 2 BGB und enthält auch selbst keine Regelung bezüglich eines Auskunftsanspruchs gegenüber demjenigen, dem der unrichtige Erbschein erteilt wurde. Da dem Nacherben aber nach § 2221 BGB gegenüber dem Vorerben ein Anspruch auf Erteilung eines Nachlassverzeichnisses gewährt wird, müsste m.E. auch ein Auskunftsanspruch des Nacherben gegenüber demjenigen bejaht werden, dem der unrichtige Erbschein erteilt wurde.[2] 1

§ 2364 (aufgehoben)

---

4 Grüneberg/*Weidlich*, § 2362 Rn 6.
5 MüKo/*Grziwotz*, § 2363 Rn 3.
6 Soergel/*Zimmermann*, § 2362 Rn 1.
7 MüKo/*Grziwotz*, § 2362 Rn 2.
1 MüKo/*Grunsky*, § 212 Rn 3.
2 A.A. Grüneberg/*Weidlich*, § 2363 Rn 1.

§ 2365 Vermutung der Richtigkeit des Erbscheins

Es wird vermutet, dass demjenigen, welcher in dem Erbschein als Erbe bezeichnet ist, das in dem Erbschein angegebene Erbrecht zustehe und dass er nicht durch andere als die angegebenen Anordnungen beschränkt sei.

A. Rechtsvermutung

1 Der erteilte Erbschein erzeugt die **Rechtsvermutung**, dass das ausgewiesene Erbrecht richtig ist, sowohl hinsichtlich des ausgewiesenen Erben als auch bzgl. der ausgewiesenen Größe des Erbteils. Ebenfalls wird dadurch die Rechtsvermutung bezeugt, dass **keine weiteren Beschränkungen** des Erben bestehen als die in dem Erbschein ausgewiesenen.[1] Str. ist, ob die Rechtsvermutung auch so weit geht, dass die angegebenen Beschränkungen positiv bestehen. Mit der h.L. ist davon auszugehen, dass eine Rechtsvermutung nicht dahin geht, dass das Fortbestehen der in dem Erbschein aufgeführten **Beschränkungen** des Erben tatsächlich gegeben ist.[2] Die Rechtsvermutung erstreckt sich unter keinen Umständen auf im Erbschein unzulässige Angaben, wie z.B. den Vermerk, dass eine Nachlassverwaltung oder eine Nachlassinsolvenz besteht oder dass der Erbe mit einem Vermächtnis oder einer Auflage belastet ist.[3] Sobald die Einziehung durch das Nachlassgericht erfolgt ist, der Erbschein für kraftlos erklärt oder der Erbschein an das Nachlassgericht herausgegeben wurde, § 2362 BGB, entfällt die Rechtsvermutung des § 2365 BGB.

B. Beweiskraft

2 Der Umfang der Beweiskraft des Erbscheins ist umstritten. Zwar stellt das Nachlassgericht durch die Ausstellung des Erbscheins gerade ausdrücklich amtlich fest, dass der in dem Erbschein aufgeführte Erbe Rechtsnachfolger des Erblassers geworden ist, mit oder ohne Beschränkungen, jedoch ist im Erbprozess der Erbschein kein ausreichendes **Beweismittel** zum Nachweis des geltend gemachten Erbrechts.[4] Macht ein Erbpätendent in einem Zivilverfahren seinen erbrechtlichen Anspruch geltend, ist das **Prozessgericht** nicht an die Entscheidung des Nachlassgerichts gebunden.[5] Deshalb kann derjenige, der gegen einen anderen Erbprätendenten, dem bereits ein Erbschein erteilt wurde, sämtliche Beweismittel, die auch schon dem Nachlassgericht vorgelegt wurden, erneut in den Zivilprozess als zulässige Beweismittel einführen. Es gelten die allg. Beweisregeln des Zivilprozessrechts.[6] Der Beweis der gegenteiligen Rechtslage und somit der Rechtsvermutung nach § 2365 BGB kann durch den Beweis des Gegenteils nach § 292 ZPO erfolgen. Der Ansicht ist Recht zu geben, wonach unabhängig von der Parteirolle § 2365 BGB im Zivilprozess über das Erbrecht keine Anwendung findet und insofern grds. auch keine **Beweislastverteilung** durch § 2365 BGB gegeben ist.[7] Liegen mehrere sich **widersprechende Erbscheine** für denselben Erbfall vor, was häufiger in der Praxis der Fall ist, wenn sich mehrere Gerichte für den Erbfall für zuständig erachten, so ist zu fragen, wie weit die Rechtsvermutung des § 2365 BGB für den einzelnen Erbschein reicht. Weisen bspw. zwei Erbscheine dasselbe Erbrecht

---

1 Grüneberg/*Weidlich*, § 2365 Rn 1; Soergel/*Zimmermann*, § 2365 Rn 39.
2 *Brox/Walker*, Erbrecht, Rn 588; Grüneberg/*Weidlich*, § 2365 Rn 1; MüKo/*Grziwotz*, § 2365 Rn 13; Soergel/*Zimmermann*, § 2365 Rn 3, insoweit offengelassen.
3 Grüneberg/*Weidlich*, § 2365 Rn 1; Soergel/*Zimmermann*, § 2365 Rn 5.
4 MüKo/*Grziwotz*, § 2365 Rn 22 ff.; *Scheer*, Erbschein, S. 47.
5 BayObLG FamRZ 1999, 334.
6 *Brox/Walker*, Erbrecht, Rn 588; Grüneberg/*Weidlich*, § 2365 Rn 4.
7 Grüneberg/*Weidlich*, § 2365 Rn 4; Soergel/*Zimmermann*, § 2365 Rn 2; differenzierend MüKo/*Grziwotz*, § 2365 Rn 22.

aus, so darf für beide die Rechtsvermutung des § 2365 BGB vollständig angenommen werden. Sind jedoch verschiedene Erbscheine für denselben Erbfall inhaltlich widersprüchlich, so ist die Rechtsvermutung nach der h.M., der zuzustimmen ist,[8] zumindest hinsichtlich der Reichweite der Widersprüche nicht gegeben. Die Rechtsvermutung des § 2365 BGB gilt auch insoweit für das **Grundbuchamt** und das **Handelsregister**.[9] Zu den sonstigen Nachweisen des Erbrechts vgl. Vorbem. zu §§ 2353 ff. Rdn 7.

§ 2366 Öffentlicher Glaube des Erbscheins

Erwirbt jemand von demjenigen, welcher in einem Erbschein als Erbe bezeichnet ist, durch Rechtsgeschäft einen Erbschaftsgegenstand, ein Recht an einem solchen Gegenstand oder die Befreiung von einem zur Erbschaft gehörenden Recht, so gilt zu seinen Gunsten der Inhalt des Erbscheins, soweit die Vermutung des § 2365 reicht, als richtig, es sei denn, dass er die Unrichtigkeit kennt oder weiß, dass das Nachlassgericht die Rückgabe des Erbscheins wegen Unrichtigkeit verlangt hat.

Übersicht: Rdn

A. Allgemeines

1 § 2366 BGB dient dem **Schutz des Rechtsverkehrs**. Der gutgläubige Erwerber, der auf das durch den Erbschein ausgewiesene Erbrecht vertraut, soll geschützt werden. Es soll also derjenige Dritte geschützt werden, der durch ein Rechtsgeschäft mit dem Erbscheinserben von diesem etwas erwirbt, wobei das entgeltliche dem unentgeltlichen Rechtsgeschäft gleichsteht. Nicht erfasst von der Schutzwirkung des § 2366 BGB werden Erwerbe im Wege der Zwangsvollstreckung.[1]

B. Reichweite des öffentlichen Glaubens

2 Der öffentliche Glaube ist nur für den tatsächlich **erteilten** und **in Kraft** befindlichen Erbschein gegeben. Wurde der Erbschein eingezogen oder für kraftlos erklärt, genießt er **keinen** öffentlichen Glauben mehr. Nach Hs. 2 ist der redliche Erwerb bereits ausgeschlossen, sofern der Dritte Kenntnis von der Unrichtigkeit, also einer Einziehungsvoraussetzung des Erbscheins, hat.[2] Der redliche Erwerber muss auch nicht Zweifel hegen bzgl. der Richtigkeit des Erbscheins, es trifft ihn also keine **Aufklärungspflicht**. Lediglich wenn er tatsächlich Kenntnis hat von der Unrichtigkeit, der Kraftloserklärung oder der Einziehung, entfällt der öffentliche Glaube. Dieser Schutz ist für den redlichen Erwerber laut h.M. unabhängig davon gegeben, ob er sich den Erbschein hat vorlegen lassen, und sogar für den Fall, dass er überhaupt keine Kenntnis vom Erbschein hatte beim Erwerb vom Erbscheinserben.[3]

---

8 MüKo/*Mayer*, § 2365 Rn 22 ff.; Soergel/*Zimmermann*, § 2365 Rn 2; *Brox/Walker*, Erbrecht, Rn 589; einschränkend *Lemke*, Diss. 1981, S. 57.
9 MüKo/*Grziwotz*, § 2365 Rn 24, 28.
1 Grüneberg/*Weidlich*, § 2366 Rn 1; Soergel/*Zimmermann*, § 2366 Rn 8.
2 Soergel/*Zimmermann*, § 2366 Rn 10.
3 Soergel/*Zimmermann*, § 2366 Rn 10.

C. Erbschaftsgegenstand

3 Der **Begriff des Erbschaftsgegenstandes** ist weit gefasst; er bezieht sich sowohl auf das bewegliche als auch auf das unbewegliche Vermögen, insbesondere auch auf Forderungen und Mitgliedschaftsrechte.[4] Bei dem Erwerb eines Grundstückes ist danach zu differenzieren, ob der Erbscheinserbe bereits im Grundbuch eingetragen war; dann gelangen für den Erwerber ausschließlich die Vorschriften der §§ 891 ff. BGB zur Anwendung, der Erwerber kann sich also auf § 891 BGB berufen, denn er durfte von der Richtigkeit des Grundbuchs ausgehen.[5] War hingegen der Erbscheinserbe noch nicht im Grundbuch eingetragen, kommt § 2366 BGB neben § 891 BGB zur Anwendung.[6] Der gute Glaube der §§ 891 und 2366 BGB gelangt dann aber nicht zur Anwendung, sofern im Grundbuch ein **Widerspruch** eingetragen ist. Dies ist unabhängig davon, ob der Widerspruch gegen den Erben oder bereits gegen den Erblasser eingetragen war bzw. dessen Rechtsinhaberschaft.[7] Die Erstreckung des guten Glaubens nach § 2366 BGB ist hinsichtlich beweglicher Sachen weiter zu fassen als bei den §§ 932 ff. BGB. Der Erwerber handelt nur dann nicht im guten Glauben, wenn er von der Unrichtigkeit des Erbscheins oder von der Einziehung Kenntnis hatte. Erwirbt der Dritte eine Sache, die nicht im Eigentum des Erblassers stand, so erwirbt er nur dann gutgläubig, wenn sich sein guter Glaube auch auf die Eigentumszugehörigkeit bezogen hat. Ist der Erblasser aber bereits auch Nichtberechtigter gewesen, so kommt ein gutgläubiger Erwerb nicht allein auf der Basis des § 2366 BGB zustande; vielmehr müssen auch die sonstigen Voraussetzungen der §§ 932 ff. BGB gegeben sein, denn ansonsten wäre der Erwerber nach § 2366 BGB bessergestellt.[8]

D. Ansprüche des wirklichen Erben

4 Es stellt sich die Frage, welche Ansprüche der **wirkliche Erbe** für den Fall von **wirksamen Verfügungen** über Nachlassgegenstände durch den vermeintlichen Erbscheinserben hat. Aufgrund der §§ 2365, 2366 BGB ist der redliche Erwerber geschützt. Der Anspruch des wirklichen Erben kann sich folglich nur gegen den verfügenden Erbscheinserben richten. § 2019 BGB ist entsprechend heranzuziehen, um vom Erbscheinserben dasjenige herausfordern zu können, was dieser bei einem entgeltlichen Erwerb oder als Surrogat erlangt hat.[9] Hat der Erbscheinserbe unentgeltlich verfügt, so ist § 816 Abs. 1 S. 1 BGB anwendbar. Auch Ansprüche des wirklichen Erben aus §§ 822, 823 ff. BGB können in Frage kommen gegenüber dem Erbscheinserben.[10]

4 *Lange*, Erbrecht, Kapitel 19 Rn 90.

5 *Schöner/Stöber*, Grundbuchrecht, Rn 337.

6 Soergel/*Zimmermann*, § 2366 Rn 9; Grüneberg/*Weidlich*, § 2366 Rn 6; MüKo/*Grziwotz*, § 2366 Rn 43.

7 Grüneberg/*Weidlich*, § 2366 Rn 6; MüKo/*Grziwotz*, § 2366 Rn 39.

8 *Brox/Walker*, Erbrecht, Rn 590; MüKo/*Grziwotz*, § 2366 Rn 40.

9 *Lange/Kuchinke*, § 39 VIII 5; Soergel/*Zimmermann*, § 2366 Rn 15.

10 *Brox/Walker*, Erbrecht, Rn 590.

§ 2367 Leistung an Erbscheinserben

Die Vorschrift des § 2366 findet entsprechende Anwendung, wenn an denjenigen, welcher in einem Erbschein als Erbe bezeichnet ist, aufgrund eines zur Erbschaft gehörenden Rechts eine Leistung bewirkt oder wenn zwischen ihm und einem anderen in Ansehung eines solchen Rechts ein nicht unter die Vorschrift des § 2366 fallendes Rechtsgeschäft vorgenommen wird, das eine Verfügung über das Recht enthält.

Leistungen eines Dritten an einen Erbscheinserben, die auf eine bestehende Verbindlichkeit des Nachlasses hin erfolgen, befreien den redlichen Dritten nach § 2367 BGB von seiner Verbindlichkeit. § 2367 BGB schützt also den redlichen Schuldner, während § 2366 BGB den redlichen Gläubiger schützt. Durch § 2367 BGB wird jegliche Leistung an den Erbscheinserben erfasst. Dazu zählen neben der reinen Leistung auf eine Verbindlichkeit auch die **Aufrechnung** oder eine **Kündigung** eines bestehenden Schuldverhältnisses.[1] Der Schutz des § 2367 BGB bezieht sich allein auf Verfügungsgeschäfte des vermeintlichen Erbscheinserben. Durch reine Verpflichtungsgeschäfte, also z.B. das Vermieten eines Grundstückes durch den vermeintlichen Erbscheinserben, wird der wirkliche Erbe nicht verpflichtet, auch nicht nach h.M. durch einen Prozess, den der Erbscheinserbe führt.[2] In der Praxis ist auch der Fall des in einer Gesellschafterversammlung aktiv sein Stimmrecht ausübenden vermeintlichen Erbscheinserben ein häufiger anzutreffender Sachverhalt – auch dieser Sachverhalt ist unter § 2367 BGB einzuordnen.[3] Der Erbscheinserbe haftet dem wirklichen Erben gegenüber nach § 816 Abs. 2 BGB. 1

§ 2368 Testamentsvollstreckerzeugnis

[1]Einem Testamentsvollstrecker hat das Nachlassgericht auf Antrag ein Zeugnis über die Ernennung zu erteilen. [2]Die Vorschriften über den Erbschein finden auf das Zeugnis entsprechende Anwendung; mit der Beendigung des Amts des Testamentsvollstreckers wird das Zeugnis kraftlos.

Übersicht: Rdn

A. Allgemeines

Der **Nachweis** des Testamentsvollstreckers für sein Amt erfolgt über das **Testamentsvollstreckerzeugnis.** Das Zeugnis dient dem Testamentsvollstrecker als **Legitimation** – gleich dem Erbschein für den Erben – im Rechtsverkehr gegenüber Dritten. Das Testamentsvollstreckeramt beginnt aber bereits in dem Zeitpunkt, in dem die Anordnung der Testamentsvollstreckung sowie die Ernennung und die Annahme vor- 1

1 Grüneberg/*Weidlich*, § 2367 Rn 1; *Lange*, Erbrecht, Kapitel 19 Rn 99.
2 Soergel/*Zimmermann*, § 2367 Rn 3; MüKo/*Grziwotz*, § 2367 Rn 7.
3 H.M.; Grüneberg/*Weidlich*, § 2367 Rn 2; MüKo/*Grziwotz*, § 2367 Rn 9.

liegen.[1] Der Dritte kann sich im Rechtsverkehr gleich wie beim Erbschein auf den öffentlichen Glauben nach § 2366 BGB berufen. Der Inhalt des Testamentsvollstreckerzeugnisses gibt die Befugnisse des Testamentsvollstreckers wieder. Es besteht insoweit eine negative Vermutung, dass der Testamentsvollstrecker nicht durch weitere als im Zeugnis angegebene Beschränkungen in seiner Verfügungsmacht eingeschränkt ist.[2]

2 **Sonstige Nachweise** der wirksamen Testamentsvollstreckung sind für den Testamentsvollstrecker die Vorlage der Verfügung von Todes wegen oder der Grundbucheintrag des Testamentsvollstreckervermerks nach § 52 GBO.[3] Letzterer kann gerade auch durch Vorlage der Verfügung von Todes wegen eingetragen werden, ohne dass es eines Testamentsvollstreckerzeugnisses bedarf.[4] Das **Testamentsvollstreckerzeugnis** dient gerade auch als Nachweis über die Amtsausübung für das Grundbuchamt nach § 52 GBO. Die Eintragung des Testamentsvollstreckervermerks nach § 52 GBO mit der Folge, dass dadurch eine Grundbuchsperre eintritt,[5] erfolgt in der Praxis überwiegend über das Testamentsvollstreckerzeugnis nach § 2368 BGB i.V.m. § 35 Abs. 2 Hs. 2 GBO.[6] Das Grundbuchamt hat die formelle Wirksamkeit des Testamentsvollstreckerzeugnisses zu prüfen, nicht jedoch seine materielle Wirksamkeit.[7] Zu beachten ist, dass ein Testamentsvollstreckervermerk im Grundbuch nach § 52 GBO grundsätzlich nur eingetragen werden darf, wenn auch die Erben zeitgleich eingetragen werden.[8] Auch für den Nachweis der Testamentsvollstreckung gegenüber dem **Handelsregister** dient das Testamentsvollstreckerzeugnis. Ist eine Dauertestamentsvollstreckung an einem Kommanditanteil angeordnet, so ist die Testamentsvollstreckung zum Handelsregister eintragungsfähig.[9] Das Testamentsvollstreckerzeugnis dient als ausreichender Nachweis für den Testamentsvollstrecker, wenn er z.B. eine Anmeldung zum Handelsregister vornehmen möchte.

B. Inhalt des Zeugnisses

3 In § 354 Abs. 2 FamFG sind nunmehr die früher in § 2368 Abs. 2 BGB enthaltenen Regelungen hinsichtlich möglicher Beschränkungen des Testamentsvollstreckers genannt.

Das Testamentsvollstreckerzeugnis hat die Person des Testamentsvollstreckers exakt zu bezeichnen (im Gegensatz zu den Angaben des Testamentsvollstreckers im Erbschein nach § 352b Abs. 2 FamFG), also insbesondere den **Erblasser**, den **Namen** des Testamentsvollstreckers, ggf. auch mit dessen Berufsbezeichnung, z.B. RA, StB, WP. Ebenso sind die **Abweichungen von der gesetzlichen Verfügungsmacht** und etwaige Beschränkungen und Erweiterungen der Befugnisse des Testamentsvollsteckers mit aufzunehmen, soweit sie für den Rechtsverkehr rechtliche Bedeutung haben gemäß § 354 Abs. 2 FamFG.[10] Die Anordnung, wonach lediglich eine Testamentsvollstreckung nach § 2222 BGB für den Nacherben erfolgen soll, ist ebenso in das Zeugnis aufzunehmen wie die nur beaufsichtigende Testamentsvollstreckung nach § 2208

1 *Mayer/Bonefeld*, Testamentsvollstreckung, § 7 Rn 3; *Bengel/Reimann/Holtz/Röhl*, HB Testamentsvollstreckung, § 2 Rn 310.
2 *Krätzschel/Falkner/Döbereiner*, Nachlassrecht, § 38 Rn 68.
3 *Bengel/Reimann/Holtz/Röhl*, HB Testamentsvollstreckung, § 2 Rn 311.
4 *Schöner/Stöber*, Grundbuchrecht, Rn 3465.
5 *Schöner/Stöber*, Grundbuchrecht, Rn 3471.
6 Soergel/*Zimmermann*, § 2368 Rn 1.
7 BayObLG BWNotZ 1991, 142.
8 *Schöner/Stöber*, Grundbuchrecht, Rn 3466.
9 BGH, Beschl. v. 14.2.2012 – II ZB 15/11, NJW-RR 2012, 730.
10 Vgl. dazu *Bengel/Reimann/Holtz/Röhl*, HB Testamentsvollstreckung, § 2 Rn 310; *Mayer/Bonefeld*, Testamentsvollstreckung, § 7 Rn 47; Grüneberg/*Weidlich*, § 2368 Rn 3.

Abs. 2 BGB.[11] Sind bei einer Testamentsvollstreckung, die an einem **Gesellschaftsanteil** dauerhaft durch den Erblasser angeordnet wurde, Einschränkungen des Testamentsvollstreckers in seinen Befugnissen durch das Gesellschaftsrecht gegeben, so sind diese **nicht** im Testamentsvollstreckerzeugnis anzugeben.[12] Hat der Erblasser bei der Anordnung der Testamentsvollstreckung eine **zeitliche Begrenzung** der Amtszeit des Testamentsvollstreckers bestimmt, ist dies im Testamentsvollstreckerzeugnis nach h.M. notwendigerweise anzugeben.[13] Ebenfalls ist nach wohl h.M. jegliche Sonderform einer Testamentsvollstreckung, wie Verwaltungs- oder Dauertestamentsvollstreckung, im Zeugnis aufzuführen.[14] Für die im Testamentsvollstreckerzeugnis anzugebenden Beschränkungen sind allein maßgeblich die Anordnungen des Erblassers in der letztwilligen Verfügung.[15]

C. Erteilungsverfahren

4 Erteilt wird das Testamentsvollstreckerzeugnis durch das nach §§ 343, 344 FamFG örtlich zuständige **Nachlassgericht**, entsprechend der Erteilung des Erbscheins, wobei dabei auf die Anmerkungen zu § 2353 BGB zu verweisen ist. Nach h.M. ist auch für den Fall, dass sich ein landwirtschaftlicher Hof im Nachlass befindet, das Nachlassgericht und **nicht** das Landwirtschaftsgericht für die Erteilung des Testamentsvollstreckerzeugnisses zuständig.[16] Dem ist zuzustimmen, denn aus § 18 Abs. 2 HöfeO lässt sich nicht entnehmen, dass auch für die Erteilung des Testamentsvollstreckerzeugnisses das Landwirtschaftsgericht zuständig wäre. Zuständig ist der Richter nach § 16 Abs. 1 RPflG. Das Zeugnis wird auf **Antrag** erteilt. Antragsberechtigt ist nach h.M. ausschließlich der Testamentsvollstrecker oder ein Nachlassgläubiger nach §§ 792, 896 ZPO, der Erbe selbst nicht.[17] Zu Recht weist die h.M. darauf hin, dass der Erbe durch den Erbschein ausreichend legitimiert ist und seine Beschränkungen durch die Testamentsvollstreckung im Erbschein aufgeführt sind, so dass das Testamentsvollstreckerzeugnis für ihn nicht erforderlich wäre.[18]

5 Einen Rechtsstreit zwischen dem Erben und dem Testamentsvollstrecker hat das Nachlassgericht jedoch nicht zu entscheiden, dafür ist der normale Zivilprozessweg offen. Das Nachlassgericht kann das Verfahren über die Erteilung des Testamentsvollstreckerzeugnisses aussetzen bis zur rechtskräftigen Entscheidung über den anhängigen Zivilprozess zwischen dem Erben und dem Testamentsvollstrecker.

D. Rechtsvermutung/Beweiskraft

6 In § 2368 S. 2 BGB wird ausdrücklich auf die Anwendung sämtlicher Vorschriften über den Erbschein hingewiesen, mithin also insbesondere auch auf die Vorschriften §§ 2365, 2366 BGB. Der Dritte darf im Rechtsverkehr auf die **Richtigkeit des Erbscheins** vertrauen, sowohl auf die Angaben über die Person des Testamentsvollstreckers als auch über seine Befugnisse, bzw. negativ darauf, dass keine weiteren Beschränkungen des Testamentsvollstreckers gegeben sind als die in dem Zeugnis ausge-

11 Soergel/*Zimmermann*, § 2368 Rn 9.
12 H.M.; BGH NJW 1996, 1284 ff.
13 Grüneberg/*Weidlich*, § 2368 Rn 10.
14 OLG Zweibrücken FamRZ 1998, 581; Grüneberg/*Weidlich*, § 2368 Rn 3.
15 BayObLG ZEV 1999, 67.
16 BGH NJW 1972, 582; *Graß*, Landwirtschaftserbrecht, S. 490 m.w.N.; Grüneberg/*Weidlich*, § 2368 Rn 5.
17 Grüneberg/*Weidlich*, § 2368 Rn 5; Soergel/*Zimmermann*, § 2368 Rn 7; a.A. *Brox/Walker*, Erbrecht, Rn 598, der auch den Erben für antragsberechtigt erachtet.
18 Soergel/*Zimmermann*, § 2368 Rn 7.

wiesenen.[19] Das Europäische Nachlasszeugnis (ENZ) enthält die Rechtsvermutung, dass der im ENZ ausgewiesene Testamentsvollstrecker befugt ist, über den Nachlass zu verfügen. Für einen Rechtsstreit zwischen dem Erben und dem Testamentsvollstrecker gilt dasselbe wie für einen Rechtsstreit zwischen zwei Erbprätendenten (siehe dazu § 2365 Rdn 2).[20]

7 Das Testamentsvollstreckerzeugnis selbst liefert keinen Nachweis über den Fortbestand der Testamentsvollstreckung. Grund dafür ist, dass nach § 2368 S. 2 Hs. 2 BGB das Zeugnis automatisch mit Beendigung des Amts kraftlos wird.[21] Der Testamentsvollstrecker kann jedoch einen Antrag an das Nachlassgericht stellen, wonach ihm ein Zeugnis über das Fortbestehen des Amts erteilt wird. Auch für die Vergangenheit, sollte das Amt bereits beendigt worden sein, kann ein solches Zeugnis beantragt werden.[22] Die Frage, bis zu welchem Zeitpunkt das Amt des Testamentsvollstreckers bestand, ist insbesondere bei Grundstücksgeschäften durch den Testamentsvollstrecker häufig Gegenstand von Streitigkeiten.[23]

8 Der **öffentliche Glaube** erstreckt sich für den Dritten sowohl auf die Verfügungsgeschäfte als auch, im Unterschied zum Erbschein, auf die Verpflichtungsgeschäfte, die der vermeintliche Testamentsvollstrecker eingeht.[24] Der nach § 2366 BGB geschützte **öffentliche Glaube**, der entsprechend auch für das Testamentsvollstreckerzeugnis gilt, schützt aber nur den Dritten im Rechtsverkehr. § 2368 BGB gelangt nicht zur Anwendung im Verhältnis Erbe/Testamentsvollstrecker.[25]

E. Rechtsmittel

9 **Richtiges Rechtsmittel** gegen die Versagung der Erteilung des Testamentsvollstreckerzeugnisses ist die befristete **Beschwerde** nach §§ 58 ff. FamFG. Beschwerdeberechtigt ist derjenige, der in seinen Rechten durch die Verfügung des Nachlassgerichts beeinträchtigt wird nach § 59 Abs. 1 FamFG. Folglich ist auch der Erbe Berechtigter, jedoch dürfte seine Beschwerde gegen das erteilte Testamentsvollstreckerzeugnis lediglich als Anregung zur Einziehung wegen Unrichtigkeit umgedeutet werden.[26] Ein Beschwerderecht gegen die Ablehnung der Einziehung steht dem Erben gleichfalls zu. Kein Beschwerderecht hat der vermeintliche Erbe gegen das erteilte Testamentsvollstreckerzeugnis, sofern eindeutig feststeht, dass er sich auf ein Erbrecht nach dem Erblasser beruft, welches nicht besteht.[27] Ebenfalls ist der vermeintliche Testamentsvollstrecker nicht zur Beschwerde gegen die Einziehung des Zeugnisses befugt, sofern er nicht beweisen kann, dass er wirksam als Testamentsvollstrecker ernannt wurde.[28]

F. Einziehung/Kraftloserklärung

10 Die Einziehung des Testamentsvollstreckerzeugnisses hat als reine Verfahrenshandlung keinen Einfluss auf das Bestehen oder Nicht-Bestehen des Amts, also der Testamentsvollstreckung als solcher. Der Konnex besteht ausschließlich in umgekehrter Richtung: Wenn eine Testamentsvollstreckung – ganz oder bezüglich eines Testaments-

19 Soergel/*Zimmermann*, § 2368 Rn 12; MüKo/*Grziwotz*, § 2368 Rn 36 ff.
20 MüKo/*Grziwotz*, § 2368 Rn 43.
21 *Mayer/Bonefeld/Tanck*, Testamentsvollstreckung, § 8 Rn 1; *Bengel/Reimann/Holtz/Röhl*, HB Testamentsvollstreckung, Rn 270; sehr differenzierend *Bestelmeyer*, ZEV 1997, 316.
22 MüKo/*Grziwotz*, § 2368 BGB Rn 12.
23 BayObLG ZEV 1999, 67, 69; Grüneberg/*Herrler*, § 878 Rn 11 m.w.N.
24 Soergel/*Zimmermann*, § 2368 Rn 12; Grüneberg/*Weidlich*, § 2368 Rn 9.
25 MüKo/*Grziwotz*, § 2368 Rn 44.
26 Soergel/*Zimmermann*, § 2368 Rn 13.
27 KG ZEV 2000, 505.
28 OLG Düsseldorf ZErb 2000, 245; OLG Düsseldorf ZEV 2000, 449.

vollstreckers – beendet ist, ist das erteilte Zeugnis unrichtig. Die Unrichtigkeit des Zeugnisses ist Grund für die Einziehung. Unrichtigkeit ist auch gegeben, wenn die Person des Testamentsvollstreckers falsch bezeichnet ist oder Angaben hinsichtlich des Umfangs der Testamentsvollstreckung fehlerhaft sind.[29] Hinsichtlich der Möglichkeit der Berichtigung des Zeugnisses sei auf die Ausführungen zu § 2361 BGB verwiesen. **Automatisch** wird das Zeugnis kraftlos nach S. 2 Hs. 2, sofern das Amt des Testamentsvollstreckers beendet wird, sei es durch Tod des Testamentsvollstreckers, Kündigung durch ihn selbst oder Entlassung durch die Erben nach §§ 2225 ff. BGB. Für den Fall der Beendigung des Amts ist weder eine Einziehung noch eine explizite Kraftloserklärung erforderlich. In der Praxis üblich ist die Aufforderung an den Testamentsvollstrecker, das Zeugnis an das Nachlassgericht nach Beendigung herauszugeben. In der Lit. besteht die Ansicht, dass der Erbe oder ein nachfolgender Testamentsvollstrecker die Herausgabe an das Nachlassgericht verlangen kann.[30] M.E ist der Rechtsverkehr durch die klare Regelung in S. 2 Hs. 2 ausreichend geschützt. Allerdings kann bei Zweifeln über das Bestehen der Testamentsvollstreckung von keinem Beteiligten oder Interessierten eine Negativbescheinigung über das Nichtbestehen einer Testamentsvollstreckung verlangt werden. Ein solches Negativzeugnis ist gesetzlich nicht vorgesehen.[31] Zu beachten ist auch, dass weder das Nachlassgericht noch das Beschwerdegericht berechtigt sind, in die Amtsführung eines Testamentsvollstreckers einzugreifen. Eine einstweilige Anordnung in diesem Bereich ist deshalb nicht möglich.[32]

§ 2369 (aufgehoben)

§ 2370 Öffentlicher Glaube bei Todeserklärung

(1) Hat eine Person, die für tot erklärt oder deren Todeszeit nach den Vorschriften des Verschollenheitsgesetzes festgestellt ist, den Zeitpunkt überlebt, der als Zeitpunkt ihres Todes gilt, oder ist sie vor diesem Zeitpunkt gestorben, so gilt derjenige, welcher aufgrund der Todeserklärung oder der Feststellung der Todeszeit Erbe sein würde, in Ansehung der in den §§ 2366, 2367 bezeichneten Rechtsgeschäfte zugunsten des Dritten auch ohne Erteilung eines Erbscheins als Erbe, es sei denn, dass der Dritte die Unrichtigkeit der Todeserklärung oder der Feststellung der Todeszeit kennt oder weiß, dass sie aufgehoben worden sind.
(2) [1]Ist ein Erbschein erteilt worden, so stehen demjenigen, der für tot erklärt oder dessen Todeszeit nach den Vorschriften des Verschollenheitsgesetzes festgestellt ist, wenn er noch lebt, die in § 2362 bestimmten Rechte zu. [2]Die gleichen Rechte hat eine Person, deren Tod ohne Todeserklärung oder Feststellung der Todeszeit mit Unrecht angenommen worden ist.

Die **Todeserklärung** nach §§ 2 ff. VerschG dient dem Schutz des gutgläubigen Dritten 1
beim Erwerb vom Scheinerben, wobei die **Feststellung der Todeszeit** der Todeserklärung gleichgestellt ist. Geschützt ist nur der gute Glaube; hat also der Dritte Kenntnis

29 Soergel/*Zimmermann*, § 2368 Rn 14.
30 Grüneberg/*Weidlich*, § 2368 Rn 10.
31 Vgl. MüKo/*Grziwotz*, § 2368 Rn 58 m.w.N.
32 OLG Karlsruhe, Beschl. v. 24.8.2012 – 11 Wx 88/12, ZErb 2012, 336.

davon, dass der für tot Erklärte tatsächlich noch lebt, so entfällt der Schutz des Abs. 1. Der gute Glaube kann mit allen zulässigen Beweismitteln widerlegt werden.[1] Der zu Unrecht für tot Erklärte oder dessen wahrer Erbe hat gegen den vermeintlichen Erben nach Abs. 2 einen Herausgabeanspruch entsprechend § 2362 Abs. 1 BGB. Ebenso steht dem wahren Erben der Auskunftsanspruch nach § 2362 Abs. 2 BGB zu. Die Ansprüche nach § 2362 BGB sind, nachdem sie entstanden sind, auch vererblich.[2]

1 Grüneberg/*Weidlich*, § 2370 Rn 1; Soergel/*Zimmermann*, § 2370 Rn 1, 2.
2 MüKo/*Grziwotz*, § 2370 Rn 2.

Abschnitt 9. Erbschaftskauf

Vorbemerkung zu §§ 2371 ff. BGB

Literatur

Blau, Die Haftung des Erbschaftserwerbers im Außenverhältnis (Diss.), 2022; *Brocker*, Der Begriff der Erbschaft in den §§ 2371 ff. BGB – zugleich ein Beitrag zur Haftung des Erwerbers einer Erbschaft nach den §§ 2382, 2383 BGB (Diss.), 1987; *Dietrich*, Die Erbteilsveräußerung (Diss.), 2006; *Funke/Roth*, Erbteilsverkauf und Besonderheiten des Vorkaufsrechts der Miterben, NJW-Spezial 2014, 167; *Giebel*, Der Erbschaftskauf – ein überflüssigerweise normiertes Rechtsinstitut (Diss.), 2010; *Habscheid*, Zur Heilung formnichtiger Erbteilskaufverträge, FamRZ 1968, 13; *Haegele*, Zur Grunderwerbsteuerpflicht bei Erbteilsübertragung, Rpfleger 1976, 234; *ders.*, Rechtsfragen zu Erbschaftskauf und Erbteilsübertragung, BWNotZ 1972, 6 und BWNotZ 1971, 129; *Hügel*, Die Formbedürftigkeit von Vollmachten bei Erbteilsübertragungen, ZEV 1995, 121; *Keim*, Erbauseinandersetzung und Erbanteilsübertragung, RNotZ 2003, 375; *Keller*, Erbteilsveräußerung beim Tod eines Personengesellschafters, MittBayNot 2007, 96; *ders.*, Ausscheiden eines Miterben aus der Erbengemeinschaft durch „Abschichtung"?, ZEV 1998, 281; *ders.*, Die Heilung eines formnichtigen Erbteilskaufvertrages oder ähnlicher Verträge im Sinne von § 2385 Abs. 1 BGB, ZEV 1995, 427; *ders.*, Formproblematik der Erbteilsveräußerung (Diss.), 1995; *Krause*, Praktische Fragen des Erbschaftskaufs, ErbR 2007, 2; *Mauch*, Zur Sicherungsproblematik beim Erbteilskauf, BWNotZ 1993, 134; *Mayer*, Sicherungsprobleme beim Erbteilskauf, ZEV 1997, 105; *ders.*, Die Rechtsstellung des Erbteilserwerbers (Diss.), 1991; *Muscheler*, Der Erbschaftskauf, RNotZ 2009, 65; *Neusser*, Probleme des Erbteilskaufs, MittRhNotK 1979, 143; *Pohlmann*, Die Heilung formnichtiger Verpflichtungsgeschäfte durch Erfüllung (Diss.), 1992; *Schlüter*, Durchbrechung des Abstraktionsprinzips über § 139 BGB und Heilung eines formnichtigen Erbteilskaufs durch Erfüllung – BGH NJW 1967, 1128, JuS 1969, 10; *Staudenmaier*, Auflösend bedingte Erbteilsübertragung und Grundbuchberichtigung, BWNotZ 1959, 191; *Tiedtke/Wälzholz*, Ausschlagung einer Erbschaft gegen Zahlung einer Abfindung und Erbschaftskauf als Veräußerungsgeschäft i.S.d. § 23 EStG, BB 2001, 234; *Zarnekow*, Der Erbschaftskauf, MittRhNotK 1969, 620.

Übersicht: Rdn

A. Allgemeines

I. Sinn und Zweck

1 Die §§ 2371 ff. BGB regeln den Verkauf der Erbschaft als Ganzes, von Erbteilen, Bruchteilen derselben und von Vor- bzw. Nacherbschaft. In der Praxis kommt ein Kaufvertrag über die gesamte Erbschaft kaum vor. Größere Bedeutung hat der Verkauf eines Miterbenanteils.[1] Die Gründe für einen Verkauf und die hiermit verfolgten **Zwecke** sind vielfältig: ein Erbe kann eine schnelle Abwicklung einer zeitraubenden Einzelverwertung vorziehen, den Wunsch haben, seinen Erbteil sofort zu verwerten statt eine Auseinandersetzung abzuwarten oder er will ggf. verhindern, dass der Nachlass in fremde Hände fällt und daher den Miterben deren Anteile abkaufen.[2] Besondere Bedeutung erlangt der Erbschaftkauf auch bei Vor- bzw. Nacherben, denen sich hierdurch die Möglichkeit eröffnet, dass der erwerbende Vorerbe unbeschränkt über die Erbschaft verfügen kann bzw. der erwerbende Nacherbe die Erbschaft bereits vor Eintritt des Nacherbfalls erhält.

II. Systematische Einordnung

2 Die Vorschriften über den Erbschaftskauf (§§ 2371–2384 BGB) und verwandte Verträge (§ 2385 BGB) bilden den Schlussteil des Erbrechts, da diese Verträge zwar schuldrechtlicher Natur sind, aber einen erbrechtlichen Gegenstand betreffen und über das Verhältnis der Parteien hinausgehende erbrechtliche Wirkungen haben.[3]

III. Rechtsnatur

3 Der Erbschaftskauf ist ein **schuldrechtlicher Vertrag**, auf den alle für Kaufverträge geltenden Vorschriften (§§ 433 ff. BGB), auch die Regelungen der §§ 320 ff. BGB,[4] Anwendung finden, soweit die §§ 2371 ff. BGB keine abweichenden Regelungen enthalten. Die Regelungen der §§ 2372–2381 BGB sind **dispositiv**. Zwingend sind die Regelungen in § 2371 BGB (Form), §§ 2382, 2383 BGB (Haftung) und § 2384 BGB (Anzeigepflicht). Der Erbschaftskauf hat außerdem eine spezifisch **erbrechtliche Natur**, die sich insbesondere im Gegenstand des Rechtsgeschäfts und der Einbeziehung des Käufers in die Erbenhaftung zeigt.[5]

IV. Gegenstand des Erbschaftskaufs

1. Erbschaftskauf

4 **Gegenstand** des Erbschaftskaufs ist nicht das „Erbrecht" des Erben,[6] denn dieses kann nur durch familienrechtliche Bande oder letztwillige Verfügung erworben werden.[7] Der Käufer wird weder durch den Abschluss des Kaufvertrages noch durch das Erfüllungsgeschäft zum Erben.[8] Dies gilt selbst dann, wenn der Erwerber im Fall des § 2033 BGB in eine Gesamthandsgemeinschaft eintritt.[9]

5 Gegenstand des Erbschaftskaufs ist bei einem **Alleinerben** die gesamte Erbschaft, d.h. der Inbegriff von Sachen und Rechten sowie sonstigen Werten des angefallenen

---

1 *Krause*, ErbR 2007, 2; *Mayer*, ZEV 1997, 105 f.
2 Für weitere Zwecke vgl. Staudinger/*Olshausen*, Einl. zu § 2371 Rn 2 ff.
3 Staudinger/*Olshausen*, Einl. zu § 2371 Rn 14.
4 OLG Düsseldorf NJW-RR 2000, 908; Soergel/*Kappler*, § 2371 Rn 9.
5 BeckOK BGB/*Litzenburger*, § 2371 Rn 2.
6 Soergel/*Kappler*, vor § 2371 Rn 3; MüKo/*Musielak*, vor § 2371 Rn 3; *Haegele*, BWNotZ 1971, 129, 130.
7 BGH NJW 1971, 1264; *Neusser*, MittRhNotK 1979, 143; *Zarnekow*, MittRhNotK 1969, 620.
8 RGZ 64, 173, 175 f.; BGH NJW 1971, 1264.
9 BGH NJW 1971, 1264; BeckOK BGB/*Litzenburger*, § 2371 Rn 3.

Vermögens einschließlich der Nachlassverbindlichkeiten.[10] Der Erbschaftskauf umfasst die Gesamtheit der Erbschaft „in Bausch und Bogen“.[11] Für die Einordnung als Erbschaftskauf ist es aber unerheblich, wenn einzelne Nachlassgegenstände vom Verkauf ausgenommen werden.[12] Wesentlich ist, dass die Erbschaft als solche verkauft wird, also dass der Käufer für einen Gesamtpreis das ererbte Vermögen mit allen Aktiva und Passiva übernimmt und dabei wirtschaftlich und schuldrechtlich in die Stellung des Erben einrückt und die Erbschaftsabwicklung übernimmt.[13] Ein Erbschaftskauf i.S.d. §§ 2371 ff. BGB liegt daher nicht vor, wenn der Käufer lediglich die Aktiva erwirbt, also ohne Verpflichtung zur Abwicklung des Nachlasses alle Nachlassgegenstände aufkauft.[14]

Der Vertrag muss nicht die gesamte Erbschaft erfassen, sondern kann nach allgemeiner 6
Meinung auch auf einen **Bruchteil** derselben beschränkt werden.[15]

Umstritten ist, ob der Verkauf eines **einzelnen Gegenstandes** einen Erbschaftskauf 7
darstellt, wenn dieser Gegenstand den gesamten oder nahezu den gesamten Nachlass darstellt und der Käufer dies weiß oder positive Kenntnis der Verhältnisse hat, aus denen sich dies ergibt. Die höchstrichterliche Rechtsprechung und die h.M. der Literatur nehmen mit Rücksicht auf den Schutz der Nachlassgläubiger (§§ 2382, 2383 BGB) in diesen Fällen einen Erbschaftskauf an (**Einzeltheorie**).[16] Nach anderer Ansicht sollen lediglich die Vorschriften der §§ 2382, 2383 BGB Anwendung finden.[17]

Auch der **Vorerbe** kann seine Erbschaft verkaufen. Die Verpflichtung aus dem Kauf- 8
vertrag bezieht sich dann auf die Übertragung der Erbschaft, soweit ihm dies nach §§ 2112 ff. BGB möglich ist.[18] Das Entgelt, welches der Vorerbe erhält, gehört als Surrogat i.S.d. § 2111 Abs. 1 S. 1 BGB zur Erbschaft. Ist der Vorerbe nur Miterbe, so kann er seinen Erbteil veräußern, die Rechte der Nacherben setzen sich hieran fort.[19]

Der **Nacherbe** kann sein mit dem Erbfall entstandenes Anwartschaftsrecht im Wege 9
des Erbschaftskaufs veräußern.[20] Die Regelungen der §§ 2371 ff. BGB finden entsprechende Anwendung.[21] Der Käufer erhält durch die Übertragung des Anwartschaftsrechts alle Rechte des Nacherben, er wird aber – ebenso wie der Käufer beim Erwerb vom Alleinerben – mit dem Eintritt des Nacherbfalls nicht Erbe.[22] Eine Beendigung der Vor- und Nacherbfolge tritt nur ein, wenn der Nacherbe sein Anwartschaftsrecht auf den Vorerben überträgt und keine Ersatznacherbfolge angeordnet ist, da der Vorerbe hierdurch zum Vollerben wird.[23]

---

10 MüKo/*Musielak*, vor § 2371 Rn 4; *Neusser*, MittRhNotK 1979, 143.

11 Soergel/*Kappler*, § 2371 Rn 5; NK-BGB/*Kroiß*, § 2371 Rn 3; *Giebel*, Der Erbschaftskauf, S. 8.

12 Burandt/Rojahn/*Gierl*, Erbrecht, § 2371 Rn 2; MüKo/*Musielak*, vor § 2371 Rn 4.

13 Staudinger/*Olshausen*, Einl. zu § 2371 Rn 19; *Zarnekow*, MittRhNotK 1969, 620, 621; *Giebel*, Der Erbschaftskauf, S. 4.

14 MüKo/*Musielak*, vor § 2371 Rn 1; *Lange/Kuchinke*, § 45 I 2c.

15 Soergel/*Kappler*, § 2371 Rn 2; BeckOK BGB/*Litzenburger*, § 2371 Rn 5; *Lange/Kuchinke*, § 45 I 2c.

16 RGZ 171, 185, 191; BGH NJW 1965, 910; OLG Saarbrücken NJW 2020, 3179, 3180; Staudinger/*Olshausen*, Einl. zu § 2371 Rn 19 m.w.N.

17 BeckOK BGB/*Litzenburger*, § 2371 Rn 6; *Brocker*, Der Begriff der Erbschaft in den §§ 2371 ff. BGB, S. 4 ff. und S. 33 ff.; Soergel/*Kappler*, § 2371 Rn 5 (auch die Anwendung der §§ 2382 f. BGB ablehnend).

18 Staudinger/*Olshausen*, Einl. zu § 2371 Rn 28; MüKo/*Musielak*, vor § 2371 Rn 6.

19 Soergel/*Kappler*, § 2371 Rn 17; *Haegele*, BWNotZ 1971, 129, 130.

20 RGZ 101, 185, 191; KG DNotZ 1954, 389, 391; Staudinger/*Olshausen*, Einl. zu § 2371 Rn 29.

21 *Warlich*, Die Auseinandersetzung zwischen Vor- und Nacherben, S. 61.

22 LG Heilbronn NJW 1956, 513; Staudinger/*Olshausen*, Einl. zu § 2371 Rn 17, Rn 29.

23 *Warlich*, Die Auseinandersetzung zwischen Vor- und Nacherben, S. 62; *Haegele*, BWNotZ 1971, 129, 133.

2. Erbteilskauf

10 Auch wenn die §§ 2371 ff. BGB stets nur den Verkauf der „Erbschaft" nennen, sind sie nach allg. Meinung auf den Verkauf eines **Erbteils** durch einen **Miterben** entsprechend anwendbar (§ 1922 Abs. 2 BGB).[24] Verkauft ein Miterbe sein Anteil am noch nicht auseinandergesetzten Nachlass, dann ist Gegenstand des Kaufvertrages die quotenmäßig bestimmte Teilhaberschaft an der Gesamthandsgemeinschaft.[25]

11 Der Miterbe kann den Verkauf auch auf einen **Bruchteil** seines Erbteils beschränken.[26] Zwischen dem Veräußerer und Erwerber wird dadurch eine Bruchteilsgemeinschaft begründet.

V. Pflichten der Vertragsparteien

1. Pflichten des Verkäufers

12 Der **Verkäufer** ist zur Verschaffung des **Eigentums** an dem Vertragsgegenstand (Erbschaft bzw. Erbteil) verpflichtet, § 433 Abs. 1 BGB. Der Käufer ist so zu stellen, wie er stehen würde, wenn nicht der Verkäufer, sondern der Käufer Erbe geworden wäre. Maßgebend ist dabei die Erbenstellung, wie sie sich zum Zeitpunkt des Verkaufs darstellt. Ein Erbteil, der dem Verkäufer nach dem Abschluss des Kaufvertrages durch Nacherbfolge oder infolge des Wegfalls eines Miterben anfällt, ist im Zweifel nicht als mitverkauft anzusehen (§ 2373 S. 1 BGB). Der Verkauf erstreckt sich im Zweifel auch nicht auf ein Vorausvermächtnis (§ 2373 S. 1 BGB).

13 Neben die allgemeinen kaufvertraglichen Regelungen treten die Sonderbestimmungen der §§ 2371 ff. BGB. Während der Verkäufer nach Vertragsschluss nach den allgemeinen Grundsätzen haftet (§ 437 BGB), besteht für den Zeitraum zwischen Erbfall und Verkauf eine besondere schuldrechtliche Haftung, §§ 2374, 2375 BGB. Der Alleinerbe hat die Erbschaftsgegenstände, so wie sie zur Zeit des Erbfalls vorhanden waren, dem Käufer in Natur zu verschaffen. Die Verschaffungspflicht richtet sich nach dem Zeitpunkt des Vertragsschlusses, jedoch erfolgt eine **Rückbeziehung** auf den Zeitpunkt des Erbfalls hinsichtlich des Umfangs dergestalt, dass zwischenzeitliche Veränderungen durch den Surrogationsgrundsatz des § 2374 BGB und die Wertersatzpflicht nach § 2375 BGB ausgeglichen werden.[27] Die Herausgabepflicht erstreckt sich auch auf diejenigen Gegenstände, die der Verkäufer vor dem Verkauf aufgrund eines zur Erbschaft gehörenden Rechts oder als Ersatz für die Zerstörung, Beschädigung oder Entziehung eines Erbschaftsgegenstands oder durch ein Rechtsgeschäft erlangt hat, das sich auf die Erbschaft bezog (§ 2374 BGB). Hat der Verkäufer vor dem Verkauf Erbschaftsgegenstände verbraucht, verschenkt oder unentgeltlich belastet, so muss er dem Käufer, der den Verbrauch oder die unentgeltliche Verfügung bei Vertragsschluss nicht kannte, Ersatz leisten, § 2375 BGB. Im Übrigen sind Ersatzansprüche wegen eines zwischen Erbfall und Vertragsschluss eingetretenen Untergangs, einer Verschlechterung oder Unmöglichkeit ausgeschlossen, § 2375 Abs. 2 BGB.

14 Für den **Gefahrübergang** und die Verteilung von Nutzungen und Lasten ist der Zeitpunkt des Vertragsabschlusses maßgeblich. Im Gegensatz zum allg. Kaufrecht geht die Gefahr des zufälligen Untergangs und der zufälligen Verschlechterung von Erbschaftsgegenständen mit dem Vertragsabschluss auf den Käufer über (§ 2380 S. 1 BGB). Bis zum Vertragsabschluss stehen dem Verkäufer die angefallenen **Nutzungen** zu, § 2379 S. 1 BGB, danach gebühren sie dem Käufer. Ab Vertragsschluss treffen den

---

24 *Lange/Kuchinke*, § 45 I Fn 10; Staudinger/*Olshausen*, Einl. zu § 2371 Rn 20.

25 Staudinger/*Olshausen*, Einl. zu § 2371 Rn 21; *Neusser*, MittRhNotK 1979, 143; *Zarnekow*, MittRhNotK 1969, 620, 621.

26 BGH NJW 1963, 1610, 1611; Soergel/*Kappler*, § 2371 Rn 2.

27 Staudinger/*Olshausen*, Einl. zu § 2371 Rn 42; *Zarnekow*, MittRhNotK 1969, 620, 627.

Käufer auch die Kosten und **Lasten**, § 2380 S. 2 BGB. Weiterhin hat er von Anfang an die Erbschaftsteuer und die Lasten zu tragen, die den Stammwert des Nachlasses betreffen, § 2379 S. 3 BGB. Notwendige **Verwendungen** des Verkäufers vor Vertragsschluss hat der Käufer zu tragen, § 2381 Abs. 1 BGB. Andere Verwendungen treffen ihn nur, soweit der Wert der Erbschaft zur Zeit des Verkaufs noch erhöht ist, § 2381 Abs. 2 BGB.

2. Pflichten des Käufers

Der **Käufer** ist zur **Zahlung** des vereinbarten Kaufpreises und zur **Abnahme** des Kaufgegenstandes verpflichtet, § 433 Abs. 2 BGB. Der Käufer **haftet** gegenüber Gläubigern neben dem Verkäufer als **Gesamtschuldner** für die Nachlassverbindlichkeiten, §§ 2382, 2383 BGB. Im Innenverhältnis ist er dem Verkäufer gegenüber verpflichtet, die Nachlassverbindlichkeiten zu erfüllen bzw. ihm Ersatz zu leisten, § 2378 BGB. 15

VI. Erfüllungsgeschäft

Zu differenzieren ist auch beim Erbschaftskauf zwischen dem schuldrechtlichen Grundgeschäft und dem dinglichen **Erfüllungsgeschäft** (Trennungsprinzip). 16

Der Alleinerbe als Verkäufer einer Erbschaft ist verpflichtet, die zur Erbschaft gehörenden Gegenstände nach den für die einzelnen Gegenstände geltenden Vorschriften auf den Käufer zu übertragen (§§ 929 ff., 873, 925, 398 ff. BGB).[28] Bei Veräußerung eines Bruchteils muss der Alleinerbe dem Käufer eine Mitberechtigung an allen Nachlassgegenständen einräumen (z.B. ideelles Miteigentum).[29]

Beim Erbteilskauf hat der Verkäufer den Miterbenanteil in der **Form** des § 2033 Abs. 1 S. 2 BGB auf den Käufer zu übertragen. Hierdurch tritt der Erwerber in die Erbengemeinschaft ein, ohne jedoch selbst Erbe zu werden. Erfolgt der Verkauf, was zulässig ist,[30] nach Teilung des Nachlasses, ist der Vertrag auf die Gesamtheit der dem Miterben bei der Erbteilung zugewiesenen Gegenstände gerichtet und durch Einzelrechtsübertragung zu erfüllen.[31] Beim Erbteilskauf werden das Verpflichtungsgeschäft und die Erbteilsübertragung in der Regel in einer **Urkunde** zusammengefasst.[32] Bei uneindeutiger Urkunde muss durch Auslegung ermittelt werden, ob eine solche Verbindung vorliegt. Für eine Zusammenfassung spricht die Vereinbarung einer sofortigen Kaufpreiszahlung,[33] ebenso der Verkauf eines Erbteils „mit sofortiger dinglicher Wirkung".[34] 17

Die Übertragung des Nacherbenanwartschaftsrechts erfolgt in entsprechender Anwendung des § 2033 BGB.[35] 18

VII. Verjährung

Für die Verjährung von Ansprüchen aus dem Erbschaftskauf gilt die Regelverjährung der §§ 195, 199 BGB. Für Gewährleistungsansprüche gilt § 438 BGB. 19

---

28 Zur Übertragung von Rechten aus einer Beteiligung des Erblassers an einer Personengesellschaft vgl. Staudinger/*Olshausen*, Einl. zu § 2371 Rn 53; *Keller*, MittBayNot 2007, 96 ff.

29 Burandt/Rojahn/*Gierl*, Erbrecht, § 2371 Rn 8.

30 RGZ 134, 296, 298 f.

31 Staudinger/*Olshausen*, Einl. zu § 2371 Rn 23; MüKo/*Musielak*, vor § 2371 Rn 5; *Zarnekow*, MittRhNotK 1969, 620, 621 f.

32 RGZ 137, 171, 173 f.; Staudinger/*Olshausen*, Einl. zu § 2371 Rn 77; *Mayer*, ZEV 1997, 105, 106.

33 Staudinger/*Olshausen*, Einl. zu § 2371 Rn 20.

34 BayObLG Rpfleger 1982, 217.

35 MüKo/*Musielak*, vor § 2371 Rn 6; *Neusser*, MittRhNotK 1979, 143, 145.

VIII. Abgrenzung zu anderen Rechtsinstituten

20 Der Verkauf des Pflichtteilsanspruchs (§ 2303 BGB) unterfällt nicht den §§ 2371 ff. BGB, sondern unterliegt als Verkauf einer reinen Geldforderung den allgemeinen Vorschriften. Auch der Verkauf eines Vermächtnisses, das eine Nachlassverbindlichkeit und keinen Nachlassbestandteil darstellt, unterliegt nicht den Vorschriften über den Erbschaftskauf. Ebenso fallen die Verpflichtung zur Ausschlagung der Erbschaft[36] und ein vertragsmäßiger Verzicht auf die Anfechtung eines anfechtbaren Testaments oder Erbvertrags[37] nicht unter § 2371 BGB.

21 Kein Erbschaftskauf liegt vor bei Verträgen, die nur eine Sicherung bezwecken, nicht aber auf Veräußerung gerichtet sind, z.B. bei einer Verpfändung oder Sicherungsübereignung der Erbschaft oder eines Erbteils.[38] Streitig ist aber, ob ein Vertrag zur Bestellung eines Nießbrauchs an einer Erbschaft den Bestimmungen der §§ 2371 ff. BGB und hiermit verbunden dem Bedürfnis notarieller Beurkundung unterliegt. Ein Teil der Literatur bejaht dies über die Anwendung von § 2385 BGB,[39] während eine andere Literaturansicht die Beurkundungsform aus dem Rechtsgedanken des § 311b Abs. 3 i.V.m. §§ 1069, 1089, 2033 BGB ableitet.[40] Nach wohl überwiegender Ansicht fällt die Bestellung eines Nießbrauchs hingegen nicht unter § 2385 BGB.[41]

22 Der Verkauf einer Erbschaft durch den Nachlassverwalter oder Nachlassinsolvenzverwalter gilt nicht als Erbschaftskauf und ist nach den allgemeinen kaufrechtlichen Regelungen zu beurteilen.[42] Die §§ 2371 ff. BGB sind in diesen Fällen nicht anwendbar, denn der Käufer erwirbt nur die Aktiva, ohne Verbindlichkeiten zu übernehmen.

B. Verfahrensfragen

I. Erbschein

23 Der Erbschaftskauf macht den Erwerber nicht zum Erben. Ein bereits erteilter Erbschein wird durch den Erbteilserwerb nicht unrichtig. Der Erbschaftserwerber kann in dem Erbschein auch nicht angeführt werden.[43] Gleiches gilt beim Erwerb des Anwartschaftsrechts vom Nacherben.[44]

24 Während der dingliche Erbteilserwerber (§ 2033 BGB) berechtigt ist, einen **Erbscheinsantrag** zu stellen, der den Verkäufer als Miterben ausweist,[45] besteht nach überzeugender Meinung kein Antragsrecht des Käufers einer ganzen Erbschaft, da dieser nur einen schuldrechtlichen Anspruch gegen den Alleinerben hat und keine dingliche Berechtigung an der Erbschaft erwirbt.[46] Dem Verkäufer obliegt es jedoch als vertragliche Nebenpflicht aus dem Kaufvertrag, zum Vollzug des Vertrages einen Erbschein

36 Soergel/*Kappler*, § 2371 Rn 6.

37 Staudinger/*Olshausen*, Einl. zu § 2371 Rn 86.

38 Staudinger/*Olshausen*, Einl. zu § 2371 Rn 87; Soergel/*Kappler*, § 2371 Rn 4; MüKo/*Musielak*, vor § 2371 Rn 14.

39 MüKo/*Musielak*, § 2385 Rn 2; *Lange/Kuchinke*, § 45 I 3; *Kipp/Coing*, § 113 II 2.

40 Staudinger/*Olshausen*, Einl. zu § 2371 Rn 92; Burandt/Rojahn/*Gierl*, Erbrecht, § 2385 Rn 3.

41 Erman/*Simon*, § 2385 Rn 1; Grüneberg/*Weidlich*, § 2385 Rn 1; NK-BGB/*Kroiß*, § 2385 Rn 3; Soergel/*Kappler*, § 2385 Rn 3.

42 Staudinger/*Olshausen*, Einl. zu § 2371 Rn 33.

43 RGZ 64, 173, 175 f., 178.

44 LG Heilbronn NJW 1956, 513; Staudinger/*Olshausen*, Einl. zu § 2371 Rn 17.

45 MüKo/*Grziwotz*, § 2353 Rn 95.

46 MüKo/*Grziwotz*, § 2353 Rn 96; Staudinger/*Herzog*, § 2353 Rn 45; a.A. BeckOK BGB/*Litzenburger*, § 2371 Rn 23; *Keim*, RNotZ 2003, 375, 383; Soergel/*Kappler*, § 2371 Rn 8; Grüneberg/*Weidlich*, § 2371 Rn 4.

zu beantragen oder dem Käufer Vollmacht zur Stellung eines Antrages für den Verkäufer als Erben zu erteilen.[47]

Analog zur fehlenden Antragsberechtigung besteht auch keine **Beschwerdebefugnis** im Erbscheinsverfahren, da nur derjenige beschwerdebefugt ist, der das für einen anderen bescheinigte Erbrecht selbst in Anspruch nehmen und deshalb einen Erbscheinsantrag stellen kann.[48] 25

II. Zwangsvollstreckung

Ein Urteil gegen den Erben wirkt nicht gegen den Erbschafts- bzw. Erbteilserwerber. 26
Die **Zwangsvollstreckung** gegen diesen setzt keine Titel-, aber eine Klauselumschreibung voraus, die nach allgemeiner Ansicht analog § 729 ZPO erfolgt.[49]

III. Kosten und Gebühren

Der Notar erhält für die Beurkundung des Erbschaftskaufvertrages eine **doppelte** 27
Gebühr gem. Nr. 21100 KV GNotKG. Der **Geschäftswert** bestimmt sich nach dem Wert des Rechtsverhältnisses, das Beurkundungsgegenstand ist (§ 97 Abs. 1 GNotKG).[50] Im Zusammenhang mit dem Kauf wird der Wert der Sache durch den Kaufpreis bestimmt (§ 47 GNotKG). Vorzunehmen ist ein Wertvergleich zwischen den Leistungen des Erben und denen des Erwerbers.[51] Der Wert des Erbanteils bestimmt sich nach dem Anteil des Miterben am Nachlassvermögen ohne Abzug von Verbindlichkeiten (§ 38 GNotKG).

C. Steuerrechtliche Fragen

I. Erbschaftsteuer

Der Erbschaftskauf ist kein steuerpflichtiger Vorgang gem. § 1 ErbStG. Schuldner der 28
Erbschaftsteuer ist der Erbe persönlich (§ 20 Abs. 1 ErbStG). Die Steuerpflicht geht auch nicht mit dem Erbschaftskauf auf den Käufer über, er haftet aber mit der erworbenen Erbschaft für die Steuerschuld (§ 20 Abs. 3 ErbStG, §§ 2382, 2383 BGB).[52] Das Innenverhältnis der Vertragsparteien regelt § 2379 S. 3 BGB.

Erfolgt die Übertragung der Erbschaft bzw. des Erbteils (ganz oder teilweise) unent- 29
geltlich, so liegt eine gem. §§ 1 Abs. 1 Nr. 2, 7 Abs. 1 Nr. 1 ErbStG steuerpflichtige Zuwendung unter Lebenden vor. Der unentgeltlich Erwerbende haftet für die bereits beim Erben entstandene Steuerschuld auch persönlich in Höhe des Werts der Zuwendung (§ 20 Abs. 5 ErbStG).

II. Grunderwerbsteuer

Befindet sich in der verkauften Erbschaft ein Grundstück, liegt ein **grunderwerbsteu-** 30
erpflichtiger Vorgang vor (§ 1 Abs. 1 Nr. 1 GrEStG). Der auf das Grundvermögen entfallende Kaufpreis ist anteilig zu ermitteln.[53] Auch die Erbteilsübertragung unterliegt gem. § 1 Abs. 1 Nr. 3 GrEStG wegen des kraft Gesetzes eintretenden Übergangs des Miteigentums an einem Grundstück bei der Abtretung des Erbteils gem. § 2033

47 MüKo/*Grziwotz*, § 2353 Rn 98; a.A. BeckOK BGB/*Litzenburger*, § 2371 Rn 23, der darauf hinweist, dass die hierzu i.d.R. notwendige eidesstattliche Versicherung gem. § 352 Abs. 3 S. 3 FamFG nur höchstpersönlich abgegeben werden kann.

48 SchlHOLG OLGR Schleswig 1999, 7 = SchlHA 1999, 129.

49 Musielak/Voit/*Lackmann*, ZPO, § 729 Rn 1; MüKoZPO/*Wolfsteiner*, § 729 Rn 6; Staudinger/*Olshausen*, Einl. zu § 2371 Rn 40; *Zarnekow*, MittRhNotK 1969, 620, 636.

50 Korintenberg/*Tiedtke*, GNotKG, § 102 Rn 24.

51 Korintenberg/*Tiedtke*, GNotKG, § 97 Rn 47.

52 MüKo/*Musielak*, vor § 2371 Rn 16.

53 Staudinger/*Olshausen*, Einl. zu § 2371 Rn 107.

BGB der Grunderwerbsteuer.[54] Steuerschuldner sind der Veräußerer und der Erwerber des Erbanteils.

31 Ist der Erwerber Miterbe, kann der Erwerb analog § 3 Nr. 3 GrEStG **steuerfrei** sein.[55] Die Steuerbefreiung umfasst auch Rechtsgeschäfte, durch die ein oder mehrere Miterben ihre Erbanteile an einen anderen Miterben übertragen und dadurch aus der Erbengemeinschaft ausscheiden.[56] Beim Verkauf an einen Dritten kann lediglich eine anteilige Befreiung nach § 6 GrEStG erfolgen.[57]

III. Einkommensteuer

32 Die einkommensteuerliche Behandlung hängt davon ab, ob der Nachlass aus Betriebs- oder Privatvermögen besteht. Die Übertragung eines Erbteils, zu dem ein gesamthänderisch gebundener Betriebsvermögensanteil gehört, an einen Dritten kann zu einem steuerpflichtigen **Veräußerungsgewinn** i.S.d. §§ 16 Abs. 1 S. 1 Nr. 2, 34 EStG führen. Besteht ein Nachlass aus Privat- und Betriebsvermögen, muss der Veräußerungserlös im Verhältnis des Verkehrswertes des Betriebsvermögens und der anteiligen Verkehrswerte der Wirtschaftsgüter des Privatvermögens aufgeteilt werden.

33 Der entgeltliche Erwerb eines Miterbenanteils, zu dem ein **Grundstück** gehört, wird vom BFH seit seiner Rechtsprechungsänderung mit Urteil vom 26.9.2023 nicht mehr als Anschaffungsvorgang i.S.d. § 23 EStG a.F. angesehen, da die gesamthänderische Beteiligung kein Verfügungsrecht des Einzelnen an Gegenständen des Gesamtvermögens vermittelt und deshalb nicht einem Verfügungsrecht an einem Grundstück oder grundstücksgleichen Recht gleichgestellt werden kann.[58] Die Neufassung des § 23 Abs. 1 S. 4 EStG durch das Jahressteuergesetz 2024 umfasst neben Beteiligungen an Personengesellschaften nun aber ausdrücklich auch Beteiligungen an Gesamthandsgemeinschaften. Der Erwerb eines Erbteils wird somit als anteiliger Erwerb eines Nachlassgrundstücks fingiert. Dies führt beim Erwerber insoweit zu Anschaffungskosten und setzt die Spekulationsfrist in Gang. Beim Veräußerer löst die Veräußerung des Erbteils, zu dem ein steuerverstricktes Grundstück gehört, Einkommensteuer aus.

D. Hinweise

I. Internationales Privatrecht

34 Der Erbschaftskauf ist kein Erbvertrag i.S.d. Art. 3 Abs. 1 lit. b EuErbVO, da die Norm voraussetzt, dass der Nachlass jedenfalls einer der Vertragsparteien betroffen ist, der Erbschaftskauf aber einen fremden Nachlass betrifft.[59]

Das für den Erblasser geltende Erbstatut (Art. 21, 22 EuErbVO) bestimmt, ob und mit welchen erbrechtlichen Konsequenzen das Erbrecht auf Dritte übertragen werden kann. Die schuldrechtlichen Verpflichtungen unterliegen dagegen dem Schuldrechtsstatut nach der Rom I-Verordnung und das Vollzugsgeschäft dem jeweiligen Vermögensrechtsstatut (Einzelstatut).[60]

---

54 BFHE 117, 270, 274 f. = MittBayNot 1976, 45 unter Aufgabe der früheren Rechtsprechung; Viskorf/*Meßbacher-Hönsch*, GrEStG § 1 Rn 291; *Haegele*, Rpfleger 1976, 234; kritisch *Neusser*, MittRhNotK 1979, 143, 150.

55 Staudinger/*Olshausen*, Einl. zu § 2371 Rn 109; Viskorf/*Meßbacher-Hönsch*, GrEStG § 3 Rn 293.

56 MüKo/*Musielak*, vor § 2371 Rn 17; Viskorf/*Meßbacher-Hönsch*, GrEStG § 3 Rn 293.

57 MüKo/*Musielak*, vor § 2371 Rn 17.

58 BFH DStR 2024, 22, 23; ebenso bereits *Tiedtke/Wälzholz*, BB 2001, 234, 239.

59 MüKo/*Dutta*, EuErbVO Art. 3 Rn 12.

60 MüKo/*Dutta*, EuErbVO Art. 23 Rn 32.

II. Rechtsschutzversicherung

35 Die Allgemeinen Bedingungen für die Rechtsschutzversicherung (ARB 2021) nehmen vom Versicherungsschutz Streitigkeiten aus dem Bereich des Erbrechts aus (Ziff. 3.2.10). Nach herrschender Meinung umfasst der Ausschluss nicht Streitigkeiten aus einem Erbschaftskauf, da die §§ 2371 ff. BGB nicht als spezifisch erbrechtliche Bestimmungen angesehen werden, sondern weit überwiegend abdingbar und primär schuldrechtlicher Natur sind.[61] Nach anderer Ansicht ist zu differenzieren, ob es um die Anwendung der erbrechtlichen Regelungen der §§ 2371 ff. BGB geht, was zu einem Ausschluss führt, oder um allgemeine kaufvertragliche Regelungen, mit der Folge, dass kein Ausschluss greift.[62]

III. Unrichtige und unvollständige Beurkundung

36 Die Erbteilsübertragung als Verfügungsgeschäft (§ 2033 Abs. 1 BGB) ist nach dem Abstraktionsprinzip von dem Verpflichtungsgrund losgelöst. Regelmäßig werden aber beide Geschäfte zusammen beurkundet. In der Praxis sind nur mündliche oder privatschriftliche Vertragsschlüsse ebenso wie unrichtige oder unvollständige Beurkundung des Vertrages die häufigsten Fehlerquellen. Wird ein zu niedriger Kaufpreis beurkundet, etwa um Notarkosten und Steuern zu sparen, ist der Vertrag nach § 125 S. 1 BGB nichtig.[63]

§ 2371 Form

Ein Vertrag, durch den der Erbe die ihm angefallene Erbschaft verkauft, bedarf der notariellen Beurkundung.

Übersicht: Rdn

A. Normzweck

1 Die Formvorschrift des § 2371 BGB hat **Warn-, Beratungs-** und **Beweisfunktion.** Die Vertragsparteien sollen durch das Formerfordernis eine sachkundige Beratung erfahren[1] und auf die Bedeutung und das Risiko eines Kaufvertrages über eine Erbschaft hingewiesen und vor einem übereilten Abschluss gewarnt werden.[2] Daneben bezweckt die Formvorschrift im Interesse der Beteiligten, den Vertragsinhalt urkund-

---

61 OLG Düsseldorf NJW-RR 2000, 908 zur inhaltlich gleichlautenden Vorgängernorm § 4 I lit. i ARB 75.

62 *Prölss*, r + s 2005, 225, 230 f.

63 *Keller*, ZEV 1995, 427, 428.

1 MüKo/*Musielak*, § 2371 Rn 1.

2 RGZ 137, 171, 174; Staudinger/*Olshausen*, § 2371 Rn 4 (der nur den Schutz des Veräußerers als Normzweck ansieht); Soergel/*Kappler*, § 2371 Rn 19; *Hügel*, ZEV 1995, 121, 122.

lich festzuhalten und ihren Beweis zu ermöglichen.[3] Letzteres ist insbesondere relevant für Nachlassgläubiger, um den Zeitpunkt des Vertragsschlusses als Eintritt der Haftung des Erwerbers eindeutig zu bestimmen.[4]

B. Formerfordernis

2 § 2371 BGB verlangt die notarielle Beurkundung des **Verpflichtungsgeschäfts** und gilt sowohl für den Verkauf einer Erbschaft als auch für den Verkauf eines Erbteils oder Bruchteils. Der Formzwang erfasst sämtliche Abreden, aus denen sich nach dem Willen der Parteien der Erbschaftskaufvertrag zusammensetzt, mithin die essentialia negotii sowie Nebenabreden, mit denen der Vertrag stehen und fallen soll.[5] Es gelten die gleichen Grundsätze, wie sie die Rechtsprechung für das Formerfordernis bei Grundstückskaufverträgen nach § 311b Abs. 1 BGB entwickelt hat.[6] Formlos getroffene **Nebenabreden** können somit zur Nichtigkeit des gesamten Vertrages führen, § 139 BGB. Werden Verpflichtungs- und Erfüllungsgeschäft beim Erbteilskauf zusammengefasst, müssen die für beide Rechtsgeschäfte geltenden Formvorschriften beachtet werden, also bei Verkauf und Übertragung eines Erbteils sowohl die Vorschrift des § 2371 BGB als auch die des § 2033 Abs. 1 S. 2 BGB.[7]

3 Formbedürftig ist bereits der **Vorvertrag.**[8] Die **nachträgliche Änderung** des Erbschaftskaufvertrages bedarf ebenso der Form des § 2371 BGB, da sie nicht nur den Verkäufer vor Übereilung schützt, sondern auch fremden Interessen dient, namentlich dem Interesse der Nachlassgläubiger an Klarstellung und Beweisbarkeit des Inhalts.[9] Nach zutreffender Ansicht ist aus dem gleichen Grund auch die **Aufhebung** eines noch nicht erfüllten Erbschaftskaufvertrages formbedürftig, zumal andernfalls auch die die Gläubiger schützende Vorschrift des § 2384 BGB umgangen wird.[10] Zu beachten ist das Formerfordernis auch bei Verträgen, die über § 2385 BGB dem Formbedürfnis unterworfen werden, besonders bei **Vergleichen**. Ein formgerechter **Prozessvergleich** nach § 127a BGB genügt der Form des § 2371 BGB.[11] Eine **Vollmacht** zum Verkauf eines Erbteils bedarf dann der Form des § 2371 BGB, wenn sie unwiderruflich ist oder sonst eine ähnliche Rechtslage wie bei einem Veräußerungsvertrag schafft, insbesondere bei Befreiung von § 181 BGB.[12]

C. Vorkaufsrecht der Miterben

4 Beim Verkauf eines Miterbenanteils an einen Dritten haben die übrigen **Miterben** ein gesetzliches **Vorkaufsrecht** (§§ 2034, 2035 BGB). Damit wird den Miterben die Möglichkeit eröffnet, den Eintritt Außenstehender in die Gemeinschaft zu verhindern, um die Zuordnung des Nachlasses an die Erbengemeinschaft zu erhalten und die

---

3 *Lange/Kuchinke*, § 45 II 1; Grüneberg/*Weidlich*, § 2371 Rn 2.

4 *Kipp/Coing*, § 111 II; Soergel/*Kappler*, § 2371 Rn 19; Staudinger/*Olshausen*, § 2371 Rn 4.

5 BGH NJW 1967, 1128, 1129; Staudinger/*Olshausen*, § 2371 Rn 7; Soergel/*Kappler*, § 2371 Rn 19; Grüneberg/*Weidlich*, § 2371 Rn 2.

6 BGH NJW 1967, 1128 f.; BGHZ 76, 43; BGHZ 85, 315.

7 RGZ 137, 171, 173 f.; NK-BGB/*Kroiß*, § 2371 Rn 7; RGRK/*Kregel*, § 2371 Rn 2.

8 Staudinger/*Olshausen*, § 2371 Rn 8; Soergel/*Kappler*, § 2371 Rn 19.

9 OLG München OLGE 21, 360, 361; *Muscheler*, RNotZ 2009, 65, 66.

10 OLG Schleswig SchlHA 1957, 181; MüKo/*Musielak*, § 2371 Rn 4; Staudinger/*Olshausen*, § 2371 Rn 10; Grüneberg/*Weidlich*, § 2371 Rn 2; *Keller*, Formproblematik der Erbteilsveräußerung, Rn 38; a.A. *Zarnekow*, MittRhNotK 1969, 620, 624; *Lange/Kuchinke*, § 45 II 1.

11 MüKo/*Musielak*, § 2371 Rn 4.

12 Staudinger/*Olshausen*, § 2371 Rn 8; NK-BGB/*Kroiß*, § 2371 Rn 8; *Haegele*, BWNotZ 1971, 129, 130; *Hügel*, ZEV 1995, 121, 123; a.A. *Keller*, Formproblematik der Erbteilsveräußerung, Rn 225 ff.; *Keim*, RNotZ 2003, 375, 382 f. (der allein eine Befreiung von § 181 BGB als nicht ausreichend ansieht).

Auseinandersetzung oder das Fortbestehen der Gemeinschaft zu erleichtern.[13] Das Vorkaufsrecht gilt gemäß § 2037 BGB auch für den Fall, dass der Käufer den Anteil vor Ausübung des Vorkaufsrechts erneut auf einen Dritten weiter überträgt. Die Frist für die Ausübung des Vorkaufsrechts beträgt zwei Monate, § 2034 Abs. 2 S. 1 BGB. Voraussetzung ist ein freiwilliger, gültiger Verkauf (nicht Tausch o.Ä.) an einen Dritten. Die Ausübung des Vorkaufsrechts erfolgt durch Erklärung gegenüber dem verpflichteten Miterben (§ 464 BGB), nach der Übertragung gegenüber dem Käufer (§ 2035 BGB). Die Erklärung bedarf keiner besonderen Form, insbesondere nicht der für den Kaufvertrag vorgeschriebenen Form (§ 464 Abs. 1 S. 2 BGB).

Das Vorkaufsrecht steht den Miterben gem. § 472 S. 1 BGB **gemeinschaftlich** als 5 Gesamthändern zu. Es muss einheitlich ausgeübt werden.[14] Will einer der Miterben das Vorkaufsrecht nicht ausüben, verbleibt es den übrigen Miterben.[15] Das Vorkaufsrecht erlischt, wenn die Miterben hiervon keinen Gebrauch machen.[16] Ein erneuter Weiterverkauf löst dann kein neues Vorkaufsrecht mehr aus.[17]

Darüber hinaus sind beim Erbschaftskauf keine weiteren privaten oder behördlichen 6 Vorkaufsrechte zu beachten. Der Erbschaftskauf ist kein Kauf von Grundstücken und löst mithin kein Vorkaufsrecht nach §§ 24 ff. BauGB aus.[18] Das Gleiche gilt für Vorkaufsrechte nach anderen öffentlich-rechtlichen Vorschriften (z.B. § 66 BNatSchG) oder nach privatem Recht (z.B. §§ 463 ff., 577, 1094 BGB).[19]

D. Zustimmungs- und Genehmigungserfordernisse

I. Zustimmungserfordernisse

Die allgemeinen güterrechtlichen Verfügungsbeschränkungen (§§ 1365, 1423 ff., 1450, 7 1453 BGB) finden auf den Erbschaftskauf Anwendung. Ein Veräußerer, der mit seinem Ehegatten im gesetzlichen Güterstand der **Zugewinngemeinschaft** lebt, bedarf unter den in § 1365 BGB genannten Voraussetzungen der Zustimmung seines Ehegatten.[20] Bei der Gütergemeinschaft bedarf der Ehegatte, der das Gesamtgut verwaltet, der Einwilligung des anderen Ehegatten nur dann, wenn zu dem zu verkaufenden Nachlass ein Grundstück gehört (§ 1424 BGB), nicht dagegen bei Verfügungen über Grundstücksrechte, wie der Löschung einer Hypothek, Übernahme bestehender Hypotheken oder Bestellung eines Nießbrauchs.

II. Genehmigungserfordernisse

Gehören zur Erbschaft land- bzw. forstwirtschaftliche Grundstücke, so bedürfen Ver- 8 kauf und Auflassung der Genehmigung der nach Landesrecht zuständigen Behörde nach § 2 Abs. 2 Nr. 2 GrdstVG.[21]

Zur Verpflichtung bzw. Verfügung über die Erbschaft oder den Erbteil eines **Minder-** 9 **jährigen** bedarf es nach §§ 1643 Abs. 1, 1851 Nr. 2 bzw. Nr. 3 1. Alt. BGB der **familiengerichtlichen Genehmigung**. Streitig ist, ob der Erwerb einer Erbschaft durch einen Minderjährigen der Genehmigung gem. § 1854 Nr. 4 BGB bedarf. Die herrschende Meinung verneint eine Genehmigungspflicht, da die Nachlassverbindlichkeiten un-

13 BGH NJW 1982, 330; *Funke/Roth*, NJW-Spezial 2014, 167.
14 BGH WM 1979, 1066; *Haegele*, BWNotZ 1972, 1, 3.
15 BGH NJW 1982, 330.
16 Staudinger/*Olshausen*, Einl. zu § 2371 Rn 24.
17 MüKo/*Gergen*, § 2037 Rn 1; *Haegele*, BWNotZ 1972, 1.
18 BGH BB 1970, 1073; LG Berlin Rpfleger 1994, 502.
19 BeckOK BGB/*Litzenburger*, § 2371 Rn 16.
20 OLG Koblenz ZEV 2016, 35; Burandt/Rojahn/*Gierl*, Erbrecht, § 2371 Rn 22.
21 BeckOK BGB/*Litzenburger*, § 2371 Rn 13; Soergel/*Kappler*, § 2371 Rn 11. Zur Heilung analog § 7 Abs. 3 GrdsVG vgl. OLG Köln OLGR 1992, 282.

trennbar zum Nachlass gehören und kraft Gesetzes zu Eigenschulden des Erwerbers werden.[22] Auch der Erwerb eines Erbteils an einem Nachlass, zu dem ein Grundstück gehört, bedarf nicht der Genehmigung nach § 1850 Nr. 6 BGB, da die Erbteilsübertragung der Einzelverfügung über Grundbesitz nicht gleichgestellt werden kann.[23]

E. Rechtsfolgen des Formmangels

10 Die Nichteinhaltung der Form des § 2371 BGB führt zur **Nichtigkeit** des Vertrages, § 125 S. 1 BGB. Inwieweit die Formnichtigkeit einzelner Vertragsbestimmungen oder Nebenabreden den im Übrigen formgerecht geschlossenen Vertrag erfasst, beurteilt sich nach § 139 BGB.[24] Beide Rechtsgeschäfte sind hierbei nach herrschender Meinung zu einer Einheit zusammengefasst mit der Folge, dass die Nichtigkeit eines von beiden Rechtsgeschäften zur Gesamtnichtigkeit führt.[25]

11 Ein formnichtiger Erbschaftskauf ist auf die Möglichkeit einer **Umdeutung** nach § 140 BGB in ein anderes Rechtsgeschäft zu überprüfen. In Betracht kommt die Umdeutung eines Erbteilskaufs in eine Erbauseinandersetzung[26] oder in eine Abtretung des Auseinandersetzungsanspruchs.[27] Einer Umdeutung zugänglich ist ferner der Verkauf einer gesamten Erbschaft in den nicht formbedürftigen Verkauf aller einzelnen Erbschaftsgegenstände.[28] Eine Umdeutung in einen formfreien Abschichtungsvertrag soll hingegen ausscheiden, wenn sich die Vertragsparteien bewusst für die notarielle Beurkundung entschieden haben.[29]

12 Nur in besonderen Ausnahmefällen kann gegen die formbedingte Nichtigkeit der Einwand der **Arglist** oder **unzulässigen Rechtsausübung** (§ 242 BGB) erhoben werden.[30]

F. Heilung des Formmangels

13 Höchst umstritten ist die Frage, ob ein formnichtiger Erbschaftskauf durch **Erfüllung** geheilt werden kann. Eine Heilung des Formmangels durch Erfüllung wird von der Rspr. abgelehnt, auch soweit es um die Übertragung des Miterbenanteils nach § 2033 Abs. 1 BGB geht.[31] Die Literatur verneint eine Heilung ebenfalls ganz überwiegend beim Verkauf einer **Alleinerbschaft**, da andernfalls die Warn-, Beratungs- und Beweis-

---

22 *Damrau*, Der Minderjährige im Erbrecht, Rn 426 Staudinger/*Olshausen*, Einl. zu § 2371 Rn 114; NK-BGB/*Kroiß*, § 2371 Rn 13; a.A. AG Stuttgart MDR 1971, 182; OLG Frankfurt NJW-RR 2015, 842 f.; MüKo/*Kroll-Ludwigs*, § 1854 Rn 19; *Haegele*, BWNotZ 1972, 1, 5.

23 Staudinger/*Olshausen*, Einl. zu § 2371 Rn 114; Soergel/*Kappler*, § 2371 Rn 11; a.A. OLG Köln Rpfleger 1996, 446; NK-BGB/*Kroiß*, § 2371 Rn 13.

24 BGH NJW 1967, 1128, 1129; Staudinger/*Olshausen*, § 2371 Rn 17; *Schlüter*, JuS 1969, 10, 11; *Lange/Kuchinke*, § 45 II 1.

25 BGH NJW 1967, 1128, 1130; BGH WM 1970, 1319 f.; *Schlüter*, JuS 1969, 10, 11 ff.

26 RGZ 129, 122 f.; *Lange/Kuchinke*, § 45 II 3; *Zarnekow*, MittRhNotK 1969, 620, 625.

27 RGZ 137, 171, 176; Staudinger/*Olshausen*, § 2371 Rn 20; Soergel/*Kappler*, § 2371 Rn 21; a.A. OLG Köln OLGR 1992, 282.

28 Staudinger/*Olshausen*, § 2371 Rn 19; Erman/*Simon*, § 2371 Rn 5; zweifelnd BeckOK BGB/*Litzenburger*, § 2371 Rn 19.

29 OLG Dresden ZErb 2003, 184; NK-BGB/*Kroiß*, § 2371 Rn 9; BeckOK BGB/*Litzenburger*, § 2371 Rn 19.

30 MüKo/*Musielak*, § 2371 Rn 9; Staudinger/*Olshausen*, § 2371 Rn 29.

31 BGH DNotZ 1971, 37; BGH NJW 1967, 1128, 1131; BGH WM 1960, 551, 553; OLG Köln OLGR 1992, 282; für den Fall einer Alleinerbschaft: BGH NJW-RR 2013, 713 (Rn 16); OLG Köln ZEV 2000, 240.

funktion, die § 2371 BGB bezweckt, vereitelt würden.[32] Für die Übertragung des **Miterbenanteils** ist die Frage in der Literatur hingegen umstritten. Der überwiegende Teil der Literatur lehnt eine entsprechende Anwendung des § 311b Abs. 1 S. 2 BGB ab, da es sich um eine Sonderbestimmung handelt, die nicht auf andere Tatbestände übertragbar ist.[33] Demgegenüber bejaht das neuere Schrifttum eine analoge Anwendung des § 311b Abs. 1 S. 2 BGB, wenn eine formgültige Erbteilsübertragung gem. § 2033 BGB vorliegt, da durch die formwirksame Übertragung des Erbteils dem durch § 2371 BGB verfolgten Zweck entsprochen und den Beteiligten das Risiko vor Augen geführt würde.[34] Auch würden andernfalls die Miterben um ihr Vorkaufsrecht und die Nachlassgläubiger um die Haftung des Käufers (§ 2382 BGB) gebracht, da beides einen gültigen Erbschaftskauf voraussetzt.[35] Der erstgenannten Literaturansicht ist der Vorzug zu geben. Formnichtige Rechtsgeschäfte können nicht durch Erfüllung geheilt werden. Dies ist nur in den gesetzlich normierten Ausnahmefällen möglich (vgl. §§ 311b Abs. 1 S. 2, 518 Abs. 2, 766 S. 2 BGB). Für eine Analogie fehlt es daher bereits an einer planwidrigen Regelungslücke.[36] Auch unterscheiden sich die durch § 2033 Abs. 1 S. 2 BGB und § 2371 BGB verfolgten Zwecke, da Verpflichtungs- und Erfüllungsgeschäft sich wesentlich unterscheiden und eine Beratungsfunktion gerade in Bezug auf Haftungsfragen nicht erfüllt werden kann, wenn der Notar nur das Erfüllungsgeschäft beurkundet.[37]

G. Hinweise

I. Kein Gutglaubensschutz für Erwerber

14 Ein Schutz des gutgläubigen Erwerbers ist beim Erbschaftskauf nicht vorgesehen. § 2366 BGB schützt nur den Erwerb von einzelnen Erbschaftsgegenständen, nicht jedoch den gutgläubigen Erwerb der Erbschaft oder eines Erbteils gem. § 2033 BGB.[38] Da ein gutgläubiger lastenfreier Erwerb nicht möglich ist, ist der Erbteilskauf für den Käufer ein spekulatives Risikogeschäft, da er sich nie sicher sein kann, ob dem Verkäufer das behauptete Erbrecht frei von Rechten Dritter zusteht.[39]

II. Vertragliche Sicherungsmechanismen

15 Der Käufer riskiert, dass der Verkäufer nicht Erbe ist oder der Erbteil belastet ist oder der Verkäufer anderweitige Verfügungen über den Erbteil trifft, während der Verkäufer davor zu schützen ist, seinen Erbteil durch die Abtretung zu verlieren, ohne den Kaufpreis erhalten zu haben.[40] Ein besonderes Sicherungsbedürfnis besteht bei dem Verkauf eines Erbteils. Für den Verkauf einer gesamten **Erbschaft**, in dessen Erfüllung die einzelnen Nachlassgegenstände zu übertragen sind, bieten die bewährten Sicherungsmittel hinreichend Schutz. Leistung und Gegenleistung können mit einer beding-

---

32 *Lange/Kuchinke*, § 45 II 2; MüKo/*Musielak*, § 2371 Rn 6; Staudinger/*Olshausen*, § 2371 Rn 23; Soergel/*Kappler*, § 2371 Rn 20; Burandt/Rojahn/*Gierl*, Erbrecht, § 2371 Rn 19; *Schlüter*, JuS 1969, 10, 15; a.A. *Siber*, JW 1932, 1354, 1355; *Lange*, AcP 144 (1938), 149, 161.

33 MüKo/*Musielak*, § 2371 Rn 7; NK-BGB/*Kroiß*, § 2371 Rn 10; BeckOK BGB/*Litzenburger*, § 2371 Rn 21; *Pohlmann*, Die Heilung formnichtiger Verpflichtungsgeschäfte durch Erfüllung, S. 211 ff.; *Staudenmaier*, BWNotZ 1959, 191 f.; *Zarnekow*, MittRhNotK 1969, 620, 624.

34 Staudinger/*Olshausen*, § 2371 Rn 27; Erman/*Simon*, § 2371 Rn 6; Soergel/*Kappler*, § 2371 Rn 20; *Keller*, ZEV 1995, 427, 431.

35 Vgl. *Keller*, ZEV 1995, 427, 428.

36 So auch MüKo/*Musielak*, § 2371 Rn 7; a.A.: *Keller*, ZEV 1995, 427, 431.

37 Vgl. MüKo/*Musielak*, § 2371 Rn 7; NK-BGB/*Kroiß*, § 2371 Rn 11; *Muscheler*, RNotZ 2009, 65, 67.

38 Soergel/*Kappler*, § 2371 Rn 18; *Neusser*, MittRhNotK 1979, 143, 148; *Mauch*, BWNotZ 1993, 134, 140; *Mayer*, ZEV 1997, 105, 106.

39 *Mauch*, BWNotZ 1993, 134, 135; vgl. auch Scherer/*Keim*, § 38 Rn 22.

40 *Mayer*, ZEV 1997, 105, 106.

ten Abtretung, bedingten Einigung und Übergabe oder einer Vormerkung abgesichert werden.[41]

16 Zur Sicherung des Verkäufers eines **Erbteils** und seinem Schutz vor einer ungesicherten Vorleistung bestehen verschiedene Möglichkeiten, das dingliche Erfüllungsgeschäft mittels vertraglicher Vereinbarung von der Erfüllung der Leistungspflicht des Käufers abhängig zu machen. Das dingliche Erfüllungsgeschäft ist nicht bedingungsfeindlich. Es kann daher gleichzeitig mit dem Kaufvertrag beurkundet werden, jedoch erfolgt die Erbteilsübertragung **auflösend bedingt** durch die Ausübung des vorbehaltenen **Rücktrittsrechts** des Verkäufers bei Zahlungsverzug des Käufers.[42] Im Grundbuch wird eine entsprechende Verfügungsbeschränkung des Erwerbers eingetragen.[43] Ebenso möglich ist die Erklärung der dinglichen Anteilsabtretung unter der **aufschiebenden Bedingung** der **Kaufpreiszahlung**, sodass die Eintragung im Grundbuch zunächst unter der Verfügungsbeschränkung (§ 161 BGB) der Kaufpreiszahlung erfolgt.[44] Alternativ wird eine **getrennte Beurkundung** der Verträge empfohlen. Nach Beurkundung des Kaufvertrages und Kaufpreiszahlung soll anschließend die dingliche Erbteilsübertragung beurkundet werden. Ungeachtet der hiermit verbundenen erhöhten Notarkosten ist aber bei dieser Variante der Käufer nicht vor einer Pfändung durch Gläubiger des Verkäufers oder vor vertragswidrigen Verfügungen des Verkäufers in der Zeit zwischen Vertragsschluss und dinglicher Erbteilsübertragung geschützt.[45]

17 Beim Kauf eines Erbteils von einem Miterben kann für den Käufer keine Eigentumsvormerkung nach § 883 BGB eingetragen werden, selbst wenn der Nachlass im Wesentlichen aus Grundbesitz oder nur aus einem Grundstück besteht.[46] Dies liegt daran, dass der Anspruch des Käufers nicht auf die Übertragung eines Grundstücks, sondern eines Erbteils gerichtet ist, die Erfüllung also außerhalb des Grundbuchs erfolgt.[47]

§ 2372 Dem Käufer zustehende Vorteile

Die Vorteile, welche sich aus dem Wegfall eines Vermächtnisses oder einer Auflage oder aus der Ausgleichungspflicht eines Miterben ergeben, gebühren dem Käufer.

Übersicht: Rdn

A. Allgemeines

1 Normzweck des § 2372 BGB ist es, den Käufer wirtschaftlich und schuldrechtlich so zu stellen, als wäre er anstelle des Verkäufers Erbe geworden.[1] Der Käufer soll daher die Vorteile erhalten, die sich für den Erben aus dem **Wegfall** eines Vermächtnisses (§§ 2160 ff. BGB) oder einer Auflage (§ 2196 BGB) oder aus der **Ausgleichungspflicht**

---

41 *Mauch*, BWNotZ 1993, 134, 135.
42 BeckOK BGB/*Litzenburger*, § 2371 Rn 11; *Keller*, Formproblematik der Erbteilsveräußerung, Rn 396 ff.; *Krause*, ErbR 2007, 2, 3; *Staudenmaier*, BWNotZ 1959, 191 ff.
43 *Mayer*, ZEV 1997, 105, 106; Scherer/*Keim*, § 28 Rn 19.
44 LG Nürnberg-Fürth MittBayNot 1982, 21; BeckOK BGB/*Litzenburger*, § 2371 Rn 11; *Keim*, RNotZ 2003, 375, 384; *Mauch*, BWNotZ 1993, 134, 140.
45 *Neusser*, MittRhNotK 1979, 143, 147; *Mauch*, BWNotZ 1993, 134, 137.
46 BeckOK BGB/*Litzenburger*, § 2371 Rn 11; *Neusser*, MittRhNotK 1979, 143, 148.
47 *Mayer*, ZEV 1997, 105, 106; *Neusser*, MittRhNotK 1979, 143, 148.
1 NK-BGB/*Kroiß*, § 2372 Rn 1; MüKo/*Musielak*, § 2372 Rn 1; Staudinger/*Olshausen*, § 2372 Rn 2.

eines anderen Miterben (§§ 2050 ff. BGB) ergeben. Diese Vorteile kommen dem Käufer als Ausgleich für die ihn nach § 2382 BGB treffende Haftung zugute.[2]

Die Vorschrift des § 2372 BGB ist **dispositiver Natur.**[3] Abweichende Vereinbarungen zwischen den Vertragsparteien sind zulässig und können auch konkludent getroffen werden. Hinweise auf eine konkludente Vereinbarung können sich aus der Höhe des Kaufpreises oder aus einer von den Parteien erwarteten Veränderung des Umfangs des Vertragsgegenstandes nach Vertragsabschluss ergeben.[4] 2

B. Wegfall eines Vermächtnisses oder einer Auflage

Durch den Wegfall eines Vermächtnisses[5] erfährt die Erbschaft einen unmittelbaren, bei einem Verschaffungsvermächtnis (§ 2170 BGB) einen mittelbaren Vermögenszuwachs. Dieser vermögenswerte Vorteil steht nach § 2372 BGB dem Käufer zu. Das Gleiche gilt bei einem Wegfall der Leistungspflicht aus einer Auflage (§ 1940 BGB). 3

Vorteile aus dem Wegfall eines Vermächtnisses oder einer Auflage stehen dem Käufer nur dann zu, wenn diese nach Abschluss des schuldrechtlichen Kaufvertrages weggefallen sind.[6] Bei einem Wegfall vor Vertragsabschluss ist der Verkäufer regelmäßig zur **Anfechtung** des Vertrages nach § 119 Abs. 2 BGB wegen Irrtums über eine verkehrswesentliche Eigenschaft (Falschberechnung des Kaufpreises) berechtigt.[7] 4

Nach seinem Normzweck ist § 2372 BGB auch anwendbar beim Wegfall von **Teilungsanordnungen,**[8] einer **Vorerbschaft,**[9] eines **Nacherbenrechts,**[10] einer **Testamentsvollstreckung**[11] oder eines **Pflichtteilsanspruchs.**[12] 5

C. Ausgleichungspflicht

Vorteile aus einer Ausgleichungspflicht kommen nur beim Kauf eines Erbteils in Betracht.[13] Die Ausgleichungspflicht führt zu einer Vergrößerung des dem Käufer bei der Auseinandersetzung zufallenden Teils der Erbschaft. Die von einem Miterben zur Ausgleichung zu bringenden Beträge sind Vorempfänge aus der Erbschaft und müssen deshalb dem Käufer der Erbschaft zugutekommen.[14] Daher ist es unerheblich, ob die Verpflichtung zur Ausgleichung vor oder nach Abschluss des Kaufvertrages festgestellt wird.[15] Der Käufer wird hinsichtlich der Durchführung der Ausgleichung nach §§ 2050 ff. BGB so behandelt, als ob er Miterbe wäre, obwohl er dies erbrechtlich nicht ist. 6

---

2 BeckOK BGB/*Litzenburger*, § 2372 Rn 1; Soergel/*Kappler*, § 2372 Rn 1.

3 Grüneberg/*Weidlich*, § 2372 Rn 1; BeckOK BGB/*Litzenburger*, § 2372 Rn 1.

4 Staudinger/*Olshausen*, § 2372 Rn 9; Erman/*Simon*, § 2372 Rn 1; MüKo/*Musielak*, § 2372 Rn 5.

5 Zu den Gründen vgl. §§ 2162, 2163, 2169 Abs. 1, 2171, 2172, 2345, 2362 Abs. 1 BGB.

6 MüKo/*Musielak*, § 2372 Rn 2; BeckOK BGB/*Litzenburger*, § 2372 Rn 1.

7 Erman/*Simon*, § 2372 Rn 1; NK-BGB/*Kroiß*, § 2372 Rn 3; Soergel/*Kappler*, § 2372 Rn 2; Grüneberg/*Weidlich*, § 2372 Rn 1.

8 MüKo/*Musielak*, § 2372 Rn 4; Grüneberg/*Weidlich*, § 2372 Rn 1; *Lange/Kuchinke*, § 45 III Fn 51.

9 *Lange/Kuchinke*, § 45 III Fn 51.

10 Grüneberg/*Weidlich*, § 2372 Rn 1; Staudinger/*Olshausen*, § 2372 Rn 5; *Zarnekow*, MittRhNotK 1969, 620, 627.

11 MüKo/*Musielak*, § 2372 Rn 4; Staudinger/*Olshausen*, § 2372 Rn 8.

12 Staudinger/*Olshausen*, § 2372 Rn 8; Soergel/*Kappler*, § 2372 Rn 3; NK-BGB/*Kroiß*, § 2372 Rn 3.

13 Staudinger/*Olshausen*, § 2372 Rn 6; MüKo/*Musielak*, § 2372 Rn 3.

14 MüKo/*Musielak*, § 2372 Rn 3.

15 Soergel/*Kappler*, § 2372 Rn 3; BeckOK BGB/*Litzenburger*, § 2372 Rn 2.

§ 2373 Dem Verkäufer verbleibende Teile

[1]Ein Erbteil, der dem Verkäufer nach dem Abschluss des Kaufs durch Nacherbfolge oder infolge des Wegfalls eines Miterben anfällt, sowie ein dem Verkäufer zugewendetes Vorausvermächtnis ist im Zweifel nicht als mitverkauft anzusehen. [2]Das Gleiche gilt von Familienpapieren und Familienbildern.

Übersicht:

A. Allgemeines

1 **Normzweck** des § 2373 BGB ist ein gerechter Ausgleich mutmaßlicher Parteiinteressen mittels zweier **Auslegungsregeln.**[1] Die Auslegungsregel des S. 1 beruht auf dem Grundsatz, dass der Verkäufer Erbe bleibt und ihm deshalb auch der zusätzliche Anfall, der auf seinem Erbrecht beruht, gebührt. Der zusätzliche Anfall ist außerdem in aller Regel nicht bei der Bestimmung des Kaufpreises berücksichtigt worden und kann auch deshalb nicht dem Käufer zustehen.[2] Die Auslegungsregel des S. 2 nimmt zum Schutz von Pietätsinteressen[3] des Verkäufers Familienpapiere und Familienbilder im Zweifel von dem Verkauf aus. S. 1 gilt nur im Fall des Verkaufs eines Erbteils, während die Auslegungsregel des S. 2 sowohl für den Verkauf eines Erbteils als auch einer Alleinerbschaft gilt.[4]

B. Voraussetzungen der Auslegungsregeln

2 Nach der Auslegungsregel des S. 1 sind nach Abschluss des Erbschaftskaufvertrags angefallene **Erbteile** nicht mitverkauft. Hierbei kann es sich um einen Erbteil aufgrund einer Nacherbfolge (§§ 2100 ff., 2139 BGB) oder aufgrund des Wegfalls eines Miterben bei gesetzlicher (§ 1935 BGB) oder gewillkürter Erbfolge (§§ 2094, 2096 BGB) handeln. Die Auslegungsregel findet nur Anwendung auf Erbanfälle nach dem Abschluss des Kaufvertrages. Bei Anfall vor Vertragsabschluss ist nach den allgemeinen Auslegungsregeln zu ermitteln, ob der Verkauf sich auch auf diesen zusätzlichen Erbteil erstreckt. Hierbei sind die Höhe des Kaufpreises zu berücksichtigen oder sonstige Umstände, etwa die Höhe des zusätzlichen Erbteils im Verhältnis zu dem ausdrücklich verkauften Erbteil.[5]

3 Ein dem Verkäufer zugewendetes **Vorausvermächtnis** (§ 2150 BGB) gilt nach S. 1 ebenfalls als nicht mitverkauft. Allerdings haftet der Verkäufer nach § 2376 BGB dem Käufer dafür, dass ein solches Vermächtnis nicht besteht, es sei denn, der Käufer kannte das Vorausvermächtnis (§ 442 Abs. 1 S. 1 BGB) oder die Nichtkenntnis beruhte auf grober Fahrlässigkeit und der Verkäufer hat den Rechtsmangel nicht arglistig verschwiegen und auch keine Garantie abgegeben (§ 442 Abs. 1 S. 2 BGB).[6] Dem Vorausvermächtnis gleichzustellen ist der gesetzliche Voraus des Ehegatten (§ 1932

1 Staudinger/*Olshausen*, § 2373 Rn 1.
2 MüKo/*Musielak*, § 2373 Rn 1; Staudinger/*Olshausen*, § 2373 Rn 1.
3 Prot. II 114.
4 Zu den sich aus der Anwendung des § 2373 S. 2 BGB auf den Erbteilskauf durch einen Dritten ergebenden Problemen hinsichtlich der Behandlung der im Gesamthandseigentum der Miterben stehenden Familienpapiere und Familienbilder vgl. *Eberl-Borges*, ErbR 2021, 647, 655 f.
5 Staudinger/*Olshausen*, § 2373 Rn 2; NK-BGB/*Kroiß*, § 2373 Rn 1.
6 BeckOK BGB/*Litzenburger*, § 2373 Rn 1; MüKo/*Musielak*, § 2373 Rn 4.

BGB).[7] Rechte und Pflichten aus einer Teilungsanordnung gehen jedoch auf den Käufer über.[8]

Als nicht mitverkauft gelten nach der Auslegungsregel des S. 2 **Familienpapiere** und **Familienbilder.** Da die Regelung auf Pietätsinteressen beruht, sind die Begriffe weit auszulegen und umfassen auch Urkunden rechtlicher Art, Familiennotizen, Tagebücher, Briefe, Korrespondenzen oder Personenstandsatteste.[9] Ebenso kommt es nicht auf den Wert der Gegenstände an.[10] Allerdings können die Umstände des Einzelfalls eine gegenteilige Auslegung rechtfertigen, etwa die Höhe des Kaufpreises für eine ansonsten wertlose Erbschaft[11] oder bei Familien mit bedeutenden Mitgliedern, wenn ein Urkundensammler die Erbschaft erkennbar vor allem wegen dieser Schriftstücke erworben hat.[12] 4

Digitale Inhalte (E-Mails, Social Media Accounts o.Ä.) sind, da es entscheidend auf das Kriterium der Höchstpersönlichkeit ankommt, wie analoge Inhalte (z.B. Tagebücher, Fotos) zu behandeln.[13] Auf das Speicher- bzw. Trägermedium kommt es hierbei nicht an.[14] Die Auslegungsregel des S. 2 ist im Hinblick auf ihren Sinn und Zweck und da es keinen sachlichen Grund für eine Ungleichbehandlung gibt, auch auf digitale Inhalte anzuwenden, die lokal auf einer Festplatte oder einem USB-Stick gespeichert sind (z.B. Familienfotos) oder auf einem Server gespeicherte Inhalte. 5

C. Beweislast

Die Auslegungsregeln sind anzuwenden, wenn nach Anwendung der allgemeinen Auslegungsregeln Zweifel bestehen, ob ein nachträglich angefallener Erbteil, ein dem Verkäufer zugewendetes Vorausvermächtnis oder Familienpapiere und Familienbilder mitverkauft sind.[15] Die Auslegungsregeln bestimmen zugleich auch die **Beweislast.** Die Beweislast trifft denjenigen, der einen von den Auslegungsregeln des § 2373 BGB abweichenden Inhalt des Kaufvertrages behauptet.[16] Der Beweispflichtige hat die entsprechenden Tatsachen vorzutragen und bei Bestreiten zu beweisen. Es handelt sich um eine Beweisführungslast (**subjektive Beweislast**).[17] Bei Unaufklärbarkeit der Tatsachen verhindern die Auslegungsregeln eine non liquet-Entscheidung und damit die Anwendung von Beweislastnormen.[18] 6

---

7 Grüneberg/*Weidlich*, § 2373 Rn 1; BeckOK BGB/*Litzenburger*, § 2373 Rn 1; Staudinger/*Olshausen*, § 2373 Rn 3; Soergel/*Kappler*, § 2373 Rn 3; einschränkend *Lange/Kuchinke*, § 45 III 2b Fn 49, wenn der Voraus den wesentlichen Teil des Nachlasses ausmacht.

8 Staudinger/*Olshausen*, § 2373 Rn 3; Grüneberg/*Weidlich*, § 2373 Rn 1; *Benk*, MittRhNotK 1979, 53, 57.

9 MüKo/*Musielak*, § 2373 Rn 5; Staudinger/*Olshausen*, § 2373 Rn 4; *Eberl-Borges*, ErbR 2021, 647, 654.

10 NK-BGB/*Kroiß*, § 2373 Rn 1; MüKo/*Musielak*, § 2373 Rn 5; *Eberl-Borges*, ErbR 2021, 647, 654.

11 Staudinger/*Olshausen*, § 2373 Rn 4; Erman/*Simon*, § 2373 Rn 3; NK-BGB/*Kroiß*, § 2373 Rn 3.

12 *Eberl-Borges*, ErbR 2021, 647, 655.

13 BGH NJW 2018, 3178, 3182; vgl. auch *Herzog*, ZErb 2017, 205, 206 f.

14 BGH NJW 2018, 3178, 3182.

15 MüKo/*Musielak*, § 2373 Rn 5.

16 Soergel/*Kappler*, § 2373 Rn 5; BeckOK BGB/*Litzenburger*, § 2373 Rn 2.

17 Staudinger/*Olshausen*, § 2373 Rn 5; MüKo/*Musielak*, § 2373 Rn 6.

18 BeckOK BGB/*Litzenburger*, § 2373 Rn 2; Staudinger/*Olshausen*, § 2373 Rn 5.

§ 2374 Herausgabepflicht

Der Verkäufer ist verpflichtet, dem Käufer die zur Zeit des Verkaufs vorhandenen Erbschaftsgegenstände mit Einschluss dessen herauszugeben, was er vor dem Verkauf aufgrund eines zur Erbschaft gehörenden Rechts oder als Ersatz für die Zerstörung, Beschädigung oder Entziehung eines Erbschaftsgegenstands oder durch ein Rechtsgeschäft erlangt hat, das sich auf die Erbschaft bezog.

Übersicht: Rdn

A. Allgemeines

1 Nach dem Grundkonzept des Erbschaftskaufs müsste der Verkäufer dem Käufer dasjenige gewähren, was dieser hätte, wenn er anstelle des Verkäufers Erbe geworden wäre. Die Herausgabepflicht müsste den Nachlass erfassen, wie er im Zeitpunkt des Erbfalls vorhanden war. Abweichend hiervon bestimmt § 2374 BGB, dass maßgeblicher Zeitpunkt für die Herausgabepflicht des Verkäufers der **Vertragsabschluss** ist.[1] Der Grund hierfür liegt darin, dass die Vertragsparteien bei Vertragsschluss den Zustand und Umfang der Erbschaft im Auge haben, wie er sich im Zeitpunkt ihrer Verhandlungen darstellt.[2] Abweichend von diesem Grundsatz ordnet § 2374 BGB eine Rückbeziehung bezüglich der Surrogate an; ergänzend stellt § 2375 BGB für die Wertersatzpflicht auf den Zeitpunkt des Erbfalls ab. § 2374 BGB ist **dispositiv.**[3]

B. Umfang der Herausgabepflicht

2 Die erbrechtliche Stellung des Verkäufers und der Kaufgegenstand bestimmen den Umfang der Herausgabepflicht.[4] Der **Alleinerbe** ist verpflichtet, alle zur Erbschaft gehörenden Gegenstände und Vermögensrechte nach den dafür geltenden Vorschriften zu übertragen, bewegliche Sachen nach §§ 929 ff. BGB, Grundstücke nach §§ 873, 925 ff. BGB und Forderungen nach §§ 398 ff. BGB.[5] Die Vorschriften über den gutgläubigen Erwerb vom Nichtberechtigten (§§ 892 f., 932 ff. BGB) finden Anwendung, wenn einzelne Gegenstände nicht dem Verkäufer gehörten.[6] Beim Verkauf eines Bruchteils einer Alleinerbschaft sind die Bruchteilsrechte an den einzelnen Erbschaftsgegenständen nach den für das Vollrecht geltenden Vorschriften auf den Käufer zu übertragen.[7] Unterliegt der Nachlass einer Testamentsvollstreckung oder Nachlassverwaltung, bedarf der Verkäufer der Zustimmung des Testamentsvollstreckers oder Nachlassverwalters.[8]

3 Beim Verkauf eines Erbteils (oder eines Bruchteils hiervon) durch einen **Miterben** ist Gegenstand des Vertrags die mitgliedschaftliche Berechtigung, die nach § 2033 BGB durch einheitlichen Übertragungsakt übertragen wird. Dies gilt jedoch nur so lange, als noch keine Auseinandersetzung (§§ 2042 ff. BGB) stattgefunden hat. Ist diese bereits

---

1 *V. Lübtow,* ErbR II, S. 1079; Soergel/*Kappler,* § 2374 Rn 1; MüKo/*Musielak,* § 2374 Rn 3.
2 NK-BGB/*Kroiß,* § 2374 Rn 1; BeckOK BGB/*Litzenburger,* § 2374 Rn 1; *Krause,* ErbR 2007, 2, 4.
3 MüKo/*Musielak,* § 2374 Rn 1.
4 *Lange/Kuchinke,* § 45 III 2b; MüKo/*Musielak,* § 2374 Rn 4.
5 Staudinger/*Olshausen,* § 2374 Rn 5; BeckOK BGB/*Litzenburger,* § 2374 Rn 3.
6 BeckOK BGB/*Litzenburger,* § 2374 Rn 3; MüKo/*Musielak,* § 2374 Rn 12.
7 MüKo/*Musielak,* § 2374 Rn 5; Burandt/Rojahn/*Gierl,* Erbrecht, § 2374 Rn 4; *v. Lübtow,* ErbR II, S. 1079.
8 NK-BGB/*Kroiß,* § 2374 Rn 2.

vollständig durchgeführt worden, hat der Miterbe seine Herausgabepflicht durch Übertragung jedes einzelnen ihm bei der Auseinandersetzung zugeteilten Gegenstandes in gleicher Weise wie ein Alleinerbe zu erfüllen.[9] Bei einer Teilauseinandersetzung hat der Verkäufer seine Verpflichtung durch Einzelübertragung der ihm zugeteilten Gegenstände und durch Übertragung seines Restanteils nach § 2033 Abs. 1 BGB zu erfüllen.[10] Ein gutgläubiger Erwerb vom Nichtberechtigten findet beim Kauf eines Miterbenanteils nicht statt, da § 2366 BGB hier nicht gilt.[11] Die Zustimmung eines Testamentsvollstreckers oder Nachlassverwalters ist zur Übertragung des Miterbenanteils nicht erforderlich.[12]

Erbschaftsgegenstände sind alle in den Nachlass fallenden Gegenstände körperlicher und nichtkörperlicher Art.[13] Der Herausgabepflicht unterliegen ferner Ansprüche des Verkäufers gegen den Testamentsvollstrecker (§§ 2219 BGB), Nachlasspfleger (§ 1960 BGB), Erbschaftsbesitzer (§§ 2018 ff. BGB) und den Vorerben (§§ 2130 ff. BGB), die er aufgrund seiner Erbenstellung erworben hat.[14] Nicht herauszugeben sind der Anspruch auf den güterrechtlichen Zugewinnausgleich (§ 1371 Abs. 2 BGB)[15] oder Pflichtteilsansprüche des Erben gem. §§ 2305, 2316 Abs. 2, 2325 BGB.[16] 4

Da der aufgrund einer Nachfolgeklausel vererbliche Anteil an einer **Personengesellschaft** aufgrund der erbrechtlichen Sondererbfolge sofort mit dem Erbfall auf den nachfolgeberechtigten Gesellschaftererben übergeht, wird er von einer Erbteilsveräußerung nicht erfasst.[17] Wie bei einer (teilweise) erfolgten Erbauseinandersetzung ist der Verkäufer aber in entsprechender Anwendung des § 2374 BGB zur Übertragung des Gesellschaftsanteils verpflichtet.[18] 5

C. Surrogation

Die Herausgabepflicht des Verkäufers umfasst auch die vor dem Verkauf erlangten **Surrogate** (vgl. insoweit die Kommentierung zu § 2041 BGB). Auch wenn der Wortlaut des § 2374 BGB dem des § 2041 BGB entspricht, findet in Fällen, in denen die Erfüllung der Herausgabepflicht durch Einzelübertragung erfolgt, keine dinglich wirkende Surrogation im eigentlichen Sinne statt, vielmehr regelt § 2374 BGB nur den Umfang der schuldrechtlichen Herausgabepflicht.[19] Gegen eine dinglich wirkende Surrogation spricht auch die Regelung des § 2379 BGB, wonach die Nutzungen bis zum Verkauf dem Verkäufer verbleiben. Erfüllt der Verkäufer seine Herausgabepflicht durch Erbteilsabtretung gem. § 2033 BGB durch einheitlichen Verfügungsakt, erwirbt der Käufer hierdurch unmittelbar auch das Recht an den Surrogaten.[20] 6

Bei Zerstörung, Beschädigung oder Entziehung erfasst die **Ersatzsurrogation** auch Versicherungssummen und Enteignungsentschädigungen, nicht aber Lastenausgleichs- 7

---

9 MüKo/*Musielak*, § 2374 Rn 6; *Kipp/Coing*, § 111 IV 1.

10 Soergel/*Kappler*, § 2371 Rn 13; NK-BGB/*Kroiß*, § 2374 Rn 5; BeckOK BGB/*Litzenburger*, § 2374 Rn 6.

11 BeckOK BGB/*Litzenburger*, § 2374 Rn 4; MüKo/*Grziwotz*, § 2366 Rn 15 m.w.N.

12 NK-BGB/*Kroiß*, § 2374 Rn 4; Soergel/*Kappler*, § 2374 Rn 14.

13 MüKo/*Musielak*, § 2374 Rn 9.

14 MüKo/*Musielak*, § 2374 Rn 9; Staudinger/*Olshausen*, § 2374 Rn 9.

15 Grüneberg/*Weidlich*, § 2374 Rn 1; Soergel/*Kappler*, § 2374 Rn 3.

16 Soergel/*Kappler*, § 2374 Rn 4.

17 BeckOK BGB/*Litzenburger*, § 2374 Rn 5; *Keller*, MittBayNot 2007, 96, 97.

18 *Ivo*, ZEV 2004, 499, 500; *Keller*, MittBayNot 2007, 96, 98 f.; a.A. *Dietrich*, Die Erbteilsveräußerung, S. 168 f.

19 NK-BGB/*Kroiß*, § 2374 Rn 7; BeckOK BGB/*Litzenburger*, § 2374 Rn 7; *Stiebitz*, Die Surrogation im Erbrecht, S. 137 ff.; *Keller*, MittBayNot 2007, 96, 98; *Muscheler*, RNotZ 2009, 65, 70.

20 Staudinger/*Olshausen*, § 2374 Rn 2.

ansprüche.[21] Für die **rechtsgeschäftliche Surrogation kraft Beziehung** genügt die objektive Beziehung des Rechtsgeschäfts zum Nachlass, wenn es sich um eine typische Maßnahme der Nachlassgeschäftsführung handelt.[22]

§ 2375 Ersatzpflicht

(1) [1]Hat der Verkäufer vor dem Verkauf einen Erbschaftsgegenstand verbraucht, unentgeltlich veräußert oder unentgeltlich belastet, so ist er verpflichtet, dem Käufer den Wert des verbrauchten oder veräußerten Gegenstands, im Falle der Belastung die Wertminderung zu ersetzen. [2]Die Ersatzpflicht tritt nicht ein, wenn der Käufer den Verbrauch oder die unentgeltliche Verfügung bei dem Abschluss des Kaufs kennt.
(2) Im Übrigen kann der Käufer wegen Verschlechterung, Untergangs oder einer aus einem anderen Grunde eingetretenen Unmöglichkeit der Herausgabe eines Erbschaftsgegenstands nicht Ersatz verlangen.

Übersicht:

A. Allgemeines

1 In Ergänzung zu § 2374 BGB verpflichtet Abs. 1 den Verkäufer zum **Wertersatz**, wenn er ohne Kenntnis des Käufers vor Abschluss des Erbschaftskaufs einen Erbschaftsgegenstand verbraucht, veräußert oder belastet hat, ohne dass hierfür dem Nachlass ein Gegenwert zugeflossen ist. Die Regelung entspricht dem mutmaßlichen Parteiwillen und dem Zweck des Erbschaftskaufs, dass der Käufer die wirtschaftliche Stellung eines Erben erhalten soll und für Nachlassverbindlichkeiten haften muss.[1] Die Freistellung des Verkäufers von einer Ersatzpflicht (Abs. 2) beruht auf der Annahme, dass es nicht der Absicht des Verkäufers entspricht, sich nachträglich wie ein Verwalter fremden Guts behandeln zu lassen und Rechenschaft für eine Zeit abzulegen, in der ihn noch keine Erhaltungspflicht getroffen hat.[2] Abs. 1 und Abs. 2 sind **abdingbar.**[3] Die Ersatzpflicht bezieht sich auf die Zeit vor Abschluss des Kaufvertrages. Ab dem Zeitpunkt des Vertragsschlusses haftet der Verkäufer nach den allgemeinen Vorschriften.[4]

B. Ersatzpflicht nach Abs. 1

2 **Verbraucht** werden können Sachen (§ 92 BGB) und Rechte, indem sie für Zwecke und zum Vorteil des Verkäufers verwendet werden. Als Verbrauch ist es daher auch anzusehen, wenn der Verkäufer mit Mitteln der Erbschaft eigene Verbindlichkeiten tilgt oder eine Nachlassforderung gegen eine persönliche Verbindlichkeit aufrechnet.[5] Verbrauch ist auch möglich durch Verbindung, Vermengung, Vermischung und Verar-

---

21 Staudinger/*Olshausen*, § 2374 Rn 13; BVerwG NJW 1963, 1260.
22 BGH NJW 1968, 1824; Staudinger/*Olshausen*, § 2374 Rn 14.
1 Mot. II 357, Prot. II 119.
2 Mot. II 358.
3 Soergel/*Kappler*, § 2375 Rn 1; Grüneberg/*Weidlich*, § 2375 Rn 1; NK-BGB/*Kroiß*, § 2375 Rn 4.
4 Grüneberg/*Weidlich*, § 2375 Rn 1; Soergel/*Kappler*, § 2375 Rn 1; *Lange/Kuchinke*, § 45 III 2d.
5 Staudinger/*Olshausen*, § 2375 Rn 6; NK-BGB/*Kroiß*, § 2375 Rn 1.

beitung (§§ 946 ff. BGB).[6] § 2375 BGB ist jedoch nur insoweit einschlägig, als der Verkäufer beim Verbrauch von Erbschaftsgegenständen keinen Gegenwert erhält. Tritt ein Surrogat an die Stelle des Nachlassgegenstandes, greift § 2374 BGB. Für Nutzungen im Zeitraum zwischen Erbfall und Verkauf der Erbschaft gilt die Sonderregelung des § 2379 BGB.[7]

Eine **unentgeltliche Veräußerung** oder **Belastung** ist anzunehmen bei einer Schenkung,[8] aber auch dann, wenn aus dem Nachlass ein Wert weggegeben oder ein Opfer gebracht wird, ohne dass die dadurch eintretende Verringerung des Nachlasses durch Zuführung eines entsprechenden Vermögensvorteils ausgeglichen wird.[9] Bestellt der Verkäufer zur Sicherung einer eigenen Schuld eine Hypothek oder Pfandrechte an Erbschaftsgegenständen, liegt Unentgeltlichkeit vor, da kein gleichwertiger Vermögensvorteil in die Erbschaft gelangt.[10] 3

Zu ersetzen ist der **objektive Wert** des Nachlassgegenstands im Zeitpunkt des Verbrauchs oder der Veräußerung, bei Belastung die objektive Wertminderung.[11] 4

Die Ersatzpflicht entfällt, wenn der Käufer den Verbrauch oder die unentgeltliche Veräußerung bei Abschluss des Kaufvertrages kennt (Abs. 1 S. 2), wobei hier nur positive **Kenntnis** des Käufers die Ersatzpflicht ausschließt, Kennenmüssen genügt nicht.[12] Beruft sich der Verkäufer auf das Entfallen seiner Ersatzpflicht, so hat er die Tatsachen zu **beweisen**, aus denen sich die behauptete Kenntnis des Käufers ergibt.[13] 5

C. Freistellung von einer Haftung nach Abs. 2

Abs. 2 enthält eine Freistellung des Verkäufers von einer Haftung wegen **Verschlechterung, Untergang** oder einer aus sonstigen Gründen eingetretenen **Unmöglichkeit** der Herausgabe eines Erbschaftsgegenstandes. Auch Abs. 2 bezieht sich nur auf die Zeit vor Abschluss des Kaufvertrages, danach gelten die allgemeinen Vorschriften (§§ 437 ff. BGB).[14] Die Freistellung gilt unabhängig davon, ob den Verkäufer ein Verschulden trifft.[15] Allerdings kann sich eine Ersatzpflicht aus anderen Rechtsgründen ergeben, etwa wenn der Verkäufer arglistig Umstände verschwiegen[16] oder eine Garantie übernommen hat.[17] 6

§ 2376 Haftung des Verkäufers

(1) Die Haftung des Verkäufers für Rechtsmängel beschränkt sich darauf, dass ihm das Erbrecht zusteht, dass es nicht durch das Recht eines Nacherben oder durch die Ernennung eines Testamentsvollstreckers beschränkt ist, dass nicht Vermächtnisse, Auflagen, Pflichtteilslasten, Ausgleichungspflichten oder Teilungsanordnungen bestehen und dass nicht unbeschränkte Haftung gegenüber den Nachlassgläubigern oder einzelnen von ihnen eingetreten ist.

6 Soergel/*Kappler*, § 2375 Rn 3; MüKo/*Musielak*, § 2375 Rn 3.
7 Staudinger/*Olshausen*, § 2375 Rn 6.
8 Maßgebend sind nicht die Parteivorstellungen, sondern allein die objektive Unentgeltlichkeit (vgl. BeckOK BGB/*Litzenburger*, § 2375 Rn 1; NK-BGB/*Kroiß*, § 2375 Rn 1; *Krause*, ErbR 2007, 2, 5).
9 BGH NJW 1953, 219; BGH NJW 1963, 1613; BGH NJW 1971, 2264, 2265.
10 MüKo/*Musielak*, § 2375 Rn 4; RGRK/*Kregel*, § 2375 Rn 3; Staudinger/*Olshausen*, § 2375 Rn 7.
11 Soergel/*Kappler*, § 2375 Rn 2; BeckOK BGB/*Litzenburger*, § 2375 Rn 1.
12 BeckOK BGB/*Litzenburger*, § 2375 Rn 1; Staudinger/*Olshausen*, § 2375 Rn 8.
13 MüKo/*Musielak*, § 2375 Rn 6; Soergel/*Kappler*, § 2375 Rn 5.
14 Soergel/*Kappler*, § 2375 Rn 6; MüKo/*Musielak*, § 2375 Rn 7.
15 BeckOK BGB/*Litzenburger*, § 2375 Rn 2; MüKo/*Musielak*, § 2375 Rn 7.
16 Staudinger/*Olshausen*, § 2375 Rn 12; BeckOK BGB/*Litzenburger*, § 2375 Rn 2.
17 MüKo/*Musielak*, § 2375 Rn 7; Staudinger/*Olshausen*, § 2375 Rn 12.

(2) Für Sachmängel eines zur Erbschaft gehörenden Gegenstands haftet der Verkäufer nicht, es sei denn, dass er einen Mangel arglistig verschwiegen oder eine Garantie für die Beschaffenheit des Gegenstands übernommen hat.

Übersicht:

A. Allgemeines

1 **Normzweck** des § 2376 BGB ist die Beschränkung der Haftung des Verkäufers für Rechts- oder Sachmängel. Die Sonderregelungen beruhen zum einen auf dem mutmaßlichen Parteiwillen und entsprechen zum anderen der besonderen Art des Vertragsgegenstandes einer Erbschaft als Inbegriff von Rechten und Sachen.[1] Die Regelung des § 2376 BGB ist **dispositiver** Natur. Der Haftungsumfang kann durch Parteivereinbarung erweitert oder eingeschränkt werden.[2] Eine Erweiterung der Haftung kann z.B. anzunehmen sein, wenn die Parteien ihren vertraglichen Vereinbarungen ein Verzeichnis der Erbschaftsgegenstände zugrunde legen.[3]

B. Haftung für Rechtsmängel

2 Abs. 1 begrenzt die Haftung auf **Rechtsmängel** von erbrechtlicher Natur. Der Verkäufer haftet dafür, dass ihm das **Erbrecht** zusteht. Er hat dafür einzustehen, dass die Gegenstände, die zum Vermögen des Erblassers gehörten, durch Erbfolge auf ihn übergegangen sind.[4] Er haftet aber nicht dafür, dass bestimmte Gegenstände tatsächlich zur Erbschaft gehören, frei von Rechten Dritter sind oder der Erblasser Eigentümer der im Nachlass befindlichen Gegenstände gewesen ist.[5] Der Verkäufer haftet auch dafür, dass keine Vermächtnisse, Auflagen oder Pflichtteilslasten bestehen. In **analoger** Anwendung des § 2376 BGB haftet er ebenfalls dafür, dass keine Erbersatzansprüche nichtehelicher Kinder (bei Erbfällen bis zum 1.4.1998; vgl. Art. 227 Abs. 1 Nr. 1 EGBGB), ein Voraus (§ 1932 BGB) oder ein Dreißigster (§ 1969 BGB) des Ehegatten bestehen, nicht jedoch für die Freiheit von Zugewinnausgleichsansprüchen (§ 1371 Abs. 2, Abs. 3 BGB) oder Unterhaltsansprüchen der werdenden Mutter (§ 1963 BGB).[6]

3 Der Verkäufer haftet auch dafür, dass er nicht durch das Recht eines **Nacherben** (§§ 2100 ff. BGB)[7] oder die Ernennung eines **Testamentsvollstreckers** beschränkt ist. Wegen der weitgehenden Rechte eines Testamentsvollstreckers über den Nachlass, die er auch gegenüber dem Käufer geltend machen kann, kann dieser verlangen, dass ihm die Erbschaft ohne die sich aus einer Testamentsvollstreckung ergebenden Beschränkungen verschafft wird.[8] Keine Gewährleistungsrechte hat der Käufer wegen der Be-

---

1 Soergel/*Kappler,* § 2376 Rn 2; BeckOK BGB/*Litzenburger,* § 2376 Rn 1.

2 Staudinger/*Olshausen,* § 2376 Rn 3; NK-BGB/*Kroiß,* § 2376 Rn 1.

3 Mot. II 359.

4 Staudinger/*Olshausen,* § 2376 Rn 8; *Muscheler,* RNotZ 2009, 65, 71.

5 BeckOK BGB/*Litzenburger,* § 2376 Rn 2; Staudinger/*Olshausen,* § 2376 Rn 9; Soergel/*Kappler,* § 2376 Rn 3.

6 NK-BGB/*Kroiß,* § 2376 Rn 1; MüKo/*Musielak,* § 2376 Rn 5; Soergel/*Kappler,* § 2376 Rn 3; Grüneberg/*Weidlich,* § 2376 Rn 1, *Muscheler,* RNotZ 2009, 65, 71; a.A. für Zugewinnausgleichsansprüche Erman/*Simon,* § 2376 Rn 3; BeckOK BGB/*Litzenburger,* § 2376 Rn 2.

7 Der Verkäufer kann seine Pflicht in diesem Fall nur durch Veranlassung der Ausschlagung des Nacherben oder Übertragung von dessen Anwartschaft auf den Vorerben erfüllen (vgl. Staudinger/*Olshausen,* § 2376 Rn 10).

8 MüKo/*Musielak,* § 2376 Rn 4.

schränkungen durch eine Nachlassverwaltung oder die Eröffnung eines Nachlassinsolvenzverfahrens.[9]

Beim Erbteilskauf bezieht sich die Haftung des Verkäufers auch darauf, dass keine **Teilungsanordnungen** (§ 2048 BGB) oder **Ausgleichungspflichten** (§§ 2050 ff. BGB) bestehen.

Der Verkäufer haftet ferner dafür, dass nicht unbeschränkte Haftung gegenüber **Nachlassgläubigern** eingetreten ist. Diese Regelung beruht darauf, dass bei Eintritt unbe- 4
schränkter Haftung des Verkäufers auch der Käufer unbeschränkt haften muss (§ 2383 Abs. 1 S. 2 BGB). Daher kann er nach Abs. 1 vom Verkäufer verlangen, von einer unbeschränkten Haftung freigestellt zu werden.

Die **Rechtsfolge** einer Rechtsmängelhaftung ist die Haftung des Verkäufers nach § 437 5
BGB, sofern der Käufer nicht bei Vertragsabschluss den Mangel positiv kannte (§ 442 Abs. 1 S. 1 BGB) oder die Haftung nach § 442 Abs. 1 S. 2 BGB bei grober Fahrlässigkeit des Käufers in den dortigen Fällen ausgeschlossen ist.[10] Die **Beweislast** für das Bestehen eines Rechtsmangels liegt nach der Annahme des Kaufgegenstandes beim Käufer.[11] Den Verkäufer trifft die Feststellungslast für Tatsachen, auf die er eine behauptete Kenntnis oder grob fahrlässige Unkenntnis des Käufers stützt.[12] Bei Schenkung der Erbschaft ist die Haftung nach § 2376 BGB ausgeschlossen (§ 2385 Abs. 2 S. 2 BGB).

C. Haftung für Sachmängel

Abs. 2 schließt die Haftung für **Sachmängel** eines zur Erbschaft gehörenden Gegen- 6
standes generell aus. Dies gilt nicht bei arglistigem Verschweigen eines Mangels oder Übernahme einer Garantie für die Beschaffenheit eines Gegenstandes. Vertraglich kann die Haftung des Verkäufers erweitert oder eingeschränkt werden. In der Praxis verbreitet sind vertragliche Garantiezusagen (§ 443 BGB).[13]

Verkauft ein Unternehmer (z.B. ein Gebrauchtwarenhändler) Nachlassgegenstände, 7
die nahezu den gesamten Nachlasswert darstellen, an einen dies wissenden Käufer (**Einzeltheorie**) weiter, der Verbraucher ist, ist streitig, ob aufgrund von Art. 3 Verbrauchsgüterkauf-RL[14] die Haftung richtlinienkonform eingeschränkt werden muss. Da sich der in Abs. 2 angeordnete Haftungsausschluss bei einem Verbrauchsgüterkauf nicht mit Art. 3 Abs. 1 der Richtlinie vereinbaren lässt, befürwortet die überwiegende Literatur eine richtlinienkonforme Einschränkung des Abs. 2 und bejaht eine Haftung des Verkäufers und die entsprechende Anwendung der §§ 474 ff. BGB.[15] Diese Auffassung ist jedoch abzulehnen, da der Verkäufer in seiner Eigenschaft als Erbe und nicht als Unternehmer verkauft.[16]

---

9 Staudinger/*Olshausen*, § 2376 Rn 11.
10 MüKo/*Musielak*, § 2376 Rn 8; BeckOK BGB/*Litzenburger*, § 2376 Rn 2.
11 MüKo/*Musielak*, § 2376 Rn 8.
12 Staudinger/*Olshausen*, § 2376 Rn 16; MüKo/*Musielak*, § 2376 Rn 8.
13 Vgl. hierzu *Dietrich*, Die Erbteilsveräußerung, S. 410 ff.
14 Richtlinie 1999/44/EG des Europäischen Parlaments und des Rates vom 25.5.1999 (ABl EG 1999 L 171, 12.
15 MüKo/*Musielak*, § 2376 Rn 10; BeckOK BGB/*Litzenburger*, § 2376 Rn 4; NK-BGB/*Kroiß*, § 2376 Rn 3; Grüneberg/*Weidlich*, § 2376 Rn 2.
16 Ebenso Staudinger/*Olshausen*, § 2376 Rn 18; ablehnend auch *Muscheler*, RNotZ 2009, 65, 72.

§ 2377 Wiederaufleben erloschener Rechtsverhältnisse

[1]Die infolge des Erbfalls durch Vereinigung von Recht und Verbindlichkeit oder von Recht und Belastung erloschenen Rechtsverhältnisse gelten im Verhältnis zwischen dem Käufer und dem Verkäufer als nicht erloschen. [2]Erforderlichenfalls ist ein solches Rechtsverhältnis wiederherzustellen.

Übersicht:

A. Allgemeines

1 Der Grundgedanke des Erbschaftskaufes ist es, den Käufer so stellen, als wäre er anstelle des Verkäufers von Anfang an Erbe geworden. Daher fingiert § 2377 BGB im Verhältnis zwischen Käufer und Verkäufer das Fortbestehen der Rechtsverhältnisse zwischen Erblasser und Verkäufer, die durch Vereinigung von Recht und Verbindlichkeit (**Konfusion**) oder von Recht und Belastung (**Konsolidation**) erloschen wären. Durch die **Fortbestehensfiktion** soll vermieden werden, dass eine Bereicherung der Erbschaft auf Kosten des Erben oder eine Bereicherung des Erben auf Kosten der Erbschaft eintritt.[1] Als rein schuldrechtliche Verpflichtung ist § 2377 BGB **abdingbar.**[2]

B. Voraussetzungen

2 Voraussetzung des § 2377 BGB ist, dass ein Rechtsverhältnis zwischen dem Erblasser und dem seine Erbschaft verkaufenden Erben bestanden hat, das mit dem Erbfall durch Vereinigung von Recht und Verbindlichkeit oder von Recht und Belastung erlischt. Die Norm findet folglich beim Verkauf eines Miterbenanteils vor der Auseinandersetzung keine Anwendung, weil Rechtsverhältnisse zwischen dem Erblasser und einzelnen Miterben durch den Erbfall nicht erlöschen, sondern fortbestehen.[3] Der Erbteilserwerber muss sich bei der Auseinandersetzung vielmehr das anrechnen lassen, was der veräußernde Miterbe dem Erblasser schuldete (§§ 755 Abs. 2, 756 S. 2 BGB).[4] Beim Alleinerben findet § 2377 BGB Anwendung auf den Verkauf eines Bruchteils seiner Erbschaft.

C. Rechtsfolgen

3 Rechtsfolge des § 2377 BGB ist, dass im Verhältnis zwischen Käufer und Verkäufer ein durch Konfusion oder Konsolidation erloschenes Rechtsverhältnis als nicht erloschen gilt. Die Vertragsparteien sind daher verpflichtet, sich gegenseitig das zu gewähren, was sie bei Fortbestehen der erloschenen Rechtsverhältnisse beanspruchen könnten.[5] Die Fiktion hat nur schuldrechtliche Wirkung (vgl. S. 2). Soweit erforderlich, ist das Rechtsverhältnis neu zu begründen, und zwar mit Wirkung ex tunc.[6]

4 Stand dem Erblasser gegen den verkaufenden Erben eine Forderung zu, kann der **Käufer** vom Verkäufer die Erfüllung der Forderung verlangen. Ist die Forderung noch nicht fällig, hat der Verkäufer die infolge des Erbfalls erloschene Forderung zu gleichen

---

1 MüKo/*Musielak* § 2377 Rn 1; Burandt/Rojahn/*Gierl*, Erbrecht, § 2377 Rn 1.

2 Soergel/*Kappler*, § 2377 Rn 1; NK-BGB/*Kroiß*, § 2377 Rn 2; Staudinger/*Olshausen*, § 2377 Rn 1.

3 MüKo/*Musielak*, § 2377 Rn 2; Staudinger/*Olshausen*, § 2377 Rn 3; Soergel/*Kappler*, § 2377 Rn 2; *Kipp/Coing*, § 111 VII 2.

4 RGZ 78, 273, 274 f.; BeckOK BGB/*Litzenburger*, § 2377 Rn 3; Staudinger/*Olshausen*, § 2377 Rn 3.

5 BeckOK BGB/*Litzenburger*, § 2377 Rn 2; MüKo/*Musielak*, § 2377 Rn 3.

6 NK-BGB/*Kroiß*, § 2377 Rn 2; Soergel/*Kappler*, § 2377 Rn 3; *Krause*, ErbR 2007, 2, 6.

Bedingungen wieder zu begründen.[7] Bei sofort fälligen Forderungen ist dies nicht erforderlich, da die Erbringung der ursprünglich geschuldeten Leistung ausreicht. Eine Neubestellung ist jedoch erforderlich bei **akzessorischen Sicherungsrechten** wie einem Pfandrecht oder einer Hypothek.[8] Durch das Erlöschen der gesicherten Forderung entsteht bei einer **Hypothek** eine Eigentümergrundschuld (§§ 1163 Abs. 1 S. 2, 1177 Abs. 1 S. 1 BGB).[9] In diesem Fall wird die Eigentümergrundschuld wegen fehlender dinglicher Wirkung des § 2377 BGB nicht wieder zur Hypothek, vielmehr kann der Käufer vom Verkäufer nur schuldrechtlich die gleiche Sicherung verlangen, wie sie der Erblasser innehatte.[10] Auch der **Verkäufer** kann vom Käufer die Wiederherstellung von Forderungen und beschränkten dinglichen Rechten verlangen, die ihm vor dem Erbfall gegen den Erblasser zustanden.[11]

Die Fortbestehensfiktion gilt nur im Verhältnis zwischen den Parteien des Erbschafts- 5
kaufs und wirkt nicht gegenüber Dritten. Ein **Dritter** als Bürge oder Sicherungsgeber eines Pfandrechts (z.B. einer Hypothek) wird durch § 2377 BGB grundsätzlich nicht zur Neubestellung der Sicherheiten verpflichtet.[12] Kann eine der Vertragsparteien des Erbschaftskaufs ihre Verpflichtung zur Neubestellung der Sicherung nicht erfüllen, bestimmen sich die Sekundäransprüche nach den allgemeinen Vorschriften auf der Grundlage des ursprünglichen Rechtsverhältnisses, dessen Fortbestand fingiert wird.[13]

§ 2378 Nachlassverbindlichkeiten

(1) Der Käufer ist dem Verkäufer gegenüber verpflichtet, die Nachlassverbindlichkeiten zu erfüllen, soweit nicht der Verkäufer nach § 2376 dafür haftet, dass sie nicht bestehen.
(2) Hat der Verkäufer vor dem Verkauf eine Nachlassverbindlichkeit erfüllt, so kann er von dem Käufer Ersatz verlangen.

Übersicht: Rdn

A. Allgemeines

Die **dispositive**[1] Vorschrift des § 2376 BGB betrifft das Innenverhältnis zwischen 1
Verkäufer und Käufer. **Zweck** der Norm ist es, die Verpflichtung des Käufers, die **Nachlassverbindlichkeiten** zu erfüllen, im **Innenverhältnis** zwischen Käufer und Verkäufer festzulegen. Eine Einschränkung hiervon ist bezüglich der Nachlassverbindlichkeiten zu machen, für die der Verkäufer nach § 2376 BGB haftet. Dies ist auch sachgerecht, da die Vertragsparteien beim Erbschaftskauf vereinbaren, dass der Käufer die Erbschaft mit allen Aktiva und Passiva übernimmt, dass er also wirtschaftlich und

---

7 MüKo/*Musielak*, § 2377 Rn 3.
8 BeckOK BGB/*Litzenburger*, § 2377 Rn 2; *Krause*, ErbR 2007, 2, 6.
9 Staudinger/*Olshausen*, § 2377 Rn 6; MüKo/*Musielak*, § 2377 Rn 3.
10 Burandt/Rojahn/*Gierl*, Erbrecht, § 2377 Rn 6; MüKo/*Musielak*, § 2377 Rn 3; a.A. *Muscheler*, RNotZ 2009, 65, 71.
11 Staudinger/*Olshausen*, § 2377 Rn 7; MüKo/*Musielak*, § 2377 Rn 4; Soergel/*Kappler*, § 2377 Rn 3.
12 Soergel/*Kappler*, § 2377 Rn 2; BeckOK BGB/*Litzenburger*, § 2377 Rn 3; Staudinger/*Olshausen*, § 2377 Rn 8.
13 MüKo/*Musielak*, § 2377 Rn 6; Staudinger/*Olshausen*, § 2377 Rn 8; Soergel/*Kappler*, § 2377 Rn 4.
1 Staudinger/*Olshausen*, § 2378 Rn 3; Erman/*Simon*, § 2378 Rn 1.

schuldrechtlich so gestellt werden soll, wie wenn er Erbe geworden wäre.[2] Die Haftung des Käufers im Außenverhältnis gegenüber den Nachlassgläubigern, die zusätzlich neben die fortdauernde Haftung des Verkäufers tritt, bleibt von § 2378 BGB unberührt. Sie ist in den §§ 2382, 2383 BGB geregelt.[3]

B. Erfüllungsverpflichtung

2 Der Verkäufer haftet im Außenverhältnis nach wie vor für die Nachlassverbindlichkeiten, da die Erfüllungspflicht des Abs. 1 nicht wie eine Schuldübernahme (§§ 414 ff. BGB), sondern wie eine **Erfüllungsübernahme** i.S.v. § 415 Abs. 3 BGB wirkt.[4] Ausgenommen von der Erfüllungspflicht sind Verbindlichkeiten, für deren Nichtbestehen der Verkäufer nach § 2376 BGB haftet. Wird der Käufer dennoch durch Gläubiger in Anspruch genommen, ist er auf seine Ansprüche aus der Rechtsmängelhaftung gegen den Verkäufer angewiesen.[5]

3 Die Pflicht des Käufers zur Erfüllung von Nachlassverbindlichkeiten gehört nicht zu den Verpflichtungen, die mit denen des Verkäufers in einem synallagmatischen Verhältnis i.S.v. §§ 320 ff. BGB stehen.[6] Dies hat zur Folge, dass der Verkäufer **vorleistungspflichtig** ist und seine Leistung dem Käufer gegenüber nicht von der Zug um Zug zu bewirkenden Befreiung von der Haftung für Nachlassverbindlichkeiten abhängig machen kann.[7] Der Käufer macht sich jedoch nach §§ 280, 281 BGB schadensersatzpflichtig bei schuldhafter Nichterfüllung seiner Verpflichtungen aus Abs. 1.[8] Der Verkäufer kann außerdem vom Vertrag nach § 323 BGB zurücktreten.

C. Ersatzpflicht nach Abs. 2

4 Der Käufer ist nach Abs. 2 verpflichtet, dem Verkäufer Ersatz für von ihm vor dem Verkauf erfüllte Nachlassverbindlichkeiten zu leisten. Der Erfüllung stehen folgende Erfüllungssurrogate gleich: Leistung an Erfüllungs statt (§ 364 BGB), Hinterlegung (§ 378 BGB), Aufrechnung mit einer dem Verkäufer zustehenden Eigenforderung (§ 389 BGB).[9] Die Ersatzpflicht tritt bei der Aufrechnung auch ein, wenn ein Nachlassgläubiger gegen eine Eigenforderung des verkaufenden Erben aufgerechnet hat.[10] Keine Ersatzpflicht besteht, soweit der Verkäufer nach § 2376 BGB für die Freiheit von Rechtsmängeln haftet.[11] Sonderregelungen für zwischen Erbfall und Verkauf entstandene Lasten enthält § 2379 BGB.

---

2 MüKo/*Musielak*, § 2378 Rn 1; BeckOK BGB/*Litzenburger*, § 2378 Rn 1.
3 Staudinger/*Olshausen*, § 2378 Rn 2.
4 Grüneberg/*Weidlich*, § 2378 Rn 1; Soergel/*Kappler*, § 2378 Rn 2; Staudinger/*Olshausen*, § 2378 Rn 6; NK-BGB/*Kroiß*, § 2378 Rn 1; MüKo/*Musielak*, § 2378 Rn 2.
5 BeckOK BGB/*Litzenburger*, § 2378 Rn 1; NK-BGB/*Kroiß*, § 2378 Rn 2.
6 RGZ 101, 185, 192; Staudinger/*Olshausen*, § 2378 Rn 4; MüKo/*Musielak*, § 2378 Rn 3.
7 Staudinger/*Olshausen*, § 2378 Rn 4; Soergel/*Kappler*, § 2378 Rn 3; *Muscheler*, RNotZ 2009, 65, 74.
8 Staudinger/*Olshausen*, § 2378 Rn 4; MüKo/*Musielak*, § 2378 Rn 3; Burandt/Rojahn/*Gierl*, Erbrecht, § 2378 Rn 4.
9 BeckOK BGB/*Litzenburger*, § 2378 Rn 2; Staudinger/*Olshausen*, § 2378 Rn 8.
10 Staudinger/*Olshausen*, § 2378 Rn 8; Erman/*Simon*, § 2378 Rn 4.
11 Soergel/*Kappler*, § 2378 Rn 4; MüKo/*Musielak*, § 2378 Rn 4; NK-BGB/*Kroiß*, § 2378 Rn 3.

§ 2379 Nutzungen und Lasten vor Verkauf

[1]Dem Verkäufer verbleiben die auf die Zeit vor dem Verkauf fallenden Nutzungen. [2]Er trägt für diese Zeit die Lasten, mit Einschluss der Zinsen der Nachlassverbindlichkeiten. [3]Den Käufer treffen jedoch die von der Erbschaft zu entrichtenden Abgaben sowie die außerordentlichen Lasten, welche als auf den Stammwert der Erbschaftsgegenstände gelegt anzusehen sind.

Übersicht:

A. Allgemeines

1 § 2379 BGB regelt im Innenverhältnis die Verteilung von Nutzungen und Lasten für die Zeit vor Abschluss des Kaufvertrages. In Abweichung von der kaufrechtlichen Regelung des § 446 Abs. 1 BGB, wonach der Gefahrübergang mit Übergabe erfolgt, geht die Gefahr beim Erbschaftskauf mit Abschluss des Kaufvertrages über (§ 2380 S. 1 BGB). Die Nutzungen stehen ab diesem Zeitpunkt dem Käufer zu und er hat die Lasten zu tragen (§ 2380 S. 2 BGB). Dem **Normzweck** nach knüpft § 2379 BGB an die Regelung des § 2380 BGB an und stellt klar, dass dem Verkäufer die vor Vertragsabschluss angefallenen Nutzungen verbleiben und er für diese Zeit die Lasten zu tragen hat.[1] Ausgenommen hiervon sind jedoch die von der Erbschaft zu entrichtenden Abgaben sowie die außerordentlichen Lasten, welche als auf den Stammwert der Erbschaftsgegenstände gelegt anzusehen sind (S. 3), da diese regelmäßig bei der Kaufpreisbemessung berücksichtigt worden sind.[2] § 2379 BGB ist **abdingbar.**[3] Eine anderweitige Parteivereinbarung unterliegt jedoch dem Formzwang des § 2371 BGB.[4]

B. Nutzungen und Lasten

2 **Nutzungen** sind sowohl Früchte i.S.v. § 99 BGB als auch Nutzungen gem. § 100 BGB. Diese verbleiben für die Zeit bis zum Abschluss des Kaufvertrages dem Verkäufer.

3 Die **Lasten** einschließlich der **Zinszahlungen**, die auf die Zeit vor dem Erbschaftskauf entfallen, hat nach S. 2 der Verkäufer zu tragen. Dies gilt jedoch nicht für die von der Erbschaft zu entrichtenden Abgaben, insbesondere die Erbschaftsteuer[5] und die außerordentlichen Lasten, welche als auf den Stammwert der Erbschaftsgegenstände gelegt anzusehen sind (zum Begriff vgl. die Kommentierung zu § 2126 BGB). Diese hat der Käufer zu tragen und ggf. dem Verkäufer zu ersetzen (S. 3).

C. Anwendbarkeit beim Erbteilskauf

4 Umstritten ist die Frage, ob S. 1 auch beim **Erbteilskauf** Anwendung findet, da die Teilung der Früchte nach § 2038 Abs. 2 S. 2 BGB erst bei der Auseinandersetzung erfolgt und der Käufer bei der Auseinandersetzung die auf seinen Erbteil entfallenden Früchte (auch für die Zeit vor dem Kauf) erhält. Teilweise wird die Anwendung des

---

1 MüKo/*Musielak*, § 2379 Rn 1; BeckOK BGB/*Litzenburger*, § 2379 Rn 1.
2 Burandt/Rojahn/*Gierl*, Erbrecht, § 2379 Rn 1; *Muscheler*, RNotZ 2009, 65, 73.
3 Soergel/*Kappler*, § 2379 Rn 1; Staudinger/*Olshausen*, § 2379 Rn 2.
4 NK-BGB/*Kroiß*, § 2379 Rn 1; MüKo/*Musielak*, § 2379 Rn 2; Staudinger/*Olshausen*, § 2379 Rn 2.
5 OLG München OLGE 21, 360, 361; Staudinger/*Olshausen*, § 2379 Rn 8. Bezüglich der Erbschaftsteuer empfehlen *Roth*, RNotZ 2013, 193, 196 und *Pöting*, MittBayNot 2007, 376, 378 eine Abbedingung der gesetzlichen Regelung.

§ 2379 BGB auf den Erbteilskauf generell abgelehnt.[6] Nach wohl herrschender Meinung widerspricht eine Herausgabepflicht der Früchte an den Verkäufer regelmäßig dem Parteiwillen,[7] weshalb § 2379 BGB insoweit einzuschränken ist, dass dem Käufer die von ihm gezogenen Nutzungen und an ihn zugeteilten Früchte verbleiben.[8] Dem Verkäufer gebühren aber die **Erträge**, auf die er nach § 2038 Abs. 2 S. 2 und S. 3 BGB bereits einen Anspruch erworben hatte, also der bereits verteilte Reinertrag und der Anspruch auf Auszahlung desselben, weil die Erbauseinandersetzung länger als ein Jahr ausgeschlossen war.[9] Da die Auseinandersetzung regelmäßig eine Überschussrechnung ist, die neben den Früchten auch die Lasten einbezieht, sind bei fehlender anderweitiger Parteivereinbarung auch die Lasten für die Zeit vor dem Erbschaftskauf vom Käufer zu tragen.[10]

§ 2380 Gefahrübergang, Nutzungen und Lasten nach Verkauf

[1]Der Käufer trägt von dem Abschluss des Kaufs an die Gefahr des zufälligen Untergangs und einer zufälligen Verschlechterung der Erbschaftsgegenstände. [2]Von diesem Zeitpunkt an gebühren ihm die Nutzungen und trägt er die Lasten.

Übersicht: Rdn

A. Allgemeines

1 Abweichend von § 446 BGB regelt § 2380 BGB, dass bereits mit Abschluss des schuldrechtlichen Vertrags die Gefahr, die Nutzungen und Lasten auf den Käufer übergehen. Anders als im allgemeinen Kaufrecht, das den Kauf eines Einzelgegenstandes regelt, wird beim Erbschaftskauf eine Vermögensgesamtheit für einen Gesamtpreis verkauft. Es ist daher sachgerecht, den früheren Zeitpunkt des Vertragsschlusses maßgebend sein zu lassen.[1] § 2380 BGB gilt auch für den Erbteilskauf.[2] Die Regelung ist **abdingbar**.[3]

B. Gefahrübergang (S. 1)

2 Der **Gefahrübergang** erfolgt nach S. 1 mit Vertragsabschluss. Ab diesem Zeitpunkt trägt der Käufer das Risiko, seine vertraglichen Leistungen erbringen zu müssen, auch wenn zur Erbschaft gehörende Gegenstände durch Zufall untergehen oder eine Verschlechterung erfahren. Der Verkäufer behält seinen Anspruch auf Kaufpreiszahlung, ohne dass sich der Käufer auf § 326 Abs. 1 S. 1 BGB berufen kann.[4] Die Vorschrift des S. 1 regelt also die Gegenleistungs- und Preisgefahr.[5] Die Haftung des Verkäufers wegen einer zu vertretenden Unmöglichkeit bleibt hiervon unberührt.[6]

---

6 OLG Dresden ZErb 2003, 184, 187; Erman/*Simon*, § 2379 Rn 1.
7 Staudinger/*Olshausen*, § 2379 Rn 6.
8 BeckOK BGB/*Litzenburger*, § 2379 Rn 3; Staudinger/*Olshausen*, § 2379 Rn 6.
9 Soergel/*Kappler*, § 2379 Rn 4; NK-BGB/*Kroiß*, § 2379 Rn 3; BeckOK BGB/*Litzenburger*, § 2379 Rn 3; Grüneberg/*Weidlich*, § 2379 Rn 2; *Muscheler*, RNotZ 2009, 65, 73.
10 MüKo/*Musielak*, § 2379 Rn 4; Staudinger/*Olshausen*, § 2379 Rn 7; RGRK/*Kregel*, § 2379 Rn 4.
1 MüKo/*Musielak*, § 2380 Rn 1; *Krause*, ErbR 2007, 2, 7.
2 BeckOK BGB/*Litzenburger*, § 2380 Rn 1; Staudinger/*Olshausen*, § 2380 Rn 3.
3 Soergel/*Kappler*, § 2380 Rn 1; Staudinger/*Olshausen*, § 2380 Rn 4.
4 BeckOK BGB/*Litzenburger*, § 2380 Rn 1.
5 Staudinger/*Olshausen*, § 2380 Rn 1; MüKo/*Musielak*, § 2380 Rn 2.
6 Soergel/*Kappler*, § 2380 Rn 2.

C. Nutzungen und Lasten (S. 2)

3 Mit Abschluss des Kaufvertrages gehen auch die **Nutzungen** und **Lasten** auf den Käufer über. S. 2 nimmt die Regelung des § 2379 BGB auf und bestimmt, dass der Käufer ab dem Zeitpunkt des Vertragsschlusses die Nutzungen beanspruchen kann und die Lasten zu tragen hat.[7] Die außerordentlichen Lasten i.S.v. § 2379 S. 3 BGB hat der Käufer auch schon für die Zeit vor Vertragsschluss zu tragen.

§ 2381 Ersatz von Verwendungen und Aufwendungen

(1) Der Käufer hat dem Verkäufer die notwendigen Verwendungen zu ersetzen, die der Verkäufer vor dem Verkauf auf die Erbschaft gemacht hat.
(2) Für andere vor dem Verkauf gemachte Aufwendungen hat der Käufer insoweit Ersatz zu leisten, als durch sie der Wert der Erbschaft zur Zeit des Verkaufs erhöht ist.

Übersicht: Rdn

A. Allgemeines

1 **Zweck** des § 2381 BGB ist ein Interessenausgleich zwischen Käufer und Verkäufer im Hinblick auf die Verwendungen. Der Erbschaftskauf bezweckt, den Käufer wirtschaftlich und schuldrechtlich so zu stellen, als wäre er an Stelle des Verkäufers Erbe geworden. Als Erbe hätte er ebenso wie der Verkäufer die notwendigen Verwendungen vornehmen müssen, weshalb § 2381 BGB regelt, dass der Käufer dem Verkäufer für notwendige Verwendungen Ersatz zu leisten hat und so eine Bereicherung des Käufers verhindert.[1] Andere als notwendige Verwendungen macht der Verkäufer grundsätzlich auf eigenes Risiko. Nur bei Werterhöhung der Erbschaft durch diese Aufwendungen kann er hierfür einen Ausgleich vom Käufer verlangen.[2] § 2381 BGB ist (unter Beachtung der Form des § 2371 BGB) **abdingbar**.[3]

2 § 2381 BGB betrifft nur die vor dem Verkauf gemachten Verwendungen. Für danach gemachte Verwendungen gelten die Regelungen des allgemeinen Kaufrechts und über die Geschäftsführung ohne Auftrag (§§ 683 ff. BGB).[4]

B. Notwendige Verwendungen (Abs. 1)

3 Vor Vertragsschluss getätigte **notwendige Verwendungen** (vgl. § 994 BGB) hat der Käufer dem Verkäufer zu ersetzen. Als notwendig sind solche Verwendungen anzusehen, die zur Erhaltung der Substanz und Nutzbarkeit der Erbschaft oder einzelner Erbschaftsgegenstände objektiv erforderlich waren.[5] Die herrschende Meinung gewährt dem Verkäufer auch einen Ersatzanspruch hinsichtlich der **gewöhnlichen Er-**

---

7 MüKo/*Musielak*, § 2380 Rn 3.
1 Staudinger/*Olshausen*, § 2381 Rn 1; Burandt/Rojahn/*Gierl*, Erbrecht, § 2381 Rn 1.
2 MüKo/*Musielak*, § 2381 Rn 1.
3 Grüneberg/*Weidlich*, § 2381 Rn 1; Soergel/*Kappler*, § 2381 Rn 1.
4 Staudinger/*Olshausen*, § 2381 Rn 6; MüKo/*Musielak*, § 2381 Rn 5; Erman/*Simon*, § 2381 Rn 2.
5 BeckOK BGB/*Litzenburger*, § 2381 Rn 1; Burandt/Rojahn/*Gierl*, Erbrecht, § 2381 Rn 4; NK-BGB/*Kroiß*, § 2381 Rn 1; abweichend Staudinger/*Olshausen*, § 2381 Rn 3, der Verwendungen zur Nutzbarmachung nur unter den Voraussetzungen des Abs. 2 für ersatzfähig hält.

haltungskosten, da es bei den Regelungen über den Erbschaftskauf an einer § 994 Abs. 1 S. 2 BGB entsprechenden Vorschrift fehlt, der Normzweck (Rückbeziehungsgrundsatz) jedoch der gleiche ist.[6] Gewöhnliche Lasten, die nicht als Verwendungen anzusehen sind, trägt nach § 2379 BGB dagegen der Käufer.

C. Andere Aufwendungen (Abs. 2)

4 Der gesetzlich nicht definierte Begriff der **anderen Aufwendungen** ist weiter als der Begriff der Verwendungen und umfasst alle freiwillig erbrachten Vermögensopfer,[7] auch nützliche Verwendungen. Nicht hierunter fallen Schäden.[8] Andere Aufwendungen sind nach Abs. 2 nur insoweit zu ersetzen, als die dadurch eingetretene **Werterhöhung** der Erbschaft im Zeitpunkt des Vertragsschlusses noch besteht.[9] Verwendungen auf Früchte (§ 99 BGB) der Erbschaft sind von demjenigen zu tragen, dem die Früchte gebühren.[10] Für die Zeit vor dem Verkauf ist dies der Verkäufer (§ 2379 S. 1 BGB).

D. Besonderheiten beim Erbteilskauf

5 Besonderheiten ergeben sich beim **Erbteilskauf**, da hier Aufwendungen auf den ganzen Nachlass oder nur für den verkauften Erbteil oder nur auf einzelne Nachlassgegenstände denkbar sind. Entscheidend für die Ersatzpflicht ist, ob der Kaufvertrag vor oder nach der Auseinandersetzung geschlossen wurde. Beim Verkauf eines Erbteils vor der Auseinandersetzung bestimmen sich die Ersatzansprüche des Verkäufers wegen der Aufwendungen, die er auf den gesamten Nachlass gemacht hat, nach § 2038 BGB und richten sich gegen die anderen Erben einschließlich des Erbteilskäufers.[11] Nur bei einer bereits vollständig durchgeführten Auseinandersetzung findet § 2381 BGB Anwendung hinsichtlich der Verwendungen auf den Erbteil.[12] Bei einer Teilauseinandersetzung besteht die Ersatzpflicht nur bezüglich notwendiger oder nützlicher Verwendungen auf Nachlassgegenstände, die dem Verkäufer bereits vor Vertragsschluss zu Alleineigentum zugewiesen wurden.[13]

§ 2382 Haftung des Käufers gegenüber Nachlassgläubigern

(1) [1]Der Käufer haftet von dem Abschluss des Kaufs an den Nachlassgläubigern, unbeschadet der Fortdauer der Haftung des Verkäufers. [2]Dies gilt auch von den Verbindlichkeiten, zu deren Erfüllung der Käufer dem Verkäufer gegenüber nach den §§ 2378, 2379 nicht verpflichtet ist.
(2) Die Haftung des Käufers den Gläubigern gegenüber kann nicht durch Vereinbarung zwischen dem Käufer und dem Verkäufer ausgeschlossen oder beschränkt werden.

6 Staudinger/*Olshausen*, § 2381 Rn 3; MüKo/*Musielak*, § 2381 Rn 2; Grüneberg/*Weidlich*, § 2381 Rn 1; Soergel/*Kappler*, § 2381 Rn 2; a.A. *Muscheler*, RNotZ 2009, 65, 73; *Lange*/*Kuchinke*, § 45 III 3; *Kipp*/*Coing*, § 111 IX 1.
7 BGH NJW 1973, 46; BGH NJW 1989, 2818.
8 Soergel/*Kappler*, § 2381 Rn 3; BeckOK BGB/*Litzenburger*, § 2381 Rn 2.
9 Staudinger/*Olshausen*, § 2381 Rn 4; MüKo/*Musielak*, § 2381 Rn 3.
10 Staudinger/*Olshausen*, § 2381 Rn 4; MüKo/*Musielak*, § 2381 Rn 3.
11 NK-BGB/*Kroiß*, § 2381 Rn 3; BeckOK BGB/*Litzenburger*, § 2381 Rn 3; Staudinger/*Olshausen*, § 2381 Rn 5.
12 Staudinger/*Olshausen*, § 2381 Rn 5; MüKo/*Musielak*, § 2381 Rn 4.
13 Soergel/*Kappler*, § 2381 Rn 5; BeckOK BGB/*Litzenburger*, § 2381 Rn 3; *Muscheler*, RNotZ 2009, 65, 74.

Übersicht:

A. Allgemeines

§ 2382 BGB regelt die Haftung des Käufers im **Außenverhältnis** zu den Nachlassgläubigern; für das Innenverhältnis zwischen Käufer und Verkäufer regelt § 2378 BGB die Verpflichtung des Käufers zur Erfüllung der Nachlassverbindlichkeiten. **Zweck der Norm** ist es, den Gläubigern das Vermögen des Erblassers als Haftungsobjekt zu erhalten.[1] Der Käufer wird daher wie ein Gesamtrechtsnachfolger des Erblassers behandelt, obwohl er dies nicht ist.[2] Mit Abschluss des Kaufvertrages haftet der Käufer neben dem Verkäufer für Nachlassverbindlichkeiten als **Gesamtschuldner**.[3] Es handelt sich um einen Fall des gesetzlichen Schuldbeitritts.[4] § 2382 BGB ist daher **zwingend** (vgl. Abs. 2). Die Haftung ist jedoch nach erbrechtlichen Grundsätzen gem. § 2383 BGB beschränkbar. 1

B. Voraussetzungen der Haftung

Voraussetzung der Haftung des Käufers ist der Abschluss eines **wirksamen Erbschaftskaufvertrages**.[5] Ist der Vertrag wegen Formmangels nichtig, besteht demnach keine Haftung des Käufers.[6] Ist der Verkäufer gar nicht der wirkliche Erbe, so geht auch die Haftung nicht auf den Käufer über.[7] Die Haftung des Käufers erlischt, wenn der Kaufvertrag vor seiner (auch nur teilweisen) Erfüllung wieder aufgehoben und dies dem Nachlassgericht nach § 2384 BGB angezeigt wird.[8] 2

Eine **Kenntnis** des Käufers vom Bestehen von Nachlassverbindlichkeiten ist für seine Haftung grundsätzlich nicht erforderlich.[9] Ein Irrtum hierüber kann jedoch ein Anfechtungsrecht nach § 119 Abs. 2 BGB begründen, dessen Ausübung aufgrund der Unwirksamkeitsfolge des § 142 Abs. 1 BGB zum Entfallen der Haftung führt.[10] Der Käufer muss jedoch (nach der hier vertretenen **Einzeltheorie**) wissen, dass es sich bei dem Kaufgegenstand um die ganze oder nahezu ganze Erbschaft oder den Erbteil des Verkäufers handelt, oder zumindest die Verhältnisse kennen, aus denen sich dies er- 3

1 Mot. II 362 f.; MüKo/*Musielak*, § 2382 Rn 1.
2 BeckOK BGB/*Litzenburger*, § 2382 Rn 2; MüKo/*Musielak*, § 2382 Rn 1.
3 BGHZ 26, 91, 97; OLG München ZEV 2019, 555; Grüneberg/*Weidlich*, § 2382 Rn 1.
4 BGHZ 26, 91, 97.
5 BGH NJW 1963, 345; NK-BGB/*Kroiß*, §§ 2382, 2383 Rn 2; MüKo/*Musielak*, § 2382 Rn 4; Staudinger/*Olshausen*, § 2382 Rn 5.
6 BGH NJW 1967, 1128, 1131.
7 BGH NJW 1967, 1128, 1131; BeckOK BGB/*Litzenburger*, § 2382 Rn 3; *Muscheler*, RNotZ 2009, 65, 76.
8 MüKo/*Musielak*, § 2382 Rn 4; Staudinger/*Olshausen*, § 2382 Rn 5; a.A. *Blau*, Die Haftung des Erbschaftserwerbers im Außenverhältnis, S. 59.
9 NK-BGB/*Kroiß*, §§ 2382, 2383 Rn 2; MüKo/*Musielak*, § 2382 Rn 4.
10 Grüneberg/*Weidlich*, § 2382 Rn 1; BeckOK BGB/*Litzenburger*, § 2382 Rn 3; NK-BGB/*Kroiß*, §§ 2382, 2383 Rn 2.

gibt.[11] Eine fehlerhafte Beurteilung der Verhältnisse lässt die Haftung des Käufers unberührt.[12]

4 Bei dem Verkauf des **Anwartschaftsrechts des Nacherben** haftet der Käufer erst vom Zeitpunkt des Nacherbfalls an, da vorher auch der Verkäufer nicht gehaftet hätte.[13]

C. Umfang der Haftung

5 Der **Umfang** der Haftung des Käufers richtet sich nach der des Erben (§ 1967 BGB) und umfasst Erblasserschulden, Erbfallschulden und Nachlasserbenschulden, sofern sie in ordnungsgemäßer Verwaltung des Nachlasses eingegangen sind.[14] Die Haftung umfasst nach § 1967 Abs. 2 BGB auch Ansprüche aus Pflichtteilsrechten, Vermächtnissen und Auflagen, ferner Ansprüche auf Zugewinnausgleich,[15] nicht aber den Regressanspruch des Sozialhilfeträgers gegen die Erben nach § 102 SGB XII.[16] Für das Außenverhältnis gegenüber den Gläubigern ist insoweit unerheblich, ob der Käufer im Innenverhältnis für diese Verbindlichkeiten aufzukommen hat (§§ 2378, 2379 BGB).[17]

6 Beim **Erbteilskauf** haftet der Käufer des Erbteils gem. Abs. 1 wie ein Miterbe (§§ 2058 ff. BGB).[18] Er hat in analoger Anwendung des § 2382 BGB für die Ansprüche eines anderen Miterben gegen die Erbengemeinschaft aus einem zwischen den Miterben vor dem Erbteilskauf abgeschlossenen Erbauseinandersetzungsvertrag einzustehen.[19] Bei Ausübung des Vorkaufsrechts der Miterben (§§ 2034, 2035 BGB) erlischt die Haftung des Käufers vom Zeitpunkt der Übertragung des Anteils auf die Miterben nach Maßgabe des § 2036 BGB.[20]

D. Beschränkung der Haftung

7 Die Haftung des Käufers kann den Gläubigern gegenüber nicht durch Vereinbarung zwischen dem Käufer und dem Verkäufer ausgeschlossen oder beschränkt werden (Abs. 2). Eine solche Vereinbarung hat lediglich Wirkung im Innenverhältnis zwischen den Vertragsparteien. Möglich ist aber der Ausschluss der Haftung des Käufers durch Vereinbarung zwischen dem Käufer oder Verkäufer und einem Nachlassgläubiger.[21] Der Verkäufer kann durch eine Schuldübernahme des Käufers (§§ 414, 415 BGB) mit Zustimmung des Gläubigers von seiner Haftung befreit werden.[22]

E. Prozessuales

8 Der Käufer wird durch den gesetzlichen Schuldbeitritt zwar Gesamtschuldner, nicht aber Rechtsnachfolger des Verkäufers i.S.d. § 325 ZPO. Deshalb wirkt ein gegen den Verkäufer ergangenes Urteil auf Zahlung einer Nachlassverbindlichkeit nicht gegen

---

11 BGH NJW 1965, 909; MüKo/*Musielak*, § 2382 Rn 4; Staudinger/*Olshausen*, § 2382 Rn 5; Erman/*Simon*, § 2382 Rn 2; *Blau*, Die Haftung des Erbschaftserwerbers im Außenverhältnis, S. 47 f.; a.A. BeckOK BGB/*Litzenburger*, § 2382 Rn 4.

12 MüKo/*Musielak*, § 2382 Rn 4; *Muscheler*, RNotZ 2009, 65, 75.

13 LG Heilbronn NJW 1956, 513 f.; Soergel/*Kappler*, § 2382 Rn 2.

14 RGZ 112, 129, 131; Staudinger/*Olshausen*, § 2382 Rn 6; Soergel/*Kappler*, § 2382 Rn 4; Erman/*Simon*, § 2382 Rn 1.

15 Staudinger/*Olshausen*, § 2382 Rn 6; Grüneberg/*Weidlich*, § 2382 Rn 2.

16 Soergel/*Kappler*, § 2382 Rn 4; NK-BGB/*Kroiß*, §§ 2382, 2383 Rn 10.

17 BeckOK BGB/*Litzenburger*, § 2382 Rn 5.

18 RGZ 60, 126, 131; BGH NJW 1963, 345.

19 BGH NJW 1963, 345; Staudinger/*Olshausen*, § 2382 Rn 9; Soergel/*Kappler*, § 2382 Rn 8; Grüneberg/*Weidlich*, § 2382 Rn 3.

20 MüKo/*Musielak*, § 2382 Rn 8; NK-BGB/*Kroiß*, §§ 2382, 2383 Rn 10.

21 Erman/*Simon*, § 2382 Rn 4; Soergel/*Kappler*, § 2382 Rn 6; Grüneberg/*Weidlich*, § 2382 Rn 1; *Blau*, Die Haftung des Erbschaftserwerbers im Außenverhältnis, S. 47.

22 MüKo/*Musielak*, § 2382 Rn 3; Staudinger/*Olshausen*, § 2382 Rn 8.

den Käufer, § 425 Abs. 2 BGB.[23] Eine **Klauselumschreibung** nach § 727 ZPO ist mangels Rechtsnachfolge nicht möglich, wohl aber eine solche in entsprechender Anwendung des § 729 ZPO.[24]

§ 2383 Umfang der Haftung des Käufers

(1) [1]Für die Haftung des Käufers gelten die Vorschriften über die Beschränkung der Haftung des Erben. [2]Er haftet unbeschränkt, soweit der Verkäufer zur Zeit des Verkaufs unbeschränkt haftet. [3]Beschränkt sich die Haftung des Käufers auf die Erbschaft, so gelten seine Ansprüche aus dem Kauf als zur Erbschaft gehörend.
(2) Die Errichtung des Inventars durch den Verkäufer oder den Käufer kommt auch dem anderen Teil zustatten, es sei denn, dass dieser unbeschränkt haftet.

Übersicht: Rdn

A. Allgemeines

1 In Ergänzung zu § 2382 BGB regelt § 2383 BGB den Umfang der Haftung des Käufers für Nachlassverbindlichkeiten und die Möglichkeiten seiner Haftungsbeschränkung. Nach dem **Normzweck** soll mit dem Abschluss des Kaufvertrages eine Universalsukzession des Käufers in die Passiva der Erbschaft erfolgen.[1] Die Haftung des Käufers wird im Zeitpunkt des Vertragsschlusses durch die Haftung des Verkäufers bestimmt (Abs. 1 S. 2). Nach Vertragsschluss kann sich die Haftung hingegen unterschiedlich entwickeln und der Verlust des Haftungsbeschränkungsrechts einer Partei wirkt nicht für oder gegen die andere Partei. Käufer und Verkäufer haften gegenüber den Nachlassgläubigern selbstständig und unabhängig voneinander.[2] Eine Ausnahme hiervon ordnet Abs. 2 für die Inventarerrichtung an.

B. Haftungsumfang bei Abschluss des Kaufvertrages

2 Die bei **Abschluss** des Kaufvertrages für den Erben als Verkäufer bestehende Haftungslage wirkt für und gegen den Käufer. Der Verkäufer kann seine Haftung durch Nachlassverwaltung (§ 1975 BGB), Nachlassinsolvenz (§§ 315 ff. InsO) oder die Erhebung der Dürftigkeitsreinrede (§ 1990 BGB) auf den Nachlass beschränken. Sofern der Verkäufer noch nicht unbeschränkt haftet, kann auch der Käufer diese Haftungsbeschränkungen selbstständig herbeiführen. Für den Verkäufer laufende Fristen (§§ 1994 ff., 2014 BGB) gelten auch gegen den Käufer.[3] Vom Verkäufer bereits eingeleitete Haftungsbeschränkungen (Nachlassverwaltung, Nachlassinsolvenz) werden mit dem Käufer fortgeführt.[4] Dem Käufer kommen auch eine Inventarerrichtung

23 BGH NJW 1957, 420; MüKo/*Musielak*, § 2382 Rn 9; Soergel/*Kappler*, § 2382 Rn 7.
24 NK-BGB/*Kroiß*, §§ 2382, 2383 Rn 11; BeckOK BGB/*Litzenburger*, § 2382 Rn 6; Staudinger/*Olshausen*, § 2382 Rn 3.
1 MüKo/*Musielak*, § 2383 Rn 1; BeckOK BGB/*Litzenburger*, § 2383 Rn 1.
2 *Blau*, Die Haftung des Erbschaftserwerbers im Außenverhältnis, S. 63 f.; MüKo/*Musielak*, § 2383 Rn 2; Staudinger/*Olshausen*, § 2383 Rn 13; *Zarnekow*, MittRhNotK 1969, 620, 632; kritisch wegen der Mehrung der Haftenden *Lange/Kuchinke*, § 51 III 2a; *Muscheler*, RNotZ 2009, 65, 77.
3 BeckOK BGB/*Litzenburger*, § 2383 Rn 2; Staudinger/*Olshausen*, § 2383 Rn 6, Rn 12.
4 Soergel/*Kappler*, § 2383 Rn 8; Staudinger/*Olshausen*, § 2383 Rn 8.

(§§ 1993 ff. BGB) und ein Aufgebotsverfahren (§§ 1970 ff. BGB) des Verkäufers zugute. Soweit der Verkäufer zum Zeitpunkt des Verkaufs aber bereits endgültig unbeschränkt haftet, haftet auch der Käufer unbeschränkt (Abs. 1 S. 2), gleichgültig, ob die Haftung einzelnen oder allen Gläubigern gegenüber besteht.[5] Der Käufer hat in diesem Fall lediglich einen Freistellungs- bzw. Haftungsanspruch gegenüber dem Verkäufer (vgl. § 2376 Abs. 1 BGB).

C. Haftungsumfang nach Abschluss des Kaufvertrages

3 Nach Abschluss des Kaufvertrages ist die Haftungssituation von Verkäufer und Käufer getrennt zu beurteilen. Der Verlust einer Haftungsbeschränkung wirkt nicht zu Lasten des Anderen ebenso wie eine Haftungsbeschränkung nur für denjenigen wirkt, der sie herbeigeführt hat. Es besteht somit eine **selbstständige Haftungslage.**[6] Verkäufer und Käufer können eine Haftungsbeschränkung selbstständig und unabhängig voneinander herbeizuführen, wenn diese im Zeitpunkt des Abschlusses des Vertrages noch nicht verloren war. Der Käufer kann daher ein Aufgebotsverfahren (§§ 1970 ff. BGB), Nachlassverwaltung (§ 1981 BGB) und Nachlassinsolvenz (§ 330 InsO) beantragen und Einreden (§§ 1990–1992, 2015, 2016 BGB, § 782 ZPO) selbstständig erheben.[7] Für den Verkäufer bleibt das Recht zur Stellung des Nachlassinsolvenzantrags in den Konstellationen des § 330 Abs. 2 InsO bestehen.[8] Der Verkäufer kann ebenfalls die Nachlassverwaltung beantragen, jedoch analog § 330 Abs. 2 InsO uneingeschränkt nur wegen Nachlassverbindlichkeiten, die im Innenverhältnis zwischen ihn und dem Käufer diesem zur Last fallen. Hinsichtlich anderer Nachlassverbindlichkeiten steht ihm das Recht nur zu, wenn er nicht unbeschränkbar haftet und keine Nachlassverwaltung angeordnet ist.[9]

4 Eine Ausnahme vom Grundsatz der selbstständigen Haftungslage sieht Abs. 2 für die **Inventarerrichtung** (§§ 1993 ff. BGB) vor. Die Rechtswirkungen der Inventarerrichtung kommen auch dem anderen Teil zustatten, sofern er nicht bereits unbeschränkt haftet. Inventarerrichtungsfristen können für Käufer wie Verkäufer getrennt gesetzt werden und selbstständig laufen. Die Voraussetzungen und Folgen der Fristversäumung sind ebenfalls getrennt zu beurteilen. Die Errichtung durch eine Vertragspartei hindert aber den Eintritt der unbeschränkten Haftung der anderen. Verliert jedoch in diesem Fall der das Inventar errichtende Vertragspartner wegen Inventaruntreue das Beschränkungsrecht (§ 2005 Abs. 1 BGB), dann muss auch der andere unbeschränkt haften, weil nur bei einer ordnungsgemäßen Inventarerrichtung durch einen der Vertragspartner die Möglichkeit zur Haftungsbeschränkung auch für den anderen bestehen bleibt.[10] Ergänzend zu § 2383 Abs. 2 BGB sieht § 463 Abs. 1 S. 2 FamFG vor, dass auch der von einem Vertragspartner gestellte **Aufgebotsantrag** und von ihm erwirkte Ausschließungsbeschluss dem anderen zustatten kommt.

---

5 NK-BGB/*Kroiß*, §§ 2382, 2383 Rn 6; BeckOK BGB/*Litzenburger*, § 2383 Rn 3.

6 BeckOK BGB/*Litzenburger*, § 2383 Rn 4; NK-BGB/*Kroiß*, §§ 2382, 2383 Rn 7.

7 NK-BGB/*Kroiß*, §§ 2382, 2383 Rn 7; Grüneberg/*Weidlich*, § 2383 Rn 1.

8 Zur Nachlassinsolvenz vgl. *Blau*, Die Haftung des Erbschaftserwerbers im Außenverhältnis, S. 65 ff.

9 Staudinger/*Olshausen*, § 2383 Rn 21, Rn 24; BeckOK BGB/*Litzenburger*, § 2383 Rn 5; *Muscheler*, RNotZ 2009, 65, 77.

10 MüKo/*Musielak*, § 2383 Rn 6; Staudinger/*Olshausen*, § 2383 Rn 15.

D. Besonderheiten des Erbteilskaufs

Beim Erbteilskauf sind neben §§ 2383 Abs. 1, 1967–2017 BGB zudem die Sondervorschriften der §§ 2058–2063 BGB zu beachten, die entsprechend anzuwenden sind.[11] Dementsprechend haftet **vor** der **Teilung** des Nachlasses bis zur Übertragung des Erbteils nur der Verkäufer; nach der Übertragung des Erbteils auf den Käufer beurteilt sich dessen Haftung nach § 2059 Abs. 1 BGB. **Nach** der **Teilung** haften Käufer und Verkäufer neben den Miterben als Gesamtschuldner (vgl. § 2058 BGB) für die gesamte Forderung, es sei denn, es besteht lediglich eine anteilige Haftung nach §§ 2060, 2061 BGB.[12] 5

§ 2384 Anzeigepflicht des Verkäufers gegenüber Nachlassgläubigern, Einsichtsrecht

(1) [1]Der Verkäufer ist den Nachlassgläubigern gegenüber verpflichtet, den Verkauf der Erbschaft und den Namen des Käufers unverzüglich dem Nachlassgericht anzuzeigen. [2]Die Anzeige des Verkäufers wird durch die Anzeige des Käufers ersetzt.
(2) Das Nachlassgericht hat die Einsicht der Anzeige jedem zu gestatten, der ein rechtliches Interesse glaubhaft macht.

Übersicht:

A. Allgemeines

Die Pflicht des Verkäufers, den Verkauf der Erbschaft dem Nachlassgericht mitzuteilen, dient dem Interesse der Nachlassgläubiger, die über die durch den Erbschaftskauf veränderte Haftungslage (§§ 2382, 2383 BGB) informiert werden sollen.[1] Die Regelung entspricht der Pflicht des Vorerben zur Anzeige des Eintritts des Nacherbfalls (§ 2146 BGB). 1

B. Anzeigepflicht

Adressat der **Anzeigepflicht** ist das Nachlassgericht, da nicht immer feststeht, wer Gläubiger ist.[2] Die Anzeige ist unverzüglich, d.h. ohne schuldhaftes Zögern i.S.d. § 121 Abs. 1 S. 1 BGB, zu erstatten und umfasst den schuldrechtlichen Erbschaftskauf, aber auch die dingliche Übertragung beim Erbteilskauf und den Namen des Käufers.[3] Eine Vertragsabschrift zu übersenden, ist nicht erforderlich. Anzeigepflichtig ist der Verkäufer, nicht der Käufer. Die Anzeige des Käufers befreit den Verkäufer aber von dieser Pflicht, Abs. 1 S. 2. Gleiches gilt, wenn der Notar im Auftrag des Verkäufers die Anzeige vornimmt.[4] Das Nachlassgericht hat die Anzeige lediglich entgegenzuneh- 2

---

11 RGZ 60, 126, 131 f.; NK-BGB/*Kroiß*, §§ 2382, 2383 Rn 9; MüKo/*Musielak*, § 2383 Rn 14; Soergel/*Kappler*, § 2383 Rn 7.

12 BeckOK BGB/*Litzenburger*, § 2383 Rn 6; Soergel/*Kappler*, § 2383 Rn 7; *Zarnekow*, MittRhNotK 1969, 620, 634.

1 Prot. II 129.

2 Staudinger/*Olshausen*, § 2384 Rn 1; BeckOK BGB/*Litzenburger*, § 2384 Rn 1.

3 Grüneberg/*Weidlich*, § 2384 Rn 1; MüKo/*Musielak*, § 2384 Rn 2; *Haegele*, BWNotZ 1972, 1, 6.

4 BeckOK BGB/*Litzenburger*, § 2384 Rn 2; Staudinger/*Olshausen*, § 2384 Rn 2.

men, ist aber nicht verpflichtet, bekannte Gläubiger auf den Verkauf hinzuweisen.[5] Die Entgegennahme der Anzeige löst eine Festgebühr i.H.v. 16 EUR aus (Abs. 1 Nr. 5 zu KV 12410 GNotKG). Wird der Kaufvertrag vor seiner Erfüllung wieder **aufgehoben**, ist analog § 2384 BGB der Erwerber wie ein Verkäufer zur Anzeige verpflichtet.[6] Keine Anzeigepflicht besteht dagegen bei der Anfechtung des Kaufvertrages, gleichwohl ist diese zweckmäßig.[7]

3 § 2384 BGB findet auch auf den **Erbteilskauf** Anwendung.[8] Der Verkäufer des Erbteils ist auch zur Anzeige verpflichtet, wenn die Miterben ihr Vorkaufsrecht ausüben.[9] Wird das Vorkaufsrecht nach Übertragung des verkauften Anteils gegenüber dem Käufer (§ 2035 BGB) ausgeübt, ist der Käufer, auch wenn kein Kaufvertrag mit ihm zustande kommt, nach dem Normzweck des § 2384 BGB wie der Verkäufer zu behandeln und ihn trifft die Anzeigepflicht.[10]

C. Rechtsfolgen der Verletzung der Anzeigepflicht

4 Bei **schuldhafter Verletzung** der Anzeigepflicht ist der Verkäufer nach § 823 Abs. 2 BGB i.V.m. § 2384 BGB (**Schutzgesetz**) den Nachlassgläubigern zum Ersatz des hieraus resultierenden Schadens verpflichtet.[11] Ein **Schadensersatzanspruch** gegen den Verkäufer entsteht nicht, wenn der Käufer bereits der Anzeigepflicht nachgekommen ist, Abs. 1 S. 2. Das gleiche gilt, wenn der Nachlassgläubiger unmittelbar vom Verkäufer oder Käufer über den Erbschaftskauf informiert wird, weil dann das Unterlassen der Anzeige gegenüber dem Nachlassgericht nicht mehr zu einem Schaden bei diesem Nachlassgläubiger führen kann.[12] Erhält der Nachlassgläubiger von anderer Seite Kenntnis von dem Erbschaftskauf, wird ein Schadensersatzanspruch regelmäßig ausgeschlossen sein. In diesem Fall hat der Gläubiger die Möglichkeit und ist gehalten, sich beim Nachlassgericht über die Einzelheiten zu informieren. Es fehlt daher bereits an der haftungsbegründenden Kausalität.[13] Jedenfalls muss sich der Gläubiger aber den Einwand des Mitverschuldens (§ 254 Abs. 1 BGB) entgegenhalten lassen.[14]

D. Einsichtsrecht (Abs. 2)

5 Das **Einsichtsrecht** steht jedem zu, der ein **rechtliches Interesse** glaubhaft macht. Der Begriff des rechtlichen Interesses ist enger als der des berechtigten Interesses i.S.d. § 13 Abs. 2 FamFG. Er setzt stets ein auf Rechtsnormen beruhendes oder durch solche geregeltes, gegenwärtig bestehendes Verhältnis einer Person zu einer anderen oder einer Sache voraus.[15] Das rechtliche Interesse kann sich insbesondere aus § 1953 Abs. 3 S. 2 BGB (Erbausschlagung), § 2010 BGB (Inventar), § 2081 Abs. 2 S. 2 BGB (Anfech-

---

5 MüKo/*Musielak*, § 2384 Rn 2; NK-BGB/*Kroiß*, § 2384 Rn 3; Soergel/*Kappler*, § 2384 Rn 3.

6 Staudinger/*Olshausen*, § 2384 Rn 2; BeckOK BGB/*Litzenburger*, § 2384 Rn 2; a.A. *Muscheler*, RNotZ 2009, 65, 75.

7 Staudinger/*Olshausen*, § 2384 Rn 3.

8 Grüneberg/*Weidlich* § 2384 Rn 1; Soergel/*Kappler*, § 2384 Rn 5.

9 Soergel/*Kappler*, § 2384 Rn 5; MüKo/*Musielak*, § 2384 Rn 5.

10 MüKo/*Musielak*, § 2384 Rn 5; Staudinger/*Olshausen*, § 2384 Rn 7; a.A. *Muscheler*, RNotZ 2009, 65, 75.

11 Staudinger/*Olshausen*, § 2384 Rn 3; NK-BGB/*Kroiß*, § 2384 Rn 2; BeckOK BGB/*Litzenburger*, § 2384 Rn 2.

12 MüKo/*Musielak*, § 2384 Rn 3; Staudinger/*Olshausen*, § 2384 Rn 3.

13 BeckOK BGB/*Litzenburger*, § 2384 Rn 2; NK-BGB/*Kroiß*, § 2384 Rn 2; *Muscheler*, RNotZ 2009, 65, 75.

14 Soergel/*Kappler*, § 2384 Rn 4; NK-BGB/*Kroiß*, § 2384 Rn 2; a.A. Staudinger/*Olshausen*, § 2384 Rn 3, der bei Kenntniserlangung von anderer Seite die Ersatzpflicht unberührt lässt, da die hierbei bestehenden Unsicherheiten den Verkäufer nicht entlasten können.

15 BGH NJW 1952, 579; RGZ 151, 57, 62 f.; MüKo/*Musielak*, § 2384 Rn 4.

tung einer Verfügung von Todes wegen) oder § 2228 BGB (Testamentsvollstreckung) ergeben.[16] Das Recht der Vertragsteile auf informationelle Selbstbestimmung als Ausfluss des allgemeinen Persönlichkeitsrechts (Art. 2 Abs. 1 GG) bestimmt die Entscheidung, ob und inwieweit Einsicht zu gewähren ist. Die Offenlegung des Kaufpreises kann regelmäßig nicht verlangt werden.[17]

§ 2385 Anwendung auf ähnliche Verträge

(1) Die Vorschriften über den Erbschaftskauf finden entsprechende Anwendung auf den Kauf einer von dem Verkäufer durch Vertrag erworbenen Erbschaft sowie auf andere Verträge, die auf die Veräußerung einer dem Veräußerer angefallenen oder anderweit von ihm erworbenen Erbschaft gerichtet sind.
(2) [1]Im Falle einer Schenkung ist der Schenker nicht verpflichtet, für die vor der Schenkung verbrauchten oder unentgeltlich veräußerten Erbschaftsgegenstände oder für eine vor der Schenkung unentgeltlich vorgenommene Belastung dieser Gegenstände Ersatz zu leisten. [2]Die in § 2376 bestimmte Verpflichtung zur Gewährleistung wegen eines Mangels im Recht trifft den Schenker nicht; hat der Schenker den Mangel arglistig verschwiegen, so ist er verpflichtet, dem Beschenkten den daraus entstehenden Schaden zu ersetzen.

Übersicht: Rdn

A. Allgemeines

Die Norm des Abs. 1 statuiert die entsprechende Anwendbarkeit der Vorschriften über den Erbschaftskauf auf andere schuldrechtliche Verträge, die sich auf die Veräußerung einer Erbschaft oder eines Erbteils beziehen, da insoweit die gleiche Interessenlage besteht.[1] Durch die Anwendung insbesondere der Vorschriften über Form und Haftung soll zugleich Umgehungsversuchen vorgebeugt werden.[2] Abs. 2 trifft Sonderregelungen für Schenkungen. 1

B. Ähnliche Verträge

Ähnliche Verträge sind 2
- der **Rückkauf** durch den Erben[3]
- der **Weiterverkauf** einer Erbschaft durch den Erbschaftskäufer[4]
- die **Schenkung** einer Erbschaft (unter Berücksichtigung der Sonderregelungen des Abs. 2)
- der **Tausch**[5]
- die Verpflichtung zur Hingabe einer Erbschaft an **Zahlungs statt**[6]

---

16 Staudinger/*Olshausen*, § 2384 Rn 6; BeckOK BGB/*Litzenburger*, § 2384 Rn 4.
17 Soergel/*Kappler*, § 2384 Rn 6; NK-BGB/*Kroiß*, § 2384 Rn 5.
1 Mot. II 365 f.; MüKo/*Musielak*, § 2385 Rn 1; BeckOK BGB/*Litzenburger*, § 2385 Rn 1.
2 NK-BGB/*Kroiß*, § 2385 Rn 1; Soergel/*Kappler*, § 2385 Rn 1.
3 Grüneberg/*Weidlich*, § 2385 Rn 1; MüKo/*Musielak*, § 2385 Rn 2.
4 NK-BGB/*Kroiß*, § 2385 Rn 2; BeckOK BGB/*Litzenburger*, § 2385 Rn 2.
5 Soergel/*Kappler*, § 2385 Rn 2; Erman/*Simon*, § 2385 Rn 1.
6 *Lange/Kuchinke*, § 45 I 3; Grüneberg/*Weidlich*, § 2385 Rn 1; Staudinger/*Olshausen*, § 2385 Rn 6.

- der **Vergleich** zwischen Erbprätendenten über die Verteilung der Erbschaft[7]
- der **Auslegungsvertrag** über die verbindliche Interpretation einer Verfügung von Todes wegen[8]
- die vertragsmäßige Anerkennung einer gültigen **Verfügung** von Todes wegen als nichtig und umgekehrt[9]
- die Verpflichtung zur Anerkennung einer unbegründeten **Testamentsanfechtung** als rechtmäßig[10]
- der zum **Verzicht** eines **Nacherben** auf sein Anwartschaftsrecht verpflichtende Vertrag.[11]

3 **Nicht** unter § 2385 BGB fallen

- **Erbauseinandersetzungsverträge,**[12] selbst bei Zuweisung des gesamten Nachlasses an einen Miterben gegen Leistung einer Abfindung aus seinem Eigenvermögen,[13]
- die **Abschichtung** als Vereinbarung über das Ausscheiden eines Miterben aus der Erbengemeinschaft gegen Abfindung mit der Folge der Anwachsung seines Anteils bei den übrigen Miterben[14]
- der vertragliche **Verzicht** auf ein **Anfechtungsrecht** (§§ 2078 f. BGB)[15]
- die vertragliche Verpflichtung zur **Ausschlagung** der **Erbschaft** gegen Entgelt[16]
- die Verpflichtung zur Bestellung eines **Nießbrauchrechts** an einem Erbteil oder einer Erbschaft[17]
- die Verpflichtung zur **Sicherungsübertragung** oder **Verpfändung** einer Erbschaft.[18]

4 Nach den Umständen des Einzelfalls zu entscheiden ist, ob die Vereinbarung, dass ein **unwiderruflich Bevollmächtigter** unter Freistellung von § 181 BGB berechtigt sein soll, einen Erbteil auf sich selbst zu übertragen, als Angebot zu einem Veräußerungsvertrag i.S.d. Abs. 1 aufzufassen ist.[19]

C. Rechtsfolgen des Abs. 1

5 Rechtsfolge des Abs. 1 ist infolge Verweisung die **entsprechende Anwendung** der §§ 2371–2384 BGB. Im Einzelfall ist zu prüfen, ob die Besonderheiten des jeweiligen Rechtsgeschäfts eine Modifizierung der Bestimmungen des Erbschaftskaufs erfor-

---

7 RGZ 72, 209, 210; MüKo/*Musielak*, § 2385 Rn 2; NK-BGB/*Kroiß*, § 2385 Rn 2; BeckOK BGB/*Litzenburger*, § 2385 Rn 2; a.A. Erman/*Simon*, § 2385 Rn 1.

8 BGH NJW 1986, 1812, 1813; OLG Düsseldorf ErbR 2019, 438, 439 f.

9 Staudinger/*Olshausen*, § 2385 Rn 10.

10 NK-BGB/*Kroiß*, § 2385 Rn 2; *Zarnekow*, MittRhNotK 1969, 620, 637.

11 Staudinger/*Olshausen*, § 2385 Rn 7; Soergel/*Kappler*, § 2385 Rn 2; NK-BGB/*Kroiß*, § 2385 Rn 2.

12 BeckOK BGB/*Litzenburger*, § 2385 Rn 4; MüKo/*Musielak*, § 2385 Rn 3; *Lange/Kuchinke*, § 45 I 3.

13 Staudinger/*Olshausen*, Einl. zu § 2371 Rn 78; a.A. *Kipp/Coing*, § 118 III 3; *Keller*, Formproblematik der Erbteilsveräußerung, Rn 51 f., Rn 60; *Dietrich*, Die Erbteilsveräußerung, S. 87 f.

14 BGH NJW 1998, 1557; BGH NJW 2005, 284; *Keller*, ZEV 1998, 281, 282 f.; *Eberl-Borges*, MittRhNotK 1998, 242.

15 Staudinger/*Olshausen*, § 2385 Rn 15; MüKo/*Musielak*, § 2385 Rn 3; Soergel/*Kappler*, § 2385 Rn 3.

16 OLG München OLGE 26, 288; *Lange/Kuchinke*, § 45 I 3; Staudinger/*Olshausen*, § 2385 Rn 15.

17 Erman/*Simon*, § 2385 Rn 1; Grüneberg/*Weidlich*, § 2385 Rn 1; NK-BGB/*Kroiß*, § 2385 Rn 3; Soergel/*Kappler*, § 2385 Rn 3; a.A. MüKo/*Musielak*, § 2385 Rn 2; *Lange/Kuchinke*, § 45 I 3; *Blau*, Die Haftung des Erbschaftserwerbers im Außenverhältnis, S. 22.

18 BeckOK BGB/*Litzenburger*, § 2385 Rn 4; Staudinger/*Olshausen*, Einl. zu § 2371 Rn 87.

19 NK-BGB/*Kroiß*, § 2385 Rn 3; MüKo/*Musielak*, § 2385 Rn 2; a.A. Staudinger/*Olshausen*, § 2385 Rn 15.

dern.[20] Uneingeschränkt anwendbar sind jedoch das Formerfordernis des § 2371 BGB und die Haftung gegenüber Nachlassgläubigern nach §§ 2382 f. BGB.[21]
Im Falle des **Weiterverkaufs** haftet deshalb der zweite Käufer neben dem Erben und dem ersten Käufer als Gesamtschuldner für Nachlassverbindlichkeiten.[22] Die Herausgabepflicht des Weiterverkäufers aus § 2374 BGB umfasst aber nur diejenigen Erbschaftsgegenstände, die im Zeitpunkt des zweiten Verkaufs noch vorhanden waren; dasselbe gilt für Surrogate.[23] Die Rechtsmängelhaftung des Weiterverkäufers erfasst auch den mangelfreien Erwerb durch den ersten Kauf.[24]

D. Schenkung (Abs. 2)

Bei einer **Schenkung** gelten die Sonderregelungen des Abs. 2. Den Schenker trifft keine Ersatzpflicht nach § 2375 Abs. 1 BGB und er ist von der Haftung wegen eines Mangels nach § 2376 BGB freigestellt, es sei denn, er hat diesen arglistig verschwiegen. Im Innenverhältnis hat der Beschenkte alle Nachlassverbindlichkeiten zu tragen, § 2378 BGB.[25] Der auf Übertragung der Erbschaft gerichtete Schenkungsvertrag bedarf der **Form** des § 2371 BGB. Die Beurkundung des Schenkungsversprechens allein (wie bei § 518 Abs. 1 BGB) genügt deshalb nicht.[26] Eine Heilung eines Formmangels nach § 518 Abs. 2 BGB durch Erfüllung des Schenkungsvertrages kommt nicht in Betracht, weil sich diese Vorschrift nur auf das formungültige Versprechen des Schenkers, nicht auf den gesamten Vertrag bezieht.[27] Neben den entsprechend anwendbaren Vorschriften für den Erbschaftskauf (Abs. 1) gelten für die Schenkung einer Erbschaft daneben die **allgemeinen Vorschriften** über die Schenkung (§§ 519, 521, 522, 523–533 BGB).[28] Verlangt der Schenker das Geschenkte nach §§ 527, 528, 530 f. BGB zurück, ist er verpflichtet, den Beschenkten gleichzeitig von seiner Haftung für die Nachlassverbindlichkeiten nach §§ 2382 f. BGB zu befreien.[29] 6

20 BeckOK BGB/*Litzenburger*, § 2385 Rn 5; Staudinger/*Olshausen*, § 2385 Rn 24; *Zarnekow*, MittRhNotK 1969, 620, 630.
21 Staudinger/*Olshausen*, § 2385 Rn 23; BeckOK BGB/*Litzenburger*, § 2385 Rn 5.
22 MüKo/*Musielak*, § 2385 Rn 4; NK-BGB/*Kroiß*, § 2385 Rn 4.
23 BeckOK BGB/*Litzenburger*, § 2385 Rn 5; MüKo/*Musielak*, § 2385 Rn 4.
24 NK-BGB/*Kroiß*, § 2385 Rn 4; Staudinger/*Olshausen*, § 2385 Rn 24.
25 Staudinger/*Olshausen*, § 2385 Rn 27; Soergel/*Kappler*, § 2385 Rn 5.
26 MüKo/*Musielak*, § 2385 Rn 5; Staudinger/*Olshausen*, § 2385 Rn 5.
27 Staudinger/*Olshausen*, § 2385 Rn 28; BeckOK BGB/*Litzenburger*, § 2385 Rn 6.
28 MüKo/*Musielak*, § 2385 Rn 5; Staudinger/*Olshausen*, § 2385 Rn 27.
29 Erman/*Simon*, § 2385 Rn 2; MüKo/*Musielak*, § 2385 Rn 5.

Stichwortverzeichnis